REVISAÇO®

Carreiras Jurídicas

DELEGADO DE POLÍCIA CIVIL

REVISAÇO®

COORDENAÇÃO
ROGÉRIO SANCHES CUNHA
LEANDRO BORTOLETO
PAULO LÉPORE

Carreiras de Polícias

DELEGADO DE POLÍCIA CIVIL

6ª edição
Revista, ampliada e atualizada

2019

EDITORA *Jus*PODIVM
www.editorajuspodivm.com.br

EDITORA
*Jus*PODIVM
www.editorajuspodivm.com.br

Rua Território Rio Branco, 87 – Pituba – CEP: 41830-530 – Salvador – Bahia
Tel: (71) 3045.9051
• Contato: https://www.editorajuspodivm.com.br/sac

Diagramação: SBNigri Artes e Textos Ltda. *(sbnigri@centroin.com.br)*

Capa: Ana Caquetti

ISBN: 978-85-442-2767-1

Coordenação e autoria

COORDENADORES

ROGÉRIO SANCHES CUNHA – *DIREITO PENAL*

Promotor de Justiça no Estado de São Paulo.

Professor de Direito Penal da Escola Superior do Ministério Público de São Paulo, da Fundação Escola Superior do Ministério Público do Mato Grosso e do CERS (Complexo de Ensino Renato Saraiva – www.cers.com.br).

Fundador do **meusitejuridico** e do **meuappjuridico**.

LEANDRO BORTOLETO – *DIREITO ADMINISTRATIVO*

Mestre e bacharel em direito pela Universidade Estadual Paulista – UNESP. Coordenador e professor no curso de especialização em Direito Público da Escola Superior de Direito – ESD, em Ribeirão Preto. Coordenador e Professor no Curso Ênfase. Analista Judiciário (Oficial de Justiça Avaliador Federal) na Justiça Federal. Ex-oficial de justiça no TJ/SP.

PAULO LÉPORE – *DIREITO CONSTITUCIONAL* E *DIREITOS HUMANOS*

Coordenador e Professor do Curso Ênfase. Professor do Curso G7 Jurídico. Pós-doutor em Direito pela Universidade Federal de Santa Catarina – UFSC. Doutor em Serviço Social pela Universidade Estadual Paulista – UNESP. Doutorando em Direito pela Universidade de Coimbra – UC. Mestre em Direitos Coletivos e Função Social do Direito pela Universidade de Ribeirão Preto – UNAERP. Coordenador de Coleções e autor de diversos livros e artigos jurídicos. Advogado. Coordenador da Comissão de Direitos Infanto-Juvenis da 12ª Subseção da Ordem dos Advogados do Brasil do Estado de São Paulo – OAB-SP.

www.paulolepore.com.br

AUTORES

ALAN MARTINS – *DIREITO TRIBUTÁRIO*

Agente Fiscal de Rendas/SP. Mestre em Direito pela Universidade Estadual Paulista (UNESP). Especialista em Direito Tributário. Professor do CERS - Complexo de Ensino Renato Saraiva. Instrutor da Escola Fazendária da Secretaria da Fazenda do Estado de São Paulo – Fazesp. Professor da Maestría Internacional Hacienda Pública Dirección y Admnistración Tributaria do Instituto de Estudios Fiscales do Ministerio de Hacienda y Administraciones Públicas del Goberno de España. Docente em cursos de especialização e MBAs USP, CERS-Estácio, Faculdade Baiana de Direito, ESD, UniFacef, INPG e de outras instituições. Autor de livros para concursos e coordenador de carreiras fiscais da Editora Juspodivm.

Facebook: @professoralanmartins

Instagram: @prof.alanmartins

Canal do Youtube: youtube.com/c/ProfessorAlanMartins

ALEXANDRE SANCHES CUNHA – *ATUALIDADES*

Advogado. Bacharel em Direito pela PUC-Campinas. Bacharel em Filosofia pela UNICAMP. Especialista em Direito Penal pela PUC-Campinas. Especialista em Direitos Humanos pela Universidade de Coimbra. Mestre em Filosofia pela UNICAMP.

CLEYSON BRENE – *MEDICINA LEGAL*

Delegado de Polícia Civil do Estado de Minas Gerais. Bacharel em Direito pela Universidade Estadual de Londrina – UEL. Pós-graduado em Direito. Professor de Direito Penal e Processo Penal.

DANIEL ALVES MACHADO – *RACIOCÍNIO LÓGICO*

Possui Licenciatura em Matemática pelo Centro Universitário UNISEB, Especialização em Ensino de Matemática pelo Centro Universitário Claretiano de Batatais, atualmente é professor de matemática da Prefeitura Municipal de Ribeirão Preto e mestrando do programa de Mestrado Profissional em Matemática em Rede Nacional, PROFMAT, pela Universidade de São Paulo.

DANIEL MESSIAS DA TRINDADE – *DIREITO EMPRESARIAL*

Advogado. Coordenador e Professor do Curso Ênfase. Autor de livros jurídicos. Ex-Delegado de Polícia do Estado do Rio Grande do Sul. Fundador do App iGabaritei para concursos. Especialista em Direito Público pela Universidade Potiguar. Especialista em Segurança Pública pela Academia de Polícia do Estado do Rio Grande do Sul. Membro *honoris causa* do Centro de Estudos de Direito Europeu em Lisboa, Portugal.

Facebook: @profdanieltrindade

Instagram: @profdanieltrindade

Twitter: @dantrind

DIMAS YAMADA SCARDOELLI – *DIREITO TRIBUTÁRIO*

Agente Fiscal de Rendas/SP. Mestre em Direito pela UNESP. Bacharel em Ciências Contábeis pelo Uni-FACEF. Autor de livros jurídicos acadêmicos e preparatórios para concursos públicos. Professor do CERS - Complexo de Ensino Renato Saraiva, cursos de pós-graduação e MBA's

Facebook: @dimasyamadascardoelli

DUDA NOGUEIRA – *LÍNGUA PORTUGUESA*

Professora de Língua Portuguesa para concursos públicos. Pós-graduada em Linguística e Graduada em Letras. Autora de vários livros das Coleções Tribunais e MPU, Revisaço, Simulaço, Sinopses para carreiras fiscais e Revisão Final. Coordenadora Editorial JusPodivm. Docente no Curso Ênfase e no curso EuVouPassar. Grupo de estudos Facebook - Duda Nogueira Língua Portuguesa para concursos. Twitter, Instagram e Periscope - @DudaProfe. E-mail: professoraduda@gmail.com

FÁBIO CALIARI – *CRIMINOLOGIA*

Advogado, Assessor Jurídico, Professor efetivo de Direito Penal, Direito Processual Penal e Prática Jurídica Penal no IMESB, Instituto Municipal de Ensino Superior – Bebedouro/ SP. No Centro de Educação Barretos (Faculdade Barretos) lecionou Direito Penal, Direito Processual Penal e Prática Jurídica Penal. Mestre em Direito Penal pela Pontifícia Universidade Católica de São Paulo, PUC-SP. Aluno Especial do Doutorado da Universidade de São Paulo – Largo São Francisco. Membro do Projeto OAB vai à Escola, 87ª. Subsecção da OAB – Bebedouro/SP. Possui graduação em Direito pela Unifeb Barretos. Autor de artigos e obras jurídicas. Tem experiência forense atuando como advogado na área cível, criminal e pública.

LUCIANO ALVES ROSSATO – *DIREITO PROCESSUAL CIVIL*

Doutor em Direito pela PUC/SP. Professor de cursos de pós-graduação *lato sensu*. Professor do Complexo de Ensino Renato Saraiva. Procurador do Estado de São Paulo. Autor de livros e artigos jurídicos.

Site: www.lucianorossato.pro.br.

Instagram: @lucianorossato1.

Periscope: lucianorossato.

Youtube: professorlucianorossato

LUCIANO FREIRE – *INFORMÁTICA*

Graduado e Mestre em Ciência da Computação pela UFSCar. Especialista em Segurança da Informação pela UNIRIO. Experiência de 11 anos como professor universitário, lecionando disciplinas de programação e segurança da informação. Possui 10 anos de experiência como Coordenador de Cursos de Computação. Atualmente é professor dos cursos de Ciência da Computação, Sistemas de Informação e Engenharia de Computação e Diretor Adjunto de Planejamento e Suporte Acadêmico da Universidade Anhembi Morumbi. Tutor virtual do curso de Sistemas de Informação (Modalidade EAD) da UFSCar.

LUÍS FELIPE CIRINO – *DIREITO ADMINISTRATIVO*

Graduado, Mestre e Doutorando em Direito pela USP. Professor em cursos preparatórios e de pós-graduação em Ribeirão Preto/SP, Campinas/SP, São Paulo/SP e Goiânia/GO. Advogado em Ribeirão Preto/SP.

RAFAEL DA COSTA FREIRIA – *DIREITO AMBIENTAL*

Graduado em Direito pela Universidade Federal do Paraná – UFPR (2000); mestrado em Direitos Difusos e Sociais pela Universidade Estadual Paulista Júlio de Mesquita Filho – UNESP (2005); doutorado em Saneamento e Ambiente pela UNICAMP (2010); pós-doutorado no Programa de Direito Ambiental e Sustentabilidade da Universidade de Alicante – Espanha (2013). Atualmente é professor efetivo na UNICAMP na área ambiental e coordenador de extensão da Faculdade de Tecnologia/Unicamp.

RICARDO SILVARES – *DIREITO PROCESSUAL PENAL*

Promotor de Justiça do Ministério Público do Estado de São Paulo desde 1994, professor de Direito Penal e Processo Penal em cursos de preparação para concursos, especialista em Direito Penal Econômico e Europeu pela Universidade de Coimbra, em convênio com o Instituto Brasileiro de Ciências Criminais – IBCCrim, mestrando em Direito Processual Penal pela Faculdade de Direito da Universidade de São Paulo.

TAÍSA CINTRA DOSSO – *DIREITO AMBIENTAL*

Graduada e Mestre em Direito pela Universidade Estadual Paulista – UNESP, campus de Franca. Especialista em Direito Processual Civil. Professora de Cursos de Pós-Graduação. Procuradora do Município de Ribeirão Preto-SP.

TALITA NOGUEIRA – *LÍNGUA PORTUGUESA*

Professora de Língua Portuguesa – Gramática e Interpretação de Texto. Graduada em Letras e Pedagogia. Autora da Coleção REVISAÇO: MPU, Delegado de Polícia Civil, TJ/SP, Investigador, Escrivão, Agente e Inspetor de Polícia Civil e Procuradoria do Município.

THAÍS DEL MONTE BUZATO – *DIREITO CIVIL*

Advogada. Mestre em Direito das Relações Sociais pela PUC-SP. Docente da Faculdade de Direito do Centro Universitário Moura Lacerda e da Faculdade de Direito da Universidade Paulista - UNIP. Docente em diversos cursos preparatórios para concursos e para OAB. Autora e coautora de obras direcionadas a carreiras jurídicas e OAB.

Apresentação da Coleção Revisaço

"REVISAÇO" é a consagrada coleção de questões comentadas da *Editora Juspodivm*.

Com cuidado, pensamos num formato que fosse além dos comentários das questões. Algo que realmente pudesse ajudar o aluno no estudo de concursos ou Exames de Ordem, principalmente na revisão final.

Para isso, estabelecemos a seguinte estrutura **didática**:

- **Questões divididas por matéria e assunto, comentadas assertiva por assertiva, item por item**, demonstrando tanto o que está certo como o que está errado na questão;
- Sempre que possível, há uma "nota do autor" em cada questão trazendo **comentários que vão além do assunto abordado no exercício**.

Ao final das disciplinas apresentamos:

- **Dicas de estudo**, funcionando como verdadeiro resumo da matéria;
- **Súmulas dos Tribunais Superiores**;

A ideia, portanto, é apresentar a **prática do concurso ou Exame da Ordem** (questões), a **doutrina para estudo** (dicas) e a **jurisprudência** (súmulas), formando a tríade necessária para uma revisão (verdadeiro REVISAÇO!) rumo ao sucesso na aprovação.

Vários livros compõem a coleção e, para todos, chamamos grandes nomes, professores experientes, profissionais de destaque e especialistas em cada área para que organizassem as obras e comentassem as questões.

Acreditamos que essa coleção será bastante útil aos candidatos de concursos públicos e Exame de Ordem.

EDITORA JUSPODIVM

www.editorajuspodivm.com.br

Sumário

LÍNGUA PORTUGUESA 29

Duda Nogueira e Talita Nogueira

TABELA DE INCIDÊNCIA DE QUESTÕES 29

✦ APRESENTAÇÃO 31

✦ QUESTÕES 31

1. ACENTUAÇÃO, ORTOGRAFIA E SEMÂNTICA 31
2. PRONOME 38
3. VERBO 43
4. ANÁLISE SINTÁTICA 47
5. PERÍODO COMPOSTO 51
6. CONCORDÂNCIA 57
7. REGÊNCIA E CRASE 62
   7.1. REGÊNCIA 62
   7.2. CRASE 63
8. PONTUAÇÃO 66
9. COESÃO E COERÊNCIA 73
10. CORRESPONDÊNCIA OFICIAL 101
11. INTERPRETAÇÃO DE TEXTO 109

✦ DICAS 157

1. ACENTUAÇÃO 157
   1.1. REGRAS DE ACENTUAÇÃO GRÁFICA 157
   1.2. PROPAROXÍTONAS 157
   1.3. PAROXÍTONAS 157
   1.4. OXÍTONAS 157
   1.5. MONOSSÍLABOS 158
      1.5.1. MONOSSÍLABOS TÔNICOS 158
      1.5.2. MONOSSÍLABOS ÁTONOS 158
   1.6. REGRAS ESPECIAIS 158
2. REFORMA ORTOGRÁFICA 158
   2.1. ACENTO AGUDO 158
   2.2. ACENTO DIFERENCIAL 159
   2.3. ACENTO CIRCUNFLEXO 159
   2.4. TREMA 159
   2.5. ALFABETO 159
   2.6. HÍFEN 159
      2.6.1. USO DO HÍFEN 160
3. GRAUS DOS ADJETIVOS 160
   3.1. COMPARATIVO: COMPARA ELEMENTOS 160
   3.2. SUPERLATIVO 160
      3.2.1. ABSOLUTO 160
      3.2.2. SUPERLATIVO RELATIVO 160
4. PRONOME 160
   4.1. PESSOAL 160
   4.2. DEMONSTRATIVO 160
   4.3. RELATIVO 160
5. VERBO 160
   5.1. MODOS 160
   5.2. TEMPOS 160
      5.2.1. PRESENTE 160
      5.2.2. FUTURO 161
      5.2.3. PRETÉRITO 161
      5.2.4. VOZES VERBAIS 161
6. ANÁLISE SINTÁTICA 161
   6.1. FRASE, ORAÇÃO E PERÍODO 161
   6.2. SUJEITO 161
   6.3. PREDICAÇÃO VERBAL 161
   6.4. PREDICATIVO 161
   6.5. PREDICADO 162
   6.6. COMPLEMENTOS VERBAIS: 162
   6.7. AGENTE DA PASSIVA: 162
   6.8. COMPLEMENTO NOMINAL: 162
   6.9. ADJUNTO ADVERBIAL: 162
   6.10. APOSTO 162
   6.11. VOCATIVO 162
7. PERÍODO COMPOSTO 162
   7.1. COORDENAÇÃO: SÃO ORAÇÕES INDEPENDENTES SINTATICAMENTE. 162
   7.2. SUBORDINAÇÃO: SÃO ORAÇÕES DEPENDENTES SINTATICAMENTE. 162
8. CONCORDÂNCIA VERBAL 163
9. CONCORDÂNCIA NOMINAL 163
10. REGÊNCIA VERBAL 163
11. REGÊNCIA NOMINAL 163
12. CRASE 163
   12.1. CRASE DIANTE DE PRONOMES RELATIVOS 163
13. PONTUAÇÃO 164
   13.1. VÍRGULA 164
14. COLOCAÇÃO PRONOMINAL 164
15. FIGURAS DE LINGUAGEM 165
   15.1. FIGURA DE PALAVRA 165
      15.1.1. METÁFORA 165
      15.1.2. METONÍMIA 165
      15.1.3. CATACRESE 166
      15.1.4. PERÍFRASE 166
      15.1.5. SINESTESIA 166
   15.2. FIGURAS DE PENSAMENTO 166
      15.2.1. ANTÍTESE 166
      15.2.2. PARADOXO 166
      15.2.3. EUFEMISMO 166
      15.2.4. IRONIA 166
      15.2.5. HIPÉRBOLE 166

15.2.6. PROSOPOPEIA OU PERSONIFICAÇÃO ... 166
15.2.7. APÓSTROFE ... 167
15.2.8. GRADAÇÃO ... 167
15.3. FIGURAS DE CONSTRUÇÃO OU SINTÁTICAS ... 167
15.3.1. ELIPSE ... 167
15.3.2. ZEUGMA ... 167
15.3.3. SILEPSE ... 167
15.3.3.1. SILEPSE DE GÊNERO 167
15.3.3.2. SILEPSE DE NÚMERO ... 167
15.3.3.3. SILEPSE DE PESSOA 168
15.3.4. POLISSÍNDETO / ASSÍNDETO .. 168
15.3.5. PLEONASMO ... 168
15.3.6. ANÁFORA ... 168
15.3.7. ANACOLUTO ... 168
15.3.8. HIPÉRBATO / INVERSÃO ... 168
15.4. FIGURAS DE SOM ... 169
15.4.1. ALITERAÇÃO ... 169
15.4.2. ASSONÂNCIA ... 169
15.4.3. ONOMATOPEIA ... 169
15.5. VÍCIOS DE LINGUAGEM ... 169
15.5.1. PLEONASMO VICIOSO OU REDUNDÂNCIA ... 169
15.5.2. BARBARISMO ... 169
15.5.3. SOLECISMO ... 169
15.5.4. AMBIGUIDADE OU ANFIBOLOGIA ... 169
15.5.5. CACOFONIA ... 169
15.5.6. ECO ... 170
15.5.7. HIATO ... 170
15.5.8. COLISÃO ... 170
16. INTERPRETAÇÃO DE TEXTO ... 170
16.1. TIPOLOGIA TEXTUAL ... 170
16.2. GÊNEROS TEXTUAIS ... 171
16.3. ARGUMENTAÇÃO ... 171
16.3.1. ARGUMENTAÇÃO POR CITAÇÃO ... 172
16.3.2. ARGUMENTAÇÃO POR COMPROVAÇÃO ... 172
16.3.3. ARGUMENTAÇÃO POR RACIOCÍNIO LÓGICO ... 172
16.4. PRESSUPOSTOS E SUBENTENDIDOS ... 172
16.4.1. PRESSUPOSTOS ... 172
16.4.2. SUBENTENDIDOS ... 173
16.5. NÍVEIS DE LINGUAGEM ... 173
16.6. DISCURSO DIRETO E INDIRETO ... 174
17. REDAÇÃO OFICIAL ... 174
✦ DICAS MAIS PEDIDAS ... 174
1. O QUE É REDAÇÃO OFICIAL ... 174
2. A IMPESSOALIDADE ... 175
3. A LINGUAGEM DOS ATOS E COMUNICAÇÕES OFICIAIS ... 175
4. FORMALIDADE E PADRONIZAÇÃO ... 176
5. CONCISÃO E CLAREZA ... 176
✦ BIBLIOGRAFIA ... 177

DIREITO PENAL ... 179

Rogério Sanches Cunha

TABELA DE INCIDÊNCIA DE QUESTÕES ... 179
✦ QUESTÕES ... 181
1. CRIMINOLOGIA ... 181
2. PRINCÍPIOS ... 183
3. FONTES DO DIREITO PENAL ... 188
4. CLASSIFICAÇÃO DE CRIMES ... 188
5. LEI PENAL ... 189
6. LEI PENAL NO TEMPO ... 192
7. TEMPO DO CRIME ... 194
8. LEI PENAL NO ESPAÇO ... 195
9. LEI PENAL EM RELAÇÃO ÀS PESSOAS ... 198
10. CONFLITO APARENTE DE NORMAS ... 199
11. TEORIA DO DELITO ... 200
12. RELAÇÃO DE CAUSALIDADE ... 202
13. CONSUMAÇÃO E TENTATIVA ... 207
14. ARREPENDIMENTO POSTERIOR ... 210
15. CRIME IMPOSSÍVEL ... 210
16. DOLO ... 211
17. CULPA ... 211
18. ERRO ... 212
19. ILICITUDE ... 216
20. CULPABILIDADE ... 220
21. CONCURSO DE PESSOAS ... 226
22. DETRAÇÃO ... 236
23. PENAS RESTRITIVAS DE DIREITOS ... 237
24. PENA DE MULTA ... 238
25. APLICAÇÃO DA PENA ... 240
26. CONCURSO DE CRIMES ... 244
27. ERRO NA EXECUÇÃO ... 249
28. SUSPENSÃO CONDICIONAL DA PENA ... 251
29. LIVRAMENTO CONDICIONAL ... 252
30. EFEITOS DA CONDENAÇÃO ... 253
31. MEDIDAS DE SEGURANÇA ... 254
32. AÇÃO PENAL ... 254
33. EXTINÇÃO DA PUNIBILIDADE ... 255
33.1. PRESCRIÇÃO ... 259
34. HOMICÍDIO ... 264
35. INDUZIMENTO, INSTIGAÇÃO OU AUXÍLIO AO SUICÍDIO ... 273
36. ABORTO ... 274
37. LESÃO CORPORAL ... 277
38. ABANDONO DE INCAPAZ ... 280
39. OMISSÃO DE SOCORRO ... 281
40. MAUS TRATOS ... 282
41. DIFAMAÇÃO ... 282
42. INJÚRIA ... 284

43. CONSTRANGIMENTO ILEGAL ... 285
44. INVASÃO DE DISPOSITIVO INFORMÁTICO ... 285
45. FURTO ... 286
46. ROUBO ... 296
47. EXTORSÃO ... 301
48. EXTORSÃO MEDIANTE SEQUESTRO ... 303
49. EXTORSÃO INDIRETA ... 303
50. DANO ... 304
51. APROPRIAÇÃO INDÉBITA ... 304
52. ESTELIONATO ... 305
53. RECEPTAÇÃO ... 306
54. VIOLAÇÃO DE DIREITO AUTORAL ... 307
55. OCULTAÇÃO DE CADÁVER ... 308
56. ESTUPRO ... 309
57. VIOLAÇÃO SEXUAL MEDIANTE FRAUDE ... 312
58. ESTUPRO DE VULNERÁVEL ... 313
59. SATISFAÇÃO DE LASCÍVIA MEDIANTE PRESENÇA DE CRIANÇA OU ADOLESCENTE ... 315
60. FAVORECIMENTO DA PROSTITUIÇÃO OU DE OUTRA FORMA DE EXPLORAÇÃO SEXUAL DE CRIANÇA OU ADOLESCENTE OU DE VULNERÁVEL ... 316
61. CASA DE PROSTITUIÇÃO ... 317
62. RUFIANISMO ... 317
63. ATO OBSCENO ... 317
64. BIGAMIA ... 318
65. ABANDONO MATERIAL ... 318
66. ABANDONO MORAL ... 319
67. EXPLOSÃO ... 319
68. ASSOCIAÇÃO CRIMINOSA ... 320
69. CONSTITUIÇÃO DE MILÍCIA PRIVADA ... 322
70. MOEDA FALSA ... 324
71. PETRECHOS PARA FALSIFICAÇÃO DE MOEDA ... 324
72. FALSIFICAÇÃO DE DOCUMENTO PÚBLICO ... 324
73. FALSIFICAÇÃO DE DOCUMENTO PARTICULAR ... 325
74. FALSIDADE IDEOLÓGICA ... 325
75. FALSIDADE DE ATESTADO MÉDICO ... 327
76. USO DE DOCUMENTO FALSO ... 327
77. FRAUDES EM CERTAMES DE INTERESSE PÚBLICO ... 327
78. CRIMES CONTRA A ADMINISTRAÇÃO PÚBLICA (TEMAS DIVERSOS) ... 328
78.1. PECULATO ... 329
78.2. PECULATO MEDIANTE ERRO DE OUTREM ... 332
78.3. CONCUSSÃO ... 332
78.4. VIOLAÇÃO DE SIGILO FUNCIONAL ... 334
78.5. CORRUPÇÃO PASSIVA ... 334
78.6. PREVARICAÇÃO ... 336
78.7. ADVOCACIA ADMINISTRATIVA ... 337
78.8. USURPAÇÃO DE FUNÇÃO PÚBLICA ... 337
78.9. DESACATO ... 338
78.10. TRÁFICO DE INFLUÊNCIA ... 338
78.11. RESISTÊNCIA ... 338
78.12. CORRUPÇÃO ATIVA ... 339
78.13. DENUNCIAÇÃO CALUNIOSA ... 339
78.14. COMUNICAÇÃO FALSA DE CRIME ... 341
78.15. FAVORECIMENTO REAL ... 341
78.16. INTRODUÇÃO DE APARELHO DE COMUNICAÇÃO, SEM AUTORIZAÇÃO LEGAL, EM ESTABELECIMENTO PRISIONAL ... 341
78.17. EXERCÍCIO ARBITRÁRIO OU ABUSO DE PODER ... 342
78.18. FUGA DE PESSOA PRESA OU SUBMETIDA A MEDIDA DE SEGURANÇA ... 343
78.19. EXPLORAÇÃO DE PRESTÍGIO ... 343
78.20. DESOBEDIÊNCIA A DECISÃO JUDICIAL SOBRE PERDA OU SUSPENSÃO DE DIREITO ... 343
79. LEIS ESPECIAIS ... 344
79.1. LEI DE DROGAS ... 344
79.2. CRIMES CONTRA A ORDEM TRIBUTÁRIA, ECONÔMICA E CONTRA AS RELAÇÕES DE CONSUMO ... 357
79.3. ARMA DE FOGO ... 359
79.4. CRIMES AMBIENTAIS ... 368
79.5. LICITAÇÃO ... 374
79.6. LAVAGEM DE DINHEIRO ... 376
79.7. CRIMES CONTRA O SISTEMA FINANCEIRO NACIONAL ... 379
79.8. ABUSO DE AUTORIDADE ... 379
79.9. EXECUÇÃO PENAL ... 383
79.10. CRIMES RESULTANTES DE PRECONCEITO DE RAÇA OU DE COR ... 387
79.11. CONTRAVENÇÕES PENAIS ... 391
79.12. ESTATUTO DA CRIANÇA E DO ADOLESCENTE ... 392
79.13. CRIME ORGANIZADO ... 395
79.14. LEI MARIA DA PENHA ... 401
79.15. CRIMES HEDIONDOS ... 405
79.16. TORTURA ... 409
79.17. CRIMES CONTRA AS RELAÇÕES DE CONSUMO ... 412
79.18. ESTATUTO DO IDOSO ... 413
79.19. CRIMES DE TRÂNSITO ... 414
79.20. JUIZADOS ESPECIAIS CRIMINAIS ... 421
79.21. CRIMES FALIMENTARES ... 422
79.22. CRIMES CONTRA A PROPRIEDADE INDUSTRIAL ... 424
79.23. CRIMES ELEITORAIS ... 424
79.24. INTERCEPTAÇÃO TELEFÔNICA ... 425
79.25. TERRORISMO ... 427
✦ DICAS ... 429
1. NOÇÕES GERAIS DE DIREITO PENAL ... 429
2. FONTES DO DIREITO PENAL ... 430
3. INTERPRETAÇÃO DA LEI PENAL ... 430

4. TEORIA GERAL DA NORMA PENAL 430
5. EFICÁCIA DA LEI PENAL NO TEMPO 432
6. EFICÁCIA DA LEI PENAL NO ESPAÇO 432
7. EFICÁCIA DA LEI PENAL EM RELAÇÃO AS PESSOAS 433
8. EFICÁCIA DA SENTENÇA ESTRANGEIRA, CONTAGEM DE PRAZO, CONFLITO APARENTE DE NORMAS 434
9. DO CRIME 435
10. *ITER CRIMINIS* 442
11. CONCURSO DE PESSOAS 444
12. TEORIA GERAL DAS PENAS 446
13. AÇÃO PENAL 453
14. EXTINÇÃO DA PUNIBILIDADE 454
15. CRIMES CONTRA A PESSOA 457
16. CRIMES CONTRA O PATRIMÔNIO 465
17. CRIMES CONTRA A ORGANIZAÇÃO DO TRABALHO 472
18. CRIMES CONTRA O RESPEITO AOS MORTOS 473
19. CRIMES CONTRA A DIGNIDADE SEXUAL 474
20. PROMOÇÃO DE MIGRAÇÃO ILEGAL 477
21. CRIMES CONTRA A FAMÍLIA 478
22. CRIMES CONTRA A INCOLUMIDADE PÚBLICA 479
23. CRIMES CONTRA A PAZ PÚBLICA 480
24. CRIMES CONTRA A FÉ PÚBLICA 481
25. CRIMES CONTRA A ADMINISTRAÇÃO PÚBLICA 483
26. LEIS ESPECIAIS 495

✦ **SÚMULAS DO SUPREMO TRIBUNAL FEDERAL E DO SUPERIOR TRIBUNAL DE JUSTIÇA ... 515**

1. EFICÁCIA DA LEI PENAL NO TEMPO 515
1.1. STF 515
1.2. STJ 515
2. EFICÁCIA DA LEI PENAL EM RELAÇÃO ÀS PESSOAS 516
2.1. STF 516
3. CONSUMAÇÃO E TENTATIVA 516
3.1. STF 516
4. CONCURSO DE PESSOAS 516
4.1. STF 516
5. APLICAÇÃO DA PENA 516
5.1. STF 516
5.2. STJ 516
6. PENA DE MULTA 516
6.1. STF 516
6.2. STJ 516
7. AÇÃO PENAL 516
7.1. STF 516
8. CAUSAS EXTINTIVAS DA PUNIBILIDADE 517
8.1. STJ 517
9. PRESCRIÇÃO 517
9.1. STF 517
9.2. STJ 517
10. FURTO 517
10.1. STJ 517
11. ROUBO 517
11.1. STF 517
11.2. STJ 517
12. EXTORSÃO 517
12.1. STJ 517
13. ESTELIONATO 517
13.1. STF 517
13.2. STJ 517
14. CRIMES CONTRA A PROPRIEDADE INTELECTUAL 518
14.1. STJ 518
15. ESTUPRO DE VULNERÁVEL 518
15.1. STJ 518
16. FALSIFICAÇÃO DE DOCUMENTO PÚBLICO 518
16.1. STJ 518
17. USO DE DOCUMENTO FALSO 518
17.1. STF 518
17.2. STJ 518
18. FALSA IDENTIDADE 518
18.1. STJ 518
19. CRIMES CONTRA A ADMINISTRAÇÃO PÚBLICA 518
19.1. STJ 518
20. CONTRABANDO E DESCAMINHO 518
20.1. STJ 518
21. FALSO TESTEMUNHO 518
21.1. STJ 518
22. LEIS ESPECIAIS 518
22.1. CONTRAVENÇÕES PENAIS 518
22.1.1. STJ 518
22.2. CRIMES DE RESPONSABILIDADE 519
22.2.1. STF 519
22.2.2. STJ 519
22.3. EXECUÇÃO PENAL 519
22.3.1. STF 519
22.3.2. STJ 519
22.4. ESTATUTO DA CRIANÇA E DO ADOLESCENTE 520
22.4.1. STJ 520
22.5. CRIMES CONTRA A ORDEM TRIBUTÁRIA 520
22.5.1. STF 520
22.6. LEI Nº 9.099/95 520
22.6.1. STF 520
22.6.2. STJ 520
22.7. CRIMES CONTRA O SISTEMA DE TELECOMUNICAÇÕES 520
22.7.1. STJ 520
22.8. CRIMES DE TRÂNSITO 520
22.8.1. STF 520
22.8.2. STJ 520
22.9. ARMAS DE FOGO 520
22.9.1. STJ 520

22.10. LEI MARIA DA PENHA ... 521
22.10.1. STJ ... 521
22.11. LEI DE DROGAS ... 521
22.11.1. STF ... 521
22.11.2. STJ ... 521

DIREITO PROCESSUAL PENAL ... 523

Ricardo Silvares

TABELA DE INCIDÊNCIA DE QUESTÕES ... 523

✦ QUESTÕES ... 525

1. PRINCÍPIOS E GARANTIAS ... 525
2. NORMA PROCESSUAL PENAL E SUA APLICAÇÃO ... 545
3. INQUÉRITO POLICIAL E OUTROS PROCEDIMENTOS INVESTIGATÓRIOS ... 550
4. AÇÃO PENAL ... 580
   4.1. AÇÃO PENAL PÚBLICA ... 580
   4.2. AÇÃO PENAL PRIVADA ... 586
5. COMPETÊNCIA ... 589
6. QUESTÕES PREJUDICIAIS, EXCEÇÕES E INCIDENTES ... 603
7. CITAÇÃO, INTIMAÇÕES E CONTAGEM DE PRAZOS ... 610
8. PROVAS ... 613
9. SENTENÇA ... 640
10. PROCEDIMENTOS ... 644
    10.1. PROCEDIMENTOS COMUNS ORDINÁRIO E SUMÁRIO ... 644
    10.2. PROCEDIMENTO SUMARÍSSIMO (LEI Nº 9.099/1995) ... 651
    10.3. PROCEDIMENTO DOS PROCESSOS DE COMPETÊNCIA DO TRIBUNAL DO JÚRI ... 659
    10.4. PROCEDIMENTOS ESPECIAIS DO CPP E LEGISLAÇÃO PROCESSUAL ESPECIAL ... 663
11. NULIDADES ... 699
12. RECURSOS ... 703
13. *HABEAS CORPUS* E MANDADO DE SEGURANÇA ... 707
14. MEDIDAS COATIVAS PESSOAIS ... 711
15. MEDIDAS CAUTELARES REAIS ... 756
16. EXECUÇÃO PENAL ... 761

✦ DICAS (RESUMO) ... 765

1. PRINCÍPIOS E GARANTIAS ... 765
   DECRETO 678/1992 (CONVENÇÃO AMERICANA DE DIREITOS HUMANOS) ... 765
2. NORMA PROCESSUAL PENAL E SUA APLICAÇÃO ... 769
3. INQUÉRITO POLICIAL E OUTROS PROCEDIMENTOS INVESTIGATÓRIOS ... 769
4. AÇÃO PENAL ... 773
5. AÇÃO CIVIL *EX DELICTO* ... 777
6. COMPETÊNCIA ... 778
7. QUESTÕES PREJUDICIAIS, EXCEÇÕES E INCIDENTES ... 783
8. CITAÇÃO, INTIMAÇÃO E CONTAGEM DE PRAZOS ... 786
9. PROVAS ... 787
10. SENTENÇA ... 791
11. PROCEDIMENTOS ... 792
    11.1. PROCEDIMENTOS COMUNS ORDINÁRIO E SUMÁRIO ... 792
    11.2. PROCEDIMENTO SUMARÍSSIMO (LEI 9.099/1995) ... 794
    11.3. PROCEDIMENTO DOS PROCESSOS DE COMPETÊNCIA DO TRIBUNAL DO JÚRI ... 796
    11.4. PROCEDIMENTOS ESPECIAIS DO CPP E LEGISLAÇÃO PROCESSUAL ESPECIAL ... 799
12. NULIDADES ... 803
13. RECURSOS ... 804
14. *HABEAS CORPUS* ... 806
15. MEDIDAS COATIVAS PESSOAIS ... 806
16. MEDIDAS CAUTELARES REAIS ... 811
17. EXECUÇÃO PENAL ... 811
18. COOPERAÇÃO JURÍDICA INTERNACIONAL ... 814

✦ SÚMULAS APLICÁVEIS ... 816

1. PRINCÍPIOS E GARANTIAS ... 816
2. INQUÉRITO POLICIAL E OUTROS PROCEDIMENTOS INVESTIGATÓRIOS ... 816
3. AÇÃO PENAL ... 817
4. AÇÃO CIVIL *EX DELICTO* ... 817
5. COMPETÊNCIA ... 817
6. QUESTÕES PREJUDICIAIS, EXCEÇÕES E INCIDENTES ... 818
7. CITAÇÃO, INTIMAÇÕES E CONTAGEM DE PRAZOS ... 818
8. PROVAS ... 819
9. SENTENÇA ... 819
10. PROCEDIMENTOS ... 819
11. NULIDADES ... 820
12. RECURSOS ... 820
13. REVISÃO CRIMINAL ... 822
14. *HABEAS CORPUS* E MANDADO DE SEGURANÇA ... 822
15. MEDIDAS COATIVAS PESSOAIS ... 823
16. EXECUÇÃO PENAL ... 823

CRIMINOLOGIA ... 825

Fábio Caliari

TABELA DE INCIDÊNCIA DE QUESTÕES ... 825

✦ QUESTÕES ... 827

1. NASCIMENTO DA CRIMINOLOGIA ... 827
2. CRIMINOLOGIA COMO CIÊNCIA ... 829
3. TEORIAS DA PENA ... 835
4. TEORIAS CRIMINOLÓGICAS ... 836
5. VITIMOLOGIA ... 846
6. PREVENÇÃO E REAÇÃO ... 848

✦ DICAS ... 853

MEDICINA LEGAL.............................. 857

Cleyson Brene

TABELA DE INCIDÊNCIA DE QUESTÕES 857

✦ QUESTÕES 859

1. PERÍCIAS, PERITOS E DOCUMENTOS MÉDICO--LEGAIS 859
2. ANTROPOLOGIA 868
3. TANATOLOGIA 873
4. TRAUMATOLOGIA 885
5. SEXOLOGIA FORENSE 912
6. PSICOPATOLOGIA 920

✦ DICAS 930

1. PERÍCIAS, PERITOS E DOCUMENTOS MÉDICO--LEGAIS 930
2. ANTROPOLOGIA 932
3. TANATOLOGIA 933
4. TRAUMATOLOGIA 936
5. SEXOLOGIA 941
6. PSICOPATOLOGIA 943

DIREITO CONSTITUCIONAL 949

Paulo Lépore

TABELA DE INCIDÊNCIA DE QUESTÕES 949

✦ QUESTÕES 951

1. CONSTITUIÇÃO. CONCEITO. CLASSIFICAÇÃO. APLICABILIDADE E INTERPRETAÇÃO DAS NORMAS CONSTITUCIONAIS. SUPREMACIA DA CONSTITUIÇÃO 951
2. PODER CONSTITUINTE. CONCEITO, FINALIDADE, TITULARIDADE E ESPÉCIES. REFORMA DA CONSTITUIÇÃO. CLÁUSULAS PÉTREAS. 958
3. PRINCÍPIOS FUNDAMENTAIS DA CONSTITUIÇÃO BRASILEIRA. 964
4. DIREITOS E GARANTIAS FUNDAMENTAIS 967
   - 4.1. DIREITOS E DEVERES INDIVIDUAIS, COLETIVOS 971
   - 4.2. AÇÕES OU REMÉDIOS CONSTITUCIONAIS 980
   - 4.3. DIREITOS SOCIAIS 984
   - 4.4. DIREITOS DA NACIONALIDADE 985
   - 4.5. DIREITOS POLÍTICOS E SISTEMAS ELEITORAIS 988
5. ORGANIZAÇÃO DO ESTADO 992
   - 5.1. ORGANIZAÇÃO POLÍTICO ADMINISTRATIVA. 995
   - 5.2. ENTES FEDERADOS E DISTRIBUIÇÃO DE COMPETÊNCIAS 999
   - 5.3. ADMINISTRAÇÃO PÚBLICA 1004
   - 5.4. SEPARAÇÃO DOS PODERES 1006
     - 5.4.1. PODER LEGISLATIVO 1007
       - 5.4.1.1. PROCESSO LEGISLATIVO 1015
     - 5.4.2. PODER EXECUTIVO 1017
     - 5.4.3. PODER JUDICÁRIO 1020
     - 5.4.4. CONSELHO NACIONAL DE JUSTIÇA 1023
   - 5.5. FUNÇÕES ESSENCIAIS À JUSTIÇA 1024
6. CONTROLE DE CONSTITUCIONALIDADE 1027
7. DEFESA DO ESTADO E DAS INSTITUIÇÕES DEMOCRÁTICAS 1032
8. SEGURANÇA PÚBLICA 1036
9. TRIBUTAÇÃO, FINANÇAS E ORÇAMENTO 1041
10. ORDEM ECONÔMICA E FINANCEIRA 1041
11. ORDEM SOCIAL 1042

TEORIA DA CONSTITUIÇÃO E DAS NORMAS CONSTITUCIONAIS 1047

✦ DICAS 1047

PODER CONSTITUINTE E DIREITO CONSTITUCIONAL INTERTEMPORAL 1053

✦ DICAS 1053

1. PODER CONSTITUINTE 1053
2. DIREITO CONSTITUCIONAL INTERTEMPORAL ... 1055

PRINCÍPIOS FUNDAMENTAIS DA CONSTITUIÇÃO DA REPÚBLICA FEDERATIVA DO BRASIL 1056

✦ DICAS 1056

DIREITOS E GARANTIAS FUNDAMENTAIS 1058

✦ DICAS 1058

✦ SÚMULAS 1080

✦ INFORMATIVOS 1081

STF 1081

STJ 1082

DIREITOS SOCIAIS 1084

✦ DICAS 1084

DIREITOS DA NACIONALIDADE 1086

✦ DICAS 1086

DIREITOS POLÍTICOS E SISTEMAS ELEITORAIS... 1088

✦ DICAS 1088

ORGANIZAÇÃO POLÍTICO-ADMINISTRATIVA 1091

✦ DICAS 1091

✦ INFORMATIVOS 1097

STF 1097

ADMINISTRAÇÃO PÚBLICA 1103

✦ DICAS 1103

SEPARAÇÃO DOS PODERES 1108

✦ DICAS 1108

✦ SÚMULAS 1125

✦ INFORMATIVOS 1125

FUNÇÕES ESSENCIAIS À JUSTIÇA 1130

✦ DICAS 1130

✦ INFORMATIVOS 1136

STF 1136

CONTROLE DE CONSTITUCIONALIDADE 1138

✦ DICAS 1138

DEFESA DO ESTADO E DAS INSTITUIÇÕES DEMOCRÁTICAS 1156

✦ DICAS 1156

TRIBUTAÇÃO E ORÇAMENTO 1157

✦ DICAS 1157

ORDEM ECONÔMICA E FINANCEIRA 1159

✦ DICAS 1159

ORDEM SOCIAL 1160

✦ DICAS 1160

DIREITOS HUMANOS 1165

Paulo Lépore

TABELA DE INCIDÊNCIA DE QUESTÕES 1165

✦ QUESTÕES 1167

1. HISTÓRIA DOS DIREITOS HUMANOS 1167
2. TEORIA, CONCEITOS E ELEMENTOS DOS DIREITOS HUMANOS 1169
3. DECLARAÇÕES E TRATADOS INTERNACIONAIS. 1173
4. ATUALIDADES, DIREITOS ESPECIAIS E OS DIREITOS HUMANOS 1184

✦ DICAS 1187

✦ SÚMULAS APLICÁVEIS 1190

DIREITO ADMINISTRATIVO 1191

Leandro Bortoleto e Luís Felipe Cirino

TABELA DE INCIDÊNCIA DE QUESTÕES 1191

✦ QUESTÕES 1193

1. INTRODUÇÃO AO DIREITO ADMINISTRATIVO 1193
2. REGIME JURÍDICO ADMINISTRATIVO 1196
3. ADMINISTRAÇÃO PÚBLICA E TERCEIRO SETOR. 1203
4. AGENTES PÚBLICOS: DISPOSIÇÕES CONSTITUCIONAIS 1215
5. REGIME JURÍDICO DOS SERVIDORES PÚBLICOS CIVIS FEDERAIS: LEI Nº 8.112/90 1222
6. PODERES ADMINISTRATIVOS 1225
7. ATO ADMINISTRATIVO 1236
8. PROCESSO ADMINISTRATIVO 1246
9. LICITAÇÃO E CONTRATO ADMINISTRATIVO 1248
10. SERVIÇOS PÚBLICOS 1263
11. BENS PÚBLICOS 1273
12. INTERVENÇÃO DO ESTADO NA PROPRIEDADE. 1275
13. RESPONSABILIDADE EXTRACONTRATUAL DO ESTADO 1279
14. CONTROLE DA ADMINISTRAÇÃO PÚBLICA 1283
15. IMPROBIDADE ADMINISTRATIVA: LEI Nº 8.429/92 1289

✦ DICAS 1297

1. CONCEITO E FONTES DO DIREITO ADMINISTRATIVO 1297
2. REGIME JURÍDICO ADMINISTRATIVO 1297
3. ADMINISTRAÇÃO PÚBLICA E TERCEIRO SETOR. 1298

TERCEIRO SETOR 1299

4. AGENTES PÚBLICOS: DISPOSIÇÕES CONSTITUCIONAIS 1301
5. REGIME JURÍDICO DOS SERVIDORES PÚBLICOS 1304
   5.1. LEI Nº 8.112/90 1304
6. PODERES ADMINISTRATIVOS 1310
7. ATO ADMINISTRATIVO 1311
8. PROCESSO ADMINISTRATIVO 1312
   8.1. LEI Nº 9.784/99 1313
9. LICITAÇÃO E CONTRATO ADMINISTRATIVO 1314
10. SERVIÇOS PÚBLICOS 1319
11. BENS PÚBLICOS 1321
12. INTERVENÇÃO DO ESTADO NA PROPRIEDADE PRIVADA 1322
13. RESPONSABILIDADE EXTRACONTRATUAL DO ESTADO 1323
14. CONTROLE DA ADMINISTRAÇÃO PÚBLICA 1324
15. IMPROBIDADE ADMINISTRATIVA: LEI Nº 8.429/92 1325

✦ SÚMULAS APLICÁVEIS 1326

1. PRINCÍPIOS DA ADMINISTRAÇÃO PÚBLICA 1326
   1.1. SÚMULAS 1326
2. AGENTES PÚBLICOS 1326
   2.1. SERVIDOR PÚBLICO 1326
      2.1.1. CONCURSO PÚBLICO 1327
      2.1.2. DEMISSÃO 1327
      2.1.3. DISPONIBILIDADE 1327
      2.1.4. REMUNERAÇÃO 1328
      2.1.5. TEMPO DE SERVIÇO 1328
      2.1.6. VITALICIEDADE 1328
      2.1.7. NOMEAÇÃO PARA CARGO EM COMISSÃO (NEPOTISMO) 1328
3. PODERES ADMINISTRATIVOS 1329
   3.1. PODER DE POLÍCIA 1329
4. ATO ADMINISTRATIVO 1329
5. PROCESSO ADMINISTRATIVO 1329
6. BENS PÚBLICOS 1329
7. INTERVENÇÃO DO ESTADO NA PROPRIEDADE PRIVADA 1329
   7.1. DESAPROPRIAÇÃO 1329

DIREITO CIVIL 1331

Thaís Del Monte Buzato

TABELA DE INCIDÊNCIA DE QUESTÕES 1331

✦ QUESTÕES 1333

✦ PARTE GERAL 1333

1. LEI DE INTRODUÇÃO ÀS NORMAS DO DIREITO BRASILEIRO 1333
2. DAS PESSOAS 1337
3. DOS BENS 1345
4. DOS ATOS E FATOS JURÍDICOS 1349
5. DA PRESCRIÇÃO E DA DECADÊNCIA 1355
6. DA PROVA 1359
7. DIREITO DAS OBRIGAÇÕES 1360

8. DOS CONTRATOS 1362
9. DIREITO DAS EMPRESAS 1363
10. DIREITO DAS COISAS 1365
11. DIREITO DAS FAMÍLIAS 1372
12. DIREITO DAS SUCESSÕES 1376
13. RESPONSABILIDADE CIVIL 1378
14. DIREITO DO CONSUMIDOR 1384
15. DIREITO PÚBLICO E DIREITO PRIVADO 1385

✦ DICAS 1387

1. LEI DE INTRODUÇÃO ÀS NORMAS DE DIREITO BRASILEIRO – LINDB 1387
2. PARTE GERAL. DAS PESSOAS 1387
3. PARTE GERAL. DOS BENS 1391
4. PARTE GERAL. DOS ATOS E FATOS JURÍDICOS 1392
5. PARTE GERAL. PRESCRIÇÃO E DECADÊNCIA 1393
6. DIREITO DAS OBRIGAÇÕES 1394
7. DOS CONTRATOS 1398
8. DIREITO DAS EMPRESAS 1401
9. DIREITO DAS COISAS 1403
10. DIREITO DAS FAMÍLIAS 1405
11. DIREITO DAS SUCESSÕES 1408
12. RESPONSABILIDADE CIVIL 1410
13. DIREITO DO CONSUMIDOR – CÓDIGO DE DEFESA DO CONSUMIDOR – LEI Nº 8.078/90 1412

✦ SÚMULAS APLICÁVEIS 1414

1. PARTE GERAL 1414
2. DIREITO DAS OBRIGAÇÕES 1414
3. DOS CONTRATOS 1414
4. DIREITO DAS EMPRESAS 1415
5. DIREITO DAS COISAS 1415
6. DIREITO DAS FAMÍLIAS 1416
7. RESPONSABILIDADE CIVIL 1416

✦ SÚMULAS VINCULANTES 1416

8. DIREITO DAS OBRIGAÇÕES 1416
9. DIREITO DO CONSUMIDOR 1416
10. DIREITO DAS EMPRESAS 1416
11. PARTE GERAL 1417
12. DIREITO DAS OBRIGAÇÕES 1417
13. DOS CONTRATOS 1418
14. DIREITO DAS EMPRESAS 1419
15. DIREITO DAS COISAS 1420
16. DIREITO DAS FAMÍLIAS 1420
17. RESPONSABILIDADE CIVIL 1420
18. DIREITO DO CONSUMIDOR 1421

DIREITO PROCESSUAL CIVIL 1423

Luciano Alves Rossato

TABELA DE INCIDÊNCIA DE QUESTÕES 1423

✦ QUESTÕES 1425

1. NORMAS FUNDAMENTAIS 1425
2. MEIOS ALTERNATIVOS DE SOLUÇÃO DE CONFLITOS 1425
3. COMPETÊNCIA 1426
4. DO JUIZ 1429
5. ATOS PROCESSUAIS 1429
6. INTERVENÇÃO DE TERCEIROS 1431
7. PROVAS 1432
8. TUTELA PROVISÓRIA 1432
9. DOS PROCESSOS NOS TRIBUNAIS E DA IMPUGNAÇÃO DAS DECISÕES JUDICIAIS 1433
10. JUIZADOS ESPECIAIS CÍVEIS 1434
11. AÇÕES CONSTITUCIONAIS 1434

✦ DICAS SOBRE O NOVO CÓDIGO DE PROCESSO CIVIL 1437

1. NOVO CÓDIGO DE PROCESSO CIVIL – LEI FEDERAL Nº 13.105/2015 E ALTERAÇÕES E LEGISLAÇÕES ESPECIAIS 1437
2. PRINCÍPIOS GERAIS DO PROCESSO CIVIL 1437
 2.1. AS NORMAS FUNDAMENTAIS DO PROCESSO CIVIL 1437
 2.2. PRINCÍPIOS EXPRESSOS NA CONSTITUIÇÃO FEDERAL 1437
  2.2.1. PRINCÍPIO DO DEVIDO PROCESSO LEGAL 1437
  2.2.2. PRINCÍPIO DA ISONOMIA 1437
  2.2.3. PRINCÍPIO DO JUIZ NATURAL. 1437
  2.2.4. PRINCÍPIO DA INAFASTABILIDADE DO CONTROLE JURISDICIONAL 1438
  2.2.5. PRINCÍPIO DO CONTRADITÓRIO 1438
  2.2.6. PRINCÍPIO DA PROIBIÇÃO DA PROVA ILÍCITA 1438
  2.2.7. PRINCÍPIO DA PUBLICIDADE DOS ATOS PROCESSUAIS 1438
  2.2.8. PRINCÍPIO DA MOTIVAÇÃO DAS DECISÕES JUDICIAIS 1438
  2.2.9. PRINCÍPIO DO DUPLO GRAU DE JURISDIÇÃO 1438
 2.3. NORMAS FUNDAMENTAIS CONTIDAS NO NOVO CPC 1438
3. FONTES 1438
4. LEI PROCESSUAL CIVIL 1439
 4.1. EFICÁCIA E APLICAÇÃO 1439
 4.2. DIREITO PROCESSUAL INTERTEMPORAL. CRITÉRIOS 1439
5. JURISDIÇÃO 1439
 5.1. CONCEITO 1439
 5.2. CARACTERÍSTICAS 1440
 5.3. NATUREZA JURÍDICA 1440
 5.4. PRINCÍPIOS 1440
 5.5. LIMITES DA JURISDIÇÃO NACIONAL 1440
6. COMPETÊNCIA 1441
 6.1. CRITÉRIOS DETERMINADORES 1441
  6.1.1. COMPETÊNCIA EM RAZÃO DA MATÉRIA 1441

6.1.2. COMPETÊNCIA EM RAZÃO DO VALOR E DO TERRITÓRIO 1441
6.1.3. COMPETÊNCIA FUNCIONAL 1441
6.1.4. COMPETÊNCIA TERRITORIAL .. 1441
6.1.5. COMPETÊNCIA DA JUSTIÇA FEDERAL 1442
6.1.6. COMPETÊNCIA ORIGINÁRIA DOS TRIBUNAIS SUPERIORES . 1443
6.2. COMPETÊNCIA ABSOLUTA E RELATIVA .. 1443
6.3. MODIFICAÇÕES DA COMPETÊNCIA 1443
6.4. MEIOS DE DECLARAÇÃO DE INCOMPETÊNCIA 1444
6.5. CONFLITOS DE COMPETÊNCIA E DE ATRIBUIÇÕES 1444
7. DIREITO DE AÇÃO 1445
7.1. O DIREITO DE AÇÃO OU DIREITO À JURISDIÇÃO 1445
7.2. ELEMENTOS 1445
7.3. CONDIÇÕES DA AÇÃO 1445
7.4. CLASSIFICAÇÃO E CRITÉRIOS IDENTIFICADORES 1446
7.5. CONCURSO E CUMULAÇÃO DE AÇÕES . 1446
8. CONEXÃO E CONTINÊNCIA 1446
9. PROCESSO 1446
9.1. NOÇÕES GERAIS 1446
9.2. RELAÇÃO JURÍDICA PROCESSUAL 1447
9.3. PRESSUPOSTOS PROCESSUAIS 1447
9.4. PRESSUPOSTOS PROCESSUAIS DE DESENVOLVIMENTO (OU DE VALIDADE) 1447
9.5. PRESSUPOSTOS PROCESSUAIS NEGATIVOS 1447
10. PROCESSO E PROCEDIMENTO 1447
10.1. O PROCESSO SINCRÉTICO 1447
10.2. DO PROCEDIMENTO 1448
10.3. DO PROCEDIMENTO COMUM 1448
10.4. ESPÉCIES DE PROCESSOS E DE PROCEDIMENTOS 1448
10.5. OBJETO DO PROCESSO 1448
11. MÉRITO. QUESTÃO PRINCIPAL, QUESTÕES PRELIMINARES E PREJUDICIAIS 1449
12. SUJEITOS PROCESSUAIS 1449
12.1. OBSERVAÇÕES PRELIMINARES 1449
12.2. JUIZ 1449
12.3. MEDIADORES E CONCILIADORES 1449
12.4. PRINCÍPIOS. PODERES. DEVERES. RESPONSABILIDADES DO JUIZ 1449
12.5. IMPEDIMENTOS E SUSPEIÇÃO 1449
12.6. ORGANIZAÇÃO JUDICIÁRIA FEDERAL E ESTADUAL 1450
12.7. PARTES E PROCURADORES 1450
12.8. CAPACIDADE PROCESSUAL E LEGITIMAÇÃO 1450
12.9. REGULARIZAÇÃO DO VÍCIO 1450
12.10. CURATELA ESPECIAL 1451
12.11. REPRESENTAÇÃO DE PESSOAS JURÍDICAS E DE ENTES DESPERSONALIZADOS 1451
12.12. REPRESENTAÇÃO E SUBSTITUIÇÃO PROCESSUAL 1451
13. LITISCONSÓRCIO 1451
13.1. CONCEITO E CLASSIFICAÇÃO 1451
13.2. LITISCONSÓRCIO EVENTUAL, ALTERNATIVO E SUCESSIVO 1452
14. DA INTERVENÇÃO DE TERCEIROS 1452
14.1. NOÇÕES GERAIS 1452
14.2. CLASSIFICAÇÃO: INTERVENÇÃO VOLUNTÁRIA E PROVOCADA 1453
14.3. DA ASSISTÊNCIA 1453
14.3.1. APONTAMENTOS GERAIS 1453
14.3.2. MODALIDADES DE ASSISTÊNCIA 1454
14.3.3. PROCEDIMENTO DE INGRESSO DO ASSISTENTE 1454
14.3.4. REQUERIMENTO DE ASSISTÊNCIA FORMULADO PELA UNIÃO 1454
14.4. DA DENUNCIAÇÃO DA LIDE 1454
14.4.1. CONSIDERAÇÕES INICIAIS 1454
14.4.2. A PROVOCAÇÃO DA DENUNCIAÇÃO DA LIDE 1454
14.4.3. CABIMENTO DA DENUNCIAÇÃO DA LIDE 1455
14.4.4. CUMPRIMENTO DA OBRIGAÇÃO DE PAGAR EXIGIDO DIRETAMENTE PELO AUTOR EM FACE DO DENUNCIADO 1455
14.4.5. VEDAÇÃO DA DENUNCIAÇÃO DA LIDE NO CÓDIGO DE DEFESA DO CONSUMIDOR LIGADA À INDENIZAÇÃO POR FATO DO PRODUTO 1456
14.5. DO CHAMAMENTO AO PROCESSO 1456
14.5.1. CONSIDERAÇÕES INICIAIS E NATUREZA JURÍDICA 1456
14.5.2. DA ADMISSIBILIDADE DO CHAMAMENTO AO PROCESSO 1456
14.5.3. DA SENTENÇA DE PROCEDÊNCIA 1456
14.5.4. CHAMAMENTO AO PROCESSO E O CÓDIGO DE DEFESA DO CONSUMIDOR 1457
14.6. DO INCIDENTE DE DESCONSIDERAÇÃO DA PERSONALIDADE JURÍDICA 1457
14.6.1. CONSIDERAÇÕES INICIAIS 1457
14.6.2. A DESCONSIDERAÇÃO REQUERIDA NA PRÓPRIA INICIAL 1457

14.6.3. LEGITIMIDADE PARA REQUERER A INSTAURAÇÃO DO INCIDENTE ... 1457
14.6.4. ADMISSIBILIDADE DO INCIDENTE ... 1457
14.6.5. PROCEDIMENTO ... 1457
14.7. INTERVENÇÃO DO AMICUS CURIAE ... 1457
14.7.1. QUEM É O AMICUS CURIAE? ... 1457
14.7.2. LIMITAÇÃO À LEGITIMAÇÃO RECURSAL DO AMICUS CURIAE ... 1457
15. ADVOGADO, MINISTÉRIO PÚBLICO E ADVOCACIA PÚBLICA. PRERROGATIVAS DA FAZENDA PÚBLICA EM JUÍZO ... 1458
15.1. ADVOGADO ... 1458
15.2. DO MINISTÉRIO PÚBLICO ... 1458
15.3. ADVOCACIA PÚBLICA ... 1458
15.4. PRERROGATIVAS DA FAZENDA PÚBLICA EM JUÍZO ... 1458
15.4.1. O PRINCÍPIO CONSTITUCIONAL DA ISONOMIA E O INTERESSE PÚBLICO ... 1458
15.4.2. A CITAÇÃO DO ESTADO PARA COMPOR A RELAÇÃO PROCESSUAL ... 1458
15.4.3. PRAZOS DIFERENCIADOS PARA A PRÁTICA DE ATOS PROCESSUAIS ... 1459
15.4.4. DO NÃO ADIANTAMENTO DE DESPESAS PROCESSUAIS E DOS HONORÁRIOS ADVOCATÍCIOS ... 1459
15.4.5. DA REMESSA NECESSÁRIA ... 1460
16. FATOS E ATOS PROCESSUAIS ... 1460
16.1. CONCEITO DE ATOS PROCESSUAIS ... 1460
16.2. FORMA ... 1460
16.3. DO TEMPO DOS ATOS PROCESSUAIS ... 1460
16.4. LUGAR ... 1461
16.5. DOS PRAZOS PROCESSUAIS ... 1461
16.6. DA COMUNICAÇÃO DOS ATOS PROCESSUAIS ... 1462
16.7. DAS NULIDADES ... 1463
17. PROCEDIMENTO COMUM ... 1463
17.1. ASPECTOS GERAIS ... 1463
17.2. FASES ... 1463
17.3. DA PETIÇÃO INICIAL ... 1463
17.3.1. INSTRUMENTO DA DEMANDA 1463
17.3.2. REQUISITOS DA PETIÇÃO INICIAL ... 1463
17.3.3. DO PEDIDO ... 1464
17.3.4. ALTERAÇÃO DO PEDIDO OU DA CAUSA DE PEDIR ... 1466
17.3.5. INDEFERIMENTO DA PETIÇÃO INICIAL ... 1466
17.3.6. DA IMPROCEDÊNCIA LIMINAR DO PEDIDO ... 1466
17.4. RESPOSTA DO RÉU ... 1467
17.4.1. PRINCÍPIOS QUE REGEM A CONTESTAÇÃO ... 1467
17.4.2. DA FORMA E DO PRAZO DA CONTESTAÇÃO ... 1468
17.4.3. CONTEÚDO DA RESPOSTA ... 1468
17.5. DA RECONVENÇÃO ... 1470
17.5.1. CONCEITO ... 1470
17.5.2. MOMENTO PARA O EXERCÍCIO ... 1470
17.5.3. PARTES NA RECONVENÇÃO ... 1470
17.5.4. FORMAÇÃO DO CONTRADITÓRIO NA RECONVENÇÃO ... 1470
17.5.5. A DECISÃO DA RECONVENÇÃO ... 1471
17.5.6. HONORÁRIOS ADVOCATÍCIOS NA RECONVENÇÃO ... 1471
17.5.7. RECONVENÇÃO À RECONVENÇÃO ... 1471
17.6. IMPULSO PROCESSUAL ... 1471
17.7. PRAZOS E PRECLUSÃO ... 1471
17.8. PRESCRIÇÃO ... 1471
17.9. INÉRCIA PROCESSUAL: CONTUMÁCIA E REVELIA ... 1471
17.9.1. CONTUMÁCIA ... 1471
17.9.2. DA REVELIA ... 1471
17.10. DA FORMAÇÃO, DA SUSPENSÃO E DA EXTINÇÃO DO PROCESSO ... 1472
17.10.1. DA FORMAÇÃO DO PROCESSO ... 1472
17.10.2. DA SUSPENSÃO DO PROCESSO ... 1472
17.10.3. DA EXTINÇÃO DO PROCESSO 1473
17.11. CONTESTAÇÃO. RECONVENÇÃO ... 1473
17.12. DAS DISPOSIÇÕES PRELIMINARES ... 1473
17.13. JULGAMENTO CONFORME O ESTADO DO PROCESSO ... 1473
17.14. DAS PROVAS ... 1474
17.14.1. APONTAMENTOS GERAIS ... 1474
17.14.2. DISTRIBUIÇÃO DO ÔNUS DA PROVA ... 1475
17.14.3. FATOS QUE INDEPENDEM DE PROVA ... 1475
17.14.4. DEPOIMENTO PESSOAL ... 1475
17.14.5. CONFISSÃO ... 1475
17.14.6. PROVA DOCUMENTAL ... 1475
17.14.7. EXIBIÇÃO DE DOCUMENTOS OU COISAS ... 1476
17.14.8. PROVA TESTEMUNHAL ... 1476
17.14.9. PROVA PERICIAL ... 1476
17.14.10. INSPEÇÃO JUDICIAL ... 1477
17.14.11. EXAME E VALORAÇÃO DA PROVA ... 1477
17.14.12. PRODUÇÃO ANTECIPADA DE PROVAS ... 1477

17.15. AUDIÊNCIAS 1477
17.15.1. DA AUDIÊNCIA DE CONCILIAÇÃO OU DE MEDIAÇÃO 1477
17.16. DA AUDIÊNCIA DE INSTRUÇÃO E JULGAMENTO 1477
18. DA TUTELA PROVISÓRIA: TUTELAS DE URGÊNCIA E DE EVIDÊNCIA 1478
18.1. FUNGIBILIDADE 1478
18.2. PRINCÍPIOS GERAIS 1478
18.3. DA TUTELA DE URGÊNCIA 1478
18.3.1. REQUISITOS COMUNS PARA A TUTELA DE URGÊNCIA 1478
18.3.2. PRÉVIA GARANTIA PARA A TUTELA PROVISÓRIA DE URGÊNCIA DE CARÁTER ANTECEDENTE 1479
18.3.3. COMPROVAÇÃO DOS REQUISITOS DA TUTELA DE URGÊNCIA 1479
18.3.4. CONDIÇÃO PARA O DEFERIMENTO DA TUTELA PROVISÓRIA 1479
18.3.5. FUNDAMENTOS, REQUISITOS E CONDIÇÃO PARA O DEFERIMENTO DA TUTELA DE URGÊNCIA 1479
18.3.6. A TUTELA ANTECIPADA REQUERIDA DE FORMA ANTECEDENTE 1479
18.3.7. DA ESTABILIZAÇÃO DA MEDIDA 1480
18.3.8. AÇÃO PARA REVER, REFORMAR OU INVALIDAR A TUTELA ANTECIPADA ESTABILIZADA 1481
18.3.9. DECISÕES QUE NÃO PODEM SER ESTABILIZADAS (FAMÍLIA, PARCIAIS ETC.) 1481
18.4. DA TUTELA CAUTELAR 1481
18.4.1. MEDIDAS CAUTELARES TÍPICAS E ATÍPICAS 1481
18.4.2. TUTELA CAUTELAR ANTECEDENTE 1481
18.5. TUTELA DA EVIDÊNCIA 1482
18.5.1. DIFERENCIAÇÃO PARA COM A TUTELA DE URGÊNCIA 1482
18.5.2. HIPÓTESES LEGAIS DE TUTELA DA EVIDÊNCIA 1482
18.6. PROTESTO, NOTIFICAÇÃO E INTERPELAÇÃO. ARRESTO. SEQUESTRO. CAUÇÃO. BUSCA E APREENSÃO. EXIBIÇÃO. JUSTIFICAÇÃO 1482
19. SENTENÇA 1483
19.1. CONCEITO 1483
19.2. CLASSIFICAÇÕES 1484
19.3. REQUISITOS 1485
19.4. EFEITOS 1485
19.5. PUBLICAÇÃO, INTIMAÇÃO, CORREÇÃO E INTEGRAÇÃO DA SENTENÇA 1485
20. DO CUMPRIMENTO DA SENTENÇA 1485
21. COISA JULGADA 1486
21.1. CONCEITO E ESPÉCIES 1486
21.2. EFEITOS DA COISA JULGADA 1486
22. REMESSA NECESSÁRIA 1487
23. MEIOS DE IMPUGNAÇÃO À SENTENÇA 1487
24. AÇÃO RESCISÓRIA 1487
24.1. CONCEITO 1487
24.2. OBJETO DA AÇÃO RESCISÓRIA 1487
24.3. COMPETÊNCIA PARA JULGAMENTO 1488
24.4. AJUIZAMENTO DA AÇÃO PERANTE TRIBUNAL INCOMPETENTE 1489
24.5. REQUISITOS DE ADMISSIBILIDADE DA AÇÃO RESCISÓRIA 1489
24.6. HIPÓTESES INDICADAS NO ART. 966 CPC 1490
24.7. LEGITIMIDADE PARA A PROPOSITURA DA AÇÃO RESCISÓRIA 1491
24.8. POLO PASSIVO 1491
24.9. NÃO IMPEDIMENTO À EXECUÇÃO 1491
24.10. INDEFERIMENTO DA PETIÇÃO INICIAL .. 1491
24.11. IMPROCEDÊNCIA LIMINAR DO PEDIDO 1491
24.12. RESPOSTA DO RÉU 1491
24.13. PRESCRIÇÃO INTERCORRENTE 1491
25. RECURSOS 1491
25.1. DISPOSIÇÕES GERAIS 1491
25.2. EFEITOS DOS RECURSOS 1493
26. APELAÇÃO 1493
26.1. CABIMENTO 1493
26.2. FORMA 1494
26.3. EFEITO 1494
26.4. JUÍZO DE ADMISSIBILIDADE 1494
26.5. JUÍZO DE RETRATAÇÃO 1494
27. AGRAVOS (AGRAVO DE INSTRUMENTO E AGRAVO INTERNO) 1494
27.1. AGRAVO DE INSTRUMENTO 1494
27.2. AGRAVO INTERNO 1494
28. EMBARGOS DE DECLARAÇÃO 1494
29. EMBARGOS DE DIVERGÊNCIA 1495
30. RECURSOS ORDINÁRIO, ESPECIAL E EXTRAORDINÁRIO 1495
30.1. RECURSO ORDINÁRIO 1495
30.2. DISPOSIÇÕES GERAIS QUANTO AO RECURSO EXTRAORDINÁRIO E RECURSO ESPECIAL 1495
30.3. RECURSOS EXTRAORDINÁRIO E ESPECIAL REPETITIVOS 1496
30.4. AGRAVO EM RECURSO ESPECIAL E EM RECURSO EXTRAORDINÁRIO 1496
31. RECLAMAÇÃO 1496
32. REPERCUSSÃO GERAL 1497
33. SÚMULA VINCULANTE 1497

34. RECURSOS REPETITIVOS 1497
35. LIQUIDAÇÃO DE SENTENÇA – ESPÉCIES E PROCEDIMENTO 1497
35.1. OS PRONUNCIAMENTOS ILÍQUIDOS QUE RECONHECEM A EXISTÊNCIA DE OBRIGAÇÃO 1497
35.2. LIQUIDAÇÃO PROVISÓRIA E DEFINITIVA 1498
35.3. CONCOMITANTES LIQUIDAÇÃO E CUMPRIMENTO DE SENTENÇA EM RELAÇÃO AO MESMO TÍTULO 1498
35.4. APURAÇÃO DO VALOR DEPENDENTE DE CÁLCULOS ARITMÉTICOS 1498
35.5. FIXAÇÃO DE HONORÁRIOS NA LIQUIDAÇÃO PROPOSTA EM FACE DA FAZENDA PÚBLICA 1498
35.6. LIQUIDAÇÃO INCIDENTAL E AUTÔNOMA 1498
35.7. INICIATIVA DA LIQUIDAÇÃO 1499
35.8. PROCEDIMENTOS PARA APURAÇÃO DO VALOR 1499
35.8.1. LIQUIDAÇÃO POR ARBITRAMENTO 1499
35.8.2. LIQUIDAÇÃO PELO PROCEDIMENTO COMUM 1499
35.9. NATUREZA DO PRONUNCIAMENTO QUE JULGA DA LIQUIDAÇÃO 1499
35.10. CONDENAÇÃO EM VERBA HONORÁRIA NA LIQUIDAÇÃO 1499
35.11. INVIABILIDADE DAS SENTENÇAS ILÍQUIDAS NO ÂMBITO DOS JUIZADOS 1500
35.12. LIQUIDAÇÃO IMPRÓPRIA 1500
36. CUMPRIMENTO DA SENTENÇA – PROCEDIMENTO E IMPUGNAÇÃO 1500
36.1. TÍTULOS EXECUTIVOS 1500
36.2. CUMPRIMENTO DE SENTENÇA ENQUANTO FASE DO CUMPRIMENTO DE SENTENÇA 1500
36.3. COMPETÊNCIA 1501
36.4. CUMPRIMENTO DE SENTENÇA QUE RECONHECE O DEVER DE PAGAR QUANTIA CERTA 1501
36.5. CUMPRIMENTO PROVISÓRIO 1501
36.6. PROCEDIMENTO DO CUMPRIMENTO DEFINITIVO DA SENTENÇA QUE RECONHECE A EXIGIBILIDADE DE OBRIGAÇÃO DE PAGAR QUANTIA CERTA 1501
36.7. IMPUGNAÇÃO AO CUMPRIMENTO DE SENTENÇA: 1501
37. PROCESSO DE EXECUÇÃO. PRINCÍPIOS GERAIS E ESPÉCIES 1502
37.1. ATOS EXECUTIVOS 1502
37.2. MEIOS EXPROPRIATÓRIOS 1503
37.3. SUSPENSÃO E EXTINÇÃO DO PROCESSO DE EXECUÇÃO 1506
37.4. EMBARGOS À EXECUÇÃO 1506
38. EXECUÇÃO CONTRA A FAZENDA PÚBLICA. REGIME DE PRECATÓRIOS. REQUISIÇÕES DE PEQUENO VALOR 1507
39. EXECUÇÃO DE OBRIGAÇÃO DE ENTREGAR, DE FAZER E DE NÃO FAZER 1507
40. EMBARGOS DE TERCEIROS 1507
41. EXCEÇÃO DE PRÉ-EXECUTIVIDADE 1508
42. REMIÇÃO 1508
43. SUSPENSÃO E EXTINÇÃO DO PROCESSO DE EXECUÇÃO 1508
44. PROCEDIMENTOS ESPECIAIS 1508
44.1. GENERALIDADES, CARACTERÍSTICAS E ESPÉCIES 1508
45. DA AÇÃO DE CONSIGNAÇÃO EM PAGAMENTO 1508
45.1. FINALIDADE DO PROCEDIMENTO 1508
45.2. INTERRUPÇÃO DA PRESCRIÇÃO 1509
45.3. CONSIGNAÇÃO EXTRAJUDICIAL 1509
45.4. LEGITIMIDADE 1509
45.5. COMPETÊNCIA TERRITORIAL 1509
45.6. EFEITOS DA CONSIGNAÇÃO 1509
45.7. DEPÓSITO DAS PRESTAÇÕES SUCESSIVAS 1509
45.8. PETIÇÃO INICIAL: REQUISITOS INTRÍNSECOS 1509
45.9. CONSIGNAÇÃO DE COISA INDETERMINADA 1510
45.10. CONTESTAÇÃO 1510
45.11. RECONVENÇÃO EM CONSIGNATÓRIA DE ALUGUERES 1510
45.12. LITISCONSÓRCIO PASSIVO ALTERNATIVO 1510
45.13. CONSIGNATÓRIA DE ALUGUEL E FÉRIAS FORENSES 1511
46. AÇÃO MONITÓRIA 1511
46.1. FINALIDADE 1511
46.2. PROVA ORAL DOCUMENTADA 1511
46.3. POLO PASSIVO 1511
46.4. CONSTITUIÇÃO DE TÍTULO EXECUTIVO JUDICIAL 1511
46.5. EMBARGOS À AÇÃO MONITÓRIA 1511
47. DA AÇÃO DE EXIGIR CONTAS 1511
47.1. FIM DA AÇÃO DE PRESTAR CONTAS 1511
47.2. PROCEDIMENTO DA AÇÃO DE EXIGIR CONTAS 1511
47.3. CONTAS DO INVENTARIANTE, TUTOR, CURADOR, DEPOSITÁRIO E DE QUALQUER OUTRO ADMINISTRADOR 1512
48. DAS AÇÕES POSSESSÓRIAS 1512
48.1. A FUNGIBILIDADE DAS AÇÕES POSSESSÓRIAS 1512
48.2. ESPÉCIES DE AÇÕES POSSESSÓRIAS 1512
48.3. AÇÕES POSSESSÓRIAS E INVASÕES COLETIVAS 1512
48.4. PEDIDOS NA AÇÃO POSSESSÓRIA 1512
48.5. CONTESTAÇÃO 1513

48.6. INVIABILIDADE DE AJUIZAMENTO DE AÇÃO PETITÓRIA DURANTE O CURSO DE AÇÃO POSSESSÓRIA 1513
48.7. PROCEDIMENTO DA AÇÃO POSSESSÓRIA: POSSE NOVA 1513
48.8. EXIGÊNCIA DE CAUÇÃO 1513
48.9. POSSE COM FORÇA NOVA E OS REQUISITOS DA TUTELA POSSESSÓRIA 1513
48.10. CONTRADITÓRIO PRÉVIO E AS LIMINARES CONTRA AS PESSOAS JURÍDICAS DE DIREITO PÚBLICO 1513
48.11. CITAÇÃO DO REQUERIDO E PRAZO PARA RESPOSTA 1513
48.12. POSSE VELHA E LITÍGIO COLETIVO 1513
48.13. OCUPAÇÃO INDEVIDA DE BEM PÚBLICO 1513
48.14. EXERCÍCIO DO DIREITO DE RETENÇÃO . 1514
49. RESTAURAÇÃO DE AUTOS 1514
50. AÇÃO POPULAR 1514
50.1. DEFINIÇÃO 1514
50.2. LEGITIMAÇÃO PARA A PROPOSITURA DA AÇÃO POPULAR 1514
50.3. POLO PASSIVO 1514
50.4. DO PROCEDIMENTO DA AÇÃO POPULAR 1514
50.5. DA SENTENÇA NA AÇÃO POPULAR 1515
50.6. DA COISA JULGADA 1515
50.7. REMESSA NECESSÁRIA 1515
51. AÇÃO CIVIL PÚBLICA 1515
51.1. DENOMINAÇÃO DE AÇÃO CIVIL PÚBLICA E INTERESSES TUTELADOS PELA LEI DA AÇÃO CIVIL PÚBLICA 1515
51.2. DOS ENTES LEGITIMADOS 1516
51.3. COISA JULGADA 1517
52. MANDADO DE SEGURANÇA (LEI N. 12.016/2009) 1517
52.1. INTRODUÇÃO 1517
52.2. PRAZO PARA O AJUIZAMENTO 1517
52.3. LEGITIMIDADE ATIVA 1517
52.4. O POLO PASSIVO NO MANDADO DE SEGURANÇA 1518
52.5. A AUTORIDADE APONTADA COMO COATORA 1518
52.6. O DIREITO LÍQUIDO E CERTO COMO REQUISITO ESPECÍFICO DE ADMISSIBILIDADE 1518
52.7. VEDAÇÃO DA UTILIZAÇÃO DO MANDADO DE SEGURANÇA 1519
52.8. VEDAÇÃO DA CONCESSÃO DE LIMINAR 1519
52.9. COMPETÊNCIA PARA O JULGAMENTO DO MANDADO DE SEGURANÇA 1519
52.10. SENTENÇA PROFERIDA NO MANDADO DE SEGURANÇA 1520
52.11. COISA JULGADA E CUMPRIMENTO DE SENTENÇA 1520
52.12. MANDADO DE SEGURANÇA COLETIVO 1520
53. MANDADO DE INJUNÇÃO 1521
53.1. OBSERVAÇÕES PRÉVIAS 1521
53.2. LEGITIMIDADE 1521
53.3. RECONHECIMENTO DA MORA LEGISLATIVA 1521
53.4. EFEITOS DA DECISÃO 1521
53.5. MANDADO DE INJUNÇÃO COLETIVO 1521
53.6. APLICAÇÃO SUBSIDIÁRIA DO PROCEDIMENTO DO MANDADO DE SEGURANÇA 1521
54. *HABEAS DATA* 1521
54.1. PREVISÃO CONSTITUCIONAL E REGULAMENTAÇÃO PROCEDIMENTAL 1521
54.2. LEGITIMIDADE 1522
54.3. CONDIÇÕES ESPECÍFICAS PARA A AÇÃO 1522
54.4. ASPECTOS PROCEDIMENTAIS 1522
54.5. COMPETÊNCIA 1522
55. O PROCESSO CIVIL NOS SISTEMAS DE CONTROLE DA CONSTITUCIONALIDADE. AÇÃO DIRETA DE INCONSTITUCIONALIDADE. AÇÃO DECLARATÓRIA DE CONSTITUCIONALIDADE. MEDIDA CAUTELAR. DECLARAÇÃO INCIDENTAL DE INCONSTITUCIONALIDADE 1522
55.1. OBSERVAÇÕES GERAIS 1522
55.2. PROCEDIMENTO DA AÇÃO DIRETA DE INCONSTITUCIONALIDADE 1522
55.3. MEDIDA CAUTELAR 1523
55.4. AÇÃO DECLARATÓRIA DE CONSTITUCIONALIDADE 1523
55.5. AÇÕES CIVIS CONSTITUCIONAIS 1523
55.6. ARGUIÇÃO DE DESCUMPRIMENTO DE PRECEITO FUNDAMENTAL 1523
56. AÇÃO DE IMPROBIDADE ADMINISTRATIVA 1523
56.1. ASPECTOS DE DIREITO MATERIAL 1523
56.2. LEGITIMIDADE 1525
56.3. PROCEDIMENTO DE IMPROBIDADE ADMINISTRATIVA 1525
56.4. A POSSIBILIDADE DE CELEBRAR TRANSAÇÃO EM AÇÃO DE IMPROBIDADE ADMINISTRATIVA 1525
56.5. SEQUESTRO E ARRESTO DE BENS 1525
56.6. AFASTAMENTO PROVISÓRIO 1526
56.7. INDISPONIBILIDADE DE BENS 1526
56.8. PREVENÇÃO DO JUÍZO 1526
56.9. DA SENTENÇA 1526
56.10. DA PRESCRIÇÃO 1526
SÚMULAS 1527
NORMAS FUNDAMENTAIS DO PROCESSO CIVIL E APLICAÇÃO DAS NORMAS PROCESSUAIS 1527
COMPETÊNCIA INTERNA 1527
CAPACIDADE PROCESSUAL 1528
GRATUIDADE DA JUSTIÇA 1528
ATOS PROCESSUAIS – FORMA, TEMPO, LUGAR E COMUNICAÇÃO 1528

FORMAÇÃO, SUSPENSÃO E EXTINÇÃO DO PROCESSO 1528
RESPOSTA DO RÉU 1528
PROVAS 1528
SENTENÇA E COISA JULGADA 1528
LIQUIDAÇÃO DE SENTENÇA 1529
PROCEDIMENTOS ESPECIAIS 1529
AÇÕES POSSESSÓRIAS 1529
INVENTÁRIO E PARTILHA 1529
EMBARGOS DE TERCEIROS 1529
AÇÃO MONITÓRIA 1529
PROCEDIMENTOS ESPECIAIS NA LEGISLAÇÃO EXTRAVAGANTE 1529
MANDADO DE SEGURANÇA 1529
AÇÕES COLETIVAS 1530
AÇÃO POPULAR 1530
AÇÕES E OUTROS PROCEDIMENTOS CONSTITUCIONAIS 1530
PROCESSO DE EXECUÇÃO 1530
PARTES 1530
TÍTULO EXECUTIVO 1530
RESPONSABILIDADE PATRIMONIAL 1530
PENHORA 1530
EXECUÇÃO DE ALIMENTOS 1531
EXECUÇÃO CONTRA A FAZENDA PÚBLICA 1531
EXECUÇÃO FISCAL 1531
AÇÃO RESCISÓRIA 1531

DIREITO AMBIENTAL 1533

Rafael Costa Freiria e Taisa Cintra Dosso

TABELA DE INCIDÊNCIA DE QUESTÕES 1533

✦ QUESTÕES 1535

1. MEIO AMBIENTE: HISTÓRICO, CONCEITO, PRINCÍPIOS E CONSTITUIÇÃO FEDERAL 1535
2. POLÍTICA NACIONAL DO MEIO AMBIENTE E SISTEMA NACIONAL DO MEIO AMBIENTE – PNMA – LEI Nº 6.938/1981 1539
3. PODER DE POLÍCIA, LICENCIAMENTOS E ESTUDOS AMBIENTAIS (EIA) 1542
4. ESPAÇOS TERRITORIAIS ESPECIALMENTE PROTEGIDOS PELO PODER PÚBLICO 1544
5. RECURSOS HÍDRICOS 1549
6. RESPONSABILIDADE CIVIL, ADMINISTRATIVA E PENAL POR DANOS AMBIENTAIS/TUTELA PROCESSUAL DO MEIO AMBIENTE 1550
7. POLÍTICA NACIONAL DE EDUCAÇÃO AMBIENTAL 1558
8. PROTEÇÃO DO PATRIMÔNIO GENÉTICO – BIOSSEGURANÇA 1558
9. CARREIRA DE DELEGADO DE POLÍCIA DO ESTADO DE GOIÁS 1559

✦ DICAS 1560

1. MEIO AMBIENTE: HISTÓRICO, CONCEITO, PRINCÍPIOS E CONSTITUIÇÃO FEDERAL 1560
   - 1.1. PRINCIPAIS DOCUMENTOS JURÍDICOS RELATIVOS À TUTELA AMBIENTAL 1560
   - 1.2. MEIO AMBIENTE 1561
   - 1.3. PRINCÍPIOS DE DIREITO AMBIENTAL 1561
   - 1.4. O MEIO AMBIENTE NA CONSTITUIÇÃO FEDERAL 1562
   - 1.5. COMPETÊNCIA EM MATÉRIA AMBIENTAL 1562
2. ORDEM ECONÔMICA 1563
   - 2.1. POLÍTICA NACIONAL DO MEIO AMBIENTE E SISTEMA NACIONAL DO MEIO AMBIENTE – PNMA – LEI Nº 6.938/1981 1565
   - 2.2. PODER DE POLÍCIA, LICENCIAMENTO E ESTUDOS AMBIENTAIS (EIA) 1566
   - 2.3. ESPAÇOS TERRITORIAIS ESPECIALMENTE PROTEGIDOS PELO PODER PÚBLICO 1568
   - 2.4. RECURSOS HÍDRICOS 1572
   - 2.5. PATRIMÔNIO CULTURAL BRASILEIRO 1574
   - 2.6. RESPONSABILIDADE CIVIL, ADMINISTRATIVA E PENAL POR DANOS AMBIENTAIS/TUTELA PROCESSUAL DO MEIO AMBIENTE 1575
   - 2.7. BIODIVERSIDADE/BIOSSEGURANÇA 1583

✦ SÚMULAS APLICÁVEIS 1587

DIREITO EMPRESARIAL 1589

Daniel Messias da Trindade

TABELA DE INCIDÊNCIA DE QUESTÕES 1589

✦ QUESTÕES 1591

1. EMPRESÁRIO 1591
   - 1.1. CARACTERIZAÇÃO 1591
   - 1.2. CAPACIDADE 1592
2. EMPRESA INDIVIDUAL DE RESPONSABILIDADE LIMITADA – EIRELI 1592
3. ESTABELECIMENTO EMPRESARIAL 1593
4. INSTITUTOS COMPLEMENTARES DE DIREITO EMPRESARIAL 1595
   - 4.1. REGISTRO 1595
   - 4.2. NOME EMPRESARIAL 1597
   - 4.3. ESCRITURAÇÃO 1597
5. MICROEMPRESA E EMPRESA DE PEQUENO PORTE 1597
6. DIREITO SOCIETÁRIO 1598
   - 6.1. TEORIA GERAL DO DIREITO SOCIETÁRIO 1598
   - 6.2. SOCIEDADES NÃO PERSONIFICADAS 1598
     - 6.2.1. SOCIEDADE EM COMUM 1598
   - 6.3. SOCIEDADES PERSONIFICADAS 1599
     - 6.3.1. SOCIEDADE LIMITADA 1599
     - 6.3.2. SOCIEDADE ANÔNIMA 1602
7. REORGANIZAÇÃO SOCIETÁRIA: TRANSFORMAÇÃO, INCORPORAÇÃO, FUSÃO E CISÃO 1602

8. DIREITO FALIMENTAR E RECUPERACIONAL 1603
8.1. FALÊNCIA 1603
8.2. RECUPERAÇÃO JUDICIAL 1605
8.3. ASPECTOS PENAIS E PROCESSUAIS PENAIS DA LEI Nº 11.101/2005 1607
9. DIREITO CAMBIÁRIO 1607
9.1. DISPOSIÇÕES DO CÓDIGO CIVIL SOBRE OS TÍTULOS DE CRÉDITO 1607
9.2. ENDOSSO E AVAL 1607
9.3. CHEQUE 1608
10. DIREITO DE PROPRIEDADE INDUSTRIAL 1610
10.1. MARCA 1610

✦ **DICAS (RESUMO) 1611**

✦ **CAPÍTULO 1 – INTRODUÇÃO AO ESTUDO DO DIREITO EMPRESARIAL 1611**
1. ORIGEM DO DIREITO EMPRESARIAL 1611
2. EVOLUÇÃO HISTÓRICA 1611
3. TEORIA DOS ATOS DE COMÉRCIO 1611
4. AUTONOMIA DO DIREITO EMPRESARIAL 1612
5. PRINCÍPIOS CONSTITUCIONAIS ECONÔMICOS E SUA INSTRUMENTALIDADE PARA O FUNCIONAMENTO DO MERCADO 1612
6. FONTES DO DIREITO EMPRESARIAL 1612
7. CARACTERÍSTICAS DO DIRETO EMPRESARIAL 1612

✦ **CAPÍTULO 2 – TEORIA DA EMPRESA E SEUS PERFIS 1613**
1. TEORIA DA EMPRESA E SEUS PERFIS 1613
2. DIREITO DE EMPRESA NO CÓDIGO CIVIL 1613
3. A EMPRESA E O EMPRESÁRIO 1613
4. NOÇÃO ECONÔMICA E JURÍDICA DE EMPRESA 1614

✦ **CAPÍTULO 3 – EMPRESÁRIO 1614**
1. CONCEITO 1614
2. CARACTERIZAÇÃO 1615
3. INSCRIÇÃO 1615
4. CAPACIDADE 1615
5. EMPRESÁRIO RURAL 1616
6. EMPRESÁRIO CASADO 1616
7. IMPEDIMENTOS LEGAIS 1616

✦ **CAPÍTULO 4 – EMPRESA INDIVIDUAL DE RESPONSABILIDADE LIMITADA -EIRELI 1617**

✦ **CAPÍTULO 5 – ESTABELECIMENTO EMPRESARIAL 1618**
1. ASPECTOS GERAIS 1618
2. TRESPASSE 1619
3. ENUNCIADOS DO CJF 1620
4. SÚMULAS APLICÁVEIS 1620

✦ **CAPÍTULO 6 – INSTITUTOS COMPLEMENTARES DO DIREITO EMPRESARIAL 1620**
1. REGISTRO 1620
2. NOME EMPRESARIAL 1622
3. PONTO EMPRESARIAL 1622
3.1. AÇÃO RENOVATÓRIA DE ALUGUEL 1623
4. PREPOSTOS 1623
5. ESCRITURAÇÃO 1624

✦ **CAPÍTULO 7 – MICROEMPRESA E EMPRESA DE PEQUENO PORTE 1624**
1. TRATAMENTO DIFERENCIADO E FAVORECIDO .. 1624
2. REGIME SIMPLIFICADO DE TRIBUTAÇÃO (SIMPLES NACIONAL) 1624
3. MICROEMPREENDEDOR INDIVIDUAL X MICROEMPRESA X EMPRESA DE PEQUENO PORTE 1625
4. OBJETO 1625
5. REGISTRO 1625
6. ENUNCIADOS DO CJF APLICÁVEIS 1625

✦ **CAPÍTULO 8 – DIREITO SOCIETÁRIO 1625**
1. TEORIA GERAL DO DIREITO SOCIETÁRIO 1625
1.1. CONCEITO DE SOCIEDADE 1625
1.2. PERSONALIZAÇÃO DA SOCIEDADE 1625
1.3. CLASSIFICAÇÃO DOS SOCIEDADES 1625
2. SOCIEDADES NÃO PERSONIFICADAS 1626
2.1. SOCIEDADES EM COMUM 1626
2.2. SOCIEDADE EM CONTA DE PARTICIPAÇÃO 1626
3. SOCIEDADES PERSONIFICADAS 1627
4. SOCIEDADES SIMPLES E SOCIEDADES EMPRESÁRIAS 1627
4.1. SOCIEDADE EM NOME COLETIVO 1627
4.2. SOCIEDADE EM COMANDITA SIMPLES .. 1627
4.3. SOCIEDADE EM COMANDITA POR AÇÕES 1628
4.4. SOCIEDADE LIMITADA 1628
5. SOCIEDADE ANÔNIMA 1629
5.1. ASPECTOS GERAIS 1629
5.2. MERCADO DE CAPITAIS 1630
5.3. VALORES MOBILIÁRIOS 1631
6. SOCIEDADE DE ECONOMIA MISTA 1631
7. DISSOLUÇÃO E LIQUIDAÇÃO 1632
8. SOCIEDADE COOPERATIVA 1633
9. SOCIEDADES COLIGADAS 1633
10. SOCIEDADES DEPENDENTES DE AUTORIZAÇÃO 1633
11. SOCIEDADE NACIONAL E ESTRANGEIRA 1633

✦ **CAPÍTULO 9 – REORGANIZAÇÃO SOCIETÁRIA: TRANSFORMAÇÃO, INCORPORAÇÃO, FUSÃO E CISÃO 1634**

✦ **CAPÍTULO 10 – DESCONSIDERAÇÃO DA PERSONALIDADE JURÍDICA 1635**
1. ASPECTOS GERAIS 1635
2. SÚMULAS APLICÁVEIS 1636
3. ENUNCIADOS DO CJF APLICÁVEIS 1636

4. ENUNCIADOS DA ENFAM ... 1636
5. ENUNCIADOS DO FÓRUM PERMANENTE DE PROCESSUALISTAS CIVIS ... 1636

✦ CAPÍTULO 11 – TÍTULOS DE CRÉDITO ... 1637

1. HISTÓRICO DA LEGISLAÇÃO CAMBIÁRIA ... 1637
2. CONCEITO DE TÍTULOS DE CRÉDITO ... 1637
3. CARACTERÍSTICAS ... 1637
4. PRINCÍPIOS INFORMADORES ... 1638
5. ATOS CAMBIAIS ... 1638
   5.1. ENDOSSO ... 1638
   5.2. AVAL ... 1639
   5.3. PROTESTO ... 1640
6. TÍTULOS DE CRÉDITOS EM ESPÉCIE ... 1641
   6.1. LETRA DE CÂMBIO ... 1641
   6.2. NOTA PROMISSÓRIA ... 1642
   6.3. CHEQUE ... 1642
   6.4. DUPLICATA ... 1642
7. TÍTULOS DE CRÉDITO COMERCIAL, INDUSTRIAL, À EXPORTAÇÃO, RURAL, IMOBILIÁRIO, BANCÁRIO ... 1643
   7.1. TÍTULOS DE CRÉDITO COMERCIAL ... 1643
   7.2. TÍTULO DE CRÉDITO INDUSTRIAL ... 1643
   7.3. TÍTULO DE CRÉDITO À EXPORTAÇÃO ... 1643
   7.4. TÍTULO DE CRÉDITO RURAL ... 1643
   7.5. TÍTULO DE CRÉDITO IMOBILIÁRIO ... 1644
   7.6. TÍTULO DE CRÉDITO BANCÁRIO ... 1644
   7.7. LETRA DE ARRENDAMENTO MERCANTIL ... 1644
8. AÇÃO CAMBIAL ... 1644
   8.1. AÇÃO DE REGRESSO ... 1644
   8.2. INOPONIBILIDADE DE EXCEÇÕES ... 1644
   8.3. RESPONSABILIDADE PATRIMONIAL E FRAUDE À EXECUÇÃO ... 1644
   8.4. EMBARGOS DO DEVEDOR ... 1644
   8.5. AÇÃO DE ANULAÇÃO E SUBSTITUIÇÃO DE TÍTULO ... 1645
9. SÚMULAS APLICÁVEIS ... 1645
   9.1. ASPECTOS GERAIS ... 1645
   9.2. CHEQUE ... 1645
   9.3. NOTA PROMISSÓRIA ... 1645
   9.4. DUPLICATA ... 1645
   9.5. CÉDULA DE CRÉDITO RURAL ... 1645
   9.6. ENDOSSO ... 1645
   9.7. AVAL ... 1646
   9.8. PROTESTO ... 1646

✦ CAPÍTULO 12 – CONTRATOS EMPRESARIAIS ... 1646

1. TEORIA GERAL DO DIREITO DOS CONTRATOS EMPRESARIAIS ... 1646
2. O COMÉRCIO ELETRÔNICO ... 1648
3. CONTRATOS EMPRESARIAIS EM ESPÉCIE ... 1649
   3.1. COMPRA E VENDA MERCANTIL ... 1649
   3.2. COMISSÃO ... 1649
   3.3. REPRESENTAÇÃO COMERCIAL ... 1650
   3.4. CONCESSÃO MERCANTIL ... 1650
   3.5. FRANQUIA ("FRANCHISING") ... 1650
   3.6. ALIENAÇÃO FIDUCIÁRIA EM GARANTIA ... 1650
   3.7. FOMENTO MERCANTIL, FATURIZAÇÃO OU "FACTORING" ... 1651
   3.8. ARRENDAMENTO MERCANTIL ("LEASING") ... 1651
   3.9. CORRETAGEM ... 1651
   3.10. SEGURO ... 1651
   3.11. RESSEGURO ... 1651
   3.12. AGÊNCIA E DISTRIBUIÇÃO ... 1651
   3.13. TRANSPORTE, FRETAMENTO E ARMAZENAGEM ... 1652
   3.14. AGENCIAMENTO DE PUBLICIDADE ... 1652
   3.15. CONSIGNAÇÃO ... 1652
   3.16. DEPÓSITO ... 1652
   3.17. "KNOW-HOW" ... 1652
   3.18. LOCAÇÃO MERCANTIL ... 1652
   3.19. MANDATO MERCANTIL ... 1652
   3.20. DISTRIBUIÇÃO MERCANTIL ... 1652
   3.21. FORNECIMENTO ... 1652
4. CONTRATOS BANCÁRIOS ... 1653
   4.1. CONTA-CORRENTE ... 1653
   4.2. ABERTURA DE CRÉDITO ... 1653
   4.3. MÚTUO BANCÁRIO ... 1653
   4.4. DEPÓSITO BANCÁRIO ... 1653
   4.5. DESCONTO BANCÁRIO ... 1653
   4.6. CARTÃO DE CRÉDITO ... 1653
   4.7. CRÉDITO DOCUMENTÁRIO ... 1653
   4.8. ANTECIPAÇÃO ... 1653
   4.9. COBRANÇA ... 1653
   4.10. REPASSE DE FINANCIAMENTO ... 1653
   4.11. PENHOR MERCANTIL ... 1653
   4.12. CÂMBIO ... 1654
5. CONTRATOS INTELECTUAIS ... 1654
   5.1. CESSÃO DE DIREITO INDUSTRIAL ... 1654
   5.2. LICENÇA DE USO DE DIREITO INDUSTRIAL ... 1654
   5.3. TRANSFERÊNCIA DE TECNOLOGIA ... 1654
   5.4. COMERCIALIZAÇÃO DE LOGICIÁRIO ("SOFTWARE") ... 1654
6. SÚMULAS APLICÁVEIS ... 1654
   6.1. COMPRA E VENDA ... 1654
   6.2. LOCAÇÃO ... 1655
   6.3. FIANÇA ... 1655
   6.4. ALIENAÇÃO FIDUCIÁRIA EM GARANTIA ... 1655
   6.5. ARRENDAMENTO MERCANTIL ("LEASING") ... 1655
   6.6. DEPÓSITO ... 1655
   6.7. SEGURO ... 1655

6.8. TRANSPORTE 1655
6.9. CONSÓRCIO 1655
6.10. CONTRATOS BANCÁRIOS 1656
6.10.1. ASPECTOS GERAIS 1656
6.10.2. ABERTURA DE CRÉDITO E CONTA-CORRENTE 1657
6.10.3. MÚTUO BANCÁRIO 1657
6.10.4. CARTÃO DE CRÉDITO 1657

✦ CAPÍTULO 13 – DIREITO FALIMENTAR E RECUPERACIONAL... 1657

1. ASPECTOS GERAIS 1657
1.1. APLICABILIDADE DA LEI 1657
1.2. COMPETÊNCIA 1657
1.3. INTERVENÇÃO DO MINISTÉRIO PÚBLICO 1657
1.4. VERIFICAÇÃO E HABILITAÇÃO DOS CRÉDITOS CONCURSAIS 1658
1.5. ADMINISTRADOR JUDICIAL 1658
1.6. ASSEMBLEIA DE CREDORES 1658
1.7. COMITÊ DE CREDORES 1658
2. RECUPERAÇÃO JUDICIAL 1658
2.1. COMPETÊNCIA 1658
2.2. LEGITIMADOS 1658
2.3. CRÉDITOS SUJEITOS À RECUPERAÇÃO.. 1659
2.4. PROCESSAMENTO DA RECUPERAÇÃO JUDICIAL 1659
2.5. CONVOLAÇÃO EM FALÊNCIA 1659
3. RECUPERAÇÃO JUDICIAL ESPECIAL 1660
4. RECUPERAÇÃO EXTRAJUDICIAL 1660
5. FALÊNCIA 1661
5.1. INCIDÊNCIA DA LEI 1661
5.2. ÓRGÃOS DA FALÊNCIA 1661
5.2.1. ADMINISTRADOR JUDICIAL 1661
5.2.2. ASSEMBLEIA DE CREDORES 1661
5.2.3. COMITÊ DE CREDORES 1661
5.3. EFEITOS DA FALÊNCIA 1661
5.3.1. EFEITOS DA DECRETAÇÃO DA FALÊNCIA QUANTO AO FALIDO 1661
5.3.2. EFEITOS DA DECRETAÇÃO DA FALÊNCIA QUANTO AOS CREDORES 1661
5.3.3. EFEITOS DA DECRETAÇÃO DA FALÊNCIA QUANTO AOS CONTRATOS 1662
5.4. PROCESSO DE FALÊNCIA 1662
5.5. PEDIDOS DE RESTITUIÇÃO 1662
5.6. INEFICÁCIA E REVOGAÇÃO DE ATOS PRATICADOS ANTES DA FALÊNCIA 1663
5.7. REALIZAÇÃO DO ATIVO 1663
5.8. CLASSIFICAÇÃO E PAGAMENTO DOS CREDORES 1663
5.9. ENCERRAMENTO DA FALÊNCIA 1664
5.10. EXTINÇÃO DAS OBRIGAÇÕES DO FALIDO 1664
6. INTERVENÇÃO E LIQUIDAÇÃO DE INSTITUIÇÃO FINANCEIRA 1664
6.1. ASPECTOS GERAIS 1664
6.2. CONSTITUIÇÃO E COMPETÊNCIA DAS ENTIDADES INTEGRANTES DO SFN 1664
6.3. INSTITUIÇÕES FINANCEIRAS PÚBLICAS E PRIVADAS 1665
6.4. REGIME DE INTERVENÇÃO EM INSTITUIÇÕES FINANCEIRAS 1665
6.5. REGIME DE ADMINISTRAÇÃO ESPECIAL TEMPORÁRIA DE INSTITUIÇÕES FINANCEIRAS – RAET 1665
6.6. LIQUIDAÇÃO EXTRAJUDICIAL DE INSTITUIÇÕES FINANCEIRAS 1666

✦ CAPÍTULO 12 – SISTEMA FINANCEIRO DE HABITAÇÃO – SFH.. 1666

1. FINALIDADE 1666
2. CONSTITUIÇÃO 1666
3. SÚMULAS APLICÁVEIS 1666

✦ CAPÍTULO 13 – PROPRIEDADE INDUSTRIAL 1667

1. ASPECTOS GERAIS 1667
2. INVENÇÃO 1667
3. MODELO DE UTILIDADE 1668
4. DESENHO INDUSTRIAL 1669
5. MARCA 1669
6. SÚMULAS APLICÁVEIS 1671

✦ CAPÍTULO 14 – DIREITO CONCORRENCIAL 1672

1. SISTEMA BRASILEIRO DE DEFESA DA CONCORRÊNCIA – SBDC 1672
2. LIVRE INICIATIVA E LIVRE CONCORRÊNCIA 1672
3. CONCORRÊNCIA EMPRESARIAL 1672
4. INFRAÇÕES DA ORDEM ECONÔMICA 1672
5. SÚMULAS APLICÁVEIS 1672

✦ CAPÍTULO 15 – DIREITO EMPRESARIAL E O CÓDIGO DE DEFESA DO CONSUMIDOR 1673

1. O EMPRESÁRIO E A RELAÇÃO DE CONSUMO 1673
2. A TUTELA CONTRATUAL DOS CONSUMIDORES 1673
3. SÚMULAS APLICÁVEIS 1673

✦ SÚMULAS APLICÁVEIS 1673

1. SÚMULAS DO STF 1673
1.1. DIREITO CAMBIÁRIO 1673
1.2. DIREITO FALIMENTAR E RECUPERACIONAL 1674
1.3. CONTRATOS EMPRESARIAIS 1674
1.4. DIREITO CONCORRENCIAL 1674
2. SÚMULAS DO STJ 1674
2.1. ESTABELECIMENTO EMPRESARIAL 1674
2.2. DIREITO SOCIETÁRIO 1674
2.3. DIREITO CAMBIÁRIO 1674
2.3.1. CHEQUE 1674
2.3.2. NOTA PROMISSÓRIA 1674

2.3.3. DUPLICATA ... 1674
2.3.4. CÉDULA DE CRÉDITO RURAL .. 1674
2.3.5. AVAL ... 1675
2.3.6. ENDOSSO ... 1675
2.3.7. PROTESTO ... 1675
2.4. DIREITO FALIMENTAR E RECUPERACIONAL ... 1675
2.5. CONTRATOS EMPRESARIAIS ... 1675
2.5.1. COMPRA E VENDA ... 1675
2.5.2. LOCAÇÃO ... 1675
2.5.3. FIANÇA ... 1675
2.5.4. ALIENAÇÃO FIDUCIÁRIA EM GARANTIA ... 1675
2.5.5. ARRENDAMENTO MERCANTIL (LEASING) ... 1675
2.5.6. DEPÓSITO ... 1676
2.5.7. SEGURO ... 1676
2.5.8. TRANSPORTE DE PESSOAS E COISAS ... 1676
2.5.9. CONSÓRCIO ... 1676
2.6. CONTRATOS BANCÁRIOS ... 1676
2.6.1. DISPOSIÇÕES GERAIS ... 1676
2.6.2. CONTA-CORRENTE ... 1677
2.6.3. MÚTUO BANCÁRIO ... 1677
2.6.4. CARTÃO DE CRÉDITO ... 1677
2.7. DIREITO DE PROPRIEDADE INDUSTRIAL: MARCA ... 1677
2.8. OUTROS TEMAS ... 1677

DIREITO TRIBUTÁRIO ... 1679

Alan Martins e Dimas Yamada Scardoelli

TABELA DE INCIDÊNCIA DE QUESTÕES ... 1679

✦ QUESTÕES ... 1681

1. TRIBUTOS E SUAS ESPÉCIES ... 1681
2. LIMITAÇÕES AO PODER DE TRIBUTAR ... 1684
3. COMPETÊNCIA E REPARTIÇÃO DAS RECEITAS ... 1690
4. LEGISLAÇÃO TRIBUTÁRIA ... 1691
5. OBRIGAÇÃO TRIBUTÁRIA E FATO GERADOR ... 1692
6. SUJEITOS, RESPONSABILIDADE, CAPACIDADE E DOMICÍLIO ... 1695
7. LANÇAMENTO, GARANTIAS, PRIVILÉGIOS E SUSPENSÃO DA EXIGIBILIDADE ... 1697
8. EXTINÇÃO E EXCLUSÃO ... 1700
9. ADMINISTRAÇÃO TRIBUTÁRIA (FISCALIZAÇÃO, DÍVIDA ATIVA E CERTIDÕES) ... 1703
10. PROCESSO (ADMINISTRATIVO E JUDICIAL) ... 1706

✦ DICAS ... 1708

1. TRIBUTO E SUAS ESPÉCIES ... 1708
2. LIMITAÇÕES CONSTITUCIONAIS AO PODER DE TRIBUTAR ... 1722
3. COMPETÊNCIA TRIBUTÁRIA E REPARTIÇÃO DE RECEITAS TRIBUTÁRIAS ... 1729
4. LEGISLAÇÃO TRIBUTÁRIA ... 1732
5. OBRIGAÇÃO TRIBUTÁRIA E FATO GERADOR ... 1737
6. SUJEITOS, RESPONSABILIDADE, CAPACIDADE E DOMICÍLIO ... 1739
7. CRÉDITO TRIBUTÁRIO (LANÇAMENTO, GARANTIAS, PRIVILÉGIOS, SUSPENSÃO) ... 1743
8. EXTINÇÃO E EXCLUSÃO DO CRÉDITO TRIBUTÁRIO ... 1748
9. ADMINISTRAÇÃO TRIBUTÁRIA (FISCALIZAÇÃO, CERTIDÕES, DÍVIDA ATIVA) ... 1751
10. PROCESSO TRIBUTÁRIO (ADMINISTRATIVO E JUDICIAL) E DIREITO PENAL TRIBUTÁRIO ... 1755

✦ SÚMULAS ... 1761

1. TRIBUTOS E SUAS ESPÉCIES ... 1761
2. LIMITAÇÕES CONSTITUCIONAIS AO PODER DE TRIBUTAR ... 1764
3. LEGISLAÇÃO TRIBUTÁRIA ... 1765
4. OBRIGAÇÃO TRIBUTÁRIA E FATO GERADOR ... 1765
5. SUJEITOS, RESPONSABILIDADE, CAPACIDADE E DOMICÍLIO ... 1765
6. CRÉDITO TRIBUTÁRIO (LANÇAMENTO, GARANTIAS, PRIVILÉGIOS, SUSPENSÃO) ... 1766
7. EXTINÇÃO E EXCLUSÃO DO CRÉDITO TRIBUTÁRIO ... 1767
8. ADMINISTRAÇÃO TRIBUTÁRIA (FISCALIZAÇÃO, CERTIDÕES, DÍVIDA ATIVA) ... 1768
9. PROCESSO TRIBUTÁRIO (ADMINISTRATIVO E JUDICIAL) E DIREITO PENAL TRIBUTÁRIO ... 1769

ATUALIDADES ... 1773

Alexandre Sanches Cunha

TABELA DE INCIDÊNCIA DE QUESTÕES ... 1773

✦ QUESTÕES ... 1775

✦ DICAS ... 1795

INFORMÁTICA ... 1799

Luciano Freire

TABELA DE INCIDÊNCIA DE QUESTÕES ... 1799

✦ QUESTÕES ... 1801

1. APLICATIVOS DE ESCRITÓRIO – MS OFFICE E BROFFICE ... 1801
2. SISTEMAS OPERACIONAIS – WINDOWS E LINUX ... 1821
3. REDES DE COMPUTADORES, INTERNET E INTRANET ... 1836
4. SEGURANÇA DA INFORMAÇÃO ... 1854
5. HARDWARE ... 1860

✦ DICAS ... 1863

1. APLICATIVOS PARA ESCRITÓRIO MS OFFICE ... 1863
2. SISTEMAS OPERACIONAIS – WINDOWS E LINUX ... 1876
3. REDES DE COMPUTADORES, INTERNET E INTRANET ... 1880
3.1. COMPUTAÇÃO EM NUVEM ... 1882
4. SEGURANÇA DA INFORMAÇÃO ... 1883
5. HARDWARE ... 1885

RACIOCÍNIO LÓGICO 1887

Daniel Alves Machado

TABELA DE INCIDÊNCIA DE QUESTÕES 1887

✦ QUESTÕES 1889

1. OPERAÇÕES COM CONJUNTOS 1889
2. DIAGRAMAS LÓGICOS 1891
3. SEQUÊNCIAS NUMÉRICAS 1893
4. LÓGICA PROPOSICIONAL 1895
5. TABELA-VERDADE 1905
6. LÓGICA DE ARGUMENTAÇÃO 1906
7. LÓGICA SENTENCIAL 1909
8. REGRA DE TRÊS 1911
9. PORCENTAGEM 1912
10. GEOMETRIA 1912
11. ANÁLISE COMBINATÓRIA 1914
12. PROBABILIDADE 1920
13. OPERAÇÕES LÓGICAS 1922

✦ DICAS 1926

1. LÓGICA PROPOSICIONAL 1926
2. PROBLEMAS DE DATAS 1927
3. EQUAÇÃO DE PRIMEIRO GRAU 1928
4. PRINCÍPIO DE POMBAL 1928
5. PRINCÍPIO FUNDAMENTAL DA CONTAGEM 1928
6. ARRANJO 1929
7. COMBINAÇÃO 1929
8. PROBABILIDADE 1930
9. REGRA DE TRÊS 1930
10. PORCENTAGEM 1931
11. MÚLTIPLOS E DIVISORES 1932
12. OPERAÇÕES COM CONJUNTOS 1933
13. LÓGICA DE ARGUMENTAÇÃO 1933
14. GEOMETRIA 1933

Língua Portuguesa

Duda Nogueira
e Talita Nogueira

TABELA DE INCIDÊNCIA DE QUESTÕES

Distribuição das questões organizada por ordem didática de assuntos		
Assunto	**Número de Questões**	**Peso**
1. ACENTUAÇÃO, ORTOGRAFIA E SEMÂNTICA	19	6,15%
2. PRONOME	14	4,53%
3. VERBO	12	3,88%
4. ANÁLISE SINTÁTICA	14	4,53%
5. PERÍODO COMPOSTO	17	5,50%
6. CONCORDÂNCIA	18	5,83%
7. REGÊNCIA E CRASE	10	3,24%
8. PONTUAÇÃO	16	5,18%
9. COESÃO E COERÊNCIA	72	23,30%
10. CORRESPONDÊNCIA OFICIAL	18	5,83%
11. INTERPRETAÇÃO DE TEXTO	99	32,04%
Total	**309**	**100%**

Língua Portuguesa

Duda Nogueira
e Talita Nogueira

✦ APRESENTAÇÃO

O capítulo de Língua Portuguesa contém questões comentadas das últimas provas de Delegado – 2018 a 2008. O objetivo é direcionar os estudos, focando nos principais assuntos exigidos pelas bancas.

Indicado aos candidatos que já possuem conhecimento da teoria gramatical para que, através de "macetes" e dicas, consigam chegar ao X da questão.

Não confira o gabarito antes de resolver as questões, já que o objetivo do livro é fazer com que o candidato desvende, de forma objetiva e rápida, os segredos de cada assunto exigido.

Neste capítulo, há dicas de como direcionar os estudos, sem precisar seguir o edital, além de dicas resumidas no final do capítulo.

Saboreie o prazer de fazer os testes de língua portuguesa como se estivesse conversando, como se a estivesse utilizando no dia a dia. O segredo é este: fazer com que a nossa linguagem fique mais perto, mais palpável. Recheie com alguns ingredientes teóricos e obtenha sucesso. É possível!

Bons estudos!

✦ QUESTÕES

1. ACENTUAÇÃO, ORTOGRAFIA E SEMÂNTICA

Aconselhável ter em mãos um dicionário atualizado (reforma ortográfica 2009) para consulta. Surgindo palavras desconhecidas, pesquise-as e anote o significado. Como uma palavra pode possuir vários sentidos, veja qual se encaixa no contexto, pois é preciso aprender a desvendar as palavras.

Sugestão de dicionários digitais gratuitos: AULETE e DICIO.COM

Quanto à reforma ortográfica – escrita correta e regras –, pesquise no site: www.umportugues.com

ORTOGRAFIA E ACENTUAÇÃO

ACENTUAÇÃO

01. (Fundatec – Delegado de Polícia – PC – RS/2018 – adaptada) Sobre acentuação gráfica, afirma-se que:

I. sustentável, climáticas e reciclá-los são acentuados em virtude da mesma regra.

II. A regra que determina o acento gráfico em país e contribuído é diferente da que justifica o acento gráfico em resíduos e início.

III. O vocábulo viés é acentuado por ser um monossílabo tônico terminado em e – acrescido de s.

Quais estão corretas?

a) Apenas I.

b) Apenas II.

c) Apenas III.

d) Apenas I e II.

e) Apenas II e III.

COMENTÁRIOS

✪ **Nota da autora:** Questão de acentuação.

I. **Errada.** Existem **três regras distintas**. Sustentável: paroxítona terminada em "l"; climáticas: proparoxítona; reciclá-los: oxítona terminada em "a" – verbo + pronome oblíquo.

II. **Correta.** Pa-ís: **hiato**; re-sí-du-os e i-ní-ci-o: **proparoxítonas.**

III. **Errada.** Vi-és: **oxítona** terminada em "e" seguida de "s".

Alternativa correta: letra "b".

▸ FRAGMENTO DE TEXTO PARA RESPONDER À QUESTÃO.

Nunca antes se debateu tanto sobre o meio ambiente e a sustentabilidade. As graves alterações climáticas, as crises no fornecimento de água devido à falta de chuva, à destruição dos mananciais e à constatação clara e cristalina de que, se não fizermos nada para mudar, o planeta será alterado de tal forma que a vida como a conhecemos deixará de existir.

Cientistas, pesquisadores amadores e membros de organizações não governamentais se unem, ao redor do planeta, para discutir e levantar sugestões que possam trazer a solução definitiva ou, pelo menos, encontrar um ponto de equilíbrio que desacelere a destruição que experimentamos nos dias atuais. A conclusão, praticamente **unânime**, é de que políticas que visem à conservação do meio ambiente e à sustentabilidade de projetos econômicos de qualquer natureza devem sempre ser a ideia principal e a meta a ser alcançada para qualquer governante. (...)

(Fonte: http://www.ecologiaurbana.com.br/conscientizacao/meio-ambiente-sustentabilidade/Adaptação)

02. (Fundatec – Delegado de Polícia – PC – RS/2018 – adaptada) Assinale a alternativa cuja definição mais se aproxima do sentido que **unânime** tem no texto, considerando-se, para tanto, a estrutura e o sentido do contexto de ocorrência.

a) Que é do mesmo sentimento ou da mesma opinião que outrem.
b) Sem vivacidade, sem animação, amorfo.
c) Juntar-se ou reunir-se em um lado, por grupos de adesão.
d) Diz-se do gênero que tem uma só opinião; monotípico.
e) Que está no começo; principiante.

COMENTÁRIOS

✪ **Nota da autora:** Questão de ortografia.

Alternativa "a": Unânime é *de acordo com a maioria, com os demais;* ***com ideias e opiniões semelhantes às da maioria****. Que contém ou denota uma aprovação geral.*[1]

Alternativa "b": Sinônimos de amorfo: monstruoso, disforme, horrendo, hórrido, informe.

Alternativa "c": Sinônimos de adesão: conglutinação, aceitação, união, engajamento.

Alternativa "d": Monotípico significa *apenas uma ideia, uma posição.*

Alternativa "e": Sinônimos de principiante: *incipiente, nascente, inicial.*

Alternativa correta: letra "a".

03. (Fundatec – Delegado de Polícia – PC – RS/2018) Analise as afirmações a respeito de fonemas e letras de palavras retiradas do texto, assinalando V, se verdadeiro, ou F, se falso.

( ) Nos vocábulos **ambiente** e **sustentabilidade**, a diferença entre o número de fonemas e letras, em ambos os casos, se dá em virtude da ocorrência de dígrafos vocálicos.

( ) Na forma verbal **conhecemos**, há menos fonemas que letras face à ocorrência de um dígrafo vocálico (-on) e uma dígrafo consonantal (-nh).

( ) Na palavra **qualquer**, denota-se a ocorrência de dois dígrafos, representados por qu, que interferem na relação número de letras e de fonemas.

A ordem correta de preenchimento dos parênteses, de cima para baixo, é:

a) V – V – V.
b) F – V – F.
c) V – F – V.
d) V – F – F.
e) F – F – V.

COMENTÁRIOS

✪ **Nota da autora:** Questão de ortografia e acentuação – abrange fonemas (sons) e dígrafos.

- **Dígrafo vocálico:** é o encontro de duas letras que formam um único som vocálico. Quando as vogais vêm seguidas das consoantes M e N, representando fonemas vocálicos nasalizados. Exemplos: am, em, im, om, um, an, en, in, on, un.
- **Dígrafo consonantal:** É o encontro de duas letras que formam um único som consonantal. Exemplos: lh, ch, nh, rr, ss, qu, gu, sc, sç, xc, xs.[2]

(V) ambiente: /ã/ /b/ /i/ /ê/ /t/ /e/ = seis fonemas e dois dígrafos vocálicos (am – em); sustentabilidade: /s/ /u/ /s/ /t/ /ê/ /t/ /a/ /b/ /i/ /l/ /i/ /d/ /a/ /d/ /e/ =quinze fonemas e um dígrafo vocálico (en).

(F) Há um dígrafo consonantal: NH.

(F) Há apenas um dígrafo (duas letras com o mesmo som): na sílaba "quer" = /**ke**r/. Na primeira sílaba, o "u" é pronunciado, pois não é soletrado /kal/, mas sim /kual/.

Alternativa correta: letra "d"

▸ **FRAGMENTOS DE TEXTO PARA RESPONDER À QUESTÃO.**

I. Neste contexto, é importante que a sustentabilidade faça parte da organização como um todo, principalmente, da mais alta ________ decisória.

II. Para consolidar uma economia com baixa emissão de carbono, é necessário pensar em toda a cadeia de produção da economia, desde a _______ da matéria-prima, o transporte, a produção e até o descarte. Trabalhando com esses rejeitos, evita-se que os materiais acabem em aterros e lixões – locais em que a decomposição emite gases responsáveis pelo efeito estufa, como o metano e o gás carbônico. Com a reciclagem, os resíduos viram matéria-prima novamente, o que evita a _______ e colabora para o uso racional de recursos naturais.

III. Essa solução, de acordo com um empresário do setor, ______ diversas vantagens ao comprador, como: redução de custos em transporte e armazenagem, devido à concentração de produto na embalagem hidrossolúvel; diminuição no uso e descarte do plástico convencional, que pode gerar créditos de carbono e também ______

1. https://www.dicio.com.br/

2. INFO ESCOLA. Disponível em <https://www.infoescola.com/portugues/digrafos/>. Acesso em 17 fev. 2019.

segurança na aplicação e no manuseio de substâncias químicas que podem ser nocivas para o ser humano.[3]

---

04. (Fundatec – Delegado de Polícia – PC – RS/2018 – adaptada) Avalie as afirmações que seguem quanto ao completamento de lacunas pontilhadas do texto no que tange à grafia de determinados vocábulos e considerando o contexto de ocorrência.

I. A lacuna fica corretamente preenchida por **estância**.

II. O vocábulo **extração** preenche adequada e corretamente as lacunas.

III. **trás** preenche corretamente as lacunas do trecho.

Quais estão corretas?

a) Apenas I.
b) Apenas II.
c) Apenas III.
d) Apenas I e II.
e) Apenas II e III.

COMENTÁRIOS

I. **Errada.** A forma correta é **instância** – Qualidade daquilo que é iminente; particularidade do que pode acontecer a qualquer momento; atributo do que está prestes a acontecer; iminência. [Jurídico] Ação caracterizada pelo desenvolvimento e/ou prática dos procedimentos necessários para que uma causa seja iniciada até sua conclusão (julgamento).[4]

Estância é lugar usado como morada; moradia, habitação.

II. **Correta. Extração** é ação ou efeito de extrair – tirar (uma coisa) do lugar onde está, do corpo em que espontânea ou acidentalmente se formou ou introduziu.

III. **Errada.** A forma correta é **traz** – do verbo "trazer".

Alternativa correta: "letra" b

---

05. (Fundatec – Delegado de Polícia – PC – RS/2018 – adaptada) Em relação ao vocábulo **signatárias** (Em 2015, o Brasil entrou para o grupo das 197 nações <u>signatárias</u> do Acordo de Paris, que determinou metas para manter o aquecimento global bem abaixo de 2°C até 2030.[5]), é correto dizer que:

I. Poderia ser substituído, sem causar incorreção ao contexto, por **aqueles que subscrevem**.

II. Trata-se de um adjetivo flexionado no feminino plural em virtude do gênero e do número do substantivo que acompanha.

III Não pode ser considerado cognato do vocábulo **significado**.

Quais estão INCORRETAS?

a) Apenas I.
b) Apenas II.
c) Apenas III.
d) Apenas I e II.
e) Apenas II e III.

COMENTÁRIOS

I. **Errada.** *Signatário é a condição de um* ***indivíduo apto a assinar um documento****, subscrevendo assim o teor do seu conteúdo. Uma pessoa jurídica ou uma nação também podem ser signatários. Quando se diz que determinado* ***país é signatário****, significa que esta nação subscreveu a algum tipo de manifesto, contrato, acordo, carta ou outro documento com o qual concorda com o conteúdo apresentado.*[6] Ao substituir, caberia nações **que subscrevem.** Não cabeira o pronome demonstrativo "aqueles" por se referir a *nações*.

II. **Certa.** Qualifica *nações*, ou seja, é um adjetivo e concorda com o substantivo feminino plural.

III. **Certa.** Os vocábulos não possuem a mesma origem, já que *significado* é sinônimo de acepção, sentido, significação.

Alternativa correta: letra "a".

---

06. (Fundatec – Delegado de Polícia – PC – RS/2018 – adaptada) Considerando-se o sentido que têm no trecho, todos os vocábulos a seguir podem ser utilizados em lugar de **permear**, EXCETO:

a) Penetrar.
b) Atravessar.
c) Transpassar.
d) Trespassar.
e) Constituir.

COMENTÁRIOS

✪ **Nota da autora:** Permear é sinônimo de ***atravessar***, *furar, cruzar, passar,* ***penetrar****, percorrer,* ***transpassar****, transpor, traspassar, travessar, alternar, ocorrer, intercalar.*[7]

Alternativa "a" – É penetrar.

Alternativa "b" – É atravessar.

Alternativa "c" – É transpassar.

Alternativa "d" – O vocábulo "trespassar" é sinônimo de *atravessar*, por isso pode ser considerado sinônimo de *permear*.

Alternativa "e" – Constituir significa *fazer parte da essência de; ser essencial para a criação de; formar-se.*[8]

Alternativa correta: letra "e".

---

3. *(Fonte: Amcham Brasil, 26 de maio 2017 – http://economia.estadao.com.br/blogs – Texto adaptado)*
4. https://www.dicio.com.br/
5. *(Fonte: Amcham Brasil, 26 de maio 2017 – http://economia.estadao.com.br/blogs – Texto adaptado)*
6. https://www.significados.com.br/
7. https://www.dicio.com.br/
8. https://www.dicio.com.br/

FRAGMENTO DE TEXTO[9] PARA RESPONDER À QUESTÃO.

(...) Soluções como o plástico hidrossolúvel têm sido cada vez mais procuradas como um meio de evitar o problema do descarte irresponsável. O material é novidade no Brasil e na América Latina e consiste em um plástico que se dissolve na água em apenas alguns segundos. Há também, **nesse mesmo viés**, bobinas, saquinhos hidrossolúveis sob medida, entretelas, entre outros. Essa solução, de acordo com um empresário do setor, traz diversas vantagens ao comprador, como: redução de custos em transporte e armazenagem, devido à concentração de produto na embalagem hidrossolúvel; diminuição no uso e descarte do plástico convencional, que pode gerar créditos de carbono e também traz segurança na aplicação e no manuseio de substâncias químicas que podem ser nocivas para o ser humano. (...)

07. (Fundatec – Delegado de Polícia – PC – RS/2018) A expressão **nesse mesmo viés**, considerando o contexto de ocorrência, poderia ser substituída por:

I. nessa mesma tendência.

II. nessa direção oblíqua.

III. no sentido diagonal do material.

IV. nesse recorte.

Quais das propostas poderiam substituir adequadamente a referida expressão?

a) Apenas I.

b) Apenas II.

c) Apenas I e II.

d) Apenas I, II e III.

e) Apenas II, III e IV.

COMENTÁRIOS

I. **Correta.** *Viés* é sinônimo de "enviés, obliquidade, **tendência**, natureza, soslaio"[10].

II. **Errada.** Não há relação semântica com "viés".

III. **Errada.** Não existe relação semântica com "viés".

IV. **Errada.** Não possui relação semântica com "viés".

Alternativa "a": Exatamente.

Alternativa "b": Não cabe a substituição.

Alternativa "c": Não cabe a substituição em II.

Alternativa "d": Não cabe a substituição em II e III.

Alternativa "e": Não cabe a substituição em II, III e IV.

Alternativa correta: letra "a".

08. (Nucepe – Delegado de Polícia – PC – PI/2018) Quando falamos ou escrevemos, nem sempre utilizamos uma linguagem literal, denotativa, para expressar o que desejamos. Frequentemente, recorremos à linguagem conotativa, como forma de promover algum efeito de sentido especial sobre o que dizemos. Das opções abaixo, a única que acomoda um segmento que apresenta linguagem conotativa é:

a) ... mas abrigar 160.000 pessoas escravizadas é um escândalo humano de proporções épicas.

b) Sim, todas essas pessoas foram escravizadas – em pleno século XXI.

c) ... elas chegaram a beber a mesma água que os porcos e algumas sofreram a humilhação máxima de ser espancadas, ...

d) Estima-se que atualmente 160.000 brasileiros trabalhem e vivam no país em condições semelhantes às de escravidão...

e) ... ou seja, estão submetidos a trabalho forçado, servidão por meio de dívidas, jornadas exaustivas e circunstâncias degradantes...

COMENTÁRIOS

✪ **Nota da autora:** Questão de semântica.

- **Linguagem conotativa** – consiste no emprego de uma palavra a partir de um **sentido figurado**, não literal, **e dependente do contexto.**
- **Linguagem denotativa – sentido próprio de uma palavra**, ou qualquer outra coisa, **desprovido de ampliações** ou modificações em seu significado.

Alternativa "a" – No sentido denotativo, épico significa possuidor da grandiosidade dos heróis. No texto, possui sentido conotativo (figurado, informal): veemência, magnitude fora do normal; algo extraordinário ou memorável.

Alternativa "b" – Denotação: pessoas escravizadas.

Alternativa "c" – Denotação: beber água e sofrer humilhação.

Alternativa "d" – Denotação: brasileiros trabalham e vivem em condições de escravidão.

Alternativa "e" – Denotação: trabalho forçado, servidão etc.

Alternativa correta: letra "a".

FRAGMENTO DE TEXTO PARA RESPONDER À QUESTÃO.

(...) Para combater o compartilhamento de fotos íntimas por terceiros, são necessárias ações preventivas, **afirma** a advogada. Jovens e adolescentes devem ser educados, de forma 22 que tenham dimensão do problema que a divulgação desse tipo de imagem pode acarretar.

Internet: <https://jornaldosdez.wordpress.com> (com adaptações).

09. (Cespe – Delegado de Polícia – GO/2017 – adaptada) Mantendo-se a correção gramatical e o sentido original do texto CB1A2AAA, a forma verbal "afirma" poderia ser substituída por

9. *(Fonte: Amcham Brasil, 26 de maio 2017 – http://economia.estadao.com.br/blogs – Texto adaptado)*
10. https://www.dicio.com.br/

a) prescreve.
b) propõe.
c) destaca.
d) participa.
e) assevera.

COMENTÁRIOS

✪ **Nota das autoras:** Questão de ortografia e semântica (sinônimos).

Alternativa correta: letra "e" – *Afirmar* é sinônimo de **asseverar**, *assegurar, certificar, sustentar, declarar, abonar, caucionar, afiançar, prometer, penhorar, manter, estabelecer, jurar*.

Alternativa "a" – Prescrever: ordenar, regular, comandar, estabelecer, preceituar, receitar, fixar, limitar, caducar.

Alternativa "b" – Propor: recomendar, orientar, insuflar, instilar, insinuar, inculcar, alvitrar, admoestar, aconselhar, sugerir.

Alternativa "c" – Destacar: evidenciar, primar, salientar, sobressair, realçar, ressaltar, designar.

Alternativa "d" – Participar: lidar, notificar, informar, avisar, compartilhar, transmitir, comunicar, partilhar, anunciar.

10. (ACAFE – Delegado de Polícia – SC/2014) Assinale a alternativa em que o acento gráfico é determinado pela mesma regra.

a) índios, vácuo, mágoa, eloquência, espécie.
b) Piauí, dendê, carijó, pôs, bênção.
c) características, próprio, fracionários, sádico, encontrá-la-emos.
d) louvável, jóquei, revólver, quiséssemos, conferência.
e) renegá-la, período, juízes, maracujás, armazéns.

COMENTÁRIOS

Alternativa correta: letra "a"

✪ **Nota das autoras:** questão fácil! Basta inserir na tabela para ter certeza.

x	PRO	PAR	OXI
		ÍN	dios
		VÁ	cuo
		MÁ	goa
e	lo	QUÊN	ci
	es	PÉ	cie

Todas as palavras são paroxítonas terminadas em ditongo.

Erros:

b) Apenas dendê e carijó são oxítonas. Elimine as palavras para ganhar tempo.

c) Apenas características e sádicos são proparoxítonas.

d) Diferente das outras palavras (paroxítonas), quiséssemos é proparoxítona.

e) Apenas renegá-la, maracujás e armazéns são oxítonas.

11. (Fundação Aroeira – Delegado de Polícia – TO/2014 – questão adaptada) Há marcas das transformações recentes na padronização da língua portuguesa na grafia das palavras

a) tragédias; filósofo.
b) herói; papéis.
c) ideológicas; compactuam.
d) idéia, freqüentemente.

COMENTÁRIOS

Alternativa correta: letra "d"

✪ **Nota das autoras:** Questão referente à reforma ortográfica de 2009.

Ideia = deixaram de ser acentuados os ditongos abertos em palavras paroxítonas;

Frequentemente = o trema deixou de ser usado.

Alternativa "a" – Paroxítona terminada em ditongo continua sendo acentuada, assim como as proparoxítonas.

Alternativa "b" – Ditongo aberto na última sílaba é acentuado (os dois vocábulos seguem a mesma regra).

Alternativa "c" – Proparoxítonas são acentuadas. **Compactuam** não recebe acento por ser paroxítona.

Acentuam-se as paroxítonas terminadas em:

L	Amável, automóvel
R	Açúcar, repórter
N	Hífen, pólen
X	Tórax, clímax
I(s)	Júri, lápis
U(s)	Vírus, bônus
Nos	Elétrons, prótons
UM(UNS)	Fórum
Ão(s)	Órfão, órfãos
Ã(s)	Órfã, órfãs
Os	Bíceps, fórceps
Ditongo	Sábio, colégio

▸ **TRECHOS PARA A QUESTÃO.**

(...) Apesar de não haver preconceito assumido, o relato dos negros brasileiros que denunciam olhares tortos, desconfiança, apelidos maldosos e tratamento "diferenciado" em lojas, consultórios, bancos ou supermercados não deixa dúvidas de que são discriminados em função do tom da pele. Estatísticas como as divulgadas pelo Mapa da Violência 2012, que detectou 75% de negros entre os jovens vitimados por homicídios no Brasil em 2010, totalizando 34.983 mortes, chamam a atenção em um país que aparentemente não enfrenta conflitos raciais.(...)

Ele enfatiza que os negros, vitimizados pela discriminação em função da cor da pele, são minoria nas universidades, na política, em cargos de gerência e outras esferas relacionadas ao poder. "Quando chegam a essas posições, causam 'euforia'", analisa, referindo-se, na história contemporânea, ao ministro do Supremo Tribunal Federal (STF) Joaquim Barbosa e ao presidente dos EUA, Barack Obama. Munhoz acrescenta que o racismo tem raiz histórica. "Remete ao sequestro de um povo de sua terra para trabalhar no Brasil. Quando foram supostamente libertados, acabaram nas periferias e favelas das cidades, impedidos de frequentar outros locais", afirma. (...)

(Adaptado de: AVANSINI, C. Preconceito velado, mas devastador. Folha de Londrina. 3 fev. 2013, p.9.)

12. (UEL – Delegado de Polícia – PR/2013) Sobre os termos "aparentemente" e "supostamente", assinale a alternativa correta.

a) O termo "aparentemente" pode ser substituído por "visivelmente", sem prejuízo do sentido original da frase.

b) O termo "supostamente" pode ser substituído por "previamente", sem prejuízo do sentido original da frase.

c) São termos que podem ser deslocados aleatoriamente dentro das respectivas frases, sem prejuízo do sentido das mesmas.

d) São termos que podem ser substituídos por "pretensamente", sem prejuízo dos sentidos originais das frases.

e) São termos que podem ser suprimidos das frases que, mesmo assim, elas preservarão seu sentido original.

COMENTÁRIOS

Alternativa correta: letra "d"

✪ **Nota das autoras:** Questão de ortografia e coerência textual.

– Basta retirar o sufixo – **mente** e saber o significado das palavras. **Aparente:** que aparece, visível, evidente: a diferença tornou-se aparente. Parecido, semelhante. Suposto, especioso, enganador: a contradição é apenas aparente; **suposto:** Admitido por hipótese. Fictício, falso: o suposto testamento. S.m. Suposição, conjetura, hipótese. Filosofia. O que subsiste por si; substância. Loc. conj. Suposto que, na suposição de que; dado o caso que.

Pretenso significa *que pretende ou supõe ser o que de fato não é; suposto, imaginado* e podem ser substituídos os dois termos.

Alternativa "a" – Aparentemente está no sentido de **suposto, especioso, enganador**.

Alternativa "b" – Supostamente refere-se à hipótese e não à previamente. Prévio: Que deve ser feito, dito, examinado com antecipação, antes de outra coisa; antecipado.

Alternativa "c" – Não podem ser deslocados aleatoriamente, pois *aparentemente* está ligado ao verbo *enfrentar* e *supostamente,* ao adjetivo *libertados.*

Alternativa "e" – A supressão dos termos alteraria o sentido original.

▸ TRECHO PARA O ITEM.

(...) A segunda concepção está centrada na ideia de que a segurança é um serviço público a ser prestado pelo Estado e cujo destinatário é o cidadão. Não há, nesse caso, mais inimigo a combater, mas cidadão para servir. A polícia democrática não discrimina, não faz distinções **arbitrárias**: trata os barracos nas favelas como domicílios invioláveis, respeita os direitos individuais, independentemente de classe, etnia e orientação sexual, não só se atendo aos limites inerentes ao estado democrático de direito, mas entendendo que seu principal papel é promovê-lo. (...)

Cláudio Pereira de Souza Neto. A segurança pública na Constituição Federal de 1988: conceituação constitucionalmente adequada, competências federativas e órgãos de execução das políticas. Internet: <www.oab.org.br>(com adaptações).

13. (Cespe – Delegado de Polícia – BA/2013) Dada a argumentação desenvolvida no texto, o adjetivo "arbitrárias" pode ser interpretado tanto como em **desacordo com as regras ou normas** quanto como **abusivas.**

COMENTÁRIOS

Certo – Arbitrário significa *que não segue princípios lógicos; que está sujeito aos desejos e/ou vontades da pessoa que age; que não acompanha nem depende de regras ou normas.*

14. (FUNCAB – Delegado de Polícia – ES/2013) Altera-se profundamente o sentido do enunciado no texto com a substituição do nome substantivo em destaque por qualquer dos nomes propostos em:

a) a questão acabou ganhando o ENFOQUE da eficácia /ângulo, perspectiva

b) e aplicada com REQUINTES de profissionalismo / primores, refinamentos

c) atuam [...] sob a ÉGIDE de uma Constituição / amparo, respaldo

d) "Isso é uma FÁBULA", diz o filósofo francês Michel Terestchenko /invenção, mentira

e) a certeza tríplice é uma QUIMERA / tolice, estupidez

COMENTÁRIOS

Alternativa correta: letra "e" – Quimera significa devaneio, fantasia, ilusão, ficção, sonho, visão e não pertence ao campo semântico de tolice e estupidez.

Alternativa "a" – Enfoque: Modo de considerar, de entender um assunto ou uma questão; ponto de vista, perspectiva.

Alternativa "b" – Requinte: Extremo grau de aperfeiçoamento; excesso de refinamento.

Alternativa "c" – Égide: no sentido figurado, significa aquilo que pode servir para amparar; defesa ou proteção.

Alternativa "d" – Fábula: no sentido figurado, significa mentira, ilusão, objeto de zombaria ou desdém: a promessa foi uma fábula.

15. (Delegado de Polícia – ES/ 2011 – CESPE) A respeito da organização das estruturas linguísticas e das ideias do trecho, julgue o item a seguir.

Bandos de homens armados perpetram anualmente 450 roubos a bancos e carros-fortes no Brasil. Tais episódios põem em risco a vida de clientes, agentes de segurança e policiais, mas o prejuízo financeiro é relativamente pequeno para as instituições. *(...) André Vargas. Assalto.com.br, In: Veja, 24/11/2010 (com adaptações).*

– O vocábulo "perpetram" poderia ser substituído por **cometem**, sem que isso acarretasse prejuízo semântico ou sintático ao texto.

COMENTÁRIOS

Resposta: (CERTO) – Perpetrar significa cometer (crime ou qualquer ato condenável).

▸ TRECHO PARA O ITEM.

(...)

Não obstante nas últimas duas décadas se terem verificado inovações na área da formação profissional, poucas iniciativas lograram sucesso no sentido de implementar mudanças efetivas nas práticas e nos procedimentos dominantes. A atividade policial mostra-se inscrita em um padrão de desempenho que se traduz não só na ineficácia dos resultados, mas que se reveste de aspectos suplementares, relacionados, fundamentalmente, à forma de atuação predominantemente violenta e arbitrária da polícia, permanecendo como desafio à sociedade contemporânea brasileira. (...)

Paula Poncioni. O modelo policial profissional e a formação profissional do futuro policial nas academias de polícia do estado do Rio de Janeiro. In: Sociedade e Estado, vol. 20, nº 3. Brasília, set.-dez./2005. Internet: <www.scielo.br> (com adaptações).

16. (Delegado de Polícia – ES/ 2011 – CESPE) A substituição do adjetivo "efetivas" pela expressão **capazes de produzir um efeito real** não afetaria o texto semântica nem sintaticamente.

COMENTÁRIOS

Resposta: (CERTO) – Efetivo significa que é real, verdadeiro, que está em efeito.

17. (Delegado de Polícia – ES/ 2011 – CESPE) Os vocábulos "público" e "caótico" obedecem à mesma regra de acentuação gráfica.

COMENTÁRIOS

Resposta: (CERTO) – Se apenas é pedida a mesma regra, fazendo uma *tabela-dica* e separando as sílabas, descobre-se rapidamente a alternativa correta, já que todas as sílabas acentuadas devem estar na mesma coluna.

Importante: não colocar na tabela as palavras que são acentuadas por serem hiatos ou monossílabos (após a reforma ortográfica, classificadas como oxítonas).

x	Pro	Par	Oxi
	pú	bli	co
ca	ó	ti	co

As duas palavras são proparoxítonas.

▸ ATENÇÃO! O TEXTO REFERE-SE À QUESTÃO SEGUINTE.

(...)

Sobre o mesmíssimo território instala-se uma outra Amazônia, que quer e precisa ser desenvolvida. Nela vivem mais de 20 milhões de brasileiros. São pessoas com carteira de identidade, família para alimentar, filhos na escola, televisão na sala e uma vontade enorme de imitar em tudo o estilo de vida de seus conterrâneos das grandes cidades do Sul. Essa população, quase o dobro da existente na cidade de São Paulo, vive da destruição indiscriminada dos recursos naturais à sua volta. Árvores raras e animais selvagens são diariamente mortos e trocados por bens de consumo imediato, principalmente a fonte de energia mais barata disponível, o óleo que vem do Sul, de navio, e é usado para tocar o gerador que alimenta o televisor. Nesse mundo, uma tartaruga vale dois capítulos da novela. (...)

O desafio de crescer e preservar. In: Veja, nº 2.118, 24/6/2009 (com adaptações).

18. (Delegado de Polícia – PA/ 2009 – MOVENS) A palavra "indiscriminada" está empregada com sentido de

a) indulgente.

b) ilegal.

c) incontrolada.

d) inadmitida.

COMENTÁRIOS

Resposta correta: "c": Indiscriminada significa *sem controle, sem ordem, sem critério etc.; DESCONTROLADO; DESORDENADO; DESREGRADO.*

Alternativa "a": Indulgente: *que perdoa, desculpa ou releva facilmente.*[11]

11. Fonte: Dicionário Digital Aulete

Alternativa "b": Ilegal: *que desobedece à lei; ILÍCITO.*[12]

Alternativa "d": inadmitida: *que não foi aceita; RECUSADA; VETADA.*[13]

19. (Delegado de Polícia – RO/ 2009 – FUNCAB) Assinale a opção em que a modificação feita na frase abaixo corresponde ao que preceitua a gramática quanto à grafia da palavra grifada.

"Essa definição explica por que a felicidade é tão efêmera."

a) A felicidade é tão efêmera porque?

b) A felicidade é tão efêmera por quê?

c) Porquê a felicidade é tão efêmera?

d) Não sei porque a felicidade é tão efêmera.

e) Esta é a razão porque a felicidade é tão efêmera.

COMENTÁRIOS

Resposta correta: "b": Em final de frase, usa-se por quê.

Aproveitemos para relembrar os empregos dos porquês.

Dica	
Por que	equivale a **pelo qual** vem acompanhado pela palavra **razão** *(mesmo que subentendida)* *Ex: Este é o caminho por que passo. Por que você foi embora logo?*
Porque	é uma **explicação**, equivale a pois. Ex: Fui embora logo porque estava muito cansado.
Porquê	é um substantivo, ou seja, nomeia. **Admite plural.** *Ex: Não sei o porquê de sua demora. O estudo da palavra porquê.*
Por quê	segue a regra da palavra que: quando utilizada no **fim de uma frase,** será sempre acentuada. *Ex: Ele faltou, mas não sei por quê.*

Alternativa "a": Em final de frase, usa-se por quê.

Alternativa "c": Por que (razão) a felicidade é tão efêmera?

Alternativa "d": Não sei por que (razão) a felicidade é tão efêmera.

Alternativa "e": Esta é a razão por que (pela qual) a felicidade é tão efêmera.

▸ ATENÇÃO! O TEXTO REFERE-SE À QUESTÃO SEGUINTE.

BRINKMANSHIP

Em 1964, o cineasta Stanley Kubrick lançava o filme Dr. Strangelove. Nele, um oficial norte-americano ordena um bombardeio nuclear à União Soviética e comete suicídio em seguida, levando consigo o código para cancelar o bombardeio. O presidente norte-americano busca o governo soviético na esperança de convencê-lo de que o evento foi um acidente e, por isso, não deveria haver retaliação. É, então, informado de que os soviéticos implementaram uma arma de fim do mundo (uma rede de bombas nucleares subterrâneas), que funcionaria automaticamente quando o país fosse atacado ou quando alguém tentasse desacioná-la. (...)

Fabio Zugman. Teoria dos jogos. Internet: <www.iced.org.br> (com adaptações).

2. PRONOME

As questões de pronome estão diretamente ligadas à sintaxe de regência. Em alguns casos, é necessário saber a teoria de colocação pronominal – próclise, ênclise e mesóclise. Essencial saber quais palavras atraem o pronome oblíquo. Dicas no final do capítulo.

20. (Cespe – Delegado de Polícia – PC – SE/2018 – adaptada) Em "Mas não me deixe sentar"[14], a colocação do pronome "me" após a forma verbal "deixe" — deixe-me — prejudicaria a correção gramatical do trecho.

COMENTÁRIOS

O advérbio (de negação) atrai o pronome oblíquo e a próclise é obrigatória, ou seja, o pronome deve estar antes do verbo.

DICA – por haver dois verbos, o pronome poderia também ser enclítico no último verbo: não deixe sentar-me. **CERTO**

21. (Fundatec – Delegado de Polícia – PC – RS/2018 – adaptada) Na frase: para discutir e levantar sugestões que possam trazer a solução definitiva, o pronome relativo **que** retoma a expressão *sugestões*. Assinale a alternativa cuja ocorrência do pronome, devidamente salientado, provoca ambiguidade quanto ao termo que retoma.

a) A sustentabilidade, **que** hoje tem caráter extremamente relevante, deve ser amplamente divulgada.

b) É extremamente relevante que se estude a sustentabilidade e a natureza, **que** tem importância descomunal no futuro do ser humano.

c) O homem é um ser que depende sobremaneira da natureza, pois é ela **que** lhe garante a vida.

d) O meio ambiente, **que** hoje é bastante desrespeitado, é fator decisivo para a sobrevivência humana.

e) Lixo, desperdício de matéria-prima, coleta seletiva e proteção dos mananciais são fatores **que** devem receber nossa atenção; entretanto, muitos ainda olham para isso com desinteresse.

12. Fonte: Dicionário Digital Aulete
13. Fonte: Dicionário Digital Aulete
14. *O Rappa. Minha Alma (A Paz Que Eu Não Quero). In: Álbum Lado B Lado A. Warner Music Group, 1999 (com adaptações).*

COMENTÁRIOS

✪ **Nota da autora:** A fim de facilitar, substitua o "que" por *o qual, a qual, os quais, as quais.*

Alternativa "a": A sustentabilidade tem caráter = a qual.

Alternativa "b": O pronome relativo está posposto a dois substantivos e o verbo não está no plural (tem). Quem tem importância descomunal? A **sustentabilidade**, ou a **natureza?**

Alternativa "c": Ela lhe garante = a qual.

Alternativa "d": O meio ambiente hoje é bastante desrespeitado = o qual.

Alternativa "e": Os **fatores** devem receber nossa atenção = os quais.

Alternativa correta: letra "b".

22. (Fundatec – Delegado de Polícia – PC – RS/2018) Avalie as seguintes afirmações sobre o uso de pronomes nos trechos[15], assinalando V, se verdadeiro, ou F, se falso.

( ) **esses** classifica-se como pronome adjetivo, porque determina o substantivo junto do qual se encontra. (Por não terem fluxos regulares de reciclagem, fazer o processo com esses rejeitos sai bem mais caro.)

( ) o pronome **-los** funciona como complemento verbal, assumindo essa forma em face de a forma verbal terminar em 'r'. ("Esses materiais são considerados 'não recicláveis', pois o custo para reciclá-los é superior ao valor obtido com a matéria-prima resultante do processo.)

( ) as duas ocorrências do pronome possessivo **seus** indica que o possuidor dos termos que acompanham é **processos.** (É importante também que a organização, além de realizar esses processos, valorize que os mesmos sejam adotados por toda cadeia produtiva, envolvendo desde seus fornecedores até seus clientes.)

A ordem correta de preenchimento dos parênteses, de cima para baixo, é:

a) V – V – V.

b) F – V – V.

c) V – V – F.

d) F – F – V.

e) F – F – F.

COMENTÁRIOS

(V) Esses (pronome demonstrativo adjetivo – acompanha o substantivo) rejeitos (substantivo).

(V) O verbo *reciclar* é transitivo direto – reciclar algo – e, por terminar em "r" e ser preciso acrescentar o pronome oblíquo "o", a consoante é retirada para acrescentar "l" ao pronome.

(F) O termo possuidor é a **organização:** os fornecedores da organização; os clientes da organização.

Alternativa correta: letra "c".

23. (Fundatec – Delegado de Polícia – PC – RS/2018 – adaptada) Sobre o pronome relativo no trecho "Em 2015, o Brasil entrou para o grupo das 197 nações signatárias do Acordo de Paris, **que** determinou metas para manter o aquecimento global bem abaixo de 2°C até 2030.", considere as afirmativas a seguir:

I. O pronome retoma o antecedente "o Brasil".

II. **O qual** poderia substituí-lo corretamente, considerando que o núcleo do referente é um substantivo masculino singular.

III. O pronome poderia ser precedido de uma preposição devido à regência do verbo determinou.

Quais estão corretas?

a) Apenas I.

b) Apenas II.

c) Apenas III.

d) Apenas I e II.

e) Apenas II e III.

COMENTÁRIOS

I. **Errada.** Retoma "Acordo de Paris". Equivale a "O acordo de Paris determinou metas".

II. **Certa.** O núcleo do referente é "Acordo": o Brasil entrou para o grupo das 197 nações signatárias do Acordo de Paris, **o qual** determinou metas.

III. **Errada.** O verbo *determinar* é transitivo direto (determinou algo) e não admite preposição.

Alternativa correta: letra "b".

24. (ACAFE – Delegado de Polícia – SC/2014) Assinale a alternativa que substitui convenientemente os elementos destacados em negrito, respeitadas as eventuais mudanças na forma verbal.

- A cobradora devolveu os cheques aos clientes.
- Se for preciso, vamos convocar outros dois atletas.
- O chefe perdoa aos funcionários os pequenos deslizes.
- Enviaram a eles três pacotes de sanduíches.
- Faz dias que não vejo minha irmã sair cedo.

A sequência correta, de cima para baixo, é:

a) lhes – os – os – lhes – la

b) os – los – lhes – nos – a

c) os – los – os – lhes – lhe

d) lhes – os – lhes – os – a

e) lhes – os – los – los – lhe

COMENTÁRIOS

Alternativa correta: letra "b"

---

15. *(Fonte: Amcham Brasil, 26 de maio 2017 – http://economia.estadao.com.br/blogs – Texto adaptado)*

✪ **Nota das autoras:** trabalhe por eliminação para evitar erro.

– Devolveu algo: transitivo direto + objeto direto (os cheques) = os. Eliminadas A, D e E.

– Convocar alguém: transitivo direto + objeto direto (outros dois atletas) + verbo terminado em r = convocá-los.

– Perdoa a alguém: objeto indireto (aos funcionários) = lhes. Eliminada C.

– Enviaram algo: objeto direto (três pacotes) + verbo terminado em m = enviaram-nos.

– Não vejo alguém: objeto direto (minha irmã) = não a vejo.

DICA: O advérbio de negação "não" atrai o pronome oblíquo.

---

25. (FUNCAB – Delegado de Polícia – RO/2014) "... fora de locais ONDE o dono da conta costuma acessar a internet..."

Considere o pronome relativo em destaque no trecho acima. Pode-se afirmar que está adequada ao padrão culto da língua portuguesa a seguinte alteração feita no pronome:

a) fora de locais de que o dono da conta costuma acessar a internet.

b) fora de locais que o dono da conta costuma acessar a internet.

c) fora de locais em que o dono da conta costuma acessar a internet.

d) fora de locais para onde o dono da conta costuma acessar a internet.

e) fora de locais aonde o dono da conta costuma acessar a internet.

COMENTÁRIOS

Alternativa correta: letra "c" – O pronome relativo retoma "locais". Na ordem direta: o dono da conta costuma acessar a internet em algum lugar.

Alternativa "a" – Não cabe a preposição "de".

Alternativa "b" – A preposição "em" é exigida.

Alternativa "d" – Não cabe a preposição "para".

Alternativa "e" – Não cabe a preposição "a".

---

26. (FUNCAB – Delegado de Polícia – RO/2014) Nos trechos transcritos abaixo, os termos em destaque foram substituídos por pronome pessoal.

I. "...que podem mudar NOSSO COTIDIANO..." / que podem mudá-lo.

II. "...algumas empresas pretendem fornecer AOS MÉDICOS o mapeamento genético de cada paciente." / pretendem fornecer-lhes.

III. "...o smartphone poderá recomendar A SEU USUÁRIO que saia de casa alguns minutos mais cedo. ..."/ poderá recomendá-lo.

IV. "...mas o comércio da vizinhança também atrairá AS PESSOAS." / também lhes atrairá.

V. "A lojinha da esquina, agora conectada a seu telefone, divulgará AS PROMOÇÕES..." / a lojinha da esquina divulgá-las-á.

Estão de acordo com as normas de regência e de colocação somente as substituições feitas nos itens:

a) I, II e V.

b) II, IV e V.

c) I, III e IV.

d) I, III e V.

e) II, III e IV.

COMENTÁRIOS

Alternativa correta: letra "a"

I. Certo: objeto direto (algo) + verbo terminado em **r** = recomendá-lo.

II. Certo: objeto indireto (a alguém) = fornecer-lhes.

III. Errado: objeto indireto (a alguém) = recomendar-lhe.

IV. Errado: objeto direto (alguém) = também as atrairá.

V. Certo: objeto direto (algo) = as. Verbo no futuro exige mesóclise, pois não há palavra atrativa: divulgá-las-á.

Observação: terminação com **r** assume a forma **las**.

▸ **LEIA O TEXTO ABAIXO E RESPONDA À QUESTÃO PROPOSTA.**

Afinal, a tortura funciona ou não funciona? O existencialista Jean-Paul Sartre disse – e, **nisso**, estava certo – que a tortura era o mal do século XX. Morto em 1980, Sartre não viveu para testemunhar as tentativas às vezes pouco sutis de promover a tortura ao status de mal menor do século XXI. [Nos Estados Unidos] a questão acabou ganhando o enfoque da eficácia em decorrência da disputa política. A maioria dos republicanos defende o combate ao terror deflagrado pelo presidente George W. Bush, **cujo** governo legalizou as chamadas "técnicas aprimoradas" de interrogatório. Entre elas, inclui-se a "simulação de afogamento", tortura antiga, documentada pela primeira vez no século XIV, e aplicada com requintes de profissionalismo na Inquisição espanhola. Em geral, os republicanos consideram que as "técnicas aprimoradas" foram úteis para selar a vitória americana sobre a Al Qaeda e descobrir o esconderijo de Bin Laden.

A maioria dos democratas, que hoje se opõem às políticas antiterror de Bush, mas nem sempre **o** fizeram no calor da hora, acha que as "técnicas aprimoradas" não passam de eufemismo para a tortura – no que estão cobertos de razão. E alegam que a vitória sobre a Al Qaeda e a morte de Bin Laden não têm nada a ver com a tortura de suspeitos, e sim com anos de trabalho minucioso de inteligência. [...]

As democracias ocidentais – e os Estados Unidos entre **elas**, é claro – são moralmente superiores aos terroristas da Al Qaeda e seus protetores. Elas atuam sob o império da lei, sob a égide de uma Constituição, dão satisfação à opinião pública e, flagradas no erro, abrem investigações, punem os infratores e tentam corrigir o rumo. Soldados americanos torturaram guerrilheiros vietcongues. Foram processados e punidos. A França pagou um alto preço pelo uso da tortura na guerra da Argélia. Nada disso, como se sabe, acontece no universo do terrorismo. É exatamente por esse motivo que é relevante para o mundo analisar o tratamento moral e jurídico que as democracias – e os Estados Unidos entre elas, é claro – dão à tortura. Infelizmente, a discussão sobre **sua** eficácia contém uma armadilha. Lembra a célebre "parábola da bomba-relógio": o terrorista preso sabe onde está a bomba que, em pouco tempo, vai explodir e matar milhares de inocentes. É moralmente aceitável torturá-lo para que revele onde está a bomba e assim salvar vidas inocentes?

"Isso é uma fábula", diz o filósofo francês Michel Terestchenko, autor de O Bom Uso da Tortura, em que discute a prática dos suplícios da atualidade. Fábula porque a parábola não existe na vida real.

Primeiro, é preciso ter certeza de que há uma bomba. Segundo, ter certeza de que o terrorista sabe onde ela está. Terceiro, ter certeza de que, uma vez torturado, o terrorista dará a informação correta. No mundo insondável do terror, a certeza tríplice é uma quimera. Por trás da charada – assim como por trás da eficácia dos suplícios –, esconde-se uma tentativa de legitimar a tortura. Escreveu o jornalista ElioGaspari em A Ditadura Escancarada, livro em que disseca a tortura sob o regime militar no Brasil: "É um truque de lógica. Finge demonstrar a necessidade da tortura quando, na realidade, o que busca é a sua inimputabilidade". É claro que a tortura, às vezes, é eficaz. Em outras, é ineficaz. Mas em qualquer situação é crime. (PETRÍ, Andre. Rev. Veja: 19/12/2012, p. 130-132.)

27. (FUNCAB – Delegado de Polícia – ES/2013) Entre os pronomes em destaque, aquele que faz referência, não ao que se disse anteriormente no texto, mas ao que vai ser dito em seguida, é:

a) e, NISSO, estava certo

b) CUJO governo legalizou as chamadas "técnicas aprimoradas" de interrogatório

c) mas nem sempre O fizeram no calor da hora

d) e os Estados Unidos entre ELAS, é claro

e) a discussão sobre SUA eficácia contém uma armadilha

COMENTÁRIOS

Resposta correta: "a": "Peguinha"!Pronome demonstrativo anafórico: retoma ideia citada anteriormente. No texto, como está intercalado, refere-se à ideia posterior: Afinal, a tortura funciona ou não funciona? O existencialista Jean-Paul Sartre disse – e, nisso, estava certo – que a tortura era o mal do século XX.

Alternativa "b": O pronome relativo cujo concorda com o termo posterior e indica posse do anterior: O governo de George W. Bush legalizou as chamadas "técnicas aprimoradas" de interrogatório.

Alternativa "c": A maioria dos democratas, que hoje se opõem às políticas antiterror de Bush, mas nem sempre **o** fizeram no calor da hora, acha que as "técnicas aprimoradas" não passam de eufemismo para a tortura – no que estão cobertos de razão.

Alternativa "d": As democracias ocidentais – e os Estados Unidos entre **elas**, é claro.

Alternativa "e": É exatamente por esse motivo que é relevante para o mundo analisar o tratamento moral e jurídico que as democracias – e os Estados Unidos entre elas, é claro – dão à tortura. Infelizmente, a discussão sobre **sua** eficácia contém uma armadilha.

▸ **TRECHO PARA O ITEM.**

(...) Para não envelhecer, essa vilã dos contos de fadas ultrapassa todos os limites e quebra todos os interditos. Uma mulher da era a CP (antes da cirurgia plástica), Ravenna suga a alma, a juventude e a beleza das adolescentes e devora corações puros, que arranca com suas unhas, enquanto chafurda na amargura. **O filme**, para quem não sabe **e não viu**, busca resgatar o conteúdo terrorífico das origens dos contos de fadas. **Elaine Brum. Internet: <http://revistaepoca.globo.com> (com adaptações).**

28. (Cespe – Delegado de Polícia – AL/ 2012) Em "e não viu", seriam mantidos a correção gramatical e o sentido original do período caso o pronome **o** fosse inserido imediatamente antes de "viu", caso em que retomaria o antecedente "O filme".

COMENTÁRIOS

Certo – Coesão e colocação pronominal: ... e não o viu = viu o filme. O pronome pessoal oblíquo átono é atraído pelo advérbio de negação (não).

▸ **TRECHO PARA O ITEM.**

O filme Branca de Neve e o Caçador deveria chamar-se "Ravenna, a rainha má". Interpretada pela atriz Charlize Theron, a mãe-madrasta-bruxa da princesa é o mais interessante do filme, assim como as questões tão atuais **que** ela nos traz. E a bela Charlize faz uma rainha inesquecível. (...)

Elaine Brum. Internet: <http://revistaepoca.globo.com> (com adaptações).

29. (Cespe – Delegado de Polícia – AL/ 2012) O pronome "que" refere-se a "Charlize Theron".

COMENTÁRIOS

Errado – O pronome relativo está retomando **questões atuais.** Entenda: as questões tão atuais as quais ela nos traz. Na ordem direta: Ela nos traz questões atuais.

▸ **LEIA O TEXTO ABAIXO E RESPONDA À QUESTÃO PROPOSTA.**

Policial – mediador de conflitos

No momento em que começa a existir **essa** transformação política e social, a compreensão da sociedade como um ambiente conflitivo, no qual os problemas da violência e da criminalidade são complexos, a polícia passa a ser demandada para garantir não mais uma ordem pública determinada, mas sim os direitos, como está colocado na constituição de 88. Nesse novo contexto, a ordem pública passa a ser definida também no cotidiano, exigindo uma atuação estatal mediadora dos conflitos e interesses difusos e, muitas vezes, confusos. Por isso, a democracia exige justamente uma função policial protetora de direitos dos cidadãos em um ambiente conflitivo. A ação da polícia ocorre em um ambiente de incertezas, ou seja, o policial, quando sai para a rua, não sabe o que vai encontrar diretamente; ele tem uma ação determinada a fazer e entra num campo de conflitividade social. Isso exige não uma garantia da ordem pública, como na polícia tradicional, sustentada somente nas ações repressivas, pelas quais o ato consiste em reprimir para resolver o problema. O campo de garantia de direitos exige uma ação mais preventiva, porque não tem um ponto determinado e certo para resolver. *(Azor Lopes da Silva Junior)*

30. (FGV – Delegado de Polícia – MA/2012) "No momento em que começa a existir essa transformação política e social, a compreensão da sociedade como um ambiente conflitivo, no qual os problemas da violência e da criminalidade são complexos (...)".

– A presença do pronome demonstrativo essa na primeira frase desse segmento mostra que

a) a transformação aludida está presente no momento em que o texto foi composto.

b) esse segmento do texto não é o segmento inicial, já que se refere a algo dito antes.

c) a transformação política e social acontecerá em futuro próximo.

d) o autor apresenta uma visão depreciativa sobre a transformação referida.

e) o autor do texto considera a transformação algo conhecido de todos.

COMENTÁRIOS

Resposta correta: "b": Perceba como cada instituição tem sua peculiaridade. Na questão anterior, ocorreu exatamente o contrário: o pronome anafórico referir-se-ia à ideia posposta. Aqui, fica claro que houve uma ideia citada anteriormente. A qual transformação o autor se refere? Apenas sabemos que é a transformação política e social, nada mais.

Alternativa "a": Não está presente no momento.

Alternativa "c": Está acontecendo.

Alternativa "d": Não há relação com o emprego do pronome.

Alternativa "e": Não há relação referência no texto.

▸ **TRECHO PARA O ITEM.**

(...) As perdas resultantes de assaltos são de 50 milhões de reais anuais. Já os crimes cujas armas são os computadores devem, em 2010, ser responsáveis por perdas de 900 milhões de reais, dezoito vezes mais que nos assaltos convencionais. (...)

André Vargas. Assalto.com.br, In: Veja, 24/11/2010 (com adaptações).

31. (Delegado de Polícia – ES/ 2011 – CESPE) O pronome "cujas" poderia ser substituído por **onde**, sem que houvesse prejuízo semântico ou sintático para o texto.

COMENTÁRIOS

Resposta: Errado – Em itens assim, nem é preciso voltar ao texto. Por quê? Porque os pronomes que retomam termos são: **que, quem, o (a) qual, os (as) quais**. O **cujo** concorda com o termo posterior, ou seja, nunca poderá ser substituído por pronome algum. É ímpar.

32. (Delegado de Polícia – AP/ 2010 – FGV) A alternativa que contraria a colocação pronominal exigida pelo padrão escrito culto é:

a) os órgãos aos quais se destinam as verbas desenvolvem projetos de segurança pública.

b) dever-se-ia refletir sobre a construção histórica da violência.

c) não põe-se em prática uma adequada política de prevenção ao crime.

d) o jovem prefeito foi-se afirmando no cenário político.

e) o secretário vai enviar-lhe os resultados da pesquisa no início da semana.

COMENTÁRIOS

Resposta correta: "c": O advérbio (no caso, de negação) atrai o pronome oblíquo: **não se põe** em prática.

Alternativa "a": O pronome relativo atrai o oblíquo: aos quais se destinam.

Alternativa "b": Verbo no futuro sem palavra atrativa: mesóclise = dever-se-ia refletir.

Alternativa "d": Verbo *ser* + gerúndio: foi-se afirmando.

Alternativa "e": Vai enviar-lhe ou vai lhe enviar.

33. (Delegado de Polícia – MT / 2010 – UNEMAT) Assinale a alternativa em que o pronome oblíquo foi usado em conformidade com a língua padrão.

a) Nunca lhe disse antes, mas gosto muito de você.

b) Agradecemos por você ter feito-nos este grande favor.

c) Não fosse a exiguidade do espaço, a cerimônia de formatura poderia-se realizar no salão nobre.

d) Te prepara, meu filho, porque a viagem será longa e cansativa.

e) Os fortes não abatem-se com as derrotas.

COMENTÁRIOS

Resposta correta: "a": O advérbio de negação ou tempo nunca atrai o pronome oblíquo.

Alternativa "b": Ter nos feito. Para não precisar decorar regras, pronuncie, é uma boa dica.

Alternativa "c": Poder-se-ia: verbo no futuro sem palavra atrativa = mesóclise.

Alternativa "d": Não se inicia frase com pronome oblíquo: Prepara-te.

Alternativa "e": O advérbio de negação *não* atrai o oblíquo: não se abatem.

3. VERBO

Consulte, conjugue, faça a relação de tempos e modos verbais. No dicionário mencionado no tópico de ortografia e acentuação, há a opção de conjugar os verbos.

34. (Fundatec – Delegado de Polícia – PC – RS/2018 – adaptada) Assinale a alternativa em que há uma forma verbal que NÃO pode ser apassivada.

a) sente (Mesmo o Brasil, um país rico em recursos naturais, já sente as consequências dos eventos extremos.).
b) pensar (Por isso, pensar em formatos mais eficientes de uso é uma atitude urgente.).
c) determinou (Em 2015, o Brasil entrou para o grupo das 197 nações signatárias do Acordo de Paris, que determinou metas para manter o aquecimento global bem abaixo de 2°C até 2030.).
d) apresenta (As atitudes para reverter esse quadro preocupante devem ser trabalhadas em conjunto, porque o setor privado apresenta um papel tão importante quanto o governo para a efetivação das ações.).
e) defende (A medida defende a cobrança pela emissão do CO2.).

COMENTÁRIOS

✪ **Nota da autora:** São apenas dois verbos que admitem transposição para a voz passiva: transitivo direto e transitivo direto e indireto.

Alternativa "a": *Sentir* é transitivo direto (sente algo). Na passiva analítica (verbo ser + particípio): as consequências são sentidas.

Alternativa "b": *Pensar* é transitivo indireto (pensar em algo) e não admite ser apassivado.

Alternativa "c": *Determinar* é transitivo direto (determinou algo). Na passiva analítica: metas foram determinadas.

Alternativa "d": *Apresentar* é transitivo direto (apresenta algo). Na passiva analítica: um papel é apresentado.

Alternativa "e": *Defender* é transitivo direto (defende algo). Na passiva analítica: a cobrança é defendida.

Alternativa correta: letra "b".

35. (Fundatec – Delegado de Polícia – PC – RS/2018 – adaptada) No trecho "Sempre houve uma grande pressão mundial sobre o Brasil."[16], a forma verbal **houve**, visando à manutenção da correção gramatical do período e do sentido original, poderia ser corretamente substituída por:

a) existirá.
b) há de haver.
c) existiu.
d) tem havido.
e) haverá de existir.

COMENTÁRIOS

✪ **Nota da autora:** O verbo "haver" é impessoal (possui sentido de *existir*) e está conjugado no pretérito perfeito do indicativo. Refere-se a uma ação concluída.

Alternativa "a": Tempo incorreto: futuro do presente do indicativo.

Alternativa "b: A ideia é de futuro, não de passado e o sentido é alterado.

Alternativa "c": Verbo sinônimo de *haver* e conjugado no mesmo tempo.

Alternativa "d": A ideia é de presente e altera o sentido.

Alternativa "e": A ideia de futuro também altera o sentido.

Alternativa correta: letra "c".

36. (Fundatec – Delegado de Polícia – PC – RS/2018 – adaptada) A correta conversão da frase "Os dados do IBGE comprovam o interesse na situação atual.[17]" para a voz passiva é:

a) Os dados do IBGE têm comprovado o interesse na situação atual.
b) O interesse na situação atual comprova os dados do IBGE.
c) O interesse na situação atual é comprovado pelos dados do IBGE.
d) O interesse na situação atual será comprovado pelos dados do IBGE.
e) Comprovado o interesse na situação, há dados do IBGE.

COMENTÁRIOS

✪ **Nota da autora:** Para transpor a oração da voz ativa para a passiva analítica, é preciso encontrar o objeto direto, transformá-lo em sujeito, acrescentar o verbo *ser* no mesmo tempo do verbo principal da ativa + particípio

16. *(Fonte: https://br.blastingnews.com/sociedade-opiniao – Texto adaptado.)*
17. *(Fonte: https://br.blastingnews.com/sociedade-opiniao – Texto adaptado.)*

do verbo principal e transformar o sujeito da ativa em agente da passiva – inserindo uma preposição.

Alternativa "a": O sujeito permanece o mesmo e a oração continua na voz ativa.

Alternativa "b": Voz ativa e sentido alterado.

Alternativa "c": Sujeito + verbo *ser* + particípio + agente da passiva. Tempo correto: presente do indicativo.

Alternativa "d": Sujeito + verbo ser + particípio + agente da passiva. Tempo incorreto: futuro do presente do indicativo.

Alternativa "e": Voz ativa.

Alternativa correta: letra "c".

▸ TRECHO PARA RESPONDER À QUESTÃO.

Estima-se que atualmente 160.000 brasileiros trabalhem e vivam no país em condições semelhantes às de escravidão – ou seja, estão submetidos a trabalho forçado, servidão por meio de dívidas, jornadas exaustivas e circunstâncias degradantes ...

37. (Nucepe – Delegado de Polícia – PC – PI/2018) Alterando-se a forma verbal "Estima-" para "Estimava-", teremos, de acordo com o padrão gramatical normativo, as seguintes alterações, nas demais formas verbais que compõem a organização desse excerto (fazendo-se as adaptações necessárias como, por exemplo, retirando-se a palavra "atualmente"):

a) Estimava-se que 160.000 brasileiros trabalhem e vivam no país em condições semelhantes às de escravidão – ou seja, estivessem submetidos a trabalho forçado, servidão por meio de dívidas, jornadas exaustivas e circunstâncias degradantes...

b) Estimava-se que 160.000 brasileiros trabalham e vivam no país em condições semelhantes às de escravidão – ou seja, estavam submetidos a trabalho forçado, servidão por meio de dívidas, jornadas exaustivas e circunstâncias degradantes ...

c) Estimava-se que 160.000 brasileiros trabalharam e viviam no país em condições semelhantes às de escravidão – ou seja, estavam submetidos a trabalho forçado, servidão por meio de dívidas, jornadas exaustivas e circunstâncias degradantes ...

d) Estimava-se que 160.000 brasileiros trabalhem e vivam no país em condições semelhantes às de escravidão – ou seja, estiveram submetidos a trabalho forçado, servidão por meio de dívidas, jornadas exaustivas e circunstâncias degradantes ...

e) Estimava-se que 160.000 brasileiros trabalhassem e vivessem no país em condições semelhantes às de escravidão – ou seja, estivessem submetidos a trabalho forçado, servidão por meio de dívidas, jornadas exaustivas e circunstâncias degradantes ...

COMENTÁRIOS

✪ **Nota da autora:** É pedido para alterar o primeiro verbo de presente do indicativo (ação certa e atual) para o pretérito imperfeito do indicativo (ação passada e contínua).

Alternativa "a": Estimava-se que **trabalhassem** (pretérito imperfeito do subjuntivo – condição) e **vivessem** (pretérito imperfeito do subjuntivo).

Alternativa "b": Estimava-se que **trabalhassem, vivessem** e **estivessem** (pretérito imperfeito do subjuntivo).

Alternativa "c": Estimava-se que **trabalhassem, vivessem** e **estivessem.**

Alternativa "d": Estimava-se que **trabalhassem, vivessem** e **estivessem.**

Alternativa "e": Alterando o primeiro verbo, os demais devem indicar condição e por isso devem ser conjugados no pretérito imperfeito do subjuntivo.

Alternativa correta: letra "e".

38. (Vunesp – Delegado de Polícia – PC – BA/2018) Há emprego correto das formas verbais e correlação adequada entre tempos e modos, conforme a norma-padrão, em:

a) Talvez seja válido considerar que o que nos desagradasse na adaptação de determinado livro seja a ausência de nossa própria leitura, pois sempre esperarmos ver nossas expectativas correspondidas na tela.

b) Por mais que uma adaptação se proposse a ser fiel à obra em que se baseou, sempre haveria aspectos de divergência, uma vez que o filme tivera uma linguagem própria e traduzira uma leitura particular.

c) Considerando que os leitores tenham modos peculiares de pensar e sentir, a apreensão de um texto literário não será a mesma para todos, ainda que determinadas interpretações possam ser partilhadas.

d) Se as pessoas manterem o hábito de ler textos literários, teriam muito a ganhar, pois a literatura não apenas é fundamental para que desenvolvêssemos nosso intelecto mas também é importante para expandirmos a imaginação.

e) Quando as pessoas passassem a dedicar mais tempo à leitura e à introspecção, será possível ampliar suas potencialidades intelectuais e emocionais, de modo que isso alterará a maneira como elas executariam todas as suas atividades cotidianas.

COMENTÁRIOS

Alternativa "a": ...o que nos **desagrada** (presente do indicativo); **esperamos** (presente do indicativo).

Alternativa "b": Por mais que uma adaptação se **propusesse** (pretérito imperfeito do subjuntivo – tempo condicional usado junto com o futuro do pretérito do indicativo: haveria); o filme **tem** e **traduz** (presente do indicativo).

Alternativa "c": tenham e possam (presente do subjuntivo – ações duvidosas); será (futuro do presente do indicativo – ação futura certa).

Alternativa "d": Se as pessoas **mantivessem** (pretérito imperfeito do subjuntivo – ligado ao verbo *teriam* que foi conjugado no futuro do pretérito do indicativo).

Alternativa "e": ...**passarem** e **executarão** (futuro do subjuntivo).

Alternativa correta: letra "c".

▸ TEXTO CB1A1BBB PARA RESPONDER À QUESTÃO.

A principal finalidade da investigação criminal, materializada no inquérito policial (IP), é a de **reunir** elementos mínimos de materialidade e autoria delitiva antes de se instaurar o processo criminal, de modo a evitarem-se, assim, ações infundadas, as quais certamente **implicam** grande transtorno para quem se vê acusado por um crime que não cometeu.

Modernamente, o IP deixou de ser o procedimento absolutamente inquisitorial e discricionário de outrora. A participação das partes, pessoalmente ou por seus advogados ou defensores públicos, **vem ganhando** espaço a cada dia, com o objetivo de **garantir** que o IP seja um instrumento imparcial de investigação em busca da verdade dos fatos.

Acrescente-se que o estigma provocado por uma ação penal **pode perdurar** por toda a vida e, **por isso**, para ser promovida, a acusação deve conter fundamentos fáticos e jurídicos suficientes, o que, em regra, se consegue por meio do IP.

Carlos Alberto Marchi de Queiroz (Coord.). Manual de polícia judiciária: doutrina, modelos, legislação. 6 ª ed. São Paulo: Delegacia Geral de Polícia, 2010 (com adaptações).

39. (Cespe – Delegado de Polícia – GO/2017) No texto CB1A1BBB, uma ação que se desenvolve gradualmente é introduzida pela

a) forma verbal "implicam".

b) locução "vem ganhando".

c) forma verbal "garantir".

d) locução "pode perdurar".

e) forma verbal "reunir".

COMENTÁRIOS

Alternativa correta: letra "b" – Se "vem ganhando espaço a cada dia", indica que a ação acontece por etapas, passo a passo, lentamente. A conjugação perifrástica (ou locução verbal constituída de verbo auxiliar mais gerúndio) possui a ideia de ação gradativa.

Alternativa "a" – Presente do indicativo: ação certa que ocorre no momento da escrita.

Alternativa "c" – Infinitivo impessoal: não possui noção de tempo.

Alternativa "d" – Locução verbal que indica uma provável ação futura.

Alternativa "e" – Infinitivo impessoal: não possui noção de tempo.

40. (Vunesp – Delegado de Polícia – CE/2015) Assinale a alternativa em que o emprego das formas verbais está em conformidade com a norma-padrão da língua portuguesa.

a) Se esta geração se dispor a ensinar os mais velhos, é possível que eles atualizem suas informações rapidamente.

b) As entidades que propuserem medidas para valorizar os idosos deverão beneficiar o convívio entre as gerações.

c) Precisamos de governantes comprometidos com as reformas que se fazerem necessárias para integrar o idoso à sociedade.

d) Quanto mais se manterem atentos aos ensinamentos dos idosos, mais os jovens perceberão o valor da experiência vivida.

e) A geração atual certamente teria muito a ganhar se reavisse o conhecimento acumulado pelos mais velhos.

COMENTÁRIOS

Alternativa correta: letra "b" – Propor é conjugado como o verbo pôr. No futuro do subjuntivo: propuserem.

Alternativa "a" – Dispor também é como pôr = dispuser.

Alternativa "c" – que se façam necessárias.

Alternativa "d" – Manter é conjugado como o verbo ter = mantiverem.

Alternativa "e" – Reaver é conjugado como o verbo haver nas pessoas que possuem a vogal "v": reouvesse.

41. (FUNCAB – Delegado de Polícia – RO/2014) "Todos estes recursos, em maior ou menor escala, já foram absorvidos pela sociedade."

A oração na voz passiva acima transcrita foi corretamente transposta para a voz ativa em:

a) Todos estes recursos, em maior ou menor escala, a sociedade já absorveu.

b) A sociedade já tinha absorvido todos estes recursos, em maior ou menor escala.

c) Todos estes recursos já têm sido absorvidos pela sociedade, em maior ou menor escala.

d) A sociedade, em maior ou menor escala, já absorve todos estes recursos.

e) Em maior ou menor escala, já teriam sido absorvidos pela sociedade todos estes recursos.

COMENTÁRIOS

Alternativa correta: letra "a"

✪ **Nota das autoras:** Da ativa para a passiva, acrescenta-se o verbo ser; da passiva para a ativa, retira-se o verbo ser: A sociedade (sujeito) já absorveu todos estes recursos. Tempo: pretérito perfeito do indicativo.

Alternativa "b" – Dois erros: acréscimo do verbo "ter" e alteração do tempo verbal.

Alternativa "c" – A oração continua na voz passiva.

Alternativa "d" – Alterou o tempo para presente do indicativo.

Alternativa "e" – A oração continua na voz passiva.

ATENÇÃO! TRECHO PARA A QUESTÃO POSTERIOR.

Observações sobre o direito de punir

(...) O que é certo, na questão da punição, é que determinadas instituições, em dada época, sentindo-se ameaçadas em sua solidez com a perpetração de determinados atos, com mão de ferro taxa-os como puníveis, muitas vezes nesses atos não há nem a sombra de um delito natural: essas instituições querem apenas se defender. Outra humanidade falaria antes em "direito de se defender", direito de lutar, de deixar de comparecer ao campo de guerra a instituição velha e nova. Porque o crime significa um ataque a determinada instituição vigente, em grande parte das vezes, e se não fosse punido representaria a derrocada dessa instituição e o estabelecimento duma nova. Processar-se-ia, pois, uma evolução mais rápida e violenta, de resultados provavelmente maus, tendo-se em vista a frequente anormalidade do criminoso. A sociedade, porém, mais sabiamente, prefere falar num "direito de punir", força unilateral, garantidora de uma boa defesa contra o ataque à sua estabilidade.

Uma hipótese quanto ao surgimento e evolução do direito de punir. De início, não existiam direitos, mas poderes. Desde que o homem pôde vingar a ofensa a ele dirigida e verificou que tal vingança o satisfazia e atemorizava a reincidência, deixou de exercer sua força perante uma força maior. No entanto, como acontece muitas vezes no domínio biológico, a reação – vingança – começou a ultrapassar de muito a ação – ofensa – que a provocara. Os fracos uniram-se: e é então que começa propriamente o plano, isto é, a incursão do consciente e do raciocínio no mecanismo social, ou melhor, é aí que começa a sociedade propriamente dita. Fracos unidos não deixam de constituir uma força. E os fracos, os primeiros ladinos e sofistas, os primeiros inteligentes da história da humanidade, submeteram aquelas relações, até então naturais, biológicas e necessárias, ao domínio do pensamento. Surgiu, como defesa, a ideia de que, embora não tivessem força, tinham direitos, fundados nas noções de Justiça, Caridade, Igualdade e Dever.(...) *LISPECTOR, Clarice. Outros escritos. Rio de Janeiro: Rocco, 2005. p. 45-46. (Adaptado).*

42. (UEG – Delegado de Polícia – GO/2013) Na frase "[o homem] deixou de exercer sua força perante uma força maior", há o seguinte pressuposto acionado linguisticamente pelo verbo "deixar":

a) No passado, o homem exerceu sua força perante uma força maior.
b) O homem é por natureza um ser que procura impor-se pela força física.
c) O homem esperto sabe que pode exercer sua força perante o mais fraco.
d) Nos dias atuais, o homem busca várias formas de exercer seu poder sobre os demais.

COMENTÁRIOS

Resposta correta: "a": Se ele deixou de exercer sua força perante uma força maior, significa que anteriormente ele exerceu.

Alternativa "b": Não há relação com o verbo destacado, muito menos com força física.

Alternativa "c": Não há comparação, apenas ideia de tempo.

Alternativa "d": Sem relação com o verbo destacado.

TRECHO PARA O ITEM.

(...) Após a Segunda Guerra Mundial, os movimentos nacionalistas e independentistas que vinham se firmando desde o período entre-guerras ganharam força tanto na África quanto na Ásia. (...) Internet: <http://acervo.estadao.com.br> (com adaptações).

43. (Cespe – Delegado de Polícia – AL/ 2012) A locução verbal "vinham se firmando" poderia ser substituída, mantendo-se o sentido original e a correção gramatical do texto, por tinham se firmado, como no par vêm se firmando/têm-se firmado.

COMENTÁRIOS

Errado – Vinham se firmando: tempo transcorrido do passado = firmavam-se; vêm se firmando e têm-se firmado: ação presente = firmam-se. A gramática fica correta, mas o sentido é alterado.

Dica: sempre que houver mais de uma informação no item, fique atento(a), pois muitas vezes uma delas está incorreta.

TRECHO PARA O ITEM.

O filme Branca de Neve e o Caçador deveria chamar-se "Ravenna, a rainha má". Interpretada pela atriz Charlize Theron, a mãe-madrasta-bruxa da princesa é o mais interessante do filme, assim como as questões tão atuais que ela nos traz. (...)

O filme, para quem não sabe e não viu, busca resgatar o conteúdo terrorífico das origens dos contos de fadas. Tudo o que hoje se conhece com esse nome foi um dia histórias para adultos, nas quais canibalismo e incesto eram ingredientes garantidos. (...) Elaine Brum. Internet: <http://revistaepoca.globo.com> (com adaptações).

44. (Cespe – Delegado de Polícia – AL/ 2012) Os trechos "chamar-se" e "se conhece" (l.13) poderiam ser corretamente substituídos por ser chamado e é conhecido, respectivamente.

COMENTÁRIOS

Certo – Ocorreu transposição da voz passiva sintética (V.T.D. ou V.T.D.I. + SE) para a voz passiva analítica (SER ou ESTAR + particípio). Corretíssimo o item: O filme deveria chamar-se ou o filme deveria ser chamado; tudo o que se conhece e tudo o que é conhecido.

45. (Delegado de Polícia – MT / 2010 – UNEMAT) Considerando as flexões verbais nos enunciados e considerando a formalidade da língua, assinale a alternativa correta.

a) A Polícia Federal não interviu no caso da guerrilha urbana, porque entendeu não ser de sua competência.
b) Se este verão trazer mais chuvas, teremos novas enchentes Brasil afora.
c) Em qualquer ramo da atividade humana, sempre houveram bons e maus profissionais.
d) Especialistas recomendam que respeitemos a natureza se não quisermos legar desastres irreparáveis a nossos filhos.
e) A adoção de políticas mais severas em Nova Iorque reteu a onda de crimes que assolava a cidade.

COMENTÁRIOS

Resposta correta: "d": Que respeitemos: presente do subjuntivo – dúvida. Quisermos: pretérito imperfeito do subjuntivo – condição.

Alternativa "a": Interveio = vir: veio.

Alternativa "b": Trouxer.

Alternativa "c": Houve.

Alternativa "e": Reteve = ter: teve.

4. ANÁLISE SINTÁTICA

Aparentemente há poucas questões, mas o assunto reaparece em questões de pronome, período composto, coesão e coerência, concordância e regência.

46. (Cespe – Delegado de Polícia – PC – SE/2018 – adaptada) Os termos "a crimes contra o público" e "de queixas" complementam, respectivamente, os termos "relativos" e "investigações".

(Agentes e delegados de atendimento a grupos vulneráveis realizam atendimento às vítimas, centralizam procedimentos relativos **a crimes contra o público** vulnerável registrados em outras delegacias, abrem inquéritos e termos circunstanciados e fazem investigações **de queixas**.)

COMENTÁRIOS

É fundamental fazer a análise sintática das orações para saber se realmente complementam os termos.

Agentes e delegados	centralizam	procedimentos	**relativos →**	**a crimes contra o público.**
sujeito	verbo transitivo direto	objeto direto	predicativo do objeto	**complemento nominal**

Analise assim: centralizam algo (procedimentos); os procedimentos são relativos; **são relativos <u>a</u> algo – a crimes.**

Agentes e delegados	fazem	**investigações →**	**de queixas.**
sujeito	verbo transitivo direto	objeto direto	**complemento nominal**

Analise assim: fazem algo (investigações); **investigações <u>de</u> algo – de queixas.**

As duas expressões possuem função de complemento nominal e são regidas pelos termos mencionados.

CERTO

47. (Fundatec – Delegado de Polícia – PC – RS/2018 – adaptada) Sobre os termos retirados de fragmentos do texto *Os pilares da sustentabilidade: os desafios ambientais do século XXI para a iniciativa privada*[18], é correto dizer que:

a) **um país rico em recursos naturais** é um aposto. (Mesmo o Brasil, um país rico em recursos naturais, já sente as consequências dos eventos extremos, como a seca que persiste no Nordeste e deixa muitas famílias sem acesso à água, recurso essencial para a manutenção da vida.)
b) **no Nordeste** funciona como objeto indireto. (Mesmo o Brasil, um país rico em recursos naturais, já sente as consequências dos eventos extremos, como a seca que persiste no Nordeste e deixa muitas famílias sem acesso à água, recurso essencial para a manutenção da vida.)
c) **que** é uma conjunção integrante. (Em 2015, o Brasil entrou para o grupo das 197 nações signatárias do Acordo de Paris, que determinou metas.)
d) **que a sustentabilidade faça parte da organização como um todo** funciona como predicativo. (Neste contexto, é importante que a sustentabilidade faça parte da organização como um todo.)
e) **mais** funciona como adjunto adnominal. (Por não terem fluxos regulares de reciclagem, fazer o processo com esses rejeitos sai bem mais caro.)

COMENTÁRIOS

Alternativa "a": Aposto explicativo (possui pontuação) de "Brasil".

Alternativa "b": Adjunto adverbial de lugar: onde a seca persiste? No Nordeste.

Alternativa "c": O "que" retoma *Acordo de Paris* e pode ser substituído por *o qual*. É um pronome relativo que inicia a oração subordinada adjetiva explicativa.

Alternativa "d": Trata-se de uma oração subordinada substantiva subjetiva, ou seja, é sujeito oracional da oração principal é importante.

Alternativa "e": Adjunto adverbial de intensidade.

ALTERNATIVA CORRETA: A

---

18. *(Fonte: Amcham Brasil, 26 de maio 2017 – http://economia.estadao.com.br/blogs – Texto adaptado)*

48. (Fundatec – Delegado de Polícia – PC – RS/2018) Na frase: "evita-se que os materiais acabem em aterros e lixões", o **se** funciona como:

a) Pronome reflexivo.

b) Partícula apassivadora.

c) Índice de indeterminação do sujeito.

d) Conjunção integrante.

e) Conjunção adverbial condicional.

COMENTÁRIOS

Alternativa "a": Não possui sentido de "a si mesmo", "a si próprio".

Alternativa "b": O pronome acompanha o verbo transitivo direto e indica que a oração está na voz passiva sintética. Para se certificar, transporte a oração para a voz passiva analítica: que os materiais acabem em aterros e lixões é evitado. Sendo assim, o "se" é pronome apassivador, ou partícula apassivadora.

Alternativa "c": Não se trata de verbo intransitivo, transitivo indireto ou de verbo de ligação.

Alternativa "d": O "que" é uma conjunção integrante, não o "se" – evita-se *isto*.

Alternativa "e": Não possui ideia de *caso*. Exemplo: se fizer = caso faça.

Alternativa correta: letra "b".

49. (Fundatec – Delegado de Polícia – PC – RS/2018 – adaptada) Observe a frase: "com o governo criando leis e começando a punir quem agride o meio ambiente[19]" e avalie as afirmações seguintes:

I. O sujeito das formas verbais **criando** e **começando** é o mesmo.

II. O sujeito de **punir** é inexistente.

III. O sujeito de **agride** é representado pelo pronome indefinido, portanto, classifica-se como indeterminado.

Quais estão corretas?

a) Apenas I.

b) Apenas II.

c) Apenas III.

d) Apenas I e II.

e) Apenas II e III.

COMENTÁRIOS

I. **Certa.** Com **o governo** criando e (com **o governo**) começando.

II. **Errada.** O sujeito da locução "começando a punir" é **o governo**.

III. **Errada.** Sujeito simples: quem.

Alternativa correta: letra "a".

19. *(Fonte: https://br.blastingnews.com/sociedade-opiniao – Texto adaptado.)*

50. (Nucepe – Delegado de Polícia – PC – PI/2018) Assinale a opção cujo termo em destaque diverge, em sua função sintática, daquele que se encontra marcado em: O Brasil vive hoje **uma grande crise de segurança pública**.

a) Estão aí os números que falam **por si.**

b) E problemas complexos possuem **soluções complexas.**

c) ...que tente apresentar **uma solução simples para estes problemas** é incabível.

d) armas de fogo em casa são usadas normalmente mais para intimidar pessoas íntimas e familiares que para evitar **crimes.**

e) Um estudo recente liberado pela Escola de Saúde Pública de Harvard fez uma síntese de vários destes pontos e comprova **a tese.**

COMENTÁRIOS

✪ **Nota da autora:** O verbo *viver* é transitivo direto no contexto (vive algo – uma grande crise) e tem como complemento o objeto direto.

Alternativa "a": O verbo *falar* é intransitivo e não admite complemento verbal (Os números falam). A expressão é um adjunto adverbial.

Alternativa "b": Objeto direto de *possuem.*

Alternativa "c": Objeto direto de *tente apresentar.*

Alternativa "d": Objeto direto de *evitar.*

Alternativa "e": Objeto direto de *comprova.*

Alternativa correta: letra "a".

51. (ACAFE – Delegado de Polícia – SC/2014) Na frase "Uma das questões sociais que mais afligem os dias de hoje é a da incapacidade de controlar o uso de drogas ilícitas, e, mais ainda, os baldados esforços para dar um fim, ou minimamente reduzir a níveis socialmente aceitáveis o sinistro sistema criminal que faz essas drogas circularem por todo o mundo, com uma logística de uma eficiência impressionante", a conjunção "e" tem a função de:

a) introduzir duas orações coordenadas explicativas separadas pela conjunção "ou".

a) correlacionar o sujeito "que mais afligem os dias de hoje" com o núcleo do predicado "uso de drogas".

c) estabelecer uma oposição entre o uso de drogas e o sistema criminal que faz as drogas circularem.

d) enfatizar o sentido do que se afirma nas duas orações anteriores.

e) coordenar dois sintagmas nominais que exercem a função de predicativo do sujeito, representado por "uma das questões sociais que mais afligem os dias de hoje".

COMENTÁRIOS

Alternativa correta: letra "e"

✪ **Nota das autoras:** questão de análise sintática e período composto.

Note o paralelismo sintático e o verbo de ligação (é): Uma das questões sociais **é**

→ a da incapacidade de controlar o uso de drogas ilícitas

e **(são)** mais ainda → os baldados esforços para dar um fim, ou minimamente reduzir a níveis socialmente aceitáveis o sinistro sistema criminal.

A conjunção "e" liga os predicativos do sujeito.

Alternativa "a" – Não se trata de orações explicativas.

Alternativa "b" – Sujeito da oração "que mais afligem": que = pronome relativo que retoma "uma das questões sociais"; "uso de drogas" é objeto direto de controlar.

Alternativa "c" – Não há oposição.

Alternativa "d" – Não enfatiza, apenas adiciona.

52. (NUCEPE – Delegado de Polícia – PI/2014) Nas opções abaixo, aquela cuja palavra ou expressão destacada NÃO sugere ideia de tempo é

a) Desde sua criação (ou surgimento, dependendo do ponto de vista).

b) Há quem tente explicar a violência, a opção pela criminalidade.

c) Na semana passada, a violência (ou a falta de segurança) voltou ao centro dos debates.

d) Não é de hoje que o cidadão se sente desassistido pelo Estado.

e) Quando falta sensatez ao Estado é que ganham força outros paradoxos.

COMENTÁRIOS

Alternativa correta: letra "b" – A opção pela criminalidade é aposto explicativo de violência.

Alternativa "a" – desde quando? Desde sua criação = tempo.

Alternativa "c" – quando voltou? Na semana passada = tempo.

Alternativa "d" – quando o cidadão se sente desassistido? Não é de hoje = tempo.

Alternativa "e" – quando ganham força outros paradoxos? Quando falta sensatez = tempo.

▸ **TRECHO PARA O ITEM.**

(...) A segunda concepção está centrada na ideia de que a segurança é um serviço público a ser prestado pelo Estado e cujo destinatário é o cidadão. Não há, nesse caso, mais inimigo a combater, mas cidadão para servir. A polícia democrática não discrimina, não faz distinções arbitrárias: trata os barracos nas favelas como domicílios invioláveis, respeita os direitos individuais, independentemente de classe, etnia e orientação sexual, não só se atendo aos limites inerentes ao estado democrático de direito, mas entendendo que seu principal papel é promovê-lo. A concepção democrática estimula a participação popular na gestão da segurança pública, valoriza arranjos participativos e incrementa a transparência das instituições policiais. O combate militar é, então, substituído pela prevenção, pela integração com políticas sociais, por medidas administrativas de redução dos riscos e pela ênfase na investigação criminal. A decisão de usar a força passa por considerar não apenas os objetivos específicos a serem alcançados pelas ações policiais, mas também, e fundamentalmente, a segurança e o bem-estar da população envolvida. *Cláudio Pereira de Souza Neto. A segurança pública na Constituição Federal de 1988: conceituação constitucionalmente adequada, competências federativas e órgãos de execução das políticas. Internet: <www.oab.org.br> (com adaptações).*

53. (Cespe – Delegado de Polícia – BA/2013) No trecho "não só se atendo aos limites inerentes ao Estado democrático de direito", a partícula "se", cujo referente é "A polícia democrática", exerce a função de complemento da forma verbal "atendo".

COMENTÁRIOS

Resposta: Errado – O verbo é pronominal: ater-se, logo o "se" é parte integrante do verbo.

▸ **TRECHO PARA OS ITENS.**

Colonialismo

Se, durante os séculos XVI a XVIII, os interesses comerciais europeus haviam levado países como Portugal, Espanha, França e Inglaterra a explorar economicamente o continente americano, no século XIX foi a busca por novos mercados consumidores e por matérias-primas de baixo custo, em decorrência da Revolução Industrial, o que levou as nações europeias a voltarem-se para as regiões da África e da Ásia. Foi, portanto, durante o século XIX e início do século XX, que assistimos à dominação política e econômica de países considerados economicamente subdesenvolvidos **pelas grandes potências da Europa**. (...)

Após a Segunda Guerra Mundial, **os movimentos nacionalistas e independentistas** que vinham se firmando desde o período entre-guerras ganharam força tanto na África quanto na Ásia. (...)

Internet: <http://acervo.estadao.com.br> (com adaptações).

54. (Cespe – Delegado de Polícia – AL/ 2012) O trecho "os movimentos nacionalistas e independentistas" exerce a função de sujeito da locução verbal "vinham-se firmando".

COMENTÁRIOS

Errado – Que delícia de banca! Tem pegadinha, pois há oração subordinada adjetiva (pronome relativo). O pronome **que** retoma *os movimentos nacionalistas e independentistas* e está mais próximo do verbo, concorda?

Assim sendo, o sujeito de "vinham-se firmando" é o **que**, enquanto o sujeito de "ganharam" são os movimentos.

Em caso de dúvida, desmembre as orações:

1. Oração principal (sem pronome relativo): **os movimentos nacionalistas e independentistas** ganharam força tanto na África quanto na Ásia.
2. Oração subordinada adjetiva restritiva (sem pontuação): **que** vinham se firmando desde o período entre-guerras.

55. (Cespe – Delegado de Polícia – AL/ 2012) O termo "pelas grandes potências da Europa" exerce a função de agente da passiva da oração cujo núcleo é "subdesenvolvidos".

COMENTÁRIOS

Errado – Para haver agente da passiva, a oração, obrigatoriamente, deve estar na voz passiva e isso não ocorre: **(nós)** assistimos à dominação política e econômica de países considerados economicamente subdesenvolvidos pelas grandes potências da Europa = voz ativa.

- Nós: sujeito elíptico;
- assistimos: verbo transitivo indireto (a algo);
- à dominação política e econômica de países considerados economicamente subdesenvolvidos: objeto indireto;
- pelas grandes potências da Europa: complemento nominal.

56. (FGV – Delegado de Polícia – MA/2012) Assinale a alternativa cujo termo sublinhado desempenha uma função textual diferente de todas as demais.

a) Consumo de cocaína.

b) Combate ao tráfico.

c) Busca de aperfeiçoamento.

d) Enfrentamento da questão.

e) Custo da operação.

COMENTÁRIOS

Alternativa correta: letra "e"

✪ **Nota das autoras:** Mais uma vez, FGV exige a diferença entre adjunto adnominal e complemento nominal (termo preposicionado com sentido ativo ou passivo, respectivamente).

– **E:** A operação custa = sentido ativo: adjunto adnominal.

Alternativa "a" – A cocaína é consumida = sentido passivo: complemento nominal.

Alternativa "b" – O tráfico é combatido = sentido passivo: complemento nominal.

Alternativa "c" – O aperfeiçoamento é buscado = sentido passivo: complemento nominal.

Alternativa "d" – A questão é enfrentada = sentido passivo: complemento nominal.

57. (FGV – Delegado de Polícia – MA/2012) "Certamente, a indesejada posição no ranking mundial de consumo de drogas levanta a questão sobre o papel de cada entidade pública e de cada cidadão no enfrentamento da questão das drogas. Contudo, é preciso avaliar inúmeros outros aspectos na constante busca de aperfeiçoamento da atividade de cada envolvido, de forma que se possa dar a devida contribuição para o enfrentamento da questão com eficiência."

No segmento acima, o termo sublinhado que tem seu valor semântico corretamente identificado é:

a) certamente – dúvida

b) sobre – lugar

c) contudo – conclusão

d) de forma que – comparação

e) com – modo

COMENTÁRIOS

Alternativa correta: letra "e" – **Como** possa dar a devida contribuição para o enfrentamento da questão? De que maneira? = modo: com eficiência.

Alternativa "a" – Afirmação, certeza.

Alternativa "b" – Assunto, em relação a.

Alternativa "c" – Adversidade, oposição.

Alternativa "d" – Finalidade, para algum fim.

▸ **TRECHO PARA O ITEM.**

(...) A atividade policial mostra-se inscrita em um padrão de desempenho que se traduz não só na ineficácia dos resultados, mas que se reveste de aspectos suplementares, relacionados, fundamentalmente, à forma de atuação predominantemente violenta e arbitrária da polícia, permanecendo como desafio à sociedade contemporânea brasileira. Salvo raríssimas exceções, as propostas para reformulação da formação profissional da polícia no país não incorporaram o debate sobre o modelo profissional a ser adotado pela polícia e as metodologias práticas de intervenção para a realização das tarefas cotidianas que envolvem a manutenção da ordem e da segurança públicas.

Paula Poncioni. O modelo policial profissional e a formação profissional do futuro policial nas academias de polícia do estado do Rio de Janeiro. In: Sociedade e Estado, vol. 20, nº 3. Brasília, set.-dez./2005. Internet: <www.scielo.br> (com adaptações).

58. (Delegado de Polícia – ES/ 2011 – CESPE) As formas verbais "incorporaram" e "envolvem" apresentam, respectivamente, complementação direta e complementação indireta.

COMENTÁRIOS

Resposta: Errado – Os dois verbos exigem complementações diretas.

As propostas	não incorporaram	o debate.
As tarefas cotidianas	envolvem	a manutenção.
sujeito	*V.T.D.*	*objeto direto*

59. (Delegado de Polícia – AP/ 2010 – FGV) A alternativa que analisa corretamente a função sintática do fragmento transcrito é:

a) a sociedade brasileira tradicional – *aposto*. Em: *Portanto, a sociedade brasileira tradicional, a partir de um complexo equilíbrio de hierarquia e individualismos, desenvolveu o uso da violência, mais ou menos legítimo, por parte de atores sociais bem definidos.*

b) organizada – *objeto direto*. Em: *A sociedade civil, por si só, é insuficientemente organizada para enfrentar esses desafios e criar alternativas legítimas para o enfrentamento da violência.*

c) mecanismos de controle social – *sujeito*. Em: *Na sociedade tradicional, com sua violência constitutiva, existiam mecanismos de controle social que marcaram uma moralidade básica compartilhada.*

d) inevitavelmente – *adjunto adnominal*. Em: *Hoje um projeto capaz de mobilizar a nação passa, inevitavelmente, pelo estabelecimento de uma política efetiva de segurança pública dentro da ordem democrática.*

e) de credibilidade – *objeto indireto*. Em: *A perda de credibilidade e de referências simbólicas significativas destrói expectativas de convivência social elementares.*

COMENTÁRIOS

Resposta correta: "c": Mecanismos de controle social existiam.

Alternativa "a": Sujeito.

Alternativa "b": Predicativo do sujeito: a sociedade é organizada.

Alternativa "d": Adjunto adverbial.

Alternativa "e": Adjunto adnominal do sujeito (núcleo: perda).

5. PERÍODO COMPOSTO

Período composto é a circunstância que a conjunção estabelece entre as orações.

60. (Cespe – Delegado de Polícia – PC – SE/2018) A oração "que haja a implementação de um modelo de policiamento" tem a função de qualificar o adjetivo que a antecede: "essencial".

(Para que a atuação policial ocorra dentro dos parâmetros democráticos, é essencial **que haja a implementação de um modelo de policiamento.**[20])

20. *Almir de Oliveira Junior (Org.) Instituições participativas no âmbito da segurança pública: programas impulsionados por instituições policiais. Rio de Janeiro: IPEA, 2016, p. 13 (com adaptações).*

COMENTÁRIOS

✪ **Nota da autora:** As orações que possuem a função de qualificar são as subordinadas adjetivas – possuem pronome relativo. São divididas em: explicativa – possui pontuação antes do pronome relativo – e restritiva – sem pontuação.

Perceba que cabe o pronome catafórico "isto" antes da conjunção integrante. Lê-se: é essencial *isto* – a ideia é de algo será citado. Sendo assim, o "que" é **conjunção integrante** por iniciar uma **oração subordinada substantiva** subjetiva. Isso significa que a oração possui função de sujeito e pode também ser chamada de sujeito oracional.

ERRADO

▸ **FRAGMENTO DE TEXTO PARA RESPONDER À QUESTÃO.**

(...) **Estimular o plantio de árvores**, a reciclagem de lixo, a coleta seletiva, o aproveitamento de partes normalmente descartadas dos alimentos como cascas, folhas e talos; assim como o desenvolvimento de cursos, palestras e estudos que **informem** e **orientem** todos os cidadãos para a importância da participação e do engajamento nesses projetos e nessas soluções simples para fomentar a sustentabilidade e a conservação do meio ambiente são ações necessárias. (...)[21]

61. (Fundatec – Delegado de Polícia – PC – RS/2018 – adaptada) Em relação ao segmento, afirma-se que:

I. A oração *Estimular o plantio de árvores* constitui-se em uma oração subordinada substantiva objetiva direta.

II. **informem** e **orientem** são formas verbais que constituem orações adjetivas.

III. No trecho "que informem e orientem todos os cidadãos para a importância da participação e do engajamento nesses projetos e nessas soluções simples" ocorre uma oração adverbial final reduzida consecutiva.

Quais estão corretas?

a) Apenas I.

b) Apenas II.

c) Apenas III.

d) Apenas I e II.

e) Apenas II e III.

COMENTÁRIOS

I. **Errada.** A oração faz parte do sujeito, portanto é classificada como subordinada substantiva **subjetiva** reduzida – não possui conjunção – de infinitivo (estimular).

II. **Certa.** Ocorre paralelismo sintático e **o "que" é pronome relativo** – equivale a "os quais". Lê-se: que informem e que orientem todos os cidadãos. Por não haver pontuação, são classificadas como restritivas.

21. *(Fonte: http://www.ecologiaurbana.com.br/conscientizacao/meio-ambiente-sustentabilidade/Adaptação)*

III. **Errada.** Não cabe a locução conjuntiva "de modo que", logo não há oração consecutiva. Existe uma oração adverbial final reduzida de infinitivo após o trecho mencionado – para fomentar a sustentabilidade.

Alternativa correta: letra "b".

62. (Fundatec – Delegado de Polícia – PC – RS/2018 – adaptada) Desconsiderando-se o uso de sinais de pontuação e de letras maiúsculas e minúsculas, e levando em conta o que é defendido pelo trecho, o conectivo que pode reunir as duas orações abaixo em um único período, sem necessidade de ajuste, é:

- A sustentabilidade é um desafio ambiental do século XXI
- A preservação e a manutenção do meio ambiente devem ser perseguidas pelo homem

a) por conseguinte

b) todavia

c) no entanto

d) ainda que

e) se bem que

COMENTÁRIOS

Alternativa "a": A ideia é de conclusão e cabe a locução conjuntiva ***por conseguinte***. Também indicam conclusão: *logo, pois, portanto, assim, então, por isso, por consequência, consequentemente, de modo que, desse modo, destarte* etc.

Alternativa "b": Indica oposição – conjunção adversativa.

Alternativa "c": Indica oposição – conjunção adversativa.

Alternativa "d": Indica concessão – conjunção subordinada adverbial.

Alternativa "e": Indica concessão – conjunção subordinada adverbial.

Alternativa correta: letra "a".

▸ FRAGMENTO DE TEXTO[22] PARA RESPONDER À QUESTÃO.

(...) Ana Carolina Avzaradel Szklo, Gerente Sênior de Projetos e Assessora Técnica do CEBDS (Conselho Empresarial Brasileiro para o Desenvolvimento Sustentável), acredita que esses eventos climáticos extremos têm contribuído para que as empresas incorporem a sustentabilidade em suas agendas. As atitudes para reverter esse quadro preocupante devem ser trabalhadas em conjunto, **porque o setor privado apresenta um papel tão importante quanto o governo para a efetivação das ações.** (...)

63. (Fundatec – Delegado de Polícia – PC – RS/2018) Em "porque o setor privado apresenta um papel tão importante quanto o governo para a efetivação das ações.", '**porque**' e '**tão... quanto**' expressam, respectivamente:

a) Causa – comparação.

b) Finalidade – consequência.

c) Explicação – consequência.

d) Explicação – comparação.

e) Causa – proporção.

COMENTÁRIOS

Alternativa "a": 1. Não indica causa por serem orações coordenadas (independentes sintaticamente); 2. Certo.

Alternativa "b": 1. Não cabe a pergunta "para quê", não pode indicar finalidade; 2. Não cabe a locução conjuntiva "de modo que" e não pode indicar consequência.

Alternativa "c": 1. Certo; 2. Não indica consequência.

Alternativa "d": 1. As orações são coordenadas e a conjunção *porque* é explicativa; 2. Comparação entre *o setor privado* e *o governo* – os dois apresentam um papel importante.

Alternativa "e": 1. Não indica causa; 2. As ideias não são simultâneas, isto é, não ocorrem ao mesmo tempo.

Alternativa correta: letra "d".

▸ TEXTO CB1A1BBB PARA RESPONDER À QUESTÃO.

A principal finalidade da investigação criminal, materializada no inquérito policial (IP), é a de reunir elementos mínimos de materialidade e autoria delitiva antes de se instaurar o processo criminal, de modo a evitarem-se, **assim**, ações infundadas, as quais certamente implicam grande transtorno para quem se vê acusado por um crime que não cometeu.

Modernamente, o IP deixou de ser o procedimento absolutamente inquisitorial e discricionário de outrora. A participação das partes, pessoalmente ou por seus advogados ou defensores públicos, vem ganhando espaço a cada dia, com o objetivo de garantir que o IP seja um instrumento imparcial de investigação em busca da verdade dos fatos.

Acrescente-se que o estigma provocado por uma ação penal pode perdurar por toda a vida e, **por isso**, para ser promovida, a acusação deve conter fundamentos fáticos e jurídicos suficientes, o que, em regra, se consegue por meio do IP.

Carlos Alberto Marchi de Queiroz (Coord.). Manual de polícia judiciária: doutrina, modelos, legislação. 6 a ed. São Paulo: Delegacia Geral de Polícia, 2010 (com adaptações).

64. (Cespe – Delegado de Polícia – GO/2017) Nas orações em que ocorrem, os elementos "assim" e "por isso" expressam, respectivamente, as ideias de

a) consequência e consequência.

b) finalidade e proporcionalidade.

c) causa e consequência.

d) conclusão e conclusão.

e) restrição e conformidade.

22. *(Fonte: Amcham Brasil, 26 de maio 2017 – http://economia.estadao.com.br/blogs – Texto adaptado)*

COMENTÁRIOS

Alternativa correta: letra "d" – Indicam conclusão: logo, portanto, pois (= logo), então, **assim, por isso**, por conseguinte, de modo que, em vista disso, etc.

Alternativa "a" – Indicam consequência: que, de forma que, de sorte que, tanto que, tão... que, tanto... que, tamanho... que.

Alternativa "b" – Finalidade: a fim de que, que, porque (= para que) e para que; proporção: à proporção que, **à medida que, ao passo que etc.**

Alternativa "c" – Causa: porque, como (sempre introduzido na oração anteposta à oração principal), pois, pois que, já que, uma vez que, visto que.

Alternativa "e" – Apenas as orações adjetivas – possuem pronome relativo e não possuem pontuação – indicam restrição; conformidade (regra): conforme, como, consoante e segundo (todas com o mesmo valor de conforme).

65. (Cespe – Delegado de Polícia – GO/2017 – adaptada) No trecho "**Para combater o compartilhamento de fotos íntimas por terceiros**, são necessárias ações preventivas, afirma a advogada.", a oração destacada expressa ideia de

a) finalidade.
b) explicação.
c) consequência.
d) conformidade.
e) causa.

COMENTÁRIOS

✪ **Nota da autora:** Basta fazer pergunta à oração principal (a que não possui conectivo).

Alternativa correta: letra "a" – **Para que** são necessárias ações preventivas? **Para** combater o compartilhamento de fotos íntimas por terceiros. = finalidade.

Alternativa "b" – Indicam explicação: que, porque e pois (= porque).

Alternativa "c" – Consecutivas: que (precedido de tal, tanto, tão, tamanho), que, de forma que, de sorte que, tanto que, tão... que, tanto... que, tamanho... que.

Alternativa "d" – Conformativas (indicam regra): conforme, como, consoante e segundo.

Alternativa "e" – Causais: porque, como (sempre introduzido na oração anteposta à oração principal), pois, pois que, já que, uma vez que, visto que.

66. (IBADE – Delegado de Polícia – AC/2017) Assinale a opção que pode substituir o conector destacado no trecho "Precisamos deles PARA navegar na maré de surrealismo que cobre outro setor da publicidade", sem que o sentido que se estabelece entre os elementos do período seja alterado.

a) dessa forma.
b) à medida que.
c) sendo assim.
d) em todo caso.
r) a fim de que.

COMENTÁRIOS

Alternativa correta: letra "e" – Mais uma vez, é preciso fazer pergunta à oração principal: **Para que** precisamos deles? **Para** navegar = finalidade.

Alternativa "a" – Indica conclusão. Outros vocábulos que concluem uma ideia anterior: assim, dessa forma, desta maneira, dessa maneira, deste modo, desse modo, assim sendo, destarte, isto posto, à vista disso, por consequência, consequentemente, por conseguinte, por isso, portanto, pois, então, logo.

Alternativa "b" – Indica proporção.

Alternativa "c" – Indica, também, conclusão.

Alternativa "d" – Pode indicar condição, pois a expressão em todo caso, quando é uma conjunção, possui ideia de "se", "no caso de".

▸ **TEXTO PARA RESPONDER ÀS QUESTÕES.**

Não raro as palavras "moral" e "ética" aparecem num mesmo contexto e, às vezes, são erroneamente entendidas como sinônimos. A primeira tem caráter prático, relativo e restrito a determinada circunstância. Já a segunda é a reflexão filosófica sobre a moral, busca compreender sua lógica e justificá-la. É necessário reconhecer que a própria etimologia dos termos favorece dúvidas. [...] Podemos pensar que moral são as normas que devem ser seguidas e tem como objetivo regular o comportamento [...]. Já a ética expressa um conjunto de valores que orientam as ações com o fim de preservar o bem-estar coletivo.

É possível dizer que, enquanto a ética é teórica, "filosófica", a moral está associada à prática, ao cotidiano, à maneira como vivemos os princípios éticos. Subjacente aos dois conceitos há uma questão básica: a oposição entre o bem e o mal. Para a psiquiatria, a psicanálise e a maioria das abordagens psicológicas, porém, a visão maniqueísta é insuficiente diante da complexidade humana. Muitas vezes, as supostas maldades – ou o que a priori seriam considerados gestos de bondade – surgem como sintomas de alguma patologia ou emergem de quadros psíquicos alterados. **Além disso**, se levarmos em conta a existência de uma instância psíquica inconsciente, que constantemente sabota nossas boas intenções (e quanto menos nos conhecemos mais o faz), fica ainda mais difícil estabelecer uma separação objetiva entre bons e maus.

Friedrich Nietzsche (1844-1900), por exemplo, propõe pensarmos "para além do bem e do mal". Escreve: "Pergunte aos escravos 'quem é o mau', e eles apontarão o personagem que a moral aristocrática considera 'bom', isto é, o poderoso, o dominador". O filósofo alemão faz uma colocação muito pertinente: há sempre a perspectiva de quem julga, suas experiências e seus interesses. Como então lidar com essa multiplicidade de olhares possíveis sobre um mesmo objeto? Uma saída talvez seja lançar mão de um recurso bastante simples, a empatia, e fazermos o exercício (nem sempre cômodo ou fácil) de nos colocarmos no lugar do outro, procurando compreender seu ponto de vista – e sua dor. **Buscando esse ponto** que nos coloca em contato com o outro, tão diferente e ao mesmo tempo tão próximo, talvez seja mais fácil buscar em nós mesmos espaços psíquicos que comportem escolhas menos nocivas.

Rev. mentecérebro. Abril de 2011, p. 22.

67. (FUNCAB – Delegado de Polícia – PA/2016 – adaptada) A oração destacada no último parágrafo expressa a mesma circunstância que a oração destacada em:

a) Trabalhou tanto QUE ACABOU DORMINDO NO ÔNIBUS.
b) CASO TUDO SE MANTENHA DESSE JEITO, eu não posso confiar.
c) Não resolva nada ENQUANTO NÃO TIVER CERTEZA.
d) Continuou estudando, CONQUANTO NÃO TIVESSE RECURSOS.
e) COMO O FILHO NADA DISSESSE, procurou se despedir.

COMENTÁRIOS

✪ **Nota da autora:** Questão de oração reduzida. Vamos relembrar, a seguir, a teoria.

Reduzidas são orações subordinadas que introduzem uma oração sem uso de um conectivo, apresentando um verbo em uma de suas formas nominais – infinitivo, gerúndio ou particípio. Para desenvolvê-las, é necessário tirar o verbo da forma nominal e inserir o conectivo.

Exemplo: É importante **estudar** toda a matéria. = É importante **que estude** toda a matéria.

Alternativa correta: letra "b" – **Buscando esse ponto**, talvez seja mais fácil buscar em nós mesmos espaços psíquicos. = **Se buscarmos** esse ponto; **caso busquemos** esse ponto: **condição.**

Em "Caso tudo se mantenha desse jeito", ocorre também uma ideia condicional.

Alternativa "a" – Equivale a "de modo que": consequência.

Alternativa "c" – Enquanto possui, aqui, noção de tempo: quando não tiver certeza, não resolva.

DICA: pode ser uma conjunção conformativa ou proporcional, dependendo do contexto em que está inserida.

Alternativa "d" – Equivale a "embora": concessão (ideias opostas).

Alternativa "e" – Equivale a "porque o filho nada disse": causal.

DICA: A conjunção "como" seguida de verbo no pretérito imperfeito do subjuntivo indicará, sempre, causa.

68. (FUNCAB – Delegado de Polícia – PA/2016) Na argumentação, o autor emprega a locução «além de" – v. "Além disso" (§ 2) – para:

a) fazer concessão a ponto de vista atribuído a outrem, com quem dialoga no texto.
b) somar um segundo argumento destinado a justificar ponto de vista anteriormente exposto.
c) comparar as ideias expostas no período por ela introduzido com as que se leem no anterior.
d) introduzir a conclusão das ideias desenvolvidas ao longo do parágrafo em questão.
e) relacionar argumentos alternativos orientados para conclusões diferentes ou opostas.

COMENTÁRIOS

Alternativa correta: letra "b" – Além disso significa **inclusivamente; em adição a; ali**ás. Trata-se de expressão aditiva. Indicam também adição, ou seja, são conjunções coordenadas aditivas: **e, nem, mas também, como também, além de (disto, aquilo), quanto** (depois de tanto), **bem como** etc.

Veja as ideias adicionais: as supostas maldades surgem como sintomas de alguma patologia ou emergem de quadros psíquicos alterados **e** fica ainda mais difícil estabelecer uma separação objetiva entre bons e maus.

Alternativa "a" – Não existe ideia contrária.

Alternativa "c" – Não compara.

Alternativa "d" – Não há, também, conclusão.

Alternativa "e" – Não ocorre alternância.

69. (NUCEPE – Delegado de Polícia – PI/2014) Em: os serviços prestados são tão ruins que há um inconformismo generalizado, as relações sintático-semânticas que se estabelecem entre as orações principal e subordinada são de

a) causa e consequência.
b) causa e condição.
c) comparação e consequência.
d) condição e comparação.
e) conformidade e causa.

COMENTÁRIOS

Alternativa correta: letra "a" – Fácil!

Por que há um inconformismo generalizado?	a pergunta é a consequência
Porque os serviços prestados são ruins	a resposta é a causa

Alternativa "b" – Se indicasse condição, caberia caso.

Alternativa "c" – Não compara.

Alternativa "d" – Não há condição nem comparação.

Alternativa "e" – Conformidade é regra, não possui essa ideia.

▸ TRECHO PARA O ITEM.

(...) A primeira concebe a missão institucional das polícias em termos bélicos, atribuindo-lhes o papel de combater os criminosos, que são convertidos em inimigos internos. A política de segurança é, então, formulada como estratégia de guerra, e, na guerra, medidas excepcionais se justificam. Instaura-se, adotando-se essa concepção, uma política de segurança de emergência e um direito penal do inimigo. Esse modelo é reminiscente do regime militar e, há décadas, tem sido naturalizado, **não obstante** sua incompatibilidade coma ordem constitucional brasileira. (...)

Cláudio Pereira de Souza Neto. A segurança pública na Constituição Federal de 1988: conceituação constitucionalmente adequada, competências federativas e órgãos de execução das políticas. Internet: <www.oab.org.br>(com adaptações).

70. (Cespe – Delegado de Polícia – BA/2013) A expressão "não obstante" poderia ser corretamente substituída por **apesar de** ou por **embora**, sem prejuízo para a ideia original do período.

COMENTÁRIOS

Errado – Essa questão gerou tanta polêmica! O erro (simples) está na continuidade da oração ao efetuar a troca da expressão. Vejamos:

Esse modelo é reminiscente do regime militar e tem sido naturalizado, **não obstante** sua incompatibilidade coma ordem constitucional brasileira.

Por apesar de: certo = Esse modelo é reminiscente do regime militar e tem sido naturalizado, **apesar de** sua incompatibilidade coma ordem constitucional brasileira.

Por embora, fica incoerente o trecho: Esse modelo é reminiscente do regime militar e tem sido naturalizado, **embora** sua incompatibilidade coma ordem constitucional brasileira. Percebeu? Falta algo, uma informação, como embora (exista) incompatibilidade. Fácil assim.

Dica: **Não obstante** é uma **locução conjuntiva** cujo significado se refere a uma situação de **oposição** a uma **outra ideia apresentada**, mas que não impede sua concretização. É sinônimo de "**apesar de**", "**conquanto**", "**contudo**", "**a despeito de**", "**nada obstante**".

Habitualmente utiliza-se "não obstante" para expressar que determinada situação aconteceu de forma contrária daquela que se esperava; algo que deveria ter acontecido de um modo, mas que por algum motivo aconteceu de outro.

A locução "não obstante" faz parte das conjunções com valor adversativo ou concessivo e tem o mesmo sentido de "mas", "porém", "todavia", "entretanto", etc. A sua identificação muitas vezes é feita de acordo com o contexto em que a locução é utilizada.

"Inobstante" tem o mesmo significado de "não obstante". É um termo muito usado em textos jurídicos.*

**Fonte: http://www.significados.com.br/*

▸ TRECHO PARA O ITEM.

(...) A primeira concebe a missão institucional das polícias em termos bélicos, atribuindo-lhes o papel de combater os **criminosos**, que são convertidos em inimigos internos. (...)

Cláudio Pereira de Souza Neto. A segurança pública na Constituição Federal de 1988: conceituação constitucionalmente adequada, competências federativas e órgãos de execução das políticas. Internet: <www.oab.org.br>(com adaptações).

71. (Cespe – Delegado de Polícia – BA/2013) O emprego da vírgula logo após "criminosos" justifica-se por isolar oração de caráter explicativo.

COMENTÁRIOS

Certo – Há pronome relativo, pois o **que** pode ser substituído por **os quais**. A oração é adjetiva; possui pontuação: é explicativa.

Fixando:

- adjetiva (pronome relativo) explicativa = com pontuação;
- adjetiva (pronome relativo) restritiva = sem pontuação.

▸ TRECHOS PARA A QUESTÃO.

(...) E não há o direito de punir, **pois** a própria representação do crime na mente humana é o que há de mais instável e relativo: como julgar que posso punir baseada apenas em que o meu critério de julgamento para tonalizar tal ato como criminoso ou não é superior a todos os outros critérios? (...)

Surgiu, como defesa, a ideia de que, **embora** não tivessem força, tinham direitos, fundados nas noções de Justiça, Caridade, Igualdade e Dever. Essas noções foram se insinuando naquele grupo humano primitivo, instituído pelos que delas necessitavam, tão certo como o é o fato de os primeiros remédios terem sido inventados pelos doentes. (...)

LISPECTOR, Clarice. Outros escritos. Rio de Janeiro: Rocco, 2005. p. 45-46. (Adaptado)

72. (UEG – Delegado de Polícia – GO/2013) Os termos "pois" e "embora" expressam, respectivamente, sentido

a) final e causal
b) explicativo e concessivo
c) conformativo e alternativo
d) adversativo e condicional

COMENTÁRIOS

Alternativa correta: letra "b" – *Pois* equivale a **porque**, isto é, explica; *embora* é conjunção concessiva e indica oposição.

Alternativa "a" – Faríamos a pergunta **para quê?** = finalidade; **por quê?** para causa.

Alternativa "c" – Conformidade é regar = conforme; alternância é ou... ou, ora... ora.

Alternativa "d" – Adversativo: mas, porém, contudo, todavia etc.; condicional: caso, se.

73. (FUNCAB – Delegado de Polícia – ES/2013) Em: "Morto em 1980, Sartre não viveu para testemunhar as tentativas às vezes pouco sutis de promover a tortura ao status de mal menor do século XXI.", o adjunto adverbial "Morto em 1980" expressa a seguinte circunstância:

a) tempo.
b) consequência.
c) condição.
d) causa.
e) fim.

COMENTÁRIOS

Resposta correta: "d": Sartre não viveu para testemunhar as tentativas **por quê?** Porque morreu em 1980 = causa.

Alternativa "a": Quando?

Alternativa "c": De modo que.

Alternativa "c": Se, caso.

Alternativa "e": Para quê?

▸ **TRECHO PARA O ITEM.**

O filme Branca de Neve e o Caçador deveria chamar-se "Ravenna, a rainha má". Interpretada pela atriz Charlize Theron, a mãe-madrasta-bruxa da princesa é o mais interessante do filme, assim como as questões tão atuais que ela nos traz. E a bela Charlize faz uma rainha inesquecível.

Para não envelhecer, essa vilã dos contos de fadas ultrapassa todos os limites e quebra todos os interditos. (...)

Elaine Brum. Internet: <http://revistaepoca.globo.com> (com adaptações).

74. (Cespe – Delegado de Polícia – AL/ 2012) A preposição "Para", que expressa uma ideia de finalidade, poderia ser corretamente substituída por Com o intuito de ou por A fim de.

COMENTÁRIOS

Certo – Primeiro vamos nos certificar se indica finalidade: essa vilã dos contos de fadas ultrapassa todos os limites **para quê?** Para não envelhecer. É finalidade; agora basta relembrar quais são as conjunções ou locuções que indicam finalidade: *que, para que, a fim de que* e, consequentemente, *com o intuito de.*

▸ **TRECHO PARA O ITEM.**

Colonialismo

(...)

A França foi a pioneira na dominação do continente africano. A Inglaterra, no entanto, consagrada como grande potência marítima desde a queda de Napoleão, rapidamente assumiu a liderança da colonização.

Alemanha, Itália, Espanha, Portugal e Bélgica também empreenderam áreas de dominação no continente. Chegaram a estabelecer regras de partilha para a ocupação de novos territórios na costa ocidental africana a partir de meados da década de 80 do século XIX, por meio da resolução firmada entre os países europeus durante a Conferência de Berlim.

Na Ásia, a Inglaterra adotou uma política empenhada na conquista da Índia, que passou ao seu domínio após a Guerra dos Cipaios (1857-1858). Como garantiam o domínio sobre a Índia, os ingleses não se opuseram à penetração francesa na Ásia, particularmente no território da Indochina. Embora o Leste Asiático tenha se mantido independente, a China (com a Primeira Guerra do Ópio, de 1839 a 1842) e o Japão (com a ameaça naval do Comodoro Perry, em 1854) foram obrigados a abrir seus portos aos europeus, dando-lhes diversas vantagens comerciais. Às vésperas da Primeira Guerra Mundial, a China se via imersa em uma crise política. Vários territórios asiáticos e africanos sofriam influência inglesa e francesa, e a Coreia havia sido anexada pelo Japão em 1910 – país que, a partir dos anos 30 do século XX, aumentou consideravelmente seu poder sobre o continente. (...)

Internet: <http://acervo.estadao.com.br>(com adaptações).

75. (Cespe – Delegado de Polícia – AL/ 2012) A conjunção "Embora", em "Embora o Leste Asiático tenha se mantido independente", poderia ser corretamente substituída por Apesar de, feitas as devidas alterações na forma verbal "tenha".

COMENTÁRIOS

Resposta: (Certo) – Sim, *embora* e *apesar de* indicam concessão, ou ideias opostas. Fazendo a alteração do verbo, torna-se, também, correta.

▸ **TRECHO PARA O ITEM.**

Bandos de homens armados perpetram anualmente 450 roubos a bancos e carros-fortes no Brasil. Tais episódios põem em risco a vida de clientes, agentes de segurança e policiais, mas o prejuízo financeiro é relativamente pequeno para as instituições. Para os bancos, a maior ameaça está embutida nos serviços prestados pela Internet ou por outros meios eletrônicos. (...)

André Vargas. Assalto.com.br, In: Veja, 24/11/2010 (com adaptações).

76. (Delegado de Polícia – ES/ 2011 – CESPE) A conjunção "mas" poderia ser substituída, no texto, sem afetar o sentido ou a correção gramatical deste, por **todavia** ou por **entretanto**.

COMENTÁRIOS

Resposta: (CERTO) – A conjunção *mas* é coordenada adversativa, como *todavia* e *entretanto.*

Dica – CONJUNÇÕES COORDENADAS	
Aditivas	e, nem (= e não), não só... mas também, não só...como também, bem como, não só...mas ainda.
Adversativas	mas, porém, contudo, todavia, entretanto, no entanto, não obstante.
Alternativas	ou, ou...ou, ora, já...já, quer...quer, seja...seja, talvez...talvez.
Conclusivas	logo, pois (logo), portanto, por conseguinte, por isso, assim.
Explicativas	que, porque, pois (porque), porquanto.

6. CONCORDÂNCIA

Para ganhar tempo, leia as alternativas já encontrando os respectivos sujeitos. Assim não haverá necessidade de reler os trechos.

▸ FRAGMENTOS DE TEXTO PARA RESPONDER À QUESTÃO.

I. Ana Carolina Avzaradel Szklo, Gerente Sênior de Projetos e Assessora Técnica do CEBDS (Conselho Empresarial Brasileiro para o Desenvolvimento Sustentável), acredita que esses eventos climáticos extremos _________ contribuído para que as empresas incorporem a sustentabilidade em suas agendas.

II. Uma das tendências que estão sendo trabalhadas internacionalmente e sobre o que o CEBDS ______ promovido debates com o setor privado é a precificação do carbono.

III. Mesmo materiais que já ______ processos consolidados, como o plástico, acabam em lixões e aterros

IV. Soluções como o plástico hidrossolúvel ______ sido cada vez mais procuradas como um meio de evitar o problema do descarte irresponsável.

V. As empresas podem contribuir para um desenvolvimento sustentável valorizando produtos que _____ um apelo sustentável.[23]

77. (Fundatec – Delegado de Polícia – PC – RS/2018 – adaptada) As lacunas tracejadas das linhas 14, 23, 43, 52 e 61, quanto à flexão do verbo ter, ficam, correta e respectivamente, preenchidas por:

a) têm – têm – têm – tem – tem
b) tem – tem – tem – têm – têm
c) têm – tem – tem – têm – tem
d) têm – tem – têm – têm – têm
e) tem – têm – têm – têm – têm

COMENTÁRIOS

✪ **Nota da autora:** A questão é de concordância e de acentuação – acento diferencial: tem = singular; têm = plural. Trabalhe por eliminação para ganhar tempo, siga as dicas nos comentários.

78. Alternativa "a": esses eventos têm; o CEBDS **tem** (eliminada); materiais que têm; soluções têm; produtos têm.

Alternativa "b": esses eventos **têm** (eliminada); o CEBDS tem; materiais que têm; soluções têm; produtos têm.

Alternativa "c": esses eventos têm; o CEBDS tem; materiais que **têm** (eliminada); soluções têm; produtos têm.

Alternativa "d": esses eventos têm; o CEBDS tem; materiais que têm; soluções têm; produtos têm.

Alternativa "e": esses eventos **têm** (eliminada); o CEBDS tem; materiais que têm; soluções têm; produtos têm.

Alternativa correta: letra "d".

79. (Fundatec – Delegado de Polícia – PC – RS/2018 – adaptada) Analise as afirmações abaixo e, a seguir, assinale a alternativa que completa correta e respectivamente as lacunas.

1. Caso o vocábulo **Investimentos** fosse passado para o singular, quantas outras palavras deveriam sofrer alteração para fins de concordância? ____, apenas.

   (**Investimentos** em inovação para tornar processos mais eficientes podem contribuir com uma série de oportunidades para as organizações.)

2. Se suprimíssemos o vocábulo **das** e o núcleo do sujeito assumisse a forma singular, outras _____ palavras deveriam sofrer alteração para fins de concordância.

   (Uma **das** tendências que estão sendo trabalhadas internacionalmente e sobre o que o CEBDS tem promovido debates com o setor privado é a precificação do carbono.)[24]

a) 1 – 4.
b) 1 – 2.
c) 1 – 3.
d) 2 – 2.
e) 2 – 3.

COMENTÁRIOS

Alternativa "a": 1. Investimento **pode** contribuir; 2. Uma tendência que **está** sendo **trabalhada.** (eliminada)

Alternativa "b": 1. Investimento **pode** contribuir; 2. Uma tendência que **está** sendo **trabalhada.**

Alternativa "c": 1. Investimento **pode** contribuir; 2 (eliminada).

Alternativa "d": 1 (eliminada); 2.

---

23. *(Fonte: Amcham Brasil, 26 de maio 2017 – http://economia.estadao.com.br/blogs – Texto adaptado)*

24. *(Fonte: Amcham Brasil, 26 de maio 2017 – http://economia.estadao.com.br/blogs – Texto adaptado)*

Alternativa "e": 1 (eliminada); 2.

Alternativa correta: letra "b".

80. (Vunesp – Delegado de Polícia – PC – BA/2018) A concordância está em conformidade com a norma-padrão na seguinte frase:

a) São comuns que a adaptação de livros para o cinema suscitem reações negativas nos fãs do texto escrito.

b) Cabem aos leitores completar, com a imaginação, as lacunas que fazem parte da estrutura significativa do texto literário.

c) Aos esforços envolvidos na leitura soma-se a imaginação, a que a linguagem literária apela constantemente.

d) Algumas pessoas mantém o hábito de só assistirem à adaptação de uma obra depois de as terem lido, para não ser influenciadas.

e) Há livros que dispõe de uma infinidade de adaptações para o cinema, as quais tende a compor seu repertório de leituras.

COMENTÁRIOS

Alternativa "a": É comum (sujeito oracional – possui verbo: *que a adaptação de livros para o cinema suscite reações negativas nos fãs do texto escrito*); a adaptação **suscite.**

Alternativa "b": Cabe (sujeito oracional: completar, com a imaginação, as lacunas).

Alternativa "c": Ordem direta: A imaginação (sujeito) soma-se aos esforços.

Alternativa "d" Algumas pessoas (sujeito) **mantêm**; depois de **a** terem lido (terem lido a adaptação); para (as pessoas) não **serem** influenciadas.

Alternativa "e": Livros (sujeito) **dispõem**; (as adaptações) as quais **tendem**.

Alternativa correta: letra "c".

81. (Vunesp – Delegado de Polícia – CE/2015) Luiz Felipe Pondé afirma não mais _____ vovôs e vovós como antigamente, já que _______ cada vez mais _______ em copiar seus netos.

Assinale a alternativa que preenche, correta e respectivamente, as lacunas, de acordo com a norma-padrão da língua portuguesa.

a) haver ... encontra-se ... empenhados

b) haver ... se encontram ... empenhados

c) haverem ... se encontra ... empenhado

d) haverem ... encontram-se ... empenhados

e) haver ... encontra-se ... empenhado

COMENTÁRIOS

Alternativa correta: letra "b"

1. Afirma não mais **haver** vovôs e vovós: verbo impessoal (sentido de existir) = singular. Eliminadas C e D;
2. Já que **se encontram**: o verbo concorda com o sujeito composto e a locução conjuntiva atrai o pronome oblíquo. Eliminadas A e E;
3. vovôs e vovós **empenhados**: o adjetivo concorda com os substantivos.

82. (FUNCAB – Delegado de Polícia – RO/2014) "...a invasão de contas de emails e a ação de hackers esbarrarão na 'polícia pessoal online'."

Na oração de sujeito composto acima transcrita, a concordância do verbo foi feita com os dois núcleos, no plural. Das sentenças abaixo, aquela em que a concordância é facultativa, podendo-se flexionar o verbo no singular ou no plural, é:

a) Esbarrarão na polícia pessoal online os invasores de contas de emails e os hackers.

b) Os invasores de contas de emails e os hackers esbarrarão na polícia pessoal online.

c) Na polícia pessoal online esbarrarão os invasores de contas de emails e os hackers,

d) Esbarrarão na polícia pessoal online a invasão de contas de emails e a ação de hackers.

e) Na polícia pessoal online a invasão de contas de emails e a ação de hackers esbarrarão.

COMENTÁRIOS

Alternativa correta: letra "d" – Verbo anteposto ao sujeito composto pode concordar com o termo mais próximo (singular), ou com os dois: esbarrarão a invasão de contas de emails e os hackers, ou esbarrará a invasão de contas de emails e os hackers.

Alternativa "a" – Cuidado! O verbo também está anteposto ao sujeito composto, mas há artigo plural nos dois. Isso faz com que o verbo fique obrigatoriamente no plural. O artigo manda na concordância. Além do que o primeiro núcleo é plural.

Alternativa "b" – Sujeito composto seguido de verbo = verbo no plural.

Alternativa "c" – Verbo anteposto, mas o primeiro núcleo está no plural = verbo plural.

Alternativa "e" – Sujeito composto seguido de verbo = verbo no plural.

▸ TRECHOS PARA A QUESTÃO.

A repercussão sobre o tratamento ofensivo dispensado a um menino negro de 7 anos que acompanhava os pais adotivos em uma concessionária de carros importados no Rio de Janeiro, há algumas semanas, jogou luz sobre uma discussão que permeia a história do Brasil: afinal, somos um país racista?

Apesar de não haver preconceito assumido, o relato dos negros brasileiros que denunciam olhares tortos, desconfiança, apelidos maldosos e tratamento "diferenciado" em lojas, consultórios, bancos ou supermercados não deixa dúvidas de que são discriminados em função do tom da pele. Estatísticas como as divulgadas pelo Mapa da Violência 2012, que detectou 75% de negros entre os jovens vitimados por homicídios no Brasil em 2010, totalizando 34.983 mortes, chamam a atenção em um país que aparentemente não enfrenta conflitos raciais.(...)

(Adaptado de: AVANSINI, C. Preconceito velado, mas devastador. Folha de Londrina. 3 fev. 2013, p.9.)

---

83. (UEL – Delegado de Polícia – PR/2013) Quanto à concordância, a forma verbal

a) "jogou", nº 1° parágrafo, concorda com "tratamento".

b) "denunciam", no 2° parágrafo, concorda com "olhares".

c) "deixa", no 2° parágrafo, concorda com "relato".

d) "chamam", no 2° parágrafo, concorda com "mortes".

e) "enfrenta", no 2° parágrafo, concorda com "atenção".

COMENTÁRIOS

Alternativa correta: letra "c"

✪ **Nota das autoras:** Faça, sempre, a pergunta **o quê?** (para coisa) ou **quem?** (para pessoa) ao verbo.

O que não **deixa** dúvidas? O relato dos negros brasileiros = sujeito.

Alternativa "a" – O que jogou luz sobre uma discussão? A repercussão sobre o tratamento ofensivo dispensado a um menino negro de 7 anos = sujeito.

Alternativa "b" – Quem denunciam olhares tortos? Os negros brasileiros = sujeito.

Alternativa "d" – O que chamam a atenção? Estatísticas como as divulgadas pelo Mapa da Violência 2012 = sujeito.

Alternativa "e" – O que não enfrenta conflitos raciais? Um país = sujeito.

▸ **TEXTO PARA AO ITEM.**

No Brasil, duas grandes concepções de segurança pública opõem-se desde a reabertura democrática até o presente: uma centrada na ideia de combate, outra, na de prestação de serviço público.

A primeira concebe a missão institucional das polícias em termos bélicos, atribuindo-lhes o papel de combater os criminosos, que são convertidos em inimigos internos. A política de segurança é, então, formulada como estratégia de guerra, e, na guerra, medidas excepcionais se justificam. Instaura-se, adotando-se essa concepção, uma política de segurança de emergência e um direito penal do inimigo. Esse modelo é reminiscente do regime militar e, há décadas, tem sido naturalizado, não obstante sua incompatibilidade com a ordem constitucional brasileira. Nesses anos, o inimigo interno anterior – o comunista – foi substituído pelo traficante, como elemento de justificação do recrudescimento das estratégias bélicas de controle social.(...)

Cláudio Pereira de Souza Neto. A segurança pública na Constituição Federal de 1988: conceituação constitucionalmente adequada, competências federativas e órgãos de execução das políticas. Internet: <www.oab.org.br> (com adaptações).

---

84. (Cespe – Delegado de Polícia – BA/2013) A forma verbal "Instaura" poderia ser corretamente flexionada no plural – **Instauram** –, caso em que passaria a concordar com ambos os núcleos do sujeito composto "uma política de segurança de emergência e um direito penal do inimigo".

COMENTÁRIOS

Resposta: (Certo) – *Instaurar* é transitivo direto seguido do pronome apassivador SE e está anteposto ao sujeito composto. Por isso admite duas concordâncias: com o primeiro núcleo (política) ou com os dois (política e direito). Transpondo para a voz passiva analítica: Uma política de segurança de emergência e um direito penal do inimigo são instaurados.

▸ **TRECHO PARA O ITEM.**

(...) A França foi a pioneira na dominação do continente africano. A Inglaterra, no entanto, **consagrada** como grande potência marítima desde a queda de Napoleão, rapidamente assumiu a liderança da colonização.(...)

Internet: <http://acervo.estadao.com.br> (com adaptações).

---

85. (Cespe – Delegado de Polícia – AL/ 2012) A palavra "consagrada" estabelece relação de concordância com a palavra "Inglaterra".

COMENTÁRIOS

Certo – O que foi **consagrada?** A Inglaterra = sujeito. O verbo deve concordar com o sujeito.

▸ **CARTAZ:**

VIDA EU QUERO!
DROGAS, TÔ FORA!

---

86. (FGV – Delegado de Polícia – MA/2012) Mantendo o mesmo nível de linguagem do cartaz, a forma plural da frase nele exposta é:

a) Vida nós queremos! Drogas, estamos fora!

b) Vida nós queremos! Drogas, estamos foras!

c) Vida nós quer! Drogas, tamos fora!

d) Vida nós queremos! Drogas, tamos fora!

e) Vida nós quer! Drogas, tamos foras!

COMENTÁRIOS

Resposta correta: "d": Muito cuidado ao ler o enunciado: mantendo o mesmo nível de linguagem. Por isso a resposta é nós queremos (verbo concorda com o sujeito) e tamos fora (mantendo o nível da linguagem não se pode usar a forma correta do verbo – estamos).

Alternativa "a": Estamos: não mantém a linguagem do texto, embora esteja conjugada corretamente.

Alternativa "b": Estamos (pelo motivo mencionado acima) e foras: forma invariável por ser advérbio.

Alternativa "c": Nós quer: o verbo não concorda com o sujeito.

Alternativa "e": Nós quer: o verbo não concorda com o sujeito e foras: forma invariável por ser advérbio.

▸ A RESPEITO DA ORGANIZAÇÃO DAS ESTRUTURAS LINGUÍSTICAS E DAS IDEIAS DO TRECHO, JULGUE O ITEM A SEGUIR.

Bandos de homens armados perpetram anualmente 450 roubos a bancos e carros-fortes no Brasil. Tais episódios põem em risco a vida de clientes, agentes de segurança e policiais, mas o prejuízo financeiro é relativamente pequeno para as instituições. Para os bancos, a maior ameaça está embutida nos serviços prestados pela Internet ou por outros meios eletrônicos. As perdas resultantes de assaltos são de 50 milhões de reais anuais. Já os crimes cujas armas são os computadores devem, em 2010, ser responsáveis por perdas de 900 milhões de reais, dezoito vezes mais que nos assaltos convencionais. (...)

André Vargas. Assalto.com.br, In: Veja, 24/11/2010 (com adaptações).

87. (Delegado de Polícia – ES/ 2011 – CESPE) A forma verbal "são" está no plural porque concorda com o nome "crimes".

COMENTÁRIOS

Resposta: Errado – As armas são os computadores.

▸ A RESPEITO DA ORGANIZAÇÃO DAS ESTRUTURAS LINGUÍSTICAS E DAS IDEIAS DO TRECHO, JULGUE OS ITENS A SEGUIR.

No Brasil, um exame, ainda que superficial, da questão da segurança pública revela que há um crescimento contínuo da criminalidade e da violência, principalmente nas regiões metropolitanas e nas periferias das grandes cidades do país, e que o sistema judiciário e, em particular, a polícia têm – se mostrado ineficazes para o enfrentamento da questão.

Especialmente nas áreas urbanas do país, a sensação de medo e insegurança tem sido experimentada como grave problema público devido à expectativa de que qualquer pessoa pode-se tornar vítima de crime em qualquer ponto das cidades e em qualquer momento de sua vida cotidiana.(...)

Paula Poncioni. O modelo policial profissional e a formação profissional do futuro policial nas academias de polícia do estado do Rio de Janeiro. In: Sociedade e Estado, vol. 20, nº 3. Brasília, set.-dez./2005. Internet: <www.scielo.br> (com adaptações).

88. (Delegado de Polícia – ES/ 2011 – CESPE) A substituição da expressão "um crescimento contínuo" por **elevações constantes** não exigiria a mudança de número do verbo **haver** – "há" –, mas alteraria o sentido original do texto.

COMENTÁRIOS

Resposta: (CERTO) – *há um crescimento contínuo da criminalidade e da violência* por *há* **elevações constantes**: o verbo haver, por ser impessoal, não admite pluralidade. O sentido é alterado, porque crescimento não significa exatamente elevação.

89. (Delegado de Polícia – ES/ 2011 – CESPE) Para concordar com os referentes "medo" e "insegurança", a forma verbal "tem" poderia ser flexionada no plural: têm.

COMENTÁRIOS

Resposta: Errado – O núcleo sujeito do verbo *ter* é **sensação**. Sendo assim, não admite pluralização.

90. (Delegado de Polícia – AP/ 2010 – FGV) De acordo com as regras de concordância verbal do padrão escrito culto, assinale a alternativa incorreta.

a) A maioria dos brasileiros já viveram situações violentas no cotidiano.

b) Sem dúvida, devem haver formas de combater pacificamente a violência.

c) No artigo em análise, trata-se de questões referentes à origem histórica da violência.

d) Faz séculos que se verificam situações de opressão na sociedade brasileira.

e) Sempre existirão pessoas dispostas a resistir ao comodismo.

COMENTÁRIOS

Resposta correta: "b": O verbo *haver*, quando impessoal (equivalendo a *existir*), permanece no singular. Ao inserir um verbo auxiliar, deverá seguir a mesma regra: singular. **Deve haver** formas.

Alternativa "a": A maioria dos brasileiros já viveram (ou viveu).

Alternativa "c": Tratar é transitivo indireto + se (índice de indeterminação do sujeito) = singular

Dica: Apenas admitem plural os verbos transitivos diretos ou transitivos diretos e indiretos + se, pois se trata de voz passiva sintética e há sujeito.

Alternativa "d": *Fazer* indicando tempo decorrido = singular.

Dica: Foi pedido em prova: *Passaram 5 anos*. No caso, o verbo admite pluralização por dois motivos: 1. Não foi utilizado o verbo *fazer*; 2. Possui sujeito: 5 anos. Na ordem direta: Passaram 5 anos.

Alternativa "e": Pessoas existirão ou pessoas haverá.

91. (Delegado de Polícia – MT / 2010 – UNEMAT) Analise a frase.

"A multidão se dirigiu para onde havia água em abundância, pois assim teriam mais tempo até serem resgatados".

Com base nela, assinale a **correta.**

a) Está correta, pois, os verbos no plural se explicam como um caso de silepse de número.

b) Não está correta porque o primeiro verbo está no singular.

c) Não há concordância em número, pois há, para o sujeito "multidão", verbos tanto no singular quanto no plural.

d) A conjunção "pois" é coordenativa explicativa e em seu lugar deveria haver uma subordinativa conformativa.

e) Está totalmente incorreta, pois não há concordância em número ou em gênero.

COMENTÁRIOS

Resposta correta: "a": A multidão equivale a várias pessoas: teriam.

Dica: Silepse de Número – *Os números são* ***singular*** *e* ***plural****. A silepse de número ocorre quando o verbo da oração não concorda gramaticalmente com o sujeito da oração, mas com a ideia que nele está contida.*

Exemplos:

– *A* ***procissão*** *saiu.*

– ***Andaram*** *por todas as ruas da cidade de Salvador.*

– *Como vai a* ***turma****?*

– ***Estão*** *bem?*

– *O* ***povo*** *corria por todos os lados e* ***gritavam*** *muito alto.*

Note que nos exemplos acima, os verbos ***andaram****,* ***estão*** *e* ***gritavam*** *não concordam gramaticalmente com os sujeitos das orações (que se encontram no singular,* ***procissão****,* ***turma*** *e* ***povo****, respectivamente), mas com a* ***ideia*** *de pluralidade que neles está contida. Procissão, turma e povo dão a ideia de muita gente, por isso que os verbos estão no plural.*[25]

Alternativa "b": Está correta, pois tanto o singular como o plural estão corretos.

Alternativa "c": Há concordância em número.

Alternativa "d": É explicativa (porque) e não pode ser substituída por conformativa.

Alternativa "e": Está correta.

92. (Delegado de Polícia – PI/ 2009 – NUCEPE) Na afirmação: "não *há* quem não necessite de outros muitas vezes por dia". Do ponto de vista da concordância verbal, o uso do verbo *haver* também estaria correto em:

a) Se não *houvessem* tantas necessidades de apoio, o ser humano poderia sobreviver sozinho.

b) *Devem haver* sociedades em que as pessoas dependem inteiramente umas das outras.

c) *Houveram* sociedades em que a sobrevivência esteve ameaçada pela falta de convivência.

d) Os seres humanos *haviam chegado* mais cedo ao desenvolvimento se tivessem sabido conviver pacificamente.

e) Convém que *hajam* sociedades organizadas, para que se construam os ideais da justiça.

COMENTÁRIOS

Resposta correta: "d": Haviam chegado – verbo haver no sentido de ter, pluraliza. A forma verbal haviam está concordando com o sujeito plural – os seres humanos tinham / haviam chegado = chegaram.

Alternativa "a": Verbo haver no sentido de existir não se pluraliza = verbo existir pluraliza = se não existissem (houvesse) tantas necessidades.

Alternativa "b": Na locução verbal auxiliar não é flexionado, só o principal = deve haver = nesse caso, a locução tem como auxiliar deve e o verbo principal haver, no sentido de existir, portanto: deve haver.

Alternativa "c": Verbo *haver* no sentido de *existir* = houve sociedades.

Alternativa "e": Convém que hajam... – errado = o verbo haver é impessoal e está no sentido de existir. Não há sujeito é o verbo conjugado na terceira pessoa do singular. Convém que haja sociedades organizadas.

93. (Delegado de Polícia – PI/ 2009 – NUCEPE) Observe a flexão do verbo *manter* no seguinte trecho:

"No decorrer das últimas décadas, enquanto a miséria se mantinha mais ou menos do mesmo tamanho, todos os indicadores sociais brasileiros melhoraram". Em uma das alternativas abaixo, o uso de verbos derivados do verbo *ter* também está conforme seu paradigma de conjugação. Identifique-a.

a) Enquanto a miséria se manter mais ou menos do mesmo tamanho, os indicadores sociais brasileiros não melhoram.

b) Se detêssemos os níveis de miséria do Brasil, melhoraríamos os indicadores sociais de desenvolvimento.

c) Vamos priorizar os setores que conteem maiores recursos de desenvolvimento.

d) Os setores que contiverem maiores recursos de desenvolvimento serão priorizados.

e) As autoridades manteram a população informada acerca dos últimos acontecimentos.

COMENTÁRIOS

Resposta correta: "d": No texto, *mantinha* (derivado do verbo ter – manter) terceira pessoa do singular – pretérito imperfeito, do modo indicativo – em (D) – *contiverem* (derivado do ter – conter) – terceira pessoa do plural – futuro do modo subjuntivo. A forma verbal *contiverem* está empregada corretamente conforme o paradigma do verbo ter.

Alternativa "a": Correto = se mantiver (v. ter = se tiver) = futuro do subjuntivo.

Alternativa "b": Correto = se detivéssemos = verbo deter = pretérito imperfeito do subjuntivo.

Alternativa "c": Correto = que contêm = presente do indicativo = terceira pessoa do plural =verbo ter = têm.

25. Fonte: http://www.soportugues.com.br/

Alternativa "e": Correto = mantiveram – verbo manter – terceira pessoa do plural pretérito perfeito do indicativo. Verbo ter – tiveram.

94. (Delegado de Polícia – PI/ 2009 – NUCEPE) Pelas normas gramaticais que regem a concordância verbal, está correta a alternativa:

a) Qual das crianças em idade escolar estão frequentando com assiduidade a sala de aula?

b) Em qualquer outro período da nossa história, existiu crianças fora da escola.

c) Deve existir razões obscuras que justifiquem a falta de escolas para todos.

d) Nenhuma das crianças brasileiras deveriam estar fora de escolas de qualidade.

e) Alguma das crianças teve acesso, no meio rural brasileiro, a escolas de qualidade?

COMENTÁRIOS

Resposta correta: "e": A forma verbal teve está no singular, concordando com o pronome indefinido singular alguma.

Alternativa "a": Errado – a forma verbal deveria concordar com o pronome relativo interrogativo qual, no singular = qual das crianças **está** frequentando.

Alternativa "b": Errado – a forma verbal, no pretérito perfeito do indicativo, deveria estar no plural = **existiram** crianças fora da escola.

Alternativa "c": Na locução verbal deve existir = o verbo auxiliar deve ser flexionado no plural concordando com razões obscuras e o verbo principal existir permanece no singular = **devem existir** razões obscuras.

Alternativa "d": Errado – a locução verbal deve concordar com o pronome indefinido nenhuma no singular = nenhuma (das crianças brasileiras) **deveria estar**.

TRECHO PARA OS ITENS.

*Uma decisão singular de um juiz da Vara de Execuções Criminais de Tupã, pequena cidade a 534 km da cidade de São Paulo, impondo critérios **bastante** rígidos para que os estabelecimentos penais da região possam receber novos presos, confirma a dramática dimensão da crise do sistema prisional. A sentença determina, entre outras medidas, que as penitenciárias somente acolham presos que residam em um raio de 200 km.(...)*

Estado de S. Paulo, 13/1/2008, p. A3 (com adaptações)

7. REGÊNCIA E CRASE

Regência: tópico relacionado ao emprego do pronome relativo. A dica está no verbo ou nome posposto ao pronome relativo.

Crase: nada mais é que regência. Evitando erros, trabalhemos com o "macete" de substituição.

7.1. REGÊNCIA

95. (Cespe – Delegado de Polícia – PC – SE/2018 – adaptada) A correção gramatical e o sentido do texto seriam preservados se, no trecho "a um público específico", a preposição "a" fosse suprimida.

(O Departamento de Atendimento a Grupos Vulneráveis (DAGV) da Polícia Civil de Sergipe atende a um público específico.[26])

COMENTÁRIOS

O verbo *atender*, ao se referir à pessoa, admite, ou não, a preposição "a", isto é, **a preposição é facultativa**: atende a um público – atende um público.

DICA – Ao se referir à coisa, a preposição é obrigatória: Atendeu ao telefonema.

CERTO

96. (FUNCAB – Delegado de Polícia – ES/2013) Em: "Terceiro, ter certeza de que, uma vez torturado, o terrorista dará a informação correta.", haverá ERRO de regência verbal caso se substitua a expressão TER CERTEZA DE QUE por:

a) persuadir-se de que.

b) admitir de que.

c) concederem que.

d) anuir em que.

e) concordarem que.

COMENTÁRIOS

Alternativa correta: letra "b" – Quem tem certeza, tem certeza **de** algo. A preposição **de** é exigida pelo substantivo *certeza*; quem admite, admite algo: o verbo é transitivo direto e não exige a preposição **de** = **admite que**.

Alternativa "a" – Persuadir-se **de** algo.

Alternativa "c" – Conceder algo.

Alternativa "d" – Anuir **a** algo: o verbo é transitivo indireto, mas pode usar **em** se indicar lugar (deduzo que seja nisso que a banca tenha pensado), pois não houve recurso.

Alternativa "e" – Concordar **com** algo.

ATENÇÃO! O TRECHO REFERE-SE À QUESTÃO POSTERIOR.

(...)

Como construir e sustentar um projeto nacional nessas circunstâncias? A sociedade civil, por si só, é insuficientemente organizada para enfrentar esses desafios e criar alternativas legítimas para o enfrentamento da violência. Só o Estado, reformado e renovado, incluindo o Legislativo e o Judiciário, poderá dispor de meios e recursos, articulado à opinião pública, para reverter essa ameaça de colapso. Estou falando, bem entendido, de regime democrático e não de ditaduras salvacionistas. (...)

(VELHO, Gilberto. Violência: faces e máscaras. In: www.scielo.br – com adaptações)

---

26. *Internet: <www.ssp.se.gov.br> (com adaptações).*

97. (Delegado de Polícia – AP/ 2010 – FGV) A regência do verbo dispor é a mesma de:

a) O artigo defende a necessidade de uma nova ética social.

b) Convém atualizar velhas formas de comportamento.

c) O autor expressa suas ideias de forma clara e objetiva.

d) O palestrante fugiu ao foco dos debates.

e) Busca-se uma saída para a crise institucional.

COMENTÁRIOS

Resposta correta: "d": *Dispor* **de**; fugir **a**o. Os dois verbos exigem preposição.

Alternativa "a": Defende algo: verbo transitivo direto.

Alternativa "b": Intransitivo. Ordem direta: Atualizar convém.

Alternativa "c": Expressa algo: verbo transitivo direto.

Alternativa "e": Verbo transitivo direto + se = voz passiva sintética.

98. (Delegado de Polícia – AP/ 2010 – FGV) Observa-se o correto emprego do pronome relativo em:

a) o julgamento a que se assistiu foi transmitido via satélite.

b) eis um programa de TV cujo o assunto me interessa.

c) o escritor que me refiro nasceu e viveu no interior.

d) foi preso o procurado o qual a imprensa deu destaque.

e) esse é um medicamento onde sem ele o paciente não sobrevive.

COMENTÁRIOS

Resposta correta: Alternativa "a"

1) O pronome relativo retoma o substantivo *julgamento.*

2) Montar oração com os termos pospostos ao relativo até que surja o termo retomado: Assistiu-se ao julgamento. Quem assiste, assiste a algo = a que ou ao qual.

Alternativa "b": Não se usa artigo ao lado dos pronomes relativos cujo e quem. O pronome refere-se a assunto (possui função de sujeito e não admite preposição): O assunto me interessa = cujo assunto me interessa.

Dica
Indica posse do termo anteposto: O assunto do programa de TV.

Alternativa "c": O relativo retoma *escritor;* refiro-me **ao** escritor = **a que** ou **ao qual**.

Alternativa "d": O relativo retoma *procurado;* a imprensa deu destaque **ao** procurado = **a que** ou **ao qual.**

Alternativa "e": *Onde* só pode retomar *lugar* e pode ser substituído por *em que, no (a) qual.* O relativo retoma *medicamento*; o paciente não sobrevive **sem** o medicamento = **sem o qual**.

▸ **TRECHO PARA O ITEM.**

Falara com voz sincera, exaltando a beleza da paisagem e revelando que, se dependesse só dele, passaria o resto da vida ali, morreria na varanda, abraçado à visão do rio e da floresta. Era isso o que mais queria, se Alícia estivesse ao seu lado.

Agora, ao vê-lo assim, suado e nervoso, mudando de lugar o tempo todo e murmurando palavras que me escapavam, temia que me abordasse para conversar sobre o filho. (...) *Milton Hatoum. Cinzas do Norte. São Paulo: Companhia da Letras, 2005, p. 86-7.*

7.2. CRASE

99. (Fundatec – Delegado de Polícia – PC – RS/2018 – adaptada) Levando em conta a necessidade do uso da crase, avalie as afirmações que seguem:

I. **Nas lacunas tracejadas no trecho a seguir, o uso de à é obrigatório.**

Nunca antes se debateu tanto sobre o meio ambiente e a sustentabilidade. As graves alterações climáticas, as crises no fornecimento de água devido __ falta de chuva, __ destruição dos mananciais e______ constatação clara e cristalina de que, se não fizermos nada para mudar, o planeta será alterado de tal forma que a vida como a conhecemos deixará de existir.

II. **Nas lacunas tracejadas nos dois trechos a seguir, o uso de à é utilizado considerando-se que atende às duas condições suficientes e necessárias – a regência do verbo *visar* e o fato de que os termos pospostos às lacunas permitirem o uso do artigo feminino – para o uso da crase.**

1. *A conclusão, praticamente unânime, é de que políticas que visem _____ conservação do meio ambiente e ______ sustentabilidade de projetos econômicos de qualquer natureza devem sempre ser a ideia principal e a meta a ser alcançada para qualquer governante.*

2. *O mais importante de tudo é educar e fazer com que o cidadão comum entenda que tudo o que ele faz ou fará, gerará um impacto no meio ambiente que o cerca. E que só com práticas e ações que visem _____ sustentabilidade dessas práticas, estará garantindo uma vida melhor e mais satisfatória, para ela mesma, e para as gerações futuras.*

III. No trecho a seguir, o uso da crase na lacuna tracejada é obrigatório em virtude da regência do verbo reduzir.

Assim, ***reduzindo-se*** *os desperdícios, os despejos de esgoto doméstico nos rios e as demais práticas ambientais* *irresponsáveis, os danos causados ao meio ambiente serão drasticamente minimizados e a sustentabilidade dos assentamentos humanos e atividades econômicas de qualquer natureza estarão asseguradas.*[27]

Quais estão corretas?

a) Apenas I.

b) Apenas II.

c) Apenas I e II.

d) Apenas II e III.

e) I, II e III.

COMENTÁRIOS

✪ **Nota da autora:** Além de comentar a regência, farei a substituição do termo feminino por um masculino – da mesma classe gramatical – para certificar de que resultará em "ao" (preposição + artigo). Caso resulte, haverá crase antes de tal termo.

I. **Certa.** Ocorre paralelismo sintático e todos os termos estão ligados a "devido". Devido **a** algo: à falta de chuva = devido **ao** excesso; devido **a** algo: à destruição = devido **ao** desmatamento; devido **a** algo: à contestação = devido **ao** fato.

Observação: poderia ser usado o mesmo substantivo masculino em todos os casos, de qualquer maneira, resultaria em "ao" e mostraria que a crase é obrigatória.

II. **Certa. O verbo** visar está no sentido de almejar e exige a preposição "a". Paralelismo sintático novamente: visem **a** algo: à conservação = visem **ao projeto**; visem **a** algo: à sustentabilidade = visem **ao projeto**.

III. **Errada.** O verbo *reduzir* está no sentido de *diminuir* e classifica-se como transitivo direto – sem preposição. Paralelismo sintático: *reduzindo-se* ***os desperdícios, os despejos*** *de esgoto doméstico nos rios e* ***as demais práticas*** *ambientais irresponsáveis* = reduzindo **os** demais problemas. Não resultou em "ao", não há crase.

NOTA: A questão gerou polêmica e **a banca justificou o gabarito**: MANTIDA a alternativa 'C'. A questão solicitava que fossem analisadas as assertivas I, II e III, levando em conta a necessidade do uso da crase. Relativamente à assertiva I. Nas lacunas tracejadas das linhas 02 e 03, o uso de à é obrigatório. – está correta e adequada ao sentido que o termo tem na construção do sentido. Observe-se o contexto: As graves alterações climáticas, as crises no fornecimento de água devido ___ falta de chuva, __ destruição dos mananciais e ___ constatação clara e cristalina de que, se não fizermos nada para mudar, o planeta será alterado de tal forma que a vida como a conhecemos deixará de existir. No caso os termos que devem ser precedidos por à, fazem referência ao vocábulo 'devido' – devido à ___ falta de chuva, __ destruição dos mananciais e ___ constatação clara e cristalina. Observe-se que os três termos expressão fatores que são responsáveis pela crise de fornecimento de água. Caso não se procedesse à colocação da crase, o sentido seria alteração e não se estabeleceria a relação de causa entre os três itens e a informação inicial. Da forma como está posto, 'as crises no fornecimento de água devido à falta de chuva, à destruição dos mananciais e à constatação [...] de que se não fizermos nada para mudar (além das graves alterações climáticas) terá como resultado a alteração do planeta em que vivemos (a conduta adotada pelo ser humano diante dos mananciais hídricos torna-se, ou melhor, é, uma das razões para a ocorrência de crises no fornecimento de água, à medida em que consome em excesso e desperdiça sem preocupar-se com o que há de vir). Observe-se que o último item da enumeração são causas que provocam as crises no fornecimento de água, incluindo aí o comportamento humano de 'dar-se conta de que deve mudar para evitar o desperdício de água. O período diz que as graves alterações climáticas e as crises no fornecimento de água são as duas questões que provocarão a alteração do planeta da forma que o conhecemos, ampliando a segunda ideia. Quando à adaptação do texto, esta está devidamente indicada em seu final (Fonte: http://www.ecologiaurbana.com.br/conscientizacao/meio-ambiente-sustentabilidade/ Adaptação) a qual pode ser feita, desde que esteja indicada, e o fato de isso ocorrer não tem a intenção de induzir o candidato a nenhum erro, apenas faz com que as relações morfossintáticas estejam mais claras e sejam desvendadas pelo leitor. Observe-se que a escrita original contém erro na relação estabelecida pelo uso da contratação 'da'.[28]

Alternativa correta: letra "c".

100. (Vunesp – Delegado de Polícia – CE/2015) Leia os quadrinhos.

(André Dahmer, *Malvados*, 17.04.2014. www1.folha.uol.com.br)

Assinale a alternativa em que fala do palestrante está corretamente reescrita, com o sentido preservado, em linhas gerais, e em conformidade com as normas de regência e de ocorrência da crase.

27. *(Fonte: http://www.ecologiaurbana.com.br/conscientizacao/meio-ambiente-sustentabilidade/Adaptação)*

28. https://www.fundatec.org.br/portal/concursos/

a) Vovôs idealistas, as pessoas com menos de trinta anos não se deve dar confiança.

b) Vovôs idealistas, desconfiem a qualquer um com menos de trinta anos.

c) Vovôs idealistas, recusem-se à confiar em quem tiver menos de trinta anos.

d) Vovôs idealistas, à indivíduos com menos de trinta anos não se deve confiar.

e) Vovôs idealistas, não deem confiança àqueles com menos de trinta anos.

COMENTÁRIOS

Alternativa correta: letra "e" – Crase sempre é fácil.

Pensando na regência (não indico, tenho receio de que erre): dá confiança a alguém: a + aqueles = àqueles.

Substituindo (indico): não deem confiança aos homens. Resultou em ao = crase (àqueles).

Alternativa "a" – Ordem direta: não se deve dar confiança às pessoas (aos meninos).

Alternativa "b" – desconfie de alguém = de qualquer um.

Alternativa "c" – não há crase antes de verbo = a confiar.

Alternativa "d" – não há crase antes de palavra masculina; mais: em singular (a) + plural (indivíduos), também não há crase.

101. (FUNCAB – Delegado de Polícia – ES/2013) Em: "dão satisfação **À OPINIÃO PÚBLICA**", mantém-se o acento grave no "a" caso se faça a substituição do termo em destaque por:

a) ato da e qualquer opinião.

b) a uma opinião pública por vezes desorientada.

c) a ela, opinião pública internacional.

d) as opiniões públicas mais variadas.

e) a opiniões muitas vezes forjadas pela mídia.

COMENTÁRIOS

Alternativa correta: letra "d" – Facilitando: vamos fazer a substituição da palavra feminina por uma masculina que pertença à classe gramatical idêntica. Se resultar em **ao**, haverá crase. Assim como no enunciado: dão satisfação à opinião (substantivo feminino) = dão satisfação **ao** poder (substantivo masculino). Note que o sentido não precisa permanecer o mesmo, apenas é uma dica para você, leitor, não errar questão de crase.

Na alternativa **b**: dão satisfação **às** opiniões = dão satisfação **aos** poderes.

Alternativa "a" – Não se usa crase antes de palavra masculina.

Perceba que ao substituir as palavras das alternativas posteriores, não resulta em **ao**.

Alternativa "b" – Não se usa crase antes de artigo indefinido = satisfação a um poder.

Alternativa "c" – Não se usa crase antes de pronome pessoal = satisfação a ele.

Alternativa "e" – Não se usa crase em singular (a) + plural (opiniões), pois temos apenas uma preposição = satisfação a poderes.

▸ TRECHO PARA O ITEM.

(...) Quando são presos, os criminosos respondem geralmente por estelionato, cuja pena máxima é de cinco anos de cadeia. Se fossem condenados por assalto a banco, eles poderiam ser punidos com até quinze anos de prisão. Por causa dessas vantagens, há de 100 a 150 quadrilhas virtuais em atividade no país. Para reverter esse quadro, a Federação Brasileira de Bancos tenta convencer o Congresso Nacional a criar uma legislação específica para punir os delitos eletrônicos, semelhante àquela adotada há nove anos pela União Europeia.

André Vargas. Assalto.com.br, In: Veja, 24/11/2010 (com adaptações).

102. (Delegado de Polícia – ES/ 2011 – CESPE) O uso do acento grave no pronome "àquela" é obrigatório.

COMENTÁRIOS

Resposta: (CERTO) – Em questões de crase, trabalharemos por substituições. Mesmo se tratando da crase no pronome demonstrativo, para evitar erro.

Criar uma legislação semelhante **àquela** = semelhante **ao texto**. Resultou em ao = crase.

Exemplo: Apesar de comumente confundidas, a admiração e a inveja não pertencem...... ....mesma categoria de afetos, pois a última causa prejuízo.. ..... autoestima e leva, constantemente,.. ... sensações de insatisfação e angústia.

– a admiração e a inveja não pertencem **à** mesma categoria = **ao mesmo conceito** (substitua por qualquer substantivo masculino, resultou em AO = crase). Eliminadas alternativas b e c.

– causa prejuízo **à** autoestima = **ao ego.**

– leva, constantemente, **a** sensações = **não** se usa o acento indicativo de crase quando houver **singular + plural**.

Por quê? Porque se trata apenas de uma preposição anteposta ao substantivo e não de artigo.

103. (Delegado de Polícia – AP/ 2010 – FGV) O acento indicativo de crase foi corretamente empregado apenas em:

a) o cidadão não atende à apelos sem fundamento.

b) no artigo, o autor citou à necessária reforma do Estado.

c) convencemos à todos da necessidade de um pacto social.

d) o debatedor não se rendeu àqueles discursos demagógicos.

e) os governantes dispuseram-se à colaborar.

COMENTÁRIOS

Resposta correta: "d": Se errar a regência, erra a questão. Vamos à dica?

Mesmo se tratando de pronome demonstrativo, retiremo-lo: o debatedor não se rendeu **aos** discursos. Resultou em **ao** (s), descobrimos que há preposição + artigo. Resultado: há o acento indicativo no pronome demonstrativo: não se rendeu **àqueles** discursos.

Alternativa "a": Não se usa o acento indicativo de crase antes de palavra masculina.

Alternativa "b": Citou a necessária reforma = citou o necessário tópico.

Alternativa "c": Não se usa crase antes de pronome indefinido.

Alternativa "e": Não se usa crase antes de verbo.

104. (Delegado de Polícia – RO/ 2009 – FUNCAB) Assinale a opção que completa corretamente as lacunas da frase abaixo.

Todos os dias, desde oito horas, ele faz o mesmo trajeto ____pé, tentando convencer_______ pessoas que encontra pelo caminho de que vale ___ pena participar das reuniões do sindicato.

a) às – à – as – a

b) as – à – as – à

c) as – a – as – a

d) às – a – às – a

e) às – a – as – à

COMENTÁRIOS

Resposta correta: Alternativa "c"

– desde **as** oito horas: quando se tratar de hora, substitua por *meio-dia* = *desde* **o meio-dia.** Sem crase. Eliminadas alternativas *a*, *b* e *e*.

– ele faz o mesmo trajeto **a** pé = não seu usa crase antes de palavra masculina. Eliminada alternativa *a*. Resposta encontrada.

– tentando convencer **as** pessoas = convencer **os** homens. Sem crase.

– vale **a** pena = vale **o** esforço.

▸ **ATENÇÃO! O TEXTO REFERE-SE À QUESTÃO SEGUINTE.**

Acredito que, no século XXI, o sucesso de qualquer sociedade dependerá de quatro características: sua geografia e sua base de recursos; sua capacidade de administrar mudanças complexas; seu compromisso com os direitos humanos; e seu comprometimento com a ciência e a tecnologia. O Brasil pode vir a exceder em todos esses aspectos. No passado, o calcanhar de aquiles do Brasil se situou naquela terceira esfera, a dos direitos humanos. Como os Estados Unidos da América (EUA) e, na verdade, a maior parte das Américas, o Brasil foi forjado em um cadinho de conquista colonial e escravidão brutal. Esse nascimento violento deixou um legado de enormes divisões étnicas entre as elites de ascendência europeia, as comunidades indígenas e as populações de origem africana, descendentes de escravos. Da mesma forma que os EUA, o Brasil ainda não superou essa genealogia cruel. As desigualdades associadas a raça e etnia configuram um abismo – e, claro, propiciaram a geração de conflitos, a inclinação para o populismo e a instalação ocasional de regimes autoritários.

Jeffrey Sachs. In: Veja 40 Anos, set./2008 (com adaptações).

8. PONTUAÇÃO

Para saber pontuar, é necessário saber análise sintática, as funções exercidas por cada termo na oração ou no período.

105. (Cespe – Delegado de Polícia – PC – SE/2018 – adaptada) A eliminação da vírgula logo após "legais" prejudicaria a correção gramatical do texto.

(Devido a seu protagonismo e sua importância na organização e garantia da reprodução das normas **legais,** o Estado democrático não pode abdicar dessa instituição.[29])

COMENTÁRIOS

O período está na ordem inversa, pois inicia-se com a oração subordinada adverbial causal (devido a), não com a oração principal (sem conjunção). A vírgula é obrigatória para indicar inversão.

DICA – Se estivesse na ordem direta – iniciando com a oração principal –, a vírgula seria facultativa por se tratar de oração extensa: O Estado democrático não pode abdicar dessa instituição (,) devido a seu protagonismo e sua importância na organização e garantia da reprodução das normas legais.

CERTO

▸ **FRAGMENTO PARA RESPONDER À QUESTÃO.**

O meio ambiente e a sustentabilidade

Nunca antes se debateu tanto sobre o meio ambiente e a sustentabilidade. As graves alterações **climáticas**, as crises no fornecimento de água devido à falta de chuva, à destruição dos mananciais e à constatação clara e cristalina de **que**, se não fizermos nada para **mudar**, o planeta será alterado de tal forma que a vida como a conhecemos deixará de existir. (...)

(Fonte: http://www.ecologiaurbana.com.br/conscientizacao/meio-ambiente-sustentabilidade/Adaptação)

106. (Fundatec – Delegado de Polícia – PC – RS/2018 – adaptada) Sobre o uso de pontuação e a inserção de vocábulos no fragmento, afirma-se que:

I. Desconsiderando-se a necessidade de uso de maiúsculas e minúsculas, poder-se-ia trocar o primeiro

29. *Almir de Oliveira Junior (Org.) Instituições participativas no âmbito da segurança pública: programas impulsionados por instituições policiais. Rio de Janeiro: IPEA, 2016, p. 13 (com adaptações).*

ponto final por uma vírgula, desde que se inserisse **apesar de** logo após, sem que isso acarretasse alteração de sentido ao período.

II. A troca da vírgula (após "climáticas") por **em virtude das** não poderia ser realizada visto que o sentido e a estrutura da frase seriam prejudicados.

III. A retirada das duas vírgulas após "que" e após "mudar" implicaria erro à frase.

Quais estão INCORRETAS?

a) Apenas I.
b) Apenas II.
c) Apenas III.
d) Apenas I e II.
e) Apenas II e III.

COMENTÁRIOS

✪ **Nota da autora:** Questão de pontuação e período composto.

I. **Incorreta.** A expressão "apesar de" é concessiva e a ideia não é de oposição. Tratar-se-ia de aposto explicativo.

II. **Correta.** A expressão "em virtude das" indica causa e a ideia é de adição. Caberia a conjunção "e".

III. **Correta.** As vírgulas intercalam a oração subordinada adverbial condicional e são obrigatórias.

DICA – Poderiam ser substituídas por travessões ou parênteses, mas não poderiam ser retiradas.

Alternativa correta: letra "a".

▸ FRAGMENTO DE TEXTO PARA RESPONDER À QUESTÃO.

(...) "Esses materiais são considerados 'não recicláveis', pois o custo para reciclá-los é superior ao valor obtido com a matéria-prima resultante do processo. Percebemos, portanto, que não existe efetivamente nada que não possa ser reciclado. O que existem são resíduos que valem a pena do ponto de vista financeiro, e outros não, justamente por serem complexos", explica Pirrongelli da TerraCycle. (...)[30]

107. (Fundatec – Delegado de Polícia – PC – RS/2018 – adaptada) Observe o fragmento e analise as afirmações que são feitas, assinalando V, se verdadeiro, ou F, se falso.

( ) As aspas são usadas para marcar uma citação textual, no caso, palavras de Pirrongelli.

( ) As aspas simples assinalam uma expressão utilizada em sentido conotativo.

( ) O uso do conector **portanto** introduz uma conclusão ao que estava sendo dito.

A ordem correta de preenchimento dos parênteses, de cima para baixo, é:

a) V – V – V.
b) V – F – F.
c) F – F – V.
d) F – V – F.
e) V – F – V.

COMENTÁRIOS

✪ **Nota da autora:** Questão de pontuação e período composto.

(V) As aspas indicam o que Pirrongelli da TerraCycle explicou. É uma citação.

(F) O sentido é denotativo e as aspas simples foram usadas por estarem dentro de uma citação com as aspas duplas.

(V) *Portanto* é uma conjunção coordenada conclusiva e equivale a "logo".

Alternativa correta: letra "e".

108. (Vunesp – Delegado de Polícia – PC – BA/2018 – adaptada) Considerando as regras de pontuação de acordo com a norma-padrão, assinale a alternativa em que o trecho está corretamente reescrito.

a) Essa potência vem – entre outros aspectos – do tanto que a literatura exige, de nós leitores.

b) Não falo do esforço de compreender um texto nem da atenção, que as histórias e os poemas, exigem de nós. Embora sejam incontornáveis, também.

c) A literatura para além do prazer intelectual (inegável); oferece algo diferente.

d) A resposta está (como já evoquei mais acima) na potência guardada pela ficção, e pela poesia, para disparar a imaginação.

e) Mas afinal o que é, a imaginação? Essa noção tão corriqueira, e sobre a qual refletimos, tão pouco?

COMENTÁRIOS

Alternativa "a": Não pode haver vírgula entre verbo e complemento: **exige de** nós; vírgula obrigatória para separar o aposto explicativo: nós, **leitores.**

Alternativa "b": A ideia da oração adjetiva – iniciada pelo relativo "que" – é de restrição e a vírgula deve ser retirada: atenção **que** as histórias e os poemas; retirar a vírgula entre sujeito e verbo: as histórias e os poemas **exigem** de nós.

Alternativa "c": Retirar a pontuação entre sujeito e verbo: A literatura para além do prazer intelectual (inegável) **oferece.**

Alternativa "d": Os parênteses intercalam a oração subordinada adverbial conformativa; a vírgula anteposta à conjunção "e" marca paralelismo sintático: guardada → pela ficção e (guardada) → pela poesia; a última vírgula separa a oração subordinada adverbial final. Como a oração está na ordem direta, essa vírgula é facultativa, isto é, pode ser mantida, ou pode ser retirada. As duas formas estão corretas.

Alternativa "e": Não pode haver vírgula posposta ao verbo: o que é a imaginação; a vírgula entre o verbo e o

30. *(Fonte: Amcham Brasil, 26 de maio 2017 – http://economia.estadao.com.br/blogs – Texto adaptado)*

adjunto adverbial de intensidade deve ser retirada: **refletimos** tão pouco.

Alternativa correta: "d".

---

109. (FUNCAB – Delegado de Polícia – PA/2016) Releia-se a seguinte passagem:

Não raro as palavras "moral" e "ética" aparecem num mesmo contexto e, às vezes, são erroneamente entendidas como sinônimos. A primeira tem caráter prático, relativo e restrito a determinada circunstância. Já a segunda é a reflexão filosófica sobre a moral, busca compreender sua lógica e justificá-la. (Rev. mentecérebro. Abril de 2011, p. 22)

Dentre as instruções de mudança de pontuação sugeridas a seguir, aquela que a gramática condena é:

a) usar o sinal de dois-pontos, em vez de vírgula, após "sobre a moral".
b) usar vírgula entre "a segunda" e "é a reflexão filosófica sobre a moral".
c) suprimir as vírgulas que sinalizam pausa antes e depois de "às vezes".
d) destacar, com o uso de travessões, o advérbio "erroneamente".
e) substituir por ponto e vírgula o ponto após "circunstância".

COMENTÁRIOS

Alternativa correta: letra "b" – Não pode separar o sujeito do verbo, ou do predicado):

a segunda	é	a reflexão filosófica
sujeito	verbo de ligação	predicativo do sujeito

Alternativa "a" – Por ser uma explicação, pode ser substituído.

Os **dois pontos** são usados: antes do **discurso direto**; antes de uma **enumeração**; antes de uma **citação**; antes de um **esclarecimento, explicação, resumo, causa ou consequência**; após palavras que indicam **exemplos, observações, notas, informações importantes** etc.; antes de **orações apositivas.**

Alternativa "c" – As vírgulas intercalam a expressão adverbial e podem ser suprimidas. Lê-se: aparecem num mesmo contexto e são erroneamente entendidas.

Alternativa "d" – Poderia usar dois travessões ou duas vírgulas para marcar o destaque, ou a intercalação, pois o advérbio está entre o verbo ser e o particípio – que indicam voz passiva analítica.

Alternativa "e" – Cabe o sinal de ponto e vírgula porque podem separar orações coordenadas. Lê-se: A primeira tem caráter prático, relativo e restrito a determinada circunstância **e** a segunda é a reflexão filosófica sobre a moral, busca compreender sua lógica e justificá-la.

Uso do **ponto e vírgula**: em casos e enumeração de itens, ou em caso de uma explicação que contém itens, geralmente presentes em livros didáticos, receitas, textos jurídicos, manuais de instrução etc.; quando acontece a omissão de um verbo, marcada pela vírgula, se houver uma pausa antes do sujeito esta será marcada pelo ponto e vírgula; no uso excessivo da vírgula em um período longo. (Nesse caso utiliza-se o ponto e vírgula para separar as orações, e a vírgula para demais pausas do meio das orações.); para marcar pausas entre orações, quando se intercala alguma conjunção; quando não há necessidade gramatical do uso do ponto e vírgula, ele pode ter a função textual de acentuar o sentido adversativo da conjunção ou de separar orações coordenadas acentuando sentido antitético entre as duas.

---

110. (ACAFE – Delegado de Polícia – SC/2014) Assinale a alternativa correta quanto à pontuação.

a) D. Salomé, a senhora enfrentou, sozinha, a fraqueza de seu filho, não foi?
b) Os doentes esperam angustiados, os resultados dos exames feitos hoje cedo.
c) Embora tenha constantes problemas de falta d'água, aquela praia recebe durante o verão, muitos paulistas.
d) O domínio das novas tecnologias, alteraram de modo profundo, as relações comerciais internacionais.
e) Hoje não se veem, mulheres pobres, lavando roupa em tinas, alheias, nem em córregos e rios.

COMENTÁRIOS

Alternativa correta: letra "a"

1. D. Salomé = vocativo (com quem se fala);
2. Sozinha = intercalação. Leia o que está em negrito: **a senhora enfrentou**, sozinha, **a fraqueza de seu filho**.
3. A última vírgula separa a indagação "não foi?".

Correções:

Alternativa "b" – Duas opções:

1. Intercalação = **Os doentes esperam**, angustiados, **os resultados dos exames feitos hoje cedo.**
2. Retirada da vírgula = Os doentes esperam angustiados os resultados dos exames feitos hoje cedo.

Alternativa "c" – Duas opções:

1. Intercalação = Embora tenha constantes problemas de falta d'água, **aquela praia recebe**, durante o verão, **muitos paulistas.**
2. Retirada da vírgula = Embora tenha constantes problemas de falta d'água, aquela praia recebe durante o verão muitos paulistas.

Alternativa "d" – Dois erros:

1. Não pode haver vírgula entre sujeito e predicado: **O domínio das novas tecnologias alteraram** de modo profundo, as relações comerciais internacionais;

2. Intercala, ou retira a vírgula:

 2.1 O domínio das novas tecnologias alteraram, de modo profundo, as relações comerciais internacionais.

 2.2 O domínio das novas tecnologias alteraram de modo profundo as relações comerciais internacionais.

Alternativa "e" – Não há vírgula entre verbo e complemento: Hoje não se veem mulheres pobres. As outras vírgulas podem (devem) ser retiradas.

TEXTO PARA A QUESTÃO

O mundo daqui a cinco anos

Telemedicina, nanotecnologia, tecnologias 3D e tradução simultânea por reconhecimento de voz. Todos estes recursos, em maior ou menor escala, já foram absorvidos pela sociedade. Suas primeiras aparições foram na lista "Five to five" da IBM, que prevê cinco fenômenos que podem mudar nosso cotidiano a cada cinco anos. Ontem a multinacional divulgou o que acontecerá até 2018. E sua aposta é que, com o desenvolvimento tecnológico, tudo – do ensino acadêmico à hora de ir para o trabalho – pode ser personalizado.

A transformação mais radical pode ser na medicina, área em que algumas empresas pretendem fornecer aos médicos o mapeamento genético de cada paciente. A tecnologia fará do teste do DNA, hoje ainda raro, o principal meio para a decisão da terapia adequada. Com isso, será possível optar por tratamentos personalizados para males como doenças cardiovasculares.

Na escola, o professor terá reforço para lidar com o método como cada aluno consegue aprender. "A computação cognitiva ajudará a calcular como cada aluno aprende e cria um sistema flexível, que se adapta continuamente ao estudante", revela a IBM.

Com base no tempo e no engarrafamento, o smartphone poderá recomendar a seu usuário que saia de casa alguns minutos mais cedo – e, também, que caminho deve seguir.

O deslocamento fica mais fácil, mas o comércio da vizinhança também atrairá as pessoas. A lojinha da esquina, agora conectada a seu telefone, divulgará as promoções e conhecerá suas preferências: "Será a fusão do que há de melhor na loja física – tocar e vestir um produto – com a riqueza de informações – as ofertas instantâneas e o gosto do consumidor".

Na web, aliás, a invasão de contas de emails e a ação de hackers esbarrarão na "polícia pessoal online". Portais como o Google já avisam o usuário quando suas mensagens são lidas fora de locais onde o dono da conta costuma acessar a internet – um outro país, por exemplo. Todos os passos são monitorados. Segundo a IBM, com a "permissão" do usuário. Mas, depois da revelação da vigilância mundial da NSA, este avanço tecnológico pode deixar muita gente ressabiada.

(O Globo – Caderno Ciência – 19/12/2013, p. 45.)

111. (FUNCAB – Delegado de Polícia – RO/2014) Os trechos transcritos abaixo aparecem no texto separados por travessão. Ao lado de cada transcrição, está expressa uma justificativa para o emprego do travessão.

I. "do ensino acadêmico à hora de ir para o trabalho" / aposto de TUDO.

II. "e, também, que caminho deve seguir" / ênfase no pensamento em adição.

III. "tocar e vestir um produto" / especificação de DO QUE HÁ DE MELHOR.

IV. "as ofertas instantâneas e o gosto do consumidor" / aposto de FUSÃO.

V. "um outro país, por exemplo" / realce na exemplificação.

Das justificativas acima para o emprego do travessão, apenas estão corretas:

a) I, II, III e IV.

b) II, III e IV.

c) I, II, III e V.

d) II, III, IV e V.

e) I, IV e V.

COMENTÁRIOS

Alternativa correta: letra "c"

I. Certo. O que pode ser personalizado? Tudo: *do ensino acadêmico à hora de ir para o trabalho.* Eliminadas B e D.

II. Certo. Adiciona ideias: poderá recomendar a seu usuário que saia de casa alguns minutos mais cedo mais *que caminho deve seguir.* Eliminada E.

III. Certo. Especificar nada mais é que enumerar, descrever.

IV. Errado. Aposto de *informações.* Eliminada A.

V. Certo. O dono da conta pode ser em outro local. Por exemplo: em outro país.

TEXTO PARA A QUESTÃO.

A repercussão sobre o tratamento ofensivo dispensado a um menino negro de 7 anos que acompanhava os pais adotivos em uma concessionária de carros importados no Rio de Janeiro, há algumas semanas, jogou luz sobre uma discussão que permeia a história do Brasil: afinal, somos um país racista?

Apesar de não haver preconceito assumido, o relato dos negros brasileiros que denunciam olhares tortos, desconfiança, apelidos maldosos e tratamento "diferenciado" em lojas, consultórios, bancos ou supermercados não deixa dúvidas de que são discriminados em função do tom da pele. Estatísticas como as divulgadas pelo Mapa da Violência 2012, que detectou 75% de negros entre os jovens vitimados por homicídios no Brasil em 2010, totalizando 34.983 mortes, chamam a atenção em um país que aparentemente não enfrenta conflitos raciais.

A disparidade entre o nível de escolaridade é outro indicador importante. De acordo com o Censo 2010, realizado pelo Instituto Brasileiro de Geografia e Estatística (IBGE), entre os brasileiros com nível superior completo há 9,8 milhões de brancos e 3,3 milhões de pardos e pretos. Já entre a população sem instrução ou que não terminou o Ensino Fundamental os números se invertem: são 40 milhões de pretos e pardos e 26,3 milhões de brancos.

"O racismo no Brasil é subjetivo, mas as consequências dele são bem objetivas", afirma o sociólogo Renato Munhoz, educador da Colmeia, uma organização que busca despertar o protagonismo em entidades sociais, incluindo instituições ligadas à promoção da igualdade racial.

Ele enfatiza que os negros, vitimizados pela discriminação em função da cor da pele, são minoria nas universidades, na política, em cargos de gerência e outras esferas relacionadas ao poder. "Quando chegam a essas posições, causam 'euforia'", analisa, referindo-se, na história contemporânea, ao ministro do Supremo Tribunal Federal (STF) Joaquim Barbosa e ao presidente dos EUA, Barack Obama. Munhoz acrescenta que o racismo tem raiz histórica. "Remete ao sequestro de um povo de sua terra para trabalhar no Brasil. Quando foram supostamente libertados, acabaram nas periferias e favelas das cidades, impedidos de frequentar outros locais", afirma.

Esse contexto, para ele, tem sido perpetuado através dos tempos, apesar da existência da Lei nº 7.716, de 5 de janeiro de 1989, que define como crime passível de reclusão os preconceitos de raça ou de cor. "A não aceitação de negros em alguns espaços é evidente", reforça. A subjetividade do racismo também se expressa no baixo volume de denúncias nas delegacias. No Paraná, de acordo com dados do Boletim de Ocorrência Unificado da Polícia Civil, de 2007 a 2012 foram registrados 520 crimes de preconceito, o que resulta em uma média de apenas 86 registros por ano.

Por todas essas evidências, Munhoz defende a transformação da questão racial em políticas públicas, a exemplo das cotas para negros nas universidades. "Quando se reconhece a necessidade de políticas públicas, se reconhece também que há racismo", diz. Ele acrescenta, ainda, que os desafios dessas políticas passam pela melhoria no atendimento em saúde à população negra e no combate à intolerância religiosa. "Não reconhecer as religiões de matriz africana é outro indicador de racismo".

(Adaptado de: AVANSINI, C. Preconceito velado, mas devastador. Folha de Londrina. 3 fev. 2013, p.9.)

112. (UEL – Delegado de Polícia – PR/2013) Sobre o uso de aspas no texto, assinale a alternativa correta.

a) O uso de aspas duplas no segundo parágrafo pode ser substituído pelo uso de parênteses, sem prejuízo da compreensão e do sentido do trecho.

b) O uso de aspas duplas no início do quarto parágrafo deve-se à identificação do discurso direto, representando a fala do sociólogo.

c) O uso de aspas simples e duplas no quinto parágrafo decorre da ironia atribuída pela autora do texto às declarações do sociólogo.

d) O uso de aspas duplas no sexto parágrafo pode ser substituído pelo uso de dois pontos, sem prejuízo do sentido original do trecho.

e) O uso de aspas duplas no sétimo parágrafo deve-se à necessidade de dar ênfase à declaração do sociólogo.

COMENTÁRIOS

Alternativa correta: letra "b"

✪ **Nota das autoras:** Vamos relembrar a diferença entre discurso direto e discurso indireto?

O **discurso** é **direto** quando **são** as **personagens** que **falam**. O narrador, interrompendo a narrativa, as coloca em cena e cede-lhes a palavra. Exemplo:

" – Por que veio tão tarde? perguntou-lhe Sofia, logo que apareceu à porta do jardim, em Santa Teresa.

– Depois do almoço, que acabou às duas horas, estive arranjando uns papéis. Mas não é tão tarde assim, continuou Rubião, vendo o relógio; **são** quatro horas e meia.

– Sempre é tarde para os amigos, replicou Sofia, em ar de censura." *(Machado de Assis, Quincas Borba, cap. XXXIV)*

No **discurso indireto** não há diálogo, o narrador não põe as **personagens** a falar diretamente, mas faz-se o intérprete delas, transmitindo ao leitor o que disseram ou pensaram.

Exemplo: "A certo ponto da conversação, Glória me disse que desejava muito conhecer Carlota e perguntou por que não a levei comigo."

Para você ver como fica fácil vou passar o exemplo acima para o **discurso direto**:

– Desejo muito conhecer Carlota – disse-me Glória, a certo ponto da conversação. Por que não a trouxe consigo?*

**Fonte: http://www.algosobre.com.br/redacao/discurso-direto-e-indireto.html*

No quarto parágrafo, há citação da fala do sociólogo, ou seja, discurso direto: "**O racismo no Brasil é subjetivo, mas as consequências dele são bem objetivas**", afirma o sociólogo Renato Munhoz.

Alternativa "a" – As aspas no adjetivo **diferenciado** indicam ironia e não podem ser substituídas por travessões.

Dica:	
Aspas podem indicar:	
1.	Para abrir e fechar citações. Exemplo: "Uma vida não questionada, não merece ser vivida." Platão
2.	Quando exprimir ironia ou destacar uma palavra ou expressão usada fora do contexto habitual. Exemplo: Eles se comportaram "super" bem!
3.	Quando há palavras ou expressões populares, gírias, neologismos ou arcaísmos. Exemplos: Todos ficaram "abobados" com a notícia.
4.	Para marcar estrangeirismo (quando não há opção de itálico). Exemplo: Faça o "back up" para não correr o risco de perder os arquivos.
5.	Para delimitar o título de uma obra. Exemplo: "As 7 Dimensões da Comunicação Verbal" (Reinaldo Passadori)

Alternativa "c" – "Quando chegam a essas posições, causam 'euforia'" = aspas duplas indicam a fala e as simples, ironia.

Alternativa "d" – Refere-se à fala e em hipótese alguma pode ser substituída por dois pontos. A não ser que alteremos toda a estrutura do período.

Alternativa "e" – Não indica ênfase, mas sim a fala.

113. (UEG – Delegado de Polícia – GO/2013) No trecho "Os mais capazes, os mais fortes são incumbidos de vigiar a observância dessas leis, constituindo o primeiro Estado", caso se suprima a expressão "os mais fortes", qual o procedimento necessário para se manter o período de acordo com a norma-padrão da língua?

a) Manter apenas a primeira vírgula do período.
b) Suprimir apenas a primeira vírgula do trecho.
c) Substituir a segunda vírgula do trecho por ponto final.
d) Manter as duas vírgulas do período.

COMENTÁRIOS

Alternativa correta: letra "b" – Suprimindo a expressão, o sujeito passa a ser os mais fortes e não pode haver pontuação entre sujeito e predicado, ou seja, entre sujeito e verbo: Os mais capazes são incumbidos de vigiar a observância dessas leis.

Alternativa "a" – Não, pois separaria o sujeito do verbo.

Alternativa "c" – Trata-se de uma explicação e não há motivo para usar o ponto final.

Alternativa "d" – Tornaria o período incoerente, não teria sequência lógica.

114. (FUNCAB – Delegado de Polícia – ES/2013) Segundo as normas em vigor, há ERRO na troca de sinal de pontuação proposta em:

a) O existencialista Jean-Paul Sartre disse – e, nisso, estava certo – que a tortura era o mal do século XX / parênteses em lugar de travessões
b) que as "técnicas aprimoradas" não passam de eufemismo para a tortura – no que estão cobertos de razão / vírgula em lugar de travessão
c) Soldados americanos torturaram guerrilheiros vietcongues. Foram processados e punidos / dois-pontos, seguindo-se minúscula, em lugar de ponto
d) "Isso é uma fábula", diz o filósofo francês Michel Terestchenko / travessão em lugar de vírgula
e) É claro que a tortura, às vezes, é eficaz. Em outras, é ineficaz / vírgula, seguida de minúscula, em lugar de ponto

COMENTÁRIOS

Alternativa correta: letra "e" – Não pode ocorrer a substituição por haver vírgula indicando zeugma na segunda oração (omissão de termo – no caso, *vezes*). Poderia, apenas, ser trocado por ponto e vírgula ou ser inserida a conjunção *e*.

Dica: Quando houver zeugma (omissão de termo indicado por vírgula) na segunda oração, usa-se a conjunção **e** para ligar as orações ou o ponto e vírgula.

Teríamos: "É claro que a tortura, às vezes, é eficaz e em outras, é ineficaz" ou "É claro que a tortura, às vezes, é eficaz; em outras, é ineficaz".

Alternativa "a" – Os travessões podem ser substituídos por parênteses ou vírgulas: "O existencialista Jean-Paul Sartre disse (e, nisso, estava certo) que a tortura era o mal do século XX" ou (embora fossem utilizadas várias vírgulas) "O existencialista Jean-Paul Sartre disse, e, nisso, estava certo, que a tortura era o mal do século XX".

Alternativa "b" – Sim, pois se trata de uma explicação.

Alternativa "c" – Pode ocorrer a substituição, já que podemos inserir a conjunção *porque* para ligar as orações. Se explica, cabem os dois pontos.

Alternativa "d" – Sim, pois separa a fala do filósofo. É o discurso direto.

▸ TRECHO PARA O ITEM.

(...) Depois, a partir do final do século XVII, com Charles Perrault, culminando no século XIX, com os Irmãos Grimm, os contos foram compilados, escritos e depurados como histórias para crianças. Nós, **que nascemos no século XX**, fomos alimentados por versões muito mais suaves e palatáveis a uma época sensível, em que os pequenos são vistos como o receptáculo tanto da inocência quanto do futuro, que, portanto, precisam ser protegidos dos males do mundo e de seus semelhantes, assim como convencidos de que sua "natureza" é boa e pura. (...)

Elaine Brum. Internet: <http://revistaepoca.globo.com> (com adaptações).

115. (Cespe – Delegado de Polícia – AL/ 2012) A retirada das vírgulas que isolam a oração "que nascemos no século XX" prejudicaria a correção gramatical do texto.

COMENTÁRIOS

Errado

✪ Nota das autoras: Pontuação e período composto.

Muito cuidado, pois não cita sentido e sim correção gramatical: a retirada da vírgula não causa erro gramatical, mas altera o sentido.

– com vírgula: oração adjetiva explicativa;
– sem vírgula: oração adjetiva restritiva.

▸ TRECHO PARA O ITEM.

Colonialismo

(...) Na Ásia, a Inglaterra adotou uma política empenhada na conquista da Índia, que passou ao seu domínio após a Guerra dos Cipaios (1857-1858). Como garantiam o domínio sobre a Índia, os ingleses não se opuseram à penetração francesa na Ásia, particularmente no território da Indochina. Embora o Leste Asiático tenha se mantido independente, a China (com a Primeira Guerra do Ópio, de 1839 a 1842) e o Japão (com a ameaça naval do Comodoro Perry, em 1854) foram obrigados a abrir seus portos aos europeus, dando-lhes diversas vantagens comerciais. Às vésperas da Primeira Guerra Mundial, a China se via imersa em uma crise política. Vários territórios asiáticos e africanos sofriam influência inglesa e francesa, e a Coreia havia sido anexada pelo Japão em 1910 – país que, a partir dos anos 30 do século XX, aumentou consideravelmente seu poder sobre o continente.

Após a Segunda Guerra Mundial, os movimentos nacionalistas e independentistas que vinham se firmando desde o período entre-guerras ganharam força tanto na África quanto na Ásia. A luta contra o colonialismo britânico na Índia de Gandhi, com o movimento de resistência passiva não violenta, terminou com a independência, em 1947, mas foi seguida de violentos conflitos étnicos, principalmente em virtude de diferenças religiosas entre hinduístas e muçulmanos. A ocupação japonesa na Ásia favorecia a manifestação do nacionalismo, ao mesmo tempo em que as ideias revolucionárias de Marx e Engels ganhavam força. (...)

Internet: <http://acervo.estadao.com.br> (com adaptações).

116. (Cespe – Delegado de Polícia – AL/ 2012) A vírgula empregada logo depois do trecho "Após a Segunda Guerra Mundial" poderia ser suprimida, sem prejuízo da correção gramatical do texto.

COMENTÁRIOS

Resposta: Errado – Não pode ser suprimida por estar indicando inversão do adjunto adverbial (de tempo). A oração não se inicia com o sujeito – o que indicaria ordem direta.

▸ TRECHO PARA O ITEM.

(...) Os crimes eletrônicos proliferam porque oferecem pouco risco aos bandidos, e as autoridades têm dificuldade de puni-los. O Código Penal não prevê os crimes virtuais. Quando são presos, os criminosos respondem geralmente por estelionato, cuja pena máxima é de cinco anos de cadeia. Se fossem condenados por assalto a banco, eles poderiam ser punidos com até quinze anos de prisão. Por causa dessas vantagens, há de 100 a 150 quadrilhas virtuais em atividade no país. Para reverter esse quadro, a Federação Brasileira de Bancos tenta convencer o Congresso Nacional a criar uma legislação específica para punir os delitos eletrônicos, semelhante àquela adotada há nove anos pela União Europeia. *André Vargas. Assalto.com.br, In: Veja, 24/11/2010 (com adaptações).*

117. (Delegado de Polícia – ES/ 2011 – CESPE) A retirada da vírgula logo após o vocábulo "presos" acarretaria, segundo a prescrição normativa, erro gramatical ao texto.

COMENTÁRIOS

Resposta: (CERTO) – As vírgulas separam o aposto explicativo, portanto não podem ser retiradas. Atenção: não se pode retirar vírgula alguma.

Dica: o aposto especificativo não possui pontuação; o explicativo, sim.

▸ TRECHO PARA O ITEM.

No Brasil, um exame, ainda que superficial, da questão da segurança pública revela que há um crescimento contínuo da criminalidade e da violência, principalmente nas regiões metropolitanas e nas periferias das grandes cidades do país, e que o sistema judiciário e, em particular, a polícia têm – se mostrado ineficazes para o enfrentamento da questão.

Especialmente nas áreas urbanas do país, a sensação de medo e insegurança tem sido experimentada como grave problema público devido à expectativa de que qualquer pessoa pode-se tornar vítima de crime em qualquer ponto das cidades e em qualquer momento de sua vida cotidiana.(...)

Paula Poncioni. O modelo policial profissional e a formação profissional do futuro policial nas academias de polícia do estado do Rio de Janeiro. In: Sociedade e Estado, vol. 20, nº 3. Brasília, set.-dez./2005. Internet: <www.scielo.br> (com adaptações).

118. (Delegado de Polícia – ES/ 2011 – CESPE) A colocação de vírgula logo após o vocábulo "pessoa" prejudicaria a correção gramatical e o sentido do texto.

COMENTÁRIOS

Resposta: (CERTO) – Não se separa com vírgula o sujeito do verbo (é o caso mencionado), nem o verbo do complemento.

119. (Delegado de Polícia – AP/ 2010 – FGV) Quanto ao emprego dos sinais de pontuação, assinale a frase incorreta.

a) Embora seja difícil aceitar uma derrota, o conceito de democracia implica reconhecer que o desejo da maioria deve ser respeitado.

b) É preciso não esquecer um fato: a justiça social deve ser perseguida, apesar de existir desigualdade de forças políticas e econômicas entre os atores sociais.

c) Propomo-nos, apesar da paixão envolvida no assunto, a trazer ao foco do debate o tema da ética, que é e será sempre o centro de nossas preocupações.

d) O jeitinho e a cordialidade, traços definidores do caráter brasileiro, segundo alguns, precisam ser redefinidos à luz do processo histórico que constituiu a brasilidade.

e) Mais complexas ainda, são as reflexões acerca das relações sociais baseadas na trocas de favores: sejam eles legalmente concebidos ou desviantes da norma geral.

COMENTÁRIOS

Resposta correta: "e": Mais complexas**, ainda,** são as reflexões acerca das relações sociais baseadas nas trocas de **favores. Sejam** eles legalmente concebidos ou desviantes da norma geral.

Alternativa "a": A vírgula separa inversão da oração subordinada adverbial concessiva.

Alternativa "b": Os dois pontos explicam o fato.

Alternativa "c": Intercalação: **Propomo-nos**, apesar da paixão envolvida no assunto, **a trazer ao foco do debate o tema**; a última vírgula separa oração adjetiva (pronome relativo) explicativa (generaliza).

Alternativa "d": Intercalações: **O jeitinho e a cordialidade**, traços definidores do caráter brasileiro, segundo alguns, **precisam ser redefinidos à luz do processo histórico que constituiu a brasilidade.**

Dica	
Oração subordinada adjetiva explicativa	**Oração subordinada adjetiva restritiva**
com pontuação (generaliza: todos).	sem pontuação (especifica: apenas).

ATENÇÃO! O TEXTO REFERE-SE À QUESTÃO SEGUINTE.

Conciliar desenvolvimento e conservação da natureza é o dilema do mundo neste século. Para o Brasil, é mais do que isso, é uma equação com variáveis muito mais complexas do que a da média mundial. Para início de conversa, o país abriga 60% da Amazônia, a maior floresta tropical do planeta e o maior repositório de espécies animais e vegetais ainda desconhecidas. Essa preciosidade biológica insubstituível tem sido queimada, para abrir espaço para a pata do gado, como lenha para carvão sem valor algum. A incineração da floresta é ainda mais perversa por jogar volumes gigantescos de gases que aumentam o ritmo do temido aquecimento global. Sem uma única chaminé de fábrica, só queimando seu tesouro vegetal, a Amazônia brasileira coloca o Brasil na quarta posição na lista dos maiores emissores de dióxido de carbono. Essa é a Amazônia, insônia do mundo, que precisa ser conservada.

Sobre o mesmíssimo território instala-se uma outra Amazônia, que quer e precisa ser desenvolvida. Nela vivem mais de 20 milhões de brasileiros. São pessoas com carteira de identidade, família para alimentar, filhos na escola, televisão na sala e uma vontade enorme de imitar em tudo o estilo de vida de seus conterrâneos das grandes cidades do Sul. Essa população, quase o dobro da existente na cidade de São Paulo, vive da destruição indiscriminada dos recursos naturais à sua volta. Árvores raras e animais selvagens são diariamente mortos e trocados por bens de consumo imediato, principalmente a fonte de energia mais barata disponível, o óleo que vem do Sul, de navio, e é usado para tocar o gerador que alimenta o televisor. Nesse mundo, uma tartaruga vale dois capítulos da novela.

Nesse contexto, o grande desafio da atual geração de brasileiros com algum poder nas mãos será encontrar um caminho para crescer preservando a natureza.

O desafio de crescer e preservar. In: Veja, nº 2.118, 24/6/2009 (com adaptações).

120. (Delegado de Polícia – PA/ 2009 – MOVENS) Acerca da pontuação empregada no texto, assinale a opção correta.

a) No trecho "Para o Brasil, é mais do que isso,", as vírgulas poderiam ser substituídas por travessões, sem acarretar erro gramatical ou alteração de sentido.

b) No trecho "Para início de conversa," estaria correto substituir a vírgula por dois-pontos.

c) Em "Sem uma única chaminé de fábrica,", a vírgula poderia ser substituída por ponto e vírgula sem acarretar erro gramatical.

d) As vírgulas que isolam o trecho "quase o dobro da existente na cidade de São Paulo" poderiam ser corretamente substituídas por parênteses.

COMENTÁRIOS

Resposta correta: "d": Quando a pontuação separa aposto explicativo, podem ser usados, juntos, os travessões, parênteses ou vírgulas.

Alternativa "a": A vírgula indica inversão da oração subordinada adverbial final.

Alternativa "b": Os dois-pontos explicam, citam ou enumeram. Não é o caso.

Alternativa "c": Indica inversão.

Dica	
Inversão no período simples	**Inversão no período composto**
a oração não se inicia com o sujeito.	o período não se inicia com a oração principal (sem conjunção).

9. COESÃO E COERÊNCIA

Hora de revisar todo o conteúdo gramatical. Neste tópico, há questões que abrangem fonologia, morfologia e sintaxe, além da avaliação da clareza da frase, do sentido.

TEXTO PARA RESPONDER ÀS QUESTÕES.

A existência **da polícia** se justifica pela imprescindibilidade **dessa agência de segurança** para a viabilidade do poder de coerção estatal. Em outras palavras, **como** atestam clássicos do pensamento político, a **sua** ausência culminaria na impossibilidade de manutenção de relações pacificadas. Devido a **seu** protagonismo e **sua** importância na organização e garantia da reprodução das normas legais, o Estado democrático não pode abdicar **dessa instituição**.

Para que a atuação policial ocorra dentro dos parâmetros democráticos, é essencial que haja a implementação de um modelo de policiamento que corresponda aos preceitos constitucionais, promovendo-se o equilíbrio entre os pressupostos de liberdade e segurança.

No que tange às organizações policiais, falar em participação na segurança pública envolve, necessariamente, a discussão sobre o desenvolvimento do policiamento comunitário, o único modelo de policiamento que define a participação social como um de seus componentes centrais. Para analisar essa participação, é preciso verificar se a ação promovida pelo modelo de policiamento comunitário é efetiva como ferramenta de controle social legítimo da atividade policial e se ela produz uma participação equânime.

Almir de Oliveira Junior (Org.) Instituições participativas no âmbito da segurança pública: programas impulsionados por instituições policiais. Rio de Janeiro: IPEA, 2016, p. 13 (com adaptações).

121. (Cespe – Delegado de Polícia – PC – SE/2018) A expressão "a polícia" presente em "da polícia" (1º §) é retomada, ao longo do primeiro parágrafo do texto, por meio das expressões "dessa agência de segurança" (1º §), "sua" (1º §), "seu" (1º §), "sua" (1º §) e "dessa instituição" (1º §).

COMENTÁRIOS

Questão muito tranquila. Basta encaixar a expressão "a polícia" onde há recursos de coesão, ou seja, onde há pronome demonstrativo anafórico e pronome possessivo: da agência de segurança **da polícia** (demonstrativo); a ausência **da polícia** (possessivo); o protagonismo **da polícia** (possessivo); a importância **da polícia** (possessivo); não pode abdicar **da polícia** (demonstrativo).

CERTO

122. (Cespe – Delegado de Polícia – PC – SE/2018 – adaptada) O termo "como" (nº 1º §) estabelece uma comparação de igualdade entre o que se afirma no primeiro período do texto e a informação presente na oração "a sua ausência culminaria na impossibilidade de manutenção de relações pacificadas" (1º §).

COMENTÁRIOS

✪ **Nota da autora:** A conjunção "como" pode ser classificada como: causal (já que), comparação (igual a) e conformidade (conforme – possui ideia de regra).

O termo *como* pode ser substituído por **conforme**, **consoante**, **segundo** e indica **conformidade**.

ERRADO

123. (Cespe – Delegado de Polícia – PC – SE/2018) A correção gramatical e os sentidos do texto serão preservados caso se reescreva o último período do texto da seguinte forma: Para analisar essa participação, é preciso verificar se ela funciona como controle social legítimo da atividade policial e se acaso ela produz uma participação equânime.

COMENTÁRIOS

A correção gramatical permanece correta, mas o sentido é alterado. No texto: *Para analisar essa participação, é preciso verificar se **a ação** promovida pelo modelo de policiamento comunitário é efetiva.* Na reescritura, o pronome refere-se à **participação**: é preciso verificar se a participação funciona.

ERRADO

124. (Cespe – Delegado de Polícia – PC – SE/2018 – adaptada) No verso "Às vezes é ela quem diz"[31], a supressão de "é" e "quem" prejudicaria a coerência do trecho.

COMENTÁRIOS

A partícula expletiva pode ser formada pelo verbo *"ser + que"* ou por *"ser + quem"*. Possui a função de realçar ou enfatizar e pode ser retirada sem que haja prejuízo sintático ou semântico porque não exerce função sintática. Leia apenas a parte negritada: Às vezes é **ela** quem **diz.**

ERRADO

125. (Fundatec – Delegado de Polícia – PC – RS/2018 – adaptada) Analise as seguintes propostas de substituição de vocábulos do texto:

I. A substituição de *ações* por **atos** implicaria alteração na estrutura da frase.

(Em paralelo às **ações** governamentais, todos os cidadãos devem ser constantemente instruídos e chamados à razão para os perigos ocultos nas intervenções mais inocentes que realizam no meio ambiente a sua volta.)

II. A supressão de *ambiente* criaria as condições para o uso da crase antes desse vocábulo.

(Assim, reduzindo-se os desperdícios, os despejos de esgoto doméstico nos rios e as demais práticas ambientais irresponsáveis, os danos causados ao meio **ambiente** serão drasticamente minimizados.)

III. A palavra *natureza* ao ser substituída por **meio ambiente** provocaria a necessidade concomitante de supressão do artigo feminino e inserção do masculino; havendo, portanto, alteração na estrutura do termo a que pertence.

(A partir daí, cada família poderá dar a sua contribuição para promover práticas e procedimentos que garantam a devolução à **natureza** de tudo o que usaram e, com essa ação, gerar novas oportunidades de renda e de bem-estar social para sua própria comunidade.[32])

Quais estão corretas?

a) Apenas I.

b) Apenas II.

31. *O Rappa. Minha Alma (A Paz Que Eu Não Quero). In: Álbum Lado B Lado A. Warner Music Group, 1999 (com adaptações).*
32. *(Fonte: http://www.ecologiaurbana.com.br/conscientizacao/meio-ambiente-sustentabilidade/Adaptação)*

c) Apenas I e II.

d) Apenas II e III.

e) I, II e III.

COMENTÁRIOS

✪ **Nota da autora: A banca anulou a questão.** A questão solicitava que fossem analisadas propostas de substituição de vocábulos do texto, considerando corretas a I e II. Relativamente à assertiva II. A supressão de *ambiente* criaria as condições para o uso da crase antes desse vocábulo., observe-se o contexto: Assim, reduzindo-se os desperdícios, os despejos de esgoto doméstico nos rios e __ demais práticas ambientais irresponsáveis, os danos causados ao meio ambiente serão drasticamente minimizados e a sustentabilidade dos assentamentos humanos e atividades econômicas de qualquer natureza estarão asseguradas. Afirmação incorreta, portanto, o gabarito correto seria "Apenas I e III", alternativa que não está contemplada na questão. Salienta-se que as alternativas, ao apresentarem a palavra "Apenas", restringem o que deve estar correto e o que deve estar incorreto, assim, não havendo a possibilidade de alteração de gabarito. Portanto, decide-se por anular a questão.

I. **Certa.** O artigo deve ser alterado para o masculino: a substituição **aos** atos.

II. **Errada.** Não se usa crase antes de palavra masculina (meio: substantivo).

III. **Certa.** Devolução **ao** meio ambiente.

126. (Fundatec – Delegado de Polícia – PC – RS/2018) No trecho "Em paralelo às ações governamentais, todos os cidadãos devem ser constantemente instruídos e chamados à razão para os perigos ocultos"[33], a troca de **devem** por **podem**

a) provoca alteração na estrutura frasal.

b) não provoca nenhuma alteração na frase.

c) provoca alteração no sentido da frase.

d) não provoca nenhuma alteração no sentido da frase.

e) provoca alteração no sentido e na estrutura da frase.

COMENTÁRIOS

Alternativa "a": A estrutura permanece idêntica.

Alternativa "b": Provoca alteração no sentido.

Alternativa "c": *Dever* possui ideia de obrigação, de responsabilidade; *poder* indica ser autorizado, ter permissão, ou seja, é uma possibilidade.

Alternativa "d": Provoca alteração no sentido.

Alternativa "e": A estrutura não é alterada.

ALTERNATIVA CORRETA: C

33. *(Fonte: http://www.ecologiaurbana.com.br/conscientizacao/meio-ambiente-sustentabilidade/Adaptação)*

127. (Fundatec – Delegado de Polícia – PC – RS/2018 – adaptada) Assinale a alternativa cuja reescrita da frase "Uma medida bem interessante é ensinar cada família a calcular sua influência negativa sobre o meio ambiente" está correta.

a) Uma medida bem interessante é que cada família seja ensinada a calcular sua influência negativa sobre o meio ambiente.

b) Uma medida bem interessante é que ensine-se cada família a calcular sua influência negativa sobre o meio ambiente.

c) Uma medida bem interessante é que se possa ensinar cada família que o cálculo sobre a influência negativa deve ser sobre o meio ambiente.

d) O ensino sobre uma medida bem interessante é próprio de cada família em relação ao cálculo de sua influência negativa sobre o meio ambiente.

e) Uma medida bem interessante é que se cada família pudesse vir a ser ensinada a calcular sua influência negativa sobre o meio ambiente.

COMENTÁRIOS

Alternativa "a": No comando da questão, a oração "ensinar cada família" está na voz ativa; na reescritura, a oração foi transposta para a voz passiva analítica (verbo *ser* + particípio) e a correção é mantida.

Alternativa "b": Colocação pronominal errada: a conjunção subordinativa "que" atrai o pronome oblíquo: é que se ensine. Quanto à voz verbal, a oração foi transposta para a voz passiva sintética (verbo transitivo direto + se).

Alternativa "c": Regência errada: como o verbo foi alterado para transitivo direto e indireto (bitransitivo), é necessário inserir a preposição no objeto indireto: ensinar **a** cada família (algo **a alguém**).

Alternativa "d": O período não possui coerência alguma.

DICA – Coerência textual: colocação dos elementos textuais que, embora possuindo significados diferentes, são interligados de modo a fazer com que um texto possua sentido completo, tornando-se claro e compreensível.

Alternativa "e": A inserção da expressão expletiva (é que) causou erro no período que passou a ser condicional.

Alternativa correta: letras "a".

128. (Fundatec – Delegado de Polícia – PC – RS/2018 – adaptada) Em relação à palavra **desacelere**, é correto dizer que:

I. O radical é representado por -aceler.

II. É formada pelo processo de parassíntese.

III. -des representa um prefixo, que indica ação contrária, negação.

Quais estão INCORRETAS?

a) Apenas I.

b) Apenas II.

c) Apenas III.

d) Apenas I e II.

e) Apenas II e III.

COMENTÁRIOS

✪ **Nota da autora:** A questão é de **processo de formação das palavras** – assunto pouquíssimo exigido por todas as bancas. Por isso, foi inserida em coesão e coerência. A questão gerou polêmica e a banca justificou:

A questão solicitava que, em relação à palavra desacelere, retirada do texto, é correto dizer que: I. O radical é representado por –aceler. II. É formada pelo processo de parassíntese. III. –des representa um prefixo, que indica ação contrária, negação. A seguir, deveriam ser indicadas aquelas consideradas incorretas. Quanto ao enunciado, esse é claro, dizendo que o candidato deve partir do pressuposto de que todas as afirmações (por óbvio serem afirmações), são corretas e, a seguir analisar cada uma delas e, em decorrência da análise, verificar a veracidade ou não de cada uma. Dentre as três, a única incorreta é a II, indicada pela letra B. O vocábulo 'desacele' é uma flexão do verbo 'desacelerar', formado por prefixação, do latim 'accelerāre' (Diconário Etmológico). Por tratar-se de um verbo, os morfemas que se agregam ao radical, no final deste, são desinências verbais e não sufixos.[34] MANTIDA alternativa "b".

I. **Correta.** Des (prefixo) ACELER (radical).

II. **Incorreta.** Trata-se de prefixação, ou seja, derivação prefixal. Para ser parassintética, seria necessário haver prefixo e sufixo.

III. **Correta.** Indica separação, ação contrária e negação: desacelerar (não acelerar). Outros exemplos: desfazer, desmistificar, desembaraçar.

Alternativa correta: letra "b".

129. (Fundatec – Delegado de Polícia – PC – RS/2018 – adaptada) Avalie as assertivas a seguir, quanto a alterações nos trechos[35]:

I. A substituição de **em que** por **no qual** não feriria as regras de concordância e de regência.

(Trabalhando com esses rejeitos, evita-se que os materiais acabem em aterros e lixões – locais **em que** a decomposição emite gases responsáveis pelo efeito estufa).

II. A substituição de **consiste** por **tem a consistência** manteria o sentido, entretanto provocaria necessidade de alteração na estrutura do período.

(O material é novidade no Brasil e na América Latina e **consiste** em um plástico que se dissolve na água em apenas alguns segundos.)

III. A troca de **valorizando** por **dando valor** provocaria a necessidade de ajustes na estrutura do período.

(As empresas podem contribuir para um desenvolvimento sustentável **valorizando** produtos que têm um apelo sustentável, criando uma cultura organizacional voltada para essas questões e investindo em desenvolvimento de novas alternativas.)

Quais estão INCORRETAS?

a) Apenas I.

b) Apenas II.

c) Apenas III.

d) Apenas I e II.

e) Apenas II e III.

COMENTÁRIOS

I. **Incorreta.** Feriria a regra de concordância. O pronome relativo retoma "locais" (substantivo plural) e pode ser substituído por **nos quais**. Caberia também a substituição pelo relativo "onde". Como a preposição "em" foi mantida, a regência permaneceria correta.

II. **Incorreta.** *Consistir* significa "ser composto por; ser formado por determinada coisa; constar de; basear-se". A substituição alteraria o sentido, pois *ter a consistência* indica que é verdadeira, é real.

III. **Correta.** O verbo *valorizar* é transitivo direto (valorizando algo), já a expressão *dando valor* exige a preposição "a": dando valor **a** produtos.

Alternativa correta: letra "d".

130. (Fundatec – Delegado de Polícia – PC – RS/2018 – adaptada) Avalie as seguintes ocorrências da palavra **se** e as afirmações subsequentes:

1. para se decompor (Mesmo materiais que já têm processos consolidados, como o plástico, acabam em lixões e aterros, onde demoram anos para se decompor).
2. que se dissolve na água (O material é novidade no Brasil e na América Latina e consiste em um plástico que se dissolve na água em apenas alguns segundos[36]).

I. Em ambas, ocorre próclise.

II. A inserção do advérbio NÃO imediatamente após **para** e **que** manteria a estrutura dos dois fragmentos.

III. Em ambos os casos, a palavra se funciona como conjunção integrante.

Quais estão corretas?

a) Apenas I.

b) Apenas II.

34. http://publicacoes.fundatec.com.br/portal/concursos/445/Edital_49_gabarito_definitivo_445.pdf?idpub=475546

35. *(Fonte: Amcham Brasil, 26 de maio 2017 – http://economia.estadao.com.br/blogs – Texto adaptado)*

36. *(Fonte: Amcham Brasil, 26 de maio 2017 – http://economia.estadao.com.br/blogs – Texto adaptado)*

c) Apenas I e II.
d) Apenas I e III.
e) I, II e III.

COMENTÁRIOS

I. **Correta.** A próclise indica que o pronome oblíquo está anteposto ao verbo: se decompor, se dissolve.

II. **Correta.** Manteria porque o advérbio atrai o pronome oblíquo e a próclise tornar-se-ia obrigatória.

III. **Errada.** Em ambos os casos, o "se" é pronome reflexivo: decompor **a si mesmos**, dissolve **a si mesmo.**

Alternativa correta: letra "c".

131. (Fundatec – Delegado de Polícia – PC – RS/2018 – adaptada) Considere as seguintes propostas de supressão, inserção e troca de vocábulos nos trechos[37]:

I. Supressão do advérbio **mais** (Nos últimos tempos, tem sido uma das pautas mais discutidas por líderes políticos).

II. Inserção do pronome **eles** imediatamente antes de **serem** (O que existem são resíduos que valem a pena do ponto de vista financeiro, e outros não, justamente por serem complexos).

III. Substituição de **hidrossolúvel** (Soluções como o plástico hidrossolúvel têm sido cada vez mais procuradas como um meio de evitar o problema) por **solúvel em hidrogênio.**

Quais NÃO provocam alteração nos respectivos contextos?

a) Apenas I.
b) Apenas II.
c) Apenas III.
d) Apenas I e II.
e) Apenas II e III.

COMENTÁRIOS

I. Provoca alteração: A pauta não é apenas discutida, ela é uma das mais discutidas. Não pode ser retirada a ideia de intensidade.

II. Não provoca alteração: o pronome "eles" retoma *resíduos* e a sua inserção mantém o sentido pelo fato de a coesão estar correta.

III. Provoca alteração. *Hidrossolúvel:* diz-se dos corpos solúveis na água.

Alternativa correta: letra "b".

132. (Fundatec – Delegado de Polícia – PC – RS/2018 – adaptada) Analise as seguintes afirmações a respeito da frase negritada "Uma das tendências que estão sendo trabalhadas internacionalmente e sobre o que o CEBDS tem promovido debates com o setor privado é a precificação do carbono. A medida defende a cobrança pela emissão do CO2, o que faz com que as empresas tenham um maior controle sobre os seus processos. **Além disso, impulsiona uma economia mais limpa e que consequentemente pode frear o aquecimento global.**[38]"

I. O vocábulo **também** poderia ser inserido imediatamente após **Além disso**, sem provocar alteração de sentido.

II. A expressão **Além disso** acrescenta uma informação àquilo que foi dito anteriormente no parágrafo.

III. **ainda** poderia ser inserido imediatamente após **Além disso**, sem provocar qualquer alteração ao sentido original.

Quais estão corretas?

a) Apenas I.
b) Apenas II.
c) Apenas I e II.
d) Apenas II e III.
e) I, II e III.

COMENTÁRIOS

I. **Correta.** Pode ser inserido por indicar **inclusão.**

II. **Correta.** Ideias adicionais: *A medida defende a cobrança pela emissão do CO2* **e** *impulsiona uma economia mais limpa e que consequentemente pode frear o aquecimento global.*

III. **Correta.** Também indica inclusão, ou seja, adiciona.

Alternativa correta: letra "e".

▸ **TEXTO PARA RESPONDER ÀS QUESTÕES.**

Sustentabilidade no Brasil: questão ambiental ou econômica?

O Brasil é um dos países com maior interesse sustentável no mundo, alcançando o valor de pontos nos dados do Google Trends, que tem o valor máximo de 100. Sempre houve uma grande pressão mundial sobre **o Brasil**. O país com a maior floresta e com a maior reserva de água doce do mundo tem sido cobrado pela preservação disso tudo. Uma tarefa nada fácil para o governo brasileiro, pois a nação precisa crescer e se desenvolver, algo que os grandes países já fizeram sem se preocuparem com o futuro do planeta, agredindo **sem escrúpulos** o meio ambiente.

Logo, a #Sustentabilidade ganha um enorme foco, causando grandes debates a respeito de sua importância, e planejamentos complexos, para que, junto com ela, venha também o desenvolvimento e não o retrocesso.

Segundo dados do Google Trends, o maior interesse a respeito do tema Sustentabilidade se concentra na Região Norte e Nordeste.

37. *(Fonte: Amcham Brasil, 26 de maio 2017 – http://economia.estadao.com.br/blogs – Texto adaptado)*

38. *(Fonte: Amcham Brasil, 26 de maio 2017 – http://economia.estadao.com.br/blogs – Texto adaptado)*

Como pode-se observar, 5 dos 7 estados da Região Norte aparecem entre os mais citados, curiosamente onde se concentra a maior parte das florestas do país, ao mesmo tempo, também um baixo IDH (Índice de Desenvolvimento Humano).

Os estados com maiores interesses no tema são, na prática, os lugares onde mais se precisa aplicar a sustentabilidade. Como é um assunto em foco, é por isso que as regiões mais atrasadas estão tentando mudar a situação atual, com o governo criando leis e começando a punir quem agride o meio ambiente.

Os dados do IBGE comprovam o interesse na situação atual.

Uma pesquisa revelou que 89,3% dos municípios do Nordeste e um total de 85,5% do Norte destinam seus resíduos sólidos para lixões, onde não ocorre nenhum tipo de tratamento ou reaproveitamento. Especificamente no Pará, isso ocorre em 94,4% das cidades.

Na prática, o dinheiro reflete muito na questão da sustentabilidade, em que estados mais pobres não têm condição de arcar com essas mudanças. O interesse é enorme, mas o progresso é lento.

O discurso do clima não é mais ambiental, é econômico.

(Fonte: https://br.blastingnews.com/sociedade-opiniao – Texto adaptado.)

133. (Fundatec – Delegado de Polícia – PC – RS/2018 – adaptada) Quais dos seguintes termos retomam a expressão **o Brasil** (1º §) no trecho "**O país** com a maior floresta e com a maior reserva de água doce **do mundo** tem sido cobrado pela preservação **disso** tudo. Uma tarefa nada fácil para **o governo brasileiro**, pois **a nação** precisa crescer e se desenvolver, algo que os grandes **países** já fizeram sem se preocuparem com o futuro do planeta, agredindo sem escrúpulos o meio ambiente."?

1. O país.
2. do mundo.
3. disso.
4. o governo brasileiro.
5. a nação.
6. países.

a) 1 e 5.

b) 2 e 4.

c) 3 e 6.

d) 1, 3 e 5.

e) 2, 4 e 6.

COMENTÁRIOS

Alternativa "a": 1. ***O país*** (o Brasil) *com a maior floresta e com a maior reserva de água doce do mundo; 5.* ***a nação*** (o Brasil) *precisa crescer e se desenvolver.*

Alternativa "b": 2. O Brasil não é o mundo, mas sim uma parte dele; 4. O governo brasileiro não é o Brasil.

Alternativa "c": 3. Retoma "a maior floresta" e "a maior reserva de água doce"; 6. Os grandes países já fizeram, mas o Brasil não fez – não pode retomar o Brasil.

Alternativa "d": 1. Certo; 3. Errado; 5. Certo.

Alternativa "e": 2. Errado; 4. Errado; 6. Errado.

Alternativa correta: letra "a".

134. (Fundatec – Delegado de Polícia – PC – RS/2018 – adaptada) Em relação ao período do segundo parágrafo – "Logo, a #Sustentabilidade ganha <u>um enorme foco</u>, **causando** <u>grandes debates a respeito de sua importância</u>, e planejamentos <u>complexos</u>, para que, junto com ela, venha também o desenvolvimento e não o retrocesso"[39] –, afirma-se que:

I. Os termos sublinhados exercem a mesma função sintática.

II. A forma verbal 'causando' introduz uma oração reduzida de gerúndio.

III. A última oração do período é classificada como adverbial final.

Quais estão corretas?

a) Apenas I.

b) Apenas II.

c) Apenas I e II.

d) Apenas II e III.

e) I, II e III.

COMENTÁRIOS

✪ **Nota da autora:** Questão de análise sintática e período composto.

I. **Errada.** Objeto direto do verbo "ganhar"; objeto direto do verbo "causar"; adjunto adnominal.

II. **Certa.** É reduzida por não possuir conjunção, ou locução conjuntiva, e haver um verbo no gerúndio – causando. Desenvolvida: "**já que causa** grandes debates a respeito de sua importância, e planejamentos complexos".

III. **Certa.** Indica finalidade por responder à pergunta **"Para quê?"**. Resposta: *para que venha também o desenvolvimento e não o retrocesso.*

Alternativa correta: letra "d".

135. (Fundatec – Delegado de Polícia – PC – RS/2018) Em relação ao vocábulo **Segundo** (3º §), afirma-se que:

I. Trata-se de um elemento sequenciador das ideias apresentadas no texto.

II. É um numeral, dito ordinal.

III. Trata-se de uma conjunção, que pode ser substituída por **Conforme**.

Quais estão corretas?

a) Apenas I.

b) Apenas II.

39. *(Fonte: https://br.blastingnews.com/sociedade-opiniao – Texto adaptado.)*

c) Apenas III.

d) Apenas I e II.

e) Apenas II e III.

COMENTÁRIOS

I. **Errada.** Elementos sequenciadores são palavras que utilizamos numa frase ou parágrafo para que apresentem coesão. Possibilitam a conexão, ligação e harmonia entre os elementos de um texto. Trata-se de elemento sequenciador das ideias apresentadas **no período**, não no texto.

II. **Errada.** Não indica ordem, posição, ou lugar ocupado. Não é numeral, mas sim uma conjunção.

III. **Certa.** Indica conformidade (regra) e equivale também a *como, consoante* e *de acordo*.

Alternativa correta: letra "c".

---

136. (Fundatec – Delegado de Polícia – PC – RS/2018) Em relação ao significado da expressão **sem escrúpulos** (1º §) analise as afirmações a seguir:

I. **Sem escrúpulos** está relacionado à hesitação ou dúvida de consciência; inquietação de consciência; remorso.

II. Falta de caráter e inexistência de senso moral são características inerentes a quem tem escrúpulos.

III. A expressão **sem escrúpulos** está relacionada a cuidado, zelo; meticulosidade.

Quais estão INCORRETAS?

a) Apenas I.

b) Apenas II.

c) Apenas I e II.

d) Apenas II e III.

e) I, II e III.

COMENTÁRIOS

I. **Errada.** A expressão "sem escrúpulos" está relacionada a *sem cuidado, sem zelo, sem remorso, sem hesitação, sem consciência, sem receio, sem suscetibilidade*.

II. **Errada.** São características de quem **não** tem escrúpulos.

III. **Errada.** Está relacionada a **sem cuidado, sem zelo, sem meticulosidade.**

Alternativa correta: letra "e".

---

137. (Nucepe – Delegado de Polícia – PC – PI/2018 – adaptada) No trecho: Os 48 retratos ao lado formam uma galeria **que** o país não gosta de ver., a palavra em destaque, quanto a sua classificação, apresenta as mesmas características morfológicas da palavra/expressão que se destacou em:

a) ... Quando os livros escolares informam **que** a escravidão foi abolida no Brasil em 13 de maio de 1888, ...

b) São vários Antônios, vários Franciscos, vários Josés e uma Vicentina, **que** dão carne e osso a um grande drama brasileiro:...

c) ... fica faltando dizer **que** encerrou a escravidão negra ...

d) ... fica faltando dizer que encerrou a escravidão negra – e **que**, ainda hoje, a escravidão persiste, ...

e) ... só **que** agora é multiétnica.

COMENTÁRIOS

✪ **Nota da autora:** O "que" é pronome relativo – retoma *uma galeria* e equivale a **a qual**. Introduz a oração adjetiva restritiva (sem pontuação).

Alternativa "a": Informam algo = informam *isto* (cabe o pronome catafórico) e está posposto ao verbo: **conjunção integrante.**

Alternativa "b": Pronome relativo: retoma *vários Antônios, vários Franciscos, vários Josés e uma Vicentina* e equivale a **os quais**. Introduz a oração adjetiva explicativa (com pontuação).

Alternativa "c": Dizer *isto*: **conjunção integrante.**

Alternativa "d": Dizer *isto*: **conjunção integrante.**

Alternativa "e": *Só que* é uma expressão da língua oral que possui o mesmo sentido de conjunção **adversativa** (mas, porém etc.).

Alternativa correta: letra "b".

▸ **TEXTO PARA RESPONDER À QUESTÃO.**

A complexa questão da segurança do Brasil

O Brasil vive hoje uma grande crise de segurança pública. Isso não é segredo para ninguém. Na realidade, a sensação de medo é algo que parece presente em vários setores da sociedade em nosso país. Só em Pernambuco, foram mais de cinco mil assassinatos em 2017. São números de guerra. E os relatos de situações de violências vividas estão presentes em todos os espaços. Muitas vezes são o tema principal de programas de televisão, porém muito pouco é tratado sobre como resolver. E esta é a grande questão sobre a qual precisamos nos debruçar.

Uma coisa é certa: a violência é um problema complexo. E problemas complexos possuem soluções complexas. **Qualquer que seja o discurso que tente apresentar uma solução simples para estes problemas é incabível.** Um exemplo é o discurso que a solução para a violência passa pela liberação de armas para os "cidadãos de bem" poderem se defender.

O que a ciência comprova é que liberar armas não resolve absolutamente nada quanto ao problema da segurança pública. **Um estudo recente liberado pela Escola de Saúde Pública de Harvard fez uma síntese de vários destes pontos e comprova a tese.**

Entre algumas das conclusões, uma delas é que armas de fogo são usadas mais frequentemente para assustar e intimidar do que para defesa própria. Outra conclusão alarmante é que armas de fogo em casa são usadas normalmente mais para intimidar pessoas íntimas e familiares que para evitar crimes.

(...)

De toda forma, este é um assunto que está novamente na ordem do dia e não pode deixar de ser tratado.

Porém, estes discursos fáceis de que a solução para a violência está em liberar armas ou colocar o exército nas ruas não resolvem. Nunca resolveu. Por que resolveria agora? Estão aí os números que falam por si. **Mas, de um jeito ou de outro, o debate precisa ser travado.** (...)

Edição: Monyse Ravenna

(https://www.brasildefato.com.br/2018/02/26/a-complexa-questao-da-seguranca-do-brasil/- Aristóteles Cardona Júnior – Acesso em 7.5.2018)

138. (Nucepe – Delegado de Polícia – PC – PI/2018) Assinale a opção na qual a(s) palavra(s)/expressão(ões) NÃO se presta(m) ao papel de articulador(es) de organização textual e tenha(m) como função fazer com que o texto seja compreendido como uma unidade de sentido.

a) Entre algumas das conclusões, **uma delas** é que armas de fogo são usadas mais frequentemente para assustar e intimidar do que para defesa própria.

b) **Outra conclusão** alarmante é que armas de fogo em casa são usadas normalmente mais para intimidar pessoas íntimas ...

c) **Qualquer que seja** o discurso que tente apresentar uma solução simples para estes problemas é incabível.

d) **Mas**, de um jeito ou de outro, o debate precisa ser travado.

e) **Um estudo recente** liberado pela Escola de Saúde Pública de Harvard fez uma síntese de vários destes pontos e comprova a tese.

COMENTÁRIOS

✪ **Nota da autora:** Articuladores são conectores – expressões que num texto ligam palavras, frases e parágrafos. Os conectores são palavras ou expressões utilizadas para especificar as relações entre vários segmentos linguísticos de um texto – servem para associar as ideias e estabelecer ligações entre elas.

Alternativa "a": Retoma **conclusões**: uma das conclusões.

Alternativa "b": Retoma **entre algumas das conclusões.**

Alternativa "c": Refere-se a **discurso**: qualquer discurso.

Alternativa "d": O conector *mas* demonstra ideia oposta ao que foi mencionado na oração anteposta. Trata-se de conjunção adversativa, isso significa que estabelece ligação entre as frases.

Alternativa "e": Possui função de sujeito, ou seja, faz com que o texto possua sentido e não possui papel de articulador.

Alternativa correta: letra "e".

139. (Nucepe – Delegado de Polícia – PC – PI/2018) Em relação às estruturas linguísticas, só NÃO está correto o que se afirma sobre o segmento sublinhado e em negrito, em:

a) ...para não falar de constantes **ameaças** de morte. (Palavra formada pelo processo de derivação regressiva).

b) ...ainda hoje, a escravidão persiste, **só** que agora é multiétnica. (Palavra que denota contextualmente uma restrição).

c) ...elas **chegaram a beber** a mesma água que os porcos ... (Trata-se de uma estrutura com perífrase verbal com tempo composto na voz passiva).

d) ...os livros escolares informam que a escravidão **foi abolida** no Brasil ... (Estrutura com verbo na voz passiva).

e) Comparada aos milhões de africanos trazidos **para o país para trabalhar como escravos**,... (Oração cuja função sintático-semântica é de finalidade).

COMENTÁRIOS

✪ **Nota da autora: Palavras e locuções denotativas** *são palavras que, embora, em alguns aspectos (ser invariável, por exemplo), assemelhem-se a advérbios, não possuem, segundo a Nomenclatura Gramatical Brasileira, classificação especial. Do ponto de vista sintático, são expletivas, isto é, não assumem nenhuma função; do ponto de vista morfológico, são invariáveis (muitas delas vindas de outras classes gramaticais); do ponto de vista semântico, são inegavelmente importantes no contexto em que se encontram.*[40]

Alternativa "a": O substantivo *ameaça* é derivado do verbo **ameaçar**.

Alternativa "b": É uma palavra denotativa que expressa ideia de limitação, restrição.

Alternativa "c": É uma perífrase verbal por ser formada de verbo principal acompanhado de auxiliar e equivaler a *beberam*. Erro: a oração está na voz ativa = elas beberam a água.

Alternativa "d": Voz passiva analítica: verbo *ser* + particípio. Transpondo para a ativa, temos: aboliram a escravidão.

DICA – Se não há agente da passiva, o sujeito na voz ativa será indeterminado (verbo na terceira pessoa do plural).

Alternativa "e": Para que os trouxeram os africanos? **Para trabalhar como escravos** = finalidade.

Alternativa correta: letra "c".

▸ FRAGMENTO DE TEXTO PARA RESPONDER À QUESTÃO.

Vamos partir de uma situação que grande parte de nós já vivenciou. Estamos saindo do cinema, depois de termos visto uma adaptação de um livro do qual gostamos muito. Na verdade, até que gostamos do filme também: o sentido foi mantido, a escolha do elenco foi adequada, e a trilha sonora reforçou a camada afetiva da

40. "Palavras e Locuções Denotativas" em *Só Português*. Virtuous Tecnologia da Informação, 2007-2019. Consultado em 23/02/2019.

narrativa. Por que então sentimos que algo está fora do lugar? Que está faltando alguma coisa? (...)[41]

140. (Vunesp – Delegado de Polícia – PC – BA/2018 – adaptada) O trecho permanecerá redigido conforme a norma-padrão e com o sentido preservado, caso o sinal de dois-pontos seja substituído pela vírgula seguida da seguinte expressão:

a) porquanto
b) ainda que
c) em contrapartida
d) por conseguinte
e) a fim de que

COMENTÁRIOS

✪ **Nota da autora:** Questão de coesão textual e período composto.

Alternativa "a": No contexto, a conjunção indica causa, pois é subordinada, e possui sentido de *já que, visto que, pois*. Poderia ser explicativa se aa oração fosse coordenada, ou seja, se fosse independente sintaticamente.

Alternativa "b": Indica concessão – oposição.

Alternativa "c": Indica concessão – oposição.

Alternativa "d": Indica conclusão – equivale a *logo*.

Alternativa "e": Indica finalidade – caberia a pergunta "para quê?".

Alternativa correta: letra "a".

▸ FRAGMENTO DO TEXTO CB1A2AAA PARA RESPONDER À QUESTÃO.

O termo *nude* é do inglês e vem sendo utilizado na Internet por usuários de redes sociais para designar fotos íntimas que retratam a pessoa sem roupa. O envio e a troca de nudes são facilitados em aplicativos de celular, o que torna essa prática popular entre seus usuários, incluindo-se menores de idade, e facilita o compartilhamento das fotos. (...)

Internet: <https://jornaldosdez.wordpress.com> (com adaptações).

141. (Cespe – Delegado de Polícia – GO/2017 – adaptada) Em cada uma das opções a seguir, é apresentada uma proposta de reescrita para o primeiro período do texto. Assinale a opção que apresenta proposta que mantém o sentido original e a correção gramatical do texto.

a) O termo nude é do inglês e vem sendo utilizado na Internet por usuários de redes sociais para designar fotos íntimas em que se retrata a pessoa sem roupa.
b) O termo nude é do inglês e vem sendo utilizado na Internet por usuários de redes sociais para designar fotos íntimas a qual retrata a pessoa sem roupa.
c) O termo nude vem do inglês e têm sido utilizado na Internet por usuários de redes sociais para designar fotos íntimas onde retratam a pessoa sem roupa.
d) O termo nude é do inglês e vem sendo utilizado na Internet por usuários de redes sociais destinadas a designar fotos íntimas cuja imagem retrata a pessoa sem roupa.
e) O termo nude é proveniente do inglês e foi utilizado na Internet por usuários de redes sociais para designar fotos íntimas que aparece a pessoa sem roupa.

COMENTÁRIOS

✪ **Nota das autoras:** Questão de reescritura de frase, pronome, regência e concordância.

Alternativa correta: letra "a" – Na forma original: fotos íntimas retratam a pessoa sem roupa (voz ativa); na reescritura: a pessoa sem roupa é retratada em fotos íntimas (voz passiva – **em que se retrata**: sintética; é retratada: analítica). A expressão fotos íntimas é sujeito e adjunto adverbial, respectivamente. Não houve alteração de sentido nem incorreção gramatical.

Alternativa "b" – Se pronome relativo retoma "fotos íntimas", deveria estar no plural para concordar com o termo a que se refere: fotos íntimas **as quais retratam**. O verbo também deve ser pluralizado.

Alternativa "c" – O termo **tem** sido utilizado: singular; o relativo retoma o sujeito e não admite a forma "onde" – que só deve retomar lugar e equivale a em que, no(a) qual, nos quais, nas quais.

Alternativa "d" – Concordância: o termo nude é **destinado**. O sentido também foi alterado, pois passa a significar "a imagem das fotos íntimas (sentido de posse) retrata a pessoa sem roupa". No trecho original, tem-se: as fotos íntimas retratam a pessoa.

Alternativa "e" – Regência: fotos íntimas **em que** (ou **nas quais**) aparece a pessoa sem roupa. Lê-se: a pessoa sem roupa aparece **em** fotos íntimas.

142. (Cespe – Delegado de Polícia – GO/2017 – adaptada) A correção gramatical e o sentido original seriam preservados, se, no trecho 'Quando se trata de crianças e adolescentes, há um agravante, pois, no art. 241 do Estatuto da Criança e do Adolescente, é qualificada como crime grave a divulgação de fotos, gravações ou imagens de crianças ou adolescentes',

a) fosse inserida uma vírgula imediatamente após a expressão 'crime grave'.
b) a vírgula imediatamente após a expressão 'crianças e adolescentes' fosse eliminada.
c) o trecho 'Quando se trata (...) pois, no art. 241' fosse reescrito da seguinte forma: **Há um agravante, quando se trata de crianças e adolescentes, pois, no artigo 241.**
d) a vírgula imediatamente após o vocábulo 'pois' fosse eliminada.
e) o trecho 'Quando se trata (...) pois, no art. 241' fosse reescrito da seguinte forma: **Há um agravante quando se trata de crianças e adolescentes. Pois, no art. 241.**

41. *(Ligia G. Diniz. https://brasil.elpais.com. 22.02.2018. Adaptado)*

COMENTÁRIOS

Alternativa correta: letra "c" – Correto: as duas vírgulas iniciais intercalam a oração subordinada adverbial temporal; a terceira vírgula intercala o adjunto adverbial de lugar.

Retirando as intercalações, tem-se: Há um agravante, pois é qualificada como crime grave a divulgação de fotos, gravações ou imagens de crianças ou adolescentes.

Alternativa "a" – Na ordem direta: a divulgação de fotos (...) é qualificada como crime grave. A inserção da vírgula acarretaria erro por separar o sujeito do predicado.

Alternativa "b" – Note que há uma vírgula anteposta a "no artigo". As duas vírgulas intercalam o adjunto adverbial e não podem ser retiradas – muito menos retirar apenas uma.

Alternativa "d" – Como já mencionado, as vírgulas separam a intercalação do adjunto adverbial.

Alternativa "e" – A conjunção "pois" possui sentido causa (equivale a "porque") e a vírgula é necessária para ligar a oração principal à oração subordinada causal, já que há relação de causa e efeito, ou causa e consequência.

Entenda melhor:

1.

Por que há um agravante?	**Porque** a divulgação de imagens (...) é qualificada como crime grave.
Consequência	Causa

A resposta é a causa e a pergunta é a consequência.

2. Conjunções causais: porque, como (sempre introduzido na oração anteposta à oração principal), ***pois***, pois que, já que, uma vez que, visto que.

▸ **TEXTO PARA RESPONDER ÀS QUESTÕES.**

Olhador de anúncio

Eis que se aproxima o inverno, pelo menos nas revistas, cheias de anúncios de cobertores, lãs e malhas. O que é desenvolvimento! Em outros tempos, se o indivíduo sentia frio, passava na loja e adquiria os seus agasalhos. **Hoje são os agasalhos que lhe batem à porta, em belas mensagens coloridas.**

E nunca vêm sós. O cobertor traz consigo uma linda mulher, que se apresta para se recolher debaixo de sua "nova textura antialérgica", e a legenda: "Nosso cobertor aquece os corpos de quem já tem o coração quente". A mulher parece convidar- nos: "Venha também". Ficamos perturbados. Faz calor, um calor daqueles. Mas a página aconchegante instala imediatamente o inverno, e sentimo-nos na aflita necessidade de proteger o irmão corpo sob a maciez desse cobertor, e...

Não. A mulher absolutamente não faz parte do cobertor, que é que o senhor estava pensando? Nem adianta telefonar para a loja ou para a agência de publicidade, pedindo endereço da moça do cobertor antialérgico de textura nova. Modelo fotográfico é categoria profissional respeitável, como outra qualquer. Tome juízo, amigo. E leve só o cobertor.

São decepções de olhador de anúncios. [...].

Mas sempre é bom tomar conhecimento das mensagens publicitárias. É o mundo visto através da arte de vender. "As lojas fazem tudo por amor". Já sabemos, pela estória do cobertor mulher (uma palavra só) que esse tudo é muito relativo. "Em nossas vitrinas a japona é irresistível". Então, precavidos, não passaremos diante das vitrinas. E essa outra mensagem é, mesmo, de alta prudência: "Aprenda a ver com os dois olhos". Precisamos deles para navegar na maré de surrealismo que cobre outro setor da publicidade: "Na liquidação nacional, a casa x tritura preços". Os preços virando pó, num país inteiramente líquido: vejam a força da imagem. Rara espécie animal aparece de repente: "Comprar na loja y é supergalinha-morta".

Prosseguimos, invocados, sonhando "o sonho branco das noites de julho". "Ponha uma onça no seu gravador". "A alegría está no açúcar". "Pneu de ombros arredondados é mais pneu". "Tip-Tip tem sabor de céu". "Use nossa palmilha voadora". "Seus pés estão chorando por falta das meias Rouxinol, que rouxinolizam o andar". "Neste relógio, você escolhe a hora". "Ponha você neste perfume". "Toda a sua família cabe neste refrigerador e ainda sobra lugar para o peru de Natal". "Sirva nossa lingerie como champanha; é mais leve e mais espumante".

O olhador sente o prazer de novas associações de coisas, animais e pessoas; e esse prazer é poético. Quem disse que a poesia anda desvalorizada? A bossa dos anúncios prova o contrário. E ao vender-nos qualquer mercadoria, eles nos dão de presente "algo mais", que é o produto da imaginação e tem serventia, as coisas concretas, que também de pão abstrato se nutre o homem. ANDRADE, Carlos Drummond de. Rio de Janeiro: Record, 2005. p. 151-2.

143. (IBADE – Delegado de Polícia – AC/2017) Em relação ao trecho "Eis que se aproxima o inverno, pelo menos nas revistas, cheias de anúncios de cobertores, lãs e malhas." é correto afirmar que:

a) o período afirma que, inclusive nas revistas, o inverno se aproxima.

b) a palavra O. em única ocorrência, é um pronome oblíquo.

c) poderia ser acrescentada uma vírgula após a palavra EIS,

d) pela nova ortografia, o X da palavra APROXIMA foi substituído por C,

e) a forma verbal APROXIMA concorda com O INVERNO.

COMENTÁRIOS

Alternativa correta: letra "e" – O que se aproxima? O inverno: sujeito. O verbo deve concordar com o sujeito.

Alternativa "a" – O inverno não se aproxima nas revistas. Nas revistas, há anúncios de cobertores, lãs e malhas.

Alternativa "b" – É um artigo definido masculino singular: o inverno, os invernos. Para ser pronome oblíquo, deveria possuir o sentido de "ele", ou de "algo". Exemplo: Vi meu aluno = vi-o. Entreguei o documento: entreguei-o.

Alternativa "c" – Eis equivale a "aqui está, veja, olhe" e não exige pontuação posposta.

Alternativa "d" – Tal substituição não ocorreu – sorte a nossa.

144. (IBADE – Delegado de Polícia – AC/2017) Sobre o segmento, no primeiro parágrafo, "Hoje são os agasalhos que lhe batem à porta, em belas mensagens coloridas." É correto afirmar que:

a) o período é composto por orações subordinadas substantivas.

b) é um período simples com uma oração sintaticamente coordenada assindética.

c) A forma verbal BATEM está na voz passiva sintética.

d) QUE inicia a oração subordinada adjetiva e constitui o sujeito da oração a que pertence.

e) a palavra LHE é um pronome adjetivo e se refere ao leitor dos anúncios.

COMENTÁRIOS

✪ **Nota das autoras:** Questão de período composto, concordância e análise sintática.

Alternativa correta: letra "d" – Hoje são os agasalhos: oração principal (sem conectivo); que lhe batem à porta, em belas mensagens coloridas = **os quais** lhe batem à porta: oração subordinada adjetiva (possui pronome relativo) restritiva (sem pontuação). Se o relativo retoma "agasalhos" (que é o sujeito – os agasalhos batem à porta), óbvio que sua função sintática é de sujeito também.

Entenda melhor:

A pessoa que fez a prova inteira saiu atrasada.

= A pessoa saiu atrasada. Função sintática do pronome relativo: sujeito.

O livro que ele comprou é bom.

= Ele comprou o livro. Função sintática do pronome relativo: objeto direto.

O livro a que ele se referiu é bom.

= Ele se referiu ao livro. Função sintática do pronome relativo: objeto indireto.

Alternativa "a" – Não há oração substantiva, muito menos conjunção integrante.

Alternativa "b" – É um período composto por subordinação, como visto na alternativa "d".

Alternativa "c" – Os agasalhos batem à porta: voz ativa – o sujeito pratica a ação.

Alternativa "e" – O pronome possui valor de posse (batem à sua porta) e exerce a função sintática de adjunto adnominal. Refere-se a "indivíduo": batem à porta do indivíduo.

Releia o trecho: Eis que se aproxima o inverno, pelo menos nas revistas, cheias de anúncios de cobertores, lãs e malhas. O que é desenvolvimento! Em outros tempos, se ***o indivíduo*** sentia frio, passava na loja e adquiria os seus agasalhos. Hoje são os agasalhos que ***lhe*** batem à porta, em belas mensagens coloridas.

DICA – O pronome será adjetivo quando acompanhar o substantivo: Ele irá em **seu** carro.

▸ FRAGMENTO DO TEXTO PARA RESPONDER À QUESTÃO.

(...) É possível dizer que, enquanto a ética é teórica, "filosófica", a moral está associada à prática, ao cotidiano, à maneira como vivemos os princípios éticos. Subjacente aos dois conceitos há uma questão básica: a oposição entre o bem e o mal. Para a psiquiatria, a psicanálise e a maioria das abordagens psicológicas, porém, a visão maniqueísta é insuficiente diante da complexidade humana. Muitas vezes, as supostas maldades – ou o que a priori seriam considerados gestos de bondade – surgem como sintomas de alguma patologia ou emergem de quadros psíquicos alterados. Além disso, se levarmos em conta a existência de uma instância psíquica inconsciente, que constantemente sabota nossas boas intenções (**e quanto menos nos conhecemos mais o faz**), fica ainda mais difícil estabelecer uma separação objetiva entre bons e maus. (...)

Rev. mentecérebro. Abril de 2011, p. 22.

145. (FUNCAB – Delegado de Polícia – PA/2016) No texto, em relação ao segmento "e quanto menos nos conhecemos mais o faz", constitui um equívoco de leitura entender que:

a) a primeira das orações correlacionadas exprime ideia de comparação.

b) o demonstrativo "o" refere-se anaforicamente a "nossas boas intenções".

c) o pronome pessoal "nos" está empregado reflexivamente.

d) o sujeito de "mais o faz" é o relativo "que", elíptico após a conjunção "e".

e) a forma verbal "faz" está empregada em substituição a "sabota".

COMENTÁRIOS

ANULADA – Analisemos todas as opções, pois há apenas uma alternativa certa (C). O comando da questão deveria ser assim: **não** constitui um equívoco de leitura.

Alternativa "a" – Informação errada. A ideia é de proporcionalidade, ou seja, ideias simultâneas: e à medida que nos conhecemos mais o faz .

Alternativa "b" – Informação errada. Refere-se a "sabota nossas boas intenções". Faltou, na alternativa, a inserção do verbo sabotar.

Alternativa "c" – Informação correta. Conhecemos a nós mesmos, conhecemos a nós próprios: reflexividade.

Alternativa "d" – Informação errada. O "que" elíptico seria **conjunção integrante** e não pronome relativo.

Entenda melhor: ocorre paralelismo sintático. Lê-se: se levarmos em conta a existência de uma instância psíquica inconsciente e (se levarmos em conta) **que** quanto menos nos conhecemos mais o faz. O "que" exerce função de conjunção integrante: se levarmos em conta ***isto***. A ideia é: quanto menos nos conhecemos, mais a instância psíquica inconsciente sabota nossas boas intenções.

Alternativa "e" – Informação errada. O pronome demonstrativo "o" é que retoma "sabota nossas boas intenções".

146. (Vunesp – Delegado de Polícia – CE/2015) O termo empregado com sentido figurado está em destaque na seguinte passagem:

a) Mas o fato de ela ter me entendido mal, o que acontece com **frequência** quando se discute o tema da velhice...
b) O **motivo** da sua pergunta era eu ter dito, em uma de minhas colunas, que hoje em dia não existiam mais vovôs e vovós.
c) Walter Benjamim, **filósofo** alemão do século XX, dizia que na modernidade o narrador da vida desapareceu.
d) A própria estrutura sobre a qual se funda a experiência moderna – ciência, técnica, superação de tradição – agrava a **invisibilidade** dos mais velhos.
e) Minha **leitora** entendeu que eu dizia que idosos devem se afundar na doença, na solidão e no abandono.

COMENTÁRIOS

Alternativa correta: letra "d"

✪ **Nota das autoras:** questão se semântica (denotação e conotação).

– Impossível indicar sentido denotativo (real), pois indicaria que os mais velhos não são vistos, que são invisíveis.

Alternativa "a" – Caráter daquilo que acontece muitas vezes.

Alternativa "b" – Que é causa ou origem de alguma coisa.

Alternativa "c" – Pessoa que se ocupa da filosofia, por considerá-la princípio do conhecimento, seja como teoria do saber, seja como norma de vida, a fim de determinar a hierarquia dos valores.

Alternativa "e" – Diz-se daquela que lê.

▸ TEXTO PARA A QUESTÃO.

Brasil vive tragédia na segurança pública, diz especialista.

O Brasil vive uma tragédia na área da segurança pública, afirmou hoje o especialista Ricardo Balestreri, durante seminário na Feira Internacional de Segurança Pública e Corporativa (Laad Security 2014), que reúne até quinta-feira no Riocentro, zona oeste da capital fluminense, empresas fabricantes e fornecedores nacionais e internacionais de tecnologia, equipamentos e serviços. Segundo ele, **a falta de recursos, de políticas públicas para o setor e de investimento nas carreiras policiais contribuem para que anualmente o país perca em torno de 53 mil vidas desnecessariamente.**

"Estamos matando por ano, no país, quase uma cidade de médio porte. São quase 100 mil pessoas entre homicídios e mortes no trânsito. São 53 mil homicídios por ano", comentou ele. "É uma desgraça constante e crônica na área da segurança. Não é qualquer tipo de morte, estamos eliminando anualmente toda uma geração de jovens: em geral, negros, pobres, na faixa dos 14 aos 24 anos", ressaltou.

Comprar mais armas, viaturas, rádios e coletes apenas, sem tecnologia de ponta, como sistemas de comando e controle, vídeo e monitoramento, aparelhamento e treinamento dos policiais, é fazer mais do mesmo, segundo ele. **"Não teremos a menor chance de reduzir o número de mortes, nem dos demais crimes que assolam hoje a sociedade brasileira, se não tivermos mais seriedade na gestão pública.** Comprar apenas apetrechos é manter a política do espetáculo, que é a do tiroteio, do chute na porta, da quantidade de prisões e, ao final, o resultado é pífio", comentou. (...)

Outro problema também relatado no seminário foi a ineficiência dos inquéritos policiais. "Menos de 8% em média dos crimes são apurados e menos de 2% são punições de homicídios. Cerca de 98% das mortes dolosas no Brasil não são punidas. A impunidade é quase absoluta", **lamentou ao se referir às polícias brasileiras como "meias polícias", que fazem trabalhos incompletos e se atrapalham entre si.** "Não defendo a unificação das polícias, mas do ciclo de trabalhos das polícias", declarou.

O palestrante disse que a Polícia Civil transformou-se em mero cartório de registros e de procedimentos, já que os delegados hoje são juízes de instrução sem poder, segundo ele. "As polícias precisam ser divorciadas, fazendo trabalhos especializados e completos, cada um na sua área e cada um com seu cartório próprio", argumentou. **Para ele, a Polícia Civil, que é numericamente menor, deveria se especializar nos crimes mais sofisticados, como crimes contra a pessoa, colaborar com a Polícia Federal contra lavagem de dinheiro e crime organizado, entre outros.** Já a Polícia Militar ficaria responsável pelos crimes ordinários, fazendo inclusive o trabalho cartorial e investigativo que hoje é feito pela Polícia Civil. (...)

VILELLA, Flávia. Disponível em: http://agenciabrasil.ebc.com.br/direitos-humanos/noticia/2014-04/brasil-vive-tragedia-na-seguranca-publica-diz-especialista. Publicado em 08/04/2014. Acesso em 20/05/2014. Adaptado.

147. (ACAFE – Delegado de Polícia – SC/2014) Com relação aos segmentos extraídos do texto 2, é correto o que se afirma em:

a) O período "Não teremos a menor chance de reduzir o número de mortes, nem dos demais crimes que assolam hoje a sociedade brasileira, se não tivermos mais seriedade na gestão pública" é composto por três orações, uma das quais exerce a função de advérbio de causa.

b) Na frase "Para ele, a Polícia Civil, que é numericamente menor, deveria se especializar nos crimes mais sofisticados, como crimes contra a pessoa, colaborar com a Polícia Federal contra lavagem de dinheiro e crime organizado, entre outros", o pronome relativo "que" retoma Polícia Civil e exerce a função de sujeito do verbo "é".

c) No trecho "(...) a falta de recursos, de políticas públicas para o setor e de investimento nas carreiras policiais contribuem para que anualmente o país perca em torno de 53 mil vidas desnecessariamente", o verbo "perca" deveria estar flexionado na terceira pessoa do plural do presente do subjuntivo para que houvesse concordância com o sujeito "53 mil vidas".

d) Em "(...) lamentou ao se referir às polícias brasileiras como 'meias polícias', que fazem trabalhos incompletos e se atrapalham entre si", o termo "entre si" é redundante.

e) Na frase "O palestrante disse que a Polícia Civil transformou-se em mero cartório de registros e de procedimentos, já que os delegados hoje são juízes de instrução sem poder', a locução conjuntiva "já que" pode ser substituída pela expressão "dos quais" sem que ocorra modificação no sentido.

COMENTÁRIOS

Questão anulada – Vamos analisar as alternativas.

Alternativa "a" – 3 orações: 1. Não teremos a menor chance de reduzir o número de mortes, nem dos demais crimes = principal; 2. que assolam hoje a sociedade brasileira = adjetiva restritiva; 3. se não tivermos mais seriedade na gestão pública = adverbial condicional. Erro: Não há causa.

Alternativa "b" – "Que" é pronome relativo por equivaler a "a qual". Erro: o sujeito do verbo "é" é o pronome relativo; o sujeito de "deveria de especializar" é a "Polícia Civil".

Alternativa "c" – O verbo está concordando com o sujeito "o país". *53 mil vidas* possui função de objeto direto do verbo *perder*.

Alternativa "d" – Não há redundância (repetição de ideias). Exemplos clássicos de redundância: "antecipar para antes"; "criar novos empregos"; "conclusão final"; "conviver junto"; "elo de ligação"; "encarar de frente"; "ganhar grátis".

Alternativa "e" – a locução conjuntiva "já que" indica causa e não pode ser substituída por pronome relativo.

Não há resposta, pois não existe alternativa correta.

▸ **TEXTO PARA AS QUESTÕES.**

O mundo daqui a cinco anos

Telemedicina, nanotecnologia, tecnologias 3D e tradução simultânea por reconhecimento de voz. Todos estes recursos, em maior ou menor escala, já foram absorvidos pela sociedade. **Suas primeiras aparições foram na lista "Five to five" da IBM**, que prevê cinco fenômenos que podem mudar nosso cotidiano a cada cinco anos. Ontem a multinacional divulgou o que acontecerá até 2018. **E sua aposta é que**, com o desenvolvimento tecnológico, tudo – do ensino acadêmico à hora de ir para o trabalho – pode ser personalizado.

A transformação mais radical pode ser na medicina, área em que algumas empresas pretendem fornecer aos médicos o mapeamento genético de cada paciente. A tecnologia fará do teste do DNA, hoje ainda raro, o principal meio para a decisão da terapia adequada. **Com isso, será possível optar por tratamentos personalizados** para males como doenças cardiovasculares.

Na escola, o professor terá reforço para lidar com o método como cada aluno consegue aprender. "A computação cognitiva ajudará a calcular como cada aluno aprende e cria um sistema flexível, que se adapta continuamente ao estudante", revela a IBM.

Com base no tempo e no engarrafamento, **o smartphone poderá recomendar a seu usuário** que saia de casa alguns minutos mais cedo – e, também, que caminho deve seguir.

O deslocamento fica mais fácil, mas o comércio da vizinhança também atrairá as pessoas. A lojinha da esquina, agora conectada a seu telefone, divulgará as promoções e conhecerá suas preferências: "Será a fusão do que há de melhor na loja física – tocar e vestir um produto – com a riqueza de informações – as ofertas instantâneas e o gosto do consumidor".

Na web, **aliás**, a invasão de contas de emails e a ação de hackers esbarrarão na "polícia pessoal online". Portais como o Google já avisam o usuário quando suas mensagens são lidas fora de locais onde o dono da conta costuma acessar a internet – um outro país, por exemplo. Todos os passos são monitorados. Segundo a IBM, com a "permissão" do usuário. **Mas, depois da revelação da vigilância mundial da NSA, este avanço tecnológico pode deixar muita gente ressabiada.**

(O Globo – Caderno Ciência – 19/12/2013, p. 45.)

148. (FUNCAB – Delegado de Polícia – RO/2014) "Mas, depois da revelação da vigilância mundial da NSA, este avanço tecnológico pode deixar muita gente ressabiada." (último parágrafo)

A afirmação do período acima, em relação ao que se informa antes no parágrafo, tem de ser lida como uma:

a) comparação.

b) analogia.

c) explicação.

d) restrição.

e) conclusão.

COMENTÁRIOS

Alternativa correta: letra "d" – *Todos os passos são monitorados com a permissão do usuário versus depois da revelação da vigilância mundial da NSA, este avanço tecnológico pode deixar muita gente ressabiada.*

Ocorre restrição, óbvio, pois impõe limites. No dicionário (dicio.com.br): *circunstância ou estado restritivo; que impõe limite(s); que se apresenta de modo condicionante.*

Alternativa "a" – Não compara.

Alternativa "b" – Não possui semelhança, pelo contrário.

Alternativa "c" – Não explica.

Alternativa "e" – Não há conclusão.

---

149. (FUNCAB – Delegado de Polícia – RO/2014) Nos itens abaixo foram postos em destaque pronomes em função anafórica e informados os termos a que se referem.

I. "SUAS primeiras aparições foram na lista 'Five to five' da IBM..."/recursos.

II. "E SUA aposta é que..." / a multinacional IBM.

III. "Com ISSO, será possível optar por tratamentos personalizados..."/a transformação mais radical.

IV. "...o smartphone poderá recomendar a SEU usuário..."/smartphone.

V. "...ESTE avanço tecnológico pode deixar muita gente ressabiada." / a "permissão" do usuário.

As informações estão de acordo com o texto apenas nos itens:

a) I, II, III e IV.

b) III e V.

c) I, II e V.

d) II e V.

e) III e IV.

COMENTÁRIOS

Alternativa correta: letra "c"

I. Certo: As primeiras aparições de **todos os recursos**.

II. Certo: a aposta da **multinacional**.

III. Errado: A tecnologia fará do teste do DNA, hoje ainda raro, o principal meio para a decisão da terapia adequada. Com **isso = a ideia mencionada no período anterior.**

IV. Errado: o pronome refere-se a **usuário** e não retoma termo.

V. Certo: Todos os passos são monitorados. Segundo a IBM, **com a "permissão" do usuário**. Mas, depois da revelação da vigilância mundial da NSA, **este avanço** tecnológico pode deixar muita gente ressabiada.

Observações: a questão não foi anulada. Não concordo com o item IV = usuário do smartphone; o pronome que acompanha "avanço", no item V, deveria ser **esse**, pois retoma ideia.

---

150. (FUNCAB – Delegado de Polícia – RO/2014) "Na web, ALIÁS, a invasão de contas de emails e a ação de hackers esbarrarão na 'polícia pessoal online'." (último parágrafo)

A leitura adequada ao termo em destaque no trecho acima é:

a) verdade seja dita.

b) nada obstante.

c) além disso.

d) ou melhor.

e) do contrário.

COMENTÁRIOS

Alternativa correta: letra "c" – Aliás = além disso: introduz uma retificação, equivalendo a isto é, ou melhor, ou por outra, ou antes.

Alternativa "a" – Altera a ideia.

Alternativa "b" – Não obstante indica concessão, assim como nada obstante. Não cabe entre os períodos.

Alternativa "d" – Explica

Alternativa "e" – Não há oposição.

---

151. (FUNCAB – Delegado de Polícia – RO/2014)

1. "...podem mudar nosso cotidiano A cada cinco anos."

2. "...do ensino acadêmico A hora de ir para o trabalho..."

3. "Será a fusão do que HÁ de melhor na loja física..."

Comparando-se as três construções acima, constata-se que as formas em destaque têm a mesma pronúncia, mas grafias distintas, isso porque são gramaticalmente diferentes. Das sentenças abaixo, aquela cuja lacuna deve ser preenchida com a forma usada na terceira das construções acima é:

a) O mundo ainda está ______ enorme distância de uma tecnologia voltada para a paz.

b) A adaptação ______ tecnologia avançada vem marcando o mundo.

c) Apesar das previsões da IBM, ______ muitos anos não aparece nenhum avanço tecnológico.

d) Para ter acesso ______ tecnologia da polícia pessoal online, o usuário precisa ser autorizado.

e) O usuário recorrerá ______ loja de sua preferência.

COMENTÁRIOS

Alternativa correta: letra "c"

✪ **Nota das autoras:** questão de concordância, preposição e crase.

– **Há** muitos anos = tempo decorrido.

Alternativa "a" – **a** enorme distância.

Alternativa "b" – adaptação **à** tecnologia avançada = adaptação **ao** setor avançado. Substituindo a palavra feminina por uma masculina e resultando em **ao** = crase.

Alternativa "d" – para ter acesso **à** tecnologia = acesso **ao** setor.

Alternativa "e" – recorrerá **à** loja = recorrerá **ao** local.

▸ TEXTO PARA AS QUESTÕES.

Ordem ou Barbárie

O fenômeno da violência é tão antigo quanto o ser humano. Desde sua criação (ou surgimento, dependendo do ponto de vista), o homem sempre esteve dividido entre razão e instinto, paz e guerra, bem e mal.

Há quem tente explicar a violência, a opção pela criminalidade, como consequência da pobreza, da falta de oportunidades: o homem fruto de seu meio. Sem poder fazer as próprias escolhas, destituído de livre-arbítrio, o indivíduo seria condenado por sua origem humilde à condição de bandido. Mas acaso a virtude é monopólio de ricos e remediados? Creio que não.

Na propaganda institucional, a pobreza no Brasil diminuiu, o poder de compra está em alta, o desemprego praticamente desapareceu... Mas, **se a violência tem relação direta com a pobreza, como explicar que a criminalidade tenha crescido em igual ou maior proporção que a renda do brasileiro**? Criminalidade e pobreza não andam necessariamente de mãos dadas.

Na semana passada, a violência (ou a falta de segurança) voltou ao centro dos debates. O flagrante de um jovem criminoso nu, preso a um poste por um grupo de justiceiros deu início a um turbilhão de comentários polêmicos. Em meu espaço de opinião no jornal "SBT Brasil", afirmei compreender (e não aceitar, que fique bem claro!) a atitude desesperada dos justiceiros do Rio.

(...)

Não é de hoje que o cidadão se sente desassistido pelo Estado e vulnerável à ação de bandidos. (...) Estamos entre os 20 países mais violentos do planeta. E, apesar das estatísticas, em matéria de ações de segurança pública, estamos praticamente inertes e, pior: na contramão do bom senso!

(...)

No Brasil de valores esquizofrênicos, pode-se matar um cidadão e sair impune. Mas a lei não perdoa quem destrói um ninho de papagaio. É cadeia na certa!

(...)

Quando falta sensatez ao Estado é que ganham força outros paradoxos. Como jovens acuados pela violência que tomam para si o papel da polícia e o dever da Justiça. Um péssimo sinal de descontrole social. É na ausência de ordem que a barbárie se torna lei.

(Rachel Sheherazade – jornal Folha de São Paulo, 11 de fevereiro de 2014)

152. (NUCEPE – Delegado de Polícia – PI/2014) A opção em que o segmento destacado na palavra, do ponto de vista de sua forma, é o mesmo que se verifica em: na contra**mão** do bom senso!, é

a) o des**emprego** praticamente desapareceu...

b) como explicar que a criminal**idade** tenha crescido.

c) Mas acaso a virtude é monopólio de ricos e remedi**ados**?

d) como explicar que a criminalidade tenha crescido em igual ou maior proporção que a renda do brasi**leiro**?

e) vulner**ável** à ação de bandidos.

COMENTÁRIOS

Alternativa correta: letra "a"

✪ **Nota das autoras:** processo de formação das palavras é assunto raro de ser exigido em provas de delegado.

Os vocábulos "contramão" e "desemprego" são formados através de derivação prefixal.

Alternativa "b" – Sufixo, pois vem de *crime*.

Alternativa "c" – Sufixo. Origina-se de *remediar*.

Alternativa "d" – Sufixo, pois vem de *Brasil*.

Alternativa "e" – Não possui prefixo nem sufixo, é formada pelo radical.

153. (NUCEPE – Delegado de Polícia – PI/2014) A palavra destacada em: deu início a um turbilhão de comentários polêmicos., presta-se a estabelecer algum atributo, qualificação àquela que a antecede. Uma relação diferente dessa é verificada na palavra em destaque, em

a) seria condenado por sua origem **humilde** à condição de bandido.

b) Na propaganda **institucional**, a pobreza no Brasil diminuiu.

c) a atitude **desesperada** dos justiceiros do Rio.

d) Um péssimo **sinal** de descontrole social.

e) Um péssimo sinal de descontrole **social**.

COMENTÁRIOS

Alternativa correta: letra "d"

✪ **Nota das autoras:** Questão de classes gramaticais e semântica.

Polêmicos qualifica *comentários*, portanto é adjetivo. Em *um péssimo **sinal***, a palavra em destaque é substantivo (nomeia). O termo que qualifica é *péssimo*.

Alternativa "a" – qualifica *origem*.

Alternativa "b" – qualifica *propaganda*.

Alternativa "c" – qualifica *atitude*.

Alternativa "e" – qualifica *descontrole*.

154. (NUCEPE – Delegado de Polícia – PI/2014) A opção em que a palavra destacada encontra-se em sentido figurado ou conotativo é

a) se a violência tem relação direta com a pobreza, como explicar que a **criminalidade** tenha crescido em igual ou maior proporção que a renda do brasileiro?

b) o indivíduo seria condenado por sua origem humilde à condição de **bandido**.

c) afirmei compreender (e não aceitar, que fique bem claro!) a **atitude** desesperada dos justiceiros do Rio.

d) deu início a um **turbilhão** de comentários polêmicos.

e) Criminalidade e **pobreza** não andam necessariamente de mãos dadas.

COMENTÁRIOS

Alternativa correta: letra "d" – Um turbilhão de comentários nada mais é do que vários comentários. No sentido denotativo: Vento impetuoso que sopra redemoinhando.

Alternativa "a" – Natureza ou estado do que é criminal.

Alternativa "b" – Indivíduo que vive de assaltos a mão armada; salteador, malfeitor.

Alternativa "c" – Maneira de se comportar, agir ou reagir, motivada por uma disposição interna ou por uma circunstância determinada; comportamento.

Alternativa "e" – Estado da pessoa pobre, de quem tem carência do necessário à sobrevivência.

155. (NUCEPE – Delegado de Polícia – PI/2014) Considerando os aspectos gramaticais, julgue as opções abaixo e assinale aquela que contém uma afirmação CORRETA.

a) Em: Há quem tente explicar a violência, a opção pela criminalidade, como consequência da pobreza, da falta de oportunidades: verifica-se uma incorreção relacionada à concordância gramatical em ***falta de oportunidades***.

b) Em: **se** a violência tem relação direta com a pobreza, a palavra destacada poderia, sem alteração de sentido, ser substituída pela expressão ***já que***.

c) Em: o homem sempre esteve dividido entre razão e instinto, paz e guerra, bem e mal, constatamos um uso incorreto da vírgula logo após a palavra instinto.

d) Em: Não é de hoje que o cidadão se sente desassistido pelo Estado e vulnerável à ação de bandidos., o uso do acento grave, indicador de crase, em ***à ação*** é facultativo.

e) No trecho: como explicar que a criminalidade tenha crescido ***em igual ou maior*** proporção que a renda do brasileiro?, o segmento destacado confere ao contexto uma relação de causalidade.

COMENTÁRIOS

Alternativa correta: letra "b" – Voltando ao texto: se a violência tem relação direta com a pobreza, como explicar que a criminalidade tenha crescido em igual ou maior proporção que a renda do brasileiro?

Invertendo a ordem e fazendo pergunta à oração principal: **Por que** explicar que a criminalidade tenha crescido em igual ou maior proporção que a renda do brasileiro?

Resposta: **Porque** a violência tem relação direta com a pobreza. **Já que** indica causa e o sentido não é alterado.

Sentido igual: **já que** a violência tem relação direta com a pobreza, como explicar que a criminalidade tenha crescido em igual ou maior proporção que a renda do brasileiro?

Observação: trata-se de sentido (semântica) e não de conjunção, cuidado. Aconselho que substitua os vocábulos para entender melhor.

Alternativa "a" – Não ocorre erro de concordância. Exemplos: falta de estudos, falta de boas maneiras, falta de conversas.

Alternativa "c" – Está correto pelo fato de as vírgulas separarem pares de vocábulos antitéticos (contrários): razão e instinto, paz e guerra, bem e mal.

Alternativa "d" – Acento de crase é obrigatório. À substituição: vulnerável **ao** fato (substantivo masculino). Resultou em **ao**, a crase é obrigatória.

Alternativa "e" – Indica comparação.

▸ **TRECHO PARA A QUESTÃO.**

Aquela crença de que o brasileiro é pacífico é falsa. O brasileiro protesta, sim. A situação chegou a um limite extremo, os serviços prestados são tão ruins que há um inconformismo generalizado. Mas a sociedade não é vítima quando a situação política chega a esse ponto, ela é culpada. Reclama do governo e se esquece de que quem colocou os políticos lá foi ela própria.

156. (NUCEPE – Delegado de Polícia – PI/2014) Em *Reclama do governo e se esquece de que quem colocou os políticos lá foi **ela própria***, o segmento em destaque retoma, textualmente, o destaque, em

a) Aquela **crença** de que o brasileiro é pacífico é falsa.

b) A **situação** chegou a um limite extremo.

c) Mas a sociedade não é **vítima**.

d) quando a **situação política** chega a esse ponto.

e) Mas a **sociedade** não é vítima.

COMENTÁRIOS

Alternativa correta: letra "e" – Voltando aos períodos citados e inserindo os sujeitos: Mas a sociedade não é vítima quando a situação política chega a esse ponto, ela (a sociedade) é culpada. (A sociedade) Reclama do governo e se esquece de que quem colocou os políticos lá foi ela própria (a sociedade). Facilitou, não é? Retoma a "sociedade".

Embora sejam descabidas as alternativas, vamos a alguns comentários:

Alternativa "a" – Sujeito de "é" falsa.

Alternativa "b" – Não retoma termos; é o sujeito de "chegou".

Alternativa "c" – Refere-se à sociedade.

Alternativa "d" – Não retoma termo; sujeito de "chega".

▸ **TRECHO PARA A QUESTÃO.**

(...) Esse contexto, para ele, tem sido perpetuado através dos tempos, apesar da existência da Lei n° 7.716, de 5 de janeiro de 1989, que define como crime passível de reclusão os preconceitos de raça ou de cor. "A não aceitação de negros em alguns espaços é evidente", reforça. A subjetividade do racismo também se expressa no baixo volume de denúncias nas delegacias. No Paraná, de acordo com dados do Boletim de Ocorrência Unificado da Polícia Civil, de 2007 a 2012 foram registrados 520 crimes de preconceito, o que resulta em uma média de apenas 86 registros por ano.

Por todas essas evidências, Munhoz defende a transformação da questão racial em políticas públicas, a exemplo das cotas para negros nas universidades. "Quando se reconhece a necessidade de políticas públicas, se reconhece também que há racismo", diz. Ele acrescenta, ainda, que os desafios dessas políticas passam pela melhoria no atendimento em saúde à população negra e no combate à intolerância religiosa. "Não reconhecer as religiões de matriz africana é outro indicador de racismo".

(Adaptado de: AVANSINI, C. Preconceito velado, mas devastador. Folha de Londrina. 3 fev. 2013, p.9.)

---

157. (UEL – Delegado de Polícia – PR/2013) Sobre os termos "evidente" e "evidências", usados nos trechos, e seus significados relacionados ao contexto, assinale a alternativa correta.

a) A ideia de "evidência" é muito próxima do sentido presente na expressão "subjetividade do racismo".

b) A noção de "evidência" é corroborada pelo número de denúncias registradas na Polícia Civil entre 2007 e 2012.

c) O sentido de "evidência" é reiterado pela eficácia da lei, que, desde 1989, pune crimes de preconceito racial.

d) A referência aos preconceitos raciais como "evidentes" está apoiada na ideia da perpetuação do contexto de discriminação racial.

e) A evidência do racismo está representada pela natureza inequívoca e subjetiva das manifestações de preconceito que caracterizam os crimes.

COMENTÁRIOS

Alternativa correta: letra "d" – Inferência textual conforme a declaração do texto "A não aceitação de negros em alguns espaços é evidente", reforça. Por todas essas evidências, Munhoz defende a transformação da questão racial em políticas públicas, a exemplo das cotas para negros nas universidades.

A inferência está presente nas duas frases, sendo que "evidências" retoma "A não aceitação de negros...". Sendo assim, não houve alteração de sentido.

Alternativa "a" – *Evidências* retoma toda a ideia do parágrafo anterior.

Alternativa "b" – *Evidências* retoma toda a ideia do parágrafo anterior.

Alternativa "c" – *Evidências* retoma toda a ideia do parágrafo anterior.

Alternativa "e" – A evidência do racismo está representada por: "A não aceitação de negros em alguns espaços é evidente" e "No Paraná, de acordo com dados do Boletim de Ocorrência Unificado da Polícia Civil, de 2007 a 2012 foram registrados 520 crimes de preconceito."

---

158. (UEL – Delegado de Polícia – PR/2013) Assinale a alternativa em que esta frase é corretamente reescrita, sem alteração do sentido original: Ele enfatiza que os negros, vitimizados pela discriminação em função da cor da pele, são minoria nas universidades, na política, em cargos de gerência e outras esferas relacionadas ao poder.

a) Ele enfatiza que os negros que são vítimas da discriminação racial nas universidades, na política, em cargos de gerência e outras esferas relacionadas ao poder, são minoria.

b) Ele enfatiza que a minoria dos negros é vítima de discriminação em função da cor da pele nas universidades, na política, em cargos de gerência e outras esferas relacionadas ao poder.

c) Os negros são enfatizados por ele como vítimas de discriminação decorrente da cor da pele e como minoria nas universidades, na política, em cargos de gerência e outras esferas relacionadas ao poder.

d) A ênfase sobre os negros como vítimas da discriminação causada pela cor da pele é minoritária nas universidades, na política, em cargos de gerência e outras esferas relacionadas ao poder.

e) Nas universidades, na política, em cargos de gerência e outras esferas relacionadas ao poder, os negros são minoritariamente enfatizados por ele, como vítimas da discriminação em função da cor da pele.

COMENTÁRIOS

Alternativa correta: letra "c" – Perceba que apenas a ordem das informações foi alterada e a oração foi transposta da voz ativa (Ele enfatiza que os negros...) para a passiva analítica (os negros são enfatizados por ele...).

Alternativa "a" – O final "são maioria" está incoerente.

Alternativa "b" – Os negros são minoria nas universidades e não "a minoria dos negros é vítima de discriminação".

Alternativa "d" – Alterou todo o sentido o início "A ênfase sobre os negros...".

Alternativa "e" – "Os negros são minoritariamente enfatizados por ele"? Sentido incoerente ao comparar com o período citado do enunciado.

▸ TRECHO PARA A QUESTÃO.

A repercussão sobre o tratamento ofensivo dispensado a um menino negro de 7 anos que acompanhava os pais adotivos em uma concessionária de carros importados no Rio de Janeiro, há algumas semanas, jogou luz sobre uma discussão que permeia a história do Brasil: afinal, somos um país racista?

Apesar de não haver preconceito assumido, o relato dos negros brasileiros que denunciam olhares tortos, desconfiança, apelidos maldosos e tratamento "diferenciado" em lojas, consultórios, bancos ou supermercados não deixa dúvidas de que são discriminados em função do tom da pele. Estatísticas como as divulgadas pelo Mapa da Violência 2012, que detectou 75% de negros entre os jovens vitimados por homicídios no Brasil em 2010, totalizando 34.983 mortes, chamam a atenção em um país que aparentemente não enfrenta conflitos raciais.(...)

(Adaptado de: AVANSINI, C. Preconceito velado, mas devastador. Folha de Londrina. 3 fev. 2013, p.9.)

159. (UEL – Delegado de Polícia – PR/2013) Sobre a locução prepositiva "Apesar de", no 2º parágrafo, assinale a alternativa correta.

a) A locução tem a finalidade de introduzir um obstáculo hipotético que impede parcialmente a concretização dos acontecimentos descritos no restante da frase.

b) A locução tem o propósito de enunciar uma situação que reduzirá o impacto do conteúdo dos relatos e das denúncias dos negros brasileiros, exposto no restante da frase.

c) A posição da locução logo no início da frase é estratégica para estabelecer o contraste entre as ideias expressas no primeiro parágrafo e o conteúdo exposto na frase inicial do segundo.

d) A situação introduzida pela locução tem sua relevância diminuída diante da apresentação das demais ideias expressas – as denúncias.

e) Há uma relação de equilíbrio, no que se refere à relevância, entre as ideias introduzidas pela locução – a inexistência de preconceito assumido – e o restante da frase: as denúncias e os relatos dos negros.

COMENTÁRIOS

Alternativa correta: letra "d"

✪ **Nota das autoras:** Embora pareça se tratar de questão de período composto, refere-se à coesão textual, já que se refere às ideias, à ligação das orações.

Apesar de indica concessão (ideias opostas) e sua relevância diminui à medida que vão sendo citadas as denúncias: Apesar de não haver preconceito assumido, **o relato dos negros brasileiros que denunciam olhares tortos, desconfiança, apelidos maldosos e tratamento "diferenciado" em lojas, consultórios, bancos ou supermercados não deixa dúvidas de que são discriminados em função do tom da pele**.

Alternativa "a" – Não se trata de obstáculo hipotético que impeça a concretização de algo.

Alternativa "b" – A locução apenas indica ideias opostas.

Alternativa "c" – O contraste ocorre com a segunda oração do segundo parágrafo e não com o parágrafo anterior.

Alternativa "e" – Não há equilíbrio, pois a segunda informação é nitidamente mais importante que a primeira.

▸ TRECHO PARA O ITEM.

(...) A segunda concepção está centrada na ideia de que a segurança é um serviço público a ser prestado pelo Estado e cujo destinatário é o cidadão. Não há, nesse caso, mais inimigo a combater, mas cidadão para servir. **A polícia democrática** não discrimina, não faz distinções arbitrárias: trata os barracos nas favelas como domicílios invioláveis, respeita os direitos individuais, independentemente de classe, etnia e orientação sexual, não só se atendo aos limites inerentes ao **estado democrático de direito**, mas entendendo **que seu principal papel é promovê-lo**. A concepção democrática estimula a participação popular na gestão da segurança pública, valoriza arranjos participativos e incrementa a transparência das instituições policiais. (...)

Cláudio Pereira de Souza Neto. A segurança pública na Constituição Federal de 1988: conceituação constitucionalmente adequada, competências federativas e órgãos de execução das políticas. Internet: <www.oab.org.br>(com adaptações).

160. (Cespe – Delegado de Polícia – BA/2013) No trecho "que seu principal papel é promovê-lo", o pronome "seu" refere-se a "polícia democrática" e a forma pronominal "lo" refere-se a "estado democrático de direito".

COMENTÁRIOS

Certo

✪ **Nota das autoras:** Questão de coesão textual (pronome possessivo e pessoal).

Em itens assim, basta fazer a substituição dos termos: o papel principal da **polícia democrática** é promover o **estado democrático de direito.**

▸ TEXTO PARA A QUESTÃO.

Não há direito de punir. Há apenas poder de punir. O homem é punido pelo seu crime porque o Estado é mais forte que ele. A guerra, grande crime, não é punida porque se acima dum homem há os homens, acima dos homens nada mais há.

E não há o direito de punir, pois a própria representação do crime na mente humana é o que há de mais instável e relativo: como julgar que posso punir baseada apenas em que o meu critério de julgamento para tonalizar tal ato como criminoso ou não é superior a todos os outros critérios? Como crer que se tem verdadeiramente o direito de punir se se sabe que a não observância do fato X, hoje fato criminoso, considerava-se igualmente crime? "Nenhum de nós pode se lisonjear de não ser um criminoso relativamente a um estado social dado, passado, futuro ou possível", disse Tarde.

O que é certo, na questão da punição, é que determinadas instituições, em dada época, sentindo – se ameaçadas em sua solidez com a perpetração de determinados atos, com mão de ferro taxa-os como puníveis, muitas vezes nesses atos não há nem a sombra de um delito natural: essas instituições querem apenas se defender. Outra humanidade falaria antes em "direito de se defender", direito de lutar, de deixar de comparecer ao campo de guerra a instituição velha e nova. Porque o crime significa um ataque a determinada instituição vigente, em grande parte das vezes, e se não fosse punido representaria a derrocada dessa instituição e o estabelecimento duma nova. Processar-se-ia, pois, uma evolução mais rápida e violenta, de resultados provavelmente maus, tendo-se em vista a frequente anormalidade do criminoso. A sociedade, porém, mais sabiamente, prefere falar num "direito de punir", força unilateral, garantidora de uma boa defesa contra o ataque à sua estabilidade. Uma hipótese quanto ao surgimento e evolução do direito de punir. De início, não existiam direitos, mas poderes. Desde que o homem pôde vingar a ofensa a ele dirigida e verificou que tal vingança o satisfazia e atemorizava a reincidência, deixou de exercer sua força perante uma força maior. No entanto, como acontece muitas vezes no domínio biológico, a reação – vingança – começou a ultrapassar de muito a ação – ofensa – que a provocara. Os fracos uniram-se: e é então que começa propriamente o plano, isto é, a incursão do consciente e do raciocínio no mecanismo social, ou melhor, é aí que começa a sociedade propriamente dita. Fracos unidos não deixam de constituir uma força. E os fracos, os primeiros ladinos e sofistas, os primeiros inteligentes da história da humanidade, submeteram aquelas relações, até então naturais, biológicas e necessárias, ao domínio do pensamento. Surgiu, como defesa, a ideia de que, embora não tivessem força, tinham direitos, fundados nas noções de Justiça, Caridade, Igualdade e Dever.

Essas noções foram se insinuando naquele grupo humano primitivo, instituído pelos que delas necessitavam, tão certo como o é o fato de os primeiros remédios terem sido inventados pelos doentes.

E no espírito do homem foi se formando a correspondente daquela revolta: um superego mais ou menos forte, que daí em diante regeria e fiscalizaria as relações do novo homem com os seus semelhantes em face da sociedade, impedindo-lhe a perpetração de atos considerados por todos como proibidos. À medida que essas noções foram se plasmando no indivíduo e no decorrer das gerações, os meios de vida foram extinguindo cada vez mais sua possibilidade de usar da força bruta nas relações de homem para homem. Na resolução de seus litígios, não mais aparecia o mais forte e musculoso diante do menos poderoso pelo próprio nascimento e natureza. Igualados pelas mesmas condições, afrouxados na sua agressividade de animal pelo nascimento do superego (homem social), fizeram (sem que o objetivo fosse delimitado em sua consciência) uma espécie de tratado de paz, as leis, pelas quais os interesses e os "proibidos" não seriam violados reciprocamente, sob a garantia duma punição por parte da coletividade. É a passagem do castigo ministrado pelo ofendido para o castigo provindo de toda a sociedade. E isso se explica: uma vez que todos estavam em condições mais ou menos iguais, difícil seria a defesa; para manter a inviolabilidade das leis fizeram titular do direito toda a coletividade, adversário forte.

O resto segue-se naturalmente. Os mais capazes, os mais fortes são incumbidos de vigiar a observância dessas leis, constituindo o primeiro Estado, isto é, organizador permanente da estabilidade social. Esse novo órgão, no decorrer dos tempos fortalecido pelo apoio de todos, passa a encarar o poder, mesmo independente da aquiescência individual. E esse órgão a si mesmo concede, sem que tenha um outro fundamento, o "direito de punir".

LISPECTOR, Clarice. Outros escritos. Rio de Janeiro: Rocco, 2005. p. 45-46. (Adaptado).

---

161. (UEG – Delegado de Polícia – GO/2013) No texto, o trecho "Nenhum de nós pode se lisonjear de não ser um criminoso relativamente a um estado social dado, passado, futuro ou possível" é um exemplo de

a) metáfora
b) paráfrase
c) intertextualidade
d) intratextualidade

COMENTÁRIOS

Resposta correta: "c": Há citação, portanto há intertextualidade: é a criação de um texto a partir de um outro texto já existente. Dependendo da situação, a intertextualidade tem funções diferentes que dependem muito dos textos/contextos em que ela é inserida.

Alternativa "a": Figura de linguagem que consiste em estabelecer uma analogia de significados entre duas palavras ou expressões, empregando uma pela outra. Exemplo: asas da imaginação.

Alternativa "b": Versão de um texto, geralmente mais extensa e explicativa, cujo objetivo é torná-lo mais fácil ao entendimento.

Alternativa "d": O autor cita outros textos que ele próprio escreveu.

Cada um dos itens a seguir apresenta uma proposta de reescrita de trechos do texto, indicado entre aspas, que deve ser julgada certa se estiver gramaticalmente correta e mantiver o sentido do texto, ou errada, em caso contrário.

---

162. (UEG – Delegado de Polícia – GO/2013) Na frase "[o homem] deixou de exercer sua força perante uma força maior", há o seguinte pressuposto acionado linguisticamente pelo verbo "deixar":

a) No passado, o homem exerceu sua força perante uma força maior.
b) O homem é por natureza um ser que procura impor-se pela força física.
c) O homem esperto sabe que pode exercer sua força perante o mais fraco.
d) Nos dias atuais, o homem busca várias formas de exercer seu poder sobre os demais.

COMENTÁRIOS

Alternativa correta: letra "a" – Questão de fácil entendimento. Se deixou de exercer sua força, significa, obviamente, que antes exercia sua força. Nem há o que comentar, concorda?

Caso tenha dificuldade, transporte para seu dia a dia e mude a frase: deixei de ter preguiça de estudar. Significa que um dia você teve preguiça e hoje não tem mais. Maravilha! Espero que isso esteja ocorrendo mesmo.

Alternativa "b" – Força física? Não!

Alternativa "c" – Não se relaciona com homem esperto.

Alternativa "d" – O erro está em "várias formas".

▸ TRECHO PARA A QUESTÃO.

Não há direito de punir. Há apenas poder de punir. O homem é punido pelo seu crime porque o Estado é mais forte que **ele**. A guerra, grande crime, não é punida porque se acima dum homem há os homens, acima dos homens nada mais há. (...)

Fracos unidos não deixam de constituir uma força. E os fracos, os primeiros ladinos e sofistas, os primeiros inteligentes da história da humanidade, submeteram aquelas relações, até então naturais, biológicas e necessárias, ao domínio do pensamento. Surgiu, como defesa, a ideia de que, embora não tivessem força, tinham direitos, fundados nas noções de Justiça, Caridade, Igualdade e Dever. Essas noções foram se insinuando naquele grupo humano primitivo, instituído pelos que **delas** necessitavam, tão certo como o é o fato de os primeiros remédios terem sido inventados pelos doentes. (...)

LISPECTOR, Clarice. Outros escritos. Rio de Janeiro: Rocco, 2005. p. 45-46. (Adaptado)

163. (UEG – Delegado de Polícia – GO/2013) Os itens "ele" e "delas" retomam, respectivamente:

a) homem – essas noções

b) Estado – aquelas relações

c) grande crime – biológicas

d) direito de punir – ideias

COMENTÁRIOS

Alternativa correta: letra "a" – Substitua os pronomes e descobrirá facilmente a qual termo se refere:

– O homem é punido pelo seu crime porque o Estado é mais forte que **ele** (do que o **homem** é);

– .. instituído pelos que necessitavam **delas** (das **noções**).

Alternativa "b" – O Estado é mais forte que o homem; a expressão *aquelas relações* está ligada ao verbo *submeteram*.

Alternativa "c" – *Grande crime* é aposto de *guerra;* o vocábulo *biológicas* está adjetivando *reações*.

Alternativa "d" – *Direito de punir* é objeto direto de *haver;* no texto, o substantivo *ideia* encontra-se no singular e possui função de sujeito do verbo *surgiu*.

164. (UEG – Delegado de Polícia – GO/2013) É exemplo de uso conotativo da linguagem:

a) "mão de ferro"

b) "instituição vigente"

c) "apoio de todos"

d) "aquiescência individual"

COMENTÁRIOS

Alternativa correta: letra "a"

✪ **Nota das autoras:** Conotação é sentido figurado, metafórico; denotação é o sentido real das palavras, o sentido do dicionário. Mão de ferro significa forte (conotação).

Alternativa "b" – Denotação. Vigente: que se encontra ou permanece em vigor; aquilo que vigora; que vige.

Alternativa "c" – Denotação. Apoio: sustentáculo, esteio.

Alternativa "d" – Denotação. Aquiescência: ação ou efeito de aquiescer (consentir ou aprovar); em que há concordância; consentimento.

▸ TRECHO PARA A QUESTÃO.

(...) A maioria dos democratas, que hoje **se opõem** às políticas antiterror de Bush, **mas** nem sempre o **fizeram** no **calor da hora**, **acha** que as "técnicas aprimoradas" não passam de eufemismo para a tortura – no que estão cobertos de razão. E alegam que a vitória sobre a Al Qaeda e a morte de Bin Laden não têm nada a ver com a tortura de suspeitos, **e sim** com anos de trabalho minucioso de inteligência. (...)

(PETRI, Andre. Rev. Veja: 19/12/2012, p. 130-132.)

165. (FUNCAB – Delegado de Polícia – ES/2013) Altera fundamentalmente o sentido do enunciado a seguinte mudança proposta para o trecho.

a) Reescrever "se opõem" como "vão ao encontro de", combinado com o artigo "as".

b) Substituir, simultaneamente, "mas" por "não obstante" e "fizeram" por "tenham feito".

c) Empregar a forma verbal "acham" em vez da terceira pessoa do singular, "acha".

d) Reescrever a expressão metafórica "calor da hora" como "no auge do embate".

e) Substituir, após a última vírgula, a locução adversativa "e sim" por "senão".

COMENTÁRIOS

Alternativa correta: letra "a" – Bela pegadinha ao concurseiro que está com os nervos à flor da pele no dia da prova.

– "Ao encontro de" tem significado de "estar de acordo com", "em direção a", "favorável a", "para junto de".

– "De encontro a" tem significado de "contra", "em oposição a", "para chocar-se com".

Logo, "ao encontro de" é uma expressão usada para indicar concordância, enquanto "de encontro a", é uma expressão usada para indicar discordância, ou seja, as locuções têm significado totalmente opostos.

A substituição correta seria: A maioria dos democratas, que hoje vão de encontro às políticas antiterror de Bush.

Alternativa "b" – *Mas* e *não obstante* possuem ideia de oposição; não obstante nem sempre *tenham feito* = o verbo passa a assumir a forma no modo subjuntivo (dúvida) para manter a correção do trecho.

Alternativa "c" – *A maioria dos democratas* acham ou acha: as duas concordâncias estão corretas (com maioria ou com democratas).

Alternativa "d" – São expressões que fazem parte do mesmo campo semântico.

Alternativa "e" – Senão: caso contrário, de outro modo.

Dica: Senão é uma palavra formada através da seguinte junção: se + não. É uma palavra complexa, com uma pluralidade de classes gramaticais e significados. Sendo uma preposição, se refere a uma limitação ou a uma exceção, sendo sinônima de exceto, salvo, fora, a não ser e menos. Sendo uma conjunção indica a consequência negativa de uma afirmação anterior, sendo sinônima de caso contrário, de outro modo e do contrário. Sendo um substantivo masculino se refere a uma falha, problema, imperfeição, defeito ou mácula.

TRECHO PARA O ITEM.

(...) Após a Segunda Guerra Mundial, os movimentos nacionalistas e independentistas que vinham se firmando desde o período entre-guerras **ganharam** força **tanto** na África quanto na Ásia. (...) **Internet: <http://acervo.estadao.com.br> (com adaptações).**

166. (Cespe – Delegado de Polícia – AL/ 2012) O deslocamento do vocábulo "tanto" para imediatamente antes da forma verbal "ganharam" manteria a correção gramatical e o sentido original do texto.

COMENTÁRIOS

Errado

✪ **Nota das autoras:** O gabarito foi alterado pela banca. De certo passou a ser considerado, justamente, errado. Explicação a seguir.

A expressão utilizada indica comparação dos locais onde os movimentos ganharam força: **tanto** (na África) **quanto** (na Ásia) e não pode ser deslocada para antes do verbo porque alteraria o sentido original, embora a gramática permanecesse correta. Veja:

1. ... os movimentos **ganharam** força **tanto** na África quanto na Ásia.
2. ... os movimentos **tanto ganharam** força na África quanto na Ásia.

TRECHO PARA O ITEM.

(...)Após a Segunda Guerra Mundial, os movimentos nacionalistas e independentistas que vinham se firmando desde o período entre-guerras ganharam força tanto na África quanto na Ásia. A luta contra o colonialismo britânico na Índia de Gandhi, com o movimento de resistência passiva não violenta, terminou com a independência, em 1947, mas foi seguida de violentos conflitos étnicos, principalmente em virtude de diferenças religiosas entre hinduístas e muçulmanos. A ocupação japonesa na Ásia favorecia a manifestação do nacionalismo, ao mesmo tempo em que as ideias revolucionárias de Marx e Engels ganhavam força.

O processo que levou à partilha colonial de regiões africanas e asiáticas, **criando países fictícios**, culminou em longas batalhas por independência. Gerou, também, como consequência, movimentos separatistas, conflitos étnicos e religiosos, e guerras civis, com reflexos que perduram até os dias de hoje.

Internet: <http://acervo.estadao.com.br> (com adaptações).

167. (Cespe – Delegado de Polícia – AL/ 2012) O trecho "criando países fictícios" poderia, sem prejuízo do sentido original do texto, ser substituído por *dando origem a países que passaram a existir por convenção.*

COMENTÁRIOS

Certo

✪ **Nota das autoras:** Questão de período composto e coerência (semântica) e foi muito polêmica sem haver necessidade para tanto. Dividindo as informações facilita:

– *Criando países* equivale a dando origem a países;

– *países fictícios* equivale a países que passaram a existir por convenção.

Fictício significa *que é irreal, inverossímil, fabuloso: personagem fictícia. Simulado, aparente, ilusório: cena fictícia. Em que há falsidade, simulação: vivia mentindo e todo o seu comportamento era fictício. Que é resultado do imaginário: inventou uma história fictícia. Que só persiste por combinação ou por um acordo estabelecido: preço fictício do real.*

Através do contexto, sabemos que tudo isso está diretamente ligado a *passaram a existir por convenção*, pois não existiam. Se não existiam, eram fictícios.

TRECHO PARA O ITEM.

(...) Vários territórios asiáticos e africanos sofriam influência inglesa e francesa, e **a Coreia havia sido anexada pelo Japão** em 1910 – país que, a partir dos anos 30 do século XX, aumentou consideravelmente seu poder sobre o continente.(...)

Internet: <http://acervo.estadao.com.br> (com adaptações).

168. (Cespe – Delegado de Polícia – AL/ 2012) O elemento "pelo", em "a Coreia havia sido anexada pelo Japão", poderia ser corretamente substituído por **ao**.

COMENTÁRIOS

Certo

✪ **Nota das autoras:** Questão de semântica, de significado.

Anexada está no sentido de *unida*. O adjetivo *anexada por* indica que o Japão anexou (uniu), já que essa forma só pode ser usada na voz passiva; *anexada ao* significa que se juntou ao Japão, que se uniu. O sentido permanece o mesmo. Importante perceber o que a banca exige e não é regência (não foi citado no enunciado).

Cada um dos itens a seguir apresenta uma proposta de reescrita de trechos do texto, indicado entre aspas, que deve ser julgada certa se estiver gramaticalmente correta e mantiver o sentido do texto, ou errada, em caso contrário.

169. (Cespe – Delegado de Polícia – AL/ 2012) "A França foi a pioneira na dominação do continente africano. A Inglaterra, no entanto, consagrada como grande potência marítima desde a queda de Napoleão, rapidamente assumiu a liderança da colonização.": A França foi a primeira a dominar a África, mas a Inglaterra, dedicada a ser a grande potência dos mares, desde que a Napoleão caísse, passou a liderar a colonização.

COMENTÁRIOS

Errado – Na reescritura, o verbo passa para condição: **caísse** está no pretérito imperfeito do indicativo e tal alteração torna o período incorreto.

170. (Cespe – Delegado de Polícia – AL/ 2012) "Como garantiam o domínio sobre a Índia, os ingleses não se opuseram à penetração francesa na Ásia": Porque garantiam o domínio da Índia, a Inglaterra não se posicionou contra a presença francesa na Ásia.

COMENTÁRIOS

Errado – Na reescritura, o verbo não concorda com o sujeito. Quem garantia o domínio da Índia? A Inglaterra **garantia.** O primeiro período está correto porque **garantiam** concorda com **os ingleses.**

171. (Cespe – Delegado de Polícia – AL/ 2012) Sem prejuízo do sentido, o período " E seria melhor para todos – e também para a vida em sociedade – poder olhar para ele de frente" poderia ser reescrito da seguinte forma: E seria melhor para que todos pudessem olhar para ele de frente, inclusive para que se vivesse em sociedade.

COMENTÁRIOS

Errado – O tempo verbal foi alterado para pretérito imperfeito do subjuntivo (vivesse) e passa a indicar condição. Assim, haveria prejuízo do sentido.

▸ **TRECHO PARA O ITEM.**

(...) Para não envelhecer, essa vilã dos contos de fadas ultrapassa todos os limites e quebra todos os interditos. Uma mulher da era a.CP (antes da cirurgia plástica), Ravenna suga a alma, a juventude e a beleza das adolescentes e devora corações puros, que arranca com suas unhas, enquanto **chafurda** na amargura. (...)

Elaine Brum. Internet: <http://revistaepoca.globo.com> (com adaptações).

172. (Cespe – Delegado de Polícia – AL/ 2012) A forma verbal "chafurda" está empregada, no texto, em sentido denotativo.

COMENTÁRIOS

Errado – O verbo foi empregado no sentido figurado: *estar envolto por vícios ou baixaria; render-se à indignidade; corromper. Exemplo: chafurdava na baixaria.*

No sentido denotativo, significa *deitar ou deitar-se na lama (chafurda); revolver-se no chão: os selvagens chafurdavam (no lamaçal); não se chafurdavam na lama.*

▸ **TEXTO PARA A QUESTÃO.**

Policial – mediador de conflitos

No momento em que começa a existir essa transformação política e social, a compreensão da sociedade como um ambiente conflitivo, no qual os problemas da violência e da criminalidade são complexos, a polícia passa a ser demandada para garantir não mais uma ordem pública determinada, mas sim os direitos, como está colocado na constituição de 88. Nesse novo contexto, a ordem pública passa a ser definida também no cotidiano, exigindo uma atuação estatal mediadora dos conflitos e interesses difusos e, muitas vezes, confusos. Por isso, a democracia exige justamente uma função policial protetora de direitos dos cidadãos em um ambiente conflitivo. A ação da polícia ocorre em um ambiente de incertezas, ou seja, o policial, quando sai para a rua, não sabe o que vai encontrar diretamente; ele tem uma ação determinada a fazer e entra num campo de conflitividade social. Isso exige não uma garantia da ordem pública, como na polícia tradicional, sustentada somente nas ações repressivas, pelas quais o ato consiste em reprimir para resolver o problema. O campo de garantia de direitos exige uma ação mais preventiva, porque não tem um ponto determinado e certo para resolver.

(Azor Lopes da Silva Junior)

173. (FGV – Delegado de Polícia – MA/2012) O pequeno travessão entre os dois termos do título dado ao texto pode ser substituído adequadamente, em relação ao que é expresso no texto, por:

a) deve ser.

b) não é somente.

c) não é mais.

d) sempre será.

e) nunca foi.

COMENTÁRIOS

Alternativa correta: letra "a"

✪ **Nota das autoras:** Questão de coerência e interpretação de texto.

Sem ler o texto seria difícil encontrar a resposta. Fica claro que o policial **deve ser** mediador de conflitos.

Alternativa "b" – Erro no uso advérbio "somente".

Alternativa "c" – Erro: advérbio "não".

Alternativa "d" – Não indica que "sempre" será, mas que deve ser".

Alternativa "e" – Como nunca foi? Absurda essa alternativa.

174. (FGV – Delegado de Polícia – MA/2012) "A ação da polícia ocorre em um ambiente de incertezas, ou seja, o policial, quando sai para a rua, não sabe o que vai encontrar diretamente;".

A expressão sublinhada indica a presença de uma

a) retificação.
b) conclusão.
c) oposição.
d) explicação.
e) enumeração.

COMENTÁRIOS

Alternativa correta: letra "d" – As expressões "ou seja" e "isto é" indicam, sempre, explicação. Pode anotar e nunca mais esquecer. A banca CESPE gosta bastante de pedir isso.

Alternativa "a" – Não ocorre correção.

Alternativa "b" – Para concluir, caberia a conjunção **logo**.

Alternativa "c" – Para indicar oposição, caberia a conjunção **mas**.

Alternativa "e" – Não há enumeração.

175. (FGV – Delegado de Polícia – MA/2012) "...a polícia passa a ser demandada para garantir não mais uma ordem pública determinada..."; "O campo de garantia de direitos exige uma ação mais preventiva,...".

Os termos sublinhados nas duas frases retiradas do texto indicam, respectivamente:

a) quantidade / intensidade.
b) tempo / quantidade.
c) oposição / concessão.
d) tempo / intensidade.
e) quantidade / tempo.

COMENTÁRIOS

Alternativa correta: letra "d"

– Não mais uma ordem = a polícia passa a *já não* ser demandada para garantir uma ordem pública determinada: ideia de interrupção de continuidade da ação. A polícia era, mas não é mais, ou seja, com o tempo, deixou de ser.

Mais preventiva: ideia de intensidade, em maior quantidade.

Alternativa "a" – O primeiro termo não indica quantidade.

Alternativa "b" – O segundo termo não indica quantidade.

Alternativa "c" – Não há oposição, nem concessão (oposição também).

Alternativa "e" – Nem quantidade, nem tempo.

176. (Cespe – Delegado de Polícia – AL/ 2012) "Gerou, também, como consequência, movimentos separatistas, conflitos étnicos e religiosos, e guerras civis, com reflexos que perduram até os dias de hoje.": Em consequência, deu origem, ainda, a movimentos de separação, conflitos étnicos e religiosos e guerras civis, cujos reflexos ainda perduram.

COMENTÁRIOS

Resposta: (Certo) – Dividindo informações para facilitar:

– Gerou, também, como consequência = Em consequência, deu origem, ainda.
– movimentos separatistas = movimentos de separação.
– com reflexos que perduram até os dias de hoje = cujos reflexos ainda perduram.

177. (Cespe – Delegado de Polícia – AL/ 2012) "a busca por novos mercados consumidores e por matérias-primas de baixo custo, em decorrência da Revolução Industrial, o que levou as nações europeias a voltarem-se para as regiões da África e da Ásia": a procura de novos mercados de consumidores e de matérias-primas a baixo custo causado pela Revolução Industrial levaram as nações europeias a voltarem-se para a África e a Ásia

COMENTÁRIOS

Resposta: Errado – Alterou o sentido.

TRECHO PARA O ITEM.

Bandos de homens armados perpetram anualmente 450 roubos a bancos e carros-fortes no Brasil. Tais episódios põem em risco a vida de clientes, agentes de segurança e policiais, mas o prejuízo financeiro é relativamente pequeno para as instituições. (...) *André Vargas. Assalto.com.br, In: Veja, 24/11/2010 (com adaptações).*

178. (Delegado de Polícia – ES/ 2011 – CESPE) A substituição da forma verbal "põem" por **oferecem** não acarretaria erro ao texto, desde que também se substituísse a expressão "risco a vida de" por **risco à vida a**.

COMENTÁRIOS

Resposta: Errado – Um dos grandes perigos de CESPE é este: mais de uma informação no mesmo item. Por isso, é preciso, sempre, avaliar uma informação de cada vez.

1) Põem em risco = oferecem risco. Note que a preposição *em* deve desaparecer.
2) Não poderia acrescentar o acento indicativo de crase porque *a vida* possui função sintática de objeto direto: põem algo. Substitua: põem em risco a vida = põem em risco o indivíduo. Não resultou em *ao*, não há crase. Lembrou-se das dicas de crase?

179. (Delegado de Polícia – AP/ 2010 – FGV) Assinale a alternativa em que o termo sublinhado tenha função adjetiva.

a) Característica da nação.
b) Ameaça de colapso.
c) Deterioração de valores.
d) Instituição da escravidão.
e) Uso de violência.

COMENTÁRIOS

Resposta correta: "a": Basta substituir o termo: Característica da nação = característica nacional.

Alternativa "b": Ameaça de algo.

Alternativa "c": Deterioração de algo.

Alternativa "d": Instituição de algo.

Alternativa "e": Uso de algo.

Dica: O adjunto adnominal (locução prepositiva) pode indicar posse, mas complemento nominal nunca indica posse. Pode-se verificar que o único que indica algum tipo de posse é a **letra "A"**, pois a "nação" possui a "característica". Nos outros casos são complementos nominais.

180. (Delegado de Polícia – MT/ 2010 – UNEMAT) Na revista *Língua Portuguesa* n° 42, de abril de 2009, o cronista português João Pereira Coutinho emite sua opinião sobre o novo acordo ortográfico celebrado pelos países lusófonos. Leia-a.

"Sou contra. Visceralmente contra. Filosoficamente contra. Linguisticamente contra. Começo por ser contra com a força das minhas entranhas: sou incapaz de aceitar que uma dúzia de sábios se considere dona de uma língua falada por milhões. Ninguém é dono da língua. Ninguém a pode transformar por capricho. Por capricho, vírgula: por mentalidade concentracionária, em busca de uma unidade que, para além de impossível, seria sinistra. A língua é produto de uma história; e não foram apenas Portugal e Brasil que tiveram a sua história, apresentando variações fonéticas, léxicas ou sintáticas; a África, Macau, Timor e Goa, que os sábios do Acordo ignoraram nas suas maquinações racionalistas, também têm direito a usar e a abusar da língua."

Sobre o texto, assinale a alternativa incorreta.

a) A insistente repetição da palavra "contra" foi um recurso de linguagem usado pelo entrevistado para enfatizar sua posição adversa em relação ao Acordo.
b) O termo "visceralmente" e a expressão "com a força das minhas entranhas" apresentam afinidade de sentidos.
c) "uma dúzia de sábios" refere-se expressamente a doze intelectuais responsáveis pela instituição do Acordo.
d) O cronista afirma ser a língua um bem de domínio público, que não deve sofrer intervenção estatal.
e) A expressão "Por capricho, vírgula" introduz uma autorretificação do pensamento.

COMENTÁRIOS

Resposta correta: "e": *Autorretificação:* retificação ou correção dos próprios erros. No texto, o objetivo é explicar.

Alternativa "a": Sim: Sou contra. Visceralmente contra. Filosoficamente contra. Linguisticamente contra. Começo por ser contra com a força das minhas entranhas.

Alternativa "b": Visceralmente: intimamente, profundamente.

Alternativa "c": A dica está na oração posposta: *Ninguém é dono da língua.*

Alternativa "d": *A língua é produto de uma história; e não foram apenas Portugal e Brasil que tiveram a sua história, apresentando variações fonéticas, léxicas ou sintáticas.*

181. (Delegado de Polícia – MT / 2010 – UNEMAT) Assinale a alternativa em que a evolução sequencial e previsível dos fatos está prejudicada.

a) O Governo apresentou a proposta, ela foi aprovada no Congresso Nacional e sancionada pelo presidente.
b) A economia mundial foi abalada por uma grande crise, a população ficou apreensiva, mas os países já retomam seu crescimento.
c) As grandes nações reduziram a emissão de C02, o planeta se superaqueceu e, agora, buscam-se medidas para reter a degradação ambiental.
d) Ocorreu o acidente, a família requereu o seguro DPVAT e, com a indenização, cobriu as despesas hospitalares.
e) O presidente da Nicarágua foi deposto, o governo foi assumido por um presidente interino e o país entrou em crise interna, com reflexos mundiais.

COMENTÁRIOS

Resposta correta: "c": Afirmação (consequência):buscam-se medidas para reter a degradação ambiental (1); causa: o planeta se superaqueceu (2);as grandes nações reduziram a emissão de C02 (3).

Alternativa "a": Afirmação + adição + adição.

Alternativa "b": Afirmação + consequência + oposição.

Alternativa "d": Afirmação + conclusão + adição.

Alternativa "e": Afirmação + adição + consequência.

182. (Delegado de Polícia – MT / 2010 – UNEMAT) "Ninguém será privado de direito por motivo de crença religiosa ou de convicção filosófica ou política, salvo se as invocar para eximir-se de obrigação legal a todos imposta e recusar-se a cumprir prestação alternativa, fixada em lei." (Inciso VIII do Art. 5º da Constituição Federal Brasileira)

Sobre o texto, assinale a alternativa **incorreta.**

a) A palavra "salvo" introduz restrições a eventuais desvios no exercício das liberdades religiosa, política e filosófica.

b) O verbo "invocar" tem sentido de presumir.

c) A expressão "a todos imposta" afirma o caráter coercitivo da lei.

d) O texto prevê a possibilidade de se proporem opções, desde que legais, ao cumprimento de deveres por parte dos cidadãos.

e) O pronome "as", em "salvo se as invocar", refere-se às crenças e convicções.

COMENTÁRIOS

Resposta correta: "b": *Inovar: promover mudanças substantivas; renovar.*

Alternativa "a": Sim: *Ninguém será privado de direito por motivo de crença religiosa ou de convicção filosófica ou política, salvo se as invocar para eximir-se de obrigação legal a todos imposta e recusar-se a cumprir prestação alternativa, fixada em lei.*

Alternativa "c": Coercivo: capaz de exercer coerção; que coage; que reprime.

Alternativa "d": Sim: *Ninguém será privado de direito por motivo de crença religiosa ou de convicção filosófica ou política.*

Alternativa "e": Salvo se inovar as convicções.

---

183. (Delegado de Polícia – MT / 2010 – UNEMAT) A redundância consiste no uso de palavras que expressam a mesma ideia de forma excessiva. Assinale a alternativa em que ocorre esse fenômeno.

a) O cientista falou, em vídeo, sobre o aumento de casos de câncer no Brasil e no mundo.

b) Considero que a queda do muro de Berlim e o atentado contra o World Trade Center sejam os acontecimentos mais importantes da história recente.

c) A formação de cartéis e o monopólio exclusivo no comércio de bens de consumo são práticas prejudiciais aos consumidores.

d) Em várias cidades brasileiras, a população saiu às ruas para protestar contra a corrupção política.

e) Nem sempre se identifica a doença num primeiro exame clínico.

COMENTÁRIOS

Resposta correta: "c": Cartel: acordo comercial entre empresas independentes que atuam na mesma área, para limitar a concorrência e elevar os preços; **monopólio**: domínio, controle exclusivo de um determinado mercado por uma empresa ou organização. **Monopólio exclusivo** é redundância: posse, domínio ou controle exclusivo de alguma coisa.

Alternativa "a": O cientista pode falar em vídeo ou ao vivo: não há redundância.

Alternativa "b": Muro de Berlim e o atentado contra o World Trade Center: não há redundância.

Alternativa "d": Saiu às ruas para protestar: não há redundância.

Alternativa "e": Primeiro exame clínico: não há redundância.

---

184. (Delegado de Polícia – MT / 2010 – UNEMAT) "A maior linha de roçadeiras do País agora tem a maior garantia do mercado: 18 meses" (Propaganda veiculada na revista *Veja* nº 43, de 28/11/2009) Sobre o enunciado, é **incorreto** afirmar.

a) O sujeito da oração é *A maior linha de roçadeiras do país.*

b) O advérbio agora, se transposto para o início da frase, alteraria o sentido da mensagem.

c) No lugar de dois pontos, poder-se-ia utilizar travessão.

d) "Mercado", neste contexto, corresponde ao comércio de roçadeiras pelos concorrentes.

e) A repetição da palavra "maior" estabelece correspondência entre a dimensão da empresa e a extensão do benefício oferecido.

COMENTÁRIOS

Resposta correta: "b": Não altera o sentido, apenas ocorre inversão de termos.

Alternativa "a": O que tem a maior garantia? A maior linha de roçadeiras do País (sujeito).

Alternativa "c": Poderia por estar no final da frase.

Alternativa "d": Sim, elemento coesivo.

Alternativa "e": Sim: A maior linha de roçadeiras do País agora tem a maior garantia.

---

185. (Delegado de Polícia – MT / 2010 – UNEMAT) "Aquele casamento não poderia mesmo dar certo: ela gosta de ler Dostoievsky; já ele só lê as tirinhas e as colunas esportivas do jornal... e olhe lá!" Sobre o enunciado, assinale a alternativa **incorreta.**

a) A palavra "mesmo" funciona como reforço argumentativo de uma opinião, a de que o casamento estava fadado ao insucesso.

b) O locutor fundamenta sua opinião na adversidade socioeconômica do casal.

c) Em "ela gosta de ler Dostoievsky" ocorre uma figuração linguística que equivale a "Ela gosta de ler os livros que foram escritos por Dostoievsky".

d) Tirinhas são fragmentos ou segmentos de histórias em quadrinhos, em faixas horizontais.

e) A expressão "e olhe lá!" faz parte linguajar coloquial e é usada para dar ênfase a uma expressão ou fazer uma advertência.

COMENTÁRIOS

Resposta correta: "b": Trata-se de adversidade cultural, não socioeconômica.

Alternativa "a": Sim: não poderia mesmo.

Alternativa "c": Ela gosta de ler os livros de Dostoievsky.

Alternativa "d": Leem-se, sempre, as tirinhas no sentido horizontal.

Alternativa "e": *A* ***linguagem coloquial****,* ***informal*** *ou* ***popular*** *é uma linguagem utilizada no cotidiano em que não exige a atenção total da gramática, de modo que haja mais fluidez na comunicação oral. Na linguagem informal usam-se muitas gírias e palavras que na linguagem formal não estão registradas ou tem outro significado. Em contrapartida a linguagem formal ou culta é aquela que carrega consigo a rigidez das normas gramaticais, utilizada principalmente em textos e profissões que a exigem como no* Direito *ou na* Matemática.[42]

186. (Delegado de Polícia – PI/ 2009 – NUCEPE) Procure entender o seguinte trecho: "O Brasil figura entre as dez nações de economia mais forte do mundo. No campo diplomático, começa a exercitar seus músculos. Vem firmando uma inconteste liderança política regional na América Latina, ao mesmo tempo em que atrai a simpatia do Terceiro Mundo por ter se tornado um forte oponente das injustiças políticas de comércio dos países ricos". Observe que:

1) os verbos sublinhados têm o mesmo sujeito, que está superficialmente indicado apenas na primeira ocorrência.
2) a elipse dos sujeitos dos verbos sublinhados não afeta o entendimento da ideia expressa.
3) apesar das elipses, pode-se estabelecer uma coesão entre os diversos fragmentos do trecho.
4) o trecho é pouco claro, pois a elipse, como figura de linguagem, não se ajusta a um texto de opinião.
5) cabe ao leitor ir estabelecendo os devidos nexos de sentido, mesmo na ausência de marcas explícitas de dependência.

Estão corretas as observações em:

a) 1, 2, 3, 4 e 5
b) 2 e 3 apenas
c) 2, 3 e 4 apenas
d) 1, 2, 3 e 5 apenas
e) 1, 4 e 5 apenas

COMENTÁRIOS

Resposta correta: Alternativa "d"

Item "1": Certo – No trecho, o sujeito Brasil é agente de todas as ações flexionadas nos verbos.

Item "2": Certo – A elipse (omissão) dos sujeitos sublinhados não afeta o entendimento da ideia expressa, porque o período é formado pó orações coordenadas à primeira oração que contém o sujeito explicito, mantendo e desenvolvendo a mesma ideia.

Item "3": Certo – A coesão entre os diversos fragmentos está preservada pois mentem o sentido a partir da ideia do primeiro fragmento.

Item "4": Errado – O trecho é claro e a elipse, nesse caso, ocorreu em um período onde as orações coordenadas condensam ideias sobre um mesmo sujeito. A elipse, figura de linguagem, ajusta-se a textos de quaisquer gêneros se usada com critério e prudência do autor.

Item "5": Certo – A ausência de marcas explicitas de dependência é suprida pelo sentido imediato que liga as orações coordenadas entre si.

187. (Delegado de Polícia – PI/ 2009 – NUCEPE) Analise o trecho: "No campo diplomático, [o Brasil] começa a exercitar seus músculos". Do ponto de vista da escolha das palavras, esse trecho:

a) apresenta marcas inequívocas da oralidade informal.
b) está deslocado: não se trata de um texto literário.
c) precisa ser entendido como uma afirmação metafórica.
d) está expresso conforme o sentido literal das palavras.
e) revela-se semanticamente pertinente, pois não apresenta erros de gramática.

COMENTÁRIOS

Resposta correta: "c": O autor usou uma metáfora para afirmar que, no campo diplomático, o Brasil começa a dar sinais de entrosamento com as potências internacionais, começa a se mexer (exercitar seus músculos).

---

42. Fonte: http://pt.wikipedia.org/

Alternativa "a": Não só na oralidade, seja formal ou informal, tem-se a liberdade de usar figuras de linguagem, como também na escrita, seja ela literária ou não.

Alternativa "b": Está respondido na opção anterior (A).

Alternativa "d": Literal é o sentido de no campo diplomático; a expressão começa a exercitar seus músculos está no sentido metafórico.

Alternativa "e": Essa afirmativa não corresponde ao que está pedindo a proposição.

▸ ATENÇÃO! O TEXTO REFERE-SE À QUESTÃO POSTERIOR.

A miséria é de todos nós

Como entender a resistência da miséria no Brasil, uma chaga social que remonta aos primórdios da colonização? No decorrer das últimas décadas, enquanto a miséria se mantinha mais ou menos do mesmo tamanho, todos os indicadores sociais brasileiros melhoraram. Há mais crianças em idade escolar frequentando aulas atualmente do que em qualquer outro período da nossa história. As taxas de analfabetismo e mortalidade infantil também são as menores desde que se passou a registrá-las nacionalmente. O Brasil figura entre as dez nações de economia mais forte do mundo. No campo diplomático, começa a exercitar seus músculos. Vem firmando uma inconteste liderança política regional na América Latina, ao mesmo tempo em que atrai a simpatia do Terceiro Mundo por ter se tornado um forte oponente das injustiças políticas de comércio dos países ricos. Apesar de todos esses avanços, a miséria resiste.

Embora em algumas de suas ocorrências, especialmente na zona rural, esteja confinada a bolsões invisíveis aos olhos dos brasileiros mais bem posicionados na escala social, a miséria é onipresente. Nas grandes cidades, com aterrorizante frequência, ela atravessa o fosso social profundo e se manifesta de forma violenta. A mais assustadora dessas manifestações é a criminalidade, que, se não tem na pobreza sua única causa, certamente em razão dela se tornou mais disseminada e cruel. Explicar a resistência da pobreza extrema entre milhões de habitantes não é uma empreitada simples. *(Veja, ed. 1735)*.

188. (Delegado de Polícia – PI/ 2009 – NUCEPE) A palavra 'miséria' ocorre no Texto mais de uma vez.

A repetição dessa palavra no texto, de fato, se deve:

1) ao cuidado do autor em marcar o núcleo temático de seu texto.
2) à pouca possibilidade de variação lexical dessa palavra.
3) ao interesse do autor por aproximar seu texto dos níveis da oralidade informal.
4) à disposição do autor de deixar seu texto mais coeso e articulado.

Estão corretas as afirmações em:

a) 1, 2, 3 e 4
b) 2 e 3 apenas
c) 2, 3 e 4 apenas
d) 1 e 3 apenas
e) 1 e 4 apenas

COMENTÁRIOS

Resposta correta: "E"

Item "1": Certo: A palavra miséria é o núcleo (foco) temático do texto e o autor o enfatiza em todo o desenrolar do desenvolvimento do tema.

Item "2": Errado – A aparição da palavra miséria no texto várias vezes não se deve à impossibilidade de variação lexical da palavra, mas ao fato de que o autor enfatiza o tema que gera em torno da miséria e ele não fugiu ao seu foco. Miséria – (variações lexicais no mesmo sentido do texto) = penúria, indigência, extrema pobreza.

Item "3": Errado – O texto não é informal; está muito bem estruturado, de acordo com as normas cultas da língua portuguesa.

Item "4": Certo – O autor preocupou-se com a coesão e a articulação do texto; percebe-se que não é uma simples repetição da palavra miséria, mas uma forma de tratar do tema com clareza e enfatizá-lo.

189. (Delegado de Polícia – PI/ 2009 – NUCEPE) Fixando-nos no sentido das palavras presentes no Texto 2, podemos admitir as seguintes afirmações:

1) Em: "uma chaga social que remonta aos primórdios da colonização", quer dizer que *resgata*...
2) Em "a criminalidade, (...) se tornou mais disseminada", quer dizer mais *intensa*...
3) Em: [o Brasil] "Vem firmando uma inconteste liderança política regional", quer dizer uma *inquestionável* liderança.
4) Em: "Apesar de todos esses avanços, a miséria resiste", quer dizer *Malgrado* todos esses avanços.
5) Em: "Explicar a resistência da pobreza extrema (...) não é uma empreitada simples", quer dizer não é um *encargo* simples...

Estão corretas:

a) 1, 2, 3, 4 e 5
b) 2, 3, 4 e 5 apenas
c) 3, 4 e 5 apenas
d) 1, 3 e 5 apenas
e) 1, 2 e 3 apenas

COMENTÁRIOS

Resposta correta: "C"

Item "1": Errado – A segunda afirmação não traduz a primeira que remonta aos primórdios – remonta = verbo remontar no sentido figurado = da origem de. Que resgata = verbo resgatar = recuperar, resgatar.

Item "2": Errado – A segunda afirmativa não traduz a primeira: mais disseminada = mais difundida, espalhada; mais intensa = mais ousada, ativa.

Item "3": Certo – Inconteste – adjetivo = que não é contestado, que não é discutido – inquestionável = não se pode questionar, indiscutível.

Item "4": Certo – Apesar de = locução conjuntiva com valor adversativo (oposição). Malgrado = (1) desprazer, (2) preposição com valor adversativo = apesar de.

Item "5": Certo – Empreitada simples = feito simples, empreendimento simples, encargo simples = incumbência simples, tarefa simples.

▸ ATENÇÃO! O TRECHO REFERE-SE ÀS QUESTÕES SEGUINTES

Conciliar desenvolvimento e conservação da natureza é o dilema do mundo neste século. Para o Brasil, é mais do que isso, é uma equação com variáveis muito mais complexas do que a da média mundial. Para início de conversa, o país abriga 60% da Amazônia, a maior floresta tropical do planeta e o maior repositório de espécies animais e vegetais ainda desconhecidas. Essa preciosidade biológica insubstituível tem sido queimada, para abrir espaço para a pata do gado, como lenha para carvão sem valor algum. (...)

Sobre o mesmíssimo território instala-se uma outra Amazônia, que quer e precisa ser desenvolvida. Nela vivem mais de 20 milhões de brasileiros. São pessoas com carteira de identidade, família para alimentar, filhos na escola, televisão na sala e uma vontade enorme de imitar em tudo o estilo de vida de seus conterrâneos das grandes cidades do Sul. Essa população, quase o dobro da existente na cidade de São Paulo, vive da destruição indiscriminada dos recursos naturais à sua volta. (...) *O desafio de crescer e preservar. In: Veja, nº 2.118, 24/6/2009 (com adaptações).*

190. (Delegado de Polícia – PA/ 2009 – MOVENS) A respeito das estruturas linguísticas do texto, julgue os itens abaixo e, em seguida, assinale a opção correta.

I – A forma verbal "Conciliar" está empregada no infinitivo.

II – A palavra "maior", em suas duas ocorrências, tem função adjetiva, mas modifica substantivos de gêneros diferentes.

III – O pronome "sua" refere-se a "Essa população".

Estão certos os itens

a) I e II, apenas.

b) I e III, apenas.

c) II e III, apenas.

d) I, II e III.

COMENTÁRIOS

Resposta correta: "d": Todas as opções estão corretas.

I. Conciliar = infinitivo impessoal.

II. Maior (adj.) floresta = substantivo feminino; maior (adj.) repositório = substantivo masculino = depósito.

III. Sua = essa população (...) vive da destruição (...) dos recursos naturais à sua volta (dessa população).

191. (Delegado de Polícia – PI/ 2009 – NUCEPE) Observe o trecho: "E não basta que *a vida social permita apenas a satisfação de algumas necessidades da pessoa humana ou de todas as necessidades de apenas algumas pessoas*." Por esse fragmento destacado, se entende que o autor propõe:

a) a satisfação de *todas* as necessidades de *todos*.

b) a satisfação de *algumas* necessidades de *todos*.

c) a satisfação de *todas* as necessidades de *alguns*.

d) a satisfação da *pessoa humana* quanto a *determinadas* necessidades.

e) a satisfação da vida social *apenas para algumas* necessidades.

COMENTÁRIOS

Resposta correta: "a": O autor propõe vida social justa e igualitária a todos os seres humanos na satisfação de todas as suas necessidades.

Alternativa "b": O autor propõe a satisfação de todas as necessidades, não só de algumas.

Alternativa "c": Não só a satisfação de todas as necessidades de alguns, mas de todos.

Alternativa "d": O autor propõe a satisfação de todas e não a de determinadas necessidades.

Alternativa "e": O autor propõe que a vida social permita a satisfação de todas as necessidades para todos os seres humanos.

▸ TRECHO PARA A QUESTÃO POSTERIOR.

(...)

O primeiro passo é definir corretamente o tamanho de seu sonho, o tamanho de sua ambição. Essa história de que tudo é possível se você somente almejar alto é pura balela. Todos nós temos limitações e devemos sonhar de acordo com elas. Querer ser presidente da República é um sonho que você pode almejar quando virar governador ou senador, mas não no início da carreira. O segundo passo é saber exatamente seu nível de competências, sem arrogância nem enganos, tão comuns entre os intelectuais. O terceiro é encontrar o ponto de equilíbrio entre esses dois mundos. Saber administrar a distância entre seus desejos e suas competências é o grande segredo da vida. Escolha uma distância nem exagerada demais, nem tacanha demais. Se sua ambição não for acompanhada da devida competência, você se frustrará. Esse é o erro de todos os jovens idealistas que querem mudar o mundo com o que aprenderam no primeiro ano de faculdade. Curiosamente, à medida que a distância entre seus sonhos e suas competências diminui pelo seu próprio sucesso, surge frustração, e não felicidade.

Quantos gerentes depois de promovidos sofrem de famosa "fossa do bem-sucedido", tão conhecida por administradores de recursos humanos? Quantos executivos bem-sucedidos são infelizes justamente porque "chegaram lá"? Pessoas pouco ambiciosas que procuram um emprego garantido logo ficam entediadas, estacionadas, frustradas e não terão a prometida felicidade. Essa definição explica por que a felicidade é tão efêmera. Ela é um processo, e não um lugar onde finalmente se faz nada. Fazer nada no paraíso não traz felicidade, apesar de ser o sonho de tantos brasileiros. (...)

Stephen Kanitz, Revista Veja, 22 de junho de 2005

192. (Delegado de Polícia – RO/ 2009 – FUNCAB) Em "Quantos executivos bem-sucedidos são infelizes justamente porque 'chegaram lá'?", o termo entre aspas pode ser substituído, sem alteração de sentido, por:

a) mostraram-se realistas.
b) planejaram o sucesso.
c) almejaram seus sonhos.
d) alcançaram seus objetivos.
e) foram suficientemente ambiciosos.

COMENTÁRIOS

Resposta correta: "d": O termo *chegaram lá* (sentido figurado) substituído por *alcançaram seus objetivos* sem alterar o sentido.

Alternativa "a": A expressão mostraram-se realistas foge do sentido de chegaram lá, no contexto.

Alternativa "b": A expressão planejaram o sucesso não traduz chegaram lá, no contexto.

Alternativa "c": A expressão *almejaram seus sonhos* não tem o mesmo sentido de chegaram lá.

Alternativa "e": A expressão *foram suficientemente ambiciosos* não traduz o sentido de chegaram lá, no contexto.

▸ TRECHO PARA A QUESTÃO POSTERIOR.

Brinkmanship

Em 1964, o cineasta Stanley Kubrick lançava o filme Dr. Strangelove. Nele, um oficial norte-americano ordena um bombardeio nuclear à União Soviética e comete suicídio em seguida, levando consigo o código para cancelar o bombardeio. O presidente norte-americano busca o governo soviético na esperança de convencê-lo de que o evento foi um acidente e, por isso, não deveria haver retaliação. É, então, informado de que os soviéticos implementaram uma arma de fim do mundo (uma rede de bombas nucleares subterrâneas), que funcionaria automaticamente quando o país fosse atacado ou quando alguém tentasse desacioná-la. O Dr. Strangelove, estrategista do presidente, aponta uma falha: se os soviéticos dispunham de tal arma, por que a guardavam em segredo? Por que não contar ao mundo? A resposta do inimigo: a máquina seria anunciada na reunião do partido na segunda-feira seguinte. (...)

Fabio Zugman.Teoria dos jogos. Internet: <www.iced.org.br> (com adaptações).

10. CORRESPONDÊNCIA OFICIAL

Dica: consultar o Manual de Redação da Presidência da República – www.planalto.gov.br/ccivil_03/manual/manual.htm

193. (Vunesp – Delegado de Polícia – PC – BA/2018) Assinale a alternativa cuja redação está em conformidade com a linguagem empregada em um memorando enviado ao Chefe do Departamento de Administração de um determinado órgão público.

a) Conforme orientações do Plano Geral de informatização, requero a Sua Senhoria ver a possibilidade de agilizar à reforma da sala de informática deste Departamento, haja vista que a troca dos computadores está prevista para ocorrer acerca de um mês antes do prazo.
b) Nos termos do Plano Geral de informatização, solicito a Vossa Senhoria verificar a possibilidade de antecipar a reforma da sala de informática deste Departamento, tendo em vista que a troca dos computadores será realizada com um mês de antecedência.
c) À partir do estabelecido no Plano Geral de informatização, venho por meio deste instrumento, com respeito à Sua Excelência, demandar da antecipação da reforma da sala de informática deste Departamento, em decorrência que a troca dos computadores está para acontecer um mês antes do previsto.
d) Pelo que dispõe o Plano Geral de informatização, peço licença à Vossa Excelência para pedir que a reforma da sala de informática deste Departamento seja adiantada, por que antecipou-se em um mês a troca dos computadores.
e) Por determinação do Plano Geral de informatização, estou averiguando da possibilidade da Vossa Senhoria priorisar a reforma da sala de informática deste Departamento, à qual precisará ser antecipada, já que a troca dos computadores antecipará-se em um mês.

COMENTÁRIOS

Alternativa "a": Presente do indicativo do verbo *requerer*: **requeiro**. Regência do verbo *agilizar:* transitivo direto = agilizar **a** reforma.

Alternativa "b": Redação correta.

Alternativa "c": Não pode haver o sinal indicativo de crase antes de verbo: **a** partir; sem crase antes do pronome de tratamento: com respeito **a** Sua Excelência.

Alternativa "d": Sem crase antes do pronome de tratamento: peço licença **a** Vossa Excelência; **porque**: trata-se de uma explicação.

Alternativa "e": priorozar; sem crase no pronome relativo (**a** qual): a reforma (sujeito) precisará ser antecipada – não pode haver crase no relativo se retoma o sujeito; sem termo atrativo, usa-se a mesóclise no verbo conjugado no futuro: **antecipar-se-á.**

Alternativa correta: letra "b".

Com base no Manual de Redação da Presidência da República, julgue os itens que se seguem.

194. (Cespe – Delegado de Polícia – BA/2013) Recomenda-se o emprego da expressão **Cordialmente** como fecho para correspondências oficiais entre autoridades de mesma hierarquia ou de hierarquia inferior.

COMENTÁRIOS

Errado – Não se usa "cordialmente".

Fechos de comunicações: 1. Para autoridades superiores: Respeitosamente; 2. Para autoridades de mesma hierarquia ou hierarquia inferior: Atenciosamente.

195. (Cespe – Delegado de Polícia – BA/2013) O caráter impessoal das comunicações oficiais decorre da ausência de impressões individuais de quem comunica, da impessoalidade conferida ao destinatário da comunicação e do tratamento impessoal a ser dado aos assuntos tratados nas comunicações.

COMENTÁRIOS

Certo – O texto da Redação Oficial deve ser conciso (objetivo); uniforme (quanto à formatação); formal (linguagem culta); impessoal (sem interferências subjetivas, impressões individuais) e claro (sem ambiguidade).

Com base no Manual de Redação da Presidência da República, julgue os itens a seguir, que tratam da adequação da linguagem empregada na redação de correspondências oficiais da administração pública.

196. (Cespe – Delegado de Polícia – AL/ 2012) A formalidade de tratamento está vinculada à uniformidade, à polidez e à civilidade.

COMENTÁRIOS

Certo – *As comunicações oficiais devem ser sempre formais, isto é, obedecem a certas regras de forma: além das já mencionadas exigências de impessoalidade e uso do padrão culto de linguagem, é imperativo, ainda, certa formalidade de tratamento. Não se trata somente da eterna dúvida quanto ao correto emprego deste ou daquele pronome de tratamento para uma autoridade de certo nível; mais do que isso, a formalidade diz respeito à polidez, à civilidade no próprio enfoque dado ao assunto do qual cuida a comunicação.*

A formalidade de tratamento vincula-se, também, à necessária uniformidade das comunicações. Ora, se a administração federal é una, é natural que as comunicações que expede sigam um mesmo padrão. O estabelecimento desse padrão, uma das metas deste Manual, exige que se atente para todas as características da redação oficial e que se cuide, ainda, da apresentação dos textos.

A clareza datilográfica, o uso de papéis uniformes para o texto definitivo e a correta diagramação do texto são indispensáveis para a padronização.

197. (Cespe – Delegado de Polícia – AL/ 2012) Em decorrência da finalidade dos expedientes oficiais de prestar informações claras e objetivas aos cidadãos e, quanto aos atos oficiais, de regular o funcionamento dos órgãos e entidades públicos e estabelecer regras de conduta social, é imprescindível que a linguagem adotada nos documentos oficiais seja facilmente compreensível por todos.

COMENTÁRIOS

Certo – Por seu caráter impessoal, por sua finalidade de informar com o máximo de clareza e concisão, os textos oficiais requerem o uso do *padrão culto* da língua. Há consenso de que o padrão culto é aquele em que a) se observam as regras da gramática formal, e b) se emprega um vocabulário comum ao conjunto dos usuários do idioma. É importante ressaltar que a obrigatoriedade do uso do padrão culto na redação oficial decorre do fato de que ele está acima das diferenças lexicais, morfológicas ou sintáticas regionais, dos modismos vocabulares, das idiossincrasias linguísticas, permitindo, por essa razão, que se atinja a pretendida compreensão por todos os cidadãos.

198. (Cespe – Delegado de Polícia – AL/ 2012) O uso do padrão culto nos atos e comunicações oficiais deve atender à finalidade do documento redigido, razão pela qual, na elaboração de documentos da administração pública, deve-se primar pelo emprego do jargão burocrático, próprio à natureza desses expedientes.

COMENTÁRIOS

Errado – A ***clareza*** deve ser a qualidade básica de todo texto oficial. Claro é aquele texto que possibilita imediata compreensão pelo leitor. A clareza não é algo que se atinja por si só: ela depende estritamente das demais características da redação oficial. Para ela concorrem:

a) *a impessoalidade, que evita a duplicidade de interpretações que poderia decorrer de um tratamento personalista dado ao texto;*
b) *o uso do padrão culto de linguagem, em princípio, de **entendimento geral** e por definição avesso a vocábulos de circulação restrita, como a gíria e o **jargão**;*
c) *a formalidade e a padronização, que possibilitam a imprescindível uniformidade dos textos;*
d) *a concisão, que faz desaparecer do texto os excessos linguísticos que nada lhe acrescentam.*

199. (Cespe – Delegado de Polícia – AL/ 2012) A redação de documentos oficiais deve obedecer a determinadas regras formais, tais como impessoalidade, uso do padrão culto de linguagem e formalidade de tratamento.

COMENTÁRIOS

Certo – **PECULIARIDADES DA REDAÇÃO OFICIAL**

1.1. Impessoalidade

A redação oficial deve ser isenta da interferência da individualidade. O tratamento impessoal que deve ser dado aos assuntos que constam das comunicações oficiais decorre:

a) *da ausência de impressões individuais de quem comunica;*
b) *da impessoalidade de quem recebe a comunicação; e*
c) *do caráter impessoal do próprio assunto tratado.*

1.2. Linguagem

O texto oficial requer o uso do padrão culto da língua. Padrão culto é aquele em que:

a) *se observam as regras da gramática formal,*
b) *se emprega um vocabulário comum ao conjunto dos usuários do idioma.*

A obrigatoriedade do uso do padrão culto na redação oficial procede do fato de que ele está acima das diferenças lexicais, morfológicas ou sintáticas regionais, dos modismos vocabulares, das idiossincrasias linguísticas, permitindo, por essa razão, que se atinja a pretendida compreensão por todos os cidadãos.

A linguagem técnica deve ser empregada apenas em situações que a exijam.

1.3. Formalidade

As comunicações oficiais devem ser sempre formais. Não só ao correto emprego deste ou daquele pronome de tratamento, mais do que isso, a formalidade diz respeito à polidez e à civilidade.

Julgue os seguintes itens, relativos ao formato e à adequação da linguagem das comunicações oficiais, com fundamento no Manual de Redação da Presidência da República.

---

200. (Cespe – Delegado de Polícia – AL/ 2012) Em comunicações oficiais, a linguagem técnica deve ser empregada apenas em situações que a exijam, devendo ser evitado seu uso indiscriminado, a fim de se garantir a máxima clareza e concisão.

COMENTÁRIOS

Certo – *A linguagem técnica deve ser empregada apenas em situações que a exijam, sendo de evitar o seu uso indiscriminado. Certos rebuscamentos acadêmicos, e mesmo o vocabulário próprio a determinada área, são de difícil entendimento por quem não esteja com eles familiarizado. Deve-se ter o cuidado, portanto, de explicitá-los em comunicações encaminhadas a outros órgãos da administração e em expedientes dirigidos aos cidadãos.*

---

201. (Cespe – Delegado de Polícia – AL/ 2012) Considere o seguinte trecho de um memorando.

> Memorando 001/PCAL
> Em 12 de setembro de 2012.
> Ao Sr. Chefe do Departamento de Investigações Criminais
> Assunto: Instauração de inquérito policial

COMENTÁRIOS

Errado – Erros:

1. Alinhamento:

Mem. 001/PCAL (Com a abreviação de Memorando)

Ao Sr. Chefe...

Assunto: ...

Deveriam estar alinhando à esquerda;

2 – Fechamento

Faltou o fecho:

Atenciosamente, (alinhado com uma tabulação(2,5cm) da margem de 3 cm)

[nome do signatário]

[cargo do signatário]

(centralizado).

---

202. (Cespe – Delegado de Polícia – AL/ 2012) Em uma correspondência oficial enviada por determinada entidade da administração pública indireta ao presidente do Congresso Nacional, para tratar de assuntos de relevante interesse público, deve-se empregar o vocativo "Senhor", acompanhado do cargo respectivo, escrevendo-se **Senhor Presidente do Congresso Nacional**.

COMENTÁRIOS

Errado – Para cargos de Chefes de Poder (Presidente da República, da Câmara, do Senado, do STF) deve-se usar o vocativo Excelentíssimo Senhor(a).

---

203. (Cespe – Delegado de Polícia – AL/ 2012) Caso o chefe do setor de comunicação social de uma autarquia federal vinculada a determinado ministério queira comunicar-se com o ministro de Estado respectivo, para tratar de assunto de interesse público, o documento oficial a ser por ele utilizado para esse fim será a mensagem, cujo fecho deverá conter a expressão **Respeitosamente**, por se dirigir a autoridade hierarquicamente superior.

COMENTÁRIOS

Errado – Ao colocar a palavra *respeitosamente* em negrito, a banca induziu o candidato a erro. A informação que está incorreta no item é **mensagem**, já que o correto seria **o ofício**.

---

204. (Cespe – Delegado de Polícia – AL/ 2012) Considere o seguinte trecho de um memorando.

> Memorando 001/PCAL
> Em 12 de setembro de 2012.
> Ao Sr. Chefe do Departamento de Investigações Criminais
> Assunto: Instauração de inquérito policial

– Para que o documento esteja correto, é necessário substituir-se "Ao Sr. Chefe do Departamento de Investigações Criminais" por Senhor Chefe, empregando-se uma vírgula logo após essa expressão, que deve ser deslocada para depois do campo "Assunto".

COMENTÁRIOS

Resposta: Errado – Não substituir e não empregar vírgula, pois não há vocativo.

Forma e estrutura do memorando: o *memorando* segue o modelo do *padrão ofício*, com a diferença de que o seu destinatário deve ser mencionado pelo cargo que ocupa.

Exemplos:

- Ao Sr. Chefe do Departamento de Administração
- Ao Sr. Subchefe para Assuntos Jurídicos

Exemplo de Memorando:

5 cm

Mem. 118/DJ

Em 12 de abril de 1991

Ao Sr. Chefe do Departamento de Administração

Assunto: **Administração. Instalação de microcomputadores**

1. Nos termos do Plano Geral de informatização, solicito a Vossa Senhoria

verificar a possibilidade de que sejam instalados três microcomputadores neste Departamento.

2. Sem descer a maiores detalhes técnicos, acrescento, apenas, que o ideal seria que o equipamento fosse dotado de disco rígido e de monitor padrão EGA. Quanto a programas, haveria necessidade de dois tipos: um processador de textos, e outro gerenciador de banco de dados.

3. O treinamento de pessoal para operação dos micros poderia ficar a cargo da Seção de Treinamento do Departamento de Modernização, cuja chefia já manifestou seu acordo a respeito.

4. Devo mencionar, por fim, que a informatização dos trabalhos deste Departamento ensejará racional distribuição de tarefas entre os servidores e, sobretudo, uma melhoria na qualidade dos serviços prestados.

Atenciosamente,

[nome do signatário]

[cargo do signatário]

(297 x 210mm)

Fonte: http://www.planalto.gov.br/ccivil_03/manual/manual.htm

205. (Cespe – Delegado de Polícia – AL/ 2012) É proibido o emprego do correio eletrônico nas comunicações oficiais, em face de seu caráter informal, que não atende às características precípuas da redação oficial, quais sejam, necessária formalidade, padronização e impessoalidade.

COMENTÁRIOS

Resposta: Errado – O emprego do correio eletrônico não é proibido.

Dica:

CORREIO ELETRÔNICO	
1. Definição e finalidade	O correio eletrônico (*"e-mail"*), por seu baixo custo e celeridade, transformou-se na principal forma de comunicação para transmissão de documentos.
2. Forma e Estrutura	Um dos atrativos de comunicação por correio eletrônico é sua flexibilidade. Assim, não interessa definir forma rígida para sua estrutura. Entretanto, deve-se evitar o uso de linguagem incompatível com uma comunicação oficial. O campo *assunto* do formulário de correio eletrônico mensagem deve ser preenchido de modo a facilitar a organização documental tanto do destinatário quanto do remetente. Para os arquivos anexados à mensagem deve ser utilizado, preferencialmente, o formato *Rich Text*. A mensagem que encaminha algum arquivo deve trazer informações mínimas sobre seu conteúdo.. Sempre que disponível, deve-se utilizar recurso de *confirmação de leitura*. Caso não seja disponível, deve constar da mensagem pedido de confirmação de recebimento.
3. Valor documental	Nos termos da legislação em vigor, para que a mensagem de correio eletrônico tenha *valor documental*, i. é, para que possa ser aceito como documento original, é necessário existir *certificação digital* que ateste a identidade do remetente, na forma estabelecida em lei.
	Fonte: http://www.planalto.gov.br/ccivil_03/manual/manual.htm

206. (Cespe – Delegado de Polícia – AL/ 2012) Nos documentos que seguem o padrão ofício, deve constar o campo assunto.

COMENTÁRIOS

Resposta: (Certo) – Sim, atente-se ao Manual de Redação.

Dica:

Aviso e Ofício	
1. Definição e Finalidade:	Aviso e ofício são modalidades de comunicação oficial praticamente idênticas. A única diferença entre eles é que o aviso é expedido exclusivamente por Ministros de Estado, para autoridades de mesma hierarquia, ao passo que o ofício é expedido para e pelas demais autoridades. Ambos têm como finalidade o tratamento de assuntos oficiais pelos órgãos da Administração Pública entre si e, no caso do ofício, também com particulares.
2. Forma e Estrutura:	Quanto a sua forma, aviso e ofício seguem o modelo do padrão ofício, com acréscimo do vocativo, que invoca o destinatário (v. 2.1 Pronomes de Tratamento), seguido de vírgula. Exemplos: – Excelentíssimo Senhor Presidente da República – Senhora Ministra – Senhor Chefe de Gabinete Devem constar do cabeçalho ou do rodapé do ofício as seguintes informações do remetente: – nome do órgão ou setor; – endereço postal; – telefone e endereço de correio eletrônico.
	Fonte: http://www.planalto.gov.br/ccivil_03/manual/manual.htm

Exemplo de Aviso

5 cm

Aviso nº 45/SCT-PR

Brasília, 27 de fevereiro de 1991.

A Sua Excelência o Senhor [Nome e cargo]

Assunto: **Seminário sobre uso de energia no setor público**

Senhor Ministro,

2,5 cm

Convido Vossa Excelência a participar da sessão de abertura do *Primeiro Seminário Regional sobre o Uso Eficiente de Energia no Setor Púbiico,* a ser realizado com 5 de março próximo, às 9 horas, no auditório da Escola Nacional de Administração Pública – ENAP, localizada no Setor de Áreas Isoladas Sul, nesta capital.

O Seminário mencionado incluí-se nas atividades do *Programa Nacional das Comissões Internas de Conservação de Energia em Órgão Públicos,* instituído pele Decreto nº *99.656,* de 26 de outubro de 1990.

Atenciosamente,

[nome do signatário]

[cargo do signatário]

(297 x 210mm)

Fonte: http://www.planalto.gov.br/ccivil_03/manual/manual.htm

Exemplo de Ofício

[Ministério]

[Secretaria/Departamento/Setor/Entidade]

5 cm [Endereço para correspondência].

[Endereço – continuação]

[Telefone e Endereço de Correio Eletrônico]

Ofício nº 524/1991/SG-PR

Brasília, 27 de maio de 1991.

A Sua Excelência o Senhor Deputado [Nome]

Câmara dos Deputados 70.160-900 – Brasília – DF

Assunto: **Demarcação de terras indígenas**

Senhor Deputado,

2,5 cm

1. Em complemento às observações transmitidas pelo telegrama nº154, de 24 de abril último, informo Vossa Excelência de que as medidas mencionadas em sua carta nº 6708, dirigida ao Senhor Presidente da República, estão amparadas pelo procedimento administrativo de demarcação de terras indígenas instituído pelo Decreto nº 22, de 4 de fevereiro de 1991 (cópia anexa).

2. Em sua comunicação, Vossa Excelência ressalva a necessidade de que – na definição e demarcação das terras indígenas – fossem levadas em consideração as características sócio-econômicas regionais.

3. Nos termos do Decreto nº 22, a demarcação de terras indígenas deverá ser precedida de estudos e levantamentos técnicos que atendam ao disposto no art. 231, § 1º, da Constituição Federal. Os estudos deverão incluir os aspectos etno-históricos, sociológicos, cartográficos e fundiários. O exame deste último aspecto deverá ser feito conjuntamente com o órgão federal ou estadual competente.

4. Os órgãos públicos federais, estaduais e municipais deverão encaminhar as informações que julgarem pertinentes sobre a área em estudo. E igualmente assegurada a manifestação de entidades representativas da sociedade civil.

5. Os estudos técnicos elaborados pelo órgão federal de proteção ao índio serão publicados juntamente com as informações recebidas dos órgãos públicos e das entidades civis acima mencionadas.

(297 x 210mm)

Fonte: http://www.planalto.gov.br/ccivil_03/manual/manual.htm

3,5 cm

Como Vossa Excelência pode verificar, o procedimento estabelecida

6. assegura que a decisão a ser baixada pelo Ministro de Estado da Justiça sobre os limites e a demarcação de terras indígenas seja informada de todos os elementos necessários, inclusive daqueles assinalados em sua carta, com a necessária transparência e agilidade.

Atenciosamente,

[Nome]

[cargo]

(297 x 210mm)

Fonte: http://www.planalto.gov.br/ccivil_03/manual/manual.htm

Tendo o fragmento de texto como referência inicial, julgue os itens seguintes, acerca das normas que regem a redação de correspondências oficiais.

A redação oficial deve caracterizar-se por impessoalidade, uso do padrão culto de linguagem, clareza, concisão, formalidade e uniformidade. Fundamentalmente esses atributos decorrem da Constituição (...). Sendo a publicidade e a impessoalidade princípios fundamentais de toda administração pública, claro está que devem igualmente nortear a elaboração dos atos e comunicações oficiais.

Manual de Redação da Presidência da República. 2.a ed. 2002, p. 4. Internet: <www.planalto.gov.br> *(com adaptações).*

---

207. (Delegado de Polícia – ES/ 2011 – CESPE) O uso do padrão culto da linguagem em um texto oficial reduz o tempo despendido com sua revisão, que passa a ser dispensável.

COMENTÁRIOS

Resposta: Errado – A revisão não é dispensável: *A revisão atenta exige, necessariamente, tempo. A pressa com que são elaboradas certas comunicações quase sempre compromete sua clareza. Não se deve proceder à redação de um texto que não seja seguida por sua revisão.*

---

208. (Delegado de Polícia – ES/ 2011 – CESPE) O aviso, o ofício e o memorando apresentam a mesma função; o que os distingue é fundamentalmente a diagramação adotada em sua forma.

COMENTÁRIOS

Resposta: Errado – Consulte o Manual de Redação da Presidência da República (http://www.planalto.gov.br/ccivil_03/manual/manual.htm).

---

209. (Delegado de Polícia – ES/ 2011 – CESPE) É fundamental observar o emprego correto dos pronomes de tratamento em um expediente oficial, o que, somado a outros cuidados, imprime formalidade no tratamento de assuntos públicos.

COMENTÁRIOS

Resposta: (CERTO) – *Os pronomes de tratamento (ou de segunda pessoa indireta) apresentam certas peculiaridades quanto à concordância verbal, nominal e pronominal. Embora se refiram à segunda pessoa gramatical (à pessoa com quem se fala, ou a quem se dirige a comunicação), levam a concordância para a terceira pessoa. É que o verbo concorda com o substantivo que integra a locução como seu núcleo sintático: "Vossa Senhoria nomeará o substituto"; "Vossa Excelência conhece o assunto".*

Da mesma forma, os pronomes possessivos referidos a pronomes de tratamento são sempre os da terceira pessoa: "Vossa Senhoria nomeará seu substituto" (e não "Vossa. .. vosso...").

Já quanto aos adjetivos referidos a esses pronomes, o gênero gramatical deve coincidir com o sexo da pessoa a que se refere, e não com o substantivo que compõe a locução. Assim, se nosso interlocutor for homem, o correto é "Vossa Excelência está atarefado", "Vossa Senhoria deve estar satisfeito"; se for mulher, "Vossa Excelência está atarefada", "Vossa Senhoria deve estar satisfeita".

210. (Delegado de Polícia – RO/ 2009 – FUNCAB) Um texto oficial, além de seguir as regras gramaticais, requer um tom mais formal, repudiando a linguagem coloquial. Qual dos trechos abaixo é escrito numa linguagem que NÃO poderia constar de um texto desse tipo?

a) "A ideia é mais ou menos esta: todos nós temos desejos, ambições e desafios que podem ser definidos como o mundo que você quer abraçar."

b) "Curiosamente, à medida que a distância entre seus sonhos e suas competências diminui pelo seu próprio sucesso, surge frustração, e não felicidade."

c) "O segundo passo é saber exatamente seu nível de competências, sem arrogância nem enganos, tão comuns entre os intelectuais."

d) "Saber administrar a distância entre seus desejos e suas competências é o grande segredo da vida."

e) "O primeiro passo é definir corretamente o tamanho de seu sonho, o tamanho de sua ambição."

COMENTÁRIOS

Resposta correta: "a": O trecho é informal, linguagem coloquial, o que se percebe bem através do uso do pronome de terceira pessoa – você e de primeira pessoa – nós.

Os trechos das opções B, C, D e E estão escritos em tom e linguagem mais formais e os pronomes foram utilizados corretamente.

11. INTERPRETAÇÃO DE TEXTO

Interpretar é concluir, deduzir a partir dos dados coletados.

O tempo, na prova, é muito curto, por isso é necessário trabalhar com dicas para não precisar reler o texto. Lembre-se de que interpretar é objetivo, ou seja, a opinião do leitor nada importa. A resposta correta é direcionada ao que o autor escreveu e não àquilo que o leitor achou ou acha sobre o assunto. Dicas rápidas para melhorar o desempenho no final do capítulo.

Texto para responder às questões.

A existência da polícia se justifica pela imprescindibilidade dessa agência de segurança para a viabilidade do poder de coerção estatal. Em outras palavras, como atestam clássicos do pensamento político, a sua ausência culminaria na impossibilidade de manutenção de relações pacificadas. Devido a seu protagonismo e sua importância na organização e garantia da reprodução das normas legais, o Estado democrático não pode abdicar dessa instituição.

Para que a atuação policial ocorra dentro dos parâmetros democráticos, é essencial que haja a implementação de um modelo de policiamento que corresponda aos preceitos constitucionais, promovendo-se o equilíbrio entre os pressupostos de liberdade e segurança.

No que tange às organizações policiais, falar em participação na segurança pública envolve, necessariamente, a discussão sobre o desenvolvimento do policiamento comunitário, o único modelo de policiamento que define a participação social como um de seus componentes centrais. Para analisar essa participação, é preciso verificar se a ação promovida pelo modelo de policiamento comunitário é efetiva como ferramenta de controle social legítimo da atividade policial e se ela produz uma participação equânime.

Almir de Oliveira Junior (Org.) Instituições participativas no âmbito da segurança pública: programas impulsionados por instituições policiais. Rio de Janeiro: IPEA, 2016, p. 13 (com adaptações).

211. (Cespe – Delegado de Polícia – PC – SE/2018) De acordo com o texto, a polícia atua a serviço do Estado democrático, assegurando tanto o poder de coerção como a manutenção do Estado.

( ) certo ( ) errado

COMENTÁRIOS

✪ **Nota da autora:** Antes, é necessário saber a diferença entre compreensão textual e interpretação – assunto muito exigido pela banca CESPE/Cebraspe.

- **Interpretar**: consiste em saber o que se infere (conclui) do que está escrito. Os comandos de Interpretação (está fora do texto) são: depreende-se/infere-se/conclui-se do texto; o texto permite deduzir; é possível subentender a partir do texto; qual a intenção do autor quando afirma; o texto possibilita o entendimento; com o apoio do texto, infere-se; o texto encaminha o leitor para; pretende o texto mostrar que o leitor...; o texto possibilita deduzir.
- **Compreender**: consiste em analisar o que realmente está escrito, ou seja, coletar dados do texto. Os comandos de compreensão (está no texto) são: segundo o texto; o autor/narrador do texto diz; o texto informa; no texto; tendo em vista o texto; de acordo com o texto; o autor sugere; o autor afirma; na opinião do autor do texto.

Sabemos que a questão é de compreensão textual (de acordo com o texto). No primeiro parágrafo do texto: **poder de coerção estatal** e **manutenção de relações pacificadas**; no comando da questão: **poder de coerção** e **manutenção do Estado**. Trata-se de extrapolação textual.

ERRADO

212. (Cespe – Delegado de Polícia – PC – SE/2018) Por ser o único modelo de policiamento que tem na participação social um de seus componentes centrais, o policiamento comunitário garante a real participação dos membros da população na segurança pública.

COMENTÁRIOS

No texto: *Para analisar essa participação* (social), é preciso verificar *se a ação promovida pelo modelo de policiamento comunitário é efetiva como ferramenta de controle social legítimo da atividade policial.* Se é preciso verificar, não pode garantir.

ERRADO

▸ **TEXTO PARA RESPONDER ÀS QUESTÕES.**

O Departamento de Atendimento a Grupos Vulneráveis (DAGV) da Polícia Civil de Sergipe atende a um público específico, que frequentemente se torna vítima de diversos tipos de violência. Idosos, homossexuais, mulheres, crianças e adolescentes têm recebido atenção constante no DAGV, onde o atendimento ganha força e se especializa diariamente.

A unidade surgiu como delegacia especializada em setembro de 2004. Agentes e delegados de atendimento a grupos vulneráveis realizam atendimento às vítimas, centralizam procedimentos relativos a crimes contra o público vulnerável registrados em outras delegacias, abrem inquéritos e termos circunstanciados e fazem investigações de queixas.

Internet: <www.ssp.se.gov.br> (com adaptações).

213. (Cespe – Delegado de Polícia – PC – SE/2018) Predomina no texto a tipologia narrativa, a qual é adequada ao propósito comunicativo de apresentar ao leitor um relato linear e objetivo da história do DAGV desde o seu surgimento até os dias atuais.

COMENTÁRIOS

✪ **Nota da autora:** Chamamos de **tipo textual** a forma como o texto se apresenta, isto é, uma estrutura bem definida com características determinantes, relacionadas à natureza linguística (aspectos lexicais, sintáticos e lógicos) e à função exercida.

TIPOLOGIA TEXTUAL
NARRATIVO (função: emocionar, causar prazer estético, entreter)
DESCRITIVO (função: representar algo ou alguém por meio de suas características)
DISSERTATIVO (função: expor algum assunto de modo sistemático, abrangente e profundo)
EXPOSITIVO (função: apresentar informações)
INJUNTIVO (função: instruir, prescrever)

Características

Narrativo: sua principal característica é contar uma história, real ou fictícia, geralmente situada em um tempo e espaço, com personagens e narrador.

Descritivo: tem por objetivo apresentar, objetiva ou subjetivamente, características de objetos, ações, pessoas ou situações de modo estático.

Dissertativo: é o tipo de texto que analisa e interpreta dados da realidade por meio de conceitos abstratos. Quando pretende conquistar a adesão do leitor, torna-se um texto opinativo em que as ideias são desenvolvidas por meio de estratégias argumentativas. Daí o nomeamos de texto dissertativo-argumentativo.[43]

Não se trata de um texto narrativo, mas sim de um **texto dissertativo**, pois possui o objetivo de informar (dissertativo informativo).

Características do texto informativo: é escrito em prosa, sendo utilizada a 3.ª pessoa do discurso; fornece informações verdadeiras e objetivas sobre um determinado tema; utiliza o sentido denotativo da linguagem, para informar o receptor da mensagem de forma clara e direta; não utiliza figuras de linguagem nem o sentido conotativo das palavras, de modo a evitar ambiguidade e diversidade de interpretações; não expressa opiniões pessoais nem reflete possíveis indagações do autor; assume um caráter prático e utilitário; apresenta citações, fontes, dados e pesquisas, de forma a provar a sua credibilidade.[44]

ERRADO

214. (Cespe – Delegado de Polícia – PC – SE/2018) De acordo com o segundo período do texto, o DAGV é um espaço destinado a alojar grupos vulneráveis, como idosos, homossexuais, mulheres, crianças e adolescentes, dando-lhes refúgio e proteção constante.

COMENTÁRIOS

✪ **Nota da autora:** Questão de compreensão textual (de acordo com o texto).

No texto: *O DAGV **atende** a um público específico, que frequentemente se torna vítima de diversos tipos de violência.* = não "aloja". Os grupos, segundo o texto, *têm recebido **atenção** constante*, não "proteção".

ERRADO

▸ **TEXTO PARA RESPONDER À QUESTÃO.**

(...)
Às vezes eu falo com a vida
Às vezes é ela quem diz
Qual a paz que eu não quero
Conservar para tentar ser feliz

As grades do condomínio
São para trazer proteção
Mas também trazem a dúvida
Se é você que está nessa prisão
Me abrace e me dê um beijo
Faça um filho comigo
Mas não me deixe sentar
Na poltrona no dia de domingo.
(...)

O Rappa. Minha Alma (A Paz Que Eu Não Quero).
In: Álbum Lado B Lado A. Warner Music Group, 1999 (com adaptações).

43. BRAFF, Roseli e NOGUEIRA, Duda. Português Jurídico. Salvador: Editora JusPodivm, 2019.

44. NORMA CULTA. Disponível em <https://www.normaculta.com.br/texto-informativo/>. Acesso em 16 fev. 2019.

215. (Cespe – Delegado de Polícia – PC – SE/2018) No trecho apresentado, a associação de "As grades do condomínio" (v.5) com as palavras "proteção" (v.6) e "prisão" (v.8) remete a uma solução encontrada pelos cidadãos que, para se proteger da violência, se privam de sua liberdade, tornando-se prisioneiros em seus lares.

( ) certo ( ) errado

COMENTÁRIOS

Quanto à **proteção da violência**: As grades do condomínio / **São para trazer proteção.**

Quanto à **privação da liberdade**: Mas também (as grades) trazem a dúvida / Se é você que está nessa prisão.

CERTO

▸ **TEXTO I**

O meio ambiente e a sustentabilidade

Nunca antes se debateu tanto sobre o meio ambiente e a sustentabilidade. As graves alterações climáticas, as crises no fornecimento de água devido à falta de chuva, à destruição dos mananciais e à constatação clara e cristalina de que, se não fizermos nada para mudar, o planeta será alterado de tal forma que a vida como a conhecemos deixará de existir.

Cientistas, pesquisadores amadores e membros de organizações não governamentais se unem, ao redor do planeta, para discutir e levantar sugestões que possam trazer a solução definitiva ou, pelo menos, encontrar um ponto de equilíbrio que desacelere a destruição que experimentamos nos dias atuais. A conclusão, praticamente unânime, é de que políticas que visem à conservação do meio ambiente e à sustentabilidade de projetos econômicos de qualquer natureza devem sempre ser a ideia principal e a meta a ser alcançada para qualquer governante.

Em paralelo às ações governamentais, todos os cidadãos devem ser constantemente instruídos e chamados à razão para os perigos ocultos nas intervenções mais inocentes que realizam no meio ambiente a sua volta; e para a adoção de práticas que garantam a sustentabilidade de todos os seus atos e ações. Destinar corretamente os resíduos domésticos; a proteção dos mananciais que se encontrem em áreas urbanas e a prática de medidas simples a fim de que estabeleçam a cultura da sustentabilidade em cada família.

Assim, reduzindo-se os desperdícios, os despejos de esgoto doméstico nos rios e as demais práticas ambientais irresponsáveis, os danos causados ao meio ambiente serão drasticamente minimizados e a sustentabilidade dos assentamentos humanos e atividades econômicas de qualquer natureza estarão asseguradas.

Estimular o plantio de árvores, a reciclagem de lixo, a coleta seletiva, o aproveitamento de partes normalmente descartadas dos alimentos como cascas, folhas e talos; assim como o desenvolvimento de cursos, palestras e estudos que informem e orientem todos os cidadãos para a importância da participação e do engajamento nesses projetos e nessas soluções simples para fomentar a sustentabilidade e a conservação do meio ambiente são ações necessárias.

Uma medida bem interessante é ensinar cada família a calcular sua influência negativa sobre o meio ambiente (suas emissões) e orientá-las a proceder de forma a neutralizá-las; garantindo a sustentabilidade da família e contribuindo enormemente para a conservação do meio ambiente em que vivem. Mas, como se faz para calcular essas emissões? Na verdade é uma conta bem simples: basta calcular a energia elétrica consumida pela família; o número de carros e outros veículos que ela utilize e a forma como o faz e os resíduos que ela produza. A partir daí, cada família poderá dar a sua contribuição para promover práticas e procedimentos que garantam a devolução à natureza de tudo o que usaram e, com essa ação, gerar novas oportunidades de renda e de bem-estar social para sua própria comunidade.

O mais importante de tudo é educar e fazer com que o cidadão comum entenda que tudo o que ele faz ou fará, gerará um impacto no meio ambiente que o cerca. E que só com práticas e ações que visem à sustentabilidade dessas práticas, estará garantindo uma vida melhor e mais satisfatória, para ela mesma, e para as gerações futuras.

(Fonte: http://www.ecologiaurbana.com.br/conscientizacao/meio-ambiente-sustentabilidade/Adaptação)

216. (Fundatec – Delegado de Polícia – PC – RS/2018) Todas as ações a seguir descritas constituem-se em um rol indicado pelo texto como sugestões para que se encontre um ponto de equilíbrio, EXCETO:

a) Destinar corretamente os resíduos domésticos.
b) Instalar, no âmbito familiar, a prática e a cultura da sustentabilidade.
c) Plantar árvores e proceder à reciclagem do lixo.
d) Orientar as famílias a buscar a neutralização das emissões equivocadas que fazem e que prejudicam o meio ambiente, bem como orientá-las a buscar a neutralização dessas emissões.
e) Ajudar os núcleos familiares a calcular o consumo de energia e de combustível, a fim de que isso possa ajudar a diminuir a diferença entre a renda e as despesas.

COMENTÁRIOS

Alternativa "a": No texto: ***Destinar corretamente os resíduos domésticos****; a proteção dos mananciais que se encontrem em áreas urbanas e a prática de medidas simples (...)*

Alternativa "b": No texto: *a fim de que estabeleçam a* ***cultura da sustentabilidade em cada família.***

Alternativa "c": No texto: ***Estimular o plantio de árvores, a reciclagem de lixo****, a coleta seletiva, o aproveitamento de partes normalmente descartadas dos alimentos como cascas, folhas e talos.*

Alternativa "d": No texto: *Uma medida bem interessante é* ***ensinar cada família a calcular sua influência***

negativa sobre o meio ambiente (suas emissões) e orientá-las a proceder de forma a neutralizá-las.

Alternativa "e": Para encontrar o ponto de equilíbrio, o autor não menciona o fator econômico – diminuir a diferença entre renda e despesas.

Alternativa correta: letra "e".

---

217. (Fundatec – Delegado de Polícia – PC – RS/2018) Levando-se em conta que a conservação do meio ambiente e a prática de ações que tenham por fundamento a sustentabilidade são de suma relevância e devem ser perseguidas pelos governantes, avalie os itens a seguir e assinale aquele que tem mais relevância para que, de fato, ocorra impacto no meio ambiente.

a) Economia.
b) Persistência.
c) Educação.
d) Desperdício.
e) Reducionismo.

COMENTÁRIOS

Alternativa "a": É apenas uma consequência: *reduzindo-se os desperdícios, os despejos de esgoto doméstico nos rios e as demais práticas ambientais irresponsáveis, os danos causados ao meio ambiente serão drasticamente minimizados e a sustentabilidade dos assentamentos humanos e atividades econômicas de qualquer natureza estarão asseguradas.*

Alternativa "b": A persistência não é a parte que se sobressai.

Alternativa "c": No último parágrafo, o autor conclui: ***O mais importante de tudo é educar** e fazer com que o cidadão comum entenda que tudo o que ele faz ou fará, gerará um impacto no meio ambiente que o cerca.*

Alternativa "d": Cita apenas é preciso reduzir o desperdício.

Alternativa "e": Menciona que *reduzindo-se os desperdícios, os despejos de esgoto doméstico nos rios e as demais práticas ambientais irresponsáveis, os danos causados ao meio ambiente serão drasticamente minimizados.* A redução também não se sobressai.

Alternativa correta: letra "c".

▸ TEXTO II

Os pilares da sustentabilidade: os desafios ambientais do século XXI para a iniciativa privada

Entre os pilares para o desenvolvimento sustentável – aquele capaz de garantir as necessidades da geração atual sem comprometer a futura – está a preservação e manutenção do meio ambiente. Nos últimos tempos, tem sido uma das pautas mais discutidas por líderes políticos e empresariais de todo o mundo, principalmente por conta dos impactos das mudanças climáticas.

Mesmo o Brasil, um país rico em recursos naturais, já sente as consequências dos eventos extremos, como a seca que persiste no Nordeste e deixa muitas famílias sem acesso à água, recurso essencial para a manutenção da vida. Por isso, pensar em formatos mais eficientes de uso é uma atitude urgente e que deve permear as organizações, os governos e a própria sociedade.

Em 2015, o Brasil entrou para o grupo das 197 nações signatárias do Acordo de Paris, que determinou metas para manter o aquecimento global bem abaixo de 2°C até 2030.

Ana Carolina Avzaradel Szklo, Gerente Sênior de Projetos e Assessora Técnica do CEBDS (Conselho Empresarial Brasileiro para o Desenvolvimento Sustentável), acredita que esses eventos climáticos extremos têm contribuído para que as empresas incorporem a sustentabilidade em suas agendas. As atitudes para reverter esse quadro preocupante devem ser trabalhadas em conjunto, porque o setor privado apresenta um papel tão importante quanto o governo para a efetivação das ações.

Neste contexto, é importante que a sustentabilidade faça parte da organização como um todo, principalmente, da mais alta instância decisória. Investimentos em inovação para tornar processos mais eficientes podem contribuir com uma série de oportunidades para as organizações.

Uma das tendências que estão sendo trabalhadas internacionalmente e sobre o que o CEBDS tem promovido debates com o setor privado é a precificação do carbono. A medida defende a cobrança pela emissão do CO2, o que faz com que as empresas tenham um maior controle sobre os seus processos. Além disso, impulsiona uma economia mais limpa e que consequentemente pode frear o aquecimento global.

Para consolidar uma economia com baixa emissão de carbono, é necessário pensar em toda a cadeia de produção da economia, desde a extração da matéria-prima, o transporte, a produção e até o descarte. Trabalhando com esses rejeitos, evita-se que os materiais acabem em aterros e lixões – locais em que a decomposição emite gases responsáveis pelo efeito estufa, como o metano e o gás carbônico. Com a reciclagem, os resíduos viram matéria-prima novamente, o que evita a extração e colabora para o uso racional de recursos naturais.

Com a ideia de eliminar o lixo, a empresa precisa investir bastante para reciclar materiais não convencionais como esponjas de limpeza, cosméticos, tubos de pasta de dente, lápis e canetas. Por não terem fluxos regulares de reciclagem, fazer o processo com esses rejeitos sai bem mais caro. "Esses materiais são considerados 'não recicláveis', pois o custo para reciclá-los é superior ao valor obtido com a matéria-prima resultante do processo. Percebemos, portanto, que não existe efetivamente nada que não possa ser reciclado. O que existem são resíduos que valem a pena do ponto de vista financeiro, e outros não, justamente por serem complexos", explica Pirrongelli da TerraCycle.

O programa de coleta da TerraCycle engaja consumidores e produtores em seu processo. Não são apenas os produtos de difícil reciclabilidade que preocupam ambientalistas, governos e empresas ao redor do mundo.

Mesmo materiais que já têm processos consolidados, como o plástico, acabam em lixões e aterros, onde demoram anos para se decompor. Relatórios divulgados no início deste ano pela Ellen MacArthur Foundation mostram que cerca de oito bilhões de toneladas de plástico são descartados nos mares por ano – quantidade equivalente a um caminhão de lixo por minuto. A organização calculou que, se esse ritmo continuar, haverá mais plástico do que peixe nos oceanos em 2050.

Por isso, a maior procura por produtos biodegradáveis sinaliza a crescente preocupação do setor privado em relação ao meio ambiente. Nesse aspecto, a tecnologia é um aspecto fundamental para a sustentabilidade.

Soluções como o plástico hidrossolúvel têm sido cada vez mais procuradas como um meio de evitar o problema do descarte irresponsável. O material é novidade no Brasil e na América Latina e consiste em um plástico que se dissolve na água em apenas alguns segundos. Há também, nesse mesmo viés, bobinas, saquinhos hidrossolúveis sob medida, entretelas, entre outros. Essa solução, de acordo com um empresário do setor, traz diversas vantagens ao comprador, como: redução de custos em transporte e armazenagem, devido à concentração de produto na embalagem hidrossolúvel; diminuição no uso e descarte do plástico convencional, que pode gerar créditos de carbono e também traz segurança na aplicação e no manuseio de substâncias químicas que podem ser nocivas para o ser humano. As empresas podem contribuir para um desenvolvimento sustentável valorizando produtos que têm um apelo sustentável, criando uma cultura organizacional voltada para essas questões e investindo em desenvolvimento de novas alternativas. É importante também que a organização, além de realizar esses processos, valorize que os mesmos sejam adotados por toda cadeia produtiva, envolvendo desde seus fornecedores até seus clientes.

(Fonte: Amcham Brasil, 26 de maio 2017 – http://economia.estadao.com.br/blogs – Texto adaptado)

---

218. (Fundatec – Delegado de Polícia – PC – RS/2018) Todos os aspectos a seguir listados vêm ao encontro da busca pela sustentabilidade no âmbito das empresas, conforme o texto, EXCETO:

a) Preservação do meio ambiente.

b) Manutenção do aquecimento global.

c) Incorporação da sustentabilidade no contexto das organizações.

d) Promover um processo econômico que prime pela baixa emissão de carbono.

e) Uso de produtos biodegradáveis.

COMENTÁRIOS

Alternativa "a": No texto: *Entre os pilares para o desenvolvimento sustentável – aquele capaz de garantir as necessidades da geração atual sem comprometer a futura – está **a preservação e manutenção do meio ambiente**.*

Alternativa "b": É a única opção que possui aspecto negativo. Muito fácil resolver a questão.

Alternativa "c": ... é importante que a sustentabilidade faça parte da organização *como um todo, principalmente, da mais alta instância decisória.*

Alternativa "d": *Para **consolidar uma economia com baixa emissão de carbono**, é necessário pensar em toda a cadeia de produção da economia, desde a extração da matéria-prima, o transporte, a produção e até o descarte.*

Alternativa "e": ... ***a maior procura por produtos biodegradáveis sinaliza a crescente preocupação do setor privado em relação ao meio ambiente***.

Alternativa correta: letra "b".

▸ TEXTO III

Sustentabilidade no Brasil: questão ambiental ou econômica?

O Brasil é um dos países com maior interesse sustentável no mundo, alcançando o valor de pontos nos dados do Google Trends, que tem o valor máximo de 100. Sempre houve uma grande pressão mundial sobre o Brasil. O país com a maior floresta e com a maior reserva de água doce do mundo tem sido cobrado pela preservação disso tudo. Uma tarefa nada fácil para o governo brasileiro, pois a nação precisa crescer e se desenvolver, algo que os grandes países já fizeram sem se preocuparem com o futuro do planeta, agredindo sem escrúpulos o meio ambiente.

Logo, a #Sustentabilidade ganha um enorme foco, causando grandes debates a respeito de sua importância, e planejamentos complexos, para que, junto com ela, venha também o desenvolvimento e não o retrocesso.

Segundo dados do Google Trends, o maior interesse a respeito do tema Sustentabilidade se concentra na Região Norte e Nordeste.

Como pode-se observar, 5 dos 7 estados da Região Norte aparecem entre os mais citados, curiosamente onde se concentra a maior parte das florestas do país, ao mesmo tempo, também um baixo IDH (Índice de Desenvolvimento Humano).

Os estados com maiores interesses no tema são, na prática, os lugares onde mais se precisa aplicar a sustentabilidade. Como é um assunto em foco, é por isso que as regiões mais atrasadas estão tentando mudar a situação atual, com o governo criando leis e começando a punir quem agride o meio ambiente.

Os dados do IBGE comprovam o interesse na situação atual.

Uma pesquisa revelou que 89,3% dos municípios do Nordeste e um total de 85,5% do Norte destinam seus resíduos sólidos para lixões, onde não ocorre nenhum tipo de tratamento ou reaproveitamento. Especificamente no Pará, isso ocorre em 94,4% das cidades.

Na prática, o dinheiro reflete muito na questão da sustentabilidade, em que estados mais pobres não têm condição de arcar com essas mudanças. O interesse é enorme, mas o progresso é lento.

O discurso do clima não é mais ambiental, é econômico.

(Fonte: https://br.blastingnews.com/sociedade-opiniao – Texto adaptado.)

219. (Fundatec – Delegado de Polícia – PC – RS/2018) Relativamente aos três textos que compõem esta prova, afirma-se que:

I. Todos os três abordam o tema sustentabilidade.

II. O primeiro texto faz referências às ações necessárias à manutenção do meio ambiente com vistas à sustentabilidade.

III. O segundo texto constrói sua argumentação, relacionando sustentabilidade e ações em nível de pesquisas que futuramente farão a diferença.

IV. No terceiro texto, o foco é a política brasileira no que tange ao meio ambiente.

Quais estão corretas?

a) Apenas I e IV.

b) Apenas II e III.

c) Apenas I, II e III.

d) Apenas II, III e IV.

e) I, II, III e IV.

COMENTÁRIOS

I. **Certa.** É o assunto dos três textos, basta conferir os títulos: 1. O meio ambiente e a **sustentabilidade**; 2. Os pilares da **sustentabilidade**: os desafios ambientais do século XXI para a iniciativa privada; 3. **Sustentabilidade** no Brasil: questão ambiental ou econômica?

II. **Certa.** Ideias mencionadas no segundo parágrafo e no último.

III. **Certa.** Ideia exposta na conclusão (último parágrafo).

IV. **Errada.** O foco é a sustentabilidade: ***a #Sustentabilidade ganha um enorme foco**, causando grandes debates a respeito de sua importância, e planejamentos complexos, para que, junto com ela, venha também o desenvolvimento e não o retrocesso.*

Alternativa correta: letra "c".

▸ **TEXTO I**

(O texto reporta-se, em seu início, a uma galeria de fotos de pessoas que foram submetidas a trabalho escravo, no Brasil).

ESCRAVOS NO SÉCULO XXI

Os 48 retratos ao lado formam uma galeria que o país não gosta de ver. São vários Antônios, vários Franciscos, vários Josés e uma Vicentina, que dão carne e osso a um grande drama brasileiro: o trabalho em condições análogas às de escravidão. Sim, todas essas pessoas foram escravizadas – em pleno século XXI. Enredadas em dívidas impagáveis, manipuladas pelos patrões e submetidas a situações deploráveis no trabalho, elas chegaram a beber a mesma água que os porcos e algumas sofreram a humilhação máxima de ser espancadas, para não falar de constantes ameaças de morte. Quando os livros escolares informam que a escravidão foi abolida no Brasil em 13 de maio de 1888, há exatos 130 anos, fica faltando dizer que encerrou a escravidão negra – e que, ainda hoje, a escravidão persiste, só que agora é multiétnica.

Estima-se que atualmente 160.000 brasileiros trabalhem e vivam no país em condições semelhantes às de escravidão – ou seja, estão submetidos a trabalho forçado, servidão por meio de dívidas, jornadas exaustivas e circunstâncias degradantes (em relação a moradia e alimentação, por exemplo). Comparada aos milhões de africanos trazidos para o país para trabalhar como escravos, a cifra atual poderia indicar alguma melhora, mas abrigar 160.000 pessoas escravizadas é um escândalo humano de proporções épicas.

(...)

(Revista VEJA, Editora Abril, edição 2581, ano 51, n° 19, 9 de maio de 2018, p. 81-87).

220. (Nucepe – Delegado de Polícia – PC – PI/2018) O texto aborda um tema que suscita discussão e convida a um posicionamento crítico do seu elaborador. Só NÃO se observa a sinalização de um posicionamento sobre a questão discutida, por parte do seu autor, em:

a) Sim, todas essas pessoas foram escravizadas – em pleno século XXI.

b) ...e algumas sofreram a humilhação máxima de ser espancadas, para não falar de constantes ameaças de morte.

c) ... fica faltando dizer que encerrou a escravidão negra – e que, ainda hoje, a escravidão persiste, só que agora é multiétnica.

d) Estima-se que atualmente 160.000 brasileiros trabalhem e vivam no país em condições semelhantes às de escravidão...

e) ...mas abrigar 160.000 pessoas escravizadas é um escândalo humano de proporções épicas.

COMENTÁRIOS

Alternativa "a": Posicionamento: ***em pleno*** século XXI.

Alternativa "b": Posicionamento: *humilhação **máxima**.*

Alternativa "c": Posicionamento: ***a escravidão** persiste, só que agora* é multiétnica.

Alternativa "d": São apresentados dados, não há posicionamento do autor.

Alternativa "e": Posicionamento: ***escândalo** humano de proporções* épicas.

Alternativa correta: letra "d".

▸ **TEXTO II**

(https://www.google.com.br/search? – Acesso em 7.5.2018)

221. (Nucepe – Delegado de Polícia – PC – PI/2018) Os sentidos do texto e seu efeito de humor são promovidos por recursos de linguagem verbal e por recursos visuais específicos. Contextualmente, esse efeito de humor é produzido

a) pela expressividade marcada na polissemia de "se vira", evidenciada na intenção comunicativa do locutor.
b) pela expressão "se vira" que, em ambas as ocorrências, aparece com o mesmo sentido, por isso marcadas pela sinonímia.
c) pelo recurso da reiteração evidenciado pelo locutor ao proferir a expressão "é como falei".
d) pela interpretação antonímica que o interlocutor faz em relação à expressão "se vira", nas duas ocorrências.
e) pelo caráter irônico do locutor, evidenciado na sua preocupação ao proferir as palavras "e o que eu faço se eu atirar e matar você?"

COMENTÁRIOS

Alternativa "a": Polissemia: apresenta um grande número significados em uma só palavra. O significado dependerá do contexto em que a palavra está inserida. A expressão "se vira" possui o sentido de virar-se (literalmente) e o sentido de resolver a situação.

Alternativa "b": Não são sinônimas. Em 1, é para ele mudar de posição; em 2, é para encontrar uma solução.

Alternativa "c": Não há efeito de repetição, pois os significados são distintos.

Alternativa "d": Não são interpretações opostas.

Alternativa "e": A ironia está no uso da expressão "se vira".

Alternativa correta: letra "a".

▸ TEXTO III

A complexa questão da segurança do Brasil

O Brasil vive hoje uma grande crise de segurança pública. Isso não é segredo para ninguém. Na realidade, a sensação de medo é algo que parece presente em vários setores da sociedade em nosso país. Só em Pernambuco, foram mais de cinco mil assassinatos em 2017. São números de guerra. E os relatos de situações de violências vividas estão presentes em todos os espaços. Muitas vezes são o tema principal de programas de televisão, porém muito pouco é tratado sobre como resolver. E esta é a grande questão sobre a qual precisamos nos debruçar.

Uma coisa é certa: a violência é um problema complexo. E problemas complexos possuem soluções complexas. Qualquer que seja o discurso que tente apresentar uma solução simples para estes problemas é incabível. Um exemplo é o discurso que a solução para a violência passa pela liberação de armas para os "cidadãos de bem" poderem se defender.

O que a ciência comprova é que liberar armas não resolve absolutamente nada quanto ao problema da segurança pública. Um estudo recente liberado pela Escola de Saúde Pública de Harvard fez uma síntese de vários destes pontos e comprova a tese.

Entre algumas das conclusões, uma delas é que armas de fogo são usadas mais frequentemente para assustar e intimidar do que para defesa própria. Outra conclusão alarmante é que armas de fogo em casa são usadas normalmente mais para intimidar pessoas íntimas e familiares que para evitar crimes.

(...)

De toda forma, este é um assunto que está novamente na ordem do dia e não pode deixar de ser tratado. Porém, estes discursos fáceis de que a solução para a violência está em liberar armas ou colocar o exército nas ruas não resolvem. Nunca resolveu. Por que resolveria agora? Estão aí os números que falam por si. Mas, de um jeito ou de outro, o debate precisa ser travado. (...)

Edição: Monyse Ravenna

(https://www.brasildefato.com.br/2018/02/26/a-complexa-questao-da-seguranca-do-brasil/- Aristóteles Cardona Júnior – Acesso em 7.5.2018)

222. (Nucepe – Delegado de Polícia – PC – PI/2018) Pela leitura do texto, depreende-se que o autor

a) apresenta propostas de solução para o drama da violência, vivido hoje pela população dos grandes centros urbanos.
b) tenciona colocar em pauta o debate sobre o estado de violência que permeia a nossa sociedade e que nos atormenta a vida, embora não apresente uma solução, objetivamente.
c) traz uma discussão por meio de argumentos contrários àqueles que são levantados pela ciência para posicionar-se contrariamente ao uso de armas de fogo pela sociedade.
d) concorda com o uso de armas de fogo argumentando que embora elas sejam perigosas nas mãos de quem não sabe usá-las, são necessárias em caso de defesa pessoal.
e) esclarece sobre a complexidade do problema da violência e revela-se favorável ao auxílio do exército para solucioná-lo.

COMENTÁRIOS

Alternativa "a": Em momento algum, o autor apresenta solução.

Alternativa "b": Debate e não apresenta solução.

Alternativa "c": Os argumentos são favoráveis.

Alternativa "d": Não concorda com o uso de armas.

Alternativa "e": Não se revela favorável.

Alternativa correta: letra "b".

223. (Nucepe – Delegado de Polícia – PC – PI/2018) O segmento marcado em: *De toda forma, **este é um assunto** que está novamente na ordem do dia e não pode deixar de ser tratado*, retoma, textual e especificamente, a questão

a) das consequências da violência em si, na vida de cada um.

b) dos mais de cinco mil assassinatos em Pernambuco, em 2017.

c) das discussões sobre o tema da violência empreendidas pelos meios de comunicação.

d) da liberação das armas de fogo para uso do cidadão comum e suas consequências.

e) dos números da violência, que falam por si, no país.

COMENTÁRIOS

✪ **Nota da autora:** Questão de interpretação e de coesão textual.

Alternativa "a": O assunto que está na ordem do dia é a liberação das armas.

Alternativa "b": Cita o número apenas para demonstrar que a situação é alarmante.

Alternativa "c": Discussões sobre a liberação das armas.

Alternativa "d": No segundo parágrafo: *Um exemplo é o discurso que a solução para a violência passa pela **liberação de armas para os "cidadãos de bem"** poderem se defender.* No quarto parágrafo, as **consequências**: *armas de fogo em casa são usadas normalmente mais para intimidar pessoas íntimas e familiares que para evitar crimes.*

Alternativa "e": Retoma a questão da liberação das armas, não os números da violência.

Alternativa correta: letra "d".

▸ **TEXTO PARA RESPONDER À QUESTÃO.**

Vamos partir de uma situação que grande parte de nós já vivenciou. Estamos saindo do cinema, depois de termos visto uma adaptação de um livro do qual gostamos muito. Na verdade, até que gostamos do filme também: o sentido foi mantido, a escolha do elenco foi adequada, e a trilha sonora reforçou a camada afetiva da narrativa. Por que então sentimos que algo está fora do lugar? Que está faltando alguma coisa?

O que sempre falta em um filme sou eu. Parto dessa ideia simples e poderosa, sugerida pelo teórico Wolfgang Iser em um de seus livros, para afirmar que nunca precisamos tanto ler ficção e poesia quanto hoje, porque nunca precisamos tanto de faíscas que ponham em movimento o mecanismo livre da nossa imaginação. Nenhuma forma de arte ou objeto cultural guarda a potência escondida por aquele monte de palavras impressas na página.

Essa potência vem, entre outros aspectos, do tanto que a literatura exige de nós, leitores. Não falo do esforço de compreender um texto, nem da atenção que as histórias e os poemas exigem de nós – embora sejam incontornáveis também. Penso no tanto que precisamos investir de nós, como sujeitos afetivos e como corpos sensíveis, para que as palavras se tornem um mundo no qual penetramos.

Somos bombardeados todo dia, o dia inteiro, por informações. Estamos saturados de dados e de interpretações. A literatura – para além do prazer intelectual, inegável – oferece algo diferente. Trata-se de uma energia que o teórico Hans Ulrich Gumbrecht chama de "presença" e que remete a um contato com o mundo que afeta o corpo do indivíduo para além e para aquém do pensamento racional.

Muitos eventos produzem presença, é claro: jogos e exercícios esportivos, shows de música, encontros com amigos, cerimônias religiosas e relações amorosas e sexuais são exemplos óbvios. Por que, então, defender uma prática eminentemente intelectual, como a experiência literária, com o objetivo de "produzir presença", isto é, de despertar sensações corpóreas e afetos? A resposta está, como já evoquei mais acima, na potência guardada pela ficção e pela poesia para disparar a imaginação. Mas o que é, afinal, a imaginação, essa noção tão corriqueira e sobre a qual refletimos tão pouco?

Proponho pensar a imaginação como um espaço de liberdade ilimitada, no qual, a partir de estímulos do mundo exterior, somos confrontados (mas também despertados) a responder com memórias, sentimentos, crenças e conhecimentos para forjar, em última instância, aquilo que faz de cada um de nós diferente dos demais. A leitura de textos literários é uma forma privilegiada de disparar esse mecanismo imenso, porque demanda de nós todas essas reações de modo ininterrupto, exige que nosso corpo esteja ele próprio presente no espaço ficcional com que nos deparamos, sob pena de não existir espaço ficcional algum.

(Ligia G. Diniz. https://brasil.elpais.com. 22.02.2018. Adaptado)

224. (Vunesp – Delegado de Polícia – PC – BA/2018) Uma frase em consonância com o que se argumenta no texto é:

a) Essencialmente racional, a literatura diferencia-se das demais manifestações artísticas por ser ela incapaz de despertar reações corpóreas.

b) Um texto literário exige mais concentração e esforço intelectual para ser compreendido, em comparação com outros tipos de texto.

c) A literatura é imprescindível para que o pensamento racional seja cultivado em detrimento de percepções motivadas pelo instinto.

d) Somos incapazes de ver aspectos positivos na adaptação de um filme do qual gostamos muito, pois nosso julgamento é puramente emocional.

e) Inseridos em um contexto impregnado de informação, precisamos da literatura mais do que nunca para aguçar nossa imaginação.

COMENTÁRIOS

Alternativa "a": A literatura, segundo o texto, **desperta** reações corpóreas. No segundo parágrafo: *A literatura – para além do prazer intelectual, inegável – oferece algo diferente. Trata-se de uma energia que o teórico Hans Ulrich Gumbrecht chama de "presença" e que remete a um contato com o mundo que afeta o corpo do indivíduo para além e para aquém do pensamento racional.*

Alternativa "b": Não exige mais concentração. No terceiro parágrafo: *Não falo do **esforço de compreender um texto**, nem da atenção que as histórias e os poemas exigem de nós.*

Alternativa "c": A literatura nos leva para além do racional, ou seja, para a imaginação. No texto: *Trata-se de uma energia que o teórico Hans Ulrich Gumbrecht chama de "presença" e que **remete a um contato com o mundo que afeta o corpo do indivíduo para além e para aquém do pensamento racional.***

Alternativa "d": Extrapolação textual. A autora apenas menciona que sentimos algo fora do lugar, não cita que somos incapazes de ver aspectos positivos.

Alternativa "e": Trechos que confirmam a informação: 1. *precisamos investir de nós, como sujeitos afetivos e como corpos sensíveis, para que as palavras se tornem um mundo no qual penetramos;* 2. *A literatura – para além do prazer intelectual, inegável – oferece algo diferente; remete a um contato com o mundo que afeta o corpo do indivíduo para além e para aquém do pensamento racional;* 3. *A leitura de textos literários é uma forma privilegiada de disparar esse mecanismo imenso, porque demanda de nós todas essas reações de modo ininterrupto, exige que nosso corpo esteja ele próprio presente no espaço ficcional com que nos deparamos, sob pena de não existir espaço ficcional algum.*

Alternativa correta: letra "e".

▸ TEXTO CB1A1AAA

A diferença básica entre as polícias civil e militar é a essência de suas atividades, pois assim desenhou o constituinte original: a Constituição da República Federativa do Brasil de 1988 (CF), em seu art. 144, atribui à polícia federal e às polícias civis dos estados as funções de polícia judiciária — de natureza essencialmente investigatória, com vistas à colheita de provas e, assim, à viabilização do transcorrer da ação penal — e a apuração de infrações penais.

Enquanto a polícia civil descobre, apura, colhe provas de crimes, propiciando a existência do processo criminal e a eventual condenação do delinquente, a polícia militar, fardada, faz o patrulhamento ostensivo, isto é, visível, claro e perceptível pelas ruas. Atua de modo preventivo-repressivo, mas não é seu mister a investigação de crimes. Da mesma forma, não cabe ao delegado de polícia de carreira e a seus agentes sair pelas ruas ostensivamente em patrulhamento. A própria comunidade identifica na farda a polícia repressiva; quando ocorre um crime, em regra, esta é a primeira a ser chamada. Depois, havendo prisão em flagrante, por exemplo, atinge-se a fase de persecução penal, e ocorre o ingresso da polícia civil, cuja identificação não se dá necessariamente pelos trajes usados.

Guilherme de Souza Nucci. Direitos humanos versus segurança pública. Rio de Janeiro: Forense, 2016, p. 43 (com adaptações).

225. (Cespe – Delegado de Polícia – GO/2017) Infere-se das informações do texto CB1A1AAA que

a) o uso de fardamento pela polícia militar é o que a diferencia da polícia civil, que prescinde dos trajes corporativos.

b) a essência da atividade do delegado de polícia civil reside no controle, na prevenção e na repressão de infrações penais.

c) ao delegado de polícia cabem a condução da investigação criminal e a apuração de infrações penais.

d) a tarefa precípua dos delegados de polícia civil e de seus agentes é o patrulhamento ostensivo nas ruas.

e) a função de polícia judiciária concretiza-se no policiamento ostensivo, preventivo e repressivo.

COMENTÁRIOS

✪ **Nota das autoras:** No comando da questão foi mencionado inferência e isso significa que a ideia não está explícita, mas sim implícita. Guarde aí: **in**ferência = **im**plícita.

Alternativa correta: letra "c" – No primeiro parágrafo: a Constituição da República Federativa do Brasil de 1988 (CF), em seu art. 144, atribui à polícia federal e às polícias civis dos estados as funções de polícia judiciária — de ***natureza*** essencialmente ***investigatória***, com vistas à ***colheita de provas*** e, assim, à viabilização do ***transcorrer da ação penal*** — e a ***apuração de infrações penais***. Isso significa que a condução da investigação criminal e a apuração de infrações cabem ao delegado de polícia.

Alternativa "a" – Afirma-se que a diferença básica entre as polícias civil e militar é a **essência de suas atividades**. A identificação de um policial civil "não se dá necessariamente pelos trajes usados".

Alternativa "b" – O policial civil deve investigar o crime; o militar faz o patrulhamento ostensivo e atua de modo preventivo-repressivo.

Alternativa "d" – Como mencionado, o patrulhamento é tarefa do policial militar.

Alternativa "e" – A polícia judiciária investiga. No primeiro parágrafo: funções de polícia judiciária — ***de natureza essencialmente investigatória, com vistas à colheita de provas e***, assim, à viabilização do transcorrer da ação penal — e a apuração de infrações penais.

226. (Cespe – Delegado de Polícia – GO/2017) O texto CB1A1AAA é predominantemente

a) injuntivo.

b) narrativo.

c) dissertativo.

d) exortativo.

e) descritivo.

COMENTÁRIOS

✪ **Nota das autoras:** Questão de tipologia textual.

Alternativa correta: letra "c" – O **texto dissertativo** é um tipo de texto **argumentativo** e **opinativo**, uma vez que expõe a opinião sobre determinado assunto ou tema, por meio de uma argumentação lógica, coerente e coesa. **Possui o objetivo de convencer o leitor**.

Alternativa "a" – O texto injuntivo ou instrucional está pautado na explicação e no método para a concretização de uma ação, ou seja, indicam o procedimento para realizar algo, por exemplo, uma receita de bolo, bula de remédio, manual de instruções, editais e propagandas. Com isso, sua função é transmitir para o leitor mais do que simples informações, visa sobretudo, instruir, explicar, todavia, sem a finalidade de convencê-lo por meio de argumentos. A partir disso, note que são textos os quais incitam a ação dos destinatários, controlando, assim, seu comportamento, ao fornecer instruções e indicações para a realização de um trabalho ou a utilização correta de instrumentos e/ou ferramentas.[45]

Alternativa "b" – Texto narrativo é um tipo de texto que esboça as ações de personagens num determinado tempo e espaço. Geralmente, ele é escrito em prosa e nele são narrados (contados) alguns fatos e acontecimentos. Alguns exemplos de textos narrativos são: romance, novela, conto, crônica e fábula.[46]

Alternativa "d" – Textos exortativos correspondem a um tipo de discurso comportamental com a função de modificar o comportamento dos seus leitores, influenciando-os no sentido de estes virem a fazer algo ou a deixarem de fazer algo.[47]

Alternativa "e" – O texto descritivo capta as impressões, de forma a representar a elaboração de um retrato, como uma fotografia revelada por meio das palavras. Para tanto, alguns aspectos são de suma importância para a elaboração desse tipo textual, desde as características físicas e/ou psicológicas do que se pretende analisar, a saber: cor, textura, altura, comprimento, peso, dimensões, função, clima, tempo, vegetação, localização, sensação, localização, dentre outros.[48]

▸ TEXTO PARA AS PRÓXIMAS QUESTÕES.

Olhador de anúncio

Eis que se aproxima o inverno, pelo menos nas revistas, cheias de anúncios de cobertores, lãs e malhas. O que é desenvolvimento! Em outros tempos, se o indivíduo sentia frio, passava na loja e adquiria os seus agasalhos. Hoje são os agasalhos que lhe batem à porta, em belas mensagens coloridas.

E nunca vêm sós. O cobertor traz consigo uma linda mulher, que se apresta para se recolher debaixo de sua "nova textura antialérgica", e a legenda: "Nosso cobertor aquece os corpos de quem já tem o coração quente". A mulher parece convidar- nos: "Venha também". Ficamos perturbados. Faz calor, um calor daqueles. Mas a página aconchegante instala imediatamente o inverno, e sentimo-nos na aflita necessidade de proteger o irmão corpo sob a maciez desse cobertor, e...

Não. A mulher absolutamente não faz parte do cobertor, que é que o senhor estava pensando? Nem adianta telefonar para a loja ou para a agência de publicidade, pedindo endereço da moça do cobertor antialérgico de textura nova. Modelo fotográfico é categoria profissional respeitável, como outra qualquer. Tome juízo, amigo. E leve só o cobertor.

São decepções de olhador de anúncios. [...].

Mas sempre é bom tomar conhecimento das mensagens publicitárias. É o mundo visto através da arte de vender. "As lojas fazem tudo por amor". Já sabemos, pela estória do cobertor mulher (uma palavra só) que esse tudo é muito relativo. "Em nossas vitrinas a japona é irresistível". Então, precavidos, não passaremos diante das vitrinas. E essa outra mensagem é, mesmo, de alta prudência: "Aprenda a ver com os dois olhos". Precisamos deles para navegar na maré de surrealismo que cobre outro setor da publicidade: "Na liquidação nacional, a casa x tritura preços". Os preços virando pó, num país inteiramente líquido: vejam a força da imagem. Rara espécie animal aparece de repente: "Comprar na loja y é supergalinha-morta".

Prosseguimos, invocados, sonhando "o sonho branco das noites de julho". "Ponha uma onça no seu gravador". "A alegría está no açúcar". "Pneu de ombros arredondados é mais pneu". "Tip-Tip tem sabor de céu". "Use nossa palmilha voadora". "Seus pés estão chorando por falta das meias Rouxinol, que rouxinolizam o andar". "Neste relógio, você escolhe a hora". "Ponha você neste perfume". "Toda a sua família cabe neste refrigerador e ainda sobra lugar para o peru de Natal". "Sirva nossa lingerie como champanha; é mais leve e mais espumante".

O olhador sente o prazer de novas associações de coisas, animais e pessoas; e esse prazer é poético. Quem disse que a poesia anda desvalorizada? A bossa dos anúncios prova o contrário. E ao vender-nos qualquer mercadoria, eles nos dão de presente "algo mais", que é o produto da imaginação e tem serventia, as coisas concretas, que também de pão abstrato se nutre o homem.

ANDRADE, Carlos Drummond de. Rio de Janeiro: Record, 2005. p. 151-2.

45. Toda Matéria. Disponível em < https://www.todamateria.com.br/texto-injuntivo/>. Acesso em 21 out. 2016.
46. Toda Matéria. Disponível em < https://www.todamateria.com.br/texto-narrativo/>. Acesso em 21 out. 2016.
47. CiberDúvidas. Disponível em <https://ciberduvidas.iscte-iul.pt/consultorio/perguntas/texto-exortativo-e-texto-injuntivo/25930>. Acesso em 21 out. 2016.
48. Toda Matéria. Disponível em <https://www.todamateria.com.br/texto-injuntivo/>. Acesso em 21 out. 2016.

227. (IBADE – Delegado de Polícia – AC/2017) Sobre o texto, leia as afirmativas.

I. É escrito em linguagem-padrão; possui um tom do discurso que varia entre o ligeiro e o polêmico, comum em crônicas.

II. Há nele caráter reflexivo e interpretativo, que parte de um assunto do cotidiano, um acontecimento banal.

III. Tem como intuito convencer o leitor, persuadi-lo a concordar com a ideia ou ponto de vista exposto.

IV. É injuntivo, pois possui a maioria dos verbos no imperativo.

Está correto apenas o que se afirma em:

a) I, II e III.

b) II e III.

c) I e III.

d) II, III e IV.

e) I e II.

COMENTÁRIOS

✪ **Nota das autoras:** Questão de tipologia textual.

Alternativa correta: letra "e" – Estão corretos apenas os itens I e II.

I. Certo, pois segue as regras gramaticais. Carlos Drummond de Andrade, além de ter sido um grande poeta, foi, também, contista e cronista. Conto: ficção. Crônica: realidade. Características da crônica: narração curta; descreve fatos da vida cotidiana; pode ter caráter humorístico, crítico, satírico e/ou irônico; possui personagens comuns; segue um tempo cronológico determinado; uso da oralidade na escrita e do coloquialismo na fala das personagens; linguagem simples.

II. Certo. Como visto no item I, assunto cotidiano é uma das características da crônica.

III. Errado. A crônica não possui o objetivo de convencer o leitor. Essa característica é de textos dissertativos.

IV. Errado. O texto não é injuntivo, pois não possui a função de instruir ou explicar e não tem a finalidade de mudar o comportamento do leitor.

228. (IBADE – Delegado de Polícia – AC/2017) Verifica-se a interação do locutor em relação ao interlocutor na seguinte passagem do texto:

a) "O olhador sente o prazer de novas associações de coisas, animais e pessoas; e esse prazer é poético."

b) "O que é desenvolvimento!"

c) "E ao vender-nos qualquer mercadoria, eles nos dão de presente algo mais"'.

d) "Modelo fotográfico é categoria profissional respeitável, como outra qualquer."

e) "Quem disse que a poesia anda desvalorizada?"

COMENTÁRIOS

✪ **Nota das autoras:** Antes é interessante saber a diferença entre locutor e interlocutor, embora seja fácil.

Locutor: pessoa que fala (ou escreve); pessoa que formula um enunciado, isto é, o **autor**.

Interlocutor: pessoa que faz parte de uma interação efetuada pela linguagem, ou seja, o **leitor**.

Alternativa correta: letra "c" – Simples: Ao vender **a nós** (ao autor e ao leitor), eles dão a nós (ao autor e ao leitor).

Observação: nas alternativas "a", "b", "d" e "e" não há interação alguma, sendo prescindível comentá-las.

▸ TEXTO PARA RESPONDER À QUESTÃO.

Não raro as palavras "moral" e "ética" aparecem num mesmo contexto e, às vezes, são erroneamente entendidas como sinônimos. A primeira tem caráter prático, relativo e restrito a determinada circunstância. Já a segunda é a reflexão filosófica sobre a moral, busca compreender sua lógica e justificá-la. É necessário reconhecer que a própria etimologia dos termos favorece dúvidas. [...] Podemos pensar que moral são as normas que devem ser seguidas e tem como objetivo regular o comportamento [...]. Já a ética expressa um conjunto de valores que orientam as ações com o fim de preservar o bem-estar coletivo.

É possível dizer que, enquanto a ética é teórica, "filosófica", a moral está associada à prática, ao cotidiano, à maneira como vivemos os princípios éticos. Subjacente aos dois conceitos há uma questão básica: a oposição entre o bem e o mal. Para a psiquiatria, a psicanálise e a maioria das abordagens psicológicas, porém, a visão maniqueísta é insuficiente diante da complexidade humana. Muitas vezes, as supostas maldades – ou o que a priori seriam considerados gestos de bondade – surgem como sintomas de alguma patologia ou emergem de quadros psíquicos alterados. **Além disso**, se levarmos em conta a existência de uma instância psíquica inconsciente, que constantemente sabota nossas boas intenções (e quanto menos nos conhecemos mais o faz), fica ainda mais difícil estabelecer uma separação objetiva entre bons e maus.

Friedrich Nietzsche (1844-1900), por exemplo, propõe pensarmos "para além do bem e do mal". Escreve: "Pergunte aos escravos 'quem é o mau', e eles apontarão o personagem que a moral aristocrática considera 'bom', isto é, o poderoso, o dominador". O filósofo alemão faz uma colocação muito pertinente: há sempre a perspectiva de quem julga, suas experiências e seus interesses. Como então lidar com essa multiplicidade de olhares possíveis sobre um mesmo objeto? Uma saída talvez seja lançar mão de um recurso bastante simples, a empatia, e fazermos o exercício (nem sempre cômodo ou fácil) de nos colocarmos no lugar do outro, procurando compreender seu ponto de vista – e sua dor. Buscando esse ponto que nos coloca em contato com o outro, tão diferente e ao mesmo tempo tão próximo, talvez seja mais fácil buscar em nós mesmos espaços psíquicos que comportem escolhas menos nocivas.

Rev. mentecérebro. Abril de 2011, p. 22.

229. (FUNCAB – Delegado de Polícia – PA/2016) A argumentação desenvolvida no texto está orientada no sentido de persuadir o leitor a chegar à conclusão de que:

a) a distinção entre ética e moral, em virtude da própria etimologia dos termos, não se faz sem muitas dúvidas.

b) moral e ética mantêm em comum entre si o fato de apoiarem-se na oposição entre o bem e o mal.

c) psiquiatria, psicanálise e psicologia, dada a complexidade humana, condenam uma visão maniqueísta da moral.

d) a empatia, implicando a visão de alteridade, é talvez a saída para uma moral não contaminada de maniqueísmo.

e) a perspectiva moral dos escravos vislumbrará sempre naqueles que os dominam a personificação do mal.

COMENTÁRIOS

✪ **Nota das autoras:** ***Empatia*** é ação de se colocar no lugar de outra pessoa, buscando agir ou pensar da forma como ela pensaria ou agiria nas mesmas circunstâncias; ***alteridade***: caráter ou estado do que é diferente; que é outro; que se opõe à identidade; ***maniqueísmo***: toda abordagem que divide o mundo em aspectos opostos e incompatíveis.

Alternativa correta: letra "d" – No último parágrafo: Uma saída talvez seja lançar mão de um recurso bastante simples, a empatia, e fazermos o exercício (nem sempre cômodo ou fácil) de nos colocarmos no lugar do outro, procurando compreender seu ponto de vista – e sua dor.

Alternativa "a" – As palavras são confundidas, erroneamente, como sinônimas, segundo afirma no primeiro período.

Alternativa "b" – Até ocorre, mas não tenta persuadir para que chegue à conclusão.

Alternativa "c" – Não condenaram a visão dualista. No segundo parágrafo: a visão maniqueísta é insuficiente diante da complexidade humana.

Alternativa "e" – A ideia faz parte da argumentação textual e não se refere à conclusão.

▸ **TEXTO PARA AS QUESTÕES.**

A morte do narrador

Recentemente recebi um e-mail de uma leitora perguntando a razão de eu ter, segundo ela, uma visão tão dura para com os idosos. O motivo da sua pergunta era eu ter dito, em uma de minhas colunas, que hoje em dia não existiam mais vovôs e vovós, porque estavam todos na academia querendo parecer com seus netos.

Claro, minha leitora me entendeu mal. Mas o fato de ela ter me entendido mal, o que acontece com frequência quando se discute o tema da velhice, é comum, principalmente porque o próprio termo "velhice" já pede sinônimos politicamente corretos, como "terceira idade", "melhor idade", "maturidade", entre outros.

Uma característica do politicamente correto é que, quando ele se manifesta num uso linguístico específico, é porque esse uso se refere a um conceito já considerado como algo ruim. A marca essencial do politicamente correto é a hipocrisia articulada como gesto falso, ideias bem comportadas.

Voltando à velhice. Minha leitora entendeu que eu dizia que idosos devem se afundar na doença, na solidão e no abandono, e não procurar ser felizes. Mas, quando eu dizia que eles estão fugindo da condição de avós, usava isso como metáfora da mentira (politicamente correta) quanto ao medo que temos de afundar na doença, antes de tudo psicológica, devido ao abandono e à solidão, típicos do mundo contemporâneo. Minha crítica era à nossa cultura, e não às vítimas dela. Ela cultua a juventude como padrão de vida e está intimamente associada ao medo do envelhecimento, da dor e da morte. Sua opção é pela "negação", traço de um dos sintomas neuróticos descritos por Freud.

Walter Benjamim, filósofo alemão do século XX, dizia que na modernidade o narrador da vida desapareceu. Isso quer dizer que as pessoas encarregadas, antigamente, de narrar a vida e propor sentido para ela perderam esse lugar. Hoje os mais velhos querem "aprender" com os mais jovens (aprender a amar, se relacionar, comprar, vestir, viajar, estar nas redes sociais). Esse fenômeno, além de cruel com o envelhecimento, é também desorganizador da própria juventude. Ouço cotidianamente, na sala de aula, os alunos demonstrarem seu desprezo por pais e mães que querem aprender a viver com eles.

Alguns elementos do mundo moderno não ajudam a combater essa desvalorização dos mais velhos. As ferramentas de informação, normalmente mais acessíveis aos jovens, aumentam a percepção negativa dos mais velhos diante do acúmulo de conhecimento posto a serviço dos consumidores, que questionam as "verdades constituídas do passado". A própria estrutura sobre a qual se funda a experiência moderna – ciência, técnica, superação de tradição – agrava a invisibilidade dos mais velhos. Em termos humanos, o passado (que "nada" serve ao mundo do progresso) tem um nome: idoso. Enfim, resta aos vovôs e vovós ir para a academia ou para as redes sociais.

(Luiz Felipe Pondé, Somma, agosto 2014, p. 31. Adaptado)

230. (Vunesp – Delegado de Polícia – CE/2015) Segundo o autor, sua leitora o interpretou mal ao supor que as críticas feitas em uma de suas colunas estavam direcionadas aos idosos, quando, na verdade, ele contestava

a) a noção de que o idoso pode estar sujeito ao surgimento de doenças.

b) o fato de a ciência moderna ainda se inspirar nos valores do passado.

c) o uso do termo "negação" para designar um dos sintomas neuróticos.

d) a sociedade que supervaloriza a juventude e nega o envelhecimento.

e) os valores do passado, os quais não se ajustam à ideia de progresso.

COMENTÁRIOS

Alternativa correta: letra "d" – No quarto parágrafo: Minha crítica era à nossa cultura, e não às vítimas dela. Ela cultua a juventude como padrão de vida e está intimamente associada ao medo do envelhecimento, da dor e da morte. Sua opção é pela "negação", traço de um dos sintomas neuróticos descritos por Freud.

Erros:

Alternativa "a" – Não contesta, apenas se explica: eu dizia que eles estão fugindo da condição de avós, usava isso como metáfora da mentira (politicamente correta) quanto ao medo que temos de afundar na doença (...)

Alternativa "b" – Trata-se apenas da conclusão do texto: A própria estrutura sobre a qual se funda a experiência moderna – ciência, técnica, superação de tradição – agrava a invisibilidade dos mais velhos.

Alternativa "c" – A negação não é contestada. Cita que é "traço de um dos sintomas neuróticos descritos por Freud."

Alternativa "e" – A afirmação faz parte, também, da conclusão do texto: Em termos humanos, o passado (que "nada" serve ao mundo do progresso) tem um nome: idoso.

231. (Vunesp – Delegado de Polícia – CE/2015) Ao explicar por que os idosos "estão fugindo da condição de avós", o autor defende a tese de que o homem moderno tem

a) desejo de libertar-se por meio da morte.

b) medo de ser abandonado e ficar só.

c) pretensão de elevar-se pelo sofrimento.

d) nostalgia dos tempos da infância.

e) receio de perder os bens materiais.

COMENTÁRIOS

Alternativa correta: letra "b" – A ideia é muito clara ao explicar a má interpretação da leitora: quando eu dizia que eles estão fugindo da condição de avós, usava isso como metáfora da mentira (politicamente correta) quanto ao medo que temos de afundar na doença, antes de tudo psicológica, devido ao abandono e à solidão, típicos do mundo contemporâneo. Minha crítica era à nossa cultura, e não às vítimas dela.

Alternativa "a" – Não querem morrer (têm medo de morrer) e nem cita libertação.

Alternativa "c" – Não querem sofrer.

Alternativa "d" – Não têm nostalgia.

Alternativa "e" – Não cita bens materiais no texto.

232. (Vunesp – Delegado de Polícia – CE/2015) De acordo com o texto, o que contribui para a desvalorização dos mais velhos na sociedade atual são

a) o culto à beleza e a falta de tratamento para doenças típicas da velhice.

b) o desprestígio da ciência e a dificuldade dos jovens em aprender com os adultos.

c) a estagnação do progresso e a popularização de termos politicamente corretos.

d) as ferramentas de informação e o questionamento do saber tradicional.

e) o consumismo exagerado e o número reduzido de idosos na sociedade.

COMENTÁRIOS

Alternativa correta: letra "d" – Trechos que evidenciam a informação: "Alguns elementos do mundo moderno não ajudam a combater essa desvalorização dos mais velhos"; "As ferramentas de informação (...) aumentam a percepção negativa dos mais velhos"; "A própria estrutura sobre a qual se funda a experiência moderna – ciência, técnica, superação de tradição – agrava a invisibilidade dos mais velhos".

Alternativa "a" – O culto à beleza está associado à nossa cultura e não cita a falta de tratamento para doenças típicas da velhice.

Alternativa "b" – Desprestígio da ciência? Não mencionado no texto, apenas cita que "A própria estrutura sobre a qual se funda a experiência moderna – ciência, técnica, superação de tradição – agrava a invisibilidade dos mais velhos". Quanto ao aprendizado, houve, infelizmente, inversão: Hoje os mais velhos querem "aprender" com os mais jovens (aprender a amar, se relacionar, comprar, vestir, viajar, estar nas redes sociais).

Alternativa "c" – Quanto ao progresso, menciona que "Em termos humanos, o passado (que "nada" serve ao mundo do progresso) tem um nome: idoso.", ou seja, não há estagnação. Também não existe fundamento a segunda informação da alternativa.

Alternativa "e" – Nada de consumismo (no texto, cita o acúmulo de conhecimento) e muito menos número reduzido de idosos.

233. (Vunesp – Delegado de Polícia – CE/2015) A partir da leitura do quinto parágrafo, conclui-se corretamente que

a) o envelhecimento das gerações está cada vez mais precoce, o que se percebe ao se observarem os alunos em sala de aula.

b) a nova geração tem se vangloriado do fato de os mais velhos demonstrarem interesse em aprender com ela.

c) o fato de os mais velhos buscarem se parecer com os mais jovens acarreta um maior afastamento entre as gerações.

d) os jovens estão se transformando em indivíduos fúteis e alienados em virtude da falta de diálogo com os mais velhos.

e) a interação entre diferentes faixas etárias tem se mostrado profícua para a valorização do saber dos idosos.

COMENTÁRIOS

Alternativa correta: letra "c" – No texto: Hoje os mais velhos querem "aprender" com os mais jovens (aprender a amar, se relacionar, comprar, vestir, viajar, estar nas redes sociais). Esse fenômeno, além de cruel com o envelhecimento, é também desorganizador da própria juventude. Ouço cotidianamente, na sala de aula, os alunos demonstrarem seu desprezo por pais e mães que querem aprender a viver com eles.

Alternativa "a" – Não se refere ao envelhecimento das gerações e ao observar alunos na sala de aula, esclarece: Ouço cotidianamente, na sala de aula, os alunos demonstrarem seu desprezo por pais e mães que querem aprender a viver com eles.

Alternativa "b" – Não se vangloriam: a nova geração despreza os mais velhos.

Alternativa "d" – Você, leitor(a), pode chegar a essa conclusão, mas no texto não menciona. Cuidado, já que interpretar é objetivo.

Alternativa "e" – Não há proveito e será que existe interação? Não há: os mais velhos querem "aprender" com os mais jovens, mas são desprezados.

234. (Vunesp – Delegado de Polícia – CE/2015) Conforme o autor, hoje em dia "resta aos vovôs e vovós ir para a academia ou para as redes sociais", porque

a) resolveram contribuir mais ativamente para a sociedade.

b) tendem a ignorar as regras da sociedade de consumo.

c) estão isentos dos sintomas neuróticos da sociedade atual.

d) optaram por negligenciar a convivência em família.

e) perderam seu papel de narrar e de interpretar a vida.

COMENTÁRIOS

Alternativa correta: letra "e" – No texto: Walter Benjamim, filósofo alemão do século XX, dizia que na modernidade o narrador da vida desapareceu. Isso quer dizer que as pessoas encarregadas, antigamente, de narrar a vida e propor sentido para ela perderam esse lugar. Mais (no final do texto): Enfim, resta aos vovôs e vovós ir para a academia ou para as redes sociais.

Alternativa "a" – O que tem a ver com contribuir para a sociedade? Nada!

Alternativa "b" – Não cita as regras de consumo.

Alternativa "c" – Antes estivessem isentos; não estão.

Alternativa "d" – Tanto têm cuidado que tentam se adaptar ao mundo virtual.

235. (Vunesp – Delegado de Polícia – CE/2015) Considere o trecho do último parágrafo:

Em termos humanos, o passado (que "nada" serve ao mundo do progresso) tem um nome: idoso.

Apresentando entre aspas a palavra "nada", o autor

a) destaca a opinião de que o idoso já não tem utilidade, para negá-la.

b) mostra sua adesão a uma tese progressista, que não acolhe o idoso.

c) refuta a ideia de que o idoso ainda pode conviver com o progresso.

d) reafirma a opinião de que o idoso não traz novas contribuições.

e) põe em dúvida a ideia de que idosos possam se adaptar à modernidade.

COMENTÁRIOS

Alternativa correta: letra "a" – No quarto parágrafo o autor afirma utilizar "metáfora da mentira". Há crítica ao mencionar que na sociedade moderna o idoso é sinônimo de passado. Óbvio que o passado serve ao mundo do progresso, ou seja, as aspas foram usadas para indicar ironia (negar a afirmação).

Alternativa "b" – Tese progressista? Não acolhe o idoso? Quantos absurdos!

Alternativa "c" – Não refuta a ideia.

Alternativa "d" – O texto deixa claro o contrário disso.

Alternativa "e" – Não há dúvida, o autor afirma que os idosos têm se adaptado à modernidade.

▸ TEXTO 1

Uma das questões sociais que mais afligem os dias de hoje é a da incapacidade de controlar o uso de drogas ilícitas, e, mais ainda, os baldados esforços para dar um fim, ou minimamente reduzir a níveis socialmente aceitáveis o sinistro sistema criminal que faz essas drogas circularem por todo o mundo, com uma logística de uma eficiência impressionante. É muito comum se dizer que o mercado ilegal das drogas é, atualmente, um dos mais vastos setores da economia mundial; todavia, é apenas uma fatia do sistema de operação da indústria do crime organizado, que funciona em vários setores, utilizando-se de redes e mecanismos semelhantes, para terem aparência de operações limpas e legais. Como os diferentes setores econômicos, mormente os ilegais, se movimentam tanto no mercado formal como no informal e constroem setores legais e ilegais, claro está que facilmente conectam instituições governamentais ao comércio de drogas, penetrando este último nos setores legais da sociedade. Esses setores frequentemente exercem suas atividades na economia formal, mas auferem uma parte considerável de seus lucros a partir das operações do tráfico de drogas e de outros tráficos. Tais atividades são diversificadas uma vez que se concretizam junto com outras ações criminosas, tais como o roubo de determinados bens utilizáveis como moeda de troca na aquisição das drogas. Essas atividades também seguem as redes financeiras para a lavagem do dinheiro oriundo de uma variada gama de atividades ilegais, como a corrupção governamental, o contrabando, o tráfico de armas etc. Isso é muito evidente quando se lança um olhar mais acurado nos negócios realizados pelas redes de bancos, nas companhias que operam no mercado imobiliário, ou nas empresas de transporte, as quais fornecem serviços para os negócios ilegais e as principais ligações para a lavagem do dinheiro sujo. Mas isso não é um mercado aberto a todos. Muito pelo contrário, mesmo aqueles que sempre agiram na ilicitude só serão admitidos em tais segmentos altamente lucrativos se tiverem o beneplácito daqueles cujo status nessas redes criminosas seja o mais elevado. Assim, numa situação de pouco crescimento econômico, um número maior de pessoas pode ser atraída à arriscada indústria do crime e passar a organizar as suas operações de modo a obstruir as ações policiais e o processo judicial, dando vazo ao jogo sujo e necessariamente violento das atividades contra e fora da lei.

TEMPONE, Victor. Disponível em: http://pontonulonotempo.blogspot.com.br/2012/08/trafico-de-drogas-e-violencia-urbana.html. Acesso em 21/05/2014.

Fragmento adaptado.

236. (ACAFE – Delegado de Polícia – SC/2014) Em relação ao texto 1, analise as afirmações a seguir.

I. Os setores econômicos legais e ilegais se movimentam igualmente e na mesma proporção no mercado formal e informal.
II. As atividades da economia formal obtêm expressiva parte de seus lucros no comércio de drogas e de outros produtos ilegais.
III. As redes financeiras oferecem mecanismos de lavagem de dinheiro obtido no tráfico, no contrabando e na corrupção governamental.
IV. O envolvimento em ações ilícitas constitui-se em beneplácito para garantir o acesso aos escalões mais elevados da corrupção.
V. O autor defende a tese de que, numa situação de baixo crescimento da economia, criam-se condições favoráveis ao aumento da criminalidade.

Todas as afirmações corretas estão em:

a) I – II – III
b) I – III – IV
c) I – III – V
d) II – IV
e) III – V

COMENTÁRIOS

Alternativa correta: letra "c"

✪ **Nota das autoras:** Em questões com itens a serem analisados, elimine as alternativas descabidas para evitar erro.

I. Errado. Não se movimentam na mesma proporção: *É muito comum se dizer que* ***o mercado ilegal das drogas é, atualmente, um dos mais vastos setores da economia mundial; todavia, é apenas uma fatia do sistema de operação da indústria do crime organizado, que funciona em vários setores****, utilizando-se de redes e mecanismos semelhantes, para terem aparência de operações limpas e legais.*

Eliminadas A e B.

II. Certo: *claro está que facilmente conectam instituições governamentais ao comércio de drogas, penetrando este último nos setores legais da sociedade.* ***Esses setores frequentemente exercem suas atividades na economia formal****,* mas auferem uma parte considerável de seus lucros a partir das operações do tráfico de drogas e de outros tráficos.

Eliminada E.

III. Certo: *Tais atividades são diversificadas uma vez que se concretizam junto com outras ações criminosas, tais como o roubo de determinados bens utilizáveis como moeda de troca na aquisição das drogas.* ***Essas atividades também seguem as redes financeiras para a lavagem do dinheiro oriundo de uma variada gama de atividades ilegais, como a corrupção governamental, o contrabando, o tráfico de armas*** *etc.*

Eliminada D e a resposta foi encontrada.

IV. Errado. Não se constitui em *beneplácito*: aprovação de alguma coisa por uma instância superior; autorização.

V. Certo: *numa situação de pouco crescimento econômico,* ***um número maior de pessoas pode ser atraída à arriscada indústria do crime e passar a organizar as suas operações de modo a obstruir as ações policiais e o processo judicial****, dando vazo ao jogo sujo e necessariamente violento das atividades contra e fora da lei.*

237. (ACAFE – Delegado de Polícia – SC/2014) Considerando o texto 1, é correto afirmar que o mercado das drogas ilícitas:

a) sobrevive graças à corrupção de agentes públicos.
b) monopoliza todos os setores da economia altamente rentável.
c) é controlado por instituições formais do mercado aberto, entre as quais as que operam no mercado imobiliário.
d) permeia todos os setores das atividades legais, incluindo instituições financeiras e empresas de transporte.
e) é apenas uma parcela do crime organizado.

COMENTÁRIOS

Alternativa correta: letra "e" – No segundo período do texto afirma-se que "É muito comum se dizer que o mercado ilegal das drogas é, atualmente, um dos mais vastos setores da economia mundial; todavia, é apenas uma fatia do sistema de operação da indústria do crime organizado, que funciona em vários setores, utilizando-se de redes e mecanismos semelhantes, para terem aparência de operações limpas e legais".

Erros:

Alternativa "a" – Não sobrevive graças à corrupção de agentes públicos.

Alternativa "b" – Não monopoliza todos os setores. Cuidado com palavras que generalizam.

Alternativa "c" – Não é controlada, afirma-se que redes de bancos, companhias que operam no mercado imobiliário e nas empresas de transporte fornecem serviços para os negócios ilegais.

Alternativa "d" – Mais uma vez o exagero ao afirmar que permeia (ocorre) todos os setores das atividades legais.

▸ TEXTO 2

Brasil vive tragédia na segurança pública, diz especialista.

O Brasil vive uma tragédia na área da segurança pública, afirmou hoje o especialista Ricardo Balestreri, durante seminário na Feira Internacional de Segurança Pública e Corporativa (Laad Security 2014), que reúne até quinta-feira no Riocentro, zona oeste da capital fluminense, empresas fabricantes e fornecedores nacionais e internacionais de tecnologia, equipamentos e serviços. Segundo ele, a falta de recursos, de políticas públicas para o setor e de investimento nas carreiras policiais contribuem para que anualmente o país perca em torno de 53 mil vidas desnecessariamente.

"Estamos matando por ano, no país, quase uma cidade de médio porte. São quase 100 mil pessoas entre homicídios e mortes no trânsito. São 53 mil homicídios por ano", comentou ele. "É uma desgraça constante e crônica na área da segurança. Não é qualquer tipo de morte, estamos eliminando anualmente toda uma geração de jovens: em geral, negros, pobres, na faixa dos 14 aos 24 anos", ressaltou.

Comprar mais armas, viaturas, rádios e coletes apenas, sem tecnologia de ponta, como sistemas de comando e controle, vídeo e monitoramento, aparelhamento e treinamento dos policiais, é fazer mais do mesmo, segundo ele. "Não teremos a menor chance de reduzir o número de mortes, nem dos demais crimes que assolam hoje a sociedade brasileira, se não tivermos mais seriedade na gestão pública. Comprar apenas apetrechos é manter a política do espetáculo, que é a do tiroteio, do chute na porta, da quantidade de prisões e, ao final, o resultado é pífio", comentou. (...)

Outro problema também relatado no seminário foi a ineficiência dos inquéritos policiais. "Menos de 8% em média dos crimes são apurados e menos de 2% são punições de homicídios. Cerca de 98% das mortes dolosas no Brasil não são punidas. A impunidade é quase absoluta", lamentou ao se referir às polícias brasileiras como "meias polícias", que fazem trabalhos incompletos e se atrapalham entre si. "Não defendo a unificação das polícias, mas do ciclo de trabalhos das polícias", declarou.

O palestrante disse que a Polícia Civil transformou-se em mero cartório de registros e de procedimentos, já que os delegados hoje são juízes de instrução sem poder, segundo ele. "As polícias precisam ser divorciadas, fazendo trabalhos especializados e completos, cada um na sua área e cada um com seu cartório próprio", argumentou. Para ele, a Polícia Civil, que é numericamente menor, deveria se especializar nos crimes mais sofisticados, como crimes contra a pessoa, colaborar com a Polícia Federal contra lavagem de dinheiro e crime organizado, entre outros. Já a Polícia Militar ficaria responsável pelos crimes ordinários, fazendo inclusive o trabalho cartorial e investigativo que hoje é feito pela Polícia Civil. (...)

VILELLA, Flávia. Disponível em: http://agenciabrasil.ebc.com.br/direitos-humanos/noticia/2014-04/brasil-vive-tragedia-na-seguranca-publica-diz-especialista.

Publicado em 08/04/2014. Acesso em 20/05/2014. Adaptado.

238. (ACAFE – Delegado de Polícia – SC/2014) Sobre o texto 2, todas as alternativas estão corretas, exceto a:

a) Certas atribuições que hoje são exclusivas da Polícia Civil, como o trabalho cartorial de registro e procedimentos, deveriam ficar sob a responsabilidade da Polícia Militar, defende Ricardo Balestreri.

b) Segundo Balestreri, comprar armas, viaturas, rádios e coletes, sem investir em sistemas de comando e controle, vídeo e monitoramento, aparelhamento e treinamento dos policiais, traz pouco resultado no combate à criminalidade.

c) O especialista em segurança pública, Ricardo Balestreri, defende a unificação das polícias como meio de fazer trabalhos especializados e completos.

d) No Brasil, mais de 50 mil homicídios ocorrem anualmente, eliminando uma geração de jovens, principalmente negros e pobres, na faixa dos 14 aos 24 anos.

e) Os inquéritos policiais têm-se revelado altamente ineficientes, uma vez que menos de 10% dos crimes são apurados e, dentre esses, apenas 25% deles resultam em punições de homicídios.

COMENTÁRIOS

Questão anulada

Motivo: há duas respostas = C e E

Alternativa "c" – No texto: "Não defendo a unificação das polícias, mas do ciclo de trabalhos das polícias".

Alternativa "e" – Dados não mencionados no texto e mais: pelo contexto, deduz-se o contrário.

As alternativas A, B e D estão plenamente de acordo com as ideias do texto.

239. (ACAFE – Delegado de Polícia – SC/2014) Considerando o que se afirma no texto 2, marque com V as afirmações verdadeiras e com F as falsas.

( ) As empresas fabricantes e fornecedores nacionais e internacionais de tecnologia, equipamentos e serviços querem que o Brasil aumente os investimentos em segurança pública.

( ) Os estudos revelam que, no Brasil, mais de 90% das mortes dolosas não são punidas.

( ) Para Balestreri, os crimes ordinários não deveriam ser investigados pela Polícia Civil.

( ) Considerando que as polícias fazem trabalhos incompletos e se atrapalham entre si, os inquéritos policiais são ineficientes.

( ) A Feira Internacional de Segurança Pública e Corporativa, realizada no Rio de Janeiro em 2014, teve cerca de 100 visitantes.

( ) No Brasil a chance de reduzir o número de mortes e dos demais crimes que assolam hoje a sociedade brasileira é mínima porque a gestão pública não é séria.

A sequência correta, de cima para baixo, é:

a) F – F – V – F – V – V

b) V – F – F – V – V – V

c) V – V – F – V – F – F

d) F – V – V – V – F – V

e) F – F – V – V – V – F

COMENTÁRIOS

Alternativa correta: letra "d"

✪ **Nota das autoras:** trabalhe, mais uma vez, por eliminação.

(F) Ideia não mencionada no texto. Eliminadas B e C.

(V) "Menos de 8% em média dos crimes são apurados e menos de 2% são punições de homicídios. Cerca de 98% das mortes dolosas no Brasil não são punidas. A impunidade é quase absoluta". Eliminadas A e E. Encontramos a resposta? Sim!

(V) Para ele, a Polícia Civil, que é numericamente menor, deveria se especializar nos crimes mais sofisticados, como crimes contra a pessoa, colaborar com a Polícia Federal contra lavagem de dinheiro e crime organizado, entre outros.

(V) Outro problema também relatado no seminário foi a ineficiência dos inquéritos policiais. ..."A impunidade é quase absoluta", lamentou ao se referir às polícias brasileiras como "meias polícias", que fazem trabalhos incompletos e se atrapalham entre si.

(F) Não foi citado o número de visitantes.

(V) "Não teremos a menor chance de reduzir o número de mortes, nem dos demais crimes que assolam hoje a sociedade brasileira, se não tivermos mais seriedade na gestão pública. Comprar apenas apetrechos é manter a política do espetáculo, que é a do tiroteio, do chute na porta, da quantidade de prisões e, ao final, o resultado é pífio", comentou.

▸ **TEXTO PARA A QUESTÃO.**

O mundo daqui a cinco anos

Telemedicina, nanotecnologia, tecnologias 3D e tradução simultânea por reconhecimento de voz. Todos estes recursos, em maior ou menor escala, já foram absorvidos pela sociedade. Suas primeiras aparições foram na lista "Five to five" da IBM, que prevê cinco fenômenos que podem mudar nosso cotidiano a cada cinco anos. Ontem a multinacional divulgou o que acontecerá até 2018. E sua aposta é que, com o desenvolvimento tecnológico, tudo – do ensino acadêmico à hora de ir para o trabalho – pode ser personalizado.

A transformação mais radical pode ser na medicina, área em que algumas empresas pretendem fornecer aos médicos o mapeamento genético de cada paciente. A tecnologia fará do teste do DNA, hoje ainda raro, o principal meio para a decisão da terapia adequada. Com isso, será possível optar por tratamentos personalizados para males como doenças cardiovasculares.

Na escola, o professor terá reforço para lidar com o método como cada aluno consegue aprender. "A computação cognitiva ajudará a calcular como cada aluno aprende e cria um sistema flexível, que se adapta continuamente ao estudante", revela a IBM.

Com base no tempo e no engarrafamento, o smartphone poderá recomendar a seu usuário que saia de casa alguns minutos mais cedo – e, também, que caminho deve seguir.

O deslocamento fica mais fácil, mas o comércio da vizinhança também atrairá as pessoas. A lojinha da esquina, agora conectada a seu telefone, divulgará as promoções e conhecerá suas preferências: "Será a fusão do que há de melhor na loja física – tocar e vestir um produto – com a riqueza de informações – as ofertas instantâneas e o gosto do consumidor".

Na web, aliás, a invasão de contas de emails e a ação de hackers esbarrarão na "polícia pessoal online". Portais como o Google já avisam o usuário quando suas mensagens são lidas fora de locais onde o dono da conta costuma acessar a internet – um outro país, por exemplo. Todos os passos são monitorados. Segundo a IBM, com a "permissão" do usuário. Mas, depois da revelação da vigilância mundial da NSA, este avanço tecnológico pode deixar muita gente ressabiada.

(O Globo – Caderno Ciência – 19/12/2013, p. 45.)

240. (FUNCAB – Delegado de Polícia – RO/2014) O texto informa a respeito de cinco avanços tecnológicos que podem mudar o cotidiano das pessoas nos próximos cinco anos, fenômenos previstos pela IBM. Na ordem em que estão expressos no texto, os cinco fenômenos dos próximos cinco anos serão:

a) telemedicina e nanotecnologia / tecnologias 3D e tradução simultânea por reconhecimento de voz / mapeamento genético de pacientes / computação cognitiva de estudantes / monitoração dos passos de usuários de emails.

b) mapeamento genético de pacientes / computação cognitiva de estudantes / criação de sistema flexível adaptado continuamente ao estudante / polícia pessoal online / monitoração dos passos de usuários de emails.

c) telemedicina e nanotecnologia / tecnologias 3D / tradução simultânea por reconhecimento de voz / mapeamento genético de pacientes / polícia pessoal online.

d) telemedicina / nanotecnologia / tecnologias 3D / tradução simultânea por reconhecimento de voz / mapeamento genético de pacientes.

e) mapeamento genético de pacientes / computação cognitiva de estudantes / itinerário pelo smartphone / promoções e preferências dos consumidores pelo telefone / polícia pessoal online.

COMENTÁRIOS

Alternativa correta: letra "e" – Confirmando a ordem do texto:

1. No segundo parágrafo: A transformação mais radical pode ser na medicina, área em que algumas empresas pretendem fornecer aos médicos o **mapeamento genético de** cada **paciente**. Eliminadas A, C e D.

2. No terceiro parágrafo: o professor terá reforço para lidar com o método como cada aluno consegue aprender. "A **computação cognitiva** ajudará a calcular como cada aluno aprende e cria um sistema flexível, que se adapta continuamente ao estudante";

3. No quarto parágrafo: Com base no tempo e no engarrafamento, **o smartphone poderá recomendar a seu usuário** que saia de casa alguns minutos mais cedo – e, também, **que caminho deve seguir**. Eliminada B.

4. No quinto parágrafo: **A lojinha** da esquina, agora conectada a seu telefone, **divulgará as promoções e conhecerá suas preferências**;

5. No último parágrafo: Na web, aliás, a invasão de contas de emails e a ação de hackers esbarrarão na "**polícia pessoal online**".

TEXTO PARA AS QUESTÕES.

Ordem ou Barbárie

O fenômeno da violência é tão antigo quanto o ser humano. Desde sua criação (ou surgimento, dependendo do ponto de vista), o homem sempre esteve dividido entre razão e instinto, paz e guerra, bem e mal.

Há quem tente explicar a violência, a opção pela criminalidade, como consequência da pobreza, da falta de oportunidades: o homem fruto de seu meio. Sem poder fazer as próprias escolhas, destituído de livre-arbítrio, o indivíduo seria condenado por sua origem humilde à condição de bandido. Mas acaso a virtude é monopólio de ricos e remediados? Creio que não.

Na propaganda institucional, a pobreza no Brasil diminuiu, o poder de compra está em alta, o desemprego praticamente desapareceu... Mas, se a violência tem relação direta com a pobreza, como explicar que a criminalidade tenha crescido em igual ou maior proporção que a renda do brasileiro? Criminalidade e pobreza não andam necessariamente de mãos dadas.

Na semana passada, a violência (ou a falta de segurança) voltou ao centro dos debates. O flagrante de um jovem criminoso nu, preso a um poste por um grupo de justiceiros deu início a um turbilhão de comentários polêmicos. Em meu espaço de opinião no jornal "SBT Brasil", afirmei compreender (e não aceitar, que fique bem claro!) a atitude desesperada dos justiceiros do Rio.

(...)

Não é de hoje que o cidadão se sente desassistido pelo Estado e vulnerável à ação de bandidos. (...) Estamos entre os 20 países mais violentos do planeta. E, apesar das estatísticas, em matéria de ações de segurança pública, estamos praticamente inertes e, pior: na contramão do bom senso!

(...)

No Brasil de valores esquizofrênicos, pode-se matar um cidadão e sair impune. Mas a lei não perdoa quem destrói um ninho de papagaio. É cadeia na certa!

(...)

Quando falta sensatez ao Estado é que ganham força outros paradoxos. Como jovens acuados pela violência que tomam para si o papel da polícia e o dever da Justiça. Um péssimo sinal de descontrole social. É na ausência de ordem que a barbárie se torna lei.

(Rachel Sheherazade – jornal Folha de São Paulo, 11 de fevereiro de 2014)

---

241. (NUCEPE – Delegado de Polícia – PI/2014) A frase do texto que, de forma mais completa e adequada, resume o ponto de vista defendido pela autora, sobre o tema discutido, é

a) O fenômeno da violência é tão antigo quanto o ser humano.

b) O homem fruto de seu meio.

c) É na ausência de ordem que a barbárie se torna lei.

d) Na propaganda institucional, a pobreza no Brasil diminuiu.

e) No Brasil de valores esquizofrênicos, pode-se matar um cidadão e sair impune.

COMENTÁRIOS

Alternativa correta: letra "c" – Importante prestar muita atenção no enunciado, pois exige a frase que resume o ponto de vista defendido pela autora. Associe a ideia ao título, não como errar: Ordem ou Barbárie – na ausência de ordem que a barbárie se torna lei.

Alternativa "a" – Trata-se apenas de uma constatação.

Alternativa "b" – Afirma, mas está longe de ser o resumo do ponto de vista.

Alternativa "d" – É um fato, mas não principal.

Alternativa "e" – Infelizmente, demonstra a realidade.

242. (NUCEPE – Delegado de Polícia – PI/2014) Quando falamos ou escrevemos, é comum explicitarmos com palavras, frases, expressões, o nosso posicionamento quanto àquilo que desejamos transmitir aos nossos interlocutores. No texto acima, a subjetividade da autora sobre o assunto tratado é verificada em

a) o homem sempre esteve dividido entre razão e instinto, paz e guerra, bem e mal.
b) Mas acaso a virtude é monopólio de ricos e remediados? Creio que não.
c) Na semana passada, a violência (ou a falta de segurança) voltou ao centro dos debates.
d) Estamos entre os 20 países mais violentos do planeta.
e) pode-se matar um cidadão e sair impune.

COMENTÁRIOS

Alternativa correta: letra "b" – Subjetividade clara ao usar o verbo na primeira pessoa do singular: (eu) creio que não.

DICA

Em texto subjetivo, o autor recorre às metáforas, às metonímias ou a qualquer outro tipo de linguagem figurada para expor suas ideias. Os temas subjetivos, apesar de menos assíduos em concursos, podem vir na forma de um pensamento, de um poema, de uma crônica ou mesmo de trechos de um conto ou romance de ficção.

Alternativa "a" – Objetividade: o "eu" da pessoa que fala se esconde, fala dos outros, de fatos do mundo exterior, e não se coloca no meio dos comentários.

Alternativa "c" – Frase objetiva.

Alternativa "d" – Objetividade expressa.

Alternativa "e" – Frase objetiva.

243. (NUCEPE – Delegado de Polícia – PI/2014) Em: Criminalidade e pobreza não andam necessariamente de mãos dadas, a palavra necessariamente poderia ser substituída, sem prejuízo para o sentido do que é dito por

a) possivelmente.
b) totalmente.
c) praticamente.
d) obrigatoriamente.
e) naturalmente.

COMENTÁRIOS

Alternativa correta: letra "d"

✪ **Nota das autoras:** questão de semântica e interpretação (contexto).

Necessariamente: de maneira indispensável; de um modo que não se pode prescindir; feito ou desenvolvido por necessidade.

Obrigatoriamente: De modo obrigatório; em que há obrigatoriedade. Sinônimos: forçosamente, necessariamente.

Alternativa "a" – Desígnio de algo que pode ou não acontecer. Existe a possibilidade para que aconteça, mas não há certezas.

Alternativa "b" – De maneira total; por completo ou por inteiro; completamente.

Alternativa "c" – De modo prático, cômodo.

Alternativa "e" – De uma maneira natural; que segue o desenvolvimento natural das coisas.

244. (NUCEPE – Delegado de Polícia – PI/2014) No texto, a autora sugere admitir

a) que a pobreza indiscutivelmente é o fator determinante para o desencadeamento da violência.
b) que a violência só existe, em grande escala, em virtude de o homem estar dividido entre o bem e o mal.
c) que não deve ser punido quem destrói um ninho de papagaio.
d) que, no caso da atitude desesperada dos justiceiros do Rio, não haveria algo diferente a ser feito.
e) que a violência de hoje e de sempre não pode ser justificada apenas pelo fato de o homem ser fruto de seu meio.

COMENTÁRIOS

Alternativa correta: letra "e" – No segundo parágrafo: Há quem tente explicar a violência, a opção pela criminalidade, como consequência da pobreza, da falta de oportunidades: o homem fruto de seu meio. Sem poder fazer as próprias escolhas, destituído de livre-arbítrio, o indivíduo seria condenado por sua origem humilde à condição de bandido. Mas acaso a virtude é monopólio de ricos e remediados? Creio que não.

Erros:

Alternativa "a" – indiscutivelmente.

Alternativa "b" – não é a causa da violência.

Alternativa "c" – deve ser punido.

Alternativa "d" – claro que haveria algo diferente a ser feito.

245. (NUCEPE – Delegado de Polícia – PI/2014) No texto, verificamos sequências tais como: Na semana passada, a violência (ou a falta de segurança) voltou ao centro dos debates. Neste trecho, em especial, o segmento que se encontra entre parênteses sugere, textualmente

a) uma correção que fecha qualquer outra possibilidade de interpretação do que foi dito antes.
b) uma retificação necessária à argumentação que se seguirá.
c) uma reformulação que denota controle da comunicação por parte do autor do texto.
d) uma forma de ratificar o seu pensamento em favor de uma linha única de argumentação.
e) uma forma de resumir todo um pensamento anterior e adequar o seu discurso ao contexto.

COMENTÁRIOS

Alternativa correta: letra "d" – Ratificar é confirmar. Perceba que por haver falta de segurança pode ocorrer violência.

Alternativa "a" – Não é correção e muito menos fecha outra possibilidade de interpretação.

Alternativa "b" – Não há correção.

Alternativa "c" – Não reformula, apenas adiciona.

Alternativa "e" – Não se trata de resumir todo um pensamento. Extrapola demais a ideia.

TEXTO PARA AS QUESTÕES.

Veja: Nos últimos meses, houve uma série de manifestações no Brasil. Agora, há rolezinhos em shopping centers. A sociedade e as autoridades estão sabendo lidar com essas situações?

Ministro: Aquela crença de que o brasileiro é pacífico é falsa. O brasileiro protesta, sim. A situação chegou a um limite extremo, os serviços prestados são tão ruins que há um inconformismo generalizado. Mas a sociedade não é vítima quando a situação política chega a esse ponto, ela é culpada. Reclama do governo e se esquece de que quem colocou os políticos lá foi ela própria. A manifestação é uma maneira legítima de mostrar sua insatisfação com a vida nacional. Razões para protestar não faltam. Ainda mais com a carga tributária que temos, que mais parece um confisco. Mas todos precisam perceber que são culpados pela situação.

(...)

Veja: A situação das prisões brasileiras é medieval. A falta de ação dos governos para melhorá-las contribui para o aumento da criminalidade?

Ministro: Exatamente. A população carcerária provisória chegou ao mesmo número da população definitiva, quando se prega na Constituição que só se pode prender depois de assentada a culpa. Mas, no afã de dar uma satisfação vã à sociedade, transformou-se a regra – o cidadão responder ao processo em liberdade – em exceção. Com isso, o Estado não respeita a integridade do preso. As condições são desumanas e não há ressocialização dos presos. Por isso os índices de reincidência são altíssimos. O preso não sai reeducado para a vida em sociedade. Ele sai embrutecido.

(Revista VEJA. Editora ABRIL. Edição 2360 – ano 47 – nº 7 – 12 de fevereiro de 2014 – p. 16. Por Otávio Cabral)

246. (NUCEPE – Delegado de Polícia – PI/2014) A entrevista é um evento comunicativo que se realiza sob condições contextuais específicas. A entrevista, acima, desenvolve-se a partir de uma linguagem com características de norma

a) culta, na modalidade oral.

b) coloquial, na modalidade escrita.

c) culta, na modalidade escrita.

d) popular, na modalidade escrita.

e) informal, na modalidade oral.

COMENTÁRIOS

Alternativa correta: letra "a"

Vamos aos tipos de linguagem para esclarecer as alternativas.

Linguagem culta: é responsável por representar as práticas linguísticas embasadas nos modelos de uso encontrados em textos formais. É o modelo que deve ser utilizado na escrita, sobretudo nos textos não literários, pois segue rigidamente as regras gramaticais.

Linguagem coloquial: é utilizada em nosso cotidiano nas situações em que o nível de formalidade é menor, portanto, requer menor adequação às regras gramaticais. A linguagem coloquial, ou linguagem popular, é mais dinâmica, sendo marcada por grande fluidez verbal, já que não existe a preocupação excessiva com a norma-padrão da língua. Nela são permitidos recursos expressivos da linguagem, como gírias, e pode ser mais facilmente encontrada nos textos literários, nos quais se admitem licenças poéticas.

Linguagem popular – sinônimo de linguagem coloquial.

Linguagem informal – sinônimo de linguagem coloquial.

Quanto às modalidades, não há necessidade de explicá-las.

Na alternativa "a": linguagem culta. Observe que o vocábulo rolezinho não foi usado como gíria, mas sim com a ideia de evento, acontecimento, aliás, muito utilizado pela mídia nos últimos anos. Mais: modalidade oral, pois ser uma entrevista.

Erros:

Alternativa "b" – Não é coloquial, já que não possui desvio de regras gramaticais e não é escrita.

Alternativa "c" – Escrita.

Alternativa "d" – Popular e escrita.

Alternativa "e" – Informal.

247. (NUCEPE – Delegado de Polícia – PI/2014) Ao considerar que a sociedade não é vítima quando a situação política chega a esse ponto, ela é culpada. Reclama do governo e se esquece de que quem colocou os políticos lá foi ela própria, o Ministro recorre, argumentativamente, na sua fala,

a) a aspectos da cultura do povo, relativamente à tolerância dispensada aos políticos.

b) a elementos da história do povo brasileiro, que por muito tempo viveu em regime de opressão.

c) ao pensamento da população no sentido de isentar os políticos das suas responsabilidades.

d) aos preceitos democráticos, regime vigente, no Brasil.

e) à ideia de que o brasileiro é um povo de má índole.

COMENTÁRIOS

Alternativa correta: letra "d" – Democracia: sistema governamental e político em que os dirigentes são escolhidos através de eleições populares: o Brasil é uma democracia.

Alternativa "a" – Não há referência com a cultura.

Alternativa "b" – O trecho demonstra que há liberdade, não há indícios de opressão.

Alternativa "c" – A população escolhe seus governantes para representá-la.

Alternativa "e" – Não se pode inferir.

▸ **TEXTO 1**

▸ **TEXTO 2**

TROPA DE ELITE

Outras remetências de título

TROPA DE ELITE: MISSÃO DADA É MISSÃO CUMPRIDA

Categorias

Longa-metragem / Sonoro / Ficção

Material original

35mm, COR, 118min, 3.236m, 24q, Dolby SRD

Data e local de produção/Ano: 2007

País: BR

Cidade: Rio de Janeiro

Estado: RJ

Sinopse

Nascimento, capitão da Tropa de Elite do Rio de Janeiro, é designado para chefiar uma das equipes que tem como missão apaziguar o Morro do Turano. Ele tem que cumprir as ordens enquanto procura por um substituto porque sua mulher, grávida, constantemente lhe pede para sair da linha de frente do Batalhão. Em meio a um tiroteio, Nascimento e sua equipe tem que resgatar dois aspirantes a oficiais da PM: Neto e Matias. Ansiosos para entrar em ação e impressionados com a eficiência de seus salvadores, os dois se candidatam ao curso de formação da Tropa de Elite.

Gênero

Drama

Prêmios

Urso de Ouro de Melhor Filme no Festival de Berlim, 58, 2008.

Melhor Ator para Moura, Wagner, Grande Prêmio Vivo do Cinema Brasileiro entregue pela ABC – Academia Brasileira de Cinema. Melhor Diretor para Padilha, José, Grande Prêmio Vivo do Cinema Brasileiro entregue pela ABC – Academia Brasileira de Cinema

Dados de produção

Companhia(s) produtora(s): Zazen Produções Audiovisuais Ltda.

Produção: Padilha, José; Prado, Marcos Coprodução: Soárez, Eliana; Arcy, James d'

Companhia(s) distribuidora(s): Universal Pictures do Brasil; The WeinsteinCompany

Roteirista: Pimentel, Rodrigo; Mantovani, Bráulio; Padilha, José

Direção: Padilha, José

Direção de fotografia: Carvalho, Lula

Efeitos especiais de fotografia: Zeebroeck, Bruno Van

Som direto: Lima, Leandro

Montagem: Rezende, Daniel

Direção de arte: Peake, Tulé

Figurinos: Kopke, Cláudia

Música: Bromfman, Pedro

Identidades/elenco:

Moura, Wagner

Junqueira, Caio

Ramiro, André

Cortaz, Milhem

Freitas, Fernanda de

Machado, Fernanda

Fernandes, Thelmo

Ribeiro, Maria

etc.

Textos 1 e 2 disponíveis em: <http://www.cinemateca.gov.br/cgi-bin/wxis.e – xe/iah/>. Acesso em: 23 mar. 2014.

248. (Fundação Aroeira – Delegado de Polícia – TO/2014) Que aspecto da trama do filme apresentado na ficha técnica é priorizado na composição do cartaz?

a) A atuação de agentes de inteligência como fonte primária para a solução da violência urbana.

b) A fuga de alternativas tradicionais de combate ao crime em regiões com alta incidência de violência.

c) O embate direto contra o crime pela perspectiva de quem tem o dever de combatê-la.

d) O direito de os policiais terem informações precisas a respeito das áreas de combate.

COMENTÁRIOS

Alternativa correta: letra "c" – O cartaz demonstra claramente a posição e a disposição do oficial pronto para o embate em todos os aspectos.

Alternativa "a" – Seria parte do roteiro do filme.

Alternativa "b" – Não consta em ficha técnica, seria parte da trama.

Alternativa "d" – Outro aspecto não correspondente à ficha técnica e sim à trama.

249. (Fundação Aroeira – Delegado de Polícia – TO/2014) Na ficha técnica do filme, que informação sugere sua qualidade como obra representativa de sua categoria?

a) As especialidades técnicas recrutadas para a sua produção.

b) A constituição do elenco com base em autores consagrados no meio televisivo.

c) As características estético-discursivas do gênero drama de ficção.

d) A lista de prêmios concedidos por entidades de relevância na área cinematográfica.

COMENTÁRIOS

Alternativa correta: letra "d" – Prêmios: Urso de Ouro de melhor filme no festival de Berlim, 58, 2008; melhor ator e melhor diretor: grande prêmio vivo do cinema brasileiro entregues pela ABC – Academia Brasileira de Cinema.

As informações contidas em A, B e C estão intrínsecas à qualidade que caracterizou o filme.

Alternativa "a" – Não está na ficha técnica.

Alternativa "b" – Mera informação.

Alternativa "c" – Tais características não sugerem qualidade como obra representativa da categoria. Mais: ficção? Quem dera!

250. (Fundação Aroeira – Delegado de Polícia – TO/2014) A sinopse tem por função apresentar aspectos cruciais do enredo do filme. Essa apresentação parte do protagonista e se desenvolve com base em

a) elogio, motivações familiares para o combate, resultado positivo do combate.

b) identificação, missão, conflito, desdobramentos do conflito.

c) traços de personalidade, indefinições individuais, valores da corporação.

d) localização dos fatos, patente, realidade, negação da realidade.

COMENTÁRIOS

Alternativa correta: letra "b" – A sinopse (resumo) em questão, muito bem elaborada, dá uma visão exata do que se verá em Tropa de Elite.

Identificação= capitão da tropa: Nascimento, do Rio de Janeiro, chefe de equipe;

Missão= apaziguar o Morro do Turano;

Conflito= Nascimento – problemas em família (conflito), procura um substituto, resgate de Neto e Matias (aspirantes) – desdobramento do conflito – resultado: gratos, impressionados, os dois aspirantes a oficiais Neto e Matias se candidatam ao curso de formação da Tropa de Elite.

Os aspectos apresentados em A, C e D não constam da sinopse e o protagonista é apresentado, já no início, em constante conflito entre problemas pessoais que o impelem a deixar a linha de frente e a missão a cumprir.

Alternativa "a" – Não se baseia nos três elementos mencionados.

Alternativa "c" – Não se baseia nos três elementos mencionados.

Alternativa "d" – Localização do fato? Aqui já se elimina a alternativa.

▸ TEXTO 3

A realidade, só a realidade

Para ser qualificada de grande, uma obra de arte precisa estabelecer conexões profundas com as pessoas. Ao analisar o papel das tragédias teatrais, por exemplo, o filósofo grego Aristóteles concluiu que elas acabavam por purificar os espectadores quando lhes causavam sentimentos de terror e compaixão. Isso porque, depois de experimentá-los, as pessoas sairiam aliviadas, purgadas dos próprios pesadelos. Aristóteles chamou a isso catarse. O tipo de conexão proporcionado por Tropa de Elite, do diretor José Padilha, é de outra ordem. Trata-se de um grande filme justamente pelo contrário: ele não concede válvulas de escape ao retratar como a criminalidade degradou o país de alto a baixo. O pesadelo real ganha ainda mais nitidez. A sociedade brasileira, pelo jeito, ansiava por esse tapa na cara dado pelo capitão Nascimento, o policial interpretado magistralmente por Wagner Moura. Lançado há apenas duas semanas, Tropa de Elite já é o filme mais visto e comentado da história do cinema brasileiro. As salas de exibição lotam em todas as sessões e estima-se que mais de 11 milhões de pessoas tenham assistido ao filme em DVDs piratas que inundaram os camelôs de várias capitais do país (veja reportagem). Gírias policiais reproduzidas no filme e trechos de diálogos entre os personagens – como "pegou geral" e "01 pede pra sair" – tornaram-se bordões repetidos nas mais diversas situações.

O assunto da obra do diretor José Padilha é a guerra diuturna que a polícia carioca move contra os traficantes de drogas encastelados nos morros favelizados da cidade. Mais especificamente o Batalhão de Operações Policiais Especiais (Bope), a tropa de elite do título. O tráfico de drogas, o nervo mais exposto de um país em desordem e refém do medo (veja o quadro), é tema comum na cinematografia nacional recente. A diferença é que esse filme o aborda pondo os pingos nos is. Bandidos são bandidos, e não "vítimas da questão social". Há policiais corruptos, mas também muitos que são honestos. Se existem traficantes de cocaína e maconha, é porque há milhares de consumidores que os bancam. Muitos desses consumidores, aliás, são aqueles mesmos que fazem "passeatas pela paz" e compactuam com a bandidagem para abrir ONGs em favelas. Por último, a brutalidade de alguns policiais pode ser explicada pelo grau de penúria e abandono que o estado lhes reserva. [...]

Ditas de maneira tão simples, essas verdades parecem de uma obviedade ululante. E são. Mas o Brasil, infelizmente, é um país de ideias fora do lugar por causa da afecção ideológica esquerdista que inverte papéis, transformando criminosos em mocinhos e mocinhos em criminosos. Aqui, a "questão social" é justificativa para roubos, assassinatos e toda sorte de crime e contravenção – mesmo quando praticados por quadrilhas especializadas, compostas por integrantes que nada têm de coitadinhos.

Na semana passada, a pedido de VEJA, o instituto Vox Populi realizou uma pesquisa para medir o impacto de Tropa de Elite nos espectadores. Os resultados indicam por que o filme é arrebatador. Na opinião de 72% dos entrevistados, os criminosos que aparecem no filme são tratados como merecem. Quase 80% deles concordam que a polícia é apresentada com fidelidade – ou seja, tem uma banda podre e uma banda boa. Tropa de Elite agrada também por abordar a responsabilidade dos usuários de drogas sem meias palavras. O capitão Nascimento diz que o "playboy" que fuma um cigarro de maconha é o responsável pela morte de um traficante abatido pelo Bope. A afirmação encontra eco na população. Para 85% dos espectadores, o raciocínio do capitão Nascimento está correto. O policial vivido por Wagner Moura ganhou enorme popularidade, mas isso não significa que todas as pessoas enxerguem num Rambo a solução para problema tão complexo como o da criminalidade. Na opinião de 53% dos entrevistados, o capitão é um herói, mas 43% rejeitam essa ideia, embora o vejam com relativa simpatia. As características do personagem ajudam a explicar tal divisão. Nascimento é um ser humano devastado. Sofre de síndrome do pânico, consome vorazmente remédios de tarja preta e suas explosões frequentemente resultam em ações que extrapolam o manual do Bope.

Disponível em: <http://veja.abril.com br/171007/p_080.shtml>. Acesso em: 20 mar. 2014.

---

251. (Fundação Aroeira – Delegado de Polícia – TO/2014) Considerando o trabalho argumentativo promovido ao longo do texto, Tropa de Elite é uma grande obra porque

a) promove no expectador uma espécie de purificação por meio da experimentação de sentimentos negativos e positivos.

b) escancara as mazelas da guerra contra o tráfico de maneira realística, com requinte dramático.

c) produz intertexto com a obra de Aristóteles com base na produção de um texto de ficção de forte apelo subjetivo.

d) impacta o expectador com uma concepção de combate ao crime contrária às suas expectativas.

COMENTÁRIOS

Alternativa correta: letra "b" – Segundo o texto, o filme Tropa de Elite é uma grande obra mostrando a "cara do crime" na missão do enfrentamento ao tráfico de drogas e a realidade desse tipo de enfrentamento.

Alternativa "a" – Essa espécie de purificação não se dá em Tropa de Elite. Sim, é citada no início do texto como análise feita pelo filósofo grego Aristóteles ao se referir às tragédias teatrais, e que ele chamou de catarse: purificação que aquelas tragédias, representação de textos dramáticos, provocavam nos expectadores da Grécia Antiga.

Tropa de Elite provoca o contrário no expectador: a visão da realidade choca e o pesadelo continua ante a nitidez dessa realidade.

Alternativa "c" – Não há intertexto com relação à análise sobre as tragédias de Aristóteles, o filósofo. Trata-se de um grande filme justamente ao contrário: não concede válvulas de escape. Se as tragédias gregas provocam purificação como válvula de escape, Tropa de Elite mostra uma realidade com um problema complexo que nenhum *Rambo* possa solucionar.

Alternativa "d" – Ao contrário, na última parte do texto tem-se a pesquisa do instituto Vox Populi em que fica bem clara a aceitação do público em uma grande percentagem, porém deixa uma margem para um público que analisou o filme de outra forma: com mais profundidade...

---

252. (Fundação Aroeira – Delegado de Polícia – TO/2014) No texto, as inserções "veja reportagem" e "veja o quadro" estão correlacionadas ao

a) suporte em que é veiculado e à característica informativa do gênero reportagem.

b) tema abordado pelo autor e ao público-alvo desse gênero textual.

c) modo de obtenção das informações e à incompletude das ideias apresentadas.

d) tipo de sequência textual e à falta de comprovação das informações.

COMENTÁRIOS

Alternativa correta: letra "a" – As inserções remetem à revista (veículo em que está publicada a reportagem que é de caráter informativo): quadro = demonstrações da informação.

Alternativa "b" – As inserções não estão correlacionadas ao tema abordado nem ao público alvo, mas às fontes em que se encontrar a reportagem.

Alternativa "c" – Não há incompletude das ideias, pelo contrário, as ideias estão apresentadas coerentemente.

Alternativa "d" – As inserções citadas não se referem às opções da alternativa como já comentado na alternativa A.

▸ **TEXTO 4**

Disponível em:<http://rio.rj.gov.br>. Acesso em: 30 de mar. 2014.

253. (Fundação Aroeira – Delegado de Polícia – TO/2014) Considerando a contextualização social e discursiva do Texto 4, o termo "agora"

a) marca uma relação de causa e consequência da violência.

b) estabelece um marco histórico definido.

c) faz uma referência temporal anafórica ao primeiro filme da série.

d) instaura uma sequência explicativa.

COMENTÁRIOS

Alternativa correta: letra "c"

✪ **Nota das autoras:** Vamos relembrar teoria?

Anafórico, genericamente, pode ser definido como uma palavra ou expressão que serve para retomar um termo já expresso no texto, ou também para antecipar termos que virão depois.

São **anafórico**s: pronomes demonstrativos: este, esse, aquele; pronomes relativos: que, o qual, onde, cujo; advérbios e expressões adverbiais: então, dessa feita, acima, atrás.

Lu e Nata, apesar de serem gêmeas, são muito diferentes. Por exemplo, esta é calma, aquela é explosiva.

*O termo esta retoma a nome próprio "Lu", enquanto aquela faz a mesma coisa com a palavra "Nata". Esta e aquela são chamados de **anafórico**s.**

Catafórico é um termo utilizado em linguística para expressão que se refere a algo que será dito no texto posteriormente.

Quero encontrá-la, encontrar Acácia.

**Fonte: http://www.dicionarioinformal.com.br/*

– *Agora* é advérbio de tempo. Em relação ao contexto (Tropa de Elite 2), fica evidente que há ligação com o filme anterior (texto 1 – Tropa de Elite).

Alternativa "a" – Para haver causa e consequência, caberia a pergunta **por quê?** e não cabe.

Alternativa "b" – Não é marco histórico. (Ai, ai, ai...)

Alternativa "d" – Não há explicação.

▸ **TEXTO 5**

"Copa de Elite" é uma paródia de "Tropa de elite", mas brinca com filmes brasileiros, como "Bruna Surfistinha", "Nosso lar", "Minha mãe é uma peça" e "Se eu fosse você". A estreia é em 17 de abril. No cartaz, o longa é definido como "a maior paródia brasileira de filmes nacionais já feita no Brasil". "Copa de Elite" integra o gênero que nos Estados Unidos se chama de "spoofmovie", do qual fazem parte "Top Gang", "Todo mundo em pânico" e "Apertem os Cintos... O Piloto Sumiu".

Disponível em: <http://g1.globo.com/pop-arte/cinema/noticia/>. Acesso em: 10 abr. 2014.

254. (Fundação Aroeira – Delegado de Polícia – TO/2014) "Copa de Elite" é uma paródia de filmes brasileiros contemporâneos.

Que aspectos das linguagens verbal e não verbal do Texto 5 estabelecem uma paródia, remetendo ao filme "Tropa de Elite"?

a) A transposição da simbologia que evoca a temática do filme para o domínio lúdico.

b) A marcação explícita dos nomes de atores brasileiros de renome e a relação direta com filmes de humor como "Top Gang".

c) A definição do filme como um longa metragem do gênero "spoofmovie".

d) A reconfiguração dos traços identitários visível na composição das personagens femininas que interagem com o protagonista.

COMENTÁRIOS

Alternativa correta: letra "a" – Tropa de Elite versus Copa de Elite. Em destaque estão comediantes (abaixo, há outras personalidades que não são atores), assim sendo há domínio lúdico: que tem o divertimento acima de qualquer outro propósito.

Alternativa "b" – Não pelo simples fato de serem atores de renome.

Alternativa "c" – Não há relação com paródia: imitação burlesca, irônica.

Alternativa "d" – Não apenas pela composição das personagens femininas.

▸ **TEXTO PARA AS QUESTÕES.**

A repercussão sobre o tratamento ofensivo dispensado a um menino negro de 7 anos que acompanhava os pais adotivos em uma concessionária de carros importados no Rio de Janeiro, há algumas semanas, jogou luz sobre uma discussão que permeia a história do Brasil: afinal, somos um país racista?

Apesar de não haver preconceito assumido, o relato dos negros brasileiros que denunciam olhares tortos, desconfiança, apelidos maldosos e tratamento "diferenciado" em lojas, consultórios, bancos ou supermercados não deixa dúvidas de que são discriminados em função do tom da pele. Estatísticas como as divulgadas pelo Mapa da Violência 2012, que detectou 75% de negros entre os jovens vitimados por homicídios no Brasil em 2010, totalizando 34.983 mortes, chamam a atenção em um país que aparentemente não enfrenta conflitos raciais.

A disparidade entre o nível de escolaridade é outro indicador importante. De acordo com o Censo 2010, realizado pelo Instituto Brasileiro de Geografia e Estatística (IBGE), entre os brasileiros com nível superior completo há 9,8 milhões de brancos e 3,3 milhões de pardos e pretos. Já entre a população sem instrução ou que não terminou o Ensino Fundamental os números se invertem: são 40 milhões de pretos e pardos e 26,3 milhões de brancos.

"O racismo no Brasil é subjetivo, mas as consequências dele são bem objetivas", afirma o sociólogo Renato Munhoz, educador da Colmeia, uma organização que busca despertar o protagonismo em entidades sociais, incluindo instituições ligadas à promoção da igualdade racial.

Ele enfatiza que os negros, vitimizados pela discriminação em função da cor da pele, são minoria nas universidades, na política, em cargos de gerência e outras esferas relacionadas ao poder. "Quando chegam a essas posições, causam 'euforia'", analisa, referindo-se, na história contemporânea, ao ministro do Supremo Tribunal Federal (STF) Joaquim Barbosa e ao presidente dos EUA, Barack Obama. Munhoz acrescenta que o racismo tem raiz histórica. "Remete ao sequestro de um povo de sua terra para trabalhar no Brasil. Quando foram supostamente libertados, acabaram nas periferias e favelas das cidades, impedidos de frequentar outros locais", afirma.

Esse contexto, para ele, tem sido perpetuado através dos tempos, apesar da existência da Lei nº 7.716, de 5 de janeiro de 1989, que define como crime passível de reclusão os preconceitos de raça ou de cor. "A não aceitação de negros em alguns espaços é evidente", reforça. A subjetividade do racismo também se expressa no baixo volume de denúncias nas delegacias. No Paraná, de acordo com dados do Boletim de Ocorrência Unificado da Polícia Civil, de 2007 a 2012 foram registrados 520 crimes de preconceito, o que resulta em uma média de apenas 86 registros por ano.

Por todas essas evidências, Munhoz defende a transformação da questão racial em políticas públicas, a exemplo das cotas para negros nas universidades. "Quando se reconhece a necessidade de políticas públicas, se reconhece também que há racismo", diz. Ele acrescenta, ainda, que os desafios dessas políticas passam pela melhoria no atendimento em saúde à população negra e no combate à intolerância religiosa. "Não reconhecer as religiões de matriz africana é outro indicador de racismo".

(Adaptado de: AVANSINI, C. Preconceito velado, mas devastador. Folha de Londrina. 3 fev. 2013, p.9.)

---

255. (UEL – Delegado de Polícia – PR/2013) A respeito dos números das estatísticas apresentados no 2° e no 3° parágrafos, considere as afirmativas a seguir.

I. Entre os jovens assassinados no Brasil, há um número maior de vítimas negras do que de vítimas brancas.

II. A disparidade entre os números apresentados sobre nível de escolaridade e homicídios de jovens é exibida como surpreendente.

III. A inversão dos números de negros com nível superior completo e com Ensino Fundamental incompleto dificulta a interpretação dos dados.

IV. Os números permitem a leitura segundo a qual, em termos de critérios raciais, quem tem melhor formação escolar corre menos risco de ser vítima de homicídio.

Assinale a alternativa correta.

a) Somente as afirmativas I e II são corretas.
b) Somente as afirmativas I e IV são corretas.
c) Somente as afirmativas III e IV são corretas.
d) Somente as afirmativas I, II e III são corretas.
e) Somente as afirmativas II, III e IV são corretas.

COMENTÁRIOS

Alternativa correta: letra "b"

Certo: Preconceito velado, mas devastador e as estatísticas mostram essa triste realidade no Brasil, mesmo em uma análise primária pode se constatar que é visível o maior número de jovens negros assassinados em relação aos jovens brancos: triste estatística brasileira.

II. Errado: O que surpreende e chama a atenção é, segundo o texto, a proporção para um país que se diz não racista.

III. Errado: Nenhuma dificuldade na leitura dessa inversão, já que para 9,8 milhões de brancos com ensino superior completo há 3,3 milhões de pardos e negros, há 6,5 milhões que não tiveram como chegar ao ensino superior e, consequentemente, uma das causas (entre outras) foi a de não terem completado o ensino fundamental.

IV. Certo: É admissível o que se afirma na alternativa IV, mas, ainda assim, corre-se o risco de ser preterido por ter a pele negra.

---

256. (UEL – Delegado de Polícia – PR/2013) O título da reportagem traz duas qualificações para o termo "preconceito". No 2° parágrafo do texto, há uma terceira qualificação.

Assinale a alternativa que correlaciona, corretamente, essas qualificações.

a) Preconceito assumido é o contrário de preconceito velado.
b) Preconceito velado é o contrário de preconceito devastador.
c) Preconceito assumido e preconceito velado são sinônimos.
d) Preconceito assumido e preconceito devastador são sinônimos.
e) Preconceito velado e preconceito devastador são sinônimos.

COMENTÁRIOS

Alternativa correta: letra "a" – O título da reportagem traz o par de adjetivos velado e devastador; o segundo parágrafo acrescenta o adjetivo assumido que se opõe ao adjetivo *velado*: escondido, encoberto, oculto. Traduzindo em linguagem popular: *velado* significa *por debaixo do pano* o que o título ressalta como *devastador*: arrasador, que humilha moral e fisicamente.

Alternativa "b" – O antônimo de *velado* é assumido. *Devastador* é a consequência do preconceito velado que é dissimulado, oculto, encoberto. Exemplo: entre um negro e um branco aptos para ocuparem uma vaga de emprego, entra sempre um jogo de teste ou coisa parecida e a vaga é do branco. Preconceito devastador é o preconceito arrasador, que humilha, deixa a vítima infeliz, moralmente destruída por sentir que foi preterida em razão da sua cor. *Devastar* é destruir.

Alternativa "c" – Preconceito velado (dissimulado) é o antônimo de preconceito assumido (admitido).

Alternativa "d" – Não são sinônimos. Preconceito assumido: admite-se que tem preconceito; preconceito devastador: que causa destruição à vítima moral e até fisicamente.

Alternativa "e" – Não são sinônimos nem antônimos: *devastador*: assolador, destruidor, arrasador; *velado*: oculto, dissimulado, escondido, encoberto.

---

257. (UEL – Delegado de Polícia – PR/2013) Sobre as referências, no texto, ao ministro Joaquim Barbosa e ao presidente dos Estados Unidos da América, Barack Obama, assinale a alternativa correta.

a) O presidente dos EUA, Barack Obama, é citado como uma das vítimas de discriminação racial que chegou ao poder para contornar as vicissitudes dos negros.

b) O ministro Joaquim Barbosa é apontado como um exemplo de que o racismo no Brasil interfere pouco sobre as possibilidades de ascensão social dos negros.

c) O ministro Joaquim Barbosa e o presidente dos EUA, Barack Obama, são referidos como exemplos malogrados da inacessibilidade dos negros a cargos poderosos.

d) O ministro Joaquim Barbosa e o presidente dos EUA, Barack Obama, são mencionados como exemplos de que a ascensão social dos negros é uma marca da contemporaneidade.

e) O ministro Joaquim Barbosa e o presidente dos EUA, Barack Obama, são expostos como negros que atingem altos postos nas esferas do poder, estimulando uma espécie de orgulho racial.

COMENTÁRIOS

Alternativa correta: letra "e" – Segundo o sociólogo Renato Munhoz, os negros que chegam a assumir posições do poder, como os dois negros citados, são minoria e causam euforia (alegria intensa).

Observação: Se não houvesse discriminação ou preconceito, essa situação de destaque não deveria chamar a atenção, pois atrás da cor da pele está o mérito do cidadão, seja ele negro ou não.

Alternativa "a" – As referências do texto quanto à ascensão dos dois negros citados, não têm essa conotação. O presidente dos EUA, Barack Obama é citado como um negro com nível superior de escolaridade que assumiu alto cargo na esfera do poder.

Alternativa "b" – Trate-se de um fato isolado no Brasil.

Alternativa "c" – Pelo contrário, a referência aos dois negros que ocupam cargos importantes, lá e aqui, sugere que a cor da pele não diferencia o caráter do ser humano nem é determinante da inferioridade ou superioridade deste ou daquele.

Alternativa "d" – A ascensão social do ministro Joaquim Barbosa e do presidente Barack Obama não é citada como marca da contemporaneidade. Observa-se que o sociólogo Renato Munhoz coloca: "quando chegam a essas posições..." – o advérbio *quando* conota a ideia de eventualidade, exceção, não sendo, portanto, uma marca contemporânea.

258. (UEL – Delegado de Polícia – PR/2013) Sobre as referências à história que aparecem a partir do sexto parágrafo, assinale a alternativa correta.

a) O sociólogo faz referência a dois momentos da história brasileira: o período do tráfico de escravos e a libertação de negros com a implementação da lei que entrou em vigor em 1989, extinguindo o racismo.

b) O sociólogo faz alusões a períodos da história brasileira para contrastar passagens de séculos anteriores ao atual com a situação contemporânea, em que os problemas raciais já arrefeceram muito.

c) O sociólogo reconhece um momento central da história brasileira – a abolição da escravatura – como acontecimento expressivo do final paulatino do racismo, consolidado cerca de cem anos depois com a implementação da lei de 1989.

d) O sociólogo faz menção a momentos da história brasileira em que atos de violência e preconceitos persistem mesmo quando há iniciativas tidas como favoráveis aos negros, como a abolição da escravatura e a implementação da lei de 1989.

e) O sociólogo cita três passagens da história brasileira – o tráfico de escravos, a abolição da escravatura e a lei em vigor desde 1989 – para ilustrar como tais acontecimentos geraram episódios de violência dos quais os negros ainda são vítimas.

COMENTÁRIOS

Alternativa correta: letra "d" – Ao citar esses momentos históricos, o sociólogo afirma: "a não aceitação de negros em alguns espaços é evidente". Observe-se a forma "é" no presente = foi naqueles momentos e ainda é. Deixa claro também sua posição quanto à tão polêmica cota para negros nas universidades, posição esta que parece a mais óbvia: "quando se reconhece a necessidade de políticas públicas, se reconhece também que há racismo", e outra colocação bem a propósito: "não reconhecer as religiões de matriz africana é outro indicador de racismo" – portanto, a abolição da escravatura, a implementação da lei de 1.989 e as iniciativas atuais constituem atos de violência e preconceito: ainda persistem sim.

Alternativa "a" – A sua referência a momentos históricos é para ressaltar que o racismo toma a forma velada e continua até os dias de hoje; o negro foi segregado para as periferias e favelas. O negro está periférico tanto localmente como socialmente ainda hoje. Após a lei de 1989 têm-se, de 2007 a 2012, 520 crimes de preconceito e racismo.

Alternativa "b" – As alusões aos períodos da história não são para contrastar passagens anteriores, mas para constatar que os problemas raciais ainda persistem na época contemporânea.

Alternativa "c" – Não há esse reconhecimento por parte do sociólogo, pois para ele "a não aceitação de negros em alguns espaços é evidente".

Alternativa "e" – Ao citar as três passagens da história brasileira, o autor tem como objetivo mostrar que o racismo tem-se perpetuado, a desigualdade racial, o preconceito, o racismo ainda são preponderantes no país e o pior: tudo é subjetivo e velado.

▸ **TEXTO PARA OS ITENS.**

No Brasil, duas grandes concepções de segurança pública opõem-se desde a reabertura democrática até o presente: uma centrada na ideia de combate, outra, na de prestação de serviço público.

A primeira concebe a missão institucional das polícias em termos bélicos, atribuindo-lhes o papel de combater os criminosos, que são convertidos em inimigos internos. A política de segurança é, então, formulada como estratégia de guerra, e, na guerra, medidas excepcionais se justificam. Instaura-se, adotando-se essa concepção, uma política de segurança de emergência e um direito penal do inimigo. Esse modelo é reminiscente do regime militar e, há décadas, tem sido naturalizado, não obstante sua incompatibilidade coma ordem constitucional brasileira. Nesses anos, o inimigo interno anterior – o comunista – foi substituído pelo traficante, como elemento de justificação do recrudescimento das estratégias bélicas de controle social.

A segunda concepção está centrada na ideia de que a segurança é um serviço público a ser prestado pelo Estado e cujo destinatário é o cidadão. Não há, nesse caso, mais inimigo a combater, mas cidadão para servir. A polícia democrática não discrimina, não faz distinções arbitrárias: trata os barracos nas favelas como domicílios invioláveis, respeita os direitos individuais, independentemente de classe, etnia e orientação sexual, não só se atendo aos limites inerentes ao estado democrático de direito, mas entendendo que seu principal papel é promovê-lo. A concepção democrática estimula a participação popular na gestão da segurança pública, valoriza arranjos participativos e incrementa a transparência das instituições policiais. O combate militar é, então, substituído pela prevenção, pela integração com políticas sociais, por medidas administrativas de redução dos riscos e pela ênfase na investigação criminal. A decisão de usar a força passa por considerar não apenas os objetivos específicos a serem alcançados pelas ações policiais, mas também, e fundamentalmente, a segurança e o bem-estar da população envolvida.

Cláudio Pereira de Souza Neto. A segurança pública na Constituição Federal de 1988: conceituação constitucionalmente adequada, competências federativas e órgãos de execução das políticas. Internet: <www.oab.org.br> (com adaptações).

259. (Cespe – Delegado de Polícia – BA/2013) Conclui-se do terceiro parágrafo do texto que a concepção de segurança pública como prestação de serviço público tem suplantado, no Brasil, a concepção de segurança pública como combate aos criminosos.

COMENTÁRIOS

Errado – O que se conclui do terceiro parágrafo é que a segurança pública, na concepção democrática, deve tanto cumprir os objetivos específicos da ação policial de combate ao crime e à violência, como agir no sentido de prevenção, visando à segurança do cidadão.

260. (Cespe – Delegado de Polícia – BA/2013) De acordo com o texto, adotando-se a concepção de segurança como prestação de serviço público, a decisão de usar a força policial deixa de ser baseada apenas na consecução de objetivos específicos.

COMENTÁRIOS

Certo – Segurança como prestação de serviço público: participativa, não arbitrária, sem discriminação ao cidadão com respeito aos direitos individuais, atuando na prevenção e no combate.

▸ TEXTO PARA AS QUESTÕES.

Observações sobre o direito de punir

Não há direito de punir. Há apenas poder de punir. O homem é punido pelo seu crime porque o Estado é mais forte que ele. A guerra, grande crime, não é punida porque se acima dum homem há os homens, acima dos homens nada mais há.

E não há o direito de punir, pois a própria representação do crime na mente humana é o que há de mais instável e relativo: como julgar que posso punir baseada apenas em que o meu critério de julgamento para tonalizar tal ato como criminoso ou não é superior a todos os outros critérios? Como crer que se tem verdadeiramente o direito de punir se se sabe que a não observância do fato X, hoje fato criminoso, considerava-se igualmente crime? "Nenhum de nós pode se lisonjear de não ser um criminoso relativamente a um estado social dado, passado, futuro ou possível", disse Tarde.

O que é certo, na questão da punição, é que determinadas instituições, em dada época, sentindo-se ameaçadas em sua solidez com a perpetração de determinados atos, com mão de ferro taxa-os como puníveis, muitas vezes nesses atos não há nem a sombra de um delito natural: essas instituições querem apenas se defender. Outra humanidade falaria antes em "direito de se defender", direito de lutar, de deixar de comparecer ao campo de guerra a instituição velha e nova. Porque o crime significa um ataque a determinada instituição vigente, em grande parte das vezes, e se não fosse punido representaria a derrocada dessa instituição e o estabelecimento duma nova. Processar-se-ia, pois, uma evolução mais rápida e violenta, de resultados provavelmente maus, tendo-se em vista a frequente anormalidade do criminoso. A sociedade, porém, mais sabiamente, prefere falar num "direito de punir", força unilateral, garantidora de uma boa defesa contra o ataque à sua estabilidade.

Uma hipótese quanto ao surgimento e evolução do direito de punir. De início, não existiam direitos, mas poderes. Desde que o homem pôde vingar a ofensa a ele dirigida e verificou que tal vingança o satisfazia e atemorizava a reincidência, deixou de exercer sua força perante uma força maior. No entanto, como acontece muitas vezes no domínio biológico, a reação – vingança – começou a ultrapassar de muito a ação – ofensa – que a provocara. Os fracos uniram-se: e é então que começa propriamente o plano, isto é, a incursão do consciente e do raciocínio no mecanismo social, ou melhor, é aí que começa a sociedade propriamente dita. Fracos unidos não deixam de constituir uma força. E os fracos, os primeiros ladinos e sofistas, os primeiros inteligentes da história da humanidade, submeteram aquelas relações, até então naturais, biológicas e necessárias, ao domínio do pensamento. Surgiu, como defesa, a ideia de que, embora não tivessem força, tinham direitos, fundados nas noções de Justiça, Caridade, Igualdade e Dever. Essas noções foram se insinuando naquele grupo humano primitivo, instituído pelos que delas necessitavam, tão certo como o é o fato de os primeiros remédios terem sido inventados pelos doentes.

E no espírito do homem foi se formando a correspondente daquela revolta: um superego mais ou menos forte, que daí em diante regeria e fiscalizaria as relações do novo homem com os seus semelhantes em face da sociedade, impedindo-lhe a perpetração de atos considerados por todos como proibidos. À medida que essas noções foram se plasmando no indivíduo e no decorrer das gerações, os meios de vida foram extinguindo cada vez mais sua possibilidade de usar da força bruta nas relações de homem para homem. Na resolução de seus litígios, não mais aparecia o mais forte e musculoso diante do menos poderoso pelo próprio nascimento e natureza. Igualados pelas mesmas condições, afrouxados na sua agressividade de animal pelo nascimento do superego (homem social), fizeram (sem que o objetivo fosse delimitado em sua consciência) uma espécie de tratado de paz, as leis, pelas quais os interesses e os "proibidos" não seriam violados reciprocamente, sob a garantia duma punição por parte da coletividade. É a passagem do castigo ministrado pelo ofendido para o castigo provindo de toda a sociedade. E isso se explica: uma vez que todos estavam em condições mais ou menos iguais, difícil seria a defesa; para manter a inviolabilidade das leis fizeram titular do direito toda a coletividade, adversário forte.

O resto segue-se naturalmente. Os mais capazes, os mais fortes são incumbidos de vigiar a observância dessas leis, constituindo o primeiro Estado, isto é, organizador permanente da estabilidade social. Esse novo órgão, no decorrer dos tempos fortalecido pelo apoio de todos, passa a encarar o poder, mesmo independente da aquiescência individual. E esse órgão a si mesmo concede, sem que tenha um outro fundamento, o "direito de punir".

LISPECTOR, Clarice. Outros escritos. Rio de Janeiro: Rocco, 2005. p. 45-46. (Adaptado).

---

261. (UEG – Delegado de Polícia – GO/2013) Defende-se no texto a ideia de que o "direito de punir"

a) decorre da representação de crime na mente, noção universalmente aceita pelos indivíduos das várias sociedades humanas.

b) é, na verdade, uma força unilateral e uma criação da sociedade, que tem como objetivo principal a preservação da estabilidade.

c) instaura a punição a partir da correspondência entre os atos puníveis e o delito natural, independentemente da época histórica.

d) é noção equivalente à de "poder de punir", já que não há entre os dois conceitos distinção que os possa diferenciar.

COMENTÁRIOS

Alternativa correta: letra "b" – O texto traz o questionamento sobre o critério que foi ou é usado para estabelecer o porquê e quem deve ser punido. A ideia do texto gira em torno do critério de julgamento e do direito de punir e, se o que hoje é considerado sempre o foi ou ainda será, até em que ponto? Sobre o direito – estaria o julgador imune de outros atos que, porventura não seriam também puníveis? De onde ou até onde se pode julgar, punir a natureza da mesma natureza: o homem pelo homem.

Alternativa "a" – A ideia é de que a representação do crime "é o que há de mais instável e relativo" dependendo de como esta ou aquela sociedade vê e aceita seja crime ou não, determinado delito.

Alternativa "c" – O texto questiona se o que é punível hoje sem o fora ou será ainda no futuro e afirma o interesse de cada época e instituições em determinar quais atos são passíveis de punição para garantir sua estabilidade.

Alternativa "d" – A ideia do texto é totalmente oposta a essa alternativa, uma vez que a ideia é questionar se há realmente o direito de punir, pois a punição vem sempre do poder de uma forma unilateral; do poder do mais forte sobre o mais fraco. O direito de punir foi criado por quem ou o que tem o poder de punir para se preservar.

---

262. (UEG – Delegado de Polícia – GO/2013) De acordo com o texto:

a) em todas as épocas há instituições que deixam de se valer de leis para se defenderem de possíveis ameaças externas.

b) os mais fracos, em seu conjunto, formam o primeiro Estado, cujo poder, para existir, não depende do apoio de toda a sociedade.

c) compreender o direito de punir implica o entendimento de que ele se transformou ao longo do tempo, passando de castigo social para castigo individual.

d) no processo de criação e evolução do direito de punir assistiu-se à substituição da força física pela noção de direitos individuais para a resolução de conflitos.

COMENTÁRIOS

Alternativa correta: letra "d" – A noção dos direitos individuais igualaria o homem: o mais fraco e o mais forte estariam nas mesmas condições para as resoluções dos conflitos – delimita-se então a agressividade através das leis constituídas pelo Estado que adquire, através da coletividade, o direito de punir.

Alternativa "a" – No texto não há referências específicas; o tema gira em torno do direito ou não direito de punir desde os tempos em que o direito não existia; a autora traça um perfil da evolução desse direito com a criação de instituições na história da humanidade. Surge, então, a ideia de defesa que permite igualar fracos e fortes diante da noção de justiça.

Alternativa "b" – O primeiro Estado, segundo o texto, foi instituído a partir da união dos mais fracos, de cuja união foi percebido que teria a força da coletividade. O texto trata a formação do primeiro Estado usando os verbos em formas indeterminadas em que se percebe que forças mais poderosas entendem a necessidade de leis que regessem a coletividade, uma vez que, os fracos juntos, se fortaleciam. A sociedade vigia, julga e puni a própria sociedade, por não haver um conceito que fundamente o direito de punir.

Alternativa "c" – Pelo contrário, ao longo do tempo, o direito de punir passou do individual para o castigo social.

---

263. (UEG – Delegado de Polícia – GO/2013) Um dos sentidos do quarto parágrafo do texto pode ser resumido na seguinte máxima popular:

a) Quem sai aos seus não degenera.
b) A união faz a força.
c) Água mole em pedra dura tanto bate até que fura.
d) Mais vale um pássaro na mão do que dois voando.

COMENTÁRIOS

Alternativa correta: letra "b" – Trechos que evidenciam a resposta: "Os fracos uniram-se" e "Fracos unidos não deixam de constituir uma força".

Alternativa "a" – Não há relação alguma com degenerar.

Alternativa "c" – Isso é perseverança e a ideia do parágrafo é de união.

Alternativa "d" – Não há ideia de perda.

▸ TEXTO PARA AS QUESTÕES.

Afinal, a tortura funciona ou não funciona? O existencialista Jean-Paul Sartre disse – e, nisso, estava certo – que a tortura era o mal do século XX. Morto em 1980, Sartre não viveu para testemunhar as tentativas às vezes pouco sutis de promover a tortura ao status de mal menor do século XXI. [Nos Estados Unidos] a questão acabou ganhando o enfoque da eficácia em decorrência da disputa política. A maioria dos republicanos defende o combate ao terror deflagrado pelo presidente George W. Bush, cujo governo legalizou as chamadas "técnicas aprimoradas" de interrogatório. Entre elas, inclui-se a "simulação de afogamento", tortura antiga, documentada pela primeira vez no século XIV, e aplicada com requintes de profissionalismo na Inquisição espanhola. Em geral, os republicanos consideram que as "técnicas aprimoradas" foram úteis para selar a vitória americana sobre a Al Qaeda e descobrir o esconderijo de Bin Laden.

A maioria dos democratas, que hoje se opõem às políticas antiterror de Bush, mas nem sempre o fizeram no calor da hora, acha que as "técnicas aprimoradas" não passam de eufemismo para a tortura – no que estão cobertos de razão. E alegam que a vitória sobre a Al Qaeda e a morte de Bin Laden não têm nada a ver com a tortura de suspeitos, e sim com anos de trabalho minucioso de inteligência. [...]

As democracias ocidentais – e os Estados Unidos entre elas, é claro – são moralmente superiores aos terroristas da Al Qaeda e seus protetores. Elas atuam sob o império da lei, sob a égide de uma Constituição, dão satisfação à opinião pública e, flagradas no erro, abrem investigações, punem os infratores e tentam corrigir o rumo. Soldados americanos torturaram guerrilheiros vietcongues. Foram processados e punidos. A França pagou um alto preço pelo uso da tortura na guerra da Argélia. Nada disso, como se sabe, acontece no universo do terrorismo. É exatamente por esse motivo que é relevante para o mundo analisar o tratamento moral e jurídico que as democracias – e os Estados Unidos entre elas, é claro – dão à tortura. Infelizmente, a discussão sobre sua eficácia contém uma armadilha. Lembra a célebre "parábola da bomba-relógio": o terrorista preso sabe onde está a bomba que, em pouco tempo, vai explodir e matar milhares de inocentes. É moralmente aceitável torturá-lo para que revele onde está a bomba e assim salvar vidas inocentes?

"Isso é uma fábula", diz o filósofo francês Michel Terestchenko, autor de O Bom Uso da Tortura, em que discute a prática dos suplícios da atualidade. Fábula porque a parábola não existe na vida real.

Primeiro, é preciso ter certeza de que há uma bomba. Segundo, ter certeza de que o terrorista sabe onde ela está. Terceiro, ter certeza de que, uma vez torturado, o terrorista dará a informação correta. No mundo insondável do terror, a certeza tríplice é uma quimera. Por trás da charada – assim como por trás da eficácia dos suplícios –, esconde-se uma tentativa de legitimar a tortura. Escreveu o jornalista Elio Gaspari em A Ditadura Escancarada, livro em que disseca a tortura sob o regime militar no Brasil: "É um truque de lógica. Finge demonstrar a necessidade da tortura quando, na realidade, o que busca é a sua inimputabilidade". É claro que a tortura, às vezes, é eficaz. Em outras, é ineficaz. Mas em qualquer situação é crime. (PETRI, Andre. Rev. Veja: 19/12/2012, p. 130-132.)

---

264. (FUNCAB – Delegado de Polícia – ES/2013) Para persuadir o leitor a concluir como ele, o autor recorre a todas as estratégias argumentativas a seguir, COM EXCEÇÃO apenas da seguinte:

a) dar exemplo destinado a comprovar ponto de vista pessoal.
b) valer-se de ironia para desvalorizar ou desqualificar o leitor.
c) apoiar-se em fato de conhecimento público.
d) aludir a narrativa alegórica para ilustrar orientação argumentativa.
e) valer-se de argumento de autoridade na matéria.

COMENTÁRIOS

Alternativa correta: letra "b" – O uso da ironia carregada pelas expressões metafóricas não tem esse objetivo, mas o autor refere-se aos recursos e às formas usadas pelos democratas e governos no intuito de combater o terrorismo e, com isso, justificar a tortura.

Alternativa "a" – O autor argumenta e exemplifica cada estratégia política, lembrando ao leitor que os exemplos citados são de conhecimento público. Na sua argumentação dá destaque, usando aspas, às alegorias, ironizando a dissimulação das estratégias apontadas por ele.

Alternativa "c" – Apoiar-se um fato de conhecimento público leva o leitor a lembrar do episódio e concluir, através do argumento, que as técnicas aprimoradas não passam de estratégias que escondem o crime da tortura.

Alternativa "d" – O autor se vale de expressões metafóricas em toda a narrativa argumentativa; as alegorias ilustram perfeitamente a ideia de que ele deseja evidenciar e convencer o leitor sobre o seu ponto de vista.

Alternativa "e" – Desde o início do texto, autoridades e personagens de nações e instituições são citadas introduzindo o registro a que o autor se refere.

265. (FUNCAB – Delegado de Polícia – ES/2013) A alternativa em que se lê argumento destinado a justificar ponto de vista emitido em período imediatamente anterior é:

a) "Morto em 1980, Sartre não viveu para testemunhar as tentativas às vezes pouco sutis de promover a tortura ao status de mal menor do século XXI." (§ 1)

b) "A maioria dos republicanos defende o combate ao terror deflagrado pelo presidente George W. Bush, cujo governo legalizou as chamadas 'técnicas aprimoradas' de interrogatório." (§ 1)

c) "Elas atuam sob o império da lei, sob a égide de uma Constituição, dão satisfação à opinião pública e, flagradas no erro, abrem investigações, punem os infratores e tentam corrigir o rumo." (§ 3)

d) "No mundo insondável do terror, a certeza tríplice é uma quimera." (§ 4)

e) "'Isso é uma fábula', diz o filósofo francês Michel Terestchenko, autor de O Bom Uso da Tortura, em que discute a prática dos suplícios da atualidade." (§ 4)

COMENTÁRIOS

Alternativa correta: letra "c" – O pronome elas (sujeito) retoma o período imediatamente anterior substituindo "as técnicas aprimoradas", eufemismo de tortura, que agem dentro da lei, justificando, então, o ato terrorista que passa a parecer ser da vítima das democracias ocidentais.

Alternativa "a" – O ponto de vista de Sartre classificando a tortura como mal do século XX não retoma o período anterior, pois o texto argumenta a continuação desse ponto de vista do existencialista no século imediatamente posterior, ou seja, século XXI; o que Sartre não pode testemunhar, uma vez que morreu em 1.980. Seu ponto de vista continua prevalecendo através dos tempos, das democracias e das constituições hodiernas.

Alternativa "b" – O período não justifica, mas emite um ponto de vista atual.

Alternativa "d" – O período está continuando o argumento e adjetivando o mundo do terror nas suas estratégicas formas de torturar salvaguardando o planeta das terríveis bombas, estratégias que servem de pretexto, por isto, a fala do autor: "No mundo insondável do terror, a certeza tríplice é um quimera". (quimera= fábula, fantasia, sonho) – último parágrafo.

Alternativa "e" – O período é argumento usado pelo autor do texto que cita a expressão do filósofo francês muito bem aplicada para a era contemporânea e vem bem a propósito das suas argumentações ao longo do texto, discutindo "a prática dos suplícios da atualidade".

266. (FUNCAB – Delegado de Polícia – ES/2013) A passagem em que há palavra que sinaliza a atitude ou estado psicológico do autor em face do que ele enuncia é a seguinte:

a) "[Nos Estados Unidos] a questão acabou ganhando o enfoque da eficácia em decorrência da disputa política." (§ 1)

b) "Entre elas, inclui-se a 'simulação de afogamento', tortura antiga" (§ 1)

c) "Infelizmente, a discussão sobre sua eficácia contém uma armadilha." (§ 3)

d) "A França pagou um alto preço pelo uso da tortura na guerra da Argélia." (§ 3)

e) "Soldados americanos torturaram guerrilheiros vietcongues." (§ 3)

COMENTÁRIOS

Alternativa correta: letra "c" – A palavra *infelizmente* (advérbio) conota seu estado de espírito diante da contestação da armadilha que há por trás da disputa política nas democracias. Observar que, ao longo do texto, ao se referir às democracias ocidentais e suas disputas antiterror, o autor dá destaque, entre travessões, aos Estados Unidos: " – e os Estados Unidos entre elas, é clara – ". Destaque usado duas vezes no parágrafo 3.

Alternativa "a" – A passagem proposta é denotativa e não apresenta atitude ou estado de espírito do autor, apenas informação objetiva.

Alternativa "b" – A passagem fornece uma informação inclusiva.

Alternativa "d" – A alternativa traz uma informação sobre a consequência sofrida pela França de uma atitude praticada pela própria França.

Alternativa "e" – Passagem denotativa denunciando práticas de torturas dos soldados americanos contra guerrilheiros.

▸ TEXTO I

Invista em bem-estar e colha os benefícios para a sua saúde

Cada um tem a responsabilidade de fornecer elementos essenciais para a saúde, tais como uma boa nutrição, controle de peso adequado, atividade física regular, controle de fatores de risco como fumo, álcool, abuso de drogas e gerenciamento do estresse.

Seu coração é um órgão extremamente sensível aos sinais enviados pelo cérebro, mas ele não é o único. Os estados emocionais, provocados pelos pensamentos, afetam diretamente a saúde do corpo inteiro. Estudos relativamente recentes possibilitaram o surgimento de uma nova área de pesquisa médica conhecida como psiconeuroimunologia. É a ciência que investiga como os sentimentos, experimentados de forma consciente ou inconsciente, interferem na produção de hormônios e nas defesas do organismo.

Segundo a organização mundial de saúde (OMS), 80% dos casos de infarto e derrame e 40% dos casos de câncer podem ser evitados com um estilo de vida melhor. Seus genes não determinam seu destino, o estilo de vida é capaz de ligar ou desligar? Genes bons? Ou genes ruins? É a epigenética, ramo da ciência que estuda essa relação e representa um verdadeiro marco na compreensão do aparecimento e da evolução das doenças.

Segundo pesquisas conduzidas pela International Stress Management Association no Brasil (Isma-BR), que estuda estratégias para afastar o problema, 70% dos brasileiros economicamente ativos sofrem efeitos negativos do estresse. Justamente por ficar com a imunidade comprometida, eles têm mais gripes, herpes, candidíase e infecções em geral. Nada menos que 3,5 % do PIB nacional são gastos com o estresse e suas consequências, e nas empresas ele é a principal causa de absenteísmo – quando o trabalhador falta por motivo de saúde – e presenteísmo, quando ele não desempenha suas funções adequadamente devido a problemas de saúde.

O segundo maior gasto das áreas de recursos humanos é com assistência médica e, mesmo assim, apenas de 1% a 5% das empresas brasileiras possuem programas regulares de qualidade de vida. Em média, de 15% a 20% dos funcionários são portadores de alguma doença crônica, e estes correspondem a 75% dos gastos com saúde nas empresas, por levarem ao absenteísmo e à aposentadoria precoce.

Não basta estar "aparentemente" livre de doenças. O bem-estar, no sentido mais pleno, depende de um olhar apurado sobre o que faz com que elas apareçam. Cada um constrói sua saúde quando se responsabiliza por ela. Saúde não é tudo, porém, sem ela, o resto não é nada.

(Filippo Pedrinola. Disponível em: http://yahoo.minhavida.com.br/familia/materias/16164-o-papel-da-familia-na-prevencao-e-no-consumo-precoce-de-alcool. Acessado em 10/03/2013. Texto adaptado)

267. (UEPA – Delegado de Polícia – PA/2013) O reconhecimento dos diferentes tipos de textos, seu contexto de uso, sua função social específica, seu objetivo comunicativo e seu formato mais comum relacionam-se aos conhecimentos socioculturalmente construídos. A análise dos elementos constitutivos do Texto I demonstra que sua função é:

a) anunciar um produto para estresse.
b) informar sobre os institutos de pesquisa em saúde.
c) ensinar cuidados com a saúde.
d) expor a opinião de médicos em um jornal.
e) aconselhar sobre relacionamento, emoções, trabalho.

COMENTÁRIOS

Alternativa correta: letra "c" – A função indicada pela alternativa C inicia-se já pelo título do texto: Invista em bem estar e colha os benefícios para a sua saúde. Em todo o texto essa função vai desenvolvendo o tema a que se propõe até o final com o objetivo de informar, fornecer dados e responsabilizar, alertando o leitor sobre a importância e o valor dos cuidados com a saúde.

Alternativa "a" – Não há anúncio, mas um alerta informativo comprovado sobre os efeitos do stress e suas consequências no organismo humano.

Alternativa "b" – Não é essa a função do texto; ele traz, na sua função de ensinar os cuidados com a saúde, dados informativos sobre resultados obtidos por pesquisas de algumas instituições, ilustrando e confirmando seu argumento sobre os cuidados com a saúde.

Alternativa "d" – Não há exposição nem opiniões médicas nem referências a nenhum jornal; somente dados da organização mundial da saúde (OMS) e de outras instituições brasileiras.

Alternativa "e" – Os três tópicos estão implícitos no processo, mas o texto fala sobre os sinais emitidos pelo cérebro e alerta que "os estados emocionais, provocados pelos pensamentos, afetam diretamente a saúde do corpo inteiro". (segundo parágrafo).

268. (UEPA – Delegado de Polícia – PA/2013) O Texto I enfatiza que os estados emocionais:

a) abalam a personalidade do ser humano.
b) tornam o homem inconsciente.
c) possibilitam uma atitude mental voltada para fora.
d) afetam diretamente a saúde do corpo inteiro
e) expõem o coração a lesões internas.

COMENTÁRIOS

Alternativa correta: letra "d" – Conforme comentário da questão anterior, esta ênfase se encontra no parágrafo 2 do texto.

Alternativa "a" – Segundo o texto, os estados emocionais afetam a saúde do ser humano.

Alternativa "b" – Não é isso que o texto enfatiza, mas informa sobre uma nova pesquisa – psiconeuroimunologia: "ciência que investiga como os sentimentos, experimentados de forma consciente ou inconsciente, interferem na produção de hormônios e nas defesas do organismo". (segundo parágrafo).

Alternativa "c" – O texto se refere à plenitude do bem estar que depende de um olhar apurado sobre o que faz com que as doenças apareçam, e isto inclui os sentimentos e os pensamentos. (último parágrafo).

Alternativa "e" – A referência ao coração é de que este "é um órgão extremamente sensível aos sinais enviados pelo cérebro..."

269. (UEPA – Delegado de Polícia – PA/2013) A função do último parágrafo, em relação ao pensamento exposto nos anteriores, é:

a) concluir
b) contradizer
c) explicar
d) exemplificar
e) ressalvar

COMENTÁRIOS

Alternativa correta: letra "a" – O último parágrafo fecha o tema concluindo fluentemente a ideia proposta desenvolvidas nos parágrafos anteriores e de forma clara; observa-se que, se lido isoladamente, o último parágrafo contém uma mensagem, cuja função continua sendo ensinar, instruindo e alertando para os cuidados com a saúde.

Alternativa "b" – Não há contradição, mas coerência com o pensamento desde o título e com a ideia desenvolvida no texto.

Alternativa "c" – Não explica, transmite uma mensagem conclusiva e instrutiva.

Alternativa "d" – Não tem a função de exemplificar, mas de alertar e instruir.

Alternativa "e" – Não há ressalva porque não faz nenhuma restrição ao que foi dito anteriormente: a função é conclusiva, de forma clara, coerente e categórica.

Atenção! O texto refere-se às questões seguintes.

▸ TEXTO I – INVISTA EM BEM-ESTAR E COLHA OS BENEFÍCIOS PARA A SUA SAÚDE[49]

Cada um tem a responsabilidade de fornecer elementos essenciais para a saúde, tais como uma boa nutrição, controle de peso adequado, atividade física regular, controle de fatores de risco como fumo, álcool, abuso de drogas e gerenciamento do estresse.

Seu coração é um órgão extremamente sensível aos sinais enviados pelo cérebro, mas ele não é o único. Os estados emocionais, provocados pelos pensamentos, afetam diretamente a saúde do corpo inteiro. Estudos relativamente recentes possibilitaram o surgimento de uma nova área de pesquisa médica conhecida como psiconeuroimunologia. É a ciência que investiga como os sentimentos, experimentados de forma consciente ou inconsciente, interferem na produção de hormônios e nas defesas do organismo.

Segundo a organização mundial de saúde (OMS), 80% dos casos de infarto e derrame e 40% dos casos de câncer podem ser evitados com um estilo de vida melhor. Seus genes não determinam seu destino, o estilo de vida é capaz de ligar ou desligar? Genes bons? Ou genes ruins? É a epigenética, ramo da ciência que estuda essa relação e representa um verdadeiro marco na compreensão do aparecimento e da evolução das doenças.

Segundo pesquisas conduzidas pela International Stress Management Association no Brasil (Isma-BR), que estuda estratégias para afastar o problema, 70% dos brasileiros economicamente ativos sofrem efeitos negativos do estresse. Justamente por ficar com a imunidade comprometida, eles têm mais gripes, herpes, candidíase e infecções em geral. Nada menos que 3,5 % do PIB nacional são gastos com o estresse e suas consequências, e nas empresas ele é a principal causa de absenteísmo – quando o trabalhador falta por motivo de saúde – e presenteísmo, quando ele não desempenha suas funções adequadamente devido a problemas de saúde.

O segundo maior gasto das áreas de recursos humanos é com assistência médica e, mesmo assim, apenas de 1% a 5% das empresas brasileiras possuem programas regulares de qualidade de vida. Em média, de 15% a 20% dos funcionários são portadores de alguma doença crônica, e estes correspondem a 75% dos gastos com saúde nas empresas, por levarem ao absenteísmo e à aposentadoria precoce.

Não basta estar "aparentemente" livre de doenças. O bem-estar, no sentido mais pleno, depende de um olhar apurado sobre o que faz com que elas apareçam. Cada um constrói sua saúde quando se responsabiliza por ela. Saúde não é tudo, porém, sem ela, o resto não é nada.

270. (UEPA – Delegado de Polícia – PA/2013) O modo como se organiza um texto está relacionado ao objetivo de seu autor: narrar, descrever, argumentar, explicar, instruir. No Texto I, reconhece-se uma sequência textual:

a) explicativa, em que se expõem informações objetivas referentes à saúde.
b) instrucional, em que se ensina o comportamento adequado ao bem estar.
c) narrativa, em que se contam fatos que, no decorrer do tempo, envolvem a saúde e doença.
d) descritiva, em que se constrói uma imagem de saúde a partir do que os sentidos do autor captam.
e) argumentativa, em que se defende a opinião do autor sobre bem estar e saúde, buscando – se a adesão do leitor a partir de dados científicos.

COMENTÁRIOS

Resposta correta: Alternativa "e"

✪ **Nota das autoras:** Para facilitar, resumimos os tipos de textos exigidos na questão (de 2013). Grande chance de serem mencionados novamente em QF = Questão Futura.

Um **texto argumentativo** tem como objetivo persuadir alguém das nossas ideias. Deve ser claro e ter riqueza lexical, podendo tratar qualquer tema ou assunto.

49. *(Filippo Pedrinola. Disponível em: http://yahoo.minhavida.com.br/familia/materias/16164-o-papel-da-familia-na-prevencao-e-no – consumo-precoce-de-alcool. Acessado em 10/03/2013. Texto adaptado)*

É constituído por um primeiro parágrafo curto, que deixe a ideia no ar, depois o desenvolvimento deve referir a opinião da pessoa que o escreve, com argumentos convincentes e verdadeiros, e com exemplos claros. Deve também conter contra-argumentos, de forma a não permitir a meio da leitura que o leitor os faça. Por fim, deve ser concluído com um parágrafo que responda ao primeiro parágrafo, ou simplesmente com a ideia chave da opinião.

Geralmente apresenta uma estrutura organizada em três partes: a introdução, na qual é apresentada a ideia principal ou tese; o desenvolvimento, que fundamenta ou desenvolve a ideia principal; e a conclusão. Os argumentos utilizados para fundamentar a tese podem ser de diferentes tipos: exemplos, comparação, dados históricos, dados estatísticos, pesquisas, causas socioeconômicas ou culturais, depoimentos – enfim tudo o que possa demonstrar o ponto de vista defendido pelo autor tem consistência. A conclusão pode apresentar uma possível solução/proposta ou uma síntese. Deve utilizar título que chame a atenção do leitor e utilizar variedade padrão de língua.[50]

O autor, através do texto argumentativo, defende sua opinião e tenta convencer o leitor comprovando dados científicos.

a) Cuidado! O texto informativo é explicativo. O erro da alternativa está no vocábulo objetivo. O autor demonstra sua opinião, portanto é subjetivo.

b) O texto instrucional está relacionado à grande diversidade de gêneros textuais com os quais compartilhamos cotidianamente, os chamados textos instrucionais. Quanto à finalidade presente no discurso, eles têm por objetivo instruir o leitor acerca de um determinado procedimento. Exemplos: receitas culinárias, bulas de medicamentos, manuais de instrução relacionados a aparelhos eletroeletrônicos, guias e mapas rodoviários, editais de concursos públicos, manuais referentes a jogos com um todo, dentre outros.[51]

c) A narração consiste em arranjar uma sequência de fatos na qual os personagens se movimentam num determinado espaço à medida que o tempo passa. O texto narrativo é baseado na ação que envolve personagens, tempo, espaço e conflito. Seus elementos são: narrador, enredo, personagens, espaço e tempo. Dessa forma, o texto narrativo apresenta uma determinada estrutura:

- Apresentação;
- Complicação ou desenvolvimento;
- Clímax;
- Desfecho.[52]

d) O texto descritivo por excelência consiste em uma percepção sensorial, representada pelos cinco sentidos (visão, tato, paladar, olfato e audição) no intuito de relatar as impressões capturadas com base em uma pessoa, objeto, animal, lugar ou mesmo um determinado acontecimento do cotidiano. É como se fosse uma fotografia traduzida por meio de palavras, sendo que estas são "ornamentadas" de riquíssimos detalhes, de modo a propiciar a criação de uma imagem do objeto descrito na mente do leitor. A descrição pode ser retratada apoiando-se sob dois pontos de vista: o objetivo e o subjetivo. Na descrição objetiva, como literalmente ela traduz, o objetivo principal é relatar as características do "objeto" de modo preciso, isentando-se de comentários pessoais ou atribuições de quaisquer termos que possibilitem a múltiplas interpretações. A subjetiva perfaz-se de uma linguagem mais pessoal, na qual são permitidas opiniões, expressão de sentimentos e emoções e o emprego de construções livres em que revelem um "toque" de individualismo por parte de quem a descreve.[53]

50. Fonte: http://pt.wikipedia.org/
51. Fonte: http://www.portugues.com.br/
52. Fonte: http://www.brasilescola.com/
53. Fonte: http://www.brasilescola.com/

271. (UEPA – Delegado de Polícia – PA/2013) O tema central do Texto I é:

a) cuidado com o estilo de vida.
b) sensibilidade do coração a doenças.
c) atividade física na prevenção de doenças.
d) anúncio de uma nova doença.
e) saúde do trabalhador.

COMENTÁRIOS

Resposta correta: "a": Apenas pelo título, chega-se à resposta: Invista em bem-estar e colha os benefícios para a sua saúde.

Alternativa "b": Não restringe ao coração.

Alternativa "c": Não é o tema central, é uma das sugestões.

Alternativa "d": Não anuncia nova doença.

Alternativa "e": O tema central não é a saúde do trabalhador apenas.

A respeito das ideias e de aspectos linguísticos do texto, julgue os itens seguintes.

▸ TEXTO

No Brasil, duas grandes concepções de segurança pública opõem-se desde a reabertura democrática até o presente: uma centrada na ideia de combate, outra, na de prestação de serviço público.

A primeira concebe a missão institucional das polícias em termos bélicos, atribuindo-lhes o papel de combater os criminosos, que são convertidos em inimigos internos. A política de segurança é, então, formulada como estratégia de guerra, e, na guerra, medidas excepcionais se justificam. Instaura-se, adotando-se essa concepção, uma política de segurança de emergência e um direito penal do inimigo. Esse modelo é reminiscente do regime militar e, há décadas, tem sido naturalizado, não obstante sua incompatibili-

dade com a ordem constitucional brasileira. Nesses anos, o inimigo interno anterior – o comunista – foi substituído pelo traficante, como elemento de justificação do recrudescimento das estratégias bélicas de controle social.

A segunda concepção está centrada na ideia de que a segurança é um serviço público a ser prestado pelo Estado e cujo destinatário é o cidadão. Não há, nesse caso, mais inimigo a combater, mas cidadão para servir. A polícia democrática não discrimina, não faz distinções arbitrárias: trata os barracos nas favelas como domicílios invioláveis, respeita os direitos individuais, independentemente de classe, etnia e orientação sexual, não só se atendo aos limites inerentes ao estado democrático de direito, mas entendendo que seu principal papel é promovê-lo. A concepção democrática estimula a participação popular na gestão da segurança pública, valoriza arranjos participativos e incrementa a transparência das instituições policiais. O combate militar é, então, substituído pela prevenção, pela integração com políticas sociais, por medidas administrativas de redução dos riscos e pela ênfase na investigação criminal. A decisão de usar a força passa por considerar não apenas os objetivos específicos a serem alcançados pelas ações policiais, mas também, e fundamentalmente, a segurança e o bem-estar da população envolvida.

Cláudio Pereira de Souza Neto. A segurança pública na Constituição Federal de 1988: conceituação constitucionalmente adequada, competências federativas e órgãos de execução das políticas. Internet: <www.oab.org.br> (com adaptações).

272. (Cespe – Delegado de Polícia – BA/2013) Infere-se das informações do segundo parágrafo do texto que, ao tratarem os criminosos como "inimigos internos", as instituições responsáveis pela segurança pública correm o risco de violar regras do Estado democrático de direito.

COMENTÁRIOS

Resposta: (Certo) – A política de segurança é, então, formulada como estratégia de guerra, e, na guerra, medidas excepcionais se justificam.Instaura-se, adotando-se essa concepção, uma política de segurança de emergência e um direito penal do inimigo. Esse modelo é reminiscente do regime militar e, há décadas, tem sido naturalizado, não obstante sua incompatibilidade com a ordem constitucional brasileira. Nesses anos, o inimigo.

273. (Cespe – Delegado de Polícia – BA/2013) Depreende-se do texto que "a ordem constitucional brasileira" é incompatível com as "medidas excepcionais" adotadas nas guerras.

COMENTÁRIOS

Resposta: Errado – Medidas excepcionais usadas durante a guerra não são inconstitucionais, pois são previstas em lei. Lê-se: A política de segurança é, então, formulada como estratégia de guerra, e, na guerra, medidas excepcionais se justificam. Instaura-se, adotando-se essa concepção, uma política de segurança de emergência e um direito penal do inimigo.

▸ TEXTO PARA OS ITENS.

Colonialismo

Se, durante os séculos XVI a XVIII, os interesses comerciais europeus haviam levado países como Portugal, Espanha, França e Inglaterra a explorar economicamente o continente americano, no século XIX foi a busca por novos mercados consumidores e por matérias-primas de baixo custo, em decorrência da Revolução Industrial, o que levou as nações europeias a voltarem-se para as regiões da África e da Ásia. Foi, portanto, durante o século XIX e início do século XX, que assistimos à dominação política e econômica de países considerados economicamente subdesenvolvidos pelas grandes potências da Europa.

A França foi a pioneira na dominação do continente africano. A Inglaterra, no entanto, consagrada como grande potência marítima desde a queda de Napoleão, rapidamente assumiu a liderança da colonização.

Alemanha, Itália, Espanha, Portugal e Bélgica também empreenderam áreas de dominação no continente. Chegaram a estabelecer regras de partilha para a ocupação de novos territórios na costa ocidental africana a partir de meados da década de 80 do século XIX, por meio da resolução firmada entre os países europeus durante a Conferência de Berlim.

Na Ásia, a Inglaterra adotou uma política empenhada na conquista da Índia, que passou ao seu domínio após a Guerra dos Cipaios (1857-1858). Como garantiam o domínio sobre a Índia, os ingleses não se opuseram à penetração francesa na Ásia, particularmente no território da Indochina. Embora o Leste Asiático tenha se mantido independente, a China (com a Primeira Guerra do Ópio, de 1839 a 1842) e o Japão (com a ameaça naval do Comodoro Perry, em 1854) foram obrigados a abrir seus portos aos europeus, dando-lhes diversas vantagens comerciais. Às vésperas da Primeira Guerra Mundial, a China se via imersa em uma crise política. Vários territórios asiáticos e africanos sofriam influência inglesa e francesa, e a Coreia havia sido anexada pelo Japão em 1910 – país que, a partir dos anos 30 do século XX, aumentou consideravelmente seu poder sobre o continente.

Após a Segunda Guerra Mundial, os movimentos nacionalistas e independentistas que vinham se firmando desde o período entre-guerras ganharam força tanto na África quanto na Ásia. A luta contra o colonialismo britânico na Índia de Gandhi, com o movimento de resistência passiva não violenta, terminou com a independência, em 1947, mas foi seguida de violentos conflitos étnicos, principalmente em virtude de diferenças religiosas entre hinduístas e muçulmanos. A ocupação japonesa na Ásia favorecia a manifestação do nacionalismo, ao mesmo tempo em que as ideias revolucionárias de Marx e Engels ganhavam força.

O processo que levou à partilha colonial de regiões africanas e asiáticas, criando países fictícios, culminou em longas batalhas por independência. Gerou, também, como consequência, movimentos separatistas, conflitos étnicos e religiosos, e guerras civis, com reflexos que perduram até os dias de hoje.

Internet: <http://acervo.estadao.com.br> (com adaptações).

274. (Cespe – Delegado de Polícia – AL/ 2012) Infere-se do texto que os mesmos países europeus que haviam colonizado a América foram os responsáveis pela colonização da África, mas não pela da Ásia.

COMENTÁRIOS

Errado – Não foram os **mesmos** países: para América, temos um grupo restrito; para África e Ásia, temos países que não necessariamente colonizaram a América. Trecho para facilitar: "após a Segunda Guerra Mundial, os movimentos nacionalistas e independentistas que vinham se firmando desde o período entre-guerras ganharam força tanto na África quanto na Ásia".

275. (Cespe – Delegado de Polícia – AL/ 2012) De acordo com o texto, o processo de independência da Índia foi pacífico.

COMENTÁRIOS

Errado – No penúltimo parágrafo: "...A luta contra o colonialismo britânico na Índia de Gandhi com o movimento de resistência passiva não violenta, terminou com a independência, em 1947, **mas foi seguida de violentos conflitos étnicos**, principalmente em virtude de diferenças religiosas entre hinduístas e muçulmanos..."

▸ TEXTO PARA OS ITENS.

O filme Branca de Neve e o Caçador deveria chamar-se "Ravenna, a rainha má". Interpretada pela atriz Charlize Theron, a mãe-madrasta-bruxa da princesa é o mais interessante do filme, assim como as questões tão atuais que ela nos traz. E a bela Charlize faz uma rainha inesquecível.

Para não envelhecer, essa vilã dos contos de fadas ultrapassa todos os limites e quebra todos os interditos. Uma mulher da era a.CP (antes da cirurgia plástica), Ravenna suga a alma, a juventude e a beleza das adolescentes e devora corações puros, que arranca com suas unhas, enquanto chafurda na amargura. O filme, para quem não sabe e não viu, busca resgatar o conteúdo terrorífico das origens dos contos de fadas. Tudo o que hoje se conhece com esse nome foi um dia histórias para adultos, nas quais canibalismo e incesto eram ingredientes garantidos. Mantidas vivas pela tradição oral dos camponeses medievais, as histórias eram contadas para entreter, mas não só. Os contos nasceram e permaneceram como uma forma de lidar com os riscos da vida real, em um tempo em que os lobos uivavam do lado de fora e também do lado de dentro, menos contidos pela cultura do que hoje.

Depois, a partir do final do século XVII, com Charles Perrault, culminando no século XIX, com os Irmãos Grimm, os contos foram compilados, escritos e depurados como histórias para crianças. Nós, que nascemos no século XX, fomos alimentados por versões muito mais suaves e palatáveis a uma época sensível, em que os pequenos são vistos como o receptáculo tanto da inocência quanto do futuro, que, portanto, precisam ser protegidos dos males do mundo e de seus semelhantes, assim como convencidos de que sua "natureza" é boa e pura. Ainda que conheçamos, por experiência própria, que o pior também nos habita desde muito, muito cedo. E seria melhor para todos – e também para a vida em sociedade – poder olhar para ele de frente.

Elaine Brum. Internet: <http://revistaepoca.globo.com> (com adaptações).

276. (Cespe – Delegado de Polícia – AL/ 2012) O texto classifica-se como dissertativo.

COMENTÁRIOS

Certo – O texto possui características de uma dissertação.

Dica – O texto dissertativo é composto por três partes essenciais:

1. Introdução: é um bom início de texto que desperta no leitor vontade de continuar a lê-lo. Na introdução é que se define o que será dito, e é nessa parte que o escritor deve mostrar para o leitor que seu texto merece atenção.

O assunto a ser tratado deve ser apresentado de maneira clara, existem assuntos que abrem espaço para definições, citações, perguntas, exposição de ponto de vista oposto, comparações, descrição.

A introdução pode apresentar uma:

– Afirmação geral sobre o assunto

– Consideração do tipo histórico-filosófico

– Citação

– Comparação

– Uma ou mais perguntas

– Narração

Outras introduções podem ser empregados de acordo com quem escreve.

2. Desenvolvimento: a persuasão aparece de forma explícita, essa se faz presente no desenvolvimento do texto. É nesse momento que o escritor desenvolve o tema, seja através de argumentação por citação, comprovação ou raciocínio lógico, tomando sua posição a respeito do que está sendo discutido.

O conteúdo do desenvolvimento pode ser organizado de diversas maneiras, dependerá das propostas do texto e das informações disponíveis.

3. Conclusão: é a parte final do texto, um resumo forte e breve de tudo o que já foi dito, cabe também a essa parte responder à questão proposta inicialmente, expondo uma avaliação final do assunto.*

**Fonte: http://www.mundoeducacao.com/*

277. (Cespe – Delegado de Polícia – AL/ 2012) Depreende-se do texto que os lobos eram, na Idade Média, animais domésticos, que habitavam "também do lado de dentro".

COMENTÁRIOS

Errado – Não é essa ideia que se depreende do texto, mas, sim, a origem dos contos de fada, que, na Idade Média, eram histórias para adultos, onde o canibalismo e o incesto eram o papel do "Lobo Mau" que sugava a alma, a juventude e a beleza das adolescentes, figura representada pela mãe – madrasta – bruxa. *Lobo* foi usado no sentido conotativo (figurado) significando mau caráter.

278. (Cespe – Delegado de Polícia – AL/ 2012) O texto defende que reconhecer que a natureza humana não é apenas "boa e pura" seria melhor para a sociedade.

COMENTÁRIOS

Certo – O texto mostra que do século XVII ao século XIX, o papel do lobo da idade média foi amenizado, por Charles Perraut e os Irmãos Grimm, em contos de fadas para crianças e já no século XX as versões são suaves; a época oferecia proteção para a inocência no futuro em que estaria então livre das maldades, numa concepção de que a natureza humana seria boa e pura e, com isso, eliminar os perigos representados pelos lobos e bruxas da idade média. O texto defende que seria melhor que desde cedo a realidade fosse mostrada: que o pior convive com o bom e o puro, isto é, olhar o mundo de frente.

279. (FGV – Delegado de Polícia – MA/2012) Observe a charge a seguir.

Assinale a alternativa inadequada em relação aos elementos da charge acima.

a) A noção de insegurança é dada, entre outras coisas, pelo arame farpado sobre os muros.
b) A fala do personagem indica, também, a falta de coleta normal de lixo.
c) O tamanho das casas indica local de poucas possibilidades econômicas.
d) As reticências após "segurança pública" indicam reflexão sobre o tema.
e) Os termos do personagem indicam vocabulário militar.

COMENTÁRIOS

Alternativa correta: letra "b" – A fala do personagem indica a falta de segurança pública até para descartar o lixo caseiro.

Alternativa "a" – O arame farpado é uma das características de medida adotadas nas moradias (mais pobres) pela falta de segurança.

Alternativa "c" – Provavelmente alguma casa daquelas fornecidas por programas sociais às pessoas de pequena renda e, localizada nas periferias das cidades.

Alternativa "d" – O pensamento foi interrompido para deixar lugar à reflexão.

Alternativa "e" – O termo *cobertura* até está em destaque no balão.

280. (FGV – Delegado de Polícia – MA/2012) Observe o gráfico a seguir.

Depreende-se da observação do gráfico acima que

a) ocorre uma tendência de aumento tanto em furto quanto em roubo de veículos.
b) fazem-se muito mais roubos que furtos em 2012, segundo a medição.
c) acontecem, no segundo semestre de cada ano, mais roubos e furtos do que no primeiro.
d) realizam-se mais roubos e furtos em São Paulo do que nos demais estados.
e) vem ocorrendo uma redução do número total de veículos roubados e furtados em São Paulo.

COMENTÁRIOS

Alternativa correta: letra "a" – O gráfico mostra claramente a realidade dessa tendência.

Alternativa "b" – Pelo gráfico, a proporção é a mesma para roubos e furtos em 2012, basta olhar as colunas referentes ao ano 2012.

Alternativa "c" – O gráfico não apresenta demonstração por semestres.

Alternativa "d" – Não há indicação proporcional entre estados, mas só em São Paulo.

Alternativa "e" – Ao contrário de afirmativa, o gráfico demonstra aumento de roubos e furtos de carros em São Paulo.

281. (FGV – Delegado de Polícia – MA/2012) Observe o cartaz a seguir.

O elemento visual do cartaz acima visto de forma inadequada é:

a) A frase "quebrando o silêncio" visa a denunciarem-se casos de bullying.

b) A letra inicial de "silêncio", por estar diferente em tamanho e em posição, representa a "quebra" que a frase pretende incentivar.

c) A mão espalmada do lado direito inferior do cartaz significa um gesto de rendição diante da violência do bullying.

d) O rosto da menina em primeiro plano mostra seu desconforto pelo bullying que sofre das colegas.

e) O grupo das meninas ao fundo do cartaz mostra uma atitude de crítica à que está em primeiro plano.

COMENTÁRIOS

Alternativa correta: letra "c" – A mão espalmada significa **chega, basta, acabe** com isso. Não há por que alguém se render a esse absurdo.

Alternativa "a" – Se "quebra o silêncio", significa que fala, que denuncia.

Alternativa "b" – Sim. Além do tamanho, a cor é diferente. A ideia, mais uma vez, é de chega, vamos mudar a situação.

Alternativa "d" – Estão evidentes o medo e o desespero na face da garota, ou seja, um imenso desconforto.

Alternativa "e" – As meninas ao fundo estão rindo da situação da menina em primeiro plano.

▸ TEXTO PARA AS QUESTÕES.

Policial – mediador de conflitos

No momento em que começa a existir essa transformação política e social, a compreensão da sociedade como um ambiente conflitivo, no qual os problemas da violência e da criminalidade são complexos, a polícia passa a ser demandada para garantir não mais uma ordem pública determinada, mas sim os direitos, como está colocado na constituição de 88. Nesse novo contexto, a ordem pública passa a ser definida também no cotidiano, exigindo uma atuação estatal mediadora dos conflitos e interesses difusos e, muitas vezes, confusos. Por isso, a democracia exige justamente uma função policial protetora de direitos dos cidadãos em um ambiente conflitivo. A ação da polícia ocorre em um ambiente de incertezas, ou seja, o policial, quando sai para a rua, não sabe o que vai encontrar diretamente; ele tem uma ação determinada a fazer e entra num campo de conflitividade social. Isso exige não uma garantia da ordem pública, como na polícia tradicional, sustentada somente nas ações repressivas, pelas quais o ato consiste em reprimir para resolver o problema. O campo de garantia de direitos exige uma ação mais preventiva, porque não tem um ponto determinado e certo para resolver.

(Azor Lopes da Silva Junior)

282. (FGV – Delegado de Polícia – MA/2012) "No momento em que começa a existir essa transformação política e social, a compreensão da sociedade como um ambiente conflitivo, no qual os problemas da violência e da criminalidade são complexos (...)".

O segmento sublinhado no texto significa que

a) a sociedade compreende estar vivendo um momento conflitivo.

b) a sociedade tem a compreensão de todos por ser geradora de conflitos.

c) a sociedade é vista como um ambiente de muitos conflitos.

d) o ambiente conflitivo da sociedade não é compreendido por todos.

e) a sociedade não é compreendida por ser um ambiente muito complexo.

COMENTÁRIOS

Alternativa correta: letra "c" – O segmento está caracterizando a sociedade em conflito diante de transformações político-sociais com os complexos problemas atuais da violência e da criminalidade.

Alternativa "a" – Não é a sociedade que compreende, mas é compreendida como, é vista como.

Alternativa "b" – O segmento não afirma que a sociedade tem a compreensão de todos, nem que ela gere os conflitos, mas que é compreendida como um ambiente conflitivo. Os conflitos estão inseridos na sociedade.

Alternativa "d" – O segmento não implica essa alternativa.

Alternativa "e" – A sociedade não é compreendida como, mas é compreendida, é vista, no momento, como um ambiente em conflito e complexo.

283. (FGV – Delegado de Polícia – MA/2012) O texto opõe dois posicionamentos da polícia, que são:

a) ação repressiva /ação preventiva

b) função protetora / função conflitiva

c) posição democrática / posição ditatorial

d) atitude receptiva / atitude ofensiva

e) posicionamento conciliador / posicionamento interventor

COMENTÁRIOS

Alternativa correta: letra "a" – Devido à complexidade atual, em que a violência e a criminalidade brotam a qualquer momento em qualquer lugar, às vezes, de onde menos se espera, a polícia deve assumir as duas funções: reprimir, quando se defronta com o problema e encontrar uma forma de ação preventiva para garantir o direito do cidadão à proteção pública.

Alternativa "b" – A função protetora é exatamente evitar os conflitos, portanto, não há função conflitiva.

Alternativa "c" – As posições sugeridas pelo par se refletem mutuamente.

Alternativa "d" – No texto não há essa combinação nos posicionamentos da polícia.

Alternativa "e" – Os posicionamentos da polícia trazidos pelo texto são: repressão e prevenção.

▸ TEXTO PARA AS QUESTÕES.

O Brasil e as drogas

Algumas recentes notícias divulgadas na mídia, especialmente a que dá conta de que o Brasil ocupa a colocação no ranking mundial de consumo de cocaína e derivados (crack, por exemplo), atrás apenas dos Estados Unidos, aumentaram a preocupação das autoridades e da população em geral com relação ao problema das drogas em nosso país.

Certamente, a indesejada posição no ranking mundial de consumo de drogas levanta a questão sobre o papel de cada entidade pública e de cada cidadão no enfrentamento da questão das drogas. Contudo, é preciso avaliar inúmeros outros aspectos na constante busca de aperfeiçoamento da atividade de cada envolvido, de forma que se possa dar a devida contribuição para o enfrentamento da questão com eficiência.

O combate militarizado ao tráfico, de forma isolada, certamente será medida ineficiente na luta contra as drogas. Seu efeito, ao contrário, somente aumentará o custo da operação do tráfico, o que aumentará ainda mais sua lucratividade e fomentará a corrupção.

(Fábio Sérgio do Amaral)

284. (FGV – Delegado de Polícia – MA/2012) "Algumas recentes notícias divulgadas na mídia, especialmente a que dá conta de que o Brasil ocupa a colocação no ranking mundial de consumo de cocaína e derivados (crack, por exemplo), atrás apenas dos Estados Unidos, aumentaram a preocupação das autoridades e da população em geral com relação ao problema das drogas em nosso país".

Deduz-se desse primeiro parágrafo do texto que

a) não havia, no Brasil, preocupação com o problema das drogas antes de algumas notícias divulgadas pela mídia.
b) a notícia da 2 §. colocação do Brasil no ranking mundial do consumo de cocaína e derivados fez com que algumas notícias fossem divulgadas pela mídia.
c) além do crack, não há outros derivados da cocaína que sejam consumidos no Brasil.
d) o problema das drogas preocupava somente as autoridades, mas agora chega também a preocupar a população em geral.
e) as informações prestadas pela mídia são dignas de confiança.

COMENTÁRIOS

Alternativa correta: letra "e" – Informações confiáveis e importantes que alertaram as autoridades, aumentando a preocupação tanto de autoridades como da população quanto ao problema.

Alternativa "a" – Com a notícia veiculada, aumentou a preocupação das autoridades e da população, já havia essa preocupação no Brasil.

Alternativa "b" – O texto diz que algumas recentes notícias divulgadas, entre elas a colocação do Brasil no ranking mundial de consumo de cocaína e derivados, o ranking não foi a notícia determinante da divulgação.

Alternativa "c" – Não se deduz isso do parágrafo: "...o Brasil ocupa a colocação no ranking mundial de consumo de cocaína e derivados (crack, por exemplo),..."

Alternativa "d" – A divulgação da notícia aumentou a preocupação, já existente, tanto das autoridades quanto da população: se aumentou é porque já existia.

285. (FGV – Delegado de Polícia – MA/2012) "O combate militarizado ao tráfico, de forma isolada, certamente será medida ineficiente na luta contra as drogas. Seu efeito, ao contrário, somente aumentará o custo da operação do tráfico, o que aumentará ainda mais sua lucratividade e fomentará a corrupção".

Deduz-se desse segmento do texto que

a) o combate às drogas deva ser feito não só pela polícia militar, mas também pela polícia civil.
b) o combate ao tráfico deve ser feito por aqueles setores da sociedade preparados para confrontos.
c) já que o combate social do tráfico vai dificultar a venda de drogas, seu preço se tornará mais alto.
d) os traficantes passam a ter mais lucros quando a polícia militar, por sua corrupção, deixa de combater o tráfico.
e) a luta contra as drogas só terá sucesso se a corrupção for combatida.

COMENTÁRIOS

Alternativa correta: letra "c" – O combate social junto ao militarizado – que isolado seria ineficiente – dificultaria o tráfico e aumentaria o preço da droga devido a essa mesma dificuldade para a aquisição – menos disponibilidade.

Alternativa "a" – Não é o que se deduz do segmento, e sim, que o enfrentamento deveria ter a contribuição também de outras entidades públicas e da sociedade em geral.

Alternativa "b" – A sugestão é que todos, cidadãos e entidades públicas, contribuam e não só os setores preparados para o confronto.

Alternativa "d" – Não é a ideia passada pelo segmento e sim, a ineficiência do confronto de forma isolada feito pelo combate militarizado.

Alternativa "e" – Se houver um consenso na contribuição e participação da polícia militar, entidades públicas e sociedade civil, não haverá corrupção.

286. (FGV – Delegado de Polícia – MA/2012) Com relação ao cartaz acima, analise as afirmativas a seguir.

I. No contexto do cartaz, a palavra "drogas" tem valor de "morte".

II. A linguagem formal do cartaz pretende atingir a elite dominante do país.

III. O enunciador das frases do cartaz é, hipoteticamente, um viciado em drogas.

Assinale:

a) se apenas a afirmativa I estiver correta.
b) se apenas a afirmativa II estiver correta.
c) se apenas a afirmativa III estiver correta.
d) se apenas as afirmativas I e II estiverem corretas.
e) se apenas as afirmativas II e III estiverem corretas.

COMENTÁRIOS

Alternativa correta: letra "a"

I. Correta. Note que ocorre antítese (oposição) entre vida e drogas, ou seja, drogas tem valor de morte: Vida eu quero! Drogas (morte), tô fora!

II. Errada: a linguagem é informal, coloquial. Exemplo: to.

III. Errada: claro que não, pois quer viver e sugere isso a todos.

▸ COM BASE NAS IDEIAS DO TEXTO, JULGUE OS ITENS A SEGUIR.

Bandos de homens armados perpetram anualmente 450 roubos a bancos e carros-fortes no Brasil. Tais episódios põem em risco a vida de clientes, agentes de segurança e policiais, mas o prejuízo financeiro é relativamente pequeno para as instituições. Para os bancos, a maior ameaça está embutida nos serviços prestados pela Internet ou por outros meios eletrônicos. As perdas resultantes de assaltos são de 50 milhões de reais anuais. Já os crimes cujas armas são os computadores devem, em 2010, ser responsáveis por perdas de 900 milhões de reais, dezoito vezes mais que nos assaltos convencionais.

Os crimes eletrônicos proliferam porque oferecem pouco risco aos bandidos, e as autoridades têm dificuldade de puni-los. O Código Penal não prevê os crimes virtuais. Quando são presos, os criminosos respondem geralmente por estelionato, cuja pena máxima é de cinco anos de cadeia. Se fossem condenados por assalto a banco, eles poderiam ser punidos com até quinze anos de prisão. Por causa dessas vantagens, há de 100 a 150 quadrilhas virtuais em atividade no país. Para reverter esse quadro, a Federação Brasileira de Bancos tenta convencer o Congresso Nacional a criar uma legislação específica para punir os delitos eletrônicos, semelhante àquela adotada há nove anos pela União Europeia.

André Vargas. Assalto.com.br, In: Veja, 24/11/2010 (com adaptações).

287. (Delegado de Polícia – ES/ 2011 – CESPE) Afirma-se, no texto, que os crimes eletrônicos ocorrem cada vez mais amiúde, porque a falta de legislação específica favorece os bandidos.

COMENTÁRIOS

Resposta: (CERTO) – *Os crimes eletrônicos proliferam porque oferecem pouco risco aos bandidos, e as autoridades têm dificuldade de puni-los. O Código Penal não prevê os crimes virtuais. Quando são presos, os criminosos respondem geralmente por estelionato, cuja pena máxima é de cinco anos de cadeia.*

288. (Delegado de Polícia – ES/ 2011 – CESPE) Infere-se do texto que, embora seja uma das mais avançadas e democráticas do mundo, a legislação brasileira não tem acompanhado o avanço do crime virtual no país.

COMENTÁRIOS

Resposta: Errado – Tem acompanhado: *a Federação Brasileira de Bancos tenta convencer o Congresso Nacional a criar uma legislação específica para punir os delitos eletrônicos, semelhante àquela adotada há nove anos pela União Europeia.*

289. (Delegado de Polícia – ES/ 2011 – CESPE) De acordo com o texto, os assaltos à mão armada são menos nocivos à população e aos bancos do que os assaltos eletrônicos.

COMENTÁRIOS

Resposta: Errado – Não são menos nocivos: *Bandos de homens armados perpetram anualmente 450 roubos a bancos e carros-fortes no Brasil. Tais episódios põem em risco a vida de clientes, agentes de segurança e policiais, mas o prejuízo financeiro é relativamente pequeno para as instituições.*

290. (Delegado de Polícia – ES/ 2011 – CESPE) Segundo o texto, o risco de uma pessoa ser vítima de assalto na Internet é maior do que o de ela ser assaltada em uma agência bancária.

COMENTÁRIOS

Resposta: Errado – Não é maior:*Para os bancos, a maior ameaça está embutida nos serviços prestados pela Internet ou por outros meios eletrônicos. As perdas resultantes de assaltos são de 50 milhões de reais anuais. Já os crimes cujas armas são os computadores devem, em 2010, ser responsáveis por perdas de 900 milhões de reais, dezoito vezes mais que nos assaltos convencionais.*

▸ **COM BASE NAS IDEIAS DO TEXTO, JULGUE OS ITENS A SEGUIR.**

No Brasil, um exame, ainda que superficial, da questão da segurança pública revela que há um crescimento contínuo da criminalidade e da violência, principalmente nas regiões metropolitanas e nas periferias das grandes cidades do país, e que o sistema judiciário e, em particular, a polícia têm – se mostrado ineficazes para o enfrentamento da questão.

Especialmente nas áreas urbanas do país, a sensação de medo e insegurança tem sido experimentada como grave problema público devido à expectativa de que qualquer pessoa pode-se tornar vítima de crime em qualquer ponto das cidades e em qualquer momento de sua vida cotidiana.

Nesse cenário caótico de insegurança, um dos temas frequentemente levantados é a necessidade de profissionalizar a polícia brasileira como recurso para capacitá-la para o desempenho mais eficiente, mais responsável e mais efetivo na condução da ordem e da segurança públicas.

Não obstante nas últimas duas décadas se terem verificado inovações na área da formação profissional, poucas iniciativas lograram sucesso no sentido de implementar mudanças efetivas nas práticas e nos procedimentos dominantes. A atividade policial mostra-se inscrita em um padrão de desempenho que se traduz não só na ineficácia dos resultados, mas que se reveste de aspectos suplementares, relacionados, fundamentalmente, à forma de atuação predominantemente violenta e arbitrária da polícia, permanecendo como desafio à sociedade contemporânea brasileira. Salvo raríssimas exceções, as propostas para reformulação da formação profissional da polícia no país não incorporaram o debate sobre o modelo profissional a ser adotado pela polícia e as metodologias práticas de intervenção para a realização das tarefas cotidianas que envolvem a manutenção da ordem e da segurança públicas.

Paula Poncioni. O modelo policial profissional e a formação profissional do futuro policial nas academias de polícia do estado do Rio de Janeiro. In: Sociedade e Estado, vol. 20, nº 3. Brasília, set.-dez./2005. Internet: <www.scielo.br> *(com adaptações).*

291. (Delegado de Polícia – ES/ 2011 – CESPE) De acordo com o texto, os sistemas judicial e policial brasileiros têm sido inoperantes no que tange ao aumento da criminalidade.

COMENTÁRIOS

Resposta: (CERTO) – No primeiro parágrafo: *No Brasil, um exame, ainda que superficial, da questão da segurança pública revela que há um crescimento contínuo da criminalidade e da violência, principalmente nas regiões metropolitanas e nas periferias das grandes cidades do país,* ***e que o sistema judiciário e, em particular, a polícia têm – se mostrado ineficazes para o enfrentamento da questão.***

292. (Delegado de Polícia – ES/ 2011 – CESPE) Segundo o texto, a vulnerabilidade da população com relação à exposição à violência urbana confere ao problema da criminalidade o caráter de problema público de alta gravidade.

COMENTÁRIOS

Resposta: (CERTO) – Segundo parágrafo: *Especialmente nas áreas urbanas do país, a sensação de medo e insegurança tem sido experimentada como grave problema público devido à expectativa de que qualquer pessoa pode-se tornar vítima de crime em qualquer ponto das cidades e em qualquer momento de sua vida cotidiana.*

293. (Delegado de Polícia – ES/ 2011 – CESPE) Infere-se do texto que uma atuação renovada e eficaz da polícia deve envolver atitudes menos violentas.

COMENTÁRIOS

Resposta: (CERTO) – *A atividade policial mostra-se inscrita em um padrão de desempenho que se traduz não só na ineficácia dos resultados, mas que se reveste de aspectos suplementares, relacionados, fundamentalmente, à forma de atuação predominantemente violenta e arbitrária da polícia, permanecendo como desafio à sociedade contemporânea brasileira.*

294. (Delegado de Polícia – ES/ 2011 – CESPE) Conforme a autora, a necessidade de profissionalização da polícia brasileira advém do aumento do número de crimes nas grandes cidades e nas periferias do país.

COMENTÁRIOS

Resposta: Errado – Não cita as periferias.

295. (Delegado de Polícia – ES/ 2011 – CESPE) O texto afirma que poucas iniciativas de mudança no setor policial foram bem-sucedidas, conquanto tenha havido alterações na formação profissional policial nos decêndios mais recentes.

COMENTÁRIOS

Resposta: (CERTO) – *Salvo raríssimas exceções, as propostas para reformulação da formação profissional da polícia no país não incorporaram o debate sobre o modelo profissional a ser adotado pela polícia e as metodologias práticas de intervenção para a realização das tarefas cotidianas que envolvem a manutenção da ordem e da segurança públicas.*

▸ **ATENÇÃO! O TEXTO REFERE-SE ÀS QUESTÕES SEGUINTES.**

O desafio da violência

A VIOLÊNCIA, em diversas formas, foi variável fundamental na constituição da sociedade brasileira. A ocupação europeia do hoje território brasileiro foi feita mediante a destruição de centenas de culturas indígenas e da morte de milhões de ameríndios.

Por outro lado, a instituição da escravidão, implicando uma dominação violenta, física e simbólica, atingiu os índios e depois, principalmente, a mão de obra africana que, durante quase quatro séculos, foi objeto do tráfico.

Portanto, a sociedade brasileira tradicional, a partir de um complexo equilíbrio de hierarquia e individualismos, desenvolveu o uso da violência, mais ou menos legítimo, por parte de atores sociais bem definidos. No entanto, o panorama atual apresenta algumas características que alteram e agravam o quadro tradicional.

A urbanização acelerada, com o crescimento desenfreado das cidades, as fortes aspirações de consumo, em boa parte frustradas, dificuldades no mercado de trabalho e conflitos de valores são algumas variáveis que concorrem para tanto. Ninguém mais se sente seguro: nem empresas nem indivíduos. Elites e classes médias têm suas casas assaltadas. O que dizer das camadas populares, secularmente vitimizadas? Nas favelas, nos conjuntos habitacionais, nas periferias, os criminosos fazem praticamente o que querem, seviciando, estuprando e matando. As pessoas são humilhadas e desrespeitadas de todos os modos. O poder público tem se mostrado, no mínimo, incapaz de enfrentar essa catástrofe. Sem dúvida, a pobreza, a miséria e a iniquidade social constituem, historicamente, campo altamente propício para a disseminação da violência. No entanto, creio que não tem sido dada a devida atenção para a dimensão moral, ética e do sistema de valores como um todo, para a compreensão desse fenômeno. A perda de credibilidade e de referências simbólicas significativas destrói expectativas de convivência social elementares. A família, a escola e a religião não têm sido capazes, por sua vez, de resistir à deterioração de valores. Na sociedade tradicional, com sua violência constitutiva, existiam mecanismos de controle social que marcaram uma moralidade básica compartilhada. Sem dúvida, continuam existindo áreas e grupos sociais que preservam e se preocupam com essas questões. Certamente a maioria das pessoas não é violenta ou corrupta. No entanto, o clima geral de impunidade incentiva a utilização de recursos e estratégias criminosas.

Desenvolvem-se, inevitavelmente, soluções do tipo "justiça pelas próprias mãos", que aumentam ainda mais a violência e a insegurança. Policiais, bandidos, justiceiros e seguranças travam batalhas diárias matando e pondo em risco a segurança de toda a população. O fenômeno das "balas perdidas", expressão desses conflitos, é difícil de ser explicado para pessoas que não vivem nas cidades brasileiras. O fato de qualquer pessoa em qualquer de seus bairros estar exposta a esse tipo de perigo ilustra, de modo dramático, a intensidade da crise.

Como construir e sustentar um projeto nacional nessas circunstâncias? A sociedade civil, por si só, é insuficientemente organizada para enfrentar esses desafios e criar alternativas legítimas para o enfrentamento da violência. Só o Estado, reformado e renovado, incluindo o Legislativo e o Judiciário, poderá dispor de meios e recursos, articulado à opinião pública, para reverter essa ameaça de colapso. Estou falando, bem entendido, de regime democrático e não de ditaduras salvacionistas.

Hoje um projeto capaz de mobilizar a nação passa, inevitavelmente, pelo estabelecimento de uma política efetiva de segurança pública dentro da ordem democrática. Só assim poderemos implementar e consolidar nossa precária cidadania, condição básica para o futuro da nação brasileira.

(VELHO, Gilberto. Violência: faces e máscaras. In: www.scielo.br – com adaptações)

296. (Delegado de Polícia – AP/ 2010 – FGV) Com relação à compreensão geral do texto, analise as afirmativas a seguir:

I. Diferentemente do passado, atualmente deve-se incluir, no conjunto das reflexões acerca das causas da violência, a crise no âmbito dos valores institucionais.

II. As forças que sustentam a estrutura social estiveram harmonicamente equilibradas na sociedade brasileira tradicional, mas contemporaneamente esse equilíbrio se rompeu.

III. A explicação para as especificidades da violência no Brasil apresenta duas vertentes: a histórica e a moral, sendo esta última um fator agravante posto em segundo plano na análise do fenômeno.

Assinale:

a) se somente a afirmativa I estiver correta.
b) se somente a afirmativa II estiver correta.
c) se somente as afirmativas I e II estiverem corretas.
d) se somente as afirmativas I e III estiverem corretas.
e) se todas as afirmativas estiverem corretas.

COMENTÁRIOS

Resposta correta: "d": Se somente as afirmativas I e III estiverem corretas.

I. Certo: Na compreensão geral do texto deduz-se que as reflexões acerca das causas da violência, hoje, devem ser feitas com urgência no âmbito dos valores constitucionais e no regulamento do regime democrático de fato, com políticas e políticos voltados para a ética, a segurança, a ordem, a cidadania. Reflexões voltadas para sanar as causas geradoras desse quase colapso na sociedade brasileira; não uma política apaziguadora circunstancial, não uma ditadura salvacionista.

II. Errado: O autor não menciona que a estrutura social, algum dia, estivesse equilibrada na sociedade brasileira tradicional, mas, sim, que desenvolveu o uso da violência, através da destruição de culturas indígenas, morte de ameríndios, implantação da escravidão, por meio de dominação violenta durante séculos.

III. Certo: Compreende-se que o autor refere-se ao fato histórico da hierarquia da violência gerada na sociedade brasileira como uma das vertentes, e, para a segunda vertente, a atual, em que o poder público mostra-se incapaz de enfrentar e resolver o caos vigente. Menciona, ainda, o descompromisso e a falta da devida atenção para a dimensão moral, ética e a perda de referências simbólicas, deixando para segundo plano a análise do fenômeno.

297. (Delegado de Polícia – AP/ 2010 – FGV) Uma das teses defendidas pelo autor é a de que:

a) a sociedade civil, embora seja desorganizada, pode barrar o avanço da violência se amparada pelos demais poderes do Estado.

b) ainda que a miséria e a pobreza possam contribuir para a propagação da violência, é a crise moral a grande responsável pelo seu agravamento.

c) um projeto nacional de combate à violência inclui a disponibilidade de verbas e a ampla liberdade de aplicação dos poderes repressivos reservados ao Estado.

d) no passado, mesmo que violenta, a sociedade era rigorosamente controlada; hoje, família, escola e religião são instituições imorais e/ou corruptas.

e) a corrupção como característica natural do brasileiro tem origem nas culturas ameríndia e africana que estão na base de nossa formação.

COMENTÁRIOS

Resposta correta: "b": Para o autor a crise moral vigente no país é a responsável pela inoperância dos poderes públicos, gerando o agravamento e a propagação da violência.

Alternativa "a": O autor não vê assim. Para ele, a sociedade civil por si só é insuficientemente organizada para enfrentar esses desafios e criar alternativas legítimas para o enfrentamento da violência. (parágrafo 6).

Alternativa "c": Alternativa incorreta. Um projeto capaz de resolver o problema da violência e mobilizar a nação, segundo o autor, seria estabelecer uma política efetiva de segurança pública dentro da ordem democrática. (último parágrafo).

Alternativa "d": O texto não contém isso. A violência do passado deixou heranças e, hoje, o quadro soma outras características agravantes.

Alternativa "e": Errado – segundo o texto, a corrupção existente no país, não se origina das culturas ameríndia e africana. Estas culturas é que foram vítimas da corrupção implantadas de formas diversas pela dominação dos que ocuparam o território brasileiro na base da nossa formação.

298. (Delegado de Polícia – MT / 2010 – UNEMAT) Observe o enunciado abaixo.

Que frio! Que vento! Que calor! Que caro! Que absurdo! Que bacana! Que tristeza! Que tarde! Que amor! Que besteira! Que esperança! Que modos! Que noite! Que graça! Que horror! Que doçura! Que novidade! Que susto! Que pão! Que vexame! Que mentira! Que confusão! Que vida! Que talento! Que alívio! Que nada... Assim, em plena floresta de exclamações, vai-se tocando pra frente.

Carlos Drummond de Andrade.

Em relação ao enunciado, é **correto** afirmar.

a) Não é um texto, pois é um amontoado de frases sem conexão entre si.

b) O texto não tem sentido por falta de elementos coesivos.

c) A pontuação compromete o sentido do texto.

d) A última frase compensa a falta de elementos coesivos e dá sentido ao todo.

e) Não é um texto, pois o trecho faz parte de um poema do autor.

COMENTÁRIOS

Resposta correta: "d": Carlos Drummond de Andrade enfatiza, ao longo do texto, as exclamações. Conclui: *Assim, em plena floresta de exclamações, vai-se tocando pra frente.*

Alternativa "a": É um texto.

Alternativa "b": O texto possui sentido.

Alternativa "c": A pontuação não compromete o sentido do texto. Pelo contrário: é um recurso para dar ênfase.

Alternativa "e": É um texto.

▸ ATENÇÃO! O TEXTO REFERE-SE ÀS QUESTÕES SEGUINTES.

TEXTO 1 – Viver em sociedade

A sociedade humana é um conjunto de pessoas ligadas pela necessidade de se ajudarem umas às outras, a fim de que possam garantir a continuidade da vida e satisfazer seus interesses e desejos.

Sem vida em sociedade, as pessoas não conseguiriam sobreviver, pois o ser humano, durante muito tempo, depende de outros para conseguir alimentação e abrigo. E no mundo moderno, com a grande maioria das pessoas morando na cidade, com hábitos que tornam necessários muitos bens produzidos pela indústria, não há quem não necessite de outros muitas vezes por dia.

Mas as necessidades dos seres humanos não são apenas de ordem material, como os alimentos, a roupa, a moradia, os meios de transporte e os cuidados de saúde. Elas são também de ordem espiritual e psicológica. Toda pessoa humana necessita de afeto, precisa amar e sentir-se amada, quer sempre que alguém lhe dê atenção e que todos a respeitem. Além disso, todo ser humano tem suas crenças, tem sua fé em alguma coisa, que é a base de suas esperanças.

Os seres humanos não vivem em sociedade, apenas porque escolhem esse modo de vida, mas também porque a vida em sociedade é uma necessidade da natureza humana. Mas, justamente porque vivendo em sociedade é que a pessoa humana pode satisfazer suas necessidades, é preciso que a sociedade seja organizada. E não basta que a vida social permita apenas a satisfação de algumas necessidades da pessoa humana ou de todas as necessidades de apenas algumas pessoas. A sociedade organizada com justiça é aquela em que se procura fazer com que todas as pessoas possam satisfazer todas as suas necessidades; é aquela em que todos têm as mesmas oportunidades, aquela em que os benefícios e encargos são repartidos igualmente entre todos.

Para que essa repartição se faça com justiça, é preciso que todos procurem conhecer seus direitos e exijam que eles sejam respeitados; é preciso também que todos conheçam e cumpram seus deveres e suas responsabilidades sociais. (Dalmo de Abreu Dallari. Adaptado).

299. (Delegado de Polícia – PI/ 2009 – NUCEPE) O Texto 1, para ser compreendido com sucesso, deve ser percebido como um texto:

a) narrativo-descritivo; basta ver o cenário e os personagens que compõem o enredo apresentado.

b) expositivo-argumentativo; há a definição de um conceito em torno do qual é construída uma argumentação.

c) narrativo-dissertativo; os fatos são propostos ao leitor com uma finalidade claramente dissertativa.

d) descritivo-apelativo; predominam no texto estratégias de convencimento, semelhantes àquelas que ocorrem na publicidade.

e) expositivo-injuntivo; o texto é construído para indicar etapas e procedimentos que um determinado processo implica.

COMENTÁRIOS

Resposta correta: "b": O texto expositivo-argumentativo procura defender uma tese, apresentando dados e observações que a confirmem. Definição: *A sociedade humana é um conjunto de pessoas ligadas pela necessidade de se ajudarem umas às outras, a fim de que possam garantir a continuidade da vida e satisfazer seus interesses e desejos.* Argumentação nos parágrafos posteriores.

Alternativa "a": (narrativo – descritivo) Não é narrativo descritivo. Inexistem, no texto, descrição de cenário e apresentação de personagens, bem como não há intriga nem trama para formação de enredo.

Alternativa "c": (narrativo – dissertativo) Não há narração de ideias ou, ainda, discurso doutrinário no texto.

Alternativa "d": (descritivo – apelativo) Não é descritivo apelativo, pois os argumentos do texto são expositivos, sem a intenção de convencimento.

Alternativa "e": (expositivo – injuntivo) Não é um texto formal onde injunção seria a imposição dos argumentos, portanto, não é expositivo injuntivo.

300. (Delegado de Polícia – PI/ 2009 – NUCEPE) A análise do Texto 1 nos faz perceber que o autor estabelece uma relação de grande aproximação entre:

a) a alimentação, o afeto e as sociedades organizadas com justiça.

b) a vida moderna, a urbanização e o consumo de bens industriais.

c) a vida em sociedade, as crenças e as esperanças de todas as pessoas.

d) a natureza humana, os encargos e as responsabilidades sociais.

e) a alimentação, os meios de transporte e os cuidados com a saúde.

COMENTÁRIOS

Resposta correta: "b": A relação de aproximação estabelecida pelo autor, está no segundo parágrafo, na trilogia a vida moderna (1), a urbanização (2), o consumo de bens industriais (3) fazendo com que as pessoas necessitem umas das outras, muitas vezes por dia (aproximação): *E no mundo moderno, com a grande maioria das pessoas morando na cidade, com hábitos que tornam necessários muitos bens produzidos pela indústria, não há quem não necessite de outros muitas vezes por dia.*

Alternativas A, C, D, E = apresentam elementos não de relação de aproximação, mas todos necessários à sobrevivência e à satisfação da natureza humana.

Alternativa "a": Não há relação de aproximação.

Alternativa "c": Esperanças de **todas** as pessoas: cuidado com pronomes que generalizam ou restringem.

Alternativa "d": Não relação de aproximação entre natureza humana e encargos.

Alternativa "e": Não há relação de aproximação.

301. (Delegado de Polícia – PI/ 2009 – NUCEPE) Analisando a distribuição das ideias pelos parágrafos do Texto 1, podemos dizer que:

a) no primeiro parágrafo, o autor dá a definição de seu objeto de discussão e apresenta uma espécie de justificativa.

b) no segundo, o autor se concentra em descrever os traços típicos da sociedade moderna.

c) no terceiro, o autor defende a ideia de que as necessidades de ordem material preenchem a totalidade dos anseios humanos.

d) o argumento predominante no quarto parágrafo se centra na descrição detalhada dos benefícios garantidos pela segurança da vida social.

e) no parágrafo de conclusão, o autor é pouco taxativo; deixa com o leitor a descoberta das possíveis soluções para o problema levantado.

COMENTÁRIOS

Resposta correta: "a": Definição: A sociedade humana é um conjunto de pessoas ligadas pela necessidade de se ajudarem umas às outras. Justificativa: a fim de que possam garantir a continuidade da vida e satisfazer seus interesses e desejos.

Alternativa "b": A ideia do segundo parágrafo é destacar que o ser humano não sobrevive sem a vida em sociedade e, por isso, os homens necessitam uns dos outros muitas vezes por dia.

Alternativa "c": No terceiro parágrafo, o autor acrescenta as necessidades materiais as de ordem espiritual e psicológica como esperança, carinho, atenção, fé, enfim, proximidade, trocas afetivas, o que é próprio da natureza humana.

Alternativa "d": O quarto parágrafo está centrado na necessidade de uma sociedade organizada com justiça, que satisfaça as necessidades do ser humano oferecendo oportunidades e encargos entre todos com equidade.

Alternativa "e": O autor conclui argumentando e explorando medidas necessárias para se faça com justiça a repartição satisfatória, onde direitos e deveres sejam respeitados em iguais condições para responsabilidade do ser social e também igualdade nos direitos de suprir necessidades com dignidade e respeito.

302. (Delegado de Polícia – PI/ 2009 – NUCEPE) A ideia de que o homem é um ser complexo e, assim, envolve múltiplas facetas, está explicitada no trecho:

a) "não há quem não necessite de outros muitas vezes por dia".
b) "a vida em sociedade é uma necessidade da natureza humana".
c) "Elas [as necessidades] são também de ordem espiritual e psicológica".
d) "é preciso que a sociedade seja organizada".
e) "é preciso que todos procurem conhecer seus direitos".

COMENTÁRIOS

Resposta correta: "c": O período explica as necessidades do homem como ser dual e, essas necessidades espirituais e psicológicas, tornam esse homem um ser complexo.

Alternativa "a": A alternativa apenas refere-se a uma das necessidades do homem.

Alternativa "b": Apenas uma das necessidades do homem.

Alternativa "d": A alternativa apresenta uma condição necessária.

Alternativa "e": A alternativa apresenta uma necessidade fundamental e presente.

▸ ATENÇÃO! O TEXTO REFERE-SE ÀS QUESTÕES SEGUINTES.

TEXTO 2 – A miséria é de todos nós

Como entender a resistência da miséria no Brasil, uma chaga social que remonta aos primórdios da colonização? No decorrer das últimas décadas, enquanto a miséria se mantinha mais ou menos do mesmo tamanho, todos os indicadores sociais brasileiros melhoraram. Há mais crianças em idade escolar frequentando aulas atualmente do que em qualquer outro período da nossa história. As taxas de analfabetismo e mortalidade infantil também são as menores desde que se passou a registrá-las nacionalmente. O Brasil figura entre as dez nações de economia mais forte do mundo. No campo diplomático, começa a exercitar seus músculos. Vem firmando uma inconteste liderança política regional na América Latina, ao mesmo tempo em que atrai a simpatia do Terceiro Mundo por ter se tornado um forte oponente das injustiças políticas de comércio dos países ricos. Apesar de todos esses avanços, a miséria resiste.

Embora em algumas de suas ocorrências, especialmente na zona rural, esteja confinada a bolsões invisíveis aos olhos dos brasileiros mais bem posicionados na escala social, a miséria é onipresente. Nas grandes cidades, com aterrorizante frequência, ela atravessa o fosso social profundo e se manifesta de forma violenta. A mais assustadora dessas manifestações é a criminalidade, que, se não tem na pobreza sua única causa, certamente em razão dela se tornou mais disseminada e cruel. Explicar a resistência da pobreza extrema entre milhões de habitantes não é uma empreitada simples.

(Veja, ed. 1735).

303. (Delegado de Polícia – PI/ 2009 – NUCEPE) A compreensão do Texto 2 nos autoriza a fazer os seguintes comentários:

1) o texto, tematicamente, está relacionado ao primeiro, enquanto admite razões coletivas para a miséria no Brasil.
2) a criminalidade, disseminada e cruel, tem nos níveis de pobreza da população sua única causa.
3) avanços das últimas décadas, em diferentes áreas sociais do Brasil, não foram suficientes para minimizar a miséria.
4) ainda que não pareça, sobretudo no meio rural, a miséria se estende a todos os campos da realidade brasileira.
5) as raízes da miséria no Brasil tem causas históricas e remontam a circunstâncias complexas e distantes.

Estão corretos os comentários feitos em:

a) 1, 3, 4 e 5 apenas
b) 1, 2, 4 e 5 apenas
c) 2, 3 e 4 apenas
d) 2 e 5 apenas
e) 1, 2, 3, 4 e 5

COMENTÁRIOS

Resposta correta: Alternativa "a".

1. Certo: Os textos *Viver em sociedade* e *A miséria é de todos nós* estão tematicamente relacionados: o primeiro visa uma sociedade justa onde todos os seres humanos sejam, respeitados de maneira igualitária. O segundo texto aponta a defasagem entre o Brasil que figura as nações economicamente mais fortes do mundo e o Brasil da miséria que insiste e é, muitas vezes, invisível aos olhos de muitos.

2. Errado: Afirmativa errônea, pois a criminalidade, disseminada e cruel, não se encontra somente nos níveis da população em estado de pobreza, haja vista, com até maior crueldade em todos os meios sociais, quiçá nas classes privilegiadas como o tem mostrado a mídia.
3. Certo: O texto refere-se a um avanço social em algumas áreas nas últimas décadas, enquanto em outras áreas a criminalidade aumenta e a miséria resiste, apesar de avanços apontados.
4. Certo: No texto A miséria é de todos nós, o tema se mistura com o tema do texto Viver em sociedade quando este realça a diferença entre os brasileiros na escala social: os brasileiros bem posicionados e os brasileiros que fazem parte da miséria, tanto na zona rural como nas grandes cidades onde o fosso social é profundo e a miséria se manifesta de forma violenta: em todos os campos da realidade brasileira.
5. Certo: O primeiro parágrafo do texto se inicia questionando a própria alternativa: como entender a resistência da miséria no Brasil, uma chaga social que remonta aos primórdios da colonização? Aí está a distancia que gera a complexidade, segundo o texto: raízes históricas da chaga social... o texto questiona em como entender e como explicar...

ATENÇÃO! O TEXTO REFERE-SE À QUESTÃO SEGUINTE.

Conciliar desenvolvimento e conservação da natureza é o dilema do mundo neste século. Para o Brasil, é mais do que isso, é uma equação com variáveis muito mais complexas do que a da média mundial. Para início de conversa, o país abriga 60% da Amazônia, a maior floresta tropical do planeta e o maior repositório de espécies animais e vegetais ainda desconhecidas. Essa preciosidade biológica insubstituível tem sido queimada, para abrir espaço para a pata do gado, como lenha para carvão sem valor algum. A incineração da floresta é ainda mais perversa por jogar volumes gigantescos de gases que aumentam o ritmo do temido aquecimento global. Sem uma única chaminé de fábrica, só queimando seu tesouro vegetal, a Amazônia brasileira coloca o Brasil na quarta posição na lista dos maiores emissores de dióxido de carbono. Essa é a Amazônia, insônia do mundo, que precisa ser conservada.

Sobre o mesmíssimo território instala-se uma outra Amazônia, que quer e precisa ser desenvolvida. Nela vivem mais de 20 milhões de brasileiros. São pessoas com carteira de identidade, família para alimentar, filhos na escola, televisão na sala e uma vontade enorme de imitar em tudo o estilo de vida de seus conterrâneos das grandes cidades do Sul. Essa população, quase o dobro da existente na cidade de São Paulo, vive da destruição indiscriminada dos recursos naturais à sua volta. Árvores raras e animais selvagens são diariamente mortos e trocados por bens de consumo imediato, principalmente a fonte de energia mais barata disponível, o óleo que vem do Sul, de navio, e é usado para tocar o gerador que alimenta o televisor. Nesse mundo, uma tartaruga vale dois capítulos da novela.

Nesse contexto, o grande desafio da atual geração de brasileiros com algum poder nas mãos será encontrar um caminho para crescer preservando a natureza.

O desafio de crescer e preservar. In: Veja, nº 2.118, 24/6/2009 (com adaptações).

304. (Delegado de Polícia – PA/ 2009 – MOVENS) Com base nas ideias do texto, assinale a opção correta.

a) O texto revela que é restrita à realidade brasileira a problemática da conservação da natureza em contraposição à necessidade de desenvolvimento.
b) O texto retrata a realidade da região amazônica sob duas perspectivas.
c) O texto deprecia as atitudes da população da Amazônia.
d) O último parágrafo do texto contradiz a ideia apresentada na introdução.

COMENTÁRIOS

Resposta correta: "b": A realidade da região é retratada, no texto, sob a perspectiva do desenvolvimento e sob a perspectiva da conservação.

Alternativa "a": A problemática da conservação da natureza em contraposição à necessidade de desenvolvimento não está restrita ao Brasil, mas é o dilema do mundo.

Alternativa "c": O texto não deprecia as atitudes da população da Amazônia: faz referência ao estilo de vida da população do Sul, estilo esse que os amazonenses, através da mídia televisiva, conhecem e, querem imitar; sem opção, vivem da destruição dos recursos naturais que os rodeiam. Não há depreciação, mas um alerta.

Alternativa "d": O último parágrafo do texto não contradiz a introdução: retoma-a, deixando uma sugestão para a atual geração, com algum poder, que faça alguma coisa para solucionar tão complexo problema: conciliar desenvolvimento e conservar a natureza.

305. (Delegado de Polícia – PA/ 2009 – MOVENS) Assinale a opção em que a expressão destacada está empregada no texto em sentido literal.

a) "é uma equação com variáveis muito mais complexas"
b) "Sem uma única chaminé de fábrica"
c) "queimando seu tesouro vegetal"
d) "Essa é a Amazônia, **insônia do mundo**"

COMENTÁRIOS

Resposta correta: "b": A frase está no sentido literal, pois não há, realmente, indústrias poluentes na Amazônia, portanto não há fumaça das chaminés de fábrica. Há a fumaça das queimadas de produtos naturais.

Alternativa "a": A frase está no sentido figurado: equação com variáveis muito mais complexas: expressão matemática usada para exprimir a problemática da questão (no sentido figurado).

Alternativa "c": A expressão no sentido figurado: queimando a floresta e os recursos naturais (tesouro vegetal).

Alternativa "d": Insônia do mundo – expressão no sentida figurado = preocupação do mundo.

▸ **ATENÇÃO! O TEXTO REFERE-SE ÀS QUESTÕES SEGUINTES.**

Uma definição de felicidade

Todas as profissões têm sua visão do que é felicidade. Já li um economista defini-la como ganhar 20 000 dólares por ano, nem mais nem menos. Para os monges budistas, felicidade é a busca do desapego. Autores de livros de autoajuda definem felicidade como "estar bem consigo mesmo", "fazer o que se gosta" ou "ter coragem de sonhar alto". O conceito de felicidade que uso em meu dia a dia é difícil de explicar num artigo curto. Eu o aprendi nos livros de Edward De Bono, Mihaly Csikszentmihalyi e de outros nessa linha. A ideia é mais ou menos esta: todos nós temos desejos, ambições e desafios que podem ser definidos como o mundo que você quer abraçar. Ser rico, ser famoso, acabar com a miséria do mundo, casar-se com um príncipe encantado, jogar futebol, e assim por diante. Até aí, tudo bem. Imagine seus desejos como um balão inflável e que você está dentro dele. Você sempre poderá ser mais ou menos ambicioso inflando ou desinflando esse balão enorme que será seu mundo possível. É o mundo que você ainda não sabe dominar. Agora imagine um outro balão inflável dentro do seu mundo possível, e, portanto, bem menor, que representa a sua base. É o mundo que você já domina, que maneja de olhos fechados, graças aos seus conhecimentos, seu QI emocional e sua experiência. Felicidade nessa analogia seria a distância entre esses dois balões – o balão que você pretende dominar e o que você domina. Se a distância entre os dois balões for excessiva, você ficará frustrado, ansioso, mal-humorado e estressado. Se a distância for mínima, você ficará tranquilo, calmo, mas logo entediado e sem espaço para crescer. Ser feliz é achar a distância certa entre o que se tem e o que se quer ter.

O primeiro passo é definir corretamente o tamanho de seu sonho, o tamanho de sua ambição. Essa história de que tudo é possível se você somente almejar alto é pura balela. Todos nós temos limitações e devemos sonhar de acordo com elas. Querer ser presidente da República é um sonho que você pode almejar quando virar governador ou senador, mas não no início da carreira. O segundo passo é saber exatamente seu nível de competências, sem arrogância nem enganos, tão comuns entre os intelectuais. O terceiro é encontrar o ponto de equilíbrio entre esses dois mundos. Saber administrar a distância entre seus desejos e suas competências é o grande segredo da vida. Escolha uma distância nem exagerada demais, nem tacanha demais. Se sua ambição não for acompanhada da devida competência, você se frustrará. Esse é o erro de todos os jovens idealistas que querem mudar o mundo com o que aprenderam no primeiro ano de faculdade. Curiosamente, à medida que a distância entre seus sonhos e suas competências diminui pelo seu próprio sucesso, surge frustração, e não felicidade.

Quantos gerentes depois de promovidos sofrem de famosa "fossa do bem-sucedido", tão conhecida por administradores de recursos humanos? Quantos executivos bem-sucedidos são infelizes justamente porque "chegaram lá"? Pessoas pouco ambiciosas que procuram um emprego garantido logo ficam entediadas, estacionadas, frustradas e não terão a prometida felicidade. Essa definição explica por que a felicidade é tão efêmera. Ela é um processo, e não um lugar onde finalmente se faz nada. Fazer nada no paraíso não traz felicidade, apesar de ser o sonho de tantos brasileiros. Felicidade é uma desconfortável tensão entre suas ambições e competências. Se você estiver estressado, tente primeiro esvaziar seu balão de ambições para algo mais realista. Delegue, abra mão de algumas atribuições, diga não. Ou então encha mais seu balão de competências estudando, observando e aprendendo com os outros, todos os dias. Os velhos acham que é um fracasso abrir mão do espaço conquistado. Por isso, recusam ceder poder ou atribuições e acabam infelizes. Reduzir suas ambições à medida que você envelhece não é nenhuma derrota pessoal. Felicidade não é um estado alcançável, um nirvana, mas uma distância contínua. É chegar lá, e não estar lá como muitos erroneamente pensam. Seja ambicioso dentro dos limites, estude e observe sempre, amplie seus sonhos quando puder, reduza suas ambições quando as circunstâncias exigirem. Mantenha sempre uma meta a alcançar em todas as etapas da vida e você será muito feliz.

Stephen Kanitz, Revista Veja, 22 de junho de 2005

306. (Delegado de Polícia – RO/ 2009 – FUNCAB) O teor da mensagem, acrescido da concentração de verbos no modo imperativo, confere ao texto o tom de:

a) didática.
b) pedido.
c) alerta.
d) conselho.
e) exigência.

COMENTÁRIOS

Resposta correta: "d": O texto discorre sobre a felicidade tentando defini-la e mostra como fugir das frustrações. No último parágrafo, através de verbos do modo imperativo há conselhos de como buscar sem o perigo de frustrar-se. Eis algumas das formas verbais imperativas: tente, delegue, diga, encha, seja, estude, observe, amplie, reduza, mantenha.

As outras alternativas, *a, b, c* e *e* não se encaixam na proposição.

307. (Delegado de Polícia – RO/ 2009 – FUNCAB) Segundo o autor do artigo, a felicidade está em ser:

a) magnânimo.
b) desafiado.
c) competente.
d) paciente.
e) onipresente.

COMENTÁRIOS

Resposta correta: "b": Desafiado (adj.) = segundo o autor, não se deve ceder frente aos desafios e, sim, compreende-los: ser desafiado e não perder a meta.

Alternativa "a": Magnânimo (adj.) = que perdoa com facilidade, benevolente, generoso.

Alternativa "c": Competente (adj.) = apto, capaz.

Alternativa "d": Paciente (adj.) = calmo.

Alternativa "e": Onipresente (adj.) = que está presente em toda parte.

308. (Delegado de Polícia – RO/ 2009 – FUNCAB) Assinale a opção em que Stephen Kanitz apresenta sua definição de felicidade.

a) "O conceito de felicidade que uso em meu dia a dia é difícil de explicar num artigo curto."

b) "Autores de livros de autoajuda definem felicidade como 'estar bem consigo mesmo', 'fazer o que se gosta' ou 'ter coragem de sonhar alto'."

c) "O primeiro passo é definir corretamente o tamanho de seu sonho, o tamanho de sua ambição."

d) "Já li um economista defini-la como ganhar 20 000 dólares por ano, nem mais nem menos."

e) "Ser feliz é achar a distância certa entre o que se tem e o que se quer ter."

COMENTÁRIOS

Resposta correta: "e": Para o autor, com essa sua definição, ser feliz é estar em busca da felicidade encontrando primeiro a distância que vai mostrar o quê fazer para se chegar lá e seria, esse fazer, a própria felicidade.

Alternativa "a": Nessa frase o autor não define a felicidade.

Alternativa "b": Nessa opção, há apenas referências a outras formas de encontrar definições de felicidade.

Alternativa "c": Aqui, Stephen Kanitz não define a felicidade; ensina apenas o primeiro passo da busca.

Alternativa "d": Não há definição de felicidade. O autor apenas faz uma referência.

309. (Delegado de Polícia – RO/ 2009 – FUNCAB) "Fazer nada no paraíso não traz felicidade, apesar de ser o sonho de tantos brasileiros." Neste trecho, segundo Kanitz, o brasileiro:

a) está equivocado sobre como alcançar felicidade.

b) faz parte de um pequeno grupo seleto e feliz.

c) não tem controle sobre seus sonhos.

d) apesar de indolente, esforça-se para alcançar sucesso.

e) não consegue discernir sonho e realidade.

COMENTÁRIOS

Resposta correta: "a": O autor mostra que o brasileiro está equivocado quando sonha que ser feliz é fazer nada no paraíso. Esse raciocínio do autor, sugere uma leve crítica...

Alternativa "b": Não é isso que o autor afirma.

Alternativa "c": O autor não menciona esse descontrole.

Alternativa "d": Kanitz não faz essa declaração.

Alternativa "e": O autor não menciona isso.

ATENÇÃO! O TEXTO REFERE-SE ÀS QUESTÕES SEGUINTES.

Brinkmanship

Em 1964, o cineasta Stanley Kubrick lançava o filme Dr. Strangelove. Nele, um oficial norte-americano ordena um bombardeio nuclear à União Soviética e comete suicídio em seguida, levando consigo o código para cancelar o bombardeio. O presidente norte-americano busca o governo soviético na esperança de convencê-lo de que o evento foi um acidente e, por isso, não deveria haver retaliação. É, então, informado de que os soviéticos implementaram uma arma de fim do mundo (uma rede de bombas nucleares subterrâneas), que funcionaria automaticamente quando o país fosse atacado ou quando alguém tentasse desacioná-la. O Dr. Strangelove, estrategista do presidente, aponta uma falha: se os soviéticos dispunham de tal arma, por que a guardavam em segredo? Por que não contar ao mundo? A resposta do inimigo: a máquina seria anunciada na reunião do partido na segunda-feira seguinte.

Pode-se analisar a situação criada no filme sob a ótica da Teoria dos Jogos: uma bomba nuclear é lançada pelo país A ao país B. A política de B consiste em revidar qualquer ataque com todo o seu arsenal, o qual pode destruir a vida no planeta, caso o país seja atacado. O raciocínio que leva B a adotar tal política é bastante simples: até o país mais fraco do mundo está seguro se criar uma máquina de destruição do mundo, ou seja, ao ter sua sobrevivência seriamente ameaçada, o país destrói o mundo inteiro (ou, em seu modo menos drástico, apenas os invasores). Ao elevar os custos para o país invasor, o detentor dessa arma garante sua segurança. O problema é que de nada adianta um país possuir tal arma em segredo. Seus inimigos devem saber de sua existência e acreditar na sua disposição de usá-la. O poder da máquina do fim do mundo está mais na intimidação do que em seu uso.

O conflito nuclear fornece um exemplo de uma das conclusões mais surpreendentes a que se chega com a Teoria dos Jogos. O economista Thomas Schelling percebeu que, apesar de o sucesso geralmente ser atribuído a maior inteligência, planejamento, racionalidade, entre outras características que retratam o vencedor como superior ao vencido, o que ocorre, muitas vezes, é justamente o oposto. Até mesmo o poder de um jogador, considerado, no senso comum, como uma vantagem, pode atuar contra seu detentor.

Schelling denominou brinkmanship (de brink, extremo) a estratégia de deliberadamente levar uma situação às suas consequências extremas.

Um exemplo usado por Schelling é o bem conhecido jogo do frango, que consiste em dois indivíduos acelerarem seus carros na direção um do outro em rota de colisão; o primeiro a virar o volante e sair da pista é o perdedor.

Se ambos forem reto, os dois jogadores pagam o preço mais alto com sua vida. No caso de os dois desviarem, o jogo termina em empate. Se um desviar e o outro for reto, o primeiro será o frango, e o segundo, o vencedor. Schelling propôs que um participante desse jogo retire o volante de seu carro e o atire para fora, fazendo questão de mostrá-lo a todas as pessoas presentes. Ao outro jogador caberia a decisão de desistir ou causar uma catástrofe. Um jogador racional optaria pelo que lhe causasse menos perdas, sempre perdendo o jogo. *Fabio Zugman.Teoria dos jogos. Internet: <www.iced.org.br> (com adaptações).*

Língua Portuguesa

Duda Nogueira
e Talita Nogueira

✦ DICAS

- 1. Acentuação Gráfica
- 2. Reforma Ortográfica
- 3. Graus dos Adjetivos
- 4. Pronome
- 5. Verbo
- 6. Análise Sintática
- 7. Período Composto
- 8. Concordância Verbal
- 9. Concordância Nominal
- 10. Regência Verbal
- 11. Regência Nominal
- 12. Crase
- 13. Pontuação
- 14. Colocação Pronominal
- 15. Figuras de linguagem
- 16. Interpretação de texto
- 17. Redação Oficial

1. ACENTUAÇÃO

1.1 REGRAS DE ACENTUAÇÃO GRÁFICA

Em concursos, alguns verbos são pedidos como acento diferencial e palavras que são acentuadas pela mesma regra. Trabalharemos com *macetes* e regras.

Iniciemos com exemplo de uma simples tabela pra facilitar a classificação dos vocábulos.

1. Separe as sílabas. Lembre-se de que em cada sílaba, há **uma vogal**.

2. A última coluna deve estar sempre preenchida (como o exemplo da palavra **hífen**).

3. Não colocar na tabela: hiato, monossílabo e ditongos abertos (eu, oi, ei), por não seguirem as classificações mencionadas a seguir.

Proparoxítona	Paroxítona	Oxítona
crí	ti	co
	hí	fen
	ca	fé

Facilitou?

– **Crítica** é uma proparoxítona; **hífen** é paroxítona e **café** é oxítona.

1.2 PROPAROXÍTONAS

Sílaba tônica: antepenúltima.

As proparoxítonas são **todas** acentuadas graficamente: **trá**gico, pa**té**tico, **ár**vore

1.3 PAROXÍTONAS

Sílaba tônica: penúltima

Acentuam-se as PAROXÍTONAS terminadas em	EXEMPLO
l	**fá**cil
n	**pó**len
r	ca**dá**ver
ps	**bí**ceps
x	**tó**rax
us	**ví**rus
i, is	**jú**ri, **lá**pis
om, ons	**iân**dom, **í**ons
um, uns	**ál**bum, **ál**buns
ã(s), ão(s)	**ór**fã, **ór**fãs, **ór**fão, **ór**fãos
ditongo oral (seguido ou não de s)	**jó**quei, **tú**neis

Observações:

As paroxítonas terminadas em n são acentuadas (hífen), mas as que terminam em ens, não.	hifens, jovens
Não são acentuados os prefixos terminados em i e r.	semi, super
Acentuam-se as paroxítonas terminadas em ditongos crescentes: ea(s), oa(s), eo(s), ua(s), ia(s), ue(s), ie(s), uo(s),io(s).	várzea, mágoa, óleo, régua, férias, tênue, cárie, ingênuo, início

1.4 OXÍTONAS

Sílaba tônica: última

Acentuam-se as OXÍTONAS terminadas em	EXEMPLO
a(s)	so**fá**, so**fás**
e(s)	jaca**ré**, vo**cês**
o(s)	pale**tó**, a**vós**
em, ens	nin**guém**, arma**zéns**

1.5 MONOSSÍLABOS

1.5.1 MONOSSÍLABOS TÔNICOS

Possuem **uma sílaba** e são pronunciados fortemente.

Acentuam-se os MONOSSÍLABOS terminados em	EXEMPLO
a(s)	lá, cá
e(s)	pé, mês
o(s)	só, pó, nós, pôs

1.5.2 MONOSSÍLABOS ÁTONOS

Não possuem autonomia fonética, sendo proferidos **fracamente,** como se fossem sílabas átonas do vocábulo a que se apoiam: o(s), a(s), um, uns, me, te, se, lhe nos, de, em, e, que, etc.

Observações:

Os monossílabos átonos são palavras vazias de sentido, vindos representados por artigos, pronomes oblíquos, elementos de ligação (preposições, conjunções).	
Há monossílabos que são tônicos numa frase e átonos em outras.	Você trouxe sua mochila para quê? (tônico) Que tem dentro da sua mochila? (átono) Há sempre um mas para questionar. (tônico) Eu sei seu nome, mas não me recordo agora. (átono)
Muitos verbos, ao se combinarem com pronomes oblíquos, produzem formas oxítonas ou monossilábicas que devem ser acentuadas por acabarem assumindo alguma das terminações contidas nas regras.	beijar + a = beijá-la fez + o = fê-lo dar + as = dá-las fazer + o = fazê-lo

1.6 REGRAS ESPECIAIS

Estas regras não podem ser encaixadas na tabela de dica mencionada no início do capítulo.

DITONGOS ABERTOS	EXEMPLO
Os ditongos **éi, eu** e**ói**, sempre que tiverem pronúncia aberta em palavras **oxítonas** (éi e não êi), são acentuados.	éi (s):an**éis**, fi**éis**, pap**éis** éu (s):trof**éu**, **céus** ói (s): her**ói**, constr**ói**, caub**óis**
Os ditongos abertos ocorridos em palavras paroxítonas NÃO são acentuados.	assembleia, boia, colmeia, Coreia, estreia, heroico, ideia, jiboia, joia, paranoia, plateia, etc.
A palavra destróier é acentuada por ser uma paroxítona terminada em "r" (e não por possuir ditongo aberto **ói).**	

HIATOS	EXEMPLO
Acentuam-se o **i** e **u** tônicos quando formam hiato com a vogal anterior, estando eles sozinhos na sílaba ou acompanhados apenas de **"s"**, desde que não sejam seguidos por **– nh.**	sa – **í** – da e – go – **ís** – mo sa – **ú** – de
Não se acentuam, portanto, hiatos como os das palavras seguintes	ju – **iz**, ra – **iz**, ru – **im**, ca – **ir**
Motivo: – **i** ou – **u** não estão sozinhos nem acompanhados de – **s** na sílaba.	
Cabe esclarecer que existem hiatos acentuados não por serem hiatos, mas por outras razões	po-é-ti-co: proparoxítona bo-ê-mio: paroxítona terminada em ditongo crescente. ja-ó: oxítona terminada em "o".

VERBOS TER e VIR	EXEMPLO
Acentua-se com circunflexo a 3ª pessoa do plural do presente do indicativo dos verbos **ter** e **vir**, bem como nos seus compostos (*deter, conter, reter, advir, convir, intervir,* etc.).	Ele tem – Eles têm Ele vem – Eles vêm Ele retém – Eles retêm Ele intervém – Eles intervêm
Nos verbos compostos de ter e vir, o acento ocorre obrigatoriamente, mesmo no singular. Distingue-se o plural do singular mudando o acento de agudo para circunflexo	ele *detém* – eles *detêm* ele *advém* – eles *advêm*

2. REFORMA ORTOGRÁFICA[1]

2.1 ACENTO AGUDO

O acento agudo *desaparecerá* em três casos:

a) Nos ditongos (encontros de duas vogais proferidas em uma só sílaba) abertos **ei** e **oi** das palavras paroxítonas (aquelas cuja sílaba pronunciada com mais intensidade é a penúltima).

Exemplos: ideia, geleia, boia, jiboia, alcaloide, alcateia, apoio, assembleia, asteroide, celuloide, colmeia, Coreia, epopeia, estreia, heroico, joia, odisseia, onomatopeia, paranoia, plateia, proteico, etc.

Atenção: essa regra é válida somente para palavras paroxítonas. Assim, continuam sendo acentuadas as palavras oxítonas terminadas em éis, éu, éus, ói, óis. Exemplos: papéis, herói, heróis, troféu, troféus, chapéu, chapéus, anéis, dói, céu, ilhéu.

b) Nas palavras *paroxítonas* com **i** e **u** tônicos formando hiato (sequência de duas vogais que pertencem a sílabas diferentes), quando vierem *após um ditongo.*

---

1 Só Português. Disponível em <http://www.soportugues.com.br/secoes/acordo_ortografico/acordo_ortografico2.php>. Acesso em 11 nov. 2016

Veja: baiúca→**baiuca;** bocaiúva→**bocaiuva;** feiúra→**feiura;** cheiínho→**cheiinho;** saínha→ **saiinha;** Taoísmo →**Taoismo.**

Atenção: se a palavra for oxítona e o **i** ou o **u** estiverem em posição final (ou seguidos de s), o acento permanece.

Exemplos: tuiuiú, Piauí.

c) Nas formas verbais que possuem o **u** tônico precedido das letras **g** ou **q** e seguido de **e** ou **i**. Esses casos ocorrem apenas nas formas verbais de **arguir** e **redarguir**. Observe: argúis→**arguis;** argúem→**arguem;** redargúis→**redarguis;** redargúem→**redarguem.**

2.2 ACENTO DIFERENCIAL

O acento diferencial é utilizado para auxiliar na identificação de palavras homófonas (que possuem a mesma pronúncia). Com o acordo ortográfico, ele deixará de existir nos seguintes casos: pára/para, péla(s)/pela(s), pêlo(s)/pelo(s), pólo(s)/polo(s) e pêra/pera. Observe os exemplos:

Ela não **pára** de dançar. Ela não **para** de dançar.

A mãe **péla** o bebê para dar-lhe banho. A mãe **pela** o bebê para dar-lhe banho.

Este é o **pólo** norte. Este é o **polo** norte.

Os garotos gostam de jogar **pólo**. Os garotos gostam de jogar **polo**.

Meu gato tem **pêlos** brancos. Meu gato tem **pelos** brancos.

A menina trouxe **pêra** de lanche. A menina trouxe **pera** de lanche.

Atenção: existem duas palavras que continuarão recebendo acento diferencial:

pôr (verbo) → para não ser confundido com a preposição *por*.

pôde (verbo *poder* conjugado no passado) → para que não seja confundido com *pode* (forma conjugada no presente).

2.3 ACENTO CIRCUNFLEXO

O acento circunflexo deixará de ser utilizado nos seguintes casos:

a) Em palavras com terminação **ôo.** Veja: enjôo→**enjoo;** vôo→**voo;** magôo→**magoo,** abençoo (abençoar), coo (coar), coroo (coroar), doo (doar), moo (moer), perdoo (perdoar), povoo (povoar), voos (plural de voo), zoo (zoar).

b) Nas terminações**êem**, que ocorrem nas formas conjugadas da terceira pessoa do plural dos verbos**ler, dar, ver, crer** e seus derivados. Veja: creem, deem, veem, descreem, releem, reveem.

Atenção: os verbos ter e vir (e seus derivados) continuam sendo acentuados na terceira pessoa do plural.

Eles **têm** três filhos.

Eles **detêm** o poder.

Eles **vêm** para a festa de sábado.

Eles **intervêm** na economia.

2.4. TREMA

O trema, sinal gráfico utilizado sobre a letra **u** dos grupos **que**, **qui**, **gue**, **gui**, deixa de existir na língua portuguesa. Lembre-se, no entanto, que a pronúncia das palavras continua a mesma.

Exemplos: cinquenta, pinguim, aguentar, bilíngue, consequência, delinquente, frequente, linguiça, sequência, sequestro, tranquilo, etc.

Atenção: o acordo prevê que o trema seja mantido apenas em nomes próprios de origem estrangeira, bem como em seus derivados.

Exemplos: Bündchen, Müller, mülleriano.

2.5. ALFABETO

O alfabeto passará a ter 26 letras. Além das atuais, serão incorporadas oficialmente as letras **k**, **w** e **y**. Observe a posição das novas letras no alfabeto:

A B C D E F G H I J K L
M N O P Q R S T U V W X Y Z

Essas letras poderão aparecer em siglas, símbolos, nomes próprios, palavras estrangeiras e seus derivados. Exemplos: **k**m, pla**y**ground, **w**att, **K**af**k**a, **k**af**k**iano, etc.

2.6. HÍFEN

O hífen deixará de ser empregado nos seguintes casos:

a) Quando o prefixo terminar em vogal *diferente* da vogal que iniciar o segundo elemento.

Exemplos: autoajuda, autoescola, agroindustrial, autoafirmação, autoaprendizagem, autoestrada, autoimagem, contraindicação, contraoferta, extraoficial, infraestrutura, intraocular, intrauterino, neoexpressionista, neoimperialista, semiaberto, semiárido, semiautomático, supraocular, ultraelevado, etc.

b) Quando o prefixo da palavra terminar em *vogal* e o segundo elemento começar com as consoantes **s** ou **r**. Nesse caso, a consoante será duplicada.

Exemplos: ultrarromântico, antirrugas, antessala, antirreligioso, antissemita, autorretrato, antissocial, arquirromântico, autorregulamentação, contrarregra, contrassenso, extrarregimento, extrasseco, infrassom, neorrealismo, ultrarresistente, ultrassonografia, semirreta, suprarrenal.

c) Não se utilizará mais o hífen nas palavras que, pelo uso, perderam a noção de composição. Veja: paraquedas, mandachuva, paraquedista.

2.6.1. USO DO HÍFEN

Com o novo acordo, o hífen passará a ser utilizado quando a palavra for formada por um prefixo terminado em *vogal* e a palavra seguinte iniciar pela *mesma vogal*. Observe o exemplo abaixo:

Exemplos: micro-ônibus, anti-ibérico, anti-inflamatório, anti-inflacionário, anti-imperialista, arqui-inimigo, contra-ataque, micro-ondas, semi-interno, etc.

Atenção: se o prefixo terminar com *consoante*, usa-se hífen se o segundo elemento começar com a *mesma consoante*.

Exemplos: hipe**r-r**equintado, inte**r-r**acial, supe**r-r**esistente, supe**r-r**omântico, etc.

Lembre-se: nos demais casos, **não** se usa o hífen.

Exemplos: hipermercado, intermunicipal, superinteressante, superproteção.

3. GRAUS DOS ADJETIVOS

3.1. COMPARATIVO: COMPARA ELEMENTOS

- **Igualdade:**.... tão ______ quanto....
- **Superioridade:**... mais ______ (do) que...
- **Inferioridade:**.... .menos ______(do) que...

Observação: a contração **do** é opcional.

3.2. SUPERLATIVO

3.2.1. ABSOLUTO

Um elemento

- **Sintético (uma palavra)** = Ele é inteligentíssimo
- **Analítico (há advérbio)** = Ele é muito inteligente

3.2.2. SUPERLATIVO RELATIVO

Há relação entre um elemento e outros

- **Superioridade:** Ele é o mais inteligente da turma.
- **Inferioridade:** Ele é o menos estudioso da classe.

 # Para haver exagero, é necessário o artigo.

4. PRONOME

4.1. PESSOAL

- **Retos:** usados como sujeito
- **Oblíquos:** usados como objeto direto ou objeto indireto.
- O.D: o(s), a(s) / O.I: lhe(s)
- Verbos terminados em: R, S, Z + o(s), a(s) = LO(s), LA(s)
- Verbos terminados em: – M, ÃO, ÕE + o(s), a(s) = NO(s), NA(s)

4.2. DEMONSTRATIVO

Para ideias:

- Esse(a), isso – para retomar ideia: **ANÁFORA**
- Este(a), isto – para citar ideia: **CATÁFORA**

4.3. RELATIVO

Retomam e substituem seu antecedente: QUE, QUEM *(para pessoa)*, ONDE *(para lugar)*, O(a) QUAL, OS (as) QUAIS.

CUJO: refere-se ao termo posterior e repele o artigo. Indica posse do termo anterior a ele. *Entende-se por essa regra que* não existem as formas cujo o, cuja a, o cujo.

v

Não conheço o lugar **onde** você mora. →*Você mora no lugar.*

- Não conheço o lugar EM QUE você mora.
  Não conheço o lugar NO QUAL você mora.

v

São fatos a **que** sou favorável. →*Sou favorável aos fatos.*

- São fatos AOS QUAIS sou favorável.

v

Conheço a garota de **quem** você falou. → *Você falou da garota.*

- Conheço a garota DA QUAL você falou.
  Conheço a garota DE QUE você falou.

u

Este é o autor a **cuja** obra me referi→*Eu me referi à obra.*

Posse: a obra é do autor (posse do anterior)

u

Estas são as pessoas com **cujas** ideias concordo. → *Eu concordo com as ideias.*

Posse: as ideias são das pessoas (posse do anterior)

5. VERBO

5.1. MODOS

- INDICATIVO: certeza
- SUBJUNTIVO: dúvida
- IMPERATIVO: ordem

5.2. TEMPOS

5.2.1 PRESENTE

- **do indicativo:** indica ação que acontece no momento da fala; hábito.
- **do subjuntivo:** indica hipótese, dúvida.

5.2.2. FUTURO

- **do presente do indicativo:** ação futura certa (amanhã)
- **do pretérito do indicativo:** tempo condicional
- **do subjuntivo:** ação futura duvidosa

5.2.3. PRETÉRITO

- **Perfeito do indicativo:** ação concluída (ontem)
- **Imperfeito do indicativo:** ação prolongada, contínua
- **Mais-que-perfeito do indicativo:** ação passada em relação a outra ação também passada.
- **Imperfeito do subjuntivo:** tempo condicional

5.2.4. VOZES VERBAIS

1) **VOZ ATIVA:** o sujeito pratica a ação.

Todos os alunos	ouviram	aquela música.
sujeito	*V.T.D.*	*objeto direto*

- Para passar uma oração da voz ativa para a passiva, o objeto direto é obrigatório.

2) **VOZ PASSIVA:** o sujeito sofre a ação

- **Passiva Analítica**: SER + PARTICÍPIO

Aquela música	foi ouvida	por todos os alunos.
sujeito paciente	*ser + partic.*	*agente da passiva*

Passiva Sintética: V.T.D(I) + SE = V.P. (sujeito)

Vende-se	livro.	→ V.P. sintética
V.T.D. + se = VP	*sujeito*	
Livro é vendido. → V.P. analítica		

3) **VOZ REFLEXIVA**: o sujeito pratica e sofre a ação.

- Ele se feriu ontem à noite.

6. ANÁLISE SINTÁTICA

6.1. FRASE, ORAÇÃO E PERÍODO

- **Frase**: possui sentido completo.
- **Oração**: possui verbo
- **Período**: possui orações.
- **Período simples**: uma oração (um verbo).
- **Período composto**: mais de uma oração (mais de um verbo)

6.2. SUJEITO

INDETERMINADO: não se sabe quem é o sujeito.

Ocorre quando o verbo está na 3ª pessoa do plural ou na terceira pessoa do singular + se *(índice de indeterminação do sujeito)*

V.T.I. {
- *Telefonaram* para você.
- *Acredita-se* em discos voadores.

CUIDADO: SE O VERBO FOR V.T.D. ou V.T.D.I., HAVERÁ SUJEITO E ADMITIRÁ PLURAL, já que teremos, neste caso, VOZ PASSIVA.

Calcula – se *o rendimento.*

V.T.D. + SE = V.P. *sujeito*

↳ *pronome apassivador*

CALCULAM-SE *OS RENDIMENTOS.*

V.T.D. + SE= V.P. *Sujeito*

Os rendimentos são calculados.

Oração SEM SUJEITO:

1) **Verbo HAVER (singular) no sentido de EXISTIR (plural) ou OCORRER(plural) .**

– *HAVIA* muitos alunos na sala.
↳*EXISTIAM* muitos alunos na sala.

– DEVE HAVER muitos alunos.
↳DEVEM EXISTIR muitos alunos.

– HÁ DE HAVER **muitos alunos.** →O.D.
↳HÃO DE EXISTIR **muitos alunos.** →sujeito

2) **Verbos SER, ESTAR e FAZER** indicando tempo ou fenômeno meteorológico

– Fazer indicando tempo passado: singular

3) **Verbos que indicam fenômeno da natureza.**

6.3. PREDICAÇÃO VERBAL

- INTRANSITIVO: o verbo não exige complemento, por isso o prefixo IN.
- TRANSITIVO DIRETO: o verbo exige complemento SEM preposição.
- TRANSITIVO INDIRETO: o verbo exige complemento COM preposição.
- TRANSITIVO DIRETO e INDIRETO: o verbo exige dois complementos.
- VERBO DE LIGAÇÃO: liga o sujeito ao predicativo (termo que qualifica), não indica ação. Indica estado.
- Para haver verbo de ligação, é preciso haver PREDICATIVO.

6.4. PREDICATIVO

Qualifica o sujeito ou o objeto.

- **do sujeito:**

A plateia aplaudiu o espetáculo **emocionada.**

sujeito *V.T.D* *O.D.* *predicativo do sujeito*

aplaudiu E ESTAVA *emocionada.*

- **do objeto**:

Encontrei **mortos** os soldados.

V.T.D. *ptvo do objeto* *O.D.*

e eles ESTAVAM mortos.

6.5. PREDICADO

é a declaração feita do sujeito

- **PREDICADO VERBAL:** o núcleo é o verbo (menos o de ligação)
- **PREDICADO NOMINAL:** o núcleo é o predicativo (há V.L.)
- **PREDICADO VERBO-NOMINAL: há dois núcleos = verbo (+ V.L. oculto) + predicativo**

6.6. COMPLEMENTOS VERBAIS:

Objeto direto (sem preposição) e objeto indireto (com preposição).

Objeto direto (sem preposição) e objeto indireto (com preposição):

- **Objeto direto preposicionado:** vem após verbo transitivo direto.

Aparece uma preposição que não foi pedida e pode ser retirada.

- **Objeto direto pleonástico:** ocorre repetição do objeto direto.

6.7. AGENTE DA PASSIVA:

É o termo que age na voz passiva, ou seja, quem pratica a ação.

6.8. COMPLEMENTO NOMINAL:

É o termo que completa o nome e possui preposição.

6.9. ADJUNTO ADVERBIAL:

Indica circunstância do verbo.

6.10. APOSTO

É o termo que explica ou especifica.

- **Especificativo:** sem pontuação
- **Explicativo:** com pontuação

6.11. VOCATIVO

É o termo que invoca, chama. Possui pontuação.

7. PERÍODO COMPOSTO

7.1. COORDENAÇÃO: SÃO ORAÇÕES INDEPENDENTES SINTATICAMENTE.

Assindéticas: não possuem conjunção;

Sindéticas: possuem conjunção e classificam-se em: aditiva, adversativa, alternativa, conclusiva e explicativa.

7.2. SUBORDINAÇÃO: SÃO ORAÇÕES DEPENDENTES SINTATICAMENTE.

– **Substantiva:** pode-se colocar ISTO ou DISTO antes da conjunção.

Sendo assim, haverá oração principal (sem conjunção), conjunção integrante e oração subordinada substantiva. São elas: subjetiva, objetiva direta, objetiva indireta, predicativa, completiva nominal e apositiva.

– **Adjetiva:** o pronome relativo liga a oração principal à subordinada. **Explicativa** possui pontuação e **restritiva** não possui pontuação.

– **Adverbial:** indica circunstância da oração principal. Classificam-se em:causal (por quê?), consecutiva (de modo que), condicional (se, caso), concessiva (embora, apesar de), comparativa, conformativa (conforme), final (para quê?), proporcional (à proporção que) e temporal.

Lista de conjunções subordinadas adverbiais mais pedidas.

- **Causais**: porque, que, como (= porque, no início da frase), pois que, visto que, uma vez que, porquanto, já que, desde que, etc.
- **Concessivas**: embora, ainda que, apesar de que, se bem que, mesmo que, por mais que, posto que, conquanto, etc.
- **Condicionais**: se, caso, contanto que, salvo se, a não ser que, desde que, a menos que, sem que, etc.
- **Conformativas**: conforme, como (= conforme), segundo, consoante, etc.
- **Finais**: para que, a fim de que, que, porque (= para que), que, etc.
- **Proporcionais**: à medida que, à proporção que, ao passo que e as combinações quanto mais...(mais), quanto menos...(menos), quanto menos... (mais), quanto menos...(menos), etc.
- **Temporais**: quando, enquanto, antes que, depois que, logo que, todas as vezes que, desde que, sempre que, assim que, agora que, mal (= assim que), etc.
- **Comparativas**: como, assim como, tal como, como se, (tão)...como, tanto como, tanto quanto, do que, quanto, tal, qual, tal qual, que nem, que (combinado com menos ou mais), etc.

- **Consecutivas**: de sorte que, de modo que, sem que (= que não), de forma que, de jeito que, que (tendo como antecedente na oração principal uma palavra como tal, tão, cada, tanto, tamanho), etc.

Fonte: http://www.soportugues.com.br/

8. CONCORDÂNCIA VERBAL

- O verbo deve concordar com o sujeito. No caso do verbo *ser*, o verbo pode concordar com o predicativo (se estiver no plural ou for pronome pessoal).

9. CONCORDÂNCIA NOMINAL

Os vocábulos que acompanham o substantivo devem concordar em número e gênero com ele.

Algumas regras importantes:

- Escolheu PÉSSIMA hora e momento para falar.

ADJETIVO ANTES DE DOIS SUBSTANTIVOS CONCORDA COM O MAIS PRÓXIMO.

- Leitura é BOM. A leitura é BOA.

O ARTIGO MANDA NA CONCORDÂNCIA

- Havia BASTANTES razões para ele faltar.

BASTANTE AO LADO DE SUBSTANTIVO PLURAL = PLURAL

10. REGÊNCIA VERBAL

Lista dos verbos mais pedidos:

1) Assistir

↳ pertencer: V.T.I. (A) – O direito de informar assistia ao chefe.

↳ ver: V.T.I. (A) – Assistimos ao concerto.

↳ cuidar: V.T.D. – O médico assistiu o paciente.

2) Visar

↳ mirar: V.T.D. – O caçador visou o coelho.

↳ passar visto: V.T.D. – O gerente visou o cheque.

↳ almejar: V.T.I. (A) – Ele visa ao cargo.

3) Querer

↳ desejar: V.T.D. – Quero você.

↳ estimar: V.T.I. (A) – Quero aos meus amigos.

4) Aspirar

↳ inspirar: V.T.D. – Aspiramos seu perfume.

↳ almejar: V.T.I. (A) – Aspiramos à aprovação.

5) Esquecer e lembrar: V.T.D.

↳ Esqueci seu nome.

↳ Lembrei seu nome.

6) Esquecer-se e lembrar-se: V.T.I. (de)

↳ Esqueci – me do seu nome.

↳ Lembrei – me do seu nome

11. REGÊNCIA NOMINAL

Normalmente pedida como acento indicativo de crase.

12. CRASE

Trabalhar substituindo a palavra feminina por uma masculina da mesma classe gramatical. Resultando em **ao**, há crase:

1) Eu me referi à diretora. =AO *DIRETOR*
2) Era insensível à dor. = AO *PERIGO*
3) Chegou às sete horas. = AO *MEIO – DIA*
4) Fui à cidade. = AO *SÍTIO*

Cuidado:

5) Eu conheço a diretora. = *O DIRETOR*
6) Eu me refiro a ela. = *A ELE*

- **Não se usa crase**

↳ ANTES DE VERBO

↳ ANTES DE PALAVRA MASCULINA

↳ ENTRE PALAVRAS REPETIDAS

↳ SINGULAR + PLURAL (a festas)

Crase com pronomes demonstrativos aquele(s), aquela(s) e aquilo

Assisti àquele filme. = **AO** FILME

Aspiro àquela vaga. = **AO** CARGO

Prefiro isto àquilo. = **AO** LIVRO

12.1. CRASE DIANTE DE PRONOMES RELATIVOS

1) A qual e as quais

↳ A cidade à qual iremos possui praias às quais chegaremos.

↳ *O sítio AO qual iremos possui rios AOS quais chegaremos.*

2) Quem e cuja

↳ Nunca haverá crase antes de QUEM e CUJA.

↳ Esta é a mulher a quem obedeço.

↳ Este é o autor a cuja obra me refiro.

3) Que

↳ Esta é a faculdade a que aspiro. = *Este é o cargo A QUE aspiro*

↳ Esta é a cidade a que iremos. = *Este é o país* A QUE *iremos.*

↳ Sua caneta é igual à que comprei. = *Seu lápis é igual* AO QUE *comprei.*

↳ Este é o bairro a que iremos. = Retoma palavra masculina: sem crase!

13. PONTUAÇÃO

13.1. VÍRGULA

- **A vírgula no interior da oração:**

↳ *Ordem direta: sem vírgula*

1) Termos intercalados

↳ **Natal,** *capital do Rio Grande do Norte,* **é uma cidade encantadora.**

2) Termos deslocados – INVERSÃO

↳ Naquele dia, os candidatos receberam a imprensa. = *adjunto adverbial deslocado*

3) Palavras omitidas – zeugma ou elipse

"O meu pai era paulista

Meu avô, pernambucano

O meu bisavô, mineiro

Meu tataravô, baiano" (Chico Buarque)

4) Vocativo: "*Meus amigos*, a ordem é a base do governo."

5) Termos coordenados assindéticos

↳ Aquela paisagem nos despertava confiança, tranquilidade, calma e paz.

6) Termos coordenados ligados por e, ou, nem

↳ Pedro ou Paulo casará com Maria. Não necessitavam de dinheiro nem de auxílio.
Não há vírgula em adição.

↳ E os pais, e os amigos, e os vizinhos magoaram-no.

↳ Não estudava português, nem matemática, nem direito, nem informática.

↳ *Polissíndeto: repetição da conjunção. Indica ênfase.*

- **A vírgula entre orações**

1) O homem, *que é um ser racional*, aprende cada vez mais.

↳ *Oração subordinada adjetiva explicativa*

2) O homem *que encontramos perto do lago* parecia aborrecido.

↳ *Oração subordinada adjetiva restritiva*

3) *Quando o cantor entrou no palco*, todos aplaudiram.

↳ *Oração subordinada anteposta à oração principal*

4) Espero que você me telefone.

↳ *Não se separa oração principal da subordinada substantiva*

5) *Cheguei, pedi silêncio, aguardei alguns minutos* e comecei a palestra.

↳ *Orações coordenadas*

6) *Os ignorantes falavam demais, e os sábios se mantinham em silêncio.*

↳ *orações coordenadas com sujeitos diferentes*

7) E volta, e recomeça, e se esforça, e consegue.

↳ *Polissíndeto: ênfase*

8) **Eu**, disse o orador, **não concordo.**

↳ *Oração intercalada. Duplas vírgulas podem ser substituídas por travessões ou parênteses.*

- **PONTO-E-VÍRGULA**

– Separa oração coordenada que venham quebradas no seu interior por vírgulas.

– Separa oração que tenha zeugma na segunda: *Ele estudou economia; nós, português.*

– Antítese = oposição.

– Oração coordenada extensa.

– Enumeração.

- **DOIS-PONTOS**

– Citam, enumeram e explicam.

14. COLOCAÇÃO PRONOMINAL

Ênclise – Pronome DEPOIS do verbo.

É a colocação normal da língua culta.

Levantei – me cedo hoje.

Empresta – me a caneta.

Dica: NÃO SE INICIA FRASE COM OBLÍQUO NEM APÓS VÍRGULA

Mesóclise – Pronome no MEIO do verbo.

Verbos no futuro do presente e do pretérito, desde que não haja condição de próclise.

O torneio relizar-se-á amanhã. → O torneio **não** se realizará amanhã.

Contar – lhe-ia o segredo. → **Amanhã** lhe contaria o segredo.

Próclise – Pronome ANTES do verbo.

Há palavras que atraem o pronome:

– **palavras negativas** (não, nem, nada, ninguém) **não seguidas de vírgula.**

Nunca nos revelou seu segredo.

Não, disse-me ele, **não** me deve mais nada.

– **advérbio não seguido de vírgula.**

Depois me dirigi ao balcão.

Em seguida, despediu-se de todos.

– **pronomes** (verificar a fonética, som)

O rapaz **que** me procurou é casado.

Quem te acompanhou?

– **conjunção subordinativa**

Espero **que** lhe deem o cargo.

– **orações optativas**

Deus te abençoe.

– **preposição + gerúndio**

Em se tratando de relógios, prefiro os suíços.

– **infinitivo pessoal**

Por se encontrarem no local do crime, foram incluídos entre os suspeitos.

PRONOME ÁTONO NAS LOCUÇÕES VERBAIS:

1. Verbo principal ou auxiliar + infinitivo ou gerúndio:

Podemos contar – lhe o ocorrido.

Podemos lhe contar o ocorrido.

2. Auxiliar + particípio

Os médicos **haviam me sugerido** a cirurgia.

Os médicos **me haviam sugerido** a cirurgia.

15. FIGURAS DE LINGUAGEM[2]

São recursos que tornam as mensagens que emitimos mais expressivas. Subdividem-se em **figuras de som**, **figuras de palavras**, **figuras de pensamento** e **figuras de construção.**

Classificação das Figuras de Linguagem

1) Fernanda acordou às sete horas, Renata às nove horas, Paula às dez e meia.

2) "Quando Deus fecha uma porta, abre uma janela."

3) Seus olhos eram luzes brilhantes.

Nos exemplos acima, temos três tipos distintos de figuras de linguagem:

Exemplo 1: há o uso de uma construção sintética ao deixar subentendido, na segunda e na terceira frase, um termo citado anteriormente – o verbo **acordar**. Repare que a segunda e a última frase do primeiro exemplo devem ser entendidas da seguinte forma: "Renata **acordou** às nove horas, Paula **acordou** às dez e meia. Dessa forma, temos uma **figura de construção** ou **de sintaxe.**

Exemplo 2: a ideia principal do ditado reside num jogo conceitual entre as palavras **fecha** e **abre**, que possuem significados opostos. Temos, assim, uma **figura de pensamento**.

Exemplo 3: a força expressiva da frase está na associação entre os elementos **olhos** e **luzes brilhantes.** Essa associação nos permite uma transferência de significados a ponto de usarmos **"olhos"** por **"luzes brilhantes"**. Temos, então, uma **figura de palavra.**

15.1 FIGURA DE PALAVRA

A figura de palavra consiste na substituição de uma palavra por outra, isto é, no emprego **figurado**, **simbólico**, seja por uma relação muito próxima (**contiguidade**), seja por uma associação, uma comparação, uma **similaridade**. Esses dois conceitos básicos – **contiguidade** e **similaridade** – permitem-nos reconhecer dois tipos de figuras de palavras: a **metáfora** e a **metonímia**.

2 Só Português. Disponível em < http://www.soportugues.com.br/secoes/estil/estil2.php>. Acesso em 11 nov. 2016. Com alterações.

15.1.1 METÁFORA

A metáfora consiste em utilizar uma palavra ou uma expressão em lugar de outra, sem que haja uma relação real, mas em virtude da circunstância de que o nosso espírito as associa e depreende entre elas certas semelhanças. É importante notar que a metáfora tem um caráter **subjetivo** e **momentâneo**; se a metáfora se cristalizar, deixará de ser metáfora e passará a ser catacrese (é o que ocorre, por exemplo, com "pé de alface", "perna da mesa", "braço da cadeira").

Obs.: toda metáfora é uma espécie de comparação implícita, em que o elemento comparativo não aparece.

Observe a gradação no processo metafórico abaixo:

Seus olhos são como luzes brilhantes.

O exemplo acima mostra uma **comparação** evidente, através do emprego da palavra **como**.

Observe agora:

Seus olhos são luzes brilhantes.

Nesse exemplo não há mais uma comparação (note a ausência da partícula comparativa), e sim um **símile**, ou seja, qualidade do que é semelhante.

As luzes brilhantes olhavam-me.

Há substituição da palavra **olhos** por **luzes brilhantes**. Essa é a verdadeira **metáfora.**

15.1.2 METONÍMIA

A metonímia consiste em empregar um termo no lugar de outro, havendo entre ambos estreita afinidade ou relação de sentido. Observe os exemplos abaixo:

Autor pela obra:	Gosto de ler **Machado de Assis**. ↓ Gosto de ler a **obra literária de Machado de Assis**
Inventor pelo invento:	**Édson** ilumina o mundo. ↓ As **lâmpadas** iluminam o mundo
Símbolo pelo objeto simbolizado:	Não te afastes da **cruz**. ↓ Não te afastes da **religião**
Lugar pelo produto do lugar:	Fumei um saboroso **havana**. ↓ Fumei um saboroso **charuto**
Efeito pela causa:	Sócrates bebeu a **morte**. ↓ Sócrates tomou **veneno**
Causa pelo efeito:	Moro no campo e como do **meu trabalho**. ↓ Moro no campo e como o **alimento que produzo**
Continente pelo conteúdo:	Bebeu o **cálice** todo. ↓ Bebeu todo o **líquido** que estava no cálice
Instrumento pela pessoa que utiliza:	Os **microfones** foram atrás dos jogadores. ↓ Os **repórteres** foram atrás dos jogadores

Parte pelo todo:	Várias **pernas** passavam apressadamente. ↓ Várias **pessoas** passavam apressadamente
Gênero pela espécie:	Os **mortais** pensam e sofrem nesse mundo. ↓ Os **homens** pensam e sofrem nesse mundo
Singular pelo plural:	A **mulher** foi chamada para ir às ruas na luta por seus direitos. ↓ As **mulheres** foram chamadas, não apenas uma mulher
Marca pelo produto:	Minha filha adora **danone**. ↓ Minha filha adora o iogurte que é da marca danone
Espécie pelo indivíduo:	O **homem** foi à Lua. ↓ Alguns **astronautas** foram à Lua
Símbolo pela coisa simbolizada:	A **balança** penderá para teu lado. ↓ A **justiça** ficará do teu lado

15.1.3 CATACRESE

Trata-se de uma metáfora que, dado seu uso contínuo, cristalizou-se. A catacrese costuma ocorrer quando, por falta de um termo específico para designar um conceito, toma-se outro "emprestado". Assim, passamos a empregar algumas palavras fora de seu sentido original.

Asa da xícara, **batata** da perna, **maçã** do rosto, **pé** da mesa, **braço** da cadeira, **coroa** do abacaxi.

15.1.4 PERÍFRASE

Trata-se de uma expressão que designa um ser através de alguma de suas características ou atributos, ou de um fato que o celebrizou. Veja o exemplo:

A Cidade Maravilhosa (= Rio de Janeiro) continua atraindo visitantes do mundo todo.

Obs.: quando a perífrase indica uma pessoa, recebe o nome de *antonomásia*.

Exemplos:

O Divino Mestre (= Jesus Cristo) passou a vida praticando o bem.

O Poeta dos Escravos (= Castro Alves) morreu muito jovem.

O Poeta da Vila (= Noel Rosa) compôs lindas canções.

15.1.5 SINESTESIA

Consiste em mesclar, numa mesma expressão, as sensações percebidas por diferentes órgãos do sentido.

Um **grito áspero** revelava tudo o que sentia. (grito = auditivo; áspero = tátil)

No **silêncio escuro** do seu quarto, aguardava os acontecimentos. (silêncio = auditivo; negro = visual)

15.2 FIGURAS DE PENSAMENTO

15.2.1 ANTÍTESE

Consiste na utilização de dois termos que **contrastam** entre si. Ocorre quando há uma aproximação de palavras ou expressões de sentidos opostos. O contraste que se estabelece serve, essencialmente, para dar uma ênfase aos conceitos envolvidos que não se conseguiria com a exposição isolada dos mesmos.

"O mito é o **nada** que é **tudo**." (Fernando Pessoa)

O corpo é **grande** e a alma é **pequena**.

"Quando um muro **separa**, uma ponte **une**."

15.2.2 PARADOXO

Consiste numa proposição aparentemente absurda, resultante da união de **ideias contraditórias**.

Na reunião, o funcionário afirmou que o operário quanto mais trabalha mais tem dificuldades econômicas.

15.2.3 EUFEMISMO

Consiste em empregar uma **expressão mais suave**, mais nobre ou menos agressiva, para comunicar alguma coisa áspera, desagradável ou chocante.

Depois de muito sofrimento, **entregou a alma ao Senhor**. (= morreu)

O prefeito ficou rico **por meios ilícitos**. (= roubou)

15.2.4 IRONIA

Consiste em **dizer o contrário** do que se pretende ou em satirizar, questionar certo tipo de pensamento com a intenção de ridicularizá-lo, ou ainda em ressaltar algum aspecto passível de crítica. A ironia deve ser muito bem construída para que cumpra a sua finalidade; mal construída, pode passar uma ideia exatamente oposta à desejada pelo emissor.

Como você foi bem na última prova, não tirou nem a nota mínima!

Parece um anjinho aquele menino, briga com todos que estão por perto.

15.2.5 HIPÉRBOLE

É a **expressão intencionalmente exagerada** com o intuito de realçar uma ideia.

Faria isso **milhões de vezes** se fosse preciso.

"**Rios** te correrão dos olhos, se chorares." (Olavo Bilac)

15.2.6 PROSOPOPEIA OU PERSONIFICAÇÃO

Consiste em atribuir ações ou qualidades de seres animados a seres inanimados, ou características humanas a seres não humanos. **Observe os exemplos:**

As pedras **andam** vagarosamente.

O livro é um mudo que **fala**, um surdo que **ouve**, um cego que **guia**.

15.2.7 APÓSTROFE

Consiste na **"invocação"** de alguém ou de alguma coisa personificada, de acordo com o objetivo do discurso que pode ser poético, sagrado ou profano. Caracteriza-se pelo chamamento do receptor da mensagem, seja ele imaginário ou não. A introdução da apóstrofe interrompe a linha de pensamento do discurso, destacando-se assim a entidade a que se dirige e a ideia que se pretende pôr em evidência com tal invocação. Realiza-se por meio do vocativo.

Moça, que fazes aí parada?

"Pai Nosso, que estais no céu..."

"Liberdade, Liberdade,

15.2.8 GRADAÇÃO

Consiste em **dispor as ideias** por meio de palavras, sinônimas ou não, **em ordem crescente ou decrescente**. Quando a progressão é ascendente, temos o **clímax**; quando é descendente, o **anticlímax**.

Havia o céu, havia a terra, muita gente e mais Joana com seus olhos claros e brincalhões...

O objetivo do narrador é mostrar a expressividade dos olhos de Joana. Para chegar a esse detalhe, ele se refere ao céu, à terra, às pessoas e, finalmente, a Joana e seus olhos. Nota-se que o pensamento foi expresso em ordem decrescente de intensidade.

"Vive só para mim, só para a minha vida, só para meu amor". (Olavo Bilac)

"O trigo... nasceu, cresceu, espigou, amadureceu, colheu-se." (Padre Antônio Vieira)

15.3 FIGURAS DE CONSTRUÇÃO OU SINTÁTICAS

As figuras de construção ocorrem quando desejamos atribuir **maior expressividade** ao significado. Assim, a lógica da frase é substituída pela maior expressividade que se dá ao sentido.

15.3.1 ELIPSE

Consiste na **omissão** de um ou mais termos numa oração que podem ser facilmente identificados, tanto por elementos gramaticais presentes na própria oração, quanto pelo contexto.

1) A cada um o que é seu. (Deve se dar a cada um o que é seu.)

2) Tenho duas filhas, um filho e amo todos da mesma maneira.

Nesse exemplo, as desinências verbais de tenho e amo permitem-nos a identificação do sujeito em elipse "eu".

3) Regina estava atrasada. Preferiu ir direto para o trabalho. (Ela, Regina, preferiu ir direto para o trabalho, pois estava atrasada.)

4) As rosas florescem em maio, as margaridas em agosto. (As margaridas florescem em agosto.)

15.3.2 ZEUGMA

Zeugma é uma forma de **elipse**. Ocorre quando é feita a omissão de um termo já mencionado anteriormente.

Ele **gosta** de geografia; eu, de português.

Na casa dela só **havia** móveis antigos; na minha, só móveis modernos.

15.3.3 SILEPSE

A silepse é a **concordância** que se faz com o termo que não está expresso no texto, mas sim com a ideia que ele representa. É uma concordância anormal, psicológica, espiritual, latente, porque se faz com um termo oculto, facilmente subentendido. Há três tipos de silepse: de **gênero, número** e **pessoa**.

15.3.3.1 SILEPSE DE GÊNERO

Os gêneros são **masculino** e **feminino.** Ocorre a silepse de gênero quando a concordância se faz com a **ideia** que o termo comporta.

1) A bonita Porto Velho sofreu mais uma vez com o calor intenso.

Nesse caso, o adjetivo **bonita** não está concordando com o termo **Porto Velho**, que gramaticalmente pertence ao gênero masculino, mas com a ideia contida no termo (a **cidade** de Porto Velho).

2) Vossa excelência está preocupado.

Nesse exemplo, o adjetivo **preocupado** concorda com o sexo da pessoa, que nesse caso é masculino, e não com o termo Vossa excelência.

15.3.3.2 SILEPSE DE NÚMERO

Os números são **singular** e **plural**. A silepse de número ocorre quando o verbo da oração não concorda gramaticalmente com o sujeito da oração, mas com a ideia que nele está contida. **Exemplos:**

A **procissão** saiu. **Andaram** por todas as ruas da cidade de Salvador.

Como vai a **turma**? **Estão** bem?

O **povo** corria por todos os lados e **gritavam** muito alto.

Note que nos exemplos acima, os verbos **andaram**, **estão** e **gritavam** não concordam gramaticalmente com os sujeitos das orações (que se encontram no singular, **procissão**, **turma** e **povo**, respectivamente), mas com a **ideia** de pluralidade que neles está contida. Procissão, turma e povo dão a ideia de muita gente, por isso que os verbos estão no plural.

15.3.3.3 SILEPSE DE PESSOA

Três são as pessoas gramaticais: a primeira, a segunda e a terceira. A silepse de pessoa ocorre quando há um desvio de concordância. O verbo, mais uma vez, não **concorda** com o sujeito da oração, mas sim com a **pessoa que está inscrita no sujeito**.

O que não compreendo é como os **brasileirospersistamos** em aceitar essa situação.

Os **agricultorestemos** orgulho de nosso trabalho.

"Dizem que os **cariocassomos** poucos dados aos jardins públicos." (Machado de Assis)

Observe que os verbos **persistamos**, **temos** e **somos** não concordam gramaticalmente com os seus sujeitos (**brasileiros**, **agricultores** e **cariocas** que estão na terceira pessoa), mas com a ideia que neles está contida (**nós**, os brasileiros, os agricultores e os cariocas).

15.3.4 POLISSÍNDETO / ASSÍNDETO

Para estudarmos essas duas figuras de construção, é necessário recordar um conceito estudado em sintaxe sobre período composto. No período composto por coordenação, podemos ter orações **sindéticas** ou **assindéticas**. A oração coordenada ligada por uma conjunção (conectivo) é **sindética**; a oração que não apresenta conectivo é **assindética**.

Recordado esse conceito, podemos definir as duas figuras de construção:

1) Polissíndeto

É uma figura caracterizada pela **repetição enfática** dos conectivos.

"Falta-lhe o solo aos pés: recua **e** corre, vacila **e** grita, luta **e** ensanguenta, **e** rola, **e** tomba, **e** se espedaça, **e** morre." (Olavo Bilac)

"Deus criou o sol **e** a lua **e** as estrelas. **E** fez o homem **e** deu-lhe inteligência **e** fê-lo chefe da natureza.

2) Assíndeto

É uma figura caracterizada pela ausência, pela **omissão das conjunções coordenativas**, resultando no uso de orações coordenadas assindéticas.

Tens casa, tens roupa, tens amor, tens família.

"Vim, vi, venci." (Júlio César)

15.3.5 PLEONASMO

Consiste na **repetição** de um termo ou ideia, com as mesmas palavras ou não. A finalidade do pleonasmo é realçar a ideia, torná-la mais **expressiva**. **Veja este exemplo:**

O problema da violência, é necessário resolvê-**lo** logo.

Nesta oração, os termos **"o problema da violência"** e **"lo"** exercem a mesma função sintática: objeto direto. Assim, temos um pleonasmo do objeto direto, sendo o pronome **"lo"** classificado como objeto direto pleonástico.

Aos funcionários, não **lhes** interessam tais medidas.

Aos funcionários, lhes = Objeto Indireto

Nesse caso, há um pleonasmo do objeto indireto, e o pronome **"lhes"** exerce a função de objeto indireto pleonástico.

"**Vi, claramente visto,** o lumo vivo." (Luís de Camões)

"Ó mar **salgado**, quanto do teu **sal** são lágrimas de Portugal." (Fernando Pessoa)

"E **rir** meu **riso**." (Vinícius de Moraes)

15.3.6 ANÁFORA

É a **repetição** de uma ou mais palavras no início de várias frases, criando assim, um efeito de reforço e de coerência. Pela repetição, a palavra ou expressão em causa é posta em destaque, permitindo ao escritor valorizar determinado elemento textual. Os termos anafóricos podem muitas vezes ser substituídos por **pronomes relativos.** Encontrei um amigo ontem. **Ele** disse-me que te conhecia. O termo **ele** é um termo anafórico, já que se refere a **um amigo** anteriormente referido.

"Se você gritasse

Se você gemesse,

Se você tocasse

a valsa vienense

Se você dormisse,

Se você cansasse,

Se você morresse...

Mas você não morre,

Você é duro José!"

(Carlos Drummond de Andrade)

15.3.7 ANACOLUTO

Consiste na **mudança da construção sintática** no meio da frase, ficando alguns termos desligados do resto do período.

Esses alunos da escola, não se pode duvidar deles.

A expressão **"esses alunos da escola"** deveria exercer a função de sujeito. No entanto, há uma interrupção da frase e essa expressão fica à parte, não exercendo nenhuma função sintática. O anacoluto também é chamado de "frase quebrada", pois corresponde a uma interrupção na sequência lógica do pensamento.

O **Alexandre**, as coisas não lhe estão indo muito bem.

A **velha hipocrisia**, recordo-me dela com vergonha. (Camilo Castelo Branco)

Obs.: o anacoluto deve ser usado com finalidade expressiva em casos muito especiais. Em geral, deve-se evitá-lo.

15.3.8 HIPÉRBATO / INVERSÃO

É a **inversão** da estrutura frásica, isto é, a inversão da ordem direta dos termos da oração.

Ao ódio venceu o amor. (Na ordem direta seria: O amor venceu ao ódio.)

Dos meus problemas cuido eu! (Na ordem direta seria: Eu cuido dos meus problemas.)

15.4 FIGURAS DE SOM

15.4.1 ALITERAÇÃO

Consiste na **repetição de consoantes** como recurso para intensificação do ritmo ou como efeito sonoro significativo.

Três pratos de **t**rigo para **t**rês **t**igres **t**ristes.

O **r**ato **r**oeu a **r**oupa do **r**ei de **R**oma.

"**V**ozes **v**eladas, **v**eludosas **v**ozes,

Volúpias dos **v**iolões, **v**ozes **v**eladas

Vagam nos **v**elhos **v**órtices **v**elozes

Dos **v**entos, **v**ivas, **v**ãs, **v**ulcanizadas."

Cruz e Souza (Aliteração em "v")

15.4.2 ASSONÂNCIA

Consiste na **repetição ordenada de sons vocálicos idênticos.**

"Sou um mulat**o** nat**o** n**o** sentid**o** lat**o**

mulat**o** democrátic**o** d**o** litoral."

15.4.3 ONOMATOPEIA

Ocorre quando se tentam reproduzir na forma de palavras os **sons** da realidade.

Os sinos faziam **blem**, **blem**, **blem**, **blem**.

Miau, **miau**. (Som emitido pelo gato)

Tic-tac, **tic-tac** fazia o relógio da sala de jantar.

Cócórócócó, fez o galo às seis da manhã.

15.5 VÍCIOS DE LINGUAGEM

Ao contrário das figuras de linguagem, que representam realce e beleza às mensagens emitidas, os *vícios de linguagem* são palavras ou construções que vão de encontro às normas gramaticais. Os vícios de linguagem costumam ocorrer por descuido, ou ainda por desconhecimento das regras por parte do emissor.

15.5.1 PLEONASMO VICIOSO OU REDUNDÂNCIA

Diferentemente do pleonasmo tradicional, tem-se pleonasmo vicioso quando há repetição desnecessária de uma informação na frase.

Entrei *para dentro* de casa quando começou a anoitecer.

Hoje fizeram-me uma surpresa *inesperada*.

Encontraremos *outra* alternativa para esse problema.

Observação: o pleonasmo é considerado vício de linguagem quando usado desnecessariamente, no entanto, quando usado para reforçar a mensagem, constitui uma figura de linguagem.

15.5.2 BARBARISMO

É o desvio da norma que ocorre nos seguintes níveis:

1) Pronúncia

a) Silabada: erro na pronúncia do acento tônico.

Solicitei à cliente sua*rú*brica. (rub*ri*ca)

b) Cacoépia: erro na pronúncia dos fonemas.

Estou com*po*blemas a resolver. (*pro*blemas)

c) Cacografia: erro na grafia ou na flexão de uma palavra.

Eu *ad*vinhei quem ganharia o concurso. (*adi*vinhei)

O segurança *deteu* aquele homem. (*deteve*)

2) Morfologia

Se eu *ir* aí, vou me atrasar. (*for*)

Sou a aluna *mais maior* da turma. (*maior*)

3) Semântica

José *comprimentou* seu vizinho ao sair de casa. (cumprimentou)

4) Estrangeirismos

Considera-se barbarismo o emprego desnecessário de palavras estrangeiras, ou seja, quando já existe palavra ou expressão correspondente na língua.

O *show* é hoje! (espetáculo)

Vamos tomar um *drink*? (drinque)

15.5.3 SOLECISMO

É o desvio de sintaxe, podendo ocorrer nos seguintes níveis:

1) Concordância

Haviam muitos alunos naquela sala. (Havia)

2) Regência

Eu assisti *o* filme em casa. (ao)

3) Colocação

Dancei tanto na festa que não aguentei-*me* em pé. (não *me* aguentei em pé)

15.5.4 AMBIGUIDADE OU ANFIBOLOGIA

Ocorre quando, por falta de clareza, há duplicidade de sentido da frase.

Ana disse à amiga que *seu* namorado havia chegado. (O namorado é de Ana ou da amiga?)

O pai falou com o filho caído no chão. (Quem estava caído no chão? Pai ou filho?)

15.5.5 CACOFONIA

Ocorre quando a junção de duas ou mais palavras na frase provoca som desagradável ou palavra inconveniente.

U*ma mão* lava outra. (mamão)

Vi ela na esquina. (viela)

Dei um beijo na bo*ca dela.* (cadela)

15.5.6 ECO

Ocorre quando há palavras na frase com terminações iguais ou semelhantes, provocando dissonância.

A divulga*ção* da promo*ção* *não* causou como*ção* na popula*ção*.

15.5.7 HIATO

Ocorre quando há uma sequência de vogais, provocando dissonância.

*Eu a a*mo.

*Ou eu ou a ou*tra ganhará o concurso.

15.5.8 COLISÃO

Ocorre quando há repetição de consoantes iguais ou semelhantes, provocando dissonância.

Sua saia sujou.

16. INTERPRETAÇÃO DE TEXTO

Interpretar é concluir, deduzir a partir dos dados coletados.

O tempo, na prova, é muito curto, por isso é necessário trabalhar com dicas para não precisar reler o texto. Lembre-se de que interpretar é objetivo, ou seja, a opinião do leitor nada importa. A resposta correta é direcionada ao que o autor escreveu e não a que o leitor achou ou acha sobre o assunto.

Dicas rápidas para melhorar o desempenho

- Leia cada parágrafo e grife as palavras-chave;
- Terminada a leitura, anote o tema (assunto) do texto;
- Vá às questões e não se esqueça de voltar ao texto;
- Trabalhe com as ideias principais que você sublinhou e nunca se esqueça do tema.
- Observe os comandos da questão (de acordo com o texto, conforme o texto, segundo o autor). Se forem esses os comandos, limite-se à realidade do mesmo.
- Muitas vezes, as alternativas extrapolam as verdades do texto; ou ainda diminuem essas mesmas verdades; ou fazem afirmações que nem de longe estão no texto. Fácil notar através de palavras que generalizam ou restringem: todos, ninguém, sempre, nunca, jamais etc.

16.1 TIPOLOGIA TEXTUAL

TIPOS	DEFINIÇÃO	EXEMPLOS
Narração	Modalidade em que se conta um fato, fictício ou não, que ocorreu num determinado tempo e lugar, envolvendo certos personagens. Refere-se a objetos do mundo real. Há uma relação de anterioridade e posterioridade. O tempo verbal predominante é o passado.	Conto, fábula, crônica, romance, novela, depoimento, piada, relato etc.
Descrição	Um texto em que se faz um retrato por escrito de um lugar, uma pessoa, um animal ou um objeto. A classe de palavras mais utilizada nessa produção é o adjetivo, pela sua função caracterizadora. Numa abordagem mais abstrata, pode-se até descrever sensações ou sentimentos. Não há relação de anterioridade e posterioridade. Significa "criar" com palavras a imagem do objeto descrito. É fazer uma descrição minuciosa do objeto ou da personagem a que o texto se Pega. É um tipo textual que se agrega facilmente aos outros tipos em diversos gêneros textuais.	Cardápio, folheto turístico, anúncio classificado etc.
Dissertação	Dissertar é o mesmo que desenvolver ou explicar um assunto, discorrer sobre ele. Dependendo do objetivo do autor, pode ter caráter expositivo ou argumentativo.	
	Dissertação-Exposição: Apresenta um saber já construído e legitimado, ou um saber teórico. Apresenta informações sobre assuntos, expõe, reflete, explica e avalia ideias de modo objetivo. O texto expositivo apenas expõe ideias sobre um determinado assunto. A intenção é informar, esclarecer.	Aula, resumo, textos científicos, enciclopédia, textos expositivos de revistas e jornais, etc.
	Dissertação-Argumentação: Um texto dissertativo-argumentativo faz a defesa de ideias ou um ponto de vista do autor. O texto, além de explicar, também persuade o interlocutor, objetivando convencê-lo de algo. Caracteriza-se pela progressão lógica de ideias. Geralmente utiliza linguagem denotativa.	Sermão, ensaio, monografia, dissertação, tese, ensaio, manifesto, crítica, editorial de jornais e revistas.

TIPOS	DEFINIÇÃO	EXEMPLOS
Outros Tipos Textuais	Dialogal / Conversacional	Entrevista, conversa telefônica, chat etc.
	Injunção/Instrucional	Ordens; pedidos; súplica; desejo; manuais e instruções para montagem ou uso de aparelhos e instrumentos; textos com regras de comportamento; textos de orientação; receitas, cartões com votos e desejos.
	Predição	Previsões astrológicas, previsões meteorológicas, previsões escatológicas/apocalípticas.

16.2 GÊNEROS TEXTUAIS

- Os Gêneros textuais são as estruturas com que se compõem os textos, sejam orais ou escritos. Essas estruturas são muito parecidas, com características comuns, procuram atingir intenções comunicativas semelhantes e ocorrem em situações específicas. São variadas formas de linguagem que circulam na sociedade, formais ou informais. Cada gênero textual tem seu estilo próprio, podendo ser identificado e diferenciado dos demais através de suas características.

Notícia	Possui características narrativas: o fato ocorrido que se deu em um determinado momento e em um determinado lugar, envolvendo determinadas personagens. Características do lugar, bem como dos personagens envolvidos são, muitas vezes, minuciosamente descritos.
Reportagem	Gênero textual jornalístico de caráter dissertativo-expositivo. A reportagem tem, por objetivo, informar e levar os fatos ao leitor de uma maneira clara, com linguagem direta.
Carta ao leitor	Gênero dissertativo-argumentativo e possui linguagem pessoal e leve.
Propaganda	Gênero textual dissertativo-expositivo. Há o intuito de propagar informações sobre algo, buscando sempre atingir e influenciar o leitor apresentando, na maioria das vezes, mensagens que despertam as emoções e a sensibilidade do mesmo.
Bula de remédio	Gênero textual descritivo, dissertativo-expositivo e injuntivo. Fornece as informações necessárias para o correto uso do medicamento.
Receita	Gênero textual descritivo e injuntivo. Objetivo: informar a fórmula para preparar tal comida, descrevendo os ingredientes e o preparo destes, com verbos no imperativo, dado o sentido de ordem, para que o leitor siga corretamente as instruções.
Editorial	Gênero textual dissertativo-argumentativo. Expressa o posicionamento da empresa sobre determinado assunto, sem a obrigação da presença da objetividade.
Tutorial	Gênero injuntivo. É um guia que tem por finalidade explicar ao leitor, passo a passo e de maneira simplificada, como fazer algo.
Entrevista	Gênero textual dialogal e dissertativo-expositivo. Representado pela conversação de duas ou mais pessoas, o entrevistador e o(s) entrevistado(s), para obter informações sobre ou do entrevistado ou de algum outro assunto.
História em quadrinhos	Gênero narrativo. Consiste em enredos contados em pequenos quadros através de diálogos diretos entre seus personagens, gerando uma espécie de conversação.
Charge	Gênero textual narrativo onde se faz uma espécie de ilustração cômica, através de caricaturas, com o objetivo de realizar uma sátira, crítica ou comentário sobre algum acontecimento atual, em sua grande maioria.

16.3 ARGUMENTAÇÃO[3]

A argumentação é um recurso que tem o propósito de convencer alguém, alterando sua opinião ou seu comportamento.

Os argumentos, na construção textual, são essenciais.

Há diferentes tipos de argumentos e a escolha certa consolida o texto.

3. Cabral, Marina. Brasil Escola. Disponível em <http://brasilescola.uol.com.br/redacao/a-argumentacao.htm>. Com alterações. Acesso em 14 agosto 2017.

16.3.1 ARGUMENTAÇÃO POR CITAÇÃO

Sempre que queremos defender uma ideia, procuramos pessoas 'consagradas', que pensam como nós acerca do tema em evidência. Apresentamos no corpo de nosso texto a menção de uma informação extraída de outra fonte.

A citação pode ser apresentada assim:

Assim parece ser porque, para Piaget, "toda moral consiste num sistema de regras e a essência de toda moralidade deve ser procurada no respeito que o indivíduo adquire por essas regras" (Piaget, 1994, p.11). A essência da moral é o respeito às regras. A capacidade intelectual de compreender que a regra expressa uma racionalidade em si mesma equilibrada.

O trecho citado deve estar de acordo com as ideias do texto, assim, tal estratégia poderá funcionar bem.

16.3.2 ARGUMENTAÇÃO POR COMPROVAÇÃO

A sustentação da argumentação se dará a partir das informações apresentadas (dados, estatísticas, percentuais) que a acompanham.

Esse recurso é explorado quando o objetivo é contestar um ponto de vista equivocado.

O ministro da Educação, Cristovam Buarque, lança hoje o Mapa da Exclusão Educacional. O estudo do Inep, feito a partir de dados do IBGE e do Censo Educacional do Ministério da Educação, mostra o número de crianças de sete a catorze anos que estão fora das escolas em cada estado.

Segundo o mapa, no Brasil, 1,4 milhão de crianças, ou 5,5 % da população nessa faixa etária (sete a catorze anos), para a qual o ensino é obrigatório, não frequentam as salas de aula.

O pior índice é do Amazonas: 16,8% das crianças do estado, ou 92,8 mil, estão fora da escola. O melhor, o Distrito Federal, com apenas 2,3% (7 200) de crianças excluídas, seguido por Rio Grande do Sul, com 2,7% (39 mil) e São Paulo, com 3,2% (168,7 mil).

(Mônica Bergamo. Folha de S. Paulo, 3.12.2003)

Nesse tipo de citação o autor precisa de dados que demonstrem sua tese.

16.3.3 ARGUMENTAÇÃO POR RACIOCÍNIO LÓGICO

A criação de relações de causa e efeito é um recurso utilizado para demonstrar que uma conclusão (afirmada no texto) é necessária, e não fruto de uma interpretação pessoal que pode ser contestada. "O fumo é o mais grave problema de saúde pública no Brasil. Assim como não admitimos que os comerciantes de maconha, crack ou heroína façam propaganda para os nossos filhos na TV, todas as formas de publicidade do cigarro deveriam ser proibidas terminantemente. Para os desobedientes, cadeia."

VARELLA, Drauzio. In: Folha de S. Paulo, 20 de maio de 2000.

Para a construção de um bom texto argumentativo faz-se necessário o conhecimento sobre a questão proposta, fundamentação para que seja realizado com sucesso.

16.4 PRESSUPOSTOS E SUBENTENDIDOS[4]

Pressupostos e subentendidos são informações implícitas num texto, não expressas formalmente, apenas sugeridas por marcas linguísticas ou pelo contexto. Cabe ao leitor, numa leitura proficiente, ir além da informação que se encontra explícita, identificando e compreendendo as informações implícitas, ou seja, lendo nas entrelinhas.

Os pressupostos são de mais fácil identificação, estando sugeridos no texto. Os subentendidos são deduzidos pelo leitor, sendo da sua responsabilidade.

Entenda melhor:

– Heloísa está cansada de ser professora.

Pressuposto: Heloísa é professora.

Subentendido: Talvez porque o salário é baixo ou há muita indisciplina.

– Infelizmente, meu marido continua trabalhando fora do país

Pressuposto: O marido está trabalhando fora do país e a mulher não está satisfeita com essa situação.

Subentendido: Talvez por ter melhor salário fora do país ou por não encontrar trabalho no seu país.

16.4.1 PRESSUPOSTOS

Os pressupostos são informações implícitas adicionais, facilmente compreendidas devido a palavras ou expressões presentes na frase que permitem ao leitor compreender essa informação implícita. O enunciado depende dessa pressuposição para que faça sentido. Assim, o pressuposto é verdadeiro e irrefutável.

Exemplos de pressupostos:

– Decidi deixar de comer carne.

Pressuposto: A pessoa comia carne antes.

– Finalmente acabei minha monografia.

Pressuposto: Demorou algum tempo para terminar a monografia.

– Alunos que estudam de manhã costumam ter melhor rendimento.

Pressuposto: Há alunos que não estudam de manhã.

– Desde que ela mudou de casa, nunca mais a vi.

Pressuposto: Costumava vê-la antes dela mudar de casa.

---

4. Norma Culta. Disponível em <https://www.normaculta.com.br/pressuposto-e-subentendido/>. Acesso em 14 agosto 2017.

Marcas linguísticas que facilitam a identificação de pressupostos:

- Verbos que indicam fim, continuidade, mudança e implicações: começar, continuar, parar, deixar, acabar, conseguir, ...
- Advérbios: felizmente, finalmente, ainda, já, depois, antes, ...
- Pronome introdutório de orações subordinadas adjetivas: que
- Locuções que indicam circunstâncias: depois que, antes que, desde que, visto que, ...

16.4.2 SUBENTENDIDOS

Os subentendidos são insinuações, informações escondidas, dependentes da interpretação do leitor. Não possuem marca linguística, sendo deduzidos através do contexto comunicacional e do conhecimento que os destinatários têm do mundo. Podem ser ou não verdadeiros e podem ser facilmente negados, visto serem unicamente da responsabilidade de quem interpreta a frase.

Exemplos de subentendidos:

– Quando sair de casa, não se esqueça de levar um casaco.

Subentendido: Está frio lá fora.

– Já tenho a garganta seca de tanto falar.

Subentendidos: Quero beber um copo de água ou quero parar de falar neste momento.

– Você vai a pé para casa agora?

Subentendidos: Eu posso lhe dar uma carona ou é perigoso andar a pé na rua a estas horas.

16.5 NÍVEIS DE LINGUAGEM[5]

A interação verbal entre os sujeitos é possível por meio das palavras e pode ser realizada por meio da fala e/ou da escrita. Dependendo da situação comunicativa, os usuários das línguas podem eleger qualquer um dos diferentes níveis de linguagem para interagir verbalmente com os outros. Isso significa que existem linguagens diferentes para ocasiões distintas, ou seja, em toda situação comunicativa, os falantes elegem o nível de linguagem mais adequado para que tanto o emissor quanto o receptor das mensagens possam compreender e ser compreendidos.

Nível 1: Norma culta/padrão

Cada língua possui sua estrutura e muitas delas possuem um conjunto de regras responsável pelo funcionamento dos elementos linguísticos. Esse conjunto de regras é conhecido como gramática normativa. Nela, os usuários da língua encontram a norma-padrão de funcionamento da língua chamada de "padrão ou culta", a qual deve, ou pelo menos deveria, ser de conhecimento e acessível a todos os falantes da mesma comunidade linguística.

Utilizar a norma culta da língua portuguesa não significa comunicar-se de maneira difícil e rebuscada. Embora à língua padrão seja atribuído certo prestigio cultural e status social, o uso da linguagem culta está menos relacionado à questão estética e muito mais associado à sua democratização, já que esse é o nível de linguagem ensinado nas escolas, nos manuais didáticos, cartilhas e dicionários das línguas etc.

Nível 2: Linguagem coloquial/informal/popular

A linguagem coloquial é aquela utilizada de maneira mais espontânea e corriqueira. Esse nível de linguagem não segue a rigor todas as regras da gramática normativa, pois está mais preocupado com a função da linguagem do que com a forma. Ao utilizar a linguagem coloquial, o falante está mais preocupado em transmitir o conteúdo da mensagem do que como esse conteúdo vai ser estruturado.

De maneira geral, os falantes utilizam a linguagem coloquial nas situações comunicativas mais informais, isto é, nos diálogos entre amigos, familiares etc.

Nível 3: Linguagem regional/regionalismo

A linguagem regional está relacionada com as variações ocorridas, principalmente na fala, nas mais variadas comunidades linguísticas. Essas variações são também chamadas de dialetos. O Brasil, por exemplo, apresenta uma imensa variedade de regionalismos na fala dos usuários nativos de cada uma de suas cinco regiões.

Nível 4: Gírias

A gíria é um estilo associado à linguagem coloquial/popular como meio de expressão cotidiana. Ela está relacionada ao cotidiano de certos grupos sociais e podem ser incorporadas ao léxico de uma língua conforme sua intensidade e frequência de uso pelos falantes, mas, de maneira geral, as palavras ou expressões provenientes das gírias são utilizadas durante um tempo por um certo grupo de usuários e depois são substituídas por outras por outros usuários de outras gerações. É o caso, por exemplo, de uma gíria bastante utilizada pelos falantes nas décadas de 80 e 90: "chuchu, beleza", mas que, atualmente, está quase obsoleta.

Nível 5: Linguagem vulgar

A linguagem vulgar é exatamente oposta à linguagem culta/padrão. As estruturas gramaticais não seguem regras ou normas de funcionamento. O mais interessante é que, mesmo de maneira bem rudimentar, os falantes conseguem compreender a mensagem e seus efeitos de sentido nas trocas de mensagens. Podemos considerar a linguagem vulgar como sendo um vício de linguagem. Veja alguns exemplos bastante recorrentes em nossa língua: "Nóis vai", "Pra mim ir", "Vamo ir".

---

5. Mundo Educação. Disponível em <http://mundoeducacao.bol.uol.com.br/redacao/niveis-linguagem.htm>. Acesso em 14 agosto 2017.

16.6 DISCURSO DIRETO E INDIRETO[6]

Discurso direto é a transcrição exata da fala das personagens, sem participação do narrador.

Discurso indireto é a intervenção do narrador no discurso ao utilizar as suas próprias palavras para reproduzir as falas das personagens.

DICAS de transposição do discurso direto para o indireto

1. Mudança das pessoas do discurso:

Discurso direto	Discurso indireto
primeira pessoa	terceira pessoa
eu, me, mim, comigo	ele, ela, se, si, consigo, o, a, lhe
nós, nos, conosco	eles, elas, os, as, lhes
meu, meus, minha, minhas, nosso, nossos, nossa, nossas	seu, seus, sua e suas

2. Mudança de tempos verbais:

Discurso direto	Discurso indireto
Presente do indicativo	pretérito imperfeito do indicativo
Pretérito perfeito do indicativo	pretérito mais-que-perfeito do indicativo
Futuro do presente do indicativo	futuro do pretérito do indicativo
Presente do subjuntivo	pretérito imperfeito do subjuntivo
Futuro do subjuntivo	
Imperativo	

3. Mudança na pontuação das frases:

Discurso direto	Discurso indireto
Frases interrogativas, exclamativas e imperativas	frases declarativas (o emissor constata um fato – informa ou declara alguma coisa)

4. Mudança dos advérbios e adjuntos adverbiais:

Discurso direto	Discurso indireto
Ontem	no dia anterior
Hoje	naquele dia e naquele momento
Amanhã	no dia seguinte
Aqui, aí, cá	ali e lá
Este, esta e isto	aquele, aquela, aquilo

6. Norma Culta. Disponível em <https://www.normaculta.com.br/discurso-direto-e-indireto/>. Acesso em 14 agosto 2017.

17. REDAÇÃO OFICIAL

Consultar no link: http://www.planalto.gov.br/ccivil_03/manual/manual.htm

✦ DICAS MAIS PEDIDAS

1. O QUE É REDAÇÃO OFICIAL

Em uma frase, pode-se dizer que redação oficial é a maneira pela qual o Poder Público redige atos normativos e comunicações. Interessa-nos tratá-la do ponto de vista do Poder Executivo.

A redação oficial deve caracterizar-se pela impessoalidade, uso do padrão culto de linguagem, clareza, concisão, formalidade e uniformidade. Fundamentalmente esses atributos decorrem da Constituição, que dispõe, no artigo 37: "*A administração pública direta, indireta ou fundacional, de qualquer dos Poderes da União, dos Estados, do Distrito Federal e dos Municípios obedecerá aos princípios de legalidade, impessoalidade, moralidade, publicidade e eficiência (...)*". Sendo a publicidade e a impessoalidade princípios fundamentais de toda administração pública, claro está que devem igualmente nortear a elaboração dos atos e comunicações oficiais.

Não se concebe que um ato normativo de qualquer natureza seja redigido de forma obscura, que dificulte ou impossibilite sua compreensão. A transparência do sentido dos atos normativos, bem como sua inteligibilidade, são requisitos do próprio Estado de Direito: é inaceitável que um texto legal não seja entendido pelos cidadãos. A publicidade implica, pois, necessariamente, clareza e concisão.

Além de atender à disposição constitucional, a forma dos atos normativos obedece a certa tradição. Há normas para sua elaboração que remontam ao período de nossa história imperial, como, por exemplo, a obrigatoriedade – estabelecida por decreto imperial de 10 de dezembro de 1822 – de que se aponha, ao final desses atos, o número de anos transcorridos desde a Independência. Essa prática foi mantida no período republicano.

Esses mesmos princípios (impessoalidade, clareza, uniformidade, concisão e uso de linguagem formal) aplicam-se às comunicações oficiais: elas devem sempre permitir uma única interpretação e ser estritamente impessoais e uniformes, o que exige o uso de certo nível de linguagem.

Nesse quadro, fica claro também que as comunicações oficiais são necessariamente uniformes, pois há sempre um único comunicador (o Serviço Público) e o receptor dessas comunicações ou é o próprio Serviço Público (no caso de expedientes dirigidos por um órgão a outro) – ou o conjunto dos cidadãos ou instituições tratados de forma homogênea (o público).

Outros procedimentos rotineiros na redação de comunicações oficiais foram incorporados ao longo do tempo, como as formas de tratamento e de cortesia, certos clichês de redação, a estrutura dos expedientes, etc. Mencione-se, por exemplo, a fixação dos fechos para comunicações oficiais, regulados pela Portaria no 1 do Ministro de Estado da Justiça, de 8 de julho de 1937, que, após mais de meio século de vigência, foi revogado pelo Decreto que aprovou a primeira edição deste Manual.

Acrescente-se, por fim, que a identificação que se buscou fazer das características específicas da forma oficial de redigir não deve ensejar o entendimento de que se proponha a criação – ou se aceite a existência – de uma forma específica de linguagem administrativa, o que coloquialmente e pejorativamente se chama *burocratês*. Este é antes uma distorção do que deve ser a redação oficial, e se caracteriza pelo abuso de expressões e clichês do jargão burocrático e de formas arcaicas de construção de frases.

A redação oficial não é, portanto, necessariamente árida e infensa à evolução da língua. É que sua finalidade básica – comunicar com impessoalidade e máxima clareza – impõe certos parâmetros ao uso que se faz da língua, de maneira diversa daquele da literatura, do texto jornalístico, da correspondência particular, etc.

Apresentadas essas características fundamentais da redação oficial, passemos à análise pormenorizada de cada uma delas.

2. A IMPESSOALIDADE

A finalidade da língua é comunicar, quer pela fala, quer pela escrita. Para que haja comunicação, são necessários: a) alguém que comunique, b) algo a ser comunicado, e c) alguém que receba essa comunicação. No caso da redação oficial, quem comunica é sempre o Serviço Público (este ou aquele Ministério, Secretaria, Departamento, Divisão, Serviço, Seção); o que se comunica é sempre algum assunto relativo às atribuições do órgão que comunica; o destinatário dessa comunicação ou é o público, o conjunto dos cidadãos, ou outro órgão público, do Executivo ou dos outros Poderes da União.

Percebe-se, assim, que o tratamento impessoal que deve ser dado aos assuntos que constam das comunicações oficiais decorre:

a) da ausência de impressões individuais de quem comunica: embora se trate, por exemplo, de um expediente assinado por Chefe de determinada Seção, é sempre em nome do Serviço Público que é feita a comunicação. Obtém-se, assim, uma desejável padronização, que permite que comunicações elaboradas em diferentes setores da Administração guardem entre si certa uniformidade;
b) da impessoalidade de quem recebe a comunicação, com duas possibilidades: ela pode ser dirigida a um cidadão, sempre concebido como *público*, ou a outro órgão público. Nos dois casos, temos um destinatário concebido de forma homogênea e impessoal;
c) do caráter impessoal do próprio assunto tratado: se o universo temático das comunicações oficiais se restringe a questões que dizem respeito ao interesse público, é natural que não cabe qualquer tom particular ou pessoal.

Desta forma, não há lugar na redação oficial para impressões pessoais, como as que, por exemplo, constam de uma carta a um amigo, ou de um artigo assinado de jornal, ou mesmo de um texto literário. A redação oficial deve ser isenta da interferência da individualidade que a elabora.

A concisão, a clareza, a objetividade e a formalidade de que nos valemos para elaborar os expedientes oficiais contribuem, ainda, para que seja alcançada a necessária impessoalidade.

3. A LINGUAGEM DOS ATOS E COMUNICAÇÕES OFICIAIS

A necessidade de empregar determinado nível de linguagem nos atos e expedientes oficiais decorre, de um lado, do próprio caráter público desses atos e comunicações; de outro, de sua finalidade. Os atos oficiais, aqui entendidos como atos de caráter normativo, ou estabelecem regras para a conduta dos cidadãos, ou regulam o funcionamento dos órgãos públicos, o que só é alcançado se em sua elaboração for empregada a linguagem adequada. O mesmo se dá com os expedientes oficiais, cuja finalidade precípua é a de informar com clareza e objetividade.

As comunicações que partem dos órgãos públicos federais devem ser compreendidas por todo e qualquer cidadão brasileiro. Para atingir esse objetivo, há que evitar o uso de uma linguagem restrita a determinados grupos. Não há dúvida que um texto marcado por expressões de circulação restrita, como a gíria, os regionalismos vocabulares ou o jargão técnico, tem sua compreensão dificultada.

Ressalte-se que há necessariamente uma distância entre a língua falada e a escrita. Aquela é extremamente dinâmica, reflete de forma imediata qualquer alteração de costumes, e pode eventualmente contar com outros elementos que auxiliem a sua compreensão, como os gestos, a entoação, etc., para mencionar apenas alguns dos fatores responsáveis por essa distância. Já a língua escrita incorpora mais lentamente as transformações, tem maior vocação para a permanência, e vale-se apenas de si mesma para comunicar.

A língua escrita, como a falada, compreende diferentes níveis, de acordo com o uso que dela se faça. Por exemplo, em uma carta a um amigo, podemos nos valer de determinado padrão de linguagem que incorpore expressões extremamente pessoais ou coloquiais; em um parecer jurídico, não se há de estranhar a presença do vocabulário técnico correspondente. Nos dois casos, há um padrão de linguagem que atende ao uso que se faz da língua, a finalidade com que a empregamos.

O mesmo ocorre com os textos oficiais: por seu caráter impessoal, por sua finalidade de informar com o máximo de clareza e concisão, eles requerem o uso do *padrão culto* da língua. Há consenso de que o padrão culto é aquele em que a) se observam as regras da gramática formal, e b) se emprega um vocabulário comum ao conjunto dos usuários do idioma. É importante ressaltar que a obrigatoriedade do uso do padrão culto na redação oficial decorre do fato de que ele está acima das diferenças lexicais, morfológicas ou sintáticas regionais, dos modismos vocabulares, das idiossincrasias lingüísticas, permitindo, por essa razão, que se atinja a pretendida compreensão por todos os cidadãos.

Lembre-se que o padrão culto nada tem contra a simplicidade de expressão, desde que não seja confundida com pobreza de expressão. De nenhuma forma o uso do padrão culto implica emprego de linguagem rebuscada, nem dos contorcionismos sintáticos e figuras de linguagem próprios da língua literária.

Pode-se concluir, então, que não existe propriamente um "*padrão oficial de linguagem*"; o que há é o uso do padrão culto nos atos e comunicações oficiais. É claro que haverá preferência pelo uso de determinadas expressões, ou será obedecida certa tradição no emprego das formas sintáticas, mas isso não implica, necessariamente, que se consagre a utilização de *uma forma de linguagem burocrática*. O jargão burocrático, como todo jargão, deve ser evitado, pois terá sempre sua compreensão limitada.

A linguagem técnica deve ser empregada apenas em situações que a exijam, sendo de evitar o seu uso indiscriminado. Certos rebuscamentos acadêmicos, e mesmo o vocabulário próprio a determinada área, são de difícil entendimento por quem não esteja com eles familiarizado. Deve-se ter o cuidado, portanto, de explicitá-los em comunicações encaminhadas a outros órgãos da administração e em expedientes dirigidos aos cidadãos.

Outras questões sobre a linguagem, como o emprego de neologismo e estrangeirismo, são tratadas em detalhe em *9.3. Semântica*.

4. FORMALIDADE E PADRONIZAÇÃO

As comunicações oficiais devem ser sempre formais, isto é, obedecem a certas regras de *forma*: além das já mencionadas exigências de impessoalidade e uso do padrão culto de linguagem, é imperativo, ainda, certa formalidade de tratamento. Não se trata somente da eterna dúvida quanto ao correto emprego deste ou daquele pronome de tratamento para uma autoridade de certo nível (v. a esse respeito *2.1.3. Emprego dos Pronomes de Tratamento*); mais do que isso, a formalidade diz respeito à polidez, à civilidade no próprio enfoque dado ao assunto do qual cuida a comunicação.

A formalidade de tratamento vincula-se, também, à necessária uniformidade das comunicações. Ora, se a administração federal é una, é natural que as comunicações que expede sigam um mesmo padrão. O estabelecimento desse padrão, uma das metas deste Manual, exige que se atente para todas as características da redação oficial e que se cuide, ainda, da apresentação dos textos.

A clareza datilográfica, o uso de papéis uniformes para o texto definitivo e a correta diagramação do texto são indispensáveis para a padronização. Consulte o Capítulo II, *As Comunicações Oficiais*, a respeito de normas específicas para cada tipo de expediente.

5. CONCISÃO E CLAREZA

A *concisão* é antes uma qualidade do que uma característica do texto oficial. Conciso é o texto que consegue transmitir um máximo de informações com um mínimo de palavras. Para que se redija com essa qualidade, é fundamental que se tenha, além de conhecimento do assunto sobre o qual se escreve, o necessário tempo para revisar o texto depois de pronto. É nessa releitura que muitas vezes se percebem eventuais redundâncias ou repetições desnecessárias de ideias.

O esforço de sermos concisos atende, basicamente ao princípio de *economia linguística*, à mencionada fórmula de empregar o mínimo de palavras para informar o máximo. Não se deve de forma alguma entendê-la como *economia de pensamento*, isto é, não se devem eliminar passagens substanciais do texto no afã de reduzi-lo em tamanho. Trata-se exclusivamente de cortar palavras inúteis, redundâncias, passagens que nada acrescentem ao que já foi dito.

Procure perceber certa hierarquia de ideias que existe em todo texto de alguma complexidade: ideias fundamentais e ideias secundárias. Estas últimas podem esclarecer o sentido daquelas, detalhá-las, exemplificá-las; mas existem também ideias secundárias que não acrescentam informação alguma ao texto, nem têm maior relação com as fundamentais, podendo, por isso, ser dispensadas.

A *clareza* deve ser a qualidade básica de todo texto oficial, conforme já sublinhado na introdução deste capítulo. Pode-se definir como claro aquele texto que possibilita imediata compreensão pelo leitor. No entanto a clareza não é algo que se atinja por si só: ela depende estritamente das demais características da redação oficial. Para ela concorrem:

a) a impessoalidade, que evita a duplicidade de interpretações que poderia decorrer de um tratamento personalista dado ao texto;

b) o uso do padrão culto de linguagem, em princípio, de entendimento geral e por definição avesso a vocábulos de circulação restrita, como a gíria e o jargão;

c) a formalidade e a padronização, que possibilitam a imprescindível uniformidade dos textos;

d) a concisão, que faz desaparecer do texto os excessos linguísticos que nada lhe acrescentam.

É pela correta observação dessas características que se redige com clareza. Contribuirá, ainda, a indispensável releitura de todo texto redigido. A ocorrência, em textos oficiais, de trechos obscuros e de erros gramaticais provém principalmente da falta da releitura que torna possível sua correção.

Na revisão de um expediente, deve-se avaliar, ainda, se ele será de fácil compreensão por seu destinatário. O que nos parece óbvio pode ser desconhecido por terceiros. O domínio que adquirimos sobre certos assuntos em decorrência de nossa experiência profissional muitas vezes faz com que os tomemos como de conhecimento geral, o que nem sempre é verdade. Explicite, desenvolva, esclareça, precise os termos técnicos, o significado das siglas e abreviações e os conceitos específicos que não possam ser dispensados.

A revisão atenta exige, necessariamente, tempo. A pressa com que são elaboradas certas comunicações quase sempre compromete sua clareza. Não se deve proceder à redação de um texto que não seja seguida por sua revisão. "*Não há assuntos urgentes, há assuntos atrasados*", diz a máxima. Evite-se, pois, o atraso, com sua indesejável repercussão no redigir.

✦ BIBLIOGRAFIA

CÂMARA JR., Joaquim Mattoso. História e estrutura da língua portuguesa. 2. ed.Rio de Janeiro, Padrão, 1976.

CÂMARA JR.,Joaquim Mattoso. Estrutura da língua portuguesa. 16.ed. Petrópolis, Vozes, 1985.

LIMA, Rocha. Gramática normativa da língua portuguesa. 23.ed. Rio de Janeiro, José Olympio, 1983.

INFANTE, Ulisses; NICOLA, José de. Gramática contemporânea da língua portuguesa. 15ed. São Paulo, Scipione, 1999

CAMPEDELLI, Samira Youssef. Gramática do texto, texto da gramática. 1 ed. São Paulo, Saraiva, 1999.

INFANTE, Ulisses, Curso de gramática aplicada aos textos. 6 ed. São Paulo, Scipione, 2001.

TERRA, Ernani; NICOLA, José de. Gramática, literatura e produção de textos. 2 ed. São Paulo, Scipione, 2003.

CAVALLETE, Floriana Toscano; TERRA, Ernani; NICOLA, José de. Português para o ensino médio-língua, literatura e produção de textos. 1 ed. São Paulo, Scipione, 2002.

INFANTE, Ulisses; CIPRO NETO, Pasquale. Gramática da língua portuguesa. 2 ed. São Paulo, Scipione, 2004.

INFANTE, Ulisses; CIPRO NETO, Pasquale. Gramática da língua portuguesa. 1 ed. São Paulo, Scipione, 1999.

NOGUEIRA, Duda. Língua Portuguesa para concursos. 5. ed. Salvador, Editora Juspodivm, 2018.

NOGUEIRA, Duda. Material de apoio de língua portuguesa para concursos. 1 ed. Ribeirão Preto, Eclipse Concursos, 2010.

SÓ PORTUGUÊS. Em < http://www.soportugues.com.br/secoes/estil/estil2.php>. Acesso de 03 fevereiro 2013 a 24 outubro 2017..

MANUAL DE REDAÇÃO DA PRESIDÊNCIA DA REPÚBLICA. Em <http://www.planalto.gov.br/ccivil_03/manual/manual.htm>. Acesso de 24 abril 2013 a 24 outubro 2017.

Direito Penal

Rogério Sanches Cunha

TABELA DE INCIDÊNCIA DE QUESTÕES

Distribuição das questões organizada por ordem didática de assuntos		
Assunto	Número de Questões	Peso
1. CRIMINOLOGIA	4	0,81%
2. PRINCÍPIOS	9	1,82%
3. FONTES DO DIREITO PENAL	1	0,20%
4. CLASSIFICAÇÃO DE CRIMES	2	0,40%
5. LEI PENAL	6	1,21%
6. LEI PENAL NO TEMPO	5	1,01%
7. TEMPO DO CRIME	1	0,20%
8. LEI PENAL NO ESPAÇO	6	1,21%
9. LEI PENAL EM RELAÇÃO ÀS PESSOAS	1	0,20%
10. CONFLITO APARENTE DE NORMAS	2	0,40%
11. TEORIA DO DELITO	4	0,81%
12. RELAÇÃO DE CAUSALIDADE	10	2,02%
13. CONSUMAÇÃO E TENTATIVA	5	1,01%
14. ARREPENDIMENTO POSTERIOR	1	0,20%
15. CRIME IMPOSSÍVEL	1	0,20%
16. DOLO	2	0,40%
17. CULPA	1	0,20%
18. ERRO	10	2,02%
19. ILICITUDE	8	1,62%
20. CULPABILIDADE	10	2,02%
21. CONCURSO DE PESSOAS	17	3,44%
22. DETRAÇÃO	2	0,40%
23. PENAS RESTRITIVAS DE DIREITOS	4	0,81%
24. PENA DE MULTA	3	0,61%
25. APLICAÇÃO DA PENA	11	2,23%
26. CONCURSO DE CRIMES	8	1,62%
27. ERRO NA EXECUÇÃO	2	0,40%
28. SUSPENSÃO CONDICIONAL DA PENA	2	0,40%
29. LIVRAMENTO CONDICIONAL	2	0,40%
30. EFEITOS DA CONDENAÇÃO	2	0,40%
31. MEDIDAS DE SEGURANÇA	1	0,20%
32. AÇÃO PENAL	2	0,40%
33. EXTINÇÃO DA PUNIBILIDADE	23	4,66%
34. HOMICÍDIO	20	4,05%

35. INDUZIMENTO, INSTIGAÇÃO OU AUXÍLIO AO SUICÍDIO	1	0,20%
36. ABORTO	6	1,21%
37. LESÃO CORPORAL	6	1,21%
38. ABANDONO DE INCAPAZ	1	0,20%
39. OMISSÃO DE SOCORRO	3	0,61%
40. MAUS TRATOS	1	0,20%
41. DIFAMAÇÃO	3	0,61%
42. INJÚRIA	2	0,40%
43. CONSTRANGIMENTO ILEGAL	1	0,20%
44. INVASÃO DE DISPOSITIVO INFORMÁTICO	1	0,20%
45. FURTO	20	4,05%
46. ROUBO	10	2,02%
47. EXTORSÃO	4	0,81%
48. EXTORSÃO MEDIANTE SEQUESTRO	1	0,20%
49. EXTORSÃO INDIRETA	1	0,20%
50. DANO	1	0,20%
51. APROPRIAÇÃO INDÉBITA	1	0,20%
52. ESTELIONATO	3	0,61%
53. RECEPTAÇÃO	2	0,40%
54. VIOLAÇÃO DE DIREITO AUTORAL	2	0,40%
55. OCULTAÇÃO DE CADÁVER	1	0,20%
56. ESTUPRO	8	1,62%
57. VIOLAÇÃO SEXUAL MEDIANTE FRAUDE	1	0,20%
58. ESTUPRO DE VULNERÁVEL	5	1,01%
59. SATISFAÇÃO DE LASCÍVIA MEDIANTE PRESENÇA DE CRIANÇA OU ADOLESCENTE	1	0,20%
60. FAVORECIMENTO DA PROSTITUIÇÃO OU DE OUTRA FORMA DE EXPLORAÇÃO SEXUAL DE CRIANÇA OU ADOLESCENTE OU DE VULNERÁVEL	1	0,20%
61. CASA DE PROSTITUIÇÃO	1	0,20%
62. RUFIANISMO	1	0,20%
63. ATO OBSCENO	1	0,20%
64. BIGAMIA	1	0,20%
65. ABANDONO MATERIAL	1	0,20%
66. ABANDONO MORAL	1	0,20%
67. EXPLOSÃO	1	0,20%
68. ASSOCIAÇÃO CRIMINOSA	4	0,81%
69. CONSTITUIÇÃO DE MILÍCIA PRIVADA	2	0,40%
70. MOEDA FALSA	1	0,20%
71. PETRECHOS PARA FALSIFICAÇÃO DE MOEDA	1	0,20%
72. FALSIFICAÇÃO DE DOCUMENTO PÚBLICO	1	0,20%
73. FALSIFICAÇÃO DE DOCUMENTO PARTICULAR	1	0,20%
74. FALSIDADE IDEOLÓGICA	2	0,40%
75. FALSIDADE DE ATESTADO MÉDICO	1	0,20%
76. USO DE DOCUMENTO FALSO	1	0,20%
77. FRAUDES EM CERTAMES DE INTERESSE PÚBLICO	1	0,20%
78. CRIMES CONTRA A ADMINISTRAÇÃO PÚBLICA (TEMAS DIVERSOS)	38	7,69%
79. LEIS ESPECIAIS	159	32,19%
Total	**494**	**100%**

Direito Penal

Rogério Sanches Cunha

✦ QUESTÕES

1. CRIMINOLOGIA

01. (NUCEPE – Delegado de Polícia – PI/2014) O Brasil insere-se no contexto de uma "sociedade da insegurança" ou "sociedade do medo", pautada no que Silva Sànches denomina de "cultura de emergência" ou reclamo popular por uma maior presença e eficácia das instâncias de controle social. Nesse sentido, o Direito Penal e as instituições do sistema punitivo são eleitos instrumentos privilegiados para responder de forma eficaz os anseios da sociedade, gerando, segundo Díaz Ripollés, o entendimento de que sua contundência e capacidade socializadora são mais eficazes na prevenção aos novos tipos de delitos do que as medidas de política social ou econômica, ou de medidas do Direito Civil ou Administrativo. Trata-se, segundo o mesmo autor, de uma canalização das demandas sociais por mais proteção como demandas por punição, daí a busca por elementos de orientação normativa, onde o Direito Penal assume especial relevância.

A partir das informações do texto, NÃO se pode concluir que:

a) os crimes de perigo abstrato não se amoldam à ideia de "sociedade do medo".

b) a intimidação em face da prática de crimes contra a dignidade sexual fora reforçada pelo Direito Penal pátrio.

c) o tipo penal incriminador previsto no art. 288 do Código Penal brasileiro – Associação criminosa – pode ser considerado um exemplo dessa nova política criminal.

d) a alteração do termo inicial da prescrição, antes de transitar em julgado a sentença final, nos crimes contra a dignidade sexual de crianças e adolescentes, amolda-se à ideia preconizada no texto.

e) a majoração da pena do delito previsto no parágrafo 9° do art. 129 do Código Penal brasileiro – Violência doméstica – amolda-se à ideia preconizada no texto.

COMENTÁRIOS

Alternativa correta: letra "A". Em determinadas hipóteses de incriminação, o perigo advindo da conduta é absolutamente presumido por lei **(crime de perigo abstrato),** devendo ser lembrado, a título de exemplo, o tráfico de drogas. A conduta do traficante é crime, dispensando efetivo dano à saúde pública, bastando o perigo, que é presumido por lei (se o Promotor de Justiça comprovar que o agente praticou o verbo nuclear do tipo, a lei presume que seu comportamento é perigoso para a coletividade). Há, de fato, uma relação entre a denominada *sociedade do medo* e a tipificação de condutas que, *a priori*, não são capazes de expor a perigo efetivo o bem jurídico, e isso decorre, certamente, ao menos em grande parte, de demandas sociais por mais proteção penal.

Alternativa "b": está correta a assertiva. É possível afirmar que a intimidação em face da prática de crimes contra a dignidade sexual foi reforçada pelo Direito Penal brasileiro em decorrência da maior demanda social por tutela penal. É o caso, por exemplo, do estupro, que ao longo do tempo teve a pena aumentada; do estupro de vulnerável, que passou a ser tipificado autonomamente, com pena maior do que a do estupro comum; do assédio sexual; e do favorecimento da prostituição ou de outra forma de exploração sexual de criança ou adolescente ou de vulnerável, que foi inclusive inserido no rol dos crimes hediondos.

Alternativa "c": está correta a assertiva, tendo em vista que no art. 288 do Código Penal o legislador tipifica, excepcionalmente, o cometimento de atos preparatórios para a prática de outros crimes, o que normalmente seria considerado um indiferente penal.

Alternativa "d": está correta a assertiva. Novamente, a demanda social por mais proteção penal pode ser considerada o fundamento para a modificação da regra relativa ao termo inicial do prazo prescricional nos crimes contra a dignidade sexual de crianças e adolescentes. Buscou-se, com base na Carta Maior (art. 227, § 4º – "A lei punirá severamente o abuso, a violência e a exploração sexual da criança e do adolescente") a eficiência na punição do agressor, evitando uma proteção deficiente do Estado.

Alternativa "e": está correta a assertiva. A pena atual para a lesão corporal qualificada na forma do § 9º do art. 129 do Código Penal foi determinada pela Lei nº 11.340/06, que dispõe sobre as medidas contra a violência doméstica e familiar contra a mulher. Trata-se, como se sabe, de um diploma legal surgido a partir de grande movimento promovido por vítimas dessa espécie de violência, que demandavam maior tutela penal sob o argumento de que as então vigentes normas de coibição não se mostravam suficientes para a proteção da mulher no âmbito doméstico e familiar.

---

02. (Delegado de Polícia – SP/ 2011 – ACADEPOL) Assinale a afirmativa correta.

a) A Escola de Chicago faz parte da Teoria Crítica.

b) O delito não é considerado objeto da Criminologia.

c) A Criminologia não é uma ciência empírica.

d) A Teoria do Criminoso Nato é de Merton.

e) Cesare Lombroso e Raffaelle Garofalo pertencem à Escola Positiva.

COMENTÁRIOS

Alternativa correta: letra "E". A Escola Positiva foi primeiramente representada por Cesare Lombroso, cujos ensinamentos, embora dotados de evidente exagero e atualmente desacompanhados de qualquer rigor científico, propiciaram grande avanço no estudo da Criminologia, firmando conceitos posteriormente aperfeiçoados por outros expoentes, como Enrico Ferri, representante da fase sociológica desta escola. Para a Escola Positiva, a pena deveria visar somente a recuperação do delinquente ou sua neutralização, quando se constatasse a impossibilidade de recuperá-lo, e não a tutela ao bem jurídico, motivo pelo qual poderia se dispensar a relação entre sua cominação e a extensão do dano praticado. No seu bojo, inovou-se no tocante ao método, adotando-se o método experimental, no qual os crimes e criminosos são analisados individualmente, respeitando peculiaridades e particularidades de cada caso concreto. Lombroso representou a fase antropológica da Escola Positiva, introduzindo o método experimental no estudo da criminalidade. Desenvolveu a teoria do criminoso nato, indivíduo que seria predisposto à prática delituosa em razão de características antropológicas. Já Enrico Ferri, representante da fase sociológica, fundamentava a responsabilidade penal na convivência social, afastando a tese do livre arbítrio. Rafaelle Garofalo, por sua vez, representou a fase jurídica da Escola Positiva, consolidando o termo *criminologia* ao utilizá-lo para intitular uma obra de sua autoria. Para Garofalo, com base na teoria da seleção natural, os criminosos irrecuperáveis deveriam afastados do convívio social pela deportação ou pela morte.

Alternativa "a": está errada porque a Escola de Chicago faz parte da Teoria Ecológica. Com enfoque nos problemas decorrentes da urbanização no início do século XX, a Escola de Chicago trata o crime como problema social, não individual, atrelado ao conceito de espaço, isto é, o crime seria uma consequência normal em um ambiente anormal.

Alternativa "b": está errada a assertiva porque o crime é objeto da criminologia, juntamente com o criminoso, a vítima e os mecanismos de controle social.

Alternativa "c": está errada a assertiva porque a criminologia é uma ciência empírica, pois baseia seus estudos na experiência e na observação.

Alternativa "d": está errada a assertiva porque a Teoria do Criminoso Nato foi desenvolvida por Césare Lombroso, para quem os criminosos natos exibiam traços físicos capazes de demonstrar sua propensão biológica para cometer determinados delitos.

---

03. (Delegado de Polícia – SP/ 2011 – ACADEPOL) Constituem objeto de estudo da Criminologia

a) o delinquente, a vítima, o controle social e o empirismo.

b) o delito, o delinquente, a interdisciplinaridade e o controle social.

c) o delito, o delinquente, a vitima e o controle social.

d) o delinquente, a vitima, o controle social e a interdisciplinaridade.

e) o delito, o delinquente, a vítima e o método.

COMENTÁRIOS

Alternativa correta: letra "C". A criminologia tem por objeto de estudo o crime como fenômeno social (não como fato que se subsume à norma, objeto do direito penal), o delinquente (quem se envolve numa situação de hostilidade às normas de organização social), os mecanismos de controle social formais e informais que se aplicam sobre o crime e a vítima (tanto sob o enfoque das consequências do delito quanto do papel desempenhado no evento criminoso).

Alternativa "a": está errada porque o empirismo não é objeto da criminologia, mas sua característica, já que esta ciência se baseia na experiência e na observação para a análise do crime, do criminoso, do controle social e da vítima.

Alternativa "b" (responde, também, a alternativa "d"): está errada a assertiva porque a interdisciplinaridade, assim como o empirismo, é característica da criminologia, que significa a reunião de diversas disciplinas, como a biologia, a psicologia, o direito etc., para o estudo de seus objetos.

Alternativa "e": está errada porque o método não integra os objetos de estudo da criminologia, mas explica a forma como é realizada a observação dos fenômenos que compõem o objeto da ciência criminológica, que é a necessidade de experimentação.

---

04. (Delegado de Polícia – SP/ 2011 – ACADEPOL) A prevenção terciária da infração penal, no Estado Democrático de Direito, está relacionada

a) ao controle dos meios de comunicação.

b) aos programas policiais de prevenção.

c) à ordenação urbana.

d) à população carcerária.

e) ao surgimento de conflito.

COMENTÁRIOS

Alternativa correta: letra "D". A prevenção terciária tem como destinatário o condenado, que se submete à imposição estatal do cumprimento da pena, sendo que seu objetivo é evitar a reincidência por meio da ressocialização.

Alternativa "a": está errada porque não há nenhuma relação entre a prevenção da infração penal e o controle dos meios de comunicação, de resto impossível na vigência do Estado Democrático.

Alternativa "b": está errada porque a ação policial é parte da denominada *prevenção secundária*, aplicável nas situações em que a infração penal se manifesta, orientando-se sobre grupos e situações concretas, ou seja, onde se verificam os maiores riscos de que ocorra a atividade criminosa.

Alternativa "c": está errada a assertiva porque a ordenação urbana é ligada à prevenção primária, dirigida a todos os cidadãos e aplicável a longo prazo, com o objetivo de propiciar aos indivíduos qualidade de vida para que conflitos e dificuldades sejam superados sem que se recorra a expedientes situados à margem da lei.

Alternativa "e": está errada a assertiva porque o surgimento do conflito, como manifestação interna, ou seja, a forma como é gerado, é objeto da prevenção primária.

2. PRINCÍPIOS

05. (IBADE – Delegado de Polícia – AC/2017) "O suicídio é um crime (assassínio) [...]. Aniquilar o sujeito da moralidade na própria pessoa é erradicar a existência da moralidade mesma do mundo, o máximo possível, ainda que a moralidade seja um fim em si mesma. Consequentemente, dispor de si mesmo como um mero meio para algum fim discricionário é rebaixar a humanidade na própria pessoa (homo noumenon), à qual o ser humano (homo phaenomenon) foi, todavia, confiado para preservação" (kant, Immanuel, a Metafísica dos Costumes).

A extinção da própria vida já foi objeto de sancionamento penal em diversos países. Esclarece Galdino Siqueira (Tratado, tomo m, p. 68) que o direito romano punia com confisco de bens o ato de suicidar- se para fugir a uma acusação ou à pena por outro delito. A mesma pena foi aplicada em França. O confisco-segundo o autor-persistia na Inglaterra no início do século XX, desde que o suicídio não fosse efeito de uma desordem mental provada. Tendo por base o confisco de bens outrora pertencentes ao suicida – que tem herdeiros – como forma de punição penal, é correto afirmar que responsabilização de terceiros pela conduta de alguém viola o princípio penal, denominado:

a) individualização judicial da pena.

b) taxatividade

c) intranscendência.

d) ofensividade.

e) inderrogabilidade.

COMENTÁRIOS

Alternativa correta: letra "C". Está correta a assertiva. O princípio da pessoalidade ou da intranscendência está insculpido no artigo 5º, inciso XLV, da Constituição Federal, que dispõe: "nenhuma pena passará da pessoa do condenado podendo a obrigação de reparar o dano e a decretação do perdimento de bens ser, nos termos da lei, estendidas aos sucessores e contra eles executadas, até o limite do valor do patrimônio transferido". A Convenção Americana de Direitos Humanos também disciplina o princípio, prevendo que "a pena não pode passar da pessoa do condenado" (art. 5º, 3, CADH). Trata-se de desdobramento lógico dos princípios da responsabilidade penal individual, da responsabilidade subjetiva e da culpabilidade.

Alternativa "a": a individualização da pena é relacionada à análise da gravidade do fato e das condições do seu autor. Deve ser observada em três momentos: **a)** na definição, pelo legislador, do crime e sua pena; **b)** na imposição da pena pelo juiz; **c)** e na fase de **execução** da pena, momento em que os condenados serão classificados, segundo os seus antecedentes e personalidade, para orientar a individualização da execução penal (art. 5º LEP).

Alternativa "b": o princípio da taxatividade ou da determinação é dirigido mais diretamente à pessoa do legislador, exigindo dos tipos penais clareza, sem margens a dúvidas, de modo a permitir à população em geral o pleno entendimento do tipo criado.

Alternativa "d": o princípio da ofensividade ou lesividade (nullum crimen sine iniuria) exige que do fato praticado ocorra lesão ou perigo de lesão ao bem jurídico tutelado. Não se destina somente ao legislador, mas também ao aplicador da norma incriminadora, que deverá observar, diante da ocorrência de um fato tido como criminoso, se houve efetiva lesão ou perigo concreto de lesão ao bem jurídico protegido.

Alternativa "e": segundo o princípio da inderrogabilidade ou da inevitabilidade, a pena deve ser aplicada e devidamente cumprida. Este princípio deve conviver com o da necessidade concreta da pena (art. 59 do CP), de modo que, constatada a desnecessidade da resposta estatal, o juiz tem o poder de não aplicá-la, como ocorre no perdão judicial (a exemplo do art. 121, §5º, do CP).

06. (UEG – Delegado de Polícia – GO/2013) Ana, menor de 17 anos de idade, contrariando proibição de seus pais, procura Júlio para que este realize uma tatuagem no seu ombro com aproximadamente 15 centímetros de diâmetro. Ainda que presente a tipicidade formal, poderá ser aplicado o Princípio da Alteridade porque

a) não houve lesão efetiva ao bem jurídico tutelado.

b) a lesão foi irrelevante ou insignificante.

c) a lesão está dentro do que se considera como socialmente adequado.

d) não houve lesão a bem jurídico de terceiro.

COMENTÁRIOS

Alternativa correta: letra "D" (responde, também, a alternativa "a"). Não nos parece que a hipótese descrita no enunciado caracterize, propriamente, a incidência do princípio da alteridade. Isto porque este princípio significa que ao direito penal não é permitido punir uma atitude que não ultrapasse a esfera individual do agente, ou seja, que de nenhuma forma recaia em bem jurídico alheio. Não é o caso, pois a conduta de Júlio extrapolou o campo individual para se estabelecer em bem jurídico alheio (a integridade física de Ana). Ressalte-se, ademais, que o afastamento do crime em situações desta natureza não é matéria alheia a controvérsia. O Tribunal de Justiça de São Paulo, por exemplo, já decidiu que a tatuagem feita em menor sem o consentimento dos pais caracteriza o crime de lesão corporal gravíssima por deformidade permanente: "Lesão corporal gravíssima. Tatuagem. Forma de lesão corporal de natureza deformante e permanente. Vítima relativamente incapaz para consentir com o lesionamento sem participação dos pais. Autoria e materialidade do crime devidamente comprovadas. Recursos dos réus improvidos" (AC 0008522-88.2009.8.26.0070, 05/07/2012).

Alternativa "b": não se trata de considerar a incidência do princípio da insignificância, que tem lugar nas situações em que a lesão ao bem jurídico é de tal forma irrelevante que não se justifica a punição criminal. O que norteia a discussão aqui é o consentimento do ofendido, que a menor não era capaz de emitir.

Alternativa "c": pela mesma razão, não se discute a adequação social da conduta; independentemente de ser socialmente adequada ou reconhecida a aplicação de tatuagens, Ana não era capaz de consentir.

07. (FUNCAB – Delegado de Polícia – RJ/2012) De acordo com o Glossário Jurídico do Supremo Tribunal Federal, "o princípio da insignificância tem o sentido de excluir ou de afastar a própria tipicidade penal, ou seja, não considera o ato praticado como um crime, por isso, sua aplicação resulta na absolvição do réu e não apenas na diminuição e substituição da pena ou não sua não aplicação". Sobre o tema princípio da insignificância, assinale a resposta correta.

a) Buscando sua origem, de acordo com certa vertente doutrinária, no Direito Romano, o princípio da insignificância vem sendo objeto de recorrentes decisões do STF, nas quais são estabelecidos dois parâmetros para sua determinação: reduzidíssimo grau de reprovabilidade do comportamento e inexpressividade da lesão jurídica provocada.

b) O princípio da insignificância, decorrência do caráter fragmentário do Direito Penal, tem base em uma orientação utilitarista, tem origem controversa, encontrando, na atual jurisprudência do STF, os seguintes requisitos de configuração: a mínima ofensividade da conduta do agente; nenhuma periculosidade social da ação; o reduzidíssimo grau de reprovabilidade do comportamento; e a inexpressividade da lesão jurídica provocada.

c) Sua atual elaboração deita raízes na doutrina de Claus Roxin e, no Direito Penal brasileiro, consoante jurisprudência atual do STF, se limita à avaliação da inexpressividade da lesão jurídica provocada, ou seja, observa-se se a ofensa ao bem jurídico tutelado é relevante ou banal.

d) Surgindo como uma consequência lógica do princípio da individualização das penas, a insignificância penal não aceita a periculosidade social da ação como parâmetro, de acordo com o posicionamento atual do STF, em razão da elevada abstração desse conceito, mas apresenta como requisitos: a mínima ofensividade da conduta do agente; o reduzidíssimo grau de reprovabilidade do comportamento; e a inexpressividade da lesão jurídica provocada.

e) Inserida no princípio da intervenção mínima, embora já mencionada anteriormente por Welzel como uma faceta do princípio da adequação social, a insignificância determina a inexistência do crime quando a conduta praticada apresentara simultânea presença dos seguintes requisitos, exigidos pela atual jurisprudência do STF: a mínima ofensividade da conduta do agente; nenhuma periculosidade social da ação; o reduzidíssimo grau de reprovabilidade do comportamento; a inexpressividade da lesão jurídica provocada; e a inexistência de um especial fim de agir.

COMENTÁRIOS

Alternativa correta: letra "B" (responde, também, as alternativas "a"). Está correta a assertiva. O princípio da insignificância é decorrente da fragmentariedade do Direito Penal, que é aplicável somente nos casos de relevante lesão ou perigo de lesão ao bem juridicamente tutelado. O STF tem admitido recorrentemente a insignificância, desde que "a conduta do agente seja marcada por ofensividade mínima ao bem jurídico tutelado, reduzido grau de reprovabilidade, inexpressividade da lesão e nenhuma periculosidade social" (HC 119.580/BA, DJe 20/08/2014).

Alternativa "c": não é equivocado buscar na doutrina de Claus Roxin a respeito da tipicidade penal o fundamento do princípio da insignificância. A assertiva está errada, no entanto, ao limitar as exigências impostas pelo STF para a incidência do princípio à avaliação da inexpressividade da lesão jurídica provocada. Como vimos nos comentários à alternativa "b", são quatro os requisitos: a) conduta marcada por ofensividade mínima ao bem jurídico tutelado; b) reduzido grau de reprovabilidade; c) inexpressividade da lesão; d) nenhuma periculosidade social.

Alternativa "d": está errada a assertiva, pois o princípio da insignificância não tem ligação com a individualização da pena, mas com o caráter fragmentário do Direito Penal. No mais, a respeito dos requisitos, aplicam-se os comentários às assertivas anteriores.

Alternativa "e": está errada a assertiva porque, dentre os requisitos estabelecidos pelo STF para a aplicação do princípio da insignificância não está a inexistência de especial fim de agir.

---

08. (Delegado de Polícia – SP/ 2011 – ACADEPOL) A ideia de que o Direito Penal deve tutelar os valores considerados imprescindíveis para a sociedade, e não todos os bens jurídicos, sintetiza o princípio da

a) adequação social.

b) culpabilidade.

c) fragmentariedade.

d) ofensividade.

e) proporcionalidade.

COMENTÁRIOS

Alternativa correta: letra "C". O Direito Penal só deve ser aplicado quando estritamente necessário, de modo que a sua intervenção fica condicionada ao fracasso das demais esferas de controle (caráter *subsidiário*), observando somente os casos de relevante lesão ou perigo de lesão ao bem juridicamente tutelado (caráter *fragmentário*). De acordo com este último aspecto, o Direito Penal não se destina à proteção de todos os bens juridicamente tutelados, mas somente daqueles dotados de especial relevância social. Quer isto dizer que, de toda a gama de interesses protegidos pelo ordenamento jurídico, volta-se o Direito Penal apenas a parte dele (fragmentos).

Alternativa "a": o princípio da adequação social, idealizado por Hans Welzel, define que, apesar de uma conduta se subsumir ao modelo legal, não será considerada típica se for socialmente adequada ou reconhecida, isto é, se estiver de acordo com a ordem social da vida historicamente condicionada. O princípio da adequação tem duas funções precípuas: a) de restringir o âmbito de abrangência do tipo penal (limitando sua interpretação ao excluir as condutas socialmente aceitas); b) de orientar o legislador na seleção dos bens jurídicos a serem tutelados, atuando, também, no processo de descriminalização de condutas. O princípio da adequação social apresenta as mesmas funções do princípio da intervenção mínima (do qual decorre a fragmentariedade), mas possui fundamentos distintos – aquele, a aceitação da conduta pela sociedade; este, a ínfima relevância da lesão ao bem jurídico.

Alternativa "b": trata-se de postulado limitador do direito de punir. Assim, só pode o Estado impor sanção penal ao agente imputável (penalmente capaz), com potencial consciência da ilicitude (possibilidade de conhecer o caráter ilícito do seu comportamento), quando dele exigível conduta diversa (podendo agir de outra forma). O princípio da culpabilidade pode ser extraído da análise do princípio da dignidade da pessoa humana e, segundo Rogério Greco, possui três sentidos fundamentais: a) culpabilidade como elemento integrante do conceito analítico de crime: segundo a corrente tripartite, o crime é composto pela tipicidade, antijuridicidade e, como terceiro elemento, pela culpabilidade. A culpabilidade, portanto, é necessária à configuração do crime; b) culpabilidade como princípio medidor da pena: já verificada a ocorrência do crime, a aplicação da pena, numa primeira etapa, dependerá da análise do artigo 59 do CP, que estabelece a culpabilidade como uma das circunstâncias consideradas pelo magistrado para fixar a pena-base adequada à reprovação e prevenção do crime; c) culpabilidade como princípio impedidor da responsabilidade penal objetiva (ou responsabilidade penal sem culpa): a conduta do agente pressupõe a existência de dolo ou culpa, elementos sem os quais não é possível se falar em crime.

Alternativa "d": o princípio da ofensividade ou lesividade (*nullum crimen sine iniuria*) exige que do fato praticado ocorra lesão ou perigo de lesão ao bem jurídico tutelado. Tal como outros princípios, o da lesividade não se destina somente ao legislador, mas também ao aplicador da norma incriminadora, que deverá observar, diante da ocorrência de um fato tido como criminoso, se houve efetiva lesão ou ao menos perigo concreto de lesão ao bem jurídico protegido.

Alternativa "e": trata-se de princípio constitucional implícito, desdobramento lógico do mandamento da individualização da pena. Para que a sanção penal cumpra a sua função, deve se ajustar à relevância do bem jurídico tutelado, sem desconsiderar as condições pessoais do agente.

---

09. (Delegado de Polícia – ES/ 2011 – CESPE – Adaptada) Considerando os princípios constitucionais penais e o disposto no direito penal brasileiro, julgue o item abaixo.

– Segundo a jurisprudência do STF, é possível a aplicação do princípio da insignificância para crimes de descaminho, devendo-se considerar, como parâmetro, o valor consolidado igual ou inferior a R$ 7.500,00.

COMENTÁRIOS

Errado. O princípio da insignificância pode ser entendido como um instrumento de interpretação restritiva do tipo penal: sendo formalmente típica a conduta e relevante a lesão, aplica-se a norma penal, ao passo que, havendo somente a subsunção legal, desacompanhada da tipicidade material, deve ela ser afastada, pois que estará o fato atingido pela atipicidade.

No caso do crime de descaminho, temos decisões várias no STF admitindo a aplicação do princípio da insignificância se o valor do tributo sonegado não ultrapassa R$ 20.000,00, limite estabelecido pelo art. 20 da Lei nº 10.522/02, que trata do arquivamento de autos de execução fiscal se o tributo cobrado for igual ou inferior àquele limite (HC 138.843/MG, DJe 10/10/2017).

---

10. (Delegado de Polícia – AP / 2010 – FGV) Assinale a alternativa que apresente uma garantia judicial constante da Convenção Americana sobre Direitos Humanos (pacto de San José da Costa Rica) que não possua correspondente expresso na Constituição de 1988.

a) Toda pessoa acusada de delito tem direito a que se presuma sua inocência enquanto não se comprove legalmente sua culpa.

b) Toda pessoa acusada de delito tem direito de não ser obrigado a depor contra si mesma, nem a declarar-se culpada.

c) Toda pessoa acusada de delito tem direito de recorrer da sentença a juiz ou tribunal superior.

d) O processo penal deve ser público, salvo no que for necessário para preservar os interesses da justiça.

e) Se depois da perpetração do delito a lei previr a imposição de pena mais leve, o delinquente será por isso beneficiado.

COMENTÁRIOS

Alternativa correta: letra "C". O duplo grau de jurisdição não está expresso na CF, decorrendo da organização do Poder Judiciário, estratificado em graus (de jurisdição) para permitir instrumentos de revisão das instâncias inferiores. Trata-se, pois, de garantia implícita.

Alternativa "a": está correta, pois o princípio da presunção de inocência (ou não culpa) é expressamente previsto no art. 5º, inciso LVII, da Constituição Federal: "ninguém será considerado culpado até o trânsito em julgado de sentença penal condenatória".

Alternativa "b": está correta, pois o art. 5º, inciso LXIII, da Constituição Federal dispõe que "o preso será informado de seus direitos, entre os quais o de permanecer calado, sendo-lhe assegurada a assistência da família e de advogado".

Alternativa "d": está correta. O art. 5º, inciso LX, da Constituição Federal dispõe que "a lei só poderá restringir a publicidade dos atos processuais quando a defesa da intimidade ou o interesse social o exigirem".

Alternativa "e": está correta a assertiva. De acordo com o art. 5º, inciso XL, da Constituição Federal "a lei penal não retroagirá, salvo para beneficiar o réu".

11. (Delegado de Polícia – AP/ 2010 – FGV) Quando o Supremo Tribunal Federal editou a Súmula Vinculante nº 11 "*Só é lícito o uso de algemas em casos de resistência e de fundado receio de fuga ou de perigo à integridade física própria ou alheia, por parte do preso ou de terceiros, justificada a excepcionalidade por escrito, sob pena de responsabilidade disciplinar, civil e penal do agente ou da autoridade e de nulidade da prisão ou do ato processual a que se refere, sem prejuízo da responsabilidade civil do Estado*", o fez com base na interpretação de determinados princípios constitucionais do direito penal.

Assinale qual das alternativas a seguir contém um princípio que não foi utilizado como fundamento dessa decisão.

a) "A República Federativa do Brasil, formada pela união indissolúvel dos Estados e Municípios e do Distrito Federal, constitui-se em Estado Democrático de Direito e tem como fundamentos (...) a dignidade da pessoa humana" (art. 1º, III, CF).

b) "Ninguém será privado da liberdade ou de seus bens sem o devido processo legal" (art. 5º, LIV, CF).

c) "São invioláveis a intimidade, a vida privada, a honra e a imagem das pessoas, assegurado o direito a indenização pelo dano material ou moral decorrente de sua violação" (art. 5º, X, CF).

d) "É assegurado aos presos o respeito à integridade física e moral" (art. 5º, XLIX, CF).

e) "Ninguém será submetido a tortura nem a tratamento desumano ou degradante" (art. 5º, III, CF).

COMENTÁRIOS

Alternativa correta: letra "B". Está errada porque o uso de algemas não está relacionado à cláusula do devido processo legal, mas à necessidade em situações de "*resistência e de fundado receio de fuga ou de perigo à integridade física própria ou alheia, por parte do preso ou de terceiros*", conforme se extrai da própria súmula acima transcrita.

Alternativa "a": está correta a assertiva. Um dos fundamentos da súmula vinculante nº 11 é a preservação da dignidade da pessoa humana, aviltada quando o uso de algemas ocorre simplesmente com propósito desonroso, infamante.

Alternativa "c": o uso indiscriminado e sem critério de algemas também pode acarretar violação à imagem e à honra da pessoa, pois a exposição do preso algemado certamente contribui para que lhe seja atribuída a pecha de criminoso antes do julgamento ou mesmo do processo.

Alternativa "d": a integridade física e moral do preso também pode ser atingida nas situações em que as algemas são aplicadas no intuito de desnecessariamente subjugá-lo, diminuí-lo.

Alternativa "e": a utilização de algemas pode constituir tratamento degradante com não ocorre com o propósito único de garantir a segurança tanto do próprio preso quanto dos demais envolvidos na prisão.

12. (Delegado de Polícia – RJ / 2009 – CEPERJ) Costuma-se afirmar que o direito penal das sociedades contemporâneas é regido por princípios sobre crimes, penas e medidas de segurança, nos níveis de criminalização primária e de criminalização secundária, fundamentais para garantir o indivíduo em face do poder penal do Estado. Analise as proposições abaixo:

I. O princípio da insignificância revela uma hipótese de atipicidade material da conduta.

II. O princípio da lesividade (ou ofensividade) proíbe a incriminação de uma atitude interna.

III. Por força do princípio da lesividade não se pode conceber a existência de qualquer crime sem ofensa ao bem jurídico protegido pela norma penal.

IV. No direito penal democrático só se punem fatos. Ninguém pode ser punido pelo que é, mas apenas pelo que faz.

V. O princípio da coculpabilidade reconhece que o Estado também é responsável pelo cometimento de determinados delitos, praticados por cidadãos que possuem menor âmbito de autodeterminação diante das circunstâncias do caso concreto, principalmente no que se refere às condições sociais e econômicas do agente.

Pode-se afirmar que:

a) todas as assertivas estão corretas.
b) somente duas das assertivas estão corretas.
c) somente duas das assertivas estão erradas.
d) estão erradas as de número II e III.
e) somente a de número I está errada.

COMENTÁRIOS

Alternativa correta: letra "A". Item I: como desdobramento lógico da fragmentariedade, temos o princípio da insignificância. Ainda que o legislador crie tipos incriminadores em observância aos princípios gerais do Direito Penal, poderá ocorrer situação em que a ofensa concretamente perpetrada seja diminuta, isto é, que não seja capaz de atingir materialmente e de forma relevante e intolerável o bem jurídico protegido. Nesses casos, estaremos diante do que se denomina "infração bagatelar", ou "crime de bagatela". A doutrina entendia a tipicidade como sendo a subsunção da conduta empreendida pelo agente à norma abstratamente prevista. Essa adequação conduta-norma é denominada de "tipicidade formal". A tendência atual, todavia, é a de conceituar a tipicidade penal pelo seu aspecto formal aliado à tipicidade conglobante. A tipicidade conglobante, por sua vez, deve ser analisada sob dois aspectos: a) se a conduta representa relevante lesão ou perigo de lesão ao bem jurídico (tipicidade material); b) se a conduta é determinada ou fomentada pelo direito penal (antinormatividade). Assim, não basta a existência de previsão abstrata a que a conduta empreendida se amolde perfeitamente, sendo necessário que essa conduta não seja fomentada e que atente de fato contra o bem jurídico tutelado. Deverá ser feito um juízo entre as consequências do crime praticado e a reprimenda a ser imposta ao agente. O princípio da insignificância tem lugar justamente neste primeiro aspecto da tipicidade conglobante, a tipicidade material.

Itens II e III: o princípio da ofensividade ou lesividade (*nullum crimen sine iniuria*) exige que do fato praticado ocorra lesão ou perigo de lesão ao bem jurídico tutelado. Por isso, a mera representação ou cogitação do fato criminoso é indiferente para o Direito Penal. Tal como outros princípios penais, o da lesividade não se destina somente ao legislador, mas também ao aplicador da norma incriminadora, que deverá observar, diante da ocorrência de um fato tido como criminoso, se houve efetiva lesão ou ao menos perigo concreto de lesão ao bem jurídico protegido.

Item IV: pelo princípio da materialização do fato (*nullum crimen sine actio*), o Estado só pode incriminar condutas humanas voluntárias, isto é, fatos (e nunca condições internas ou existenciais). Em outras palavras, está consagrado o Direito Penal do fato, vedando-se o Direito Penal do autor, consistente na punição do indivíduo baseada em seus pensamentos, desejos ou estilo de vida.

Item V: a teoria da coculpabilidade imputa ao Estado parcela da responsabilidade social pelos atos criminosos dos agentes em razão das desigualdades sociais. Não há exclusão da culpabilidade, mas essas circunstâncias externas devem ser consideradas na dosimetria da pena. O nosso Código Penal possibilita a adoção dessa teoria ao prever, em seu artigo 66, uma atenuante inominada: "A pena poderá ser ainda atenuada em razão de circunstância relevante, anterior ou posterior ao crime, embora não prevista expressamente em lei.".

13. (Delegado de Polícia – PI / 2009 – NUCEPE) Com relação aos princípios penais, assinale a opção correta.

a) O princípio da humanidade das penas proíbe, em qualquer hipótese, a pena de morte no ordenamento jurídico brasileiro.
b) O princípio da especialidade consagra que a lei penal geral deve afastar a lei penal especial naquilo em que elas forem conflitantes.
c) O princípio da legalidade permite a criação de tipos penais incriminadores através da edição de medidas provisórias.
d) Segundo o princípio da intervenção mínima, o direito penal deve atuar como regra e não como exceção.
e) Segundo o princípio da intranscendência, a pena não pode passar da pessoa do condenado.

COMENTÁRIOS

Alternativa correta: letra "E". Está correta a assertiva. O princípio da intranscendência (ou pessoalidade) das penas está insculpido no artigo 5º, inciso XLV, da Constituição Federal, que dispõe: "*nenhuma pena passará da pessoa do condenado podendo a obrigação de reparar o dano e a decretação do perdimento de bens ser, nos termos da lei, estendidas aos sucessores e contra eles executadas, até o limite do valor do patrimônio transferido*". Trata-se de desdobramento lógico dos princípios da responsabilidade penal individual, da responsabilidade subjetiva e da culpabilidade.

Alternativa "a": está errada porque embora a regra seja a de que a pena de morte não pode ser aplicada, o art. 5º, XLVII, da Constituição Federal prevê a possibilidade no caso de guerra declarada.

Alternativa "b": está errada porque da aplicação do princípio da especialidade decorre exatamente o contrário, ou seja, a lei geral é afastada pela lei especial.

Alternativa "c": está errada a assertiva. É vedada, nos termos do art. 62, § 1º, *b*, da Constituição Federal, a edição de medida provisória sobre direito penal. Há discussão a respeito da extensão da vedação, isto é, se aplicável apenas ao direito penal incriminador ou se também incide para impedir medida provisória para beneficiar o agente. Há decisão do STF no sentido de que a vedação não abrange as normas benéficas. Temos no ordenamento jurídico pátrio exemplo de medida provisória versando sobre direito penal favorável ao réu. São aquelas editadas em função do Estatuto do Desarmamento (Lei nº 10.826/2003), entre os anos de 2003 e 2008, dispondo sobre a posse irregular de arma de fogo.

Alternativa "d": está errada. De acordo com o princípio da intervenção mínima, o direito penal deve atuar como *ultima ratio*, ou seja, deve ter caráter subsidiário (incidindo quando os demais ramos não se revelem suficientes) e fragmentário (reservando-se para os casos de relevante lesão ou perigo de lesão ao bem jurídico).

3. FONTES DO DIREITO PENAL

14. (Delegado de Polícia – SP/ 2011 – ACADEPOL) Com relação às fontes do Direito Penal, é correto dizer que as fontes formais são classificadas em

a) materiais e de cognição.

b) imediata e substancial.

c) mediata e de produção.

d) mediata e imediata.

e) exclusivamente de cognição.

COMENTÁRIOS

✪ **Nota do autor:** quando se pretende buscar a procedência de algo, fala-se em *fonte*. A norma penal, como não poderia deixar de ser, também é provida de características que indicam sua origem e forma de manifestação. Consequentemente, ao tratar das *fontes* do Direito Penal, o que se busca é indicar de onde a norma penal emana, qual sua origem, de onde ela provém e como se revela. Fala-se em fonte material e fonte formal do Direito Penal.

Alternativa correta: letra "d". Está correta a assertiva. A fonte formal é o instrumento de exteriorização do Direito Penal, ou seja, o modo como as regras são reveladas. É a fonte de conhecimento ou de cognição. As fontes formais são tradicionalmente classificadas em: a) imediata: a lei é a única fonte formal imediata do direito penal; b) mediata: abrange os costumes e os princípios gerais de direito.

Alternativa "a": está errada porque fonte material é a fonte de produção da norma, o órgão encarregado da criação do Direito Penal, sem se confundir com a fonte formal. Já a expressão *fonte de cognição* não é espécie de fonte formal, mas seu sinônimo.

Alternativa "b": está errada porque fonte substancial é sinônimo de fonte material.

Alternativa "c": está errada a assertiva porque a fonte de produção é sinônimo de fonte material.

Alternativa "e": está errada porque as fontes de cognição não são espécie de fonte formal, mas seu sinônimo.

4. CLASSIFICAÇÃO DE CRIMES

15. (NUCEPE – Delegado de Polícia – PI/2014) Analise os itens abaixo e assinale a alternativa CORRETA.

a) Crimes complexos são aqueles que encerram dois ou mais tipos em uma única descrição legal.

b) A consumação do crime de concussão ocorre com o recebimento da vantagem indevida.

c) Dá-se o arrependimento eficaz quando o agente dá início à execução de um delito e desiste de prosseguir em virtude da reação oposta pela vítima.

d) A restituição integral do valor apropriado aos cofres públicos pelo autor de peculato doloso constitui desistência voluntária e isenta o agente de pena se feita antes do recebimento da denúncia.

e) Aplica-se a causa de diminuição de pena prevista no art. 16 do Código Penal – arrependimento posterior – em todos os crimes patrimoniais.

COMENTÁRIOS

Alternativa correta: letra "A". Está correta a assertiva. Complexo é o crime formado por meio da reunião entre dois ou mais tipos penais. Como exemplos, podemos citar o crime de roubo (furto + constrangimento ilegal) e extorsão mediante sequestro (extorsão + sequestro). A doutrina utiliza, também, a denominação *crime complexo em sentido amplo* para definir o delito acrescido de circunstâncias ou elementos que, por si sós, não constituem crime. No caso da denunciação caluniosa, por exemplo, o delito é formado pela calúnia e pela comunicação à autoridade a ocorrência de infração penal, ato este isoladamente não criminoso. Do mesmo modo, o estupro, formado pelo constrangimento violento e pelo ato de libidinagem, por si só, atípico quando praticado contra pessoa não vulnerável.

Alternativa "b": está errada a assertiva porque a consumação do crime de concussão ocorre com a exigência efetuada pelo agente público. Nesse sentido, decidiu o STJ: "No crime de concussão, a situação de flagrante delito configura-se pela exigência – e não pela entrega – da vantagem indevida. Isso porque a concussão é crime formal, que se consuma com a exigência da vantagem indevida. Assim, a eventual entrega do exigido se consubstancia mero exaurimento do crime previamente consumado" (HC 266.460/ES, DJe 17/06/2015).

Alternativa "c": está errada a assertiva. Ocorre o arrependimento eficaz quando os atos executórios já foram todos praticados, porém, o agente, decidindo recuar na atividade delituosa corrida, desenvolve nova conduta com o objetivo de impedir a produção do resultado (consumação).

Alternativa "d": está errada a assertiva. Na desistência voluntária, o agente, por manifestação exclusiva do seu querer, desiste de prosseguir na execução da conduta criminosa. Trata-se da situação em que os atos executórios ainda não se esgotaram, entretanto, o agente, voluntariamente, abandona o seu dolo inicial. Não é o que ocorre no exemplo da assertiva, em que o crime já está consumado. No peculato doloso, aliás, a reparação do dano, independentemente do momento em que efetuada, não tem efeito extintivo da punibilidade. Na hipótese de crime doloso, por não ser infração contra o patrimônio, mas contra o bom nome da administração, temos doutrina (e jurisprudência) entendendo que o ressarcimento do dano ou a restituição da coisa, por ato voluntário do agente, até o recebimento da denúncia, não importa nem mesmo em arrependimento posterior (art. 16 do CP), servindo somente como atenuante de pena, segundo o que disposto no art. 65, III, *b*, do CP (ver: *RT* 659/253).

Alternativa "e": está errada a assertiva porque a causa de diminuição de pena pelo arrependimento posterior pressupõe que o crime tenha sido cometido sem violência ou grave ameaça a pessoa.

16. (FUNCAB – Delegado de Polícia – RO/2014) Em relação à classificação doutrinária de crimes, é correto afirmar que:

a) crime progressivo é aquele em que o agente deseja produzir um resultado, mas, após consegui-lo, resolve prosseguir na violação do bem jurídico, produzindo um outro crime mais grave.
b) crime de fato transeunte é aquele que não deixa vestígios.
c) crime plurilocal é aquele em que a execução do crime se dá em um país e o resultado em outro.
d) crime falho é o nome dado à tentativa imperfeita.
e) crime plurissubsistente é aquele que exige pluralidade de sujeitos ativos.

COMENTÁRIOS

Alternativa correta: letra "B". Está correta a assertiva. Delito de fato transeunte é aquele que não permite constatação mediante análise de vestígios, pois não os exibe. Ex.: injúria cometida por meio de palavras.

Alternativa "a": está errada a assertiva, que descreve a progressão criminosa. Crime progressivo é aquele em que, para alcançar seu intento, deve o agente obrigatoriamente violar norma de caráter menos grave. No furto a residência, por exemplo, antes se pratica a violação de domicílio. No homicídio, necessariamente ocorre a lesão corporal. Todavia, o autor só responderá pelo delito visado, absorvendo-se os demais. Não se confunde com a progressão criminosa, em que ocorrem diversas condutas: inicialmente o agente pretendia um resultado e, após atingi-lo, decide praticar outro fato mais grave. Exemplo: alguém, com a intenção de ferir a vítima, nela provoca lesões corporais, mas, em seguida, não satisfeito com o resultado, decide lhe ceifar a vida. Responderá apenas pelo crime subsequente, em razão da absorção.

Alternativa "c": está errada a assertiva. O crime plurilocal é o que percorre dois ou mais territórios do mesmo país (comarcas de São Paulo, São Bernardo do Campo e Guarulhos). Gera conflito interno de competência (qual comarca aplicará a lei brasileira?). O Código de Processo Penal adotou, em regra, a teoria do resultado, sendo competente a comarca onde se deu a consumação (art. 70).

Alternativa "d": está errada a assertiva. Crime falho é sinônimo de tentativa perfeita ou acabada, que ocorre quando o agente utilizou todos os meios possíveis à sua disposição, mas não conseguiu consumar o crime por circunstâncias alheias à sua vontade. Crime falho não é sinônimo de crime impossível (ou tentativa inidônea, crime oco ou quase-crime). A tentativa imperfeita ocorre quando o agente é impedido de prosseguir no seu intento, deixando de praticar todos os atos executórios à sua disposição.

Alternativa "e": está errada a assertiva. No crime plurissubsistente, a conduta é fracionada em diversos atos que, somados, provocam a consumação. Por esse motivo, é admissível a tentativa, como, por exemplo, no homicídio, no roubo, no estelionato etc. O concurso de agentes é pressuposto do crime plurissubjetivo.

5. LEI PENAL

17. (Vunesp – Delegado de Polícia – CE/2015) De acordo com o art. 62 da Constituição da República de 1988, é permitida a edição de Medida Provisória em matéria Penal?

a) Não.
b) Sim, desde que em caso de relevância e urgência.
c) Sim, desde que imediatamente submetida ao Congresso Nacional.
d) Sim, desde que tenha caráter despenalizador.
e) Sim, desde que não importe em criação de tipos penais ou aumento de pena.

COMENTÁRIOS

Alternativa correta: letra "A" (responde, também, as demais alternativas). Segundo o **princípio da reserva legal**, a infração penal somente pode ser criada por lei em sentido estrito, ou seja, lei complementar ou lei ordinária, aprovadas e sancionadas de acordo com o processo legislativo respectivo, previsto na CF/88 e nos regimes internos da Câmara dos Deputados e Senado Federal. Desta maneira, consoante a lição de Paulo Queiroz: "Medida provisória não pode definir infrações penais ou cominar penas. Quer pela efemeridade, quer pela incerteza que traduz, dada a possibilidade de sua não conversão em lei ou de sua rejeição pelo Congresso Nacional, é claramente incompatível com o postulado de segurança jurídica que o princípio quer assegurar. Dificilmente se poderá compatibilizar ainda os pressupostos de relevância e urgência da medida com pretensões criminalizadoras, sobretudo à vista dos múltiplos constrangimentos que podem ocorrer no curto espaço de sua vigência" (*Direito Penal – Parte Geral*, p. 41).

Embora não possam criar infrações penais, e a despeito da redação do art. 62, § 1º, I, "b" da Constituição Federal, as medidas provisórias podem versar sobre direito penal não incriminador. Neste sentido, decidiu o Supremo Tribunal Federal que a vedação constante do mencionado dispositivo constitucional não abrange as normas penais benéficas, assim consideradas "as que abolem crimes ou lhes restringem o alcance, extingam ou abrandem penas ou ampliam os casos de isenção de pena ou de extinção de punibilidade". Por este motivo, o Pretório Excelso, no julgamento do RE 254.818/PR, discutindo os efeitos benéficos pela MP 1571/97, que permitiu o parcelamento dos débitos tributários e previdenciários com efeitos extintivos da punibilidade, proclamou sua admissibilidade em favor do réu. Deve-se anotar, entretanto, que essa Medida Provisória foi editada em 1997, enquanto que a vedação às MPs com conteúdo de direito penal adveio somente com a E.C. nº 32/2001. Não obstante, temos no ordenamento jurídico pátrio exemplo de medida provisória versando sobre direito penal favorável ao réu, mesmo após a referida emenda constitucional. São as MPs editadas em função do Estatuto do Desarmamento (Lei nº 10.826/2003). Entre os anos de 2003 e 2008, a posse irregular de arma de fogo fora considerada fato atípico em função de sucessivas medidas provisórias regularmente editadas pela Presidência da República, até que a MP 417/08 foi convertida na Lei nº 11.706/08. No período mencionado, ainda que apreciando de forma indireta o tema, o STF não se afastou do seu entendimento anterior à EC nº 32/2001, admitindo a MP veiculando conteúdo de direito penal benéfico.

---

18. (NUCEPE – Delegado de Polícia – PI/2014) Configuram desdobramento do princípio da reserva legal, EXCETO,

a) Lex praevia.
b) Lex stricta.
c) Lex scripta.
d) Lex certa.
e) Ultima ratio.

COMENTÁRIOS

Alternativa correta: letra "E". De fato, a *ultima ratio* em nada se relaciona com o princípio da reserva legal. *Ultima ratio*, **como princípio norteador do Direito Penal,** significa que a lei penal se aplica quando somente ela é capaz de evitar a ocorrência de atos ilícitos ou de puni-los à altura da lesão ou do perigo a que submeteram determinado bem jurídico, dotado de relevância para a manutenção da convivência social pacífica. É a partir daí que se verifica a importância do princípio da intervenção mínima (destinado especialmente ao legislador), segundo o qual o Direito Penal só deve ser aplicado quando estritamente necessário.

Alternativa "a": pelo conceito de *lex praevia*, **não há crime (ou contravenção penal), nem pena (ou medida de segurança) sem lei *anterior*.** Pelo **princípio da anterioridade**, a criação de tipos e a cominação de sanções exige lei anterior, proibindo-se a retroatividade maléfica.

Alternativa "b": de acordo com o conceito de *lex stricta*, **não há crime (ou contravenção penal), nem pena (ou medida de segurança) sem lei *estrita*.** Proíbe-se a utilização da analogia para criar tipo incriminador, fundamentar ou agravar pena. Tendo como norte este desdobramento do princípio da legalidade, o STF declarou a atipicidade da conduta do agente que furta sinal de TV a cabo, asseverando ser impossível a analogia (*in malam partem*) com o crime de furto de energia elétrica, previsto no artigo 155, § 3º, CP.

Alternativa "c": o conceito de *lex scripta* determina **não haver crime (ou contravenção penal), nem pena (ou medida de segurança) sem lei *escrita*.** Só a lei escrita pode criar crimes e sanções penais, excluindo-se o direito consuetudinário para fundamentação ou agravação da pena. O próprio mandamento insculpido no artigo 5º, II da CF/88 (*"ninguém será obrigado a fazer ou deixar de fazer alguma coisa senão em virtude de lei"*) exclui a possibilidade do costume como fonte de deveres.

Alternativa "d": *lex certa* significa **não haver crime (ou contravenção penal), nem pena (ou medida de segurança) sem lei *certa*.** O **princípio da taxatividade ou da determinação** é dirigido mais diretamente à pessoa do legislador, exigindo dos tipos penais clareza, não devendo deixar margens a dúvidas, de modo a permitir à população em geral o pleno entendimento do tipo criado.

---

19. (FUNCAB – Delegado de Polícia – ES/2013) A Presidente da República editou uma Medida Provisória, agravando a pena de um determinado crime. Logo, pode-se afirmar:

I. Trata-se de lei em sentido formal.
II. Pelo princípio da retroatividade benéfica, a Medida Provisória somente poderá ser aplicada a fatos posteriores à sua edição.
III. A agravação da pena somente poderá ocorrer após a aprovação da Medida Provisória pelo Congresso Nacional.
IV. Apresenta vício de origem que não convalesce pela sua eventual aprovação.

Indique a opção que contempla a(s) assertiva(s) correta(s).

a) I, II, III e IV.
b) I, II e III, apenas.
c) II, III e IV, apenas.
d) I, apenas.
e) IV, apenas.

COMENTÁRIOS

Alternativa correta: letra "E".

Item I: está errada a assertiva. A medida provisória é ato normativo com força de lei editado pelo Presidente da República em caso de relevância e urgência. Na definição de Paulo Gustavo Gonet Branco e Gilmar Ferreira Mendes, "as medidas provisórias são atos normativos primários, sob condição resolutiva, de caráter excepcional no quadro da separação dos Poderes, e, no âmbito federal, apenas o Presidente da República conta o poder de editá-las. Ostentam nítida feição cautelar" (*Curso de Direito Constitucional*, p. 900, Ed. Saraiva, 2014). Não se trata, pois, de lei em sentido formal, mas de espécie normativa excepcional que não pode ser editada sobre os temas a que se refere o art. 62, § 1º, da Constituição Federal, dentre os quais o direito penal. Note-se que o Supremo Tribunal Federal já decidiu que conquanto não possam criar infrações penais, as medidas provisórias podem versar sobre direito penal não incriminador (embora a decisão seja anterior à Emenda Constitucional nº 32/2001, que incluiu as matérias nas quais recaem as vedações).

Item II: está errada a assertiva porque, como já ressaltado, tratando-se de direito penal incriminador, não há possibilidade de edição de medidas provisórias.

Item III (responde, também, o item IV): está errada a assertiva. Nos termos do art. 62, § 5º, da Constituição Federal o Congresso Nacional, antes de deliberar sobre o mérito da medida provisória, deverá analisar seus pressupostos constitucionais. Tratando-se de medida provisória editada sobre matéria vedada pela Constituição, o Legislativo deverá rejeitá-la, tornando-se, pois, impossível sua convalidação pela conversão em lei.

---

20. (Delegado de Polícia – ES/ 2011 – CESPE – Adaptada) Considerando os princípios constitucionais penais e o disposto no direito penal brasileiro, julgue o item subsecutivo.

Por incidência do princípio da continuidade normativo-típica, é correto afirmar que, no âmbito dos delitos contra a dignidade sexual, as condutas anteriormente definidas como crime de ato libidinoso continuam a ser punidas pelo direito penal brasileiro, com a ressalva de que, segundo a atual legislação, a denominação adequada para tal conduta é a de crime de estupro.

COMENTÁRIOS

Certo. O princípio da continuidade normativo-típica significa a manutenção do caráter proibido da conduta, porém com o deslocamento do conteúdo criminoso para outro tipo penal. A intenção do legislador, nesse caso, é que a conduta permaneça criminosa, como ocorreu nos delitos contra a liberdade sexual.

Com efeito, antes da Lei nº 12.015/09, havia os tipos penais que puniam, separadamente, o estupro (art. 213) e o atentado violento ao pudor (art. 214). Com a entrada em vigor daquela Lei, o art. 214 foi revogado, mas não houve *abolitio criminis*, mas a transferência da conduta típica para o art. 213, tornando estupro tanto o constrangimento à conjunção carnal quanto à prática de atos libidinosos dela diversos.

---

21. (Delegado de Polícia – PA/ 2009 – MOVENS) As leis têm, em regra, efeitos para o futuro. Considerando que as leis penais seguem o princípio de que não há crime sem lei anterior que o defina, nem pena sem prévia cominação legal, assinale a opção correta.

a) A exigência de lei criando tipos penais para permitir a aplicação de sanção é garantia constitucional.

b) É válida a descrição de conduta típica penal por medida provisória.

c) Lei penal revogada permite apuração de fato ocorrido na sua vigência, mesmo quando a execução completa do fato tenha sido após a revogação.

d) Lei penal que possa trazer benefício para o acusado não pode ser aplicada quando já julgado o caso.

COMENTÁRIOS

Alternativa correta: letra "A". Está correta a assertiva. Trata-se do princípio da legalidade, que a Constituição Federal traz entre os direitos e garantias fundamentais, no art. 5º, inciso XXXVII: "não há crime sem lei anterior que o defina, nem pena sem prévia cominação legal".

Alternativa "b": está errada a assertiva. O art. 62, § 1º, da Constituição Federal veda a edição de medida provisória que verse a respeito de direito penal. Há quem sustente que a vedação constitucional se limita à norma incriminadora.

Alternativa "c": está errada porque a revogação da lei penal incriminadora (*abolitio criminis*) retira do ordenamento qualquer vestígio da figura criminosa e obsta qualquer efeito relativo a lei penal. Caso o fato tenha iniciado durante a vigência da lei anterior, a revogação retroage para abarcar a conduta já ocorrida. Se o fato se iniciou depois da revogação, será um indiferente penal.

Alternativa "d": está errada a assertiva porque, nos termos do art. 2º, parágrafo único, do Código Penal, a lei posterior que de qualquer modo favorecer o agente se aplica aos fatos anteriores, ainda que decididos por sentença condenatória transitada em julgado.

---

22. (Delegado de Polícia – RJ / 2009 – CEPERJ) Ensina JORGE DE FIGUEIREDO DIAS que "o princípio do Estado de Direito conduz a que a proteção dos direitos, liberdade e garantias seja levada a cabo não apenas através do direito penal, mas também perante o direito penal". (DIAS, Jorge de Figueiredo. *Direito penal: parte geral*. tomo I. Coimbra: Coimbra Editora, 2004, p. 165).

Assim, analise as proposições abaixo e, em seguida, assinale a opção correta.

I. O conteúdo essencial do princípio da legalidade se traduz em que não pode haver crime, nem pena que não resultem de uma lei prévia, escrita, estrita e certa.

II. O princípio da legalidade estrita não cobre, segundo a sua função e o seu sentido, toda a matéria penal, mas apenas a que se traduz em fixar, fundamentar ou agravar a responsabilidade do agente.

III. Face ao fundamento, à função e ao sentido do princípio da legalidade, a proibição de analogia vale relativamente a todos os tipos penais, inclusive os permissivos.

IV. A proibição de retroatividade da lei penal funciona apenas a favor do réu, não contra ele.

V. O princípio da aplicação da lei mais favorável vale mesmo relativamente ao que na doutrina se chama de "leis intermediárias"; leis, isto é, que entraram em vigor posteriormente à prática do fato, mas já não vigoravam ao tempo da apreciação deste.

a) Apenas uma proposição está errada.

b) Estão corretas apenas as proposições I, IV e V.

c) Estão corretas apenas as proposições I, II, III e IV.

d) Todas as proposições estão corretas.

e) Apenas três das proposições estão corretas.

COMENTÁRIOS

✪ **Nota do autor:** o princípio da legalidade, segundo o qual nenhum fato pode ser considerado crime e nenhuma pena criminal pode ser aplicada, sem que antes desse mesmo fato tenham sido instituídos por lei o tipo delitivo e a pena respectiva, constitui uma real limitação ao poder estatal de interferir na esfera de liberdades individuais. Daí sua inclusão na Constituição, entre os direitos e garantias fundamentais (CF art. 5º, XXXIX).

Alternativa correta: letra "A". Item I: está correta a assertiva. Não basta que a norma penal incriminadora tenha sido instituída por lei em sentido estrito (princípio da reserva legal), mas esta deve também ser anterior ao fato criminoso (princípio da anterioridade), escrita, estrita, certa e necessária.

Item II: está correto. Não há crime (ou contravenção penal), nem pena (ou medida de segurança) sem lei ***estrita*** (*nullum crimen, nulla poena sine lege*), proibindo-se a utilização da analogia para criar tipo incriminador, fundamentar ou agravar a pena. Entretanto, a analogia *in bonam partem* é perfeitamente possível, encontrando justificativa no princípio da equidade.

Item III: está errado porque, conforme já destacado no item anterior, a analogia *in bonam partem* é admitida, reservando-se a vedação para as situações de agravamento da situação do autor do fato criminoso.

Item IV: está correto. Nos termos do art. 5º, inciso XL, da Constituição Federal, a lei penal não retroagirá, salvo para beneficiar o réu. Complementando o dispositivo, o Código Penal, no parágrafo único do art. 2º, dispõe que "A lei posterior, que de qualquer modo favorecer o agente, aplica-se aos fatos anteriores, ainda que decididos por sentença condenatória transitada em julgado.".

Item V: está correta a assertiva. Se determinada lei, beneficiando o agente, entra em vigor após a prática do fato, haverá retroatividade e seus efeitos continuarão a incidir mesmo que o crime venha a ser investigado ou julgado após sua revogação. A lei, no caso, é ultra-ativa.

6. LEI PENAL NO TEMPO

23. (Vunesp – Delegado de Polícia – CE/2015) Ninguém pode ser punido por fato que lei posterior deixa de considerar crime, cessando em virtude dela a execução ________; a lei posterior, que de qualquer modo favorecer o agente, aplica-se aos fatos anteriores, ________.

Assinale a alternativa que preenche, correta e respectivamente, as lacunas.

a) e os efeitos penais da sentença condenatória ... desde que não decididos por sentença transitada em julgado

b) e os efeitos penais da sentença condenatória ... ainda que decididos por sentença condenatória transitada em julgado

c) e os efeitos penais da sentença condenatória, excluídos os efeitos civis ... desde que não decididos por acórdão transitado em julgado

d) e os efeitos penais da sentença condenatória, excluídos os efeitos civis ... ainda que decididos por sentença condenatória transitada em julgado

e) mas mantidos os efeitos penais da sentença condenatória ... desde que não decididos por sentença transitada em julgado

COMENTÁRIOS

Alternativa correta: letra "B" (responde, também, as demais alternativas). Está correta a assertiva. Trata-se do art. 2º do Código Penal, segundo o qual: a) ninguém pode ser punido por fato que lei posterior deixa de considerar crime, cessando em virtude dela a execução e os efeitos penais da sentença condenatória (*caput*); b) a lei posterior, que de qualquer modo favorecer o agente, aplica-se aos fatos anteriores, ainda que decididos por sentença condenatória transitada em julgado (parágrafo único). O *caput* faz referência à *abolitio criminis*, que representa a supressão da figura criminosa, extinguindo os efeitos penais com a retirada do nome do agente do rol dos culpados, sem que seja possível considerar a condenação para fins de reincidência ou de antecedentes penais. Mantém-se, no entanto, a obrigação de indenizar o dano causado. O parágrafo único, por sua vez, diz respeito à *novatio legis in mellius*, a lei que de qualquer modo beneficia o réu, também conhecida como *lex mitior*. A lei **penal** nova que beneficia o réu, a exemplo da abolicionista, também **não respeita a coisa julgada**, sendo aplicada mesmo quando o agente já tenha sido condenado definitivamente.

24. (NUCEPE – Delegado de Polícia – PI/2014) Considerando que Marcos fora processado pelo crime de rapto violento em janeiro de 2005 e mencionado crime fora revogado pela Lei n.11.106, de 28 de março de 2005, julgue as afirmações a seguir:

I. A lei penal pode retroagir em algumas hipóteses.

II. Se Marcos já tiver sido condenado antes de março de 2005, permanecerá sujeito à pena aplicada na sentença condenatória.

III. Na hipótese, ocorre a abolitio criminis.

IV. Se Marcos ainda não tiver sido condenado no juízo a quo, poderá ocorrer a extinção da punibilidade desde que ela seja provocada pelo réu.

a) I, III e IV estão corretas.

b) III e IV estão corretas.

c) I e IV estão corretas.

d) I e III estão corretas.

e) II e IV estão corretas.

COMENTÁRIOS

Alternativa correta: letra "D".

✪ **Nota do autor: a** questão traz um caso hipotético de *abolitio criminis***.** A privação da liberdade com finalidade libidinosa era etiquetada pelo Código Penal como crime sexual de rapto (arts. 219 e 220). Com o advento da Lei 11.106/2005, tal modalidade criminosa acabou por ser abolida formalmente do nosso ordenamento jurídico, passando a configurar qualificadora do sequestro. Não houve, contudo, *abolitio criminis*, não se extraindo da mudança legal a intenção do legislador em ver abolida a conduta de privar alguém da sua liberdade de locomoção, com finalidade libidinosa. O que ocorreu, na verdade, foi uma mera revogação formal do tipo do art. 219, permanecendo materialmente típica a conduta, agora deslocando a sua subsunção (enquadramento) no disposto no art. 148, § 1º, V, do CP (princípio da continuidade normativo-típica).

Item I: como decorrência do princípio da legalidade, aplica-se, **em regra**, a lei penal vigente ao tempo da **realização** do fato criminoso (*tempus regit actum*). A lei penal, para produzir efeitos no caso concreto, deve ser editada antes da prática da conduta que busca incriminar. Excepcionalmente, no entanto, será permitida a retroatividade da lei penal para alcançar fatos passados, desde que benéfica ao réu.

Item II: está errada a assertiva. A lei penal abolicionista não deve respeito à coisa julgada. Isso porque, por expressa disposição do artigo 2º, *caput*, CP, cessarão tanto a execução quanto os efeitos penais da sentença condenatória. Tal dispositivo não infringe o artigo 5º, inc. XXXVI, da CF ("a lei não prejudicará o direito adquirido, o ato jurídico e a coisa julgada"), pois o mandamento constitucional tutela a garantia individual e não o direito de punir do Estado. ***No entanto,*** mesmo com a revogação do crime, subsiste, por exemplo, a obrigação de indenizar o dano causado, enquanto que os efeitos penais terão de ser extintos, retirando-se o nome do agente do rol dos culpados, não podendo a condenação ser considerada para fins de reincidência ou de antecedentes penais.

Item III: a abolição do crime representa a supressão da figura criminosa. Trata-se da revogação de um tipo penal pela superveniência de lei descriminalizadora. A lei abolicionista está prevista no artigo 2º, *caput*, do Código Penal, que preceitua que: *"Ninguém pode ser punido por fato que lei posterior deixa de considerar crime, cessando em virtude dela a execução e os efeitos penais da sentença condenatória".* É fenômeno verificado sempre que o legislador, atento às mutações sociais (e ao princípio da intervenção mínima), resolve não mais incriminar determinada conduta, retirando do ordenamento jurídico-penal a infração que a previa, julgando que o Direito Penal não mais se faz necessário à proteção de determinado bem jurídico. É o que ocorreu com o crime de adultério, anteriormente previsto como crime no art. 240 do CP e revogado pela Lei nº 11.106/2005.

Item IV: está errada a assertiva porque a aplicação dos efeitos relativos à *abolitio criminis* não depende de provocação do réu.

25. (UEL – Delegado de Polícia – PR/2013) Quanto à eficácia temporal da Lei Penal, relacione a coluna da esquerda com a da direita.

I	*Novatio legis incriminadora.*	a) Lei supressiva de incriminação.
II	*Novatio legis in pejus.*	b) Aplicável às leis temporais e excepcionais.
III	*Novatio legis in mellius.*	c) Lei nova incrimina fato anteriormente considerado lícito.
IV	*Abolítio criminis.*	d) Lei nova modifica o regime anterior, agravando a situação do sujeito.
V	Ultra-atividade.	e) Lei nova modifica o regime anterior, beneficiando a situação do sujeito.

Assinale a alternativa que contém a associação correta.

a) I – C, II – D, III – A, IV – E, V – B.
b) I – C, II – D, III – E, IV – A, V – B.
c) I – D, II – B, III – A, IV – E, V – C.
d) I – D, II – C, III – B, IV – A, V – E.
e) I – D, II – C, III – E, IV – A, V – B.

COMENTÁRIOS

Alternativa correta: letra "B".

Item I: a *novatio legis* incriminadora é a lei que não existia no momento da prática da conduta e que passa a considerar como delito a ação ou omissão realizada. Esta norma é **irretroativa**, nos termos do artigo 1º do Código Penal.

Item II: a *novatio legis in pejus* é a nova lei que, de qualquer modo, prejudica o réu (*lex gravior*) e também é irretroativa, devendo ser aplicada a lei vigente quando do tempo do crime. Trata-se, como na hipótese de *novatio legis* incriminadora, de observância da lei ao princípio da anterioridade, corolário do princípio da legalidade.

Item III: a *novatio legis in mellius* é a nova lei que de qualquer modo beneficia o réu, também conhecida como *lex mitior*. Esta lei retroagirá, atendendo à regra, prevista também no art. 2º, parágrafo único, do Código Penal.

Item IV: a abolição do crime representa a supressão da figura criminosa. Trata-se da revogação de um tipo penal pela superveniência de lei descriminalizadora.

Item V: a **ultra-atividade** da lei penal representa a possibilidade de aplicação da lei penal mesmo após a sua revogação ou cessação de efeitos, aplicando-se às leis excepcionais e temporárias.

26. (Delegado de Polícia – RO/ 2009 – FUNCAB) A respeito das regras que tratam da aplicação da lei penal, disciplinadas no Título I do Código Penal, é correto afirmar que:

a) a pena cumprida no estrangeiro em nada interfere na aplicação da pena imposta no Brasil pelo mesmo crime.

b) pela teoria da ubiquidade, considera-se praticado o crime no momento da ação ou omissão, bem como no momento em que se produziu o resultado.

c) a lei excepcional ou temporária, uma vez findo o período de sua duração ou cessadas as circunstâncias que a determinaram, não poderá retroagir para atingir os fatos ocorridos durante a sua vigência.

d) a lei penal mais grave aplica-se ao crime continuado ou ao crime permanente, se a sua vigência é anterior à cessação da continuidade ou da permanência.

e) a lei posterior favorável ao agente aplica-se aos fatos anteriores, exceto quando já decididos por sentença condenatória transitada em julgado.

COMENTÁRIOS

Alternativa correta: letra "D". Está correta a assertiva, conforme se extrai da súmula nº 711 do STF: "A lei penal mais grave aplica-se ao crime continuado ou ao crime permanente, se a sua vigência é anterior à cessação da continuidade ou da permanência.".

Alternativa "a": está errada a assertiva. Nos termos do art. 8º do Código Penal, a pena cumprida no estrangeiro atenua a pena imposta no Brasil pelo mesmo crime, quando diversa, ou nela é computada, quando idêntica. Trata-se de exceção ao princípio *ne bis in idem*, atenuada pela possibilidade de detração penal. Dois fatores, no caso, devem ser considerados: a quantidade e a qualidade das penas. Se da mesma qualidade, da sanção aplicada no Brasil será abatida a pena cumprida no exterior (como uma detração internacional); se de qualidade diversa, a questão fica a critério do julgador. Ex.: agente é condenado a pena de 8 (oito) anos na França por ter atentado contra a vida do nosso Presidente da República. No Brasil, é também processado e condenado, mas a pena imposta na sentença foi de 20 (vinte) anos. Neste caso, serão abatidos os 8 (oito) anos cumpridos na França, cumprindo o agente, no Brasil, somente 12 (doze) anos.

Alternativa "b": embora, a princípio, possa ser considerada correta, já que uma das teorias a respeito do tempo do crime é a da ubiquidade, que considera cometido o crime tanto no momento da ação ou omissão quanto no momento da produção do resultado, a assertiva deve ser analisada em conjunto com o enunciado da questão, que indaga a respeito das regras que tratam da aplicação da lei penal, disciplinadas no Título I do Código Penal (Parte Geral). A disciplina do tempo do crime no art. 4º do Código Penal adota a teoria da atividade (considera-se praticado o crime no momento da ação ou omissão, ainda que outro seja o momento do resultado), não a da ubiquidade, reservada ao lugar do crime. Dessa forma, a assertiva está errada.

Alternativa "c": está errada porque a lei excepcional ou temporária tem como característica a ultra-atividade. Nestas normas, as circunstâncias de prazo (lei temporária) e de emergência (lei excepcional) ***são elementos temporais do próprio fato típico,*** e, por isto, são ultra-ativas. Por serem de curta duração, se não tivessem a característica da ultra-atividade, perderiam sua força intimidativa.

Alternativa "e": está errada porque, nos termos do art. 2º, parágrafo único, do Código Penal, a lei posterior que de qualquer modo favorecer o agente se aplica aos fatos anteriores, ainda que decididos por sentença condenatória transitada em julgado.

27. (Delegado de Polícia – PI / 2009 – NUCEPE) Com relação à lei penal no tempo, assinale a alternativa correta.

a) A lei penal mais benéfica é portadora da retroatividade, mas não da ultratividade.

b) A lei penal mais benéfica é portadora da ultratividade, mas não da retroatividade.

c) Uma lei penal em prejuízo do réu só poderá retroagir antes de iniciado o processo penal.

d) A lei penal incriminadora é portadora da ultratividade.

e) A lei penal descriminalizadora é portadora da extratividade.

COMENTÁRIOS

Alternativa correta: letra "E". Está correta a assertiva. A lei penal que provoca a *abolitio criminis* é retroativa, aplicando-se a todos os fatos ocorridos antes de sua vigência, fazendo com que cessem os efeitos penais. É também ultra-ativa, incidindo sobre fatos ocorridos em sua vigência, mesmo após a revogação.

Alternativa "a" (responde, também, a alternativa "b"): está errada porque a lei penal benéfica tem como características tanto a retroatividade (é aplicável a fatos ocorridos antes de sua vigência) quanto a ultra-atividade (é aplicável, mesmo após sua revogação, a fatos ocorridos durante sua vigência).

Alternativa "c": está errada porque, em prejuízo do réu, a lei jamais retroagirá.

Alternativa "d": está errada a assertiva porque a lei penal incriminadora não é dotada da característica da ultra-atividade.

7. TEMPO DO CRIME

28. (Delegado de Polícia – SP/ 2011 – ACADEPOL) Em relação ao tempo do crime, a teoria adotada é

a) da equivalência dos antecedentes.

b) do resultado.

c) da ubiquidade.

d) da atividade

e) da territorialidade temperada.

COMENTÁRIOS

Alternativa correta: letra "D". Está correta a assertiva. O nosso Código Penal, em seu artigo 4°, adotou a teoria da atividade, dispondo que *"considera-se praticado* *o crime no momento da ação ou omissão, ainda que outro seja o momento do resultado".* Pelo princípio da coincidência (da congruência ou da simultaneidade), todos os elementos do crime (fato típico, ilicitude e culpabilidade) devem estar presentes no momento da conduta. A imputabilidade do agente, por exemplo, dependerá da aferição da sua idade no momento da ação ou da omissão. Deste modo, se ao tempo do disparo de arma de fogo o agente era menor de 18 anos, terá praticado ato infracional e será sancionado de acordo com o Estatuto da Criança e do Adolescente, ainda que a vítima somente venha a óbito quando o agente complete os 18 anos. O momento do crime é também marco inicial para saber a lei que, em regra, vai reger o caso concreto, ganhando ainda mais importância no caso de sucessão de leis penais no tempo.

Alternativa "a": está errada porque a teoria da equivalência dos antecedentes é relativa ao nexo causal, estabelecendo que todo fato sem o qual o resultado não teria ocorrido é causa.

Alternativa "b": está errada porque a teoria do resultado, segundo a qual se considera praticado o crime quando da ocorrência do seu resultado (ex.: local do óbito), embora seja uma das teorias aplicáveis ao tempo do crime, não é adotada pelo Código Penal.

Alternativa "c": está errada a assertiva porque a teoria da ubiquidade, que considera tempo do crime tanto o momento da ação ou omissão quanto o momento da produção do resultado (ex.: local do disparo ou local do óbito), não é adotada pelo Código Penal, não obstante seja uma das teorias utilizadas para estabelecer o tempo do crime.

Alternativa "e": está errada porque a territorialidade temperada é a regra adotada para a aplicação da lei penal no espaço. Como regra básica, de acordo com o art. 5º, *caput*, do CP, *aplica-se a lei brasileira, sem prejuízo de convenções, tratados e regras de direito internacional, ao crime cometido no território nacional*. Nosso ordenamento jurídico adotou, portanto, a territorialidade, que, no entanto, não é absoluta, comportando exceções previstas em convenções, tratados e regras de direito internacional (territorialidade temperada).

8. LEI PENAL NO ESPAÇO

29. (Nucepe – Delegado de Polícia – PC – PI/2018) Em relação à aplicação da lei penal é CORRETO afirmar que:

a) ficam sujeitos à lei brasileira, embora cometidos no estrangeiro, os crimes cometidos contra a vida ou o patrimônio do Presidente da República;

b) ficam sujeitos à lei brasileira, embora cometidos no estrangeiro, os crimes praticados por brasileiro; mesmo que o fato não seja punível também no país em que foi praticado;

c) ficam sujeitos à lei brasileira, embora cometidos no estrangeiro, os crimes contra o patrimônio ou a fé pública da União, do Distrito Federal, de Estado, de Território, de Município, de empresa pública, sociedade de economia mista, autarquia ou fundação instituída pelo Poder Público;

d) para os efeitos penais, consideram-se como extensão do território nacional as embarcações e aeronaves brasileiras, de natureza privada onde quer que se encontrem, bem como as aeronaves e as embarcações brasileiras mercantes, que se achem, respectivamente, no espaço aéreo correspondente ou em alto-mar;

e) é aplicável a lei brasileira aos crimes praticados a bordo de aeronaves ou embarcações estrangeiras de propriedade privada, achando-se aquelas em pouso no território nacional ou em voo no espaço aéreo correspondente, e estas em porto ou em alto-mar.

COMENTÁRIOS

Alternativa "a": está errada a assertiva. Ficam sujeitos à lei brasileira, embora cometidos no estrangeiro, os crimes contra a vida e a liberdade presidente da República (art. 7º, inc. I, *a*, do CP). Crimes contra o patrimônio do presidente não entram nesta regra.

Alternativa "b": está errada a assertiva. Segundo o art. 7º, inc. II, *a*, do CP, ficam sujeitos à lei brasileira, embora cometidos no estrangeiro, os crimes praticados por brasileiros, desde que, evidentemente, o fato seja punível no país em que foi praticado.

Alternativa "c": está correta a assertiva. É caso de extraterritorialidade incondicionada, segundo o disposto no art. 7º, inc. I, *b*, do CP, a prática de crime, embora no estrangeiro, contra o patrimônio ou a fé pública da União, do Distrito Federal, de Estado, de Território, de Município, de empresa pública, sociedade de economia mista, autarquia ou fundação instituída pelo Poder Público.

Alternativa "d": está errada a assertiva. Consideram-se como extensão do território nacional as embarcações e aeronaves brasileiras, de natureza pública ou a serviço do governo brasileiro onde quer que se encontrem, bem como as aeronaves e as embarcações brasileiras, mercantes ou de propriedade privada, que se achem, respectivamente, no espaço aéreo correspondente ou em alto-mar. É o que estabelece o art. 5º, § 1º, do CP.

Alternativa "e": está errada a assertiva. É aplicável a lei brasileira aos crimes praticados a bordo de aeronaves ou embarcações estrangeiras de propriedade privada, achando-se aquelas em pouso no território nacional ou em voo no espaço aéreo correspondente, e estas em porto ou mar territorial do Brasil (não em alto-mar, como aponta a assertiva).

Alternativa correta: letra "c".

30. (Vunesp – Delegado de Polícia – CE/2015) Ficam sujeitos à lei brasileira, embora cometidos no estrangeiro, mas desde que presentes algumas condições (entrar o agente no território nacional; ser o fato punível também no país em que foi praticado; estar o crime incluído entre aqueles pelos quais a lei brasileira autoriza a extradição; não ter sido o agente absolvido no estrangeiro ou não ter aí cumprido a pena; não ter sido o agente perdoado no estrangeiro ou, por outro motivo, não estar extinta a punibilidade, segundo a lei mais favorável), os crimes

a) contra a administração pública, por quem está a seu serviço.
b) de genocídio, quando o agente for brasileiro ou domiciliado no Brasil.
c) contra a vida ou a liberdade do Presidente da República.
d) que, por tratado ou convenção, o Brasil se obrigou a reprimir.
e) contra o patrimônio ou a fé pública da União, do Distrito Federal, de Estado, de Território, de Município, de empresa pública, sociedade de economia mista, autarquia ou fundação instituída pelo Poder Público.

COMENTÁRIOS

Alternativa correta: letra "D". Está correta a assertiva. De acordo com o art. 7º, inciso II, alínea *a*, do Código Penal, ficam sujeitos à lei brasileira, embora cometidos no estrangeiro, os crimes que, por tratado ou convenção, o Brasil se obrigou a reprimir. Trata-se de uma das situações de extraterritorialidade condicionada.

O critério geral adotado pelo nosso ordenamento penal é o de que a lei penal brasileira, *sem prejuízo de convenções, tratados e regras de direito internacional*, vale dentro do território nacional (físico e jurídico). No entanto, em casos excepcionais, a nossa lei poderá extrapolar os limites do território, alcançando crimes cometidos **exclusivamente no estrangeiro**, fenômeno da extraterritorialidade.

Na extraterritorialidade **condicionada,** para que a nossa lei possa ser aplicada, faz-se necessário o concurso das seguintes condições (art. 7º, § 2º, CP)**: (i) entrar o agente no território nacional:** não se exige a permanência do agente, apenas o seu ingresso no território nacional, considerado na sua dimensão física ou jurídica; **(ii) ser o fato punível também no país em que foi praticado:** este requisito tem natureza de **condição objetiva de punibilidade**, de modo que a sua ausência não impede o processo, porém a sua ausência por ocasião do julgamento gera a improcedência da ação penal; **(iii) estar o crime incluído entre aqueles pelos quais a lei brasileira autoriza a extradição:** há uma perfeita coincidência entre os crimes pelos quais o Brasil autoriza a extradição e os crimes pelos quais o Brasil aplica a lei brasileira (em apertada síntese, o art. 82, inciso IV, da Lei 13.445/17 veda a extradição se a lei brasileira impuser ao crime pena de prisão inferior a dois anos); **(iv) não ter sido o agente absolvido no estrangeiro ou não ter aí cumprido a pena; (v) não ter sido o agente perdoado no estrangeiro ou, por outro motivo, não estar extinta a punibilidade, segundo a lei mais favorável.**

Alternativa "a": está errada a assertiva porque a aplicação da lei brasileira aos crimes contra a administração pública cometidos no estrangeiro, por quem está a seu serviço, é hipótese de extraterritorialidade incondicionada. Nesse caso, a lei brasileira, para ser aplicada, não depende do preenchimento de qualquer requisito. Verificada a infração penal, aplica-se a lei brasileira, não importando se o autor foi *absolvido ou condenado no estrangeiro*. Para Guilherme de Souza Nucci, esta modalidade de extraterritorialidade é inconstitucional diante da absoluta impossibilidade de alguém se ver processado duas vezes pelo mesmo fato. Por isso, ainda que a lei assim não considere, a extraterritorialidade será sempre subordinada à condição de que o agente não tenha sido processado (condenado ou absolvido) no exterior (*Código Penal Comentado*. 13ª ed. São Paulo: RT, 2012, p. 109).

Alternativas "b", "c" e "e": estão erradas porque também tratam de hipóteses de extraterritorialidade incondicionada.

---

31. (ACAFE – Delegado de Polícia – SC/2014) Observadas as disposições do Código Penal, assinale a alternativa correta.

a) É aplicável a lei do país de procedência aos crimes praticados a bordo de aeronaves ou embarcações estrangeiras de propriedade privada, achando-se aquelas em pouso no território nacional ou em voo no espaço aéreo correspondente, e estas em porto ou mar territorial do Brasil.
b) A sentença estrangeira, quando a aplicação da lei brasileira produz na espécie as mesmas consequências, não pode ser homologada no Brasil para obrigar o condenado à reparação do dano, a restituições e a outros efeitos civis.
c) Para os efeitos penais consideram-se como extensão do território nacional as embarcações e aeronaves brasileiras, de natureza pública ou a serviço do governo brasileiro, onde quer que se encontrem, bem como as aeronaves e as embarcações brasileiras mercantes ou de propriedade privada, que se achem, respectivamente, no espaço aéreo correspondente ou em alto-mar.
d) Considera-se praticado o crime no lugar em que ocorreu a ação ou omissão, no todo ou em parte, exceto se em outro local produziu ou deveria produzir-se o resultado.
e) Ficam sujeitos à lei brasileira, embora cometidos no estrangeiro, os crimes de injúria, calúnia e difamação praticados contra o Presidente da República do Brasil.

COMENTÁRIOS

Alternativa correta: letra "C" (responde, também, a alternativa "a"). Está correta a assertiva. Para os efeitos penais, consideram-se como extensão do território nacional as embarcações e aeronaves brasileiras, de natureza pública ou a serviço do governo brasileiro onde quer que se encontrem, bem como as embarcações e as aeronaves brasileiras (matriculadas no Brasil), mercantes ou de propriedade privada, que se achem, respectivamente, em alto-mar ou no espaço aéreo correspondente (art. 5°, § 1°, CP). É também aplicável a lei brasileira aos crimes cometidos a bordo de aeronaves ou embarcações estrangeiras de propriedade privada, achando-se aquelas em pouso no território nacional ou em voo no espaço aéreo correspondente, e estas em porto ou mar territorial do Brasil (art. 5º, § 2°, CP). Do exposto, extraímos as seguintes conclusões: **a)** Quando os navios ou aeronaves brasileiros forem públicos ou estiverem a serviço do governo brasileiro, quer se encontrem em território nacional ou estrangeiro, são considerados parte do nosso território; **b)** Se os navios ou aeronaves forem privados, quando em alto-mar ou espaço aéreo correspondente, seguem a lei da bandeira que ostentam; **c)** Quanto aos navios e aeronaves estrangeiros, em território brasileiro, desde que privados, são considerados parte de nosso território.

Alternativa "b": está errada a assertiva. O art. 9º, inciso I, do Código Penal estabelece que a sentença estrangeira, quando a aplicação da lei brasileira produz na espécie as mesmas consequências, pode ser homologada no Brasil para obrigar o condenado à reparação do dano, a restituições e a outros efeitos civis.

Alternativa "d": está errada a assertiva. A respeito do lugar do crime, aplica-se a teoria da ubiquidade, segundo a qual considera-se praticado o crime no lugar em que ocorreu a ação ou omissão, no todo ou em parte, bem como onde se produziu ou deveria produzir-se o resultado. Logo, sempre que por força do critério da ubiquidade o fato se deva considerar praticado **tanto no território brasileiro como no estrangeiro**, será aplicável a lei brasileira.

Alternativa "e": está errada a assertiva. De acordo com o art. 7º, inciso I, alínea *a*, do Código Penal, ficam sujeitos à lei brasileira, embora cometidos no estrangeiro os crimes contra a vida ou a liberdade do presidente da República. Trata-se de uma das hipóteses de extraterritorialidade incondicionada, que, portanto, não abrange os crimes contra a honra do presidente da República.

32. (FUNCAB – Delegado de Polícia – ES/2013) Quanto à aplicação da lei penal brasileira no espaço, é correto afirmar:

I. O princípio da universalidade, preconizado no artigo 7°, II, a, do CP não obsta a concessão da extradição ao Estado no qual ocorreram as práticas delituosas.

II. Em razão do princípio da personalidade passiva, o brasileiro nato não pode ser extraditado, entretanto é submetido à lei brasileira quando pratica crime no estrangeiro, mesmo que já tenha cumprido pena ou tenha sido absolvido no país onde praticou o crime.

III. A legislação brasileira adota de forma irrestrita o princípio da justiça universal; inclusive nos crimes de tráfico de pessoas esse princípio prevalece em prejuízo do princípio da territorialidade.

IV. O território onde estão instaladas as embaixadas estrangeiras passam a constituir território do Estado da embaixada.

Indique a opção que contempla a(s) assertiva(s) correta(s).

a) I, II, III e IV.

b) II, III e IV, apenas.

c) III e IV, apenas.

d) I e IV, apenas.

e) I, apenas.

COMENTÁRIOS

Alternativa correta: letra "E".

Item I: está correta a assertiva. De acordo com o **princípio da justiça penal universal ou da justiça cosmopolita,** o agente fica sujeito à lei do país onde for encontrado, não importando a sua nacionalidade, do bem jurídico lesado ou do local do crime. Esse princípio está normalmente presente nos tratados internacionais de cooperação de repressão a determinados delitos de alcance transnacional. Nada impede, no entanto, que o país em que o agente foi encontrado o extradite àquele onde o fato foi cometido.

Item II: está errada a assertiva. Pelo **princípio da nacionalidade ou personalidade passiva,** aplica-se a lei penal da nacionalidade do ofendido. O fato de o brasileiro não poder ser extraditado em nada se relaciona com este princípio, tratando-se de regra insculpida no art. 5º, inciso LI, da Constituição Federal.

Item III: está errada a assertiva. A hipótese de extraterritorialidade estabelecida no art. 7º, inciso II, *a*, do Código Penal (aplica-se a lei brasileira, embora cometidos no estrangeiro, aos crimes que, por tratado ou convenção, o Brasil se obrigou a reprimir), por exemplo, representa a adoção do princípio da justiça universal, mas não é aplicada irrestritamente, pois se trata de extraterritorialidade condicionada, ou seja, a aplicação da lei brasileira depende de entrar o agente no território nacional; de ser o fato punível também no país em que foi praticado; de estar o crime incluído entre aqueles pelos quais a lei brasileira autoriza a extradição; de não ter sido o agente absolvido no estrangeiro ou não ter aí cumprido a pena; de não ter sido o agente perdoado no estrangeiro ou, por outro motivo, não estar extinta a punibilidade, segundo a lei mais favorável (art. 7º, § 2º, do Código Penal).

Item IV: está errada a assertiva. É importante observar que o Código Penal não trouxe qualquer regra específica atinente às **embaixadas,** motivo pelo qual se conclui que elas, embora sejam invioláveis, **não** constituem extensão do território do país que representam. Assim, a título de exemplo, a embaixada norte-americana no Brasil é território brasileiro e ao crime nela praticado será aplicada a lei penal brasileira – salvo a incidência de convenção, tratado ou regra de direito internacional.

33. (Delegado de Polícia – AP / 2010 – FGV) Assinale a alternativa que apresente local que não é considerado como extensão do território nacional para os efeitos penais.

a) aeronaves ou embarcações brasileiras, mercantes ou de propriedade privada, quando em território estrangeiro, desde que o crime figure entre aqueles que, por tratado ou convenção, o Brasil se obrigou a reprimir.

b) as aeronaves e as embarcações brasileiras, mercantes ou de propriedade privada, que se achem, respectivamente, no espaço aéreo correspondente ou em alto-mar.

c) as embarcações e aeronaves brasileiras, de natureza pública, onde quer que se encontrem.

d) aeronaves ou embarcações estrangeiras de propriedade privada, achando-se aquelas em pouso no território nacional ou em vôo no espaço aéreo correspondente, e estas em porto ou mar territorial do Brasil.

e) as embarcações e aeronaves brasileiras, a serviço do governo brasileiro, onde quer que se encontrem.

COMENTÁRIOS

Alternativa correta: letra "A". As aeronaves ou embarcações brasileiras, mercantes ou de propriedade privada, quando em território estrangeiro, *não* são consideradas extensão do território nacional, devendo os crimes cometidos a bordo de tais veículos ser processados no país respectivo.

Alternativa "b": nos termos do art. 5º, § 1º, do Código Penal, consideram-se como extensão do território nacional as embarcações e aeronaves brasileiras, mercantes ou de propriedade privada, que se achem, respectivamente, no espaço aéreo correspondente ou em alto-mar.

Alternativa "c" (responde, também, a alternativa "e"): de acordo com o disposto no art. 5º, § 1º, do Código Penal, consideram-se como extensão do território nacional as embarcações e aeronaves brasileiras, de natureza pública ou a serviço do governo brasileiro onde quer que se encontrem.

Alternativa "d": conforme estabelece o art. 5º, § 2º, do Código Penal, é aplicável a lei brasileira aos crimes praticados a bordo de aeronaves ou embarcações estrangeiras de propriedade privada, achando-se aquelas em pouso no território nacional ou em voo no espaço aéreo correspondente, e estas em porto ou mar territorial do Brasil.

34. (Delegado de Polícia – AP / 2010 – FGV) Relativamente ao tema da territorialidade e extraterritorialidade, analise as afirmativas a seguir.

I. Ficam sujeitos à lei brasileira, embora cometidos no estrangeiro os crimes contra a administração pública, por quem está a seu serviço.

II. Ficam sujeitos à lei brasileira, os crimes praticados em aeronaves ou embarcações brasileiras, mercantes ou de propriedade privada, quando em território estrangeiro ainda que julgados no estrangeiro.

III. Ficam sujeitos à lei brasileira, embora cometidos no estrangeiro os crimes contra o patrimônio da União, do Distrito Federal, de Estado, de Território ou de Município quando não sejam julgados no estrangeiro.

Assinale:

a) se somente a afirmativa I estiver correta.

b) se somente a afirmativa II estiver correta.

c) se somente a afirmativa III estiver correta.

d) se somente as afirmativas II e III estiverem corretas.

e) se todas as afirmativas estiverem corretas.

COMENTÁRIOS

Alternativa correta: letra "A". Item I: está correta a assertiva, tratando-se de hipótese de extraterritorialidade incondicionada, em que o agente é processado de acordo com a lei brasileira, ainda que absolvido ou condenado no estrangeiro.

Item II: está errada a assertiva. Embora possam se submeter à lei brasileira os crimes praticados em aeronaves ou embarcações brasileiras, mercantes ou de propriedade privada, quando em território estrangeiro, tal somente ocorre, nos termos do art. 7º, § 1º, II, do Código Penal, se não houver julgamento no estrangeiro. A extraterritorialidade, neste caso, é condicionada, aplicando-se: a) se entrar o agente no território nacional; b) se o fato for punível também no país em que foi praticado; c) se estiver o crime incluído entre aqueles pelos quais a lei brasileira autoriza a extradição; d) se não tiver sido o agente absolvido no estrangeiro ou não ter aí cumprido a pena; e) se não tiver sido o agente perdoado no estrangeiro ou, por outro motivo, não estiver extinta a punibilidade, segundo a lei mais favorável.

Item III: está errado porque os crimes cometidos no estrangeiro contra o patrimônio da União, do Distrito Federal, de Estado, de Território ou de Município estão sujeitos à lei brasileira independentemente de quaisquer condições, pois a hipótese aqui é de extraterritorialidade incondicionada.

9. LEI PENAL EM RELAÇÃO ÀS PESSOAS

35. (Cespe – Delegado de Polícia – BA/2013 – Adaptada) Acerca da parte geral do direito penal e seus Institutos, julgue os itens seguintes.

Somente mediante expressa manifestação pode o agente diplomático renunciar à imunidade diplomática, porquanto o instituto constitui causa pessoal de exclusão da pena.

COMENTÁRIOS

Errado. A assertiva está errada porque as imunidades têm caráter **irrenunciável**, sendo vedado ao seu destinatário abdicar da sua prerrogativa, já que a mesma é conferida em razão do cargo (e não da pessoa). Não obstante, poderá haver renúncia, desde que expressa, por parte do Estado de origem do agente diplomático (denominado Estado acreditante), nos termos do artigo 32, 1 e 2, do Decreto nº 56.435/65.

10. CONFLITO APARENTE DE NORMAS

36. (FUNCAB – Delegado de Polícia – RO/2014) São princípios que solucionam o conflito aparente de normas penais:

a) insignificância, consunção, subsidiariedade e alteridade.
b) insignificância, alteridade, consunção e alternatividade.
c) especialidade, alteridade, consunção e subsidiariedade.
d) especialidade, alternatividade, subsidiariedade e insignificância.
e) especialidade, consunção, subsidiariedade e alternatividade.

COMENTÁRIOS

Alternativa correta: letra "E". Está correta a assertiva. São princípios que solucionam o conflito aparente de normas: a) especialidade: previsto no artigo 12 do Código Penal, determina que se afaste a lei geral para aplicação da lei especial. Entende-se como lei especial aquela que contém todos os elementos da norma geral, acrescida de outros que a tornam distinta (chamados de especializantes). O tipo especial preenche integralmente o tipo geral, com a adição de elementos particulares; b) consunção: trata-se da continência de tipos, ou seja, o crime previsto por uma norma (consumida) não passa de uma fase de realização do crime previsto por outra (consuntiva) ou é uma forma normal de transição para o último (crime progressivo); c) subsidiariedade: uma lei tem caráter subsidiário relativamente a outra (principal) quando o fato por ela incriminado é também incriminado por outra, tendo um âmbito de aplicação comum, mas abrangência diversa. A relação entre as normas (subsidiária e principal) é de maior ou menor gravidade (e não de espécie e gênero, como na especialidade); d) alternatividade: tem aplicação prática nos chamados crimes de conteúdo múltiplo (ou variado), isto é, tipos penais que contam com vários verbos nucleares (cf. art. 33 da Lei de Drogas, art. 12 do Estatuto do Desarmamento etc.). Nessas hipóteses, se o agente realiza vários verbos, porém, *no mesmo contexto fático e sucessivamente* (p. ex., depois de *importar* e *preparar* certa quantidade de droga, o agente *traz consigo* porções separadas para venda a terceiros), por força do princípio da alternatividade, responderá por crime único, devendo o juiz considerar a pluralidade de núcleos praticados na fixação da pena. Percebe-se, portanto, que o princípio da alternatividade não resolve um conflito aparente de normas, mas conflito dentro da própria norma.

Alternativa "a": o princípio da insignificância não diz respeito ao conflito aparente de normas. Trata-se de princípio decorrente da fragmentariedade que afasta a aplicação da lei penal nos casos em que a ofensa concretamente perpetrada seja diminuta, isto é, **incapaz** de atingir materialmente e de forma relevante e intolerável o bem jurídico protegido. Nesses casos, estaremos diante do que se denomina "**infração bagatelar**", ou "**crime de bagatela**". O princípio da alteridade também não tem relação com o conflito aparente de normas. Significa ser materialmente atípica a conduta que não lesa bens jurídicos de terceiros.

Alternativas "b", "c" e "d": ver comentários às assertivas anteriores.

37. (FGV – Delegado de Polícia – MA/2012) Ocorrido um fato criminoso, às vezes duas ou mais normas se apresentam para regulá-lo, surgindo o chamado conflito aparente de normas.

A respeito de tal questão, assinale a afirmativa incorreta.

a) A pluralidade de fatos e a pluralidade de normas são pressupostos do conflito, que aparentemente com eles se identificam.
b) O princípio da subsidiariedade atua como "soldado de reserva", aplicando a norma subsidiária menos grave quando impossível a aplicação da norma principal mais grave.
c) A questão da progressão criminosa e do crime progressivo é resolvida pelo princípio da absorção ou consunção.
d) Na progressão criminosa, o agente inicialmente pretender praticar um crime menos grave, e, depois, resolve progredir para o mais grave.
e) No crime progressivo, o sujeito, para alcançar o crime querido, passa necessariamente por outro menos grave que aquele desejado.

COMENTÁRIOS

Alternativa correta: letra "A". Está errada a assertiva. Para que se instaure o conflito aparente de normas não é exigida a pluralidade de fatos; há apenas um fato com várias normas aparentemente aplicáveis. São, portanto, **pressupostos** do conflito aparente de normas a unidade de fato e a pluralidade de normas simultaneamente vigentes.

Alternativa "b": está correta a assertiva. A norma subsidiária incide apenas nas situações em que determinado fato não se subsuma a crime mais grave. A subsidiariedade pode ser expressa ou tácita. É expressa quando a lei prevê a subsidiariedade explicitamente, anunciando a não aplicação da norma menos grave quando presente a mais grave (exemplo: art. 132 do CP, 307 do CP etc.). Há subsidiariedade tácita quando um delito de menor gravidade cede diante da presença de um delito de maior gravidade, integrando aquele a descrição típica deste (exemplo: art. 311 do CTB e 302 do mesmo estatuto). Em ambas as hipóteses (subsidiariedade expressa ou tácita), ocorrendo o delito principal (o maior), afasta-se a aplicação da regra subsidiária (*lex primaria derogat lex subsidiariae*).

Alternativa "c" (responde, também, as alternativas "d" e "e"): está correta a assertiva. No **crime progressivo,** o agente passa, necessariamente, por um crime menos grave para alcançar outro mais grave (para que se cometa homicídio, é necessário passar pela lesão corporal). Já na **progressão criminosa,** o agente pretende cometer um delito menos grave e o consuma. Em seguida, pratica outro crime maior **contra o mesmo bem jurídico (quer lesionar alguém e assim o faz; em seguida, decide matar e executa o homicídio).**

11. TEORIA DO DELITO

38. (FUNCAB – Delegado de Polícia – PA/2016) Por teoria da ratio essendi entende-se o(a):

a) estruturação do direito penal sob o princípio da intervenção mínima, que orientará iniciativas político-criminais pelo prisma da ultima ratio.

b) ingresso pelo agente nos atos executórios de um crime, quando este se posta, de acordo com sua idealização, em atividade imediata e diretamente coligada à realização do tipo.

c) possibilidade de punição da participação em sentido estrito quando o agente da conduta principal é um adolescente-infrator, bastando que este aja de forma típica e antijurídica.

d) concepção da culpabilidade como uma relação psicológica entre o autor e o fato por ele praticado, de sorte que dolo e culpa, para a teoria, são espécies de culpabilidade.

e) fusão entre dois substratos do conceito analítico de crime, a saber, a tipicidade e a antijuridicidade, sendo aquela reconhecida como a razão de ser desta; assim, o crime é composto pelo fato antijurídico (injusto) e pela culpabilidade.

COMENTÁRIOS

Alternativa correta: letra "E". A teoria da ratio essendi, encampada por Mezger em 1930, cria o conceito de tipo total do injusto, levando a ilicitude para o campo da tipicidade. Em outras palavras, a ilicitude é a essência da tipicidade, numa absoluta relação de dependência entre esses elementos do delito. Dessa forma, não havendo ilicitude, não há fato típico. Quando João mata Antonio, temos um fato típico, o qual só permanece como tal se também ilícito. Comprovada a legítima defesa, exclui-se a antijuridicidade e a tipicidade do comportamento.

Alternativa "a": está errada a assertiva, porque ratio essendi não tem nenhuma relação com ultima ratio. A primeira diz respeito à relação entre tipicidade e ilicitude, ao passo que a segunda é um princípio limitador da incidência das normas penais, que só devem ser aplicadas como último recurso, isto é, quando os demais meios contemplados pelo direito não são capazes de lidar de forma satisfatória com determinados comportamentos.

Alternativa "b": está errada a assertiva, que faz referência a um dos aspectos do iter criminis, especificamente à distinção entre atos preparatórios e atos executórios. No caso, trata-se da teoria objetivo-individual, que, preconizada por Eugênio Raúl Zaffaroni, entende como atos executórios aqueles que, de acordo com o plano do agente, realizam-se no período imediatamente anterior ao começo da execução típica.´

Alternativa "c": está errada a assertiva. Quando o agente da conduta principal é um inimputável guiado por um indivíduo penalmente responsável, temos autoria mediata. Define-se o autor mediato como sendo o sujeito que, sem realizar diretamente a conduta descrita no tipo penal, comete o fato típico por ato de outra pessoa, utilizada como seu instrumento.

Alternativa "d": está errada a assertiva, que faz referência à teoria psicológica da culpabilidade. A teoria psicológica é aplicável somente no âmbito do causalismo e sustenta, em resumo, que a culpabilidade consiste na relação psíquica entre o autor e o resultado, na forma de dolo ou culpa. Percebe-se, com facilidade, que a culpabilidade confunde-se com o dolo e a culpa, sendo seu único pressuposto a imputabilidade.

39. (NUCEPE – Delegado de Polícia – PI/2014) Considerando os elementos que, segundo a doutrina majoritária, compõem o conceito analítico de crime, é CORRETO afirmar que o erro de proibição inevitável, o erro de tipo inevitável, os movimentos reflexos, a coação moral irresistível e o estado de necessidade configuram, respectivamente, causas de exclusão:

a) Tipicidade, culpabilidade, tipicidade, conduta e antjuridicidade.

b) Culpabilidade, tipicidade, conduta, culpabilidade e antjuridicidade.

c) Tipicidade, tipicidade, conduta, antjuridicidade e antjuridicidade.

d) Culpabilidade, antjuridicidade, conduta, culpabilidade e antjuridicidade.

e) Antijuridicidade, tipicidade, conduta, conduta e culpabilidade.

COMENTÁRIOS

Alternativa correta: letra "B" (responde, também, as demais alternativas). Está correta a assertiva. O erro de proibição inevitável (em que o agente atua ou se omite sem ter a consciência da ilicitude do fato em situação na qual **não** é possível lhe exigir que tenha esta consciência) exclui a culpabilidade em virtude da inexistência de potencial consciência da ilicitude. O erro de tipo essencial inevitável (que recai sobre elementares, circunstâncias ou quaisquer dados que se agregam a determinada figura típica e se caracteriza por ser imprevisível), exclui o dolo (por não haver consciência) e a culpa (pois ausente a previsibilidade), o que afasta a tipicidade. Nos movimentos reflexos (em que o ato é apenas um sintoma de reação automática do organismo a um estímulo externo), não há voluntariedade, e, portanto, afasta-se a conduta. O estado de necessidade (em que o agente *pratica o fato para salvar de perigo atual, que não provocou por sua vontade, nem podia de outro modo evitar, direito próprio ou alheio, cujo sacrifício, nas circunstâncias, não era razoável exigir-se) é excludente da ilicitude.*

40. (NUCEPE – Delegado de Polícia – PI/2014) Segundo a teoria da tipicidade conglobante proposta por Eugenio Raúl Zaffaroni, quando um médico, em virtude de intervenção cirúrgica cardíaca por absoluta necessidade corta com bisturi a região torácica do paciente, é CORRETO afirmar que

a) responde pelo crime de lesão corporal.

b) não responde por nenhum crime, pois está albergado pela causa de exclusão de ilicitude do exercício regular de direito.

c) não responde por nenhum crime, carecendo o fato de tipicidade, já que não podem ser consideradas típicas aquelas condutas toleradas ou mesmo incentivadas pelo ordenamento jurídico.

d) não responde por nenhum crime, pois estará agindo em erro de tipo provocado por terceiro.

e) não responde por nenhum crime, pois está albergado pela causa de exclusão de ilicitude do estado de necessidade.

COMENTÁRIOS

Alternativa correta: letra "C" (responde, também, as demais alternativas). A proposta da teoria da tipicidade conglobante é harmonizar os diversos ramos do Direito, partindo-se da premissa de unidade do ordenamento jurídico. É uma incoerência o Direito Penal estabelecer proibição de comportamento determinado ou incentivado por outro ramo do Direito (isso é desordem jurídica). Dentro desse espírito, para se concluir pela tipicidade penal da conduta causadora de um resultado, é imprescindível verificar não apenas a subsunção formal fato/tipo e a relevância da lesão ou perigo de lesão, mas também se o comportamento é **antinormativo**, leia-se, não determinado ou incentivado por qualquer ramo do Direito. Zaffarori e Pierangeli explicam (e exemplificam):

"Suponhamos que somos juízes e que é levada a nosso conhecimento a conduta de uma pessoa que, na qualidade de oficial de justiça, recebeu uma ordem, emanada por juiz competente, de penhora e sequestro de um quadro, de propriedade de um devedor a quem se executa em processo regular, por seu legítimo credor, para a cobrança de um crédito vencido, e que, em cumprimento desta ordem judicial e das funções que por lei lhe competem, solicita o auxílio da força pública, e, com todas as formalidades requeridas, efetivamente sequestra a obra, colocando-a à disposição do Juízo. O mais elementar senso comum indica que esta conduta não pode ter qualquer relevância penal, que de modo algum pode ser delito, mas por quê?

Receberemos a resposta de que esta conduta enquadra-se nas previsões do art. 23, III, do CP: 'Não há crime quando o agente pratica o fato...em estrito cumprimento de dever legal...'. É indiscutível que ela aí se enquadra, mas que caráter do delito desaparece quando um sujeito age em cumprimento de um dever?

Para boa parte da doutrina, o oficial de justiça teria atuado ao amparo de uma causa de justificação, isto é, que faltaria a antijuridicidade da conduta, mas que ela seria típica.

Para nós, esta resposta é inadmissível, porque tipicidade implica antinormatividade (contrariedade à norma) e não podemos admitir que na ordem normativa uma norma ordene o que outra proíbe.

(...)

A tipicidade conglobante é um corretivo da tipicidade legal, posto que pode excluir do âmbito típico aquelas condutas que apenas aparentemente estão proibidas, como acontece no caso exposto do oficial de justiça, que se adequa ao 'subtrair, para si ou para outrem, coisa alheia móvel' (art. 155, *caput*, do CP), mas que não é alcançado pela proibição do 'não furtarás'" (*Manual de direito penal brasileiro – Parte Geral*, 2009, p. 435-6).

Da lição, conclui-se que a tipicidade conglobante tem como consequência a transferência do estrito cumprimento de um dever legal e do exercício regular de direito incentivado da ilicitude para a tipicidade, servindo como suas causas de exclusão. Daí porque a intervenção cirúrgica, tradicionalmente considerada excludente da ilicitude por exercício regular de direito, no âmbito da tipicidade conglobante afasta a tipicidade.

Percebe-se, no entanto, que a legítima defesa e o estado de necessidade não migraram porque não são incentivados, mas sim tolerados por lei.

41. (UEPA – Delegado de Polícia – PA/2013) De acordo com doutrina majoritária no mundo, o conceito analítico de crime o define como um fato típico, antijurídico e culpável, sendo que, ao analisarmos um fato supostamente criminoso, devemos investigar seus requisitos nessa sequência. Por causa disso, é correto afirmar que:

a) um fato praticado sob coação moral irresistível não é crime porque lhe falta culpabilidade, porém ele continua sendo antijurídico.

b) um fato praticado sob legítima defesa não é crime porque lhe falta antijuridicidade, porém ele continua sendo culpável.

c) um fato praticado sob estado de necessidade não é crime porque lhe falta tipicidade e, por consequência faltam-lhe também antijuridicidade e culpabilidade.

d) um fato praticado por menor de 18 anos não é crime porque lhe falta tipicidade, já que os atos atribuídos a adolescentes não podem ser alcançados pelo Código Penal.

e) um fato praticado sob erro de proibição invencível não é crime porque lhe faltam antijuridicidade e culpabilidade, porém ele continua sendo típico.

COMENTÁRIOS

Alternativa correta: letra "A". Está correta a assertiva. A coação moral irresistível exclui a culpabilidade porque o agente atua sem que se lhe pudesse exigir conduta diversa. O fato, entretanto, permanece típico e ilícito. O caso, relativamente comum na prática, do gerente de banco que permite acesso ao cofre da instituição por criminosos que mantêm refém sua família é um exemplo. Se o gerente permite a entrada e a subtração do dinheiro, sua conduta é típica; é ilícita porque nenhuma das causas justificantes pode ser invocada para a colaboração de sua parte; não será, todavia, culpável porque, concretamente, seria impossível exigir, a pretexto de preservar o patrimônio do banco, que deixasse sua família à mercê dos algozes.

Alternativa "b": está errada a assertiva. Se, analisadas as circunstâncias em que alguém cometeu um fato típico, concluir-se ter havido uma excludente da ilicitude, a culpabilidade sequer será aventada.

Alternativa "c": está errada a assertiva. Se um fato foi cometido em estado de necessidade não há crime porque, embora seja típico, não pode ser considerado ilícito, e menos ainda culpável.

Alternativa "d": está errada a assertiva. O fato cometido por menor de dezoito anos não é crime porque não existe culpabilidade em virtude da inimputabilidade do sujeito ativo.

Alternativa "e": está errada a assertiva, pois um fato cometido por erro de proibição escusável é típico e ilícito, embora lhe falte culpabilidade por ausência de potencial consciência da ilicitude.

12. RELAÇÃO DE CAUSALIDADE

42. (Nucepe - Delegado de Polícia - PC - PI/2018) JOÃO e JOSÉ estão na praia e resolveram entrar no mar. Em determinado momento eles começam a se afogar. Havia naquele local um salva-vidas que, ao avistar apenas JOÃO, notou que ele era seu desafeto e se recusou a salvá-lo; próximo a eles havia também um surfista, este avistou apenas JOSÉ pedindo socorro, mas, por ser seu inimigo, não atendeu aos pedidos dele, resolvendo sair do local. As duas pessoas acabam se afogando e morrendo. Em relação ao caso, qual das alternativas abaixo está CORRETA?

a) O salva-vidas responde por homicídio doloso por omissão.

b) O salva-vidas responde por omissão de socorro.

c) O surfista responde por homicídio doloso por omissão.

d) A conduta do surfista é atípica.

e) O surfista responde por homicídio culposo.

COMENTÁRIOS

Alternativa "a" (responde, também, a alternativa "b"): ao salva-vidas se aplica a regra da relevância da omissão disposta no art. 13, § 2º, *b*, do CP. Segundo esta regra, está obrigado a evitar a ocorrência do resultado o indivíduo que, de alguma forma, assumiu a responsabilidade de impedi-lo. A regra incide nas hipóteses em que o dever não decorre da lei, mas da assunção voluntária do encargo de zelar pelo bem jurídico tutelado. A esse respeito, oportuna é a lição de Francisco de Assis Toledo: "Penso que, aqui, a solução deve apoiar-se no princípio de que a *posição de garante* surge para todo aquele que, por ato voluntário, promessas, veiculação publicitária ou mesmo contratualmente, capta a confiança dos possíveis afetados por resultados perigosos, assumindo, com estes, a título oneroso ou não, a responsabilidade de intervir, quando necessário, para impedir o resultado lesivo. Nessa situação se encontram: o guia, o salva-vidas, o enfermeiro, o médico de plantão em hospitais ou prontos-socorros, os organizadores de competições esportivas etc." (*Princípios Básicos de Direito Penal*. 5ª ed. São Paulo: Saraiva. 1994, p. 117-8).

Alternativa "c" (responde, também, as alternativas "d" e "e"): o surfista não pode responder por homicídio doloso por omissão porque sua condição não o obrigava a agir para impedir o resultado, tendo em vista que não tinha ele a obrigação legal de cuidado, proteção ou vigilância, não havia ele assumido a responsabilidade de impedir o resultado, nem tampouco havia criado, com seu comportamento anterior, o risco da ocorrência do resultado. Também não se trata de homicídio culposo porque o enunciado não narra nenhuma conduta em que o surfista tivesse agido com inobservância do dever de cuidado. Sua conduta, porém, não é atípica, pois se subsume ao tipo da omissão de socorro, no caso majorada pela morte de José.

Alternativa correta: letra "a".

43. (IBADE - Delegado de Polícia - AC/2017) Sobre causalidade e imputação objetiva, assinale a resposta correta.

a) Para a teoria da imputação objetiva em Roxin, não há riscos juridicamente irrelevantes em ações dolosas.

b) A teoria da equivalência dos antecedentes, adotada no Código Penal, é abolida pela imputação objetiva, que renega a existência de uma causalidade natural.

c) A teoria da conditio sine qua non tem como consequência o regresso ad infinitum na análise dos antecedentes causais, o que pode ser evitado, entre outras análises, pela imputação objetiva.

d) A imputação objetiva dispensa a realização do risco juridicamente desaprovado no resultado.

e) O Código Penal brasileiro – no que concerne ao nexo causal – adota expressamente a teoria da causalidade adequada.

COMENTÁRIOS

Alternativa correta: letra "C". Está correta a assertiva. A teoria da imputação objetiva, apesar do que sugere sua denominação, não se propõe a atribuir objetivamente o resultado ao agente, mas a delimitar essa imputação, evitando o regresso ao infinito gerado pela causalidade simples (teoria da equivalência dos antecedentes causais) e aprimorando a causalidade adequada (do que se aproxima, mas com a qual não se confunde). Como forma de corrigir essa injustiça do regresso ao infinito, a imputação objetiva determina que sejam considerados, além do nexo físico (causa/efeito), também critérios normativos no momento da atribuição do resultado, pois, de acordo com a causalidade vigente, situações absurdas proporcionadas pela conditio sine qua non (e, não raras vezes, pela causalidade adequada) somente são evitadas em razão da análise do dolo e da culpa. Para a teoria da imputação objetiva, a criação ou incremento de um risco proibido e a realização do risco no resultado, além da exigência de que esse resultado fique dentro do alcance do tipo compõem o nexo normativo, elemento que enriquece o estudo da causalidade corrigindo as distorções geradas pela teoria da equivalência.

Alternativa "a": está errada a assertiva, pois, para a teoria da imputação objetiva, comportamentos de risco aceitos socialmente porque decorrem da própria lógica da convivência em sociedade não são rotulados como causa, tanto em ações dolosas como em ações culposas.

Alternativa "b": está errada a assertiva, pois a imputação objetiva limita o regresso ao infinito na medida em que impõe a observância do nexo normativo além do nexo físico.

Alternativa "d": está errada a assertiva, pois uma das características da imputação objetiva é justamente a realização do risco no resultado. Além da análise do risco gerado, é necessário verificar se a ocorrência do resultado deve ser atribuída ao perigo criado ou incrementado pela conduta. Quer isto dizer que a imputação somente ocorrerá se, além da criação ou incremento de um risco proibido, o resultado for uma extensão natural da conduta empreendida. Logo, não será causa o comportamento do agente se o evento causado fisicamente pela sua conduta não estiver na linha de desdobramento causal normal da sua ação ou omissão.

Alternativa "e": está errada a assertiva , porque, em regra, a teoria adotada pelo Código Penal a respeito do nexo causal é a da equivalência dos antecedentes causais (art. 13,caput). A teoria da causalidade adequada é adotada excepcionalmente no § 1º do art. 13.

---

44. (Cespe – Delegado de Polícia – PE/2016) A relação de causalidade, estudada no conceito estratificado de crime, consiste no elo entre a conduta e o resultado típico. Acerca dessa relação, assinale a opção correta.

a) Para os crimes omissivos impróprios, o estudo do nexo causal é relevante, porquanto o CP adotou a teoria naturalística da omissão, ao equiparar a inação do agente garantidor a uma ação.

b) A existência de concausa superveniente relativamente independente, quando necessária à produção do resultado naturalístico, não tem o condão de retirar a responsabilização penal da conduta do agente, uma vez que não exclui a imputação pela produção do resultado posterior.

c) O CP adota, como regra, a teoria da causalidade adequada, dada a afirmação nele constante de que "o resultado, de que depende a existência do crime, somente é imputável a quem lhe deu causa; causa é a ação ou omissão sem a qual o resultado não teria ocorrido".

d) Segundo a teoria da imputação objetiva, cuja finalidade é limitar a responsabilidade penal, o resultado não pode ser atribuído à conduta do agente quando o seu agir decorre da prática de um risco permitido ou de uma conduta que diminua o risco proibido.

e) O estudo do nexo causal nos crimes de mera conduta é relevante, uma vez que se observa o elo entre a conduta humana propulsora do crime e o resultado naturalístico.

COMENTÁRIOS

Alternativa correta: letra "D". Está correta a assertiva. A criação ou o incremento de um risco proibido é uma das características da imputação objetiva. Para ser imputado (atribuído a alguém), o resultado deve ser efeito de um risco proibido criado ou incrementado pelo agente. Comportamentos de riscos aceitos socialmente porque decorrem da própria lógica da convivência em sociedade não são rotulados como causa.

Alternativa "a": está errada a assertiva. O *caput* do artigo 13 do Código Penal prevê como causa a ação ou *omissão* sem a qual o resultado não teria ocorrido. No entanto, não se fala em nexo de causalidade em crime omissivo, mas somente em crimes comissivos dos quais resultem modificação no mundo exterior (resultado naturalístico). O que determina a ligação entre a conduta omissiva do agente e o resultado lesivo é o nexo estabelecido pela lei (normativo). Na omissão imprópria a lei não tipifica a conduta omissiva, mas estabelece regras para que se possa punir o agente por ter praticado crime comissivo por omissão. Estamos diante de um crime de resultado material, exigindo, consequentemente, um nexo entre a ação omitida e o resultado. Esse nexo, no entanto, não é naturalístico (a omissão não causou o resultado). O agente não causa diretamente o resultado, mas permite que ele ocorra abstendo-se de agir quando devia e podia fazê-lo para evitar a sua ocorrência.

Alternativa "b": está errada a assertiva. A causa relativamente independente é aquela que se origina, ainda que indiretamente, do comportamento concorrente. Em outras palavras, as causas se conjugam para produzir o evento final. Isoladamente consideradas, não seriam capazes de ocasionar o resultado, sendo que a superveniente ocorre após a causa concorrente. O art. 13, § 1º, do Código Penal estabelece que a superveniência de causa relativamente independente **exclui a imputação** quando, por si só, produziu o resultado. É o caso, por exemplo, do agente que atira em alguém com a intenção de matar, a vítima é encaminhada ao hospital, é devidamente socorrida, mas incêndio no local ocasiona sua morte. Nesta situação, aquele que atirou responderá por tentativa de homicídio, pois a causa relativamente independente (se não houvesse o tiro a vítima não estaria no hospital) superveniente causou por si só o resultado, que não decorreu do ferimento.

Alternativa "c": está errada a assertiva. A relação de causalidade encontra previsão, no nosso ordenamento jurídico, no artigo 13, *caput*, do Código Penal, que dispõe: "*O resultado, de que depende a existência do crime,* somente é imputável a quem lhe deu causa. Considera-se causa a ação ou omissão sem a qual o resultado não teria ocorrido*". Adotou-se, no caso, como regra, a **teoria da equivalência dos antecedentes causais** (teoria da equivalência das condições, teoria da condição simples, teoria da condição generalizadora ou da ***conditio sine qua non***), atribuída a Maximilian von Buri e Stuart. Mill, que a teriam desenvolvido no ano de 1873. Em resumo, para esta teoria, todo fato sem o qual o resultado não teria ocorrido é causa.

A causalidade adequada (ou teoria da condição qualificada ou individualizadora) é adotada no artigo 13, § 1º. Preconizada por Von Kries, considera causa a pessoa, fato ou circunstância que, além de praticar um antecedente indispensável à produção do resultado, realize uma atividade adequada à sua concretização. Na determinação da causalidade adequada, o que importa é se há um nexo normal prendendo o atuar do agente como causa ao resultado como efeito. O problema se resume, então, em assentar se, conforme demonstra a experiência da vida, o fato conduz normalmente a um resultado dessa índole; se esse resultado é consequência normal, provável, previsível daquela manifestação de vontade do agente. O fundamento desse juízo é um dado estatístico, é um critério de probabilidade.

Alternativa "e": está errada a assertiva, pois o crime de mera conduta é aquele que se caracteriza por não ter resultado naturalístico, ou seja, a lei descreve apenas uma conduta, que, uma vez praticada, significa a consumação (ex.: violação de domicílio, art. 150, CP). Por isso, o estudo do nexo causal não é relevante nessa espécie de crime.

45. (NUCEPE – Delegado de Polícia – PI/2014) Considere o seguinte caso: Uma pessoa A, totalmente inexperiente no manejo de arma de fogo, dispara com intenção de matar B, mas a uma distância a partir da qual nenhum observador acreditaria ser possível acertar o alvo, mesmo para o mais experiente atirador. Não obstante, o disparo de A alcança e mata B. Tomando em conta a teoria da imputação objetiva, como formulada por Claus Roxin e Günter Jakobs, pode-se afirmar que

a) existe nexo de causalidade, vez que o disparo de A foi uma condição sem a qual o resultado (morte de B) não teria ocorrido.
b) existe nexo de causalidade, vez que o resultado era previsível e evitável e havia dolo por parte de A.
c) inexiste nexo de causalidade, pois temos concausa superveniente absolutamente independente que, sozinha, causou o resultado.
d) inexiste nexo de causalidade, pois, em uma análise *ex ante*, não havia previsibilidade do resultado, vez que a conduta de A, analisada por um observador isento, não seria idônea para criar um risco proibido ao bem jurídico.
e) existe nexo de causalidade, pois a conduta, além de dolosa, foi idônea a expor um bem jurídico a risco proibido, bem como o resultado lesivo, além de possível, chegou a ocorrer.

COMENTÁRIOS

Alternativa correta: letra "D" (responde, também, a alternativa "e"). Está correta a assertiva. Na teoria da imputação objetiva, a identificação do risco proibido se dá através da prognose póstuma objetiva. Uma ação será perigosa ou criadora de risco se o juiz, levando em conta os fatos conhecidos por um homem prudente no momento da prática ação, diria que esta gera uma possibilidade real de lesão a determinado bem jurídico. Luis Greco, destrinchando a expressão, esclarece: "Prognose, porque é um juízo formulado de uma perspectiva *ex ante*, levando em conta apenas dados conhecidos no momento da prática da ação. Objetiva, porque a prognose parte dos dados conhecidos por um observador objetivo, por um homem prudente, cuidadoso – e não apenas por um homem médio – pertencente ao círculo social em que se encontra o autor. Póstuma, porque, apesar de tomar em consideração apenas os fatos conhecidos pelo homem prudente no momento da prática da ação, a prognose não deixa de ser realizada pelo juiz, ou seja, depois da prática do fato" (*Um panorama da Teoria da Imputação Objetiva*. Rio de Janeiro: Lumen Juris, 2005, p. 26).

Alternativa "a" (responde, também, a alternativa "b"): está errada a assertiva, se considerarmos a teoria da imputação objetiva. Haveria nexo de causalidade se analisássemos o fato à luz da teoria da equivalência dos antecedentes, segundo a qual é causa toda ação ou omissão sem a qual o resultado não teria ocorrido.

Alternativa "c": está errada a assertiva. Na concausa absolutamente independente superveniente, a causa efetiva (elemento propulsor do resultado) é posterior ao comportamento concorrente, e dele não se origina, direta ou indiretamente. Ex.: MARIA, por volta das 20h, serve, insidiosamente, veneno para seu marido JOÃO. Antes mesmo de o veneno fazer efeito, cai um lustre na cabeça de JOÃO, que descansava na sala, causando sua morte por traumatismo craniano. MARIA responde por tentativa de homicídio, pois, eliminando seu comportamento do processo causal, a morte de JOÃO ocorreria do mesmo modo. Não é do que trata o exemplo, que não narra a incidência de concausa.

46. (UEG – Delegado de Polícia – GO/2013) Mévio, com *aninus necandi*, deixa de prestar auxílio a seu colega durante a escalada de uma montanha íngreme e perigosa. Ao negar-se a estender a mão ao colega que havia se desequilibrado, Mévio observa-o cair num precipício e morrer. Sobre a conduta de Mévio, tem-se o seguinte:

a) estando na posição de garante, responderá por homicídio culposo, uma vez que possuía o dever legal de impedir o resultado.
b) responderá pelo crime de omissão de socorro, com a pena triplicada pelo resultado morte.
c) por haver assumido o risco do resultado morte, responderá pelo crime de homicídio doloso, na espécie dolo eventual.

d) responderá pelo crime de homicídio doloso, posto que desejou diretamente o resultado morte.

COMENTÁRIOS

Alternativa correta: letra "D" (responde, também, a alternativa "b"). Embora a assertiva tenha sido considerada correta, não nos parece ser esta a melhor solução. Aponta o enunciado que Mévio e seu amigo praticavam escalada e, em determinado momento, este indivíduo se desequilibrou e não foi ajudado pelo primeiro, que, com propósito homicida, recusou-se a estender-lhe a mão. Daí, pois, a imputação relativa ao homicídio doloso. Ocorre que a apuração do *animus* do agente deve ser complementada pela análise da relação de causalidade. Na situação hipotética descrita no enunciado, não há menção a que Mévio, com intenção de matar, tenha causado o desequilíbrio de seu amigo, o que nos impede de estabelecer o nexo causal. De igual forma, nenhuma informação indica que Mévio exibia a qualidade de garante, o que ocorreria, por exemplo, se, como um alpinista experiente, estivesse guiando o outro indivíduo, ou se, mesmo involuntariamente, houvesse causado o desequilíbrio que culminou na queda. Por isso, tampouco existe nexo normativo que pudesse caracterizar omissão imprópria. Dados os fatos na forma como expostos, o simples *animus necandi* de Mévio é irrelevante; ainda que desprezível sua atitude, a recusa caracteriza tão somente o crime de omissão de socorro majorado pela morte daquele que estava em perigo.

Alternativa "a": está errada a assertiva porque, se estabelecida a posição de garante, Mévio responderia por homicídio doloso, pois tinha o propósito de matar.

Alternativa "c": não há, no enunciado, nenhuma indicação de que Mévio tenha adotado uma conduta na qual assumisse o risco de causar a morte de seu amigo.

---

47. (UEG – Delegado de Polícia – GO/2013) Caio, desejando matar Túlio, dispara projéteis de arma de fogo contra seu desafeto. Túlio, alvejado, cai e permanece inerte no chão enquanto Caio retira-se do local. Observando a cena, Lívio aproxima-se com intenção de despojar a vítima de seus bens e, ao retirar o relógio, nota que Túlio esboça reação quando, então, Lívio utiliza uma pedra para acertar-lhe a cabeça. Túlio vem a óbito e no exame cadavérico o legista atesta que a morte ocorreu por concussão cerebral. No caso, responderão Caio e Lívio, respectivamente, por:

a) homicídio consumado e roubo próprio.
b) homicídio tentado e latrocínio.
c) homicídio tentado e roubo impróprio.
d) homicídio consumado e latrocínio.

COMENTÁRIOS

Alternativa correta: letra "B" (responde, também, as demais alternativas). Está correta a assertiva. A questão versa sobre as concausas. A conduta de Lívio constitui uma causa absolutamente independente superveniente à conduta de Caio. Com efeito, após os disparos efetuados por este último, que não causaram a morte da vítima, Lívio se aproximou e, para subtrair o relógio do ferido, atirou-lhe uma pedra na cabeça, sendo que o exame necroscópico demonstrou ter sido a pancada a causa da morte. A causa efetiva do resultado, dessa forma, não se origina, direta ou indiretamente, do comportamento concorrente (disparos efetuados por Caio) e lhe é posterior. Em se tratando de concausa absolutamente independente, o comportamento paralelo será sempre punido na forma tentada. Por isso, Caio responde por homicídio tentado e Lívio será punido por latrocínio, pois matou a vítima para lhe subtrair um bem.

---

48. (Cespe – Delegado de Polícia – BA/2013 – Adaptada) Acerca da parte geral do direito penal e seus Institutos, julgue os itens seguintes.

As causas ou concausas absolutamente independentes e as causas relativamente independentes constituem limitações ao alcance da teoria da equivalência das condições.

COMENTÁRIOS

Certo. Está correta a assertiva. O assunto nexo causal ganha ainda mais importância quando se verifica que o resultado não é efeito de um só comportamento, representando produto final de uma associação de fatores, entre os quais a conduta do agente aparece como seu principal (mas não único) elemento desencadeante. Assim, identificados quais antecedentes podem figurar como **causa** dentro de uma linha de eventos que se sucedem, nota-se que, no caso concreto, é possível que haja mais de uma causa concorrendo para o resultado **(concausas)**. Mesmo nas concausas o estudo é feito, em regra, à luz da teoria da equivalência dos antecedentes causais, conjugada com o método da eliminação hipotética. Imagine-se que JOÃO, com intenção de matar, efetue disparos de arma de fogo contra ANTONIO, que, momentos antes, havia sido envenenado por sua esposa. Após a morte de ANTONIO, a perícia apura que o veneno foi o responsável pelo óbito. Na situação trazida, duas causas concorrem para o evento. Entretanto, eliminando-se a conduta de JOÃO, concluímos que o resultado (morte de ANTONIO) ocorreria do mesmo modo. Logo, JOÃO não pode responder pela morte, sendo punido, contudo, por tentativa.

---

49. (FUNCAB – Delegado de Polícia – RJ/2012) Uma jovem, ao sair da faculdade à noite, é rendida por um homem que a estupra brutalmente, proferindo-lhe várias ameaças. Aproveitando-se de uma distração do bandido e temendo por sua vida, a vítima empreende fuga correndo desesperadamente e, ao atravessar a rua, é atropelada por um veículo que passava pelo local, morrendo imediatamente. Na qualidade de Delegado de Polícia, assinale a alternativa que contempla a correta tipificação da conduta daquele que atacou a jovem.

a) Estupro.
b) Estupro qualificado pelo resultado morte.
c) Homicídio e estupro em concurso formal.

d) Homicídio e estupro em concurso material.

e) Homicídio.

COMENTÁRIOS

Alternativa correta: letra "A" (responde, também, as alternativas "c", "d" e "e"). O agente responderá apenas pelo crime de estupro, pois há, no exemplo, a incidência de causa relativamente independente superveniente que causou por si só o resultado. É possível reconhecer duas hipóteses envolvendo concausa relativamente independente: a causa efetiva que **não por si só** e a que **por si só** produziu o resultado. Na primeira **(não por si só),** a causa efetiva (superveniente) encontra-se na mesma **linha de desdobramento causal** (normal) da causa concorrente, tratando-se de **evento previsível** (ainda que não previsto). Na concausa relativamente independente superveniente **que por si só** produz o resultado a conclusão é outra. Trata-se das hipóteses em que a causa efetiva do resultado é considerada um **evento imprevisível**, que sai da **linha de desdobramento causal** então existente. Nos fatos narrados no enunciado, a morte em decorrência de atropelamento ocorrido durante a fuga da vítima do estupro, embora se origine, ainda que indiretamente, do comportamento concorrente (pois se excluído o estupro a fuga não ocorreria), este resultado não se encontra na linha de desdobramento causal do delito sexual. Por isso, o agente não responde pelo homicídio. É necessário ressaltar, no entanto, que esta solução não é pacífica, pois há quem sustente o contrário, ou seja, que o agente deve responder pelo homicídio. Já se decidiu, por exemplo, pela ocorrência de latrocínio na situação em que a vítima foge de seu veículo, que estava sendo roubado, e é atropelada na via pública. Da mesma forma, e precisamente num caso de estupro, o Tribunal de Justiça de São Paulo estabeleceu a responsabilidade pelo homicídio porque, naquele caso, os agentes perseguiram e cercaram a vítima de forma que não lhe restou opção a não ser correr em direção à rodovia na qual foi atropelada e morta.

Alternativa "b": não há estupro qualificado porque a morte da vítima não decorreu da violência cometida durante o estupro, mas por circunstâncias diversas (fuga e atropelamento da vítima).

---

50. (Delegado de Polícia - MG/ 2011 - ACADEPOL) Considerando-se a relação de causalidade, é INCORRETO afirmar que

a) o Código Penal adota a teoria da equivalência dos antecedentes causais.

b) a superveniência de causa relativamente independente exclui o crime quando, por si só, produzir o resultado, podendo, entretanto, os fatos anteriores serem imputados a quem os praticou.

c) o agente que efetua disparo de arma de fogo contra outrem, atingindo-o e, arrependido, leva a vítima para o hospital, vindo esta a falecer, em razão de infecção hospitalar, responde pelo crime de homicídio consumado.

d) pratica crime comissivo por omissão, o delegado de polícia que, de forma indulgente, deixa de lavrar auto de prisão em flagrante no qual o conduzido é seu vizinho.

COMENTÁRIOS

Alternativa correta: letra "D". Está errado porque, neste caso, o delegado de polícia comete crime de prevaricação em modalidade omissiva própria (deixar de praticar, indevidamente, ato de ofício, para satisfazer interesse ou sentimento pessoal).

Alternativa "a": está correta a assertiva. Havendo relação de causa e efeito entre a conduta e o resultado, fala-se do terceiro elemento do fato típico: nexo de causalidade. A doutrina elenca inúmeras teorias acerca do nexo de causalidade, mas a adotada pelo Código Penal no *caput* do artigo 13 é a denominada *teoria da equivalência dos antecedentes causais ou da 'conditio sine qua non'*. Desenvolvida por von Buri, considera que tudo o que concorre para o resultado é considerado como sua causa. A relação de causalidade entre uma ação e um resultado existe sempre que este se verifique em razão daquela; sempre que não se possa excluir mentalmente a atuação sem prejudicar a ocorrência do resultado. O artigo 13, § 1º, por sua vez, anuncia a causalidade adequada (ou teoria da condição qualificada ou individualizadora), preconizada por Von Kries. Considera causa a pessoa, fato ou circunstância que, além de praticar um antecedente indispensável à produção do resultado, realize uma atividade adequada à sua concretização. Na determinação da causalidade adequada, o que importa é se há um nexo normal atrelando o atuar do agente, como causa, ao resultado, como efeito. O problema se resume, então, em assentar, conforme o demonstra a experiência da vida, se o fato conduz normalmente a um resultado dessa índole; se esse resultado é consequência normal, provável, previsível daquela manifestação de vontade do agente. O fundamento desse juízo é um dado estatístico, é um critério de probabilidade.

Alternativa "b": está correta a assertiva. O art. 13, § 1º, do Código Penal, que consagra a *causalidade adequada*, dispõe que a superveniência de causa relativamente independente exclui a imputação quando, por si só, produziu o resultado, imputando-se os fatos anteriores a quem os praticou. Trata-se das hipóteses em que a causa efetiva do resultado é considerada um evento imprevisível, que sai da linha de desdobramento causal então existente, inaugurando um novo curso causal, dando ao acontecimento uma nova direção. Por consequência, exclui-se a imputação do resultado em relação ao agente responsável pela primeira causa concorrente. Ex.: ANTONIO, com vontade de matar, desfere um tiro em JOÃO, que segue em uma ambulância até o hospital. Quando está convalescendo, todavia, o nosocômio pega fogo, matando o paciente queimado. ANTONIO responderá por tentativa, estando o incêndio no hospital fora da linha de desdobramento causal de um tiro e, portanto, imprevisível. Não existe um nexo normal unindo o atuar do atirador ao resultado morte por queimaduras. De acordo com a experiência da vida, é improvável que do fato ocorra um resultado dessa índole. O resultado é consequência anormal, improvável, imprevisível da manifestação de vontade do agente.

Alternativa "c": está correta porque, no caso, a infecção, embora seja relativamente independente, não causou por si só o resultado, pois decorrente da conduta empreendida pelo agente. Dessa forma, a responsabilização se dará pelo crime consumado.

51. (Delegado de Polícia – AP / 2010 – FGV) Carlos Cristiano trabalha como salva-vidas no clube municipal de Tartarugalzinho. O clube abre diariamente às 8hs, e a piscina do clube funciona de terça a domingo, de 9 às 17 horas, com um intervalo de uma hora para o almoço do salva-vidas, sempre entre 12 e 13 horas. Carlos Cristiano é o único salva-vidas do clube e sabe a responsabilidade de seu trabalho, pois várias crianças utilizam a piscina diariamente e muitas dependem da sua atenção para não morrerem afogadas.

Normalmente, Carlos Cristiano trabalha com atenção e dedicação, mas naquele dia 2 de janeiro estava particularmente cansado, pois dormira muito tarde após as comemorações do *reveillon*. Assim, ao invés de voltar do almoço na hora, decidiu tirar um cochilo. Acordou às 15 horas, com os gritos dos sócios do clube que tentavam reanimar uma criança que entrara na piscina e fora parar na parte funda. Infelizmente, não foi possível reanimar a criança. Embora houvesse outras pessoas na piscina, ninguém percebera que a criança estava se afogando.

Assinale a alternativa que indique o crime praticado por Carlos Cristiano.

a) Homicídio culposo.
b) Nenhum crime.
c) Omissão de socorro.
d) Homicídio doloso, na modalidade de ação comissiva por omissão.
e) Homicídio doloso, na modalidade de ação omissiva.

COMENTÁRIOS

Alternativa correta: letra "B" (responde, também, as alternativas "d" e "e"): dispõe o artigo 13, § 2º, do Código Penal que "A omissão é penalmente relevante quando o omitente devia e podia agir para evitar o resultado". Como se extrai do dispositivo, a obrigação de agir para evitar o resultado se verifica não só quando o agente devia, mas também quando *podia* agir. Dessa forma, se ao incumbido do impedimento for fisicamente impossível agir, não haverá omissão imprópria. É o que ocorre no exemplo citado, em que o agente não se encontrava no local do afogamento, e, consequentemente, não lhe era possível tomar conhecimento da situação que lhe obrigava a atuar. Por isso, não há homicídio doloso (lembrando que o homicídio ocorre por ação ou por omissão imprópria, mas não por omissão própria).

Alternativa "a": não se fala em homicídio culposo porque não houve, por parte de Carlos Cristiano, conduta em que não tenha sido observado o dever de cuidado. Não se identifica, neste caso, imprudência, negligência ou imperícia.

Alternativa "c": não há também omissão de socorro porque o agente não se encontrava diante de situação de perigo em que deveria agir. E se estivesse nessa condição, o crime seria outro (homicídio), pois estaria obrigado não só a agir, mas também a evitar o resultado.

13. CONSUMAÇÃO E TENTATIVA

52. (IBADE – Delegado de Polícia – AC/2017) Austregésilo, verbalizando seu animus necandi, aponta uma arma de fogo municiada para Aristóteles. Este, todavia, consegue entrar em luta corporal com Austregésilo, apossando-se da arma de fogo antes do acionamento do gatilho. Considerando o caso proposto, é correto afirmar que:

a) pela teoria objetivo-subjetiva, a conduta não saiu da esfera dos atos preparatórios, já que o não acionamento do gatilho faz com que se pressuponha a inexistência de vontade de realização do tipo.
b) pela teoria subjetiva, só haverá tentativa de homicídio se a ação foi representada pelo autor como executiva.
c) pela teoria objetiva individual, há homicídio, na forma tentada, independentemente do plano do autor.
d) pala teoria objetiva formal, há homicídio, na forma tentada.
e) pela teoria objetiva material, a conduta não saiu dos atos preparatórios concernentes ao homicídio.

COMENTÁRIOS

Alternativa correta: letra "B". Está correta a assertiva. Uma das teorias que fundamentam a tentativa é a subjetiva, voluntarística ou monista, segundo a qual a punição da tentativa deve observar o aspecto subjetivo do delito, da perspectiva do dolo do agente. E, sabendo que, seja na consumação seja na tentativa, o crime é subjetivamente completo, não pode haver, para esta teoria, distinção entre as penas nas duas modalidades. A tentativa merece a mesma pena do crime consumado.

Alternativa "a": a teoria objetivo-subjetiva da tentativa tem por escopo limitar o alcance da teoria subjetiva, evitando a punição irrestrita de atos preparatórios porque torna possível a punição da tentativa apenas a partir do momento em que a conduta seja capaz de abalar a confiança na vigência do ordenamento jurídico; e também quando a conduta transmita àqueles que dela tomem conhecimento a mensagem de perturbação da segurança jurídica. Por esta teoria, a conduta de Austregésilo é executória do homicídio.

Alternativa "c": a teoria objetivo-individual é relativa à distinção entre atos preparatórios e atos executórios. Preconizada por Eugênio Raúl Zaffaroni, entende como atos executórios aqueles que, de acordo com o plano do agente – não independentemente dele, portanto –, realizam-se no período imediatamente anterior ao começo da execução típica.

Alternativa "d": a teoria objetivo-formal também é relativa à diferenciação entre atos preparatórios e atos executórios. Defendida por Frederico Marques, entende como ato executório aquele que inicia a realização do núcleo do tipo. No exemplo do enunciado, portanto, não haveria atos executórios de homicídio, razão pela qual não seria possível falar em tentativa.

Alternativa "e": pela teoria objetivo-material, são atos executórios aqueles em que se inicia a prática do núcleo do tipo, bem como os atos imediatamente anteriores, com base na visão de terceira pessoa alheia à conduta criminosa. Por esta teoria, a conduta de Austregésilo é executória do homicídio.

53. (FUNIVERSA – Delegado de Polícia – DF/2015) Quanto às fases de realização da infração penal e à tentativa, assinale a alternativa correta.

a) Os crimes tentados podem ter a mesma pena dos crimes consumados, a depender do grau alcançado no *iter criminis*.

b) Tentativa abandonada ou qualificada ocorre quando há interrupção do processo executório em razão de o agente não praticar todos os atos de execução do crime por circunstâncias alheias à sua vontade.

c) No que diz respeito às fases do *iter criminis*, o auxílio à prática de crime, salvo determinação expressa em contrário, não é punível se o crime não chegar a ser, ao menos, tentado.

d) Os crimes omissivos, sejam próprios ou impróprios, não admitem tentativa.

e) Tentativa incruenta é aquela em que o agente, arrependendo-se posteriormente, pratica atos para evitar que o crime venha a se consumar.

COMENTÁRIOS

Alternativa correta: letra "C". Está correta a assertiva. O art. 31 do Código Penal, que trata da participação impunível, estabelece que o ajuste, a determinação ou instigação e o auxílio, salvo disposição expressa em contrário, não são puníveis, se o crime não chega, pelo menos, a ser tentado.

Sabe-se que, em regra, não se pune o crime se não houve, ao menos, a tentativa, a não ser quando a própria lei prevê a punição de atos que normalmente seriam considerados preparatórios, como ocorre no crime de associação criminosa (anterior quadrilha ou bando). É em decorrência disso que o art. 31 do Código Penal dispõe que não se pune o ajuste, a determinação, a instigação e o auxílio se o crime não vier a ser executado, pois, neste caso, a conduta acessória não teve nenhuma relevância para o desdobramento causal, que sequer se verificou.

Alternativa "a": está errada a assertiva. A tentativa, em regra, faz com a pena correspondente ao crime consumado seja diminuída de um a dois terços, a depender do *iter criminis* percorrido (art. 14, parágrafo único, do Código Penal). Não é possível, portanto, que, aplicada a norma da tentativa, a pena seja a mesma do crime consumado. Isso só ocorre nos delitos em que a própria lei, ao descrever a conduta, equipara a forma tentada à consumada, no que se denomina *crimes de atentado*. É o caso do art. 352 do Código Penal: "Evadir-se ou tentar evadir-se o preso ou o indivíduo submetido a medida de segurança detentiva, usando de violência contra a pessoa". Nesse caso, não se aplica o art. 14, parágrafo único.

Alternativa "b": está errada a assertiva. A tentativa abandonada ou qualificada diz respeito à desistência voluntária (o agente, por manifestação exclusiva do seu querer, desiste de prosseguir na execução da conduta criminosa) e ao arrependimento eficaz (ocorre quando os atos executórios já foram todos praticados, porém, o agente, decidindo recuar na atividade delituosa corrida, desenvolve nova conduta com o objetivo de impedir a produção do resultado – consumação).

Alternativa "d": está errada a assertiva, pois a tentativa, embora não admitida nos crimes omissivos puros, que são unissubsistentes, pode ocorrer nos omissivos impróprios (comissivos por omissão).

Alternativa "e": está errada a assertiva. **Tentativa branca ou incruenta ocorre quando** o golpe desferido não atinge o corpo da vítima, não gera lesão efetiva, palpável à integridade corporal do ofendido.

54. (Vunesp – Delegado de Polícia – CE/2015) Crime que tem reprimenda privativa de liberdade cominada de 1 (um) ano a 4 (quatro) anos, após ter reconhecida a modalidade tentada e sem considerar qualquer outra majorante ou minorante, terá pena fixada entre os patamares mínimo de

a) 4 (quatro) meses e máximo de 1 (um) ano e 4 (quatro) meses.

b) 6 (seis) meses e máximo de 3 (três) anos.

c) 9 (nove) meses e máximo de 3 (três) anos e 4 (quatro) meses.

d) 9 (nove) meses e máximo de 2 (dois) anos e oito meses.

e) 4 (quatro) meses e máximo de 2 (dois) anos e 8 (oito meses).

COMENTÁRIOS

Alternativa correta: letra "E" (responde, também, as demais alternativas). Está correta a assertiva. O art. 14, parágrafo único, do Código Penal estabelece que a tentativa é punida, salvo disposição em contrário, com a pena correspondente ao crime consumado, diminuída de um a dois terços. No exemplo citado, se a pena cominada ao delito é de um a quatro anos, a incidência da fração máxima de diminuição (dois terços) fará com que a pena seja, no mínimo, de quatro meses; e se incidente a fração mínima de diminuição (um terço), a pena será no máximo de dois anos e oito meses. Sobre o critério para a incidência da minorante, esclarece Nucci: "o juiz deve levar em consideração apenas e tão somente o *iter percorrido*, ou seja, tanto maior será a diminuição quanto mais distante ficar o agente da consumação, bem como tanto menor será a diminuição quanto mais se aproximar o agente da consumação do delito. Não se leva em conta qualquer circunstância – objetiva ou subjetiva –, tais como crueldade no cometimento do delito ou péssimos antecedentes do agente" (*Manual de Direito Penal*, p. 169-170).

55. (Delegado de Polícia – MG/ 2011 – ACADEPOL) Em relação às Teorias do Delito, assinale a alternativa INCORRETA:

a) A antinormatividade, de acordo com Zaffaroni, consiste em se averiguar a proibição através da indagação do alcance proibitivo da norma, não considerada de forma isolada, e sim conglobada na ordem normativa.

b) A culpa imprópria está presente na discriminante putativa, nela, o agente dá causa dolosa ao resultado, mas responde como se tivesse praticado crime culposo, em razão de erro evitável pelas circunstâncias.

c) No dolo direto, o agente quer efetivamente produzir o resultado, ao praticar a conduta típica, e no dolo indireto, o agente não busca com sua conduta resultado certo e determinado, subdividindo-se em dolo alternativo e eventual.

d) De acordo com a teoria objetiva-formal, há tentativa, quando o agente, de modo inequívoco, exterioriza sua conduta no sentido de praticar a infração penal.

COMENTÁRIOS

✪ **Nota do autor:** a tentativa, também denominada *conatus*, crime imperfeito ou crime incompleto, não constitui crime *sui generis*, com pena autônoma. É violação incompleta da mesma norma de que o crime consumado representa violação plena. Portanto, não há "crime de tentativa", mas "tentativa de crime". Trata-se de norma de extensão temporal, ampliando a proibição contida nas normas penais incriminadoras a fatos humanos realizados de forma incompleta (adequação típica de subordinação mediata).

Alternativa correta: letra "D". Está errada a assertiva. De acordo com a teoria objetivo-formal, defendida por Frederico Marques, ato executório é aquele que inicia a realização do núcleo do tipo. Argumenta-se que esta teoria redunda numa insuficiente intervenção do Estado que espera para punir o agente apenas quando estiver muito próximo da consumação, excluindo atos que, apesar de anteriores à execução do núcleo, são importantes na consecução do delito.

Alternativa "a": está correta a assertiva. Eugênio Raul Zaffaroni, incrementando a concepção moderna da tipicidade, desenvolveu a teoria da tipicidade conglobante. Aqui, a tipicidade penal é a soma entre tipicidade formal e tipicidade conglobante, esta composta pela tipicidade material e antinormatividade do ato (ato não determinado ou não incentivado por lei). A proposta da teoria da tipicidade conglobante é harmonizar os diversos ramos do Direito, partindo-se da premissa de unidade do ordenamento jurídico. É uma incoerência o Direito Penal estabelecer proibição de comportamento determinado ou incentivado por outro ramo do Direito (isso é desordem jurídica). Dentro desse espírito, para se concluir pela tipicidade penal da conduta causadora de um resultado, é imprescindível verificar não apenas a subsunção formal fato/tipo e a relevância da lesão ou perigo de lesão, mas também se o comportamento é antinormativo, leia-se, não determinado ou incentivado por qualquer ramo do Direito.

Alternativa "b": está correta. Culpa imprópria (por equiparação, por assimilação ou por extensão) é aquela em que o agente, por erro evitável, imagina certa situação de fato que, se presente, excluiria a ilicitude do seu comportamento (descriminante putativa). Provoca intencionalmente determinado resultado típico, mas responde por culpa por razões de política criminal.

Alternativa "c": está correta. O dolo direto (determinado, intencional, imediato ou incondicionado) se configura quando o agente prevê um resultado, dirigindo a sua conduta na busca de realizar esse mesmo resultado. Já no dolo indireto (indeterminado) o agente, com a sua conduta, não busca resultado certo e determinado. Possui duas formas: a) dolo alternativo: ocorre quando o agente prevê uma pluralidade de resultados, dirigindo sua conduta para perfazer qualquer deles com a mesma intensidade de vontade (ex.: quero ferir ou matar, tanto faz). Nesse caso, o agente deve responder pelo crime mais grave, pois sua intenção projetou-se também para esse sentido; b) dolo eventual: o agente também prevê pluralidade de resultados, dirigindo sua conduta para realizar um determinado evento, mas assumindo o risco de provocar outro (ex.: quero ferir, mas aceito matar). O agente não quer o resultado mais grave, mas assume o risco de produzi-lo. O dolo eventual só é possível em razão da consagração da teoria do consentimento.

56. (Delegado de Polícia – SP/ 2011 – ACADEPOL) Na tentativa branca ou incruenta

a) o agente sequer inicia os atos executórios.

b) o agente impede voluntariamente a consumação do delito.

c) o agente limpa o local do crime após a consumação.

d) o corpo da vítima não derrama sangue.

e) o agente não atinge o objeto material do delito.

COMENTÁRIOS

Alternativa correta: letra "E". Está correta a assertiva. Há tentativa branca (incruenta) quando o golpe desferido não atinge o corpo da vítima, não gerando lesão efetiva, palpável à integridade corporal do ofendido.

Alternativa "a": está errada porque se o agente não inicia os atos executórios, não há tentativa, mas atos preparatórios, que, em regra, não são punidos (atenção para as exceções, como no crime de associação criminosa).

Alternativa "b": se o próprio agente atua voluntariamente para impedir a consumação do crime, não há tentativa, mas arrependimento eficaz, que, nos termos do art. 15 do Código Penal, acarretará responsabilidade pelos atos praticados até o momento em que nova conduta é desenvolvida com o objetivo de impedir a produção do resultado.

Alternativa "c": está errada porque, se houve consumação, não há compatibilidade com a tentativa.

Alternativa "d": está errada porque não há relação entre a espécie de tentativa e o fato de o corpo da vítima "derramar sangue". O que determina a espécie de tentativa, dentre outras circunstâncias, é o fato de ter sido ou não atingido o objeto material do crime.

14. ARREPENDIMENTO POSTERIOR

57. (ACAFE – Delegado de Polícia – SC/2014) De acordo com o Código Penal, assinale a alternativa correta.

a) Pelo resultado que agrava especialmente a pena, só responde o agente que não o houver causado ao menos culposamente.

b) Nos crimes cometidos sem violência ou grave ameaça à pessoa, reparado o dano ou restituída a coisa até o recebimento da denúncia ou da queixa, por ato voluntário do agente, a pena será reduzida de um a dois terços.

c) O erro sobre elemento constitutivo do tipo legal de crime exclui o dolo e não permite a punição por crime culposo.

d) É passível de pena quem, por erro plenamente justificado pelas circunstâncias, supõe situação de fato que, se existisse, tornaria a ação legítima. Haverá isenção de pena quando o erro deriva de culpa e o fato é punível como crime culposo.

e) Não responde pelo crime o terceiro que determina o erro sobre elemento constitutivo do tipo legal.

COMENTÁRIOS

Alternativa correta: letra "B". Está correta a assertiva, que trata do arrependimento posterior. Trata-se de um comportamento pós-delitivo positivo em que o agente, depois de ter consumado o crime, por ato voluntário, repara o dano ou restitui a coisa com o fim de restaurar a ordem perturbada. Nesses casos, a lei recompensa o criminoso arrependido com a diminuição da sua pena. Os fundamentos de política criminal em que se estabelece o arrependimento posterior são, portanto, o atendimento aos interesses da vítima, que tem seu patrimônio restaurado, e o incentivo ao arrependimento do agente, beneficiado pelo abrandamento da pena. Além disso, o instituto se revela importante para a sustentação do ordenamento jurídico, pois, ao promover a reparação do dano, o agente reconhece a validade da norma que infringiu. Para seu reconhecimento, o artigo 16 do CP impõe os seguintes **requisitos**: **a) Crime cometido sem violência ou grave ameaça à pessoa: a** violência à coisa não obsta o reconhecimento do instituto; **b) Reparação do dano ou restituição da coisa: a** doutrina predominante entende que a reparação do dano ou restituição da coisa deve ser **integral**, podendo a **parcial** servir-se do benefício, desde que presente a concordância da vítima; **c) Até o recebimento da denúncia ou queixa; d) Ato voluntário do agente:** atitude livre de coação física ou moral, independentemente da existência de interferências externas subjetivas, ou da ausência de motivos nobres na condução do arrependimento. Não é necessário, portanto, que o ato seja espontâneo. Acrescentamos que o STJ decidiu que o arrependimento posterior só é cabível em crimes patrimoniais ou dos quais decorram efeitos patrimoniais. Por isso, o tribunal negou a incidência da minorante em crime de homicídio culposo na direção de veículo automotor em que o agente promoveu composição civil com a vítima a fim de indenizá-la (REsp 1.561.276/BA, DJe 15/9/2016).

Alternativa "a": está errada a assertiva. De acordo com o disposto no art. 19 do Código Penal, pelo resultado que agrava especialmente a pena, só responde o agente que o houver causado ao menos culposamente. Trata-se de referência ao crime preterdoloso, em que o agente pratica delito distinto do que havia projetado cometer, advindo da conduta dolosa resultado culposo mais grave do que o pretendido. O comportamento é doloso, mas o resultado (mais grave) é involuntário.

Alternativa "c": está errada a assertiva. O erro de tipo, de fato, exclui o dolo, mas permite a punição por crime culposo, se previsto em lei. Trata-se do erro de tipo vencível (ou evitável), pois havia possibilidade de o agente conhecer do perigo.

Alternativa "d": está errada a assertiva. De acordo com o art. 20, § 1º, do Código Penal, que trata das descriminantes putativas, é isento de pena quem, por erro plenamente justificado pelas circunstâncias, supõe situação de fato que, se existisse, tornaria a ação legítima. Se, no entanto, o erro deriva de culpa e o fato é punível como crime culposo, não há isenção de pena.

Alternativa "e": está errada a assertiva. No erro determinado por terceiro, previsto no artigo 20, § 2º do Código Penal, temos um erro induzido, figurando dois personagens: o agente provocador e o agente provocado. Trata-se de erro não espontâneo que leva o provocado à prática do delito. O erro determinado por terceiro tem como **consequência** a punição do agente provocador, na condição de **autor mediato**. Se o erro foi determinado dolosamente, responderá pelo crime na modalidade dolosa; se foi determinado culposamente, responderá por delito culposo.

15. CRIME IMPOSSÍVEL

58. (Cespe – Delegado de Polícia – AL/ 2012 – Adaptada) Com base na interpretação doutrinária majoritária e no entendimento dos tribunais superiores, julgue os itens.

Considere que Pedro, penalmente imputável, pretendendo matar Rafael, seu desafeto, aponta em sua direção uma arma de fogo e aperta o gatilho por diversas vezes, não ocorrendo nenhum disparo em razão de defeito estrutural da arma que, de forma absoluta, impede o seu funcionamento. Nessa situação, Pedro será punido pela tentativa delituosa, porquanto agiu com manifesta vontade de matar José.

COMENTÁRIOS

Errado. Está errada a assertiva. Se a arma de fogo não pode, de forma nenhuma, efetuar disparos, Pedro não responde por tentativa de homicídio porque o meio utilizado é absolutamente ineficaz, acarretando a falta de potencialidade causal (o instrumento posto a serviço da conduta não é eficaz, em hipótese alguma, para a produção do resultado).

16. DOLO

59. (FUNCAB – Delegado de Polícia – RJ/2012) Maria é amiga e "cunhada" de Paula, pois namora Carlos, o irmão desta. Maria descobre que está sendo traída por Carlos e conta a Paula. Esta sugere que Maria simule o suicídio para dar uma lição em Carlos. Realizada a encenação, Carlos encontra Maria caída em sua cama, aparentando estar com os pulsos cortados e morta, tendo uma faca ao seu lado. Certo da morte de sua amada, pois a cena fora perfeitamente simulada, com aptidão para enganar qualquer pessoa, Carlos, desesperado, pega a faca supostamente utilizada por Maria e começa a golpear o corpo da namorada, gritando que ela não poderia ter feito aquilo com ele, haja vista amá-la demais e que, portanto, sua vida teria perdido o sentido. Maria, mesmo esfaqueada, não esboça qualquer reação, pois, para dar uma aura de veracidade à farsa, havia ingerido medicamentos que a fizeram dormir profundamente. Em razão dos golpes desferidos por Carlos, Maria acaba efetivamente morrendo. Assim, pode-se afirmar que Carlos:

a) deve responder pelo crime de homicídio doloso duplamente qualificado, em face de a morte ter ocorrido por motivo torpe e pela impossibilidade de reação da vítima, sendo Paula coautora do mesmo crime, pois o direito penal brasileiro adota a teoria monista mitigada.

b) deve responder por descumprir um dever de cuidado objetivo, que causou um resultado lesivo, já que há previsão expressa do crime na modalidade culposa, considerando Carlos que estava sob erro de tipo vencível; Paula é partícipe do mesmo crime, pois o direito penal brasileiro adota a teoria monista mitigada.

c) não pode responder por crime algum, pois não há responsabilidade penal objetiva no direito penal brasileiro.

d) deve responder pelo crime de vilipêndio a cadáver, haja vista estar em erro sobre o fato, que, pela teoria extremada da culpabilidade, amolda-se ao instituto do erro de proibição.

e) deve ser indiciado pelo crime de destruição, subtração ou ocultação de cadáver, uma vez que, estando sob erro de tipo vencível, fez o cadáver perdera sua forma original.

COMENTÁRIOS

Alternativa correta: letra "C" (responde, também, as alternativas "d" e "e"). Está correta a assertiva. Pelo exemplo narrado, não é possível extrair da conduta de Carlos o dolo de matar, pois, diante da encenação marcada pela veracidade, acreditava que Maria havia se suicidado. De igual forma, não há crimes de destruição ou de vilipêndio a cadáver, já que de cadáver não se tratava. E ainda que assim não fosse, não se constata, naquelas circunstâncias, o propósito de desfazer, desmanchar, destroçar ou desprezar, desdenhar daquilo que o agente acreditava se tratar do corpo de Maria.

Alternativa "a": está errada porque, além do que já explanado a respeito da assertiva anterior, Paula não pode ser responsabilizada por não haver previsibilidade de que, diante da encenação, Carlos tomasse a faca e passasse a golpear o que pensava ser o cadáver de Maria.

Alternativa "b": está errada a assertiva, pois Carlos atuou em erro de tipo invencível, escusável. No mais, aplicam-se os comentários à assertiva anterior.

60. (Delegado de Polícia – SP/ 2011 – ACADEPOL) Há algum ponto de semelhança entre condutas praticadas com culpa consciente e dolo eventual? Aponte a alternativa correta

a) Sim. Tanto na culpa consciente quanto no dolo eventual há a aceitação do resultado.

b) Sim. Tanto na culpa consciente quanto no dolo eventual o agente prevê o resultado.

c) Não. Não há nenhum ponto de semelhança nas condutas em questão.

d) Sim. Em ambas o elemento subjetivo da conduta é o dolo.

e) Não. Pois a aceitação do resultado na culpa consciente é elemento normativo da conduta.

COMENTÁRIOS

Alternativa correta: letra "B" (os comentários respondem, também, as demais alternativas). A culpa consciente não pode ser confundida com o dolo eventual. Com efeito, se na culpa consciente o agente prevê o resultado e o afasta, no dolo eventual o agente prevê o resultado e assume o risco da sua ocorrência, agindo com evidente descaso com o bem jurídico.

17. CULPA

61. (Fumarc – Delegado de Polícia – PC – MG/2018) NÃO é um elemento do tipo culposo de crime:

a) Conduta involuntária.

b) Inobservância de dever objetivo de cuidado.

c) Previsibilidade objetiva.

d) Tipicidade.

COMENTÁRIOS

Alternativa "a": a conduta involuntária, de fato, não é elemento do crime culposo, que pressupõe ação ou omissão dirigida e orientada pelo querer e que causa um resultado involuntário. A conduta, portanto, é sempre voluntária.

Alternativa "b": está correta. O agente, na infração culposa, viola seu dever de diligência, regra básica do convívio social. Seu comportamento não atende ao que esperado pela lei e pela sociedade.

Alternativa "c": o tipo penal culposo pressupõe, também, a previsibilidade objetiva do resultado, traduzida na possibilidade de o portador de inteligência mediana ser capaz de concluir que sua conduta pode resultar no ilícito.

Alternativa "d": não se pune a conduta culposa, salvo quando houver expressa disposição em lei. A tipicidade (subsunção ao tipo penal) é exigência do artigo 18, parágrafo único, do Código Penal.

Alternativa correta: letra "a".

18. ERRO

62. (Nucepe – Delegado de Polícia – PC – PI/2018) O erro acidental não afasta o dolo do agente, podendo ocorrer em algumas situações. Qual das hipóteses está CORRETA?

a) Erro sobre o objeto quando o autor, ao tentar matar o inimigo, por erro na pontaria mata outra pessoa.

b) Erro sobre o curso causal, quando o autor, ao tentar matar a vítima por afogamento e ao arremessar a vítima de uma ponte, esta bate na estrutura falecendo de traumatismo.

c) Erro sobre a pessoa no caso do autor que, ao tentar causar dano, atira uma pedra contra uma loja, e por erro atinge uma pessoa.

d) Erro na execução (aberratio ictus) quando, por exemplo, o autor, ao subtrair uma saca de café, pensa ser uma saca de açúcar.

e) Resultado diverso do pretendido, quando o autor, ao desejar matar seu filho, causa a morte de seu funcionário.

COMENTÁRIOS

Alternativa "a": está errada a assertiva. No erro sobre o objeto, o agente *confunde* o objeto material (coisa) visado, atingindo outro que não o desejado. Ex.: a pessoa ingressa numa loja para subtrair um relógio de ouro, mas acaba furtando um relógio dourado, confundindo, portanto, o objeto visado. O erro na pontaria é o erro na execução, em que, por *acidente ou erro no uso dos meios de execução*, o agente acaba atingindo pessoa diversa da pretendida – embora corretamente representada.

Alternativa "b": está correta a assertiva. No erro sobre o nexo causal o resultado desejado se produz com nexo diverso, de maneira diferente da planejada pelo agente. Divide-se em duas espécies: a) erro sobre o nexo causal em sentido estrito: ocorre quando o agente, mediante um só ato, provoca o resultado visado, porém com outro nexo de causalidade. Ex.: "A" empurra "B" de um penhasco para que ele morra afogado, porém, durante a queda, "B" bate a cabeça contra uma rocha e morre em razão de um traumatismo craniano; b) dolo geral ou *aberratio causae*, espécie em que o agente, mediante conduta desenvolvida em pluralidade de atos, provoca o resultado pretendido, porém com outro nexo. Ex.: "A" atira em "B" (primeiro ato) e, imaginando que "B" está morto, joga seu corpo no mar, vindo "B" a morrer por afogamento.

Alternativa "c": está errada a assertiva. No erro sobre a pessoa há uma equivocada representação do objeto material (pessoa) visado pelo agente. Em decorrência deste erro, o agente acaba atingindo pessoa diversa. Ex.: "A" quer matar seu próprio pai, porém, representando equivocadamente a pessoa que entra na casa, acaba matando o seu tio. "A" será punido por parricídio, embora seu pai permaneça vivo. A situação em que alguém atira uma pedra contra uma loja, mas por erro atinge uma pessoa é de *aberratio criminis*, ou resultado diverso do pretendido.

Alternativa "d": está errada a assertiva. Erro na execução ocorre quando, por acidente ou erro no uso dos meios de execução, o agente, ao invés de atingir a pessoa que pretendia ofender, atinge pessoa diversa. Se, ao subtrair uma saca de café, o agente pensa ser uma saca de açúcar, comete erro sobre o objeto.

Alternativa "e": está errada a assertiva. Há resultado diverso do pretendido quando o agente, também por acidente ou erro no uso dos meios de execução, atinge bem jurídico distinto daquele que pretendia atingir. Se o sujeito, ao desejar matar seu filho, causa a morte de seu funcionário, pode haver erro na execução ou erro sobre a pessoa, a depender da situação.

Alternativa correta: letra "b".

63. (FUNCAB – Delegado de Polícia – ES/2013) Luciano, sorrateiramente, apoderou-se de um cheque ao portador de Vitor, em face deste dever a ele uma importância idêntica à consignada no cheque, como forma de pagamento e de quitação da dívida de que é credor, tendo descontado o referido título de crédito. Assim, Luciano:

a) praticou o crime de furto.

b) praticou o crime de estelionato.

c) incorreu em erro de tipo.

d) incorreu em erro de proibição.

e) praticou o crime de apropriação indébita.

COMENTÁRIOS

Alternativa correta: letra "D". A situação hipotética narrada no enunciado pode ser caracterizada como erro de proibição se Luciano acreditava que o ato de subtrair o cheque fosse um meio lícito de obter o ressarcimento pela dívida. A questão, todavia, não narra, propriamente, um erro de proibição porque não aponta com clareza que o agente tenha atuado ignorando a ilicitude do fato. Pela simples leitura do enunciado se extrai a prática do crime de exercício arbitrário das próprias razões, pois Luciano fez justiça com as próprias mãos para satisfazer pretensão legítima, embora a lei não o permitisse, agindo sorrateiramente.

Alternativa "a": não se trata do crime de furto porque, conforme já destacado, Luciano agiu contra a lei para satisfazer uma pretensão legítima. Afasta-se o furto porque esta conduta caracteriza o exercício arbitrário das próprias razões.

Alternativa "b": não se trata de estelionato, nem mesmo se afastado o exercício arbitrário das próprias razões, pois Luciano não empregou fraude, induzindo alguém a erro, para obter vantagem ilícita.

Alternativa "c": não há erro de tipo, em que o agente ignora elementares, circunstâncias ou quaisquer dados que se agregam a determinada figura típica. O agente, neste caso, não sabe o que faz, ao contrário do erro de proibição, em que ignora o caráter ilícito do que faz.

Alternativa "e": também não há apropriação indébita, mesmo que se afastasse o crime contra a administração de justiça, porque Luciano não se apropriou de coisa alheia móvel de que tinha a posse ou a detenção.

---

64. (Cespe – Delegado de Polícia – BA/2013 – Adaptada) Acerca da parte geral do direito penal e seus Institutos, julgue os itens seguintes.

Tanto a conduta do agente que age imprudentemente, por desconhecimento invencível de algum elemento do tipo quanto a conduta do agente que age acreditando estar autorizado a fazê-lo ensejam como consequência a exclusão do dolo e, por conseguinte, a do próprio crime.

COMENTÁRIOS

Errado. Está errada a assertiva. Se o agente atua porque desconhece invencivelmente algum dos elementos do tipo penal, há erro de tipo, que exclui o dolo e, portanto, o crime. Se, todavia, age porque acredita não haver impedimento, errando a respeito da ilicitude do fato, há erro de proibição, que recai na potencial consciência da ilicitude e exclui a culpabilidade.

---

65. (FUNCAB – Delegado de Polícia – RJ/2012) O erro é a falsa representação da realidade ou o falso ou equivocado conhecimento de um objeto. Acerca desse tema, é INCORRETO afirmar que:

a) quando o erro do agente recai sobre a existência ou sobre os limites de uma causa de justificação, tem-se o erro de proibição.

b) no erro de tipo essencial escusável há exclusão da tipicidade.

c) o Código Penal adotou a teoria estrita da culpabilidade acerca do erro incidente sobre as causas de justificação.

d) o erro acidental atinge os aspectos ou dados secundários do delito.

e) no erro de proibição inescusável, o agente poderá ter a pena atenuada.

COMENTÁRIOS

Alternativa correta: letra "C". Está errada a assertiva. No tema relativo às descriminantes putativas, prevalece o entendimento de que se adota a teoria limitada da culpabilidade. Dois argumentos são usados para justificar este posicionamento: a Exposição de Motivos do Código Penal dispõe expressamente ter sido adotada, na reforma de 1984, a teoria limitada da culpabilidade; topograficamente, essa espécie de descriminante putativa se encontra (como § 1º) no dispositivo que trata do erro de tipo (art. 20, CP) e não no artigo que explica o erro de proibição (art. 21), indicando, desse modo, a opção do legislador no tratamento da matéria.

Alternativa "a": está correta a assertiva. Se o agente supõe agir sob o manto de uma justificante em razão de erro quanto à sua existência ou seus limites, apesar de conhecer a situação de fato, ignora a ilicitude do comportamento. Este erro deve ser equiparado ao erro de proibição (erro de proibição indireto ou erro de permissão), sofrendo os consectários previstos no art. 21 do CP (se inevitável o erro, exclui a culpabilidade; se evitável, diminui a pena).

Alternativa "b": está correta a assertiva. O erro de tipo essencial recai sobre elementares, circunstâncias ou quaisquer dados que se agregam a determinada figura típica. Sendo inevitável (justificável, escusável ou invencível), há erro imprevisível, excluindo o dolo (por não haver consciência) e culpa (pois ausente a previsibilidade).

Alternativa "d": está correta a assertiva. Acidental é o erro que recai sobre dados secundários, periféricos do tipo. A intenção criminosa é manifesta, incidindo naturalmente a responsabilidade penal.

Alternativa "e": está correta a assertiva. Por expressa disposição do art. 21 do Código Penal, se o erro de proibição for evitável (inescusável), a pena poderá ser diminuída de um sexto a um terço.

---

66. (Cespe – Delegado de Polícia – AL/ 2012 – Adaptada) Com base na interpretação doutrinária majoritária e no entendimento dos tribunais superiores, julgue os itens.

O erro de tipo, se vencível, afasta o dolo e a culpa, estando diretamente ligado à tipicidade da conduta do agente.

COMENTÁRIOS

Errado. Está errada a assertiva. O erro de tipo injustificável, inescusável ou vencível, é o erro previsível, só excluindo o dolo (por não existir consciência), mas punindo a culpa (se prevista como crime), pois havia possibilidade de o agente conhecer do perigo.

---

67. (FGV – Delegado de Polícia – MA/2012) Acerca da culpabilidade no estudo da teoria do crime, assinale a afirmativa incorreta.

a) Para a teoria normativa que surgiu com o finalismo, houve a migração do dolo e da culpa para a tipicidade, passando a culpabilidade a ser um juízo de valor que se faz sobre a conduta típica e ilícita.

b) No tocante a imputabilidade, o Código Penal adotou o critério biopsicológico, sendo indispensável que a causa geradora da inimputabilidade esteja presente no momento da conduta.

c) No erro de proibição o erro recai sobre a ilicitude do fato, imaginando o agente ser lícito o que é ilícito, podendo atenuar a culpabilidade, nunca, porém, a excluindo.

d) Para a teoria limitada da culpabilidade, o erro de tipo permissivo exclui o dolo; se o erro for vencível há crime culposo se previsto em lei.

e) A coação moral irresistível pode ser exercida diretamente sobre o agente ou sobre um terceiro, somente respondendo o autor da coação.

COMENTÁRIOS

Alternativa correta: letra "C". No contexto do erro de proibição, precisamos diferenciar três situações: a) o agente, apesar de ignorar a lei, conhecia a reprovabilidade da sua conduta: não se configura o erro de proibição, podendo caracterizar atenuante da pena. Exemplo: JOÃO, apesar de ignorar que o desrespeito ao hino nacional é contravenção penal tipificada no art. 35 da Lei nº 5.700/71, passa a achincalhar a letra, sabendo que seu comportamento é reprovado socialmente; b) o agente, apesar de conhecer a lei, ignora a reprovabilidade do comportamento: configura erro de proibição. Se inevitável, exclui a culpabilidade; se evitável, reduz a pena. Exemplo: JOÃO, mesmo sabendo que homicídio é crime, acredita que o tipo não alcança a eutanásia; c) o agente ignora a lei e a ilicitude do fato: configura-se erro de proibição. Se inevitável, exclui a culpabilidade; se evitável, reduz a pena. Exemplo: JOÃO fabrica açúcar em casa, não imaginando que seu comportamento é reprovável, muito menos crime previsto no art. 1º, Dec. Lei 16/66. Está errada, pois, a assertiva porque, se inevitável, o erro de proibição exclui a culpabilidade, afastando a potencial consciência da ilicitude.

Alternativa "a": está correta a assertiva. Para a teoria normativa pura da culpabilidade, com base finalista, o dolo e a culpa migram da culpabilidade para o fato típico. A partir daí, conceitua-se a culpabilidade como o **juízo de reprovação** que recai na conduta típica e ilícita que o agente se propõe a realizar.

Alternativa "b": está correta a assertiva. Sob a influência do critério biopsicológico, é inimputável aquele que, em razão de sua condição mental (por doença mental ou desenvolvimento mental incompleto ou retardado), era, ao tempo da conduta, inteiramente incapaz de entender o caráter ilícito do fato ou de determinar-se de acordo com esse entendimento.

Alternativa "d": está correta a assertiva. Para a teoria limitada da culpabilidade, o erro de tipo permissivo representa uma das hipóteses de descriminante putativa, incidindo nas situações em que o agente erra sobre os pressupostos fáticos da descriminante. Se o erro for inevitável, além do dolo, exclui a culpa (isentando o agente de pena); se evitável, exclui o dolo, mas não isenta o agente de pena, subsistindo o crime culposo quando previsto em lei (culpa imprópria).

Alternativa "e": está correta a assertiva. A ameaça exercida pelo coator pode recair tanto sobre o agente que atua mediante coação moral irresistível quanto sobre terceiro ligado a este indivíduo. É o caso, comum na prática, em que criminosos sequestram familiares de funcionários de empresa que transporta valores para que estes, coagidos, não resistam ao roubo.

68. (Delegado de Polícia – MG/ 2011 – ACADEPOL) Com relação ao erro de tipo e ao erro de proibição, assinale a alternativa INCORRETA:

a) O erro de tipo permissível inescusável é aquele que recai sobre situação de fato, excluindo a culpabilidade dolosa, mas permitindo a punição do agente a título de culpa.

b) De acordo com a teoria extremada da culpabilidade, todo e qualquer erro que recaia sobre uma causa de justificação é erro sobre a ilicitude do fato.

c) O erro, sobre a causa do resultado, afasta o dolo ou a culpa, tendo em vista que recai sobre elemento essencial do fato.

d) O erro de proibição mandamental é aquele que recai sobre uma norma impositiva e, se inevitável, isenta o agente de pena.

COMENTÁRIOS

Alternativa correta: letra "C". Está errada. O erro sobre o nexo causal (aberratio causae) é acidental, subdividindo-se em duas categorias: a) erro sobre o nexo causal em sentido estrito: a conduta, que se desenvolve num só ato, provoca o resultado desejado, porém com nexo diverso (o agente quer matar a vítima por afogamento; joga seu corpo de cima de uma ponte e esta, antes de atingir a água, bate a cabeça numa pedra e morre em razão de traumatismo craniano); b) dolo geral: a conduta, que se desenvolve em dois atos, provoca o resultado desejado, porém com nexo diverso (a vítima é atingida por um tiro e desmaia; imaginando estar ela morta, o atirador joga seu corpo no rio, mas a morte ocorre em razão de afogamento). Nas duas hipóteses o agente responde por homicídio doloso consumado (e não tentativa de homicídio doloso em concurso com homicídio culposo).

Alternativa "a": está correta. O erro de tipo permissivo é aquele que, segundo a teoria limitada da culpabilidade, recai sobre os pressupostos fáticos de uma causa excludente da ilicitude. Como decorrência do erro de tipo, sendo essencial, pode ser escusável ou inescusável. O erro é escusável (inevitável, justificável ou invencível) quando imprevisível, excluindo o dolo (por não haver consciência) e culpa (pois ausente a previsibilidade). Será evitável (injustificável, inescusável ou vencível) quando previsível, só excluindo o dolo (por não existir consciência), mas punindo a culpa (se prevista como crime), pois havia possibilidade de o agente conhecer do perigo.

Alternativa "b": está correta a assertiva. De acordo com a teoria extremada (ou estrita) da culpabilidade, o erro sobre os pressupostos fáticos das causas de justificação deve ser tratado como erro de proibição (indireto ou erro de permissão). Justificam os defensores da tese que o art. 20, § 1º, do CP, em se tratando de erro inevitável, não exclui dolo ou culpa (como exige o erro e tipo), mas isenta o agente de pena (como manda o erro de proibição). Elimina, nessa hipótese (erro escusável), a culpabilidade do sujeito que sabe exatamente o que faz (no nosso exemplo, "matar alguém").

Alternativa "d": está correta a assertiva. Erro mandamental é o que recai sobre os requisitos objetivos de uma norma mandamental, ou seja, norma que manda agir. Nos crimes omissivos, a norma determina que o agente faça alguma coisa (manda prestar socorro – CP, art. 135 –, manda notificar doença contagiosa – CP, art. 269 – etc.). Se o agente erra sobre os pressupostos fáticos da norma mandamental, há um erro mandamental. Ha discussão a respeito da natureza do erro mandamental. Luiz Flávio Gomes considera se tratar de erro de tipo, que exclui o dolo. Outros, todavia, sustentam se tratar de erro de proibição, pois o agente, apesar de saber o que faz (ou melhor, o que não faz), acredita não estar obrigado, ignorando a ilicitude da sua inação.

69. (Delegado de Polícia – MT/ 2010 – UNEMAT) Ciente de que "errar humam est", ou seja, que o erro faz parte do cotidiano do homem assinale a alternativa **correta.**

a) O erro de tipo, que também já foi chamado de erro de fato, sempre se prestou a excluir a tipicidade.
b) A figura do erro de tipo recai sobre os elementos objetivos e subjetivos constitutivos do tipo.
c) O marinheiro, que é preso no Brasil em posse de lança-perfume quando vinha da Argentina, acreditando que tal droga é permitida neste país, atua em verdadeiro erro de tipo.
d) A doutrina considera que quando o agente puder conhecer a ilicitude de sua conduta mediante "esforço de sua inteligência", o erro de proibição será inescusável.
e) Aquele que erra sobre o conceito de funcionário público, supondo que seu companheiro de empreitada criminosa não o seja, atua em erro de tipo e não em erro de subsunção.

COMENTÁRIOS

Alternativa correta: letra "D". Está correta a assertiva. Considera-se evitável o erro se o agente atua ou se omite sem a consciência da ilicitude do fato, quando lhe era possível, nas circunstâncias, ter ou atingir essa consciência. Neste caso, o agente seria capaz de compreender o caráter ilícito do fato se empregasse diligências normais, sem qualquer esforço maior.

Alternativa "a": está errada porque o erro de tipo exclui o dolo, que, antes da teoria finalista, era inserido na culpabilidade. Dessa forma, o antes denominado *erro de fato* recaía sobre a culpabilidade.

Alternativa "b": está errada porque o erro de tipo recai sobre os elementos objetivos, subjetivos e normativos que eventualmente integrem o tipo penal. Cuida-se de ignorância ou erro que recai sobre as elementares, circunstâncias ou quaisquer dados que se agregam a determinada figura típica.

Alternativa "c": está errada porque, neste caso, o marinheiro incorreu em erro de proibição, ou seja, o equívoco não recai sobre os elementos ou dados agregados ao tipo, mas sobre a ilicitude da conduta praticada. Pode-se dizer que, no erro de tipo o agente não sabe exatamente o que faz, enquanto que no erro de proibição o agente sabe exatamente o que faz, porém ignora o caráter ilícito do seu ato.

Alternativa "e": está errada porque haveria, no caso, erro de subsunção, que ocorre quando o agente decifra equivocadamente o sentido jurídico do seu comportamento. Não se confunde com erro de tipo, pois não há falsa percepção da realidade. Também não se confunde com erro de proibição, vez que o agente sabe da ilicitude do seu comportamento. Esta espécie de erro não exclui dolo, tampouco a culpa do agente. Também não o isenta de pena. Todavia, conforme a situação, pode incidir a atenuante genérica do artigo 66 do Código Penal.

70. (Delegado de Polícia – RJ / 2009 – CEPERJ) Sobre a Teoria do Erro, analise as proposições abaixo e, em seguida, assinale a opção correta.

I. Em situação de erro determinado por terceiro, somente responderá pelo crime este terceiro.
II. Em situação de erro provocado por terceiro, não se pune o provocador que agiu com negligência.
III. Incorre em erro de proibição quem, fundada e concretamente, julga atuar conforme o direito, por supor juridicamente permitida sua atuação.
IV. O cidadão holandês que, em sua primeira visita ao Brasil, desembarca com pequena quantidade de droga ilícita para consumo pessoal, imaginando que tal fosse permitido entre nós, como em seu país de origem, incide em erro de proibição.
V. Erro de tipo consiste na ausência ou na falsa representação da realidade, razão pela qual o agente responderá por crime culposo, se culpa existir (erro evitável) e desde que o tipo penal de que se trate preveja a forma culposa.

a) Somente uma das proposições está errada.
b) Somente duas das proposições estão erradas.
c) Somente as proposições IV e V estão corretas.
d) Todas as proposições estão corretas.
e) Somente as proposições I e IV estão erradas.

COMENTÁRIOS

Alternativa correta: letra "B". Item I: está errada a assertiva. Não necessariamente responderá pelo crime *apenas* o terceiro que provocou o erro. ***Exemplo:***

médico que ordena enfermeira a ministrar determinada substância tóxica no paciente. Aplicado o produto, o paciente morre. Da hipótese, deve ser aquilatado: a) se o médico (autor mediato) agiu com dolo, querendo ou aceitando a morte do paciente, responde por homicídio doloso; b) se o médico (autor mediato) agiu com negligência, responderá por crime culposo; c) se a enfermeira (autora imediata) não previu, nem lhe era previsível, o erro na prescrição do remédio, não responderá por crime algum; d) entretanto, se a enfermeira (autora imediata), ao perceber a manobra criminosa, quer ou aceita o resultado, aplicando a substância, responderá pelo crime na forma dolosa; agindo com negligência, na forma culposa.

Item II: conforme se extrai dos comentários ao item anterior, está errada a assertiva, pois o provocador responde pelo crime culposo.

Item III: está correta a assertiva. O erro de proibição recai na potencial consciência sobre a ilicitude do fato, ou seja, sobre o conhecimento do caráter proibitivo da norma. Uma vez publicada no Diário Oficial da União, a lei se presume conhecida por todos. Por este motivo, não nos é dado desconhecê-la. Entretanto, é possível que o agente incida em erro quanto à proibição, pelo ordenamento jurídico, daquela sua conduta, o que pode acarretar a exclusão da sua culpabilidade. O erro sobre a ilicitude do fato (erro de proibição), se inevitável, isenta o agente de pena; se evitável, poderá diminuí-la de um sexto a um terço. Considera-se evitável o erro se o agente atua ou se omite sem a consciência da ilicitude do fato, quando lhe era possível, nas circunstâncias, ter ou atingir essa consciência.

Item IV: está correto. Embora seja vedado ao estrangeiro alegar desconhecimento da lei nacional, sendo o porte de drogas para consumo pessoal permitido em seu país de origem, pode ocorrer de tal indivíduo imaginar a mesma permissão no Brasil, incidindo em erro sobre a ilicitude do fato.

Item V: está correto. O erro de tipo encontra previsão no artigo 20, *caput*, do Código Penal e pode ser conceituado como a falsa representação da realidade. Entende-se por erro de tipo aquele que recai sobre as elementares, circunstâncias ou qualquer dado que se agregue a determinada figura típica. O agente que atua em erro de tipo não tem consciência (ou não tem plena consciência) da sua conduta. Ele não sabe – ou não sabe exatamente – o que faz, por que tem uma falsa representação da realidade. O erro de tipo ***essencial*** (recai sobre dados principais do tipo) se caracteriza pela inexistência de consciência e vontade e exclui, sempre, o dolo. Se o erro for invencível (ou escusável), é dizer, inevitável, mesmo atentando-se para os cuidados necessários, além do dolo exclui-se também a culpa; se vencível (ou inescusável), isto é, evitável pela diligência ordinária, o agente responderá por crime culposo, se previsto pelo tipo respectivo.

---

71. (Delegado de Polícia – PI / 2009 – NUCEPE) Juan, 19 anos, argentino residente em Córdoba/Argentina, recebeu um convite de seu amigo Pedro, brasileiro, residente em Teresina, para passar as férias no Delta do Parnaíba. Juan, entusiasmado com a possibilidade de conhecer o Brasil, aceitou o convite. Porém, Pedro, quando convidou o amigo, solicitou que trouxesse consigo 10 vidros de lança-perfume (cloreto de etila), e Juan, tendo total desconhecimento de que esta substância fosse proibida no Brasil, pois na Argentina tal substância circula livremente, prontamente atendeu ao pedido. Sendo Juan, em tese, apreendido com tal mercadoria, que excludente é possível alegar ao seu favor?

a) A excludente é o erro de tipo inevitável, que afasta o dolo e a culpa.

b) A excludente é o erro de tipo evitável, que afasta o dolo, mas permite a punição por culpa.

c) A excludente é o erro de proibição, que afasta a ilicitude do fato.

d) A excludente é o erro de proibição, que afasta o potencial conhecimento da ilicitude do fato.

e) A excludente é o erro na execução, que também é chamado de *aberratius ictus*.

COMENTÁRIOS

Alternativa correta: letra "D". Está correta a assertiva. Trata-se de situação de erro de proibição, que incide sobre a potencial consciência da ilicitude e afasta a culpabilidade. Neste caso, embora não fosse possível a Juan alegar desconhecimento da lei, pois tal se presume com sua publicação no diário oficial, trata-se claramente de equívoco sobre a ilicitude da conduta, que no país de origem do agente não é proibida.

Alternativa "a" (responde, também, a alternativa "b"): está errada porque neste caso não há erro de tipo (evitável ou inevitável), em que o agente ignora ou tem conhecimento equivocado da realidade. Cuida-se de ignorância ou erro que recai sobre as elementares, circunstâncias ou quaisquer dados que se agregam a determinada figura típica. Não é o caso de Juan, que agiu com pleno conhecimento da realidade.

Alternativa "c": embora se trate de erro de proibição, a assertiva está errada porque não há exclusão da ilicitude, mas da culpabilidade, conforme veremos no item seguinte.

Alternativa "e": está errada porque não há nenhuma relação entre a conduta de Juan e a *aberratio ictus*, em que, por acidente ou erro no uso dos meios de execução, o agente acaba atingindo pessoa diversa da pretendida – embora corretamente representada.

19. ILICITUDE

---

72. (Fumarc – Delegado de Polícia – PC – MG/2018) Com relação às causas de exclusão da ilicitude, é CORRETO afirmar:

a) Astrogildo colocou cacos de vidro, visíveis, em cima do muro de sua casa, para evitar a ação de ladrões. Certo dia, uma criança neles se lesionou ao pular o muro da casa de Astrogildo para pegar uma bola que ali havia caído. Nessa situação, ainda que se tratando da defesa de um perigo incerto e ou remoto, a conduta de Astrogildo restaria acobertada por excludente da ilicitude.

b) No caso de legítima defesa ou estado de necessidade de terceiros, é imprescindível a prévia autorização destes para que a conduta do agente não seja ilícita.

c) Caio, lutador de boxe, durante uma luta em que seguia as regras desportivas, atinge região vital de Tício, causando-lhe a morte. Ante a gravidade da situação fática, a violência não encontra amparo em nenhuma causa de exclusão da ilicitude, devendo Caio responder pela morte causada.

d) Nos moldes do finalismo penal, pode a inexigibilidade de conduta diversa ser considerada causa supralegal de exclusão de ilicitude.

COMENTÁRIOS

Alternativa "a": está correta a assertiva. Astrogildo fez uso do chamado *ofendículo*, aparato preordenado para defesa do patrimônio. De acordo com a lição da maioria, enquanto o aparato não é acionado, caracteriza exercício regular de um direito; ao funcionar repelindo a injusta agressão, configura a excludente da legítima defesa (legítima defesa preordenada).

Alternativa "b": está errada a assertiva. A legítima defesa de terceiro não depende de sua autorização, desde que, evidentemente, o bem jurídico que se pretende defender seja indisponível, como a vida. Aliás, é possível até mesmo que o agente invista contra alguém prestes a se suicidar e, atingindo-lhe a integridade física, ponha a salvo sua vida. Por outro lado, se o bem jurídico for disponível, como o patrimônio, o agente que atue contra a vontade do titular o fará ilicitamente, embora, nesse caso, o mais provável seja que proceda em legítima defesa putativa. No que concerne ao estado de necessidade, ensina Flávio Monteiro: "O estado de necessidade de terceiro inspira-se no princípio da solidariedade humana. Tratando-se, porém, de bens disponíveis, alguns autores sustentam a necessidade da aquiescência do titular do direito exposto a perigo de lesão. Não procede o raciocínio, pois a vontade do terceiro em perigo, como dizia La Medica, não é tomada em consideração; é substituída pela vontade do agente, juridicamente superior. Sobremais, em muitos casos não há nem tempo para pedir a concordância do terceiro" (*Direito Penal – Parte Geral*. São Paulo: Editora Saraiva, 2003, p. 315-6).

Alternativa "c": está errada a assertiva. A prática de determinados esportes pode gerar lesão corporal e até morte. Porém, não se pode ignorar que o Estado incentiva a prática esportiva (Lei 9.615/98 – Lei Pelé –, art. 3º, abrangendo as modalidades violentas). O atleta, no seu mister, pode invocar a descriminante do exercício regular de direito.

Alternativa "d": está errada a assertiva. A exigibilidade de conduta diversa é um dos elementos da culpabilidade, razão pela qual a situação em que é inexigível que o agente atue de outra forma exclui a culpabilidade, não a ilicitude. A inexigibilidade pode advir da coação moral irresistível, da obediência hierárquica ou pode ter fundamento supralegal. As dirimentes supralegais se fundamentam, basicamente, no fato de que a exigibilidade de conduta diversa é característica fundamental da culpabilidade, motivo pelo qual não é admissível que se estabeleça a responsabilidade penal em decorrência de comportamentos humanos inevitáveis que nem sempre podem ser especificados pelo legislador.

Alternativa correta: letra "a".

73. (IBADE – Delegado de Polícia – AC/2017) Acerca do consentimento real do ofendido, é correto afirmar que:

a) o consentimento para ser válido, pressupõe que o titular do bem jurídico atingido possua capacidade de entendimento quanto ao caráter e à extensão da autorização.

b) invariável e indiscutivelmente, a vida humana é um bem jurídico indisponível, de sorte que não pode ser objeto de consentimento para sua extinção.

c) se uma pessoa autoriza que médico aplique determinado medicamento em seu corpo, suportando efeitos severamente prejudiciais à saúde inerentes ao uso da substância, os quais desconhecia, o consentimento real se mantém válido, pois é a vítima quem deve buscar todas as informações sobre as conseqüências de sua autorização.

d) De acordo com a doutrina de Claus Roxin, o consentimento do ofendido exclui a antijuridicidade da conduta praticada, jamais recaindo sobre a esfera da tipicidade.

e) em regra, o consentimento deve ser anterior à ação consentida, mas nada impede seu reconhecimento mesmo quando posterior, como no caso de ausência de representação do ofendido no crime de lesão corporal leve, hipótese em que o crime deixa de existir.

COMENTÁRIOS

Alternativa correta: letra "A". Está correta a assertiva. Um dos requisitos do consentimento do ofendido é a capacidade de consentir. Sobre ela, adverte Paulo Queiroz: "Como regra, não podem consentir validamente os menores de dezoito anos, nem incapazes de um modo geral (portador de doença mental etc.), motivo pelo qual, se o fizerem, o consentimento será inválido. Mas crimes há, como o estupro (art. 213), em que o consentimento poderá ser dado por pessoa maior de quatorze anos, visto que a presunção de vulnerabilidade cessa com essa idade (art. 217-A)" (Código Penal Comentado, p. 348).

Alternativa "b": embora a vida seja tratada de forma amplamente majoritária como um bem indisponível – tanto que nosso ordenamento pune a eutanásia –, não se pode afirmar que essa condição seja invariável e indiscutível, pois há debate doutrinário a respeito da imposição de limites à tutela estatal absoluta sobre esse bem jurídico. A própria eutanásia, permitida em alguns países, é utilizada como fundamento para quem defende que a vida é na realidade um bem disponível.

Alternativa "c": está errada a assertiva, porque o consentimento deve ser válido. A validade do consentimento reside na liberdade e na consciência no momento da sua emissão. É dizer: não se admite o consentimento se sua obtenção ocorre mediante fraude, coação, erro, etc.

Alternativa "d": está errada a assertiva, pois, para Roxin, que se baseia no conceito de liberdade de ação do titular do bem jurídico, o consentimento do ofendido exclui sempre a tipicidade. Para o autor, se a proteção a bens jurídicos serve para atender ao desenvolvimento das pessoas, o titular do bem jurídico que resolve dele dispor simplesmente afasta a possibilidade de lesão resultante da conduta de quem agiu em consequência do assentimento.

Alternativa "e": está errada a assertiva. O consentimento deve ser prévio ou ao menos simultâneo à conduta. O consentimento posterior à lesão do bem jurídico não tem efeito sobre a ilicitude (ou a tipicidade, conforme o caso), embora possa gerar reflexos no campo da punibilidade (perdão na ação penal privada, por exemplo).

---

74. (Vunesp – Delegado de Polícia – CE/2015) Considera-se em estado de necessidade quem

a) pratica o fato para salvar de perigo atual, que não provocou por sua vontade, nem podia de outro modo evitar, direito próprio ou alheio, ainda que nas circunstâncias seja exigível sacrifício.

b) exclusivamente em situação de calamidade pública, pratica o fato para salvar de perigo atual, que não provocou por sua vontade, nem podia de outro modo evitar, direito próprio ou alheio, cujo sacrifício, nas circunstâncias, não era razoável exigir-se.

c) pratica o fato para salvar de perigo atual, que não provocou por sua vontade, nem podia de outro modo evitar, direito próprio ou alheio, cujo sacrifício, nas circunstâncias, não era razoável exigir-se.

d) exclusivamente em situação de calamidade pública, pratica o fato para salvar de perigo atual, que não provocou por sua vontade, nem podia de outro modo evitar, direito próprio (excluído direito alheio), cujo sacrifício, nas circunstâncias, não era razoável exigir-se.

e) pratica o fato para salvar de perigo iminente ou atual, que não provocou por sua vontade, nem podia de outro modo evitar, direito próprio ou alheio, ainda que nas circunstâncias seja exigível sacrifício.

COMENTÁRIOS

Alternativa correta: letra "C" (responde, também, as demais alternativas). Está correta a assertiva. Nos termos do artigo 24 do Código Penal, *"Considera-se em estado de necessidade quem pratica o fato para salvar de perigo atual, que não provocou por sua vontade, nem podia de outro modo evitar, direito próprio ou alheio, cujo sacrifício, nas circunstâncias, não era razoável exigir-se".* Da simples leitura do art. 24, depreendem-se os **requisitos objetivos** do estado de necessidade: **a) perigo atual:** o perigo atual aparece como primeiro requisito da situação de necessidade. Cuida-se do risco presente, real, gerado por fato humano, comportamento de animal (não provocado pelo dono) ou fato da natureza, sem destinatário certo. Discute-se se o perigo iminente (prestes a desencadear-se) justifica a conduta pelo estado de necessidade. Diante do silêncio da lei, a maioria da doutrina ensina que o perigo iminente não autoriza a descriminante; **b) que a situação de perigo não tenha sido causada voluntariamente pelo agente:** não pode invocar estado de necessidade aquele que *"provocou por sua vontade"* o perigo; **c) salvar direito próprio ou alheio:** o estado de necessidade se configura quando o agente, diante da real situação de perigo, busca salvar direito próprio (**estado de necessidade próprio**) ou direito alheio (**estado de necessidade de terceiro**); **d) inexistência de dever legal de enfrentar o perigo:** conforme preceitua o § 1º do artigo 24 do Código Penal: *"Não pode alegar estado de necessidade quem tinha o dever legal de enfrentar o perigo"*; **e) inevitabilidade do comportamento lesivo:** o comportamento deve ser absolutamente inevitável para salvar o direito próprio ou de terceiro diante da concreta situação de perigo. É preciso que o único meio para salvar o direito próprio ou de terceiro seja o cometimento do fato lesivo, sacrificando-se bem jurídico alheio; **(f) inexigibilidade de sacrifício do interesse ameaçado:** no estudo do fato necessitado, impõe-se a análise da ponderação de bens, leia-se, a proporcionalidade entre o **bem protegido** e o **bem sacrificado; (g) conhecimento da situação de fato justificante:** aos requisitos objetivos acima enunciados, a doutrina acrescenta um de caráter **subjetivo**, justamente o conhecimento da situação de fato justificante (consciência e vontade de salvar direito próprio ou alheio).

---

75. (FUNCAB – Delegado de Polícia – ES/2013) O policial militar Efigênio estava efetuando uma ronda, quando se deparou com dois elementos que se agrediam, um deles já bastante ferido. Solicitou que parassem de brigar, mas eles não o atenderam. Apesar do PM portar um bastão, que seria suficiente para contê-los, efetuou um disparo com sua arma de fogo para o ar, haja vista o local não ser habitado. Entretanto, o agressor que estava em vantagem não se intimidou e partiu em sua direção para agredi-lo, ocasião em que Efigênio efetuou um disparo contra o agressor, causando-lhe lesões, que o levaram a permanecer durante trinta e cinco dias em coma. Pode-se, então, afirmar que o policial militar Efigênio:

a) praticou o crime de homicídio doloso tentado, pois obrou em excesso doloso da legítima defesa.

b) praticou o crime de homicídio culposo tentado, pois obrou em excesso culposo da legítima defesa.

c) praticou o crime de lesão corporal grave, pois obrou em excesso doloso da legítima defesa.

d) praticou o crime de lesão corporal grave, pois obrou em excesso culposo da legítima defesa.

e) não praticou crime, pois obrou nos estritos limites da legítima defesa.

COMENTÁRIOS

Alternativa correta: letra "E". Está correta a assertiva. Há legítima defesa quando alguém, usando moderadamente dos meios necessários, repele injusta agressão, atual ou iminente, a direito seu ou de outrem. Para que se afaste a ilicitude, deve haver o uso moderado dos meios necessários. No exemplo citado, se o policial havia disparado para o ar, mas ainda assim foi atacado por um dos contendores, é evidente que o bastão de que dispunha não seria capaz de intimidar aquele que o atacou, razão pela qual a utilização da arma de fogo para rebater a agressão injusta pode ser considerada adequada, afastando-se a ilicitude.

Alternativa "a" (responde, também, as alternativas "b", "c" e "d"): não há, neste caso, excesso na legítima defesa porque o policial não extrapolou, dolosa ou culposamente, os limites da justificante, reagindo na medida da necessidade para que a agressão injusta fosse repelida eficazmente.

---

76. (FUNCAB – Delegado de Polícia – ES/2013) Geraldino permitiu seu encarceramento pelo patologista André, para se submeter a uma experiência científica. Ao terminar o período da experiência, Geraldino procurou a delegacia de polícia da circunscrição de sua residência, alegando que fora vítima de crime, em face do seu encarceramento. Do relato apresentado, conclui-se:

a) Não há crime, pois o consentimento do ofendido excluiu a ilicitude.
b) André praticou o crime de sequestro ou cárcere privado qualificado, preceituado no artigo 148, § 1°, II (se o crime é praticado mediante internação da vítima em casa de saúde ou hospital) do CP.
c) André praticou o crime de sequestro ou cárcere privado qualificado, preceituado no artigo 148, § 2° (se resulta à vítima, em razão de maus-tratos ou da natureza da detenção, grave sofrimento físico ou moral) do CP.
d) André praticou o crime de lesão corporal, que absorve o crime de sequestro ou cárcere privado.
e) André praticou os crimes de lesão corporal e de sequestro ou cárcere privado, em concurso material.

COMENTÁRIOS

Alternativa correta: letra "A" (responde, também, as alternativas "b" e "c"). O exemplo descrito no enunciado foi tratado como uma situação em que o consentimento do ofendido é invocado como causa supralegal de exclusão da ilicitude. É fato que o consentimento pode excluir a ilicitude se for válido, se o ofendido for capaz, se o bem for disponível e próprio daquele que consente, se for prévio ou simultâneo à lesão ao bem jurídico, se for expresso e se houver ciência da situação de fato que autoriza a justificante. Ocorre que este consentimento tem relevância no afastamento da ilicitude somente se não constituir elementar do delito, hipótese em que haverá exclusão da própria tipicidade. É o que ocorre no crime de sequestro ou cárcere privado, no qual a discordância da vítima ante o tolhimento de sua liberdade de locomoção é imprescindível para que a conduta se tipifique como crime contra a liberdade individual. Se alguém aquiesce, como no exemplo do enunciado, a que outrem o encarcere para a realização de experiência científica, não há sequer conduta típica. Equivoca-se, pois, a organizadora do concurso ao ignorar que a natureza jurídica do consentimento do ofendido pode variar conforme a imprescindibilidade do dissentimento para a tipicidade.

Alternativa "d" (responde, também, a alternativa "e"): não há crime de lesão corporal, pois o enunciado não aponta ter havido ofensa à integridade física de Geraldino. Aliás, neste caso, se em razão da experiência Geraldino sofresse lesão, esta fosse de natureza leve, e o experimento não contrariasse a moral e os bons costumes, o consentimento poderia funcionar como causa excludente da ilicitude.

---

77. (UEG – Delegado de Polícia – GO/2013) Sobre as causas de justificação em direito penal, tem-se o seguinte:

a) no estado de necessidade a conduta pode ser dirigida contra um terceiro desinteressado, enquanto na legítima defesa a conduta recai somente sobre o agressor.
b) no estado de necessidade o bem jurídico é exposto a perigo, enquanto na legítima defesa o direito sofre uma agressão futura.
c) no estado de necessidade ocorre um conflito entre dois bens jurídicos colocados em perigo, somente por conduta da pessoa humana.
d) a legítima defesa putativa é incompatível com a tentativa, tendo em vista a errônea suposição de uma agressão por parte do defendente.

COMENTÁRIOS

Alternativa correta: letra "A". Está correta a assertiva. O estado de necessidade, quanto ao terceiro que sofre a ofensa, pode ser defensivo ou agressivo. Será defensivo quando o agente, ao agir em estado de necessidade, sacrifica bem jurídico do próprio causador do perigo; e agressivo quando o bem sacrificado é de terceiro que não criou ou participou da situação de perigo. No estado de necessidade defensivo, o agente não tem a obrigação de reparar o dano. O inverso ocorre no agressivo, situação em que o dano gerado ao terceiro que não criou a situação de perigo deverá ser reparado, admitindo-se, todavia, ação regressiva contra o causador do risco. A legítima defesa, por outro lado, é empregada apenas contra aquele que pratica a injusta agressão.

Alternativa "b": está errada a assertiva porque, na legítima defesa, a agressão é atual ou iminente, e não futura.

Alternativa "c": está errada a assertiva. O perigo que caracteriza o estado de necessidade é risco presente, real, gerado por fato humano, comportamento de animal (não provocado pelo dono) ou fato da natureza, sem destinatário certo.

Alternativa "d": está errada a assertiva. Imaginemos alguém, durante a madrugada, se depara num beco com seu desafeto colocando a mão no bolso traseiro da calça. Esta cena o faz pensar que será vítima de injusta agressão, obrigando-o a armar-se primeiro e atirar contra o iminente agressor. Depois de atirar para matar, percebe que seu desafeto tirava do bolso um celular. Temos um caso de legítima defesa putativa. Percebam que a estrutura do delito é dolosa, mas o agente é punido por culpa, no que se denomina *culpa imprópria*. Considerando que a culpa imprópria nada mais é do que o dolo tratado circunstancialmente como culpa, o crime cometido nestas condições é o único não intencional que admite a tentativa.

78. (UEG – Delegado de Polícia – GO/2013) Policial que, encontrando-se em situação de troca de tiros com delinquente, acerta um deles causando-lhe a morte, poderá ter excluída a ilicitude pela causa justificante:

a) estado de necessidade
b) legítima defesa
c) exercício regular de direito
d) estrito cumprimento do dever legal

COMENTÁRIOS

Alternativa correta: letra "B". Está correta a assertiva. Há legítima defesa, segundo o estabelecido no artigo 25 do Código Penal, quando alguém, usando moderadamente dos meios necessários, repele injusta agressão, atual ou iminente, a direito seu ou de outrem. Se o policial se encontra em uma situação na qual o criminoso efetua disparos em sua direção, existe agressão atual; se há o revide na mesma proporção, dá-se o uso moderado dos meios necessários para repelir a agressão a um direito do próprio policial (manutenção da própria vida).

Alternativa "a": não há estado de necessidade porque o policial não praticou "o fato para salvar de perigo atual, que não provocou por sua vontade, nem podia de outro modo evitar, direito próprio ou alheio, cujo sacrifício, nas circunstâncias, não era razoável exigir-se". Houve, sim, legítima defesa porque o agente público repeliu injusta agressão.

Alternativa "c": também não se trata de exercício regular de direito, justificante que abrange situações nas quais o cidadão comum tem a faculdade de agir para defender, regularmente, um direito definido em lei.

Alternativa "d": não se trata, igualmente, de estrito cumprimento de dever legal porque a lei não obriga o policial a responder aos disparos e matar o criminoso. Há um direito a que o faça para salvaguardar sua integridade.

79. (Delegado de Polícia – PA/ 2009 – MOVENS) Em relação às excludentes de ilicitude, assinale a opção correta.

a) Pode alegar estado de necessidade quem tinha o dever legal de enfrentar o perigo.
b) Entende-se em legítima defesa quem, usando dos meios necessários, repele agressão, apenas atual, a direito seu; não existindo legítima defesa de terceiros.
c) O agente, na hipótese de estado de necessidade, responderá pelo excesso doloso ou culposo.
d) O estrito cumprimento de dever legal e o exercício regular de direito são excludentes de culpabilidade e não de ilicitude.

COMENTÁRIOS

Alternativa correta: letra "C". Está correta a assertiva. Nos termos do parágrafo único do art. 23 do Código Penal, em qualquer das causas excludentes da ilicitude, o agente responde pelo excesso doloso ou culposo. O legislador, desse modo, demonstra sua preocupação quanto aos limites da ação/reação do agente. Deve ser ressaltado que a expressão "excesso" pressupõe uma inicial situação de legalidade, seguida de um atuar extrapolando limites. O exagero, decorrendo de dolo (consciência e vontade) ou culpa (negligência), será punível.

Alternativa "a": está errada a assertiva. Conforme a letra expressa do art. 24, § 1º, do Código Penal, não pode alegar estado de necessidade quem tinha o dever legal de enfrentar o perigo. Quer o dispositivo se referir a pessoas que, em razão da função ou ofício, têm o dever legal de enfrentar a situação de perigo (desde que possível de ser enfrentado), não lhes sendo lícito sacrificar bens alheios para a defesa do seu próprio direito. Quais os personagens com esse dever? Parcela da doutrina entende por "dever legal" apenas aquele derivado de mandamento legal (art. 13, § 2º, "a", do CP). A maioria, contudo, atenta à Exposição de Motivos do Código Penal, discorda, tomando a expressão (dever legal) no seu sentido amplo, abarcando, assim, o conceito de dever jurídico (art. 13, § 2º, "a", "b" e "c", do CP).

Alternativa "b": está errada, inicialmente, porque a agressão que pode ser repelida pela legítima defesa é tanto a *atual* (que está ocorrendo) quanto a *iminente* (prestes a ocorrer). Ademais, admite-se legítima defesa no resguardo de qualquer bem jurídico (vida, integridade física, honra, patrimônio, dignidade sexual etc.) próprio (legítima defesa própria ou "*in persona*") ou alheio (legítima defesa de terceiro ou "*ex persona*").

Alternativa "d": está errada porque tanto o estrito cumprimento do dever legal quanto o exercício regular de direito excluem a ilicitude.

20. CULPABILIDADE

80. (FUNCAB – Delegado de Polícia – PA/2016) No que concerne à exigibilidade de conduta diversa e hipóteses de sua exclusão, é correto afirmar que a:

a) embriaguez proveniente de caso fortuito é hipótese de inexigibilidade de conduta diversa.
b) exclusão da culpabilidade pela obediência hierárquica exige ordem não manifestamente ilegal.
c) coação moral resistível é considerada causa supralegal de inexigibilidade de conduta diversa.
d) coação irresistível, física ou moral, conduz à inexigibilidade de conduta diversa.

e) exigibilidade de conduta diversa é elemento da culpabilidade criado pelas teorias funcionalistas.

COMENTÁRIOS

Alternativa correta: letra "B". Está correta a assertiva. A ordem de um superior hierárquico é emitida para ser cumprida, trazendo consigo a força da hierarquia institucional. Quando legal, não pode ser desobedecida, sob pena de responsabilidade do subalterno. A ordem ilegal, por sua vez, não deve ser executada, e seu descumprimento não acarreta nenhum efeito para o subordinado que a descumpre (aliás, efeitos administrativos ou penais existirão se cumprir o mandamento). Há, entretanto, a ordem ilegal, mas com aparência de legalidade. O inferior hierárquico, ao executá-la, equivoca-se diante das aparências. É desta ordem que cuida o artigo 22, segunda parte, do CP, que trata da exclusão de culpabilidade por inexigibilidade de conduta diversa.

Alternativa "a": está errada a assertiva. A embriaguez decorrente de caso fortuito (o sujeito desconhece o efeito inebriante da substância que ingere) é causa de inimputabilidade, não de inexigibilidade de conduta diversa.

Alternativa "c": a exclusão da culpabilidade se dá pela coação moral irresistível. Caso a coação seja passível de resistência, existe tão somente a atenuante de pena (artigo 65, III, "c", 1ª parte, do Código Penal).

Alternativa "d": está errada a assertiva, pois a coação relativa à inexigibilidade de conduta diversa – causa excludente da culpabilidade, é a moral. Se a coação é física, exclui-se a própria conduta, componente do fato típico.

Alternativa "e": a exigibilidade de conduta diversa como elemento da culpabilidade tem base neokantista. Com o autor alemão Reihnart Frank, erigiu-se a teoria psicológico-normativa da culpabilidade, segundo a qual dolo e culpa não são espécies de culpabilidade, mas sim elementos autônomos deste substrato, ao lado da imputabilidade e da exigibilidade de conduta diversa.

---

81. (FUNIVERSA – Delegado de Polícia – DF/2015) Com base na doutrina majoritária, na jurisprudência, no CP e na Lei de Contravenções Penais, assinale a alternativa correta.

a) É formalmente atípica a conduta consistente em ter, mediante fraude, conjunção carnal com pessoa maior de idade e capaz.

b) Tanto na teoria psicológica da culpabilidade como na teoria psicológico-normativa da culpabilidade, exige-se atual, real e efetiva consciência da ilicitude.

c) Conforme o STF, a lesão corporal leve praticada com violência doméstica contra a mulher é crime de ação penal pública condicionada à representação da ofendida.

d) O criminoso que coloca bomba em avião, a fim de que exploda durante o voo e mate seu desafeto – que se encontra na aeronave –, atua mediante dolo direto em face do desafeto e mediante dolo eventual em face das demais pessoas dentro do avião.

e) Nos termos da Lei das Contravenções Penais, é punível a tentativa de contravenção.

COMENTÁRIOS

Alternativa correta: letra "B". Está correta a assertiva. A teoria psicológica, aplicável somente no âmbito do causalismo, sustenta, em resumo, que a culpabilidade consiste na relação psíquica entre o autor e o resultado, na forma de dolo ou culpa. Percebe-se, com facilidade, que a culpabilidade se confunde com o dolo e a culpa, sendo seu único pressuposto a imputabilidade.

A teoria psicológica-normativa continua trabalhando com o dolo e a culpa na culpabilidade, os quais deixam de ser suas espécies para transformarem-se nos seus elementos, juntamente com a imputabilidade e a exigibilidade da conduta diversa. A culpabilidade deixou de ser puro vínculo psíquico entre o agente e o fato. Aliás, foi a partir desta teoria que se reconheceu, definitivamente, a importância da consciência atual da ilicitude, integrante do dolo (dolo normativo). Em razão de estabelecer o dolo e a culpa na culpabilidade, a teoria psicológica normativa tem aplicação reservada ao campo do causalismo, mas, como modificou drasticamente a estrutura da culpabilidade, substituindo o sistema clássico da teoria psicológica, diz-se ter dado início ao sistema neoclássico.

A consciência da ilicitude passou a ser potencial a partir da teoria normativa pura da culpabilidade, inspirada no finalismo de Hans Welzel. Essa teoria é responsável pela migração do dolo e da culpa para o fato típico. O dolo que migra para o primeiro substrato do crime está despido da consciência da ilicitude, e, por isso, passa a ser natural. A culpabilidade, portanto, ficou com os seguintes elementos: imputabilidade, exigibilidade de conduta diversa e consciência da ilicitude (retirada do dolo, integrando a própria culpabilidade, não mais como atual, mas potencial consciência).

Alternativa "a": está errada a assertiva. Ter conjunção carnal ou praticar outro ato libidinoso com alguém, mediante fraude ou outro meio que impeça ou dificulte a livre manifestação de vontade da vítima é crime tipificado no art. 215 do Código Penal (violação sexual mediante fraude), apenado com reclusão de dois a seis anos.

Alternativa "c": está errada a assertiva. O STF, em sede de controle concentrado de constitucionalidade (ADI 4424), estabeleceu que a ação penal nos crimes de lesão corporal dolosa (mesmo que de natureza leve) cometidos contra a mulher no ambiente doméstico e familiar é pública incondicionada, dispensando, portanto, o pedido-autorização da ofendida. E o STJ, seguindo a orientação, editou a súmula nº 542.

Alternativa "d": está errada a assertiva. O criminoso que instala uma bomba num avião a fim de que exploda durante o voo e mate seu desafeto atua mediante dolo direto de primeiro grau em face do desafeto. No entanto, sobre os demais ocupantes do avião seu dolo será o de segundo grau, espécie de dolo direto em que a vontade do agente se dirige aos meios utilizados para alcançar determinado resultado. Abrange os efeitos colaterais, de verificação praticamente certa, para gerar o evento desejado. O agente não persegue imediatamente esses efeitos colaterais, mas tem por certa sua superveniência, caso se concretize o resultado pretendido. Não se trata, portanto, de dolo eventual, em que o agente assume o risco de produzir o resultado.

Alternativa "e": está errada a assertiva, pois, como estabelece o art. 4º da Lei de Contravenções Penais, a tentativa de contravenção não é punida.

82. (FUNIVERSA – Delegado de Polícia – DF/2015) Acerca da culpabilidade, da tentativa, da culpa imprópria, da irretroatividade da lei penal mais gravosa e da aplicação da lei penal no espaço, assinale a alternativa correta.

a) O crime de roubo é qualificado se a subtração for de veículo automotor que venha a ser transportado para outro estado ou para o exterior.

b) Suponha que um chinês, a bordo de um navio privado brasileiro, falsifique dólares norte-americanos enquanto a embarcação navega em águas do domínio público internacional. Nas mesmas circunstâncias de tempo e lugar, um marroquino atira contra um australiano. Consoante o Código Penal brasileiro e os cenários hipotéticos mencionados, aplicar-se-á a lei norte-americana ao crime de falsificação de papel-moeda (em razão do bem jurídico violado) e a lei australiana ao crime de homicídio (em virtude do princípio da nacionalidade passiva).

c) Consoante a teoria extremada da culpabilidade, configura-se erro de tipo permissivo quando o agente, por erro plenamente justificado pelas circunstâncias, supõe situação de fato que, se existisse, tornaria a ação legítima. Nesta hipótese, admite-se a punição a título de culpa se o fato for punível a título culposo.

d) Admite-se a forma tentada no crime impropriamente culposo.

e) Segundo o STF, a lei penal mais grave aplica-se ao crime permanente, mas não ao crime continuado, se a vigência da lei é anterior à cessação da continuidade ou da permanência.

COMENTÁRIOS

Alternativa correta: letra "D". Culpa imprópria ou **culpa por equiparação, por assimilação,** ou **por extensão** é aquela em que o agente, por erro evitável, imagina certa situação de fato que, se presente, excluiria a ilicitude do seu comportamento (descriminante putativa). Provoca **intencionalmente** determinado resultado típico, mas responde por culpa por razões de política criminal. Anuncia o art. 20, § 1º, do CP: *"Descriminantes putativas. § 1º – É isento de pena quem, por erro plenamente justificado pelas circunstâncias, supõe situação de fato que, se existisse, tornaria a ação legítima. Não há isenção de pena quando o erro deriva de culpa e o fato é punível como crime culposo".* Imaginemos alguém, durante a madrugada, se depara num beco com seu desafeto colocando a mão no bolso traseiro da calça. Essa cena o faz pensar que será vítima de injusta agressão, obrigando-o a armar-se primeiro e atirar contra o iminente agressor. Depois de atirar para matar, percebe que seu desafeto tirava do bolso um celular. Temos um caso de legítima defesa putativa. Percebam que a estrutura do delito é dolosa, mas o agente é punido por culpa. Considerando que a culpa imprópria nada mais é do que o dolo tratado circunstancialmente como culpa, de acordo com a maioria, o crime é compatível com o instituto da tentativa.

Alternativa "a": no crime de roubo, se a subtração for de veículo automotor que venha a ser transportado para outro Estado ou para o exterior, incide causa de aumento de pena, não qualificadora.

Alternativa "b": está errada a assertiva, pois, em ambos os casos, aplica-se a lei brasileira. De acordo com o art. 5º, § 1º, do Código Penal, consideram-se como extensão do território nacional, para os efeitos penais, as embarcações brasileiras, mercantes ou de propriedade privada, que se achem em alto-mar. Logo, no exemplo citado, em que a embarcação, navegando em águas internacionais, ostenta bandeira brasileira, aplicam-se as normas penais do Brasil aos crimes ocorridos a bordo.

Alternativa "c": está errada a assertiva. De acordo com a **teoria extremada (ou estrita) da culpabilidade**, o erro sobre os pressupostos fáticos das causas de justificação deve ser tratado como erro de proibição (indireto ou erro de permissão). Justificam que o art. 20, § 1º, do CP, em se tratando de erro inevitável, não exclui dolo ou culpa (como exige o erro de tipo), mas isenta o agente de pena (como manda o erro de proibição). Elimina, nessa hipótese (erro escusável), a culpabilidade do sujeito que sabe exatamente o que faz (no nosso exemplo, "matar alguém").

Alternativa "e": está errada a assertiva, pois, como determina a súmula nº 711 do STF, a lei penal mais grave aplica-se ao crime continuado ou ao crime permanente, se a sua vigência é anterior à cessação da continuidade ou da permanência.

83. (Vunesp – Delegado de Polícia – CE/2015) Considere que determinado sujeito, portador de desenvolvimento mental incompleto, ao tempo da ação tinha plena capacidade de entender o caráter ilícito do fato, mas era inteiramente incapaz de determinar-se de acordo com esse entendimento – o que fora clinicamente atestado nos autos em perícia oficial. Em consonância com o texto legal do art. 26 do CP, ao proferir sentença deve o juiz reconhecer sua

a) inimputabilidade.

b) imputabilidade.

c) semi-imputabilidade, absolvendo-lhe e aplicando-lhe medida de segurança.

d) semi-imputabilidade, condenando-lhe e aplicando-lhe pena diminuída.

e) semi-imputabilidade, condenando-lhe e aplicando-lhe medida de segurança.

COMENTÁRIOS

Alternativa correta: letra "A" (responde, também, a alternativa "b"). Está correta a assertiva. Imputabilidade é **capacidade de imputação**, ou seja, possibilidade de se atribuir a alguém a responsabilidade pela prática de uma infração penal. A imputabilidade é elemento sem o qual "entende-se que o sujeito carece de liberdade e de faculdade para comportar-se de outro modo, como o que não é capaz de culpabilidade, sendo, portanto, inculpável" (Bitencourt, *Tratado de Direito* Penal, v. 1, p. 434). São dois os elementos que devem se fazer presentes para que haja imputabilidade: **intelectivo**, consistente na higidez psíquica que permita ao agente ter consciência do caráter ilícito do fato; e **volitivo**, em que o agente domina sua vontade, ou seja, exerce controle sobre a disposição surgida com o entendimento do caráter ilícito do fato, e se determina de acordo com este entendimento.

Tratando da inimputabilidade, dispõe o art. 26 do Código Penal ser isento de pena o agente que, por doença mental ou desenvolvimento mental incompleto ou retardado, era, ao tempo da ação ou da omissão, inteiramente incapaz de entender o caráter ilícito do fato **ou** de determinar-se de acordo com esse entendimento. Portanto, no exemplo do enunciado, em que o agente, por desenvolvimento mental incompleto, embora fosse capaz de entender o caráter ilícito do fato, era inteiramente incapaz de se determinar de acordo com esse entendimento, há isenção de pena, aplicando-se medida de segurança.

Alternativa "c" (responde, também, as alternativas "d" e "e"): está errada a assertiva, pois a semi-imputabilidade surge nas situações em que o agente *"em virtude de perturbação de saúde mental ou por desenvolvimento mental incompleto ou retardado não era inteiramente capaz de entender o caráter ilícito do fato ou de determinar-se de acordo com esse entendimento"*. No caso, a incapacidade de entendimento ou de determinação não é ausente, mas deficiente. Tem como efeito a condenação com a pena diminuída de um a dois terços (art. 26, parágrafo único, do Código Penal). Se, todavia, o condenado necessitar de especial tratamento curativo, o art. 98 permite que a pena privativa de liberdade seja substituída pela internação, ou tratamento ambulatorial, pelo prazo mínimo de um a três anos, nos termos do art. 97.

84. (Vunesp – Delegado de Polícia – SP/2014) A tese supralegal de inexigibilidade de conduta diversa, se acolhida judicialmente, importa em exclusão

a) da imputabilidade.

b) da pena.

c) de punibilidade.

d) do crime.

e) de culpabilidade.

COMENTÁRIOS

Alternativa correta: letra "E". Está correta a assertiva. A questão de existir ou não causa de exclusão da culpabilidade não prevista na legislação penal já foi muito discutida, hoje admitida pela doutrina (com respaldo em crescente jurisprudência). Percebeu-se, sem muita dificuldade, que, por mais previdente que seja o legislador, não consegue prever todos os casos em que é inexigível do agente conduta diversa, sendo perfeitamente possível, diante das circunstâncias do caso concreto, revelar hipóteses não antevistas pelo legislador. A inexigibilidade de conduta diversa aparece, portanto, como a válvula de escape para as dirimentes supralegais. São exemplos de causas supralegais de exclusão da culpabilidade: a) cláusula de consciência: estará isento de pena aquele que, por motivo de consciência ou crença, praticar algum fato previsto como crime, desde que não viole direitos fundamentais individuais. A doutrina costuma amparar a cláusula de consciência na liberdade de crença e de consciência assegurada constitucionalmente, nos termos do artigo 5º, VI da CF/88; b) desobediência civil: representa atos de insubordinação que têm por finalidade transformar a ordem estabelecida, demonstrando a sua injustiça e necessidade de mudança. Exige-se para o reconhecimento desta dirimente: a) que a desobediência esteja fundada na proteção de direitos fundamentais; b) que o dano causado não seja relevante.

Alternativa "a": está errada a assertiva. Não há causa supralegal de exclusão da imputabilidade, afastada em razão da idade, de anomalia psíquica ou de embriaguez acidental completa.

Alternativa "b": não há relação entre a inexigibilidade de conduta diversa e a pena.

Alternativa "c": a inexigibilidade de conduta diversa não revela nenhuma afinidade com a extinção da punibilidade, pois, como já ressaltado, trata-se de questão afeta à culpabilidade.

Alternativa "d": para aqueles que advogam a teoria tripartite no conceito analítico de crime, pode-se afirmar que a inexigibilidade de conduta diversa exclui, ainda que indiretamente, o crime. Mas, especificamente, trata-se de excludente da culpabilidade.

85. (UEL – Delegado de Polícia – PR/2013) Quanto à embriaguez na Legislação Penal Brasileira, considere as afirmativas a seguir.

I. A embriaguez voluntária ou culposa completa exclui a imputabilidade penal pela conturbação psíquica provocada pelo estado de embriaguez.

II. A embriaguez patológica, por exercer um trabalho progressivo de destruição dos poderes psíquicos do agente, poderá isentá-lo de pena ou diminuí-la de um a dois terços.

III. A embriaguez preordenada, além de não excluir a pena do réu, gera o agravamento da mesma.

IV. A embriaguez acidental proveniente de caso fortuito ou força maior, quando completa, isenta o réu de pena e, se incompleta, gera diminuição de pena.

Assinale a alternativa correta.

a) Somente as afirmativas I e II são corretas.

b) Somente as afirmativas I e IV são corretas.

c) Somente as afirmativas III e IV são corretas.

d) Somente as afirmativas I, II e III são corretas.

e) Somente as afirmativas II, III e IV são corretas.

COMENTÁRIOS

Alternativa correta: letra "E".

Item I: está errada a assertiva. Temos embriaguez voluntária quando o agente ingere a substância alcoólica com a intenção de embriagar-se; surge a embriaguez culposa quando o agente, por negligência ou imprudência, acaba por embriagar-se. Pode ser completa (retirando do agente, no momento da conduta, a capacidade de entendimento e autodeterminação) ou incompleta (diminuindo a capacidade de entendimento e autodeterminação). Seguindo a orientação do nosso Código Penal, a embriaguez não acidental jamais exclui a imputabilidade (art. 28, II), seja ela completa ou incompleta.

Item II: está correta a assertiva. Patológica é a embriaguez doentia, que, conforme o caso concreto, pode ser tratada como anomalia psíquica, gerando a inimputabilidade do agente ou redução de sua pena, nos moldes do art. 26 do Código Penal.

Item III: está correta a assertiva. Na embriaguez preordenada, o agente ingere bebida alcoólica ou consome substância de efeitos análogos com a finalidade de cometer um crime. Completa ou incompleta, não haverá exclusão da imputabilidade, tampouco redução de pena, mas a incidência de agravamento da sanção penal (artigo 61, II, "l", do Código Penal).

Item IV: está correta a assertiva. A embriaguez acidental decorre de caso fortuito (o sujeito desconhece o efeito inebriante da substância que ingere) ou força maior (o sujeito é obrigado a ingerir a substância inebriante). Quando completa, isenta o agente de pena (art. 28, § 1º, do Código Penal); se incompleta, não exclui a culpabilidade, mas diminui a pena (art. 28, § 2º).

---

86. (UEG – Delegado de Polícia – GO/2013) Sobre as teorias do dolo e da culpabilidade, tem-se que

a) a teoria extremada situa o dolo na culpabilidade e a atual consciência da ilicitude no próprio dolo.

b) a teoria limitada do dolo introduziu no direito penal o conceito de culpabilidade pela condução de vida, dando origem ao denominado Direito Penal do Fato.

c) a teoria extremada da culpabilidade transfere o dolo para o tipo penal, de modo que este, juntamente com a consciência da ilicitude, que por sua vez é transferida para a culpabilidade, devem ser atuais.

d) a teoria limitada da culpabilidade considera como erro de proibição todo e qualquer erro que incida sobre uma causa de justificação.

COMENTÁRIOS

✪ **Nota do autor:** a questão foi anulada porque não há assertiva correta.

Alternativa correta: Anulada.

Alternativa "a": está errada a assertiva. A teoria extremada transferiu o dolo e a culpa da culpabilidade para o fato típico, sendo que o dolo não contém a consciência da ilicitude. Por influência desta teoria, a culpabilidade tem como elementos a imputabilidade, a exigibilidade de conduta diversa e a consciência da ilicitude (não mais atual, mas potencial).

Alternativa "b": está errada a assertiva. A teoria limitada do dolo, efetivamente, introduz certos elementos de culpabilidade pela condução de vida, mas a isto se dá o nome de direito penal do autor, não direito penal do fato.

Alternativa "c": está errada a assertiva porque a teoria extremada da culpabilidade transfere o dolo da culpabilidade para o fato típico, retirando-lhe a consciência da ilicitude, que se mantém como um dos elementos da culpabilidade, mas deve ser potencial, não atual.

Alternativa "d": está errada a assertiva. Para a teoria limitada da culpabilidade, a descriminante putativa sobre pressupostos da situação fática tem a mesma natureza do erro de tipo (art. 20 do CP). Se inevitável, além do dolo, exclui a culpa (isentando o agente de pena); se evitável, exclui o dolo, mas não isenta o agente de pena, subsistindo o crime culposo quando previsto em lei (culpa imprópria).

---

87. (Delegado de Polícia – MG/ 2011 – ACADEPOL) Com relação à **ilicitude** e à **culpabilidade**, assinale a alternativa **incorreta:**

a) Para a teoria psicológica, a culpabilidade consiste no vínculo psicológico entre o autor e o fato, podendo ser afastada em virtude de erro ou coação, que suprima o elemento intelectual e o elemento volitivo do dolo.

b) De acordo com a teoria psicológico-normativa, a culpabilidade tem como pressuposto a imputabilidade, sendo composta pelo dolo ou culpa e exigibilidade de conduta diversa.

c) A prática de fato típico, em razão de obediência à ordem não manifestamente ilegal de superior hierárquico, exclui a ilicitude por estrito cumprimento do dever legal.

d) É possível a contraposição de legítimas defesas, agindo um agente em legítima defesa putativa e o outro em legítima defesa real.

COMENTÁRIOS

✪ **Nota do autor:** a questão foi anulada pela organização do concurso porque contém duas assertivas erradas.

Alternativa correta: Anulada.

Alternativa "a": a teoria psicológica, idealizada por Franz von Liszt e Ernst von Beling, predominou no século XIX, tendo por fundamento as premissas causalistas. Sustenta, em resumo, que a culpabilidade consiste na relação psíquica entre o autor e o resultado, na forma de dolo ou culpa. Percebe-se, com facilidade, que a culpabilidade confunde-se com o dolo e a culpa, sendo seu único pressuposto a imputabilidade.

Alternativa "b": está errada a assertiva. A teoria psicológica-normativa continua trabalhando com o dolo e a culpa na culpabilidade, os quais deixam de ser suas espécies para transformarem-se nos seus *elementos*, juntamente com a imputabilidade (que não é pressuposto) e a exigibilidade da conduta diversa. A culpabilidade deixou de ser puro vínculo psíquico entre o agente e o fato. Aliás, foi a partir desta teoria que se reconheceu, definitivamente, a importância da consciência atual da ilicitude, integrante do dolo (dolo normativo).

Alternativa "c": está errada porque a prática de fato típico, em razão de obediência à ordem não manifestamente ilegal de superior hierárquico, constitui a obediência hierárquica, excludente da culpabilidade por inexigibilidade de conduta diversa.

Alternativa "d": está correta a assertiva. A legítima defesa putativa é agressão injusta que permite a legítima defesa real.

---

88. (Delegado de Polícia – MT/ 2010 – UNEMAT) O fato típico não conduz a um juízo definitivo de antijuridicidade ou de culpabilidade, sendo destas últimas apenas expressão, uma vez que pode haver causa dirimente ou eximente. Quanto a estas circunstâncias, assinale a alternativa **correta**

a) O empresário que deixa de pagar os tributos para priorizar o salário dos empregados, quando não podia agir de modo diverso, pode ser absolvido com base em excludente de culpabilidade.

b) A legítima defesa putativa exclui a antijuridicidade da conduta.

c) Não é possível a configuração de legítima defesa putativa contra quem age em legítima defesa real.

d) A excludente da culpabilidade prevista no art. 22 do CP, consistente em obediência hierárquica, é aplicável às relações de direito público e privado.

e) Se a dependência toxicológica gerar a semi-imputabilidade, haverá a prolação de uma sentença absolutória imprópria.

COMENTÁRIOS

✪ **Nota do autor:** a questão de existir ou não causa supralegal de exclusão da culpabilidade é muito discutida, tanto na doutrina quanto na jurisprudência. Entende Damásio que, por mais previdente que seja o legislador, não pode prever todos os casos em que a inexigibilidade de outra conduta deve excluir a culpabilidade. Assim, é possível a existência de um fato, não previsto pelo legislador como causa de exclusão da culpabilidade, que apresente todos os requisitos do princípio da não exigibilidade de comportamento lícito. Em face de um caso concreto, seria condenar-se o sujeito unicamente porque o fato não previsto pelo legislador? Se a conduta não é culpável, por ser inexigível outra, a punição seria injusta, pois não há pena sem culpa. Daí ser possível a adoção da teoria da inexigibilidade como causa supralegal de exclusão da culpabilidade.

Alternativa correta: letra "A". Para a reprovação social, não basta que o autor do fato lesivo seja imputável e tenha possibilidade de lhe conhecer o caráter ilícito. Exige-se, ainda, que nas circunstâncias tivesse a possibilidade de atuar de acordo com o ordenamento jurídico. Por isso, diante de situação concreta em que o empresário, sem alternativa, prioriza o pagamento de salários em detrimento de tributos, pode alegar que não pôde agir de outro modo, beneficiando-se da excludente da culpabilidade.

Alternativa "b": está errada porque a legítima defesa putativa exclui a culpabilidade.

Alternativa "c": está errada porque nada impede que alguém atue em legítima defesa real contra quem age imaginando estar em situação de legítima defesa, pois, no caso, esta última agressão será injusta.

Alternativa "d": está errada porque a exclusão da culpabilidade por obediência hierárquica ocorre somente nas relações de direito público. A subordinação doméstica (pai e filho) ou eclesiástica (bispo e sacerdote) podem caracterizar causa supralegal de exclusão da culpabilidade.

Alternativa "e": está errada porque se constatada a imputabilidade diminuída, não há aplicação, *a priori*, de medida de segurança, mas de pena diminuída de um a dois terços, por meio, evidentemente, de sentença condenatória (art. 26, parágrafo único, do Código Penal). O art. 98 do Código Penal dispõe que, nesta hipótese, necessitando o condenado de especial tratamento curativo, a pena privativa de liberdade pode ser substituída pela internação, ou tratamento ambulatorial, pelo prazo mínimo de um a três anos.

---

89. (Delegado de Polícia – PI / 2009 – NUCEPE) Com relação às excludentes da tipicidade, da ilicitude e da culpabilidade, marque, à luz da legislação penal, a opção correta.

a) O estrito cumprimento do dever legal e a obediência hierárquica são excludentes da ilicitude.

b) A coação moral irresistível e a legítima defesa são excludentes da culpabilidade.

c) A embriaguez voluntária e a menoridade penal são excludentes da imputabilidade.

d) A coação moral irresistível e o erro de proibição são excludentes da culpabilidade.

e) O princípio da insignificância exclui a ilicitude.

COMENTÁRIOS

✪ **Nota do autor:** alertamos que a coação moral irresistível não se confunde com a coação física. Na coação moral é conferida ao coagido a possibilidade de escolha entre cumprir o ato determinado pelo coator ou sofrer as consequências danosas por ele prometidas. Diferentemente da física, na moral temos conduta, porém não livre, questão a ser analisada no campo da culpabilidade.

Alternativa correta: letra "D". Está correta a assertiva. A coação moral irresistível exclui a culpabilidade incidindo sobre a exigibilidade de conduta diversa. A coação pode ser traduzida como ameaça, promessa de realizar um mal, e deve ser irresistível, assim compreendida aquela a que o coato, oprimido pelo medo, não pode subtrair-se, mas apenas sucumbir ante a violência moral, realizando a conduta criminosa para satisfazer a vontade do autor da coação. O erro de proibição também exclui a culpabilidade, com efeito sobre a potencial consciência da ilicitude. É sabido que uma vez publicada no Diário Oficial da União, a lei se presume conhecida por todos. Logo, não nos é dado desconhecer a lei. É possível, no entanto, que o agente, mesmo conhecendo a lei, incida em erro quanto à proibição do seu comportamento, valorando equivocadamente a reprovabilidade da sua conduta, podendo acarretar a exclusão da culpabilidade.

Alternativa "a": está errada porque, embora o estrito cumprimento do dever legal seja excludente da ilicitude, a obediência hierárquica afasta a culpabilidade, incidindo sobre a exigibilidade de conduta diversa (o agente executa ordem ilegal, com aparência de legalidade).

Alternativa "b": está errada porque a legítima defesa é causa justificante (exclui a ilicitude).

Alternativa "c": está errada porque a imputabilidade não é afastada pela embriaguez voluntária. A embriaguez que exclui a imputabilidade é a completa e acidental.

Alternativa "e": está errada porque o princípio da insignificância exclui a tipicidade penal (material). O princípio da insignificância pode ser entendido como um instrumento de interpretação restritiva do tipo penal: sendo formalmente típica a conduta e relevante a lesão, aplica-se a norma penal, ao passo que, havendo somente a subsunção legal, desacompanhada da tipicidade material, deve ela ser afastada, pois que estará o fato atingido pela atipicidade.

21. CONCURSO DE PESSOAS

90. (Cespe – Delegado de Polícia – PC – SE/2018) João e Pedro, maiores e capazes, livres e conscientemente, aceitaram convite de Ana, também maior e capaz, para juntos assaltarem loja do comércio local. Em data e hora combinadas, no período noturno e após o fechamento, João e Pedro arrombaram a porta dos fundos de uma loja de decoração, na qual entraram e ficaram vigiando enquanto Ana subtraía objetos valiosos, que seriam divididos igualmente entre os três. Alertada pela vizinhança, a polícia chegou ao local durante o assalto, prendeu os três e os encaminhou para a delegacia de polícia local.

Considerando essa situação hipotética, julgue os itens subsequentes.

90.1. João e Pedro tiveram participação de menor importância no crime de furto; assim, eventual indiciamento dos dois será na condição de partícipes, razão por que eles poderão ser beneficiados pela diminuição de um a dois terços da pena.

COMENTÁRIOS

Anuncia o § 1º do art. 29 do Código Penal que "Se a participação for de menor importância, a pena pode ser diminuída de um sexto a um terço". A participação de que trata o dispositivo é aquela de pouca relevância causal, aferida exclusivamente no caso concreto, com base no critério da equivalência dos antecedentes (*conditio sine qua non*). Trata-se de conduta que contribui para a produção do resultado, mas de forma menos enfática, razão pela qual deve ser encarada com menor rigor. Não é o caso da conduta de João e Pedro, que tomaram parte enfaticamente na ação criminosa, que somente não se consumou em razão do alerta feito pela testemunha. **ERRADO**

90.2. Mesmo se tivesse assumido a condição de autora mediata por colocar em seu lugar na prática do delito pessoa inimputável, Ana seria responsabilizada pelo resultado do crime.

COMENTÁRIOS

Autor mediato é o sujeito que, sem realizar diretamente a conduta descrita no tipo penal, comete o fato típico por ato de outra pessoa, utilizada como seu instrumento. O autor mediato detém o domínio do fato, reservando ao executor apenas os atos materiais relativos à prática do crime. Por isso, caso Ana tivesse utilizado um inimputável como instrumento para a subtração, seria responsabilizada normalmente. **CERTO**

90.3. Aquele que planeja toda a ação criminosa é considerado autor intelectual do delito, ainda que não detenha o controle sobre a consumação do crime.

COMENTÁRIOS

Segundo a teoria do domínio do fato, autor é quem controla finalisticamente o fato, ou seja, quem decide a sua forma de execução, seu início, cessação e demais condições. Partícipe, por sua vez, será aquele que, embora colabore dolosamente para o alcance do resultado, não exerce domínio sobre a ação. Como desdobramento lógico desta teoria, podemos afirmar que tem o controle final do fato o autor intelectual, aquele que planeja a empreitada criminosa para ser executada por outras pessoas. **ERRADO**

90.4. Na situação descrita, está presente a hipótese de participação necessária imprópria.

COMENTÁRIOS

Na lição de Luiz Régis Prado (Curso de Direito Penal Brasileiro – volume I – Parte Geral, 16ª edição, RT, p. 320), há participação necessária imprópria nos crimes que se caracterizam pela bilateralidade, quando o tipo pressupõe a presença de duas pessoas cujas condutas são propensas a se encontrar – pois partem de pontos opostos –, a exemplo do que ocorre na bigamia. São os *delitos de encontro ou de convergência. Segundo Guilherme de Souza Nucci*, "Não se confunde o crime plurissubjetivo (concurso necessário) com o delito de *participação necessária*. Neste caso, há crimes que são cometidos por um só autor, embora o tipo penal exija a participação necessária de outra pessoa, que é o sujeito passivo e não é punido. Como exemplos, pode-se mencionar a corrupção de menores, o crime de usura, o favorecimento à prostituição ou outra forma de exploração sexual, o rufianismo, entre outros" (Manual de Direito Penal. 6ª ed. São Paulo: RT, 2009, p. 296). **ERRADO**

90.5. Como as ações paralelas de João, Pedro e Ana — agentes diversos — lesionaram o mesmo bem jurídico, constata-se a ocorrência da autoria colateral, haja vista que o resultado foi previamente planejado em conjunto.

COMENTÁRIOS

Autor colateral é aquele que, ignorando a contribuição do outro, concentra sua conduta para o cometimento da mesma infração penal. Não há, no caso, vínculo subjetivo entre os agentes, que, se presente, faria incidir as regras do concurso de pessoas. Não é, evidentemente, o que ocorre na situação descrita no enunciado, típico concurso de agentes. **ERRADO**

90.6. Na situação considerada, configurou-se a autoria imprópria decorrente do concurso de pessoas.

COMENTÁRIOS

Autoria imprópria é o mesmo que autoria colateral, conceituada no item anterior. **ERRADO**

90.7. Para que fique caracterizado o concurso de pessoas, é necessário que exista o prévio ajuste entre os agentes delitivos para a prática do delito.

COMENTÁRIOS

Para que ocorra o concurso de pessoas é necessário o liame subjetivo entre os agentes, mas não o prévio ajuste. Pressupõe-se que todos os agentes atuem conscientes de que estão reunidos para a prática da mesma infração, mas não é necessário que combinem previamente a prática criminosa (embora isto normalmente ocorra). **ERRADO**

90.8. De acordo com a teoria objetivo-subjetiva, o autor do delito é aquele que tem o domínio final sobre o fato criminoso doloso.

COMENTÁRIOS

Elaborada por Hans Welzel no final da década de 1930, com nítidos predicados finalistas, a teoria do domínio do fato surgiu para diferenciar com clareza o autor do executor do crime, conciliando as teorias objetiva e subjetiva. Autor é quem controla finalisticamente o fato, ao passo que partícipe é quem colabora para o fato, mas não exerce domínio sobre ele. **CERTO**

91. (Nucepe – Delegado de Polícia – PC – PI/2018) JOSÉ e PEDRO têm o mesmo desafeto, no caso, MEVIO. Mas desconhecem tal fato. Contratam pistoleiros para matar MEVIO. O pistoleiro, contratado por PEDRO se armou com um revólver, e o contratado por JOSÉ com uma pistola. Ocorre que fizeram uma tocaia no mesmo local e momento. Os dois atiram simultaneamente em MEVIO. O pistoleiro de JOSÉ atinge o coração de MEVIO e o de PEDRO atinge a perna de forma leve. Há prova de que o projétil usado pelo contratado por JOSÉ foi o causador da morte da vítima. PEDRO confessou ter mandado atirar em MEVIO. Com relação ao caso,

a) JOSÉ e PEDRO devem responder por homicídio.
b) JOSÉ responde por homicídio.
c) JOSÉ e PEDRO devem responder por tentativa de homicídio.
d) JOSÉ e PEDRO respondem por homicídio em coautoria.
e) JOSÉ responde por tentativa de homicídio.

COMENTÁRIOS

Temos no exemplo do enunciado uma situação de autoria colateral, em que dois ou mais agentes praticam condutas convergentes, mas ignoram-se mutuamente. Não há, pois, vínculo subjetivo entre os agentes, que, se presente, faria incidir as regras do concurso de pessoas. No caso, José e o executor do crime por ele determinado devem responder por homicídio consumado, ao passo que Pedro e o executor por ele contratado respondem por tentativa de homicídio, isto porque foi possível apurar qual projétil disparado foi a causa da morte. Se por acaso não fosse possível estabelecer de qual arma havia saído o projétil que atingiu o coração de Mévio, estaríamos diante de um caso de autoria incerta que acarretaria a punição de ambos por tentativa.

Alternativa correta: letra "b".

92. (FUNIVERSA – Delegado de Polícia – DF/2015) Assinale a alternativa correta acerca do concurso de pessoas.

a) De acordo com a teoria pluralística, há um crime para os autores, que realizam a conduta típica emoldurada no ordenamento positivo, e outro crime para os partícipes, que desenvolvem uma atividade secundária.
b) O ajuste, a determinação ou instigação e o auxílio são puníveis ainda que o crime não tenha sido tentado.
c) O CP adotou, como regra, a teoria dualística.
d) Segundo a teoria monista ou unitária, a cada participante corresponde uma conduta própria, um elemento psicológico próprio e um resultado igualmente particular.
e) São requisitos do concurso de pessoas a pluralidade de participantes e de condutas, a relevância causal

de cada conduta, o vínculo subjetivo entre os participantes e a identidade de infração penal.

COMENTÁRIOS

Alternativa correta: letra "E". Está correta a assertiva. São requisitos do concurso de pessoas: a) pluralidade de agentes e de condutas: a existência de diversos agentes, que empreendem condutas relevantes, é o requisito primário do concurso de pessoas. Note-se, todavia, que embora todos se dediquem para o sucesso da empreitada, nem sempre o fazem em condições idênticas. É possível, e muito comum, que enquanto alguns ingressam no núcleo do tipo, outros se dediquem a funções paralelas, auxiliando os primeiros. É também possível que alguém instigue ou induza outrem a ser o executor material de determinado crime. Em todos os casos, a atuação reunida dos agentes contribui de alguma forma para a cadeia causal, fazendo com que os vários concorrentes respondam pelo crime; b) **relevância causal das condutas: é** indispensável que cada uma das condutas empreendidas tenha relevância causal. Se algum dos agentes praticar um ato sem eficácia causal, não haverá concurso de pessoas no que concerne a ele; c) **liame subjetivo entre os agentes:** todos devem atuar conscientes de que se reúnem para a prática da mesma infração; d) **identidade de infração penal:** dos concorrentes se exige que contribuam para o mesmo evento (previamente determinado e escolhido pelos agentes).

Alternativa "a": está errada a assertiva. De acordo com a teoria pluralista, a cada um dos agentes se atribui conduta, elemento psicológico e resultado específicos, razão pela qual há delitos autônomos cominados individualmente. Haverá tantos crimes quantos sejam os agentes que concorrem para o fato. A teoria pluralista como base do concurso de pessoas é alvo de críticas, pois o papel desempenhado por cada um dos agentes não é autônomo, o elemento subjetivo não é destacado do todo e o resultado também não será fracionado.

Alternativa "b": está errada a assertiva, pois, de acordo com o disposto no art. 31 do Código Penal, não se pune, salvo disposição em contrário, o ajuste (acordo promovido entre suas ou mais pessoas), a determinação (ordem emanada de pessoa determinada), a instigação (reforço da ideia já existente na mente do autor) e o auxílio (assistência material), se o crime não chega, pelo menos, a ser tentado.

Alternativa "c" (responde, também, a alternativa "d"): está errada a assertiva porque, em regra, adota-se, quanto ao concurso de pessoas, a teoria monista, segundo a qual ainda que o fato criminoso tenha sido praticado por vários agentes, conserva-se único e indivisível, sem qualquer distinção entre os sujeitos. Todos e cada um, sem distinção, são responsáveis pela produção do resultado, em concepção derivada da equivalência das condições (todos os que concorrem para o crime respondem pelo seu resultado) e também fundamentada em questões de política criminal, em que se prefere punir igualmente os vários agentes que, de alguma forma, contribuíram para a prática de determinada infração penal.

93. (FUNIVERSA – Delegado de Polícia – DF/2015) No que se refere à teoria do domínio do fato, é correto afirmar que

a) a teoria do domínio do fato objetiva oferecer critérios para a diferenciação entre autor e partícipe, sem a pretensão de fixar parâmetros sobre a existência, ou não, de responsabilidade penal.

b) um agente criminoso que dirija o automóvel essencial e imprescindível para a fuga de um grupo de criminosos que rouba um banco, de acordo com a teoria do domínio do fato, pratica roubo, em coautoria, por domínio da vontade.

c) a teoria do domínio do fato equivale à teoria objetivo-formal de autoria.

d) o domínio do fato se manifesta em três diferentes formas: domínio da ação, na modalidade autoria mediata; domínio da vontade, na forma de autoria imediata; e domínio funcional do fato, como coautoria.

e) a teoria do domínio do fato contribui para a diferenciação entre autor e partícipe no caso de crimes omissivos próprios e de crimes culposos.

COMENTÁRIOS

Alternativa correta: letra "A". O objetivo da teoria do domínio do fato é a diferenciação clara entre o autor do executor do crime. De acordo com essa teoria, pois, é autor o agente que controla finalisticamente o fato, isto é, quem decide a sua forma de execução, seu início, cessação e demais condições. Partícipe, por outro lado, é quem, não obstante colabore dolosamente para o alcance do resultado, não exerce domínio sobre a ação. Como desdobramento lógico desta teoria, podemos afirmar que tem o controle final do fato: **(i)** aquele que, por sua vontade, executa o núcleo do tipo **(autor propriamente dito)**; **(ii)** aquele que planeja a empreitada criminosa para ser executada por outras pessoas **(autor intelectual)**; **(iii)** aquele que se vale de um não culpável ou de pessoa que atua sem dolo ou culpa para executar o tipo, utilizada como seu instrumento (**autor mediato**). Não se trata, portanto, de atribuir ou não a responsabilidade penal, mas de delimitá-la de acordo com o controle finalístico do fato exercido pelo agente.

Alternativa "b": de acordo com o que já decidiu o STJ, "O acusado que na divisão de trabalho tinha o domínio funcional do fato (a saber, fuga do local do crime), é coautor, e não mero partícipe, pois seu papel era previamente definido, importante e necessário para a realização da infração penal" (HC 30503/SP, DJ 12/12/2005). Não se trata, portanto, de "domínio de vontade".

Alternativa "c": está errada a assertiva. A teoria do domínio do fato tem a característica de conciliar as teorias objetiva (autor é quem realiza a ação nuclear típica e partícipe quem concorre de qualquer forma para o crime – objetivo-formal; ou quem contribui objetivamente de forma mais efetiva para a ocorrência do resultado, não necessariamente praticando a ação nuclear típica, e partícipe é o concorrente menos relevante para o desdobramento causal, ainda que sua conduta consista na realização do núcleo do tipo – objetivo-material) e subjetiva (não impõe distinção entre autor e partícipe, considerando-se autor todo aquele que de alguma forma contribui para a produção do resultado).

Alternativa "d": está errada a assertiva porque inverte os conceitos de domínio da ação (que incide nos casos de autoria imediata) e de domínio da vontade (que incide nos casos de autoria mediata).

Alternativa "e": está errada a assertiva, pois a teoria do domínio do fato tem aplicação apenas nos crimes dolosos, única forma em que se admite o controle finalístico sobre o fato criminoso, já que os delitos culposos se caracterizam exatamente pela causação de um resultado involuntário, e, consequentemente, impossível de ser dominado finalisticamente pelo agente.

No que concerne aos crimes omissivos, segundo Damásio de Jesus, a teoria do domínio do fato não tem aplicação: "A teoria do domínio do fato, que rege o concurso de pessoas, não tem aplicação aos delitos omissivos, sejam próprios ou impróprios, devendo ser substituída pelo critério da infringência do dever de agir. Na omissão, o autor direto ou material é quem, tendo dever de atuar para evitar um resultado jurídico, deixa de realizar a exigida conduta impeditiva, não havendo necessidade de a imputação socorrer-se da teoria do domínio do fato. O omitente é autor não em razão de possuir o domínio do fato, mas sim porque descumpre o mandamento de atuar para evitar a afetação do objeto jurídico. Se não age, não pode dirigir o curso da conduta. Assim, nos delitos omissivos próprios, autor é quem, de acordo com a norma da conduta, tem a obrigação de agir; nos omissivos impróprios, é o garante, a quem incumbe evitar o resultado jurídico, ainda que, nos dois casos, falte-lhes o domínio do fato" (*Teoria do domínio do fato no concurso de pessoas*, 2. ed. São Paulo: Saraiva, 2001, p. 17).

94. (Vunesp – Delegado de Polícia – SP/2014) Segundo o conceito restritivo, é autor aquele que

a) tem o domínio do fato.

b) realiza a conduta típica descrita na lei.

c) contribui com alguma causa para o resultado.

d) age dolosamente na prática do crime.

e) pratica o fato por interposta pessoa que atua sem culpabilidade.

COMENTÁRIOS

Alternativa correta: letra "B" (responde, também, a alternativa "c"). Para o conceito restritivo, autor é quem realiza a conduta típica. Esse conceito se desdobra em duas teorias: a) objetivo-formal: autor é quem realiza a ação nuclear típica e partícipe quem concorre de qualquer forma para o crime; b) objetivo-material: autor é quem contribui objetivamente de forma mais efetiva para a ocorrência do resultado, não necessariamente praticando a ação nuclear típica. Partícipe, por outro lado, é o concorrente menos relevante para o desdobramento causal, ainda que sua conduta consista na realização do núcleo do tipo.

Alternativa "a": está errada a assertiva porque se aplica, neste caso, a teoria do domínio do fato, elaborada por Hans Welzel no final da década de 1930, com nítidos predicados finalistas. Esta teoria surgiu para diferenciar com clareza o autor do executor do crime, conciliando as teorias objetiva e subjetiva. Para essa concepção, autor é quem controla finalisticamente o fato, ou seja, quem decide a sua forma de execução, seu início, cessação e demais condições. Partícipe, por sua vez, será aquele que, embora colabore dolosamente para o alcance do resultado, não exerça domínio sobre a ação.

Alternativa "d": está errada a assertiva porque o conceito de autor não diz respeito ao elemento subjetivo.

Alternativa "e": está errada a assertiva porque se trata, no caso, da autoria mediata. Define-se o autor mediato como sendo o sujeito que, sem realizar diretamente a conduta descrita no tipo penal, comete o fato típico por ato de outra pessoa, utilizada como seu instrumento.

95. (UEPA – Delegado de Polícia – PA/2013) Uma mulher caminhava pela rua quando foi abordada por dois homens. Enquanto um lhe apontava um revólver e mandava que ela ficasse em silêncio, outro veio por trás e lhe arrancou a bolsa. Em seguida, os dois correram para um carro, dirigido por um terceiro homem, que os aguardava para lhes dar fuga. Sabendo que o art. 157 do Código Penal define roubo como a ação de "subtrair coisa móvel alheia, para si ou para outrem, mediante grave ameaça ou violência a pessoa, ou depois de havê-la, por qualquer meio, reduzido à impossibilidade de resistência", no caso de prisão dos criminosos ainda portando a bolsa com todos os seus pertences, deve o delegado instaurar inquérito e indiciar:

a) como coautores do roubo, o homem que apontou a arma e o que arrancou a bolsa, sendo o motorista do carro apenas um partícipe.

b) como autor do roubo apenas o homem que apontou a arma, porque foi ele quem praticou a violência, figurando os demais como seus partícipes.

c) como autor do roubo apenas o homem que arrancou a bolsa, porque realizou o núcleo do tipo, figurando os demais como seus partícipes.

d) os três envolvidos como coautores diretos do roubo, porque todos concorreram para a execução material do núcleo do tipo.

e) os três envolvidos como coautores do roubo, por se constatar a execução do crime mediante divisão de tarefas.

COMENTÁRIOS

Alternativa correta: letra "E" (responde, também, as alternativas "a", "b" e "c"). Está correta a assertiva. Os três devem responder pelo roubo em coautoria porque todos contribuíram de modo decisivo para a empreitada criminosa: aquele que ameaçou possibilitou que a vítima fosse subjugada; o outro se dedicou à subtração do bem; e o terceiro garantiu a fuga. Quanto a este último, sua conduta não pode ser considerada periférica, pois o ato de viabilizar a fuga do local do crime é imprescindível para o sucesso do plano delituoso. Neste sentido, aliás, já decidiu o STJ: "O acusado que na divisão de trabalho tinha o domínio funcional do fato (a saber, fuga do local do crime), é coautor, e não mero partícipe, pois seu papel era previamente definido, importante e necessário para a realização da infração penal" (HC 30.503/SP, DJ 12/12/2005).

Alternativa "d": está errada a assertiva, pois nem todos os agentes atuaram na execução do núcleo do tipo. São, todavia, coautores porque a contribuição de cada um teve a mesma relevância para a consumação do roubo.

---

96. (FUNCAB – Delegado de Polícia – ES/2013) Dois veículos chocaram-se em um cruzamento. Em razão da colisão, um dos motoristas fraturou um braço, o que o impossibilitou de trabalhar por seis meses. O outro motorista teve uma luxação no joelho direito. O fato foi apurado pela delegacia local, restando cabalmente provado que os motoristas de ambos os carros concorreram para a colisão, pois um, em face da ausência de manutenção, estava sem freio, e o outro havia avançado o sinal e estava em velocidade acima da permitida. Assim, conclui-se que se trata de hipótese de:

a) autoria colateral.

b) compensação de culpa.

c) lesão corporal culposa, preceituada no artigo 129, § 6° do CP.

d) aberratio delicti.

e) culpa consciente.

COMENTÁRIOS

Alternativa correta: letra "A". Está correta a assertiva. Dá-se a autoria colateral nas situações em que dois ou mais agentes, um ignorando a contribuição do outro, concentram suas condutas para o cometimento da mesma infração penal. É o que ocorre no exemplo citado, em que os dois motoristas contribuíram para a ocorrência do acidente, sem que um soubesse da conduta do outro.

Alternativa "b": está errada a assertiva porque no âmbito de incidência da lei penal não há compensação de culpas. Se ambos os motoristas foram culpados pelo acidente, responderão pelas lesões que um tenha causado ao outro.

Alternativa "c": está errada a assertiva porque a lesão corporal de que trata a questão é aquela estabelecida no art. 303 da Lei nº 9.503/97.

Alternativa "d": o enunciado não narra a ocorrência de *aberratio delicti*, em que o agente, por acidente ou erro no uso dos meios de execução, atinge bem jurídico distinto daquele que pretendia atingir.

Alternativa "e": o conceito de culpa consciente não tem relação com o objeto da questão. Atua com culpa consciente o agente que prevê o resultado, mas espera que ele não ocorra, supondo poder evitá-lo com a sua habilidade (mais que previsibilidade, existe previsão). É até possível que os motoristas, no exemplo, tenham atuado com culpa consciente, mas a questão visa a estabelecer o fundamento do concurso de pessoas.

---

97. (UEL – Delegado de Polícia – PR/2013) Sobre o concurso de agentes, atribua V (verdadeiro) ou F (falso) às afirmativas a seguir.

( ) O Código Penal adota a teoria unitária ou monística, equiparando os participantes. No entanto, há hipóteses em que o mesmo Código atribui outro crime para a conduta de terceiro, acatando, nesses casos, a teoria pluralista.

( ) Um dos requisitos para o concurso de agentes é o acordo prévio de vontades (Pactum sceleris) sem o qual, cada um responderá por aquilo que efetivamente praticou, ocorrendo a chamada autoria colateral.

( ) Na cooperação dolosa distinta ou desvio subjetivo entre participantes, aplica-se a pena do crime menos grave ao participante que o pretendia, podendo esta ser aumentada até a metade se o resultado era previsível.

( ) O ajuste, a determinação ou a instigação e o auxílio são puníveis mesmo que os atos executórios não tenham sido iniciados.

( ) Autoria incerta é o mesmo que autoria ignorada, ocorrendo quando há incerteza sobre quem, dentre os realizadores dos vários comportamentos, produziu o resultado.

Assinale a alternativa que contém, de cima para baixo, a sequência correta.

a) V, V, F, V, F.

b) V, F, V, F, F.

c) V, F, F, V, F.

d) F, V, V, F, V.

e) F, V, F, V, V.

COMENTÁRIOS

Alternativa correta: letra "B".

Primeiro item: está correta a assertiva. A teoria adotada pelo Código Penal foi a monista, estabelecendo-se a existência de apenas um crime e a responsabilidade de todos os que concorrem para a sua prática. A teoria pluralista, embora não adotada como regra, está excepcionalmente prevista no Código Penal. Lembremos, por exemplo, o crime de aborto praticado por terceiro com o consentimento da gestante: apesar de concorrerem para o mesmo evento (aborto), a gestante responde na forma do artigo 124 e o provocador de acordo com o artigo 126. Podemos lembrar, ainda, da corrupção: o funcionário público corrupto é punido pelo art. 317 – corrupção passiva – e o particular pelo art. 333 – corrupção ativa.

Segundo item: está errada a assertiva. Embora seja indispensável o liame subjetivo, dispensa-se prévio ajuste, que, não obstante, é o que comumente ocorre.

Terceiro item: está correta a assertiva. Na cooperação dolosamente distinta percebe-se o desvio subjetivo de condutas entre os agentes, em que um dos concorrentes do crime pretendia integrar ação criminosa menos grave do que aquela efetivamente praticada. Neste caso, ser-lhe-á aplicada a pena do crime que pretendia cometer, aumentada até metade na hipótese de ter sido previsível o resultado mais grave (art. 29, § 2º).

Quarto item: está errada a assertiva. De acordo com o disposto no art. 31 do Código Penal, não se pune, salvo disposição em contrário, o ajuste (acordo promovido entre suas ou mais pessoas), a determinação (ordem emanada de pessoa determinada), a instigação (reforço da ideia já existente na mente do autor) e o auxílio (assistência material), se o crime não chega, pelo menos, a ser tentado.

Quinto item: está errada a assertiva. A autoria incerta se estabelece no âmbito da autoria colateral, quando dois ou mais agentes, um ignorando a contribuição do outro, concentram suas condutas para o cometimento da mesma infração penal. Não há vínculo subjetivo entre os agentes, que, se presente, faria incidir as regras do concurso de pessoas. Dá-se a autoria incerta quando, neste contexto, não é possível determinar quem foi o real causador do resultado. Não se confunde com a autoria ignorada ou desconhecida, matéria a ser tratada no processo penal, relativa à ausência de provas de quem teria sido o autor de determinado delito; na autoria incerta, sabe-se quem são os envolvidos na conduta, mas, por questão relativa ao nexo causal, não é possível imputar o resultado a indivíduo determinado.

98. (Cespe – Delegado de Polícia – BA/2013 – Adaptada) Acerca da parte geral do direito penal e seus Institutos, julgue os itens seguintes.

Considere que Joana, penalmente imputável, tenha determinado a Francisco, também imputável, que desse uma surra em Maria e que Francisco, por questões pessoais, tenha matado Maria. Nessa situação, Francisco e Joana deverão responder pela prática do delito de homicídio, podendo Joana beneficiar-se de causa de diminuição de pena.

COMENTÁRIOS

Errado. Está errada a assertiva. Há, no exemplo citado, a denominada *cooperação dolosamente distinta*, em que há um desvio subjetivo de condutas entre os agentes; um deles intentava cometer ação criminosa menos grave do que aquela efetivamente praticada. Nesta situação, será apenado de acordo com o crime que pretendia cometer, aumentando-se até metade a reprimenda na hipótese de ter sido previsível o resultado mais grave (art. 29, § 2º).

99. (UEG – Delegado de Polícia – GO/2013) Consoante proclama a doutrina, a participação é conduta acessória à do autor, considerada principal, elencando algumas espécies de acessoriedade. Aquela que afirma que o partícipe somente é responsabilizado quando diante de um fato típico, ilícito e culpável, é a denominada acessoriedade

a) limitada

b) extremada

c) hiperacessoriedade

d) mínima

COMENTÁRIOS

Alternativa correta: letra "B". Está correta a assertiva. Para a teoria da acessoriedade máxima, a punição do partícipe pressupõe que o fato seja típico, ilícito e que seja cometido por agente culpável.

Alternativa "a": para a teoria da acessoriedade limitada (ou média), dá-se a punição do partícipe diante do cometimento de fato típico e ilícito, dispensada necessidade de que o agente seja culpável. É a teoria que predomina na doutrina brasileira, embora haja quem sustente que a sua aplicação é incompatível com a autoria mediata.

Alternativa "c": a hiperacessoriedade estabelece que a punição do partícipe pressupõe a prática de fato típico, ilícito, por agente culpável, que seja efetivamente punido. Esta teoria deve ser afastada, pois contém exigência desarrazoada, permitindo a impunidade do partícipe mesmo nos casos em que o autor praticou o crime e se verificou o vínculo subjetivo entre ambos os sujeitos.

Alternativa "d": a teoria da acessoriedade mínima indica ser suficiente a prática, pelo autor, de fato típico para que a participação seja punível. Esta teoria deve ser afastada, pois não se concebe a punição do partícipe se o autor agiu, por exemplo, amparado por legítima defesa, e, em última análise, não praticou infração penal.

100. (FGV – Delegado de Polícia – MA/2012) João e José, um sem saber da vontade do outro, resolvem matar um desafeto comum. Para tal fim, sem qualquer vínculo subjetivo, aguardam a saída do desafeto do local de trabalho e, isto ocorrendo, efetuam em momentos distintos disparos contra o mesmo que veio a falecer.

A perícia reconheceu que os dois disparos atingiram o alvo desejado, eram fatais e capazes de ocasionar a morte instantânea da vítima, mas não conseguiu identificar qual deles acertou primeiro o alvo, ratificando que ambos seriam capazes de obter o animus desejado. Descobertos os "autores", o fato foi levado à autoridade policial para as providências de praxe. Com base no exposto, assinale a alternativa que identifica juridicamente o fato.

a) João e José são coautores do crime de homicídio.

b) João e José deverão responder por tentativa de homicídio.

c) João e José não praticaram qualquer crime, devendo ser aplicada a regra do Art. 17, do CP (crime impossível).

d) Um deles responderá por homicídio consumado e o outro por homicídio tentado, devendo o Promotor oferecer denúncia alternativa para que no curso da instrução seja o fato melhor apurado.

e) João e José são partícipes do crime de homicídio.

COMENTÁRIOS

✪ **Nota do autor:** a questão foi anulada pela organização do concurso provavelmente porque nenhuma das assertivas está correta.

Alternativa correta: Anulada

Alternativa "a": não se trata de coautoria em razão da inexistência de vínculo subjetivo entre as condutas de João e de José, tanto que um desconhecia a pretensão do outro. Trata-se de autoria colateral.

Alternativa "b": está errada a assertiva porque, se ambos os disparos acertaram a vítima e eram capazes de lhe causar instantaneamente a morte, não há incerteza a respeito de qual seria o disparo eficaz para que o resultado fosse alcançado. A incerteza reside tão somente na origem precisa de cada disparo, o que se torna irrelevante, responsabilizando-se ambos os agentes pelo homicídio consumado.

Alternativa "c": está errada a assertiva. A conclusão pelo crime impossível seria adequada se o enunciado houvesse narrado que o primeiro disparo causou a morte instantânea da vítima, sem que fosse possível identificar seu autor. Neste caso, obstada a apuração sobre quem matou e quem atirou já no cadáver, a solução seria aplicar os efeitos do crime impossível em favor de João e de José. Não é, contudo, o que se extrai da questão, que, embora indique a ocorrência dos disparos, ambos com potencialidade para causar instantaneamente a morte, em momentos distintos, nada menciona sobre a morte ter ocorrido instantaneamente com o primeiro disparo.

Alternativa "d": está errada a assertiva. Haveria um homicídio consumado e outro tentado se, havendo os dois disparos, apenas uma atingisse a vítima fatalmente e fosse possível estabelecer a autoria de cada um deles. Se, por exemplo, um projétil atingisse a cabeça e outro a perna, provando-se que João foi o autor do primeiro, seria ele punido pelo homicídio consumado, reservando-se a José a punição pelo delito tentado.

Alternativa "e": não há participação, que, como modalidade de concurso de pessoas, exige o vínculo subjetivo entre os agentes.

101. (Cespe – Delegado de Polícia – AL/ 2012 – Adaptada) Com base na interpretação doutrinária majoritária e no entendimento dos tribunais superiores, julgue os itens.

No concurso de pessoas, o partícipe terá obrigatoriamente reduzida a pena pelo crime em relação ao autor, porquanto a participação é considerada como forma de concorrência diferente da autoria ou coautoria.

COMENTÁRIOS

Errado. Está errada a assertiva. De acordo com o art. 29 do Código Penal, "Quem, de qualquer modo, concorre para o crime incide nas penas a este cominadas, na medida de sua culpabilidade". Abstratamente, o autor e o partícipe incorrem na mesma pena, pois, em virtude do disposto no citado dispositivo, todos os concorrentes incidem nas mesmas penas. No entanto, embora não haja obrigatoriedade de redução, a aplicação concreta da pena variará tanto sobre os coautores quanto sobre os partícipes em virtude da culpabilidade demonstrada por cada integrante da empreitada criminosa, conforme determina a parte final do art. 29.

102. (FUNCAB – Delegado de Polícia – RJ/2012) Alfredo, querendo matar Epaminondas, sobe até o terraço de um prédio portando um rifle de alta precisão, com silencioso e mira telescópica. Sem ser visto, constata a presença de Gildenis, outro atirador, em prédio vizinho, armado com uma escopeta, também preparado para matar a mesma vítima, tendo Alfredo percebido sua intenção. Quando Epaminondas atravessa a rua, ambos começam a atirar, vindo a vítima a morrer em face, unicamente, dos disparos efetuados por Gildenis. Analisando o caso concreto, leia as assertivas a seguir:

I. Há, no caso, autoria colateral incerta.

II. Alfredo e Gildenis devem responder por homicídio consumado, inobstante o disparo fatal ter sido produzido unicamente pela arma de Gildenis.

III. Tanto Alfredo, quanto Gildenis, agiam em concurso de pessoas.

IV. Alfredo é o autor direto e Gildenis o autor mediato.

Agora, assinale a opção que contempla a(s) assertiva(s) verdadeira(s).

a) Apenas a I.

b) Apenas a II.

c) Apenas II e III.

d) Apenas I e II.

e) I, II, III e IV.

COMENTÁRIOS

Alternativa correta: letra "B".

Item I: está errada a assertiva. A autoria colateral incide nas situações em que dois ou mais agentes, que se ignoram mutuamente, concentram suas condutas para o cometimento da mesma infração penal. Não há vínculo subjetivo entre eles, que, se presente, faria incidir as regras do concurso de pessoas. No exemplo citado no enunciado, não há autoria colateral porque Alfredo percebeu a presença de Gildenis em outro prédio e aderiu à conduta deste indivíduo.

Item II: está correta a assertiva. Se Alfredo percebeu que Gildenis se encontrava no outro prédio e aderiu à sua conduta, há concurso de agentes por ter se estabelecido o liame subjetivo, ainda que por parte de um só dos indivíduos, sem prévio ajuste (que não é requisito para o concurso). Por esta razão, devem ambos responder pelo homicídio consumado.

Item III: está errado porque apenas Alfredo agia em concurso de pessoas, pois ele constatou a presença de Gildenis naquele local com o mesmo propósito (matar Epaminondas). Não é possível inserir Gildenis no concurso de pessoas porque este indivíduo não sabia que à sua conduta havia se unido a de Alfredo. Logo, de sua parte, não havia vínculo subjetivo.

Item IV: está errada a assertiva. Não se trata de relação entre autor e autor mediato, indivíduo que não realiza diretamente a conduta nuclear, mas comete o fato típico por ato de outra pessoa, considerada um seu instrumento.

---

103. (Delegado de Polícia – AP / 2010 – FGV) João e Marcos decidem furtar uma residência. Vigiam o local até que os proprietários deixem a casa. Tentam forçar as janelas e verificam que todas estão bem fechadas, com exceção de uma janela no terceiro andar da casa. Usando sua habilidade, João escala a parede e entra na casa, pedindo a Marcos que fique vigiando e avise se alguém aparecer. Enquanto está pegando os objetos de valor, João escuta um barulho e percebe que a empregada tinha ficado na casa e estava na cozinha bebendo água. João vai até a empregada (uma moça de 35 anos) e decide constrangê-la, mediante grave ameaça, a ter conjunção carnal com ele.

Logo após consumar a conjunção carnal, com a empregada e deixá-la amarrada e amordaçada (mas sem sofrer qualquer outro tipo de lesão corporal), João termina de pegar os objetos de valor e vai ao encontro de Marcos. Ao contar o que fez a Marcos, este o chama de tarado e diz que nunca teria concordado com o que João fizera, mas que agora uma outra realidade se impunha e era preciso silenciar a testemunha. Marcos retorna à casa e mesmo diante dos apelos de João que tenta segurá-lo, utiliza uma pedra de mármore para quebrar o crânio da empregada. Ambos decidem ali mesmo repartir os bens que pegaram na casa e seguir em direções opostas. Horas depois, ambos são presos com os objetos. Assinale a alternativa que identifica os crimes que cada um deles praticou.

a) João: furto qualificado e estupro. Marcos: furto qualificado e homicídio qualificado.

b) João: furto qualificado, estupro e homicídio simples. Marcos: furto qualificado, estupro e homicídio qualificado.

c) João: furto simples e estupro. Marcos: furto simples e homicídio qualificado.

d) João: furto simples, estupro e homicídio qualificado. Marcos: furto qualificado, estupro e homicídio simples.

e) João: furto qualificado e estupro. Marcos: furto simples e homicídio qualificado.

COMENTÁRIOS

Alternativa correta: letra "A" (os comentários respondem, também, as demais alternativas). Há concurso de pessoas quando vários agentes (coautores ou partícipes) concorrem, de forma relevante, para a realização do mesmo evento, com unidade de desígnios.

No exemplo citado, João e Marcos haviam combinado o cometimento do crime de furto, razão por que ambos responderão pelo furto qualificado pelo concurso de pessoas e pela escalada, pois esta última, embora praticada por apenas um deles, é circunstância de caráter objetivo que entrou na esfera de conhecimento do outro.

Quanto aos demais crimes cometidos, aplicam-se os fundamentos da cooperação dolosamente distinta.

De acordo com o art. 29, § 2º, do Código Penal, "Se algum dos concorrentes quis participar de crime menos grave, ser-lhe-á aplicada a pena deste; essa pena será aumentada até metade, na hipótese de ter sido previsível o resultado mais grave".

No exemplo descrito no enunciado, João e Marcos haviam combinado apenas o crime de furto. O estupro cometido por João não pode ser atribuído a Marcos em razão da total inexistência de liame subjetivo, pois este último indivíduo sequer sabia que a empregada se encontrava na residência. E diante dos termos em que é descrito o fato, sequer se poderia dizer que seria previsível a ocorrência do fato mais grave.

De igual forma, o homicídio cometido por Marcos não pode ser atribuído a João, que não aderiu à conduta de seu comparsa no furto, mas, ao contrário, tentou impedi-lo.

Por estas razões, ambos respondem pelo furto, em concurso de pessoas, e cada um deles será responsabilizado individualmente pelo estupro e pelo homicídio que praticou.

---

104. (Delegado de Polícia – MT/ 2010 – UNEMAT) No que tange ao concurso de pessoas e à participação, pode-se inferir que:

a) a Teoria Unitária preconiza que o prévio acordo entre todos os participantes é o suficiente para concebê-los como autores, prescindindo-se da individualização da contribuição de cada um.

b) há coautoria na conduta de dois agentes que, de forma culposa, jogam uma viga de concreto do cume de um prédio, atingindo um transeunte, que vem a falecer.

c) de acordo com a Teoria da Acessoriedade Limitada, para que o partícipe seja punido é preciso que o autor tenha cometido um injusto típico e seja culpável.

d) a mulher que se utiliza de menor para cometimento do crime de estupro contra a vítima, que foi ameaçada e dominada por ela, é coautora do crime, ao passo em que, se não participar diretamente, será autora mediata.

e) não se admite autoria mediata em crimes próprios.

COMENTÁRIOS

Alternativa correta: letra "D". Está correta a assertiva. Se uma mulher, em conjunto com o menor, constrange alguém à prática de relação sexual, ameaçando e dominando a vítima, será coautora do crime de estupro, pois se inseriu na conduta nuclear típica, que é a de *constranger*. Se, todavia, apenas arregimenta o menor, mas não toma parte diretamente na ação delituosa, responderá como autora mediata. Define-se o autor mediato como sendo aquele sujeito que, sem realizar diretamente a conduta descrita no tipo penal, comete o fato típico por ato de outra pessoa, utilizada como seu instrumento.

Alternativa "a": está errada a assertiva. Para a teoria monista (unitária ou igualitária), ainda que o crime tenha sido praticado por vários agentes, conserva-se único e indivisível, sem qualquer distinção entre autor e partícipe. Todos e cada um, sem diferenciação, são responsáveis pela produção do resultado, em concepção derivada da equivalência das condições (todos os que concorrem para o crime respondem pelo seu resultado) e também fundamentada em questões de política criminal, em que se prefere punir igualmente todos os agentes que, de alguma forma, contribuíram para a prática de determinado fato criminoso.

Alternativa "b": embora a assertiva tenha sido considerada incorreta, a doutrina nacional admite a coautoria nos crimes culposos, desde que dois ou mais indivíduos, agindo vinculados subjetivamente, atuem conjuntamente mediante negligência, imprudência ou imperícia. No caso, o liame subjetivo não envolve, obviamente, o resultado, não querido, mas a própria conduta. Como se tem, neste caso, a inobservância do dever de cuidado como hipótese de coautoria, rechaça-se a participação, isto é, qualquer ato de que possa derivar o resultado involuntário é considerado ato de autor. A doutrina alemã, por outro lado, repulsa a possibilidade de coautoria em crimes culposos, ensinando que qualquer atuação que contribua para a ocorrência do resultado involuntário caracteriza a própria autoria, pois não é possível, diante do resultado não desejado, o acordo de vontades entre os agentes. Esta avaliação decorre da teoria do domínio do fato, tendo em consideração que nos crimes culposos o domínio finalístico não existe.

Alternativa "c": está errada porque para a teoria da acessoriedade limitada a punição do partícipe pressupõe apenas a prática de fato típico e ilícito, afastando-se a necessidade de que o agente seja culpável. Esta é a teoria mais aceita pela doutrina brasileira, embora haja apontamentos no sentido de que a sua aplicação não tem em consideração a autoria mediata. É que se o partícipe induz um inimputável à prática do ato criminoso, não há, verdadeiramente, concurso de pessoas, pois o executor do crime foi apenas utilizado como instrumento, sem a formação de vínculo subjetivo válido.

Alternativa "e": quanto à autoria mediata nos crimes próprios, verifica-se, no âmbito doutrinário, a existência de lições que admitem a aplicação do conceito desde que o autor mediato reúna as condições pessoais que o tipo penal pressupõe. De acordo com a lição de Bitencourt, as características que estabelecem a punibilidade "devem encontrar-se na pessoa do "homem de trás", no *autor mediato*, e não no executor, *autor imediato*. Com base nesse argumento, Soler e Mir Puig, seguindo a orientação de Welzel, admitem, em princípio, a possibilidade de autoria mediata nos crimes *especiais* ou *próprios*, desde que o autor mediato reúna as qualidades ou condições exigidas pelo tipo." (*Tratado de Direito Penal:* parte geral, p. 384).

---

105. (Delegado de Polícia – PI / 2009 – NUCEPE) Com relação ao tema *concurso de pessoas*, analise as seguintes afirmações.

1) O Código Penal, no art. 29, adotou a Teoria Monista extremada com relação ao concurso de pessoas.

2) No concurso de pessoas, autores e partícipes respondem pelo mesmo crime e, consequentemente pela mesma pena em abstrato, porém, no momento da fixação da pena, o partícipe recebe uma causa de diminuição de pena por ter sua culpabilidade diminuída.

3) São requisitos do concurso de pessoas nos crimes dolosos: a pluralidade de condutas e participantes, a relevância causal de cada conduta, o vínculo subjetivo entre os participantes e a identidade de infração penal.

4) Mesmo que o autor não realize atos de execução, é possível punir o partícipe.

5) Na autoria colateral, existe concurso de pessoas devendo todos os autores responder conjuntamente pelo resultado delituoso.

Estão corretas apenas:

a) 1, 2 e 4
b) 3, 4 e 5
c) 2 e 3
d) 2, 3 e 4
e) 1 e 5

COMENTÁRIOS

Alternativa correta: letra "C":

Item 1: está errada a assertiva porque o Código Penal adota *em regra* a teoria monista, segundo a qual ainda que o crime tenha sido praticado por vários agentes, conserva-se único e indivisível, sem qualquer distinção entre autor e partícipe. Todos e cada um, sem diferenciação, são responsáveis pela produção do resultado, em concepção derivada da equivalência das condições (todos os que concorrem para o crime respondem pelo seu resultado) e também fundamentada em questões de política criminal, em que se prefere punir igualmente todos os agentes que, de alguma forma, contribuíram para a prática de determinado fato criminoso. Há, todavia, exceções em que se aplica a teoria pluralista, como ocorre, por exemplo, nos crimes de aborto praticado por terceiro com o consentimento da gestante (em que esta última responde na forma do artigo 124 e o terceiro é punido de acordo com o artigo 126) e de corrupção (em que o funcionário público responde por corrupção passiva e o particular, por corrupção ativa).

Item 2: embora assim considerada, a assertiva não está correta. Nos termos do art. 29 do Código Penal, quem, de qualquer modo, concorre para o crime incide nas penas a este cominadas, na medida de sua culpabilidade. Em regra, pois, todos os agentes, autores e partícipes, recebem a mesma reprimenda. Aos partícipes somente será aplicada pena diminuída se constatada a menor importância da participação, conforme se extrai do § 1º do art. 29. A participação de que trata o dispositivo é aquela de pouca relevância causal, aferida exclusivamente no caso concreto, com base no critério da equivalência dos antecedentes (*conditio sine qua non*). Trata-se de conduta que contribui para a produção do resultado, mas de forma menos enfática, razão pela qual deve ser encarada com menor rigor. Dessa forma, ao contrário do que expõe a assertiva, não é obrigatória a redução da pena na participação.

Item 3: está correta a assertiva. Para que ocorra o concurso de pessoas, é indispensável a identificação de quatro requisitos: a) pluralidade de agentes e de condutas: a existência de diversos agentes, que empreendem condutas diversas, é o requisito primário do concurso de pessoas. Note-se, todavia, que embora todos se dediquem para o sucesso da empreitada, nem sempre o fazem em condições idênticas. É possível, e muito comum, que enquanto alguns ingressem no núcleo do tipo, outros se dediquem a funções paralelas, auxiliando os primeiros. É também possível que alguém instigue ou induza outrem a ser o executor material de determinado crime. Em todos os casos, a atuação reunida dos agentes contribui de alguma forma para a cadeia causal, fazendo com que todos respondam pelo crime; b) relevância causal de cada uma das condutas: embora seja imprescindível a pluralidade de condutas, só esta circunstância não é o bastante para que se caracterize o concurso de pessoas. É necessário que cada uma das condutas empreendidas tenha relevância causal. Se algum dos agentes praticar um ato sem eficácia causal, não haverá concurso de pessoas, ao menos no que concerne a ele; c) liame subjetivo entre os agentes: é também necessário que todos os agentes atuem conscientes de que estão reunidos para a prática da mesma infração. Faltando o vínculo psicológico, desnatura-se o concurso de pessoas, configurando-se a autoria colateral, estudada adiante. Note-se que embora seja indispensável o liame subjetivo, dispensa-se prévio ajuste, que, não obstante, é o que comumente ocorre; d) identidade de infração penal: como corolário da teoria monista, todos os agentes que concorrem para o fato são submetidos à pena a ele cominada (art. 29 do Código Penal). Por isso, para que se configure o concurso de pessoas, todos devem contribuir para a mesma infração, pois, do contrário, haverá crimes diversos.

Item 4: está errado porque a participação é conduta acessória que depende, para ter relevância, da conduta principal. Como o partícipe não pratica a ação nuclear típica, sua ação só será punível, em regra, se o autor iniciar os atos executórios do fato a que havia se proposto. Assim, se "A" induz "B" à prática de um roubo, propondo a divisão do proveito do crime, mas a subtração não chega a ser cometida, o induzimento será atípico.

Item 5: está errado porque a autoria colateral não traduz hipótese de concurso de pessoas. Verifica-se a autoria colateral quando dois ou mais agentes, um ignorando a contribuição do outro, concentram suas condutas para o cometimento da mesma infração penal. Caracteriza-se, pois, a autoria colateral, pela ausência de vínculo subjetivo entre os agentes, que, se presente, faria incidir as regras do concurso de pessoas. O exemplo mais citado a respeito da autoria colateral é o de dois indivíduos que se colocam de tocaia, no mesmo local, ignorando-se mutuamente, para matar determinada pessoa, e, quando esta passa, efetuam disparos que lhe causam a morte. Se houvesse vínculo psicológico entre os agentes, seriam ambos coautores do crime de homicídio. No caso, todavia, cada um responde individualmente, sendo que àquele que matou será imputado o homicídio consumado e ao outro será atribuída a tentativa.

---

106. (Delegado de Polícia – PA/ 2009 – MOVENS) Quanto ao concurso de pessoas, assinale a opção correta.

a) Se a participação no delito for de menor importância, a pena pode ser diminuída de um sexto a um terço.

b) Não se comunicam as circunstâncias e as condições de caráter pessoal, mesmo quando elementares do crime.

c) O ajuste, a determinação ou instigação e o auxílio são puníveis em qualquer situação.

d) Se restar comprovado que algum dos concorrentes quis participar de crime menos grave, será absolvido.

COMENTÁRIOS

Alternativa correta: letra "A". Está correta a assertiva. Nos termos do art. 29, § 1º, do Código Penal, se a participação for de menor importância, a pena pode ser diminuída de um sexto a um terço. A participação de menor importância é aquela de pouca relevância causal, que contribui para a produção do resultado, mas de forma menos enfática, razão pela qual deve ser encarada com menor rigor.

Alternativa "b": está errada a assertiva. O art. 30 do Código Penal determina que não se comunicam as circunstâncias e as condições de caráter pessoal, salvo quando elementares do crime. Extraem-se do dispositivo três possibilidades: a) as circunstâncias e as condições de caráter pessoal, respeitantes exclusivamente ao agente que as ostenta, não se comunicam, ainda que integrem o conhecimento dos demais; b) as circunstâncias e condições de caráter objetivo sempre se comunicam, desde que os demais agentes tenham conhecimento a seu respeito; c) as elementares sempre se comunicam, tenham caráter objetivo ou subjetivo, com o pressuposto de que ingressem na esfera de conhecimento dos demais agentes.

Alternativa "c": está errada porque, de acordo com o disposto no art. 31 do Código Penal, não se pune, salvo disposição em contrário, o ajuste (acordo promovido entre suas ou mais pessoas), a determinação (ordem emanada de pessoa determinada), a instigação (reforço da ideia já existente na mente do autor) e o auxílio (assistência material), se o crime não chega, pelo menos, a ser tentado. A participação, como forma de concurso de pessoas, dever ser dotada de eficiência causal, isto é, embora não determine o alcance do resultado, tem como pressuposto, lastreada que é na equivalência dos antecedentes, a efetiva contribuição para o desenlace do fato criminoso. A conduta do partícipe, ademais, é acessória, dependente da ação do autor para que adquira a relevância necessária. Não fosse bastante, sabe-se que, em regra, não se pune o crime se não houve, ao menos, a tentativa, a não ser quando a própria lei prevê a punição de atos que normalmente seriam considerados preparatórios, como ocorre na associação criminosa.

Alternativa "d": está errada porque, constatado que algum dos agentes quis participar de crime menos grave, ocorre a denominada *cooperação dolosamente distinta*. Trata-se do desvio subjetivo de condutas ou do desvio entre os agentes, em que um dos concorrentes do crime pretendia integrar ação criminosa menos grave do que aquela efetivamente praticada. Neste caso, ser-lhe-á aplicada a pena do crime que pretendia cometer, aumentada até metade na hipótese de ter sido previsível o resultado mais grave.

22. DETRAÇÃO

107. (Delegado de Polícia – SC / 2008 – ACADEPOL) Detração é:

a) o restabelecimento da vigência de uma lei revogada pela revogação da lei que a tinha revogado. Ex: a lei "A" é revogada pela lei "B"; advém a lei "C", que revoga a lei "B" e diz que a lei "A" volta a viger.

b) a inclusão no cálculo da pena privativa de liberdade e na medida de segurança, o tempo de prisão provisória, no Brasil ou no estrangeiro, o de prisão administrativa e o de internação em hospital de custódia e tratamento psiquiátrico ou outro estabelecimento adequado.

c) o resgate pelo condenado, que cumpre pena em regime fechado ou semiaberto, de parte do tempo de execução da pena, pelo trabalho. A contagem do tempo para o fim de detração é feita à razão de um dia de pena por três de trabalho.

d) a conversão da pena privativa de liberdade não superior a 2 (dois) anos em pena restritiva de direitos, desde que o condenado a esteja cumprindo em regime aberto, tenha sido cumprido pelo menos um quarto da pena e os antecedentes e a personalidade do condenado indiquem ser a medida recomendável.

COMENTÁRIOS

Alternativa correta: letra "B". Está correta a assertiva. Detração é o cômputo, na execução da pena ou medida de segurança, do tempo de prisão provisória. A Lei nº 12.736, de 30 de novembro de 2012, alterando o artigo 387 do Código de Processo Penal, estabelece que o tempo de prisão provisória, de prisão administrativa ou de internação, no Brasil ou no estrangeiro, será computado para fins de determinação do regime inicial de pena privativa de liberdade. De acordo com a nova sistemática em vigor, deve o magistrado proceder à aplicação da reprimenda normalmente, seguindo o disposto no artigo 68 do Código Penal e atentando-se para o princípio da individualização da pena. Obtida e fixada a pena apropriada, considera-se o tempo de prisão processual apenas para que o seu cumprimento ocorra desde o princípio em regime adequado. Não se trata, pois, de considerar a detração na aplicação da pena, mas, tão somente, como expressa o próprio texto legal, de admiti-la para estabelecer o regime inicial correto diante da constrição da liberdade anterior ao trânsito em julgado.

Alternativa "a": está errada porque ao fenômeno descrito na assertiva se dá o nome de *repristinação*, que, em regra, é vedada, a não ser que haja disposição expressa, conforme se extrai do art. 2º, § 3º, da Lei de Introdução às Normas do Direito Brasileiro.

Alternativa "c": está errada porque o resgate de parte do tempo de execução da pena pelo trabalho é denominado *remição* (arts. 126 e ss. da Lei nº 7.210/84). Note-se que, com o advento da Lei nº 12.433/11, o instituto da remição da pena privativa e liberdade foi inteiramente modificado, criando-se a figura da remição pelo estudo, já reconhecida pela jurisprudência (Súmula 341 STJ).

Alternativa "d": está errada porque, além de não haver nenhuma relação entre a detração e a substituição da pena privativa de liberdade por restritiva de direitos, os requisitos não são aqueles descritos na assertiva. Nos termos do art. 44 do Código Penal, as penas restritivas de direitos substituem as privativas de liberdade quando: a) aplicada pena privativa de liberdade não superior a quatro anos e o crime não for cometido com violência ou grave ameaça à pessoa ou, qualquer que seja a pena aplicada, se o crime for culposo; b) o réu não for reincidente em crime doloso; c) a culpabilidade, os antecedentes, a conduta social e a personalidade do condenado, bem como os motivos e as circunstâncias indicarem que essa substituição seja suficiente.

108. (Delegado de Polícia – AC/ 2008 – CESPE – Adaptada) Julgue o item a seguir, acerca das espécies, da cominação e da aplicação das penas.

Computa-se, na medida de segurança, o tempo de prisão provisória no estrangeiro.

COMENTÁRIOS

Certo. De acordo com o art. 42 do Código Penal, computam-se, na pena privativa de liberdade e na medida de segurança, o tempo de prisão provisória, no

Brasil ou no estrangeiro, o de prisão administrativa e o de internação em hospital de custódia e tratamento ou outro estabelecimento do mesmo gênero.

23. PENAS RESTRITIVAS DE DIREITOS

109. (Fumarc – Delegado de Polícia – PC – MG/2018) Com relação à substituição das penas privativas de liberdade pelas restritivas de direito, é CORRETO afirmar:

a) Beltrano, maior, capaz e primário, subtraiu um carneiro da fazenda de um amigo, sendo condenado a dois anos de reclusão. No caso concreto, possuindo todas as circunstâncias judiciais favoráveis e sendo mais benéfico ao réu, deve o juiz conceder a Beltrano a suspensão condicional da pena ao invés da substituição prevista no art. 44 do CP.

b) Marreco, maior e capaz, ameaçou de morte sua companheira, sendo processado e definitivamente condenado pelo crime de ameaça à pena de seis meses de detenção. Nesse caso, conforme entendimento sumulado pelo STJ, tem o agente direito à substituição da pena privativa de liberdade por pena restritiva de direitos, desde que não seja a de prestação pecuniária ou a inominada.

c) Sinfrônio, capaz, possui condenação definitiva pela prática do crime de invasão de dispositivo informático à pena de dois anos de detenção. Decorridos quatro anos do cumprimento integral da pena anterior, foi ele novamente condenado pelo mesmo crime à pena de um ano de detenção. Mesmo sendo o agente reincidente, se socialmente recomendável, conforme previsto no §3° do art. 44 do Código Penal, pode o juiz substituir a pena privativa de liberdade por restritiva de direitos.

d) Tício, capaz e devidamente habilitado, após ingerir substância entorpecente, assustou-se ao desviar o veículo que dirigia de um buraco na pista, perdendo o controle do automóvel e vindo a causar a morte de uma criança. Pelo resultado praticado, foi condenado por homicídio culposo, com as penas alteradas pela Lei n° 13.546/17, a seis anos de reclusão. Nessa situação, Tício tem direito à substituição da pena privativa de liberdade por pena restritiva de direitos.

COMENTÁRIOS

Alternativa "a": está errada a assertiva. Considerada a natureza do crime, a quantidade da pena e as circunstâncias favoráveis, seria mais benéfico ao réu ter a pena privativa de liberdade substituída pela restritiva de direitos.

Alternativa "b": está errada a assertiva. Segundo a orientação sumulada do STJ, é incabível a substituição da pena privativa de liberdade pela restritiva de direitos em crimes e contravenções cometidos com violência ou grave ameaça contra a mulher no âmbito doméstico e familiar (súmula 588).

Alternativa "c": está errada a assertiva. Um dos requisitos para a substituição da pena privativa de liberdade pela restritiva de direitos é o de que o agente não seja reincidente em crime doloso. O § 3º do art. 44 do CP permite a substituição no caso de reincidência se, em face de condenação anterior, a medida seja socialmente recomendável, mas desde que a reincidência não se tenha operado em virtude da prática do mesmo crime. Sinfrônio não pode ser beneficiado porque é reincidente no mesmo delito.

Alternativa "d": está correta a assertiva. Para que a pena privativa de liberdade seja substituída pela restritiva de direitos, a pena aplicada não pode ser superior a quatro anos, a não ser que se trate de crime culposo, em que a quantidade da pena não importa. No caso, a condenação a seis anos de reclusão foi imposta pela prática de homicídio culposo (na direção de veículo automotor) qualificado pela influência de substância que causa dependência (art. 302, § 3º, do CTB).

Alternativa correta: letra "d".

110. (ACAFE – Delegado de Polícia – SC/2014) Analise as afirmações a seguir a assinale a alternativa correta. De acordo com o Código Penal, as penas restritivas de direitos são, dentre outras:

I. Perda de bens e valores e prestação pecuniária.

II. Prestação de serviço à comunidade ou a entidades públicas.

III. Interdição temporária de direitos.

IV. Limitação de fim de semana e interdição permanente de direitos.

a) Todas as afirmações estão corretas.

b) Apenas I, II e IV estão corretas.

c) Apenas II e IV estão corretas.

d) Apenas III e IV estão corretas.

e) Apenas I, II, III estão corretas.

COMENTÁRIOS

Alternativa correta: letra "E".

Item I: está correta a assertiva. A perda de bens e valores, sanção alternativa introduzida pela Lei 9714/98, dar-se-á, ressalvada a legislação especial, em favor do Fundo Penitenciário Nacional, e seu valor terá como teto – o que for maior – o montante do prejuízo causado ou do provento criminoso obtido pelo agente ou por terceiro (art. 45, § 3º do CP). Já a prestação pecuniária consiste no pagamento em dinheiro à vítima, a seus dependentes ou a entidade pública ou privada com destinação social, de importância fixada pelo juiz, não inferior a 1 (um) salário mínimo nem superior a 360 (trezentos e sessenta) salários mínimos.

Item II: está correta a assertiva. A prestação de serviços, aplicável às condenações superiores a seis meses de privação da liberdade, consiste na execução de atividades à comunidade ou a entidades públicas (ex.: hospitais, escolas, orfanatos, programas comunitários). Será prestada de forma gratuita (art. 30 da LEP), sem gerar vínculo empregatício com o Estado (art. 28, § 2º, LEP), devendo ser observadas, para a atribuição das tarefas, as aptidões do reeducando. Para cada dia de condenação imposto na sentença, uma hora de serviço deverá ser prestado, cuidando-se para que as tarefas não prejudiquem a jornada normal de trabalho do condenado. Quando a pena substituída for superior a um ano, é facultado ao condenado cumprir a pena substitutiva em menor tempo, nunca inferior à metade da pena privativa de liberdade fixada (art. 46, § 4º do CP).

Item III: está correta a assertiva. Existem cinco espécies de pena de interdição temporária de direitos, previstas no art. 47 do CP: **(i)** Proibição do exercício de cargo, função ou atividade pública, bem como de mandato eletivo; **(ii)** Proibição do exercício de profissão, atividade ou ofício que dependam de habilitação especial, de licença ou autorização do poder público; Essas duas primeiras são específicas, só podendo ser aplicadas aos crimes cometido no exercício de cargo, função, atividade, profissão ou ofício, com violação de deveres a estes inerentes (CP, art. 56); **(iii)** A suspensão de autorização ou de habilitação para dirigir veículo (art. 47, III do CP). Essa espécie de pena restritiva de direitos foi tacitamente revogada pelo CTB (Lei nº 9.503/97); **(iv)** Proibição de frequentar determinados lugares; **(v)** Proibição de inscrever-se em concurso, avaliação ou exame públicos. Inovação trazida pela Lei 12.550/11, esta proibição deve ser aplicada, em especial (e não exclusivamente), aos candidatos que concorrerem, direta ou indiretamente, para as fraudes de certames públicos, compreendendo concurso público, avaliação ou exame públicos, processo seletivo para ingresso no ensino superior, exame ou processo seletivo previstos em lei (art. 311-A do CP).

Item IV: está errada a assertiva. Embora exista a limitação de fim de semana, que consiste na obrigação de permanecer, aos sábados e domingos, por 5 (cinco) horas diárias, em casa de albergado ou outro estabelecimento adequado, não existe pena de interdição permanente de direitos.

111. (Fundação Aroeira – Delegado de Polícia – TO/2014) A. nº foi condenado a uma pena de três anos de reclusão pelo crime de furto qualificado. Tal pena foi substituída por prestação de serviços à comunidade. Na hipótese, o Código Penal faculta a A. nº cumprir a pena substitutiva em menor tempo, nunca inferior a

a) dois anos e seis meses.

b) dois anos.

c) um ano e seis meses.

d) um ano.

COMENTÁRIOS

Alternativa correta: letra "C" (responde, também, as demais alternativas). Está correta a assertiva. De acordo com o art. 44, § 5º, do Código Penal, se a pena substituída pela prestação de serviços à comunidade for superior a um ano (no exemplo citado é de três anos), é facultado ao condenado cumprir a pena substitutiva em menor tempo, nunca inferior à metade da pena privativa de liberdade fixada. Dessa forma, é possível a A.N. cumprir a prestação de serviços em um ano e meio.

112. (Cespe – Delegado de Polícia – AL/ 2012 – Adaptada) Acerca dos critérios de cominação e aplicação da pena, julgue os itens que se seguem.

Não existe impeditivo legal para que haja condenação consistente em prestação pecuniária substitutiva da pena privativa de liberdade cumulada com a pena de multa, determinada pelo tipo penal.

COMENTÁRIOS

Errado. Está errada a assertiva, pois a Lei nº 11.340/06 veda expressamente, no art. 17 da Lei nº 11.340/06, que, nos casos de violência doméstica e familiar contra a mulher, haja a aplicação de penas de prestação pecuniária, bem como a substituição de pena que implique o pagamento isolado de multa.

24. PENA DE MULTA

113. (FUNIVERSA – Delegado de Polícia – DF/2015) Acerca das penas pecuniárias, assinale a alternativa correta.

a) A pena de multa, após o trânsito em julgado da sentença condenatória, será considerada dívida de valor, aplicando-se-lhe as normas da legislação relativa à dívida ativa da fazenda pública, inclusive no que concerne às causas interruptivas e suspensivas da prescrição.

b) Caso sobrevenha doença mental ao condenado, há reflexos em relação à pena privativa de liberdade que lhe tenha sido cominada, mas não à pena de multa aplicada pelo juiz.

c) É imprescritível a pena de multa, conforme expressa disposição do CP que, por sua vez, é reflexo do princípio constitucional da intranscendência.

d) Para fins de fixação da pena de multa, a quantidade de dias-multa será fixada pelo juiz conforme as condições financeiras do condenado.

e) O juiz poderá deixar de aplicar a pena de multa, ainda que prevista como preceito secundário, se observar que o condenado não tem condições de pagá-la.

COMENTÁRIOS

Alternativa correta: letra "A". Está correta a assertiva, que transcreve o art. 51 do Código Penal. O não pagamento voluntário da multa implicava na sua conversão em privativa de liberdade. Com o advento da Lei nº 9.268/96, **não mais se admite a conversão**, encarando-se a multa não paga como **dívida de valor**, sobre a qual incidem as regras relativas à execução fiscal. De qualquer forma, a pena de multa, mesmo considerada dívida de valor, mantém seu caráter penal, respeitando o princípio da pessoalidade da pena, não podendo passar da pessoa do condenado.

Alternativa "b": de acordo com o art. 52 do Código Penal, se ao condenado sobrevém doença mental, suspende-se a execução da pena de multa.

Alternativa "c": está errada a assertiva. Antes do trânsito em julgado, a prescrição da pena de multa segue o disposto no art. 114 do Código Penal: a) dois anos, quando a multa for a única cominada ou aplicada; b) no mesmo prazo estabelecido para prescrição da pena privativa de liberdade, quando a multa for alternativa ou cumulativamente cominada ou cumulativamente aplicada. Após o trânsito em julgado, como já destacamos, as regras relativas à prescrição são as da execução fiscal.

Alternativa "d": está errada a assertiva. Num primeiro momento, em que o magistrado deve fixar a quantidade de dias-multa, variando de no mínimo de 10 a no máximo 360 (art. 49, CP), trabalha com o **critério trifásico descrito no artigo 68 do Código Penal**, aquilatando as circunstâncias judiciais (art. 59 do CP), seguidas das agravantes e atenuantes, encerrando com as causas de aumento e diminuição de pena. Depois de calculada a quantidade de dias-multa, o magistrado decide o valor de cada um, não podendo ser inferior a um trigésimo do maior salário mínimo mensal vigente ao tempo do fato, nem superior a 5 (cinco) vezes esse salário. Nesse momento, observa-se, principalmente, **a situação econômica do sentenciado** (art. 60, CP). Se, em virtude da situação econômica do réu, o juiz verificar que, embora aplicada no máximo, essa pena é ineficaz, poderá elevá-la até o triplo (art. 60, § 1º, do CP), podendo chegar 5.400 salários mínimos.

Alternativa "e": está errada a assertiva. Não há disposição legal que dispense a pena de multa para a situação em que o agente não tem condição de pagá-la.

---

114. (Fundação Aroeira – Delegado de Polícia – TO/2014) A pena de multa consiste no pagamento de quantia fixada na sentença e calculada em dias-multa. Essa pena deve ser paga ao

a) Fundo Penitenciário, sendo, no mínimo, de dez e, no máximo, de trezentos e sessenta dias-multa.
b) Conselho Penitenciário, sendo, no mínimo, de trinta e, no máximo, de trezentos e sessenta e cinco dias-multa.
c) Conselho da Comunidade, sendo, no mínimo, de cinquenta e, no máximo, de quinhentos dias-multa.
d) Fundo de Amparo ao Trabalhador, sendo, no mínimo, de vinte e, no máximo, de duzentos dias-multa.

COMENTÁRIOS

✪ **Nota do autor:** o Código Penal, com a reforma de 1984, adotou, além da privativa de liberdade e a restritiva de direitos, a pena de multa, como se percebe da leitura do seu artigo 32. Prevista entre os artigos 49 e 52, pode a multa criminal ser de três espécies em relação à sua aplicação: isolada, cumulativa e alternativa. É isolada nas contravenções penais e delitos que, por vezes, trazem a multa como sanção exclusiva. A aplicação cumulativa ocorre quando a sanção cominada é de privação de liberdade e multa. É aplicada alternativamente quando a pena prevista para o tipo é de privação de liberdade ou multa.

Alternativa correta: letra "A". Está correta a assertiva. Nos termos do art. 49 do Código Penal, a pena de multa consiste no pagamento ao fundo penitenciário da quantia fixada na sentença e calculada em dias-multa, no mínimo, de dez e, no máximo, de trezentos e sessenta dias-multa. Num primeiro momento o magistrado deve fixar a quantidade de dias-multa, seguindo o já mencionado parâmetro (10 a 360). Nesta etapa, trabalha-se com o critério trifásico descrito no artigo 68 do Código Penal, aquilatando as circunstâncias judiciais (art. 59 do CP), seguidas das agravantes e atenuantes, encerrando com as causas de aumento e diminuição de pena. Depois de calculada a quantidade de dias-multa, o magistrado decide o valor de cada dia-multa, não podendo ser inferior a um trigésimo do maior salário mínimo mensal vigente ao tempo do fato, nem superior a 5 (cinco) vezes esse salário. Nesse momento, observa-se, principalmente, a situação econômica do sentenciado (art. 60, CP). Se, em virtude da situação econômica do réu, o juiz verificar que, embora aplicada no máximo, essa pena é ineficaz, poderá elevá-la até o triplo (art. 60, § 1º, do CP), podendo chegar 5.400 salários mínimo. Sabendo a quantidade de dias-multa e seu valor, o juiz multiplica os dois, definindo a sanção pecuniária.

Alternativa "b": está errada a assertiva, que, além de trazer o número equivocado de dias-multa, menciona como favorecido o Conselho Penitenciário, órgão da execução penal com funções consultiva e fiscalizadora da execução da pena (art. 69 da Lei nº 7.210/84).

Alternativa "c": está errada a assertiva. Assim como a anterior, porque traz a quantidade errada de dias-multa e também em virtude de apontar como órgão beneficiário o Conselho da Comunidade, outro órgão da execução penal, incumbido de: visitar, pelo menos mensalmente, os estabelecimentos penais existentes na comarca; entrevistar presos; apresentar relatórios mensais ao Juiz da execução e ao Conselho Penitenciário; diligenciar a obtenção de recursos materiais e humanos para melhor assistência ao preso ou internado, em harmonia com a direção do estabelecimento (art. 81 da Lei nº 7.210/84).

Alternativa "e": está errada a assertiva porque, além do equívoco a respeito da quantidade de dias-multa, a destinação o da pena de multa em nada se relaciona com o Fundo de Amparo ao Trabalhador, previsto no art. 10 da Lei nº 7.998/90 e dirigido ao custeio do Programa de Seguro-Desemprego, ao pagamento do abono salarial e ao financiamento de programas de educação profissional e tecnológica e de desenvolvimento econômico.

---

115. (Cespe – Delegado de Polícia – AL/ 2012 – Adaptada) Acerca dos critérios de cominação e aplicação da pena, julgue os itens que se seguem.

Para a fixação da pena de multa nos casos de crime de tráfico de entorpecentes, o juiz deverá obedecer aos critérios fixados na parte especial do Código Penal, que determina que o número de dias-multa será, no mínimo, de 10 e, no máximo, de 360.

COMENTÁRIOS

Errado. A Lei nº 11.343/06 estabelece critérios específicos para a fixação da pena de multa decorrente da prática do crime de tráfico de drogas. Neste caso, o próprio art. 33, que tipifica a mercancia de drogas, comina a quantidade de dias-multa, que varia, no *caput* e no § 1º, de quinhentos a mil e quinhentos.

25. APLICAÇÃO DA PENA

116. (Vunesp – Delegado de Polícia – PC – BA/2018) A respeito da Teoria das Penas, assinale a alternativa correta.

a) A finalidade da pena, na teoria relativa, é prevenir o crime. Na vertente preventiva-geral, o criminoso é punido a fim de impedir que ele volte a praticar novos crimes.

b) A finalidade da pena, na teoria relativa, é prevenir o crime. Na vertente preventiva especial, de acentuado caráter intimatório, o criminoso é punido para servir de exemplo aos demais cidadãos.

c) A finalidade da pena, na teoria absoluta, é castigar o criminoso, pelo mal praticado. O mérito dessa teoria foi introduzir, no Direito Penal, o princípio da proporcionalidade de pena ao delito praticado.

d) A finalidade da pena, para a teoria eclética, é ressocializar o criminoso. O mérito dessa teoria foi humanizar as penas impostas, impedindo as cruéis e humilhantes.

e) O ordenamento jurídico brasileiro adota a teoria absoluta, tendo a pena apenas o fim de ressocializar o criminoso.

COMENTÁRIOS

Alternativa "a": está errada a assertiva. Na teoria relativa, de fato a pena atua como um instrumento de prevenção, um meio para alcançar determinadas finalidades. Mas, de acordo com a prevenção geral negativa, a pena deve coagir psicologicamente a coletividade, intimidando-a. Na perspectiva da prevenção geral positiva, o objetivo da pena é demonstrar a vigência da lei (existência, validade e eficiência).

Alternativa "b": está errada a assertiva, pois, sob o enfoque da prevenção especial negativa, a pena deve servir para inibir a reincidência. E, segundo a prevenção especial positiva, a preocupação é a ressocialização do delinquente.

Alternativa "c": está correta a assertiva. Para os absolutistas, a imposição da pena é uma decorrência lógica da delinquência, visando apenas a retribuir o mal causado.

Alternativa "d": está errada a assertiva. Para os **ecléticos,** responsáveis pela reunião das teorias absolutas e preventivas, não é possível dissociar uma e outra finalidade da pena, porque a imposição da sanção penal é sempre um castigo e um meio para prevenir (prevenção geral e especial).

Alternativa "e": está errada a assertiva. O Código Penal não se pronunciou sobre qual teoria adotou, mas modernamente entende-se que a pena tem tríplice finalidade (polifuncional): a) retributiva; b) preventiva; c) reeducativa, cada uma dessas identificada em um momento próprio, específico.

Alternativa correta: letra "c".

117. (Vunesp – Delegado de Polícia – CE/2015) A Constituição da República de 1988 (art. 5º, XLVII) veda expressamente a existência de pena de morte (salvo em caso de guerra declarada), além de vedar as penas

a) de caráter perpétuo; de trabalhos forçados; infamantes e cruéis.

b) de caráter perpétuo; de trabalhos forçados; de banimento e cruéis.

c) de banimento e cruéis.

d) de caráter perpétuo; de trabalhos forçados; de banimento; infamantes e cruéis.

e) de trabalhos forçados; infamantes e cruéis.

COMENTÁRIOS

Alternativa correta: letra "B" (responde, também, as demais alternativas). A Constituição Federal de 1988 disciplina quais penas **não** serão admitidas em nosso ordenamento. Assim, *"não haverá penas: a) de morte, salvo em caso de guerra declarada, nos termos do art. 84, XIX; b) de caráter perpétuo; c) de trabalhos forçados; d) de banimento; e) cruéis"* (art. 5º, XLVII, CF/88). Nas palavras de Luigi Ferrajoli: "um Estado que mata, que tortura, que humilha o cidadão, não só perde qualquer legitimidade, como contradiz a sua própria razão de ser, colocando-se no mesmo nível dos delinquentes" (*Direito e Razão – teoria do garantismo penal*, p. 90-1).

A pena de morte, em regra, está proibida, mas a própria CF/88 abre exceção, podendo ser aplicada (por fuzilamento) por tribunais militares, em caso de guerra externa, nas hipóteses definidas no Código Penal Militar.

As penas de caráter perpétuo são igualmente vedadas, opção política confirmada pela simples leitura do artigo 75 do Código Penal.

No Brasil, nenhum preso pode ser obrigado a cumprir pena mediante trabalhos forçados. Essa pena proibida não se confunde, de modo algum, com o trabalho estabelecido na Lei de Execução Penal (Lei nº 7.210/84), que, embora seja obrigatório (art. 31) e constitua dever do preso (art. 38, V), não é pena, possui finalidade educativa e produtiva (art. 28), sendo, ainda, remunerado (art. 29).

A pena de banimento, que constitui a expulsão do nacional, nato ou naturalizado, do nosso território, também não é admitida.

Por fim, a ninguém pode ser imposta pena **ofensiva à dignidade da pessoa humana,** vedando-se reprimenda indigna, cruel, desumana ou degradante. Este mandamento guia o Estado na criação, aplicação e execução das leis penais. A pena privativa de liberdade, permitida no Brasil, não pode ser executada em celas escuras e insalubres, forma cruel e desumano de execução.

118. (ACAFE – Delegado de Polícia – SC/2014) De acordo com o Código Penal, assinale a alternativa correta.

a) Quando o agente, mediante mais de uma ação ou omissão, pratica dois ou mais crimes da mesma espécie e, pelas condições de tempo, lugar, maneira de execução e outras semelhantes, devem os subsequentes ser havidos como continuação do primeiro, aplica-se-lhe a pena de um só dos crimes, se idênticas, ou a mais grave, se diversas, aumentada, em qualquer caso, de um terço até a metade.

b) Quando o agente, mediante mais de uma ação ou omissão, pratica dois ou mais crimes, idênticos ou não, aplicam-se cumulativamente as penas privativas de liberdade em que haja incorrido. No caso de aplicação cumulativa de penas de reclusão e de detenção, executa-se primeiro esta.

c) Quando o agente, mediante uma só ação ou omissão, pratica dois ou mais delinquências, idênticos ou não, aplica-se-lhe a mais grave das penas cabíveis ou, se iguais, somente uma delas, mas aumentada de um terço até metade.

d) Para efeito de reincidência, não prevalece a condenação anterior, se entre a data do cumprimento ou extinção da pena e a infração posterior tiver decorrido período de tempo superior a 5 (cinco) anos, computado o período de prova da suspensão ou do livramento condicional, se não ocorrer revogação.

e) A execução da pena privativa de liberdade não superior a seis anos poderá ser suspensa por dois a quatro anos, desde que o condenado seja maior de setenta anos de idade, ou razões de saúde justifiquem a suspensão.

COMENTÁRIOS

Alternativa correta: letra "D". Está correta a assertiva. O Brasil adotou o **sistema da temporariedade da reincidência**, anunciando, no art. 64, I, do Código Penal, o seu **período depurador**: "não prevalece a condenação anterior, se entre a data do cumprimento ou extinção da pena e a infração posterior tiver decorrido período de tempo superior a 5 (cinco) anos, computado o período de prova da suspensão ou do livramento condicional, se não ocorrer revogação". Ex.: No ano de 2000, JOÃO foi condenado definitivamente pelo crime de homicídio ao cumprimento de 6 anos de reclusão. Em 2006 a sanção foi integralmente executada. Em 2012, JOÃO pratica novo crime. Na sentença do novo crime, o magistrado não pode reconhecer a agravante da reincidência, porque superado o período depurador. A condenação anterior servirá, no entanto, como maus antecedentes (circunstância judicial norteadora da pena-base). Note-se, no entanto, que o STF já decidiu que "As condenações transitadas em julgado há mais de cinco anos não poderão ser caracterizadas como maus antecedentes para efeito de fixação da pena, conforme previsão do art. 64, I, do CP ["Para efeito de reincidência: I – não prevalece a condenação anterior, se entre a data do cumprimento ou extinção da pena e a infração posterior tiver decorrido período de tempo superior a 5 (cinco) anos, computado o período de prova da suspensão ou do livramento condicional, se não ocorrer revogação"]" (HC 126315/SP, rel. Min. Gilmar Mendes, 15.9.2015). Esta orientação não é partilhada pelo STJ: "A jurisprudência desta Corte é reiterada de que, para a configuração dos maus antecedentes, a análise das condenações anteriores não está limitada ao período depurador quinquenal, previsto no art. 64, I, do CP, tendo em vista a adoção pelo Código Penal do Sistema da Perpetuidade. Precedentes" (HC 393.501/SP, DJe 17/10/2017).

Alternativa "a": está errada a assertiva, que narra a hipótese de continuidade delitiva, mas se equivoca a respeito da aplicação do sistema de exasperação, pois o aumento da pena, no caso, varia de um sexto a dois terços. O aumento levará em consideração a quantidade de infrações praticadas.

Alternativa "b": está errada a assertiva, que descreve o concurso material de delitos, mas se equivoca quanto à ordem de execução quando aplicadas cumulativamente penas de reclusão e de detenção. Nos termos da parte final do artigo 69 do Código Penal, em caso de aplicação cumulativa de penas de **reclusão e de detenção**, deverá ser executada primeiramente a pena de reclusão.

Alternativa "c": está errada a assertiva, que faz referência ao concurso formal próprio, mas se equivoca a respeito da fração de aumento imposta. O juiz aplica uma só pena, se idênticas, ou a maior, se diferentes, aumentada de um **sexto até metade**.

---

119. (Fundação Aroeira – Delegado de Polícia – TO/2014) Nos crimes cometidos sem violência ou grave ameaça à pessoa, o agente que voluntariamente repara o dano, depois do recebimento da denúncia ou da queixa, mas antes do julgamento,

a) ficará com sua pena inalterada.

b) terá a pena reduzida de um a dois terços.

c) terá a pena atenuada.

d) ficará isento de pena.

COMENTÁRIOS

Alternativa correta: letra "C" (responde, também, a alternativa "a"). Está correta a assertiva. Se o agente autor de crime sem violência ou grave ameaça a pessoa repara o dano após o recebimento da denúncia ou da queixa, mas antes do julgamento, incide a circunstância atenuante estabelecida no art. 65, inciso III, *b*, do Código Penal.

Alternativa "b": está errada a assertiva. Para que a pena seja reduzida de um a dois terços, caracterizando-se o arrependimento posterior, a reparação do dano deve ocorrer até o recebimento da denúncia.

Alternativa "d": está errada a assertiva porque a reparação do dano não é causa de isenção de pena. Há hipóteses em que a reparação acarreta a extinção da punibilidade, como ocorre no pagamento do tributo devido nos crimes contra a ordem tributária e no peculato culposo quando a reparação precede a sentença irrecorrível.

---

120. (Cespe – Delegado de Polícia – AL/ 2012 – Adaptada) Acerca dos critérios de cominação e aplicação da pena, julgue os itens que se seguem.

O acréscimo da pena em razão do crime continuado é fixado de acordo com o iter criminis percorrido pelo agente, porquanto na continuidade delitiva, os vários delitos que a integram são considerados como crime único.

COMENTÁRIOS

Errado. Está errada a assertiva. No crime continuado, o juiz escolherá qualquer das penas, se idênticas, ou a maior delas, se distintas, aumentando, na terceira fase da dosimetria da pena, em 1/6 a 2/3. O aumento levará em consideração a quantidade de infrações praticadas.

---

121. (Cespe – Delegado de Polícia – AL/ 2012 – Adaptada) Acerca dos critérios de cominação e aplicação da pena, julgue os itens que se seguem.

No caso de substituição da pena privativa de liberdade por pena restritiva de direitos, a sua execução depende do trânsito em julgado da sentença condenatória, sendo vedada a execução provisória.

COMENTÁRIOS

Certo. O STF, no julgamento do HC 126.292/SP e das ADC 43 e 44, modificando orientação antes firmada, considerou possível o início da execução da pena após o recurso em segunda instância. Antes, no HC 84.078/MG, o tribunal havia considerado impossível que se executasse a pena antes do trânsito em julgado da sentença condenatória e estabeleceu a possibilidade de encarceramento apenas se verificada a necessidade de que isso ocorresse por meio de cautelar (prisão preventiva).

Atualmente, considera-se que a prisão após a apreciação de recurso pela segunda instância não desobedece a postulados constitucionais – nem mesmo ao da presunção de inocência – porque, a essa altura, o agente teve plena oportunidade de se defender por meio do devido processo legal desde a primeira instância. Uma vez julgada a apelação e estabelecida a condenação (situação que gera inclusive a suspensão dos direitos políticos em virtude das disposições da LC nº 135/2010), exaure-se a possibilidade de discutir o fato e a prova, razão pela qual a presunção se inverte. Não é possível, após o pronunciamento do órgão colegiado, que o princípio da presunção de inocência seja utilizado como instrumento para obstar indefinidamente a execução penal. Considerou-se, ainda, a respeito da possibilidade de que haja equívoco inclusive no julgamento de segunda instância, que há as medidas cautelares e o habeas corpus, expedientes aptos a fazer cessar eventual constrangimento ilegal.

No que concerne, no entanto, às penas restritivas de direitos, o STJ afastou a possibilidade de execução provisória fundamentando-se no art. 147 da Lei de Execução Penal, segundo o qual "Transitada em julgado a sentença que aplicou a pena restritiva de direitos, o Juiz da execução, de ofício ou a requerimento do Ministério Público, promoverá a execução, podendo, para tanto, requisitar, quando necessário, a colaboração de entidades públicas ou solicitá-la a particulares", disposição legal que não foi objeto de julgamento pelo STF (EREsp 1.619.087/SC, DJe 24/08/21017).

---

122. (Delegado de Polícia – SP/ 2011 – ACADEPOL) Com relação às penas restritivas de direitos é correto afirmar:

a) Substituem somente as penas de reclusão.

b) Substituem pena privativa de liberdade, em caso de crime praticado com grave ameaça.

c) Não são aplicáveis ao reincidente específico.

d) Substituem qualquer tipo de pena.

e) Não têm caráter autônomo.

COMENTÁRIOS

Alternativa correta: letra "C". Está correta a assertiva. O art. 44 do Código Penal traz, entre os requisitos para a substituição da pena privativa de liberdade pela restritiva de direitos, não ser o réu reincidente em crime doloso. O § 3º do mesmo dispositivo, no entanto, estabelece que se o condenado for reincidente, o juiz poderá aplicar a substituição, desde que, em face de condenação anterior, a medida seja socialmente recomendável e a *reincidência não se tenha operado em virtude da prática do mesmo crime*.

Alternativa "a": está errada a assertiva porque, nos termos do art. 44 do Código Penal, as penas restritivas de direitos são autônomas e substituem as *privativas de liberdade*, sem limitação às de reclusão.

Alternativa "b": está errada porque um dos pressupostos para a substituição da pena privativa de liberdade por restritiva de direitos é justamente que o crime não seja cometido com violência ou grave ameaça à pessoa.

Alternativa "d": está errada porque as penas restritivas de direitos substituem somente as penas privativas de liberdade, conforme se extrai do *caput* do art. 44 do Código Penal.

Alternativa "e": está errada porque o art. 44, *caput*, do Código Penal dispõe expressamente que as penas restritivas de direitos são autônomas, ou seja, ***não podem ser cumuladas com as penas privativas de liberdade.***

---

123. (Delegado de Polícia – MG/ 2011 – ACADEPOL) Com relação às penas e sua aplicação, é CORRETO afirmar que

a) conforme a regra geral do Código Penal, o regime inicialmente fechado é cabível sempre que for o réu reincidente em crime doloso.

b) para fins de detração penal, o tempo de prisão provisória não se computa no do tratamento ambulatorial, por possuir a medida de segurança prazo indeterminável e natureza jurídica diversa da pena.

c) nos crimes que envolvam violência doméstica, a Lei n° 11.340/2006 veda a substituição da pena privativa de liberdade pela restritiva de direitos de prestação pecuniária ou o pagamento isolado de multa.

d) apesar de não previsto expressamente pela Lei n° 9.605/98, a possibilidade de aplicação de pena à pessoa jurídica, condenada por crime ambiental, aplicam – se a elas, subsidiariamente, no que couber, o disposto no art. 44 do Código Penal.

COMENTÁRIOS

Alternativa correta: letra "C". Está correta a assertiva. O art. 17 da Lei nº 11.340/06 dispõe ser vedada a aplicação, nos casos de violência doméstica e familiar contra a mulher, de penas de prestação pecuniária, bem como a substituição de pena que implique o pagamento isolado de multa.

Alternativa "a": está errada a assertiva. Nos termos do art. 33, *caput*, do Código Penal, a pena de reclusão deve ser cumprida em regime fechado, semiaberto ou aberto. A de detenção, em regime semiaberto, ou aberto, salvo necessidade de transferência a regime fechado. Dessa forma, a pena de detenção jamais será iniciada em regime fechado, mesmo que o condenado seja reincidente.

Alternativa "b": está errada porque o art. 42 do Código Penal dispõe que são computadas, na pena privativa de liberdade *e na medida de segurança*, o tempo de prisão provisória, no Brasil ou no estrangeiro, o de prisão administrativa e o de internação em hospital de custódia e tratamento psiquiátrico.

Alternativa "d": está errada a assertiva porque a Lei nº 9.605/98 dispõe expressamente a respeito das penas restritivas de direitos aplicáveis à pessoa jurídica. Segundo o art. 22 da referida Lei, as penas restritivas de direitos da pessoa jurídica são: a) suspensão parcial ou total de atividades; b) interdição temporária de estabelecimento, obra ou atividade; c) proibição de contratar com o Poder Público, bem como dele obter subsídios, subvenções ou doações.

---

124. (Delegado de Polícia – GO/ 2008 – UEG) Sobre a reparação do dano no direito penal, é CORRETO afirmar:

a) o arrependimento posterior, previsto no art. 16 do Código Penal, somente tem aplicação aos delitos patrimoniais dolosos.

b) nos delitos tributários, o parcelamento do débito, após o oferecimento da denúncia, não acarreta consequências na seara punitiva.

c) tratando-se de peculato culposo, a reparação do dano, se precede à sentença irrecorrível, extingue a punibilidade, se lhe é posterior, não produz qualquer efeito.

d) a reparação do dano realizada após o recebimento da denúncia ou queixa e antes do julgamento traz reflexos no campo punitivo, vez tratar-se de uma circunstância atenuante genérica.

COMENTÁRIOS

Alternativa correta: letra "D". Efetivamente, nos termos do art. 65, inc. III, *b*, do Código Penal, é circunstância que sempre atenua a pena ter o agente procurado, por sua espontânea vontade e com eficiência, logo após o crime, evitar-lhe ou minorar-lhe as consequências, ou ter, antes do julgamento, reparado o dano.

Alternativa "a": está errada, pois o arrependimento posterior se aplica a qualquer crime cometido sem violência ou grave ameaça à pessoa, se reparado o dano ou restituída a coisa, até o recebimento da denúncia ou da queixa, por ato voluntário do agente. Acrescentamos, no entanto, que o STJ decidiu que o arrependimento posterior só é cabível em crimes dos quais ao menos decorram efeitos patrimoniais. Por isso, o tribunal negou a incidência da minorante em crime de homicídio culposo na direção de veículo automotor em que o agente promoveu composição civil com a vítima a fim de indenizá-la (REsp 1.561.276/BA, DJe 15/9/2016).

Alternativa "b": está errada porque, nos termos do art. 83, § 2º, da Lei nº 9.430/96, alterado pela Lei nº 12.382/11, suspende-se a pretensão punitiva do Estado referente aos crimes contra a ordem tributária, durante o período em que a pessoa física ou a pessoa jurídica relacionada com o agente dos aludidos crimes estiver incluída no parcelamento, desde que o pedido de parcelamento tenha sido formalizado *antes do recebimento* da denúncia criminal. Mesmo à época da elaboração da questão (2008), anterior, pois, à Lei nº 12.382, entendia-se, nos termos do art. 9º, § 2º, da Lei nº 10.684/03, que o pagamento do tributo, realizado a qualquer tempo, gerava a extinção da punibilidade (STF: HC 85.452/SP).

Alternativa "c": está errada a assertiva. Nos termos do art. 312, § 3º, do Código Penal, tratando-se de peculato culposo, a reparação do dano, se precede à sentença irrecorrível, extingue a punibilidade, mas, sendo-lhe posterior, reduz de metade a pena imposta.

---

125. (Delegado de Polícia – RN / 2008 – CESPE) Assinale a opção correta com relação à interpretação da lei penal, dos crimes contra a pessoa e a paz pública.

a) Na legislação brasileira, não se mostra possível a existência de um homicídio qualificado-privilegiado, uma vez que as causas qualificadoras, por serem de caráter subjetivo, tornam-se incompatíveis com o privilégio. Além disso, a própria posição topográfica da circunstância privilegiadora parece indicar que ela não se aplicaria aos homicídios qualificados.

b) Considere a seguinte situação hipotética. Diego e Márcio, adultos, resolveram testar suas respectivas sortes, instigando, um ao outro, a participar de roleta russa. Em hora e local combinados, diante de um revólver municiado com apenas um projétil, cada qual começou a puxar o gatilho contra sua própria cabeça, até que Márcio findou por se suicidar. Nessa situação, Diego não responderá por nada, pois não se pune a autoeliminação da vida.

c) A reincidência penal não pode ser considerada como circunstância agravante e, simultaneamente, como circunstância judicial.

d) A reincidência, prevista no CP como agravante genérica, influi no prazo da prescrição da pretensão punitiva.

e) O crime de quadrilha ou bando é formal e autônomo, mas sua consumação depende da realização dos crimes ulteriores visados.

COMENTÁRIOS

Alternativa correta: letra "C". Está correta a assertiva. Nos termos da súmula nº 241 do STJ, "A reincidência penal não pode ser considerada como circunstância agravante e, simultaneamente, como circunstância judicial.".

Alternativa "a": está errada a assertiva porque é admissível o homicídio qualificado-privilegiado, desde que as circunstâncias que qualificam o crime sejam de caráter objetivo (art. 121, § 2º, incisos III e IV, do Código Penal).

Alternativa "b": está errada. Neste caso, tendo havido mútua instigação, com o consequente suicídio de Márcio, Diego responderá pelo crime de induzimento, instigação ou auxílio ao suicídio (art. 122 do Código Penal).

Alternativa "d": está errada porque a reincidência influi apenas no prazo da prescrição da pretensão executória, conforme dispõe o art. 110 do Código Penal: "A prescrição depois de transitar em julgado a sentença condenatória regula-se pela pena aplicada e verifica-se nos prazos fixados no artigo anterior, os quais se aumentam de um terço, se o condenado é reincidente.".

Alternativa "e": está errada porque a consumação do delito se verifica, em relação aos fundadores, no momento em que aperfeiçoada a convergência de vontades entre três ou mais pessoas, e, quanto àqueles que venham posteriormente a integrar-se ao bando já formado, na adesão de cada qual. É posição pacífica nos Tribunais Superiores (STF e STJ) ser a associação criminosa delito autônomo, que independe da prática de delitos pela associação (aliás, eventuais infrações praticadas pelo bando gera, para seus autores – *que participaram, direta ou indiretamente da execução*-, concurso material entre o crime praticado e o art. 288 do CP).

126. (Delegado de Polícia – RN / 2008 – CESPE) Levando em conta as disposições do CP e a interpretação do STF, assinale a opção correta.

a) Mostra-se pacífico nos tribunais, sobretudo no STF, que é possível, no roubo, a aplicação da causa de aumento de pena do emprego de arma, quando esta não for apreendida nem periciada.

b) É possível a substituição de pena de réu reincidente (reincidência genérica) que for condenado por crime não violento com pena igual ou inferior a quatro anos, desde que a aludida reincidência não seja oriunda da prática do mesmo crime e a medida seja socialmente recomendável.

c) Na hipótese chamada de roubo frustrado em que o agente subtraia coisa da vítima, mas seja, logo após, perseguido e preso em flagrante por terceira pessoa, com integral recuperação da res, ocorre crime na modalidade tentada.

d) Nos crimes contra a administração pública, o CP não prevê nenhum requisito para a progressão de regime vinculado à reparação do dano ou à devolução do produto do ilícito praticado.

e) Apenas bens públicos são objeto material do crime de peculato, não sendo possível, jamais, que esse crime atinja bens particulares.

COMENTÁRIOS

Alternativa correta: letra "B". Está correta a assertiva. O art. 44 do Código Penal dispõe que as penas restritivas de direitos podem ser aplicadas quando: a) a pena privativa de liberdade não superar quatro anos e o crime não for cometido com violência ou grave ameaça à pessoa ou, qualquer que seja a pena aplicada, se o crime for culposo; b) o réu não for reincidente em crime doloso; c) a culpabilidade, os antecedentes, a conduta social e a personalidade do condenado, bem como os motivos e as circunstâncias indicarem que essa substituição seja suficiente. O § 3º do mesmo dispositivo determina que se o condenado for reincidente, o juiz poderá aplicar a substituição, desde que, em face de condenação anterior, a medida seja socialmente recomendável e a reincidência não se tenha operado em virtude da prática do mesmo crime.

Alternativa "a": embora a assertiva tenha sido considerada incorreta, é atualmente predominante no STF e no STJ o entendimento de que a apreensão da arma de fogo é dispensável para a aplicação da majorante respectiva no crime de roubo (HC 481.016/SP, j. 07/02/2019).

Alternativa "c": está errada a assertiva, pois a jurisprudência do STF se consolidou no sentido de que a consumação do crime de roubo independe de posse mansa e pacífica, bastando a momentânea saída do bem da esfera de vigilância da vítima (HC 118.627/RJ, DJe 12/03/2014). No mesmo sentido, o STJ: "Consuma-se o crime de roubo com a inversão da posse do bem, mediante emprego de violência ou grave ameaça, ainda que por breve tempo e em seguida a perseguição imediata ao agente e recuperação da coisa roubada, sendo prescindível a posse mansa e pacífica ou desvigiada" (súmula nº 582).

Alternativa "d": está errada. Tratando-se de crimes contra a Administração Pública, o art. 33, § 4º dispõe que o condenado terá a progressão de regime do cumprimento da pena condicionada à reparação do dano que causou, ou à devolução do produto do ilícito praticado, com os acréscimos legais.

Alternativa "e": está errada. O art. 312 do Código Penal dispõe expressamente constituir crime de peculato o funcionário se apropriar de dinheiro, valor ou qualquer outro bem móvel, *público ou particular*, de que tem a posse em razão do cargo, ou desviá-lo, em proveito próprio ou alheio.

26. CONCURSO DE CRIMES

127. (Nucepe – Delegado de Polícia – PC – PI/2018) Com relação ao Direito Penal e as Súmulas do STJ e STF, é CORRETO afirmar, no entendimento sumulado que:

a) Há crime, mesmo quando ocorre a preparação do flagrante pela polícia, havendo então a prova de que ocorreu a consumação.

b) O crime de extorsão consuma-se quando se prova a obtenção da vantagem indevida.

c) Há crime de latrocínio, quando o homicídio se consuma, quando há prova de que ocorreu a subtração de bens da vítima.

d) Não se admite continuidade delitiva nos crime contra a vida.

e) A sentença concessiva do perdão judicial é declaratória da extinção da punibilidade, subsistindo ainda efeito condenatório.

COMENTÁRIOS

Alternativa "a": está errada a assertiva. Segundo a súmula 145 do STF, "Não há crime, quando a preparação do flagrante pela polícia torna impossível a sua consumação". Trata-se da situação em que o agente é ardilosamente induzido à prática do delito, tornando impossível, pela adoção de providências prévias, a consumação.

Alternativa "b": está errada a assertiva. O crime de extorsão é formal (ou de consumação antecipada), perfazendo-se no momento em que o agente emprega os meios aptos a constranger a vítima a lhe proporcionar indevida vantagem econômica (súmula 96 do STJ). O recebimento da vantagem é simples exaurimento.

Alternativa "c": está errada a assertiva. A consumação do latrocínio se dá com a ocorrência da morte, independentemente de ter havido a subtração (súmula 610 do STF).

Alternativa "d": esta assertiva havia sido inicialmente considerada correta com base na súmula 605 do STF, segundo a qual "Não se aplica continuidade delitiva aos crimes contra a vida". Ocorre que a referida súmula é anterior à reforma de 1984, que alterou o artigo 71 do CP, autorizando a continuidade delitiva mesmo nos crimes cometidos com violência ou grave ameaça. Conclui-se que o entendimento sumulado está superado.

Alternativa "e": está errada a assertiva. Há divergência doutrinária a respeito da natureza jurídica da sentença concessiva do perdão judicial, lecionando alguns ser condenatória (o juiz deve primeiro declarar a procedência da ação para depois perdoar, livrando o réu de alguns efeitos, entre os quais a inclusão do seu nome no rol dos culpados, reincidência e aplicação de medidas de segurança), enquanto outros sustentam se tratar de sentença declaratória de extinção de punibilidade. Segundo a súmula 18 do STJ, "A sentença concessiva do perdão judicial é declaratória da extinção da punibilidade, não subsistindo qualquer efeito condenatório".

Alternativa correta: Anulada.

---

128. (FUNIVERSA – Delegado de Polícia – DF/2015) Giordano, ao dirigir seu automóvel de maneira negligente, perdeu o controle do carro, matando cinco pessoas e lesionando gravemente outras cinco.

Considerando a situação hipotética apresentada, assinale a alternativa correta.

a) Giordano agiu em continuidade delitiva, devendo ser-lhe aplicada a pena mais grave, aumentada de um sexto até a metade.

b) Atualmente, considera-se que tais situações devem ser entendidas como crime único, aplicando-se apenas uma das penas, ou seja, a mais leve.

c) Giordano praticou crimes em concurso material e responderá pela pena de cada um deles.

d) Giordano praticou crimes em concurso formal, devendo a pena dos crimes ser somada, visto que, nesse caso, o cúmulo material é mais favorável que a exasperação.

e) Giordano praticou crimes em concurso formal, devendo ser-lhe aplicada a pena mais grave, aumentada de um sexto até a metade.

COMENTÁRIOS

Alternativa correta: letra "E". Está correta a assertiva. No exemplo citado, Giordano, praticando uma só ação (dirigindo de maneira negligente), praticou dez crimes (cinco de homicídio e cinco de lesão corporal). No caso, seguindo a regra do sistema da exasperação, aplica-se a pena do homicídio (mais grave), aumentada de um sexto até a metade, considerado o número de infrações cometidas.

Alternativa "a": não há continuidade delitiva, que pressupõe pluralidade de condutas: o agente **mediante mais de uma ação ou omissão, pratica dois ou mais crimes** da mesma espécie e, pelas condições de tempo, lugar, maneira de execução e outras semelhantes, devem os subsequentes ser havidos como continuação do primeiro.

Alternativa "b": está errada a assertiva, que ignora as regras do concurso de crimes.

Alternativa "c": está errada a assertiva porque o concurso material também pressupõe diversas condutas: o agente, **mediante mais de uma ação ou omissão**, pratica dois ou mais crimes, idênticos ou não.

Alternativa "d": está errada a assertiva porque, somadas as penas dos crimes relativos à conduta de Giordano, sua situação seria mais grave do que se aplicado o sistema da exasperação. Admite-se o denominado *concurso material benéfico* apenas quando o agente puder ser prejudicado pela aplicação da pena mais grave aumentada até a metade.

---

129. (FUNIVERSA – Delegado de Polícia – DF/2015) Com relação aos elementos do conceito analítico de infração penal, ao concurso de crimes, à causalidade no direito penal e à Lei nº 9.605/1998, que dispõe sobre os crimes contra o meio ambiente, assinale a alternativa correta.

a) O erro de tipo permissivo afasta a punição pela denominada culpa imprópria.

b) Nos termos da Lei nº 9.605/1998, que dispõe sobre os crimes contra o meio ambiente, constitui causa especial de aumento de pena o fato de o agente ter praticado crime ambiental em unidade de conservação ambiental.

c) Na teoria da imputação objetiva, o resultado será objetivamente imputável ao autor se, uma vez hipoteticamente eliminada a sua conduta, o resultado não se concretizar.

d) Conforme a doutrina majoritária, o consentimento do ofendido configura causa supralegal de exclusão da culpabilidade.

e) No concurso formal impróprio, por haver desígnios autônomos, as penas dos crimes em concurso serão cumuladas, ainda que os diferentes resultados tenham sido praticados mediante uma só ação.

COMENTÁRIOS

Alternativa correta: letra "E". Está correta a assertiva. No concurso formal impróprio, o sujeito age com desígnios autônomos em relação aos diversos crimes decorrentes da única conduta. Esta espécie só tem cabimento nos crimes dolosos e nela se aplica o sistema do cúmulo material de penas, ao contrário do que ocorre no concurso formal próprio, em que incide o sistema da exasperação.

Alternativa "a": está errada a assertiva, pois, pela **teoria limitada da culpabilidade**, a descriminante putativa sobre pressupostos da situação fática tem a mesma natureza do erro de tipo (art. 20 do CP), no que se denomina *erro de tipo permissivo*. Se inevitável, além do dolo, exclui a culpa (isentando o agente de pena); se evitável, exclui o dolo, **mas não isenta o agente de pena, subsistindo o crime culposo quando previsto em lei (culpa imprópria)**.

Alternativa "b": está errada a assertiva, pois o fato de o agente cometer crime em unidade de conservação ambiental não aumenta a pena dos crimes ambientais em geral, mas apenas do art. 29, que pune as condutas de matar, perseguir, caçar, apanhar, utilizar espécimes da fauna silvestre, nativos ou em rota migratória, sem a devida permissão, licença ou autorização da autoridade competente, ou em desacordo com a obtida.

Alternativa "c": está errada. A imputação objetiva determina, ao contrário do que aponta a assertiva, que sejam considerados, além do nexo físico (causa/efeito), também critérios normativos no momento da atribuição do resultado, pois, de acordo com a causalidade vigente, situações absurdas proporcionadas pela *conditio sine qua non* (e, não raras vezes, pela causalidade adequada) somente eram evitadas em razão da análise do dolo e da culpa.

Para essa teoria, o desvalor da ação, até então subjetivo, mera finalidade, adquire uma face objetiva: **a criação (ou incremento) de um risco juridicamente proibido**. Somente ações intoleravelmente perigosas são desvaloradas pelo direito. Ao desvalor do resultado também se soma uma nova percepção: nem toda causação de lesão a bem jurídico referida a uma finalidade é desvalorada; apenas o será a causação em que haja a **realização, no resultado, do risco criado pelo autor** (GRECO, Luís. *Um panorama da Teoria da Imputação Objetiva.* Rio de Janeiro: Lumen Juris, 2005, p. 11-13). Em síntese, a **criação ou incremento de um risco proibido** e a **realização do risco no resultado,** além da exigência de que **esse resultado fique dentro do alcance do tipo** compõem o **nexo normativo**, elemento que enriquece o estudo da causalidade corrigindo as distorções geradas pela teoria da equivalência. A análise deste nexo **antecede** a indagação sobre dolo e culpa, isto é, verifica se o resultado previsto na parte objetiva do tipo pode ou não ser atribuído ao agente, antes mesmo de pesquisar o elemento subjetivo.

Alternativa "d": está errada a assertiva, pois o consentimento do ofendido pode, conforme o caso, afastar a ilicitude ou a tipicidade (se o dissentimento integrar o próprio tipo).

---

130. (Vunesp – Delegado de Polícia – CE/2015) Quando o agente, mediante uma só ação ou omissão, pratica dois ou mais crimes, idênticos ou não, aplica-se-lhe a mais grave das penas cabíveis ou, se iguais, somente uma delas, mas aumentada, em qualquer caso, de um sexto até metade. Trata-se da definição legal do

a) concurso formal.

b) concurso material.

c) concurso material benéfico.

d) princípio da consunção.

e) crime continuado.

COMENTÁRIOS

Alternativa correta: letra "A". Está correta a assertiva. O concurso formal ou ideal está previsto no artigo 70 do Código Penal. Age em concurso formal o sujeito que, mediante uma só ação ou omissão, pratica dois ou mais crimes, idênticos ou não. São, portanto, **requisitos** do concurso formal de delitos (A) a unicidade da conduta e (B) a pluralidade de crimes. Ex.: JOÃO, conduzindo seu automóvel, com manifesta imprudência, perde o controle de direção do veículo e atropela ANTONIO e MARIA, causando a morte dos pedestres. JOÃO praticou dois homicídios culposos na direção de veículo automotor (art. 302 do CTB), em concurso formal. A doutrina classifica essa forma de concurso em: a) **homogêneo:** os crimes decorrentes da conduta única são da mesma espécie; b) **heterogêneo:** os crimes são de espécies distintas; c) **próprio, perfeito ou normal:** o agente, apesar de provocar dois ou mais resultados, não age com desígnios autônomos, isto é, não tem intenção independente em relação a cada crime; d) **impróprio, imperfeito ou anormal:** o sujeito age com desígnios autônomos. Esta espécie só tem cabimento nos crimes dolosos.

As regras de **aplicação da pena** vão depender do tipo de concurso formal (se perfeito ou imperfeito): a) a**plicação da pena no concurso formal perfeito (ou próprio):** incide o sistema da exasperação: o juiz aplica uma só pena, se idênticas, ou a maior, se diferentes, aumentada de um **sexto até metade**. Quanto maior o número de infrações, maior deve ser o aumento; b) a**plicação da pena no concurso formal imperfeito (impróprio):** no concurso formal imperfeito, o agente pratica uma única conduta, entretanto seu objetivo é provocar dois ou mais crimes. Por haver desígnios autônomos, as penas deverão ser **somadas,** aplicando-se a mesma regra do concurso material de delitos.

Alternativa "b": está errada a assertiva porque o concurso material se caracteriza quando o agente, mediante mais de uma ação ou omissão, pratica dois ou mais crimes, idênticos ou não. Nesse caso, aplicam-se cumulativamente as penas privativas de liberdade em que haja incorrido.

Alternativa "c": está errada a assertiva. O concurso material benéfico não é uma forma autônoma de concurso de delitos, mas apenas uma solução para as situações em que o sistema da exasperação aplicável no concurso formal se revele prejudicial ao agente. De fato, não se descarta a hipótese de o sistema da exasperação levar a uma pena superior à que seria cabível no concurso material. Nesse caso, lembrando que o concurso formal foi criado para beneficiar o agente, deve o magistrado preferir o cúmulo das penas (art. 70, parágrafo único, do Código Penal: "*Não poderá a pena exceder a que seria cabível pela regra do art. 69 deste Código*").

Alternativa "d": está errada a assertiva. O princípio da consunção não diz respeito ao concurso de crimes, tratando-se de solução para o conflito aparente de normas. Também conhecido como princípio da absorção, trata da continência de tipos, ou seja, o crime previsto por uma norma (consumida) não passa de uma fase de realização do crime previsto por outra (consuntiva) ou é uma forma normal de transição para o último (crime progressivo).

Alternativa "e": tampouco se trata de crime continuado, em que o agente, mediante mais de uma ação ou omissão, pratica dois ou mais crimes da mesma espécie e, pelas condições de tempo, lugar, maneira de execução e outras semelhantes, devem os subsequentes ser havidos como continuação do primeiro. Nesse caso, aplica-se a pena de um só dos crimes, se idênticas, ou a mais grave, se diversas, aumentada, em qualquer caso, de um sexto a dois terços, conforme o número de infrações cometidas.

131. (FUNCAB – Delegado de Polícia – RO/2014) Em relação ao concurso de crimes, é INCORRETO afirmar:

a) No concurso formal perfeito, aplica-se ao agente a mais grave das penas cabíveis ou, se iguais, somente uma delas, mas aumentada, em qualquer caso, de um sexto até metade.
b) No concurso material, aplica-se a regra da cumulação das penas.
c) No concurso formal heterogêneo, uma só ação dá causa a diversos crimes de natureza diversa como, por exemplo, lesão corporal e homicídio.
d) Não é admitido, no ordenamento jurídico brasileiro, o reconhecimento do crime continuado entre infrações da mesma espécie, praticadas em condições de tempo e de lugar semelhantes, sob o mesmo modo de agir, contra vítimas diferentes, cometidas com violência ou grave ameaça ã pessoa.
e) No concurso formal imperfeito, aplicam-se ao agente as penas cumulativamente.

COMENTÁRIOS

Alternativa correta: letra "D". Está errada a assertiva, pois, ao contrário, é possível se caracterizar a continuidade delitiva nos crimes dolosos, contra vítimas diferentes, cometidos com violência ou grave ameaça à pessoa. No caso, poderá o juiz, considerando a culpabilidade, os antecedentes, a conduta social e a personalidade do agente, bem como os motivos e as circunstâncias, aumentar a pena de um só dos crimes, se idênticas, ou a mais grave, se diversas, até o triplo, observadas as regras do parágrafo único do art. 70 (a aplicação da pena no triplo não pode ultrapassar o que seria cabível no concurso material) e do art. 75 (máximo de trinta anos de cumprimento) do Código Penal. Trata-se do denominado *crime continuado específico*.

Alternativa "a": está correta a assertiva. O concurso formal perfeito (ou próprio) está previsto no artigo 70, *caput*, do Código Penal. Age em concurso formal o sujeito que, mediante uma só ação ou omissão, pratica dois ou mais crimes, idênticos ou não. Nessa espécie de concurso incide o sistema da exasperação: o juiz aplica uma só pena, se idênticas, ou a maior, se diferentes, aumentada de um **sexto até metade**. Quanto maior o número de infrações, maior deve ser o aumento.

Alternativa "b": está correta a assertiva. Dá-se o concurso material (ou real) quando o agente, mediante mais de uma ação ou omissão, pratica dois ou mais crimes, idênticos ou não, aplicando-se cumulativamente as penas privativas de liberdade em que haja incorrido. Na **aplicação da pena**, o juiz seguirá o sistema do **cúmulo material**.

Alternativa "c": está correta a assertiva. A doutrina classifica o concurso formal em: a) homogêneo: os crimes decorrentes da conduta única são da mesma espécie; b) heterogêneo: os crimes são de espécies distintas.

Alternativa "e": está correta a assertiva. O concurso formal imperfeito é aquele em que o agente, mediante uma só ação ou omissão, pratica dois ou mais crimes, idênticos ou não, decorrentes de desígnios autônomos. Por haver desígnios autônomos, as penas deverão ser **somadas,** aplicando-se a mesma regra do concurso material de delitos.

132. (FGV – Delegado de Polícia – MA/2012) Com relação a concurso de crimes, assinale a afirmativa incorreta.

a) O Código Penal trata da matéria no Título DAS PENAS, apesar da relevância da análise da conduta criminosa quando do exame da forma aplicável à espécie.
b) No concurso material é adotado o sistema do cúmulo material, enquanto no concurso formal e no crime continuado é adotado o sistema da exasperação.
c) Na hipótese do concurso formal, a pena final não poderá exceder aquela que seria cabível pela regra do concurso material.

d) O crime continuado tem como requisitos a pluralidade de condutas e de crimes da mesma espécie, além de condições objetivas de tempo, lugar, maneira de execução e outras semelhantes, bem como unidade de desígnios, devendo ser havidos os crimes subsequentes como continuação do primeiro.

e) A lei penal mais grave aplica-se ao crime continuado, se a sua vigência é anterior à cessão da continuidade.

COMENTÁRIOS

Alternativa correta: letra "B". Está errada a assertiva. No sistema do cúmulo material, as penas decorrentes do concurso material de crimes são somadas na mesma proporção dos delitos cometidos. Já no sistema da exasperação, aplica-se a pena de um dos crimes, se idênticas, ou a mais grave, se diversas, com fração de aumento. No crime continuado, o aumento será de um sexto a dois terços. Ocorre que, no caso do concurso formal, há regras distintas para a aplicação da pena conforme os crimes decorrentes da conduta sejam ou não provenientes de desígnios autônomos (nisso consiste o erro da assertiva). Assim, no concurso formal próprio, aplica-se o sistema da exasperação, aumentando-se a pena de um sexto até metade, ao passo que no concurso formal impróprio, aplica-se também o cúmulo material.

Alternativa "a": está correta a assertiva. O concurso de crimes é disciplinado no Título V, que trata das penas, especificamente, no Capítulo III, que disciplina a aplicação da reprimenda.

Alternativa "c": está correto diante do que dispõe o parágrafo único do art. 70 do Código Penal: "Não poderá a pena exceder a que seria cabível pela regra do art. 69 deste Código". No caso, se a soma das penas (sistema do cúmulo material) for melhor para o réu, deve o juiz somá-las. A isso se dá o nome de concurso material benéfico. O concurso continua formal, mas a pena é aplicada como se fosse um concurso material (por ser mais benéfico para o réu).

Alternativa "d": está correta a assertiva. São requisitos do crime continuado: a) pluralidade de condutas: note-se que as condutas são subsequentes e autônomas. Exemplo: vários furtos cometidos de forma continuada pela mesma pessoa; b) pluralidade de crimes da mesma espécie: prepondera na atualidade a doutrina de que crimes da mesma espécie são crimes previstos no mesmo tipo penal; c) elo de continuidade: que se dá: 1) pelas condições de tempo (segundo a jurisprudência atual, só existe crime continuado quando as infrações se distanciam uma da outra até trinta dias); 2) lugar (apenas os delitos cometidos na mesma comarca ou em comarcas vizinhas admitem o crime continuado); 3) maneira de execução (mesmo *modus operandi*, mesmos parceiros etc.); 4) outras semelhantes (mesmo instrumento do crime, mesma região da cidade etc.). Atualmente, é crescente a parcela daqueles que entendem que, além dos requisitos acima, é imprescindível que os vários crimes resultem de plano previamente elaborado pelo agente (teoria objetivo-subjetiva).

Alternativa "e": está correta a assertiva. É o que dispõe a súmula nº 711 do STF: "A lei penal mais grave aplica-se ao crime continuado ou ao crime permanente, se a sua vigência é anterior à cessação da continuidade ou da permanência".

133. (Delegado de Polícia – AP / 2010 – FGV) Relativamente ao *concurso de crimes*, assinale a afirmativa incorreta:

a) O concurso material ocorre quando o agente, mediante mais de uma ação ou omissão, pratica dois ou mais crimes, idênticos ou não.

b) Na presença de um concurso formal, aplica-se ao agente a mais grave das penas cabíveis ou, se iguais, somente uma delas, mas aumentada, em qualquer caso, de um sexto até metade, salvo se a ação ou omissão é dolosa e os crimes concorrentes resultam de desígnios autônomos (hipótese em que as penas aplicam-se cumulativamente).

c) Quando se tratar de crime continuado, aplica-se ao agente a pena de um só dos crimes, se idênticas, ou a mais grave, se diversas, aumentada, em qualquer caso, de um sexto a dois terços.

d) Quando se tratar de crime continuado em que os crimes sejam dolosos, contra vítimas diferentes, cometidos com violência ou grave ameaça à pessoa, o juiz poderá, observados os artigos 70, 71 e 74 do Código Penal, aumentar a pena mais grave até o triplo.

e) No concurso de crimes, as penas de multa são aplicadas de acordo com as regras aplicáveis às penas privativas de liberdade.

COMENTÁRIOS

Alternativa correta: letra "E". Está errado porque, nos termos do art. 72 do Código Penal, no concurso de crimes, as penas de multa são aplicadas distinta e integralmente.

Alternativa "a": está correta a assertiva. Nos termos do art. 69 do Código Penal, dá-se o concurso material quando o agente, mediante mais de uma ação ou omissão, pratica dois ou mais crimes, idênticos ou não. Neste caso, aplicam-se cumulativamente as penas privativas de liberdade.

Alternativa "b": está correta a assertiva. Há concurso formal quando o agente, mediante uma só ação ou omissão, pratica dois ou mais crimes, idênticos ou não. Nesta hipótese, aplica-se-lhe a mais grave das penas cabíveis ou, se iguais, somente uma delas, mas aumentada, em qualquer caso, de um sexto até metade (concurso formal próprio). As penas aplicam-se, entretanto, cumulativamente, se a ação ou omissão é dolosa e os crimes concorrentes resultam de desígnios autônomos (concurso formal impróprio).

Alternativa "c": está correta. Há crime continuado quando o agente, mediante mais de uma ação ou omissão, pratica dois ou mais crimes da mesma espécie e, pelas condições de tempo, lugar, maneira de execução e outras semelhantes, devem os subsequentes ser havidos como continuação do primeiro. Diante dessa situação, aplica-se-lhe a pena de um só dos crimes, se idênticas, ou a mais grave, se diversas, aumentada, em qualquer caso, de um sexto a dois terços.

Alternativa "d": está correta, conforme dispõe o parágrafo único do art. 71 do Código Penal: "Nos crimes dolosos, contra vítimas diferentes, cometidos com violência ou grave ameaça à pessoa, poderá o juiz, considerando a culpabilidade, os antecedentes, a conduta social e a personalidade do agente, bem como os motivos e as circunstâncias, aumentar a pena de um só dos crimes, se idênticas, ou a mais grave, se diversas, até o triplo, observadas as regras do parágrafo único do art. 70 e do art. 75 deste Código". Note, todavia, que a assertiva contém um erro ao se referir ao art. 74 do Código Penal, que trata do resultado diverso do pretendido e em nada se relaciona com a aplicação da pena no crime continuado.

134. (Delegado de Polícia – RN / 2008 – CESPE) Em relação ao concurso de crimes e à extinção de punibilidade, julgue os itens subsequentes.

I. Ocorre o concurso material quando o agente, mediante mais de uma conduta, pratica dois ou mais crimes, idênticos ou não, situação em que as penas são cumuladas.

II. A pena unificada para atender ao limite de trinta anos de cumprimento, determinada pelo CP, não é considerada para a concessão de outros benefícios, como o livramento condicional ou regime mais favorável de execução.

III. Havendo um concurso formal de crimes, quanto à pena de multa, aplica-se o sistema de cumulação material, ou seja, são elas impostas distinta e integralmente, sem que se fale no sistema da exasperação, que é voltado apenas para as penas privativas de liberdade.

IV. Quando se tratar de crime continuado, a prescrição regula-se pela pena imposta na sentença, não se computando o acréscimo decorrente da continuação.

V. No caso de concurso de crimes, a extinção da punibilidade incidirá sobre a pena de cada um, isoladamente.

VI. No concurso de infrações, executar-se-á primeiramente a pena mais grave. Porém, no que se refere à prescrição, as penas mais leves prescrevem com as mais graves.

A quantidade de itens certos é igual a

a) 2.
b) 3.
c) 4.
d) 5.
e) 6.

COMENTÁRIOS

✪ **Nota do autor:** ocorre concurso de crimes quando o agente, com uma ou várias condutas (ação ou omissão), realiza pluralidade de crimes. Este conceito, contudo, é insuficiente, porque sob a rubrica do concurso de crimes se encontram três espécies, o concurso material, o concurso formal e, ainda, a continuidade delitiva.

Alternativa correta: letra "E":

Item I: está correta a assertiva. Nos termos do art. 69 do Código Penal, há concurso material quando o agente, mediante mais de uma ação ou omissão, pratica dois ou mais crimes, idênticos ou não. Neste caso, aplicam-se cumulativamente as penas privativas de liberdade. A doutrina classifica essa forma de concurso em: a) homogêneo: quando os crimes resultantes da pluralidade de condutas são da mesma espécie (ex: dois furtos); b) heterogêneo: quando os crimes são de espécies distintas (ex: estupro e roubo).

Item II: está correta a assertiva, que repete os termos da súmula nº 715 do STF.

Item III: está correto, nos termos do que dispõe o art. 72 do Código Penal. A pena de multa não obedece às regras diferenciadas do tratamento dispensado ao concurso de crimes. Para a fixação da multa, portanto, só se aplica uma regra: aplicação distinta e integral. Não se descarta doutrina lecionando que essa regra não serve para o crime continuado. Para fins de aplicação de pena, no direito brasileiro, o crime continuado, por ficção jurídica, é considerado crime único. Logo, aplica-se a pena de multa uma única vez.

Itens IV e V: está correto. O art. 119 do Código Penal determina que, no concurso de crimes, a extinção da punibilidade incidirá sobre a pena de cada um, isoladamente. Especificamente no caso da continuidade delitiva, dispõe a súmula nº 497 do STF que a prescrição é regulada pela pena imposta na sentença, não se computando o acréscimo decorrente da continuação.

Item VI: está correta a assertiva. Nos termos do art. 76 do Código Penal, no concurso de infrações, executar-se-á primeiramente a pena mais grave. Quanto à prescrição, determina o art. 118 do Código Penal que as penas mais leves prescrevem com as mais graves. Existe aí uma absorção da pena mais leve pela pena mais grave para o fim prescricional.

27. ERRO NA EXECUÇÃO

135. (FUNIVERSA – Delegado de Polícia – DF/2015) A respeito do erro de execução, do denominado *dolus generalis*, das normas penais em branco e dos crimes previstos na parte especial do CP, assinale a alternativa correta.

a) A complementação da Lei de Drogas por portaria do Ministério da Saúde configura hipótese da chamada norma penal em branco homogênea heteróloga.

b) Suponha que "A" coloque sonífero na bebida de "B" a fim de subtrair-lhe os pertences (celular, bolsa, cartão de crédito). Neste caso, ausente a violência ou a grave ameaça, "A" responderá por furto ou estelionato, a depender das circunstâncias concretas e do dolo.

c) Quanto ao erro de execução, o ordenamento jurídico brasileiro adotou a teoria da equivalência, e não a teoria da concretização.

d) Suponha que "A" tenha atirado contra "B" com o propósito de matá-lo. "A" acredita ter consumado o crime por meio dos tiros. Em seguida, joga o corpo de "B" em um rio, com a intenção de ocultar o cadáver. Posteriormente, descobre-se que "B" estava vivo quando foi jogado no rio e que morreu por afogamento. Nesta hipótese, conforme a doutrina majoritária, "A" poderá responder, a depender do caso, por homicídio doloso tentado em concurso material com homicídio culposo ou por homicídio doloso tentado em concurso material com ocultação de cadáver. Não se admite que "A" responda por homicídio doloso consumado, porque "A" já não possuía animus necandi no momento em que arremessou o corpo de "B" no rio.

e) Desde que esteja fora do expediente, pratica omissão de socorro o policial que, podendo impedir roubo praticado diante de si, decide permanecer inerte.

COMENTÁRIOS

Alternativa correta: letra "C". Está correta a assertiva. Segundo o art. 73 do Código Penal, quando, por acidente ou erro no uso dos meios de execução, o agente, ao invés de atingir a pessoa que pretendia ofender, atinge pessoa diversa, responde como se tivesse praticado o crime contra aquela. O fundamento, no caso, é a teoria da equivalência porque a lei trata o objeto jurídico atingido como equivalente ao que o agente pretendia atingir. Se aplicada a teoria da concretização, isso não ocorreria, e o agente iria responder de acordo com o bem jurídico concretamente atingido.

Alternativa "a": está errada a assertiva. A norma penal em branco heteróloga ou heterovitelina é uma espécie de norma penal em branco imprópria em que o complemento normativo emana do próprio legislador, de instância legislativa diversa (norma incompleta e seu complemento integram estruturas normativas diversas). No caso dos crimes relativos às drogas, em que o complemento se dá por portaria do Ministério da Saúde, a norma penal em branco é própria, pois o seu complemento normativo não emana do legislador, mas sim de fonte normativa diversa.

Alternativa "b": está errada a assertiva. "A" responde, no exemplo citado, por roubo na modalidade em que o agente, pretendendo se apoderar do patrimônio alheio, lança mão de qualquer meio diverso da violência e da grave ameaça, mas capaz de impossibilitar a vítima de resistir ou defender-se (emprego de drogas, soníferos, hipnose etc.).

Alternativa "d": está errada a assertiva. Aplica-se, no caso, o conceito de dolo geral ou erro sucessivo, que ocorre quando o agente, supondo já ter alcançado um resultado por ele visado, pratica nova ação que efetivamente o provoca. É o erro sobre o nexo causal, em que o resultado desejado se produz, mas com nexo diverso, de maneira diferente da planejada pelo agente. Divide-se em **duas** espécies: a) a **primeira** é o **erro sobre o nexo causal em sentido estrito**. Ocorre quando o agente, mediante **um só ato**, provoca o resultado visado, porém com outro nexo de causalidade. Ex.: "A" empurra a "B" de um penhasco para que ele morra afogado, porém, durante a queda, "B" bate a cabeça contra uma rocha e morre em razão de um traumatismo craniano; b) a **segunda** é o **dolo geral** ou ***aberratio causae***, espécie em que o agente, mediante conduta desenvolvida em **pluralidade de atos**, provoca o resultado pretendido, porém com outro nexo, como no exemplo da assertiva. A **consequência, segundo o entendimento majoritário,** é a punição do agente por um só crime (***princípio unitário***), desejado desde o início, a título de dolo, considerando-se, aliás, o nexo ocorrido (e não o pretendido).

Alternativa "e": está errada a assertiva. O policial, mesmo fora do expediente, não perde a qualidade de agente público de segurança, obrigado por lei a evitar o crime que eventualmente presenciar. Em razão disso, se testemunha um roubo e permanece inerte, responderá por omissão imprópria, desde que as circunstâncias lhe permitissem agir, pois o art. 13, § 2º, do Código Penal estabelece claramente que o dever de evitar o resultado cabe a quem deve e **pode** agir.

136. (Delegado de Polícia – SP/ 2011 – ACADEPOL) Na aberratio ictus

a) o agente erra a pessoa que pretendia atingir.

b) o agente erra no uso dos meios de execução.

c) o agente erra sobre a qualificadora.

d) o agente erra o objeto que pretendia atingir.

e) ocorre erro sobre o nexo causal.

COMENTÁRIOS

✪ **Nota do autor:** o erro na execução (ou *aberratio ictus*) constitui uma espécie de erro de tipo acidental em que o legislador adotou a teoria da ficção.

Alternativa correta: letra "B". Está correta a assertiva. Na *aberratio ictus* (erro na execução), o agente, querendo atingir determinada pessoa, por inabilidade ou outro motivo qualquer, erra na execução do crime, atingindo pessoa diversa da pretendida. Não se confunde com o erro sobre a pessoa. Neste (sobre a pessoa), o agente, apesar de perfeito na execução, atinge vítima equivocadamente representada; naquele (*aberratio ictus*), o agente, apesar de representar bem a vítima, erra na execução do crime. Ex.: "A" aponta a arma para seu pai, entretanto, por falta de habilidade com aquela arma, acaba atingindo um vizinho que passava do outro lado da rua. São duas as possíveis consequências do erro na execução: a) se o agente atingir apenas a pessoa diversa da pretendida, será punido pelo crime, considerando-se, contudo, as condições e qualidades da vítima visada (pai), e não da vítima efetivamente atingida (vizinho). Neste caso, temos uma hipótese de *aberratio ictus* de resultado único (ou com unidade simples); b) se o agente atingir a pessoa diversa da pretendida e também a pessoa que pretendia atingir, será punido em concurso formal pelos dois crimes. No exemplo acima, se "A" atingir seu pai e seu vizinho (este por acidente), será punido por homicídio doloso contra o seu pai e homicídio culposo contra o vizinho em concurso formal de delitos (art. 70 do Código Penal). Nesta situação, temos uma hipótese de *aberratio ictus* com unidade complexa ou resultado duplo.

Alternativa "a": está errada porque, no erro sobre a pessoa, o agente, pensando atingir uma vítima, confunde-se, atingindo pessoa diversa da que pretendia. Nesse caso, deve-se levar em conta, para fins de aplicação de pena, as qualidades da pessoa visada (art. 20, § 3°, do CP). Por exemplo, João, querendo matar o próprio pai, pressentindo e supondo a aproximação do genitor, atira, vindo a matar seu vizinho. Sobre o fato incide a agravante prevista no artigo 61, II, "e", 1ª figura (crime contra ascendente).

Alternativa "c": está errada a assertiva. O erro sobre as qualificadoras constitui erro de tipo acidental que incide sobre circunstância que qualifica o crime. O erro afasta a qualificadora, mas mantém íntegro o tipo básico, permitindo a punição do agente. O exemplo citado na doutrina é o do agente que furta um veículo utilizando chave verdadeira imaginando ser falsa.

Alternativa "d": o erro sobre o objeto (erro de tipo acidental) não tem previsão legal, mas é discutido pela doutrina. Trata-se da hipótese em que o agente confunde o objeto material (coisa) visado, atingindo outro que não o desejado. Ex.: a pessoa ingressa numa loja para subtrair um relógio de ouro, mas acaba furtando um relógio dourado, confundindo, portanto, o objeto visado. Note que somente haverá esta espécie de erro se a confusão de objetos materiais não interferir na essência do crime, pois, caso contrário, deve ser tratado como erro de tipo essencial (ex: senhora que cultiva no quintal da sua casa pé de maconha, imaginando ser planta ornamental). A consequência do erro sobre o objeto é punição do agente pela conduta praticada, respondendo pelo delito considerando-se o objeto material (coisa) efetivamente atingido. Percebe-se, portanto, que o erro sobre o objeto não exclui dolo, não exclui a culpa e não isenta o agente de pena, considerando-se na sua punição o objeto diverso do pretendido.

Alternativa "e": está errada porque o erro sobre o nexo causal é o caso em que o resultado desejado se produz, mas com nexo diverso, de maneira diferente da planejada pelo agente. Esta espécie de erro subdivide-se em duas categorias: a) *erro sobre o nexo causal em sentido estrito*: a conduta, que se desenvolve num só ato, provoca o resultado desejado, porém com nexo diverso (o agente quer matar a vítima por afogamento; joga seu corpo de cima de uma ponte e esta, antes de atingir a água, bate a cabeça numa pedra e morre em razão de traumatismo craniano); b) *dolo geral*: a conduta, que se desenvolve em dois atos, provoca o resultado desejado, porém com nexo diverso (a vítima é atingida por um tiro e desmaia; imaginando estar ela morta, o atirador joga seu corpo no rio, mas a morte ocorre em razão de afogamento). Nas duas hipóteses o agente responde por homicídio doloso consumado (e não tentativa de homicídio doloso em concurso com homicídio culposo).

28. SUSPENSÃO CONDICIONAL DA PENA

137. (Delegado de Polícia – MG/ 2008 – ACADEPOL – PC/MG) Com relação às penas, assinale a afirmativa *CORRETA*.

a) A perda de cargo, função pública ou mandato eletivo, quando aplicada pena privativa de liberdade por tempo igual ou superior a um ano, é efeito específico da condenação penal destinado exclusivamente aos crimes funcionais.

b) A prestação pecuniária não pode ser fixada em valor inferior a um salário mínimo somente se destinando à vítima ou seus dependentes nos casos de comprovado dano material e pode ter o valor pago deduzido do montante de eventual condenação em ação de reparação cível.

c) A suspensão condicional da pena pode ser concedida ao reincidente em crime doloso apenado com pena de multa isolada ou em substituição à pena privativa de liberdade.

d) Pode ser substituída a pena privativa de liberdade pela pena restritiva de direito ao crime culposo independentemente do *quantum* de pena aplicado, exceto no concurso com outros crimes culposos e em sendo o agente reincidente.

COMENTÁRIOS

✪ **Nota do autor:** a suspensão condicional da execução da pena, também denominada *sursis*, é um instituto de política criminal que se destina a evitar o recolhimento à prisão do condenado (pena alternativa), submetendo-o à observância de certos requisitos legais e condições estabelecidas pelo juiz, perdurando estas durante tempo determinado, findo o qual, se não revogada a suspensão, considera-se extinta a punibilidade. O *sursis* deve ser compreendido como direito público subjetivo do réu, de modo que, presentes as exigências legais, impõe-se a sua concessão.

Alternativa correta: letra "C". Está correta a assertiva. Nos termos do art. 77, § 1º, do Código Penal, a condenação anterior a pena de multa não impede a concessão da suspensão condicional na pena. Ratificando o teor legal, a súmula nº 499 do STF prescreve que "*Não obsta à concessão do sursis a condenação anterior à pena de multa*".

Alternativa "a": está errada porque a perda de cargo, função pública ou mandato eletivo, efeito específico da condenação, não é aplicável exclusivamente aos crimes funcionais. O art. 92, inc. I, *b*, do Código Penal, permite a incidência desse efeito em qualquer caso, se a pena for superior a quatro anos.

Alternativa "b": está errada porque, nos termos do art. 45, § 1º, do Código Penal, a prestação pecuniária, que não será inferior a um nem superior a trezentos e sessenta salários mínimos, não é destinada exclusivamente à vítima ou a seus dependentes, mas a estes ou a entidade pública ou privada com destinação social.

Alternativa "d": está errada porque, tratando-se de crime culposo, a pena privativa de liberdade pode ser substituída por restritiva de direitos qualquer que seja a pena aplicada, inclusive em decorrência de concurso de delitos. Bem assim, se o agente for reincidente, pois a reincidência se torna óbice apenas se se tratar de crime doloso.

138. (Delegado de Polícia – AC/ 2008 – CESPE – Adaptada) A respeito de suspensão condicional da pena e livramento condicional, julgue o item seguinte.

No chamado *sursis* etário, há a suspensão condicional da execução da pena privativa de liberdade, não superior a quatro anos, pelo período de quatro a seis anos, para o condenado que tenha mais de setenta anos de idade.

COMENTÁRIOS

Certo. Nos termos do art. 77, § 2º, do Código Penal, a execução da pena privativa de liberdade, não superior a quatro anos, poderá ser suspensa, por quatro a seis anos, desde que o condenado seja maior de setenta anos de idade.

Os requisitos são os mesmos do *sursis* simples: condenado não reincidente em crime doloso, circunstâncias judiciais favoráveis e não indicada ou cabível a substituição por pena restritiva de direitos.

No primeiro ano do prazo, o condenado se sujeita às condições do art. 78, § 1° ou § 2°, do Código Penal, dependendo se reparou ou não o dano ou se comprovou ou não a impossibilidade de fazê-lo.

29. LIVRAMENTO CONDICIONAL

139. (Cespe – Delegado de Polícia – PE/2016) A respeito do livramento condicional, assinale a opção correta.

a) O benefício do livramento condicional é um direito subjetivo do condenado, a ser concedido pelo juiz na sentença condenatória, desde que o réu preencha os requisitos legais subjetivos e objetivos, no momento da sentença penal condenatória, de modo a substituir a pena privativa de liberdade e restritiva de direitos por liberdade vigiada e condicionada.

b) Caso o liberado condicionalmente seja condenado irrecorrivelmente por crime praticado durante o gozo do livramento condicional, sendo a nova pena imposta a privativa de liberdade, haverá a revogação obrigatória do livramento condicional e o tempo do período de prova será considerado para fins de desconto na pena.

c) Em caso de prática de crime durante o período de prova do livramento condicional, o juiz não poderá prorrogar o benefício, devendo declarar extinta a punibilidade quando, ao chegar o fim daquele período fixado, o beneficiário não for julgado em processo a que responde por crime cometido na vigência do livramento.

d) Entre outros requisitos legais, segundo o CP, em caso de crime doloso cometido com violência ou grave ameaça à pessoa, a concessão do livramento condicional ao condenado ficará também subordinada à constatação de condições pessoais que façam presumir que o liberado não voltará a delinquir.

e) A prática de falta grave, devidamente apurada em procedimento disciplinar, interrompe o requisito temporal para a concessão do livramento condicional.

COMENTÁRIOS

Alternativa correta: letra "D". Está correta a assertiva. De acordo com o art. 83, parágrafo único, do CP, o condenado por crime doloso cometido com violência ou grave ameaça a pessoa só pode ser beneficiado pelo livramento condicional se constatadas condições pessoais que façam presumi-lo não inclinado a voltar a delinquir. O instrumento adequado para aferir essa condição é o exame criminológico. Anote-se que este exame era obrigatório antes da Lei 10.792/03, tendo sido suprimido. Não obstante, entendem os Tribunais Superiores que o juiz, fundamentando a sua necessidade, poderá determinar a sua realização. Assim tem decidido, pacífica e reiteradamente, o STF: "Prevalece nesta Corte o entendimento no sentido de que a alteração do artigo 112 da LEP pela Lei 10.792/2003 não vedou a realização do exame criminológico, quando necessário para a avaliação do sentenciado, tampouco proibiu a sua utilização para a formação do convencimento do magistrado sobre o direito de promoção para regime mais brando. IV – O entendimento deste Supremo Tribunal Federal, consubstanciado na Súmula Vinculante 26, é de que, "para efeito de progressão de regime no cumprimento de pena por crime hediondo ou equiparado, o juízo da execução observará a inconstitucionalidade do art. 2.º da Lei n.º 8.072, de 25 de julho de 1990, sem prejuízo de avaliar se o condenado preenche, ou não, os requisitos objetivos e subjetivos do benefício, podendo determinar, para tal fim, de modo fundamentado, a realização do exame criminológico". V – No caso dos autos, o acórdão proferido pelo Tribunal de Justiça do Estado de São Paulo está em consonância com a jurisprudência desta Corte, pois ao concluir pela necessidade de realização do exame criminológico apresentou fundamentação idônea" (HC 137.315/SP, DJe 13/02/2017).

Alternativa "a": está errada a assertiva. O livramento condicional não é, de fato, um benefício que está à mercê da vontade do julgador, mas é um claro direito subjetivo do apenado, desde que preenchidos os requisitos objetivos e subjetivos contemplados na lei. Não se trata, no entanto, de benefício concedido na sentença condenatória, mas apenas no decorrer da execução da pena, pelo juiz da execução.

Alternativa "b": está errada a assertiva. Se o agente for condenado irrecorrivelmente a pena privativa de liberdade por crime cometido durante a vigência do benefício, a revogação é obrigatória e **não** se desconta na pena o tempo em que esteve solto o condenado em virtude da demonstração de sua desadaptação à liberdade (art. 88 do CP). Deve-se observar também que não se concederá, em relação à mesma pena, novo livramento. Nada obsta que o preso obtenha o livramento condicional em relação à segunda infração penal, desde que cumprida a primeira (art. 88 do CP). Por fim, o restante da pena cominada ao crime não pode somar-se à nova pena para efeito da concessão do novo livramento (se a nova pena for inferior a dois anos, incabível, também em relação a esta, o benefício).

Alternativa "c": está errada a assertiva. De acordo com o artigo 89 do Código Penal, o juiz não poderá declarar extinta a pena enquanto não passar em julgado a sentença em processo a que responde o liberado, por crime cometido na vigência do livramento. Da simples leitura do dispositivo, conclui-se: crime cometido antes da vigência do período de prova não prorroga o livramento; inquérito policial também não tem força para gerar esse efeito. O STJ firmou o entendimento de que não se trata de prorrogação automática (súmula 617).

Alternativa "e": está errada a assertiva, pois, conforme determina a súmula nº 441 do STJ, a falta grave não interrompe o prazo para obtenção de livramento condicional.

140. (Delegado de Polícia – AC/ 2008 – CESPE – Adaptada) A respeito de suspensão condicional da pena e livramento condicional, julgue o item seguinte.

Haverá revogação obrigatória do livramento condicional se o liberado for irrecorrivelmente condenado, por crime ou contravenção, qualquer que seja a pena cominada.

COMENTÁRIOS

✪ **Nota do autor:** o livramento condicional, decorrência do ***sistema progressivo***, consiste na liberdade antecipada ao reeducando que cumprir alguns pressupostos e condicionado a algumas exigências durante o tempo restante da pena que deve cumprir.

Errado. Está errada a assertiva porque, conforme dispõe o art. 86 do Código Penal, a revogação obrigatória do livramento condicional ocorre se o liberado vem a ser condenado a pena privativa de liberdade, em sentença irrecorrível: a) por crime cometido durante a vigência do benefício; b) por crime anterior, observado o disposto no art. 84 do Código. No caso de condenação por contravenção *a pena não privativa de liberdade*, a revogação é facultativa, nos termos do art. 87 do Código Penal. Nota-se que a condenação a pena privativa de liberdade (prisão simples), em razão da prática de contravenção penal, não é causa de revogação obrigatória nem facultativa. A omissão do legislador não pode ser suprida pela analogia, que no caso seria *in malam partem*.

30. EFEITOS DA CONDENAÇÃO

141. (Fundação Aroeira – Delegado de Polícia – TO/2014) Nos crimes praticados com abuso de poder ou violação de dever para com a administração pública, a perda de cargo, função pública ou mandato eletivo constitui efeito da condenação, quando aplicada pena privativa de liberdade por tempo igual ou superior a

a) seis meses.

b) um ano.

c) dois meses.

d) três anos.

COMENTÁRIOS

Alternativa correta: letra "B" (responde, também, as demais alternativas). Está correta a assertiva. De acordo com o art. 92, inciso I, do Código Penal, há a perda de cargo, função pública ou mandato eletivo quando aplicada pena privativa de liberdade por tempo igual ou superior a um ano, nos crimes praticados com abuso de poder ou violação de dever para com a Administração Pública, ou quando for aplicada pena privativa de liberdade por tempo superior a quatro anos nos demais casos. Apesar de a condenação à pena restritiva de direitos, multa ou privativa de liberdade inferior a 1 ano (nos crimes com abuso ou violação de dever funcional) ou não superior a 4 anos (nos demais casos) não gerar o efeito do art. 92 do CP, nada impede a perda do cargo público na esfera administrativa (improbidade), ante a independência das instâncias.

142. (Delegado de Polícia – MG/ 2011 – ACADEPOL) Considerando o Código Penal e as Teorias do Delito é INCORRETA afirmar que:

a) Com relação ao tipo doloso, o Código Penal Brasileiro adotou as teorias da vontade e do assentimento e não a da atividade.

b) A perda de cargo, função pública ou mandato eletivo é efeito genérico da condenação, não necessitando, dessa forma, ser determinada de forma explícita e fundamentada da sentença penal condenatória.

c) A previsibilidade objetiva é elemento integrante do tipo culposo, podendo a previsibilidade subjetiva ser analisada por ocasião da culpabilidade.

d) De acordo com a teoria finalista, a ação é o comportamento humano voluntário, dirigido à atividade final lícita ou ilícita.

COMENTÁRIOS

✪ **Nota do autor:** o efeito principal da sentença penal condenatória é a submissão do condenado à execução forçada da pena imposta. Entretanto, a condenação possui outras consequências, como reincidência, interrupção e aumento do prazo prescricional, revogação do *sursis*, etc. Aquele se denomina efeito penal primário ou principal da sentença condenatória. O segundo grupo, por sua vez, caracteriza o efeito penal secundário. Há, ainda, efeitos extrapenais decorrentes da prolação da sentença, que podem ser divididos em genéricos (artigo 91 do Código Penal) e específicos (artigo 92 do Código Penal).

Alternativa correta: letra "B". Está errada porque a perda de cargo, função pública ou mandato eletivo é efeito específico da condenação, que, nos termos do art. 92, parágrafo único, do Código Penal, não é automático, devendo ser motivadamente declarado na sentença.

Alternativa "a": está correta a assertiva. São teorias do dolo: a) teoria da vontade: dolo é a vontade consciente de querer praticar a infração penal; b) teoria da representação: fala-se em dolo sempre que o agente tiver a previsão do resultado como possível e, ainda assim, decide prosseguir com a conduta; c) teoria do consentimento (ou assentimento): fala-se em dolo sempre vez que o agente tiver a previsão do resultado como possível e, ainda assim, decide prosseguir com a conduta, assumindo o risco de produzir o evento. O Código Penal, em seu artigo 18, adota as teorias da vontade (para o dolo direto) e a do consentimento (para o dolo eventual).

Alternativa "c": está correta. Para apurar se houve (ou não) infração do dever de diligência, deve o operador, considerando as circunstâncias do caso concreto, pesquisar se uma pessoa de inteligência média, prudente e responsável, teria condições de conhecer e, portanto, evitar o perigo decorrente da conduta. A previsibilidade subjetiva, entendida como a possibilidade de conhecimento do perigo analisada sobre o prisma subjetivo do autor, levando em consideração seus dotes intelectuais, sociais e culturais, não é elemento da culpa, mas será considerada pelo magistrado no juízo da culpabilidade.

Alternativa "d": está correta. A teoria finalista ou final representa verdadeira evolução na análise da conduta e dos elementos do crime. Criada por Hans Welzel em meados do século XX (1930-1960), a teoria finalista concebe a conduta como comportamento humano voluntário psiquicamente dirigido a um fim. A finalidade, portanto, é a nota distintiva entre esta teoria e as que lhe antecedem. É ela que transformará a ação num ato de vontade com conteúdo, ao partir da premissa de que toda conduta é orientada por um querer. Supera-se, com esta noção, a "cegueira" do causalismo, já que o finalismo é nitidamente "vidente".

31. MEDIDAS DE SEGURANÇA

143. (Cespe – Delegado de Polícia – AL/ 2012 – Adaptada) Com relação às causas extintivas da punibilidade, julgue os itens a seguir.

Tratando-se de sentença na qual é imposta medida de segurança ao acusado inimputável, o tempo de seu cumprimento, independentemente da cessação da periculosidade, não poderá ultrapassar o limite máximo da pena abstratamente aplicada ao crime.

COMENTÁRIOS

Certo. O Código Penal, ao disciplinar o prazo da medida de segurança, estabelece apenas que o mínimo será um a três anos, sem se referir ao máximo. Todavia, o entendimento de que o prazo da medida de segurança é indeterminado passou a ter sua constitucionalidade questionada, sendo que o STF se manifestou no sentido de que deve ser observado o prazo máximo de trinta anos, previsto também para a execução das penas (HC 107432/RS). O STJ, por sua vez, já se posicionou em sentido ainda mais avançado, na medida em que decidiu que o tempo de duração da medida de segurança não deve ultrapassar o limite máximo da pena cominada ao delito cometido pelo inimputável (súmula nº 527).

32. AÇÃO PENAL

144. (Fundação Aroeira – Delegado de Polícia – TO/2014) É crime contra o patrimônio, em que somente se procede mediante representação,

a) o furto de coisa comum.
b) a alteração de limites.
c) o dano simples.
d) a fraude à execução.

COMENTÁRIOS

Alternativa correta: letra "A". Está correta a assertiva. Nos termos do art. 156, § 1º, do Código Penal a ação penal no crime de furto de coisa comum, em que o condômino, coerdeiro ou sócio subtrai, para si ou para outrem, a quem legitimamente a detém, a coisa comum, é pública condicionada a representação.

Alternativa "b": no crime de alteração de limites (art. 161 do Código Penal), se a propriedade é particular, e não há emprego de violência, somente se procede mediante queixa.

Alternativa "c": o crime de dano em sua forma básica (art. 163, *caput*, do Código Penal) é de ação penal privada.

Alternativa "d": a fraude à execução (art. 179 do Código Penal) também é crime de ação penal privada.

145. (Fundação Aroeira – Delegado de Polícia – TO/2014) É de ação penal de iniciativa privada personalíssima do ofendido, o crime de

a) conhecimento prévio de impedimento.
b) simulação de autoridade para celebração de casamento.
c) simulação de casamento.
d) induzimento a erro essencial e ocultação de impedimento.

COMENTÁRIOS

Alternativa correta: letra "D". Está correta a assertiva. De acordo com o art. 236, parágrafo único, do Código Penal a ação penal, no crime de induzimento a erro essencial e ocultação de impedimento, depende de queixa do contraente enganado e não pode ser intentada senão depois de transitar em julgado a sentença que, por motivo de erro ou impedimento, anule o casamento. Na ação penal privada personalíssima, não há, em nenhuma hipótese, a substituição do titular da ação penal. No caso de morte do ofendido, extingue-se a punibilidade. Se o ofendido for incapaz, deve-se aguardar a cessação da causa da incapacidade para que ele próprio ajuíze a ação penal.

Alternativa "a": o conhecimento prévio de impedimento, em que o agente contrai casamento conhecendo a existência de impedimento que lhe cause a nulidade absoluta (art. 237 do Código Penal), é de ação penal pública incondicionada.

Alternativa "b": atribuir-se falsamente autoridade para celebração de casamento (art. 238 do Código Penal) é crime de ação penal pública incondicionada.

Alternativa "c": o ato de simular casamento mediante engano de outra pessoa (art. 239 do Código Penal) é de ação penal pública incondicionada.

33. EXTINÇÃO DA PUNIBILIDADE

146. (Vunesp – Delegado de Polícia – PC – SP/2018) No que concerne ao art. 107 do CP, que enumera as causas extintivas da punibilidade, trata-se de rol

a) exemplificativo, já que são admitidas pela legislação causas ali não contidas, como, por exemplo, o cumprimento da suspensão condicional do processo.
b) taxativo, já que não admite exceção.
c) taxativo, uma vez que as causas supralegais de extinção da punibilidade não são reconhecidas pela jurisprudência.
d) exemplificativo, já que são admitidas pela legislação causas ali não contidas, como, por exemplo, a incapacidade mental superveniente ao crime.
e) exemplificativo, já que são admitidas pela legislação causas ali não contidas, como, por exemplo, o indulto.

COMENTÁRIOS

O artigo 107 do Código Penal apresenta um rol meramente exemplificativo de causas que fazem desaparecer o direito de o Estado aplicar a pena, o que significa que outras normas podem dispor sobre o tema. É o que faz, a título de exemplo, o artigo 312, §3º, do Código Penal, anunciando que a reparação do dano (ou restituição da coisa) no peculato culposo atua como causa extintiva de punibilidade. Outro exemplo: a Lei nº 13.254/16, que criou o Regime Especial de Regularização Cambial e Tributária (RERCT), estabelece diversas causas extintivas de punibilidade além daquelas elencadas no art. 107. Se, antes do trânsito em julgado da decisão criminal, o agente efetua a entrega da declaração dos recursos, bens e direitos sujeitos à regularização, paga integralmente o imposto devido e a multa, extingue-se a punibilidade dos seguintes crimes: a) art. 1º e incisos I, II e V do art. 2º da Lei 8.137/90; b) tipificados na Lei nº 4.729/65; c) art. 337-A do Código Penal; d) arts. 297, 298, 299 e 304 do Código Penal, quando exaurida sua potencialidade lesiva com a prática dos crimes mencionados nas alíneas anteriores; e) caput e parágrafo único do art. 22 da Lei nº 7.492/86; f) art. 1º da Lei nº 9.613/98, quando o objeto do crime for bem, direito ou valor proveniente, direta ou indiretamente, dos crimes previstos nas alíneas anteriores. Como menciona a própria assertiva, o cumprimento da suspensão condicional do processo também extingue a punibilidade (art. 89, § 5º, da Lei 9.099/95). Ademais, admite-se também causa supralegal de extinção da punibilidade, citando-se como exemplo a súmula nº 554 do STF, cuja interpretação *contrario sensu* conduz à inteligência de que o pagamento do cheque sem fundos antes do recebimento da denúncia é causa que extingue o direito de punir.

Alternativa correta: letra "a" (responde, também, as demais alternativas).

147. (ACAFE – Delegado de Polícia – SC/2014) De acordo com o Código Penal, dentre outras, extingue-se a punibilidade nas seguintes situações, exceto:

a) anistia, graça ou indulto.
b) renúncia do direito de queixa ou pelo perdão aceito, nos crimes de ação privada.
c) doença incapacitante irreversível do agente.
d) prescrição, decadência ou perempção.
e) retroatividade de lei que não mais considera o fato como criminoso e pela morte do agente.

COMENTÁRIOS

Alternativa correta: letra "C". De fato, a doença que incapacite permanentemente o agente não é causa de extinção da punibilidade. A respeito da superveniência de doença mental, dois dispositivos tratam do assunto: arts. 108 e 183, ambos da LEP. Analisando o caso concreto, o juiz da execução optará entre uma simples internação para tratamento e cura de doença passageira, hipótese em que o tempo de tratamento é considerado pena cumprida, ou a substituição da pena privativa de liberdade em medida de segurança em se tratando de anomalia não passageira, seguindo, no caso, os ditames dos arts. 96 e ss. do CP. De acordo com o STJ, no entanto, a medida de segurança não pode ultrapassar a pena aplicada na sentença, sob pena de ofensa à coisa julgada: "Em se tratando de medida de segurança aplicada em substituição à pena corporal, prevista no art. 183 da Lei de Execução Penal, sua duração está adstrita ao tempo que resta para o cumprimento da pena privativa de liberdade estabelecida na sentença condenatória. Precedentes desta Corte" (HC 373.405/SP, DJe 21/10/2016).

Alternativa "a": prevê o Código Penal como causas extintivas da punibilidade a anistia, a graça e o indulto (art. 107, inc. II), formas de renúncia do Estado ao seu direito de punir, sendo perfeitamente cabíveis também nos crimes de ação penal privada, casos em que se transfere para o particular apenas o **direito de perseguir a punição**.

Alternativa "b": a renúncia e o perdão aceito também são causas extintivas da punibilidade. Por renúncia entende-se o **ato unilateral do ofendido** (ou de seu representante legal), abdicando do direito de promover a ação penal privada, extinguindo-se, por conseguinte, o direito de punir do Estado (art. 107, V, primeira parte, do CP). Já o perdão é o ato pelo qual o ofendido ou seu representante legal desiste de prosseguir com o andamento de processo já em curso, desculpando o ofensor pela prática do crime. A renúncia é possível na ação penal privada e na ação penal pública condicionada a representação do ofendido. O perdão, por sua vez, é exclusivo da ação penal privada.

Alternativa "d": são também causas extintivas da punibilidade a prescrição (perda, em face do decurso do tempo, do direito de o Estado punir ou executar uma punição já imposta), a decadência (perda do direito de ação pela consumação do termo prefixado pela lei para o oferecimento da queixa ou representação em razão da inércia do seu titular) e a perempção (sanção processual ao querelante inerte ou negligente).

Alternativa "e": também são causas de extinção da punibilidade a *abolitio criminis* e a morte do agente. Quanto à primeira, é certo que ninguém pode ser punido por fato que lei posterior deixa de considerar crime, cessando em virtude dela a execução e os efeitos penais da sentença condenatória (art. 2º CP). E se extingue a punibilidade pela morte do agente (indiciado, réu, sentenciado ou executado) em decorrência do princípio *mors omnia solvit* (a morte tudo apaga) e do princípio constitucional da personalidade da pena, segundo o qual nenhuma sanção criminal passará da pessoa do delinquente (art. 5°, XLV, CF/88).

---

148. (Fundação Aroeira – Delegado de Polícia – TO/2014) Extingue-se a punibilidade pela retratação do agente, no caso de

a) injúria real.
b) denunciação caluniosa.
c) autoacusação falsa.
d) falso testemunho.

COMENTÁRIOS

Alternativa correta: letra "D". Está correta a assertiva. Há extinção da punibilidade, nos termos do art. 342, § 2º, do Código Penal, nas hipóteses em que o agente se retrata do conteúdo falsamente declarado antes de proferida a sentença. Retratar-se, no caso, não significa apenas negar ou confessar a prática do delito. É muito mais. É escusar-se, retirando do mundo o que afirmou (retroceder na mentira), ou revelando o que ocultou, demonstrando sincero arrependimento. Como bem realça Magalhães Noronha: "Há de ser completa: sem reticências, ambiguidades e dubiedades: o que se colima é o restabelecimento do verdadeiro" (*Direito penal*, v. 4, p. 393).

Alternativa "a": está errada a assertiva. A injúria real, consistente em violência ou vias de fato, que, por sua natureza ou pelo meio empregado, se considerem aviltantes, não há extinção da punibilidade pela retratação, especialmente porque não seria possível desconstituir a violência ou as vias de fato já empregadas.

Alternativa "b": está errada a assertiva. Na denunciação caluniosa, que ocorre quando alguém dá causa à instauração de investigação policial, de processo judicial, instauração de investigação administrativa, inquérito civil ou ação de improbidade administrativa contra alguém, imputando-lhe crime de que o sabe inocente, não há retratação extintiva da punibilidade.

Alternativa "c": também não há retratação extintiva da punibilidade no crime de acusar-se, perante a autoridade, de crime inexistente ou praticado por outrem.

---

149. (FUNCAB – Delegado de Polícia – ES/2013) A Portaria n° 104/2011, do Gabinete do Ministério da Saúde, definiu a relação de doenças de notificação compulsória em todo o território nacional. Joaquim, médico, ao tomar conhecimento de um paciente que estava com uma patologia descrita na referida normativa, por amizade ao mesmo, não comunicou a doença aos órgãos competentes, motivo pelo qual, ao ser descoberto tal fato, foi processado criminalmente. Na hipótese de antes do julgamento, ser editada nova normativa, retirando a referida patologia do rol de doenças de notificação compulsória, pode-se afirmar que:

a) deve incidir a retroatividade da *lex mitior*, considerando que alterou a matéria da proibição.
b) deve incidir a retroatividade do abolitio criminis, considerando que se alterou a matéria da proibição.
c) trata-se de lei excepcional ou temporária, portanto pode ser condenado, consoante preconiza o artigo 3° do CP.
d) não há como incidir a retroatividade da lei penal, em face de não ter sido alterado a matéria da proibição.
e) deve ocorrera ultra-atividade da lei penal, pois se trata de norma penal em branco stricto sensu.

COMENTÁRIOS

Alternativa correta: letra "B". Está correta a assertiva. Alberto Silva Franco (*Código penal e sua interpretação jurisprudencial.* Parte Geral. Tomo I. v.1. 6. ed. São Paulo: RT, 1997, p. 36), seguido pelo STF (HC 73168) leciona que **a** alteração de um complemento de uma norma penal em branco homogênea sempre teria efeitos retroativos, vez que a norma complementar, como lei ordinária que é, também foi submetida a rigoroso e demorado processo legislativo. Tratando-se de norma penal em branco heterogênea (de que trata o exemplo do enunciado), se a **legislação complementar não se reveste de excepcionalidade e nem traz consigo a sua autorrevogação**, como é caso das portarias sanitárias estabelecedoras das moléstias cuja notificação é compulsória, **a legislação complementar, então, pela sua característica, se**

revogada ou modificada, poderá conduzir também à descriminalização.

Alternativa "a": não se trata simplesmente de *lex mitior*, nova lei que de qualquer modo beneficia o réu. A revogação do complemento da norma penal em branco acarreta a *abolitio criminis*.

Alternativa "c": não há indicação de que se trata de complemento dotado de excepcionalidade (editado em função de algum evento transitório) ou de temporariedade (instituído por um prazo determinado).

Alternativa "d": está errada a assertiva. A lei penal de que trata o enunciado é em branco, sendo que o complemento, que contém a lista de doenças de notificação compulsória, é justamente o que fundamenta a matéria de proibição. Por isso, revogado o complemento em relação a doença específica, não há mais crime a ser imputado àqueles que deixaram de notificá-la.

Alternativa "e": está errada a assertiva. O fato de a norma penal em branco ser própria (ou em sentido estrito, vez que o complemento emana de fonte normativa diversa) não atrai a característica da ultra-atividade, que possibilita a aplicação da lei penal mesmo após a sua revogação ou cessação de efeitos, como ocorre nos casos de excepcionalidade e de temporariedade.

---

150. (UEL – Delegado de Polícia – PR/2013) Quanto à anistia, à graça e ao indulto, considere as afirmativas a seguir.

I. A anistia e o indulto são atos privativos do Presidente da República, enquanto a graça é concedida pelo Congresso Nacional.

II. A anistia pode ser recusada pelo destinatário, admitindo inclusive revogação, enquanto a graça e o indulto não podem ser recusados, inadmitindo revogação.

III. A anistia tem natureza objetiva, dirigindo-se aos fatos, enquanto a graça em sentido estrito e o indulto destinam-se a determinados indivíduos, particular ou coletivamente considerados.

IV. A graça e o indulto pressupõem o trânsito em julgado da sentença penal condenatória e não extinguem os seus efeitos penais.

Assinale a alternativa correta.

a) Somente as afirmativas I e II são corretas.

b) Somente as afirmativas I e IV são corretas.

c) Somente as afirmativas III e IV são corretas.

d) Somente as afirmativas I, II e III são corretas.

e) Somente as afirmativas II, III e IV são corretas.

COMENTÁRIOS

Alternativa correta: letra "C".

Item I: está errada a assertiva. Na anistia o Estado, por meio de lei penal, devidamente discutida no Congresso Nacional e sancionada pelo Executivo federal, por razões de clemência, política, social etc., esquece um fato criminoso, apagando seus efeitos penais (principais e secundários). A graça e o indulto, por sua vez, são concedidos pelo Presidente da República, via decreto presidencial (art. 84, XII, CF/88 – ato administrativo), podendo ser delegada a atribuição aos Ministros de Estado, ao Procurador Geral da República ou ao Advogado Geral da União.

Item II: está errada a assertiva. Uma vez concedida a anistia (renunciando o Estado seu poder de punir), não pode lei superveniente impedir seus efeitos extintivos da punibilidade; deve ser respeitada a garantia constitucional da proibição da retroatividade maléfica, ocorrendo o mesmo com a graça e o indulto. A anistia, a graça e o indulto podem ser condicionados ou incondicionados, sendo que, na primeira hipótese, podem ser recusados.

Item III: está correta a assertiva. A anistia abrange fatos, não indivíduos, não obstante seja possível que a lei estabeleça condições àquele que venha a se beneficiar da extinção da punibilidade. Já a graça e o indulto recaem sobre indivíduos: a primeira de forma particularizada; o segundo coletivamente.

Item IV: entende-se que a graça e o indulto pressupõem condenação definitiva para a sua concessão, que abrange apenas o cumprimento da pena, mantendo-se íntegros os efeitos penais e civis do decreto condenatório.

---

151. (Cespe – Delegado de Polícia – AL/ 2012 – Adaptada) Com relação às causas extintivas da punibilidade, julgue os itens a seguir.

O instituto da perempção não se aplica nas ações penais de iniciativa pública incondicionada ou condicionada à representação do ofendido, sendo aplicável somente às ações penais de iniciativa privada.

COMENTÁRIOS

✪ **Nota do autor:** de acordo com a jurisprudência dominante, configura-se a perempção quando da não apresentação de contrarrazões a recurso do querelado. Por outro lado, não ocorre perempção na hipótese de apresentação de razões recursais intempestivas.

Certo. Está correta a assertiva. A perempção é de extinção da punibilidade incidente apenas nas ações penais privadas, exclusiva ou personalíssima, uma vez que, em se tratando de ação penal privada subsidiária da pública a inércia do querelante implica na retomada da titularidade da ação por parte do Ministério Público.

---

152. (Cespe – Delegado de Polícia – AL/ 2012) Com relação às causas extintivas da punibilidade, julgue os itens a seguir.

Na hipótese de concurso de crimes, a extinção da punibilidade pela prescrição incidirá sobre a pena cominada por cada crime, isoladamente.

COMENTÁRIOS

Certo. Está correta a assertiva. O art. 72 do Código Penal dispõe que, no concurso de crimes, as penas de multa são aplicadas distinta e integralmente. A pena de multa não obedece às regras diferenciadas do tratamento dispensado ao concurso de crimes. Para a fixação da multa, portanto, só se aplica uma regra: aplicação distinta e integral. Não se descarta doutrina lecionando que essa regra não serve para o crime continuado. Para fins de aplicação de pena, no direito brasileiro, o crime continuado, por ficção jurídica, é considerado crime único. Logo, aplica-se a pena de multa uma única vez. Nesse sentido vem decidindo o **STJ**: *"'A pena de multa, aplicada no crime continuado, escapa à norma contida no art. 72 do Código Penal.' (REsp nº 68.186/DF, Relator Ministro Assis Toledo, in DJ 18/12/1995). As penas de multa, no caso de concurso de crimes, material e formal, aplicam-se cumulativamente, diversamente do que ocorre com o crime continuado, induvidoso concurso material de crimes gravado pela menor culpabilidade do agente, mas que é tratado como crime único pela lei penal vigente, como resulta da simples letra dos artigos 71 e 72 do Código Penal, à luz dos artigos 69 e 70 do mesmo diploma legal."* (STJ – Sexta Turma – REsp 607.929 – Rel. Min. Hamilton Carvalhido – DJ 25/06/2007. Cf. também STJ – Sexta Turma – HC 221.782 – Rel. Min. Vasco Della Giustina (Des. Convocado TJ/RS) – DJe 11/04/2012).

---

153. (Delegado de Polícia – SP/ 2011 – ACADEPOL) Com relação ao perdão judicial, aponte a alternativa correta.

a) Sua aplicabilidade não exige previsão legal, ou seja, pode ser aplicado genericamente.

b) Não extingue o *jus puniendi* estatal.

c) Tem aplicação jurídica antes da prolação da sentença penal condenatória.

d) Tem aplicação jurídica após a prolação da sentença penal condenatória.

e) Aplica-se exclusivamente nos crimes contra a honra.

COMENTÁRIOS

Alternativa correta: letra "D" (responde, também, a alternativa "c"). Perdão judicial é o instituto pelo qual o juiz, não obstante a prática de um fato típico e antijurídico por um sujeito comprovadamente culpado, deixa de lhe aplicar, nas hipóteses taxativamente previstas em lei, o preceito sancionador cabível, levando em consideração determinadas circunstâncias que concorrem para o evento. Em casos tais, o Estado perde o interesse de punir. Diverge a doutrina sobre a natureza da sentença concessiva do perdão, lecionando alguns ser condenatória (o juiz deve primeiro declarar a procedência da ação para depois perdoar, livrando o réu de alguns efeitos, entre os quais a inclusão do seu nome no rol dos culpados, reincidência e aplicação de medidas de segurança) e outros, ser ela declaratória de extinção de punibilidade. Hoje a discussão está resolvida, sumulando o STJ: *"A sentença concessiva do perdão judicial é declaratória da extinção da punibilidade, não subsistindo qualquer efeito condenatório"*.

Alternativa "a": está errada porque o perdão judicial, para ser concedido, deve ter expressa previsão legal.

Alternativa "b": está errada porque, uma vez concedido o perdão judicial, extingue-se a punibilidade, obstando o *jus puniendi* estatal.

Alternativa "e": está errada porque o perdão judicial pode ser aplicado em qualquer crime, desde que haja previsão legal.

---

154. (Delegado de Polícia – AP / 2010 – FGV) Relativamente à *extinção da punibilidade*, analise as afirmativas a seguir:

I. Extingue-se a punibilidade, dentre outros motivos, pela morte do agente; pela anistia, graça ou indulto; pela prescrição, decadência ou perempção; e pelo casamento do agente com a vítima, nos crimes contra os costumes, definidos nos capítulos I, II e III, do Título IV do Código Penal.

II. Nos crimes conexos, a extinção da punibilidade de um deles impede, quanto aos outros, a agravação da pena resultante da conexão.

III. A renúncia do direito de queixa, ou o oferecimento de perdão pelo querelante, nos crimes de ação privada, acarreta a extinção da punibilidade.

Assinale:

a) se somente a afirmativa I estiver correta.

b) se somente a afirmativa II estiver correta.

c) se somente a afirmativa III estiver correta.

d) se somente as afirmativas II e III estiverem corretas.

e) se nenhuma afirmativa estiver correta.

COMENTÁRIOS

Alternativa correta: letra "E":

Item I: está errada a assertiva, pois, desde a edição da Lei nº 11.106/05, o casamento do agente com a vítima, nos crimes contra a dignidade sexual (antes denominados "crimes contra os costumes"), não é causa extintiva de punibilidade.

Item II: está errada a assertiva. Nos termos do art. 108 do Código Penal, a "extinção da punibilidade de crime que é pressuposto, elemento constitutivo ou circunstância agravante de outro não se estende a este. Nos crimes conexos, a extinção da punibilidade de um deles não impede, quanto aos outros, a agravação da pena resultante da conexão.".

Item III: está errada a assertiva. Embora a renúncia do direito de queixa acarrete a extinção da punibilidade na ação penal privada, o *oferecimento* do perdão não basta para surtir o mesmo efeito. Tratando-se de ato bilateral, o perdão do ofendido só extingue a punibilidade se aceito, expressa ou tacitamente.

---

155. (Delegado de Polícia – MT/ 2010 – UNEMAT) Acerca das causas extintivas da punibilidade, assinale a alternativa **correta.**

a) A extinção da punibilidade do crime-fim estende-se ao crime-meio.

b) O indulto coletivo somente pode ser concedido pelo Presidente da República.

c) Acórdão confirmatório da sentença condenatória interrompe a prescrição.

d) A prescrição da pretensão punitiva retroativa somente pode ser reconhecida pelo juízo da execução, uma vez que com a prolação de decisão de mérito o juiz sentenciante esgotou sua função Jurisdicional.

e) O acórdão condenatório do Supremo Tribunal Federal, em julgamento originário, interrompe a prescrição.

COMENTÁRIOS

Alternativa correta: letra "B": Apesar de a questão considerar correta a alternativa "b", não podemos esquecer que o Presidente da República pode delegar o ato de conceder indulto.

Alternativa "a": está errada a assertiva. De acordo com o art. 108, primeira parte, do Código Penal, a extinção da punibilidade de crime que é pressuposto, elemento constitutivo ou circunstância agravante de outro não se estende a este. Assim, a prescrição do delito de sequestro não atinge a extorsão mediante sequestro, por exemplo.

Alternativa "c": está errada a assertiva porque o acórdão somente interrompe o prazo prescricional quando condenatório. Se apenas confirmatório de condenação em primeira instância, não tem função interruptiva.

Alternativa "d": no caso da prescrição retroativa, há discussão sobre se a competência é do juiz de primeiro grau ou apenas do Tribunal. Há quem sustente que esta modalidade de prescrição só pode ser reconhecida pelo Tribunal, pois, ao proferir a sentença, o juiz de primeiro grau esgotou sua função jurisdicional. Outros, porém, defendem que o juiz sentenciante ou da execução pode reconhecê-la, pois se trata de matéria de ordem pública, que pode ser apreciada a qualquer tempo. Além disso, alega-se ser despropositado exigir da parte que interponha um recurso à segunda instância tão somente para ver decidida a questão sobre a prescrição.

Alternativa "e": está errada porque o acórdão proferido em julgamento de ação penal originária pelo STF não interrompe a prescrição por ser irrecorrível.

156. (Delegado de Polícia – PB / 2008 – CESPE) Não leva à extinção da punibilidade do agente

a) a retroatividade de lei que não mais considera o fato como criminoso.

b) a prescrição, a decadência ou a perempção.

c) a renúncia do direito de queixa ou o perdão aceito, nos crimes de ação privada.

d) o casamento do agente com a vítima, nos crimes contra os costumes.

e) a retratação do agente, nos casos em que a lei a admite.

COMENTÁRIOS

✪ **Nota do autor:** o direito de punir não é absoluto. Embora tenha sido praticado o crime por um determinado agente, é possível que, *in casu*, incida alguma causa excludente da punibilidade, fazendo com o que o Estado não possa aplicar a sanção cominada no tipo penal. O artigo 107 do Código Penal trata das causas excludentes da punibilidade, mas o rol elencado neste dispositivo é meramente exemplificativo.

Alternativa correta: letra "D". Está correta a assertiva. Desde a edição da Lei nº 11.106/05, o casamento da vítima com o agente, nos antes denominados *crimes contra os costumes*, não é causa extintiva de punibilidade. Note-se, apenas, que a causa extintiva pode ser aplicada, ao menos em tese, sobre fatos ocorridos antes da Lei nº 11.106/05, já que a nova disciplina é mais severa e não pode retroagir para prejudicar o agente.

Alternativa "a": está errada. Por expressa disposição legal (arts. 2º, parágrafo único e 107, inc. III, do Código Penal), a *abolitio criminis* retroage para beneficiar o agente e extinguir a punibilidade do Estado.

Alternativa "b": está errada a assertiva, pois a prescrição (perda, em face do decurso do tempo, do direito de o Estado punir ou executar uma punição já imposta), a decadência (perda do direito de ação pela consumação do termo prefixado pela lei para o oferecimento da queixa ou representação) e a perempção (sanção processual ao querelante inerte ou negligente), são causas extintivas da punibilidade previstas no art. 107, inc. IV, do Código Penal.

Alternativa "c": a renúncia ao direito de queixa (ato unilateral do ofendido ou de seu representante legal, abdicando do direito de promover a ação penal privada) e o perdão aceito (ato bilateral, não produzindo efeitos se o querelado o recusa) também são causas extintivas da punibilidade (art. 107, inc. V, do Código Penal).

Alternativa "e": a retratação do agente (retirar totalmente o que disse, independentemente da concordância do ofendido) é causa extintiva da punibilidade prevista no art. 107, inc. VI, do Código Penal.

33.1. PRESCRIÇÃO

157. (UEG – Delegado de Polícia – PC – GO/2018) "Com efeito, é sabido que a prescrição é um instituto vocacionado a realizar a estabilização das situações jurídicas em razão do decurso do tempo, com a finalidade de proporcionar a paz social mediante a promoção da segurança jurídica, sendo certo que, embora possua um fundamento comum, suas características diferem em cada ramo do Direito em que se faça presente." (STJ, RMS 043771, DJe 03/05/2018, Rel. Min. Assusete Magalhães).

No Código Penal brasileiro, verifica-se que a prescrição,

a) no caso de concurso de crimes, incidirá sobre o somatório das respectivas penas.

b) no caso de evadir-se o condenado ou de revogar-se o livramento condicional, é regulada pelo tempo que resta da pena.

c) no caso de pena de multa, ocorrerá em três anos, quando a multa for a única cominada ou aplicada.

d) quando o criminoso era, na data da sentença, maior de sessenta anos, tem seu prazo reduzido pela metade.

e) antes de transitar em julgado a sentença final, começa a correr, nos crimes permanentes, a partir do dia em que se iniciou a permanência.

COMENTÁRIOS

Alternativa "a": está errada a assertiva. Nos termos do art. 119 do CP, no caso de concurso de crimes a prescrição incide sobre a pena de cada um, isoladamente.

Alternativa "b": está correta a assertiva. Anuncia o artigo 113 do Código Penal que a prescrição da pretensão executória se regula com base no *quantum* restante da pena nos casos de revogação do livramento condicional e evasão do condenado.

Alternativa "c": está errada a assertiva. Quando a multa for a única cominada ou aplicada, a prescrição ocorre em dois anos, como estabelece o art. 114, inc. I, do CP.

Alternativa "d": está errada a assertiva. A prescrição é reduzida da metade se, na data da sentença, o agente tem mais de setenta anos (art. 115 do CP).

Alternativa "e": está errada a assertiva. A prescrição da pretensão punitiva nos crimes permanentes começa a correr do dia em que cessa a permanência (art. 111, inc. III, do CP).

Alternativa correta: letra "b".

158. (Cespe – Delegado de Polícia – GO/2017) Assinale a opção correta, acerca de extinção da punibilidade.

a) Uma lei de anistia pode ser revogada por lei posterior, diante de mudança de opinião do Congresso Nacional a respeito da extinção de punibilidade concedida.

b) Graça e indulto somente podem ser concedidos pelo presidente da República, uma vez que tais prerrogativas são insuscetíveis de delegação.

c) A punibilidade de qualquer crime pode ser extinta por meio de graça e indulto.

d) O instituto da prescrição atinge a pretensão de punir ou de executar a pena.

e) A anistia ou abolitio criminis é causa extintiva de punibilidade discutida no âmbito do Poder Legislativo.

COMENTÁRIOS

Alternativa correta: letra "D". Está correta a assertiva. A prescrição pode ser da pretensão punitiva ou da pretensão executória.

A primeira ocorre antes do trânsito em julgado da sentença, impedindo o Estado de acionar o Poder Judiciário na busca da aplicação da lei penal ao fato cometido pelo agente, ou, caso exercido o direito de ação, impedindo-o de ver julgado, definitivamente, o processo em curso. É calculada de acordo com os prazos do art. 109 do CP e com base na pena abstratamente cominada ao delito.

A segunda é a prescrição de pena in concreto (pena efetivamente imposta), que tem como pressuposto sentença condenatória com trânsito em julgado para ambas as partes (decisão definitiva, irrecorrível) e que se verifica, com base na pena aplicada, dentro dos prazos estabelecidos pelo artigo 109 do CP, os quais são aumentados de 1/3 se o condenado é reincidente.

Alternativa "a": está errada a assertiva. Uma vez concedida a anistia (renunciando o Estado a seu poder de punir), não pode lei superveniente impedir os efeitos extintivos da punibilidade; deve ser respeitada a garantia constitucional da proibição da retroatividade maléfica.

Alternativa "b": está errada a assertiva. A graça e o indulto são concedidos pelo presidente da República, via decreto presidencial (art. 84, XII, CF/88 – ato administrativo), podendo ser delegada a atribuição aos ministros de Estado, ao Procurador Geral da República ou ao Advogado Geral da União.

Alternativa "c": está errada a assertiva, pois a graça e o indulto não podem ser concedidos nos crimes hediondos e equiparados.

Alternativa "e": está errada a assertiva. Anistia e abolitio criminis não se confundem. Na anistia, o Estado, por meio de lei penal, devidamente discutida no Congresso Nacional e sancionada pelo Executivo federal, por razões de clemência, política, social etc., esquece um fato criminoso, apagando seus efeitos penais (principais e secundários).

Já a abolição do crime representa simplesmente a supressão da figura criminosa. Trata-se da revogação de um tipo penal pela superveniência de lei descriminalizadora.

159. (FUNCAB – Delegado de Polícia – PA/2016) Perivaldo, nascido em 12/05/1992, encaminhou no dia 08/05/2013 um e-mail a Cremílson, funcionário público, injuriando-o em razão da função por ele desempenhada. A mensagem foi lida pelo ofendido em 15/05/2013, ocasião em que procurou a delegacia de Polícia local, confeccionando o respectivo boletim de ocorrência e representando contra o autor do fato. Rejeitadas as medidas despenalizadoras da Lei nº 9.099, o Ministério Público ofereceu denúncia contra o autor, a qual foi recebida em decisão publicada em 01/10/2013. Contudo, como o magistrado da Comarca local acumulava funções em outras duas Varas, até o dia 20/11/2014 ainda não havia sentença prolatada nos autos. Considerando que a pena máxima no crime de injúria é de seis meses de detenção e, quando praticada contra funcionário público no exercício de suas funções, sofre aumento de 1/3, analise a situação proposta, assinalando, ao final, a resposta correta.

a) Ocorreu a extinção da punibilidade, pois transcorreu o prazo prescricional da pretensão punitiva pela pena em abstrato, fixado em um ano.
b) Não ocorreu a extinção da punibilidade, pois não houve o transcurso do prazo prescricional da pretensão punitiva pela pena em abstrato, fixado em dois anos.
c) Não ocorreu a extinção da punibilidade, pois não houve o transcurso do prazo prescricional da pretensão punitiva pela pena em abstrato, fixado em três anos.
d) Não ocorreu a extinção da punibilidade, uma vez que o STJ já decidiu pela imprescritibilidade da injúria majorada.
e) Não ocorreu a extinção da punibilidade, pois não houve o transcurso do prazo prescricional da pretensão punitiva pela pena em abstrato, fixado em um ano e meio.

COMENTÁRIOS

Alternativa correta: letra "E" (responde, também, as alternativas "a", "b" e "c"). Está correta a assertiva. O crime de injúria, ainda que majorado, prescreve abstratamente em três anos. No exemplo do enunciado, o prazo é reduzido pela metade porque, ao tempo do crime, o agente contava menos de vinte e um anos de idade (note-se que, embora no momento da consumação da injúria o agente já tivesse completado vinte e um anos, o tempo do crime é o da ação – art. 4º do CP). O recebimento da denúncia, ocorrido em 01/10/2013, interrompe o prazo prescricional, que se inicia novamente. Considerando o tempo decorrido entre essa interrupção e o dia 20/11/2014, não houve o decurso do prazo prescricional.

Alternativa "d": está errada a assertiva. De fato, há decisão do STJ a respeito da imprescritibilidade do crime de injúria, mas não da forma majorada. O STJ decidiu que a injúria racial (qualificada) se equipara, para os efeitos penais, ao racismo, pois tem sentido de segregação, somando-se às definições da Lei nº 7.716/89, que não traz um rol taxativo (AgR no REsp 686.965/DF. Trata-se, no entanto, de imprópria analogia incriminadora, pois a injúria em que o agente lança mão de elementos raciais não se confunde com o racismo.

---

160. (Cespe – Delegado de Polícia – PE/2016) A respeito da prescrição penal, assinale a opção correta.

a) Caso o tribunal do júri venha a desclassificar o crime para outro que não seja de sua competência, a pronúncia não deverá ser considerada como causa interruptiva da prescrição.
b) A reincidência penal caracteriza causa interruptiva do prazo da prescrição da pretensão punitiva.
c) Para crimes praticados em 2016, a prescrição retroativa deverá ser regulada pela pena aplicada, tendo-se por termo inicial data anterior à da denúncia ou da queixa.
d) O prazo de prescrição da pretensão executória deverá iniciar-se no dia em que transitar em julgado a sentença condenatória para a acusação, ainda que haja recurso exclusivo da defesa em tramitação contra a sentença condenatória.
e) No caso de revogação do livramento condicional, a prescrição deverá ser regulada pelo total da pena aplicada na sentença condenatória, não se considerando o tempo de cumprimento parcial da reprimenda antes do deferimento do livramento.

COMENTÁRIOS

Alternativa correta: letra "D". Está correta a assertiva. O art. 112, inciso I, do Código Penal dispõe que a prescrição da pretensão executória começa a correr do dia em que transita em julgado a sentença condenatória para a acusação ou a que revoga a suspensão condicional da pena ou o livramento condicional. Note-se que, de forma surpreendente, a 5ª Turma do STJ ignorou a redação do art. 112, I, decidindo que o termo inicial da contagem do prazo prescricional da pretensão executória é o trânsito em julgado para ambas as partes, porquanto somente neste momento é que surge o título penal passível de ser executado pelo Estado. Desta forma, não há como se falar em início da prescrição a partir do trânsito em julgado para a acusação, tendo em vista a impossibilidade de se dar início à execução da pena, já que ainda não haveria uma condenação definitiva, em respeito ao disposto no artigo 5º, inciso LVII, da Constituição Federal (HC 137.924/SP). Ressalte-se, no entanto, que esta decisão, que se orienta pela impossibilidade de execução da pena antes do trânsito em julgado, perdeu fundamento diante do resultado dos julgamentos proferidos pelo STF no HC 126.292 e nas ADC 43 e 44, nos quais o tribunal, modificando orientação antes firmada, considerou possível o início da execução da pena após o recurso em segunda instância. Decisões posteriores do STJ já têm isso em consideração (AgRg no RHC 100.842/SP, 5ª Turma, j. 25/09/2018; EDcl no AgRg no HC 452.876/SP, 6ª Turma, j. 08/11/2018).

Alternativa "a": está errada a assertiva. A decisão de pronúncia, assim como a confirmatória, constitui causa interruptiva da prescrição, conforme estabelece o artigo 117, incisos II e III, do Código Penal. De acordo com a súmula nº 191 do STJ, a pronúncia é causa interruptiva da prescrição ainda que o tribunal do júri venha a desclassificar o crime.

Alternativa "b": está errada a assertiva. A reincidência não influi no prazo da prescrição da pretensão punitiva (súmula nº 220 do STJ), muito embora tenha importantes reflexos quando da análise da prescrição da pretensão executória: se anterior à condenação, provoca aumento do prazo prescricional (art. 110, *caput*, CP); se posterior, é causa interruptiva.

Alternativa "c": está errada a assertiva. Apesar de reconhecida após o trânsito em julgado para a acusação, a prescrição retroativa tem por termo data anterior à da publicação da sentença. Esta espécie de prescrição teve seus contornos substancialmente alterados em decorrência da Lei nº 12.234/2010, que modificou a redação do Código Penal, revogando o artigo 110, § 2º e tratando do tema no § 1º do mesmo dispositivo. Assim, se antes a prescrição retroativa podia ter como termo inicial data anterior ao recebimento da denúncia ou queixa, agora esta possibilidade não mais existe.

Alternativa "e": está errada a assertiva. Revogado o livramento condicional, a prescrição será regulada pelo tempo que resta da pena. Note-se, todavia, que devemos diferenciar duas situações: se o motivo da revogação do livramento condicional foi a condenação definitiva por um crime praticado anteriormente ao benefício, computa-se na pena a cumprir o tempo em que esteve solto. Entretanto, se a condenação definitiva tiver sido em razão da prática de crime cometido durante o período de livramento condicional, este período não é computado como pena cumprida (art. 88 do Código Penal).

---

161. (ACAFE – Delegado de Polícia – SC/2014) De acordo com o Código Penal assinale a alternativa correta.

a) A pena para quem pratica homicídio qualificado será aplicada de 12 (doze) a 20 (vinte) anos de reclusão.

b) Se o agente comete o crime de homicídio impelido por motivo de relevante valor social ou moral, ou sob o domínio de violenta emoção, logo em seguida a injusta provocação da vítima, o juiz pode reduzir a pena de um terço até a metade.

c) A prescrição, depois da sentença condenatória com trânsito em julgado para a acusação ou depois de improvido seu recurso, regula-se pela pena aplicada, não podendo, em nenhuma hipótese, ter por termo inicial data anterior à da denúncia ou queixa.

d) A pena é aumentada de 1/6 (um sexto) até a metade se o crime de homicídio for praticado por milícia privada, sob o pretexto de prestação de serviço de segurança, ou por grupo de extermínio.

e) A sentença que conceder perdão judicial será considerada para efeitos de reincidência.

COMENTÁRIOS

Alternativa correta: letra "C". Está correta a assertiva. Trata-se da prescrição retroativa, que tem por base a pena concreta. Apesar de reconhecida após o trânsito em julgado para a acusação, a prescrição retroativa tem por termo data anterior à da publicação da sentença, do que advém o adjetivo "retroativa". Conta-se o prazo prescricional retroativamente, ou seja, da data do recebimento da denúncia ou da queixa até a publicação da sentença condenatória. Esta espécie de prescrição teve seus contornos substancialmente alterados em decorrência da lei nº 12.234/2010, que modificou a redação do Código Penal, revogando o artigo 110, § 2º e tratando do tema no § 1º do mesmo dispositivo. Assim, se antes a prescrição retroativa podia ter como termo inicial data anterior ao recebimento da denúncia ou queixa, agora esta possibilidade não mais existe.

Alternativa "a": está errada a assertiva porque a pena máxima do homicídio qualificado é de trinta anos de reclusão.

Alternativa "b": está errada a assertiva porque a causa de diminuição do homicídio privilegiado varia de um sexto a um terço.

Alternativa "d": está errada a assertiva porque se o homicídio é cometido por milícia privada, sob o pretexto de prestação de serviço de segurança, ou por grupo de extermínio, a pena é aumentada de um terço até a metade.

Alternativa "e": está errada a assertiva. A sentença que concede o perdão judicial tem natureza extintiva de punibilidade (súmula nº 18 do STJ). Além disso, há disposição expressa no Código Penal (art. 120) no sentido de que essa sentença não é considerada para efeito de reincidência.

---

162. (Vunesp – Delegado de Polícia – SP/2014) Em regra geral, a prescrição antes de transitar em julgado a sentença final

a) é chamada, pela doutrina, de prescrição intercorrente.

b) é chamada, pela doutrina, de prescrição retroativa.

c) regula-se pelo mínimo da pena privativa de liberdade cominada ao crime.

d) regula-se pela pena aplicada na sentença de primeiro grau.

e) regula-se pelo máximo da pena privativa de liberdade cominada ao crime.

COMENTÁRIOS

Alternativa correta: letra "E" (responde, também, as alternativas "c" e "d"). Está correta a assertiva. É o que dispõe o art. 109, *caput*, do Código Penal: "A prescrição, antes de transitar em julgado a sentença final, salvo o disposto no § 1º do art. 110 deste Código, regula-se pelo máximo da pena privativa de liberdade cominada ao crime (...)". Tendo o Estado a tarefa de buscar a punição do delinquente, deve dizer até quando essa punição lhe interessa (não podendo eternizar o direto de punir). Sendo incerto o *quantum* (ou tipo) da pena que será fixada pelo juiz na sentença, o prazo prescricional é resultado da combinação da pena máxima prevista abstratamente no tipo imputado ao agente e a escala do art. 109 do Código Penal.

Alternativa "a": está errada a assertiva porque, na prescrição intercorrente, há trânsito em julgado para a acusação. Neste caso, fixada a reprimenda, ainda que provisoriamente, transitando esta em julgado para a acusação (ou sendo o seu recurso improvido), não mais existe razão para se levar em conta a pena máxima, já que, mesmo diante do recurso da defesa, é proibida a *reformatio in pejus*. Surge, então, um novo norte, qual seja, a pena recorrível efetivamente aplicada. Portanto, a pena concreta, aplicada na sentença, é o parâmetro para o cálculo da prescrição intercorrente.

Alternativa "b": está errada a assertiva porque, tal qual a prescrição intercorrente ou superveniente, a prescrição retroativa tem por base a pena concreta. Apesar de reconhecida após o trânsito em julgado para a acusação, a prescrição retroativa tem por termo data anterior à da publicação da sentença, do que advém o adjetivo "retroativa". Com efeito, a peculiaridade da prescrição da pretensão punitiva retroativa é que se deve contar o prazo prescricional retroativamente, ou seja, da data do recebimento da denúncia ou da queixa até a publicação da sentença condenatória.

---

163. (Cespe – Delegado de Polícia – BA/2013 – Adaptada) Acerca da parte geral do direito penal e seus Institutos, julgue os itens seguintes.

O instituto da prescrição é aplicável a medida de segurança a que esteja sujeito o inimputável, não podendo a duração dessa medida ultrapassar o limite máximo abstratamente cominado ao crime.

COMENTÁRIOS

Anulada. A questão foi anulada em virtude da controvérsia a respeito dos temas abordados. No que concerne à prescrição da pretensão executória sobre a medida de segurança, o STJ tem decidido reiteradamente no seguinte sentido: "A jurisprudência desta Corte, em valiosa manifestação de prestígio à dignidade da pessoa humana, consolidou entendimento segundo o qual, em caso de sentença absolutória imprópria, a prescrição da pretensão executória tem como parâmetro a pena máxima cominada ao delito imputado" (RHC 33.638/RJ, DJe 18/08/2014). No STF, contudo, há decisão no sentido de que a prescrição deve conspirar o prazo máximo de trinta anos (HC 107777 – DJe 16/04/2012). Há, também, discussão a respeito de qual o prazo máximo da medida de segurança: se os trinta anos de que trata o art. 75 do Código Penal ou se a pena máxima cominada ao delito. O STF se manifestou no sentido de que deve ser observado o prazo máximo de trinta anos (HC 107432/RS). O STJ, por sua vez, consolidou entendimento de que o tempo de duração da medida de segurança não deve ultrapassar o limite máximo da pena cominada ao delito cometido pelo inimputável (súmula nº 527).

---

164. (Cespe – Delegado de Polícia – AL/ 2012 – Adaptada) Com relação às causas extintivas da punibilidade, julgue os itens a seguir.

Excepcionando a regra constitucional da prescritibilidade, duas hipóteses em que a pretensão punitiva ou executória do Estado não são atingidas são os crimes de racismo e de tortura.

COMENTÁRIOS

Errado. Está errada a assertiva porque as situações de imprescritibilidade estabelecidas na Constituição Federal se referem tão somente ao racismo e à ação de grupos armados, civis ou militares, contra a ordem constitucional e o Estado Democrático (art. 5º, incisos XLII e XLIV). A tortura não é crime imprescritível.

---

165. (Delegado de Polícia – SP/ 2011 – ACADEPOL) Com relação às causas interruptivas da prescrição da pretensão executória é correto afirmar:

a) condenado que foge e depois é capturado tem reiniciada a contagem do prazo prescricional, não se computando o tempo da pena já cumprida.

b) o condenado que foge e depois é capturado tem reiniciada a contagem do prazo prescricional, o qual será regulado pelo tempo que resta da pena.

c) início do cumprimento da pena não interrompe o prazo prescricional iniciado no trânsito em julgado da sentença penal condenatória.

d) Exclusivamente, a continuação do cumprimento da pena é causa interruptiva do prazo prescricional iniciado no trânsito em julgado da sentença penal condenatória.

e) Não se considera a reincidência.

COMENTÁRIOS

Alternativa correta: letra "B" (responde, também, a alternativa "a"). Nos termos do art. 113 do Código Penal, no caso de evadir-se o condenado ou de revogar-se o livramento condicional, a prescrição é regulada pelo tempo que resta da pena. Quanto ao livramento condicional, sabemos que, de acordo com o disposto no artigo 86 do CP, este será obrigatoriamente revogado se o liberado vier a ser condenado a pena privativa de liberdade, em sentença irrecorrível: a) por crime cometido durante a vigência do benefício; b) por crime anterior. Logo, devemos diferenciar: se o motivo da revogação do livramento condicional foi a condenação definitiva por um crime praticado anteriormente ao benefício, computa-se na pena a cumprir o tempo em que esteve solto. Entretanto, se a condenação definitiva tiver sido em razão da prática de crime cometido durante o período de livramento condicional, este período não é computado como pena cumprida.

Alternativa "c": está errada a assertiva porque o art. 117, inciso V, do Código Penal, a prescrição é interrompida pelo início ou continuação do cumprimento da pena.

Alternativa "d": está errada porque a prescrição é interrompida tanto pelo início quanto pela continuação do cumprimento da pena.

Alternativa "e": está errada a assertiva, pois a reincidência é causa de interrupção da prescrição da pretensão executória.

---

166. (Delegado de Polícia – ES/ 2011 – CESPE – Adaptada) Considerando os princípios constitucionais penais e o disposto no direito penal brasileiro, julgue o item subsecutivo

A citação válida, por constituir garantia decorrente do devido processo legal, é causa interruptiva da prescrição penal.

COMENTÁRIOS

Errado. Está errado porque a citação válida não está entre as causas interruptivas da prescrição, elencadas no art. 117 do Código Penal. São elas: a) recebimento da denúncia ou da queixa; b) pronúncia; c) decisão confirmatória da pronúncia; d) publicação da sentença ou acórdão condenatórios recorríveis; e) início ou continuação do cumprimento da pena (prescrição da pretensão executória); e) reincidência (prescrição da pretensão executória).

167. (Delegado de Polícia – ES/ 2011 – CESPE – Adaptada) Em cada um dos próximos itens, é apresentada uma situação hipotética a respeito da aplicação do direito penal, seguida de uma assertiva a ser julgada. Nesse sentido, considere que a sigla STJ se refere ao Superior Tribunal de Justiça.

– Lúcio, cidadão não reincidente em crime doloso, foi condenado a nove meses de prisão pela prática do crime de ameaça, em razão de conduta ocorrida em 1º de janeiro de 2010, durante as festividades de ano-novo, na cidade do Rio de Janeiro. Nessa situação, considerando as normas penais aplicáveis, a prescrição da pretensão executória será de dois anos e não poderá, sob hipótese alguma, ter por termo inicial data anterior à da denúncia.

COMENTÁRIOS

Errado. Se Lúcio for condenado a nove meses de prisão pelo crime de ameaça, transitada em julgado a sentença condenatória, a prescrição da pretensão executória ocorrerá, neste caso, em dois anos porque o crime foi cometido antes da entrada em vigor da Lei nº 12.234/10, que, modificando o art. 109, inciso VI, do Código Penal, estabeleceu o prazo prescricional mínimo de três anos. Pela mesma razão, não se aplica a regra de que em nenhuma hipótese o termo inicial da prescrição poderá ser anterior ao recebimento da denúncia ou da queixa.

168. (Delegado de Polícia – RO/ 2009 – FUNCAB) Considerando as assertivas abaixo, assinale a alternativa correta.

a) A reincidência é causa que interrompe a prescrição, e produz efeitos relativamente a todos os autores do crime.

b) A prescrição da pena de multa, quando esta for a única cominada ou aplicada, é regulada conforme o prazo estabelecido para a prescrição da pena privativa de liberdade.

c) A prescrição, antes do trânsito em julgado da sentença penal para a acusação, é regulada pela pena aplicada.

d) A pronúncia é causa de suspensão do prazo prescricional.

e) O recebimento da denúncia ou queixa interrompe o curso da prescrição.

COMENTÁRIOS

✪ **Nota do autor:** a prescrição é a perda, em face do decurso do tempo, do direito de o Estado punir (prescrição da pretensão punitiva) ou executar uma punição já imposta (prescrição da pretensão executória). Sendo instituto eminentemente penal, deverá ser aplicado, para fins de cômputo dos prazos prescricionais, o artigo 10 do Código Penal.

Alternativa correta: letra "E". Está correta a assertiva. Nos termos do art. 117, inciso I, do Código Penal, a prescrição será interrompida pelo recebimento da denúncia ou da queixa.

Alternativa "a": está errada a assertiva. Inicialmente, porque a reincidência é causa interruptiva apenas da prescrição da pretensão executória. Não se deve confundir a reincidência anterior, que provoca aumento do prazo prescricional (art. 110, *caput*, CP), com a reincidência posterior à condenação, que é causa interruptiva da prescrição da pretensão executória (art. 117, VI). Além disso, a interrupção decorrente da reincidência não produz efeitos relativamente a todos os autores do crime (art. 117, § 1º).

Alternativa "b": está errada porque, nos termos do art. 114, inciso I, do Código Penal, a prescrição da pena de multa ocorrerá em dois anos, quando a multa for a única cominada ou aplicada.

Alternativa "c": está errada porque a prescrição antes de transitar em julgado a sentença condenatória para a acusação é regulada pela pena abstratamente cominada ao delito.

Alternativa "d": está errada porque a pronúncia é causa interruptiva do prazo prescricional (art. 117, inciso II, do Código Penal).

34. HOMICÍDIO

169. (Fundatec – Delegado de Polícia – PC – RS/2018) Vitalina quer matar o marido Aderbal, envenenado. Coloca veneno no café com leite que acabou de preparar para ele. Enquanto aguardava o marido chegar na cozinha, para tomar a bebida, distraiu-se e não percebeu que a filha Ritinha entrou no local e tomou a bebida, preparada para o pai. Ritinha, socorrida pela mãe, morre a caminho do hospital. Nessa hipótese, considerando o Código Penal e a doutrina, assinale a alternativa correta.

a) Vitalina deverá responder por homicídio culposo, já que não teve a intenção de matar a filha.

b) Na hipótese de Vitalina vir a ser condenada, o juiz sentenciante poderá aplicar a ela o perdão judicial.

c) Vitalina deverá responder por homicídio doloso, restando configurada situação denominada de aberratio ictus por acidente.

d) Vitalina não responderá por homicídio, em razão de ter havido aberratio ictus.

e) Vitalina responderá por homicídio doloso, restando configurada situação de aberratio ictus por erro no uso dos meios de execução.

COMENTÁRIOS

Alternativa "a": está errada a assertiva. Considerando que nos casos de *aberratio ictus* a imputação se dá como se a vítima pretendida houvesse sido atingida, Vitalina responde por homicídio doloso, como se tivesse matado seu marido.

Alternativa "b": está errada a assertiva. Tratando-se de homicídio doloso, não há possibilidade de aplicar o perdão judicial.

Alternativa "c" (responde, também, a alternativa "e"): a doutrina moderna, percebendo que o art. 73 do CP anuncia que o engano pode derivar de "acidente ou erro no uso dos meios de execução", diferencia a *aberratio ictus* em duas espécies: a) a primeira, *aberratio ictus* por acidente, caracteriza-se por não haver erro no golpe, mas desvio na execução, podendo a pessoa visada estar ou não no local. É o caso do exemplo do enunciado, em que Vitalina pretendia envenenar o marido quando ele tomasse o café, mas quem acabou envenenada foi sua filha; b) na segunda, *erro no uso dos meios (instrumentos) de execução*, existe erro no golpe, ou, em outras palavras, desvio na execução em razão da inabilidade do agente no manuseio ou uso dos meios utilizados na execução do crime. Neste caso, a vítima se encontra no local da execução do delito. Ex.: "A" percebe seu pai se aproximando e mira corretamente visando atingir o ascendente, mas, por inabilidade, acaba atingindo o seu vizinho.

Alternativa "d": está errada a assertiva, pois a *aberratio ictus* é um erro acidental, que **não** exclui o dolo, não exclui a culpa e não gera isenção de pena.

Alternativa correta: letra "c"

---

170. (Cespe – Delegado de Polícia – PC – SE/2018) Em um clube social, Paula, maior e capaz, provocou e humilhou injustamente Carlos, também maior e capaz, na frente de amigos. Envergonhado e com muita raiva, Carlos foi à sua residência e, sem o consentimento de seu pai, pegou um revólver pertencente à corporação policial de que seu pai faz parte. Voltando ao clube depois de quarenta minutos, armado com o revólver, sob a influência de emoção extrema e na frente dos amigos, Carlos fez disparos da arma contra a cabeça de Paula, que faleceu no local antes mesmo de ser socorrida.

Acerca dessa situação hipotética, julgue os próximos itens.

170.1. Carlos agiu sob o pálio da excludente de legítima defesa justificante.

COMENTÁRIOS

Segundo se extrai do art. 25 do CP, são requisitos da legítima defesa: a) **agressão injusta**: entende-se por agressão a conduta (ação ou omissão) humana que ataca ou coloca em perigo bens jurídicos de alguém. Injusta é a agressão contrária ao direito, não necessariamente típica; b) **atual ou iminente**: agressão atual é a presente, a que está ocorrendo. Iminente é a que está prestes a ocorrer. Não se admite legítima defesa contra agressão passada (vingança) ou futura (mera suposição); c) **uso moderado dos meios necessários**: com o presente requisito, o legislador quer assegurar proporcionalidade entre o ataque e a defesa. Para repelir a injusta agressão (ataque), deve o agredido usar de forma moderada o meio necessário que servirá na sua defesa (contra-ataque); d) **proteção do direito próprio ou de outrem**: admite-se legítima defesa no resguardo de qualquer bem jurídico (vida, integridade física, honra, patrimônio, dignidade sexual etc.) próprio (legítima defesa própria ou *in persona*) ou alheio (legítima defesa de terceiro ou *ex persona*); e) **conhecimento da situação de fato justificante**: deve o agente conhecer as circunstâncias do fato justificante, demonstrando ter ciência de que está agindo diante de um ataque atual ou iminente (requisito subjetivo). A provocação e a humilhação praticadas por Paula contra Carlos não caracterizam agressão injusta. E ainda que assim não fosse, a conduta de Carlos, que foi à sua residência para se armar e voltou ao local, seria de qualquer forma incompatível com o ato de repelir uma agressão injusta atual ou iminente. **ERRADO**

170.2. Carlos agiu sob o pálio da legítima defesa putativa.

COMENTÁRIOS

Há duas formas de fantasiar uma descriminante: a) na primeira, o agente supõe agir sob o manto de uma justificante em razão de erro quanto à sua existência ou seus limites. Apesar de conhecer a situação de fato, ignora a ilicitude do comportamento; b) na segunda (prevista no art. 20, § 1º, do CP), o agente se engana quanto aos pressupostos fáticos do evento. Supõe estar diante de uma situação de fato que, na realidade, não existe. O enunciado não retrata nenhuma das duas situações. **ERRADO**

170.3. Por ter agido influenciado por emoção extrema, Carlos poderá ser beneficiado pela incidência de causa de diminuição de pena.

COMENTÁRIOS

Há situações em que o homicídio pode ser privilegiado, quando então a pena pode ser reduzida de um sexto a um terço. Uma das circunstâncias que privilegiam o homicídio é o estado anímico do agente. Segundo o art. 121, § 1º, do CP, ocorre quando a conduta se dá sob o domínio de violenta emoção, logo em seguida a injusta provocação da vítima. Neste caso, o sujeito ativo, diante da injusta provocação da vítima, reage de imediato, dominado por intenso choque emocional, capaz de anular sua capacidade de autocontrole durante o cometimento do crime. Não é o caso do exemplo do enunciado, em que Carlos agiu apenas influenciado (não dominado) por violenta emoção, já passados quarenta minutos da provocação injusta. **ERRADO**

170.4. Incide a favor de Carlos circunstância atenuante que tem efeito sobre a culpabilidade.

COMENTÁRIOS

Embora, como vimos no item anterior, não incida causa de diminuição relativa ao domínio de violenta emoção, o art. 65, inc. III, *c*, do CP contempla uma atenuante de pena para as situações em que o crime é cometido sob a *influência* de violenta emoção, provocada por ato injusto da vítima. Neste caso, não se exige que o agente atue *dominado* pela emoção, nem há necessidade de que a ação se dê logo em seguida à injusta provocação. **CERTO**

170.5. A culpabilidade de Carlos poderá ser afastada por inexigibilidade de conduta diversa.

COMENTÁRIOS

Para a reprovação social, não basta que o autor do fato lesivo seja imputável e tenha possibilidade de lhe conhecer o caráter ilícito. Exige-se, ainda, que nas circunstâncias tivesse a possibilidade de atuar de acordo com o ordenamento jurídico. Caso não haja esta possibilidade, a culpabilidade é afastada por inexigibilidade de conduta diversa, o que não ocorre no exemplo do enunciado, em que era perfeitamente possível que Carlos atuasse conforme o ordenamento jurídico. **ERRADO**

170.6. Na situação considerada, em que Paula foi vitimada por Carlos por motivação torpe, caso haja vínculo familiar entre eles, o reconhecimento das qualificadoras da motivação torpe e de feminicídio não caracterizará bis in idem.

COMENTÁRIOS

No julgamento do HC 430.222/MG (j. em 15/03/2018), o STJ negou a ordem sob – dentre outros – o argumento de que as qualificadoras do motivo torpe e do feminicídio não são incompatíveis porque não têm a mesma natureza: enquanto a primeira é subjetiva, esta última é dotada de índole objetiva. **CERTO**

171. (IBADE – Delegado de Polícia – AC/2017) Horácio, traficante de drogas, é integrante de uma facção criminosa instalada em certa comunidade carente. Lucinda, ao seu turno, mora em comunidade dominada por facção criminosa rival. Devido ao preço do aluguel, Lucinda se muda para a mesma comunidade de Horácio, que, ao descobrir a origem de Lucinda, decide matá-la. Assim, usando uma arma de fogo adquirida exclusivamente para aquela finalidade, Horácio vai à casa de Lucinda e derruba a porta. Após percorrer alguns cômodos, Horácio descobre o quarto de seu alvo, encontrando Lucinda sentada em uma cadeira de rodas. Só então descobre que a mulher é tetraplégica. Não obstante, Horácio coloca em prática sua intenção criminosa e mata a vítima com um tiro na testa. Considerando apenas as informações contidas no enunciado, pode- se dizer que Horácio praticou crime de:

a) feminicídio majorado
b) homicídio qualificado pelos motivos determinantes e pelo modo de execução.
c) homicídio qualificado pelos motivos determinantes.
d) homicídio qualificado pelo modo de execução.
e) Feminicídio

COMENTÁRIOS

Alternativa correta: letra "C". Está correta a assertiva. Horácio responde pelo homicídio qualificado pelo motivo torpe, pois, segundo se extrai do enunciado, matou Lucinda pelo fato de ser ela procedente de uma comunidade dominada por facção rival. O motivo torpe corresponde à razão vil, ignóbil, repugnante, abjeta de matar alguém.

Alternativa "a" (responde, também, a alternativa "e"): não se trata de feminicídio, pois Horácio não matou porque a vítima era do sexo feminino, pressuposto para que incida a qualificadora do art. 121, § 2º, inciso VI, do CP.

Alternativa "b" (responde, também, a alternativa "d"): também não se trata de qualificadora pela forma de execução, pois nenhuma das circunstâncias dos incisos III e IV do § 2º do art. 121 está presente na descrição do enunciado. Note-se que o fato de Lucinda ser tetraplégica não torna o homicídio qualificado pelo recurso que torna impossível a defesa, pois a tetraplegia é uma condição da vítima, não um meio de execução do homicídio. O recurso que torna impossível a defesa é aquele que segue a fórmula das primeiras expressões do inciso IV (traição, emboscada ou dissimulação), ou seja, é o recurso que impede a defesa porque utilizado com certa surpresa, impedindo que a vítima perceba a ação do homicida.

172. (Vunesp – Delegado de Polícia – SP/2014) "X" estaciona seu automóvel regularmente em uma via pública com o objetivo de deixar seu filho, "Z", na pré-escola, entretanto, ao descer do veículo para abrir a porta para "Z", não percebe que, durante esse instante, a criança havia soltado o freio de mão, o suficiente para que o veículo se deslocasse e derrubasse um idoso, que vem a falecer em razão do traumatismo craniano causado pela queda. Em tese, "X"

a) responderá pelo crime de homicídio culposo com pena mais severa do que a estabelecida no Código Penal, nos termos do Código de Trânsito Brasileiro.
b) responderá pelo crime de homicídio culposo, entretanto, a ele poderá ser aplicado o perdão judicial.
c) não responde por crime algum, uma vez que não agiu com dolo ou culpa.
d) responderá pelo crime de homicídio doloso por dolo eventual.
e) responderá pelo crime de homicídio culposo em razão de sua negligência.

COMENTÁRIOS

Alternativa correta: letra "C" (responde, também, as demais alternativas). Está correta a assertiva.

Conforme narra o enunciado, "X" estacionou seu veículo regularmente e dele se retirou momentaneamente apenas com a finalidade de abrir a porta para seu filho. Neste ínterim, a criança soltou o freio de mão do automóvel, fazendo com que este se deslocasse e atingisse um idoso. Nesta situação, é certo que "X" não agiu com dolo (direto ou eventual), pois não quis nem assumiu o risco de atingir o idoso; também não há culpa, pois, diante das circunstâncias, não é possível estabelecer previsibilidade de que, estacionado o veículo de forma regular, com a adoção dos cuidados necessários, a criança agiria repentinamente para fazê-lo se deslocar. Por isso, "X" não praticou conduta criminosa.

173. (UEL – Delegado de Polícia – PR/2013) Leia o texto a seguir.

Paulo, diante de séria discussão com Pedro, dirigiu-se até a sua residência e, visando causar mal injusto contra este, apanhou uma arma de fogo e, de dentro de seu quintal mas em direção à via pública, efetuou vários disparos contra a pessoa de Pedro. Vale ressaltar que Paulo tinha registro de sua arma de fogo e que Pedro foi socorrido por terceiros e não veio a óbito.

Diante do caso exposto, Paulo responderá pelo crime de

a) tentativa de homicídio, em concurso material com o crime de disparo de arma de fogo, por força do Art. 69 do Código Penal.
b) tentativa de homicídio, em concurso formal com o crime de disparo de arma de fogo, por força do Art. 70 do Código Penal.
c) tentativa de homicídio, não respondendo pelo crime de disparo de arma de fogo, haja vista que este é crime subsidiário.
d) tentativa de homicídio, em continuidade delitiva com o crime de disparo de arma de fogo, por força do Art. 71 do Código Penal.
e) disparo de arma de fogo, não respondendo pela tentativa de homicídio, haja vista que o crime definido no Art. 15 da Lei10.826/2003 tutela a segurança pública.

COMENTÁRIOS

Alternativa correta: letra "C" (responde, também, as demais alternativas). Está correta a assertiva. O art. 15 da Lei nº 10.826/03 tipifica a conduta de disparar arma de fogo ou acionar munição em lugar habitado ou em suas adjacências, em via pública ou em direção a ela. Ocorre que, por expressa disposição do mesmo artigo, este crime só se verifica quando a conduta não tenha como finalidade a prática de outro delito. No exemplo citado, Paulo não pretendia simplesmente efetuar disparos de arma de fogo em direção à via pública, mas almejava, como de fato ocorreu, atingir Pedro, que não morreu por ter sido prontamente socorrido. Dessa forma, Paulo será responsabilizado por tentativa de homicídio, conduta que se sobrepõe àquela estabelecida no Estatuto do Desarmamento.

174. (FUNCAB – Delegado de Polícia – ES/2013) Crisântemo não possuía as pernas e utilizava uma cadeira de rodas para se locomover. Em um determinado dia, estando em seu sítio, percebeu quando elementos furtavam frutas em seu pomar. Gritou e pediu insistentemente que se afastassem e fossem embora. Como os elementos continuassem a subtrair-lhe as frutas, efetuou um disparo com sua espingarda, calibre 38, contra os mesmos, tendo o disparo transfixado um deles e lesionado outro que, em razão dos ferimentos, permaneceram quarenta dias internados em um hospital público da cidade. Após restar provado todo esse episódio, pode-se afirmar que Crisântemo

a) praticou o crime de tentativa de homicídio qualificado pelo motivo torpe, tendo ocorrido *aberratio ictus*.
b) praticou o crime de tentativa de homicídio qualificado pelo motivo fútil, tendo ocorrido *aberratio ictus*.
c) não praticou crime, pois se utilizou do meio necessário, portanto excluindo a ilicitude.
d) praticou o crime de lesão corporal grave consumada, tendo ocorrido *aberratio ictus*.
e) praticou o crime de lesão corporal gravíssima consumada, tendo ocorrido *aberratio delicti*.

COMENTÁRIOS

Alternativa correta: letra "B". Embora a assertiva tenha sido considerada correta, parece-nos que apenas parte dela assim se revela. É fato que se Crisântemo efetuou disparo de arma de fogo contra os indivíduos agiu, quando menos, com dolo eventual de matar. Se o fato ocorreu tão somente porque lhe furtavam frutas do pomar, não há dúvida de que o motivo é fútil. Não vislumbramos, todavia, erro na execução, pois em nenhum momento o enunciado aponta que Crisântemo pretendia atingir determinado furtador e, por erro, acabou por atingir dois. Narra-se apenas que o mesmo tiro, disparado a esmo, transfixou um deles e alcançou outro. Diante disso, conclui-se ter havido duas tentativas de homicídio em concurso formal.

Alternativa "a": não há motivo torpe, pois a razão do crime não foi vil, ignóbil, mas desproporcional em relação à ofensa.

Alternativa "c": está errada a assertiva. Crisântemo até poderia defender seu patrimônio, inclusive utilizando a arma de fogo, se aquele era o único meio de que dispunha. Deveria, no entanto, ter atuado proporcionalmente, disparando para o alto, por exemplo, não diretamente contra quem não lhe oferecia nenhum perigo pessoal.

Alternativa "d" (responde, também, a alternativa "e"): não há lesão corporal porque a forma como ocorreu o disparo revela a assunção do risco de causar a morte, não o propósito de ferir.

175. (FUNCAB – Delegado de Polícia – ES/2013) Adriana, desejando a morte de sua amiga Leda, por vingança, mediante ameaça com uma faca, obrigou-a a ingerir "chumbinho", substância utilizada para matar ratos, a despeito das súplicas da vítima que sabia que a ingestão daquela substância poderia levá-la a morte. Após a ingestão do veneno, a vítima permaneceu agonizando por duas horas, vindo a óbito. Logo, Adriana deve responder pelo crime de homicídio doloso:

a) simples consumado.

b) qualificado por meio insidioso.

c) qualificado por meio cruel.

d) duplamente qualificado por motivo torpe e por meio insidioso.

e) duplamente qualificado por motivo torpe e por meio cruel.

COMENTÁRIOS

Alternativa correta: letra "C" (responde, também, as alternativas "a" e "b"). Verifica-se o meio cruel, já que o emprego da substância venenosa aumentou inutilmente o sofrimento da vítima. Note que o crime não se qualifica, neste caso, pelo emprego de veneno, pois, sendo este um meio insidioso (traiçoeiro, enganador) de cometer o crime, é imprescindível que a vítima desconheça que ingere substância letal.

Alternativa "d" (responde, também, a alternativa "e"): embora não se tenha considerado dessa forma na questão, entendemos que pode ou não a vingança constituir motivo torpe, dependendo da causa que a originou. Nesse sentido, aliás, decidiu o STJ: "a verificação se a vingança constitui ou não motivo torpe deve ser feita com base nas peculiaridades de cada caso concreto, de modo que não se pode estabelecer um juízo *a priori*, positivo ou negativo" (REsp 21.261-PR, DJ 4/9/2000; REsp 256.163-SP, DJ 24/4/2006; REsp. 417.871-PE, DJ 17/12/2004, e HC 126.884-DF, DJe 16/11/2009. REsp 785.122-SP). Na mesma linha, entendeu o STF: "a vingança, por si só, não consubstancia o motivo torpe; a sua afirmativa, contudo, não basta para elidir a imputação de torpeza do motivo do crime, que há de ser aferida à luz do contexto do fato." (HC 83.309-MS, DJ 6/2/2004).

176. (FGV – Delegado de Polícia – MA/2012) Juca, transtornado, após ter flagrado seu pai praticando violência sexual com sua irmã de apenas 05 anos de idade, que vem a falecer em razão da violência praticada, desfere uma facada contra a cabeça do seu genitor que também vem a falecer. Após desferir o golpe contra seu pai, e certificar-se da morte deste, Juca foge levando o relógio que a vítima usava na ocasião. O agressor sexual era solteiro e possuía somente estes dois filhos. Mais tarde, com a prisão de Juca, o fato foi levado ao conhecimento da autoridade policial.

Com base no exposto, assinale a alternativa que apresenta a tipificação correta.

a) Juca deverá responder por homicídio qualificado pelo meio cruel (Art. 121, § 2°, III, do CP) e por furto simples (Art. 155, do CP).

b) Juca deverá responder por homicídio privilegiado (Art. 121, § 1°, do CP) e por furto simples (Art. 155, do CP).

c) Juca não deverá responder por qualquer crime por ter agido escorado pela excludente de ilicitude da legítima defesa de terceiro.

d) Juca deverá responder por homicídio privilegiado (Art. 121, § 1°, do CP).

e) Juca deverá responder por homicídio privilegiado (Art. 121, § 1°, do CP) e por roubo simples (Art. 157, do CP).

COMENTÁRIOS

Alternativa correta: letra "D". Está correta a assertiva. Há homicídio privilegiado pelo relevante valor moral, ligado aos interesses individuais, particulares do agente, entre eles os sentimentos de piedade, misericórdia e compaixão. Não se trata (ao menos pelo que indica o enunciado) de domínio de violenta emoção logo após injusta provocação da vítima, pois, nada obstante seja possível a provocação indireta, isto é, dirigida contra terceira pessoa ou até mesmo contra um animal, não há indicação de que Juca estava dominado pela violenta emoção. Também não é caso de legítima defesa de terceiro, pois, de acordo com a narrativa, a morte da criança ocorreu antes. No mais, Juca não responde pelo furto porque, morrendo seu pai, o relógio lhe foi automaticamente transmitido (note que o próprio enunciado sinaliza neste sentido ao destacar que o agressor sexual era solteiro e tinha como filhos somente a vítima da agressão sexual e o homicida), afastando o crime patrimonial, que não pode recair sobre bem do próprio agente. É certo que o art. 1814 do Código Civil dispõe ser excluído da sucessão o autor de homicídio doloso contra a pessoa a ser sucedida. Ocorre que, nos termos do art. 1815, a exclusão deve ser declarada por sentença, ou seja, não é automática.

177. (Cespe – Delegado de Polícia – AL/ 2012 – Adaptada) Acerca dos crimes em espécie, julgue os itens seguintes.

Considere que José, penalmente imputável, horas após ter sido injustamente provocado por João, agindo sob influência de violenta emoção, tenha desferido uma facada em João, o que resultou em sua morte. Nessa situação, impõe-se em benefício de José, o reconhecimento do homicídio privilegiado.

COMENTÁRIOS

Errado. Está errada a assertiva. Considerando o exemplo citado, o homicídio seria privilegiado apenas se José o houvesse cometido sob o domínio de violenta emoção, logo em seguida a injusta provocação de João. No caso, a conduta ocorreu horas depois, apenas sob influência de violenta emoção, o que afasta a causa de diminuição de pena. Poderá, no entanto, incidir a circunstância atenuante estabelecida no art. 65, inciso III, *c*, do Código Penal.

178. (FUNCAB – Delegado de Polícia – RJ/2012) Osvaldo, desejando matar, disparou seu revólver contra Arnaldo, que, em razão do susto, desmaiou. Osvaldo, acreditando piamente que Arnaldo estava morto, colocou-o em uma cova rasa que já havia cavado, enterrando-o, vindo a vítima a efetivamente morrer, em face da asfixia. Assim, Osvaldo praticou:

a) homicídio qualificado pela asfixia e homicídio culposo, bem como ocultação de cadáver.

b) homicídio qualificado pela asfixia e ocultação de cadáver.

c) homicídio simples e ocultação de cadáver.

d) homicídio culposo.

e) homicídio simples.

COMENTÁRIOS

Alternativa correta: letra "E". Está correta a assertiva. Trata-se de situação em que o agente atuou por dolo geral (ou erro sucessivo), em que, supondo já ter alcançado o resultado visado (homicídio por disparo de arma de fogo), pratica nova ação que efetivamente o provoca (enterro da vítima). Verifica-se, neste caso, a *aberratio causae,* espécie de erro sobre o nexo causal (erro de tipo acidental) em que o agente, mediante conduta desenvolvida em pluralidade de atos, provoca o resultado pretendido, porém com outro nexo. Não se aplica, no exemplo citado, a qualificadora do homicídio por asfixia porque Osvaldo não atuou com dolo sobre esta circunstância, pois acreditava que Arnaldo já estava morto em decorrência dos disparos quando o enterrou. Atribuir-lhe a circunstância qualificadora sem o dolo caracterizaria responsabilidade objetiva.

Alternativa "a": está errada a assertiva. Não se descarta a existência de orientação doutrinária minoritária no sentido de que, em situações dessa natureza, o agente deve responder por tentativa de homicídio e por homicídio culposo. Não há possibilidade, no entanto, de responsabilização por homicídio doloso consumado e por homicídio culposo: ou a morte se deu por dolo ou por culpa. Além disso, não há ocultação de cadáver no exemplo narrado porque, no momento em que Osvaldo enterrou Arnaldo, não havia cadáver, pois a vítima ainda não havia morrido.

Alternativas "b", "c" e "d": ver comentários às assertivas anteriores.

---

179. (Delegado de Polícia – ES/ 2011 – CESPE – Adaptada) No próximo item, é apresentada uma situação hipotética a respeito da aplicação do direito penal, seguida de uma assertiva a ser julgada. Nesse sentido, considere que a sigla STJ se refere ao Superior Tribunal de Justiça.

Plínio, imediatamente após a comemoração de seu aniversário de dezessete anos de idade, ingeriu considerável quantidade de bebida alcoólica e, sem autorização, ou sequer ciência de seus pais, conduziu, em velocidade correspondente a mais de três vezes a velocidade da via, veículo automotor. Após perder o controle do veículo, Plínio colidiu frontalmente com um poste de iluminação pública, e esse incidente resultou na morte de sua namorada, Cida, de dezenove anos de idade, que estava sentada no banco de passageiros. Nessa situação, segundo a atual jurisprudência do STJ, caso Plínio fosse maior de dezoito anos, Plínio seria imputável e até mesmo punível, em tese, a título de homicídio por dolo eventual.

COMENTÁRIOS

Certo. Como Plínio é menor de dezoito anos, é inimputável e não será responsabilizado criminalmente, mas apenas por ato infracional.

Se, todavia, fosse maior, tendo ingerido bebida alcoólica e assumido a direção de veículo automotor, causando a morte de passageiro, poderia ser submetido a julgamento pelo júri, pois o STJ tem admitido que a conduta cometida em tais circunstâncias pode caracterizar o dolo eventual ao invés da culpa consciente.

---

180. (Delegado de Polícia – AP/ 2010 – FGV) Assinale a alternativa que não qualifica o crime de homicídio.

a) Emprego de veneno, fogo, explosivo, asfixia, tortura ou outro meio insidioso ou cruel.

b) Para assegurar a ocultação de outro crime.

c) Motivo fútil.

d) Abuso de poder ou violação de dever inerente a cargo, ofício, ministério ou profissão.

e) Mediante dissimulação.

COMENTÁRIOS

✪ **Nota do autor:** o art. 121, § 2º, do Código Penal descreve certas qualificadoras, umas ligadas aos motivos determinantes do crime, indiciários de depravação espiritual do agente (incisos I, II, V, VI e VII – *circunstâncias subjetivas*), e outras com o modo maligno que acompanham o ato ou fato em sua execução (incisos III e IV – *circunstâncias objetivas*). Esta forma do crime, com o advento da Lei 8.930/94, foi etiquetada como hedionda, sofrendo, desse modo, todos os consectários traçados pela Lei 8.072/90.

Alternativa correta: letra "D". O abuso de poder ou a violação de dever inerente a cargo, ofício, ministério ou profissão não são circunstâncias que qualificam o homicídio. Prestam-se, todavia, a agravar a pena, pois elencadas no art. 61 do Código Penal como circunstâncias agravantes (inciso II, alínea *g*).

Alternativa "a": está correta a assertiva. O homicídio, nos termos do art. 121, § 2º, III, do Código Penal é qualificado quando cometido com emprego de veneno, fogo, explosivo, asfixia, tortura ou outro meio insidioso (dissimulado) ou cruel (aumenta inutilmente o sofrimento da vítima), ou de que possa resultar perigo comum (capaz de atingir número indeterminado de pessoas). Este inciso emprega fórmula casuística inicial e, ao final, usa fórmula genérica, permitindo ao seu aplicador encontrar casos outros que denotem insídia, crueldade ou perigo comum advindo da conduta do agente (interpretação analógica).

Alternativa "b": o inciso V do § 2º do art. 121 enuncia hipóteses de conexão (vínculo) entre o crime de homicídio e outros delitos. A doutrina subdivide a conexão em *teleológica* (homicídio praticado para *assegurar a execução* de outro crime, *futuro*) e *consequencial* (quando o homicídio visa *assegurar a ocultação, a impunidade* ou *vantagem* de outro crime, *passado*). A conexão meramente *ocasional* (por ocasião de outro crime), sem vínculo finalístico, não qualifica o homicídio. "Outro crime" de que fala o dispositivo pode ser de autoria do próprio homicida ou pessoa diversa (ex.: matar para assegurar a impunidade do irmão autor de um assalto a um banco). Se o crime foi praticado para assegurar a execução, ocultação, impunidade ou vantagem de uma contravenção penal, descabida a presente qualificadora, podendo configurar, conforme o caso, a do motivo torpe (ou fútil).

Alternativa "c": o inciso II qualifica o crime de homicídio quando praticado por motivo fútil, ou seja, quando o móvel apresenta real desproporção entre o delito e sua causa moral. Não se deve confundi-lo com o motivo injusto. Este é elemento integrante do crime. Para que se reconheça a futilidade da motivação é necessário que, além de injusto, o motivo seja realmente insignificante. A ausência de motivo, segundo alguns, equipara-se, para os devidos fins legais, ao pretexto fútil, porquanto seria um contrassenso conceber que o legislador punisse com pena mais grave aquele que mata por futilidade, permitindo ao que age sem qualquer motivo receber sanção mais branda (nesse sentido: *RTJE* 45/276; *RT* 511/357 e 622/332; *RJTJSP* 138/449).

Alternativa "e": qualifica o crime de homicídio utilizar o agente algum recurso que dificulte ou impossibilite a defesa da vítima, exemplificando o Código alguns modos particularmente insidiosos de praticá-lo, como a *traição, emboscada* e *dissimulação*, cabendo, desse modo, a interpretação analógica. T*raição* é o ataque desleal, repentino e inesperado (ex.: atirar na vítima pelas costas ou durante o sono). *Emboscada* pressupõe ocultamento do agente, que ataca a vítima com surpresa. Denota essa circunstância maior covardia e perversidade por parte do delinquente. Já a *dissimulação* significa fingimento, ocultando (disfarçando) o agente a sua intenção hostil, apanhando a vítima desatenta e indefesa. Por fim, registramos que a idade da vítima (tenra ou avançada), por si só, não possibilita a aplicação da presente qualificadora, porquanto constitui característica da vítima, e não recurso procurado pelo agente (TJSP, *RT*683/303).

181. (Delegado de Polícia – PA/ 2009 – MOVENS) No que se refere aos crimes contra a pessoa e contra o sentimento religioso, assinale a opção correta.

a) A mulher que abandona seu filho recém-nascido na portaria de um prédio, para ocultar sua própria desonra, comete o delito de abandono de incapaz.
b) A conduta de violar ou profanar sepultura é criminosa; no entanto, perturbar cerimônia funerária é fato atípico.
c) A conduta de vilipendiar cadáver ou suas cinzas é considerada de menor potencial ofensivo.
d) No delito de homicídio, se o agente comete o crime impelido por motivo de relevante valor social ou moral, ou sob o domínio de violenta emoção, logo em seguida à injusta provocação da vítima, o juiz pode reduzir a pena de um sexto a um terço.

COMENTÁRIOS

✪ **Nota do autor:** é lição corrente na doutrina que o § 1º traz circunstâncias, isto é, dados eventuais, interferindo apenas na quantidade da pena e não na qualidade do crime, que permanece o mesmo (homicídio). Por essa razão, na hipótese de concurso de pessoas, tais circunstâncias minorantes – *subjetivas* – são incomunicáveis entre os concorrentes (art. 30 do CP).

Alternativa correta: letra "D". Está correta a assertiva, caracterizando-se o denominado *homicídio privilegiado*. O § 1º do art. 121 prevê três hipóteses em que o homicídio terá sua pena diminuída: a) motivo de *relevante valor social*: diz respeito aos interesses de toda uma coletividade, logo, nobre e altruístico (ex.: indignação contra um traidor da pátria); b) motivo de *relevante valor moral*: liga-se aos interesses individuais, particulares do agente, entre eles os sentimentos de piedade, misericórdia e compaixão (ex.: o homicídio praticado com o intuito de livrar um doente, irremediavelmente perdido, dos sofrimentos que o atormentam); c) última "privilegiadora" relaciona-se com o estado anímico do agente (homicídio emocional): sabemos que o art. 28, I, do CP não permite a exclusão da responsabilidade penal diante da emoção (estado súbito e passageiro) ou da paixão (sentimento crônico e duradouro) que atinge o agente. Todavia, temos no § 1º hipótese em que servirá a violenta emoção como causa de diminuição de pena. Neste caso, o sujeito ativo, logo em seguida a injusta provocação da vítima, reage, de imediato, sob *intenso* choque emocional, capaz de anular sua capacidade de autocontrole durante o cometimento do crime.

Alternativa "a": está errada. A mulher que abandona o seu filho recém-nascido para ocultar sua própria desonra comete o crime de exposição ou abandono de recém-nascido. No exemplo citado na assertiva, todavia, pode-se considerar atípico o fato, pois o abandono deve expor o recém-nascido a perigo concreto, real, o que não parece ser o caso.

Alternativa "b": está errada a assertiva. A conduta de perturbar cerimônia funerária é crime tipificado no art. 209 do Código Penal, punido com detenção de um mês a um ano ou multa.

Alternativa "c": está errada porque a conduta de vilipendiar cadáver ou suas cinzas é punida com detenção de um a três anos e multa, afastando-se do conceito de infração penal de menor potencial ofensivo.

182. (Delegado de Polícia – RO/ 2009 – FUNCAB) Imagine a seguinte hipótese: Caio, com a intenção de apenas atingir fatalmente Lúcia, efetua vários disparos de arma de fogo e acaba atingindo o ombro da vítima e também toda a lataria do carro desta. Assinale a alternativa que tipifica a situação descrita.

a) Caio responderá pelo crime de lesão corporal.

b) Caio responderá por tentativa de homicídio em concurso material com o crime de dano.

c) Caio responderá por tentativa de homicídio em concurso formal com o crime de dano.

d) Caio responderá pelo crime de lesão corporal em concurso formal com o crime de dano.

e) Caio responderá pela tentativa de homicídio.

COMENTÁRIOS

Alternativa correta: letra "E" (responde, também, as alternativas "b", "c" e "d"). Caio responderá apenas pela tentativa de homicídio, sem concurso de crimes, pois o dano causado no veículo foi culposo e o Código Penal não contempla a modalidade culposa no crime de dano.

Alternativa "a": não há possibilidade de Caio responder por lesão corporal porque os disparos foram efetuados com a intenção de matar a vítima.

183. (Delegado de Polícia – GO/ 2008 – UEG) Sobre o crime de homicídio, é CORRETO afirmar:

a) a natureza jurídica da sentença concessiva do perdão judicial, no homicídio culposo, segundo orientação sumulada do Superior Tribunal de Justiça, é condenatória, não subsistindo efeitos secundários.

b) existe a possibilidade da coexistência entre o homicídio praticado por motivo de relevante valor moral e o homicídio praticado com emprego de veneno.

c) a conexão teleológica que qualifica o homicídio ocorre quando é praticado para ocultar a prática de outro delito ou para assegurar a impunidade dele.

d) a futilidade para qualificar o homicídio deve ser apreciada subjetivamente, ou seja, pela opinião do sujeito ativo.

COMENTÁRIOS

✪ **Nota do autor:** na busca do conceito de homicídio, trazemos a clássica definição de Nélson Hungria: "O homicídio é o tipo central de crimes contra a vida e é o ponto culminante na orografia dos crimes. É o crime por excelência. É o padrão da delinquência violenta ou sanguinária, que representa como que uma reversão atávica às eras primevas, em que a luta pela vida, presumivelmente, se operava com o uso normal dos meios brutais e animalescos. É a mais chocante violação do senso moral médio da humanidade civilizada." (*Comentários ao Código Penal*, v. 5, p. 25).

Alternativa correta: letra "B". A assertiva está correta porque é possível que um homicídio seja qualificado-privilegiado se a circunstância qualificadora for de natureza objetiva (art. 121, § 2º, III e IV), lembrando que o privilégio tem sempre natureza subjetiva.

Alternativa "a": está errada a assertiva. De acordo com a jurisprudência sumulada do STJ, a sentença concessiva do perdão judicial tem natureza extintiva da punibilidade (Súmula 18).

Alternativa "c": está errada porque, neste caso, há conexão consequencial (quando o homicídio visa *assegurar a ocultação*, *a impunidade* ou *vantagem* de outro crime, *passado*). A conexão *teleológica* ocorre quando o homicídio é praticado para *assegurar a execução* de outro crime, *futuro*.

Alternativa "d": está errada, pois a futilidade do homicídio deve ser aferida de acordo com a visão da coletividade (e não sob o ponto de vista do autor do crime).

184. (Delegado de Polícia – PB / 2008 – CESPE) Assinale a opção correta com relação ao crime de homicídio.

a) No homicídio qualificado pela paga ou promessa de recompensa, o STJ entende atualmente que a qualificadora não se comunica ao mandante do crime.

b) Com relação ao motivo torpe, a vingança pode ou não configurar a qualificadora, a depender da causa que a originou.

c) A ausência de motivo configura motivo fútil, apto a qualificar o crime de homicídio.

d) Para a configuração da qualificadora relativa ao emprego de veneno, é indiferente o fato de a vítima ingerir a substância à força ou sem saber que o está ingerindo.

e) A qualificadora relativa ao emprego de tortura foi tacitamente revogada pela lei específica que previu o crime de tortura com resultado morte.

COMENTÁRIOS

Alternativa correta: letra "B". Está correta a assertiva, lastreada no posicionamento do STJ a respeito do tema (HC 83309/MS).

Alternativa "a": Embora a assertiva pudesse ser considerada errada à época da elaboração, o STJ tem decidido, quanto ao homicídio mediante paga, que a qualificadora pode ou não se comunicar ao mandante, a depender das circunstâncias (HC 291604/PI, DJe 22/10/2015; REsp 1.209.852/PR, DJe 02/02/2016).

Alternativa "c": está errada a assertiva, pois, de acordo com o entendimento majoritário, a ausência de motivo não se confunde com o motivo fútil. Há quem sustente, todavia, que a ausência de motivo se equipara, para os devidos fins legais, ao pretexto fútil, porquanto seria um contrassenso conceber que o legislador punisse com pena mais grave aquele que mata por futilidade, permitindo ao que age sem qualquer motivo receber sanção mais branda.

Alternativa "d": está errada. Entende a doutrina que o homicídio será qualificado pelo envenenamento apenas quando a vítima desconhecer estar ingerindo a malfazeja substância, ou seja, ignorar estar sendo envenenada. Caso forçada a ingerir substância sabidamente venenosa, estaremos diante de outro meio cruel, alcançado pela expressão genérica trazida pelo inciso em comento.

Alternativa "e": está errada, pois, no caso da tortura qualificada, o crime é preterdoloso, ou seja, a morte é culposa. Se, para praticar um homicídio, o agente utiliza tortura (meio cruel), o crime será qualificado nos termos do art. 121, § 2º, III, do Código Penal. Não há, pois, nenhuma relação de incompatibilidade normativa entre a tortura seguida de morte e o homicídio cometido por meio de tortura.

185. (Delegado de Polícia – SC / 2008 – ACADEPOL) Analise as alternativas a seguir. **Todas** estão corretas, **exceto** a:

a) Na tentativa perfeita ou acabada de homicídio o agente esgota o processo de execução desse crime, fazendo tudo o que podia para matar, exaurindo sua capacidade de vulneração da vítima.

b) O homicídio é delito formal.

c) O homicídio privilegiado não é considerado crime hediondo.

d) No homicídio, a vingança por si só não leva necessariamente ao reconhecimento da qualificadora da torpeza.

COMENTÁRIOS

Alternativa correta: letra "B". Está errada porque o homicídio é crime material, isto é, o tipo penal prevê e exige o resultado naturalístico.

Alternativa "a": está correta a assertiva. Na ***tentativa perfeita (ou acabada ou crime falho)***, o agente, apesar de praticar todos os atos executórios à sua disposição, não consegue consumar o crime por circunstâncias alheias à sua vontade. No caso do homicídio, pode-se exemplificar com a situação em que o agente descarrega a arma de fogo, mas não consegue causar a morte da vítima.

Alternativa "c": está correta. Embora haja certa divergência, prevalece o entendimento de que o homicídio privilegiado não pode ser considerado hediondo, pois, em analogia ao disposto no art. 67 do Código Penal, conclui-se que o privilégio, sempre subjetivo, é circunstância preponderante, desnaturando a hediondez do delito.

Alternativa "d": está correta a assertiva. A vingança *pode* ou *não* ser torpe, dependendo do caso concreto, embora seja um ato reprovável. Já se decidiu, por exemplo, que quem se vinga da morte do filho, matando o assassino, não age por motivo torpe.

186. (Delegado de Polícia – SC / 2008 – ACADEPOL) Analise as alternativas e assinale a **correta**.

a) Tentativa cruenta de homicídio é aquela que causa sofrimento desnecessário à vítima ou revela uma brutalidade incomum, em contraste com o mais elementar sentimento de piedade humana.

b) O latrocínio (roubo qualificado com resultado morte) é uma modalidade especial de homicídio.

c) O crime de homicídio não pode ser causado por omissão.

d) As circunstâncias legais contidas na figura típica do homicídio privilegiado são de natureza subjetiva.

COMENTÁRIOS

Alternativa correta: letra "D". Está correta a assertiva. As circunstâncias que privilegiam o homicídio têm caráter subjetivo. As duas primeiras "privilegiadoras" estão umbilicalmente ligadas à razão de ser do crime. Motivo de *relevante valor social* diz respeito aos interesses de toda uma coletividade, logo, nobre e altruístico (ex.: indignação contra um traidor da pátria). Já o *relevante valor moral* liga-se aos interesses individuais, particulares do agente, entre eles os sentimentos de piedade, misericórdia e compaixão. A última "privilegiadora" relaciona-se com o estado anímico do agente (homicídio emocional). Neste caso, o sujeito ativo, logo em seguida a injusta provocação da vítima, reage, de imediato, sob *intenso* choque emocional, capaz de anular sua capacidade de autocontrole durante o cometimento do crime.

Alternativa "a": está errada a assertiva, pois a tentativa cruenta é aquela em que, embora o agente não consiga atingir seu intento, a vítima é atingida, independentemente da intensidade.

Alternativa "b": está errada porque o latrocínio é modalidade do crime de roubo (art. 157, § 3º, do Código Penal), competindo seu julgamento ao juízo singular, não ao tribunal do júri (Súmula 603 STF).

Alternativa "c": está errada a assertiva, tendo em vista que é perfeitamente possível o cometimento do homicídio por omissão na situação em que o agente tem o dever de agir para evitar o resultado, como no caso, por exemplo, do policial que presencia uma agressão homicida e nada faz para impedi-la.

187. (Delegado de Polícia – SC / 2008 – ACADEPOL) Em relação ao crime de homicídio, marque **V** ou **F**, conforme as afirmações a seguir sejam **verdadeiras** ou **falsas**.

( ) O "outro crime" de que fala a qualificadora do homicídio sob o inciso V do § 2º do artigo 121 (conexão teleológica) do Código Penal somente pode ser executado pelo agente do homicídio.

( ) Na "emboscada" o sujeito ativo aguarda ocultamente a passagem ou chegada da vítima, que se encontra desprevenida, para o fim de atacá-la. É inerente a esse recurso a premeditação.

( ) A multiplicidade de golpes de arma branca contra a vítima não qualifica, por si só, o crime de homicídio pelo emprego de meio cruel.

( ) A causa privilegiadora do "relevante valor moral" é incompatível com o homicídio cometido com o emprego de veneno.

( ) O homicídio é crime comum.

A sequência **correta**, de cima para baixo, é:

a) F – V – V – F – V

b) V – V – V – F – V

c) F – F – V – V – F

d) V – F – F – F – V

COMENTÁRIOS

Alternativa correta: letra "A":

Primeiro item: está errada a assertiva. "Outro crime" de que trata a qualificadora pode ser de autoria do próprio homicida ou de pessoa diversa (ex.: matar para assegurar a impunidade do irmão autor de um assalto a um banco).

Segundo item: está correta a assertiva. *Emboscada* pressupõe ocultamento do agente, que ataca a vítima com surpresa. Denota essa circunstância maior covardia e perversidade por parte do delinquente, que age em premeditação.

Terceiro item: está correto. O meio cruel é aquele em que o agente, para cometer o homicídio, provoca na vítima sofrimento maior do que o comum, desnecessário. A multiplicidade de golpes, por si só, não é capaz de configurar a qualificadora, devendo ser aferido se a vítima foi efetivamente submetida a maior sofrimento.

Quarto item: está errado. Trata-se, no caso, do homicídio qualificado-privilegiado, em que a circunstância que diminui a pena, de caráter subjetivo, é compatível com a qualificadora do emprego de veneno, de natureza objetiva.

Quinto item: está correta a assertiva. Crime comum é aquele que pode ser cometido por qualquer pessoa. Considerando que o tipo penal do homicídio não exige nenhuma qualidade especial por parte do sujeito ativo, diz-se que o homicídio é crime comum.

188. (Delegado de Polícia – BA/ 2008 – ACADEPOL) Rapaz, capaz e imputável, dirigindo seu veículo com velocidade compatível para a localidade, termina por atropelar um transeunte que, imprudentemente, atravessa a rua.

Com base nesse relato, o rapaz

a) responderá por crime doloso.
b) responderá por crime culposo.
c) responderá por crime preterdoloso.
d) não será responsabilizado pelo crime, pois a vítima deu causa ao acidente.
e) responderá pelo crime por dolo eventual.

COMENTÁRIOS

Alternativa correta: letra "D" (responde, também, a alternativa "b"). O motorista não será responsabilizado por homicídio culposo porque conduzia seu veículo normalmente, em velocidade compatível para a via, e a vítima do atropelamento, agindo imprudentemente, atravessou a rua. Trata-se, no caso, de culpa exclusiva da vítima, que impede a caracterização do delito culposo.

Alternativa "a": não há homicídio doloso porque o motorista não agiu com o propósito de atropelar e matar o transeunte.

Alternativa "c": não há crime preterdoloso, que se caracteriza pela ação dolosa que dá causa a um resultado culposo mais grave, o que não é o caso.

Alternativa "e": também não há dolo eventual, pois o motorista não assumiu o risco de matar o transeunte.

35. INDUZIMENTO, INSTIGAÇÃO OU AUXÍLIO AO SUICÍDIO

189. (FUNCAB – Delegado de Polícia – RO/2014) Em relação aos crimes contra a vida, dispostos no Código Penal, é correto afirmar:

a) No crime de induzimento, instigação ou auxílio a suicídio, disposto no artigo 122 do CP, a pena é duplicada se o crime é praticado por motivo egoístico.
b) O Código Penal prevê o crime de aborto culposo.
c) Se do induzimento, instigação ou auxílio ao suicídio resulta lesão corporal de natureza grave na vítima, a conduta daquele que induziu, instigou ou auxiliou a vítima a tentar se suicidar é atípica.
d) Para a configuração da qualificadora do emprego de veneno no homicídio, disposta no artigo 121, § 2°, inciso III, primeira figura, do CP, não se exige que a vítima desconheça a circunstância de estar sendo envenenada.
e) O crime de infanticídio, descrito no artigo 123 do CP, prevê também como típica a forma culposa desse delito.

COMENTÁRIOS

Alternativa correta: letra "A". Está correta a assertiva. São três as formas de praticar o crime do art. 122 do Código Penal: **a)** *induzimento*: hipótese em que o agente faz nascer na vítima a ideia e a vontade mórbida. Aqui o sujeito passivo nem sequer cogitava de eliminar a própria vida, sendo convencido pela ação do agente; **b)** *instigação*: caso em que o autor reforça a vontade mórbida preexistente na vítima. Aqui o sujeito passivo já pensava em se suicidar, sendo tal propósito reforçado pelo agente; **c)** *auxílio*: prestando o agente efetiva assistência material, facilitando a execução do suicídio, quer fornecendo, quer colocando à disposição do ofendido os meios necessários para fazê-lo (ex.: emprestando instrumentos letais). Estabelece o parágrafo único que a pena será duplicada quando o crime for *praticado por motivo egoístico*, ou seja, para satisfazer interesses pessoais do agente, *v.g.*, buscando receber a herança do suicida ou ocupar seu nobre cargo.

Alternativa "b": está errada a assertiva, pois o crime de aborto, em qualquer de suas figuras, só pode ser cometido dolosamente.

Alternativa "c": está errada a assertiva. A ocorrência de lesão corporal de natureza grave não torna atípica a conduta do art. 122 do Código Penal, mas tem relevância na pena. Com efeito, de acordo com o preceito secundário do dispositivo, a pena é de reclusão de dois a seis anos, se o suicídio se consuma; ou reclusão, de um a três anos, se da tentativa de suicídio resulta lesão corporal de natureza grave.

Alternativa "d": está errada a assertiva. Entende a doutrina que o homicídio será qualificado pelo envenenamento apenas quando a vítima desconhecer estar ingerindo a malfazeja substância, ou seja, ignorar estar sendo envenenada. Caso forçada a ingerir substância sabidamente venenosa, estaremos diante de outro meio cruel, alcançado pela expressão genérica trazida pelo inciso em comento.

Alternativa "e": está errada a assertiva. O infanticídio não pode decorrer de conduta culposa.

36. ABORTO

190. (Vunesp – Delegado de Polícia – SP/2014) "X" recebe recomendação médica para ficar de repouso, caso contrário, poderia sofrer um aborto. Ocorre que "X" precisa trabalhar e não consegue fazer o repouso desejado e, por essa razão, acaba expelindo o feto, que não sobrevive. Em tese, "X"

a) não praticou crime algum.
b) praticou o crime de aborto doloso.
c) praticou o crime de aborto culposo.
d) praticou o crime de lesão corporal qualificada pela aceleração do parto.
e) praticou o crime de desobediência.

COMENTÁRIOS

Alternativa correta: letra "A" (responde, também, as alternativas "b" e "c"). Está correta a assertiva. No exemplo citado, não se extrai, da conduta de "X", o propósito de causar em si o aborto, razão pela qual não é possível imputá-la a prática criminosa. Pode-se até aventar o fato de que, contrariada a recomendação médica de repouso, era previsível a ocorrência do resultado, surgindo daí a culpa. Ocorre que o aborto é punido apenas na forma dolosa, o que torna atípica, de qualquer maneira, a conduta de "X". E mesmo na hipótese em que fosse possível a punição pela culpa, se "X" efetivamente precisava trabalhar, não lhe restando a alternativa do repouso, haveria inexigibilidade de conduta diversa, o que afastaria a culpabilidade.

Alternativa "d": está errada a assertiva por diversas razões: a) não houve lesão corporal, mas apenas esforço físico que causou o aborto; b) mesmo que "X" houvesse se lesionado, não seria possível que respondesse por lesão corporal contra si, pois a autolesão não é punível; c) não podemos confundir, como decorrência da lesão corporal, a aceleração de parto com o aborto. No primeiro caso, em decorrência da lesão, o feto é expulso, com vida, antes do tempo normal (parto prematuro), tratando-se de lesão corporal grave (art. 129, § 1º, inciso IV, do Código Penal). No segundo, o feto é expulso sem vida, considerando-se de natureza gravíssima a lesão (§ 2º, inciso V).

Alternativa "e": não há crime de desobediência, que consiste em desobedecer a ordem legal de funcionário público.

191. (FUNCAB – Delegado de Polícia – ES/2013) Anderson, ginecologista, foi procurado por Zéfira, que estava grávida de seu amante Josenildo. Zéfira solicitou que Anderson interrompesse sua gravidez, mediante a utilização de uma curetagem, objetivando esconder a traição. Anderson, que era inimigo de Josenildo, efetuou um procedimento cirúrgico causando a expulsão do embrião e, para se vingar de Josenildo, retirou os dois ovários de Zéfira. Assim, pode-se afirmar:

a) Zéfira deve responder pelo crime de aborto provocado com o consentimento da gestante (artigo 124 do CP), em concurso de agentes com Anderson.
b) Anderson deve responder pelo crime de aborto com o consentimento da gestante (artigo 126 do CP) com a causa de aumento de pena prevista no artigo 127 do CP.
c) Anderson deve responder pelo crime de aborto com o consentimento da gestante (artigo 126 do CP) e lesão corporal gravíssima (se resulta perda ou inutilização de função – artigo 129, § 2º, III do CP), em concurso formal.
d) Anderson deve responder pelo crime de aborto com o consentimento da gestante (artigo 126 do CP) e lesão corporal gravíssima (se resulta perda ou inutilização de função – artigo 129, § 2º, III, do CP), em concurso material.
e) Anderson deve responder pelo crime de lesão corporal gravíssima (se resulta aborto).

COMENTÁRIOS

Alternativa correta: letra "C". Está correta a assertiva. Anderson deverá responder por aborto com o consentimento da gestante porque ocasionou, com o consentimento válido da gestante, a interrupção da gravidez, destruindo o produto da concepção. Em virtude de ter realizado a esterilização involuntária em Zéfira, há também o crime de lesão corporal de natureza gravíssima pela perda da função reprodutiva. Os crimes serão imputados a Anderson na forma de concurso formal impróprio, pois, de uma conduta (o procedimento cirúrgico), ainda que cindida em diversos atos (ação única desdobrada), decorreram dois resultados com desígnios autônomos.

Alternativa "a": está errada a assertiva. Zéfira responde por consentir que outrem lhe tenha provocado o aborto, mas o médico, em exceção pluralista à teoria monista, será responsabilizado por crime diverso (provocar aborto com o consentimento da gestante).

Alternativa "b": Anderson não será responsabilizado por aborto majorado porque a lesão corporal não decorreu culposamente do aborto, mas foi cometida com propósito específico.

Alternativa "d": não se trata concurso material porque a conduta de Anderson foi única, embora dividida em vários atos e com desígnios autônomos.

Alternativa "e": está errada a assertiva porque não houve lesão corporal da qual decorreu aborto culposo. Ambos os resultados foram alcançados por dolo.

192. (FUNCAB – Delegado de Polícia – RJ/2012) Após ter ciência da gravidez de sua namorada Silmara, Nicanor convence a gestante a abortar, orientando-a a procurar uma clínica clandestina. Durante o procedimento abortivo, praticado pelo médico Horácio, Silmara sofre grave lesão, decorrente da imperícia do profissional, perdendo, pois, sua capacidade reprodutiva. Nesse contexto, considerando que a intervenção cirúrgica não era justificada pelo risco de morte para a gestante ou em virtude de estupro prévio, Silmara, Nicanor e Horácio responderão, respectivamente, pelos crimes de:

a) consentimento para o aborto (artigo 124,2a parte, CP); consentimento para o aborto (artigo 124, 2a parte, CP); e aborto praticado por terceiro com consentimento, em concurso de crimes com o delito de lesão corporal qualificada (artigo 126 c/c artigo 129, § 2°, III, ambos do CP).

b) consentimento para o aborto (artigo 124,2a parte, CP); aborto provocado por terceiro com consentimento especialmente agravado (artigo 126 c/c artigo 127, ambos do CP); e aborto provocado por terceiro com consentimento especialmente agravado (artigo 126 c/c artigo 127, ambos do CP).

c) consentimento para o aborto (artigo 124,2a parte, CP); consentimento para o aborto (artigo 124, 2a parte, CP); e aborto provocado por terceiro com consentimento especialmente agravado (artigo 126 c/c artigo 127, ambos do CP).

d) autoaborto (artigo 124, 1a parte, CP); aborto praticado por terceiro com consentimento, em concurso de crimes com o delito de lesão corporal qualificada (artigo 126 c/c artigo 129, § 2°, III, ambos do CP); e aborto praticado por terceiro com consentimento, em concurso de crimes com o delito de lesão corporal qualificada (artigo 126 c/c artigo 129, § 2°, III, ambos do CP).

e) autoaborto (artigo 124, 1a parte, CP); aborto provocado por terceiro com consentimento especialmente agravado (artigo 126 c/c artigo 127, ambos do CP); e aborto provocado por terceiro com consentimento especialmente agravado (artigo 126 c/c artigo 127, ambos do CP).

COMENTÁRIOS

Alternativa correta: letra "C". Está correta a assertiva. Silmara responde por ter consentido que o médico lhe provocasse o aborto e a Nicanor é imputado o mesmo crime a título de participação, pois sua conduta consistiu em induzir Silmara ao consentimento para a interrupção da gravidez. Sobre o assunto, explica Cezar Roberto Bitencourt: "Trata-se, nas duas modalidades, de *crime de mão própria*, isto é, que somente a gestante pode realizar. Mas, como qualquer crime de mão própria, admite a participação, como atividade acessória, quando o partícipe se limita a instigar, induzir ou auxiliar a gestante tanto a praticar o autoaborto como a consentir que terceiro lhe provoque. Contudo, se o terceiro for além dessa mera atividade acessória, intervindo na realização propriamente dos atos executórios, responderá não como coautor, que a natureza do crime não permite, mas como autor do crime do art. 126" (*Tratado de Direito Penal*, v. 2, p. 161-162). Finalmente, o médico responderá na forma do art. 126 (provocar aborto com o consentimento da gestante) com a incidência da majorante estabelecida no art. 127 do Código Penal. Note-se que o sujeito que apenas induziu a gestante a consentir para que terceiro provocasse o aborto escapa da majorante, vez que praticante de conduta inteiramente estranha à execução.

Alternativa "a": o médico não comete o crime de lesão corporal qualificada porque a lesão, no exemplo citado, foi culposa, decorrente do aborto; funciona como aumento da pena.

Alternativa "b": está errada a assertiva. Nicanor não tem sua conduta subsumida ao mesmo tipo penal do médico, pois não cometeu este crime. Seu comportamento consistiu em induzir Silmara a consentir que o médico fizesse o aborto, e nessa linha é que se dá a adequação típica (art. 124 do Código Penal).

Alternativa "d": está errada a assertiva porque, como já ressaltado, não houve crime de lesão corporal. Bem assim, Silmara não cometeu autoaborto, mas consentiu que outrem (Horácio) provocasse a interrupção da gravidez.

Alternativa "e": ver comentários às alternativas "a" e "d".

193. (Delegado de Polícia – SP/ 2011 – ACADEPOL) O aborto provocado pela gestante é crime

a) formal.

b) de mão própria.

c) de conduta vinculada.

d) de concurso necessário.

e) de mera conduta.

COMENTÁRIOS

Alternativa correta: letra "B". Está correta a assertiva. Crime de mão própria é aquele que somente pode ser cometido por determinado agente designado no tipo penal. Exige-se a atuação pessoal do sujeito ativo, que não pode ser substituído por mais ninguém. Diferencia-se do crime próprio por não admitir coautoria, sendo inaplicável o raciocínio de que ao terceiro se comunicam as circunstâncias pessoais. A participação, por sua vez, é admitida também neste último, já que o partícipe não incursiona pela conduta típica, mas apenas contribui para a realização do tipo.

Alternativa "a": está errada porque o crime de aborto é material, ou seja, que pressupõe a ocorrência do resultado naturalístico. No crime formal, a norma penal também descreve um resultado que, contudo, não precisa ocorrer para a consumação. Logo, o crime se consuma no momento da ação, sendo o resultado mero exaurimento (ex.: extorsão mediante sequestro).

Alternativa "c": está errada. O crime de conduta vinculada é aquele que somente pode ser cometido por meio das condutas previstas no tipo, o que não se coaduna com o aborto, que pode ser alcançado de qualquer forma.

Alternativa "d": crime de concurso necessário é aquele em que o próprio tipo penal pressupõe a reunião de agentes para que se caracterize, como ocorre com a associação criminosa e a associação para o tráfico. No caso do aborto do aborto provocado pela gestante, não há concurso de agentes. Note que, ainda que a gestante consinta que outra pessoa provoque seu aborto, as condutas não se subsumirão ao mesmo tipo penal, pois enquanto a gestante responde de acordo com o art. 124

do Código Penal, o terceiro que provocou o aborto terá sua conduta vinculada ao art. 126.

Alternativa "e": está errada porque o crime de mera conduta é aquele sem resultado naturalístico (descrito ou efetivamente produzido), em que a lei descreve apenas uma conduta, consumando-se o crime no momento em que esta é praticada (ex.: porte ilegal de arma de fogo).

---

194. (Delegado de Polícia – PI / 2009 – NUCEPE) De acordo com os crimes contra a pessoa, marque a alternativa correta.

a) É possível, em algumas hipóteses, que o crime de homicídio seja qualificado e privilegiado ao mesmo tempo, e, nessa situação, o homicídio, para a doutrina e jurisprudência majoritárias, será crime hediondo.

b) João induz e auxilia Maria a suicidar-se, porém esta, ao tentar tirar a própria vida, sofre apenas lesões leves. Nesse caso, João deverá responder por tentativa do crime de induzimento, instigação ou auxilio ao suicídio estabelecido no art. 122 do Código Penal.

c) No Código Penal brasileiro, o aborto só é punido na modalidade dolosa, não sendo possível, em nenhuma hipótese, punir penalmente o aborto culposo.

d) João, intencionalmente, lesionou o seu próprio pai, que ficou por vinte e cinco dias impossibilitado de realizar suas ocupações habituais. Nesta situação, João responderá pelo crime de lesão corporal leve, crime de menor potencial ofensivo, tipificado no art. 129, *caput*, do Código Penal.

e) O crime de ameaça, segundo a Lei 9.099/95, é de menor potencial ofensivo, pois a sua pena máxima é de 6 (seis) meses, e a ação penal é pública incondicionada.

COMENTÁRIOS

Alternativa correta: letra "C". Está correta a assertiva. Sabe-se que, nos termos do art. 18, parágrafo único, do Código Penal, salvo nos casos expressos em lei, ninguém pode ser punido por fato previsto como crime senão quando o pratica dolosamente. Em outras palavras, a punição por crime culposo só é possível se expressamente prevista em lei, o que não é o caso do aborto, cujos dispositivos só contemplam a modalidade dolosa.

Alternativa "a": é possível, efetivamente, que o homicídio seja qualificado e privilegiado ao mesmo tempo, desde que a qualificadora seja de natureza objetiva, já que o privilégio é subjetivo. Há discussão a respeito da hediondez do homicídio nesta hipótese, sendo que uma primeira corrente, fazendo analogia com o disposto no art. 67 do CP, entende preponderar o privilégio, desnaturando a hediondez do delito (*RT* 754/689). Outra, lecionando que o art. 67 aplica-se somente para agravantes e atenuantes, e não fazendo a Lei 8.930/94 qualquer ressalva, entende que o homicídio qualificado-privilegiado permanece hediondo. O STJ já decidiu de acordo com a primeira corrente (HC 153.728/SP).

Alternativa "b": está errada a assertiva. Entende a doutrina clássica (Hungria) que o crime se consuma com o induzimento, instigação ou auxílio ao suicídio, ficando a punição do crime consumado condicionada à superveniência da morte ou lesão grave da vítima (condição objetiva de punibilidade), não admitindo a tentativa. Assim, de acordo com essa corrente, temos: a) se a vítima induzida, instigada ou auxiliada pratica o ato letal, vindo a falecer, haverá crime consumado, punido com reclusão de 2 a 6 anos; b) se a vítima induzida, instigada ou auxiliada realiza ato fatal, sofrendo lesão grave (suicídio frustrado), o crime igualmente é consumado, porém com pena de 1 a 3 anos; c) se a vítima induzida, instigada ou auxiliada busca acabar com a própria vida, porém sofre apenas lesão leve (ou não sofre qualquer lesão), apesar de consumado, não é punível. O mesmo raciocínio se aplica no caso de a vítima nem sequer tentar se matar.

É cada vez mais crescente, no entanto, a corrente que nega à morte (ou lesão grave) a natureza jurídica de condição objetiva de punibilidade, pois representa o objetivo e propósito a que se direcionava e voltava o intento do agente. Trata-se, na realidade, do próprio resultado naturalístico. Para esta corrente, a tentativa é também juridicamente inadmissível, embora possível sob o aspecto fático (Capez). Considerando essa segunda interpretação, se o induzido, instigado ou auxiliado a se matar nem sequer inicia a execução do ato fatal, ou, dando início, sofre apenas lesão leve, o acontecimento será um indiferente penal, apenas imoral. Resultando lesão grave ou morte, crime consumado.

Há também um terceiro entendimento (Bitencourt) segundo o qual o Código Penal estabelece para este crime uma espécie de *conatus* qualificado, quando da tentativa de suicídio advém lesão grave.

Assim, usando o resumo feito com as correntes anteriores, temos: a) se a vítima induzida, instigada ou auxiliada pratica o ato fatal, vindo a falecer, haverá crime consumado, punido com reclusão de 2 a 6 anos; b) se a vítima induzida, instigada ou auxiliada realiza ato mortal, sofrendo lesão grave (suicídio frustrado), *o crime será tentado*, com pena de 1 a 3 anos; c) se a vítima induzida, instigada ou auxiliada busca se matar, porém sofre apenas lesão leve (ou não sofre qualquer lesão), o fato é atípico (um indiferente penal). O mesmo raciocínio se aplica no caso de a vítima nem sequer tentar se matar.

Alternativa "d": está errada a assertiva porque, embora o crime não seja qualificado pela extensão da lesão, incide a qualificadora do § 9º do art. 129 do Código Penal, que eleva a pena máxima para três anos de detenção, excluindo-o do conceito de delito de menor potencial ofensivo.

Alternativa "e": está errada porque embora o crime de ameaça seja de menor potencial ofensivo, a ação penal é pública condicionada a representação do ofendido.

---

195. (Delegado de Polícia – TO 2008 – CESPE – Adaptada) No que tange à parte especial do Código Penal, julgue o item a seguir.

O Código Penal brasileiro permite três formas de abortamento legal: o denominado aborto terapêutico, empregado para salvar a vida da gestante; o aborto eugênico, permitido para impedir a continuação da gravidez de fetos ou embriões com graves anomalias; e o aborto humanitário, empregado no caso de estupro.

COMENTÁRIOS

✪ **Nota do autor:** a questão trata de uma das hipóteses em que o aborto é permitido na forma do artigo 128 do Código Penal. De acordo com a maioria da doutrina, o artigo em comento traz duas causas especiais de exclusão da ilicitude. Nesse sentido é o escólio de Mirabete: "São causas excludentes da criminalidade, embora a redação do dispositivo pareça indicar causas de ausência de culpabilidade ou punibilidade" (*Manual de direito penal:* parte especial. São Paulo: Atlas, v. 2, p. 68). Cezar Roberto Bitencourt explica: "É uma forma diferente e especial de o legislador excluir a ilicitude de uma infração penal sem dizer que 'não há crime', como faz no art. 23 do mesmo diploma legal" (*Tratado de direito penal – Parte especial*, v. 2, p. 168).

Errado. O aborto terapêutico (ou necessário), efetivamente, é permitido para salvar a vida da gestante, pressupondo três requisitos: a) *aborto praticado por médico:* caso seja necessária a realização do aborto por pessoa sem a habilitação profissional do médico (parteira, farmacêutico etc.), apesar de o fato ser típico, estará o agente acobertado pela descriminante do estado de necessidade (art. 24); b) *o perigo de vida da gestante:* não basta o perigo para a saúde; c) *a impossibilidade do uso de outro meio para salvá-la:* não pode o médico escolher o meio mais cômodo, pois se houver outra maneira, que não a interrupção da gravidez, para salvar a vida da gestante, o agente responderá pelo crime.

De igual forma, permite-se o aborto humanitário (ou sentimental), que depende de três condições: a) *que o seja praticado por médico:* caso realizado por pessoa sem habilitação legal, haverá o crime, não se ajustando qualquer causa legal (ou extralegal) de justificação; b) *que a gravidez seja resultante de estupro;* c) *prévio consentimento da gestante ou seu representante legal:* de preferência, que esse consentimento seja o mais formal possível (acompanhado de boletim de ocorrência), inclusive com testemunhas.

Já quanto ao aborto eugênico, o nosso Estatuto Penal, na sua Exposição de Motivos, foi claro ao incriminá-lo. O tema, todavia, despertou na doutrina, na jurisprudência e na sociedade importante discussão quando a questão envolve feto anencéfalo, isto é, o embrião, feto ou recém-nascido que, por malformação congênita, não possui uma parte do sistema nervoso central, ou melhor, faltam-lhe os hemisférios cerebrais e tem uma parcela do tronco encefálico (bulbo raquidiano, ponte e pedúnculos cerebrais).

De um lado, temos aqueles que, seguindo a doutrina cristã, pregam que tal comportamento, egoístico, fere os princípios da fé. Lutam, arduamente, contra a pecaminosa interrupção da gravidez.

Do outro, os etiquetados *liberais*, admitem essa espécie de abortamento, levantando em seu favor argumentos vários, desde os sociológicos, passando pelos emocionais, sem esquecerem dos jurídicos (em especial, o respeito ao princípio da dignidade da pessoa humana). Aqui se sustenta: não sacrificar o feto é, talvez, sacrificar, num futuro próximo e iminente, duas vidas: a do próprio feto e a da sua gestante.

A discussão chegou aos Tribunais Superiores. Provocado a se manifestar, o Supremo Tribunal Federal, na ADPF 54 ajuizada pela Confederação Nacional dos Trabalhadores na Saúde (CNTS), reconheceu que, diante de uma deformação irreversível do feto, há de se lançar mão dos avanços médicos tecnológicos, postos à disposição da humanidade não para simples inserção, no dia-a-dia, de sentimentos mórbidos, mas, justamente, para fazê-los cessar. No caso da anencefalia, a ciência médica atua com margem de certeza igual a 100%. Dados merecedores da maior confiança evidenciam que fetos anencefálicos morrem no período intrauterino em mais de 50% dos casos. A gestante convive diuturnamente com a triste realidade e a lembrança ininterrupta do feto, dentro de si, que nunca poderá se tornar um ser vivo. Se assim é – e ninguém ousa contestar –, trata-se de situação concreta que foge à glosa própria ao aborto – que conflita com a dignidade humana, a legalidade, a liberdade e a autonomia de vontade.

37. LESÃO CORPORAL

196. (Vunesp – Delegado de Polícia – CE/2015) Se da lesão corporal dolosa resulta morte e as circunstâncias evidenciam que o agente não quis o resultado morte, nem assumiu o risco de produzi-lo, configura(m)-se

a) lesão culposa e homicídio culposo, cujas penas serão aplicadas cumulativamente.

b) lesão corporal seguida de morte.

c) homicídio culposo qualificado pela lesão.

d) homicídio doloso (dolo eventual).

e) homicídio doloso (dolo indireto).

COMENTÁRIOS

Alternativa correta: letra "B". O § 3º do art. 129 do Código Penal incrimina a lesão corporal seguida de morte, chamada pela doutrina de *homicídio preterdoloso*, hipótese em que o agente, querendo apenas ofender a integridade ou a saúde de outrem, acaba por matá-lo culposamente. Aqui falta ao autor o *animus necandi*, pois sua atuação se dá apenas com a intenção de ofender a integridade corporal ou a saúde da vítima (a intenção é produzir um dano menor do que o alcançado). No dizer de Magalhães Noronha: "É no § 3º do art. 129 onde melhor o Código define o crime preterdoloso ou preterintencional. O verbo *resultar* indica o nexo de causalidade material entre a ação do agente e o evento *morte*, e as expressões *não quis o resultado, nem assumiu o risco de produzi-lo*, excluem taxativamente o dolo direto e eventual" (*Direito penal*, v. 2, p. 74). São elementos da figura criminal em estudo: 1) uma conduta dolosa, dirigida à ofensa da integridade corporal ou da saúde de outrem; 2) resultado culposo mais grave (morte); 3) nexo entre a conduta e o resultado.

Alternativa "a": está errada a assertiva. Não seria possível que o agente respondesse por homicídio culposo porque sua conduta inicial tinha o propósito de lesionar. Por isso, alcançando seu intento (lesão), do qual decorre a morte não intencional da vítima, o crime é de lesão corporal qualificada pela morte.

Alternativa "c": não existe, evidentemente, nenhuma figura de homicídio culposo qualificado por lesão. Caso haja uma morte decorrente da inobservância do dever de cuidado, a lesão lhe é obviamente inerente e compõe o próprio tipo do homicídio.

Alternativa "d": não se trata de homicídio com dolo eventual porque, na lesão corporal da qual decorre a morte, o agente não assume o risco de matar. Sua intenção é somente ferir.

Alternativa "e": está errada a assertiva porque, como já destacado, o único dolo presente na lesão corporal seguida de morte é a lesão. Não é possível, portanto, atribuir ao agente a responsabilidade pela morte na modalidade de dolo indireto (que abarca o alternativo e o eventual).

197. (ACAFE – Delegado de Polícia – SC/2014) De acordo com o Código Penal, a lesão corporal que tem cominada pena de reclusão de um a cincos anos, dentre outras, são as que resultam em:

a) deformidade permanente.
b) incapacidade permanente para o trabalho.
c) enfermidade incurável e aborto.
d) perda ou inutilização do membro, sentido ou função.
e) perigo de vida.

COMENTÁRIOS

Alternativa correta: letra "E". Está correta a assertiva. A lesão corporal da qual decorre perigo de vida é grave, qualificada, conforme estabelece o art. 129, § 1º, do Código Penal, e tem pena de reclusão variável entre um e cinco anos. Trata-se da probabilidade séria, concreta e imediata do êxito letal, devidamente comprovado por perícia. Percebe-se, assim, que o perigo deve ser presente, real, e não somente opinado, resultado de simples conjecturas. Esta qualificadora só admite o preterdolo (dolo na conduta e culpa no resultado). Se o ofensor considerou, por um momento apenas, a possibilidade de matar a vítima (dolo no resultado), teremos configurado o crime de homicídio tentado.

Alternativa "a": está errada a assertiva. Se da ofensa à integridade corporal decorre deformidade permanente, considera-se gravíssima a lesão, o que eleva a pena para reclusão de dois a oito anos. Consiste a deformidade permanente no dano estético, aparente, considerável, irreparável pela própria força da natureza e capaz de provocar impressão vexatória (desconforto para quem olha e humilhação para a vítima).

Alternativa "b": está errada porque a incapacidade permanente para o trabalho também torna gravíssima a lesão corporal, elevando a pena para reclusão de dois a oito anos.

Alternativa "c": está errada a assertiva. Tanto a enfermidade incurável quanto o aborto tornam gravíssima a lesão corporal, aplicando-se também a pena de reclusão de dois a oito anos. Note-se que se pune aqui a lesão a título de dolo e o abortamento (interrupção da gravidez) a título de culpa (crime preterdoloso ou preterintencional). Não se confunde com o art. 127, 1.ª parte, do Código Penal, que retrata situação completamente oposta.

Alternativa "d": a está errada porque a perda ou inutilização do membro, sentido ou função também torna gravíssima a lesão corporal. Tratando-se de órgãos duplos, a lesão, para ser qualificada como gravíssima, deve atingir ambos.

198. (FUNCAB – Delegado de Polícia – ES/2013) Joseval, no calor de uma discussão com Marinalda, sua namorada, por divergências esportivas, pois torcem para times distintos, desferiu um soco no rosto desta, que resultou em lesão, após o que Marinalda passou a não sentir mais paladar. Assim, Joseval:

a) deve responder pelo crime de lesão corporal simples.
b) deve responder pelo crime de lesão corporal grave.
c) deve responder pelo crime de lesão corporal gravíssima.
d) deve responder pelo crime de violência doméstica.
e) não deve responder por crime algum, pois a imputabilidade fica excluída pela emoção ou pela paixão.

COMENTÁRIOS

Alternativa correta: letra "C" (responde, também, as alternativas "a" e "b"). Está correta a assertiva. Há lesão corporal no ato de ofender, direta ou indiretamente, a integridade corporal ou a saúde de outrem, quer causando uma enfermidade, quer agravando a que já existe. No exemplo citado, a lesão é gravíssima porque a falta de paladar constitui a perda de sentido de que trata o art. 129, § 2º, inciso III, do Código Penal.

Alternativa "d": não existe "crime de violência doméstica". Pode haver, no caso da lesão corporal qualificada, violência doméstica e familiar que caracterize majorante de pena, nos termos do art. 129, § 10, do Código Penal. O enunciado, no entanto, não apresenta indicação de que o delito tenha ocorrido contra ascendente, descendente, irmão, cônjuge ou companheiro, ou com quem conviva ou tenha convivido, ou, ainda, prevalecendo-se o agente das relações domésticas, de coabitação ou de hospitalidade.

Alternativa "e": está errada a assertiva porque, nos termos do art. 28, inciso I, do Código Penal a emoção e a paixão não excluem a imputabilidade penal, a não ser, no caso desta última, que se trate de um estado patológico que impeça o indivíduo de entender o caráter ilícito do fato e de se determinar de acordo com este entendimento. A emoção pode servir como circunstância atenuante (artigo 65, III, "c", do Código Penal) ou como causa de diminuição de pena (artigos 121, § 1º, e 129, § 4º, ambos do Código Penal), desde que o agente atue dominado pela violenta emoção, logo em seguida a injusta provocação da vítima.

---

199. (FGV – Delegado de Polícia – MA/2012) No curso de uma discussão entre irmãs, o marido de uma delas desfere um chute na barriga da cunhada, causando-lhe lesões que ocasionaram o aborto, certo que a gravidez da vítima não era do conhecimento do agressor.

A vítima, que trabalhava na prostituição, ficou impedida de exercer a sua atividade "profissional" por prazo superior a 30 dias, o que foi reconhecido pela perícia.

Com base no exposto, assinale a alternativa que indica a tipificação correta e o juízo competente para decidir o fato.

a) Artigo 129, do CP (lesão corporal simples), sendo a competência do JECRIM.

b) Artigo 129, §§ 1°, I (lesão corporal grave pela incapacidade para ocupações habituais por mais de 30 dias), e 2°, V (lesão corporal gravíssima pelo aborto), do CP, sendo a competência da Vara criminal comum.

c) Artigo 129, §§ 1°, I (lesão corporal grave pela incapacidade para ocupações habituais por mais de 30 dias), e 2°, V (lesão corporal gravíssima pelo aborto), do CP, sendo a competência da Vara da violência doméstica.

d) Artigo 129, § 1°, I (lesão corporal grave pela incapacidade para ocupações habituais por mais de 30 dias), do CP, sendo a competência da Vara da violência doméstica.

e) Artigo 129, § 1°, I (lesão corporal grave pela incapacidade para ocupações habituais por mais de 30 dias), sendo a competência da Vara criminal comum.

COMENTÁRIOS

Alternativa correta: letra "E" (responde, também, a alternativa "d"). Está correta a assertiva. Cometeu o agente o crime de lesão corporal qualificada por ter resultado na vítima incapacidade para as ocupações habituais por mais de trinta dias. Entende-se por ocupação habitual qualquer atividade corporal costumeira, tradicional, não necessariamente ligada a trabalho ou ocupação lucrativa, devendo ser lícita, ***não importando se moral ou imoral***, podendo ser intelectual, econômica, esportiva etc. Desse modo, nada impede que a prostituta seja vítima nesses moldes. A competência será do juízo comum porque não se trata de violência doméstica e familiar contra a mulher, pois a agressão ocorreu contra a cunhada do agente enquanto ela discutia com a irmã, sem nenhuma indicação de violência de gênero.

Alternativa "a": Embora a assertiva pudesse ser considerada errada à época da elaboração, o STJ tem decidido, quanto ao homicídio mediante paga, que a qualificadora pode ou não se comunicar ao mandante, a depender das circunstâncias (HC 291604/PI, DJe 22/10/2015; REsp 1.209.852/PR, DJe 02/02/2016).

Alternativa "b": ao agente não pode ser imputada a qualificadora relativa ao aborto decorrente da lesão porque desconhecia ele esta circunstância. Atribuir-lhe a qualificadora caracterizaria responsabilidade objetiva.

Alternativa "c": ver comentários às alternativas "a" e "b".

---

200. (Delegado de Polícia – SP/ 2011 – ACADEPOL) Tratando-se do crime de lesão corporal previsto no artigo 129, § 1°, inciso II, do CPB (perigo de vida), assinale a alternativa correta

a) É uma figura típica exclusivamente culposa.

b) É uma figura típica exclusivamente preterdolosa.

c) O perigo de vida não deve necessariamente ser "concreto" para incidência da qualificadora.

d) O exame de corpo de delito (pericial) vítima é dispensável para a caracterização da qualificadora em questão.

e) É hipótese que caracteriza a culpa consciente.

COMENTÁRIOS

Alternativa correta: letra "B". Está correta a assertiva. O perigo de vida decorrente da lesão corporal dolosa deve ser culposo, pois, se intencional, ao agente será imputado o crime de homicídio na forma tentada.

Alternativa "a": não se trata de figura típica exclusivamente culposa, pois o tipo fundamental da lesão corporal qualificada pelo perigo de vida é doloso.

Alternativa "c": está errada porque o perigo deve consistir em probabilidade séria, concreta e imediata do êxito letal, devidamente comprovado por perícia. Percebe-se, assim, que o perigo deve ser presente, real, e não somente opinado, resultado de simples conjecturas.

Alternativa "d": está errada porque o perigo de vida deve ser demonstrado por meio de exame pericial, sob pena de se afastar a qualificadora.

Alternativa "e": não se trata de culpa consciente, mas de crime doloso do qual resulta perigo de vida não intencional.

---

201. (Delegado de Polícia – MG/ 2008 – ACADEPOL – PC/MG) Quanto aos crimes contra as pessoas, as seguintes alternativas estão corretas, EXCETO

a) a mãe que, em estado puerperal, logo após o parto, na enfermaria do hospital, mata filho de outra pessoa pensando ser o próprio, responde por infanticídio e não por homicídio.

b) o agente que provoca várias lesões corporais, de natureza grave e gravíssima, contra a mesma vítima em um mesmo contexto fático responde por crime continuado.

c) para a ocorrência do crime de induzimento, instigação ou auxílio ao suicídio, será indispensável que a vítima seja determinada e tenha capacidade de discernimento.

d) todas as pessoas, mulheres ou homens, que se enquadram às situações emanadas do tipo, podem ser vítimas dos crimes de violência doméstica, podendo as penas ser aumentadas de 1/3 se o crime for cometido contra pessoa portadora de deficiência.

COMENTÁRIOS

Alternativa correta: letra "B". Está errada a assertiva. Se, no mesmo contexto fático, o agente causa lesões corporais de natureza grave e gravíssima na vítima, o crime será único, com a aplicação da pena relativa à lesão gravíssima, devendo as múltiplas lesões influenciar a dosimetria da pena.

Alternativa "a": está correta porque, no caso, houve erro sobre a pessoa. Nesta espécie de erro, há uma equivocada representação do objeto material (pessoa) visado pelo agente. Em decorrência deste erro, o agente acaba atingindo pessoa diversa. Percebe-se que o erro quanto à pessoa implica na existência de duas vítimas: uma real (pessoa realmente atingida) e uma virtual (pessoa que se pretendia atingir). O agente, na execução, confunde as duas. O erro quanto à pessoa não exclui o dolo, não exclui a culpa e não isenta o agente de pena, mas na sua punição devem ser consideradas as qualidades ou condições pessoais da vítima virtual (pretendida). Daí porque a mãe responde como se tivesse matado o próprio filho.

Alternativa "c": está correta a assertiva. Sabendo que o suicídio se dá com a eliminação da própria vida, realizada de forma *voluntária* e *consciente* (capacidade de discernimento), claro está que apenas pessoa *capaz* pode ser sujeito passivo. Tratando-se de "suicida" *incapaz* de entender o significado de sua ação e de determinar-se de acordo com esse entendimento, deixa de haver supressão *voluntária* e *consciente* da própria vida, logo, não há suicídio. Nesse caso, estaremos diante de um delito de homicídio, encarando-se *a incapacidade da vítima* como mero instrumento daquele que lhe provocou a morte. Exige-se, ainda, que a conduta do agente seja dirigida a uma ou várias pessoas determinadas, não bastando o mero induzimento genérico, dirigido a pessoas incertas (ex.: espetáculos, obras literárias endereçadas ao público em geral, discos etc.).

Alternativa "d": está correta. O delito de lesão corporal cometido no contexto de violência doméstica não se resume às situações em que a mulher é a vítima (caso em que se aplicam, também, as disposições da Lei nº 11.340/06). Homem também pode ser vítima do crime de lesão corporal qualificada pelo ambiente doméstico e familiar, podendo as penas ser aumentadas de 1/3 se o crime for cometido contra pessoa portadora de deficiência (§ 11).

38. ABANDONO DE INCAPAZ

202. (FUNCAB – Delegado de Polícia – ES/2013) Gertrudes, para ir brincar o carnaval, deixou dormindo em seu apartamento seus filhos Lúcio, de cinco anos de idade, e Lígia, de sete anos de idade. As crianças acordaram e, por se sentirem sós, começaram a chorar. Os vizinhos, ouvindo os choros e chamamentos das crianças pela janela do apartamento, que ficava no terceiro andar do prédio, arrombaram a porta, recolheram as crianças e entregaram-nas ao Conselho Tutelar. Logo, pode-se afirmar que Gertrudes deve responder pelo crime de:

a) perigo a vida ou saúde de outrem e os vizinhos não praticaram crime, pois estavam agindo em legítima defesa de terceiros.
b) abandono de incapaz e os vizinhos não praticaram crime, pois estavam agindo em legítima defesa de terceiros.
c) perigo a vida ou saúde de outrem e os vizinhos não praticaram crime, pois estavam agindo em estado de necessidade de terceiros.
d) abandono de incapaz e os vizinhos não praticaram crime, pois estavam agindo em estado de necessidade de terceiros.
e) pelo crime de abandono material e os vizinhos não praticaram crime, pois estavam agindo em estado de necessidade exculpante de terceiros.

COMENTÁRIOS

Alternativa correta: letra "D". Está correta a assertiva. O núcleo do tipo do abandono de incapaz é o verbo *abandonar* pessoa indefesa. Abandonar significa *deixar ao abandono, desassistido, desamparado*, traduzindo, no caso, uma ação ou omissão infringente da obrigação da respectiva guarda e assistência. Pode ser praticado mediante *ação* (levar a vítima a um local ermo e ali deixá-la) ou *omissão* (afastar-se da vítima do lugar onde se encontra, deixando-a à própria sorte), como ocorre no exemplo citado no enunciado, sendo indiferente se o abandono foi temporário ou definitivo, desde que por tempo juridicamente relevante, suficiente para colocar o incapaz em risco. Os vizinhos, com efeito, não respondem pela violação de domicílio porque, diante da situação de perigo a que estavam submetidas as crianças, não havia opção a não ser forçar a entrada no imóvel e ampará-las.

Alternativa "a": não se trata de perigo para a vida ou saúde de outrem, em que a conduta típica é a de expor a vida ou a saúde de outrem a perigo direto e iminente, o que não ocorreu. Além do fato de ter sido o delito cometido pela mãe (que tem obrigação de cuidado), não houve exposição das crianças a perigo direto e iminente, mas aos riscos concretos resultantes do abandono. Não se trata de legítima defesa de terceiro porque não havia, contra as crianças, agressão injusta direta ou iminente, mas, sim, uma situação de perigo.

Alternativa "b": ver comentários às alternativas "a" e "d".

Alternativa "c": ver comentários às alternativas "a" e "d".

Alternativa "e": está errada a assertiva. O crime de abandono material tem lugar nas situações em que alguém: a) deixa, sem justa causa, de prover a subsistência do cônjuge, ou de filho menor de dezoito anos ou inapto para o trabalho, ou de ascendente inválido ou maior de sessenta anos, não lhes proporcionando os recursos necessários ou faltando ao pagamento de pensão alimentícia judicialmente acordada, fixada ou majorada; b) deixa, sem justa causa, de socorrer descendente ou ascendente, gravemente enfermo. Não é do que trata o exemplo. No mais, o estado de necessidade que abona a conduta dos vizinhos não é o exculpante, mas o justificante, pois adota-se, no Código Penal, a teoria unitária: se o direito sacrificado é de igual ou menor valor que o protegido, pode-se invocar a descriminante do estado de necessidade (como no exemplo); se o bem jurídico sacrificado for mais valioso que o protegido, haverá redução de pena.

39. OMISSÃO DE SOCORRO

203. (IBADE – Delegado de Polícia – AC/2017) Naiara, adolescente, ao chegar à própria casa depois do colégio, encontra seu pai caído, com um ferimento na cabeça, aparentemente produzido por disparo de arma de fogo realizado por ele mesmo, todavia ainda respirando. Desesperada, corre até a casa de seu tio Hermínio, cunhado da vítima, solicitando ajuda. Como houvera uma rusga entre Hermínio e a vítima, aquele se recusa a prestar auxílio, limitando-se a dizer à sobrinha: "tomara que morra". Naiara, então, vai à casa de um vizinho, que se compromete a ajudá-la. Ao retornarem ao local do fato, encontram a vítima ainda viva, mas dando seus últimos suspiros, vindo a óbito em menos de um minuto. Do momento em que Naiara viu a vítima ferida até sua morte não transcorreram mais do que quinze minutos. Realizado o exame cadavérico, o laudo pericial indica que o ferimento seria inexoravelmente fatal, ainda que o socorro tivesse sido prestado de imediato. Nesse contexto, com base nos estudos sobre a omissão e acerca do bem jurídico-penal, é correto afirmar que a conduta de Hermínio caracteriza:

a) homicídio qualificado.
b) induzimento, instigação ou auxílio ao suicídio.
c) homicídio culposo.
d) conduta atípica.
e) omissão de socorro.

COMENTÁRIOS

Alternativa correta: letra "D" (responde, também, a alternativa "e"). Está correta a assertiva. Para que ocorra a omissão de socorro, é indispensável que o sujeito ativo esteja na presença da vítima em perigo. Cezar Roberto Bitencourt explica: "O sujeito ativo deve estar no lugar e no momento em que o periclitante precisa de socorro; caso contrário, se estiver ausente, embora saiba do perigo e não vá ao seu encontro para salvá-lo, não haverá o crime, pois o crime é omissivo, e não comissivo. Poderá nesse caso haver egoísmo, insensibilidade, displicência, indiferença pela 'sorte' da vítima, mas esses sentimentos, ainda que eticamente possam ser censuráveis, não tipificam a omissão de socorro, pois, como lembrava Magalhães Noronha, 'um código penal não é um código de ética'" (Tratado de Direito Penal , v. 2, p. 287).

Alternativa "a": não é possível considerar a ocorrência de homicídio doloso, pois Hermínio não tinha o dever de agir para evitar o resultado, isto é, não estava presente nenhuma das situações de relevância da omissão (art. 13, § 2º, do CP).

Alternativa "b": tampouco é possível aventar a possibilidade de induzimento, instigação ou auxílio ao suicídio, pois Hermínio não fez nascer na vítima a ideia e a vontade do suicídio; não reforçou a vontade mórbida preexistente na vítima; nem prestou assistência material para que o suicídio ocorresse.

Alternativa "c": também não se trata de homicídio culposo, pois não houve, da parte de Hermínio, conduta imprudente, negligente ou imperita que tenha causado o homicídio.

204. (Cespe – Delegado de Polícia – AL/ 2012 – Adaptada) Acerca dos crimes em espécie, julgue os itens seguintes.

O crime de omissão de socorro não admite tentativa, porquanto estando a omissão tipificada na lei como tal e tratando-se de crime unissubsistente, se o agente, sem justa causa, se omite, o crime já se consuma.

COMENTÁRIOS

Certo. Está correta a assertiva. Tratando-se de crime omissivo próprio, a tentativa não é admissível, pois inviável o fracionamento do *iter* (crime unissubsistente).

205. (Delegado de Polícia – SC / 2008 – ACADEPOL) "Crácio" encontrou o ancião "Mévio", 80 anos de idade e inválido, ferido em consequência de um desabamento, sem condições de socorrer-se por suas próprias forças. Dolosamente, deixou de prestar-lhe assistência, embora fosse possível fazê-lo sem risco pessoal, na expectativa de que outrem o socorresse. Da omissão resultou a morte de "Mévio". "Crácio" responderá por:

a) modalidade especial de omissão de socorro prevista no Estatuto do Idoso (Lei nº 10.741/03), qualificada pelo resultado morte (preterdolo).
b) crime de omissão de socorro, qualificado pelo resultado morte (preterdolo), previsto no Código Penal.
c) crime de abandono de incapaz, qualificado pelo resultado morte (preterdolo), previsto no Código Penal.
d) crime de homicídio culposo, com aumento de pena, pois a vítima era maior de 60 (sessenta) anos.

COMENTÁRIOS

Alternativa correta: letra "A" (responde, também, a alternativa "b"). Crácio responderá de acordo com o art. 97 da Lei nº 10.741/03, que pune a conduta de deixar de prestar assistência ao idoso, quando possível fazê-lo sem risco pessoal, em situação de iminente perigo, ou recusar, retardar ou dificultar sua assistência à saúde, sem justa causa, ou não pedir, nesses casos, o socorro de autoridade pública. A pena é de detenção de seis meses a um ano e multa, aumentada da metade, se da omissão resulta lesão corporal de natureza grave, e triplicada, se resulta a morte. Afasta-se, no caso, pelo princípio da especialidade, a omissão de socorro tipificada no Código Penal.

Alternativa "c": está errada porque o abandono de incapaz se caracteriza por abandonar pessoa que está sob seu cuidado, guarda, vigilância ou autoridade, e, por qualquer motivo, incapaz de defender-se dos riscos resultantes do abandono. O enunciado não menciona Mévio era incapaz e estava sob cuidado, guarda, vigilância ou autoridade de Crácio.

Alternativa "d": não há homicídio neste caso porque a morte não ocorreu por conduta culposa de Crácio, mas pela omissão de socorro.

40. MAUS TRATOS

206. (Vunesp – Delegado de Polícia – CE/2015) O crime de maus-tratos tem pena aumentada de 1/3 (art. 136, § 3º do CP) se

a) praticado contra ascendente, descendente, irmão ou cônjuge.

b) resulta em lesão corporal, ainda que leve.

c) o agente prevalece-se de relações familiares ou domésticas.

d) praticado contra pessoa menor de 14 anos.

e) praticado por agente público.

COMENTÁRIOS

Alternativa correta: letra "C" (responde, também, as demais alternativas). Está correta a assertiva. Consiste o crime de maus tratos em expor a perigo a vida ou a saúde de pessoa sob sua autoridade, guarda ou vigilância, para fim de educação, ensino, tratamento ou custódia, quer privando-a de alimentação ou cuidados indispensáveis, quer sujeitando-a a trabalho excessivo ou inadequado, quer abusando de meios de correção ou disciplina. Infligir maus-tratos é tratar pessoa com violência, bater, espancar, maltratar, açoitar, mutilar, lesar fisicamente, obrigar contra a natureza, produzir padecimentos, submeter a sofrimentos de ordem física e mental, submeter mediante emprego de utensílios e aparelhos, sujeitar a trabalho excessivo ou inadequado para a sua estrutura e/ou idade, privar de alimentação etc.

Trata-se de crime próprio, que só pode ser cometido por aquele que, em razão de direito privado, público ou administrativo, tenha autoridade, guarda ou vigilância em relação à vítima. E somente podem figurar como sujeitos passivos aqueles que se encontram sob o poder disciplinar do agente, pessoas subordinadas ao sujeito ativo para fins de educação, ensino, tratamento ou custódia (a esposa e o filho maior de idade não podem ser vítimas do delito, vez que não são subordinados à autoridade do agente). O § 3º do art. 136 do Código Penal, acrescentado pela Lei 8.069/90, prevê causa de aumento de pena nas hipóteses em que o crime seja cometido contra menores de 14 anos. Constituindo a pouca idade da vítima causa de aumento de pena, afasta-se, automaticamente, a incidência da circunstância agravante prevista no art. 61, II, *h*, em razão do princípio do *non bis in idem*.

Alternativa "a": está errada a assertiva. Não há disposição legal que majore a pena quando os maus tratos são praticados contra ascendente, descendente, irmão ou cônjuge. Pode, no entanto, incidir a circunstância agravante do art. 61, inciso II, alínea *e*, do Código Penal.

Alternativa "b": está errada a assertiva. A pena do crime de maus tratos é aumentada (por qualificadora) se a lesão corporal decorrente (culposa) é de natureza grave. No caso, a pena, que na figura básica varia de dois meses a um ano de detenção, passa para reclusão de um a quatro anos.

Alternativa "d": está errada a assertiva. Não há disposição legal que majore a pena quando o agente se prevalece de relações familiares ou domésticas. Pode, no entanto, incidir a circunstância agravante do art. 61, inciso II, alínea *f*, do Código Penal.

Alternativa "e": está errada a assertiva. Não há majoração da pena quando o agente é servidor público. É possível, todavia, incidir a circunstância agravante do art. 61, inciso II, alínea *g*, do Código Penal.

41. DIFAMAÇÃO

207. (NUCEPE – Delegado de Polícia – PI/2014) No que se refere aos crimes contra a pessoa, assinale a alternativa INCORRETA.

a) Não se pune o aborto se a gravidez resulta de estupro, sobretudo se é precedido de consentimento da gestante.

b) Na injúria há imputação de fato ofensivo à dignidade ou ao decoro da vítima.

c) Mãe que intencionalmente deixa de amamentar o filho, causando-lhe a morte por inanição, pratica crime comissivo por omissão.

d) Nos crimes perpetrados contra pessoa maior de sessenta anos, incidirá a agravante de um terço da pena, exceto no caso de injúria.

e) No crime de difamação admite-se a exceção da verdade se o ofendido é funcionário público e a ofensa é relativa ao exercício de suas funções.

COMENTÁRIOS

Alternativa correta: Anulada.

Alternativa "a": está errada a assertiva porque embora seja excluído o crime de aborto se a gravidez resulta de estupro, isso não ocorre "sobretudo" se houver consentimento da gestante. O consentimento, pelo texto expresso da lei, é imprescindível para que se realize o procedimento legal. Se não houver expressa concordância da gestante, perfaz-se o crime do art. 125 do Código Penal.

Alternativa "b": originariamente, esta era a assertiva considerada incorreta. E, efetivamente, não trata do crime de injúria, que não consiste em imputação de fato. Na injúria, o agente emite conceitos negativos sobre a vítima (fatos vagos, genéricos, difusos também configuram injúria). Se houver a imputação (atribuição) de fato determinado que, embora sem revestir caráter criminoso, seja ofensivo à reputação da pessoa a quem se atribui, o crime será o de difamação.

Alternativa "c": está correta a assertiva. Em decorrência da norma insculpida no artigo 13, § 2º, do Código Penal, que estabelece a "relevância da omissão", tornando-a típica (através da adequação indireta), a mãe que deixa de amamentar seu filho é responsabilizada penalmente porque a sua omissão, por não ter evitado o resultado, é tratada como se fosse a ação do causador.

Alternativa "d": está errada a assertiva, demasiadamente genérica e tecnicamente equivocada. É fato que os crimes contra a honra, que estão incluídos no rol dos crimes contra a pessoa, se cometidos contra pessoa maior de sessenta anos ou portadora de deficiência, têm a pena aumentada em um terço, exceto no caso de injúria (em que a condição de ser a vítima idosa qualifica o crime). Não é possível afirmar, contudo, que o aumento incide "nos crimes contra a pessoa", que abarcam todo o Título I da Parte Especial do Código Penal. Além disso, não se trata de agravante, mas de causa de aumento de pena.

Alternativa "e": está correta a assertiva. Na difamação, a exceção da verdade somente se admite se o ofendido é funcionário público (art. 327 do CP) e a ofensa é relativa ao exercício de suas funções (art. 139, parágrafo único). Nesse caso, provando o ofensor a verdade da imputação, exclui-se a ilicitude da sua conduta (a tipicidade permanece, já que a falsidade não integra o tipo).

---

208. (Delegado de Polícia – SP/ 2011 – ACADEPOL) Admite exceção da verdade o crime de

a) calúnia, se o fato é imputado à presidente da república.

b) injúria, independentemente de qualquer requisito.

c) difamação, se o ofendido é funcionário público e a ofensa é relativa ao exercício de suas funções.

d) difamação, independentemente de qualquer requisito.

e) calúnia, independentemente de qualquer requisito.

COMENTÁRIOS

Alternativa correta: letra "C" (responde, também, a alternativa "d"). A exceção da verdade na difamação somente se admite se o ofendido é funcionário público (art. 327 do CP) e a ofensa é relativa ao exercício de suas funções (art. 139, parágrafo único). Nesse caso, provando o ofensor a verdade da imputação, exclui-se a ilicitude da sua conduta (a tipicidade permanece, já que a falsidade não integra o tipo).

Alternativa "a": está errada porque embora seja possível, em regra, a exceção da verdade no crime de calúnia, se o alvo da ofensa for o presidente da república não haverá espaço para a prova da verdade da imputação (art. 138, § 3º, inciso II, do Código Penal).

Alternativa "b": na injúria, como não há imputação de fato, mas a opinião que o agente emite sobre o ofendido, a exceção da verdade nunca é permitida.

Alternativa "e": está errada porque a exceção da verdade, no crime de calúnia, pode ser obstada nas hipóteses do art. 138, § 3º, do Código Penal: a) se, constituindo o fato imputado crime de ação privada, o ofendido não foi condenado por sentença irrecorrível; b) se o fato é imputado a qualquer das pessoas indicadas no nº I do art. 141 (presidente da república ou chefe de governo estrangeiro); c) se do crime imputado, embora de ação pública, o ofendido foi absolvido por sentença irrecorrível.

---

209. (Delegado de Polícia – RO/ 2009 – FUNCAB) Acerca dos crimes contra a pessoa, previstos no Título I, da Parte Especial, do Código Penal, assinale a alternativa correta.

a) A internação da vítima em casa de saúde ou hospital é considerada causa de aumento de pena no crime de sequestro.

b) O crime de ameaça somente se procede mediante queixa.

c) No crime de homicídio, o emprego de veneno é considerado causa que sempre aumenta a pena.

d) No crime de injúria, a retorsão imediata, consistente em outra injúria, é causa que sempre diminui a pena.

e) A ação penal no crime de difamação praticado contra funcionário público, em razão de suas funções, somente se procede mediante representação do ofendido.

COMENTÁRIOS

✪ **Nota do autor:** consiste a difamação na imputação (atribuição) de fato determinado que, embora sem revestir caráter criminoso, é ofensivo à reputação da pessoa a quem se atribui.

Alternativa correta: letra "E". Está correta a assertiva, isso considerando a letra expressa do art. 145, parágrafo único, do Código Penal. Ocorre, todavia, que veio à tona forte corrente sustentando a admissibilidade da legitimação alternativa do Ministério Público e do agente público ofendido, nascendo, para este, um verdadeiro *direito de opção*. Foi exatamente essa a posição adotada pelo Pretório Excelso, ao editar a Súmula 714: "É concorrente a legitimidade do ofendido, mediante queixa, e do Ministério Público, condicionada à representação do ofendido, para a ação penal por crime contra a honra de servidor público em razão do exercício de suas funções.".

Alternativa "a": está errada porque a internação da vítima em casa de saúde ou hospital como meio para a prática do sequestro não é causa de aumento de pena, mas qualificadora (art. 148, § 1º, II, do Código Penal).

Alternativa "b": está errada porque a ação penal no crime de ameaça é pública condicionada a representação do ofendido (art. 147, parágrafo único, do Código Penal).

Alternativa "c": está errada porque o emprego de veneno no homicídio é qualificador do crime, não causa de aumento de pena (art. 121, § 2º, III, do Código Penal).

Alternativa "d": está errada porque a retorsão imediata no crime de injúria faz incidir o perdão judicial (art. 140, § 1º, II, do Código Penal).

42. INJÚRIA

210. (IBADE – Delegado de Polícia – AC/2017) Acerca dos crimes contra a honra, é correto afirmar que:

a) apenas a calúnia, considerados lodos os crimes contra a honra, pode ter a pessoa morta como sujeito passivo do delito, hipótese em que o bem jurídico atingido será a honra objetiva ou externa do morto.

b) não comete crime de calúnia quem, com intenção de ampliar a lesão à honra do ofendido, propala ou divulga a imputação prévia feita por outrem, sabendo da falsidade da imputação, hipótese capaz de gerar apenas responsabilidade civil.

c) xingar um homem casado de "corno" ou "cornudo" é uma hipótese de injúria reflexa, dando azo ao concurso formal de crimes.

d) o crime de calúnia pressupõe a falsidade da imputação, cuja ciência deve integrar o dolo do agente, de modo que somente se admitirá dolo direto no referido delito.

e) escarnecer de alguém por motivo de crença e de forma privada caracteriza crime de ultraje a culto, que prevalecerá sobre o crime de injúria.

COMENTÁRIOS

Alternativa correta: letra "C". Está correta a assertiva. A denominada injúria reflexa se caracteriza quando, para ofender a honra subjetiva de alguém, o agente lhe imputa uma qualidade que acaba refletindo em outra pessoa, igualmente ofendida. É o caso do marido chamado de "corno", pois, nesta situação, o ofensor atinge tanto o marido quanto a esposa, a quem se atribui infidelidade. E, como são dois bens jurídicos ofendidos por meio de apenas uma conduta, nada impede o concurso formal.

Alternativa "a": está errada a assertiva. A calúnia contra os mortos também é punida (art. 138, § 2º), mas, sendo a honra um atributo dos vivos, seus parentes é que serão os sujeitos passivos, interessados na preservação da sua memória. Neste caso, a queixa (art. 145 do CP) será movida pelo seu cônjuge (ou companheiro/companheira), ascendente, descendente ou irmão (arts. 30 e 31 do CPP). Dessa forma, o morto não é sujeito passivo da calúnia.

Alternativa "b": está errada a assertiva, pois, segundo o art. 138, § 1º, do CP, é crime a conduta de propalar ou divulgar a calúnia, tornando pública a falsa imputação de crime. Aqui o agente, embora não tenha criado o fato desonroso, amplia a sua potencialidade lesiva, repetindo o que soube.

Alternativa "d": está errada a assertiva, porque, no art. 138, caput, do CP, o dolo pode ser direto ou eventual.

Alternativa "e": está errada a assertiva. O ultraje a culto (art. 208 do CP) consiste em escarnecer de alguém publicamente, por motivo de crença ou função religiosa. A conduta deve ser, portanto, pública. No delito contra a honra, o agente atribui ao crente, pessoalmente, qualidade negativa em face da sua crença.

211. (Delegado de Polícia – PI / 2009 – NUCEPE) Com relação aos crimes contra a honra, assinale a opção correta.

a) Segundo o Código Penal, é possível o instituto da exceção da verdade no crime de calúnia e no crime de injúria.

b) O crime de injúria, segundo o Código Penal, não admite os institutos da retratação e do perdão judicial.

c) Quando a injúria consiste na utilização de elementos referentes à raça e à cor deve ser afastado o Código Penal e aplicada a lei específica que trata do crime de racismo.

d) Segundo o Código Penal, quando da injúria real (ou qualificada) resulta lesão corporal, a ação penal passa a ser pública incondicionada.

e) Não constitui calúnia, difamação ou injúria a ofensa irrogada em juízo, na discussão da causa, pela parte ou por seu procurador.

COMENTÁRIOS

✪ **Nota do autor:** ao contrário dos delitos calúnia e difamação, na injúria tutela-se a honra subjetiva do ofendido, ou seja, sua autoestima (dignidade e decoro). Não há, em regra, imputação de fatos, mas emissão de conceitos negativos sobre a vítima (fatos vagos, genéricos, difusos também configuram injúria).

Alternativa correta: letra "D". Está correta a assertiva. Resultando na vítima lesão física (injúria real com lesão corporal), apura-se o crime mediante ação pública incondicionada (com o advento da Lei 9.099/95, temos doutrina lecionando ser pública condicionada, modalidade de ação agora cabível no caso do art. 129, caput).

Alternativa "a": está errada a assertiva. Na injúria, como não há imputação de fato, mas a opinião que o agente emite sobre o ofendido, a exceção da verdade nunca é permitida.

Alternativa "b": está errada porque o art. 140, § 1º, do Código Penal permite o perdão judicial na injúria quando o ofendido, de forma reprovável, a tenha provocado diretamente ou no caso de retorsão imediata, que consista em outra injúria. A retratação, todavia, conforme estampado no art. 143 do Código Penal, abrange somente a calúnia e a difamação.

Alternativa "c": está errada porque não se confunde o crime de injúria racial com o de racismo. Neste, pressupõe-se sempre uma espécie de segregação (marginalizar, pôr à margem de uma sociedade) em função da raça ou da cor. No caso do § 3º do art. 140, o crime é praticado através de xingamentos envolvendo a raça, cor, etnia, religião ou origem da vítima. A diferença tem relevância e repercussão prática. Vejamos. *Xingar* alguém fazendo referências à sua cor é injúria, crime de *ação penal pública condicionada a representação, afiançável* e *prescritível*; *impedir* alguém de ingressar numa festa por causa da sua cor é racismo, cuja pena será perseguida mediante *ação penal pública incondicionada*, é *inafiançável* e *imprescritível*.

Alternativa "e": está errada porque a imunidade prevista no art. 142 do Código Penal não abarca o crime de calúnia, mas somente a difamação e a injúria.

43. CONSTRANGIMENTO ILEGAL

212. (Vunesp – Delegado de Polícia – PC – SP/2018) No que concerne ao crime de constrangimento ilegal (CP, art. 146), é correto afirmar que

a) se tipifica o crime, apenas, pela ação violenta, não havendo previsão legal para punição por mera grave ameaça.

b) qualifica o tipo a concorrência de 3 (três) ou mais agentes.

c) tipifica o crime a coação exercida para impedir suicídio, o que se explica pelo fato de o suicídio não ser penalmente relevante.

d) tipifica o crime a intervenção médica ou cirúrgica, sem o consentimento do paciente ou de seu representante legal, mesmo se justificada por iminente perigo de vida.

e) se consuma quando a vítima, sem norma legal que a obrigue a tanto, faz ou deixa de fazer, cedendo à determinação do agente.

COMENTÁRIOS

Alternativa "a": está errada a assertiva. O constrangimento ilegal tem três meios de execução: *violência, grave ameaça* e *outros meios* capazes de reduzir a resistência da vítima. Por violência entende-se a *vis corporalis*, isto é, o efetivo exercício de força física ou mecânica sobre a vítima ou terceira pessoa, desde que, nesse caso, atinja indiretamente o indivíduo coagido. *Ameaça* é a *vis compulsiva*, a violência moral, o ultimato, a manifestação (por palavras, escritos, sinais) do propósito de causar a alguém, direta ou indiretamente, atual ou iminentemente, um mal injusto e grave (suficiente para amedrontar), ainda que o seu autor, de fato, não tenha intenção de realizá-lo. Por fim, refere-se o Código a outro qualquer meio que reduza a capacidade de resistência da vítima (violência imprópria).

Alternativa "b": está errada a assertiva. Há majorante de pena na situação em que o constrangimento ilegal é praticado por ao menos quatro pessoas.

Alternativa "c": está errada a assertiva. O tipo do constrangimento ilegal contém disposição expressa no sentido de que não se compreende em suas disposições a coação exercida para impedir suicídio (art. 146, § 3º, inc. II, do CP). Uma primeira corrente (Cezar Bitencourt e Damásio de Jesus) sustenta tratar-se de causa excludente da tipicidade; para a segunda (Nélson Hungria e Mirabete), majoritária, o parágrafo tem a natureza de causa especial de exclusão da ilicitude (forma *sui generis* de estado de necessidade de terceiro).

Alternativa "d": está errada a assertiva. Também há exclusão expressa do constrangimento ilegal na intervenção médica ou cirúrgica, sem o consentimento do paciente ou de seu representante legal, se justificada por iminente perigo de vida (art. 146, § 3º, inc. I, do CP).

Alternativa "e": está correta a assertiva. Consuma-se o constrangimento ilegal no momento em que a vítima, constrangida, faz ou deixa de fazer algo (ainda que parcialmente) contrário à sua vontade, obedecendo, assim, o que imposto pelo agente.

Alternativa correta: letra "e".

44. INVASÃO DE DISPOSITIVO INFORMÁTICO

213. (Fundatec – Delegado de Polícia – PC – RS/2018) Em relação ao crime de invasão de dispositivo informático, analise as seguintes assertivas, com base na Lei, doutrina e jurisprudência majoritárias:

I. A conduta incriminada pelo artigo 154-A do Código Penal somente permite seu processamento, através de ação penal pública condicionada à representação, em toda e qualquer hipótese, por expressa disposição legal.

II. Aquele que aproveita a ausência momentânea de um colega de trabalho em sua mesa para acessar o computador dele, que ficou ligado e sem nenhum tipo de dispositivo de segurança, tendo acesso a fotos íntimas de tal colega, pratica o crime de invasão de dispositivo informático.

III. O crime é considerado pela doutrina como um crime formal, portanto a simples invasão de computador alheio, desde que o objetivo seja obter, adulterar ou destruir dados ou informações ou instalar vulnerabilidades, para obter vantagem ilícita, já configura o tipo penal, sem a necessidade de que algum prejuízo econômico efetivamente ocorra.

IV. Isolda, namorada de Juca, desconfiada de uma suposta traição, instalou um código malicioso no computador dele, para ter controle remoto da máquina. Com isso, passou a monitorar a navegação de Juca na internet. Ela praticou o crime de invasão de dispositivo informático qualificado.

Quais estão corretas?

a) Apenas II e IV.

b) Apenas III e IV.

c) Apenas I, II e III.

d) Apenas I, III e IV.

e) I, II, III e IV.

COMENTÁRIOS

Item I: está errada a assertiva. No crime de invasão de dispositivo informático, a ação penal é em regra condicionada à representação da vítima, salvo se o crime é cometido contra a administração pública direta ou indireta de qualquer dos Poderes da União, Estados, Distrito Federal ou Municípios ou contra empresas concessionárias de serviços públicos, hipóteses em que a ação será pública incondicionada (art. 154-B do CP).

Item II: está errada a assertiva. O crime do art. 154-A do CP consiste em invadir dispositivo informático alheio – ainda que não conectado à rede mundial de computadores –, mediante violação indevida de mecanismo de segurança. Assim, alguém que simplesmente acessa um computador ligado sem nenhum sistema de segurança em operação não comete o crime.

Item III: está correta a assertiva. Trata-se de crime formal (ou de consumação antecipada), perfazendo-se no momento em que o agente invade o dispositivo informático da vítima, mediante violação indevida de mecanismo de segurança, ou nele instala vulnerabilidades, independentemente da produção do resultado visado pelo invasor (adulteração ou destruição de dados ou informações da vítima ou obtenção de vantagem ilícita).

Item IV: está correta a assertiva. Uma das formas de cometer o crime – e que o qualifica – é a invasão para controle remoto não autorizado do dispositivo. Aqui, o dispositivo informático do agente passa a se denominar *guest* (hóspede), e o da vítima *host* (hospedeiro).

Alternativa correta: letra "b".

45. FURTO

214. (UEG – Delegado de Polícia – PC – GO/2018) Sobre o crime de furto, previsto no artigo 155 do Código Penal, tem-se o seguinte:

a) A lei penal admite, em certas hipóteses, ação penal pública condicionada à representação para o crime de furto.

b) O Superior Tribunal de Justiça admite a aplicação, no furto qualificado pelo concurso de agentes, da majorante do roubo.

c) O Superior Tribunal de Justiça entende que a existência de sistema de vigilância realizado por monitoramento eletrônico torna impossível a configuração do crime de furto.

d) A expressão "pequeno valor", requisito para o reconhecimento do furto privilegiado, equivale, na jurisprudência, a "valor insignificante".

e) A jurisprudência do Superior Tribunal de Justiça não admite o reconhecimento do privilégio nas hipóteses de furto qualificado.

COMENTÁRIOS

Alternativa "a": está correta a assertiva. A ação penal no crime de furto é em regra pública incondicionada. Há, no entanto, no art. 182 do CP, algumas situações – denominadas *escusas relativas* – em que a ação penal é pública condicionada. Trata-se do crime cometido em prejuízo do cônjuge judicialmente separado, de irmão ou de tio ou sobrinho, com quem o agente coabita.

Alternativa "b": está errada a assertiva. Questão interessante surge quando se observa a desproporcionalidade criada pelo legislador ao qualificar a pena do crime de furto, no caso de concurso de agentes, de forma mais drástica do que a do roubo, em idêntica situação fática. No furto, dobra-se a reprimenda básica, passando de 1 a 4 anos, para 2 a 8 anos; no roubo (crime mais grave), aumenta-se a pena de 1/3 a 1/2. Diante desse quadro, alguns, por questão de equidade, desconsideram a qualificadora do furto, aplicando à hipótese o patamar de aumento previsto no roubo, isto é, no caso de furto qualificado pelo concurso de agentes, ao invés de dobrar a pena básica, preferem aumentá-la de 1/3 a 1/2. Em que pese o esforço de justiça, os tribunais têm negado o contorcionismo, como se percebe da Súmula 442 do STJ: "É inadmissível aplicar, no furto qualificado, pelo concurso de agentes, a majorante do roubo".

Alternativa "c": está errada a assertiva. A vigilância constante em supermercado (física ou eletrônica) não torna, por si só, o crime impossível, devendo ser aquilatado, no caso concreto, a absoluta (ou relativa) ineficácia do meio. Neste sentido é a jurisprudência do STJ (súmula nº 567).

Alternativa "d": está errada a assertiva. O pequeno valor do prejuízo (requisito do furto privilegiado) não se confunde com o prejuízo insignificante. Este, se presente, exclui a tipicidade (material).

Alternativa "e": está errada a assertiva. O STJ editou a súmula nº 511 no sentido de que "É possível o reconhecimento do privilégio previsto no § 2º do art. 155 do CP nos casos de crime de furto qualificado, se estiverem presentes a primariedade do agente, o pequeno valor da coisa e a qualificadora for de ordem objetiva".

Alternativa correta: letra "a".

215. (IBADE – Delegado de Polícia – AC/2017) Apropriar-se de coisa que está em sua detenção – embora vigiada –, com dolo de assenhoramento surgido posteriormente ao recebimento da coisa e valendo-se de concurso de pessoas na execução da conduta, configura crime de:

a) furto qualificado.

b) apropriação indébita.

c) apropriação indébita qualificada.

d) furto.

e) estelionato.

COMENTÁRIOS

Alternativa correta: letra "A" (responde, também, as alternativas "b", "c" e "d"). Está correta a assertiva. Não se trata de apropriação indébita, mas de furto, porque, para que ocorra a apropriação, a posse ou a detenção exercida pelo agente deve ser desvigiada (confiada sem vigilância). Se, por exemplo, os funcionários de um estabelecimento comercial se aproveitam de momento de distração do patrão para se apropriar de mercadorias que detinham sob vigilância, serão autores de furto qualificado pelo concurso de pessoas, e não de apropriação indébita.

Alternativa "e": não se trata de estelionato porque, neste crime, o agente induz ou mantém alguém em erro, mediante artifício, ardil, ou qualquer outro meio fraudulento, para obter vantagem em prejuízo alheio. Não há, portanto, apropriação da coisa.

---

216. (Cespe – Delegado de Polícia – PE/2016) Nos últimos tempos, os tribunais superiores têm sedimentado seus posicionamentos acerca de diversos institutos penais, criando, inclusive, preceitos sumulares. Acerca desse assunto, assinale a opção correta segundo o entendimento do STJ.

a) É possível a consumação do furto em estabelecimento comercial, ainda que dotado de vigilância realizada por seguranças ou mediante câmara de vídeo em circuito interno.

b) A conduta de atribuir-se falsa identidade perante autoridade policial é considerada típica apenas em casos de autodefesa.

c) O tempo máximo de duração da medida de segurança pode ultrapassar o limite de trinta anos, uma vez que não constitui pena perpétua.

d) No que diz respeito à progressão de regime prisional de condenado por crime hediondo cometido antes ou depois da vigência da Lei nº 11.464/2007, é necessária a observância, além de outros requisitos, do cumprimento de dois quintos da pena, se primário, e, de três quintos, se reincidente, para a obtenção do benefício.

e) A incidência da causa de diminuição de pena prevista no tipo penal de tráfico de drogas implica o afastamento da equiparação existente entre o delito de tráfico ilícito de drogas e os crimes hediondos, por constituir novo tipo penal, sendo, portanto, o tráfico privilegiado um tipo penal autônomo, não equiparado a hediondo.

COMENTÁRIOS

Alternativa correta: letra "A". Está correta a assertiva. A vigilância constante em supermercado (física e eletrônica) não torna, por si só, o crime impossível, devendo ser aquilatado, no caso concreto, a absoluta (ou relativa) ineficácia do meio. Aliás, muitos estabelecimentos são dotados de invejável aparato de segurança, o que não impede que sejam furtados, jamais recuperando a res. Pensar que o sistema de vigilância, por si só, exclui o crime, é fomentar a sorte dos delinquentes que farão desses locais seus preferidos para a prática da subtração, pois, na pior das hipóteses, terão que devolver o que apoderado antes de sair do estabelecimento (eis o castigo...). Nesse sentido é a jurisprudência do STJ (súmula nº 567).

Alternativa "b": está errada a assertiva. A orientação jurisprudencial é dominante no sentido de que atribuir-se falsa identidade é crime, ainda que o agente o faça no intuito de autodefesa. O STJ inclusive sumulou esse entendimento: "A conduta de atribuir-se falsa identidade perante autoridade policial é típica, ainda que em situação de alegada autodefesa" (súmula nº 522).

Alternativa "c": está errada a assertiva. O tempo de cumprimento da medida de segurança não deve suplantar o limite máximo da pena cominada ao fato previsto como crime praticado pelo inimputável (súmula nº 527 do STJ).

Alternativa "d": está errada a assertiva. Até a entrada da Lei nº 11.464/07 em vigor, a Lei nº 8.072/90 estabelecia regime integralmente fechado para o cumprimento da pena nos crimes hediondos e equiparados. A partir da vigência daquela Lei, estabeleceu-se a progressão de regime, que ocorre após o cumprimento de dois quintos da pena, se o apenado for primário, e de três quintos, se reincidente. Ocorre que a alteração foi promovida apenas após o Supremo Tribunal Federal ter declarado inconstitucional a regra sobre o regime integralmente fechado, oportunidade em que o tribunal, por falta, até então, de disposição específica, determinou que se aplicassem, sobre os crimes hediondos e equiparados, as regras da Lei nº 7.210/84 a respeito da progressão de regime, que se dá após o cumprimento de um sexto da pena. Por isso, para os autores de tais delitos ocorridos até a entrada em vigor da Lei nº 11.464/07, a nova sistemática não retroage, pois mais rigorosa. Para esses crimes, portanto, continuam a incidir as regras da Lei de Execução Penal. Neste sentido: STF, HC 100.328/SP; STJ, súmula nº 471.

Alternativa "e": à época da elaboração da questão, o entendimento dominante era no sentido de que a causa de diminuição de pena no crime de tráfico não retirava sua hediondez, tanto que, em 2014, o STJ editou a súmula nº 512 exatamente nesses termos. Ocorre que, julgando o habeas corpus 118.533/MS, o STF decidiu que o privilégio não se harmoniza com a hediondez do crime de tráfico: "O crime de tráfico privilegiado de drogas não tem natureza hedionda. Por conseguinte, não são exigíveis requisitos mais severos para o livramento condicional (Lei 11.343/2006, art. 44, parágrafo único) e tampouco incide a vedação à progressão de regime (Lei 8.072/1990, art. 2º, § 2º) para os casos em que aplicada a causa de diminuição prevista no art. 33, § 4°, Lei 11.343/2006. Com base nessa orientação, o Plenário, por maioria, concedeu a ordem de "habeas corpus" para afastar a natureza hedionda de tal delito. No caso, os pacientes foram condenados pela prática de tráfico privilegiado, e a sentença de 1º grau afastara a natureza hedionda do delito. Posteriormente, o STJ entendera caracterizada a hediondez, o que impediria a concessão dos referidos benefícios – v. Informativos 791 e 828. O Tribunal superou a jurisprudência que se firmara no sentido da hediondez do tráfico privilegiado. Sublinhou que a previsão legal seria indispensável para qualificar um crime como hediondo ou equiparado. Assim, a partir da leitura dos preceitos legais pertinentes, apenas as modalidades de tráfico de entorpecentes definidas no art. 33, "caput" e § 1º, da Lei 11.343/2006 seriam equiparadas a crimes hediondos. Entendeu que, para alguns delitos e seus autores, ainda que se tratasse de tipos mais gravemente apenados, deveriam ser reservadas algumas alternativas aos critérios gerais de punição. A legislação alusiva ao tráfico de drogas, por exemplo, prevê a possibilidade de redução da pena, desde que o agente seja primário e de bons antecedentes, não se dedique a atividades criminosas e nem integre organização criminosa. Essa previsão legal permitiria maior flexibilidade na gestão da política de drogas, pois autorizaria o juiz a avançar sobre a realidade pessoal de cada autor. Além disso, teria inegável importância do ponto de vista das decisões de política criminal" (HC 118.533/MS, j. 23/06/2016). Em razão disso, o STJ cancelou a súmula nº 512.

---

217. (ACAFE – Delegado de Polícia – SC/2014) De acordo com o Código Penal analise as afirmações a seguir e assinale a alternativa correta.

I. Comete crime de injúria escarnecer de alguém publicamente, por motivo de crença ou função religiosa; impedir ou perturbar cerimônia ou prática de culto religioso; vilipendiar publicamente ato ou objeto de culto religioso.

II. Considera-se qualificado o furto cometido com destruição ou rompimento de obstáculo à subtração da coisa, bem como com abuso de confiança, ou mediante fraude, escalada ou destreza.

III. A extinção da punibilidade de crime que é pressuposto, elemento constitutivo ou circunstância agravante de outro não se estende a este. Nos crimes conexos, a extinção da punibilidade de um deles não impede, quanto aos outros, a agravação da pena resultante da conexão.

IV. Comete crime de estupro quem constrange mulher, mediante violência ou grave ameaça, a ter conjunção carnal ou a praticar ou permitir que com ele se pratique outro ato libidinoso.

a) Apenas I, III e IV estão corretas.
b) Apenas II e III estão corretas.
c) Apenas II, III e IV estão corretas.
d) Apenas a afirmação IV está correta.
e) Todas as afirmações estão corretas.

COMENTÁRIOS

Alternativa correta: letra "C".

Item I: está errada a assertiva. Escarnecer de alguém publicamente, por motivo de crença ou função religiosa; impedir ou perturbar cerimônia ou prática de culto religioso; e vilipendiar publicamente ato ou objeto de culto religioso, são condutas integrantes do mesmo tipo penal, consistente no ultraje a culto e impedimento ou perturbação de ato a ele relativo (art. 208 do Código Penal). A primeira conduta, em razão da forma como é praticada, pode se aproximar do crime de injúria qualificada (art. 140, § 3º, do Código Penal), mas com ele não se confunde. No art. 208 o agente passa a zombar da vítima em razão da sua opção religiosa; já no delito contra a honra, o agente atribui ao crente qualidade negativa em face da sua crença.

Item II: está correta a assertiva. O crime de furto, efetivamente, pode ser qualificado se cometido com: a) destruição ou rompimento de obstáculo à subtração da coisa: pode-se exemplificar como sendo a degradação, arrombamento, rompimento, fratura, demolição, destruição, total ou parcial, de quaisquer objetos (fechaduras, cadeados, cofres etc.) ou construções (muros, tetos, portas, janelas etc.), que dificultem a subtração da coisa visada pelo agente; b) com abuso de confiança: exige-se um especial vínculo de lealdade ou de fidelidade entre a vítima e o agente, sendo irrelevante, por si só, a simples relação de emprego ou de hospitalidade (nesse sentido: *RT* 571/391); c) fraude (visa a diminuir a vigilância da vítima e possibilitar a subtração), escalada (uso de via anormal para ingressar no local em que se encontra a coisa visada, não necessariamente por meio de subida, mas com a utilização de qualquer meio incomum) ou destreza (peculiar habilidade física ou manual). Ainda qualificam o furto o emprego de chave falsa, o concurso de duas ou mais pessoas e a subtração de veículo automotor que venha a ser transportado para outro Estado ou para o exterior.

Item III: está correta a assertiva, que reproduz o art. 108 do Código Penal. Da leitura do dispositivo, extraímos as seguintes regras: **a)** a extinção da punibilidade de um crime que é pressuposto de outro não afeta este outro (ex.: a extinção da punibilidade do crime de furto não afeta o crime de receptação ou do favorecimento pessoal ou real etc.); **b)** a extinção da punibilidade de um crime que é elemento constitutivo de outro, não afeta este outro (ex.: a prescrição do delito de sequestro não atinge a extorsão mediante sequestro – art. 159 do CP); **c)** a extinção da punibilidade de um crime que é circunstância agravante (entenda-se também causa de aumento de pena ou qualificadora) de outro, não afeta este outro (ex.: a extinção da punibilidade da lesão corporal de natureza grave não atinge o estupro qualificado); **d)** nos crimes conexos, a extinção da punibilidade de um deles não impede, quanto aos outros, a agravação da pena resultante da conexão (ex.: praticado homicídio para assegurar a impunidade e a vantagem de um crime – furto, por exemplo – o crime doloso contra a vida continua sendo qualificado, ainda que o Estado veja extinto o direito de punir o delito patrimonial pela prescrição).

Item IV: está correta a assertiva. Pune-se, no estupro, o *ato de libidinagem* violento, coagido, obrigado, forçado, buscando o agente constranger a vítima à conjunção carnal (conjunção normal entre sexos opostos) ou praticar ou permitir que com ele se pratique outro ato libidinoso. Da simples leitura do tipo penal percebe-se que o delito abrange não só o fato de o autor constranger sua vítima à prática de ato libidinoso (com efetiva participação do ofendido), como também a situação em que faz com que aquela permita que com ela seja praticado tal ato (existe uma atitude passiva do ofendido).

218. (Vunesp – Delegado de Polícia – SP/2014) Para subtrair um automóvel, "X", de forma violenta, danificou a sua porta. Nesse caso, "X" deverá responder

a) pelo crime de roubo, visto que se utilizou de violência para danificar a porta.
b) apenas pelo crime de furto, em razão do princípio da subsidiariedade.
c) apenas pelo crime de furto, em razão do princípio da consunção.
d) pelos crimes de furto e de dano.
e) apenas pelo crime de furto, em razão do princípio da especialidade.

COMENTÁRIOS

Alternativa correta: letra "C" (responde, também, a alternativa "d"). Está correta a assertiva. No princípio da consunção, verifica-se a continência de tipos, ou seja, o crime previsto por uma norma (consumida) não passa de uma fase de realização do crime previsto por outra (consuntiva) ou é uma forma normal de transição para o último (crime progressivo). Os fatos aqui não se acham em relação de espécie e gênero, mas de parte a todo, de meio a fim. No exemplo citado, o dano causado no veículo foi um meio para que se tornasse possível a subtração do mesmo bem, resumindo-se tudo a um só delito (furto).

Alternativa "a": está errada a assertiva porque a configuração do crime de roubo pressupõe violência ou grave ameaça contra a pessoa.

Alternativa "b": não se trata do princípio da subsidiariedade, em que a norma dita subsidiária atua somente quando o fato não se subsuma a crime mais grave, como no caso do disparo de arma de fogo, punido autonomamente apenas se a conduta não se dirige à prática de delito mais grave. Não é o que ocorre no exemplo do enunciado, em que uma infração penal é meio para a prática de outra.

Alternativa "e": não se trata do princípio da especialidade, em que se afasta a lei geral para a incidência da lei especial, aquela que contém todos os elementos da norma geral, acrescida de outros que a tornam distinta (chamados de especializantes).

219. (Cespe – Delegado de Polícia – BA/2013 – Adaptada) Acerca da parte geral do direito penal e seus Institutos, julgue os itens seguintes.

Considere que Marcos, penalmente imputável, subtraia de seu genitor de sessenta e oito anos de idade, um relógio de alto valor. Nessa situação, o autor não pode beneficiar-se da escusa penal absolutória, em razão da idade da vítima.

COMENTÁRIOS

Certo. Está correta a assertiva. O art. 183 do Código Penal, no inciso III, obsta a incidência da escusa absolutória nos crimes patrimoniais se o fato é praticado contra pessoa com idade igual ou superior a sessenta anos.

220. (Cespe – Delegado de Polícia – BA/2013 – Adaptada) No que se refere às contravenções penais, aos crimes em espécie e às leis penais extravagantes, julgue os itens a seguir com base na jurisprudência dos tribunais superiores.

Considere que João, por vários meses, tenha captado sinal de televisão a cabo por meio de ligação clandestina e que, em razão dessa ligação, considerável valor econômico tenha deixado de ser transferido à prestadora do serviço. Nessa situação hipotética, considerando-se o entendimento do Superior Tribunal de Justiça a respeito da matéria, João praticou o crime de furto de energia.

COMENTÁRIOS

Certo. Está correta a assertiva. Há diversas decisões no STJ a respeito da possibilidade de equiparação do sinal de TV a cabo à energia de que trata o art. 155, § 3º, do Código Penal. Como exemplo: "Assim não fosse, tomando-se por base apenas os fatos relatados na inicial do mandamus impetrado na origem e no aresto objurgado, não se constata qualquer ilegalidade passível de ser remediada por este Sodalício, pois o sinal de TV a cabo pode ser equiparado à energia elétrica para fins de incidência do artigo 155, § 3º, do Código Penal. Doutrina. Precedentes" (RHC 30847/RJ, DJe 04/09/2013). O STF, todavia, já decidiu que o sinal de TV não pode ser objeto de equiparação por constituir tal manobra analogia *in malam partem* (HC 97261/RS, DJe 12/04/2011).

221. (UEL – Delegado de Polícia – PR/2013) Sobre o crime de furto descrito no Art. 155 do Código Penal, atribua V (verdadeiro) ou F (falso) às afirmativas a seguir.

( ) Tem por objeto material a coisa alheia móvel, entendendo-se por coisa qualquer substância corpórea, material, ainda que não tangível, suscetível de apreensão e transporte, incluindo os corpos gasosos, os instrumentos e os títulos, quando não forem documentos, as árvores, os navios, as aeronaves, englobando tudo aquilo que pode ser destacado e subtraído.

( ) Tem como sujeito ativo qualquer pessoa, sendo considerado como qualquer pessoa até mesmo o proprietário, desde que o bem esteja na posse de terceiro. Tem como sujeito passivo a pessoa física ou jurídica, titular da posse, incluída a detenção ou a propriedade.

( ) O elemento subjetivo do tipo é o dolo, consistente na vontade de subtrair coisa móvel. No entanto, não é necessário que a vontade abranja o elemento normativo "alheia".

( ) Para tipificação do furto privilegiado, é necessária a presença de dois requisitos cumulados, ou seja, que o criminoso seja primário e que a coisa seja de pequeno valor. Sendo o réu reincidente, mesmo que a coisa seja de pequeno valor, não há a tipificação do furto privilegiado.

( ) Para tipificar a qualificadora "com destruição ou rompimento de obstáculo à coisa", é necessário que a violência empregada seja não só contra o obstáculo, mas contra a coisa também.

Assinale a alternativa que contém, de cima para baixo, a sequência correta.

a) V, V, F, F, F.

b) V, F, V, F, F.

c) V, F, F, V, F.

d) F, V, V, F, V.

e) F, V, F, V, V.

COMENTÁRIOS

Alternativa correta: letra "C".

Primeiro item: está correta a assertiva. A conduta punida no tipo em estudo é apoderar-se o agente, para si ou para outrem, de coisa alheia móvel, tirando-a de quem a detém (diminui-se o patrimônio da vítima). O apoderamento pode ser direto (apreensão manual) ou indireto (valendo-se de interposta pessoa ou até animais). Da análise do art. 155 do Código Penal, fica claro que o objeto material do crime deve ser *coisa alheia móvel*, economicamente apreciável. O interesse apenas moral da coisa, segundo alguns, também configura o crime, pois não deixa de integrar o patrimônio de alguém.

Segundo item: está errada a assertiva. Não se exigindo qualidade especial do agente (delito comum), qualquer pessoa pode ser sujeito ativo do furto, salvo o proprietário. Este, subtraindo coisa sua que se encontra na legítima posse de terceiro, pratica qual infração penal? Para a maioria, conforme o caso, haverá o delito de exercício arbitrário das próprias razões (arts. 345 e 346, ambos do CP).

Terceiro item: está errada a assertiva. A voluntariedade no crime de furto é o dolo, consistente na vontade consciente de apoderar-se definitivamente de coisa alheia, para si ou para outrem. Se o agente não tem o propósito de subtrair coisa *alheia*, imaginando, por exemplo, que se trata de coisa própria, haverá erro de tipo.

Quarto item: está correta a assertiva. De acordo com o disposto no art. 155, § 2º, do Código Penal, se o criminoso é primário, e é de pequeno valor a coisa furtada, o juiz pode substituir a pena de reclusão pela de detenção, diminuí-la de um a dois terços, ou aplicar somente a pena de multa. Sobre a primariedade, encontramos duas orientações divergentes: para uns, é o não reincidente, ainda que tenha no passado várias condenações (*RF* 257/274; *RJTJSP* 9/533; *JTACrimSP* 44/418 e 27/283; *RTJ* 62/182); já para outros (minoria) é o que, na data da sentença, não ostenta qualquer condenação irrecorrível pretérita (*RTJ* 71/840; *JTACrim* SP 39/127; *RF* 274/274; *RJTJSP* 30/375).

Quinto item: está errada a assertiva. Sabendo que o rompimento de obstáculo para qualificar o crime há de ser exterior à coisa subtraída, lembra a doutrina que se a violência for exercida contra o próprio objeto visado não incide a qualificadora.

---

222. (FUNCAB – Delegado de Polícia – ES/2013) Sílvio e Mário, por determinação de Valmeia, prima de Sílvio, tomaram vários eletrodomésticos da casa de Joaquina, que havia saído para trabalhar. Após a divisão em partes iguais, Valmeia, por necessitar para utilização em sua casa, comprou de Sílvio e Mário os eletrodomésticos que lhes couberam na divisão. Logo, pode-se afirmar que:

a) Valmeia, Sílvio e Mário são coautores do crime de furto.

b) Sílvio e Mário são autores do crime de furto, enquanto Valmeia é partícipe do crime de furto.

c) Sílvio e Mário são autores do crime de furto, enquanto Valmeia é autora do crime de furto e receptação em concurso material.

d) Sílvio e Mário são autores do crime de furto, enquanto Valmeia é autora do crime de furto e receptação em concurso formal.

e) Sílvio e Mário são autores do crime de furto, enquanto Valmeia é autora do crime de furto e receptação em continuidade delitiva.

COMENTÁRIOS

Alternativa correta: letra "A" (responde, também, as demais alternativas). Está correta a assertiva. Ainda que Valmeia não tenha executado diretamente a subtração, o crime ocorreu por sua determinação, razão pela qual deve ser responsabilizada juntamente com Sílvio e Mário em coautoria (a determinação para o cometimento do delito não pode ser considerada conduta acessória). Considerando que os bens são o produto do mesmo furto, ainda que Valmeia tenha adquirido aqueles que, na divisão, tenham sido atribuídos aos demais autores, não pode ser responsabilizada por receptação, pois impossível que recepte os bens provenientes de seu próprio furto.

---

223. (UEPA – Delegado de Polícia – PA/2013) Usando um crachá que o identificava como oficial de justiça, um homem entrou no escritório de uma empresa, supostamente para entregar uma intimação ao proprietário. Enquanto a secretária foi chamar o chefe, o visitante se aproveitou de que ficara só na sala para guardar em sua pasta um notebook e um tablet, retirando-se em seguida. Constatando-se posteriormente que o suposto oficial de justiça havia falsificado o crachá, deveria ser indiciado:

a) apenas por estelionato, ficando a falsificação de documento público absorvida por ser o meio executivo da fraude cometida.

b) apenas por furto qualificado, porque a despeito de haver fraude na conduta do agente, ele na verdade subtraiu bens da vítima.

c) apenas por furto qualificado pelo abuso de confiança, porque o cidadão comum tem natural confiança na autoridade pública.

d) por falsificação de documento público, uso de documento falso e estelionato, em concurso material.

e) por falsificação de documento público e estelionato, em concurso material.

COMENTÁRIOS

Alternativa correta: letra "B". Está correta a assertiva. Se o agente empregou o ardil para que a vítima, iludida, não percebesse que estava sendo despojada de seus bens, há crime de furto qualificado pela fraude. Situação diversa seria se o sujeito, fazendo-se passar por oficial de justiça que cumpria mandado para sequestro de um bem, obtivesse este mesmo bem a partir da indução da vítima a erro. No primeiro caso, a fraude foi empregada para que a diminuição da vigilância tornasse possível a subtração; no segundo, a fraude teria sido utilizada para fazer com que a vítima incidisse em erro e entregasse espontaneamente o objeto ao agente.

Alternativa "a" (responde, também, as alternativas "d" e "e"): não há, como vimos, estelionato, mas furto mediante fraude. A rigor, todavia, deveria o agente responder pela falsificação de documento público. Com efeito, narra o enunciado que o furtador falsificou um crachá que o identificava como oficial de justiça para utilizá-lo na execução da fraude, que, por sua vez, possibilitaria o furto. Se considerarmos, neste contexto, o entendimento firmado a respeito do estelionato cometido com o uso de documento falso (se o falso se exaure no estelionato é por este absorvido), alcançaremos a conclusão de que houve concurso material, pois o documento falsificado pelo agente poderia ser utilizado em incontáveis outros furtos, sem que, portanto, tivesse a potencialidade lesiva esgotada naquela fraude.

Alternativa "c": não há abuso de confiança no furto narrado no enunciado. Para que se caracterize esta qualificadora exige-se um especial vínculo de lealdade ou de fidelidade entre a vítima e o agente, o que não ocorre.

224. (FGV – Delegado de Polícia – MA/2012) Tício ingressa na residência de Mévio e subtrai o cofre que encontra na sala, levando-o para um matagal distante. Não conhecendo o segredo do cofre, utiliza-se de um machado para abri-lo, subtraindo as joias que estavam em seu interior. Após abandonar o cofre violado, leva as joias para José, um comerciante local, que efetua a compra sem se importar em apurar a origem das joias adquiridas.

Algum tempo depois o fato é descoberto e o caso é levado à sua consideração para a devida capitulação. Tício e José deverão responder, respectivamente, por

a) furto qualificado pelo rompimento de obstáculo (Art. 155, § 4°, I, do CP) e receptação simples (Art. 180, do CP).

b) furto simples (Art. 155, do CP) e receptação qualificada (Art. 180, § 1°, do CP).

c) furto qualificado pelo rompimento de obstáculo (Art. 155, § 4°, I, do CP) e receptação qualificada (Art. 180, § 1°, do CP).

d) furto simples (Art. 155, do CP) e receptação simples (Art. 180, do CP).

e) furto qualificado pelo rompimento de obstáculo (Art. 155, § 4°, I, do CP) e receptação culposa (Art. 180, § 3°, do CP).

COMENTÁRIOS

Alternativa correta: letra "B" (responde, também, as demais alternativas). Está correta a assertiva. Tício responde por furto simples porque, considerando o narrado no enunciado, simplesmente ingressou na residência de Mévio e subtraiu o cofre. O fato de ter utilizado um machado para abri-lo e dele retirar as joias não torna qualificada a subtração, pois o objeto do delito foi o cofre juntamente com seu conteúdo. Quanto à conduta de José, não obstante a assertiva, considerada correta, estabeleça ter ocorrido receptação qualificada, parece-nos que o exemplo não apresenta elementos para que se conclua neste sentido. Embora haja menção de que José é um comerciante, nada se diz que a aquisição foi no exercício de atividade comercial, o que afasta a qualificadora. Recaindo a conduta no *caput*, deve-se destacar que o fato de José não ter apurado a origem das joias não faz presumir que sabia se tratar de produto de crime. Talvez fosse o caso de receptação culposa, em que o agente adquire ou recebe coisa que, por sua natureza ou pela desproporção entre o valor e o preço, ou pela condição de quem a oferece, deve presumir-se obtida por meio criminoso. Mas a questão também não apresenta informação suficiente para que se alcance esta conclusão.

225. (Cespe – Delegado de Polícia – AL/ 2012) Acerca dos crimes em espécie, julgue os itens seguintes.

De acordo com o melhor entendimento jurisprudencial, para a aplicação da majorante do repouso noturno basta que a infração ocorra durante a noite, sendo irrelevante o fato de se tratar de residência habitada ou desabitada.

COMENTÁRIOS

Certo. Está correta a assertiva. Pensamos que a incidência da majorante depende de o crime ser praticado em *local de moradia* (não necessariamente imóvel, podendo, por exemplo, ser um *trailer*), habitado e com seus moradores repousando (nesse sentido: *RT* 714/393). A maioria, porém, discorda e o STJ já decidiu: "Para a incidência da causa especial de aumento prevista no § 1° do art. 155 do Código Penal, é suficiente que a infração ocorra durante o repouso noturno, período de maior vulnerabilidade para as residências, lojas e veículos. É irrelevante o fato de se tratar de estabelecimento comercial ou de residência, habitada ou desabitada, bem como o fato de a vítima estar, ou não, efetivamente repousando" (HC 29153/MS, DJ 03/11/2003).

226. (FUNCAB – Delegado de Polícia – RJ/2012) Manoel pediu ao pai, recém-chegado aos 50 anos, que adiantasse a sua legítima, no que não foi atendido, pois este sabia que Manoel se tornara dependente de drogas, logo dilapidaria seu patrimônio com o vício. Insatisfeito e aproveitando-se de uma viagem de seu pai, Manoel convidou Antônio e Joaquim, parceiros na utilização de "maconha", a sacarem do poder de seu pai as joias que herdaria, pois com a venda destas lucraria mais de R$ 1.000.000,00. Madalena, amiga de Joaquim, a seu pedido e sabendo dos propósitos dele, ensinou-o a abrir o cofre onde as joias se encontravam. Manoel, para não ser descoberto, no dia da empreitada foi para o clube, possibilitando ser visto por várias pessoas, o que lhe daria um álibi. Antônio e Joaquim dirigiram-se para a residência do pai de Manoel, local em que o primeiro abriu a porta da casa com uma gazua, o que possibilitou a Joaquim entrar e retirar as joias do cofre. Com medo de ser descoberto, posteriormente, Manoel solicitou ao seu amigo Paulo que guardasse temporariamente as joias. Após duas semanas do ocultamento das joias por Paulo, estas foram transportadas para outro Estado por Pedro, a pedido de José, primo de Manoel, sendo certo que nem Pedro, tampouco José, sabiam que as joias eram produto de crime. Já em outro Estado, as joias foram vendidas para Cláudia, que trabalhava como joalheira em sua residência, por preço vil, tendo esta percebido desde logo a origem ilícita da mercadoria. Ao tomar conhecimento do desaparecimento das joias, o pai de Manoel dirigiu-se à Delegacia de Polícia e ofereceu *notitia criminis*. Após investigação, restou provada toda empreitada delitiva. Assim:

a) Manoel, Antônio, Joaquim e Madalena são coautores do crime de furto qualificado por rompimento de obstáculo, abuso de confiança e emprego de chave falsa, enquanto que Paulo, José, Pedro e Cláudia são coautores do crime de receptação.

b) Antônio e Joaquim, na qualidade de autores, e Madalena, figurando como cúmplice por auxílio, devem ser responsabilizados por crime de furto qualificado. Não se poderá responsabilizar Manoel, José e Pedro. Paulo pode ser condenado por favorecimento real e Cláudia por receptação qualificada.

c) Paulo poderá ser condenado pelo crime de receptação própria, enquanto Manoel é o autor intelectual do crime de furto, portanto ainda terá sua pena agravada. Antônio e Joaquim são autores diretos do crime de furto, restando unicamente a Madalena a cumplicidade material. José pode ser condenado pelo crime de receptação imprópria, Pedro por receptação própria e Cláudia por receptação simples.

d) Madalena é cúmplice por auxílio intelectual no crime de furto, enquanto Manoel poderá ser condenado por furto com abuso de confiança, com pena agravada pelo fato do ofendido ser seu genitor. Antônio poderá ser condenado pelo crime de furto com emprego de chave falsa e Joaquim pelo crime de furto com rompimento de obstáculo. Paulo responde pelo crime de favorecimento pessoal. As condutas de José e Pedro são atípicas. Cláudia pode ser condenada pelo crime de receptação culposa.

e) Cláudia comete crime de receptação qualificada. Pedro praticou conduta atípica e José pode ser condenado por receptação dolosa imprópria. Paulo pode ser condenado por receptação dolosa própria, já Madalena, Antônio e Joaquim são autores do crime de furto qualificado e a conduta de Manoel é atípica.

COMENTÁRIOS

Alternativa correta: letra "B". Está correta a assertiva. Não obstante Manoel tenha sido autor intelectual do furto, em cuja organização tomou parte diretamente, não será responsabilizado porque incide, no caso, a escusa absolutória prevista no art. 181, inciso II, do Código Penal (crime patrimonial cometido contra ascendente). Antônio e Joaquim responderão na qualidade de autores do crime de furto qualificado pelo emprego de chave falsa, sendo que Madalena atuou como partícipe, pois, sabendo que Joaquim pretendia subtrair as joias do cofre, transmitiu-lhe as instruções para que o compartimento de segurança fosse aberto (tratou-se, pois, de auxílio). A Paulo será atribuído o delito de favorecimento real, pois, sem que tomasse parte no furto ou receptasse as joias em proveito próprio ou alheio, prestou a Manoel auxílio destinado a tornar seguro o proveito do crime. Pedro e José não praticaram condutas típicas porque ignoravam que as joias eram produto de infração penal; logo, não agiram com dolo. Finalmente, se, pelas circunstâncias em que as joias lhe foram oferecidas, Cláudia, no exercício de atividade comercial de joalheira, percebeu que aqueles objetos eram de origem ilícita, será punida por receptação qualificada.

Alternativa "a": está errada a assertiva. Como já ressaltado, Manoel não pode ser punido pelo furto em virtude da incidência de escusa absolutória. No mais, o exemplo não narra rompimento de obstáculo para a subtração da coisa (nem para entrar na residência nem para abrir o cofre). Tampouco se vislumbra a qualificadora do abuso de confiança, pois não há indicação de que o furto tenha sido facilitado por especial vínculo de lealdade ou de fidelidade entre a vítima e os agentes. Também não é possível punir Paulo, José e Pedro por receptação; o primeiro porque não cometeu este delito (mas favorecimento real), e os demais porque não incidiram em nenhum tipo penal.

Alternativa "c": ver comentários às assertivas anteriores.

Alternativa "d": a participação e Madalena não foi intelectual, pois não houve, de sua parte, induzimento ou instigação a que os demais cometessem o furto. Houve, sim, auxílio relativo às instruções para a abertura do cofre. Paulo não responde por favorecimento pessoal porque não auxiliou autor de crime a se subtrair à ação de autoridade; o auxílio prestado foi real, ou seja, para tornar seguro o proveito do crime. Quanto ao mais, aplicam-se as mesmas considerações já tecidas nas assertivas anteriores.

Alternativa "e": ver comentários às assertivas anteriores. Acrescentamos, somente, que a conduta de Manoel não é atípica. Trata-se, tão somente, da incidência de causa de isenção de pena.

---

227. (Delegado de Polícia – MT/ 2010 – UNEMAT) Assinale a afirmativa correta a respeito dos crimes de furto, com base no entendimento dos Tribunais Superiores.

a) Adota-se a teoria da *amotio*, segundo a qual o crime se consuma quando o agente desloca ou remove a *res* furtiva da esfera de vigilância da vítima, sendo imprescindível a posse mansa e pacífica da mesma.

b) O agente que emprega fraude para alterar o medidor de energia elétrica comete o crime de furto de energia elétrica.

c) A pessoa que se conduz à subtração de dinheiro do bolso da vítima, sem que esta provenha de qualquer valor em ambos os bolsos, responderá pelo crime de tentativa de furto.

d) Configura crime de estelionato e não de furto a ação de pessoa que simula interesse na compra de uma motocicleta, a pretexto de testá-la, e acaba dela se apossando.

e) A ligação direta realizada para efeito de subtração de veículo não pode ser considerada a qualificadora do inciso III, § 4º, art. 155, CP, consistente em chave falsa.

COMENTÁRIOS

Alternativa correta: letra "E". Está correta a assertiva. Já decidiu o STJ que a chave falsa deve ser utilizada externamente ao veículo, não configurando a qualificadora quando este objeto é utilizado para efetuar a ligação (REsp 43047/SP).

Alternativa "a": está errada a assertiva. Embora nos tribunais superiores seja adotada a *amotio*, para esta teoria dá-se a consumação quando a coisa subtraída passa para o poder do agente, mesmo que num curto espaço de tempo, independentemente de deslocamento ou posse mansa e pacífica. A respeito, decidiu o STJ: "A Terceira Seção desta Corte, ao apreciar o Recurso Especial representativo de controvérsia nº 1.524.450/RJ, firmou o entendimento no sentido de que consuma-se o crime de furto com a posse de fato da res furtiva, ainda que por breve espaço de tempo e seguida de perseguição ao agente, sendo prescindível a posse mansa e pacífica ou desvigiada (AgRg no REsp 1483770/RS, Rel. Ministro NEFI CORDEIRO, SEXTA TURMA, julgado em 4/2/2016, DJe 16/2/2016)" (AgInt no REsp 1.662.616/MG, DJe 25/09/2017).

Alternativa "b": está errada porque o agente que emprega fraude para alterar o medidor de energia elétrica comete o crime de estelionato (STJ: HC 67.829/SP).

Alternativa "c": está errada porque, neste caso, haveria crime impossível em razão da absoluta impropriedade do objeto, já que a vítima que o agente pretendia furtar não carrega dinheiro, ou seja, a pessoa que representa o ponto de incidência da ação delituosa (objeto material) não serve à consumação do delito.

Alternativa "d": está errada porque há, no caso, crime de furto (STJ: REsp 672987/MT), pois o agente não emprega fraude para que a vítima lhe entregue o bem, considerando que a detenção para o teste é momentânea. A fraude é empregada para que o agente tenha acesso facilitado ao veículo e possa subtraí-lo durante a realização do teste.

228. (Delegado de Polícia – PI / 2009 – NUCEPE) Com relação aos crimes contra o patrimônio, indique a alternativa correta.

a) Para doutrina majoritária, no crime de furto, a causa de aumento de pena do repouso noturno (art. 155 § 1º) não pode ser aplicada nas hipóteses de furto qualificado (art. 155 § 4º).

b) Na hipótese do empregado subtrair um objeto do seu empregador, restará sempre configurado o furto qualificado pelo abuso de confiança.

c) No crime de roubo impróprio, o sujeito ativo primeiro ameaça a vítima para depois efetuar a subtração.

d) Para o supremo tribunal federal, é possível falar em tentativa de latrocínio quando a vítima morre, e o sujeito ativo não consegue subtrair os seus bens.

e) O crime de roubo e o crime de extorsão são crimes materiais; portanto a consumação só ocorre com a produção do resultado.

COMENTÁRIOS

Alternativa correta: letra "A". Está correta a assertiva. Ressalte-se, todavia, que o STJ decidiu ser possível a aplicação da majorante também no furto qualificado, pois não há incompatibilidade entre esta circunstância e aquelas que qualificam o delito, nem há prejuízo para a dosimetria da pena, tendo em vista que o juiz parte da pena-base relativa à forma qualificada e faz incidir o aumento de um terço na terceira fase de aplicação. Além disso, não se justifica a imposição de óbice porque, lançando mão de critério de interpretação semelhante, o tribunal firmou o entendimento de que é possível aplicar sobre o furto qualificado o privilégio do § 2º do art. 155 (HC 391.007/SC, DJe 30/08/2017).

Alternativa "b": está errada a assertiva. Para a incidência da qualificadora do abuso de confiança, exige-se um especial vínculo de lealdade ou de fidelidade entre a vítima e o agente, sendo irrelevante, por si só, a simples relação de emprego ou de hospitalidade (nesse sentido: *RT* 571/391).

Alternativa "c": está errada porque no roubo impróprio ocorre exatamente o contrário, ou seja, após efetuar a subtração, o agente emprega violência ou grave ameaça com a finalidade de assegurar a impunidade do crime ou a detenção da coisa para si ou para terceiro.

Alternativa "d": está errada porque, nos termos da súmula nº 610 do STF, "Há crime de latrocínio, quando o homicídio se consuma, ainda que não realize o agente a subtração de bens da vítima.".

Alternativa "e": está errada porque, para a maioria, o crime é formal (ou de consumação antecipada), perfazendo-se no momento em que o agente emprega os meios aptos a constranger a vítima a lhe proporcionar indevida vantagem econômica (o enriquecimento indevido constitui mero exaurimento, a ser considerado na fixação da pena). Precisamente no momento do constrangimento é que o bem jurídico principal (patrimônio) sofre o perigo de lesão. A ofensa ao bem jurídico se dá, no caso da extorsão, pelo perigo. Na eventualidade de que o agente alcance o resultado, ocorre lesão efetiva ao bem jurídico patrimônio. Mas essa lesão é mero exaurimento do crime.

229. (Delegado de Polícia – PA/ 2009 – MOVENS) Com relação aos crimes contra o patrimônio, assinale a opção correta.

a) A receptação não será punível quando for desconhecido ou isento de pena o autor do crime de que proveio a coisa receptada.

b) A subtração de valores de conta-corrente, mediante transferência fraudulenta para conta de terceiro, sem consentimento da vítima, configura crime de estelionato.

c) No delito de furto, se o criminoso é primário, e é de pequeno valor a coisa furtada, o juiz pode substituir a pena de reclusão pela de detenção, diminuí-la de um a dois terços, ou aplicar somente a pena de multa.

d) Introduzir ou deixar animais em propriedade alheia, sem consentimento de quem de direito, ainda que o fato resulte em prejuízo, não constitui crime.

COMENTÁRIOS

✪ **Nota do autor:** sobre a primariedade no furto privilegiado, encontramos duas orientações divergentes: para uns, é o não reincidente, ainda que tenha no passado várias condenações (*RF* 257/274; *RJTJSP* 9/533; *JTACrimSP* 44/418 e 27/283; *RTJ* 62/182); já para outros (minoria) é o que, na data da sentença, não ostenta qualquer condenação irrecorrível pretérita (*RTJ* 71/840; *JTACrim* SP 39/127; *RF* 274/274; *RJTJSP* 30/375).

Alternativa correta: letra "C". Está correta a assertiva. Há, no caso, furto privilegiado. Diverge a doutrina sobre a possibilidade de aplicar-se o privilégio ao crime de furto qualificado. O posicionamento tradicional do STF e do STJ era no sentido de ser ele incompatível, vez que, além da gravidade do crime qualificado, a posição topográfica do privilégio indica a intenção do legislador de vê-lo aplicado somente ao furto simples e ao noturno (*RT* 608/446, 609/354 e 617/336). Contudo, apontamos a modificação do entendimento dos Tribunais Superiores passaram a admitir a combinação dos parágrafos. O STJ, aliás, sumulou esta orientação por meio do enunciado nº 511, ressalvando que o privilégio se aplica somente diante de qualificadoras objetivas. A ressalva foi feita porque, de acordo com a jurisprudência do tribunal, o abuso de confiança tem natureza subjetiva (neste sentido: HC 387.780/SC, DJe 27/10/2017).

Alternativa "a": está errada a assertiva porque o crime de receptação é punido ainda que o autor do crime de que se originou a coisa receptada não seja identificado ou seja isento de pena.

Alternativa "b": está errada porque, neste caso, em que o agente emprega fraude para efetuar a transferência de valores da conta corrente da vítima, há crime de furto mediante fraude, não estelionato. O furto mediante fraude não se confunde com o estelionato. Naquele, a fraude visa a diminuir a vigilância da vítima e possibilitar a subtração. O bem é retirado sem que a vítima perceba que está sendo despojada. No estelionato, a fraude visa a fazer com que a vítima incida em erro e entregue espontaneamente o objeto ao agente. A vontade de alterar a posse no furto é *unilateral* (apenas o agente quer); já no estelionato é *bilateral* (agente e vítima querem).

Alternativa "d": está errada porque o ato de introduzir ou deixar animais em propriedade alheia, sem consentimento de quem de direito, desde que do fato resulte prejuízo, constitui crime tipificado no art. 164 do Código Penal e punido com detenção de quinze dias a seis meses ou multa.

230. (Delegado de Polícia – GO/ 2008 – UEG) [A] vai ao encontro de [B], seu amigo de infância, e expõe a ele sua intenção de praticar um delito de furto de vários aparelhos eletrodomésticos em conhecida loja da capital. Durante a conversa, [A] confessa a [B] que somente não levará adiante sua intenção criminosa em razão de não possuir um local adequado para deixar os bens objeto da subtração. Nesse momento, [B], com a finalidade de ajudar o amigo de infância, oferece-lhe um barracão, cujo espaço físico seria ideal para a guarda dos bens furtados. Após essa promessa, [A] sente-se seguro e confiante para seguir com seu intento e, efetivamente, subtrai os aparelhos eletrodomésticos e os acomoda, até serem vendidos a terceiros, no barracão oferecido por [B]. Qual o crime praticado por [B]?

a) Furto.

b) Receptação.

c) Favorecimento real.

d) Favorecimento pessoal.

COMENTÁRIOS

✪ **Nota do autor:** da análise do art. 155 do Código Penal se extrai que o objeto material do crime deve ser *coisa alheia móvel*, economicamente apreciável. O interesse apenas moral da coisa, segundo alguns, também configura o crime. Nucci, contudo, discorda, assim argumentando seu posicionamento: "coisa puramente de estimação: entendemos não ser objeto material do crime de furto, pois é objeto sem qualquer valor econômico. Não se pode conceber seja passível de subtração, penalmente punível, por exemplo, uma caixa de fósforos vazia, desgastada, que a vítima possui somente porque lhe foi dada por uma namorada, no passado, símbolo de um amor antigo. Caso seja subtraída por alguém, cremos que a *dor moral* causada no ofendido deve ser resolvida na esfera civil, mas jamais na penal, que não presta a esse tipo de reparação." (*Código Penal comentado*, p. 783).

Alternativa correta: letra "A" (responde, também, a alternativa "b"). Configura-se o furto, não a receptação, porque "A" e "B" combinaram previamente que o produto da subtração cometida por "A" seria acondicionado no imóvel pertencente a "B".

Alternativa "c": não há favorecimento real, pois o art. 349 do Código Penal ressalva expressamente que este crime tem lugar apenas se a conduta daquele que presta ao criminoso auxílio destinado a tornar seguro o proveito do crime não caracteriza coautoria ou receptação.

Alternativa "d": também não há favorecimento pessoal, que consiste em auxiliar a subtrair-se à ação de autoridade pública autor de crime a que é cominada pena de reclusão.

---

231. (Delegado de Polícia – GO/ 2008 – UEG) Sobre os crimes contra o patrimônio, é CORRETO afirmar:

a) as escusas absolutórias previstas nos delitos contra o patrimônio constituem causas de isenção de pena e se comunicam no concurso de agentes.

b) não se admite a figura da delação premiada nos crimes contra o patrimônio.

c) o furto de uso, que se caracteriza pela subtração da coisa fungível apenas para usufruí-la momentaneamente, é fato atípico, havendo a necessidade que o agente efetue a devolução da coisa.

d) o possuidor da coisa não pode ser sujeito ativo do crime de furto, uma vez que se encontra na posse da coisa ou exerce algum direito inerente à propriedade.

COMENTÁRIOS

Alternativa correta: letra "D". Está correta porque o furto se caracteriza pela subtração de coisa alheia móvel do poder daquele que a detém. Se o agente, possuidor da coisa alheia, decide tomá-la definitivamente para si, haverá apropriação indébita.

Alternativa "a": está errada a assertiva. As escusas absolutórias são causas de isenção de pena que não se comunicam entre os agentes. Dessa forma, se um cônjuge furta o outro em concurso com terceiro, este irá responder pelo crime normalmente, incidindo a escusa apenas em favor do autor do crime casado com a vítima.

Alternativa "b": está errada porque, no art. 159, § 4º, do Código Penal, há previsão expressa de delação premiada, em que o concorrente que o denunciar à autoridade a extorsão mediante sequestro, facilitando a libertação do sequestrado, terá sua pena reduzida de um a dois terços.

Alternativa "c": está errada a assertiva. São, em resumo, requisitos do furto de uso: a) intenção, desde o início, de uso momentâneo da coisa subtraída; b) coisa não consumível (infungível); c) sua restituição imediata e integral à vítima.

---

232. (Delegado de Polícia – PB / 2008 – CESPE) Considera-se famulato o furto

a) praticado em estado de extrema miserabilidade, para evitar perigo maior decorrente da ausência de alimentação, situação em que há estado de necessidade, não se incluindo no conceito, entretanto, o furto de bens supérfluos.

b) de gados pertencentes a terceira pessoa, espalhados por currais, com ânimo de assenhoramento definitivo pelo autor do crime.

c) praticado pelo empregado, aproveitando-se de tal situação, de bens pertencentes ao empregador.

d) de energia elétrica.

e) de bens de uso comum do povo, que possam ter algum valor econômico.

COMENTÁRIOS

Alternativa correta: letra "C". Está correta a assertiva. O famulato é o furto cometido pelo empregado com abuso de sua condição, isto é, valendo-se da facilidade que a função lhe proporciona e da confiança que lhe é depositada.

Alternativa "a": está errada porque, neste caso, tem-se o furto famélico. A jurisprudência tem reconhecido o estado de necessidade (art. 24 do CP), desde que presentes os seguintes requisitos (ônus da defesa): a) que o fato seja praticado para mitigar a fome; b) que seja o único e derradeiro recurso do agente (inevitabilidade do comportamento lesivo); c) que haja a subtração de coisa capaz de diretamente contornar a emergência; d) a insuficiência dos recursos adquiridos pelo agente com o trabalho ou a impossibilidade de trabalhar.

Alternativa "b": está errada porque o furto nestas condições é denominado *abigeato*.

Alternativa "d": está errada a assertiva. O furto consiste na subtração de coisa alheia móvel para si ou para outrem. O § 3º equipara à coisa móvel a energia elétrica e outras (genética, mecânica, térmica e a radioatividade), desde que tenham valor econômico. Não há, no entanto, denominação específica a esta modalidade de furto.

Alternativa "e": a subtração de bens, genericamente apontados, com valor econômico intrínseco, perfaz o crime de furto, sem denominação específica.

---

233. (Delegado de Polícia – SC / 2008 – ACADEPOL) "Ariel", com 21 anos de idade, arromba a joalheria de seu pai, "Benoir", com 60 anos de idade, de madrugada, levando bens avaliados em R$ 5.000,00 (cinco mil reais). Preso, após o fato, "Ariel" responderá por:

a) crime de furto de coisa comum.

b) crime de furto qualificado pelo rompimento de obstáculo à subtração da coisa.

c) crime de apropriação indébita.

d) nenhum crime, pois é isento de pena (imunidade penal absoluta).

COMENTÁRIOS

Alternativa correta: letra "B" (responde, também, a alternativa "d"). No caso, Ariel responderá por furto qualificado pelo rompimento de obstáculo à subtração da coisa, sem que se aplique a escusa absolutória prevista no art. 181, inciso II, do Código Penal, pois, conforme o seu art. 183, inciso III, não há espaço para a escusa se o crime é praticado contra pessoa com idade igual ou superior a sessenta anos.

Alternativa "a": está errada porque o furto de coisa comum se caracteriza por subtrair o condômino, coerdeiro ou sócio, para si ou para outrem, a quem legitimamente a detém, a coisa comum. No caso, não há coisa comum a ser subtraída, pois Ariel furtou a joalheria pertencente exclusivamente a seu pai.

Alternativa "c": não há crime de apropriação indébita, que consiste em apropriar-se de coisa alheia móvel, de que tem a posse ou a detenção, o que não é o caso, pois Ariel invadiu o estabelecimento e subtraiu os objetos.

46. ROUBO

234. (Fumarc – Delegado de Polícia – PC – MG/2018) Com relação aos crimes patrimoniais, é CORRETO afirmar:

a) A Lei n° 13.645/18 introduziu novas modalidades qualificadas ao crime de furto, mas excluiu o uso de armas brancas da figura majorada de roubo.

b) O agente que, durante a prática do crime de roubo a posto de gasolina, acaba por matar o proprietário do estabelecimento e um cliente que lá se encontrava, fugindo em seguida com o dinheiro do caixa e o carro do cliente, responde por um só crime de latrocínio, crime complexo em que a pluralidade de vítimas serve apenas para fixação da pena.

c) O roubo próprio se distingue do impróprio porque, enquanto aquele pode ser praticado por qualquer pessoa, o último somente pode ser realizado por determinados agentes, não sendo crime comum.

d) Segundo entendimento jurisprudencial majoritário, a mera presença de sistema eletrônico de vigilância em estabelecimento comercial torna o crime de furto impossível mediante a absoluta ineficácia do meio.

COMENTÁRIOS

✪ **Nota do autor:** a questão foi anulada porque, na alternativa correta ("a"), a lei que modificou certos crimes patrimoniais (Lei 13.654/18) foi citada erroneamente.

Alternativa "a": a Lei 13.654/18 promoveu diversas modificações nos tipos penais do furto e do roubo. Basicamente, no furto inseriu os §§ 4º-A e 7º, qualificadoras para punir com maior rigor, respectivamente, o furto com emprego de explosivo ou de artefato análogo que cause perigo comum e a subtração de substâncias explosivas ou de acessórios que, conjunta ou isoladamente, possibilitem sua fabricação, montagem ou emprego. No roubo, revogou o inciso I do § 2º do art. 157 (que majorava a pena quando houvesse emprego de arma, inclusive branca), inseriu o inciso VI no mesmo parágrafo para punir com mais rigor a subtração de substâncias explosivas ou de acessórios que, conjunta ou isoladamente, possibilitem sua fabricação, montagem ou emprego e inseriu o § 2º-A com novas majorantes (2/3) consistentes em emprego de arma de fogo e destruição ou rompimento de obstáculo mediante o emprego de explosivo ou de artefato análogo que cause perigo comum. Além disso, dividiu o § 3º em dois incisos e aumentou a pena máxima para as situações em que do roubo decorre lesão grave.

Alternativa "b": está errada a assertiva. No exemplo citado, houve duas mortes (proprietário do posto e um cliente) e duas subtrações (dinheiro do caixa e carro do cliente), razão pela qual hão de ser imputados dois crimes de latrocínio.

Alternativa "c": está errada a assertiva. A diferença entre o roubo próprio e o roubo impróprio não reside na qualidade do sujeito ativo, mas no momento em que se emprega a violência ou a grave ameaça. No roubo próprio, o agente emprega a violência ou a ameaça para efetuar a subtração, ao passo que no impróprio tais meios de execução são empregados para assegurar a impunidade do crime ou a detenção da coisa já apoderada.

Alternativa "d": está errada a assertiva. O STJ sumulou a orientação segundo a qual a vigilância constante – física ou eletrônica – em estabelecimento comercial não torna, por si só, impossível o crime de furto (súmula nº 567).

Alternativa correta: Anulada

235. (Cespe – Delegado de Polícia – GO/2017) Álvaro e Samuel assaltaram um banco utilizando arma de fogo. Sem ter ferido ninguém, Álvaro conseguiu fugir. Samuel, nervoso por ter ficado para trás, atirou para cima e acabou atingindo uma cliente, que faleceu. Dias depois, enquanto caminhava sozinho pela rua, Álvaro encontrou um dos funcionários do banco e, tendo sido por ele reconhecido como um dos assaltantes, matou-o e escondeu seu corpo.

Acerca dessa situação hipotética, assinale a opção correta.

a) Álvaro cometeu os crimes de roubo qualificado e homicídio simples.

b) Samuel cometeu os crimes de roubo simples e homicídio culposo.

c) Álvaro cometeu os crimes de roubo e homicídio qualificados.

d) Álvaro cometeu o crime de homicídio qualificado e será responsabilizado pelo resultado morte ocorrido durante o roubo.

e) Álvaro e Samuel cometeram o crime de roubo qualificado pelo resultado morte.

COMENTÁRIOS

Alternativa correta: letra "D" (responde, também, as demais alternativas). Está correta a assertiva. Álvaro responde por homicídio qualificado porque o praticou para garantir a impunidade do roubo anteriormente cometido. Trata-se da denominada conexão consequencial.

Além disso, Álvaro deve responder pelo latrocínio porque, embora não tenha sido o autor do disparo que causou a morte, pois nessas situações em que os agentes atuam em unidade de desígnios e mediante divisão de tarefas, exercendo pleno domínio do fato, todos assumem o risco de que um resultado mais grave possa ocorrer. É o que tem decidido o STF (RHC 133.575/PR, j. 21/02/2017).

236. (Vunesp – Delegado de Polícia – CE/2015) Aquele que com prévia intenção de vantagem patrimonial seduz outra pessoa, convidando-a à pratica de ato sexual e, durante o coito, amarra a vítima ao leito, impossibilitando sua reação, a fim de que possa subtrair-lhe os pertences pessoais (dinheiro, telefone celular e automóvel), comete crime de

a) extorsão mediante sequestro.

b) extorsão.

c) roubo.

d) furto.

e) estelionato.

COMENTÁRIOS

Alternativa correta: letra "C". Está correta a assertiva. No exemplo citado, o agente, de fato, cometeu o crime de roubo, pois subtraiu os objetos, para si, com emprego de violência (constrangimento físico para retirar da vítima os meios de defesa). Aliada ao crime de roubo, parece-nos ter havido a violação sexual mediante fraude, delito em que ocorre o estelionato sexual, comportamento caracterizado quando o agente, sem emprego de qualquer espécie de violência, pratica com a vítima *ato de libidinagem* (conjunção carnal ou ato diverso de natureza libidinosa), usando de *fraude* ou *outro meio que impeça ou dificulte a livre manifestação de vontade da vítima. No caso, a fraude consistiu em seduzir a vítima com o propósito de roubá-la em seguida, o que, aliás, faz incidir o parágrafo único do art. 215 do Código Penal, segundo o qual* se o crime é cometido com o fim de obter vantagem econômica, aplica-se também multa.

Alternativa "a": *não se trata de extorsão mediante sequestro, pois o agente não* sequestrou a vítima com o fim de obter, para si ou para outrem, alguma vantagem como condição ou preço do resgate.

Alternativa "b": tampouco se trata de extorsão, consistente em constranger alguém, mediante violência ou grave ameaça, e com o intuito de obter para si ou para outrem indevida vantagem econômica, a fazer, tolerar que se faça ou deixar de fazer alguma coisa. Houve, de fato, subtração.

Alternativa "d": também não é possível falar em furto em virtude do emprego de violência para empreender a subtração.

Alternativa "e": está errada a assertiva porque o agente não obteve, para si ou para outrem, vantagem ilícita, em prejuízo alheio, induzindo ou mantendo alguém em erro, mediante artifício, ardil, ou qualquer outro meio fraudulento. A fraude, no caso, serviu para a prática da relação sexual, que serviria para proporcionar as circunstâncias ideais para o roubo.

237. (NUCEPE – Delegado de Polícia – PI/2014) Sobre os crimes contra o patrimônio, assinale a alternativa CORRETA.

a) Os crimes de latrocínio, extorsão, roubo qualificado e extorsão mediante sequestro são classificados como hediondos.

b) O crime de extorsão mediante sequestro classifica-se como crime material que se consuma quando o agente obtém a vantagem econômica exigida.

c) No roubo o bem é retirado da vítima, enquanto que na extorsão ela própria é quem o entrega ao agente.

d) O denominado "sequestro relâmpago" é uma modalidade de crime de extorsão cometido mediante a privação total da liberdade da vítima.

e) As formas qualificadas do roubo não decorrem, necessariamente, do emprego da violência.

COMENTÁRIOS

Alternativa correta: letra "C". Está correta a assertiva. O crime do art. 158 do Código Penal não se confunde com o roubo (art. 157). Neste, o agente emprega violência ou grave ameaça para subtrair o bem, buscando imediata vantagem, dispensando, para tanto, a colaboração da vítima; já na extorsão, o sujeito ativo emprega violência ou grave ameaça para fazer com que a vítima lhe proporcione indevida vantagem mediata (futura), sendo, portanto, de suma importância a participação do constrangido.

Alternativa "a": está errada a assertiva. No que concerne aos crimes patrimoniais, são hediondos o latrocínio, a extorsão qualificada pela morte e a extorsão mediante sequestro, em todas as suas formas. Não se inserem no rol dos hediondos, portanto, as demais formas do roubo e da extorsão (simples, majorada e qualificada pela lesão corporal grave).

Alternativa "b": está errada a assertiva. O crime de extorsão mediante sequestro é formal, consumando-se com a privação da liberdade da vítima, configurando o recebimento do resgate mero exaurimento, a ser considerado pelo magistrado na dosagem da pena.

Alternativa "d": está errada a assertiva. O § 3º do art. 158 do Código Penal, introduzido pela Lei 11.923/2009, qualifica o crime de extorsão quando cometido mediante a restrição da liberdade da vítima, desde que essa condição seja necessária para a obtenção da vantagem econômica. Se houver privação total da liberdade da vítima, acarretando a necessidade de comportamento de terceiro para a obtenção da vantagem, haverá extorsão mediante sequestro.

Alternativa "e": está errada a assertiva. No art. 157, § 3º, do Código Penal, utilizando a lei a expressão *"se da violência resulta..."*, entende-se que não há qualificadora quando o resultado decorre do emprego de grave ameaça, hipótese em que haverá crime de roubo em concurso com o delito de homicídio ou de lesão corporal grave, podendo este ser doloso ou culposo, dependendo das circunstâncias fáticas.

238. (FUNCAB – Delegado de Polícia – RJ/2012) Portando ilegalmente, exclusivamente para aquela ação, uma arma de fogo de calibre permitido, Norberto constrange um transeunte e, mediante grave ameaça, subtrai para si os seus pertences.

Nesse contexto, afirma-se que:

a) o autor responde somente pelo crime de roubo, não pelo de porte de arma de fogo, pois a pena do crime patrimonial já engloba a reprovabilidade do delito previsto na lei especial, consequência da unidade fática entre ambos, aplicando-se o princípio da consunção.

b) há apenas crime de roubo, solucionando-se o caso pelo princípio da especialidade, pois o delito patrimonial, ao estabelecer a grave ameaça como meio executório, insere o porte de arma em sua estrutura típica, acrescido de elementos especializantes.

c) será o porte de arma absorvido pelo crime de roubo em virtude da substituição do dolo, característica da progressão criminosa, que determina o reconhecimento do conflito aparente de normas.

d) aplica-se ao caso o princípio da subsidiariedade, pois nas condutas há diferentes graus de lesão à mesma objetividade jurídica, em uma relação de continente e conteúdo.

e) tutelando bens jurídicos distintos, as normas penais referentes aos crimes de porte de arma de fogo e roubo figurarão em concurso material de delitos, aplicando-se ao caso o sistema do cúmulo material das penas.

COMENTÁRIOS

Alternativa correta: letra "A" (responde, também, a alternativa "e"). Está correta a assertiva. Se Norberto empregou a arma de fogo para o cometimento do roubo, responderá por este delito com a pena majorada. Restará afastado o delito de porte ilegal de arma de fogo pela incidência do princípio da consunção: o porte de arma é uma fase de realização da subtração.

Alternativa "b": está errada a assertiva. A grave ameaça contida no crime de roubo não tem nenhuma relação típica com o porte de arma, que não integra o tipo penal.

Alternativa "c": está errada a assertiva. Na progressão criminosa, o agente substitui o seu dolo, dando causa a resultado mais grave. O agente deseja praticar um crime menor e o consuma. Depois, delibera praticar um crime maior e também o concretiza, atentando contra o mesmo bem jurídico. O exemplo do enunciado revela um crime progressivo, que se dá quando o agente, para alcançar um resultado/crime mais grave, passa, necessariamente, por um crime menos grave.

Alternativa "d": não há relação de subsidiariedade no caso. Uma lei tem caráter subsidiário relativamente a outra (principal) quando o fato por ela incriminado é também incriminado por outra, tendo um âmbito de aplicação comum, mas abrangência diversa. A relação entre as normas (subsidiária e principal) é de maior ou menor gravidade. A norma dita subsidiária atua apenas quando o fato não se subsuma a crime mais grave. Não é, conforme já destacado nos comentários ao item "a", o que ocorre.

239. (FGV – Delegado de Polícia – MA/2012) Aproveitando-se da condição de um turista que bebia em um quiosque da praia, José se apresenta como guia e o leva a diversos pontos turísticos da cidade. Posteriormente, obtendo a confiança do turista, retorna com ele ao hotel e juntos consomem bebida alcoólica.

Aproveitando-se dessa situação e contando com a ajuda do adolescente FMO, aprendiz de garçom, ministra substância entorpecente na bebida do turista, que, sem consciência, a ele entrega todo o seu dinheiro e bens que estavam no quarto. A partir do caso exposto, José deverá responder

a) pelo crime de extorsão (Art. 158, do CP).

b) pelo crime de extorsão majorada pelo concurso de pessoas (Art. 158, § 1°, do CP).

c) pelos crimes de extorsão majorada pelo concurso de pessoas (Art. 158, § 1°, do CP) e corrupção de menores (Art. 244-B, da Lei nº 8.069/90).

d) pelos crimes de roubo (Art. 157, do CP) e corrupção de menores (Art. 244-B, da Lei nº 8.069/90).

e) pelos crimes de roubo majorado pelo concurso de pessoas (Art. 157 § 2°, II, do CP) e corrupção de menores (Art. 244-B da Lei nº 8.069/90).

COMENTÁRIOS

Alternativa correta: letra "E" (responde, também, a alternativa "d"). Está correta a assertiva. José responderá pela prática do crime de roubo porque subtraiu bens pertencentes à vítima após reduzi-la à incapacidade de resistência. O crime de roubo, sabe-se, pode ser cometido por meio de três formas: violência, grave ameaça ou por qualquer meio que reduza a vítima à impossibilidade de resistência. O terceiro *modus operandi* refere-se ao emprego de outro meio, que não a violência ou grave ameaça, porém a ela equiparada (violência imprópria), retirando da vítima a sua capacidade de oposição (emprego de drogas, soníferos, hipnose etc.). Na lição de Bitencourt: "Tais meios devem ser usados ardilosamente, às escondidas, desacompanhados, evidentemente, de violência ou grave ameaça; caso contrário, serão estas e não aqueles que integrarão a definição típica do crime de roubo. Se, no entanto, a própria vítima se coloca em condições de incapacidade de oferecer resistência, o crime que tipificará eventual subtração não será o de roubo, mas certamente o de furto, cometido aproveitando-se da oportunidade criada pela vítima ou por quem vigiasse a *res*" (*Tratado de Direito Penal*, v. 3, p. 102). Há majoração em virtude do concurso de pessoas porque José atuou em conluio com o adolescente, certo que no cômputo mínimo de duas pessoas a que se refere a lei, devemos considerar eventuais inimputáveis ou agentes não identificados. Finalmente, há o crime do art. 244-B da Lei nº 8.069/90, relativo à corrupção de menores, pois

José corrompeu ou facilitou a corrupção de menor de dezoito anos, com ele praticando infração penal. Ressaltamos que, para o STJ, dispensa-se a prova de efetiva corrupção para que o crime se caracterize (súmula nº 500: "A configuração do crime do art. 244-B do ECA independe da prova da efetiva corrupção do menor, por se tratar de delito formal").

Alternativa "a" (responde, também, as alternativas "b" e "c"): não há crime de extorsão, pois o enunciado não revela que José tenha constrangido, mediante violência ou grave ameaça, com o intuito de obter para si ou para outrem indevida vantagem econômica, a vítima a fazer, tolerar que se fizesse ou deixasse fazer alguma coisa.

240. (Delegado de Polícia – MG/ 2011 – ACADEPOL) Com relação aos crimes patrimoniais, é INCORRETO afirmar que

a) segundo entendimento consolidado pelo STF, o crime de estelionato, quando na modalidade de fraude no pagamento, por meio de cheque, consuma-se no momento e local em que o banco sacado recusa o seu pagamento.

b) o agente que rouba o veículo da vítima e, sem motivação alguma, a coloca no porta malas, abandonando-a em estrada de município vizinho, responde pelos crimes de roubo e sequestro, em concurso material.

c) o agente que invade estabelecimento comercial anunciando assalto e acaba por matar o proprietário e um cliente, fugindo em seguida com o dinheiro do caixa e a carteira do cliente, responde por um só crime de latrocínio, crime complexo em que a pluralidade de vítimas serve apenas para fixação da pena.

d) agente que, após furtar, em concurso de pessoas, preciosa joia em shopping Center, adquire a quota parte, dos demais meliantes, não responde por crime de receptação, tratando-se de *post factum* impunível.

COMENTÁRIOS

Alternativa correta: letra "C". Está errado. Apesar de existir doutrina concordando com a assertiva, prevalece, inclusive no STJ, que o agente responderá por pluralidade de crimes (variando de acordo com o número de mortes), em concurso formal impróprio (HC 336680/PR, DJe 26/11/2015).

Alternativa "a": está correta a assertiva. De acordo com a súmula nº 521 do STF, "O foro competente para o processo e julgamento dos crimes de estelionato, sob a modalidade da emissão dolosa de cheque sem provisão de fundos, é o do local onde se deu a recusa do pagamento pelo sacado".

Alternativa "b": está correta porque, no crime de roubo, a causa de aumento relativa à restrição à liberdade de locomoção da vítima só se aplica se necessária para o sucesso da subtração. Se a liberdade da vítima é tolhida desnecessariamente, há concurso entre o roubo e o sequestro.

Alternativa "d": está correta a assertiva. Para responder pelo crime de receptação, não pode o agente ter tomado parte na infração penal precedente, razão pela qual, se o furtador adquire a parte do produto do crime que caberia aos seus comparsas, haverá *post factum* impunível.

241. (Delegado de Polícia – RO/ 2009 – FUNCAB) Márcio, pretendendo haver para si o computador portátil de Suzana, aproxima-se desta e, apontando arma de fogo devidamente municiada, exige a entrega do objeto, sob pena de feri-la. Suzana, sentindo-se ameaçada, entrega o bem e Márcio consegue fugir de posse do objeto almejado. A conduta descrita pode ser tipificada da seguinte forma:

a) Márcio cometeu o crime de roubo circunstanciado, com aplicação da causa de aumento de pena pelo emprego da arma de fogo.

b) Márcio cometeu o crime de roubo simples em concurso material com o crime de porte de arma de fogo.

c) Márcio cometeu o crime de roubo, com a agravante do emprego de arma, em concurso formal próprio com o crime de porte de arma de fogo.

d) Márcio cometeu o crime de roubo simples, já que não houve disparo da arma de fogo que portava.

e) Márcio cometeu o crime de roubo qualificado pela causa de aumento de pena do emprego de arma de fogo, em concurso material com o crime de tentativa de disparo de arma de fogo.

COMENTÁRIOS

Alternativa correta: letra "A". Está correta a assertiva. Consiste o crime de roubo em subtrair coisa móvel alheia, para si ou para outrem, mediante grave ameaça ou violência a pessoa, ou depois de havê-la, por qualquer meio, reduzido à impossibilidade de resistência. A Lei 13.654/18 alterou o art. 157 do CP para revogar o inciso I do § 2º. De acordo com o dispositivo revogado, a pena do roubo sofria aumento de um terço à metade se a violência ou a ameaça fosse exercida com emprego de arma (o entendimento dominante era de que a expressão "arma" devia ser compreendida em sentido amplo). A revogação do inciso I do § 2º se seguiu da inserção do § 2º-A, que, no inciso I, majora a pena se a violência ou a ameaça é exercida com emprego de arma de fogo. Tem-se, portanto, que o legislador optou por excluir da abrangência da majorante os objetos que, embora possam ser utilizados para intimidar, não foram concebidos com esta finalidade. Logo, não majora mais a pena do roubo o emprego de facas, estiletes, navalhas, cacos de vidro, etc., muito embora isso não signifique que a utilização desses objetos seja irrelevante. É sem dúvida mais grave a conduta de quem, para roubar, utiliza uma faca em vez de apenas ameaçar verbalmente a vítima. E isso deve ser considerado pelo juiz no momento em que analisa as circunstâncias judiciais para aplicar a pena-base. Em compensação, a pena para o roubo no qual se emprega arma de fogo se tornou mais severa, pois a fração de aumento do § 2º-A é fixa em 2/3 (dois terços).

Alternativa "b": está errada porque o art. 157 do Código Penal contempla especificamente o crime de roubo cometido com o emprego de arma de fogo.

Alternativa "c": está errada porque, no crime de roubo, o emprego de arma não é agravante, mas causa de aumento de pena. Além disso, conforme já decidiu o STJ, o porte de arma é absorvido pelo roubo se demonstrado nexo de dependência entre as duas condutas (AgRg no AREsp 1.007.586/SP, DJe 30/05/2017)..

Alternativa "d": está errada porque, para a incidência da causa de aumento, basta que o roubo seja cometido com o emprego de arma. Não se exige que a arma seja disparada.

Alternativa "e": inicialmente, está incorreta a expressão "roubo qualificado pela causa de aumento". O roubo, no caso do emprego de arma, é majorado. Ademais, não há concurso com o crime de disparo de arma de fogo tentado, pois não há evidência de que o agente pretendia efetuar disparo.

---

242. (Delegado de Polícia – PB / 2008 – CESPE) Assinale a opção correta com referência aos crimes contra o patrimônio.

a) No crime de roubo, se a arma não é apreendida e, consequentemente, não pode ser submetida a perícia, o autor do crime responde por roubo simples, pois, tratando-se de crime não transeunte, a prova testemunhal não supre a ausência da perícia, mesmo que tenha havido disparo da arma de fogo.

b) A jurisprudência tem aplicado analogicamente o entendimento já consolidado quanto ao crime de furto, para fins de afastar a tipicidade do roubo de uso.

c) Inexiste concurso material entre os delitos de quadrilha armada e o roubo qualificado pelo emprego de arma, devendo o porte ou a posse da arma de fogo ser considerado uma única vez, sob pena de bis in idem.

d) Ocorre crime de latrocínio se, logo após a subtração da coisa pretendida, por *aberractio ictus*, o agente atinge seu comparsa, querendo matar a vítima.

e) Se o agente, após subtrair os pertences da vítima com grave ameaça, obriga-a a entregar o cartão do banco e a fornecer a respectiva senha, há concurso formal entre os crimes de extorsão e roubo, pois são crimes da mesma espécie, isto é, contra o patrimônio.

COMENTÁRIOS

Alternativa correta: letra "D". Está correta a assertiva. Ocorre a *aberratio ictus* quando o agente erra na execução do crime (art. 73 do Código Penal). Cuida-se, em resumo, do *acidente ou erro no uso dos meios de execução* e, por consequência, o agente acaba atingindo pessoa diversa da pretendida – embora corretamente representada. Neste caso, nos termos do art. 73 do Código Penal, o agente responde como se tivesse praticado o crime contra a pessoa que pretendia atingir, no caso, a vítima do roubo. Por isso, responderá pelo latrocínio.

Alternativa "a": está errada a assertiva. Efetivamente, o roubo é crime não transeunte, ou seja, deixa vestígios, mas a jurisprudência do STJ (HC 389.359/SP, DJe 11/10/2017) é majoritária no sentido de que é dispensável a apreensão da arma de fogo para a caracterização do roubo majorado.

Alternativa "b": está errada, pois o roubo de uso é crime (*TJDFT* 44/180), não importando se a real intenção do agente era subtrair para ficar ou subtrair apenas para usar momentaneamente (o uso da coisa é um dos poderes inerentes à propriedade, da qual o agente se investe mediante violência ao real proprietário). Reconhecemos, porém, importante parcela da doutrina lecionando que o *animus* de uso exclui o crime (Rogério Greco, *Curso de Direito Penal:* parte especial, v. 3, p. 83).

Alternativa "c": está errada. Havendo o cometimento dos crimes de associação criminosa armada e de roubo com o emprego de arma de fogo, aplicam-se ambas as penas em concurso material, sem que se considere *bis in idem* (STF: HC 113413/SP).

Alternativa "e": está errada a assertiva porque, neste caso, haverá concurso material de delitos, pois o roubo e a extorsão caracterizam duas condutas que originaram dois resultados. Não há também crime continuado porque o entendimento dominante, quanto à exigência legal de que os delitos sejam da mesma espécie, é o de que assim se consideram aqueles inscritos no mesmo tipo penal. Neste sentido: STJ – 177676/SP. Note-se, contudo, que o STF já decidiu que havendo roubo e extorsão no mesmo contexto, o concurso de crimes será o formal (HC 98960/RJ), embora haja decisões no sentido de que se trata de concurso material (HC 113900/SP, DJe 20/11/2014; HC 121395/DF, DJe 21/11/2014).

---

243. (Delegado de Polícia – TO 2008 – CESPE – Adaptada) No que tange à parte especial do Código Penal, julgue o item a seguir.

O roubo nada mais é do que um furto associado a outras figuras típicas, como as originárias do emprego de violência ou grave ameaça.

COMENTÁRIOS

Certo. Está correta a assertiva porque o roubo perfaz o denominado crime complexo. É o crime formado por meio da união entre dois ou mais tipos penais. No caso do roubo, há o furto associado ao constrangimento ilegal.

Alguns utilizam a denominação *crime complexo em sentido amplo* para definir o delito acrescido de circunstâncias ou elementos que, por si sós, não constituem crime (denunciação caluniosa, estupro).

47. EXTORSÃO

244. (FUNCAB – Delegado de Polícia – RO/2014) De acordo com o Código Penal, a conduta conhecida como "sequestro relâmpago" {em que os agentes abordam a vítima, restringem sua liberdade, e com ela deslocam-se a caixas eletrônicos, com o intuito de fazer saques em dinheiro) enquadra-se no crime de:

a) roubo.

b) extorsão mediante sequestro.

c) constrangimento ilegal.

d) extorsão.

e) sequestro.

COMENTÁRIOS

Alternativa correta: letra "D" (responde, também, as demais alternativas). Está correta a assertiva. O § 3º do art. 158 do Código Penal, introduzido pela Lei 11.923/2009, qualifica o crime de extorsão quando cometido mediante a restrição da liberdade da vítima, e essa condição é necessária para a obtenção da vantagem econômica. A pena de reclusão passa a ser de 6 (seis) a 12 (doze) anos, além da multa. Se resulta lesão corporal grave ou morte, aplicam-se as penas previstas no art. 159, §§ 2º e 3º, respectivamente.

Antes da novel Lei, a tipificação do sequestro relâmpago gerava indisfarçável controvérsia (na doutrina e na jurisprudência), havendo três correntes: **a)** art. 157, § 2º, V, do CP (privação da liberdade como causa de aumento); **b)** art. 158 do CP (restrição da liberdade como circunstância judicial desfavorável); **c)** art. 159 do CP (privação da liberdade como elementar do tipo).

Não era incorreto o entendimento de que referido comportamento (popularmente chamado de sequestro relâmpago) configurava qualquer um dos três tipos penais, a depender do *modus operandi* utilizado pelo agente: **a)** se, para subtrair a coisa alheia móvel, o agente precisou privar a vítima da sua liberdade de locomoção, temos o crime de roubo majorado pelo sequestro; **b)** se, para receber a indevida vantagem econômica, o agente, dependendo da colaboração da vítima, restringe sua liberdade de locomoção, configurado estará o crime de extorsão (hoje, qualificada pelo sequestro); **c)** se a vantagem depender do comportamento de terceiro, servindo a rápida privação da liberdade da vítima como forma de coagi-lo a entregar a recompensa exigida, extorsão mediante sequestro.

E, caso se caracterize a extorsão qualificada do § 3º, decidiu o STJ ser possível a incidência da majorante do § 1º caso o crime seja cometido por duas ou mais pessoas ou com emprego de arma: "Em extorsão qualificada pela restrição da liberdade da vítima, sendo essa condição necessária para a obtenção da vantagem econômica (art. 158, § 3º, do CP), é possível a incidência da causa de aumento prevista no § 1º do art. 158 do CP (crime cometido por duas ou mais pessoas ou com emprego de arma). A Lei nº 11.923/2009 não cria um novo delito autônomo chamado de "sequestro relâmpago", sendo apenas um desdobramento do tipo do crime de extorsão, uma vez que o legislador apenas definiu um *modus operandi* do referido delito. É pressuposto para o reconhecimento da extorsão qualificada a prática da ação prevista no *caput* do art. 158 do CP, razão pela qual não é possível dissociar o crime qualificado das circunstâncias a serem sopesadas na figura típica do art. 158. Assim, tendo em vista que o texto legal é dotado de unidade e que as normas se harmonizam, conclui-se, a partir de uma interpretação sistemática do art. 158 do CP, que o seu § 1º não foi absorvido pelo § 3º, pois, como visto, o § 3º constitui-se qualificadora, estabelecendo outro mínimo e outro máximo da pena abstratamente cominada ao crime; já o § 1º prevê uma causa especial de aumento de pena. Dessa forma, ainda que topologicamente a qualificadora esteja situada após a causa especial de aumento de pena, com esta não se funde, uma vez que tal fato configura mera ausência de técnica legislativa, que se explica pela inserção posterior da qualificadora do § 3º no tipo do art. 158 do CP, que surgiu após uma necessidade de reprimir essa modalidade criminosa. Ademais, não há qualquer impedimento do crime de extorsão qualificada pela restrição da liberdade da vítima ser praticado por uma só pessoa sem o emprego de arma, o que configuraria o crime do § 3º do art. 158 do CP sem a causa de aumento do § 1º do art. 158. Em circunstância análoga, na qual foi utilizada majorante prevista topologicamente em parágrafo anterior à forma qualificada, tal como na hipótese, o STJ decidiu que, sendo compatível o privilégio do art. 155, § 2º, do CP com as hipóteses objetivas de furto qualificado (REsp 1.193.194-MG, Terceira Seção, recurso representativo de controvérsia, DJe 28/8/2012), *mutatis mutandis*, não há incompatibilidade entre o furto qualificado e a causa de aumento relativa ao seu cometimento no período noturno (AgRg no AREsp 741.482-MG, Quinta Turma, DJe 14/9/2015; e HC 306.450-SP, Sexta Turma, DJe 17/12/2014)" (REsp 1.353.693/RS, DJe 21/9/2016).

245. (FUNCAB – Delegado de Polícia – ES/2013) Lucileide, ao sair de sua residência, foi rendida por dois homens, que portavam armas de fogo, e colocada no porta-malas do seu próprio veículo. Os marginais percorreram por muitas horas vários bairros, sendo exigido sempre de Lucileide efetuar vários saques bancários em contas de sua titularidade, sempre sob a ameaça de armas, inclusive sob a ameaça de ser violentada sexualmente. Logo, Lucileide foi vítima do delito de:

a) cárcere privado (artigo 148 do CP).

b) roubo (artigo 157, § 2, V, do CP).

c) extorsão simples (artigo 158, caput do CP).

d) extorsão qualificada (artigo 158, § 3° do CP).

e) extorsão mediante sequestro (artigo 159 do CP).

COMENTÁRIOS

Alternativa correta: letra "D". Está correta a assertiva. Consiste o crime de extorsão em *constranger*, isto é, obrigar, coagir alguém a fazer algo, tolerar que se faça ou deixar de fazer alguma coisa. A conduta se dá mediante violência (física) ou grave ameaça. Entende-se por violência o constrangimento físico da vítima (emprego de força sobre seu corpo), retirando dela os meios de defesa para subtrair o bem. A grave ameaça consiste na intimidação, isto é, coação psicológica, na promessa, direta ou indireta, implícita ou explícita, de castigo ou de malefício, como ocorreu na situação hipotética do enunciado. O § 3º do art. 158 do Código Penal, introduzido pela Lei 11.923/2009, qualifica o crime quando cometido mediante a restrição da liberdade da vítima, e essa condição é necessária para a obtenção da vantagem econômica (o que nos parece ser o caso, pois a restrição à liberdade de Lucileide foi imprescindível para que os agentes obtivessem sucesso na empreitada). A pena de reclusão passa a ser de 6 (seis) a 12 (doze) anos, além da multa. Se resulta lesão corporal grave ou morte, aplicam-se as penas previstas no art. 159, §§ 2º e 3º, respectivamente.

E, no exemplo do enunciado, em que o crime foi cometido por duas pessoas e com emprego de arma, incide, segundo decidiu o STJ, a majorante do § 1º do art. 158 (REsp 1.353.693/RS, DJe 21/9/2016).

Alternativa "a": não há, evidentemente, simples crime de cárcere privado, vez que a restrição de liberdade foi um meio para o cometimento de crime patrimonial de extorsão.

Alternativa "b": também não se trata de crime de roubo. Se, para receber a indevida vantagem econômica, o agente, dependendo da colaboração da vítima, restringe sua liberdade de locomoção, configurado estará o crime de extorsão (qualificada pelo sequestro), não de roubo.

Alternativa "c": não há, igualmente, extorsão simples, pois a vítima teve a liberdade restringida para que os agentes pudessem obter a vantagem econômica.

Alternativa "e": tampouco se verifica a extorsão mediante sequestro porque a restrição de liberdade da vítima não ocorreu para que os agentes pudessem obter vantagem como condição ou preço do resgate.

---

246. (FGV – Delegado de Polícia – MA/2012) Maria é casada com José, mas é amante de João. O casal de amantes resolve simular o sequestro de Maria para que José pague o respectivo resgate. João liga para José e anuncia o sequestro de sua esposa e cobra a quantia de 500 mil reais para que Maria seja libertada.

José, acreditando que sua esposa realmente estivesse sequestrada, até porque ela estava desaparecida há mais de 24 horas, efetua o respectivo pagamento. Meses depois, o fato é descoberto e o caso é levado à sua consideração para a devida capitulação.

A partir do exposto, assinale a afirmativa correta.

a) Maria e João deverão responder pelo crime de extorsão mediante sequestro qualificado por ter durado mais de 24 horas (Art. 159, § 1°, do CP).

b) João deverá responder pelo crime de extorsão mediante sequestro qualificado por ter durado mais de 24 horas (Art. 159, § 1°, do CP), ficando Maria isenta de pena porque o crime foi praticado contra seu esposo na constância do casamento (Art. 181, I, do CP).

c) João deverá responder pelo crime de estelionato (Art. 171 do CP), ficando Maria isenta de pena porque o crime foi praticado contra seu esposo na constância do casamento (Art. 181, I, do CP).

d) Maria e João deverão responder pelo crime de extorsão majorada (Art. 158, § 1°, do CP).

e) João deverá responder pelo crime de extorsão majorada (Art. 158, § 1° do CP), ficando Maria isenta de pena porque o crime foi praticado contra seu esposo na constância do casamento (Art. 181, I, do CP).

COMENTÁRIOS

Alternativa correta: letra "D". Está correta a assertiva. Há o crime de extorsão porque José foi constrangido, mediante grave ameaça, a pagar a quantia de quinhentos mil reais em benefício de João e Maria. A extorsão, no caso, é majorada porque cometida pelos dois indivíduos em conluio. É certo que ao contrário do que preconiza o § 2º, II, do art. 157, a circunstância majorante do concurso de agentes no crime de extorsão exige que, efetivamente, duas ou mais pessoas executem o núcleo constranger (a mera participação não serve para constituir a causa de aumento). No exemplo citado, embora somente João tenha efetuado a ligação para exigir o pagamento, não é possível considerar Maria mera partícipe, pois o delito foi arquitetado por ambos, que agiram em coautoria.

Alternativa "a": não há extorsão mediante sequestro porque a privação da liberdade não existiu. Tratou-se apenas de criação para que servisse de pretexto para a extorsão.

Alternativa "b" (responde, também, a alternativa "e"): está errada a assertiva. Inicialmente porque, como já ressaltado, não se trata de extorsão mediante sequestro. Além disso, não se aplica a escusa absolutória em favor de Maria pois o art. 183, inciso I, do Código Penal afasta a isenção de pena se o crime é de roubo ou de extorsão ou, no geral, quando há emprego de grave ameaça ou violência a pessoa.

Alternativa "c": não se trata do crime de estelionato, pois não houve simples obtenção de vantagem ilícita, em prejuízo alheio, por induzimento ou manutenção de alguém em erro, mediante artifício, ardil, ou algum outro meio fraudulento. Houve, efetivamente, o emprego de grave ameaça para constranger alguém a fazer algo (no caso, pagar determinada quantia).

---

247. (Delegado de Polícia – ES/ 2011 – CESPE) No próximo item, é apresentada uma situação hipotética a respeito da aplicação do direito penal, seguida de uma assertiva a ser julgada. Nesse sentido, considere que a sigla STJ se refere ao Superior Tribunal de Justiça.

Em 2009, Lauro, mediante grave ameaça e com o intuito de obter para si indevida vantagem econômica, constrangeu César ao pagamento de importância correspondente a R$ 5.000,00. César, diante dessa situação de constrangimento, houve por bem denunciar a conduta de Lauro antes mesmo de efetuar o pagamento da quantia exigida. Em sede de recurso especial, a defesa de Lauro argumentou que, segundo o entendimento sumulado do STJ, a legislação penal aplicável subordina a consumação do delito em questão à efetiva consecução do proveito econômico. Nessa situação, a tese da defesa de Lauro está em consonância com a jurisprudência da mencionada Corte Superior.

COMENTÁRIOS

Errado. Para a maioria, a extorsão é crime formal (ou de consumação antecipada), perfazendo-se no momento em que o agente emprega os meios aptos a constranger a vítima a lhe proporcionar indevida vantagem econômica (o enriquecimento indevido constitui mero exaurimento, a ser considerado na fixação da pena). Precisamente no momento do constrangimento é que o bem jurídico principal (patrimônio) sofre o perigo de lesão. A ofensa ao bem jurídico se dá, no caso da extorsão, pelo perigo. Na eventualidade de que o agente alcance o resultado, ocorre lesão efetiva ao bem jurídico patrimônio. Mas essa lesão é mero exaurimento do crime.

O STJ, ao editar a Súmula 96, seguiu esta orientação, como se pode observar: "O crime de extorsão consuma-se independentemente da obtenção da vantagem indevida".

48. EXTORSÃO MEDIANTE SEQUESTRO

248. (IBADE – Delegado de Polícia – AC/2017) Sobre o crime de extorsão mediante seqüestro, é correto afirmar que:

a) a consumação do crime do art. 159 do CP se opera com a exigência de uma vantagem como condição ou preço do resgate, o que faz com que o delito seja doutrinariamente classificado como crime formal.

b) o crime é hediondo mesmo em sua forma simples, dispensando a verificação de resultados morte ou lesão corporal de natureza grave para a incidência da Lei nº 8.072, de 1990.

c) o concurso de pessoas é uma das circunstâncias qualificadoras concernentes ao crime de extorsão mediante seqüestro, nos mesmos moldes do furto e diferentemente do que ocorre no roubo, no qual a pluralidade de agentes tem a natureza de causa de aumento da pena.

d) há, no art. 159 do Código Penal, previsão expressa de delação premiada, determinando diminuição da pena ao participante que revelar o crime à autoridade, permitindo a libertação do seqüestrado ou a recuperação do produto ou do proveito do crime.

e) ocorre a forma qualificada da extorsão mediante seqüestro, entre outras hipóteses, quando a restrição à liberdade da vítima dura mais de quinze dias, mas nunca em tempo inferior.

COMENTÁRIOS

Alternativa correta: letra "B". Está correta a assertiva. O art. 1º, inciso IV, da Lei 8.072/90 estabelece a hediondez sobre a extorsão mediante sequestro e suas formas qualificadas (art. 159, caput, e §§ 1º, 2º e 3º do CP).

Alternativa "a": o crime de extorsão mediante sequestro é formal, porém não se consuma com a exigência da vantagem, mas com a privação da liberdade da vítima. E o eventual recebimento do resgate é mero exaurimento, a ser considerado pelo magistrado na dosagem da pena.

Alternativa "c": está errada a assertiva, pois o que qualifica a extorsão mediante sequestro não é o simples concurso de pessoas, mas o fato de ter sido cometida por associação criminosa (art. 159, § 1º, do CP).

Alternativa "d": está errada a assertiva, porque o art. 159, § 4º, do CP não contempla a colaboração que conduza à recuperação do produto ou do proveito do crime. Terá sua pena reduzida de um a dois terços o concorrente que denunciar o crime à autoridade facilitando a libertação do sequestrado.

Alternativa "e": está errada a assertiva. A qualificadora baseada na restrição da liberdade por mais de quinze dias é relativa ao crime de sequestro (art. 148, § 1º, inciso III, do CP). A extorsão mediante sequestro é qualificada se a retenção da vítima dura mais de vinte e quatro horas (art. 159, § 1º, do CP).

49. EXTORSÃO INDIRETA

249. (Vunesp – Delegado de Polícia – CE/2015) O filho de João tem grave problema de saúde e precisa realizar custoso procedimento cirúrgico, que a família não tem condição de pagar. Imagine que Pedro empresta R$ 50.000,00 a João, mas como garantia de tal dívida exige que João, de próprio punho e em documento escrito, confesse ter traído a própria esposa, bem como ter fraudado a empresa em que ambos trabalham, desviando recursos em proveito próprio. João cede à exigência a fim de obter o empréstimo. A conduta de Pedro

a) é isenta de pena, por incidir causa supra legal que afasta a culpabilidade, qual seja, o consentimento da vítima.

b) configura exercício arbitrário das próprias razões.

c) é atípica, por ausência de previsão legal.

d) configura constrangimento ilegal.

e) configura extorsão indireta.

COMENTÁRIOS

Alternativa correta: letra "E" (responde, também, a alternativa "c"). Está correta a assertiva. Consiste a extorsão indireta em exigir ou receber, como garantia de dívida, abusando da situação de alguém, documento que pode dar causa a procedimento criminal contra a vítima ou contra terceiro. Cuida-se de crime de ação múltipla, cujas condutas nucleares são: *exigir* e *receber*. Na primeira (exigir), a iniciativa da obtenção da garantia parte do agente, que obriga a vítima a entregar-lhe o documento. Na ação de receber, o agente aceita como garantia da dívida documento capaz de ensejar instauração de procedimento criminal contra a vítima (a iniciativa é dela). Qualquer das condutas previstas no dispositivo deve ser intentada mediante o abuso da situação em que se encontra a vítima (pessoa aflita compelida a entregar o documento em razão da situação periclitante em que se encontra). Nota-se que nem sempre tal circunstância é criada pelo próprio agente, podendo ele dela se valer de forma indireta (daí o *nomem iuris* do delito), como, aliás, ocorre no exemplo do enunciado.

Alternativa "a": está errada a assertiva porque o consentimento do ofendido pode, conforme o caso, afastar a ilicitude ou a tipicidade (se o dissentimento integrar o próprio tipo). No exemplo do enunciado, ademais, não faria sentido invocar o consentimento do ofendido porque um de seus requisitos é a validade, isto é, a liberdade e a consciência no momento da sua emissão. É dizer: não se admite o consentimento se sua obtenção ocorre mediante fraude, coação, erro etc.

Alternativa "b": não se trata de exercício arbitrário das próprias razões porque esse delito consiste em fazer justiça pelas próprias mãos, para satisfazer pretensão, embora legítima, salvo quando a lei o permite. Não existe, no exemplo, nenhuma pretensão legítima por parte de Pedro.

Alternativa "e": não há constrangimento ilegal porque a conduta de Pedro não consistiu em constranger João, mediante violência ou grave ameaça, ou depois de lhe haver reduzido, por qualquer outro meio, a capacidade de resistência, a não fazer o que a lei permite, ou a fazer o que ela não manda.

50. DANO

250. (FUNCAB – Delegado de Polícia – PA/2016) Bráulio, inconformado com uma mensagem privada de conteúdo romântico observada no aparelho de telefonia celular de sua namorada, decide dele se apossar como vingança. Contudo, enfrenta oposição da namorada, que se posta entre o autor e o aparelho. Assim, Bráulio, para assegurar seu intento, empurra com violência a namorada contra a parede, ferindo-a levemente. Assegurando a posse do telefone, Bráulio deixa a casa da namorada, vai até um terreno baldio e, pegando uma grande pedra que ali se encontra, com ela golpeia o aparelho, de modo a torná-lo inservível, o que era sua intenção desde o início. Analisando o caso proposto, assinale a opção que corretamente realiza a subsunção do comportamento do autor à norma penal.

a) Dano qualificado.
b) Furto e lesão corporal.
c) Lesão corporal.
d) Roubo.
e) Dano qualificado e lesão corporal.

COMENTÁRIOS

Alternativa correta: letra "E". Está correta a assertiva. O crime de dano se caracteriza por três verbos nucleares: destruir (demolir, arruinar, devastar), inutilizar (tornar inválido, comprometer o uso, fazer falhar) e deteriorar (pôr em mau estado, degenerar, tornar economicamente inferior) coisa alheia. É qualificado quando se emprega violência (que abrange as vias de fato) ou grave ameaça como meios para assegurar sua execução (meios para que o agente possa danificar a coisa), como no exemplo do enunciado. No caso da violência, dispõe expressamente o preceito secundário do art. 163, parágrafo único, do CP que se aplica em concurso a pena, que no caso é a da lesão corporal de natureza leve.

Alternativa "a": não pode haver somente o crime de dano qualificado porque há regra expressa determinando a aplicação da pena relativa à violência.

Alternativa "b" (responde, também, a alternativa "d"): não é possível atribuir ao agente a prática de crimes consistentes em subtração porque, como deixa claro o enunciado, seu dolo não era o de se apoderar do aparelho para subtraí-lo para si ou para outrem, mas para destruí-lo, o que de fato foi feito.

Alternativa "c": tampouco é possível limitar a imputação à lesão corporal porque, como narra o enunciado, houve a destruição do patrimônio alheio, conduta esta praticada por meio de violência.

51. APROPRIAÇÃO INDÉBITA

251. (Delegado de Polícia – TO 2008 – CESPE – Adaptada) No que tange à parte especial do Código Penal, julgue o item a seguir.

Considere a seguinte situação hipotética.

João entregou a Manoel certa quantia em dinheiro para que, em prazo determinado, a entregasse a uma terceira pessoa. Ao fim do prazo, Manoel se apossou do montante, tendo se utilizado do dinheiro para gastos pessoais.

Nessa situação, a conduta de Manoel caracteriza o crime de apropriação indébita.

COMENTÁRIOS

✪ **Nota do autor:** o bem jurídico tutelado é, a exemplo dos demais delitos contra o patrimônio, a propriedade. Todavia, como bem destaca Noronha, "a apropriação indébita não se caracteriza pela violação exclusiva do direito de propriedade. E os autores que assim pensam costumam dar um exemplo que ilustra sua afirmação. É o do credor pignoratício que, por qualquer razão, confia a terceiro o objeto dado em garantia, ocorrendo que esse depositário, ao invés de guardá-la, dela se apropria, entregando-a ao devedor-proprietário daquela coisa. Nesta hipótese não se pode falar em lesão do direito de propriedade, já que o proprietário se beneficiou. Mas houve lesão patrimonial. O credor pignoratício ficou sem sua garantia, sobre a qual tinha um direito que lhe integrava o patrimônio. Por outro lado, parece-nos exato que o depositário se apropriou da coisa, portando-se em relação a ela, como se dono fosse, pois, dela dispondo, praticou ato inerente ao domínio" (*Código Penal brasileiro*, v. 5, 2.ª parte, 1958, p. 16).

Certo. O crime de apropriação indébita se caracteriza pela apropriação (assenhoramento) de coisa alheia móvel, de que tem a posse ou detenção, passando a agir arbitrariamente como se dono fosse. Não pode ser empregada, na execução do crime, violência, grave ameaça ou fraude, pois, do contrário, configurar-se-á delito de roubo (ar. 157) ou estelionato (art. 171).

A posse ou a detenção exercida pelo agente deve ser *desvigiada* (confiada sem vigilância), como é o caso do exemplo citado na assertiva. Se o funcionário, no estabelecimento comercial, aproveita-se de momento de distração do patrão para se apropriar de mercadorias, será autor de furto, e não de apropriação indébita.

A posse ou detenção deve, também, ser *legítima* (com a concordância expressa ou tácita do proprietário).

A ação do agente deve recair sobre *coisa alheia móvel* (possível de ser transportada de um local para outro).

Tratando-se de crime material, a consumação ocorre no momento em que o agente transforma a posse ou detenção que exerce sobre o bem em domínio, isto é, quando pratica (exterioriza) atos inerentes à qualidade de dono, incompatíveis com a possibilidade de ulterior restituição da coisa.

A possibilidade de ocorrência de tentativa é tema controvertido na doutrina. Apesar disso, entendemos possível a tentativa, como no exemplo em que o agente é surpreendido pelo proprietário no momento em que está vendendo a coisa, sendo impedido de concretizar o negócio (somente não se pode identificar a tentativa quando o ato de vontade do agente não é perceptível exteriormente).

52. ESTELIONATO

252. (FUNCAB – Delegado de Polícia – RJ/2012) Walter, motoboy de uma farmácia, após receber de um cliente um cheque de R$ 20,00, entrega ao estabelecimento a quantia em espécie, mantendo-se na posse do título. Em seguida, o adultera, modificando o valor original para R$ 2.000,00. De posse do documento adulterado, vai até o banco para descontá-lo, mas o gerente, percebendo a fraude, liga para a Delegacia da área, alertando sobre o fato. Ao perceber a chegada da viatura, Walter deixa apressadamente a instituição financeira, abandonando, no local, o título falsificado. Nesse contexto, é correto afirmar que a conduta de Walter:

a) configura crime de estelionato, na forma tentada, pois o delito foi interrompido por circunstâncias alheias à sua vontade.
b) se amolda ao tipo penal da apropriação indébita, na forma tentada, pois o delito foi interrompido por circunstâncias alheias à sua vontade.
c) é tipificada como crime de furto mediante fraude, na forma tentada, pois o delito foi interrompido por circunstâncias alheias à sua vontade.
d) caracteriza crime de falsificação de documento público, pois, havendo desistência voluntária, o autor só responde pelos atos até então praticados.
e) é atípica, pois ocorreu a desistência voluntária e a falsidade existente resta absorvida pela finalidade patrimonial.

COMENTÁRIOS

Alternativa correta: letra "A". Está correta a assertiva. Se o agente alterou o título de crédito e se dirigiu ao banco para sacar o valor correspondente, pode-se afirmar que a potencialidade lesiva do falso se exauriria no estelionato, razão por que apenas este último crime remanesce (súmula nº 17 do STJ). Não houve, todavia, o saque porque o gerente do banco percebeu a fraude e acionou a polícia, impedindo que a vantagem fosse obtida e perfazendo-se a tentativa.

Alternativa "b": não há apropriação indébita, que consiste em apropriar-se de coisa alheia móvel, de que tem a posse ou a detenção. O fato de o agente ter tomado o cheque para si não caracteriza a apropriação, pois a posse ou a detenção exercida deve ser *desvigiada* (confiada sem vigilância), o que não se verifica. E mesmo que assim não fosse, Walter não se apoderou simplesmente do cheque, mas o substituiu pelo valor correspondente em dinheiro, sem nenhum prejuízo patrimonial ao estabelecimento comercial do qual era empregado.

Alternativa "c": não se trata de furto mediante fraude, em que o sujeito ativo emprega um artifício para diminuir a vigilância da vítima e tornar possível a subtração. Não é o que se extrai do exemplo citado.

Alternativa "d" (responde, também, a alternativa "e"): está errada a assertiva. Inicialmente, porque, conforme já ressaltamos, a potencialidade lesiva do falso se exauriria no estelionato, que absorve o delito anterior. Ademais, não houve desistência voluntária, mas tentativa, pois Walter não efetuou o saque apenas porque sua conduta foi descoberta pelo gerente do banco.

253. (FGV – Delegado de Polícia – MA/2012) Com o escopo de obter indevida vantagem econômica, Jorgina adquire mercadorias em um Supermercado e efetua o pagamento com um cheque roubado, ocasião em que apresentou uma carteira de identidade falsa, eis que houve troca de fotografia, em nome do titular do cheque. O fato foi descoberto pelo caixa do estabelecimento comercial que desconfiou do nervosismo apresentado pela "cliente".

Com base no exposto, assinale a alternativa que capitule o fato.

a) Artigo 171, c/c 14, II, do CP (estelionato tentado), de acordo com a Súmula 17, do STJ.
b) Artigo 304, c/c 297, do CP (uso de documento público falso), devendo o crime mais grave prevalecer sobre o crime fim de menor gravidade.
c) Artigos 171, c/c 14, II, 297 (falsificação de documento público) e 304 (o uso de documento falso), na forma do Art. 69, (concurso material) todos do CP.
d) Artigos 171, c/c 14, II, 304 c/c 297, na forma do Art. 70 (concurso formal), todos do CP.
e) Artigos 171, c/c 14, II, 297 e 304 c/c 297, na forma do Art. 70 (concurso formal), todos do CP.

COMENTÁRIOS

Alternativa correta: letra "D" (responde, também, a alternativa "a"). Está correta a assertiva. Jorgina responderá pelo estelionato na forma tentada, pois não conseguiu obter a vantagem econômica em virtude de seu engendro criminoso ter sido descoberto pelo funcionário do estabelecimento. Além disso, deverá ser punida pelo uso de documento falso, vez que utilizou documento de identidade, com a foto trocada, em nome do titular do cheque roubado. Note-se que neste caso não se aplica a súmula nº 17 do STJ, que estabelece a absorção do falso pelo estelionato, pois a potencialidade lesiva da utilização de documento de identidade falsificado não se exaure no estelionato (o documento poderia ser empregado inúmeras outras vezes, ao contrário do que ocorreria se Jorgina falsificasse um cheque e efetuasse o saque no próprio banco, impedindo a circulação por endosso). Ambos os delitos são imputados a Jorgina em concurso formal, pois o uso do documento e o estelionato foram cometidos por meio da mesma conduta.

Alternativa "b": está errada a assertiva. Existe o posicionamento de que o crime de falso absorve o estelionato, se o documento for público (como no caso), já que a pena do *falsum* é mais severa (princípio da absorção). Não é, todavia, o que predomina.

Alternativa "c" (responde, também, a alternativa "e"): está errada a assertiva porque não se trata de concurso material, tendo em vista a conduta única. Além disso, não se imputa a Jorgina a falsificação do documento, pois o enunciado não menciona ter sido ela a responsável pela troca da fotografia. Se assim fosse, deveria ser punida pela falsificação; o uso seria considerado *post factum* impunível.

---

254. (Delegado de Polícia – SP/ 2011 – ACADEPOL) Com relação ao objeto material do crime de estelionato, é correto afirmar que se configura

a) somente com o emprego de meio fraudulento.
b) somente com a obtenção da vantagem ilícita, sendo irrelevante a caracterização do prejuízo alheio.
c) somente com a caracterização do prejuízo alheio, sendo irrelevante que a vantagem obtida pelo agente seja ilícita.
d) exclusivamente com o emprego de artificio, ardil ou qualquer outro meio fraudulento.
e) obrigatoriamente com a obtenção da vantagem ilícita e o prejuízo alheio.

COMENTÁRIOS

Alternativa correta: letra "E" (os comentários respondem, também, as demais alternativas). Da simples leitura do tipo percebe-se que, para existir o crime, necessário se faz a presença de três elementos:

I) fraude: lesão patrimonial realizada por meio de malicioso engano, podendo ser o artifício (encenação material mediante uso de objetos ou aparatos aptos a enganar, como o "bilhete premiado", a utilização de disfarce etc.), o ardil (astúcia, conversa enganosa); ou qualquer outro meio fraudulento (como o silêncio, por exemplo, que consistiria no estelionato por omissão). O meio escolhido deve, no entanto, ser apto a ludibriar alguém, caso contrário, haverá crime impossível (art. 17 do CP);

II) vantagem ilícita: se a vantagem for devida estar-se-á diante do crime de exercício arbitrário das próprias razões. Há divergência no tocante à natureza da vantagem (se deve ser econômica ou não necessariamente). Leciona Fragoso que "por vantagem ilícita deve entender-se qualquer utilidade ou proveito de ordem patrimonial, que o agente venha a ter em detrimento do sujeito passivo sem que ocorra justificação legal." (Lições de direito penal: parte especial. São Paulo: José Bushatsky, v. 2, p. 349). Em sentido contrário, Bitencourt, para quem mostra-se indiferente a natureza da vantagem visada pelo agente, exigindo-se somente que seja injusta: "O argumento de que a natureza econômica da vantagem é necessária, pelo fato de o estelionato estar localizado no Título que disciplina os crimes contra o patrimônio, além de inconsistente, é equivocado. Uma coisa não tem nada que ver com a outra: os crimes contra o patrimônio protegem a inviolabilidade patrimonial da sociedade em geral e da vítima em particular, o que não se confunde com a vantagem ilícita conseguida pelo agente. Por isso, não é a vantagem obtida que deve ter natureza econômica; o prejuízo sofrido pela vítima é que deve ter essa qualidade." (Tratado de Direito Penal: parte especial, v. 3, p. 276).

III) prejuízo alheio: para a caracterização do crime, a vítima deve sofrer um prejuízo patrimonial que corresponda à vantagem indevida obtida pelo agente. Aliás, quando o tipo se refere à "vantagem indevida", isto é "vantagem ilícita" e "prejuízo alheio", fica claro que a primeira pressupõe o segundo, já que quem obtém ilicitamente algum bem, está evidentemente lesando o patrimônio do tertius e está lhe proporcionando um "prejuízo".

53. RECEPTAÇÃO

---

255. (FUNCAB – Delegado de Polícia – PA/2016) Considerando apenas as informações contidas nas alternativas, assinale aquela que corretamente indica uma hipótese de crime de receptação.

a) Josefina celebra contrato de penhor, entregando uma joia ao credor pignoratício. Posteriormente, ainda na vigência do contrato, a joia é furtada por terceiro. Ciente do furto e vislumbrando na hipótese uma forma de pagar menos para reaver seu patrimônio, Josefina procura o autor do crime patrimonial prévio e dele compra a joia furtada.
b) Ribamar, colecionador de carros antigos percebendo a falta, em lojas especializadas, de uma determinada autopeça para reposição, encomenda a Servílio a referida peça, consciente de que este, motivado pela encomenda, roubará um carro para cumprir o avençado, o que efetivamente ocorre. Assim, Ribamar ingressa na posse da peça desejada.

c) Cristóvão compra de Amílcar uma motosserra por preço irrisório, sabendo que o vendedor está dispondo do bem por preço inferior ao do mercado porque usou a ferramenta para a prática de um homicídio e quer dela se livrar.

d) Teobaldo tem seu telefone celular furtado. Para reaver o aparelho, liga para o autor do crime, passando a negociar sua entrega. Assim, concretizado o ajuste, Teobaldo paga o valor exigido, recebendo de volta o telefone.

e) Elesbão, camelô, conscientemente expõe à venda cigarros de importação proibida, os quais adquiriu de um amigo que sabe ser contrabandista.

COMENTÁRIOS

Alternativa correta: letra "A". Está correta a assertiva. Excepcionalmente, pode figurar como sujeito ativo do crime de receptação o proprietário do bem, caso o objeto esteja na posse legítima de terceiro. É o caso de quem adquire do furtador o próprio bem que havia dado em penhor.

Alternativa "b": não há receptação no caso porque, se Ribamar encomendou a peça sabendo que Servilio roubaria um carro para consegui-la, sua responsabilidade criminal se dá na esfera do concurso de pessoas, especificamente na qualidade de partícipe do roubo.

Alternativa "c": não existe receptação porque, neste crime, pune-se a aquisição de um objeto que seja produto, não instrumento de crime.

Alternativa "d": Teobaldo não praticou receptação porque, embora tenha adquirido o telefone celular que havia sido furtado, tratava-se de um bem de sua propriedade.

Alternativa "e": não há a receptação do art. 180 do CP neste caso porque o tipo penal do contrabando contém uma figura especial (equiparada à básica) que pune quem vende, expõe à venda, mantém em depósito ou, de qualquer forma, utiliza em proveito próprio ou alheio, no exercício de atividade comercial ou industrial, mercadoria proibida pela lei brasileira.

256. (Delegado de Polícia – MG/ 2008 – ACADEPOL – PC/MG) Com relação aos crimes contra o patrimônio, assinale a alternativa INCORRETA.

a) No estelionato mediante emissão de cheque sem fundo, o pagamento do título antes do recebimento da denúncia, segundo orientação do Supremo Tribunal Federal, extingue a punibilidade.

b) Para que se consume o crime de abuso de incapazes, é necessário apenas que o sujeito passivo pratique ato suscetível de produzir efeito jurídico, em prejuízo próprio ou de terceiro, sendo irrelevante a consumação da lesão efetiva.

c) Responde o agente por um único latrocínio ainda que de seu roubo resulte a morte de mais de uma vítima, sendo a pluralidade de vítimas circunstância avaliada apenas na dosimetria da pena.

d) Responde por receptação dolosa o agente que encomenda o furto de determinada obra de arte, pois adquire em proveito próprio coisa que sabe ser produto de crime.

COMENTÁRIOS

Alternativa correta: letra "D". Está errada a assertiva. Quando o agente encomenda (determina) a subtração de determinada obra de arte, comete o crime de furto, não de receptação, porque sua atuação, embora na condição de partícipe, foi determinante para que a vítima fosse despojada. Diversa seria a solução se, após a prática do furto, o agente, sem que houvesse tomado parte naquele delito, procurasse o furtador para adquirir a obra, situação em que estaria configurada a receptação.

Alternativa "a": está correta a assertiva, conforme se extrai, *a contrario sensu*, da súmula nº 554 do STF: "O pagamento de cheque emitido sem provisão de fundos, após o recebimento da denúncia, não obsta ao prosseguimento da ação penal."

Alternativa "b": efetivamente, o crime de abuso de incapazes atinge seu momento consumativo no instante em que a vítima pratica o ato a que foi induzida (e não com a mera incitação por parte deste). É indiferente a obtenção efetiva de proveito pelo sujeito ativo (ou o real prejuízo ao incapaz), bastando que o ato praticado pela vítima seja suscetível de produzir efeitos jurídicos (potencialmente lesivo).

Alternativa "c": embora a assertiva tenha sido considerada correta, há divergência a respeito da solução aplicável no caso em que do roubo advém a morte de mais de uma pessoa. Para parcela da doutrina, sendo o latrocínio crime complexo, a pluralidade de vítimas não implica pluralidade de crimes. É através da quantidade de subtrações que se afere a quantidade de roubos. O número de vítimas (feridas ou ameaçadas numa única subtração) serve apenas na fixação da pena. Em sentido diverso, porém, decidiu o STJ que o caso é de concurso formal impróprio (RvCr 3539/MG, DJe 21/09/2017).

54. VIOLAÇÃO DE DIREITO AUTORAL

257. (Cespe – Delegado de Polícia – GO/2017) Considerando o entendimento dos tribunais superiores e o posicionamento doutrinário dominante quanto à matéria de que tratam a Lei de Delitos Informáticos e os dispositivos legais que disciplinam a propriedade industrial, a propriedade intelectual de programa de computador e os direitos autorais, assinale a opção correta.

a) Embora o elemento subjetivo dos crimes de violação de direito autoral seja o dolo, admite-se a modalidade culposa em relação a algumas figuras típicas.

b) Tratando-se de crime contra a propriedade imaterial com fundamento em apreensão e em perícia, e sendo o caso de ação penal privativa do ofendido, a decadência opera-se em seis meses, a contar da data da homologação do laudo pericial pelo competente juízo.

c) Em se tratando de crimes contra a propriedade intelectual de programa de computador, a ação penal é privativa do ofendido, mesmo em caso de prática de crime tributário conexo.

d) As limitações aos direitos autorais previstas na legislação de regência constituem causas de exclusão de tipicidade.

e) A invasão de computador de instituição bancária mediante violação indevida de senhas e mecanismos de segurança, com o fim de subtrair e transferir valores de número indeterminado de correntistas, caracteriza o crime de invasão de dispositivo informático em sua forma qualificada.

COMENTÁRIOS

Alternativa correta: letra "D". A própria lei que dispõe acerca dos direitos autorais (Lei 9.610/98) prevê, em seu art. 46, algumas condutas que não constituem ofensa aos direitos do autor (exclusão da tipicidade), que, embora revestidos de proteção, mostram-se, assim, limitados. Note-se que o legislador expressou somente a exclusão da tipicidade em relação aos §§ 1º, 2º e 3º do art. 184 do CP, omitindo-se com relação ao caput. No entanto, a doutrina é copiosa no sentido de estender a aplicação do dispositivo ao tipo básico, não se concebendo que a violação simples, mediante uma das ações previstas no art. 46, seja crime, quando as formas qualificadas, praticadas do mesmo modo, "não constituem ofensa aos direitos autorais".

Alternativa "a": está errada a assertiva. As modalidades de violação de direito autoral tipificadas no art. 184 do CP são somente dolosas.

Alternativa "b": está errada a assertiva, pois, conforme dispõe o art. 529 do CPP, nos crimes de ação privada, não será admitida queixa com fundamento em apreensão e em perícia se decorrido o prazo de trinta dias após a homologação do laudo. Não observado esse prazo, a ação penal estará, fatalmente, fulminada pela decadência, a exigir a extinção da punibilidade do suposto autor do delito, ex vi do disposto no art. 107, inc. IV, do Código Penal.

Alternativa "c": está errada a assertiva. O art. 12 da Lei 9.609/98 pune a conduta de violar direitos de autor de programa de computador. Segundo o § 3º do mesmo dispositivo, a ação penal é, em regra, privada, mas passa a ser pública incondicionada quando, em decorrência de ato delituoso, resultar sonegação fiscal, perda de arrecadação tributária ou prática de quaisquer dos crimes contra a ordem tributária ou contra as relações de consumo.

Alternativa "e": está errada a assertiva. Para que ocorra o crime de invasão de dispositivo informático mediante violação indevida de mecanismo de segurança, é necessário que o agente atue com o fim de obter, adulterar ou destruir dados ou informações. No exemplo da assertiva, em que o agente tinha o propósito de subtrair e transferir valores das contas bancárias, há atos executórios do crime de furto qualificado pela fraude.

258. (Cespe – Delegado de Polícia – BA/2013 – Adaptada) No que se refere às contravenções penais, aos crimes em espécie e às leis penais extravagantes, julgue os itens a seguir com base na jurisprudência dos tribunais superiores.

O dolo direto ou eventual é elemento subjetivo do delito de violação de direito autoral, não havendo previsão para a modalidade culposa desse crime.

COMENTÁRIOS

Certo. Está correta a assertiva. A voluntariedade no crime de violação de direito autoral é o dolo, consubstanciado na vontade consciente de violar os direitos do autor, sendo desnecessário o intuito de lucro (havendo essa finalidade, o crime passa a ser qualificado – § 1º do art. 184 do CP). O tipo penal não admite a modalidade culposa. Sendo assim, se o agente pratica a violação supondo que a obra caiu em domínio público, incorrerá em erro de tipo, sendo impunível sua conduta (art. 20 do CP).

55. OCULTAÇÃO DE CADÁVER

259. (FUNCAB – Delegado de Polícia – ES/2013) Quanto ao crime de ocultação de cadáver, é INCORRETO afirmar:

I. O sujeito passivo é a coletividade.

II. É crime vago.

III. Possui sujeito passivo determinado.

IV. Não importa se o cadáver era de uma criança, de um jovem, de uma grávida, pois morto é o objeto material do delito.

Indique a opção que contempla a(s) assertiva(s) correta(s).

a) I, II, III e IV.

b) I, II e III, apenas.

c) I, II e IV, apenas.

d) II, III e IV, apenas.

e) III, apenas.

COMENTÁRIOS

✪ **Nota do autor:** a questão foi anulada porque, inicialmente, determina que se considere a assertiva incorreta. Em seguida, no entanto, impõe a opção pela opção correta. Logo, não há como responder.

Alternativa correta: Anulada

Item I: está correta a assertiva. Sujeito passivo será a coletividade, bem como, secundariamente, a família do morto.

Item II: se o sujeito passivo é a coletividade, é correto afirmar que o crime de ocultação de cadáver é vago, pois não tem sujeito passivo primário determinado.

Item III: está errada a assertiva, pois o crime, como já ressaltado, é vago.

Item IV: a questão foi elaborada a partir do julgamento do HC 145.928/SP pelo STJ. No caso concreto, o agente havia sido condenado por dois crimes: homicídio majorado pelo fato de ter sido cometido contra maior de sessenta anos e ocultação de cadáver. Ao aplicar a pena deste último delito, contudo, o juiz fez incidir a agravante referente ao cometimento do crime contra maior de sessenta anos. Ocorre que o objeto material, neste caso, é o cadáver, não a pessoa, razão pela qual, independentemente da condição do morto (criança, maior de sessenta anos, gestante), não é possível considerar suas condições pessoais enquanto estava vivo. Daí porque o tribunal, instado a se manifestar, assentou o que expressa a assertiva e afastou a agravante.

56. ESTUPRO

260. (Vunesp – Delegado de Polícia – PC – BA/2018) A respeito dos crimes sexuais, previstos no Título VI, do Código Penal, assinale a alternativa correta.

a) Não se tipifica crime de estupro se o agente é cônjuge da vítima, já que o casamento impõe aos cônjuges o dever de prestação sexual.
b) A prática de conjunção carnal ou outro ato libidinoso com menor de 18 (dezoito) anos é estupro de vulnerável, previsto no artigo 217-A do Código Penal.
c) A prática de conjunção carnal ou qualquer outro ato libidinoso com adolescente de idade entre 14 (catorze) e 18 (dezoito) anos, em situação de prostituição, é atípica.
d) Os crimes sexuais, com exceção do estupro de vulnerável, são processáveis mediante ação penal pública condicionada à representação.
e) Haverá aumento de pena se o agente transmite à vítima doença sexualmente transmissível de que sabe ou deveria saber ser portador.

COMENTÁRIOS

Alternativa "a": No passado já se entendeu não criminosa a conjunção carnal violenta praticada pelo homem em face da sua mulher. Entendia-se, no caso, presente a descriminante do exercício regular de um direito (art. 23, III, do CP). Esta tese, hoje, encontra-se ultrapassada. Não existe justa causa. Não há dúvida de que a conjunção carnal é débito conjugal, porém, não justifica o crime (exercício irregular de um direito). Reforçando a possibilidade de crime sexual entre cônjuges, temos a Lei 11.106/05, que inseriu uma causa de aumento de pena nesta situação (art. 226, II, do CP), bem como a Lei 11.340/2006, que etiqueta esse comportamento como violência doméstica e familiar contra a mulher (art. 7º, III).

Alternativa "b": estupro de vulnerável existe diante da relação sexual com menor de quatorze anos, não com menor de dezoito.

Alternativa "c": Se o adolescente entre quatorze e dezoito anos é submetido a prostituição ou a outra forma de exploração sexual, quem com ele pratica a relação sexual responde pela forma equiparada do art. 218-B do CP.

Alternativa "d": Desde a entrada em vigor da Lei 13.718/18, que alterou o art. 225 do CP, a ação penal em todos os crimes contra a dignidade sexual é pública incondicionada.

Alternativa "e": O art. 234-A do CP estabelece algumas causas de aumento de pena para os crimes sexuais. Tomemos como exemplo o crime de estupro durante o qual o agente transmite à vítima doença sexual de que sabe (dolo direto) ou deveria saber (dolo eventual) ser portador. Neste caso, a pena do estupro é aumentada de um a dois terços. Nos casos de transmissão de doença sexual, antes da Lei 12.015/2009 o agente respondia pelo crime sexual em concurso formal impróprio com o crime do art. 130 do CP. Agora, caso efetivamente ocorra a transmissão, parece óbvio que o crime de perigo de contágio de moléstia venérea fica absorvido, servindo somente como majorante, evitando-se *bis in idem*. Se, no entanto, durante o estupro o agente apenas expõe a vítima ao perigo de contágio, há concurso formal – próprio ou impróprio, conforme o caso – entre o crime contra a dignidade sexual e o perigo de contágio venéreo.

Alternativa correta: letra "e".

261. (IBADE – Delegado de Polícia – AC/2017) Assinale a alternativa que corretamente apresenta uma hipótese de estupro, na forma consumada ou tentada (art. 213 do CP).

a) Aproveitar-se do pouco espaço para locomoção em um coletivo lotado para beliscar as nádegas de uma mulher, que, desconhecendo a autoria do fato, fica impedida de agir contra o autor.
b) Valer-se de violência contra pessoa portadora de deficiência mental, possuidora de discernimento para o exercício da sexualidade, para com ela praticar ato libidinoso diverso da conjunção carnal.
c) Propor a um adolescente de quinze anos, por aplicativo de mensagens instantâneas, um encontro sexual para a prática de coito anal, sendo a proposta prontamente refutada pelo adolescente.
d) Manter relações sexuais, mediante remuneração, com adolescente de quatorze anos completos, o qual esteja submetido à prostituição.
e) Manipular, sob a roupa, a genitália de pessoa completamente bêbada, que esteja desacordada em virtude da severa ingestão de álcool.

COMENTÁRIOS

Alternativa correta: letra "B". Está correta a assertiva. Se a vítima, embora portadora de deficiência mental, teria discernimento para a prática de um ato sexual, não se trata de estupro de vulnerável (art. 217, § 1º, do CP), mas do tipo básico do estupro, tipificado no art. 213 do CP. Note-se, aliás, que o art. 6º, inciso II, da Lei 13.146/15 estabelece que a deficiência – inclusive mental – não afeta a plena capacidade civil da pessoa, mesmo para exercer direitos sexuais e reprodutivos. Por isso é que o só fato de a vítima ter uma doença mental não a torna vulnerável, razão por que, ao contrário do que ocorre em relação ao caput do art. 217-A, deve-se apurar a vulnerabilidade no caso concreto.

Alternativa "a": a assertiva não revela o crime de estupro porque a conduta do sujeito que beliscou as nádegas da passageira não consistiu em constrangimento mediante violência ou grave ameaça. Faltou, portanto, a elementar do estupro.

Alternativa "c": esta assertiva tampouco caracteriza o crime de estupro, mesmo tentado, também porque não se menciona o emprego de constrangimento mediante violência ou grave ameaça. Note-se que também não há o crime do art. 241-D do ECA, que pune as condutas de aliciar, assediar, instigar ou constranger, por qualquer meio de comunicação, criança, com o fim de com ela praticar ato libidinoso. O adolescente, portanto, não é sujeito passivo desse delito.

Alternativa "d": está errada a assertiva, que também não retrata constrangimento mediante violência ou grave ameaça. Há, no caso, o crime do art. 218-B, § 2º, inciso II, do CP, consistente em praticar conjunção carnal ou outro ato libidinoso com alguém menor de dezoito e maior de catorze anos submetido à prostituição ou outra forma de exploração sexual.

Alternativa "e": no exemplo narrado na assertiva, em que há a prática de um ato libidinoso sobre alguém que, por sua condição de embriaguez, não podia oferecer resistência, há crime de estupro de vulnerável.

---

262. (Cespe – Delegado de Polícia – GO/2017) Desde os quinze anos de idade, Mariana, adolescente, vive maritalmente com Alfredo, um médico respeitado de quarenta anos de idade. Inicialmente, ela fazia trabalhos domésticos na casa de Alfredo, que tendo achado interessante ter uma companheira nova, convenceu a família de Mariana de que seria melhor para ela casar-se logo, com alguém de posses que pudesse cuidar dela. A família da menina, então, concordou com Alfredo, tendo-a obrigado a ir morar com ele. Ambos casaram-se formalmente quando Mariana completou dezesseis anos de idade.

Desde o início da convivência dos dois, Mariana era obrigada a fazer sexo com Alfredo, mesmo contra sua vontade, e era proibida de sair e ter amizades com pessoas de sua idade, sob o argumento de que ela lhe devia obediência por ele ser seu responsável legal, já que ela era menor de dezoito anos idade. Após várias tentativas de fuga, Mariana, então com dezessete anos de idade, conseguiu pular a janela, depois de ter sido novamente violentada, e procurou uma delegacia em busca de ajuda.

Na delegacia, o agente recusou-se a registrar o boletim de ocorrência, por ter achado que a adolescente não tinha cara de mulher séria e contava mentiras. Em vez de encaminhar a menina ao Instituto Médico Legal ou ao hospital para exames, o agente mandou-a de volta para casa, tendo oferecido a viatura para acompanhá-la. No mesmo dia, Alfredo matou Mariana. Exumado o corpo da moça, encontraram-se sinais de violência sexual e presença de material biológico nos órgãos genitais de Mariana e embaixo de suas unhas.

Considerando a situação hipotética precedente e a respeito de crimes contra a administração pública, contra a dignidade sexual e contra a pessoa, assinale a opção correta.

a) Sendo Mariana menor de dezoito anos de idade e estando sob a responsabilidade de Alfredo, não se configurou o crime de cárcere privado.

b) Como Mariana era casada com Alfredo, o agente agiu corretamente ao mandá-la de volta para casa.

c) O agente cometeu o crime de concussão ao deixar de registrar o boletim de ocorrência.

d) Como Mariana morreu, Alfredo não poderá ser responsabilizado por estupro se nenhum dos parentes da vítima oferecer a representação em seu lugar.

e) Alfredo será indiciado pelos crimes de estupro com causa de aumento de pena, homicídio qualificado e cárcere privado.

COMENTÁRIOS

Alternativa correta: Anulada.

Alternativa "a": está errada a assertiva. Como destaca o enunciado, Mariana foi obrigada pela família a ir morar com Alfredo. Sua permanência ali era, portanto, forçada, tanto que o próprio agente a impedia de sair e de ter amizades com pessoas de sua idade. Por isso, caracteriza-se o crime do art. 148 do CP, consistente em privar alguém de sua liberdade, mediante sequestro ou cárcere privado, na forma qualificada do § 1º, incisos I (vítima cônjuge), III (privação de liberdade por mais de quinze dias), IV (vítima menor de dezoito anos) e V (fins libidinosos).

Alternativa "b": está errada a assertiva. O fato de Alfredo ser casado com Mariana não poderia fundamentar a atitude do agente policial, pois os crimes por ela relatados não são afastados em razão do matrimônio.

Alternativa "c": está errada a assertiva. O crime de concussão consiste em exigir, para si ou para outrem, direta ou indiretamente, ainda que fora da função ou antes de assumi-la, mas em razão dela, vantagem indevida. Não foi essa a conduta cometida pelo agente policial. E, ressalte-se, o enunciado também não revela a ocorrência do crime de prevaricação, que pressupõe que o agente público retarde ou deixe de praticar, indevidamente, ato de ofício, ou o pratique contra disposição expressa de lei, para satisfazer interesse ou sentimento pessoal, propósito específico não mencionado.

Alternativa "d": à época da elaboração da questão a assertiva já poderia ser considerada errada, pois, sendo a vítima menor de dezoito anos, a ação penal seria pública incondicionada. Atualmente, em nenhum caso de estupro a ação depende de representação, tendo em vista a alteração promovida pela Lei 13.718/18 no art. 225 do CP.

Alternativa "e": está correta assertiva, embora incompleta. Alfredo cometeu os crimes de estupro qualificado (vítima menor de dezoito anos) e majorado (por ser cônjuge), porque obrigava Mariana a manter relações sexuais. Responde também por feminicídio (homicídio qualificado na forma do art. 121, § 2º, inciso VI, do CP), além do já mencionado cárcere privado.

263. (Delegado de Polícia – ES/ 2011 – CESPE – Adaptada) Em decorrência das recentes alterações legislativas referentes a política criminal no cenário dos crimes sexuais, julgue o item.

Considere a seguinte situação hipotética.

– Márcio, penalmente responsável, durante a prática de ato sexual mediante violência e grave ameaça, atingiu a vítima de modo fatal, provocando-lhe a morte. Nessa situação hipotética, Márcio responderá por estupro qualificado pelo resultado morte, afastando-se o concurso dos crimes de estupro e homicídio.

COMENTÁRIOS

Certo. Se o agente, durante a execução do ato sexual, ao empregar a violência, acaba por causar a morte da vítima, responderá por estupro qualificado (art. 213, § 2º, do Código Penal), sem que haja concurso entre o crime sexual e o homicídio. Note, contudo, que esta qualificadora é preterdolosa, ou seja, a morte deve ser culposa, pois, do contrário, haverá concurso (formal impróprio) entre os crimes de estupro e de homicídio.

264. (Delegado de Polícia – ES/ 2011 – CESPE – Adaptada) Em decorrência das recentes alterações legislativas referentes a política criminal no cenário dos crimes sexuais, julgue o item.

– A redação da nova lei que tipifica os crimes contra a dignidade sexual superou as controvérsias em relação à consideração do estupro como crime hediondo, deixando claro o seu caráter de hediondez tanto na forma simples quanto nas formas qualificadas pelo resultado.

COMENTÁRIOS

Certo. Antes da Lei nº 12.015/09, havia discussão a respeito da abrangência do art. 1º, inciso V, da Lei nº 8.072/90, ou seja, se a hediondez no estupro recaía sobre as formas simples e qualificadas ou se somente abarcava estas últimas, prevalecendo, na época, a primeira orientação. Com a modificação da redação do dispositivo, a discussão não tem mais lugar, pois se destaca expressamente que é considerado hediondo o estupro na forma do caput e dos parágrafos do art. 213 do Código Penal.

265. (Delegado de Polícia – ES/ 2011 – CESPE – Adaptada) Em decorrência das recentes alterações legislativas referentes a política criminal no cenário dos crimes sexuais, julgue o item.

O agente que, mediante violência, constranger mulher adulta à prática de conjunção carnal e ato libidinoso consistente em sexo oral responderá por dois delitos, em continuidade delitiva.

COMENTÁRIOS

Errado. Antes da Lei nº 12.015/09, o Código Penal punia, separadamente, os crimes de estupro e de atentado violento ao pudor (arts. 213 e 214). Com isso, havia concurso de crimes caso o agente submetesse a vítima a conjunção carnal e a atos libidinosos dela diversos e entendia-se que o agente, nesse caso, pratica duas condutas (impedindo reconhecer-se o concurso formal) gerando dois resultados de espécies diferentes (incompatível com a continuidade delitiva). Contudo, com a novel Lei, percebe-se na doutrina (e na jurisprudência) a saudável discussão entre duas correntes:

I. desde logo defendemos, com Rogério Greco, que o crime de estupro passou a ser de conduta múltipla ou de conteúdo variado. Praticando o agente mais de um núcleo, dentro do mesmo contexto fático, não se desnatura a unidade do crime (dinâmica que, no entanto, não pode passar imune na oportunidade da análise do art. 59 do CP). A mudança é benéfica para o acusado, devendo retroagir para alcançar os fatos pretéritos (art. 2º, parágrafo único, do CP). Ausente a unidade de contexto, aplica-se o concurso de delitos, material, formal ou continuidade delitiva, a depender do caso concreto. Aliás, com a reforma da Parte Geral do Código Penal, em 1984, inexiste qualquer óbice em se considerar a continuidade delitiva no crime de estupro, mesmo que praticado em face de vítimas diversas (RT 703/336).

II. Vicente Greco Filho ensina que a alteração legislativa tornou o crime do art. 213 daqueles em que a alternatividade ou cumulatividade são igualmente possíveis e que precisam ser analisadas à luz dos princípios da especialidade, subsidiariedade e da consunção, incluindo-se neste o da progressão. Vemos, nas diversas violações do tipo, delito único se uma conduta absorve a outra ou se é fase de execução da seguinte, igualmente violada. Se não for possível ver nas ações ou atos sucessivos ou simultâneos nexo causal, teremos, então, delitos autônomos. Para referido mestre, não é possível aplicar a regra da continuidade delitiva no caso de conjunção carnal seguida de outro ato sexual, vez que a reunião dos fatos diversos em apenas um tipo penal não tem o condão de unificar sua natureza (http://www2ºabsp.org.br/asp/comssoes/mulher/eventos/vicente_filho.pdf.)

266. (Delegado de Polícia – PB / 2008 – CESPE) Acerca dos crimes contra os costumes, assinale a opção correta.

a) Tratando-se de crimes de mera conduta, o estupro e o atentado violento ao pudor inadmitem a modalidade tentada.

b) Agente que submete a vítima à prática de coito anal e, em seguida, pratica conjunção carnal com ela, responde por crime único de estupro, ante a aplicação do princípio da consunção, considerando ainda a maior gravidade do crime de estupro.

c) Agente que, sabendo estar acometido de doença venérea, ainda assim mantém relação sexual mediante violência contra a vítima, com a intenção de transmitir a doença e de satisfazer sua lascívia, responde por crime de perigo de contágio de doença venérea e estupro, em concurso formal.

d) Agente que pratica diversos estupros contra a mesma vítima, no mesmo dia e na mesma ocasião, responde pelos vários crimes de estupro praticados, em continuidade delitiva.

e) Ocorre o assédio sexual quid pro quo quando, independentemente de superioridade hierárquica, ocorre o assédio no ambiente de trabalho.

COMENTÁRIOS

✪ **Nota do autor:** a questão foi elaborada anteriormente à Lei nº 12.015/09, que alterou profundamente a matéria relativa aos crimes sexuais. Dessa forma, os comentários considerarão a atual disciplina normativa.

Alternativa correta: letra "C". Embora a assertiva estivesse correta à época da elaboração da questão, atualmente a solução seria diversa. Isto porque o art. 234-A, incluído pela Lei nº 12.015/09, dispõe que a pena aplicável ao estupro é aumentada de um a dois terços se o agente transmite à vítima doença sexualmente transmissível de que sabe (dolo direto) ou deveria saber (dolo eventual) ser portador. Dessa forma, para evitar o *bis in idem*, aplica-se apenas a pena referente ao estupro majorada de um a dois terços.

Alternativa "a": está errada a assertiva. Inicialmente, destaque-se que o crime de atentado violento ao pudor não mais existe, pois a Lei nº 12.015/09 revogou o art. 214 do Código Penal e transferiu a conduta nele inscrita para o art. 213, classificando como estupro tanto a conjunção carnal forçada quanto os atos libidinosos dela diversos. No mais, o crime de estupro é material e, por ser plurissubsistente, admite a tentativa.

Alternativa "b": antes da Lei nº 12.015/09, entendia-se que o agente, nesse caso, praticava duas condutas (impedindo reconhecer-se o concurso formal) gerando dois resultados de espécies diferentes (incompatível com a continuidade delitiva). Contudo, com a novel Lei, percebe-se na doutrina (e na jurisprudência) a saudável discussão entre duas correntes: 1ª) desde logo defendemos que o crime de estupro passou a ser de conduta múltipla ou de conteúdo variado. Praticando o agente mais de um núcleo, dentro do mesmo contexto fático, não desnatura a unidade do crime (dinâmica que, no entanto, não pode passar imune na oportunidade da análise do art. 59 do CP). A mudança é benéfica para o acusado, devendo retroagir para alcançar os fatos pretéritos (art. 2º, parágrafo único, do CP); 2ª) Vicente Greco Filho ensina que a alteração legislativa tornou o crime do art. 213 daqueles em que a alternatividade ou cumulatividade são igualmente possíveis e que precisam ser analisadas à luz dos princípios da especialidade, subsidiariedade e da consunção, incluindo-se neste o da progressão. Vemos, nas diversas violações do tipo, delito único se uma conduta absorve a outra ou se é fase de execução da seguinte, igualmente violada. Se não for possível ver nas ações ou atos sucessivos ou simultâneos nexo causal, teremos, então, delitos autônomos. Para referido mestre, não é possível aplicar a regra da continuidade delitiva no caso de conjunção carnal seguida de outro ato sexual, vez que a reunião dos fatos diversos em apenas um tipo penal não tem o condão de unificar sua natureza.

Alternativa "d": está errada porque, se houver várias conjunções carnais no mesmo contexto fático, o crime será único, não continuado, devendo ser consideradas as diversas conjunções na aplicação da pena-base.

Alternativa "e": está errada a assertiva porque somente pode praticar o assédio sexual o superior hierárquico ou ascendente em relação de emprego, cargo ou função.

---

267. (Delegado de Polícia – TO 2008 – CESPE – Adaptada) No que tange à parte especial do Código Penal, julgue o item a seguir.

Considere a seguinte situação hipotética.

Francisco, imputável, acercou-se de uma mulher e a constrangeu, mediante violência, à prática de conjunção carnal, deflorando-a. Em razão do emprego da violência, a mulher experimentou, ainda, lesões leves, devidamente constatadas em laudo pericial.

Nessa situação, Francisco irá responder pelo crime de estupro em concurso formal com o delito de lesões corporais.

COMENTÁRIOS

Errado. Está errado porque se do estupro advêm lesões leves, não há concurso de crimes, pois esta espécie de lesão está contida na própria definição do crime de estupro levado a efeito mediante violência. Se o agente provoca na vítima lesão grave ou morte, o estupro será qualificado na forma dos §§ 1º e 2º do art. 213 do Código Penal.

57. VIOLAÇÃO SEXUAL MEDIANTE FRAUDE

---

268. (UEG – Delegado de Polícia – GO/2013) Madame Pink, recém-casada, procura o médico ginecologista para realizar exames preventivos de rotina. Antes de iniciar o exame, o médico pede que a paciente se dispa. Logo após ela se deitar na maca ginecológica, acaricia sua vagina e nela introduz seu dedo. Nesse caso, o médico responderá por

a) estupro de vulnerável

b) estupro

c) assédio sexual

d) violação sexual mediante fraude

COMENTÁRIOS

Alternativa correta: letra "D". Está correta a assertiva. Pune-se o estelionato sexual, comportamento caracterizado quando o agente, sem emprego de qualquer espécie de violência, pratica com a vítima *ato de libidinagem* (conjunção carnal ou ato diverso de natureza libidinosa), usando de *fraude* ou *outro meio que impeça* *ou dificulte a livre manifestação de vontade da vítima*. A fraude, no caso, consistiu no fato de que o médico se valeu de sua condição, pediu à vítima que se despisse e aproveitou o momento para praticar o ato libidinoso.

Alternativa "a": não se trata de estupro de vulnerável porque este crime pressupõe que a vítima seja menor de quatorze anos; que, por enfermidade ou deficiência mental, não tenha o necessário discernimento para a prática do ato; ou que, por qualquer outra causa, não possa oferecer resistência. Se Madame Pink estivesse, por exemplo, sedada durante o procedimento médico o crime seria o de estupro de vulnerável.

Alternativa "b": não se trata do crime de estupro porque o médico não lançou mão de violência ou de grave ameaça para praticar o ato libidinoso.

Alternativa "c": o exemplo tampouco revela o crime de assédio sexual, consistente em constranger alguém com o intuito de obter vantagem sexual, prevalecendo-se o agente da sua condição de superior hierárquico ou ascendência (condição de mando) inerentes ao exercício de emprego, cargo ou função.

58. ESTUPRO DE VULNERÁVEL

269. (Fundatec – Delegado de Polícia – PC – RS/2018) Analise as seguintes situações hipotéticas, e assinale a alternativa correta.

a) Viriato amordaça Gezilda, para que ela não grite por socorro. Em seguida, pratica conjunção carnal com ela, sem perceber que a vítima está se engasgando devido à mordaça utilizada por ele. Gezilda, que é maior de idade e capaz, morre sufocada. Viriato deverá responder por estupro e homicídio culposo, em concurso material.

b) Zezão aborda a vítima Vitinha, maior de idade e capaz, em via pública, arrasta-a para um terreno abandonado. Ao perceber que será estuprada, Vitinha entra em luta corporal com Zezão e acaba sendo morta, porque Zezão efetuou um disparo, empregando uma arma de fogo que levava consigo. Em seguida, Zezão realiza atos sexuais com Vitinha. Nessa hipótese, Zezão responderá tão somente pelos crimes de estupro e homicídio qualificado, em concurso material.

c) Beraldo aborda a vítima Zequinha, 11 anos de idade, em via pública, levando-o para um edifício em construção, oferecendo a ele dinheiro e doces, para que fizesse sexo oral em Beraldo. Após o ato, com medo de ser identificado, Beraldo mata Zequinha com uma pedrada na cabeça. Beraldo deverá responder pelo crime de estupro de vulnerável, qualificado pela morte de Zequinha.

d) Tiburcio, imputável, tio de Adalgisa, 09 anos de idade, em uma ocasião em que foi visitar a irmã, mãe da menor, aproveitou-se de um momento em que esteve sozinho com Adalgisa, tirou a roupa da menina, pedindo que fizesse poses sensuais, fotografando-a em tal condição. No mesmo dia, porém, mais tarde, oferecendo a ela doces, fez com que praticasse sexo oral nele. Tibúrcio responderá pela prática de estupro de vulnerável, em concurso material com o crime previsto no artigo 240 do Estatuto da Criança e do Adolescente, ambos os delitos em suas formas majoradas pela condição de ser tio da menor.

e) Tyrapele, cirurgião plástico, anestesiou a paciente Suzi, 25 anos e, em seguida, praticou ato libidinoso diverso da conjunção carnal com ela, aproveitando-se de que Suzi estava inconsciente e sem condições de oferecer resistência. Nesse caso, praticou o crime denominado violação sexual mediante fraude.

COMENTÁRIOS

Alternativa "a": O fato narrado revela a prática de estupro qualificado pela morte, figura preterdolosa, em que a morte da vítima decorre de culpa. Neste caso, a pena passa de seis a dez para doze a trinta anos de reclusão.

Alternativa "b": Zezão deve responder, em concurso material, pelos crimes de estupro tentado e homicídio doloso. É possível também sustentar a ocorrência de vilipêndio a cadáver, mas há certa controvérsia neste ponto devido à discussão a respeito do elemento subjetivo específico do art. 211 do CP. Há quem sustente ser indispensável a presença do elemento moral, consistente no desejo de desprezar o corpo sem vida, com intenção de depreciá-lo, o que caracterizaria a necessidade da presença do elemento subjetivo especial do injusto, posicionamento encampado por Fragoso, mas contestado por Bento de Faria.

Alternativa "c": Beraldo deve responder pelo estupro de vulnerável em concurso material com o homicídio qualificado pela conexão consequencial, pois o assassinato foi cometido para ocultar a ocorrência de um crime passado. O estupro de vulnerável pode ser qualificado pela morte, mas a figura é preterdolosa, ou seja, a morte deve decorrer de culpa.

Alternativa "d": O ato de fotografar a criança nua caracteriza o crime do art. 240 do ECA, que consiste em produzir, reproduzir, dirigir, fotografar, filmar ou registrar, por qualquer meio, cena de sexo explícito ou pornográfica, envolvendo criança ou adolescente. A pena é de reclusão de quatro a oito anos. E fazer com que a criança pratique sexo oral configura o crime de estupro de vulnerável, punido com reclusão de oito a quinze anos. As penas devem ser somadas em concurso material, pois Tiburcio praticou duas condutas que deram ensejo a duas infrações penais.

Alternativa "e": Dá-se a violação sexual mediante fraude quando o agente, sem emprego de qualquer espécie de violência, pratica *ato de libidinagem* (conjunção carnal ou ato diverso de natureza libidinosa), usando de *fraude* ou *outro meio que impeça ou dificulte a livre manifestação de vontade da vítima*. Mas a fraude utilizada na execução do crime não pode anular a capacidade de resistência, caso em que estará configurado o delito de estupro de vulnerável (art. 217-A do CP). Assim, não pratica estelionato sexual (art. 215 do CP), mas estupro de vulnerável (art. 217-A do CP), o agente que usa psicotrópicos para vencer a resistência da vítima e com ela praticar atos de libidinagem.

Alternativa correta: letra "d".

---

270. (FGV – Delegado de Polícia – MA/2012) No ano de 2011, Giovane, com a anuência de sua companheira Fernanda, pratica com Pérola, filha desta e sua enteada, de apenas, 10 anos, atos libidinosos diversos, o que ocorreu em três dias distintos no mesmo mês, sempre agindo da mesma forma e nas mesmas condições. O fato foi levado ao conhecimento da autoridade policial que instaurou o procedimento próprio.

Diante deste quadro, assinale a alternativa que indica os crimes pelos quais Giovane e Fernanda deverão responder.

a) Giovane deverá responder por estupro com a causa de aumento por ser a vítima sua enteada, por três vezes, na forma continuada, e Fernanda não praticou qualquer fato típico.

b) Giovane deverá responder por estupro de vulnerável com a causa de aumento por ser a vítima sua enteada, por três vezes, na forma continuada, e Fernanda não praticou qualquer fato típico.

c) Giovane deverá responder por estupro de vulnerável com a causa de aumento por ser a vítima sua enteada, por três vezes, na forma continuada, e Fernanda pela mesma infração por força de sua omissão, eis que tinha o dever jurídico de impedir o resultado.

d) Giovane deverá responder por estupro de vulnerável, por três vezes, na forma continuada, e Fernanda pela mesma infração por força de sua omissão, eis que tinha o dever jurídico de impedir o resultado, com relação a ela incidindo a causa de aumento por ser a vítima sua filha.

e) Giovane deverá responder por estupro de vulnerável com a causa de aumento por ser a vítima sua enteada, por três vezes, em concurso material, e Fernanda pela mesma infração por força de sua omissão, eis que tinha o dever jurídico de impedir o resultado.

COMENTÁRIOS

Alternativa correta: letra "C" (responde, também, as demais alternativas). Está correta a assertiva. Houve, no caso, estupro de vulnerável porque Giovane praticou ato libidinoso com menor de catorze anos. Incide a majorante prevista no art. 226, inciso II, do Código Penal porque a vítima era enteada do autor do crime. Justifica-se o agravamento da pena em razão da maior reprovação moral da conduta, em que o agente abusa das relações familiares, de intimidade ou de confiança que mantém com a vítima. A existência dessa causa de aumento afasta a possibilidade de aplicação das agravantes genéricas previstas no art. 61, II, *e*, *f* e *g*, do CP, sob pena de se incorrer em claro *bis in idem*. Tratando-se de três condutas cometidas nas mesmas circunstâncias de tempo, local e modo de execução, incidem as regras do crime continuado, aplicando-se a pena de acordo com o sistema da exasperação. Fernanda responderá pelo mesmo delito, pois, na condição de mãe da vítima, tinha por lei obrigação de cuidado, proteção e vigilância a fim de que impedisse o crime, caracterizando-se a omissão imprópria de que trata o art. 13, § 2º, *a*, do Código Penal. Neste caso, contudo, não haverá a majorante relativa à ascendência sobre a vítima, pois esta circunstância já foi considerada para tipificar a omissão, e sua incidência para também aumentar a pena seria *bis in idem*.

---

271. (Cespe – Delegado de Polícia – AL/ 2012 – Adaptada) Acerca dos crimes em espécie, julgue os itens seguintes.

Nos crimes contra a dignidade sexual, a vulnerabilidade da menor de 14 anos de idade é considerada relativa diante de seu consentimento para a prática sexual, devendo, no caso concreto, ser considerado o comportamento sexual da vítima, sua vida social e o grau de conscientização da menor.

COMENTÁRIOS

Errado. Está errada a assertiva, pois prevalece o entendimento de que o crime de estupro de vulnerável se caracteriza pelo simples ato de manter relação sexual com menor de quatorze anos, independentemente de consentimento. A respeito, o STJ editou a súmula 593: "O crime de estupro de vulnerável se configura com a conjunção carnal ou prática de ato libidinoso com menor de 14 anos, sendo irrelevante eventual consentimento da vítima para a prática do ato, sua experiência sexual anterior ou existência de relacionamento amoroso com o agente". Aliás, o tribunal foi além e estabeleceu: "A conduta de contemplar lascivamente, sem contato físico, mediante pagamento, menor de 14 anos desnuda em motel pode permitir a deflagração da ação penal para a apuração do delito de estupro de vulnerável. A maior parte da doutrina penalista pátria orienta no sentido de que a contemplação lasciva configura o ato libidinoso constitutivo dos tipos dos arts. 213 e 217-A do CP, sendo irrelevante, para a consumação dos delitos, que haja contato físico entre ofensor e ofendido. No caso, cumpre ainda ressaltar que o delito imputado encontra-se em capítulo inserto no Título VI do CP, que tutela a dignidade sexual. Com efeito, a dignidade sexual não se ofende somente com lesões de natureza física. A maior ou menor gravidade do ato libidinoso praticado, em decorrência a adição de lesões físicas ao transtorno psíquico que a conduta supostamente praticada enseja na vítima, constitui matéria afeta à dosimetria da pena" (RHC 70.976/MS, DJe 10/8/2016). Não obstante ter-se pacificado a matéria relativa à ação penal por meio da súmula 593, decidiu o legislador inserir, no próprio tipo penal (§ 5º do art. 217-A do CP), disposição expressa de que manter relação sexual com menor de quatorze anos é sempre crime, ainda que a vítima tenha consentido, ou mesmo que se demonstre sua experiência sexual anterior.

272. (Delegado de Polícia – ES/ 2011 – CESPE – Adaptada) Em decorrência das recentes alterações legislativas referentes a política criminal no cenário dos crimes sexuais, julgue o item.

Considere a seguinte situação hipotética.

– Bruno, penalmente responsável, induziu uma menina de treze anos de idade à prática de prostituição, obtendo, com isso, vantagem econômica em face de clientes eventualmente angariados para a menor.

Nessa situação hipotética, a conduta de Bruno caracteriza o crime de favorecimento da prostituição e exploração sexual de vulnerável.

COMENTÁRIOS

Errado. Está errada a assertiva porque, tratando-se de vítima menor de catorze anos de idade, induzida à prática de atos de libidinagem, responde o agente como partícipe do crime de estupro de vulnerável. Neste sentido, destaca-se a lição de Bitencourt ao tratar do sujeito passivo do crime de favorecimento da prostituição ou outra forma de exploração sexual de vulnerável: "Embora o texto legal não diga, faz-se necessário que o menor não tenha menos de 14 anos, pois, nesse caso, o crime poderá ser o estupro de vulnerável (art. 217-A). Ainda poderá figurar como sujeito passivo quem, por enfermidade ou deficiência mental, não tem o necessário discernimento para a prática do ato. Nessa última hipótese, a exploração sexual não pode atingir o nível da prática do ato de libidinagem, sob pena de poder configurar o estupro de vulnerável já mencionado." (*Tratado de Direito Penal*: parte especial, vol. 4, p. 122).

273. (Delegado de Polícia – PI / 2009 – NUCEPE) João, 19 anos de idade, manteve conjunção carnal com Maria, 13 anos de idade. Em nenhum momento, João empregou violência ou grave ameaça contra Maria, porém fez uso de fraude para persuadi-la a praticar conjunção carnal. Diante desse fato e de acordo com o Código Penal, marque a alternativa correta.

a) João praticou o crime de estupro presumido, pois praticou relação sexual com menor de 14 anos, não sendo este crime considerado hediondo.

b) João praticou o crime de estupro presumido, pois praticou relação sexual com menor de 14 anos, sendo este crime considerado hediondo.

c) João praticou o crime de violação sexual mediante fraude, pois o crime foi praticado sem violência ou grave ameaça à pessoa.

d) João praticou o crime de estupro de vulnerável, que apresenta pena mais grave do que o crime de estupro na sua forma tradicional, e é considerado crime hediondo.

e) João praticou o crime de estupro de vulnerável, que apresenta a mesma pena do crime estupro na sua forma tradicional, e é considerado crime hediondo.

COMENTÁRIOS

✪ **Nota do autor:** antes da Lei 12.015/2009 o ato sexual com pessoa vulnerável configurava, a depender do caso, estupro (art. 213) ou atentado violento ao pudor (art. 214), mesmo que praticado sem violência física ou moral, pois presumida (de forma absoluta de acordo com a maioria) no art. 224 do CP. Este dispositivo (art. 224) agora está expressamente revogado, subsumindo-se a conduta ao disposto no art. 217-A do CP.

Alternativa correta: letra "D" (responde, também, as alternativas "a", "b", e "e"). João cometeu o crime de estupro de vulnerável, tipificado no art. 217-A do Código Penal, em que se pune a conduta de ter conjunção carnal ou praticar outro ato libidinoso com menor de catorze anos. Note que, neste caso, é irrelevante, para a tipificação, que o agente não tenha empregado violência ou grave ameaça, bem como que tenha empregado fraude. O simples fato de ter mantido conjunção carnal com alguém menor de catorze anos é suficiente para subsumir a conduta ao tipo do art. 217-A. A pena (reclusão de oito a quinze anos) é sensivelmente maior do que a do estupro tipificado no art. 213, que é de seis a dez anos de reclusão. Além disso, conforme estabelece o art. 1º, inciso VI, da Lei nº 8.072/90, o estupro de vulnerável é crime hediondo.

Alternativa "c": não há violação sexual mediante fraude (art. 215 do Código Penal) porque, independentemente da fraude empregada, como já destacado no comentário anterior, a vítima é menor de catorze anos, incidindo as consequências relativas ao estupro de vulnerável.

59. SATISFAÇÃO DE LASCÍVIA MEDIANTE PRESENÇA DE CRIANÇA OU ADOLESCENTE

274. (FUNCAB – Delegado de Polícia – ES/2013) Maria, a pedido de sua prima Joana, por concupiscência desta, convenceu sua vizinha Pauliana, de 12 anos de idade, a assistir Joana e seu namorado Paulo em intimidades sexuais. Assim, pode-se concluir que Maria obrou para o delito de:

a) submeter criança ou adolescente sob sua autoridade, guarda ou vigilância a vexame ou a constrangimento.

b) aliciar criança, com o fim de com ela praticar ato libidinoso.

c) favorecimento da prostituição ou outra forma de exploração sexual de vulnerável.

d) satisfação de lascívia mediante presença de criança ou adolescente.

e) corrupção de menores.

COMENTÁRIOS

Alternativa correta: letra "D". Está correta a assertiva. Maria será responsabilizada por induzir Pauliana a presenciar conjunção carnal ou outro ato libidinoso entre

Paulo e Joana, para a satisfação da lascívia desta. Trata-se da situação em que se fez nascer na adolescente ideia de presenciar o ato de libidinagem.

Alternativa "a": está errada a assertiva. O crime de submeter criança ou adolescente sob sua autoridade, guarda ou vigilância a vexame ou a constrangimento, tipificado no art. 232 da Lei nº 8.069/90, não tem como objetividade jurídica a liberdade sexual, aplicando-se quando o vexame ou o constrangimento ocorrem em situações diversas de desonra ou violência física ou moral.

Alternativa "b": está errada a assertiva. O crime de aliciar, assediar, instigar ou constranger, por qualquer meio de comunicação, criança, com o fim de com ela praticar ato libidinoso (art. 241-D da Lei nº 8.069/90) em nada se relaciona com o exemplo do enunciado, em que Pauliana é induzida a presenciar ato de libidinagem.

Alternativa "c": não há favorecimento da prostituição, pois a conduta de Maria não consistiu em submeter, induzir ou atrair a adolescente à prostituição ou outra forma de exploração sexual (art. 218-B do Código Penal).

Alternativa "e": corrupção de menores também não há. O art. 218 do Código Penal trata da conduta de quem induz alguém menor de quatorze anos a satisfazer a lascívia de outrem. Neste caso, o agente não induz a vítima a presenciar ato de libidinagem, mas a agir de alguma forma para o prazer de terceiro.

60. FAVORECIMENTO DA PROSTITUIÇÃO OU DE OUTRA FORMA DE EXPLORAÇÃO SEXUAL DE CRIANÇA OU ADOLESCENTE OU DE VULNERÁVEL

275. (FUNCAB – Delegado de Polícia – PA/2016) Hospedando-se em uma cidade conhecida por seu intenso turismo sexual, Romildo entra em contato telefônico com Demétrio, notório intermediador de encontros sexuais entre clientes e adolescentes submetidas à prostituição, e solicita os serviços de uma prostituta, deixando clara sua preferência por mulheres que não tenham completado 18 anos. Demétrio, assim, encaminha Maitê, adolescente de 16 anos de idade, ao hotel em que Romildo se encontra hospedado. No local, a adolescente é barrada pelo gerente Gastão, que, percebendo nela uma profissional do sexo, questiona sua idade, sendo-lhe respondido por Maitê que conta com 18 anos. Gastão acredita na mentira contada pela adolescente, precoce em seus atributos corporais, embora não tome o cuidado de solicitar seu documento de identidade, autorizando-a a subir ao quarto de Romildo. Efetivamente, Romildo e a adolescente mantêm relações sexuais mediante remuneração, sendo parcela do lucro auferido por Maitê posteriormente repassado a Demétrio. Analisando o caso concreto, é correto afirmar que:

a) Demétrio cometeu crime de rufianismo (art. 230, CP); Romildo cometeu crime equiparado ao favorecimento da prostituição ou de outra forma de exploração sexual de criança ou adolescente ou de vulnerável (art. 218-B, § 2º, I, CP); Gastão também cometeu crime equiparado ao favorecimento da prostituição ou de outra forma de exploração sexual de criança ou adolescente ou de vulnerável (art. 218-B, § 2º, II, CP).

b) Demétrio cometeu o crime de favorecimento da prostituição ou de outra forma de exploração sexual de criança ou adolescente ou de vulnerável {art. 218-B, § 1º, CP); Romildo cometeu crime equiparado ao favorecimento da prostituição ou de outra forma de exploração sexual de criança ou adolescente ou de vulnerável {art. 218-B, § 2º, I, CP); Gastão também cometeu crime equiparado ao favorecimento da prostituição ou de outra forma de exploração sexual de criança ou adolescente ou de vulnerável (art. 218-B, § 2º, II, CP).

c) Demétrio cometeu o crime de favorecimento da prostituição ou de outra forma de exploração sexual de criança ou adolescente ou de vulnerável {art. 218-B, § 1º, CP); Romildo cometeu crime equiparado ao favorecimento da prostituição ou de outra forma de exploração sexual de criança ou adolescente ou de vulnerável (art. 218-B, § 2º, I, CP); Gastão não cometeu crime.

d) Demétrio cometeu o crime de rufianismo (art. 230 do CP); Romildo cometeu crime equiparado ao favorecimento da prostituição ou de outra forma de exploração sexual de criança ou adolescente ou de vulnerável (art. 218-B, § 2º, I, CP); Gastão não cometeu crime.

e) Demétrio cometeu o crime de favorecimento da prostituição ou de outra forma de exploração sexual de criança ou adolescente ou de vulnerável (art. 218-B, § 1º, CP); Romildo cometeu crime de estupro de vulnerável (art. 217- A, CP); Gastão não cometeu crime.

COMENTÁRIOS

Alternativa correta: letra "C" (responde, também, a alternativa "b"). Está correta a assertiva. Demétrio, na qualidade de quem submetia Maitê, de dezesseis anos de idade, a prostituição, e com intuito de lucro, responde pelo art. 218-B, caput e § 1º do CP). Romildo, por ter mantido relações sexuais com Maitê, sabendo que se tratava de menor de dezoito anos submetida a prostituição, responde pela conduta equiparada tipificada no art. 218-B, § 2º, inciso I. Por fim, Gastão não é responsabilizado porque não obstante o proprietário, o gerente ou o responsável pelo local em que se verifique a exploração sexual também possa cometer o crime, seu dolo foi excluído pelo erro de tipo, pois, pela aparência de Maitê, acreditou ele que se tratasse de maior de idade. Ainda que o fato de não ter sido solicitado o documento de identidade possa ser considerado um descuido, o que poderia, segundo a disciplina do erro de tipo, excluir o dolo mas manter a culpa (erro inescusável), não existe punição porque o tipo do art. 218-B do CP não contempla a forma culposa.

Alternativa "a" (responde, também, a alternativa "d"): a conduta de Demétrio não se subsume ao rufianismo porque este crime consiste apenas em tirar proveito da prostituição alheia, participando diretamente de seus lucros ou fazendo-se sustentar, no todo ou em parte, por quem a exerça. No crime do art. 218-B (e no art. 228, seu equivalente) o agente toma parte diretamente na atividade, submetendo, induzindo ou atraindo a vítima à prostituição, atividade que sequer pressupõe intuito de lucro (por isso existe o § 1º no art. 218-B).

Alternativa "e": Romildo não praticou crime de estupro de vulnerável porque este delito consiste em manter relação sexual com menor de quatorze anos, mas o enunciado indica que Maitê tinha dezesseis.

61. CASA DE PROSTITUIÇÃO

276. (Delegado de Polícia – ES/ 2011 – CESPE – Adaptada) Em decorrência das recentes alterações legislativas referentes a política criminal no cenário dos crimes sexuais, julgue o item.

Considere a seguinte situação hipotética.

– Determinado cidadão, penalmente responsável, estabeleceu em determinada cidade, e com evidente intuito lucrativo, uma casa destinada a encontros libidinosos e outras formas de exploração sexual, facilitando, com isso, a prostituição. Na data de inauguração da casa, a polícia, em ação conjunta com fiscais do município, interditaram o estabelecimento, impedindo, de pronto, o seu funcionamento. Nessa situação hipotética, a conduta do cidadão caracteriza a figura tentada do crime anteriormente definido como casa de prostituição, nos moldes do atual art. 229 do Código Penal.

COMENTÁRIOS

Errado. Está errada a assertiva porque, tratando-se de crime habitual, que depende, para a consumação, da reiteração de atos, não há possibilidade de tentativa. No exemplo descrito, a conduta do cidadão que estruturou o local para a exploração de casa de prostituição será considerada simplesmente atos preparatórios.

62. RUFIANISMO

277. (Fundação Aroeira – Delegado de Polícia – TO/2014) Correrão em segredo de justiça os processos em que se apurarem crimes de

a) ultraje a culto.
b) rufianismo.
c) vilipendio.
d) aliciamento para o fim de emigração.

COMENTÁRIOS

Alternativa correta: letra "B" (responde, também, as demais alternativas). Está correta a assertiva. São duas as ações nucleares típicas do rufianismo: *tirar* proveito da prostituição ou *fazer-se* sustentar, no todo ou em parte, por quem a exerça. Na primeira (*rufianismo ativo*), o rufião obtém vantagem proveniente *diretamente* dos lucros auferidos pela prostituta (formando, mal comparando, uma sociedade empresarial), embora deles não necessite para seu sustento. Não é necessário que o agente tome a iniciativa requerendo participação (a espontaneidade do oferecimento por parte da meretriz é indiferente à configuração do delito, *RT* 288/176). Já na segunda modalidade (*rufianismo passivo*) o agente participa *indiretamente* do proveito da prostituição, vivendo às custas da meretriz, recebendo dinheiro, alimentação, vestuário, moradia e outros benefícios de que necessita para sua manutenção. Nas duas formas de execução, a vantagem direta ou indireta deve ser proveniente da prostituição (se originário de outras formas de renda por parte da meretriz, o delito não se configurará). Nos termos do art. 234-B do Código Penal, os processos dos crimes previstos no Título VI da Parte Especial do Código Penal (crimes contra a dignidade sexual), dentre os quais o rufianismo, correrão em segredo de justiça.

63. ATO OBSCENO

278. (Vunesp – Delegado de Polícia – SP/2014) "X", em um cinema, durante a exibição de um filme que continha cenas de sexo, é flagrado por policiais expondo e manipulando sua genitália. Tal conduta, em tese,

a) tipifica o crime de mediação para satisfazer a lascívia de outrem.
b) tipifica o crime de ato obsceno.
c) tipifica o crime de favorecimento da prostituição.
d) não tipifica crime algum, em razão da existência de excludente de ilicitude.
e) não tipifica crime algum, uma vez que "X" estava em local apropriado para a prática desse tipo de conduta.

COMENTÁRIOS

Alternativa correta: letra "B". Está correta a assertiva. Consiste o crime em *praticar* ato obsceno em lugar público, ou aberto ou exposto ao público. Para que se configure, é imprescindível que o ato ocorra em local público, aberto ou exposto ao público. O lugar público é aquele plenamente acessível a qualquer pessoa, em qualquer ocasião (ruas, praças etc.). O lugar aberto ao público, também frequentado por número indeterminado de pessoas, está sujeito a condições que estabeleçam o momento apropriado para o acesso (restaurantes, teatros, cinemas etc.), como no exemplo citado no enunciado.

Alternativa "a": não há mediação para servir à lascívia de outrem, em que, como a denominação indica, se induz (alicia, persuade) alguém a satisfazer a lascívia de outra pessoa.

Alternativa "c": a conduta descrita no enunciado em nada se relaciona com o favorecimento da prostituição, consistente em induzir ou atrair alguém à prostituição ou outra forma de exploração sexual, facilitá-la, impedir ou dificultar que alguém a abandone.

Alternativa "d": as excludentes da ilicitude são o estado de necessidade, a legítima defesa, o exercício regular de direito e o estrito cumprimento do dever legal, além do consentimento do ofendido em alguns casos em que o bem atingido é disponível. Nenhuma dessas hipóteses se faz presente no exemplo descrito no enunciado.

Alternativa "e": está errada a assertiva porque o cinema não é apropriado a este tipo de conduta por ser um espaço aberto ao público.

64. BIGAMIA

279. (FUNCAB – Delegado de Polícia – ES/2013) Túlio, em razão de seu casamento com Maria, declarou no cartório de registro de pessoas naturais que era divorciado, sendo o matrimônio com Maria consumado. Entretanto, Túlio era casado com Claudia, mas estavam separados de fato há muitos anos. Serviram como testemunhas Joana e Paulo, primos de Túlio, que tinham conhecimento do casamento e da separação de fato deste com Claudia. Assim pode-se afirmar:

I. Houve o crime de falsidade ideológica praticado por Túlio, mas que restará absorvido pelo princípio da especialidade.
II. Trata-se de crime próprio, sendo coautores Joana e Paulo, primos de Túlio.
III. A anulação do casamento de Túlio com Claudia pelo motivo da bigamia, tornaria inexistente o crime de bigamia.
IV. O objeto material desse crime é Claudia.

Indique a opção que contempla a(s) assertiva(s) correta(s).

a) I, II, III e IV.
b) I, II e III, apenas.
c) II, apenas.
d) III, apenas.
e) IV, apenas.

COMENTÁRIOS

Alternativa correta: letra "C".

Item I: está errada a assertiva. De fato, se, ao contrair o casamento Túlio se declarou falsamente divorciado, fez inserir, em documento público, declaração falsa com o fim de alterar a verdade sobre fato juridicamente relevante. Não será punido por falsidade ideológica, contudo, porque esta conduta foi um meio para a bigamia; neste caso, aplica-se o princípio da consunção (não o da especialidade referido na assertiva).

Item II: o crime próprio a que se refere a assertiva é a bigamia, que somente pode ser praticada por pessoa já casada. Quanto ao concurso das testemunhas da solenidade matrimonial, embora seja possível, não é unânime que se trate de coautoria. Há entendimento no sentido de que as testemunhas que afirmam a inexistência de impedimento, sabendo que um dos nubentes é pessoa já casada, respondem como partícipes (Luiz Regis Prado, *Curso de direito penal brasileiro:* parte especial, p. 437).

Item III: está errada a assertiva. É certo que o art. 235, § 2º, do Código Penal dispõe que anulado por qualquer motivo o primeiro casamento, ou o outro por motivo que não a bigamia, considera-se inexistente o crime. Deve ser observado, contudo, que embora a lei mencione qualquer motivo da anulação do primeiro casamento, exclui-se a própria bigamia pelo simples fato de que não será capaz de anular o casamento que a antecedeu. Obviamente, se o primeiro casamento é válido, o segundo, contraído criminosamente, não lhe poderá causar a invalidade.

Item IV: está errada a assertiva. Cláudia é sujeito passivo secundário da bigamia.

65. ABANDONO MATERIAL

280. (IBADE – Delegado de Polícia – AC/2017) No que tange aos crimes contra a família, assinale a resposta correta.

a) O crime de abandono intelectual pode ocorrer quando os pais, sem justa causa, deixam de matricular o filho no ensino fundamental ou no ensino médio, ou quando o obrigam a faltar repetidas vezes, prejudicando seu desempenho escolar.
b) O crime de conhecimento de prévio impedimento é uma norma penal em branco homogênea, cuja ação penal dependerá de queixa do contraente enganado.
c) Aquele que falsifica documentos com o exclusivo objetivo de contrair novas núpcias, já sendo casado, comete crimes de bigamia e contra a fé pública, em concurso.
d) Comete crime de abandono material quem, sendo solvente e sem motivo justo, com o único propósito de deixar de pagar pensão alimentícia fixada em acordo judicialmente homologado, abandona o emprego, gerando situação de necessidade – não suprida por outrem – para o alimentando.
e) A subtração de incapazes é crime expressamente subsidiário, além de classificado pela doutrina como permanente, de modo que seu prazo prescricional tem termo inicial quando o incapaz é restituído.

COMENTÁRIOS

Alternativa correta: letra "D". Está correta a assertiva. O art. 244 do Código Penal, em seu parágrafo único, estabelece que nas mesmas penas do caput (detenção de um a quatro anos e multa) incide quem, sendo solvente, frustra ou ilide, de qualquer modo, inclusive por abandono injustificado de emprego ou função, o pagamento de pensão alimentícia judicialmente acordada, fixada ou majorada. Pune-se, principalmente, o ato daquele que abandona o emprego, sem justa causa, com a finalidade de evitar que lhe sejam descontados valores referentes à obrigação alimentar. A lei não pune somente aquele que abandona o emprego, mas quem de qualquer modo frustra ou ilide o pagamento de pensão alimentícia.

Alternativa "a": inicialmente, destaca-se a existência de divergência a respeito do alcance da expressão "instrução primária", que, hoje, pode ser compreendida como "ensino fundamental". Há quem sustente se tratar daquilo a que se refere o art. 32 da Lei 9.394/96, o qual estabelece: "O ensino fundamental obrigatório, com duração de 9 (nove) anos, gratuito na escola pública, iniciando-se aos 6 (seis) anos de idade (...)". Nesta definição, portanto, não se incluiria o ensino médio. Por outro lado, há os que se escoram no art. 208, inciso I, da CF/88 para defender que a educação básica compreende inclusive o ensino médio. No mais, note-se que o crime não se perfaz com a ocorrência de faltas ocasionais, mas com a inexistência de matrícula escolar ou com a cessação da frequência.

Alternativa "b": está errada a assertiva. O crime de contrair casamento conhecendo a existência de impedimento que lhe cause a nulidade absoluta (art. 237 do CP) é de ação penal pública incondicionada. Não se confunde com o crime do art. 236 (induzimento a erro essencial e ocultação de impedimento), cuja ação penal é privada personalíssima, pois só pode ser movida pelo contraente enganado.

Alternativa "c": está errada a assertiva, pois, se o crime de falso é um meio para o cometimento da bigamia, o crime contra a família absorve o crime contra a fé pública.

Alternativa "e": há divergência a respeito da natureza do crime de subtração de incapazes. Trata-se, de fato, de delito subsidiário, que fica absorvido se a subtração é praticada com finalidade que ultrapassa a simples retirada do incapaz, como na hipótese em que o agente visa a praticar extorsão mediante sequestro. No entanto, enquanto para Mirabete, Fragoso e Luiz Regis Prado o crime é permanente, para Guilherme de Souza Nucci é instantâneo. Dessa forma, se se considera permanente o delito, a prescrição se inicia no dia em que cessada a permanência. Do contrário, conta-se a prescrição a partir do ato de consumação que caracteriza o crime instantâneo.

66. ABANDONO MORAL

281. (Delegado de Polícia – MT/ 2010 – UNEMAT) O Título VII do Código Penal, sob a rubrica "Dos Crimes contra a Família", tutela a instituição do casamento e da organização familiar que dela decorre.

Acerca desta espécie de crime, é **correto** afirmar.

a) O delito de bigamia se consuma no momento da lavratura do assento no livro de Registro.

b) A pessoa que faz falsa declaração, promovendo o registro civil de nascimento inexistente, comete o crime de falsidade ideológica.

c) A meretriz que permite que seu filho, menor de 18 (dezoito) anos, resida em casa de prostituição, comete o delito de abandono moral, previsto no art. 247, do CP.

d) O delito intitulado "parto suposto" consubstancia na conduta da mãe que dá parto próprio como alheio.

e) O pagamento, a *posteriori* da prisão civil, de pensão alimentícia judicialmente acordada, impede a consumação do crime de abandono material

COMENTÁRIOS

✪ **Nota do autor:** o delito do art. 247 do Código Penal, apesar de desprovido de rubrica indicativa do *nomen iuris*, foi batizado pela doutrina (aceito pela jurisprudência) de *abandono moral*. A tutela recai sobre a organização da família na formação dos filhos, buscando-se evitar situações que o conduzam à corrupção de caráter.

Alternativa correta: letra "C". Está correta a assertiva. Cometem o crime de abandono moral os pais do menor e também aqueles que sobre ele exerçam poder, guarda ou vigilância. Se a mãe de alguém menor de dezoito anos permite que seu filho resida em casa de prostituição, estará configurado o crime, lembrando que o tipo não contém qualquer elemento que indique a necessidade de reiteração de atos.

Alternativa "a": está errada a assertiva porque o crime de bigamia se consuma no momento em que é declarado perfeito o segundo casamento, isto é, quando manifestada a vontade de ambos os nubentes (dispensando a lavratura do termo).

Alternativa "b": está errada. O indivíduo que promove, no registro civil, a inscrição de nascimento inexistente comete o crime tipificado no art. 241 do Código Penal, punido com reclusão de dois a seis anos. Trata-se de forma especial de praticar falsidade ideológica (art. 299), que, no entanto, fica absorvida pelo crime fim (art. 241).

Alternativa "d": está errada a assertiva. Há o crime do art. 242 do Código Penal quando a mulher, sem gerar falso registro, atribui a si mesma a maternidade de uma criança não originária de seu ventre (parto alheio como próprio). A conduta inversa, isto é, dar parto próprio como alheio, não configura este crime, podendo tipificar o delito de falsidade ideológica (art. 299 do CP).

Alternativa "e": está errada, pois uma vez consumado o crime de abandono material pela falta do pagamento de pensão alimentícia, a quitação do débito não tem o condão de afastar a figura criminosa.

67. EXPLOSÃO

282. (Delegado de Polícia – PB / 2008 – CESPE) Acerca dos crimes contra a incolumidade pública e contra a família, assinale a opção correta.

a) O crime de incêndio é de perigo abstrato. Dessa maneira, é típica a conduta do agente que cause incêndio em uma casa em ruínas, inabitada e localizada em local solitário.

b) O crime de explosão é mais severamente punido se a substância utilizada para a explosão for dinamite.

c) No crime de uso de gás tóxico ou asfixiante, se o agente, embora não querendo o resultado morte, ocasioná-lo culposamente, responderá pelos dois crimes: uso de gás tóxico ou asfixiante e homicídio culposo, em concurso formal.

d) O crime de conhecimento prévio de impedimento admite quer o dolo direto, quer o dolo eventual para a sua configuração.

e) O crime de abandono intelectual perfaz-se caso o pai, sem justa causa, deixa de matricular seu filho em idade escolar primária em escola pública ou particular, ainda que forneça instrução em casa à criança.

COMENTÁRIOS

Alternativa correta: letra "B". Está correta a assertiva. Nos termos do art. 251, *caput*, do Código Penal, pune-se com reclusão de três a seis anos o ato de expor a perigo a vida, a integridade física ou o patrimônio de outrem, mediante explosão, arremesso ou simples colocação de engenho de dinamite ou de substância de efeitos análogos, sendo que o § 1º reduz a pena para reclusão de um a quatro anos se a substância utilizada não é dinamite ou explosivo de efeitos análogos.

Alternativa "a": está errada, pois o crime de incêndio é de perigo concreto, em que se tipifica a causação de incêndio que exponha a perigo a vida, a integridade física ou o patrimônio de outrem.

Alternativa "c": está errada a assertiva, pois, no crime de uso de gás tóxico ou asfixiante, ocorrendo a morte culposa, o agente responderá por crime único, mas, nos termos do art. 258, segunda parte, do Código Penal, aplica-se a pena cominada ao homicídio culposo, aumentada de um terço.

Alternativa "d": está errada porque, conforme se extrai do texto expresso do art. 237 do Código Penal, o crime se perfaz se o agente contrair casamento, conhecendo (dolo direto) a existência de impedimento que lhe cause a nulidade absoluta.

Alternativa "e": o tema não é pacífico. Embora Fernando Capez (*Curso de Direito Penal:* parte especial, vol. 3, 2003, p. 153) sustente que a educação da criança em casa torna o fato atípico, Regis Prado leciona "a *ratio legis* da incriminação é a de compelir os pais a providenciar a escolarização do filho, oferecendo-lhe a educação fundamental no estabelecimento de ensino regular – e não fora dele. Aliás, acentua-se, corroborando tal entendimento, que apenas naquele local pode o menor, 'convivendo intimamente com os colegas e respectivas famílias, participando das atividades desenvolvidas pela agência educativa, formar integralmente sua personalidade, preparando-se para a vida em sociedade'. Não fosse assim, 'não haveria como justificar a expressão – idade escolar – utilizada pelo legislador ao estruturar a figura definida no art. 246 do Código Penal. Idade *escolar*, ao que tudo indica, significa aquela em que deve ter lugar a entrada na *escola*'." (*Curso de direito penal brasileiro:* parte especial, p. 532).

68. ASSOCIAÇÃO CRIMINOSA

283. (FUNCAB – Delegado de Polícia – RO/2014) De acordo com a atual redação do artigo 288 do Código Penal, o crime de "associação criminosa" estará configurado quando se associarem:

a) 2 (duas) ou mais pessoas, para o fim específico de cometer crimes.

b) 2 (duas) pessoas, para o fim específico de cometer crimes.

c) de 2 (duas) a 3 (três) pessoas para o fim específico de cometer crimes, somente se disso resulte consumação do crime.

d) 3 (três) ou mais pessoas, para o fim específico de cometer crimes.

e) 2 (duas) pessoas, para o fim específico de cometer crimes, ainda que disso não resulte consumação do crime.

COMENTÁRIOS

Alternativa correta: letra "D" (responde, também, as demais alternativas). Está correta a assertiva. Na associação criminosa, pune-se a associação entre três ou mais pessoas para o fim específico de cometer crimes (uma *indeterminada* série de crimes). A Lei nº 12.850/13 modificou o art. 288 do Código Penal em alguns aspectos. Inicialmente, o *nomen iuris* passou de quadrilha ou bando para associação criminosa. Além disso, alterou-se o número mínimo de agentes que devem se associar para caracterizar o crime, isso para diferenciá-lo da organização criminosa, agora definida e tipificada nos artigos 1º e 2º da Lei nº 12.850/13, e que exige o número mínimo de quatro agentes. Houve, também, mudança no parágrafo único, que antes dobrava a pena do crime quando sua prática envolvia agentes armados. Atualmente, a associação criminosa terá a pena aumentada até a metade se os agentes estiverem armados ou se houver a participação de criança ou adolescente.

284. (UEG – Delegado de Polícia – GO/2013) Conceitua-se o crime de quadrilha ou bando como a reunião estável e permanente (que não significa perpétua), para o fim de perpetração de uma indeterminada série de crimes. Nesse sentido:

a) trata-se de crime de concurso necessário de condutas paralelas.

b) é necessário para a configuração do delito que os componentes da associação criminosa se conheçam reciprocamente.

c) necessária se faz a identificação de todos os componentes da quadrilha para o aperfeiçoamento do tipo.

d) a extinção da punibilidade de um dos membros da quadrilha afasta o crime.

COMENTÁRIOS

✪ **Nota do autor:** a questão foi elaborada antes da Lei nº 12.850/13, que modificou a redação do art. 288 do

Código Penal e alterou sua denominação, que passou a ser "associação criminosa".

Alternativa correta: letra "A". Está correta a assertiva. O crime de associação criminosa é plurissubjetivo, pois o concurso de agentes é imprescindível para sua configuração (crime de concurso necessário). As condutas perpetradas, no caso, são paralelas, pois todos pretendem alcançar um fim único.

Alternativa "b": está errada a assertiva. Para a configuração do crime, basta que se demonstre a associação entre ao menos três indivíduos para o fim específico de cometer crimes, sem que se exija conhecimento recíproco entre eles. É possível, por exemplo, que "A" conheça "B" e "C", que, por sua vez, não se conhecem; "A" organiza a associação criminosa para o fim de cometer estelionatos e distribui tarefas aos outros dois, que cometem os crimes cada um à sua maneira e continuam sem se conhecer. Não haverá óbice à caracterização do crime de associação.

Alternativa "c": de igual forma, a identificação de todos os membros não é um pressuposto para a tipificação a associação criminosa.

Alternativa "d": a extinção da punibilidade que beneficie um dos componentes da associação não produz nenhum efeito sobre a caracterização do delito.

---

285. (FGV – Delegado de Polícia – MA/2012) No tocante ao crime de quadrilha, assinale a afirmativa correta.

a) Basta a união de mais de três pessoas para a prática de crime determinado para a configuração do tipo respectivo.

b) O delito se consuma no momento em que se verifica a efetivação da associação, independentemente da prática de qualquer crime por parte dos seus membros.

c) Para a configuração do crime de quadrilha pode ser considerado no número mínimo a presença de inimputável, certo, porém, que todos os agentes devem ser identificados.

d) Não pode ser reconhecida a forma qualificada quando apenas um dos seus membros esteja armado.

e) Segundo a jurisprudência majoritária dos Tribunais Superiores, não é possível o reconhecimento do crime de quadrilha e roubo majorado pelo concurso de agentes.

COMENTÁRIOS

✪ **Nota do autor:** a questão foi elaborada antes da Lei nº 12.850/13, que modificou a redação do art. 288 do Código Penal. Os comentários serão efetuados com base na nova ordenação legal.

Alternativa correta: letra "B". Está correta a assertiva. A consumação do delito se verifica, em relação aos fundadores, no momento em que aperfeiçoada a convergência de vontades entre três ou mais pessoas, e, quanto àqueles que venham posteriormente a integrar-se ao bando já formado, na adesão de cada qual (RTJ 181/680). Considerando que o crime ocorre com a simples associação, não importa que o agente tenha ingressado após sua formação. De igual forma, é irrelevante que não tenha participado diretamente de eventuais crimes cometidos por membros da associação, bastando sua participação, de alguma forma, em sua organização. Em razão justamente dessa autonomia, a punição dos membros integrantes independe de condenação pela prática de algum dos crimes pretendidos pelo grupo.

Alternativa "a": está errada a assertiva. Pune-se a associação entre três ou mais pessoas para o fim específico de cometer uma indeterminada série de crimes. A vinculação, todavia, deve ser sólida, quanto à estrutura, e durável, quanto ao tempo. Não basta, pois, mera reunião ocasional.

Alternativa "c": está errada a assertiva porque, no número de agentes que compõem a associação criminosa, não há nenhuma relevância no fato de parte dos integrantes não terem sido identificados, bastando que se comprove o número de agentes exigido pelo tipo.

Alternativa "d": há, na realidade, divergência acerca da quantidade de membros que devem estar armados para que incida a majorante. Para uns (Hungria e Noronha) basta que um integrante esteja armado para gerar o aumento; para outros (Bento de Faria), exige-se que a maioria dos membros esteja armada; preferimos, contudo, a lição de Fragoso: "o juiz deverá reconhecer que o bando é *armado*, quando, pela quantidade de membros que portem armas ou pela natureza da arma usada, seja maior o perigo e o temor causado pelos malfeitores. Conforme sejam as circunstâncias, pode bastar que apenas um se apresente armado, sem que se exija que o faça de forma visível ou ostensiva." (*Lições de direito penal:* parte especial, vol. 3, pp. 759/760).

Alternativa "e": está errada a assertiva porque tem-se decidido não configurar *bis in idem* a condenação por associação criminosa e roubo majorado pelo concurso de agentes, já que os bens jurídicos tutelados são distintos e os crimes, autônomos (STJ: HC 288929/SP, DJe 30/04/2015).

---

286. (Delegado de Polícia – PB / 2008 – CESPE) Quanto aos crimes contra a paz pública e a fé pública, assinale a opção correta.

a) Com relação ao delito de apologia de crime ou criminoso, previsto no CP, há crime único se o agente, em um mesmo contexto fático, faz apologia de vários crimes ou de vários autores de crimes.

b) No crime de quadrilha, é necessário que ocorra estabilidade da associação e que haja organização estruturada, com hierarquia entre os membros ou com papéis previamente definidos para cada um.

c) No crime de quadrilha, se somente um quadrilheiro for identificado, mas houver prova robusta da existência dos demais associados, o crime se perfaz.

d) Com relação ao crime de moeda falsa, se o falsificador exportar, vender ou introduzir na circulação a moeda, responderá pelos diversos crimes em concurso formal homogêneo.

e) É atípica a conduta do agente que restitui à circulação, mesmo tendo recebido de boa-fé, papel falsificado pela supressão de sinal indicativo de sua inutilização, da qual tomou posterior conhecimento.

COMENTÁRIOS

✪ **Nota do autor:** a questão foi elaborada antes da Lei nº 12.850/13, que modificou a redação do art. 288 do Código Penal. Os comentários serão efetuados com base na nova ordenação legal.

Alternativa correta: letra "C". Está correta a assertiva. Para a caracterização do crime de associação criminosa, não é necessária a identificação de todos os membros do grupo, bastando que se demonstre que três ou mais indivíduos o integram.

Alternativa "a": Fernando Capez sustenta que, caso o agente, no mesmo contexto fático, faça apologia de vários fatos criminosos ou de diversos autores de crime, haverá concurso formal de crimes (*Curso de Direito Penal – Parte Especial*, vol. 3, 2003, p. 254). Há, no entanto, doutrina em sentido contrário, como a de Rogério Greco (*Curso de Direito Penal – Parte Especial*, vol. IV, 2011, p. 207), para quem haverá crime único.

Alternativa "b": está errada porque não se exige, para a caracterização do crime de associação criminosa, organização estruturada, com hierarquia entre os membros ou com papéis previamente definidos para cada um. Basta vinculação sólida quanto à estrutura e durável quanto ao tempo.

Alternativa "d": está errada a assertiva. Se o mesmo agente que falsifica a moeda a exporta, vende ou a introduz em circulação, responderá por crime único, pois o ato posterior será considerado *post factum* impunível. Trata-se, no caso, de tipo misto alternativo, em que a prática, no mesmo contexto fático, de diversos núcleos do tipo não acarreta o concurso de crimes.

Alternativa "e": está errada a assertiva. Se o agente, tendo recebido de boa-fé moeda falsa, a reintroduz em circulação, responderá na forma do art. 289, § 2º, do Código Penal. O § 2º prevê uma espécie privilegiada de colocação da moeda falsa em circulação. É de se ressaltar ser imprescindível que o agente tenha recebido a moeda de boa-fé (havendo má-fé no momento do recebimento, responderá o agente de acordo com o que dispõe o § 1º). Apesar de alguns ensinarem que o privilégio se pratica com dolo subsequente, não nos parece. Esse elemento – *dolo* – deve ser simultâneo à conduta, sob pena de se descaracterizar o crime. O que ocorre é que o dolo só integra a conduta de repassar a moeda que o agente descobriu ser falsa após tê-la recebido.

69. CONSTITUIÇÃO DE MILÍCIA PRIVADA

287. (Cespe – Delegado de Polícia – PE/2016) O CP, em seu art. 14, assevera que o crime estará consumado quando o fato reunir todos os elementos da definição legal. Para tanto, necessária será a realização de um juízo de subsunção do fato à lei. Acerca do amoldamento dos fatos aos tipos penais, assinale a opção correta.

a) A conduta de constituir, organizar, integrar, manter ou custear organização paramilitar, milícia particular, grupo ou esquadrão com a finalidade de praticar qualquer dos crimes previstos no CP configura crime contra a paz pública, sendo considerada como crime vago, uma vez que o sujeito passivo é a coletividade.

b) A doutrina e a jurisprudência são unânimes ao afirmar que configura crime de desacato quando um tenente da polícia militar, no exercício de sua função, ofende verbalmente, em razão da função exercida, um de seus subordinados.

c) Amolda-se no tipo legal de calúnia, previsto nos crimes contra a honra, a conduta de instaurar investigação policial contra alguém, imputando-lhe crime de que se sabe ser inocente.

d) Constituem crime de corrupção ativa, praticado por particular contra a administração geral, as condutas de dar, oferecer ou prometer dinheiro ou qualquer outra vantagem a testemunha, perito, contador, tradutor ou intérprete, para fazer afirmação falsa, negar ou calar a verdade em depoimento, perícia, cálculos, tradução ou interpretação.

e) A fraude processual será atípica, se a inovação artificiosa do estado de coisa, de pessoa ou de lugar, com o fim de induzir a erro o juiz, ocorrer antes de iniciado o processo penal.

COMENTÁRIOS

Alternativa correta: letra "A". Está correta. O art. 288-A do CP pune, com reclusão de quatro a oito anos, as condutas de constituir, organizar, integrar, manter ou custear organização paramilitar, milícia particular, grupo ou esquadrão com a finalidade de praticar qualquer dos crimes previstos no Código Penal. Quanto ao sujeito passivo, o crime é classificado como *vago*, pois quem sofre as consequências da conduta é indeterminado, representado por uma coletividade.

Alternativa "b": está errada a assertiva. Discute-se se o funcionário público pode ser também sujeito ativo do crime de desacato (e, nesse contexto, se pode cometer o crime tendo como alvo da ofensa um seu subordinado), surgindo três posições, bem resumidas por Mirabete, todas acrescidas de referências jurisprudenciais: "O funcionário público também pode ser autor de desacato, desde que despido dessa qualidade ou fora de sua própria função (*RT* 561/354, 565/342; *JTACrSP* 70/130 e 372; *RTJ* 103/1.196). Discute-se, porém, se é possível falar em desacato quando o agente é funcionário público e a ofensa se refere às funções públicas. Numa primeira posição, entende-se que não há desacato na ofensa praticada por funcionário público contra outro funcionário público, já que o delito somente pode ser cometido por *extraneus* em se tratando de crime praticado por particular contra a Administração Pública (*RT* 397, 286, 452/384, 487/289). Em uma segunda orientação, há desacato quando a ofensa é praticada pelo servidor contra seu superior hierárquico, inocorrendo o delito quando os sujeitos ativo e passivo são funcionários públicos em iguais funções e categorias (*RT* 241/413, 409/297, 453/400, 507/328; *JTACrSP* 44/415, 45/345). Na terceira posição, com a qual concordamos, não há que se fazer distinção, ocorrendo o ilícito independentemente da função que exerçam os sujeitos ativo e passivo, ou de subordinação hierárquica (*JTACrSP* 73/235; *RT* 656/334)" (*Manual de direito penal:* parte especial, v. 3, p. 357). Partidário da terceira corrente, ensina Noronha: "Se o ofendido, no delito em apreço, é primacialmente a Administração Pública ou o Estado, o superior, que ofende o inferior, ofende, como qualquer outra pessoa, a administração, não podendo ele sobrepor-se a esta. É óbvio que, tutelando-se a administração, protegem-se seus agentes, não se excluindo os humildes e modestos. Há a considerar ainda o seguinte. Se o delito em estudo pode ser cometido pelo particular, que não é nem superior nem inferior hierárquico do funcionário, não se vê por que, em se tratando de servidores públicos, há de se atentar à relação hierárquica, quando está em jogo *o mesmo bem jurídico e quando o funcionário, ao cometer tal crime, despe-se dessa qualidade, agindo e sendo considerado como particular*" (*Direito penal*, v. 4, p. 328).

Alternativa "c": está errada a assertiva. Caluniar alguém consiste em imputar-lhe falsamente fato definido como crime. Se o agente der causa à instauração de investigação policial contra alguém, imputando-lhe crime de que o sabe inocente, o crime será o de denunciação caluniosa.

Alternativa "d": está errada a assertiva. Dar, oferecer ou prometer dinheiro ou qualquer outra vantagem a testemunha, perito, contador, tradutor ou intérprete, para fazer afirmação falsa, negar ou calar a verdade em depoimento, perícia, cálculos, tradução ou interpretação é crime, mas não de corrupção ativa tipificado no art. 333 do CP; o crime é de corrupção ativa de testemunha, perito, contador, tradutor ou intérprete, tipificado no art. 343 do CP (a rubrica não é prevista em lei; foi introduzida, para fins didáticos, pela doutrina).

Alternativa "e": está errada a assertiva. O crime de fraude processual consiste em inovar artificiosamente, na pendência de processo civil ou administrativo, o estado de lugar, de coisa ou de pessoa, com o fim de induzir a erro o juiz ou o perito (art. 347 do CP). De acordo com o parágrafo único do art. 347, as penas se aplicam em dobro se a inovação se destina a produzir efeito em processo penal, ainda que não iniciado. Logo, esta última circunstância não torna o fato atípico.

---

288. (NUCEPE – Delegado de Polícia – PI/2014) No que se refere aos crimes contra a paz pública, assinale a alternativa INCORRETA

a) O art.288-A do Código Penal brasileiro constitui um tipo penal aberto, posto que o legislador deixara de definir o que se pode entender por "organização paramilitar", "milícia particular", "grupo" e "esquadrão".
b) Para configuração do crime de associação criminosa não se exige a realização do fim visado, mas tão somente o simples fato de figurar como integrante da associação.
c) Como a nova redação do tipo penal previsto no art. 288 do Código Penal brasileiro exige a associação de apenas três pessoas, esta se caracteriza como norma mais severa e, assim, irretroativa neste aspecto.
d) O crime de constituição de milícia privada caracteriza-se como delito plurissubjetivo ou de concurso necessário.
e) O crime de constituição de milícia privada não exige, para sua configuração, um elemento subjetivo especial, podendo a prática recair sobre qualquer crime previsto no ordenamento jurídico brasileiro.

COMENTÁRIOS

Alternativa correta: letra "E". Está incorreta a assertiva. O crime de constituição de milícia privada consiste em constituir, organizar, integrar, manter ou custear organização paramilitar, milícia particular, grupo ou esquadrão com a finalidade de praticar qualquer dos crimes **previstos no Código Penal**. Além disso, o tipo subjetivo é o dolo aliado a um elemento subjetivo especial do injusto, que é a finalidade de cometer crimes, sem a qual o delito não se configura. Nesse ponto, não sem razão, alerta Rogério Greco: "Essa finalidade tem que ser analisada com reservas. Isso porque a forma como está redigido o artigo nos leva a acreditar que qualquer infração penal poderia ser objeto do delito em estudo, quando, na verdade, não podemos chegar a essa conclusão. Assim, por exemplo, não seria razoável imputar a uma organização paramilitar a prática de delito tipificado no art. 288-A quando a finalidade do grupo era a de praticar, reiteradamente, crimes contra a honra. Para essas infrações penais, se praticadas em quadrilha ou bando, já temos o delito previsto no art. 288 do mesmo diploma repressivo. Assim, de acordo com nossa posição, embora a parte final do art. 288-A diga que haverá crime de *constituição de milícia particular* quando o agente constituir, organizar ou integrar, manter ou custear organização paramilitar, milícia particular, grupo ou esquadrão com a finalidade de praticar qualquer dos crimes previstos no Código Penal, temos de limitar esses crimes àqueles que dizem respeito às atividades normalmente praticadas pelas milícias (...) a exemplo do crime de homicídio, lesão corporal, extorsão, sequestros, ameaças etc." (*Curso De Direito Penal*, v. 4, p. 230).

Alternativa "a": está correta a assertiva, pois a lei, de fato, não conceitua "organização paramilitar", "milícia particular", "grupo" e "esquadrão". Vejamos a definição de cada associação criminosa estampada no tipo: *a)* ***organização paramilitar:*** paramilitares são associações civis, armadas e com estrutura semelhante à militar. Possuem as características de uma força militar, têm a estrutura e organização de uma tropa ou exército, sem sê-lo; *b)* ***milícia particular:*** grupo de pessoas, civis ou não, tendo como finalidade devolver a segurança retirada das comunidades mais carentes, restaurando a paz. Para tanto, mediante coação, os agentes ocupam determinado espaço territorial. A proteção oferecida nesse espaço ignora o monopólio estatal de controle social, valendo-se de violência e grave ameaça; *c)* ***grupo ou esquadrão (grupo de extermínio):*** entende-se como tal a reunião de pessoas, matadores, justiceiros que atuam na ausência ou inércia do poder público, tendo como finalidade a matança generalizada, chacina de pessoas supostamente rotuladas como marginais ou perigosas.

Alternativa "b": está correta a assertiva. Na associação criminosa, o tipo subjetivo é o dolo, consistente na vontade consciente de se associarem, três ou mais pessoas, para o fim específico de cometer crimes. O elemento subjetivo especial do injusto é a finalidade de cometer crimes, sem a qual o delito não se configura. Não é necessário, contudo, que os crimes que fundamentaram a associação sejam efetivamente cometidos.

Alternativa "c": está correta a assertiva. Está correta a assertiva. Quando o crime do art. 288 do Código Penal era denominado *quadrilha ou bando*, a lei exigia, para a caracterização, que ao menos quatro agentes se reunissem para o fim de cometer crimes. Atualmente, com a associação criminosa, basta a reunião entre três agentes. Logo, trata-se de *novatio legis in pejus*, que, portanto, não retroage.

Alternativa "d": está correta a assertiva. A constituição de milícia privada é crime coletivo, plurissubjetivo (ou de concurso necessário), de condutas paralelas (umas auxiliando as outras). O texto legal, no entanto, é totalmente silente quanto ao número de integrantes, fomentando a discussão. Duas são as conclusões possíveis: a) a primeira é no sentido de que o número de agentes deve coincidir com o da associação criminosa (anterior quadrilha ou bando), atualmente três ou mais pessoas; b) a segunda (à qual nos filiamos) se alinha ao conceito de organização criminosa, definida e tipificada na Lei nº 12.850/13, que exige o número mínimo de quatro pessoas.

70. MOEDA FALSA

289. (Delegado de Polícia – ES/ 2011 – CESPE – Adaptada) Acerca das disposições constitucionais e legais aplicáveis ao processo penal, julgue o item a seguir.

Em crimes de moeda falsa, a jurisprudência predominante do STF é no sentido de reconhecer como bem penal tutelado não somente o valor correspondente à expressão monetária contida nas cédulas ou moedas falsas, mas a fé pública, a qual pode ser definida como bem intangível, que corresponde, exatamente, à confiança que a população deposita em sua moeda.

COMENTÁRIOS

Certo. O STF firmou o entendimento de que no crime de moeda falsa a objetividade jurídica é também a fé pública aliada à credibilidade no sistema financeiro. O tribunal chegou a esse entendimento após apreciar a possibilidade de aplicação do princípio da insignificância em benefício do autor do delito de moeda falsa. Considera-se materialmente típica a conduta, independentemente do valor da cédula, porque esta circunstância não é a única a ser considerada, já que a contrafação de moedas abala a confiança da população e, em larga medida, especialmente se difusa, pode provocar efeitos negativos no sistema econômico (AgRg no AREsp 1.012.476/SP, DJe 26/04/2017). Baseado no mesmo fundamento, o STJ decidiu que não se aplica o arrependimento posterior no crime de moeda falsa (REsp 1.242.294/PR, DJe 03/02/2015)

71. PETRECHOS PARA FALSIFICAÇÃO DE MOEDA

290. (Delegado de Polícia – AP / 2010 – FGV) Relativamente ao tema dos crimes contra a fé pública, analise as afirmativas a seguir.

I. O crime de atestado médico falso só é punido com detenção se há intuito de lucro.

II. A simples posse de qualquer objeto especialmente destinado à falsificação de moeda constitui crime punido com pena de reclusão.

III. A reprodução ou alteração de selo ou peça filatélica que tenha valor para coleção constitui modalidade criminosa, independentemente dessa reprodução ou a alteração estar visivelmente anotada no verso do selo ou peça.

Assinale:

a) se somente a afirmativa I estiver correta.

b) se somente a afirmativa II estiver correta.

c) se somente a afirmativa III estiver correta.

d) se somente as afirmativas II e III estiverem corretas.

e) se todas as afirmativas estiverem corretas.

COMENTÁRIOS

Alternativa correta: letra "B":

Item I: está errada a assertiva. O ato de dar o médico, no exercício da sua profissão, atestado falso é punido com detenção de um mês a um ano. Se há intuito de lucro, aplica-se também multa.

Item II: está correta a assertiva. A posse de qualquer objeto especialmente destinado à falsificação de moeda constitui o crime de petrechos para falsificação de moeda, punido com reclusão de dois a seis anos e multa.

Item III: está errada a assertiva. O art. 303 do Código Penal pune a conduta de reproduzir ou alterar selo ou peça filatélica que tenha valor para coleção, *salvo* quando a reprodução ou a alteração está visivelmente anotada na face ou no verso do selo ou peça.

72. FALSIFICAÇÃO DE DOCUMENTO PÚBLICO

291. (FUNCAB – Delegado de Polícia – PA/2016) Etevaldo, depois de ingressar na posse de uma carteira de habilitação pertencente a outrem, aproveitando-se de sua semelhança fisionômica para com o titular do documento, adultera o nome ali constante, substituindo-o pelo seu. Considerando que a adulteração não era perceptível *ictu oculi* e que o autor pretendia utilizar o documento para conduzir irregularmente veículo automotor, é correto afirmar que Etevaldo cometeu crime de:

a) falsificação de documento público.

b) uso de documentos de identidade alheia.

c) falsa identidade.

d) uso de documento falso, na norma tentada.

e) falsidade ideológica de documento público.

COMENTÁRIOS

Alternativa correta: letra "A". Está correta a assertiva. Se Etevaldo adulterou os dados impressos em carteira de habilitação, praticou a conduta de alterar documento público verdadeiro, tipificada no art. 297 do CP.

Alternativa "b": está errada a assertiva. O art. 308 do CP pune as condutas de usar, como próprio, passaporte, título de eleitor, caderneta de reservista ou qualquer documento de identidade alheia. Neste caso, não há nenhuma alteração, mas tão somente o uso do documento pertencente a outra pessoa.

Alternativa "c": está errada a assertiva. O crime de falsa identidade consiste apenas em atribuir-se (imputar-se) ou atribuir a terceiro falsa identidade para obter vantagem, em proveito próprio ou alheio, ou para causar dano a outrem. Há o crime quando o agente, por escrito ou verbalmente: a) se faz passar por terceira pessoa, existente ou fictícia; b) faz com que terceiro se passe por outro indivíduo, real ou não. Não se trata de alterar nenhum tipo de documento.

Alternativa "d": tampouco é possível falar em uso de documento falso. Inicialmente porque, se Etevaldo mesmo cometeu a falsificação, não pode responder pelo uso, considerado *post factum* impunível. Além disso, entende-se que o crime de uso de documento falso é unissubsistente, ou seja, a conduta não admite fracionamento, razão por que não pode ocorrer tentativa (que de resto não teria mesmo se verificado, tendo em vista que o enunciado não narra, referente ao uso, nada além da cogitação, fase impunível do iter criminis).

Alternativa "e": não se trata de falsidade ideológica porque este crime consiste em omitir, em documento público ou particular, declaração que dele devia constar, ou nele inserir ou fazer inserir declaração falsa ou diversa da que devia ser escrita, com o fim de prejudicar direito, criar obrigação ou alterar a verdade sobre fato juridicamente relevante. Não se trata, portanto, de alterar um documento materialmente verdadeiro.

73. FALSIFICAÇÃO DE DOCUMENTO PARTICULAR

292. (Fundação Aroeira – Delegado de Polícia – TO/2014) A falsificação de cartão de crédito ou de débito da Caixa Econômica Federal configura o crime de

a) falsificação de papéis públicos.

b) falsificação de documento público.

c) falsificação de documento particular.

d) falsidade ideológica.

COMENTÁRIOS

Alternativa correta: letra "C". Está correta a assertiva. A Lei 12.737/12 acrescentou um parágrafo ao art. 298, anunciando equiparar-se a documento particular o cartão de crédito ou débito. Explica Nucci: "O cartão de crédito ou débito, por si mesmo, não é um documento (base material disposta a estampar informe ou outro dado), mas assim será considerado para fins de falsificação. Enquanto a nota promissória e o cheque são títulos de crédito equiparados a documento público, pois podem circular no comércio, gerando maiores danos a terceiros, o cartão de crédito e débito é equiparado a documento particular, cuja pena é menor. A diferença é consistente, pois o cartão não circula" (*Código Penal Comentado*, p 1137).

Alternativa "a": está errada a assertiva. A falsificação de papeis públicos consiste em falsificar, fabricando-os ou alterando-os: I – selo destinado a controle tributário, papel selado ou qualquer papel de emissão legal destinado à arrecadação de tributo; II – papel de crédito público que não seja moeda de curso legal; III – vale postal; IV – cautela de penhor, caderneta de depósito de caixa econômica ou de outro estabelecimento mantido por entidade de direito público; V – talão, recibo, guia, alvará ou qualquer outro documento relativo a arrecadação de rendas públicas ou a depósito ou caução por que o poder público seja responsável; VI – bilhete, passe ou conhecimento de empresa de transporte administrada pela União, por Estado ou por Município.

Alternativa "b": não há crime de falsificação de documento público, pois, não obstante o cartão tenha sido emitido pela Caixa Econômica Federal (empresa pública), a lei o equipara ao documento particular.

Alternativa "d": não há falsidade ideológica, que consiste em omitir, em documento público ou particular, declaração que dele devia constar, ou nele inserir ou fazer inserir declaração falsa ou diversa da que devia ser escrita, com o fim de prejudicar direito, criar obrigação ou alterar a verdade sobre fato juridicamente relevante. No exemplo citado no enunciado, houve falsificação material.

74. FALSIDADE IDEOLÓGICA

293. (UEL – Delegado de Polícia – PR/2013) Assinale a alternativa que apresenta, corretamente, afirmações quanto ao crime de falsidade ideológica tipificado no Art. 299 do Código Penal.

a) Na conduta de fazer inserir, mesmo que o funcionário público tenha conhecimento da inverdade declarada, este não responde pelo crime.

b) Trata-se de um crime material, estando o crime consumado no momento em que a falsidade produz prejuízo a terceiro.

c) Promover a inscrição de nascimento inexistente aumenta a pena da sexta parte nos moldes do Parágrafo Único do Art. 299 do Código Penal, por se tratar de assento de registro civil.

d) No crime de falsidade ideológica de documento público, as condutas de omitir ou inserir demandam a participação de funcionário público na condição de sujeito ativo.

e) Se o sujeito ativo for funcionário público, a pena é aumentada da sexta parte, mesmo que este não se tenha prevalecido de seu cargo.

COMENTÁRIOS

Alternativa correta: letra "D". Embora a assertiva tenha sido considerada correta, parece-nos inadequado afirmar que a falsidade ideológica, nas modalidades *omitir* e *inserir*, sempre pressupõe a conduta de funcionário público se o documento for público. É possível que o particular figure sozinho como sujeito ativo da falsidade ideológica de documento público, como ocorre, por exemplo, na situação em que o proprietário de automóvel preenche o documento de venda com valor diverso daquele que efetivamente balizou o negócio jurídico com a finalidade de prejudicar direito de credores. Bem assim, o particular pode cometer o crime quando insere, em testamento particular (equiparado a documento público), declaração falsa com a finalidade de prejudicar direito de um herdeiro necessário.

Alternativa "a": está errada a assertiva. Se o funcionário público tem conhecimento da inverdade declarada e, ainda assim, a insere no documento, responde pelo crime.

Alternativa "b": está errada a assertiva. Consuma-se o delito com a prática de uma das figuras típicas previstas no art. 299 do Código Penal. Tratando-se de crime formal, dispensa-se ocorrência de dano efetivo, sendo suficiente que o documento ideologicamente falso tenha potencialidade lesiva (se o falsário usa o documento, o crime previsto no art. 304 do CP fica absorvido).

Alternativa "c": está errada a assertiva porque, neste caso, há crime específico, tipificado no art. 241 do Código Penal: "Promover no registro civil a inscrição de nascimento inexistente". Trata-se de forma especial de praticar falsidade ideológica (art. 299), que, no entanto, fica absorvida pelo crime fim (art. 241).

Alternativa "e": está errada a assertiva. Por disposição expressa do art. 299, parágrafo único, do Código Penal, aumenta-se a pena da falsidade ideológica se o agente é funcionário público, e comete o crime prevalecendo-se do cargo.

---

294. (FUNCAB – Delegado de Polícia – RJ/2012) Entre as hipóteses a seguir consignadas, assinale aquela que corresponde a crime de falsidade ideológica (art. 299 do CP).

a) Rildo, desempregado, tencionando trabalhar como motorista, após obter um espelho de Carteira Nacional de Habilitação não preenchido, embora verdadeiro, nele consigna seus dados pessoais e imprime sua foto, passando-se por pessoa habilitada para conduzir veículo automotor, sem de fato o ser.

b) Aderbal, de forma fraudulenta, consigna, na Carteira de Trabalho e Previdência Social de um empregado de sua empresa, salário inferior ao efetivamente recebido por ele, visando a reduzir seus gastos para com o INSS.

c) Magnólia, com intenção de integrar à sua família o filho de outrem, registra a criança em seu nome, como se sua mãe fosse, valendo-se, para tanto, da desatenção do funcionário do Cartório de Registro Civil das Pessoas Naturais, que deixa de exigir a documentação pertinente ao ato.

d) Tibúrcio, funcionário público do instituto responsável por manter atualizados os registros de antecedentes criminais em determinado Estado-Membro, aproveitando-se de sua atribuição funcional, entra com sua senha no sistema informatizado do órgão e inclui, fraudulentamente, na folha de antecedentes de seu vizinho, crime por ele não praticado, em vingança por conta de uma rixa antiga.

e) A fim de auxiliar uma amiga a contratar financiamento para a aquisição de eletrodomésticos, Alberico, sócio-gerente em uma empresa têxtil, valendo-se de sua posição, assina declaração afirmando que tal pessoa trabalha de forma remunerada naquele estabelecimento empresarial, o que não condiz com a realidade.

COMENTÁRIOS

Alternativa correta: letra "E". Está correta a assertiva. No exemplo citado, Alberico inseriu, em documento particular, declaração falsa com o fim de alterar a verdade sobre fato juridicamente relevante. Tratando-se de crime formal, dispensa-se ocorrência de dano efetivo, sendo suficiente que o documento ideologicamente falso tenha potencialidade lesiva.

Alternativa "a": neste caso, Rildo cometeu o crime de falsificação de documento público. Houve falsificação parcial, pois, valendo-se de formulário verdadeiro, o agente adicionou, nos espaços em branco, novos elementos. Ressaltamos que este exemplo não caracteriza o abuso do papel em branco, tendo em vista que, de qualquer forma, Rildo não teria legitimidade para preencher o documento. A este respeito, leciona Hungria: "Somente haverá falsidade ideológica quando o papel tiver sido *confiado* ao agente, para ulterior preenchimento, *ex vi legis* ou *ex contractu*; se o agente se tivesse *apossado* (à revelia do signatário) do papel que preencheu, o crime a reconhecer seria o de *falsidade material* (art. 297 ou 298, conforme se trate de documento público ou particular). É esta, aliás, a solução sugerida pelo Código Italiano. E outra não pode ser a decisão no caso em que o papel tenha sido voluntariamente entregue pelo signatário, mas para fim outro que não o de preenchê-lo, como, por exemplo, para orientar quanto ao seu nome e endereço, a pessoa que o recebe" (*Comentários ao Código Penal*, v. 9, p. 279).

Alternativa "b": a conduta descrita na assertiva caracteriza forma equiparada à falsificação de documento público. O art. 297, § 3º, inciso II, do Código Penal prevê punição para aquele que insere ou faz inserir, na Carteira de Trabalho ou em documento que deva produzir efeito perante a Previdência Social, declaração falsa ou diversa da que deveria ter sido escrita. Procura-se, aqui, evitar que a seguridade social seja prejudicada por gastos indevidos ou por prejuízos na arrecadação. Isto porque a carteira de trabalho serve como base para se obter o valor das contribuições previdenciárias do empregado.

Alternativa "c": há, no exemplo citado, o crime de registrar como seu o filho de outrem, tipificado no art. 242 do Código Penal. Esta prática é conhecida como "adoção à brasileira", bastante utilizada pelos agentes para burlarem o procedimento legal da adoção.

Alternativa "d": o crime correspondente ao exemplo descrito na assertiva é o de inserir, o funcionário autorizado, dados falsos nos sistemas informatizados ou bancos de dados da Administração Pública para causar dano (art. 313-A do Código Penal).

75. FALSIDADE DE ATESTADO MÉDICO

295. (IBADE – Delegado de Polícia – AC/2017) O crime de falsidade de atestado médico:

a) resta caracterizado quando uma pessoa adultera um atestado verdadeiro, a fim de ampliar seus dias de afastamento do trabalho.

b) exige: em sua forma simples, especial fim de agir

c) além de exigir uma falsidade material, é classificado como crime comum.

d) é uma forma de falsidade ideológica, tipificado de forma autônoma devido à especialidade.

e) está arrolado entre os crimes contra a saúde pública.

COMENTÁRIOS

Alternativa correta: letra "D". Está correta a assertiva. Consiste o crime de falsidade de atestado médico em dar o médico, no exercício regular da profissão, atestado falso, isto é, escrever o médico informações (total ou parcialmente) inverídicas, entregando, em seguida, o documento ideologicamente falso ao interessado. Trata-se, portanto, de uma forma especial de falsidade ideológica.

Alternativa "a": se alguém adultera um atestado verdadeiro, há falsificação material de documento.

Alternativa "b": está errada a assertiva. O elemento subjetivo do crime de falsidade de atestado médico é o dolo, consistente na vontade consciente de praticar uma das condutas típicas elencadas no dispositivo. Não se exige finalidade especial por parte do agente.

Alternativa "c": está errada a assertiva, pois não se trata de falsificação material nem de crime comum, tendo em vista que só o médico pode praticá-lo. Assim, tratando-se de delito próprio, exclui-se do espectro da incriminação o dentista, o veterinário, o enfermeiro, etc., que incorrerão, caso falsifiquem atestados, nas penas previstas no art. 299, aliás, muito mais severas.

Alternativa "e": está errada a assertiva, pois se trata de crime contra a fé-pública.

76. USO DE DOCUMENTO FALSO

296. (Vunesp – Delegado de Polícia – SP/2014) "X", valendo-se de um documento de identidade falsificado, consegue abrir uma conta corrente no Banco do Brasil com a finalidade de lavar dinheiro. O bem jurídico tutelado no crime praticado por "X" é(são)

a) o patrimônio.

b) a administração da justiça.

c) a administração pública.

d) a fé pública.

e) as finanças públicas.

COMENTÁRIOS

Alternativa correta: letra "D" (responde, também, as demais alternativas). "X" será responsabilizado pelo crime de uso de documento falso, em que se pune o ato de *fazer uso* de qualquer dos papéis falsificados ou alterados a que se referem os arts. 297 a 302 do Código Penal como se fossem verdadeiros. Trata-se, pois, de crime contra a fé pública.

77. FRAUDES EM CERTAMES DE INTERESSE PÚBLICO

297. (NUCEPE – Delegado de Polícia – PI/2014) No que se refere aos crimes contra a fé pública, assinale a alternativa INCORRETA.

a) Para caracterização do crime de uso de documento falso, é necessário que o documento falso seja efetivamente utilizado em sua destinação específica.

b) A falsidade é material quando o vício incide sobre o aspecto físico do documento, a sua forma.

c) O crime de moeda falsa não prevê qualquer modalidade culposa.

d) No crime de falsificação de documento público, se o agente é funcionário público e se prevalece do cargo para cometê-lo, sua pena será aumentada em um sexto.

e) A denominada "cola eletrônica" consistente na utilização de conteúdo sigiloso em certames de interesse público não pode ser considerada crime.

COMENTÁRIOS

Alternativa correta: letra "E". Pune-se, no art. 311-A do Código Penal, a conduta de quem *utiliza* (emprega, aplica) ou *divulga* (efeito de tornar público, propagar), *indevidamente* (sem justo motivo), com o fim de beneficiar a si ou a outrem, ou de comprometer a credibilidade do certame, conteúdo sigiloso (abrangendo não apenas as perguntas e respostas, mas também outros dados secretos que, se utilizados indevidamente, geram desigualdade na disputa) de: **I)** concurso público (instrumento de acesso a cargos e empregos públicos); **II)** avaliação ou exame públicos (qualquer espécie de avaliação do conhecimento promovida pela Administração Pública ou entidade conveniada, abrangendo, por exemplo, o exame escrito no processo de habilitação de motorista); **III)** processo seletivo para ingresso no ensino superior (englobando vestibulares e demais formas de avaliação seletiva para ingresso no ensino superior, como, por exemplo, a prova do ENEM); **IV)** exame ou processo seletivo previstos em lei (compreendendo, por exemplo, o exame da OAB, previsto na Lei 8.906/94).

Antes da inserção desse tipo penal, a "cola eletrônica" (utilização de aparelho transmissor e receptor em prova), uma das formas mais corriqueiras de fraudar os certames de interesse público, foi julgada atípica pelos Tribunais Superiores. O Supremo Tribunal Federal, no julgamento do Inquérito nº 1.145, decidiu que a referida fraude não se enquadraria nos tipos penais em vigor, em face do princípio da reserva legal e da proibição de aplicação da *analogia in malam partem.* (Cf. Informativo STF nº 453, de 18 e 19 de dezembro de 2006). No mesmo sentido o Superior Tribunal de Justiça (ROHC nº 4593/PR).

Apesar de muitos acreditarem que a "cola eletrônica", agora, passou a ser crime, pensamos que a tipicidade vai depender da análise do caso concreto. Se o modo de execução envolve terceiro que, tendo acesso privilegiado ao gabarito da prova, revela ao candidato de um concurso público as respostas aos quesitos, pratica, junto com o candidato beneficiário, o crime do art. 311-A (aquele, por divulgar, e este, por utilizar o conteúdo secreto em benefício próprio). Já nos casos em que o candidato, com ponto eletrônico no ouvido, se vale de terceiro expert para lhe revelar as alternativas corretas, permanece fato atípico (apesar de seu grau de reprovação social), pois os sujeitos envolvidos (candidato e terceiro) não trabalharam com conteúdo sigiloso (o gabarito continuou secreto para ambos).

Alternativa "a": está correta a assertiva. De acordo com Noronha (*Direito Penal*, v. 4, p. 174), para a caracterização do crime de uso de documento falso, basta que o escrito saia da esfera de disponibilidade do agente, ainda que empregado em finalidade diversa daquela a que se destinava. Contudo, não sem razão, discorda a maioria, sustentando haver crime somente quando utilizado o documento material ou ideologicamente falso em sua específica destinação probatória.

Alternativa "b": está correta a assertiva. Na falsidade material, pune-se quem falsificar (contrafazer) documento público, ou alterar (modificar) documento público verdadeiro. A *falsificação* pode ser *total*, hipótese em que o documento é inteiramente criado, ou *parcial*, adicionando-se, nos espaços em branco da peça escrita, novos (e relevantes) elementos.

Alternativa "c": está correta a assertiva. Não há modalidade culposa no crime de moeda falsa.

Alternativa "d": está correta a assertiva. O art. 297, § 1º, do Código Penal traz uma causa de aumento de pena se o crime é cometido por funcionário público, desde que se prevaleça do cargo que ocupa.

78. CRIMES CONTRA A ADMINISTRAÇÃO PÚBLICA (TEMAS DIVERSOS)

298. (Delegado de Polícia – AP / 2010 – FGV) Relativamente ao tema dos crimes contra a administração pública, analise as afirmativas a seguir.

I. Considera-se funcionário público, para os efeitos penais, quem, embora transitoriamente exerce cargo, emprego ou função pública, excetuados aqueles que não percebam qualquer tipo de remuneração.

II. Equipara-se a funcionário público quem exerce cargo, emprego ou função em entidade paraestatal, mas não quem trabalha para empresa prestadora de serviço contratada para a execução de atividade típica da Administração Pública.

III. A pena é aumentada da terça parte quando o autor do crime praticado por funcionário público contra a administração em geral for ocupante de cargo em comissão de órgão da administração direta.

Assinale:

a) se somente a afirmativa I estiver correta.
b) se somente a afirmativa II estiver correta.
c) se somente a afirmativa III estiver correta.
d) se somente as afirmativas II e III estiverem corretas.
e) se todas as afirmativas estiverem corretas.

COMENTÁRIOS

Alternativa correta: letra "C":

Item I: está errada a assertiva. Nos termos do art. 327 do Código Penal, considera-se funcionário público, para os efeitos penais, quem, embora transitoriamente ou *sem remuneração*, exerce cargo, emprego ou função pública.

Item II: está errado, pois o art. 327, § 1º, do Código Penal dispõe que se equipara a funcionário público quem exerce cargo, emprego ou função em entidade paraestatal, e *quem trabalha para empresa prestadora de serviço* contratada ou conveniada para a execução de atividade típica da Administração Pública.

Item III: a assertiva está incompleta. O art. 327, § 2º, do Código Penal determina que a pena é aumentada de terça parte quando os autores dos crimes praticados por funcionário público contra a Administração forem ocupantes de cargos em comissão ou de função de direção ou assessoramento de órgão da administração direta, sociedade de economia mista, empresa pública ou fundação instituída pelo poder público.

299. (Delegado de Polícia – PB / 2008 – CESPE) Considerando os crimes contra a administração pública, assinale a opção correta.

a) São incompossíveis os crimes de corrupção ativa praticados pelo particular e de concussão cometido pela autoridade pública.
b) Pratica concussão o funcionário que exige, mediante violência, direta ou indiretamente, para si ou para outrem, em razão da função pública, vantagem indevida.
c) A corrupção é crime de concurso necessário, sendo necessária, para a consumação, a presença do corruptor ativo e do corruptor passivo.
d) Como a qualidade de funcionário público é circunstância pessoal, não se comunica ao particular que eventualmente participe da prática de crime contra a administração pública. Em tais situações, responde o particular por crime diverso.
e) Em denúncia de crime de prevaricação, é suficiente que o Ministério Público (MP) afirme que o acusado agiu para a satisfação de interesse pessoal, pois, durante a instrução, pode-se perquirir no que consistiu o mencionado interesse.

COMENTÁRIOS

Alternativa correta: letra "A". Está correta a assertiva. Não são compatíveis os crimes de concussão e de corrupção ativa. Caracteriza-se a concussão pela exigência, para si ou para outrem, direta ou indiretamente, ainda que fora da função ou antes de assumi-la, mas em razão dela, de vantagem indevida. Uma vez feita a exigência, o ato do particular que a corresponde é atípico, pois não há, no caso, o dolo de corromper.

Alternativa "b": está errada porque, se houver violência para dar suporte à exigência, ainda que seja praticada por funcionário em razão da função, haverá o crime de extorsão, afastando-se a concussão.

Alternativa "c": está errada a assertiva. O crime de corrupção não é de concurso necessário (ou plurissubjetivo, a ser cometido obrigatoriamente por mais de uma pessoa). Bem assim, não é necessária a presença do corruptor ativo e do corruptor passivo, pois, apesar do silêncio da lei, o delito pode ser praticado de forma direta (pelo próprio corruptor) ou indireta (por interposta pessoa).

Alternativa "d": está errada. A qualidade de funcionário público, nos crimes praticados por funcionário contra a Administração, é elementar, razão pela qual se comunica a todos os agentes que tenham conhecimento dessa circunstância.

Alternativa "e": está errada. Conforme já decidiu o STJ (Apn 398/MA), é inepta a denúncia que não descreve satisfatoriamente o objeto do interesse ou do sentimento satisfeito pelos agentes a quem se imputa o crime de prevaricação.

78.1. PECULATO

300. (UEG – Delegado de Polícia – PC – GO/2018) Sobre o crime de peculato, previsto no Código Penal, verifica-se que,

a) na modalidade apropriação, pode se dar em favor de terceira pessoa.

b) como regra, admite a aplicação do princípio da insignificância, segundo a jurisprudência do Superior Tribunal de Justiça.

c) na modalidade desvio, não admite coautoria.

d) na modalidade culposa, a reparação do dano antes de sentença irrecorrível reduz à metade a pena imposta.

e) na modalidade furto, é prescindível que o agente se valha da facilidade que lhe proporciona a qualidade de funcionário.

COMENTÁRIOS

Alternativa "a": está correta a assertiva. No peculato-apropriação, o agente se apodera de dinheiro, valor ou qualquer outro bem móvel que tem sob sua posse legítima, passando, arbitrariamente, a comportar-se como se dono fosse, sendo que, por expressa disposição do art. 312 do CP, a apropriação pode se dar em proveito próprio ou alheio.

Alternativa "b": está errada a assertiva. O STJ se orienta no sentido de que não incide o princípio da insignificância nos crimes contra a Administração Pública (súmula 599).

Alternativa "c": está errada a assertiva. Na hipótese do desvio (ou malversação), o funcionário dá destinação diversa à coisa, em benefício próprio ou de outrem, podendo o proveito ser material ou moral, auferindo vantagem outra que não necessariamente a de natureza econômica. É também pressuposto desta modalidade criminosa que o funcionário tenha a posse lícita do bem e que, depois, o desvie. Nada impede que o fato seja cometido em coautoria.

Alternativa "d": está errada a assertiva. No peculato culposo, a reparação do dano, se precede à sentença irrecorrível, *extingue a punibilidade*. A redução da pena ocorre quando a reparação é posterior à sentença irrecorrível.

Alternativa "e": está errada a assertiva. No peculato-furto, o agente, também servidor público típico ou atípico, não tem a posse, mas, *valendo-se da facilidade* que a condição de funcionário lhe concede, subtrai (ou concorre para que seja subtraída) coisa do ente público ou de particular sob custódia da administração. É pressuposto do crime que o agente se valha, para galgar a subtração, de alguma facilidade proporcionada pelo seu cargo, emprego ou função. Sem esse requisito, haverá apenas furto (art. 155 do CP).

Alternativa correta: letra "a".

301. (Vunesp – Delegado de Polícia – SP/2014) O crime de peculato

a) consiste em solicitar ou receber, para si ou para outrem, direta ou indiretamente, vantagem indevida.

b) é crime contra a administração da justiça.

c) consiste em dar às verbas ou rendas públicas aplicação diversa da estabelecida em lei.

d) embora seja crime próprio, admite a participação de agentes que não sejam funcionários públicos.

e) mediante erro de outrem tem a mesma pena do crime de peculato.

COMENTÁRIOS

Alternativa correta: letra "D". Está correta a assertiva. Apesar de próprio, o peculato admite o concurso de pessoas estranhas aos quadros da administração, *ex vi* do disposto no art. 30 do CP, salientando-se apenas que deve a condição pessoal do autor ingressar na esfera de conhecimento do *extraneus*, caso contrário responderá este por crime outro, como, *v.g.*, apropriação indébita.

Alternativa "a": está errada a assertiva. As condutas de solicitar ou receber, para si ou para outrem, direta ou indiretamente, ainda que fora da função ou antes de assumi-la, mas em razão dela, vantagem indevida, ou aceitar promessa de tal vantagem caracterizam o crime de corrupção passiva (art. 317 do Código Penal).

Alternativa "b": está errada a assertiva porque o peculato é crime contra a administração pública.

Alternativa "c": está errada a assertiva. Dar às verbas ou rendas públicas aplicação diversa da estabelecida em lei caracteriza o crime de emprego irregular de verbas públicas (art. 315 do Código Penal).

Alternativa "e": está errada a assertiva, pois ao peculato é cominada pena de dois a doze anos de reclusão, ao passo que a lei estabelece ao peculato mediante erro de outrem a pena de reclusão de um a quatro anos.

302. (Cespe – Delegado de Polícia – BA/2013 – Adaptada) Em relação aos crimes contra a administração pública e aos delitos praticados em detrimento da ordem econômica e tributária e em licitações e contratos públicos, julgue os itens.

Constitui pressuposto material dos crimes de peculato-apropriação e peculato-desvio, em suas formas dolosas, a anterior posse do dinheiro, do valor ou de qualquer outro bem móvel, público ou particular, em razão do cargo ou função.

COMENTÁRIOS

Certo. No peculato apropriação, o agente se apodera de dinheiro, valor ou qualquer outro bem móvel que tem sob sua posse legítima, passando, arbitrariamente, a se comportar como se fosse o proprietário. Na hipótese do *desvio* (ou malversação), o funcionário dá destinação diversa à coisa, em benefício próprio ou de outrem, podendo o proveito ser material ou moral, auferindo vantagem outra que não necessariamente a de natureza econômica. É também pressuposto desta modalidade criminosa que o funcionário tenha a posse lícita do bem e que, depois, o desvie.

303. (FGV – Delegado de Polícia – MA/2012) Com relação ao crime de peculato, assinale a afirmativa incorreta.

a) É possível que a pessoa que não é funcionário público venha a responder por peculato.
b) O carcereiro que recebe os objetos do preso e deles se apropria, responde por peculato.
c) O funcionário público que deixa o cofre da repartição aberto, do que se aproveita outro funcionário para se apropriar de bens público, responde por peculato culposo, ficando extinta a punibilidade se ocorre a reparação do dano antes da sentença.
d) O funcionário público que ao visitar um colega de outro órgão e se aproveita para subtrair bem público, responde por peculato furto.
e) É possível a tentativa no crime de peculato, salvo na modalidade culposa.

COMENTÁRIOS

Alternativa correta: letra "D". Está errada a assertiva. Para que o agente seja responsabilizado por peculato furto, deve cometer o fato se *valendo da facilidade* que a condição de funcionário lhe concede. Sem esse requisito, haverá apenas furto (art. 155 do CP). No exemplo citado, em que o agente, não obstante seja funcionário público, subtrai bem de órgão ao qual não é vinculado, enquanto visita um amigo, há apenas crime patrimonial.

Alternativa "a": está correta a assertiva. Apesar de próprio, o peculato admite o concurso de pessoas estranhas aos quadros da administração, *ex vi* do disposto no art. 30 do CP, salientando-se apenas que deve a condição pessoal do autor ingressar na esfera de conhecimento do *extraneus*; caso contrário responderá este por crime outro, como, *v.g.*, apropriação indébita.

Alternativa "b": está correta a assertiva. O *caput* do art. 312 do Código Penal estabelece o peculato como a conduta de apropriar-se o funcionário público de dinheiro, valor ou qualquer outro bem móvel, público **ou particular**, de que tem a posse em razão do cargo, ou desviá-lo, em proveito próprio ou alheio. Se o carcereiro recebe, em razão do cargo, objetos pertencentes ao preso, e deles se apropria, há peculato apropriação,

Alternativa "c": está correta a assertiva. Configura-se o peculato culposo quando o funcionário público, através de manifesta negligência, imprudência ou imperícia, infringe o dever de cuidado objetivo, criando condições favoráveis à prática do peculato doloso, em qualquer de suas modalidades (apropriação, desvio, subtração ou concurso para esta), como no exemplo citado. Neste caso, havendo a reparação do dano precedente à sentença irrecorrível, extingue-se a punibilidade; se, no entanto, for posterior, reduz-se de metade a pena imposta.

Alternativa "e": está correta a assertiva. Podendo a execução do peculato ser fracionada em vários atos – *crime plurissubsistente* –, a tentativa mostra-se perfeitamente possível.

304. (Delegado de Polícia – GO/ 2008 – UEG) [A], funcionário público, e [B], pessoa dele conhecida, caixa em um famoso banco privado, resolveram subtrair um notebook e uma impressora da companhia de abastecimento de água na qual [A] exerce suas funções. [B] sabe que [A] assumiu as funções recentemente na empresa pública. [A], em um feriado, valendo-se da facilidade que o seu cargo lhe proporciona, identifica-se na recepção e diz ao porteiro que havia esquecido sua carteira de motorista, e que ali voltara para buscá-la, pois iria viajar para o interior do estado para aproveitar a folga do feriado, tendo, assim, o seu acesso liberado naquele prédio público. Rapidamente, dirige-se para o local onde o computador portátil e a impressora se encontravam guardados e, abrindo uma janela que dava acesso para a rua, o entrega a [B], que ansiosamente aguardava do lado de fora do mencionado prédio. [A] despede-se do porteiro e vai ao encontro de [B], para que, juntos, transportassem os bens subtraídos. Qual o crime praticado por [A] e por [B]?

a) [A] e [B] respondem por peculato-furto.
b) [A] e [B] respondem por furto mediante fraude.
c) [A] e [B] respondem por furto qualificado por abuso de confiança.
d) [A] responde por apropriação indébita e [B], por furto qualificado por abuso de confiança.

COMENTÁRIOS

✪ **Nota do autor:** os delitos funcionais são divididos em duas espécies: *próprios* e *impróprios*. Nos *crimes funcionais próprios (puros ou propriamente ditos)*, faltando a qualidade de funcionário público ao autor, o fato passa a ser tratado como um indiferente penal, não se subsumindo a nenhum outro tipo incriminador – *atipicidade absoluta* – *v.g.*, a prevaricação (artigo 319 do Código Penal). Já nos *impróprios* (*impuros ou impropriamente ditos*) desaparecendo a qualidade de servidor do agente, desaparece também o crime funcional, operando-se, porém, a desclassificação da conduta para outro delito, de natureza diversa – *atipicidade relativa* – *v.g.*, peculato furto (artigo 312, § 1º).

Alternativa correta: letra "A". Respondem ambos pelo crime de peculato, consistente no fato de "A", funcionário público, embora não tendo a posse dos bens, tê-los subtraído, em proveito próprio, das dependências do órgão público, valendo-se de facilidade que lhe proporcionava a qualidade de funcionário. "B" responderá como coautor, pois, a despeito de não ser funcionário público, concorreu para o fato sabendo que "A" era agente público e que se valia dessa qualidade para cometer o crime.

Alternativa "b" (responde, também, a alternativa "c") não há crime de furto em virtude da qualidade de funcionário público de "A" e do fato de ter ele se valido da facilidade que o cargo lhe proporcionava para cometer o delito.

Alternativa "d": afasta-se também o crime de apropriação indébita, não só em razão da já mencionada qualidade de funcionário público de um dos autores, como também porque "A" não exercia posse ou detenção sobre a coisa.

---

305. (Delegado de Polícia – SC / 2008 – ACADEPOL) O objeto material do crime de peculato apropriação pode ser:

a) dinheiro, valor ou qualquer outro bem móvel, de natureza pública ou privada, de que tem o funcionário público a posse em razão do cargo.
b) dinheiro, valor ou qualquer outro bem imóvel ou móvel, de natureza pública ou privada, de que tem o funcionário público a posse em razão do cargo.
c) dinheiro, valor ou qualquer outro bem móvel, sempre de natureza pública, de que tem o funcionário público a posse em razão do cargo.
d) dinheiro, valor ou qualquer outro bem imóvel ou móvel, sempre de natureza pública, de que tem o funcionário público a posse em razão do cargo.

COMENTÁRIOS

Alternativa correta: letra "A" (os comentários respondem, também, as demais alternativas). No peculato apropriação, o agente se apodera de dinheiro, valor ou qualquer outro bem móvel que tem sob sua posse legítima, passando, arbitrariamente, a comportar-se como se dono fosse (*uti dominus*). Na verdade, corresponde a um tipo especial de apropriação indébita, qualificada pelo fato de ser o agente funcionário público, no exercício da sua função, prejudicando não só a moral, mas o patrimônio da administração.

---

306. (Delegado de Polícia – TO 2008 – CESPE – Adaptada) No que tange à parte especial do Código Penal, julgue o item a seguir.

Considere a seguinte situação hipotética.

– Márcio, funcionário público, concorreu culposamente para o crime de peculato praticado por outrem. Processado criminalmente, foi condenado a cumprir pena de seis meses de detenção. Todavia, após a sentença condenatória de primeiro grau, no curso da apelação, reparou o dano causado. Nessa situação, não se opera a extinção da punibilidade, pois a reparação do dano por Márcio ocorreu após a sentença condenatória.

COMENTÁRIOS

Errado. Está errado porque, nos termos do art. 312, § 3º, do Código Penal, para que extinga a punibilidade, a reparação do dano no peculato culposo deve ocorrer *antes da sentença irrecorrível*. Se Márcio reparou o dano no curso da apelação, incide a causa extintiva da punibilidade.

---

307. (Delegado de Polícia – BA/ 2008 – ACADEPOL) O crime de peculato é praticado quando o

a) funcionário público exige, para si ou para outrem, direta ou indiretamente, ainda em que fora da função, vantagem indevida.
b) funcionário público se apropria de dinheiro, valor ou qualquer outro bem móvel, público ou particular, de que tem a posse em razão do cargo, ou desviá-lo, em proveito próprio.
c) funcionário público se apropria de dinheiro ou de qualquer outro bem móvel do particular de que tinha a posse, sem razão do cargo.
d) indivíduo oferece ou promete vantagem indevida a funcionário público, para determiná-lo a praticar, omitir ou retardar ato de ofício.
e) funcionário público dá às verbas ou rendas públicas aplicação diversa da estabelecida em lei.

COMENTÁRIOS

Alternativa correta: letra "B". Está correta a assertiva. Haverá crime de peculato se o funcionário público se apropria (peculato apropriação) de dinheiro, valor ou qualquer outro bem móvel, público ou particular, de que tem a posse em razão do cargo, ou o desvia (peculato desvio), em proveito próprio ou alheio.

Alternativa "a": está errada porque se o funcionário público exige, para si ou para outrem, direta ou indiretamente, ainda em que fora da função, vantagem indevida, o crime será o de concussão (art. 316 do Código Penal).

Alternativa "c": está errada porque se o funcionário tem a posse do bem, mas não em razão do cargo, o crime será o de apropriação indébita (art. 168 do Código Penal).

Alternativa "d": está errada porque se o indivíduo oferece ou promete vantagem indevida a funcionário público, para determiná-lo a praticar, omitir ou retardar ato de ofício, o crime será de corrupção ativa (art. 333 do Código Penal).

Alternativa "e": está errada porque se o funcionário público dá às verbas ou rendas públicas aplicação diversa da estabelecida em lei, haverá o crime de emprego irregular de verbas ou rendas públicas (art. 315 do Código Penal).

308. (Delegado de Polícia – BA/2008 – ACADEPOL) Um funcionário público concorre culposamente para a apropriação de dinheiro proveniente dos cofres públicos, mas o restitui antes da sentença penal irrecorrível.

Diante de tal fato, esse funcionário terá

a) extinta a punibilidade.
b) praticado crime de corrupção, sem diminuição de pena.
c) reduzida a pena de um a dois terços.
d) reduzida a pena de metade.
e) mantida a pena prevista para atos dessa natureza.

COMENTÁRIOS

Alternativa correta: letra "A" (os comentários respondem, também, as demais alternativas). Trata-se do crime de peculato culposo. Previsto no § 2º do art. 312 do Código Penal, ocorre quando o funcionário, através de manifesta negligência, imprudência ou imperícia, infringe o dever de cuidado objetivo, criando condições favoráveis à prática do peculato doloso, em qualquer de suas modalidades (apropriação, desvio, subtração ou concurso para esta).

Conforme dispõe o § 3º do mesmo dispositivo, a reparação do dano, se precede à sentença irrecorrível, extingue a punibilidade; se lhe é posterior, reduz de metade a pena imposta.

78.2. PECULATO MEDIANTE ERRO DE OUTREM

309. (Delegado de Polícia – MG/ 2008 – ACADEPOL – PC/MG) Com relação aos crimes contra a administração Pública, assinale a afirmativa INCORRETA.

a) Configura a concussão a exigência feita por funcionário público para si, de vantagem indevida, não importando que esteja ele afastado da função pública que exerça, desde que dela se valha.
b) Funcionário público que, mantendo vítima em erro, apropria-se de quantia de dinheiro que lhe foi entregue no exercício de sua função, comete o crime de peculato mediante erro de outrem, inserido no art. 313 do Código Penal.
c) No crime de peculato culposo, a reparação do dano precedente à sentença irrecorrível é causa de extinção da punibilidade.
d) Para a configuração do crime de corrupção passiva, não é imprescindível a concomitante ocorrência do delito de corrupção ativa, não sendo o crime necessariamente bilateral.

COMENTÁRIOS

✪ **Nota do autor:** o peculato mediante erro de outrem se assemelha à figura da apropriação de coisa havida por erro, aqui qualificada pela condição funcional do sujeito ativo.

Alternativa correta: letra "B". O peculato mediante erro de outrem consiste no fato de o agente inverter, no exercício do seu cargo, a posse de valores recebidos por erro de terceiro. O bem apoderado, ao contrário do que ocorre no peculato apropriação, não está *naturalmente* na posse do agente, derivando de erro alheio. A assertiva está errada porque o erro do ofendido deve ser espontâneo, pois, se provocado pelo funcionário, poderá configurar o crime de estelionato (art. 171 do CP).

Alternativa "a": está correta a assertiva. No crime de concussão a conduta típica consiste em *exigir* o agente, por si ou por interposta pessoa, explícita ou implicitamente, vantagem indevida, abusando da sua autoridade pública como meio de coação (*metus publicae potestatis*), ainda que fora da função ou antes de assumi-la, mas em razão dela. Trata-se de uma forma especial de extorsão, executada por funcionário público.

Alternativa "c": está correta a assertiva, conforme dispõe o art. 312, § 3º, do Código Penal: "No caso do parágrafo anterior [peculato culposo], a reparação do dano, se precede à sentença irrecorrível, extingue a punibilidade; se lhe é posterior, reduz de metade a pena imposta.". Tal benefício, limitado à modalidade culposa, não exclui as sanções de ordem administrativa.

Alternativa "d": está correta. A caracterização da corrupção passiva dispensa a simultânea ocorrência da corrupção ativa, pois uma das ações nucleares típicas estabelecidas no art. 317 do Código Penal é a de *solicitar*, sendo que o crime se consuma no exato momento da solicitação, ainda que a obtenção da vantagem não se concretize.

78.3. CONCUSSÃO

310. (Delegado de Polícia – MT/ 2010 – UNEMAT) Considere a descrição típica contida no artigo 316, "caput", do Código Penal: "Exigir, para si ou para outrem, direta ou indiretamente, ainda que fora da função ou antes de assumi-la, mas em razão dela, vantagem indevida".

Sobre o exposto, assinale a alternativa **incorreta.**

a) No crime de concussão, o Estado é o sujeito passivo principal e o particular é o sujeito passivo secundário.
b) Reputa-se consumado o crime de concussão com a mera exigência da vantagem indevida, independentemente da sua obtenção.

c) Policial militar, que exige para si vantagem ilícita em razão da função, não comete o crime de concussão, e sim um tipo próprio previsto no Código Penal Militar.

d) O elemento normativo "vantagem ilícita" contido no tipo refere-se a qualquer tipo de proveito proibido, ainda que não econômico e patrimonial.

e) A pessoa que, simulando ser funcionário público, exige a vantagem ilícita para si, em razão da suposta função, comete crime de concussão.

COMENTÁRIOS

Alternativa correta: letra "E". Está errada porque o agente visado pela lei é o funcionário público no sentido amplo do direito penal (art. 327 do CP), incluindo também aquele que, apenas nomeado, embora ainda não esteja no exercício da sua função, atue criminosamente em razão dela. Aquele que somente simula a condição de funcionário para exigir a vantagem não comete concussão, mas extorsão.

Alternativa "a": está correta a assertiva. Sujeito passivo primário da concussão é a Administração Pública, concomitantemente com a pessoa constrangida, sujeito passivo secundário.

Alternativa "b": está correta. Consistindo a conduta criminosa em *exigir*, fica claro, desde logo, tratar-se de delito formal (ou de consumação antecipada), perfazendo-se com a mera coação, independente da obtenção da repugnante vantagem. Aliás, o seu recebimento espelha simples exaurimento (interferindo na pena) e não elemento constitutivo do crime. Nesse sentido, decidiu o STJ: "No crime de concussão, a situação de flagrante delito configura-se pela exigência – e não pela entrega – da vantagem indevida. Isso porque a concussão é crime formal, que se consuma com a exigência da vantagem indevida. Assim, a eventual entrega do exigido se consubstancia mero exaurimento do crime previamente consumado" (HC 266.460/ES, DJe 17/06/2015).

Alternativa "c": está correta a assertiva, pois o art. 305 do Código Penal Militar pune a conduta de exigir, para si ou para outrem, direta ou indiretamente, ainda que fora da função ou antes de assumi-la, mas em razão dela, vantagem indevida.

Alternativa "d": está correta a assertiva. Ao se referir a *vantagem indevida*, entende-se que a lei buscou incriminar qualquer tipo de proveito proibido, ainda que não econômico e patrimonial, como, *v.g.*, a sentimental, sexual etc. Respeitáveis opiniões, porém, lecionam que o conteúdo da vantagem indevida deve ser, necessariamente, de natureza econômica. Nesse sentido, Rui Stoco (*Código Penal e sua interpretação:* doutrina e jurisprudência. 8. ed. São Paulo: RT, 2007, p. 3.854).

---

311. (Delegado de Polícia – SC / 2008 – ACADEPOL) Considere a descrição típica contida no artigo 316, "caput", do Código Penal: "Exigir, para si ou para outrem, direta ou indiretamente, ainda que fora da função ou antes de assumi-la, mas em razão dela, vantagem indevida."

Sobre o exposto, **todas** as alternativas estão corretas, **exceto** a:

a) É pacífico na doutrina que o objeto material do crime de concussão é a vantagem (presente ou futura), não necessariamente de caráter patrimonial.

b) No crime de concussão o Estado é o sujeito passivo principal e o particular é o sujeito passivo secundário.

c) Reputa-se consumado o crime de concussão com a mera exigência da vantagem indevida, independentemente da sua obtenção.

d) No delito de concussão o particular é constrangido a entregar a vantagem indevida, diferente do que ocorre no delito de corrupção ativa, no qual se pressupõe que o particular livremente ofereça ou prometa a vantagem.

COMENTÁRIOS

✪ **Nota do autor:** consiste a concussão em *exigir* o agente, por si ou por interposta pessoa, explícita ou implicitamente, vantagem indevida, abusando da sua autoridade pública como meio de coação (*metus publicae potestatis*). Trata-se de uma forma especial de extorsão, executada por funcionário público.

Alternativa correta: letra "A". Está errada a assertiva. Ao se referir a *vantagem indevida*, entendemos que a lei buscou incriminar qualquer tipo de proveito proibido, ainda que não econômico e patrimonial, como, *v.g.*, a sentimental, sexual etc. Respeitáveis opiniões, porém, lecionam que o conteúdo da vantagem indevida deve ser, necessariamente, de natureza econômica. Nesse sentido, Rui Stoco (*Código Penal e sua interpretação:* doutrina e jurisprudência. 8. ed. São Paulo: RT, 2007, p. 3854).

Alternativa "b": está correta a assertiva. Considerando que o crime de concussão está entre aqueles cometidos contra a Administração Pública, o Estado é o sujeito passivo primário, ao passo que o particular figura como sujeito passivo mediato.

Alternativa "c": está correta. Consistindo a conduta criminosa em *exigir*, fica claro se tratar de delito formal (ou de consumação antecipada), perfazendo-se com a mera coação, independente da obtenção da repugnante vantagem. Aliás, o seu recebimento espelha simples exaurimento (interferindo na pena) e não elemento constitutivo do crime. Nesse sentido, decidiu o STJ: "No crime de concussão, a situação de flagrante delito configura-se pela exigência – e não pela entrega – da vantagem indevida. Isso porque a concussão é crime formal, que se consuma com a exigência da vantagem indevida. Assim, a eventual entrega do exigido se consubstancia mero exaurimento do crime previamente consumado" (HC 266.460/ES, DJe 17/06/2015).

Alternativa "d": está correta a assertiva. Na exigência feita pelo *intraneus* há sempre algum tipo de constrição, influência intimidativa sobre o particular ofendido, havendo necessariamente algo de coercitivo. O agente impõe, ordena, de forma intimidativa ou coativa, a vantagem que almeja e a que não faz jus. Não se confunde exigência com solicitação, porque, no caso de mero pedido, o crime será outro: corrupção passiva, previsto no art. 317 do CP.

78.4. VIOLAÇÃO DE SIGILO FUNCIONAL

312. (UEG – Delegado de Polícia – GO/2013) O Código Penal descreve, no art. 325, o crime de violação de sigilo funcional (revelar fato de que tem ciência em razão do cargo e que deva permanecer em segredo, ou facilitar-lhe a revelação: Pena – detenção, de seis meses a dois anos, ou multa, se o fato não constitui crime mais grave). Sobre referido tipo penal, verifica-se:

a) cuida-se de crime comum, na medida em que o particular a quem o segredo é transmitido, mesmo que não tenha concorrido para o crime, também responderá pelo delito.

b) o segredo revelado pode dizer respeito tanto ao de interesse público quanto ao de interesse privado, para atrair o tipo penal.

c) se ao tempo da ação o agente já não era mais servidor público, não incidirá na norma proibitiva, exceto se estiver aposentado ou em disponibilidade.

d) pratica o delito o servidor público que revela ou facilita a revelação do fato sigiloso, mesmo tendo ciência do fato fora de sua atribuição ou competência.

COMENTÁRIOS

Alternativa correta: letra "C". Pratica este delito o funcionário público, na acepção ampla da palavra (art. 327 do CP). É ensinamento predominante na doutrina que, mesmo o funcionário aposentado ou afastado da sua função pode cometer o crime, pois não se desvincula totalmente dos deveres para com a Administração Pública. *De lege ferenda*, somos inteiramente favoráveis à inclusão do funcionário aposentado no rol do sujeito ativo do crime de violação de sigilo funcional. Contudo, não havendo equiparação expressa nesse sentido, tal entendimento cuida-se, na verdade, de analogia *in malam partem*, ferindo o princípio da legalidade.

Alternativa "a": o crime é próprio, pois somente pode ser cometido pelo funcionário público.

Alternativa "b": está errada a assertiva. O crime do art. 325 do Código Penal é cometido por funcionário público contra a Administração em geral. Logo, o segredo de que teve conhecimento o agente deve versar sobre interesse da Administração, em que a manutenção é essencial para o regular andamento das atividades administrativas.

Alternativa "d": alerta a doutrina que deve o funcionário público saber do segredo em razão do seu cargo ou função que exerce, isto é, deve estar entre as suas atribuições o conhecimento do fato secreto. Caso contrário, poderá haver outro crime (art. 154 do CP).

78.5. CORRUPÇÃO PASSIVA

313. (IBADE – Delegado de Polícia – AC/2017) Setembrino, oficial de Justiça, recebe ligação de um amigo, o qual solicita a protelação do cumprimento de certa decisão judicial. A fim de atender ao pedido do amigo, o funcionário público retarda o ato de ofício. Nesse contexto, é correto dizer que Setembrino cometeu:

a) Mero ato de improbidade administrativa.

b) desobediência.

c) corrupção passiva majorada.

d) corrupção passiva privilegiada.

e) prevaricação.

COMENTÁRIOS

Alternativa correta: letra "D" (responde, também, a alternativa "a"). Na figura privilegiada da corrupção passiva, o agente, sem visar a satisfazer interesse próprio (auri sacra fames), cede a pedido, pressão ou influência de outrem (art. 317, § 2º, do CP). "É o caso dos famigerados 'favores' administrativos, comuns na reciprocidade do tráfico de influências. Também, corriqueiros na corrupção paroquial das administrações locais" (Fazzio Júnior, Waldo. Corrupção no poder público, p. 190).

Alternativa "b": o agente não desobedeceu a ordem legal de funcionário público, mas apenas retardou o ato que deveria cumprir por dever de ofício.

Alternativa "c": não se trata de corrupção passiva majorada, na qual, em consequência de vantagem ou promessa, o funcionário retarda ou deixa de praticar qualquer ato de ofício ou o pratica infringindo dever funcional. O enunciado não menciona o oferecimento ou o recebimento de vantagem.

Alternativa "e": também não se trata de prevaricação porque, conforme narra o enunciado, Setembrino não retardou indevidamente ato de ofício para satisfazer a interesse ou sentimento pessoal. Apenas atendeu ao pedido do amigo.

314. (Vunesp – Delegado de Polícia – CE/2015) Marcelo é aprovado em concurso público para o cargo de Delegado de Polícia. Sabe que seu vizinho tem expedido em seu desfavor mandado de prisão. Mesmo antes de assumir o cargo, Marcelo procura seu vizinho, que é proprietário de automóvel de luxo, e solicita-lhe comprar o veículo por 1/3 do preço de mercado, insinuando de modo implícito que caso a proposta não seja aceita efetuará sua prisão tão logo assuma o cargo público. O vizinho não cede e Marcelo, mesmo após assumir o cargo, não toma qualquer atitude em desfavor de seu vizinho. Marcelo praticou

a) corrupção passiva.

b) estelionato, na modalidade tentada.

c) meros atos preparatórios.

d) corrupção passiva, na modalidade tentada.

e) concussão.

COMENTÁRIOS

Alternativa correta: letra "A" (responde, também, a alternativa "d"). Está correta a assertiva. Caracteriza-se o crime de corrupção passiva por solicitar ou receber, para si ou para outrem, direta ou indiretamente, ainda que fora da função ou **antes de assumi-la, mas em razão dela**, vantagem indevida, ou aceitar promessa de tal vantagem.

No exemplo, em que Marcelo fez a solicitação antes de assumir o cargo de delegado, mas em razão dele, perfaz-se o crime. Trata-se, aliás, de crime consumado, pois a modalidade *solicitar* é formal, independente da efetiva obtenção da vantagem.

Alternativa "b": não se trata de estelionato, crime patrimonial consistente em obter, para si ou para outrem, vantagem ilícita, em prejuízo alheio, induzindo ou mantendo alguém em erro, mediante artifício, ardil, ou qualquer outro meio fraudulento. Poderia haver estelionato se Marcelo, sem ostentar nenhum vínculo com o serviço público, se apresentasse a seu vizinho como delegado de polícia e lhe solicitasse a vantagem para deixar de prendê-lo.

Alternativa "c": não é possível falar em atos preparatórios porque Marcelo praticou o núcleo do tipo da corrupção passiva. Caso a lei não admitisse que o agente cometesse o delito antes mesmo de assumir a função pública, o fato seria atípico ou poderia, como destacamos na assertiva anterior, configurar o estelionato.

Alternativa "e": não se trata de concussão porque Marcelo não exigiu a vantagem, mas a solicitou. Na exigência feita pelo *intraneus* há sempre algum tipo de constrição, influência intimidativa sobre o particular ofendido, havendo necessariamente algo de coercitivo. O agente impõe, ordena, de forma intimidativa ou coativa, a vantagem que almeja e a que não faz jus. Não é o caso do exemplo do enunciado.

---

315. (Fundação Aroeira – Delegado de Polícia – TO/2014) K. S., funcionário público, solicita, para si, indiretamente, uma determinada quantia em dinheiro de M. F, para não multá-lo. Sabendo-se que M. F. não pagou a propina para K. S., este deve responder por crime de

a) corrupção passiva, na forma consumada.
b) prevaricação, na forma tentada.
c) corrupção ativa, na forma tentada.
d) concussão, na forma consumada.

COMENTÁRIOS

Alternativa correta: letra "A". Está correta a assertiva. Nas modalidades *solicitar* e *aceitar promessa de vantagem*, o crime de corrupção passiva é de natureza formal, consumando-se ainda que a gratificação não se concretize.

Alternativa "b": não há prevaricação, que ocorre quando o agente público retarda ou deixa de praticar, indevidamente, ato de ofício, ou o pratica contra disposição expressa de lei, para satisfazer interesse ou sentimento pessoal. Não é o caso do exemplo citado no enunciado.

Alternativa "c": está errada a assertiva. O crime de corrupção ativa é cometido pelo particular contra a Administração em geral e consiste em oferecer ou prometer vantagem indevida a funcionário público, para determiná-lo a praticar, omitir ou retardar ato de ofício.

Alternativa "d": está errada a assertiva porque na concussão o agente público não solicita, mas exige, para si ou para outrem, direta ou indiretamente, ainda que fora da função ou antes de assumi-la, mas em razão dela, vantagem indevida.

---

316. (Delegado de Polícia – MG/ 2011 – ACADEPOL) Com relação aos crimes abaixo destacados, é CORRETO afirmar que:

a) é possível a participação de particular no delito de corrupção passiva, já que as circunstâncias de caráter pessoal elementares ao crime se comunicam.
b) o homicídio praticado com dolo eventual afasta a incidência das circunstâncias qualificadoras, uma vez que o agente não quer diretamente o resultado, apenas assume o risco de produzi-lo.
c) para a configuração do crime de maus tratos, é necessário submeter a vítima a intenso sofrimento físico ou psíquico, expondo-a a perigo de vida ou de saúde.
d) caracteriza-se o crime de injúria, ainda que as imputações ofensivas à honra subjetiva da vítima sejam verdadeiras, cabendo exceção da verdade somente se o ofendido for funcionário público e a ofensa relativa ao exercício de suas funções.

COMENTÁRIOS

Alternativa correta: letra "A". Está correta a assertiva. Nos termos do art. 30 do Código Penal, não se comunicam as circunstâncias e as condições de caráter pessoal, *salvo quando elementares do crime*. Se o particular induzir, instigar ou mesmo auxiliar o funcionário a solicitar ou receber, para si ou para outrem, direta ou indiretamente, ainda que fora da função ou antes de assumi-la, mas em razão dela, vantagem indevida, ou mesmo o induzi-lo, instiga-lo ou auxiliá-lo a aceitar promessa de tal vantagem, responderá também pela corrupção passiva.

Alternativa "b": a princípio, não há incompatibilidade entre dolo eventual e circunstâncias qualificadoras do homicídio. O STF, contudo, já decidiu que o dolo eventual não se compatibiliza com a qualificadora relativa à traição, emboscada, dissimulação ou outro recurso que dificulte ou torne impossível a defesa do ofendido.

Alternativa "c": está errada a assertiva. A expressão *intenso sofrimento físico ou psíquico* não é atrelada ao crime de maus tratos, mas ao de tortura, no art. 1º, inciso II, da Lei nº 9.455/97. O crime de maus tratos consiste em expor a perigo a vida ou a saúde de pessoa sob sua autoridade, guarda ou vigilância, para fim de educação, ensino, tratamento ou custódia, quer privando-a de alimentação ou cuidados indispensáveis, quer sujeitando-a a trabalho excessivo ou inadequado, quer abusando de meios de correção ou disciplina.

Alternativa "d": está errada a assertiva porque na injúria, como não há imputação de fato, mas a opinião que o agente emite sobre o ofendido, a exceção da verdade nunca é permitida.

317. (Delegado de Polícia – RO/ 2009 – FUNCAB) A conduta de solicitar ou receber, para si ou para outrem, direta ou indiretamente, ainda que fora da função ou antes de assumi-la, mas em razão dela, vantagem indevida, configura o crime de:

a) corrupção passiva.

b) prevaricação.

c) peculato.

d) concussão.

e) corrupção ativa.

COMENTÁRIOS

✪ **Nota do autor:** alertamos que a existência da corrupção ativa independe da passiva, isto é, a bilateralidade não é requisito indispensável (*RT* 736/627), podendo o crime se apresentar de maneira unilateral (só a ativa ou só a passiva).

Alternativa correta: letra "A" (responde, também, a alternativa "d"). Consiste o crime de corrupção passiva na solicitação ou recebimento, para si ou para outrem, direta ou indiretamente, ainda que fora da função ou antes de assumi-la, mas em razão dela, vantagem indevida, ou aceitar promessa de tal vantagem. Na primeira hipótese, a corrupção parte do *intraneus*; é o próprio funcionário público quem toma a iniciativa da mercancia, requerendo que a vantagem lhe seja concedida ou a promessa lhe seja feita. Aqui reside a diferença marcante entre os crimes dos arts. 316, *caput*, e 317 do CP. A ação do funcionário, no caso da concussão, representa uma exigência, seguida ou não do recebimento, e, no caso da corrupção passiva, representa uma solicitação (pedido), de igual modo seguida ou não do recebimento. Já na segunda hipótese, supõe-se uma dação voluntária. A iniciativa é do corruptor, podendo este transferir a vantagem até de modo simbólico. Receber e dar são ideias correlatas: a primeira depende da segunda. A última hipótese refere-se à aceitação de promessa de uma vantagem indevida. A palavra "promessa" deve ser entendida na sua acepção vulgar (consentir, anuir). Também nesta hipótese há corrupção por parte do corruptor (particular que faz a promessa).

Alternativa "b": está errada a assertiva. O crime de prevaricação se caracteriza por retardar ou deixar de praticar, indevidamente, ato de ofício, ou praticá-lo contra disposição expressa de lei, para satisfazer interesse ou sentimento pessoal. Trata-se de uma espécie de "autocorrupção", no sentido de que o funcionário se deixa levar por alguma vantagem indevida que pretende obter para si, violando, por isso, seus próprios deveres funcionais.

Alternativa "c": está errada porque o peculato consiste em apropriar-se o funcionário público de dinheiro, valor ou qualquer outro bem móvel, público ou particular, de que tem a posse em razão do cargo, ou desviá-lo, em proveito próprio ou alheio.

Alternativa "e": está errada, pois a corrupção ativa consiste em oferecer ou prometer vantagem indevida a funcionário público, para determiná-lo a praticar, omitir ou retardar ato de ofício.

78.6. PREVARICAÇÃO

318. (FUNCAB – Delegado de Polícia – ES/2013) Josefina, chefe de uma seção da Secretaria de Estado de Saúde, tomou conhecimento de que um funcionário de sua repartição havia subtraído uma impressora do órgão público. Por compaixão, em face de serem muito amigos, Josefina não leva o fato ao conhecimento dos seus superiores, para que as medidas cabíveis quanto à responsabilização do servidor fossem adotadas. Portanto, Josefina:

a) não obrou para crime algum, haja vista não ter competência para responsabilizar o seu subordinado.

b) obrou para crime de condescendência criminosa, haja vista ter competência para responsabilizar o seu subordinado.

c) obrou para crime de condescendência criminosa, haja vista não ter competência para responsabilizar o seu subordinado, mas o dever de levar o fato ao conhecimento da autoridade competente.

d) obrou para crime de corrupção passiva, haja vista a compaixão ser uma vantagem indevida.

e) obrou para crime de prevaricação.

COMENTÁRIOS

Alternativa correta: letra "E" (responde, também, as alternativas "a", "b" e "c"). O candidato, na leitura da questão, pode ter ficado entre duas respostas: prevaricação e condescendência criminosa. Apesar de os dois comportamentos se aproximarem, a diferença se estabelece, principalmente, pelo móvel do crime. No primeiro (prevaricação), o agente busca satisfazer interesse ou sentimento pessoal. Já na condescendência criminosa, o agente tolera, admite um comportamento que demandaria sua eficiente intervenção. O problema anuncia que a servidora agiu movida por compaixão, configurando, portanto, prevaricação, delito previsto no art. 319 do CP.

Alternativa "d": não há crime de corrupção passiva, que consiste em solicitar ou receber, para si ou para outrem, direta ou indiretamente, ainda que fora da função ou antes de assumi-la, mas em razão dela, vantagem indevida, ou aceitar promessa de tal vantagem.

319. (Delegado de Polícia – BA/ 2008 – ACADEPOL) Em relação ao crime de prevaricação, pode-se afirmar:

a) Não há, para configuração do delito, a necessidade de satisfazer interesse ou sentimento pessoal.

b) Exige a lei, para configuração do delito, o dolo específico em satisfazer interesse ou sentimento pessoal.

c) Basta que o funcionário público retarde ou deixe de praticar indevidamente ato de ofício, ou praticá-lo contra disposição expressa de lei.

d) Basta que o funcionário público satisfaça interesse alheio.

e) Basta que o funcionário público exija para si ou para outrem vantagem indevida.

COMENTÁRIOS

✪ **Nota do autor:** a prevaricação é espécie de "autocorrupção", no sentido de que o funcionário se deixa levar por alguma vantagem indevida que pretende obter para si, violando, por isso, seus próprios deveres funcionais.

Alternativa correta: letra "B" (os comentários respondem, também, as demais alternativas). O crime de prevaricação se caracteriza pelo dolo do agente, ou seja, vontade consciente de retardar, omitir ou praticar ilegalmente ato de ofício, acrescido do intuito de satisfazer interesse ou sentimento pessoal (elemento subjetivo do tipo), colocando o seu interesse particular acima do interesse público.

O interesse, porém, não deve ser de natureza material, pois, como explica Basileu Garcia, outro seria o delito: "Se o funcionário infringe a lei ou pratica indevidamente ato de ofício de maneira abusiva, porque tem em vista uma vantagem pecuniária, suponhamos, incide no campo da corrupção passiva, e não no campo da prevaricação, – delito menos grave, ao qual se destinam penas reduzidas. 'Sentimento pessoal' são palavras que abrangem enorme variedade de motivos. O ódio, a que se referia a lei precedente: o despeito, a inveja e mesmo o amor e a simples amizade. É possível prevaricar visando-se prejudicar e visando-se favorecer a alguém." (Dos crimes contra administração pública. *Justitia*, v. 6, São Paulo, 1948, p. 60).

78.7. ADVOCACIA ADMINISTRATIVA

320. (Delegado de Polícia – BA/ 2008 – ACADEPOL) Constitui crime de advocacia administrativa o fato de um

a) agente público empregar de violência ou grave ameaça para obter vantagem para si ou para outro.

b) agente público solicitar ou receber vantagem para praticar ato irregular.

c) funcionário público patrocinar interesse privado, advogando, defendendo, apadrinhando ou pleiteando favorecer um interesse particular alheio perante a administração pública e valendo-se de sua condição de funcionário.

d) indivíduo retardar ou deixar de praticar ato de ofício para satisfazer interesse ou sentimento pessoal.

e) agente público exigir vantagem para praticar ato irregular.

COMENTÁRIOS

Alternativa correta: letra "C". Está correta a assertiva. Nos termos do art. 321 do Código Penal, há advocacia administrativa quando alguém patrocina, direta ou indiretamente, interesse privado perante a administração pública, valendo-se da qualidade de funcionário. Patrocinar corresponde a defender, pleitear, advogar junto a companheiros ou superiores hierárquicos o interesse particular. Para que se configure o crime do art. 321 do CP, não basta que o agente ostente a condição de funcionário público, mas é necessário e indispensável que pratique a ação aproveitando-se das facilidades que sua qualidade de funcionário lhe proporciona.

Alternativa "a": está errada porque se o funcionário público emprega violência ou grave ameaça para obter vantagem, haverá o crime de extorsão.

Alternativo "b": está errada a assertiva porque se o agente solicita ou recebe vantagem para praticar ato irregular, haverá o crime de corrupção passiva.

Alternativo "d": está errada porque se o agente retardar ou deixar de praticar ato de ofício para satisfazer interesse ou sentimento pessoal haverá o crime de prevaricação.

Alternativo "e": está errada porque o ato do agente público que exige (com o sentido de constrição, influência intimidativa sobre o particular ofendido, sem violência ou grave ameaça) vantagem para praticar ato irregular constitui o crime de concussão.

78.8. USURPAÇÃO DE FUNÇÃO PÚBLICA

321. (Vunesp – Delegado de Polícia – CE/2015) O crime de usurpação de função pública é qualificado se

a) do fato resulta prejuízo patrimonial para a Administração.

b) do fato o agente aufere vantagem.

c) ocorre em local ermo ou de difícil acesso ou durante repouso noturno.

d) praticado mediante o uso de uniforme ou insígnias ou qualquer outro elemento distintivo da atividade usurpada.

e) praticado em concurso de pessoas.

COMENTÁRIOS

Alternativa correta: letra "B". Está correta a assertiva. Há usurpação de função pública (art. 328 do Código Penal) quando o agente assume, exerce ou desempenha indevidamente uma atividade pública, de natureza civil ou militar, gratuita ou remunerada, permanente ou temporária, executando atos inerentes ao ofício arbitrariamente ocupado. Se do fato o agente aufere, para si ou para terceiro, vantagem (não só patrimonial), a pena será majorada, nos termos do parágrafo único. O terceiro beneficiado que recebe a vantagem, concorrendo para a usurpação, responderá como partícipe do crime.

Alternativa "a": está errada a assertiva. Não há qualificadora para o fato de resultar da usurpação prejuízo patrimonial para a Administração, embora isso deva ser considerado na aplicação da pena na qualidade de circunstância judicial (consequências do crime).

Alternativa "c": não há nenhuma referência legal ao fato de o crime de usurpação de função pública ocorrer em local ermo ou de difícil acesso ou durante repouso noturno.

Alternativa "d": está errada a assertiva. O uso indevido de uniforme, distintivo ou insígnia, se militar, a que o agente não tenha direito, caracteriza o crime do art. 172 do Código Penal Militar.

Alternativa "e": também não há qualificadora para o caso de a usurpação ser cometida em concurso de pessoas.

78.9. DESACATO

322. (FUNCAB – Delegado de Polícia – PA/2016) Sobre as garantias penais e processuais previstas na Convenção Americana sobre Direitos Humanos, é correto afirmar que:

a) a duração razoável do processo, no que concerne à pessoa privada de sua liberdade, não encontra referência explícita na Convenção, ao contrário da necessária e imediata apresentação da pessoa a um juiz, expressamente mencionada.

b) a Comissão Interamericana de Direitos Humanos (CIDH), analisando o art. 13 do Pacto de São José da Costa Rica, entendeu que a incriminação do desacato não é compatível com o texto da Convenção.

c) determina a Convenção que todo processo penal deve ser público, sendo vedada qualquer espécie de sigilo, a fim de que a sociedade possa fiscalizar a correta aplicação das garantias processuais.

d) o Pacto de São José da Costa Rica estabelece a presunção de inocência enquanto não provada legalmente a culpa da pessoa, repudiando expressamente a execução da pena após sentença condenatória em segunda instância.

e) a teoria concepcionista, que, em linhas gerais, estabelece a proteção à vida desde o momento da concepção, encontra respaldo no art. 4. da Convenção e determina de forma inquestionável o momento em que surge a vida intrauterina e, consequentemente, a interpretação sobre a abrangência do abortamento criminoso.

COMENTÁRIOS

Alternativa correta: letra "B". Está correta a assertiva. Baseando-se nessa orientação da Comissão, o STJ, no julgamento do REsp 1.640.084/SP (DJe 01/02/2017), proferido pela 5ª Turma, considerou o crime de desacato incompatível com a Convenção Americana sobre os Direitos Humanos porque privilegia a preponderância do Estado sobre o indivíduo. Em seguida, no entanto, decidiu-se afetar à Terceira Seção o julgamento do HC 379.269/MS (DJe 30/06/2017) para que a questão fosse pacificada pelo órgão que reúne as duas turmas com competência criminal no STJ. Desta feita, o tribunal concluiu que o desacato continua sendo crime.

Alternativa "a": está errada a assertiva, pois a Convenção Americana sobre Direitos Humanos, no art. 7, item 5, estabelece expressamente o direito a um julgamento dentro de prazo razoável.

Alternativa "c": está errada a assertiva, pois o art. 8, item 5 da Convenção Americana sobre Direitos Humanos estabelece que o processo penal deve ser público, salvo no que for necessário para preservar os interesses da justiça.

Alternativa "d": está errada a assertiva. No art. 8º, item 2, o Pacto de São José da Costa Rica estabelece, de fato, o direito à presunção de inocência. Não há, todavia, nenhuma vedação expressa à prisão após decisão judicial de segunda instância.

Alternativa "e": está errada a assertiva. Embora o art. 4º da Convenção Americana sobre Direitos Humanos estabeleça a proteção desde a concepção, não o faz em termos absolutos para determinar a abrangência do aborto criminoso. Segundo o dispositivo, todos têm o direito de que se respeite sua vida, e esse direito deve ser protegido pela lei, em geral, desde o momento da concepção, vedada a privação arbitrária da vida.

78.10. TRÁFICO DE INFLUÊNCIA

323. (Cespe – Delegado de Polícia – BA/2013 – Adaptada) Em relação aos crimes contra a administração pública e aos delitos praticados em detrimento da ordem econômica e tributária e em licitações e contratos públicos, julgue os itens.

Considere a seguinte situação hipotética.

Alfredo, alegando, de forma fraudulenta, a terceiros interessados que, por ter influência sobre determinado funcionário público, poderia acelerar a conclusão de processo administrativo de interesse do grupo, cobrou desse grupo vultosa quantia em dinheiro, da qual metade lhe foi paga adiantadamente. Antes da conclusão do processo, entretanto, descobriu-se que Alfredo não tinha qualquer acesso ou influência sobre o referido funcionário. Nessa situação hipotética, a conduta de Alfredo constitui crime de estelionato, já que ele alegou ter prestígio que, na realidade, não possuía.

COMENTÁRIOS

Errado. Está errada a assertiva. No exemplo descrito, Alfredo será responsabilizado por ter cometido tráfico de influência. Pratica este crime o agente que, simulando prestígio com determinado servidor, *solicita* (pede), *exige* (impõe), *cobra* (reclama) ou *obtém* (adquire), para si ou para outrem, vantagem ou promessa de vantagem, de qualquer natureza, como preço da mediação.

Frise-se que, para a configuração do delito, é preciso que a aludida influência seja fraudulenta (simulada), pois se presente e real, outro poderá ser o crime (corrupção).

78.11. RESISTÊNCIA

324. (Delegado de Polícia – BA/ 2008 – ACADEPOL) No crime de resistência, é necessário que haja, na oposição do ato legal,

a) violência e grave ameaça.

b) violência ou ameaça.

c) grave ameaça.

d) constrangimento ilegal.

e) violência e ameaça.

COMENTÁRIOS

Alternativa correta: letra "B" (os comentários respondem, também, as demais alternativas). O crime de resistência se caracteriza por opor-se à execução de ato legal, mediante violência ou ameaça a funcionário competente para executá-lo ou a quem lhe esteja prestando auxílio.

Como se pode notar, o tipo pressupõe *violência* (emprego de força física) ou *ameaça* (constrangimento moral), não necessariamente grave.

Bem assim, não é necessário que o agente atue com violência *e* ameaça, bastando uma circunstância para que o crime se configure.

78.12. CORRUPÇÃO ATIVA

325. (NUCEPE – Delegado de Polícia – PI/2014) Quanto aos crimes praticados contra a Administração Pública é CORRETO afirmar:

a) O funcionário que, nos crimes de peculato, reparar o dano até a publicação da sentença condenatória, fará jus à extinção da punibilidade.

b) Constitui crime de corrupção ativa prometer vantagem indevida a funcionário público, para determiná-lo omitir ato de ofício.

c) Nos crimes de favorecimento pessoal e real, caso o sujeito ativo seja ascendente ou descendente do criminoso, fica isento de pena.

d) O agente que pede dinheiro a pretexto de influir em ato a ser praticado pelo representante do Ministério Público incorre em crime de tráfico de influência.

e) Comete crime contra as finanças públicas gestor que ordenar, autorizar ou executar ato que acarrete aumento de despesa total com pessoal nos doze meses anteriores ao final do mandato ou da legislatura.

COMENTÁRIOS

Alternativa correta: letra "B. Está correta a assertiva. O crime de corrupção ativa é de ação múltipla, composto de dois núcleos alternativos: *oferecer* (apresentar) ou *prometer* (obrigar-se a dar) a funcionário público vantagem indevida, com o fim de ver retardado ou omitido ou praticado ato funcional. Note-se que a lei fala em oferecimento ou promessa para determinar o funcionário *a praticar, omitir ou retardar ato de ofício*. Dessa forma, fica claro que o particular não é alcançado pela figura típica quando ofereça ou prometa vantagem, ou a entrega efetivamente, ao funcionário, *depois* de ter ele praticado o desejado ato. Em síntese, ao contrário do que vimos na corrupção passiva (art. 317 do CP), pune-se somente a corrupção ativa *antecedente*, mas não a *subsequente*. É o que resulta da locução *para determiná-lo* (*RT* 672/298).

Alternativa "a": está errada a assertiva. A extinção da punibilidade no peculato é possível apenas na modalidade culposa, se o agente reparar o dano antes da sentença irrecorrível; se a reparação for posterior, reduz de metade a pena imposta. No peculato doloso, se houver a reparação do dano antes do julgamento, pode incidir a atenuante estabelecida no art. 65, inciso III, alínea *b*, do Código Penal).

Alternativa "c": está errada a assertiva. É só no favorecimento pessoal que, se quem presta o auxílio é ascendente, descendente, cônjuge ou irmão do criminoso, há isenção de pena.

Alternativa "d": está errada a assertiva, pois, no caso, existe o crime de exploração de prestígio, consistente em solicitar ou receber dinheiro ou qualquer outra utilidade, a pretexto de influir em juiz, jurado, órgão do Ministério Público, funcionário de justiça, perito, tradutor, intérprete ou testemunha.

Alternativa "e": está errada a assertiva porque, conforme dispõe o art. 359-G do Código Penal, é crime ordenar, autorizar ou executar ato que acarrete aumento de despesa total com pessoal, **nos cento e oitenta dias** anteriores ao final do mandato ou da legislatura.

78.13. DENUNCIAÇÃO CALUNIOSA

326. (FUNCAB – Delegado de Polícia – PA/2016) Acerca dos crimes contra a Administração pública, assinale a resposta correta.

a) O crime de denunciação caluniosa (art. 339 do CP), além de outros requisitos de configuração, exige que a imputação sabidamente falsa recaia sobre vítima determinada, ou, ao menos, determinável.

b) Para a configuração do crime de peculato-furto {art. 312, § 1°, CP) é suficiente que o sujeito ativo, funcionário público, subtraia um bem móvel particular que esteja sob a guarda da Administração pública.

c) Considera-se funcionário público, para efeitos penais, quem exerce múnus público, assim entendido o ônus ou encargo para com o poder público, como no caso do curador.

d) Nos crimes de inserção de dados falsos em sistemas de informações (art. 313-A do CP) e modificação ou alteração não autorizada de sistema de informações (art. 313-B do CP) se exige que figure, como sujeito ativo da conduta, o funcionário público autorizado.

e) Ao contrário do que ocorre na extorsão, o crime de concussão é classificado como delito material, operando-se quando o agente aufere a vantagem indevida almejada.

COMENTÁRIOS

Alternativa correta: letra "A". Está correta a assertiva. O tipo da denunciação caluniosa pune a conduta daquele que dá causa (provoca), direta ou indiretamente (por interposta pessoa) a instauração de procedimento oficial, imputando a determinada pessoa, sabidamente inocente, a prática de crime (existente ou não). Se o agente provoca a autoridade a agir por meio de uma falsa imputação genérica, sem que seja possível determinar a pessoa, há comunicação falsa de crime (art. 340 do CP), não denunciação caluniosa (art. 339).

Alternativa "b": está errada a assertiva. Para que cometa o peculato-furto, o funcionário público deve se valer da facilidade que lhe proporciona o cargo. Se, apesar de ser agente público, pratica a subtração da mesma forma como qualquer outra pessoa o faria, responde pelo crime de furto.

Alternativa "c": está errada a assertiva. Não se pode confundir função pública com encargo público (munus publicum), hipótese esta não abrangida pela expressão "funcionário público".

Alternativa "d": está errada a assertiva, pois o crime cujo polo ativo pressupõe funcionário público autorizado é somente o de inserção de dados falsos em sistema de informações. A modificação ou alteração não autorizada de sistema de informações não contém esse requisito.

Alternativa "e": está errada a assertiva. O crime de concussão é formal, consumando-se com a simples exigência de vantagem pelo funcionário público. O efetivo recebimento é considerado apenas o exaurimento do crime.

---

327. (UEG – Delegado de Polícia – GO/2013) Cabelo de Anjo, no intuito de prejudicar seu desafeto, o delegado de polícia civil da cidade, cuja atuação na repressão à criminalidade é amplamente reconhecida, especialmente nos casos de corrupção, apresenta representação por via postal ao Ministério Público, imputando à referida autoridade policial a prática de vários ilícitos penais, dentre eles o de corrupção passiva, sabendo que tais fatos não ocorreram. No intervalo entre a remessa da correspondência e o recebimento pelo representante do Ministério Público, o delegado toma conhecimento e consegue interceptar a missiva, desmascarando a trama com a prova de sua inocência. Nesse caso, Cabelo de Anjo responderá por

a) denunciação caluniosa na forma consumada
b) calúnia na forma tentada
c) denunciação caluniosa na forma tentada
d) calúnia na forma consumada

COMENTÁRIOS

Alternativa correta: letra "C". Está correta a assertiva. Há denunciação caluniosa quando o agente dá causa, direta ou indiretamente a instauração de procedimento oficial, imputando a *determinada* pessoa, sabidamente inocente, a prática de crime (existente ou não). Se se tratar de contravenção, haverá uma diminuição de pena, como prevista no § 2º do art. 339 do Código Penal. A tentativa é admitida nos casos em que a queixa ou a denúncia é rejeitada, nas hipóteses em que a autoridade policial não inicia procedimento investigatório, ou, ainda, se, feita por escrito, a denunciação é interceptada por terceiro antes que qualquer procedimento seja instaurado, como no exemplo do enunciado.

Alternativa "a": não se trata de denunciação caluniosa consumada porque o documento que acarretaria a instauração de investigação foi interceptado antes mesmo de chegar ao destinatário.

Alternativa "b" (responde, também, a alternativa "d"): calúnia não há porque a conduta de Cabelo de Anjo não se limitou a imputar falsamente ao delegado fato definido como crime; além disso, pretendia aquele indivíduo que uma investigação fosse instaurada para apurar os delitos fantasiosos.

---

328. (FUNCAB – Delegado de Polícia – RJ/2012) Mirtes, a fim de se vingar de Anacleto, seu companheiro, que rompera o relacionamento amoroso entre ambos, vai até a Delegacia Especial de Atendimento à Mulher (DEAM) e noticia falsamente crime de violência doméstica, imputando a ele a conduta. Dias depois do início da investigação, arrependida, Mirtes retorna à DEAM, desta feita se desdizendo e confessando a falsidade da imputação. Nesse contexto, Mirtes:

a) poderá ser criminalmente responsabilizada por crime de denunciação caluniosa, não sendo extinta sua punibilidade pela retratação, por ausência de previsão legal específica.
b) poderá ser criminalmente responsabilizada por crime de denunciação caluniosa, não sendo extinta sua punibilidade pela retratação, por se tratar de crime de ação penal pública incondicionada.
c) por ter se retratado, não poderá ser punida por denunciação caluniosa, mas subsistirá a responsabilidade criminal por calúnia.
D por ter se retratado, não poderá ser punida por denunciação caluniosa, mas subsistirá a responsabilidade criminal por falsa comunicação de crime ou contravenção.
e) não poderá ser punida por crime algum, pois ocorre a extinção de sua punibilidade.

COMENTÁRIOS

Alternativa correta: letra "A" (responde, também, a alternativa "e"). Está correta a assertiva. Pune-se, na denunciação caluniosa, a conduta daquele que dá causa (provoca), direta ou indiretamente (por interposta pessoa) a instauração de procedimento oficial, imputando à *determinada* pessoa, sabidamente inocente, a prática de crime (existente ou não). Se se tratar de contravenção, haverá uma diminuição de pena, como prevista no § 2º do art. 339 do Código Penal. O legislador, ao contrário do que fez no crime de calúnia, não permitiu a extinção da punibilidade pela retratação do denunciante. Assim, em ocorrendo, será tratada como mera atenuante de pena (art. 65, III, *b*, do CP) ou, como já se decidiu, a depender das circunstâncias, arrependimento eficaz, art. 15, 2.ª parte, do CP (*RT* 473/302, 550/299-300, 611/351).

Alternativa "b": não é o fato de se tratar de crime de ação penal pública incondicionada que impede a extinção da punibilidade pela retratação. Este efeito não ocorre simplesmente em virtude da inexistência de previsão legal.

Alternativa "c": está errada a assertiva. A retratação não descaracteriza a denunciação caluniosa, e menos ainda acarreta a punição subsidiária por calúnia, até porque, neste crime contra a honra, o ato de se retratar acarreta, aí sim, a extinção da punibilidade.

Alternativa "d": está errada a assertiva. A falsa comunicação de crime ou contravenção não é subsidiária em relação à denunciação caluniosa de que se retratou o agente.

78.14. COMUNICAÇÃO FALSA DE CRIME

329. (Vunesp – Delegado de Polícia – SP/2014) Levar ao conhecimento da autoridade policial a ocorrência de um crime, por vingança, sabedor de que o suposto fato criminoso jamais ocorreu, supostamente, tipifica o delito de

a) fraude processual.
b) exercício arbitrário das próprias razões.
c) comunicação falsa de crime ou de contravenção.
d) denunciação caluniosa.
e) falso testemunho.

COMENTÁRIOS

Alternativa correta: letra "C". Está correta a assertiva. Consiste o crime em *provocar*, isto é, dar causa (ocasionar) a inócua ação estatal repressiva (policial ou judicial), comunicando-lhe infração penal inexistente ou essencialmente diversa da verdadeiramente ocorrida (houve um furto e noticia-se um estupro).

Alternativa "a": está errada a assertiva, pois a fraude processual ocorre na situação em que alguém inova artificiosamente, na pendência de processo civil ou administrativo, o estado de lugar, de coisa ou de pessoa, com o fim de induzir a erro o juiz ou o perito (art. 347 do Código Penal).

Alternativa "b": está errada a assertiva. Dá-se o exercício arbitrário das próprias razões quando alguém faz justiça pelas próprias mãos, para satisfazer pretensão, embora legítima (art. 345 do Código Penal).

Alternativa "d": está errada a assertiva porque, na denunciação caluniosa, o agente dá causa à instauração de investigação policial, de processo judicial, instauração de investigação administrativa, inquérito civil ou ação de improbidade administrativa contra alguém, imputando-lhe crime de que o sabe inocente. Não se trata, pois, de simples comunicação de um fato inexistente.

Alternativa "e": está errada a assertiva, pois o falso testemunho ocorre quando alguém faz afirmação falsa, ou nega ou cala a verdade como testemunha, perito, contador, tradutor ou intérprete em processo judicial, ou administrativo, inquérito policial, ou em juízo arbitral.

78.15. FAVORECIMENTO REAL

330. (Delegado de Polícia – PI / 2009 – NUCEPE) Sobre os crimes contra a administração da Justiça, assinale a opção correta.

a) O crime de denunciação caluniosa consiste em imputar a alguém, que se sabe inocente, a prática de crime, pois se a imputação for de prática de contravenção penal restará configurado apenas um crime contra a honra.
b) O crime de autoacusação falsa constitui-se na conduta de acusar-se perante a autoridade de crime ou contravenção inexistente ou praticado por outrem.
c) A pessoa que ameaça testemunha, para que esta omita informação no curso de inquérito policial, não pode responder por coação no curso do processo, mas deverá responder por crime de ameaça.
d) O crime de favorecimento real constitui prestar a criminoso auxílio destinado a tornar seguro o proveito do crime. Este crime é comum, pois, em tese, pode ser praticado por qualquer pessoa, independentemente do grau de parentesco.
e) Exigir dinheiro a pretexto de influir em ato praticado por funcionário público, no exercício da função, constitui o crime de exploração de prestígio.

COMENTÁRIOS

Alternativa correta: letra "D". Está correta a assertiva. O crime de favorecimento real prestar a criminoso, fora dos casos de coautoria ou de receptação, auxílio destinado a tornar seguro o proveito do crime. Trata-se de um crime comum, podendo ser praticado por qualquer pessoa, excetuando-se, obviamente, aquele que contribuiu, de alguma forma, no crime antecedente.

Alternativa "a": está errada a assertiva. O crime de denunciação caluniosa consiste em dar causa à instauração de investigação policial, de processo judicial, instauração de investigação administrativa, inquérito civil ou ação de improbidade administrativa contra alguém, imputando-lhe crime de que o sabe inocente. A pena é de reclusão de dois a oito anos, diminuída de metade se a imputação for de contravenção penal.

Alternativa "b": está errada porque a autoacusação falsa não se verifica quando o agente se acusa, perante a autoridade, de contravenção inexistente ou praticada por outrem.

Alternativa "c": está errada a assertiva. O crime de coação no curso do processo consiste em usar de violência ou grave ameaça, com o fim de favorecer interesse próprio ou alheio, contra autoridade, parte, ou qualquer outra pessoa que funciona ou é chamada a intervir em processo judicial, policial ou administrativo, ou em juízo arbitral.

Alternativa "e": está errada porque a conduta de quem exige vantagem a pretexto de influir em ato praticado por funcionário público no exercício da função comete o crime de tráfico de influência.

78.16. INTRODUÇÃO DE APARELHO DE COMUNICAÇÃO, SEM AUTORIZAÇÃO LEGAL, EM ESTABELECIMENTO PRISIONAL

331. (IBADE – Delegado de Polícia – AC/2017) Atendendo ao pedido do marido que se encontra preso, Silmara, durante visita, ingressa no presídio com um aparelho de telefonia móvel, entregando-o ao cônjuge.

Saliente-se que o ingresso do aparelho só foi possível porque o agente penitenciário Ferdinando, ao se distrair, esqueceu de revistar a bolsa que Silmara trazia consigo. Dias depois, o detento Josimar pede ao marido de Silmara para usar o aparelho de telefonia, sendo certo que, durante a ligação, Josimar é flagrado pelo diretor da penitenciária, que apreende o aparelho. Considerando que o art. 180 do Código Penal incrimina a receptação; que o art. 319 do CP traz em seu bojo o delito de prevaricação; que o art. 319-A contempla a prevaricação imprópria; e que o art. 349- A do CP prevê a conduta de favorecimento real impróprio, é correto afirmar que:

a) Silmara praticou o crime do art. 349-A do Código Penal; o agente penitenciário não praticou crime; Josimar praticou o crime do art. 180 do Código Penal.
b) Silmara praticou o crime do art. 349-A do Código Penal; o agente penitenciário e Josimar não praticaram crime.
c) Silmara não praticou crime: o agente penitenciário cometeu o crime do art. 319 do Código Penal; Josimar praticou o crime do art. 180 do Código Penal.
d) Silmara praticou o crime do art. 349-A do Código Penal; o agente penitenciário cometeu o crime do art. 319-A do Código Penal; Josimar praticou o crime do art. 180 do Código Penal.
e) Silmara praticou o crime do art. 349-A do Código Penal; o agente penitenciário cometeu o crime do art. 319 do Código Penal; Josimar praticou o crime do art. 180 do Código Penal.

COMENTÁRIOS

Alternativa correta: letra "B" (responde, também, as demais alternativas). Silmara cometeu o crime relativo ao ingresso de aparelho telefônico de comunicação móvel, sem autorização legal, em estabelecimento prisional. Note-se que o crime é de mera conduta, consumando-se com a prática de qualquer um dos núcleos, independentemente de ter o aparelho chegado a seu destinatário. A natureza do crime parece incompatível com a tentativa.

O agente penitenciário não cometeu infração penal porque, apesar de ser crime o ato de deixar de cumprir o dever de vedar ao preso o acesso a aparelho telefônico, de rádio ou similar que permita a comunicação com outros presos ou com o ambiente externo (art. 319-A do CP), trata-se de infração dolosa. De acordo com o enunciado, o agente deixou de fazer a revista por descuido, o que poderia caracterizar a culpa, que, no entanto, não é tipificada.

Josimar não cometeu receptação porque sua conduta não corresponde a nenhuma das condutas que caracterizam esse delito, tampouco se identifica o elemento subjetivo da receptação.

Finalmente, destaque-se que o marido de Silmara responde pelo cometimento de falta grave durante a execução da pena (art. 50, inciso VII, da LEP).

78.17. EXERCÍCIO ARBITRÁRIO OU ABUSO DE PODER

332. (Vunesp – Delegado de Polícia – SP/2014) "X", uma senhora idosa, foi presa em flagrante pela prática do crime de falsificação de documento público. Não ofereceu qualquer resistência à prisão, mas ainda assim foi algemada. Por hipótese, a conduta dos policiais que efetuaram a prisão de "X"

a) tipifica o crime de exploração de prestígio.
b) é prevista em lei, portanto, não configura crime.
c) tipifica o crime de exercício arbitrário ou abuso de poder.
d) tipifica o crime de violência arbitrária.
e) é polêmica, mas em razão da prisão em flagrante é considerada lícita.

COMENTÁRIOS

Alternativa correta: letra "C" (responde, também, as alternativas "b" e "e"). Apesar de haver doutrina em sentido contrário (Damásio de Jesus; Magalhães Noronha; Paulo José da Costa Jr.), entendemos, como a maioria, que o art. 350 foi revogado (e totalmente absorvido) pela Lei 4.898/65, que define os crimes de abuso de autoridade. Neste sentido, aliás, leciona Mirabete: "Os incisos I e II referem-se a condutas que já estão, a rigor, definidas também no *caput* do art. 350, e, portanto, no art. 4º, *a*, da Lei 4.898. O inciso III está reproduzido, com alteração abrangente, no art. 4º, *b*, da mesma lei. No inciso IV prevê-se a conduta que está subsumida nos vários dispositivos da lei especial (arts. 3º e 4º e suas alíneas). Pode-se afirmar, pois que os crimes de exercício arbitrário de abuso de poder previstos no art. 350 do CP foram absorvidos e, portanto, revogados pela Lei 4.898, de 1965, sob a denominação de abuso de autoridade (RT 394/267, 405/417, 504/379)" (*Manual de direito penal*, v. 3, p. 431). No exemplo citado, a conduta dos policiais poderia ser subsumida ao art. 4º, *a*, da Lei nº 4.898/65, isso em razão do disposto na súmula vinculante nº 11: "Só é lícito o uso de algemas em casos de resistência e de fundado receio de fuga ou de perigo à integridade física própria ou alheia, por parte do preso ou de terceiros, justificada a excepcionalidade por escrito, sob pena de responsabilidade disciplinar, civil e penal do agente ou da autoridade e de nulidade da prisão ou do ato processual a que se refere, sem prejuízo da responsabilidade civil do Estado".

Alternativa "a": está errada a assertiva, pois o crime de exploração de prestígio consiste em solicitar ou receber dinheiro ou qualquer outra utilidade, a pretexto de influir em juiz, jurado, órgão do Ministério Público, funcionário de justiça, perito, tradutor, intérprete ou testemunha.

Alternativa "d": está errada a assertiva porque a violência arbitrária consiste em praticar violência no exercício de função ou a pretexto de exercê-la, o que não se verifica no exemplo.

78.18. FUGA DE PESSOA PRESA OU SUBMETIDA A MEDIDA DE SEGURANÇA

333. (FUNCAB – Delegado de Polícia – ES/2013) O agente penitenciário Mauro agenciou a fuga de três pessoas que cumpriam medida de segurança imposta pelo Juiz criminal no manicômio judiciário em que era lotado. Para tanto, Mauro recebeu um carro, uma casa e vinte mil reais em dinheiro. Portanto, Mauro:

a) não deve responder por crime algum, pois se trata de cumprimento de medida de segurança.

b) deve responder pelo crime de facilitação de fuga, preceituado no artigo 351 do CP.

c) deve responder pelo crime de corrupção ativa, preceituado no artigo 333 do CP.

d) deve responder pelo crime de corrupção passiva, preceituado no artigo 317 do CP.

e) deve responder pelo crime de concussão, preceituado no artigo 316 do CP.

COMENTÁRIOS

Alternativa correta: letra "B" (responde, também, as alternativas "a" e "d"). Embora o gabarito tenha se estabelecido no art. 351 do Código Penal, pensamos ser outra a resposta adequada. Além do crime descrito no art. 351 do CP, deve o servidor responder, em concurso material, pelo delito de corrupção passiva (art. 317 do CP). O funcionário público recebeu vantagem indevida para facilitar a fuga de presos. Esse crime não pode ser ignorado.

Alternativa "c": está errada a assertiva. Consiste a corrupção ativa em oferecer ou prometer vantagem indevida a funcionário público para determiná-lo a praticar, omitir ou retardar ato de ofício. Sendo Mauro o funcionário público que atuou por meio do recebimento de vantagem indevida, quem incorre nas penas da corrupção ativa é aquele que eventualmente tenha oferecido ou prometido a vantagem.

Alternativa "e": não há indicação da ocorrência do crime de concussão, em que o agente público exige, para si ou para outrem, direta ou indiretamente, ainda que fora da função ou antes de assumi-la, mas em razão dela, vantagem indevida.

78.19. EXPLORAÇÃO DE PRESTÍGIO

334. (IBADE – Delegado de Polícia – AC/2017) Jomar alega ser capaz de influir na decisão a ser tomada por um Juiz de Direito, solicitando certa quantia em dinheiro a Ovídio para garantir uma sentença favorável aos interesses deste. Jomar insinua, ainda, que parte do dinheiro será direcionada ao Juiz. Considerando que todas as alegações são fraudulentas, majoritariamente se afirma que a conduta de Jomar:

a) é atípica.

b) configura crime de estelionato.

c) afeta a honra objetiva do magistrado, existindo calúnia.

d) caracteriza exploração de prestigio.

e) se subsome ao tipo penal que prevê o tráfico de influência.

COMENTÁRIOS

Alternativa correta: letra "D" (responde, também, as alternativas "a" e "e"). Segundo o art. 357 do CP, comete o delito de exploração de prestígio aquele que, fraudulentamente, alardeia deter grande influência junto a funcionário público, buscando, com isso, obter para si injusta vantagem das vítimas que nele confiaram. A condição especial do servidor invocado pelo agente (juiz, jurado, órgão do Ministério Público, funcionário de justiça, perito, tradutor, intérprete ou testemunha) é o que diferencia este crime daquele previsto no art. 332 do CP (tráfico de influência). No exemplo do enunciado, Jomar ainda tem a pena aumentada por ter insinuado que parte do dinheiro seria destinada ao juiz (parágrafo único do art. 357).

Alternativa "b": estelionato, propriamente dito, é crime patrimonial. A exploração de prestígio, assim como o tráfico de influência, não deixa de ser uma forma de estelionato, pois o agente busca obter vantagem alardeando uma influência que não tem. Mas como o bem jurídico, neste caso, é a moralidade na Administração Pública, pune-se especificamente para a proteção desse bem jurídico.

Alternativa "c": está errada a assertiva, pois não se trata de imputar falsamente ao magistrado a prática de fato definido como crime, mas de usar uma influência inexistente sobre o magistrado para obter vantagem.

78.20. DESOBEDIÊNCIA A DECISÃO JUDICIAL SOBRE PERDA OU SUSPENSÃO DE DIREITO

335. (UEG – Delegado de Polícia – GO/2013) Cabelo de Anjo, servidor público estadual efetivo, lotado em uma secretaria estadual, no exercício de função gratificada, após concluída investigação e oferecimento de denúncia pelo Ministério Público em razão da prática de atos de corrupção por uma organização criminosa estabelecida dentro do órgão da qual ele era integrante, teve decretado o afastamento cautelar (suspensão da função pública), nos termos do que determina o Código de Processo Penal. Não obstante o afastamento, continuou a frequentar a repartição pública, inclusive praticando atos inerentes à função. Diante dessas circunstâncias, em qual infração estaria incurso Cabelo de Anjo?

a) Desobediência judicial sobre perda ou suspensão de direito (art. 359, CP)

b) Usurpação de função pública (art. 328, CP)

c) Exercício funcional ilegalmente antecipado ou prolongado (art. 324, CP)

d) Desobediência (art. 330, CP)

COMENTÁRIOS

Alternativa correta: letra "A". Está correta a assertiva. Se Cabelo de Anjo havia sido cautelarmente afastado da função mas não observou a decisão, retomando o exercício por sua iniciativa, exerceu função após ter sido impedido por decisão judicial de natureza penal (conforme já decidiu o STF, a civil não gera o crime, *RTJ* 79/401).

Alternativa "b": não há usurpação de função pública, consistente em assumir, exercer ou desempenhar indevidamente uma atividade pública, de natureza civil ou militar, gratuita ou remunerada, permanente ou temporária, executando atos inerentes ao ofício arbitrariamente ocupado. No caso, Cabelo de Anjo não usurpa função porque é funcionário público, embora esteja cautelarmente afastado.

Alternativa "c": está errada a assertiva. O exercício funcional ilegalmente antecipado ou prolongado se caracteriza por entrar o agente no exercício de função pública antes de satisfeitas as exigências legais, ou continuar a exercê-la, sem autorização, depois de saber oficialmente que foi exonerado, removido, substituído ou suspenso. A situação de Cabelo de Anjo não revela nenhuma destas circunstâncias, nem mesmo a suspensão, sanção disciplinar aplicada no âmbito administrativo. Trata-se de medida cautelar aplicada no curso de processo penal.

Alternativa "d": não há, por fim, a desobediência do art. 330 do Código Penal porque este dispositivo se refere à regra geral de não acatar a ordem legal de funcionário público. O delito de que trata o enunciado é especial, aplicando-se especificamente nos casos de decisão judicial que suspendeu ou privou o exercício de função, atividade, direito, autoridade ou múnus.

79. LEIS ESPECIAIS

79.1. LEI DE DROGAS

336. (Fundatec – Delegado de Polícia – PC – RS/2018) Analise as assertivas a seguir, de acordo com o disposto na Lei nº 11.343/2006, Lei de Drogas, e em cotejo com o entendimento dos Tribunais Superiores:

I. Para a incidência da majorante de pena, prevista no artigo 40, inciso V da referida Lei, ao crime de tráfico de drogas interestadual, de acordo com entendimento do Superior Tribunal de Justiça, basta que esteja demonstrado, de forma inequívoca, que o traficante tinha intenção de extrapolar as fronteiras de um Estado, mesmo que assim não consiga.

II. A partir de entendimento recente do Supremo Tribunal Federal, pode-se dizer que nem todo o crime de tráfico de drogas pode ser considerado crime equiparado a hediondo.

III. Aquele que oferece droga, eventualmente e sem objetivo de lucro, à pessoa de seu relacionamento, para juntos a consumirem, pratica crime de menor potencial ofensivo.

IV. Aquele que pratica conduta de tráfico de drogas, descrita no caput do artigo 33 da referida Lei, pode ter sua pena reduzida nos mesmos patamares propostos no Código Penal para a minorante da tentativa, desde que seja primário, de bons antecedentes, não se dedique às atividades criminosas nem integre organização criminosa.

Quais estão corretas?

a) Apenas I.

b) Apenas II.

c) Apenas III e IV.

d) Apenas I, II e III.

e) I, II, III e IV.

COMENTÁRIOS

Item I: está correta a assertiva. Assim como no tráfico transnacional, no interestadual a majorante se aplica pela comprovação da destinação da droga, dispensando-se a transposição de divisas entre os estados (súmula 587 do STJ).

Item II: está correta a assertiva. Era pacífico no STJ o entendimento de que a causa de diminuição de pena não retirava a hediondez do crime de tráfico, tanto que, em 2014, o tribunal editou a súmula nº 512 exatamente nesses termos. Ocorre que, em 23/06/2016, julgando o *habeas corpus* 118.533/MS, relatado pela Min. Cármen Lúcia, o STF decidiu que o privilégio não se harmoniza com a hediondez do crime de tráfico, razão pela qual, uma vez aplicada a minorante, afasta-se o caráter hediondo do delito. Em razão disso, o STJ cancelou a súmula nº 512.

Item III: está correta a assertiva. O art. 33 da Lei 11.343/06 tipifica, além do tráfico de drogas, algumas outras condutas de menor gravidade, uma delas a de oferecer droga, eventualmente e sem objetivo de lucro, a pessoa de seu relacionamento, para juntos a consumirem. A pena cominada varia de seis meses a um ano, o que faz do crime uma infração de menor potencial ofensivo.

Item IV: está errada a assertiva. O crime de tráfico pode ter a pena diminuída se o agente for primário, de bons antecedentes, não se dedicar às atividades criminosas nem integrar organização criminosa. A diminuição varia de um sexto a dois terços. A causa de diminuição de pena relativa à tentativa (art. 14, parágrafo único, do CP) varia de um a dois terços.

Alternativa correta: letra "d".

337. (Cespe – Delegado de Polícia – GO/2017) Vantuir e Lúcio cometeram, em momentos distintos e sem associação, crimes previstos na Lei de Drogas (Lei n.° 11.343/2006). No momento da ação, Vantuir, em razão de dependência química e de estar sob influência de entorpecentes, era inteiramente incapaz de entender o caráter ilícito do fato. Lúcio, ao agir, estava sob efeito de droga, proveniente de caso fortuito, sendo também incapaz de entender o caráter ilícito do fato.

Nessas situações hipotéticas, qualquer que tenha sido a infração penal praticada,

a) Vantuir terá direito à redução de pena de um a dois terços e Lúcio será isento de pena.

b) somente Vantuir será isento de pena.

c) Lúcio e Vantuir serão isentos de pena.

d) somente Lúcio terá direito à redução de pena de um a dois terços.

e) Lúcio e Vantuir terão direito à redução de pena de um a dois terços.

COMENTÁRIOS

Alternativa correta: letra "C" (responde, também, as demais alternativas). Está correta a assertiva. O art. 45 da Lei 11.343/06 estabelece causa de isenção de pena.

Na primeira parte do art. 45 está previsto o caso de inimputabilidade do agente que, em razão da dependência de droga, era, ao tempo da ação ou da omissão, qualquer que tenha sido a infração penal praticada, inteiramente incapaz de entender o caráter ilícito do fato ou de determinar-se de acordo com esse entendimento. Adotou-se o critério biopsicológico, isto é, não basta ser dependente, mas é preciso que o agente, em face da dependência, seja inteiramente incapaz de entender o caráter ilícito do fato ou de determinar-se de acordo com esse entendimento. É o caso de Vantuir.

Ficará também isento de pena o agente que, sob o efeito, proveniente de caso fortuito ou força maior, de droga, era, ao tempo da ação ou da omissão, qualquer que tenha sido a infração penal praticada, inteiramente incapaz de entender o caráter ilícito do fato ou de determinar-se de acordo com esse entendimento. Cuida-se da ingestão não voluntária do psicotrópico, fruto de ignorância (caso fortuito) ou coação (força maior). Para o reconhecimento da exculpante devem estar presentes os seguintes requisitos: a) ingestão acidental da droga (não voluntária), fruto de caso fortuito (ex.: tomar substância desconhecendo seu efeito inebriante) ou força maior (ex.: ser forçado por terceira pessoa a tomar droga); b) ficar o agente, no momento da conduta, em razão do efeito do psicotrópico, inteiramente incapaz de entender o caráter ilícito do fato ou de determinar-se de acordo com esse entendimento. É o caso de Lúcio.

E, segundo o disposto no art. 46, o agente que, ao tempo da ação ou da omissão, não possua a plena capacidade de entender o caráter ilícito do fato ou de determinar-se de acordo com esse entendimento, terá a pena reduzida de um a dois terços.

---

338. (Cespe – Delegado de Polícia – GO/2017) Considerando o disposto na Lei n.° 11.343/2006 e o posicionamento jurisprudencial e doutrinário dominantes sobre a matéria regida por essa lei, assinale a opção correta.

a) Em processo de tráfico internacional de drogas, basta a primariedade para a aplicação da redução da pena.

b) Dado o instituto da delação premiada previsto nessa lei, ao acusado que colaborar voluntariamente com a investigação policial podem ser concedidos os benefícios da redução de pena, do perdão judicial ou da aplicação de regime penitenciário mais brando.

c) É vedada à autoridade policial a destruição de plantações ilícitas de substâncias entorpecentes antes da realização de laudo pericial definitivo, por perito oficial, no local do plantio.

d) Para a configuração da transnacionalidade do delito de tráfico ilícito de drogas, não se exige a efetiva transposição de fronteiras nem efetiva coautoria ou participação de agentes de estados diversos.

e) O crime de associação para o tráfico se consuma com a mera união dos envolvidos, ainda que de forma individual e ocasional.

COMENTÁRIOS

Alternativa correta: letra "D". Está correta a assertiva. O STJ firmou o entendimento de que a transnacionalidade do crime de tráfico dispensa a movimentação entre fronteiras, bastando que se revele a intenção de que a droga seja destinada ao exterior: "*A majorante do tráfico transnacional de drogas (art. 40, I, da lei 11.343/06) se configura com a prova da destinação internacional das drogas, ainda que não consumada a transposição de fronteiras*" *(súmula 607)*.

Alternativa "a": está errada a assertiva. Para a aplicação da causa de diminuição de pena no crime de tráfico, é preciso que o agente seja primário, de bons antecedentes, não se dedique às atividades criminosas nem integre organização criminosa (art. 33, § 4º, da Lei 11.343/06).

Alternativa "b": está errada a assertiva. O art. 41 da Lei 11.343/06 estabelece apenas a redução da pena, desde que o indiciado ou acusado colabore voluntariamente com a investigação policial e o processo criminal na identificação dos demais coautores ou partícipes do crime e na recuperação total ou parcial do produto do crime.

Alternativa "c": está errada a assertiva, pois o art. 32 da Lei 11.343/06 determina a imediata destruição das plantações ilícitas pelo delegado de polícia, que deve recolher quantidade suficiente para exame pericial e lavrar auto de levantamento das condições encontradas, com a delimitação do local, asseguradas as medidas necessárias para a preservação da prova.

Alternativa "e": está errada a assertiva, pois a associação para o tráfico se caracteriza pela existência de duas ou mais pessoas agrupadas de forma estável e permanente para o fim de praticar, reiteradamente ou não, qualquer dos crimes previstos nos arts. 33, caput e § 1º e 34 da Lei 11.343/06.

---

339. (FUNCAB – Delegado de Polícia – PA/2016) Jeremias integra de forma estável e permanente a estrutura da facção criminosa instalada em determinada comunidade, exercendo dupla função: é responsável por manter droga em depósito para revenda e, em outras oportunidades, serve como "fogueteiro", em razão do que aciona fogos de artifício toda vez que percebe a ação de policiais ou de grupos rivais naquela localidade, a fim de alertar os demais integrantes de sua facção. Nesse contexto, é correto afirmar que Jeremias pratica o(s) crime(s) previsto(s) no(s) artigo(s):

a) 33, da Lei n. 11.343, de 2006.

b) 33, 35 e 37, da Lei n. 11.343, de 2006.

c) 33 e 35, da Lei n. 11.343, de 2006.

d) 33 e 37, da Lei n. 11.343, de 2006.

e) 35, da Lei n. 11.343, de 2006.

COMENTÁRIOS

Alternativa correta: letra "C" (responde, também, as demais assertivas). Está correta a assertiva. O art. 35 da Lei 11.343/06 traz modalidade especial de associação criminosa (art. 288 do CP). Contudo, a associação para o tráfico exige apenas duas pessoas (e não três), agrupadas de forma estável e permanente, para o fim de praticar, reiteradamente ou não, qualquer dos crimes previstos nos arts. 33, caput e § 1º (tráfico de drogas e condutas equiparadas) e 34 (tráfico de maquinário) da mesma lei. Dessa forma a conduta de Jeremias se subsume ao tipo do art. 35.

Além disso, se Jeremias era responsável pela manutenção da droga em depósito, há o crime do art. 33, caput, imputado em concurso material com a associação para o tráfico.

Os fatos descritos no enunciado não caracterizam a infração penal tipificada no art. 37 da Lei 11.343/06, que consiste em colaborar, como informante, com grupo, organização ou associação destinados à prática de qualquer dos crimes previstos nos arts. 33, caput e § 1º, e 34 desta Lei. Normalmente, a conduta de "fogueteiro", também praticada por Jeremias, se enquadra no tipo do art. 37, mas só o pode cometer o agente que não faça parte da associação, pois o tipo consiste justamente em colaborar com ela. Se o agente já a integra, a colaboração é intrínseca às suas atividades.

340. (Cespe – Delegado de Polícia – PE/2016) Se determinada pessoa, maior e capaz, estiver portando certa quantidade de droga para consumo pessoal e for abordada por um agente de polícia, ela

a) estará sujeita à pena privativa de liberdade, se for reincidente por este mesmo fato.

b) estará sujeita à pena privativa de liberdade, se for condenada a prestar serviços à comunidade e, injustificadamente, recusar a cumprir a referida medida educativa.

c) estará sujeita à pena, imprescritível, de comparecimento a programa ou curso educativo.

d) poderá ser submetida à pena de advertência sobre os efeitos da droga, de prestação de serviço à comunidade ou de medida educativa de comparecimento a programa ou curso educativo.

e) deverá ser presa em flagrante pela autoridade policial.

COMENTÁRIOS

Alternativa correta: letra "D". Está correta a assertiva. O art. 28 da Lei nº 11.343/06 pune as condutas de adquirir, guardar, ter em depósito, transportar ou trazer consigo, para consumo pessoal, drogas sem autorização ou em desacordo com determinação legal ou regulamentar. Não há cominação de pena privativa de liberdade para esta infração, à qual os incisos do art. 28 impõe: I – advertência sobre os efeitos das drogas; II – prestação de serviços à comunidade; III – medida educativa de comparecimento a programa ou curso educativo.

Alternativa "a": está errada a assertiva. A infração do art. 28 não é punida, em nenhuma hipótese, com pena privativa de liberdade. A reincidência influencia apenas na duração das medidas citadas nos comentários à assertiva "d". Em regra, tais medidas são aplicadas pelo prazo máximo de cinco meses; no caso de reincidência, o prazo pode dobrar (art. 28, §§ 3º e 4º).

Alternativa "b": está errada a assertiva. Se o agente for condenado a prestação de serviços à comunidade, mas se recusar a cumprir a medida, o § 6º do art. 28 estabelece a aplicação de admoestação verbal e multa.

Alternativa "c": está errada a assertiva, pois, nos termos do art. 30 da Lei nº 11.343/06, as penas relativas à infração do art. 28 prescrevem em dois anos.

Alternativa "e": está errada a assertiva, pois o art. 48, § 2º, da Lei nº 11.343/06 é expresso ao dispor que a conduta do art. 28 não acarreta prisão em flagrante. A autoridade deve providenciar o imediato encaminhado do agente ao juízo competente ou, na falta deste, deve o agente assumir o compromisso de a ele comparecer, lavrando-se termo circunstanciado e providenciando-se as requisições dos exames e perícias necessários.

341. (Cespe – Delegado de Polícia – PE/2016) O ordenamento penal brasileiro adotou a sistemática bipartida de infração penal – crimes e contravenções penais –, cominando suas respectivas penas, por força do princípio da legalidade. Acerca das infrações penais e suas respectivas reprimendas, assinale a opção correta.

a) O crime de homicídio doloso praticado contra mulher é hediondo e, por conseguinte, o cumprimento da pena privativa de liberdade iniciar-se-á em regime fechado, em decorrência de expressa determinação legal.

b) No crime de tráfico de entorpecente, é cabível a substituição da pena privativa de liberdade por restritiva de direitos, bem como a fixação de regime aberto, quando preenchidos os requisitos legais.

c) Constitui crime de dano, previsto no CP, pichar edificação urbana. Nesse caso, a pena privativa de liberdade consiste em detenção de um a seis meses, que pode ser convertida em prestação de serviços à comunidade.

d) O STJ autoriza a imposição de penas substitutivas como condição especial do regime aberto.

e) O condenado por contravenção penal, com pena de prisão simples não superior a quinze dias, poderá cumpri-la, a depender de reincidência ou não, em regime fechado, semiaberto ou aberto, estando, em quaisquer dessas modalidades, obrigado a trabalhar.

COMENTÁRIOS

Alternativa correta: letra "B". Está correta a assertiva. O Supremo Tribunal Federal, em controle incidental de constitucionalidade (HC 97.256/RS) considerou inaplicável a vedação, contida nos arts. 33, § 4º e 44 da Lei nº 11.343/06, à substituição da pena privativa de liberdade por restritiva de direitos no crime de tráfico de drogas. Bem assim, o art. 2º, § 1º, da Lei nº 8.072/90, que estabelece o regime inicial fechado para crimes hediondos e equiparados, foi considerado incidentalmente inconstitucional pelo Supremo quando do julgamento do HC 111.840/ES, sendo certo que tal dispositivo se aplicava ao crime de tráfico, pois a Lei nº 11.343/06 silencia a respeito do regime de cumprimento da pena nos crimes sobre os quais dispõe. Por isso, conclui-se ser possível aplicar, no crime de tráfico, a substituição da pena privativa de liberdade por restritiva de direitos, assim como é permitida a imposição de regime inicial aberto, se preenchidos os requisitos legais.

Alternativa "a": está errada a assertiva. Inicialmente porque o homicídio doloso não é hediondo somente pelo fato de ser cometido contra mulher. Há a qualificadora do feminicídio – que torna o crime hediondo –, mas que não trata de situação em que o crime é simplesmente cometido contra mulher, referindo-se ao homicídio em que a morte da mulher ocorre em razão da condição do sexo feminino (leia-se, violência de gênero quanto ao sexo). A incidência da qualificadora reclama situação de violência praticada contra a mulher, em contexto caracterizado por relação de poder e submissão, praticada por homem ou mulher sobre mulher em situação de vulnerabilidade. Além disso, ainda que se trate de crime hediondo, somente este motivo não torna fechado o regime inicial de cumprimento da pena, em virtude do pronunciamento de inconstitucionalidade do art. 2º, § 1º, da Lei nº 8.072/90 no HC 111.840/ES.

Alternativa "c": está errada a assertiva, pois a pichação é uma espécie de dano tipificado na Lei nº 9.605/98, especificamente no art. 65, que comina pena de detenção de três meses a um ano, além da multa.

Alternativa "d": está errada a assertiva. De acordo com o art. 115 da Lei nº 7.210/84, o juiz pode estabelecer condições especiais para a concessão de regime aberto, sem prejuízo das condições gerais e obrigatórias. O STJ, no entanto, sumulou o entendimento de que "É inadmissível a fixação de pena substitutiva (art. 44 do CP) como condição especial ao regime aberto" (súmula nº 493).

Alternativa "e": está errada a assertiva. A prisão simples, atualmente, é a espécie de pena cominada às contravenções penais. Será cumprida, sem rigor penitenciário, em estabelecimento especial ou seção especial de prisão comum, em regime semiaberto ou aberto (art. 6º, LCP). Não existe previsão de regime prisional fechado, independentemente de ser o condenado reincidente ou não, nem sequer por meio da regressão.

342. (Cespe – Delegado de Polícia – PE/2016) Na análise das classificações e dos momentos de consumação, busca-se, por meio da doutrina e da jurisprudência pátria, enquadrar consumação e tentativa nos diversos tipos penais. A esse respeito, assinale a opção correta.

a) Conforme orientação atual do STJ, é imprescindível para a consumação do crime de furto com a posse de fato da res furtiva, ainda que por breve espaço de tempo, a posse mansa, pacífica e desvigiada da coisa, caso em que se deve aplicar a teoria da ablatio.

b) A extorsão é considerada pelo STJ como crime material, pois se consuma no momento da obtenção da vantagem indevida.

c) O crime de exercício ilegal da medicina, previsto no CP, por ser crime plurissubsistente, admite tentativa, desde que, iniciados os atos executórios, o agente não consiga consumá-lo por circunstâncias alheias a sua vontade.

d) Por ser crime material, o crime de corrupção de menores consuma-se no momento em que há a efetiva prova da prática do delito e a efetiva participação do inimputável na empreitada criminosa. Assim, se o adolescente possuir condenações transitadas em julgado na vara da infância e da juventude, em decorrência da prática de atos infracionais, o crime de corrupção de menores será impossível, dada a condição de inimputável do corrompido.

e) Segundo o STJ, configura crime consumado de tráfico de drogas a conduta consistente em negociar, por telefone, a aquisição de entorpecente e disponibilizar veículo para o seu transporte, ainda que o agente não receba a mercadoria, em decorrência de apreensão do material pela polícia, com o auxílio de interceptação telefônica.

COMENTÁRIOS

Alternativa correta: letra "E". Está correta a assertiva. O STJ se orienta no sentido de que algumas das modalidades do crime de tráfico de drogas são formais, dispensando portanto resultado naturalístico. No caso em que o agente negocia a droga por telefone e disponibiliza o transporte para recebê-la, caracteriza-se, segundo o tribunal, o tráfico consumado na modalidade *adquirir*: "Deste modo, a negociação com aquisição da droga e colaboração para seu transporte, de droga que veio a ser apreendida, constitui conduta descrita na imputação e típica, presente se encontrando a materialidade do imputado crime de drogas. Frise-se que a modalidade de tráfico (adquirir), segundo o Supremo Tribunal Federal, completa-se no instante em que ocorre a avença entre o comprador e o vendedor", sem exigência de nenhum outro requisito (HC 71853/RJ, Rel. Min. Maurício Corrêa, Julgado em 07/05/1995, 2ª Turma, DJ de 19/5/1995). Nesse contexto, não há como afastar o entendimento adotado pela sentença que assim referiu: Portanto, as provas coligidas permitem a convicção segura de que Narcélio, após previamente adquirir metade do entorpecente, através de negócio realizado pela via telefônica, enviou caminhão de sua propriedade para auxiliar Marcelo a distribuir as drogas, proceder que também configurou o seu pagamento pela parte que lhe coube. Tal conduta, indubitavelmente, encontra adequação típica no art. 12 da Lei 6.368/76, tanto no verbo adquirir quanto no verbo ter em depósito, à medida que, tendo Narcélio adquirido metade do entorpecente, tornou-se responsável pelo seu depósito, mantido no interior do município de Pato Bragado-PR, onde acabou apreendido pela Polícia Militar (fl. 156/157)" (HC 212.528/SC, DJe 23/09/2015).

Alternativa "a": está errada a assertiva. Tanto a jurisprudência do STF (HC 135.674/PE, DJe 13/10/2016) quanto a do STJ dispensam, para a consumação do furto, que o bem saia da esfera de vigilância da vítima, bastando que o agente tenha a posse, ainda que momentânea, do objeto subtraído. A respeito: "A Terceira Seção desta Corte, ao apreciar o Recurso Especial representativo de controvérsia n.º 1.524.450/RJ, firmou o entendimento no sentido de que consuma-se o crime de furto com a posse de fato da res furtiva, ainda que por breve espaço de tempo e seguida de perseguição ao agente, sendo prescindível a posse mansa e pacífica ou desvigiada (AgRg no REsp 1483770/RS, Rel. Ministro NEFI CORDEIRO, SEXTA TURMA, julgado em 4/2/2016, DJe 16/2/2016)" (AgInt no REsp 1.662.616/MG, DJe 25/09/2017).

Alternativa "b": está errada a assertiva. Para a maioria, o crime de extorsão é formal (ou de consumação antecipada), perfazendo-se no momento em que o agente emprega os meios aptos a constranger a vítima a lhe proporcionar indevida vantagem econômica (o enriquecimento indevido constitui mero exaurimento, a ser considerado na fixação da pena). Há, contudo, minoria sustentando ser o crime material, não bastando, segundo pensam, o emprego de violência ou grave ameaça. Além do constrangimento violento ou atemorizante, para a consumação do crime mostra-se indispensável a obtenção da vantagem indevida. No entanto, o STJ, ao editar a súmula 96, dirimiu a questão: "O crime de extorsão consuma-se independentemente da obtenção da vantagem indevida".

Alternativa "c": está errada a assertiva. A tentativa do crime de exercício ilegal da medicina é inadmissível, já que se trata de crime habitual. Há doutrina sustentando a possibilidade de tentativa nas situações em que o agente adota todas as providências necessárias para o exercício da profissão de médico, dentista ou farmacêutico, mas é surpreendido quando iria iniciá-la. Não nos parece, todavia, correta esta consideração, pois, se o crime é habitual, ou o agente comete reiteradas vezes a ação típica e consuma o delito, ou não o faz e o fato permanece atípico. A tentativa de cometer atos habituais não é caso de tipificação penal.

Alternativa "d": está errada a assertiva. A orientação da jurisprudência do STJ é no sentido de que, para a caracterização do crime de corrupção de menores é dispensável a demonstração do efetivo corrompimento: "A configuração do crime do art. 244-B do ECA independe da prova da efetiva corrupção do menor, por se tratar de delito formal" (súmula 500).

343. (FUNIVERSA – Delegado de Polícia – DF/2015) Em relação à Lei nº 11.343/2006, que dispõe sobre o tráfico ilícito e o uso indevido de substâncias entorpecentes, assinale a alternativa correta.

a) Na mencionada lei, não se prevê como típica a conduta do sujeito viciado que oferece droga eventualmente, sem intuito de lucro, a um amigo, a fim de juntos a consumirem.

b) Segundo essa lei, não configura causa de aumento de pena a transnacionalidade do delito de tráfico ilícito de entorpecentes.

c) A referida lei promoveu a descriminalização do uso indevido de substâncias entorpecentes.

d) Consoante a referida norma, não é típica a conduta de induzimento ao uso indevido de droga.

e) De acordo com essa lei, as plantações ilícitas serão imediatamente destruídas pelo delegado de polícia, que recolherá quantidade suficiente para exame pericial.

COMENTÁRIOS

Alternativa correta: letra "E". Está correta a assertiva. Nos termos do art. 32 da Lei nº 11.343/06, as plantações ilícitas serão imediatamente destruídas pelo delegado de polícia, que recolherá quantidade suficiente para exame pericial, de tudo lavrando auto de levantamento das condições encontradas, com a delimitação do local, asseguradas as medidas necessárias para a preservação da prova. A destruição se dá na forma do art. 50-A (que trata da situação em que as drogas são apreendidas sem a ocorrência de prisão em flagrante), no prazo máximo de trinta dias.

Alternativa "a": está errada a assertiva. O fato de o agente oferecer droga, eventualmente e sem objetivo de lucro, a pessoa de seu relacionamento, para juntos a consumirem, não é causa de aumento do crime de tráfico, mas uma forma privilegiada de cometer o mesmo crime. Nesse caso, a pena é de detenção de seis meses a um ano, e pagamento de setecentos a mil e quinhentos dias-multa, sem prejuízo das penas previstas no art. 28 da Lei nº 11.343/06 (advertência sobre os efeitos das drogas; prestação de serviços à comunidade; medida educativa de comparecimento a programa ou curso educativo).

Alternativa "b": está errada a assertiva, pois o art. 40, inciso I, da Lei nº 11.343/06 aumenta a pena do tráfico de um sexto a dois terços se a natureza, a procedência da substância ou do produto apreendido e as circunstâncias do fato evidenciarem a transnacionalidade do delito.

Alternativa "c": está errada. De acordo com o entendimento dominante (STF RE 430105 QO/RJ), embora o artigo 28 da Lei nº 11.343/06 não comine pena privativa de liberdade, a infração mantém seu caráter criminoso, acarretando, em caso de condenação, os efeitos da sanção penal, exceto, obviamente, a prisão. Dessa forma, gera reincidência, pode ser considerada como maus antecedentes e caracteriza falta grave no curso da execução penal. O STF, no entanto, julga atualmente o recurso extraordinário nº 635.659, no qual se discute a constitucionalidade do art. 28. Para Gilmar Mendes, que já apresentou seu voto, as sanções descritas no dispositivo passam a ter caráter exclusivamente administrativo, pois a punição criminal "estigmatiza o usuário e compromete medidas de prevenção e redução de danos, bem como gera uma punição desproporcional ao usuário, violando o direito à personalidade". Os ministros Roberto Barroso e Edson Fachin também consideraram inconstitucional a criminalização, mas limitaram seus votos à maconha, a que se referem os fatos tratados no recurso.

Alternativa "d": está errada a assertiva. É crime, punido com detenção de um a três anos, e multa, induzir, instigar ou auxiliar alguém ao uso indevido de droga. Este crime, na vigência da Lei nº 6.368/76, era punido com a mesma pena do tráfico. A Lei nova, acreditando que o fato não trazia tamanha gravidade, o privilegiou, preferindo pena menos severa. Trata-se de *novatio legis in mellius*, devendo retroagir a fim de alcançar os fatos pretéritos, ainda que em fase de execução (art. 2º, parágrafo único, do CP).

344. (Vunesp – Delegado de Polícia – CE/2015) Com relação ao crime previsto no artigo 33 da Lei nº 11.343/2006 (Drogas), pode-se afirmar que

a) é crime material, pois exige a produção de resultado.

b) prevê várias condutas incriminadoras, tendo o agente que incorrer em pelo menos mais de duas delas para a caracterização do delito de tráfico de drogas.

c) traz a possibilidade de o juiz reduzir até 2/3 da pena do agente caso ele seja primário, de bons antecedentes e não se dedique a atividades criminosas e nem integre organizações criminosas.

d) foi excluído do rol dos delitos equiparados aos hediondos, em razão da alteração legal que passou a admitir progressão do regime.

e) estabeleceu penas maiores de prisão – comparadas à legislação anterior – para a conduta daquele que porta drogas para consumo pessoal.

COMENTÁRIOS

Alternativa correta: letra "C". Está correta a assertiva. No delito de tráfico (art. 33, *caput*) e nas formas equiparadas (§ 1º), as penas poderão ser reduzidas de um sexto a dois terços, desde que o agente seja primário (não reincidente), de bons antecedentes e não se dedique às atividades criminosas nem integre organização criminosa (traficante, agindo de modo individual e ocasional). Os requisitos são subjetivos e cumulativos, isto é, faltando um deles inviável a benesse legal. A simples leitura do parágrafo pode induzir o intérprete a imaginar que o benefício está na órbita discricionária do juiz. Contudo, parece-nos que, preenchidos os requisitos, o magistrado não só pode, como deve reduzir a pena, ficando a sua discricionariedade (motivada) limitada à fração minorante.

Alternativa "a" (responde, também, a alternativa "b"): está errada a assertiva. Consuma-se o crime de tráfico com a prática de qualquer um dos núcleos trazidos pelo tipo, não se exigindo efetivo ato de mercancia. Deve ser lembrado que algumas modalidades são permanentes, protraindo o seu momento consumativo no tempo e no espaço (por exemplo, *expor à venda, trazer consigo, manter em depósito, guardar* etc.).

Alternativa "d": está errada a assertiva. A possibilidade de progressão de regime não tem nenhum efeito sobre o caráter hediondo do tráfico de drogas. Ainda sobre a hediondez do tráfico, o entendimento dominante era no sentido de que a causa de diminuição de pena não influenciava na equiparação com os crimes hediondos, tanto que, em 2014, o STJ editou a súmula nº 512 exatamente nesses termos. Ocorre que, julgando o habeas corpus 118.533/MS, o STF decidiu que o privilégio não se harmoniza com a hediondez:: "O crime de tráfico privilegiado de drogas não tem natureza hedionda. Por conseguinte, não são exigíveis requisitos mais severos para o livramento condicional (Lei 11.343/2006, art. 44, parágrafo único) e tampouco incide a vedação à progressão de regime (Lei 8.072/1990, art. 2º, § 2º) para os casos em que aplicada a causa de diminuição prevista no art. 33, § 4°, Lei 11.343/2006. Com base nessa orientação, o Plenário, por maioria, concedeu a ordem de "habeas corpus" para afastar a natureza hedionda de tal delito. No caso, os pacientes foram condenados pela prática de tráfico privilegiado, e a sentença de 1º grau afastara a natureza hedionda do delito. Posteriormente, o STJ entendera caracterizada a hediondez, o que impediria a concessão dos referidos benefícios – v. Informativos 791 e 828. O Tribunal superou a jurisprudência que se firmara no sentido da hediondez do tráfico privilegiado. Sublinhou que a previsão legal seria indispensável para qualificar um crime como hediondo ou equiparado. Assim, a partir da leitura dos preceitos legais pertinentes, apenas as modalidades de tráfico de entorpecentes definidas no art. 33, "caput" e § 1º, da Lei 11.343/2006 seriam equiparadas a crimes hediondos. Entendeu que, para alguns delitos e seus autores, ainda que se tratasse de tipos mais gravemente apenados, deveriam ser reservadas algumas alternativas aos critérios gerais de punição. A legislação alusiva ao tráfico de drogas, por exemplo, prevê a possibilidade de redução da pena, desde que o agente seja primário e de bons antecedentes, não se dedique a atividades criminosas e nem integre organização criminosa. Essa previsão legal permitiria maior flexibilidade na gestão da política de drogas, pois autorizaria o juiz a avançar sobre a realidade pessoal de cada autor. Além disso, teria inegável importância do ponto de vista das decisões de política criminal" (HC 118.533/MS, j. 23/06/2016). Em razão disso, o STJ cancelou a súmula nº 512.

Alternativa "e": está errada a assertiva. A Lei nº 11.343/06 é, em relação à revogada 6.368/76, benéfica no tratamento do porte de drogas para uso pessoal, pois aboliu a pena de prisão, estabelecendo medidas alternativas (advertência sobre os efeitos das drogas; prestação de serviços à comunidade; medida educativa de comparecimento a programa ou curso educativo; multa).

345. (FUNCAB – Delegado de Polícia – RO/2014) Em relação à Lei nº 11.343/2006 (Lei Antidrogas), no crime de tráfico de drogas, são causas que aumentam a pena do referido delito de um sexto a dois terços, EXCETO:

a) o agente praticar o crime prevalecendo-se de função pública ou no desempenho de missão de educação, poder familiar, guarda ou vigilância,

b) quando caracterizado o tráfico entre Estados da Federação ou entre estes e o Distrito Federal.

c) o agente oferecer droga, eventualmente e sem objetivo de lucro, à pessoa de seu relacionamento, para juntos a consumirem.

d) o crime tiver sido praticado com violência, grave ameaça, emprego de arma de fogo, ou qualquer processo de intimidação difusa ou coletiva.

e) a natureza, a procedência da substância ou do produto apreendido e as circunstâncias do fato evidenciarem a transnacionalidade do delito.

COMENTÁRIOS

Alternativa correta: letra "C". Efetivamente, o fato de o agente oferecer droga, eventualmente e sem objetivo de lucro, a pessoa de seu relacionamento, para juntos a consumirem, não é causa de aumento do crime de tráfico, mas uma forma privilegiada de cometer o mesmo crime. Nesse caso, a pena é de detenção de seis meses a um ano, e pagamento de setecentos a mil e quinhentos dias-multa, sem prejuízo das penas previstas no art. 28 da Lei nº 11.343/06 (advertência sobre os efeitos das drogas; prestação de serviços à comunidade; medida educativa de comparecimento a programa ou curso educativo). Na vigência da lei anterior, discutia-se o correto enquadramento típico da conduta daquele que, gratuitamente, cedia droga à terceira pessoa, para juntos a consumirem. Para uma primeira corrente, a conduta se ajustava ao art. 12 (tráfico de drogas, atual art. 33), vez que o tipo não diferenciava (e continua não diferenciando) a finalidade visada com a cessão. Para outros, inexistente o objetivo de lucro (mercancia), a hipótese, por questão de equidade, melhor se amoldava ao art. 16 (porte para uso, atual art. 28). Hoje, a tormentosa questão parece resolvida, prevendo a nova Lei tipo específico (art. 33, § 3º), de menor potencial ofensivo, para o agente que oferece droga, eventualmente e sem objetivo de lucro, a pessoa de seu relacionamento, para juntos a consumirem.

Alternativa "a": está correta a assertiva. O art. 40, inciso II, da Lei nº 11.343/06 aumenta de um sexto a dois terços as penas previstas nos arts. 33 a 37 quando o agente praticar o crime prevalecendo-se de função pública ou no desempenho de missão de educação, poder familiar, guarda ou vigilância. A causa especial de aumento do inciso II alcança aquele que praticar o crime *prevalecendo-se de função pública* (art. 327 do CP). Nesse caso, o agente, tendo por mister prevenir (e combater) a criminalidade, passa a comercializar drogas, valendo-se, para tanto, das facilidades que seu cargo, emprego ou função lhe proporciona (policiais, delegados de polícia, promotores, juízes etc.). A pena será também majorada se o agente comete o crime no *desempenho de missão de educação*. Apesar de não possuir dever de prevenir crimes, o educador tem como missão a educação do pupilo. Aqui, ao invés de contribuir na sua formação e desenvolvimento físico, intelectual e moral, o introduz, de qualquer modo, no "mundo das drogas". Cometer o delito no *desempenho do poder familiar, guarda ou vigilância* também gera aumento de pena. A punição é mais severa porque, também nestes casos, o autor do crime exerce papel educacional e de orientação, ainda que sem relação com função pública.

Alternativa "b": está correta a assertiva. O art. 40, inciso V, da Lei nº 11.343/06 aumenta de um sexto a dois terços as penas previstas nos arts. 33 a 37 quando caracterizado o tráfico entre Estados da Federação ou entre estes e o Distrito Federal. Temos aqui o tráfico doméstico (interestadual), da competência da Justiça Estadual, ditada pela prevenção do local da apreensão da droga (art. 71 do CPP). Os tribunais superiores uniformizaram entendimento de que, para a incidência da majorante, basta a intenção de o agente querer fazer com a droga saia dos limites do Estado (STJ: súmula 587; STF: HC 122791/MS, DJe 26/11/2015).

Alternativa "d": está correta a assertiva. O art. 40, inciso IV, da Lei nº 11.343/06 aumenta de um sexto a dois terços as penas previstas nos arts. 33 a 37 quando o crime tiver sido praticado com violência, grave ameaça, emprego de arma de fogo, ou qualquer processo de intimidação difusa ou coletiva.

Alternativa "e": está correta a assertiva. O art. 40, inciso I, da Lei nº 11.343/06 aumenta de um sexto a dois terços as penas previstas nos arts. 33 a 37 quando a natureza, a procedência da substância ou do produto apreendido e as circunstâncias do fato evidenciarem a transnacionalidade do delito. A Lei nova, diferentemente da anterior, preferiu a expressão *transnacional* (situação ou ação além das nossas fronteiras) ao invés de *internacional* (situação ou ação concernente a duas ou mais nações). Com a mudança, foram atendidas as recomendações internacionais, em especial da Convenção de Palermo. A diferença é significativa. Antes, ao referir-se a tráfico internacional, não gerava o aumento o simples fato da aquisição da droga na Bolívia, exigindo-se vínculo entre nacionais e estrangeiros em atividade (*RT* 666/325). Com a mudança basta que a infração tenha a sua execução iniciada ou terminada fora dos limites do nosso território (em águas internacionais, por exemplo). Para a sua configuração dispensa-se a habitualidade (RT 736/710).

346. (ACAFE – Delegado de Polícia – SC/2014) Com relação à repressão à produção não autorizada e ao tráfico ilícito de drogas, assinale a alternativa correta.

a) As plantações ilícitas serão imediatamente destruídas pelo delegado de polícia, que recolherá quantidade suficiente para exame pericial, de tudo lavrando auto de levantamento das condições encontradas, com a delimitação do local, asseguradas as medidas necessárias para a preservação da prova.

b) Em caso de ser utilizada a queimada para destruir plantação ilícita, observar-se-á, além das cautelas necessárias à proteção ao meio ambiente, a indispensável e prévia autorização do órgão próprio do Sistema Nacional do Meio Ambiente – Sisnama.

c) Feita apreensão em operação de combate às atividades previstas na Lei 11.343/06, que instituiu o Sisnad, e tendo recaído sobre dinheiro ou cheques emitidos como ordem de pagamento, a autoridade de polícia judiciária que presidir o inquérito deverá, de imediato, requerer ao juízo competente a citação do Ministério Público.

d) Os veículos, embarcações, aeronaves, e quaisquer outros meios de transporte, os maquinários, as armas de fogo, utensílios, instrumentos e objetos de qualquer natureza, utilizados para a prática dos crimes definidos na Lei 11.343/06, que instituiu o Sisnad, após a sua regular apreensão, ficarão sob custódia da autoridade de polícia judiciária.

e) A destruição de drogas apreendidas será executada imediatamente pelo delegado de polícia competente, na presença do Ministério Público e da autoridade sanitária.

COMENTÁRIOS

Alternativa correta: letra "A". Está correta a assertiva. O art. 32 da Lei nº 11.343/06, com redação dada pela Lei nº 12.961/14, estabelece precisamente que as plantações ilícitas serão imediatamente destruídas pelo delegado de polícia na forma do art. 50-A, que recolherá quantidade suficiente para exame pericial, de tudo lavrando auto de levantamento das condições encontradas, com a delimitação do local, asseguradas as medidas necessárias para a preservação da prova. O art. 50-A, por sua vez, dispõe que a destruição, sem a ocorrência de prisão em flagrante, será feita por incineração, **no prazo máximo de trinta dias contado da data da apreensão**, guardando-se amostra necessária à realização do laudo definitivo, aplicando-se, no que couber, o procedimento dos §§ 3º a 5º do art. 50, que trata da destruição em decorrência do flagrante. Dentre os vários atos cautelares trazidos pelo art. 32, mostra-se igualmente relevante a lavratura do auto de levantamento das condições encontradas no local. Assim procedendo, a polícia auxilia o Ministério Público (titular da ação penal) e o Magistrado a distinguir um simples plantio doméstico (para uso próprio) do comercial (visando terceiros consumidores).

Alternativa "b": está errada a assertiva porque, nos termos do art. 32, § 3º, da Lei nº 11.343/06, se a droga tiver de ser destruída mediante queimada devem ser observadas, além das cautelas necessárias à proteção ao meio ambiente, o disposto no Decreto nº 2.661/98, no que couber, dispensada a autorização prévia do órgão próprio do Sistema Nacional do Meio Ambiente – Sisnama.

Alternativa "c": está errada a assertiva porque na situação nela descrita não se faz citação do Ministério Público, mas sim intimação (art. 62, § 2º, da Lei nº 11.343/06).

Alternativa "d": está errada a assertiva porque, ao contrário do que descreve, as armas de fogo são recolhidas na forma de legislação específica (art. 62, *caput*, da Lei nº 11.343/06), ou seja, o art. 25 da Lei 10.826/03 ("As armas de fogo apreendidas, após a elaboração do laudo pericial e sua juntada aos autos, quando não mais interessarem à persecução penal serão encaminhadas pelo juiz competente ao Comando do Exército, no prazo máximo de 48 (quarenta e oito) horas, para destruição ou doação aos órgãos de segurança pública ou às Forças Armadas, na forma do regulamento desta Lei").

Alternativa "e": está errada a assertiva porque, tratando-se de apreensão de drogas em decorrência de prisão em flagrante, o art. 50, § 4º, da Lei nº 11.343/06 estabelece que a destruição será executada pelo delegado de polícia competente **no prazo de quinze dias** na presença do Ministério Público e da autoridade sanitária. Se, no entanto, a apreensão não decorrer de flagrante, o art. 50-A, ao qual se remete o art. 32, dispõe que a destruição será feita por incineração, **no prazo máximo de trinta dias** contado da data da apreensão, aplicando-se, no que couber, o procedimento relativo à destruição efetuada no flagrante, dentre os quais a presença do Ministério Público e da autoridade sanitária.

347. (UEPA – Delegado de Polícia – PA/2013) A atual Lei de Drogas brasileira (Lei nº 11.343, de 2006) permite que se faça a seguinte afirmação

a) policial militar que surpreende jovem fumando um cigarro de maconha pode prendê-lo em flagrante e conduzi-lo a uma delegacia para instauração de inquérito.

b) indivíduo que fornece gratuitamente cocaína a amigos, com o único objetivo de comemorar seu aniversário, enquadra-se na condição de traficante, respondendo todavia por uma forma mais branda do delito.

c) na situação de flagrante preparado, em que o policial se faz passar por comprador, a prisão em flagrante é ilegal, porque nenhuma ação ilícita teria sido praticada pelo traficante no contexto.

d) a associação estável de pessoas, com vistas ao tráfico de drogas, constitui crime à parte, porém não pode ser imputada simultaneamente com o tráfico, para evitar o bis in idem (dupla punição pelo mesmo fato).

e) indivíduo que empresta dinheiro ao irmão traficante, uma única vez, com o objetivo de completar a quantia necessária para comprar certa quantidade de drogas, para revenda, deve responder pelo crime de financiamento do tráfico.

COMENTÁRIOS

Alternativa correta: letra "B". Está correta a assertiva. Se alguém fornece gratuitamente drogas a amigos com a única finalidade de comemorar seu aniversário, o que se dá eventualmente e sem a intenção de obter vantagem econômica, responderá por tráfico; mas a lei estabelece uma figura privilegiada, em que a pena é consideravelmente menor, tornando o fato de menor potencial ofensivo. Trata-se do art. 33, § 3º, da Lei nº 11.343/06: "Oferecer droga, eventualmente e sem objetivo de lucro, a pessoa de seu relacionamento, para juntos a consumirem". A pena varia de seis meses a um ano de detenção.

Alternativa "a": está errada a assertiva. Nos termos do art. 48 da Lei nº 11.343/06, ao autor do fato descrito no art. 28 "não se imporá prisão em flagrante, devendo o autor do fato ser imediatamente encaminhado ao juízo competente ou, na falta deste, assumir o compromisso de a ele comparecer, lavrando-se termo circunstanciado e providenciando-se as requisições dos exames e perícias necessários".

Alternativa "c": está errada a assertiva. Se o policial se faz passar por usuário para surpreender o traficante, é certo que a prisão em flagrante não pode se basear no ato de mercancia em si, mas nada impede que tal constrição se dê com lastro em conduta anterior que o traficante haja cometido, como expor à venda, oferecer, ter em depósito, transportar ou trazer consigo a droga que se destinaria ao comércio.

Alternativa "d": está errada a assertiva. O crime de associação para o tráfico é autônomo e se caracteriza ainda que os delitos a que se propuseram os agentes sequer cheguem a ser cometidos. Nada impede que, uma vez formada e consumada a associação, haja também a imputação dos fatos relativos à mercancia de drogas que lhe seriam naturalmente subsequentes.

Alternativa "e": está errada a assertiva. O indivíduo que empresta dinheiro ao irmão traficante, apenas uma vez e com o objetivo de completar a quantia necessária para a aquisição de certa quantidade de drogas que se destinariam à revenda não responde pelo financiamento de que trata o art. 36 da Lei nº 11.343/06, cuja tipificação exige, segundo pensamos, habitualidade. No exemplo citado, o irmão do traficante responderia pelo tráfico com a pena aumentada nos termos do art. 40, inciso VII, da Lei nº 11.343/06.

---

348. (FUNCAB – Delegado de Polícia – ES/2013) João morava em uma comunidade onde havia comércio ilegal de cannabis sativa, razão por que era constante a ação da polícia no local. "Dedinho", responsável pelo comércio ilegal de drogas na comunidade, objetivando não ser incomodado em suas vendas, e buscando não perder a sua mercadoria, contratou João para soltar rojões quando os policiais chegassem à entrada da comunidade, o que se deu por muitas vezes. Assim, João:

a) praticou o crime de associação para o tráfico de drogas ilícitas (artigo 35 da Lei n° 11.343/2006).

b) praticou o crime de quadrilha ou bando (artigo 288 do CP).

c) colaborou como informante do tráfico de drogas ilícitas (artigo 37 da Lei n° 11.343/2006).

d) deve responder como partícipe do tráfico de drogas ilícitas (artigo 33 da Lei n° 11.343/2006).

e) deve responder como coautor do tráfico de drogas ilícitas (artigo 33 da Lei n° 11.343/2006).

COMENTÁRIOS

Alternativa correta: letra "C". Está correta a assertiva. O art. 37 da Lei nº 11.343/06 pune a conduta de colaborar, como informante, com grupo, organização ou associação destinados à prática de qualquer dos crimes previstos nos arts. 33, *caput* e § 1º, e 34 da mesma Lei. Houve quem sustentasse a *abolitio criminis* da conduta descrita no enunciado, que antes se subsumia ao art. 12, § 2º, III, da Lei nº 6.368/76, pois o informante de que trata o art. 37 da atual Lei de Drogas não seria aquele que, sob a égide da lei anterior, contribuía de qualquer forma para incentivar ou difundir o uso indevido ou o tráfico. A Primeira Turma do STF, todavia, firmou o entendimento de que a conduta de "fogueteiro" se subsume ao art. 37: "A conduta do "fogueteiro do tráfico", antes tipificada no art. 12, § 2º, da Lei 6.368/76, encontra correspondente no art. 37 da Lei que a revogou, a Lei 11.343/06, não cabendo falar em abolitio criminis. 2. O informante, na sistemática anterior, era penalmente responsável como coautor ou partícipe do crime para o qual colaborava, em sintonia com a teoria monística do art. 29 do Código Penal: "Quem, de qualquer modo, concorre para o crime incide nas penas a este cominadas, na medida de sua culpabilidade". 3. A nova Lei de Entorpecentes abandonou a teoria monística, ao tipificar no art. 37, como autônoma, a conduta do colaborador, aludindo ao informante (o "fogueteiro", sem dúvida, é informante), e cominou, em seu preceito secundário, pena de 2 (dois) a 6 (seis) anos de reclusão, e o pagamento de 300 (trezentos) a 700 (setecentos) dias-multa, que é inferior à pena cominada no art. 12 da Lei 6.368/76, expressando a mens lege que a conduta a ser punida mais severamente é a do verdadeiro traficante, e não as periféricas. 4. A revogação da lei penal não implica, necessariamente, descriminalização de condutas. Necessária se faz a observância ao princípio da continuidade normativo-típica, a impor a manutenção de condenações dos que infringiram tipos penais da lei revogada quando há, como in casu, correspondência na lei revogadora" (HC 106.155/RJ, DJe 17/11/2011).

Alternativa "a": não há associação para o tráfico porque, como vimos, há tipo específico para a conduta de João, que não se associou a "Dedinho" para o fim de praticar, reiteradamente ou não, algum dos crimes previstos nos arts. 33, *caput* e § 1º, e 34 da Lei nº 11.343/06.

Alternativa "b": também não há a associação criminosa de que trata o art. 288 do Código Penal. Ainda que se tratasse de associação de agentes para o fim de cometer crimes, verificando-se que os delitos visados são relacionados ao comércio de drogas, aplica-se o art. 35 da Lei nº 11.343/06.

Alternativa "d" (responde, também, a alternativa "e"): João não responde pelo crime de tráfico porque não tomou parte no delito diretamente, mas colaborou para que "Dedinho" desempenhasse a traficância. Há, como vimos, tipo penal específico ao qual se subsume esta conduta.

349. (FUNCAB – Delegado de Polícia – RJ/2012) Em busca domiciliar judicialmente autorizada, policiais civis encontram, em certo apartamento, escondidos em um fundo falso de armário, dezenas de invólucros contendo cocaína, já embalada para revenda, bem como um grande pacote contendo cocaína compactada, destinada à embalagem em porções menores, material este que pertencia ao ocupante do imóvel, preso em flagrante delito. No mesmo esconderijo estava uma lata de solvente orgânico, popularmente conhecido por thinner, destinada exclusivamente à inalação pelo detido (ocupante do imóvel). Com o aprofundamento da investigação, constata-se que o proprietário do imóvel, mesmo ciente de que drogas seriam armazenadas naquele local, alugara o imóvel ao detido, razão pela qual resta também indiciado. Verifica-se, por fim, que o contato estabelecido entre o ocupante e o proprietário do imóvel decorrera de uma eventualidade, sendo o aluguel firmado por apenas poucas semanas, embora com remuneração acima do valor de mercado. Analisando o caso concreto, assinale a resposta que corretamente tipifica as condutas narradas.

a) artigos 28 e 33, caput, da Lei n° 11.343/2006, no caso do ocupante; e 33, caput, da Lei n° 11.343/2006, no caso do proprietário do imóvel.

b) artigo 33, caput, da Lei n° 11.343/2006 para o ocupante do imóvel; e artigo 33, § 1°, III, da mesma lei, para o proprietário.

c) artigos 28, 33, caput, e 35 da Lei n° 11.343/2006, tanto no caso do ocupante, quanto no caso do proprietário do imóvel.

d) artigos 28, 33, caput, e 35, da Lei n° 11.343/2006 para o ocupante do imóvel; e 33, § 1°, III, e 35, da mesma lei, para o proprietário.

e) artigo 33, caput, da Lei n° 11.343/2006, tanto no caso do ocupante, quanto no caso do proprietário do imóvel.

COMENTÁRIOS

Alternativa correta: letra "B" (responde, também, a alternativa "a"). Está correta a assertiva. O ocupante do imóvel responderá por guardar a droga, com a finalidade de destiná-la a consumo, sem autorização ou em desacordo com determinação legal ou regulamentar. O fato de o agente ter em sua posse solvente com o propósito de inalá-lo não atrai o art. 28 da Lei nº 11.343/06, pois não se trata de droga. O proprietário do imóvel será responsabilizado na forma do art. 33, § 1º, inciso III, da Lei nº 11.343/06, pois consentiu que outrem utilizasse seu imóvel para o tráfico ilícito de drogas. Não importa, para a caracterização do crime, que o aluguel seja eventual (como citado no exemplo) ou mesmo que o proprietário permita a ocupação gratuitamente; se tem conhecimento de que em seu imóvel há o tráfico de drogas e, ainda assim, consente, será responsabilizado.

Alternativa "c": está errada a assertiva. Não incide o art. 35 da Lei nº 11.343/06 porque não houve, entre o ocupante e o proprietário do imóvel, associação para o fim de praticar, reiteradamente ou não, o crime de tráfico. O simples aluguel do imóvel, mesmo com a ciência do proprietário a respeito do que ocorreria ali, não caracteriza a referida associação, pois este indivíduo não toma parte no tráfico em si, nem aluga o imóvel com propósito de se beneficiar do tráfico. Quanto ao art. 28 da Lei nº 11.343/06, como já ressaltamos, não tem incidência porque a substância apreendida para consumo próprio (solvente) não é droga.

Alternativa "d" (responde, também, a alternativa "e"): está errada a assertiva. Além de não se caracterizar a posse de droga para uso pessoal e a associação para o tráfico, o proprietário não responde pelo tráfico de drogas, pois, conforme já destacado, seu dolo se limitou a alugar o imóvel sabendo que no local ocorreria a mercancia ilícita.

350. (Cespe – Delegado de Polícia – AL/ 2012 – Adaptada) Com base na interpretação doutrinária majoritária e no entendimento dos tribunais superiores, julgue os itens.

Para a materialidade do crime de tráfico ilícito de entorpecentes pressupõe-se a apreensão da droga, todavia, o mesmo não ocorre para o crime de associação para o tráfico, cuja materialidade pode advir de outros meios de prova.

COMENTÁRIOS

Certo. Está correta a assertiva. Para o crime de tráfico, são imprescindíveis a apreensão e o exame das substâncias, pois somente dessa forma é possível aferir se se trata efetivamente de droga assim estabelecida pelo Ministério da Saúde. Já o crime de associação para o tráfico dispensa as mesmas providências porque se caracteriza ainda que os agentes não cometam os delitos a que se dispuseram ao se associar. No exato sentido da assertiva, decidiu o STJ: "Não obstante a materialidade do crime de tráfico pressuponha apreensão da droga, o mesmo não ocorre em relação ao delito de associação para o tráfico, que, por ser de natureza formal, sua materialidade pode advir de outros elementos de provas, como por exemplo, interceptações telefônicas" (HC 148480/BA, DJe 07/06/2010).

Destacamos, todavia, que mesmo no caso do tráfico há decisões no sentido de que, a depender das circunstâncias, caracteriza-se o delito sem a apreensão da substância. É o caso, por exemplo, da situação em que o agente negocia a droga por telefone e disponibiliza o transporte para recebê-la: "Deste modo, a negociação com aquisição da droga e colaboração para seu transporte, de droga que veio a ser apreendida, constitui conduta descrita na imputação e típica, presente se encontrando a materialidade do imputado crime de drogas. Frise-se que a modalidade de tráfico (adquirir), segundo o Supremo Tribunal Federal, completa-se no instante em que ocorre a avença entre o comprador e o vendedor", sem exigência de nenhum outro requisito (HC 71853/RJ, Rel. Min. Maurício Corrêa, Julgado em 07/05/1995, 2ª Turma, DJ de 19/5/1995). Nesse contexto, não há como afastar o entendimento adotado pela sentença que assim referiu: Portanto, as provas coligidas permitem a convicção segura de que Narcélio, após previamente adquirir metade do entorpecente, através de negócio realizado pela via telefônica, enviou caminhão de sua propriedade para auxiliar Marcelo a distribuir as drogas, proceder que também configurou o seu pagamento pela parte que lhe coube. Tal conduta, indubitavelmente, encontra adequação típica no art. 12 da Lei 6.368/76, tanto no verbo adquirir quanto no verbo ter em depósito, à medida que, tendo Narcélio adquirido metade do entorpecente, tornou-se responsável pelo seu depósito, mantido no interior do município de Pato Bragado-PR, onde acabou apreendido pela Polícia Militar (fl. 156/157)" (HC 212.528/SC, DJe 23/09/2015).

351. (Delegado de Polícia – MG/ 2011 – ACADEPOL) Com relação à legislação especial, é INCORRETO afirmar que

a) nos crimes contra a ordem tributária, o pagamento do tributo, antes do recebimento da denúncia, caracteriza causa extintiva de punibilidade.

b) motorista de táxi que se distrai conversando com passageiro e atropela pedestre, causando-lhe lesões corporais e é induzido pelo acompanhante a deixar de prestar socorro à vítima, responde pelo crime de lesão corporal culposa, funcionando a omissão de socorro e a circunstância de estar no exercício da profissão como causas especiais de aumento de pena, conforme a Lei n° 9.503/97, respondendo o passageiro pelo crime de omissão de socorro, previsto no art. 135 do Código Penal.

c) a Lei de Tortura prevê exceção, ao princípio da territorialidade, determinando a aplicação da lei brasileira a crimes ocorridos fora do território brasileiro, sempre que a vítima for brasileira.

d) para o crime de tráfico ilícito de entorpecentes, a associação eventual constitui causa de aumento de pena, sendo a associação para o tráfico, prevista no art. 35 da Lei n° 11.343/2006, delito autônomo que demanda comprovação da estabilidade e permanência da societas sceleris.

COMENTÁRIOS

Alternativa correta: letra "D". Está errada a assertiva porque, após a revogação da Lei nº 6.368/76, não há mais causa de aumento de pena para a associação eventual de agentes para o cometimento do tráfico de drogas. Pela disciplina da Lei nº 11.343/06, se houver reunião eventual, a pena do tráfico não sofrerá a incidência de majorante, embora o juiz possa considerar a circunstância na aplicação da pena-base. Caso haja associação com caráter estável, caracteriza-se o crime do art. 35 da Lei nº 11.343/06, em concurso com eventual crime de tráfico.

Alternativo "a": está correta a assertiva. Antes do advento da Lei nº 9.983/2000, aplicava-se o disposto no art. 34 da Lei nº 9.249/95, que extinguia a punibilidade em relação ao agente que efetuasse o pagamento em momento *anterior ao recebimento da denúncia*. Com o aparecimento da Lei nº 10.684/2003 (Lei do PAES), entendeu o STF (HC 85.452, rel. Min. Eros Grau, *DJU* 03.06.2005) que o pagamento de tributo, *realizado a qualquer tempo*, gerava a extinção da punibilidade, nos termos do seu art. 9º, § 2º. Com a edição da Lei nº 12.382/11, que alterou a Lei nº 9.430/96, tratando do parcelamento do tributo que pode culminar na extinção da punibilidade, há quem sustente que a extinção passou a ser inteiramente tratada pela lei mais recente. Luiz Flávio Gomes, no entanto, argumenta que a extinção da punibilidade pelo pagamento direto não se confunde com a extinção decorrente da quitação do parcelamento, razão pela qual as Leis nº 10.684/03 e 12.382/11 convivem e cada qual disciplina uma forma específica de extinção da punibilidade nos crimes tributários.

Alternativo "b": está correta a assertiva. O motorista responderá por lesão corporal culposa com a pena aumentada em razão da incidência de duas majorantes: por ter omitido socorro e por cometido o fato no exercício de sua profissão ou atividade, conduzindo veículo de transporte de passageiros. O passageiro que induziu o motorista a se omitir responderá pela omissão de socorro nos termos do art. 135 do Código Penal, pois, embora não conduzisse o veículo, sua conduta foi determinante para a falta de assistência.

Alternativo "c": está correto. A Lei nº 9.455/97, no art. 2º, prevê mais uma causa de extraterritorialidade incondicionada da lei penal brasileira, dispondo que seus termos se aplicam ainda quando o crime não tenha sido cometido em território nacional, sendo a vítima brasileira ou encontrando-se o agente em local sob jurisdição brasileira.

352. (Delegado de Polícia – AP / 2010 – FGV) O oferecimento da substância entorpecente Cannabis sativa L. (popularmente conhecida como maconha) a outrem sem objetivo de lucro e para consumo conjunto constitui o seguinte crime:

a) posse de drogas sem autorização ou em desacordo com determinação legal ou regulamentar para consumo pessoal (art. 28, da Lei 11.343/2006), punido com penas de advertência, prestação de serviços à comunidade e medida educativa de comparecimento a programa ou curso educativo.

b) conduta equiparada ao crime de tráfico de drogas (art. 33, § 3º, da Lei 11.343/2006) punido com pena de detenção seis meses a um ano, pagamento de 700 (setecentos) a 1.500 (mil e quinhentos) dias-multa, sem prejuízo das penas de advertência, prestação de serviços à comunidade e medida educativa de comparecimento a programa ou curso educativo.

c) cultivo de plantas destinadas à preparação de pequena quantidade de substância ou produto capaz de causar dependência física ou psíquica para uso pessoal (art. 28, § 1º, da Lei 11.343/2006) punido com penas de advertência, prestação de serviços à comunidade e medida educativa de comparecimento a programa ou curso educativo.

d) tráfico de drogas (art. 33, da Lei 11.343/2006), punido com pena de reclusão de cinco a quinze anos e pagamento de 500 (quinhentos) a 1.500 (mil e quinhentos) dias-multa.

e) posse de drogas sem autorização ou em desacordo com determinação legal ou regulamentar para consumo pessoal (art. 28, da Lei 11.343/2006), punido com penas de detenção de seis meses a dois anos e pagamento de 500 (quinhentos) a 1.500 (mil e quinhentos) dias-multa.

COMENTÁRIOS

Alternativa correta: letra "B". Está correta a assertiva. O art. 33, § 3º, da Lei nº 11.343/06 tipifica uma forma privilegiada de tráfico, punindo com detenção de seis meses a um ano e multa a conduta de oferecer droga, eventualmente e sem objetivo de lucro, a pessoa de seu relacionamento, para juntos a consumirem.

Alternativa "a": está errada porque a posse de drogas punida com advertência, prestação de serviços à comunidade e medida educativa de comparecimento a programa ou curso educativo é aquela que se dá exclusivamente pelo próprio agente, sem compartilhamento.

Alternativa "c": está errada porque, assim como quem possui drogas para uso pessoal, quem semeia, cultiva ou colhe plantas destinadas à preparação de pequena quantidade de substância ou produto capaz de causar dependência física ou psíquica deve fazê-lo sem qualquer compartilhamento.

Alternativa "d": está errada porque, conforme já destacado nos comentários ao item "b", há figura criminosa específica para o tráfico privilegiado.

Alternativo "e": está errada porque a posse de drogas sem autorização ou em desacordo com determinação legal ou regulamentar se restringe ao consumo pessoal, e, além disso, não há previsão de pena privativa de liberdade.

---

353. (Delegado de Polícia – AP / 2010 – FGV) Relativamente à Lei de Drogas (Lei 11.343/2006), analise as afirmativas a seguir:

I. Em qualquer fase da persecução criminal relativa aos crimes previstos na Lei de Drogas, é permitida a infiltração por agentes de polícia, em tarefas de investigação, mediante autorização do Ministério Público.

II. O crime de tráfico de drogas (art. 33, da Lei 11.343/2006) é inafiançável, insuscetível de graça, indulto, anistia, liberdade provisória e livramento condicional.

III. Uma vez encerrado o prazo do inquérito, e não havendo diligências necessárias pendentes de realização, a autoridade de polícia judiciária relatará sumariamente as circunstâncias do fato, justificando as razões que a levaram à classificação do delito, indicando a quantidade e natureza da substância ou do produto apreendido, o local e as condições em que se desenvolveu a ação criminosa, as circunstâncias da prisão, a conduta, a qualificação e os antecedentes do agente.

Assinale:

a) se somente a afirmativa I estiver correta.
b) se somente a afirmativa II estiver correta.
c) se somente a afirmativa III estiver correta.
d) se todas as afirmativas estiverem corretas.
e) se todas as afirmativas estiverem corretas.

COMENTÁRIOS

Alternativa correta: letra "C":

Item I: está errada a assertiva. Nos termos do art. 53 da Lei nº 11.343/06, em qualquer fase da persecução criminal relativa aos crimes previstos nesta Lei, é permitida a infiltração por agentes de polícia, em tarefas de investigação, constituída pelos órgãos especializados pertinentes, *mediante autorização judicial e ouvido o Ministério Público.*

Item II: está errado, pois o art. 44 da Lei nº 11.343/06 dispõe que o tráfico de drogas é inafiançável e insuscetível de *sursis*, graça, indulto, anistia e liberdade provisória, mas nada menciona a respeito do livramento condicional, que é admitido. Note que o mesmo dispositivo faz referência à impossibilidade de substituição da pena privativa de liberdade por restritiva de direitos, a exemplo do que faz o art. 33, § 4º. Ocorre que o STF julgou inconstitucional a vedação contida neste último dispositivo (HC 97.256/RS), que teve sua execução suspensa pela Resolução nº 05/12. Embora a Resolução não tenha contemplado o art. 44, que não era objeto direto do julgamento, a vedação nele contida a respeito das penas restritivas de direitos não tem mais efeito.

Item III: está correta a assertiva. Encerrado o prazo do inquérito policial, sem que haja diligências pendentes de realização, deverá a autoridade policial, remetendo os autos ao juízo, relatar sumariamente as circunstâncias do fato, justificando as razões que a levaram à classificação do delito, indicando a quantidade e natureza da substância ou do produto apreendido, o local e as condições em que se desenvolveu a ação criminosa, as circunstâncias da prisão, a conduta, a qualificação e os antecedentes do agente (art. 52, inciso I).

---

354. (Delegado de Polícia – GO/ 2008 – UEG) A Lei nº 11.343/2006, nova Lei de Drogas, inovou, em alguns aspectos, no tratamento penal do traficante e no do usuário, sendo CORRETO afirmar:

a) é vedada expressamente a todos os delitos tipificados na Lei nº 11.343 a substituição da pena privativa de liberdade por restritiva de direitos.

b) a recusa injustificada do agente em submeter-se ao cumprimento das medidas educativas previstas no art. 28 da Lei nº 11.343, ensejará, de pronto, a aplicação da pena de multa.

c) a previsão na Lei nº 11.343 da causa de diminuição da pena para o traficante primário, de bons antecedentes e sem ligações criminosas, não exclui a aplicação das restrições contidas na Lei de Crimes Hediondos.

d) segundo decisão do Supremo Tribunal Federal, as sanções do art. 28 da Lei nº 11.343 (posse para consumo pessoal) não são consideradas de natureza penal propriamente dita, inserindo-se no chamado direito penal sancionador.

COMENTÁRIOS

Alternativa correta: letra "C". Está correta a assertiva, embora as restrições impostas pela Lei nº 8.072/90 estejam, atualmente, bem menos drásticas. Isto porque, das disposições estabelecidas pela Lei nº 11.464/07, persiste apenas o cumprimento de fração maior da pena para a progressão de regime, tendo o STF declarado inconstitucional a obrigatoriedade do regime inicial fechado (HC 111.840/ES).

Alternativa "a": a assertiva está incorreta. Originariamente, a Lei nº 11.343/06 vedava a substituição da pena privativa de liberdade por restritiva de direitos apenas nos crimes dos arts. 33, caput e § 1º, e 34 a 37, permitindo-se a pena alternativa nos demais casos. Atualmente, no entanto, mesmo para estes crimes, diretamente ligados à mercancia de drogas, admite-se a substituição da pena porque o STF considerou inconstitucional a vedação absoluta contida na Lei nº 11.343/06 (HC 97.256/RS).

Alternativa "b": está errada porque, nos termos do art. 28, § 6º, da Lei nº 11.343/06, recusando-se injustificadamente a cumprir as medidas educativas impostas, o agente será submetido a admoestação verbal e, em caso de insuficiência, a multa.

Alternativa "d": está errada porque o STF considera que a posse de drogas para consumo pessoal mantém a natureza criminosa, diferenciando-se das demais figuras delituosas apenas quanto às consequências, já que não se aplica pena privativa de liberdade (RE 430.105/RJ). O STF, no entanto, julga atualmente o recurso extraordinário nº 635.659, no qual se discute a constitucionalidade do art. 28. Para Gilmar Mendes, que já apresentou seu voto, as sanções descritas no dispositivo passam a ter caráter exclusivamente administrativo, pois a punição criminal "estigmatiza o usuário e compromete medidas de prevenção e redução de danos, bem como gera uma punição desproporcional ao usuário, violando o direito à personalidade". Os ministros Roberto Barroso e Edson Fachin também consideraram inconstitucional a criminalização, mas limitaram seus votos à maconha, a que se referem os fatos tratados no recurso.

---

355. (Delegado de Polícia – SC / 2008 – ACADEPOL) "A", depois de consumir cocaína e sob o efeito dessa substância, conduziu uma pequena embarcação a motor de sua propriedade, na praia, expondo a risco a incolumidade de outrem, com as manobras perigosas que fazia. Pode-se afirmar que, assim agindo, "A" praticou:

a) crime de "direção perigosa", previsto na Lei nº 9.503/97 (Código de Trânsito Brasileiro).
b) contravenção penal de "direção perigosa".
c) crime previsto na Lei nº 11.343/06 (Lei sobre Drogas).
d) mera infração administrativa.

COMENTÁRIOS

Alternativa correta: letra "C". O art. 39 da Lei nº 11.343/06 pune, com detenção de seis meses a três anos, a conduta de conduzir embarcação ou aeronave após o consumo de drogas, expondo a dano potencial a incolumidade de outrem, que se aplica à hipótese em que o agente, sob a influência de cocaína, conduz embarcação a motor, na praia, expondo a risco a incolumidade de outrem, realizando manobras perigosas.

Alternativa "a": não há, na Lei nº 9.503/97, crime de direção perigosa. O mais próximo que se tem da direção perigosa é o crime previsto no art. 311, que pune a conduta de trafegar em velocidade incompatível com a segurança nas proximidades de escolas, hospitais, estações de embarque e desembarque de passageiros, logradouros estreitos, ou onde haja grande movimentação ou concentração de pessoas, gerando perigo de dano. Além disso, o Código de Trânsito, nos termos do seu art. 1º, rege o trânsito de qualquer natureza *nas vias terrestres* do território nacional, sem aplicação sobre embarcações.

Alternativo "b": não se aplica, no caso, a contravenção de direção perigosa, que pune a conduta de dirigir veículos na via pública, ou embarcações em águas públicas, pondo em perigo a segurança alheia, porque, conforme veremos no próximo item, há figura criminosa específica para o fato descrito no enunciado.

Alternativo "d": diante da existência de tipo penal ao qual se subsume a conduta, afasta-se a possibilidade de aplicar sanção administrativa, que será, eventualmente, cumulativa.

---

356. (Delegado de Polícia – SC / 2008 – ACADEPOL) "Juanito Camiñero", paraguaio, trouxe para o Brasil, no interior da porta de seu automóvel, 4 kg de maconha e 1 kg de cocaína. Ele deve ser responsabilizado por crime de ______ e deve ser processado e julgado na Justiça______.

A alternativa **correta** que completa as lacunas da frase acima é:

a) tráfico de drogas e contrabando – Estadual
b) tráfico de drogas e contrabando – Federal
c) tráfico de drogas – Federal
d) tráfico de drogas – Estadual

COMENTÁRIOS

Alternativa correta: letra "C" (responde, também, a alternativa "d"). Há, no exemplo citado, tráfico de drogas, pois o agente importou drogas sem autorização e em desacordo com determinação legal ou regulamenta. Quanto à competência, verificada a transnacionalidade do delito, cumpre à justiça federal o julgamento (STJ: CC 146.291/AM, DJe 22/09/2016).

Alternativa "a" (responde, também, a alternativa "b"). Não há, no caso, crime de contrabando porque as drogas mencionadas, embora sejam de importação proibida, são objeto de lei específica (11.343/06), que, pelo princípio da especialidade, afasta a aplicação do Código Penal.

79.2. CRIMES CONTRA A ORDEM TRIBUTÁRIA, ECONÔMICA E CONTRA AS RELAÇÕES DE CONSUMO

357. (Cespe – Delegado de Polícia – GO/2017) Considere os seguintes atos, praticados com o objetivo de suprimir tributo:

1) Marcelo prestou declaração falsa às autoridades fazendárias;
2) Hélio negou-se a emitir, quando isso era obrigatório, nota fiscal relativa a venda de determinada mercadoria;
3) Joel deixou de fornecer nota fiscal relativa a prestação de serviço efetivamente realizado.

Nessas situações, conforme a Lei n.° 8.137/1990 e o entendimento do STF, para que o ato praticado tipifique crime material contra a ordem tributária, será necessário o prévio lançamento definitivo do tributo em relação a

a) Hélio e Joel.
b) Marcelo apenas.
c) Hélio apenas.
d) Joel apenas.
e) Hélio, Marcelo e Joel.

COMENTÁRIOS

Alternativa correta: letra "B" (responde, também, as demais alternativas). A súmula vinculante 24 estabelece que "Não se tipifica crime material contra a ordem tributária, previsto no art. 1º, incisos I a IV, da Lei nº 8.137/90, antes do lançamento definitivo do tributo". Das condutas citas nos itens 1, 2 e 3, apenas a de Marcelo constitui crime material contra a ordem tributária, pois tipificada no art. 1º, inciso I, da Lei 8.137/90. As demais integram o tipo do inciso V, que é crime formal, razão pela qual não estão abrangidos pelas disposições da súmula.

358. (ACAFE – Delegado de Polícia – SC/2014) Identifique o que constitui crime contra a ordem tributária e assinale a alternativa correta.

I. Adquirir, distribuir e revender derivados de petróleo, gás natural e suas frações recuperáveis, álcool etílico, hidratado carburante e demais combustíveis líquidos carburantes, em desacordo com as normas estabelecidas na forma da lei.
II. Usar gás liquefeito de petróleo em motores de qualquer espécie, saunas, caldeiras e aquecimento de piscinas, ou para fins automotivos, em desacordo com as normas estabelecidas na forma da lei.
III. Negar ou deixar de fornecer, quando obrigatório, nota fiscal ou documento equivalente, relativa a venda de mercadoria ou prestação de serviço, efetivamente realizada, ou fornecê-la em desacordo com a legislação.
IV. Sem autorização legal, produzir, adquirir, transportar, industrializar, ter consigo, consumir ou comercializar produtos ou matéria-prima pertencentes à União.

a) Apenas II e III estão corretas.
b) Apenas a afirmação III está correta.
c) Apenas II e IV estão corretas.
d) Apenas I, II e IV estão corretas.
e) Todas as afirmações estão corretas.

COMENTÁRIOS

Alternativa correta: letra "B".

Item I: está errada a assertiva, que descreve o crime contra a ordem econômica tipificado no art. 1º, inciso I, da Lei nº 8.176/91, punido com detenção de um a cinco anos: "adquirir, distribuir e revender derivados de petróleo, gás natural e suas frações recuperáveis, álcool etílico, hidratado carburante e demais combustíveis líquidos carburantes, em desacordo com as normas estabelecidas na forma da lei". Trata-se de norma penal em branco, pois o dispositivo traz um elemento normativo consistente na expressão "em desacordo com as normas estabelecidas na forma da lei". Neste caso, as normas são geralmente estabelecidas pela Agência Nacional do Petróleo (ex.: quantidade de etanol na gasolina).

Item II: está errada a assertiva, que traz outro crime contra a ordem econômica, tipificado no mesmo dispositivo mencionado no comentário anterior, agora no inciso II.

Item III: está correta a assertiva. O art. 1º, inciso V, da Lei nº 8.137/90 pune, com reclusão de um a cinco anos, as condutas de negar ou deixar de fornecer, quando obrigatório, nota fiscal ou documento equivalente, relativa a venda de mercadoria ou prestação de serviço efetivamente realizada, ou fornecê-la em desacordo com a legislação. Note-se que este crime, embora esteja no art. 1º e seja cometido para suprimir ou reduzir tributo ou contribuição social e qualquer acessório, não está abrangido pela súmula vinculante nº 24, que dispõe expressamente que o entendimento nela sintetizado se aplica aos crimes materiais contra a ordem tributária estabelecidos no art. 1º, incisos I a IV, da Lei nº 8.137/90.

Item IV: está errada a assertiva, que trata do crime contra a ordem econômica tipificado no art. 2º, § 1º, da Lei nº 8.176/91, relativo à usurpação contra o patrimônio da União. A pena é de detenção de um a cinco anos, e multa.

359. (Cespe – Delegado de Polícia – BA/2013 – Adaptada) Em relação aos crimes contra a administração pública e aos delitos praticados em detrimento da ordem econômica e tributária e em licitações e contratos públicos, julgue os itens.

Servidor público que, na qualidade de agente fiscal, exigir vantagem indevida para deixar de emitir auto de infração por débito tributário e de cobrar a consequente multa responderá, independentemente do recebimento da vantagem, pela prática do crime de concussão, previsto na parte especial do Código Penal (CP).

COMENTÁRIOS

Errado. Está errada a assertiva, pois a conduta do servidor público, nesta situação, se subsume ao art. 3º, inciso II, da Lei nº 8.137/90: "exigir, solicitar ou receber, para si ou para outrem, direta ou indiretamente, ainda que fora da função ou antes de iniciar seu exercício, mas em razão dela, vantagem indevida; ou aceitar promessa de tal vantagem, para deixar de lançar ou cobrar tributo ou contribuição social, ou cobrá-los parcialmente". A norma do referido dispositivo é especial em relação ao tipo da concussão, que é afastado.

360. (FUNCAB – Delegado de Polícia – RJ/2012) Constitui crime contra as relações de consumo, EXCETO:

a) fraudar preços por meio de divisão em partes de bem ou serviço, habitualmente oferecido à venda em conjunto.
b) formar acordo, convênio, ajuste ou aliança entre ofertantes, visando à fixação artificial de preços ou quantidades vendidas ou produzidas.
c) deixar de organizar dados fáticos, técnicos e científicos que dão base à publicidade.
d) favorecer ou preferir, sem justa causa, comprador ou freguês, ressalvados os sistemas de entrega ao consumo por intermédio de distribuidores ou revendedores.
e) fraudar preços por meio de junção de bens ou serviços, comumente oferecidos à venda em separado.

COMENTÁRIOS

Alternativa correta: letra "B". A assertiva revela um crime contra a ordem econômica. O art. 4º, inciso II, *a*, da Lei nº 8.137/90 pune a conduta de formar acordo, convênio, ajuste ou aliança entre ofertantes, visando à fixação artificial de preços ou quantidades vendidas ou produzidas. Trata-se de um crime formal, que não depende de nenhum dano à economia em decorrência do acordo para a fixação dos preços dissimulados.

Alternativa "a": está correta a assertiva. Constitui crime contra as relações de consumo, nos termos do art. 7º, inciso IV, *b*, da Lei nº 8.137/90 o ato de fraudar preços por meio de divisão em partes de bem ou serviço, habitualmente oferecido à venda em conjunto.

Alternativa "c": está correta a assertiva. Deixar de organizar dados fáticos, técnicos e científicos que dão base à publicidade é crime previsto no art. 69 da Lei nº 8.078/90.

Alternativa "d": está correta a assertiva. É crime contra as relações de consumo, tipificado no art. 7º, inciso I, da Lei nº 8.137/90, favorecer ou preferir, sem justa causa, comprador ou freguês, ressalvados os sistemas de entrega ao consumo por intermédio de distribuidores ou revendedores.

Alternativa "e": está correta a assertiva. Fraudar preços por meio de junção de bens ou serviços, comumente oferecidos à venda em separado é delito tipificado no art. 7º, inciso IV, *c*, da Lei nº 8.137/90.

361. (Delegado de Polícia – PA/ 2009 – MOVENS) A evasão tributária e a elisão tributária são institutos de direito tributário. A respeito dos crimes contra a ordem tributária, assinale a opção correta.

a) A evasão tributária é mecanismo lícito.
b) A ação de sonegar ou reduzir tributo, contribuição social e acessórios independe de prejuízo, porque se trata de crime de mera conduta.
c) Em regra, e para a maioria dos doutrinadores, a elisão tributária configura ilícito tributário.
d) Falsificar ou alterar nota fiscal, fatura ou duplicata será considerado conduta típica penal somente quando houver repercussão jurídica e se ficar provado que ocorreu prejuízo para o credor da competência.

COMENTÁRIOS

Alternativa correta: letra "D". Está correta a assertiva. A conduta de falsificar ou alterar nota fiscal, fatura, duplicata, nota de venda ou qualquer outro documento relativo à operação tributável, é uma das formas de cometer a sonegação de tributos tipificada no art. 1º da Lei nº 8.137/90, que é crime material.

Alternativa "a" (responde, também, a alternativa "c"). A evasão e a elisão são formas de evitar o pagamento do tributo. A evasão ocorre por meio da utilização de expedientes ilícitos, como a omissão de informações e a declaração falsa. A elisão, por outro lado, consiste na utilização de meios legais para adoção de planejamento tributário visando evitar o fato gerador do tributo.

Alternativa "b": está errada porque o ato de sonegação de tributo (art. 1º da Lei nº 8.137/90) consiste claramente em crime material, que exige a ocorrência de prejuízo ao erário para que se configure.

362. (Delegado de Polícia – GO/ 2008 – UEG) Agente fiscal que solicita de contribuinte vantagem para deixar de lançar contribuição social devida comete

a) crime de corrupção passiva.
b) crime contra a ordem tributária.
c) crime de excesso de exação.
d) crime de prevaricação.

COMENTÁRIOS

Alternativa correta: letra "B" (responde, também, a alternativa "a"). Não se trata de corrupção passiva (art. 317 do Código Penal), mas de crime contra a ordem tributária, porque a Lei nº 8.137/90 tipifica especificamente, no art. 3º, a conduta de solicitar ou receber, para si ou para outrem, direta ou indiretamente, ainda que fora da função ou antes de iniciar seu exercício, mas em razão dela, vantagem indevida; ou aceitar promessa de tal vantagem, para deixar de lançar ou cobrar tributo ou contribuição social, ou cobrá-los parcialmente. Note-se que o mesmo dispositivo tipifica uma forma especial de concussão, prevendo também a ação nuclear *exigir*.

Alternativa "c": está errada porque o excesso de exação se caracteriza pelo fato de o funcionário exigir tributo ou contribuição social que sabe ou deveria saber indevido, ou, quando devido, emprega na cobrança meio vexatório ou gravoso, que a lei não autoriza.

Alternativa "d": está errada porque o crime de prevaricação consiste em retardar ou deixar de praticar, indevidamente, ato de ofício, ou praticá-lo contra disposição expressa de lei, para satisfazer interesse ou sentimento pessoal. Não há, no caso, solicitação de vantagem.

79.3. ARMA DE FOGO

363. (Cespe – Delegado de Polícia – PC – SE/2018 – Adaptada) Julgue os itens seguintes, referentes a crimes de trânsito e a posse e porte de armas de fogo, de acordo com a jurisprudência e legislação pertinentes.

363.1. O porte de arma de fogo de uso permitido sem autorização, mas desmuniciada, não configura o delito de porte ilegal previsto no Estatuto do Desarmamento, tendo em vista ser um crime de perigo concreto cujo objeto jurídico tutelado é a incolumidade física.

COMENTÁRIOS

O porte ilegal de arma de fogo é classificado como crime de perigo abstrato, que dispensa a demonstração de efetivo risco à incolumidade pública, bem jurídico tutelado. Por esta razão, o porte de arma desmuniciada é considerado criminoso: "1. O posicionamento perfilhado pelo Tribunal de origem coaduna-se com a jurisprudência deste Superior Tribunal de Justiça, que é no sentido de que o crime previsto no art. 14 da Lei n. 10.826/2003 é de perigo abstrato, sendo desnecessário perquirir sobre a lesividade concreta da conduta, porquanto o objeto jurídico tutelado não é a incolumidade física, e sim a segurança pública e a paz social, colocadas em risco com a posse da arma de fogo, ainda que desprovida de munição, revelando-se despicienda a comprovação do potencial ofensivo do artefato através de laudo pericial" (AgRg no AREsp 1.320.612/MS, j. 23/10/2018). **ERRADO**

363.2. Situação hipotética: Um policial militar reformado foi preso em flagrante delito por portar arma de fogo de uso permitido, sem autorização legal e sem o devido registro do armamento. Assertiva: Nessa situação, a autoridade policial não poderá conceder fiança, porquanto o Estatuto do Desarmamento prevê que o fato de a arma não estar registrada no nome do agente torna inafiançável o delito.

COMENTÁRIOS

O art. 14, parágrafo único, da Lei 10.826/03 de fato estabelece que o crime de porte ilegal de arma de fogo é inafiançável, exceto se a arma estiver registrada em nome do agente. A regra, no entanto, foi considerada inconstitucional pelo STF: "(...) A proibição de estabelecimento de fiança para os delitos de "porte ilegal de arma de fogo de uso permitido" e de "disparo de arma de fogo", mostra-se desarrazoada, porquanto são crimes de mera conduta, que não se equiparam aos crimes que acarretam lesão ou ameaça de lesão à vida ou à propriedade (...)" (ADI 3112). **ERRADO**

364. (IBADE – Delegado de Polícia – AC/2017) Acerca do Estatuto do Desarmamento (Lei 10.826/2003), assinale a alternativa correta.

a) O crime de porte ilegal de arma de fogo de use permitido é inafiançável.

b) O proprietário responsável de empresa de segurança e transporte de valores que deixar de registrar ocorrência policial e de comunicar à Polícia Federal perda, furto, roubo ou outras formas de extravio de arma de fogo que esteja sob sua guarda, nas primeiras 24 (vinte quatro) horas depois de ocorrido o fato, incorrerá no crime de omissão de cautela.

c) De acordo com a recente decisão do Superior Tribunal de Justiça, aquele que mantiver em seu poder uma arma de fogo de calibre permitido com registro vencido, incorrerá na prática do crime de porte ilegal de arma de fogo.

d) No crime de comércio ilegal de arma de fogo, a pena é aumentada em um terço se a arma de fogo, acessório ou munição forem de uso proibido ou restrito.

e) O crime de omissão de cautela consiste em deixar de observar as cautelas necessárias para impedir que menor de 14 (catorze) anos ou pessoa portadora de deficiência mental se apodere de arma de fogo que esteja sob sua posse.

COMENTÁRIOS

Alternativa correta: letra "B". Está correta a assertiva. O art. 13 da Lei 10.826/03 contém em seu parágrafo único um tipo derivado segundo o qual nas mesmas penas do caput (detenção de um a dois anos e multa) incorrem o proprietário ou diretor responsável de empresa de segurança e transporte de valores que deixarem de registrar ocorrência policial e de comunicar à Polícia Federal perda, furto, roubo ou outras formas de extravio de arma de fogo, acessório ou munição que estejam sob sua guarda, nas primeiras 24 (vinte quatro) horas depois de ocorrido o fato.

Alternativa "a": está errada a assertiva. Embora o parágrafo único do art. 14 da Lei 10.826/03 estabeleça a inafiançabilidade do crime de porte ilegal de arma de fogo, o Supremo Tribunal Federal julgou a disposição inconstitucional (ADI 3112-1) porque, tratando-se de crime de mera conduta, não violento e que não expõe a risco direto a vida ou o patrimônio, não é razoável impedir o direito a fiança.

Alternativa "c": de acordo com decisão proferida pela Corte Especial do STJ, a conduta de manter sob guarda, no interior de residência, arma de fogo de uso permitido com registro vencido não configura o crime do art. 12 da Lei 10.826/2003 (APN 686/AP, DJe 29/10/2015).

Alternativa "d": está errada a assertiva, pois, no comércio ilegal de arma de fogo, o fato de se tratar de arma, munição ou acessório de uso proibido ou restrito aumenta a pena de metade, não de um terço (art. 19 da Lei 10.826/03).

Alternativa "e": está errada a assertiva porque o crime consiste em deixar de observar as cautelas necessárias para impedir que menor de dezoito anos – não menor de quatorze – ou pessoa portadora de deficiência mental se apodere de arma de fogo que esteja sob sua posse ou que seja de sua propriedade.

365. (Cespe – Delegado de Polícia – GO/2017) Considerando o atual entendimento dos tribunais superiores quanto aos institutos do Código de Defesa do Consumidor, do Estatuto do Desarmamento e do Estatuto da Criança e do Adolescente (ECA), assinale a opção correta.

a) Ao estabelecer prazo para a regularização dos registros pelos proprietários e possuidores de armas de fogo, o Estatuto do Desarmamento criou situação peculiar e temporária de atipicidade das condutas de posse e porte de arma de fogo de uso permitido e restrito.

b) Aquele que fornece a adolescente, ainda que gratuitamente, arma de fogo, acessório ou munição de uso restrito ou proibido fica sujeito à sanção penal prevista no ECA, em decorrência do princípio da especialidade.

c) Pessoa jurídica não pode figurar como sujeito passivo de infração penal consumerista, porquanto não se enquadra no conceito de consumidor.

d) A conduta daquele que promove propaganda enganosa capaz de induzir o consumidor a se comportar de maneira prejudicial à sua saúde somente é penalmente punível diante da ocorrência de resultado danoso.

e) O porte ou a posse simultânea de duas ou mais armas de fogo de uso restrito ou proibido não configura concurso formal, mas crime único, pois a situação de perigo é uma só.

COMENTÁRIOS

Alternativa correta: letra "E". Está correta a assertiva. Caso o agente porte ou mantenha sob sua posse mais de uma arma de fogo de uso restrito, haverá apenas um crime. Note-se, no entanto, que o STJ tem decidido pela existência de concurso formal no caso de porte ou posse de arma de fogo de uso permitido e de uso restrito, pois, no caso, a conduta se subsume a tipos penais diversos: "As condutas de possuir arma de fogo e munições de uso permitido e de uso restrito, apreendidas em um mesmo contexto fático, configuram concurso formal de delitos" (AgRg no REsp 1.619.960/MG, DJe 01/08/2017).

Alternativa "a": está errada a assertiva, pois a abolitio criminis temporária abrangia tão somente a posse de arma de fogo, não o porte. Além disso, a posse de arma de fogo de uso restrito foi abrangida pela abolitio somente até 23/10/2005. Após essa data, e até 31/12/2009, somente a posse de armas de fogo de uso permitido estava abrangida: "É atípica a conduta relacionada ao crime de posse de arma de fogo, acessórios e munição, seja de uso permitido, restrito, proibido ou com numeração raspada, incidindo a chamada abolitio criminis temporária, se praticada no período compreendido entre 23/12/2003 e 23/10/2005. O respectivo termo final foi prorrogado até 31/12/2008 pela Medida Provisória 417, de 31/1/2008, convertida na Lei 11.706/2008, que deu nova redação aos artigos 30 a 32 da Lei 10.826/2003, somente para os possuidores de armamentos de uso permitido, não mais albergando o delito previsto no artigo 16 do Estatuto do Desarmamento. Na mesma esteira, a Lei 11.922, de 13/4/2009, prorrogou o prazo previsto no artigo 30 da Lei 10.826/2003 até 31/12/2009 apenas no que toca ao crime de posse de arma de uso permitido" (HC 405.337/SP, DJe 11/10/2017).

Alternativa "b": está errada a assertiva. Vender, entregar ou fornecer, ainda que gratuitamente, arma de fogo, acessório, munição ou explosivo a criança ou adolescente é crime tipificado no art. 16, parágrafo único, inciso V, da Lei 10.826/03.

Alternativa "c": está errada a assertiva. De acordo com o art. 2º do CDC, consumidor é toda pessoa física ou jurídica que adquire ou utiliza produto ou serviço como destinatário final. Dessa forma, se, por exemplo, uma pessoa jurídica utiliza, na qualidade de destinatária final, os serviços de reparação de seus computadores, prestados por uma assistência técnica que emprega, sem autorização, peça ou componentes de reposição usados, há o crime do art. 70 do CDC.

Alternativa "d": está errada a assertiva. O art. 68 do CDC pune as condutas de fazer ou promover publicidade que sabe ou deveria saber ser capaz de induzir o consumidor a se comportar de forma prejudicial ou perigosa a sua saúde ou segurança. Trata-se de crime formal, que dispensa qualquer resultado naturalístico.

366. (FUNCAB – Delegado de Polícia – PA/2016) Sobre os crimes previstos no Estatuto do Desarmamento, assinale a resposta correta.

a) O crime previsto no art. 14 do Estatuto (porte ilegal de arma de fogo de uso permitido) versa sobre armas de fogo e munições, não contemplando os acessórios entre suas elementares.

b) Entende-se como posse de arma de fogo a conduta de possuir ou manter arma em casa ou local de trabalho, qualquer que seja ele, em desacordo com determinação legal ou regulamentar.

c) Comete o crime do art. 14 do Estatuto o praticante de tiro esportivo que transporta arma de fogo municiada, quando a guia de tráfego autoriza apenas o transporte de arma desmuniciada.

d) Para a consumação da infração penal prevista no art. 13 do Estatuto, basta que o sujeito ativo omita as cautelas necessárias para impedir que pessoas menores de 18 anos ou portadores de deficiência mental se apoderem de munições.

e) O porte de simulacro de arma de fogo de uso restrito caracteriza o crime previsto no art. 16 do Estatuto.

COMENTÁRIOS

Alternativa correta: letra "C". Está correta a assertiva. O art. 14 da Lei 10.826/03 pune as condutas de portar, deter, adquirir, fornecer, receber, ter em depósito, transportar, ceder, ainda que gratuitamente, emprestar, remeter, empregar, manter sob guarda ou ocultar arma de fogo, acessório ou munição, de uso permitido, sem autorização e em desacordo com determinação legal ou regulamentar. No caso do transporte pelo praticante de tiro esportivo, há uma autorização (guia de tráfego), expedida pelo Exército, que estabelece as condições em que a arma pode ser transportada. Caso se constate o transporte de forma diversa daquela estabelecida na guia, há o crime, como já decidiu o STJ (RHC 34.579/RS, DJe 06/05/2014). Note-se, apenas, que a Portaria nº 28 do Comando Logístico do Exército, emitida em 14 de março de 2017, passou a autorizar "o transporte de uma arma de porte, do acervo de tiro desportivo, municiada, nos deslocamentos do local de guarda do acervo para os locais de competição e/ou treinamento".

Alternativa "a": está errada a assertiva. O art. 14 da Lei 10.826/03 inclui os acessórios de armas de fogo. Acessório de arma, segundo o art. 3º, inciso II, do Decreto 3.665/00, é o "artefato que, acoplado a uma arma, possibilita a melhoria do desempenho do atirador, a modificação de um efeito secundário do tiro ou a modificação do aspecto visual da arma".

Alternativa "b": está errada a assertiva. O crime de posse de arma de fogo (art. 12 da Lei 10.826/03) ocorre quando o agente possui ou mantém sob sua guarda arma de fogo, acessório ou munição, de uso permitido, em desacordo com determinação legal ou regulamentar, no interior de sua residência ou dependência desta, ou, ainda no seu local de trabalho, mas desde que seja o titular ou o responsável legal do estabelecimento ou empresa. Dessa forma, se a conduta é praticada por um funcionário do estabelecimento, o crime é o do art. 14.

Alternativa "d": está errada a assertiva, que se refere ao art. 13 da Lei 10.826/03, porque o tipo penal não faz menção a munições, mas somente a arma de fogo, e que esteja sob a responsabilidade do omitente. Consiste o crime em deixar de observar as cautelas necessárias para impedir que menor de dezoito anos ou pessoa portadora de deficiência mental se apodere de arma de fogo que esteja sob a posse ou que seja de propriedade do agente.

Alternativa "e": está errada a assertiva. Embora a fabricação de simulacro de arma de fogo seja proibida, seu porte não caracteriza nenhum crime da Lei 10.826/03.

---

367. (Cespe – Delegado de Polícia – PE/2016) Lucas, delegado de polícia de determinado estado da Federação, em dia de folga, colidiu seu veículo contra outro veículo que estava parado em um sinal de trânsito. Sem motivo justo, o delegado sacou sua arma de fogo e executou um disparo para o alto. Imediatamente, Lucas foi abordado por autoridade policial que estava próxima ao local onde ocorrera o fato.

Nessa situação hipotética, a conduta de Lucas poderá ser enquadrada como

a) crime inafiançável.
b) contravenção penal.
c) crime, com possibilidade de aumento de pena, devido ao fato de ele ser delegado de polícia.
d) crime insuscetível de liberdade provisória.
e) atípica, devido ao fato de ele ser delegado de polícia.

COMENTÁRIOS

Alternativa correta: letra "C" (responde, também, as alternativas "b" e "e"). Está correta a assertiva. O art. 15 da Lei nº 10.826/03 pune, com reclusão de dois a quatro anos, a conduta de disparar arma de fogo ou acionar munição em lugar habitado ou em suas adjacências, em via pública ou em direção a ela, desde que essa conduta não tenha como finalidade a prática de outro crime (subsidiariedade expressa). No exemplo do enunciado, a pena é aumentada da metade em virtude do disposto no art. 20, que impõe maior reprimenda a agentes que, dentre outras situações, integram os quadros das polícias civis.

Alternativa "a": não se trata de crime inafiançável porque não obstante o parágrafo único do art. 15 contenha disposição sobre a inafiançabilidade, o STF, ao julgar a ADI 3112, considerou que "A proibição de estabelecimento de fiança para os delitos de "porte ilegal de arma de fogo de uso permitido" e de "disparo de arma de fogo", mostra-se desarrazoada, porquanto são crimes de mera conduta, que não se equiparam aos crimes que acarretam lesão ou ameaça de lesão à vida ou à propriedade".

Alternativa "d": está errada a assertiva porque a Lei nº 10.826/03 não trata da vedação à liberdade provisória no crime de disparo de arma de fogo. O art. 21 estabelece que apenas os crimes previstos nos arts. 16, 17 e 18 são insuscetíveis de liberdade provisória. Todavia, por meio da mesma ADI 3112, o STF considerou inconstitucional o dispositivo, "visto que o texto magno não autoriza a prisão ex lege, em face dos princípios da presunção de inocência e da obrigatoriedade de fundamentação dos mandados de prisão pela autoridade judiciária competente".

---

368. (FUNIVERSA – Delegado de Polícia – DF/2015) Acerca dos crimes e das contravenções penais previstos na legislação penal especial, assinale a alternativa correta.

a) Não há previsão de crimes culposos na lei que dispõe sobre os crimes contra o meio ambiente.
b) A prescrição dos crimes falimentares rege-se pelas disposições do CP, começando o prazo prescricional a correr do dia da decretação da falência, da concessão da recuperação judicial ou da homologação do plano de recuperação extrajudicial.
c) A tentativa de contravenção penal é causa de diminuição da pena de um a dois terços.

d) A obtenção, para uso próprio, de documento particular ideologicamente falso, para fins eleitorais, é punível segundo as disposições do CP, não havendo previsão específica de crime no Código Eleitoral.

e) O crime de comércio ilegal de arma de fogo, previsto no Estatuto do Desarmamento, é suscetível de liberdade provisória.

COMENTÁRIOS

Alternativa correta: Anulada.

✪ **Nota do autor:** a questão foi anulada porque há duas alternativas corretas ("b" e "e").

Alternativa "a": está errada a assertiva. Há inúmeras condutas culposas tipificadas na Lei nº 9.605/98 (ex.: arts. 38, parágrafo único; 38-A, parágrafo único; 40, § 3º; 49, parágrafo único).

Alternativa "b": está correta a assertiva. Por expressa disposição do art. 182 da Lei nº 11.101/05, a prescrição dos crimes nela previstos é regida pelas disposições do Código Penal, mas começa a correr do dia da decretação da falência, da concessão da recuperação judicial ou da homologação do plano de recuperação extrajudicial.

Alternativa "c": está errada a assertiva, pois, nos termos do art. 4º do Decreto-lei nº 3.688/41, é impunível a tentativa de contravenção penal.

Alternativa "d": está errada a assertiva. O Código Eleitoral tipifica, no art. 354, a conduta de obter, para uso próprio ou de outrem, documento público ou particular, material ou ideologicamente falso para fins eleitorais. A pena é a mesma cominada à falsificação ou à alteração (reclusão de dois a seis anos, se o documento for público; reclusão de até cinco anos, se for particular).

Alternativa "e": está correta a assertiva. Originalmente, o art. 21 da Lei nº 10.826/03 estabelecia que os crimes previstos nos arts. 16, 17 e 18 eram insuscetíveis de liberdade provisória. O STF, no entanto, por meio da ADI 3112, considerou inconstitucional o dispositivo, afastando a proibição. Na mesma ação, aliás, decidiu-se que a vedação à fiança, contida nos arts. 14 e 15, também é inconstitucional.

---

369. (Vunesp – Delegado de Polícia – CE/2015) Com relação ao Estatuto do Desarmamento, Lei nº 10.826/2003, assinale a alternativa correta.

a) É proibida a conduta de portar arma de fogo de uso permitido ou proibido, não se punindo, no estatuto, a conduta de portar ou possuir acessório ou munição para arma de fogo.

b) O porte de arma de fogo com numeração raspada, previsto no parágrafo único, inciso IV, do artigo 16, refere-se tanto à arma de fogo de uso permitido como à arma de fogo de uso proibido/restrito.

c) O artigo 16 prescreve que é proibido possuir, deter, portar, adquirir, fornecer, receber, ter em depósito, transportar, ceder, ainda que gratuitamente, emprestar, remeter, empregar, manter sob sua guarda ou ocultar arma de fogo de uso permitido sem autorização legal.

d) O crime de disparo de arma de fogo, previsto no artigo 15 do estatuto, é autônomo, sendo que, na hipótese de o agente tentar matar a vítima com disparos de arma de fogo, responderá por tentativa de homicídio e pelo crime de disparo de arma de fogo em concurso material de delitos.

e) A vedação à concessão de fiança prevista no parágrafo único do artigo 15 (disparo de arma de fogo) foi declarada constitucional pelo Supremo Tribunal Federal em ação direta de constitucionalidade.

COMENTÁRIOS

Alternativa correta: letra "B". Está correta a assertiva. Em regra, o porte ilegal de arma de fogo acarreta a punição com base em dois tipos penais (arts. 14 e 16 da Lei nº 10.826/03), conforme o artefato seja de uso permitido ou restrito. Se, no entanto, tratar-se de arma de fogo com numeração suprimida, não importa se de uso permitido ou restrito, o crime será o do art. 16, embora não subsumido ao *caput*, mas à figura equiparada do parágrafo único, inciso IV.

Alternativa "a": está errada a assertiva. A Lei nº 10.826/03 pune a posse e o porte tanto de arma de fogo quanto de acessórios (mira telescópica e silenciador, por exemplo) e munições.

Alternativa "c": está errada a assertiva, pois as condutas do art. 16, *caput*, da Lei nº 10.826/03 são relativas às armas de fogo, acessórios e munições de uso restrito.

Alternativa "d": está errada a assertiva. O crime do art. 15 da Lei nº 10.826/03, consistente em disparar arma de fogo ou acionar munição em lugar habitado ou em suas adjacências, em via pública ou em direção a ela, é subsidiário, ou seja, incide, por expressa previsão legal, desde que essa conduta não tenha como finalidade a prática de outro crime. Se o agente efetua o disparo com a finalidade de matar alguém, o crime de disparo é absorvido pelo homicídio.

Alternativa "e": está errada a assertiva. As vedações à concessão de fiança trazidas pela Lei nº 10.826/03 foram consideradas inconstitucionais pelo STF (ADI 3112).

---

370. (FUNCAB – Delegado de Polícia – RO/2014) De acordo com a Lei n° 10.826/2003, Estatuto do Desarmamento, aquele que, em via pública, porta arma de fogo de uso permitido com numeração suprimida responde:

a) como incurso nas penas do crime de porte ilegal de arma de fogo de uso permitido, disposto no artigo 14 do referido Estatuto.

b) como incurso nas penas do crime de posse ou porte ilegal de arma de fogo de uso restrito, disposto no artigo 16 do referido estatuto.

c) como incurso nas penas do crime de posse irregular de arma de fogo de uso permitido, disposto no artigo 12 do referido Estatuto.

d) como incurso nas penas do crime de disparo de arma de fogo, disposto no artigo 15 do referido Estatuto.

e) como incurso nas penas do crime de omissão de cautela, disposto no artigo 13 do referido Estatuto.

COMENTÁRIOS

Alternativa correta: letra "B" (responde, também, a alternativa "a"). Está correta a assertiva. Em regra, o crime de porte ilegal de arma de fogo de uso permitido é punido de acordo com o art. 14 da Lei nº 10.826/03, que tem pena cominada de dois a quatro anos de reclusão, e multa. Se, todavia, a arma estiver com a numeração suprimida, a conduta passa a se subsumir ao disposto no art. 16, parágrafo único, inciso IV, da Lei nº 10.826/03, em que a pena é de três a seis anos de reclusão, e multa.

Alternativa "c": está errada a assertiva, pois, mesmo que se trate de posse (e não porte) de arma de fogo de uso permitido, se a numeração for suprimida o crime também será o do art. 16, parágrafo único, inciso IV, da Lei nº 10.826/03.

Alternativa "d": não há disparo de arma de fogo no exemplo citado, pois este crime consiste em disparar arma de fogo ou acionar munição em lugar habitado ou em suas adjacências, em via pública ou em direção a ela, desde que essa conduta não tenha como finalidade a prática de outro crime.

Alternativa "e": está errada a assertiva, pois o crime de omissão de cautela se caracteriza por deixar de observar as cautelas necessárias para impedir que menor de dezoito anos ou pessoa portadora de deficiência mental se apodere de arma de fogo que esteja sob sua posse ou que seja de sua propriedade.

---

371. (Fundação Aroeira – Delegado de Polícia – TO/2014) Sobre registro, posse e comercialização de armas de fogo e munição, em conformidade com a Lei nº 10.826/2003, deve-se considerar o seguinte:

a) o Certificado de Registro de Arma de Fogo autoriza o seu proprietário a manter a arma de fogo no interior de sua residência, ou no seu local de trabalho, desde que ele seja empregado devidamente registrado em contrato de trabalho na empresa.
b) os policiais civis têm o direito de portar arma de fogo de propriedade particular ou fornecida pela respectiva corporação ou instituição, mesmo fora de serviço, com validade em âmbito nacional.
c) o crime de porte ilegal de arma de fogo de uso permitido constitui-se pelo fato de o agente manter arma de fogo, de uso permitido, no seu local de trabalho, não sendo empregado devidamente registrado em contrato de trabalho na empresa.
d) o autor, no crime de comércio ilegal de arma de fogo, utiliza, em proveito próprio ou alheio, no exercício de atividade comercial, arma de fogo, sem autorização, estando sujeito à pena de detenção.

COMENTÁRIOS

Alternativa correta: letra "B". Está correta a assertiva. Como regra, estabelecida no art. 6º da Lei nº 10.826/03, o porte de arma de fogo é proibido em todo o território nacional, mas o próprio dispositivo traz exceções. Dentre tais exceções, o inciso II torna lícito o porte pelos policiais civis, sendo que, pela complementação do § 1º, estes agentes terão direito de portar arma de fogo de propriedade particular ou fornecida pela respectiva corporação ou instituição, mesmo fora de serviço, nos termos do regulamento do Estatuto do Desarmamento, com validade em âmbito nacional.

Alternativa "a": está errada a assertiva. De acordo com o art. 5º da Lei nº 10.826/03, a manutenção da arma de fogo no local de trabalho só pode ocorrer por parte do titular ou do responsável legal pelo estabelecimento ou empresa.

Alternativa "c": está errada a assertiva. O crime de porte ilegal de arma de fogo se caracteriza por portar, deter, adquirir, fornecer, receber, ter em depósito, transportar, ceder, ainda que gratuitamente, emprestar, remeter, empregar, manter sob guarda ou ocultar arma de fogo, acessório ou munição, de uso permitido, sem autorização e em desacordo com determinação legal ou regulamentar (art. 14 da Lei nº 10.826/03).

Alternativa "d": está errada a assertiva, pois, embora uma das condutas no comércio ilegal de arma de fogo seja a de utilizar, em proveito próprio ou alheio, no exercício de atividade comercial ou industrial, arma de fogo, acessório ou munição, sem autorização ou em desacordo com determinação legal ou regulamentar, a este crime a lei estabelece pena de reclusão, não de detenção (art. 17 da Lei nº 10.826/03).

---

372. (FUNCAB – Delegado de Polícia – ES/2013) Quanto ao crime de porte ilegal de arma de fogo, é correto afirmar:

I. É crime de perigo concreto.
II. É imprescindível a demonstração de efetivo caráter ofensivo.
III. Tem como objetivo proteger a incolumidade pessoal.
IV. É um tipo penal preventivo, que busca minimizar o risco de comportamentos que vêm produzindo efeitos danosos à sociedade.

Indique a opção que contempla a(s) assertiva(s) correta(s).

a) I, II, III e IV.
b) I, II e III, apenas.
c) II, III e IV, apenas.
d) I, apenas.
e) IV, apenas.

COMENTÁRIOS

Alternativa correta: letra "E".

Item I: está errada a assertiva, pois o crime relativo ao porte de arma de fogo é de perigo abstrato, ou seja, dispensa a ocorrência de efetivo risco a alguém.

Item II: está errada a assertiva, pois, tratando-se de delito de perigo abstrato, basta que se demonstre a potencialidade lesiva da conduta, como a comprovação de que a arma é hábil a efetuar disparos.

Item III: está errada a assertiva, pois, na qualidade de crime de perigo abstrato, o crime de porte ilegal de arma tem como objetividade jurídica a coletividade.

Item IV: está correta a assertiva. A punição pelo porte ilegal visa a prevenir que indivíduos inaptos para o manejo de armas ou mesmo que não necessitem concretamente de armas para proteção pessoal tenham acesso a instrumento que pode causar inumeráveis danos sociais.

373. (Cespe – Delegado de Polícia – BA/2013 – Adaptada) Em relação aos crimes contra a administração pública e aos delitos praticados em detrimento da ordem econômica e tributária e em licitações e contratos públicos, julgue os itens.

Servidor público alfandegário que, em serviço de fiscalização fronteiriça, permitir a determinado indivíduo penalmente imputável adentrar o território nacional trazendo consigo, sem autorização do órgão competente e sem o devido desembaraço, pistola de calibre 380 de fabricação estrangeira deverá responder pela prática do crime de facilitação de contrabando, com infração do dever funcional excluída a hipótese de aplicação do Estatuto do Desarmamento.

COMENTÁRIOS

Errado. Na situação descrita no enunciado, a conduta do servidor se subsume ao art. 18 da Lei nº 10.826/03, que pune a conduta de importar, exportar, **favorecer a entrada ou saída do território nacional**, a qualquer título, de arma de fogo, acessório ou munição, sem autorização da autoridade competente. Incide, no caso, o princípio da especialidade, em decorrência do qual o art. 318 do Código Penal deve ser afastado.

374. (FGV – Delegado de Polícia – MA/2012) No curso de uma investigação policial, Júlio é flagrado com uma bolsa contendo várias armas e munições, algumas de uso permitido e outras de uso restrito, sem autorização legal para portá-las. Certamente ele iria utilizá-las na prática de um roubo, estando inclusive na porta de um estabelecimento comercial, aguardando a chegada do empregado que iria abri-lo.

Diante deste quadro, foi encaminhado à delegacia própria, vindo o laudo confirmando a potencialidade ofensiva das armas. Com base no exposto, Júlio deverá responder

a) pela prática dos injustos dos artigos 14 (porte de arma de uso permitido) e 16 (porte de arma de uso restrito) da Lei nº 10.826/03, na forma do artigo 70 do CP (concurso formal), e 157, § 2°, I, c/c 14, II, do CP (roubo majorado pelo emprego de arma na forma tentada).

b) pela prática dos injustos dos artigos 14 (porte de arma de uso permitido) e 16 (porte de arma de uso restrito) da Lei nº 10.826/03, na forma do artigo 69 do CP (concurso material).

c) pela prática do injusto do artigo 16 (porte de arma de uso restrito) da Lei nº 10.826/03.

d) pela prática dos injustos dos artigos 14 (porte de arma de uso permitido) e 16 (porte de arma de uso restrito) da Lei nº 10.826/03, na forma do artigo 70 do CP (concurso formal).

e) pela prática dos injustos dos artigos 14 (porte de arma de uso permitido) e 16 (porte de arma de uso restrito) da Lei nº 10.826/03, na forma do artigo 69 do CP (concurso material), e 157, § 2°, I, c/c 14, II, do CP (roubo majorado pelo emprego de arma na forma tentada).

COMENTÁRIOS

Alternativa correta: letra "C" (responde, também, a alternativa "d"). Está correta a assertiva. Em tese, a conduta de Júlio se subsumiria aos tipos penais do art. 14, *caput* e do art. 16, *caput*, da Lei nº 10.826/03, em concurso formal, pois, mediante uma só conduta, portava armas de fogo de uso permitido e de uso restrito. Ocorre que o STJ tinha decisões, em circunstâncias semelhantes, de que o concurso de delitos devia ser afastado, subsumindo-se a conduta apenas ao art. 16 do Estatuto do Desarmamento. Neste sentido: "Segundo precedentes desta Corte, o crime de manter sob guarda munição de uso permitido e de uso proibido não configura concurso formal, mas crime único, desde que, no caso concreto, haja uma única ação, com lesão de um único bem jurídico, hipótese dos autos. Precedentes" (HC 148.349/SP, DJe 05/12/2011). Aparentemente, no entanto, a orientação vem se modificando: "1. Há precedentes desta Corte no sentido de que a apreensão de mais de uma arma, munição, acessório ou explosivo com o mesmo agente não caracteriza concurso de crimes, mas delito único, pois há apenas uma lesão ao bem jurídico tutelado. 2. Na presente hipótese, não pode ser aplicado tal raciocínio, pois, no caso, a conduta praticada pelo agravante se amolda a tipos penais diversos, atingindo distintos bens jurídicos, o que inviabiliza o reconhecimento de crime único e o afastamento do concurso. 3. Tem-se reconhecido a existência de crime único quando são apreendidos, no mesmo contexto fático, mais de uma arma ou munição, tendo em vista a ocorrência de uma única lesão ao bem jurídico protegido. Sucede que referido entendimento não pode ser aplicado no caso dos autos, porquanto a conduta praticada pelo réu se amolda a tipos penais diversos, sendo que um deles, o do artigo 16, além da paz e segurança públicas também protege a seriedade dos cadastros do Sistema Nacional de Armas, razão pela qual é inviável o reconhecimento de crime único e o afastamento do concurso material (HC nº 211.834/SP, Ministro Jorge Mussi, Quinta Turma, DJe 18/9/2013). 4. O STJ firmou entendimento de que é possível a unicidade de crimes, quando, no porte ilegal, há pluralidade de armas, equacionando-se a reprimenda na fixação da pena-base. Na espécie, contudo, a pretensão não se justifica, dado se buscar o reconhecimento de crime único diante de imputações distintas: arts. 14 e 16, pár. único, da Lei 10.8.26/03 (HC nº 130.797/SP, Ministra Maria Thereza de Assis Moura, Sexta Turma, DJe 1º/2/2013). 5. Agravo regimental improvido" (AgRg no

AgRg no REsp 1547489/MG, DJe 03/08/2016). No mesmo sentido: AgRg no REsp 1.619.960/MG, DJe 01/08/2017.

Alternativa "a": não há crime de roubo tentado porque o agente não chegou a iniciar a execução do crime, limitando-se a aguardar o momento adequado para agir. Tratou-se, pois, de meros atos preparatórios (que, não obstante, caracterizaram delito autônomo – porte de armas). Note-se que o inciso I do § 2º do art. 157 do CP (mencionado na assertiva) foi revogado pela Lei 13.654/18. A partir desta lei, o emprego de arma de fogo passa a majorar o roubo na forma do inciso I do § 2º-A, cuja fração de aumento é de 2/3. Tendo vista, no entanto, que a nova disciplina em nada altera a resposta a esta assertiva, podemos mantê-la. Acrescentamos apenas que a majorante se tornou mais específica, pois o revogado inciso I mencionava apenas a expressão "arma", mas, com a edição da lei, passou-se a pressupor o emprego de *arma de fogo* (não somente de "arma", que, segundo o entendimento dominante, abrangia as armas brancas).

Alternativa "b": está errada a assertiva, pois, mesmo que se considere a existência de dois delitos, não seria o caso de concurso material, vez que a conduta foi única.

Alternativa "e": ver comentários às alternativas anteriores.

---

375. (FUNCAB – Delegado de Polícia – RJ/2012) Sobre o Estatuto do Desarmamento, é correto afirmar:

a) Entregar arma de fogo à pessoa menor de 18 anos configura crime previsto no Estatuto do Desarmamento.

b) O proprietário de empresa de segurança que não registrar ocorrência policial e não comunicar à Polícia Federal nas primeiras 24 horas depois de ocorrido o roubo de arma de fogo responde apenas administrativamente.

c) Pratica crime de contrabando ou descaminho aquele que importa ou exporta arma de fogo de uso permitido sem autorização da autoridade competente.

d) Aquele que é encontrado em sua residência na posse de seis armas de fogo de uso proibido, cinco armas de fogo de uso restrito e cem munições de arma de fogo de uso, responde por crime único.

e) Aos residentes em áreas rurais, maiores de 21 anos, que comprovem depender do emprego de arma de fogo para prover sua subsistência alimentar familiar será concedido pela Polícia Federal o porte de arma de fogo de uso permitido, na categoria caçador para subsistência, na forma da lei.

COMENTÁRIOS

✪ **Nota do autor:** a questão foi anulada porque a alternativa preliminarmente considerada correta ("d") omite a natureza das munições (se de uso permitido, proibido ou restrito), prejudicando sua análise.

Alternativa correta: Anulada

Alternativa "a": embora a assertiva tenha sido considerada errada, devemos ressaltar a existência de entendimento no sentido de que o art. 242 da Lei nº 8.069/90 foi parcialmente revogado pelo art. 16, parágrafo único, inciso III, da Lei nº 10.826/03, que pune a conduta de vender, entregar ou fornecer, ainda que gratuitamente, arma de fogo, acessório, munição ou explosivo a criança ou adolescente. O objeto material do art. 242, agora, abrange instrumento apto para ataque e defesa, desde que não alcançado pelo Estatuto do Desarmamento. Em síntese, somente arma branca, tal como: punhal, adaga, sabres, espadas, floretes, machado de guerra, lança, porrete, cassetete, conjunto arco e flecha, estilingue, soco inglês etc. Compete ao magistrado, no momento da dosagem da pena, aquilatar o grau de perigo da arma branca fornecida ao menor, individualizando a reprimenda.

Alternativa "b": está errada a assertiva. O proprietário ou diretor responsável de empresa de segurança e transporte de valores que deixarem de registrar ocorrência policial e de comunicar à Polícia Federal perda, furto, roubo ou outras formas de extravio de arma de fogo, acessório ou munição que estejam sob sua guarda, nas primeiras vinte quatro horas depois de ocorrido o fato serão responsabilizados criminalmente de acordo com o art. 13, parágrafo único, da Lei nº 10.826/03 (detenção de um a dois anos, além da multa).

Alternativa "c": está errada a assertiva, pois há tipo penal específico para punir a conduta de importar, exportar, favorecer a entrada ou saída do território nacional, a qualquer título, de arma de fogo, acessório ou munição, sem autorização da autoridade competente. É o art. 18 da Lei nº 10.826/03. Note-se que a importação irregular de colete à prova de balas em nada se relaciona com a importação de armas e acessórios; há regulamentação específica. Por isso, se sua entrada em território nacional for ilegal, há crime de contrabando: "Configura crime de contrabando a importação de colete à prova de balas sem prévia autorização do Comando do Exército. A Portaria nº 18 do DLOG, publicada em 19/12/2006, regulamenta as normas de avaliação técnica, fabricação, aquisição, importação e destruição de coletes balísticos e exige determinadas condições aos compradores e importadores desse tipo de artefato, tais como, autorização prévia do Comando do Exército e restrição a determinados órgãos e pessoas. Desse modo, a importação de colete à prova de balas está sujeita à proibição relativa e, por conseguinte, configura crime de contrabando quando realizada fora dos moldes previstos nesse regulamento" (RHC 62.851/PR, Rel. Min. Sebastião Reis Júnior, DJe 26/2/2016).

Alternativa "d": a assertiva não deixa claro qual a natureza da munição apreendida, daí a anulação da questão. Tratando-se de seis armas de fogo de uso proibido, cinco armas de fogo de uso restrito e cem munições de arma de fogo de uso restrito ou proibido, é incontroversa a existência de crime único, pois a posse de todas as armas se subsumiria ao mesmo tipo penal. Se, no entanto, as munições fossem de uso permitido, ao menos em tese haveria dois crimes, ensejando o concurso (que, no caso, seria formal). Há, todavia, decisões do STJ a respeito do porte de armas de naturezas diversas (embora a questão trate de posse, é possível invocar a mesma conclusão) em que o tribunal considera único o crime (HC 148.349/SP).

Alternativa "e": está errada a assertiva. O art. 6º, § 5º, da Lei nº 10.826/03 permite o porte de arma de fogo pelo rurícola nos seguintes termos: "Aos residentes em áreas rurais, maiores de 25 (vinte e cinco) anos que comprovem depender do emprego de arma de fogo para prover sua subsistência alimentar familiar será concedido pela Polícia Federal o porte de arma de fogo, na categoria caçador para subsistência, de uma arma de uso permitido, de tiro simples, com 1 (um) ou 2 (dois) canos, de alma lisa e de calibre igual ou inferior a 16 (dezesseis), desde que o interessado comprove a efetiva necessidade em requerimento ao qual deverão ser anexados os seguintes documentos: I – documento de identificação pessoal; II – comprovante de residência em área rural; e III – atestado de bons antecedentes".

376. (Delegado de Polícia – SP/ 2011 – ACADEPOL) Em relação ao Estatuto do Desarmamento (Lei n° 10.826/03) assinale a alternativa incorreta.

a) O proprietário ou diretor de empresa de segurança que deixar de registrar ocorrência policial sobre furto ou roubo de arma de fogo, nas primeiras 24 (vinte e quatro) horas depois do fato, estará incurso nas mesmas penas do delito de omissão de cautela.

b) Cabe ao chefe do Poder Executivo Federal, mediante proposta do Comando do Exército, disciplinar, por ato, a classificação legal, técnica e geral das armas de fogo.

c) Constitui crime alugar arma de fogo, no exercício de atividade comercial ou industrial, sem autorização legal.

d) O tráfico internacional de armas de fogo é punido mais severamente do que o comércio ilegal de armas de fogo.

e) O porte ilegal de arma de fogo de uso permitido é punível com as mesmas penas cominadas para o delito de disparo de arma de fogo.

COMENTÁRIOS

Alternativa correta: letra "D". Está errado, pois os arts. 17 (comércio ilegal de arma de fogo) e 18 (tráfico internacional de arma de fogo) têm preceitos secundários idênticos, estabelecendo, além da multa, pena de reclusão de quatro a oito anos.

Alternativa "a": está correta a assertiva. O parágrafo único do art. 13 da Lei nº 10.826/03 (omissão de cautela) dispõe que incorrem na mesma pena do *caput* o proprietário ou diretor responsável de empresa de segurança e transporte de valores que deixarem de registrar ocorrência policial e de comunicar à Polícia Federal perda, furto, roubo ou outras formas de extravio de arma de fogo, acessório ou munição que estejam sob sua guarda, nas primeiras vinte quatro horas depois de ocorrido o fato.

Alternativa "b": está correta. O art. 23 da Lei nº 10.826/03 estabelece que a classificação legal, técnica e geral, bem como a definição das armas de fogo e demais produtos controlados, de usos proibidos, restritos, permitidos ou obsoletos e de valor histórico serão disciplinadas em ato do chefe do Poder Executivo Federal, mediante proposta do Comando do Exército.

Alternativa "c": está correta, pois o art. 17 da Lei nº 10.826/03 pune com reclusão de quatro a oito anos, e multa, as condutas de adquirir, alugar, receber, transportar, conduzir, ocultar, ter em depósito, desmontar, montar, remontar, adulterar, vender, expor à venda, ou de qualquer forma utilizar, em proveito próprio ou alheio, no exercício de atividade comercial ou industrial, arma de fogo, acessório ou munição, sem autorização ou em desacordo com determinação legal ou regulamentar.

Alternativa "e": está correta. Os arts. 14 (porte ilegal de arma de fogo) e 15 (disparo de arma de fogo) cominam a mesma pena de reclusão de dois a quatro anos, além da multa.

377. (Delegado de Polícia – MT/ 2010 – UNEMAT) Tendo em vista que o controle das armas de fogo é medida necessária para evitar a degradação da segurança pública, assinale a alternativa correta.

a) Estatuto do Desarmamento não faz restrição à venda de simulacros e réplicas de arma de fogo.

b) Constitui *bis in idem* o concurso material entre os crimes de homicídio e porte ilegal de arma de fogo quando o primeiro é cometido com a utilização do artefato proibido, ainda que a arma já esteja em poder do agente há algum tempo.

c) Um tiro desferido em condomínio fechado, com exceção das hipóteses de loteamento, não importa na figura típica de disparo de arma de fogo, eis que não há via pública.

d) Agente que é preso em flagrante em posse de duas armas de fogo, sendo uma de uso permitido e a outra de numeração raspada, responderá por dois crimes: posse de arma de fogo de uso permitido e de uso restrito.

e) A pessoa, possuindo autorização para o porte de arma de fogo permitido, que adentra em local público com a arma, não comete qualquer crime, mas tão somente sanção administrativa.

COMENTÁRIOS

Alternativa correta: letra "E". Está correta a assertiva. O art. 14 da Lei nº 10.826/03 pune a conduta de portar, deter, adquirir, fornecer, receber, ter em depósito, transportar, ceder, ainda que gratuitamente, emprestar, remeter, empregar, manter sob guarda ou ocultar arma de fogo, acessório ou munição, de uso permitido, *sem autorização e em desacordo com determinação legal ou regulamentar*. Dessa forma, quem porta arma, independentemente do local, com autorização, não comete crime. Entretanto, o art. 26 do Decreto nº 5.123/04 dispõe que o titular de porte de arma de fogo para defesa pessoal não poderá conduzi-la ostensivamente ou com ela adentrar ou permanecer em locais públicos, sob pena de cassação do porte e apreensão da arma.

Alternativa "a": está errada a assertiva. Nos termos do art. 26 da Lei nº 10.826/03 são vedadas a fabricação, a venda, a comercialização e a importação de brinquedos, réplicas e simulacros de armas de fogo, que com estas se possam confundir. O parágrafo único excepciona dispondo que a proibição não abarca as réplicas e os simulacros destinados à instrução, ao adestramento, ou à coleção de usuário autorizado, nas condições fixadas pelo Comando do Exército.

Alternativa "b": está errada a assertiva porque, neste caso, em que o porte de arma não foi utilizado exclusivamente como meio para o homicídio, é válido o concurso material de crimes.

Alternativa "c": está errada porque o art. 15 da Lei nº 10.826/03 pune a conduta de disparar arma de fogo ou acionar munição *em lugar habitado ou em suas adjacências*, em via pública ou em direção a ela, desde que essa conduta não tenha como finalidade a prática de outro crime.

Alternativa "d": havia no STJ decisões no sentido de que, neste caso, o crime é único (HC 148.349/SP). Aparentemente, no entanto, a orientação vem se modificando: "1. Há precedentes desta Corte no sentido de que a apreensão de mais de uma arma, munição, acessório ou explosivo com o mesmo agente não caracteriza concurso de crimes, mas delito único, pois há apenas uma lesão ao bem jurídico tutelado. 2. Na presente hipótese, não pode ser aplicado tal raciocínio, pois, no caso, a conduta praticada pelo agravante se amolda a tipos penais diversos, atingindo distintos bens jurídicos, o que inviabiliza o reconhecimento de crime único e o afastamento do concurso. 3. Tem-se reconhecido a existência de crime único quando são apreendidos, no mesmo contexto fático, mais de uma arma ou munição, tendo em vista a ocorrência de uma única lesão ao bem jurídico protegido. Sucede que referido entendimento não pode ser aplicado no caso dos autos, porquanto a conduta praticada pelo réu se amolda a tipos penais diversos, sendo que um deles, o do artigo 16, além da paz e segurança públicas também protege a seriedade dos cadastros do Sistema Nacional de Armas, razão pela qual é inviável o reconhecimento de crime único e o afastamento do concurso material (HC nº 211.834/SP, Ministro Jorge Mussi, Quinta Turma, DJe 18/9/2013). 4. O STJ firmou entendimento de que é possível a unicidade de crimes, quando, no porte ilegal, há pluralidade de armas, equacionando-se a reprimenda na fixação da pena-base. Na espécie, contudo, a pretensão não se justifica, dado se buscar o reconhecimento de crime único diante de imputações distintas: arts. 14 e 16, pár. único, da Lei 10.8.26/03 (HC nº 130.797/SP, Ministra Maria Thereza de Assis Moura, Sexta Turma, DJe 1º/2/2013). 5. Agravo regimental improvido" (AgRg no AgRg no REsp 1547489/MG, DJe 03/08/2016). No mesmo sentido: AgRg no REsp 1.619.960/MG, DJe 01/08/2017.

---

378. (Delegado de Polícia – GO/ 2008 – UEG) [B] é parado em uma blitz policial quando é flagrado transportando no porta-malas de seu veículo uma espingarda desmontada, acondicionada em um saco plástico. A conduta de [B] configura:

a) crime impossível por impropriedade absoluta do objeto.

b) crime impossível por inidoneidade absoluta do meio.

c) crime de porte de arma de fogo, previsto no art. 14 do Estatuto do Desarmamento (Lei nº 10.826, de 22 de dezembro de 2003).

d) crime de posse de arma de fogo, previsto no art. 12 do Estatuto do Desarmamento (Lei nº 10.826, de 22 de dezembro de 2003).

COMENTÁRIOS

Alternativa correta: letra "C". Trata-se do crime de porte indevido de arma de fogo, tipificado no art. 14 da Lei nº 10.826/03, que pune a conduta de portar, deter, adquirir, fornecer, receber, ter em depósito, transportar, ceder, ainda que gratuitamente, emprestar, remeter, empregar, manter sob guarda ou ocultar arma de fogo, acessório ou munição, de uso permitido, sem autorização e em desacordo com determinação legal ou regulamentar.

Alternativa "a" (responde, também, a alternativa "b"). Não se trata de crime impossível porque, seja por ineficácia do meio, seja por impropriedade do objeto, somente assim se considera o fato se o resultado absolutamente impossível de ser alcançado. No caso da arma de fogo, em que o objeto jurídico é a incolumidade publica, considerar-se-ia impossível o crime se o artefato fosse, por exemplo, incapaz de efetuar disparos por falta de um componente essencial. No caso, embora estivesse desmontada, bastaria ao agente montá-la para dela fazer uso, o que afasta as disposições do art. 17 do Código Penal. Há, inclusive, decisões do STJ neste sentido (HC 56.358/RJ e AgRg no AREsp 190443/SC; AgRg no AREsp 456466/SP, DJe 29/05/2014; HC 396.863/SP, DJe 22/06/2017).

Alternativa "d": não incide, neste caso, o crime de posse de arma de fogo, que se caracteriza por possuir ou manter sob sua guarda arma de fogo, acessório ou munição, de uso permitido, em desacordo com determinação legal ou regulamentar, *no interior de sua residência* ou *dependência desta*, ou, ainda *no seu local de trabalho*, desde que seja o titular ou o responsável legal do estabelecimento ou empresa.

---

379. (Delegado de Polícia – SC / 2008 – ACADEPOL) "Caio", proprietário da empresa de segurança e transporte de valores "Vaisegur", deixou de registrar ocorrência policial e de comunicar à Polícia Federal a perda de uma arma de fogo utilizada na atividade típica da empresa, nas primeiras 24 horas depois de constatado o "sumiço" deste objeto. Considere o enunciado acima e assinale a alternativa correta.

a) Se "Caio" agiu culposamente responderá pela modalidade fundamental do crime de omissão de cautela, previsto na Lei nº 10.826/03 (Estatuto do Desarmamento).

b) "Caio" não cometeu crime algum, pois o fato é penalmente atípico.

c) Se "Caio" se omitiu dolosamente, deve responder por modalidade equiparada ao crime de omissão de cautela, prevista na Lei nº 10.826/03 (Estatuto do Desarmamento). Se a omissão foi culposa não haverá crime.

d) "Caio" somente responderá pelo crime de omissão de cautela se terceiro, que tenha se apoderado da arma de fogo, passar a utilizá-la indevidamente, e desde que ele não tenha nas as primeiras 24 horas depois de constatado o "sumiço" da arma, registrado boletim de ocorrência a respeito.

COMENTÁRIOS

Alternativa correta: letra "C" (os comentários respondem, também, as demais alternativas). Se agiu dolosamente, Caio responderá na forma do art. 13, parágrafo único, da Lei nº 10.826/03, que pune, com detenção de um a dois anos, e multa, o proprietário ou diretor responsável de empresa de segurança e transporte de valores que deixarem de registrar ocorrência policial e de comunicar à Polícia Federal perda, furto, roubo ou outras formas de extravio de arma de fogo, acessório ou munição que estejam sob sua guarda, nas primeiras vinte quatro horas depois de ocorrido o fato.

Note-se que não há modalidade culposa para este crime, que, aliás, se configura ainda que ninguém utilize indevidamente a arma de fogo perdida, furtada, roubada ou de qualquer forma extraviada.

79.4. CRIMES AMBIENTAIS

380. (IBADE – Delegado de Polícia – AC/2017) Acerca da Lei dos Crimes Ambientais e a jurisprudência do Supremo Tribunal Federal, pode-se afirmar que:

a) Constituição Federal condiciona a responsabilização penal da pessoa jurídica por crimes ambientais à simultânea persecução penal da pessoa física em tese responsável no âmbito da empresa.

b) compete à Justiça Federal o julgamento dos crimes ambientais.

c) em crimes ambientais: o cumprimento do Termo de Ajustamento de Conduta, com consequente extinção de punibilidade, não pode servir de salvo-conduto para que o agente volte a poluir.

d) o crime de impedir o nascimento de nova vegetação (art. 48 da Lei nº 9.605/1998) se consuma instantaneamente.

e) não se aplica o princípio da insignificância quanto aos crimes previstos na Lei de Crimes Ambientais, considerando que o bem jurídico tutelado é o meio ambiente, indispensável à sobrevivência da sociedade.

COMENTÁRIOS

Alternativa correta: letra "C". Está correta a assertiva. Julgando um habeas corpus no qual se pretendia o trancamento da ação penal por ausência de justa causa em virtude da formalização anterior de termo de ajustamento de conduta, o STF não concedeu a ordem e destacou exatamente que "Em crimes ambientais, o cumprimento do Termo de Ajustamento de Conduta, com consequente extinção de punibilidade, não pode servir de salvo-conduto para que o agente volte a poluir" (HC 92.921/BA, DJe 26/09/2008).

Alternativa "a": está errada a assertiva. O STF firmou a orientação de que a responsabilização penal da pessoa jurídica independe da mesma consequência para a pessoa física. Argumentou-se que a obrigatoriedade de dupla imputação caracterizaria afronta ao art. 225, § 3º, da Constituição Federal, pois condicionaria a punição da pessoa jurídica à condenação simultânea da pessoa física (RE 548.181/PR, DJe 19/06/2013). E, seguindo a mesma tendência, o STJ tem decidido que a imputação criminal pode recair exclusivamente na pessoa jurídica (RMS 39.173/BA, DJe 13/08/2015).

Alternativa "b": está errada a assertiva. Nem todos os crimes ambientais são de competência da Justiça Federal. Segundo o STF, os crimes ambientais devem se submeter à competência da Justiça Federal sempre que: a) atentarem contra bens, serviços ou interesses da União ou de suas entidades autárquicas; b) previstos também em tratado ou convenção internacional, tiverem a execução iniciada no País, mas o resultado tenha ou devesse ter ocorrido no estrangeiro, ou o inverso; c) tiverem sido cometidos a bordo de navios ou aeronaves; d) houver grave violação de direitos humanos; e) guardarem conexão ou continência com outro crime de competência federal, ressalvada a competência da Justiça Militar e da Justiça Eleitoral (RE 835.558/SP, j. 09/02/2017).

Alternativa "d": está errada a assertiva, pois o STF já fez referência ao art. 48 da Lei 9.605/98 como infração penal permanente (HC 107.412/SP, DJe 23/05/2012).

Alternativa "e": está errada a assertiva, pois o STF aplica ou afasta o princípio da insignificância nos crimes ambientais conforme a gravidade concreta do delito cometido. Já negou o afastamento da tipicidade material num caso de pesca ilegal em que a quantidade de peixes apreendida em poder do agente, contra quem pesavam registros de conduta semelhantes, e a utilização de aparelhos, petrechos, técnicas e métodos não permitidos sinalizavam relevante lesão ao meio ambiente (HC 135.404/PR, DJe 02/08/2017). Mas, em outro processo, o tribunal aplicou a insignificância porque, no caso, o agente estava numa pequena embarcação, pescando com vara, linha e anzol, instrumentos de baixa potencialidade lesiva ao meio ambiente (Inq. 3788/DF, DJe 14/06/2016).

381. (Cespe – Delegado de Polícia – PE/2016) Se uma pessoa física e uma pessoa jurídica cometerem, em conjunto, infrações previstas na Lei nº 9.605/1998 – que dispõe sobre as sanções penais e administrativas derivadas de condutas e atividades lesivas ao meio ambiente, e dá outras providências –,

a) as atividades da pessoa jurídica poderão ser totalmente suspensas.

b) a responsabilidade da pessoa física poderá ser excluída, caso ela tenha sido a coautora das infrações.

c) a pena será agravada, se as infrações tiverem sido cometidas em sábados, domingos ou feriados.

d) a pena será agravada, se ambas forem reincidentes de crimes de qualquer natureza.

e) será vedada a suspensão condicional da pena aplicada.

COMENTÁRIOS

Alternativa correta: letra "A". Está correta a assertiva. O art. 22 da Lei nº 9.605/98, que dispõe a respeito das penas restritivas de direitos à pessoa jurídica, estabelece, no inciso I, a possibilidade de suspensão parcial ou total de atividades, aplicada quando as atividades desenvolvidas pelo ente fictício não estiverem obedecendo às disposições legais ou regulamentares relativas à proteção do meio ambiente.

Alternativa "b": está errada a assertiva porque, conforme dispõe o artigo 3º, parágrafo único, da Lei nº 9.605/98 a responsabilidade das pessoas jurídicas não exclui a das pessoas físicas autoras, coautoras ou partícipes do mesmo fato. Deve ser ressaltado, no entanto, que a responsabilidade da pessoa jurídica não é absolutamente vinculada à da pessoa física. A tendência atualmente, tanto no STJ quanto no STF, é de que se admita a responsabilidade autônoma do ente fictício: "1. Conforme orientação da 1ª Turma do STF, "O art. 225, § 3º, da Constituição Federal não condiciona a responsabilização penal da pessoa jurídica por crimes ambientais à simultânea persecução penal da pessoa física em tese responsável no âmbito da empresa. A norma constitucional não impõe a necessária dupla imputação." (RE 548181, Relatora Min. ROSA WEBER, Primeira Turma, julgado em 6/8/2013, acórdão eletrônico DJe-213, divulg. 29/10/2014, public. 30/10/2014). 2. Tem-se, assim, que é possível a responsabilização penal da pessoa jurídica por delitos ambientais independentemente da responsabilização concomitante da pessoa física que agia em seu nome. Precedentes desta Corte" (RMS 39173/BA, DJe 13/08/2015).

Alternativa "c": está errada a assertiva porque a agravante do art. 15, inciso II, *h*, da Lei nº 9.605/98 contempla apenas o fato de o crime ter sido cometido em domingos e feriados, não em sábados.

Alternativa "d": está errada a assertiva, pois nos termos do art. 15, inciso I, da Lei nº 9.605/98 é circunstância agravante a reincidência nos crimes de natureza ambiental.

Alternativa "e": está errada a assertiva, pois a Lei nº 9.605/98 contempla a suspensão condicional da pena no art. 16, segundo o qual o benefício pode ser concedido nos casos de condenação a pena privativa de liberdade não superior a três anos.

---

382. (FUNCAB – Delegado de Polícia – RO/2014) NÃO incorrerá na mesma pena prescrita para a pesca em período no qual seja proibida ou em lugares interditados por órgão competente quem:

a) pesca mediante a utilização de explosivos.

b) pesca quantidades superiores às permitidas.

c) pesca mediante a utilização de aparelhos e petrechos não permitidos.

d) pesca espécimes com tamanhos inferiores aos permitidos.

e) beneficia ou industrializa espécimes provenientes da coleta, apanha e pesca proibidas.

COMENTÁRIOS

Alternativa correta: letra "A". Pescar mediante a utilização de explosivos ou substâncias que, em contato com a água, produzam efeito semelhante, assim como utilizando substâncias tóxicas, ou outro meio proibido pela autoridade competente, é crime tipificado no art. 35 da Lei nº 9.605/98, punido com reclusão de um a cinco anos. A conduta mencionada no enunciado corresponde ao crime do art. 34, ao qual é cominada pela de detenção de um ano a três anos ou multa, ou ambas as penas cumulativamente.

Alternativa "b" (responde, também, a alternativa "c"): a pesca em quantidades superiores ou mediante a utilização de aparelhos, petrechos, técnicas e métodos não permitidos é crime tipificado no art. 34, parágrafo único, inciso II, da Lei nº 9.605/98, que tem pena equiparada ao *caput*.

Alternativa "d": a pesca de espécimes com tamanhos inferiores aos permitidos é crime tipificado no art. 34, parágrafo único, inciso I, da Lei nº 9.605/98, que também é equiparado ao *caput*.

Alternativa "e": o agente que beneficia ou industrializa espécimes provenientes da coleta, apanha e pesca proibidas responde de acordo com a forma equiparada de que trata o art. 34, parágrafo único, inciso III, da Lei nº 9.605/98.

---

383. (FUNCAB – Delegado de Polícia – RO/2014) Nos termos da Lei n° 9.605/1998, a pena de multa será calculada com base:

a) na situação econômica do infrator e no montante do prejuízo causado, podendo ser aumentada em até três vezes de acordo com o valor da vantagem econômica auferida e a eficácia da medida punitiva.

b) na vantagem econômica auferida, podendo ser aumentada em até duas vezes de acordo com o montante do prejuízo causado e a situação econômica do infrator.

c) na situação econômica do infrator, podendo ser aumentada em até três vezes de acordo com o montante do prejuízo causado e a eficácia da medida punitiva.

d) no montante do prejuízo causado e na vantagem econômica auferida, podendo ser aumentada em até duas vezes de acordo com a situação econômica do infrator e a eficácia da medida punitiva.

e) no montante do prejuízo causado, podendo ser aumentada em até duas vezes de acordo com o valor da vantagem econômica auferida e a situação econômica do infrator.

COMENTÁRIOS

Alternativa correta: letra "A" (responde, também, as demais alternativas). Está correta a assertiva. Nos termos do art. 18 da Lei nº 9.605/98, a multa será calculada segundo os critérios do Código Penal, que, por sua vez, estabelece, para fixação, a regra de que o juiz deve observar, principalmente, a situação econômica do réu (art. 60). Além disso, o art. 19 da Lei nº 9.605/98 dispõe que a perícia de constatação do dano ambiental, sempre que possível, fixará o montante do prejuízo causado para efeitos de prestação de fiança e cálculo de multa. Logo, a pena de multa tem também em consideração o montante do prejuízo causado. E ainda que aplicada no valor máximo, poderá ser aumentada até três vezes tendo em vista o valor da vantagem econômica auferida.

384. (FUNCAB – Delegado de Polícia – ES/2013) Lauro lançou detritos orgânicos em um rio que corta a sua fazenda tornando impróprio o consumo das águas dos lençóis subterrâneos pela população vizinha que deles se utilizava através de poços, pois na localidade não existia distribuição pública de rede de abastecimento de águas. Por constatação dos órgãos de Saúde Pública, o consumo das águas dos poços poderia causar danos à saúde humana. Assim, a Lauro:

a) deve ser imputado o crime de causar poluição, preconizado no artigo 54 da Lei nº 9.605/1998.
b) deve ser imputado o crime de perigo para a vida ou saúde de outrem, preconizado no artigo 132 do CP.
c) deve ser imputado o crime de lesão corporal tentada, preconizado no artigo 129 c/c artigo 14, II, ambos do CP.
d) deve ser imputado o crime de envenenamento de água potável, preconizado no artigo 270 do CP.
e) não pode ser imputado crime, uma vez que os lençóis são subterrâneos.

COMENTÁRIOS

Alternativa correta: letra "A" (responde, também, a alternativa "e"). Está correta a assertiva. Consiste o crime em causar poluição de qualquer natureza em níveis tais que resultem ou possam resultar em danos à saúde humana, ou que provoquem a mortandade de animais ou a destruição significativa da flora. A pena cominada varia de um a quatro anos de reclusão.

Alternativa "b": está errada a assertiva. O crime do art. 132 do Código Penal consiste em expor a vida ou a saúde de outrem a perigo direto e iminente. Para que se caracterize este delito, deve haver a criação de uma situação concreta e efetiva de perigo a alguém, do que não trata o exemplo.

Alternativa "c": não há nenhuma relação entre o exemplo descrito no enunciado e o crime de lesão corporal, consistente em ofender a integridade corporal de alguém.

Alternativa "d": não se trata também do art. 270 do Código Penal. Há quem sustente que a primeira parte do art. 270 ("envenenar água potável, de uso comum ou particular") foi derrogada pelo art. 54 da Lei 9.605/98. Neste sentido, argumenta Luiz Regis Prado: "A primeira parte do *caput* do art. 270 do Código Penal foi derrogada, implicitamente, pelo art. 54 da Lei 9.605/1998. Isso no que diz respeito ao envenenamento de água potável destinada ao consumo humano. No que tange ao envenenamento de substância alimentícia ou medicinal, permanece vigente o Código Penal. Foi a amplitude dos termos utilizados pela lei ambiental – poluição *de qualquer natureza* – que propiciou a revogação parcial do art. 270, tendo em vista que engloba toda a poluição, inclusive a hídrica. Aliás, mais certeza se tem quando se visualiza o previsto no § 2º, III, do art. 54 da Lei dos Crimes Ambientais, pois essa circunstância qualificadora será imposta quando a poluição hídrica causada torne necessária a interrupção do abastecimento público de água de uma comunidade." (*Curso de direito penal brasileiro:* parte especial, v. 3, p. 721).

385. (FUNCAB – Delegado de Polícia – RJ/2012) Considerando os delitos contra o patrimônio, é correto afirmar que:

a) o crime de extorsão qualificada pela restrição da liberdade de locomoção da vítima ("sequestro relâmpago"), ao contrário do caput do artigo 158 do Código Penal, é doutrinariamente classificado como crime de mera conduta.
b) o crime de dano qualificado pelo motivo egoístico é de ação penal pública condicionada à representação.
c) no caso da apropriação indébita previdenciária, é extinta a punibilidade se o agente é primário e de bons antecedentes e desde que tenha promovido, após o início da ação fiscal e antes de oferecida a denúncia, o pagamento da contribuição social previdenciária, inclusive acessórios.
d) o crime de dano em coisa de valor artístico, arqueológico ou histórico previsto no artigo 165 do Código Penal foi revogado tacitamente pela lei de crimes ambientais – Lei nº 9.605/1998.
e) aquele que se apropria de res derelicta, deixando de restituí-la ao dono ou legítimo possuidor ou de entregá-la à autoridade competente, dentro do prazo de 15 (quinze) dias, pratica crime.

COMENTÁRIOS

Alternativa correta: letra "D". Está correta a assertiva. O delito previsto no art. 165 do Código Penal foi tacitamente revogado pela Lei 9.605/98, que dispõe acerca das sanções penais e administrativas advindas de condutas lesivas ao meio ambiente. O art. 62, I, do mencionado diploma legal confere proteção a "bem especialmente protegido por lei, ato administrativo ou decisão judicial". Com a tipificação da conduta nos moldes da Lei 9.605/98, duas foram as mudanças: o aumento da pena, que antes variava de seis meses a dois anos de detenção (e agora é de um a três anos de reclusão) e a previsão da forma culposa (antes não tipificada). Em virtude dos atuais patamares de pena, admite-se somente a suspensão condicional do processo.

Alternativa "a": está errada a assertiva. O crime de extorsão é formal, perfazendo-se no momento em que o agente emprega os meios aptos a constranger a vítima a lhe proporcionar indevida vantagem econômica, mesmo na forma do § 3º do art. 158 do Código Penal.

Alternativa "b": está errada a assertiva. O crime de dano qualificado pelo motivo egoístico é de ação penal privada (art. 167 do Código Penal).

Alternativa "c": está errada a assertiva. Nos termos do art. 168-A, § 2º, do Código Penal, extingue-se a punibilidade na apropriação indébita previdenciária se o agente, espontaneamente, declara, confessa e efetua o pagamento das contribuições, importâncias ou valores e presta as informações devidas à previdência social, na forma definida em lei ou regulamento, **antes do início da ação fiscal**.

Alternativa "e": está errada a assertiva. A apropriação de coisa abandonada (*res derelicta*) e da coisa que nunca teve proprietário ou possuidor (*res nullius*) não constitui crime (nesse sentido: *RJDTACRIM* 11/45).

---

386. (Delegado de Polícia – RJ / 2009 – CEPERJ) Acerca dos crimes contra a ordem tributária e econômica, economia popular, relações de consumo e o meio ambiente, assinale opção incorreta.

a) Nos crimes previstos na Lei nº 8.137/1990, cometidos em quadrilha ou coautoria, o coautor ou partícipe, que através de confissão espontânea, revelar à autoridade policial ou judicial toda trama delituosa, terá sua pena reduzida de um a dois terços.

b) Não constitui crime, mas mera infração administrativa, a conduta de introduzir espécime animal no País, sem parecer técnico oficial favorável e licença expedida por autoridade competente.

c) constitui crime contra a economia popular celebrar ajuste para impor determinado preço de revenda ou exigir do comprador que não compre de outro vendedor.

d) A execução de serviço de alto grau de periculosidade, que contraria determinação de autoridade competente, constitui crime contra as relações de consumo e não mera infração administrativa.

e) a conduta de pichar e grafitar edificação ou monumento urbano configura crime previsto na Lei nº 9.605/98.

COMENTÁRIOS

Alternativa correta: letra "B". Está errada porque a conduta de introduzir espécime animal no País, sem parecer técnico oficial favorável e licença expedida por autoridade competente, constitui crime tipificado no art. 31 da Lei nº 9.605/98, punido com detenção de três meses a um ano e multa.

Alternativa "a": está correta a assertiva. Nos termos do art. 16, parágrafo único, da Lei nº 8.137/90, "Nos crimes previstos nesta Lei, cometidos em quadrilha ou coautoria, o coautor ou partícipe que através de confissão espontânea revelar à autoridade policial ou judicial toda a trama delituosa terá a sua pena reduzida de um a dois terços.".

Alternativa "c": está correto. O art. 2º, inciso VIII, da Lei nº 1.521/51, caracteriza como crime contra a economia popular a conduta de celebrar ajuste para impor determinado preço de revenda ou exigir do comprador que não compre de outro vendedor.

Alternativa "d": está correta a assertiva. O art. 65 da Lei nº 8.078/90 pune com detenção de seis meses a dois anos a condita de executar serviço de alto grau de periculosidade, contrariando determinação de autoridade competente.

Alternativa "e": em sua redação original, o art. 65 da Lei nº 9.605/98 punia, textualmente, as condutas de *pichar*, *grafitar* ou por outro modo *conspurcar* edificação ou monumento urbano. Em 2011, todavia, a Lei nº 12.408 alterou a redação do dispositivo, limitando as ações nucleares às condutas de *pichar* e *conspurcar*, retirando o ato de *grafitar*. Além disso, acrescentou no dispositivo o § 2º, que estabelece: "Não constitui crime a prática de grafite realizada com o objetivo de valorizar o patrimônio público ou privado mediante manifestação artística, desde que consentida pelo proprietário e, quando couber, pelo locatário ou arrendatário do bem privado e, no caso de bem público, com a autorização do órgão competente e a observância das posturas municipais e das normas editadas pelos órgãos governamentais responsáveis pela preservação e conservação do patrimônio histórico e artístico nacional.". Dessa forma, atualmente, o ato de grafita, desde que observados os parâmetros do dispositivo acima transcrito, não constitui crime.

---

387. (Delegado de Polícia – PA/ 2009 – MOVENS) No que se refere às sanções penais e administrativas derivadas de condutas e atividades lesivas ao meio ambiente, assinale a opção correta.

a) As pessoas jurídicas que praticarem condutas e atividades lesivas ao meio ambiente serão responsabilizadas administrativa, civil e penalmente, quando a infração for cometida por decisão de seu representante legal ou contratual, ou de seu órgão colegiado, salvo se no interesse ou benefício da sua entidade.

b) A responsabilidade das pessoas jurídicas exclui a das pessoas físicas, autoras, coautoras ou partícipes do mesmo fato.

c) O agente ter cometido a infração à noite é uma circunstância que agrava a pena, quando não constitui ou qualifica o crime contra o meio ambiente.

d) Para imposição e gradação da pena de multa, a autoridade competente não observará a situação econômica do infrator.

COMENTÁRIOS

Alternativa correta: letra "C". Está correta a assertiva. O art. 15, inciso II, *i*, da Lei nº 9.605/98 dispõe ser circunstância que agrava a pena, quando não constitua ou qualifique o crime, ter o agente cometido a infração penal à noite.

Alternativa "a": está errada porque o art. 3º da Lei nº 9.605/98 dispõe que as pessoas jurídicas serão responsabilizadas administrativa, civil e penalmente nos casos em que a infração seja cometida por decisão de seu representante legal ou contratual, ou de seu órgão colegiado, *no interesse ou benefício da sua entidade*.

Alternativa "b": está errada porque, ao contrário, de acordo com o disposto no parágrafo único do art. 3º da Lei nº 9.605/98, a responsabilidade das pessoas jurídicas não exclui a das pessoas físicas, autoras, coautoras ou partícipes do mesmo fato. Mas a tendência atualmente, tanto no STJ quanto no STF, é de que se admita a responsabilidade autônoma da pessoa jurídica: "1. Conforme orientação da 1ª Turma do STF, "O art. 225, § 3º, da Constituição Federal não condiciona a responsabilização penal da pessoa jurídica por crimes ambientais à simultânea persecução penal da pessoa física em tese responsável no âmbito da empresa. A norma constitucional não impõe a necessária dupla imputação." (RE 548181, Relatora Min. ROSA WEBER, Primeira Turma, julgado em 6/8/2013, acórdão eletrônico DJe-213, divulg. 29/10/2014, public. 30/10/2014). 2. Tem-se, assim, que é possível a responsabilização penal da pessoa jurídica por delitos ambientais independentemente da responsabilização concomitante da pessoa física que agia em seu nome. Precedentes desta Corte" (RMS 39173/BA, DJe 13/08/2015).

Alternativa "d": está errada porque o art. 6º da Lei nº 9.605/98 dispõe que para imposição e gradação da penalidade, a autoridade competente observará, no caso da multa, a situação econômica do infrator.

---

388. (Delegado de Polícia – GO/ 2008 – UEG) Sobre a responsabilidade penal ambiental, da pessoa jurídica, é CORRETO afirmar:

a) o prazo máximo previsto em caso de aplicação à pessoa jurídica da pena restritiva de direito consistente na proibição de contratar com o Poder Público e dele obter subsídios, subvenções ou doações é de 5 (cinco) anos.

b) segundo a orientação do Superior Tribunal de Justiça pode haver a responsabilização isolada do ente coletivo, sendo desnecessária a demonstração da atuação dos administradores em proveito da pessoa jurídica.

c) a suspensão de atividades da pessoa jurídica será aplicada quando estas não estiverem obedecendo às disposições legais ou regulamentares, relativas à proteção ao meio ambiente.

d) a lei brasileira exclui de responsabilidade penal as pessoas jurídicas de direito público.

COMENTÁRIOS

Alternativa correta: letra "C". Está correta a assertiva. Nos termos do art. 8º da Lei nº 9.605/98, a suspensão total ou parcial das atividades é uma das penas restritivas de direitos aplicáveis à pessoa jurídica em decorrência da prática de crime ambiental. O art. 11, por sua vez, dispõe que a suspensão de atividades será aplicada quando estas não estiverem obedecendo às prescrições legais.

Alternativa "a": está errada a assertiva porque, nos termos do art. 22, § 3º, da Lei nº 9.605/98, a proibição de contratar com o Poder Público e dele obter subsídios, subvenções ou doações não poderá exceder o prazo de dez anos.

Alternativa "b": embora à época da elaboração da questão a assertiva pudesse ser considerada incorreta, a tendência atualmente, tanto no STJ quanto no STF, é de que se admita a responsabilidade autônoma da pessoa jurídica: "1. Conforme orientação da 1ª Turma do STF, "O art. 225, § 3º, da Constituição Federal não condiciona a responsabilização penal da pessoa jurídica por crimes ambientais à simultânea persecução penal da pessoa física em tese responsável no âmbito da empresa. A norma constitucional não impõe a necessária dupla imputação." (RE 548181, Relatora Min. ROSA WEBER, Primeira Turma, julgado em 6/8/2013, acórdão eletrônico DJe-213, divulg. 29/10/2014, public. 30/10/2014). 2. Tem-se, assim, que é possível a responsabilização penal da pessoa jurídica por delitos ambientais independentemente da responsabilização concomitante da pessoa física que agia em seu nome. Precedentes desta Corte" (RMS 39173/BA, DJe 13/08/2015).

Alternativa "d": está errada a assertiva. Não há nenhuma vedação legal ou mesmo constitucional à responsabilização criminal da pessoa jurídica de direito público.

---

389. (Delegado de Polícia – PB / 2008 – CESPE) Considerando a legislação acerca dos crimes contra o meio ambiente, crimes contra a ordem tributária, crimes contra o Sistema Financeiro Nacional (SFN) e o Código Eleitoral, assinale a opção correta.

a) Caso um indivíduo tenha a guarda doméstica de espécie silvestre não considerada ameaçada de extinção, que anteriormente apanhara, sem a devida permissão, licença ou autorização da autoridade competente, o juiz, considerando as circunstâncias, poderá deixar de aplicar a pena relativa ao crime contra o meio ambiente praticado por esse indivíduo.

b) Nos crimes contra a ordem tributária, a delação premiada não é prevista como causa de redução da pena.

c) Os crimes contra o SFN são de competência da justiça estadual, desde que não haja comprovação de prejuízo a bens da União.

d) Nenhuma autoridade pode, desde 5 dias antes e até 48 horas depois do encerramento da eleição, prender ou deter qualquer eleitor, ainda que em virtude de sentença criminal condenatória por crime inafiançável.

e) Em caso de crime eleitoral praticado por meio de imprensa, aplica-se a Lei de Imprensa e, não, o Código Eleitoral, por força do princípio da especialidade.

COMENTÁRIOS

Alternativa correta: letra "A". Está correta a assertiva. O art. 29, § 1º, inc. III, da Lei nº 9.605/98, pune, com detenção de seis meses a um ano e multa, quem vende, expõe à venda, exporta ou adquire, guarda, tem em cativeiro ou depósito, utiliza ou transporta ovos, larvas ou espécimes da fauna silvestre, nativa ou em rota migratória, bem como produtos e objetos dela oriundos, provenientes de criadouros não autorizados ou sem a devida permissão, licença ou autorização da autoridade competente. O § 2º, no entanto, dispõe que, no caso de guarda doméstica de espécie silvestre não considerada ameaçada de extinção, pode o juiz, considerando as circunstâncias, deixar de aplicar a pena.

Alternativa "b": está errada a assertiva, pois o art. 16, parágrafo único, da Lei nº 8.137/90, estabelece que nos crimes previstos nesta Lei, cometidos em associação criminosa ou em coautoria, o coautor ou partícipe que através de confissão espontânea revelar à autoridade policial ou judicial toda a trama delituosa terá a sua pena reduzida de um a dois terços.

Alternativa "c": está errada porque o julgamento dos crimes contra o sistema financeiro nacional é de competência da Justiça Federal (STF RE 592264 AgR/RJ).

Alternativa "d": está errada a assertiva. Nos termos do art. 236 do Código Eleitoral, nenhuma autoridade poderá, desde cinco dias antes e até quarenta e oito horas depois do encerramento da eleição, prender ou deter qualquer eleitor, salvo em flagrante delito ou em virtude de sentença criminal condenatória por crime inafiançável, ou, ainda, por desrespeito a salvo-conduto.

Alternativa "e": está errada a assertiva. Inicialmente, note-se que a Lei de Imprensa (5.250/67), foi considerada não recepcionada pela Constituição Federal por ocasião do julgamento da ADPF nº 130 pelo Supremo Tribunal Federal.

---

390. (Delegado de Polícia – SC / 2008 – ACADEPOL) Sobre a Lei nº 9.605/98, Lei dos Crimes Ambientais, é correto afirmar, exceto:

a) A pena restritiva de direito de prestação de serviços à comunidade, prevista na Lei, consiste na atribuição ao condenado de tarefas gratuitas junto a parques e jardins públicos e unidades de conservação e, no caso de dano da coisa particular, pública ou tombada, na restauração desta, se possível.

b) São requisitos para a substituição da pena privativa de liberdade por pena alternativa restritiva de direitos, quando se tratar de delito: a) tratar-se de crime culposo ou for aplicada a pena privativa de liberdade igual ou inferior a quatro anos e o crime não for cometido com violência ou ameaça a pessoa; b) o réu não for reincidente em crime doloso; c) a culpabilidade, os antecedentes, a conduta social e a personalidade do condenado, bem como os motivos e as circunstâncias do crime indicarem que a substituição seja suficiente para efeitos de reprovação e prevenção do crime.

c) Nos crimes ambientais de menor potencial ofensivo, a proposta de aplicação imediata de pena restritiva de direitos ou multa não poderá ser formulada quando não tenha havido prévia composição do dano ambiental, salvo em caso de comprovada impossibilidade desta.

d) Nos crimes previstos na Lei, a suspensão condicional da pena pode ser aplicada nos casos de condenação à pena privativa de liberdade não superior a três anos.

COMENTÁRIOS

Alternativa correta: letra "B". Está errada a assertiva. Nos termos do art. 7º da Lei nº 9.605/98, as penas restritivas de direitos são autônomas e substituem as privativas de liberdade quando: a) tratar-se de crime culposo ou for aplicada a pena privativa de liberdade inferior (não igual) a quatro anos, sem qualquer menção a violência ou grave ameaça a pessoa, incompatível, de qualquer forma, com crimes ambientais; b) a culpabilidade, os antecedentes, a conduta social e a personalidade do condenado, bem como os motivos e as circunstâncias do crime indicarem que a substituição seja suficiente para efeitos de reprovação e prevenção do crime. Não há menção, como óbice, à reincidência em crime doloso.

Alternativa "a": está correta a assertiva. Ao contrário do disposto no Código Penal, o art. 9º da Lei nº 9.605/98 estabelece que a prestação de serviços à comunidade, nos crimes ambientais, consiste na atribuição ao condenado de tarefas gratuitas junto a parques e jardins públicos e unidades de conservação, e, no caso de dano da coisa particular, pública ou tombada, na restauração desta, se possível. As condições para o cumprimento da prestação de serviços à comunidade, não especificadas na lei especial, seguem as regras estabelecidas no Código Penal: a) condenações superiores a seis meses de privação da liberdade (art. 46, *caput*); b) as tarefas serão atribuídas conforme as aptidões do condenado (art. 46, § 3º, primeira parte); c) a prestação deve ser realizada à razão de uma hora de tarefa por dia de condenação (art. 46, § 3º, segunda parte); d) se a pena substituída for superior a um ano, é facultado ao condenado cumprir a pena substitutiva em menor tempo, nunca inferior, porém, à metade da pena privativa de liberdade fixada.

Alternativa "c": está correta. Dispõe o art. 27 da Lei nº 9.605/98 que nos crimes ambientais de menor potencial ofensivo, a proposta de aplicação imediata de pena restritiva de direitos ou multa, prevista no art. 76 da Lei nº 9.099/95, somente poderá ser formulada desde que tenha havido a prévia composição do dano ambiental, de que trata o art. 74 da mesma lei, salvo em caso de comprovada impossibilidade.

Alternativa "d": está correta a assertiva. Conforme dispõe o art. 16 da Lei nº 9.605/98, nos crimes previstos nesta Lei, a suspensão condicional da pena pode ser aplicada nos casos de condenação a pena privativa de liberdade não superior a três anos. A norma é diversa do Código Penal, em que a suspensão condicional da pena pode ser concedida se a pena privativa de liberdade não ultrapassar dois anos.

391. (Delegado de Polícia – AC/ 2008 – CESPE – Adaptada) Acerca das leis penais especiais, julgue o item a seguir.

Em crimes ambientais, em se tratando de condutas e atividades lesivas ao meio ambiente, poderá haver a responsabilização penal da pessoa jurídica, desde que a infração seja cometida por decisão de seu representante legal, no interesse da sua entidade.

COMENTÁRIOS

Certo. A CF/88, no art. 225, § 3º, anuncia: "As condutas e atividades consideradas lesivas ao meio ambiente sujeitarão os infratores, pessoas físicas ou jurídicas, a sanções penais e administrativas, independentemente da obrigação de reparar os danos causados" (grifos aditados). Seguindo o mandado constitucional de criminalização, nasceu a Lei nº 9.605/98 (Lei dos Crimes Ambientais). Reza seu art. 3º, caput: "As pessoas jurídicas serão responsabilizadas administrativa, civil e penalmente conforme o disposto nesta Lei, nos casos em que a infração seja cometida por decisão de seu representante legal ou contratual, ou de seu órgão colegiado, no interesse ou benefício da sua entidade".

Tais normas, conjugadas, geraram indisfarçável controvérsia, havendo três correntes abordando o tema: a) a pessoa física pode ser responsabilizada administrativa, tributária, civil e penalmente; a pessoa jurídica, administrativa, tributária e civilmente (jamais na esfera penal, pois não pratica crime); b) apesar de somente a pessoa física praticar crimes, ela e a jurídica serão responsabilizadas administrativa, tributária, civil e penalmente; c) tanto a pessoa física quanto a pessoa jurídica praticam crimes (ambientais), podendo ambas ser responsabilizadas administrativa, tributária, civil e penalmente. A pessoa jurídica, no entanto, só pode ser responsabilizada quando houver intervenção de uma pessoa física, que atua em nome e em benefício do entre moral, conforme dispõe o art. 3º da Lei 9.605/98. Esta corrente chegou a ser adotada pelo STJ (RMS 37293/SP, DJe 09/05/2013). O STF, no entanto, decidiu em sentido diverso, concluindo que a responsabilização penal da pessoa jurídica independe da pessoa física. Argumentou-se que a obrigatoriedade de dupla imputação caracterizaria afronta ao art. 225, § 3º, da Constituição Federal, pois condicionaria a punição da pessoa jurídica à condenação simultânea da pessoa física (RE 548.181/PR, DJe 19/06/2013). Seguindo a mesma tendência, o STJ tem decidido que a imputação criminal pode recair exclusivamente na pessoa jurídica (RMS 39173/BA, DJe 13/08/2015).

79.5. LICITAÇÃO

392. (ACAFE – Delegado de Polícia – SC/2014) Considerando as disposições da Lei 8.666/93, que institui normas para licitações e contratos da Administração Pública, analise as afirmações a seguir e assinale a alternativa correta.

I. Constitui crime o ato de frustrar ou fraudar, mediante ajuste, combinação ou qualquer outro expediente, o caráter competitivo do procedimento licitatório, com o intuito de obter, para si ou para outrem, vantagem decorrente da adjudicação do objeto da licitação.

II. Constitui crime o ato de abster-se ou desistir de licitar, em razão da vantagem oferecida.

III. Constitui crime o ato de admitir à licitação ou celebrar contrato com empresa ou profissional declarado inidôneo.

IV. Comete crime aquele que, declarado inidôneo, venha a licitar ou a contratar com a Administração.

a) Apenas a afirmação I está correta.

b) Apenas II e IV estão corretas.

c) Apenas I e III estão corretas.

d) Apenas I, III e IV estão corretas.

e) Todas as afirmações estão corretas.

COMENTÁRIOS

Alternativa correta: letra "E".

Item I: está correta a assertiva. São punidas, com detenção de dois a quatro anos, e multa, as condutas de frustrar ou fraudar, mediante ajuste, combinação ou qualquer outro expediente, o caráter competitivo do procedimento licitatório, com o intuito de obter, para si ou para outrem, vantagem decorrente da adjudicação do objeto da licitação. O crime é próprio, pois só pode ser cometido por quem participa do processo licitatório. E traz um elemento subjetivo, consistente no intuito específico de obter vantagem, para si ou para outrem.

Item II: está correta a assertiva. É evidente que, no geral, o licitante é livre para se abster ou desistir de participar do certame. No entanto, art. 95 da Lei nº 8.666/93 pune tanto as condutas de afastar ou procurar afastar licitante, por meio de violência, grave ameaça, fraude ou oferecimento de vantagem de qualquer tipo (*caput*), quanto as de se abster ou desistir de licitar, em razão da vantagem oferecida (parágrafo único). A pena, para ambas as figuras, é de detenção de dois a quatro anos, e multa, além da correspondente à violência, se o caso. Note-se que, no *caput*, o crime é de atentado, pois se pune, da mesma forma, a consumação e a tentativa. É crime comum na modalidade do *caput*, pois qualquer pessoa pode praticá-lo, mas próprio no parágrafo único, que pressupõe a figura do licitante.

Item III: está correta a assertiva. O art. 97 da Lei nº 8.666/93 pune, com detenção de seis meses a dois, a conduta de admitir à licitação ou celebrar contrato com empresa ou profissional declarado inidôneo. Trata-se de norma penal em branco, pois a inidoneidade de que trata o dispositivo deve ser extraída de outros dispositivos, na própria Lei nº 8.666/93 (art. 87) ou em outros diplomas (p. ex.: art. 12 da Lei nº 8.429/92).

Item IV: está correta a assertiva. No mesmo tipo do art. 97 da Lei nº 8.666/93, agora no parágrafo único, incide quem, declarado inidôneo, venha a licitar ou a contratar com a Administração.

393. (Cespe – Delegado de Polícia – BA/2013 – Adaptada) Em relação aos crimes contra a administração pública e aos delitos praticados em detrimento da ordem econômica e tributária e em licitações e contratos públicos, julgue os itens.

Considere a seguinte situação hipotética.

Pedro e Paulo simularam contrato de gestão com o objetivo de dispensar licitação em situação que não configurava hipótese de dispensa autorizada por lei. Em processo criminal, Pedro foi condenado à pena de dois anos e um mês de detenção e Paulo, à pena de três anos e dois meses de detenção e, apesar de não ter sido comprovada a obtenção de vantagem econômica, ambos foram condenados, ainda, ao pagamento de multa. Nessa situação hipotética, o juiz agiu corretamente ao aplicar a pena pecuniária.

COMENTÁRIOS

Errado. O delito de que trata a questão é o do art. 90 da Lei nº 8.666/93, que pune a conduta de frustrar ou fraudar, mediante ajuste, combinação ou qualquer outro expediente, o caráter competitivo do procedimento licitatório, com o intuito de obter, para si ou para outrem, vantagem decorrente da adjudicação do objeto da licitação. O "outro meio" a que se refere a lei foi, no caso, o contrato de gestão simulado para prejudicar a competição e fraudar o procedimento licitatório. Não se trata do art. 89 porque o enunciado não aponta que os agentes dispensaram a licitação sem observar as hipóteses permissivas, mas que se valeram de expediente ardiloso para acarretar a dispensa. No que concerne à aplicação da pena de multa, embora a assertiva tenha sido considera incorreta, devemos ressaltar que o art. 99 da Lei nº 8.666/93 não limita a aplicação da multa somente às hipóteses em que o agente obtém vantagem econômica, pois permite que o juiz se baseie na vantagem **potencialmente auferível**. No caso, mesmo que Pedro e Paulo não tenham se locupletado, poderia o juiz considerar, para estabelecer a pena pecuniária, a vantagem que ambos eventualmente obteriam em virtude da fraude empregada.

394. (FUNCAB – Delegado de Polícia – ES/2013) Em razão do pleito de Mário, chefe de departamento da Secretaria de Obras, em favor de seu amigo José, que era proprietário de uma empresa de recapeamento, foi celebrado um contrato entre a empresa de José e a referida Secretaria, objetivando o recapeamento de várias ruas. Esse contrato posteriormente foi invalidado por decisão judicial, haja vista ferir vários preceitos legais. Logo, Mário:

a) praticou o crime preceituado na Lei n° 8.666/1993.

b) praticou o crime de advocacia administrativa, preceituado no artigo 321 do CP.

c) praticou o crime de prevaricação, preceituado no artigo 319 do CP.

d) praticou o crime de corrupção passiva, preceituado no artigo 317 do CP.

e) tem sua conduta justificada, em face da decisão de invalidade do contrato.

COMENTÁRIOS

Alternativa correta: letra "A" (responde, também, a alternativa "b"). Está correta a assertiva. O delito é o tipificado no art. 91 da Lei nº 8.666/93: "Patrocinar, direta ou indiretamente, interesse privado perante a Administração, dando causa à instauração de licitação ou à celebração de contrato, cuja invalidação vier a ser decretada pelo Poder Judiciário". Trata-se de uma forma especial de advocacia administrativa (art. 321 do Código Penal), aplicável apenas na seara das licitações. O conflito aparente de normas se resolve, neste caso, pelo princípio da especialidade.

Alternativa "c": está errada a assertiva. O art. 319 do Código Penal tipifica o crime de prevaricação, consistente em retardar ou deixar de praticar, indevidamente, ato de ofício, ou praticá-lo contra disposição expressa de lei, para satisfazer interesse ou sentimento pessoal.

Alternativa "d": está errada a assertiva. Há corrupção passiva quando o funcionário público solicita ou recebe, para si ou para outrem, direta ou indiretamente, ainda que fora da função ou antes de assumi-la, mas em razão dela, vantagem indevida, ou aceita promessa de tal vantagem.

Alternativa "e": não há causa justificante para a conduta de Mário. A invalidade do contrato é uma condição objetiva de punibilidade; uma vez estabelecida, atrai a punição ao invés de afastá-la.

395. (Delegado de Polícia – ES/ 2011 – CESPE – Adaptada) Acerca das disposições constitucionais e legais aplicáveis ao processo penal, julgue o item a seguir.

Em razão da relevância do bem jurídico penal tutelado, a Lei de Licitações estabelece tipos penais específicos, aos quais comina, via de regra, a pena de reclusão.

COMENTÁRIOS

Errado. Está errada a assertiva porque a Lei nº 8.666/93 estabelece crimes específicos para as irregularidades em licitações, *todos* apenados com *detenção*.

396. (Delegado de Polícia – AP / 2010 – FGV) Maurício e Sandoval, sócios da empresa 007 Construções Ltda., decidem participar de uma concorrência pública realizada pela Secretaria de Obras do Estado do Amapá para seleção da empresa encarregada de construir um estádio de futebol com vistas à Copa do Mundo que se realizará no Brasil. Como a empresa não dispõe dos documentos exigidos pelo edital – especificamente a comprovação de realização de obra semelhante em contratação com o setor público – Maurício e Sandoval falsificam ART's (anotação de responsabilidade técnica) a fim de simular que já realizaram tais obras. A fraude surte efeito e a 007 construções é efetivamente selecionada dentre as concorrentes. Todavia, a falsificação é descoberta pouco tempo depois.

Assinale a alternativa que indique o crime praticado por Maurício e Sandoval.

a) Fraude à licitação (art. 93, lei 8.666/93).

b) Falsificação de documento público (art. 297, Código Penal).

c) Falsidade ideológica (art. 299, Código Penal).

d) Falsificação de documento particular (art. 298, Código Penal).

e) Estelionato (art. 171, Código Penal).

COMENTÁRIOS

Alternativa correta: letra "A". Está correta a assertiva. O art. 96 da Lei nº 8.666/93 dispõe que impedir, perturbar ou fraudar a realização de qualquer ato de procedimento licitatório é crime punido com detenção de seis meses a dois anos e multa.

Alternativa "b" (responde, também, as alternativas "c" e "d"). Não há falsificação de documento, nem mesmo como meio para a fraude licitatória, pois não se trata de contrafação de anotação de responsabilidade técnica. Poderia ser cogitado o crime de falsidade ideológica, em que o agente insere no formulário referente à anotação de responsabilidade técnica informação falsa com o fim de alterar a verdade sobre fato juridicamente relevante. Ainda assim, este crime seria absorvido pelo art. 93 da Lei nº 8.666/93, pois a falsidade foi utilizada como meio para fraudar o certame.

Alternativa "e": não há espaço para o crime de estelionato, de natureza estritamente patrimonial.

397. (Delegado de Polícia – GO/ 2008 – UEG) Os agentes administrativos que praticarem atos em desacordo com os preceitos legais ou visarem à frustração dos objetivos da licitação sujeitam-se às sanções administrativas, civis e criminais. Sobre as condutas criminais, no chamado Direito Penal das Licitações, é CORRETO afirmar:

a) os delitos previstos na Lei de Licitações não permitem a subsequente prática do crime de lavagem de dinheiro.

b) o tipo penal do art. 90 da Lei nº 8.666/93 (Lei de Licitações), consistente em "frustrar ou fraudar, mediante ajuste, combinação ou qualquer outro expediente, o caráter competitivo do procedimento licitatório, com o intuito de obter, para si ou para outrem, vantagem decorrente da adjudicação do objeto da licitação" encerra um crime unissubjetivo.

c) o tipo penal descrito no art. 89 da Lei nº 8666/93 (Lei de Licitações), consistente na conduta de "dispensar ou inexigir licitação fora das hipóteses previstas em lei, ou deixar de observar as formalidades pertinentes à dispensa ou à inexigibilidade", é crime de mão própria, portanto não admite coautoria e participação.

d) o servidor público que patrocina interesse privado em confronto com o da Administração, promovendo o início de procedimento licitatório ou a celebração de contrato, pratica o crime descrito no art. 321 do Código Penal (advocacia administrativa).

COMENTÁRIOS

Alternativa correta: letra "B". Está correta a assertiva. Crime unissubjetivo é o que pode ser cometido por apenas uma pessoa. Embora a redação do art. 91 da Lei nº 8.666/93, ao mencionar *ajuste* e *combinação*, possa dar a entender que se trata de crime a ser cometido obrigatoriamente por mais de uma pessoa (plurissubjetivo), a impressão não é correta, pois o dispositivo permite o emprego de *qualquer outro expediente* capaz de frustrar ou fraudar o caráter competitivo do procedimento licitatório, o que pode se verificar com a conduta de apenas um agente.

Alternativa "a": está errada a assertiva. A Lei nº 9.613/98 foi alterada pela Lei nº 12.683/12, que, modificando o art. 1º, estabeleceu a conduta de ocultar ou dissimular a natureza, origem, localização, disposição, movimentação ou propriedade de bens, direitos ou valores provenientes, direta ou indiretamente, de qualquer infração penal. Mesmo à época da elaboração da questão (2008), os crimes relativos a licitações poderiam ser antecedentes da lavagem de dinheiro, pois, no rol do mencionado art. 1º, estavam os crimes contra a Administração Pública.

Alternativa "c": está errada porque o crime do art. 89 da Lei nº 8.666/93 é próprio (só pode ser praticado por sujeito ativo específico), mas não de mão própria. É plenamente possível que vários servidores conluiados contribuam para a dispensa irregular de licitação.

Alternativa "d": está errada a assertiva porque, no caso, aplica-se o art. 91 da Lei nº 8.666/93, que pune a conduta de patrocinar, direta ou indiretamente, interesse privado perante a Administração, dando causa à instauração de licitação ou à celebração de contrato, cuja invalidação vier a ser decretada pelo Poder Judiciário. Trata-se de figura semelhante à da advocacia administrativa (art. 321 do Código Penal), incidente no âmbito das licitações.

79.6. LAVAGEM DE DINHEIRO

398. (UEG – Delegado de Polícia – GO/2013) O crime de lavagem de capitais consubstancia-se no ato ou no conjunto de atos praticados pelo agente com a finalidade de dar aparência lícita a ativos (bens, direitos e valores) provenientes de ilícito penal (infração antecedente), cujo aperfeiçoamento ocorre após processos complexos, na busca da referida finalidade. Desse modo, quando o agente lavador efetua vários depósitos fracionados em uma única ou várias contas bancárias, cujo beneficiário é um único sujeito, constituindo a somatória desses valores expressiva quantia em dinheiro, tem-se o que a doutrina denomina de

a) mescla

b) ocultação

c) cegueira deliberada

d) estruturação

COMENTÁRIOS

Alternativa correta: letra "D". Está correta a assertiva. Há estruturação, no crime de lavagem, nas situações em que o agente promove a divisão dos ativos financeiros em diversas frações a fim de que não sejam detectadas pelos órgãos reguladores e de fiscalização, que monitoram, normalmente, movimentações a partir de determinado valor.

Alternativa "a": verifica-se a mescla, na lavagem, nas hipóteses em que o agente promove a fusão de recursos lícitos e ilícitos, normalmente em pessoas jurídicas, para que, ao final, todo o produto da movimentação seja considerado proveniente da atividade econômica regularmente desempenhada.

Alternativa "b": nos crimes relativos à lavagem de capital, a ocultação ocorre para evitar que os órgãos de fiscalização localizem o ativo ilícito, o que normalmente se dá por meio de contas bancárias fraudulentas e operações comerciais em nome de terceiros ("laranjas"), estes muitas vezes alheios à movimentação.

Alternativa "c": a teoria da cegueira deliberada, proveniente do direito norte-americano, se aplica àquelas situações em que alguém se envolve com o agente da lavagem, recebendo ativos provenientes de crimes, fingindo não perceber que se trata de uma manobra criminosa. Poderia ser o caso, por exemplo, de quem vende imóvel avaliado em alguns milhões e recebe o acordado em dinheiro vivo, em situação que indique o propósito dissimulador ou ocultador daquele adquire o bem.

---

399. (FUNCAB – Delegado de Polícia – RJ/2012) Oto, a fim de dificultar eventual investigação, depositou vários cheques de terceiros, recebidos como produto de concussão da qual participou, em contas-correntes de três empresas de sua propriedade, às quais esperava ter acesso. Observando o caso concreto, analise as assertivas abaixo:

I. Oto deve responder por favorecimento real e lavagem de capitais.

II. A figura de lavagem de capitais é caracterizada pela ocultação ou dissimulação da origem, da localização, da disposição, da movimentação ou da propriedade dos valores respectivos, provenientes, direta ou indiretamente, de qualquer infração penal.

III. Se reconhecido que Oto praticou o crime de lavagem de capitais, resta excluída sua participação no crime de concussão.

IV. O tipo de lavagem de dinheiro não reclama nem o êxito definitivo da ocultação ou dissimulação, visado pelo agente, nem o vulto e a complexidade dos exemplos de requintada "engenharia financeira" transnacional.

Agora, indique a opção que contempla apenas as assertivas verdadeiras.

a) I e II.

b) II e III.

c) III e IV.

d) I e III.

e) II e IV.

COMENTÁRIOS

Alternativa correta: letra "E".

Item I: está errada a assertiva. Se Oto participou do crime de concussão, sua responsabilidade penal não pode se limitar ao favorecimento real, cujo tipo penal, de resto, exclui expressamente os casos de coautoria (ou participação). Impõe-se, dessa forma, estabelecer a punição por concussão e por lavagem de capitais.

Item II: está correta a assertiva. De acordo com o art. 1º da Lei nº 9.613/98, caracterizam a lavagem as condutas de ocultar ou dissimular a natureza, origem, localização, disposição, movimentação ou propriedade de bens, direitos ou valores provenientes, direta ou indiretamente, de infração penal.

Item III: está errada a assertiva. A punição do crime antecedente não provoca nenhum efeito prejudicial em relação à punição da lavagem de capitais. Aplicam-se as penas relativas a ambos os crimes na forma de concurso material.

Item IV: está correta a assertiva, que repete acórdão do STF sobre o tema: "Lavagem de dinheiro: L. 9.613/98: caracterização. O depósito de cheques de terceiro recebidos pelo agente, como produto de concussão, em contas-correntes de pessoas jurídicas, às quais contava ele ter acesso, basta a caracterizar a figura de "lavagem de capitais" mediante ocultação da origem, da localização e da propriedade dos valores respectivos (L. 9.613, art. 1º, caput): o tipo não reclama nem êxito definitivo da ocultação, visado pelo agente, nem o vulto e a complexidade dos exemplos de requintada "engenharia financeira" transnacional, com os quais se ocupa a literatura" (RHC 80.826/SP, DJ 18/06/2001).

---

400. (Delegado de Polícia – SP/ 2011 – ACADEPOL) Em relação aos crimes de "lavagem" ou ocultação de bens, direitos e valores – Lei nº 9.613/98 é correto afirmar que

a) se aplicam, como efeitos da condenação, somente os previstos no Código Penal.

b) não há causas de aumento ou redução de pena.

c) o COAF poderá requerer aos órgãos da Administração Pública as informações cadastrais bancárias e financeiras de pessoas envolvidas em atividades suspeitas.

d) não admitem tentativa.

e) cabe apenas ao COAF determinar a liberação dos bens apreendidos ou sequestrados quando comprovada a licitude de sua origem.

COMENTÁRIOS

Alternativa correta: letra "C". Está correta a assertiva. O art. 14, § 3º, da Lei nº 9.613/98 dispõe que o Conselho de Controle de Atividades Financeiras (COAF) poderá requerer aos órgãos da Administração Pública as informações cadastrais bancárias e financeiras de pessoas envolvidas em atividades suspeitas.

Alternativa "a": está errada a assertiva porque o art. 7º da Lei nº 9.613/98 contempla os efeitos da condenação decorrente dos crimes de lavagem, além daqueles previstos no Código Penal. São eles: a) a perda, em favor da União – e dos Estados, nos casos de competência da Justiça Estadual –, de todos os bens, direitos e valores relacionados, direta ou indiretamente, à prática dos crimes previstos nesta Lei, inclusive aqueles utilizados para prestar a fiança, ressalvado o direito do lesado ou de terceiro de boa-fé; b) a interdição do exercício de cargo ou função pública de qualquer natureza e de diretor, de membro de conselho de administração ou de gerência das pessoas jurídicas referidas no art. 9º, pelo dobro do tempo da pena privativa de liberdade aplicada.

Alternativa "b": está errada a assertiva porque há situações em que a Lei nº 9.613/98 estabelece causas de aumento e de diminuição de pena. Há majorante, por exemplo, no art. 1º, § 4º, segundo o qual a pena será aumentada de um a dois terços, se o crime for cometido de forma reiterada ou por intermédio de organização criminosa. O mesmo dispositivo, no § 5º, dispõe que a pena poderá ser reduzida de um a dois terços e ser cumprida em regime aberto ou semiaberto, facultando-se ao juiz deixar de aplicá-la ou substituí-la, a qualquer tempo, por pena restritiva de direitos, se o autor, coautor ou partícipe colaborar espontaneamente com as autoridades, prestando esclarecimentos que conduzam à apuração das infrações penais, à identificação dos autores, coautores e partícipes, ou à localização dos bens, direitos ou valores objeto do crime.

Alternativa "d": está errada porque o art. 1º, § 3º, da Lei nº 9.613/98 prevê expressamente que a tentativa será punida na forma do art. 14, parágrafo único, do Código Penal.

Alternativa "e": está errada porque, nos termos do art. 4º, § 2º, da Lei nº 9.613/98 o *juiz* determinará a liberação total ou parcial dos bens, direitos e valores quando comprovada a licitude de sua origem, mantendo-se a constrição dos bens, direitos e valores necessários e suficientes à reparação dos danos e ao pagamento de prestações pecuniárias, multas e custas decorrentes da infração penal.

401. (Delegado de Polícia – MT/ 2010 – UNEMAT) Ciente de que lavagem de capitais é o método pelo qual uma ou mais pessoas, ou uma ou mais organizações criminosas, processam os ganhos financeiros ou patrimoniais adquiridos com atividades ilícitas, pode-se afirmar.

a) A condenação do agente pelo crime anterior é pressuposto para a configuração do crime de lavagem de capitais.

b) Se o crime antecedente se der na forma tentada, não há que se falar em delito posterior de lavagem de capitais.

c) A ocultação de valores provenientes de jogo do bicho tipifica o crime de lavagem de capitais.

d) O legislador adotou o princípio da acessoriedade limitada para os delitos de lavagem de capitais.

e) O crime de lavagem de dinheiro sempre será julgado perante a Justiça Federal, independente do fato típico anteriormente cometido.

COMENTÁRIOS

✪ **Nota do autor:** a questão foi elaborada antes da entrada em vigor da Lei nº 12.683/12, que promoveu diversas modificações na Lei nº 9.613/98. Os comentários serão formulados de acordo com o atual regramento envolvendo a prática de lavagem de dinheiro.

Alternativa correta: letra "D". Está correta a assertiva. Não é necessário que se comprove cabalmente a existência da infração antecedente para que a lavagem seja caracterizada, bastando indícios suficientes de que o agente oculta ou dissimula a origem de bens, direitos e valores provenientes de infração penal. Este é o posicionamento adotado pelo STJ (RHS 31.183/RS).

Alternativa "a": está errada a assertiva, pois o art. 2º, inciso II, da Lei nº 9.613/98 dispõe que o processo e o julgamento do crime de lavagem independem do processo e julgamento das infrações penais antecedentes, ainda que praticadas em outro país.

Alternativa "b": está errada porque mesmo sendo tentada a infração antecedente, pode haver lavagem de bens ou valores. Imaginemos a situação em que "A" é determinado, mediante paga, a assassinar "B", mas não alcança seu intento, recebendo parte do combinado. Poderá ele, não obstante seja tentado o crime antecedente, ocultar ou dissimular a origem do valor recebido, configurando-se a lavagem.

Alternativa "c": embora à época da elaboração da questão a assertiva devesse ser considerada errada, atualmente, com a modificação introduzida pela Lei nº 12.683/12 na Lei nº 9.613/98, não há mais rol taxativo dos crimes antecedentes à lavagem. O art. 1º pune a conduta de ocultar ou dissimular a natureza, origem, localização, disposição, movimentação ou propriedade de bens, direitos ou valores provenientes, direta ou indiretamente, de *infração penal* (qualquer uma).

Alternativa "e": está errada. O art. 2º, inciso III, da Lei nº 9.613/98 dispõe que a competência da justiça federal incidirá quando os crimes previstos nesta Lei forem praticados contra o sistema financeiro e a ordem econômico-financeira, ou em detrimento de bens, serviços ou interesses da União, ou de suas entidades autárquicas ou empresas públicas, bem como quando a infração penal antecedente for de competência da Justiça Federal.

402. (Delegado de Polícia – GO/ 2008 – UEG) [A] deposita na conta poupança de sua filha, sem o conhecimento desta, dinheiro arrecadado com a prática de crime de roubo contra uma agência do Banco do Brasil, visando a ocultar o valor proveniente do delito. [A] comete:

a) fato atípico.

b) crime de receptação.

c) crime contra a economia popular.

d) crime de lavagem de dinheiro.

COMENTÁRIOS

✪ **Nota do autor:** a questão não deixa claro se "A" foi o autor do crime de roubo, o que dificulta a tipificação de sua conduta e que, a nosso ver, pode ter ocasionado a anulação.

Alternativa correta: Anulada

Alternativa "a" (responde, também, a alternativa "d"). Se considerarmos "A" como o autor do crime de roubo, o fato, antes da alteração promovida pela Lei nº 12.683/12 na Lei de Lavagem de Dinheiro, seria atípico, pois este delito não constava no rol taxativo dos delitos antecedentes à lavagem. Atualmente, em que se pune a ocultação ou a dissimulação da natureza, origem, localização, disposição, movimentação ou propriedade de bens, direitos ou valores provenientes, direta ou indiretamente, de qualquer infração penal, a ocultação do produto do roubo seria punida como lavagem.

Alternativa "b": se "A" foi o autor do roubo, obviamente não há possibilidade de figurar como receptador. Se, no entanto, recebeu o dinheiro roubado por outrem, sem ter tomado parte, de qualquer forma, na subtração, será responsabilizado pela receptação.

Alternativa "c": não há correspondência entre a conduta descrita no enunciado e qualquer dos tipos penais da Lei nº 1521/51.

---

403. (Delegado de Polícia – SC / 2008 – ACADEPOL) "Tício" ocultou bens e valores provenientes de uma série de vultosos estelionatos que ele sozinho praticara e os converteu em ativos lícitos. Esta conduta, isoladamente:

a) configura crime de "lavagem" de bens e valores (Lei nº 9.613/98), visto que é suficiente para configuração deste delito que haja lesão ao sistema financeiro nacional.

b) configura crime de "lavagem" de bens e valores (Lei nº 9.613/98), pois o rol constante do referido tipo penal é meramente exemplificativo.

c) configura modalidade especial de receptação de bens e valores – Código Penal.

d) não configura crime de "lavagem" de bens e valores (Lei nº 9.613/98), pois o crime de estelionato não está relacionado no referido tipo penal entre os crimes antecedentes à lavagem.

COMENTÁRIOS

✪ **Nota do autor:** a questão foi elaborada antes da entrada em vigor da Lei nº 12.683/12, que promoveu diversas modificações na Lei nº 9.613/98. Os comentários serão formulados de acordo com o atual regramento envolvendo a prática de lavagem de dinheiro.

Alternativa correta: letra "D" (os comentários respondem, também, as demais alternativas). Em sua redação prévia à Lei nº 12.683/12, o artigo 1º da Lei nº 9.613/98 trazia um rol taxativo dos crimes antecedentes à lavagem de dinheiro. Atualmente, todavia, com a entrada em vigor da referida norma, a lavagem de dinheiro é punida com a ocultação ou dissimulação da natureza, origem, localização, disposição, movimentação ou propriedade de bens, direitos ou valores provenientes, direta ou indiretamente, de qualquer infração penal.

Dessa forma, se o autor de diversos estelionatos ocultar os bens provenientes desses crimes, convertendo-os em ativos lícitos, será responsabilizado pela lavagem de dinheiro.

79.7. CRIMES CONTRA O SISTEMA FINANCEIRO NACIONAL

404. (Delegado de Polícia – RN / 2008 – CESPE) Paulo e Pedro, ambos funcionários públicos, em coautoria, retardaram, contra disposição expressa de lei, ato de ofício necessário ao regular funcionamento do Sistema Financeiro Nacional. Com base nessa situação hipotética, assinale a opção correta.

a) Paulo e Pedro praticaram o delito de prevaricação.

b) Os objetos jurídicos do delito praticado são a credibilidade do sistema financeiro e a proteção ao investidor.

c) O delito em espécie pode ser punido tanto na forma culposa como na dolosa.

d) No delito em questão, se Paulo, em confissão espontânea, revelar à autoridade policial ou judicial toda a trama delituosa, terá a sua pena reduzida pela metade.

e) A ação penal, no crime em comento, será promovida pelo MP estadual, perante a justiça estadual.

COMENTÁRIOS

Alternativa correta: letra "B". Está correta a assertiva, pois, punindo as condutas de omitir, retardar ou praticar, o funcionário público, contra disposição expressa de lei, ato de ofício necessário ao regular funcionamento do sistema financeiro nacional, bem como a preservação dos interesses e valores da ordem econômico-financeira, o art. 23 da Lei nº 7.492/86 protege tanto a credibilidade do sistema financeiro quanto o investidor.

Alternativa "a": não há prevaricação (art. 319 do Código Penal) porque há delito específico na Lei nº 7.492/86 para o funcionário público que omite, retarda ou pratica ato relativo ao Sistema Financeiro Nacional contra disposição expressa de lei (art. 23).

Alternativa "c": está errada, pois o art. 23 da Lei nº 7.492/86 pune apenas a forma dolosa.

Alternativa "d": está errada porque o art. 25, § 2º, da Lei nº 7.492/86 permite a redução da pena dos crimes nela previstos, cometidos em associação criminosa ou coautoria, quando o coautor ou partícipe, através de confissão espontânea, revelar à autoridade policial ou judicial toda a trama delituosa. Neste caso, terá a sua pena reduzida de um a dois terços (não de metade).

Alternativa "e": está errada porque o art. 26 da Lei nº 7.492/86 dispõe que a ação penal, nos crimes nela previstos, será promovida pelo Ministério Público Federal, perante a Justiça Federal.

79.8. ABUSO DE AUTORIDADE

405. (FUNCAB – Delegado de Polícia – PA/2016) Cuida a Lei n° 4.898, de 1965, do direito de representação e do processo de responsabilidade administrativa, civil e penal, nos casos de abuso de autoridade. Sobre o tema, analise as assertivas a seguir e assinale a correta.

a) Os crimes do art. 3º da Lei nº 4.898 são classificados como delitos de mão própria.

b) O abuso de autoridade praticado por militar em serviço é da competência da Justiça Militar, estadual ou federal.

c) Aos crimes previstos na Lei nº 4.898 não se aplica o instituto da transação penal, contemplado pelo art. 76 da Lei nº 9.099.

d) Sequer excepcionalmente os crimes previstos na Lei nº 4.898 admitem a modalidade culposa.

e) Somente será considerado autoridade para a finalidade de aplicação da Lei nº 4898 o ocupante remunerado de cargo, emprego ou função pública, de natureza civil ou militar.

COMENTÁRIOS

Alternativa correta: letra "D". Está correta a assertiva. Os tipos penais do abuso de autoridade (arts. 3º e 4º da Lei 4.898/65) são todos dolosos.

Alternativa "a": está errada a assertiva. Os crimes de abuso de autoridade são próprios, pois só podem ser cometidos por agentes revestidos de qualidade especial, assim considerados aqueles que exercem cargo, emprego ou função pública, de natureza civil, ou militar, ainda que transitoriamente e sem remuneração. Não se trata de crime de mão própria, que pressupõe a atuação pessoal do sujeito ativo, que não pode ser substituído por mais ninguém, a exemplo do que ocorre no falso testemunho. O crime de mão própria admite apenas a participação, refutando a coautoria.

Alternativa "b": de acordo com o disposto na súmula 172 do STJ, "Compete à Justiça Comum processar e julgar militar por crime de abuso de autoridade, ainda que praticado em serviço". Ocorre que, em 13 de outubro de 2017, entrou em vigor a Lei 13.491, que modificou o conceito de crime militar. De acordo com a nova redação do art. 9º, inciso II, do CPM, consideram-se crimes militares, em tempos de paz, os previstos no próprio CPM **e (inclusive)** os previstos na legislação penal. Antes, o inciso II dispunha que os crimes militares eram aqueles previstos no CPM, **embora também o fossem com igual definição na lei penal comum.** Não mais. Agora são militares os crimes tipificados no CPM **e também** os tipificados na legislação penal comum, desde que praticados na forma de uma das alíneas no inciso II. Diante dessa nova definição, se um militar em serviço ou atuando em razão da função (alínea c) comete abuso de autoridade, a competência é da Justiça Militar. Por isso, é possível sustentar que a súmula 172 do STJ perdeu o sentido (a respeito: Foureaux, Rodrigo. A Lei 13.491/17 e a ampliação da competência da Justiça Militar, disponível em http://s3.meusitejuridico.com.br/2017/10/7029a-770-ampliacao-de-competencia-da-justica-militar.pdf").

Alternativa "c": está errada a assertiva, pois os crimes de abuso de autoridade, aos quais a lei estabelece pena de detenção de dez dias a seis meses, são de menor potencial ofensivo.

Alternativa "e": está errada a assertiva, pois, nos termos do art. 5º da Lei 4.898/65, é autoridade quem exerce cargo, emprego ou função pública, de natureza civil, ou militar, ainda que transitoriamente e sem remuneração.

406. (FUNIVERSA – Delegado de Polícia – DF/2015) No que diz respeito ao direito de representação e ao processo de responsabilidade administrativa civil e penal nos casos de abuso de autoridade, assinale a alternativa correta, conforme o disposto na Lei nº 4.898/1965.

a) Configura crime de tortura, e não de abuso de autoridade, a execução de medida privativa da liberdade individual sem as formalidades legais.

b) O delegado de polícia que submete pessoa sob sua guarda a situação vexaminosa pratica crime de tortura, e não de abuso de autoridade.

c) A lei não prevê, como abuso de autoridade eventual, atentado ao livre exercício do culto religioso.

d) Para fins da lei mencionada, considera-se autoridade quem exerce cargo, emprego ou função pública, de natureza civil ou militar, ainda que transitoriamente e sem remuneração.

e) A conduta de um delegado de polícia que deixe de comunicar, imediatamente, ao juiz competente a prisão de determinada pessoa poderá configurar prevaricação, mas não abuso de autoridade.

COMENTÁRIOS

Alternativa correta: letra "D". Está correta a assertiva. A Lei nº 4.898/65, que tipifica os delitos de abuso de autoridade, conceitua, no art. 5º, o termo *autoridade* para os efeitos da própria Lei: "Considera-se autoridade, para os efeitos desta lei, quem exerce cargo, emprego ou função pública, de natureza civil, ou militar, ainda que transitoriamente e sem remuneração". A redação é semelhante ao *caput* do art. 327 do Código Penal. Note-se, no entanto, que a Lei nº 4.898/65 não dispõe a respeito da extensão trazida no § 1º do art. 327. Não se aplica, portanto, no âmbito dos crimes de abuso de autoridade, o conceito extensivo do Código Penal.

Alternativa "a": está errada a assertiva. A conduta nela descrita é crime de abuso de autoridade tipificado no art. 4º, alínea *a*, da Lei nº 4.898/65.

Alternativa "b": está errada a assertiva. Se a autoridade submeter pessoa sob sua guarda ou custódia a vexame ou a constrangimento não autorizado em lei, desde que isso não envolva constrangimento com emprego de violência ou grave ameaça com um dos propósitos estabelecidos na Lei nº 9.455/97, haverá crime de abuso de autoridade (art. 4º, alínea *b*).

Alternativa "c": está errada a assertiva. O atentado ao livre exercício do culto religioso é crime de abuso de autoridade tipificado no art. 3º, alínea *e*.

Alternativa "e": está errada a assertiva. O delegado de polícia que deixa de comunicar, imediatamente, ao juiz competente a prisão de determinada pessoa incorre em crime de abuso de autoridade tipificado no art. 4º, alínea *c*.

407. (ACAFE – Delegado de Polícia – SC/2014) Na forma do disposto na Lei 4.898/65, que dispõe sobre o abuso de autoridade, analise as afirmações a seguir e assinale a alternativa correta.

I. Ordenar ou executar medida privativa da liberdade individual, sem as formalidades legais.

II. Deixar o Juiz de ordenar o relaxamento de prisão ou detenção ilegal que lhe seja comunicada.

III. Recusar o carcereiro ou agente de autoridade policial recibo de importância recebida a título de carceragem, custas, emolumentos ou de qualquer outra despesa.

IV. Atentar contra os direitos e garantias legais assegurados ao exercício profissional e à liberdade de consciência e de crença.

a) Todas as afirmações estão corretas.
b) Apenas I e IV estão corretas.
c) Apenas II e III estão corretas.
d) Apenas I, II e IV estão corretas.
e) Apenas I, III e IV estão corretas.

COMENTÁRIOS

Alternativa correta: Anulada.

Item I: está correta a assertiva. É crime tipificado no art. 4º, alínea *a*, da Lei nº 4.898/65 ordenar ou executar medida privativa da liberdade individual, sem as formalidades legais ou com abuso de poder. A tipificação tem fundamento constitucional, especialmente no art. 5º, inciso LXI: "ninguém será preso senão em flagrante delito ou por ordem escrita e fundamentada de autoridade judiciária competente, salvo nos casos de transgressão militar ou crime propriamente militar, definidos em lei". Trata-se, no mais, de norma penal em branco imprópria heterovitelina, pois seu complemento, relativamente às formalidades legais para a privação da liberdade, é encontrado no Código de Processo Penal.

Item II: é também crime de abuso de autoridade a omissão do juiz em ordenar o relaxamento de prisão ou detenção ilegal que lhe seja comunicada. Também tem fundamento constitucional, no art. 5º, inciso LXV: "a prisão ilegal será imediatamente relaxada pela autoridade judiciária".

Item III: esta assertiva foi preliminarmente considerada correta, pois, como dispõe o art. 4º, alínea *g*, da Lei nº 4.898/65, é crime de abuso de autoridade recusar o carcereiro ou agente de autoridade policial recibo de importância recebida a título de carceragem, custas, emolumentos ou de qualquer outra despesa. Ocorre que, atualmente, não há possibilidade de o carcereiro ou o agente policial receber alguma importância do detido. Se assim fizer, responderá, conforme o caso, por corrupção passiva ou concussão.

Item IV: está correta a assertiva. O art. 3º da Lei nº 4.898/65 tipifica como abuso de autoridade qualquer atentado à liberdade de consciência e de crença e aos direitos e garantias legais assegurados ao exercício profissional. As figuras delituosas são fundamentadas no art. 5º, incisos VIII (ninguém será privado de direitos por motivo de crença religiosa ou de convicção filosófica ou política, salvo se as invocar para eximir-se de obrigação legal a todos imposta e recusar-se a cumprir prestação alternativa, fixada em lei) e XIII (é livre o exercício de qualquer trabalho, ofício ou profissão, atendidas as qualificações profissionais que a lei estabelecer), da Constituição Federal.

408. (UEL – Delegado de Polícia – PR/2013) Assinale a alternativa que apresenta, corretamente, afirmações quanto aos crimes de abuso de autoridade tipificados na Lei nº 4.898/1965.

a) São crimes de ação penal pública condicionada, uma vez que o Art. 1° da Lei trata do direito de representação, sendo esta a condição de procedibilidade para a propositura da ação penal.

b) A competência para processar e julgar crimes de abuso de autoridade praticados por militares no exercício de suas funções será da Justiça Militar, uma vez que possuem prerrogativa de função.

c) Para efeitos de aplicabilidade da Lei, os militares estão excluídos, uma vez que a eles será aplicado o Código Penal Militar.

d) São crimes de ação penal pública incondicionada, uma vez que o Art. 1° da Lei trata do direito de representação, sendo esta nada mais do que o direito de petição estampado no Art. 5°, inciso XXXIV da Constituição Federal.

e) Considera-se autoridade qualquer pessoa que exerça cargo, emprego ou função pública, excluindo-se aqueles que exercem cargo, emprego ou função pública de forma transitória e sem remuneração.

COMENTÁRIOS

Alternativa correta: letra "D" (responde, também, a alternativa "a"). Está correta a assertiva. O direito de representação a que se refere o art. 1º da Lei nº 4.898/65 não diz respeito à condição de procedibilidade que caracteriza a ação penal pública condicionada. Trata-se tão somente do direito de petição a ser exercido por qualquer pessoa que tome conhecimento do crime de abuso de autoridade, que, de resto, é de ação penal pública incondicionada.

Alternativa "b": de acordo com o disposto na súmula 172 do STJ, "Compete à Justiça Comum processar e julgar militar por crime de abuso de autoridade, ainda que praticado em serviço". Ocorre que, em outubro de 2017, entrou em vigor a Lei 13.491, que modificou o conceito de crime militar. De acordo com a nova redação do art. 9º, inciso II, do CPM, consideram-se crimes militares, em tempos de paz, os previstos no próprio CPM **e (inclusive)** os previstos na legislação penal. Antes, o inciso II dispunha que os crimes militares eram aqueles previstos no CPM, **embora também o fossem com igual definição na lei penal comum.** Não mais. Agora são militares os crimes tipificados no CPM **e também** os tipificados na legislação penal comum, desde que praticados na forma de uma das alíneas no inciso II. Diante dessa nova definição, se um militar em serviço ou atuando em razão da função (alínea c) comete abuso de autoridade, a competência é da Justiça Militar. Por isso, é possível sustentar que a súmula 172 do STJ perdeu o sentido (a respeito: Foureaux, Rodrigo. A Lei 13.491/17 e a ampliação da competência da Justiça Militar, disponível em http://s3.meusitejuridico.com.br/2017/10/7029a-770-ampliacao-de-competencia-da-justica-militar.pdf).

Alternativa "c" (responde, também, a alternativa "e"): por expressa disposição do art. 5º da Lei nº 4.898/65, considera-se autoridade quem exerce cargo, emprego ou função pública, de natureza civil, ou militar, ainda que transitoriamente e sem remuneração.

409. (UEG – Delegado de Polícia – GO/2013) A Lei nº 4898/65 (Abuso de Autoridade) estabelece a responsabilização criminal, civil e administrativa da autoridade que comete abuso no exercício de suas funções. Sobre a referida legislação, tem-se o seguinte:

a) quando o abuso for cometido por agente de autoridade policial, civil ou militar, de qualquer categoria, poderá ser cominada pena autônoma ou acessória, de não poder o acusado exercer funções de natureza policial ou militar no município da culpa, por prazo de 1 a 5 anos.
b) a responsabilização criminal será promovida pelo Ministério Público mediante ação penal pública condicionada à representação do ofendido como condição de procedibilidade.
c) a responsabilidade civil poderá ser buscada pelo ofendido somente em face da autoridade autora do delito, através de advogado constituído.
d) a responsabilidade administrativa poderá ensejar uma sanção de suspensão do cargo, função ou posto por prazo de 15 a 180 dias, com perda de vencimentos e vantagens.

COMENTÁRIOS

Alternativa correta: letra "A". Está correta a assertiva. O art. 6º, § 5º, da Lei nº 4.898/65 estabelece que quando o abuso for cometido por agente de autoridade policial, civil ou militar, de qualquer categoria, poderá ser cominada a pena autônoma ou acessória, de não poder o acusado exercer funções de natureza policial ou militar no município da culpa, por prazo de um a cinco anos.

Alternativa "b": está errada porque a ação penal, nos crimes de abuso de autoridade, é pública incondicionada.

Alternativa "c": o art. 9º da Lei nº 4.898/65 dispõe que "Simultaneamente com a representação dirigida à autoridade administrativa ou independentemente dela, poderá ser promovida pela vítima do abuso, a responsabilidade civil ou penal ou ambas, da autoridade culpada". Ocorre que não é somente contra a autoridade responsável pelo abuso que a vítima poderá dirigir pedido de reparação civil, pois o art. 37, § 6º, da Constituição Federal estabelece que "As pessoas jurídicas de direito público e as de direito privado prestadoras de serviços públicos responderão pelos danos que seus agentes, nessa qualidade, causarem a terceiros, assegurado o direito de regresso contra o responsável nos casos de dolo ou culpa". É, aliás, mais vantajoso para aquele que busca a reparação acionar diretamente o Estado, pois, neste caso, basta o apontamento do nexo causal, ao passo que a responsabilidade do funcionário deve ser provada mediante demonstração de dolo ou culpa.

Alternativa "d": está errada a assertiva porque o prazo mínimo da sanção administrativa de suspensão do cargo, função ou posto, com perda de vencimentos e vantagens, é de cinco dias, não quinze (art. 6º, § 1º, *c*, da Lei nº 4.898/65).

410. (Delegado de Polícia – RJ / 2009 – CEPERJ) No dia 02 de agosto de 2009, Valdilene compareceu à 14ª Delegacia de Polícia e disse que seu filho Valdilucas, com 24 anos, havia sido agredido por policiais, que estavam na comunidade onde reside a fim de prenderem pessoas envolvidas com o tráfico de drogas. Segundo narrou ao Delegado, os policiais abordaram algumas pessoas que estavam na rua, dentre elas o seu filho e, sem motivo aparente, deram vários tapas no rosto de Valdilucas, sendo certo que não ficaram marcas das agressões. Como deve proceder o Delegado?

a) Receber aquela informação como uma notícia-crime, necessitando da representação de Valdilucas para instaurar inquérito policial e apurar crime de abuso de autoridade, para o qual a lei prevê a necessária representação como condição de procedibilidade.
b) Instaurar inquérito policial para apurar crime de constrangimento ilegal, que é de ação pública incondicionada.
c) Receber aquela informação como uma notícia-crime, necessitando da representação de Valdilucas para instaurar inquérito policial para apurar crime de lesão corporal, pois a vítima possui mais de 18 anos e se trata de crime de ação pública condicionada à representação.
d) Instaurar inquérito policial para apurar crime de abuso de autoridade, que independe da representação da vítima, pois se trata de delito de ação pública incondicionada.
e) Instaurar inquérito policial para apurar crime de tortura, que é crime de ação pública incondicionada.

COMENTÁRIOS

Alternativa correta: letra "D". Está correta a assertiva. A ação penal no crime de abuso de autoridade é pública incondicionada. Dessa forma, recebida a notícia do crime, a autoridade policial deve iniciar a investigação e o Ministério Público poderá adotar as providências cabíveis sem qualquer ato pressuposto do ofendido.

Alternativa "a": está errada porque não há necessidade de representação do ofendido para a apuração do crime de abuso de autoridade. A representação a que a alude a Lei nº 4.898/65 não tem correspondência com a representação exigida como condição de procedibilidade. Trata-se, simplesmente, da possibilidade de expor à autoridade a ocorrência do abuso cometido por quem exerce cargo, emprego ou função pública, de natureza civil, ou militar, ainda que transitoriamente e sem remuneração.

Alternativa "b": não há, neste caso, crime de constrangimento ilegal, pois se aplica o princípio da especialidade, que impõe a aplicação da Lei nº 4.898/65.

Alternativa "c": além de não haver necessidade de representação do ofendido, conforme explicitado anteriormente, o crime de lesão corporal, neste caso, pelo princípio da especialidade, cede lugar ao abuso de autoridade. Note, todavia, que tal se aplica apenas se a lesão corporal for de natureza leve, pois, caso seja grave ou gravíssima, já não se tem simples atentado à incolumidade física do indivíduo (que é a conduta tipificada na Lei nº 4.898/65), incidindo as regras inerentes ao concurso formal de crimes.

Alternativa "e": não há, no caso, crime de tortura, pois os policiais não constrangeram Valdilucas, com emprego de violência ou grave ameaça, causando-lhe sofrimento físico ou mental, com o fim de obter informação, declaração ou confissão da vítima ou de terceira pessoa; para provocar ação ou omissão de natureza criminosa; ou em razão de discriminação racial ou religiosa.

411. (Delegado de Polícia – SC / 2008 – ACADEPOL) Analise as alternativas e assinale a correta.

a) Os crimes de abuso de autoridade são delitos de dupla subjetividade passiva: o sujeito passivo imediato é a pessoa que sofre a ação ou omissão criminosa; o sujeito passivo mediato é o Estado, titular da Administração Pública, pois sempre que um abuso é praticado a função pública não está sendo desempenhada corretamente. Assim sendo, se o abuso de autoridade é praticado por servidor federal, o sujeito passivo mediato do crime é a União e, por isso, a competência para processar e julgar o funcionário é da Justiça Federal.

b) A Lei de Abuso de Autoridade é um diploma legal exclusivamente penal. As sanções penais são: a) advertência; b) suspensão temporária do cargo função ou posto; c) destituição da função; d) demissão; e) multa; e f) penas privativas de liberdade (detenção/reclusão). As penas referidas nos itens "a" a "d" são classificadas doutrinariamente como penas acessórias.

c) As condutas típicas previstas na Lei de Abuso de Autoridade são crimes funcionais. No processamento de tais delitos deve ser facultada a defesa preliminar ao denunciado, antes do recebimento da denúncia, nos termos do Código de Processo Penal.

d) Nos crimes de Abuso de Autoridade a denúncia deve ser apresentada em três vias, dentro do prazo de 72 horas a contar do recebimento do inquérito ou das peças de informação.

COMENTÁRIOS

Alternativa correta: letra "A". Está correta a assertiva. No crime de abuso de autoridade, o sujeito passivo imediato (titular do interesse penalmente protegido) é aquele que sofreu o abuso, ao passo que o sujeito passivo mediato, constante, é o Estado, interessado na manutenção da paz pública e da ordem social. Se o servidor que comete o crime for federal, a competência será da Justiça Federal (STJ: CC 20779/RO).

Alternativa "b": está errada a assertiva. A Lei nº 4.898/65 não estabelece apenas sanções penais, mas também administrativas e civis. Aliás, as penas elencadas na assertiva não têm natureza criminal, mas administrativa (art. 6º, § 1º).

Alternativa "c": está errada a assertiva, pois a Lei nº 4.898/65, ao dispor sobre o procedimento nos crimes de abuso de autoridade, determina, no art. 17, que, recebidos os autos, o juiz, dentro do prazo de quarenta e oito horas, proferirá despacho, recebendo ou rejeitando a denúncia.

Alternativa "d": está errada a assertiva porque o art. 13 da Lei nº 4.898/65 dispõe que a denúncia do Ministério Público será apresentada em duas vias, no prazo de quarenta e oito horas.

79.9. EXECUÇÃO PENAL

412. (Fundatec – Delegado de Polícia – PC – RS/2018) A respeito da execução da pena privativa de liberdade, analise as assertivas a seguir, de acordo com a Lei de Execução Penal, a jurisprudência do Supremo Tribunal Federal e a doutrina majoritária, respectivamente.

I. Em relação ao trabalho do preso, é possível afirmar que o trabalho externo é autorizado aos condenados que cumprem pena no regime fechado, desde que em serviços ou obras públicas, que poderão ser realizados por órgãos da administração direta ou indireta, ou entidades privadas, desde que tomadas as medidas contra fuga e em favor da disciplina, ou seja, com escolta.

II. A necessidade de respeito à integridade física e moral do preso fez com que, atualmente, o entendimento jurisprudencial seja pela impossibilidade do uso de algemas, a menos que haja resistência e fundado receio de fuga ou perigo à integridade física do preso, o que não inclui riscos à integridade física de terceiras pessoas, pois, nesse caso, serão cabíveis outras providências.

III. É possível aplicar-se o regime disciplinar diferenciado ao preso provisório ou ao condenado sob o qual recaiam fundadas suspeitas de envolvimento ou participação, a qualquer título, em organização terrorista.

Quais estão corretas?

a) Apenas I.
b) Apenas II.
c) Apenas III.
d) Apenas I e III.
e) I, II e III.

COMENTÁRIOS

Item I: está correta a assertiva. Segundo o art. 36 da Lei nº 7.210/84, o trabalho externo será admissível para os presos em regime fechado em serviço ou obras públicas realizadas por órgãos da Administração Direta ou Indireta, ou entidades privadas, desde que tomadas as cautelas contra a fuga e em favor da disciplina.

Item II: está errada a assertiva. A respeito do uso de algemas, temos a súmula vinculante nº 11, segundo a qual só se permite a imobilização do agente "em casos de resistência e de fundado receio de fuga ou de perigo à integridade física própria ou alheia, por parte do preso ou de terceiros, justificada a excepcionalidade por escrito, sob pena de responsabilidade disciplinar, civil e penal do agente ou da autoridade e de nulidade da prisão ou do ato processual a que se refere, sem prejuízo da responsabilidade civil do Estado". Nota-se, pois, que o uso de algemas pode ser fundamentado inclusive no risco à integridade física de terceiros.

Item III: está correta a assertiva. Conforme dispõe o art. 52, § 2º, da LEP, fica sujeito ao regime disciplinar diferenciado o preso provisório ou o condenado sob o qual recaiam fundadas suspeitas de envolvimento ou participação, a qualquer título, em organizações criminosas. A repressão ao crime organizado é disciplinada na Lei 12.850/13, cujo art. 1º, § 2º, inc. II estabelece que suas disposições se aplicam " às organizações terroristas, entendidas como aquelas voltadas para a prática dos atos de terrorismo legalmente definidos".

Alternativa correta: letra "d".

---

413. (FUNIVERSA – Delegado de Polícia – DF/2015) Quanto à execução penal, assinale a alternativa correta.

a) Não se admite a regressão de regime per saltum.
b) Admite-se a progressão de regime per saltum.
c) Se João for condenado a duzentos anos de prisão, poderá, em virtude do princípio da individualização da pena, progredir após cumprir um sexto de trinta anos, desde que os crimes não sejam hediondos e João tenha bom comportamento.
d) Conforme o STJ, não se admite que condenado à medida de segurança cumpra tal medida por mais tempo do que a pena máxima cominada ao crime, independentemente de ter, ou não, cessado a periculosidade.
e) Só será obrigado a cumprir três quintos da pena para progredir de regime o condenado por crime hediondo que seja reincidente específico.

COMENTÁRIOS

Alternativa correta: letra "D". Está correta a assertiva. O tema relativo à duração da medida de segurança foi objeto de extenso debate em virtude do disposto no art. 97, § 1º, do Código Penal, que estabelece prazo indeterminado para a internação e tratamento ambulatorial, que perduram enquanto não for averiguada, mediante perícia médica, a cessação de periculosidade. Estabelece-se apenas o prazo mínimo de um a três anos. Havia quem sustentasse que o máximo, por analogia, era o prazo de trinta anos, limite para o cumprimento de pena (art. 75 do Código Penal); e outros argumentavam que o máximo deveria ser o mesmo abstratamente cominado ao delito. O STJ se aliou a este último entendimento e editou a súmula nº 527: "O tempo de duração da medida de segurança não deve ultrapassar o limite máximo da pena abstratamente cominada ao delito praticado".

Alternativa "a": está errada a assertiva. Não há impedimento a que ocorra a regressão *per saltum* se as circunstâncias do caso concreto indicarem a necessidade de que o agente passe do regime aberto diretamente para o fechado. É o que ocorre, por exemplo, quando o condenado cumpre pena em regime aberto e sobrevém condenação a pena que, somada ao restante da anterior, supera os oitos anos.

Alternativa "b": está errada a assertiva. Prevalece o entendimento de que não existe progressão em saltos (regime fechado para o aberto). A Exposição de Motivos da LEP, no item 120, afirma que se o condenado estiver no regime fechado não poderá ser transferido diretamente para o regime aberto. Nesse mesmo sentido, há a súmula 491 do STJ. Reconhece-se, porém, que, comprovada a culpa do Estado na demora na transferência do reeducando, a progressão por saltos é cabível, forma de sanção para uma Administração inerte e/ou ineficiente (informativo 651 do STF). Neste sentido: a) STJ: "Firmou-se nesta Corte Superior de Justiça entendimento de que a inexistência de vaga em estabelecimento prisional compatível com o regime determinado no título condenatório, ou decorrente de progressão, permite ao condenado o cumprimento da reprimenda no modo menos gravoso" (HC 365.425/RS, DJe 20/10/2016); b) STF: "A falta de estabelecimento penal adequado não autoriza a manutenção do condenado em regime prisional mais gravoso, devendo-se observar, nessa hipótese, os parâmetros fixados no RE 641.320/RS" (súmula vinculante nº 56).

Alternativa "c": está errada a assertiva. Embora o art. 75 do Código Penal estabeleça o prazo máximo de trinta anos para o cumprimento da pena, os benefícios relativos à execução são calculados com base na pena efetivamente aplicada. Esse é o teor da súmula nº 715 do STF: "A pena unificada para atender ao limite de trinta anos de cumprimento, determinado pelo art. 75 do código penal, não é considerada para a concessão de outros benefícios, como o livramento condicional ou regime mais favorável de execução".

Alternativa "e": está errada a assertiva. O art. 2º, § 2º, da Lei nº 8.072/90, ao estabelecer a regra da progressão de regime para os crimes hediondos, dispõe que o agente deve cumprir três quintos da pena se for reincidente. Nada menciona acerca da reincidência específica.

---

414. (ACAFE – Delegado de Polícia – SC/2014) De acordo com o Código de Penal e com relação ao cumprimento da pena em regime fechado, analise as afirmações a seguir a assinale a alternativa correta.

I. O condenado fica sujeito a trabalho no período diurno e a isolamento durante o repouso noturno.

II. O trabalho será em comum dentro do estabelecimento, na conformidade das aptidões ou ocupações anteriores do condenado, desde que compatíveis com a execução da pena.

III. O trabalho externo é inadmissível.

IV. O trabalho externo é admissível, desde que o condenado frequente cursos supletivos profissionalizantes, de instrução de segundo grau ou superior.

a) Apenas I, II e III estão corretas.
b) Apenas I e II estão corretas.
c) Apenas II, III e IV estão corretas.
d) Todas as afirmações estão corretas.
e) Todas as afirmações estão incorretas.

COMENTÁRIOS

Alternativa correta: letra "B".

Item I: está correta a assertiva. O art. 34, § 1º, do Código Penal dispõe que, no regime fechado, o condenado fica sujeito a trabalho no período diurno e a isolamento durante o repouso noturno. A labuta se realiza dentro do próprio estabelecimento prisional e de acordo com as aptidões do reeducando (sempre que possível). A lei admite, em caráter excepcional, o trabalho externo, desde que autorizado pelo juiz ou diretor do estabelecimento, a ser realizado em obras ou serviços públicos. Pressupõe, no entanto, que o condenado tenha demonstrado aptidão, bem como cumprido, pelo menos, um sexto da pena, tomando-se as cautelas contra a fuga e em favor da disciplina (art. 34, § 3º, CP e art. 37 da LEP).

Item II: está correta a assertiva. O art. 34, § 2º, do Código Penal estabelece que o trabalho no regime fechado será em comum dentro do estabelecimento, na conformidade das aptidões ou ocupações anteriores do condenado, desde que compatíveis com a execução da pena.

Item III: está errada a assertiva. É possível o trabalho externo no regime fechado, em serviços ou obras públicas realizadas por órgãos da Administração direta ou indireta, ou entidades privadas, desde que tomadas as cautelas contra a fuga e em favor da disciplina (arts. 34, § 3º, do Código Penal e 36 da Lei nº 7.210/84).

Item IV: está errada a assertiva. Para que se defira o trabalho externo do preso em regime fechado, analisa-se a aptidão, a disciplina e a responsabilidade do agente, pressupondo-se o cumprimento mínimo de 1/6 (um sexto) da pena.

---

415. (Vunesp – Delegado de Polícia – SP/2014) "X", primário e de bons antecedentes, cumpre, com bom comportamento, pena de vinte anos de reclusão em regime fechado, pela prática do crime de latrocínio. Até o momento, "X" cumpriu quatorze anos do total da pena. Nesse caso, a resposta correta para a pergunta – "X" tem direito à concessão de algum benefício? – é:

a) "X" tem direito ao livramento condicional.
b) "X" tem direito à concessão da liberdade provisória.
c) "X" tem direito à concessão do sursis.
d) "X" tem direito à concessão da suspensão condicional da pena.
e) "X" não faz jus a nenhum benefício por ter praticado crime hediondo.

COMENTÁRIOS

Alternativa correta: letra "A". Está correta a assertiva. "X" é primário, de bons antecedentes e foi condenado por crime hediondo (latrocínio) a pena de vinte anos de reclusão. Neste caso, é possível a concessão do livramento condicional após o cumprimento de mais de dois terços da pena (art. 83, inciso V, do Código Penal), patamar atingido após o período de treze anos e quatro meses. Como o condenado, no exemplo, já cumpriu quatorze anos, é possível o livramento condicional.

Alternativa "b": está errada a assertiva porque liberdade provisória não é instituto de execução penal, mas medida processual concedida nas situações em que não haja motivo para a segregação cautelar.

Alternativa "c" (responde, também, a alternativa "d"): está errada a assertiva porque é requisito do *sursis* que a pena não ultrapasse os dois anos (art. 156 da Lei nº 7.210/84).

Alternativa "e": está errada a assertiva. Dos benefícios elencados nas assertivas, "X" não seria beneficiado nem mesmo pelo livramento condicional apenas se fosse reincidente específico em crime hediondo. Mas o fato de se tratar de crime hediondo não afastaria a aplicação de todo e qualquer benefício de execução penal, pois o agente estaria, no mínimo, sujeito a progressão de regime.

---

416. (UEPA – Delegado de Polícia – PA/2013) Dispondo sobre os direitos e garantias fundamentais dos brasileiros e estrangeiros residentes no país, a Constituição de 1988, em seu art. 5°, XLVIII, determina que "a pena será cumprida em estabelecimentos distintos, de acordo com a natureza do delito, a idade e o sexo do apenado". Esta norma garante o princípio:

a) da legalidade, porque não se pode impor ao apenado o cumprimento de pena em estabelecimento que não esteja regulamentado por lei específica.
b) da culpabilidade, porque não se pode impor ao réu uma pena sem a comprovação de sua culpa, por sentença condenatória transitada em julgado.
c) da humanidade, porque evita a imposição de penas proscritas do ordenamento jurídico brasileiro.
d) da individualização da pena, porque impõe ao Estado o dever de classificar os apenados a partir de características pessoais concretas, prevenindo problemas como o da "contaminação carcerária".
e) da pessoalidade ou intranscendência da pena, porque assegura aos familiares do apenado não sofrerem os constrangimentos do cárcere.

COMENTÁRIOS

Alternativa correta: letra "D". Está correta a assertiva. Além da disposição constitucional, o art. 5º da Lei nº 7.210/84 estabelece que "Os condenados serão classificados, segundo os seus antecedentes e personalidade, para orientar a individualização da execução penal" (art. 5º da LEP). Em síntese, a pena será individualizada conforme a personalidade e antecedentes do agente, bem como o tipo de delito por ele praticado (item 26 da Exposição de Motivos da LEP).

Alternativa "a": está errada a assertiva. Em vários dispositivos da Lei nº 7.210/84 a legalidade é anunciada. No art. 2º, por exemplo, "A jurisdição penal dos Juízes ou Tribunais da Justiça ordinária, em todo o Território Nacional, será exercida, no processo de execução, na conformidade desta Lei e do Código de Processo Penal". O art. 3º, por sua vez: "Ao condenado e ao internado serão assegurados todos os direitos não atingidos pela sentença ou pela lei". A distinção entre estabelecimentos prisionais de acordo com a as características do apenado e do delito por ele cometido, contudo, não se baseia na legalidade, mas na individualização da pena.

Alternativa "b": a culpabilidade que fundamenta a aplicação da pena em nada se relaciona com o estabelecimento em que a reprimenda, uma vez estabelecida, será cumprida.

Alternativa "c": o princípio da humanidade, de fato, fundamenta a proibição de determinadas penas como a de morte, a de caráter perpétuo, a de trabalhos forçados, a de banimento e as cruéis. Isto, no entanto, não guarda ligação com a colocação do preso em estabelecimento adequado.

Alternativa "e": está errada a assertiva porque a intranscendência da pena não exibe ligação nenhuma com o estabelecimento em que se dará o seu cumprimento.

---

417. (Cespe – Delegado de Polícia – BA/2013 – Adaptada) No que se refere às contravenções penais, aos crimes em espécie e às leis penais extravagantes, julgue os itens a seguir com base na jurisprudência dos tribunais superiores.

O indivíduo penalmente imputável condenado à pena privativa de liberdade de vinte e três anos de reclusão pela prática do crime de extorsão seguido de morte poderá ser beneficiado, no decorrer da execução da pena, pela progressão de regime após o cumprimento de dois quintos da pena, se for réu primário, ou de três quintos, se reincidente.

COMENTÁRIOS

Certo. Está correta a assertiva. O crime de extorsão qualificada pela morte, nos termos do art. 1º, inciso III, da Lei nº 8.072/90, é hediondo. Diante disso, a regra para a progressão de regime é a estabelecida no art. 2º, § 2º, da mesma Lei: "A progressão de regime, no caso dos condenados aos crimes previstos neste artigo, dar-se-á após o cumprimento de 2/5 (dois quintos) da pena, se o apenado for primário, e de 3/5 (três quintos), se reincidente, observado o disposto nos §§ 3º e 4º do art. 112 da Lei nº 7.210, de 11 de julho de 1984 (Lei de Execução Penal)".

---

418. (FUNCAB – Delegado de Polícia – RJ/2012) O Diretor de determinado presídio é informado, por bilhete anônimo, de que um preso estaria trocando informações por correspondência com membros do seu bando, a fim de viabilizar a entrada de substância entorpecente no estabelecimento prisional, visando ao tráfico de drogas. Diante disso, o Diretor intercepta uma carta fechada e destinada ao detento, e, após abri-la, lê o seu conteúdo, descobrindo quando e como se daria o ingresso da droga. No caso em tela, pode-se afirmar que o Diretor:

a) aparentemente praticou crimes previstos tanto no Código Penal, quanto na Lei n° 4.898/1965, devendo responder por esta última de acordo com o princípio da especialidade.
b) praticou crime previsto na Lei n°4.898/1965.
c) praticou crimes previstos tanto no Código Penal, quanto na Lei n° 4.898/1965, devendo responder por ambos, em concurso formal.
d) praticou crime previsto no Código Penal.
e) não praticou crime.

COMENTÁRIOS

Alternativa correta: letra "E" (responde, também, as demais alternativas). Está correta a assertiva. O art. 41, inciso XV, da Lei nº 7.210/84 garante ao preso, durante a execução penal, contato com o mundo exterior por meio de correspondência escrita, da leitura e de outros meios de informação que não comprometam a moral e os bons costumes. Ocorre que, como não poderia deixar de ser, este direito não é irrestrito, tanto que o parágrafo único do mesmo dispositivo estabelece a possibilidade de suspensão ou restrição por ato motivado do diretor do estabelecimento prisional. No exemplo citado, em que havia a suspeita de que o preso estava envolvido em ação criminosa por meio do envio de correspondências, cabia ao diretor do estabelecimento adotar as providências necessárias para apurar a notícia, o que somente poderia ocorrer por meio da interceptação da missiva.

---

419. (Delegado de Polícia – MT/ 2010 – UNEMAT) No que concerne aos direitos do condenado, pode-se afirmar.

a) O instituto da remissão somente é permitido no regime fechado de cumprimento de pena, já que no semi-aberto pressupõe-se o exercício laboral.
b) A autorização para saída temporária da colônia agrícola pode ser concedida pelo diretor do estabelecimento.
c) De acordo com a Lei de Execução Penal, as faltas disciplinares são estabelecidas por lei local.
d) Consoante entendimento sumulado do STJ, pena fixada pelo juízo federal, ainda que cumprida em estabelecimento estadual, deve ser por aquele fiscalizada.
e) Em caso de falta disciplinar, pune-se a tentativa com a pena correspondente a falta consumada.

COMENTÁRIOS

Alternativa correta: letra "E". Está correta a assertiva. O art. 49, parágrafo único, da Lei nº 7.210/84 dispõe que a tentativa da falta disciplinar é punida com a sanção correspondente à falta consumada, o que não impede o juiz de considerar o *conatus* na fixação da natureza ou duração da punição.

Alternativa "a": está errada a assertiva. De acordo com o art. 126 da Lei nº 7.210/84 o condenado que cumpre a pena em regime *fechado* ou *semiaberto* poderá remir, por trabalho ou por estudo, parte do tempo de execução da pena.

Alternativa "b": está errada porque, nos termos do art. 123 da Lei nº 7.210/84, a autorização para a saída temporária será concedida por ato motivado do juiz da execução, ouvidos o Ministério Público e a administração penitenciária.

Alternativa "c": está errada porque o art. 49, segunda parte, da Lei nº 7.210/84 dispõe que a legislação local especificará apenas as faltas disciplinares leves e médias, bem assim as respectivas sanções.

Alternativa "d": está errada porque a súmula nº 192 do STJ dispõe que "Compete ao juízo das execuções penais do estado a execução das penas impostas a sentenciados pela justiça federal, militar ou eleitoral, quando recolhidos a estabelecimentos sujeitos a administração estadual".

420. (Delegado de Polícia – SC / 2008 – ACADEPOL) Acerca das execuções penais, assinale a alternativa **correta.**

a) Excesso ou desvio de execução ocorre quando, durante a execução da pena, algum ato for praticado além dos limites fixados na sentença, em normas legais ou regulamentes.

b) Compete à Justiça Federal a execução das penas impostas a sentenciados pela própria Justiça Federal, quando recolhidos a estabelecimentos sujeitos à administração estadual.

c) A pena unificada para atender ao limite de trinta anos de cumprimento, determinado pelo art. 75 do Código Penal, é considerada para a concessão de outros benefícios ao preso, como livramento condicional ou regime mais favorável de execução.

d) Não se admite a progressão de regime de cumprimento de pena ou a aplicação imediata de regime menos severo nela determinada antes do trânsito em julgado da sentença condenatória.

COMENTÁRIOS

Alternativa correta: letra "A". Está correta a assertiva. Haverá excesso ou desvio de execução sempre que algum ato for praticado além dos limites fixados na sentença, em normas legais ou regulamentares (ver comentários ao art. 185 LEP).

Alternativa "b": está errada a assertiva porque, tratando-se do cumprimento de pena em estabelecimento prisional estadual, a competência para a execução será da justiça estadual, ainda que o crime tenha sido de competência da justiça federal.

Alternativa "c": está errada a assertiva. Nos termos do que dispõe a súmula nº 715 do STF, "A pena unificada para atender ao limite de trinta anos de cumprimento, determinado pelo art. 75 do Código Penal, não é considerada para a concessão de outros benefícios, como o livramento condicional ou regime mais favorável de execução.".

Alternativa "d": está errada porque, nos termos da súmula nº 716 do STF, "Admite-se a progressão de regime de cumprimento da pena ou a aplicação imediata de regime menos severo nela determinada, antes do trânsito em julgado da sentença condenatória.".

421. (Delegado de Polícia – AC/ 2008 – CESPE – Adaptada) Julgue o item a seguir, acerca das espécies, da cominação e da aplicação das penas.

Em caso de condenado a pena privativa de liberdade em regime inicialmente fechado, enquanto o condenado estiver cumprindo a pena privativa de liberdade em regime fechado, não lhe será permitido o seu trabalho externo.

COMENTÁRIOS

Errado. Está errada a assertiva porque, de acordo com o disposto no art. 34, § 3º, do Código Penal, é admissível o trabalho externo no regime fechado em serviços ou obras públicas.

No mesmo sentido, o art. 36 da Lei nº 7.210/84 dispõe que o trabalho externo será admissível para os presos em regime fechado somente em serviço ou obras públicas realizadas por órgãos da Administração Direta ou Indireta, ou entidades privadas, desde que tomadas as cautelas contra a fuga e em favor da disciplina.

A prestação de trabalho externo, a ser autorizada pela direção do estabelecimento, dependerá de aptidão, disciplina e responsabilidade, além do cumprimento mínimo de 1/6 (um sexto) da pena (art. 37), sendo que a autorização de trabalho externo será revogada se o preso vier a praticar fato definido como crime, for punido por falta grave, ou tiver comportamento contrário aos requisitos estabelecidos.

79.10. CRIMES RESULTANTES DE PRECONCEITO DE RAÇA OU DE COR

422. (Cespe – Delegado de Polícia – GO/2017) Uma jovem de vinte e um anos de idade, moradora da região Sudeste, inconformada com o resultado das eleições presidenciais de 2014, proferiu, em redes sociais na Internet, diversas ofensas contra nordestinos. Alertada de que estava cometendo um crime, a jovem apagou as mensagens e desculpou-se, tendo afirmado estar arrependida. Suas mensagens, porém, têm sido veiculadas por um sítio eletrônico que promove discurso de ódio contra nordestinos.

No que se refere à situação hipotética precedente, assinale a opção correta, com base no disposto na Lei n.° 7.716/1989, que define os crimes resultantes de preconceito de raça e cor.

a) Independentemente de autorização judicial, a autoridade policial poderá determinar a interdição das mensagens ou do sítio eletrônico que as veicula.

b) Configura-se o concurso de pessoas nessa situação, visto que o material produzido pela jovem foi utilizado por outra pessoa no sítio eletrônico mencionado.

c) O crime praticado pela jovem não se confunde com o de injúria racial.

d) Como se arrependeu e apagou as mensagens, a jovem não responderá por nenhum crime.

e) A conduta da jovem não configura crime tipificado na Lei n.° 7.716/1989.

COMENTÁRIOS

Alternativa correta: letra "C" (responde, também, a alternativa "e"). O crime a que se refere o enunciado é o tipificado no art. 20 da Lei 7.716/89, consistente em praticar, induzir ou incitar a discriminação ou preconceito de raça, cor, etnia, religião ou procedência nacional. Segundo Guilherme de Souza Nucci, "é preciso considerar que o art. 20 da Lei 7.716/89 diz respeito à ofensa a um grupo de pessoas e não somente a um indivíduo, enquanto o art. 140, § 3º, do CP, ao contrário, refere-se a uma pessoa, embora valendo-se de instrumentos relacionados a um grupo de pessoas" (Leis Penais e Processuais Penais Comentada- Vol. 2, 2017, p. 961).

Alternativa "a": está errada a assertiva. Se o crime do art. 20 é cometido por intermédio dos meios de comunicação social ou publicação de qualquer natureza, o juiz – não a autoridade policial – poderá determinar a interdição das respectivas mensagens ou páginas de informação na rede mundial de computadores.

Alternativa "b": não há concurso de pessoas neste caso, pois, a partir do momento em que a jovem praticou a discriminação, seu crime consumou-se. Se, posteriormente, alguém decidiu publicar, em outros locais, as mensagens produzidas por ela, pretendendo com isso replicar a discriminação, há outro crime, cometido pelo responsável pela nova publicação.

Alternativa "d": o fato de a autora ter se arrependido e apagado as mensagens não afasta o crime já consumado.

423. (Cespe – Delegado de Polícia – PE/2016) Da sentença penal se extraem diversas consequências jurídicas e, quando for condenatória, emergem-se os efeitos penais e extrapenais. Acerca dos efeitos da condenação penal, assinale a opção correta.

a) A licença de localização e de funcionamento de estabelecimento onde se verifique prática de exploração sexual de pessoa vulnerável, em caso de o proprietário ter sido condenado por esse crime, não será cassada, dada a ausência de previsão legal desse efeito da condenação penal.

b) A condenação por crime de racismo cometido por proprietário de estabelecimento comercial sujeita o condenado à suspensão do funcionamento de seu estabelecimento, pelo prazo de até três meses, devendo esse efeito ser motivadamente declarado na sentença penal condenatória.

c) Segundo o CP, constitui efeito automático da condenação a perda de cargo público, quando aplicada pena privativa de liberdade por tempo igual ou superior a um ano, nos crimes praticados com abuso de poder ou violação de dever para com a administração pública.

d) A condenação por crime de tortura acarretará a perda do cargo público e a interdição temporária para o seu exercício pelo dobro do prazo da pena aplicada, desde que fundamentada na sentença condenatória, não sendo efeito automático da condenação.

e) A condenação penal pelo crime de maus-tratos, com pena de detenção de dois meses a um ano ou multa, ocasiona a incapacidade para o exercício do poder familiar, quando cometido pelo pai contra filho, devendo ser motivado na sentença condenatória, por não ser efeito automático.

COMENTÁRIOS

Alternativa correta: letra "B". Está correta a assertiva. A Lei nº 7.716/89 define diversos crimes resultantes do preconceito de raça ou de cor. Como efeito da condenação, o art. 16 estabelece a perda do cargo ou função pública, para o servidor público, e a suspensão do funcionamento do estabelecimento particular por prazo não superior a três meses, desde que – nos termos do art. 18 – devidamente motivados na sentença.

Alternativa "a": está errada a assertiva. O art. 218-B, § 2º, inciso II, do CP pune, com as mesmas penas do *caput*, o proprietário, o gerente ou o responsável pelo local em que alguém submeter, induzir ou atrair à prostituição ou outra forma de exploração sexual alguém menor de dezoito anos ou que, por enfermidade ou deficiência mental, não tem o necessário discernimento para a prática do ato, facilitá-la, impedir ou dificultar que a abandone. Neste caso, é efeito obrigatório da condenação a cassação da licença de localização e de funcionamento do estabelecimento.

Alternativa "c": está errada a assertiva. A perda de cargo público é efeito da condenação quando aplicada pena privativa de liberdade por tempo igual ou superior a um ano nos crimes praticados com abuso de poder ou violação de dever para com a administração pública (art. 92, inciso I, *a*, do CP). Não se trata, no entanto, de efeito automático, pois, por expressa disposição do art. 92, parágrafo único, do CP, deve o juiz fundamentar sua incidência.

Alternativa "d": está errada a assertiva. No art. 1º, § 5º, da Lei nº 9.455/97, temos, como efeito administrativo da condenação, a perda obrigatória do cargo, função ou emprego público e ainda na interdição (também obrigatória) para o seu exercício pelo dobro do prazo da pena aplicada. Diferentemente do que ocorre no art. 92 do Código Penal, aqui os efeitos são automáticos, não sendo necessário que conste da sentença.

Alternativa "e": está errada a assertiva. O art. 92, inciso II, do CP estabelece como efeito da condenação a incapacidade para o exercício do poder familiar, da tutela ou da curatela nos crimes dolosos sujeitos à pena de reclusão cometidos contra outrem igualmente titular do mesmo poder familiar, contra filho, filha ou outro descendente ou contra tutelado ou curatelado. No caso do crime de maus-tratos, a forma básica do *caput* é punida com detenção, razão pela qual a condenação não acarreta o mencionado efeito.

---

424. (UEL – Delegado de Polícia – PR/2013) Quantos aos crimes de racismo definidos na Lei nº 7.716/1989, assinale a alternativa correta.

a) A incitação pública ao racismo constitui delito de incitação ao crime definido no Art. 286 do Código Penal, não havendo na referida Lei disposição sobre tal conduta.

b) No caso de incitação ou induzimento ao preconceito racial praticado através da rede mundial de computadores, poderá o juiz determinar a interdição da mensagem ou página de informação.

c) São crimes de ação penal pública condicionada, dependendo de representação da vítima para propositura da ação penal.

d) A injúria qualificada pelo preconceito racial é crime definido na referida Lei, não se aplicando o crime de injúria definido no Art. 140 do Código Penal.

e) Não constitui crime definido na referida Lei o empregador que, motivado pelo preconceito racial, não conceder os equipamentos necessários ao empregado em igualdade de condições com os demais trabalhadores.

COMENTÁRIOS

Alternativa correta: letra "B". Está correta a assertiva. Praticar, induzir ou incitar a discriminação ou preconceito de raça, cor, etnia, religião ou procedência nacional é crime tipificado no art. 20 da Lei nº 7.716/89. Caso o delito seja cometido por intermédio dos meios de comunicação social ou publicação de qualquer natureza, será qualificado, sendo que, nos termos do § 3º do mesmo dispositivo, o juiz poderá determinar, ouvido o Ministério Público ou a pedido deste, ainda antes do inquérito policial, sob pena de desobediência, a interdição das respectivas mensagens ou páginas de informação na rede mundial de computadores (inciso III).

Alternativa "a": está errada a assertiva porque a incitação pública ao racismo caracteriza o crime do art. 20 da Lei nº 7.716/89.

Alternativa "c": está errada a assertiva porque os crimes relativos a preconceito de raça ou de cor tipificados na Lei nº 7.716/89 são de ação penal pública incondicionada.

Alternativa "d": está errada a assertiva. A injúria resultante de preconceito racial não se confunde com o crime de racismo. O racismo se caracteriza por uma forma de segregação em função da raça ou da cor. A injúria, por outro lado, consiste em xingamentos envolvendo a raça, cor, etnia, religião ou origem da vítima. O racismo é tipificado na Lei nº 7.716/89, ao passo que a injúria racial se subsume ao art. 140, § 3º, do Código Penal.

Alternativa "e": está errada a assertiva. Nas mesmas penas do *caput* do art. 4º da Lei nº 7.716/89 incorre aquele que, por motivo de discriminação de raça ou de cor ou práticas resultantes do preconceito de descendência ou origem nacional ou étnica, deixar de conceder os equipamentos necessários ao empregado em igualdade de condições com os demais trabalhadores (§ 1º, I).

---

425. (UEG – Delegado de Polícia – GO/2013) Múcio, gerente de Recursos Humanos de uma empresa privada, durante seleção para preenchimento de vaga para secretária executiva, diz na presença de várias pessoas que candidatas de origem nordestina não seriam aceitas por não se encaixarem no perfil da empresa. Valéria, uma candidata nordestina, sentindo-se humilhada, retira-se da seleção. Na hipótese, Múcio praticou contra Valéria o crime de

a) injúria, no caso qualificada, havendo ofendido-lhe a dignidade.

b) tortura, pois submeteu a candidata a intenso sofrimento mental.

c) preconceito, por negar ou obstar emprego em empresa privada.

d) constrangimento ilegal, ao impedir a candidata de participar da seleção.

COMENTÁRIOS

Alternativa correta: letra "C". Está correta a assertiva. A conduta de Múcio se subsume ao tipo do art. 4º da Lei nº 7.716/89, que pune quem, por discriminação ou preconceito de raça, cor, etnia, religião ou procedência nacional, negar ou obstar emprego em empresa privada. Ressalte-se que, para evitar a responsabilidade objetiva, o crime não será imputado aos superiores de Múcio (como diretores e proprietários da empresa) se estes não tinham conhecimento das circunstâncias em que a seleção de funcionários ocorria.

Alternativa "a": não há, neste caso, injúria qualificada porque Múcio não se limitou a ofender a honra de Valéria lhe atribuindo qualidade negativa em virtude de sua origem. Houve, mais, segregação, pois o emprego lhe foi negado.

Alternativa "b": não há crime de tortura, consistente, conforme dispõe o art. 1º da Lei nº 9.455/97, em:

I) constranger alguém com emprego de violência ou grave ameaça, causando-lhe sofrimento físico ou mental: a) com o fim de obter informação, declaração ou confissão da vítima ou de terceira pessoa; b) para provocar ação ou omissão de natureza criminosa; c) em razão de discriminação racial ou religiosa;

II) submeter alguém, sob sua guarda, poder ou autoridade, com emprego de violência ou grave ameaça, a intenso sofrimento físico ou mental, como forma de aplicar castigo pessoal ou medida de caráter preventivo.

Alternativa "d": está errada a assertiva. O crime de constrangimento ilegal tem lugar quando o agente constrange alguém, mediante violência ou grave ameaça, ou depois de lhe haver reduzido, por qualquer outro meio, a capacidade de resistência, a não fazer o que a lei permite, ou a fazer o que ela não manda.

426. (FUNCAB – Delegado de Polícia – ES/2013) No interior de uma aeronave de uma companhia americana, quando esta sobrevoava o estado da Bahia, Patrícia, que embarcara no aeroporto de Vitória – ES, viajando para os Estados Unidos da América, teve um desentendimento com uma comissária de bordo do avião, por causa do assento em que estava posicionada. Em razão do tratamento dispensado pela comissária de bordo, Patrícia solicitou seu nome, ocasião em que a funcionária da companhia aérea disse que não daria, inclusive afirmou: "Amanhã vou acordar jovem, bonita, orgulhosa, rica e sendo uma poderosa americana, e você vai acordar como safada, depravada, repulsiva, canalha e miserável brasileira." Assim, essa aeromoça:

a) não praticou crime perante a lei brasileira, em face do princípio do pavilhão.

b) praticou o crime de injúria racial, com fulcro no artigo 140, § 3° do CP.

c) praticou o crime de tortura (Lei n° 9.455/1997), pois constrangeu a vítima, causando-lhe sofrimento mental, em razão de discriminação racial.

d) praticou o crime de racismo, preceituado na Lei n° 7.716/1989.

e) praticou o crime de difamação, com fulcro no artigo 139 do CP.

COMENTÁRIOS

Alternativa correta: letra "D" (responde, também, a alternativa "b"). Não obstante o gabarito tenha se assentado no crime de racismo, acreditamos se tratar de injúria qualificada por preconceito. No racismo, pressupõe-se sempre uma espécie de segregação (marginalizar, pôr à margem de uma sociedade) em função da raça ou da cor. No caso do § 3º do art. 140, o crime é praticado através de xingamentos envolvendo a raça, cor, etnia, religião ou origem da vítima, como ocorre no exemplo citado no enunciado, que, de resto, não se adéqua a nenhum dos dispositivos da Lei nº 7.716/89.

Alternativa "a": pelo princípio da representação, do pavilhão, da substituição ou da bandeira, a lei penal nacional aplica-se aos crimes cometidos em aeronaves e embarcações privadas, quando praticados no estrangeiro e aí não sejam julgados. Não se trata, pois, de estabelecer se há crime ou não pela lei brasileira, mas de considerar a aplicação da lei brasileira sobre crimes cometidos em aeronaves ou embarcações privadas nacionais, quando ocorridos em território estrangeiro e neste local não sejam julgadas. Não é o caso do exemplo citado, em que a aeronave era de propriedade privada estrangeira e o crime foi cometido em território nacional.

Alternativa "c": não há crime de tortura, que pressupõe o emprego de violência ou grave ameaça.

Alternativa "e": também não se trata de difamação, que consiste na imputação (atribuição) de fato determinado que, embora sem revestir caráter criminoso, é ofensivo à reputação da pessoa a quem se atribui.

427. (Delegado de Polícia – SC / 2008 – ACADEPOL)

Analise as alternativas a seguir e assinale a **correta.**

a) O crime de injúria qualificada pelo preconceito de raça, cor, etnia, religião, origem ou condição de pessoa idosa ou portadora de deficiência, por se assemelhar aos crimes resultantes de preconceito de raça ou de cor, é de ação penal pública incondicionada e imprescritível.

b) Constitui crime de racismo a conduta de constranger alguém com emprego de violência ou grave ameaça, causando-lhe sofrimento físico ou mental em razão de discriminação racial.

c) A Lei nº 7.716/89, que define os crimes resultantes de preconceito de raça ou de cor, não prevê figuras típicas que incriminem o preconceito em razão de sexo, estado civil e opção sexual.

d) Se o indivíduo é impedido ou obstado de exercer algum direito seu em função de sua religião, o crime será de constrangimento ilegal e não de racismo, pois não há preceito na Lei nº 7.716/89 incriminando este tipo de discriminação.

COMENTÁRIOS

Alternativa correta: letra "C". Está correta a assertiva. Nos termos do art. 1º da Lei nº 7.716/89, serão punidos, na forma desta Lei, os crimes resultantes de discriminação ou preconceito de raça, cor, etnia, religião ou procedência nacional.

Alternativa "a": está errada a assertiva. No crime de injúria cometido por preconceito de raça, cor, etnia, religião, origem ou condição de pessoa idosa ou portadora de deficiência a ação penal é pública condicionada a representação do ofendido. Além disso, o crime não é imprescritível.

Alternativa "b": está errada porque a conduta de constranger alguém com emprego de violência ou grave ameaça, causando-lhe sofrimento físico ou mental em razão de discriminação racial caracteriza o crime de tortura, tipificado no art. 1º, inciso I, c, da Lei nº 9.455/97.

Alternativa "d": está errada porque, conforme já destacado no item anterior, o art. 1º da Lei nº 7.716/89 dispõe que são punidos os crimes resultantes de discriminação ou preconceito em relação a religião.

79.11. CONTRAVENÇÕES PENAIS

428. (Cespe – Delegado de Polícia – PE/2016) O brasileiro nato, maior e capaz, que praticar vias de fato contra outro brasileiro nato

a) será considerado reincidente, caso tenha sido condenado, em território estrangeiro, por contravenção penal.

b) poderá ser condenado a penas de reclusão, de detenção e de multa.

c) responderá por contravenção penal no Brasil, ainda que a conduta tenha sido praticada em território estrangeiro.

d) responderá por contravenção, na forma tentada, se tiver deixado de praticar o ato por circunstâncias alheias a sua vontade.

e) responderá por contravenção penal e, nesse caso, a ação penal é pública incondicionada.

COMENTÁRIOS

Alternativa correta: letra "E". Está correta a assertiva porque o art. 17 do Decreto-lei nº 3.688/41 dispõe que nas contravenções penais a ação penal é pública, devendo a autoridade proceder de ofício. Há, todavia, certa discussão a respeito da ação penal na contravenção de vias de fato, sustentando alguns que a regra estabelecida para a lesão corporal de natureza leve (condicionada a representação) lhe deve ser estendida. O STF, porém, já decidiu em sentido contrário (HC 86.058/RJ, DJ 09/02/2007). Como também o STJ, num caso de violência doméstica e familiar contra a mulher: "A Lei de Contravenções Penais (Decreto Lei nº 3.688/41) continua em pleno vigor e nela há expressa previsão legal de que a ação penal é pública incondicionada, conforme disciplina o seu artigo 17" (HC 302.387/RS, DJe 01/08/2016).

Alternativa "a": está errada a assertiva. De acordo com o disposto no art. 7º do Decreto-lei nº 3.688/41, há reincidência quando o agente pratica uma contravenção depois de passar em julgado a sentença que o tenha condenado, no Brasil ou no estrangeiro, por qualquer crime, ou, no Brasil, por motivo de contravenção. Logo, não será reincidente no Brasil quem tenha sido condenado por contravenção penal no estrangeiro.

Alternativa "b": está errada a assertiva porque não se aplica, pelo cometimento de contravenção penal, pena de reclusão ou de detenção. O art. 5º do Decreto-lei nº 3.688/41 contempla as penas de prisão simples e de multa.

Alternativa "c": está errada a assertiva porque nos termos do art. 2º do Decreto-lei nº 3.688/41 a lei brasileira só é aplicável à contravenção praticada no território nacional.

Alternativa "d": está errada a assertiva. Embora em tese seja possível ao agente tentar cometer a contravenção penal de vias de fato, dispõe o art. 4º do Decreto-lei nº 3.688/41 que a tentativa é impunível.

429. (FUNIVERSA – Delegado de Polícia – DF/2015) No que se refere às leis penais especiais, assinale a alternativa correta.

a) Os crimes definidos na lei de licitações podem sujeitar os seus autores, quando servidores públicos, às sanções penais e à perda do cargo, do emprego, da função ou do mandato eletivo, mas, apenas, se os delitos, de fato, se consumarem.

b) A prática rotineira de jornais e programas televisivos transmitirem trechos de conversas telefônicas interceptadas por autoridade policial, conduta, que, em regra, atrapalha as investigações policiais, deve-se especialmente ao fato de a lei de regência não ter previsto como crime o ato de realizar interceptação de comunicações telefônicas sem autorização judicial.

c) Configura contravenção penal a retenção de documento de identificação pessoal, ainda que apresentado por meio de fotocópia autenticada.

d) A chamada propaganda enganosa, ou seja, a afirmação falsa ou enganosa sobre natureza, característica ou qualidade de produto ou serviço nas relações de consumo, pode gerar indenização por danos morais, mas não constitui infração penal.

e) O Estatuto do Índio, ao preceituar sobre as disposições penais, trata de diversas situações de crimes praticados contra os índios, mas não dispõe sobre qualquer benesse em caso de crime praticado por índio.

COMENTÁRIOS

Alternativa correta: letra "C". Está correta a assertiva. Nos termos do art. 1º da Lei nº 5.553/68, não é permitido a nenhuma pessoa física, bem como a nenhuma pessoa jurídica, de direito público ou de direito privado, reter qualquer documento de identificação pessoal, ainda que apresentado por fotocópia autenticada. Para assegurar o cumprimento dessa regra, o art. 3º dispõe constituir contravenção penal, punível com pena de prisão simples de um a três meses ou multa, a retenção de qualquer documento a que se refere o art. 1º.

Alternativa "a": está errada a assertiva. Há disposição expressa no art. 83 da Lei nº 8.666/93 no sentido de que os crimes nela definidos, **ainda que simplesmente tentados**, sujeitam os seus autores, quando servidores públicos, além das sanções penais, à perda do cargo, emprego, função ou mandato eletivo.

Alternativa "b": está errada a assertiva, pois a Lei nº 9.296/96, que trata da interceptação de comunicações telefônicas, tipifica a conduta de efetuar interceptação sem autorização judicial. O crime está no art. 10 da Lei e é punido com reclusão de dois a quatro anos, e multa.

Alternativa "d": está errada a assertiva, pois o art. 67 da Lei nº 8.078/90 pune com detenção de três meses a um ano, e multa, as condutas de fazer ou promover publicidade que sabe ou deveria saber ser enganosa ou abusiva.

Alternativa "e": está errada a assertiva, pois o art. 56 da Lei nº 6.001/73 estabelece que no caso de condenação de índio por infração penal, a pena deverá ser atenuada e na sua aplicação o juiz atenderá também ao grau de integração do silvícola. Além disso, o parágrafo único dispõe que as penas de reclusão e de detenção serão cumpridas, se possível, em regime especial de semiliberdade, no local de funcionamento do órgão federal de assistência aos índios mais próximos da habitação do condenado.

430. (Cespe – Delegado de Polícia – AL/ 2012 – Adaptada) Com base na interpretação doutrinária majoritária e no entendimento dos tribunais superiores, julgue os itens.

Apesar de, no campo fático, ser possível ocorrer a tentativa de contravenção penal, esta, quando se desenvolve na forma tentada, não é penalmente alcançável.

COMENTÁRIOS

Certo. Está correta a assertiva. Nada impede, por exemplo, que, no plano fático, alguém tente cometer vias de fato. Contudo, por expressa disposição do art. 4º do Decreto-lei nº 3.688/41, a tentativa de contravenção penal não é punível.

431. (Delegado de Polícia – SC / 2008 – ACADEPOL) Sobre contravenções penais, assinale a alternativa **correta**.

a) Considera-se contravenção, a infração penal a que a lei comina isoladamente, pena de detenção ou de multa, ou ambas, alternativa ou cumulativamente.

b) A tentativa de contravenção penal é punível com a pena correspondente à contravenção consumada, diminuída de um a dois terços.

c) A ação penal nas contravenções penais será sempre pública condicionada.

d) A lei brasileira só é aplicável à contravenção penal praticada no território nacional.

COMENTÁRIOS

Alternativa correta: letra "D". Está correta a assertiva. Nos termos do art. 2º do Decreto-lei nº 3.688/41, a lei brasileira só é aplicável à contravenção praticada no território nacional. Não há, pois, extraterritorialidade da lei brasileira no que concerne à contravenção penal.

Alternativa "a": está errada assertiva. Nos termos do art. 1º, segunda parte, do Decreto-lei nº 3.914/41 (Lei de Introdução do Código Penal), considera-se contravenção penal a infração penal a que a lei comina, isoladamente, pena de prisão simples ou de multa, ou ambas, alternativa ou cumulativamente.

Alternativa "b": está errada a assertiva porque, nos termos do art. 4º do Decreto-lei nº 3.688/41, a tentativa de contravenção não é punível.

Alternativa "c": está errada porque o art. 17 do Decreto-lei nº 3.688/41 dispõe que a ação penal é pública, devendo a autoridade proceder de ofício. Há, todavia, certa discussão a respeito da ação penal na contravenção de vias de fato, sustentando alguns que a regra estabelecida para a lesão corporal de natureza leve (condicionada a representação) lhe deve ser estendida. O STF, porém, já decidiu em sentido contrário (HC 86058/RJ). Como também o STJ, num caso de violência doméstica e familiar contra a mulher: "A Lei de Contravenções Penais (Decreto Lei nº 3.688/41) continua em pleno vigor e nela há expressa previsão legal de que a ação penal é pública incondicionada, conforme disciplina o seu artigo 17" (HC 302.387/RS, DJe 01/08/2016).

79.12. ESTATUTO DA CRIANÇA E DO ADOLESCENTE

432. (Vunesp – Delegado de Polícia – PC – BA/2018) Caio, a dois dias de completar 18 anos, portando uma faca, abordou Tícia e, mediante ameaça de morte, exigiu a entrega do celular. O roubo somente não se consumou, em razão da intervenção de Semprônia, policial à paisana, que monitorava o local. Dado o flagrante, o menor foi encaminhado à Autoridade Policial, que lavrou o Auto de Apreensão. Em vista da gravidade do ato infracional praticado, mesmo comparecendo a mãe na Delegacia, Caio não foi liberado. Tendo a apreensão se realizado na quinta-feira, Caio somente foi encaminhado ao Ministério Público na segunda-feira, quando já atingira a maioridade. O Ministério Público, após ouvir Caio, decidiu pela concessão da remissão, mediante a imediata inserção em regime de semiliberdade. Homologada a proposta pelo Juiz, Caio imediatamente iniciou a medida socioeducativa determinada. Diante da situação hipotética e, tendo em conta o Estatuto da Criança e do Adolescente, assinale a alternativa correta.

a) Dado que o ato infracional praticado por Caio envolveu violência e grave ameaça, o instituto da remissão a ele não se aplicaria, em vista da vedação legal.

b) A despeito de ser aplicável o instituto da remissão, Caio não poderia ser inserido em regime de semiliberdade, em vista da vedação legal de aplicação imediata de pena privativa de liberdade.

c) Ainda que praticado o fato enquanto menor, tendo atingido a maioridade, Caio não mais se sujeitaria à legislação especial.

d) A Autoridade Policial, ao deixar de encaminhar Caio ao Ministério Público no tempo devido, em tese, praticou o crime previsto no artigo 231, do ECA (deixar de comunicar a apreensão do adolescente à autoridade judicial), processável por ação penal pública condicionada.

e) A remissão implica o reconhecimento de responsabilidade e prevalece para efeito de antecedentes.

COMENTÁRIOS

Alternativa "a": está errada a assertiva. A disciplina legal da remissão no ECA (arts. 126 a 128) não impede sua concessão nos atos infracionais cometidos com violência ou ameaça, embora devam ser observados as circunstâncias e consequências do fato, o contexto social, bem como a personalidade do adolescente e sua maior ou menor participação no ato infracional. Assim, ainda que não se impeça *a priori* a remissão, o caso concreto pode indicar sua inadequação.

Alternativa "b": está correta a assertiva. O art. 127 do ECA é expresso ao dispor que a remissão pode incluir a aplicação de qualquer das medidas previstas em lei, exceto a colocação em regime de semiliberdade e a internação.

Alternativa "c": está errada a assertiva. De acordo com o art. 2º, parágrafo único, do ECA, nos casos expressos em lei as disposições do Estatuto se aplicam às pessoas entre dezoito e vinte e um anos de idade. Se, por exemplo, alguém comete um ato infracional violento dias antes de completar dezoito anos, a medida socioeducativa de internação pode durar até três anos, adentrando, portanto, no período de maioridade. A este respeito, o STJ editou a súmula 605: *"A superveniência da maioridade penal não interfere na apuração de ato infracional nem na aplicabilidade de medida socioeducativa em curso, inclusive na liberdade assistida, enquanto não atingida a idade de 21 anos".*

Alternativa "d": está errada a assertiva. Inicialmente, destaque-se que todos os crimes tipificados no ECA são de ação penal pública incondicionada (art. 127). Além disso, a conduta do delegado se subsume ao art. 230, parágrafo único, do ECA, que pune aquele que procede à apreensão sem observância das formalidades legais. O art. 231 tipifica a conduta de deixar a autoridade policial responsável pela apreensão de criança ou adolescente de fazer imediata comunicação à autoridade judiciária competente e à família do apreendido ou à pessoa por ele indicada. No caso, infere-se que a família foi comunicada, tanto que a mãe do menor acompanhou a apreensão. O enunciado não deixa claro que a autoridade judiciária deixou de ser imediatamente comunicada, mas apenas que a apresentação do menor ao Ministério Público não foi feita no momento adequado. Esta irregularidade infringe o disposto no art. 175, segundo o qual "Em caso de não liberação, a autoridade policial encaminhará, desde logo, o adolescente ao representante do Ministério Público, juntamente com cópia do auto de apreensão ou boletim de ocorrência". Diante disso, conclui-se que a apreensão não seguiu as formalidades legais.

Alternativa "e": está errada a assertiva. O art. 127 do ECA é expresso ao dispor que a remissão não implica necessariamente o reconhecimento ou comprovação da responsabilidade, nem prevalece para efeito de antecedentes.

Alternativa correta: letra "b".

---

433. (Cespe – Delegado de Polícia – GO/2017) Com base no disposto no ECA, assinale a opção correta.

a) Cabe à autoridade judiciária ou policial competente a aplicação das medidas específicas de proteção relacionadas no ECA, mediante prévia notificação do conselho tutelar.

b) É cabível a aplicação de medida socioeducativa de internação ao penalmente imputável com idade entre dezoito e vinte e um anos e que era menor à época da prática do ato infracional.

c) Não há prazo mínimo para o cumprimento da liberdade assistida fixada pelo ECA, sendo o limite fixado de acordo com a gravidade do ato infracional e as circunstâncias de vida do adolescente.

d) O crime de corrupção de menores se consuma quando o infrator pratica infração penal com o menor ou o induz a praticá-la, sendo imprescindível, para sua configuração, a prova da efetiva corrupção do menor.

e) O ECA prevê expressamente os prazos de prescrição das medidas socioeducativas.

COMENTÁRIOS

Alternativa correta: letra "B". Está correta a assertiva. A regra é de que as disposições do ECA sejam aplicadas até que a pessoa complete dezoito anos de idade. Há situações, no entanto, em que o ato infracional é praticado antes dos dezoito anos, mas a decisão é proferida quando o agente já completou a maioridade. Nesses casos, é possível a aplicação excepcional do ECA até a idade de vinte e um anos.

Alternativa "a": está errada a assertiva, pois a autoridade policial não aplica as medidas específicas de proteção (art. 101 do ECA), determinadas pela autoridade judiciária e, em alguns casos, pelo Conselho Tutelar.

Alternativa "c": está errada a assertiva, pois, nos termos do art. 118, § 2º, do ECA, a liberdade assistida será determinada pelo prazo mínimo de seis meses.

Alternativa "d": está errada a assertiva. O crime de corrupção de menores é formal, ou seja, é suficiente, para a consumação, que o menor pratique (ou seja induzido a praticar) infração penal, dispensando a prova da subsequente corrupção (súmula 500 do STJ).

Alternativa "e": está errada a assertiva. O ECA não dispõe sobre o prazo prescricional das medidas socioeducativas. Convencionou-se, no entanto, como dispõe a súmula 338 do STJ, que a prescrição é aplicável.

---

434. (ACAFE – Delegado de Polícia – SC/2014) Analise as afirmações a seguir, identifique as que podem ser consideradas práticas de crime contra a criança e assinale a alternativa correta.

I. Deixar a autoridade policial responsável pela sua apreensão de fazer imediata comunicação à autoridade judiciária competente e à família do apreendido ou à pessoa por ele indicada.

II. Recusar fornecer autorização para viajar dentro do país, quando a criança viajar acompanhada apenas por um dos genitores.

III. Subtrair criança ou adolescente ao poder de quem o tem sob sua guarda em virtude de lei ou ordem judicial, com o fim de colocação em lar substituto.

IV. Vender, fornecer, ainda que gratuitamente, ministrar ou entregar, de qualquer forma, à criança ou adolescente, sem justa causa, produtos cujos componentes possam causar dependência física ou psíquica, ainda que por utilização indevida.

a) Todas as afirmações estão corretas.
b) Apenas I, II e III estão corretas.
c) Apenas III e IV estão corretas.
d) Apenas II e IV estão corretas.
e) Apenas I, III e IV estão corretas.

COMENTÁRIOS

Alternativa correta: letra "E".

Item I: está correta a assertiva. É crime, punido com detenção de seis meses a dois anos, deixar a autoridade policial responsável pela apreensão de criança ou adolescente de fazer imediata comunicação à autoridade judiciária competente e à família do apreendido ou à pessoa por ele indicada (art. 231 da Lei nº 8.069/90). Tratando-se de crime próprio, somente a autoridade policial poderá praticá-lo. Entende-se como tal o delegado de polícia incumbido de lavrar o auto de apreensão, excluídos outros agentes policiais, como investigadores ou policiais militares, já que não são eles os responsáveis pela formalização da apreensão e, portanto, pelo comunicado à autoridade judiciária. Note-se que não há modalidade culposa, de maneira que, havendo a omissão negligente da autoridade policial, o fato será atípico, não obstante possa haver responsabilidade administrativa.

Item II: está errada a assertiva. Não existe, na Lei nº 8.069/90, nenhuma conduta relativa à recusa de fornecer autorização de viagem.

Item III: está correta a assertiva. O art. 237 da Lei nº 8.069/90 pune, com reclusão de dois a seis anos, e multa, a conduta de subtrair criança ou adolescente ao poder de quem o tem sob sua guarda em virtude de lei ou ordem judicial, com o fim de colocação em lar substituto. A subtração, como se nota, pode ocorrer tanto na hipótese em que a guarda é estabelecida em virtude de lei (no caso dos pais, por exemplo) ou de ordem judicial (no caso de suspensão do poder familiar). Dessa forma, a depender da situação jurídica que sustenta a guarda, até mesmo os pais destituídos do poder familiar podem praticar o crime. O tipo subjetivo é o dolo, consistente na vontade consciente de praticar a conduta nuclear típica, acrescido da especial finalidade de colocar a criança ou o adolescente na companhia de outra família. A finalidade especial que anima o agente diferencia este crime daquele previsto no art. 249 do CP.

Item IV: a assertiva pode ser considerada correta se comparada com a redação original do art. 243 da Lei nº 8.069/90. No entanto, este dispositivo sofreu alteração promovida pela Lei nº 13.106/15. Desde então, pune-se, com detenção de dois a quatro anos, e multa, vender, fornecer, servir, ministrar ou entregar, ainda que gratuitamente, de qualquer forma, a criança ou a adolescente, bebida alcoólica ou, sem justa causa, outros produtos cujos componentes possam causar dependência física ou psíquica. Antes da Lei nº 13.106/15, o art. 243 do ECA punia: "Vender, fornecer ainda que gratuitamente, ministrar ou entregar, de qualquer forma, a criança ou adolescente, sem justa causa, produtos cujos componentes possam causar dependência física ou psíquica, ainda que por utilização indevida". Agora, com a nova Lei, o mesmo artigo pune vender, fornecer, servir, ministrar ou entregar, ainda que gratuitamente, de qualquer forma, a criança ou a adolescente, bebida alcóolica. Além disso, o dispositivo pune, como já fazia antes da alteração, as mesmas condutas que, sem justa causa, envolvam outros produtos cujos componentes possam causar dependência física ou psíquica. A alteração é pertinente porque, diante da redação anterior, o STJ vinha considerando que a conduta de fornecer de alguma forma bebida alcoólica a crianças ou adolescentes não se subsumia ao crime do ECA. Em interpretação sistemática com o art. 81 do ECA, que diferencia, em seus incisos, as bebidas alcoólicas dos produtos cujos componentes possam causar dependência física ou psíquica, a conclusão possível era pela aplicação estrita do princípio da legalidade para excluir esta conduta do âmbito do tipo do art. 243 e subsumi-la à contravenção penal tipificada no art. 63, inciso I, do Decreto-lei nº 3.688/41 (HC 167.659/MS, j. 07/02/2013). Em vigor a Lei nº 13.106/15, foi revogada expressamente a contravenção penal (art. 63, I). A conduta de vender bebida alcóolica passa, agora, a se subordinar às disposições do ECA, com tratamento muito mais severo (pena de detenção de dois a quatro anos ante a prisão simples de dois meses a um ano da contravenção revogada).

435. (Cespe – Delegado de Polícia – AL/ 2012) Com relação às causas extintivas da punibilidade, julgue os itens a seguir.

A multa prevista no Estatuto da Criança e do Adolescente como sanção às infrações administrativas, sujeita-se ao prazo prescricional de dois anos quando for a única cominada ou aplicada.

COMENTÁRIOS

Errado. Está errada a assertiva porque a multa administrativa aplicada com base em dispositivos da Lei nº 8.069/90 tem contornos de direito administrativo, e, segundo a orientação do STJ, o prazo prescricional é de cinco anos: "Em se tratando de sanção administrativa, a multa imposta por força do artigo 247 do ECA) segue as regras de Direito Administrativo e não Penal, sendo quinquenal o prazo prescricional. Precedentes da seção de Direito Público" (REsp 894528/RN, DJe 08/05/2009).

436. (Delegado de Polícia – SP/ 2011 – ACADEPOL) Assinale a alternativa correta.

a) ato infracional praticado por criança poderá sujeitá-la a acolhimento institucional.
b) Os menores de dezoito anos são penalmente imputáveis.
c) Considera-se ato infracional as condutas descritas pelo Conselho Tutelar.
d) A criança somente será privada de sua liberdade no caso de flagrante por prática de ato infracional.
e) A internação do adolescente infrator, antes da sentença, pode ser aplicada por prazo indeterminado.

COMENTÁRIOS

Alternativa correta: letra "A". Está correta a assertiva. À criança autora de ato infracional não se aplicam medidas socioeducativas, mas medidas específicas de proteção, dentre as quais o acolhimento institucional, previsto no art. 101, inciso VII, da Lei nº 8.069/90.

Alternativa "b": está errada, pois o art. 104 da Lei nº 8.069/90, repetindo disposição constitucional (art. 228) e do Código Penal (art. 27), estabelece que são penalmente inimputáveis os menores de dezoito anos, sujeitos às medidas previstas na mesma Lei.

Alternativa "c": está errada porque é considerado ato infracional a conduta descrita como crime ou contravenção penal.

Alternativa "d": está errada a assertiva porque não há privação de liberdade para crianças, que não se submetem a medidas socioeducativas, mas apenas para adolescentes, que, nos termos do art. 106 da Lei nº 8.069/90, somente poderão ser privados de sua liberdade em flagrante de ato infracional ou por ordem escrita e fundamentada da autoridade judiciária competente.

Alternativa "e": está errada porque a internação, antes da sentença, pode ser determinada pelo prazo máximo de quarenta e cinco dias (art. 108 da Lei nº 8.069/90).

437. (Delegado de Polícia – SC / 2008 – ACADEPOL) Um Delegado de Polícia, depois de lavrado o termo de apreensão de um adolescente apreendido em situação de flagrante ato infracional (crime de homicídio), de propósito, deixou de fazer imediata comunicação à autoridade judiciária competente e à família do apreendido, como ele lhe pedira. O Delegado praticou:

a) nenhum crime, pois não tinha obrigação de fazer tais comunicações.
b) crime comissivo por omissão, previsto no Estatuto da Criança e do Adolescente.
c) crime omissivo, previsto no Estatuto da Criança e do Adolescente (Lei nº 8.069/90).
d) crime de abuso de autoridade, previsto na Lei nº 4.898/65.

COMENTÁRIOS

Alternativa correta: letra "C" (os comentários respondem, também, as demais alternativas). O delegado cometeu, no caso, o delito tipificado no art. 231 da Lei nº 8.069/90: "Deixar a autoridade policial responsável pela apreensão de criança ou adolescente de fazer imediata comunicação à autoridade judiciária competente e à família do apreendido ou à pessoa por ele indicada". A pena é de detenção de seis meses a dois anos.

O crime é próprio, pois somente a autoridade policial poderá praticá-lo.

É formal, consumando-se pela simples omissão, ainda que dela não decorra efetivo prejuízo à criança ou ao adolescente apreendido. Tratando-se de delito unissubsistente, não admite tentativa.

Não há modalidade culposa, de maneira que havendo a omissão culposa da autoridade policial o fato será atípico, não obstante possa haver responsabilidade administrativa.

A Lei nº 4.898/65 caracteriza como abuso de autoridade a conduta de deixar de comunicar, imediatamente, ao juiz competente a prisão ou detenção de qualquer pessoa. No caso da criança e do adolescente, todavia, além de se tratar de norma mais abrangente (menciona-se também a família do apreendido ou pessoa por ele indicada), trata-se de norma especial em relação à lei que pune o abuso de autoridade.

79.13. CRIME ORGANIZADO

438. (Vunesp – Delegado de Polícia – PC – SP/2018) No que concerne às disposições da Lei nº 12.850/2013 (Lei de Combate às Organizações Criminosas), é correto afirmar que

a) na hipótese de colaboração premiada, o prazo para oferecimento de denúncia, relativo ao colaborador, poderá ser suspenso por até 6 (seis) meses, improrrogáveis, até que sejam cumpridas as medidas de colaboração, suspendendo-se o respectivo prazo prescricional.
b) na hipótese de colaboração premiada, o prazo para oferecimento de denúncia ou o processo, relativos ao colaborador, poderá ser suspenso por até 6 (seis) meses, prorrogáveis por igual período, até que sejam cumpridas as medidas de colaboração, não sendo suspenso o respectivo prazo prescricional.
c) o Delegado de Polícia terá acesso, independentemente de autorização judicial, apenas aos dados cadastrais do investigado que informem exclusivamente a qualificação pessoal, a filiação e o endereço mantidos pela Justiça Eleitoral, empresas telefônicas, instituições financeiras, provedores de internet e administradoras de cartão de crédito.
d) nos crimes previstos na referida lei, observadas as disposições do Código de Processo Penal, a instrução criminal deverá ser encerrada no prazo de 120 (cento e vinte) dias quando o réu estiver preso, prorrogáveis em até igual período, por decisão fundamentada, somente na hipótese de fato procrastinatório atribuível ao réu.
e) a infiltração de agentes de polícia em tarefas de investigação dependerá de representação do Delegado de Polícia, descrevendo indícios seguros na necessidade de obter as informações por meio desta operação, ao juiz competente que poderá autorizar, de forma circunstanciada, motivada e sigilosa, cientificando, posteriormente, o Ministério Público para o devido acompanhamento.

COMENTÁRIOS

Alternativa "a" (responde, também, a alternativa "b"): está errada a assertiva. O prazo para oferecimento de denúncia relativa ao colaborador poderá ser suspenso por até seis meses, *prorrogáveis por igual período*, até que sejam cumpridas as medidas de colaboração, suspendendo-se o respectivo prazo prescricional (art. 4º, § 3º, da Lei 12.850/13).

Alternativa "c": está correta a assertiva. O art. 15 da Lei 12.850/13 permite o livre acesso da autoridade policial e do Ministério Público a dados cadastrais do investigado, independentemente de prévia autorização judicial. Como dado cadastral, segundo se infere da norma, deve-se entender aquele relativo à qualificação pessoal (estado civil, profissão, número do telefone, RG, CPF, etc.), à filiação e ao endereço do averiguado. Esses dados são mantidos nos cadastros da Justiça Eleitoral, empresas de telefonia, instituições financeiras provedores de internet e administradoras de cartão de crédito e sua divulgação – insiste-se – prescinde de ordem judicial. De se observar, porém, que as informações prestadas devem se restringir, única e exclusivamente, aos dados cadastrais. É dizer: pode o delegado de polícia determinar que o banco informe o nome completo de um correntista, mas seria abusiva a pretensão no sentido de que extratos bancários da conta corrente do investigado lhe fossem enviados. Isso porque o mero acesso a dados cadastrais não implica em quebra de sigilo pessoal, quer de ordem fiscal, quer mesmo de comunicação. Avançar, porém, da mera informação cadastral para atingir dados protegidos pelo sigilo importaria na necessidade de prévia autorização judicial, sob pena de configurar evidente inconstitucionalidade, dada à notória ilicitude da prova, por violação ao postulado do inc. XII, do art. 5º da Constituição.

Alternativa "d": está errada a assertiva. O art. 22, parágrafo único, da Lei 12.850/13 estabelece que a instrução criminal deve ser encerrada em prazo razoável, o qual não poderá exceder a cento e vinte dias quando o réu estiver preso, prorrogáveis em até igual período, por decisão fundamentada, *devidamente motivada pela complexidade da causa* ou por fato procrastinatório atribuível ao réu.

Alternativa "e": está errada a assertiva. Em primeiro lugar, porque o Ministério Público também pode requer a infiltração. Além disso, na hipótese de representação do delegado de polícia, antes de deferir a medida deve o juiz competente ouvir o Ministério Público. E a representação do delegado ou o requerimento do Ministério Público deve conter a demonstração da necessidade da medida, o alcance das tarefas dos agentes e, quando possível, os nomes ou apelidos das pessoas investigadas e o local da infiltração.

Alternativa correta: letra "c".

---

439. (Vunesp – Delegado de Polícia – PC – BA/2018) Considere o seguinte caso hipotético.

O criminoso "X", integrante de uma determinada organização criminosa, após a sentença que o condenou pela prática do crime, decide voluntariamente e na presença de seu defensor, colaborar com as investigações. Nas suas declarações, "X" revela toda a estrutura hierárquica e a divisão de tarefas da organização. Alguns dias após, arrepende-se e decide retratar-se das declarações prestadas. Diante do exposto e nos termos da Lei nº 12.850/2013, é correto afirmar que

a) na hipótese de retratação, as provas produzidas pelo colaborador não poderão ser utilizadas em seu desfavor, mas apenas em detrimento dos interesses dos coautores e partícipes.

b) a colaboração premiada é retratável a qualquer tempo, sendo necessário colher a retratação por escrito e desconsiderar integralmente as provas produzidas.

c) após a prolação da sentença, é vedada a retratação, portanto, no presente caso, não há possibilidade de se reconhecer o pedido do criminoso.

d) a colaboração premiada implica em renúncia ao direito ao silêncio, ficando o criminoso sujeito ao compromisso de dizer a verdade; assim sendo, a retratação implicará o cometimento de outro crime.

e) a colaboração premiada, antes ou após a sentença, é irretratável, portanto as provas autoincriminatórias produzidas pelo colaborador poderão ser utilizadas em seu desfavor.

COMENTÁRIOS

Alternativa "a" (responde, também, a alternativa "e"): está correta a assertiva. Segundo o art. 4º, § 10, da Lei 12.850/13, é possível a retratação, caso em que as provas autoincriminatórias produzidas pelo colaborador não poderão ser utilizadas exclusivamente em seu desfavor. Claro, ele aceitara o acordo com a justificada expectativa de receber algum favor legal. Por isso mesmo, delatou comparsas, forneceu detalhes da organização e, por conseguinte, admitiu sua participação no esquema criminoso. Na medida em que se frustra o acordo de colaboração, não faria sentido que todo esse material probatório se voltasse contra o colaborador, sobretudo quando não submetido a princípios caros ao processo penal, de caráter constitucional, como o contraditório e a ampla defesa.

Alternativa "b": está errada a assertiva. A retratação somente é possível antes da homologação judicial. Depois disso, o conteúdo da colaboração passa a compor o acervo probatório, não mais se admitindo que uma das partes conteste os seus termos.

Alternativa "c": está errada a assertiva. O que importa para impedir a retratação é a homologação judicial. Se a colaboração pode ser feita após a sentença (art. 4º, § 5º), evidentemente a sentença não pode ser um marco impeditivo.

Alternativa "d": está errada a assertiva. De fato, segundo o art. 4º, § 14, da Lei 12.850/13, o colaborador renuncia ao direito ao silêncio e está sujeito ao compromisso legal de dizer a verdade. Mas, como a própria lei admite a retratação, nenhum crime decorre de seu exercício.

Alternativa correta: letra "a".

440. (IBADE – Delegado de Polícia – AC/2017) Consoante à legislação que dispõe sobre o Crime organizado (Lei nº 12.850/2013), considera-se organização criminosa:

a) a associação de 4 (quatro) ou mais pessoas estruturalmente ordenada e caracterizada pela divisão de tarefas, ainda que informalmente, com objetivo de obter, direta ou indiretamente, vantagem de qualquer natureza, mediante a prática de infrações penais cujas penas máximas sejam superiores a 4 (quatro) anos, ou que sejam de caráter transnacional.

b) a associação de 3 (três) ou mais pessoas estruturalmente ordenada e caracterizada pela divisão de tarefas, ainda que informalmente, com objetivo de obter, direta ou indiretamente, vantagem de qualquer natureza, mediante a prática de infrações penais cujas penas máximas sejam superiores a 4 (quatro) anos, ou que sejam de caráter transnacional.

c) a associação de 5 (cinco) ou mais pessoas estruturalmente ordenada e caracterizada pela divisão de tarefas, ainda que informalmente, com objetivo de obter, direta ou indiretamente, vantagem de qualquer natureza, mediante a prática de infrações penais cujas penas máximas sejam superiores a 4 (quatro) anos, ou que sejam de caráter transnacional.

d) a associação de 4 (quatro) ou mais pessoas estruturalmente ordenada e caracterizada pela divisão de tarefas, ainda que informalmente, com objetivo de obter, direta ou indiretamente, vantagem de qualquer natureza, mediante a prática de infrações penais cujas penas máximas sejam superiores a 6 (seis) anos, ou que sejam de caráter transnacional.

e) a associação de 3 (três) ou mais pessoas estruturalmente ordenada e caracterizada pela divisão de tarefas, ainda que informalmente, com objetivo de obter, direta ou indiretamente, vantagem de qualquer natureza, mediante a prática de infrações penais cujas penas máximas sejam superiores a 6 (seis) anos, ou que sejam de caráter transnacional.

COMENTÁRIOS

Alternativa correta: letra "A" (responde, também, as demais alternativas). Está correta a assertiva. A Lei 12.850/13 definiu, no § 1º do art. 1º, organização criminosa como sendo a associação de 4 (quatro) ou mais pessoas estruturalmente ordenada e caracterizada pela divisão de tarefas, ainda que informalmente, com objetivo de obter, direta ou indiretamente, vantagem de qualquer natureza, mediante a prática de infrações penais cujas penas máximas sejam superiores a 4 (quatro) anos, ou que sejam de caráter transnacional. Em relação à Lei 12.694/12, alterou-se o número mínimo de integrantes (de 3 para 4). Antes, a delinquência estruturada, para alcançar seu objetivo (obter, direta ou indiretamente, vantagem de qualquer natureza), tinha que praticar crimes cujas penas máximas fossem iguais ou superiores a 4 anos (ou de caráter transnacional). Agora, a organização persegue o mesmo objetivo, mas mediante a prática de infrações penais (abrangendo contravenções) cujas penas máximas sejam superiores a 4 (quatro) anos (ou de caráter transnacional).

441. (FUNIVERSA – Delegado de Polícia – DF/2015) Assinale a alternativa correta acerca da Lei nº 12.850/2013 (crime organizado).

a) O agente infiltrado não tem direito de usufruir das medidas de proteção a testemunhas.

b) É punível, no âmbito da infiltração, a prática de crime pelo agente infiltrado no curso da investigação, quando inexigível conduta diversa.

c) A infiltração de agentes de polícia em tarefas de investigação pode decorrer de representação do delegado de polícia ou de requerimento do Ministério Público e será obrigatoriamente precedida de autorização judicial.

d) O agente infiltrado que se vê obrigado a praticar crime, sob pena de expor sua verdadeira identidade aos membros da organização criminosa, encontra-se amparado por estado de necessidade ou excludente de culpabilidade, a depender das circunstâncias, conforme expresso na Lei nº 12.850/2013.

e) Considera-se organização criminosa a associação de três ou mais pessoas estruturalmente ordenada e caracterizada pela divisão de tarefas.

COMENTÁRIOS

Alternativa correta: letra "C". Está correta a assertiva. De acordo com o art. 10 da Lei nº 12.850/13, a infiltração de agentes de polícia em tarefas de investigação, representada pelo delegado de polícia ou requerida pelo Ministério Público, após manifestação técnica do delegado de polícia quando solicitada no curso de inquérito policial, será precedida de circunstanciada, motivada e sigilosa autorização judicial, que estabelecerá seus limites.

Anote-se que a infiltração aqui examinada somente pode ser efetuada por "agentes de polícia". Assim, ao contrário da revogada Lei nº 9034/95, que permitia essa infiltração "por agentes de polícia ou de inteligência", a legislação em comento autoriza essa investigação apenas àqueles primeiros. Como "agentes de polícia" devem ser entendidos os membros das corporações elencadas no art. 144 da Constituição Federal, a saber: Polícia Federal propriamente dita, rodoviária e ferroviária; e Polícia Estadual (civil, militar e corpo de bombeiros), observadas, nesta última hipótese, a organização própria de cada unidade da federação. Mas nem todos estes órgãos possuem atribuições investigativas. Com efeito, o inc. I deste dispositivo constitucional atribui à polícia federal a tarefa de "apurar infrações penais". Já o inc. IV, § 4º do art. 144 da CF, comina às polícias civis estaduais essa tarefa investigativa. São, portanto, os policiais federais e civis aqueles habilitados a servirem como agentes infiltrados.

Alternativa "a": está errada a assertiva. Há expressa disposição, no art. 14, inciso II, da Lei nº 12.850/13, de que é direito do agente infiltrado ter sua identidade alterada, aplicando-se, no que couber, o disposto no art. 9º da Lei nº 9.807/99, bem como usufruir das medidas de proteção a testemunhas. Trata-se de medida com objetivo de preservar a incolumidade física do agente infiltrado. E não apenas dele, mas também de sua família bem como de todos que lhe são próximos.

Alternativa "b" (responde, também, a alternativa "d"): está errada a assertiva, pois, se do agente infiltrado é inexigível conduta diversa, exclui-se um dos elementos da culpabilidade, o que obsta a punição pelo fato típico e ilícito por ele cometido. Há, aliás, expressa disposição nesse sentido no art. 13, parágrafo único, da lei nº 12.850/13. Com essa solução, sendo o agente infiltrado induzido, instigado ou auxiliado a praticar um crime no âmbito da organização, respeitando a proporcionalidade e sem extrapolar a finalidade da investigação, sendo dele inexigível conduta diversa, exclui-se apenas a culpabilidade, permanecendo típico e ilícito o injusto, o que possibilita, de acordo com a teoria da acessoriedade limitada (ou média), a punição dos partícipes (integrantes da organização) pelo delito praticado.

Alternativa "e": está errada a assertiva porque, nos termos do art. 1º, § 1º, da Lei nº 12.850/13, considera-se organização criminosa a associação de **quatro ou mais pessoas** estruturalmente ordenada e caracterizada pela divisão de tarefas, ainda que informalmente, com objetivo de obter, direta ou indiretamente, vantagem de qualquer natureza, mediante a prática de infrações penais cujas penas máximas sejam superiores a quatro anos, ou que sejam de caráter transnacional.

---

442. (Vunesp – Delegado de Polícia – CE/2015) Sobre a Lei de Organizações Criminosas, Lei nº 12.850/2013, é correto afirmar que

a) alterou (aumentando para 2 a 4 anos e multa) as penas previstas para o delito do artigo 342 do Código Penal (Crime de falso testemunho).
b) pode ter por objeto a investigação de qualquer crime, desde que apenado com reclusão.
c) define organização criminosa como sendo, dentre outros, uma associação de no mínimo cinco agentes.
d) o acordo de colaboração realizado entre o delegado de polícia, o investigado e o defensor somente será válido se formalizado na presença de um juiz, que em seguida o homologará.
e) autoriza a infiltração, por policias, em atividade de investigação, independentemente da existência de investigação formal iniciada, exatamente para preservar o sigilo das investigações.

COMENTÁRIOS

Alternativa correta: letra "A". Está correta a assertiva. Com a tipificação do falso testemunho e falsa perícia, procurou-se resguardar o prestígio da Justiça. A pena cominada ao crime, no entanto, deixava a desejar. Punido com reclusão de 1 a 3 anos, sendo primário o agente (e preenchidos os demais requisitos de ordem subjetiva), só não admitia a suspensão condicional do processo se praticado mediante suborno ou se cometido com o fim de obter prova destinada a produzir efeito em processo penal, ou em processo civil em que for parte entidade da administração pública direta ou indireta, casos em que incide majorante de 1/6 a 1/3, elevando a pena mínima acima de 1 ano (art. 342, § 1º, do CP). Em razão da pena máxima, ainda que majorada nos termos do citado parágrafo, não ultrapassava 4 anos, inexistindo condições legais para o juiz decretar a preventiva do agente não reincidente (art. 313, I, CPP). Portanto, andou bem o legislador ao majorar os limites mínimos e máximos do preceito secundário. A gravidade do delito em questão, que importa na falsidade de testemunho ou perícia, mostrava-se incompatível com o favor legal, resultando em uma resposta branda e desproporcional à reprovabilidade da conduta. De sorte que, aumentada a pena mínima para dois anos, não mais há que se falar na aplicação do "sursis" processual. A pena máxima cominada ao crime, com a mudança, pode ultrapassar 4 anos se praticado mediante suborno ou se cometido com o fim de obter prova destinada a produzir efeito em processo penal, ou em processo civil em que for parte entidade da administração pública direta ou indireta, condição para a prisão preventiva, mesmo no caso de agente primário.

Alternativa "b": está errada a assertiva. As infrações penais que podem servir de fundamento para a constituição da organização criminosa são aquelas cujas penas máximas sejam superiores a quatro anos, ou que sejam de caráter transnacional. Não há, portanto, limitação quanto à reclusão.

Alternativa "c": está errada a assertiva. Nos termos do art. 1º, § 1º, da Lei nº 12.850/13, considera-se organização criminosa a associação de **quatro ou mais pessoas** estruturalmente ordenada e caracterizada pela divisão de tarefas, ainda que informalmente, com objetivo de obter, direta ou indiretamente, vantagem de qualquer natureza, mediante a prática de infrações penais cujas penas máximas sejam superiores a quatro anos, ou que sejam de caráter transnacional.

Alternativa "d": está errada a assertiva. O art. 4º, § 6º, da Lei nº 12.850/13 dispõe que o juiz **não participará das negociações realizadas** entre as partes para a formalização do acordo de colaboração, que **ocorrerá entre o delegado de polícia, o investigado e o defensor**, com a manifestação do Ministério Público, ou, conforme o caso, **entre o Ministério Público e o investigado ou acusado e seu defensor**. Após a realização do acordo, será ele remetido ao juiz para homologação (§ 7º).

Alternativa "e": está errada a assertiva porque a infiltração de agentes policiais, representada pelo delegado de polícia ou requerida pelo Ministério Público, só pode ser decretada no curso de inquérito policial.

---

443. (Delegado de Polícia – AC/ 2008 – CESPE – Adaptada) Acerca das leis penais especiais, julgue o item a seguir.

No caso de ação praticada por organização criminosa, a lei respectiva prevê meios operacionais de investigação específicos, entre eles a infiltração por agentes de polícia, em tarefas de investigação, constituída pelos órgãos especializados pertinentes, a qual independe de autorização judicial.

COMENTÁRIOS

Errado. Está errada a assertiva porque o art. 10 da Lei nº 12.850/13 permite a infiltração de agentes de polícia após manifestação técnica do delegado de polícia quando solicitada no curso de inquérito policial, desde que seja precedida de circunstanciada, motivada e sigilosa autorização judicial, que estabelecerá seus limites.

Vale observar que a figura do agente infiltrado não foi inaugurada, em nosso ordenamento, pela lei em exame. De sorte que, antes, a Lei nº 9034/95, que alude ao do crime organizado, já tratara da matéria. Assim, o art. 2º, inc. V do mencionado diploma, previa a "infiltração por agentes de polícia ou de inteligência, em tarefas de investigação, constituída pelos órgãos especializados pertinentes, mediante circunstanciada autorização judicial". Também a Lei nº 11.343/2006, em seu art. 53, inc. I (Lei de Drogas), cogita dessa modalidade de investigação. Mas se trata de iniciativas marcadas pela timidez, lançadas no texto legal sem maior detalhamento ou regulamentação e que, talvez por isso, não tenham atingido, em termos práticos, a eficácia que o instituto proporciona. Com a edição da Lei nº 12.850/13, entretanto, o panorama foi radicalmente alterado, já que a matéria mereceu um tratamento mais preciso e minucioso, ao estabelecer normas a serem observadas de cunho, por assim dizer, processual (legitimidade para o pedido, prazo, etc.), e, mais importante, por impor disciplina ao instituto, sobretudo com preocupação quanto à segurança do agente infiltrado.

444. (FUNCAB – Delegado de Polícia – ES/2013) Quanto às organizações criminosas, preconizadas na Lei n° 9.034/1995, pode-se afirmar:

I. A expressão "organização criminosa" preceituada no artigo 1° é um complemento normativo do tipo, tratando-se, no caso, de uma norma penal em branco heteróloga ou em sentido estrito.

II. A definição jurídica de organização criminosa não se submete ao princípio da taxatividade.

III. Entende-se como "grupo criminoso organizado" aquele estruturado de três ou mais pessoas, existente há algum tempo e atuando concertadamente com o propósito de cometer uma ou mais infrações graves, com a intenção de obter, direta ou indiretamente, um benefício econômico ou outro benefício material.

IV. Somente se entende como organização criminosa os ilícitos decorrentes de ações praticadas por quadrilha ou bando.

Indique a opção que contempla a(s) assertiva(s) correta(s).

a) I, II, III e IV.

b) I, II e III, apenas.

c) II, III e IV, apenas.

d) I e IV, apenas.

e) I, apenas.

COMENTÁRIOS

✪ **Nota do autor:** até o advento da Lei 12.694/12, não tínhamos, no Brasil, uma definição legal de organização criminosa, dificultando a aplicação dos meios operacionais para a prevenção e repressão de ações de grupos estruturados para a prática de crimes, quando não estruturados em quadrilha ou bando – Lei 9.034/95 (crime atualmente denominado *associação criminosa*).

A omissão legislativa incentivava parcela da doutrina a emprestar a definição dada pela Convenção de Palermo (sobre criminalidade transnacional), assim redigida: "(...) grupo estruturado de três ou mais pessoas, existente há algum tempo e atuando concertadamente com o propósito de cometer uma ou mais infrações graves ou enunciadas na Convenção, com a intenção de obter, direta ou indiretamente, um benefício econômico ou outro benefício material".

Nessa esteira de raciocínio, a 5ª T do STJ, no HC 77.771-SP, entendeu viável a acusação contra casal denunciado por lavagem de dinheiro, tendo como delito antecedente a organização criminosa:

> *"HABEAS CORPUS. LAVAGEM DE DINHEIRO. INCISO VII DO ART. 1º DA LEI Nº 9.613 /98. APLICABILIDADE. ORGANIZAÇÃO CRIMINOSA. CONVENÇÃO DE PALERMO APROVADA PELO DECRETO LEGISLATIVO Nº 231, DE 29 DE MAIO DE 2003 E PROMULGADA PELO DECRETO Nº 5.015, DE 12 DE MARÇO DE 2004. AÇÃO PENAL. TRANCAMENTO. IMPOSSIBILIDADE. EXISTÊNCIA DE ELEMENTOS SUFICIENTES PARA A PERSECUÇÃO PENAL. 1. Hipótese em que a denúncia descreve a existência de organização criminosa que se valia da estrutura de entidade religiosa e empresas vinculadas, para arrecadar vultosos valores, ludibriando fiéis mediante variadas fraudes – mormente estelionatos –, desviando os numerários oferecidos para determinadas finalidades ligadas à Igreja em proveito próprio e de terceiros, além de pretensamente lucrar na condução das diversas empresas citadas, algumas por meio de" testas-de-ferro ", desvirtuando suas atividades eminentemente assistenciais, aplicando seguidos golpes. 2. Capitulação da conduta no inciso VII do art. 1º da Lei nº 9.613 /98, que não requer nenhum crime antecedente específico para efeito da configuração do crime de lavagem de dinheiro, bastando que seja praticado por organização criminosa, sendo esta disciplinada no art. 1º da Lei nº 9.034 /95, com a redação dada pela Lei nº 10.217 /2001, c.c. o Decreto Legislativo nº 231, de 29 de maio de 2003, que ratificou a Convenção das Nações Unidas contra o Crime Organizado Transnacional, promulgada pelo Decreto nº 5.015, de 12 de março de 2004. Precedente".*

A decisão não escapou das críticas de importante setor da doutrina. Luiz Flávio Gomes, de forma pioneira, logo anunciou três vícios estampados no citado acórdão: 1º) a definição de crime organizado contida na Convenção de Palermo é muito ampla, genérica, e viola a garantia da taxatividade (ou de certeza), que é uma das garantias emanadas do princípio da legalidade; 2º) a definição dada vale para nossas relações com o direito internacional, não com o direito interno; 3º) definições dadas pelas convenções ou tratados internacionais jamais valem para reger nossas relações com o Direito penal interno em razão da exigência do princípio da democracia (ou garantia da *lex populi*), permanecendo atípica a conduta.

Essa lição (crítica) foi acolhida recentemente pelo STF no HC 96.007-SP, oportunidade em que o Min. Marco Aurélio definiu como atípica a conduta atribuída a quem comete crime de lavagem de dinheiro, tendo como fundamento a hipótese prevista no artigo 1º, inciso VII (organização criminosa), da Lei 9.613/98. De acordo com o voto do eminente Ministro, a atipicidade decorre de inexistir no ordenamento jurídico definição do crime de organização criminosa, que vem apenas definido na Convenção de Palermo de 2000, introduzida no Brasil "por meio de simples Decreto".

Com o advento da Lei 12.694/12, o legislador, finalmente, definiu organização criminosa para o Direito Penal interno, anunciando no seu art. 2º: "Para os efeitos desta Lei, considera-se organização criminosa a associação, de 3 (três) ou mais pessoas, estruturalmente ordenada e caracterizada pela divisão de tarefas, ainda que informalmente, com objetivo de obter, direta ou indiretamente, vantagem de qualquer natureza, mediante a prática de crimes cuja pena máxima seja igual ou superior a 4 (quatro) anos ou que sejam de caráter transnacional".

Percebam como essa Lei não inova quando comparada com a já citada Convenção:

CONVENÇÃO DE PALERMO	LEI 12.694/12
grupo estruturado de três ou mais pessoas	associação, de 3 (três) ou mais pessoas
existente há algum tempo e atuando concertadamente	estruturalmente ordenada e caracterizada pela divisão de tarefas, ainda que informalmente
com a intenção de obter, direta ou indiretamente, um benefício econômico ou outro benefício material	com objetivo de obter, direta ou indiretamente, vantagem de qualquer natureza
com o propósito de cometer uma ou mais infrações graves ou enunciadas na Convenção	mediante a prática de crimes cuja pena máxima seja igual ou superior a 4 (quatro) anos ou que sejam de caráter transnacional

Ocorre que, em 2013, entrou em vigor a Lei nº 12.850, que revogou expressamente a Lei nº 9.034/95, dispondo sobre a definição de organização criminosa, a investigação criminal, os meios de obtenção da prova, infrações penais correlatas e o procedimento criminal.

Esta Lei, no art. 1º, § 1º, estabelece que se considera "organização criminosa a associação de 4 (quatro) ou mais pessoas estruturalmente ordenada e caracterizada pela divisão de tarefas, ainda que informalmente, com objetivo de obter, direta ou indiretamente, vantagem de qualquer natureza, mediante a prática de infrações penais cujas penas máximas sejam superiores a 4 (quatro) anos, ou que sejam de caráter transnacional".

Como se pode notar, a nova definição contraria aquela conferida pela Lei nº 12.694/12:

LEI 12.694/12	LEI 12.850/13
associação, de 3 (três) ou mais pessoas	associação, de 4 (quatro) ou mais pessoas
estruturalmente ordenada e caracterizada pela divisão de tarefas, ainda que informalmente	estruturalmente ordenada e caracterizada pela divisão de tarefas, ainda que informalmente,
com objetivo de obter, direta ou indiretamente, vantagem de qualquer natureza	com objetivo de obter, direta ou indiretamente, vantagem de qualquer natureza
mediante a prática de crimes cuja pena máxima seja igual ou superior a 4 (quatro) anos ou que sejam de caráter transnacional	mediante a prática de infrações penais cujas penas máximas sejam superiores a 4 (quatro) anos, ou que sejam de caráter transnacional.

A Lei nº 12.850/13, dispondo exatamente sobre a conceituação de organização criminosa, derrogou o disposto a este respeito na Lei nº 12.694/12, pois não se concebe a mesma figura jurídica sendo definida de formas distintas.

Os comentários a seguir, relativos às alternativas, terão em consideração a nova disciplina imposta pela Lei nº 12.850/13.

Alternativa correta: Anulada

Item I: está errada a assertiva. O art. 2º da Lei nº 12.850/13, que tipifica o delito de organização criminosa, é norma penal em branco, pois o conceito de organização está contido no dispositivo anterior (art. 1º). Trata-se de norma penal em branco imprópria (ou homogênea), vez que o complemento normativo emana do próprio legislador. É também homovitelina, pois a mesma instância legislativa é a fonte da complementação (norma incompleta e seu complemento integram a mesma estrutura normativa).

Item II: está errada a assertiva. Ao estabelecer, no art. 1º, que organização criminosa é a associação de quatro ou mais pessoas estruturalmente ordenada e caracterizada pela divisão de tarefas, ainda que informalmente, com objetivo de obter, direta ou indiretamente, vantagem de qualquer natureza, mediante a prática de infrações penais cujas penas máximas sejam superiores a quatro anos, ou que sejam de caráter transnacional a Lei nº 12.850/13 o faz taxativamente. A associação de agentes que não se enquadre estritamente nestes termos não caracterizará organização criminosa.

Item III: a definição contida na assertiva é aquela da Convenção das Nações Unidas contra o Crime Organizado Transnacional. Para o direito brasileiro, organização criminosa é a aquela conceituada no art. 1º da Lei nº 12.850/13: "Considera-se organização criminosa a associação de 4 (quatro) ou mais pessoas estruturalmente ordenada e caracterizada pela divisão de tarefas, ainda que informalmente, com objetivo de obter, direta ou indiretamente, vantagem de qualquer natureza, mediante a prática de infrações penais cujas penas máximas sejam superiores a 4 (quatro) anos, ou que sejam de caráter transnacional".

Item IV: está errada a assertiva, que confunde a organização criminosa com os crimes por ela cometidos. Cabe destacar que o delito de promover, constituir, financiar ou integrar organização criminosa é autônomo e independe do cometimento de qualquer outra infração penal. Não se confunde, ademais, a organização criminosa com a associação criminosa (anteriormente denominada quadrilha ou bando), que se perfaz com a associação de três ou mais pessoas para o fim específico de cometer crimes. Não há relação de dependência entre tais delitos.

79.14. LEI MARIA DA PENHA

445. (UEG – Delegado de Polícia – PC – GO/2018) Preenchidos os requisitos legais para concessão da benesse, é possível aplicar ao crime de lesão corporal de natureza leve praticado em situação de violência doméstica e familiar contra a mulher a

a) transação penal.
b) suspensão condicional da pena.
c) suspensão condicional do processo.
d) absolvição, com base no princípio da insignificância.
e) substituição da pena privativa de liberdade por restritiva de direitos.

COMENTÁRIOS

Alternativa "a" (responde, também, a alternativa "c"): está errada a assertiva, pois, segundo o art. 41 da Lei 11.340/06, aos crimes cometidos com violência doméstica e familiar contra a mulher, independentemente da pena prevista, não se aplicam os benefícios da Lei 9.099/95. No mesmo sentido é a súmula 536 do STJ.

Alternativa "b": está correta a assertiva. Segundo o art. 77 do Código Penal, a execução da pena privativa de liberdade não superior a dois anos pode ser suspensa, por dois a quatro anos, desde que: I – o condenado não seja reincidente em crime doloso; II – a culpabilidade, os antecedentes, a conduta social e personalidade do agente, bem como os motivos e as circunstâncias autorizem a concessão do benefício; III – Não seja indicada ou cabível a substituição prevista no art. 44 deste Código. Embora a disciplina legal envolvendo crimes cometidos com violência doméstica e familiar contra a mulher restrinja bastante a concessão de determinados benefícios, nada impede a suspensão condicional da pena.

Alternativa "d": está errada a assertiva. Baseando-se nos requisitos para a aplicação do princípio da insignificância (mínima ofensividade da conduta do agente, ausência de periculosidade social da ação, reduzido grau de reprovabilidade do comportamento e inexpressividade da lesão jurídica causada) e na especial gravidade das infrações penais cometidas contra a mulher no âmbito doméstico e familiar, os tribunais superiores têm afastado a insignificância nestes casos. O STJ editou inclusive a súmula 589 a este respeito.

Alternativa "e": está errada a assertiva, pois a súmula 588 do STJ dispõe que a pena restritiva de direitos é vedada diante da prática de crime ou contravenção penal cometido com violência ou grave ameaça contra a mulher no ambiente doméstico.

Alternativa correta: letra "b".

446. (Cespe – Delegado de Polícia – GO/2017) À luz do posicionamento jurisprudencial e doutrinário dominantes acerca das disposições da Lei n.° 11.340/2006 (Lei Maria da Penha), assinale a opção correta.

a) Caracteriza o crime de desobediência o reiterado descumprimento, pelo agressor, de medida protetiva decretada no âmbito das disposições da Lei Maria da Penha.
b) Em se tratando dos crimes de lesão corporal leve e ameaça, pode o Ministério Público dar início a ação penal sem necessidade de representação da vítima de violência doméstica.
c) No caso de condenação à pena de detenção em regime aberto pela prática do crime de ameaça no âmbito doméstico e familiar, é possível a substituição da pena pelo pagamento isolado de multa.
d) No âmbito de aplicação da referida lei, as medidas protetivas de urgência poderão ser concedidas independentemente de audiência das partes e de manifestação do Ministério Público, o qual deverá ser prontamente comunicado.
e) Afasta-se a incidência da Lei Maria da Penha na violência havida em relações homoafetivas se o sujeito ativo é uma mulher.

COMENTÁRIOS

Alternativa correta: letra "D". Está correta a assertiva. É expresso, no art. 19, § 1º, da Lei 11.340/06 que as medidas protetivas de urgência podem ser concedidas de imediato, independentemente de audiência das partes e de manifestação do Ministério Público, que, no entanto, deve ser comunicado prontamente.

Alternativa "a": está errada a assertiva. Muito se debateu a respeito da caracterização do crime de desobediência em virtude do descumprimento de medidas protetivas estabelecidas na Lei Maria da Penha. Não eram poucos os que advogavam a tese de que descumprir medida protetiva imposta por decisão judicial nada mais era do que desobedecer a uma ordem legal de funcionário público. Esta orientação, todavia, não encontrou ressonância no STJ, que, considerando a natureza progressiva das medidas protetivas, que poderiam evoluir até mesmo à prisão preventiva caso as mais brandas se mostrassem insuficientes para proteger a vítima, vinha afastando o crime (HC 338.613/SC, DJe 19/12/2017). Note-se, no entanto, que a entrada em vigor da Lei 13.641/18 pôs fim à celeuma: insere-se na Lei 11.340/06 um tipo penal específico para punir a desobediência a decisões judiciais que impõem medidas protetivas. De acordo com o art. 24-A da Lei 11.340/06, pune-se com detenção de três meses a dois anos a conduta de descumprir decisão judicial que defere medidas protetivas de urgência previstas na mesma lei.

Alternativa "b": está errada a assertiva, pois a ação penal é pública incondicionada na lesão corporal leve, mas não na ameaça, que ainda pressupõe representação da vítima.

Alternativa "c": está errada a assertiva, pois o art. 17 da Lei 11.340/06 proíbe expressamente a substituição da pena privativa de liberdade por pena consistente no pagamento isolado de multa. Aliás, a súmula 588 do STJ estabelece que "A prática de crime ou contravenção penal contra a mulher com violência ou grave ameaça no ambiente doméstico impossibilita a substituição da pena privativa de liberdade por restritiva de direitos".

Alternativa "e": está errada a assertiva. É possível a aplicação da Lei Maria da Penha inclusive nas situações em que o sujeito ativo da violência doméstica é uma mulher. O STJ já decidiu, por exemplo, pela aplicação da lei diante da agressão das filhas contra a mãe: "1. Nos termos do artigo 5º, inciso III, da Lei 11.340/2006, é possível a caracterização de violência doméstica e familiar nas relações entre filhas e mãe, desde que os fatos tenham sido praticados em razão da relação de intimidade e afeto existente. 2. Na hipótese dos autos, tanto o magistrado de origem quanto a autoridade apontada como coatora consignaram a existência da relação de vulnerabilidade a que estava sendo submetida a mãe em relação às filhas agressoras, circunstância que justifica a incidência da Lei Maria da Penha" (HC 277.561/AL, DJe 13/11/2014).

447. (FUNCAB – Delegado de Polícia – PA/2016) Adamastor, em ação baseada no gênero, praticou vias de fato contra sua sogra Carmelita, com quem coabitava, razão pela qual foram deferidas pelo juízo competente medidas protetivas que obrigaram o agressor a afastar-se do lar e a manter certa distância em relação à ofendida. Adamastor, no entanto, manifestou sua irresignação judicialmente, pleiteando a revogação das medidas com esteio nos seguintes argumentos: (I) a Lei n° 11.340 não se aplicaria às relações de parentesco por afinidade; (II) igualmente, o diploma não teria incidência sobre as contravenções penais, por força de seu art. 41; e (III) a Lei n° 11.340 seria inconstitucional, por criar situação de desigualdade entre os gêneros masculino e feminino. Assim, com esteio na jurisprudência dominante nos tribunais superiores, a irresignação de Adamastor:

a) não merece prosperar.
b) merece prosperar, com esteio no terceiro argumento.
c) merece prosperar, com esteio nos dois primeiros argumentos.
d) merece prosperar, com esteio no primeiro argumento.
e) merece prosperar, com esteio no segundo argumento.

COMENTÁRIOS

Alternativa correta: letra "A" (responde, também, as demais alternativas). A pretensão de Adamastor não pode, de fato, prosperar.

No que tange à aplicação das disposições da Lei Maria da Penha em razão de parentesco por afinidade, há decisão do STJ tratando expressamente da possibilidade: "2. A Lei Maria da Penha objetiva proteger a mulher da violência doméstica e familiar que, cometida no âmbito da unidade doméstica, da família ou em qualquer relação íntima de afeto, cause-lhe morte, lesão, sofrimento físico, sexual ou psicológico, e dano moral ou patrimonial. 3. Estão no âmbito de abrangência do delito de violência doméstica e podem integrar o polo passivo da ação delituosa as esposas, as companheiras ou amantes, bem como a mãe, as filhas, as netas do agressor e também a sogra, a avó ou qualquer outra parente que mantém vínculo familiar ou afetivo com ele" (HC 310.154/RS, DJe 13/05/2015).

Quando à incidência da Lei Maria da Penha sobre contravenções penais, a controvérsia reside no fato de que o art. 41, que veda a aplicação da Lei 9.099/95 aos crimes cometidos com violência doméstica e familiar contra a mulher, não faz menção expressa às contravenções. A orientação dominante, no entanto, é de que a Lei 11.340/06 veda a aplicação dos institutos despenalizadores da Lei 9.099/95 a qualquer infração penal cometida mediante violência doméstica e familiar contra a mulher: "Os institutos despenalizadores da Lei 9.099/95, dentre eles a suspensão condicional do processo, não têm aplicação no tocante às contravenções penais contempladas pela Lei Maria da Penha" (AgRg no REsp 1.662.511/RS, DJe 11/05/2017).

Por fim, a questão da inconstitucionalidade da Lei 11.340/06 já foi amplamente debatida e afastada pelos tribunais superiores sob o argumento da necessidade de conferir maior proteção às mulheres vítimas de violência doméstica e familiar. Ao julgar a ADC 19, asseverou o STF "que, ao criar mecanismos específicos para coibir e prevenir a violência doméstica contra a mulher e estabelecer medidas especiais de proteção, assistência e punição, tomando como base o gênero da vítima, o legislador teria utilizado meio adequado e necessário para fomentar o fim traçado pelo referido preceito constitucional [§ 8º do art. 226]. Aduziu-se não ser desproporcional ou ilegítimo o uso do sexo como critério de diferenciação, visto que a mulher seria eminentemente vulnerável no tocante a constrangimentos físicos, morais e psicológicos sofridos em âmbito privado".

448. (Cespe – Delegado de Polícia – PE/2016) Alexandre, sob o efeito de bebida alcoólica, agrediu fisicamente sua esposa Ana, causando-lhe lesões corporais.

Nessa situação hipotética, após a constatação da prática de violência contra Ana, o juiz poderá

a) dispensar a intervenção do MP, quando não for parte, em eventual causa cível decorrente do fato.
b) determinar, se a ofendida requerer, que Alexandre se afaste do lar, independentemente de manifestação do MP.
c) restringir ou suspender a visita do agressor aos seus dependentes, caso o casal tenha filhos menores.
d) substituir eventual pena de Alexandre por cessão de cestas básicas.
e) substituir eventual pena de Alexandre por multa.

COMENTÁRIOS

Alternativa correta: Anulada.

Alternativa "a": está errada a assertiva porque o art. 25 da Lei nº 11.340/06 é expresso ao dispor que "O Ministério Público intervirá, quando não for parte, nas causas cíveis e criminais decorrentes da violência doméstica e familiar contra a mulher". No âmbito do Juizado de Violência Doméstica e Familiar contra a Mulher, a atuação do Ministério Público é obrigatória, seja a ação de índole civil ou criminal. É que a situação da mulher agredida sempre recomendará essa participação e, por isso mesmo, a lei confere ao *parquet* a iniciativa das medidas relacionadas no dispositivo que vem adiante. Se proposta a ação principal (por exemplo, de separação judicial perante a Vara da Família), essa intervenção somente se justificará em virtude da hipossuficiência dos envolvidos (v.g., pedido de separação judicial cumulado com alimentos em favor de filhos incapazes), ou em razão da idade de uma das partes (art. 74, II, do Estatuto do Idoso) etc. Note-se que o promotor de justiça, mesmo oficiando num feito em razão da hipossuficiência (ou incapacidade) de uma das partes, conserva sua liberdade de opinião, não ficando adstrito, cegamente, aos interesses da parte assistida, o que torna possível que opine, inclusive, em desfavor dela.

Alternativa "b": está correta a assertiva. Uma das medidas protetivas estabelecidas no art. 22 da Lei nº 11.340/06 é o afastamento do lar, domicílio ou local de convivência com a ofendida (inciso II). De acordo com o art. 19, tais medidas poderão ser concedidas pelo juiz, a requerimento do Ministério Público ou a pedido da ofendida (*caput*), como também podem ser concedidas de imediato, independentemente de audiência das partes e de manifestação do Ministério Público, devendo este ser prontamente comunicado (§ 1º).

Alternativa "c": também está correta. O art. 22, inciso IV, da Lei nº 11.340/06 permite que o juiz imponha ao agressor a restrição ou a suspensão de visitas aos dependentes menores, ouvida a equipe de atendimento multidisciplinar ou serviço similar. Optou o legislador pela utilização da expressão *dependentes*, mas nos parece que teria sido mais adequada a alusão a qualquer incapaz que, de algum modo, conviva com o agressor. Com isso incluiria, além dos filhos, é claro, também o enteado, aquele de quem o agente seja guardião, tutor etc.; também todo aquele que, embora não vinculado por laço de parentesco ou por determinação judicial, prive de relação doméstica com o agressor. De qualquer sorte, a falta de melhor técnica na redação decerto não inibe o juiz de estender a proteção a todas as pessoas acima mencionadas.

Alternativa "d" (responde, também, a alternativa "e"): está errada a assertiva porque o art. 17 da Lei nº 11.340/06 dispõe ser "vedada a aplicação, nos casos de violência doméstica e familiar contra a mulher, de penas de cesta básica ou outras de prestação pecuniária, bem como a substituição de pena que implique o pagamento isolado de multa". Com a vigência da Lei nº 9.099/95, houve uma evidente vulgarização das alternativas à pena de natureza real, em especial a (desenfreada) imposição do pagamento de cestas básicas, que nem pena é! Como resposta, o legislador, por meio do art. 17, vedou a aplicação, nos casos de violência doméstica e familiar contra mulher, de penas de cesta básica ou outras de prestação pecuniária, bem como a substituição de pena que implique o pagamento isolado de multa. A intenção é ver o agressor cumprir pena de caráter pessoal, isto é, privativa de liberdade ou restritiva de direitos (prestação de serviços à comunidade, limitação de fim de semana ou interdição temporária de direitos), mais adequada ao tipo de crime (e autor) em análise.

449. (NUCEPE – Delegado de Polícia – PI/2014) Segundo pesquisa realizada pelo Instituto de Pesquisa Econômica Aplicada – IPEA no período de 2009 a 2011, o Piauí figura em último lugar no "ranking" dos feminicídios, com uma taxa de 2,71 mortes para cada 100 mil mulheres. A mesma pesquisa, analisando o impacto da Lei nº11.340/06, constatou não ter havido influência capaz de reduzir o número de mortes de mulheres, posto que as taxas permaneceram estáveis antes e depois da vigência da mencionada lei. Referido diploma legal buscou coibir a violência contra a mulher através de mecanismos jurídicos consistentes na prevenção e enfrentamento àquela violência, EXCETO,

a) possibilidade de decretação de prisão preventiva pelo descumprimento de medidas protetivas de urgência.

b) possibilidade da adoção de medidas protetivas de urgência que obrigam o agressor e que protegem a ofendida.

c) inaplicabilidade da Lei nº 9.099/95 aos crimes praticados com violência doméstica e familiar contra a mulher, independentemente da pena prevista.

d) interpretação atendendo aos fins sociais a que a lei se destina e, especialmente, as condições peculiares das mulheres em situação de violência doméstica e familiar.

e) possibilidade de concessão de medida protetiva de urgência a requerimento do Ministério Público, a pedido da ofendida ou por representação do Delegado de Polícia.

COMENTÁRIOS

Alternativa correta: letra "E". Está errada a assertiva porque as medidas protetivas de urgência de que trata a Lei nº 11.340/06 não podem ser objeto de representação da autoridade policial. O juiz as concederá, de acordo com o art. 19, atendendo a requerimento do Ministério Público ou a pedido da ofendida.

Alternativa "a": está correta a assertiva. De acordo com o disposto no art. 20 da Lei nº 11.340/06, em qualquer fase do inquérito policial ou da instrução criminal, caberá a prisão preventiva do agressor, decretada pelo juiz, de ofício, a requerimento do Ministério Público ou mediante representação da autoridade policial. O art. 313, inciso III, do Código de Processo Penal, por sua vez, permite a preventiva se o crime envolver violência doméstica e familiar contra a mulher, para garantir a execução das medidas protetivas de urgência. Como adverte Guilherme de Souza Nucci é "fundamental muita cautela para tomar essa medida. Há delitos incompatíveis com a decretação de prisão preventiva. Ilustrando: a lesão corporal possui pena de detenção de três meses a três anos; a ameaça, de detenção de um a seis meses, ou multa. São infrações penais que não comportam preventiva, pois a pena a ser aplicada, no futuro, seria insuficiente para 'cobrir' o tempo de prisão cautelar (aplicando-se, naturalmente, a detração, conforme art. 42 do CP). Leve-se em conta, inclusive, para essa ponderação, que vigora no Brasil a chamada 'política da pena mínima', vale dizer, os juízes, raramente, aplicam pena acima do piso e, quando o fazem, é uma elevação ínfima, bem distante do máximo" (*Leis penais e processuais penais comentadas*. São Paulo: Ed. RT, 2006. p. 877).

Alternativa "b": está correta a assertiva. As medidas protetivas de urgência que obrigam o agressor e as que protegem a ofendida são tratadas separadamente, em três dispositivos da Lei nº 11.340/06: arts. 22, 23 e 24. As medidas elencadas nesses dispositivos são adjetivadas pelo legislador como de urgência. Analisando as cautelares em geral, salienta Antonio Scarance Fernandes que "são providências urgentes, com as quais se busca evitar que a decisão da causa, ao ser obtida, não mais satisfaça o direito da parte, evitando que se realize, assim, a finalidade instrumental do processo, consistente em uma prestação jurisdicional justa" (*Processo penal constitucional*. 4. ed. São Paulo: Ed. RT, 2005. p. 311). Como tal, devem preencher os dois pressupostos tradicionalmente apontados pela doutrina, para a concessão das medidas cautelares, consistentes no *periculum in mora* (perigo da demora) e *fumus bonis iuris* (aparência do bom direito). Destaca Fernando Célio de Brito Nogueira: "Sem que haja pelo menos um começo de prova e uma situação de incontornável urgência, em tese amparada pelo direito positivo, o magistrado não tem como deferir nenhuma das medidas previstas, pois isso traduziria algo temerário" (*Notas e reflexões sobre a Lei 11.340/2006, que visa coibir a violência doméstica e familiar contra a mulher*. Disponível em: [http://jus.com.br/revista/texto/8821/notas-e-reflexoes-sobre-a-lei-no-11-340-2006-que-visa-coibir-a-violencia-domestica-e-familiar-contra-a-mulher]. Acesso em: 02/12/2015). Dessa forma, deve o juiz, ao analisar a conveniência da adoção de tais medidas, atentar à presença de tais pressupostos, podendo, inclusive, designar a audiência de justificação prévia de que trata o art. 300 do novo CPC.

Alternativa "c": está correta a assertiva. Conforme dispõe o art. 41 da Lei nº 11.340/06, aos crimes praticados com violência doméstica e familiar contra a mulher, independentemente da pena prevista, não se aplica a Lei nº 9.099/95. A despeito de inúmeras críticas que foram lançadas, não há dúvida que a opção do legislador foi a mais franca possível no sentido de afastar, peremptoriamente, do âmbito do JECrim o julgamento dos crimes perpetrados com violência doméstica e familiar contra a mulher. O principal argumento para essa postura se funda, em síntese, na banalização do crime praticado contra a mulher, decorrente da brandura da resposta penal proposta pela Lei 9.099/1995.

Alternativa "d": está correta a assertiva. De acordo com o art. 4º da Lei nº 11.340/06, na interpretação dessa Lei, serão considerados os fins sociais a que ela se destina e, especialmente, as condições peculiares das mulheres em situação de violência doméstica e familiar. Ao ressaltar que o intérprete da lei deve levar em conta os fins sociais, o legislador tomou de empréstimo ideia contida na Lei de Introdução às normas do Direito Brasileiro (Dec.-lei 4.657/42), que em seu art. 5º dispõe que "na aplicação da lei, o juiz atenderá aos fins sociais a que ela se dirige (...)". Trata-se da chamada interpretação sociológica, cujo método se baseia na adaptação do sentido da lei às realidades sociais, cabendo ao intérprete acompanhar as mudanças que o cercam, os impactos que tais alterações causam na sociedade, enfim, conferir à norma um significado que a insira no contexto em que concebida.

---

450. (Delegado de Polícia – SP/ 2011 – ACADEPOL) É correto afirmar, nos termos do que determina a Lei contra a Violência Doméstica e Familiar contra a Mulher (Lei n° 11.340/06) que

a) a autoridade policial poderá determinar, de imediato, o afastamento do agressor do lar, domicílio ou local de convivência com a ofendida.

b) a autoridade policial deverá fornecer transporte para a ofendida e seus dependentes para abrigo ou local seguro, quando houver risco de vida.

c) ao agressor condenado é cabível a aplicação de pena de pagamento de cesta básica ou outras de prestação pecuniária.

d) as medidas protetivas de urgência serão aplicadas isolada ou cumulativamente, mas em nenhuma hipótese, poderão ser substituídas.

e) A autoridade policial poderá, de imediato, determinar a restituição de bens indevidamente subtraídos pelo agressor à ofendida.

COMENTÁRIOS

Alternativa correta: letra "B". Está correta a assertiva. O art. 11 da Lei nº 11.340/06, que estabelece os deveres da autoridade policial, determina, no inciso III, que se inclui entre suas atribuições fornecer transporte para a ofendida e seus dependentes para abrigo ou local seguro, quando houver risco de vida.

Alternativa "a": está errada a assertiva porque, nos termos do art. 22 da Lei nº 11.340/06, é o juiz quem pode aplicar, de imediato, ao agressor, em conjunto ou separadamente, as medidas protetivas, dentre as quais o afastamento do ofensor do lar, domicílio ou local de convivência com a ofendida. A função da autoridade policial, nesta situação, é a prestação de atendimento à ofendida, remetendo ao juiz, no prazo de quarenta e oito horas, expediente apartado com o pedido para a concessão de medidas protetivas de urgência (art. 12 da Lei nº 11.340/06).

Alternativa "c": está errada a assertiva, pois o art. 17 da Lei nº 11.340/06 estabelece ser vedada a aplicação, nos casos de violência doméstica e familiar contra a mulher, de penas de cesta básica ou outras de prestação pecuniária, bem como a substituição de pena que implique o pagamento isolado de multa.

Alternativa "d": está errada porque, nos termos do art. 19, § 2º, da Lei nº 11.340/06, as medidas protetivas de urgência serão aplicadas isolada ou cumulativamente e poderão ser substituídas a qualquer tempo por outras de maior eficácia, sempre que os direitos reconhecidos nesta Lei forem ameaçados ou violados.

Alternativa "e": está errada porque o art. 24 da Lei nº 11.340/06 dispõe que para a proteção patrimonial dos bens da sociedade conjugal ou daqueles de propriedade particular da mulher, o *juiz* poderá determinar, liminarmente, a restituição de bens indevidamente subtraídos pelo agressor à ofendida.

451. (Delegado de Polícia – MT/ 2010 – UNEMAT) Sobre a Lei Maria da Penha, é incorreto afirmar.

a) Inserem-se no âmbito de aplicação da Lei as relações entre ex-namorados, ainda que não tenha havido convivência.
b) Crime de violência doméstica, praticado contra a mulher a bordo de aeronave, será julgado perante a Justiça Estadual.
c) A Lei n° 11.340/06 não previu rito diferenciado.
d) Apelação interposta contra sentença prolatada por Juizado de violência doméstica e familiar contra a mulher será julgada pelo Tribunal de Justiça respectivo.
e) A Lei supra fugiu da *ratio essendi* original, de destinar especial cuidado às vítimas maltratadas por seus parceiros, abarcando relações homoafetivas entre mulheres.

COMENTÁRIOS

Alternativa correta: letra "B". Está incorreta porque o art. 109, inciso IX, da Constituição Federal dispõe que compete aos juízes federais julgarem os crimes cometidos a bordo de navios ou aeronaves, ressalvada a apenas a competência da justiça militar.

Alternativa "a": está correta a assertiva. O STJ tem se posicionado no sentido de que a violência cometida ne relação de namoro enseja a aplicação da Lei nº 11.340/06 (REsp 1.416.580/RJ, DJe 15/04/2014).

Alternativa "c": está correta. O rito processual, relativamente aos crimes, segue o disposto no Código de Processo Penal, conforme dispõe o art. 13 da Lei nº 11.340/06: "Ao processo, ao julgamento e à execução das causas cíveis e criminais decorrentes da prática de violência doméstica e familiar contra a mulher aplicar-se-ão as normas dos Códigos de Processo Penal e Processo Civil e da legislação específica relativa à criança, ao adolescente e ao idoso que não conflitarem com o estabelecido nesta Lei".

Alternativa "d": está correta a assertiva. A Lei nº 11.340/06, no art. 14, prevê a criação de juizados específicos para julgar fatos que envolvam violência doméstica e familiar contra a mulher. Os recursos sobre julgamentos efetuados por tais juizados, no entanto, seguem o rito normal, encaminhando-se ao Tribunal de Justiça respectivo.

Alternativa "e": está correta, pois o art. 5º, parágrafo único, da Lei nº 11.340/06 dispõe que as relações pessoais nele enunciadas, que fundamentam a aplicação da lei, independem de orientação sexual.

452. (Delegado de Polícia – AC/ 2008 – CESPE – Adaptada) Acerca das leis penais especiais, julgue o item a seguir.

Em casos de violência doméstica e familiar contra a mulher, o juiz poderá aplicar penas de cesta básica ou outras de prestação pecuniária, bem como substituir a pena privativa de liberdade por pena de multa.

COMENTÁRIOS

Errado. Está errada a assertiva porque o art. 17 da Lei nº 11.340/06 dispõe ser vedada a aplicação, nos casos de violência doméstica e familiar contra a mulher, de penas de cesta básica ou outras de prestação pecuniária, bem como a substituição de pena que implique o pagamento isolado de multa. A doutrina critica a redação do dispositivo: "Entende-se o objetivo do legislador, porém, lamenta-se não somente a redação da norma, mas, sobretudo, a técnica. Não existem *penas de cesta básica*. Aliás, não há possibilidade, legalmente prevista, de ser aplicada, em transação penal no JECRIM, como punição a qualquer agente de crime, da conhecida *doação de cestas básicas a instituições de caridade*." (Nucci, Guilherme de Souza. *Leis penais e processuais comentadas*, 2009, p. 1176).

79.15. CRIMES HEDIONDOS

453. (Cespe – Delegado de Polícia – GO/2017) A respeito de crimes hediondos, assinale a opção correta.

a) Embora tortura, tráfico de drogas e terrorismo não sejam crimes hediondos, também são insuscetíveis de fiança, anistia, graça e indulto.
b) Para que se considere o crime de homicídio hediondo, ele deve ser qualificado.
c) Considera-se hediondo o homicídio praticado em ação típica de grupo de extermínio ou em ação de milícia privada.
d) O crime de roubo qualificado é tratado pela lei como hediondo.
e) Aquele que tiver cometido o crime de favorecimento da prostituição ou outra forma de exploração sexual no período entre 2011 e 2015 não responderá pela prática de crime hediondo.

COMENTÁRIOS

Alternativa correta: letra "A". Está correta a assertiva. Os crimes de tráfico, terrorismo e tortura não são hediondos, mas equiparados a estes, razão pela qual seus autores sofrem as mesmas consequências estabelecidas pela Constituição e pela Lei 8.072/90 aos crimes hediondos. Embora haja certa divergência a respeito da proibição do indulto no crime de tortura, já que a Lei 9.455/97, assim como a Constituição, proíbe expressamente apenas a anistia e a graça, entende-se majoritariamente que o indulto está inserido no poder de graça do presidente da República, razão por que não pode ser concedido no crime de tortura. Guilherme de Souza Nucci, por exemplo, ensina que, "onde se lê graça, deve-se ler igualmente indulto, pois este nada mais é do que o perdão coletivo (igualmente concedido pelo Presidente da República, por decreto, a quem queira). Aliás, não fosse essa a melhor interpretação e o Presidente não poderia conceder graça, pois esta modalidade de perdão não está elencada dentre as suas atribuições (o art. 84 da CF menciona somente indulto e comutação). Mas, por certo, tanto pode o Chefe do Executivo conceder um (graça) como o outro (indulto) – e assim vem sendo feito desde a edição da Constituição de 1988. Logo, é vedada concessão tanto de um (graça) quanto de outro (indulto) à tortura, por força do art. 5.º, XLIII, da CF" (Leis Penais e Processuais Penais Comentada- Vol. 2, 2017, p. 961).

Alternativa "b": está errada a assertiva, pois o homicídio simples também pode ser hediondo, desde que cometido em atividade típica de grupo de extermínio.

Alternativa "c": está errada a assertiva, porque o homicídio cometido em ação de milícia privada, por si, não é hediondo.

Alternativa "d": está errada a assertiva. O crime de roubo pode ser qualificado pela lesão corporal grave ou pela morte (latrocínio). Somente a qualificadora relativa à morte torna hediondo este crime patrimonial.

Alternativa "e": a rigor, a assertiva está correta. Em 2014, a Lei 12.978 incluiu no rol dos hediondos o crime de favorecimento da prostituição ou de outra forma de exploração sexual de criança ou adolescente ou de vulnerável (art. 218-B do CP). Logo, aquele que cometeu o delito em 2015 deve ser responsabilizado pela prática de crime hediondo. Ocorre que o nomen iuris mencionado na assertiva não corresponde ao art. 218-B, mas ao art. 228 do CP (favorecimento da prostituição ou outra forma de exploração sexual), que nunca foi hediondo. Dessa forma, não importa quando tenha sido cometido, o crime do art. 228 não acarreta a seu autor os consectários da Lei 8.072/90.

---

454. (FUNIVERSA – Delegado de Polícia – DF/2015) A respeito dos crimes hediondos, assinale a alternativa correta com base na legislação de regência.

a) O crime de epidemia com resultado morte não é considerado hediondo.

b) Os crimes hediondos são insuscetíveis de anistia, graça e indulto, embora lhes seja admitida fiança.

c) A pena do condenado por crime hediondo deverá ser cumprida em regime integralmente fechado, apesar de haver precedente jurisprudencial em que se admite o cumprimento da pena em regime inicialmente fechado.

d) Se o crime hediondo de extorsão mediante sequestro for cometido por quadrilha ou bando, o coautor que denunciá-lo à autoridade, facilitando a libertação do sequestrado, será beneficiado com a redução da pena de um a dois terços.

e) Entre os crimes hediondos previstos na lei, apenas as condutas consumadas são consideradas hediondas; as tentadas configuram a modalidade simples de crime.

COMENTÁRIOS

Alternativa correta: letra "D". Está correta a assertiva. O § 4º do art. 159 do Código Penal (inserido pela Lei nº 8.072/90) prevê a delação premiada, causa especial de redução de pena para o concorrente da extorsão mediante sequestro que denunciar à autoridade, facilitando a libertação do sequestrado. Da simples leitura do dispositivo, extraímos seus requisitos: **a)** que o crime tenha sido cometido em concurso de pessoas; **b)** que um dos concorrentes denuncie (*rectius*: esclareça, dá conhecimento) à autoridade (Delegado, Promotor, Juiz etc.); **c)** facilitando a libertação do sequestrado (não sendo suficiente, para seu reconhecimento, a mera intencionalidade do agente). Trata-se de causa obrigatória de redução de pena, isto é, presentes os seus requisitos, é direito subjetivo do réu ver sua pena diminuída proporcionalmente ao maior ou menor auxílio prestado (aferido pela presteza na liberação do sequestrado).

Alternativa "a": está errada a assertiva. O crime de epidemia de que decorra morte está no rol dos crimes hediondos (art. 1º, inciso VII, da Lei nº 8.072/90).

Alternativa "b": está errada a assertiva, pois, conforme dispõe o art. 5°, inciso XLIII, da CF, "A lei considerará crimes inafiançáveis e insuscetíveis de graça ou anistia a prática de tortura, o tráfico ilícito de entorpecentes e drogas afins, o terrorismo e os definidos como crimes hediondos, por eles respondendo os mandantes, os executores e os que, podendo evitá-los, se omitirem".

Alternativa "c": está errada a assertiva. O regime integralmente fechado, originalmente estabelecido na Lei nº 8.072/90, foi considerado inconstitucional pelo STF. Modificada a lei para impor apenas o regime inicial fechado, houve também declaração de inconstitucionalidade (HC 111.840/ES). Dessa forma, o regime inicialmente fechado só é possível, inclusive nos crimes hediondos, se a quantidade da pena ou as circunstâncias do caso concreto assim justificarem.

Alternativa "e": está errada a assertiva. Se o crime está no rol dos hediondos, não importa que tenha havido ou não consumação; aplicam-se todos os efeitos da Lei nº 8.072/90.

455. (Vunesp – Delegado de Polícia – CE/2015) A Lei nº 8.078/90 (Crimes Hediondos) tem como fundamento o artigo 5º, inciso XLIII, da Constituição Federal e

a) impõe aos condenados por crimes hediondos regime integralmente fechado.

b) autoriza a progressão de regime ao condenado reincidente após o cumprimento de 2/5 da sua pena.

c) impede em todos os casos a substituição da pena corporal por restritiva de direitos.

d) considera como hediondo o crime de epidemia, desde que com resultado morte.

e) tem no seu artigo 1º os crimes considerados hediondos pelo legislador, cujo rol é exemplificativo.

COMENTÁRIOS

Alternativa correta: letra "D". Está correta a assertiva. O crime de epidemia foi tipificado nos vários ordenamentos jurídicos mundiais após a Primeira Guerra Mundial, evento que contou com a utilização de germes patogênicos como arma de combate, prática, hoje, vedada por convenções internacionais após o armistício, e que não se repetiu no segundo grande conflito. Consiste o crime em causar *epidemia* (surto de uma doença transitória que ataca simultaneamente número indeterminado de indivíduos em certa localidade), mediante a *propagação* (difusão, disseminação) de *germes patogênicos* (todos os elementos capazes de produzir moléstias infecciosas, pouco importando que já estejam biologicamente identificados). O § 1º do art. 267 qualifica o delito se da conduta resultar morte, hipótese que em que crime passa a ser hediondo, sofrendo o agente todas as consequências previstas no art. 2º da Lei 8.072/90.

Alternativa "a": está errada a assertiva. O regime integralmente fechado, originalmente imposto pelo art. 2º, § 1º, da Lei nº 8.072/90, foi declarado inconstitucional pelo STF. A Lei nº 11.464/07, com a finalidade de adequar a Lei à decisão do STF, modificou o art. 2º, § 1º para incluir a regra do regime inicialmente fechado, que, por sua vez, também foi considerado inconstitucional quando do julgamento do HC 111.840/ES.

Alternativa "b": está errada a assertiva. Nos crimes hediondos e equiparados, a progressão de regime se o condenado for reincidente ocorre após o cumprimento de três quintos da pena.

Alternativa "c": está errada a assertiva. A Lei nº 8.072/90 não traz vedação expressa à substituição da pena privativa de liberdade pela restritiva de direitos. Na verdade, as penas restritivas de direitos eram logicamente incompatíveis com os crimes hediondos porque a Lei impunha o regime integralmente fechado e, após a modificação imposta pela Lei nº 11.464/07, estabelecia regime inicialmente fechado. Ora, se a pena devia se iniciar no regime mais severo, não havia lugar para a substituição. Atualmente, no entanto, em que o STF considera inconstitucional o regime inicial mais severo, e que julgou também inconstitucional dispositivo da Lei de Drogas que vedava a substituição da pena no tráfico privilegiado, não há o que impeça as penas restritivas de direitos nos crimes hediondos e equiparados, desde que, evidentemente, cumpridos os requisitos do art. 44 do Código Penal.

Alternativa "e": está errada a assertiva porque o rol de crimes hediondos estabelecido no art. 1º da Lei nº 8.072/90 é taxativo, isto é, são considerados hediondos somente os delitos nele elencados.

456. (Delegado de Polícia – MT/ 2010 – UNEMAT) Através do art. 5º, inciso XLIII, da CF, infere-se que o Brasil adotou o critério legal para tipificação dos crimes hediondos. Assinale a alternativa correta.

a) O crime conhecido como "sequestro relâmpago", previsto no art. 158, § 3º, do CP, é hediondo.

b) Tendo em vista que a infração penal de falsificação de produto terapêutico não se encontra inserido no rol que disciplina as prisões temporárias, não é possível a decretação de tal édito constritivo em relação a este crime.

c) O art. 9º da Lei dos Crimes Hediondos, que previa a causa de aumento em caso de presunção de violência, perdeu a aplicabilidade com o advento da Lei nº 12.015/2009.

d) Com a tipificação do crime de estupro de vulnerável em tipo próprio, cujo preceito secundário é mais severo que na lei anterior, nunca será admitida a aplicação do novel artigo em relação aos crimes cometidos antes de sua vigência.

e) O delito de extorsão mediante sequestro é hediondo apenas em sua modalidade qualificada.

COMENTÁRIOS

Alternativa correta: letra "C". Está correta a assertiva. A Lei nº 8.072/90, em seu art. 9º, determina que as penas previstas para prática dos crimes de latrocínio, extorsão qualificada pela morte, extorsão mediante sequestro, estupro e atentado violento ao pudor, em todas as suas formas, sejam aumentadas da metade quando a vítima encontrar-se em qualquer das hipóteses referidas no art. 224 do CP. Com a revogação deste dispositivo, parece clara a conclusão de que referida majorante também foi abolida.

Alternativa "a": está errada porque a extorsão denominada *sequestro relâmpago*, em sua forma simples, não está no rol do art. 1º da Lei nº 8.072/90, razão por que não pode ser considerada hedionda. Discute-se sobre a hediondez nas situações em que do sequestro relâmpago advier a morte. Nucci sustenta que, como não há previsão expressa, o crime não é hediondo. Ousamos discordar. Realmente a extorsão do § 3º não está (explicitamente) catalogada no rol exaustivo da Lei 8.072/90 como delito hediondo, sendo vedada analogia contra o acusado. Se do fato resulta na vítima lesão corporal grave, o crime não se converte em hediondo, aplicando-se, tão somente, as penas previstas no art. 159, § 2º (é extorsão mediante sequestro *quod poenam*). Na extorsão, em nenhuma hipótese de lesão corporal o crime é hediondo. Situação diversa ocorre na provocação (dolosa ou culposa) da morte da vítima, hipótese em que o crime será, sim, hediondo, visto que nada mais é que desdobramento formal do tipo do art. 158, § 2º, tendo o legislador preservado a matéria criminosa, explicitando, somente, seu mais novo *modus operandi*. O tipo penal do § 3º não é autônomo, ao contrário, é derivado e meramente explicativo de uma forma de extorsão. Em outras palavras, a nova qualificadora (com resultado morte) já estava contida no parágrafo anterior, especificando-se, no derradeiro parágrafo, um meio de execução próprio (restrição da liberdade de locomoção da vítima).

Alternativa "b": há certa discussão sobre se é cabível a prisão temporária somente nos crimes da Lei nº 7.960 repetidos na Lei nº 8.072 ou se também nos crimes elencados somente na Lei nº 8.072. Em interpretação restritiva, sustentam alguns que os crimes ensejadores de prisão temporária são somente os da Lei nº 7.960, pois a intenção do legislador, no art. 2º, § 4º, da Lei nº 8.072, foi a de elevar o prazo de prisão temporária para os crimes nela definidos, desde que também relacionados na Lei nº 7.960. Outros, no entanto, se amparam na redação do mencionado § 4º, que dispõe: "A prisão temporária...nos crimes previstos neste artigo". Dessa forma, seria cabível a prisão temporária nos crimes hediondos descritos no artigo 1º e nos equiparados (tortura, tráfico de drogas e terrorismo).

Alternativa "d": está errada a assertiva. Antes da Lei nº 12.015/2009, se o estupro ou atentado ao pudor de pessoa vulnerável fosse praticado sem violência real, incidia a presunção do art. 224 do CP, respondendo o agente pelo art. 213 ou 214, a depender do caso, com pena de 6 a 10 anos, não incidindo, de acordo com a maioria, o aumento de 1/2 trazido pelo art. 9º da Lei 8.072/90 (evitando *bis in idem*). A nova Lei, portanto, nessa hipótese, é mais gravosa, não alcançado os fatos anteriores. Havendo violência real, dispensava-se a presunção do art. 224, respondendo o agente pelo crime do art. 213 ou 214, conforme a conduta, majorado de 1/2 de acordo com determinação prevista no art. 9º da Lei dos Crimes Hediondos, gerando uma baliza punitiva de 9 a 15 anos. A nova pena é mais benéfica (8 a 15 anos), retroagindo (art. 2º, parágrafo único, do CP).

Alternativa "e": está errada porque, nos termos do art. 1º, inciso IV, da Lei nº 8.072/90, é crime hediondo a extorsão mediante sequestro na forma simples e na forma qualificada (art. 159, *caput*, e §§ 1º, 2º e 3º).

---

457. (Delegado de Polícia – RJ / 2009 – CEPERJ) Em cada um dos itens a seguir, é apresentada uma situação hipotética, seguida de uma assertiva a ser julgada. Assinale a opção cuja assertiva esteja incorreta.

a) Gilson, com *animus necandi*, efetuou quatro tiros em direção a Genilson. No entanto, acertou apenas um deles. Logo em seguida, um policial que passava pelo local levou Genilson ao hospital, salvando-o da morte. Nessa situação, o crime praticado por Gilson foi tentado, sendo correto afirmar que houve adequação típica mediata.

b) David, com *animus laedendi*, desferiu duas facadas na mão de Gerson, que, em consequência, passou a ter debilidade permanente do membro. Nessa situação, David praticou crime de lesão corporal de natureza grave, classificado como crime instantâneo.

c) Morgado, funcionário público, cumprindo ordem não manifestamente ilegal de seu superior hierárquico, acabou por praticar crime contra a administração pública. Nessa situação, apenas o superior hierárquico de Morgado será punível.

d) Quatro indivíduos compunham um grupo de extermínio procurado havia tempo pela polícia. Em certo momento, um dos integrantes do grupo dirigiu-se à polícia e, voluntariamente, forneceu informações e provas que possibilitaram a prisão do grupo. Nessa situação, de acordo com a Lei dos Crimes Hediondos, o associado que denunciar à autoridade o bando ou quadrilha deverá ser denunciado e processado, mas deverá ficar isento de pena, ao ser sentenciado.

e) Wagner, funcionário público, no período de agosto de 1999 a novembro de 1999, para dissimular a origem, a movimentação, a propriedade e a utilização de valores recebidos em cheques provenientes de concussão, converteu-os em ativos lícitos por meio de depósito em conta-corrente da empresa Acessórios Veiculares Ltda., da qual era sócio-cotista, dando a aparência de que os numerários depositados eram oriundos de atividade normal da empresa, a fim de aplicá-los no mercado financeiro. Nessa situação, Wagner responderá pelo crime de lavagem de dinheiro.

COMENTÁRIOS

Alternativa correta: letra "D". Está errada a assertiva porque, nos termos do art. 8º, parágrafo único, da Lei nº 8.072/90, "O participante e o associado que denunciar à autoridade o bando ou quadrilha, possibilitando seu desmantelamento, terá a pena reduzida de um a dois terços.". Não há, pois, isenção de pena.

Alternativa "a": está correta a assertiva. Há situações em que a subsunção entre o fato e a lei penal incriminadora depende de uma norma auxiliar. Nesses casos, estaremos diante da adequação típica mediata ou indireta. O ajuste entre o fato e a norma somente se realiza através da conjugação do tipo penal com uma norma de extensão. No caso da tentativa, diz-se que o art. 14, inciso II, do Código Penal é norma de extensão temporal. No exemplo citado, sem a sua incidência, ou seja, diante apenas da letra do art. 121, o homicídio tentado seria atípico.

Alternativa "b": está correta a assertiva. Se, com ânimo de ferir, David desferiu golpes de faca na mão de Gerson, causando-lhe debilidade permanente, há lesão corporal de natureza grave, nos termos do art. 129, § 1º, III, do Código Penal. O crime, efetivamente, é instantâneo, pois o resultado ocorre em momento determinado, sem se protrair. Em virtude, no entanto, da debilidade permanente, o crime poderia se transformar em instantâneo de efeitos permanentes (a consumação também ocorre em momento determinado, mas os efeitos dela decorrentes são indeléveis), dependendo da perpetuidade ou não da debilidade.

Alternativa "c": está correta a assertiva. É sabido que a ordem de um superior é emitida para ser cumprida, trazendo consigo a força da hierarquia institucional. Quando legal, não pode ser desobedecida, sob pena de responsabilidade do subalterno. A ordem ilegal, por sua vez, não deve ser executada, não acarretando qualquer efeito para o subordinado que a descumpre (aliás, efeitos administrativos ou penais existirão se cumprir o mandamento). Há, entretanto, a ordem ilegal, *mas com aparência de legalidade*. O inferior hierárquico, ao executá-la, equivoca-se diante das aparências. Na obediência hierárquica, a responsabilidade penal desloca-se da figura do subordinado para a do superior (*"só é punível o autor da ordem"*), na condição de autor mediato.

Alternativa "e": está correta, pois o crime contra a Administração Pública fazia parte do elenco específico de delitos que antecediam a lavagem de dinheiro. Deve ser lembrado que a Lei nº 9.613/98 sofreu várias modificações introduzidas pela Lei nº 12.683/12, sendo que o de mais relevante talvez seja a eliminação de rol limitado dos crimes que podem constituir antecedentes da lavagem. Atualmente, nos termos do art. 1º da Lei nº 9.613/98, constitui lavagem a ocultação ou dissimulação da natureza, origem, localização, disposição, movimentação ou propriedade de bens, direitos ou valores provenientes, direta ou indiretamente, de qualquer infração penal, inclusive de contravenção.

458. (Delegado de Polícia – AC/ 2008 – CESPE – Adaptada) Acerca das leis penais especiais, julgue o item a seguir.

Em caso de crime hediondo, a prisão temporária será cabível, mediante representação da autoridade policial, pelo prazo de 30 dias, prorrogável por igual período em caso de extrema e comprovada necessidade.

COMENTÁRIOS

Certo. Está correta a assertiva, pois, nos termos do art. 2º, § 4º, da Lei nº 8.072/90 a prisão temporária, na investigação de crimes hediondos, terá o prazo de trinta dias, prorrogável por igual período em caso de extrema e comprovada necessidade. Há doutrina no sentido de que, embora a lei se refira ao prazo fechado de trinta dias, o juiz pode dosar o prazo da segregação conforme a efetiva necessidade, considerando o prazo de até trinta dias (Nucci).

79.16. TORTURA

459. (UEG – Delegado de Polícia – PC – GO/2018) Na hipótese de um servidor público ser condenado pelo crime de tortura qualificada pelo resultado morte a uma pena de doze anos de reclusão, referida condenação acarretará a perda do cargo, função ou emprego público e a interdição para seu exercício por

a) cinco anos
b) dez anos
c) doze anos
d) vinte e quatro anos
e) trinta e seis anos

COMENTÁRIOS

Determina o art. 1º, § 5º, da Lei 9.455/97 que a condenação acarretará a perda do cargo, função ou emprego público e a interdição para o seu exercício *pelo dobro do prazo da pena aplicada*. Logo, se o agente foi condenado a doze anos de reclusão, a interdição deve durar vinte e quatro anos. Temos aqui uma consequência administrativa da condenação. Diferentemente do que ocorre no art. 92 do CP (em que se exige manifestação expressa do juiz a respeito dos efeitos da condenação), aqui os efeitos são automáticos, não sendo necessário que constem da sentença.

Alternativa correta: letra "d" (responde, também, as demais alternativas).

460. (Vunesp – Delegado de Polícia – CE/2015) Pode-se afirmar sobre o crime de tortura, regulado pela Lei nº 9.455/97, que

a) será sempre de competência da Justiça Federal, independentemente do lugar do crime.
b) é crime equiparado ao hediondo, caso ocorra o resultado morte.
c) quando praticado pelo militar, ele será julgado pela Justiça Militar.
d) o condenado por crime de tortura poderá perder o cargo, função ou emprego público, desde que este efeito seja expressamente declarado na sentença.
e) as lesões leves suportadas pela vítima serão absorvidas pelo crime de tortura.

COMENTÁRIOS

✪ **Nota do autor:** o crime de tortura foi tipificado por vários países como um crime especial, traduzindo-se num comportamento abusivo de poder no trato dos direitos fundamentais do cidadão. Colocam em mira a conduta de funcionários públicos. A Lei nº 9.455/97 não etiquetou a tortura como crime especial, mas como crime comum, que pode ser praticado por qualquer pessoa. O bem jurídico tutelado, como explicado por Alberto Silva Franco, tem um caráter bifronte, tutelando as garantias constitucionais básicas do cidadão não apenas em relação aos agravos realizados por funcionários públicos, mas também no que tange aos abusos praticados por qualquer pessoa.

Alternativa correta: letra "E". Está correta a assertiva. No crime de tortura, a ocorrência de lesão corporal de natureza grave faz incidir a qualificadora do art. 1º, § 3º. Se, todavia, a lesão corporal for de natureza leve, será considerada integrada ao emprego da violência que caracteriza o crime.

Alternativa "a": está errada a assertiva. Não há regra que imponha a competência da Justiça Federal para julgar o crime de tortura em todas as hipóteses. A competência da Justiça Federal tem lugar nas situações descritas no art. 109 da Constituição Federal. Isso não quer dizer que a Justiça Federal jamais será competente para julgar o crime de tortura, que pode ser a ela submetido, por exemplo, na hipótese de extraterritorialidade incondicionada de que trata o art. 2º da Lei nº 9.455/97.

Alternativa "c": em outubro de 2017, entrou em vigor a Lei 13.491, que modificou o conceito de crime militar. De acordo com a nova redação do art. 9º, inciso II, do CPM, consideram-se crimes militares, em tempos de paz, os previstos no próprio CPM **e (inclusive)** os previstos na legislação penal. Antes, o inciso II dispunha que os crimes militares eram aqueles previstos no CPM, **embora também o fossem com igual definição na lei penal comum.** Não mais. Agora são militares os crimes tipificados no CPM **e também** os tipificados na legislação penal comum, desde que praticados na forma de uma das alíneas no inciso II. Dessa forma, o crime de tortura praticado por policial militar em serviço ou em razão da função se subsume à atual definição de crime militar e pode ser julgado pela Justiça Militar.

Alternativa "c": está errada a assertiva, pois o crime de tortura cometido por militar é julgado pela Justiça Comum: "O crime de tortura, tipificado na Lei nº 9.455/97, não se qualifica como delito de natureza castrense, achando-se incluído, por isso mesmo, na esfera de competência penal da Justiça comum (federal ou local, conforme o caso), ainda que praticado por membro das Forças Armadas ou por integrante da Polícia Militar. Doutrina. Precedentes" (STF: AI 769637 AgR-ED-ED/MG, DJe 16/10/2013).

Alternativa "d": está errada a assertiva. Determina o § 5º do art. 1º da Lei nº 9.455/97 que a condenação acarretará a perda do cargo, função ou emprego público e a interdição para o seu exercício pelo dobro do prazo da pena aplicada. Temos aqui uma consequência administrativa da condenação por crimes tipificados nesta lei. Diferentemente do que ocorre nos arts. 91 e 92 do CP (em que se exige manifestação expressa do juiz a respeito dos efeitos da condenação), aqui os efeitos são automáticos, não sendo necessário que conste da sentença.

461. (ACAFE – Delegado de Polícia – SC/2014) De acordo com a legislação em vigor, assinale a alternativa correta.

a) Deixar de observar as cautelas necessárias para impedir que menor de 21 (vinte e um) anos ou pessoa portadora de deficiência motora se apodere de arma de fogo que esteja sob sua posse ou que seja de sua propriedade, sujeita o agente a uma pena de um a dois anos de detenção e multa.

b) Violar direitos de autor de programa de computador que consista na reprodução, por qualquer meio, de programa de computador, no todo ou em parte, para fins de comércio, sem autorização expressa do autor ou de quem o represente, sujeita o agente a uma pena de seis meses a dois anos de detenção ou multa.

c) Constitui crime de tortura constranger alguém com emprego de violência ou grave ameaça, causando-lhe sofrimento físico ou mental, com o fim de obter informação, declaração ou confissão da vítima ou de terceira pessoa.

d) Não constitui crime publicar anúncio de publicidade de estabelecimentos autorizados a realizar transplantes e enxertos, relativo a estas atividades.

e) Ocultar ou dissimular a natureza, origem, localização, disposição, movimentação ou propriedade de bens, direitos ou valores provenientes, direta ou indiretamente, de infração administrativa, sujeita o agente a uma pena de três a dez anos de reclusão e multa.

COMENTÁRIOS

Alternativa correta: letra "C". Está correta a assertiva. O art. 1º, inciso I, alínea *a*, da Lei nº 9.455/97 pune a conduta de constranger alguém com emprego de violência ou grave ameaça, causando-lhe sofrimento físico ou mental, com o fim de obter informação, declaração ou confissão da vítima ou de terceira pessoa. Na presente figura, age o torturador com o fim de obter informação, declaração ou confissão da vítima ou de terceira pessoa. Sendo crime comum, estarão incluídas tanto a conduta do policial que pratica a violência contra uma pessoa para dela obter uma informação, como a do particular (credor) que se utiliza da violência para conseguir de alguém (devedor) a confissão de uma dívida. O crime se consuma com o constrangimento causador de sofrimento à vítima, dispensando a efetiva obtenção da informação almejada. Por se tratar de crime plurissubsistente, a tentativa é perfeitamente possível.

Alternativa "a": está errada a assertiva. O crime de omissão de cautela na guarda de arma de fogo, tipificado no art. 13 da Lei nº 10.826/03, consiste em deixar de observar as cautelas necessárias para impedir que **menor de dezoito anos** ou pessoa portadora de **deficiência mental** (não motora) se apodere de arma de fogo que esteja sob sua posse ou que seja de sua propriedade.

Alternativa "b": está errada a assertiva porque ao crime nela descrito, tipificado no art. 12, § 1º, da Lei nº 9.609/98, é cominada pena de um a quatro anos, e multa.

Alternativa "d": está errada a assertiva. A Lei nº 9.434/97, que dispõe sobre a remoção de órgãos, tecidos e partes do corpo humano para fins de transplante e tratamento e dá outras providências, estabelece, no art. 11, ser proibida a veiculação, através de qualquer meio de comunicação social de anúncio que configure: a) publicidade de estabelecimentos autorizados a realizar transplantes e enxertos, relativa a estas atividades; b) apelo público no sentido da doação de tecido, órgão ou parte do corpo humano para pessoa determinada identificada ou não, ressalvado o disposto no parágrafo único; c) apelo público para a arrecadação de fundos para o financiamento de transplante ou enxerto em benefício de particulares. A publicação de anúncio ou apelo público em desacordo com o disposto no art. 11 é crime punido com pagamento de 100 a 200 dias-multa.

Alternativa "e": está errada a assertiva. Configuram lavagem de dinheiro as condutas de ocultar ou dissimular a natureza, origem, localização, disposição, movimentação ou propriedade de bens, direitos ou valores provenientes, direta ou indiretamente, de **infração penal** (não administrativa).

462. (Delegado de Polícia – MT/ 2010 – UNEMAT) A respeito dos crimes disciplinados pela Lei n° 9.455/97, que dispõe sobre Tortura, é correto afirmar.

a) O torturador, que constrange alguém com emprego de grave ameaça, para o fim de promoção de atividade de natureza criminosa, responderá apenas pelo delito de tortura e não como autor mediato do crime que o sujeito passivo foi obrigado a cometer.

b) Ainda que transcorrido o prazo de interdição do exercício de função pública, fixado na sentença, não poderá o condenado ser reintegrado ao serviço.

c) A modalidade de tortura prevista no § 1°, segundo a qual "na mesma pena incorre quem submete pessoa presa ou sujeita a medida de segurança a sofrimento físico ou mental, por intermédio da prática de ato não previsto em lei ou não resultante de medida legal", é crime próprio.

d) A perda do cargo, emprego ou função, deve constar de forma expressa na sentença, devendo o magistrado fundamentar sua aplicação.

e) O sequestro qualifica o crime de tortura.

COMENTÁRIOS

Alternativa correta: letra "B". Está correta a assertiva. A Lei nº 9.455/97 traz, como efeito da condenação, a perda obrigatória do cargo, função ou emprego público e a interdição para o seu exercício pelo dobro do prazo da pena aplicada. Tendo em vista a inexistência, no ordenamento jurídico nacional, de pena de caráter perpétuo, limitou o legislador o tempo de interdição para o exercício de cargo, emprego ou função pública (o dobro da pena aplicada). Logo, decorrido o prazo, o condenado poderá assumir *novo* cargo, emprego ou função, mas jamais irá reintegrar-se na situação anterior (apesar do silêncio da lei antitortura, trata-se de decorrência lógica do art. 93, parágrafo único, do CP).

Alternativa "a": está errada a assertiva. O sujeito que constrange alguém, com emprego de violência ou grave ameaça, causando-lhe sofrimento físico ou mental, para provocar ação ou omissão de natureza criminosa, responderá pelo crime de tortura em concurso material com o crime cometido pelo coagido. A hipótese é de coação moral irresistível, que afasta a culpabilidade por meio da inexigibilidade de conduta diversa.

Alternativa "c": está errada porque o sujeito ativo, neste caso, pode ser qualquer pessoa.

Alternativa "d": está errada a assertiva porque diferentemente do que ocorre no art. 92 do Código Penal, os efeitos específicos da condenação decorrente do crime de tortura (art. 1°, § 5°, da Lei nº 9.455/97) são automáticos, não sendo necessário que conste da sentença.

Alternativa "e": está errada porque na tortura cometida mediante sequestro, a pena será aumentada de um sexto a um terço, tratando-se, pois, de majorante, não de qualificadora.

463. (Delegado de Polícia – RJ / 2009 – CEPERJ) Relativamente à legislação penal extravagante, assinale a afirmativa incorreta.

a) Considera-se autoridade, para os efeitos da Lei nº 4898/65, o serventuário da justiça.

b) Constitui crime de tortura constranger alguém com emprego de grave ameaça, causando-lhe sofrimento mental, em razão de discriminação religiosa.

c) Constitui crime previsto no Estatuto da Criança e do Adolescente submeter à tortura criança ou adolescente sob sua autoridade, guarda ou vigilância.

d) De acordo com a doutrina, os sistemas de definição dos crimes hediondos são o legal, o misto e o judicial, sendo certo que o ordenamento jurídico brasileiro adotou o sistema legal.

e) A pena do crime de tortura é aumentada se o crime é cometido mediante sequestro.

COMENTÁRIOS

Alternativa correta: letra "C". Está errada a assertiva. A submissão de alguém sob guarda, poder ou autoridade do agente, com emprego de violência ou grave ameaça, a intenso sofrimento físico ou mental, como forma de aplicar castigo pessoal ou medida de caráter preventivo, constitui crime de tortura, tipificado no art. 1°, inciso II, da Lei nº 9.455/97, sendo que, tratando-se de criança ou adolescente, a pena é aumentada de um sexto a um terço, nos termos do § 4° do mesmo dispositivo. O delito em comento é próprio, exigindo como pressuposto a presença de uma relação jurídica preexistente entre sujeito ativo e sujeito passivo. O sujeito ativo está na posição de garante, seja em virtude da lei ou outra relação jurídica. Só quem tem a guarda (de direito ou de fato), vigilância, poder (de direito público ou privado) ou autoridade, pode cometer esse delito. Assim, tem como sujeito ativo os pais, tutores, curadores, diretores de colégio ou de institutos profissionais. Professores, patrões, chefes, carcereiros, funcionários de internatos de menores etc.

Alternativa "a": está correta. Nos termos do art. 5° da Lei nº 4.898/65, "Considera-se autoridade, para os efeitos desta lei, quem exerce cargo, emprego ou função pública, de natureza civil, ou militar, ainda que transitoriamente e sem remuneração.". Logo, o serventuário da justiça pode ser autor do crime de abuso de autoridade.

Alternativa "b": está correta a assertiva. O art. 1°, inciso I, *c*, da Lei nº 9.455/97 pune com reclusão de dois a oito anos a conduta de constranger alguém com emprego de violência ou grave ameaça, causando-lhe sofrimento físico ou mental, em razão de discriminação racial ou religiosa. Diferentemente das demais situações de tortura do inciso I,, neste o sujeito ativo não exige nenhuma conduta (positiva ou negativa) por parte do sujeito passivo. Não se exige informação, declaração ou confissão, nem objetiva o agente que o sujeito passivo pratique qualquer conduta criminosa. Aqui basta que o sujeito passivo seja de uma raça ou credo discriminados.

Alternativa "d": está correta a assertiva. Há três formas para identificar um crime hediondo: a) legal: aquele em que o legislador enumera, em rol taxativo, quais são esses delitos; b) judicial: o juiz, ao apreciar o caso concreto, diante da gravidade do crime ou da forma como foi executado, fixa a hediondez da infração praticada; c) misto: o legislador, depois de traçar alguns casos exemplificativos, deixa margem para que o juiz, no caso concreto, encontre outros assemelhados. O Brasil adotou o critério legal.

Alternativa "e": está correta. O art. 1º, § 4º, inciso III, da Lei nº 9.455/97 prevê aumento de um sexto a um terço da pena se o crime de tortura é cometido mediante sequestro, que, no caso, engloba o cárcere privado.

79.17. CRIMES CONTRA AS RELAÇÕES DE CONSUMO

464. (Cespe – Delegado de Polícia – PE/2016) Ana contratou Cláudio, prestador de serviços, para consertar seu aparelho de televisão. Sem autorização de Ana e sem motivo justo, Cláudio utilizou, dolosamente, peças de reposição usadas na reparação do aparelho.

Nessa situação hipotética, a conduta de Cláudio é considerada

a) crime previsto no Código de Defesa do Consumidor (CDC).

b) crime previsto no CP.

c) crime previsto na Lei nº 8.137/1990, que define crimes contra a ordem tributária, econômica e contra as relações de consumo, e dá outras providências.

d) atípica, pois não há lei que preveja essa conduta como crime.

e) contravenção penal.

COMENTÁRIOS

Alternativa correta: letra "A" (responde, também, as demais alternativas). Está correta a assertiva. O art. 70 da Lei nº 8.078/90 pune, com detenção de três meses a um ano, a conduta de empregar, na reparação de produtos, peça ou componentes de reposição usados, sem autorização do consumidor. Note-se que o tipo contém um elemento normativo, pois só existe o crime se a conduta ocorrer sem autorização do consumidor. Há quem considere esta figura delituosa um exemplo de criminalização exagerada, que ignora o princípio da *ultima ratio*, pois o fato poderia ser satisfatoriamente apurado e punido no âmbito administrativo (com multa ou interdição do estabelecimento, por exemplo).

465. (ACAFE – Delegado de Polícia – SC/2014) Considerando as disposições da Lei 8.078/90, que cuida da proteção do consumidor e da Lei 1521/51, relativa aos crimes contra a economia popular, assinale a alternativa correta.

a) Constituem crimes contra as relações de consumo omitir dizeres ou sinais ostensivos sobre a nocividade ou periculosidade de produtos, nas embalagens, nos invólucros, recipientes ou publicidade e deixar de organizar dados fáticos, técnicos e científicos que dão base à publicidade.

b) Constitui crime contra a economia popular o fornecedor colocar no mercado de consumo produto ou serviço que sabe ou deveria saber apresentar alto grau de nocividade ou periculosidade à saúde ou segurança.

c) Constitui crime contra as relações de consumo misturar gêneros e mercadorias de espécies diferentes, expô-los à venda ou vendê-los, como puros, misturar gêneros e mercadorias de qualidades desiguais para expô-los à venda ou vendê-los por preço marcado para os de mais alto custo.

d) Constitui crime contra a economia popular executar serviços sem a prévia elaboração de orçamento e autorização expressa do consumidor, ressalvadas as decorrentes de práticas anteriores entre as partes.

e) Constitui crime contra a economia popular restringir direitos ou obrigações fundamentais inerentes à natureza do contrato, de tal modo a ameaçar seu objeto ou equilíbrio contratual.

COMENTÁRIOS

✪ Nota do autor: a questão foi anulada porque apresenta duas alternativas corretas ("a" e "c").

Alternativa correta: Anulada

Alternativa "a": está correta a assertiva, que descreve dois fatos tipificados na Lei nº 8.078/90: a) o art. 63, que pune, com detenção de seis meses a dois, e multa, a conduta de omitir dizeres ou sinais ostensivos sobre a nocividade ou periculosidade de produtos, nas embalagens, nos invólucros, recipientes ou publicidade; b) e o art. 69, que pune, com detenção de um a seis meses, ou multa, a conduta omissiva de deixar de organizar dados fáticos, técnicos e científicos que dão base à publicidade.

Alternativa "b": está errada a assertiva. Não é crime, evidentemente, dispor ao consumidor produto ou serviço que apresente alto grau de nocividade ou periculosidade à saúde ou segurança, pois há inúmeros produtos que, não obstante sejam nocivos, são de utilização indispensável. É, no entanto, obrigação do fornecedor informar, de maneira ostensiva e adequada, a respeito da nocividade, sob pena de se caracterizar o delito do art. 63 da Lei nº 8.078/90.

Alternativa "c": também está correta. A assertiva aponta se tratar de crime contra as relações de consumo as condutas de misturar gêneros e mercadorias de espécies diferentes, expô-los à venda ou vendê-los, como puros, misturar gêneros e mercadorias de qualidades desiguais para expô-los à venda ou vendê-los por preço marcado para os de mais alto custo. A conduta está descrita entre os crimes contra a economia popular (art. 2º, inciso V, da Lei nº 1.521/5). Embora o enunciado da questão faça referência somente às Leis nº 8.078/90 e 1.521/51, esta conduta é também tipificada na Lei nº 8.137/90 dentre os crimes contra as relações de consumo (art. 7º, inciso III). Daí porque a possibilidade de que a assertiva seja também considerada correta, acarretando a anulação da questão.

Alternativa "d": está errada a assertiva, que não descreve conduta criminosa. É, sim, prática abusiva, inserida no art. 39, inciso VI, da Lei nº 8.078/90.

Alternativa "e": está errada a assertiva, que também não se refere a conduta criminosa. O ato de restringir direitos ou obrigações fundamentais inerentes à natureza do contrato, de tal modo a ameaçar seu objeto ou equilíbrio contratual, faz com que se presuma exagerada a vantagem contratual no que concerne às cláusulas abusivas (art. 51 da Lei nº 8.078/90).

---

466. (Delegado de Polícia – RJ / 2009 – CEPERJ) Seguem descritos abaixo três tipos previstos como crime na Lei 8078/90:

1) "Art. 64. Deixar de comunicar à autoridade competente e aos consumidores a nocividade ou periculosidade de produtos cujo conhecimento seja posterior à sua colocação no mercado".

2) "Art. 70. Empregar na reparação de produtos, peça ou componentes de reposição usados, sem autorização do consumidor".

3) "Art. 71. Utilizar, na cobrança de dívidas, de ameaça, coação, constrangimento físico ou moral, afirmações falsas, incorretas ou enganosas ou de qualquer outro procedimento que exponha o consumidor, injustificadamente, a ridículo ou interfira com seu trabalho, descanso ou lazer".

Com relação aos mesmos, afirma-se que:

I. todos são crimes de menor potencial ofensivo;

II. o tipo descrito no item 1 é crime omissivo próprio;

III. apenas o tipo descrito no item 1 é crime próprio;

IV. o crime descrito no item 2 é punido unicamente na forma dolosa;

V. o crime descrito no item 3 tem por objeto jurídico a proteção nas relações de consumo e, especialmente, alguns direitos fundamentais do consumidor;

Marque abaixo a resposta correta:

a) Todas as afirmativas são verdadeiras.

b) Apenas as afirmativas II e III são verdadeiras.

c) Apenas as afirmativas III e V são verdadeiras.

d) Apenas as afirmativas I, II e IV são verdadeiras.

e) Apenas as afirmativas I, II, IV e V são verdadeiras.

COMENTÁRIOS

Alternativa correta: letra "E":

Item I: está correta a assertiva. O art. 64 da Lei nº 8.078/90 comina pena de detenção de seis meses a dois anos e multa e os arts. 70 e 71, detenção de três meses a um ano e multa.

Item II: está correto. No crime omissivo próprio ocorre o descumprimento de norma imperativa, que determina a atuação do agente. Existe um dever genérico de agir que não é observado pelo destinatário da norma. Este dever, aliás, é dirigido a todos indistintamente (dever de solidariedade). A conduta omissiva própria está descrita no próprio tipo penal incriminador, e, para que se configure, basta a sua desobediência, sendo, em princípio, irrelevante a ocorrência de resultado naturalístico. É o caso do art. 64 da Lei nº 8.078/90.

Item III: está errado porque todos os delitos mencionados no enunciado são próprios. No art. 64, somente poderá ser sujeito ativo o empresário fornecedor dos bens. No art. 70, o sujeito ativo será o empresário que fornece as peças ou componentes de reparação. No art. 71, o sujeito ativo será o empresário fornecedor de bens e prestador de serviços que seja credor do consumidor.

Item IV: está correta a assertiva. O empresário somente será punido por empregar na reparação de produtos peça ou componentes de reposição usados, sem autorização do consumidor, se o fizer dolosamente.

Item V: está correta a assertiva. Além de garantir a regularidade nas relações de consumo, o delito do art. 71 da Lei nº 8.078/90 tem como objetividade jurídica a proteção de direitos mais amplos, pois, conforme estabelece o art. 4º da mesma Lei, que estabelece a Política Nacional das Relações de Consumo, o objetivo é o atendimento das necessidades dos consumidores, o respeito à sua dignidade, saúde e segurança, a proteção de seus interesses econômicos, a melhoria da sua qualidade de vida, bem como a transparência e harmonia das relações de consumo.

79.18. ESTATUTO DO IDOSO

467. (ACAFE – Delegado de Polícia – SC/2014) Analise as afirmações a seguir, identifique o que constitui crime praticado contra o idoso e assinale a alternativa correta.

I. Obstar o acesso de alguém a qualquer cargo público por motivo de idade.

II. Recusar, retardar ou dificultar atendimento ou deixar de prestar assistência à saúde, sem justa causa, a pessoa com mais de 55 anos.

III. Deixar de cumprir, retardar ou frustrar, sem justo motivo, a execução de ordem judicial expedida nas ações em que for parte ou interveniente pessoa com mais de 65 anos.

IV. Reter o cartão magnético de conta bancária relativa a benefícios, proventos ou pensão de pessoa com mais de 70 anos, bem como qualquer outro documento, com objetivo de assegurar recebimento ou ressarcimento de dívida.

a) Todas as afirmações estão corretas.

b) Apenas II e III estão corretas.

c) Apenas I, II e III estão corretas.

d) Apenas I, III e IV estão corretas.

e) Apenas III e IV estão corretas.

COMENTÁRIOS

Alternativa correta: letra "D".

Item I: está correta a assertiva. De acordo com o art. 100, inciso I, da Lei nº 10.741/03 é crime, punido com reclusão de seis meses a um ano, e multa, a conduta de obstar o acesso de alguém a qualquer cargo público por motivo de idade. A idade a que se refere o tipo penal é a de sessenta anos ou mais, pois a conduta é tipificada no Estatuto do Idoso, que considera essa faixa etária para efeito de proteção especial.

Item II: está errada a assertiva porque a Lei nº 10.741/03 estabelece proteção especial aos indivíduos com idade igual ou superior a sessenta anos (art. 1º).

Item III: está correta a assertiva. O art. 101 da Lei nº 10.741/03 pune, com detenção de seis meses a um ano, e multa, as condutas de deixar de cumprir, retardar ou frustrar, sem justo motivo, a execução de ordem judicial expedida nas ações em que for parte ou interveniente o idoso. Considerando que a assertiva menciona pessoa de sessenta e cinco anos, que se enquadra na definição do art. 1º, está correta.

Item IV: está correta a assertiva. O art. 104 da Lei nº 10.741/03 pune, com detenção de seis meses a dois anos, e multa, a conduta de reter o cartão magnético de conta bancária relativa a benefícios, proventos ou pensão do idoso, bem como qualquer outro documento com objetivo de assegurar recebimento ou ressarcimento de dívida. Na definição de idoso se subsume, evidentemente, o maior de setenta anos.

---

468. (Delegado de Polícia – AP / 2010 – FGV) Relativamente ao Estatuto do Idoso (Lei nº 10.741/2003), analise as afirmativas a seguir:

I. O Estatuto do Idoso é destinado a regular os direitos assegurados às pessoas com idade igual ou superior a 65 (sessenta e cinco) anos.

II. Os crimes definidos no Estatuto do Idoso são de ação penal pública incondicionada, não se lhes aplicando os arts. 181 e 182 do Código Penal.

III. Aos crimes previstos no Estatuto do Idoso, cuja pena máxima privativa de liberdade não ultrapasse 2 (dois) anos, aplica-se o procedimento previsto na Lei nº 9.099, de 26 de setembro de 1995, e, subsidiariamente, no que couber, as disposições do Código Penal e do Código de Processo Penal.

Assinale:

a) se somente a afirmativa I estiver correta.

b) se somente a afirmativa II estiver correta.

c) se somente a afirmativa III estiver correta.

d) se somente as afirmativas II e III estiverem corretas.

e) se todas as afirmativas estiverem corretas.

COMENTÁRIOS

Alternativa correta: letra "B":

Item I: está errada a assertiva. Nos termos do art. 1º da Lei nº 10.741/03, o Estatuto é "destinado a regular os direitos assegurados às pessoas com idade igual ou superior a 60 (sessenta) anos.".

Item II: está correto. O art. 95 da Lei nº 10.741/03 dispõe que os crimes nela definidos são de ação penal pública incondicionada, não se lhes aplicando os arts. 181 e 182 do Código Penal.

Item III: está errada a assertiva. O art. 94 da Lei nº 10.741/03 dispõe que aos crimes previstos nesta Lei, cuja pena máxima privativa de liberdade *não ultrapasse quatro anos*, aplica-se o procedimento previsto na Lei nº 9.099/95 e, subsidiariamente, no que couber, as disposições do Código Penal e do Código de Processo Penal. Note que o dispositivo foi questionado no STF por meio de ação direta de inconstitucionalidade (ADI 3096-5), na qual se decidiu, conferindo interpretação conforme a Constituição Federal, que se aplica unicamente o rito sumaríssimo disciplinado na Lei nº 9.099/95, que, especialmente pela celeridade, beneficia o idoso. Excluiu-se qualquer possibilidade de aplicação de medidas despenalizadoras e interpretação favorável ao autor do crime.

79.19. CRIMES DE TRÂNSITO

---

469. (Vunesp – Delegado de Polícia – PC – BA/2018) Considere o seguinte caso hipotético.

A velocidade máxima permitida na Rua A é de 50 Km/h. "Y", conduzindo seu veículo a 120 Km/h pela Rua A, atropela "Z", provocando-lhe lesões corporais. Diante do exposto e considerando que "Y" cometeu um crime culposo de trânsito nos termos da Lei nº 9.503/1997, é correto afirmar que a conduta de "Y" tipifica o crime de

a) lesão corporal culposa na direção de veículo automotor, de ação penal pública condicionada e com possibilidade de aplicação da composição dos danos civis prevista na Lei nº 9.099/95.

b) lesão corporal culposa na direção de veículo automotor, de ação penal pública condicionada e com possibilidade de aplicação da transação penal prevista na Lei nº 9.099/95.

c) lesão corporal culposa na direção de veículo automotor, de ação penal pública incondicionada, não sendo possível a aplicação da transação penal prevista na Lei nº 9.099/95.

d) lesão corporal culposa na direção de veículo automotor, de ação penal pública incondicionada e com possibilidade de aplicação da composição dos danos civis prevista na Lei nº 9.099/95.

e) tentativa de homicídio na direção de veículo automotor, de ação penal pública incondicionada, não sendo possível a aplicação da transação penal prevista na Lei nº 9.099/95.

COMENTÁRIOS

O art. 303 do CTB pune a conduta de praticar lesão corporal culposa na direção de veículo automotor. No exemplo do enunciado, sem observar o dever objetivo de cuidado decorrente da direção de um veículo, pois trafegava em velocidade muito acima da permitida, "Y" atropelou "Z", causando-lhe ferimentos. A lesão corporal culposa na direção de veículo automotor normalmente se submete à regra da ação penal pública condicionada a representação do ofendido, como estabelece o art. 291, § 1º, do CTB. O mesmo dispositivo, no entanto, afasta a regra nas situações em que, no momento do acidente, o motorista transitava em velocidade superior à máxima permitida para a via em 50 km/h. Segundo o enunciado, a velocidade em que "Y" trafegava superava em 70 km/h a máxima permitida no local, razão por que a ação penal é pública incondicionada. Pela mesma razão, afasta-se a possibilidade de transação penal.

Alternativa correta: letra "c" (responde, também, as demais alternativas).

470. (Cespe – Delegado de Polícia – PC – SE/2018 – Adaptada) Julgue os itens seguintes, referentes a crimes de trânsito e a posse e porte de armas de fogo, de acordo com a jurisprudência e legislação pertinentes.

Situação hipotética: Após grave colisão de veículos, pessoas que transitavam pelo local — condutores de outros veículos e pedestres alheios ao evento — deixaram, sem justificativa, de prestar imediato socorro às vítimas. Assertiva: Nessa situação, os terceiros não envolvidos no acidente não responderão pelo crime de omissão de socorro previsto no Código de Trânsito Brasileiro.

COMENTÁRIOS

O art. 304 do CTB pune a conduta de deixar o condutor do veículo, na ocasião do acidente, de prestar imediato socorro à vítima, ou, não podendo fazê-lo diretamente, por justa causa, deixar de solicitar auxílio da autoridade pública. Para a maioria da doutrina, o sujeito ativo do crime é apenas o condutor do veículo diretamente relacionado com o acidente de trânsito com a vítima, mas que não tenha agido com culpa (hipótese em que comete os crimes de homicídio culposo ou lesão culposa com causa de aumento específica – inc. III do § 1º do art. 302). Assim, condutores de outros veículos e pedestres alheios ao evento podem responder apenas por omissão de socorro tipificada no art. 135 do Código Penal, não por crime de trânsito. **CERTO**

471. (FUNCAB – Delegado de Polícia – PA/2016) Ao manobrar veículo automotor no interior de uma garagem particular, Felisberto, descuidadamente, atropela a amiga Marinalva, que orientava a manobra, a qual sofre lesões corporais de natureza leve. Durante a investigação do fato, descobre-se que Felisberto não possuía permissão ou habilitação para dirigir veículos automotores. Contudo, logo depois, a vítima comparece à Delegacia de Polícia e se retrata da representação anteriormente oferecida. Passados seis meses, é correto afirmar que Felisberto:

a) poderá ser criminalmente responsabilizado por lesão corporal culposa na direção de veículo automotor {art. 303 da Lei nº 9.503).

b) não poderá ser criminalmente responsabilizado.

c) poderá ser criminalmente responsabilizado por contravenção penal de dirigir veículo sem habilitação (art. 32 do Decreto-Lei nº 3.688).

d) poderá ser criminalmente responsabilizado por dirigir veículo automotor sem permissão ou habilitação, ou quando cassado o direito de dirigir (art. 309da Leinº9.503).

e) poderá ser criminalmente responsabilizado por lesão corporal culposa na direção de veículo automotor majorada (art. 303, parágrafo único, da Lei nº 9.503).

COMENTÁRIOS

Alternativa correta: letra "B" (responde, também, as demais alternativas). Está correta a assertiva. Inicialmente, destacamos a divergência a respeito da existência de crime de trânsito na situação descrita no enunciado, que ocorreu em uma garagem particular.

Há quem sustente que como nos tipos do homicídio culposo (art. 302) e da lesão corporal culposa (art. 303) o Código de Trânsito não faz referência à expressão via pública, como faz, por exemplo, no art. 309, a lesão e o homicídio involuntários cometidos na direção de veículo automotor se subsumem à lei de trânsito independentemente do local em que ocorram.

Mas há os que limitam a incidência dos crimes de trânsito com base no disposto no art. 2º do CTB, segundo o qual "São vias terrestres urbanas e rurais as ruas, as avenidas, os logradouros, os caminhos, as passagens, as estradas e as rodovias, que terão seu uso regulamentado pelo órgão ou entidade com circunscrição sobre elas, de acordo com as peculiaridades locais e as circunstâncias especiais. E, de acordo com o parágrafo único, "Para os efeitos deste Código, são consideradas vias terrestres as praias abertas à circulação pública, as vias internas pertencentes aos condomínios constituídos por unidades autônomas e as vias e áreas de estacionamento de estabelecimentos privados de uso coletivo". Logo, garagens particulares não estariam inseridas no campo de incidência das leis de trânsito. Era o que defendiam, por exemplo, Fernando Capez e Victor Eduardo Rios Gonçalves ao comentar os aspectos criminais da lei de trânsito antes da modificação introduzida no parágrafo único acima citado pela Lei 13.146/15: "não se considera via pública o interior de fazenda particular, o interior de garagem da própria residência (...)" (Aspectos Criminais do Código de Trânsito Brasileiro. São Paulo: Saraiva, 1998, p. 27).

De qualquer forma, Felisberto não poderia sofrer punição porque, tanto no CTB quanto no CP, a ação penal na lesão corporal culposa é pública condicionada a representação. Se Marinalva se retratou da representação anteriormente oferecida e decorreu o prazo decadencial, extinguiu-se a punibilidade. Ressalte-se, por fim, que, mesmo que se considere a possibilidade de incidência das leis de trânsito na situação descrita no enunciado, não haveria o crime pela condução de veículo sem habilitação, pois o art. 309, como já mencionamos, faz menção expressa à prática da conduta em via pública.

472. (FUNIVERSA – Delegado de Polícia – DF/2015) Em relação à Lei nº 9.503/1997, que trata dos crimes de trânsito, assinale a alternativa correta.

a) De acordo com a referida lei, constitui crime de trânsito punido com detenção a conduta do agente que trafegue em velocidade incompatível com a segurança nas proximidades de escolas, gerando perigo de dano.

b) Não há, na lei, previsão de pena de reclusão, sendo os crimes previstos puníveis com detenção e(ou) multa.

c) Não é prevista, entre as penalidades constantes na lei, multa reparatória.

d) Consoante essa norma, é circunstância que pode agravar a penalidade do crime de trânsito, conforme a apreciação subjetiva do juiz, ter o condutor do veículo cometido a infração sobre faixa de trânsito destinada a pedestre.

e) Uma das críticas que a doutrina faz ao legislador em relação aos crimes de trânsito se relaciona à ausência de previsão legal de benefício ao condutor do veículo que, após a prática da infração, preste pronto e integral socorro à vítima.

COMENTÁRIOS

Alternativa correta: letra "A". Está correta a assertiva. É crime tipificado no art. 311 da Lei nº 9.503/97 trafegar em velocidade incompatível com a segurança nas proximidades de escolas, hospitais, estações de embarque e desembarque de passageiros, logradouros estreitos, ou onde haja grande movimentação ou concentração de pessoas, gerando perigo de dano. De se ver que o legislador não utilizou a expressão "velocidade superior à permitida para o local", mas, ao contrário, se contentou com a mera "velocidade incompatível". É que, por vezes, embora o motorista trafegue na velocidade permitida, ela se revela incompatível, em determinada situação concreta. Tomemos o exemplo de um estádio de futebol, no horário de saída dos torcedores. A velocidade indicada para o local é de 60 Km/h, já que se trata de uma via coletora (art. 61, inc. I, *b* do CTB; a definição de *via coletora* é obtida no anexo I do CTB). Mas isso em um dia de trânsito normal, sem grande aglomeração de pessoas. Ninguém, com um mínimo de cuidado, irá, à saída do estádio, trafegar com seu veículo na velocidade permitida pelo local. Há, portanto, diferença entre velocidade "não permitida" e velocidade "incompatível". O legislador se satisfaz com a segunda. Também por isso é desnecessária, para a configuração do delito em estudo, que a velocidade seja "medida por instrumento ou equipamento hábil", exigível para a caracterização da infração administrativa prevista no art. 218 do CTB. A aferição da "velocidade incompatível" será feita pelo juiz, à luz do caso concreto, podendo se valer, para tanto, de prova testemunhal.

Alternativa "b": está errada a assertiva. É possível, nos crimes de trânsito, a aplicação de pena de reclusão nas formas qualificadas de participação de competição em via pública.

Alternativa "c": está errada a assertiva. A Lei nº 9.503/97 dispõe a respeito da multa reparatória. Segundo o art. 297, consiste no pagamento, mediante depósito judicial em favor da vítima, ou seus sucessores, de quantia calculada com base no disposto no art. 49, § 1º, do Código Penal, sempre que houver prejuízo material resultante do crime. Dá-se, assim, uma valorização da vítima, tão ignorada em nosso sistema, mais preocupado com a relação entre Estado e réu. Nesse passo o CTB seguiu orientação inaugurada pela Lei nº 9.099/95, fortemente comprometida com a figura do ofendido, cuja presença é reclamada para fins de transação penal e suspensão condicional do processo. Afinal, no dizer de Antonio Scarance Fernandes, "é possível prever no âmbito criminal a conciliação entre os dois envolvidos na infração: agente e ofendido" e, ainda, que "estudos recentes vêm acentuando ser em muitos casos mais importante do que o processo e a condenação, a conciliação entre o autor e a vítima, com positivas repercussões na estabilidade social" (*O Papel da Vítima no Processo Criminal*, São Paulo: Malheiros, 1995, p. 22). Assim, a sentença penal condenatória, ao fixar um valor determinado, valerá como título judicial, a ser executado no juízo cível, nos termos do art. 515, inc. VI, do Código de Processo Civil. Prescinde-se, assim, de qualquer espécie de liquidação, posto que o valor – repita-se – já vem apontado na decisão.

Alternativa "d": está errada a assertiva porque a circunstância agravante de ter o agente cometido o crime de trânsito sobre faixa destinada a pedestres não é de apreciação subjetiva do juiz. Trata-se de um dado objetivo, extraído das circunstâncias fáticas.

Alternativa "e": está errada a assertiva porque a Lei nº 9.503/97 trata de forma mais branda o condutor de veículo que, nos casos de acidentes de trânsito de que resulte vítima, preste-lhe pronto e integral socorro. De acordo com o art. 301, não se imporá a prisão em flagrante, nem se exigirá fiança.

473. (FUNCAB – Delegado de Polícia – RO/2014) No homicídio culposo cometido na direção de veículo automotor, a pena é aumentada de um terço à metade, se o agente estiver:

a) na direção de veículo de transporte coletivo de passageiros, quando em serviço.

b) com a Carteira Nacional de Habilitação incompatível com a da categoria do veículo,

c) conduzindo veículo com placas falsas.

d) com a Carteira Nacional de Habilitação suspensa.

e) utilizando veículo em que tenha sido adulterado equipamento que afete a sua segurança.

COMENTÁRIOS

Alternativa correta: letra "A". No homicídio cometido na direção de veículo automotor (art. 302 da Lei nº 9.503/97), aumenta-se a pena quando o agente, no exercício de sua profissão ou atividade, está conduzindo veículo de transporte de passageiros. Daquele que faz do transporte de passageiros ou de carga a sua profissão ou atividade, é lícito se exigir um maior cuidado no exercício de seu mister. Afinal, no dizer de Heleno Cláudio Fragoso, "o motorista profissional está adstrito as mais graves responsabilidades. Se se trata de um profissional, é maior a medida do dever de cuidado e a responsabilidade da falta de atenção, diligência ou cautelas exigíveis" (*apud* Carlos de Barros Monteiro, *Crimes de Trânsito,* São Paulo: Juarez de Oliveira, 1999, p. 119). É por isso que o legislador pune mais gravemente a conduta do agente que se encontre em tais condições. Exige-se, no entanto, que o condutor esteja no exercício de sua profissão ou atividade. A simples *carona*, por exemplo, não configura a majorante em caso de culpa do motorista, por se tratar de transporte eventual, sem caráter de habitualidade.

Alternativa "b": está errada a assertiva. Se o agente cometer o homicídio de trânsito com a carteira nacional de habilitação incompatível com a da categoria do veículo, incidirá circunstância agravante (art. 298, inciso IV, da Lei nº 9.503/98).

Alternativa "c": de igual forma, é agravante dos crimes de trânsito a utilização de veículo sem placas, com placas falsas ou adulteradas (art. 298, inciso II).

Alternativa "d": está errada a assertiva porque se o agente conduzir veículo automotor violando a suspensão do direito de dirigir, haverá crime autônomo (art. 307).

Alternativa "e": está errada a assertiva porque é circunstância agravante o cometimento de crime de trânsito com a utilização veículo em que tenham sido adulterados equipamentos ou características que afetem a sua segurança (art. 298, inciso VI).

474. (FUNCAB – Delegado de Polícia – RO/2014) Fabiano entregou a direção de seu veículo a Maria, penalmente imputável, mesmo sabendo que ela não possui Carteira Nacional de Habilitação. Já Maria, ao conduzir o veículo em via pública, gerou perigo de dano. Nessa situação hipotética, os dois cometeram crime de trânsito com detenção de:

a) 1 ano a 2 anos e multa.

b) 6 meses a 1 ano e muita.

c) 6 meses a 1 ano ou multa.

d) 6 meses a 2 anos e multa.

e) 6 meses a 2 anos ou multa.

COMENTÁRIOS

Alternativa correta: letra "C" (responde, também, as demais alternativas). Fabiano responde pelo cometimento do delito tipificado no art. 310 da Lei nº 9.503/97, pois entregou a direção de veículo automotor a pessoa não habilitada. Maria, por outro lado, que dirigiu veículo automotor, em via pública, sem a devida permissão para dirigir ou habilitação, gerando perigo de dano, tem sua conduta subsumida ao art. 309 da Lei nº 9.503/97. A ambos os delitos é cominada pena que varia de seis meses a um ano, ou multa. Note-se que Fabiano responderia pelo delito do art. 310 mesmo que Maria, sem habilitação, conduzisse o veículo sem gerar perigo de dano (súmula 575 do STJ).

475. (FUNCAB – Delegado de Polícia – RJ/2012) Condutor do veículo A, dirigindo imprudentemente, colide na traseira do veículo B, o qual atinge pedestre na calçada, causando-lhe lesões corporais leves, não sendo possível ao condutor do veículo B evitar o resultado. O condutor do veículo A foge, e, em seguida, o condutor do veículo B também empreende fuga do local, ambos deixando de prestar socorro à vítima. Somente o condutor do veículo B é perseguido e preso por policiais militares. Na qualidade de Delegado de Polícia a quem o fato foi apresentado, assinale a alternativa que corretamente tipifica o comportamento do condutor do veículo B.

a) Lesão corporal culposa sem causa de aumento de pena, do Código de Trânsito Brasileiro.

b) Lesão corporal culposa com causa de aumento de pena, do Código de Trânsito Brasileiro.

c) Omissão de socorro do Código de Trânsito Brasileiro.

d) Lesão corporal culposa sem causa de aumento de pena e omissão de socorro, ambos do Código de Trânsito Brasileiro, em concurso material.

e) Lesão corporal culposa com causa de aumento de pena e omissão de socorro, ambos do Código de Trânsito Brasileiro, em concurso material.

COMENTÁRIOS

Alternativa correta: letra "C" (responde, também, as demais alternativas). Está correta a assertiva. Não é possível que "B" responda por lesão corporal culposa na direção de veículo automotor porque não praticou nenhuma conduta, afinal, seu automóvel foi projetado contra o pedestre por impulso do veículo conduzido por "A". No entanto, ainda que não o tenha causado, "B" se envolveu em acidente de trânsito, razão pela qual tinha a obrigação de providenciar socorro à vítima; como não o fez, será responsabilizado nos termos do art. 304 da Lei nº 9.503/97: "Deixar o condutor do veículo, na ocasião do acidente, de prestar imediato socorro à vítima, ou, não podendo fazê-lo diretamente, por justa causa, deixar de solicitar auxílio da autoridade pública".

476. (FGV – Delegado de Polícia – MA/2012) Paulo dirigia seu veículo em que estavam sua filha Juliana e uma amiga desta de nome Janaína. Na ocasião, em excessiva velocidade, perde a direção do veículo e invade a mão contrária, colidindo com um caminhão que vinha em sua mão correta de direção.

Do acidente, resultaram as mortes de Juliana e Janaína, sem que Paulo sofresse qualquer lesão. Paulo foi denunciado pela prática do injusto do Art. 302, da Lei nº 9.503/97 (homicídio culposo no trânsito), por duas vezes, na forma do Art. 70, do CP (concurso formal).

No curso da instrução, a culpa de Paulo foi demonstrada, ficando comprovada a sua primariedade, bons antecedentes, excelente comportamento social, sendo o fato dos autos um caso isolado, nunca tendo se envolvido em outro acidente, apesar de possuir carteira de habilitação há mais de 20 anos. A defesa requereu ao final a extinção da punibilidade pelo perdão judicial, eis que uma das vítimas era sua própria filha. Diante desse quadro

a) Paulo não faz jus ao perdão (Art. 107, IX, do CP), eis que tal causa de extinção da punibilidade não se aplica aos crimes da Lei nº 9.503/97, porquanto o artigo que dispunha de tal regra na referida lei especial foi vetado.

b) Paulo terá direito ao perdão somente com relação à morte de sua filha, devendo ser condenado com relação à morte de Janaína.

c) Paulo terá direito ao perdão judicial com relação a ambos os crimes.

d) Paulo somente terá direito ao perdão se houver a concordância dos pais de Janaína.

e) Paulo não terá direito ao perdão judicial, sob pena de tal decisão impedir a reparação civil respectiva.

COMENTÁRIOS

Alternativa correta: letra "C". Embora a assertiva tenha sido considerada correta, devemos destacar a existência de divergência sobre se o perdão judicial deve ser estendido em situações dessa natureza. Há quem sustente a possibilidade de estender o perdão judicial ao crime relativo à pessoa com quem o agente não tem vínculo afetivo direto se demonstrado que, em relação à outra vítima, as consequências do crime para o agente são de tal forma graves que tornam vazio o caráter retributivo da pena. A orientação tem certo sentido, pois, se de uma conduta decorrem, por exemplo, dois homicídios, um deles de pessoa ligada intimamente ao agente, o que lhe causa sofrimento atroz, maior do que a reprimenda lhe poderia impingir, é difícil estabelecer a cisão deste sofrimento para que o agente seja perdoado por uma morte e seja punido pela outra. Embora tenham ocorrido duas mortes, a conduta foi uma só; ou o agente sofre barbaramente pelas consequências desta única conduta, e por isso deve ser perdoado, ou não sofre, e deve ser punido.

Por outro lado, há aqueles que sustentam ser imprescindível a demonstração de vínculo afetivo, uma vez que a aplicação indistinta acarretaria a banalização do instituto, prestigiando a impunidade. Neste sentido, destacamos a seguinte decisão do STJ: "1. Conquanto o texto do § 5º do art. 121 do Código Penal não tenha definido o caráter e a extensão das consequências do crime imprescindíveis à concessão do perdão judicial, não deixa dúvidas quanto à forma grave com que elas devem ter atingido o agente, a ponto de tornar desnecessária e até mesmo exacerbada a aplicação de sanção penal. 2. A análise do grave sofrimento, apto a ensejar a inutilidade da função retributiva da pena, deve ser aferida de acordo com o estado emocional de que é acometido o sujeito ativo do crime, em decorrência da sua ação culposa, razão pela qual a doutrina, quando a avaliação está voltada para o sofrimento psicológico do agente, enxerga no § 5º a exigência da prévia existência de um vínculo, de um laço de conhecimento entre os envolvidos, para que seja "tão grave" a consequência do crime ao agente. Isso porque a interpretação dada é a de que, na maior parte das vezes, só sofre intensamente aquele réu que, de forma culposa, matou alguém conhecido e com quem mantinha laços afetivos. 3. Assim, havendo o Tribunal a quo entendido não estar demonstrado nos autos, de forma inconteste, que o acusado mantinha, embora de natureza diversa, fortes vínculos afetivos com ambas as vítimas, de modo a justificar o profundo sofrimento psíquico derivado da provocação de suas mortes, não há que se falar em malferimento à lei federal, pois inviável, consoante precedentes desta Corte Superior, a dupla aplicação do perdão judicial. 4. Entender pela desnecessidade do vínculo seria abrir uma fenda na lei, que se entende não haver desejado o legislador, pois, além de difícil aferição – o tão intenso sofrimento –, serviria como argumento de defesa para todo e qualquer caso de delito de trânsito com vítima fatal. 5. A revisão desse entendimento, tal qual perquirido pelo recorrente, que afirma existir farto acervo probatório a demonstrar os laços de amizade com a segunda vítima, demandaria imersão vertical sobre o conjunto fático-probatório delineado nos autos, procedimento vedado em recurso especial, a teor da Súmula n. 7 do STJ. 6. Malgrado a instituição do concurso formal de crimes tenha intensão de beneficiar o acusado, estabelecendo o legislador um sistema de exasperação da pena que fixa a punição com base em apenas um dos crimes, não se deixou de acrescentar a previsão de imposição de uma cota-parte, apta a representar a correção também pelos demais delitos. Ainda assim, não há referência à hipótese de extensão da absolvição, da extinção da punibilidade, ou mesmo, da redução da pena pela prática de nenhum dos delitos, tanto que dispõe, o art. 108 do Código Penal, in fine, que, "nos crimes conexos, a extinção da punibilidade de um deles não impede, quanto aos outros, a agravação da pena resultante da conexão" . 7. Tratando-se o perdão judicial de uma causa de extinção da punibilidade de índole excepcional, somente pode ser concedido quando presentes os seus requisitos, devendo-se analisar cada delito de per si, e não de forma generalizada, como quando ocorre a pluralidade de delitos decorrentes do concurso formal de crimes" (REsp 1.444.699/RS, DJe 09/06/2017).

477. (Delegado de Polícia – ES/ 2011 – CESPE – Adaptada) Em relação à legislação que instituiu o Código de Trânsito Brasileiro, julgue o item subsequente.

– É admissível a denominação de crime de trânsito para a conduta de dano cometida com dolo, a exemplo daquele que, intencionalmente, utiliza o seu veículo para a prática de um crime.

COMENTÁRIOS

Errado. Está errada a assertiva porque a conduta dirigida para o cometimento de dano, praticada na direção de veículo, não será considerada crime de trânsito, pois o veículo, no caso, foi utilizado como instrumento para a prática de fato tipificado no Código Penal.

Há que se diferenciar o *crime de trânsito* do *crime no trânsito*. Crime de trânsito é aquele cometido em via pública, que envolve veículo automotor e ao qual se aplica o Código de Trânsito Brasileiro. O crime doloso, não tipificado no Código de Trânsito, cometido por meio de um veículo, não se enquadra nesta categoria.

478. (Delegado de Polícia – ES/ 2011 – CESPE – Adaptada) Em relação à legislação que instituiu o Código de Trânsito Brasileiro, julgue o item subsequente.

– Os crimes de entregar a direção de veículo automotor a pessoa não habilitada e de falta de habilitação se aperfeiçoam com a simples conduta, sem que se exija prova da efetiva probabilidade de dano.

COMENTÁRIOS

Errado. O art. 309 da Lei nº 9.503/97, que pune a conduta de dirigir veículo automotor, em via pública, sem a devida permissão para dirigir ou habilitação ou, ainda, se cassado o direito de dirigir, só tem incidência se da conduta resulta perigo de dano, conforme deixa claro a parte final do dispositivo.

Já o art. 310, que tipifica a conduta de permitir, confiar ou entregar a direção de veículo automotor a pessoa não habilitada, com habilitação cassada ou com o direito de dirigir suspenso, ou, ainda, a quem, por seu estado de saúde, física ou mental, ou por embriaguez, não esteja em condições de conduzi-lo com segurança, é crime de perigo abstrato, ou seja, não se exige, ao contrário do anterior, prova da possibilidade de que ocorreria o dano. A respeito, sumulou o STJ:

"Constitui crime a conduta de permitir, confiar ou entregar a direção de veículo automotor a pessoa que não seja habilitada, ou que se encontre em qualquer das situações previstas no art. 310 do CTB, independentemente da ocorrência de lesão ou de perigo de dano concreto na condução do veículo (súmula nº 575).

479. (Delegado de Polícia – ES/ 2011 – CESPE – Adaptada) Em relação à legislação que instituiu o Código de Trânsito Brasileiro, julgue o item subsequente.

Considere a seguinte situação hipotética.

– Cláudia, penalmente responsável, ao dirigir veículo automotor sem habilitação, em via pública, atropelou e matou um pedestre. Nessa situação hipotética, Cláudia responderá por homicídio culposo em concurso material com o delito de falta de habilitação.

COMENTÁRIOS

Errado. Está errada a assertiva porque, na situação retratada, Cláudia deverá responder pelo homicídio culposo cometido na direção de veículo automotor (art. 302 da Lei nº 9.503/97) com a pena aumentada por não ser habilitada para a condução do veículo (art. 302, § 1º, inciso I). Nesse sentido, decidiu o STF julgando situação semelhante (concurso entre os crimes de falta de habilitação e lesão corporal culposa): "A Turma consignou que o crime de dirigir sem habilitação seria absorvido pelo delito de lesão corporal culposa em direta aplicação do princípio da consunção. Isso porque, de acordo com o CTB, já seria causa de aumento de pena para o crime de lesão corporal culposa na direção de veículo automotor o fato de o agente não possuir permissão para dirigir ou carteira de habilitação. Assim, em decorrência da vedação de "*bis in idem*", não se poderia admitir que o mesmo fato fosse atribuído ao paciente como crime autônomo e, simultaneamente, como causa especial de aumento de pena" (HC 128921/RJ, j. 25/08/2015).

480. (Delegado de Polícia – ES/ 2011 – CESPE – Adaptada) Em relação à legislação que instituiu o Código de Trânsito Brasileiro, julgue o item subsequente.

Considere a seguinte situação hipotética.

– Lúcio, penalmente responsável, ao dirigir veículo automotor sob a influência de álcool, deu ensejo ao capotamento do veículo e à morte de um dos passageiros. Logo após o acidente, Lúcio foi conduzido à delegacia de polícia, onde se recusou a submeter-se ao teste do bafômetro.

Nessa situação hipotética, Lúcio será punido pela figura do homicídio culposo em sua forma simples, sem a figura cumulativa da embriaguez ao volante.

COMENTÁRIOS

✪ **Nota do autor:** a questão foi elaborada antes das Leis nº 12.760/12, 12.971/14, 13.281/16 e 13.546/17, que modificaram tanto a redação do art. 306 do CTB e as formas de produção da prova da embriaguez no contexto do crime de trânsito quanto a redação do art. 302 do CTB. Por isso, os comentários considerarão a atual disciplina da matéria, que contraria o gabarito.

Certo. Após a edição da Lei nº 11.705/08, o art. 306 do Código de Trânsito passou a conter a quantidade de álcool por litro de sangue que caracterizaria o crime de embriaguez ao volante (seis decigramas ou mais).

A alteração no dispositivo gerou severas críticas, pois, se o tipo penal exigia quantia específica de álcool para a caracterização do crime, somente exame pericial que pudesse constatá-la é que poderia ser admitido como prova. Despertou-se também ampla discussão entre os partidários dessa solução e os defensores da tese de que, apesar do texto legal, outros meios de prova poderiam ser admitidos.

Ocorre que, em 2012, foi editada a Lei nº 12.760, que novamente modificou a redação do art. 306 do Código de Trânsito, retirando do tipo penal qualquer menção ao índice de álcool no sangue do motorista. Além disso, a nova lei estabeleceu quais meios de prova podem ser admitidos para a demonstração da embriaguez. De acordo com o § 1º do art. 306, a embriaguez pode ser demonstrada com concentração igual ou superior a seis decigramas de álcool por litro de sangue ou igual ou superior a 0,3 miligrama de álcool por litro de ar alveolar ou com sinais que indiquem, na forma disciplinada pelo Contran, alteração da capacidade psicomotora. Conforme, ainda, o § 2º do mesmo dispositivo, a prova poderá ser obtida mediante teste de alcoolemia ou toxicológico, exame clínico, perícia, vídeo, prova testemunhal ou outros meios de prova em direito admitidos, observado o direito à contraprova. Por fim, o § 3º dispõe que o Contran disporá sobre a equivalência entre os distintos testes de alcoolemia ou toxicológicos para efeito de caracterização do crime.

No que concerne ao homicídio, temos que com a entrada da Lei nº 12.971/14 em vigor o art. 302 do CTB foi modificado para que outro parágrafo lhe fosse acrescentado. O § 1º tratava das causas de aumento de pena e o § 2º estabelecia pena de reclusão (no lugar da detenção do *caput*) para as situações em que o agente cometesse o homicídio com capacidade psicomotora alterada em razão da influência de álcool ou de outra substância psicoativa que determinasse dependência ou durante participação, em via, de corrida, disputa ou competição automobilística ou ainda de exibição ou demonstração de perícia em manobra de veículo automotor, não autorizada pela autoridade competente. A pena abstratamente cominada, no entanto, permanecia a mesma (dois a quatro anos).

Com a entrada em vigor da Lei nº 13.281, em novembro de 2016, o § 2º do art. 302 foi revogado. Dessa forma, a qualificadora deixou de existir e a situação hipotética descrita no enunciado passaria novamente a se caracterizar como homicídio culposo em concurso com o crime do art. 306 da Lei nº 9.503/97.

Ocorre que, posteriormente, foi editada a Lei 13.546/17, que inseriu no art. 302 o § 3º, que impõe pena de reclusão de cinco a oito anos se o autor do homicídio culposo conduz veículo automotor sob a influência de álcool ou de qualquer outra substância psicoativa que determine dependência. Assim, na disciplina atualmente em vigor se afasta a possibilidade de concurso entre o homicídio e a embriaguez, devendo o agente responder pelo homicídio culposo qualificado.

---

481. (Delegado de Polícia – AP / 2010 – FGV) José da Silva dirigia seu automóvel em velocidade acima da permitida e de forma imprudente. Ao passar por um cruzamento, José não percebe que o sinal estava vermelho e atropela Maria de Souza, que vem a sofrer uma fratura exposta na perna direita e fica mais de 30 dias impossibilitada de desenvolver suas ocupações habituais. A fim de socorrer a vítima, José da Silva para o carro, sai do veículo e retira Maria do meio da via. Contudo, ao ver um grupo de pessoas vociferando e gritando "assassino!", "pega!" e "lincha!", José retorna para seu veículo e se evade do local, sendo parado alguns metros adiante por uma patrulha de policiais militares que o levam preso em flagrante à Delegacia de Polícia.

Com base no relato acima, analise as afirmativas a seguir:

I. Segundo a lei 9.503/97 (Código Nacional de Trânsito), José não poderia ser preso em flagrante porque prestou socorro à vítima e só não permaneceu no local porque corria risco pessoal.

II. José praticou o crime de lesão corporal culposa grave na direção de veículo automotor.

III. José praticou o crime do art. 305, da Lei 9.503/97 (Afastar-se o condutor do veículo do local do acidente, para fugir à responsabilidade penal ou civil que lhe possa ser atribuída).

Assinale:

a) se somente a afirmativa I estiver correta.
b) se somente a afirmativa II estiver correta.
c) se somente a afirmativa III estiver correta.
d) se somente as afirmativas I e II estiverem corretas.
e) se todas as afirmativas estiverem corretas.

COMENTÁRIOS

Alternativa correta: letra "A":

Item I: está correta a assertiva. O art. 301 da Lei nº 9.503/97 determina que, nos casos de acidentes de trânsito de que resulte vítima, não se imporá a prisão em flagrante nem se exigirá fiança do condutor se este prestar imediato e integral socorro àquela. No exemplo mencionado, o socorro foi imediato, mas não pôde ser integral em virtude do risco pessoal a que estava submetido o condutor. Neste caso, estaria afastada até mesmo a causa de aumento de pena prevista no art. 302, § 1º, inciso III, aplicável também à lesão corporal culposa cometida na direção de veículo automotor.

Item II: está errada porque a lesão corporal culposa praticada na direção de veículo automotor não é graduada conforme a gravidade. Assim, seja leve ou grave, a pena abstratamente cominada é a mesma, considerada a extensão da lesão no momento da aplicação.

Item III: não houve o mencionado crime, não apenas porque a fuga do local, no caso da lesão corporal culposa, funciona como causa de aumento de pena, mas também porque o condutor se evadiu em razão de risco pessoal iminente a que estava submetido.

---

482. (Delegado de Polícia – RO/ 2009 – FUNCAB) Segundo o Artigo 302 do Código de Trânsito Brasileiro, praticar homicídio culposo na direção de veículo automotor tem a pena aumentada de um terço à metade, se o agente cometeras infrações abaixo, EXCETO:

a) no exercício de sua profissão ou atividade, estiver conduzindo veículo de transporte de passageiros.
b) estiver sob a influência de álcool ou substância tóxica ou entorpecente de efeitos análogos.
c) não possuir Permissão para Dirigir ou Carteira de Habilitação.
d) praticá-lo em faixa de pedestres ou na calçada.
e) deixar de prestar socorro, quando possível fazê-lo sem risco pessoal, à vítima do acidente.

COMENTÁRIOS

Alternativa correta: letra "B". Está errado porque, desde a edição da Lei nº 11.705/08, a prática de homicídio culposo na direção de veículo automotor deixou de ter a pena aumentada se o agente comete o crime sob a influência de álcool ou substância tóxica ou entorpecente de efeitos análogos. A revogação ocorreu com o propósito de possibilitar, em vez do aumento de pena, o concurso entre os crimes de homicídio (art. 302) e de condução de veículo sob influência de álcool ou outra substância psicoativa (art. 306).

No entanto, com a entrada da Lei nº 12.971/14 em vigor o art. 302 do CTB foi modificado para que outro parágrafo lhe fosse acrescentado. O § 1º tratava das causas de aumento de pena e o § 2º estabelecia pena de reclusão (no lugar da detenção do *caput*) para as situações em que o agente cometesse o homicídio com capacidade psicomotora alterada em razão da influência de álcool ou de outra substância psicoativa que determinasse dependência ou durante participação, em via, de corrida, disputa ou competição automobilística ou ainda de exibição ou demonstração de perícia em manobra de veículo automotor, não autorizada pela autoridade competente. A pena abstratamente cominada, no entanto, permanecia a mesma (dois a quatro anos). Diante dessa sistemática, portanto, o agente embriagado seria responsabilizado por homicídio culposo praticado na direção de veículo automotor com capacidade psicomotora alterada em razão da influência de álcool, na forma do art. 302, § 2º, da Lei nº 9.503/97, sem possiblidade de concurso com o art. 306 porque a circunstância que caracterizaria autonomamente este delito passava a ser elementar do homicídio.

Com a entrada em vigor da Lei nº 13.281, em novembro de 2016, o § 2º do art. 302 foi revogado. Dessa forma, a qualificadora deixou de existir e o homicídio culposo na direção de veículo automotor cometido por agente embriagado passou novamente a caracterizar o concurso entre os arts. 302 e 306 do CTB.

Ocorre que, posteriormente, foi editada a Lei 13.546/17, que inseriu no art. 302 o § 3º, que impõe pena de reclusão de cinco a oito anos se o autor do homicídio culposo conduz veículo automotor sob a influência de álcool ou de qualquer outra substância psicoativa que determine dependência. Assim, na disciplina atualmente em vigor se afasta a possibilidade de concurso entre o homicídio e a embriaguez, devendo o agente responder pelo homicídio culposo qualificado.

Alternativa "a": está correta porque o art. 302, § 1º, da Lei nº 9.503/97 dispõe que no homicídio culposo cometido na direção de veículo automotor, a pena é aumentada de um terço à metade se o agente, no exercício de sua profissão ou atividade, estiver conduzindo veículo de transporte de passageiros (inciso IV).

Alternativa "c": está correta. O art. 302, § 1º, da Lei nº 9.503/97 dispõe que no homicídio culposo cometido na direção de veículo automotor, a pena é aumentada de um terço à metade se o agente não possuir permissão para dirigir ou carteira de habilitação (inciso I).

Alternativa "d": está correta a assertiva, pois o art. 302, § 1º, da Lei nº 9.503/97 dispõe que no homicídio culposo cometido na direção de veículo automotor, a pena é aumentada de um terço à metade se o agente praticá-lo em faixa de pedestres ou na calçada (inciso II).

Alternativa "e": está correta, já que o art. 302, § 1º, da Lei nº 9.503/97 dispõe que no homicídio culposo cometido na direção de veículo automotor, a pena é aumentada de um terço à metade se o agente deixa de prestar socorro, quando possível fazê-lo sem risco pessoal, à vítima do acidente (inciso III).

79.20. JUIZADOS ESPECIAIS CRIMINAIS

483. (Vunesp – Delegado de Polícia – CE/2015) Com relação aos Juizados Especiais Criminais, instituídos pela Lei nº 9.099/95, pode-se afirmar que

a) têm competência para crimes e contravenções penais cuja pena máxima não seja superior a um ano.

b) se o autor do fato não for localizado para sua citação pessoal, os autos serão redistribuídos para o juízo comum.

c) têm competência para processar e julgar crime e contravenções penais que se iniciam por ação penal pública, com exclusão das ações penais privadas.

d) não têm competência para processar e julgar réus reincidentes.

e) não têm competência para processar e julgar delitos praticados com violência ou ameaça à pessoa.

COMENTÁRIOS

Alternativa correta: letra "B". Está correta a assertiva. Não há, de acordo com o rito da Lei nº 9.099/95, citação por edital no processo por infração penal de menor potencial ofensivo. Se o agente não for localizado, redistribuem-se os autos ao juízo comum para que ocorra o chamamento por edital, seguindo-se o rito sumário (arts. 66, parágrafo único, da Lei nº 9.099/95 e 538 do Código de Processo Penal).

Alternativa "a": está errada porque as infrações penais de menor potencial ofensivo, de competência dos Juizados Especiais Criminais, são aquelas cuja pena máxima não ultrapasse os dois anos (art. 61).

Alternativa "c": está errada a assertiva. A competência dos Juizados Especiais Criminais não é determinada pela natureza da ação penal, mas pelo máximo da pena cominada à infração.

Alternativa "d": também não há nenhuma relação entre a reincidência do réu e a competência dos Juizados Especiais Criminais.

Alternativa "e": não há também limitação, na competência dos Juizados Especiais Criminais, quanto aos crimes cometidos com violência ou grave ameaça a pessoa, a não ser que se trate de violência doméstica e familiar contra a mulher, situação em que a Lei nº 11.340/06 veda a aplicação dos benefícios da Lei nº 9.099/95.

484. (UEL – Delegado de Polícia – PR/2013) Em relação ao procedimento previsto na Lei dos Juizados Especiais Criminais, assinale a alternativa correta.

a) A composição dos danos civis, nos casos de ação penal pública condicionada ou privada, acarreta renúncia ao direito de representação ou queixa.

b) No caso de aceitação da proposta de transação penal, o juiz aplicará a multa, importando em reincidência caso o infrator venha a delinquir novamente.

c) O não oferecimento da representação durante a realização da audiência preliminar implica em decadência imediata do direito de representação.

d) O número máximo de testemunhas a serem ouvidas em audiência, tanto para a acusação quanto para a defesa, será de cinco para cada crime imputado ao réu.

e) Uma vez oferecida a denúncia ou queixa, o juiz a receberá, determinando, no mesmo despacho, a citação do réu e a sua intimação a comparecer na audiência de instrução e julgamento.

COMENTÁRIOS

Alternativa correta: letra "A". Está correta a assertiva. De acordo com o art. 74, parágrafo único, da Lei nº 9.099/95, tratando-se de ação penal de iniciativa privada ou de ação penal pública condicionada à representação, o acordo homologado acarreta a renúncia ao direito de queixa ou representação.

Alternativa "b": está errada a assertiva. O art. 76, § 4º, da Lei nº 9.099/95 dispõe que, aceita a proposta do Ministério Público pelo autor da infração, o Juiz aplicará a pena restritiva de direitos ou multa, que não importará em reincidência, sendo registrada apenas para impedir novamente o mesmo benefício no prazo de cinco anos.

Alternativa "c": está errada a assertiva. Segundo o art. 75, parágrafo único, da Lei nº 9.099/95, o não oferecimento da representação na audiência preliminar não implica decadência do direito, que poderá ser exercido no prazo previsto em lei.

Alternativa "d": há controvérsia a respeito do número de testemunhas admitidas nos Juizados Especiais Criminais, pois a Lei nº 9.099/95 silencia a este respeito. Há quem sustente a analogia com o art. 34 da referida Lei, que, ao dispor sobre o número de testemunhas na seara civil, impõe limitação de três para cada parte. Outros, porém, defendem a aplicação da regra relativa ao procedimento sumário (cinco testemunhas para a acusação e cinco para a defesa).

Alternativa "e": está errada a assertiva. Nos Juizados Especiais Criminais, oferecida a denúncia ou queixa, será reduzida a termo, entregando-se cópia ao acusado, que com ela ficará citado e imediatamente cientificado da designação de dia e hora para a audiência de instrução e julgamento (art. 78 da Lei nº 9.099/95). Aberta a audiência, será dada a palavra ao defensor para responder à acusação, após o que o Juiz receberá, ou não, a denúncia ou queixa; havendo recebimento, serão ouvidas a vítima e as testemunhas de acusação e defesa, interrogando-se a seguir o acusado, se presente, passando-se imediatamente aos debates orais e à prolação da sentença.

485. (Cespe – Delegado de Polícia – AL/ 2012 – Adaptada) Com base na interpretação doutrinária majoritária e no entendimento dos tribunais superiores, julgue os itens.

Para a aplicação dos benefícios da lei dos juizados especiais no caso de crime continuado ou concurso formal de crimes, deve-se analisar a pena máxima com o aumento máximo previsto para cada uma dessas formas de concurso.

COMENTÁRIOS

Certo. A assertiva está correta a depender do benefício da Lei nª 9.099/95. Na análise do cabimento da transação penal, se houve concurso formal de delitos ou crime continuado, considera-se a pena máxima cominada aumentada no máximo pelo sistema da exasperação. Esta é a lição de Guilherme de Souza Nucci (*Leis Penais e Processuais penais Comentadas*, p. 780) e também a orientação do STJ: "No caso de concurso de crimes, a pena considerada para fins de apresentação da proposta de transação penal (Lei nº 9.099, art. 76), será o resultado da soma, no caso de concurso material, ou a exasperação, na hipótese de concurso formal ou crime continuado, das penas máximas cominadas aos delitos. Com efeito, se desse somatório resultar um período de apenamento superior a 2 (dois) anos, fica afastada a possibilidade de aplicação do benefício da transação penal" (HC 29.001/SC, DJ 24/11/2003). Para a suspensão condicional do processo, contudo, o critério é diverso, pois o que se considera é a pena mínima (que não pode superar um ano). Neste caso, pondera-se a pena mínima do crime mais grave com a fração mínima de aumento em decorrência do sistema da exasperação. A respeito da suspensão condicional do processo no concurso de crimes, destacamos as súmulas nº 723 do STF (Não se admite a suspensão condicional do processo por crime continuado, se a soma da pena mínima da infração mais grave com o aumento mínimo de um sexto for superior a um ano) e 243 do STJ (O benefício da suspensão do processo não é aplicável em relação às infrações penais cometidas em concurso material, concurso formal ou continuidade delitiva, quando a pena mínima cominada, seja pelo somatório, seja pela incidência da majorante, ultrapassar o limite de um (01) ano).

79.21. CRIMES FALIMENTARES

486. (Cespe – Delegado de Polícia – GO/2017) Com base no disposto na Lei n.° 11.101/2005 e no Decreto-Lei n.° 201/1967, assinale a opção correta.

a) O princípio da bagatela aplica-se aos crimes de responsabilidade praticados por prefeitos no exercício do mandato.

b) A Lei n.° 11.101/2005 aplica-se às sociedades de economia mista detentoras de capital público e privado.

c) Findo o mandato de prefeito, veda-se a instauração de processo criminal com base em conduta tipificada no Decreto-Lei n.° 201/1967, sendo incabível o oferecimento de denúncia.

d) Em se tratando de recuperação judicial, extrajudicial e falência do empresário e da sociedade empresária, aplicam-se as normas do Código de Processo Penal, inexistindo fase de investigação judicial.

e) Os vereadores, assim como os prefeitos municipais, respondem como autores ou sujeitos ativos das condutas penais definidas no Decreto-Lei n.° 201/1967.

COMENTÁRIOS

Alternativa correta: letra "D". Está correta a assertiva. A Lei 11.101/05 extinguiu a figura do inquérito judicial, presente no Decreto-lei 7.661/45, razão pela qual, por disposição da própria lei, aplicam-se as regras do Código de Processo Penal quanto ao procedimento (sumário – arts. 531 e ss) e, no mais, no que não forem incompatíveis com a Lei de Falências.

Alternativa "a": há decisões conflitantes entre o STF e o STJ a respeito da possibilidade de aplicar o princípio da insignificância nos crimes de responsabilidade cometidos por prefeitos. O STF já decidiu ser possível: "Ex-prefeito condenado pela prática do crime previsto no art. 1º, II, do Decreto-Lei 201/1967, por ter utilizado máquinas e caminhões de propriedade da Prefeitura para efetuar terraplanagem no terreno de sua residência. 3. Aplicação do princípio da insignificância. Possibilidade. 4. Ordem concedida" (HC 104.286/SP, DJe 20/05/2011). O STJ, por outro lado, afastou a causa excludente da tipicidade material: "Entende essa Corte que não se pode aplicar o princípio bagatelar a casos análogos ao da presente hipótese, dada a condição do paciente – ocupante do cargo de Prefeito Municipal – e a relevância dos bens juridicamente tutelados pelo tipo penal infringido, quais sejam, a probidade administrativa e a moralidade pública" (HC 248.440/BA, DJe 23/08/2016).

Alternativa "b": está errada a assertiva, pois o art. 2º da Lei 11.101/05 estabelece expressamente que as disposições da Lei de Falências não se aplica a empresas públicas e a sociedades de economia mista.

Alternativa "c": está errada a assertiva. É orientação sumulada do STF a possibilidade de processar o agente que cometeu crime de responsabilidade mesmo após a cessação do mandato de prefeito: "A extinção do mandato do prefeito não impede a instauração de processo pela prática dos crimes previstos no art. 1º do Dl. 201/67".

Alternativa "e": está errada a assertiva, pois os vereadores não podem figurar no polo ativo das condutas tipificadas no art. 1º do Decreto-lei 201/67. Trata-se de crimes que só podem ser cometidos por prefeitos.

487. (ACAFE – Delegado de Polícia – SC/2014) Analise as afirmações a seguir e assinale a alternativa correta.

a) De acordo com a Lei 7.716/89, que define os crimes resultantes de preconceito de raça ou de cor, constitui efeito da condenação a perda do cargo ou função pública, para o servidor público, e a suspensão do funcionamento do estabelecimento particular por prazo não inferior a três meses, nos crimes resultantes de discriminação ou preconceito de raça, cor, etnia, religião ou procedência nacional.

b) Na forma da Lei 6.766/79, que dispõe sobre o parcelamento do solo urbano, constitui crime contra a Administração Pública dar início, de qualquer modo, ou efetuar loteamento ou desmembramento do solo para fins urbanos sem observância das determinações constantes da Art. emitida pelo CREA.

c) De acordo com a Lei 11.101/05, que regula a recuperação judicial, a extrajudicial e a falência do empresário e da sociedade empresária, estará sujeito a uma pena de dois a quatro anos de reclusão e multa aquele violar, explorar ou divulgar, sem justa causa, sigilo empresarial ou dados confidenciais sobre operações ou serviços, contribuindo para a condução do devedor a estado de inviabilidade econômica ou financeira.

d) Na forma da Lei 7.853/89, que dispõe sobre o apoio às pessoas portadoras de deficiência, constitui crime punível com reclusão de 2 (dois) a 6 (seis) anos, e multa, recusar, suspender, procrastinar, cancelar ou fazer cessar, sem justa causa, a inscrição de aluno em estabelecimento de ensino de qualquer curso ou grau, público ou privado, por motivos derivados da deficiência que porta.

e) De acordo com o Código Penal, se o crime é cometido em concurso, o concorrente que o denunciar à autoridade, facilitando a libertação do sequestrado, terá sua pena reduzida de um a dois sextos.

COMENTÁRIOS

Alternativa correta: letra "C". Está correta a assertiva. O art. 169 da Lei nº 11.101/05 tipifica o crime de violação de sigilo empresarial. É punido com reclusão de dois a quatro anos, e multa, quem violar, explorar ou divulgar, sem justa causa, sigilo empresarial ou dados confidenciais sobre operações ou serviços, contribuindo para a condução do devedor a estado de inviabilidade econômica ou financeira. De acordo com Nucci, não é bastante, para que se caracteriza o delito, a violação do sigilo, "pois se exige, no próprio tipo, um resultado naturalístico, consistente na condução do devedor a um estado de inviabilidade econômica ou financeira" (*Leis Penais e Processuais Penais Comentadas*, 2009, p. 600).

Alternativa "a": está errada a assertiva porque o prazo de suspensão do funcionamento do estabelecimento particular, efeito da condenação estabelecido no art. 16 da Lei nº 7.716/89, não pode ser **superior** a três meses.

Alternativa "b": está errada a assertiva. O art. 50, inciso I, da Lei nº 6.766/79 tipifica a conduta de dar início, de qualquer modo, ou efetuar loteamento ou desmembramento do solo para fins urbanos, sem autorização do órgão público competente, ou em desacordo com as disposições da própria Lei ou das normas pertinentes do Distrito Federal, Estados e Municípios. Nisso não se inserem as normas emitidas pelo CREA.

Alternativa "d": está errada a assertiva porque a única tipificação criminal da Lei nº 7.853/89, que é o art. 8º, tem pena cominada de um a quatro anos de reclusão, além da multa.

Alternativa "e": está errada a assertiva. No crime de extorsão mediante sequestro cometido em concurso de agentes, o concorrente que o denunciar à autoridade, facilitando a libertação do sequestrado, terá sua pena reduzida **de um a dois terços.**

79.22. CRIMES CONTRA A PROPRIEDADE INDUSTRIAL

488. (ACAFE – Delegado de Polícia – SC/2014) De acordo com a legislação em vigor, assinale a alternativa correta.

a) Comete crime de concorrência desleal, na forma da Lei 9.279/96, que regula direitos e obrigações relativos à propriedade industrial, quem usa expressão ou sinal de propaganda alheios, ou os imita, de modo a criar confusão entre os produtos ou estabelecimentos, bem como se atribui, como meio de propaganda, recompensa ou distinção que não obteve.

b) São considerados crimes contra a fauna, consoante a Lei 9.605/98, que dispõe sobre as sanções penais e administrativas derivadas de condutas e atividades lesivas ao meio ambiente, receber ou adquirir, para fins comerciais ou industriais, madeira, lenha, carvão e outros produtos de origem vegetal, sem exigir a exibição de licença do vendedor, outorgada pela autoridade competente, e sem munir-se da via que deve acompanhar o produto até final beneficiamento.

c) Não será admitida a interceptação de comunicações telefônicas na hipótese de o fato investigado constituir infração penal punida, no máximo, com pena de multa, consoante disposto na Lei 9.296/96.

d) A interceptação das comunicações telefônicas, na forma da Lei 9.296/96, poderá ser determinada pelo juiz ou promotor, de ofício, ou a requerimento da autoridade policial, na investigação criminal e na instrução processual penal.

e) No homicídio culposo cometido na direção de veículo automotor, a pena é aumentada de um sexto a um terço se o agente praticá-lo em faixa de pedestres ou na calçada, conforme disposto na Lei 9.503/97, que instituiu o Código de Trânsito Brasileiro.

COMENTÁRIOS

Alternativa correta: letra "A". Está correta a assertiva. De acordo com o art. 195, inciso IV, da Lei nº 9.279/96, comete crime de concorrência desleal o agente que usa expressão ou sinal de propaganda alheios, ou os imita, de modo a criar confusão entre os produtos ou estabelecimentos. E conforme dispõe o inciso VII, ocorre o mesmo crime quando o agente se atribui, como meio de propaganda, recompensa ou distinção que não obteve. A pena, para ambos os casos, é de detenção de três meses a um ano, ou multa.

Alternativa "b": está errada a assertiva porque a conduta nela descrita, tipificada no art. 46 da Lei nº 9.605/98, é crime contra a flora, não contra a fauna.

Alternativa "c": a assertiva está correta, embora não retrate literalmente o texto da Lei nº 9.296/96, que, em seu art. 2º, dispõe ser inadmissível a interceptação telefônica se o fato investigado constituir infração penal punida, no máximo, com pena de detenção. Ora, se não se admite a diligência investigativa no caso de o crime ser punido no máximo com detenção, é evidente que se a punição mais rigorosa for a multa a medida também não será possível. Note-se que os tribunais superiores não invalidam o meio probatório se, no bojo de investigação sobre crime apenado com reclusão, houver a apuração de crime que enseje pena de detenção, se as infrações forem conexas (STJ: HC 144.137/ES; STF: AI 626214 AgR/MG).

Alternativa "d": está errada a assertiva, pois a interceptação de comunicações telefônicas só pode ser determinada pelo juiz, de ofício ou a requerimento da autoridade policial, na investigação criminal, ou do representante do Ministério Público, na investigação criminal e na instrução processual penal.

Alternativa "e": está errada a assertiva porque o fato de o agente cometer o homicídio de trânsito em faixa de pedestres ou na calçada aumenta a pena de um terço a metade (art. 302, § 1º, da Lei nº 9.503/97).

79.23. CRIMES ELEITORAIS

489. (ACAFE – Delegado de Polícia – SC/2014) São considerados crimes eleitorais, dentre outros, exceto:

a) Majorar os preços de utilidades e serviços necessários à realização de eleições, tais como transporte e alimentação de eleitores, impressão, publicidade e divulgação de matéria eleitoral.

b) Valer-se o servidor público da sua autoridade para coagir alguém a votar ou não votar em determinado candidato ou partido.

c) Perturbar ou impedir de qualquer forma o alistamento.

d) Usar camisas, bonés, broches ou dísticos que revelem a manifestação da preferência do eleitor por partido político, coligação ou candidato.

e) Fazer propaganda, qualquer que seja a sua forma, em língua estrangeira.

COMENTÁRIOS

✪ **Nota do autor:** de acordo com o art. 284 do Código Eleitoral, sempre que o preceito secundário dos delitos nele tipificados não indicar o grau mínimo, entende-se que será ele de quinze dias para a pena de detenção e de um ano para a de reclusão.

Alternativa correta: letra "D". Efetivamente, não há crime relativo ao uso, pelo eleitor, de camisas, bonés, broches ou dísticos que revelem a manifestação de sua preferência por partido político, coligação ou candidato. Aliás, o art. 39-A da Lei nº 9.504/97 estabelece expressamente ser permitida, no dia das eleições, a manifestação individual e silenciosa da preferência do eleitor por partido político, coligação ou candidato, revelada exclusivamente pelo uso de bandeiras, broches, dísticos e adesivos. Ressalte-se, no entanto, que o fornecimento de determinados objetos pelo candidato é proibido (art. 39, § 6º: "É vedada na campanha eleitoral a confecção, utilização, distribuição por comitê, candidato, ou com a sua autorização, de camisetas, chaveiros, bonés, canetas, brindes, cestas básicas ou quaisquer outros bens ou materiais que possam proporcionar vantagem ao eleitor").

Alternativa "a": está correta a assertiva. É crime, punido com pagamento de 250 a 300 dias-multa, majorar os preços de utilidades e serviços necessários à realização de eleições, tais como transporte e alimentação de eleitores, impressão, publicidade e divulgação de matéria eleitoral (art. 303 do Código Eleitoral).

Alternativa "b": está correta a assertiva. O art. 300 do Código Eleitoral pune, com detenção de até seis meses, e pagamento de 60 a 100 dias-multa, a conduta de se valer o servidor público da sua autoridade para coagir alguém a votar ou não votar em determinado candidato ou partido.

Alternativa "c": está correta a assertiva. São tipificadas, e punidas com detenção de quinze dias a seis meses, ou pagamento de 30 a 60 dias-multa, as condutas perturbar ou impedir de qualquer forma o alistamento (art. 293 do Código Eleitoral).

Alternativa "e": está correta a assertiva. Fazer propaganda, qualquer que seja a sua forma, em língua estrangeira, é crime tipificado no art. 335 do Código Eleitoral, punido com detenção de três a seis meses, e pagamento de 30 a 60 dias-multa.

79.24. INTERCEPTAÇÃO TELEFÔNICA

490. (IBADE – Delegado de Polícia – AC/2017) Quanto ao número de vezes em que o prazo da interceptação telefônica pode ser renovado, entende a doutrina, bem com o Superior Tribunal de Justiça, em seu mais recente julgado acerca do tema, no início de 2013, que:

a) a renovação só pode ocorrer uma única vez, tendo a interceptação telefônica duração máxima de 30 (trinta) dias.

b) não é possível haver a renovação da interceptação.

c) a renovação é cabível, desde que não ultrapasse o prazo de 60 (sessenta) dias.

d) o prazo da interceptação pode ser renovado indefinidamente, desde que comprovada a indispensabilidade do meio de prova.

e) a renovação só pode ocorrer uma única vez, porém, quando houver justificação exaustiva do excesso e quando a medida for indispensável, é possível a renovação desde que não ofenda a razoabilidade.

COMENTÁRIOS

Alternativa correta: letra "D" (responde, também, as demais alternativas). A orientação atual da jurisprudência dos tribunais superiores é de que a interceptação telefônica pode ser prorrogada indefinidamente, desde que haja acompanhamento pelo juiz, que deve fundamentar as prorrogações: "A jurisprudência desta Corte e do Supremo Tribunal firmou-se no sentido de que a interceptação telefônica deve perdurar pelo tempo necessário à completa investigação dos fatos delituosos, devendo o seu prazo de duração ser avaliado fundamentadamente pelo magistrado, considerando os relatórios apresentados pela polícia, o que se verifica na espécie" (RHC 52.374/PR, DJe 11/10/2017).

491. (Vunesp – Delegado de Polícia – CE/2015) No curso das investigações, a Autoridade Policial toma conhecimento de intenso tráfico de drogas realizado por uma associação em determinada região da cidade e, com vistas à identificação e prisão dos criminosos, intercepta as conversas telefônicas de quatro suspeitos. Com relação a essa conduta, é correto afirmar que a Autoridade Policial

a) agiu corretamente, considerando que uma vez presentes fortes indícios de autoria e materialidade de delito punido com pena de reclusão, pode a Autoridade Policial determinar a interceptação das conversas telefônicas com base na Lei nº 9.296/96

b) incorreu no crime previsto no artigo 10 da Lei nº 9.296/96.

c) agiu corretamente, considerando que a interceptação de comunicações telefônicas sobrepõe-se e dispensa outros meios de provas.

d) não agiu corretamente, porque, segundo a lei, somente se autoriza interceptação de comunicação telefônica no curso da instrução processual e não no curso das investigações.

e) não agiu corretamente, porque deveria ter submetido a análise da necessidade dessa prova ao Ministério Público, buscando autorização com o órgão ministerial.

COMENTÁRIOS

Alternativa correta: letra "B" (responde, também a alternativa "a"). Está correta a assertiva. A Lei nº 9.296/96, já no art. 1º, destaca que a interceptação de comunicações telefônicas, de qualquer natureza, para prova em investigação criminal e em instrução processual penal, dependerá de ordem do juiz competente da ação principal. Caso se efetue a interceptação sem a pressuposta autorização judicial, há o crime do art. 10, com pena de reclusão de dois a quatro anos, e multa.

Alternativa "c": está errada a assertiva não só porque admite a interceptação sem autorização judicial como também porque considera se tratar de meio de prova que se sobrepõe e dispensa outras medidas. Na verdade, a interceptação tem caráter subsidiário, vedando-se sua aplicação se a prova pode ser produzida por outros meios (art. 2º, inciso II).

Alternativa "d": está errada a assertiva porque a interceptação pode ser determinada no curso tanto de inquérito policial quanto de instrução processual.

Alternativa "e": está errada a assertiva porque a interceptação telefônica não depende de autorização do Ministério Público.

---

492. (NUCEPE – Delegado de Polícia – PI/2014) Acerca dos crimes previstos nas leis penais especiais, assinale a opção INCORRETA.

a) Nos termos da Lei n° 12.850/13, o delegado de polícia terá acesso, independentemente de autorização judicial, aos dados cadastrais do investigado que informem exclusivamente a qualificação pessoal, a filiação e o endereço mantidos pela Justiça Eleitoral, empresas telefônicas, instituições financeiras, provedores de internet e administradoras de cartão de crédito.

b) O sujeito ativo do crime de tortura pode não recair, necessariamente, em funcionário público.

c) A violência doméstica e familiar contra a mulher, nos termos da Lei n° 11.340/06, não se restringe ao tipo penal previsto no § 9°, do art.129 do Código Penal.

d) A Lei n° 9.296/96 que trata das interceptações de comunicações telefônicas restringe-se à interceptação do fluxo de comunicações em sistemas de informática no curso da investigação criminal e em instrução processual penal.

e) A lei n° 10.741/03 – Estatuto do Idoso – amplia o conceito de infração de menor potencial ofensivo ao permitir a aplicação do procedimento previsto na Lei n° 9.099/95 aos crimes nela previstos cuja pena privativa de liberdade máxima não ultrapasse quatro anos.

COMENTÁRIOS

Alternativa correta: letra "D". Está errada a assertiva, cuja resposta está em seu próprio enunciado. Ora, se a Lei nº 9.296/96 trata das interceptações de comunicações telefônicas, é óbvio que se aplica a essa espécie de diligência investigativa. Na verdade, por extensão é que incide na interceptação do fluxo de comunicações em sistemas de informática e telemática (art. 1º, parágrafo único). É possível a interceptação, nos termos do art. 2º, interpretado *a contrario sensu*, **quando** houver indícios razoáveis da autoria ou participação em infração penal, a prova não puder ser feita por outros meios disponíveis e o fato investigado constituir infração penal punida com reclusão. Note-se que o STF admite que a interceptação seja utilizada como prova de crime apenado com detenção se, autorizada a diligência sobre crime cuja pena seja de reclusão, houver conexão (RE 810906 AgR/DF, DJe 14/09/2015).

Alternativa "a": está correta a assertiva. Conforme estabelece o art. 15 da Lei nº 12.850/13, o delegado de polícia e o Ministério Público terão acesso, independentemente de autorização judicial, apenas aos dados cadastrais do investigado que informem exclusivamente a qualificação pessoal, a filiação e o endereço mantidos pela Justiça Eleitoral, empresas telefônicas, instituições financeiras, provedores de internet e administradoras de cartão de crédito. Como dado cadastral, segundo se infere da norma, deve-se entender aquele relativo à qualificação pessoal da pessoa (estado civil, profissão, número do telefone, RG, CPF, etc.), à filiação e ao endereço do averiguado. Esses dados são mantidos nos cadastros da Justiça Eleitoral, empresas de telefonia, instituições financeiras provedores de internet e administradoras de cartão de crédito e sua divulgação – insiste-se – prescinde de ordem judicial. De se observar, porém, que as informações prestadas devem se restringir, única e exclusivamente, aos dados cadastrais. É dizer, em dois exemplos: pode o delegado de polícia determinar que o banco informe o nome completo de um correntista, mas seria abusiva a pretensão no sentido de que extratos bancários da conta corrente do investigado lhe fossem enviados. Ou ainda, pode o Ministério Público requisitar à determinada empresa telefônica que indique o endereço do titular de certa linha, mas consistiria em ilegalidade ir além para que as conversas mantidas via telefone fossem interceptadas.

Alternativa "b": está correta a assertiva. Ao contrário do que ocorre em outros países, onde a tortura foi tipificada como um crime especial, traduzindo-se num comportamento abusivo de poder no trato dos direitos fundamentais do cidadão, colocando em mira a conduta de funcionários públicos, a Lei 9.455/97, em regra, etiquetou a tortura como delito comum, isto é, pode praticado por qualquer pessoa (não exigindo qualidade ou condição especial do torturador).

Alternativa "c": está correta a assertiva, pois, nos termos do art. 5º da Lei nº 11.340/06, configura violência doméstica e familiar contra a mulher, para efeito de proteção especial, qualquer ação ou omissão baseada no gênero que lhe cause morte, lesão, sofrimento físico, sexual ou psicológico e dano moral ou patrimonial.

Alternativa "e": a assertiva, embora não tenha sido assim considerada, está errada. O art. 94 da Lei nº 10.741/03 dispõe que aos crimes previstos nessa Lei, cuja pena máxima privativa de liberdade *não ultrapasse quatro anos*, aplica-se o procedimento previsto na Lei nº 9.099/95 e, subsidiariamente, no que couber, as disposições do Código Penal e do Código de Processo Penal. Note que o dispositivo foi questionado no STF por meio de ação direta de inconstitucionalidade (ADI 3096-5), na qual se decidiu, conferindo interpretação conforme a Constituição Federal, que se aplica unicamente o rito sumaríssimo disciplinado na Lei nº 9.099/95, que, especialmente pela celeridade, beneficia o idoso. Excluiu-se qualquer possibilidade de aplicação de medidas despenalizadoras e interpretação favorável ao autor do crime. Conclui-se, portanto, não ter sido ampliado o conceito de crime de menor potencial ofensivo para os crimes tipificados no Estatuto do Idoso.

493. (NUCEPE – Delegado de Polícia – PI/2014) Segundo Grinover (2013), "Etimologicamente, interceptar (de inter e capio) tem o sentido de "deter na passagem" e, consequentemente, de impedir que algo chegue ao lugar a que se dirigia. Em sentido lato, define-se "interceptação telefônica" como qualquer ato de interferência nas comunicações telefônicas alheias, quer com a finalidade de impedi-las, quer com a finalidade de delas tomar conhecimento". Ainda segundo a autora, o telefone, como meio de comunicação verbal e à distância, tornou-se um instrumento insubstituível nas relações usuais da vida contemporânea, fazendo com que o campo das comunicações telefônicas seja aquele em que o fenômeno das interceptações ilícitas toma dimensões preocupantes, por ser o setor onde a violação do direito à intimidade pode mais facilmente se manifestar, sem o conhecimento do titular do direito. À luz destas considerações e da Lei n° 9.296/96 que regula a interceptação de comunicações telefônicas, assinale a alternativa CORRETA.

a) A interceptação telefônica poderá ser ordenada pelo juiz quando sua destinação for para instruir procedimento administrativo disciplinar.

b) O magistrado poderá, excepcionalmente, admitir pedido de interceptação telefônica na forma verbal.

c) Não será possível interceptação telefônica em crime punido com pena privativa de liberdade de detenção.

d) A realização de interceptação telefônica sem autorização judicial constitui contravenção penal.

e) Só será admitida interceptação telefônica quando a prova não puder ser feita por outros meios disponíveis.

COMENTÁRIOS

Alternativa correta: Anulada.

Alternativa "a": está errada a assertiva, pois, como dispõe o art. 1º da Lei nº 9.296/96, a interceptação de comunicações telefônicas é admitida somente para prova em investigação criminal e em instrução processual penal.

Alternativa "b": está correta a assertiva. O art. 4º, § 1º, da Lei nº 9.296/96 admite a possibilidade de que o juiz, excepcionalmente, permita que o pedido de interceptação telefônica seja formulado verbalmente, desde que estejam presentes os pressupostos que autorizem a interceptação, caso em que a concessão será condicionada à sua redução a termo.

Alternativa "c": em regra, de fato, não é admitida a interceptação telefônica se o crime que se investiga for apenado com detenção. É possível, no entanto, conforme a jurisprudência do STF, que a interceptação realizada sobre crime apenado com reclusão seja utilizada como prova de outro crime, ao qual a lei atribua detenção, se caracterizada a conexão entre ambos (RE 810906 AgR/DF, DJe 14/09/2015).

Alternativa "d": está errada a assertiva. Além de se caracterizar como prova ilícita, a interceptação de comunicação telefônica sem autorização judicial é crime definido no art. 10 da Lei nº 9.296/96, punido com reclusão de dois a quatro anos, e multa.

Alternativa "e": também está correta a assertiva, conforme se extrai do art. 2º, inciso II, da Lei nº 9.296/96 (*a contrario sensu*).

79.25. TERRORISMO

494. (Vunesp – Delegado de Polícia – PC – SP/2018) Nos termos da Lei nº 13.260/2016 (Lei Antiterrorismo), assinale a alternativa correta.

a) Os crimes previstos na referida Lei são praticados contra o interesse da União, cabendo à Polícia Federal a investigação criminal, em sede de inquérito policial.

b) Aquele que for flagrado constituindo uma organização terrorista, não cometerá um crime, estando sujeito a responsabilização por realizar atos preparatórios do terrorismo.

c) O terrorismo consistirá sempre na prática por mais de um indivíduo de atos criminosos por razões de xenofobia, discriminação ou preconceito de raça, cor, etnia e religião, quando cometidos com a finalidade de provocar terror social ou generalizado.

d) São atos de terrorismo incendiar, depredar, saquear, destruir ou explodir meios de transporte ou qualquer bem público ou privado.

e) São atos de terrorismo incendiar, interferir, sabotar ou danificar sistemas de informática ou bancos de dados, quando cometidos com a finalidade de provocar terror social ou generalizado.

COMENTÁRIOS

Alternativa "a": está correta a assertiva. Há expressa disposição no art. 11 da Lei 13.260/16 no sentido de que os crimes de terrorismo nela tipificados se presumem praticados contra o interesse da União, razão pela qual a investigação deve ser atribuída à Polícia Federal e o julgamento é de competência da Justiça Federal.

Alternativa "b": está errada a assertiva. O art. 3º da Lei 13.260/16 tipifica as condutas de promover, constituir, integrar ou prestar auxílio, pessoalmente ou por interposta pessoa, a organização terrorista.

Alternativa "c": está errada a assertiva, pois o terrorismo não pressupõe multiplicidade de agentes. O art. 2º

da Lei 13.260/16 é expresso ao dispor que o terrorismo pode ser praticado *por um ou mais indivíduos* por razões de xenofobia, discriminação ou preconceito de raça, cor, etnia e religião, quando cometidos com a finalidade de provocar terror social ou generalizado, expondo a perigo pessoa, patrimônio, a paz pública ou a incolumidade pública.

Alternativa "d": está errada a assertiva. O art. 2º, § 1º, inc. II, do projeto que se transformou na Lei 13.260/16 contemplava como atos de terrorismo as condutas de incendiar, depredar, saquear, destruir ou explodir meios de transporte ou qualquer bem público ou privado. O dispositivo, no entanto, foi vetado porque apresentava "definições excessivamente amplas e imprecisas, com diferentes potenciais ofensivos, cominando, contudo, em penas idênticas, em violação ao princípio da proporcionalidade e da taxatividade. Além disso, os demais incisos do parágrafo já garantem a previsão das condutas graves que devem ser consideradas 'ato de terrorismo'".

Alternativa "e": está errada a assertiva. O art. 2º, § 1º, inc. III, do projeto que se transformou na Lei 13.260/16 também contemplava como atos de terrorismo as condutas de incendiar, interferir, sabotar ou danificar sistemas de informática ou bancos de dados, mas o dispositivo foi vetado sob a mesma justifica transcrita nos comentários à assertiva anterior.

Alternativa correta: letra "a".

Direito Penal

Rogério Sanches Cunha

✦ DICAS

1. NOÇÕES GERAIS DE DIREITO PENAL

- Diferenças entre Direito Penal, Criminologia e Política Criminal:

Direito penal	Criminologia	Política criminal
Analisando os fatos humanos indesejados, define quais devem ser rotulados como infrações penais, anunciando as respectivas sanções.	Ciência empírica que estuda o crime, a pessoa do criminoso, da vítima e o comportamento da sociedade.	Trabalha as estratégias e meios de controle social da criminalidade.
Se ocupa do crime enquanto norma	Se ocupa do crime enquanto fato	Se ocupa do crime enquanto valor

- A "privatização" do direito penal é a expressão utilizada por parte da doutrina para destacar o (atual e crescente) **papel da vítima** no âmbito criminal. Depois de anos relegada ao segundo (ou terceiro) plano, passou a vítima a ter inúmeros institutos penais e processuais penais criados sob seu enfoque, preponderando seu interesse sobre o punitivo do Estado. O dano causado pelo crime finalmente encontra-se na linha de ação do juízo criminal. Parece-nos que o divisor de águas veio com a criação da Lei 9.099/95, prevendo uma etapa de composição civil entre os envolvidos no crime, acordo que, uma vez homologado, conduz à renúncia do direito de queixa ou representação (art. 74 da Lei dos Juizados Especiais.

- O funcionalismo é um movimento da atualidade, uma corrente doutrinária que visa a analisar a real função do Direito Penal. Muito embora não haja pleno consenso acerca da sua teorização, sobressaem-se dois segmentos importantes: o **funcionalismo teleológico** e o **funcionalismo sistêmico**. Para o **funcionalismo teleológico (ou moderado)**, que tem como maior expoente Claus Roxin, a função do Direito Penal é **assegurar bens jurídicos**, assim considerados aqueles valores indispensáveis à convivência harmônica em sociedade, valendo-se de medidas de política criminal. Já de acordo com o **funcionalismo sistêmico (ou radical)**, defendido por Günther Jakobs, a função do Direito Penal é a de **assegurar o império da norma**, ou seja, resguardar o sistema, mostrando que o direito posto existe e não pode ser violado. Quando o Direito Penal é chamado a atuar, o bem jurídico protegido já foi violado, de modo que sua função primordial não pode ser a segurança de bens jurídicos, mas sim a garantia de validade do sistema.

- A teoria garantista penal de Ferrajoli tem sua base fincada em dez **axiomas** ou **implicações deônticas** que não expressam proposições assertivas, mas proposições prescritivas; não descrevem o que ocorre, mas prescrevem o que deva ocorrer; não enunciam as condições que um sistema penal efetivamente satisfaz, mas as que deva satisfazer em adesão aos seus princípios normativos internos e/ou a parâmetros de justificação externa. Cada um dos axiomas do garantismo proposto por Luigi Ferrajoli se relaciona com um princípio. Vejamos:

Axioma	Princípio correlato
Nulla poena sine crimine	Princípio da retributividade ou da consequencialidade da pena em relação ao delito
Nullum crimen sine lege	Princípio da legalidade
Nulla lex (poenalis) sine necessitate	Princípio da necessidade ou da economia do direito penal
Nulla necessitas sine injuria	Princípio da lesividade ou da ofensividade do evento
Nulla injuris sine acione	Princípio da materialidade ou da exterioridade da ação
Nulla actio sine culpa	Princípio da culpabilidade
Nulla culpa sine judicio	Princípio da jurisdicionariedade
Nullum judicio sine accusatione	Princípio acusatório
Nullum accusatio sine probatione	Princípio do ônus da prova ou da verificação
Nulla probatio sine defensione	Princípio da defesa ou da falseabilidade

2. FONTES DO DIREITO PENAL

- A Constituição Federal situa-se no rol das fontes imediatas. Muito embora a lei detenha a exclusividade no tocante à criação das infrações penais e das respectivas sanções, não se pode deixar de constatar que a Carta Magna nos revela direito penal, estabelecendo alguns patamares abaixo dos quais a intervenção penal não se pode colocar. Esses patamares são verdadeiros mandados de criminalização, porque vinculam o legislador ordinário, reduzindo a sua margem de atuação para obrigá-lo a proteger (de forma suficiente/eficiente) certos temas (bens ou interesses). É o que ocorre, por exemplo, com o crime de racismo (art. 5º, XLII, CF/88), com os crimes hediondos e equiparados (art. 5º, XLIII, CF/88), com a ação de grupos armados contra a ordem constitucional e o Estado Democrático (art. 5º, XLIV, CF/88) e com os crimes ambientais (art. 225, § 3º, CF/88).
- Flávio Monteiro de Barros, concordando com Luiz Vicente Cernichiaro, inclui também, como fonte mediata do Direito Penal, os atos administrativos. Observa ser comum à sua utilização nas chamadas normas penais em branco, servindo de complemento da conduta criminosa (art. 33 da Lei nº 11.343/06, em que se necessita de complemento para definir que substâncias podem ser definidas como drogas).
- Importante esclarecer que os tratados e convenções não são instrumentos hábeis à criação de crimes ou cominação de penas para o direito interno (apenas para o direito internacional). Assim, antes do advento das Leis 12.694/12 e 12.850/13 (que definiram, sucessivamente, organização criminosa), o STF manifestou-se pela inadmissibilidade da utilização do conceito de organização criminosa dado pela Convenção de Palermo, trancando a ação penal que deu origem à impetração, em face da atipicidade da conduta (HC nº 96007).
- Qual a finalidade do costume no ordenamento jurídico-penal? Apesar de não possuir o condão de criar ou revogar crimes e sanções, o costume é importantíssimo vetor de interpretação das normas penais. Em outras palavras, é possível o uso do costume segundo a lei (*secundum legem*), atuando dentro dos limites do tipo penal. Esse costume interpretativo possibilita a adequação do tipo às exigências éticas coletivas, *v.g.*, como ocorre na definição do que seja *repouso noturno*, expressão constante do artigo 155, § 1º, do Código Penal. Neste caso, é evidente a importância do costume, já que, em grandes centros urbanos, o período de descanso será diverso daquele observado em pequenas comunidades do interior.

3. INTERPRETAÇÃO DA LEI PENAL

- Resumo das formas de interpretação da lei penal:

Interpretação quanto ao sujeito	Interpretação quanto ao modo	Interpretação quanto ao resultado
Autêntica ou Legislativa Doutrinária Jurisprudencial	Literal Teleológica Histórica Sistemática Progressiva Lógica	Declarativa Restritiva Extensiva

- Sobre a interpretação da lei penal, destaca-se a extensiva, mais precisamente, a discussão se pode (ou não) ser em prejuízo do réu. Lembremos que a interpretação extensiva se dá quando o intérprete amplia o significado de uma palavra para alcançar o real significado da norma. Para Nucci, é indiferente se a interpretação extensiva beneficia ou prejudica o réu, "pois a tarefa do intérprete é conferir aplicação lógica ao sistema normativo, evitando-se contradições e injustiças" (*Manual de Direito Penal*. 6ª ed. São Paulo: RT, 2009, p. 91-92). Luiz Regis Prado, partidário do mesmo entendimento, citando nosso Código Penal, dá alguns exemplos: "o art. 130 do Código Penal (perigo de contágio venéreo) inclui não só o perigo, mas também o próprio contágio de moléstia grave; no art. 168 (apropriação indébita), a expressão "coisa alheia" inclui a coisa comum; o art. 235 (bigamia) refere-se não apenas à bigamia, mas também à poligamia; o art. 260 (perigo de desastre ferroviário) envolve, além do serviço ferroviário, o serviço de metrô" (*Curso de Direito Penal Brasileiro*. Vol. 1. 8ª ed. São Paulo: RT, 2008, p. 179).
- A interpretação *sui generis* se subdivide em **exofórica** e **endofórica,** dependendo do conteúdo que complementará o sentido da norma interpretada. **Exofórica** ocorre quando o significado da norma interpretada não está no ordenamento normativo. A palavra "tipo", por exemplo, presente no art. 20 do CP, tem seu significado extraído da doutrina (e não da lei). Será **endofórica** quando o texto normativo interpretado toma de empréstimo o sentido de outros textos do próprio ordenamento, ainda que não sejam da mesma Lei. Esta espécie está presente na norma penal em branco (assunto que aprofundamos no tópico princípio da legalidade).

4. TEORIA GERAL DA NORMA PENAL

- Os princípios podem ser explícitos, positivados no ordenamento, ou implícitos, quando derivam daqueles expressamente previstos e que decorrem de interpretação sistemática de determinados dispositivos. Como exemplo dos primeiros, temos o da individualização da pena, insculpido no artigo 5º, inciso XLVI, da Constituição Federal, do qual deriva, implicitamente, o da proporcionalidade, segundo o qual se deve estabelecer um equilíbrio entre a gravidade da infração praticada e a severidade da pena, seja em abstrato, seja em concreto.

- Quando se pensa em princípio da legalidade (art. 1º do CP), não basta a existência de lei que institua o crime e que comine a pena, sendo imprescindível a concorrência de outros subprincípios: a) lei anterior (*praevia*): é vedada a edição de leis incriminadoras com aplicação retroativa. Uma vez em vigor, a lei somente poderá ser aplicada sobre fatos a ela supervenientes, e não sobre acontecimentos passados, salvo se para beneficiar o agente; b) lei escrita (*lex scripta*): veda-se a utilização do direito consuetudinário quando se trata de norma incriminadora; c) lei estrita (*lex stricta*): se a incriminação de determinado fato não foi prevista expressamente pelo legislador, é vedado ao intérprete aplicar a analogia para estender a abrangência de outra norma para punir ou agravar a pena do autor desse fato. O que se proíbe, portanto, é a analogia *in malam partem*, sendo possível se para beneficiar o réu; d) lei certa (*lex certa*): a lei penal não pode ser indeterminada, provida de conteúdo demasiadamente genérico e que dificulte sua interpretação, especialmente no que tange à conduta incriminada.

- Não se confundem os princípios da responsabilidade pessoal, da responsabilidade subjetiva e da culpabilidade: a) responsabilidade pessoal: proíbe-se o castigo penal pelo fato de outrem, ainda que a pena seja estritamente pecuniária (pena de multa). Inexiste, portanto, responsabilidade penal coletiva no Direito Penal; b) princípio da responsabilidade subjetiva: não basta que o fato seja materialmente causado pelo agente, só podendo haver responsabilização se o fato foi querido, desejado, previsível; c) princípio da culpabilidade: postulado limitador do direito de punir. Assim, só pode o Estado punir agente imputável, com potencial consciência da ilicitude, quando dele exigível conduta diversa.

- A proporcionalidade deve ser observada em dois momentos distintos: a) no plano abstrato: deve o legislador, ao tornar típico determinado fato, atentar-se para o liame existente entre a conduta e suas consequências, a fim de estabelecer a reprimenda em patamar adequado não somente à reparação pelo dano ao bem jurídico tutelado como também para atender integralmente às finalidades da pena; b) no plano concreto: não é só o legislador quem está obrigado a observar o princípio da proporcionalidade, mas também o julgador. Este, antes de estabelecer a reprimenda, deverá observar, dentro dos limites estabelecidos pela lei, as circunstâncias e as características da prática da infração penal, para, somente após, aplicá-la em concreto. Assim, por exemplo, deve ser mais severamente punido o agente que, num crime de roubo, emprega violência, do que aquele que, nas mesmas circunstâncias, efetua a subtração somente mediante grave ameaça.

- De acordo com o Estatuto de Roma (Decreto nº 4.388/2002), podemos enumerar três consequências extraídas do princípio da presunção de inocência: **(A)** Qualquer restrição à liberdade do investigado/acusado somente se admite após sua condenação definitiva, não evitando, porém, a prisão cautelar ao longo da persecução criminal, desde que imprescindível, exigindo-se adequada fundamentação; **(B)** Cumpre à acusação o dever de demonstrar a responsabilidade do réu, e não a este comprovar sua inocência (o ônus da prova incumbe sempre ao titular da ação penal); **(C)** A condenação deve derivar da certeza do julgador, sendo que eventual dúvida será interpretada em favor do réu (*in dubio pro reo*).

- A lei penal em branco (própria ou imprópria) pode ser complementada por normas oriundas de instâncias federativas diversas (Poderes Executivo ou Legislativo Federal, Estadual ou Municipal). O art. 63 da Lei dos Crimes Ambientais (Lei 9.605/98), por exemplo, pune com reclusão, de 1 a 3 anos, e multa, "alterar aspecto ou estrutura de edificação ou local especialmente protegido por lei, ato administrativo ou decisão judicial em razão de seu valor paisagístico, ecológico, turístico ou artístico, histórico, cultural, religioso, arqueológico, etnográfico ou monumental, sem autorização da autoridade competente ou em desacordo com a concedida". Nestes casos, a lei ou ato administrativo criado para proteger a edificação pode ser municipal.

- Da sucessão de leis no tempo podem advir cinco possibilidades: 1)*novatio legis* incriminadora: é irretroativa; 2) *novatio legis in pejus* (*lex gravior*): também é irretroativa; 3) *novatio legis in mellius* (*lex mitior*): é retroativa; 4) lei intermediária: a lei intermediária (ou intermédia) é aquela que deverá ser aplicada porque benéfica ao réu, muito embora não fosse a lei vigente ao tempo do fato, tampouco seja a lei vigente no momento do julgamento; 4) *abolitio criminis*: trata-se da revogação de um tipo penal pela superveniência de lei descriminalizadora e consequente extinção do *jus puniendi* (direito de punir) e *jus punitionis* (direito de executar a punição).

- A lei penal não incriminadora pode ser dividida em: 1) permissiva justificante: a lei penal não incriminadora que torna lícita determinadas condutas que, normalmente, estariam sujeitas à reprimenda estatal, como ocorre, por exemplo, com a legítima defesa; 2) permissiva exculpante: elimina a culpabilidade, como é o caso da embriaguez acidental completa; 3) explicativa ou interpretativa: destina-se a esclarecer o conteúdo da norma, como o artigo 327 do Código Penal, que trata do conceito de funcionário público para fins penais; 4) complementar: que tem a função de delimitar a aplicação das leis incriminadoras, como ocorre com o artigo 5º do Código Penal, que dispõe sobre a aplicação da lei penal no território brasileiro; 5) lei penal de extensão ou integrativa: utilizada para viabilizar a tipicidade de alguns fatos, como fazem os artigos 14, II e o artigo 29 do Código Penal – a tentativa e a participação seriam condutas atípicas não fossem tais normas.

- A lei penal tem as seguintes características: a) exclusividade: somente ela (lei) define infrações (crimes e contravenções) e comina sanções penais (penas e medidas de segurança); b) imperatividade: é imposta a todos, independentemente da vontade de cada um; c) generalidade: todos devem acatamento à lei penal, mesmo os inimputáveis, vez que passíveis de medida de segurança; d) impessoalidade: dirige-se abstratamente a fatos (futuros) e não a pessoas, além de ser produzida para ser imposta a todos os cidadãos, indistintamente.

5. EFICÁCIA DA LEI PENAL NO TEMPO

- Duas correntes discutem sobre a possibilidade de aplicação da lei penal mais benéfica quando ela ainda está no período de *vacatio legis*.

1ª corrente:	2ª corrente:
capitaneada por Alberto Silva Franco, para quem o *tempus vacationes* tem como fulcro primordial a necessidade de que a lei promulgada se torne conhecida. Não faz sentido, portanto, que aqueles que já se inteiraram do teor da lei nova fiquem impedidos de lhe prestar obediência, desde logo, quanto a seus preceitos mais brandos, quando, em razão da retroatividade benéfica, mais cedo ou mais tarde isso teria que acontecer.	no período de *vacatio legis* a lei penal não possui eficácia jurídica ou social, devendo imperar a lei vigente. Fundamenta-se esta corrente no fato de que a lei no período de *vacatio legis* não passa de mera expectativa de lei. Esta é a corrente predominante, defendida por Frederico Marques, Damásio de Jesus e Guilherme de Souza Nucci.

- Discute-se na doutrina a possibilidade de a alteração jurisprudencial retroagir para alcançar fatos praticados na vigência de entendimento diverso. Imaginemos, por exemplo, um roubo praticado com emprego de arma de brinquedo. Antes de outubro de 2001, havia Súmula no STJ (nº 174) autorizando o aumento da pena mesmo quando cometido o crime com arma de brinquedo. Depois de outubro, o STJ cancelou a referida Súmula. Os fatos pretéritos, julgados com o aumento, poderiam ser beneficiados com a alteração do entendimento da Corte? A Constituição Federal de 1988 se refere somente à retroatividade da lei (proibindo quando maléfica e fomentando quando benéfica). De igual modo, o Código Penal não disciplinou a possibilidade da retroatividade da jurisprudência. O entendimento que prevalece é o de que a extra-atividade só se refere à lei, não se estendendo à jurisprudência. O STJ tem julgados nos quais afasta a possibilidade de revisão criminal em virtude da mudança de orientação jurisprudencial sobre determinado tema: "1. Este Tribunal Superior de Justiça possui entendimento remansoso de que "o art. 621, inciso I, do Código de Processo Penal, determina que caberá revisão criminal 'quando a sentença condenatória for contrária a texto expresso da lei', o que não pode ser confundido com mudança de orientação jurisprudencial a respeito da interpretação de determinado dispositivo legal". (REsp 706.042/RS, Rel. Min. JOSÉ ARNALDO DA FONSECA, QUINTA TURMA, DJ 07/11/2005) 2. A análise de matéria constitucional não é de competência desta Corte, mas sim do Supremo Tribunal Federal, por expressa determinação da Constituição Federal. 3. Agravo regimental a que se nega provimento" (AgRg no REsp 1447604/SC, Rel. Ministra Maria Thereza de Assis Moura, DJe 29/8/2014).
- Quadro resumo a respeito das distinções entre *abolitio criminis* e continuidade normativo-típica:

Abolitio criminis	Continuidade normativa típica
Supressão da figura criminosa	Supressão formal do crime
A conduta não será mais punida (o fato deixa de ser punível)	O fato permanece punível (a conduta criminosa migra para outro tipo penal)
A intenção do legislador é não mais considerar o fato criminoso	A intenção do legislador é manter o caráter criminoso do fato

- Competência para julgamento na sucessão de leis penais:

	Lei penal benigna	
Espécie	Que representa mera aplicação matemática	Que implica juízo de valor
Juízo competente	Juízo da execução	Juízo da revisão criminal
Exemplo	Lei A com pena de 2 a 4 anos. Lei posterior B cria diminuição de pena quando o agente é menor de 21 anos na data do fato (o juiz, no caso, pesquisa, simplesmente, se o reeducando, por ocasião dos fatos, era menor de 21 anos, não exigindo juízo de valor).	Lei A, dispondo sobre a conduta de subtrair coisa alheia móvel, é alterada pela Lei B, que cria causa de diminuição aplicável se *de pequeno valor a coisa subtraída*. "Pequeno valor" exige mais do que uma simples operação matemática, demandando juízo de valor.

6. EFICÁCIA DA LEI PENAL NO ESPAÇO

- Na solução das possíveis colisões sobre a lei penal no espaço, seis princípios são utilizados. São eles: a) princípio da territorialidade: aplica-se a lei penal do local do crime; b) princípio da nacionalidade ou personalidade ativa: aplica-se a lei do país a que pertence o agente; c) princípio da nacionalidade ou personalidade passiva: aplica-se a lei penal da nacionalidade do agente somente quando atingir um bem jurídico de seu próprio Estado ou de um concidadão; d) princípio da defesa ou real: aplica-se a lei penal da nacionalidade da vítima ou do bem jurídico; e) princípio da justiça penal universal ou da justiça cosmopolita: o agente fica sujeito à lei do país onde for encontrado. Esse princípio está normalmente presente nos tratados internacionais; f) princípio da representação, do pavilhão, da substituição ou da bandeira: a lei penal nacional aplica-se aos crimes cometidos em aeronaves e embarcações privadas, quando praticados no estrangeiro e aí não sejam julgados.
- Tabela a respeito dos princípios da lei penal no espaço aplicados no art. 7º do Código Penal:

Dispositivos	Princípio	Extraterritorialidade
Art. 7º, I, *a, b, c*	Princípio da defesa	Incondicionada
Art. 7º, I, *d*	Princípio da justiça universal*	Incondicionada
Art. 7º, II, *a*	Princípio da justiça universal	Condicionada
Art. 7º, II, *b*	Princípio da nacionalidade ativa	Condicionada
Art. 7º, II, *c*	Princípio da representação*	Condicionada
Art. 7º, § 3º	Princípio da nacionalidade passiva*	Hipercondicionada

* A doutrina diverge sobre qual princípio adotado pelo art. 7º, I, "d" ("crime de genocídio, quando o agente for brasileiro ou domiciliado no Brasil"). Apesar de prevalecer da justiça universal, temos corrente lecionando tratar-se do princípio da defesa (ou real) (Fragoso, ob. cit., p. 141); para outros, da personalidade ou nacionalidade ativa (MASSON, Cléber. Direito Penal Esquematizado – Parte Geral. 2ª ed. São Paulo: Método, 2009, p. 132).

- Apesar de invioláveis, as sedes da representação diplomática não são consideradas extensão do território estrangeiro.
- Aplica-se a lei brasileira ao crime cometido a bordo de embarcação privada estrangeira de passagem pelo mar territorial brasileiro? A Lei nº 8.617/93 regula o **direito de passagem inocente**. Para que seja reconhecido esse direito, o navio privado deve utilizar o mar territorial brasileiro somente como caminho (passagem) para seu destino, sem pretensão de atracar no nosso território. Nesse caso, ocorrendo crime a bordo da embarcação, não se aplicará a lei brasileira, desde que não seja prejudicial à paz, à boa ordem ou à segurança do Brasil, devendo ser contínua e rápida.
- Assim como a prática de um crime pode fracionar-se em **tempos diversos**, pode também se desenvolver em **lugares diversos**, percorrendo o território de dois ou mais países igualmente soberanos, gerando conflito internacional de jurisdição (**crime à distância**). Três teorias buscam resolver tal conflito:

Teoria da atividade (da ação)	Teoria do resultado (do efeito)	Teoria da ubiquidade
É o local da conduta criminosa. Exemplo: local dos disparos	É o local da consumação. Exemplo: local da morte (no hospital).	Tanto o lugar da ação quanto o do resultado.

- Verificado um crime cometido no estrangeiro, identificando a necessidade de extraterritorialidade da nossa lei, em qualquer das suas espécies, é preciso apontar o órgão jurisdicional competente para a aplicação da lei penal brasileira, bem como o território para o processo e julgamento. Imaginemos que Caio, brasileiro residente em Portugal, mata, dolosamente, um cidadão português. Caio foge e retorna ao território brasileiro antes do fim das investigações. A lei brasileira alcança este fato (art. 7º, inc. II, *b*). De acordo com o STJ (CC 115.375), compete à Justiça Estadual a aplicação da nossa lei, salvo se, no caso específico, se fizer presente uma das hipóteses constitucionais que atraem a competência da Justiça Federal (art. 109, CF/88). No nosso exemplo, nada justifica o interesse da União.
- Tabela a respeito da aplicação da lei penal sobre crimes praticados a bordo de navios e aeronaves:

Embarcações e aeronaves	Será aplicada a lei brasileira
Públicas ou a serviço do governo brasileiro:	quer se encontrem em território nacional ou estrangeiro.
Mercantes ou particulares brasileiras:	se estiverem em alto-mar ou no espaço aéreo correspondente.
Estrangeiras:	apenas quando privadas em território brasileiro.

7. EFICÁCIA DA LEI PENAL EM RELAÇÃO AS PESSOAS

- A lei penal se aplica a todos, nacionais ou estrangeiros, por igual, não existindo privilégios pessoais (art. 5º, *caput*, e inc. I, da CF/88). Há, no entanto, pessoas que, em virtude das suas funções ou em razão de regras internacionais, gozam de imunidades. Longe de uma garantia pessoal, trata-se de necessária *prerrogativa funcional*, proteção ao cargo ou função desempenhada pelo seu titular.
- Não se deve confundir o agente consular com o agente diplomático. Os agentes consulares, em razão das suas funções meramente administrativas, não desfrutam de imunidade diplomática. A sua imunidade é restrita aos atos de ofício, por isso chamada de imunidade relativa. Dentro desse espírito, tratando-se de crime comum (*v.g.* homicídio culposo), são punidos de acordo com a lei brasileira; já no caso de delito funcional, isto é, relacionados diretamente com a função consular (*v.g* fraude na concessão de passaportes), incide a imunidade, ficando sujeitos à lei do país de origem.
- A natureza jurídica da imunidade absoluta é questão controvertida na doutrina: a) Pontes de Miranda, Nélson Hungria e José Afonso da Silva entendem ser causa excludente de crime; b) Basileu Garcia considera a imunidade absoluta causa que se opõe à formação do crime; c) Aníbal Bruno considera-a causa pessoal (funcional) de isenção de pena; d) Magalhães Noronha entende ser causa de irresponsabilidade; e) para José Frederico Marques, trata-se de causa de incapacidade pessoal penal por razões políticas.
- No que tange à imunidade parlamentar absoluta (art. 53, *caput*, CF/88), deve haver vínculo (conexão) entre as palavras e/ou opiniões do parlamentar e o exercício da sua função. Entende a doutrina (seguida

pela jurisprudência) que, estando o parlamentar nas dependências do parlamento, presume-se (de modo absoluto) o nexo. Esse elo, porém, não será presumido nos casos em que o parlamentar encontrar-se fora das dependências da casa legislativa respectiva, demandando prova. Nesse sentido, o STF: *"1. A imunidade parlamentar material, que confere inviolabilidade, na esfera civil e penal, a opiniões, palavras e votos manifestados pelo congressista (CF, art. 53, caput), incide de forma absoluta quanto às declarações proferidas no recinto do Parlamento. 2. Os atos praticados em local distinto escapam à proteção absoluta da imunidade, que abarca apenas manifestações que guardem pertinência, por um nexo de causalidade, com o desempenho das funções do mandato parlamentar".*

- Por meio de questão de ordem na Ação Penal 937, decidiu o STF que: 1) a prerrogativa de foro se limita aos crimes cometidos no exercício do cargo e em razão dele; 2) a jurisdição do STF se perpetua caso tenha havido o encerramento da instrução processual – leia-se: intimação das partes para apresentação das derradeiras alegações – antes da extinção do mandato.
- O foro por prerrogativa de função, previsto na CF/88, prevalece sobre a competência constitucional do Tribunal do Júri (é a Carta Maior excepcionando-se a si mesma). Dentro desse espírito, caso pratique crime doloso contra a vida, o congressista será julgado perante o STF, enquanto que o parlamentar estadual, pelo Tribunal de Justiça (ou Tribunal Regional Federal, se o caso). Esta regra, contudo, **não** se aplica aos vereadores, que não detêm prerrogativa de foro, salvo se prevista na Constituição Estadual. Sabendo que a competência do Júri está estampada na Constituição Federal, nos crimes dolosos contra a vida permanecem sujeitos à decisão do Conselho de Sentença. Nesse sentido, aliás, temos a súmula vinculante nº 45: *"A competência constitucional do tribunal do júri prevalece sobre o foro por prerrogativa de função estabelecido exclusivamente pela constituição estadual".*

8. EFICÁCIA DA SENTENÇA ESTRANGEIRA, CONTAGEM DE PRAZO, CONFLITO APARENTE DE NORMAS

- Note-se que se a hipótese for de extraterritorialidade incondicionada, a sentença proferida no estrangeiro (condenatória ou absolutória) não terá eficácia de coisa julgada, já que os fatos poderão ser novamente apreciados no Brasil, com aplicação da legislação local. De igual modo, a sentença proferida no estrangeiro que trate de crime praticado no Brasil não poderá ser aqui executada, e, por isso, poderá haver novo processo pelo mesmo fato. Em ambos os casos, aplicar-se-á a regra prevista no artigo 8º do Código Penal.
- A sentença absolutória proferida no estrangeiro, que trate de crime praticado fora do território nacional, nos casos de extraterritorialidade condicionada, obstará a instauração de nova ação penal no Brasil, ocorrendo o mesmo se houver condenação no exterior com o cumprimento da pena por lá. Tal não ocorre, no entanto, se, havendo condenação no estrangeiro, o agente não cumprir a pena e entrar em território nacional, hipótese em que poderá ser novamente processado.
- A diferença na contagem dos prazos foi fixada apenas e tão somente para favorecer o réu. Na contagem dos prazos processuais, não se considerando o dia de início, dá-se ao agente "um dia a mais" para lançar mão da providência processual adequada. Em contrapartida, como os prazos penais sempre correm em favor do réu, começam a ser contados um dia antes, sem possibilidade de prorrogação. Assim, se a prescrição se verifica no dia 22 de agosto, um domingo, será este o marco da extinção da punibilidade do Estado, por favorecer o agente.
- Além do princípio da **especialidade**, outros dois disciplinam o conflito aparente de normas: a) **subsidiariedade**: uma lei tem caráter subsidiário relativamente a outra (principal) quando o fato por ela incriminado é também incriminado por outra, tendo um âmbito de aplicação comum (mas abrangência diversa). A relação entre as normas (subsidiária e principal) é maior ou menor gravidade (e não de espécie e gênero, como na especialidade). A norma dita subsidiária atua como soldado de reserva, isto é, apenas quando o fato não se subsuma a crime mais grave. A subsidiariedade pode ser expressa ou tácita: é expressa (ou explícita) quando a lei explicitamente assim o diz. Exemplo: art. 132 do CP, 307 do CP etc. Há subsidiariedade tácita (ou implícita) quando um delito de menor gravidade integra a descrição típica de um crime de maior gravidade. Exemplo: os arts. 311 e 302 do CTB. Em ambas as hipóteses (subsidiariedade expressa ou tácita), ocorrendo o delito principal (o maior), afasta-se a aplicação da regra subsidiária (*lex primaria derogat lex subsidiariae*); b) **consunção ou da absorção**: verifica-se a relação de consunção quando o crime previsto por uma norma (consumida) não passa de uma fase de realização do crime previsto por outra (consuntiva) ou é uma forma normal de transição para o último (crime progressivo). Os fatos aqui não acham em relação de espécie e gênero, mas de parte a todo, de meio a fim. Podemos falar em princípio da consunção nas seguintes hipóteses:
  1) crime progressivo: se dá quando o agente para alcançar um resultado/crime mais grave passa, necessariamente, por um crime menos grave. Exemplo: homicídio (o agente tem que passar pela lesão corporal, nesse caso; a lesão é o crime de passagem). Crime progressivo não é a mesma coisa que progressão criminosa. Progressão criminosa é um crime que se dá em dois momentos (dois atos). Primeiro o agente quer cometer um crime menos grave e comete. Depois delibera o crime maior e comete. Houve uma progressão criminosa.
  2) "ante factum" impunível: são fatos anteriores que estão na linha de desdobramento da

ofensa mais grave. É o caso da violação de domicílio para praticar o furto. Note que o delito antecedente (antefato impunível) não é passagem necessária para o crime fim (distinguindo-se do crime progressivo). É meio para aquele furto. Outros furtos ocorrem sem haver violação de domicílio. Também não há substituição do dolo (diferente da progressão criminosa).

3) "post factum" impunível: pode ser considerado um exaurimento do crime principal praticado pelo agente e, portanto, por ele não pode ser punido.

9. DO CRIME

- Quanto ao concurso de pessoas, o crime pode ser classificado em: a) monossubjetivo: cuida-se de infração penal que pode ser praticada por uma ou mais pessoas. Diante de tal circunstância, afirma-se que se trata de crime de concurso eventual de pessoas. É o caso, por exemplo, dos delitos de roubo (art. 157 do CP), furto (art. 155 do CP), homicídio (art. 121 do CP), etc.; b) crime plurissubjetivo: representa espécie de infração penal que, para ser cometida, exige a participação de uma pluralidade de agentes. Chama-se, portanto, de crime de concurso necessário de pessoas, classificando-se em: 1) crime plurissubjetivo de condutas paralelas: caso em que as condutas dos agentes se auxiliam mutuamente (associação criminosa); 2) crime plurissubjetivo de condutas contrapostas: as condutas dos agentes são praticadas umas contra as outras (rixa); 3) crime plurissubjetivo de condutas divergentes: o cometimento do crime nasce da união das condutas dos agentes (bigamia).
- Não se confundem o crime de resultado cortado e o mutilado de dois atos: no primeiro, o resultado visado dependerá de ato de terceiro e não do próprio sujeito ativo; neste, a ocorrência do ato futuro está na esfera de decisão do agente.
- Resumo das diferenças entre crime e contravenção:

	CRIME	CONTRAVENÇÃO PENAL
Tipo de pena privativa de liberdade	Reclusão/detenção e/ou multa	Prisão simples e/ou multa
Espécie de ação penal	Ação penal privada e ação penal pública (condicionada ou incondicionada)	Ação penal pública incondicionada
Punição da tentativa	Pune a tentativa	Não pune a tentativa.
Regras da extraterritorialidade	Admite extraterritorialidade da lei penal.	Não admite a extraterritorialidade da lei
Competência para processo e julgamento	Justiça Federal e Justiça Estadual	Justiça Estadual (salvo na hipótese de foro por prerrogativa de função federal ou nacional).
Limite de cumprimento da pena	30 anos	5 anos
Período de prova do *sursis*	2 a 4 anos ou 4 a 6 anos	1 a 3 anos
Cabimento da prisão preventiva e temporária	Cabe nas hipóteses do artigo 313 do CPP e artigo 1º, III, da Lei nº 7.960/89	Não cabe
Possibilidade de confisco	Só instrumentos do crime podem ser confiscados	Não se admite confisco de instrumento de contravenções

- O crime, quanto ao sujeito ativo, classifica-se em comum, quando o tipo penal não exige qualidade ou condição especial do agente (homicídio – art. 121 do CP); próprio, quando o tipo penal exige qualidade ou condição especial do agente (peculato – art. 312 do CP) e de mão própria, quando além de exigir o tipo qualidade ou condição especial do agente, a execução do crime somente pode ser praticada por ele, caracterizando infração penal de conduta infungível (falso testemunho – art. 342 do CP).
- Classifica-se o sujeito passivo em: a) sujeito passivo **constante (mediato, formal, geral ou genérico)**: será sempre o Estado, interessado na manutenção da paz pública e da ordem social. As normas penais emanam do Estado, de modo que, sendo ele titular do mandato proibitivo, será sempre lesado pela conduta do sujeito ativo; b) sujeito passivo **eventual (imediato, material, particular ou acidental)**: é o titular do interesse penalmente protegido.
- A doutrina clássica classifica o sujeito passivo eventual em **comum** ou **próprio**, a depender se o tipo exige ou não qualidade ou condição especial do ofendido. No crime de homicídio, por exemplo, a vítima pode ser qualquer pessoa (sujeito passivo comum), enquanto que no crime de infanticídio somente poderá ser vítima o nascente ou o neonato (sujeito passivo próprio). No caso de sujeitos ativo e passivo comuns, classifica-se o crime como **bicomum**; quando próprios, denomina-se **crime bipróprio**.
- Alguns tipos penais protegem mais de um interesse jurídico, classificados como **crimes pluriofensivos**.

O crime de roubo, por exemplo, protege não apenas o patrimônio, mas a incolumidade pessoal de quem é constrangida na subtração de coisa alheia móvel. Se, de um lado, é possível que uma norma proteja mais de um bem jurídico, **não é possível** haver crime **sem** objeto jurídico. Isto porque a criminalização de comportamentos é norteada pelo princípio da exclusiva proteção de bens jurídicos (vide tópico sobre princípios gerais do direito penal, *supra*). Pode-se dizer, deste modo, que crime sem objeto jurídico não é crime. Se houver algum tipo penal sem objeto jurídico deverá ser expurgado do Código Penal.

- Em resumo, a conduta, primeiro elemento do fato típico, pode ser definida das seguintes formas:

TEORIA CAUSALISTA	Conduta é um movimento corporal (ação) voluntário que produz uma modificação no mundo exterior perceptível pelos sentidos
TEORIA NEOKANTISTA	Conduta é um comportamento (ação ou omissão) voluntário que produz uma modificação no mundo exterior perceptível pelos sentidos.
TEORIA FINALISTA	Conduta é comportamento humano voluntário psiquicamente dirigido a um fim
TEORIA SOCIAL DA AÇÃO	Conduta é comportamento humano voluntário psiquicamente dirigido a um fim socialmente reprovável.
FUNCIONALISMO MODERADO (ROXIN)	Conduta aparece como comportamento humano voluntário, causador de relevante e intolerável lesão ou perigo de lesão ao bem jurídico tutelado pela norma penal.
FUNCIONALISMO RADICAL (JAKOBS)	Conduta é comportamento humano voluntário causador de um resultado evitável, violador do sistema, frustrando as expectativas normativas.

- Não se confundem os movimentos reflexos e as ações em curto circuito:

Movimentos reflexos	Ações em curto circuito
Impulso completamente fisiológico, **desprovido de vontade.**	Movimento relâmpago, provocado pela excitação de diversos órgãos, **acompanhado de vontade.**
Ex: por conta de um susto causado pelo bater inesperado de uma porta, FULANO, por mero impulso, movimentou os braços atingindo o rosto de pessoa que estava ao seu lado.	Ex: durante uma partida de futebol, tomados pela excitação do jogo e da torcida, uma multidão invade o campo para protestar com violência contra a injusta marcação de pênalti.

- É importante notar que o dolo de segundo grau **não** se confunde com o dolo eventual:

Dolo de 2º grau	Dolo eventual
O resultado paralelo é certo e necessário (*as consequências secundárias são inerentes aos meios escolhidos*).	O resultado paralelo é incerto, eventual, possível, desnecessário (*não é inerente ao meio escolhido*).
Ex.: quero matar um piloto de avião. Para tanto, coloco uma bomba na aeronave. Sei que a explosão no ar causará a morte dos demais tripulantes (a morte dos tripulantes é consequência certa e imprescindível).	Ex.: quero matar um motorista com um tiro. A morte dos demais passageiros do carro é um resultado eventual, que aceito como possível (a morte dos demais passageiros é desnecessária ao fim almejado).

- São espécies de culpa:

a) Culpa consciente, com previsão **ou** *ex lascivia*: o agente prevê o resultado, mas espera que ele não ocorra, supondo poder evitá-lo com a sua habilidade (mais que previsibilidade, existe previsão);

b) Culpa inconsciente, sem previsão **ou** *ex ignorantia*: o agente não prevê o resultado, que, entretanto, era previsível. Neste caso, qualquer outra pessoa, naquelas circunstâncias, poderia prever a ocorrência daquele resultado;

c) Culpa própria ou culpa propriamente dita: é aquela em que o agente não quer e não assume o risco de produzir o resultado, mas acaba lhe dando causa por negligência, imprudência ou imperícia;

d) Culpa imprópria ou culpa por equiparação, por assimilação, ou por extensão: é aquela em que o agente, por erro evitável, imagina certa situação de fato que, se presente, excluiria a ilicitude do seu comportamento (descriminante putativa). Provoca intencionalmente determinado resultado típico, mas responde por culpa por razões de política criminal.

- São elementos do crime preterdoloso:

a) a conduta dolosa visando determinado resultado,

b) a provocação de resultado culposo mais grave que o desejado,

c) o nexo causal entre conduta e o resultado e

d) tipicidade, pois não se pune o crime preterdoloso sem previsão expressa em lei.

Percebe-se que o resultado que agrava a pena deve ser ao menos previsível. Caso seja imprevisível, não é possível imputá-lo ao agente, ainda que haja nexo causal. Por esse motivo, o resultado mais grave que advém de caso fortuito ou força maior não pode ser atribuído ao sujeito ativo.

- Não se deve confundir o erro de tipo com erro de fato. Erro de fato é o erro do agente que recai puramente sobre situação fática; já o erro de tipo recai não só sobre os requisitos ou elementos fático-descritivos do tipo (que para serem conhecidos não necessitam de nenhum juízo de valor – por exemplo: filho, no art. 123; gestante, no art. 125, etc.) – como também sobre requisitos jurídico-normativos do tipo (que para serem conhecidos necessitam de juízo de valor – por exemplo: coisa *alheia*, no art. 155; *documento público*, no art. 297 etc.).

- Erro de tipo é figura distinta também do erro de proibição:

Erro de tipo	Erro de proibição
Há falsa percepção da realidade que circunda o agente	O agente percebe a realidade, equivocando-se sobre regra de conduta.
O agente não sabe o que faz.	O agente sabe o que faz, mas ignora ser proibido.
"A" sai de festa com guarda-chuva e percebe que pegou guarda-chuva de terceiro	"A" encontra guarda-chuva na rua e acredita que não tem obrigação de devolver, porque "achado não é roubado".

- Não podemos confundir tipo proibitivo com tipo mandamental:

Tipo proibitivo	Tipo mandamental
Descreve conduta desvaliosa	Descreve conduta valiosa
É violado por ação (o agente realiza o que o tipo proíbe)	É violado por omissão (o agente não realiza o que o tipo manda)

- A relevância da omissão não se resume ao **dever** de agir, pressupondo-se também que ao agente seja **possível** atuar para evitar o resultado. Com efeito, não se presume a responsabilidade penal simplesmente em razão da omissão por parte de quem estava obrigado ao contrário. Impõe-se a análise concreta dos acontecimentos para estabelecer se, naquelas circunstâncias, havia a possibilidade de o agente atuar para afastar a ocorrência do resultado lesivo ao bem jurídico que devia proteger.
- Note-se que nem todas as alterações exteriores provocadas pela conduta são resultados do crime, sendo assim considerados somente aqueles previstos no tipo penal. Desse modo, resultado naturalístico do furto será a subtração do objeto pertencente à vítima, como um veículo, por exemplo, e não os transtornos que a falta desse objeto possa causar, como a dificuldade de locomoção. Será essa uma consequência do crime, que, todavia, não deverá ser tida como um indiferente penal, já que o juiz deverá analisá-la no momento da dosimetria da pena, por expressa previsão do artigo 59 do Código Penal.
- Quanto ao nexo de causalidade, temos, em síntese, o seguinte:

a) Adotou-se, quanto ao nexo de causalidade, no art. 13, *caput*, do Código Penal, a teoria da equivalência dos antecedentes causais (teoria da equivalência das condições, teoria da condição simples, teoria da condição generalizadora ou da *conditio sine qua non*), atribuída a Maximilian von Buri e Stuart. Mill, que a teriam desenvolvido no ano de 1873. Em resumo, para esta teoria, todo fato sem o qual o resultado não teria ocorrido é causa. Sabendo que antecedendo um resultado temos inúmeros fatos, como saber quais são ou não causas do evento? Deve-se somar à teoria da *conditio sine qua non* o método ou teoria da eliminação hipotética dos antecedentes causais. Idealizado pelo professor sueco Thyrén, em 1894, este método é empregado no campo mental da suposição ou da cogitação: causa é todo fato que, suprimido mentalmente, o resultado não teria ocorrido como ocorreu ou no momento em que ocorreu.

b) O artigo 13, § 1º anuncia a causalidade adequada (ou teoria da condição qualificada ou individualizadora), preconizada por Von Kries. Considera causa a pessoa, fato ou circunstância que, além de praticar um antecedente indispensável à produção do resultado, realize uma atividade adequada à sua concretização. Na determinação da causalidade adequada, o que importa é se há um nexo normal prendendo o atuar do agente como causa ao resultado como efeito.

c) Há, ainda, a teoria da imputação objetiva, desenvolvida para delimitar a imputação do resultado, evitando o regresso ao infinito gerado pela causalidade simples (teoria da equivalência dos antecedentes causais). Como forma de corrigir essa injustiça, a imputação objetiva determina que sejam considerados, além do nexo físico (causa/efeito), também critérios normativos no momento da atribuição do resultado, pois, de acordo com a causalidade vigente, situações absurdas proporcionadas pela *conditio sine qua non* somente são evitadas em razão da análise do dolo e da culpa. Em síntese, a criação ou incremento de um risco proibido e a realização do risco no resultado, além da exigência de que esse resultado fique dentro do alcance do tipo compõem o nexo normativo, elemento que enriquece o estudo da causalidade corrigindo as distorções geradas pela teoria da equivalência. A análise deste nexo antecede a indagação sobre dolo e culpa, isto é, verifica se o resultado previsto na parte objetiva do tipo pode ou não ser atribuído ao agente, antes mesmo de pesquisar o elemento subjetivo.

d) Quanto às hipóteses de relevância da omissão, a alínea *c* do artigo 13, § 2º, do Código Penal traz a obrigação de evitar o resultado quando, no âmbito social, o agente produz o perigo, devendo, portanto, se empenhar para que o resultado danoso não ocorra. No entanto, o campo de incidência da expressão *"conduta anterior"* faz com que seja necessária uma delimitação da situação de garante do agente, já que a aplicação indistinta do dispositivo pode trazer consequências práticas injustas e absurdas. Parece-nos que a solução adequada para a aplicação desse dispositivo é a seguinte: nos crimes dolosos omissivos impróprios, deve o agente se abster do dever de agir com o objetivo de alcançar ou assumindo o risco de produzir o resultado criminoso que poderia ter sido impedido por sua intervenção. Se, no entanto, o agente tem a consciência de que não observa o dever de agir, mas o resultado não era querido ou aceito por ele (apenas previsível), deverá responder pelo crime culposo, caso haja essa previsão.

- Sobre a tipicidade, temos, em síntese:

<table>
<tr><td>Teorias tradicionais</td><td>Tipicidade penal = tipicidade formal (mero ajuste do fato à norma penal incriminadora).</td></tr>
<tr><td>Teorias modernas</td><td>Tipicidade penal = tipicidade formal + tipicidade material (relevância da lesão ou perigo de lesão ao bem jurídico tutelado).
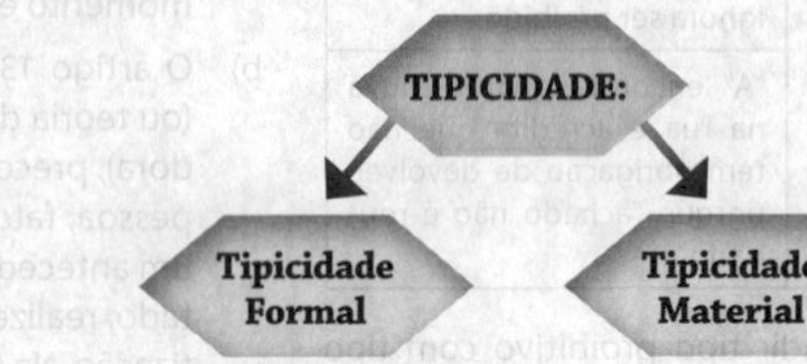</td></tr>
<tr><td>Teoria da Tipicidade conglobante (Zaffaroni)</td><td>A tipicidade penal = tipicidade formal + tipicidade conglobante (soma da tipicidade material e atos antinormativos).
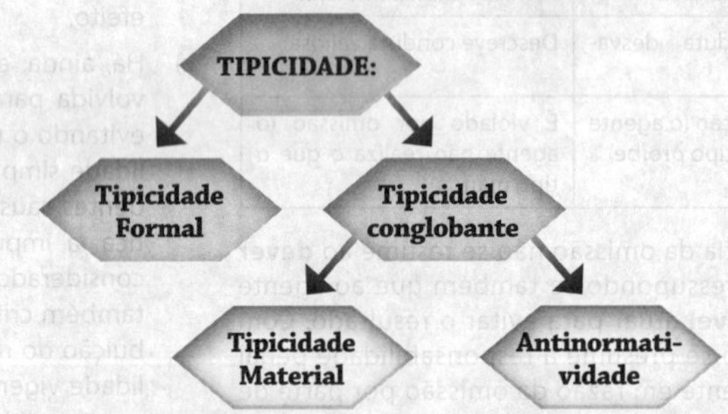</td></tr>
</table>

- As normas de extensão, que permitem a subsunção indireta, podem ser:

a) Norma de extensão temporal: a conduta de "tentar matar alguém" somente é punível em razão da norma descrita no artigo 14, II, do Código Penal. Sem essa norma, lendo o artigo 121 do Estatuto Repressor, a conclusão seria pela atipicidade do comportamento;

b) Norma de extensão pessoal e espacial: o artigo 29 do Código Penal, que dispõe sobre o concurso de pessoas, reflete uma norma auxiliar, cuja existência permite a subsunção indireta da conduta do partícipe (que não realiza o núcleo do tipo, mas, de qualquer modo, concorre para o delito). Note-se que aquele que praticar a conduta de "vigiar o local enquanto alguém realiza o crime de homicídio" é um fato, *a priori*, atípico, porque não se encontra previsto em qualquer norma penal. Contudo, conjugando o artigo 29 com o artigo 121, ambos do Código Penal, é possível realizar a adequação típica, punindo aquele que se limitou a vigiar, como partícipe, permitindo a execução de um homicídio;

c) Norma de extensão causal: insculpida no artigo 13, § 2º, do Código Penal, a regra estabelece a "relevância da omissão", tornando-a típica (através da adequação indireta). Se não fosse o dispositivo mencionado, a mãe que deixa de amamentar a sua filha não seria responsabilizada penalmente, porque a sua omissão, de fato, não causou a morte (mas sim a inanição). Graças ao referido dispositivo, por não ter evitado o resultado, é equiparada ao seu causador.

- Questão importante levantada pela doutrina diz respeito à relação entre a tipicidade e a ilicitude: assim, comprovado o fato típico, qual a consequência no campo da ilicitude? Excluída a ilicitude, o fato permanece típico? Quatro teorias debatem o tema:

a) Teoria da autonomia ou absoluta independência: defendida por Ernst Ludwig von Beling (1906), para esta teoria a tipicidade não tem qualquer relação com a ilicitude. Primeiro se comprova o fato típico para, num segundo momento, demonstrar a ilicitude, tratando-se de substratos absolutamente independentes na construção analítica do crime;

b) Teoria da indiciariedade ou da *"ratio cognoscendi"*: idealizada por Mayer em 1915, entende que a existência do fato típico gera uma presunção (relativa) de que é também ilícito. Não há (ao contrário da anterior) uma absoluta independência entre esses dois substratos, mas uma relativa dependência;

c) Teoria da absoluta dependência ou *"ratio essendi"*: encampada por Mezger em 1930, cria o conceito de tipo total do injusto, levando a ilicitude para o campo da tipicidade. Em outras palavras, a ilicitude é a essência da tipicidade, numa absoluta relação de dependência entre esses elementos do delito;

d) Teoria dos elementos negativos do tipo: o tipo penal é composto de elementos positivos (expressos) aos quais se somam elementos negativos (implícitos), quais sejam, causas excludentes de ilicitude. Para que o comportamento do agente seja típico não basta realizar os elementos positivos expressos no tipo, mas não pode configurar qualquer dos elementos negativos. O crime de homicídio deverá ser lido: "matar alguém (elemento positivo expresso), desde que não esteja presente uma excludente de ilicitude (elemento negativo implícito)".

- O estado de necessidade é faculdade ou direito? Segundo Nélson Hungria, a justificante retrata uma faculdade, pois, diante do perigo, abre-se a possibilidade de ação para a preservação do bem jurídico. De acordo com o autor, não se pode ter como direito o estado de necessidade porque a um direito corresponde necessariamente uma obrigação, mas, no contexto dessa justificante, nenhum dos titulares dos bens jurídicos envolvidos está obrigado a suportar a lesão. Aníbal Bruno, por sua vez, entende se tratar de um direito, mas exercido contra o estado (não contra o titular do bem jurídico lesado), que está obrigado, diante da caracterização da eximente, a reconhecer a inexistência do crime. Pode-se dizer que nenhuma das orientações deve ser completamente refutada, mas antes combinadas, pois ao mesmo tempo em que o estado de necessidade traduz uma faculdade entre os titulares dos bens jurídicos, caracteriza-se como um direito perante o estado.

- Síntese das teorias envolvendo o estado de necessidade:

	PROPORCIONALIDADE		
	Bem protegido	**Bem sacrificado**	**Estado de necessidade**
Teoria Diferenciadora	Valor maior ou igual	Valor menor ou igual	Justificante
	Valor menor	Valor maior	Exculpante
Teoria Unitária	Valor maior ou igual	Valor menor ou igual	Justificante
	Valor menor	Valor maior	Hipótese de redução de pena

- O estado de necessidade é comunicável? Considerando que o estado de necessidade exclui a ilicitude, se o fato típico for cometido por mais de um agente em coautoria ou participação, todos serão beneficiados pela excludente.

- A doutrina aponta as seguintes espécies de legítima defesa:

a) legítima defesa defensiva, quando a reação não constitui fato típico (ex: para repelir a agressão, "A" imobiliza o agressor) e legítima defesa agressiva, quando a reação constitui fato típico (ex: "A" atira no agressor);

b) legítima defesa subjetiva: excesso exculpável, relacionado a profunda revolta de ânimo que acomete o agente. Neste caso, inicialmente, a conduta estava respaldada pela justificante, mas a situação em que se encontra o sujeito faz surgir nele um estado de pânico que lhe retira a capacidade de atuar racionalmente.

c) legítima defesa putativa: a agressão injusta é imaginada pelo agente, que tem uma falsa percepção da realidade. Não exclui a ilicitude. Se o erro for inevitável, isenta o agente de pena; se evitável, responde por crime culposo;

d) legítima defesa sucessiva: ocorre na repulsa contra o excesso abusivo do agente.

- Legítima defesa e erro na execução: o agente, ao repelir a injusta agressão a direito seu ou de outrem, pode, por erro, atingir bem jurídico de um inocente. Nesse caso, parece evidente a situação de *aberratio ictus* e, consoante a regra do artigo 73 do Código Penal, a infeliz reação deve ser considerada como se praticada contra o real agressor, não descaracterizando a legítima defesa. Suponhamos que um atirador de elite, atuando na defesa da vítima sob a mira da arma de um perigoso latrocida, erra a execução e acaba por atingir a pessoa ameaçada (e não o agressor). Apesar de sofrer consequências na esfera civil, na criminal o atirador está acobertado pela descriminante da legítima defesa.

- Legítima defesa recíproca:

Possibilidades	Cabimento
Leg. Defesa real x Leg. Defesa real	Não é admitida. A legítima defesa real não é uma agressão injusta, pressuposto desta descriminante
Leg. Defesa real x Leg. defesa putativa	É admitida. A legítima defesa putativa é injusta, autorizando reação legítima do agredido.
Leg. Defesa real x Estado de necessidade real	Não é admitida. Quem age em estado de necessidade protege, de acordo com o direito, um bem da vida, não caracterizando agressão injusta, pressuposto da legítima defesa

- Em resumo, assim podemos definir as principais diferenças entre a legítima defesa e o estado de necessidade:

Estado de necessidade	Legítima defesa
Conflito entre vários bens jurídicos diante da mesma situação de perigo.	Ameaça ou ataque a um bem jurídico
Pressupõe um perigo + atual + sem destinatário certo.	Pressupõe agressão humana + atual ou iminente + injusta + dirigida (com destinatário certo).
Os interesses em conflito são legítimos Conclusão: é possível estado de necessidade recíproco.	Os interesses do agressor são ilegítimos Conclusão: não é possível legítima defesa recíproca.

- O particular pode invocar a descriminante do estrito cumprimento do dever legal? A doutrina diverge. Mirabete entende ser exclusiva dos agentes do Estado (abrangendo o particular somente quando no exercício de função pública) (*Manual de Direito Penal – Parte Geral*, 23ª ed. São Paulo: Ed. Atlas, 2006, p. 189). A maioria, no entanto, discorda. Flávio Monteiro de Barros, por exemplo, lembra que: "O advogado processado pelo delito de falso testemunho, porque se recusou a depor sobre fatos envolvendo segredo profissional, pode invocar a justificativa do estrito cumprimento do dever legal. Se, porém, o cliente havia autorizado a revelação do segredo, o advogado que, mesmo assim, recusa-se a depor pode invocar a excludente do exercício regular de direito" (*Direito Penal – Parte Geral*. São Paulo: Editora Saraiva, 2003, p. 343).
- A prática de determinados esportes pode gerar lesão corporal e até morte. Porém, não se pode ignorar que o Estado incentiva a prática esportiva (Lei 9.615/98 – Lei Pelé –, art. 3º, abrangendo as modalidades violentas). O atleta, no seu mister, pode invocar a descriminante do exercício regular de direito.
- Quanto às ofendículas, eventualmente poderemos nos deparar com casos de pessoas inocentes, ou seja, que não pretendem agredir de qualquer forma o bem protegido, serem vitimadas pelas armadilhas. Deve-se cuidar, todavia, para que cada caso seja apreciado com suas nuanças próprias, isto para não haver o perigo de justificar-se com muita facilidade ações tresloucadas de pessoas imprudentes. Em cada caso concreto, faz-se mister a verificação profunda das razões de ter sido o inocente atingido, devendo o autor responder sempre que se houver culposamente (culpa em sentido lato). Se o uso das *offendicula* se traduz como um direito do cidadão em defender seu patrimônio, tal direito, como todos os demais, deve ser utilizado com prudência e consciência, para que não sejam ultrapassadas as raias do razoável, colocando-se em risco a segurança das demais pessoas.
- Percebemos cada vez mais a doutrina classificando o excesso nas justificantes em *extensivo* e *intensivo*, sem qualquer amparo legal, gerando, não raras vezes, confusão desnecessária (começando pela divergência do que vem a ser um e outro). Zaffaroni e Pierangeli bem observam:

  "'Excesso' significa 'passar dos limites' de uma dessas causas eximentes, mas, para 'passar dos limites', será sempre necessário se ter estado, em algum momento, dentro deles.

  De conformidade com este conceito de excesso, haverá excesso nas eximentes quando, por exemplo, na legítima defesa, a ação desenvolvida em resposta à agressão se prolongue para depois de cessada essa agressão; quando, no cumprimento de um dever, tenham cessado as circunstâncias que criam esse dever e a ação continua; quando, no estado de necessidade, a ação se prolongue, muito embora a situação de necessidade não mais persista. Contrariamente, não haverá 'excesso' quando a defesa não tenha sido necessária ou moderada, ou quando, na necessidade, se dispusesse de outro meio menos lesivo, porque, em nenhum desses casos, o autor teria atuado dentro dos limites da eximente, e, portanto, nunca poderia ter 'excedido'.

  Na doutrina tem-se distinguido entre um 'excesso extensivo' e um 'excesso intensivo', sendo o primeiro aquele que, na sua conduta, o sujeito continua a atuar mesmo quando cessada a situação de justificação ou de atipicidade, ou seja, este é o único conceito de excesso que, na nossa opinião, se pode admitir, enquanto o excesso chamado 'intensivo', seria aquele em que o sujeito realiza uma ação que não completa os respectivos requisitos em cada uma das correspondentes eximentes. Este conceito de 'excesso intensivo' não é propriamente um excesso, porque, quando não ocorrem os requisitos da eximente, em momento algum ela ocorreu, e, portanto, não se pode 'exceder'. Em definitivo, esta confusa classificação do 'excesso' amplia indevidamente o conceito e leva à introdução, pela via do suposto 'excesso intensivo' (que é uma contradictio in adjecto), um sistema de atenuantes que a lei não admite, e ao qual nos referimos: o das chamadas 'eximentes incompletas'" (Manual de direito penal brasileiro – Parte Geral. Vol. 1. 8ª ed. São Paulo: RT, 2009, p. 566).

- Síntese a respeito das teorias da culpabilidade:

Teorias da Culpabilidade			
Teoria Psicológica da Culpabilidade	**Teoria Psicológica Normativa**	**Teoria Extremada da Culpabilidade**	**Teoria Limitada da Culpabilidade**
Base causalista	**Base neokantista**	**Base finalista**	**Base finalista**
Pressuposto: **Imputabilidade** **Espécies:** • dolo; e • culpa	**Elementos:** • Imputabilidade • Exigibilidade de conduta diversa • Culpa • Dolo **normativo** (composto de: consciência, vontade e consciência atual da ilicitude).	**Elementos:** • Imputabilidade • Exigibilidade de conduta diversa • Consciência (potencial) da ilicitude **Obs. 1:** dolo e culpa migram para o fato típico **Obs. 2:** o dolo passou a ser **natural,** composto de: consciência e vontade). **Obs. 3:** o elemento normativo do dolo deixa de ser elemento do dolo passando a ser elemento da própria culpabilidade, porém não mais atual, mas sim potencial.	**Elementos:** • Imputabilidade • Exigibilidade de conduta diversa • Consciência potencial da ilicitude **Obs.:** a teoria limitada diferencia-se da extremada em razão do entendimento acerca da natureza jurídica do art. 20, 1º do CP. T. Extremada – erro de proibição. T. Limitada – erro de tipo.

- Culpabilidade formal e culpabilidade material: a culpabilidade formal é aquela definida em abstrato, que serve ao legislador na edição da lei para cominar os limites máximos e mínimos de pena atribuída a determinada infração penal. A culpabilidade **material** é estabelecida no caso concreto, dirigida a um agente culpável que cometeu um fato típico e ilícito, para a fixação da pena pelo juiz. Este viés da culpabilidade está positivado no artigo 59, *caput*, do Código Penal, que permite considerar "graus de culpabilidade" do agente, análise que influenciará na pena concretamente aplicada.
- O sonâmbulo é considerado portador de doença mental? Não, figurando o sonambulismo como causa de exclusão da própria conduta.
- A doutrina alerta que a carência de certos sentidos pode caracterizar deficiência psíquica. Com relação ao surdo-mudo, é a perícia que deve fixar o grau de seu retardamento sensorial que, aliado à maior ou menor capacidade de entendimento e autodeterminação do agente no momento da conduta, podem equiparar-se aos oligofrênicos (art. 26, *caput*, do CP).
- O Código Penal Militar, no art. 50, estabelece que o menor de dezoito anos é inimputável, mas, se, aos dezesseis anos, revelar suficiente desenvolvimento psíquico para entender o caráter ilícito do fato e determinar-se de acordo com este entendimento, será penalmente responsável, diminuindo-se a pena de um terço até a metade. Diante, no entanto, da disposição constitucional a respeito da maioridade aos dezoito anos, esta regra de direito penal militar **não foi recepcionada**.

- Resumo a respeito da embriaguez e sua relevância para a culpabilidade:

Embriaguez acidental	Caso fortuito	O agente ignora o efeito inebriante da substância.	Completa: isenta o agente de pena art. 28, § 1º, CP.	Obs.: para que a embriaguez isente de pena ela precisa ser acidental.
	Força Maior	O agente é obrigado a ingerir a substância.	Incompleta: diminui a pena dos termos do art. 28, 2º, CP.	
Embriaguez não acidental	Voluntária	O agente quer se embriagar	Completa	Obs.: em nenhum caso a embriaguez não acidental exclui a imputabilidade (art. 28, II, CP).
	Culposa	Negligência	Incompleta	
Embriaguez Patológica	Doentia	Pode configurar anomalia psíquica	Será tratada como doente mental, aplicando o art. 26 do CP.	
Embriaguez Preordenada	Embriaguez voluntária + Finalidade de praticar o crime	A embriaguez é o meio de que o agente se vale para praticar o delito.	É considerada circunstância agravante de pena (art. 61, II, "l", CP).	

- Quanto à potencial consciência da ilicitude, note que não se exige do sujeito ativo uma compreensão técnica, um conhecimento jurídico sobre o enquadramento jurídico do evento praticado, mas apenas que tenha condições de perceber que o seu comportamento não encontra respaldo no direito, sendo por ele reprovado. É suficiente a percepção leiga, uma **valoração paralela na esfera do profano.**
- Não se admite a coação irresistível da sociedade. *"A sociedade não pode delinquir, pois onde ela existe, aí está também o Direito. Assim, a coação irresistível há que partir de uma pessoa, ou de um grupo, nunca da sociedade"* (TJSP – AC – Rel. Cunha Bueno – RT 477/342)
- Resumo sobre a coação moral:

	Se a coação for irresistível	Se a coação for resistível
Coator	Responde, como autor, pelo crime praticado pelo coagido + crime de tortura (art. 1º, I, "b", da Lei nº 9.455/97).	Responde, também, pelo crime praticado pelo coagido + agravante do art. 62, II, do CP.
Coagido	Isento de pena por inexigibilidade de conduta diversa.	Responde pelo crime praticado + atenuante do art. 65, III, "c", do CP.

- Resumo sobre a obediência hierárquica:

OBEDIÊNCIA HIERÁRQUICA			
	Se a ordem não for manifestamente ilegal	**Se a ordem for manifestamente ilegal**	**Se a ordem for legítima**
Superior	Responde, como autor mediato, pelo crime praticado pelo subordinado.	Responde pelo crime praticado pelo subordinado.	Não há crime (estrito cumprimento de um dever legal)
Subordinado	Isento de pena por inexigibilidade de conduta diversa.	Responde pelo crime praticado, mas poderá ter a pena atenuada em razão do artigo 65, III, "c", do CP.	Não há crime (estrito cumprimento de um dever legal)

10. *ITER CRIMINIS*

- São teorias que buscam diferenciar atos preparatórios de atos executórios: a) teoria da hostilidade ao bem jurídico ou critério material: idealizada por Nélson Hungria, entende por atos executórios aqueles que atacam o bem jurídico, criando-lhe uma situação concreta de perigo; b) teoria objetivo-formal: ato executório é o que inicia a realização do núcleo do tipo (início do constrangimento, no crime de estupro, art. 213, CP). Ambas, todavia, são insuficientes à explicação da consumação, já que a primeira acaba por abranger condutas muito distantes da execução, enquanto a segunda acaba por excluir atos que, a rigor, já deveriam ser considerados como execução do crime; c) teoria objetivo-individual: atos executórios são aqueles que, de acordo com o plano do agente, realizam-se no período imediatamente anterior ao começo da execução típica.
- O momento consumativo varia conforme a natureza do crime: a) crime material ou de resultado: neste, o tipo penal descreve a conduta e o resultado (naturalístico), exigindo, para a consumação, a efetiva modificação do mundo exterior (exs: homicídio, art. 121, CP e furto, art. 155, CP); b) crime formal ou de consumação antecipada: aqui a norma penal também descreve um comportamento seguido de um resultado naturalístico, mas dispensa a modificação no mundo exterior, contentando-se, para a consumação, com a prática da conduta típica. O crime, portanto, se consuma no momento da ação, sendo o resultado mero exaurimento (ex: extorsão, art. 158, CP e extorsão mediante sequestro, art. 159, CP); c) crime de mera conduta (ou simples atividade): tratando-se de delito sem resultado naturalístico, a lei descreve apenas uma conduta, consumando-se o crime no momento em que esta é praticada (ex: violação de domicílio, art. 150, CP); d) crime permanente: nos crimes permanentes, a consumação se protrai no tempo, prolongando-se até que o agente cesse a conduta delituosa (ex: sequestro e cárcere privado, art. 148, CP); e) crime habitual: para a consumação, exige-se a reiteração da conduta típica (ex: curandeirismo, art. 284, CP); f) crime qualificado pelo resultado: nesta espécie, a consumação se dá com a produção do resultado que agrava especialmente a pena (ex: lesão corporal seguida de morte, art. 129, § 3º, CP); g) crime omissivo próprio: consuma-se no momento em que o agente se abstém de realizar a conduta devida, imposta pelo tipo mandamental (omissão de notificação de doença, art. 269, CP; omissão de socorro, art. 135, CP); h) crime omissivo impróprio: também denominado crime comissivo por omissão, tem sua consumação reconhecida com a produção do resultado naturalístico ("crime do garantidor", art. 13, § 2º, CP).
- São espécies de tentativa: a) quanto ao *iter criminis* percorrido: 1) tentativa imperfeita (ou inacabada): o agente é impedido de prosseguir no seu intento, deixando de praticar todos os atos executórios à sua disposição. Neste caso, o sujeito ativo não logra

executar todos os atos que pretendia; a execução é interrompida antes de ser esgotada (ex.: João, munindo com seis projéteis a arma escolhida para matar Antonio, é impedido, por populares, de efetuar o segundo disparo, evitando a morte da vítima); 2) tentativa perfeita (ou acabada ou crime falho ou crime frustrado): o agente, apesar de praticar todos os atos executórios à sua disposição, não consegue consumar o crime por circunstâncias alheias à sua vontade. Nesta hipótese, a execução se esgota, tendo o sujeito feito tudo o que pretendia fazer, mas, por motivos vários, o resultado não se verificou (ex.: João dispara os seis tiros que tinha à disposição para matar ANTONIO, porém, ainda assim, não consegue alcançar o seu objetivo, sendo a vítima socorrida eficazmente); b) quanto ao resultado produzido na vítima (objeto material): 1) tentativa branca ou incruenta: o golpe desferido não atinge o corpo da vítima, não gerando lesão efetiva, palpável à integridade corporal do ofendido; 2) tentativa vermelha ou cruenta: a vítima é efetivamente atingida; c) quanto à possibilidade de alcançar o resultado: 1) tentativa idônea: o resultado, apesar de possível de ser alcançado, só não ocorre por circunstâncias alheias à vontade do agente; 2) tentativa inidônea: aqui, o crime mostra-se impossível na sua consumação (art. 17 do CP) por absoluta ineficácia do meio empregado ou por absoluta impropriedade do objeto material.

- Não admitem a tentativa: a) crimes culposos (salvo a culpa imprópria); b) crimes preterdolosos; c) crimes unissubsistentes; d) crimes omissivos próprios; e) contravenções penais (veja-se que o denominado "crime anão" é compatível com o *conatus*, porém a lei optou por não punir o agente quando a consumação não ocorre por circunstâncias alheias à sua vontade); f) crimes de atentado ou de empreendimento (embora exista a tentativa, por opção legislativa a punição é a mesma do delito na forma consumada); g) crimes habituais; h) crimes condicionados ao implemento de um resultado (condição objetiva de punibilidade): somente são puníveis se o resultado descrito na norma se verificar.
- É possível tentativa no dolo eventual? Apesar de haver doutrina lecionando não ser possível tentativa no dolo eventual, argumentando que, nessa espécie, o agente não tem vontade de realizar o resultado (apenas o aceita como possível), prevalece a tese em sentido contrário. A lei equiparou, em termos de *vontade*, o dolo eventual ao dolo direto, sendo possível o *conatus* nos dois casos.
- O Código Penal Militar adotou, também, a teoria objetiva em relação à tentativa. Entretanto, prevê aquele diploma a interessante possibilidade de aplicação da pena consumada, no caso de excepcional gravidade da conduta praticada. CPM. *Art. 30, parágrafo único. Pune-se a tentativa com a pena correspondente ao crime, diminuída de um a dois terços, podendo o juiz, no caso de excepcional gravidade, aplicar a pena do crime consumado.*
- Predomina na doutrina que a natureza jurídica da desistência voluntária e do arrependimento eficaz é de causa pessoal extintiva da punibilidade (Nélson Hungria e Aníbal Bruno, dentre outros). Há também corrente que entende que a natureza jurídica é de causa excludente da tipicidade (José Frederico Marques e Heleno Cláudio Fragoso).

- Comparando a tentativa simples com a desistência voluntária, temos:

	Tentativa simples (art. 14, I, do CP)	**Desistência voluntária (art. 15, 1ª parte, do CP)**
Elementos	Início da não execução Não consumação por circunstâncias alheias a vontade do agente. Resultado possível	Início da não execução Não consumação por circunstâncias inerentes a vontade do agente. Resultado possível
Dolo	Dolo de consumação	Dolo abandonado
Fórmula de Frank	O agente quer prosseguir, mas não pode.	O agente pode prosseguir, mas não quer.
Consequências	Diminuição de pena de 1/3 a 2/3 (regra)	O agente só responde pelos atos já praticados (se típicos).

- Relevância da interferência externa:

Interferência	Instituto	Exemplo
Externa objetiva	Tentativa	Disparo de alarme sonoro
Externa subjetiva	Desistência voluntária	Pedido de terceiro

- Vejamos um resumo das distinções e semelhanças entre a desistência voluntária e o arrependimento eficaz.

Desistência voluntária	Arrependimento eficaz
Art. 15, 1ª parte, CP	Art. 15, 2º parte, CP
Espécie de tentativa abandonada	Espécie de tentativa abandonada
A execução se inicia, mas não se conclui	A execução se inicia e se conclui
Exige voluntariedade	Exige voluntariedade e eficácia

Desistência voluntária	Arrependimento eficaz
Ocorre durante a execução	Ocorre após a execução
O agente abandona o seu dolo antes de esgotar os atos executórios	O agente esgota os atos executórios, mas consegue impedir o resultado
O crime não se consuma por circunstâncias inerentes à vontade do agente	O crime não se consuma por circunstâncias inerentes à vontade do agente
Pune-se pelos atos já praticados	Pune-se pelos atos já praticados
É incompatível com os crimes culposos	É incompatível com os crimes culposos

- O art. 10 da Lei nº 13.260/16, que tipifica o crime de terrorismo, criou mais uma hipótese de desistência voluntária, que, no entanto, muito se diferencia da estabelecida no art. 15 do Código Penal porque, ao contrário dela, que pressupõe o abandono de atos executórios, admite o benefício na situação em que o agente abandona atos preparatórios. Criou-se, portanto, uma desistência voluntária antecipada.

- Na desistência voluntária do art. 15 do CP, admitida entre os atos executórios e a consumação, estimula-se que o agente atue para evitar a consumação do crime, a lesão ao bem jurídico tutelado. O art. 10 da Lei nº 13.260/16 tem o propósito de evitar que o agente (que já começou os atos preparatórios) pratique atos de execução.

- Interrompidos os atos preparatórios por deliberação do agente, sua responsabilidade se dá apenas pelos atos já praticados, como dispõe a parte final do art. 15 do CP. Consequentemente, não sofrerá imputação pelo crime de terrorismo em nenhuma das suas formas, mas responde pelos atos praticados se forem previstos noutros dispositivos penais: porte de explosivos, porte de arma, falsidade de um documento etc., diversos dos tipificados na lei de terrorismo.

- E que se note: se a desistência voluntária antecipada não se confunde com a do Código Penal, menos ainda se aproxima do arrependimento eficaz, que pressupõe o esgotamento do processo executório seguido de conduta positiva para evitar a consumação.

- Sobre a tentativa idônea e a tentativa inidônea temos, em síntese:

TENTATIVA IDÔNEA	TENTATIVA INIDÔNEA
Início da execução	Início da execução
Não consumação por circunstâncias alheias à vontade do agente	Não consumação por circunstâncias alheias à vontade do agente
Dolo de consumação	Dolo de consumação
Resultado possível (ainda que relativamente) de ser alcançado	Resultado absolutamente impossível de ser alcançado

- A recusa da vítima impede o arrependimento posterior? O art. 16 do Código Penal não elencou como requisito para o reconhecimento do arrependimento posterior a aceitação da vítima. Entende-se, dessa maneira, que se houver voluntariedade na reparação, deverá ser reconhecido o benefício. Neste caso, o infrator deverá restituir o bem à autoridade policial ou, em último caso, depositá-lo em juízo.

11. CONCURSO DE PESSOAS

- Qual a teoria adotada pelo nosso Código Penal na definição de autor do crime? De acordo com a maioria, o art. 29 do Código Penal é campo fértil para a teoria **objetivo-formal**. Essa conclusão deriva não apenas do disposto no item 25 da Exposição de Motivos do nosso Estatuto Repressor, mas também, como ressalta Mirabete, porque a diferença *"está na natureza das coisas, na espécie diferente de causas do resultado por parte de duas ou mais pessoas, devendo ser assinalada a distinção entre autor, coautor e partícipe"* (Manual de Direito Penal – Parte Geral, 23ª ed. São Paulo. Ed. Atlas, 2006, p. 228). A doutrina, no entanto, tem adotado cada vez mais a teoria do domínio do fato (seguida pelos tribunais superiores).

- O autor mediato não se confunde com o partícipe:

AUTOR MEDIATO	PARTÍCIPE
Sua conduta é principal	Sua conduta é acessória
Detém o domínio do fato	Não detém o domínio do fato

- A participação numa conduta delituosa pode ser material ou moral. Por participação material, entende-se a conduta do sujeito que auxilia o autor do delito, prestando-lhe assistência de natureza material (emprestar arma para o homicida). A participação moral compreende o induzimento (agente que faz nascer a ideia de prática delituosa na mente do autor) e a instigação (agente que reforça ideia já existente na mente do autor) ao cometimento de um delito por um determinado indivíduo.

- É possível, no âmbito da conduta acessória, a participação em cadeia e a participação sucessiva. A participação em cadeia ocorre quando alguém induz ou instiga outrem a induzir, instigar ou auxiliar terceira pessoa a praticar um crime. Ex.: JOÃO induz ANTONIO a induzir JOSÉ para que este preste auxílio a AUGUSTO na prática de um roubo. Já a participação sucessiva ocorre quando o mesmo agente é instigado, induzido ou auxiliado por duas ou mais pessoas, sem que estas tomem conhecimento umas das outras, a praticar uma infração penal. Ex.: JOÃO induz ANTONIO a praticar um estelionato e este, em contato com JOSÉ, é por ele auxiliado.

- A autoria delitiva é explicada por meio das seguintes teorias:

Teoria restritiva ou objetiva:	Teoria extensiva ou subjetiva ou unitária:	Teoria do domínio do fato:
autor é o sujeito que pratica a conduta descrita no tipo penal. Esta é a teoria que prevalece na nossa doutrina e sua correta compreensão perpassa pela necessidade de complementação pela noção de autor mediato;	autor é todo aquele que, de alguma forma, colabora para a prática do fato típico. Não promove a distinção entre autor e partícipe do delito;	autor do delito é quem tem o domínio final sobre o fato, quem tem o poder de decisão, realizando ou não o verbo nuclear.

- É possível coautoria em crime omissivo próprio? A coautoria em crimes omissivos próprios é objeto de divergência. Para Mirabete, se dois agentes, diante de situação em que alguém se encontra em perigo, decidem não prestar socorro, embora pudessem fazê-lo sem risco pessoal, respondem individualmente pela omissão, sem que se caracterize o concurso de pessoas (Manual de Direito Penal – Parte Geral, 23ª ed. São Paulo. Ed. Atlas, 2006, p. 233).
- E nos crimes omissivos impróprios? Cabe coautoria? Apesar de haver corrente em sentido contrário, nos parece perfeitamente possível a coautoria em crimes omissivos impróprios, desde que os vários garantes, com dever jurídico de evitar aquele determinado resultado, de comum acordo, deixam de agir.
- Síntese a respeito das teorias relativas à punição do partícipe:

Teoria da Acessoriedade Mínima:	Teoria da Acessoriedade Média ou Limitada:	Teoria da Acessoriedade Máxima:	Teoria da Hiperacessoriedade:
impõe a responsabilização do partícipe desde que a conduta principal pratica pelo autor seja típica. A adoção dessa teoria possibilitaria, de maneira absolutamente desproporcional, que o partícipe que induzisse um sujeito a agir em legítima defesa seria responsabilizado pela conduta principal do mesmo, enquanto este último estaria acobertado por uma causa de exclusão de ilicitude.	define que a punição da participação depende da ocorrência de um fato principal típico e ilícito, não havendo necessidade de que este seja culpável. Segundo a doutrina majoritária, esta foi a **teoria adotada** pelo nosso Código Penal.	a punição da participação decorrerá da verificação da prática de uma conduta típica, ilícita e culpável.	indica que para ocorrer a responsabilização do partícipe a conduta principal pratica pelo autor deverá ser típica, ilícita, culpável e, ainda, punível.

- Abstratamente, o autor e o partícipe incorrem na mesma pena, pois, em virtude do disposto no art. 29 do Código Penal, todos os que concorrem para o crime incidem nas penas a este cominadas. A aplicação concreta da pena, todavia, variará tanto sobre os coautores quanto sobre os partícipes em virtude da culpabilidade demonstrada por cada integrante da empreitada criminosa, conforme determina a parte final do art. 29 do Código Penal. Se, por exemplo, durante um roubo, praticado em concurso, JOÃO utiliza grave ameaça e ANTONIO emprega violência, este último poderá ter a pena maior do que seu comparsa, não obstante sejam coautores do delito, pois o grau de culpabilidade exibido por cada um deles é diverso.
- A parte final do § 1º do art. 29 dispõe que "a pena pode ser diminuída de um sexto a um terço" se a participação for de menor importância, surgindo daí o questionamento sobre a obrigatoriedade ou a facultatividade da diminuição caso o juiz observe a diminuta importância da participação. Para Mirabete a redução da pena é facultativa: "Podendo o juiz deixar de aplicá-la, mesmo convencido da apoucada importância da contribuição causal para o delito. Assim, poderá ocorrer em relação ao sujeito que, embora emprestando um modesto e desnecessário auxílio, revele uma vontade dirigida ao delito em intensidade semelhante à dos demais sujeitos, circunstância que pode autorizar um juízo de equiparação no plano da culpabilidade" (Manual de Direito Penal – Parte Geral, 23ªed. São Paulo. Ed. Atlas, 2006, p. 237-8). Com o devido respeito, discordamos. A participação de menor importância, como vimos, é a de reduzida eficácia causal, isto é, aquela que, no plano concreto, embora contribua para o alcance do resultado, não o determina. Tratando-se de critério objetivo, a ser aplicado à luz do caso concreto, não nos parece correto invocar aspectos subjetivos, que a lei não exige, para impedir a redução da pena se a contribuição do partícipe efetivamente não revela, diante da equivalência dos antecedentes, maior relevância para o sucesso da empresa criminosa.
- De acordo com o disposto no art. 31 do Código Penal, não se pune, salvo disposição em contrário, o ajuste (acordo promovido entre suas ou mais pessoas), a determinação (ordem emanada de pessoa determinada), a instigação (reforço da ideia já existente na mente do autor) e o auxílio (assistência material), se o crime não chega, pelo menos, a ser tentado. Afasta-se esta regra nas hipóteses em que houver "disposição expressa em contrário", que é o caso da associação criminosa (art. 288 do CP) e da incitação ao crime, em que o ajuste, a determinação, a instigação e o auxílio podem configurar crimes autônomos. Com efeito, abstraída a exce-

ção estabelecida pelo dispositivo, não seria admitida a punição de indivíduos que se associassem para o fim de cometer crimes, a não ser que estes efetivamente viessem a ocorrer, pois o ajuste, no caso, seria impunível. Da mesma forma, o sujeito que incitasse (forma de instigar), publicamente, a prática de crime, não poderia ser responsabilizado a menos que alguém cometesse o delito objeto da incitação.

12. TEORIA GERAL DAS PENAS

- Em síntese, são estes os momentos pelos quais passa a sanção penal, sob a perspectiva das funções da pena:

Momento de aplicação da pena	Finalidades da aplicação da pena
PENA EM ABSTRATO (pena cominada)	PREVENÇÃO GERAL Visa à sociedade e atua antes da prática do delito.
PENA EM CONCRETO (pena aplicada)	PREVENÇÃO ESPECIAL NEGATIVA Visa ao delinquente, buscando evitar a reincidência.
	RETRIBUIÇÃO Visa a retribuir com o mal o mal causado.
PENA NA EXECUÇÃO (pena executada)	PREVENÇÃO GERAL POSITIVA Visa ao delinquente, objetivando ressocializá-lo

- A resposta para o crime tem sofrido o influxo de novas ideias, voltadas para uma solução cada vez menos retributiva (meramente punitiva) e mais construtiva (reparadora). Distinguindo o enfoque retribucionista do restaurativista, apresentamos o quadro abaixo:

JUSTIÇA RETRIBUTIVA	JUSTIÇA RESTAURATIVA
O crime é ato contra a sociedade, representada pelo Estado (vítima formal e constante).	O crime é ato que afeta autor, vítima e a sociedade.
A responsabilidade do agente é individual.	Propõe responsabilidade social pelo ocorrido, concitando, por isso, a comunidade para participar da solução para o crime.
O interesse na punição é público.	O interesse maior é reparar o dano, envolvendo, para tanto, os personagens do crime.
Predomina a indisponibilidade da ação penal.	Predomina a disponibilidade da ação penal.
O foco é punir o infrator.	O foco é reparar o dano.
Como resposta estatal, predominam as penas privativas de liberdade.	Predomina a reparação do dano e das penas alternativas à privativa de liberdade.
Campo fértil para penas cruéis e desumanas.	As penas, quando necessárias, são proporcionais e humanizadas.
Percebe-se a pouca assistência à vítima.	O espírito é assistir a vítima

- Com a prática do crime, nasce para o Estado o dever/poder de punir o infrator, aplicando-se a sanção penal cominada no preceito incriminador. No entanto, na tarefa de aplicar a pena, o Estado-Juiz deverá observar os princípios (expressos e implícitos) previstos na CF/88: a) Princípio da legalidade (reserva legal e anterioridade); b) Princípio da personalidade ou intransmissibilidade; c) Princípio da individualização da pena; d) Princípio da proporcionalidade; e) Princípio da inderrogabilidade ou inevitabilidade da pena; f) Princípio da dignidade da pessoa humana; g) Princípio da vedação do *bis in idem*.
- Apesar de a proibição constitucional da pena de morte admitir somente uma exceção (guerra declarada), a doutrina elenca outras duas: a) A Lei nº 7.565/86, no seu artigo 303, § 2º, autoriza o "abate" de aeronave considerada hostil ou suspeita sobrevoando o espaço aéreo nacional. Trata-se da medida de destruição, que consiste no disparo de tiros, feitos pela aeronave de interceptação, com a finalidade de provocar danos e impedir o prosseguimento do voo da aeronave rotulada invasiva e somente poderá ser utilizada como último recurso e após o cumprimento de todos os procedimentos que previnam a perda de vidas inocentes, no ar ou em terra (art. 5º do Decreto nº 5.144/2004). Embora haja formalidades a serem observadas antes do "abate", o fato é que, dada as condições de urgência, representa sanção capital; b) De igual modo, o artigo 24 da Lei de Crimes Ambientais (Lei nº 9.605/98) prescreve como pena à pessoa jurídica causadora de danos ao meio ambiente o encerramento das suas atividades, o que, sob certa ótica, configura também pena de morte.
- No Brasil nenhum preso pode ser obrigado a cumprir pena mediante trabalhos forçados. Essa pena proibida não se confunde, de modo algum, com o trabalho estabelecido na Lei de Execução Penal (Lei nº 7.210/84), que, embora seja obrigatório (art. 31) e constitua dever do preso (art. 38, V), não é pena, possui finalidade educativa e produtiva (art. 28), sendo, ainda, remunerado (art. 29).
- Entende-se, majoritariamente, que o princípio da vedação ao *bis in idem* não é absoluto. O próprio Estatuto de Roma, em seu artigo 20, 3, prevê a possibilidade de julgamento por mesmo fato nos casos dos crimes de genocídio, crimes de guerra e crimes contra a humanidade, desde que o primeiro tribu-

nal a realizar o julgamento tenha tentado subtrair a competência do Tribunal Internacional ou não tenha havido a imparcialidade necessária à ação da justiça. Entre nós, a exceção ao princípio do *non bis in idem* se encontra no artigo 8º, que autoriza novo julgamento e condenação pelo mesmo fato, nos casos de extraterritorialidade da lei penal brasileira.

- Alguns estranham o fato de o Brasil ter subscrito, sem ressalvas, o Estatuto de Roma (criador do Tribunal Penal Internacional) que, no seu artigo 77, 1, "b", autoriza, nos crimes afetos à sua jurisdição, a imposição de pena de prisão perpétua. A uma, deve ser lembrado que o Estatuto não admite ressalvas pelo país signatário. A duas, o conflito entre nossa CF (que proíbe pena perpétua) e o Estatuto (que permite essa pena) é meramente **aparente**, como bem explica Valério Mazzuoli: "A C.F. quando prevê a vedação de pena de caráter perpétuo está direcionando seu comando tão somente para o legislador interno brasileiro, não alcançando os legisladores estrangeiros e tampouco os legisladores internacionais" (*Tribunal Penal Internacional e o direito brasileiro*. 2 ed. São Paulo: Premier Máxima, 2008, p. 90).

- Síntese sobre o sistema trifásico de aplicação da pena:

SISTEMA TRIFÁSICO		
PRECEITO SECUNDÁRIO SIMPLES/PRECEITO SECUNDÁRIO QUALIFICADO		
1ª FASE: fixar a pena-base atentando-se para as circunstâncias judiciais (art. 59 do CP)	**2ª FASE**: fixar a pena intermediária, considerando as agravantes (arts. 61 e 62 do CP) e atenuantes (arts. 65 e 66 do CP).	**3ª FASE**: fixar a pena definitiva, aplicando as causas de aumento e diminuição de pena
* Fixada a pena definitiva, deve o Juiz anunciar o regime para seu inicial cumprimento		
* Por fim, deve aquilatar os requisitos que permitem: (A) substituição da pena privativa de liberdade por sanção alternativa ou (B) a suspensão condicional de execução da pena (*sursis*)		

- Nada impede que a legislação especial traga, para os crimes de que dispuser, atenuantes e agravantes próprias. É o que ocorre, por exemplo, com a Lei de Crimes Ambientais, que prevê agravantes e atenuantes específicas para estes crimes.

- Agravante não articulada na denúncia pode ser reconhecida? Nos termos do artigo 385 do Código de Processo Penal, entende-se perfeitamente possível reconhecer circunstância agravante não articulada na denúncia.

- A disciplina da reincidência é diversa para crimes e contravenções. Vejamos.

Passado	Presente	Consequência
Condenação penal definitiva por crime no Brasil ou no estrangeiro	Cometimento de novo CRIME	Reincidência (art. 63 do CP)
Condenação penal definitiva por crime no Brasil ou no estrangeiro	Cometimento de CONTRAVENÇÃO penal	Reincidência (art. 7º da LCP)
Condenação penal definitiva por contravenção penal praticada no Brasil	Cometimento de nova CONTRAVENÇÃO	Reincidência (art. 7º da LCP)
Condenação penal definitiva por contravenção praticada no Brasil	Cometimento de CRIME	Não gera reincidência, por ausência de previsão. Contudo, gera maus antecedentes.
Condenação penal definitiva por contravenção penal praticada no estrangeiro.	Cometimento de CRIME ou CONTRAVENÇÃO.	Não gera reincidência (art. 7º da LCP).

- A dicção do art. 63 do Código Penal (*"depois de transitar em julgado"*) permite a conclusão de que se o novo crime for praticado no dia do trânsito em julgado do primeiro não gera reincidência, embora seja apto a gerar maus antecedentes.

- A **prova da reincidência** deve ser feita através de certidão cartorária. Contudo, o STJ tem flexibilizado esta exigência, admitindo a comprovação através de folha de antecedentes criminais. Nesse sentido: "A jurisprudência dessa Corte tem posicionamento firme no sentido de considerar a folha de antecedentes criminais documento hábil e suficiente para comprovar os antecedentes criminais maculados e a reincidência, dispensando a apresentação de certidão cartorária. Precedentes" (HC 354.750/SP, DJe 06/10/2017).

- De acordo com o STJ, se o reconhecimento equivocado de reincidência gerar prejuízo ao condenado, é devida indenização por erro judiciário (REsp 1.243.516/SP, DJe 30/9/2016).

- **Não** hão de ser confundidas, sob nenhum aspecto, as causas de aumento e de diminuição de pena com as circunstâncias agravantes e atenuantes. Podemos dizer que a principal diferença entre elas é o efeito: as majorantes e minorantes podem elevar a pena para além do patamar máximo, bem como reduzir para aquém do limite mínimo da pena cominada (enquanto as agravantes e atenuantes, como visto, não têm esse condão). Vejamos, de forma esquematizada, as suas características:

Agravantes Atenuantes	Causas de Aumento Causas Diminuição da Pena
Também chamadas circunstâncias legais.	Também chamadas majorantes e minorantes.
São consideradas na **2ª fase** de aplicação da pena.	São consideradas na **3ª fase** do cálculo da pena.
Estão localizadas **somente** na parte geral do CP (sem prejuízo de outras circunstâncias na legislação extravagante).	Estão localizadas tanto na parte geral como na parte especial (bem como em legislação extravagante)
Não há previsão legal para o *quantum* de aumento ou de diminuição.	O *quantum* de aumento ou diminuição tem **previsão legal** e pode ser: • fixo: ex. – art. 121, § 4º (no homicídio doloso, a pena é aumentada de 1/3 quando a vítima é menor de 14 anos) • variável: ex. – art. 14, parágrafo único (na tentativa, a pena do crime é reduzida de 1/3 a 2/3).
O juiz **está adstrito** aos limites legais (pena cominada), não podendo elevar a pena-base além do máximo, nem aquém do mínimo	O juiz **não** está adstrito aos limites legais. Uma causa de aumento pode elevar a pena além da sanção máxima em abstrato; a causa de diminuição pode reduzir a pena aquém do mínimo abstratamente previsto no tipo.

• No concurso entre causas de aumento e de diminuição, o juiz deverá seguir o seguinte roteiro:

CONCURSO ENTRE CAUSAS DE AUMENTO E DE DIMINUIÇÃO	
Se concorrerem duas causas de aumento genéricas?	O juiz aplicará, isoladamente, as duas causas de aumento.
Se concorrerem duas causas de diminuição genéricas?	O juiz aplicará, cumulativamente, as duas causas de diminuição.
Se concorrerem uma causa de aumento e uma causa de diminuição, ambas gerais?	O juiz deve aplicar as duas causas, cumulativamente, primeiro aumentando e, em seguida, sobre o resultado da operação anterior, diminuir a pena.
Se concorrerem causas de aumento específicas?	Pode o juiz limitar-se a um só aumento, prevalecendo a que mais aumente (art. 68, parágrafo único).
Se concorrerem causas de diminuição específicas?	Pode o juiz limitar-se a uma só diminuição, prevalecendo a que mais diminua (art. 68, parágrafo único)
Se concorrerem uma causa de aumento e uma causa de diminuição, ambas específicas?	O juiz deve aplicar as duas causas, cumulativamente, primeiro aumentando e, em seguida, sobre o resultado da operação anterior, diminuir a pena.
Se concorrerem causas de aumento genéricas e específicas?	O juiz aplicará, isoladamente, os dois aumentos
Se concorrerem causas de diminuição genérica e específica?	O juiz aplicará, cumulativamente, as duas diminuições.

• Quanto à reparação do dano e seu reflexo na aplicação da pena, deve ser lembrado que: a) em se tratando de crime sem violência ou grave ameaça à pessoa, a reparação do dano ou restituição da coisa até o recebimento da denúncia ou queixa serve como causa de diminuição de pena, prevista no art. 16 do CP; b) no estelionato na modalidade de emissão de cheques sem fundos, a reparação do dano antes do recebimento da inicial obsta a instauração da ação penal (Súmula 554 do STF, *a contrario sensu*; c) nos crimes de menor potencial ofensivo, segundo procedimento previsto na Lei nº 9.099/95, permite-se às partes a composição civil dos danos (art. 74 da Lei). Havendo, por ocasião desta conciliação, reparação do dano ou restituição da coisa, ocorrerá a extinção da punibilidade (vide parágrafo único do dispositivo).

- Síntese das regras gerais para o regime inicial:

Espécies de pena privativa de liberdade	Regimes iniciais de cumprimento de pena possíveis		
Reclusão	Fechado	Semiaberto	Aberto
Detenção	Não admite regime inicial fechado (só por meio da regressão)	Semiaberto	Aberto
Prisão simples	Não admite regime inicial fechado (nem mesmo por meio da regressão)	Semiaberto	Aberto

- As penas restritivas de direitos dividem-se em **reais** (prestação pecuniária e perda de bens e valores) e **pessoais** (prestação de serviço à comunidade ou a entidades públicas, interdição temporária de direitos e limitação de fim de semana). São, ao todo, cinco espécies:

Classificação das penas restritivas de direito	
Reais	**Pessoais**
Prestação pecuniária art. 45, § 1º	Prestação de serviços à comunidade art. 46
Perda de bens e valores art. 45, § 3º	Interdição temporária de direitos art. 47
	Limitação de fins de semana art. 48

- Qual o prazo da pena restritiva? As penas restritivas de direitos terão a mesma duração da pena privativa de liberdade substituída (art. 55 do CP). Esta regra, entretanto, comporta **exceções**: **1ª)** Penas restritivas de natureza real – a prestação pecuniária e a perda de bens e valores se esgotam no momento em que são adimplidas as obrigações respectivas (art. 55, *caput*, CP); **2ª)** Prestação de serviços à comunidade – esta espécie de pena restritiva de direito poderá ser cumprida em até metade do tempo da pena privativa de liberdade, se a pena for superior a 1 (um) ano (art. 55 c/c art. 46, § 4º, ambos do CP); **3ª)** Impedimento de comparecimento às proximidades de estádio –, prevista no Estatuto do Torcedor (art. 41-B, § 2º da Lei nº 10.671/2003), esta pena restritiva de direitos pode ter duração **superior** à pena abstratamente prevista no preceito sancionador.

- O autor de crime preterdoloso, para valer-se dos benefícios da substituição da prisão por penas alternativas, deve preencher os requisitos do crime doloso ou culposo? O crime preterdoloso está na categoria dos crimes de duplo resultado. O dolo do agente abrange resultado menos grave (ex: vontade de ferir), sendo-lhe atribuído o resultado mais grave (ex: a morte involuntária) a título de culpa. Apesar de prevalecer o contrário, entendemos que o autor deve obedecer aos mesmos requisitos do crime doloso, pois antes de integralizar-se o resultado culposo mais grave realiza-se, por completo, um crime doloso (menos grave).

- O STJ decidiu ser impossível reconverter a pena restritiva de direitos em privativa de liberdade a pedido do condenado que sequer iniciou o cumprimento da reprimenda. Para o tribunal, cabe ao juiz estabelecer a pena adequada, não ao condenado escolher aquela de sua conveniência (REsp 1.524.484/PE, DJe 25/5/2016).

- Quadro esquemático sobre o cálculo da pena de multa:

Cálculo da pena de multa		
Etapas	**Mínimo**	**Máximo**
1ª – Fixação da quantidade de dias-multa	10 dias	360 dias
2ª – Cálculo do valor de um dia-multa	1/30 avos do salário mínimo	5x o valor do salário mínimo (podendo ser triplicado – art. 60, § 1º, do CP)
3ª – Multiplica-se a quantidade de dias-multa pelo valor apurado	Ex: 10 dias-multa x 1/30 do salário mínimo = 1/3 do salário mínimo.	

- Síntese a respeito das modalidades de concurso de crimes:

	Requisitos	Sistema adotado	Aumento
Concurso material	• Pluralidade de condutas • Pluralidade de crimes	Cúmulo material	As penas são somadas
Concurso formal (próprio)	• Unidade de conduta • Pluralidade de crimes	Exasperação	1/6 até 1/2
Concurso formal impróprio	• Unidade de conduta • Pluralidade de crimes • Desígnios autônomos	Cúmulo material	As penas são somadas
Crime continuado genérico	• Pluralidade de condutas • Pluralidade de crimes da mesma espécie • Elo de continuidade	Exasperação	1/6 até 2/3
Crime continuado específico	• Os mesmos do continuado genérico • Crimes dolosos • Vítimas diferentes • Violência ou grave ameaça à pessoa	Exasperação	1/6 até 3x

- Aplica-se continuidade delitiva em crimes contra a vida? A Súmula nº 605 do Pretório Excelso anuncia que *"não se aplica continuidade delitiva aos crimes contra a vida"*. Ocorre que a referida Súmula é anterior à reforma de 1984, que alterou o artigo em comento (art. 71), autorizando a continuidade delitiva, mesmo nos crimes cometidos com violência ou grave ameaça. Parece-nos, portanto, que o entendimento sumulado está superado.

- Quando o juiz não reconhece o crime continuado na sentença, cabe ao juiz das execuções essa tarefa (artigo 66 da Lei nº 7.210/84). Exemplo: três roubos cometidos em três comarcas vizinhas. Cada juiz condena pelo crime ocorrido no seu território (não tendo havido reunião dos processos – Código de Processo Penal, artigo 82). É na Vara das Execuções que se fará o reconhecimento do crime continuado, em incidente de unificação de penas.

- A doutrina moderna diferencia duas espécies de *aberratio actus*:

a) por acidente: não há erro no golpe, mas desvio na execução, podendo a pessoa visada estar ou não no local. Ex.: a mulher, querendo matar o marido, coloca veneno na sua marmita. O marido acordou e foi trabalhar deixando a marmita em casa. Quem comeu a comida envenenada foi o filho do casal;

b) erro no uso dos instrumentos de execução: aqui temos erro no golpe, estando a pessoa visada no local. Ex.: por erro de pontaria, ao invés de atingir seu vizinho, o agente acaba por atingir seu pai que se encontrava próximo.

- Admite-se a imposição de medida de segurança decorrente da prática de **contravenção penal**, tendo em vista que, apesar de a Lei de Contravenções Penais não dispor sobre o tema, o artigo 12 do Código Penal preceitua serem aplicáveis as suas regras gerais quando a legislação especial for omissa.

- Quadro esquemático sobre os sistemas do *sursis*:

SISTEMAS		
Franco Belga	**Anglo-americano**	**"Probation of first offenders"**
O réu é **processado**; É reconhecida sua **culpa**; Existe **condenação**; Suspende-se a execução **da pena.**	O réu é **processado**; É reconhecida sua **culpa;** Suspende-se **o processo**, **evitando a imposição da pena.**	O réu é processado; Suspende-se o processo **sem reconhecimento de culpa.**
Art. 77 a 82 do CP	Não está previsto no nosso ordenamento	Art. 89 da Lei nº 9.099/95

- Existe algum tipo de "sursis" incondicionado? Não existe "sursis" sem condições a serem observadas pelo beneficiário, o que seria uma contradição nos próprios termos. Caso o magistrado sentenciante não determine as condições a serem obedecidas pelo condenado, deve o autor da ação opor Embargos de Declaração (art. 382, CPP ou art. 619, CPP, em sede de acórdão condenatório) a fim de sanar a omissão.

- Para facilitar ao leitor, reproduzimos as várias espécies de *sursis* num quadro, destacando as semelhanças e diferenças entre os institutos:

<table>
<tr><th></th><th>"Sursis" Simples</th><th>"Sursis" especial</th><th>"Sursis" etário</th><th>"Sursis" humanitário</th></tr>
<tr><td>Previsão legal</td><td>art. 77 c/c o art. 78, § 1º, CP</td><td>art. 77 c/c. o art. 78, § 2º</td><td>art. 77, § 2º, 1ª parte, CP</td><td>art. 77, § 2º, 2ª parte, CP</td></tr>
<tr><td rowspan="4">Pressupostos</td><td colspan="2">Pena imposta não superior a dois anos (considerando o concurso de crimes);</td><td colspan="2">Pena imposta não superior a quatro anos (considerando o concurso de crimes);</td></tr>
<tr><td colspan="2">Período de prova variando de 2 a 4 anos;</td><td colspan="2">Período de prova variando de 4 a 6 anos;</td></tr>
<tr><td>–</td><td>Reparação do dano ou comprovada impossibilidade de fazê-lo;</td><td>Maior de 70 anos;</td><td>–</td></tr>
<tr><td>–</td><td>Condições favoráveis (art. 59).</td><td>–</td><td>Condenado doente;</td></tr>
<tr><td>No primeiro ano o beneficiário</td><td>sujeita-se às condições do art. 78, § 1º, CP.</td><td>sujeita-se às condições do art. 78, § 2º, CP</td><td colspan="2">sujeita-se às condições do art. 78, § 1º ou § 2º, do CP, dependendo se reparou o dano ou se comprovou a impossibilidade de fazê-lo.</td></tr>
<tr><td>Requisitos</td><td colspan="4">• condenado não reincidente em crime doloso;
• circunstâncias judiciais favoráveis;
• não indicada ou cabível restritiva de direitos.</td></tr>
</table>

- Apresentamos a seguir um quadro esquemático a respeito das distinções existentes entre as situações de revogação, prorrogação e cassação do *sursis*:

Revogação obrigatória	Revogação facultativa	Cassação	Prorrogação
Condenação definitiva por crime doloso, antes ou depois do início do período de prova;	Descumprimento das demais condições;	não comparecimento injustificado na audiência admonitória	Beneficiário **processado** por outro crime ou contravenção;
Não reparação do dano sem motivo determinado;	Condenação definitiva por crime culposo ou contravenção penal a pena diversa da multa.	provimento de recurso da acusação contra a concessão da medida alternativa;	Quando **facultativa a revogação**, o juiz pode, ao invés de decretá-la, prorrogar o período de prova até o máximo, se este não foi o fixado.
Descumprimento injustificado do art. 78, § 1º, CP.		o condenado recusa as condições atreladas ao benefício.	

- Não se pode confundir ***prorrogação*** com ***suspensão*** do livramento condicional. Vejamos:

PRORROGAÇÃO (ART. 89 do CP)	SUSPENSÃO (ART. 145 LEP)
Pressupõe cometimento de crime na vigência do livramento	Pressupõe cometimento de crime na vigência do livramento
Impede o juiz de julgar extinta a pena (prorrogando o período de prova)	Autoriza o juiz a ordenar o recolhimento cautelar do liberado (suspendendo sua vida em liberdade)
Prorroga-se o período de prova até o julgamento definitivo	O recolhimento persiste enquanto necessário, não podendo, obviamente, exceder o prazo previsto para a pena em cumprimento.

- Discute-se se a prorrogação do livramento condicional é automática ou se depende de decisão judicial. Havia decisões tanto no STJ quanto no STF impondo a necessidade de prorrogação expressa. Esta orientação se firmou ultimamente em diversos julgados nos quais os tribunais superiores estabelecem que, transcorrido o período do livramento sem que o juiz o prorrogue – ou suspenda –, a pena deve ser declarada extinta (STF: HC 119.938/RJ, rel. min. Rosa Weber, j. 03/06/2014; STJ: HC 454.451/SP, rel. min. Felix Fischer, j. 11/09/2018). No STJ, a edição da súmula 617 dirimiu qualquer dúvida que pudesse restar sobre a orientação quanto à impossibilidade de se prorrogar automaticamente o livramento condicional.

- A Lei nº 13.344/16 modificou o inc. V do art. 83 do CP. De acordo com a nova redação, para a concessão do livramento condicional devem ser cumpridos mais de dois terços da pena nos casos de condenação por crime hediondo, prática da tortura, tráfico ilícito de entorpecentes e drogas afins, tráfico de pessoas e terrorismo, se o apenado não for reincidente específico em crimes dessa natureza. Acrescentou-se, portanto, o crime de tráfico de pessoas (art. 149-A) entre aqueles que pressupõem o cumprimento de fração maior da pena para que o agente seja beneficiado pelo livramento condicional.
- Agente imputável na época dos fatos deve cumprir pena; o inimputável, medida de segurança; já em se tratando de semi-imputável, pena (diminuída) ou medida e segurança, dependendo do caso concreto. Em síntese:

DATA DOS FATOS	CONSEQUÊNCIA JURÍDICA
Agente imputável	Pena
Agente inimputável	Medida de segurança
Agente semi-imputável	Pena ou medida de segurança (sistema vicariante)

- Adotando-se a tese de que a sanção penal da medida de segurança não pode ter prazo indeterminado, exigindo um limite máximo de cumprimento (para uns, 30 anos; para outros, da pena máxima em abstrato cominada ao delito), surge a seguinte questão: O que fazer quando escoado o limite e a periculosidade do agente persistir? Deve-se buscar, perante o juízo cível, a internação do agente, a ser promovida com fundamento na Lei nº 10.216/01.
- A interpretação do artigo 92 do Código Penal não permite que da sentença condenatória à pena restritiva de direitos ou de multa se extraiam seus efeitos, já que menciona claramente "pena privativa de liberdade". Por outro lado, não impede a perda do cargo público na esfera administrativa (improbidade), ante a independência das instâncias.
- A legislação extravagante pode também cuidar das consequências da condenação. Apontamos, sem pretensão de exaurir a matéria, alguns diplomas que trazem previsões específicas e, pelo princípio da especialidade, devem ser aplicados: a) Lei de Tortura: artigo 1º, § 5º, prevê *"a perda do cargo, função ou emprego público e a interdição para seu exercício pelo dobro do prazo da pena aplicada"* do torturador; b) Lei nº 7.716/89: ao definir os crimes resultantes de preconceito de raça ou de cor, este diploma previu como efeito da condenação a perda do cargo ou função pública, para o servidor público, e a suspensão do funcionamento do estabelecimento particular por prazo não superior a três meses (art. 16); c) Lei nº 9.613/98: prescreve como efeitos da condenação: 1) a perda, em favor da União, dos bens, direitos e valores objeto dos crimes de lavagem de dinheiro, ressalvado o direito do lesado ou de terceiro de boa-fé; e 2) a interdição do exercício de cargo ou função pública de qualquer natureza e de diretor, de membro de conselho de administração ou de gerência das pessoas jurídicas referidas no artigo 9º daquele diploma, pelo dobro do tempo da pena privativa de liberdade aplicada; d) os crimes previstos nos artigos 168 a 178 da Lei nº 11.101/2005 terão como efeito da condenação: 1) a inabilitação para o exercício de atividade empresarial; 2) impedimento para o exercício de cargo ou função em conselho de administração, diretoria ou gerência das sociedades sujeitas a Lei; e 3) a impossibilidade de gerir empresa por mandato ou por gestão de negócio; e) Lei nº 10.695 – alteração ao Código de Processo Penal: inseriu no capítulo que trata do dos crimes contra a propriedade material o artigo 530-G, que dispõe: *"O juiz, ao prolatar a sentença condenatória, poderá determinar a destruição dos bens ilicitamente produzidos ou reproduzidos e o perdimento dos equipamentos apreendidos, desde que precipuamente destinados à produção e reprodução dos bens, em favor da Fazenda Nacional, que deverá destruí-los ou doá-los aos Estados, Municípios e Distrito Federal, a instituições públicas de ensino e pesquisa ou de assistência social, bem como incorporá-los, por economia ou interesse público, ao patrimônio da União, que não poderão retorná-los aos canais de comércio."*.
- Segundo decidiu o STJ, *é* possível considerar, para a aplicação dos efeitos da condenação do art. 92, inciso I, alínea *a*, do CP, que o crime foi cometido com violação de dever para com a Administração Pública mesmo em situações nas quais o agente público não tenha se valido do cargo. O tribunal julgou válida a perda do cargo de um policial militar condenado a menos de quatro anos de pena privativa de liberdade por ter ele cometido um roubo tentado. Embora não estivesse ele no exercício do

cargo no momento da conduta, tratou-se de evidente violação do dever para com a Administração Pública (REsp 1561248/GO, DJe 01/12/2015).

- Havendo pluralidade de condenações, a reabilitação só pode ser requerida após o transcurso do período de dois anos **a partir do cumprimento da última sanção penal**.
- Na hipótese de indeferimento do pleito de reabilitação, o mesmo poderá ser renovado, a qualquer tempo, desde que seja instruído com novos elementos comprobatórios dos requisitos necessários (art. 94, parágrafo único, CP).

13. AÇÃO PENAL

- As condições da ação são divididas em gerais ou genéricas e especiais ou específicas:

a) **Genéricas** são condições exigidas em todas as ações penais. A doutrina majoritária menciona três, embora haja quem sustente haver quatro:

1) **Possibilidade jurídica do pedido:** o pedido formulado, isto é, o provimento jurisdicional solicitado, deve encontrar amparo no ordenamento jurídico. O fato narrado, em suma, tem que encontrar amparo no direito vigente. Faltando qualquer um dos requisitos do fato punível, o pedido é juridicamente impossível.

2) **Legitimidade *ad causam*** (para a causa): a legitimidade ativa pertence ao Ministério Público (na ação pública) ou à vítima (na ação privada); a passiva exige, em regra, pessoa (humana) que tenha 18 anos ou mais na data do fato (agente imputável).

3) **Interesse de agir:** interesse significa necessidade, adequação e utilidade do provimento jurisdicional. No âmbito penal, o interesse de agir é inerente à ação penal (porque sem intervenção do juízo jamais se aplica pena criminal). Em cada caso concreto cabe ao juiz examinar, portanto, os aspectos pertinentes à adequação do provimento solicitado e sua utilidade (para dirimir o conflito);

4) **Justa causa:** significa presença de *fumus boni iuris*, isto é, lastro probatório mínimo. Caso uma ação penal (pública ou privada) venha a ser intentada sem nenhuma prova a respeito da existência do fato ou sobre a autoria, impõe-se sua rejeição liminar.

b) **Específicas**: são condições especiais exigidas em determinadas ações penais, como a representação da vítima e a requisição do Ministro da Justiça.

- A indivisibilidade não se discute na ação penal privada. Há, todavia, polêmica no que concerne à aplicação deste princípio à ação penal pública. Norberto Avena ensina vigorar nesta espécie de ação penal a divisibilidade, pois, "havendo mais de um suposto autor do crime, nada impede que venha o Ministério Público a ajuizar a ação penal apenas em relação a um ou alguns deles, relegando-se tal propositura quanto aos demais, para momento posterior. Esse procedimento do Ministério Público pode justificar-se tanto na necessidade de serem buscados maiores elementos para amparar o processo penal em relação aos investigados que não constaram no polo passivo da inicial, como em questão de estratégia processual" (*Processo Penal Esquematizado*, p. 165).
- Na continuidade delitiva (artigo 71 do Código Penal), o prazo decadencial deve ser considerado em relação a cada delito, ou seja, para cada um dos atos isoladamente. Em se tratando de crime permanente, o prazo fatal começa a fluir apenas depois de cessada a permanência.
- Quadro resumo sobre a ação penal:

Tipos de ação penal		Legitimidade
Ação penal púbica (denúncia)	Incondicionada	Ministério Público.
	Condicionada a representação	Ministério Público (mediante representação do ofendido ou representante legal)
	Condicionada a requisição	Ministério Público (mediante requisição do Ministro da Justiça)
Ação penal privada (queixa)	Exclusiva ou propriamente dita	Ofendido (ou seu representante legal)
	Personalíssima	Somente o ofendido
	Subsidiária da pública	Ofendido (ou seu representante legal)

- Temos doutrina lembrando da ação penal *pública subsidiária da pública*, caso em que o Ministério Público Federal, constatando a inércia do Ministério Público estadual, pode agir, mesmo em crimes que não são, originariamente, da sua atribuição. Citam como exemplos, o Decreto-lei nº 201/67 (art. 2º, § 2º) e o Código Eleitoral (art. 357, §§ 3º e 4º). Prevalece, no entanto, que estes dispositivos não foram recepcionados pela CF/88.
- Não foram recepcionados os arts. 26 e 531, ambos do Código de Processo Penal, que previam o chamado "processo judicialiforme". Antes da Constituição de 1988, o juiz e o delegado de polícia podiam iniciar a ação penal nas contravenções, o que não é mais possível em razão da modificação do cenário jurídico imposta pela nova ordem constitucional.
- Há divergência no que concerne à cessação do prazo decadencial se proposta a ação penal privada perante juízo incompetente. Norberto Avena expõe o assunto da seguinte forma: "Entendemos, porém, que deverá haver a interrupção do prazo decadencial, tal qual tivesse a ação penal sido deduzida no juízo competente, pois, apesar do equívoco no ajuizamento, é certo que o ofendido não se manteve inerte no prazo legal. E a inércia é o fundamento da decadência do direito na ação penal privada. Assim, constatando não ser competente, deverá o magistrado encaminhar a inicial acusatória ao juízo que o seja, para que lá seja recebida e processada a queixa-crime, independente da circunstância eventual de, ao aportar naquele juízo a ação penal, já se ter esgotado o prazo de seis meses" (*Processo Penal Esquematizado*, 2ª ed. São Paulo: Editora Método, 2010, p. 177).
- Quanto à representação do ofendido, a desnecessidade de se observar forma específica é pacífica tanto na doutrina quanto na jurisprudência. Não há

um formulário específico a ser preenchido, nem um padrão com texto obrigatório: basta qualquer manifestação escrita no sentido de querer representar.

- A representação não vincula o Ministério Público, titular privativo da ação penal, no que concerne à *opinio delicti*, pois ao órgão do *parquet* cabe analisar se os fatos apurados permitem o oferecimento da denúncia. Ou seja, mesmo que a vítima representar pela instauração da ação penal, sem os elementos probatórios mínimos, não há como o representante do Ministério Público oferecer a denúncia, sob pena de ser rejeitada pelo juiz, com base no art. 395 do Código de Processo Penal.
- No que concerne à representação na hipótese de coautoria, em que só tenha havido menção a um dos autores do fato criminoso, é possível ao Ministério Público denunciar todos os que concorreram para a infração penal, fenômeno conhecido como critério de extensibilidade da denúncia.
- O Ministério Público, na ação penal privada, participa como fiscal da lei. Por isso, é possível que adite a queixa em relação a aspectos formais. Reina na doutrina o dissenso a respeito da possibilidade de o Ministério Público aditar a queixa para incluir outro agente. Para alguns, agindo como fiscal da lei e zelando pela indivisibilidade da ação penal, poderá o membro do Ministério Público incluir novo réu mediante aditamento. Outros, no entanto, sustentam que o Ministério Público não pode aditar a denúncia para esta finalidade, pois que se trata de legitimidade exclusiva da vítima para agir. Neste caso, a exclusão de um dos agentes caracterizaria renúncia ao direito de queixa sobre ele, o que redundaria na renúncia também em relação ao querelado, em razão do disposto no art. 49 do Código de Processo Penal.
- Na ação penal privada subsidiária, o Ministério Público tem os seguintes poderes:

a) Pode, desde logo, repudiar a queixa; nesse caso, todavia, passa a contar com a obrigação de oferecer denúncia substitutiva. Denúncia substitutiva, portanto, é a que deve ser oferecida pelo Ministério Público no lugar da ação penal privada subsidiária (Código de Processo Penal, art. 29) que foi refutada (repudiada);

b) Se o Ministério Público não repudiar a queixa subsidiária ele pode: aditá-la (com totais poderes de incluir novos autores, novos fatos etc.), intervir em todos os termos do processo, fornecer provas ou indicações delas e interpor recursos;

c) De outro lado, se o querelante negligenciar, deve o Ministério Público retomar a ação como parte principal.

- No caso de vítima pobre, à Defensoria Pública cabe promover a ação penal privada subsidiária da pública, nos termos do art. 4º da Lei Complementar nº 80/94, com redação dada pela Lei Complementar nº 132/09, desde que já tenha sido criada e estruturada, caso contrário, a titularidade continua com o Ministério Público.

14. EXTINÇÃO DA PUNIBILIDADE

- Punibilidade é o direito que tem o Estado de aplicar a sanção penal prevista na norma incriminadora, contra quem praticou a infração penal. A punibilidade não integra o conceito analítico de crime, sendo sua consequência jurídica (efeito do crime). Extinta a punibilidade, não desaparece o crime, somente seu efeito.
- Em resumo (e relembrando):

CRIME			EFEITO
FATO TÍPICO	**ILICITUDE**	**CULPABILIDADE**	**PUNIBILIDADE**
O princípio da insignificância aparece como sua causa supralegal de extinção	Admite causa supralegal de exclusão: consentimento do ofendido	A inexigibilidade de conduta diversa é a porta de entrada das causas supralegais de exclusão (desobediência civil, por exemplo)	O rol de causas extintivas no art. 107 é meramente exemplificativo. A Súmula 554 do STF anuncia causa supralegal que faz desaparecer o direito de o Estado punir o agente

- Não podemos confundir causas extintivas da punibilidade com causas de exclusão da punibilidade e condições objetivas de punibilidade:

a) nas causas extintivas, o direito de punir nasce, mas desaparece em razão de fato/evento superveniente. Por exemplo, no crime perseguido mediante ação penal de iniciativa exclusiva da vítima, não sendo proposta a ação penal (queixa-crime) no prazo legal, ocorre a decadência, extinguindo o direito de punir do Estado.

b) na causa de exclusão, o direito de punir sequer nasce, levando em conta, em regra, determinadas condições pessoais do agente. No furto praticado pela mulher em face do marido, por exemplo, o Estado, no art. 181, I, do CP, por razões de política criminal, anuncia, desde logo, que não tem interesse em punir o fato.

c) a condição objetiva de punibilidade, por sua vez, suspende o direto de punir até o advento de um fato/evento futuro e incerto, não abrangido pelo dolo do agente, pressuposto para a concretização da punibilidade. Para que a lei penal brasileira seja aplicada ao crime praticado por brasileiro no estrangeiro, concretizando o direito de punir pátrio, é necessário que o fato seja punível também no país em que foi cometido (art. 7º, § 2º, "b", do CP).

- Note que, uma vez concedida a anistia (renunciando o Estado seu poder de punir), não pode lei superveniente impedir seus efeitos extintivos da punibilidade; deve ser respeitada a garantia constitucional da proibição da retroatividade maléfica.
- Discute-se a natureza jurídica do instituto da *abolitio criminis*. Uma primeira corrente (Flávio Monteiro de Barros) ensina que a natureza da *abolitio* é de causa extintiva da tipicidade, extinguindo, por conseguinte, a punibilidade. Para outra, adotada pelo Código Penal, a descriminalização representa causa extintiva da punibilidade, o que consta expressamente do seu artigo 107, III.
- Sobre o prazo decadencial, temos, em resumo:

Ação penal pública condicionada à representação e ação penal privada	Ação penal privada subsidiária da pública
O prazo decadencial tem como termo inicial o dia em que se conhece a autoria.	O termo inicial da decadência começa a ser contado do dia em que se esgota o prazo para o oferecimento da denúncia.
Se decorrer o prazo de 6 meses, ocorre decadência extinguindo a punibilidade.	Se decorrer o prazo de 6 meses, ocorre decadência **sem** a extinção da punibilidade, pois o MP continua legitimado para ajuizar a ação penal.

- Interessante notar que, prevendo o CP marcos iniciais diferentes, poderá haver prescrição sem haver decadência e, da mesma maneira, haver decadência sem que exista prescrição. Com efeito. A contagem do prazo prescricional, em regra, é contada da data em que a infração se consumou (art. 111 do CP); a contagem da decadência, em regra, da data em que se tomou conhecimento da autoria do fato (art. 103 do CP). Suponhamos que JOÃO teve seu carro danificado (crime previsto no art. 163 do CP, de iniciativa privada), e não conseguiu apurar a autoria. Depois de três anos, o Estado perde o direito de punir pela prescrição (não havendo decadência). Por outro lado, se JOÃO, logo após o dano, conhece a autoria, mas demora sete meses para oferecer a queixa, ocorre a decadência (e não a prescrição).
- De acordo com a jurisprudência dominante, configura-se a perempção quando da não apresentação de contrarrazões a recurso do querelado. Por outro lado, não ocorre perempção na hipótese de apresentação de razões recursais intempestivas.
- As distinções entre decadência, prescrição e perempção podem ser resumidas da seguinte forma:

Decadência	Prescrição	Perempção
Atinge diretamente o direito de ação.	Atinge diretamente o direito de punir ou executar punição já imposta.	Atinge o direito de prosseguir na ação.
Só ocorre nos crimes de ação penal privada e nos crimes de ação penal pública condicionada a representação do ofendido (6 meses).	Pode ocorrer tanto nas ações penais públicas (condicionadas ou não), quanto nas ações penais privadas (não importando a espécie).	Só ocorre nos crimes de ação penal privada (exclusiva ou personalíssima)
Sempre ocorre antes da ação penal	Pode ocorrer a qualquer momento, inclusive após o trânsito em julgado da sentença.	Só ocorre após o início da ação penal.

- Os crimes, ordinariamente, por mais graves que sejam, prescrevem. A Constituição Federal estabeleceu como regra a prescritibilidade, anotando o legislador constituinte ordinário as exceções. Com efeito, são imprescritíveis (A) o crime de racismo, tipificado na Lei nº 7.716/89 (art. 5º, XLII, CF/88); (B) os delitos praticados por grupos armados, civis ou militares, contra a ordem constitucional e o Estado Democrático (art. 5º, XLIV, CF/88).
- A Lei nº 13.254/16, que criou o Regime Especial de Regularização Cambial e Tributária (RERCT), para declaração voluntária de recursos, bens ou direitos de origem lícita, não declarados ou declarados com omissão ou incorreção em relação a dados essenciais, remetidos ou mantidos no exterior, ou repatriados por residentes ou domiciliados no País, conforme a legislação cambial ou tributária, estabelece diversas causas extintivas de punibilidade além daquelas elencadas no rol exemplificativo do art. 107 do Código Penal. Se, antes do trânsito em julgado da decisão criminal, o agente efetua a entrega da declaração dos recursos, bens e direitos sujeitos à regularização, paga integralmente o imposto devido e a multa, extingue-se a punibilidade dos seguintes crimes:

a) art. 1º e incisos I, II e V do art. 2º da Lei 8.137/90;
b) tipificados na Lei nº 4.729/65;
c) art. 337-A do Código Penal;
d) arts. 297, 298, 299 e 304 do Código Penal, quando exaurida sua potencialidade lesiva com a prática dos crimes mencionados nas alíneas anteriores;
e) caput e parágrafo único do art. 22 da Lei nº 7.492/86;
f) art. 1º da Lei nº 9.613/98, quando o objeto do crime for bem, direito ou valor proveniente, direta ou indiretamente, dos crimes previstos nas alíneas anteriores.

- A Lei nº 12.650/12 acrescentou ao artigo 111 do Código Penal novo termo inicial da prescrição, específico para os crimes contra a dignidade sexual praticados contra crianças e adolescentes, não importando se previstos no CP (Tit. VI da parte Especial) ou em legislação extravagante (Código Penal Militar, por exemplo). Com a novel Lei, enquanto a vítima (criança ou adolescente) não completar dezoito anos, não corre a prazo fatal (prescricional), salvo se até o advento da maioridade for proposta a ação penal (caso em que o prazo se inicia do recebimento da denúncia, art. 117, I, do CP).

- Decidiu o STF que a redução do prazo prescricional pela metade por ser o agente maior de setenta anos ocorre somente se esta idade se completa até a prolação da sentença. Caso isso ocorra depois, não se dá a redução (HC 129.696/SP, j. 19/4/2016).
- Resumo relativo aos termos iniciais da prescrição da pretensão punitiva em abstrato:

Crime	Termo inicial da prescrição	Art. 111
Consumado	data da consumação	Inciso I
Tentado	data do último ato executório	Inciso II
Permanente	data em que cessou a permanência	Inciso III
Crime de bigamia, falsificação ou alteração de assentamento de registro civil	data em que o fato se tornou conhecido	Inciso IV
Nos crimes contra a dignidade sexual de crianças e adolescentes, previstos neste Código ou em legislação especial	data em que a vítima completar 18 (dezoito) anos, salvo se a esse tempo já houver sido proposta a ação penal.	Inciso V

- Quadro síntese da disciplina da prescrição retroativa após a alteração promovida pela Lei nº 12.234/10:

Antes da Lei nº 12.234/2010	Depois da Lei nº 12.234/2010
Art. 110, § 2º, CP: *"A prescrição, de que trata o parágrafo anterior, pode ter por termo inicial data anterior à do recebimento da denúncia ou da queixa".*	Art. 110, § 1º, CP: *"A prescrição, depois da sentença condenatória com trânsito em julgado para a acusação ou depois de improvido seu recurso, regula-se pela pena aplicada, não podendo, em nenhuma hipótese, ter por termo inicial data anterior à da denúncia ou queixa".*
A prescrição retroativa poderia abranger período anterior ao recebimento da denúncia ou queixa.	Hoje **só se admite prescrição retroativa entre o recebimento da inicial e a condenação**
A mudança legislativa é prejudicial ao réu, de modo que não se aplica retroativamente. Fatos praticados antes desta lei permanecem com a possibilidade de aplicação da prescrição retroativa com termo inicial anterior ao recebimento da denúncia ou queixa.	

- São hipóteses de prescrição da pretensão punitiva da multa:

Hipótese	Prescrição	Fundamento
Pena pecuniária é a única cominada	Opera-se em dois anos, contados nos termos do art. 111 do CP	Art. 114, I, CP
Pena de multa cominada cumulativamente com pena privativa de liberdade*	Prescreve junto com a pena mais grave	Art. 118, CP
Pena de multa cominada alternativamente com pena de prisão	Prescreve junto com a pena de prisão	Art. 118, CP
*. Ainda que a pena privativa de liberdade seja convertida em restritiva de direitos, não é possível aplicar o artigo 114, I, CP. Neste sentido: "A pena restritiva de direitos é de natureza jurídica distinta da pena de multa. Inaplicabilidade, portanto, do inciso I do art. 114 do CP. Disposição legal que estabelece, de modo particularizado, o prazo prescricional de 2 (dois) anos para a pena de multa, quando essa multa 'for a única cominada ou aplicada', o que não é a hipótese dos autos". (STF – Primeira Turma – HC 101669 – Rel. Min. Dias Toffoli – DJe 30/11/2010)		

- São hipóteses de prescrição da pretensão executória da multa:

Hipótese	Prescrição	Fundamento
Pena de multa aplicada cumulativamente com pena privativa de liberdade	Prescreve junto com a pena privativa de liberdade, mais grave	Art. 118, CP
Pena de multa é a única aplicada na sentença	Prescreve em dois anos, contados da data do trânsito em julgado para a acusação	Art. 114, CP

- Não se pode confundir renúncia com perdão do ofendido:

Renúncia (art. 107, V, primeira parte)	Perdão do ofendido (art. 107, V, segunda parte)
Decorrente do princípio da oportunidade	Decorrente do princípio da disponibilidade
Ato unilateral	Ato bilateral
Cabível, em regra, em ação penal privada (exceção – art. 74 da lei nº 9.099/95, abrangendo a ação penal pública condicionada)	Cabível apenas na ação penal privada.
Obsta a formação do processo penal	Pressupõe processo penal em curso

- O perdão do ofendido é cabível somente na ação penal, podendo ser (a) processual (concedido no bojo dos autos) ou extraprocessual (em cartório, por exemplo), (b) expresso ou tácito (tácito é o perdão que resulta da prática de ato incompatível com a vontade de prosseguir na ação – art. 106, § 1º, CP). Diferentemente da renúncia, trata-se de ato bilateral, não produzindo efeitos se o querelado o recusa (art. 106, inciso III, do Código Penal). Imprescindível, portanto, que o perdão seja aceito, expressa ou tacitamente. Não obstante, não é dado ao querelado (suposto autor do fato) impor condições à aceitação; de igual modo, a vítima não pode impor exigências para que perdoe. Em outras palavras, tanto o perdão quanto a aceitação são atos incondicionais: perdoa-se sem exigências e se aceita sem condições.

- O perdão pode ser oferecido depois do início da ação até o trânsito em julgado final. Não é admissível o perdão depois que passa em julgado a sentença condenatória (art. 106, § 2º, do CP), pois nesse momento entra-se na fase de execução e não se tolera mais nenhuma intervenção do ofendido, ainda que a ação seja exclusivamente privada.
- O perdão judicial constitui causa extintiva de punibilidade que, diferente do perdão do ofendido, não precisa ser aceito para gerar efeitos:

PERDÃO ACEITO	PERDÃO JUDICIAL
Concedido pela vítima (ou seu representante legal)	Concedido pelo juiz
Para extinguir a punibilidade, precisa ser aceito (ato bilateral)	Dispensa ser aceito para extinguir a punibilidade (ato unilateral)
Cabível somente em crimes perseguidos mediante ação penal de iniciativa privada	Cabível nas hipóteses expressamente previstas em lei, não importando a espécie de ação penal do crime

- A Lei de Contravenções Penais tem disposição expressa no sentido de que *"No caso de ignorância ou de errada compreensão da lei, quando escusáveis, a pena pode deixar de ser aplicada"* (art. 8º, LCP). Trata-se de hipótese específica de perdão judicial diante da ignorância da lei – em regra inescusável.

15. CRIMES CONTRA A PESSOA

- Flávio A. Monteiro de Barros, transcrevendo na íntegra a lição de Euclides Custódio da Silveira, nos traz interessante problema referente a crime de homicídio praticado por xifópagos (irmãos ligados um ao outro, desde o apêndice xifoide até o umbigo). Apesar de magro o seu interesse prático, existe uma curiosidade teórica: "Dado que a deformidade física não impede o reconhecimento da imputabilidade criminal, a conclusão lógica é que responderão como sujeitos ativos. Assim, se os dois praticarem um homicídio, conjuntamente ou de comum acordo, não há dúvida que responderão ambos como sujeitos ativos, passíveis de punição. Todavia, se o fato é cometido por um, sem ou contra a vontade do outro, impor-se-á a absolvição do único sujeito ativo, se a separação cirúrgica é impraticável por qualquer motivo, não se podendo excluir sequer a recusa do inocente, que àquela não está obrigado. A absolvição se justifica, como diz Manzini, porque, conflitando o interesse do Estado ou da sociedade com o da liberdade individual, esta é que tem de prevalecer. Se para punir um culpado é inevitável sacrificar um inocente, a única solução sensata há de ser a impunidade" (*Crimes contra a pessoa*, p. 12). Flávio Monteiro, no entanto, discordando da conclusão dada ao caso, prefere ensinar que o xifópago autor do crime deve ser processado e condenado por homicídio, inviabilizando-se, porém, o cumprimento da reprimenda, tendo em vista o princípio da intransmissibilidade da pena. Se, no futuro, o outro também vier a delinquir e a ser condenado, ambos poderão cumprir as respectivas penas.
- Para que haja o crime de homicídio, não é necessário que se trate de vida viável (vitalidade, capacidade de vida autônoma), bastando a prova de que a vítima nasceu viva e com vida estava no momento da conduta criminosa do agente (qualquer antecipação da morte, ainda que abreviada por poucos segundos, é homicídio).
- A eutanásia pode ser ativa ou passiva. Será ativa quando presentes atos positivos com o fim de matar alguém, eliminando ou aliviando seu sofrimento. A passiva se dá com a omissão de tratamento ou de qualquer meio capaz de prolongar a vida humana, irreversivelmente comprometida, acelerando o processo morte. Não se pode confundir eutanásia com ortotanásia e distanásia. Como bem esclarece Regis Prado, "A ortotanásia tem certa relação com eutanásia passiva, mas apresenta significado distinto desta e oposto da distanásia. O termo ortotanásia (do grego *orthos*, correto, e *thanatus*, morte) indica a morte certa, justa, em seu momento oportuno. Destarte, corresponde à supressão de cuidados de reanimação em pacientes em estado de coma profundo e irreversível, em estado terminal ou vegetativo. De outra parte, a distanásia (do grego, *dys*, mau, anômalo, e *thanatus*, morte) refere-se ao prolongamento do curso natural da morte – e não da vida – por todos os meios existentes, apesar de aquela ser inevitável, sem ponderar os benefícios ou prejuízos (sofrimento) que podem advir ao paciente" (*Tratado de Direito Penal Brasileiro*, v. 4, p. 66).
- Já decidiu o STJ que eventual altercação anterior entre a vítima e o autor do homicídio não afasta, por si, a qualificadora do motivo fútil: "A anterior discussão entre a vítima e o autor do homicídio, por si só, não afasta a qualificadora do motivo fútil. Precedente citado: AgRg no AREsp 31.372-AL, Sexta Turma, DJe 21/3/2013; AgRg no AREsp 182.524-DF, Quinta Turma, DJe 17/12/2012" (AgRg no REsp 1.113.364/PE, Quinta Turma, rel. Min. Sebastião Reis Júnior, DJe 21/8/2013).
- O STJ decidiu que o dolo eventual no homicídio é incompatível com a qualificadora do motivo fútil (HC 307.617/SP, DJe 16/5/2016).
- O mesmo tribunal decidiu que a qualificadora relativa à torpeza pode ou não se comunicar ao mandante do homicídio, a depender das circunstâncias (REsp 1.209.852/PR, DJe 2/2/2016).

- Quantas pessoas devem, no mínimo, integrar o "grupo" de extermínio ou a milícia privada que majoram a pena do homicídio doloso? O texto é totalmente silente. Duas são as conclusões possíveis e já presentes fomentando a discussão na doutrina. A primeira é no sentido de que o número de agentes deve coincidir com o da associação criminosa (art. 288 do CP), qual seja, três ou mais pessoas. A segunda (à qual nos filiamos) se alinha ao conceito de organização criminosa, definida e tipificada na Lei nº 12.850/13, exigindo no mínimo de quatro pessoas.
- Deve ser observado que a Lei nº 8.072/90 não foi alterada pela Lei nº 12.720/12, não abrangendo no rol dos crimes hediondos o homicídio (simples) praticado por milícia privada, em que pese, nesses casos, não se imaginar um homicídio, com esses predicados, ser julgado como "simples", apresentando-se, na esmagadora maioria das vezes, impregnado de circunstâncias qualificadoras (motivo torpe, motivo fútil, meio cruel etc.).
- A Lei 13.104/15 inseriu o inciso VI para incluir no § 2º do art. 121 do Código Penal o feminicídio, entendido como a morte de mulher em razão da condição do sexo feminino (leia-se, violência de gênero quanto ao sexo). A incidência da qualificadora reclama situação de violência praticada contra a mulher, em contexto caracterizado por relação de poder e submissão, praticada por homem ou mulher sobre mulher em situação de vulnerabilidade. Com a novel Lei, o feminicídio passa a configurar a sexta forma qualificada do crime de homicídio. O § 2º-A foi acrescentado para esclarecer quando a morte da mulher deve ser considerada em razão da condição do sexo feminino: I – violência doméstica e familiar (art. 5º da Lei nº 11.340/06); II – menosprezo ou discriminação à condição de mulher (neste caso tipo se torna aberto, pois compete ao julgador estabelecer, diante do caso concreto, se o homicídio teve como móvel a diminuição da condição feminina).
- A Lei nº 13.104/15 também acrescentou no art. 121 o § 7º, majorante que eleva de um terço até a metade a pena do feminicídio se o crime for praticado: a) durante a gestação ou nos três meses posteriores ao parto; b) contra pessoa menor de catorze anos, maior de sessenta anos, com deficiência ou portadora de doenças degenerativas que acarretem condição limitante ou de vulnerabilidade física ou mental: ao se referir à idade da vítima (menor de catorze ou maior de sessenta anos) o dispositivo repete o § 4º do art. 121. Ressalta-se, porém, que, nesta majorante, diferentemente daquela do § 4º, em que o aumento é fixo em um terço, o aumento é variável de um terço à metade. Outra figura da causa de aumento contempla a vítima com deficiência (física ou mental). O conceito de pessoa portadora de deficiência é trazido pelo art. 2º da Lei nº 13.146, de 06 de julho de 2015. E, com a alteração promovida pela Lei 13.771/18, majora-se também a pena se a vítima tem alguma doença degenerativa que provoque limitação ou vulnerabilidade física ou mental, como esclerose múltipla, esclerose lateral amiotrófica, Parkinson, Alzheimer, osteoporose, arteriosclerose, diabetes e alguns tipos de câncer; c) na presença física ou virtual de descendente ou de ascendente da vítima: expressa o texto legal que o comportamento criminoso ocorra na *presença* do ascendente ou do descendente da vítima. Diante do atual estágio de interação humana, em que ambientes de presença virtual são capazes de tornar a comunicação por meio de áudio e vídeo muito próxima da realidade, já sustentávamos, quando o § 7º foi incluído pela Lei 13.104/15, a possibilidade de interpretação extensiva do vocábulo *presença* para nele abarcar outras formas de interação que não a física, como chamadas com vídeo pela *internet* (Skype, por exemplo). Com a modificação promovida pela Lei 13.771/18, a majoração pela presença virtual é expressa; d) em descumprimento das medidas protetivas de urgência previstas nos incisos I, II e III do art. 22 da Lei Maria da Penha: por meio da Lei 13.771/18, inseriu-se nova majorante para as situações em que o homicida comete o crime apesar da existência de medidas protetivas contra si decretadas nos termos da Lei Maria da Penha. O inciso I do art. 22 estabelece a medida de suspensão da posse ou restrição do porte de armas; o inciso II consiste no afastamento do lar, domicílio ou local de convivência com a ofendida; e no inciso III temos a proibição de determinadas condutas, entre as quais: a) aproximação da ofendida, de seus familiares e das testemunhas, fixando o limite mínimo de distância entre estes e o agressor; b) contato com a ofendida, seus familiares e testemunhas por qualquer meio de comunicação; c) frequentação de determinados lugares a fim de preservar a integridade física e psicológica da ofendida. Desde a entrada em vigor da Lei 13.641/18, o descumprimento de medidas protetivas é crime punido com detenção de três meses a dois anos, mas, se ocorre no mesmo contexto da prática do homicídio, incide apenas a causa de aumento, afastando-se a figura criminosa autônoma diante do *bis in idem* provocado pela imputação simultânea.
- No julgamento do HC 430.222/MG (j. em 15/03/2018), o STJ negou a ordem sob – dentre outros – o argumento de que as qualificadoras do motivo torpe e do feminicídio não são incompatíveis porque não têm a mesma natureza: enquanto a primeira é subjetiva, esta última é dotada de índole objetiva.
- A Lei 13.142/15 alterou o § 2º do art. 121 do Código Penal para nele inserir o inciso VII, que qualifica o homicídio se cometido contra autoridade ou agente descrito nos arts. 142 e 144 da Constituição Federal, integrantes do sistema prisional e da Força Nacional de Segurança Pública, no exercício da função ou em decorrência dela, ou contra seu cônjuge, companheiro ou parente consanguíneo até 3º grau, em razão dessa condição. Trata-se de norma penal em branco, pois deve ser complementada pelos artigos 142 e 144 da Constituição Federal, que nos indicam alguns dos agentes de segurança pública cujo homicídio faz incidir a qualificadora.
- O inciso VII do § 2º do art. 121 é a única dentre as qualificadoras do homicídio que não tem correspondente agravante no art. 61 do Código Penal. Normalmente, quando alguém comete um homicídio com a incidência de mais de uma qualificadora, sustenta-se que uma delas sirva para qualificar o delito e as demais sejam consideradas na segunda fase de aplicação da pena. Se, no entanto, em conjunto com a qualificadora do inciso VII incidir outra, utilizada pelo juiz para qualificar o delito, o fato de o sujeito ativo ter matado agente de segurança

pública deverá ser considerado na aplicação da pena base (circunstâncias do crime).

- Tratando-se o art. 122 do Código Penal de crime de conduta múltipla ou de conteúdo variado (plurinuclear), mesmo que o agente pratique, no mesmo contexto fático e, sucessivamente, mais de uma ação descrita no tipo penal, responderá por crime único. Assim, por exemplo, aquele que induz, instiga e, finalmente, fornece a substância letal (auxílio) para que a vítima se mate, responderá por crime único, devendo o magistrado considerar a insistência criminosa na graduação da pena.
- Responde por homicídio (e não participação em suicídio) aquele que, depois de auxiliar o suicida, vê sua vítima, arrependida, pedir socorro, impedindo, dolosamente, a intervenção salvadora de terceiro.
- Não havendo forma culposa do crime de induzimento, instigação ou auxílio ao suicídio, prevalece que a conduta negligente causadora do suicídio de outrem é fato atípico (não configurando sequer homicídio culposo).
- No clássico exemplo do *duelo americano*, no qual duas pessoas, diante de duas armas, estando apenas uma carregada, combinam tirar a sorte sobre qual delas deva suicidar-se, o sobrevivente responde pelo crime do art. 122 do Código Penal, pois induziu, instigou ou mesmo auxiliou o perdedor a se matar.
- Alertamos que para a caracterização do infanticídio não basta que a mãe mate o filho durante ou logo após o parto, *sob a influência do estado puerperal*: é preciso, também, que haja uma relação de causa e efeito entre tal estado e o crime, pois nem sempre ele produz perturbações psíquicas na parturiente (*RT* 488/323 e 491/292).
- Nos termos do que dispõe o art. 20, § 3º, do CP, o erro quanto à pessoa contra a qual o crime é praticado não isenta o agente de pena. Contudo, neste caso, não se consideram as condições ou qualidades da vítima real, senão as da pessoa contra quem o agente queria praticar o crime (vítima virtual). Assim, se a mãe, sob influência do estado puerperal, logo após o parto, pensando ser seu filho (vítima virtual), acaba, por engano, matando filho alheio (vítima real), pratica o crime de infanticídio (putativo).
- No infanticídio, dependendo do grau de desequilíbrio fisiopsíquico oriundo do parto, pode a gestante ser considerada portadora de doença ou perturbação da saúde mental, aplicando-se as disposições dos arts. 26, *caput* ou parágrafo único, do CP caso tenha ela, em razão da causa biológica, retirada total ou parcialmente a capacidade de entendimento ou de autodeterminação.
- No aborto, a gravidez interrompida deve ser normal. Se *extrauterina* ou *molar*, a sua interrupção não caracteriza o crime. Na primeira (extrauterina), o embrião não se desenvolve na cavidade uterina, mas, por exemplo, na trompa (gravidez tubária), no ovário (gravidez ovárica) ou no tubo que atravessa a parede uterina (intersticial). A evolução dessa gravidez pode gerar a morte da gestante. Na segunda (molar), o produto da concepção apresenta-se degenerado, incapaz de vida nova.
- Prevalece o entendimento de que o sujeito passivo, no crime de aborto, é o produto da concepção (óvulo, embrião ou feto). "Pouco importa seja o feto uma *spes personae*; deve ele, mesmo assim, ser protegido pela tutela da lei, pois a vida humana, em seu infinito mistério, merece respeito, mesmo quando a ordem jurídica se encontra em presença não apenas de um homem (pessoa), mas de uma *spes hominis*" (Magalhães Noronha, *Direito Penal* cit., v. 2, p. 52).
- O aborto só é punível a título de dolo, consistente na consciente vontade de interromper a gravidez (ou consentir para tanto). Nélson Hungria admite também o dolo eventual, exemplificando com o caso da mulher que, sabendo-se grávida, tenta suicidar-se, resultando o aborto. Para nós, a depender do estágio da gravidez, a conduta da gestante no suicídio frustrado pode ser punida a título de dolo de 2º. grau. Suponhamos que uma mulher tenta eliminar sua própria vida, grávida de 2 meses. O sucesso no seu intento tem a morte do feto como consequência necessária (e certa quanto a ocorrência), e não resultado eventual (possível de ocorrer).
- O art. 126, parágrafo único, do Código Penal desconsidera a vontade positiva da gestante quando menor de 14 anos, alienada ou débil mental, ou se o seu consentimento foi obtido mediante fraude, grave ameaça ou violência. Nessas hipóteses, aplica-se ao terceiro provocador a pena do art. 125, ficando a gestante isenta de sanção penal (porque irresponsável).
- Para que incida a majorante do art. 127 do CP não é indispensável que o aborto se consume. Basta que a gestante sofra lesão grave ou que venha a morrer. Essa conclusão decorre do próprio texto da lei, que determina o acréscimo quando as lesões graves ou a morte constituem consequências do aborto ou dos meios empregados para provocá-lo.
- Quanto à lesão corporal, inúmeros são os doutrinadores que lecionam ser a integridade física um bem indisponível, nada representando eventual consentimento do ofendido. Quer nos parecer que essa lição é por demais simplista (e já ultrapassada), não se coadunando com a realidade que se nos apresenta. Cezar Bitencourt, com maestria, sustenta que, "no ordenamento jurídico brasileiro, a integridade física apresenta-se como *relativamente disponível*, desde que não afronte interesses maiores e não ofenda aos bons costumes, de tal sorte que as pequenas lesões podem ser livremente consentidas, como ocorre, por exemplo, com as perfurações do corpo para a colocação de adereços, antigamente limitados aos brincos de orelhas. Ademais, seguindo essa linha de raciocínio, a caminho da disponibilidade, a própria ação penal perdeu seu caráter publicístico absoluto, passando a ser condicionada à representação do ofendido, quando se tratar de lesão corporal de natureza leve ou culposa" (Direito Penal, vol. 2, p. 155).
- A lei penal considera irrelevante a autolesão. Contudo, destaca Cezar Roberto Bitencourt que, se um *inimputável, menor, ébrio* ou por qualquer razão incapaz de entender ou de querer, por determinação de outrem, praticar em si mesmo uma lesão, quem o conduziu à autolesão responderá pelo crime, na condição de autor mediato. Algo semelhante, embora com fundamento diferente, ocorre quando alguém, agredido por outrem, para defender-se, acaba se ferindo. A causa do ferimento foi a ação do agressor; logo, deverá responder pelo resultado lesivo. Con-

vém atentar, ademais, que o ato da vítima de ferir-se ao defender-se do ataque constitui uma causa superveniente relativamente independente, mas que *não produziu, por si só, o resultado*. Com efeito, afastando-se a causa anterior, isto é, a agressão, a autolesão também desapareceria; logo, esse fato anterior é causa e, portanto, o agressor deve responder pela lesão (*Tratado de Direito Penal*, v. 2, p. 187).

- Cortar os cabelos de outrem pode constituir crime de lesão corporal, mas é indispensável que a ação provoque uma alteração desfavorável no aspecto exterior do indivíduo, de acordo com os padrões sociais médios (*JTAERGS* 94/109). Há quem sustente, no caso, a configuração do delito de injúria real (*RT* 438/441). Entendemos que as duas posições são possíveis, tudo a depender do dolo que animou o agente.
- O § 1º do art. 129 do Código Penal traz lesões qualificadas pelo resultado, podendo o evento ser querido ou aceito pelo agente (dolo, direto ou eventual) ou culposamente provocado (culpa), hipótese configuradora do preterdolo. Excepcionalmente, porém, algumas qualificadoras são punidas somente a título de preterdolo, pois, se dolosas também no consequente, outro será o delito. São elas o perigo de vida (§ 1º, II) e abortamento (§ 2º, V).
- Questão que tem gerado polêmica sobre a qualificadora de debilidade permanente de membro, sentido ou função é a perda dos dentes, lecionando a maioria que a solução deve ser buscada por meio da perícia, modo seguro e capaz de determinar, com base no caso concreto, se a perda de um ou outro dente causou redução ou enfraquecimento do aparelho da mastigação. O mesmo raciocínio deve ser utilizado no caso da perda de um dedo. De acordo com o que já decidiu o STJ, a perda de dois dentes deve ser tratada como debilidade, não como deformidade permanente (REsp 1.620.158/RJ, DJe 20/9/2016).
- Considera-se de natureza gravíssima a lesão se dela resulta o abortamento. Aqui, pune-se a lesão a título de dolo e o abortamento (interrupção da gravidez) a título de culpa (crime preterdoloso ou preterintencional). Não se confunde com o art. 127, 1.ª parte, que veicula algo completamente oposto. A diferença está retratada, de maneira ímpar, nas lições de Nélson Hungria: "Há que distinguir entre a hipótese do inciso V do § 2º do art. 129 e a do art. 127, 1.ª parte, pois há uma inversão de situações: na primeira, a lesão é querida e o aborto não; na segunda, o aborto é que é o resultado visado, enquanto a lesão não é querida, nem mesmo eventualmente" (*Comentários ao Código Penal*, v. 5, p. 327). É indispensável que o agente tenha conhecimento da gravidez da vítima (ou que sua ignorância tenha sido inescusável), jamais querendo ou aceitando o resultado mais grave, caso em que haveria o abortamento criminoso (art. 125 do CP).
- Na lesão corporal gravíssima, segundo o STJ, a realização de cirurgia estética que repare os efeitos da lesão não afasta a qualificadora da deformidade permanente, pois "o fato criminoso é valorado no momento de sua consumação, não o afetando providências posteriores, notadamente quando não usuais (pelo risco ou pelo custo, como cirurgia plástica ou de tratamentos prolongados, dolorosos ou geradores do risco de vida) e promovidas a critério exclusivo da vítima" (HC 306.677/RJ, DJe 28/5/2015).
- Na lesão corporal cometida contra a mulher no âmbito doméstico e familiar não se aplica o princípio da insignificância, como decidiu o STF (RHC 133.043/MT, j. 10.5.2016). No mesmo sentido é a súmula nº 589 do STJ: "É inaplicável o princípio da insignificância nos crimes ou contravenções penais praticadas contra a mulher no âmbito das relações domésticas".
- A Lei 13.142/15 também alterou o art. 129 do Código Penal para acrescentar o § 12, que majora a pena da lesão corporal (dolosa, leve, grave, gravíssima ou seguida de morte) de um a dois terços quando praticada contra autoridade ou agente descrito nos arts. 142 e 144 da Constituição Federal, integrantes do sistema prisional e da Força Nacional de Segurança Pública, no exercício da função ou em decorrência dela, ou contra seu cônjuge, companheiro ou parente consanguíneo até 3º. grau, em razão dessa condição. As lesões gravíssimas e seguidas de morte cometidas nestas condições são hediondas (art. 1º, inc. I-A, da Lei 8.072/90).
- No art. 130 o Código Penal não indica quais as *moléstias venéreas* que integram o tipo penal, fazendo apenas referência genérica e indeterminada (norma penal em branco), o que demanda complemento para se alcançar a clareza e exatidão exigida por lei (art. 1º do CP). Tal complemento nos é dado por normas do âmbito do Ministério da Saúde, aliás, a exemplo do que já ocorre com a expressão *drogas* trazida pela Lei 11.343/2006.
- No crime de perigo de contágio venéreo (art. 130 do CP), como tratar a situação em que da prática do ato de libidinagem ocorre o contágio da vítima, resultado que não faz parte da vontade do agente? Entende a maioria da doutrina que a efetiva contaminação do ofendido constituirá mero exaurimento, a ser considerada pelo magistrado na fixação da pena. Heleno Fragoso, no entanto, sustentando que o delito em tela é sempre subsidiário (um soldado de reserva), ensina que, no caso do efetivo contágio, deve o agente responder pelas lesões dele resultantes, a despeito do dolo de perigo ((*Direito penal*, v. 2, p. 80). Esse é também o entendimento de Magalhães Noronha, ensinando que: "Se resultar contágio efetivo, haverá o crime de lesão corporal, que também é a ofensa à saúde" (*Direito Penal – Parte Especial*, v. 1, p. 73).
- O crime do art. 131 também não etiquetou quais as *moléstias graves* que integram o tipo penal, fazendo apenas referência genérica e indeterminada (norma penal em branco). Desse modo, sua clareza é retirada de complemento do âmbito dos Regulamentos do Ministério da Saúde. Encontramos, no entanto, posição em outro sentido, lecionando que o tipo em estudo descreve um elemento normativo que exige, para a sua compreensão, uma atividade médica valorativa, pericialmente averiguada, independentemente de constarem ou não de regras do Executivo.
- No art. 132 do Código Penal, havendo dolo de dano, ou seja, pretendendo o agente atingir a vida ou a saúde de alguém, responderá por outro crime (tentativa de homicídio ou tentativa de lesão corporal).

- No art. 132 do Código Penal, se da conduta perigosa criada pelo agente sobrevier dano para a vítima, deve ser perguntado: o novo evento é mais ou menos relevante que a exposição a perigo? Se mais (ex.: morte), responderá o autor por homicídio culposo, isso em razão da subsidiariedade expressa do crime de perigo; se menos relevante (ex.: ofensa à integridade física), e demonstrado o dolo de risco apenas, o agente responderá pelo crime de perigo e não de lesão corporal culposa.
- No abandono de incapaz, não haverá o crime se o responsável fica próximo da vítima, vigiando para que alguém a recolha, ou, então, no caso de a vítima ser abandonada em ambiente rodeado de assistência (ex.: hospital). Em nenhuma das hipóteses, à evidência, ocorre o perigo concreto para o "abandonado".
- Considerando que no crime do art. 135 do Código Penal o dever de assistência é imposição que recai em todos, sem distinção, o crime em tela não admite coautoria. Assim, se várias pessoas negam a assistência, todas respondem pelo crime de omissão de socorro. Contudo, se apenas uma socorre a vítima necessitada, não o fazendo as outras, desaparece o delito, sendo a obrigação de natureza solidária (nesse sentido: *RT* 497/337).
- Indispensável, na omissão de socorro, que o sujeito ativo esteja na presença da vítima em perigo. Cezar Roberto Bitencourt explica: "O sujeito ativo deve estar no lugar e no momento em que o periclitante precisa de socorro; caso contrário, se estiver ausente, embora saiba do perigo e não vá ao seu encontro para salvá-lo, não haverá o crime, pois, o crime é omissivo, e não comissivo. Poderá nesse caso haver egoísmo, insensibilidade, displicência, indiferença pela 'sorte' da vítima, mas esses sentimentos, ainda que eticamente possam ser censuráveis, não tipificam a omissão de socorro, pois, como lembrava Magalhães Noronha, 'um código penal não é um código de ética'." (*Direito penal*, v. 2, p. 287).
- A Lei 12.653/12 acrescentou à Parte Especial do CP, mais precisamente no Capítulo III (Da periclitação da vida e da saúde), a mais nova forma de omissão de socorro, praticada mediante o condicionamento de atendimento médico hospital emergencial, punida com 3 meses a 1 ano, e multa (infração penal de menor potencial, salvo na forma qualificada pela morte). Consiste em negar atendimento emergencial, exigindo do potencial paciente (ou de seus familiares), como condição para a execução dos procedimentos de socorro: a) cheque caução (cheque em garantia), nota promissória (promessa de pagamento) ou de qualquer garantia (endosso de uma duplicata ou letra de câmbio, por exemplo); b) o preenchimento prévio de formulários administrativos, quase sempre na forma de contratos de adesão favorecendo abusivamente uma das partes (o hospital).
- Discute-se se o companheiro da mãe da vítima pode praticar, em face desta, o crime de maus tratos. Para uma primeira corrente, embora não sendo pai, pode figurar como sujeito ativo se restar comprovado que, na ocasião dos fatos, encontrava-se a vítima sob a autoridade, guarda e vigilância do agente (*RJDTACrimSP* 17/119); há, entretanto, uma segunda corrente, ensinando inexistir o crime de maus-tratos carecendo o agente de poder correcional, assegurado pela relação de parentesco (*JTACrimSP* 87/290).
- Para que fique caracterizado o crime de rixa, é insuficiente a participação de apenas dois contendores. O crime se caracteriza exatamente pela ação individual de mais de dois rixosos, agredindo-se reciprocamente e de maneira generalizada.
- O crime de rixa se consuma com o início do conflito, isto é, com a efetiva troca de agressões entre os rixosos. Trata-se de crime de perigo presumido (ou abstrato), punindo-se a simples troca de agressões, pouco importando haja ou não ferimentos (a não ser para majorar a pena quando graves ou provocadores de morte).
- No caso da rixa qualificada pela morte, se o agente dela tomou parte e saiu antes da morte da vítima, responde pelo crime qualificado, pois se entende que, com sua conduta anterior, criou condições para o desfecho morte. Não bastasse, é sabido que a rixa é uma só. Não se pode cindi-la em partes. Aliás, muitas vezes aquele que se retirou do tumulto foi o principal causador da batalha.
- Quadro resumo a respeito das características dos crimes contra a honra:

	CONDUTA	HONRA OFENDIDA
Calúnia (art. 138 CP)	Imputar determinado fato previsto como crime, sabidamente falso.	Honra objetiva (reputação).
Difamação (art. 139 CP)	Imputar determinado fato não criminoso, porém desonroso, não importando se verdadeiro ou falso.	Honra objetiva (reputação).
Injúria (art. 140 CP)	Atribuir qualidade negativa.	Honra subjetiva (dignidade/decoro, autoestima).

- Se praticados dois ou mais delitos contra a honra (ainda que diversos) em contextos fáticos autônomos, perfeitamente possível se mostra o concurso de infrações (o STJ decidiu ser possível, na divulgação de uma única carta, a coexistência das três figuras criminosas relativas à lesão da honra – RHC 41.527/RJ, DJe 11/03/2015). A dificuldade surge quando praticados no mesmo contexto de fato: a) temos decisões reconhecendo, na hipótese, a continuidade delitiva, pois ofendem o mesmo bem jurídico (*RT* 545/344); b) há corrente preferindo aplicar ao caso o princípio da consunção, isto é, o crime mais leve é absorvido pelo mais grave, não importando a espécie de honra ofendida (*RT* 682/363); c) pensamos possível o concurso de delitos somente quando da(s) conduta(s) são atingidas honras diferentes. Assim, admitimos o concurso, material ou formal, a depender do caso, entre calúnia (ou difamação) e injúria.
- Os advogados, em razão do disposto no art. 7º, § 2º, do EOAB, não estão imunes ao delito de calúnia, pertencendo ao raio da inviolabilidade profissional apenas a *difamação* e a *injúria*, desde que cometidas no exercício regular de suas atividades. Não se exige qualidade especial da vítima. Aliás, incriminando-se a falsa imputação de fato "definido como

crime" (que não se confunde com imputar a "prática de crime"), os menores e loucos também podem ser sujeitos passivos.

- A autocalúnia é punida? Se o agente, perante a autoridade, assumir crime inexistente, ou a responsabilidade de delito que não praticou, dando ensejo a investigações ou diligências inúteis, prejudicando, o bom andamento do aparelhamento estatal, pratica o crime de autoacusação falsa (art. 341 do CP).
- Pacificou-se entendimento, tanto na doutrina quanto na jurisprudência, de que o consentimento da vítima exclui o delito de calúnia (a honra é disponível). Contudo, tal anuência tem de ser manifestada pela própria vítima, não admitindo consentimento dado por interposta pessoa (representante), vez que o bem jurídico (honra) não lhe pertence.
- Exigindo-se seriedade na conduta do agente, não incide no crime de calúnia (inexistindo dolo) aquele que age com intenção de brincar (*animus jocandi*), aconselhar (*animus consulendi*), narrar fato, próprio da testemunha (*animus narrandi*), corrigir (*animus corrigendi*) ou defender direito (*animus defendendi*).
- O art. 139 do CP não contém a previsão de "propalar ou divulgar" a difamação, como faz o art. 138 (calúnia). A omissão, à primeira vista, pode levar o incauto a pensar que o fato seria atípico. No entanto, pensamos que todo aquele que propala ou divulga fato desonroso imputado a alguém acaba também por difamá-lo, isto é, pratica nova difamação.
- A autoinjúria é crime? Pierangeli, citando Noronha, responde: "Não existe o delito de *autoinjúria*, a menos que o dito e a expressão ultrapassem a órbita da personalidade do indivíduo. Se um desbriado, *v.g.*, se chama de *esposo traído* ou se diz filho de meretriz, injuria a esposa e a genitora." (*Manual de direito penal brasileiro:* parte especial, p. 217).
- Sabendo que uma língua, em princípio, apresenta, pelo menos, três tipos de diferenças internas, a depender do espaço geográfico onde foi proferida (variações diatópicas), a camada sociocultural dos envolvidos (variações diastráticas) e modalidade expressiva utilizada pelo agente (variações diafásicas), pode a mesma expressão variar de um indiferente penal até a mais feroz ofensa. Por isso, Manzini divide a injúria em absoluta ou relativa: "A primeira existe quando a expressão tem por si mesma e para qualquer um significado ofensivo constante e unívoco, como certas palavras ou gestos, criados exatamente para manifestar desprezo, escárnio etc. É relativa quando a expressão que a concretiza assume caráter ofensivo, se proferida em determinadas circunstâncias ou condições de forma, tom, modo, lugar, tempo, pessoa etc." (Apud Magalhães Noronha, ob. cit., v. 2, p. 124).
- A injúria que não chegou ao conhecimento da vítima em face da sua *morte superveniente* configura qual crime? Parece-nos evidente que o caso espelha tentativa de injúria (se a vítima, no entanto, já estava morta antes da execução – *fato desconhecido do agente* –, não há crime contra a honra, por absoluta impropriedade do objeto, art. 17 do CP).
- Para a configuração da majorante do art. 141, III, computa-se a vítima do crime contra a honra? Noronha responde: "Têm todo o cabimento as observações de Manzini: no número mínimo exigido não entra a pessoa do ofendido; se, entretanto, o agente ofende vários indivíduos, cada um será terceiro em relação à ofensa a um deles." (*Direito penal*, v. 2, p. 132).
- Nos crimes de calúnia e difamação a retratação, em regra, dispensa a concordância do ofendido (ato unilateral). Contudo, o art. 143 do CP foi alterado pela Lei nº 13.188/15, que nele acrescentou parágrafo único anunciando que, nos casos em que o querelado tenha praticado a calúnia ou a difamação utilizando-se de meios de comunicação, a retratação dar-se-á, se assim desejar o ofendido, pelos mesmos meios em que se praticou a ofensa. Nessa hipótese, portanto, o ofendido deve ser ouvido para manifestar se deseja (ou não) que a retratação se dê pelos mesmos meios em que foi praticado o crime.
- Forçar alguém, mediante violência ou grave ameaça, a não praticar um *ato imoral* (porém lícito) configura o crime de constrangimento ilegal. Nesse sentido, alerta Noronha: "Ora, se o ato é imoral, porém admitido em lei, como negar-se que o agente constrangeu a outrem a não praticar o que a lei permite? Entre a moral e o direito há uma zona, em que a pessoa é livre de agir, não nos parecendo que alguém, em nome de princípios éticos, possa atentar contra a liberdade de outrem." (*Direito penal*, v. 2, p. 150).
- É possível constranger ilegalmente alguém por meio da omissão? Pierangeli, citando Aníbal Bruno, assim responde: "Tem-se veiculado tal possibilidade, exemplificada com a não alimentação de um doente pela enfermeira que quer obrigá-lo a determinado comportamento. Parece-nos que Aníbal Bruno deixa perfeitamente solucionada a questão. Diz o mestre pernambucano: 'O deixar fazer é uma espécie de omissão, mas há diferença perceptível entre omitir alguma coisa e deixar que alguma coisa se pratique. A omissão neste último caso será omissão da resistência, mas não é essa omissão de resistência que o agente procura obter, mas o ato positivo, ou negativo que a resistência procuraria impedir'. Não se trata, pois, de uma omissão por omissão, de um omitir-se voluntário, mas uma inação forçada pelo constrangimento que, embora exteriorize uma conduta, fica esta apoiada na ausência de reprovabilidade (de culpabilidade)." (*Manual de direito penal brasileiro:* parte especial, p. 239).
- Quanto ao sequestro ou cárcere privado, tratando-se de crime de execução livre, a privação da liberdade pode ser antecedida de violência, grave ameaça ou mesmo fraude (induzir a vítima em erro). Pode ser praticado por *ação* (afastar a vítima do lugar em que vive para outro) ou *omissão* (médico que não concede alta para paciente já curado).
- A respeito do tempo de duração do sequestro ou cárcere privado, temos duas correntes: a) a primeira ensina ser irrelevante o tempo de privação, configurando-se o delito a partir do momento em que a vítima teve subtraído seu direito de locomoção,

pouco importando se por tempo mais ou menos longo (*RT* 742/613 e 731/564); b) a segunda exige que o tempo seja juridicamente relevante, sendo a privação momentânea mera tentativa (ou um constrangimento ilegal – art. 146 do CP). Nesse sentido, *RT* 551/324 e 504/312.

- No julgamento do RE 398.041/PA, o STF considerou, por maioria, que "Quaisquer condutas que possam ser tidas como violadoras não somente do sistema de órgãos e instituições com atribuições para proteger os direitos e deveres dos trabalhadores, mas também dos próprios trabalhadores, atingindo-os em esferas que lhes são mais caras, em que a Constituição lhes confere proteção máxima, são enquadráveis na categoria dos crimes contra a organização do trabalho, se praticadas no contexto das relações de trabalho. Nesses casos, a prática do crime prevista no art. 149 do Código Penal (Redução à condição análoga a de escravo) se caracteriza como crime contra a organização do trabalho, de modo a atrair a competência da Justiça federal (art. 109, VI da Constituição) para processá-lo e julgá-lo." Nesta ocasião, contudo, três ministros consideraram que a análise da competência (se estadual ou federal) deve recair sobre a abrangência da lesão ao bem jurídico tutelado. Dentro desse espírito, entendeu-se que a competência federal, fixada pelo art. 109, inciso VI, da Constituição, deve incidir apenas naqueles casos em que esteja patente a ofensa a *princípios básicos sobre os quais se estrutura o trabalho em todo o país*. Quer isto dizer que, abstratamente, não se pode considerar a redução a condição análoga à de escravo como crime que atinge a organização do trabalho. Assim, nos casos, por exemplo, em que apenas um trabalhador é atingido pela conduta do agente, não há ofensa à organização do trabalho, senão à sua liberdade individual, competindo à justiça estadual a apreciação da causa. O Tribunal reiterou este entendimento ao julgar o RE 541.627/PA e o RE 459.510/MT, este em decisão de 26/11/2015.
- A liberdade humana é bem disponível. Contudo, no caso da redução a condição análoga à de escravo, salienta a doutrina que a liberdade da vítima é inalienável, comovida pelo grau de submissão (domínio) a que fica sujeito o "trabalhador", de nada representando o seu consentimento.
- A Lei 13.344/16, que dispõe sobre prevenção e repressão ao tráfico interno e internacional de pessoas e sobre medidas de atenção às vítimas, alterou o Código Penal para revogar os arts. 231 e 231-A – que tipificavam, respectivamente, o tráfico internacional e o tráfico interno de pessoas – e para inserir o art. 149-A, que reúne as condutas que compunham os dispositivos revogados. Resumidamente, temos o seguinte:

Tráfico (interno) nacional

Antes da Lei 13.344/16	Depois da Lei 13.344/16
Art. 231-A do CP (crime contra a dignidade sexual)	Art. 149-A do CP (crimes contra a liberdade do indivíduo)
Art. 231-A. Promover ou facilitar o deslocamento de alguém dentro do território nacional para o exercício da prostituição ou outra forma de exploração sexual: Pena – reclusão, de 2 (dois) a 6 (seis) anos. § 1º Incorre na mesma pena aquele que agenciar, aliciar, vender ou comprar a pessoa traficada, assim como, tendo conhecimento dessa condição, transportá-la, transferi-la ou alojá-la.	Art. 149-A CP. Agenciar, aliciar, recrutar, transportar, transferir, comprar, alojar ou acolher pessoa, mediante grave ameaça, violência, coação, fraude ou abuso, com a finalidade de: I – remover-lhe órgãos, tecidos ou partes do corpo; II – submetê-la a trabalho em condições análogas à de escravo; III – submetê-la a qualquer tipo de servidão; IV – adoção ilegal; ou V – exploração sexual Pena – reclusão de 4 (quatro) a 8 (oito) anos, e multa.
§ 2º A pena é aumentada da metade se: I – a vítima é menor de 18 (dezoito) anos; II – a vítima, por enfermidade ou deficiência mental, não tem o necessário discernimento para a prática do ato; III – se o agente é ascendente, padrasto, madrasta, irmão, enteado, cônjuge, companheiro, tutor ou curador, preceptor ou empregador da vítima, ou se assumiu, por lei ou outra forma, obrigação de cuidado, proteção ou vigilância; ou IV – há emprego de violência, grave ameaça ou fraude.	§ 1º A pena é aumentada de um terço até a metade se: I – o crime for cometido por funcionário público no exercício de suas funções ou a pretexto de exercê-las; II – o crime for cometido contra crianças, adolescentes ou pessoa idosa ou com deficiência; III – o agente se prevalecer de relações de parentesco, domésticas, de coabitação, de hospitalidade, de dependência econômica, de autoridade ou de superioridade hierárquica inerente ao exercício de emprego, cargo ou função;
§ 3º Se o crime é cometido com o fim de obter vantagem econômica, aplica-se também multa.	*** A pena de multa foi cumulada com a pena privativa no preceito secundário, independentemente do fim almejado pelo agente. Essa finalidade, no entanto, pode ser considerada pelo juiz na fixação da pena-base.
*** Não tem minorante correspondente, considerando o juiz as condições pessoais do agente na fixação da pena-base (art. 59 do CP).	§ 2º A pena é reduzida de um a dois terços se o agente for primário e não integrar organização criminosa.

Tráfico (internacional) transnacional

Antes da Lei 13.344/16	Depois da Lei 13.344/16
Art. 231 do CP (crime contra a dignidade sexual)	Art. 149-A, § 1º., IV, do CP (crimes contra a liberdade do indivíduo)
Art. 231. Promover ou facilitar a entrada, no território nacional, de alguém que nele venha a exercer a prostituição ou outra forma de exploração sexual, ou a saída de alguém que vá exercê-la no estrangeiro. Pena – reclusão, de 3 (três) a 8 (oito) anos. § 1º Incorre na mesma pena aquele que agenciar, aliciar ou comprar a pessoa traficada, assim como, tendo conhecimento dessa condição, transportá-la, transferi-la ou alojá-la.	Art. 149-A CP. Agenciar, aliciar, recrutar, transportar, transferir, comprar, alojar ou acolher pessoa, mediante grave ameaça, violência, coação, fraude ou abuso, com a finalidade de: I – remover-lhe órgãos, tecidos ou partes do corpo; II – submetê-la a trabalho em condições análogas à de escravo; III – submetê-la a qualquer tipo de servidão; IV – adoção ilegal; ou V – exploração sexual Pena – reclusão de 4 (quatro) a 8 (oito) anos, e multa.
§ 2º A pena é aumentada da metade se: I – a vítima é menor de 18 (dezoito) anos; II – a vítima, por enfermidade ou deficiência mental, não tem o necessário discernimento para a prática do ato; III – se o agente é ascendente, padrasto, madrasta, irmão, enteado, cônjuge, companheiro, tutor ou curador, preceptor ou empregador da vítima, ou se assumiu, por lei ou outra forma, obrigação de cuidado, proteção ou vigilância; ou IV – há emprego de violência, grave ameaça ou fraude.	§ 1º. A pena é aumentada de um terço até a metade se: (...) IV – a vítima do tráfico de pessoas for retirada do território nacional.
§ 3º Se o crime é cometido com o fim de obter vantagem econômica, aplica-se também multa.	*** A pena de multa foi cumulada com a pena privativa no preceito secundário, independentemente do fim almejado pelo agente. Essa finalidade, no entanto, pode ser considerada pelo juiz na fixação da pena-base.
*** Não tem minorante correspondente, considerando o juiz as condições pessoais do agente na fixação da pena-base (art. 59 do CP).	§ 2º. A pena é reduzida de um a dois terços se o agente for primário e não integrar organização criminosa.

- No tráfico transnacional, o legislador incorreu num erro grosseiro. Antes a Lei punia como tal a conduta que promovesse ou facilitasse a entrada ou a saída da vítima traficada. Agora, pune apenas como tráfico a conduta que visa a retirar a vítima do nosso território ("exportação"). Diante desse quadro, pergunta-se: e como trabalhar o comportamento daquele que promove a entrada da vítima no nosso país na condição de objeto traficado ("importação")? Em respeito ao princípio da legalidade, certamente não configura o crime majorado (art. 149-A, § 1º., IV, CP), mas não deve ser tratado, obviamente, como um indiferente penal. Responde o traficante, a depender da conduta praticada, pela figura fundamental (art. 149-A do CP), mantendo, no entanto, o rótulo de tráfico transnacional (pois extrapola as fronteiras do nosso país), inclusive para fins de competência para o processo e julgamento (que, no caso de transnacionalidade, é da Justiça Federal).

- Antes da Lei 13.344/16, o emprego da violência (física e moral) ou fraude servia como majorante de pena no tráfico de pessoas. Nessa ordem, a maioria da doutrina lecionava que o consentimento da vítima era irrelevante. Com o advento da Lei 13.344/16, o legislador migrou essas condutas do rol de majorantes para a execução alternativa do crime de tráfico de pessoas. Sem violência, coação, fraude ou abuso não há crime. Diante desse novo cenário, o consentimento válido da pessoa exclui a tipicidade, seguindo, nesse ponto, o Protocolo Adicional à Convenção das Nações Unidas contra o Crime Organizado Transnacional relativo à Prevenção, Repressão e Punição do Tráfico de Pessoas (artigo 3º, "a" e "b").

- Na violação de correspondência, o marido que, indevidamente, lê correspondência dirigida à sua mulher (ou vice-versa), segundo respeitável parcela da doutrina, não pratica o crime em estudo, considerando a comunhão de interesses que envolvem os cônjuges. Damásio, seguindo a opinião de Hungria, ensina: "Cremos que não há delito. A vida em comum produz tal comunhão de interesses, de intimidade entre os cônjuges, que é incorreto afirmar-se existir delito quando, por exemplo, a mulher lê uma carta dirigida ao marido. Pode ser um ato indelicado, mas não criminoso. Nos termos do art. 1.566, II, do Código Civil, a vida em comum é dever de ambos os cônjuges." (*Direito penal – Parte Especial*, v. 2, p. 281).

- Com o advento da Lei 12.737/12, passou a ser crime de menor potencial ofensivo (pena de 3 meses a 1 ano e multa) invadir dispositivo informático alheio, conectado ou não à rede de computadores, mediante violação indevida de mecanismo de segurança e com o fim de obter, adulterar ou destruir dados ou informações sem autorização expressa ou tácita do titular do dispositivo ou instalar vulnerabilidades para obter vantagem ilícita (art. 154-A, do CP). Na mesma pena incorre quem produz, oferece, distribui, vende ou difunde dispositivo ou programa de computador com o intuito de permitir a prática da conduta definida no caput (§ 1º). Essa pena será aumentada de um sexto a um terço se da invasão resulta prejuízo econômico (§ 2º). Se da invasão resultar a obtenção de conteúdo de comunicações eletrônicas privadas, segredos comerciais ou industriais, informações sigilosas, assim definidas em lei, ou o controle remoto não autorizado do dispositivo invadido, incide a qualificadora prevista no § 3º, com pena de reclusão, de 6 (seis) meses a 2 (dois) anos, e multa, se a conduta não constitui crime mais grave. A pena qualificada (não atingindo as outras formas do crime) será aumentada de um a dois terços se houver divulgação, comercialização ou transmissão a terceiro, a qualquer título, dos dados ou informações obtidos (§ 4º). Por fim, aumenta-se a pena de um terço à metade se o crime (em qualquer de suas modalidades) for praticado contra:

i) Presidente da República, governadores e prefeitos;

II) Presidente do Supremo Tribunal Federal;

III) Presidente da Câmara dos Deputados, do Senado Federal, de Assembleia Legislativa de Estado, da Câmara Legislativa do Distrito Federal ou de Câmara Municipal; ou

IV) dirigente máximo da administração direta e indireta federal, estadual, municipal ou do Distrito Federal.

- Nos crimes definidos no art. 154-A, somente se procede mediante representação, salvo se o crime é cometido contra a administração pública direta ou indireta de qualquer dos Poderes da União, Estados, Distrito Federal ou Municípios ou contra empresas concessionárias de serviços públicos (Art. 154-B).

16. CRIMES CONTRA O PATRIMÔNIO

- O objeto da tutela penal no furto é bastante discutido na doutrina. Para Hungria, protege-se somente a *propriedade* (*Comentários ao Código Penal*. Rio de Janeiro, v. 7 (1958), p. 17). Já Noronha inclui na proteção também a *posse* (*Código Penal brasileiro comentado*, v. 5, 1.ª parte, 1958, p. 7). Ficamos com a maioria, para quem a tutela agasalha a propriedade, posse e detenção *legítimas* de coisa móvel (Delmanto, *Código Penal comentado*. 7 ed. Rio de Janeiro: Renovar, 2007, p. 453, e Fragoso, *Lições de direito penal:* parte especial. São Paulo: José Bushatsky, 1958, v. 1, p. 175). Protegendo somente a posse *legítima*, ladrão que subtrai ladrão pratica furto, tendo como vítima, porém, o real dono da coisa (legítimo possuidor).
- Não se exigindo qualidade especial do agente (delito comum), qualquer pessoa pode ser sujeito ativo do furto, salvo o proprietário. Este, subtraindo coisa sua que se encontra na legítima posse de terceiro, pratica qual infração penal? Para a maioria, conforme o caso, haverá o delito de exercício arbitrário das próprias razões (arts. 345 e 346, ambos do CP). Já Magalhães Noronha, argumentando seu escólio com um interessante caso de direito real de garantia (penhor), afirma haver furto, pois, a despeito de ter ocorrido subtração de coisa própria, há um sujeito ativo (o dono), um sujeito passivo (o credor), uma ação criminosa (o apoderamento), um objeto material (a coisa) e há lesão a um bem jurídico (o direito real de garantia do credor), afastando-se, desse modo, a incidência do art. 346 do CP.
- A remoção de tecidos, órgãos ou partes do corpo de pessoa ou cadáver em desacordo com as disposições legais pode configurar o delito descrito no tipo do art. 14 da Lei 9.434/97 (Lei de Transplante de Órgãos).
- No crime de furto incide o privilégio se é de pequeno valor a coisa furtada. O pequeno valor do prejuízo (requisito do furto privilegiado) não se confunde com o prejuízo insignificante. Este, se presente, exclui a tipicidade (material), ao passo que aquele enseja a substituição da pena de reclusão pela de detenção, a diminuição de um a dois terços ou a aplicação somente da pena de multa.
- No furto majorado, pensamos que a incidência da majorante depende de o crime ser praticado em *local de moradia* (não necessariamente imóvel, podendo, por exemplo, ser um *trailer*), habitado e com seus moradores repousando (nesse sentido: *RT* 714/393). A maioria, porém, discorda (*RT* 688/325, 679/386 e 637/366). Noronha, por exemplo, sustenta existir a agravante "quando o furto se dá durante o tempo em que a cidade ou local repousa, o que não importa necessariamente seja a casa habitada ou estejam seus moradores dormindo. Podem até estar ausentes, ou ser desabitado o lugar do furto. A Exposição de Motivos parece dar-nos razão: 'É prevista como agravante especial do furto a circunstância de ter sido o crime praticado durante o período de sossego noturno'. *Período de sossego noturno* é o tempo em que a vida das cidades e dos campos desaparece, em que seus habitantes se retiram, e as ruas e as estradas se despovoam, facilitando essas circunstâncias a prática do crime. Seja ou não habitada a casa, estejam ou não seus moradores dormindo, cabe a majoração se o crime ocorreu naquele período" (Código Penal brasileiro comentado, v. 5, p. 107).
- O entendimento majoritário era de que a causa de aumento relativa ao repouso noturno tinha aplicação restrita ao furto simples. O STJ, no entanto, decidiu ser possível a aplicação da majorante também no furto qualificado (HC 306.450/SP, DJe 17/12/2014). No mesmo sentido decidiu o STF (HC 130.952/MG, j. 13/12/2016).
- Segundo o entendimento sumulado do STJ, a vigilância constante – física ou eletrônica – em estabelecimento comercial não torna, por si só, impossível o crime de furto (súmula nº 567). Mas, baseado na situação concreta em que o sistema de vigilância impediria a consumação, o STF concedeu *habeas*

corpus considerando a caracterização do crime impossível (HC 144.851/SP, j. 22/08/2017).

- Aplica-se o princípio da insignificância quando o furto é qualificado pelo rompimento de obstáculo? O tema é controverso, mas prevalece a tese da inviabilidade da incidência do referido postulado aos delitos contra o patrimônio praticados mediante ruptura de barreira: a) STJ: "Inviabiliza-se o reconhecimento do crime bagatelar, porquanto o crime de furto foi qualificado pelo rompimento de obstáculo, circunstância concreta desabonadora, nos termos da jurisprudência deste Tribunal Superior" (AgRg no AREsp 1.287.621/SP, j. 23/08/2018); b) STF: "2. A circunstância de ter sido cometido o crime pelo Paciente com rompimento de obstáculo, confirmada nas instâncias antecedentes, também afasta a incidência do princípio da insignificância" (HC 131.618/MS, DJe 13/05/2016).

- Para a configuração da qualificadora do § 5º do artigo 155 do Código Penal não basta que a subtração seja de veículo automotor. É indispensável que seu destino seja outro Estado ou o exterior. Veja-se que, se o agente conseguir consumar a subtração, mas for detido antes de chegar em outro Estado ou país, responderá por furto (simples ou qualificado por alguma das hipóteses do § 4º), mas não por tentativa de furto qualificado pelo § 5º, porque não se pode cogitar de tentativa em uma hipótese em que a subtração se consumou. Nessa modalidade de furto, vislumbra-se o *conatus* apenas na hipótese do agente que, previamente intencionado a transportar o veículo para outro Estado ou país, apodera-se do bem, passa a ser perseguido de imediato até que transponha a divisa, mas acaba sendo preso sem que tenha conseguido a posse tranquila do bem.

- O § 5º do artigo 155 do Código Penal menciona "outro Estado", mas não diz nada sobre o Distrito Federal. A maioria entende estar implícito, e, uma parte, ser impossível essa consideração, vez que se trataria de analogia in malam partem. Todavia, deve-se interpretar o dispositivo de acordo com o sentido pretendido pelo legislador, sendo certo que não foi sua pretensão excluir a Capital da República, já que tal entendimento poderia transformá-la em local de "desova" de veículos subtraídos, ante a ausência de punição mais severa.

- O STJ e o STF firmaram o entendimento de que a consumação do furto ocorre no momento da inversão da posse, ainda que não mansa e pacífica, mesmo que a coisa não saia da esfera de vigilância da vítima (STJ: HC 454.133/GO, j. 16/08/2018; STF: HC 135.674/PE, DJe 13/10/2016). O mesmo entendimento é adotado quanto ao crime de roubo (STJ: súmula nº 582; STF: RHC 111.627/RJ, DJe 12/03/2014).

- A Lei 13.654/18 inseriu no art. 155 do CP o § 4º-A, que pune com reclusão de 4 (quatro) a 10 (dez) anos – além da multa – o furto cometido com emprego de explosivo ou de artefato análogo que cause perigo comum. Aos autores desta conduta vinham sendo imputados, normalmente, os crimes de furto qualificado pelo rompimento de obstáculo e de explosão majorada pelo fato de o crime ter sido cometido com intuito de obter vantagem pecuniária. Além disso, imputavam-se – caso as circunstâncias o permitissem – os crimes de associação criminosa ou de organização criminosa. Embora pudesse haver alguma divergência a respeito da possibilidade de imputar os crimes em concurso, era o que vinha prevalecendo. O Ministério Público de São Paulo, por exemplo, tem tese no sentido da aplicação do concurso formal impróprio (tese 383). A partir de agora – independentemente da orientação antes adotada – o concurso entre os delitos de furto e de explosão deixa de existir para ceder lugar à qualificadora.

- A Lei 13.654/18 inseriu também no art. 155 o § 7º, que pune com reclusão de 4 (quatro) a 10 (dez anos) – além da multa – a subtração de substâncias explosivas ou de acessórios que, conjunta ou isoladamente, possibilitem sua fabricação, montagem ou emprego. Trata-se, portanto, de punir com mais gravidade a subtração do próprio explosivo e de acessórios, independentemente de sua utilização. A aquisição de explosivos por criminosos que se dedicam a praticar furtos mediante o uso desses artefatos pode ocorrer de diversas formas. É possível que um grupo criminoso faça a aquisição de forma clandestina. Há notícias, por exemplo, de condenação de militares que promoviam a venda ilegal de explosivos a associações criminosas dedicadas à subtração de caixas eletrônicos (http://correio.rac.com.br/_conteudo/2015/02/capa/campinas_e_rmc/243014-ex-militares-sao-condenados-por-venda-de-armas-do-exercito.html). Mas é também comum a subtração que vitima quem armazena os explosivos de forma legal. Em tais casos, é possível que a subtração se dê tanto pelo próprio grupo que utilizará os explosivos posteriormente quanto por criminosos que atuam somente com a finalidade de suprir a demanda dos furtadores. No primeiro caso, não há nenhum óbice ao concurso de crimes, ou seja, a imputação deve ser relativa ao furto qualificado do explosivo em concurso material com o furto qualificado pelo emprego do explosivo antes subtraído. Trata-se, evidentemente, de condutas absolutamente distintas, que atingem patrimônios diversos e que, portanto, não se podem confundir.

- O sócio de fato pode cometer o delito de furto de coisa comum (art. 156 do Código Penal)? Fragoso responde: "Deverá sempre reconhecer-se o crime do art. 156 do CP se o agente supõe, erroneamente, ser alheia a coisa comum objeto da ação" (*Lições de Direito Penal, Parte Geral.*, v. 1, p. 193).

- No crime de roubo (próprio ou impróprio), a jurisprudência é copiosa no sentido de que o princípio da insignificância ou da bagatela não tem aplicação, independentemente do valor do objeto subtraído. Neste sentido: "Quanto ao pleito de reconhecido da atipicidade material da conduta imputada ao réu em razão do pequeno valor da *res furtivae,* a jurisprudência do Superior Tribunal de Justiça afasta a aplicabilidade do princípio da insignificância em crimes cometidos mediante o uso de violência ou grave ameaça, como o roubo. Precedentes" (HC 395.469/SP, DJe 28/06/2017). Também é inaplicável, segundo precedentes do STF, o privilégio previsto para o furto (*RT* 445/482).

- No crime de roubo, questão capaz de gerar alguma controvérsia, a respeito do concurso de agentes, é a que diz respeito à presença dos partícipes no evento. Assim como no furto, há quem sustente a necessidade de que todos os agentes se façam presentes no momento da ação, ainda que não cooperem materialmente, e há aqueles que consideram dispensável a prática de atos executórios por todos os agentes. Ainda a respeito do concurso de pessoas, apesar de haver divergência, tem-se decidido não configurar *bis in idem* a condenação do réu pelos crimes de bando e roubo qualificado pelo concurso de pessoas porque as infrações são distintas e independentes (*RT* 631/321, 719/412). No cômputo mínimo de duas pessoas, devemos considerar eventuais inimputáveis ou agentes não identificados.
- No que diz respeito à tentativa no roubo impróprio, para parcela da doutrina não se admite, pois ou a violência é empregada, e tem-se a consumação, ou não é empregada, e o que se apresenta é o crime de furto (nesse sentido *RT* 840/652). A maioria da doutrina moderna, contudo, discorda, reconhecendo o *conatus* quando o agente, após apoderar-se do bem, tenta empregar violência ou grave ameaça, mas não consegue.
- Firmou-se no STF entendimento no sentido de ser possível a cumulação da majorante do roubo mediante uso de arma com a majorante da associação criminosa armada prevista no parágrafo único do art. 288 do CP, pois são infrações independentes, protegendo cada qual bens jurídicos próprios (*JSTJ* 2/242).
- O STJ tem decidido, quanto ao crime de roubo, que a majorante relativa ao transporte de valores incide quando a subtração ocorre contra funcionário dos Correios: "A pena do delito de roubo é majorada se a vítima está em serviço de transporte de valores e o agente conhece tal circunstância, salientando-se que o termo "transporte de valores" deve abranger outros bens e produtos de valor econômico. Na hipótese, as vítimas eram funcionários da Empresa Brasileira de Correios e Telégrafos, que transportavam produtos cosméticos de expressivo valor econômico e liquidez" (REsp 1.309.966/RJ, j. 26/08/2014). A competência para o julgamento do roubo cometido em agência dos Correios será determinada de acordo com a natureza daquele estabelecimento: se próprio dos Correios, o julgamento se dá na Justiça Federal; se franqueado, na Justiça Estadual. É o que tem decidido a Terceira Seção do STJ (CC 145.800/TO, j. 13/04/2016).
- A Lei 13.654/18 também alterou o art. 157 do CP. A primeira modificação que se destaca é a revogação do inciso I do § 2º do art. 157. De acordo com o dispositivo revogado, a pena do roubo sofria aumento de um terço à metade se a violência ou a ameaça fosse exercida com emprego de arma. A revogação do inciso I do § 2º se seguiu da inserção do § 2º-A, que, no inciso I, majora a pena se a violência ou a ameaça é exercida com emprego de arma de fogo. Tem-se, portanto, que o legislador optou por excluir da abrangência da majorante os objetos que, embora possam ser utilizados para intimidar, não foram concebidos com esta finalidade. Logo, não majora mais a pena do roubo o emprego de facas, estiletes, navalhas, cacos de vidro, etc., muito embora isso não signifique que a utilização desses objetos seja irrelevante. É sem dúvida mais grave a conduta de quem, para roubar, utiliza uma faca em vez de apenas ameaçar verbalmente a vítima. E isso deve ser considerado pelo juiz no momento em que analisa as circunstâncias judiciais para aplicar a pena-base. Em compensação, a pena para o roubo no qual se emprega arma de fogo se tornou mais severa, pois a fração de aumento do § 2º-A é fixa em 2/3 (dois terços).
- No inciso II do § 2º-A do art. 157 a Lei 13.654/18 inseriu outra majorante, para as situações em que há destruição ou rompimento de obstáculo mediante o emprego de explosivo ou de artefato análogo que cause perigo comum. Trata-se aqui da situação na qual o agente emprega violência ou grave ameaça a pessoa para praticar a subtração por meio de explosivos. Imaginemos o caso em que um grupo criminoso invade um estabelecimento comercial durante o expediente, subjuga as pessoas presentes e instala um dispositivo explosivo para abrir um cofre. Imputa-se o crime de roubo com pena majorada em dois terços.
- Ainda no campo das majorantes, o § 2º do art. 157 passa a contar com o inciso VI, que aumenta a pena de um terço à metade se a subtração for de substâncias explosivas ou de acessórios que, conjunta ou isoladamente, possibilitem sua fabricação, montagem ou emprego.
- A Lei 13.654/18 também promoveu duas modificações no § 3º do art. 157, que qualifica o roubo pela lesão corporal grave e pela morte. O § 3º foi dividido em dois incisos, que tratam, respectivamente, da lesão corporal grave e da morte. Além disso, a pena máxima relativa à primeira qualificadora aumentou de quinze para dezoito anos.
- No art. 157, § 3º, do Código Penal, utilizando a lei a expressão *"se da violência resulta..."*, entende-se que não há qualificadora quando o resultado decorre do emprego de grave ameaça, hipótese em que haverá crime de roubo em concurso com o delito de homicídio ou de lesão corporal grave, podendo este ser doloso ou culposo, dependendo das circunstâncias fáticas. Há decisões, minoritárias, no sentido de que, mesmo sendo a morte decorrência da grave ameaça, caracteriza latrocínio, bastando o nexo causal objetivo (nesse sentido, *RT* 620/333). Do mesmo modo, há julgados reconhecendo o latrocínio quando, durante o assalto, a vítima sai correndo na direção de rodovia, sendo atropelada (*JTJ* 158/304).
- O STF estabeleceu a responsabilidade penal por latrocínio do agente que, em unidade de desígnios,

toma parte no roubo em que perece a vítima, ainda que não tenha sido ele o causador direto da morte. O tribunal já havia se manifestado no sentido de que o coautor do roubo armado responde pelo latrocínio ainda que o disparo tenha sido efetuado só pelo comparsa. No novo julgamento, a orientação foi reiterada, destacando-se que, no caso concreto, foi apurado que o impetrante havia contribuído ativamente para o cometimento do crime, em unidade de desígnios e mediante divisão de tarefas com os demais, exercendo pleno domínio do fato e assumindo o risco de que um resultado mais grave viesse a ocorrer (RHC 133.575/PR, j. 21/02/2017).

- Baseando-se no amplo alcance da promessa de mal injusto e grave que caracteriza a extorsão, decidiu o STJ que o crime pode ser cometido por membro de congregação religiosa que, sob o pretexto de realizar rituais de cura espiritual, constrange alguém a lhe proporcionar vantagem econômica mediante constante e grave ameaça de que entidades sobrenaturais poderão prejudicar o ameaçado. Para o tribunal, não há dúvida de que a ampla liberdade de culto é garantida pela Constituição Federal, que, no entanto, não admite condutas que, sob a camuflagem do exercício da religião, permitem a obtenção de vantagens econômicas constrangendo diretamente pessoas determinadas, incutindo-lhes o temor de que sejam física ou espiritualmente prejudicadas caso não efetuem pagamentos em dinheiro ou mediante entrega de bens (REsp 1.299.021/SP, DJe 23/02/2017).

- Sequestro relâmpago com resultado morte é crime hediondo? O art. 158, § 3º nada mais é que desdobramento formal do tipo do art. 158, § 2.º, pois o legislador apenas definiu um *modus operandi* do crime de extorsão. Desta forma, se a extorsão com morte é crime hediondo, a extorsão com morte, com restrição da liberdade da vítima como condição necessária para a obtenção da vantagem econômica, também o é. Pouco importa a forma de execução do delito (com privação ou sem privação ou restrição da liberdade da vítima). Toda extorsão com morte (por vontade do legislador e da lei) é crime hediondo. O § 3º do art. 158 apenas detalhou uma forma de execução do delito (com privação ou restrição da liberdade da vítima). O que vale para a extorsão (simples) com morte, vale também para a extorsão (específica) com morte.

- Conforme decidiu o STJ, a majorante do § 1º do art. 158 se aplica também **à** qualificadora do § 3º (REsp 1.353.693/RS, DJe 21/9/2016).

- Ao contrário do que preconiza o § 2º, II, do art. 157, do Código Penal a circunstância majorante do concurso de agentes no crime de extorsão exige que, efetivamente, duas ou mais pessoas executem o núcleo constranger (a mera participação não serve para constituir a causa de aumento). Concorrentes inimputáveis ou não identificados serão computados no número mínimo para caracterizar o aumento.

- Comparando as penas dos crimes de roubo e extorsão, quando praticados com privação da liberdade da vítima, temos doutrina tecendo severas críticas, alegando desproporcionalidade. Nucci discorda e assim justifica: "Outra polêmica gerada pela Lei 11.923/2009, inserindo a figura típica do art. 158, § 3º, do Código Penal, é a pretensa lesão ao princípio da proporcionalidade. Diz-se que as penas são muito elevadas e não estariam em harmonia com outros delitos. Para a figura simples, prevê-se sanção de reclusão de 6 a 12 anos. Em nosso entendimento, há perfeita proporcionalidade. A extorsão cometida com emprego de arma ou por duas ou mais pessoas pode redundar na pena de 5 anos e 4 meses a 15 de reclusão. Ora, a extorsão com restrição da liberdade que, invariavelmente, é cometida com emprego de arma e mediante concurso de duas ou mais pessoas, atinge 6 a 12 anos. Está aquém do mal prometido contra a vítima, que, além de sofrer o constrangimento mediante emprego de arma e concurso de pessoas, como regra, ainda tem a liberdade restringida, sofrendo trauma psicológico em grande parte das vezes. O mesmo se diga do roubo com emprego de arma ou concurso de duas ou mais pessoas (reclusão, de cinco anos e 4 meses a 15 anos)." (*Manual de Direito Penal*, 5.ed., São Paulo: Ed. RT, 2009, p. 720).

- Pessoa jurídica pode ser vítima do crime de extorsão mediante sequestro? Rogério Greco entende que sim e logo exemplifica: "Também é possível que a pessoa jurídica goze do *status* de sujeito passivo do delito de extorsão mediante sequestro, uma vez que seus sócios podem, por exemplo, ser privados da sua liberdade, para que se efetue o pagamento do resgate por intermédio do patrimônio da pessoa jurídica a eles pertencente." (*Curso de Direito Penal: parte especial*, v. 3, p. 116).

- Ao contrário do delito previsto no art. 158, o tipo da extorsão mediante sequestro não menciona a necessidade de ser a vantagem indevida, mas "qualquer vantagem". Entretanto, a interpretação literal art. 159 não é a mais acertada. Primeiramente, porque a vantagem deve ser econômica, porquanto se trata de delito patrimonial. Ademais, sustenta Hungria que a menção expressa é dispensável: "Desde que a sua ilegitimidade resulta de ser exigida como preço da cessão de um crime. Se o sequestro visa à obtenção de vantagem *devida*, o crime será o de 'exercício arbitrário das próprias razões' (CP, art. 345) em concurso formal com o de sequestro (art. 148)." (*Comentários ao Código Penal*, v. 7, p. 72).

- O art. 159, § 1º, do Código Penal se refere, ainda, ao crime de quadrilha ou bando, embora a Lei nº 12.850/13 tenha alterado o *nomen iuris* do delito insculpido no art. 288 para *associação criminosa*, além de lhe modificar o número mínimo de integrantes, que passou a ser de três. Na prática, todavia, nenhuma alteração ocorre no trato da matéria, pois não houve *abolitio criminis*, incidindo o princípio da continuidade normativo-típica. Dessa forma, onde se lê, no § 1º do art. 159, *quadrilha ou bando*, deve-se considerar *associação criminosa*.

- No crime de extorsão indireta (art. 160 do Código Penal), se, após obter o documento, o agente ensejar o início de procedimento criminal, sabendo inocente o imputado, haverá concurso material com denunciação caluniosa (art. 339 do CP). Não se deve cogitar, no caso, da absorção, pois, além da extorsão consumar-se com a mera exigência ou o recebimento do documento, protege bem jurídico diverso da denunciação caluniosa.

- No crime de esbulho possessório, exigindo o tipo que o imóvel seja *alheio*, fica claro que o proprietário do terreno, ocupado por terceiros, não comete o delito. Assim, sempre que o proprietário reivindicar por suas próprias mãos a posse do que lhe pertence, fora dos casos em que a lei civil autoriza essa recuperação, pode ele incidir nas penas do crime de exercício arbitrário das próprias razões (art. 345 do CP). Nesse sentido: *RT* 481/329.

- O crime de dano pode ser cometido pelo condômino? Fazendo uma analogia (*in bonam partem*) com o furto de coisa comum (artigo 156, § 2º), já decidiu o STF: "Pode ser agente ativo do crime de dano o condômino que danifica dolosamente coisa comum, salvo se a coisa é fungível e o prejuízo não excede o valor da parte a que tem direito o autor do fato" (*RT* 543/433).

- Preso que danifica a cela para fugir pratica o crime de dano? Para aqueles que entendem indispensável o *animus nocendi*, o fato será atípico, vez que a intenção do preso, no caso, é somente a de fugir (nesse sentido, *RT* 813/526). Já para aqueles que entendem dispensável, não exigindo o tipo a finalidade especial (causar prejuízo), há o crime, não importando se a intenção do agente era somente a de se evadir (*RT* 782/590). Essa segunda posição foi acolhida pelo STF: "Comete o crime de dano qualificado (art. 163, parágrafo único, III, do CP) o preso que, para evadir-se, danifica o estabelecimento prisional. O dolo específico – vontade dirigida a causar dano em coisa alheia – não é indispensável à caracterização do delito" (HC 73.189/MS, rel. Min. Carlos Velloso, j. 23.02.1996).

- Importa ressaltar que o crime de dano é subsidiário, configurando-se somente na hipótese em que o agente não pretende conduta criminosa posterior (e mais grave). Sendo assim, se pratica um dano ao patrimônio para lhe facilitar, por exemplo, a subtração de outros bens, o crime de dano será absorvido (configurando o rompimento ou a destruição de obstáculo qualificadora do furto). O mesmo raciocínio se aplica caso o dano tenha sido praticado após a subtração, para facilitar a fuga do criminoso.

- Nas qualificadoras do crime de dano, a redação do art. 163, parágrafo único, inciso III, do Código Penal mencionava a União, o Estado e o Município, silenciando a respeito do Distrito Federal. O STJ se orientava no sentido de que o dano cometido contra o patrimônio do Distrito Federal não era qualificado: "A jurisprudência desta Corte entende, ressalvado o posicionamento deste relator, que a ausência de menção expressa ao patrimônio do Distrito Federal no art. 163, parágrafo único, III, do Código Penal torna inviável a configuração da forma qualificada do crime de dano nas hipóteses em que o bem danificado for distrital, em virtude da vedação da analogia in malam partem no sistema penal brasileiro" (AgRg no REsp 1.628.623/DF, DJe 28/04/2017). Concluiu o mesmo a respeito do dano cometido contra o patrimônio da Caixa Econômica Federal (RHC 57.544/SP, DJe 18/8/2015). No entanto, com o advento da Lei 13.531/2017, passa a incidir o aumento quando o objeto material dos crimes envolver não apenas bens do patrimônio da União, Estado, Município, sociedade de economia mista, empresa concessionária de serviços públicos, mas também do Distrito Federal, de autarquia, fundação pública e empresa pública.

- O STJ já decidiu que compete à Justiça Estadual, por inexistência de lesão a bens, serviços ou interesses da União, o julgamento do crime de dano ao patrimônio público cometido no entorno de área tombada pelo Instituto do Patrimônio Histórico e Artístico Nacional – IPHAN (CC 145.337/AM, DJe 19/04/2016).

- Discute-se se o proprietário do imóvel pode praticar o crime de introdução ou abandono de animais em propriedade alheia. Noronha entende ser possível nos casos em que o imóvel se encontra na legítima posse de terceiro (*Código Penal brasileiro comentado*, p. 444). Hungria, por sua vez, discorda, apontando a exigência de a propriedade ser alheia, sempre (*Código Penal*, v. 7, p. 113).

- É possível apropriação indébita de coisa *fungível*? Já se decidiu que não descaracteriza o crime a fungibilidade dos bens, salvo se o contrato ou qualquer outra forma de ajuste entre as partes consignar a possibilidade de o depositário deles usufruir, substituindo-os por outros da mesma espécie, qualidade e quantidade (*RT* 787/717).

- A exemplo do furto cometido com a intenção única de uso, ocorrendo tal circunstância, elide-se a configuração da apropriação indébita, exatamente pela inexistência da intenção de se apropriar definitivamente da coisa.

- Note-se que o agente, ao obter a posse ou detenção não pode ter a intenção (pretérita) de já se apropriar do bem. Se assim agir, utilizando, por exemplo, um contrato de locação como artifício para cometer a apropriação, estará praticando estelionato (art. 171 do CP).

- A pena da apropriação indébita é majorada se o agente comete o crime na qualidade de *síndico* (art. 168, § 1º, II). Segundo decidiu o STJ, trata-se do administrador judicial na falência – que o revogado Decreto-lei nº 7.661/45 denominava *síndico* –, excluindo-se da incidência da causa de aumento o síndico de condomínio (REsp 1.552.919/SP, DJe 01/06/2016).

- O STJ decidiu que o princípio da insignificância não se aplica na apropriação indébita majorada em razão de ofício, emprego ou profissão do agente. Para o tribunal, ainda que o prejuízo seja diminuto, a condição do agente torna a conduta grave a ponto de justificar concretamente a presença da tipicidade material (RHC 351.173/SC, DJe 20/09/2016).

- Para a maioria, a apropriação indébita previdenciária é crime omissivo, que depende de regulamentação de leis previdenciárias estabelecendo o prazo em que deve ser repassada a contribuição, bem como a forma em que o repasse deverá ocorrer. Já de acordo com a lição de Luiz Flávio Gomes e Alice Bianchini (*Crimes previdenciários*, v. 1, p. 32), o crime é comissivo omissivo (misto), pois, em primeiro lugar, temos um comportamento ativo (comissivo) que consiste em recolher as contribuições dos contribuintes. Depois advém um comportamento omissivo, deixar de repassar.

- Na apropriação indébita previdenciária, há divergência quanto à exigência de finalidade específica (intuito de fraudar a Previdência Social) Há quem sustente – a maioria – que, ao contrário da apropriação indébita comum – cuja conduta típica é "apropriar-se" –, a apropriação indébita previdenciária não pressupõe finalidade especial porque consiste apenas em "deixar de repassar". Por outro lado, há quem defenda, tal como na apropriação indébita comum, o *animus rem sibi habendi*, o especial fim de apropriar-se dos valores que deveriam ser destinados ao órgão previdenciário. Sem esta finalidade, argumentam, não é possível caracterizar-se a apropriação, seja qual for a modalidade.

  O STJ adotou a primeira tese e tem reiteradamente decidido que a finalidade especial é dispensável: "Em crimes de sonegação fiscal e de apropriação indébita de contribuição previdenciária, este Superior Tribunal de Justiça pacificou a orientação no sentido de que sua comprovação prescinde de dolo específico sendo suficiente, para a sua caracterização, a presença do dolo genérico consistente na omissão voluntária do recolhimento, no prazo legal, dos valores devidos" (AgRg no REsp 1.477.691/DF, DJe 28/10/2016). Segue-se, com isso, a orientação do STF: "A jurisprudência deste Supremo Tribunal Federal é firme no sentido de que para a configuração do delito de apropriação indébita previdenciária não é necessário um fim específico, ou seja, o *animus rem sibi habendi*, bastando para nesta incidir a vontade livre e consciente de não recolher as importâncias descontadas dos salários dos empregados da empresa pela qual responde o agente" (HC 122.766 AgR/SP, DJe 13/11/2014).

- Não obstante tipifiquem condutas absolutamente diversas, o STJ considerou que os arts. 168-A e 337-A podem gerar continuidade delitiva: "é possível o reconhecimento da continuidade delitiva entre o crime de sonegação previdenciária (art. 337-A do CP) e o crime de apropriação indébita previdenciária (art. 168-A do CP) praticados na administração de empresas de um mesmo grupo econômico. Apesar de os crimes estarem tipificados em dispositivos distintos, são da mesma espécie, pois violam o mesmo bem jurídico, a previdência social" (REsp 1.212.911/RS).

- Desde o julgamento dos REsp 1.688.878/SP e 1.709.029/MG pelo rito dos repetitivos, estabeleceu-se a orientação de que se considera materialmente atípico o fato envolvendo apropriação no valor de até R$ 20.000,00 (tema 157: "Incide o princípio da insignificância aos crimes tributários federais e de descaminho quando o débito tributário verificado não ultrapassar o limite de R$ 20.000,00 (vinte mil reais), a teor do disposto no art. 20 da Lei n. 10.522/2002, com as atualizações efetivadas pelas Portarias 75 e 130, ambas do Ministério da Fazenda").

- No estelionato, a vítima deve ter capacidade para ser iludida, pois, do contrário, ocorrerá abuso de incapazes (art. 173 do CP). Deve, ainda, ser determinada, pois se incerta estaremos diante, por exemplo, do crime previsto no art. 2º, XI, da Lei 1.521/51 (ex.: alteração de taxímetros, de balanças, de bombas de combustíveis etc.).

- O § 4º do art. 171, acrescentado pela 13.228/2015, dobra a pena do crime quando cometido contra idoso (pessoa com idade igual ou superior a 60 anos). Assim, acredita o legislador que o delito de estelionato receberá a punição adequada e proporcional à reprovabilidade social da ação criminosa, contribuindo para a devida proteção da pessoas idosas, como determina a Constituição Federal (art. 230).

- Exige o tipo do estelionato a presença do elemento subjetivo, consistente na obtenção da vantagem em proveito próprio ou de terceiro. Se o agente emprega os meios fraudulentos com a mera finalidade, por exemplo, de prejudicar a vítima, sem visar locupletamento seu ou de outrem, o estelionato não se caracterizará.

- A fraude em certames de interesse público (concurso público, avaliação ou exame públicos, processo seletivo para ingresso no ensino superior ou exame ou processo seletivo previstos em lei) pode configurar o crime previsto no art. 311-A, criado pela Lei 12.550/11.

- Note-se que, no estelionato, a defraudação de coisa *penhorada* não se amolda ao tipo do art. 171, § 2º, inciso III, do Código Penal, vez que a *penhora*, que se destina a servir de garantia à execução, não se confunde com o *penhor*, que é garantia de débito. Nesta hipótese, duas consequências podem advir: a) se a defraudação da penhora levar o devedor à insolvência, tem-se a prática do crime de fraude à execução (art. 179 do CP); b) se, mesmo com a fraude, ao devedor restam bens aptos a garantir o débito, estar-se-á diante de mero ilícito civil, que, todavia, poderá ensejar prisão por depósito infiel (prisão esta de questionável constitucionalidade).

- O privilégio, no crime de estelionato, aplica-se somente ao "caput" do art. 171 do CP, ou também às formas equiparadas trazidas no parágrafo seguinte (§ 2º)? Apesar de haver corrente em sentido contrário, parece-nos um contrassenso não estender o benefício às variações do crime, previstas nos incisos do parágrafo seguinte (algumas, aliás, menos perigosas que o comportamento do *caput*). Tratar diferentes crimes da mesma natureza é desrespeitar o princípio constitucional da proporcionalidade.

- No crime de duplicata simulada, a doutrina diverge no que tange à consumação. Para Bitencourt (Tratado de Direito Penal, v. 3, p. 294) e Damásio de Jesus (*Direito penal – Parte Especial*, v. 2, p. 451), o crime se consuma com a colocação do título em circulação. Já para Capez, atento à redação dada ao artigo pela Lei 8.137/90, que substituiu a ação de *expedir* pela de *emitir*, não mais se exige a efetiva circulação, bastando a simples criação do título. Todos concordam, no entanto, que o crime é formal, dispensando efetivo dano, o qual, se sobrevier, configurará mero exaurimento (*Direito Penal – Parte Especial*, v. 2, p. 517).
- O tipo penal do abuso de incapazes não exige o emprego de artifício ou ardil, mas, havendo o uso de meios fraudulentos, o crime não estará descaracterizado, nem se configurará o estelionato. Logo, se a lei não inclui o engodo, a deslisura, também não os afasta, sendo perfeitamente admissível a prática do crime mediante seu emprego.
- O crime de induzimento à especulação (art. 174 do Código Penal) muito se aproxima do anterior, possuindo diversos elementos comuns, como o abuso, a intenção de se obter proveito próprio ou alheio, a inexperiência (abrangendo a menoridade) a inferioridade mental e o induzimento à prática de ato que possa causar a derrocada da vítima. Todavia, contrariamente ao abuso de incapazes, não se refere o presente dispositivo a "qualquer ato que possa produzir efeito jurídico", mas especificamente ao jogo, à aposta e à especulação com títulos ou mercadorias (especializante).
- O delito de fraude no comércio se assemelha àquele do art. 171, § 2º, IV, do Código Penal, que pune a conduta de quem defrauda substância, qualidade ou quantidade de coisa que deve entregar a alguém. A distinção reside no fato de, no dispositivo em comento, a proteção recair exclusivamente sobre as relações comerciais, mencionando expressamente o texto legal que a conduta deve se dar no exercício de atividade comercial.
- No delito do art. 176 do Código Penal, em todas as modalidades, deve o agente faltar ao pagamento por inexistência de recursos disponíveis, consistindo a fraude no silêncio quanto a esta circunstância. Logo, nos casos em que o agente, dispondo de numerário bastante, recusar-se a realizar o pagamento, não configura o presente delito, mas reprovável ato de calote, que pertence ao âmbito do direito civil. É o caso da "pendura".
- Quem recebe um objeto proveniente de delito, em boa-fé, e depois conhecendo essa origem viciosa, o oculta, responde como receptador? O dolo deve, necessariamente, preceder (ou ser contemporâneo) a qualquer das condutas previstas no tipo, pois, contrariamente, não haverá receptação.
- Existe receptação (própria ou imprópria) de coisa produto de ato infracional? Para Fragoso, se a lei se refere somente a *crime*, sem qualquer referência ao ato infracional, a receptação será atípica (*Lições de direito penal:* parte especial, v. 2, p. 421-422). Noronha discorda, ensinando: "Pode tratar-se ainda de irresponsável (art. 22 [anterior à Reforma de 1984]), que a situação jurídica de quem, em proveito próprio ou alheio, adquire, recebe ou oculta a coisa, não mudará. Não se aplicam, dessarte, ao nosso Código, as palavras de Von Liszt: 'Se a ação principal foi praticada por um indivíduo sem imputabilidade, como tal ação não é *punível*, não pode dar-se receptação, mas é possível que se dê o delito de desvio'. Não têm cabida, porque, ao contrário do § 250 do Código Alemão, nosso estatuto não se refere a ação *punível*, e sim a crime, o qual não desaparece porque excluída a responsabilidade de quem o praticou" (*Código Penal brasileiro comentado*, p. 417). O mesmo autor afirma que a receptação será punível ainda que o autor do crime anterior esteja isento de pena em razão da disposição do art. 181 do Código Penal.
- Para que se configure a receptação (própria ou imprópria), é imprescindível a existência de delito precedente, figurando como objeto material a coisa produto de *crime*, não necessariamente contra o patrimônio (restrição não prevista, nem implicitamente, no tipo penal). Sendo vedada a analogia incriminadora, forçoso é convir que *coisa produto de contravenção penal* não gera receptação.
- A doutrina, na sua maioria, explica ser admissível a tentativa somente na receptação própria. Ousamos discordar. É possível que o intermediário (receptação imprópria) busque influir no convencimento do terceiro de boa-fé por escrito, caso em que a execução admitirá fracionamento (carta interceptada antes de atingir seu destino).
- O princípio da insignificância, bem como o benefício da suspensão condicional do processo (Lei 9.099/95, art. 89) não são aplicáveis ao delito de receptação qualificada (CP, art. 180, § 1º). Com base nesse entendimento, a 2ª Turma do STF conheceu, em parte, de habeas corpus e, nessa extensão, indeferiu a ordem impetrada em favor de denunciado pela suposta prática do crime de receptação qualificada por haver sido encontrado em sua farmácia medicamento destinado a fundo municipal de saúde. Frisou-se que a pena mínima cominada ao tipo penal em questão seria superior a um ano de reclusão, o que afastaria o instituto da suspensão condicional do processo (HC 105963/PE, rel. Min. Celso de Mello, 24.4.2012).
- Apesar de crime acessório (pressupõe outro para sua existência), na punição da receptação não é necessário que se comprove a autoria do crime pretérito, nem que seu autor seja punido, bastando que haja prova da ocorrência do injusto penal, consoante o disposto no § 4º.
- A Lei 13.531/2017 alterou o § 6º do art. 180 para incluir na majorante da receptação o fato cometido contra o patrimônio do Distrito Federal, de autarquia, de fundação pública ou de empresa pública. Antes a pena era elevada somente nas hipóteses em que o agente praticava o crime contra bens e instalações do patrimônio da União, de Estado, de Município, de empresa concessionária de serviços públicos ou de sociedade de economia mista.

- Caso o crime de receptação seja cometido por meio da utilização de veículo automotor, o condenado em decisão judicial transitada em julgado terá cassado seu documento de habilitação ou será proibido de obter a habilitação pelo prazo de cinco anos (art. 278-A do CTB, inserido pela Lei 13.804/19). Decorrido o prazo, o condutor poderá obter nova habilitação, desde que se submeta ao procedimento necessário (§ 1º). E, no caso do condutor preso em flagrante, poderá o juiz, em qualquer fase da investigação ou da ação penal, se houver necessidade para a garantia da ordem pública, como medida cautelar, de ofício, ou a requerimento do Ministério Público, ou ainda mediante representação da autoridade policial, decretar, em decisão motivada, a suspensão da permissão ou da habilitação para dirigir veículo automotor, ou a proibição de sua obtenção (§ 2º).
- Nota-se que tendo em vista o objetivo da escusa absolutória (manutenção da harmonia familiar), aqueles que vivem em união estável dela poderão se beneficiar, já que o art. 226, § 3º, da CF dispõe que, "para efeito da proteção do Estado, é reconhecida a união estável entre o homem e a mulher como entidade familiar, devendo a lei facilitar sua conversão em casamento". O STF, ao julgar a ADI 4277 e a ADPF 132, reconheceu a união estável para casais do mesmo sexo. Logo, parece claro que a referida decisão repercute na seara penal, mais precisamente nas escusas absolutórias, admitindo-se a aplicação do art. 181, I, nas relações homoafetivas.
- Na escusa relativa, relativamente ao irmão, mais uma vez mostra-se inadequado o texto do Código Penal, já que diferencia (a *contrario sensu*) entre o legítimo e o ilegítimo, quando a discriminação é vedada pela Constituição da República.
- Com o advento da Lei nº 11.340/2006 (define violência doméstica e familiar contra a mulher), encontramos doutrina no sentido de que os crimes patrimoniais praticados *contra a mulher*, no âmbito doméstico e familiar, mesmo que sem violência, também não permitem as imunidades dos artigos 181 e 182 do Código Penal. Ousamos discordar. A uma, deve ser alertado que o Estatuto do Idoso, para impedir as escusas quando a vítima é pessoa idosa, foi expresso (diferente da Lei Maria da Penha, que nada dispôs nesse sentido, nem implicitamente); a duas, não permitir a imunidade para o marido que furta a mulher, mas permiti-la quando a mulher furta o marido, é ferir, de morte, o princípio constitucional da isonomia (aliás, a Lei nº 11.340/2006 deve garantir à mulher *vítima* de violência doméstica e familiar especial proteção, e não simplesmente à mulher, mesmo quando autora!).
- Diferentemente do que fez no Estatuto do Idoso, o legislador, quando criou o Estatuto da Pessoa com Deficiência, lamentavelmente não alterou o art. 183 do Código Penal, permitindo em crimes contra o patrimônio, sem violência ou grave ameaça, previstos no Tit. II da Parte Especial do CP, cometidos em face do deficiente, a incidência das imunidades absolutas e relativas dos arts. 181 e 182. Os operadores do Direito, diante da novel Lei, já questionam: tais dispositivos (arts. 181 e 182 do CP) incidem nos crimes contra o patrimônio, cometidos sem violência ou grave ameaça a pessoa com deficiência, previstos naquele Estatuto? É o caso, por exemplo, dos arts. 89 e 91. Certamente muitos vão defender a sua aplicação, ostentando a bandeira da analogia *in bonam partem*. Entendemos, depois de muita reflexão sobre o tema, que deve prevalecer o princípio da especialidade, isto é, crimes contra o patrimônio cometidos em face a pessoa com deficiência previstos no respectivo Estatuto ou qualquer outra lei especial não são alcançados pelas citadas imunidades. Conclusão diversa redundaria numa clara proteção deficitária do Estado. Não se pode ignorar que, na esmagadora maioria das vezes, quem tutela o patrimônio da pessoa com deficiência é seu parente próximo (cônjuge, companheiro, ascendente, descendente ou irmão). Garantir-lhes, desde logo, causa especial de exclusão de punibilidade quando arbitrariamente atacam a fortuna da pessoa com deficiência soa como indisfarçável absurdo.

17. CRIMES CONTRA A ORGANIZAÇÃO DO TRABALHO

- Guilherme de Souza Nucci, lembrando as lições de Hungria, observa que o crime do art. 197 do Código Penal é modalidade especial de constrangimento ilegal, no qual a pessoa jurídica não pode figurar como vítima. Contudo: "Somente o ser humano pode ser vítima da violência ou da grave ameaça, abrindo ou fechando o que lhe pertence. Não tem cabimento dizer, por exemplo, que a loja fechada pelo empregado que sofreu a violência, tem por sujeito passivo a pessoa jurídica, uma vez que foi o vendedor que *fechou* o estabelecimento e este não lhe pertence. Eis por que é inadequado dizer que a pessoa jurídica é o sujeito passivo" (*Código Penal comentado*, p. 937).
- Pessoa jurídica pode ser vítima do crime de boicotagem violenta (art. 198 do Código Penal)? Bitencourt, lembrando haver divergência, explica: "Embora não seja desarrazoado o entendimento de Regis Prado quando sustenta que a *pessoa jurídica* pode ser sujeito passivo do crime de boicotagem violenta, não nos parece tecnicamente adequado à norma proibitiva. Com efeito, qualquer das duas figuras descritas no dispositivo em exame exige que a conduta de constranger seja praticada contra *alguém*, e, em nosso vernáculo, não há espaço para abranger como 'alguém' uma ficção, em vez da pessoa natural." (Tratado de Direito Penal, v. 3, p. 406).
- No art. 199 do Código Penal, observa Bitencourt (*Tratado de Direito Penal*: Parte Especial, vol. 3, p. 412) estar criminalizada a conduta de constranger a vítima a participar (ou não) em *determinado* sindicato ou em *determinada* associação profissional. "O constrangimento a participar ou não participar, genericamente, de qualquer sindicato ou associação não tipifica esse crime, mas tão somente o crime de constrangimento ilegal (art. 146)". Pelos mesmos motivos, pressupondo o crime uma ação obstativa da participação em determinado sindicato, não se insere no núcleo do tipo a conduta destinada a afastar alguém de cargo sindical (*RJDTACRIM* 23/118).
- No art. 200 do Código Penal, na hipótese de abandono coletivo de trabalho, o crime é plurissubjetivo, sendo necessária a presença de no mínimo três

empregados (parágrafo único). Já na suspensão do trabalho (*lockout*), os empregadores é que figurarão como autores do delito. A lei, nesta hipótese, nada menciona acerca da necessidade de haver um grupo mínimo de agentes, porém, a maioria da doutrina entende evidente essa condição, já que o texto prevê a conduta de *participar*, que naturalmente pressupõe a pluralidade de pessoas.

- Diverge a doutrina no tocante à revogação do art. 201 do Código Penal pela Lei nº 7.783/89, que regulamentou o direito de greve. Para aqueles que o consideram revogado, o argumento para tanto reside no fato de que o mencionado diploma legal permite greve em serviços essenciais e, além disso, a própria norma constitucional, ao garantir esse direito, não excepcionou, bem como não foi objeto de Lei Complementar a regulamentá-la (Luiz Regis Prado, Curso de Direito Penal Brasileiro – vol. 3 – Parte Especial, pp. 137/139). Para outros, como Mirabete, o artigo 201 permanece em vigor, mas não basta que a obra seja pública ou o interesse seja coletivo. É preciso que seja essencial para a preservação do interesse público (ob. cit. p. 378).
- No crime do art. 202, o dolo consiste na vontade de praticar uma das ações típicas previstas. Além disso, deve haver a finalidade especial de impedir ou embaraçar o curso normal do trabalho. Sem o motivo determinante da ação delituosa não se pode inferir a prática do delito previsto no art. 202 do CP, sob qualquer de suas formas (*RT* 564/425). É esse elemento subjetivo do tipo que diferencia o crime em apreço da invasão de domicílio, do esbulho possessório, do furto e do dano.
- Diferenças entre os delitos de frustração de direito assegurado por lei trabalhista e de redução a condição análoga à de escravo:

	Redução a condição análoga a de escravo (art. 149 do CP)	**Frustração de direito assegurado por lei trabalhista (art. 203 do CP)**
Tutela:	Liberdade pessoal	Regularidade das relações de trabalho
Tipo subjetivo:	Há uma sujeição de domínio. Clara desumanização do trabalhador por meio de restrições de direitos ou condições de trabalho	A finalidade é frustrar a aplicação da legislação trabalhista ou impossibilitar o desligamento do serviço.

- À época da elaboração do Código Penal de 1940, a Constituição de 1937 previa regra que vedava a contratação de estrangeiros em maior número do que brasileiros em empresas nacionais. Essa previsão foi repetida nos textos constitucionais subsequentes, até a Emenda Constitucional 1 de 1969. Com a promulgação da *Charta Magna* de 1988, passou-se a garantir a igualdade entre brasileiros e estrangeiros residentes no país, sendo a todos assegurado o livre exercício de qualquer trabalho, ofício ou profissão, respeitando-se as qualificações profissionais que a lei estabelecer. Proibiu-se, assim, a discriminação de estrangeiros no preenchimento de postos de trabalho. Dentro desse espírito, há posicionamento doutrinário negando a recepção do art. 204 do CP (bem como de qualquer outra norma, injustificadamente, discriminatória) pela Constituição Federal de 1988.
- O médico que continua a exercer a profissão após ter sua inscrição cancelada no Conselho Federal de Medicina pratica o delito do art. 205 (exercício e atividade com infração de decisão administrativa) ou do art. 282 do Código Penal (exercício ilegal da medicina)? De acordo com a jurisprudência do STF, a conduta típica prevista no art. 205 do CP, por ser específica, exclui a do art. 282 também do CP, portanto, o médico, que, após ter cancelada a sua inscrição pelo Conselho Federal de Medicina, continua a exercer a profissão, pratica o delito de exercício de atividade com infração de decisão administrativa (RT 748/544).
- Segundo o STJ, não há exercício ilegal da medicina na conduta do agente que pratica acupuntura (RHC 66.641/SP, DJe 10/3/2016).
- Quanto ao art. 206 do Código Penal, deve ser observado que o tipo penal prevê o recrutamento de mais de um trabalhador, pois que utilizado o vocábulo no plural (*trabalhadores*). O que se discute na doutrina é o número mínimo exigido para a tipificação. Para uns (Celso Delmanto, *Código Penal comentado*, p. 577), bastam dois trabalhadores recrutados para a ocorrência do fato delituoso. Já para outros (Mirabete, *Manual de direito penal:* parte especial, v. 2, p. 386; Bitencourt, Tratado de Direito Penal, v. 3, p. 440), exige-se o recrutamento de pelo menos três trabalhadores, pois o Código Penal, quando se contenta com o número mínimo de dois, o diz expressamente.
- No art. 207 do Código Penal, Luiz Regis Prado (*Curso de direito penal brasileiro:* parte especial, p. 186), não sem razão, sustenta que a localidade para a qual serão enviados os trabalhadores deve ser afastada da origem, sob pena de não se ofender o bem jurídico.

18. CRIMES CONTRA O RESPEITO AOS MORTOS

- No art. 209 do Código Penal, embora a maioria, ante a ausência de previsão legal, não exija do agente qualquer finalidade especial (bastando que, de forma consciente, queira ou assuma o risco de perturbar ou impedir enterro ou cerimônia fúnebre), Noronha pensa diferente: "Não existe o crime sem dolo genérico. A respeito do *específico*, reina divergência. Cremos, entretanto, que é mister esse outro dolo, que é o fim ou o escopo de transgredir ou violar o sentimento de piedade para os que não mais vivem. É o que especifica o crime. Se, p. ex., um parente do morto, indignado com a empresa funerária, pela má qualidade do esquife enviado, o danifica ou destrói (ainda que o corpo ali esteja), não cremos haver praticado o delito em apreço, pois o objetivo da pessoa é justamente protestar contra o que reputa falta de consideração ou deferência para o ente querido" (*Direito penal*, v. 3, p. 81).
- Quanto ao crime do art. 210 do Código Penal, para Damásio de Jesus, "a sepultura vazia ou o monumento erigido à memória de alguém, que não contenham sequer partes de um cadáver, não constituem objeto material do delito" (*Direito penal*, v. 3, p. 78). No

mesmo sentido é a lição de Luiz Regis Prado (*Curso de direito penal brasileiro:* parte especial, p. 225).

- No art. 211 do Código Penal, note-se que, para que seja considerado cadáver, não basta ao corpo humano estar sem vida, sendo imprescindível que mantenha os traços mínimos identificadores da aparência humana, ou seja, que não tenha sido atingido pela decomposição cadavérica. Assim, não são objetos do crime em estudo o esqueleto, as cinzas, as múmias e as partes do corpo incapazes de se reconhecer como tal. Havendo, por exemplo, subtração de múmia, poderá o agente incorrer na prática do crime de furto, tendo em vista não se tratar de coisa excluída do comércio.

- As partes do corpo do cadáver a que se refere o art. 211 do Código Penal são aquelas separadas em razão das circunstâncias da morte (como a explosão), bem como as retiradas do corpo humano após a morte. Deve-se atentar para o fato de que as partes amputadas de um corpo vivo não são protegidas pelo dispositivo em apreço, que trata da tutela do respeito aos mortos.

- Luiz Regis Prado, ao discorrer sobre o objeto material do art. 212 do Código Penal (cadáver ou suas cinzas), faz o seguinte apontamento: "Quanto ao objeto material desse dispositivo, é muito importante esclarecer que tanto pode ser o *cadáver* (corpo humano inanimado, inclusive o natimorto), as *partes deste* ou suas *cinzas* (resíduos de cremação). Embora o legislador não tenha expressamente incluído o termo 'partes dele', como o fez o legislador de 1969 [no Código Penal que não chegou a vigorar], é perfeitamente possível que aquelas sejam objeto de proteção desse dispositivo, com base no argumento a *minori ad maius*. Ora, não seria lógico salientar que constitui crime escarrar sobre as cinzas de um cadáver, enquanto o mesmo ato praticado sobre um membro (*v.g.*, tronco, braço, cabeça) de uma pessoa falecida constitua conduta atípica" (*Curso de direito penal brasileiro:* parte especial, p. 243).

19. CRIMES CONTRA A DIGNIDADE SEXUAL

- Até mesmo a prostituta pode ser vítima do delito de estupro. O bem jurídico protegido é a dignidade sexual do ofendido, é o direito de dispor do corpo, a tutela do critério de eleição sexual de que goza na sociedade. É direito seu que não desaparece mesmo quando se dá a vida licenciosa, pois, nesse caso, ainda que mercadejando com o corpo, ele conserva a faculdade de aceitar ou recusar o parceiro que o solicito.

- Antes da reforma a doutrina discutia a necessidade (ou não) de finalidade específica animando o agente no cometimento do crime de estupro. Mirabete entende imprescindível sua presença, e, comentando o artigo antes da reforma, argumentava: "A vontade de constranger, obrigar, forçar a mulher é o dolo do delito de estupro. Exige-se, porém, o elemento subjetivo do injusto (dolo específico), que é o intuito de manter conjunção carnal" (*Manual de direito penal*: parte especial, v. 2, p. 409). Já Fernando Capez, com a maioria, ensina que nenhuma finalidade específica é necessária para que se configure o crime de estupro: "Entendemos que não é exigida nenhuma finalidade especial, sendo suficiente a vontade de submeter a vítima à prática de relações sexuais completas. O que pode causar certa dúvida é o fato de que tal crime exige a finalidade de satisfação da lascívia para a sua caracterização. Ocorre que se trata de um delito de tendência, em que tal intenção se encontra ínsita no dolo, ou seja, na vontade de praticar a conjunção carnal. Deste modo, o agente que constrange mulher mediante o emprego de violência ou grave ameaça à prática de cópula vagínica não age com nenhuma finalidade específica, apenas atua com a consciência e vontade de realizar a ação típica e com isso satisfazer sua libido (o até então chamado dolo genérico)" (Direito Penal – Parte Especial, v. 3, p. 6-7). A Lei 12.015/2009 não foi capaz de esclarecer a divergência. Mas resulta claro que da noção do dolo, nos crimes sexuais, faz parte a intenção de realizar ato de libidinagem, ou seja, a intenção sexual é inerente ao dolo, nos delitos contra a dignidade sexual.

- Decidiu o STJ ter se caracterizado o crime de estupro qualificado na situação em que o agente, pretendendo se envolver lascivamente com uma adolescente de quinze anos, levou-a ao chão e, imobilizando-a com o joelho, "roubou-lhe" um beijo (REsp 1.611.910/MT, DJe 27/10/2016).

- Sobre o revogado art. 214 do CP, que tipificava o atentado violento ao pudor, o STJ firmou o entendimento de que a revogação não autoriza a conclusão de que houve *abolitio criminis*. Aplica-se, no caso, o princípio da continuidade normativo-típica (HC 238.917/SP, DJe 22/03/2017).

- No art. 215 do Código Penal, é necessário que a fraude seja capaz de iludir alguém, analisando-se, para tanto, não só o meio empregado, como também as condições do ofendido, que poderão variar conforme o caso concreto (o local em que vive a vítima, o seu grau de instrução, a forma como foi educada etc.).

- A Lei 13.718/18 introduziu no Código Penal o art. 215-A, que tipifica a importunação sexual nos seguintes termos: "Praticar contra alguém e sem a sua anuência ato libidinoso com o objetivo de satisfazer a própria lascívia ou a de terceiro". Antes do art. 215-A, condutas relativas à importunação de conotação sexual normalmente se subsumiam, conforme o caso, ao art. 61 ou ao art. 65 do Decreto-lei 3.688/41. O art. 61, revogado expressamente pela Lei 13.718/18, consistia em importunar alguém, em lugar público ou acessível ao público, de modo ofensivo ao pudor. Já o art. 65 pune a conduta de molestar alguém ou perturbar-lhe a tranquilidade, por acinte ou por motivo reprovável. A conduta tipificada neste dispositivo não tem necessariamente conotação sexual, razão por que não houve revogação, a não ser quanto a condutas que consistam em importunação sexual, que também passam a ser subsumir ao art. 215-A.

- O preceito secundário do art. 215-A contém subsidiariedade expressa: aplicam-se as penas da importunação sexual se a conduta não caracteriza crime mais grave. Por isso, a falta de anuência da vítima não pode consistir em nenhuma forma de constrangimento, que aqui deve ser compreendido no sentido próprio que lhe confere o tipo do estupro – obrigar alguém à prática de ato de libidinagem –, não no sentido usual, de mal-estar, de situação embaraçosa, ínsita ao próprio tipo do art. 215-A e um de seus fundamentos.

- Existe assédio sexual se o empregador assedia sua subalterna para favorecer sexualmente seu filho (do empregador)? Na lição de Fernando Capez, "a vantagem ou favorecimento sexual pode ser para o próprio agente ou para outrem (p. ex., um amigo), ainda que este desconheça esse propósito do agente. Caso o terceiro tenha ciência e queira a obtenção desses benefícios sexuais, haverá o concurso de pessoas" (*Curso de direito penal:* parte especial. São Paulo: Saraiva, 2004, v. 3, p. 44-45).
- No tocante ao momento consumativo do assédio sexual, há duas correntes. Para uns, o crime se perfaz com o constrangimento (ainda que representado por um só ato), independentemente da obtenção da vantagem sexual visada. Assim lecionam Mirabete (*Manual de direito penal*, v. 2, p. 422) e Fernando Capez (Direito Penal, v. 3, p. 45); para outros, o crime é habitual, sendo necessária a prática de reiterados atos constrangedores.
- A Lei 13.772/18 inseriu no Código Penal o art. 216-B para tornar crime o registro não autorizado da intimidade sexual. O tipo preenche a lacuna que existia em relação à punição da conduta de indivíduos que registravam a prática de atos sexuais entre terceiros em ambientes privados.
- O *caput* do art. 217-A do Código Penal pune o agente que tem conjunção carnal ou pratica outro ato libidinoso com vítima menor de 14 anos (*caput*). Há quem sustente que a vulnerabilidade do menor deve ser apurada no caso concreto, mas prevalece tese diversa. Leciona a maioria da doutrina não haver espaço para discussão a respeito da presunção de vulnerabilidade, pois a lei nada presume. Sua redação é clara e inequívoca: proíbe-se a relação sexual com menor de quatorze anos. Foi este o manifesto propósito do legislador com a revogação do art. 224 – este sim expresso sobre a presunção de violência. Fosse para se perpetuar o debate, seria evidentemente desnecessária qualquer alteração. Tanto é assim que a justificação do projeto que originou a Lei 12.015/09 foi emitida nos seguintes termos: "Esse artigo [217-A], que tipifica o estupro de vulneráveis, substitui o atual regime de presunção de violência contra criança ou adolescente menor de 14 anos, previsto no art. 224 do Código Penal. Apesar de poder a CPMI advogar que é absoluta a presunção de violência de que trata o art. 224, não é esse o entendimento em muitos julgados. O projeto de reforma do Código Penal, então, **destaca a vulnerabilidade de certas pessoas**, não somente crianças e adolescentes com idade até 14 anos, mas também a pessoa que, por enfermidade ou deficiência mental, não possuir discernimento para a prática do ato sexual, e aquela que não pode, por qualquer motivo, oferecer resistência; e com essas pessoas considera como crime ter conjunção carnal ou praticar outro ato libidinoso; **sem entrar no mérito da violência e sua presunção. Trata-se de objetividade fática**" – grifamos.

  E, atendendo ao propósito da lei, o STJ firmou o entendimento no sentido de afastar pretensões para apurar concretamente a vulnerabilidade (súmula nº 593). Não obstante ter-se pacificado a matéria, decidiu o legislador inserir, no próprio tipo penal, disposição expressa (§ 5º do art. 217-A) de que manter relação sexual com menor de quatorze anos é sempre crime, ainda que a vítima tenha consentido, ou mesmo que se demonstre sua experiência sexual anterior. Dessa forma, a nova disposição legal não modifica, na prática, a orientação que já vinha sendo adotada a respeito do estupro de vulnerável em razão da idade. Apenas torna inequívoca, pela via legislativa, a interpretação já consagrada sobre o *caput* do art. 217-A.
- De acordo com o que decidiu o STJ, o crime de estupro de vulnerável pode se caracterizar inclusive em situações nas quais não há contato físico entre o agente e a vítima (RHC 70.976/MS, DJe 10/8/2016).
- Sempre se discutiu (na doutrina e jurisprudência) se o estupro contra vulnerável, sem violência ou grave ameaça, era ou não hediondo (antigo art. 224 do CP). A Lei 12.105/2009 colocou uma pá de cal na discussão, incluindo, expressamente, o art. 217-A no rol de delitos hediondos. No entanto, para aqueles que negavam o caráter hediondo ao crime, a mudança é irretroativa.
- Antes da Lei 12.015/2009 o lenocínio típico (alcovitaria) estava previsto somente no art. 227 do CP, punido com reclusão de 1 a 3 anos em se tratando de vítima adulta (art. 227, *caput*); reclusão de 2 a 5 anos, quando a vítima era adolescente maior de 14 anos (art. 227, § 1º); se não maior de 14 anos, reclusão de 2 a 8 anos, presumindo-se a violência (art. 224, *a*). Esta última hipótese, com o advento da nova Lei passou a configurar crime autônomo (art. 218 do CP), punido com reclusão de 2 a 5 anos.
- No crime do art. 218-A do CP, exige-se a presença física (in loco) do menor? Apesar de haver corrente lecionando que o avanço tecnológico autoriza o crime sem a presença física da vítima, Bitencourt discorda e assim argumenta: "O texto legal utiliza os vocábulos 'na presença de alguém menor' e 'induzi-lo a presenciar', ou seja, com os termos 'presença' e 'presenciar', fica claro que o menor vulnerável deve encontrar-se, fisicamente, no local onde se realiza a cena de libidinagem. Tais termos têm significado muito específico, iniludível de que o indivíduo deve estar, pessoalmente ou, dito de outra forma, 'de corpo presente' onde se desenrola o acontecimento libidinoso (...) e não indiretamente, via qualquer mecanismo tecnológico, físico ou virtual, como permitiria o mundo tecnológico" (Tratado de Direito Penal, vol. 4, p. 117).
- A prostituta pode ser vítima do delito do art. 218-B? Quando impedida de deixar a prostituição, sim (contudo, por já se dedicar, por conta própria, ao comércio carnal, não será possível, obviamente, induzir, atrair ou facilitar o seu ingresso na libertinagem).
- A respeito do art. 218-B do Código Penal, observa Bitencourt: "Embora o texto legal não diga, faz-se necessário que o menor não tenha menos de 14 anos, pois, nesse caso, o crime poderá ser o estupro de vulnerável (art. 217-A). Ainda poderá figurar como sujeito passivo quem, por enfermidade ou deficiência mental, não tem o necessário discernimento para a prática do ato. Nessa última hipótese,

a exploração sexual não pode atingir o nível da prática do ato de libidinagem, sob pena de poder configurar o estupro de vulnerável já mencionado" (Tratado de Direito Penal, vol. 4, p. 122).

- A Lei 13.718/18 inseriu no Código Penal o art. 218-C, que tipifica o crime de divulgação de cena de estupro ou de cena de estupro de vulnerável, de cena de sexo ou de pornografia. Os objetos materiais do crime são fotografias, vídeos ou outros registros audiovisuais que:

  a) contenham cena de estupro ou de estupro de vulnerável: trata-se de violência sexual real, ao mesmo tempo registrada e depois difundida por qualquer meio. O tipo menciona também as cenas de estupro de vulnerável, mas devemos ter em mente que o vulnerável aqui é apenas quem, por enfermidade ou deficiência mental, não tem o necessário discernimento para a prática do ato, ou que, por qualquer outra causa, não pode oferecer resistência. Tratando-se de estupro de vulnerável menor de quatorze anos, a difusão das imagens não caracteriza este crime, mas um dos correlatos tipificados no ECA (arts. 241 ou 241-A);

  b) façam apologia ou induzam a sua prática: não é necessário que as imagens veiculem cenas sexuais. O que se busca punir é a divulgação de material que de alguma forma faça apologia ou induza a prática de estupro, como um vídeo em que alguém defenda a legitimidade da prática ou de alguma forma a conclame;

  c) consistam em registros de cenas de sexo, nudez ou pornografia sem o consentimento da vítima: não se trata de cenas de violência sexual, mas de sexo, nudez ou pornografia sem que a pessoa fotografada ou gravada tenha dado consentimento para a difusão. É o caso, por exemplo, do casal que grava a si mesmo, ou permite que outrem o faça, e um deles, ou terceiro, promove a difusão das imagens sem autorização.

- Note-se que no art. 218-C não tem lugar, ao contrário do que ocorre no art. 287 do CP, a discussão sobre a necessidade de que a apologia se refira a crime já ocorrido. O art. 287 pune a apologia de *fato criminoso*, o que, para parcela da doutrina, restringe a abrangência do tipo a crimes já ocorridos, pois, do contrário, há apenas incitação. O art. 218-C, no entanto, não contém a expressão *fato criminoso*, referindo-se apenas à apologia do estupro.

- O crime do art. 218-C é expressamente subsidiário, ou seja, tem lugar apenas se a conduta não constitui crimes mais graves, que, no caso, são os artigos 241 e 241-A do ECA. O art. 218-C, aliás, é uma combinação dos núcleos típicos que compõem os dois dispositivos que visam à proteção de crianças e adolescentes. Dessa forma, se a conduta consiste em vender ou expor à venda fotografia, vídeo ou outro registro audiovisual com cena envolvendo criança ou adolescente, o crime é o do art. 241 do ECA, punido com reclusão de quatro a oito anos. Tratando-se das demais condutas envolvendo menores de idade, o crime é o do art. 241-A, punido com reclusão de três a seis anos.

- A Lei 13.718/18 modificou o art. 225 do CP para alterar a sistemática da ação penal, que passa a ser sempre pública incondicionada. Com a reforma que havia sido introduzida pela Lei 12.015/09, a ação penal era pública condicionada a representação, desde que a vítima não fosse menor de dezoito anos ou vulnerável. A partir da Lei 13.718/18 não existe mais distinção. Entendemos que, neste caso, a ação penal, para os crimes praticados antes da vigência da nova lei, deve continuar sendo pública condicionada a representação, vez que, do contrário, estar-se-ia subtraindo institutos extintivos da punibilidade ao acusado. A mudança da titularidade da ação penal é matéria de processo penal, mas conta com reflexos penais imediatos. Daí a imperiosa necessidade de tais normas (processuais, mas com reflexos penais diretos) seguirem a mesma orientação jurídica das normas penais. Quando a inovação é desfavorável ao réu, não retroage.

- Segundo o STJ, há *bis in idem* na exasperação da pena do estupro de vulnerável cometido pelo padrasto da vítima quando o juiz considera a causa de aumento de pena do art. 226, inciso II, do CP e a agravante do art. 61, inciso II, *f*. A majorante menciona expressamente a figura do padrasto, ao passo que a agravante se refere ao crime cometido "com abuso de autoridade ou prevalecendo-se de relações domésticas, de coabitação ou de hospitalidade". Para o tribunal, embora a agravante não trate expressamente da figura do padrasto, sua natureza é a mesma da majorante, ou seja, a punição mais grave do crime cometido no âmbito das relações familiares (AgRg no AREsp 1.100.224/RJ, j. 23/06/2017).

- Em recurso ordinário em *habeas corpus*, o STF foi provocado a decidir a respeito do alcance da expressão *ascendente*, contida na redação da majorante do art. 226, inciso II, do CP. Sustentava-se no recurso que o bisavô não poderia sofrer o aumento da pena. O STF, todavia, negou provimento ao recurso e estabeleceu que o bisavô é ascendente para os efeitos da majorante, pois o art. 1591 do Código Civil dispõe serem parentes em linha reta as pessoas que estão umas para com as outras na relação de ascendentes e descendentes, ao passo que o art. 1594 determina que na linha reta os graus de parentesco são contados pelo número de gerações. Não há na lei nenhuma referência a limites no número de gerações para que seja estabelecida a relação de parentesco por ascendência. Dessa forma, para qualquer efeito legal, são ascendentes de alguém *todos* os parentes em linha reta provenientes das gerações anteriores. Destacou o tribunal, ademais, que o próprio caso concreto evidenciava a relevância da relação de parentesco entre a vítima e seu bisavô, que cometeu violência sexual por aproximadamente três anos, o que demonstra a proximidade e a confiança que caracterizam as relações familiares e que justificam a existência da causa de aumento de pena (RHC 138.717/PR, j. 23/05/2017).

- A Lei 13.718/18 inseriu no art. 226 o inciso IV, que aumenta de um a dois terços a pena nas formas coletiva e corretiva do estupro. A forma coletiva se caracteriza pelo concurso de dois ou mais agentes; a corretiva é cometida com o propósito de controlar o comportamento social ou sexual da vítima.

- No crime de mediação para servir a lascívia de outrem (art. 227 do Código Penal), embora o tipo penal não faça nenhuma ressalva no tocante às qualidades morais da vítima, tem-se entendido que, tratando-se de pessoa inteiramente corrompida, afeita à vida sexual promíscua, o delito não se configura, pois que a conduta punível é a de *induzir*, não sendo possível que ocorra contra quem já é dado a práticas dessa natureza (nesse sentido: *RT* 487/347).
- Profunda inovação introduzida pela Lei nº 12.015/2009 foi substituir *casa de prostituição ou lugar destinado a encontro para fins libidinosos* por *estabelecimento em que ocorra a exploração sexual*, expressão muito mais pertinente (para o fim de incriminação da conduta), permitindo abranger não só os prostíbulos, mas qualquer espaço que venha a servir de abrigo habitual para a prática de comportamentos contra a dignidade sexual de alguém, ou seja, comportamentos que denotem "exploração" sexual, ainda que eventualmente licenciado. Assim, mesmo não olvidando permanecer doutrina em sentido contrário, a intenção do legislador parece ser punir também hotéis, motéis, hospedarias e até restaurantes, desde que destinados, habitualmente, à exploração sexual.
- O art. 229 do Código Penal veicula um crime habitual, conclusão que se extrai do núcleo típico *manter*, isto é, comportamento costumeiro, corrente e reiterado. E decidiu o STJ que não há o crime se não demonstrada a violação da liberdade de quem exerce a mercancia sexual: "1. Mesmo após as alterações legislativas introduzidas pela Lei nº 12.015/2009, a conduta consistente em manter Casa de Prostituição segue sendo crime tipificado no artigo 229 do Código Penal. Todavia, com a novel legislação, passou-se a exigir a "exploração sexual" como elemento normativo do tipo, de modo que a conduta consistente em manter casa para fins libidinosos, por si só, não mais caracteriza crime, sendo necessário, para a configuração do delito, que haja exploração sexual, assim entendida como a violação à liberdade das pessoas que ali exercem a mercancia carnal. 2. Não se tratando de estabelecimento voltado exclusivamente para a prática de mercancia sexual, tampouco havendo notícia de envolvimento de menores de idade, nem comprovação de que o recorrido tirava proveito, auferindo lucros da atividade sexual alheia mediante ameaça, coerção, violência ou qualquer outra forma de violação ou tolhimento à liberdade das pessoas, não há falar em fato típico a ser punido na seara penal" (REsp 1.683.375/SP, rel. Min. Maria Thereza de Assis Moura, j. 14/08/2018).
- O crime de *rufianismo* (art. 230 do Código Penal) não se confunde com o lenocínio, pois neste o agente, depois de servir como intermediário de uma relação sexual, em regra afasta-se da vítima, não buscando, necessariamente, lucro. Também a desnecessidade de compartilhar lucro é o marco que diferencia o crime do art. 230 daquele previsto no art. 229 (casa de prostituição).
- O ato obsceno não se confunde com a importunação sexual (art. 215-A do CP), que pressupõe a prática de ato libidinoso direcionado a alguém contra sua vontade. Responde por importunação sexual quem, por exemplo, se masturba em frente a alguém porque aquela pessoa lhe desperta um impulso sexual; mas pratica o crime em estudo quem se masturba em uma praça pública sem visar a alguém específico, apenas para ultrajar ou chocar os frequentadores do local.
- Não haverá o crime de ato obsceno se o ato for praticado em lugar que não ofereça a publicidade requerida para que se ofenda a coletividade. Assim, se o agente se envolve, por exemplo, em ato sexual em um terreno, público, aberto ou exposto ao público, sem a possibilidade de ser presenciado (difícil acesso, condições climáticas, horário avançado) não haverá o crime.
- Sabendo que a mulher pode ser sujeito ativo de estupro, tendo um homem como vítima, haverá o aumento de pena previsto no art. 234 do CP quando, nessa condição, engravidar? Cezar Roberto Bitencourt considera inaplicável a majorante: "Certamente, a previsão legal não admite essa conotação, pois não passaria de *mutatis mutandis*, uma espécie de autolesão, que não representa maior desvalor do resultado da conduta para a vítima" (Tratado de Direito Penal, v. 4, p. 201). Entendemos, todavia, cabível o aumento, pois a lei não diferencia a pessoa grávida. Aliás, quando o homem (vulnerável, por exemplo) é vítima, a gravidez da autora do crime é para ele consequência grave, merecendo incidir o aumento. Não bastasse, a concepção durante um ato de estupro, por si, é bastante para tornar mais grave a conduta, que tem repercussão social muito maior.

20. PROMOÇÃO DE MIGRAÇÃO ILEGAL

- A Lei nº 13.445/17 introduziu no Código Penal o art. 232-A, que tipifica o crime de promoção de migração ilegal. O crime não tem nenhuma relação com a dignidade sexual, embora tenha sido inserido no Título VI da Parte Especial. Não tem conotação sexual e não se confunde, de forma nenhuma, com o tráfico de pessoas para exploração sexual, que antes da Lei nº 13.344/16 fazia parte do mesmo Capítulo V do Título VI. Trata-se, simplesmente, de viabilizar a entrada no território brasileiro de estrangeiro que não cumpre os requisitos legais estabelecidos na própria Lei de Migração.
- No crime do art. 232-A do CP, a ação nuclear de *promover* a entrada ilegal de estrangeiro deve ser interpretada de forma ampla, punindo-se quem agencia a vinda do estrangeiro, quem o transporta para o território nacional, quem o recebe no momento do ingresso ou quem de qualquer forma pratica algum ato com o propósito de tornar possível a entrada do estrangeiro sem a observância das disposições legais, sendo que a entrada ilegal pode ocorrer

tanto por meio de desvio dos postos de imigração (ex.: o agente promove a entrada do estrangeiro por fronteira terrestre ou marítima onde não existe forma de controle) quanto mediante utilização de meios fraudulentos perante o controle de imigração (ex.: documentos falsos).

Para os efeitos do crime, é *estrangeiro* qualquer pessoa que não se insira em nenhuma das qualificações de brasileiro nato ou naturalizado de que trata o art. 12 da CF.

- O que se entende, para os efeitos do art. 232-A do CP, por *território nacional*? Parece-nos mais adequada a referência apenas ao território físico. É somente no momento da entrada no território físico que os órgãos de fiscalização de fronteiras podem exercer o controle da entrada de pessoas no território brasileiro. Não faz sentido aplicar o conceito extenso de território (art. 5º, §§ 1º e 2º, CP) neste caso porque em determinadas situações o crime se perfaria muito antes de ser possível qualquer tipo de controle. Seria o caso, por exemplo, do agente que, com intuito de promover a entrada de estrangeiro ilegal no Brasil, o introduzisse em uma embarcação pública brasileira atracada em outro país. O crime se consumaria imediatamente, com a mera entrada do estrangeiro na embarcação. De igual forma, pensamos que a promoção de entrada ilegal de brasileiro em país estrangeiro só ocorre se houver o ingresso do nacional no território físico de outro país. Trata-se, aqui, da situação em que criminosos agenciam a ida de nacionais sem vistos para residir em outros países. Talvez a situação mais comum seja a de brasileiros que emigram aos Estados Unidos passando pelo México, guiados pelos denominados "coiotes".
- O tipo do art. 232-A do CP contém um elemento subjetivo: a finalidade especial de obter vantagem econômica. Com isso afasta-se a possibilidade de punição se alguém praticar uma das modalidades do tipo com o intuito de simplesmente auxiliar a pessoa que pretende ingressar ilegalmente no território nacional ou em país estrangeiro.
- Tendo em vista os bens jurídicos tutelados, a competência para julgar a promoção de migração ilegal é da Justiça Federal.

21. CRIMES CONTRA A FAMÍLIA

- No tocante ao sujeito ativo do crime de bigamia, há entendimentos no sentido de que as testemunhas que afirmam a inexistência de impedimento, sabendo que um dos nubentes é pessoa já casada, respondem como partícipes (Luiz Regis Prado, *Curso de direito penal brasileiro:* parte especial, p. 437).
- Contrair novo casamento quando separado judicialmente no primeiro não elide o crime de bigamia, vez que, até a decretação do divórcio, o vínculo matrimonial permanece (*RT* 733/554). O mesmo raciocínio ocorre com a declaração de ausência.
- No crime do art. 236 do Código Penal, apesar de a lei silenciar, a doutrina ensina que a ocultação deve ser comissiva (uma ação), pois a forma omissiva (silêncio, inação) é um indiferente penal.
- Sobre o registro de nascimento inexistente, lembra Regis Prado: "É bem possível que o agente seja pessoa estranha à família daqueles indicados como pais da criança inexistente ou, ainda, oficial do Registro Civil. O médico que forneça atestado de nascimento inexistente e as testemunhas do suposto nascimento podem figurar como partícipes do delito em estudo. De outro lado, são coautores do delito o pai e a mãe fictícios que promovem a falsa inscrição no Registro Civil" (*Curso de direito penal brasileiro:* parte especial, v. 3, p. 484).
- No crime de abandono material, a omissão de assistência a número plural de parentes não desnatura a unidade do crime, pois o bem jurídico protegido é a família (neste sentido: *RT* 518/385).
- No crime de entrega de filho menor a pessoa inidônea, percebe-se que a lei não se contenta com a simples entrega do menor à pessoa inidônea sendo imprescindível que esta pessoa possa atingir o infante material ou moralmente. Será perigo material aquele capaz de causar algum dano físico, como lesões, doenças, inclusive decorrentes de trabalho excessivo, a entrega a um ébrio, a um toxicômano. Perigo moral se dá quando capaz de causar dano psíquico no menor, seja pela atividade que irá realizar juntamente com a pessoa à qual foi entregue (viver com pessoa que exerça indústria perigosa), seja pelo que irá presenciar por parte dessa pessoa (viver com meretriz).
- A respeito do abandono intelectual, alerta Regis Prado: "Em que pese sustentar que não se perfaz o abandono intelectual quando a educação do menor é ministrada em casa, é forçoso reconhecer que a *ratio legis* da incriminação é a de compelir os pais a providenciar a escolarização do filho, oferecendo-lhe a educação fundamental no estabelecimento de ensino regular – e não fora dele. Aliás, acentua-se, corroborando tal entendimento, que apenas naquele local pode o menor, 'convivendo intimamente com os colegas e respectivas famílias, participando das atividades desenvolvidas pela agência educativa, formar integralmente sua personalidade, preparando-se para a vida em sociedade'. Não fosse assim, 'não haveria como justificar a expressão – idade escolar – utilizada pelo legislador ao estruturar a figura definida no art. 246 do Código Penal. Idade *escolar*, ao que tudo indica, significa aquela em que deve ter lugar a entrada na *escola*'" (*Comentários ao Código Penal*. 2. ed. São Paulo: RT, 2003, p. 532).
- No crime de subtração de incapazes (art. 249 do Código Penal), não se exige finalidade especial por parte do agente, devendo-se ressaltar que, se agiu com outro propósito mais grave que a simples subtração, responderá pelo fato pretendido, se ilícito for, na medida de sua culpabilidade.

22. CRIMES CONTRA A INCOLUMIDADE PÚBLICA

- É pacífica a admissibilidade da tentativa de incêndio doloso. Alguns exemplos elucidam bem a questão: a mecha acesa é atirada para dentro de uma casa, mas não se comunica o fogo a objeto algum, porque os moradores conseguiram retirá-la a tempo; o fogo da mecha comunica-se a um móvel da casa, mas, antes de atingir a construção, é apagado por outrem; já predisposto o meio de eclosão do incêndio, é descoberto e inutilizado por terceiros (Nélson Hungria, *Comentários ao Código Penal*, v. 9, p. 27).
- No crime de explosão, ao se referir a substância de efeitos análogos à dinamite, o tipo penal condiciona a apuração à realização de perícia no artefato utilizado pelo agente, a fim de que se constate se sua capacidade lesiva se aproxima daquela verificada na própria dinamite.
- Nos crimes de incêndio, explosão e uso de gás tóxico ou asfixiante, não se exige finalidade especial por parte do agente. Se existir fim específico orientando o comportamento do agente – como, por exemplo, intuito de matar alguém – verificando-se também a ocorrência de perigo à coletividade, há divergência se o caso retrata concurso formal com o delito de homicídio qualificado, tentado ou consumado, ou se as infrações penais contra a incolumidade pública ficarão absorvidas pelo crime contra a vida.
- No art. 253 do Código Penal, o legislador incrimina o que caracterizaria meros atos preparatórios para a prática do crime de uso de gás tóxico e asfixiante, considerando crime seu manuseio ou o de substâncias destinadas à sua fabricação.
- Consiste a figura típica do perigo de inundação em *remover* (deslocar, tirar), *destruir* (eliminar, estragar) ou *inutilizar* (anular, tornar inútil), em prédio próprio ou alheio, expondo a perigo a vida, a integridade física ou o patrimônio de outrem, *obstáculo natural* (margem de um rio) ou *obra destinada a impedir inundação* (barragem, comporta etc.). Observa Delmanto (*Código Penal Comentado*, p. 665) a inexistência de punição para a conduta daquele que coloca obstáculo capaz de causar inundação, podendo configurar, por exemplo, a infração penal do art. 132 do CP. Alertamos, porém, que o caso pode configurar o crime anterior (provocar inundação).
- O crime do art. 260 do Código Penal (perigo de desastre ferroviário) pode ocorrer tanto por ação quanto por omissão, como no caso do funcionário do serviço ferroviário que deixa de operar a chave de desvio, podendo fazê-lo, sabendo que dois veículos irão passar pelo mesmo local, gerando perigo de colisão ou sua efetiva ocorrência.
- O conhecido "surf ferroviário" (jovens se equilibrando sobre a composição do trem em andamento) configura o crime? A jurisprudência não tem admitido, não vislumbrando no comportamento do "surfista urbano" outra intenção que não a de expor a perigo a própria vida, faltando, portanto, o elemento subjetivo do tipo, consistente na vontade livre e consciente de criar situação concreta de perigo de desastre ferroviário (*RT* 798/681).
- O movimento de greve pode configurar o crime de atentado contra a segurança de serviço de utilidade pública? A jurisprudência nega: "Atentado contra a segurança de serviço de utilidade pública. Não caracterização. Obstrução de entrada e saída de funcionários e veículos da CMTC por grevistas. Condutas que não criaram qualquer perigo ao transporte coletivo" (*JTJ* 174/302).
- O crime de interrupção ou perturbação de serviço telegráfico, telefônico, informático, telemático ou de informação de utilidade pública se consuma com a prática de algum dos atos previstos no tipo, ou seja, interromper, perturbar, impedir ou dificultar. Trata-se de infração de perigo abstrato e, portanto, prescindível comprovação de sua efetiva ocorrência. Em sentido contrário, no entanto, leciona Bento de Faria: "Considerados esses fatos como vinculados ao gênero dos delitos contra a incolumidade pública, daí resulta, como condição para punibilidade, que o fato deve acarretar o seu prejuízo concreto, ou seja, a *efetiva* interrupção ou perturbação do serviço ou o impedimento ou obstáculos que dificultem o respectivo restabelecimento" (*Código Penal brasileiro comentado*: parte especial, v. 5, p. 322).
- Quanto ao art. 267 do Código Penal, ressalte-se que não se confunde a epidemia com a endemia (moléstia infecciosa que ocorre *habitualmente* e com incidência significativa em determinada população) e pandemia (enfermidade amplamente disseminada, ou seja, que atinge várias nações).
- O crime do art. 268 do Código Penal (infração de medida sanitária preventiva) consiste em *infringir* (desrespeitar, transgredir) *determinação do poder público* (leis, decretos, portarias etc.), destinada a impedir introdução ou propagação de doença contagiosa, o que pode se dar de maneira comissiva ou omissiva. Na lição de Fragoso: "Pela classificação do dispositivo legal exame, pode-se concluir que as doenças contagiosas a que se refere são apenas as que atingem ao ser humano (não se contemplando aqui as epizootias e epifitias)" (*Lições de direito penal*: parte especial, v. 3, p. 683). Note-se que não configura o crime a violação de qualquer dispositivo de regulamentação sanitária, mas única e tão somente aquele voltado ao impedimento de introdução ou propagação de doença contagiosa.
- Quanto ao art. 270 do Código Penal, são três os objetos materiais do delito: a) *água potável*, aquela destinada ao consumo humano para ingestão ou preparo de alimentos. Pode ser de uso comum (poço artesiano em uma pequena vila; riacho que serve a uma comunidade; reservatório que abastece uma cidade) ou particular (depósito de uma grande empresa); b) *substância alimentícia*, podendo ser líquida ou sólida, desde que se destine à alimentação humana; c) ou *substância medicinal*, isto é,

destinada ao uso interno ou externo para cura, tratamento ou prevenção de moléstias.

- No art. 272 do Código Penal, é imprescindível que a substância seja destinada ao consumo e que a nocividade tenha a capacidade de causar efetivo dano ao organismo de quem a ingerir, seja pela degradação, seja pela falta de nutrientes (a ser apurado mediante perícia). Além disso, não pode visar pessoa determinada, pois que, neste caso, outro poderá ser o delito.
- De acordo com o art. 273, § 1º-A, incluem-se entre os produtos a que se refere o *caput*: os *medicamentos* (substância utilizada no tratamento de enfermidade), as *matérias-primas* (substâncias a partir das quais são fabricados os medicamentos), os *insumos farmacêuticos* (outros componentes da produção dos medicamentos), os *cosméticos* (produtos que se destinam a manter ou melhorar a aparência), os *saneantes* (produtos purificadores, desinfetantes) e os de *uso em diagnóstico* (usados para a busca da cura e da causa da afecção). Encontramos doutrina criticando essa equiparação, pois afronta, segundo pensam, o princípio da razoabilidade. Obviamente, a adulteração de um produto cosmético, que se destina exclusivamente a melhorar ou conservar a aparência de uma pessoa, ou de um simples saneante, que possui caráter meramente purificador ou desinfetante, não pode ser considerada tão grave a ponto de ser submetida a um instituto reservado a fatos envolvidos em especial seriedade.
- O § 1º-B do art. 273 do Código Penal determina que se sujeita às mesmas penas do *caput* quem importa, vende, expõe à venda, tem em depósito para vender ou, de qualquer forma, distribui ou entrega a consumo produtos que, apesar de não falsificados, corrompidos, alterados ou adulterados, encontram-se numa das seguintes condições: I – sem registro, quando exigível, no órgão de vigilância sanitária competente; II – em desacordo com a fórmula constante do registro previsto no inciso anterior; III – sem as características de identidade e qualidade admitidas para a sua comercialização; IV – com redução de seu valor terapêutico ou de sua atividade; V – de procedência ignorada; VI – adquiridos de estabelecimento sem licença da autoridade sanitária competente. Nesse ponto, não se tratando de produto falsificado (logo, materialmente apto ao consumo), questiona-se a necessidade do Direito Penal. A infração, segundo pensamos, seria melhor resolvida no âmbito administrativo, respeitando-se, desse modo, o princípio da ofensividade ou lesividade (que exige, na incriminação, a presença de relevante e intolerável lesão ou perigo de lesão ao bem jurídico tutelado). Questiona-se, ainda, a proporcionalidade da pena, pois o legislador pune com a mesma intensidade duas situações diametralmente opostas (no *caput* e § 1º, produto *falsificado*; no § 1º-B, produto não *corrompido*). Julgando *habeas corpus* que versava sobre a conduta tipificada no § 1º-B, inciso V, o STJ considerou inconstitucional a pena cominada em razão da desproporcionalidade em relação a condutas muito mais graves, como a extorsão mediante sequestro e o estupro de vulnerável. Concluiu o tribunal que, no lugar da reprimenda estabelecida Código Penal, deve-se aplicar a do art. 33, *caput*, da Lei 11.343/06 (AI no HC 239.363/PR, Rel. Min. Sebastião Reis Júnior, DJe 10/4/2015).

23. CRIMES CONTRA A PAZ PÚBLICA

- Para que se caracterize o delito de incitação ao crime não basta que o agente incite publicamente a prática de delitos de forma genérica, devendo apontar fato determinado, como, por exemplo, conclamar publicamente titulares de determinado direito a fazer justiça com suas próprias mãos, o que constitui o crime de exercício arbitrário das próprias razões. Na lição de Hungria, o crime não se configura nas hipóteses em que o agente simplesmente apresenta uma tese de que certa conduta deve ser descriminalizada: "É bem de ver que se não apresenta o crime quando apenas se faz a defesa de uma tese sobre a ilegitimidade ou sem-razão da incriminação de tal ou qual fato, como, por exemplo, o *homicídio eutanásico*, o *crime de Otelo* etc. Não há, aqui, o *animus instigandi delicti*, mas apenas uma opinião no sentido da exclusão do crime, *de lege ferenda" (Comentários ao Código Penal*, v. 9, p. 171).
- No art. 286 do Código Penal, a consumação ocorre com a incitação dirigida a número indeterminado de pessoas, independentemente da prática do crime incitado (perigo abstrato). Aliás, vindo o instigado a praticar o crime, o instigador poderá (se comprovado o nexo causal) responder também por ele, em concurso material (art. 69 do CP).
- Apologia (art. 287 do Código Penal) de crime culposo é típica? Na lição de Fragoso, não é punível, pois "não pode haver instigação, direta ou indireta, à prática de um ato involuntário" (*Lições de direito penal:* parte especial, v. 3, p. 752).
- O STF, no julgamento da ADPF 187, por unanimidade, decidiu ser legal (e legítima) a reunião de pessoas para manifestarem publicamente sua posição em favor da legalização das drogas ("marcha da maconha"). Os Ministros, em resumo, argumentaram tratar-se de um movimento social espontâneo que reivindica, por meio de livre manifestação de pensamento, a possibilidade da discussão democrática do modelo proibicionista (o consumo de drogas) e dos efeitos que esse modelo produz em termos de incremento da violência.
- É possível uma pessoa pertencer a mais de uma associação criminosa? Magalhães Noronha, tratando, na época, da quadrilha ou bando, responde: "Escreve Maggiore que 'a permanência inalterada e por isso o delito é único e idêntico, quando uma pessoa faça parte contemporânea e necessariamente de diversas associações para delinquir (em tempo e lugar eventualmente diversos)'. Não concordamos com o insigne autor. A participação da mesma pessoa em mais de uma quadrilha faz com

que ela pratique diversos crimes. Inexiste permanência de delito único, mas, realmente, vários deles, integrados pelas diversas associações criminosas de que faz parte o agente, constituindo todas elas distintas violações da lei e, portanto, apresentando-se em relação ao associado um concurso material de delitos. O que a lei pune é *associar-se* e se ele mais de uma vez se associa, não vemos como se negar a pluralidade de crimes" (*Direito penal*, v. 4, p. 114-115).

- De acordo com o STJ, é possível a coexistência de múltiplas associações criminosas, ainda que com núcleos idênticos, desde que a alteração de composição demonstre que efetivamente se trata de diversas associações (AgRg no CC 148.154/SP, DJe 09/11/2016).
- Deve ser lembrado que a manutenção da associação criminosa após a condenação ou mesmo a denúncia constitui novo e idêntico crime formal. Inocorre *bis in idem* na nova imputação (*RSTJ* 78/369).
- Com o advento da Lei 11.343/2006, a associação estável e permanente, de duas ou mais pessoas, para a prática do tráfico de drogas ou maquinários, se enquadra no art. 35 da Lei de Drogas, com pena de reclusão variando de 3 a 10 anos, sem prejuízo da multa.
- A Lei nº 12.720/12 acrescentou o art. 288-A no Código Penal com o especial propósito de endurecer as consequências jurídicas no combate às ações dos denominados *grupos de extermínio* e das milícias privadas.

24. CRIMES CONTRA A FÉ PÚBLICA

- De acordo com a doutrina de Fragoso, somente se configura o crime de moeda falsa se a alteração for no sentido de atribuir maior valor à cédula ou à moeda metálica. Assim, se o agente altera somente números ou símbolos que nada têm a ver com o aumento do valor da moeda, não pratica o crime em apreço. Bem assim, não ocorre o delito na hipótese em que a alteração faz com que o valor nominal seja diminuído em relação ao verdadeiro (*Lições de direito penal:* parte especial. São Paulo: José Bushatsky, v. 3, p. 775).
- No crime de moeda falsa, apesar de alguns ensinarem que o privilégio (art. 289, § 2º) se pratica com dolo subsequente, não nos parece. Esse elemento – *dolo* – deve ser simultâneo à conduta, sob pena de se descaracterizar o crime. O que ocorre é que o dolo só integra a conduta de repassar a moeda que o agente descobriu ser falsa após tê-la recebido. Ainda no que tange ao tipo subjetivo, não se admite o dolo eventual, pois o texto legal menciona expressamente a necessidade de o agente restituir a moeda à circulação *depois de conhecer a falsidade*.
- A competência para o julgamento do crime de moeda falsa é da Justiça Federal.
- Segundo a orientação adotada pelos tribunais superiores, o crime de moeda falsa não pode ser atingido pelo princípio da insignificância, pois a objetividade jurídica não é o valor econômico da moeda, mas a higidez do sistema monetário: a) STJ: "Não se cogita a aplicação do princípio da insignificância ao crimes de moeda falsa, pois o bem jurídico protegido de forma principal é a fé pública, ou seja, a segurança da sociedade, sendo irrelevante o número de notas, o seu valor ou o número de lesados" (HC 439.958/SP, j. 26/06/2018); b) STF: "Descabe cogitar da insignificância do ato praticado uma vez imputado o crime de circulação de moeda falsa" (HC 126.285/MG, DJe 27/09/2016); c) STF: "Ambas as Turmas do Supremo Tribunal Federal já consolidaram o entendimento de que é "inaplicável o princípio da insignificância aos crimes de moeda falsa, em que objeto de tutela da norma a fé pública e a credibilidade do sistema financeiro, não sendo determinante para a tipicidade o valor posto em circulação" (HC 105.638, Rel. Min. Rosa Weber). Precedentes" (HC 108193/SP, Rel. Min. Roberto Barroso, DJe 25/09/2014). E, na mesma esteira, o STJ decidiu que não se aplica a regra do arrependimento posterior se o agente repara o dano que causou à pessoa que recebeu a moeda falsa, pois, neste crime, a relevância não está no prejuízo patrimonial, mas na fragilização da confiança que deve ser depositada no sistema monetário (REsp 1.242.294/PR, Rel. originário Min. Sebastião Reis Júnior, Rel. para acórdão Min. Rogerio Schietti Cruz, DJe 3/2/2015).
- Sobre o objeto material no crime de petrechos para falsificação de moeda, leciona Fragoso: "Diante de nossa lei, todavia, não se exige que a destinação exclusiva dos objetos (de resto, raríssima), seja a fabricação de moeda falsa: basta que por sua natureza sejam especialmente (geralmente ou em regra) destinados àquele fim. Não se pode excluir integralmente uma indagação sobre a destinação subjetiva (fim a que o agente destinava os objetos) no reconhecimento da existência da ação delituosa. A fórmula do nosso código é perigosa e exige do julgador meticuloso exame de todos os indícios" (Direito penal. São Paulo: Saraiva, v. 3 (1971), p. 789).
- A prova de que os petrechos podem ser destinados à falsificação depende de perícia (subsistindo o crime ainda que se conclua ser o objeto capaz de realizar, em parte, a contrafação).
- Note-se que, a exemplo do que ocorre nos demais delitos contra a fé pública, na falsificação de papeis públicos (art. 293 do Código Penal) o documento falsificado deve ser apto a iludir, pois se grosseira a falsificação, não se configura o crime em estudo. Mostra-se, portanto, imprescindível a realização do exame pericial nas peças fabricadas ou adulteradas.
- Guilherme de Souza Nucci, não sem razão, observa que a figura delituosa do art. 293, § 1º, inc. III, acrescentada pela Lei 11.035/2004, é desnecessária, pois "qualquer pessoa que utilize produto contendo selo falsificado, em última análise, está usando o próprio selo, pois se beneficia justamente do não pagamento do tributo devido. Logo, fazer uso de selo falsificado é mais do que suficiente (como constava na antiga redação do § 1º do art. 293), não havendo necessidade alguma de inserir outras figuras, como vender mercadoria contendo selo falsificado, pois,

nesta situação, está-se usando o selo do mesmo modo." (*Código Penal comentado*, p. 1122).

- No art. 296 do Código Penal, sinal público de tabelião é o escrito que integra sua assinatura, destinado a demonstrar a veracidade de seu ato ao atestar determinado documento. Não tipifica o delito do art. 296, II, do CP, quando o acusado falsifica o carimbo para reconhecimento de firma em tabelionato. Esse carimbo não é sinal público (*RT* 571/394).
- Quanto ao art. 297 do Código Penal, Bitencourt, apesar de reconhecer doutrina em sentido contrário, entende que, para fins penais, não são documentos as cópias reprográficas, sejam ou não autenticadas. Ensina que as cópias não possuem a natureza jurídica de documentos, sendo meras reproduções. Ousamos discordar. Quando autenticadas por oficial público ou conferidas em cartório, com os respectivos originais, assumem a condição de documento, podendo provar determinada situação jurídica (nesse sentido: art. 425, III, CPC).
- De acordo com o STJ, o crime de falsificação do art. 297 do CP se tipifica ainda que o documento seja de origem estrangeira, pois a lei não distingue o documento expedido por autoridade nacional daquele proveniente de órgão estrangeiro (REsp 1.568.954/SP, DJe 07/11/2016).
- Os documentos escritos a lápis, ainda que emanados do funcionário no exercício de suas funções, não serão considerados públicos, tendo em vista a insegurança em relação à manutenção de sua integridade.
- A jurisprudência tem elencado várias hipóteses em que, muito embora haja ocorrido falsificação de documento emitido por autoridade federal, não sendo atingidos seus bens, serviços ou interesses, a competência é da justiça estadual: a) falsa anotação na Carteira de Trabalho e Previdência Social, atribuído à empresa privada (Súmula 62 do STJ); b) falso relativo a estabelecimento particular de ensino (Súmula 104 do STJ); c) crime de estelionato praticado mediante falsificação de guias de recolhimento das contribuições previdenciárias, quando não ocorrente lesão à autarquia federal (Súmula 107 do STJ); d) falsificação de título de eleitor sem fins eleitorais não caracteriza crime eleitoral. Desse modo, tratando-se de infração comum (e não especial), é competente a Justiça comum, mas federal (RJTJSP, 20/358). No mesmo sentido: RT 458/438; e) a falsificação de documento militar sem atentar contra a ordem administrativa militar, é da competência da Justiça Comum.
- O conceito de documento particular se extrai por exclusão, isto é, todo aquele não compreendido como público ou equiparado a público. É a peça escrita confeccionada sem a intervenção de funcionário público, mas que, em razão de sua natureza e relevância, deve ser objeto da tutela penal.
- A Lei nº 12.737/12, para fins do disposto no art. 298 do Código Penal, equiparou a documento particular o cartão de crédito ou débito. De acordo com o STJ, ainda que praticada antes da entrada em vigor da Lei, é típica a conduta de falsificar, no todo ou em parte, cartão de crédito ou débito. Argumentou o tribunal que a expressão *documento particular*, contida no art. 298 do CP, é um elemento normativo que depende de valoração, sendo que a jurisprudência já admitia que os cartões de débito e crédito se inserissem no conceito de documento particular para efeito de proteção penal contra a falsificação. A lei unicamente passou a tratar de forma expressa o que os tribunais já aceitavam (REsp 1.578.479/SC, DJe 03/10/2016).
- Na falsidade ideológica, como caracterizar a conduta daquele que abusa do papel em branco assinado? Hungria responde: "Somente haverá falsidade ideológica quando o papel tiver sido *confiado* ao agente, para ulterior preenchimento, *ex vi legis* ou *ex contractu*; se o agente se tivesse *apossado* (à revelia do signatário) do papel que preencheu, o crime a reconhecer seria o de *falsidade material* (art. 297 ou 298, conforme se trate de documento público ou particular). É esta, aliás, a solução sugerida pelo Código Italiano. E outra não pode ser a decisão no caso em que o papel tenha sido voluntariamente entregue pelo signatário, mas para fim outro que não o de preenchê-lo, como, por exemplo, para orientar quanto ao seu nome e endereço, a pessoa que o recebe" (*Comentários ao Código Penal*, v. 9, p. 279).
- O STJ tem decidido reiteradamente que o ato de firmar declaração inverídica de pobreza para fins processuais não constitui falsidade ideológica (AgRg no RHC 43.279/SP, DJe 19/12/2016).
- Já se decidiu também não haver falsidade ideológica na inserção de dados inverídicos em petição judicial, vez que se trata de simples alegações, posteriormente debatidas em juízo (HC 379.353/SP, DJe 07/02/2017).
- Da mesma forma, o STJ decidiu que a inserção de informação falsa em currículo *Lattes também não caracteriza o crime de falsidade ideológica porque, tratando-se de página eletrônica em que o usuário insere informações apenas mediante o uso de login e senha, não é possível certificar a identidade de quem faz a inserção.* Além disso, assim como já vinha decidindo a respeito das declarações de pobreza e das petições iniciais, o tribunal ponderou que as informações constantes do *Lattes* – assim como de qualquer outro currículo – são verificáveis, isto é, não fazem prova por si (RHC 81.451/RJ, DJe 31/8/2017).
- No falso reconhecimento de firma ou letra, Bento de Faria entende que o agente reconhecedor é responsável não somente a título de dolo, mas também de culpa, nas hipóteses em que reconhece como verdadeira firma ou letra que não o seja sem tomar as cautelas necessárias (*Código Penal brasileiro comentado*: parte especial, p. 457). Ousamos discordar, já que, nas hipóteses em que o legislador deseja a punição da negligência, o faz expressamente no tipo penal respectivo (art. 18, parágrafo único, do CP), o que não ocorreu no dispositivo em apreço.

- O art. 303 do Código Penal foi substituído pelo art. 39 da Lei 6.538/78, preservando a redação do preceito primário (*Reproduzir ou alterar selo ou peça filatélica de valor para coleção, salvo quando a reprodução ou a alteração estiver visivelmente anotada na face ou no verso do selo ou peça*), reduzindo-se a pena máxima para 2 (dois) anos, tornando a infração de menor potencial ofensivo.
- De acordo com Noronha (Código Penal brasileiro comentado. 1972., v. 4, p. 174), para a caracterização do crime de uso de documento falso, basta que o escrito saia da esfera de disponibilidade do agente, ainda que empregado em finalidade diversa daquela a que se destinava. Contudo, não sem razão, discorda a maioria, sustentando haver crime somente quando utilizado o documento material ou ideologicamente falso em sua específica destinação probatória. Como nos demais casos envolvendo crimes de falso, o documento, referindo-se a fato juridicamente relevante, deve ser apto a iludir (o falso grosseiro é meio ineficaz para ludibriar a fé pública, configurando delito impossível, art. 17 do CP). A prova da falsidade (e da sua capacidade de iludir), em regra, depende de perícia.
- Conforme o STJ, não obstante tenha pena mais grave, o crime de uso de documento falso pode ser absorvido pelo descaminho, desde que se trate de etapa executória deste último, nele exaurindo-se a potencialidade lesiva do falso (REsp 1.378.053/PR, DJe 15/08/2016).
- No preceito secundário do art. 307 do Código Penal, observa-se que a lei promove uma ressalva, determinando a punição somente se a falsa identidade não constitui elemento para crime mais grave. Trata-se, pois, de delito subsidiário, ficando absorvido se a intenção do agente é praticar estelionato, violação sexual mediante fraude, simulação de casamento etc. (nesses casos, a identificação mentirosa constitui o meio para a prática de crime mais grave).
- Quanto ao art. 311 do Código Penal, a simples substituição de placas de um veículo pelas de outro (sem adulterar ou remarcar número) configura o crime? A jurisprudência do STJ firmou o entendimento de que sim: "1. É pacífica a jurisprudência desta Corte no sentido de que a substituição das placas originais do veículo constitui nítida adulteração de sinal identificador de veículo automotor, tipificando o ilícito do art. 311 do Código Penal" (AgRg no AREsp 126860/MG, Quinta Turma, rel. Min. Marco Aurélio Belizze, DJe 12/09/2012). E tem reiterado a orientação: "Quanto à alegada atipicidade da conduta perpetrada pelo réu, verifico que o argumento trazido pelo agravante não é apto para desconstituir a decisão agravada, que se encontra em consonância com a jurisprudência desta Corte e, por isso, se mantém pelos seus próprios fundamentos" (AgRg no REsp 1578618/MG, DJe 03/05/2016).
- É crime, também, alterar o número da placa do veículo com fita adesiva (STJ - AgRg no REsp 1.451.060/SP, DJe 15/08/2016).
- No art. 311-A do Código Penal, se o modo de execução envolve terceiro que, tendo acesso privilegiado ao gabarito da prova, revela ao candidato de um concurso público as respostas aos quesitos, pratica, junto com o candidato beneficiário, o crime do art. 311-A (aquele, por divulgar, e este, por utilizar o conteúdo secreto em benefício próprio). Já nos casos em que o candidato, com ponto eletrônico no ouvido, se vale de terceiro expert para lhe revelar as alternativas corretas, permanece fato atípico (apesar de seu grau de reprovação social), pois os sujeitos envolvidos (candidato e terceiro) não trabalharam com conteúdo sigiloso (o gabarito continuou secreto para ambos). Em resumo:

Cola eletrônica valendo-se de conteúdo SIGILOSO	Cola eletrônica NÃO se valendo de conteúdo SIGILOSO
Crime, art. 311-A CP	Fato atípico

25. CRIMES CONTRA A ADMINISTRAÇÃO PÚBLICA

- Não se pode confundir função pública com encargo público (*munus publicum*), hipótese esta não abrangida pela expressão "funcionário público".
- Para nós, o advogado contratado por meio de convênio entre a Procuradoria-Geral do Estado e a Ordem dos Advogados do Brasil, para atuar na justiça gratuita, exerce *encargo público* (e não função pública), não se ajustando ao conceito de funcionário público para fins penais. O STJ, no entanto, tem se posicionado em sentido contrário, enquadrando o profissional que atua nessa qualidade (justiça gratuita) na definição do art. 327: "'O advogado que, por força de convênio celebrado com o Poder Público, atua de forma remunerada em defesa dos agraciados com o benefício da Justiça Pública, enquadra-se no conceito de funcionário público para fins penais (Precedentes)' (REsp. n. 902.037/SP, Rel. Min. FELIX FISCHER, Quinta Turma, julgado em 17/4/2007, DJ de 4/6/2007). Precedentes. Sendo equiparado a funcionário público, possível a adequação típica aos crimes previstos nos artigos 312 e 317 do Código Penal" (HC 264.459/SP, DJe 16/03/2016).
- No âmbito da equiparação a funcionário público para fins penais, o STF já decidiu que organizações sociais que celebram contrato de gestão com o poder público são entidades paraestatais, razão pela qual seus diretores podem ser considerados funcionários públicos (HC 138.484/DF, rel. Min. Marco Aurélio, j. 11/09/2018). Na mesma linha, segundo o STJ, a administração de loterias é atividade típica da Administração Pública, que a delega por regime de permissão. Por isso, o administrador pode ser equiparado a funcionário público para fins penais (AREsp 679.651/RJ, rel. Min. Joel Ilan Paciornik, j. 11/09/2018). Da mesma forma, o estagiário que exerce sua atividade em empresa pública pode ser equiparado a funcionário público para fins penais e responde por crime funcional (REsp 1.303.748/AC, rel. Min. Sebastião Reis Junior, j. 25/06/2012).

- Os titulares de cartórios de notas e de registro são considerados servidores públicos para fins penais, pois, por meio de concurso público, recebem delegação do poder público para atuação na esfera cartorária. Além disso, o art. 24 da Lei nº 8.935/94 estabelece que à responsabilidade criminal se aplicam, no que couber, as disposições relativas aos crimes contra a Administração Pública. O mesmo não ocorre, todavia, com os funcionários dos respectivos cartórios, que são contratados livremente e não ocupam cargo público, ainda que se sujeitem, em certos aspectos, à legislação que regula a organização judiciária.
- Assim como ocorre no furto, deve estar presente, no peculato, a intenção de não devolver a coisa ao real proprietário (*animus rem sibi habendi*). Assim, se o agente desde o início quer apenas utilizar a coisa subtraída, restituindo-a imediata e integralmente ao seu dono, não pratica qualquer ilícito penal.
- No peculato, tema bastante controvertido nasce quando se busca o real significado da elementar *posse*. Abrangeria ela também a mera *detenção*? Apesar de haver corrente sustentando que sim, preferimos não misturar os institutos. Aliás, o próprio Código Penal os separa claramente, bastando observar a redação do art. 168, oportunidade em que o legislador foi expresso em alcançar as duas situações (*posse* e *detenção*). Assim, a indevida inversão da detenção exercida por um funcionário público configura peculato furto (art. 312, § 1º).
- De acordo com o que concluiu o STJ – baseando-se na jurisprudência do STF – os conselhos de fiscalização profissionais exercem função típica do Estado, razão pela qual é possível o cometimento do crime de peculato envolvendo tais entidades (AgRg no REsp 1.520.702/RJ, DJe 23/09/2016).
- O mesmo tribunal considera que o servidor público que recebe seus vencimentos, mas não presta o serviço não comete o crime de peculato, que pressupõe apropriação, desvio ou furto. A conduta do servidor é atípica, embora possa ensejar punições disciplinares e por improbidade administrativa (RHC 60.601/SP, DJe 19/08/2016).
- A extinção da punibilidade no peculato, limitada à modalidade culposa, é restrita à seara penal, sem excluir as sanções de ordem administrativa.
- Requer o art. 312 do Código Penal que o agente inverta posse alcançada "em razão do cargo", ou seja, posse inerente às suas atribuições normais, não havendo peculato quando a entrega do bem tenha acontecido meramente "por ocasião do cargo", sem qualquer vínculo com a competência funcional por ele exercida. Inexistindo relação entre a posse invertida e o ofício desempenhado pelo agente, estará configurado o delito de apropriação indébita; alcançada a posse da coisa mediante engodo, ardil ou outro meio fraudulento, haverá o crime de estelionato; se, entretanto, decorre de violência ou grave ameaça, estaremos diante de um delito de roubo.
- A orientação firmada pela jurisprudência do STJ é no sentido de que não se aplica o princípio da insignificância nos crimes contra a Administração Pública, pois, nestes casos, não está em pauta apenas o prejuízo patrimonial que a conduta pode causar, buscando-se preservar, além do patrimônio, a moralidade administrativa (súmula 599). Não se ignora, todavia, que o STF já se posicionou favoravelmente à aplicação do princípio da insignificância num caso de peculato em que o agente público subtraíra um farol de milha que guarnecia uma motocicleta apreendida. Naquele caso, em que o bem havia sido avaliado em treze reais, o tribunal concluiu pela atipicidade material considerando a irrelevância da ofensa à probidade administrativa (HC 112.388/SP, DJe 14/09/2012).
- Se há desvio de verba, mas em proveito da própria administração, com utilização diversa da prevista em sua destinação, temos configurado o crime do art. 315 do CP.
- Haverá o crime de peculato culposo se o agente público negligente concorre para a prática de delito não funcional, como, por exemplo, um furto? Apesar da maioria negar, entendemos possível, vez que a ação delituosa do servidor é idêntica e o dano à administração exatamente o mesmo. "De qualquer modo, estranho seria que a lei visse peculato no concurso culposo de funcionário, dando oportunidade a que outro se apoderasse de valores da repartição e se quedasse indiferente quando, no mesmo caso, a subtração fosse executada por particular, evidente, assim, maior culpa do funcionário" (Stoco, Rui et al. *Código Penal e sua interpretação jurisprudencial – Parte Especial*, p. 3.832).
- No peculato mediante erro de outrem (art. 313 do Código Penal), não é necessária a existência do dolo no momento do recebimento da coisa, mas deve existir no instante em que o funcionário dela se apropria (*dolo superveniente*): "Convém ponderar que o agente público nem sempre percebe, desde logo, que lhe estão transmitindo dinheiro ou utilidade, por equívoco. A consciência do erro alheio pode advir posteriormente. O crime é o mesmo. Ciente da origem errônea e indevida de sua posse, aproveita-se da situação para apropriar-se. A consciência da antijuridicidade e vontade de realizar o ato injusto estão presentes. Depois, o verbo típico não é *receber* coisa advinda de erro alheio, mas, isto sim, *apropriar-se* dela. Entre a recepção pura e simples e a apropriação insere-se a transformação da boa-fé em má-fé. Apropriando-se, o agente público viola o dever jurídico de restituir o que não é seu" (Fazzio Júnior, Waldo. *Corrupção no Poder Público*. São Paulo: Atlas, 2002, p. 110).
- No crime de inserção de dados falsos em sistema de informações, o tipo menciona como sujeito ativo o funcionário autorizado. Para o Professor Guilherme de Souza Nucci, "a limitação não deveria ter sido estabelecida e qualquer funcionário público que tivesse acesso ao sistema, por qualquer meio que fosse, alterando-o, deveria ser igualmente punido" (*Código Penal comentado*, p. 1173). A opção restritiva

não induz, porém, concluirmos ser atípica a conduta quando praticada por funcionário desautorizado. Observa Rui Stoco: "Não sendo o funcionário autorizado, sua conduta não se subsume apenas ao novo delito de 'inserção de dados falsos em sistema de informações', mas se o legislador equiparou o funcionário público ao particular, quando não esteja autorizado a operar o sistema, caberá então concluir que não ficará impune. Inserir dados falsos, alterar ou excluir indevidamente dados corretos nos sistemas informatizados é o mesmo que falsificá-los. O banco de dados constitui um documento virtual, que pode ser materializado de diversas formas. Está-se diante de um falso ideológico, em que o agente – funcionário público – comete o crime prevalecendo-se do cargo, subsumindo-se a hipótese, em tese, no art. 299 e seu parágrafo único" (*Código Penal e sua interpretação:* doutrina e jurisprudência, p. 3.837).

- A distinção mais significativa entre os crimes de inserção de dados falsos em sistema de informações (art. 313-A) e o de modificação ou alteração não autorizada de sistema de informações (art. 313-B) é que naquele pune-se a inserção ou facilitação de dados falsos ou alteração ou exclusão indevida de dados corretos nos sistemas informatizados ou bancos de dados da Administração Pública, enquanto neste último o que se coíbe é a ação física de modificar ou alterar o próprio sistema ou programa de informática. Naquele o agente não ingressa no sistema operacional (*software*), mas apenas falsifica os arquivos do programa. Neste o funcionário altera a própria programação a fim de modificar o meio e modo de geração e criação de arquivos e dados. Se aquela outra figura aproxima-se da falsidade ideológica, nesta sob estudo tem-se a falsificação e adulteração física ou material de toda uma programação (*Código Penal e sua interpretação:* doutrina e jurisprudência, p. 3.840).
- O crime tipificado no art. 314 não se confunde com aquele tipificado no art. 305, tendo este por objetivo a frustração da fé pública, em proveito próprio ou de outrem, enquanto que aquele, de natureza subsidiária, se consuma pela simples sonegação, inutilização ou extravio do livro ou documento público, sem a finalidade específica de tirar proveito ou de beneficiar terceiro.
- No art. 315 do Código Penal (emprego irregular de verbas ou rendas públicas), não se descarta a dirimente da *inexigibilidade de conduta diversa*, como no exemplo do comandante que (fora dos casos de perigo atual) desvia dinheiro para abastecer viaturas de policiamento preventivo, com o objetivo de não deixar a população local desprotegida.
- No crime de concussão, tratando-se de policial militar, o crime será o do art. 305 do Código Penal Castrense. "Igualmente, caracteriza-se, em tese, como crime militar ou de concussão o praticado por funcionário público municipal, agindo na qualidade de secretário de junta de serviço militar, em face do que conjugadamente dispõe o parágrafo único do art. 124 da Constituição Federal, o art. 9º, III, *a*, do CPM, e o art. 11, § 1º, da Lei 4.375/64, já que, de certa forma, o delito atinge a ordem da administração militar, ao menos em sua imagem perante a opinião pública, mesmo que vítimas, sob aspecto patrimonial, sejam outros cidadãos e não a administração." (Fazzio Júnior, Waldo. *Corrupção no poder público*, p. 155).
- Ainda quanto ao art. 316 do Código Penal, deve o agente deter competência para a prática do mal prometido. Faltando-lhe poderes para tanto, mesmo que servidor, outro será o crime (extorsão). Aliás, tratar-se-á de extorsão e não concussão o caso em que o agente apenas simula a qualidade de agente público, não ostentando, na realidade, os atributos anunciados.
- Haverá o crime de concussão quando a indevida vantagem exigida é para a própria administração pública? Apesar de haver corrente em sentido contrário, nos parece que a moralidade administrativa (bem jurídico imediatamente tutelado) é, do mesmo modo, violada, caracterizando o crime do art. 316 do CP.
- No crime de concussão, consistindo a conduta em *exigir*, fica claro, desde logo, tratar-se de delito formal (ou de consumação antecipada), perfazendo-se com a mera coação, independente da obtenção da repugnante vantagem. Aliás, o seu recebimento espelha simples exaurimento (interferindo na pena) e não elemento constitutivo do crime. É nesse sentido a orientação do STJ: "No crime de concussão, a situação de flagrante delito configura-se pela exigência – e não pela entrega – da vantagem indevida. Isso porque a concussão é crime formal, que se consuma com a exigência da vantagem indevida. Assim, a eventual entrega do exigido se consubstancia mero exaurimento do crime previamente consumado" (HC 266.460/ES, Rel. Min. Reynaldo Soares da Fonseca, DJe 17/6/2015).
- O STF decidiu que o fato de o crime de concussão ter sido cometido por policial civil autoriza a exasperação da pena (HC 132.990/PE, j. 16/08/2016). No mesmo sentido, o STJ (HC 163.392/SP, DJe 30/03/2015).
- Note-se, no entanto, que, ao julgar embargos de divergência no recurso especial 1.196.136/RO (DJe 01/08/2017), o STJ considerou inadmissível aumentar a pena-base dos crimes de corrupção passiva e de concussão por ter o funcionário público agido por cobiça e com a intenção de obter lucro fácil. Ora, os atos de solicitar e exigir vantagem indevida no exercício da função pública não têm outro propósito senão o de obter lucro fácil. É justamente porque a condição de funcionário público lhe facilita a prática do ato ilegal do qual provém a vantagem que o agente lança mão do cargo para cometer o crime. Trata-se, portanto, de circunstância que fundamenta a tipificação penal.
- Considerável parcela da doutrina ensina que o delito de excesso de exação, em sua primeira parte, pune também a modalidade culposa, conforme se extrai da expressão "deveria saber indevido". Tal entendimento, contudo, é contestado pela maioria, para quem o legislador, ao empregar a referida

expressão, buscou punir a conduta dolosa, porém do tipo eventual, desconsiderando a forma culposa. Guilherme de Souza Nucci ensina que o elemento subjetivo do tipo é o dolo, nas modalidades direta ('que sabe') e indireta ('que deveria saber').

- É possível praticar corrupção passiva por omissão? Antonio Pagliaro e Paulo José da Costa Jr. respondem: "Com respeito à dúvida sobre se a corrupção passiva pode ser realizada mediante omissão, isto é, através de violação do dever de recusar a vantagem, necessário observar o quanto segue. Os casos que se pretende enquadrar no conceito de recebimento ou aceitação mediante omissão são comportamentos omissivos só aparentemente. Trata-se, na realidade, de verdadeiros comportamentos positivos, como no caso de receber de presente o objeto que já se possui. Ou, então, o agente se calar, numa situação concreta em que o silêncio configura verdadeira aceitação de promessa" (*Dos crimes contra a Administração Pública*. 2 ed. São Paulo: Malheiros, 1999, p. 111).

- Para a existência do crime de corrupção passiva, deve haver um nexo entre a vantagem solicitada ou aceita e a atividade exercida pelo corrupto. Assim, embora funcionário público, caso não seja o agente competente para a realização do ato comercializado, não há que se falar em crime de corrupção, faltando-lhe um dos extremos legais constitutivos do tipo, podendo, nessa hipótese, ocorrer exploração de prestígio, estelionato etc. Em julgamento de recurso especial, no entanto, o STJ afastou o requisito do nexo entre a comercialização do ato e a atribuição do funcionário público para praticá-lo. No caso julgado (REsp 1.745.410/SP, rel. Min. Laurita Vaz, j. 02/10/2018), dois funcionários públicos que trabalhavam em um aeroporto aceitaram vantagem indevida para facilitar o ingresso irregular de estrangeiro em território nacional, embora não exercessem função de controle imigratório. Para o STJ, tais indivíduos cometeram o crime de corrupção passiva, ainda que sua função não pudesse ser diretamente utilizada para que fosse atingido o propósito do corruptor. Argumentou-se na decisão que se faz necessária uma mudança de perspectiva para conferir maior possibilidade de punição adequada a atos relativos ao comércio da função pública, o que se faz tanto para prestigiar a probidade administrativa quanto para potencializar os princípios da proporcionalidade e da isonomia. Segundo a ministra Laurita Vaz, a expressão "em razão dela" (ou seja, da função), contida no tipo do art. 317, permite que sejam abrangidos atos indiretamente ligados à função exercida pelo agente.

- Não se desconsideram na doutrina pátria aqueles que entendem que o art. 317 deve ser interpretado com certa parcimônia, de modo que não se subsume como criminoso o recebimento (solicitado ou não) de meras dádivas e outras vantagens provenientes de amizade, gratidão, cortesia e motivos semelhantes. Segundo entendem, o costume, em toda a parte, o consente. Lembram legislações alienígenas que excluem expressamente do domínio da corrupção a atribuição de serviços extraordinários, quando feita com consentimento de superior hierárquico (assim o Código búlgaro, art. 428). Sobre o assunto, conferir estudo elaborado por Costa e Silva, A. J. da. Corrupção passiva e corrupção e ativa. *Justitia*, v. 27, 4º trim. 1959.

- O STJ considerou legítima a exasperação da pena da corrupção passiva na situação em que o agente público cometeu o crime contra beneficiários do INSS – normalmente pessoas modestas e humildes – circunstância indicativa de maior reprovabilidade. Além disso, considerou-se mais grave a conduta porque o agente encaminhava as pessoas a outros estabelecimentos para que fizessem os pagamentos indevidos sem que os demais funcionários públicos da repartição percebessem (REsp 145.2935/PE, DJe 17/03/2017).

- Na prevaricação, havendo certa discricionariedade na conduta escolhida, não há que se falar em crime. Assim, Delegado de Polícia de plantão que baixa portaria para apurar fato delituoso ao invés de autuar em flagrante delito os suspeitos do crime, realiza opção justificável, que se insere no âmbito de suas atribuições.

- Quanto à possibilidade da tentativa de prevaricação, Magalhães Noronha entende possível apenas nas formas comissivas, hipótese em que o delito permite o fracionamento da sua execução. Eis a sua lição: "O ato do funcionário pode ser fracionável ou oferecer um iter, uma trajetória, que é interrompida, antes que o sujeito ativo alcance seu objetivo, isto é, a prática consumada ou terminada do ato, e já agora, não se negará a tentativa" (Direito penal interpretado, v. 4, p. 279).

- No art. 319-A do Código Penal (prevaricação imprópria), apesar do tipo incriminador referir-se somente a Diretor de Penitenciária (e não a diretor de estabelecimentos penais, como por exemplo, comandante de *colônia agrícola, industrial ou similar, a casa de albergado, o centro de observação e a cadeia pública*), tais personagens foram alcançados pela expressão seguinte (mais genérica): *agente público*. Já o diretor de *hospital de custódia e tratamento psiquiátrico* não, pois falando o tipo em *preso*, não abrange o inimputável internado ou em tratamento.

- Ainda quanto ao art. 319-A, o encerramento genérico (aparelho telefônico, de rádio *ou similar*) permite ao juiz realizar interpretação analógica, abrangendo qualquer aparelho de transmissão de informação. Lamentamos haver o legislador esquecido de incriminar a entrada dos acessórios dos aparelhos de comunicação, como *chips*, baterias, carregadores etc. O STJ, no entanto, ao julgar situações relativas à falta grave na execução penal, orienta-se no sentido de que a posse de acessórios, essenciais para o funcionamento do aparelho telefônico também deve ser punida, pois a *ratio essendi* da norma é proibir a comunicação entre os presos ou destes com o meio externo. Entender em sentido contrário, permitindo a entrada fracionada do celular, seria estimular a burla às medidas disciplinares da Lei de Execução Penal (AgRg no REsp 1.708.448/RJ, rel. Min. Joel Ilan Paciornik, j. 07/06/2018). E, segundo o mesmo tribunal, é prescindível, para a configuração da falta grave, a realização de perícia no aparelho telefônico ou nos componentes essenciais a fim de demonstrar seu funcionamento (HC 395.878/PR, rel. Min. Felix Fischer, j. 27/06/2017).

- No crime de condescendência criminosa, exige-se que o agente tenha conhecimento não apenas da infração ocorrida, mas também da sua autoria. Dentro desse espírito, ao contrário do que ensina Fernando Henrique Mendes de Almeida (*Dos crimes contra a administração pública*, p. 105), parece claro não existir a modalidade culposa.
- No mesmo delito, se o superior hierárquico se omite por sentimento outro que não indulgência, espírito de tolerância ou concordância, o crime poderá ser outro, como, por exemplo, prevaricação ou corrupção passiva.
- Quanto ao crime de advocacia administrativa, entende a doutrina que, ao ser empregada no tipo a expressão *patrocínio*, buscou o legislador limitar a incriminação às hipóteses em que o agente defende interesse alheio, não existindo a infração quando o funcionário pleiteia interesse próprio.
- Não importa, no crime de advocacia administrativa, o fato de ser lícito ou ilícito o interesse apadrinhado pelo funcionário, configurando-se, em qualquer uma das hipóteses, o crime em tela. Aliás, se o interesse visado for ilegítimo, incidirá a agravante do parágrafo único.
- A advocacia administrativa na esfera tributária é tipificada no art. 3º, III, da Lei 8.137/90, que pune com reclusão, de um a quatro anos, além de multa, aquele que "patrocinar, direta ou indiretamente, interesse privado perante a administração fazendária, valendo-se da qualidade de funcionário público".
- Cuidando-se de fato semelhante relacionado com licitação pública, aplica-se o art. 91 da Lei 8.666/93, que, impondo pena de detenção, de seis meses a dois anos e multa, tem a seguinte redação: "Patrocinar, direta ou indiretamente, interesse privado perante a Administração, dando causa à instauração de licitação ou à celebração de contrato, cuja invalidação vier a ser decretada pelo Poder Judiciário".
- O delito capitulado no artigo 322 do Código Penal foi tacitamente revogado pela Lei 4.898/65. Esse, aliás, era o entendimento pacificado no extinto Tribunal de Alçada Criminal do Estado de São Paulo, seguido da esmagadora maioria da nossa doutrina. Trata-se de lei que regulou inteiramente a punição dos crimes de abuso de poder, classe a que pertence o denominado delito de violência arbitrária. Alertamos, no entanto, para decisões dos Tribunais Superiores reconhecendo a plena vigência deste artigo: "*Habeas Corpus*. Penal. Artigo 322 do Código Penal. Crime de violência arbitrária. Eventual revogação pela Lei 4.898/65. Inocorrência. Precedentes do STF. 1. O crime de violência arbitrária não foi revogado pelo disposto no artigo 3º, *i*, da Lei de Abuso de Autoridade. Precedentes da Suprema Corte. 2. Ordem denegada" (STJ, HC 48.083/MG, 5.ª T., rel. Min. Laurita Vaz, j. 20.11.2007, *DJe* 07.04.2008).
- No abandono de função, é corrente a lição de não existir o delito no caso de suspensão, ainda que prolongada, do trabalho por parte de funcionário público quando se trata de ato coletivo buscando reivindicações de categoria, é dizer, nos casos de greve ainda não declarada ilegal.
- Quanto ao crime de violação de sigilo funcional, alerta a doutrina que deve o funcionário público saber do segredo em razão do seu cargo ou função que exerce, isto é, deve estar entre as suas atribuições o conhecimento do fato secreto. Caso contrário, poderá haver outro crime (art. 154 do CP). Dessa forma, o STF, no famigerado caso da transgressão do painel eletrônico de votação do Senado Federal, rejeitou a denúncia contra dois parlamentares e uma servidora pública federal pela suposta prática do delito de violação do sigilo funcional (art. 325 do CP), entendendo que o crime pressupõe que o fato revelado tenha chegado ao conhecimento do agente *em razão do exercício do cargo*, o que não ocorrera na espécie, já que nenhum dos denunciados possuía acesso à informação violada, sigilosa para todos, em razão da função exercida (Inq. 1.879-DF, rel. Min. Ellen Gracie, j. 10.09.2003).
- Para a caracterização do crime de violação de sigilo funcional, mostra-se indiferente que a revelação se dê a outro funcionário sem acesso ao segredo, ou a um particular estranho à administração.
- Caso o detetive particular efetue investigações de cunho penal, qual delito comete? A doutrina, antes da Lei nº 13.432/17, divergia, a saber: a) para uma primeira corrente, a investigação particular configurava o crime do art. 328 do Código Penal (usurpação de função pública), não importando a inexistência de função pública com a denominação de detetive; b) outra ensinava não constituir delito, ao conceber como lícito o trabalho exercido pelo detetive particular, que se submetia à legislação própria para a atividade profissional de prestação de serviço de investigação (Lei 3.099, de 24 de fevereiro de 1957). O crime se configuraria, apenas, se o particular se identificasse como policial, agindo como se fosse servidor público executando um ato oficial.

  A Lei 13.432/17 buscou colocar uma pá de cal na discussão, dispondo sobre o exercício da profissão de detetive particular. Para os fins desta Lei, considera-se detetive particular o profissional que, habitualmente, por conta própria ou na forma de sociedade civil ou empresarial, planeje e execute coleta de dados e informações de natureza não criminal, com conhecimento técnico e utilizando recursos e meios tecnológicos permitidos, visando ao esclarecimento de assuntos de interesse privado do contratante (art. 2º). A lei permite, no art. 5º, que o detetive particular colabore com a investigação policial em curso, desde que expressamente autorizado por contrato e aceito pelo delegado de polícia, que poderá rejeitá-lo a qualquer tempo. O diploma, contudo, proíbe o detetive colaborador de participar diretamente das diligências policiais (art. 10, inc. IV), o que ocorreria, por exemplo, caso cumprisse um mandado de busca e apreensão.

Logo, se o detetive exercer atividades de investigação criminal fora dos casos de colaboração com a autoridade policial, ou agir sem contrato, ou, ainda, continuar atuando depois de rejeitado pela Autoridade Policial, incorrerá nas penas do art. 328 do Código Penal, que trata da usurpação de função pública. O delito se consuma com a efetiva prática de pelo menos um ato inerente ao ofício indevidamente desempenhado, não se exigindo reiteração de condutas ou consequências danosas para a administração. Aliás, no caso de reiteração de comportamentos "se forem praticados vários atos no exercício da função, a lesão típica se protrai e a consumação se desloca no tempo e no lugar em que for realizado o último ato (crime eventualmente permanente)", como explicam Antonio Pagliaro e Paulo José da Costa Jr. (*Dos crimes contra a Administração Pública*, Ed. Malheiros, 1999 p. 186. No caso de o agente auferir, para si ou para terceiro, vantagem (não só as patrimoniais), a pena será majorada, nos termos do parágrafo único do art. 328 do CP.

- No delito de resistência, a oposição deve ser positiva, não se considerando crime a "resistência passiva", destituída de qualquer conduta agressiva por parte do agente (ex.: a fuga, recusa em fornecer nome ou abrir portas, xingamentos), podendo configurar, conforme o caso, crime de desobediência (art. 330) ou desacato (art. 331).
- Em que pese a lição de Hungria, prevalece no nosso ordenamento jurídico (diferentemente de alguns estrangeiros) que a força física caracterizadora do crime de resistência deve consistir num ataque direto à pessoa do executor, não abrangendo o emprego de violência sobre coisa (chutes contra a viatura), ajustando-se, nesse caso, ao delito de dano.
- Para uma parcela da doutrina, estando o agente embriagado, exclui-se o dolo configurador do crime da resistência (*RT* 719/444, 566/321 e 525/366). Para outra, pode o estado de embriaguez excluir o elemento subjetivo do crime quando intenso, isto é, caso de intoxicação alcoólica dominante (*RT* 383/227). Ambas as lições, no entanto, afrontam claramente o disposto no art. 28, II, do CP, servindo a embriaguez como causa de exclusão da imputabilidade somente quando *completa* e *acidental* (*RT* 541/388, 518/350 e 501/309).
- Quanto aos sujeitos ativos do crime de desobediência, importa destacarmos a lição de Noronha: "Não comungamos da opinião do provecto Bento de Faria, de que necessariamente há de existir relação de subordinação hierárquica do desobediente para com o sujeito passivo (...). Não há tal, mesmo porque o desobediente pode ser o particular, como se falou. Certo é, porém, que o ofendido deve ser *funcionário* competente para emitir *ordem legal*, ou seja, funcionário, cujo conceito é dado pelo direito administrativo, não tendo, agora, aplicação o art. 327 do Código, havendo já, por mais de uma vez, se lembrado que, para o Estatuto dos Funcionários Públicos Civis da União, *funcionário é a pessoa legalmente investida em cargo público, e este é o criado por lei, com denominação própria, em número certo e pago pelos cofres públicos*" (*Direito penal*, v. 4, p. 324).
- Ressaltamos inexistir o crime de desobediência quando a rebeldia se dá para não se produzir prova contra si mesmo, desdobramento lógico da garantia constitucional ao silêncio. Assim, não se cogita do crime na negativa do réu ao exame para a pesquisa e dosagem de álcool de seu sangue (*RT* 435/413); na recusa ao exame hematológico em ação de investigação de paternidade (*RT* 720/448).
- O STJ decidiu que não se caracteriza o crime de desobediência na situação em que o Defensor Público Geral não atende a requisição judicial para a nomeação de defensor público que deveria atuar em ação penal em andamento. De acordo com o tribunal, a imputação do crime neste caso viola a autonomia da Defensoria Pública, que tem exclusiva atribuição para definir os critérios de atuação dos defensores (HC 310.901/SC, DJe 28/06/2016).
- Quanto ao crime de desacato, a Exposição de Motivos da Parte Especial do Código Penal (item 85) ressalta: "O desacato se verifica não só quando o funcionário se acha no exercício da função (seja, ou não, o ultraje infligido *propter officium*), senão também quando se acha *extra officium*, desde que a ofensa seja *propter officium*". Assim, conclui-se: o crime configura-se ainda que o funcionário público não esteja no regular exercício de sua função, *mas é ofendido em razão dela* (nexo funcional).
- Aspirava o § 2º do art. 7º, do Estatuto da Ordem dos Advogados do Brasil, tornar o advogado, *no exercício da sua função* (em juízo ou fora dele), imune aos crimes de injúria, difamação e *desacato*. Tal dispositivo, contudo, foi alvo de Ação Direta de Inconstitucionalidade, proposta pela Associação dos Magistrados Brasileiros, logrando-se a declaração de inconstitucionalidade da expressão "desacato", por entender que, nesse tanto, referida lei ordinária extrapolou o permissivo constitucional (art. 133). Permaneceu, portanto, a imunidade profissional do advogado, em virtude de ofensa irrogada em juízo ou fora dele, no exercício da profissão, apenas por fato tipificado como injúria ou difamação (art. 142, I, do CP).
- Nélson Hungria entende que o dolo do desacato é incompatível com o estado de exaltação ou ira. O mesmo fundamento doutrinário é encontrado nas lições Washington de Barros Monteiro (O crime de desacato, *RT* 319/11), para o qual o crime pressupõe do agente ânimo calmo. Ousamos discordar. No crime de desacato, o fato de o agente estar nervoso e ter perdido o autocontrole não é suficiente para

afastar o dolo do delito, principalmente considerando que ninguém desacata outrem estando em seu perfeito controle e com ânimo refletido (*RJDTACRIM* 36/176).

- O STJ, no julgamento do REsp 1.640.084/SP (DJe 01/02/2017), proferido pela 5ª Turma, considerou o crime de desacato incompatível com a Convenção Americana sobre os Direitos Humanos porque privilegia a preponderância do Estado sobre o indivíduo.

  Em seguida, no entanto, decidiu-se afetar à Terceira Seção o julgamento do HC 379.269/MS (DJe 30/06/2017) para que a questão fosse pacificada pelo órgão que reúne as duas turmas com competência criminal no STJ.

  Desta feita, o tribunal concluiu que o desacato continua sendo crime. A tipificação penal da ofensa contra o funcionário público no exercício de suas funções é uma proteção adicional que não impede a liberdade de expressão, desde que exercida sem exageros. E afastar a figura criminosa do desacato não traria mudança significativa nos limites do direito de expressão, pois o exagero poderia de qualquer forma ser punido como injúria majorada. Logo, o esforço para discernir a censura do insulto permaneceria. O importante não é afastar *a priori* a possibilidade de punição do desacato, mas, mantendo a proteção ao exercício da função pública, exercer o controle sobre eventuais abusos desse exercício. Noutras palavras, compete ao Poder Judiciário garantir tanto a punição do exagero do direito de crítica à atividade desempenhada pelo funcionário público quanto a punição do abuso na reação do funcionário diante de uma crítica justa proferida pelo cidadão.

- Síntese das distinções havidas entre os crimes de estelionato, tráfico de influência e exploração de prestígio:

Estelionato – 171	Tráfico de Influência – 332	Exploração de Prestígio – 357
Crime contra o patrimônio	**Crime contra a Administração Pública**	**Crime contra a Administração da Justiça**
Crime comum	Crime comum	Crime comum
Consiste em "obter" vantagem ilícita em prejuízo alheio mediante fraude (artifício, ardil ou qualquer outro meio fraudulento).	Consiste em solicitar, exigir, cobrar ou obter vantagem ou promessa de vantagem a pretexto de influir em ato praticado por funcionário público	Solicitar ou receber (dinheiro ou utilidade) a pretexto de influir em juiz, jurado, órgão do Ministério Público, funcionário de justiça, perito, tradutor, intérprete ou testemunha
O agente visa obter vantagem ilícita em prejuízo alheio	O agente visa obter vantagem ilícita	O agente visa obter vantagem ilícita
Consuma-se com o duplo resultado (vantagem ilícita e prejuízo alheio) – o delito é material	Consuma-se com a solicitação, exigência, cobrança (delito formal) ou com a obtenção da vantagem (delito material).	Consuma-se com a solicitação (delito formal) ou com o recebimento (delito material)

- Inexiste a corrupção ativa quando a oferta ou promessa tem o fim de impedir ou retardar ato *ilegal*. Doutrinariamente se ensina também não haver corrupção ativa nos casos em que o particular se limita a pedir ao servidor "dar um jeitinho" ou "quebrar o galho".

- A possibilidade da tentativa no crime de corrupção ativa depende do *modus operandi* escolhido pelo corruptor, isto é, se a corrupção for praticada por meio verbal ou gestual, o crime será unissubsistente, não comportando fracionamento da execução; já na forma escrita é possível o *conatus* quando interceptada a comunicação, deixando de atingir o servidor destinatário por circunstâncias alheias à vontade do agente.

- Na execução do contrabando (art. 334-A do Código Penal), o agente, mediante qualquer meio, *importa* ou *exporta* mercadoria (coisa móvel), absoluta ou relativamente proibida (não abrangendo produtos de importação temporariamente suspensa). No descaminho (art. 334 do Código Penal), o agente busca *iludir*, mediante artifício, ardil ou qualquer outro meio fraudulento, o pagamento de direito ou imposto devido em face da entrada ou saída da mercadoria *não proibida*. Pratica o crime, segundo exemplifica Noronha (Direito Penal, v. 4, p. 349), aquele que emprega no produto rótulos ou letreiros falsos, não correspondentes à quantidade ou qualidade real da mercadoria.

- A tentativa pode ocorrer tanto no contrabando quanto no descaminho (delitos plurissubsistentes). Na primeira hipótese, a forma tentada estará configurada quando, preparado para entrar ou sair do país com a mercadoria proibida, o agente tem sua conduta interrompida por circunstâncias alheias à sua vontade. Já no descaminho, o agente, embora tenha empregado os meios necessários, não logra êxito em iludir a autoridade.

- Os tribunais superiores têm se manifestado contrariamente à aplicação do princípio da insignificância no crime de contrabando. Diferentemente do descaminho, não se trata apenas de prejuízo tributário, pois a importação de produtos proibidos pode causar danos de maior gravidade. Assim, já se confirmou a tipicidade da importação: a) de cigarros, ainda que em quantidade pequena (STF: HC 131.205/MG, DJe 22/09/2016; STJ: AgRg no AREsp 697.456/SC, DJe

28/10/2016); b) de medicamentos (STJ: AgRg no REsp 1.500.691/SP, DJe 26/10/2016); c) de arma de pressão, independentemente do calibre (STJ: AgRg no REsp 1.479.836/RS, DJe 24/08/2016); d) de colete balístico (STJ: RHC 62.851/PR, DJe 26/02/2016); e) de peças de máquinas de jogo – "caça-níqueis" (STJ: EREsp 1.230.325/RS, DJe 05/05/2015).

- Apesar das decisões acima citadas, o STJ já considerou materialmente atípica a conduta de importação ilegal de medicamento para uso pessoal e em pequena quantidade (AgRg no REsp 1.572.314/RS, DJe 10/02/2017).

- No crime de descaminho, os tribunais superiores admitem a aplicação do princípio da insignificância àquelas hipóteses em que as mercadorias apreendidas são em pequena quantidade, com valores ínfimos e sem destinação comercial. Isto porque, em virtude do baixo valor dos tributos incidentes sobre tais bens, o fisco não promove a execução de seus créditos, utilizando-se do já conhecido argumento de que a instauração de um processo executivo fiscal, diante de um valor irrelevante a ser recebido, não será compensada no momento do pagamento. Havia divergência entre o STF e o STJ a respeito do valor máximo do tributo sonegado. O STF há tempos considera o valor de R$ 20 mil, previsto no artigo 20 da Lei 10.522/02, atualizado pelas portarias 75/12 e 130/12 do Ministério da Fazenda. Já o STJ insistia na tese de que a insignificância só se aplicava se o valor questionado fosse igual ou inferior a R$ 10 mil, pois o Judiciário devia seguir os parâmetros descritos em lei federal, e não em portaria administrativa da Fazenda Federal. O tribunal, no entanto, acabou por adequar sua orientação à da Corte Suprema num julgamento sob o rito dos recursos repetitivos, cujo tema (157) tem a seguinte redação: "Incide o princípio da insignificância aos crimes tributários federais e de descaminho quando o débito tributário verificado não ultrapassar o limite de R$ 20.000,00, a teor do disposto no artigo 20 da Lei 10.522/2002, com as atualizações efetivadas pelas Portarias 75 e 130, ambas do Ministério da Fazenda".

- Ainda quanto ao descaminho, o princípio da insignificância tem sido afastado no caso de reiteração criminosa, que revela verdadeiro meio de vida criminoso, situação em que a medida se torna socialmente inadequada (AgRg no REsp 1.519.820/PR, DJe 03/04/2018). E não obstante ações penais e inquéritos em andamento não possam ser utilizados para a exasperação da pena, podem fundamentar o afastamento do princípio da insignificância (AgRg no REsp 1.706.031/PR, DJe 02/04/2018).

- O STF tem decidido que o descaminho é crime formal, que, portanto, não pressupõe efetivo prejuízo ao erário para a consumação; basta a ilusão de direito ou imposto. Em decorrência desse entendimento, a orientação do tribunal se dá na direção de que o esgotamento da via administrativa (lançamento definitivo) é dispensável (RHC 135.549AgR/BA, DJe 22/09/2017). O STJ segue a mesma linha (AgRg no AREsp 1.034.891/SP, DJe 23/06/2017).

- Também em razão da natureza formal do descaminho, o STJ tem adotado a orientação de que o parcelamento e o pagamento do tributo não têm nenhum efeito sobre o andamento da ação penal (EDcl no AgRg no AREsp 769.526/SP, DJe 08/03/2018).

- Segundo o STJ, a causa de aumento relativa ao descaminho cometido por via área incide inclusive quando o crime é cometido por meio de voos regulares: "O art. 334, § 3º, do Código Penal prevê a aplicação da pena em dobro, se "o crime de contrabando ou descaminho é praticado em transporte aéreo". Ainda, nos termos da jurisprudência desta Corte, se a lei não faz restrições quanto à espécie de voo que enseja a aplicação da majorante, não cabe ao intérprete restringir a aplicação do dispositivo legal, sendo irrelevante que o transporte seja clandestino ou regular" (HC 390.899/SP, DJe 28/11/2017).

- Caso o contrabando ou o descaminho seja cometido por meio da utilização de veículo automotor, o condenado em decisão judicial transitada em julgado terá cassado seu documento de habilitação ou será proibido de obter a habilitação pelo prazo de cinco anos (art. 278-A do CTB, inserido pela Lei 13.804/19). Decorrido o prazo, o condutor poderá obter nova habilitação, desde que se submeta ao procedimento necessário (§ 1º). E, no caso do condutor preso em flagrante, poderá o juiz, em qualquer fase da investigação ou da ação penal, se houver necessidade para a garantia da ordem pública, como medida cautelar, de ofício, ou a requerimento do Ministério Público, ou ainda mediante representação da autoridade policial, decretar, em decisão motivada, a suspensão da permissão ou da habilitação para dirigir veículo automotor, ou a proibição de sua obtenção (§ 2º).

- Existe tormentosa discussão na doutrina sobre a total ou apenas parcial revogação art. 335 do Código Penal (impedimento, perturbação ou fraude de concorrência). Para Mirabete: "As condutas mencionadas no dispositivo passaram a figurar como infrações penais previstas na Lei 8.666, de 21.06.1993, que regulamenta o art. 37, inciso XXI, da Constituição Federal e institui normas para as licitações e contratos da Administração Pública (arts. 89 a 98). Revogado está, portanto, o art. 335, *caput*, do Código Penal" (*Manual de direito penal*, v. 3, p. 375). No mesmo sentido, Antonio Pagliaro e Paulo José da Costa Jr. (*Dos crimes contra a Administração Pública*, p. 246). Contudo, basta uma simples leitura do artigo para concluirmos que a revogação operada pela Lei de Licitações foi apenas parcial, não derrogando o impedimento, a perturbação ou a fraude em *hasta pública*.

- Sobre o art. 337 do Código Penal, discute-se a consequência da pronta restauração do documento inutilizado, que, para uns, se trata de circunstância a ser considerada pelo magistrado na fixação da pena. Para outros, descaracteriza o crime, permanecendo, conforme o caso, mero desacato. Aliás, Mirabete lembra que já se optou: "Pelo simples desacato na ação do réu que arrebatou e inutilizou auto de prisão em flagrante no momento em que lhe foi apresentado para assinar, sendo imediatamente reconstituído (*RT* 416/101; *RJTJESP* 13/494)" (*Manual de direito penal*, v. 3, p. 380).

• Apesar de a maioria da doutrina classificar a sonegação de contribuição previdenciária como crime *omissivo*, entendemos correta a opinião de Luiz Flávio Gomes, para quem o crime é *comissivo de conduta mista*, assim justificando sua posição: "É comissivo porque a norma final é proibitiva (está proibido suprimir ou reduzir contribuição social). Mas ao mesmo tempo a forma de realização das condutas é omissiva. O que está proibido, no final, não é só o ato da omissão. Mais que isso: é preciso que da omissão surja um resultado jurídico: supressão ou redução da contribuição devida. Assim o bem jurídico resulta lesado" (*Crimes previdenciários*, p. 81).

• Na sonegação de contribuição previdenciária, Cezar Roberto Bitencourt entende indispensável a presença do fim especial do agente. Explica o autor: "Acreditamos ser indispensável o *elemento subjetivo especial do injusto*, representado pelo *especial fim* de fraudar a previdência social" (*Tratado de Direito Penal – Parte Especial*, v. 5, p. 285). No mesmo sentido, Antonio Lopes Monteiro lembra: "Toda a tradição de nosso Direito, em termos de sonegação fiscal, exige que a conduta tenha a finalidade específica de sonegação, e não outra" (*Crimes contra a Previdência Social*, p. 57-58). Mas, assim como ocorre na apropriação indébita previdenciária, o entendimento do STJ é no sentido de que se dispensa finalidade específica por parte do agente (AgRg no AREsp 840.609/SP, DJe 22/03/2017). O mesmo já decidiu o STF (HC 113.418/PB, DJe 17/10/2013).

• O STJ decidia que o princípio da insignificância incidia no crime do art. 337-A quando o valor da contribuição previdenciária não ultrapassasse os R$ 10.000,00, assim como ocorria em outros delitos envolvendo tributos (AgRg no REsp 1.609.757/SP, DJe 08/03/2018). Mas, desde o julgamento dos REsp 1.688.878/SP e 1.709.029/MG pelo rito dos repetitivos, estabeleceu-se a orientação de que se considera materialmente atípico o fato envolvendo sonegação no valor de até R$ 20.000,00 (tema 157: "Incide o princípio da insignificância aos crimes tributários federais e de descaminho quando o débito tributário verificado não ultrapassar o limite de R$ 20.000,00 (vinte mil reais), a teor do disposto no art. 20 da Lei n. 10.522/2002, com as atualizações efetivadas pelas Portarias 75 e 130, ambas do Ministério da Fazenda").

• Tratando-se de crime material que envolve sonegação de tributos, exige-se o lançamento definitivo para que a ação penal seja deflagrada (STJ: HC 324.131/SP, DJe 23/09/2015).

• A pena do art. 337-B do Código Penal é aumentada de um terço, se, em razão da vantagem recebida ou promessa ou oferta, o funcionário público estrangeiro retarda ou omite ato de ofício, ou o pratica infringindo dever funcional. O que seria mero exaurimento aqui foi erigido à categoria de majorante (causa de aumento de pena), considerando o legislador a maior gravidade espelhada pelos desdobramentos advindos do comportamento do agente.

• O tipo do art. 337-C do Código Penal é idêntico ao previsto no art. 332, com as seguintes *especializantes*: a) o agente alega exercer influência sobre funcionário público estrangeiro (art. 337-D); b) o ato praticado se refere à transação comercial internacional.

• Quanto ao art. 338 do Código Penal, ressalte-se que, para haver a tipificação da conduta, é indispensável que, após a edição do decreto de expulsão, o agente tenha efetivamente saído do país, retornando em seguida (não configura o crime a recusa do estrangeiro expulso em deixar o país).

• A respeito do crime de denunciação caluniosa, alertamos que, apesar da *calúnia* compor o delito, não estamos diante de um crime complexo. Com efeito, é sabido que o crime complexo, propriamente dito, nasce da fusão de *dois ou mais* tipos legais de crime (art. 101 do CP). Lendo com atenção o artigo 339 do Código Penal logo percebemos a presença de apenas *um crime*, qual seja, o de calúnia (art. 138 – imputar a alguém falsamente fato definido como crime), acrescido dos elementos *dar causa à instauração de procedimento oficial contra alguém*. Ora, estes elementos, por si sós, não constituem delito autônomo. Dentro desse espírito, não há que se falar em crime complexo, mas sim em *crime progressivo*, no qual o agente, para alcançar o crime desejado, necessariamente viola outra norma penal menos grave (calúnia), que fica absorvida.

• A doutrina, de forma quase unânime, alerta que, nas hipóteses em que o delito falsamente imputado ao inocente depender de queixa ou representação da "vítima", somente esta (ou seu representante legal) poderá praticar o crime do art. 339. Assim, por exemplo, uma denunciação caluniosa versando sobre ameaça só pode ser praticada pela falsa "vítima" (ou seu representante), titular do direito de representação, condição para o início das investigações e da ação penal. Essa lição tem que ser atualizada com a nova redação dada ao art. 339 pela Lei 10.028/2000, que acrescentou ao tipo mais três procedimentos (investigação administrativa, inquérito civil ou ação de improbidade administrativa), todos de instauração independente da manifestação da vontade do ofendido.

• Não se reconhece o crime de denunciação caluniosa quando abolida a ilicitude do fato injustamente imputado a outrem ou quando extinto o direito de punir do Estado, porque nessas hipóteses a autoridade competente não pode agir.

- O STJ considerou caracterizado o crime de denunciação caluniosa em decorrência da conduta de advogado que, sem ter seus interesses – ou de seu cliente – atendidos no decorrer de processo em que atuava, imputou a magistrado, perante órgãos de correição, a prática de diversos crimes, sabendo-os inverídicos. Considerou-se que, não obstante o advogado tenha a prerrogativa de atuar plenamente para atender a pretensão de quem representa, a atuação deve ser pautada pela ética, vedando-se o abuso de direito, de forma que se respeite a honra objetiva e subjetiva, a dignidade, a liberdade de pensamento e a íntima convicção do magistrado (AgRg no HC 339.782/ES, DJe 12/05/2016).
- Comunicação falsa de crime ou contravenção (art. 340 do Código Penal) perante policiais militares configura o ilícito penal? Mirabete, citando jurisprudência, responde: "Não se deve reconhecer o ilícito na falsa comunicação de crime perante policiais militares, já que a lei se refere a ação da 'autoridade' e não se pode equiparar aqueles a esta, impedindo o princípio da reserva legal tal conceito amplo (*RJDTACRIM* 28/57)" (*Manual de direito penal*, v. 3, p. 398).
- A notícia de fato atípico (dano culposo, por exemplo) ou infração penal não mais punível (prescrição, decadência etc.) está fadada ao insucesso, configurando hipótese de crime impossível (art. 17 do CP).
- No crime de autoacusação falsa (art. 341 do Código Penal), não importam os motivos do agente, conforme escreve Magalhães Noronha. "Podem ser nobres ou torpes e o delito ocorre. Assim, tanto é criminoso quem atribui a si próprio, por compaixão, amor (tal qual ocorre no romance de Jacob Wassermann, o Processo Maurizius) etc., o crime que outrem cometeu, como quem o faz para se livrar de processo por delito mais grave: dizer que agrediu levemente uma pessoa, quando no mesmo instante, em local diverso, assassinou terceiro; se o faz por dinheiro, dádivas etc." (*Direito penal*, v. 4, p. 384).
- Processo anulado faz desaparecer falso testemunho? Noronha responde: "O ser nulo o ato constituído pelo depoimento falso não pode excluir o crime, o que é evidente, pois é justamente a falsidade que se pune. Igual consideração cabe ao prestado perante autoridade incompetente: embora lhe faleça competência, ela está no exercício da função, não se podendo a testemunha furtar ao dever de falar a verdade. Pode acontecer, entretanto, que o depoimento falso seja prestado em processo que depois vem a ser anulado; como também suceder que o próprio testemunho seja nulo por outra razão que não a própria falsidade. Já agora, não ocorre o delito, pois nulo o depoimento não pode produzir efeito" (*Direito penal*, v. 4, p. 390). No mesmo sentido é a lição de Hungria (*Comentários ao Código Penal*, v. 9, p. 485).
- A falsidade, no crime do art. 342 do Código Penal, não se extrai da comparação do depoimento da testemunha e a realidade dos fatos (teoria objetiva), mas sim do contraste do depoimento e a ciência da testemunha (teoria subjetiva). Assim sendo, perfeitamente possível o falso testemunho sobre fato verdadeiro, como no caso do agente que detalha minuciosamente episódios verdadeiros (ocorridos) que jamais presenciou.
- Ensina a maioria da doutrina que somente restará caracterizado o crime de falso testemunho se a falsidade incidir sobre episódio relevante, que possa influenciar no momento decisório (*RT* 674/293), o que não significa que o falso se caracteriza somente quando exerça influência sobre qualquer decisão. O efetivo equívoco do Juiz, como efeito da conduta, mostra-se meramente casual e circunstancial, dele não dependendo a existência do crime (basta a simples possibilidade de dano). Assim, se através de outros elementos, o juiz não foi levado a erro, desprezando, na sua decisão, aquela peça, o fato não se torna impunível (*RT* 787/592).
- O falso testemunho é delito formal ou de consumação antecipada, não exigindo para sua caracterização ato ou evento posterior. Desse modo, consuma-se no momento em que a testemunha (tradutor ou intérprete) termina seu depoimento, lavrando sua assinatura. É pacífico o entendimento do STJ neste sentido (AgRg no AREsp 603.029/SP, DJe 29/05/2017).
- A sentença no processo em que ocorreu o falso testemunho não é condição para que o agente seja processado pelo crime, conforme decidiu o STJ (HC 327.947/RS, DJe 01/08/2016).
- Inexiste o delito do art. 343 do Código Penal (corrupção ativa de testemunha, perito, contador, tradutor ou intérprete) quando a pessoa que o agente suborna é a própria vítima do processo. Isto porque, mesmo que esta falseie a verdade a pedido do réu, não comete o crime de falso testemunho.
- A respeito do crime de coação no curso do processo, entende a doutrina (e jurisprudência, *RT* 512/356) que a reiteração de coações, dentro do mesmo contexto fático, não desnatura a unidade do crime, devendo, contudo, ser considerada pelo juiz na fixação da pena (art. 59 do CP).
- Alertamos que, para a caracterização da coação no curso do processo, indispensável se mostra a existência de procedimento em curso, consoante acentua Noronha: "É necessário que a violência física ou moral recaia sobre as pessoas mencionadas – juiz, delegado de polícia, promotor de justiça, autor, réu, perito, testemunha, escrivão, jurado, tradutor, intérprete etc. – quando estejam intervindo em processo ou sejam chamados a intervir. A violência, por exemplo, exercida contra um juiz, sem que ocorra essa circunstância, constituirá outro delito" (*Direito penal*, v. 4, p. 397).
- Imaginemos um corréu ameaçando o outro para que este não confesse o delito praticado (ou que o assuma como único autor): temos nesses casos, sem dúvida, o crime de coação no curso do processo.
- De acordo com o STJ, caracteriza o crime do art. 344 do Código Penal a coação cometida no decurso de Procedimento Investigatório Criminal instaurado no âmbito do Ministério Público, pois, além desse procedimento servir aos mesmos propósitos do inquérito policial, o tribunal já havia reconhecido a ocorrência do delito diante de ameaças proferidas antes

ainda da formalização da investigação (HC 315.743/ES, DJe 26/8/2015).

- A doutrina diverge quanto ao momento consumativo do crime de exercício arbitrário das próprias razões. A primeira corrente sustenta que o delito é formal, consumando-se antecipadamente com o emprego dos meios a fim de que seja satisfeita a pretensão. A segunda (majoritária), ensina ser o delito material, exigindo, para a sua caracterização, a efetiva satisfação da pretensão (Nelson Hungria, *Comentários ao Código Penal*. Rio de Janeiro, v. 9 (1959), p. 498; Heleno Fragoso, *de direito penal:* parte especial. São Paulo: José Bushatsky, v. 4 (1959), p. 1.031; e Mirabete, *Manual de direito penal* cit., v. 3, p. 418). Noronha, adepto da primeira (minoritária), assim justifica a sua posição: "Discordamos dos eminentes Profs. Nélson Hungria e Heleno C. Fragoso, ao sustentarem ponto de vista contrário: consuma-se com a satisfação da pretensão. A oração do Código não comporta esse entendimento: tal satisfação é o escopo ou fim do agente, constituindo o dolo específico; não necessita ser alcançado. Completa-se o crime com o emprego ou uso do meio arbitrário com o fim de satisfazer uma pretensão" (*Direito penal*. São Paulo: Saraiva, v. 4 (1972), p. 401).
- A natureza da ação penal no exercício arbitrário das próprias razões varia de acordo com o *modus operandi* intentado pelo agente. Se a ação se der sem a utilização de violência, a ação penal será privada. Entretanto, se empregada violência, a ação passa a ser pública incondicionada.
- Segundo o STJ, há crime de exercício arbitrário das próprias razões – e não roubo – na conduta da prostituta que se apodera, mediante violência, de objeto pertencente a alguém que tenha solicitado serviços sexuais sem efetuar o pagamento (HC 211.888/TO, DJe 7/6/2016).
- Somente estará configurado o delito do art. 346 do Código Penal se a coisa é retirada da esfera de poder do terceiro sem o seu consentimento. Se o terceiro possuidor licitamente concorda com a transferência ao proprietário, o fato será um indiferente penal.
- O crime de fraude processual não se confunde com o estelionato, pois, no caso, o destinatário da fraude não será qualquer pessoa, mas, sim, juiz ou perito. Eis a lição de Damásio de Jesus: "Denominado 'estelionato processual', na verdade a fraude processual se distingue do estelionato. Neste, a fraude visa a permitir que o sujeito venha a obter vantagem ilícita em prejuízo alheio. Na fraude processual a intenção do agente é enganar o juiz ou perito" (*Direito penal – Parte Especial*, v. 4, p. 327).
- O delito de favorecimento pessoal só ocorre se o auxílio prestado for concreto (efetivo). Desse modo, não responderá por crime o advogado que oculta das autoridades o paradeiro de seu cliente, desde que, evidentemente, não tenha prestado amparo material para que este se escondesse (*RJDTACRIM* 27/240).
- Adverte a doutrina (e a jurisprudência) que o favorecimento pessoal deve ser prestado após a prática do crime anterior. Não há, no caso, contribuição alguma para concepção ou execução do crime anterior, de que o agente só veio a ter conhecimento depois de praticado. Se prometido o auxílio em momento anterior ou se prestado durante a prática criminosa, não responderá o agente pelo delito previsto no art. 348, mas por coautoria ou participação no crime precedente.
- O comportamento do art. 349 do Código Penal (favorecimento real) não se confunde com aquele descrito no artigo anterior (favorecimento pessoal), extraindo-se a diferença da simples leitura dos tipos penais: no favorecimento *pessoal* se busca a fuga do criminoso (por isso *pessoal*); já no favorecimento *real* presta-se auxílio não ao criminoso em si, mas indiretamente, assegurando, para ele, a ocultação da coisa, proveito do crime (*real*).
- Persiste o crime de favorecimento real ainda que o auxílio seja prestado a menor infrator (ver: Jutacrim 96/311). Assim, agente que se dispõe a descontar cheque subtraído de terceiro por menor infrator, visando assegurar proveito para o adolescente, comete favorecimento real.
- A introdução de aparelho de comunicação no presídio, antes de março de 2007, não gerava, em regra, qualquer consequência para o preso surpreendido na sua posse, para o agente público que omitiu seu dever de vedar a sua entrada ou mesmo para o particular que o introduziu no sistema penitenciário. Os dois primeiros comportamentos, com o advento da Lei 11.466/2007, foram tipificados como falta grave (art. 50, VII, da LEP) e crime (art. 319-A do CP), respectivamente. Esqueceu o legislador de tipificar a conduta do particular de ingressar, promover, intermediar, auxiliar ou facilitar a entrada do aparelho, sem autorização, em estabelecimento prisional. Para suprir essa lacuna veio a Lei 12.012/2009.

Art. 319-A do CP	Art. 349-A do CP	Art. 50, VII, LEP
Sujeito ativo: Diretor de Penitenciária e/ou agente público.	Sujeito ativo: qualquer pessoa.	Autor: preso (provisório ou definitivo).
Conduta criminosa: Deixar de cumprir seu dever de vedar ao preso o acesso a aparelho telefônico, de rádio ou similar, que permita a comunicação com outros presos ou com o ambiente externo:	Conduta criminosa: Ingressar, promover, intermediar, auxiliar ou facilitar a entrada de aparelho telefônico de comunicação móvel, de rádio ou similar, sem autorização legal, em estabelecimento prisional.	Falta disciplinar: ter em sua posse, utilizar ou fornecer aparelho telefônico, de rádio ou similar, que permita a comunicação com outros presos ou com o ambiente externo.
Consequência penal: detenção de 3 meses a 1 ano.	Consequência penal: detenção de 3 meses a 1 ano.	Consequência administrativa: sanção disciplinar, perda dos dias remidos e do período permissivo para progressão de regime.

- No art. 351 do Código Penal, a doutrina dispensa, para a caracterização do delito, a prévia custódia do preso em delegacia ou penitenciária, bastando que esteja custodiado pela autoridade, ainda que em trânsito de um local a outro.
- Apesar de haver decisão em sentido contrário (*RT* 392/329; 484/298), não se pode abranger pela redação do art. 351 do Código Penal a facilitação de fuga do adolescente regularmente apreendido, pois o tipo é omisso, não cabendo integração analógica (art. 1º do CP).
- A fuga *sem violência à pessoa* não configura o crime do art. 352 do Código Penal, podendo, eventualmente, constituir em falta grave, prevista no art. 50, II, da LEP; a fuga *com violência contra a coisa* (p. ex.: grade da cela) pode, conforme o caso, configurar crime de dano (qualificado se a coisa for pública).
- Proibida a analogia incriminadora (art. 1º do CP), não se cogita do crime do art. 353 na hipótese de arrebatamento de pessoa submetida à medida de segurança (ou de adolescente apreendido) com a finalidade de maltratá-la. Em casos tais, a retirada do internado da custódia da autoridade será atípica, respondendo o agente somente por eventual conduta posterior praticada contra o arrebatado (morte, lesões corporais etc.).
- No art. 354 do Código Penal (motim de presos), o não acatamento de uma determinação, por si só, não caracteriza o crime, mas somente transgressão disciplinar.
- Da simples leitura do tipo penal percebe-se que o art. 354 não compreende o motim nos hospitais de custódia ou outro estabelecimento destinado aos indivíduos submetidos à *medida de segurança*. A hipótese, então, configura outro crime (lesões corporais, resistência etc.).
- O patrocínio infiel (art. 355 do Código Penal) deve ser empreendido em causa judicial, pouco importando sua natureza ou espécie (civil, penal, de jurisdição contenciosa ou voluntária etc.). Dentro desse espírito, a atuação *extrajudicial* do profissional (em fase de inquérito policial ou civil, sindicância, mera consulta etc.), não caracteriza o crime em estudo, sendo o agente passível, apenas, de punição disciplinar.
- É irrelevante, para a configuração do crime de exploração de prestígio (art. 357 do Código Penal), que a influência seja real, exagerada ou falsa. Basta que o agente anuncie tal poder. Desnecessário, ainda, a identidade do funcionário de quem se alega desfrutar de prestígio, não sendo preciso, sequer, que tenha existência real. Também não é preciso que o apontado seja o funcionário capaz de praticar o ato que leva o agente a obter ou pretender a vantagem.
- Note-se que o art. 359 do Código Penal não se confunde com aquele previsto no art. 330, havendo entre ambos clara relação de especialidade (gênero/espécie). Assim, na desobediência *geral* (art. 330 do CP), o agente desatende ordem legal emanada de funcionário público competente. Já na desobediência *especial* (art. 359 do CP), o sujeito ativo descumpre determinada decisão judicial, mais precisamente, aquela que lhe afasta da função, atividade, direito, autoridade ou múnus que exercia.
- O tipo do art. 359 do Código Penal não abrange as decisões de natureza administrativa, cujo descumprimento pode fundamentar a punição na forma do art. 324 do CP.
- A tipificação dos delitos contra as finanças públicas dá *efetividade* não apenas à Lei de Responsabilidade Fiscal (Lei Complementar 101/2000), mas também ao mandamento constitucional previsto no art. 37, *caput*: "A administração pública direta e indireta de qualquer dos Poderes da União, dos Estados, do Distrito Federal e dos Municípios obedecerá aos princípios da legalidade, impessoalidade, moralidade, publicidade e eficiência (...)". É o socorro do Direito Penal (princípio da subsidiariedade) no resgate da responsabilidade na gestão fiscal (respeito às contas públicas), coibindo a ação ímproba dos responsáveis pela administração dos mais variados entes da Federação.
- Da simples leitura do art. 359-A do Código Penal fica claro que o fato praticado pelo administrador será típico se o compromisso assumido se der *sem autorização legislativa*. Nesse tanto, lembra Bitencourt: "*Autorização legislativa* não se confunde com *autorização legal*. Alguns órgãos públicos não têm seus atos condicionados à autorização legislativa, como autarquias, empresas públicas ou o Poder Judiciário, o Ministério Público etc. Essas instituições, órgãos ou entidades públicas, em regra, têm suas atividades, atos e ações disciplinadas em lei e não apenas em autorização legislativa" (Tratado de Direito Penal, v. 5, p. 462).
- De acordo com a maioria da doutrina (Mirabete, *Manual de direito penal*, v. 3, p. 460); Damásio de Jesus, *Direito Penal – Parte Especial*, v. 4, p. 393), o art. 359-B do Código Penal é crime de mera conduta, consumando-se a partir da vigência da ordem ou com a autorização expedida pelo agente público. Já para Cezar Roberto Bitencourt (*Tratado de Direito Penal – Parte Especial*, v. 5, p. 470), o delito estará consumado somente a partir do momento em que a ordem ou autorização é *executada*, inscrevendo-se a despesa em restos a pagar.
- No art. 359-D precisa ser observado que não basta o mero desatendimento ao princípio da legalidade para fazer subsumir a conduta à norma. Indispensável se mostra a lesão ao bem jurídico tutelado. Ensinam Luiz Flávio Gomes e Alice Bianchini: "Pode ocorrer, entretanto, que a despesa, ainda que não autorizada por lei, venha a ser plenamente justificada. A inexistência de autorização constitui, tão somente, indício de irregularidade, havendo necessidade, para se criminalizar a conduta, que se verifique, diretamente, a existência de uma lesão, não justificada, ao bem jurídico. Quando devidamente explicável a despesa, deslegitimada encontra-se a possibilidade de se punir a conduta, ao menos penalmente. O controle a ser exercido pelos órgãos que a LRF designa deve ir além do mero aspecto de legalidade, 'sempre que necessário, para efetivar o comando da legitimidade e eficiência'." (*Crimes de responsabilidade fiscal*, p. 50).
- O crime do art. 359-G não se confunde com aquele previsto no art. 359-C. Diferencia Bitencourt: "A proibição constante do art. 359-C é abrangente, genérica,

englobando toda e qualquer despesa, enquanto a criminalização deste art. 359-G é restrita, específica, limitando-se à despesa com pessoal. Por fim, o prazo depurador do primeiro dispositivo é de oito meses (dois quadrimestres), enquanto o do segundo é de seis meses (180 dias). Significa dizer que, embora já esteja proibida a assunção de obrigação a ser resgatada no ano seguinte, a partir do oitavo último mês, será possível efetuar gastos com pessoal, antes de ingressar no sexto mês. E não há nisso nenhum paradoxo, na medida em que a especificidade dos encargos acaba autorizando essa *práxis*" (*Tratado de Direito Penal – Parte Especial*, v. 5, p. 505).

- Para Mirabete (*Manual de direito penal* cit., v. 3, p. 467), o crime do art. 359-H, nas duas primeiras modalidades (*ordenar* ou *autorizar*), consuma-se no momento em que o agente determina ou permite a oferta ou colocação, independentemente da efetiva circulação do título no mercado financeiro, não reconhecendo, desse modo, campo para a tentativa. Já Cezar Bitencourt entende imprescindível o cumprimento da ordem ou autorização (efetiva circulação do título), caso em que o *conatus* parece possível (*Tratado de direito penal*: parte especial, v. 5, p. 509).

26. LEIS ESPECIAIS

- Há quem sustente, com base no princípio da intervenção mínima, que as contravenções penais, em sua maioria absoluta, são inadequadas e não cumprem o papel reservado ao Direito Penal, de interferência apenas nas situações em que as demais formas de solução de conflitos não sejam suficientes (*ultima ratio*), razão pela qual deveriam ser revogadas e o tratamento de questões consideradas de menor relevância deveria ser restrito a âmbito administrativo.
- A modalidade do crime contra a economia popular tipificada no inc. IX do art. 2º, da Lei nº 1.521/51 é reconhecida atualmente nas ações de cambistas, daqueles que promovem pirâmides e também em algumas espécies de jogos eletrônicos, como o videopôquer.
- Lesiona-se no genocídio bem jurídico supraindividual, consistente na existência do grupo, bem como bens jurídicos individuais (vida humana) dos membros dos grupos. Estaremos diante de caso de concurso de crimes (genocídio e homicídios), portanto. Não é outro o entendimento do STF (RE 351487/RR, j. 03/08/2006).

  Pela descrição do art. 1º da Lei nº 2.889/56, percebemos que o crime de genocídio pode se consumar mediante a prática de crimes contra a vida (art. 1º, *a*) ou não. Caso ocorram os mencionados crimes contra a vida, que atraem a competência do Tribunal do Júri, o crime de genocídio também será julgado pelo mesmo órgão em virtude da conexão. Se, todavia, o genocídio se consumar mediante as demais modalidades enumeradas no dispositivo, haverá a competência do juízo monocrático.

  Ainda no que tange à competência para julgamento do crime, importante esclarecer que ela será da Justiça Federal quando envolver direitos indígenas, a teor do art. 109, IX, CF. Por esta razão, o genocídio praticado contra indígenas é crime federal (STF, RE 179485/AM, Rel. Min. Marco Aurélio. j. 06/12/94). Na hipótese mencionada anteriormente, em que o genocídio será julgado pelo Tribunal do Júri, se estivermos diante de crime praticado em detrimento de indígenas teremos o Júri Federal.

- A respeito da aplicação da pena no genocídio, leciona Guilherme de Souza Nucci que "é natural supor que, ilustrando com o homicídio, a morte de uma pessoa, com a finalidade especial supracitada, é suficiente para a aplicação da pena de *um* genocídio, fundada no homicídio qualificado (reclusão, de 12 a 30 anos). Entretanto, se matar cinquenta pessoas, com o mesmo intuito, não deve receber a mesma pena (reclusão, de 12 a 30 anos), como se tivesse cometido um único genocídio, mas, ao contrário, torna-se indispensável a aplicação do concurso de crimes (material, formal ou continuado, conforme o caso)" (Leis Penais e Processuais Penais Comentadas. 10ª ed. Rio de Janeiro: Forense, 2017, vol. 2, p. 477).
- A Lei nº 2.889/56 tipifica no art. 2º uma espécie de associação criminosa para a prática de genocídio. A conduta consiste em associarem-se (agregar-se, reunir-se em sociedade) mais de três pessoas para a prática dos crimes descritos no art. 1º.
- O artigo 5º da Lei nº 4.898/65 estabelece que se considera autoridade, para os efeitos desta lei, quem exerce cargo, emprego ou função pública, de natureza civil, ou militar, ainda que transitoriamente e sem remuneração. O Código Penal, no artigo 327, apresenta conceito semelhante, mas, no § 1º, aponta alguns agentes considerados funcionários públicos por equiparação. A Lei nº 4.898/65, especial em relação ao Código Penal, não dispõe a respeito, razão pela qual o conceito extenso não se aplica aos crimes de abuso de autoridade, sob pena de atentado ao princípio da legalidade.
- Quanto aos crimes de responsabilidade, note-se que, tratando-se de desvio de verba cuja prestação de contas deveria ser feita a órgão federal, a competência para julgamento é da justiça federal, conforme estabelece a súmula 208 do STJ ("Compete à Justiça Federal processar e julgar prefeito municipal por desvio de verba sujeita a prestação de contas perante órgão federal").
- O crime militar pode ser próprio ou impróprio. Será próprio quando definido apenas no Código Penal Militar e impróprio quando tipificado também em outras normas penais. Ex.: é próprio o crime de criar ou simular incapacidade física que inabilite o convocado para o serviço militar (art. 184); é impróprio o crime de subtrair, para si ou para outrem, coisa alheia móvel (art. 240), igualmente tipificado no Código Penal.
- Em outubro de 2017, entrou em vigor a Lei 13.491, que modificou o conceito de crime militar. De acordo com a nova redação do art. 9º, inciso II, do CPM, consideram-se crimes militares, em tempos de paz, os previstos no próprio CPM **e (inclusive)** os previstos na legislação penal. Antes, o inciso II dispunha que os crimes militares eram aqueles previstos no CPM, **embora também o fossem com igual definição na lei penal comum.** Não mais. Agora são militares os crimes tipificados no CPM **e também** os tipificados na legislação penal comum, desde que praticados na forma de uma das alíneas no inciso II. Diante dessa nova definição, conclui-se que perderam efeito as

súmulas 6, 75, 90 e 172 do STJ (neste sentido: Foureaux, Rodrigo. A Lei 13.491/17 e a ampliação da competência da Justiça Militar, disponível em http://s3.meusitejuridico.com.br/2017/10/7029a770-ampliacao-de-competencia-da-justica-militar.pdf).

- De acordo com a modificação introduzida pela Lei nº 13.491/17 no Código Penal Militar, os crimes militares, quando dolosos contra a vida e cometidos por militares contra civil, serão da competência do Tribunal do Júri (art. 9º, § 1º). E os crimes militares, quando dolosos contra a vida e cometidos por militares das Forças Armadas contra civil, serão da competência da Justiça Militar da União, se praticados no contexto: a) do cumprimento de atribuições que lhes forem estabelecidas pelo Presidente da República ou pelo Ministro de Estado da Defesa; b) de ação que envolva a segurança de instituição militar ou de missão militar, mesmo que não beligerante; c) de atividade de natureza militar, de operação de paz, de garantia da lei e da ordem ou de atribuição subsidiária, realizadas em conformidade com o disposto no art. 142 da Constituição Federal e na forma do Código Brasileiro de Aeronáutica, da Lei Complementar nº 97/99, do Código de Processo Penal Militar e do Código Eleitoral (art. 9º, § 2º).
- Heleno Cláudio Fragoso, comentando a Lei nº 7.170/83, no tocante à menção à pessoa dos chefes dos Poderes da União, afirma que "A referência aos chefes dos Poderes é imprópria. Ela já está compreendida na tutela jurídica da ordem política vigente e sempre se entendeu que os atentados aos governantes (quando praticados por motivos políticos) atingem a segurança interna. O que esta lei visa proteger não é a pessoa dos chefes dos Poderes da União, mas sim a segurança do Estado. A pessoa de tais chefes é protegida por outras leis penais. O que aqui se contempla é a ofensa aos interesses da segurança interna, através do atentado ou da ofensa realizados com propósito político-subversivo. Isso significa que a pessoa dos chefes dos Poderes, no âmbito de uma lei dessa natureza, é protegida de forma secundária ou reflexa" (disponível em http://www.planalto.gov.br/ccivil_03/revista/Rev_58/panteao/HelenoClaudioFragoso.pdf).
- Na execução penal, o Conselho Penitenciário tem função consultiva (emitir parecer em pedidos de indulto e comutação de pena), função fiscalizatória (inspecionar os estabelecimentos e serviços penais, bem como supervisionar os patronatos) e, ainda, a incumbência de apresentar no 1º (primeiro) trimestre de cada ano, ao Conselho Nacional de Política Criminal e Penitenciária, relatório dos trabalhos efetuados no exercício anterior. Ressalte-se que esse rol não é taxativo, pois dentre os artigos da Lei de Execução Penal existem outras atividades atribuídas ao Conselho (ex.: arts. 137, 143, 144, 145, 146 etc.).
- Não existe previsão de remição pelo trabalho para quem cumpre a pena em regime aberto ou desfruta do livramento condicional.
- Para que seja possível a remição da pena pelo trabalho não basta a atividade esporádica, ocasional. Deve haver certeza de efetivo trabalho do condenado, bem como conhecimento dos dias trabalhados. Exige-se que a atividade seja ordenada, empresarial e, antes de mais nada, remunerada, garantidos ao sentenciado os benefícios da Previdência Social, com o fim de educar o preso, entendendo-se o presídio como verdadeira empresa.
- Síntese das disposições dos artigos 108 e 183 da Lei nº 7.210/84 no que concerne à superveniência de doença mental no condenado:

Art. 108 da LEP	Art. 183 da LEP
Aplicável no caso de anomalia passageira	Aplicável no caso de anomalia não passageira
A medida de segurança é reversível	A medida de segurança é irreversível
O tempo de internação é computado como de cumprimento de pena (deve observar o prazo da pena corporal imposta)	O tempo de internação não é computado como de cumprimento de pena, seguindo as regras dos arts. 96 e ss. do CP
Transcorrido o prazo de duração da pena sem o restabelecimento do internado, a pena deve ser considerada extinta pelo seu cumprimento.	Deve o juiz fixar prazo mínimo de internação, variando de 1 a 3 anos (art. 97, § 1º, CP).

- O excesso e o desvio de execução não se confundem. Mirabete, lembrando as lições de Renan Severo Teixeira da Cunha, explica: "o excesso está carregado de conteúdo quantitativo e o desvio está carregado de conteúdo qualitativo. Assim ocorre o primeiro quando, por exemplo, a autoridade administrativa ultrapassa, em quantidade, a punição, fazendo com que o condenado cumpra uma sanção administrativa além do limite fixada na lei, enquanto existirá o desvio quando ela se afasta dos parâmetros legais estabelecidos, como por exemplo, manter o condenado em um regime quando já faz jus a outro. Além disso, é de notar-se que o excesso só ocorre com a violação de direito do sentenciado, enquanto no desvio pode ser que seja ele beneficiado. Há desvio, por exemplo, quando se concede permissão de saída em hipótese não prevista, se dispensa injustificadamente o condenado do trabalho prisional, não se instaura o procedimento disciplinar após a prática da falta etc." (*Execução Penal*. 9ª ed. São Paulo: Atlas, 2000).
- O exame criminológico, usado para individualizar determinadas execuções envolvendo fatos mais graves e/ou presos rotulados como perigosos, serve, não raras vezes, para orientar o magistrado nos incidentes de progressão e livramento condicional, não se confundindo com o exame de classificação tratado no artigo 5º da Lei nº 7.210/84. Vejamos, em resumo, as diferenças no quadro abaixo:

EXAME DE CLASSIFICAÇÃO	EXAME CRIMINOLÓGICO
Amplo e genérico	**Específico**
orienta o modo de cumprimento da pena., guia seguro visando a ressocialização.	busca construir um prognóstico de periculosidade – temibilidade – do reeducando, partindo do binômio delito-delinquente.
envolve aspectos relacionados à personalidade do condenado, seus antecedentes, sua vida familiar e social, sua capacidade laborativa.	envolve a parte psicológica e psiquiátrica, atestando a maturidade do condenado, sua disciplina e capacidade de suportar frustrações (prognóstico criminológico).

- O Ministério Público é instituição permanente, essencial à função jurisdicional do Estado, incumbindo-lhe a defesa da ordem jurídica, do regime democrático e dos interesses sociais e individuais indisponíveis (art. 127 CF/88). Dentro desse espírito, determina o art. 67 a obrigatória intervenção do Ministério Público na fase da execução da pena e da medida de segurança, fiscalizando e intervindo nos procedimentos judiciais (recorrendo, requerendo etc.).

- Nos termos do que disposto no art. 196 da LEP, o Ministério Público tem o prazo de 3 (três) dias para manifestação nos autos de execução, quando não figure como requerente da medida.

- O STF decidiu, na execução das reprimendas aplicadas na ação penal 470, que o pagamento da pena de multa é necessário para o deferimento da progressão de regime. Não se trata, destacamos, de aplicar a norma estabelecida no art. 33, § 4º, do Código Penal, segundo a qual o condenado por crime contra a administração pública tem a progressão de regime condicionada à reparação do dano que causou ou à devolução do produto do ilícito praticado. O tribunal decidiu, efetivamente, sobre a pena de multa, o que, com a devida vênia, não nos parece adequado, pois desvirtua o propósito da Lei 9.268/96, que modificou o tratamento conferido à pena de multa ao vedar sua conversão em privativa de liberdade no caso de não pagamento. Se a inadimplência impede que se decrete a prisão, é certo que não pode impedir a progressão de regime, em cujos requisitos, de resto, não se inclui o adimplemento da pena pecuniária.

- Ainda no tocante à pena de multa, o STF estabeleceu que, em virtude da natureza de sanção penal – não alterada pela Lei 9.268/96 –, cabe ao Ministério Público promover a execução na própria Vara de Execuções Penais. O tribunal apreciou conjuntamente uma questão de ordem na Ação Penal 470 e a ADI 3150. A ação direta de inconstitucionalidade havia sido ajuizada pelo Procurador-Geral da República para que o tribunal conferisse interpretação conforme ao art. 51 do Código Penal e estabelecesse a legitimidade do Ministério Público e a competência da Vara de Execuções Penais para a execução da pena de multa. Já na questão de ordem questionava-se decisão do ministro Barroso, que havia estabelecido, com base no art. 164 da LEP, a legitimidade do Ministério Público para executar multa imposta na AP 470, mas a União sustentava que a Lei 9.268/96 havia revogado tacitamente o disposto na Lei de Execução Penal, razão por que caberia à Procuradoria da Fazenda Nacional executar a sanção imposta naquela condenação. Segundo o ministro Barroso – que foi acompanhado pela maioria –, a alteração promovida pela Lei 9.268/96 não alterou a natureza da pena de multa, que continuou a ser uma espécie de sanção penal, tanto que na própria AP 470 o STF impôs o pagamento da multa como condição para a progressão de regime. O art. 164 da LEP, portanto, continua em vigor e é claro ao estabelecer a legitimidade do Ministério Público, a quem cabe a fiscalização da execução penal. Ainda segundo a decisão, apenas se o Ministério Público não adotar as providências para a cobrança no prazo de noventa dias é que o juiz da Vara de Execuções Penais deve cientificar a Fazenda Pública para que proceda à cobrança perante a Vara de Execuções Fiscais e com base na Lei 6.830/80. Esta decisão contraria a orientação firmada pelo STJ na súmula 521.

- O STJ assentou que, nos crimes hediondos e equiparados, aplica-se a fração de três quintos da pena para a progressão de regime ainda que a infração penal anterior não tenha a mesma natureza hedionda, pois não há distinção, na Lei nº 8.072/90, entre a reincidência comum e a específica (HC 384.492/AL, DJe 05/04/2017).

- O mesmo tribunal considera aplicável a remição da pena pelo estudo em dias não úteis, pois não há ressalva no art. 126 da Lei 7.210/1984 (AgRg no REsp 1.487.218/DF, DJe 24/2/2015).

- Em razão do cometimento de falta grave, segundo o STJ, é obrigatória a perda dos dias remidos, cabendo ao magistrado apenas o juízo discricionário a respeito da fração da perda (AgRg no REsp 1.430.097/PR, DJe 6/4/2015).

- Para a concessão do livramento condicional, a reincidência do agente deve ser considerada entre os requisitos objetivos, ainda que não o tenha sido na sentença condenatória. Assim se manifestou o STJ no HC 307.180/RS, DJe 13/5/2015.

- Admite-se, de acordo com o STJ, a remição de pena quando o condenado em regime fechado ou semiaberto desempenha atividade laborativa extramuros, pois o art. 126, *caput* e § 1º, inciso I, da Lei 7.210/84, não faz distinção a respeito do local em que o trabalho é exercido (súmula 562).

- Considerando que o art. 126 da Lei nº 7.210/84, que disciplina a remição pelo trabalho e pelo estudo, tem o propósito de garantir a ressocialização do condenado, e tendo ainda em vista o fato de que não é imprescindível que a atividade desempenhada esteja expressa na lei para garantir a remição, o STJ considera possível o benefício em decorrência da leitura e da resenha de livros (HC 413.501/SP, j. 26/06/2018).

- Também decidiu o STJ, por analogia *in bonam partem*, que o desempenho de atividade musical pelo preso atende ao propósito de ressocialização tanto porque promove uma formação profissional quanto porque proporciona ao condenado um aprimoramento cultural, que pode ser um fator a contribuir para sua reinserção social (REsp 1.666.637/ES, j. 26/09/2017).

- O STJ já admitiu a remição pelo estudo desempenhado por meio de cursos do Instituto Universal Brasileiro, seguindo a tendência de promover a abreviação da pena por meio da analogia *in bonam partem*. O ministro Reynaldo Soares da Fonseca fez referência ao parecer emitido pelo Ministério Público, segundo o qual "A LEP não exige fiscalização por parte do estabelecimento prisional - óbice apontado pelo Juízo de 1º grau ao deferimento da remição. Exige, como acima mencionado, a certificação pela autoridade educacional competente do curso frequentado". Desta forma, apresentados os cerificados de conclusão do curso, deferiu-se a remição (HC 418.309/SP, j. 20/02/2018).

- De acordo com o que decidiu o STJ, a remição pelo trabalho beneficia o condenado mesmo na situação em que a atividade laborativa efetivamente desempenhada o tenha sido sem autorização do juízo ou da direção do estabelecimento prisional (HC 346.948/RS, DJe 29/6/2016).

- O art. 127 da Lei de Execução Penal determina a perda de até 1/3 dos dias remidos em caso de falta grave. De acordo com o STJ, a especial gravidade da falta cometida pode justificar a perda na fração máxima (HC 394.884/SC, DJe 23/05/2017).

- No julgamento do HC 126.292/SP, o STF, modificando orientação antes firmada, considerou possível o início da execução da pena após o recurso em segunda instância. Antes, no HC 84.078/MG, o tribunal havia considerado impossível que se executasse a pena antes do trânsito em julgado da sentença condenatória e estabeleceu a possibilidade de encarceramento apenas se verificada a necessidade de que isso ocorresse por meio de cautelar (prisão preventiva). À época, asseverou o tribunal, para além do princípio da presunção de inocência, que "A ampla defesa, não se pode visualizar de modo restrito. Engloba todas as fases processuais, inclusive as recursais de natureza extraordinária. Por isso a execução da sentença após o julgamento do recurso de apelação significa, também, restrição do direito de defesa, caracterizando desequilíbrio entre a pretensão estatal de aplicar a pena e o direito, do acusado, de elidir essa pretensão".

  No novo julgamento, considerou-se que a prisão após a apreciação de recurso pela segunda instância não desobedece a postulados constitucionais – nem mesmo ao da presunção de inocência – porque, a essa altura, o agente teve plena oportunidade de se defender por meio do devido processo legal desde a primeira instância. Uma vez julgada a apelação e estabelecida a condenação (situação que gera inclusive a suspensão dos direitos políticos em virtude das disposições da LC nº 135/2010), exaure-se a possibilidade de discutir o fato e a prova, razão pela qual a presunção se inverte. Não é possível, após o pronunciamento do órgão colegiado, que o princípio da presunção de inocência seja utilizado como instrumento para obstar indefinidamente a execução penal. Considerou-se, ainda, a respeito da possibilidade de que haja equívoco inclusive no julgamento de segunda instância, que há as medidas cautelares e o *habeas corpus*, expedientes aptos a fazer cessar eventual constrangimento ilegal.

  O tema voltou à pauta do tribunal por meio das ADC 43 e 44, julgadas nos seguintes termos: "O Tribunal assentou que a execução provisória de acórdão penal condenatório proferido em grau de apelação, ainda que sujeito a recurso especial ou extraordinário, não compromete o princípio constitucional da presunção de inocência afirmado pelo art. 5º, LVII, da Constituição Federal (CF). Esse entendimento não contrasta com o texto do art. 283 do CPP. A Corte ressaltou que, de acordo com os arts. 995 e 1.029, § 5º, do Código de Processo Civil (CPC), é excepcional a possibilidade de atribuir efeito suspensivo aos recursos especial e extraordinário na seara criminal. A regra geral continua a ser o recebimento desses recursos excepcionais com efeito meramente devolutivo. Entretanto, é possível atribuir-se efeito suspensivo diante de teratologia ou abuso de poder. Dessa forma, as decisões jurisdicionais não impugnáveis por recursos dotados de efeito suspensivo têm eficácia imediata. Assim, após esgotadas as instâncias ordinárias, a condenação criminal poderá provisoriamente surtir efeito imediato do encarceramento, uma vez que o acesso às instâncias extraordinárias se dá por meio de recursos que são ordinariamente dotados de efeito meramente devolutivo".

- Se o agente cumpre pena privativa de liberdade e, no curso da execução, é submetido a medida de segurança em virtude de sentença absolutória imprópria proferida em decorrência de outro fato, não se impõe, segundo o STJ, a conversão em medida de segurança da pena que vinha sendo cumprida. De acordo com o tribunal, é possível, sem ofensa ao sistema vicariante, o cumprimento simultâneo das sanções decorrentes de fatos diversos (HC 275.635/SP, DJe 15/3/2016).

- De acordo com o STJ, o período compreendido entre a publicação do decreto e a decisão que concede o indulto pleno não é abarcado pela extinção da punibilidade, ou seja, deve ser utilizado para a liquidação de novas execuções penais. De acordo com o tribunal, o "indulto não é aplicado de forma automática. Necessita, assim, de um procedimento judicial em que o juiz da execução irá avaliar se o apenado preenche, ou não, os requisitos insculpidos no decreto presidencial. Embora haja doutrina que defenda ser meramente declaratória a decisão concessiva de indulto, os decretos presidenciais, em geral, possuem condições objetivas e subjetivas que necessitam de avaliação judicial. Nessa medida, esse trâmite processual certamente levará um espaço de tempo para ser cumprido, o que afasta a possibilidade de publicação do decreto concessivo do benefício em um dia e, já no dia seguinte, a sua aplicação no caso concreto" (REsp 1.557.408/DF, DJe 24/2/2016).

- A comutação de penas deve ser negada se o apenado tiver praticado falta disciplinar de natureza grave nos doze meses anteriores à publicação do Decreto de indulto, mesmo que a respectiva decisão homologatória tenha sido proferida posteriormente (STJ - EREsp 1.549.544/RS, DJe 30/9/2016).

- Considerou-se que a decisão do juiz da execução que simplesmente indefere o pedido para retirada do equipamento de monitoramento eletrônico, sem justificar a necessidade da manutenção da vigilância, é ilegal. Não é possível manter a medida com a simples alegação de que se trata da melhor forma de fiscalizar o agente que exerce trabalho externo, sem esclarecimentos acerca do caso concreto (STJ - HC 351.273/CE, DJe 09/02/2017).

- Segundo tem decidido o STJ, a violação de equipamento de monitoramento eletrônico imposto ao condenado caracteriza falta grave e autoriza a regressão de regime, pois a manutenção do aparelho junto ao corpo do agente é ordem à qual se vincula a liberdade vigiada, e, uma vez descumprida a determinação, viola-se o disposto no art. 39, incs. II e IV, da LEP (HC 460.440/RS, j. 18/09/2018).
- O STJ também decidiu que a data-base para a progressão de regime é aquela em que cumpridos os requisitos. Com isso, o tribunal não só adequou seu entendimento ao do STF como também passou a adotar a mesma regra que já aplicava para a incidência dos efeitos das faltas graves: o dia do cometimento da falta, não da publicação da decisão que a reconhecia (HC 369.774/RS, DJe 07/12/2016).
- Vimos acima que o STF considerou possível o início da execução da pena após o recurso em segunda instância. A execução imediata da pena, no entanto, é impedida no caso de oposição de embargos infringentes no tribunal de segunda instância, pois, neste caso, o julgamento desfavorável ao réu pode ser modificado. O início da execução da pena deve aguardar a apreciação dos embargos. O mesmo ocorre, aliás, se a interposição de recursos constitucionais for seguida da concessão – em casos excepcionais – de efeito suspensivo. Em razão disso, o STJ decidiu que a decisão passível de integração pelo Tribunal de Justiça não permite a execução imediata da pena (HC 366.907/PR, DJe 16/12/2016).
- Na mesma esteira da decisão anterior, o tribunal considerou ilegal a determinação de imediata expedição de mandado de prisão quando ainda não encerrada a jurisdição em segunda instância, especificamente na situação em que o Tribunal havia determinado a baixa dos autos para intimação da Defensoria Pública (HC 371.870/SP, DJe 01/02/2017).
- Ainda na esfera da restrição à execução provisória da pena, o STJ afastou essa possibilidade quanto às penas restritivas de direitos. O tribunal fundamentou o julgado no art. 147 da Lei de Execução Penal, segundo o qual "Transitada em julgado a sentença que aplicou a pena restritiva de direitos, o Juiz da execução, de ofício ou a requerimento do Ministério Público, promoverá a execução, podendo, para tanto, requisitar, quando necessário, a colaboração de entidades públicas ou solicitá-la a particulares". Como se nota, o dispositivo legal faz expressa menção ao trânsito em julgado para que a pena restritiva de direitos possa ser executada, e, segundo a decisão, não se há de lhe negar vigência, especialmente porque o STF não se manifestou a esse respeito. Além disso, ressaltou-se que mesmo antes do julgamento do HC 84.078/MG pelo STF – época em que a execução provisória da pena era admitida –, a jurisprudência impunha idêntica restrição sobre as penas restritivas de direitos (EREsp 1.619.087/SC, DJe 24/08/21017).
- O STJ tem decidido que o condenado por tráfico privilegiado pode ser beneficiado pelo indulto, tendo em vista que esta modalidade do crime não é hedionda: "Nos termos do precedente jurisprudencial da Sexta Turma do STJ, 'embora a conduta delituosa do agente que é beneficiado com a minorante prevista no § 4º do art. 33 da Lei n. 11.343/2006 continue sendo a de tráfico de drogas (haja vista que o § 4º não prevê uma nova conduta típica ou um tipo penal autônomo, mas tão somente uma causa especial de diminuição de pena), é possível favorecê-lo com a concessão de graça ou anistia (e, consequentemente, de indulto), por não existir, em sua conduta, o caráter de acentuado grau de reprovabilidade que é inerente aos crimes hediondos e aos a eles equiparados' (HC 411.328/SP, Rel. Ministro ROGERIO SCHIETTI CRUZ, SEXTA TURMA, julgado em 03/10/2017, DJe 09/10/2017)" (HC 458.735/MG, j. 04/10/2018).
- O STF decidiu ser legítima a decisão judicial que estabelece calendário anual para a concessão de saídas temporárias (HC 130.502/RJ, 21/06/2016).
- Pode ser negado o indulto por falta grave cometida antes da edição do Decreto, ainda que a homologação judicial da falta disciplinar tenha ocorrido depois (STF - RHC 133.443/SC, j. 04/10/2016).
- A contagem do prazo da saída temporária é feita em dias, não em horas, razão pela qual o STF denegou a ordem em *habeas corpus* em que se pretendia a liberação do condenado à 00h do primeiro dia, não às 12h, sob o pretexto de que a liberação tardia prejudicaria a completa fruição do benefício (HC 130.883/SC, j. 31/05/2016).
- Não há constrangimento ilegal se, não obstante esteja em estabelecimento prisional caracterizado pelo maior rigor, o condenado está apartado dos outros presos, em ala adaptada para o regime legalmente determinado e se está sendo submetido às regras específicas desse regime (STF - Reclamação 25.123/SC, j. 18/04/2017).
- Julgando o *habeas corpus* 406.258/SP (j. 08/02/2018), o STJ afastou a alegação de constrangimento ilegal em virtude da determinação de exame criminológico para que um condenado progredisse do regime fechado ao semiaberto. No caso, o agente havia sido condenado a dezessete anos de reclusão por receptação, roubo e extorsão mediante sequestro com comprovado emprego de violência. Argumentou-se que a longa pena a ser cumprida e a extensa folha de antecedentes justificavam a imposição de critérios mais rígidos para a progressão de regime, baseada, não nos custa recordar, na capacidade demonstrada pelo condenado de se reintegrar à sociedade. Diante de crimes graves cometidos por agentes com histórico criminoso, hão de ser adotadas certas precauções para evitar a soltura (ainda que progressiva) de indivíduos que não têm disposição de viver de acordo com a lei.
- Para o STJ, a maior liberdade de movimentação característica do regime semiaberto não significa que o condenado pode ir aonde quiser. Embora as restrições sejam menores e as regras de disciplina devam ser menos rígidas, trata-se do cumprimento de pena em regime de liberdade ainda restrita, que

deve ser disciplinada pelas autoridades da execução penal. Por essa razão, o tribunal negou *habeas corpus* que tratava da situação na qual um condenado a 59 (cinquenta e nove) anos de reclusão, logo após progredir para o regime semiaberto, pediu para realizar visitas periódicas à sua família, mas os juízos da execução e de segunda instância haviam indeferido o pleito sob o argumento de que a progressão ainda era recente e que os benefícios compatíveis com o regime semiaberto deveriam ser concedidos gradativamente, conforme o agente demonstrasse aptidão (AgInt no HC nº 410.342/RJ, DJe 04/12/2017).

- O STJ considerou válida a proibição de visitas de um preso por parte de sua companheira, condenada por tráfico de drogas justamente porque havia tentado ingressar no presídio, num dia de visitação, com noventa e um gramas de maconha. Na decisão, a Sexta Turma do STJ reconheceu a existência de divergência, no âmbito do próprio tribunal, a respeito da possibilidade de proibição de visitas em situações semelhantes. Pontuou-se, no entanto, que as divergências não correspondem à possibilidade abstrata de restringir o direito à visitação, mas dizem respeito à análise dos casos concretos, no quais foram consideradas as circunstâncias para concluir pela possibilidade ou pela impossibilidade de restrição (REsp 1.690.426/DF, j 10/10/2017).
- A prisão domiciliar prevista no art. 117 da Lei de Execução Penal não se confunde com aquela estabelecida no art. 318 do Código de Processo Penal, aliás modificada pela Lei nº 13.257/16, que modificou o inciso IV e incluiu os incisos V e VI. Antes, a medida cautelar era aplicável à gestante a partir do sétimo mês ou que padecesse de gravidez de alto risco. Agora, basta que a acusada seja gestante (inciso IV). Além disso, é possível a medida cautelar se a acusada tiver filho de até doze anos incompletos (inciso V). E, no caso do homem, admite-se a cautelar se for o único responsável pelos cuidados do filho de até doze anos incompletos (inciso VI). Para explicar os institutos e as suas diferenças, vejamos o quadro a seguir:

	Prisão domiciliar	
	Art. 117 LEP:	**Art. 318 CPP:**
Natureza jurídica	Substitui casa do albergado (regime aberto), não substituindo penitenciária (regime fechado) ou colônia agrícola, industrial ou similar (regime semiaberto).	Substitui prisão preventiva.
	Prisão-penal.	Medida cautelar.
HIPÓTESES DE CABIMENTO	Condenado maior de 70 anos (não foi alterado pelo Estatuto do Idoso).	Maior de 80 anos.
	Condenado acometido de doença grave (doença cujo tratamento fica difícil ou impossível no sistema penitenciário). O STF entendeu que o HIV por si só não é doença grave.	Extremamente debilitado por doença grave.
HIPÓTESES DE CABIMENTO	Condenada com filho menor ou deficiente. Obs.: em face do art. 5º, I, CF (isonomia do homem com a mulher), o art. 117, III da LEP também será aplicado ao sentenciado do sexo masculino, desde que comprove a dependência do filho.	Filho menor de 6 anos ou deficiente.
	Condenada gestante.	Gestante
		Mulher com filho de até 12 (doze) anos de idade incompletos
		Homem, caso seja o único responsável pelos cuidados do filho de até 12 (doze) anos de idade incompletos.
ATENÇÃO	De acordo com o STJ, admite-se a concessão da prisão domiciliar, em caráter excepcional, quando o sentenciado se encontra cumprindo pena em estabelecimento destinado ao regime mais rigoroso, por inexistência de vaga, situações que poderiam resultar em desvio de execução (HC 364.042/RS, DJe 25/04/2017).	
	O condenado beneficiado pelo art. 117 da LEP pode ser obrigado ao uso de aparelho que permita sua monitoração eletrônica (art. 146-B, IV da LEP).	O preso provisório em regime domiciliar também pode ser obrigado a usar aparelho de monitoração eletrônica (art. 319, IX do CPP).

- O crime de gestão fraudulenta (art. 4º da Lei nº 7.492/86) é formal, consumando-se independentemente de prejuízo ao patrimônio da instituição financeira ou dos investidores (STJ: AgRg no AREsp 926.372/SP, DJe 02/02/2017).
- Se o agente, com o intuito de enganar representante de instituição bancária para obter financiamento, apresenta documento falso ou comete outro tipo de fraude, pode se caracterizar o crime do art. 19 da Lei nº 7.492/86. Há o crime contra o sistema financeiro – de competência da Justiça Federal – se os recursos obtidos no financiamento tiverem destinação específica, diferenciando-se assim do mútuo realizado a título pessoal (STJ: CC 151.188/SP, DJe 23/06/2017).
- A caracterização do crime de gestão fraudulenta não depende de oferecimento ou negociação de títulos fraudulentos (art. 7º da Lei nº 7.492/86). Por isso, a absolvição do agente quanto a este último delito não impede sua condenação pelo primeiro (STJ: HC 285.587/SP, DJe 28/03/2017).
- Para a tipificação da conduta de gestão fraudulenta de instituição financeira, a operadora de plano de saúde não se equipara à empresa que se constitui sob a forma de seguradora (art. 1º, parágrafo único, I, da Lei nº 7.492/86). Embora seja possível que empresas que operam planos de saúde sejam equiparadas a instituições financeiras, isso só ocorre se sua constituição se der na forma de seguradoras especializadas nesse seguro. Ocorre que empresas operadoras de planos de saúde podem assumir as mais diversas naturezas constitutivas, como cooperativas, sociedades simples, sociedades empresárias ou entidades de autogestão. É analogia *in malam partem* equiparar estas últimas a instituições financeiras (STJ: CC 148.110/MG, j. 23/11/2016).
- O art. 21 da Lei nº 7.492/86 pune as condutas de atribuir-se ou atribuir a terceiro falsa identidade para realização de operação de câmbio. No julgamento do REsp 1.595.546/PR (j. 02/05/2017) o STJ decidiu que o crime se caracteriza inclusive quando o agente determina que terceira pessoa realize a operação de câmbio em seu lugar, ainda que esta pessoa não se apresente com identidade falsa. Considerou-se que a utilização dos denominados "laranjas" caracteriza o crime porque as operações são realizadas nessas circunstâncias para ocultar o verdadeiro titular das moedas cambiadas e, com isso, impedir sua identificação e a efetiva fiscalização das movimentações no mercado de câmbio.
- A respeito dos crimes contra o sistema financeiro, Guilherme de Souza Nucci aponta uma inconsistência no art. 23 da Lei nº 7.492/86: "O tipo não deixa de se apresentar contraditório, ao misturar condutas basicamente omissivas (omitir e retardar) com outra, comissiva, afirmando dever a atuação ou inação ser *contrária à disposição expressa de lei*. Ora, é razoável que o funcionário possa deixar de fazer o que deveria ou atrasar o que não poderia, *contra o disposto em lei*; porém, torna-se bem mais difícil imaginar que o funcionário *pratique* ato de ofício necessário ao regular funcionamento do sistema financeiro e para a preservação dos interesses e valores da ordem econômico-financeira *contra a lei*. Se está realizando ato para preservar o regular funcionamento do sistema financeiro, não teria sentido *agir contra a lei*, a menos que se deduza ser esta um fator de instabilidade contra o sistema financeiro" (*Leis Penais e Processuais Penais Comentadas*, p. 1116).
- Quanto aos delitos envolvendo preconceito de raça ou de cor, é preciso ressaltar que a qualificadora da injúria preconceituosa não se confunde com racismo previsto na Lei nº 7.716/89. Neste, pressupõe-se sempre uma espécie de segregação (marginalizar, pôr à margem de uma sociedade) em função da raça ou da cor. No caso do § 3º do art. 140, o crime é praticado através de xingamentos envolvendo a raça, cor, etnia, religião ou origem da vítima. A diferença tem relevância e repercussão prática. *Xingar* alguém fazendo referências à sua cor é injúria, crime de *ação penal pública condicionada à representação*, *afiançável* e *prescritível*; *impedir* alguém de ingressar numa festa por causa da sua cor é racismo, cuja pena será perseguida mediante *ação penal pública incondicionada*, *inafiançável* e *imprescritível*.
- A Lei nº 13.441/17 inseriu no Estatuto da Criança e do Adolescente os artigos 190-A, B, C, D e E para dispor a respeito da infiltração virtual de agentes policiais com a finalidade de investigar delitos relativos à dignidade sexual de crianças e adolescentes, cujos atos de execução, ou mesmo preparatórios, sejam cometidos pela internet. Dentre as disposições, podemos destacar:
  a) Os crimes cuja investigação enseja a infiltração virtual são aqueles relativos à pornografia envolvendo crianças e adolescentes, abrangendo-se todas as formas tipificadas na Lei nº 8.069/90, ou seja, a produção e a distribuição do material, a aquisição e o armazenamento, a simulação da participação em cenas de sexo explícito e o aliciamento para praticar ato libidinoso com criança. Além disso, permite-se a infiltração virtual para investigar os crimes de invasão de dispositivo informático, estupro de vulnerável, corrupção de menores, satisfação de lascívia mediante presença de criança ou adolescente e favorecimento da prostituição ou de outra forma de exploração sexual de criança ou adolescente ou de vulnerável.
  b) Tal como ocorre nas demais formas de infiltração, a virtual pressupõe autorização judicial e oitiva do Ministério Público.
  c) O prazo a priori estabelecido para a infiltração é de noventa dias. Isso constitui apenas um parâmetro inicial, nada impedindo, como prevê o texto legal, que prorrogações ocorram na medida em que se revelarem necessárias à elucidação dos fatos, desde que o total não exceda a setecentos e vinte dias.

d) A necessidade da infiltração deve ser demonstrada, pois se trata de uma espécie de *ultima ratio* dos meios de investigação, ou seja, é uma forma de apuração de crimes da qual se deve lançar mão apenas quando imprescindível, se não houver nada tão ou mais eficiente. Nessa esteira, o § 3º do art. 190-A é expresso no sentido de que a infiltração não será deferida se a prova dos crimes de que trata o *caput* puder ser obtida por outros meios.

e) O art. 190-C estabelece uma causa de atipicidade em favor do agente que oculta a sua identidade para, por meio da internet, colher indícios de autoria e materialidade dos crimes de que trata o *caput* do art. 190-A. Dessa forma, com a finalidade de identificar determinado criminoso e de comprovar que se trata de alguém que armazena e transmite imagens pornográficas de crianças e adolescentes para posteriormente submetê-los a prostituição ou outra forma de exploração sexual, o agente infiltrado pode receber tais imagens, pode armazená-las para posteriormente juntá-las ao relatório da investigação, como também pode transmiti-las caso seja necessário para não dispersar a confiança dos criminosos investigados. O mesmo pode ser dito de produções pornográficas envolvendo crianças e adolescentes: se o agente policial registra, com finalidade probatória, algo que está sendo transmitido via internet não há crime de sua parte. Se, no entanto, o agente infiltrado, além de lidar com essas imagens, decidir encontrar uma criança ou um adolescente com a finalidade de praticar atos libidinosos, ainda que sob o pretexto da investigação, parece óbvia a caracterização do excesso punível.

- O STJ há muito firmou a orientação de que as medidas socioeducativas podem ser executadas ainda que sobrevenha a maioridade. Para afastar definitivamente qualquer controvérsia, a Terceira Seção do tribunal aprovou a súmula 605, segundo a qual "A superveniência da maioridade penal não interfere na apuração de ato infracional nem na aplicabilidade de medida socioeducativa em curso, inclusive na liberdade assistida, enquanto não atingida a idade de 21 anos".

- A figura criminosa do art. 231 da Lei nº 8.069/90 não se confunde com a anterior. Naquela se pune quem efetua a indevida apreensão do menor, ao passo que nesta a apreensão é regular, pois que deriva de uma situação de flagrância, mas a autoridade se omite no dever de informar a ocorrência ao magistrado e à família do apreendido ou à pessoa indicada por ele.

- O art. 232 da Lei nº 8.069/90, dispositivo de lei especial, prevalece, quando se tratar de fato praticado por agente do Estado, sobre a conduta de abuso de autoridade descrita no artigo 4º, alínea *b*, da Lei nº 4.898/65. Praticado o crime por particular, não há concurso aparente de normas.

- O tipo do art. 234 da Lei nº 8.069/90 contém um elemento normativo consistente na imediatidade da liberação. O termo *imediata* contido no dispositivo comporta valoração, sendo certo que, em se tratando de privação da liberdade, a interpretação deve se render à literalidade, ou seja, a liberação deve ocorrer no exato momento em que a autoridade tem conhecimento da ilegalidade.

- No art. 237 da Lei nº 8.069/90, a subtração de criança ou adolescente pode ocorrer tanto na hipótese em que a guarda é estabelecida em virtude de lei (no caso dos pais, por exemplo) como naquela situação em que a guarda decorre de ordem judicial (no caso de suspensão do poder familiar). Dessa forma, a depender da situação jurídica que sustenta a guarda, até mesmo os pais destituídos do poder familiar podem praticar o crime.

- Note-se que o legislador não incluiu como sujeito passivo no art. 241-D da Lei nº 8.069/90 o adolescente, o que, para alguns, se justifica em razão do maior discernimento de que este normalmente dispõe para evitar a ação do agente. Não bastasse, não são todos os casos de contato sexual com menores de idade que configuram, por si sós, crime contra a liberdade sexual, pois quando maior de catorze anos não incide o tipo penal do artigo 217-A do Código Penal.

- Na Lei nº 8.069/90, para evitar discussões a respeito da interpretação do que se pode entender como cena de sexo explícito ou pornográfica, o próprio legislador firmou o conceito (art. 241-E). Ocorre que, conforme se pode notar, houve certa delimitação no conceito legal apresentado, podendo ocorrer hipóteses em que mesmo não havendo atividade sexual explícita, real ou simulada, ou mesmo exibição de órgão genital, o material produzido seja inadequado, como, por exemplo, a tomada de imagens em poses sensuais. Guilherme de Souza Nucci critica a atitude do legislador sob o fundamento de que a tentativa de clarificar a redação dos tipos penais acabou por delimitar a sua incidência (*Leis penais e processuais penais comentadas*, 2009, p. 270). Sob outro prisma, todavia, pode ser encarada a iniciativa: o de efetivamente delimitar a incidência dos tipos penais, tornando sua aplicação mais segura e menos receptiva a interpretações por demais extensivas.

- De acordo com o STF, o julgamento dos crimes tipificados nos arts. 241, 241-A e 241-B da Lei nº 8.069/90 é de competência da Justiça Federal quando tais delitos forem cometidos por meio da rede mundial de computadores e: a) o fato esteja previsto como crime no Brasil e no estrangeiro; b) o Brasil seja signatário de convenção ou tratado internacional por meio do qual assume o compromisso de reprimir criminalmente aquela espécie delitiva; e c) a conduta tenha ao menos se iniciado no Brasil e o resultado tenha ocorrido, ou devesse ter ocorrido no exterior, ou reciprocamente. Assim ocorre porque se trata da situação em que, nos termos do art. 109, inciso V, da Constituição Federal, aos juízes federais compete processar e julgar os crimes previstos em tratado ou convenção internacional, quando, iniciada a execução no País, o resultado tenha ou devesse ter ocorrido no estrangeiro, ou reciprocamente (RE 628.624/MG, DJe 09/11/2015). O STJ, explicitando a disciplina da competência para julgamento (e referindo-se, no caso concreto, ao art. 241-A), decidiu, por meio de sua Terceira Seção, que a competência da Justiça Federal se impõe quando constatada a internacionalidade do delito. Caso contrário, a competência é da Justiça Estadual (CC 150.564/MG, DJe 02/05/2017).

- De se notar que o art. 242 da Lei nº 8.069/90 foi parcialmente revogado pelo art. 16, parágrafo único, inciso III, da Lei nº 10.826/03. Seu objeto material, agora, abrange instrumento apto para ataque e defesa, desde que não alcançado pelo Estatuto do Desarmamento. Em síntese, somente arma branca, tal como: punhal, adaga, sabres, espadas, floretes, machado de guerra, lança, porrete, cassetete, conjunto arco e flecha, estilingue, soco inglês etc. Compete ao magistrado, no momento da dosagem da pena, aquilatar o grau de perigo da arma branca fornecida ao menor, individualizando a reprimenda.
- O art. 243 da Lei nº 8.069/90 foi modificado pela Lei nº 13.106/15 e passou a punir expressamente as condutas de vender, fornecer, servir, ministrar ou entregar, ainda que gratuitamente, de qualquer forma, a criança ou a adolescente, bebida alcoólica. Em vigor a Lei nº 13.106/15, revogou-se a contravenção penal tipificada no art. 63, inciso I, do Decreto-lei nº 3.688/41, à qual, segundo o STJ, subsumia-se a conduta agora tipificada no Estatuto da Criança e do Adolescente (HC 167.659/MS, j. 07/02/2013).
- O inciso I do art. 2º da Lei 8.072/90 determina que os crimes hediondos e equiparados são insuscetíveis de anistia, graça e indulto. A Constituição Federal, contudo, é menos restritiva, já que, no inciso XLIII do art. 5º, impede somente a concessão de anistia e graça, nada mencionando acerca da proibição do indulto. Diante desse quadro, inevitável o questionamento: a ampliação pelo legislador ordinário é constitucional? Temos duas correntes:

1) se as causas extintivas da punibilidade vedadas no texto constitucional eram duas, não poderia a lei infraconstitucional estatuir uma terceira limitação. Observa-se, ainda, que a concessão do indulto está entre as atribuições privativas do Presidente da República, não podendo o legislador ordinário limitá-lo no exercício dessa atribuição.
2) em sentido contrário, o Supremo Tribunal Federal firmou entendimento no sentido de ser o indulto modalidade do poder de graça do Presidente da República, e, por isso, alcançado pela vedação constitucional. Não bastasse, a Constituição Federal trouxe vedações mínimas, permitindo ao legislador ordinário ampliá-las. Aliás, o Pretório Excelso entende haver ampla aplicação tanto do texto constitucional quanto da Lei 8.072/90 até mesmo para os crimes praticados anteriormente à sua vigência: "Indulto (D. 3.299/99): exclusão da graça dos condenados por crime hediondo, que se aplica aos que hajam cometido antes da Lei 8.072/90 e da Constituição de 1988, ainda quando não o determine expressamente o decreto presidencial: validade, sem ofensa à garantia constitucional da irretroatividade da lei penal mais gravosa, não incidente na hipótese, em que a exclusão questionada traduz exercício do poder do Presidente da República de negar o indulto aos condenados pelos delitos que o decreto especifique: precedentes." (RHC 84572/RJ, 1.ª T., rel. Min. Marco Aurélio, relator p/Acórdão Min. Sepúlveda Pertence, *DJ* 03.12.2004).

- Nos crimes contra o consumidor, há na doutrina quem critique a tipificação da conduta de que trata o art. 70 da Lei nº 8.078/90. Manoel Pedro Pimentel destaca o seguinte: "Imagine-se a hipótese de uma avaria mecânica em um veículo na estrada, em lugar ermo, onde a assistência mecânica só possa ser dada por um prestador de serviços que ali seja encontrado. O proprietário do veículo confia o reparo ao mecânico e ausenta-se do local, durante o trabalho de reparação. O mecânico, não dispondo de peça ou de componente de reposição novos, utiliza-se de produto já usado e procede ao conserto, sem autorização do proprietário. Diante do texto da lei, o crime está cometido, mesmo que o mecânico informe ao proprietário que se utilizou de peça ou componente já usado, por não dispor de outros novos. Se o consumidor concordar, a autorização será dada *a posteriori*, hipótese em que desaparecerá a incriminação. Mas, se o consumidor não concordar, poderá formular acusação contra o prestador de serviços, que se verá em extrema dificuldade para defender-se, porque somente poderá invocar a não exigibilidade de outra conduta, que, sendo excludente de culpabilidade, apenas poderá vir a ser reconhecida no final do processo, ao qual deverá responder o mecânico, circunstância que nos parece extremamente injusta, mas que está admitida pela formulação do tipo penal" (*Aspectos penais do Código de Defesa do Consumidor*, p. 254. *Apud* Nucci, Guilherme de Souza. *Leis Penais e Processuais Penais Comentadas*, p. 144/145).
- A respeito dos crimes materiais contra a ordem tributária da Lei nº 8.137/90, de acordo com o STF, não se sustenta a alegação de retroatividade *in malam partem* na aplicação da súmula vinculante nº 24 aos fatos ocorridos antes de sua edição, pois o tribunal apenas consolidou o entendimento já firmando anteriormente sobre a matéria, sem promover inovação (RHC 122.774/RJ, DJe 11/06/2015).
- De acordo com o STJ, tendo havido a inscrição definitiva do crédito tributário, o reconhecimento da prescrição na execução fiscal não afasta a tipicidade do crime contra a ordem tributária (RHC 67.771/MG, DJe 17/3/2016).

- O STJ tem se orientado francamente no sentido de que o crime do art. 7º, inc. IX, da Lei 8.137/90 (vender, ter em depósito para vender ou expor à venda ou, de qualquer forma, entregar matéria-prima ou mercadoria em condições impróprias ao consumo) pressupõe a realização de exame de corpo de delito, razão por que não basta a apreensão de produtos aparentemente impróprios para uso e consumo. Vê-se, desse modo, que para o STJ a disposição do art. 18, § 6º, inciso I, do CDC não tem nenhum efeito na esfera criminal. A presunção, pela lei consumerista, de que o prazo de validade vencido torna o produto impróprio para o consumo visa sobretudo a viabilizar a atuação preventiva dos órgãos de defesa do consumidor e de vigilância sanitária, que podem efetuar a apreensão e adotar as medidas cabíveis na esfera administrativa (multa, interdição, etc.). Mas, no âmbito criminal, a impropriedade do produto deve ser apurada concretamente (AgRg no REsp 1.733.358/SC, j. 11/09/2018).

- Nos crimes contra a ordem tributária, há quem sustente que a Lei nº 12.382/11 dispôs sobre a extinção da punibilidade apenas quanto ao **parcelamento** do débito, sem qualquer efeito sobre § 2º do art. 9º da Lei 10.684/2003, que estabelece a extinção da punibilidade pelo **pagamento**. São situações diversas o pagamento direto e o pagamento precedido de parcelamento do débito tributário, razão por que há duas frentes de extinção da punibilidade nos crimes tributários com características distintas. Note-se que tanto o STJ quanto o STF já decidiram que, no pagamento direto, inclusive a quitação posterior ao trânsito em julgado pode beneficiar o agente, porque a Lei nº 10.684/03 não estabelece marco temporal, e não cabe ao Judiciário julgar lastreado em limites inexistentes (STF: RHC 128.245/SP, DJe 21/10/2016 ; STJ : HC 362.478/SP, DJe 20/09/2017).

- No que concerne à competência para o julgamento dos crimes contra a ordem econômica tipificados na Lei nº 8.176/91, já decidiu o STF, quanto à venda de gasolina adulterada, competir à justiça estadual apreciar o fato, pois não se aplica, no caso, o artigo 109, inciso VI, da Constituição Federal, que determina a competência da justiça federal para julgar os crimes contra a organização do trabalho e, nos casos determinados por lei, contra o sistema financeiro e a ordem econômico-financeira. Isto porque a Lei nº 8.176/91 não traz regra relativa a respeito, aplicando-se a competência residual estadual (RE 459513).

- Na Lei nº 8.666/93, há quem sustente que, embora o artigo 83 da Lei não mencione expressamente, como faz o parágrafo único do artigo 92 do Código Penal, os efeitos nele estabelecidos não são automáticos; devem ser justificados e fundamentados na sentença.

- A orientação dos tribunais superiores se firmou no sentido de que o crime do art. 89 da Lei nº 8.666/93 só se caracteriza quando o agente atua com propósito de causar prejuízo ao erário e efetivamente o causa. A respeito, podemos citar o HC 377.711/SC (julgado pelo STJ em 09/03/2017) e a ação penal 683/MA (julgada pelo STF em 09/08/2016).

  Durante o julgamento proferido no Inq 3674/RJ, no qual se analisava a denúncia oferecida contra deputado federal por crime licitatório cometido no exercício do cargo de prefeito municipal, embora tenha concluído que se trata de crime formal – contrariando, portanto, o que vinha decidindo –, o STF manteve a orientação a respeito da necessidade de finalidade específica. Segundo a decisão – que rejeitou a denúncia –, o fato de não se exigir o resultado naturalístico consistente no prejuízo ao erário não afasta a necessidade de que o agente público aja com finalidade de causar o prejuízo. Para o tribunal, o ilícito penal não pode ser igualado ao ilícito administrativo. Se este último ocorre pela simples atuação irregular do agente público (ainda que com observância parcial ou imperfeita de normas procedimentais), o crime só existe se a conduta é permeada pela finalidade de obter um proveito criminoso de qualquer natureza.

  Na mesma ocasião, o STF apresentou três critérios para analisar se determinada conduta efetivamente se subsume ao art. 89:

  1) A existência de parecer jurídico idôneo: Nas situações em que o corpo jurídico do órgão público lavra parecer favorável à dispensa ou à inexigibilidade, e não há indícios de que se trata de etapa fraudulenta para o cometimento do crime, deve-se considerar juridicamente válido o ato de dispensa ou de inexigibilidade, pois, diante de parecer técnico idôneo, não é possível considerar que o procedimento de não realização do certame tenha ocorrido dolosamente sem a observância das formalidades estabelecidas pela lei.

  2) Indicação, na denúncia, da especial finalidade de lesar o erário ou promover enriquecimento ilícito dos acusados: Como já ressaltamos, este critério já vinha sendo utilizado para diferenciar a conduta criminosa do ilícito meramente administrativo. O crime independe da prova do resultado danoso, mas a conduta só pode ser considerada criminosa quando narrada a finalidade de lesar o erário, de obter vantagem indevida ou de beneficiar patrimonialmente o particular contratado.

  3) Indicação de vínculo subjetivo entre os agentes: Embora o crime do art. 89 não seja plurissubjetivo, a maioria das imputações envolve diversas pessoas. Nesses casos, é imprescindível que a denúncia descreva o vínculo subjetivo entre os agentes. Não basta a descrição do ato administrativo irregular e a inclusão de todos que tomaram parte na sua realização.

- Embora as expressões "mediante ajuste" e "combinação", inscritas no artigo 90 da Lei nº 8.666/93, possam indicar a plurissubjetividade do delito, não necessariamente sua prática se dará por mais de um agente, pois o mesmo dispositivo também utiliza a forma genérica "qualquer outro expediente", indicando a possibilidade de que a conduta seja praticada por apenas um indivíduo.

- Note-se que, por expressa disposição legal, ainda que em outra circunstância fosse considerado de menor potencial ofensivo, o crime praticado no contexto da violência doméstica e familiar contra a mulher impede a proposta de transação penal ou de suspensão condicional do processo (artigo 41 da Lei nº 11.340). Veda-se, também, independentemente das circunstâncias, a substituição da pena privativa de liberdade por restritiva de direitos na lesão corporal cometida no âmbito doméstico e familiar (STF: HC 129.446/MS, DJe 06/11/2015; STJ: súmula 588).
- Nos crimes previstos na Lei nº 9.279/96, intitulados *crimes contra a propriedade industrial*, a ação penal será em regra privada, com exceção do delito tipificado no art. 191, que pune a conduta de reproduzir ou imitar, de modo que possa induzir em erro ou confusão, armas, brasões ou distintivos oficiais nacionais, estrangeiros ou internacionais, sem a necessária autorização, no todo ou em parte, em marca, título de estabelecimento, nome comercial, insígnia ou sinal de propaganda, ou usar essas reproduções ou imitações com fins econômicos. Neste caso, a ação penal será pública incondicionada.
- O art. 2º, inciso III, da Lei nº 9.296/96 veda a interceptação de comunicações telefônicas se o fato investigado for punido com detenção. Dessa forma, somente é possível a interceptação se à infração penal a lei estabelecer pena de reclusão. Os tribunais superiores, no entanto, não invalidam o meio probatório se, no bojo de investigação sobre crime apendo com reclusão, houver a apuração de crime que enseje pena de detenção, se as infrações forem conexas (STJ: HC 144.137/ES; STF: AI 626214 AgR/MG).
- Aponta Guilherne de Souza Nucci que a interceptação telefônica pode ser requerida, embora não conste expressamente do texto legal (art. 3º da Lei nº 9.296/96), inclusive pela defesa. Segundo o autor, "em homenagem à ampla defesa, princípio constitucional inafastável, deve-se admitir que o defensor também tenha idêntica oportunidade de requerer a diligência. A interceptação, *v.g.*, pode dar-se em relação a conversas mantidas, por telefone, por corréu delator, que aponta o acusado, cujo defensor solicitou a realização da prova, como comparsa, para que a verdade real seja apurada. Por outro lado, demonstrando ao juiz, por outros meios de prova (ex.: referências feitas por testemunhas), pode o defensor pretender a interceptação telefônica de terceiro (não corréu), que pode contribuir para provar a inocência do acusado" (*Leis penais e processuais penais comentadas*, p. 764).
- O art. 5º da Lei nº 9.296/96 estabelece que a interceptação telefônica terá o prazo de quinze dias, prorrogáveis por igual período. Ocorre que, diante das peculiaridades do caso concreto, nem sempre é possível concluir a diligência nesse prazo, razão por que a jurisprudência tem estabelecido a possibilidade de haver sucessivas prorrogações, desde que demonstrada a necessidade e a decisão seja devidamente fundamentada. Neste sentido, tem decidido o STJ: "A jurisprudência desta Corte e do Supremo Tribunal firmou-se no sentido de que a interceptação telefônica deve perdurar pelo tempo necessário à completa investigação dos fatos delituosos, devendo o seu prazo de duração ser avaliado fundamentadamente pelo magistrado, considerando os relatórios apresentados pela polícia, o que se verifica na espécie" (RHC 52.374/PR, DJe 11/10/2017).
- O art. 1º da Lei 9.455/97 pune a tortura em dois incisos. O inciso I, na alínea *a*, tipifica a denominada *tortura-prova*, consistente em constranger alguém com emprego de violência ou grave ameaça, causando-lhe *sofrimento físico ou mental*, com o fim de obter informação, declaração ou confissão da vítima ou de terceira pessoa. Já o inciso II trata da *tortura-castigo*, consistente em submeter alguém, sob sua guarda, poder ou autoridade, com emprego de violência ou grave ameaça, a *intenso* sofrimento físico ou mental, como forma de aplicar castigo pessoal ou medida de caráter preventivo. Nota-se, pois, que as duas condutas se diferenciam pela intensidade do sofrimento causado, inexistente na primeira. Por esta razão, o STJ decidiu que a condenação pela prática da tortura-prova dispensa a comprovação de intenso sofrimento (REsp nº 1.580.470/PA, j. 24/08/2018).
- O artigo 1º, § 4º, da Lei nº 9.455/97 estabelece causas de aumento de pena, sendo que o inciso I majora a reprimenda se o crime é cometido por agente público. Entretanto, nas situações em que o crime é próprio (exigindo do agente qualidade funcional), entende a doutrina que não se aplica a causa de aumento, sob pena de *bis in idem*.
- No art. 1º, § 5º, da Lei nº 9.455/947, temos, como efeito administrativo da condenação, a perda obrigatória do cargo, função ou emprego público e ainda na interdição (também obrigatória) para o seu exercício pelo dobro do prazo da pena aplicada. Diferentemente do que ocorre no art. 92 do Código Penal, aqui os efeitos são automáticos, não sendo necessário que conste da sentença.
- Ainda quanto ao art. 1º, § 5º, da Lei nº 9.455/97, reconhece-se o acerto do legislador ao limitar o tempo de interdição (o dobro da pena aplicada), por não existir no nosso ordenamento nenhuma pena de caráter perpétuo. Logo, decorrido o prazo, o condenado poderá assumir novo cargo, emprego ou função, porém jamais reintegrar-se na situação anterior (apesar do silencio da nova lei, trata-se de decorrência lógica do art. 93, parágrafo único, do CP).
- Sabe-se que o STF considerou incidentalmente inconstitucional, quando do julgamento do HC 111.840/ES, dispositivo da Lei nº 8.072/90 (art. 2º, § 1º) que impunha aos condenados por crime hedion-

dos e equiparados (dentre os quais a tortura) o regime inicial fechado. Em decorrência desse julgamento, passou-se a entender ter perdido efeito o disposto no art. 1º, § 7º, da Lei nº 9.455/97, que contém disposição idêntica. O mesmo STF, todavia, julgando o HC 123316/SE, concluiu não haver incompatibilidade entre o disposto na Lei nº 9.455/97 e sua prévia manifestação a respeito dos crimes hediondos, pois a disciplina relativa à tortura é específica e decorrente de opção do legislador ordinário em consonância com os postulados constitucionais.

- O art. 183 da Lei 9.472/97, pune, com detenção de dois a quatro anos (aumentada de metade se houver danos a terceiros) a conduta de desenvolver clandestinamente atividades de telecomunicação.

Segundo já decidiu o STF, a exploração de serviço de internet não autorizado é atípica, pois a atividade desenvolvida irregularmente não se insere na definição de serviço de telecomunicação, mas na de serviço de valor adicionado, que, segundo o art. 61 da Lei 9.472/97, "é a atividade que acrescenta, a um serviço de telecomunicações que lhe dá suporte **e com o qual não se confunde**, novas utilidades relacionadas ao acesso, armazenamento, apresentação, movimentação ou recuperação de informações" – grifamos. Diante disso, e como a tipicidade deve ser estrita, o STF considerou que a conduta não se subsume ao tipo penal que havia sido imputado ao agente (HC 127.978/PB, j. 24/10/2017). O STJ, todavia, vem decidindo em sentido contrário (AgRg no REsp 1.566.462/SC, DJe 28/03/2016).

Estabelecida no STJ a tipicidade em tese da conduta, o tribunal vinha sendo provocado a respeito da incidência do princípio da insignificância, que, segundo o STF, pode ser aplicado na transmissão clandestina de sinal de rádio quando atestada a incapacidade de interferência (HC 126.592/BA, julgado em 24/02/2015). O STJ, no entanto, firmou a orientação de que a tipicidade material está sempre presente no art. 183 da Lei 9.472/97 (súmula 606).

- Originalmente, o art. 302 da Lei nº 9.503/97 punia, no *caput*, com pena de detenção de dois a quatro anos, a conduta de praticar homicídio culposo na direção de veículo automotor e, no parágrafo único, trazia causas de aumento de pena. A partir da vigência da Lei nº 12.971/14, ao *caput* do art. 302 se somaram dois parágrafos: o primeiro dispunha a respeito das mesmas majorantes e o segundo trazia uma qualificadora.

A nova qualificadora se referia ao fato de o agente causar a morte conduzindo veículo automotor com capacidade psicomotora alterada em razão da influência de álcool ou de outra substância psicoativa que determinasse dependência ou participando, em via, de corrida, disputa ou competição automobilística ou ainda de exibição ou demonstração de perícia em manobra de veículo automotor, não autorizada pela autoridade competente, hipótese em que a pena passava a ser de reclusão de dois a quatro anos. A então nova legislação não alterava o *quantum* da pena em relação ao *caput*, mas modificava sua natureza, que passava de detenção para reclusão, com a clara intenção de possibilitar ao juiz a imposição de regime inicial fechado nos casos de agente reincidente, providência impossível na figura básica do crime diante da vedação a que a pena de detenção tenha seu início no regime mais severo.

De acordo ainda com a ordenação da Lei nº 12.971/14, o art. 308 passou a conter dois parágrafos: o primeiro qualificando o crime e impondo pena de reclusão de três a seis anos se de sua prática resultar lesão corporal de natureza grave; o segundo, também qualificador, estabelecendo pena de reclusão de cinco a dez anos se da conduta do *caput* resultar a morte. Em ambos os casos, a lei estabelece que estas disposições incidem se as circunstâncias demonstrarem que o agente não quis o resultado nem assumiu o risco de produzi-lo (a lesão ou a morte hão de ser, necessariamente, culposas).

A modificação introduzida pela Lei nº 12.971/14 no art. 302 causou dois problemas: um relativo ao concurso entre o homicídio e a embriaguez na direção de veículo automotor, outro concernente ao conflito entre o § 2º do art. 302 e o § 2º do art. 308:

a) Homicídio x embriaguez: a embriaguez na direção de veículo automotor era, originalmente – além de infração penal autônoma tipificada no art. 306 –, causa de aumento de pena do homicídio culposo. Posteriormente, a causa de aumento foi revogada pela Lei nº 11.705/08, com o propósito de tornar possível o concurso de crimes entre o homicídio e a embriaguez. Com a introdução da qualificadora do § 2º do art. 302, promovida pela Lei nº 12.971/14, o concurso de crimes se tornou novamente impossível, pois a embriaguez servia para qualificar o homicídio. Por isso, o concurso entre os delitos seria considerado *bis in idem*.

b) Homicídio culposo qualificado x competição não autorizada qualificada: vigorando a Lei nº 12.971/14, havia disposições conflitantes a respeito da morte culposa, no contexto de competição não autorizada, cometida na direção de veículo automotor. Neste caso, indagava-se: quando da competição ilegal decorresse a morte, o agente tinha sua conduta subsumida ao art. 302, § 2º ou ao art. 308, § 2º? E havia dois posicionamentos: 1) devia ser aplicado o art. 302 porque, instalado o conflito, era a norma mais favorável ao agente; 2) devia ser aplicado o art. 308, pois, no desencadeamento dos fatos, o que ocorre primeiro é a competição ilegal; o condutor do veículo que participa, em via pública, de competição automobilística não autorizada pela autoridade competente, causando perigo de dano à incolumidade alheia, consuma o crime do art. 308, independentemente de qualquer resultado lesivo a terceiro; se há morte, esta provém daquele fato. Ora, se a morte decorre do fato consumado, é natural que este seja qualificado pelo resultado mais grave. Seria irrazoável, e ilógico, considerar a competição como qualificadora do crime de homicídio se, em todos os casos, a morte havia de ser decorrência involuntária da conduta anterior. Tratava-se, simplesmente, de prestigiar a aplicação do princípio da especialidade.

Para dirimir estas questões, a Lei nº 13.281/16 revogou o § 2º do art. 302. Assim, o homicídio cometido na direção de veículo automotor por agente embriagado passou a ensejar novamente o concurso entre os arts. 302 e 306. Além disso, ocorrida a morte culposa em competição não autorizada, o crime é o do art. 308, § 2º.

No entanto, a entrada em vigor da Lei nº 13.546/2017 impõe nova disciplina na relação entre os crimes de homicídio e lesão corporal e o crime de embriaguez ao volante, afastando-se novamente a possibilidade de concurso.

Com efeito, a nova lei acrescenta nos artigos 302 e 303 parágrafos que tratam a embriaguez como circunstância qualificadora dos crimes de homicídio e lesão corporal culposos.

No caso do homicídio, se o motorista causador da morte estiver dirigindo sob a influência de álcool ou qualquer outra substância psicoativa que determine dependência, a pena passa a ser de reclusão de cinco a oito anos (art. 302, § 3º). Já no caso da lesão corporal culposa, se o agente estiver com capacidade psicomotora alterada em razão da influência de álcool ou de outra substância psicoativa que determine dependência, e se do crime resultar lesão corporal de natureza grave ou gravíssima, a pena passa a ser de reclusão de dois a cinco anos.

- A Lei nº 13.546/2017 também alterou o *caput* do art. 308 do CTB para incluir, entre as situações nas quais o crime se verifica, a exibição ou demonstração de perícia em manobra de veículo automotor.

  Embora a exibição de perícia caracterizasse infração administrativa no mesmo dispositivo da competição (art. 174 do CTB) e já impedisse a transação penal nos crimes de trânsito (art. 291, § 1º, II, do CTB), não integrava o tipo penal do art. 308. Agora, além da competição ("racha"), é crime efetuar manobras nas quais o motorista pretende demonstrar especial habilidade, como o vulgarmente denominado "cavalo-de-pau", as manobras de contraesterço e a técnica de andar com a motocicleta em apenas uma roda, isso desde que o condutor esteja na via pública, não tenha autorização da autoridade competente e gere situação de risco à incolumidade pública ou privada.

- O art. 298, inciso VII, da Lei nº 9.503/97 agrava a pena do crime de trânsito se cometido sobre faixa de trânsito temporária ou permanentemente destinada a pedestres. Vale observar, contudo, que este dispositivo terá restrita aplicação prática. É que, na imensa maioria dos casos, ele incidirá nos crimes de homicídio culposo ou lesões corporais culposas. Para estes crimes, porém, já está prevista causa de aumento de pena idêntica, como se vê do disposto no inc. II do § 1º art. 302. Por óbvio que não poderá o juiz considerar, primeiro, a agravante genérica em estudo e, depois, a causa de aumento de pena, pois incorreria em inadmissível *bis in idem*. Havendo, portanto, regra específica e tratando-se de homicídio culposo ou lesões corporais culposas, deverá optar pelo reconhecimento, apenas, da causa de aumento de pena, a ser sopesada na terceira fase da dosagem da reprimenda, nos termos do art. 68 do Código Penal. Pode-se imaginar, de qualquer sorte, a agravante genérica sendo aplicada aos crimes do art. 306 (embriaguez ao volante), do art. 308 (participação em "racha"), do art. 309 (falta de habilitação) e do art. 311 (velocidade incompatível com o local).

- Há quem entenda que a imposição, ao motorista profissional, da suspensão ou proibição de se obter a permissão ou a habilitação para dirigir veículo automotor se traduziria em verdadeira inconstitucionalidade, na medida em que ele se acharia privado de exercer sua profissão. Prevalece, no entanto, o entendimento de que essa pena tem expressa previsão legal e, portanto, sua imposição é obrigatória, em atendimento ao mandamento legal. É a posição do Superior Tribunal de Justiça: "Ainda que assim não fosse, é necessário registrar que, embora tenha reconhecido a repercussão geral sobre a aplicação da pena de suspensão da habilitação aos motoristas profissionais no RE 607107 RG/MG, o Supremo Tribunal Federal jamais declarou inconstitucional tal penalidade, que tem sido mantida por este Sodalício em diversos julgados, sob o argumento de que é justamente de tal categoria que se espera maior cuidado e responsabilidade no trânsito" (HC 283505/SP, DJe 29/10/2014).

- Discussão que animou a doutrina, logo após a entrada em vigor da Lei nº 9.503/97, dizia respeito à possibilidade de aplicação do perdão judicial aos crimes de trânsito. Isto porque o art. 300, que trazia esta possibilidade, foi vetado. Surgiram, pois, duas correntes: a daqueles que sustentavam a inaplicabilidade do instituto aos crimes de trânsito e a daqueles que defendiam a aplicação das normas relativas ao homicídio culposo e à lesão corporal culposa estabelecidas no Código Penal. O segundo entendimento acabou por prevalecer, pois, conforme consta das razões do veto ao art. 300, a exclusão se deu porque o Código Penal trata da matéria de forma mais ampla, o que tornaria desnecessária sua inclusão no Código de Trânsito. E que se note: segundo o STJ, o perdão judicial concedido em relação a determinado homicídio culposo não se estende a outro crime pelo simples fato de ambos terem sido cometidos em concurso formal. Afastou-se a causa extintiva da punibilidade sobre um dos homicídios julgados sob o fundamento de que se exige efetiva ligação subjetiva entre o autor do crime e a vítima para que se chegue ao ponto de considerar desnecessária a pena diante do impacto emocional que o resultado provocou no próprio autor (REsp 1.444.699/RS, j. 01/06/2017).

- O art. 304 da Lei nº 9.503/97 pune aquele o condutor de veículo que deixar, na ocasião do acidente, de prestar imediato socorro à vítima, ou, não podendo fazê-lo diretamente, por justa causa, deixar de solicitar auxílio da autoridade pública. O parágrafo único do mesmo dispositivo estabelece a punição mesmo nas situações em que a omissão seja suprida por terceiros ou que se trate de vítima com morte instantânea ou com ferimentos leves. Sendo a morte instantânea, podendo ser constatada de plano, sem qualquer dificuldade, haveria por que exigir do motorista a prestação de socorro ao falecido? Suponha-se um acidente no qual a vítima tenha sua cabeça decepada. De que adiantará o socorro a ela prestado? Bruno Amaral Machado chega mesmo a agitar com a inconstitucionalidade deste dispositivo, nos seguintes termos: "Não se afasta a inconstitucionalidade do mencionado dispositivo legal por flagrante violação ao princípio da lesividade. No art. 304 a objetividade jurídica é a solidariedade que deve existir entre os homens, em especial ao condutor envolvido no acidente. Com isso, por intermédio da imposição penal desse dever, a norma protege também a vida e a incolumidade pessoal do cidadão. Ora, se não há mais vida, não há como se ofender, com a omissão, a objetividade jurídica inerente àquele delito" (*Omissão de socorro e vítima com morte instantânea*. Boletim IBCCRIM. São Paulo, n.66, p. 11, maio 1998).
- Ao julgar a validade da norma insculpida no art. 305 do Código de Trânsito Brasileiro, que pune, com detenção de seis meses a um ano, a conduta de afastar-se o condutor do veículo do local do acidente, para fugir à responsabilidade penal ou civil que lhe possa ser atribuída, o STF a considerou constitucional (RE 971.959). Argumentaram os ministros que o dispositivo não estabelece uma espécie de omissão de socorro. O propósito do art. 305 é forçar o motorista a permanecer no local a fim de não impedir (ou, pelo menos, dificultar), a apuração dos fatos. Aliás, o motorista que permanece no local do acidente não é (e não deve ser) compelido a produzir provas contra si mesmo. Em nenhum momento da apuração do crime, com efeito, pode ser ele obrigado a praticar qualquer ação que lhe incrimine, nem pode ser obrigado a prestar esclarecimentos, porque a ordem constitucional lhe assegura o direito ao silêncio. O que se pretende é simplesmente a manutenção da sede do acidente para que os órgãos responsáveis possam promover a devida apuração.
- Quanto ao art. 308 da Lei nº 9.503/97, deve ser observado que o legislador não se satisfez com a mera prática do "racha", exigindo mais um dado para a tipificação do delito consistente no dano potencial à incolumidade pública ou privada. Mesmo que remoto, esse dano deve ser demonstrado. Quisesse o legislador que a conduta fosse punida pelo simples fato de participar de um "racha" e, seguramente, teria repetido a redação do art. 173 do CTB ("disputar corrida por espírito de emulação") ou do art. 174 do mesmo *codex* ("promover, na via, competição esportiva, eventos organizados, exibição e demonstração de perícia em manobra de veículo, ou deles participar, como condutor, sem permissão da autoridade de trânsito com circunscrição sobre a via"). Nestas duas infrações administrativas não é feita qualquer menção a dano contra terceiros, o simples fato de realizar a conduta já as configura. Quando o legislador incluiu, para caracterização do crime, a expressão "que resulte dano potencial à incolumidade pública ou privada", é porque reclamou um *plus*, sob pena da lei conter palavras mortas, o que não é admitido pela hermenêutica.
- A respeito do art. 309 da Lei nº 9.503/97, segundo Vicente Greco Filho, a expressão *via pública* compreende "não somente as vias de tráfego livre, como também as de tráfego restrito, desde que de utilização comum" (*apud*, Ruy Castro de Barros Monteiro, *Crimes de Trânsito*, p. 167). Para Damásio de Jesus, "é a via por onde transitam os membros da coletividade: autopistas, rodovias, ruas, avenidas, alamedas, travessas, desvios, becos etc." (*Crimes de trânsito*, p. 157). A questão torna-se um pouco mais complicada quando se parte da análise do geral para o particular. Assim, por exemplo, o pátio de estacionamento de um *shopping center* ou de um supermercado, pode ser considerado uma via pública, para os fins previstos no CTB? Destacamos o entendimento de Walter Cruz Swensson, ao alertar que, para que fique caracterizada uma infração de trânsito, "é necessário que os atos sejam praticados enquanto o veículo estiver sendo movimentado, estacionado ou trafegando em via pública ou em local, mesmo em se tratando de imóvel pertencente a particular, ao qual tem acesso o público (estacionamentos de lojas, restaurantes, supermercados, shopping centers, pátios de postos de serviços, etc.) (*Procedimentos e Prática de Trânsito*. São Paulo: Oliveira Mendes, 1998, p.14).
- O STJ considerou que o crime do art. 310 da Lei nº 9.503/97 (permitir, confiar ou entregar a direção de veículo automotor a pessoa não habilitada, com habilitação cassada ou com o direito de dirigir suspenso) é de perigo abstrato e, ao contrário do art. 309, não pressupõe a geração de perigo de dano (súmula nº 575).
- Tendo em vista que a redação do artigo 311 da Lei nº 9.503/97 não faz menção a "veículo automotor", há quem entenda que esse delito pode ser cometido por quem conduz veículo elétrico ou de tração humana ou animal. Nesse sentido, Ariosvaldo de Campos Pires e Sheila Jorge Selim de Sales (*Crimes de Trânsito na Lei n. 9.503/97*. Belo Horizonte: Del Rey, 1998, p. 22). Não concordamos totalmente com esse posicionamento. Com efeito, o Código trata de veículo automotor, ou seja, aquele que se amolda à definição contida no anexo I do *codex*, assim considerado "todo veículo a motor de propulsão que circule por seus próprios meios, e que serve normalmente para o transporte viário de pessoas e coisas,

ou para a tração viária de veículos utilizados para o transporte de pessoas e coisas. O termo compreende os veículos conectados a uma linha elétrica e que não circulam sobre trilhos (ônibus elétrico)". Em tal definição se incluem os veículos elétricos, como os bondes ou ônibus, cujo condutor pode ser sujeito ativo deste crime. Não se incluem, obviamente, os veículos de tração humana ou animal, a exemplo de carroças, charretes etc., quer em virtude de não se incluírem na definição de veículo automotor, quer porque dificilmente ocorreria de alguém ser capaz de com eles trafegar em velocidade incompatível, dada a própria natureza de seus propulsores.

- O art. 29, § 2º, da Lei nº 9.605/98, prevê a possibilidade de perdão judicial no caso de guarda doméstica de espécie silvestre não considerada ameaçada de extinção, consideradas as circunstâncias do fato. A Lei, todavia, não especifica quais circunstâncias devem ser tomadas em consideração para fundamentar o perdão. De acordo com Guilherme de Souza Nucci, "o ideal é projetá-las para o contexto do art. 59 do Código Penal. Idealiza-se, pois, um agente que tenha bons antecedentes e conduta social, motivação generosa, além de ter seguido regras sociais convencionais. Em suma, é o perdão judicial previsto para os *donos de papagaios* e animais semelhantes" (*Leis Penais e Processuais Penais Comentadas*, p. 911-912).
- Note-se que a desconsideração da personalidade da pessoa jurídica estabelecida no artigo 4º da Lei nº 9.605/98 diz respeito apenas à esfera cível, não se aplicando à criminal. Com efeito, considerando o princípio da personalidade da pena, para que sejam responsabilizados conjuntamente com a pessoa jurídica, os sócios deverão ser condenados como coautores, respondendo cada qual de acordo com a culpa (em sentido amplo) estritamente estabelecida.
- A Lei nº 13.052/14 modificou a Lei nº 9.605/98 no que concerne à destinação de animais silvestres apreendidos em razão de infrações administrativas e criminais. De acordo com a nova redação do art. 25, § 1º, os animais apreendidos "serão prioritariamente libertados em seu habitat ou, sendo tal medida inviável ou não recomendável por questões sanitárias, entregues a jardins zoológicos, fundações ou entidades assemelhadas, para guarda e cuidados sob a responsabilidade de técnicos habilitados". O § 2º, por sua vez, dispõe que enquanto os animais não forem entregues às instituições mencionadas no § 1º "o órgão autuante zelará para que eles sejam mantidos em condições adequadas de acondicionamento e transporte que garantam o seu bem-estar físico".
- O princípio da insignificância nos crimes ambientais é tema recorrente de julgamentos nos tribunais superiores, que o têm aplicado ou rejeitado com base nas circunstâncias do caso concreto. Dessa forma, o STF já negou o afastamento da tipicidade material num caso de pesca ilegal em que a quantidade de peixes apreendida em poder do agente, contra quem pesavam registros de conduta semelhantes, e a utilização de aparelhos, petrechos, técnicas e métodos não permitidos sinalizavam relevante lesão ao meio ambiente (HC 135.404/PR, DJe 02/08/2017). Mas, em outro processo, o tribunal aplicou a insignificância porque, no caso, o agente estava numa pequena embarcação, pescando com vara, linha e anzol, instrumentos de baixa potencialidade lesiva ao meio ambiente (Inq. 3788/DF, DJe 14/06/2016). O STJ segue a mesma linha: considerou insignificante a conduta do agente que, não obstante estivesse pescando ilegalmente, fazia-o com vara de molinete, linhas e isopor, em clara conduta amadora e em situação na qual os peixes foram devolvidos vivos às águas (REsp 1.409.051/SC, DJe 28/04/2017). Por outro lado, negou em outro caso a insignificância porque, embora nenhum peixe houvesse sido apreendido, a pesca era praticada com petrechos proibidos, capazes de colocar em risco a fauna por alcançar indistintamente os espécimes, nas diversas fases do ciclo vital. Considerou-se que a captura dos animais é mero exaurimento da figura típica da pesca ilegal (AgRg no REsp 1.651.092/SC, DJe 13/06/2017).
- Com fundamento nas disposições constitucionais relativas à proteção ao meio ambiente, decidiu o STF que o crime ambiental de caráter transnacional que envolva animais silvestres ameaçados de extinção e espécimes exóticos ou protegidos por compromissos internacionais assumidos pelo Brasil é de competência da Justiça Federal. Segundo o tribunal, os crimes ambientais devem se submeter à competência da Justiça Federal sempre que: a) atentarem contra bens, serviços ou interesses da União ou de suas entidades autárquicas; b) previstos também em tratado ou convenção internacional, tiverem a execução iniciada no País, mas o resultado tenha ou devesse ter ocorrido no estrangeiro, ou o inverso; c) tiverem sido cometidos a bordo de navios ou aeronaves; d) houver grave violação de direitos humanos; e) guardarem conexão ou continência com outro crime de competência federal, ressalvada a competência da Justiça Militar e da Justiça Eleitoral (RE 835.558/SP, j. 09/02/2017).
- A respeito da lavagem de dinheiro, de acordo com a doutrina, embora a modificação introduzida na Lei nº 9.613/98, quanto aos crimes antecedentes à lavagem, seja positiva por permitir que a ocultação, dissimulação ou integração de bens, direitos ou valores ocorra sobre o objeto de qualquer infração penal, há de se evitar a aplicação da lei sobre fatos antecedentes considerados de bagatela, sob pena de desvirtuar o propósito do legislador. A respeito, pontua Luiz Flávio Gomes: "Não é qualquer ofensa que constitui o delito de lavagem de dinheiro. Os órgãos encarregados da investigação e processamento da lavagem de dinheiro não podem bagatelarizar a lei, admitindo sua incidência em qualquer caso. Da lei não constou nenhum critério objetivo para definir o que é relevante e o que não é. Como linha de princípio, pensamos que o mesmo critério

reinante do princípio da insignificância e vigente para os crimes tributários deve valer para a lavagem" (Disponível em http://www.institutoavantebrasil.com.br/artigos-do-prof-lfg/pela-nao-bagatelarizacao-da-lavagem-de-dinheiro-sujo/).

- A respeito dos crimes tipificados no Estatuto do Idoso, o STF decidiu, na ação direta de inconstitucionalidade nº 3096-5, conferindo interpretação conforme a Constituição Federal, que se aplica unicamente o rito sumaríssimo disciplinado na Lei nº 9.099/95, vedadas a transação penal e a suspensão condicional do processo. Nucci, no entanto, comentando a Lei nº 10.741/03 antes do julgamento da ação, considerava até mesmo esta interpretação incorreta: "Não se pode subtrair a garantia constitucional da ampla defesa, implementando procedimento célere para crime comum, sob a ótica de ser a vítima pessoa idosa. Ademais, não haverá maior ou menor proteção a quem tenha mais de 60 anos se for adotado o procedimento da Lei 9.099/95, mas somente um estreitamento da amplitude de defesa, o que é inconstitucional. Em nosso prisma, é inaplicável, de toda forma, o art. 94 da Lei 10.741/2003" (*Código Penal comentado*. 6. ed. São Paulo: RT, 2009, p. 660).
- De acordo com decisão proferida pela Corte Especial do STJ, a conduta de manter sob guarda, no interior de sua residência, arma de fogo de uso permitido com registro vencido não configura o crime do art. 12 da Lei 10.826/2003 (APN 686/AP, DJe 29/10/2015). Essa orientação tem sido reiterada (RHC 80.365/SP, DJe 22/03/2017).
- O STF decidiu ser atípica a conduta de quem porta, como pingente, munição desacompanhada de arma de fogo (HC 133984/MG, j. 17.5.2016). Ao mesmo tempo, no entanto, considerou inaplicável o princípio da insignificância no crime de porte de munição (HC 131.771/RJ, j. 18.10.2016).
- O STJ julgou típica a conduta do vigia que, autorizado a exercer sua atividade armado nas dependências da empresa, foi flagrado portando o artefato na via pública (REsp 1.456.633/RS, DJe 13/4/2016).
- O tribunal também julgou típica a conduta de delegado de polícia que havia portado e possuído arma de fogo registrada tão somente em órgão estadual de controle, e em nome de terceiro. Argumentou-se que a autorização legal para o porte não dispensa o cumprimento dos requisitos para a aquisição e o registro de arma de fogo, ou seja, é preciso que os agentes de segurança pública autorizados cumpram o disposto na lei, que não se contenta com o registro em órgãos secundários, mas exige o certificado de registro expedido pela Polícia Federal após autorização do órgão federal de controle de armas (Sinarm). O tribunal também afastou alegação de atipicidade pela incidência dos princípios da adequação social e da lesividade, pois, além de não ser possível considerar socialmente aceito ou tolerado o comportamento de um agente de segurança pública que mantinha arma de fogo ilegal, o caso concreto revelava especial gravidade porque, mesmo no âmbito do órgão de fiscalização estadual, o registro da arma não era atualizado havia anos, indicando que o artefato circulava sem nenhum controle (RHC 70.141/RJ, DJe 16/2/2017).
- Segundo decidiu o STJ, o crime de tráfico internacional de arma de fogo (art. 18 da Lei nº 10.826/03) – de competência da Justiça Federal (STJ: CC 126.235/PR, DJe 18/11/2016) – é autônomo em relação ao porte da arma. No feito julgado sustentava-se que o crime de tráfico só se configuraria em conjunto com o porte, pois, sem esta conduta, não haveria possibilidade de internacionalização. O tribunal, no entanto, afastou a tese afirmando que se trata de delitos que não se atraem, pois têm natureza absolutamente diversa (REsp 1.661.226/RS, DJe 24/05/2017).
- O mesmo tribunal já se pronunciou no sentido de que, independentemente da quantidade de armas, munições ou acessórios traficados, é impossível a desclassificação para o crime de contrabando porque incide, no caso, o princípio da especialidade (AgRg no REsp 1.498.667/PR, DJe 08/05/2017).
- Assim como tem acontecido no crime de porte ilegal de arma, é irrelevante, para a caracterização do tráfico, que a arma ilegalmente importada esteja desacompanhada de munição, pois trata-se de crime de perigo abstrato (STJ: REsp 1.392.567/PR, DJe 28/04/2017).
- A Lei 13.497/17 alterou a Lei 8.072/90 para dispor que o crime de posse ou porte ilegal de arma de fogo de uso restrito ou proibido passa a ser hediondo.
- Não se confundem o artigo 13 da Lei nº 10.826/03 (Deixar de observar as cautelas necessárias para impedir que menor de 18 (dezoito) anos ou pessoa portadora de deficiência mental se apodere de arma de fogo que esteja sob sua posse ou que seja de sua propriedade) e o artigo 242 da Lei nº 8.069/90 (Vender, fornecer ainda que gratuitamente ou entregar, de qualquer forma, a criança ou adolescente arma, munição ou explosivo). Isto porque o fato tipificado no Estatuto do Desarmamento é omissivo e decorre de culpa, ao passo que o tipificado no Estatuto da Criança e do Adolescente é comissivo e doloso.
- Além da hipótese de cassação do porte e apreensão da arma portada em locais públicos, o art. 26 do Decreto nº 5.123/04 prevê a mesma consequência quando o titular do porte esteja trazendo o armamento em estado de embriaguez ou sob o efeito de drogas ou medicamentos que provoquem alteração do desempenho intelectual ou motor.
- Embora o artigo 180 da Lei nº 11.101/05 mencione genericamente que a sentença que decreta a falência, concede a recuperação judicial ou concede a recuperação extrajudicial é condição objetiva de punibilidade das infrações penais descritas neste diploma, há determinadas infrações penais falenciais que não se vinculam a esta condição. São aquelas infrações que necessariamente ocorrem após a

decretação da falência ou a concessão da recuperação, como os artigos 172, 174, 175, 176 e 177.

- A respeito da Lei nº 11.340/06, destaca-se que configura a violência doméstica e familiar contra a mulher a violência física (lesão corporal), a violência psicológica (dano emocional e diminuição da autoestima), violência sexual (constrangimento a presenciar, a manter ou a participar de relação sexual não desejada, mediante intimidação, ameaça, coação ou uso da força; induzimento a comercializar ou a utilizar, de qualquer modo, a sua sexualidade; impedimento de usar qualquer método contraceptivo ou constrangimento ao matrimônio, à gravidez, ao aborto ou à prostituição, mediante coação, chantagem, suborno ou manipulação; limitação ou anulação do exercício dos direitos sexuais e reprodutivos); violência patrimonial (qualquer conduta que configure retenção, subtração, destruição parcial ou total de objetos, instrumentos de trabalho, documentos pessoais, bens, valores e direitos ou recursos econômicos, incluindo os destinados a satisfazer as necessidades); violência moral (qualquer conduta que configure calúnia, difamação ou injúria). A violência doméstica e familiar contra a mulher pode se caracterizar independentemente de coabitação (súmula 600 do STJ), impede a aplicação do princípio da insignificância (súmula 589 do STJ) e também obsta a substituição da pena privativa de liberdade por restritiva de direitos (súmula 588 do STJ).
- As medidas protetivas elencadas o artigo 22 da Lei nº 11.340/06 são adjetivadas pelo legislador como de urgência, assim como aquelas previstas no art. 23 e 24. Analisando as cautelares em geral, salienta Antonio Scarance Fernandes que "são providências urgentes, com as quais se busca evitar que a decisão da causa, ao ser obtida, não mais satisfaça o direito da parte, evitando que se realize, assim, a finalidade instrumental do processo, consistente em uma prestação jurisdicional justa" (Processo penal constitucional. 4. ed. São Paulo: RT, 2005. p. 311). Como tal, devem preencher os dois pressupostos tradicionalmente apontados pela doutrina, para a concessão das medidas cautelares, consistentes no *periculum in mora* (perigo da demora) e *fumus bonis iuris* (aparência do bom direito). Destaca Fernando Célio de Brito Nogueira: "Sem que haja pelo menos um começo de prova e uma situação de incontornável urgência, em tese amparada pelo direito positivo, o magistrado não tem como deferir nenhuma das medidas previstas, pois isso traduziria algo temerário" (Notas e reflexões sobre a Lei 11.340/2006, que visa coibir a violência doméstica e familiar contra a mulher. Disponível em <www.jusnavigandi.com.br> 12 novembro 2006). Dessa forma, deve o juiz, ao analisar a conveniência da adoção das medidas, atentar à presença de tais pressupostos, podendo, inclusive, designar a audiência de justificação prévia de que trata o art. 300, § 2º do CPC.
- A medida protetiva estabelecida no art. 22, inciso II, da Lei nº 11.340/06 nada reflete a medida cautelar prevista no art. 7º, § 1º, da Lei do Divórcio (Lei 6.515/77) e no art. 1.562 do Código Civil. Em todas as hipóteses, o provimento abrange apenas aqueles que são casados. Isto é óbvio. Quando o instituto é tratado na Lei do Divórcio, somente pode ser cogitado quando há um casamento. E o Código Civil, quando inseriu esta regra em capítulo que trata de casamento. Nem por isso se deve concluir que tal medida não possa proteger, também, a companheira, assim entendida aquela que mantém, com homem, uma união estável, "configurada na convivência pública, contínua e duradoura e estabelecida com o objetivo de constituição de família", na definição do *caput* do art. 1.723 do Código Civil. Tampouco está excluída da esfera de proteção a concubina, que, impedida de casar, mantém uma relação não eventual com um homem, conforme a letra do art. 1.727 do mencionado *Codex*. E é do espírito da lei a proteção, também, da homossexual feminina que demonstre a necessidade de afastamento do lar da companheira.
- As alíneas *a*, *b* e *c*, do inciso III do art. 22 da Lei nº 11.340/06 têm por objetivo preservar a incolumidade da vítima, a fim de evitar qualquer aproximação física entre ela e o agressor. Tais medidas não devem se restringir à casa onde mora a vítima. Ao contrário, devem se estender a outros locais. Pode o juiz, assim, impedir que o agressor se aproxime do local de trabalho da vítima, ou que frequente espaços de lazer ocupados por ela, de forma que, estando a ofendida num clube ou num bar, deve o agente, ao constatar esse fato, não ingressar no local ou imediatamente dele se retirar. Ou, ainda, impedir que ambos se valham do mesmo meio de transporte como ônibus, trens etc. Em suma, são sugestões meramente exemplificativas, já que as possibilidades são inúmeras, dependendo do caso concreto. Exigem do julgador, no entanto, certa dose de cautela, sob pena de inibir qualquer espécie de deambulação do agressor, impedindo-o mesmo de se movimentar livremente e podendo configurar verdadeiro constrangimento ilegal.
- Para garantir a execução das medidas protetivas, é cabível a prisão preventiva quando presentes os requisitos expostos nos arts. 312 e 313 do CPP, dentre eles (principalmente), quando a conduta do agente configurar, além de descumprimento de uma medida protetiva, a prática também de um crime.

  Ocorre que, paralelamente à possibilidade de decretação da prisão preventiva, muito se debateu a respeito da caracterização do crime de desobediência tipificado no art. 330 do Código Penal. Com efeito, muitos advogavam a tese de que descumprir medida protetiva imposta por decisão judicial nada mais era do que desobedecer a uma ordem legal de funcionário público. Há, inclusive, decisão do Tribunal de Justiça do Distrito Federal na qual se reconhece o crime (Embargos Infringentes 2013.06.1.000280-8, j. em 08.07.2013). Esta orientação, todavia, não encontrou ressonância no STJ, que, considerando a natureza progressiva das medidas protetivas, que poderiam evoluir até mesmo à prisão preventiva caso as mais brandas se mostrassem insuficientes para proteger a vítima, vinha afastando o crime (HC 338.613/SC, DJe 19/12/2017).

A entrada em vigor da Lei 13.641/18 põe fim à celeuma: insere-se na Lei 11.340/06 um tipo penal específico para punir a desobediência a decisões judiciais que impõem medidas protetivas. De acordo com o art. 24-A da Lei 11.340/06, pune-se com detenção de três meses a dois anos a conduta de descumprir decisão judicial que defere medidas protetivas de urgência previstas na mesma lei. O crime é próprio, pois só pode ser cometido por quem deve observância às medidas protetivas decretadas.

- O art. 25 da Lei nº 11.340/06 dispõe que o Ministério Público intervirá, quando não for parte, nas causas cíveis e criminais decorrentes da violência doméstica e familiar contra a mulher. Deve ser destacado, todavia, que o promotor de justiça, mesmo oficiando num feito em razão da hipossuficiência (ou incapacidade) de uma das partes, conserva sua liberdade de opinião e não fica adstrito, cegamente, aos interesses da parte assistida, o que torna possível que opine, inclusive, em desfavor dela.
- Embora atualmente o princípio da insignificância tenha ampla aceitação, especialmente sobre crimes patrimoniais praticados sem violência ou grave ameaça, a jurisprudência dos tribunais superiores não o tem admitido no crime de tráfico de drogas (art. 33 da Lei nº 11.343/06), pois a conduta, ainda que envolva pequena quantidade de droga, mantém seu potencial ofensivo. Nesse sentido, é reiterada a jurisprudência do STJ (AgRg no REsp 1.650.876/SP, DJe 30/08/2017) e do STF (HC 91.759/MG, DJe 30/11/2007).
- A mesma postura é adotada pelos tribunais superiores a respeito da posse de drogas para uso próprio (art. 28 da Lei nº 11.343/06), ainda que seja ínfima a quantidade, pois esta circunstância deve ser avaliada em conjunto com o propósito de prevenção do uso indevido de drogas e da atenção e reinserção social de usuários e dependentes de drogas (STJ: AgRg no REsp 1.639.494/SP, DJe 30/08/2017 e STF: HC 102940/ES). A 1ª Turma do STF, não obstante, já decidiu que o princípio da insignificância pode ser aplicado neste caso (HC 110475/SC).
- O STJ tem diversos julgados abordando a importação de sementes de *Cannabis sativa lineu*. A orientação que predomina nas duas Turmas com competência criminal é de que se trata de matéria-prima para a produção de droga, razão pela qual a conduta se subsume ao art. 33, § 1º, da Lei 11.343/06 (AgRg no REsp 1.761.768/SP, j. 25/09/2018). Há, no entanto, decisões segundo as quais tratando-se de pequena quantidade de sementes, em circunstâncias que indiquem a destinação para consumo pessoal, o fato é atípico, pois não há correspondência no art. 28 da Lei 11.343/06.
- A jurisprudência é copiosa no sentido de ser incabível a descriminante do estado de necessidade em se tratando do crime de tráfico de drogas (art. 33 da Lei nº 11.343/06). Ainda na vigência da lei revogada, assim decidiu o Tribunal de Justiça de São Paulo: "Invocar estado de necessidade em tráfico de entorpecentes, sobre constituir em subversão de valores juridicamente tutelados, fere o senso de justiça da comunidade" (*JTJ* 141/399. No mesmo sentido: "Dificuldade de subsistência por meios lícitos decorrentes de doença, embora grave, não justifica apelo a recurso ilícito, moralmente reprovável e socialmente perigoso, de se entregar o agente a negociação de tóxicos" (*JUTACRIM* 25/214).
- Para se concluir pela prática do crime de tráfico, não basta, em princípio, a *quantidade* (ou *qualidade*) da droga apreendida. Deve-se atentar, ainda, para outros fatores, tais como o local e as condições em que se desenvolveu a ação criminosa, as circunstâncias da prisão, a conduta, a qualificação e os antecedentes do agente (art. 52, I). Aliás, já se decidiu: "Os fatores quantidade e qualidade da droga podem induzir tráfico ou uso próprio, na conformidade de diversos outros fatores" (*RT* 524/403).
- No delito de tráfico (art. 33, *caput*, da Lei nº 11.343/06) e nas formas equiparadas (§ 1º), as penas poderão ser reduzidas de um sexto a dois terços, desde que o agente seja primário (não reincidente), de bons antecedentes e não se dedique às atividades criminosas nem integre organização criminosa (em resumo: abrange somente o traficante, agindo de modo individual e ocasional). Os requisitos são subjetivos e cumulativos, isto é, faltando um deles, inviável a benesse legal. O entendimento dominante era no sentido de que a causa de diminuição de pena não retirava a hediondez do crime, tanto que, em 2014, o STJ editou a súmula nº 512 exatamente nesses termos. Ocorre que, em 23/06/2016, julgando o habeas corpus 118.533/MS, relatado pela Min. Cármen Lúcia, o STF decidiu que o privilégio não se harmoniza com a hediondez do crime de tráfico, razão pela qual, uma vez aplicada a minorante, afasta-se o caráter hediondo do delito. Em razão disso, o STJ cancelou a súmula nº 512.
- De acordo com o que decidiu o STJ, não há concurso entre os crimes dos arts. 33 da Lei nº 11.343/06 e 273 do Código Penal na situação em que o agente mantém em depósito e vende ilegalmente medicamentos e substâncias ilegais manipulados, prescritos, alterados ou comercializados que contenham substâncias psicotrópicas classificadas como drogas. Aplica-se, no caso, o princípio da consunção para afastar a incidência da Lei nº 11.343/06 e punir o agente somente pelo delito contra a saúde pública (REsp 1.537.773/SC, DJe 19/9/2016).
- O STJ decidiu, num caso de tráfico de maconha, que o fato de o laudo toxicológico classificar a substân-

cia como *Cannabis sativa*, mas não apontar a presença de *tetrahidrocanabinol* (THC), não faz com que se afaste a tipicidade, pois a norma do Ministério da Saúde que elenca as substâncias classificadas como drogas não excepciona: (REsp 1.444.537/RS, DJe 25/4/2016).

- Para o STJ, o fato de o agente trabalhar em atividade lícita ao mesmo tempo em que se dedica ao tráfico de drogas não autoriza a aplicação da minorante do § 4º do art. 33 da Lei nº 11.343/06 (REsp 1.380.741/MG, DJe 25/4/2016).
- Há certa controvérsia a respeito da aplicação da minorante do tráfico em favor do agente que se dedica a servir de transportador da droga (o conhecido "mula"). Há quem sustente que esta circunstância é indicativo bastante de participação em organização criminosa, fator impeditivo da minorante. O STJ tem tanto decisões nas quais aplica a minorante quanto outras nas quais a afasta, sempre considerando o caso concreto. Em síntese, o tribunal não considera que o fato de o agente servir de transportador da droga caracteriza uma presunção absoluta de que integra a organização criminosa à qual esteja servindo. São as circunstâncias da prática criminosa que indicam a extensão de sua colaboração. E, note-se, este papel pode servir inclusive para balizar a quantidade da diminuição da pena, caso a minorante seja aplicada (AgRg no REsp 1.354.656/SP, DJe 18/08/2017; AgRg no HC 241.072/SP, DJe 18/08/2017). Com isso, o tribunal segue o entendimento firmado pelo STF (HC 134.597/SP, DJe 09/08/2016).
- A Terceira Seção do STJ firmou o entendimento de que inquéritos policiais e ações penais em curso podem ser utilizados para afastar a causa de diminuição de pena no tráfico sob o argumento da dedicação do agente a atividades criminosas. De acordo com o tribunal – cujas 5ª e 6ª Turmas eram divergentes –, o fato de o agente ser investigado ou réu em outros feitos criminais não impossibilita automaticamente a aplicação da minorante, mas tampouco impede que o juiz deixe de aplicá-la se, analisando as circunstâncias, considerar que o agente não faz jus ao benefício legal (EREsp 1.431.091/SP, DJe 01/02/2017).
- Não há *bis in idem*, segundo o STJ, na consideração da presença de criança ou adolescente para caracterizar o crime de associação para o tráfico e para majorar a pena do tráfico (HC 250.455/RJ, DJe 5/2/2016).
- O Superior Tribunal de Justiça, após anos admitindo a combinação de leis na retroatividade da causa de diminuição no crime de tráfico de drogas, editou a Súmula 501, vedando essa possibilidade, sedimentando seu posicionamento exatamente em cima da presente discussão.
- O crime do art. 34 da Lei nº 11.343/06 é subsidiário, ou seja, praticando o agente, no mesmo contexto fático, tráfico de drogas e de maquinários, deve responder apenas por aquele, ficando este absorvido (o que não impede o juiz de considerar essa circunstância na fixação da pena). Nesse sentido: "(...) dadas as circunstâncias do caso concreto, seria possível a aplicação do princípio da consunção, que se consubstanciaria pela absorção dos delitos tipificados nos artigos 33, § 1º, I, e 34 da Lei 11.343/2006, pelo delito previsto no art. 33, "caput", do mesmo diploma legal. Ambos os preceitos buscariam proteger a saúde pública e tipificariam condutas que — no mesmo contexto fático, evidenciassem o intento de traficância do agente e a utilização dos aparelhos e insumos para essa mesma finalidade — poderiam ser consideradas meros atos preparatórios do delito de tráfico previsto no art. 33, "caput", da Lei 11.343/2006" (HC 109708/SP, DJe 03/08/2015).
- Os incisos I e V do art. 40 da Lei nº 11.343/06 aumentam de um sexto a dois terços a pena do tráfico quando a natureza, a procedência da droga e as circunstâncias do fato evidenciarem a transnacionalidade, bem como se caracterizado o tráfico entre Estados da Federação ou entre estes e o Distrito Federal. Vigora o entendimento de que a transposição de fronteiras ou de divisas é dispensável, bastando que se demonstre, pelas circunstâncias, a intenção de que a droga se destinaria a outro país ou a outro Estado brasileiro (súmulas 587 e 607 do STJ).
- Tanto o STF quanto o STJ consideram inexistir *bis in idem* na tipificação da conduta do tráfico pela importação ou exportação de drogas com a incidência do aumento da pena em virtude da transnacionalidade (STF: HC 132.459/SP, DJe 13/02/2017; STJ: RHC 59.063/SP, j. 07/06/2018).
- O art. 40, inciso III, da Lei nº 11.343/06 contempla uma majorante relativa à prática do tráfico em transportes públicos. O STJ se orienta no sentido de que o aumento só pode ser aplicado se o transporte público for utilizado (ou se o agente pretender utilizá-lo) para o efetivo comércio da droga. Caso sua intenção seja simplesmente se deslocar com drogas utilizando o sistema de transporte público, não há exasperação de pena (HC 455.652/SP, j. 04/09/2018). É também a orientação seguida pelo STF (HC 120.275/PR, j. 15/05/2018).
- Ainda quanto à Lei nº 11.343/06, aumenta-se a pena quando o agente financiar ou custear a prática do crime de tráfico (art. 40, inciso VII). Como conciliar esta majorante com o crime do art. 36? A convivência legítima (e constitucional) dos dispositivos é alcançada interpretando-se o delito de sustento (art. 36) como sendo de natureza *habitual*, isto é, exige reiteração de condutas para sua caracterização, e a majorante do art. 40, VII, meramente ocasional. Deve ser observado que o patamar de aumento determinado pelo art. 40 não pode extrapolar o preceito secundário do crime do art. 36, sob pena de se punir infração menos grave de forma mais severa, ferindo, desse modo, o princípio constitucional da proporcionalidade.

- O art. 42 da Lei nº 11.343/06, determinando que na aplicação da pena prepondere a natureza e a quantidade da droga sobre as circunstâncias do art. 59 do CP, pode não só balizar a extensão da redução da pena do tráfico (art. 33, § 4º) como também pode impedir sua incidência, como vem decidindo o STJ (HC 400.528/SP, DJe 18/08/2017). Há, no entanto, decisão do STF no sentido de que a quantidade da droga não pode isoladamente induzir à conclusão de que a mercancia seja um meio de vida e de que não se trata de conduta ocasional, ou mesmo de que o agente integre organização criminosa (RHC 138.715/MS, DJe 09/06/2017). Note-se, de qualquer forma, algo importantíssimo: as circunstâncias do art. 42 devem ser utilizadas na primeira **ou** na terceira fase de aplicação da pena. Não é possível utilizar o mesmo expediente nas duas fases porque, segundo decidiu o STF em sede de repercussão geral, há *bis in idem* (ARE 666.334 RG/AM, DJe 06/05/2014).

- O art. 42 também pode ser utilizado como parâmetro para estabelecer o regime inicial do cumprimento da pena, neste caso em conjunto com as disposições do art. 33 do CP. E, a depender da situação, a quantidade e a natureza da droga podem justificar o regime inicial mais severo do que a pena, por si, imporia (STJ: HC 396.447/SP, DJe 01/08/2017).

- Para o STJ, não existe *bis in idem* na utilização da natureza e da quantidade da droga para modular a incidência da minorante no tráfico e para estabelecer o regime inicial de cumprimento da pena. Isso decorre do fato de que o regime inicial é uma etapa à parte da aplicação da pena, isto é, não se insere no sistema trifásico, mas se segue a ele (AgRg no AREsp 670.161/MG, DJe 26/05/2017).

- No julgamento do RE 638.491/PR (DJe 23/08/2017), o STF adotou a orientação de que o confisco pode ocorrer pela simples constatação de que determinado bem foi utilizado para o cometimento do tráfico, independentemente de qualquer prova de habitualidade ou de exclusividade. Para o tribunal, basta que se observe o parágrafo único do art. 243 da Constituição Federal, que determina o perdimento de bens apreendidos *em decorrência do tráfico*. Não há, no texto constitucional, nenhum requisito de habitualidade ou de exclusividade na utilização dos bens apreendidos.

- Quanto ao crime de organização criminosa, no número mínimo de quatro integrantes, deve-se computar o agente infiltrado? Certamente teremos doutrina admitindo. Ousamos discordar. O policial infiltrado não pode ser computado, pois não age com o necessário *animus* associativo. A sua finalidade, aliás, é diametralmente oposta, qual seja, desmantelar a sociedade criminosa.

- Tratando-se de delito autônomo, a punição da organização criminosa independe da prática de qualquer crime pela associação, o qual, ocorrendo, gera o concurso material (art. 69 do CP), cumulando as penas. O que já era pacífico na doutrina (seguida pela jurisprudência), agora está expresso no preceito secundário do art. 2º da Lei nº 12.850/13 (reclusão, de 3 a 8 anos, e multa, *sem prejuízo das penas correspondentes às demais infrações penais praticadas*).

- Não nos parece possível a tentativa de cometer o crime de organização criminosa. Os atos praticados com a finalidade de formá-la (anteriores à execução de qualquer dos núcleos) são meramente preparatórios.

- O art. 2º, § 4º, inciso II, da Lei nº 12.850/13 aumenta a pena do crime de organização criminosa se há concurso de funcionário público. Percebam, como destaca o próprio texto legal, que não basta esta circunstância, pois a organização criminosa deve se valer disso para a prática de infração penal (requisitos cumulativos). Em suma, exige-se que a atuação do funcionário seja útil para a associação na busca da vantagem objetivada pelos seus integrantes.

- O art. 2º, § 6º, da Lei nº 12.850/13 cuida de importante efeito extrapenal da sentença penal definitiva, anunciando que a condenação acarretará ao funcionário público a perda do cargo, função, emprego ou mandato eletivo. Como já ocorre na Lei de Tortura (art. 1º., § 5º, Lei n. 9.455/97), o efeito previsto é automático, dispensando motivação do magistrado sentenciante (diferente da regra geral estampada no art. 92, parágrafo único, do CP).

- A Lei nº 13.260/16, atendendo ao mandado de criminalização contido no art. 5º, XLIII da Constituição Federal, foi editada para disciplinar o terrorismo. De acordo com as disposições do art. 2º, *caput*, o crime de terrorismo consiste na prática, por um ou mais indivíduos, dos atos previstos no § 1º, por razões de: a) xenofobia: aversão ao estrangeiro, consistindo basicamente em preconceito em relação à procedência nacional, embora a isso não se restrinja, podendo abranger também outras culturas ou subculturas; b) discriminação ou preconceito de raça, cor, etnia e religião: a Lei n.º 12.288/2010 define a discriminação racial como "toda distinção, exclusão, restrição ou preferência baseada em raça, cor, descendência ou origem nacional ou étnica que tenha por objeto anular ou restringir o reconhecimento, gozo ou exercício, em igualdade de condições, de direitos humanos e liberdades fundamentais nos campos político, econômico, social, cultural ou em qualquer outro campo da vida pública ou privada". O preconceito, no contexto da Lei nº 13.260/16, revela concepções por meio das quais indivíduos categorizam e desqualificam pessoas em virtude de sua raça, cor, etnia, religião ou procedência nacional.

Os atos de terrorismo, punidos com reclusão de doze a trinta anos, consistem em: I – usar ou ameaçar usar, transportar, guardar, portar ou trazer consigo explosivos, gases tóxicos, venenos, conteúdos biológicos, químicos, nucleares ou outros meios capazes de causar danos ou promover destruição em massa; II – sabotar o funcionamento ou apoderar-se, com violência, grave ameaça a pessoa ou servindo-se de mecanismos cibernéticos, do controle total ou parcial, ainda que de modo temporário, de meio de comunicação ou de transporte, de portos, aeroportos, estações ferroviárias ou rodoviárias, hospitais, casas de saúde, escolas, estádios esportivos, instalações públicas ou locais onde funcionem serviços públicos essenciais, instalações de geração ou transmissão de energia, instalações militares, instalações de exploração, refino e processamento de petróleo e gás e instituições bancárias e sua rede de atendimento; III – atentar contra a vida ou a integridade física de pessoa.

De acordo com a lei, para que caracterizem terrorismo tais atos devem ser cometidos com a finalidade de provocar terror social ou generalizado, expondo a perigo pessoa, patrimônio, a paz pública ou a incolumidade pública. Trata-se, portanto, de elemento subjetivo específico do tipo, pois se exige que a conduta seja permeada por uma finalidade especial.

• Há ainda outras condutas tipificadas na Lei nº 13.260/16:

a) a promoção, constituição, integração ou prestação de auxílio, pessoalmente ou por interposta pessoa, a organização terrorista (art. 3º). Organizações terroristas, segundo definição apresentada pela Lei nº 13.260/16 no art. 1º, § 2º, inciso II, da Lei nº 12.850/13, são aquelas voltadas para a prática dos atos de terrorismo legalmente definidos.

b) a realização de atos preparatórios de terrorismo com o propósito inequívoco de consumar tal delito (art. 5º). Pune-se neste caso a *preparação da preparação*. Por exemplo: o agente é surpreendido fabricando um explosivo que será utilizado num ato de terrorismo. Pode ser punido com base no art. 5º em virtude de um ato que se encontra numa fase ainda anterior à que normalmente seria tratada como preparação (nesse contexto, aquela fase em que o agente efetivamente se dirige ao local do ato portando o explosivo). No mesmo art. 5º são tipificadas as condutas de recrutar, organizar, transportar ou municiar indivíduos que viajem para país distinto daquele de sua residência ou nacionalidade; e de fornecer ou receber treinamento em país distinto daquele de sua residência ou nacionalidade.

c) as condutas de receber, prover, oferecer, obter, guardar, manter em depósito, solicitar, investir, de qualquer modo, direta ou indiretamente, recursos, ativos, bens, direitos, valores ou serviços de qualquer natureza, para o planejamento, a preparação ou a execução dos crimes previstos na Lei nº 13.260/16 (art. 6º). Punem-se também os atos de oferecer ou receber, obter, guardar, manter em depósito, solicitar, investir ou de qualquer modo contribuir para a obtenção de ativo, bem ou recurso financeiro, com a finalidade de financiar, total ou parcialmente, pessoa, grupo de pessoas, associação, entidade, organização criminosa que tenha como atividade principal ou secundária, mesmo em caráter eventual, a prática dos crimes previstos na mesma Lei. Trata-se do crime mais grave tipificado nesta Lei, pois enseja reclusão de quinze a trinta anos, contra doze a trinta anos dos atos de terrorismo.

• De acordo com expressa disposição do art. 11 da Lei nº 13.260/16, os crimes de terrorismo são praticados contra o interesse da União. Por isso, a investigação é atribuição da Polícia Federal e a competência de julgamento é da Justiça Federal.

• A Lei nº 13.260/16 manda aplicar aos crimes de terrorismo as técnicas de investigação e os meios extraordinários de obtenção de prova previstos na Lei 12.850/13 – organizações criminosas (art. 3o) – destacando-se: a) colaboração premiada; b) captação ambiental de sinais eletromagnéticos, ópticos ou acústicos; c) ação controlada; d) acesso a registros de ligações telefônicas e telemáticas, a dados cadastrais constantes de bancos de dados públicos ou privados e a informações eleitorais ou comerciais; e) interceptação de comunicações telefônicas e telemáticas, nos termos da legislação específica; f) afastamento dos sigilos financeiro, bancário e fiscal, nos termos da legislação específica; g) infiltração, por policiais, em atividade de investigação; h) cooperação entre instituições e órgãos federais, distritais, estaduais e municipais na busca de provas e informações de interesse da investigação ou da instrução criminal.

✦ SÚMULAS DO SUPREMO TRIBUNAL FEDERAL E DO SUPERIOR TRIBUNAL DE JUSTIÇA

1. EFICÁCIA DA LEI PENAL NO TEMPO

1.1. STF

• **Súmula nº 711** – A lei penal mais grave aplica-se ao crime continuado ou ao crime permanente, se a sua vigência é anterior à cessação da continuidade ou da permanência.

1.2. STJ

• **Súmula nº 501** – É cabível a aplicação retroativa da Lei n. 11.343/2006, desde que o resultado da incidência das suas disposições, na íntegra, seja mais favorável ao réu do que o advindo da aplicação da Lei n. 6.368/1976, sendo vedada a combinação de leis.

2. EFICÁCIA DA LEI PENAL EM RELAÇÃO ÀS PESSOAS

2.1. STF

- **Súmula vinculante nº 45** – A competência constitucional do Tribunal do Júri prevalece sobre o foro por prerrogativa de função estabelecido exclusivamente pela constituição estadual.
- **Súmula nº 702** – A competência do Tribunal de Justiça para julgar prefeitos restringe-se aos crimes de competência da justiça comum estadual; nos demais casos, a competência originária caberá ao respectivo tribunal de segundo grau.
- **Súmula nº 451** – A competência especial por prerrogativa de função não se estende ao crime cometido após a cessação definitiva do exercício funcional.

3. CONSUMAÇÃO E TENTATIVA

3.1. STF

- **Súmula nº 145** – Não há crime, quando a preparação do flagrante pela polícia torna impossível a sua consumação.

4. CONCURSO DE PESSOAS

4.1. STF

- **Súmula nº 245** – A imunidade parlamentar não se estende ao corréu sem essa prerrogativa.

5. APLICAÇÃO DA PENA

5.1. STF

- **Súmula nº 719** – A imposição do regime de cumprimento mais severo do que a pena aplicada permitir exige motivação idônea.
- **Súmula nº 718** – A opinião do julgador sobre a gravidade em abstrato do crime não constitui motivação idônea para a imposição de regime mais severo do que o permitido segundo a pena aplicada.

5.2. STJ

- **Súmula nº 545** – Quando a confissão for utilizada para a formação do convencimento do julgador, o réu fará jus à atenuante prevista no art. 65, III, d, do Código Penal.
- **Súmula nº 493** – É inadmissível a fixação de pena substitutiva (art. 44 do CP) como condição especial ao regime aberto.
- **Súmula nº 444** – É vedada a utilização de inquéritos policiais e ações penais em curso para agravar a pena-base.
- **Súmula nº 443** – O aumento na terceira fase de aplicação da pena no crime de roubo circunstanciado exige fundamentação concreta, não sendo suficiente para a sua exasperação a mera indicação do número de majorantes.
- **Súmula nº 442** – É inadmissível aplicar, no furto qualificado, pelo concurso de agentes, a majorante do roubo.
- **Súmula nº 440** – Fixada a pena-base no mínimo legal, é vedado o estabelecimento de regime prisional mais gravoso do que o cabível em razão da sanção imposta, com base apenas na gravidade abstrata do delito.
- **Súmula nº 269** – É admissível a adoção do regime prisional semiaberto aos reincidentes condenados a pena igual ou inferior a quatro anos se favoráveis as circunstâncias judiciais.
- **Súmula nº 241** – A reincidência penal não pode ser considerada como circunstância agravante e, simultaneamente, como circunstância judicial.
- **Súmula nº 231** – A incidência da circunstância atenuante não pode conduzir à redução da pena abaixo do mínimo legal.
- **Súmula nº 171** – Cominadas cumulativamente, em lei especial, penas privativas de liberdade e pecuniária, é defeso a substituição da prisão por multa.
- **Súmula nº 74** – Para efeitos penais, o reconhecimento da menoridade do réu requer prova por documento hábil.

6. PENA DE MULTA

6.1. STF

- **Súmula nº 693** – Não cabe "habeas corpus" contra decisão condenatória a pena de multa, ou relativo a processo em curso por infração penal a que a pena pecuniária seja a única cominada.

6.2. STJ

- **Súmula nº 521** – A legitimidade para a execução fiscal de multa pendente de pagamento imposta em sentença condenatória é exclusiva da Procuradoria da Fazenda Pública.

7. AÇÃO PENAL

7.1. STF

- **Súmula nº 714** – É concorrente a legitimidade do ofendido, mediante queixa, e do Ministério Público, condicionada à representação do ofendido, para a ação penal por crime contra a honra de servidor público em razão do exercício de suas funções.

8. CAUSAS EXTINTIVAS DA PUNIBILIDADE

8.1. STJ

- **Súmula nº 18** – A sentença concessiva do perdão judicial é declaratória da extinção da punibilidade, não subsistindo qualquer efeito condenatório.

9. PRESCRIÇÃO

9.1. STF

- **Súmula nº 497** – Quando se tratar de crime continuado, a prescrição regula-se pela pena imposta na sentença, não se computando o acréscimo decorrente da continuação.

9.2. STJ

- **Súmula nº 438** – É inadmissível a extinção da punibilidade pela prescrição da pretensão punitiva com fundamento em pena hipotética, independentemente da existência ou sorte do processo penal.
- **Súmula nº 415** – O período de suspensão do prazo prescricional é regulado pelo máximo da pena cominada.
- **Súmula nº 338** – A prescrição penal é aplicável nas medidas socioeducativas.
- **Súmula nº 220** – A reincidência não influi no prazo da prescrição da pretensão punitiva.
- **Súmula nº 191** – A pronúncia é causa interruptiva da prescrição, ainda que o tribunal do júri venha a desclassificar o crime.

10. FURTO

10.1. STJ

- **Súmula nº 567** – Sistema de vigilância realizado por monitoramento eletrônico ou por existência de segurança no interior de estabelecimento comercial, por si só, não torna impossível a configuração do crime de furto.
- **Súmula nº 511** – É possível o reconhecimento do privilégio previsto no § 2º do art. 155 do CP nos casos de crime de furto qualificado, se estiverem presentes a primariedade do agente, o pequeno valor da coisa e a qualificadora for de ordem objetiva.

11. ROUBO

11.1. STF

- **Súmula nº 610** – Há crime de latrocínio, quando o homicídio se consuma, ainda que não realize o agente a subtração de bens da vítima.
- **Súmula nº 603** – A competência para o processo e julgamento de latrocínio é do juiz singular e não do tribunal do júri.

11.2. STJ

- **Súmula nº 582** – Consuma-se o crime de roubo com a inversão da posse do bem mediante emprego de violência ou grave ameaça, ainda que por breve tempo e em seguida à perseguição imediata ao agente e recuperação da coisa roubada, sendo prescindível a posse mansa e pacífica ou desvigiada.

12. EXTORSÃO

12.1. STJ

- **Súmula nº 96** – O crime de extorsão consuma-se independentemente da obtenção da vantagem indevida.

13. ESTELIONATO

13.1. STF

- **Súmula nº 554** – O pagamento de cheque emitido sem provisão de fundos, após o recebimento da denúncia, não obsta ao prosseguimento da ação penal.
- **Súmula nº 521** – O foro competente para o processo e julgamento dos crimes de estelionato, sob a modalidade da emissão dolosa de cheque sem provisão de fundos, é o do local onde se deu a recusa do pagamento pelo sacado.
- **Súmula nº 246** – Comprovado não ter havido fraude, não se configura o crime de emissão de cheque sem fundos.

13.2. STJ

- **Súmula nº 244** – Compete ao foro do local da recusa processar e julgar o crime de estelionato mediante cheque sem provisão de fundos.
- **Súmula nº 107** – Compete à justiça comum estadual processar e julgar crime de estelionato praticado mediante falsificação das guias de recolhimento das contribuições previdenciárias, quando não ocorrente lesão a autarquia federal.
- **Súmula nº 73** – A utilização de papel moeda grosseiramente falsificado configura, em tese, o crime de estelionato, da competência da justiça estadual.
- **Súmula nº 48** – Compete ao juízo do local da obtenção da vantagem ilícita processar e julgar crime de estelionato cometido mediante falsificação de cheque.

- **Súmula nº 24** – Aplica-se ao crime de estelionato em que figure como vítima entidade autárquica da Previdência Social a qualificadora do § 3º do art. 171 do Código Penal.
- **Súmula nº 17** – Quando o falso se exaure no estelionato, sem mais potencialidade lesiva, é por este absorvido.

14. CRIMES CONTRA A PROPRIEDADE INTELECTUAL

14.1. STJ

- **Súmula nº 574** – Para a configuração do delito de violação de direito autoral e a comprovação de sua materialidade, é suficiente a perícia realizada por amostragem do produto apreendido, nos aspectos externos do material, e é desnecessária a identificação dos titulares dos direitos autorais violados ou daqueles que os representem.
- **Súmula nº 502** – Presentes a materialidade e a autoria, afigura-se típica, em relação ao crime previsto no art. 184, § 2º, do CP, a conduta de expor à venda CDs e DVDs piratas.

15. ESTUPRO DE VULNERÁVEL

15.1. STJ

- **Súmula nº 593** – O crime de estupro de vulnerável se configura com a conjunção carnal ou prática de ato libidinoso com menor de 14 anos, sendo irrelevante eventual consentimento da vítima para a prática do ato, sua experiência sexual anterior ou existência de relacionamento amoroso com o agente.

16. FALSIFICAÇÃO DE DOCUMENTO PÚBLICO

16.1. STJ

- **Súmula nº 104** – Compete à justiça estadual o processo e julgamento dos crimes de falsificação e uso de documento falso relativo a estabelecimento particular de ensino.
- **Súmula nº 62** – Compete à justiça estadual processar e julgar o crime de falsa anotação na Carteira de Trabalho e Previdência Social, atribuído a empresa privada.

17. USO DE DOCUMENTO FALSO

17.1. STF

- **Súmula vinculante nº 36** – Compete à Justiça Federal comum processar e julgar civil denunciado pelos crimes de falsificação e de uso de documento falso quando se tratar de falsificação da Caderneta de Inscrição e Registro (CIR) ou de Carteira de Habilitação de Amador (CHA), ainda que expedidas pela Marinha do Brasil.

17.2. STJ

- **Súmula nº 546** – A competência para processar e julgar o crime de uso de documento falso é firmada em razão da entidade ou órgão ao qual foi apresentado o documento público, não importando a qualificação do órgão expedidor.
- **Súmula nº 200** – O juízo federal competente para processar e julgar acusado de crime de uso de passaporte falso e o do lugar onde o delito se consumou.

18. FALSA IDENTIDADE

18.1. STJ

- **Súmula nº 522** – A conduta de atribuir-se falsa identidade perante autoridade policial é típica, ainda que em situação de alegada autodefesa.

19. CRIMES CONTRA A ADMINISTRAÇÃO PÚBLICA

19.1. STJ

- **Súmula nº 599** – O princípio da insignificância é inaplicável aos crimes contra a administração pública.

20. CONTRABANDO E DESCAMINHO

20.1. STJ

- **Súmula nº 151** – A competência para o processo e julgamento por crime de contrabando ou descaminho define-se pela prevenção do juízo federal do lugar da apreensão dos bens.

21. FALSO TESTEMUNHO

21.1. STJ

- **Súmula nº 165** – Compete à justiça federal processar e julgar crime de falso testemunho cometido no processo trabalhista.

22. LEIS ESPECIAIS

22.1. CONTRAVENÇÕES PENAIS

22.1.1. STJ

- **Súmula nº 38** – Compete à justiça estadual comum, na vigência da Constituição de 1988, o processo por contravenção penal, ainda que praticada em detrimento de bens, serviços ou interesse da União ou de suas entidades.

22.2. CRIMES DE RESPONSABILIDADE

22.2.1. STF

- **Súmula vinculante nº 46** – A definição dos crimes de responsabilidade e o estabelecimento das respectivas normas de processo e julgamento são da competência legislativa privativa da União.
- **Súmula nº 703** – A extinção do mandato do prefeito não impede a instauração de processo pela prática dos crimes previstos no art. 1° do Decreto-lei 201/1967.

22.2.2. STJ

- **Súmula nº 209** – Compete à Justiça Estadual processar e julgar prefeito por desvio de verba transferida e incorporada ao patrimônio municipal.
- **Súmula nº 208** – Compete à Justiça Federal processar e julgar prefeito municipal por desvio de verba sujeita a prestação de contas perante órgão federal.
- **Súmula nº 164** – O prefeito municipal, após a extinção do mandato, continua sujeito a processo por crime previsto no art. 1. do Dec. lei n. 201, de 27/02/67.

22.3. EXECUÇÃO PENAL

22.3.1. STF

- **Súmula vinculante nº 56** – A falta de estabelecimento penal adequado não autoriza a manutenção do condenado em regime prisional mais gravoso, devendo-se observar, nessa hipótese, os parâmetros fixados no RE 641.320/RS.
- **Súmula vinculante nº 26** – Para efeito de progressão de regime no cumprimento de pena por crime hediondo, ou equiparado, o juízo da execução observará a inconstitucionalidade do art. 2º da Lei nº 8.072, de 25 de julho de 1990, sem prejuízo de avaliar se o condenado preenche, ou não, os requisitos objetivos e subjetivos do benefício, podendo determinar, para tal fim, de modo fundamentado, a realização de exame criminológico.
- **Súmula vinculante nº 9** – O disposto no art. 127 da Lei nº 7.210/1984 (Lei de Execução Penal) foi recebido pela ordem constitucional vigente, e não se lhe aplica o limite temporal previsto no caput do art. 58.
- **Súmula nº 717** – Não impede a progressão de regime de execução da pena, fixada em sentença não transitada em julgado, o fato de o réu se encontrar em prisão especial.
- **Súmula nº 716** – Admite-se a progressão de regime de cumprimento da pena ou a aplicação imediata de regime menos severo nela determinada, antes do trânsito em julgado da sentença condenatória.
- **Súmula nº 715** – A pena unificada para atender ao limite de trinta anos de cumprimento, determinado pelo art. 75 do Código Penal, não é considerada para a concessão de outros benefícios, como o livramento condicional ou regime mais favorável de execução.
- **Súmula nº 700** – É de cinco dias o prazo para interposição de agravo contra decisão do juiz da execução penal.
- **Súmula nº 695** – Não cabe "habeas corpus" quando já extinta a pena privativa de liberdade.
- **Súmula nº 611** – Transitada em julgado a sentença condenatória, compete ao juízo das execuções a aplicação de lei mais benigna.

22.3.2. STJ

- **Súmula nº 617** – A ausência de suspensão ou revogação do livramento condicional antes do término do período de prova enseja a extinção da punibilidade pelo integral cumprimento da pena.
- **Súmula nº 562** – É possível a remição de parte do tempo de execução da pena quando o condenado, em regime fechado ou semiaberto, desempenha atividade laborativa, ainda que extramuros.
- **Súmula nº 535** – A prática de falta grave não interrompe o prazo para fim de comutação de pena ou indulto.
- **Súmula nº 534** – A prática de falta grave interrompe a contagem do prazo para a progressão de regime de cumprimento de pena, o qual se reinicia a partir do cometimento dessa infração.
- **Súmula nº 533** – Para o reconhecimento da prática de falta disciplinar no âmbito da execução penal, é imprescindível a instauração de procedimento administrativo pelo diretor do estabelecimento prisional, assegurado o direito de defesa, a ser realizado por advogado constituído ou defensor público nomeado.
- **Súmula nº 527** – O tempo de duração da medida de segurança não deve ultrapassar o limite máximo da pena abstratamente cominada ao delito praticado.
- **Súmula nº 526** – O reconhecimento de falta grave decorrente do cometimento de fato definido como crime doloso no cumprimento da pena prescinde do trânsito em julgado de sentença penal condenatória no processo penal instaurado para apuração do fato.
- **Súmula nº 520** – O benefício de saída temporária no âmbito da execução penal é ato jurisdicional insuscetível de delegação à autoridade administrativa do estabelecimento prisional.
- **Súmula nº 493** – É inadmissível a fixação de pena substitutiva (art. 44 do CP) como condição especial ao regime aberto
- **Súmula nº 491** – É inadmissível a chamada progressão per saltum de regime prisional.
- **Súmula nº 471** – Os condenados por crimes hediondos ou assemelhados cometidos antes da vigência da Lei nº 11.464/2007 sujeitam-se ao disposto no art. 112 da Lei nº 7.210/1984 (Lei de Execução Penal) para a progressão de regime prisional.

- **Súmula nº 441** – A falta grave não interrompe o prazo para obtenção de livramento condicional.
- **Súmula nº 439** – Admite-se o exame criminológico pelas peculiaridades do caso, desde que em decisão motivada.
- **Súmula nº 341** – A frequência a curso de ensino formal é causa de remição de parte do tempo de execução de pena sob regime fechado ou semiaberto.
- **Súmula nº 192** – Compete ao juízo das execuções penais do estado a execução das penas impostas a sentenciados pela justiça federal, militar ou eleitoral, quando recolhidos a estabelecimentos sujeitos à administração estadual.
- **Súmula nº 40** – Para obtenção dos benefícios de saída temporária e trabalho externo, considera-se o tempo de cumprimento da pena no regime fechado.

22.4. ESTATUTO DA CRIANÇA E DO ADOLESCENTE

22.4.1. STJ

- **Súmula nº 605** – A maioridade penal não interfere na apuração de atos infracionais e na execução de medidas socioeducativas.
- **Súmula nº 500** – A configuração do crime do art. 244-B do ECA independe da prova da efetiva corrupção do menor, por se tratar de delito formal.
- **Súmula nº 492** – O ato infracional análogo ao tráfico de drogas, por si só, não conduz obrigatoriamente à imposição de medida socioeducativa de internação do adolescente.
- **Súmula nº 108** – A aplicação de medidas socioeducativas ao adolescente, pela pratica de ato infracional, é da competência exclusiva do juiz.

22.5. CRIMES CONTRA A ORDEM TRIBUTÁRIA

22.5.1. STF

- **Súmula vinculante nº 24** – Não se tipifica crime material contra a ordem tributária, previsto no art. 1º, incisos I a IV, da lei nº 8.137/90, antes do lançamento definitivo do tributo.

22.6. LEI Nº 9.099/95

22.6.1. STF

- **Súmula vinculante nº 35** – A homologação da transação penal prevista no artigo 76 da Lei 9.099/1995 não faz coisa julgada material e, descumpridas suas cláusulas, retoma-se a situação anterior, possibilitando-se ao Ministério Público a continuidade da persecução penal mediante oferecimento de denúncia ou requisição de inquérito policial.
- **Súmula nº 723** – Não se admite a suspensão condicional do processo por crime continuado, se a soma da pena mínima da infração mais grave com o aumento mínimo de um sexto for superior a um ano.

22.6.2. STJ

- **Súmula nº 243** – O benefício da suspensão do processo não é aplicável em relação às infrações penais cometidas em concurso material, concurso formal ou continuidade delitiva, quando a pena mínima cominada, seja pelo somatório, seja pela incidência da majorante, ultrapassar o limite de um (01) ano.

22.7. CRIMES CONTRA O SISTEMA DE TELECOMUNICAÇÕES

22.7.1. STJ

- **Súmula nº 606** – Não se aplica o princípio da insignificância aos casos de transmissão clandestina de sinal de internet via radiofrequência que caracterizam o fato típico previsto no artigo 183 da lei 9.472/97.

22.8. CRIMES DE TRÂNSITO

22.8.1. STF

- **Súmula nº 720** – O art. 309 do Código de Trânsito Brasileiro, que reclama decorra do fato perigo de dano, derrogou o art. 32 da Lei das Contravenções Penais no tocante à direção sem habilitação em vias terrestres.

22.8.2. STJ

- **Súmula nº 575** – Constitui crime a conduta de permitir, confiar ou entregar a direção de veículo automotor a pessoa que não seja habilitada, ou que se encontre em qualquer das situações previstas no art. 310 do CTB, independentemente da ocorrência de lesão ou de perigo de dano concreto na condução do veículo.

22.9. ARMAS DE FOGO

22.9.1. STJ

- **Súmula nº 513** – A 'abolitio criminis' temporária prevista na Lei n. 10.826/2003 aplica-se ao crime de posse de arma de fogo de uso permitido com numeração, marca ou qualquer outro sinal de identificação raspado, suprimido ou adulterado, praticado somente até 23/10/2005.

22.10. LEI MARIA DA PENHA

22.10.1. STJ

- **Súmula nº 600** – Para a configuração da violência doméstica e familiar prevista no artigo 5º da Lei n. 11.340/2006 (Lei Maria da Penha) não se exige a coabitação entre autor e vítima.
- **Súmula nº 589** – É inaplicável o princípio da insignificância nos crimes ou contravenções penais praticados contra a mulher no âmbito das relações domésticas.
- **Súmula nº 588** – A prática de crime ou contravenção penal contra a mulher com violência ou grave ameaça no ambiente doméstico impossibilita a substituição da pena privativa de liberdade por restritiva de direitos.
- **Súmula nº 542** – A ação penal relativa ao crime de lesão corporal resultante de violência doméstica contra a mulher é pública incondicionada.
- **Súmula nº 536** – A suspensão condicional do processo e a transação penal não se aplicam na hipótese de delitos sujeitos ao rito da Lei Maria da Penha.

22.11. LEI DE DROGAS

22.11.1. STF

- **Súmula nº 522** – Salvo ocorrência de tráfico para o Exterior, quando, então, a competência será da Justiça Federal, compete à Justiça dos Estados o processo e julgamento dos crimes relativos a entorpecentes.

22.11.2. STJ

- **Súmula nº 607** – A majorante do tráfico transnacional de drogas (art. 40, I, da lei 11.343/06) se configura com a prova da destinação internacional das drogas, ainda que não consumada a transposição de fronteiras.
- **Súmula nº 587** – Para a incidência da majorante prevista no art. 40, V, da Lei n. 11.343/2006, é desnecessária a efetiva transposição de fronteiras entre estados da Federação, sendo suficiente a demonstração inequívoca da intenção de realizar o tráfico interestadual.
- **Súmula nº 528** – Compete ao juiz federal do local da apreensão da droga remetida do exterior pela via postal processar e julgar o crime de tráfico internacional.

Direito Processual Penal

Ricardo Silvares

TABELA DE INCIDÊNCIA DE QUESTÕES

Distribuição das questões organizada por ordem didática de assuntos		
Assunto	**Número de Questões**	**Peso**
1. PRINCÍPIOS E GARANTIAS	28	6,11%
2. NORMA PROCESSUAL PENAL E SUA APLICAÇÃO	10	2,18%
3. INQUÉRITO POLICIAL E OUTROS PROCEDIMENTOS INVESTIGATÓRIOS	59	12,88%
4. AÇÃO PENAL	18	3,93%
5. COMPETÊNCIA	27	5,90%
6. QUESTÕES PREJUDICIAIS, EXCEÇÕES E INCIDENTES	14	3,06%
7. CITAÇÃO, INTIMAÇÕES E CONTAGEM DE PRAZOS	9	1,97%
8. PROVAS	51	11,14%
9. SENTENÇA	8	1,75%
10. PROCEDIMENTOS	104	22,71%
11. NULIDADES	6	1,31%
12. RECURSOS	10	2,18%
13. HABEAS CORPUS E MANDADO DE SEGURANÇA	9	1,97%
14. MEDIDAS COATIVAS PESSOAIS	89	19,43%
15. MEDIDAS CAUTELARES REAIS	10	2,18%
16. EXECUÇÃO PENAL	6	1,31%
Total	**458**	**100%**

Direito Processual Penal

Ricardo Silvares

✦ QUESTÕES

1. PRINCÍPIOS E GARANTIAS

- CF, art. 5º
- Decreto 678/1992 (Convenção Americana de Direitos Humanos)

---

01. (Vunesp – Delegado de Polícia – PC – SP/2018) Acerca do duplo grau de jurisdição, é correto afirmar que

a) constitui afronta ao princípio do duplo grau de jurisdição a cogitação da existência de um sistema com irrecorribilidade das decisões interlocutórias.

b) a possibilidade de interposição de recurso especial e extraordinário não é manifestação do duplo grau de jurisdição.

c) o exame direto da matéria pelo Tribunal em recurso de apelação constitui supressão do primeiro grau de jurisdição, mas não caracteriza violação do princípio do duplo grau de jurisdição.

d) a garantia do duplo grau de jurisdição vale tanto para o acusado como para o acusador.

e) a Constituição de 1988 assegurou expressamente referido princípio constitucional, dentre vários outros, assim como a Convenção Americana de Direitos Humanos, que assegura a todos os acusados, entre as garantias processuais mínimas, o direito de recorrer da sentença a juiz ou tribunal superior.

COMENTÁRIOS

Alternativa "a": somente as decisões de mérito, que decidem sobre a culpa do acusado, é que devem estar sujeitas, obrigatoriamente, ao duplo grau de jurisdição, cabendo à parte a decisão sobre recorrer ou não. Assim, não fere o duplo grau de jurisdição, por exemplo, a ausência de previsão de recurso contra decisão que recebe a denúncia.

Alternativa "b": a possibilidade de interposição desses recursos realmente não representa manifestação do duplo grau, pois somente cabíveis quando houver decisão de tribunal, ou seja, quando já houver ocorrido recurso anterior (apelação ou em sentido estrito), este sim manifestação de tal princípio.

Alternativa "c": somente haveria supressão de instância se o tribunal analisasse questão não discutida em primeiro grau, sem que sobre ela tenha este proferido qualquer decisão.

Alternativa "d": é garantia do acusado, prevista na Convenção Americana de Direitos Humanos (Pacto de São José da Costa Rica).

Alternativa "e": como visto, está previsto o princípio apenas no Pacto, não na CF.

Alternativa correta: letra "b".

---

02. (UEG – Delegado de Polícia – PC – GO/2018) Dispensa-se a reserva de jurisdição:

a) para a decretação da prescrição.

b) para prisão temporária do investigado.

c) para declarar a cassação da fiança prestada.

d) para a realização de reprodução simulada dos fatos.

e) para requisição, a empresas concessionárias de telecomunicações, de disponibilização de meios técnicos adequados que permitam a localização dos suspeitos de delito em curso.

COMENTÁRIOS

Alternativa "a": somente juiz pode declarar a extinção da punibilidade, elevada, pelo art. 397 do CPP, a causa de absolvição sumária.

Alternativa "b": também somente juiz pode decretar prisão, inclusive a prisão temporária.

Alternativa "c": somente o juiz pode cassar a fiança, desde que presentes as hipóteses legais.

Alternativa "d": nesse caso, a autoridade policial pode determinar a realização desse meio de investigação.

Alternativa "e": segundo expressamente prevê o art. 13-B do CPP, a autoridade policial ou o Ministério Público dependerão de autorização judicial.

Alternativa correta: letra "d".

---

03. (IBADE – Delegado de Polícia – AC/2017) Leia as assertivas a seguir.

I. Constituição Brasileira elaborou um catálogo fechado (rol taxativo) de direitos fundamentais com eficácia imediata que contempla inúmeras garantias processuais.

II. Apresenta-se como direito fundamental o de recorrer da condenação e da pena, o chamado duplo grau de jurisdição (art. 8°, item 2, h, da Convenção Americana sobre Direitos Humanos – Pacto de São José da Costa Rica de 1969 e art. 14, item 5 do Pacto Internacional de Direitos Civis e Políticos de 1966).

III. A audiência de custódia tem natureza jurídica de direito fundamental do preso, ex vi, art. 5°, §2° da CF/1988 c/c art. 7°, 5 do Pacto de São José da Costa Rica e art. 9°, 3 do Pacto Internacional de Direitos Civis e Políticos, tendo o STF reconhecido o instituto ao julgar a ADI 5240 afirmando como direito fundamental do preso ser levado sem demora à autoridade judicial.

IV. O preso tem que ser levado sem demora à autoridade prevista em lei, ainda que esta não tenha o poder sobre a liberdade e prisão do apresentado.

Estão corretas apenas as assertivas:

a) I e IV.

b) II e III.

c) I e II.

d) I e III.

e) II e IV.

COMENTÁRIOS

Alternativa correta: letra "B": estão certas as Assertivas II e III.

Assertiva I: errado. O rol do art. 5º da CF não é taxativo. O STF já reconheceu a existência de direito fundamental, na própria CF, fora do dispositivo, sendo o caso, por exemplo, do princípio da anualidade dos tributos. Ademais, o próprio art. 5º estabelece que outros direitos fundamentais podem ser previstos em convenções e tratados internacionais do qual o Brasil seja signatário.

Assertiva II: certo. Notem que tal princípio não está previsto na CF, mas em convenção internacional da qual o Brasil é signatário. O problema tem sido os casos da competência originária do STF, visto que não há um tribunal acima deste ao qual recorrer. A solução vem sendo deixar para uma das turmas o julgamento e para o Pleno o recurso. Porém, não se trata propriamente da aplicação do duplo grau.

Assertiva III: certo. De fato, trata-se de direito fundamental e, hoje, há determinação expressa do CNJ para que a Justiça de todos os Estados realizem a audiência de custódia.

Assertiva IV: errado. A autoridade deve ser aquela com poder para determinar o relaxamento da prisão, a concessão da liberdade ou que possa decretar a prisão preventiva.

---

04. (IBADE – Delegado de Polícia – AC/2017) Sobre princípio de processo penal, assinale a alternativa correta.

a) Não se inclui na garantia da ampla defesa, como consectário desta o direito à inviolabilidade da pessoa, dos documentos e do local de trabalho do defensor técnico.

b) O contraditório é a organização dialética do processo através de tese e antítese legitimadoras da síntese, é a afirmação e negação. Ou seja, os atos processuais se desenvolvem de forma unilateral, o que se chama unilateralidade dos atos processuais.

c) No processo penal brasileiro, apesar de inúmeros princípios que lhe emprestam um caráter democrático, não vigora o princípio da identidade física do juiz.

d) A teoria dos cinco componentes, ao proteger a integridade física e espiritual do homem, bem como a Fórmula Objeto de Dürig, ao dizer que a dignidade humana é violada sempre que o homem for coisificado, são importantes contribuições teóricas para a compreensão das dimensões da dignidade e sua repercussão sobre o processo penal, notadamente no que diz respeito às provas.

e) Para a teoria do não prazo, a duração razoável do processo deve ser definida pelo legislador, inclusive em atenção ao princípio da legalidade. Esta inclusive é a orientação do Tribunal Europeu de Direitos Humanos e da Corte Interamericana de Direitos Humanos.

COMENTÁRIOS

Alternativa correta: letra "D": segundo o STF, o homem não pode se tornar objeto dos processos estatais, adotando, de modo confesso – como se deu na Extradição 986-BO, Rel. Min. Eros Grau, j. 15.08.2007 –, a fórmula-objeto de Günther Dürig, professor da Universidade de Tübingen. Também tal fórmula foi inspiração para o julgamento do HC 91.952-SP, a partir do qual surgiu a Súmula Vinculante 11, a respeito das algemas.

Alternativa "A": por óbvio que não é possível a ampla defesa se não se garantir a inviolabilidade da pessoa do defensor técnico, bem como de seus documentos e local de trabalho.

Alternativa "B": dizer que há unilateralidade é a negação do que se afirmou anteriormente. A formulação clássica do princípio do contraditório afirma que este consiste na ciência bilateral dos atos do processo e a possibilidade de contrariá-los. Porém, não é só isso. Contraditório pressupõe conhecimento dos atos e termos do processo, sem dúvida. Mas, implica também na possibilidade efetiva de participar de tais atos, podendo neles influir, como ocorre no caso da produção das provas. E as partes no processo devem atuar em igualdade de condições.

Alternativa "C": vigora expressamente tal princípio. Não decorre do devido processo legal, pois é mera opção do legislador infraconstitucional. Prova disso é que, até 2008, não era aplicado ao processo penal brasileiro. Portanto, não é o princípio da identidade física do juiz uma garantia constitucional por si só. Porém, sua não observância acarreta nulidade da decisão proferida, pois, agora, é regra prevista no CPP. Logo, para que haja o devido processo legal – esta, sim, uma garantia constitucional – deve ser observada a identidade física do juiz. Notem como o princípio do devido processo legal é, de fato, uma síntese dos demais princípios – previstos ou não na CF – aplicáveis ao processo. O § 2º do art. 399 estabelece que o juiz que presidiu a instrução deverá proferir a sentença, com o que o CPP adotou o princípio da identidade física do juiz. A jurisprudência, porém, não tem considerado absoluto o princípio. Nesse sentido, decisão do STJ: "(...) De acordo com o princípio da identidade física do juiz, que passou a ser aplicado também no âmbito do processo penal após o advento da Lei nº 11.719, de 20 de junho de 2008, o magistrado que presidir a instrução criminal deverá proferir a sentença no feito, nos termos do § 2º do artigo 399 do Código de Processo Penal. (...) Em razão da ausência de outras normas específicas regulamentando o referido princípio, nos casos de convocação, licença, promoção ou de outro motivo que impeça o juiz que tiver presidido a instrução de sentenciar o feito, por analogia – permitida pelo artigo 3º da Lei Adjetiva Penal – , deverá ser aplicada a regra contida no artigo 132 do Código de Processo Civil, que dispõe que os autos passarão ao sucessor do magistrado. Doutrina. Precedente. (...) No caso em apreço, o impetrante não se desincumbiu de seu ônus de comprovar que o magistrado que teria presidido a instrução criminal não estaria impedido de proferir a sentença, ou seja, que não seria aplicável quaisquer das hipóteses excepcionais elencadas no citado dispositivo do Código de Processo Civil. (...)" (HC 242.115 – PE. Rel. Min. Jorge Mussi, j. 02.08.2012). Notem como a jurisprudência remete à aplicação, por analogia, do art. 132 do CPC de 1973, já revogado. Com a entrada em vigor do novo CPC, temos um problema: ele não repete a regra do art. 132 acima mencionada. Que fazer? A nosso ver, a solução para os problemas que demandavam a aplicação do art. 132 deverá ser trazida pela jurisprudência, de preferência mantendo-se as mesmas regras trazidas pelo artigo revogado, por uma questão de segurança jurídica.

Alternativa "E": se o prazo é definido pelo legislador, tem-se a aplicação da teoria do prazo fixo, ao invés da teoria do não-prazo. Nesta, não há prazo fixo, mas busca-se maximizar o princípio da duração razoável do processo.

---

05. (IBADE – Delegado de Polícia – AC/2017) No que se refere ao tema intervenção corporal, provas e meios de obtenção de provas, leia as afirmativas a seguir.

I. As intervenções corporais são ingerências sobre o corpo vivo da pessoa humana que afetam seus direitos fundamentais. No processo penal apenas o indiciado ou réu pode ser objeto de tal medida.

II. Discute-se na doutrina se a busca pessoal (arts. 244 e 249 CPP) é uma espécie de intervenção corporal considerada pequena ou leve havendo quem sustente que a referida medida sequer se enquadra como intervenção corporal.

III. A Lei nº 13.271/2016, que regulamenta a revista íntima, entrou em vigor trazendo importante instrumento de proteção à dignidade ao prever que a revista íntima em ambiente prisional e sob investigação policial será unicamente realizada por funcionários e servidores femininos.

IV. As intervenções corporais são classificadas como leves e graves, ou ainda, invasivas e não invasivas, conforme o nível de ingerência.

Estão corretas apenas as afirmativas:

A) II e III.
b) I e IV.
c) I e III.
d) I e II.
e) II e IV

COMENTÁRIOS

Alternativa correta: letra "E": estão certas as Afirmativas II e IV.

Afirmativa I: errado. O entendimento que hoje prevalece – que vai no sentido de não ser o acusado objeto do processo, mas sujeito dele, parte dele – é o de que o acusado não pode ser alvo de intervenções corporais sem seu consentimento. Assim, por exemplo, não pode o acusado ser obrigado a fornecer sangue para exame de DNA, visto que não é obrigado a produzir prova contra si mesmo. Consequentemente, não ser dele extraído sangue à força.

Afirmativa II: certo. A busca pessoal, em nosso entender, não é intervenção corporal, pois se busca, não parte do corpo, mas objeto estranho a este.

Afirmativa III: errado. A lei citada proibiu a revista íntima.

Afirmativa IV: certo. As intervenções corporais invasivas não são admitidas em nosso ordenamento para a obtenção de prova contra o imputado.

---

06. (FUNCAB – Delegado de Polícia – PA/2016) Leia as frases a seguir e a partir dos respectivos conteúdos responda.

1. "Esse princípio fundamental de civilidade representa o fruto de uma opção garantista a favor da tutela da imunidade dos inocentes" (Luigi Ferrajoli).
2. "Basta ao corpo social que os culpados sejam geralmente punidos, pois é seu maior interesse que todos os inocentes sem exceção sejam protegidos" (Lauzé di Peret).
3. "A metafísica do direito penal propriamente dita é destinada a proteger os culpados dos excessos da autoridade social; a metafísica do direito processual tem por missão proteger dos abusos e dos erros da autoridade todos os cidadãos inocentes e honestos" (Francesco Carrara).

Qual princípio a seguir melhor sintetiza o conteúdo, as idéias e as preocupações acima expostas?

a) Princípio da verdade real
b) Devido processo penal
c) Ampla defesa e contraditório
d) Nemo tenetur se detegere
e) Presunção da inocência

COMENTÁRIOS

Alternativa correta: letra "E": parte da doutrina brasileira tem dificuldade em usar a expressão "princípio da presun**ção de inocência". No lugar dela, por vezes encontramos a locução** princípio da não-culpabilidade ou princípio do estado de inocência. Preferimos a presunção de inocência, inscrita em nossa CF: ninguém poderá ser considerado culpado, enquanto não houver sentença condenatória definitiva. Se não o indivíduo não é culpado, é inocente. Não obstante a disposição constitucional, que estabelece o trânsito em julgado da condenação como o marco a partir do qual cessa a incidência do princípio, o STF, em 2016, passou a entender que a pena já pode ser provisoriamente executada a partir do esgotamento da via recursal ordinária. Atenção a este ponto e olho no noticiário, eis que já há, dentro do Supremo, um movimento para alterar tal entendimento.

Alternativa "A": boa parte da doutrina e da jurisprudência aponta a existência do princípio da verdade real, aplicável ao processo penal. Ocorre que relutamos em aceitar sua existência. Sem dúvida, o processo penal não pode prescindir da busca da verdade. Mas a verdade buscada no processo não passa de uma reconstrução de fatos ocorridos no passado. Para tal reconstrução, deve-se observar regras – regras probatórias – que limita o que pode e o que não pode ser feito no processo. Assim, não se admite tortura e provas ilícitas em geral. Por isso, preferimos dizer que o processo busca a verdade, mas a verdade possível, processual.

Alternativa "B": trata-se de um princípio síntese, que engloba todos os demais princípios aplicáveis ao processo penal. É chamado também de *due process of law*.

Alternativa "C": ampla defesa e contraditório são princípios basilares do processo penal. De se destacar o seguinte: a ampla defesa deve ser garantida desde a fase investigatória; o contraditório, apenas a partir da fase processual. Segundo o STF: "É direito do defensor, no interesse do representado, ter acesso amplo aos elementos de prova que, já documentados em procedimento investigatório realizado por órgão com competência de polícia judiciária, digam respeito ao exercício do direito de defesa" (Súmula Vinculante 14).

Alternativa "D": a fórmula latina usada aqui é sinônima – embora não uma tradução – do princípio segundo o qual ninguém é obrigado a produzir prova contra si mesmo, ou seja, ninguém é obrigado a se autoincriminar.

---

07. (FUNCAB – Delegado de Polícia – PA/2016) Lei as assertivas a seguir e responda.

I. As duas últimas hipóteses do art. 302 do CPP [...] é perseguido, logo após, pela autoridade em situação que faça presumir ser autor da infração; [...] é encontrado, logo depois, com instrumentos que façam presumir ser ele autor da infração] não são flagrante, por isso que o legislador consignou; "considera-se em flagrante...". Assim, não se pode permitir que o legislador diminua a garantia constitucional da inviolabilidade do domicílio, ampliando as situações que não são de verdadeiro flagrante. Assim, o ingresso no domicílio sem mandado só pode ocorrer diante de flagrante delito efetivo e real, o que exclui o presumido.

II. A autoridade policial, no âmbito de uma investigação representa pela busca domiciliar apresentando fundamentos fáticos e jurídicos, O Ministério Público manifesta-se favoravelmente. O juiz defere o pleito e expede mandado de busca e apreensão. A ordem do juiz só pode ser cumprida durante o dia.

III. Policiais militares amparados em fundadas razões advindas de denúncia anônima que dá notícia de situação de flagrante delito ingressam de maneira forçada no domicílio sem mandado durante a noite. A prova é lícita se justificada a posteriori.

As assertivas acima espelham respectivamente:

a) I. Interpretação de parte da doutrina sobre a inviolabilidade do domicílio; II. A regência da Constituição de 1988 sobre a inviolabilidade do domicílio; III. O entendimento firmado, em repercussão geral, pela maioria dos Ministros do STF.

b) I. O entendimento de parte da doutrina sobre a geral, pela maioria dos Ministros do STF; II. A interpretação de parte da doutrina sobre a inviolabilidade do domicílio; III. A regência da Constituição de 1988 sobre a inviolabilidade do domicílio.

c) I. O entendimento firmado, em repercussão geral, pela maioria dos Ministros do STJ; II. A interpretação de parte da doutrina sobre a inviolabilidade do domicílio; III. A regência da Constituição de 1988 sobre a inviolabilidade do domicílio.

d) I. A regência da Constituição de 1988 sobre a inviolabilidade do domicílio; II. O entendimento firmado, em repercussão geral, pela maioria dos Ministros do STF; III. A interpretação de parte da doutrina sobre a inviolabilidade do domicílio.

e) I. O entendimento firmado pela maioria dos Ministros do STF; II. A regência da Constituição de 1988 sobre a inviolabilidade do domicílio; III. A interpretação de parte da doutrina sobre a inviolabilidade do domicílio.

COMENTÁRIOS

Alternativa correta: letra "A" (responde também todas as demais alternativas): I. A jurisprudência não colheu tal entendimento, que ficou restrito a certa parte da doutrina, mais próxima de posições do garantismo de Luigi Ferrajoli, um tanto quanto extremada; II. A autoridade policial pode representar pela busca e apreensão.

Embora se entenda que o juiz não é obrigado a ouvir o Ministério Público, tal providência é salutar, visto que se trata do titular da ação penal. Por fim, cabe ao juiz expedir o mandado de busca, que somente poderá ser cumprido durante o dia, como determina a CF. À noite, somente é possível a entrada em residência em caso de flagrante, desastre ou para prestar socorro; III. Cuidado aqui. Em tempos mais recentes, o STF trouxe relevantíssima modificação do entendimento simplista que vigorava até então sobre o assunto na jurisprudência: "(...) A Constituição dispensa o mandado judicial para ingresso forçado em residência em caso de flagrante delito. No crime permanente, a situação de flagrância se protrai no tempo. (…) Período noturno. A cláusula que limita o ingresso ao período do dia é aplicável apenas aos casos em que a busca é determinada por ordem judicial. Nos demais casos – flagrante delito, desastre ou para prestar socorro – a Constituição não faz exigência quanto ao período do dia. (…) Controle judicial a posteriori. Necessidade de preservação da inviolabilidade domiciliar. Interpretação da Constituição. Proteção contra ingerências arbitrárias no domicílio. Muito embora o flagrante delito legitime o ingresso forçado em casa sem determinação judicial, a medida deve ser controlada judicialmente. A inexistência de controle judicial, ainda que posterior à execução da medida, esvaziaria o núcleo fundamental da garantia contra a inviolabilidade da casa (art. 5, XI, da CF) e deixaria de proteger contra ingerências arbitrárias no domicílio (Pacto de São José da Costa Rica, artigo 11, 2, e Pacto Internacional sobre Direitos Civis e Políticos, artigo 17, 1). O controle judicial a posteriori decorre tanto da interpretação da Constituição, quanto da aplicação da proteção consagrada em tratados internacionais sobre direitos humanos incorporados ao ordenamento jurídico. Normas internacionais de caráter judicial que se incorporam à cláusula do devido processo legal. (…) Justa causa. **A entrada forçada em domicílio, sem uma justificativa prévia conforme o direito, é arbitrária. Não será a constatação de situação de flagrância, posterior ao ingresso, que justificará a medida. Os agentes estatais devem demonstrar que havia elementos mínimos a caracterizar fundadas razões (justa causa) para a medida**. (…) Fixada a interpretação de que **a entrada forçada em domicílio sem mandado judicial só é lícita, mesmo em período noturno, quando amparada em fundadas razões, devidamente justificadas a posteriori, que indiquem que dentro da casa ocorre situação de flagrante delito, sob pena de responsabilidade disciplinar, civil e penal do agente ou da autoridade e de nulidade dos atos praticados.** (…)" (RE 603.616-RO, Rel. Min. Gilmar Mendes, j. 05.11.2015, grifos nossos).

08. (FUNCAB – Delegado de Polícia – PA/2016) Considerando os princípios constitucionais que regem o processo penal, assinale a alternativa correta.

a) Sobre a duração razoável do processo, duas teorias buscam reger sua aplicação, a saber: a teoria do não prazo e a teoria do prazo fixo.

b) O princípio da dignidade da pessoa humana é um conceito vago e indeterminado e idéias kantianas de autonomia não contribuem para sua determinação.

c) A duração razoável do processo é uma norma programática e por isso não possui qualquer eficácia imediata, dependendo totalmente de norma regulamentadora.

d) O princípio Nemo tenetur se detegere tal qual expresso na jurisprudência do STF traduz-se, exclusivamente, no direito ao silêncio.

e) Para o STF, o princípio da presunção de inocência não possui eficácia irradiante.

COMENTÁRIOS

Alternativa correta: letra "A": adotou-se no Brasil a teoria do não-prazo. Assim, o processo não tem uma duração determinada (como ocorre quando se adota a teoria do prazo fixo), mas deve-se buscar o máximo de efetividade ao princípio da duração razoável.

Alternativa "B": não é tarefa fácil definir o que vem a representar o princípio da dignidade da pessoa humana, mas é perfeitamente possível aplicá-lo como premissa basilar de todo o nosso ordenamento jurídico. Não se trata, assim, de termo vago e inaplicável, tampouco limitando-se às ideias de Immanuel Kant.

Alternativa "C": trata-se de um princípio, plenamente aplicável. Vide comentário à alternativa "A".

Alternativa "D": o direito ao silêncio é apenas um dos aspectos do princípio segundo o qual ninguém é obrigado a produzir prova contra si mesmo. Portanto, não se resume a ele.

Alternativa "E": possui eficácia irradiante, visto que a presunção de inocência deve ser encarada, inclusive, como norma de tratamento.

09. (Cespe – Delegado de Polícia – PE/2016) Em consonância com a doutrina majoritária e com o entendimento dos tribunais superiores, assinale a opção correta acerca dos sistemas e princípios do processo penal.

a) O princípio da obrigatoriedade deverá ser observado tanto na ação penal pública quanto na ação penal privada.

b) O princípio da verdade real vigora de forma absoluta no processo penal brasileiro.

c) Na ação penal pública, o princípio da igualdade das armas é mitigado pelo princípio da oficialidade.

d) O sistema processual acusatório não restringe a ingerência, de ofício, do magistrado antes da fase processual da persecução penal.

e) No sistema processual inquisitivo, o processo é público; a confissão é elemento suficiente para a condenação; e as funções de acusação e julgamento são atribuídas a pessoas distintas.

COMENTÁRIOS

Alternativa correta: letra "C": segundo o princípio da paridade de armas, a Defesa deve ter os mesmos direitos, no processo, que o Ministério Público e vice-versa. É a igualdade formal, que decorre do art. 5º, *caput*, da CF. Mas, há a necessidade também da igualdade substancial, com a criação de mecanismos que garantam, efetivamente, a igualdade entre as partes no processo, já que a realidade mostra que, na prática, há desigualdade de forças entre o acusado – ou a maioria deles, que não possuem recursos para bancar, por exemplo, assistentes técnicos ou investigações privadas – e o Ministério Público. Alguns mecanismos foram criados, como no caso dos embargos infringentes (só possíveis para a Defesa) e a revisão criminal (já que é vedada a revisão *pro societate*, ou seja, revisão só é permitida a favor do acusado). E por que há tal desigualdade na prática? Devido ao princípio da oficialidade, segundo o qual os órgãos responsáveis pela investigação e pela ação penal pública são órgãos do Estado, com funções públicas. Assim, o Ministério Público terá o apoio da Polícia nas investigações, dos órgãos oficiais de perícia etc., o que não ocorre com o acusado. Está nesse aspecto, a nosso ver, a mitigação do princípio da paridade de armas.

Alternativa "A": o princípio da obrigatoriedade somente se aplica às ações penais públicas, já que, nesse caso, o Ministério Público tem o dever, a obrigação de oferecer a denúncia caso estejam presentes as condições de procedibilidade, prova da ocorrência do crime e indício suficiente de autoria. Somente pode deixar de oferecer a denúncia se houver expressa autorização legal. Nas ações penais privadas, o princípio é outro, o da oportunidade, pois o ofendido ou seu representante legal pode escolher se oferecerá ou não a denúncia.

Alternativa "B": embora o princípio da verdade real seja muito citado por parte da doutrina e especialmente em julgados, inclusive do STJ, a nosso ver ele não existe. O processo deve buscar a verdade, disso não temos dúvida. Porém, deve-se perguntar: qual verdade? É possível acreditar ser tarefa do processo a descoberta da verdade efetiva, substancial, "real"? Cremos ser uma ilusão, que é revelada de modo muito simples: há limites impostos ao juiz quanto à prova, sendo exemplo a proibição de valorar provas ilícitas. Ora, fosse o objetivo do processo a busca da verdade real, tal limitação não seria justificável: tudo seria admitido para buscar a verdade, mas, como sabe o leitor, não é assim. Portanto, o que se busca no processo é a verdade sobre as alegações trazidas pelas partes, mas a verdade possível, a verdade, enfim, processual.

Alternativa "D": ao contrário, característica do sistema acusatório é a separação entre as funções de investigar e acusar e a função de julgar. Segundo a saudosa Ada Pellegini Grinover (A iniciativa instrutória do juiz no processo penal acusatório, *Revista Brasileira de Ciências Criminais*, nº 27, 1999), no sistema acusatório "as funções de acusar, defender e julgar são atribuídas a órgãos distintos", enquanto no sistema inquisitório "as funções estão reunidas e o inquisidor deve proceder espontaneamente. É só no processo acusatório que o juízo penal é o *actum trium personarum* (...), enquanto no processo inquisitório a investigação unilateral a tudo se antepõe (...)". No sistema acusatório, os elementos de informação colhidos na fase pré-judicial servem apenas para o convencimento do órgão acusatório, normalmente não podendo fazer parte do processo ou ser valorados pelo julgador como provas. Além disso, no sistema acusatório "o exercício da jurisdição depende de acusação formulada por órgão diverso do juiz (...)" e "todo o processo deve desenvolver-se em contraditório pleno, perante o juiz natural". Assim, regras que permitem ao juiz, de ofício, na fase de investigação, adotar medidas investigativas são, a nosso ver, atentatórias ao sistema acusatório, sendo exemplo, a permissão do art. 156 do CPP para que o juiz determine, de ofício, antes da fase processual, a produção antecipada de provas. Esta até poderá ser realizada em tal fase, mas deverá ser requerida pelo Ministério Público ou por representação da Autoridade Policial.

Alternativa "E": no sistema inquisitivo, em geral há o caráter do sigilo do processo. Além disso, normalmente,, não havia separação efetiva entre as funções de acusar e de julgar. Notem que no Brasil permitia-se, ainda no Século XX, que a ação penal, em certos casos, tivesse início por ato do juiz, não do Ministério Público. Mas é correto dizer que a confissão, em tal sistema, é considerada prova muito importante ("a rainha das provas", como já se disse). A consequência, inevitável, é que o processo passou a ser dirigido para a obtenção de tal confissão, o que, em tempos outros, acabou por praticamente trazer para o processo a tortura.

---

10. (FUNCAB – Delegado de Polícia – RO/2014) Assinale a alternativa em que se encontra uma característica do sistema acusatório.

a) O julgador é protagonista na busca pela prova.

b) As decisões não precisam ser fundamentadas.

c) A atividade probatória é atribuição natural das partes.

d) As funções de acusar e de julgar são concentradas em uma pessoa.

e) As decisões são sempre sigilosas.

COMENTÁRIOS

Alternativa correta: letra "C" (responde também a alternativa "D"): o que caracteriza o sistema acusatório é a absoluta separação das atividades de acusar, defender e julgar. Além disso, de fundamental importância a imparcialidade do juiz. De outra parte, alguns ordenamentos jurídicos, dentro do sistema acusatório, tiram do juiz qualquer iniciativa probatória, deixando-a inteiramente às partes. É o que se denomina sistema *adversarial*. No Brasil, adotamos ao sistema acusatório, cabendo às partes a iniciativa de propor a produção das provas, de modo a levar as fontes de prova ao conhecimento do órgão julgador. Porém, em nosso sistema ainda restam poderes de iniciativa probatória ao juiz, bastando que se verifique o disposto no art. 156 do CPP. Portanto, adotamos o sistema acusatório, mas com um modelo não adversarial, mas inquisitorial (que é diferente de inquisito, o oposto de acusatório).

Alternativa "A": no sistema acusatório, há maior protagonismo das partes, não do juiz no que tange às provas. Como visto acima, isso não implica, necessariamente em absoluta proibição ao julgador de ter iniciativa probatória.

Alternativa "B": as decisões devem ser fundamentadas, a fim de que as partes possam exercer o devido controle sobre o raciocínio judicial, que levou ao resultado exposto na sentença. É uma característica importante do sistema acusatório, salvo nos casos de adoção do julgamento por júri.

Alternativa "E": no sistema acusatório, as decisões são públicas e a exceção é o sigilo.

---

11. (NUCEPE – Delegado de Polícia – PI/2014) Em matéria de prova no processo penal, assinale a alternativa INCORRETA.

a) No Sistema Acusatório não há distribuição de cargas probatórias, posto que a carga da prova está inteiramente nas mãos do acusador.

b) O problema da carga probatória é uma regra para o juiz, proibindo-o de condenar alguém cuja culpabilidade não haja sido provada.

c) Incumbe ao acusador provar a presença de todos os elementos que integram a tipicidade, ilicitude e a culpabilidade, bem como a inexistência das causas de justificação.

d) O princípio do contraditório relaciona-se intimamente com o princípio do audiatur et altera pars, com a oitiva de ambas as partes, sob pena de parcialidade do magistrado.

e) Em termos de valoração das provas, o Brasil adota o sistema legal de provas.

COMENTÁRIOS

Alternativa incorreta: letra "E": as provas no Brasil não têm valores, pesos, pré-definidos. Assim, o sistema da prova legal não mais é aplicado por aqui e na maioria dos países – democráticos – do planeta. O único resquício que a doutrina aponta está no parágrafo único do art. 155 do CPP. Na verdade, adotamos o princípio da persuasão racional.

Alternativa "A": a defesa também tem o direito de produzir provas, mas o ônus de provar a imputação é da acusação. Há quem entenda que à defesa cabe provar as teses esculpatórias, mas esse ponto é muito controvertido e discordamos de tal pensamento.

Alternativa "B": se cabe à acusação apresentar provas que afastem a presunção que favorece o acusado, qual seja, a da inocência, deverá o juiz absolver o acusado se a acusação não logrou trazer provas suficientes para isso. O ônus é dela.

Alternativa "C": é exatamente esse o ônus que recai sobre o órgão acusador. Não cabe ao réu provar que tais requisitos não estão presentes. Aliás, a prova negativa é mesmo impossível.

Alternativa "D": não pensamos que seja propriamente uma questão de parcialidade do julgador. É que o contraditório é o melhor método para a produção da prova, pois esta será debatida, contraprova poderá ser apresentada, enfim, trata-se de meio muito mais apto a se atingir a verdade possível de ser atingida no processo.

---

12. (Vunesp – Delegado de Polícia – SP/2014) A respeito do direito ao silêncio do acusado no inquérito policial, é correto afirmar que

a) não importará em confissão, mas em presunção de culpabilidade.

b) importará em confissão.

c) importará em confissão, exceto se o acusado manifestar o direito constitucional de somente falar em juízo.

d) não importará em confissão, entretanto, poderá constituir elemento para formação do convencimento do juiz em eventual processo penal.

e) não importará em confissão.

COMENTÁRIOS

✪ **Nota do autor:** a questão lida com um aspecto do princípio *nemo tenetur se detegere*, segundo o qual ninguém é obrigado a produzir prova contra si mesmo. Esse aspecto é o direito ao silêncio, previsto na CF (art. 5º, LXIII), garantido também em todos os interrogatórios, tanto na fase policial quanto na judicial. O parágrafo único do art. 186 do CPP, aliás, aplica-se também ao interrogatório feito na fase policial.

Alternativa correta: letra "E" (responde também as alternativas "B" e "D"): o parágrafo único do art. 186 do CPP é expresso: o silêncio do imputado não importa em confissão. Óbvio, pois confissão não é. Além disso, sendo o exercício de um direito, não pode ser usado em prejuízo do imputado, como também afirma o mesmo dispositivo. É verdade que, mais adiante no CPP, no art. 198, há outro dispositivo que afirma poder o juiz usar o silêncio do acusado para formar sua convicção. A nosso ver, porém, do silêncio do acusado não se pode tirar conclusão alguma e o art. 198 é incompatível com a redação do parágrafo único do art. 186. Como este é resultado de modificação legislativa, sendo temporalmente posterior àquele, entendemos que o art. 198 foi revogado tacitamente.

Alternativa "A": dizer que o silêncio importa em confissão é a mesma coisa que presumir a culpabilidade. Assim, o direito ao silêncio não pode importar nem numa coisa nem noutra.

Alternativa "C": o silêncio jamais importará em confissão, não havendo exceção.

---

13. (Vunesp – Delegado de Polícia – SP/2014) São princípios constitucionais explícitos do processo penal:

a) ampla defesa e intervenção mínima.

b) presunção de inocência e lesividade.

c) intervenção mínima e duplo grau de jurisdição.

d) presunção de inocência e ampla defesa.

e) lesividade e intervenção mínima.

COMENTÁRIOS

Alternativa correta: letra "D": estes dois princípios realmente são explícitos, vez que a presunção de inocência está claramente prevista no art. 5º, LVII, da CF ("ninguém será considerado culpado até o trânsito em julgado de sentença penal condenatória"), enquanto que o princípio da ampla defesa está previsto no inciso LV do mesmo dispositivo ("aos litigantes, em processo judicial ou administrativo, e aos acusados em geral são assegurados o contraditório e ampla defesa, com os meios e recursos a ela inerentes").

Alternativa "A": o princípio da intervenção mínima é construção da doutrina, que o extrai de outros princípios constitucionais e de direito penal, não se relacionando ao processo penal.

Alternativa "B": o princípio da lesividade também não se encontra explicitado na CF ou na lei, observando-se, porém, que é aplicável ao direito penal.

Alternativa "C": o princípio da intervenção mínima, como visto acima, está ligado ao direito penal. Já o princípio do duplo grau de jurisdição é previsto em nosso ordenamento jurídico, na Convenção Americana de Direitos Humanos, ratificada pelo Brasil e conhecida como Pacto de São José da Costa Rica.

Alternativa "E": vide alternativas "A" e "B".

---

14. (UEG – Delegado de Polícia – GO/2013) Sobre o direito de defesa, tem-se que

a) a defesa técnica é indispensável, na medida em que, mais do que garantia do acusado, é condição de paridade de armas, imprescindível à concreta atuação do contraditório.

b) constitui nulidade relativa, violadora do princípio da ampla defesa, a nomeação de defensor dativo sem intimação do réu para constituir novo defensor, em virtude da renúncia do advogado.

c) na investigação criminal, a defesa é imprescindível, uma vez que, nessa fase, são assegurados o contraditório, a ampla defesa e a assistência do advogado ao preso em flagrante.

d) a autodefesa, composta pelo direito de audiência e pelo direito de presença, é dispensável pelo juiz, mas dela o acusado não poderá renunciar, devendo a ele ser imposta.

COMENTÁRIOS

Alternativa correta: letra "A": a defesa pessoal é facultativa, tanto que o imputado pode, durante toda a persecução penal, permanecer calado. Porém, a defesa técnica – por advogado ou defensor público – é imprescindível, sob pena de nulidade absoluta. É garantia constitucional, prevista no inciso LV do art. 5º da CF ("aos litigantes, em processo judicial ou administrativo, e aos acusados em geral são assegurados o contraditório e ampla defesa, com os meios e recursos a ela inerentes"). No conceito de ampla defesa, não pode ficar de fora a ideia de ter o imputado possibilidade de responder à acusação por intermédio de defensor técnico. Tanto que o art. 263, *caput*, assegura que, se o acusado não tiver defensor, "ser-lhe-á nomeado defensor pelo juiz, ressalvado o seu direito de, a todo tempo, nomear outro de sua confiança, ou a si mesmo defender-se, caso tenha habilitação". O STF, por sinal, entende que: "No processo penal, a falta da defesa constitui nulidade absoluta, mas a sua deficiência só o anulará se houver prova de prejuízo para o réu" (Súmula 523).

Alternativa "B": entendemos haver nulidade absoluta nesse caso, já que tem o acusado o direito de escolher sua defesa técnica. Somente no caso de não ser localizado ou, intimado, quedar-se inerte, ou ainda não ter condições de constituir advogado, deverá o juiz nomear defensor dativo. Nesse sentido, decisão do STJ: "*HABEAS CORPUS*. JULGAMENTO DA APELAÇÃO. ABANDONO (OU RENÚNCIA) DO ADVOGADO. AUSÊNCIA DE COMUNICAÇÃO AO CLIENTE OU AO TRIBUNAL. CERTIFICAÇÃO DE TRÂNSITO EM JULGADO. NULIDADE ABSOLUTA. CONSTRANGIMENTO ILEGAL CARACTERIZADO. DEVOLUÇÃO DO PRAZO. RECONHECIMENTO DA PRESCRIÇÃO DA PRETENSÃO PUNITIVA EM RELAÇÃO A UM DOS DELITOS. 1. Segundo o disposto no art. 261 do CPP, nenhum acusado, ainda que ausente ou foragido, será processado ou julgado sem defensor. 2. Constitui nulidade absoluta, por evidente cerceamento de defesa, a falta de intimação do réu sobre a renúncia de seu advogado, para que possa substituí-lo por outro de sua confiança ou, ao menos, caso assim não proceda, para que lhe possa ser nomeado um defensor dativo (HC 69.644/SP, Relatora Ministra Laurita Vaz, DJ de 28.5.07). (...)" (HC 41.655-AC, Rel. Min. Og Fernandes, j. 11.12.2009).

Alternativa "C": entendemos que é garantida a ampla defesa mesmo na fase de investigação, mas não o contraditório, que incide exclusivamente na fase judicial. Porém, na fase de investigação, não é imprescindível a defesa, já que o imputado pode permanecer calado (deixando de exercer a defesa pessoal) e não precisa fazer-se acompanhar de advogado.

Alternativa "D": o acusado pode abrir mão à autodefesa, tanto que pode permanecer calado. No entanto, deverá o juiz garantir a realização do interrogatório, ainda que seja para o acusado declarar seu desejo de não responder a qualquer pergunta. O interrogatório – momento da autodefesa do acusado – é ato obrigatório do processo, salvo se o imputado não comparecer à audiência, tendo sido regularmente intimado.

---

15. (FUNCAB – Delegado de Polícia – ES/2013) É INCORRETO afirmar:

a) É direito do defensor, no interesse do representado, ter acesso amplo aos elementos de prova que, já documentados em procedimento investigatório realizado por órgão com competência de polícia judiciária, digam respeito ao exercício do direito de defesa.

b) É direito do defensor, no interesse do representado, ter acesso amplo aos elementos de prova que, já documentados em procedimento investigatório em poder do Parquet, digam respeito ao exercício do direito de defesa.

c) O impedimento do defensor, no interesse do representado, ter acesso amplo aos elementos de prova, já documentados em procedimento investigatório, pode constituir constrangimento ilegal passível de ser remediado por habeas corpus ou mandado de segurança, dependendo do caso.

d) A autoridade policial, ao iniciar uma investigação, não está atrelada a nenhuma forma previamente determinada.

e) O direito do indiciado, por seu advogado, inclui as relativas à decretação e às vicissitudes da execução de diligências em curso.

COMENTÁRIOS

✪ **Nota do autor:** a questão diz respeito ao direito à ampla defesa, que já se aplica à fase de investigação.

Alternativa incorreta: letra "E": é de suma importância, nessa questão, conhecer o teor da Súmula Vinculante 14 do STF: "É direito do defensor, no interesse do representado, ter acesso amplo aos elementos de prova que, já documentados em procedimento investigatório realizado por órgão com competência de polícia judiciária, digam respeito ao exercício do direito de defesa". Assim, não é direito do investigado, por meio de seu advogado, acompanhar as diligências em curso, até porque algumas podem ser perfeitamente sigilosas, sob pena de serem prejudicadas. Porém, aquilo que já estiver documentado nos autos não pode ser sonegado ao advogado. Note-se, ainda, que o advogado tem o direito de examinar, em qualquer instituição responsável por conduzir investigação, mesmo sem procuração, autos de flagrante e de investigações de qualquer natureza, findos ou em andamento, ainda que conclusos à autoridade, podendo copiar peças e tomar apontamentos, em meio físico ou digital. Pode também assistir a seus clientes investigados durante a apuração de infrações, sob pena de nulidade absoluta do respectivo interrogatório ou depoimento e, subsequentemente, de todos os elementos investigatórios e probatórios dele decorrentes ou derivados, direta ou indiretamente, podendo, inclusive, no curso da respectiva apuração apresentar razões e quesitos (art. 7º, XIV e XXI, Lei 8.906/1994).

Alternativa "A": é o que determina a Súmula Vinculante 14.

Alternativa "B": se o procedimento investigatório estiver sendo presidido por membro do Ministério Público – o que, a nosso ver, é possível, desde que não se trate de inquérito policial, privativo de delegado de polícia –, o defensor, no interesse do investigado por ele representado, terá direito a ter acesso aos elementos de prova já documentados.

Alternativa "C": sendo direito, caso este seja obstado, pode o interessado impugnar tal constrangimento ilegal, ou seja, tal abuso de poder, por meio dos remédios constitucionais adequados, ou seja, *habeas corpus* ou mandado de segurança.

Alternativa "D": de fato, o CPP não chega a determinar ao delegado, como faz ao juiz, uma sequência obrigatória de atos, que constitua um procedimento.

16. (FUNCAB – Delegado de Polícia – ES/2013) Marque a resposta correta.

a) É ilícita a gravação de conversa informal entre os policiais e o conduzido ocorrida quando da lavratura do auto de prisão em flagrante, se não houver prévia comunicação do direito de permanecer em silêncio.

b) O direito de o indiciado permanecer em silêncio, na fase policial, pode ser relativizado em função do dever-poder do Estado de exercer a investigação criminal.

c) A apresentação de documento de identidade falso no momento da prisão em flagrante não caracteriza a conduta descrita no artigo 304 do CP (uso de documento falso), pois constitui um mero exercício do direito de autodefesa.

d) O fato da prisão ter sido em flagrante impede, por si só, que se reconheça a atenuante da confissão espontânea.

e) O crime de documento falso consuma-se no momento e lugar em que ele é utilizado e sendo praticado em detrimento do serviço prestado na fronteira, com ingresso ou saída do país, é competente o Juízo de Direito Estadual.

COMENTÁRIOS

✪ **Nota do autor:** a questão lida, primordialmente, com o direito ao silêncio, consequência do princípio de que o imputado não é obrigado a produzir prova contra si mesmo (*nemo tenetur se detegere*).

Alternativa correta: letra "A": o direito ao silêncio se aplica a todos os momentos em que o imputado esteja em poder dos agentes do Estado. Por isso, deve ser advertido de que possui tal direito. Os tribunais têm afastado a possibilidade de usar tais "confissões informais" como prova contra o acusado. Nesse sentido: "(...)Segundo o art. 5º, LXIII, da Constituição Federal, o preso será informado de seus direitos, entre os quais o de permanecer calado, sendo-lhe assegurada a assistência da família e de advogado. 2. Apesar de ter sido formalmente consignado no auto de prisão em flagrante que o indiciado exerceu o direito de permanecer calado, existe, nos autos da ação penal, gravação realizada entre ele e os policiais que efetuaram sua prisão, momento em que não foi informado da existência desse direito, assegurado na Constituição Federal. 3. As instâncias ordinárias insistiram na manutenção do elemento de prova nos autos, utilizando, de forma equivocada, precedente do Supremo Tribunal Federal no sentido de que não é considerada ilícita a gravação do diálogo quando um dos interlocutores tem ciência da gravação. 4. Tal entendimento não se coaduna com a situação dos autos, uma vez que – além de a gravação estar sendo utilizada para sustentar uma acusação – no caso do precedente citado estava em ponderação o sigilo das comunicações, enquanto no caso em questão está em discussão o direito constitucional de o acusado permanecer calado, não se autoincriminar ou não produzir prova contra si mesmo. 5. Admitir tal elemento de prova nos autos redundaria em permitir um falso exercício de um direito constitucionalmente assegurado, situação inconcebível em um Estado Democrático de Direito. 6. Ordem concedida para determinar o desentranhamento da mídia que contém a gravação do diálogo ocorrido entre o paciente e os policiais que efetuaram sua prisão da ação penal instaurada contra ele, pelo crime de tráfico de drogas, na Vara Criminal da comarca de Laguna/SC" (HC 244.977-SC, Rel. Min. Sebastião Reis Júnior, j. 25.09.2012).

Alternativa "B": tal direito não pode ser relativizado, eis que o imputado não pode ser obrigado, forçado a dizer algo. Aliás, entendimento contrário a esse legitimaria a tortura.

Alternativa "C": segundo o entendimento que prevalece, constitui crime, já que o direito ao silêncio não permite que o imputado forneça dados falsos sobre sua identidade ou apresente documento falso.

Alternativa "D": como tem o imputado direito ao silêncio, caso efetivamente confesse o crime quando de seu interrogatório, pode ser aplicada a atenuante da confissão espontânea, ainda que tenha havido prisão em flagrante.

Alternativa "E": assim como a anterior, esta alternativa trata, em parte, de tema de Direito Penal. No que tange ao processo penal, prevalece o entendimento de que a competência é da Justiça Federal (STJ, RHC 31.039-RJ).

---

17. (FUNCAB – Delegado de Polícia – RJ/2012) Marque a alternativa correta.

a) Duas teorias disputam a regência do princípio da duração razoável do processo: a "teoria do prazo fixo" e a "teoria do não prazo". Todavia, tal princípio não tem aplicação no inquérito policial.

b) No inquérito policial, aplica-se o princípio da ampla defesa, do contraditório, da plenitude de defesa e da publicidade, como formas irrenunciáveis de promover um efetivo garantismo penal.

c) A interceptação telefônica pode ser requerida pela autoridade policial no curso da investigação, regendo-se a matéria pelo princípio da reserva de jurisdição.

d) À luz da jurisprudência do STF, é possível submeter, coercitivamente, o indicado a exame grafotécnico e perícia para confronto vocal com base no princípio da proporcionalidade e razoabilidade, desde que se esteja apurando crimes hediondos ou de elevada gravidade ou, ainda, praticado com violência.

e) O princípio da vedação do retrocesso não é reconhecido no ordenamento pátrio, portanto, apesar de anteriormente ter sido possível a concessão de fiança a crimes com pena superior a 04 anos, desde que fosse pena de detenção, com o advento da Lei nº 12.403/11, essa possibilidade inexiste.

COMENTÁRIOS

Alternativa correta: letra "C": segundo o princípio da reserva de jurisdição, algumas medidas somente podem ser aplicadas e alguns meios de investigação autorizados se houver ordem judicial. A ideia é que tais medidas – por exemplo, a prisão preventiva – ou meios de investigação – *v.g.*, interceptação telefônica – atingem direitos fundamentais sensíveis, havendo, assim, necessidade de autorização judicial para sua restrição. O STF enfrentou a questão de conceituar "reserva de jurisdição", o fazendo em acórdão paradigmático, cujo trecho da ementa de interesse para a questão é o seguinte: "(...) POSTULADO CONSTITUCIONAL DA RESERVA DE JURISDIÇÃO: UM TEMA AINDA PENDENTE DE DEFINIÇÃO PELO SUPREMO TRIBUNAL FEDERAL. O postulado da reserva constitucional de jurisdição importa em submeter, à esfera única de decisão dos magistrados, a prática de determinados atos cuja realização, por efeito de explícita determinação constante do próprio texto da Carta Política, somente pode emanar do juiz, e não de terceiros, inclusive daqueles a quem se haja eventualmente atribuído o exercício de 'poderes de investigação próprios das autoridades judiciais'. A cláusula constitucional da reserva de jurisdição – que incide sobre determinadas matérias, como a busca domiciliar (CF, art. 5º, XI), a interceptação telefônica (CF, art. 5º, XII) e a decretação da prisão de qualquer pessoa, ressalvada a hipótese de flagrância (CF, art. 5º, LXI) – traduz a noção de que, nesses temas específicos, assiste ao Poder Judiciário, não apenas o direito de proferir a última palavra, mas, sobretudo, a prerrogativa de dizer, desde logo, a primeira palavra, excluindo-se, desse modo, por força e autoridade do que dispõe a própria Constituição, a possibilidade do exercício de iguais atribuições, por parte de quaisquer outros órgãos ou autoridades do Estado. Doutrina. – O princípio constitucional da reserva de jurisdição, embora reconhecido por cinco (5) Juízes do Supremo Tribunal Federal – Min. CELSO DE MELLO (Relator), Min. MARCO AURÉLIO, Min. SEPÚLVEDA PERTENCE, Min. NÉRI DA SILVEIRA e Min. CARLOS VELLOSO (Presidente) – não foi objeto de consideração por parte dos demais eminentes Ministros do Supremo Tribunal Federal, que entenderam suficiente, para efeito de concessão do writ mandamental, a falta de motivação do ato impugnado" (MS 23.452-RJ, Rel. Min. Celso de Mello, j. 16.09.2009). Há na doutrina expressivo entendimento de que também a quebra dos sigilos fiscal, bancário e telefônico dependeriam de ordem judicial, fazendo parte da chamada "reserva de jurisdição". No entanto, é certo que não é esse o entendimento do STF, que em diversas decisões admitiu que tais sigilos fossem quebrados por CPIs, desde que de modo fundamentado. Portanto, para o STF, não fazem parte da reserva de jurisdição as quebras dos sigilos fiscal, bancário e telefônico (salvo se disser respeito à própria interceptação das conversas telefônicas). Em resumo, fazem parte da reserva de jurisdição a busca domiciliar (CF, art. 5º, XI), a interceptação telefônica (CF, art. 5º, XII) e a decretação da prisão de qualquer pessoa, ressalvada a hipótese de flagrância (CF, art. 5º, LXI).

Alternativa "A": o princípio da duração razoável do processo está previsto na CF, no art. 5º, inciso LXXVIII ("a todos, no âmbito judicial e administrativo, são assegurados a razoável duração do processo e os meios que garantam a celeridade de sua tramitação"). A lei, porém, não estabelece o que se deve entender por "duração razoável", mas deve-se levar em conta alguns fatores, como os prazos legais previstos, a complexidade do caso, a quantidade de réus etc. Portanto, a nosso ver, adotou-se no ordenamento jurídico brasileiro a teoria do não prazo. Parte da doutrina admite a aplicação reflexa do princípio da duração razoável também ao inquérito policial, com a possibilidade de trancamento deste em caso de sua violação. Porém, ainda são raros os casos, em nossos tribunais, de acolhimento de pedido de trancamento.

Alternativa "B": entendemos que o princípio da ampla defesa deve ser aplicado na fase de inquérito policial, já que tem o imputado direito de ver-se acompanhado por advogado, de permanecer calado, de não produzir prova contra si mesmo, que não deixam de ter relação com o princípio. Já o princípio da plenitude de defesa – ou seja, para alguns, algo a mais que a ampla defesa – é previsto na CF apenas para o Tribunal do Júri. O contraditório não é aplicado ao inquérito, vez que é este inquisitivo, sendo procedimento administrativo meramente preparatório da ação penal. Por fim, a publicidade – e, nesse ponto, nos afastamos da doutrina tradicional e, cremos, majoritária – deve ser a regra nos procedimentos administrativos, *ex vi* do disposto no art. 37, *caput*, da CF. E não encontramos justificativa para que o inquérito, sendo ato da administração pública, fique fora desse quadro. A doutrina costuma afirmar que o inquérito policial tem – sempre – caráter sigiloso e aponta o art. 20 do CPP como base legal. Porém, diz o dispositivo: "A autoridade assegurará no inquérito o sigilo necessário à elucidação do fato ou exigido pelo interesse da sociedade". Portanto, em momento algum ali está dito que o sigilo é obrigatório. Na verdade, consta do art. 20 que o sigilo pode ser decretado, se necessário. Seja como for, tal sigilo não pode ser oposto contra o advogado do indiciado e do membro do Ministério Público, devendo, ainda, ser aplicado o enunciado da Súmula Vinculante 14 do STF, que dispõe ser direito do defensor, no interesse do representado, ter acesso amplo aos elementos de prova que, já documentados em procedimento investigatório realizado por órgão com competência de polícia judiciária, digam respeito ao exercício do direito de defesa. Logo, admite-se que o sigilo possa prosseguir quanto aos elementos ainda não documentados. Admite-se, também, que o sigilo seja oposto para não prejudicar o andamento de determinadas diligências, sendo exemplos comuns o sigilo sobre futura realização de busca e sobre autorização de interceptação telefônica.

Alternativa "D": o exemplo do enunciado da questão expõe um dos problemas mais controvertidos do processo penal moderno. Com efeito, tem-se aqui, de um lado, o direito e dever do Estado em apurar os delitos, bem como o direito da sociedade à segurança pública. De outro, há o direito do indiciado de não produzir prova contra si mesmo. A doutrina divide-se a respeito do tema. Em resumo, há entendimento de que o direito à segurança e à investigação de casos graves preponderaria face a tal direito do indiciado, isso em razão da aplicação do princípio da proporcionalidade. Outra corrente discorda, afirmando que o direito em questão corresponderia a uma norma-regra – não uma norma-princípio – não admitindo ponderação, ou seja, que seja afastado com a aplicação do princípio da proporcionalidade. Este é realmente um resumo muitíssimo breve da discussão. A alternativa faz menção a um suposto posicionamento do STF. Porém, não tem sido este o entendimento da Suprema Corte. Como exemplo, podemos citar o HC 99.245-RJ, que teve como relator o Min. Gilmar Mendes. Ali, nota-se que o STF não anulou o processo, visto que não viu a ilicitude de exame grafotécnico, pois o imputado não foi forçado a fornecer material para perícia, que foi feita com base em documentos preexistentes.

Alternativa "E": é perfeitamente possível a concessão de fiança a crimes apenados com reclusão ou detenção, seja qual for a pena. A nova sistemática adotada pelo CPP limita a aplicação da fiança apenas a casos determinados, não sendo mais o montante da pena o critério determinante.

---

18. (FUNCAB – Delegado de Polícia – RJ/2012) Marque a resposta correta.

a) O princípio da identidade física do juiz consiste na dimensão formal do princípio do juiz natural, enquanto a vedação de tribunais de exceção e escolha de juiz traduzem a dimensão substancial do juiz natural.

b) São incontestáveis, na doutrina e na jurisprudência, o poder de investigação direta do Ministério Público e a prerrogativa legal de tomar assento imediatamente à direita e no mesmo plano do Magistrado, sem que haja, com isso, ofensa ao sistema acusatório ou à paridade de armas.

c) O STF admite como prova a gravação ambiental de conversas entre particulares, mas não admite a gravação clandestina de conversa informal entre agentes policiais e o indiciado, este último, em razão do direito constitucional ao silêncio.

d) A Constituição de 1988 consagrou expressamente, no processo penal brasileiro, o princípio da verdade real. Por isso o Juiz poderá, de ofício, produzir prova no curso do processo.

e) O Delegado de Polícia não pode ordenar buscas domiciliares. Este poder, contudo, foi atribuído, excepcionalmente, às CPIs, que possuem poderes de investigação típicos da autoridade judiciária.

COMENTÁRIOS

✪ **Nota do autor:** cremos que o tópico ideal para inserir esta questão é o referente aos princípios aplicados ao processo penal, vez que as alternativas os têm pelo menos como pano de fundo.

Alternativa correta: letra "C": o imputado tem o direito ao silêncio, que é decorrência do princípio *nemo* *tenetur se detegere*, segundo o qual ninguém pode ser obrigado a produzir prova contra si mesmo. Assim, desde o primeiro contato com a autoridade policial e seus agentes, deve ser o imputado informado de que tem tal direito. O STF já decidiu não ser admissível gravação clandestina de conversa informal entre o imputado e policiais, justamente porque tal prova fere tal garantia. Nesse sentido, decisão já antiga, porém atual, do STF: "(...) Gravação clandestina de 'conversa informal' do indiciado com policiais. (...) Ilicitude decorrente – quando não da evidência de estar o suspeito, na ocasião, ilegalmente preso ou da falta de prova idônea do seu assentimento à gravação ambiental – de constituir, dita 'conversa informal', modalidade de 'Interrogatório' sub-reptício, o qual – além de realizar-se sem as formalidades legais do interrogatório no inquérito policial (C.Pr.Pen., art. 6º, V) –, se faz sem que o indiciado seja advertido do seu direito ao silêncio. (...) O privilégio contra a autoincriminação – *nemo tenetur se detegere* –, erigido em garantia fundamental pela Constituição – além da inconstitucionalidade superveniente da parte final do art. 186 C.Pr. Pen. – importou compelir o inquiridor, na polícia ou em juízo, ao dever de advertir o interrogado do seu direito ao silêncio: a falta da advertência – e da sua documentação formal – faz ilícita a prova que, contra si mesmo, forneça o indiciado ou acusado no interrogatório formal e, com mais razão, em 'conversa informal' gravada, clandestinamente ou não. (...)" (HC 80.949-RJ, Rel. Min. Sepúlveda Pertence, j. 30.10.2001). Por outro lado, o STF vem admitindo como prova a gravação clandestina entre particulares, feita por um dos interlocutores. Em decisão mais recente que a anterior: "Trancamento de ação penal. investigação criminal realizada pelo Ministério Público. Excepcionalidade do caso. Possibilidade. gravação clandestina (gravação de conversa telefônica por um interlocutor sem o conhecimento do outro). Licitude da prova. Precedentes. ordem denegada. (...) Gravação clandestina (Gravação de conversa telefônica por um interlocutor sem o conhecimento do outro). Licitude da prova. Por mais relevantes e graves que sejam os fatos apurados, provas obtidas sem a observância das garantias previstas na ordem constitucional ou em contrariedade ao disposto em normas de procedimento não podem ser admitidas no processo; uma vez juntadas, devem ser excluídas. O presente caso versa sobre a gravação de conversa telefônica por um interlocutor sem o conhecimento de outro, isto é, a denominada "gravação telefônica" ou "gravação clandestina". Entendimento do STF no sentido da licitude da prova, desde que não haja causa legal específica de sigilo nem reserva de conversação. Repercussão geral da matéria (RE 583.397/RJ). 3. Ordem denegada" (HC 91.613-MG, Rel. Min. Gilmar Mendes, j. 15.05.2012).

Alternativa "A": falar em princípio do juiz natural, significa dizer que os critérios de competência devem estar previamente previstos na CF e na lei, não sendo possível a designação de juiz especialmente para julgar determinado caso e nem a instituição de tribunal de exceção, ou seja, formado especialmente para julgá-lo. O princípio da identidade física do juiz não guarda relação direta, mas apenas indireta, com o princípio do juiz natural. Simplesmente, no foro natural da causa, a instrução é realizada sob a presidência de determinado juiz (juiz natural), que, então, deverá julgar a causa, eis que teve contato direto com a colheita das provas (identidade física). Até a reforma de 2008, não era previsto tal princípio da identidade física no processo penal, sendo, somente então, reconhecido.

Alternativa "B": esses pontos não são pacíficos na doutrina e na jurisprudência. Quanto ao poder de investigação do Ministério Público, há muita divisão na doutrina, embora não na jurisprudência, que o admite no processo penal. O STF firmou posicionamento no sentido de que o Ministério Público tem poder investigatório na área criminal: "(...) Questão constitucional com repercussão geral. Poderes de investigação do Ministério Público. Os artigos 5º, incisos LIV e LV, 129, incisos III e VIII, e 144, inciso IV, § 4º, da Constituição Federal, não tornam a investigação criminal exclusividade da polícia, nem afastam os poderes de investigação do Ministério Público. Fixada, em repercussão geral, tese assim sumulada: 'O Ministério Público dispõe de competência para promover, por autoridade própria, e por prazo razoável, investigações de natureza penal, desde que respeitados os direitos e garantias que assistem a qualquer indiciado ou a qualquer pessoa sob investigação do Estado, observadas, sempre, por seus agentes, as hipóteses de reserva constitucional de jurisdição e, também, as prerrogativas profissionais de que se acham investidos, em nosso País, os Advogados (Lei 8.906/94, artigo 7º, notadamente os incisos I, II, III, XI, XIII, XIV e XIX), sem prejuízo da possibilidade – sempre presente no Estado democrático de Direito – do permanente controle jurisdicional dos atos, necessariamente documentados (Súmula Vinculante 14), praticados pelos membros dessa instituição'. Maioria. (...)" (RE 593.727-MG, Rel. Min. Gilmar Mendes, j. 14.05.2015). O STJ também tem admitido a existência de tal poder. De outra parte, sentar-se à direita do juiz é prerrogativa do membro do Ministério Público, prevista tanto na Lei 8.625/1993, quanto na LC 75/1993. Cresce, porém, na doutrina posicionamento de que tal prerrogativa fere a paridade de armas.

Alternativa "D": não há nenhuma consagração expressa do princípio da verdade real. A doutrina vem também questionando sua existência. Também questionamos. Pensamos que o processo deve ter como um de seus objetivos o de apurar a verdade, mas uma verdade possível, processual, limitada pelas regras constitucionais e de tratados de direitos humanos. Ora, se buscássemos a verdade "real", não haveria razão alguma para se proibir a utilização de provas ilícitas.

Alternativa "E": pelo princípio da reserva de jurisdição, somente autoridade judiciária pode autorizar a adoção, no processo ou na fase investigatória, de certas medidas que importem em restrição a determinados direitos individuais. O STF vem reconhecendo tal princípio, inclusive limitando os poderes das CPIs, não obstante os poderes a ela atribuídos pela CF. De fato, como visto em questão anterior acima, a Corte Suprema vem entendendo que as Comissões Parlamentares não têm poder para determinar prisões preventivas ou temporárias, interceptações telefônicas ou ambientais, bem como buscas e apreensões.

19. (FUNCAB – Delegado de Polícia – RJ/2012) Um Delegado de Polícia, em 10/04/2012, ou seja, após o julgamento pelo STF da ADI 4424 (09/02/2012), que entendeu ser a ação penal por lesão corporal leve, no âmbito da violência doméstica contra a mulher, pública incondicionada, se depara com notícia de um crime de lesão corporal leve, no âmbito da violência doméstica contra a mulher, ocorrido em 04/01/2012, ou seja, antes do julgamento da referida ADI 4424, sem que a vítima tenha representado. Tendo em conta o controle de constitucionalidade na via abstrata pelo STF, em matéria penal, doutrinariamente é possível dizer que:

a) Nesse caso, por força do art. 5, LX, da CRF (princípio da retroatividade benéfica e irretroatividade *in malan partem*), os efeitos do controle abstrato devem ser adstritos à técnica de declaração de inconstitucionalidade sem pronúncia de nulidade, ou seja, efeito *ex tunc*, devendo o Delegado instaurar o inquérito.

b) O STF, no controle de constitucionalidade pela via abstrata, exerce função típica, jurisdicional, e, mesmo em tema de normas processuais mistas, sua decisão é erga omnes, com efeito vinculante inter partes. O Delegado deverá instaurar o inquérito.

c) Quando a lei processual mista for declarada inconstitucional ou tiver interpretação fixada cujo efeito seja prejudicial ao réu, por força do princípio da irretroatividade da lei penal prejudicial (art. 5°, LX, CRF/88), seus efeitos deverão ser prospectivos, ou seja, ocorrerá declaração de inconstitucionalidade sem pronúncia de nulidade. O Delegado não poderia instaurar o inquérito.

d) Nesse caso, indiscutivelmente, o Delegado de Polícia deverá instaurar o inquérito independentemente de representação da vítima, pois a decisão do STF é vinculante e erga omnes, não encontrando qualquer outro limite, vez que a Corte atua como legislador positivo.

e) Por se tratar de lei material, o caso reclama a técnica de controle de constitucionalidade com pronúncia de nulidade, atribuindo-se efeito ex nunc. Assim, não poderia o Delegado instaurar inquérito.

COMENTÁRIOS

✪ **Nota do autor:** a Lei Maria da Penha (Lei 11.340/2006) proibiu a aplicação da Lei 9.099/1995 aos crimes envolvendo violência doméstica praticados contra mulher. Esse dispositivo acabou trazendo algumas discussões, vez que foi esta última lei que trouxe a necessidade de representação da vítima nos crimes de lesões corporais leves. Então, o que exatamente, da Lei 9.099, não poderia ser aplicado? O STF, na ADIn 4.424, decidiu que nada poderia ser aplicado aos delitos de violência doméstica. A partir de tal entendimento, julgou-se desnecessária a representação da vítima nos casos de violência doméstica contra a mulher, caracterizadora do crime de lesões corporais leves. Ou seja, julgou-se que se tratava de crime de ação penal pública incondicionada.

Alternativa correta: letra "C" (responde todas as demais alternativas): a Lei Maria da Penha é nitidamente uma lei mista, ou seja, traz dispositivos de caráter penal e outros de caráter processual. Nesse caso, prevalece a natureza penal, de modo que não pode retroagir, exceto para beneficiar o imputado. A necessidade ou não de representação da vítima é típico ponto que mistura conteúdo penal e processual. Sim, pois dizer que a representação é necessária, significa afirmar a existência de uma condição de procedibilidade da ação penal – ponto de natureza processual; mas, ao mesmo tempo, significa trazer uma exigência a mais para que o direito de punir do Estado seja exercido, sem a qual haverá a extinção da punibilidade – o que tem caráter penal. Assim, não é possível a retroação da lei nova que deixar de exigir a representação da vítima. Porém, no caso da questão, a nosso ver, a lei era clara, desde sua promulgação: não era exigível a representação da vítima. Portanto, a lei não poderia retroagir, mas deveria ser aplicada aos casos surgidos após sua promulgação. O problema é que a questão não diz respeito à retroação da lei propriamente, mas da retroação da interpretação que se deu a ela com o julgamento da ADIn acima citada. No caso, a decisão do STF foi prejudicial aos acusados de violência doméstica contra a mulher, pois deixou assentado não ser exigível a representação da vítima para que seja proposta a ação penal. O STF, na verdade, não julgou inconstitucional a lei, mas deu a ela interpretação conforme a CF. Em casos como esse, tem-se entendido que os efeitos devem ser prospectivos, de modo que a inexigência de representação da vítima somente seria aplicada a partir do julgamento do STF. Portanto, no caso em tela, o delegado não poderia instaurar inquérito sem a representação. De nossa parte, discordamos, pois, conforme já expusemos acima, a Lei Maria da Penha nunca permitiu a aplicação da Lei 9.099, não excluindo nada, ou seja, afastando inclusive a necessidade de representação. Portanto, deveria ter sido assim aplicada desde sua promulgação, aos casos ocorridos desde então.

20. (FUNCAB – Delegado de Polícia – RJ/2012) A Constituição adotou um processo penal com cariz acusatório. Nesse contexto, a entrega da função de polícia judiciária a órgãos policiais é fundamental para a efetivação de tal sistema, como fez o art. 144 da CRF/1988. Ao lado disso, a presunção de inocência se irradia para o campo probatório. Já o artigo 156 do CPP, dispõe: A prova da alegação incumbirá a quem a fizer, sendo, porém, facultado ao juiz de ofício: I – ordenar, mesmo antes de iniciada a ação penal, a produção antecipada de provas consideradas urgentes e relevantes, observando a necessidade, adequação e proporcionalidade da medida; II – determinar, no curso da instrução, ou antes de proferir sentença, a realização de diligências para dirimir dúvida sobre ponto relevante. Com efeito, marque a resposta INCORRETA.

a) Para parte da doutrina, o inciso I do art. 156 do CPP é inconstitucional por transferir para o juiz as funções típicas do Delegado de Polícia.

b) Parte da doutrina sustenta que a natureza jurídica da prova é de um direito correlato ao direito de ação e de defesa, sendo atividade própria das partes e não do órgão jurisdicional, portanto, o inciso II do art. 156 do CPP seria inconstitucional.

c) Em razão da presunção de inocência, o ônus da prova no processo penal é da acusação.

d) É pacífico que no processo penal brasileiro existe o princípio da verdade real, que está consagrado no art. 156 do CPP, justificando a atividade investigatória e probatória do juiz.

e) A presunção de inocência possui axiologia tridimensional, atuando como regra de tratamento, regra de julgamento e regra de garantia.

COMENTÁRIOS

✪ **Nota do autor:** o tema que perpassa a maioria das alternativas – salvo a alternativa correta – é o do princípio acusatório. Adotando as lições, vistas acima, de Ada Pellegini Grinover (A iniciativa instrutória do juiz no processo penal acusatório, *Revista Brasileira de Ciências Criminais*, nº 27, 1999), no sistema acusatório "as funções de acusar, defender e julgar são atribuídas a órgãos distintos", enquanto no sistema inquisitório "as funções estão reunidas e o inquisidor deve proceder espontaneamente. É só no processo acusatório que o juízo penal é o *actum trium personarum* (...), enquanto no processo inquisitório a investigação unilateral a tudo se antepõe (...)". No sistema acusatório, os elementos de informação colhidos na fase pré-judicial servem apenas para o convencimento do órgão acusatório, normalmente não podendo fazer parte do processo ou ser valorados pelo julgador como provas. Além disso, no sistema acusatório "o exercício da jurisdição depende de acusação formulada por órgão diverso do juiz (...)" e "todo o processo deve desenvolver-se em contraditório pleno, perante o juiz natural".

Alternativa incorreta: letra "D": o art. 156 do CPP ficou muito longe de consagrar o princípio da verdade real. Nada do que consta em tal dispositivo impõe a conclusão da alternativa. Como já comentamos em outra questão, tem-se questionado muito a existência do princípio da verdade real, sob o argumento de que, no processo penal, embora se deva buscar a verdade, esta deve ser a verdade possível, processual, limitada por direitos e garantias, como a proibição da utilização da prova ilícita. Num sistema em que se busca a verdade real, a prova ilícita teria que ser admitida.

Alternativa "A": o art. 156, I, do CPP diz que a prova da alegação incumbirá a quem a fizer, sendo, porém, facultado ao juiz, de ofício, "ordenar, mesmo antes de iniciada a ação penal, a produção antecipada de provas consideradas urgentes e relevantes, observando a necessidade, adequação e proporcionalidade da medida". Notem como o *caput* adota, como regra, a ideia de que as alegações sobre fatos devem ser provadas por quem as fizer (permitam-nos um parêntese: concordamos com a doutrina que afirma ser o objeto da prova não "fatos" discutidos no processo, mas "alegações sobre fatos"). Porém, o direito processual brasileiro, ao contrário do que faz outros ordenamentos processuais penais, não tornou o juiz uma figura inerte, dando-lhe – a nosso ver, corretamente – alguns poderes. O problema está no tamanho destes. Para parte da doutrina, o inciso I do art. 156 é inconstitucional não porque transfere ao juiz atividade típica de delegado de polícia – porque delegado não produz prova, mas elementos informativos –, mas porque a iniciativa da atividade probatória deve ser do Ministério Público ou da Defesa e, somente excepcionalmente, do juiz. O problema com o inciso está, efetivamente, na iniciativa do magistrado em produzir prova antecipada – ex.: oitiva de testemunha, sob contraditório, sob a alegação de doença grave dela, que pode tornar impossível a oitiva no momento processual ordinário. Afirma-se que o juiz não pode envolver-se na produção da prova, de ofício, quando o caso ainda está na fase de investigação, cabendo ao Ministério Público ou à Defesa do investigado apresentar tal pedido. Somente então é que o juiz poderá determinar a produção antecipada da prova, que assim estará resguardada e poderá ser valorada futuramente, em caso de ser proposta a ação. Concordamos com tal entendimento, pois o inciso I do art. 156, na parte em que permite a atuação *ex officio* do juiz, na fase de investigação, fere o princípio acusatório.

Alternativa "B": o inciso II do art. 156 do CPP dispõe que o juiz poderá de ofício determinar, no curso da instrução, ou antes de proferir sentença, a realização de diligências para dirimir dúvida sobre ponto relevante. Parte da doutrina realmente entende que o juiz não poderia, de ofício, determinar tais diligências no curso da ação penal. Discordamos, pois nosso modelo de processo não prevê a figura de um juiz inerte, com iniciativa probatória exclusiva das partes. Logicamente, não cabe ao juiz suprir deficiência do órgão acusatório, já que a regra básica do *caput* do art. 156, vista acima, é de que cabe a tal parte o ônus de provar aquilo que alega nos autos. Mas, dentro dessa baliza, pode o juiz suprir alguma dúvida que tenha restado, inclusive aquela que venha a favorecer o acusado.

Alternativa "C": para nós, o ônus da prova no processo penal é da acusação, embora haja entendimentos, mais tradicionais, de que cabe ao acusado demonstrar sua alegação que implique em álibi, causa de exclusão da ilicitude ou causa de exclusão da culpabilidade. Entendemos, inclusive, que é decorrência da presunção de inocência caber ao órgão acusatório afastá-la por meio da atividade probatória; se o não fizer, o réu deverá ser absolvido, pois a presunção terá prevalecido.

Alternativa "E": é exatamente este o entendimento que prevalece na doutrina. Como regra de tratamento, o princípio impõe que o imputado seja tratado, ao longo de toda a persecução penal – i.e., na fase de investigação e na processual – como inocente. Assim, não se pode, por exemplo, partir do pressuposto de que ele cometeu o crime e utilizar isso como fundamento para qualquer medida processual restritiva de direito, como a prisão preventiva, por exemplo. Atua, também, como uma garantia do acusado, de que não será jamais considerado culpado, a não que haja uma condenação definitiva, ou seja, com trânsito em julgado. As decorrências de ser o princípio visto como regra de tratamento e de garantia traz algumas consequências. Por exemplo, a aplicação do princípio do *favor rei*: havendo duas interpretações para uma mesma regra, deve-se preferir a mais benéfica ao acusado. Como regra de julgamento, a presunção de inocência deve ser o ponto de partida do juiz, de modo que este deve, justificadamente, revelar quais os elementos de prova que são aptos para afastá-la; do contrário, o juiz não pode condenar o acusado. Vem dessa ideia a conclusão de que, na dúvida, o réu deve ser absolvido (*in dubio pro reo*). O STF distanciou-se dessa visão descrita acima sobre o princípio da presunção de inocência. Embora a CF afirme que o marco a partir do qual cessa a garantia é o do trânsito em julgado, o STF entendeu que a presunção de inocência termina quando esgotada a via recursal ordinária, ainda que não tenha havido o trânsito em julgado da condenação. Tal polêmica decisão foi proferida em 2016, no HC 126.292-SP e confirmada depois, com vinculantes e *erga omnes*. Assim, a Corte Suprema entendeu possível o início da execução da pena imediatamente depois do julgamento do recurso em segunda instância. Portanto, o STF agora entende ser possível a prisão para cumprimento da pena ainda que haja recurso especial ou extraordinário pendente, isso porque não mais será possível a discussão do fato e da prova. A nosso ver, pode haver, sim, em sede de recurso extraordinário ou especial, reflexos da decisão sobre a prova – e, portanto, sobre a matéria fática provada, além do que há próprio o texto constitucional a respeito do trânsito em julgado, que traz um limite interpretativo evidente. Parece-nos que o STF encontrou um meio de superá-lo e as notícias da imprensa têm revelado certo arrependimento de alguns ministros. Ou seja, nos próximos meses, tal entendimento pode mudar, razão pela qual o leitor deve ficar atento às notícias sobre o STF.

21. (FUNCAB – Delegado de Polícia – RJ/2012) Leia as assertivas a seguir e marque a alternativa correta.

I. A fórmula-objeto de Günther Dürig é uma das construções teóricas mais convincentes para a compreensão do princípio constitucional da dignidade humana. Segundo ela, tal princípio é violado, sempre que o ser humano é reificado. Essa concepção tem influenciado a jurisprudência do STF, como se extrai concretamente da Súmula Vinculante número 11.

II. A Súmula Vinculante número 11 do STF traz como requisitos para o uso da algema: (I) a resistência; (II) o fundado receio de fuga ou (III) o perigo à integridade física própria ou alheia. Seu emprego pode ser no preso ou em terceiros.

III. O uso de algema, apesar de não ser tido como excepcional, deve ser justificado por escrito, isto é, trata-se de decisão administrativa ou judicial, discricionária e motivada.

IV. Um dos efeitos da violação da Súmula Vinculante nº11 do STF é a nulidade da prisão. No entanto, esta consequência deve ser vista com cautela. Não gera ilegalidade da prisão em flagrante o fato de o condutor aplicar abusivamente a algema, restando ao caso as responsabilidades civil, penal e administrativa. Não obstante, a nulidade da prisão pode advir, por exemplo, do emprego abusivo de algema pelo Delegado de Polícia, durante o reconhecimento.

a) Apenas I e III estão corretas.

b) Apenas II e III estão corretas.

c) Apenas III e IV estão corretas.

d) Apenas I, II e IV estão corretas.

e) Apenas II, III e IV estão corretas.

COMENTÁRIOS

Alternativa correta: estão certas as Assertivas I, II e IV.

Assertiva I: certo. Segundo o STF, o homem não pode se tornar objeto dos processos estatais, adotando, de modo confesso – como se deu na Extradição 986-BO, Rel. Min. Eros Grau, j. 15.08.2007 –, a fórmula-objeto de Günther Dürig, professor da Universidade de Tübingen. Também tal fórmula foi inspiração para o julgamento do HC 91.952-SP, a partir do qual surgiu a Súmula Vinculante 11, a respeito das algemas. Por sinal, a Lei 13.434/2017 acrescentou um parágrafo único ao art. 292 do CPP, estabelecendo ser vedado o uso de algemas em mulheres grávidas durante os atos médico-hospitalares preparatórios para a realização do parto e durante o trabalho de parto, bem como em mulheres durante o período de puerpério imediato.

Assertiva II: certo. É o entendimento que se extrai da Súmula Vinculante 11: "Só é lícito o uso de algemas em casos de resistência e de fundado receio de fuga ou de perigo à integridade física própria ou alheia, por parte do preso ou de terceiros, justificada a excepcionalidade por escrito, sob pena de responsabilidade disciplinar, civil e penal do agente ou da autoridade e de nulidade da prisão ou do ato processual a que se refere, sem prejuízo da responsabilidade civil do Estado".

Assertiva III: errado. O uso de algemas é excepcional, como dispõe expressamente a Súmula Vinculante 11. E não se trata de ato discricionário, eis que sua utilização está limitada para os casos de resistência, de receio fundado de fuga ou perigo à integridade física.

Assertiva IV: certo. O uso abusivo da algema no reconhecimento pode gerar a nulidade da prisão e também do ato do reconhecimento em si, visto ser evidente que seu uso pode influenciar o próprio comportamento da pessoa que irá realizar o ato.

22. (Delegado de Polícia – SP/ 2011 – ACADEPOL) A respeito da entrevista do preso em flagrante com seu advogado, é correto afirmar.

a) É assegurada, de forma reservada, até mesmo antes do seu interrogatório.

b) Poderá ocorrer, antes do interrogatório, em presença da autoridade policial.

c) Poderá ocorrer, reservadamente, após a emissão da nota de culpa.

d) Antes do interrogatório, somente poderá ocorrer em presença do condutor do preso.

e) Trata-se de direito processual, não aplicável na fase inquisitiva.

COMENTÁRIOS

✪ **Nota do autor:** o inciso LXIII do art. 5º da CF garante que "o preso será informado de seus direitos, entre os quais o de permanecer calado, sendo-lhe assegurada a assistência da família e de advogado". Vejamos, nos comentários abaixo, as consequências de tal garantia.

Alternativa correta: letra "A": se tem o preso o direito de assistência de advogado quando for preso, obviamente tal assistência inclui o de receber a devida orientação jurídica do citado profissional. Para tanto, deve ser garantida uma entrevista reservada entre preso e advogado (art. 7º, III, Lei 8.906/1994 – Estatuto da Advocacia e da OAB), de preferência antes do interrogatório, para que realmente tal garantia tenha alguma aplicação prática, pensando-se em outro princípio – que, de certo modo, abarca tal garantia –, qual seja, o da ampla defesa: o profissional poderá orientar o preso quanto ao que declarar ou não em seu interrogatório e até mesmo sobre eventual vantagem do silêncio.

Alternativa "B" (responde, também, a alternativa "D"): a entrevista deve ser reservada, como estabelece o art. 7º, III, da Lei 8.906/1994.

Alternativa "C": a emissão da nota de culpa se dá depois do interrogatório. Portanto, a entrevista e a orientação do advogado deve anteceder tal momento.

Alternativa "E": tal direito é aplicável a todas as fases da persecução penal.

23. (Delegado de Polícia – SP/ 2011 – ACADEPOL) Historicamente, o processo penal acusatório distinguia-se do inquisitório porque enquanto o primeiro era

a) escrito e público, o segundo era oral e sigiloso.

b) escrito e sigiloso, o segundo era oral e público.

c) misto (oral e escrito), o segundo era exclusivamente oral.

d) oral e público, o segundo era escrito e sigiloso.

e) oral e sigiloso, o segunde era escrito e público.

COMENTÁRIOS

✪ **Nota do autor:** adotando as lições de Ada Pellegini Grinover (A iniciativa instrutória do juiz no processo penal acusatório, *Revista Brasileira de Ciências Criminais*, nº 27, 1999), no sistema acusatório "as funções de acusar, defender e julgar são atribuídas a órgãos distintos", enquanto no sistema inquisitório "as funções estão reunidas e o inquisidor deve proceder espontaneamente. É só no processo acusatório que o juízo penal é o *actum trium personarum* (...), enquanto no processo inquisitório a investigação unilateral a tudo se antepõe (...)". No sistema acusatório, os elementos de informação colhidos na fase pré-judicial servem apenas para o convencimento do órgão acusatório, normalmente não podendo fazer parte do processo ou ser valorados pelo julgador como provas. Além disso, no sistema acusatório "o exercício da jurisdição depende de acusação formulada por órgão diverso do juiz (...)" e "todo o processo deve desenvolver-se em contraditório pleno, perante o juiz natural".

Alternativa correta: letra "D" (responde todas as demais alternativas): o processo acusatório caracteriza-se pela separação das figuras do acusador e do julgador e, na fase pré-processual, pela separação do investigador e do julgador. Corolário do sistema acusatório é a oralidade – embora, possa haver processo acusatório com menor característica de oralidade – e a publicidade. O sistema inquisitório, por outro lado, normalmente deixa de lado a oralidade e caracteriza-se pelo sigilo, inclusive em relação ao acusado.

24. (Delegado de Polícia – MT/ 2010 – UNEMAT) Assinale a alternativa que destoa do sistema acusatório encampado pelo Código de Processo Penal.

a) Isonomia Processual.

b) Ampla defesa.

c) Presunção de inocência.

d) Produção de provas ex *officio* pelo juiz em fase inquisitiva.

e) Obrigatoriedade de motivação das decisões judiciais.

COMENTÁRIOS

✪ **Nota do autor:** basicamente, o sistema acusatório pressupõe uma separação entre as funções de acusar e julgar, bem como de investigar e julgar. Trata-se, segundo a maioria da doutrina, de princípio aplicável ao processo penal brasileiro, decorrente da própria CF.

Alternativa correta: letra "D": no sistema acusatório, o juiz não pode produzir provas na fase inquisitiva, pré-processual, salvo se houver necessidade de antecipação, nos termos do art. 156, I, do CPP. É verdade que tal dispositivo prevê que o juiz poderá determinar a produção da prova, de ofício, antes de iniciada a ação penal. Porém, pensamos ser tal permissão legal inconstitucional, eis que colide frontalmente com o princípio acusatório. Nada impede, porém, que haja a produção de prova, desde que requerida pelo Ministério Público. Note-se que, coerentemente com tal princípio, o CPP também impede que o juiz decrete, de ofício, prisão preventiva na fase investigatória.

Alternativa "A": a igualdade entre as partes é almejada no processo, sendo característica do devido processo legal, não destoando, portanto, do sistema acusatório.

Alternativa "B": a ampla defesa é garantia constitucional (art. 5º, LV), sendo princípio complexo, incluindo o direito à autodefesa, o direito à defesa técnica, o direito a produzir provas, o direito de presença aos atos do processo; o direito de postular pessoalmente; o direito de audiência, de não produzir prova contra si mesmo etc. Não é, por óbvio, destoante do princípio acusatório.

Alternativa "C": tal princípio decorre do art. 5º, LVII, da CF. Significa que ninguém pode ser considerado culpado antes que advenha sentença penal condenatória com trânsito em julgado. Disso decorrem diversas consequências, sendo importante sublinhar: a) o acusado não tem que provar sua inocência, cabendo a prova da culpabilidade à parte acusadora; b) não é possível execução provisória da pena, a não ser para fins de progressão de regime ou aplicação de regime menos severo (v. STF, Súmulas 716 e 717; em 2016 recentemente, contrariando sua mais recente jurisprudência, o STF mudou radicalmente de rumo, passando a entender que é possível a execução provisória da pena a partir do esgotamento da via recursal ordinária, momento em que deixa o condenado provisório de ser presumido inocente – v. HC 126.292-SP. Diga-se que o STF já tinha aceitado em julgado anterior a possibilidade de execução da pena antes do trânsito em julgado, além dos casos das Súmulas 716 e 717,, quando o recurso interposto pelo acusado era claramente protelatório. Porém, tratava-se, segundo se acreditava, de exceção ao entendimento então prevalecente, que apenas o confirma como regra. Ledo engano). Atenção: o STF pode rever tal entendimento). Não destoa do sistema acusatório.

Alternativa "E": é uma exigência da CF (art. 93, IX, CF) a fundamentação das decisões judiciais, não havendo qualquer incompatibilidade com o princípio acusatório.

25. (Delegado de Polícia – PI/ 2009 – NUCEPE) Considerando os princípios do processo penal, pode-se dizer que **não** se aplica às ações penais de iniciativa privada:

a) o princípio da legalidade.
b) o princípio da indisponibilidade.
c) o princípio da demanda.
d) o princípio da paridade de armas.
e) o princípio da oportunidade.

COMENTÁRIOS

Alternativa correta: letra "B": o princípio da indisponibilidade somente se aplica às ações penais públicas. Segundo o princípio, uma vez proposta a ação penal pública pelo Ministério Público, este não pode dela desistir. O princípio encontra-se gravado no CPP, em seu art. 42 ("O Ministério Público não poderá desistir da ação penal").

Alternativa "A": o princípio da legalidade aplica-se às ações penais privadas, devendo ser observados os procedimentos trazidos pela lei, somente sendo cabíveis tais ações nos casos expressamente previstos na legislação penal e processual.

Alternativa "C": pelo princípio da demanda (também chamado de princípio dispositivo, ou da ação, ou da iniciativa das partes), a atividade jurisdicional deve ser provocada por meio da ação, o que se aplica, por óbvio, também às ações penais privadas, já que o juiz não pode instaurá-las de ofício.

Alternativa "D": o princípio da paridade de armas (ou da igualdade entre as partes) significa que a Defesa deve ter os mesmos direitos, no processo, que o Ministério Público e vice-versa. É a igualdade formal, que decorre do art. 5º, *caput*, da CF. Mas, há a necessidade também da igualdade substancial, com a criação de mecanismos que garantam, efetivamente, a igualdade entre as partes no processo, já que a realidade mostra que, na prática, há desigualdade de forças entre o acusado – ou a maioria deles, que não possuem recursos para bancar, por exemplo, assistentes técnicos ou investigações privadas – e o Ministério Público. Alguns mecanismos foram criados, como no caso dos embargos infringentes (só possível para a Defesa) e a revisão criminal (já que é vedada a revisão *pro societate*, ou seja, revisão existe só a favor do acusado). Naturalmente, aplica-se o princípio a todo o processo penal, incluindo às ações penais privadas.

Alternativa "E": o princípio da oportunidade aplica-se às ações penais privadas, pois cabe ao seu legitimado decidir se ingressa ou não em juízo com a ação. É o contrário do princípio da obrigatoriedade, aplicável às ações penais públicas, em que o Ministério Público é obrigado a oferecer a denúncia, se presentes provas do fato e indícios suficientes de autoria e ausentes causas de exclusão da ilicitude, salvo quando autorizado a agir de modo diverso, como se dá, por exemplo, no caso da Lei 12.850/2013, que autoriza o não oferecimento da denúncia contra o colaborador da Justiça em caso envolvendo organização criminosa e desde que não seja o investigado chefe desta e tenha sido o primeiro a colaborar.

26. (Delegado de Polícia – RJ/ 2009 – CEPERJ) Segundo o professor Canotilho, a densificação do sentido constitucional dos direitos, liberdades e garantias é mais fácil do que a determinação do sentido específico do enunciado "dignidade da pessoa humana". O eminente constitucionalista português afirma que pela análise dos direitos fundamentais, constitucionalmente consagrados, deduz-se que a raiz antropológica se reconduz ao homem como pessoa, como cidadão, como trabalhador e como administrado (CANOTILHO, J. J. Gomes. Direito Constitucional e Teoria da Constituição. 7ª edição, Almedina, 2003, p. 249).

Sobre a busca por uma "integração pragmática" do princípio da dignidade humana é correto afirmar:

a) A teoria dos três componentes é adequada às sugestões normativas da Constituição. Compõem a dignidade humana: 1) a integridade física e espiritual do homem; 2) o livre desenvolvimento da personalidade; 3) a garantia da autonomia individual através da vinculação dos poderes públicos a conteúdo, formas e procedimentos do Estado de Direito. Por tal razão o indiciado não pode ser algemado.
b) A teoria dos cinco componentes é adequada às sugestões normativas da Constituição. Compõem a dignidade humana: 1) a integridade física e espiritual do homem; 2) o livre desenvolvimento da personalidade; 3) a libertação da angustia da existência; 4) a garantia da autonomia individual através da vinculação dos poderes públicos a conteúdo, formas e procedimentos do Estado de Direito; 5) na igualdade

de tratamento perante a lei. Decorre daí que o sigilo no inquérito policial não visa apenas à função utilitarista para assegurar a eficiência da investigação, mas também a tutela da dignidade do indiciado.

c) A teoria dos quatro componentes é adequada às sugestões normativas da Constituição. Compõem a dignidade humana: 1) a integridade física e espiritual do homem; 2) o livre desenvolvimento da personalidade; 3) a garantia da autonomia individual através da vinculação dos poderes públicos a conteúdo, formas e procedimentos do Estado de Direito; 4) na igualdade de tratamento perante a lei. Decorre daí a necessidade de se garantir o sigilo total do inquérito policial.

d) A dignidade humana tem sua densificação em dois elementos: 1) a integridade física e espiritual do homem; 2) a garantia da autonomia individual através da vinculação dos poderes públicos a conteúdo, formas e processos do Estado de Direito, não se aplicando ao inquérito por ser este um procedimento administrativo desprovido de contraditório.

e) O princípio da dignidade humana é norma programática, ou seja, sua eficácia é limitada e consiste em inspirar os programas estatais inclusive à atividade legislativa relativamente ao processo penal.

COMENTÁRIOS

✪ **Nota do autor:** a questão lida com tema dos mais complexos, mais ligado ao direito constitucional, que irradia seus efeitos por todo o ordenamento, inclusive, por óbvio, ao processo penal. Não se trata apenas de norma programática, como afirma a alternativa "E", mas verdadeiro fundamento do Estado brasileiro (art. 1º, III, CF). Nos limitaremos a comentar a alternativa correta, pois esgota o assunto, como veremos.

Alternativa correta: letra "B": Canotilho apresenta, em seguida ao trecho acima transcrito, a teoria dos cinco componentes do constitucionalista alemão Plotlech. Diz o grande jurista português, na sequência do trecho já transcrito: "Quanto à dignidade da pessoa humana, a literatura mais recente procura evitar um conceito 'fixista', filosoficamente sobrecarregado (dignidade humana em sentido 'cristão e/ou cristológico', em sentido 'humanista--iluminista', em sentido 'marxista', em sentido 'sistémico', em sentido 'behaviorista'). Nesta perspectiva, tem-se sugerido uma 'integração pragmática', susceptível de ser condensada da seguinte forma: (1) Afirmação da integridade física e espiritual do homem como dimensão irrenunciável da sua individualidade autonomamente responsável (...). (2) Garantia da identidade e integridade da pessoa através do livre desenvolvimento da personalidade (...). (3) Libertação da 'angústia da existência' da pessoa mediante mecanismos de socialidade, dentre os quais se incluem a possibilidade de trabalho e a garantia de condições existenciais mínimas (...). (4) Garantia e defesa da autonomia individual através da vinculação dos poderes públicos a conteúdos, formas e procedimentos do Estado de direito. (5) Igualdade dos cidadãos, expressa na mesma dignidade social e na igualdade de tratamento normativo, (...), isto é, igualdade perante a lei. Esta 'teoria de cinco-componentes' (PODLECH) parece adequada às sugestões normativas da constituição e ao contexto jurídico-cultural". A afirmativa vai além e considera que o sigilo do inquérito existe não somente para proteção das informações contra o investigado, mas também, em razão da dignidade humana, para também protegê-la.

---

27. (Delegado de Polícia – RJ/ 2009 – CEPERJ) Dois acórdãos paradigmáticos do STF afirmam o seguinte: HABEAS CORPUS. INCONSTITUCIONALIDADE DA CHAMADA "EXECUÇÃO ANTECIPADA DA PENA". ART. 5º, LVII, DA CONSTITUIÇÃO DO BRASIL. 1. O art. 637 do CPP estabelece que "o recurso extraordinário não tem efeito suspensivo, e uma vez arrazoados pelo recorrido os autos do traslado, os originais baixarão à primeira instância para a execução da sentença". A Lei de Execução Penal condicionou a execução da pena privativa de liberdade ao trânsito em julgado da sentença condenatória. A Constituição do Brasil de 1988 definiu, em seu art. 5º, inciso LVII, que "ninguém será considerado culpado até o trânsito em julgado de sentença penal condenatória". 2. Daí a conclusão de que os preceitos veiculados pela Lei nº 7.210/84, além de adequados à ordem constitucional vigente, sobrepõem-se, temporal e materialmente, ao disposto no art. 637 do CPP. 3. Disso resulta que a prisão antes do trânsito em julgado da condenação somente pode ser decretada a título cautelar. 4. A ampla defesa, não se a pode visualizar de modo restrito. Engloba todas as fases processuais, inclusive as recursais de natureza extraordinária. Por isso, a execução da sentença após o julgamento do recurso de apelação significa, também, restrição do direito de defesa, caracterizando desequilíbrio entre a pretensão estatal de aplicar a pena e o direito, do acusado, de elidir essa pré-pretensão. 5. A antecipação da execução penal, ademais de incompatível com o texto da Constituição, apenas poderia ser justificada em nome da conveniência dos magistrados – não do processo penal. A prestigiar-se o princípio constitucional, dizem, os tribunais [leia-se STJ e STF] serão inundados por recursos especiais e extraordinários, e subsequentes agravos e embargos, além do que "ninguém mais será preso". Eis o que poderia ser apontado como incitação à "jurisprudência defensiva", que, no extremo, reduz a amplitude ou mesmo amputa garantias constitucionais. A comodidade, a melhor operacionalidade de funcionamento do STF, não pode ser lograda a esse preço. 6. Nas democracias, mesmo os criminosos são sujeitos de direitos. Não perdem essa qualidade, para se transformarem em objetos processuais. São pessoas inseridas entre aquelas beneficiadas pela afirmação constitucional da sua dignidade. É inadmissível a sua exclusão social, sem que sejam consideradas, em quaisquer circunstâncias, as singularidades de cada infração penal, o que somente se pode apurar plenamente quando transitada em julgado a condenação de cada qual Ordem concedida. **(STF, HC 85417, 02/09/08, Rel. para o acórdão Min. Eros Graus).**

A privação cautelar da liberdade individual reveste-se de caráter excepcional, somente devendo ser decretada ou mantida em situações de absoluta necessidade. A prisão cautelar, para legitimar – se em face de nosso sistema jurídico, impõe – além da satisfação dos pressupostos a que se refere o art. 312 do CPP (prova da existência material do crime e presença de indícios suficientes de autoria) – que se evidenciem, com fundamento em base empírica idônea, razões justificadoras da imprescindibilidade dessa extraordinária medida cautelar de privação da liberdade do indiciado ou do réu. – A questão da decretabilidade ou manutenção da prisão cautelar. Possibilidade excepcional, desde que satisfeitos os requisitos mencionados no art. 312 do CPP. Necessidade da verificação concreta, em cada caso, da imprescindibilidade da adoção dessa medida extraordinária. Precedentes. A MANUTENÇÃO DA PRISÃO EM FLAGRANTE – ENQUANTO MEDIDA DE NATUREZA CAUTELAR – NÃO PODE SER UTILIZADA COMO INSTRUMENTO DE PUNIÇÃO ANTECIPADA DO INDICIADO OU DO RÉU. – A prisão cautelar não pode – e não deve – ser utilizada, pelo Poder Público, como instrumento de punição antecipada daquele a quem se imputou a prática do delito, pois, no sistema jurídico brasileiro, fundado em bases democráticas, prevalece o princípio da liberdade, incompatível com punições sem processo e inconciliável com condenações sem defesa prévia. A prisão cautelar – que não deve ser confundida com a prisão penal – não objetiva infligir punição àquele que sofre a sua decretação, mas destina-se, considerada a função cautelar que lhe é inerente, a atuar em benefício da atividade estatal desenvolvida no processo penal. A GRAVIDADE EM ABSTRATO DO CRIME NÃO CONSTITUI FATOR DE LEGITIMAÇÃO DA PRIVAÇÃO CAUTELAR DA LIBERDADE. – A natureza da infração penal não constitui, só por si, fundamento justificador da decretação da prisão cautelar daquele que sofre a persecução criminal instaurada pelo Estado. Precedentes. AUSÊNCIA DE DEMONSTRAÇÃO, NO CASO, DA NECESSIDADE CONCRETA DE MANTER-SE A PRISÃO EM FLAGRANTE DO PACIENTE. – Sem que se caracterize situação de real necessidade, não se legitima a privação cautelar da liberdade individual do indiciado ou do réu. Ausentes razões de necessidade, revela-se incabível, ante a sua excepcionalidade, a decretação ou a subsistência da prisão cautelar. O POSTULADO CONSTITUCIONAL DA PRESUNÇÃO DE INOCÊNCIA IMPEDE QUE O ESTADO TRATE, COMO SE CULPADO FOSSE, AQUELE QUE AINDA NÃO SOFREU CONDENAÇÃO PENAL IRRECORRÍVEL. – A prerrogativa jurídica da liberdade – que possui extração constitucional (CF, art. 5º, LXI e LXV) – não pode ser ofendida por interpretações doutrinárias ou jurisprudenciais, que, fundadas em preocupante discurso de conteúdo autoritário, culminam por consagrar, paradoxalmente, em detrimento de direitos e garantias fundamentais proclamados pela Constituição da República, a ideologia da lei e da ordem. – Mesmo que se trate de pessoa acusa da suposta prática de crime hediondo, e até que sobrevenha sentença penal condenatória irrecorrível, não se revela possível – por efeito de insuperável vedação constitucional (CF, art. 5º, LVII) – presumir-lhe a culpabilidade. No sistema jurídico brasileiro, não se admite, por evidente incompatibilidade com o texto da Constituição, presunção de culpa em sede processual penal. Inexiste, em consequência, no modelo que consagra o processo penal democrático, a possibilidade jurídico-constitucional de culpa por mera suspeita ou por simples presunção. – Ninguém pode ser tratado como culpado, qualquer que seja a natureza do ilícito penal cuja prática lhe tenha sido atribuída, sem que exista, a esse respeito, decisão judicial condenatória transitada em julgado. O princípio constitucional da presunção de inocência, em nosso sistema jurídico, consagra, além de outras relevantes consequências, uma regra de tratamento que impede o Poder Público de agir e de se comportar, em relação ao suspeito, ao indiciado, ao denunciado ou ao réu, como se estes já houvessem sido condenados, definitivamente, por sentença do Poder Judiciário. Precedentes. Precedentes (STF, HC 93056, 16/12/2008, Ministro Celso de Mello).

Da leitura dos arestos supra pode-se dizer que o Desenho Constitucional do Processo Penal brasileiro tem cariz:

a) utilitarista
b) garantista
c) instrumentalista (instrumentalidade das formas)
d) finalista
e) positivista

COMENTÁRIOS

✪ **Nota do autor:** a alternativa correta é a **letra "B"**. Muito se fala em garantismo, mas pouco se explica tal questão. Assim, entendemos que é extremamente importante explicarmos tal ideia, que, por si, resolverá toda a questão. Por sinal, abordaremos os temas de todas as alternativas abaixo.

Alternativa correta: letra "B": o grande nome quando se fala em garantismo é o do italiano Luigi Ferrajoli, que escreveu importante e densa obra com título principal "Direito e Razão", já traduzida para nossa língua. Resumindo tal complexa obra neste espaço limitado, pode-se dizer que Ferrajoli traz um modelo penal garantista, tratando o garantismo sob três perspectivas: da racionalidade, da justiça e da legitimidade da intervenção do Estado na esfera punitiva. Do ponto de vista da racionalidade, o garantismo "designa um modelo normativo de direito, relacionado com o Direito Penal, um modelo de estreita legalidade, que, sob o plano epistemológico, caracteriza-se como um sistema cognitivo. Sob o plano político, o modelo normativo caracteriza-se como uma técnica de tutela idônea a minimizar a violência e a maximizar a liberdade. E sob o plano jurídico, como um sistema de vínculos impostos ao poder punitivo do Estado para garantia dos direitos dos cidadãos (...). O segundo significado de garantismo designa uma teoria jurídica da validade e da efetividade como categorias distintas entre si, mas também entre a existência vigência das normas. O garantismo opera como doutrina jurídica de legitimação interna do Direito Penal, que demanda do jurista uma constante revisão crítica acerca das leis vigentes, tanto do ponto de vista do direito válido como efetivo (...). O terceiro e último significado de garantismo designa uma filosofia política, que pressupõe a separação entre direito e moral, entre validade e justiça, entre ser e dever-ser (...)" (Bechara, Fábio Ramazzini. Garantia constitucional do processo justo: eficiência e garantismo. *In*: *Revista do Advogado*, ano XXXII, nº 117, AASP, p. 85). Os dois acórdãos citados na questão trazem reflexos do garantismo, já que buscam assegurar a observância dos direitos fundamentais, incrustados em princípio dos mais relevantes: o princípio da presunção da inocência. Notem que os dois julgados procuram dar a maior amplitude possível a tal princípio, sobretudo no primeiro caso, deixando claro que deve prevalecer ao que dispõe a lei ordinária: pouco importa que se saiba não terem os recursos especial e extraordinário efeito suspensivo, já que, no campo penal, não haverá execução da pena antes do trânsito em julgado e, assim, a prisão, antes disso, não será pena, mas custódia cautelar (como visto acima, a partir do HC 126.292-SP, o STF passou a entender que é possível a prisão para cumprimento de pena antes do trânsito em julgado, mas desde que esgotada a via recursal ordinária, ou seja, ainda que cabível ou pendente recurso especial ou extraordinário. A decisão contrariou jurisprudência da própria Corte Suprema e instalou a polêmica no meio jurídico brasileiro. Tal ponto foi por nós tratado em outras questões acima). No campo do processo penal, a obra de Ferrajoli é muito rica, trazendo importantes considerações sobre as provas e seus objetivos, deixando claro que o processo garantista não pode ser decisionista, mas um sistema cognitivo: o juiz decide desse ou daquele modo não porque tem poder, mas porque segue um modelo racional de valoração da prova, amparado por modelos legais de meios de produção da prova. Enfim, como dissemos, a matéria é muito rica e complexa, mas deixamos este breve resumo. Se a perspectiva dos arestos citados fosse utilitarista, não teriam as preocupações neles vistas. Tomemos um exemplo: a pena de morte. Pode-se adotar uma posição – de certo modo, mais próxima do garantismo – e assim afirmar: a pena de morte não pode existir porque não se deve matar ninguém e tal vedação aplica-se ao Estado. É a posição, por exemplo, de Bobbio. Ou pode-se adotar uma posição utilitarista e dizer: devemos adotar a pena de morte, já que no país "x" foi adotada e funcionou. De outra parte, sob o ponto de vista da instrumentalidade das formas, se o ato processual atingiu seu objetivo, deve ser considerado válido. Assim, não guarda relação com os arestos. O mesmo pode-se afirmar quanto ao finalismo, doutrina ligada ao Direito Penal (v. Welzel). Em relação ao positivismo, pode-se dizer que os acórdãos fogem de uma perspectiva de análise pura da norma, pois, do contrário, o primeiro aresto chegaria à conclusão de que o recurso especial ou extraordinário não impediria a execução da pena, que é o afirmado pela lei. No entanto, chega a uma outra conclusão, analisando um princípio constitucional, o da presunção de inocência (v. considerações acima a respeito do HC 126.292 do STF).

28. (Delegado de Polícia – RJ/ 2009 – CEPERJ) Na precisa lição de Canotilho: a ideia de reserva de jurisdição implica a reserva de juiz relativamente a determinados assuntos. Em sentido rigoroso, reserva de juiz significa que em determinadas matérias cabe ao juiz não apenas a última palavra, mas também a primeira (CANOTILHO, J. J. Gomes. Direito Constitucional e Teoria da Constituição. 7ª edição, Almedina, 2003, p.664).

Leia as afirmativas e marque a opção correta:

I. Para o STF a cláusula constitucional da reserva de jurisdição incide sobre determinadas matérias, a saber: a busca domiciliar (CF, art. 5º, XI), a interceptação telefônica (CF, art. 5º, XII) e a decretação da prisão de qualquer pessoa, ressalvada a hipótese de flagrância (CF, art. 5º, LXI). A reserva de jurisdição traduz a noção de que, nesses temas específicos, assiste ao Poder Judiciário não apenas o direito de proferir a última palavra, mas, sobretudo, a prerrogativa de dizer, desde logo, a primeira palavra, excluindo-se, desse modo, por força e autoridade do que dispõe a própria Constituição, a possibilidade do exercício de iguais atribuições, por parte de quaisquer outros órgãos ou autoridades do Estado.
II. Para significativa parte da doutrina a cláusula da reserva de jurisdição tem maior amplitude ficando na exclusiva esfera do judiciário a deliberação não só sobre temas como a busca domiciliar (CF, art. 5º, XI), a interceptação telefônica (CF, art. 5º, XII) e a decretação da prisão de qualquer pessoa, ressalvada a hipótese de flagrância (CF, art. 5º, LXI), como também os sigilos bancário, fiscal e telefônico.
III. Para o STF, a cláusula de reserva de jurisdição não alcança o sigilo telefônico.
IV. Os poderes de investigação da Comissão Parlamentar de Inquérito (CPI) não estão limitados pela cláusula de reserva de jurisdição já que o art. 58 § 3º da CRF/88 dispõe que elas terão poderes de investigação próprios das autoridades judiciais, além de outros previstos nos regimentos das respectivas Casas.

a) Apenas I e II estão corretas.
b) Apenas II e III estão corretas.
c) Apenas III e IV estão corretas.
d) Apenas a I está correta.
e) Apenas a I, II e III estão corretas.

COMENTÁRIOS

Alternativa correta: letra "E": Estão corretas as afirmativas I, II e III.

Item I: certo. O STF não havia enfrentado a questão de conceituar a reserva de jurisdição, o fazendo em acórdão paradigmático, cujo trecho da ementa de interesse para a questão é o seguinte: "(...) POSTULADO CONSTITUCIONAL DA RESERVA DE JURISDIÇÃO: UM TEMA AINDA PENDENTE DE DEFINIÇÃO PELO SUPREMO TRIBUNAL FEDERAL. O postulado da reserva constitucional de jurisdição importa em submeter, à esfera única de decisão dos magistrados, a prática de determinados atos cuja realização, por efeito de explícita determinação constante do próprio texto da Carta Política, somente pode emanar do juiz, e não de terceiros, inclusive daqueles a quem se haja eventualmente atribuído o exercício de "poderes de investigação próprios das autoridades judiciais". A cláusula constitucional da reserva de jurisdição – que incide sobre determinadas matérias, como a busca domiciliar (CF, art. 5º, XI), a interceptação telefônica (CF, art. 5º, XII) e a decretação da prisão de qualquer pessoa, ressalvada a hipótese de flagrância (CF, art. 5º, LXI) – traduz a noção de que, nesses temas específicos, assiste ao Poder Judiciário, não apenas o direito de proferir a última palavra, mas, sobretudo, a prerrogativa de dizer, desde logo, a primeira palavra, excluindo-se, desse modo, por força e autoridade do que dispõe a própria Constituição, a possibilidade do exercício de iguais atribuições, por parte de quaisquer outros órgãos ou autoridades do Estado. Doutrina. – O princípio constitucional da reserva de jurisdição, embora reconhecido por cinco (5) Juízes do Supremo Tribunal Federal – Min. CELSO DE MELLO (Relator), Min. MARCO AURÉLIO, Min. SEPÚLVEDA PERTENCE, Min. NÉRI DA SILVEIRA e Min. CARLOS VELLOSO (Presidente) – não foi objeto de consideração por parte dos demais eminentes Ministros do Supremo Tribunal Federal, que entenderam suficiente, para efeito de concessão do writ mandamental, a falta de motivação do ato impugnado" (MS 23.452-RJ, Rel. Min. Celso de Mello, j. 16.09.2009). Como se percebe, tais noções coincidem com a exposta na afirmativa e acabaram por constar da própria ementa do acórdão, muito embora não tenha sido, para a maioria dos Ministros, a verdadeira causa de decidir no caso que se lhes foi apresentado para julgamento.

Item II: certo. De fato, há na doutrina expressivo entendimento de que também a quebra dos sigilos fiscal, bancário e telefônico dependeriam de ordem judicial, fazendo parte da chamada "reserva de jurisdição". No entanto, é certo que não é esse o entendimento do STF, que em diversas decisões admitiu que tais sigilos fossem quebrados por CPIs, desde que de modo fundamentado. Portanto, para o STF, não fazem parte da reserva de jurisdição as quebras dos sigilos fiscal, bancário e telefônico (salvo se disser respeito à própria interceptação das conversas telefônicas).

Item III: certo. Vide acórdão citado na afirmativa I e comentários à afirmativa II.

Item IV: errado. Não obstante dizer a CF que as CPIs detêm poderes próprios das autoridades judiciárias, é certo que tais poderes encontram seus limites no próprio texto constitucional. Assim, entende o STF que somente autoridade judiciária propriamente dita pode determinar certos atos, que importem em diminuição de certos direitos fundamentais, como a intimidade das conversas telefônicas. Como visto no acórdão acima, fazem parte da reserva de jurisdição a busca domiciliar (CF, art. 5º, XI), a interceptação telefônica (CF, art. 5º, XII) e a decretação da prisão de qualquer pessoa, ressalvada a hipótese de flagrância (CF, art. 5º, LXI).

2. NORMA PROCESSUAL PENAL E SUA APLICAÇÃO

- CPP, arts. 1º a 3º.
- Decreto-lei 3.931/1941.

29. (Vunesp – Delegado de Polícia – PC – BA/2018) Aplicar-se-á a lei processual penal, nos estritos termos dos arts. 1º, 2º e 3º do CPP,

a) aos processos de competência da Justiça Militar.

b) ultrativamente, mas apenas quando favorecer o acusado.

c) retroativamente, mas apenas quando favorecer o acusado.

d) desde logo, sem prejuízo da validade dos atos realizados sob a vigência da lei anterior.

e) com o suplemento dos princípios gerais de direito sem admitir, contudo, interpretação extensiva e aplicação analógica.

COMENTÁRIOS

Alternativa "a": aos processos de competência da Justiça Militar é aplicado o Código de Processo Penal Militar.

Alternativa "b": a lei processual penal será aplicada de imediato, seja ou não considerada mais favorável ao acusado.

Alternativa "c": a lei processual penal será aplicada a todos os casos em andamento, sem prejuízo dos atos já realizados. No entanto, pensamos que não se trata propriamente de retroação, visto que, se assim fosse, os atos já praticados teriam de ser refeitos, o que não ocorre, por expressa disposição legal (art. 2º). Porém, mesmo que se entenda haver retroação, não há qualquer óbice à aplicação da lei, ainda que desfavorável ao acusado.

Alternativa "d": é o que prevê o art. 2º do CPP.

Alternativa "e": admite-se tanto o emprego dos princípios gerais de direito, da interpretação extensiva e da analogia (art. 3º, CPP).

Alternativa correta: letra "d".

30. (Vunesp – Delegado de Polícia – PC – SP/2018) Tício está sendo processado pela prática de crime de roubo. Durante o trâmite do inquérito policial, entra em vigor determinada lei, reduzindo o número de testemunhas possíveis de serem arroladas pelas partes no procedimento ordinário.

A respeito do caso descrito, é correto que

a) não se aplica a lei nova ao processo de Tício em razão do princípio da anterioridade.

b) a lei que irá reger o processo é a lei do momento em que foi praticado o crime, à vista do princípio tempus regit actum.

c) em razão do sistema da unidade processual, pelo qual uma única lei deve reger todo o processo, a lei velha continua ultra-ativa e, por isso, não se aplica a nova lei, mormente por ser esta prejudicial em relação aos interesses do acusado.

d) não se aplica a lei revogada ao processo de Tício em razão do princípio da reserva legal.

e) não se aplica a lei revogada porque a instrução ainda não se iniciara quando da entrada em vigor da nova lei.

COMENTÁRIOS

Alternativa "a": o princípio da anterioridade não se aplica ao processo penal. Na verdade, a lei processual aplica-se de imediato, conforme preceitua o art. 2º do CPP.

Alternativa "b": tal princípio aplica-se ao processo penal penal se considerarmos que o ato processual rege-se pela lei que estiver em vigor quando for executado, mas não se considerarmos que a lei aplicada é a que estava em vigor quando o crime foi praticado. No direito penal, a afirmativa estaria correta, pois parte-se dessa constatação para analisar qualquer conflito de leis penais no tempo.

Alternativa "c": a ideia de separação das fases do processo é o que se aplica em nosso sistema. Assim, se uma determinada fase processual ainda não se iniciou, pode-se aplicar a lei nova; se já iniciada, mantém-se, para tal fase, a lei em vigor quando ela teve início.

Alternativa "d": o princípio da reserva legal não guarda relação alguma com essa discussão.

Alternativa "e": vide comentários à alternativa "C".

Alternativa correta: letra "e".

31. (Cespe – Delegado de Polícia – GO/2017) Relativamente à aplicação da lei processual penal no tempo e no espaço e aos princípios processuais penais constitucionais, assinale a opção correta.

a) O Código de Processo Penal normatiza o processamento das relações processuais penais em curso perante todos os juízos e tribunais brasileiros, aplicando-se, em caráter subsidiário, as normas procedimentais que versem sobre matérias especiais.

b) Segundo entendimento expendido pelo STF, a atração por continência ou conexão do processo do corréu ao foro por prerrogativa de função de um dos denunciados constitui violação das garantias do juiz natural e da ampla defesa.

c) A gravação ambiental por meio de fita magnética, de conversa entre presentes, feita por um dos interlocutores sem o conhecimento do outro é considerada prova ilícita, pois viola preceito constitucional.

d) O princípio da extraterritorialidade adotado pelo direito processual penal brasileiro não ofende a soberania de outros Estados, já que os ordenamentos jurídicos de todas as nações convergem para o combate às condutas delitivas.

e) A lei processual penal tem aplicação imediata e é aplicável tanto nos processos que se iniciarem após a sua vigência, quanto nos processos que já estiverem em curso no ato da sua vigência, e até mesmo nos processos que apurarem condutas delitivas ocorridas antes da sua vigência.

COMENTÁRIOS

Alternativa correta: letra "E": segundo o art. 2º do CPP, a lei processual penal aplicar-se-á desde logo, sem prejuízo da validade dos atos realizados sob a vigência da lei anterior. Assim, entrando em vigor lei de natureza processual, deve ser prontamente aplicada, inclusive aos processos que já estejam em andamento. Não há necessidade de refazer os atos processuais já realizados, pois a lei processual não retroage, passando a ser aplicada a partir do ponto em que estiver o processo.

Alternativa "A": o art. 1º do CPP estabelece que deve tal Código ser aplicado aos casos processados no Brasil, sem prejuízo de disposições de leis especiais, de tratados ou convenções internacionais etc.

Alternativa "B": segundo o STF, não viola as garantias do juiz natural, da ampla defesa e do devido processo legal a atração por continência ou conexão do co-réu ao foro por prerrogativa de função de um dos denunciados (Súmula 704).

Alternativa "C": não se trata de interceptação, mas de gravação clandestina feita por um dos interlocutores, o que o STF e a jurisprudência em geral vêm considerado ser perfeitamente lícita. Interceptação de conversa entre pessoas presentes é realizada por terceiro, não presente, e dependerá de autorização judicial.

Alternativa "D": o Brasil adota o princípio da territorialidade, segundo o qual a lei processual brasileira aplica-se aos processos em curso em nossa Justiça.

32. (Cespe – Delegado de Polícia – PE/2016) Assinale a opção correta acerca do processo penal e formas de procedimento, aplicação da lei processual no tempo, disposições constitucionais aplicáveis ao direito processual penal e ação civil ex delicto, conforme a legislação em vigor e o posicionamento doutrinário e jurisprudencial prevalentes.

a) No momento da prolação da sentença condenatória, não cabe ao juízo penal fixar valores para fins de reparação dos danos causados pela infração, porquanto tal atribuição é matéria de exclusiva apreciação do juízo cível.

b) Sendo o interrogatório um dos principais meios de defesa, que expressa o princípio do contraditório e da ampla defesa, é imperioso, de regra, que o réu seja interrogado ao início da audiência de instrução e julgamento.

c) É cabível a absolvição sumária do réu em processo comum caso o juiz reconheça, após a audiência preliminar, a existência de doença mental do acusado que, comprovada por prova pericial, o torne inimputável.

d) Lei processual nova de conteúdo material, também denominada híbrida ou mista, deverá ser aplicada de acordo com os princípios de temporalidade da lei penal, e não com o princípio do efeito imediato, consagrado no direito processual penal pátrio.

e) Nos crimes comuns e nos casos de prisão em flagrante, deverá a autoridade policial garantir a assistência de advogado quando do interrogatório do indiciado, devendo nomear defensor dativo caso o indiciado não indique profissional de sua confiança.

COMENTÁRIOS

✪ **Nota do autor:** a questão mistura assuntos muito diversos, mas escolhemos o tema da alternativa correta para inseri-la neste tópico.

Alternativa correta: letra "D": é o que prevalece na doutrina e na jurisprudência. Vamos entender o problema. É possível que uma lei tenha conteúdo material (de direito penal) e processual. Um exemplo: o art. 366 do CPP é híbrido, pois trata da citação por edital e suspensão do processo (temas puramente processuais) e da suspensão da prescrição (tema de direito penal). A lei processual, como é cediço, aplica-se desde logo a todos os casos em andamento; a lei penal nova aplica-se aos casos cometidos antes de sua vigência apenas se for favorável ao imputado. Sendo híbrida a lei, o que pode ser aplicado? Tudo ou nada, depende. Se o conteúdo de direito penal da lei for favorável ao acusado, toda a lei híbrida aplica-se ao caso que já estava em andamento quando de sua vigência; do contrário, não se aplica a norma, nem mesmo a parte puramente processual.

Alternativa "A": o CPP agora permite que o juiz fixe, já na sentença penal condenatória, o valor mínimo da reparação pelos danos causados pelo crime, não obstando a que o ofendido busque, no juízo cível, valor ainda maior (art. 387, IV).

Alternativa "B": há controvérsia sobre a natureza do interrogatório. Há posicionamentos em diversos sentidos: que é meio de prova; que é apenas meio de defesa; que é meio híbrido, de prova e de defesa. Seja como for, a maioria dos ritos agora adotados inserem o interrogatório ao final do procedimento instrutório. E com razão: com isso, poderá o acusado escolher o que dirá, com base no que já foi produzido de prova nos autos, dando-se efetividade ao princípio da ampla defesa e também ao do contraditório, pois será a oportunidade de refutar tais provas. O STF – no que vem sendo seguido pelo STJ – entende que tal sistemática deve ser seguida mesmo naqueles procedimentos que colocam o interrogatório no início da instrução (Lei 11.343/2006, CPPM, Lei 8.038/1990).

Alternativa "C": nos ritos comuns ordinário e no sumário não há audiência preliminar, que só é prevista para o rito sumaríssimo da Lei 9.099/1995. À parte isso, é certo que o juiz não pode absolver sumariamente o acusado depois da resposta à acusação, com base no art. 397, III, do CPP, pois este exclui, de modo expresso, a inimputabilidade. É que nesse caso a absolvição é do tipo **imprópria**, pois depende do reconhecimento de prova de autoria de um fato típico e antijurídico, o que só se admite depois da regular instrução probatória. Ou seja, esta deverá ser realizada e, na fase normal da sentença, poderá o juiz absolver o acusado e aplicar medida de segurança.

Alternativa "E": não há necessidade de nomeação de advogado dativo. O imputado tem o direito de ser acompanhado por advogado em tal ato e a Defensoria Pública deverá ser comunicada da prisão. Mas, repita-se, não há obrigatoriedade da presença do advogado e, portanto, de nomeação de um para tal ato.

33. (ACAFE – Delegado de Polícia – SC/2014) De acordo com a Lei de Introdução ao Código de Processo Penal, assinale a alternativa correta.

a) O juiz da denúncia, ao classificar o crime, apenas quando consumado, não poderá reconhecer a existência de causa especial de diminuição da pena.

b) O juiz da pronúncia, ao classificar o crime, consumado ou tentado, poderá reconhecer a existência de causa especial de diminuição da pena.

c) O juiz da pronúncia, ao classificar o crime, apenas quando tentado, não poderá reconhecer a existência de causa especial de diminuição da pena.

d) Se tiver sido intentada ação pública por crime que, segundo o Código Penal, só admite ação privada, esta, salvo decadência intercorrente, poderá prosseguir nos autos daquela, desde que a parte legítima para intentá-la ratifique os atos realizados e promova o andamento do processo.

e) Se tiver sido intentada ação pública por crime que, segundo o Código Penal, só admite ação privada, esta, salvo prescrição intercorrente, não poderá prosseguir nos autos daquela, desde que a parte legítima para intentá-la ratifique os atos realizados e promova o andamento do processo.

COMENTÁRIOS

✪ **Nota do autor:** a Lei de Introdução do CPP é o Decreto-lei. 3.931/1941. São raras questões que indaguem sobre tal estatuto.

Alternativa correta: letra "D" (responde também a alternativa "E"): é o que dispõe o art. 5º do Decreto-lei. 3.931/1941.

Alternativa "A" (responde também as alternativas "B" e "C"): segundo o art. 7º do Decreto-lei 3.931, o juiz da **pronúncia**, ao classificar o crime, consumado ou tentado, não poderá reconhecer a existência de causa especial de diminuição da pena.

34. (Vunesp – Delegado de Polícia – SP/2014) A lei processual penal

a) tem aplicação imediata, sem prejuízo dos atos realizados sob a vigência de lei anterior.

b) somente pode ser aplicada a processos iniciados sob sua vigência.

c) tem aplicação imediata, devendo ser declarados inválidos os atos praticados sob a vigência de lei anterior.

d) tem aplicação imediata, devendo ser renovados os atos praticados sob a vigência da lei anterior.

e) é retroativa aos atos praticados sob a vigência de lei anterior.

COMENTÁRIOS

Alternativa correta: letra "A" (responde também a alternativa "E"): nem sempre o que vale para a norma penal, vale para a norma processual penal. Como os leitores já sabem, a norma penal não pode retroagir, salvo para beneficiar o réu. Porém, esqueçam isso no processo penal. Neste, deve ser aplicada a norma em vigor no momento em que o ato processual é realizado. Onde está escrito isso? No art. 2º do CPP. Este dispõe que a lei processual penal aplica-se desde logo, sem prejuízo da validade dos atos realizados sob a vigência da lei anterior. Ou seja, o ato praticado sob a vigência de determinada lei é válido, ainda que ela seja alterada ou revogada. Não há necessidade alguma de repetir o ato processual. Notem bem: não se trata de permitir que a norma processual retroaja, pois isso não ocorre. Simplesmente, tudo o que já foi feito no processo permanece válido, aplicando-se, a partir do ponto em que se está, a nova norma. É verdade que parte da doutrina entende que, no que diz respeito às normas sobre medidas cautelares pessoais privativas ou restritivas da liberdade, por possuírem conteúdo misto, ou seja, penal e processual, deve-se seguir a regra do art. 5º, LV, da CF, que proíbe a retroação de norma penal, salvo para beneficiar o réu. Além disso, entende-se que ainda pode ser aplicado, mesmo que por analogia, o disposto no art. 2º do Decreto-lei 3.931/1941 (Lei de Introdução ao Código de Processo Penal), que prevê, expressamente quanto à prisão preventiva e à fiança, a aplicação da lei mais favorável no caso de intertemporalidade.

Alternativa "B": como visto nos comentários anteriores, uma vez iniciado o processo, deve-se aplicar a lei que estava então em vigor. Se esta é alterada ou revogada, aplica-se, a partir de então, as novas regras, mesmo que se entenda serem mais rigorosas com o acusado.

Alternativa "C" (responde também a alternativa "D"): os atos praticados sob a vigência de determinada lei processual são válidos e continuam válidos mesmo depois de sua revogação ou modificação, não havendo qualquer necessidade de repetição dos atos realizados.

35. (UEPA – Delegado de Polícia – PA/2013) Sobre a eficácia da lei processual penal é correto afirmar que:

a) se trabalhadores são aliciados no Município de Guaribas (Piauí) e reduzidos à condição análoga à de escravo em uma fazenda de Redenção (Pará), considera-se o crime praticado exclusivamente no Pará, porquanto foi onde se deu o ataque ao bem jurídico tutelado.

b) homem flagrado dirigindo veículo automotor sob embriaguez intensa não pode ser preso nem processado no Brasil, caso se comprove a sua condição de diplomata de outro país, em exercício no Brasil.

c) uma lei que reduza o prazo para a interposição de recurso não pode ser aplicada aos processos em andamento, haja vista que, em se tratando de norma mais gravosa, não pode retroagir para alcançar processos iniciados antes de sua vigência.

d) deputado federal que acabou de alvejar, dolosamente, com dois tiros a própria esposa não pode ser preso em flagrante porque a imunidade parlamentar de que goza só permite a prisão após autorização da casa legislativa a que sirva.

e) a superveniência de lei alterando o procedimento da ação penal surte efeitos imediatos sobre os processos em andamento, determinando a renovação dos atos já praticados que com ela sejam incompatíveis.

COMENTÁRIOS

Alternativa correta: letra "B": sendo diplomata de outro país, o agente está protegido pela imunidade, não podendo ser processado. A Convenção de Viena sobre Relações Diplomáticas, ratificada pelo Decreto 56.435/1965, estabelece que os agentes diplomáticos e os membros da família que com ele vivam gozarão dos privilégios e imunidade previstos no texto da própria Convenção, desde que não sejam nacionais do Estado acreditado.

Alternativa "A": o crime foi cometido tanto num lugar quanto noutro, eis que o próprio aliciamento já representa ataque ao bem jurídico.

Alternativa "C": a norma processual deve ser aplicada de imediato, mesmo que seja mais "gravosa". Assim, aplica-se mesmo aos processos que já estejam em andamento, não havendo que se falar em retroação, eis que os atos já praticados não são atingidos (art. 2º, CPP).

Alternativa "D": a regra a ser aplicada é a do § 2º do art. 53 da CF: desde a expedição do diploma, os membros do Congresso Nacional não poderão ser presos, salvo em flagrante de crime inafiançável; nesse caso, os autos serão remetidos dentro de 24 horas à Casa respectiva, para que, pelo voto da maioria de seus membros, resolva sobre a prisão. Portanto, se se considerar que houve homicídio qualificado, portanto, inafiançável por ser hediondo, a prisão em flagrante será possível, seguindo-se o rito do citado dispositivo constitucional. Porém, o STF vem entendendo não ser possível a decretação da prisão preventiva, salvo em caso excepcionalíssimo (a Corte não especificou o que isso significa). Além disso, é possível a aplicação de medidas cautelares diversas da prisão, segundo o STF. Nesse caso, quando a medida trouxer alguma restrição à atividade parlamentar, deverá ser submetida à Casa respectiva, nos termos do art. 53, § 2º, da CF.

Alternativa "E": os atos já praticados não são renovados, como vimos nos comentários à Alternativa "C".

36. (Delegado de Polícia – SP/ 2011 – ACADEPOL) Pode-se afirmar que é exemplo de extraterritorialidade de lei processual penal

a) o cumprimento de carta rogatória em países com os quais o Brasil mantenha relações.

b) a aplicação da lei brasileira para estrangeiro que praticou crime no Brasil.

c) a adequação de norma brasileira a tratado internacional sobre matéria processual.

d) a incidência de norma penal brasileira em vasos de guerra estrangeiros, em alto-mar.

e) o exequator expedido pelo Supremo Tribunal Federal a sentenças estrangeiras.

COMENTÁRIOS

✪ **Nota do autor:** a questão menciona as cartas rogatórias em sua primeira alternativa. Hoje, graças a importantes tratados internacionais (v. Tratados de Mérida e de Palermo), vem ganhando importância, no lugar delas, o auxílio direto, não explorado nas alternativas abaixo. Por isso, achamos útil trazer algumas informações a respeito. Sobre o assunto, recomendamos uma breve leitura da cartilha editada pelo Ministério da Justiça em seu *site* na *internet* (muito útil para um breve estudo da matéria, pois concisa e, claro, gratuita). O auxílio direto diferencia-se dos demais mecanismos de cooperação internacional, como rogatórias, por exemplo, porque nele as autoridades brasileiras não proferem *exequatur* ou homologam ato jurisdicional estrangeiro. Por meio deste instrumento, as autoridades brasileiras conhecem dos fatos narrados pela autoridade requerente para daí proferir uma decisão nacional. E podem ser objeto de pedido de auxílio direto uma ampla gama de medidas que variam desde a comunicação de atos processuais, a obtenção de provas, a oitiva de testemunhas, a quebra de sigilo bancário, fiscal e telemático, a localização de bens e indivíduos, o sequestro de bens, o congelamento de contas bancárias até a repatriação de bens ou valores ilicitamente remetidos ao exterior. Assim, uma vez recebido o pedido de auxílio direito, ele é encaminhado à autoridade competente, que realizará a diligência ou pleiteará a autorização da medida a juízo federal de primeira instância, quando assim a lei o exigir, o que ocorre, como se sabe, quando há necessidade de autorização judicial, em geral, em medidas constritivas, como quebra de sigilos e bloqueio de bens. Portanto, mesmo se tratando de cooperação jurídica internacional, a ordem judicial é exigida. E cabe a Procurador da República oficiar perante a Justiça Federal de primeiro grau em tais casos.

Alternativa correta: letra "A": quando um juiz pretende que algum ato processual ocorra fora de sua área de competência – exemplo, pretende que uma testemunha seja ouvida em outra comarca – deverá expedir uma carta precatória. Porém, se o ato deve se realizar em outro país, o juiz normalmente o juiz deverá expedir uma carta rogatória, salvo quando houver possibilidade de auxílio direto. A rogatória é, assim, o instrumento por meio do qual um Estado pede a uma autoridade judiciária estrangeira a realização de alguma diligência (carta rogatória instrutória), comunicação de ato processual (carta rogatória ordinatória) ou execução de ato processual constritivo (carta rogatória executória). Há a carta rogatória ativa, encaminhada pelo Estado brasileiro, por intermédio do Ministério das Relações Exteriores ou do Ministério da Justiça; e a passiva, de competência do STJ, que deve exarar o *exequatur*, ou seja, determinar, se o caso, seu cumprimento. De acordo com o art. 222-A, *caput*, do CPP, as cartas rogatórias ativas só serão expedidas se demonstrada previamente a sua imprescindibilidade, arcando a parte requerente com os custos de envio. E o § 1º obriga, quanto a elas, a aplicação dos dispositivos dos §§ 1º e 2º do art. 222, referentes às precatórias. Assim, também em relação às rogatórias, a expedição não suspenderá a instrução criminal e, findo o prazo marcado para o seu cumprimento, poderá realizar-se o julgamento, mas, a todo tempo, a rogatória, uma vez devolvida, será juntada aos autos. Portanto, um ato do processo em curso no Brasil, sob a lei brasileira, poderá ser realizado em outro país, sendo, assim, uma hipótese de extraterritorialidade, como afirma a alternativa.

Alternativa "B": se o crime ocorreu no Brasil, aplica-se a lei brasileira, sendo a mera incidência do princípio da territorialidade.

Alternativa "C": muitos tratados buscam fazer com que as legislações dos países signatários passem a ter dispositivos semelhantes, dentro das possibilidades e particularidades de cada ordenamento jurídico. Uma vez ratificado o tratado, no nosso caso, busca-se adaptar a legislação interna a tais compromissos internacionais. Isso ocorreu, por exemplo, com o surgimento da lei de lavagem, a lei sobre organizações criminosas etc. Isso não é extraterritorialidade, já que são modificações ou adaptações da legislação interna, da qual faz parte o próprio texto do tratado, uma vez ratificado.

Alternativa "D": não é possível aplicar a legislação penal brasileira a fatos ocorridos em vasos de guerra estrangeiros que estejam em alto-mar. Se estiverem em mar territorial brasileiro, também não será possível, salvo se houver algum tratado entre o Brasil e a nação dona da embarcação.

Alternativa "E": o *exequatur* não é de competência do STF – era, mas houve modificação pela EC 45 – mas do STJ (art. 105, I, *i*, CF).

37. (Delegado de Polícia – SP/ 2011 – ACADEPOL) De acordo com o Código de Processo Penal, é correto afirmar que a nova norma processual

a) valerá após sua publicação, independentemente de prazo de vacância.

b) valerá após sua entrada em vigor, ainda que o processo não tenha sido concluído.

c) poderá ser aplicada a processos já encerrados, pois não existe direito processual adquirido.

d) vigerá no processo, desde que não crie obrigação ou ônus para a defesa.

e) valerá para o processo que já tenha sentença transitada em julgado e expedição de carta de guia (ou guia de execução).

COMENTÁRIOS

Alternativa correta: letra "B": a regra geral do art. 2º do CPP estabelece que a lei processual penal aplica-se desde logo, sem prejuízo da validade dos atos realizados sob a vigência da lei anterior. Portanto, alterada a lei processual, a nova deve ser aplicada, sem prejuízo do que já ocorreu no processo. No entanto, a doutrina vem entendendo que, no que tange às normas a respeito de medidas cautelares pessoais privativas ou restritivas da liberdade, por possuírem conteúdo misto, ou seja, penal e processual, deve seguir a regra do art. 5º, LV, da CF, que proíbe a retroação de norma penal, salvo para beneficiar o réu. Além disso, entende, ainda, que pode ser aplicado, mesmo que por analogia, o disposto no art. 2º do Decreto-lei 3.931/1941 (Lei de Introdução ao Código de Processo Penal), que prevê expressamente, quanto à prisão preventiva e à fiança, a aplicação da lei mais favorável no caso de intertemporalidade.

Alternativa "A": a vigência da lei tem início após o decurso do prazo de *vacatio legis*, se este estiver previsto. Aliás, a lei pode ser promulgada, sancionada e publicada e nunca entrar em vigor, pois, durante o prazo de vacância pode ser revogada por outra.

Alternativa "C": a nova lei processual aplica-se aos processos em curso ou aos novos, jamais aos processos já findos.

Alternativa "D": mesmo a que a nova lei processual traga obrigação ou ônus para a defesa, deverá ser aplicada aos casos em andamento, sem prejuízo dos atos já realizados.

Alternativa 'E': findo o processo com o trânsito em julgado, há a característica da imutabilidade, que não pode ser atingida pelo advento de nova legislação processual.

---

38. (Delegado de Polícia – SP/ 2011 – ACADEPOL) São sistemas que buscam resolver a questão da sucessão de leis processuais no tempo:

a) o da supremacia do direito de defesa; o das fases do processo; o da sistematização processual.

b) o da complexidade do processo; o do isolamento dos atos processuais; o da garantia dá defesa.

c) o da unidade processual; o das fases processuais; o do isolamento dos atos processuais.

d) o da sistematização processual; o do isolamento dos atos processuais; o da economia processual.

e) o das fases do processo; o da intangibilidade do direito e defesa; o da supremacia dos atos praticados.

COMENTÁRIOS

Alternativa correta: letra "C" (responde, também as alternativas "B", "D" e "E"): o sistema da unidade processual não é adotado pelo Brasil. De acordo com ele, o processo é entendido como um só, com a consequência de que, uma vez iniciado sob a vigência de determinada lei processual, deve seguir até o fim sob a regência dessa mesma lei, mesmo que tenha havido alterações no ordenamento. O sistema das fases processuais divide o processo, como o nome diz, em fases, de modo que, iniciada uma etapa – ex.: a fase instrutória – deve ser aplicada a lei que estava em vigor quando ela começou, não aplicando-se eventual modificação, senão para a fase seguinte. Não adotamos tal sistema no Brasil. De acordo com o sistema do isolamento dos atos processuais, o processo é visto como uma sucessão de atos isolados, de modo que se deve aplicar, para cada ato, a lei em vigor quando é realizado. É o sistema adotado no Brasil, como se depreende do art. 2º do CPP.

Alternativa "A": vide comentários à alternativa correta. Acrescente-se que é evidente que a supremacia do direito de defesa não se relaciona com a solução de problemas de direito intertemporal.

3. INQUÉRITO POLICIAL E OUTROS PROCEDIMENTOS INVESTIGATÓRIOS

- CPP, arts. 4º a 23
- Lei 9.099/1995, art. 69
- Lei 12.037/2009, art. 3º
- Lei 12.830/2013
- CF, arts. 58, § 3º, e 129

---

39. (Vunesp – Delegado de Polícia – PC – BA/2018) Do despacho que indeferir o requerimento de abertura de inquérito (CPP, art. 5º, § 2º)

a) caberá recurso para o chefe de Polícia.

b) caberá recurso para o Promotor de Justiça Corregedor da Polícia Judiciária.

c) caberá recurso para o Juiz Corregedor da Polícia Judiciária.

d) caberá recurso para o Desembargador Corregedor Geral de Justiça.

e) não caberá recurso.

COMENTÁRIOS

Há previsão expresssa nesse sentido no art. 5º, § 2º, do CPP.

Alternativa correta: letra "a".

---

40. (Vunesp – Delegado de Polícia – PC – SP/2018) A respeito do inquérito policial, assinale a alternativa correta.

a) Para saber qual é a autoridade policial competente para um certo inquérito policial, utiliza-se o critério ratione loci ou ratione materiae.

b) A autoridade policial poderá arquivar autos de inquérito policial se convencida da inexistência da materialidade delitiva.

c) Logo que tiver conhecimento da prática da infração penal, autoridade policial poderá apreender os objetos que tiverem relação com o fato, após liberados pelos peritos criminais.

d) Como peça obrigatória para o oferecimento da denúncia, os autos de inquérito policial acompanharão a denúncia ou queixa.

e) O inquérito policial é um procedimento administrativo, de natureza acusatória, escrito e sigiloso.

COMENTÁRIOS

Alternativa "a": embora discordemos do emprego do termo "competência" nesse caso, eis que deve ser usado apenas em relação à autoridade judiciária, a alternativa está correta, eis que as atribuições das autoridades policiais podem ser divididas por matéria ou por localização geográfica. Assim, há divisão em relação à matéria entre as polícias federal e estadual e, dentro desta, por tipo de crime, como ocorre, por exemplo, nos lugares onde há delegacias especializadas, que por vezes têm atribuição em todo o Estado. Por outro lado, não havendo especialização, usa-se o critério do *locus comissi delicti*.

Alternativa "b": a autoridade policial é proibida, pelo art. 17 do CPP, de arquivar o inquérito, pois tal decisão cabe ao juiz, a requerimento do Ministério Público nos crimes de ação penal pública.

Alternativa "c": logo que tiver conhecimento dos fatos, a autoridade policial deverá se dirigir ao local onde estes ocorreram e, somente depois, apreender os objetos de interesse para a investigação, depois de liberados pelos peritos.

Alternativa "d": o inquérito não peça obrigatória, eis que a denúncia ou queixa poderá ser oferecida com base em outros elementos informativos. Porém, quando a peça acusatória se basear no inquérito, este deverá acompanhá-la.

Alternativa "e": a natureza do inquérito é administrativa, não acusatória.

Alternativa correta: letra "a".

---

41. (UEG – Delegado de Polícia – PC – GO/2018) Sobre o inquérito policial, segundo o Código de Processo Penal, tem-se o seguinte:

a) A representação, no caso de ação penal pública condicionada, pode ser apresentada por procurador.

b) Em regra, irregularidade em ato praticado no inquérito policial gera a nulidade do processo penal dele decorrente.

c) A representação do ofendido é irretratável depois de recebida a denúncia.

d) Da decisão que indefere o requerimento de abertura de inquérito policial formulado pelo ofendido cabe recurso ao Ministério Público.

e) Se o investigado estiver preso em flagrante, o extrapolamento do prazo de conclusão gera nulidade da investigação.

COMENTÁRIOS

Alternativa "a": de fato, a lei assim permite, mas desde que o procurador tenha poderes especiais.

Alternativa "b": a irregularidade de ato praticado no inquérito irá invalidar apenas o ato, o que poderá retirar, eventualmente, o substrato probatório da ação penal, podendo provocar seu trancamento.

Alternativa "c": a representação do ofendido é irretratável depois de oferecida a denúncia, em regra. No caso da Lei Maria da Penha, pode ocorrer a retratação até antes do recebimento da denúncia.

Alternativa "d": cabe recurso ao chefe da polícia.

Alternativa "e": nesse caso, gera a soltura, o relaxamento da prisão.

Alternativa correta: letra "a".

---

42. (Fumarc – Delegado de Polícia – PC – MG/2018) Sobre o ato de indiciamento realizado no âmbito de investigação criminal conduzida por delegado de polícia, é CORRETO afirmar:

a) É realizado mediante o mesmo grau de certeza de autoria que a situação de suspeito.

b) Não é ato exclusivo do delegado de polícia que conduz a investigação.

c) Não poderá o delegado de polícia retratar sua posição e "desindiciar" o investigado.

d) Resulta de um juízo de probabilidade e não de mera possibilidade sobre a autoria delitiva.

COMENTÁRIOS

Alternativa "a": para o indiciamento, o delegado deve se convencer de que há indícios suficientes de que o suspeito foi o autor do crime.

Alternativa "b": por força da Lei 12.830, não há mais discussão a respeito: é ato privativo de delegado de polícia.

Alternativa "c": embora não prevista em lei, nada impede o delegado de retirar o indiciamento realizado.

Alternativa "d": de fato, deve ser o mesmo juízo feito pelo Ministério Público para o oferecimento da denúncia.

Alternativa correta: letra "d".

---

43. (Cespe – Delegado de Polícia – GO/2017) O Código de Processo Penal prevê a requisição, às empresas prestadoras de serviço de telecomunicações, de disponibilização imediata de sinais que permitam a localização da vítima ou dos suspeitos de delito em curso, se isso for necessário à prevenção e à repressão de crimes relacionados ao tráfico de pessoas. Essa requisição pode ser realizada pelo

a) delegado de polícia, independentemente de autorização judicial e por prazo indeterminado.

b) Ministério Público, independentemente de autorização judicial, por prazo não superior a trinta dias, renovável por uma única vez, podendo incluir o acesso ao conteúdo da comunicação.

c) delegado de polícia, mediante autorização judicial e por prazo indeterminado, podendo incluir o acesso ao conteúdo da comunicação.

d) delegado de polícia, mediante autorização judicial, devendo o inquérito policial ser instaurado no prazo máximo de setenta e duas horas do registro da respectiva ocorrência policial.

e) Ministério Público, independentemente de autorização judicial e por prazo indeterminado.

COMENTÁRIOS

Alternativa correta: letra "D" (responde também as alternativas "B" e "E"): trata-se de inovação trazida ao CPP pela Lei 13.344/2016. Segundo o art. 13-B do CPP, a requisição pode ser feita pelo delegado de polícia ou pelo Ministério Público, desde que haja autorização judicial. Note-se que não será permitido o acesso ao conteúdo da comunicação. Caso se queira tal acesso, deve haver pedido específico de interceptação. O inquérito deverá ser instaurado no prazo máximo de 72 horas, contado do registro da ocorrência. Sobre o prazo de duração da medida, vide alternativa abaixo.

Alternativa "A" (responde também a alternativa "C"): o prazo é de no máximo 30 dias, podendo ser renovado uma única vez e, como visto acima, dependerá de autorização judicial.

---

44. (IBADE – Delegado de Polícia – AC/2017) Sobre o tema inquérito policial, muito se discutiu doutrinariamente quanto a legalidade de investigação direta pelo Ministério Público. O Supremo Tribunal Federal entendeu pela possibilidade da investigação direta, porém traçou limites. Sobre o tema, leia as assertivas a seguir.

I. Não cabe habeas corpus em razão de investigação instaurada no âmbito do Ministério Público, ainda que esta não esteja em harmonia com os parâmetros fixados pelo STF, vez que se trata de atividade meramente administrativa que nenhum prejuízo gera para a liberdade do investigado.

II. Considerando a natureza subsidiária da investigação do Ministério Público, conforme define o STF, uma vez instaurado o inquérito policial caberá ao Ministério Público a função de controle externo, não havendo sentido a instauração de investigação direta do Ministério Público concorrente a da Polícia.

III. O que a doutrina aponta como Processo Penal Democrático não obsta, em respeito à busca da verdade real, a instauração de dupla investigação, uma presidida pela polícia, outra pelo Ministério Público.

IV. Na decisão do STF foi fixada a natureza subsidiária e excepcional da investigação direta pelo Ministério Público.

Está correto apenas o que se afirma em:

a) II e IV.

b) III e IV.

c) I e IV.

d) I e II.

e) II e III.

COMENTÁRIOS

Alternativa correta: letra "A": estão certas as Assertivas II e IV.

Assertiva I: errado. O inquérito policial também é um procedimento administrativo e contra ele é cabível habeas corpus. Por óbvio, igualmente é cabível o remédio heroico contra o procedimento investigatório criminal instaurado pelo Ministério Público, sempre que houver ilegalidade ou abuso de poder.

Assertiva II: certo. Discordamos do gabarito, visto que a investigação do Ministério Público não é "subsidiária" apenas e pode haver, de modo concomitante, os dois procedimentos. É natural que, numa prova para delegado de polícia, haja o entendimento visto na assertiva. Vejam o que decidiu o STF: "(...) Questão constitucional com repercussão geral. Poderes de investigação do Ministério Público. Os artigos 5º, incisos LIV e LV, 129, incisos III e VIII, e 144, inciso IV, § 4º, da Constituição Federal, não tornam a investigação criminal exclusividade da polícia, nem afastam os poderes de investigação do Ministério Público. Fixada, em repercussão geral, tese assim sumulada: 'O Ministério Público dispõe de competência para promover, por autoridade própria, e por prazo razoável, investigações de natureza penal, desde que respeitados os direitos e garantias que assistem a qualquer indiciado ou a qualquer pessoa sob investigação do Estado, observadas, sempre, por seus agentes, as hipóteses de reserva constitucional de jurisdição e, também, as prerrogativas profissionais de que se acham investidos, em nosso País, os Advogados (Lei 8.906/94, artigo 7º, notadamente os incisos I, II, III, XI, XIII, XIV e XIX), sem prejuízo da possibilidade – sempre presente no Estado democrático de Direito – do permanente controle jurisdicional dos atos, necessariamente documentados (Súmula Vinculante 14), praticados pelos membros dessa instituição'. Maioria. (...)"(RE 593.727-MG, Rel. Min. Gilmar Mendes, j. 14.05.2015).

Assertiva III: errado. Mais uma vez, não concordamos com o gabarito. Não fere o Estado Democrático do Direito a existência de duas investigações. O que fere é a inexistência dela. Mais uma vez, o entendimento adotado pelo gabarito é feito sob medida para se adequar àquilo que os delegados defendem, o que é perfeitamente compreensível. Uma última observação: não comungamos do entendimento de que existe o mencionado princípio da verdade real. Pensamos que a verdade buscada no processo é aquela possível de ser atingida, observando-se os limites impostos à toda e qualquer investigação, incluindo a proibição de uso de provas ilícitas, tortura etc. Fosse a verdade "real" a buscada no processo, não haveria tais limites.

Assertiva IV: certo. Mais uma vez discordamos. Não foi isso o que entendeu o STF. Em julgado mais antigo, talvez. Mas no RE 593.727, visto acima, não. Vide comentários à assertiva II.

45. (IBADE – Delegado de Polícia – AC/2017) No plano da teoria do garantismo, para Ferrajoli, em sua clássica obra Direito e Razão, na lógica do Estado de Direito, as funções de polícia judiciária deveriam ser organizadas de forma independente não apenas funcional, mas, também hierárquica e administrativamente dos diversos poderes aos quais auxiliam, ou seja, deveria ter a garantia de independência. Tal idéia deita raízes na estrutura acusatória que visa uma investigação isenta na apuração da verdade e não a serviço da acusação. À luz das premissas acima expostas, assinale a opção correta.

a) Cabe ao delegado de polícia arquivar o inquérito policial.
b) A remoção do delegado de polícia dar-se-á somente por ato fundamentado e o indiciamento, que é privativo do delegado de polícia, dar-se-á por ato fundamentado, mediante análise técnico- jurídica do fato, que deverá indicar a autoria, materialidade e suas circunstâncias.
c) O Ministério Público pode não apenas requisitar a instauração do inquérito, como também determinar autoridade policial o indiciamento de um investigado.
d) O inquérito policial ou outro procedimento previsto em lei em curso, conduzido por delegado de polícia, somente poderá ser avocado ou redistribuído por superior hierárquico ou pelo Ministério Público, por motivo de conveniência e oportunidade.
e) Durante a investigação criminal, cabe ao delegado de polícia a requisição de perícia, informações, proceder a buscas domiciliares, buscar e apreender documentos e dados que interessem à apuração dos fatos, independentemente da autorização judicial.

COMENTÁRIOS

✪ **Nota do autor:** a tal premissa trazida pelo enunciado da questão, além de ser discutível, não traz, na verdade, qualquer reflexo nas alternativas, pois estas tratam de pontos inteiramente regulados pela lei.

Alternativa correta: letra "B": estes pontos são expressamente regulados pela Lei 12.830/2013. O § 5º do art. 2º dispõe que a remoção do delegado se dá somente por ato fundamentado. E o § 6º diz ser o indiciamento ato privativo do delegado, que deve fundamentar sua realização.

Alternativa "A": o delegado de polícia não pode arquivar inquérito policial (art. 17, CPP). O arquivamento somente pode ser determinado pelo juiz, uma vez que haja requerimento do Ministério Público.

Alternativa "C": o Ministério Público tem poder de requisição para que se instaure inquérito policial. Porém, não pode determinar que o delegado indicie alguma pessoa. O indiciamento, como visto acima, é ato privativo da autoridade policial.

Alternativa "D": o Ministério Público não pode avocar inquérito policial, mas apenas por superior hierárquico do delegado que o preside e, mesmo assim, mediante despacho fundamentado, por motivo de interesse público ou nas hipóteses de inobservância dos procedimentos previstos em regulamento da corporação que prejudique a eficácia da investigação (art. 2º, § 4º, Lei 12.830/2013).

Alternativa "E": a realização de busca e a consequente apreensão somente é possível mediante ordem judicial, salvo se ocorrer situação de flagrância.

46. (IBADE – Delegado de Polícia – AC/2017) No que tange aos poderes e deveres da autoridade policial na condução do inquérito policial, especialmente, sobre as diretrizes que o Delegado de Polícia deve observar no enfrentamento ao tráfico de pessoas, leia as assertivas a seguir.

I. Quando o delegado de polícia requisitar às empresas prestadoras de serviços meios técnicos de localização de vítima ou suspeitos, como sinais e outras informações, o inquérito policial deverá ser instaurado no prazo máximo de 05 dias, contados da data do registro de ocorrência.
II. Deverá o delegado atender ao princípio da dignidade da pessoa humana e perseguir a promoção e garantia da cidadania e dos direitos humanos.
III. Se necessário à prevenção e à repressão dos crimes relacionados ao tráfico de pessoas, o delegado de polícia poderá requisitar, mediante autorização judicial, às empresas prestadoras de serviço de telecomunicações e/ou telemática que disponibilizem imediatamente os meios técnicos adequados – como sinais, informações e outros – que permitam a localização da vítima ou dos suspeitos do delito em curso.
IV. O Delegado deve observar a não discriminação por motivo de gênero, orientação sexual, origem étnica ou social, procedência, nacionalidade, atuação profissional, raça, religião, faixa etária, situação migratória ou outro status e estar atento ao princípio da transversalidade das dimensões de gênero, orientação sexual, origem étnica ou social, procedência, raça e faixa etária.

Está correto apenas o que se afirma em:

A) I, II e IV.
b) I, II e III.
c) II e IV.
d) I e II.
e) II, III e IV.

COMENTÁRIOS

✪ **Nota do autor**: a questão trata das inovações trazidas ao CPP pela Lei 13.344/2016.

Alternativa correta: letra "E": estão certas as Assertivas II, III e IV.

Assertiva I: errado. O prazo máximo é de 72 horas (art. 13-B, § 3º, CPP).

Assertiva II: certo. É óbvio que o delegado deve buscar isso sempre, não só nesse tipo de investigação.

Assertiva III: certo. É o que dispõe o caput do art. 13-B do CPP.

Assertiva IV: certo. Mais uma vez: deve o delegado seguir tais orientações em toda e qualquer investigação, não apenas naquelas referentes ao tráfico de pessoas.

---

47. (IBADE – Delegado de Polícia – AC/2017) Logo que tiver conhecimento da prática da infração penal, a autoridade policial deverá:

a) em todos os casos, proceder ao exame de corpo de delito.

b) colher informações sobre a existência de filhos, respectivas idades e se possuem alguma deficiência e o nome e o contato de eventual responsável pelos cuidados dos filhos, indicado pela pessoa presa.

c) prender o réu e proceder a identificação criminal.

d) proceder a busca domiciliar independentemente de autorização judicial.

e) determinar que o inspetor de polícia se dirija ao local do crime e recolha todas as informações e provas, preservando o local até a chegada dos peritos.

COMENTÁRIOS

Alternativa correta: letra "B": a Lei 13.257/2016 incluiu no art. 6º o inciso X, que dispõe dever a autoridade policial colher informações sobre a existência de filhos, respectivas idades e se possuem alguma deficiência e o nome e o contato de eventual responsável pelos cuidados dos filhos, indicado pela pessoa presa.

Alternativa "A": o exame de corpo de delito deve ser requisitado pela autoridade policial quando for pertinente.

Alternativa "C": deve a autoridade policial prender o réu apenas em caso de flagrante ou se existir mandado de prisão. A identificação criminal deve ser realizada se o imputado não for civilmente identificado ou se houver alguma situação que permita tal medida. Do contrário, deve abster-se de fazê-la.

Alternativa "D": busca domiciliar, somente com autorização judicial, ou autorização do morador e em caso de flagrante. Nessas últimas hipóteses, atenção ao decidido pelo STF em tempos mais recentes, que traz relevantíssima modificação do entendimento simplista que vigorava até então sobre o assunto na jurisprudência: "(...) A Constituição dispensa o mandado judicial para ingresso forçado em residência em caso de flagrante delito. No crime permanente, a situação de flagrância se protrai no tempo. (…) Período noturno. A cláusula que limita o ingresso ao período do dia é aplicável apenas aos casos em que a busca é determinada por ordem judicial. Nos demais casos – flagrante delito, desastre ou para prestar socorro – a Constituição não faz exigência quanto ao período do dia. (…) Controle judicial a posteriori. Necessidade de preservação da inviolabilidade domiciliar. Interpretação da Constituição. Proteção contra ingerências arbitrárias no domicílio. Muito embora o flagrante delito legitime o ingresso forçado em casa sem determinação judicial, a medida deve ser controlada judicialmente. A inexistência de controle judicial, ainda que posterior à execução da medida, esvaziaria o núcleo fundamental da garantia contra a inviolabilidade da casa (art. 5, XI, da CF) e deixaria de proteger contra ingerências arbitrárias no domicílio (Pacto de São José da Costa Rica, artigo 11, 2, e Pacto Internacional sobre Direitos Civis e Políticos, artigo 17, 1). O controle judicial a posteriori decorre tanto da interpretação da Constituição, quanto da aplicação da proteção consagrada em tratados internacionais sobre direitos humanos incorporados ao ordenamento jurídico. Normas internacionais de caráter judicial que se incorporam à cláusula do devido processo legal. (…) Justa causa. **A entrada forçada em domicílio, sem uma justificativa prévia conforme o direito, é arbitrária. Não será a constatação de situação de flagrância, posterior ao ingresso, que justificará a medida. Os agentes estatais devem demonstrar que havia elementos mínimos a caracterizar fundadas razões (justa causa) para a medida**. (…) Fixada a interpretação de que **a entrada forçada em domicílio sem mandado judicial só é lícita, mesmo em período noturno, quando amparada em fundadas razões, devidamente justificadas a posteriori, que indiquem que dentro da casa ocorre situação de flagrante delito, sob pena de responsabilidade disciplinar, civil e penal do agente ou da autoridade e de nulidade dos atos praticados.** (…)" (RE 603.616-RO, Rel. Min. Gilmar Mendes, j. 05.11.2015, grifos nossos).

Alternativa "E": o próprio delegado deve dirigir-se ao local.

---

48. (FUNCAB – Delegado de Polícia – PA/2016) Sobre inquérito policial, assinale a resposta correta.

a) Excepcional e fundamentalmente, a autoridade policial poderá mandar arquivar o inquérito para evitar lesão a direitos fundamentais do indiciado.

b) Para o desarquivamento do inquérito policial a autoridade policial necessita de novas provas.

c) O prazo para encerramento do inquérito policial no caso de réu preso, nos termos do código de processo penal é de 30 dias.

d) Nos crimes de ação penal privada, encerrado o inquérito policial a autoridade policial poderá entregá-lo, por traslado, ao ofendido ou seu representante se assim for requerido.

e) No curso do inquérito o ofendido não poderá requerer diligências.

COMENTÁRIOS

Alternativa correta: letra "D": essa é a regra inscrita no art. 19. Mas a entrega mediante traslado dependerá de pedido do ofendido ou de seu representante legal. Do contrário, os autos serão encaminhados ao Juízo, onde aguardarão da iniciativa do legitimado a propor a queixa-crime.

Alternativa "A": o art. 17 do CPP deixa claro que a autoridade policial nunca poderá mandar arquivar inquérito policial. Uma vez tendo elaborado o relatório, o delegado deverá encaminhar os autos ao Juízo, que o enviará ao Ministério Público, cabendo ao Promotor de Justiça, se o caso, requerer ao juiz o arquivamento. A decisão é da autoridade judiciária.

Alternativa "B": a autoridade policial pode fazer novas pesquisas, se tiver notícia de outros elementos de informação. Somente o juiz poderá determinar o desarquivamento do inquérito policial, se realmente houver provas novas (art. 18, CPP).

Alternativa "C": esse é o prazo em caso de imputado solto (não há "réu" no inquérito). Estando preso, o prazo para conclusão é de 10 dias (art. 10, CPP).

Alternativa "E": o ofendido e o próprio investigado poderão requerer diligências, mas estas serão realizadas se a autoridade policial entender que são pertinentes (art. 14, CPP).

---

49. (FUNCAB – Delegado de Polícia – PA/2016) Analise as afirmativas a seguir.

I. O arquivamento implícito é uma construção doutrinária. Ele seria, inicialmente, decorrente da omissão do Ministério Público que deixa de narrar na denúncia um fato investigado no inquérito ou um indiciado.

II. Classifica-se, doutrinariamente o arquivamento implícito em objetivo e subjetivo.

III. A jurisprudência do STF é firme em admitir o instituto do arquivamento implícito na ação penal pública.

IV. Uma vez arquivado o inquérito por falta de base para a denúncia, pelo princípio da segurança jurídica, a autoridade policia! não poderá fazer novas pesquisas.

Está correto apenas o que se afirma em:

a) III e IV.
b) I e II.
c) I e IV.
d) II e III.
e) I e III.

COMENTÁRIOS

Alternativa correta: letra "B": estão certas as Afirmativas I e II.

Afirmativa I: certo. Esse entendimento decorre do princípio da obrigatoriedade da ação penal: se o Ministério Público não denunciou um dos indiciados ou não mencionou na denúncia um dos fatos, isso significa que arquivou o inquérito quanto a eles, ainda que de modo não explícito. Ocorre que a jurisprudência não tem aceito a existência do arquivamento implícito. Por sinal, o STJ tem entendido não ser admissível o arquivamento implícito nas ações penais públicas incondicionadas. Assim, se o Ministério Público não se manifestou quanto a determinado imputado e o não incluiu na denúncia, nada o impedirá de aditar a denúncia caso surjam elementos que assim permitam. Nesse sentido: REsp 1.580.497-AL, Rel. Min. Rogério Schietti Cruz, j. 27.09.2016.

Afirmativa II: certo. O arquivamento implícito subjetivo é aquele em que o Ministério Público deixa de oferecer denúncia contra um dos indiciados e, ao mesmo tempo, deixa de requerer o arquivamento quanto a ele. O arquivamento implícito objetivo diz respeito a dato não denunciado e que também não constou de pedido de arquivamento.

Afirmativa III: errado. Ao contrário do afirmado, a jurisprudência do STF é firme no sentido a inexistência de arquivamento implícito do inquérito policial nas ações penais públicas. Nesse sentido: HC 127.011/AgR-RJ, Rel. Min. Cármen Lúcia, j. 12.05.2015.

Afirmativa IV: errado. O art. 18 do CPP permite que a autoridade policial faça novas pesquisas, caso tome conhecimento de novas provas.

---

50. (FUNCAB – Delegado de Polícia – PA/2016) A partir da regência legal sobre organização criminosa e os poderes gerais da requisição, assinale a alternativa correta.

a) O Ministério Público tem poder de requisitar da autoridade policial a instauração de inquérito, a realização de diligência investigatória e o indiciamento de quem entenda ser autor do fato.

b) O delegado de polícia poderá determinar a condução coercitiva do indiciado quando suspeitar que este não atenderá ao seu chamado.

c) Podem realizar acordo de delação premiada o delegado de polícia, o Ministério Público e o Juiz.

d) O delegado de polícia terá acesso, independentemente de autorização judicial, apenas aos dados cadastrais do investigado que informem exclusivamente a qualificação pessoal, a filiação e o endereço mantidos pela Justiça Eleitoral, empresas telefônicas, instituições financeiras, provedores de internet e administradoras de cartão de crédito.

e) O delegado de polícia e o Ministério Público terão acesso, independentemente de autorização judicial, das informações relativas a chamadas originadas e recebidas do telefone do indiciado.

COMENTÁRIOS

Alternativa correta: letra "D": no inquérito policial, de modo geral, pode o delegado de polícia requisitar perícia, informações, documentos e dados que interessem à apuração dos fatos (lei 12.830/2013). Porém, há regras especiais para a investigação de determinadas espécies de crimes, como aqueles resultantes de atividades de organizações criminosas, hipótese tratada na alternativa. Assim, o art. 15 da Lei 12.850/2013 estipula que o delegado de polícia e o Ministério Público terão acesso, independentemente de autorização judicial, apenas aos dados cadastrais do investigado que informem exclusivamente a qualificação pessoal, a filiação e o endereço mantidos pela Justiça Eleitoral, empresas telefônicas, instituições financeiras, provedores de internet e administradoras de cartão de crédito. Já nas investigações sobre os crimes previstos nos arts. 148, 149, 149-A, § 3º do art. 158 e 159 do CP, bem como no art. 239 da Lei 8.069/1990 (ECA), o membro do Ministério Público ou o delegado de polícia poderá requisitar, de quaisquer órgãos do poder público ou de empresas da iniciativa privada, dados e informações cadastrais da vítima ou de suspeitos (art. 13-A, CPP). Se necessário à prevenção e à repressão dos crimes relacionados ao tráfico de pessoas, o membro do Ministério Público ou o delegado de polícia poderão requisitar, mediante autorização judicial, às empresas prestadoras de serviço de telecomunicações e/ou telemática que disponibilizem imediatamente os meios técnicos adequados – como sinais, informações e outros – que permitam a localização da vítima ou dos suspeitos do delito em curso (art. 13-B, CPP).

Alternativa "A": o erro está no poder de requisitar indiciamento, que não existe. Conforme a Lei 12.830/2013, o indiciamento é ato privativo do delegado de polícia, que deverá fundamentar sua decisão de indiciar pessoa investigada em inquérito policial. Portanto, nem o juiz, nem o Ministério Público podem determinar o indiciamento.

Alternativa "B": a questão é polêmica. Em tese, desde que se verifique que o investigado, chamado, não compareceu, pode-se determinar a condução coercitiva. Aqui, temos um primeiro problema: quem determina. Há posicionamento de que seria a própria autoridade policial; mas, entendemos que se trata de restrição, ainda que por poucas horas, da liberdade, devendo a decisão partir da autoridade judiciária. Outro ponto polêmico: se o imputado não é obrigado a produzir prova contra si mesmo, pode ser conduzido coercitivamente? Pensamos que sim, quando o ato que necessite de sua presença não implique em autoincriminação, como ocorre, por exemplo, com a realização de seu reconhecimento. Nesse caso, cremos justificada a condução coercitiva. Parece-me que o problema da questão nem foi esse, mas o fato de o delegado ter apenas suspeitado que o imputado não compareceria, quando, na verdade, deveria ter aguardado seu não comparecimento, para somente então determinar a condução coercitiva.

Alternativa "C": segundo a Lei 12.850/2013, podem realizar o acordo apenas o Ministério Público e a autoridade policial. Ao juiz cabe apenas homologá-lo. Há ADIn pendente no STF contra a possibilidade de a autoridade policial celebrar o acordo, sem o Ministério Público.

Alternativa "E": embora haja entendimento de que não há necessidade de autorização judicial nesse caso, entendemos que deve a autoridade policial solicitá-la, pois os dados citados atingem o direito do imputado à intimidade, direito este fundamental.

51. (FUNCAB – Delegado de Polícia – PA/2016) A Lei nº 12.830, de 2013, dispõe sobre a investigação criminal conduzida pelo delegado de polícia. Sobre o tema, é correto afirmar que:

a) o indiciamento é ato privativo do delegado, que deve fundamentá-lo através de análise técnico- jurídica do fato, indicando autoria e materialidade, bem como suas circunstâncias.

b) apenas bacharéis em direito podem ocupar o cargo de delegado de polícia, ao qual deverá ser dispensado o mesmo tratamento protocolar dispensado a advogados, defensores públicos e promotores de Justiça, ressalvado o tratamento reservado a magistrados.

c) a lei especifica que a perícia criminal deve ser independente, não se sujeitando a requisições formuladas pelo delegado de polícia.

d) o inquérito policial somente poderá ser avocado e redistribuído pelas corregedorias de polícia, por motivo de interesse público.

e) o delegado goza de inamovibilidade limitada, podendo sua remoção se dar apenas a pedido ou por decisão judicial transitada em julgado.

COMENTÁRIOS

✪ **Nota do autor:** a Lei 12.830/2013 trouxe importantes acréscimos ao regime do inquérito previsto no CPP. Dois pontos são muito importantes: a) o inquérito é presidido exclusivamente por delegado de polícia; b) o indiciamento é ato privativo do delegado, devendo sua decisão de indiciar ser fundamentada.

Alternativa correta: letra "A": trata-se da previsão contida no art. 2º, § 6º, da Lei 12.830/2013.

Alternativa "B": de fato, o cargo de delegado de polícia é privativo de bacharel em Direito, mas, deve-lhe ser dispensado o mesmo tratamento protocolar que recebem os magistrados, os membros da Defensoria Pública e do Ministério Público e os advogados.

Alternativa "C": o § 2º do art. 1º da Lei 12.830 afirma que o delegado de polícia pode requisitar perícia.

Alternativa "D": O inquérito policial ou outro procedimento previsto em lei em curso somente poderá ser avocado ou redistribuído por superior hierárquico, mediante despacho fundamentado, por motivo de interesse público ou nas hipóteses de inobservância dos procedimentos previstos em regulamento da corporação que prejudique a eficácia da investigação (§ 4º, art. 2º, Lei 12.830).

Alternativa "E": não há a inamovibilidade, própria dos juízes e membros do Ministério Público. Porém, remoção do delegado de polícia dar-se-á somente por ato fundamentado (§ 5º, art. 2º, Lei 12.830).

52. (IBADE – Delegado de Polícia – AC/2017) Nos termos do Código de Processo Penal, incumbirá à autoridade policial:

A) representar acerca da prisão preventiva nos crimes dolosos e culposos com pena superior a 04 anos.

b) representar pela interceptação telefônica quando indispensável a investigação de qualquer crime.

c) cumprir os mandados de prisão expedidos pelas autoridades judiciárias.

d) realizar as diligências requisitadas pelo juiz. Ministério Público e pelos advogados.

e) fornecer às autoridades judiciárias as informações necessárias à instrução e julgamento dos processos, salvo nas investigações sobre sigilo.

COMENTÁRIOS

Alternativa correta: letra "C": cabe à autoridade policial cumprir os mandados de prisão, muito embora tal tarefa possa ser realizada também por outros servidores públicos, não sendo exclusividade de delegado de polícia.

Alternativa "A": não cabe prisão preventiva em crimes culposos. Quando cabível a prisão preventiva, pode a autoridade policial representar por sua decretação.

Alternativa "B": somente pode representar pela interceptação nos crimes apenas com reclusão.

Alternativa "D": deve cumprir apenas as diligências requisitadas pelo juiz e pelo Ministério Público. No Brasil, os advogados – a defesa em geral – não têm poder de requisição.

Alternativa "E": mesmo havendo sigilo, deve a autoridade policial prestar tais informações.

53. (IBADE – Delegado de Polícia – AC/2017) As funções de polícia judiciária e a apuração de infrações penais exercidas pelo delegado de polícia são de natureza jurídica, essenciais e exclusivas de Estado. A Luz do ordenamento jurídico processual, o delegado de polícia, na qualidade de autoridade policial, deve proceder a análise técnico-jurídica do fato e de maneira fundamentada. A impossibilidade de remoção arbitrária e avocatórias buscam assegurar o exercício funcional com independência na condução da investigação e apreciação dos fatos. Com efeito, qual conduta abaixo poderá ser adotada pelo delegado de polícia sem com isso configurar desídia funcional ou prevaricação?

A) Poderá o delegado deixar de acompanhar a vítima para assegurar a retirada de seus pertences do local da ocorrência ou do domicílio familiar quando necessário.

b) Poderá o delegado de polícia deixar de destruir as drogas apreendidas nos flagrantes de tráfico após a determinação judicial de sua destruição, com a guarda de amostra necessária ao laudo definitivo.

c) Na hipótese da iminência ou da prática de violência doméstica e familiar contra a mulher, a autoridade policial que tomar conhecimento da ocorrência poderá deixar de fornecer transporte para a ofendida e seus dependentes para abrigo ou local seguro, mesmo diante de risco de vida para a ofendida.

d) Diante da subtração de um pedaço de carne de alcatra no valor de R$ 16,00 (dezesseis reais), poderá o delegado de polícia deixar de lavrar o auto de prisão em flagrante, procedendo apenas com o registro de ocorrência, decidindo fundamentadamente que não se trata de crime por ausência de tipicidade material, em razão de concluir sua análise técnico-jurídica no sentido de ter incidido no caso o princípio da insignificância.

e) Deixar de instaurar o inquérito policial, mesmo tendo verificado a procedência das informações, por razões de conveniência e oportunidade da investigação.

COMENTÁRIOS

Alternativa correta: letra "D": com todo respeito, discordamos. Não cabe ao delegado de polícia fazer tal valoração. Estando presente situação de flagrância, deve lavrar o auto, cabendo ao Ministério Público, titular da ação penal, decidir se é ou não caso de insignificância, podendo, nesse caso, deixar de propor a ação penal. E caberá ao juiz, antes disso, decidir se a prisão deve ser convertida em preventiva ou não. O delegado deve lavrar o auto de prisão e fixar fiança. Parece-nos que os responsáveis por este concurso querem dar ao delegado papel que ele não tem.

Alternativa "A": sempre que necessária tal atitude do delegado, nos casos de violência doméstica contra mulher, não pode deixar de fazer o acompanhamento (art. 11, II, Lei 11.340/2006).

Alternativa "B": a Lei 11.343/2006 não dá ao delegado tal opção.

Alternativa "C": não há essa opção. Vide inciso III do art. 11 da Lei 11.340.

Alternativa "E": não há conveniência ou oportunidade, as obrigatoriedades da instauração do inquérito policial.

54. (IBADE – Delegado de Polícia – AC/2017) Leia as afirmativas a seguir.

I. Com o advento da Lei n° 13.245/2016 que deu nova redação ao art. 7° do Estatuto da OAB (Lei n° 8.906/1994), o inquérito policial deve ser submetido aos princípios da ampla defesa e do contraditório, não tendo o indiciado advogado o delegado não poderá interrogá-lo ou tomar depoimentos de testemunha por ausência de defesa técnica.

II. A Lei n° 13.245/2016 não mudou a estrutura do inquérito ou dos procedimentos investigatórios que continua sendo inquisitiva, mas veio sim fortalecer as prerrogativas da advocacia na esteira do que já preconizava a súmula vinculante 14 (STF).

III. O preso ou indiciado que tenha advogado terá, reflexamente, a garantia de não ver, sob pena de nulidade, a atuação de seu defensor obstada pelo Delegado de Polícia. Todavia, a Lei n° 13.245/2016 não tornou obrigatória, sob pena de nulidade, como ocorre no processo, a intervenção da defesa técnica em todos os atos de investigação, tampouco a ciência e possibilidade de resistência aos atos do inquérito.

IV. O direito do advogado ao acesso a elementos do inquérito alcança inclusive as diligências em andamento.

Estão corretas apenas as afirmativas:

A) II e III.

b) III e IV.

c) II, III e IV.

d) I e IV.

e) I e II.

COMENTÁRIOS

Alternativa correta: letra "A": estão certas as Afirmativas II e III.

Afirmativa I: errado. Não há tal previsão legal, sequer no Estatuto da OAB. Se o imputado tiver advogado, terá o direito de vê-lo presente ao ato do qual participar. Além disso, há a incidência do princípio da ampla defesa no inquérito, tanto assim que o imputado tem o direito de que seu advogado o acompanhe quando foi ouvido, tem o direito de permanecer calado, etc. Porém, não há contraditório: o advogado pode fazer requerimentos, apresentar quesitos, mas o delegado não está obrigado a consultá-lo sempre, a intimá-lo dos atos de investigação, não participará o defensor dos atos que não contem com a presença do imputado, tampouco o delegado é obrigado a atender aos requerimentos da defesa.

Afirmativa II: certo. É exatamente essa a ideia. A alteração legislativa apenas reforçou o papel do advogado no inquérito, mas a estrutura deste não restou modificada. Vejam os comentários que fizemos acima.

Afirmativa III: certo. É o que comentamos na Afirmativa I, à qual remetemos o leitor.

Afirmativa IV: errado. Não alcança, pois a Súmula Vinculante 14 do STF diz que poderá ter acesso apenas às diligências já documentadas nos autos do inquérito.

55. (IBADE – Delegado de Polícia – AC/2017) À luz do que dispõe o código de processo penal sobre inquérito policial assinale a alternativa correta.

A) No relatório, a autoridade policial não poderá indicar testemunhas que não tiverem sido inquiridas no inquérito.

b) Quando o fato for de difícil elucidação, estando o indiciado solto ou preso, a autoridade poderá requerer ao juiz a devolução dos autos, para ulteriores diligências, que serão realizadas no prazo marcado pelo juiz.

c) O delegado poderá delegar a oitiva do indiciado e de eventuais testemunhas ao inspetor de polícia.

d) O inquérito deverá terminar no prazo de 03 dias, se o indiciado tiver sido preso em flagrante ou preso preventivamente; contado o prazo, nesta hipótese, a partir do dia em que se executar a ordem de prisão.

e) O inquérito policial deve terminar no prazo de 30 dias, quando o indiciado estiver solto, mediante fiança ou sem ela.

COMENTÁRIOS

Alternativa correta: letra "E": é o que dispõe o art. 10 do CPP. Se estiver preso o imputado, o prazo para o encerramento do inquérito é de 10 dias. Notem que leis especiais podem estabelecer prazos diversos, como faz, por exemplo da Lei de Drogas (Lei 11.343/2006).

Alternativa "A": o § 2º do art. 10 do CPP permite que o delegado indique as testemunhas não ouvidas.

Alternativa "B": somente quando estiver solto o indiciado (art. 10, § 3º, CPP). Se aplicado o dispositivo a caso com imputado preso, este certamente deverá ser solto pelo juiz.

Alternativa "C": não poderá delegar, pois a condução do inquérito é atribuição sua.

Alternativa "D": o prazo, como visto acima, é de 10 dias.

56. (IBADE – Delegado de Polícia – AC/2017) No que tange à investigação criminal conduzida pelo Delegado de Polícia (Lei n° 12.830/2013), assinale a alternativa correta.

a) As funções de polícia judiciária bem como a administrativa e a apuração de infrações penais exercidas pelo delegado de polícia são de natureza jurídica, essenciais e exclusivas de Estado.

b) O cargo de delegado de polícia é privativo de bacharel em Direito, devendo-lhe ser dispensado o mesmo tratamento protocolar que recebem os magistrados, os membros da Defensoria Pública e do Ministério Público e os advogados.

c) Durante a investigação criminal, cabe ao delegado de polícia a requisição de perícia, desde que autorizada pela autoridade judiciária.

d) A remoção do delegado de polícia dar-se-á somente por ato fundamentado, exceto nos casos previstos em lei.

e) O inquérito policial ou outro procedimento previsto em lei em curso poderá ser avocado ou redistribuído por superior hierárquico, independentemente de despacho fundamentado.

COMENTÁRIOS

✪ **Nota do autor:** as questões comentadas neste capítulo mostram o tanto que a curta Lei 12.830 é importante nos concursos para delegado de polícia.

Alternativa correta: letra "B": é o que dispõe o art. 3º da Lei 12.830/2013.

Alternativa "A": apenas as funções de polícia judiciária e a apuração de infrações penais exercidas pelo delegado de polícia são de natureza jurídica, essenciais e exclusivas de Estado (art. 2º, caput, Lei 12.830).

Alternativa "C": o delegado pode requisitar perícia, mesmo sem autorização judicial (art. 2º, § 2º, Lei 12.830).

Alternativa "D": a remoção será sempre realizada por ato fundamentado (art. 2º, § 5º, Lei 12.830).

Alternativa "E": a avocação se dará sempre mediante despacho fundamentado, por motivo de interesse público ou nas hipóteses de inobservância dos procedimentos previstos em regulamento da corporação que prejudique a eficácia da investigação.

57. (Cespe – Delegado de Polícia – PE/2016) A respeito do inquérito policial, assinale a opção correta, tendo como referência a doutrina majoritária e o entendimento dos tribunais superiores.

a) Por substanciar ato próprio da fase inquisitorial da persecução penal, é possível o indiciamento, pela autoridade policial, após o oferecimento da denúncia, mesmo que esta já tenha sido admitida pelo juízo a quo.

b) O acesso aos autos do inquérito policial por advogado do indiciado se estende, sem restrição, a todos os documentos da investigação.

c) Em consonância com o dispositivo constitucional que trata da vedação ao anonimato, é vedada a instauração de inquérito policial com base unicamente em denúncia anônima, salvo quando constituírem, elas próprias, o corpo de delito.

d) O arquivamento de inquérito policial mediante promoção do MP por ausência de provas impede a reabertura das investigações: a decisão que homologa o arquivamento faz coisa julgada material.

e) De acordo com a Lei de Drogas, estando o indiciado preso por crime de tráfico de drogas, o prazo de conclusão do inquérito policial é de noventa dias, prorrogável por igual período desde que imprescindível para as investigações.

COMENTÁRIOS

Alternativa correta: letra "C": não pode a autoridade policial instaurar o inquérito, tendo como base tão somente a denúncia anônima. Deve, antes disso, investigar e verificar se a denúncia traz algum fundamento e, se positivo, angariar algum elemento informativo mais concreto, para, aí sim, instaurar o procedimento investigatório. É o entendimento, por sinal, do STJ: "(...)Esta Corte Superior de Justiça, com supedâneo em entendimento adotado por maioria pelo Plenário do Pretório Excelso nos autos do Inquérito nº 1957/PR, tem entendido que a notícia anônima sobre eventual prática criminosa, por si só, não é idônea para a instauração de inquérito policial ou deflagração da ação penal, prestando-se, contudo, a embasar procedimentos investigatórios preliminares em busca de indícios que corroborem as informações da fonte anônima, os quais tornam legítima a persecução criminal estatal. (...)" (HC 233.440-SE, Rel. Min. Jorge Mussi, j. 18.06.2014).

Alternativa "A": o indiciamento é ato realizado durante a fase policial. Se já oferecida a peça inicial e já recebida esta, não há mais lugar para o indiciamento. Nesse sentido, reiterados julgados do STJ, como o seguinte: "(...)Não se admite a determinação de indiciamento formal do acusado, medida própria do inquérito policial, quando o feito já se encontra na fase judicial. Precedentes. (...)" (HC 293.623-SP, Rel. Min. Maria Thereza de Assis Moura, j. 20.05.2014).

Alternativa "B": o acesso somente se estende aos elementos já documentados nos autos do inquérito. Nesse sentido, claríssima a Súmula 14 do STF: "É direito do defensor, no interesse do representado, ter acesso amplo aos elementos de prova que, já documentados em procedimento investigatório realizado por órgão com competência de polícia judiciária, digam respeito ao exercício do direito de defesa".

Alternativa "D": a decisão, nesse caso, faz coisa julgada apenas formal, podendo ser proposta a ação penal caso surjam provas novas. É o que se extrai do art. 18 do CPP e da Súmula 524 do STF ("Arquivado o inquérito policial, por despacho do juiz, a requerimento do promotor de justiça, não pode a ação penal ser iniciada sem novas provas").

Alternativa "E": de acordo com o *caput* do art. 51 da Lei 11.343/2006, o inquérito policial será concluído no prazo de 30 dias, se o indiciado estiver preso, e de 90 dias, quando solto. Por força do que dispõe o parágrafo único, os prazos podem ser duplicados pelo juiz, ouvido o Ministério Público, mediante pedido justificado da autoridade de polícia judiciária. Portanto, pode o prazo chegar a 180 dias, se estiver o indiciado solto.

58. (Cespe – Delegado de Polícia – PE/2016) Com base nos dispositivos da Lei nº 12.830/2013, que dispõe sobre a investigação criminal conduzida por delegado de polícia, assinale a opção correta.

a) São de natureza jurídica, essenciais e exclusivas de Estado as funções de polícia judiciária e a apuração de infrações penais pelo delegado de polícia.

b) A redistribuição ou a avocação de procedimento de investigação criminal poderá ocorrer de forma casuística, desde que determinada por superior hierárquico.

c) A remoção de delegado de polícia de determinada unidade policial somente será motivada se ocorrer de uma circunscrição para outra, não incidindo a exigência de motivação nas remoções de delegados de uma delegacia para outra no âmbito da mesma localidade.

d) A decisão final sobre a realização ou não de diligencias no âmbito do inquérito policial pertence exclusivamente ao delegado de polícia que preside os autos.

e) A investigação de crimes é atividade exclusiva das polícias civil e federal.

COMENTÁRIOS

✪ **Nota do autor:** a Lei 12.830/2013, de texto curto, é muito importante para complementar o estudo do inquérito policial e tem sido cobrada em concursos, sobretudo quando trata do indiciamento.

Alternativa correta: letra "A": segundo o art. 2º da Lei 12.830/2013, as funções de polícia judiciária e a apuração de infrações penais exercidas pelo delegado de polícia são de natureza jurídica, essenciais e exclusivas de Estado.

Alternativa "B": não mais. Segundo o § 4º do art. 2º da Lei 12.830, o inquérito policial ou outro procedimento previsto em lei em curso somente poderá ser avocado ou redistribuído por superior hierárquico, mediante despacho fundamentado, por motivo de interesse público ou nas hipóteses de inobservância dos procedimentos previstos em regulamento da corporação que prejudique a eficácia da investigação.

Alternativa "C": não há tais limitações à remoção na Lei 12.830. A respeito, consta dela a seguinte regra: "A remoção do delegado de polícia dar-se-á somente por ato fundamentado" (art. 2º, § 5º).

Alternativa "D": é o delegado de polícia quem preside o inquérito policial, como deixa claro o § 1º do art. 2º da Lei 12.830. Porém, pode o Ministério Público requisitar diligências, que deverão ser cumpridas pela autoridade policial. Tal poder do Parquet decorre do próprio texto constitucional (art. 129, VIII).

Alternativa "E": não é exclusividade, eis que outras instituições detêm tal atribuição. Exemplo disso é o Ministério Público, que pode instaurar seus próprios procedimentos investigatórios, como já reconheceu – finalmente – o STF.

---

59. (Vunesp – Delegado de Polícia – CE/2015) O inquérito policial, nos crimes em que a ação pública depender de representação, ____________; nos crimes de ação privada, a autoridade policial somente poderá proceder a inquérito ____________

Assinale a alternativa que preenche, correta e respectivamente, as lacunas.

a) depende de queixa crime para sua instauração ... após colher o consentimento da vítima ou de terceiro patrimonialmente interessado na investigação do fato

b) pode ser instaurado independentemente dela, mas só pode embasar ação penal após manifestação positiva da vítima ... após oferecimento de queixa crime

c) só pode ser iniciado se não houver transcorrido o prazo decadencial de seis meses ... quando acompanharem a representação do ofendido o nome e qualificação de ao menos três testemunhas

d) não poderá sem ela ser iniciado ... a requerimento de quem tenha qualidade para intentá-la

e) depende de queixa crime para sua instauração ... após oferecimento de queixa crime

COMENTÁRIOS

Alternativa correta: letra "D" (responde também todas as demais alternativas): o inquérito policial, nos crimes em que a ação pública depender de representação, não poderá sem ela ser iniciado; nos crimes de ação privada, a autoridade policial somente poderá proceder a inquérito a requerimento de quem tenha qualidade para intentá-la. É o que dispõem as regras constantes, respectivamente, dos §§ 4º e 5º do art. 5º do CPP.

---

60. (Vunesp – Delegado de Polícia – CE/2015) Prescreve o art. 6º, VIII do CPP: logo que tiver conhecimento da prática da infração penal, a autoridade policial deverá ordenar a identificação do indiciado pelo processo datiloscópico, se possível.

Acerca do tema, a Constituição da República de 1988

a) recepcionou integralmente o CPP.

b) ampliou as hipóteses de identificação criminal, admitindo-a também para testemunhas e declarantes.

c) ampliou os métodos de identificação criminal, admitindo expressamente outros que decorram do progresso científico, tais como os exames de DNA.

d) revogou totalmente o dispositivo do CPP, não admitindo mais a identificação criminal.

e) determina, com exceções previstas em lei, que o civilmente identificado não será submetido à identificação criminal.

COMENTÁRIOS

Alternativa correta: letra "E": é o que garante a CF no inciso LVIII do art. 5º. A Lei que regula a hipótese é a Lei 12.037/2009.

Alternativa "A": a CF não recepcionou integralmente o CPP, inclusive no que toca à identificação criminal. O inciso VIII do art. 6º trazia uma obrigatoriedade da identificação do imputado, o que já não mais é possível. Hoje, tudo dependerá da presença dos requisitos da Lei 12.037.

Alternativa "B": não há possibilidade de que declarantes e testemunhas sejam submetidas a identificação criminal.

Alternativa "C": a ampliação não foi feita pela CF, mas pela Lei 12.037, que permite a formação do banco de dados de DNA.

Alternativa "D": ainda é admitida a identificação criminal pela CF, desde que presentes as hipóteses da Lei 12.037.

---

61. (FUNIVERSA – Delegado de Polícia – DF/2015) Com base na legislação, na jurisprudência e na doutrina majoritária, assinale a alternativa correta acerca do inquérito policial, da prisão temporária e da participação do Ministério Público na investigação criminal.

a) O inquérito policial é um procedimento administrativo, prevalecendo, na doutrina, o entendimento de que se devem observar todas as garantias ínsitas ao contraditório e à ampla defesa durante o inquérito policial, o que concede ao investigado, por exemplo, o direito à dialeticidade processual e à produção de provas.

b) Conforme o STJ, a participação de um membro do Ministério Público na fase de investigação criminal não acarreta o seu impedimento ou a sua suspeição para o oferecimento da denúncia.

c) Em casos teratológicos, o STF e o STJ têm admitido que a autoridade policial que preside o procedimento administrativo promova o arquivamento do inquérito policial perante o juiz.

d) O descumprimento do prazo previsto em lei para concluir o inquérito policial justifica, ipso facto, o relaxamento da prisão por excesso de prazo.

e) Após recente inovação legislativa, o prazo da prisão temporária foi unificado, independentemente de o crime ser hediondo ou a ele equiparado.

COMENTÁRIOS

Alternativa correta: letra "B": esse é o entendimento do STJ, exposto em sua Súmula 234.

Alternativa "A": a doutrina esmagadoramente majoritária reconhece não se aplicar ao inquérito o princípio do contraditório, mas apenas o da ampla defesa. Assim, pode o imputado até requerer a realização de diligências ao delegado, mas este não é obrigado a realizá-las (art. 14, CPP).

Alternativa "C": o delegado de polícia não pode arquivar inquérito, nem requerer ao juiz que o faça. Cabe ao Ministério Público requerer o arquivamento do feito ao juiz.

Alternativa "D": a consequência do excesso de prazo para conclusão do inquérito, estando preso o indiciado preventivamente, pode ser a liberdade deste, mas esta não é automática, eis que o juiz pode considerar haver necessidade de mantê-la, ainda que haja tal atraso.

Alternativa "E": não houve tal unificação, pois o regime da prisão temporária não sofreu qualquer modificação recente. Assim, o prazo da prisão, normalmente, é de 5 dias. No caso de crime hediondo, de 30 dias. Ambos podem ser prorrogados uma vez.

---

62. (FUNIVERSA – Delegado de Polícia – DF/2015) Com base na legislação processual penal e na jurisprudência e doutrina majoritária relativas à matéria, assinale a alternativa correta.

a) Da decisão do delegado de polícia que nega pedido de abertura de inquérito policial formulado pelo ofendido ou por seu representante legal, caberá, nos termos do CPP, correição parcial endereçada ao juiz da causa, além de recurso administrativo dirigido ao chefe de polícia.

b) A lei veda, em virtude do princípio do ne bis in idem, a aplicação cumulativa de medidas cautelares diversas da prisão.

c) Na hipótese de descumprimento de medida cautelar pessoal, o juiz poderá, a requerimento do Ministério Público, de seu assistente ou do querelante, substituir a medida ou impor outra em cumulação, sendo-lhe vedado, porém, tomar essas providências de ofício.

d) É vedada a persecução penal fundada exclusivamente em notícia-crime apócrifa ou inqualificada.

e) Em regra, nos crimes de ação penal pública condicionada à representação do ofendido, o inquérito policial somente poderá ser instaurado se o ofendido ou seu representante tiver procedido à representação, devendo esta, ainda, consoante entendimento do STJ, satisfazer formalidades específicas, como ser apresentada ou reiterada, dentro do prazo decadencial, perante a autoridade judicial.

COMENTÁRIOS

Alternativa correta: letra "D": assim vêm decidindo os Tribunais Superiores. Recebida tal espécie de notícia de crime pelo delegado, este deverá efetuar diligências preliminares, a fim de verificar se há algum fundamento nela. Se houver, poderá instaurar o inquérito. Do contrário, não.

Alternativa "A": cabe recurso ao chefe de polícia.

Alternativa "B": ao contrário, a lei permite a cumulação dessas medidas de modo expresso (art. 282, § 1º, CPP).

Alternativa "C": o juiz pode agir de ofício nesse caso, tal como autorizado pelo § 4º do art. 282 do CPP.

Alternativa "E": não há e nunca houve tal entendimento do STJ. Não há qualquer necessidade de reiteração da representação perante a autoridade judicial e tampouco vem a jurisprudência exigindo grandes formalidades, bastando a inequívoca manifestação da vontade do ofendido.

---

63. (FUNIVERSA – Delegado de Polícia – DF/2015) Assinale a alternativa correta em relação ao inquérito policial.

a) Há, no ordenamento jurídico brasileiro, expressa previsão do inquérito policial judicialiforme.

b) Nos crimes em que a ação pública depender de representação, o inquérito não poderá sem ela ser iniciado.

c) O inquérito policial, cuja natureza é cautelar, constitui uma das fases processuais.

d) O inquérito policial é dispensável à propositura da ação penal privada e da ação penal pública condicionada, mas é indispensável à propositura da ação penal pública incondicionada.

e) Segundo jurisprudência pacificada no STF, o poder de investigação do Ministério Público é amplo e irrestrito.

COMENTÁRIOS

Alternativa correta: letra "B": é o que está disposto no § 4º do art. 5º do CPP.

Alternativa "A": havia tal previsão no CPP – que permitia que o próprio juiz, de ofício, instaurasse a ação penal –, mas não foi recepcionada pela CF de 1988, que estabeleceu o princípio acusatório. No sistema acusatório, como o leitor sabe, há separação absoluta entre as atividades de acusar e de julgar.

Alternativa "C": o inquérito tem natureza administrativa. É fase da persecução penal, a fase preliminar, mas não é fase do processo.

Alternativa "D": o inquérito jamais é indispensável. Pode a inicial acusatória ser proposta à vista de outros procedimentos e elementos informativos.

Alternativa "E": em maio de 2015, decidiu o STF: "(...) Questão constitucional com repercussão geral. Poderes de investigação do Ministério Público. Os artigos 5º, incisos LIV e LV, 129, incisos III e VIII, e 144, inciso IV, § 4º, da Constituição Federal, não tornam a investigação criminal exclusividade da polícia, nem afastam os poderes de investigação do Ministério Público. Fixada, em repercussão geral, tese assim sumulada: 'O Ministério Público dispõe de competência para promover, por autoridade própria, e por prazo razoável, investigações de natureza penal, desde que respeitados os direitos e garantias que assistem a qualquer indiciado ou a qualquer pessoa sob investigação do Estado, observadas, sempre, por seus agentes, as hipóteses de reserva constitucional de jurisdição e, também, as prerrogativas profissionais de que se acham investidos, em nosso País, os Advogados (Lei 8.906/94, artigo 7º, notadamente os incisos I, II, III, XI, XIII, XIV e XIX), sem prejuízo da possibilidade – sempre presente no Estado democrático de Direito – do permanente controle jurisdicional dos atos, necessariamente documentados (Súmula Vinculante 14), praticados pelos membros dessa instituição'. Maioria. (...)"(RE 593.727-MG, Rel. Min. Gilmar Mendes, j. 14.05.2015).

64. (ACAFE – Delegado de Polícia – SC/2014) De acordo com o Código de Processo Penal, e considerando o inquérito policial nos crimes de ação pública, analise as afirmações a seguir e assinale a alternativa correta.

I. Será iniciado de ofício.

II. Será iniciado mediante requisição da autoridade judiciária ou do Ministério Público, ou a requerimento do ofendido ou de quem tiver qualidade para representá-lo.

III. Do despacho que indeferir o requerimento de abertura de inquérito não caberá recurso.

IV. O inquérito, nos crimes em que a ação pública depender de representação, não poderá sem ela ser iniciado.

a) Todas as afirmações estão corretas.

b) Todas as afirmações estão incorretas.

c) Apenas I, II e III estão corretas.

d) Apenas II e IV estão corretas.

e) Apenas I, II e IV estão corretas.

COMENTÁRIOS

Alternativa correta: letra "E": estão certas as Afirmações I, II e IV.

Afirmação I: certo. Caso tenha a autoridade policial notícia do crime de ação penal pública, deverá instaurar, por portaria, o inquérito (art. 5º, I, CPP).

Afirmação II: certo. São as outras possibilidades de se dar início ao inquérito policial para investigação dos crimes de ação penal pública. A previsão está no art. 5º, II, do CPP.

Afirmação III: errado. Caberá recurso ao chefe de polícia (art. 5º, § 2º, do CPP), autoridade cuja identificação dependerá da organização da Polícia em cada Estado.

Afirmação IV: certo. Sem a manifestação de vontade positiva da vítima, impossível a instauração do inquérito nesse caso (art. 5º, § 4º, CPP), e também no caso das ações penais privadas.

65. (ACAFE – Delegado de Polícia – SC/2014) De acordo com o Código de Processo Penal assinale a alternativa correta.

a) A polícia judiciária será exercida pelas autoridades policiais no território de suas respectivas jurisdições e terá por fim a apuração das infrações penais e da sua autoria.

b) Ciente da prática de um crime, a autoridade policial deverá, se possível e conveniente, dirigir-se ao local dos fatos.

c) O ofendido ou seu representante legal e o indiciado poderão requerer qualquer diligência, que sempre será realizada em até 10 dias.

d) A autoridade policial poderá mandar arquivar autos de inquérito.

e) O inquérito, nos crimes em que a ação pública depender de representação, não poderá sem ela ser iniciado, bem como, nos crimes de ação privada, a autoridade policial somente poderá proceder a inquérito a requerimento de quem tenha qualidade para intentá-la.

COMENTÁRIOS

Alternativa correta: letra "E": são previsões contidas nos §§ 4º e 5º do art. 5º do CPP.

Alternativa "A": a alternativa quase repete integralmente o art. 4º do CPP. Qual o erro? Autoridade policial não exerce jurisdição, o que é parte da soberania do Estado. A autoridade policial atua na sua circunscrição, cumprindo sua atribuição. Essas as palavras mais adequadas ao caso.

Alternativa "B": não é questão de conveniência. O art. 6º, I, do CPP determina a ida da autoridade policial à cena do crime. A lei não faz distinção, mas espera-se que seja cumprida ao menos no que tange aos crimes mais graves. É importante o comparecimento da Autoridade Policial ou, no mínimo, de seus agentes, para que seja possível, por exemplo, apreender objetos de interesse para a investigação. Alguns Estados, com o de São Paulo, por meio da respectiva Secretaria da Segurança Pública, têm disciplina normativa própria sobre a responsabilidade dos peritos, da Polícia Civil e da Polícia Militar na cena do crime, inclusive no que tange a apreensões.

Alternativa "C": o art. 14 do CPP realmente permite que o indiciado e o ofendido façam requerimentos de diligências, mas o cumprimento ficará a critério da autoridade policial. Lembrem-se que não há contraditório na fase de inquérito.

Alternativa "D": jamais. Somente o juiz pode mandar arquivar o inquérito, a requerimento do Ministério Público (art. 17, CPP).

---

66. (ACAFE – Delegado de Polícia – SC/2014) Considere as atitudes que deverão ser tomadas pela autoridade policial logo que tiver conhecimento da prática da infração penal, analise as afirmações a seguir e assinale a alternativa correta de acordo com o Código de Processo Penal.

I. Dirigir-se ao local, providenciando para que não se alterem o estado e conservação das coisas, até a chegada dos peritos criminais.

II. Colher todas as provas que servirem para o esclarecimento do fato e suas circunstâncias.

III. Proceder a reconhecimento de pessoas e coisas e a acareações.

IV. Ordenar a identificação do indiciado pelo processo datiloscópico, se possível, e fazer juntar aos autos sua folha de antecedentes.

a) Todas as afirmações estão corretas.

b) Apenas I, II e III estão corretas.

c) Apenas I, II e IV estão corretas.

d) Apenas III e IV estão corretas.

e) Todas as afirmações estão incorretas.

COMENTÁRIOS

✪ **Nota do autor:** a questão foi anulada.

Afirmação I: certo. É o que prevê o inciso I do art. 6º do CPP.

Afirmação II: certo. É a previsão do inciso III do art. 6º do CPP.

Afirmação III: certo. Tais providências estão previstas no inciso VI do art. 6º do CPP.

Afirmação IV: certo. O inciso VIII do art. 6º do CPP realmente prevê isso. Porém, com o advento da CF de 1988, não pode o delegado de polícia determinar a identificação criminal do civilmente identificado, salvo nos casos previstos na Lei 12.037/2009, que estabelece as hipóteses em que o civilmente identificado poderá ser submetido à identificação criminal. Os casos são os seguintes (art. 3º): a) o documento apresentar rasura ou tiver indícios de falsidade; b) o documento apresentado for insuficiente para identificar cabalmente o indiciado; c) o indiciado portar documentos de identidade distintos, com informações conflitantes entre si; d) a identificação criminal for essencial às investigações policiais, segundo despacho da autoridade judiciária competente, que decidirá de ofício ou mediante representação da autoridade policial, do Ministério Público ou da defesa; e) constar de registros policiais o uso de outros nomes ou diferentes qualificações; f) o estado de conservação ou a distância temporal ou da localidade da expedição do documento apresentado impossibilite a completa identificação dos caracteres essenciais. Presentes tais hipóteses, não pode o imputado negar-se a ser identificado, tendo apenas o direito ao silêncio quanto aos fatos apurados. A mesma lei permite também a coleta de material genético do indiciado, para formação de banco de dados. Nesse passo, há intensa polêmica sobre a possibilidade de coleta de material sem a autorização da pessoa.

---

67. (ACAFE – Delegado de Polícia – SC/2014) De acordo com o Código de Processo Penal, especificamente quanto ao Inquérito, assinale a alternativa correta.

a) No relatório, não poderá a autoridade policial indicar testemunhas que não tiverem sido inquiridas.

b) A autoridade policial deverá concluí-lo no prazo de 10 dias, se o indiciado estiver preso preventivamente, contado o prazo a partir do dia seguinte em que se executar a ordem de prisão, ou no prazo de 30 dias, quando estiver solto, mediante fiança ou sem ela.

c) A autoridade policial fará minucioso relatório do que tiver sido apurado e enviará os autos ao juiz competente.

d) A autoridade policial fará minucioso relatório do que tiver sido apurado e enviará os autos ao Ministério Público.

e) Quando o fato for de difícil elucidação e o indiciado estiver preso, a autoridade policial poderá requerer ao juiz a devolução dos autos, para ulteriores diligências, que serão realizadas no prazo de 30 dias.

COMENTÁRIOS

Alternativa correta: letra "C": é o relatório final do inquérito, a cargo do delegado de polícia, conforme previsto no art. 10, § 1º, do CPP.

Alternativa "A": ao contrário, o § 2º do art. 10 do CPP dispõe que poderá a autoridade indicar testemunhas que não tiverem sido inquiridas, mencionando o lugar onde possam ser encontradas.

Alternativa "B": o caput do art. 10 do CPP determina que seja contado o dia da prisão. Esse o erro da alternativa.

Alternativa "D": é o que muitos entendem que deveria ser feito. Mas, não é o que a lei determina, como visto na alternativa "C". O autos devem, portanto, ser enviados ao juiz.

Alternativa "E": não será possível a concessão de mais prazo para investigação suplementar se estiver preso o indiciado. Nesse caso, a necessidade de prosseguimento do inquérito deve, em regra, levar à soltura do indiciado preso.

68. (ACAFE – Delegado de Polícia – SC/2014) De acordo com o Código de Processo Penal e Lei 12.830/13, que dispõe sobre a investigação criminal conduzida pelo Delegado de Polícia, assinale a alternativa correta.

a) Ninguém será recolhido à prisão sem que seja exibido o mandado ao respectivo diretor ou carcereiro, exceto por ordem expressa do Delegado de Polícia, com a entrega de cópia assinada pelo executor, devendo ser passado recibo da entrega do preso, com declaração de dia e hora.

b) O indiciamento, privativo do Ministério Público, dar-se-á por ato fundamentado, mediante análise técnico-jurídica do fato, que deverá indicar a autoria, materialidade e suas circunstâncias.

c) A remoção do delegado de polícia dar-se-á somente a requerimento deste, pois possui a garantia constitucional da inamobilidade.

d) Ao delegado de polícia, na qualidade de autoridade policial, cabe a condução da investigação criminal por meio de inquérito policial ou outro procedimento previsto em lei, que tem como objetivo a apuração das circunstâncias, da materialidade e da autoria das infrações penais.

e) Em até 48 (quarenta e oito) horas após a realização da prisão será encaminhado ao juiz competente o auto de prisão em flagrante e, caso o autuado não informe o nome de seu advogado, cópia integral para a Defensoria Pública.

COMENTÁRIOS

Alternativa correta: letra "D": a Lei 12.830/2013 veio justamente deixar claro que apenas delegado de polícia pode presidir inquérito policial ou outro procedimento policial previsto em lei, que, por enquanto, é apenas o termo circunstanciado.

Alternativa "A": não tem o delegado de polícia tal poder. O mandado de prisão deve ser exibido. Segundo o caput do art. 288 do CPP: "Ninguém será recolhido à prisão, sem que seja exibido o mandado ao respectivo diretor ou carcereiro, a quem será entregue cópia assinada pelo executor ou apresentada a guia expedida pela autoridade competente, devendo ser passado recibo da entrega do preso, com declaração de dia e hora".

Alternativa "B": o indiciamento é ato privativo do delegado de polícia, conforme também previu a Lei 12.830.

Alternativa "C": o delegado não possui a garantia da inamovibilidade, própria dos membros da Magistratura e do Ministério Público. No entanto, a remoção do delegado de polícia dar-se-á somente por ato fundamentado (art. 2º, § 5º, Lei 12.830/2013).

Alternativa "E": o prazo é de 24 horas (art. 306, § 1º, CPP: "Em até 24 (vinte e quatro) horas após a realização da prisão, será encaminhado ao juiz competente o auto de prisão em flagrante e, caso o autuado não informe o nome de seu advogado, cópia integral para a Defensoria Pública").

69. (FUNCAB – Delegado de Polícia – RO/2014) Na condução do inquérito policial, o Delegado de Polícia, sempre pautando suas ações pela legalidade, também se sujeita ao Princípio da Discricionariedade, que possui como característica possibilitarão Delegado de Polícia:

a) a instauração do inquérito mediante critério de conveniência e oportunidade.

b) a definição do rumo das investigações.

c) a substituição do inquérito pela possibilidade de lavratura de termo circunstanciado.

d) a cautela e prudência na condução das diligências de investigação.

e) o arquivamento do inquérito policial.

COMENTÁRIOS

Alternativa correta: letra "B": o inquérito policial segue regras, que estão expostas no CPP e na Lei 12.830/2013. Porém, a lei processual não diz exatamente qual a ordem das diligências que devem ser realizadas pelo delegado, tampouco quais devem ser feitas. Até porque cada investigação tem suas próprias características. Assim, nesse ponto, tem o delegado total discricionariedade, salvo, evidentemente, no que tange à requisição de laudos, alguns dos quais praticamente obrigatórios para a prova da materialidade do fato.

Alternativa "A": a instauração do inquérito policial rege-se pelo princípio da obrigatoriedade. Assim, presentes os requisitos legais, não tem o delegado escolha: deve instaurar o inquérito, para apurar os fatos.

Alternativa "C": o termo circunstanciado somente pode ser lavrado no caso de infração de menor potencial ofensivo, não sendo, pois, assunto que dependa da discricionariedade do delegado.

Alternativa "D": discricionariedade é a possibilidade de escolha, no caso, quanto a quais diligências realizar e quando. Não tem relação com cautela ou prudência.

Alternativa "E": o delegado de polícia não pode arquivar inquérito policial, conforme expressamente dispõe o art. 17 do CPP.

70. (NUCEPE – Delegado de Polícia – PI/2014) Após análise das asserções a assinale a alternativa CORRETA seguir,

I. O Ministério Público poderá requisitar a instauração de inquérito policial e acompanhar sua evolução, porém a sua presença é secundária e contingente, pois o órgão encarregado de dirigir o inquérito é a polícia judiciária.

II. O inquérito policial nasce da mera possibilidade, mas objetiva a probabilidade, não sofrendo seu campo probatório nenhuma restrição.

III. O inquérito policial busca a verossimilhança do crime, o *fumus comissi delicti*, inexistindo, pois, a plena discussão das teses fáticas.

IV. A representação criminal é um ato jurídico regido por critérios de oportunidade e conveniência de quem tenha legitimidade para fazê-la, mas o Ministério Público, objetivando o oferecimento da Denúncia, poderá exigí-la do ofendido.

V. O prazo para representar é decadencial de seis meses, contados da data em que ocorrera o fato.

a) Há somente uma assertiva correta.

b) Há duas assertivas corretas.

c) Há três alternativas corretas.

d) Há quatro assertivas corretas.

e) As cinco assertivas estão corretas.

COMENTÁRIOS

Alternativa correta: letra "B": estão certas as Assertivas I e III apenas.

Assertiva I: certo. O Ministério Público tem o poder, garantido pela CF, de requisitar a instauração de inquérito policial e de acompanhá-lo. Porém, de fato, o curso do inquérito não depende do Ministério Público, até porque, na prática, o acompanhamento se dá em poucos casos. Ademais, segundo a Lei 12.830/2013, o comando do inquérito é do delegado de polícia, que o preside. Logicamente, pode o Ministério Público requisitar diligências investigatórias, como permite a CF.

Assertiva II: errado. Nem vale comentar o enigmático e infeliz início da assertiva. Vale apenas ressaltar que o inquérito policial, assim como se dá com a instrução judicial, sofre restrições probatórias.

Assertiva III: certo. Infeliz o uso da palavra verossimilhança, já que, usada no âmbito das provas, vem trazendo grandes discussões na doutrina, principalmente na estrangeira. À parte isso, é certo que o inquérito busca a prova da ocorrência do crime e indícios de autoria, não uma prova plena desta, que somente defluirá da instrução judicial e das discussões havidas no processo, sob contraditório.

Assertiva IV: errado. O Ministério Público não pode obrigar o ofendido a oferecer representação. Ele a oferece se quiser.

Assertiva V: errado. O prazo é contado da data em que o ofendido veio a saber quem foi o autor do crime.

---

71. (Vunesp – Delegado de Polícia – SP/2014) No processo penal, a prova produzida durante o inquérito policial

a) pode ser utilizada por qualquer das partes, bem como pelo juiz.

b) tem o mesmo valor que a prova produzida judicialmente.

c) pode ser utilizada somente pelo juiz.

d) não tem valor legal.

e) deverá ser sempre ratificada judicialmente para ter valor legal.

COMENTÁRIOS

Alternativa correta: letra "A" (responde também a alternativa "C"): muito embora o inquérito policial seja procedimento de cunho preparatório para a ação penal, os elementos informativos nele produzidos não são de uso exclusivo do Ministério Público, de modo que podem também ser invocados pelo juiz e pela defesa do imputado. Notem, apenas, que o juiz não pode fundamentar sua decisão com base, exclusivamente, nos elementos informativos oriundos do inquérito, salvo as provas cautelares, antecipadas ou irrepetíveis.

Alternativa "B": não tem o mesmo valor. O art. 155 do CPP, aliás, deixa isso claro, já que, conforme expusemos acima, o juiz não poderá fundamentar sua decisão apenas com base naquilo que foi produzido no inquérito, havendo a ressalva quanto às provas cautelares, às antecipadas e às não repetíveis.

Alternativa "D": os elementos informativos produzidos no inquérito têm valor legal, tanto que podem servir de base para a propositura da denúncia ou da queixa-crime. Além disso, pode o juiz basear sua decisão em elementos retirados do inquérito, desde que não se baseie só neles para decidir.

Alternativa "E": nem sempre. As provas antecipadas, as cautelares e as não repetíveis não podem, em geral, ser ratificadas judicialmente, dada sua natureza. Por exemplo, não é possível repetir em juízo a interceptação telefônica feita durante o inquérito.

---

72. (Vunesp – Delegado de Polícia – SP/2014) Nos termos do parágrafo terceiro do art. 5º do CPP: "Qualquer pessoa do povo que tiver conhecimento da existência de infração penal em que caiba ação pública poderá, verbalmente ou por escrito, comunicá-la à autoridade policial, e esta, verificada a procedência das informações, mandará instaurar inquérito policial". Assim, é correto afirmar que

a) sempre que tomar conhecimento da ocorrência de um crime, a autoridade policial deverá, por portaria, instaurar inquérito policial.

b) por delatio criminis entende-se a autorização formal da vítima para que seja instaurado inquérito policial.

c) o inquérito policial será instaurado pela autoridade policial apenas nas hipóteses de ação penal pública.

d) a notícia de um crime, ainda que anônima, pode, por si só, suscitar a instauração de inquérito policial.

e) é inadmissível o anonimato como causa suficiente para a instauração de inquérito policial na modalidade da delatio criminis, entretanto, a autoridade policial poderá investigar os fatos de ofício.

COMENTÁRIOS

Alternativa correta: letra "E" (responde também a alternativa "D"): como visto acima, ao tomar conhecimento de um crime, pode a Autoridade Policial, de ofício, investigar os fatos. O problema está na questão do anonimato: e se foi essa a forma pela qual o delegado tomou conhecimento da infração penal? Nesse caso, não pode a autoridade policial instaurar o inquérito, tendo como base tão somente a denúncia anônima. Deve, antes disso, investigar e verificar se a denúncia traz algum fundamento e, se positivo, angariando algum elemento informativo mais concreto, pode instaurar o procedimento investigatório. É o entendimento, por sinal, do STJ: "(...)Esta Corte Superior de Justiça, com supedâneo em entendimento adotado por maioria pelo Plenário do Pretório Excelso nos autos do Inquérito nº 1957/PR, tem entendido que a notícia anônima sobre eventual prática criminosa, por si só, não é idônea para a instauração de inquérito policial ou deflagração da ação penal, prestando-se, contudo, a embasar procedimentos investigatórios preliminares em busca de indícios que corroborem as informações da fonte anônima, os quais tornam legítima a persecução criminal estatal. (...)" (HC 233.440-SE, Rel. Min. Jorge Mussi, j. 18.06.2014).

Alternativa "A": nem sempre. Se o crime for de ação penal privada, o delegado dependerá de requerimento do ofendido ou de seu representante legal. Já se o crime for de ação penal pública condicionada, dependerá de representação do ofendido ou do representante legal.

Alternativa "B": a autorização da vítima é a representação – no caso de crime de ação penal pública condicionada – ou o requerimento para instauração do inquérito – no caso de ação penal privada. *Delatio criminis* é a forma como qualquer pessoa noticia um crime à autoridade policial. Se a comunicação for feita pelo ofendido, é chamada de *notitia criminis*.

Alternativa "C": o inquérito policial sempre será instaurado pela autoridade policial, pois é privativo de delegado de polícia, conforme prevê a Lei 12.830/2013. Cuidado: o delegado instaura o inquérito, mas pode depender de representação da vítima ou de requerimento dela, conforme o crime seja de ação penal pública condicionada ou de ação penal privada, respectivamente.

73. (Fundação Aroeira – Delegado de Polícia – TO/2014) Os autos de inquérito policial que apuram crimes de ação penal pública poderão ser arquivados

a) pela autoridade policial, em virtude de requisição do Secretário de Segurança Pública.
b) pelo juiz de direito, em virtude de requerimento do órgão do Ministério Público.
c) pelo escrivão, em virtude de determinação do chefe de polícia.
d) pela Corregedoria de Polícia, em virtude de representação do ofendido.

COMENTÁRIOS

Alternativa correta: letra "B": o inquérito poderá ser arquivado apenas pelo juiz de direito, a requerimento do Ministério Público. Nem este e tampouco o delegado poderão determinar o arquivamento. Aliás, a proibição do arquivamento pelo delegado está explicitada no art. 17 do CPP.

Alternativa "A": como visto, o delegado de polícia não pode arquivar o inquérito e muito menos pode o Secretário de Segurança Pública ordenar que o arquive.

Alternativa "C": se o delegado não pode determinar o arquivamento, muito menos pode o escrivão, ainda que por ordem do "chefe de polícia", isso porque este também não tem poder de arquivar o procedimento investigatório.

Alternativa "D": a Corregedoria da Polícia não tem poderes para arquivar inquérito policial. Não se esqueçam: é o juiz que pode determinar o arquivamento, a requerimento do Ministério Público. Se discordar do requerimento do Promotor de Justiça, deve encaminhar os autos ao Procurador-Geral de Justiça, nos termos do art. 28 do CPP, e o chefe do Ministério Público decidirá se os autos serão arquivados, se mais investigações serão necessárias ou se deverá ser oferecida denúncia.

74. (Fundação Aroeira – Delegado de Polícia – TO/2014) Suponha que o Delegado de Polícia seja amigo íntimo ou inimigo capital do investigado no inquérito policial. Neste caso, por se tratar de motivo legal, dispõe o Código de Processo Penal que a autoridade policial deverá declarar-se

a) absolutamente incompetente.
b) relativamente incompetente.
c) impedida.
d) suspeita.

COMENTÁRIOS

Alternativa correta: letra "D": aplica-se, aqui, a regra do art. 107, do CPP, que dispõe: "Não se poderá opor suspeição às autoridades policiais nos atos do inquérito, mas deverão elas declarar-se suspeitas, quando ocorrer motivo legal".

Alternativa "A" (responde também a alternativa "B"): autoridade policial não tem competência, mas atribuição. Competência é parte da jurisdição do Estado, exercida pelo juiz.

Alternativa "C": não é caso de impedimento, mas de suspeição, sendo aplicável o inciso I do art. 254 do CPP.

75. (UEL – Delegado de Polícia – PR/2013) Com relação ao inquérito policial, segundo o Código de Processo Penal, assinale a alternativa correta.

a) A polícia judiciária será exercida pelas autoridades policiais em todo o território nacional, independente de circunscrição, com o fim de apurar as infrações penais e sua autoria.
b) Na legislação processual penal, é inaplicável a interpretação extensiva e analógica, bem como o suplemento dos princípios gerais do direito.
c) O inquérito deverá terminar no prazo de trinta dias, se o indiciado tiver sido preso em flagrante, ou estiver preso preventivamente, contado o prazo a partir do dia da prisão.

d) O Ministério Público não poderá requerer a devolução do inquérito à autoridade policial, senão para novas diligências, imprescindíveis ao oferecimento da denúncia.

e) O ofendido, ou seu representante legal, poderá requerer qualquer diligência, a qual será realizada obrigatoriamente, considerados os princípios do contraditório e da ampla defesa.

COMENTÁRIOS

Alternativa correta: letra "D": nem sempre observada, esta é, de fato, a regra legal (art. 16, CPP). Assim, terminado o inquérito, deverá o Ministério Público decidir se oferecerá a denúncia ou se requererá o arquivamento. Se faltar algo no inquérito sem o qual não seja possível o oferecimento da denúncia, poderá o Promotor de Justiça requerer o retorno dos autos à Polícia, para complementação das investigações.

Alternativa "A": de acordo com o § 1º do art. 2º da Lei 12.830/2013, a condução do inquérito policial é exclusiva de delegado de polícia, que, dessa forma, exercerá as funções de Polícia Judiciária. Mas, atenção: a CF limita o exercício das funções de polícia judiciária no âmbito da União à Polícia Federal (art. 144, § 1º, IV), mas não repete tal limitação no âmbito estadual (art. 144, § 4º).

Alternativa "B": o art. 3º do CPP permite a aplicação de tais institutos.

Alternativa "C": estando o imputado preso, o inquérito deverá terminar em 10 dias; se solto, em 30 dias (art. 10, *caput*, CPP).

Alternativa "E": realmente, o ofendido poderá requerer a realização de diligências, mas a decisão sobre a realização ou não destas ficará a cargo da autoridade policial (art. 14, CPP). Ou seja, a autoridade policial não é obrigada a realizá-las.

---

76. (UEPA – Delegado de Polícia – PA/2013) Sobre inquérito policial, é correto afirmar que:

a) a prerrogativa do Ministério Público de oferecer denúncia sem prévia instauração de inquérito implica, logicamente, que ao promotor de justiça é dado presidir o inquérito instaurado a partir de sua própria requisição.

b) a recusa não fundamentada, por parte do delegado presidente, a diligências requeridas pelo defensor do indiciado implica em nulidade do inquérito, passível de correção por habeas corpus.

c) delegado que tomou conhecimento através de um programa de rádio da existência de um cadáver em via pública pode determinar, por portaria, a instauração de inquérito, independentemente de provocação dos interessados ou de requisição do judiciário ou do Ministério Público.

d) delegado pode recusar-se a instaurar inquérito requisitado por promotor de justiça, para apuração de crime de ação privada, caso a requisição não se faça acompanhar de requerimento do ofendido.

e) na cena do crime, o delegado deve apreender todos os objetos úteis à elucidação dos fatos, exceto aqueles que, sendo coisas lícitas, sejam reivindicadas pelos proprietários ou possuidores de boa-fé.

COMENTÁRIOS

✪ **Nota do autor:** a questão foi anulada.

Alternativa "A": errado. Promotor de Justiça não preside inquérito policial, mesmo que o tenha requisitado. Este é presidido por delegado de polícia, conforme, aliás, a Lei 12.830/2013 deixa absolutamente claro no § 1º do art. 2º. Claro que tal dispositivo gerará controvérsias, pois alguns interpretarão como proibindo investigação criminal não dirigida por delegado de polícia. No entanto, entendemos que tal lei apenas diz que investigação feita por meio de inquérito policial – ou termo circunstanciado – é presidida por delegado. Quanto ao Promotor de Justiça, entendemos que pode realizar investigação criminal por meio de procedimento próprio, mas não pode presidir o inquérito policial.

Alternativa "B": certo. Não há nulidade de inquérito policial. No caso em tela, simplesmente não foi realizada a diligência requerida pelo indiciado, não tendo o delegado obrigação de atender o requerimento, como estabelece claramente o art. 14 do CPP ("O ofendido, ou seu representante legal, e o indiciado poderão requerer qualquer diligência, que será realizada, ou não, a juízo da autoridade").

Alternativa "C": certo. Na verdade, entendemos que deveria a autoridade policial primeiramente verificar a existência do tal cadáver, antes de proceder à instauração do inquérito. Porém, nada impede que o instaure antes disso.

Alternativa "D": certo. Entendemos ser possível tal recusa, em que pese às opiniões em contrário. É que a requisição do Ministério Público deve estar pautada na legalidade. Assim, somente poderá requisitar a instauração de inquérito policial em crime de ação penal privada se tiver o requerimento do ofendido ou de seu representante legal, já que o Promotor não tem legitimidade alguma para fazer tal requisição sem tal pressuposto.

Alternativa "E": errado. Pode o delegado apreender todos os objetos que tiverem relação com o fato, após liberados pelos peritos criminais (art. 6º, II, CPP), mesmo que sejam coisas lícitas, reivindicadas por quem de direito. Estes deverão formular o devido requerimento de restituição.

---

77. (Cespe – Delegado de Polícia – BA/2013) Em relação ao inquérito policial, julgue os itens subsequentes, com base no disposto no Código de Processo Penal (CPP) e na doutrina.

77.1. Tratando-se de inquéritos policiais instaurados para a apuração de crimes perpetrados por organizações criminosas, é obrigatória a identificação datiloscópica das pessoas investigadas, ainda que tenham apresentado identificação civil.

COMENTÁRIOS

Errado. No gabarito, considerava-se certa a afirmativa, o que tinha uma explicação: estava em vigor a Lei 9.034/1995, que realmente possuía a regra acima. Porém, a Lei 12.850/2013 não a repetiu, de modo que não é obrigatória a identificação datiloscópica, caindo esse caso na regra geral.

77.2. De acordo com o CPP, entre os procedimentos a serem adotados pela autoridade policial incluem-se a oitiva do ofendido e a comunicação a ele dos atos da investigação policial, em especial, os relativos ao ingresso ou à saída do acusado da prisão, à designação de data para interrogatório e, no caso de indiciamento do acusado, à remessa dos autos à justiça.

COMENTÁRIOS

Errado. Não há a obrigatoriedade de a autoridade policial comunicar ao ofendido sobre os atos da investigação. Notem que, segundo o § 2º do art. 201 do CPP, o ofendido será comunicado dos atos processuais relativos ao ingresso e à saída do acusado da prisão, à designação de data para audiência e à sentença e respectivos acórdãos que a mantenham ou modifiquem. Tal obrigação cabe ao Poder Judiciário, não à autoridade policial.

77.3. A instauração de inquérito policial para apuração de infrações penais, de competência da justiça estadual, imputadas a prefeito municipal condiciona-se à autorização do Tribunal de Justiça, órgão responsável pelo controle dos atos de investigação depois de instaurado o procedimento apuratório.

COMENTÁRIOS

Certo. O Tribunal de Justiça, nesse caso, é competente para julgar prefeitos municipais. A acusação caberá ao Procurador-Geral de Justiça, chefe do Ministério Público estadual, que pode delegar tal atribuição. Segundo o novo entendimento do STF, o foro por prerrogativa de função somente se aplica aos casos em que o crime tiver relação com o mandato ou função da autoridade.

77.4. Os delegados de polícia não podem recusar-se a cumprir requisição de autoridade judiciária ou de membro do MP para instauração de inquérito policial.

COMENTÁRIOS

Errado. Podem recusar-se a cumprir tais requisições, caso o fato seja atípico, por exemplo, ou se já houver inquérito instaurado ou mesmo se for de atribuição da Polícia Federal.

---

78. (UEG – Delegado de Polícia – GO/2013) Marreco é investigado, pela polícia federal, pela prática de uso de documento falso, a partir de notícia encaminhada pela Receita Federal, uma vez que sua empresa teria sido fraudulentamente transferida, mediante falsificação de assinaturas. Inconformado, impetra habeas corpus pessoalmente alegando ter sido ameaçado de indiciamento pelo delegado. Outrossim, averba que a polícia federal não teria competência para investigar os fatos, bem como o prazo para conclusão das investigações extrapolou 30 dias, já alcançando quase 60 dias sem o devido termo. Destarte, pede que o inquérito policial seja trancado. Nesse caso, verifica-se que

a) a ordem de habeas corpus deve ser denegada, pois, além de não existir previsão constitucional do "delegado natural", a autoridade policial não exerce jurisdição, mas pratica atos de natureza administrativa.

b) o *habeas corpus* não poderá ser conhecido, uma vez que impetrado por pessoa que, além de não possuir capacidade postulatória para impetração do remédio heroico, também é paciente da impetração.

c) deve ser concedida a ordem de *habeas corpus*, uma vez que a alegação de ameaça de indiciamento, mesmo não lastreada em elementos concretos de ilegalidade na condução das investigações, é suficiente para caracterizar coação passível de trancamento de inquérito policial.

d) deve ser concedida a ordem de habeas corpus, uma vez que o excesso de prazo para a conclusão do inquérito policial, mesmo com atos investigatórios pendentes, é suficiente para caracterizar ameaça, mesmo indireta, à liberdade ambulatorial.

COMENTÁRIOS

Alternativa correta: letra "A": realmente, não existe o princípio do delegado natural, ao contrário do que existe em relação ao juiz e, segundo parte da doutrina, também em relação ao promotor. Ademais, de fato, o delegado não exerce jurisdição, não tendo, pois, competência, mas atribuição. Assim, se investigado o fato pela Polícia Federal, constatando-se não ser o caso de competência da Justiça Federal, a nosso ver bastará que o inquérito seja encaminhado à Justiça Estadual. Porém, é importante observar que, uma vez iniciadas as investigações por um delegado, deve ser aplicado § 4º do art. 2º da Lei 12.830/2013, que dispõe: "O inquérito policial ou outro procedimento previsto em lei em curso somente poderá ser avocado ou redistribuído por superior hierárquico, mediante despacho fundamentado, por motivo de interesse público ou nas hipóteses de inobservância dos procedimentos previstos em regulamento da corporação que prejudique a eficácia da investigação".

Alternativa "B": não há necessidade de ter capacidade postulatória, como ocorre com os advogados. No *habeas corpus*, qualquer pessoa pode ser impetrante, ainda que em benefício próprio.

Alternativa "C": a ameaça de indiciamento tem sido aceita como fundamento para a impetração de *habeas corpus*, quando não há justa causa ou mesmo se a determinação de indiciar não for fundamentada. Vejam o que diz o § 6º do art. 2º da Lei 12.830/2016: "O indiciamento, privativo do delegado de polícia, dar-se-á por ato fundamentado, mediante análise técnico-jurídica do fato, que deverá indicar a autoria, materialidade e suas circunstâncias".

Alternativa "D": no Brasil, são raríssimos os julgados que reconhecem o excesso de prazo na condução do inquérito policial como causa para seu encerramento. É mais comum em outros países. Mas há, inclusive no STJ. No caso da questão aqui tratada, evidentemente não há abuso na duração do inquérito, vez que o próprio CPP permite a prorrogação do prazo de duração das investigações, além dos 30 dias iniciais (art. 10, § 3º, CPP).

79. (UEG – Delegado de Polícia – GO/2013) Sobre os meios operacionais de investigação, tem-se o seguinte:

a) o uso de recompensas, expressamente previsto na lei 9.034/95, é meio de prova correspondente à previsão de gratificação pecuniária a terceiros que, por serem autores de crime, têm condições de prestar informações às autoridades para elucidação do delito praticado.

b) a ação controlada, segundo a lei 9.034/95, consiste em retardar a interdição policial do que se supõe ação praticada por organizações criminosas ou a ela vinculado, desde que mantida sob observação e acompanhamento para que a medida legal se concretize no momento mais eficaz do ponto de vista da formação de provas e fornecimento de informações.

c) segundo o Supremo Tribunal Federal, a colaboração premiada é instrumento de persecução criminal eivado de inconstitucionalidade, uma vez que viola o princípio da lealdade processual e institucionaliza o incentivo, pelo Estado, à traição.

d) a infiltração de agentes, segundo previsão expressa na lei 9.034/95, consiste na autorização do judiciário para que seus agentes policiais ou para que particulares atuem como instigadores, partícipes ou coautores numa empreitada criminosa, com o objetivo de desvelar os cabeças de organizações criminosas.

COMENTÁRIOS

✪ **Nota do autor:** a Lei 9.034/1995 foi revogada pela Lei 12.850/2013. Em seu art. 3º, a nova lei traz os meios de obtenção de prova aplicáveis às investigações sobre organizações criminosas: I – colaboração premiada; II – captação ambiental de sinais eletromagnéticos, ópticos ou acústicos; III – ação controlada; IV – acesso a registros de ligações telefônicas e telemáticas, a dados cadastrais constantes de bancos de dados públicos ou privados e a informações eleitorais ou comerciais; V – interceptação de comunicações telefônicas e telemáticas, nos termos da legislação específica; VI – afastamento dos sigilos financeiro, bancário e fiscal, nos termos da legislação específica; VII – infiltração, por policiais, em atividade de investigação, na forma do art. 11; VIII – cooperação entre instituições e órgãos federais, distritais, estaduais e municipais na busca de provas e informações de interesse da investigação ou da instrução criminal.

Alternativa correta: letra "B": segundo o *caput* do art. 8º da Lei 12.850/2013 (v. nota do autor), consiste a ação controlada em retardar a intervenção policial ou administrativa relativa à ação praticada por organização criminosa ou a ela vinculada, desde que mantida sob observação e acompanhamento para que a medida legal se concretize no momento mais eficaz à formação de provas e obtenção de informações.

Alternativa "A": o uso de recompensas não era previsto na Lei 9.034/1995 e tampouco o é na lei que a revogou.

Alternativa "C": o STF não tem tal entendimento. Aliás, a delação premiada vem sendo aceita, de modo geral, pelos tribunais brasileiros, sendo prevista em diversos textos legais, inclusive na Lei 12.850/2013, em que é regulada em detalhes.

Alternativa "D": a revogada Lei 9.034/1995 permitia a infiltração por agentes de polícia ou de inteligência, não por particulares. A respeito do assunto, o *caput* do art. 10 da Lei 12.850/2013 diz o seguinte: "A infiltração de agentes de polícia em tarefas de investigação, representada pelo delegado de polícia ou requerida pelo Ministério Público, após manifestação técnica do delegado de polícia quando solicitada no curso de inquérito policial, será precedida de circunstanciada, motivada e sigilosa autorização judicial, que estabelecerá seus limites". Notem como a nova lei não mais prevê a infiltração por agentes de inteligência.

80. (FUNCAB – Delegado de Polícia – ES/2013) Ludimila foi denunciada como incursa nas penas do artigo 38 da Lei nº 9.605/1998 (destruir ou danificar floresta considerada de preservação permanente, mesmo que em formação, ou utilizá-la com infringência das normas de proteção por ter danificado área de floresta em formação considerada de preservação permanente). Após já ter sido oferecida a denúncia, ela foi convocada à delegacia, onde foi indiciada formalmente sobre os mesmos fatos. Logo, é correto afirmar:

a) O indiciamento, após oferecida denúncia pelos mesmos fatos, constitui constrangimento ilegal.

b) Como o inquérito policial é um procedimento meramente administrativo, não constitui constrangimento ilegal o indiciamento formal após já haver denúncia pelos mesmos fatos.

c) Pode haver indiciamento formal, após recebida denúncia pelos mesmos fatos, quando houver determinação judicial.

d) Pode haver indiciamento formal, após recebida denúncia pelos mesmos fatos, quando houver requisição do Ministério Público.

e) O crime do artigo 38 da Lei nº 9.605/1998 não admite indiciamento ou denúncia.

COMENTÁRIOS

Alternativa correta: letra "A" (responde também as alternativas "B", "C" e "D"): o indiciamento é ato privativo da autoridade policial e deve ser por esta determinado, de modo fundamentado (v. Lei 12.830/2013), no curso do inquérito policial. Uma vez que o inquérito foi encerrado, sem indiciamento, pode a denúncia ser oferecida pelo Ministério Público, sendo, então, desnecessário que a autoridade policial indicie. Nossos tribunais têm considerado constrangimento ilegal tal tardio indiciamento, eis que já se adentrou na fase judicial, mesmo que determinado pelo Ministério Público ou pelo juiz. Nesse sentido, reiterados julgados do STJ, como o seguinte: "(...) Não se admite a determinação de indiciamento formal do acusado, medida própria do inquérito policial, quando o feito já se encontra na fase judicial. Precedentes. (…)" (HC 293.623-SP, Rel. Min. Maria Thereza de Assis Moura, j. 20.05.2014).

Alternativa "E": qualquer crime é passível de indiciamento, salvo os casos de infrações de menor potencial ofensivo, quando o procedimento utilizado for o termo circunstanciado, o que é a regra nesses casos. Os demais crimes são investigados por inquérito policial, que admite o indiciamento.

---

81. (FUNCAB – Delegado de Polícia – RJ/2012) A autoridade policial, ao chegar no local de trabalho como de costume, lê o noticiário dos principais jornais em circulação naquela circunscrição. Dessa forma, tomou conhecimento, através de uma das reportagens, que o indivíduo conhecido como "José da Carroça", mais tarde identificado como José de Oliveira, teria praticado um delito de latrocínio. Diante da notícia da ocorrência de tão grave crime, instaurou o regular inquérito policial, passando a investigar o fato. Após reunir inúmeras provas, concluiu que não houve crime. Nesse caso, deverá a autoridade policial:

a) relatar o inquérito policial, requerendo o seu arquivamento e encaminhando-o ao juízo competente.
b) determinar o arquivamento dos autos por falta de justa causa para a propositura da ação.
c) encaminhar os autos ao Ministério Público para que este determine o seu arquivamento.
d) relatar o inquérito policial, sugerindo ao Ministério Público seu arquivamento, o que será apreciado pelo juiz.
e) relatar o fato a Chefe de Polícia, solicitando autorização para arquivar os autos por ausência de justa causa para a ação penal.

COMENTÁRIOS

✪ **Nota do autor:** o latrocínio, previsto no § 3º do art. 157 do CP, é crime de ação penal pública incondicionada, de modo que, tomando conhecimento de sua ocorrência, pode a autoridade policial instaurar inquérito.

Alternativa correta: letra "D": o delegado pode instaurar o inquérito diante da reportagem que leu, pois, em tese, tomou conhecimento da notícia de um crime. Ao final, constatando não ter ocorrido crime algum, deverá apresentar seu relatório final. O que deve constar deste? Pouco diz a respeito o CPP. O § 1º do art. 10 dispõe apenas que, findo o prazo de conclusão dos trabalhos, a autoridade fará minucioso relatório do que tiver sido apurado e enviará os autos ao juiz competente. E o § 2º afirma que poderá a autoridade indicar testemunhas que não tiverem sido inquiridas, mencionando o lugar onde possam ser encontradas. Apenas isso. Porém, é razoável o entendimento de que, não tendo sido apurada a ocorrência de crime, possa a autoridade policial sugerir ao Ministério Público que requeira o arquivamento. O requerimento do Promotor será apreciado pelo juiz.

Alternativa "A": o delegado não requer o arquivamento, podendo, no máximo, sugeri-lo. O requerimento de arquivamento é atribuição do membro do Ministério Público, titular da ação penal, conforme se verifica pelo teor do art. 28 do CPP.

Alternativa "B": o delegado não pode arquivar o inquérito, conforme dispõe o art. 17 do CPP.

Alternativa "C": na atual redação do CPP, deve o delegado enviar os autos do inquérito, com o relatório, ao juiz, não ao Ministério Público (art. 10, § 1º).

Alternativa "E": vide comentários às alternativas anteriores.

---

82. (FUNCAB – Delegado de Polícia – RJ/2012) Em relação à investigação criminal, é INCORRETO afirmar:

a) Quando o juiz verificar, nos autos, a existência de crime de ação penal pública, remeterá cópias ao Ministério Público.
b) O requerimento do ofendido nos delitos de ação de iniciativa privada é classificado como notícia – crime qualificada.
c) Formalmente, o inquérito policial inicia-se com um ato administrativo da autoridade policial, que determina a sua instauração por meio de uma portaria ou de um auto de prisão em flagrante.
d) Todos os elementos de convicção (meios de prova) produzidos ou obtidos em sede policial através de inquérito policial são valoráveis na sentença, sem a necessidade de serem reproduzidos na fase de instrução criminal.
e) Apesar de meramente informativos, os atos do inquérito policial servem de base para restringir a liberdade pessoal através das prisões cautelares, e interferir na disponibilidade de bens, com base nas medidas cautelares reais, como por exemplo, o arresto e o sequestro.

COMENTÁRIOS

Alternativa incorreta: letra "D": a lei processual sequer trata de tais "elementos de convicção" como "meios de prova". Aliás, nem seriam mesmo "meios", mas "elementos" de prova. No entanto, nem isso são, já que o art. 155 do CPP os trata como "elementos informativos". Assim, a nosso ver, os elementos informativos obtidos no inquérito policial não podem servir de fundamento exclusivo para a sentença. Esta deve fundar-se em elementos de prova colhidos sob contraditório, na fase judicial. Mas o dispositivo legal citado traz três exceções (o que tem gerado muita discussão na doutrina): as provas cautelares, as antecipadas e as irrepetíveis produzidas na fase de investigação.

Alternativa "A": esse proceder respeita o princípio acusatório. Assim, se o juiz, cível ou criminal, ao analisar um procedimento, verificar a existência de crime – obviamente, que não seja objeto daquele procedimento – deverá encaminhar cópia ao Ministério Público, para que este verifique se já há possibilidade de oferecimento de ação penal ou se será necessária a instauração de inquérito policial ou termo circunstanciado.

Alternativa "B": é essa, de fato, a classificação doutrinária de tal situação.

Alternativa "C": o inquérito é um procedimento administrativo. O delegado de polícia normalmente o instaura por portaria ou pela lavratura de auto de prisão em flagrante delito.

Alternativa "E": os elementos informativos do inquérito policial podem constituir indícios suficientes, isto é, um mínimo substrato probatório para justificar a adoção de medidas cautelares pessoais ou reais. Mas, notem: não são suficientes para embasar a sentença condenatória, ou seja, a decisão do mérito do processo.

---

83. (FUNCAB – Delegado de Polícia – RJ/2012) O Delegado de Polícia não lavrará o Auto de Prisão em Flagrante, mas apenas registrará a ocorrência:

a) nos casos de ação penal pública condicionada à representação, quando, após a prisão captura, a vítima não oferecera representação.
b) diante de condutas insignificantes que façam desaparecer a tipicidade material, bem como, após a prisão captura, nos crimes de ação penal privada subsidiária da pública.
c) nos crimes de ação penal privada quando o requerimento de instauração do inquérito for formulado pelo representante legal do ofendido.
d) nos crimes de lesão corporal culposa e homicídio culposo no trânsito.
e) nos crimes cuja pena máxima seja igual ou inferior a 04 anos.

COMENTÁRIOS

✪ **Nota do autor:** embora mencione o auto de prisão em flagrante delito, o objeto da questão é, na verdade, a forma de instauração do inquérito policial. Ora, como o leitor já sabe, o auto de prisão, ao lado da portaria, é uma das formas pelas quais a autoridade policial dá início ao inquérito policial.

Alternativa correta: letra "A": nos crimes de ação penal pública condicionada à representação, o inquérito policial somente pode ser instaurado se houver representação do ofendido ou de seu representante legal. Sem isso, resta à autoridade policial apenas registrar a ocorrência. Então, como o auto de prisão em flagrante dá início ao inquérito, não poderá o delegado lavrá-lo sem o consentimento, é dizer, sem a representação do ofendido.

Alternativa "B": nenhum crime é de ação penal privada subsidiária da pública. Os crimes podem ser de ação penal pública ou de ação penal privada. No caso dos crimes de ação penal pública, o ofendido tem o direito de propor a ação penal privada em caso de inércia do Ministério Público. Essa é a ação penal privada subsidiária da pública. Portanto, sendo crime de ação penal pública incondicionada, tem o delegado de polícia a obrigação de lavrar o auto de prisão em flagrante delito. Entendemos que não poderia o delegado deixar de lavrá-lo a pretexto de aplicar o princípio da insignificância, devendo a situação ser apreciada pelo Ministério Público e pelo juiz, que, se a entender presente, poderá determinar o relaxamento da prisão.

Alternativa "C": sendo o caso de ofendido com representante legal – ex.: ofendido menor de 18 anos – tal representante pode apresentar requerimento para instauração do inquérito, em caso de crime de ação penal exclusivamente privada. Sem tal requerimento, o inquérito não pode ser instaurado e, consequentemente, não poder ser lavrado o auto de prisão em flagrante. Havendo o requerimento, deve a autoridade policial lavrá-lo.

Alternativa "D": nesses casos, a lavratura do auto de prisão somente poderá ser dispensada se o condutor do veículo prestar pronto e integral socorro à vítima (art. 301, Lei 9.503/1997).

Alternativa "E": não há justificativa, nesse caso, para a dispensa da lavratura do auto de prisão em flagrante. Na verdade, ele deve ser lavrado, mas o juiz possivelmente não poderá converter o flagrante em prisão preventiva, por força da limitação prevista no inciso I do art. 313 do CPP.

---

84. (FUNCAB – Delegado de Polícia – RJ/2012) Nos termos do art. 13 e seus incisos, do Código de Processo Penal, à autoridade policial incumbirá ainda outras atividades de Polícia Judiciária, que não a de investigação das infrações penais. Assim, dentre as alternativas abaixo, assinale a única que reproduz essas outras atividades elencadas no dispositivo citado.

a) (I) fornecer, exclusivamente, aos membros do Ministério Público as informações necessárias à instrução e ao julgamento dos processos; (II) realizar as diligências requisitadas pelo juiz ou pelo Ministério Público; (III) cumprir os mandados de prisão expedidos pelas autoridades judiciárias; e, (IV) representar acerca da prisão preventiva.
b) (I) fornecer às autoridades judiciárias as informações necessárias à instrução e ao julgamento dos processos; (II) realizar as diligências requisitadas unicamente pelo Ministério Público; (III) cumprir os mandados de prisão expedidos pelas autoridades judiciárias; e, (IV) representar acerca da prisão preventiva.
c) (I) fornecer às autoridades judiciárias as informações necessárias à instrução e ao julgamento dos processos; (II) realizar as diligências requisitadas pelo juiz ou pelo Ministério Público; (III) cumprir os mandados de prisão expedidos somente nos autos de inquérito policial sob sua presidência; e, (IV) representar acerca da prisão preventiva.

d) (I) fornecer às autoridades judiciárias as informações necessárias à instrução e ao julgamento dos processos; (II) realizar as diligências requisitadas pelo juiz ou pelo Ministério Público; (III) cumprir os mandados de prisão expedidos pelas autoridades judiciárias; e, (IV) representar acerca da prisão preventiva.

e) (I) fornecer às autoridades judiciárias as informações necessárias à instrução e ao julgamento dos processos; (II) realizar as diligências requisitadas pelo juiz ou pelo Ministério Público; (III) cumprir os mandados de prisão expedidos pelas autoridades judiciárias; e, (IV) representar ao Ministério Público acerca de requerimento de prisão preventiva.

COMENTÁRIOS

✪ **Nota do autor:** não é comum a cobrança em concurso deste art. 13 do CPP. Porém, notem como o conhecimento do texto puro da lei – ainda que num esforço de memorização – pode render ponto importante. Portanto, fique atento a dispositivos como esse.

Alternativa correta: letra "D": é a única que repete os dizeres dos incisos do art. 13 do CPP.

Alternativa "A": o fornecimento de tais informações não é devida exclusivamente ao Ministério Público. Na verdade, a lei menciona o fornecimento às autoridades judiciárias, o que não impede o fornecimento também ao *Parquet*.

Alternativa "B": deve a autoridade policial realizar as diligências requisitadas também pelo titular da ação penal pública, ou seja, pelo Ministério Público.

Alternativa "C": surgindo a oportunidade, cabe à autoridade policial cumprir qualquer mandado de prisão, não somente aqueles expedidos – sempre por ordem judicial, logicamente – nos autos do inquérito por ela presidido.

Alternativa "E": não precisa o delegado representar ao Ministério Público pela decretação da prisão preventiva. Até seria o ideal, visto ser o *Parquet* o titular da ação penal. Porém, em nosso sistema, pode a autoridade policial representar pela prisão preventiva diretamente ao juiz (art. 311, CPP). Particularmente, entendemos que, nesse caso, deverá o juiz encaminhar os autos ao Ministério Público, para que este se manifeste a respeito. No entanto, somos minoria: havendo representação, entende-se que pode o juiz decidir sem ouvir o *Parquet* ou a despeito deste último discordar da opinião do delegado.

85. (FGV – Delegado de Polícia – MA/2012) Aury Lopes Júnior leciona que "o inquérito é o ato ou efeito de inquirir, isto é, procurar informações sobre algo, colher informações acerca de um fato, perquirir". Já o Art. 4°, do CPP destaca que será realizado pela Polícia Judiciária e terá por fim a apuração das infrações penais e sua autoria. A esse respeito, assinale a afirmativa incorreta.

a) Entendendo a autoridade policial que o fato apurado não configura crime, deverá realizar o arquivamento do inquérito, evitando o prosseguimento de um constrangimento ilegal sobre o indiciado.

b) O réu não é obrigado a participar da reconstituição do crime, pois ninguém é obrigado a produzir prova contra si.

c) O sigilo e a dispensabilidade são algumas das características do inquérito policial, repetidamente citadas pela doutrina brasileira.

d) Não deve a autoridade policial proibir o acesso do defensor do indiciado aos elementos de prova já documentados no âmbito do procedimento investigatório e que digam respeito ao exercício do direito de defesa.

e) Do despacho que indeferir o requerimento de abertura de inquérito caberá recurso para o chefe de Polícia.

COMENTÁRIOS

Alternativa correta: letra "A": mesmo nesse caso, não poderá o delegado arquivar o inquérito policial. Ou seja, uma vez instaurado, o inquérito não poderá ser arquivado pela autoridade policial (art. 17, CPP). O inquérito policial somente pode ser arquivado por decisão judicial.

Alternativa "B": exata a afirmação. A reprodução simulada dos fatos exige que o investigado forneça versão, oriente os peritos e a autoridade policial, mas, em razão do princípio *nemo tenetur se detegere*, ele não é obrigado a fazer nada disso. Ou seja, ele não é obrigado a produzir prova – ou elemento informativo – contra si mesmo.

Alternativa "C": de fato, o inquérito não é imprescindível para a propositura da ação penal, que pode ser proposta com base em elementos informativos produzidos em outra espécie de procedimento. Quanto ao sigilo, é verdade que a doutrina tradicionalmente afirma ter o inquérito caráter sigiloso, invocando o art. 20 do CPP. Porém, entendemos que este dispositivo não dispõe que o inquérito será sempre sigiloso, mas apenas que o delegado poderá decretar o sigilo, desde que este seja necessário para o bem andamento das investigações. A nosso ver, aliás, o sigilo deve ser exceção. E nunca se deve esquecer que o sigilo não pode ser invocado contra o advogado ou o membro do Ministério Público, que tem direito, por lei, de acesso aos autos. Aliás, tal direito é garantido pela Súmula Vinculante 14 do STF.

Alternativa "D": é a determinação da Súmula Vinculante 14, citada imediatamente acima.

Alternativa "E": é a previsão do art. 5º, § 2º, do CPP.

86. (Cespe – Delegado de Polícia – AL/ 2012) Acerca da ação penal e do inquérito policial, julgue os itens subsequentes.

86.1. No caso de o querelado, na ação penal privada, se manifestar no sentido de perdoar um dos réus, o perdão oferecido se estenderá a todos quantos alegadamente hajam intervindo no cometimento da infração penal, independentemente de aceitação ou não.

COMENTÁRIOS

Errado. O perdão oferecido a um dos querelados, pelo querelante, deve se estender a todos os demais, salvo àqueles que não o aceitarem. Vejam o que diz o art. 51 do CPP: "O perdão concedido a um dos querelados aproveitará a todos, sem que produza, todavia, efeito em relação ao que o recusar".

86.2. Um indivíduo, penalmente imputável, foi preso em flagrante pela prática de homicídio. Após cinco dias do recebimento do inquérito policial pelo MP, o laudo de exame cadavérico da vítima ainda não havia sido anexado aos autos. Nessa situação, a falta do laudo cadavérico, impedirá a propositura da ação penal por parte do MP.

COMENTÁRIOS

Errado. A falta do laudo não impedirá o oferecimento da ação penal, desde que haja informações suficientes sobre a ocorrência do homicídio. O laudo de exame necroscópico pode ser encaminhado aos autos posteriormente.

86.3. Em regra, os crimes contra o patrimônio são de ação penal pública incondicionada, podendo ser iniciados pela autoridade policial, de ofício, sem a manifestação de vontade do ofendido.

COMENTÁRIOS

A assertiva foi anulada. Nem todos os crimes contra o patrimônio são de ação penal pública. Alguns são de ação penal pública incondicionada sempre, como ocorre com o roubo. Outros, são de ação penal pública condicionada à representação como se dá no furto de coisa comum. Em outros, como em certas modalidades de dano, a ação penal é privada. Em outros, ainda, como o furto, a ação penal é pública incondicionada como regra. Ocorre que, nestes últimos casos, os arts. 181 a 183 do CP trazem algumas exceções. Assim, de acordo com o art. 181, é isento de pena quem comete qualquer dos crimes contra o patrimônio, em prejuízo: (i) do cônjuge, na constância da sociedade conjugal; (ii) de ascendente ou descendente, seja o parentesco legítimo ou ilegítimo, seja civil ou natural. Já o art. 182, dispõe que somente se procede mediante representação, se o crime contra o patrimônio é cometido em prejuízo: (i) do cônjuge judicialmente separado; (ii) de irmão; (iii) de tio ou sobrinho, com quem o agente coabita. E, por fim, o art. 183 diz que não se aplica o disposto nos dois artigos anteriores: (i) se o crime é de roubo ou de extorsão, ou, em geral, quando haja emprego de grave ameaça ou violência à pessoa; (ii) ao estranho que participa do crime; (iii) se o crime é praticado contra pessoa com idade igual ou superior a 60 anos.

86.4. No curso do inquérito policial, as partes poderão indicar assistentes técnicos para a produção e elaboração da prova pericial, podendo apresentar quesitos aos peritos oficiais e elaborar laudo em sentido diverso.

COMENTÁRIOS

Errado. Os assistentes técnicos não produzem prova pericial, tampouco laudo. Os assistentes técnicos elaboram mero parecer técnico (v. art. 159, §§ 3º e 4º, CPP).

86.5. Quando se tratar de crimes relativos ao tráfico de drogas, o prazo para a conclusão do inquérito policial é de 30 dias, se o indiciado estiver preso e de 90 dias, se estiver solto, podendo ser duplicados, mediante pedido justificado da autoridade de polícia judiciária.

COMENTÁRIOS

Certo. É o que dispõe o art. 51, *caput*, da Lei 11.343/2006. O parágrafo único realmente permite a duplicação do prazo pelo juiz, ouvido o Ministério Público, mediante pedido justificado da autoridade de polícia judiciária.

87. (Delegado de Polícia – SP/ 2011 – ACADEPOL) A autoridade policial pode requerer a devolução dos autos ao juiz, para a realização de "ulteriores diligências", de acordo com o Código de Processo Penal, quando

a) o indiciado estiver preso e o fato for de difícil elucidação.
b) o fato for relevante e o indiciado estiver foragido.
c) o indiciado estiver solto e o fato não demandar urgência na decisão.
d) o indiciado estiver preso e a diligência for célere.
e) o fato investigado for de difícil elucidação e o indiciado estiver solto.

COMENTÁRIOS

Alternativa correta: letra "E" (responde também as alternativas "A" e "D"): a regra aplicável ao caso é a do § 3º do art. 10 do CPP, que diz: "Quando o fato for de difícil elucidação, e o indiciado estiver solto, a autoridade poderá requerer ao juiz a devolução dos autos, para ulteriores diligências, que serão realizadas no prazo marcado pelo juiz". E se estiver preso o imputado? A falta de encerramento do inquérito acarretará, normalmente, a soltura do preso.

Alternativa "B": pode ser considerado foragido o investigado durante o inquérito se houve a prisão em flagrante e ele fugiu, ou houve a decretação da prisão temporária ou preventiva, cumpridas e com fuga posterior, ou simplesmente não cumpridas. Nesse caso, até pode a autoridade policial requerer mais prazo para conclusão das investigações, mas não porque o imputado está foragido (nesse ponto, o erro da alternativa), mas porque, na prática, está solto.

Alternativa "C": não há decisão a ser tomada, mas investigação a ser feita. Portanto, estando solto o imputado e o fato for de difícil elucidação, diz a lei (art. 10, § 3º, CPP) que poderá o delegado requerer mais prazo para conclusão do inquérito.

88. (Delegado de Polícia – MG/ 2011 – ACADEPOL) Sobre o inquérito policial é INCORRETO afirmar:

a) Tem valor probante relativo.

b) Todas as provas produzidas devem ser repetidas sob contraditório.

c) Vícios do inquérito não nulificam subsequente ação penal.

d) O investigado pode requerer diligências.

COMENTÁRIOS

Alternativa incorreta: letra "B": nem todas as provas devem ser repetidas sob contraditório. Na verdade, o art. 155 do CPP permite que o juiz forme sua convicção com base nos elementos informativos produzidos no inquérito, desde que não fundamente sua decisão exclusivamente neles. E o mesmo dispositivo traz três exceções: as provas cautelares, não repetíveis e antecipadas. Assim, por exemplo, o exame necroscópico é realizado ainda na fase de inquérito, mas seu laudo pode ser utilizado pelo juiz para se convencer da materialidade do delito de homicídio. Outro exemplo: os elementos de provas trazidos pela interceptação telefônica realizada na fase de investigação podem ser utilizados pelo juiz para formar sua convicção, mesmo não tendo sido produzidos sob contraditório. Aliás, este último exemplo é típico daqueles que não permitem o contraditório prévio, mas apenas diferido, sob risco de inviabilizar o próprio meio de investigação.

Alternativa "A": realmente, o inquérito policial tem valor probante relativo, no sentido de que os elementos de informação nele contidos não podem ser os únicos a formar a convicção do juiz. Diz o art. 155 do CPP: "O juiz formará sua convicção pela livre apreciação da prova produzida em contraditório judicial, não podendo fundamentar sua decisão exclusivamente nos elementos informativos colhidos na investigação, ressalvadas as provas cautelares, não repetíveis e antecipadas".

Alternativa "C": é o entendimento que predomina na doutrina e na jurisprudência. Os vícios do inquérito importam na inadmissibilidade dos elementos informativos nele produzidos, de modo parcial ou total, o que pode levar ao reconhecimento da falta de justa causa para a ação penal. Ex.: exclusão da prova pericial produzida no inquérito, de modo irregular, que não poderá ser utilizada na ação penal; dependendo do impacto dessa exclusão, poderá tornar-se inviável a própria ação.

Alternativa "D": o art. 14 do CPP permite expressamente que o investigado requeira ao Delegado de Polícia a realização de diligências: "O ofendido, ou seu representante legal, e o indiciado poderão requerer qualquer diligência, que será realizada, ou não, a juízo da autoridade".

89. (Delegado de Polícia – SP/ 2011 – ACADEPOL) Assinale a alternativa correta.

a) Trancamento é o encerramento anômalo do inquérito policial, que ocorre diante da falta de justa causa.

b) Do despacho que indeferir o requerimento de abertura de inquérito, caberá a interposição de recurso judicial.

c) Caso exista algum vício formal no decorrer do inquérito policial, é possível a declaração de sua nulidade pelo juiz.

d) O inquérito policial e o termo circunstanciado são espécies de investigação criminal, disciplinadas no Código de Processo Penal, sendo que a única distinção existente entre elas recai sobre o objeto da apuração.

e) O Código de Processo Penal exige expressamente fundamentação idônea para que se realize o ato do indiciamento.

COMENTÁRIOS

✪ **Nota do autor:** atenção para a Lei 12.830/2013, que trata do inquérito policial, posto não tenha trazido grandes alterações. Ela será mencionada na alternativa "E".

Alternativa correta: letra "A": a doutrina e a jurisprudência admitem o trancamento do inquérito policial pela via do *habeas corpus*, sendo medida excepcional. É possível vislumbrar risco à liberdade de locomoção do indivíduo pelo só fato de existir um inquérito policial em que figure como averiguado ou indiciado, eis que medidas restritivas à sua liberdade podem, no curso ou ao final deste, ser decretadas. Além disso, não há recurso cabível contra a instauração do inquérito, que poderá representar verdadeiro constrangimento ilegal, sendo exemplo o caso de instauração e indiciamento em caso atípico.

Alternativa "B": não caberá recurso judicial, mas ao chefe de polícia, conforme previsto no § 2º do art. 5º do CPP.

Alternativa "C": o juiz não declara nulidade do inquérito policial. Se algum ato deste tiver algum vício, não poderá ser considerado pelo juiz para embasar o recebimento da denúncia, o que poderá acarretar a rejeição desta por falta de justa causa.

Alternativa "D": o termo circunstanciado não encontra-se regulado no CPP, mas na Lei 9.099/1995, sendo cabível para o registro dos crimes de menor potencial ofensivo.

Alternativa "E": o CPP não exige fundamentação. Porém, o § 6º do art. 3º da Lei 12.830/2013 dispõe que: "O indiciamento, privativo do delegado de polícia, dar-se-á por ato fundamentado, mediante análise técnico-jurídica do fato, que deverá indicar a autoria, materialidade e suas circunstâncias".

90. (Delegado de Polícia – MT/ 2010 – UNEMAT) A autoridade policial tomou conhecimento que, vinte e quatro horas atrás, a pessoa de Maria, que é deficiente mental, teve sua residência invadida, com a utilização de grave ameaça, para o fim de esbulho possessório. Quanto a esta situação, assinale a alternativa **correta.**

a) Deverá a autoridade policial envidar diligências e efetuar a prisão em flagrante do agente invasor.

b) Deverá a autoridade policial baixar portaria para elucidar os fatos.

c) A autoridade deve colher dados para representar pela prisão preventiva do agente.

d) O Delegado de Polícia, nesta situação, nada poderá fazer antes da colheita do requerimento do representante legal da vítima.

e) Deverá instaurar Portaria e envidar diligências elencadas no art. 6º do CPP, após requerimento da vítima.

COMENTÁRIOS

Alternativa correta: letra "D": segundo o § 3º do art. 161 do CPP, aplicável ao crime de esbulho possessório, "Se a propriedade é particular, e não há emprego de violência, somente se procede mediante queixa". No caso em questão, como não foi utilizada violência real, mas apenas grave ameaça (violência moral), a ação penal é privada. Assim sendo, não pode a autoridade policial instaurar inquérito sem requerimento do ofendido ou de seu representante legal (art. 5º, § 5º, CPP).

Alternativa "A": sem o requerimento, nada pode fazer a autoridade policial. E mais: trata-se de delito de menor potencial ofensivo, em que, em tese, sequer é realizada a prisão em flagrante.

Alternativa "B": a autoridade policial baixa portaria quando instaura o inquérito. No caso, não pode instaurá-lo sem o requerimento do representante legal da ofendida.

Alternativa "C": incabível, em regra, a prisão preventiva nesse caso, seja porque não há requerimento do ofendido, seja porque não estão presentes as condições do art. 313 do CPP, sobretudo porque a pena máxima neste caso (6 meses de detenção), não chega nem próximo do piso previsto na citada regra do CPP.

Alternativa "E": a vítima é incapaz e, portanto, não pode apresentar requerimento, que cabe ao seu representante legal.

---

91. (Delegado de Polícia – AP/ 2010 – FGV) Maria tem seu veículo furtado e comparece à Delegacia de Polícia mais próxima para registrar a ocorrência. O Delegado de Polícia instaura inquérito policial para apuração do fato. Esgotadas todas as diligências que estavam a seu alcance, a Autoridade Policial não consegue identificar o autor do fato ou recuperar a *res furtiva*.

Assinale a alternativa que indique a providência que o Delegado deverá tomar.

a) Relatar o inquérito policial e encaminhar os autos ao Ministério Público para que este promova o arquivamento.

b) Promover o arquivamento do inquérito policial, podendo a vítima recorrer ao Secretário de Segurança Pública.

c) Relatar o inquérito policial e encaminhar os autos ao Secretário de Segurança Pública para que este promova o arquivamento.

d) Manter os autos do inquérito policial com a rotina suspenso, até que surja uma nova prova.

e) Prosseguir na investigação, pois o arquivamento só é possível quando transcorrer o prazo prescricional.

COMENTÁRIOS

✪ **Nota do autor:** vamos considerar que houve a instauração de IP e a Autoridade Policial presidiu-o durante o período normal de sua duração, findo o qual não conseguiu chegar à autoria do delito. Dizemos isso para que não se pense que todos os fatos narrados no enunciado se deram num mesmo dia.

Alternativa correta: letra "A": esgotadas as diligências policiais, a Autoridade Policial deve elaborar um relatório, encaminhando os autos para conhecimento do Ministério Público. Havendo indícios de autoria e prova da existência do crime, o Promotor de Justiça deve oferecer denúncia. Havendo diligências passíveis de serem realizadas, o Promotor deve indicá-las e determinar o retorno dos autos à Autoridade Policial para que a elas dê cumprimento. E se não houver diligência a ser feita, nem indícios de autoria ou prova da existência do crime, o Promotor deverá requerer ao juiz o arquivamento do inquérito policial.

Alternativa "B": o Delegado de Polícia não pode determinar o arquivamento do inquérito policial (art. 17, CPP). O recurso a que se refere a alternativa aplica-se a uma situação diferente. Com efeito, se uma pessoa requerer à Autoridade Policial a instauração de inquérito policial e esta indeferir o requerimento, cabe recurso, segundo o § 2º do art. 5º do CPP ao "chefe de Polícia".

Alternativa "C": o requerimento de arquivamento é sempre apresentado ao juiz pelo Ministério Público.

Alternativa "D": os autos do IP devem ser arquivados. O art. 18 do CPP possibilita que haja oferecimento de denúncia sempre que surgirem novos elementos de informação que tragam os indícios suficientes de autoria ou prova da ocorrência do crime.

Alternativa "E": a Autoridade Policial poderá fazer novas pesquisas, mesmo que o IP esteja arquivado (art. 18, CPP). O limite será o término do prazo prescricional, com o que perde o Estado o direito de punir e, assim, de prosseguir com as pesquisas. Como visto acima, se antes do decurso do prazo prescricional forem trazidos novos elementos que permitam o oferecimento da denúncia, nada impede que esta seja apresentada ao juiz.

---

92. (Delegado de Polícia – AP/ 2010 – FGV) Rosa Margarida é uma conhecida escritora de livros de autoajuda, consolidada no mercado já há mais de 20 anos, com vendas que alcançam vários milhares de reais. Há cerca de dois meses, Rosa Margarida descobriu a existência de um sistema que oferece ao público, mediante fibra ótica, a possibilidade do usuário realizar a seleção de uma obra sobre a qual recaem seus (de Rosa Margarida) direitos de autor, para recebê-la em um tempo e lugar previamente determinados por quem formula a demanda. O sistema também indica um telefone de contato caso o usuário tenha problemas na execução do sistema. O marido de Rosa Margarida, Lírio Cravo instala no telefone um identificador de chamadas e descobre o número do autor do sistema que permitia a violação dos direitos autorais de Rosa Maria. De posse dessa informação, Lírio Cravo vai à Delegacia de Polícia registrar a ocorrência de suposta prática do crime previsto no art. 184, § 3º, do Código Penal (violação de direitos autorais). O Delegado instaura inquérito e de fato consegue identificar o autor do crime. Considerando a narrativa acima, assinale a alternativa correta.

a) O Delegado agiu corretamente. Encerrado o inquérito policial, deve encaminhá-lo ao Ministério Público para que adote as providências cabíveis.

b) O Delegado agiu incorretamente. O marido da ofendida não poderia ter obtido o número do telefone do autor das ameaças sem prévia autorização judicial, pois tal informação é sigilosa.

c) O Delegado agiu incorretamente. A instauração do inquérito nesse caso depende de representação da ofendida, não podendo ser suprida por requerimento de seu marido.

d) O Delegado agiu incorretamente. A instauração do inquérito policial nesse caso depende de requisição do Ministério Público, pois a interceptação telefônica é imprescindível à apuração dos fatos.

e) O Delegado agiu corretamente. Encerrado o inquérito policial, deve entregar os autos à vítima, mediante recibo, para que a mesma possa oferecer queixa crime.

COMENTÁRIOS

✪ **Nota do autor:** a questão lida com o tema da legitimidade para requerer a instauração do IP. Se o crime for de ação penal pública incondicionada, qualquer pessoa pode informar o Delegado de Polícia sobre sua ocorrência e este não depende de qualquer autorização para instaurar o inquérito. No caso de ação penal pública condicionada, o Delegado depende de representação do ofendido ou de quem tenha qualidade para representá-lo (art. 5º, § 4º, CPP) ou ainda de requisição do Ministro da Justiça, a depender da hipótese legal. Se o crime for de ação penal privada, o Delegado depende de requerimento do ofendido ou de seu representante (art. 5º, § 5º).

Alternativa correta: letra "C": por força do que dispõe o art. 186, IV, do CP, o crime em questão (art. 184, § 3º, CP) é de ação penal pública condicionada à representação. Logo, a Autoridade Policial não poderia ter instaurado o IP porque dependia de representação da ofendida, não do marido desta, que a não representa. Somente poderia agir se o marido tivesse poderes para representá-la, o que não havia no caso aqui tratado.

Alternativa "A": o Delegado não poderia ter instaurado o inquérito, como visto acima. Assim, deve haver a devida representação da ofendida.

Alternativa "B": o Delegado agiu incorretamente pelos motivos expostos nos comentários à alternativa "C". Quanto à obtenção do número do telefone, não se vislumbra qualquer irregularidade, até porque trata-se – o identificador de chamadas – de serviço normalmente fornecido pelas operadoras de telefonia e não importa em violação do sigilo telefônico.

Alternativa "D": não há qualquer imprescindibilidade de interceptação telefônica. Aliás, esta somente deve ser autorizada se a prova não puder ser feita por outro meio. Logo, havendo elementos suficientes para apuração dos fatos, não é necessária a interceptação. Ademais, sequer nos crimes de ação penal pública incondicionada há necessidade de requisição do Ministério Público.

Alternativa "E": não é caso de oferecimento de queixa-crime, como visto nas respostas anteriores.

---

93. (Delegado de Polícia – AP/ 2010 – FGV) A respeito do *inquérito policial*, analise as afirmativas a seguir:

I. se o investigado estiver sob prisão cautelar, o prazo para encerramento do inquérito policial é de dez dias, contado o prazo do dia em que se executar a ordem de prisão. Concluído tal prazo, nada obsta que a autoridade policial requeira sua prorrogação para realização de diligências imprescindíveis. Contudo, acolhido tal requerimento pelo Ministério Público, o juiz deverá relaxar a prisão cautelar, por excesso de prazo.

II. a instauração de inquérito policial para apuração de fatos delituosos decorre da garantia de que ninguém será processado criminalmente sem que tenham sido reunidos previamente elementos probatórios que apontem seu envolvimento na prática criminosa. Assim, não há possibilidade no sistema brasileiro de que seja ajuizada ação penal contra alguém, sem que a denúncia esteja arrimada em inquérito policial.

III. Nos crimes de ação penal pública, quando o ministério público recebe da autoridade policial os autos do inquérito policial já relatado, deve tomar uma das seguintes providências: 1. oferecer denúncia; 2. baixar os autos, requisitando à autoridade policial novas diligências que considerar imprescindíveis à elaboração da denúncia; 3. promover o arquivamento do inquérito policial, na forma do art. 28 do CPP.

Assinale:

a) se somente as alternativas I e III estiverem corretas.

b) se somente as alternativas I e II estiverem corretas.

c) se somente as alternativas II e III estiverem corretas.

d) se somente a alternativa III estiver correta.

e) se todas as alternativas estiverem corretas.

COMENTÁRIOS

Alternativa correta: letra "A". Estão corretas as alternativas I e III.

Item I: certo. Estando o imputado preso, o prazo para o encerramento do inquérito é de 10 dias, conforme dispõe a regra geral do art. 10, *caput*, do CPP ("O inquérito deverá terminar no prazo de 10 dias, se o indiciado tiver sido preso em flagrante, ou estiver preso preventivamente, contado o prazo, nesta hipótese, a partir do dia em que se executar a ordem de prisão..."). O § 3º do art. 10 diz que, quando o fato for de difícil elucidação, e o indiciado estiver solto, a autoridade poderá requerer ao juiz a devolução dos autos, para ulteriores diligências, que serão realizadas no prazo marcado pelo juiz. Isso não poderá ocorrer se o imputado estiver preso? Pode, mas a consequência será a soltura do imputado. Por que? Para que seja preso preventivamente, devem estar presentes indício suficiente de autoria e prova da existência do crime (art. 312); para o oferecimento da ação penal, também. Logo, se ainda não é possível oferecer denúncia, isso é sinal de que os requisitos citados não estão presentes e, sendo assim, também não será possível decretar a prisão preventiva. Uma derradeira observação: no caso de crime hediondo, com decretação de prisão temporária, o prazo do art. 10 do CPP fica prejudicado, visto que o prazo da própria prisão é maior, ou seja, de 30 dias, podendo ser prorrogado por mais 30.

Item II: errado. O inquérito policial não é imprescindível, já que a denúncia pode ser oferecida sempre que já existam elementos que tragam indícios de autoria e prova da existência do crime, ainda que provenham de outras formas de procedimento. Aliás, o art. 12 do CPP mostra bem que o inquérito é prescindível quando afirma que ele acompanhará a denúncia ou queixa, sempre que servir de base a uma ou outra. Ou seja, a denúncia (ou a queixa) pode se basear em outros elementos de informação, que não aqueles contidos em um inquérito policial.

Item III: certo. São estas, de fato, as três alternativas que tem o Ministério Público. Caso fique inerte, deixando de adotar qualquer destas três condutas, o ofendido ou seus sucessores terão legitimidade para a propositura da ação penal privada subsidiária, na forma do art. 29 do CPP.

94. (Delegado de Polícia – MT/ 2010 – UNEMAT) Considerando que o Inquérito Policial é procedimento administrativo destinado à apuração de indícios de autoria e prova da materialidade delitiva, assinale a alternativa **correta.**

a) As peças de informação instauradas antes do advento da Lei n° 12.015/2009, para efeito de apuração do crime de estupro praticado por padrasto contra enteada, terão seguimento normal, prescindindo da colheita de termo de Representação.

b) O Ministério Público pode requisitar o indiciamento de suspeito.

c) Em se tratando de crime de embriaguez ao volante, cometido antes da entrada em vigor da Lei n° 11.705/98, não será exigido o teste etilométrico, eis que o delito era de perigo concreto.

d) A recusa do indiciado à identificação criminal, quando autorizada por lei, configura crime de desobediência.

e) O STJ manifesta-se no sentido de que o arquivamento implícito de Inquérito Policial possibilita à vítima a interposição de Ação Penal Privada Subsidiária da Pública.

COMENTÁRIOS

Alternativa correta: letra "D": concordamos com a afirmação da alternativa, embora não seja difícil encontrar entendimentos contrários. Normalmente, o civilmente identificado não deve ser criminalmente identificado. Porém, o assunto é regulado pela Lei 12.037/2009, que estabelece os casos em que o civilmente identificado poderá ser submetido à identificação criminal. Os casos são os seguintes (art. 3º): a) o documento apresentar rasura ou tiver indícios de falsidade; b) o documento apresentado for insuficiente para identificar cabalmente o indiciado; c) o indiciado portar documentos de identidade distintos, com informações conflitantes entre si; d) a identificação criminal for essencial às investigações policiais, segundo despacho da autoridade judiciária competente, que decidirá de ofício ou mediante representação da autoridade policial, do Ministério Público ou da defesa; e) constar de registros policiais o uso de outros nomes ou diferentes qualificações; f) o estado de conservação ou a distância temporal ou da localidade da expedição do documento apresentado impossibilite a completa identificação dos caracteres essenciais. Presentes tais hipóteses, não pode o imputado negar-se a ser identificado, tendo apenas o direito ao silêncio quanto aos fatos apurados.

Alternativa "A": sendo a ação penal pública condicionada à representação, é imprescindível que o Delegado de Polícia a colha, para que possa prosseguir com as investigações.

Alternativa "B": o Ministério Público não pode requisitar o indiciamento de suspeito. O indiciamento é ato privativo do Delegado de Polícia, que preside o inquérito. O Promotor pode oferecer a denúncia, independentemente do indiciamento, não sendo este condição para o início da ação penal.

Alternativa "C": a nosso ver, o crime é de perigo abstrato. E mais: com as alterações recentes (Lei 12.760/2012), o etilômetro não é imprescindível, pois, para a configuração do crime, basta a demonstração da existência de sinais que indiquem, na forma disciplinada pelo Contran, alteração da capacidade psicomotora (art. 306, § 1º, II, Lei 9.503/1997).

Alternativa "E": a ação penal privada subsidiária somente pode ser proposta pelo ofendido no caso de inércia do Ministério Público, o que não ocorre quando do arquivamento, explícito ou não. É esse o entendimento do STJ: "CRIMINAL. HC. HOMICÍDIO CULPOSO. INTERVENÇÃO CIRÚRGICA QUE RESULTOU NA MORTE DE JOVEM DE 18 ANOS. DENÚNCIA QUE INCLUIU ALGUNS DOS INDICIADOS E EXCLUIU OUTROS. ARQUIVAMENTO IMPLÍCITO. OFERECIMENTO DE AÇÃO PENAL PRIVADA SUBSIDIÁRIA DA PÚBLICA. IMPOSSIBILIDADE. AUSÊNCIA

DE JUSTA CAUSA EVIDENCIADA DE PLANO. VIABILIDADE DO *WRIT*. ORDEM CONCEDIDA. Hipótese que trata de ação penal privada subsidiária da pública, iniciada por queixa oferecida em função de o Ministério Público, em crime de homicídio culposo, ter deixado de apresentar denúncia contra alguns dos indiciados, ofertando-a contra os demais. Evidenciada a ocorrência de arquivamento implícito – eis que o Ministério Público não teria promovido a denúncia contra os pacientes por entender que não havia prova da prática de delito pelos mesmos – impede-se a propositura de ação penal privada subsidiária da pública. A alegação de ausência de justa causa para o prosseguimento do feito pode ser reconhecida quando, sem a necessidade de exame aprofundado e valorativo dos fatos, indícios e provas, restar inequivocamente demonstrada, pela impetração, a configuração do arquivamento implícito do feito contra o paciente. O habeas corpus presta-se para o trancamento de ação penal por falta de justa causa se, para a análise da alegação, não é necessário aprofundado exame acerca de fatos, indícios e provas. Determinado o trancamento da ação penal privada subsidiária da pública movida contra o paciente. Ordem concedida, nos termos do voto do relator" (HC 21.074-RJ, Rel. Min. Gilson Dipp, j. 13.05.2003).

95. (Delegado de Polícia – PI/ 2009 – NUCEPE) Sobre o inquérito policial, é correto afirmar que:

a) sua instauração e condução incumbe, primordialmente e por determinação constitucional, à chamada polícia administrativa ou de segurança.

b) segundo decidiu o STF, os autos do inquérito policial, inclusive no tocante às diligências ainda em curso, devem, obrigatoriamente, ser publicizados ao advogado constituído pelo acusado, ainda que decretado o sigilo do procedimento, em face das prerrogativas estabelecidas no Estatuto da OAB (Lei 8.906/94).

c) pode ser arquivado pela autoridade policial, que exercerá juízo de oportunidade e conveniência sobre a decisão, em razão do caráter administrativo do procedimento.

d) de acordo com a jurisprudência dominante, o delegado de polícia que, no curso de inquérito, vier a constatar indícios de que o delito investigado foi cometido por Governador de Estado, pode proceder ao seu indiciamento, uma vez que a prerrogativa de foro se refere unicamente à ação penal propriamente dita.

e) não obstante seu caráter inquisitivo, não se impondo, regra geral, o exercício do contraditório e da ampla defesa no curso do inquérito, as provas cuja repetição em juízo seja impossível podem vir a ser admitidas na ação penal subsequente, sob o crivo do chamado "contraditório diferido".

COMENTÁRIOS

✪ **Nota do autor:** a questão busca que o candidato mostre conhecimento quanto a algumas características do inquérito policial. Podemos resumi-las. O IP é conduzido pela Polícia Judiciária, função exercida, nos Estados, pela Polícia Civil e, no âmbito da União, pela Polícia Federal (art. 144, § 1º, IV, e § 4º, da CF). Estão excluídos das atribuições de tais Polícias os crimes militares. É presidido por Delegado de Polícia (estadual ou federal), tendo como objetivo a apuração da materialidade e autoria das infrações penais. Tem natureza administrativa e serve de base para a propositura de ação penal (portanto, é um procedimento administrativo preparatório). Além disso, tem natureza inquisitória, é escrito e, segundo a maior parte da doutrina, sigiloso. É inquisitório, pois não se aplica o princípio do contraditório, o que não quer dizer que não deva ser aplicado outro: o princípio da ampla defesa. Quanto ao sigilo, aponta-se como base legal o art. 20 do CPP. Porém, analise o que diz tal dispositivo: "A autoridade assegurará no inquérito o sigilo necessário à elucidação do fato ou exigido pelo interesse da sociedade". Ora, em nenhum momento o art. 20 diz que o inquérito deve ser sigiloso, mas que pode ser, desde que haja necessidade. Seja como for, tal sigilo não pode ser oposto contra o advogado do indiciado e do membro do Ministério Público. Aliás, a Súmula Vinculante 14 do STF afirma ser direito do defensor, no interesse do representado, ter acesso amplo aos elementos de prova que, já documentados em procedimento investigatório realizado por órgão com competência de polícia judiciária, digam respeito ao exercício do direito de defesa. Logo, admite-se que o sigilo possa prosseguir quanto aos elementos ainda não documentados. Admite-se, também, que o sigilo seja oposto para não prejudicar o andamento de determinadas diligências, sendo exemplos comuns o sigilo sobre futura realização de busca e sobre autorização de interceptação telefônica.

Alternativa correta: letra "E": discordo quanto ao não cabimento da ampla defesa no inquérito policial, muito embora haja entendimentos de peso na doutrina nacional em tal sentido. No entanto, não discordamos da questão quando afirma que alguns dos elementos do inquérito podem ser utilizados para valoração dos fatos pelo juiz, desde que sejam irrepetíveis. É a aplicação do disposto no art. 155, *caput*, do CPP: "O juiz formará sua convicção pela livre apreciação da prova produzida em contraditório judicial, não podendo fundamentar sua decisão exclusivamente nos elementos informativos colhidos na investigação, ressalvadas as provas cautelares, não repetíveis e antecipadas".

Alternativa "A": a instauração e condução do IP cabe à chamada Polícia Judiciária (vide nota do autor).

Alternativa "B": a Súmula Vinculante 14, do STF, dispõe: "É direito do defensor, no interesse do representado, ter acesso amplo aos elementos de prova que, já documentados em procedimento investigatório realizado por órgão com competência de polícia judiciária, digam respeito ao exercício do direito de defesa".

Alternativa "C": a autoridade policial não pode determinar o arquivamento do IP (art. 17, CPP), somente tendo tal poder a autoridade judiciária.

Alternativa "D": a determinação de indiciamento deve caber ao Tribunal com competência originária para julgar a ação penal (no caso da questão, STJ), de acordo com decisão do STF: "Questão de Ordem em Inquérito. 1. Trata-se de questão de ordem suscitada pela defesa de Senador da República, em sede de inquérito originário promovido pelo Ministério Público Federal (MPF), para que o Plenário do Supremo Tribunal Federal (STF) defina a legitimidade, ou não, da instauração do inquérito e do indiciamento realizado diretamente pela Polícia Federal (PF). 2. Apuração do envolvimento do parlamentar quanto à ocorrência das supostas práticas delituosas sob investigação na denominada "Operação Sanguessuga". 3. Antes da intimação para prestar depoimento sobre os fatos objeto deste inquérito, o Senador foi previamente indiciado por ato da autoridade policial encarregada do cumprimento da diligência. 4. Considerações doutrinárias e jurisprudenciais acerca do tema da instauração de inquéritos em geral e dos inquéritos originários de competência do STF: i) a jurisprudência do STF é pacífica no sentido de que, nos inquéritos policiais em geral, não cabe a juiz ou a Tribunal investigar, de ofício, o titular de prerrogativa de foro; ii) qualquer pessoa que, na condição exclusiva de cidadão, apresente "notitia criminis", diretamente a este Tribunal é parte manifestamente ilegítima para a formulação de pedido de recebimento de denúncia para a apuração de crimes de ação penal pública incondicionada. (...); iii) diferenças entre a regra geral, o inquérito policial disciplinado no Código de Processo Penal e o inquérito originário de competência do STF regido pelo art. 102, I, b, da CF e pelo RI/STF. A prerrogativa de foro é uma garantia voltada não exatamente para os interesses do titulares de cargos relevantes, mas, sobretudo, para a própria regularidade das instituições. Se a Constituição estabelece que os agentes políticos respondem, por crime comum, perante o STF (CF, art. 102, I, b), não há razão constitucional plausível para que as atividades diretamente relacionadas à supervisão judicial (abertura de procedimento investigatório) sejam retiradas do controle judicial do STF. A iniciativa do procedimento investigatório deve ser confiada ao MPF contando com a supervisão do Ministro-Relator do STF. 5. A Polícia Federal não está autorizada a abrir de ofício inquérito policial para apurar a conduta de parlamentares federais ou do próprio Presidente da República (no caso do STF). No exercício de competência penal originária do STF (CF, art. 102, I, "b" c/c Lei nº 8.038/1990, art. 2º e RI/STF, arts. 230 a 234), a atividade de supervisão judicial deve ser constitucionalmente desempenhada durante toda a tramitação das investigações desde a abertura dos procedimentos investigatórios até o eventual oferecimento, ou não, de denúncia pelo *dominus litis*. 6. Questão de ordem resolvida no sentido de anular o ato formal de indiciamento promovido pela autoridade policial em face do parlamentar investigado" (Inquérito 2411-QO/MT, Rel. Min. Gilmar Mendes, j. 10.10.2007).

---

96. (Delegado de Polícia – PI/ 2009 – NUCEPE) Considere as seguintes circunstâncias:

1) atipicidade da conduta,
2) ausência de indícios de autoria e materialidade,
3) extinção da punibilidade.

Segundo os Tribunais Superiores, admite-se o trancamento do inquérito policial quando se verifica(m):

a) a circunstância 3 apenas.
b) as circunstâncias 1 e 3 apenas.
c) as circunstâncias 1 e 2 apenas.
d) as circunstâncias 1, 2 e 3.
e) a circunstância 2 apenas.

COMENTÁRIOS

Alternativa correta: letra "D": segundo o STJ, o trancamento é possível quando houver atipicidade da conduta ou ausência de indícios de autoria e materialidade ou quando estiver extinta da punibilidade: "(...) O trancamento de inquérito policial ou de ação penal em sede de habeas corpus é medida excepcional, só admitida quando restar provada, inequivocamente, sem a necessidade de exame valorativo do conjunto fático ou probatório, a atipicidade da conduta, a ocorrência de causa extintiva da punibilidade, ou, ainda, a ausência de indícios de autoria ou de prova da materialidade do delito, circunstâncias não evidenciadas na espécie. (...)" (RHC 34.521-RO, Rel. Min. Jorge Mussi, j. 19.03.2013). O STF entende não ser admitido o trancamento do inquérito policial senão quando presentes certas situações, a saber: "(...) Somente é possível o trancamento de inquérito quando for evidente o constrangimento ilegal sofrido pelo paciente, não havendo qualquer dúvida acerca da atipicidade material ou formal da conduta, ou a respeito da ausência de justa causa para deflagração da ação penal. (...) O inquérito policial representa procedimento investigatório, levado a efeito pelo Estado-administrador, no exercício de atribuições referentes à polícia judiciária e, assim, somente deve ser trancado quando for manifesta a ilegalidade ou patente o abuso de autoridade, o que não é a hipótese relacionada ao paciente. 6. Habeas corpus denegado" (HC 94.835-SP, Rel. Min. Ellen Gracie, j. 07.10.2008).

---

97. (Delegado de Polícia – RO/ 2009 – FUNCAB) Considerando as assertivas abaixo, assinale a alternativa correta.

a) Quando o fato for de difícil elucidação, ainda que o indiciado esteja preso, pode a autoridade policial requerer ao juiz a devolução dos autos, para ulteriores diligências, que deverão ser realizadas no prazo peremptório de 10 (dez) dias.
b) A autoridade policial está sempre obrigada a realizar as diligências requeridas pelo ofendido, ou seu representante legal.
c) A participação de membro do Ministério Público na fase investigatória criminal, acarreta o seu impedimento ou suspeição para o oferecimento da denúncia.
d) O inquérito, em regra, deverá terminar no prazo de 15 (quinze) dias se o indiciado tiver sido preso em flagrante ou estiver preso preventivamente, ou no prazo de 30 (trinta) dias, quando estiver solto, mediante fiança ou sem ela.

e) É direito do defensor, no interesse do representado, ter acesso amplo aos elementos de prova que, já documentados em procedimento investigatório realizado por órgão com competência de polícia judiciária, digam respeito ao exercício do direito de defesa.

COMENTÁRIOS

Alternativa correta: letra "E": é exatamente o teor da Súmula Vinculante 14 do STF, que consagra um dos aspectos relevantes do direito à ampla defesa, que é o de conhecer os elementos dos autos.

Alternativa "A": nesse caso, o pedido de novo prazo – presume-se que a questão trata do flagrante convertido em prisão preventiva – vai acarretar a soltura do preso. Assim, concedida a liberdade, os autos voltarão à Delegacia de Polícia, para mais diligências, com o prazo determinado pelo juiz. Então, não é possível a concessão de prazo para novas diligências estando preso o imputado, mas apenas se solto (art. 10, § 3º, CPP): deve a denúncia ser oferecida pelo Ministério Público e a autoridade policial poderá fazer diligências complementares em autos apartados, cujo resultado será remetido aos autos da ação penal.

Alternativa "B": a autoridade policial não tem tal obrigação, conforme dispõe o art. 14 do CPP: "O ofendido, ou seu representante legal, e o indiciado poderão requerer qualquer diligência, que será realizada, ou não, a juízo da autoridade".

Alternativa "C": errado. O entendimento jurisprudencial é pacificado no sentido contrário: "A participação de membro do Ministério Público na fase investigatória criminal não acarreta seu impedimento ou suspeição para o oferecimento de denúncia" (Súmula 234, STJ).

Alternativa "D": os prazos são outros. De acordo com o art. 10, *caput*, do CPP: "O inquérito deverá terminar no prazo de 10 dias, se o indiciado tiver sido preso em flagrante, ou estiver preso preventivamente, contado o prazo, nesta hipótese, a partir do dia em que se executar a ordem de prisão, ou no prazo de 30 dias, quando estiver solto, mediante fiança ou sem ela".

4. AÇÃO PENAL

- CF, arts. 5º, LIX, 129, I
- CPP, arts. 24 a 62

4.1. AÇÃO PENAL PÚBLICA

98. (Cespe – Delegado de Polícia – PE/2016) Acerca da ação penal, suas características, espécies e condições, assinale a opção correta.

a) A perempção incide tanto na ação penal privada exclusiva quanto na ação penal privada subsidiária da ação penal pública.

b) Os prazos prescricionais e decadenciais incidem de igual forma tanto na ação penal pública condicionada à representação do ofendido quanto na ação penal pública condicionada à representação do ministro da Justiça.

c) De regra, não há necessidade de a queixa-crime ser proposta por advogado dotado de poderes específicos para tal fim, em homenagem ao princípio do devido processo legal.

d) Tanto na ação pública condicionada à representação quanto na ação penal privada, se o ofendido tiver menos de vinte e um anos de idade e mais de dezoito anos de idade, o direito de queixa ou de representação poderá ser exercido por ele ou por seu representante legal.

e) É concorrente a legitimidade do ofendido, mediante queixa, e do MP, condicionada à representação do ofendido, para a ação penal por crime contra a honra de servidor público em razão do exercício de suas funções.

COMENTÁRIOS

Alternativa correta: letra "E": normalmente, esse crime seria de ação penal pública condicionada à representação, por força do disposto no art. 145, parágrafo único, do CP. Porém, firmou-se entendimento na jurisprudência de que pode o funcionário público ofendido oferecer queixa-crime, havendo legitimidade concorrente, portanto. Nesse sentido, a Súmula 714 do STF: "É concorrente a legitimidade do ofendido, mediante queixa, e do Ministério Público, condicionada à representação do ofendido, para a ação penal por crime contra a honra de servidor público em razão do exercício de suas funções".

Alternativa "A": a perempção jamais ocorre nas ações penais privadas subsidiárias. É que nelas, em caso de desídia do querelante, o Ministério Público retoma a ação como titular e o processo segue seu curso. Já nas ações penais exclusivamente privadas, a perempção importa em extinção da punibilidade. As causas de perempção estão no art. 60 do CPP: a) quando, iniciada a ação penal privada, o querelante deixar de promover o andamento do processo durante 30 dias seguidos; b) quando, falecendo o querelante, ou sobrevindo sua incapacidade, não comparecer em juízo, para prosseguir no processo, dentro do prazo de 60 (sessenta) dias, qualquer das pessoas a quem couber fazê-lo, ressalvado o disposto no art. 36 do CPP; c) quando o querelante deixar de comparecer, sem motivo justificado, a qualquer ato do processo a que deva estar presente, ou deixar de formular o pedido de condenação nas alegações finais; d) quando, sendo o querelante pessoa jurídica, esta se extinguir sem deixar sucessor. Há mais uma causa: a morte do ofendido em caso de ação penal privada personalíssima.

Alternativa "B": não há diferença alguma quanto aos prazos prescricionais. Porém, no que tange aos prazos decadenciais, vem prevalecendo o entendimento de que não incide nas ações penais públicas condicionadas à requisição do Ministro da Justiça, embora haja entendimento minoritário no sentido contrário.

Alternativa "C": há expressa previsão sobre a necessidade de poderes especiais para o advogado nessa hipótese. Diz o art. 44 do CPP: "A queixa poderá ser dada por procurador com poderes especiais, devendo constar do instrumento do mandato o nome do querelante e a menção do fato criminoso, salvo quando tais esclarecimentos dependerem de diligências que devem ser previamente requeridas no juízo criminal".

Alternativa "D": sendo maior de 18 anos, é o ofendido plenamente capaz, razão pela qual a representação somente pode ser exercida por ele, salvo se, por outro motivo que não a idade, for ele incapaz, caso em que a representação deverá ser apresentada por seu representante legal. Em caso de colidência de interesses entre ambos, caberá a nomeação de curador especial para oferecer a representação.

---

99. (FUNCAB – Delegado de Polícia – PA/2016) Sobre ação penal é correto afirmar que:

a) a ação penal privada, em certos casos é personalíssima, só podendo o delegado de polícia instaurar inquérito, exclusivamente, no caso de requerimento do próprio ofendido.

b) na ação penal subsidiária da pública, quando o querelado deixa de comparecer aos atos do processo, ocorre a perempção.

c) quanto ao exercício, classifica-se em pública incondicionada, condicionada a representação do ofendido ou a resolução do Ministério da Justiça.

d) na ação penal privada o querelante tem legitimidade ordinária.

e) a ação penal pública rege-se pelos princípios da obrigatoriedade e disponibilidade, enquanto a privada rege-se pela oportunidade e indivisibilidade.

COMENTÁRIOS

Alternativa correta: letra "A": só há, atualmente, um caso de ação penal privada personalíssima: o do crime do art. 236 do CP (induzimento a erro essencial e ocultação de impedimento). Nesse caso, o delegado somente pode instaurar inquérito se houver requerimento do ofendido. Se este falecer, haverá perempção e extinção da punibilidade.

Alternativa "B": na ação penal privada subsidiária, se o querelante ficar inerte, não ocorrerá a perempção, mas o Ministério Público reassumirá a titularidade da ação, que não deixa de ser pública.

Alternativa "C": não é resolução, mas requisição do Ministro da Justiça.

Alternativa "D": trata-se de legitimidade extraordinária.

Alternativa "E": a ação penal pública é indisponível, já que, uma vez proposta, não pode o Ministério Público dela desistir.

---

100. (ACAFE – Delegado de Polícia – SC/2014) Com relação à Ação Penal e de acordo com o Código de Processo Penal, analise as afirmações a seguir e assinale a alternativa correta.

I. Nos crimes de ação pública, esta será promovida por denúncia do Ministério Público, mas dependerá, quando a lei o exigir, de requisição do Ministro da Justiça, ou de representação do ofendido ou de quem tiver qualidade para representá-lo.

II. No caso de morte do ofendido ou quando declarado ausente por decisão judicial, o direito de representação passará ao cônjuge, ascendente, descendente ou colateral, até o 3° grau.

III. Seja qual for o crime, quando praticado em detrimento do patrimônio ou interesse da União, Estado e Município, a ação penal será pública.

IV. A ação penal, nas contravenções, será iniciada com o auto de prisão em flagrante ou por meio de portaria expedida pela autoridade judiciária ou policial.

a) Todas as afirmações estão corretas.

b) Apenas I, II e III estão corretas.

c) Apenas II e IV estão corretas.

d) Apenas II, III e IV.

e) Apenas I, III e IV estão corretas.

COMENTÁRIOS

✪ **Nota do autor:** a questão foi anulada.

Afirmação I: certo. A ação penal pública pode ser de duas espécies: incondicionada ou condicionada. A afirmação trata desta última. Nas ações penais públicas condicionadas, o Ministério Público só poderá oferecer a denúncia se atendida a condição de procedibilidade: ou a representação do ofendido (ou de seu representante legal) ou requisição do Ministro da Justiça, conforme exigido pela lei.

Afirmação II: errado. Segundo o art. 31 do CPP, no caso de morte do ofendido ou quando declarado ausente por decisão judicial, o direito de oferecer queixa ou prosseguir na ação passará ao cônjuge, ascendente, descendente ou irmão.

Afirmação III: certo. É o disposto no § 2º do art. 24 do CPP.

Afirmação IV: errado. A CF de 1988 consagrou o sistema acusatório no processo penal brasileiro, que pressupõe a separação entre as funções de acusar, de defender e de julgar. Portanto, não pode mais o juiz instaurar a ação penal, sem provocação da parte legitimada. Tampouco pode o delegado de polícia dar início à ação, visto que a titularidade da ação penal pública, segundo o art. 129, I, da CF, é do Ministério Público.

---

101. (Fundação Aroeira – Delegado de Polícia – TO/2014) Nos termos do Código de Processo Penal, o prazo para o oferecimento da denúncia pelo representante do Ministério Público, estando o acusado preso ou solto, será, respectivamente, de

a) cinco e quinze dias.

b) dez e vinte dias.

c) vinte e trinta dias.

d) trinta e sessenta dias.

COMENTÁRIOS

Alternativa correta: letra "A" (responde também todas as demais alternativas): o prazo para oferecimento da denúncia encontra-se sempre regulamentado na lei. A regra geral está no art. 46 do CPP. Este dispõe que, estando o imputado preso, o prazo será de 5 dias, contado da data em que o órgão do Ministério Público receber os autos do inquérito. Se estiver solto, o prazo será de 15 dias.

102. (FUNCAB – Delegado de Polícia – RJ/2012) O senhor Rui dos Santos, após ser vítima do delito de roubo perpetrado por Nei da Silva, preso em flagrante delito, ao tomar conhecimento de que o Promotor de Justiça havia perdido o prazo de cinco dias (art. 46, do CPP) para oferecer denúncia, resolve intentar ação privada subsidiária da pública, por meio de queixa-crime. Decorridos alguns dias, incomodado pelo trabalho e pelo desgaste emocional, o querelante resolve desistir da ação. Esta medida acarretará:

a) a decadência do direito de ação.

b) a perempção da ação.

c) a extinção da punibilidade.

D)a renúncia tácita do querelante.

e) a retomada da titularidade da ação pelo Ministério Público, que já atuava como assistente litisconsorcial.

COMENTÁRIOS

✪ **Nota do autor:** a ação penal pública é de titularidade exclusiva do Ministério Público (art. 129, I, CF). Ocorre que o inciso LIX do art. 5º da CF estabelece uma exceção: "será admitida ação privada nos crimes de ação pública, se esta não for intentada no prazo legal". O CPP foi recepcionado nesse caso e o art. 29 regula tal exceção. Trata-se da chamada ação penal privada subsidiária da pública. Assim, em caso de inércia do Ministério Público, pode o ofendido ou seu representante legal oferecer queixa-crime. É disso que trata a questão.

Alternativa correta: letra "E": no caso em questão, cabia a ação privada subsidiária, porque o Ministério Público deixou esgotar o prazo legal para o oferecimento da ação penal. Portanto, houve a inércia caracterizadora da possibilidade de tal ação subsidiária. Porém, mesmo oferecida a queixa, o Ministério Público não deixa de ser titular da ação penal. Por isso, havendo desistência da queixa, o Ministério Público retoma a ação. Eis o que diz o art. 29 do CPP: "Será admitida ação privada nos crimes de ação pública, se esta não for intentada no prazo legal, cabendo ao Ministério Público aditar a queixa, repudiá-la e oferecer denúncia substitutiva, intervir em todos os termos do processo, fornecer elementos de prova, interpor recurso e, a todo tempo, no caso de negligência do querelante, retomar a ação como parte principal".

Alternativa "A": a ação penal no caso em tela é pública. Portanto, havendo desistência da queixa subsidiária, ela continua de natureza pública, não incidindo a decadência, que é a perda do direito de promover a ação penal exclusivamente privada ou a representação, no caso da ação penal pública condicionada.

Alternativa "B": a perempção aplica-se apenas à ação penal exclusivamente privada, jamais à ação penal pública, ainda que tenha sido, nesta, oferecido a queixa subsidiária.

Alternativa "C": não estão presentes nenhum dos casos de extinção da punibilidade previstos no art. 107 do CP.

Alternativa "D": a renúncia é instituto aplicável à ação penal exclusivamente privada.

103. (FUNCAB – Delegado de Polícia – RJ/2012) No que se refere à ação penal, é correto afirmar:

a) A denúncia ou queixa não será rejeitada quando faltar pressuposto processual.

b) A ação penal pública condicionada, para ser exercida, depende de requerimento do ofendido.

c) A ação penal privada rege-se, entre outros, pelo princípio da indisponibilidade.

d) O princípio da indivisibilidade não se aplica à ação penal pública; aplica-se somente à ação penal privada e à ação penal privada subsidiária da pública.

e) A justa causa para o exercício da ação penal significa a exigência de um lastro mínimo de prova.

COMENTÁRIOS

Alternativa correta: letra "D": de acordo com o princípio da indivisibilidade, aplicável apenas à ação penal privada, o autor desta deve propor a queixa-crime contra todos os envolvidos no crime, não podendo escolher quem vai processar. Ou seja, embora à ação penal privada não se aplique o princípio da obrigatoriedade, podendo o ofendido – ou seu representante legal – deixar de oferecer queixa-crime, caso o queira, se a oferecer, deverá incluir no polo passivo todos os autores e partícipes do crime. Diz-se que o princípio da indivisibilidade não se aplica às ações penais públicas, porque estas estão sujeitas ao princípio da obrigatoriedade, ou seja, havendo prova do crime e indícios suficientes de autoria, deve a denúncia ser proposta contra todos os autores e partícipes do crime. Porém, há quem entenda que também a ação penal pública é indivisível. Discordamos, pois prevalece o entendimento de que não há arquivamento implícito: se o Ministério Público deixar de denunciar algum dos autores do crime, ainda poderá fazê-lo posteriormente, que não prejudicará a primeira ação proposta.

Alternativa "A": nesse caso, deve ser a denúncia rejeitada, como dispõe a primeira parte do inciso II do art. 395 do CPP. Por sinal, referido artigo diz que a denúncia ou a queixa deve ser rejeitada quando: (i) for manifestamente inepta; (ii) faltar pressuposto processual ou condição para o exercício da ação penal; (iii) faltar justa causa para o exercício da ação penal.

Alternativa "B": depende de representação do ofendido, não de requerimento. Este é exigível nos crimes de ação penal privada, para que possa a autoridade policial instaurar o procedimento apuratório.

Alternativa "C": a ação penal privada é disponível, de modo que pode o ofendido ou seu representante legal renunciar ao direito de queixa, deixar de dar andamento a esta, provocando a perempção, ou perdoar o querelado, hipótese em que a extinção da punibilidade dependerá da aceitação do perdoado.

Alternativa "E": justa causa significa mais que isso. Significa a presença de indícios suficientes de autoria, de prova da materialidade do fato, de tipicidade do crime e ausência de elementos caracterizadores de causa de exclusão da ilicitude ou extintiva da punibilidade.

104. (FGV – Delegado de Polícia – MA/2012) Nas ações penais de natureza privada, os princípios a seguir são aplicáveis, à exceção de um. Assinale-o.

a) Oportunidade.

b) Conveniência.

c) Indivisibilidade.

d) Indisponibilidade.

e) Intranscendência.

COMENTÁRIOS

Alternativa correta: letra "D": as ações penais privadas são disponíveis, eis que pode o ofendido ou seu representante legal deixar de propô-la, renunciar ao direito de propô-la e, depois de oferecida a queixa, pode dela desistir e oferecer perdão ao querelado.

Alternativa "A": é princípio aplicável às ações penais privadas. Assim, nestas, cabe ao ofendido ou seu representante legal decidir pela propositura ou não da queixa-crime, não sendo obrigado a propô-la.

Alternativa "B": trata-se, a nosso ver, de uma consequência do princípio da oportunidade, sendo aplicável às ações penais privadas.

Alternativa "C": esse princípio é típico das ações penais privadas. Assim, uma vez decidindo propor a queixa-crime, não pode o ofendido escolher contra quais dos autores do crime vai propô-la. Ou seja, deve oferecer queixa contra todos os envolvidos no fato criminoso.

Alternativa "E": por intranscendência, entende-se a impossibilidade de se propor a ação penal contra quem não foi o autor ou partícipe da infração penal, o que obviamente aplica-se a todas as espécies de ações penais.

105. (Delegado de Polícia – MG/ 2011 – ACADEPOL) NÃO é condição geral ou especial da ação penal:

a) O pedido.

b) A legitimidade das partes.

c) A entrada do agente no território nacional em caso de extraterritorialidade da lei penal.

d) A requisição do Ministro da Justiça.

COMENTÁRIOS

Alternativa correta: letra "A": o pedido não é condição da ação, mas elemento desta, ao lado das partes e da causa de pedir.

Alternativa "B": tradicionalmente, diz-se serem as condições da ação: legitimidade *ad causam*, possibilidade jurídica do pedido e interesse de agir. Notem que o novo CPC não mais usa a expressão "condições da ação", o que não significa que tenha deixado de existir. Encontramos, por sinal, menções no novo CPC a "interesse e legitimidade" (arts. 17, 337, XI, 485, VI). Não há qualquer menção à "possibilidade jurídica do pedido" no novo CPC. Mas é verdade que a doutrina já vinha, de há muito, negando que seria realmente uma condição da ação. Por fim, note-se que no processo penal há as condições genéricas e as específicas (como a representação da vítima nos crimes de ação penal pública condicionada), estas também chamadas "condições de procedibilidade". As genéricas são, segundo corrente majoritária, legitimidade *ad causam* e interesse de agir, como visto acima; segundo corrente minoritária, são: prática de fato aparentemente criminoso, punibilidade concreta, legitimidade de parte e justa causa.

Alternativa "C": a entrada do agente no território nacional em caso de extraterritorialidade da lei penal é condição especial prevista no art. 7º, § 2º, *a*, do CP.

Alternativa "D": trata-se de outra condição especial para alguns delitos (ex.: crime contra a honra do Presidente da República) e em alguns casos de extraterritorialidade da lei penal (art. 7º, § 3, *b*).

106. (Delegado de Polícia – MT/ 2010 – UNEMAT) Quanto à ação penal, é **correto** afirmar.

a) A denúncia ou queixa narrará o fato delituoso com todas as suas circunstâncias, podendo o juiz retificá-la no momento de seu recebimento.

b) Discordando o juiz quanto ao pedido de declínio de competência, efetivado pelo Ministério Público, deverá dar prosseguimento ao processo.

c) Em caso de Ação Penal Privada Subsidiária da Pública, poderá o *Parquet* aditar a queixa, não podendo, contudo, retomar a ação como parte principal.

d) Nos crimes de ação penal pública condicionada à representação, esta será oferecida no prazo decadencial de 6 (seis) meses, admitindo-se a retratação após o recebimento da denúncia.

e) A rejeição da denúncia ou queixa proposta, por parte ilegítima, não obsta o exercício da ação penal por quem tenha legitimidade, enquanto não extinta a punibilidade.

COMENTÁRIOS

Alternativa correta: letra "E": enquanto não tiver ocorrido a prescrição ou a decadência do direito de representação ou queixa, o exercício da ação penal não estará vedado nessa hipótese. Assim, por exemplo, se proposta denúncia sem representação no caso de ação penal pública condicionada, o juiz não poderá recebê-la, mas deverá rejeitá-la. Então, dentro do prazo decadencial, poderá ser colhida a representação, sendo apresentada nova denúncia.

Alternativa "A": o juiz deve receber ou rejeitar a denúncia, podendo, ainda, recebê-la com o aditamento, mas entendemos que não pode retificá-la. Ao final do processo, poderá alterar a classificação jurídica, desde que observados os arts. 383 ou 384 do CPP.

Alternativa "B": a exceção de incompetência pode ser requerida, a nosso ver, também pelo Ministério Público. É que, normalmente, antes de oferecer a denúncia, deveria verificar se o juízo tem ou não competência para o processo que se quer ver instaurado. Porém, admite-se que, constatada a incompetência depois de oferecida a denúncia, pode o Ministério Público alegá-la. Se o juiz não aceitar, ou seja, se se entender competente, deve prosseguir no feito, conforme autoriza o art. 108, § 2º, do CPP, não havendo previsão de recurso específico, sendo cabível, porém, *habeas corpus*. Portanto, para nós, a alternativa não está errada.

Alternativa "C": pode o Ministério Público retomar a ação, conforme previsto no art. 29 do CPP: "Será admitida ação privada nos crimes de ação pública, se esta não for intentada no prazo legal, cabendo ao Ministério Público aditar a queixa, repudiá-la e oferecer denúncia substitutiva, intervir em todos os termos do processo, fornecer elementos de prova, interpor recurso e, a todo tempo, no caso de negligência do querelante, retomar a ação como parte principal".

Alternativa "D": a retratação da representação não é possível depois de oferecida a denúncia, conforme art. 25 do CPP ("A representação será irretratável, depois de oferecida a denúncia").

---

107. (Delegado de Polícia – AP/ 2010 – FGV) Relativamente ao tema *ação penal*, analise as afirmativas a seguir:

I. Diz-se que a parte tem interesse juridicamente tutelado para propor a ação, quando poderá obter uma melhora concreta na sua situação jurídica em decorrência do acolhimento do seu pedido (utilidade) e quando não lhe seja possível atingir tal melhora a não ser que recorra ao Judiciário (necessidade).

II. O conceito de legitimidade ativa no processo penal significa que, sendo certo que determinados crimes são processados mediante ação pública e outros mediante ação privada, somente pode ajuizar a respectiva ação aquele que tiver legitimidade (MP ou querelante).

III. A denúncia ou queixa será rejeitada quando faltar justa causa para o exercício da ação penal.

Assinale:

a) se somente a afirmativa I estiver correta.
b) se somente a afirmativa II estiver correta.
c) se somente a afirmativa III estiver correta.
d) se somente as afirmativas II e III estiverem corretas.
e) se todas as afirmativas estiverem corretas.

COMENTÁRIOS

Alternativa correta: letra "E": todas as alternativas estão certas.

Item I: certo. A afirmativa define o que se entende tradicionalmente por interesse de agir, cujo entendimento está intimamente ligado à ideia de utilidade e necessidade.

Item II: certo. Sendo caso de ação penal pública, somente o Ministério Público pode propor a ação penal, salvo quando inerte, caso em que o art. 29 do CPP permite a ação penal privada subsidiária. Mas, a regra é que a titularidade de ação penal pública – é dizer, a legitimidade – é do Ministério Público. Quanto à ação penal privada, somente pode oferecer a queixa o ofendido ou aquele que tenha legitimidade para representá-lo.

Item III: certo. Toda ação penal somente poderá ser intentada e, portanto, o juiz somente poderá recebê-la se houver justa causa. Assim, ausentes indícios suficientes de autoria ou prova da materialidade do fato, presentes elementos caracterizadores de causa de exclusão da ilicitude, havendo elementos que demonstrem a existência de causa extintiva da punibilidade, nem a denúncia nem a queixa poderão ser recebidas por falta de justa causa.

---

108. (Delegado de Polícia – MT/ 2010 – UNEMAT) Assinale a alternativa em que se procede mediante Ação Penal Pública Condicionada à Representação.

a) Tráfico de influência.
b) Violação de comunicação telefônica com abuso de função em serviço telefônico.
c) Injúria real.
d) Divulgação de segredo profissional.
e) Perigo de contágio de moléstia grave.

COMENTÁRIOS

✪ **Nota do autor:** em regra, as ações penais são públicas. Quando não o são, a lei expressamente afirma dependerem de queixa. Por outro lado, quando a ação penal pública depender de representação, a lei também assim afirma expressamente.

Alternativa correta: letra "D": os crimes de "divulgação de segredo" (art. 153, *caput*, CP) e de "violação de segredo profissional" (art. 154), dependem de representação, conforme exigências, respectivamente, do § 1º do art. 153 e do parágrafo único do art. 154.

Alternativa "A": o crime de "tráfico de influência" é previsto no art. 332 do CP, cuja ação penal é pública incondicionada.

Alternativa "B": o crime em questão está previsto no § 3º do art. 151 do CP, cujo § 4º deixa claro que a ação penal é pública incondicionada.

Alternativa "C": o crime de injúria real é previsto no § 2º, do art. 140 do CP, cuja ação penal é privada, salvo se da violência resulta lesão corporal (art. 145, *caput*, CP).

Alternativa "E": o crime em tela é previsto no art. 131 do CP, cuja ação penal é pública incondicionada.

109. (Delegado de Polícia – PI/ 2009 – NUCEPE) David, com apenas 15 anos de idade, foi vítima de crime de ação penal pública condicionada à representação. Nesse caso, pode-se dizer que:

a) a representação deve ser oferecida por seu representante legal, mas apenas na forma escrita, a teor do que prescreve o art. 39 do Código de Processo Penal.
b) a jurisprudência dominante entende que basta a demonstração inequívoca do interesse na persecução criminal para que se entenda por exercido o direito de representação.
c) sendo a vítima menor de idade, deverá seu representante legal oferecer queixa, em razão do *strepitus iudicii*, isto é, do escândalo provocado pelo ajuizamento da ação penal.
d) a representação é retratável até a citação do réu, porque este, a partir de então, passa a ter o direito de obter um pronunciamento judicial sobre a acusação.
e) o oferecimento de representação é condição necessária ao ajuizamento da ação penal pelo Ministério Público, em nada condicionando a instauração de inquérito policial pelo Delegado de Polícia.

COMENTÁRIOS

✪ **Nota do autor:** diz o art. 24 do CPP que nos crimes de ação pública, esta será promovida por denúncia do Ministério Público, mas dependerá, quando a lei o exigir, de requisição do Ministro da Justiça, ou de representação do ofendido ou de quem tiver qualidade para representá-lo. De acordo com a Súmula 594 do STF, o direito de representação e de queixa podem ser exercidos, independentemente, pelo ofendido ou por seu representante legal. Nesse ponto, a doutrina diverge. Uma corrente, sustentando a posição da Súmula, entende que o prazo decadencial para o menor de 18 anos não corre enquanto ele não completar a maioridade; corre apenas para seu representante. Outra corrente entende que o prazo é único e, assim, se o representante legal tomar conhecimento da autoria do delito, o prazo decadencial já começa a correr e, se esgotado, impede o menor de representar quando completar 18 anos.

Alternativa correta: letra "B": este é realmente o entendimento que vem prevalecendo nos tribunais, sendo exemplo este trecho de ementa de Acórdão do STJ: "(...) De acordo com entendimento já pacificado nesta Corte Superior de Justiça, a representação da vítima ou de seus representantes legais para a investigação ou deflagração de ação penal, nos casos em que esta é condicionada àquela manifestação, prescinde de qualquer rigor formal, bastando a demonstração inequívoca da parte interessada, o que ocorreu na hipótese dos autos. (...)" (AgRg no REsp 1.110.889-SC, Rel. Min. Jorge Mussi, j. 05.02.2013).

Alternativa "A": o art. 39 do CPP deixa claro que a representação do representante legal poderá ser oferecida oralmente, devendo ser reduzida a termo.

Alternativa "C": o representante legal somente pode oferecer queixa nas ações penais privadas, o que não é o caso. Aqui, trata-se de ação penal pública, iniciada por denúncia do Ministério Público, após representação do representante legal do menor. Cabe a este decidir se oferece ou não a representação – com as ressalvas feitas acima, na nota do autor – justamente em razão do chamado *strepitus iudicii*.

Alternativa "D": a representação é retratável até o oferecimento da denúncia, após o que passa a ser irretratável, *ex vi* do disposto no art. 25 do CPP. A exceção está nos casos da Lei Maria da Penha (Lei 11.340/2006). É que tal lei permite que a mulher se retrate da representação até mesmo depois de oferecida a denúncia, mas desde que antes de seu recebimento. Além disso, a retratação deverá ser feita perante o juiz, em audiência especialmente designada para tal finalidade.

Alternativa "E": nos crimes em que a ação penal é pública condicionada à representação do ofendido, nem a ação penal nem o inquérito policial podem ser instaurados sem a devida representação.

110. (Delegado de Polícia – RO/ 2009 – FUNCAB) No que se refere aos aspectos processuais da ação penal, marque a assertiva INCORRETA.

a) O direito de representação somente poderá ser exercido pessoalmente pelo ofendido, sendo vedado o seu exercício por procurador com poderes especiais.
b) A renúncia tácita e o perdão tácito admitirão todos os meios de prova.
c) A renúncia ao exercício do direito de queixa em relação a um dos autores do crime, a todos se estenderá.
d) Nos casos em que somente se procede mediante queixa, considerar-se-á perempta a ação penal, dentre outras hipóteses, quando, sendo querelante pessoa jurídica, esta se extinguir sem deixar sucessor.
e) Em qualquer fase do processo, o juiz, se reconhecer extinta a punibilidade, deverá declará-lo de ofício.

COMENTÁRIOS

Alternativa incorreta: letra "A": o art. 24, *caput*, do CPP permite que a representação seja oferecida pelo próprio ofendido ou por quem tenha qualidade para representá-lo. Além disso, se o ofendido for menor de 18 anos, ou mentalmente enfermo, ou retardado mental, e não tiver representante legal, ou colidirem os interesses deste com os daquele, o direito de queixa poderá ser exercido por curador especial, nomeado, de ofício ou a requerimento do Ministério Público, pelo juiz competente para o processo penal (art. 33). E o direito de representação poderá ser exercido, pessoalmente ou por procurador com poderes especiais, mediante declaração, escrita ou oral, feita ao juiz, ao órgão do Ministério Público, ou à autoridade policial (art. 39, *caput*).

Alternativa "B": a renúncia e o perdão são considerados tácitos quando o comportamento do ofendido em relação ao imputado mostra-se incompatível com a intenção de vê-lo processado e condenado. Tal comportamento, entretanto, precisa ser demonstrado e, justamente por isso, o art. 57 do CPP é expresso quanto à possibilidade de utilização de todos os meios de prova.

Alternativa "C": a ação penal privada é disponível, além do que não é o ofendido obrigado a intentá-la (princípio da oportunidade). Mas, ao mesmo tempo, uma vez decidindo o ofendido oferecer a queixa, não pode escolher quem quer ver processado. Assim, se dois foram os autores do delito, caso seja oferecida a queixa apenas contra um deles, isso importará em renúncia ao direito de ação em relação a todos os envolvidos na infração penal (art. 49, CPP).

Alternativa "D": a perempção é causa de extinção da punibilidade (art. 107, IV, CP), pois provoca a extinção do próprio direito de ação, em razão de negligência ou desinteresse do querelante. O que ocasiona a perempção? A resposta encontra-se no art. 60 do CPP: a) quando, iniciada a ação penal privada, o querelante deixar de promover o andamento do processo durante 30 dias seguidos; b) quando, falecendo o querelante, ou sobrevindo sua incapacidade, não comparecer em juízo, para prosseguir no processo, dentro do prazo de 60 (sessenta) dias, qualquer das pessoas a quem couber fazê-lo, ressalvado o disposto no art. 36 do CPP; c) quando o querelante deixar de comparecer, sem motivo justificado, a qualquer ato do processo a que deva estar presente, ou deixar de formular o pedido de condenação nas alegações finais; d) quando, sendo o querelante pessoa jurídica, esta se extinguir sem deixar sucessor. Há mais um caso, fora do dispositivo citado: morte do ofendido, em caso de ação penal privada personalíssima.

Alternativa "E": é o que dispõe o art. 61 do CPP. Assim, havendo causa de extinção da punibilidade, ou seja, situação que acarreta a perda do direito de punir, deve o juiz declará-la de ofício. O art. 107 do CP traz um rol de causas de extinção da punibilidade.

4.2. AÇÃO PENAL PRIVADA

111. (Vunesp – Delegado de Polícia – CE/2015) No caso de morte do ofendido,

a) o direito de oferecer queixa passará ao cônjuge, ascendente, descendente ou irmão; nos crimes de ação privada, o juiz, a requerimento da parte que comprovar a sua pobreza, instaurará de ofício a ação penal.

b) o direito de oferecer queixa se extinguirá; nos crimes de ação privada, o juiz, a requerimento da parte que comprovar a sua pobreza, instaurará de ofício a ação penal.

c) o direito de oferecer queixa passará ao cônjuge, ascendente, descendente ou irmão; nos crimes de ação privada, o juiz, a requerimento da parte que comprovar a sua pobreza, nomeará advogado para promover a ação penal.

d) no curso da ação privada, declarar-se-á a extinção da punibilidade do ofensor; nos crimes de ação pública condicionada, o juiz, a requerimento da parte que comprovar a sua pobreza, nomeará advogado para promover a ação penal.

e) no curso da ação pública condicionada, declarar-se-á a extinção da punibilidade do ofensor; nos crimes de ação pública condicionada, o juiz, a requerimento da parte que comprovar a sua pobreza, nomeará advogado para promover a ação penal.

COMENTÁRIOS

Alternativa correta: letra "C": o CPP estabelece uma sucessão processual no art. 24, § 1º, nos termos vistos na alternativa. O caput do art. 32 realmente estabelece a possibilidade de nomeação de advogado, no caso de ofendido pobre. Pensamos que tal papel pode ser hoje desempenhado pela Defensoria Pública.

Alternativa "A": não existe mais a possibilidade de início da ação penal pelo próprio juiz, de ofício, tal como ocorria antes da CF de 1988. Esta adotou o sistema acusatório, que pressupõe a separação das funções de julgar e de acusar, e deu ao Ministério Público a titularidade da ação penal pública.

Alternativa "B": já tratamos da segunda parte acima. Não há extinção da ação, por perempção, no caso de morte do ofendido, salvo, segundo pensamos, nos casos de ação penal privada personalíssima. A perempção ocorre se houver a extinção da pessoa jurídica que for autora da queixa-crime, sem deixar sucessor (art. 60, IV, CPP).

Alternativa "D": a morte do querelante não é caso de extinção da punibilidade, salvo, como visto acima, segundo pensamos, no caso de ação penal privada personalíssima.

Alternativa "E": nas ações penais públicas condicionadas, oferecida a representação e a denúncia pelo Ministério Público, não pode mais o ofendido se retratar. Logo, se morrer, nenhuma consequência haverá para a ação penal. Também não há necessidade de nomeação de advogado para que a vítima ofereça representação.

112. (ACAFE – Delegado de Polícia – SC/2014) Considere as disposições do Código de Processo Penal quanto à ação penal e assinale a alternativa correta.

a) As fundações, associações ou sociedades legalmente constituídas não poderão exercer a ação penal, pois carecem de personalidade jurídica para esse fim.

b) Será admitida ação pública nos crimes de ação privada, se esta não for intentada no prazo legal, cabendo ao Ministério Público aditar a queixa, repudiá-la e oferecer denúncia substitutiva, intervir em todos os termos do processo, fornecer elementos de prova, interpor recurso e, a todo tempo, no caso de negligência do querelante, retomar a ação como parte principal.

c) As fundações, associações ou sociedades legalmente constituídas só poderão exercer a ação penal se assistidas pelo Ministério Público.

d) Será admitida ação privada nos crimes de ação pública, se esta não for intentada no prazo legal, cabendo ao Ministério Público aditar a queixa, repudiá-la e oferecer denúncia substitutiva, intervir em todos os termos do processo, fornecer elementos de prova, interpor recurso e, a todo tempo, no caso de negligência do querelante, retomar a ação como parte principal.

e) As fundações, associações ou sociedades legalmente constituídas só poderão exercer a ação penal se representadas pelo Ministério Público.

COMENTÁRIOS

Alternativa correta: letra "D": trata-se da chamada ação penal privada subsidiária, garantidas pela CF e regulada pelo art. 29 do CPP. Pressupõe inércia do órgão do Ministério Público, que deixa esgotar o prazo para o oferecimento de denúncia, sem oferecê-la ou sem requerer o arquivamento ou mesmo sem requerer mais diligências à polícia. Nesses casos, pode o ofendido ou seu representante legal oferecer a queixa subsidiária. Notem que a ação penal continua sendo pública, tanto que o Ministério Público pode retomar a titularidade da ação.

Alternativa "A" (responde também as alternativas "C" e "E": segundo o art. 37 do CPP, as fundações, associações ou sociedades legalmente constituídas poderão exercer a ação penal, devendo ser representadas por quem os respectivos contratos ou estatutos designarem ou, no silêncio destes, pelos seus diretores ou sócios-gerentes.

Alternativa "B": não há ação penal pública subsidiária da ação privada. Só o contrário existe, como visto na alternativa "D". Assim, não intentada a queixa-crime dentro do prazo decadencial, ocorrerá a extinção da punibilidade. Assim, o Ministério Público não tem legitimidade ativa para propor a ação no lugar do ofendido, quando o crime for de ação penal privada.

---

113. (FUNCAB – Delegado de Polícia – ES/2013) Quanto à ação penal de iniciativa privada subsidiária da pública:

I. Quando o Ministério Público oferece denúncia contra uns indiciados e deixa de apresentar denúncia contra alguns dos indiciados, impede a propositura de ação penal privada subsidiária da pública.

II. O crime de homicídio doloso qualificado pode se iniciar por queixa-crime.

III. Cabe perdão do querelante, instituto típico da ação penal de iniciativa privada.

IV. Não se aplica ao crime de abuso de autoridade.

Indique a opção que contempla as assertivas corretas.

a) I, II, III e IV.

b) I, II e III, apenas.

c) I e II, apenas.

d) II e III, apenas.

e) III e IV, apenas.

COMENTÁRIOS

✪ **Nota do autor:** a questão trata da ação penal privada subsidiária, permitida pela CF no inciso LIX do art. 5º ("será admitida ação privada nos crimes de ação pública, se esta não for intentada no prazo legal"). Portanto, o art. 29 do CPP – que também a prevê – foi recepcionado pela nova ordem constitucional. Diz tal dispositivo: "Será admitida ação privada nos crimes de ação pública, se esta não for intentada no prazo legal, cabendo ao Ministério Público aditar a queixa, repudiá-la e oferecer denúncia substitutiva, intervir em todos os termos do processo, fornecer elementos de prova, interpor recurso e, a todo tempo, no caso de negligência do querelante, retomar a ação como parte principal". Nos comentários abaixo, faremos algumas observações importantes sobre o tema. Permita-nos, leitor, trazer importante julgado do STF a respeito desse tema: "Recurso extraordinário com agravo. Repercussão geral. Constitucional. Penal e processual penal. 2. *Habeas corpus*. Intervenção de terceiros. Os querelantes têm legitimidade e interesse para intervir em ação de habeas corpus buscando o trancamento da ação penal privada e recorrer da decisão que concede a ordem. 3. A promoção do arquivamento do inquérito, posterior à propositura da ação penal privada, não afeta o andamento desta. 4. Os fatos, tal como admitidos na instância recorrida, são suficientes para análise da questão constitucional. Provimento do agravo de instrumento, para análise do recurso extraordinário. 5. Direito a mover ação penal privada subsidiária da pública. Art. 5º, LIX, da Constituição Federal. Direito da vítima e sua família à aplicação da lei penal, inclusive tomando as rédeas da ação criminal, se o Ministério Público não agir em tempo. Relevância jurídica. Repercussão geral reconhecida. 6. Inquérito policial relatado remetido ao Ministério Público. Ausência de movimentação externa ao Parquet por prazo superior ao legal (art. 46 do Código de Processo Penal). Surgimento do direito potestativo a propor ação penal privada. 7. Questão constitucional resolvida no sentido de que: (i) o ajuizamento da ação penal privada pode ocorrer após o decurso do prazo legal, sem que seja oferecida denúncia, ou promovido o arquivamento, ou requisitadas diligências externas ao Ministério Público. Diligências internas à instituição são irrelevantes; (ii) a conduta do Ministério Público posterior ao surgimento do direito de queixa não prejudica sua propositura. Assim, o oferecimento de denúncia, a promoção do arquivamento ou a requisição de diligências externas ao Ministério Público, posterior ao decurso do prazo legal para a propositura da ação penal, não afastam o direito de queixa. Nem mesmo a ciência da vítima ou da família quanto a tais diligências afasta esse direito, por não representar concordância com a falta de iniciativa da ação penal pública. 8. Reafirmação da jurisprudência do Supremo Tribunal Federal. 9. Recurso extraordinário provido, por maioria, para reformar o acórdão recorrido e denegar a ordem de habeas corpus, a fim de que a ação penal privada prossiga, em seus ulteriores termos" (ARE 859.251 RG-DF, Rel. Min. Gilmar Mendes, j. 16.04.2015).

Alternativa "C": estão certas as assertivas I e II.

Assertiva I: certo. Se o Ministério Público intentou a ação penal no prazo legal, não mais será possível a ação penal privada subsidiária. Vigendo o princípio da obrigatoriedade, se a denúncia não foi oferecida contra todos os envolvidos, é sinal de que entendeu o Ministério Público não haver indícios suficientes contra alguns deles. Assim, não pode o ofendido substituir tal entendimento do *Parquet*, que não permaneceu inerte e, lembrem-se, é o titular da ação penal. A palavra-chave, aqui, leitor, é "inércia", que não existiu.

Assertiva II: certo. Pode, desde que, passado o prazo legal para o oferecimento da denúncia, permanecer inerte o Ministério Público. No caso, a queixa-crime será a peça inaugural da ação penal privada subsidiária, já que, como se sabe, o homicídio doloso é crime de ação penal pública.

Assertiva III: errado. Não cabe, eis que, nos casos aqui tratados, temos crimes de ação penal pública, que não admitem o perdão. Isso não se modifica pelo fato de ser possível a ação penal privada subsidiária.

Assertiva IV: errado. A ação penal privada subsidiária aplica-se a todas as infrações penais de iniciativa pública.

---

114. (FGV – Delegado de Polícia – MA/2012) João e José, colegas de faculdade de Pedro, afirmaram no dia 01.03.2012, na presença de três amigos, que Pedro seria um "grande mentiroso". Apesar de ter tomado conhecimento do ocorrido em 01.04.2012, Pedro convida João para sua festa de aniversário e este comparece. No entanto, consultando um advogado, decidiu oferecer queixa contra João e José em 30.08.2012. A peça inicial foi recebida pelo magistrado em 01.09.2012.

Diante do exposto, assinale a afirmativa correta.

a) A ação penal poderia prosseguir apenas em relação a José, mas não em relação a João, pois em face deste houve perdão.

b) A queixa poderia ser apresentada apenas contra José, pois o princípio da indivisibilidade aplica-se, primordialmente, nas ações penais de iniciativa pública.

c) A ação penal deveria ser extinta, pois verificado o fenômeno da decadência.

d) A ação penal deveria seguir seu curso normal em relação aos dois réus, em respeito ao princípio da indivisibilidade.

e) A queixa não deveria ser recebida contra nenhum dos réus, diante da renúncia ao direito de queixa com relação a João, exceto se houvesse discordância por parte de José.

COMENTÁRIOS

✪ **Nota do autor:** a questão foi anulada. João e José cometeram o crime de injúria contra Pedro, que se consumou no dia em que este tomou conhecimento do fato. Em se tratando de injúria, a regra, aplicada ao caso, é de que a ação penal é privada, sendo o prazo decadencial de 6 meses, contado do dia em que Pedro veio a saber quem foram os autores do delito (art. 38, *caput*, CPP). Além do ponto sobre o prazo decadencial, a questão lida com outra causa de exclusão da punibilidade, qual seja, a renúncia. O art. 48 diz que a queixa contra qualquer dos autores do crime obrigará ao processo contra todos e o Ministério Público velará pela sua indivisibilidade. Assim, não pode o ofendido escolher se processa João ou José, devendo oferecer queixa contra ambos. Ademais, o art. 49 dispõe que a renúncia ao exercício do direito de queixa, em relação a um dos autores do crime, a todos se estenderá. O mesmo ocorre com o perdão, mas, nessa hipótese, somente surtirá efeito contra aqueles querelados que o aceitarem. A renúncia pode ser expressa ou tácita. A primeira é formal, escrita e, ao final, assinada pelo ofendido. A segunda, é representada pela prática de atos incompatíveis com o desejo de ver alguém processado e condenado por uma infração penal. Nesse caso, a renúncia tácita admitirá todos os meios de prova (art. 57).

Alternativa "A": errado. A nosso ver, quando Pedro, já sabendo que havia sido ofendido em sua honra, convidou um dos ofensores à sua festa de aniversário, renunciou tacitamente ao direito de oferecer a queixa contra tal pessoa. Consequentemente, tal renúncia deve se estender ao coautor do delito. Ou seja, ninguém poderia ser processado.

Alternativa "B": errado. A indivisibilidade deve ser aplicada às ações penais exclusivamente privadas. Vide comentários anteriores.

Alternativa "C": errado. Não houve decadência. Tendo Pedro tomado conhecimento do fato e de sua autoria no dia 01.04.2012, tinha até o dia 30.09.2012 para oferecer a queixa, o tendo feito antes, disso. Não importa o dia do recebimento da inicial. O problema, como visto acima, não é de decadência.

Alternativa "D": errado. Vide comentários às alternativas anteriores e à nota do autor.

Alternativa "E": errado. O erro da alternativa está em exigir aceitação da renúncia. Esta é ato unilateral, não havendo necessidade de aceitação, o que só ocorre no perdão.

---

115. (Delegado de Polícia – SP/ 2011 – ACADEPOL) Em qual das hipóteses abaixo ocorre a perempção.

a) Perdão oferecido pelo ofendido e aceito pelo autor.

b) Morte do autor do ilícito.

c) Extinção de pessoa jurídica querelante, desde que não deixe sucessor.

d) Renuncia ao exercício do direito de queixa que não foi aceita pelo autor.

e) Perdão oferecido pelo ofendido e recusado pelo autor.

COMENTÁRIOS

✪ **Nota do autor:** a perempção é causa de extinção da punibilidade (art. 107, IV, CP), pois provoca a extinção do próprio direito de ação, em razão de negligência ou desinteresse do querelante (nome que se dá ao autor da ação penal de iniciativa privada). O que ocasiona a perempção? Como já vimos em questão anterior, a resposta encontra-se no art. 60 do CPP: a) quando, iniciada a ação penal privada, o querelante deixar de promover o andamento do processo durante 30 dias seguidos; b) quando, falecendo o querelante, ou sobrevindo sua incapacidade, não comparecer em juízo, para prosseguir no processo, dentro do prazo de 60 (sessenta) dias, qualquer das pessoas a quem couber fazê-lo, ressalvado o disposto no art. 36 do CPP; c) quando o querelante deixar de comparecer, sem motivo justificado, a qualquer ato do processo a que deva estar presente, ou deixar de formular o pedido de condenação nas alegações finais; d) quando, sendo o querelante pessoa jurídica, esta se extinguir sem deixar sucessor. E mais um caso: morte do ofendido em caso de ação penal privada personalíssima.

Alternativa correta: letra "C": é a hipótese do art. 60, IV, do CPP.

Alternativa "A" (responde, também, a alternativa "E"): perdão e perempção não se confundem, já que o primeiro é um ato – não uma inação – do querelante. Ambos importam em extinção da punibilidade, embora, no caso do perdão, deverá ser aceito.

Alternativa "B": a morte do imputado acarreta a extinção da punibilidade por força do disposto no art. 107, I, do CP. Não guarda relação com a conduta processual do querelante.

Alternativa "D": a renúncia ao exercício do direito de queixa – que não necessita de aceitação para gerar efeitos – provoca a extinção da punibilidade por si mesma, não guardando relação com a perempção, que é resultado de pura inércia do querelante no processo.

5. COMPETÊNCIA

- CF, arts. 5º, XXXVIII; 29, X; 96, III; 102; 105; 109; 124; 125
- CPP, arts. 69 a 91
- Lei 9.099/1995, art. 63
- Lei 11.101/2005, art. 183
- Lei 11.343/2006, art. 70

116. (Vunesp – Delegado de Polícia – PC – BA/2018) Imagine que o indivíduo "1", que tem conta-corrente no banco "2", emitiu cheque sem fundo em desfavor do estabelecimento comercial "3", que efetuou o depósito do cheque no banco "4". De acordo com a jurisprudência dos Tribunais Superiores (Súmula 244 do STJ), o estelionato mediante a emissão de cheque sem provisão de fundos

a) será processado no local da residência de "1".

b) será processado no local em que se situa o banco "2", onde se deu a recusa.

c) será processado no local em que se situa o estabelecimento comercial "3", que recebeu o cheque.

d) será processado no local em que se situa o banco "4", no qual o cheque foi depositado.

e) é fato atípico se recompensado o prejuízo até o recebimento da denúncia.

COMENTÁRIOS

A questão é generosa ao especificar a súmula objeto de seu interesse. Diz a Súmula 244: "Compete ao foro do local da recusa processar e julgar o crime de estelionato mediante cheque sem provisão de fundos". Logo, a resposta correta é que a competência será do local em que se situa o banco onde se deu a recusa do pagamento do cheque.

Alternativa correta: letra "b".

117. (Vunesp – Delegado de Polícia – PC – SP/2018) Assinale a assertiva a seguir que espelha entendimento já sumulado pelos Tribunais Superiores sobre competência.

a) Compete à Justiça Federal processar e julgar crime em que o indígena figure como autor ou vítima.

b) A competência constitucional do Tribunal do Júri prevalece sobre o foro por prerrogativa de função estabelecida pela Constituição Estadual.

c) Compete à Justiça Estadual processar e julgar o crime de falsa anotação na Carteira de Trabalho e Previdência Social, atribuído à empresa privada.

d) Compete à Justiça Militar processar e julgar o policial militar por crime de promover ou facilitar a fuga de preso de estabelecimento penal.

e) O foro competente para o processo e julgamento dos crimes de estelionato, sob a modalidade da emissão dolosa de cheque sem provisão de fundos, é o do local onde se deu a emissão da cártula.

COMENTÁRIOS

✪ **Nota do autor:** o conhecimento sobre as súmulas dos tribunais superiores a respeito de competência é de extrema importância em concursos como este. Fique atento. Ao final desta obra, como sabido, temos uma lista das súmulas que o leitora deverá ter sempre em mente.

Alternativa "a": de acordo com a Súmula 140 do STJ: "Compete à justiça comum estadual processar e julgar crime em que o indígena figure como autor ou vítima".

Alternativa "b": segundo a Súmula Vinculante 45, do STF: "A competência constitucional do tribunal do Júri prevalece sobre o foro por prerrogativa de função estabelecido exclusivamente pela Constituição Estadual". Veja que faltou o "exclusivamente" na alternativa.

Alternativa "c": é o entendimento da Súmula 62 do STJ.

Alternativa "d": se estiver o policial em serviço ao praticar o crime, estará correto tal entendimento e a competência será da Justiça Militar. Por isso, entendemos que deverá ser revogada a Súmula 75 do STJ, que dispõe ser competência da justiça comum. Note-se que tal mudança é consequência da alteração do art. 9º do CPM, que define crimes militares, lembrando que estes são julgados apenas pela Justiça Militar.

Alternativa "e": diz a Súmula 255 do STJ: "Compete ao foro do local da recusa processar e julgar o crime de estelionato mediante cheque sem provisão de fundos".

Alternativa correta: letra "c".

---

118. (UEG – Delegado de Polícia – PC – GO/2018) Sobre o tratamento dado à competência pelo Código de Processo Penal, tem-se o seguinte:

a) O juiz pode reconhecer, de ofício, incompetência relativa.

b) No caso de ação penal pública condicionada à representação, o ofendido pode preferir o foro de domicílio ou da residência do réu, ainda quando conhecido o lugar da infração.

c) O concurso formal de crimes não configura hipótese de continência.

d) A legislação processual adota a teoria da ubiquidade para determinação do juízo competente pelo lugar da infração.

e) A competência será determinada pela conexão quando duas ou mais pessoas forem acusadas pela mesma infração.

COMENTÁRIOS

Alternativa "a": o juiz pode declarar de ofício a incompetência relativa, não dependendo de exceção da parte, podendo inclusive suscitar conflito de competência.

Alternativa "b": essa possibilidade existe apenas na ação penal privada (art. 73, CPP).

Alternativa "c": é justamente uma das hipóteses de continência. O art. 77, II, do CPP, ainda menciona os artigos da antiga Parte Geral do CP.

Alternativa "d": o art. 70 adota o princípio do resultado.

Alternativa "e": nesse caso, é continência (art. 77, I, CPP).

Alternativa correta: letra "a".

---

119. (Vunesp – Delegado de Polícia – CE/2015) A competência para a ação penal, caso

a) desconhecido o domicílio do ofendido, será estabelecida pelo local da infração.

b) desconhecido o local da infração, será estabelecida pela residência ou domicílio do réu.

c) desconhecido o domicílio do réu, será estabelecida pela prevenção.

d) se trate de ação privada, ficará a cargo do querelante, que pode escolher entre o local da infração e o da sua própria residência.

e) se trate de crime tentado, será fixada no lugar onde deveria ter se consumado a infração.

COMENTÁRIOS

Alternativa correta: letra "B": a competência é fixada, primeiramente, pelo local da consumação do crime (art. 70, CPP). Porém, não sendo conhecido o lugar da infração, a competência regula-se pelo domicílio ou residência do réu (art. 72).

Alternativa "A": a residência do ofendido não é critério de fixação de competência.

Alternativa "C": tratando-se de infração continuada ou permanente, praticada em território de duas ou mais jurisdições, a competência firma-se pela prevenção (art. 71, CPP).

Alternativa "D": segundo o art. 73 do CPP, nos casos de exclusiva ação privada, o querelante poderá preferir o foro de domicílio ou da residência do réu, ainda quando conhecido o lugar da infração.

Alternativa "E": no caso do crime tentado, a competência é fixada pelo lugar em que for praticado o último ato de execução (art. 70, CPP).

---

120. (Vunesp – Delegado de Polícia – CE/2015) Nos termos do art. 109, § 5º da Constituição da República de 1988, o incidente de deslocamento de competência para a Justiça Federal é cabível nas hipóteses de grave violação de direitos humanos, com a finalidade de assegurar o cumprimento de obrigações decorrentes de tratados internacionais de direitos humanos dos quais o Brasil seja parte. Pode ser suscitado pelo ______ junto ao ______.

Preenchem, correta e respectivamente, as lacunas:

a) Procurador-Geral de Justiça de qualquer Estado ... STF

b) Procurador-Geral da República ou Procurador-Geral de Justiça de qualquer Estado ... STF

c) Órgão Especial de Tribunal de Justiça ... STF

d) Procurador-Geral da República ... STJ

e) Presidente de Tribunal de Justiça ou de Tribunal Regional Federal ... STJ

COMENTÁRIOS

Alternativa correta: letra "D" (responde também todas as demais alternativas): o incidente de deslocamento de competência, tal como descrito no enunciado, foi trazido à CF pela EC 45/2004. Cabe o pedido ao Procurador-Geral da República e a decisão sobre o deslocamento à Justiça Federal será do STJ. Deferido o pedido, o caso será julgado por juiz federal.

---

121. (ACAFE – Delegado de Polícia – SC/2014) De acordo com o Código de Processo Penal analise as afirmações a seguir e assinale a alternativa correta.

I. A competência será, de regra, determinada pelo lugar em que se consumar a infração, ou, no caso de tentativa, pelo lugar em que for praticado o último ato de execução.

II. Se, iniciada a execução no território nacional, a infração se consumar fora dele, a competência será determinada pelo lugar em que tiver sido praticado, no Brasil, o último ato de execução.

III. Quando o último ato de execução for praticado fora do território nacional, será competente o juiz do lugar em que o crime, embora parcialmente, tenha produzido ou devia produzir seu resultado.

IV. Quando incerto o limite territorial entre duas ou mais jurisdições, ou quando incerta a jurisdição, por ter sido a infração consumada ou tentada nas divisas de duas ou mais jurisdições, a competência firmar-se-á pela prevenção.

a) Apenas I, II e III estão corretas.

b) Apenas II, III e IV estão corretas.

c) Apenas II e IV estão corretas.

d) Todas as afirmações estão corretas.

e) Todas as afirmações estão incorretas.

COMENTÁRIOS

✪ **Nota do autor:** a questão lida com as regras constantes do art. 70 e parágrafos do CPP.

Alternativa correta: letra "D": todas as afirmações estão certas.

Afirmação I: certo. É a regra geral aplicada ao processo penal, conforme previsto no art. 70, *caput*, do CPP. Na Lei 9.099/1995, porém, utiliza-se outro critério: o do lugar da ação ou omissão.

Afirmação II: certo. É a regra do § 1º do art. 70 do CPP.

Afirmação III: certo. É a regra do § 2º do art. 70 do CPP.

Afirmação IV: certo. É a regra do § 3º do art. 70 do CPP.

---

122. (NUCEPE – Delegado de Polícia – PI/2014) Em matéria de competência no processo penal, assinale a alternativa INCORRETA.

a) O processo e julgamento dos crimes previstos na Lei nº 9.613/98 (modificada pela Lei nº 12.683/12) obedece às disposições relativas ao procedimento comum dos crimes punidos com reclusão, da competência do juiz singular.

b) Em se tratando de tráfico de drogas, se não ficar comprovada a internacionalidade, a competência é da Justiça Estadual.

c) Se o crime praticado consistir em grave violação dos direitos humanos poderá haver o deslocamento da competência para a Justiça Federal.

d) O juiz natural de caso relacionado a crimes praticados por organização criminosa poderá decidir pela formação de um órgão colegiado, composto por mais um juiz para proferir sentença.

e) Não existe conexão quando o crime é único.

COMENTÁRIOS

Alternativa incorreta: letra "D": a Lei 12.694/2013 possibilita a formação de tal órgão colegiado. O § 1º do art. 1º dispõe que o juiz poderá instaurar o colegiado, indicando os motivos e as circunstâncias que acarretam risco à sua integridade física em decisão fundamentada, da qual será dado conhecimento ao órgão correicional. O colegiado será formado pelo juiz do processo e por **2 outros juízes** escolhidos por sorteio eletrônico dentre aqueles de competência criminal em exercício no primeiro grau de jurisdição. A competência do colegiado limita-se ao ato para o qual foi convocado (§§ 2º e 3º). Atenção: a definição de organização criminosa prevista na citada lei foi revogada tacitamente pela definição contida na Lei 12.850/2013.

Alternativa "A": é o que dispõe o inciso I do art. 2º da Lei 9.613/1998.

Alternativa "B": exato. A competência será da Justiça Federal, se o tráfico foi internacional. Do contrário, não.

Alternativa "C": é o incidente de deslocamento de competência previsto no art. 109, § 5º, da CF.

Alternativa "E": lógico, pois conexão pressupõe mais de um fato, que são ligados por determinados requisitos.

---

123. (Fundação Aroeira – Delegado de Polícia – TO/2014) Os irmãos A. R., B. R. e C. R, residentes e domiciliados em Palmas, praticam um roubo em Palmas, três furtos em Porto Nacional, um latrocínio em Miracema do Tocantins e mais dois furtos em Miranorte, onde, finalmente, são presos. Na hipótese, a competência será determinada pela

a) residência dos acusados, prevalecendo a competência de Palmas.

b) continência, prevalecendo a competência de Porto Nacional.

c) conexão, prevalecendo a competência de Miracema do Tocantins.

d) prevenção, prevalecendo a competência de Miranorte.

COMENTÁRIOS

✪ **Nota do autor:** a questão lida com o tema da conexão. Segundo o art. 76 do CPP, a competência será determinada pela conexão: se, ocorrendo duas ou mais infrações, houverem sido praticadas, ao mesmo tempo, por várias pessoas reunidas (conexão intersubjetiva por simultaneidade), ou por várias pessoas em concurso, embora diversos o tempo e o lugar (conexão intersubjetiva por concurso), ou por várias pessoas, umas contra as outras (conexão intersubjetiva por reciprocidade); se, no mesmo caso, houverem sido umas praticadas para facilitar ou ocultar as outras, ou para conseguir impunidade ou vantagem em relação a qualquer delas (conexão objetiva ou teleológica ou finalista); e quando a prova de uma infração ou de qualquer de suas circunstâncias elementares influir na prova de outra infração (conexão instrumental ou probatória).

Alternativa correta: letra "C": caso haja conexão (e também continência) entre crimes, qual o foro que prevalecerá? As regras são as seguintes (art. 78, CPP): a) no concurso entre a competência do júri e a de outro órgão da justiça comum, prevalecerá a competência do júri; b) no concurso de competências da mesma categoria: b.1) preponderará a do lugar da infração, à qual for cominada a pena mais grave; b.2) prevalecerá a do lugar em que houver ocorrido o maior número de infrações, se as respectivas penas forem de igual gravidade; b.3) firmar-se-á a competência pela prevenção, nos outros casos; c) no concurso entre a justiça comum e a especial, prevalecerá esta. Assim, no caso em tela, em que há conexão intersubjetiva por concurso, o crime mais grave é o latrocínio, que ocorreu em Miracema do Tocantins, que, dessa forma, terá competência para processar e julgar todos os crimes a ele conexos.

Alternativa "A": a residência dos acusados somente seria competente para julgá-los se não se conhecesse o local da ocorrência dos crimes, conforme previsão do art. 72, *caput*, do CPP, que obviamente não se aplica ao caso em tela.

Alternativa "B": não há continência nesse caso. Ocorre continência nos casos em que há pluralidade de agentes e infração única ou unidade de agentes e concurso formal de delitos. Há duas formas de continência: a) por cumulação subjetiva: concurso de agentes (art. 77, I, CPP); b) por cumulação objetiva: concurso formal de delitos (art. 70, CP), erro na execução ou *aberratio ictus* (art. 73, CP) e resultado diverso do pretendido ou *aberratio criminis* (art. 74, CP), que são todos casos de concurso formal (art. 77, II, CPP). Nada disso existiu no caso trazido pela questão.

Alternativa "D": não se aplica a regra da prevenção nesse caso. Por sinal, não faria o menor sentido, vez que o juiz de Miranorte, onde os furtos ocorreram, nada fez no inquérito ou processo, de modo que não teria a menor justificativa aplicar-se a prevenção a ele.

---

124. (UEL – Delegado de Polícia – PR/2013) Quanto à jurisdição, considere as afirmativas a seguir.

I. A inércia, a substitutividade, a inevitabilidade e a inafastabilidade são princípios ou características fundamentais.
II. É o poder-função de aplicar o Direito a um fato concreto, exercido pelos órgãos públicos com essa atribuição.
III. É exercida por meio dos juízes de direito e tribunais regularmente investidos.
IV. Tendo sua origem na autocomposição, a transação penal escapa ao âmbito da jurisdição.

Assinale a alternativa correta.

a) Somente as afirmativas I e II são corretas.
b) Somente as afirmativas I e IV são corretas.
c) Somente as afirmativas III e IV são corretas.
d) Somente as afirmativas I, II e III são corretas.
e) Somente as afirmativas II, III e IV são corretas.

COMENTÁRIOS

Alternativa correta: letra "D": estão certas as Afirmativas I, II e III.

Afirmativa I: certo. Estas, são, de fato, as principais características da jurisdição. Assim, por inércia, entende-se que o exercício da jurisdição pelo Estado deve ser provocada, não agindo, em regra, de ofício. Por substitutividade, entende-se que o juiz substitui a vontade das partes pela dele. Por inevitabilidade (ou irrecusabilidade), deve-se entender que a jurisdição não depende da vontade das partes. E, quanto à inafastabilidade, deve-se entender que a lei não poderá excluir da apreciação do Judiciário qualquer lesão ou ameaça de lesão a direito.

Afirmativa II: certo. O exercício da jurisdição é um dos aspectos da soberania estatal, consistindo nesse poder e num dever de aplicar o ordenamento jurídico a determinado fato concreto.

Afirmativa III: certo. De fato, essa ainda é a forma de exercício da jurisdição utilizada pelos Estados modernos, com raras exceções, nos casos de aplicação de leis religiosas, em Estados não laicos.

Afirmativa IV: errado. A transação penal deve ser homologada pelo juiz, não escapando, portanto, à jurisdição.

---

125. (UEG – Delegado de Polícia – GO/2013) Cabelo de Anjo, residente em Anápolis/GO, em concurso com Malacúria, residente em Rio Verde/GO, praticaram furto qualificado na cidade de Luziânia/GO. Ato contínuo, a lavagem de dinheiro, delito mais grave, cometida mediante operações financeiras de mascaramento de recursos auferidos pelo furto qualificado, foi perpetrada, pelos mesmos criminosos, em Goiânia/GO. Nesse caso, segundo as regras de competência decorrentes dos critérios originários previstos no Código de Processo Penal, verifica-se que

a) o juízo de Luziânia/GO é o competente para julgar crime de furto qualificado, e o juízo de Goiânia/GO o é para o crime de lavagem de dinheiro, uma vez que é obrigatória a separação dos processos, porquanto praticados em locais diferentes.
b) há conexão entre os dois delitos, sendo prorrogada a competência do juízo de Luziânia/GO, que passará a ser competente para julgar, além do crime de furto qualificado, o crime de lavagem de dinheiro praticado em Goiânia/GO.
c) há conexão entre os dois delitos, sendo prorrogada a competência do juízo de Goiânia/GO, que passará também a ser competente para julgar, além do crime de lavagem de dinheiro, o crime de furto qualificado praticado em Luziânia/GO.
d) a competência será fixada no juízo de Anápolis/GO ou no de Rio Verde/GO que primeiro tomar conhe-

cimento dos fatos, uma vez que os autores do crime residem em municípios diversos e, nesses casos, a competência é fixada pela prevenção.

COMENTÁRIOS

Alternativa correta: letra "C" (responde também as alternativas "B" e "D"): há evidente conexão entre os dois crimes, sendo, no mínimo, de natureza probatória (art. 76, III, CPP). Nesse caso, caberá ao juiz decidir sobre a unidade dos processos. Mas, qual juiz? O da comarca onde foi cometido o crime mais grave, ou seja, onde ocorreu a lavagem de dinheiro, isto é, Goiânia, por força do primeiro critério trazido pelo art. 78, II, do CPP.

Alternativa "A": realmente, assim seria, caso não houvesse conexão. Porém, havendo esta, normalmente tem-se a reunião dos processos como consequência (art. 79, *caput*, CPP). E, como visto acima, o juiz competente para julgar os dois crimes será o do lugar onde foi cometido o fato mais grave.

---

126. (FUNCAB – Delegado de Polícia – ES/2013) Proprietários de uma empresa, situada em Vitória-ES, adquiriram grandes quantidades de medicamentos de laboratórios idôneos no Brasil, os quais, eram retirados de suas embalagens originais e, após serem adulterados em sua composição química, eram acondicionados em novas embalagens, para em seguida, serem revendidos de forma lícita como remédios genéricos no mercado interno e até no exterior, como Japão, Inglaterra e China, inclusive utilizavam na atividade financeira da empresa, valores provenientes de infrações penais. O Delegado de Polícia de Vitória, tomando conhecimento de tais fatos:

a) deve comunicá-los à Polícia Federal, haja vista as condutas causarem lesão a interesse da União.

b) deve instaurar inquérito policial e, após as conclusões das investigações, remetê-lo à Justiça Federal, em face da competência.

c) deve instaurar inquérito policial e, após as conclusões das investigações, remetê-lo à Justiça Estadual do Espírito Santo, em face da competência.

d) não poderá formalizar qualquer procedimento, em face da atração da Justiça estrangeira para processar e julgar.

e) o crime de lavagem de dinheiro sempre atrai a competência da Justiça Federal.

COMENTÁRIOS

✪ **Nota do autor:** o crime cometido encontra-se previsto no art. 273 do CP.

Alternativa correta: letra "C" (responde também a alternativa "B"): segundo o STJ: "(...)A competência para processar e julgar o crime do art. 273, §§ 1º e 1º-B, incisos I, V e VI, do Código Penal, em princípio, é da Justiça Estadual, sendo a Justiça Federal competente quando houver indícios da internacionalidade do delito demonstrada pelo contexto fático. (...)" (CC 104.842-PR, Rel. Min. Arnaldo Esteves Lima, j. 23.06.2010). No caso em tela, não havia importação dos medicamentos e tampouco a atividade era voltada, essencialmente, à exportação. Assim sendo, a competência deve ser realmente da Justiça Estadual.

Alternativa "A": não há interesse direto da União nesse caso.

Alternativa "D": não importa se haverá ou não competência da Justiça estrangeira, conforme a legislação dos outros países. Segundo nossa legislação, há competência do Brasil para julgar o caso e será da Justiça Comum Estadual do Espírito Santo.

Alternativa "E": a questão não fornece elementos suficientes para se afirmar ter havido crime de lavagem de dinheiro. Ainda que houvesse, o julgamento somente seria de competência da Justiça Federal se tivesse sido praticado contra o sistema financeiro e a ordem econômico-financeira, ou em detrimento de bens, serviços ou interesses da União, ou de suas entidades autárquicas ou empresas públicas; ou se a infração penal antecedente fosse de competência da Justiça Federal, o que não é o caso (art. 2º, III, Lei 9.613/1998).

---

127. (FUNCAB – Delegado de Polícia – ES/2013) Policiais militares, em patrulhamento, trocaram tiros com Manoel, Paulo e Pedro, todos foragidos da justiça, culminando com lesões corporais provocadas em Manoel e Paulo. Pode-se afirmar:

a) A Justiça militar é competente para processar e julgar os crimes de lesão corporal cometidos por militares no exercício de sua função, ainda que contra vítima civil, bem como os crimes dolosos contra a vida praticado por militares contra civil.

b) A Justiça militar é competente para processar e julgar os crimes de lesão corporal cometidos por militares no exercício de sua função, ainda que contra vítima civil. A Justiça comum é competente para investigar os crimes dolosos contra a vida praticado por militares contra civil.

c) A Justiça comum é competente para processar e julgar os crimes de lesão corporal cometidos por militares no exercício de sua função, ainda que contra vítima civil, bem como os crimes dolosos contra a vida praticado por militares contra civil.

d) Ficou evidenciado que os policiais militares não agiram em atividade de natureza militar, o que caracteriza a existência de crime castrense.

e) Ficou evidenciado que os policiais militares não agiram em atividade de natureza militar, o que caracteriza a existência de crime comum.

COMENTÁRIOS

✪ **Nota do autor:** foi considerada correta a Alternativa "B". E ela continua correta. Porém, há um ponto que merece ser observado nessa questão, em razão das modificações sofridas pelo art. 9º do CPM, o que alterou a competência para o julgamento dos crimes militares, eis que a prórpria definição destes foi alterada. Muito importante a modificação trazida ao inciso II do art. 9º, que passou a considerar militares os crimes previstos no CPM **e na legislação penal** (o que inclui o CP) quando praticados: a) por militar em situação de atividade ou assemelhado, contra militar na mesma situação ou assemelhado; b) por militar em situação de atividade ou assemelhado, em lugar sujeito à administração militar, contra militar da reserva, ou reformado, ou assemelhado, ou civil; c) por militar em serviço ou atuando em razão da função, em comissão de natureza militar, ou em formatura, ainda que fora do lugar sujeito à administração militar contra militar da reserva, ou reformado, ou civil; d) por militar durante o período de manobras ou exercício, contra militar da reserva, ou reformado, ou assemelhado, ou civil; e) por militar em situação de atividade, ou assemelhado, contra o patrimônio sob a administração militar, ou a ordem administrativa militar. Assim, crime de lesão corporal praticado por militar em serviço ou atuando em razão da função será julgado pela Justiça Militar.

Alternativa correta: letra "B" (responde também as alternativas "A" e "C"): o entendimento que prevalece é o de que os **crimes de lesões corporais** cometidos por policiais militares, em razão da função, contra civis, é de competência da Justiça Castrense. Nesse sentido, o posicionamento do STJ: "CONFLITO NEGATIVO DE COMPETÊNCIA. LESÕES CORPORAIS PRATICADAS EM CIVIS POR MILITARES EM FOLGA. AÇÃO PRATICADA EM RAZÃO DA FUNÇÃO E NA CONDIÇÃO DE POLICIAL MILITAR, UTILIZANDO AS ARMAS DA CORPORAÇÃO. PRISÃO EM FLAGRANTE DE CIVIS QUE SUPOSTAMENTE COMETIAM O DELITO DE TRÁFICO DE DROGAS. COMPETÊNCIA DA JUSTIÇA CASTRENSE. O policial militar que, embora de folga, age em razão da função, valendo-se de sua condição e utilizando os armamentos da corporação pratica crime militar nos termos expressos do art. 9º, II, c, do Código Militar, estando sujeito à competência da Justiça Militar. – Verifica-se, *in casu*, que, embora de folga, os policiais militares puseram-se em serviço e agiram em razão da função e em nome da instituição, utilizando-se dos armamentos da corporação, tanto que efetuaram a prisão em flagrante dos civis que supostamente praticavam o delito de tráfico de drogas. Conflito conhecido para declarar a competência do Juízo Auditor da1ª Auditoria de Justiça Militar de Porto Alegre, o suscitado" (CC 131.306-RS, Rel. Min. Marilza Maynard (Des. convocada), j. 26.02.2014). Já o **crime doloso contra a vida** praticado contra civil será sempre de competência da Justiça comum, especificamente, do tribunal do júri. Nesse sentido, a seguinte decisão do STF, já antiga: "PENAL. CRIME DOLOSO CONTRA A VIDA PRATICADO POR POLICIAL MILITAR CONTRA CIVIL. DESCLASSIFICAÇÃO PARA LESÕES CORPORAIS SEGUIDAS DE MORTE, OPERADA PELO TRIBUNAL DO JÚRI. JULGAMENTO EFETUADO PELO PRESIDENTE DO TRIBUNAL DO JÚRI, NA FORMA PREVISTA NO ART. 74, § 3º, PARTE FINAL, E NO ART. 492, § 2º, DO CÓDIGO DE PROCESSO PENAL. ALEGADA OFENSA AO ART. 125, § 4º, DA CONSTITUIÇÃO FEDERAL. A norma do parágrafo único inserido pela Lei nº 9.299/99 no art. 9º do Código Penal redefiniu os crimes dolosos contra a vida praticados por policiais militares contra civis, até então considerados de natureza militar, como crimes comuns. Trata-se, entretanto, de redefinição restrita que não alcançou quaisquer outros ilícitos, ainda que decorrente de desclassificação, os quais permaneceram sob a jurisdição da Justiça Militar, que, sendo de extração constitucional (art. 125, § 4º, da CF), não pode ser afastada, obviamente, por efeito de conexão e nem, tampouco, pelas razões de política processual que inspiraram as normas do Código de Processo Penal aplicadas pelo acórdão recorrido. Recurso provido" (RHC 80.718-RS, Rel. Min. Ilmar Galvão, j. 22.03.2001).

Alternativa "D" (responde também a alternativa "E"): eles agiram no exercício das funções e em razão delas, sendo, pois, atividade militar. Logo, salvo o caso do crime doloso contra a vida de civil, trata-se de crime militar.

---

128. (FUNCAB – Delegado de Polícia – ES/2013) Quanto à existência de conexão entre o crime de contrabando e contravenção penal, pode-se afirmar:

a) Compete ao Juízo Federal processar e julgar o crime de contrabando e contravenção penal conexa.

b) Compete ao Juízo Estadual processar e julgar o crime de contrabando e contravenção penal conexa.

c) Compete a Justiça Federal Criminal, na vigência da Constituição de 1988, o processo por contravenção penal, ainda que praticada em detrimento de bens, serviços ou interesse da União ou de suas entidades.

d) Não cabe desmembramento, em face da competência constitucional.

e) Compete ao Juizado Especial Criminal processar e julgar a conduta relacionada à contravenção, remanescendo a competência do Juízo Federal Criminal para o processo e julgamento do crime de contrabando.

COMENTÁRIOS

Alternativa correta: letra "E" (responde também as alternativas "C" e "D"):o entendimento que prevalece é o contido na alternativa. Nesse sentido, decisão do STJ, que resume muito bem a questão: "(...)1. Apesar da existência de conexão entre o crime de contrabando e contravenção penal, mostra-se inviável a reunião de julgamentos das infrações penais perante o mesmo Juízo, uma vez que a Constituição Federal expressamente excluiu, em seu art. 109, IV, a competência da Justiça Federal para o julgamento das contravenções penais, ainda que praticadas em detrimento de bens, serviços ou interesse da União. Súmula nº 38/STJ. Precedentes.2. Firmando-se a competência do Juízo Federal para processar e julgar o crime de contrabando conexo à contravenção penal, impõe-se o desmembramento do feito, de sorte que a contravenção penal se já julgada perante o Juízo estadual.3. Conflito conhecido para declarar competente o Juízo de Direito do8º Juizado Especial Criminal do Rio de Janeiro/RJ, o suscitado, para processar e julgar a conduta relacionada à contravenção, remanescendo a competência do Juízo Federal da 9ª Vara Federal Criminal da Seção Judiciária do Rio de Janeiro-RJ, suscitante, para o processo e julgamento do crime de contrabando" (CC 120.406-RJ, Rel. Min. Alderita Ramos de Oliveira (Des. convocada), j. 12.12.2012). A Súmula 38 acima citada diz: "Compete à justiça estadual comum, na vigência da Constituição de 1988, o processo por contravenção penal, ainda que praticada em detrimento de bens, serviços ou interesse da União ou de suas entidades".

Alternativa "A": a Justiça Federal não julga contravenções penais, conforme estabelece a própria CF no inciso IV do art. 109. Por isso, impossível a reunião de processos.

Alternativa "B": a Justiça Estadual não pode julgar crimes de competência da Justiça Federal, como se dá com o contrabando. Assim, a separação do julgamento acaba sendo, nesse caso, obrigatória.

---

129. (UEPA – Delegado de Polícia – PA/2013) A jurisdição – função de Estado – se materializa, condiciona e limita pela competência, que define previamente a atuação do órgão jurisdicional a partir de critérios de especialização da justiça, distribuição territorial e divisão de serviço, fundados em normas constitucionais e legais. De acordo com essas normas:

I. A nulidade decorrente de incompetência absoluta pode ser suscitada mesmo após o trânsito em julgado da sentença, condenatória ou absolutória, porque não se pode emprestar legalidade a um ato que violou frontalmente as regras aplicáveis à matéria.

II. A definição de competência segue uma sequência lógica, que começa fixando a competência de justiça para, em seguida, estabelecer o âmbito territorial. Quanto a este, também há uma preferência: o lugar da infração prepondera sobre o domicílio ou residência do réu.

III. A conexão processual conduz à prevalência do juízo mais especializado. Por conseguinte, compete à Justiça Militar julgar os crimes comuns praticados em conexão com crimes militares.

IV. A competência absoluta se origina em norma constitucional, de ordem pública e por isso indisponível pelas partes, cuja violação acarreta em nulidade absoluta. Todavia, decisão proferida por juiz absolutamente incompetente reclama novo pronunciamento judicial para sua desconstituição.

V. Órgão jurisdicional de primeiro grau que conheceu de habeas corpus contra ato ilegal atribuído a delegado de polícia não se torna prevento para conhecer de ação penal futura, pelos mesmos fatos.

A alternativa que contém todas as afirmativas corretas é:

a) I, II e IV
b) I, IV e V
c) II, III e IV
d) II, IV e V
e) III, IV e V

COMENTÁRIOS

Alternativa correta: letra "D": estão certas as afirmativas II, IV e V.

Afirmativa I: errado. A nosso ver, a incompetência absoluta pode ser arguida até o trânsito em julgado, em qualquer fase do processo e pode ser arguida mesmo depois do trânsito em julgado, por meio de revisão criminal (admite-se, também, o *habeas corpus*), mas apenas nos casos de sentença condenatória ou absolutória imprópria. Assim, é vedada a arguição *pro societate* depois do trânsito em julgado de decisão absolutória própria.

Afirmativa II: certo. De fato, primeiro deve-se definir qual a Justiça competente, ou seja, se a Federal, a Estadual, a Eleitoral ou Militar. Então, segue-se a definição da competência de foro, que normalmente admite a aplicação do art. 70 e seguintes do CPP. Assim, a competência será, de regra, determinada pelo lugar em que se consumar a infração, ou, no caso de tentativa, pelo lugar em que for praticado o último ato de execução. Se, iniciada a execução no território nacional, a infração se consumar fora dele, a competência será determinada pelo lugar em que tiver sido praticado, no Brasil, o último ato de execução. Quando o último ato de execução for praticado fora do território nacional, será competente o juiz do lugar em que o crime, embora parcialmente, tenha produzido ou devia produzir seu resultado. Quando incerto o limite territorial entre duas ou mais jurisdições, ou quando incerta a jurisdição por ter sido a infração consumada ou tentada nas divisas de duas ou mais jurisdições, a competência firmar-se-á pela prevenção. Não sendo conhecido o lugar da infração, a competência regular-se-á pelo domicílio ou residência do réu.

Afirmativa III: errado. A Justiça Militar julga apenas crimes militares, não os comuns. Estes são julgados pela Justiça comum, Federal ou Estadual. E os crimes militares não podem ser julgados por estas. Assim, em caso de conexão, haverá separação do processo.

Afirmativa IV: certo. Parte minoritária da doutrina entende que a incompetência absoluta provoca a anulação de todos os atos processuais, enquanto a relativa provoca a nulidade apenas dos atos decisórios. Já a posição majoritária entende que deve sempre ser aplicado o art. 567 do CPP, anulando-se apenas os atos decisórios. O STF passou a entender que até mesmo os atos decisórios proferidos por juiz incompetente podem ser ratificados pelo juiz que receber o processo. Nesse sentido: "*HABEAS CORPUS*. DENÚNCIA. MINISTÉRIO PÚBLICO ESTADUAL. RATIFICAÇÃO. PROCURADORIA-GERAL DA REPÚBLICA. INQUÉRITO NO ÂMBITO DO STF. LEI Nº 8.038/90. 1. 'Tanto a denúncia quanto o seu recebimento emanados de autoridades incompetentes *rationae materiae* são ratificáveis no juízo competente'. Precedentes. 2. Caso em que a notificação para a apresentação de resposta (art. 4º da Lei nº 8.038/90), fase anterior ao julgamento em que o Tribunal deliberará pelo recebimento ou rejeição da denúncia (art. 6º da Lei nº 8.038/90), não permite se inferir que tenha o relator do inquérito ratificado o ato de recebimento da denúncia, exarado pelo juízo de origem. 3. Alegações formuladas a respeito da inépcia da denúncia que, além de demandarem o exame de provas, insuscetível de realização em sede de habeas corpus, inserem-se no âmbito da deliberação a ser realizado oportunamente pelo Tribunal em julgamento que está previsto no art. 6º da Lei nº 8.038/90. Ordem indeferida" (HC 83.006-SP, Rel. Min. Ellen Gracie, j. 18.06.2003).

Afirmativa V: certo. A prevenção pressupõe a prática de algum ato do processo ou de medida a este relativa. O *habeas corpus*, apesar de poder gerar reflexo em inquérito policial, é ação autônoma, de modo que decisão nele proferida não vincula seu prolator à futura ação penal decorrente de procedimento investigatório policial. Assim, deve o *habeas corpus* ser livremente distribuído, salvo disposição legal em contrário. Atenção: uma vez relatado o inquérito e distribuído a uma Vara Criminal, entende-se que a autoridade coatora passa a ser a autoridade judiciária.

130. (FUNCAB – Delegado de Polícia – RJ/2012) É INCORRETO afirmar que a competência será determinada pela conexão:

a) Se, ocorrendo duas ou mais infrações, houverem sido praticadas, ao mesmo tempo, por várias pessoas reunidas (conexão intersubjetiva por simultaneidade).

b) Quando a prova de uma infração ou de qualquer de suas circunstâncias elementares influir na prova de outra infração (conexão instrumental ou probatória).

c) Se, ocorrendo duas ou mais infrações, houverem sido umas praticadas para facilitar ou ocultar as outras, ou para conseguir impunidade ou vantagem em relação a qualquer delas (conexão lógica ou teleológica).

d) Quando duas ou mais pessoas forem acusadas pela mesma infração (conexão por intersubjetividade formal).

e) Se, por várias pessoas em concurso, embora diverso o tempo e o lugar, ou por várias pessoas, umas contra as outras, forem praticadas duas ou mais infrações (conexão intersubjetiva por concurso).

COMENTÁRIOS

✪ **Nota do autor:** para uma explicação sobre a conexão e sua classificação doutrinária, recomendamos a leitura das primeiras questões deste tópico sobre competência. Lembre-se o leitor: a conexão é tratada no art. 76 do CPP; a continência, no art. 77.

Alternativa incorreta: letra "D": trata-se de espécie de continência, prevista no inciso I do art. 77 do CPP. Portanto, não é causa de conexão.

Alternativa "A": é a espécie de conexão prevista na primeira parte do inciso I do art. 76 do CPP.

Alternativa "B": é a causa de conexão prevista no inciso III do art. 76 do CPP.

Alternativa "C": trata-se da espécie de conexão do inciso II do art. 76 do CPP.

Alternativa "E": é a espécie de conexão prevista na segunda parte do inciso I do art. 76 do CPP.

131. (FGV – Delegado de Polícia – MA/2012) Com relação ao instituto da competência, analise as afirmativas a seguir.

I. Na continência, existe pluralidade de agentes e unidade de crime. Já a conexão pode ser identificada em situações de pluralidade de crimes e unidade ou pluralidade de agentes.

II. A conexão intersubjetiva por reciprocidade é aquela em que duas ou mais infrações são praticadas ao mesmo tempo, por várias pessoas reunidas.

III. A conexão intersubjetiva concursal ocorre quando duas ou mais infrações forem cometidas por várias pessoas em concurso, ainda que não estejam na mesma situação de tempo e lugar.

Assinale:

a) se somente as afirmativas I e II estiverem corretas.

b) se somente as afirmativas I e III estiverem corretas.

c) se somente as afirmativas II e III estiverem corretas.

d) se somente a afirmativa I estiver correta.

e) se somente a afirmativa II estiver correta.

COMENTÁRIOS

Alternativa correta: letra "B": estão certas as afirmativas I e III.

Afirmativas I e III: certo. Vimos em questão anterior que ocorre a continência nos casos em que há pluralidade de agentes e infração única ou unidade de agentes e concurso formal de delitos. Há duas formas de continência: a) por cumulação subjetiva: concurso de agentes (art. 77, I, CPP); b) por cumulação objetiva: concurso formal de delitos (art. 70, CP), erro na execução ou *aberratio ictus* (art. 73, CP) e resultado diverso do pretendido ou *aberratio criminis* (art. 74, CP), que são todos casos de concurso formal (art. 77, II, CPP). Também já vimos que a competência será determinada pela conexão: se, ocorrendo duas ou mais infrações, houverem sido praticadas, ao mesmo tempo, por várias pessoas reunidas (conexão intersubjetiva por simultaneidade), ou por várias pessoas em concurso, embora diverso o tempo e o lugar (conexão intersubjetiva por concurso), ou por várias pessoas, umas contra as outras (conexão intersubjetiva por reciprocidade); se, no mesmo caso, houverem sido umas praticadas para facilitar ou ocultar as outras, ou para conseguir impunidade ou vantagem em relação a qualquer delas (conexão objetiva ou teleológica ou finalista); e quando a prova de uma infração ou de qualquer de suas circunstâncias elementares influir na prova de outra infração (conexão instrumental ou probatória).

Item II: errado. A conexão intersubjetiva por reciprocidade é aquela em que infrações são cometidas por várias pessoas, umas contra as outras. Quando as infrações são praticadas, ao mesmo tempo, por várias pessoas reunidas tem-se a conexão intersubjetiva por simultaneidade.

132. (FGV – Delegado de Polícia – MA/2012) Em respeito ao princípio do juiz natural, o julgamento de determinado processo deve ser realizado por um juiz competente, de acordo com as regras constitucionais e legais sobre o tema. De acordo com a Constituição da República, com a legislação em matéria penal e com a jurisprudência dominante do Superior Tribunal de Justiça em matéria de competência, assinale a afirmativa correta.

a) Para a definição do momento da prática de um crime, adota-se a Teoria da Atividade. Contudo, no momento de definir a competência territorial para julgamento, qualquer que seja o crime cometido, o critério adotado é o da Teoria do Resultado.

b) O juiz de direito vinculado ao Tribunal de Justiça do Maranhão que cometer um crime de homicídio doloso na Bahia, deverá ser julgado pelo Tribunal do Júri do Maranhão, tendo em vista que o critério da territorialidade fica afastado diante da existência de foro por prerrogativa de função.

c) Eventualmente, para facilitar a instrução probatória, poderá ser competente o juízo do local em que o crime foi praticado, ainda que o local da consumação seja diverso.

d) O Delegado de Polícia do Maranhão que cometer um crime de homicídio doloso na Bahia, deverá ser julgado pelo Tribunal de Justiça do Maranhão, tendo em vista que o critério da territorialidade fica afastado diante da existência de foro por prerrogativa de função.

e) Tratando-se de infração continuada ou permanente, praticada em território de duas ou mais jurisdições, a competência será definida pelo local em que foi iniciada a prática da conduta criminosa.

COMENTÁRIOS

Alternativa correta: letra "C": este entendimento vem sendo seguido no caso, por exemplo, dos crimes de homicídio. Entendam o problema. A regra geral do CPP é a de que será competente o juiz do local onde o crime se consumou ou, no caso de crime tentado, no lugar onde foi praticado o último ato de execução (art. 70, *caput*).Porém, em casos como de homicídio, é salutar que a instrução se realize no local da conduta, ainda que outra for a do resultado, isso porque é mais fácil encontrar testemunhas do ocorrido lá onde a conduta se deu. Nesse sentido, o seguinte julgado do STJ: "(...) Nos termos do art. 70 do CPP, a competência para o processamento e julgamento da causa, será, de regra, determinada pelo lugar em que se consumou a infração. (...) Todavia, a jurisprudência tem admitido exceções a essa regra, nas hipóteses em que o resultado morte ocorrer em lugar diverso daquele onde se iniciaram os atos executórios, determinando-se que a competência poderá ser do local onde os atos foram inicialmente praticados. (...) Tendo em vista a necessidade de se facilitar a apuração dos fatos e a produção de provas, bem como garantir que o processo possa atingir à sua finalidade primordial, qual seja, a busca da verdade real, a competência pode ser fixada no local de início dos atos executórios. (...)" (HC 95.853-RJ, Rel. Min. Og Fernandes, j. 11.09.2012).

Alternativa "A": não confundam. O CP adota a teoria mista para definir o lugar do crime. Para definição da competência, a regra é a da teoria do resultado, ou seja, é competente o juiz do lugar onde o crime consumou-se ou, no caso da tentativa, onde foi praticado o último ato de execução. Porém, admite-se o afastamento da regra em alguns crimes, como o homicídio.

Alternativa "B": tanto o foro por prerrogativa dos juízes estaduais quanto a competência do Júri são fixados na CF. Assim, em geral, quem cometer um crime doloso contra a vida deverá ser julgado pelo Tribunal do Júri. Porém, se for um juiz de direito, deverá ser julgado pelo Tribunal de Justiça. De qual Estado? Entende-se que, apesar de ter cometido o crime na Bahia, deverá ser julgado pelo Tribunal de Justiça do Estado onde exerce a judicatura, no caso, pelo TJ do Estado do Maranhão.

Alternativa "D": delegado de polícia não tem foro por prerrogativa de função estabelecida na CF. Logo, quando comete um crime doloso contra a vida, deve ser julgado pelo Tribunal do Júri da comarca onde o crime ocorreu, ou seja, no caso, no Estado da Bahia.

Alternativa "E": essa hipótese é regulada pelo CPP. O art. 71 dispõe: "Tratando-se de infração continuada ou permanente, praticada em território de duas ou mais jurisdições, a competência firmar-se-á pela prevenção".

133. (FUNCAB – Delegado de Polícia – RJ/2012) Arimateia, prefeito municipal, juntamente com Sérgio, seu motorista, este na qualidade de partícipe, mataram Gisela, esposa do prefeito. Vanessa, a empregada da casa, se depara com ambos ainda nervosos diante do cadáver e resolveu propor que ocultassem o corpo, enterrando-o no jardim da casa, o que foi feito pelos três. Pode-se dizer sobre a competência que:

I. Todos serão julgados pelo Tribunal de Justiça.

II. Pelo crime de homicídio, apesar da continência, Arimateia será julgado no Tribunal de Justiça e Sérgio será julgado no Tribunal do Júri.

III. Com relação à ocultação de cadáver, Arimateia e Vanessa serão julgados pelo Tribunal de Justiça e Sérgio, pelo homicídio e pela ocultação de cadáver, em razão da conexão teleológica, será julgado no Tribunal do Júri.

IV. Arimateia será julgado por ambos os crimes no Tribunal de Justiça, enquanto Sérgio e Vanessa serão julgados no Tribunal do Júri.

Assinale a alternativa correta.

a) Apenas a I está correta.

b) Apenas a II está correta.

c) Apenas II e III estão corretas.

d) Apenas II e IV estão corretas.

e) Apenas a IV está correta.

COMENTÁRIOS

Alternativa correta: letra "C". Estão corretas as assertivas II e III.

Assertiva I: errado. Somente o Prefeito será julgado pelo Tribunal de Justiça, pois tal competência é prevista no art. 29, X, da CF. Portanto, prevalece a regra especial sobre a do art. 5º, XXXVIII, *d*, que estabelece a competência geral do Tribunal do Júri para julgar os crimes dolosos contra a vida. Porém, o motorista não poderá ser julgado pelo Tribunal de Justiça, pois tem o direito de ser julgado pelo Tribunal do Júri, justamente devido à competência geral mencionada.

Assertiva II: certo. Vide comentários à assertiva anterior.

Assertiva III: certo. Vanessa não cometeu crime doloso contra a vida, podendo ser julgada pelo Tribunal de Justiça, juntamente com o Prefeito, pois há conexão entre o crime doloso contra a vida por ele cometido e a ocultação de cadáver da qual ela participou. Não há qualquer problema nisso, pois, no entendimento do STF: "Não viola as garantias do juiz natural, da ampla defesa e do devido processo legal a atração por continência ou conexão do co-réu ao foro por prerrogativa de função de um dos denunciados" (Súmula 704). É verdade que, depois do AP 470 e a partir dos casos decorrentes da chamada "Operação Lava-Jato" o STF passou a separar os casos, apesar da conexão ou do concurso de agentes, de modo que vem mantendo para si o julgamento apenas dos réus que tenham foro por prerrogativa de função, encaminhando para a Justiça de primeiro grau o julgamento dos réus sem tal prerrogativa.

Assertiva IV: errado. Vide comentários às alternativas anteriores.

134. (FUNCAB – Delegado de Polícia – RJ/2012) Na hipótese da ocorrência de crime de exclusiva ação privada, assinale a alternativa correta.

a) O querelante poderá escolher entre o foro do lugar da infração ou do domicílio do querelado.
b) A competência regular-se-á, obrigatoriamente, pela prevenção.
c) Será competente o juiz que primeiro tomar conhecimento do fato.
d) Caso o querelante não tenha residência certa ou for ignorado seu paradeiro, a competência firmar-se-á pela prevenção.
e) A competência firmar-se-á, obrigatoriamente, pelo lugar da infração.

COMENTÁRIOS

Alternativa correta: letra "A" (responde também a alternativa "E"): de fato, trata-se de exceção legal, já que a solução distancia-se da regra geral do art. 70 do CPP. Segundo esta, a competência será determinada pelo lugar em que se consumar a infração, ou, no caso de tentativa, pelo lugar em que for praticado o último ato de execução. Se não for conhecido o lugar da infração, aí sim a competência será fixada pelo domicílio do acusado (art. 70, *caput*, e art. 72, *caput*, CPP). Sendo caso que deva tramitar perante o Juizado Especial Criminal, a regra é outra: a competência será determinada pelo lugar em que foi praticada a infração penal (art. 63, Lei 9.099/1995). Nada disso importará no caso das ações penais privadas, pois o querelante poderá simplesmente optar pelo foro do domicílio do querelado (art. 73) e lá oferecer a queixa-crime.

Alternativa "B": como visto acima, não é a prevenção a regra a ser aplicada. Quando que se aplica a prevenção, afinal? Segundo o CPP, em algumas hipóteses, sendo as principais: (i) no caso de infração continuada ou permanente, praticada em território de duas ou mais jurisdições (art. 71); (ii) quando incerto o limite territorial entre duas ou mais jurisdições, ou quando incerta a jurisdição por ter sido a infração consumada ou tentada nas divisas de duas ou mais jurisdições (art. 70, § 3º); (iii) toda vez que, concorrendo dois ou mais juízes igualmente competentes ou com jurisdição cumulativa, um deles tiver antecedido aos outros na prática de algum ato do processo ou de medida a este relativa, ainda que anterior ao oferecimento da denúncia ou da queixa (art. 83). Notem como a prevenção é critério nitidamente subsidiário de fixação de competência.

Alternativa "C": essa regra será aplicada se o réu não tiver residência certa ou for ignorado o seu paradeiro (art. 72, § 2º, CPP).

Alternativa "D": como visto acima, nesse caso será competente o juiz que primeiro tomar conhecimento do fato, não se tratando, portanto, de prevenção.

135. (Delegado de Polícia – MG/ 2011 – ACADEPOL) Para determinação da competência, no âmbito do juizado especial criminal, adota-se:

a) a teoria do resultado.
b) a teoria da ubiquidade.
c) a teoria da atividade.
d) a teoria da informalidade.

COMENTÁRIOS

Alternativa correta: letra "C": a maioria da doutrina entende que a Lei 9.099/1995 adotou, em seu art. 63, a teoria da atividade para fixação da competência ("A competência do Juizado será determinada pelo lugar em que foi praticada a infração penal"), ao contrário do CPP que, como regra, adotou a teoria o resultado (art. 70, CPP).

Alternativa "A": esta teoria foi adotada pelo CPP para fixação da competência, como regra geral. A Lei 9.099/1995, no art. 63, adotou a teoria da atividade.

Alternativa "B": a teoria da ubiquidade (a competência é fixada tanto pelo local em que cometido o delito quanto o do resultado deste) não foi utilizada como critério pelo CPP e pela Lei 9.099/1995.

Alternativa "D": vide comentários às alternativas anteriores.

136. (Delegado de Polícia – AP/ 2010 – FGV) Após surpreender Manoel Cunha mantendo relações sexuais com sua esposa, o deputado federal Paulo Soares persegue Manoel até uma cidade vizinha. Nessa cidade, dá três tiros em Manoel, que vem a falecer em decorrência das lesões provocadas pela ação de Paulo. No curso do inquérito policial instaurado para apurar os fatos, o mandato de Paulo chega ao fim e o mesmo não consegue se reeleger.

Considerada tal narrativa, assinale a alternativa que indique quem tem competência para processar e julgar Paulo por homicídio.

a) o Supremo Tribunal Federal, já que na época dos fatos o mesmo era deputado federal.

b) o tribunal de júri da comarca em que a vítima faleceu.

c) o tribunal de júri federal com jurisdição na comarca em que a vítima faleceu.

d) o Superior Tribunal de Justiça, já que na época dos fatos o mesmo era deputado federal.

e) o tribunal de júri da comarca em que a vítima residia.

COMENTÁRIOS

✪ **Nota do autor:** a questão aborda dois temas, quais sejam, a relação entre a competência do Júri e o foro por prerrogativa de função e a competência territorial no caso de crime de homicídio. Houve mudança de entendimento desde então.

Alternativa correta: letra "B" (responde, também, as alternativas "A", "D" e "E"): Deputado Federal deve ser julgado perante o STF, durante o seu mandato, desde que o crime tenha ligação com o exercício das funções parlamentares, o que não era o caso aqui. A competência encontra-se prevista no art. 53, § 1º, da CF: "Os Deputados e Senadores, desde a expedição do diploma, serão submetidos a julgamento perante o Supremo Tribunal Federal". Tal competência constitui exceção à competência do Tribunal do Júri para julgar os crimes dolosos contra a vida. Portanto, ambas as competências estão previstas no texto original da CF. De qualquer modo, uma vez terminado o mandato do parlamentar, este perde o direito de ser julgado pelo STF, sendo o feito encaminhado para o juízo comum, no caso, o Tribunal do Júri. De qual comarca? Daquela onde o crime ocorreu, ou seja, na cidade em que o imputado matou a vítima. A alternativa fala "na comarca em que a vítima faleceu". Realmente, esta é a aplicação pura e simples da regra do art. 70 do CPP. No entanto, em se tratando de homicídio, tal regra vem sendo flexibilizada pela jurisprudência. Assim, supondo que a vítima seja ferida pelo acusado em uma cidade e venha a falecer quando internada em hospital de outra localidade, a competência será da primeira comarca.

Alternativa "C": a competência é do Tribunal do Júri estadual, já que não envolve a situação prevista na Súmula 147 do STJ ("Compete à justiça federal processar e julgar os crimes praticados contra funcionário público federal, quando relacionados com o exercício da função").

137. (Delegado de Polícia – AP/ 2010 – FGV) Relativamente ao tema *Jurisdição e Competência*, analise as afirmativas a seguir:

I. A competência será, de regra, determinada pelo lugar em que se consumar a infração, ou, no caso de tentativa, pelo lugar em que for praticado o último ato de execução. Se, iniciada a execução no território nacional, a infração se consumar fora dele, a competência será determinada pelo lugar em que tiver sido praticado, no Brasil, o último ato de execução.

II. Quando o último ato de execução for praticado fora do território nacional, será competente o juiz do lugar em que o crime, embora parcialmente, tenha produzido ou devia produzir seu resultado.

III. Quando incerto o limite territorial entre duas ou mais jurisdições, ou quando incerta a jurisdição por ter sido a infração consumada ou tentada nas divisas de duas ou mais jurisdições, ou tratando-se de infração continuada ou permanente, praticada em território de duas ou mais jurisdições, a competência firmar-se-á pela prevenção.

Assinale:

a) se somente a afirmativa I estiver correta.

b) se somente a afirmativa II estiver correta.

c) se somente a afirmativa III estiver correta.

d) se somente as afirmativas II e III estiverem corretas.

e) se todas as afirmativas estiverem corretas.

COMENTÁRIOS

✪ **Nota do autor:** a solução da questão está puramente no texto legal, eis que as afirmativas apenas repetem as redações dos arts. 70 e seus parágrafos e 71 do CPP.

Alternativa correta: letra "E": todas as afirmativas estão certas.

Item I: certo. Estas são as regras básicas sobre competência previstas no art. 70, *caput*, e § 1º, do CPP.

Item II: certo. Trata-se de outra regra sobre competência, trazida pelo § 2º do art. 70 do CPP.

Item III: certo. São as regras trazidas pelo § 3º do art. 70 a pelo art. 71 do CPP.

138. (Delegado de Polícia – MT/ 2010 – UNEMAT) Em relação à competência no âmbito do Direito Processual Penal, assinale a alternativa **correta.**

a) Em sessão plenária de julgamento, houve a desclassificação do crime de homicídio doloso para a figura culposa. Neste caso, os jurados não quesitarão o crime conexo da lesão corporal de natureza grave pelo qual o acusado também foi pronunciado, passando a competência ao juiz presidente.

b) O juízo competente para processo e julgamento do crime de estelionato, decorrente de cheque devolvido por insuficiência de fundos, é a comarca onde se deu a emissão da cártula.

c) Crime cometido em face de juiz eleitoral deve ter prosseguimento perante a Justiça Especializada, ou seja, a Justiça Eleitoral.

d) A doutrina majoritária entende que havendo concurso de pessoas para o cometimento do crime de homicídio entre um juiz e um cidadão comum, será imperioso o julgamento de ambos perante o Tribunal de Justiça a que estiver vinculado o primeiro.

e) Consoante art. 109, da CF, o simples fato de a droga ser adquirida no estrangeiro atrai a competência para a Justiça Federal.

COMENTÁRIOS

Alternativa correta: letra "A": vamos entender o caso. O réu estava sendo julgado por dois crimes, um homicídio doloso e um de lesão corporal de natureza grave, conexos. A competência, em razão da conexão, é do Tribunal do Júri. Porém, assim que os jurados entenderam que não houve crime doloso contra a vida, ou seja, que não houve homicídio, mas outro delito, o caso todo deixou de ser competência do Tribunal do Júri. Assim, o juiz-presidente deve proferir a sentença, decidindo o mérito em relação às duas infrações penais. Vejam o que dispõe o § 1º do art. 492 do CPP: "Se houver desclassificação da infração para outra, de competência do juiz singular, ao presidente do Tribunal do Júri caberá proferir sentença em seguida, aplicando-se, quando o delito resultante da nova tipificação for considerado pela lei como infração penal de menor potencial ofensivo, o disposto nos arts. 69 e seguintes da Lei nº 9.099, de 26 de setembro de 1995".

Alternativa "B": de acordo com o entendimento do STF: "O foro competente para o processo e julgamento dos crimes de estelionato, sob a modalidade da emissão dolosa de cheque sem provisão de fundos, é o do local onde se deu a recusa do pagamento pelo sacado" (Súmula 521). É o mesmo o entendimento do STJ: "Compete ao foro do local da recusa processar e julgar o crime de estelionato mediante cheque sem provisão de fundos" (Súmula 244). É fácil saber qual o "foro da recusa": é local onde o emitente do cheque sem provisão de fundos tem sua conta.

Alternativa "C": será competência da Justiça Eleitoral apenas se o crime for eleitoral. Do contrário, será da competência da Justiça comum, salvo se houver conexão com crime eleitoral

Alternativa "D": o juiz deverá ser julgado perante o Tribunal de Justiça porque a própria CF prevê tal exceção. Esta não pode ser aplicada ao cidadão sem tal prerrogativa, porque este tem o direito de ser julgado perante o Tribunal do Júri. É uma garantia individual, prevista no art. 5º da CF.

Alternativa "E": várias das drogas vendidas no Brasil têm origem no exterior, como a cocaína. Mas, nem por isso, um crime de tráfico ocorrido no centro de São Paulo, em que um traficante vende uma porção de cocaína para um transeunte, será de competência da Justiça Federal. Mas, se um carregamento vindo diretamente da Bolívia, por exemplo, for interceptado depois de passar a fronteira e antes de começar todo o processo de distribuição da droga, aí será de competência da Justiça Federal. Somente há tráfico internacional de drogas, de competência da Justiça Federal, se o crime tiver transnacionalidade, portanto.

139. (Delegado de Polícia – MT/ 2010 – UNEMAT) Analise as alternativas acerca da delimitação da função Jurisdicional e assinale a **correta.**

a) Compete à Justiça Estadual o julgamento do crime de falsa anotação de Carteira Nacional de Trabalho.

b) Compete à Justiça Militar o processo e julgamento do crime de abuso de autoridade praticado por policial militar em serviço.

c) Compete à Justiça Comum Federal processar e julgar o crime de falsificação e uso de documento relativo a estabelecimento particular de ensino.

d) Compete à Justiça Estadual o julgamento do crime de falsificação de carteira nacional da Ordem dos Advogados do Brasil.

e) Persiste a competência do Tribunal do Júri em havendo desclassificação do crime de homicídio doloso praticado por militar contra civil para a conduta culposa.

COMENTÁRIOS

✪ **Nota do autor**: devido às modificações sofridas pelo CPM (art. 9º), a alternativa "B" também deve ser considerada correta hoje.

Alternativa correta: letra "A": é o entendimento do STJ, exposto na Súmula 62 ("Compete à justiça estadual processar e julgar o crime de falsa anotação na Carteira de Trabalho e Previdência Social, atribuído a empresa privada").

Alternativa "B": segundo a Súmula 172 do STJ: "Compete à justiça comum processar e julgar militar por crime de abuso de autoridade, ainda que praticado em serviço". Porém, certamente tal entendimento será revisto. Muito importante a modificação trazida ao inciso II do art. 9º, que passou a considerar militares os crimes previstos no CPM **e na legislação penal** quando praticados: a) por militar em situação de atividade ou assemelhado, contra militar na mesma situação ou assemelhado; b) por militar em situação de atividade ou assemelhado, em lugar sujeito à administração militar, contra militar da reserva, ou reformado, ou assemelhado, ou civil; c) por militar em serviço ou atuando em razão da função, em comissão de natureza militar, ou em formatura, ainda que fora do lugar sujeito à administração militar contra militar da reserva, ou reformado, ou civil; d) por militar durante o período de manobras ou exercício, contra militar da reserva, ou reformado, ou assemelhado, ou civil; e) por militar em situação de atividade, ou assemelhado, contra o patrimônio sob a administração militar, ou a ordem administrativa militar. Assim, crime de abuso de autoridade praticado por militar em serviço ou atuando em razão da função será julgado pela Justiça Militar.

Alternativa "C": as regras aplicáveis ao caso encontram-se no art. 70 e seus parágrafos do CPP. Assim, a competência será, de regra, determinada pelo lugar em que se consumar a infração, ou, no caso de tentativa, pelo lugar em que for praticado o último ato de execução. Porém, se, iniciada a execução no território nacional, a infração se consumar fora dele, a competência será determinada pelo lugar em que tiver sido praticado, no Brasil, o último ato de execução. E, quando o último ato de execução for praticado fora do território nacional, será competente o juiz do lugar em que o crime, embora parcialmente, tenha produzido ou devia produzir seu resultado. Já o art. 71 dispõe que, em se tratando de infração continuada ou permanente, praticada em território de duas ou mais jurisdições, a competência firmar-se-á pela prevenção.

Alternativa "D": é posição sedimentada nos tribunais superiores que a atração do corréu não importará em violação a garantia constitucional alguma. Nesse sentido, a Súmula 704 do STF: "Não viola as garantias do juiz natural, da ampla defesa e do devido processo legal a atração por continência ou conexão do corréu ao foro por prerrogativa de função de um dos denunciados". Como visto acima, o STF tem relativizado tal entendimento, encaminhando para julgamento da Justiça comum os réus sem foro por prerrogativa, mantendo para si apenas o julgamento dos acusados com tal prerrogativa.

Alternativa "E": normalmente, seja quem for o acusado, havendo desclassificação do crime doloso contra a vida para culposo, deixa o Tribunal do Júri de ser competente. Se foram os próprios jurados que fizeram a desclassificação, deverá o juiz-presidente do Tribunal do Júri julgar o caso. Porém, em se tratando de conduta cometida por policial militar em serviço, a competência passará a ser da Justiça Militar, para qual o feito deverá ser remetido, eis que a decisão dos jurados reconheceu haver crime militar (vide comentários à Alternativa "B").

140. (Delegado de Polícia – PI/ 2009 – NUCEPE) Sobre *jurisdição* e *competência*, é entendimento jurisprudencial consolidado que:

a) compete à Justiça Estadual processar e julgar Prefeito por desvio de verba transferida e incorporada ao patrimônio municipal.

b) compete à Justiça Comum Estadual processar e julgar Militar por crime de abuso de autoridade, exceto quando praticado em serviço, quando então será de competência da Justiça Militar.

c) tratando-se de infração continuada ou permanente, praticada em território de duas ou mais jurisdições, a competência firmar-se-á pelo lugar em que tiver sido praticado, no Brasil, o último ato de execução.

d) a conexão e a continência importarão unidade de processo e julgamento, salvo se houver Denunciado com foro por prerrogativa de função, caso em que a atração do corréu importará violação da garantia do juiz natural e do devido processo legal.

e) na conexão entre crime doloso contra a vida e crimes comuns, deverá haver separação obrigatória de processos, em face do caráter constitucional da competência do Tribunal do Júri.

COMENTÁRIOS

✪ **Nota do autor**: devido às modificações sofridas pelo CPM (art. 9º), a alternativa "B" também deve ser considerada correta hoje.

Alternativa correta: letra "A": é justamente o entendimento que tem prevalecido no STJ, a ponto de ter sido sumulado. Com efeito, diz a Súmula 209: "Compete à justiça estadual processar e julgar prefeito por desvio de verba transferida e incorporada ao patrimônio municipal". Mas, cuidado: de acordo com o entendimento sedimentado na Súmula 208: "Compete à justiça federal processar e julgar prefeito municipal por desvio de verba sujeita a prestação de contas perante órgão federal".

Alternativa "B": segundo a Súmula 172 do STJ: "Compete à justiça comum processar e julgar militar por crime de abuso de autoridade, ainda que praticado em serviço". Porém, certamente tal entendimento será revisto. Muito importante a modificação trazida ao inciso II do art. 9º, que passou a considerar militares os crimes previstos no CPM **e na legislação penal** quando praticados: a) por militar em situação de atividade ou assemelhado, contra militar na mesma situação ou assemelhado; b) por militar em situação de atividade ou assemelhado, em lugar sujeito à administração militar, contra militar da reserva, ou reformado, ou assemelhado, ou civil; c) por militar em serviço ou atuando em razão da função, em comissão de natureza militar, ou em formatura, ainda que fora do lugar sujeito à administração militar contra militar da reserva, ou reformado, ou civil; d) por militar durante o período de manobras ou exercício, contra militar da reserva, ou reformado, ou assemelhado, ou civil; e) por militar em situação de atividade, ou assemelhado, contra o patrimônio sob a administração militar, ou a ordem administrativa militar. Assim, crime de abuso de autoridade praticado por militar em serviço ou atuando em razão da função será julgado pela Justiça Militar.

Alternativa "C": errado. As regras aplicáveis ao caso encontram-se no art. 70 e seus parágrafos do CPP. Assim, a competência será, de regra, determinada pelo lugar em que se consumar a infração, ou, no caso de tentativa, pelo lugar em que for praticado o último ato de execução. Porém, se, iniciada a execução no território nacional, a infração se consumar fora dele, a competência será determinada pelo lugar em que tiver sido praticado, no Brasil, o último ato de execução. E quando o último ato de execução for praticado fora do território nacional, será competente o juiz do lugar em que o crime, embora parcialmente, tenha produzido ou devia produzir seu resultado. Já o art. 71 dispõe que em se tratando de infração continuada ou permanente, praticada em território de duas ou mais jurisdições, a competência firmar-se-á pela prevenção.

Alternativa "D": errado. É posição sedimentada nos tribunais superiores de que a atração do corréu não importará em violação a garantia constitucional alguma. Nesse sentido, a Súmula 704 do STF: "Não viola as garantias do juiz natural, da ampla defesa e do devido processo legal a atração por continência ou conexão do co-réu ao foro por prerrogativa de função de um dos denunciados".

Alternativa "E": ao contrário, o Tribunal do Júri deverá julgar o crime doloso contra a vida e o crime comum a ele conexo (art. 78, I, CPP).

141. (Delegado de Polícia – RJ/ 2009 – CEPERJ) Considerando as assertivas abaixo, marque a **Alternativa correta:**

I. De acordo com o entendimento do Supremo Tribunal Federal constitui nulidade absoluta a inobservância da competência penal por prevenção.

II. Conforme entendimento jurisprudencial dominante haverá violação das garantias do juiz natural, da ampla defesa e do devido processo legal a atração por continência ou conexão do processo do corréu ao foro por prerrogativa de função de um dos denunciados.

III. Considerando o contido na Lei 11.464/07, que alterou dispositivo da lei de crimes hediondos, foi suprimida a proibição de liberdade provisória nos crimes considerados hediondos, permitindo-se a progressão de regime dos mesmos.

IV. Em decorrência da recente reforma do Código de Processo Penal que passou a preconizar o princípio da oralidade na realização dos atos processuais, pode-se afirmar que houve uma mitigação com relação ao Inquérito Policial, que até então tinha como característica ser eminentemente escrito.

a) Todas as afirmativas estão corretas.
b) Apenas uma afirmativa está correta.
c) Apenas duas afirmativas estão corretas.
d) Apenas três afirmativas estão corretas.
e) Todas as afirmativas estão incorretas.

COMENTÁRIOS

✪ **Nota do autor:** o tema "competência" é alvo de duas das quatro afirmativas. Por isso, a inclusão da questão neste tópico.

Alternativa correta: letra "B": está certa a afirmativa III.

Item I: errado. O STF entende que: "É relativa a nulidade decorrente da inobservância da competência penal por prevenção" (Súmula 706).

Item II: errado. O que predomina é o entendimento diverso: "Não viola as garantias do juiz natural, da ampla defesa e do devido processo legal a atração por continência ou conexão do corréu ao foro por prerrogativa de função de um dos denunciados" (Súmula 704, STF).

Item III: certo. Tal lei deu nova redação ao art. 2º, II, e seu § 1º, da Lei 8.072/1990, retirando a proibição à liberdade provisória e permitindo a progressão de regime (por sinal, o STF havia considerado inconstitucional o dispositivo na parte que determinava, antes de tal mudança, o cumprimento integral da pena em regime fechado).

Item IV: errado. O inquérito policial continua tendo esta característica, ou seja, é escrito. A reforma de 2008 não o atingiu, mas apenas a instrução processual no que diz respeito à oralidade.

142. (Delegado de Polícia – RJ/ 2009 – CEPERJ) Mévio, Sinfrônio e Malaquias combinam entre si a reunião de esforços para levarem a cabo um plano de roubar um carro-forte. Assim é que Mévio fica incumbido no ajuste do roubo de armas de fogo, Sinfrônio do furto de fardamento policial, porquanto Malaquias providencia o furto de um veículo. Malaquias consuma o delito de roubo das armas na comarca de Duque de Caxias, porquanto os delitos de furto cometidos por Sinfrônio e Malaquias têm consumação na comarca de Magé. Três dias depois de consumarem os delitos, Mévio, Sinfrônio e Malaquias são presos por força de mandados de prisão obtidos pelo delegado titular da Delegacia de Roubos e Furtos, como resultado de interceptação telefônica daquela especializada no curso de inquérito policial que apurava outros delitos contra instituições bancárias, dos quais os indiciados também eram partícipes, distribuído perante a 20ª Vara Criminal da Capital. Em relação às infrações cometidas para concretizar o roubo do carro-forte, integralmente monitoradas pela medida cautelar de interceptação telefônica, é correto afirmar que:

a) Devem ser processadas e julgadas na comarca de Duque de Caxias, como resultado da conexão intersubjetiva por concurso.

b) Devem ser processadas e julgadas pelo juízo da 20ª Vara Criminal da Comarca da Capital, como resultado da prevenção.

c) Mévio deverá ser processado e julgado na comarca de Duque de Caxias, porquanto Sinfrônio e Malaquias devem ser processados e julgados na comarca de Magé, já que as infrações, na forma em que cometidas, não importam na unidade de processo e de julgamento.

d) Devem ser processadas e julgadas na comarca de Magé, como resultado da continência por cúmulo subjetivo.

e) Devem ser processadas e julgadas pelo juízo da 20ª Vara Criminal da Comarca da Capital, como resultado da conexão probatória.

COMENTÁRIOS

✪ **Nota do autor:** a questão foi anulada. O roubo de armas deveria ter sido cometido por Mévio, havendo aparente equívoco da questão nesse ponto. Seja como for, temos um roubo de armas cometido em Duque de Caxias, e os furtos, que presumimos serem de fardamento e de veículo, ocorridos em Magé. Há entre eles conexão, segundo nos parece, já que todos os delitos foram cometidos para que fosse possível, depois, o cometimento de outro, qual seja, roubo de carro-forte. Além disso, embora cada delito tenha sido cometido por um dos acusados apenas, pode-se afirmar que todos agiram em concurso (que abarca, como se sabe, as noções de autoria e participação). Pois bem. A conexão é um critério de fixação de competência. Segundo o art. 76 do CPP, esta será determinada pela conexão: se, ocorrendo duas ou mais infrações, houverem sido praticadas, ao mesmo tempo, por várias pessoas reunidas (conexão intersubjetiva por simultaneidade), ou por várias pessoas em concurso, embora diverso o tempo e o lugar (conexão intersubjetiva por concurso), ou por várias pessoas, umas contra as outras (conexão intersubjetiva por reciprocidade); se, no mesmo caso, houverem sido umas praticadas para facilitar ou ocultar as outras, ou para conseguir impunidade ou vantagem em relação a qualquer delas (conexão objetiva ou teleológica ou finalista); e quando a prova de uma infração ou de qualquer de suas circunstâncias elementares influir na prova de outra infração (conexão instrumental ou probatória). Em caso de conexão, a solução pode ser encontrada no art. 78 do CPP. Diz tal dispositivo que, na determinação da competência por conexão, serão observadas as seguintes regras: a) no concurso entre a competência do júri e a de outro órgão da jurisdição comum, prevalecerá a competência do júri; b) no concurso de jurisdições da mesma categoria preponderará a do lugar da infração, à qual for cominada a pena mais grave ou prevalecerá a do lugar em que houver ocorrido o maior número de infrações, se as respectivas penas forem de igual gravidade ou firmar-se-á a competência pela prevenção, nos outros casos; c) no concurso de jurisdições de diversas categorias, predominará a de maior graduação; d) no concurso entre a jurisdição comum e a especial, prevalecerá esta. Há uma dificuldade nesta questão: qual a espécie de conexão temos? Pode-se admitir três respostas: conexão intersubjetiva por concurso; conexão objetiva ou teleológica ou finalista; e conexão instrumental ou probatória. Preferimos a segunda. Diante disso tudo, vejamos como ficam as alternativas.

Alternativa "A": certo. Embora a questão não explique as circunstâncias do roubo e dos furtos, é certo que aqui há de ser aplicado o segundo critério do art. 78 do CPP, ou seja, todos os crimes deverão ser julgados num mesmo processo, estabelecendo-se a competência com base no local em que foi cometido o crime mais grave (art. 78, II, *a*). E o crime mais grave é o roubo, mesmo se somarmos as penas dos dois furtos. Assim sendo, entendemos que a união de processos poderá ter como juízo competente o de Duque de Caxias, onde ocorreu o roubo. A interceptação telefônica poderá ser utilizada como prova emprestada, como permitem nossos Tribunais Superiores.

Alternativa "B": errado. A nosso ver, não cabe a aplicação da regra da prevenção considerando apenas os três crimes aqui tratados. Isso porque a prevenção atua quando o critério do crime mais grave não funciona (ex.: caso de crimes idênticos) e o critério do número maior de crimes também não (ex.: três locais distintos, em cada qual sendo cometido um crime de roubo). Notem que, quando trata da prevenção no caso da conexão, o art. 78, II, *c*, do CPP usa a frase "firmar-se-á a competência pela prevenção, nos outros casos". Que outros casos? Aqueles em que não é possível aplicar os critérios citados anteriormente, ou seja, competência do lugar da infração à qual for cominada a pena mais grave ou a do lugar em que houver ocorrido o maior número de infrações. Portanto, a prevenção, nesse caso, é critério subsidiário, cuja utilização, a nosso ver, resta prejudicada pela possibilidade de aplicação do critério do crime mais grave. Porém, há um fator de complicação nesta questão: os imputados já estavam sendo investigados por outros fatos, igualmente ligados a delitos cometidos contra agências bancárias. Os três crimes aqui tratados são a eles conexos? A assertiva não fornece dados suficientes para uma resposta segura. Nesse caso, se considerarmos a possibilidade de conexão entre todos os fatos, há a possibilidade teórica de aplicação da regra subsidiária da prevenção. Há até a possibilidade de uma conexão probatória, o que levaria a competência para a Vara da Capital. Mas a questão não fornece elementos para tanto.

Alternativa "C": errado. Se há conexão, deve haver reunião de processos (art. 79, *caput*, CPP). Além disso, por falha do enunciado, viu-se que Mévio não chegou a executar sua parte no trato, ou seja, não roubou as armas (muito embora possa ser considerado partícipe de tal delito).

Alternativa "D": errado. Não há continência nesse caso. Ocorre continência nos casos em que há pluralidade de agentes e infração única ou unidade de agentes e concurso formal de delitos. Apenas para efeito de informação, há duas formas de continência: a) por cumulação subjetiva: concurso de agentes (art. 77, I, CPP); b) por cumulação objetiva: concurso formal de delitos (art. 70, CP), erro na execução ou *aberratio ictus* (art. 73, CP) e resultado diverso do pretendido ou *aberratio criminis* (art. 74, CP) – são todos casos de concurso formal (art. 77, II, CPP).

Alternativa "E": errado. Como vimos na alternativa "B", parte final de nossos comentários, até é possível pensarmos num único processo, envolvendo todos os delitos investigados, inclusive os três explicitamente descritos no enunciado. Pode-se pensar, portanto, numa conexão probatória. Porém, não temos dados suficientes para saber quais delitos foram cometidos, até para que saibamos onde ocorreram, quais as espécies e respectivas quantidades, o que é de suma importância para a fixação da competência para julgar os casos reunidos num só processo.

6. QUESTÕES PREJUDICIAIS, EXCEÇÕES E INCIDENTES

- CPP, arts. 92 a 124, 145 a 154

143. (Vunesp – Delegado de Polícia – PC – SP/2018) Caio está sendo processado criminalmente pela prática de crime de furto e em sua resposta alega ser improcedente a acusação, uma vez que discute na seara cível, em ação por ele proposta, a ilegitimidade da posse da res pela suposta vítima.

Considerando a situação retratada, assinale a alternativa correta.

a) O juiz poderá suspender a ação penal a depender tão somente da prévia propositura da ação cível pelo acusado.

b) O juiz deverá suspender a ação penal até que se dirima no juízo cível a questão da legitimidade da posse.
c) O juiz criminal pode resolver, incidenter tantum, a questão da posse sem que seja necessária a suspensão da ação penal.
d) A resolução da questão prejudicial pelo juiz criminal faz coisa julgada.
e) Não há possibilidade de suspensão da ação penal.

COMENTÁRIOS

O juiz somente deve suspender a ação penal se houver questão prejudicial relativa a estado civil. Nesse caso, deve-se aguardar a solução no juízo cível (questão prejudicial obrigatória e heterogênea). É o que determina o art. 92 do CPP. No entanto, no caso em tela, a questão sobre legitimidade da posse do bem não obriga à suspensão do processo criminal, que deve ser determinada se a questão for de difícil solução e não verse sobre direito cuja prova a lei civil limite (art. 93). Portanto, pode o juiz decidir sobre a posse, de modo incidental no processo.

Alternativa correta: letra "c".

144. (Vunesp – Delegado de Polícia – PC – SP/2018) Nos termos do art. 252 do CPP, o juiz não poderá exercer jurisdição no processo em que

a) tiver funcionado seu cônjuge como defensor.
b) for amigo íntimo de qualquer das partes.
c) tiver aconselhado qualquer das partes.
d) for sócio de sociedade interessada no processo.
e) for credor de qualquer das partes.

COMENTÁRIOS

Alternativa "a": a questão quer saber sobre as hipóteses de impedimento do magistrado, que estão no art. 252 do CPP. A hipótese desta alternativa é de impedimento, estando prevista no inciso I do dispositivo citado.

Alternativa "b": trata-se de hipótese de suspeição, dentre as previstas no art. 254 do CPP.

Alternativa "c": trata-se de outra hipótese de suspeição.

Alternativa "d": trata-se de outra hipótese de suspeição. Aliás, é comum questões como esta, que misturam essas hipóteses.

Alternativa "e": também é causa de suspeição prevista no art. 254 do CPP.

Alternativa correta: letra "a".

145. (Cespe – Delegado de Polícia – GO/2017) Com relação a questões e processos incidentes, assinale a opção correta.

a) Não poderá ser arguida a suspeição dos intérpretes.
b) Não poderá ser arguida a suspeição dos funcionários da justiça.
c) Não poderá ser arguida a suspeição do órgão do Ministério Público.
d) Não poderá ser arguida a suspeição das autoridades policiais nos atos do inquérito.
e) Não poderá ser arguida a suspeição dos peritos.

COMENTÁRIOS

Alternativa correta: letra "D": realmente, o CPP não permite que se argúa a suspeição de autoridade policial (art. 107), mas esta deverá declarar-se suspeita, caso haja motivo.

Alternativa "A": pode sim, conforme estabelece o art. 105 do CPP.

Alternativa "B": também pode, eis que há previsão no mesmo art. 105.

Alternativa "C": o art. 104 do CPP deixa claro que o órgão do Ministério Público está sujeito a ser alvo de exceção de suspeição.

Alternativa "E": a suspeição dos peritos é mencionada no art. 105 do CPP.

146. (Cespe – Delegado de Polícia – PE/2016) Em consonância com a doutrina majoritária e com o entendimento dos tribunais superiores, assinale a opção correta acerca dos sujeitos do processo e das circunstâncias legais relativas a impedimentos e suspeições.

a) As disposições relativas ao princípio do juiz natural são analogamente aplicadas ao MP.
b) No curso do inquérito policial, se for constatado que o delegado de polícia seja inimigo pessoal do investigado, este poderá opor exceção de suspeição, sob pena de preclusão do direito no âmbito de eventual ação penal.
c) O corréu pode atuar, no mesmo processo, como assistente da acusação do início da ação penal até seu trânsito em julgado, desde que autorizado pelo representante do parquet.
d) Poderá funcionar como perito no processo aquele que tiver opinado anteriormente sobre o objeto da perícia na fase de investigação criminal, em razão da especificidade da prova pericial.
e) A impossibilidade de identificação do acusado pelo seu verdadeiro nome ou por outros qualificativos que formalmente o individualize impede a propositura da ação penal, mesmo que certa a identidade física do autor da infração penal.

COMENTÁRIOS

Alternativa correta: letra "A": tudo o que justifica a existência do princípio do juiz natural aplica-se ao princípio do promotor natural, exceto o fato de que este último não é previsto expressamente na CF ou em leis ordinárias. Porém, apesar disso, e embora haja divergências doutrinárias e jurisprudenciais a respeito de sua existência, em geral a doutrina processualista penal tem reconhecido o princípio do promotor natural e o tem tratado como verdadeira garantia do imputado. O CPP determina a aplicação das regras a respeito de impedimentos e suspeições dos juízes também aos membros do Ministério Público (art. 258, CPP).

Alternativa "B": o CPP não admite que seja oposta exceção da suspeição à autoridade policial, mas esta deverá, presente o motivo, declarar-se suspeita (art. 107).

Alternativa "C": corréu jamais poderá ser assistente de acusação, salvo na rara hipótese em que seja, ao mesmo tempo, ofendido em crime conexo. Isso porque somente podem habilitar-se como assistentes o ofendido ou seu representante legal ou, na falta daquele, alguma das pessoas apontadas no art. 31 do CPP (art. 268).

Alternativa "D": o inciso II do art. 279 do CPP impede que, nesse caso, possa atuar como perito.

Alternativa "E": segundo o art. 259 do CPP, a impossibilidade de identificação do acusado com o seu verdadeiro nome ou outros qualificativos não retardará a ação penal, quando certa a identidade física. A qualquer tempo, no curso do processo, do julgamento ou da execução da sentença, se for descoberta a sua qualificação, far-se-á a retificação, por termo, nos autos, sem prejuízo da validade dos atos precedentes.

---

147. (Cespe – Delegado de Polícia – PE/2016) Conforme a legislação em vigor e o posicionamento doutrinário prevalente, assinale a opção correta com relação à competência e às questões e processos incidentes.

a) Todas as infrações penais, incluindo-se as contravenções que atingirem o patrimônio da União, suas autarquias e empresas públicas, serão da competência da justiça federal.

b) O processo incidente surge acessoriamente no processo principal, cujo mérito se confunde com o mérito da causa principal, devendo, assim, tal processo – o incidente – ser resolvido concomitantemente ao exame do mérito da ação penal, sob pena de decisões conflitantes.

c) A restituição de coisas apreendidas no bojo do inquérito policial ainda não concluído poderá ser ordenada pela autoridade policial, quando cabível, desde que seja evidente o direito do reclamante.

d) Havendo fundada dúvida sobre a sanidade mental do indiciado, o delegado de polícia poderá determinar de ofício a realização do competente exame, com o objetivo de aferir a sua imputabilidade.

e) Tratando-se de foro privativo por prerrogativa de função cuja competência para o conhecimento da causa é atribuída à jurisdição colegiada, esta será determinada pelo lugar da infração.

COMENTÁRIOS

Alternativa correta; letra "C": é o que permite o art. 120 do CPP ("A restituição, quando cabível, poderá ser ordenada pela autoridade policial ou juiz, mediante termo nos autos, desde que não exista dúvida quanto ao direito do reclamante"). Se duvidoso esse direito, o pedido de restituição deve ser autuado em apartado, concedendo-se ao requerente o prazo de 5 dias para a prova. Em tal caso, só o juiz criminal poderá decidir a respeito da restituição (art. 120, § 1º).

Alternativa "A": as contravenções penais nunca são decididas pela Justiça Federal, mesmo em caso de conexão com crime de alçada federal. Por que? Simples, porque a CF excluiu as contravenções, de modo absoluto, da competência da Justiça Federal (art. 109, IV).

Alternativa "B": justamente porque não há coincidência quanto ao mérito, os incidentes são decididos e normalmente processados separadamente, em apartado.

Alternativa "D": não pode a autoridade policial instaurar incidente de insanidade mental. Nesse caso, percebendo a necessidade do incidente, deverá a autoridade policial representar ao juiz para que este determine a instauração (art. 149, § 1º, CPP).

Alternativa "E": a competência depende do órgão em si. Assim, não importa onde um Deputado Federal tenha cometido o crime, pois competente para julgá-lo será sempre o STF. Outro exemplo: não importa o Estado em que o Promotor de Justiça cometeu o crime, pois será julgado sempre pelo TJ do Estado onde exerce suas funções.

---

148. (Vunesp – Delegado de Polícia – CE/2015) Imagine que durante o curso de processo penal, e tendo como objetivo afastar o juiz da causa, o órgão do Ministério Público ou o defensor do acusado maneje uma queixa crime contra o juiz, a fim de buscar configurar uma inimizade capital. Nessa hipótese, a suspeição (CPP, art. 256)

a) não poderá ser declarada e nem reconhecida.

b) deverá ser reconhecida, impondo-se multa à parte que provocou a situação.

c) deverá ser reconhecida, impondo-se o afastamento do processo e/ou multa à parte que provocou a situação.

d) não poderá ser declarada, apenas reconhecida.

e) não poderá ser reconhecida, apenas declarada.

COMENTÁRIOS

Alternativa correta: letra "A": a suspeição não poderá ser declarada nem reconhecida, quando a parte injuriar o juiz ou de propósito der motivo para criá-la. É o que dispõe o art. 256 do CPP. Notem como não há nesse caso, efetivamente, inimizade capital, mas, simplesmente, a parte tentou criá-la artificialmente. Tal manobra não pode surtir o efeito buscado, pois, do contrário, a parte poderia valer-se dela para escolher o juiz que quer ver à frente do processo.

Alternativa "B": não teria sentido reconhecer a suspeição do juiz e, ao mesmo tempo, multar a parte que, ardilosamente, tentou criar um falso motivo de suspeição.

Alternativa "C": a parte não pode ser afastada do processo. É parte. Como afastar o Ministério Público? Como afastar o réu? O promotor suspeito ou impedido pode ser afastado, mas não o Ministério Público.

Alternativa "D": se a suspeição foi declarada, estará sendo reconhecida.

Alternativa "E": idem.

149. (NUCEPE – Delegado de Polícia – PI/2014) Quanto às questões prejudiciais e processos incidentes, assinale a alternativa CORRETA.

a) As questões prejudiciais podem ser classificadas em obrigatórias e facultativas.

b) O Código de Processo Penal não permite que as exceções sejam declaradas de ofício pelo juiz, independentemente de serem dilatórias ou peremptórias.

c) O juiz dar-se-á por suspeito se tiver aconselhado qualquer das partes.

d) O Ministério Público não poderá ser objeto de suspeição.

e) Não há que se falar em preclusão ou *prorrogatio fori* nos casos de exceção de incompetência absoluta.

COMENTÁRIOS

✪ **Nota do autor:** a questão foi anulada.

Alternativa "A": certo. Haverá **questão prejudicial obrigatória** nos casos em que o reconhecimento do crime depender de outra decisão, no juízo cível, quanto ao estado civil das pessoas, de modo que o juiz deverá suspender o processo criminal até o julgamento daquele outro processo. A questão prejudicial será **facultativa** se não disser respeito a tal tema. Sendo obrigatória a questão prejudicial, o curso da ação penal ficará suspenso até que no juízo cível seja a controvérsia dirimida por sentença passada em julgado, sem prejuízo, entretanto, da inquirição das testemunhas e de outras provas de natureza urgente (art. 92, CPP). Há **questão prejudicial homogênea** quando deva ser decidida também no campo penal (são também consideradas **questões prejudiciais não devolutivas**); e **heterogênea**, quando deva ser decidida em outro ramo do direito (se obrigatórias, são consideradas **questões prejudiciais devolutivas absolutas**; se relativas, **questões prejudiciais devolutivas relativas**). As hipóteses dos arts. 92 e 93 do CPP são dessa espécie. Assim, as questões prejudiciais podem ser classificadas como obrigatórias e facultativas, mas essa, como visto, não é a única classificação aplicável.

Alternativa "B": errado. O juiz pode e deve declarar-se suspeito ou impedido e declarar-se incompetente, sem provocação das partes. Portanto, de ofício. Porém, isso não implica em exceção, pois não há propriamente instauração de um incidente.

Alternativa "C": certo. Trata-se de causa de suspeição prevista no inciso IV do art. 254 do CPP.

Alternativa "D": errado. O Ministério Público poderá dar-se por suspeito ou ser declarado suspeito (art. 258, CPP).

Alternativa "E": certo. Entendemos que, em caso de incompetência absoluta, há possibilidade de ser reconhecida a qualquer tempo.

150. (UEL – Delegado de Polícia – PR/2013) Acerca do incidente de insanidade no Código de Processo Penal, considere as afirmativas a seguir.

I. É inadmissível o exame de sanidade mental antes de iniciar a ação penal, conforme o § 1° do Art. 149 do Código de Processo Penal.

II. Mesmo que o resultado do exame de insanidade comprove a inimputabilidade do denunciado, o representante do Ministério Público, autor da denúncia, estará impedido de requerer a sua absolvição ou a aplicação de medida de segurança.

III. O juiz nomeará curador ao acusado, quando determinar o exame, ficando suspensa a ação penal já iniciada, salvo quanto às diligências que possam ser prejudicadas pelo adiamento.

IV. Quando houver dúvida sobre a integridade mental do acusado, o juiz ordenará de ofício ou a requerimento do Ministério Público, do defensor, do curador, do ascendente, do descendente, do irmão ou do cônjuge que o acusado seja submetido a exame médico-legal.

Assinale a alternativa correta.

a) Somente as afirmativas I e II são corretas.

b) Somente as afirmativas I e IV são corretas.

c) Somente as afirmativas III e IV são corretas.

d) Somente as afirmativas I, II e III são corretas.

e) Somente as afirmativas II, III e IV são corretas.

COMENTÁRIOS

Alternativa correta: letra "C": estão certas as Afirmativas III e IV.

Afirmativa I: errado. Ao contrário do afirmado, o exame de insanidade mental pode ser realizado mesmo antes de iniciado o processo, conforme autoriza o § 1º do art. 149 do CPP.

Afirmativa II: errado. Em regra, sendo inimputável o acusado – ou seja, em razão de doença ou desenvolvimento mental incompleto ou retardado, ao tempo da ação ou omissão, era inteiramente incapaz de entender o caráter ilícito do fato ou determinar-se de acordo com seu entendimento – deve se dar a absolvição (imprópria), aplicando-se medida de segurança. Nada impede que o Ministério Público assim o requeira. A limitação, porém, encontra-se na primeira fase do procedimento dos crimes dolosos contra a vida, vez que, nesse caso, somente será possível a absolvição e a dispensa do julgamento pelo Júri se a inimputabilidade for a única tese defensiva.

Afirmativa III: certo. É a regra procedimental do § 2º do art. 149 do CPP.

Afirmativa IV: certo. É o que dispõe o *caput* do art. 149 do CPP.

151. (Cespe – Delegado de Polícia – BA/2013) No que se refere a questões e processos incidentes, julgue os próximos itens.

151.1. A autoridade policial que, na fase de investigação criminal, desconfiar da integridade mental do acusado, poderá, sem suspender o andamento do inquérito policial, determinar, de ofício, que o acusado se submeta a exame de sanidade mental, a ser realizado por peritos oficiais.

COMENTÁRIOS

Errado. Nesse caso, cabe à autoridade policial representar ao juiz pela instauração do incidente de insanidade mental (art. 149, § 1º, CPP).

151.2. A restituição de coisas apreendidas em poder do investigado, no âmbito do inquérito policial, pode ser ordenada pela autoridade policial, desde que não haja vedação legal à restituição das coisas e inexista importância à prova da infração ou desde que a restituição não sirva à reparação do dano causado pelo crime e seja induvidoso o direito do reclamante, após oitiva obrigatória do MP.

COMENTÁRIOS

Certo. Vejamos o regramento básico da matéria: a) antes de transitar em julgado a sentença final, as coisas apreendidas não poderão ser restituídas enquanto interessarem ao processo (art. 118, CPP); b) a restituição, quando cabível, poderá ser ordenada pela autoridade policial ou juiz, mediante termo nos autos, desde que não exista dúvida quanto ao direito do reclamante (art. 120); c) se duvidoso esse direito, o pedido de restituição autuar-se-á em apartado, assinando-se ao requerente o prazo de 5 dias para a prova, caso em que só o juiz criminal poderá decidir o incidente (art. 120, § 1º).

151.3. Se, no curso de uma investigação criminal, a autoridade policial tomar conhecimento de questão prejudicial controversa da qual dependa a existência do crime investigado, a autoridade deverá ordenar a suspensão do procedimento e comunicar o fato ao MP, para que este tome as medidas cabíveis para a solução de controvérsia prejudicial obrigatória.

COMENTÁRIOS

Errado. Nesse caso, deve a autoridade policial relatar o inquérito e caberá ao Ministério Público decidir sobre a adoção de tais medidas. A suspensão é somente do processo, quando já houver ação penal e será determinada pelo juiz. Vejam o que diz o art. 92 do CPP: "Se a decisão sobre a existência da infração depender da solução de controvérsia, que o juiz repute séria e fundada, sobre o estado civil das pessoas, o curso da ação penal ficará suspenso até que no juízo cível seja a controvérsia dirimida por sentença passada em julgado, sem prejuízo, entretanto, da inquirição das testemunhas e de outras provas de natureza urgente". E seu parágrafo único dispõe: " Se for o crime de ação pública, o Ministério Público, quando necessário, promoverá a ação civil ou prosseguirá na que tiver sido iniciada, com a citação dos interessados".

152. (FGV – Delegado de Polícia – MA/2012) O sistema acusatório tem como propósito a realização de um julgamento imparcial.

A respeito desse tema, assinale a afirmativa incorreta.

a) O juiz estará impedido de exercer jurisdição no processo em que ele próprio ou seu cônjuge ou parente, consanguíneo ou afim em linha reta ou colateral até o terceiro grau, inclusive, for parte ou diretamente interessado no feito.

b) A suspeição dos jurados deverá ser arguida oralmente, decidindo de plano o presidente do Tribunal do Júri. Já a exceção de incompetência do juízo poderá ser oposta verbalmente ou por escrito, no prazo de defesa.

c) O acusado poderá arguir a suspeição do magistrado, do membro do Ministério Público, da autoridade policial por atos de inquérito, do intérprete, dos jurados e dos peritos, na defesa de um julgamento imparcial.

d) A arguição de suspeição precederá a qualquer outra, salvo quando fundada em motivo superveniente.

e) O juiz dar-se-á por suspeito se tiver aconselhado qualquer das partes.

COMENTÁRIOS

Alternativa incorreta: letra "C": é justamente a busca de um julgamento justo, por autoridades que atuem de modo imparcial em todas as fases da persecução é o que justifica a possibilidade de se arguir a suspeição. Ocorre que a lei não permite que tal arguição seja oposta contra a autoridade policial, conforme a regra do art. 107 do CPP. Mas tal autoridade deverá se declarar suspeita, quando for o caso.

Alternativa "A": é a hipótese de impedimento do inciso IV do art. 252 do CPP.

Alternativa "B": de fato, de acordo com o art. 106 do CPP, a suspeição dos jurados deverá ser arguida oralmente, decidindo de plano o presidente do Tribunal do Júri, que a rejeitará se, negada pelo recusado, não for imediatamente comprovada, o que tudo constará da ata do julgamento. Quanto à exceção da incompetência, a regra citada encontra-se no *caput* do art. 108 do mesmo Código. Note-se que o prazo de defesa é aquele da resposta à acusação ou defesa preliminar, conforme o rito adotado.

Alternativa "D": é o que diz o art. 96 do CPP.

Alternativa "E": é a hipótese de suspeição do inciso IV do art. 254 do CPP.

153. (Delegado de Polícia – SP/ 2011 – ACADEPOL) Quando, no curso da investigação, houver motivo para duvidar da integridade mental do investigado, a autoridade policial devera

a) concluir a investigação e, no relatório, informar tal circunstância, que será apreciada pelo Ministério Público e pelo Magistrado.

b) Requisitar de ofício, exame de sanidade mental junto ao Instituto Médico Legal.

c) representar à autoridade judiciária para que o investigado seja submetido a exame médico-legal.

d) oficiar ao Ministério Público, noticiando o fato e representando pela realização de exame para verificar a sanidade do investigado.

e) poderá nomear mais de um perito para a realização do exame mental, em virtude de sua complexidade.

COMENTÁRIOS

Alternativa correta: letra "C": o art. 149, *caput*, do CPP dispõe que, quando houver dúvida sobre a integridade mental do acusado, o juiz ordenará, de ofício ou a requerimento do Ministério Público, do defensor, do curador, do ascendente, descendente, irmão ou cônjuge do acusado, que seja este submetido a exame médico-legal. Porém, o § 1º autoriza que o exame seja ordenado ainda na fase do inquérito, mediante representação da autoridade policial ao juiz competente.

Alternativa "A": como visto acima, deve a autoridade policial representar prontamente, mesmo antes de finalizado o inquérito.

Alternativa "B": o exame de insanidade mental, gerador de incidente, deverá ser determinado pelo juiz.

Alternativa "D": seria salutar que tal regra existisse no CPP, em razão da titularidade da ação penal pelo Ministério Público. Porém, ela não existe, ou seja, não há necessidade de que o delegado represente ao Ministério Público pela realização do exame de insanidade, podendo a autoridade policial representar diretamente ao juiz.

Alternativa "E": o número de peritos segue a regra geral do art. 159, *caput*, do CPP, bastando um único perito oficial, portador de diploma de curso superior. Porém, na falta de perito oficial, o exame será realizado por 2 pessoas idôneas, portadoras de diploma de curso superior preferencialmente na área específica, dentre as que tiverem habilitação técnica relacionada com a natureza do exame (§ 1º).

---

154. (Delegado de Polícia – AP/ 2010 – FGV) Relativamente ao tema *incidente de insanidade*, analise as afirmativas a seguir:

I. O exame de sanidade mental somente poderá ser ordenado após iniciada a ação penal.

II. O juiz nomeará curador ao acusado, quando determinar o exame, ficando suspensa a ação penal já iniciada, salvo quanto às diligências que possam ser prejudicadas pelo adiamento.

III. Quando houver dúvida sobre a integridade mental do acusado, o juiz ordenará, de ofício ou a requerimento do Ministério Público, do defensor, do curador, do ascendente, descendente, irmão ou cônjuge do acusado, seja este submetido a exame médico-legal.

Assinale:

a) se somente a afirmativa I estiver correta.

b) se somente a afirmativa II estiver correta.

c) se somente a afirmativa III estiver correta.

d) se somente as afirmativas II e III estiverem corretas.

e) se todas as afirmativas estiverem corretas.

COMENTÁRIOS

Alternativa correta: letra "D": estão certas as afirmativas II e III.

Item I: errado. O CPP prevê expressamente que o incidente de insanidade mental pode ser instaurado já na fase de inquérito: "O exame poderá ser ordenado ainda na fase do inquérito, mediante representação da autoridade policial ao juiz competente" (art. 149, § 1º, CPP).

Item II: certo. É o que dispõe o § 2º do art. 149 do CPP: "O juiz nomeará curador ao acusado, quando determinar o exame, ficando suspenso o processo, se já iniciada a ação penal, salvo quanto às diligências que possam ser prejudicadas pelo adiamento".

Item III: certo. É a regra do *caput* do art. 149 do CPP, *verbis*: "Quando houver dúvida sobre a integridade mental do acusado, o juiz ordenará, de ofício ou a requerimento do Ministério Público, do defensor, do curador, do ascendente, descendente, irmão ou cônjuge do acusado, seja este submetido a exame médico-legal".

---

155. (Delegado de Polícia – MT/ 2010 – UNEMAT) Considerando que, não raras vezes, a resolução do mérito de uma causa depende da análise de uma questão prejudicial anterior, assinale a alternativa **correta.**

a) A questão prejudicial extrapenal devolutiva absoluta necessita de ação civil já intentada.

b) Inquérito policial comporta a incidência de questão prejudicial.

c) Segundo a jurisprudência pátria, a prévia prestação de contas é questão prejudicial heterogênea para efeito de configuração do crime de apropriação indébita quando houver complexidade nas contas entre as partes.

d) O indeferimento da suspensão em caso de questão prejudicial extrapenal devolutiva relativa comporta o recurso em sentido estrito.

e) A decisão que ordena a suspensão do processo, em se tratando de causa devolutiva obrigatória, é irrecorrível.

COMENTÁRIOS

✪ **Nota do autor:** recapitulando o que vimos acima, haverá **questão prejudicial obrigatória** nos casos em que o reconhecimento do crime depender de outra decisão, no juízo cível, quanto ao estado civil das pessoas, de modo que o juiz deverá suspender o processo criminal até o julgamento daquele outro processo. A questão prejudicial será **facultativa** se não disser respeito a tal tema. Sendo obrigatória a questão prejudicial, o curso da ação penal ficará suspenso até que no juízo cível seja a controvérsia dirimida por sentença passada em julgado, sem prejuízo, entretanto, da inquirição das testemunhas e de outras provas de natureza urgente (art. 92, CPP). Há **questão prejudicial homogênea** quando deva ser decidida também no campo penal (são também consideradas **questões prejudiciais não devolutivas**); e **heterogênea**, quando deva ser decidida em outro ramo do direito (se obrigatórias, são consideradas **questões prejudiciais devolutivas absolutas**; se relativas, **questões prejudiciais devolutivas relativas**). As hipóteses dos arts. 92 e 93 do CPP são dessa espécie.

Alternativa correta: letra "C": o entendimento jurisprudencial predominante é a da inexigibilidade, como regra, da prestação de contas para configuração do crime de apropriação indébita. Nesse sentido, posicionamento do STJ: "RECURSO ESPECIAL. PENAL. APROPRIAÇÃO INDÉBITA. (...) PRESTAÇÃO DE CONTAS. DESNECESSIDADE. (...) É inexigível a prévia prestação de contas para a caracterização do crime de apropriação indébita. Precedentes do STJ e do STF. (...)" (REsp. 780.319-RS, Rel. Min. Laurita Vaz, 04.04.2006). O mesmo STJ tem entendido não haver questão prejudicial em tal caso: "RESP – PENAL – PROCESSUAL PENAL – APROPRIAÇÃO INDÉBITA – PRESTAÇÃO DE CONTAS – A PRESTAÇÃO DE CONTAS NÃO E CONDIÇÃO DE PROCEDIBILIDADE, OU PREJUDICIAL DA AÇÃO PENAL" (REsp. 97.799-RS, Rel. Min. Vicente Cernicchiaro, j. 02.06.1998). Porém, tal entendimento realmente não é pacífico na jurisprudência de outros tribunais, que admitem a necessidade de prestação de contas em casos excepcionais, como o mencionado na alternativa. Nesse sentido, STF: "A jurisprudência desta Corte (assim, a título exemplificativo, no RHC 53.713 e no HC 68.132) é no sentido de que, em se tratando de apropriação indébita, não é necessária a prévia prestação de contas, a não ser em casos excepcionais, o que não ocorre na hipótese. – Também é pacífico que, depois de consumado esse crime, o pagamento não é causa de extinção da punibilidade por falta de previsão legal. – O "habeas corpus", por seu rito sumário, não é o meio processual idôneo para o exame aprofundado da prova indispensável para a aferição da existência, ou não, de dolo. "Habeas corpus" indeferido" (HC 74.965-RS, Rel. Min. Moreira Alves, j. 18.03.1997).

Alternativa "A": não é necessário que a ação civil já exista. Ao contrário, o parágrafo único do art. 92 do CPP indica que, se se tratar de questão prejudicial obrigatória, a ação civil deve ser ajuizada.

Alternativa "B": não há tal questão prejudicial. O inquérito policial segue seu curso e, ao final, se a configuração do crime depender de definição sobre o estado civil de pessoa e não houver tal definição no juízo cível, simplesmente a ação penal não poderá ser proposta. Nos demais casos, em tese, será possível a propositura da ação penal, no curso da qual poderá surgir a questão prejudicial.

Alternativa "D": nesse caso, não é cabível recurso, conforme estabelece o § 2º do art. 93 do CPP.

Alternativa "E": cabe recurso em sentido estrito (art. 581, XVI, CPP).

156. (Delegado de Polícia – MT/ 2010 – UNEMAT) As exceções são consideradas meio de defesa indireta, utilizáveis para refutar questões diversas do mérito da ação penal.

Concernente a este meio defensivo, assinale a alternativa **correta.**

a) A exceção de suspensão apenas é admissível até o trânsito em julgado da sentença penal.

b) Consoante Informativo do STF, em caso de acolhimento da exceção de incompetência, o juízo a que remetido o processo prescindirá de novo recebimento da denúncia, mormente quando for aproveitar a instrução criminal.

c) Tendo em vista que a duplicidade de Inquéritos Policias instaurados para apuração do mesmo fato criminoso gera litispendência, faculta-se ao indiciado a impetração de *habeas corpus* ou mandado de segurança.

d) O denunciado poderá opor exceção de coisa julgada material em caso de oferecimento de exordial acusatória pelo Ministério Público para apuração de fato em que, anteriormente, já houve rejeição da queixa-crime intentada pelo querelante.

e) Havendo declaração de suspeição pelo desembargador relator, é obrigatória a devolução dos autos ao setor competente para nova distribuição.

COMENTÁRIOS

Alternativa correta: letra "E": é a solução dada pelo art. 103, *caput*, do CPP, *verbis*: "No Supremo Tribunal Federal e nos Tribunais de Apelação, o juiz que se julgar suspeito deverá declará-lo nos autos e, se for revisor, passar o feito ao seu substituto na ordem da precedência, ou, se for relator, apresentar os autos em mesa para nova distribuição".

Alternativa "A": a exceção de suspeição deve ser alegada no prazo da resposta à acusação, em regra. É óbvio que não poderá ser apresentada depois do trânsito em julgado. Porém, se não foi apresentada assim que a parte tomar conhecimento da causa da suspensão, não poderá, a nosso ver, fazê-lo posteriormente, em fase de recurso, por exemplo, porque aceitou o juiz antes de este proferir sentença.

Alternativa "B": segundo o Informativo 401 do STF, que tratou do HC 85.137-MT (Rel. Min. Cezar Peluso, j. 13.09.2005), cuja ementa diz: "AÇÃO PENAL. Denúncia. Ratificação. Desnecessidade. Oferecimento pelo representante do Ministério Público Federal no juízo do foro em que morreu uma das vítimas. Declinação da competência para o juízo em cujo foro se deu o fato. Foros da Justiça Federal. Atuação, sem reparo, do outro representante do MP. Atos praticados em nome da instituição, que é una e indivisível. Nulidade inexistente. HC indeferido. Aplicação do art. 127, § 1º, da CF. Inteligência do art. 108, § 1º, do CPP. O ato processual de oferecimento da denúncia, praticado, em foro incompetente, por um representante, prescinde, para ser válido e eficaz, de ratificação por outro do mesmo grau funcional e do mesmo Ministério Público, apenas lotado em foro diverso e competente, porque o foi em nome da instituição, que é una e indivisível". Pois bem. O Informativo em tela explica: "asseverou-se que a ratificação é ato do juízo competente, que pode, ou não, aproveitar atos instrutórios praticados perante o incompetente". Portanto, entende o STF que o juiz competente deverá ratificar o recebimento da denúncia.

Alternativa "C": não há litispendência quando há dois inquéritos para apurar os mesmos fatos. Somente há litispendência se houver ação penal instaurada. Assim, havendo dois inquéritos, deve ser requerida a unificação dos procedimentos, diretamente à autoridade policial ou ao juiz.

Alternativa "D": se o Ministério Público pode oferecer denúncia, isso significa que não é cabível a queixa-crime, a não ser na hipótese subsidiária. Portanto, no primeiro caso, nada impede que o Ministério Público ofereça denúncia, o mesmo ocorrendo na segunda hipótese. Aliás, mesmo a rejeição da denúncia não impede que outra seja proposta, caso surjam novos elementos informativos, não havendo que se falar em coisa julgada material.

7. CITAÇÃO, INTIMAÇÕES E CONTAGEM DE PRAZOS

- CPP, arts. 351 a 372
- CPC, 253 a 254

157. (Vunesp – Delegado de Polícia – PC – SP/2018) No que se refere à comunicação dos atos processuais, assinale a alternativa correta.

a) A citação por procuração é aceita desde que o procurador tenha poderes especiais para tanto.

b) Existem três formas de citação: a real, a ficta e a editalícia.

c) A ausência de citação é causa de nulidade absoluta no processo, mas a inobservância das formalidades da citação gera nulidade relativa do ato.

d) Ao verificar que o réu se oculta para não ser citado, dar-se-á a citação por edital.

e) No caso de citação do militar, além do mandado de citação, que deverá ser cumprido por oficial de justiça, também é necessária a notificação do chefe da repartição pública em que o militar estiver lotado.

COMENTÁRIOS

Alternativa "a": a citação deverá ser sempre pessoal, salvo quando não encontrado o acusado, admitindo-se, então, a citação por edital. A citação com hora certa também é admitida em nosso processo penal, mas equivale à pessoal.

Alternativa "b": a citação ficta é a editalícia. Existe, ainda, como vimos a citação com hora certa.

Alternativa "c": nos dois casos há nulidade sanável. O art. 570 do CPP, a esse respeito, dispõe que a falta ou a nulidade da citação, da intimação ou notificação estará sanada, desde que o interessado compareça, antes de o ato consumar-se, embora declare que o faz para o único fim de argüi-la. O juiz ordenará, todavia, a suspensão ou o adiamento do ato, quando reconhecer que a irregularidade poderá prejudicar direito da parte. Porém, sentenciado o processo sem citação anterior, entendemos que não mais poderá ser sanada e a nulidade obrigatoriamente deverá ser declarada, obviamente, se o acusado não tiver comparecido.

Alternativa "d": nesse caso, utiliza-se a citação com hora certa, prevista no art. 362 do CPP.

Alternativa "e": segundo o art. 358 do CPP, a citação do militar far-se-á por intermédio do chefe do respectivo serviço.

Alternativa correta: letra "c".

158. (UEG – Delegado de Polícia – PC – GO/2018) Sobre o procedimento processual penal, verifica-se o seguinte:

a) O Ministério Público possui prazo em dobro para interpor apelação criminal.

b) Em caso de revelia do acusado regularmente citado, presumir-se-ão verdadeiros os fatos narrados na denúncia.

c) Admite-se a citação por hora certa no processo penal.

d) Ocorre emendatio libelli quando o juiz entende cabível nova definição jurídica do fato, em consequência de prova existente nos autos de elemento ou circunstância da infração penal não contida na acusação.

e) No processo penal não se aplica o princípio da identidade física do juiz.

COMENTÁRIOS

✪ **Nota do autor:** inserimos a questão neste tópico apenas porque a alternativa correta trata de citação.

Alternativa "a": o Ministério Público não possui tal prerrogativa no processo penal, para ele correndo normalmente os prazos recursais.

Alternativa "b": a revelia do acusado não implica em confissão no processo penal. Aliás, em regra, nem mesmo se confessar se tomará tal confissão como verdade, devendo ser corroborada por outros elementos.

Alternativa "c": admite-se, de fato, a citação com hora certa, para usarmos a dicção do CPP.

Alternativa "d": nesse caso, temos a *mutatio libelli*, não podendo o juiz dar definição diversa, salvo se o Ministério Público aditar a denúncia,

Alternativa "e": aplica-se, conforme previsto no art. 399, § 2º, do CPP.

Alternativa correta: letra "c".

159. (Cespe – Delegado de Polícia – GO/2017) Com referência a citação e intimação no processo penal, assinale a opção correta.

a) A citação do réu preso poderá ser cumprida na pessoa do procurador por ele constituído na fase policial.

b) As intimações dos defensores públicos nomeados pelo juízo devem ser realizadas mediante publicação nos órgãos incumbidos da publicidade dos atos judiciais da comarca, e não os havendo, pelo escrivão, por mandado ou via postal.

c) Os prazos para a prática de atos processuais contam-se da data da intimação e não da juntada aos autos do mandado ou da carta precatória ou de ordem.

d) Em função dos princípios da simplicidade, informalidade e economia processual, é admissível a citação por edital e por hora certa nos procedimentos sumaríssimos perante juizado especial criminal.

e) No procedimento comum, não se admite a citação ficta nem tampouco a contumácia do réu.

COMENTÁRIOS

Alternativa correta: letra "C": é entendimento pacífico no processo penal, tanto que o STF editou a Súmula 710.

Alternativa "A": a citação do preso deverá ser sempre pessoal.

Alternativa "B": os Defensores Públicos têm a prerrogativa de serem intimados pessoalmente. Aliás, o STJ decidiu que os membros da Defensoria devem ser intimados das decisões proferidas nos autos mediante abertura de vista.

Alternativa "D": é expressamente vedada a citação por edital no âmbito dos Juizados Especiais Criminais. Havendo necessidade de tal tipo de citação, devem os autos ser encaminhados ao juízo criminal comum, adotando-se, então, o rito sumário.

Alternativa "E": a citação por edital e a citação com hora certa são perfeitamente possíveis nos ritos ordinário e sumário.

160. (Vunesp – Delegado de Polícia – SP/2014) No processo penal, as intimações

a) serão sempre pessoais.

b) do defensor constituído serão feitas pelo órgão incumbido da publicidade.

c) não são obrigatórias quando se trata do Ministério Público.

d) são atos que, se desrespeitados, causam nulidade absoluta do processo.

e) serão pessoais, salvo se o réu estiver preso.

COMENTÁRIOS

Alternativa correta: letra "B": é o que dispõe o § 1º do art. 370 do CPP. No caso dos defensores nomeados (dativos) e Defensores Públicos, a intimação deverá ser pessoal, assim ocorrendo também com o Ministério Público.

Alternativa "A": como visto na alternativa anterior, a intimação do defensor constituído poderá se dar, em regra, por publicação em órgão incumbido da publicidade dos atos do processo. A mesma regra aplica-se ao advogado do querelante e ao assistente de acusação. Ademais, não se esqueçam que também é possível no processo penal a intimação ficta, isto é, por edital.

Alternativa "C": no caso do Ministério Público, as intimações são não só obrigatórias, mas devem ser pessoais, ou seja, feitas ao membro do *Parquet* que oficiar no feito.

Alternativa "D": nem sempre haverá nulidade absoluta do processo, mas, quando muito, dos atos subsequentes à intimação não realizada ou realizada com algum vício e, ainda assim, se demonstrado prejuízo.

Alternativa "E": vide alternativas anteriores. Estando o réu preso, ele deverá ser pessoalmente intimado.

161. (Vunesp – Delegado de Polícia – SP/2014) Quando o réu estiver fora do território da jurisdição processante,

a) será citado mediante carta precatória.

b) será citado por hora certa.

c) será julgado à revelia.

d) deverá ser dispensado de comparecer nas audiências, devendo ser interrogado por videoconferência.

e) deverá solicitar que o processo seja remetido para a comarca de sua residência, a fim de que possa se defender melhor dos fatos que lhe são imputados na denúncia.

COMENTÁRIOS

Alternativa correta: letra "A": a citação é, em regra, pessoal. Assim sendo, se estiver o acusado em comarca distinta daquela onde tramita o processo, deve o juiz determinar a expedição de carta precatória (art. 353, CPP), garantindo-se, desse modo, que a citação pessoal ocorra.

Alternativa "B": a citação por hora certa pressupõe que o acusado esteja em local certo, mas se ocultando para não ser citado pelo oficial de justiça. Nesse caso, procede-se nos termos do art. 362 do CPP. Notem uma coisa: a citação por hora certa pode ocorrer tanto no juízo natural do processo, quanto na comarca para a qual for encaminhada carta precatória para citação, desde que, num destes locais, se constate a presença do acusado, mas sua ocultação para não ser citado.

Alternativa "C": como visto acima, será pessoalmente citado e, em regra, deve ser expedida carta precatória para tal finalidade.

Alternativa "D": não será dispensado das audiências. Porém, em situações excepcionais, previstas no art. 185, § 2º, e no art. 217, ambos do CPP, poder-se-á fazer uso da videoconferência.

Alternativa "E": o foro do domicílio do acusado não é causa de modificação da competência territorial, uma vez já firmada e fora das hipóteses dos arts. 72 e 73 do CPP. Lembrando: (a) o art. 72 diz que, não sendo conhecido o lugar da infração, a competência será do foro do domicílio do acusado; (b) o art. 73 dispõe que nos casos de exclusiva ação privada, o querelante poderá preferir o foro de domicílio ou da residência do réu, ainda quando conhecido o lugar da infração.

162. (UEG – Delegado de Polícia – GO/2013) Segundo o Código de Processo Penal, a citação do réu preso será feita

a) por hora certa.

b) por edital, independentemente de onde o réu se encontrar preso.

c) mediante requisição à autoridade prisional, dispensando-se o mandado.

d) pessoalmente.

COMENTÁRIOS

Alternativa correta: letra "D": a citação do réu preso será sempre pessoal (art. 360, CPP). Porém, tal regra foi relativizada pela jurisprudência: não há nulidade na citação por edital de réu que estiver preso em outro Estado da Federação (e tal circunstância não for de conhecimento do juízo, obviamente). É o que se pode extrair da Súmula 351 do STF, que diz haver nulidade se o réu estiver preso na mesma unidade da Federação e for citado por edital.

Alternativa "A": a citação por hora certa somente será realizada se o réu estiver se ocultando para não ser citado.

Alternativa "B": a citação deve ser sempre pessoal, caso estiver preso o réu. Porém, como visto acima, se estiver preso em outro Estado da Federação e isso não for de conhecimento do juiz, admite-se, sem que haja nulidade, a citação por edital.

Alternativa "C": não é dispensado o mandado de citação, sendo necessário, além da requisição à autoridade prisional.

163. (FGV – Delegado de Polícia – MA/2012) Os verbetes de súmula produzidos pelo Superior Tribunal de Justiça e pelo Supremo Tribunal Federal, apesar de, em regra, não vincularem a atuação dos juízes dos diversos tribunais do país, funcionam como orientação, de modo a buscar a uniformização das decisões judiciais.

De acordo com tais enunciados, assinale a afirmativa correta.

a) A autoridade policial poderá fazer uso das algemas no caso de resistência à prisão ou risco para integridade física própria ou alheia, mas não quando houver fundado receio de fuga.

b) O crime de latrocínio é de competência do Tribunal do Júri, tendo em vista que para subtração ocorre a morte da vítima.

c) Intimada a defesa da expedição da carta precatória, torna-se desnecessária intimação da data da audiência no juízo deprecado.

d) A participação do membro do Ministério Público na fase investigatória criminal acarreta o seu impedimento ou suspeição para oferecimento da denúncia.

e) O crime contra a honra praticado contra um magistrado, no exercício de suas funções, somente permite que o ofendido faça representação para posterior denúncia, mas não que ele mesmo ofereça queixa.

COMENTÁRIOS

✪ **Nota do autor:** a questão pretende testar o conhecimento das súmulas dos Tribunais Superiores. Como as alternativas tratam de assuntos diversos, inserimos a questão neste tópico em razão da alternativa correta.

Alternativa correta: letra "C": é o teor da Súmula 273 do STJ.

Alternativa "A": Súmula Vinculante 11 do STF dispõe que: "Só é lícito o uso de algemas em casos de resistência e de fundado receio de fuga ou de perigo à integridade física própria ou alheia, por parte do preso ou de terceiros, justificada a excepcionalidade por escrito, sob pena de responsabilidade disciplinar, civil e penal do agente ou da autoridade e de nulidade da prisão ou do ato processual a que se refere, sem prejuízo da responsabilidade civil do Estado". Atenção: nesse caso, a Súmula não tem mera função de orientação, mas vincula a atuação de toda a Administração Pública.

Alternativa "B": segundo a Súmula 603 do STF, a competência para julgamento do crime de latrocínio não é do Tribunal do Júri, mas do Juízo singular, eis que se trata de crime contra o patrimônio, não de crime doloso contra a vida.

Alternativa "D": de acordo com a Súmula 234 do STJ, a participação de membro do Ministério Público na fase investigatória criminal não acarreta seu impedimento ou suspeição para o oferecimento de denúncia.

Alternativa "E": deve ser aplicada a Súmula 714 do STF, que diz: "É concorrente a legitimidade do ofendido, mediante queixa, e do Ministério Público, condicionada à representação do ofendido, para a ação penal por crime contra a honra de servidor público em razão do exercício de suas funções".

164. (Delegado de Polícia – AP/ 2010 – FGV) Com relação ao tema *citações*, assinale a afirmativa incorreta.

a) No processo penal o réu que se oculta para não ser citado poderá ser citado por hora certa na forma estabelecida no Código de Processo Civil.

b) Estando o acusado no estrangeiro, em lugar sabido, a citação far-se-á por carta ou qualquer meio hábil de comunicação.

c) Se o acusado, citado por edital, não comparecer, nem constituir advogado, ficarão suspensos o processo e o curso do prazo prescricional.

d) O processo seguirá sem a presença do acusado que, citado ou intimado pessoalmente para qualquer ato, deixar de comparecer sem motivo justificado.

e) Se o réu estiver preso, será pessoalmente citado.

COMENTÁRIOS

Alternativa incorreta: letra "B": deve haver citação formal, nos termos do que dispõe o art. 368 do CPP, *verbis*: "Estando o acusado no estrangeiro, em lugar sabido, será citado mediante carta rogatória, suspendendo-se o curso do prazo de prescrição até o seu cumprimento".

Alternativa "A": não havia no processo penal a citação por hora certa. Tal possibilidade de citação adveio em 2008, com a Lei 11.719. Hoje, diz o art. 362, *caput*, do CPP: "Verificando que o réu se oculta para não ser citado, o oficial de justiça certificará a ocorrência e procederá à citação com hora certa, na forma estabelecida nos arts. 227 a 229 da Lei nº 5.869, de 11 de janeiro de 1973 – Código de Processo Civil". Os dispositivos correspondentes no novo CPC são os arts. 252 a 254.

Alternativa "C": é o que determina o art. 366 do CPP que não estabelece prazo máximo para a suspensão do processo e do prazo prescricional. Porém, a doutrina e a jurisprudência entendem que não poderá ser indefinido. O entendimento majoritário é o de que a suspensão do prazo prescricional regula-se pelo máximo da pena cominada (Súmula 415, Superior Tribunal de Justiça).

Alternativa "D": trata-se da disposição do art. 367 do CPP.

Alternativa "E": sempre. O réu preso deve ser pessoalmente citado. Porém, não há nulidade se o preso estiver em outra unidade da federação e o juiz determinar a citação por edital. É o que se pode extrair da Súmula 351 do STF: "É nula a citação por edital de réu preso na mesma unidade da federação em que o juiz exerce a sua jurisdição". Porém, se o juiz sabia que o preso estava em outro Estado, deve determinar sua citação por carta precatório, pois, do contrário, a nosso ver, há nulidade do processo.

165. (Delegado de Polícia – AP/ 2010 – FGV) Com relação ao tema *intimação*, assinale a afirmativa incorreta.

a) A intimação do defensor constituído feita por publicação no órgão incumbido da publicidade dos atos judiciais da comarca deve, necessariamente, conter o nome do acusado, sob pena de nulidade.

b) A intimação do Ministério Público e do defensor nomeado será pessoal.

c) No processo penal, contam-se os prazos da juntada aos autos do mandado ou da carta precatória ou de ordem, e não da data da intimação.

d) Quando não houver órgão de publicação dos atos judiciais na comarca, a intimação far-se-á diretamente pelo escrivão, por mandado, ou via postal com comprovante de recebimento, ou por qualquer outro meio idôneo.

e) Adiada, por qualquer motivo, a instrução criminal, o juiz marcará desde logo, na presença das partes e testemunhas, dia e hora para seu prosseguimento, do que se lavrará termo nos autos.

COMENTÁRIOS

Alternativa incorreta: letra "C": no processo penal brasileiro, os prazos são contados a partir da efetiva intimação. Nesse sentido, a Súmula 710 do STF: "No processo penal, contam-se os prazos da data da intimação, e não da juntada aos autos do mandado ou da carta precatória ou de ordem".

Alternativa "A": é o que prevê o § 1º do art. 370 do CPP, inclusive, expressamente, a nulidade.

Alternativa "B": o Defensor nomeado é costumeiramente chamado de "dativo". Tanto ele quanto o Ministério Público devem ser pessoalmente intimados (art. 370, § 4º, CPP). A Defensoria Pública também tem a prerrogativa de ser intimada pessoalmente dos atos processuais, conforme estabelece o art. 44, I, da LC 80/1994.

Alternativa "D": é o que dispõe o § 2º do art. 370 do CPP. Hoje, com os diários oficiais eletrônicos, não há muita dificuldade.

Alternativa "E": é a regra do art. 372 do CPP.

8. PROVAS

- CF, art. 5º, X, XI, XII e LVI
- CPP, arts. 155 a 250

166. (Vunesp – Delegado de Polícia – PC – BA/2018) No que concerne aos sistemas de avaliação das provas, o julgamento realizado pelos Juízes leigos (jurados) no Tribunal do Júri é exemplo do que a doutrina classifica como sistema

a) da prova livre.

b) legal ou tarifado.

c) da íntima convicção.

d) da persuasão racional.

e) da livre convicção motivada.

COMENTÁRIOS

Enquanto o juiz togado é guiado pelo princípio da persuasão racional – segundo o qual o juiz deve formar sua convicção de acordo com as provas coligidas sob contraditório, dentre outras, devendo sempre fundamentar e esclarecer como chegou ao resultado –, os jurados guiam-se pela íntima convicção, visto que decidem de acordo com a consciência deles, sem necessidade de motivação, e não necessariamente segundo as provas dos autos.

Alternativa correta: letra "c".

167. (Vunesp – Delegado de Polícia – PC – SP/2018) No que se refere à prova testemunhal, assinale a alternativa correta.

a) Não se admite no processo/inquérito policial a presença de testemunhas indiretas, que são as que depõem sobre conhecimentos obtidos por intermédio de terceiros.

b) É característica do testemunho a sua objetividade, isto é, a testemunha, como regra geral, depõe sobre fatos percebidos pelos seus sentidos, sem emissão de juízos de valor ou opinião pessoal.

c) A oitiva das testemunhas acontece no lugar que for a ela conveniente.

d) A judicialidade não é característica da prova testemunhal, à vista de sua produção se dar também em inquérito policial.

e) Informantes não são classificados como testemunhas por conta das informações sigilosas que detêm.

COMENTÁRIOS

Alternativa "a": não há tal vedação probatória no processo penal brasileiro, por isso, é possível a oitiva das testemunhas de "ouvir dizer", o que em outros ordenamentos é conhecida como *hearsay evidence*, nem sempre admitida em juízo.

Alternativa "b": esse é o ponto essencial quanto às testemunhas, pois, do contrário, cairíamos no subjetivismo ou estaríamos, a depender da opinião externada, transformando a testemunhas em perito.

Alternativa "c": a oitiva das testemunhas ocorre na delegacia ou distrito policial – se ouvida durante o inquérito – ou no fórum – se ouvida durante a fase processual. Excepcionalmente, poderá ser ouvida em casa ou hospital ou mesmo, a depender da autoridade, em local por esta estabelecido.

Alternativa "d": a "prova testemunhal" se dá em juízo, sob o contraditório. A colheita de depoimentos na fase policial representa, não uma colheita de "prova", mas de elementos informativos.

Alternativa "e": informantes são testemunhas, sempre que ouvidos formalmente. Se não ouvidos, não são fontes de prova.

Alternativa correta: letra "b".

168. (Vunesp – Delegado de Polícia – PC – SP/2018) A respeito da prova, é correto afirmar:

a) não se admite a produção de provas não disciplinadas em lei, sob pena de violação do princípio da taxatividade.

b) a produção da chamada prova emprestada deve obedecer ao procedimento previsto no CPP, sob pena de seu não aproveitamento.

c) fonte de prova é o instrumento por meio do qual se introduzem no processo os elementos probatórios.

d) meio de prova é tudo que é idôneo a fornecer o resultado apreciável para a decisão do juiz.

e) elemento de prova é o dado bruto que se extrai da fonte da prova, ainda não valorado pelo juiz.

COMENTÁRIOS

Alternativa "a": admite-se a chamada prova atípica, desde que não proibida, como é aceito pela doutrina e jurisprudência, utilizando-se, nesse campo, de modo subsidiário e por analogia, o CPC, que admite expressamente.

Alternativa "b": não há procedimento previsto no CPP para a prova emprestada, ao contrário do que ocorre, por exemplo no Código italiano. Os parâmetros são fornecidos pela doutrina e jurisprudência. A doutrina normalmente considera somente ser admissível a prova emprestada se houver, entre os processos em que foi produzida e aquele no qual será utilizada, identidade de partes e tiver sido produzida sob contraditório, ou seja, na presença de um mesmo acusado. Há corrente que defende ser necessário que a prova tenha sido produzida perante o mesmo juiz. No entanto, não têm os Tribunais Superiores acompanhado tais entendimentos. O STJ entende, por exemplo, que a prova emprestada pode ser utilizada, mesmo não havendo identidade de partes entre os dois processos e desde que garantidos o contraditório e a ampla defesa.

Alternativa "c": esse é o "meio" de prova. A "fonte" é de onde provém o "elemento" de prova. Por exemplo: a testemunha é fonte de prova, fornecendo elementos de prova, por meio da prova testemunhal.

Alternativa "d": nem tudo que é idôneo é meio de prova, pois há em nosso processo vedação às provas ilícitas.

Alternativa "e": eis uma definição do que é "elemento" de prova. Vide alternativa "c".

Alternativa correta: letra "e".

169. (UEG – Delegado de Polícia – PC – GO/2018) O Código de Processo Penal dispõe que, nos casos de busca e apreensão:

a) A busca pessoal independe de mandado, no caso de prisão.

b) Caso o morador se recuse a colaborar com a diligência, será permitido o emprego de força contra sua pessoa para o descobrimento do que se procura.

c) Não sendo encontrada a pessoa ou coisa procurada, dispensa-se a lavratura do auto circunstanciado.

d) Quando ausentes os moradores da casa objeto de busca, devem ser intimadas a assistir a diligência duas pessoas idôneas.

e) Na impossibilidade de indicação precisa do local em que será realizada a diligência, admite-se a expedição de mandado de busca e apreensão genérico.

COMENTÁRIOS

Alternativa "a": é a permissão trazida pelo art. 244 do CPP.

Alternativa "b": será permitida o emprego de força contra coisas existentes no interior da casa, mas apenas se o morador raecalcitrar, tentar impedir a buca (art. 245, § 3º, CPP).

Alternativa "c": deve ser sempre lavrado o auto circunstanciado, relatando as diligências realizadas.

Alternativa "d": basta que seja chamado a assistir qualquer vizinho para assistir a diligência, se houver e esiver presente.

Alternativa "e": o mandado não será genérico, devendo indicar, o mais precisamente possível, setundo a lei, o local em que será realizada a diligência.

Alternativa correta: letra "a".

170. (Fumarc – Delegado de Polícia – PC – MG/2018) Em matéria de provas no processo penal, é CORRETO afirmar:

a) A absolvição independe de o acusado provar o alegado.
b) A declaração de ilicitude de uma prova necessariamente implica nulidade absoluta de todo o processo.
c) A prova testemunhal não poderá ser determinada de ofício pelo juiz.
d) Não há contaminação da prova quando ficar evidenciado seu nexo causal com a prova originária.

COMENTÁRIOS

Alternativa "a": o alegado por ele, quis dizer a alternativa. Evidentemente, o acusado não tem de provar nada, eis que o ônus da acusação é de quem acusa, embora haja entendimento de que cabe ao réu demonstrar as casuas exculpatórias que alegar. Discordamos, porém.

Alternativa "b": a ilicitude de uma prova apenas afeta aquelas que dela derivem, aplicando-se, aqui, o art. 157 do CPP, que trouxe para nosso ordenamento a teoria dos frutos da árvore venenosa. Assim, o dispositivo do Código diz: "São também inadmissíveis as provas derivadas das ilícitas, salvo quando não evidenciado o nexo de causalidade entre umas e outras, ou quando as derivadas puderem ser obtidas por uma fonte independente das primeiras".

Alternativa "c": a produção de qualquer prova, nos termos de nosso ordenamento jurídico, em especial o que dispõe o art. 156 do CPP, pode ser determinada de ofício pelo juiz.

Alternativa "d": ao contrário, nesse caso há contaminação. Se ausente o nexo, aí sim não atuará a contaminação.

Alternativa correta: letra "a".

171. (Cespe – Delegado de Polícia – GO/2017) Suponha que o réu em determinado processo criminal tenha indicado como testemunhas o presidente da República, o presidente do Senado Federal, o prefeito de Goiânia – GO, um desembargador estadual aposentado, um vereador e um militar das Forças Armadas. Nessa situação hipotética, conforme o Código de Processo Penal, poderão optar pela prestação de depoimento por escrito

a) o presidente do Senado Federal e o desembargador estadual.
b) o prefeito de Goiânia – GO e o militar das Forças Armadas.
c) o desembargador estadual e o vereador.
d) o presidente da República e o presidente do Senado Federal.
e) o presidente da República e o vereador.

COMENTÁRIOS

Alternativa correta: letra "D" (responde também todas as demais alternativas): somente o Presidente e o Vice-Presidente da República, os presidentes do Senado Federal, da Câmara dos Deputados e do Supremo Tribunal Federal é que poderão escolher a forma escrita do depoimento, quando forem arrolados como testemunhas (art. 221, caput, CPP).

172. (IBADE – Delegado de Polícia – AC/2017) A cláusula constitucional do *due process of law* – que se destina a garantir a pessoa do acusado contra ações eventualmente abusivas do Poder Público – tem, no dogma da inadmissibilidade das provas ilícitas ou ilegítimas, uma de suas projeções concretizadoras mais expressivas, na medida em que o réu tem o impostergável direito de não ser denunciado, de não ser julgado e de não ser condenado com base em elementos instrutórios obtidos ou produzidos com desrespeito aos limites impostos pelo ordenamento jurídico ao poder persecutório e ao poder investigatório do Estado.

(STF, HC 69912, Min. Celso de Mello).

A par de tal orientação jurisprudencial é possível afirmar corretamente:

a) As provas ilícitas são inadmissíveis e a ilicitude só poderá ser excluída, excepcionalmente, em razão da boa-fé do agente, nos casos de organização criminosa e tráfico.
b) As provas ilícitas são inadmissíveis, sendo a doutrina pacífica no sentido de que não podem servir nem mesmo quando forem as únicas capazes de demonstrar a inocência do réu,
c) As informações colhidas na fase do inquérito que dão esteio à acusação devem guardar perfeita obediência ao princípio da legalidade sobre pena de refletir na rejeição da denúncia por falta de justa causa produzida licitamente.
d) As provas derivadas das ilícitas não são alcançadas pela inadmissibilidade.
e) Em nenhuma hipótese os vícios do inquérito policial serão considerados, uma vez que se trata de fase administrativa que não contamina o processo penal.

COMENTÁRIOS

Alternativa correta: letra "C" (responde também a alternativa "E"): os elementos informativos colhidos no inquérito devem ter, em sua produção, observada a legalidade. Do contrário, o elemento informativo poderá ser considerado ilícito e, portanto, nulo, não podendo ser usado para embasar a denúncia. Embora isso não leve à nulidade do próprio inquérito, pode levar ao não recebimento da inicial acusatória.

Alternativa "A": nosso ordenamento não adotou o princípio da boa-fé, para inclusão de provas que normalmente seriam consideradas ilícitas. Se presente a causa da ilicitude e ausentes as situações do art. 157 do CPP que permitem, ainda assim, a utilização da prova, esta será inadmissível, com ou seu boa-fé.

Alternativa "B": trata-se de questão muito polêmica. A nosso ver, em nenhuma hipótese é admitida a prova ilícita. Mas a doutrina majoritária afirma ser possível a produção de prova ilícita pro reo. Uma corrente minoritária entende que a prova ilícita pode ser admitida até mesmo contra o réu, aplicando-se o princípio da proporcionalidade. Nossa posição: a proibição da prova ilícita é regra e não admite a aplicação do princípio da proporcionalidade, além do que, normalmente, não teremos prova realmente ilícita quando utilizada a favor do réu (ex.: se este, para provar que é inocente, intercepta clandestinamente uma linha telefônica, poderá, em tese, alegar ter agido em estado de necessidade; logo, se existente este, o fato será lícito e, assim, a prova não será ilícita). Mas, reconhecemos, somos minoria.

Alternativa "D": são alcançadas pela inadmissibilidade, conforme estabelece o art. 157 do CPP.

173. (IBADE – Delegado de Polícia – AC/2017) No que tange à regência do código de processo penal sobre reconhecimento de pessoas, leia as assertivas a seguir.

I. A pessoa que tiver de fazer o reconhecimento será convidada a descrever a pessoa que deva ser reconhecida.

II. A pessoa, cujo reconhecimento se pretender, será colocada, se possível, ao lado de outras que com ela tiverem qualquer semelhança, convidando-se quem tiver de fazer o reconhecimento a apontá-la, não sendo possível, serão apresentadas fotografias de pessoas diversas para quem tiver que proceder o reconhecimento de pessoa.

III. Se houver razão para recear que a pessoa chamada para o reconhecimento, por efeito de intimidação ou outra influência, não diga a verdade em face da pessoa que deve ser reconhecida, a autoridade providenciará para que esta não veja aquela, seja em sede policial, no curso da instrução criminal ou no plenário do júri.

IV. Do ato de reconhecimento lavrar-se-á auto pormenorizado, subscrito pela autoridade, pela pessoa chamada para proceder ao reconhecimento e por duas testemunhas presenciais.

Está correto apenas o que se afirma em:

a) I e IV.

b) I, III e IV.

c) I e III.

d) II, III e IV.

e) I e II.

COMENTÁRIOS

Alternativa correta: letra "A": estão certos os Itens I e IV.

Item I: certo. Trata-se de parte do procedimento do reconhecimento pessoal trazido pelo art. 226. I, do CPP.

Item II: errado. Não há qualquer menção ao uso de fotografias no procedimento do reconhecimento. Aliás, muito se debate na doutrina sobre a validade do reconhecimento fotográfico, sendo meio de prova claramente atípico.

Item III: errado. Entendemos que o réu sempre poderá ser retirado da sala quando do depoimento da testemunha, caso não seja possível o uso de videoconferência. Isso, em nosso entender, aplica-se até mesmo ao tribunal do júri. Porém, o item mistura isso com o ato do reconhecimento. Nesse caso, a testemunha precisa ver a pessoa a ser reconhecida, embora esta não precise ver que a está reconhecendo, embora tenha o direito de conhecer sua identidade.

Item IV: certo. É o que determina o inciso IV do art. 226 do CPP.

174. (IBADE – Delegado de Polícia – AC/2017) Segundo o código de processo penal o mandado de busca domiciliar deverá:

a) indicar ainda que de Forma genérica e indeterminada a casa na qual se realizará a diligência, precisando com tudo a região da busca.

b) indicar, o mais precisamente possível, a casa em que será realizada a diligência e o nome do respectivo proprietário ou morador; ou, no caso de busca pessoal, o nome da pessoa que terá de sofrê-la ou os sinais que a identifiquem.

c) em qualquer caso, permitir a apreensão de documento em poder do defensor do acusado.

d) ser subscrito pelo escrivão de polícia pela autoridade policial.

e) mencionar ainda que de forma genérica o motive e os fins da diligência.

COMENTÁRIOS

Alternativa correta: letra "B" (responde também todas as demais alternativas): segundo o art. 243 do CPP, o mandado de busca deverá: (i) indicar, o mais precisamente possível, a casa em que será realizada a diligência e o nome do respectivo proprietário ou morador; ou, no caso de busca pessoal, o nome da pessoa que terá de sofrê-la ou os sinais que a identifiquem; (ii) mencionar o motivo e os fins da diligência; (iii) ser subscrito pelo escrivão e assinado pela autoridade que o fizer expedir.

175. (IBADE – Delegado de Polícia – AC/2017) No que tange ao acesso ao conteúdo das mensagens de aplicativos como Whatsapp e o registro de chamadas originadas e recebidas em aparelhos celulares apreendidos pela polícia por ocasião da prisão em flagrante, leia as afirmativas a seguir.

I. Segundo a jurisprudência do STJ é ilegal o acesso a mensagens e dados do aplicativo Whatsapp sem prévia autorização judicial por se tratar de violação ao direito à intimidade do preso. As informações, ainda que armazenadas nos dispositivos encontram proteção no Marco Civil da Internet.

II. Segundo a jurisprudência do STF, o fato de ter sido verificado o registro das últimas chamadas efetuadas e recebidas pelos dois celulares apreendidos em poder do co-réu, cujos registros se encontravam gravados nos próprios aparelhos, não configura quebra do sigilo telefônico, pois não houve requerimento à empresa responsável pelas linhas telefônicas, no tocante à lista geral das chamadas originadas e recebidas, tampouco conhecimento do conteúdo das conversas efetuadas por meio destas linhas. Portanto, independem de autorização judicial.

III. Segundo a jurisprudência do STJ, dados armazenados em telefone celular não estão submetidos à cláusula da reserva jurisdicional.

IV. Mesmo os temas de reserva de jurisdição podem ser objeto de restrição pelas comissões parlamentares de inquérito, pois possuem poderem típicos das autoridades judiciárias.

Está correto o que se afirma apenas em:

a) II e III.
b) II e IV.
c) I e III.
d) III e IV.
e) I e II.

COMENTÁRIOS

Alternativa correta: letra "E": estão certas as Afirmativas I e II.

Afirmativa I: certo. É exatamente esta a reiterada posição do STJ, conforme se verifica no REsp 1.675.501-MG, Rel. Min. Sebastião Reis Júnior, j. 17.10.2017. Assim, para que polícia tenha acesso ao conteúdo das mensagens ainda armazenadas no celular apreendido, deve haver prévia autorização judicial.

Afirmativa II: certo. Diferentemente do caso do Whatsapp, em que o conteúdo da troca de mensagens (ou seja, da "conversa") é acessada pela polícia, a relação das últimas ligações telefônicas registradas no celular não atinge o sigilo das comunicações, pois não se tem acesso ao conteúdo da comunicação em si, tampouco fere a intimidade, sendo posição do STF a de que pode a autoridade policial ter acesso aos registros.

Afirmativa III: errado. Como visto acima, o conteúdo de mensagens trocadas por meio de aplicativos está protegido pelo sigilo constitucional.

Afirmativa IV: errado. As CPIs não podem requisitar informações sujeitas à reserva de jurisdição, como a interceptação das comunicações e a busca e apreensão domiciliar. Tampouco podem determinar prisões preventivas ou temporárias.

176. (IBADE – Delegado de Polícia – AC/2017) Acerca do sigilo das operações de instituições financeiras (Lei Complementar nº 105/2001, pode-se afirmar:

a) Independe de prévia autorização do Poder Judiciário a prestação de informações e o fornecimento de documentos sigilosos solicitados por comissão de inquérito administrativo destinada a apurar responsabilidade de servidor público por infração praticada no exercício de suas atribuições.

b) A quebra de sigilo poderá ser decretada, quando necessária para apuração de ocorrência de qualquer ilícito, em qualquer fase do inquérito ou do processo judicial.

c) A revelação de informações sigilosas, mesmo com o consentimento expresso dos interessados, constitui violação do dever de sigilo.

d) O sigilo, inclusive quanto a contas de depósitos, aplicações e investimentos mantidos em instituições financeiras, pode ser oposto ao Banco Central do Brasil.

e) A quebra de sigilo, fora das hipóteses autorizadas nesta Lei Complementar, constitui crime e sujeita os responsáveis à pena de detenção, de um a quatro anos.

COMENTÁRIOS

Alternativa correta: letra "B": é o que dispõe o § 4º do art. 1º da LC 105, que traz um rol apenas exemplificativo de crimes.

Alternativa "A": dependem de prévia autorização do Poder Judiciário a prestação de informações e o fornecimento de documentos sigilosos solicitados por comissão de inquérito administrativo destinada a apurar responsabilidade de servidor público por infração praticada no exercício de suas atribuições, ou que tenha relação com as atribuições do cargo em que se encontre investido (art. 3º, § 1º, LC 105).

Alternativa "C": nesse caso não há violação, conforme deixa claro o § 3º, V, do art. 1º da LC 105.

Alternativa "D": o sigilo não pode ser oposto ao Banco Central nesses casos (art. 2º, § 1º, LC 105).

Alternativa "E": faltou mencionar a pena de multa (art. 10, LC 105).

177. (Cespe – Delegado de Polícia – PE/2016) De acordo com a doutrina majoritária e com o entendimento dos tribunais superiores, assinale a opção correta relativamente à prova no processo penal.

a) Para a caracterização do crime de lesão corporal de natureza grave que resulte na incapacidade da vítima para as ocupações habituais por mais de trinta dias, é imprescindível a realização de exame complementar e a comprovação da incapacidade mediante prova pericial.

b) É nula a prova colhida em interceptação telefônica deferida por juiz estadual no curso de investigação criminal que, a posteriori, venha a se declarar incompetente por entender que a causa deverá ser processada e julgada no âmbito federal.

c) Em decorrência do princípio da ampla defesa, autoriza-se a inclusão, no processo, de provas obtidas ilicitamente, desde que favoráveis à defesa.

d) Dado o princípio da verdade real que rege o processo penal, os fatos notórios, os fatos incontroversos e aqueles que contêm presunção absoluta dependem de prova hábil para a sua convalidação.

e) Conforme a legislação processual pátria, a vítima não é qualificada como testemunha, não integrando, portanto, o número máximo de testemunhas a serem arroladas; todavia, a condição de ofendido não exclui a responsabilidade pelo crime de falso testemunho, caso, em seu depoimento, falte ou omita a verdade.

COMENTÁRIOS

✪ **Nota do autor:** a questão foi anulada.

Alternativa "A": errado. O erro, a nosso ver, está em afirmar que há necessidade de exame de corpo de delito complementar e comprovação da incapacidade por prova pericial, ou seja, por outra perícia. Na verdade, tratamos aqui da mesma perícia, ou seja, do exame de corpo de delito complementar, realizado após o decurso do prazo, em que se verificará ou não a incapacidade.

Alternativa "B": errado. Se nada havia nos autos, quando da autorização da medida de interceptação, que indicasse a competência da Justiça Federal, podia o juiz autorizá-la. Se, depois, constatar-se ser competente a Justiça Federal, remete-se o feito a esta, sem prejuízo dos elementos de prova colhidos. Não há nulidade, portanto. Nesse sentido: STJ, RHC 47.405-MT, Rel. Min. Nefi Cordeiro, j. 13.09.2016.

Alternativa "C": errado, a nosso ver; certo, segundo a posição majoritária da doutrina sobre a prova ilícita e sua utilização a favor do acusado. Porém, tal entendimento é questionável e explicamos o motivo. Nos filiamos, nesse ponto, à divisão apresentada por Robert Alexy, jurista alemão, que trouxe importante distinção entre normas-princípio e normas-regras que tratam de direitos fundamentais. As primeiras admitem ponderação, ou seja, a aplicação da regra da proporcionalidade; as demais, não. Para parte da doutrina, a proibição da prova ilícita é regra, não admitindo, assim, a ponderação. Concordamos com esse entendimento. O que isso quer dizer? Significa que, sendo hipótese de prova ilícita, ela não pode ser admitida no processo penal, como prevê regra específica da CF. Entretanto, caso se considere que a proibição da utilização da prova ilícita é um princípio, então é possível sua utilização no processo, desde que *pro reo*. Mas, atenção: aqueles que entendem totalmente inadmissíveis as provas ilícitas no processo e que isso é uma regra afirmam que, quando utilizadas pela acusado para proteção de sua liberdade, há a incidência de causa de exclusão da ilicitude, sendo, consequentemente, lícita a prova, podendo, assim, ser perfeitamente utilizada, pois não incidente a regra mencionada. Para estes, portanto, não há utilização de prova ilícita *pro reo* – vez que a prova ilícita não pode de modo algum ser utilizada –, mas prova lícita utilizada pelo acusado.

Alternativa "D": errado. Segundo o art. 374 do novo CPC, **não dependem de prova** os fatos (a) notórios, (b) afirmados por uma parte e confessados pela parte contrária, (c) admitidos no processo como incontroversos e (d) em cujo favor milita presunção legal de existência ou de veracidade. Tal dispositivo pode ser aplicado ao processo penal por analogia? A nosso ver, sim, com duas exceções: os fatos incontroversos e aqueles confessados pelo acusado. Como é cediço, a confissão do acusado não é absoluta no processo penal, não sendo presumida a veracidade de seu conteúdo, que deve ser valorado em conjunto com os demais elementos de prova constantes do processo (art. 197, CPP). Notem que há regra expressa no sentido de proibir que a confissão supra a falta do exame de corpo de delito (art. 158). Portanto, nem que o acusado admita determinado fato, ainda assim não se poderá dizer que é incontroverso, pois pode não haver prova suficiente de sua existência. O processo, como já afirmamos em outro momento acima, não pode prescindir da busca da verdade, da verdade possível, processual, que não pode ser obtida a todo custo, estando sujeita às limitações à prova (como a proibição da prova ilícita) impostas pela CF e pela legislação processual.

Alternativa "E": errado. A vítima não é testemunha, tanto que é tratada, no que tange aos meios de prova, de modo separado pelo legislador. Até mesmo no art. 400 do CPP, momento em que é regulado o procedimento a ser adotado na audiência de instrução, há clara diferenciação entre vítima e testemunha, pois ali consta que o juiz ouvirá o ofendido e as testemunhas arroladas. Assim, a rigor, não há sequer necessidade de que a vítima seja arrolada pela acusação, pois deverá ser ouvida sempre que possível (v. o art. 201). E mais: não entra no número de pessoas que podem ser arroladas pelas partes.

---

178. (Vunesp – Delegado de Polícia – CE/2015) Determina o art. 156 do CPP que a prova da alegação incumbirá a quem a fizer. Tal norma

a) é relativizada, pois o juiz pode ordenar, mesmo antes de iniciada a ação penal, a produção antecipada de provas consideradas urgentes e relevantes.

b) é corolário do Estado Democrático de Direito, pois apenas ao acusado, tecnicamente assistido por advogado, é franqueado o direito de provar o que entende relevante para o sucesso de seus argumentos.

c) consagra o princípio da imparcialidade da jurisdição, pois ao Estado-Juiz é defeso realizar diligências de ofício no curso do processo.

d) consagra o princípio do in dubio pro reo, pois o juiz não pode determinar de ofício a produção de prova que aproveite a tese da parte autora.

e) consagra o princípio da inércia judicial, pois o julgador não poderá determinar a produção de provas no curso da ação penal.

COMENTÁRIOS

Alternativa correta: letra "A": o próprio art. 156 do CPP permite que o juiz tenha a iniciativa da prova. Porém, o referido artigo prevê duas situações. Leiam o dispositivo, pois é importante. Ambos geram muito discussão na doutrina e, para nós, a possibilidade de o juiz determinar a produção de provas, de ofício, antes de iniciada a ação penal, ou seja, ainda na fase de investigação, é de constitucionalidade no mínimo duvidosa. O juiz não pode ser "investigador", não pode meter-se na investigação, salvo para assegurar as garantias constitucionais, o que se dá, por exemplo, quando decide requerimento sobre prisão cautelar, buscas, interceptações de comunicação etc.

Alternativa "B": o ônus da prova é da acusação, não do acusado. Este tem o direito à prova, mas não para provar sua inocência, pois o ônus não é dele, mas para provar os fatos que possam interessar à sua defesa, mesmo que seja apenas para gerar dúvida na mente do julgador.

Alternativa "C": embora haja opiniões contrárias, prevalece o entendimento majoritário de que o juiz pode, na fase processual, determinar a produção de prova, de ofício, a fim de esclarecer algum ponto relevante. Mas, atenção: a doutrina adverte, com razão, que o juiz não pode suprir deficiência da acusação, quando esta não se desincumbiu de seu ônus de provar a imputação feita contra o réu.

Alternativa "D": a prova determinada, de ofício, pelo juiz pode aproveitar à parte acusadora, muito embora, repita-se, não pode o juiz tomar o lugar da acusação, quando esta não conseguir provar a imputação feita contra o acusado.

Alternativa "E": como visto acima, o art. 156 do CPP permite que o juiz determine, de ofício, a produção de provas.

---

179. (Vunesp – Delegado de Polícia – CE/2015) Em matéria de prova, vige no processo penal o livre convencimento motivado. Todavia, o STJ fixou entendimento (súmula 74) estabelecendo que

a) para a decretação da extinção da punibilidade pela morte do acusado, é necessário que venha aos autos original ou cópia autenticada de certidão de óbito.

b) a prova de idade de acusado maior de 70 anos, a fim de obter o benefício da prescrição pela metade, faz-se apenas por documento oficial válido e original.

c) o reconhecimento da menoridade do acusado requer prova por documento hábil.

d) a renúncia ao direito de queixa deve ser feita por escrito e na presença de testemunhas numerárias.

e) a delação premiada só é válida se colhida na presença de órgão do Ministério Público e advogado constituído.

COMENTÁRIOS

Alternativa correta: letra "C": tal entendimento do STJ, exposto na Súmula 74, não poderia ser outro. No processo penal, há regra explícita sobre a prova a respeito do estado da pessoa, que deve seguir as restrições da lei civil (art. 155, parágrafo único, CPP). E idade prova-se com certidão de nascimento ou outro documento hábil, reconhecido pela lei civil.

Alternativa "A": não é o que diz a Súmula 74, que trata de outro ponto, mas acreditamos que é exigível a certidão de óbito antes de declarar extinta a punibilidade, com base no art. 107, I, do CP. O STF, aliás, entende que não tem efeito a decisão que extinguiu a punibilidade, se prolatada com base em certidão de óbito falsa.

Alternativa "B": mais uma vez, a Súmula 74 não trata disso, mas o raciocínio é o mesmo: a idade deve ser provada por certidão de nascimento ou outro documento hábil, como certidão de casamento. Porém, pensamos que, em caso de dúvida e inexistentes os registros, deve-se aplicar o princípio do favor *rei ou in dubio pro reo*.

Alternativa "D": não há necessidade destas formalidades para a renúncia ao direito de queixa. Aliás, esta pode mesmo ser tácita.

Alternativa "E": não há necessidade de tais formalidades, pois pode ser colhida pela autoridade policial, tendo o delator o direito de ser assistido por advogado. O Ministério Público deverá ser comunicado.

---

180. (FUNIVERSA – Delegado de Polícia – DF/2015) Assinale a alternativa correta a respeito de prova, indiciamento e inquérito policial, com base na legislação, na jurisprudência e na doutrina majoritária.

a) Conforme a lei, o indiciamento é ato privativo do delegado de polícia ou do órgão do Ministério Público, devendo ocorrer por meio de ato fundamentado, que, mediante análise técnico-jurídica do fato, deverá indicar a autoria, a materialidade e suas circunstâncias.

b) O relatório de inquérito policial, a ser redigido pela autoridade que o preside, é indispensável para o oferecimento da denúncia ou da queixa-crime pelo titular da ação penal.

c) As provas ilegítimas são as obtidas por meio de violação de normas de direito material, ao passo que as provas ilícitas são as obtidas por meio de violação de normas de direito processual.

d) Consoante o Código de Processo Penal (CPP), admitem-se as provas derivadas das ilícitas, desde que não evidenciado o nexo de causalidade entre umas e outras, ou que as derivadas possam ser obtidas por uma fonte independente das primeiras.

e) No ordenamento jurídico brasileiro, não se adota a denominada teoria da árvore dos frutos envenenados, de modo que a prova derivada da prova ilícita tem existência autônoma e deverá ser apreciada em juízo.

COMENTÁRIOS

Alternativa correta: letra "D" (responde também a alternativa "E"): as teorias "dos frutos da árvore envenenada" e "da fonte independente" – criações da jurisprudência da Suprema Corte norte-americana – foram claramente adotadas na reforma sofrida pelo CPP em 2008, bastando verificar a redação dada ao § 1º do art. 157. Enquanto o *caput* proíbe a valoração das provas ilícitas – consideradas inadmissíveis, devendo ser desentranhadas dos autos – o referido parágrafo afirma: "São também inadmissíveis as provas derivadas das ilícitas" (frutos da árvore envenenada"), "salvo quando não evidenciado o nexo de causalidade entre umas e outras, ou quando as derivadas puderem ser obtidas por uma fonte independente das primeiras". O que se deve entender por "fonte independente"? Diz o § 2º: "aquela que por si só, seguindo os trâmites típicos e de praxe, próprios da investigação ou instrução criminal, seria capaz de conduzir ao fato objeto da prova". A doutrina vem criticando tal definição, por entender ter feito o legislador uma pequena confusão entre "fonte independente" e "descoberta inevitável", outra das criações da Suprema Corte norte-americana. De fato, a definição contida no § 2º do art. 157 do CPP brasileiro descreve a situação de "descoberta inevitável". Então, o que seria a fonte independente? No caso da fonte independente, a prova tem duas origens, sendo uma delas ilícita. Assim, pode-se perfeitamente suprimir a fonte ilegal, que ainda assim subsistirá a fonte lícita.

Alternativa "A": a lei mencionada é a Lei 12.830/2013, que estabelece ser o indiciamento ato privativo apenas do delegado de polícia, não podendo ser realizado por membro do Ministério Público.

Alternativa "B": nem o inquérito é indispensável, o que dirá seu relatório.

Alternativa "C": é o contrário. As provas ilegítimas são aquelas produzidas com violação a regra de direito processual. As ilícitas são as obtidas com violação a normas constitucionais que garantam direitos fundamentais ou de direito material.

---

181. (FUNIVERSA – Delegado de Polícia – DF/2015) À luz da legislação processual penal e da jurisprudência e doutrina majoritária a respeito da matéria, assinale a alternativa correta.

a) De acordo com o CPP, em regra, o exame de corpo de delito será realizado por ao menos dois peritos oficiais portadores de diploma de curso superior.

b) Conforme o STF, a perícia sobre a aptidão da arma de fogo para efetuar disparos é necessária para que se configure o crime de roubo circunstanciado por emprego de arma de fogo.

c) Em se tratando de crime de falsificação de documento público, a falta de perícia, por ter-se recusado o réu a colaborar para a realização de exame grafotécnico, não pode ser suprida por outros meios de prova.

d) Durante o inquérito policial, as medidas cautelares pessoais poderão ser decretadas pelo juiz mediante representação da autoridade policial, de ofício ou após requerimento do Ministério Público.

e) Conforme dispositivo expresso no CPP, a prisão preventiva em nenhum caso será decretada se o juiz verificar que o agente praticou o fato por estado de necessidade.

COMENTÁRIOS

Alternativa correta: letra "E": é o que se pode depreender do parágrafo único do art. 310 do CPP.

Alternativa "A": basta um perito oficial, portador de diploma de curso superior (art. 159, caput, CPP).

Alternativa "B": o STF não possui tal entendimento jurisprudencial.

Alternativa "C": o réu não é obrigado a fornecer prova contra si mesmo, mas a ausência do exame pode ser suprida por outras provas, desde que aptas as trazerem a certeza necessária sobre a ocorrência da falsificação.

Alternativa "D": o juiz não pode decretar as medidas cautelares pessoais, de ofício, na fase de investigação. De ofício, somente na fase judicial.

---

182. (FUNIVERSA – Delegado de Polícia – DF/2015) A respeito do depoimento de testemunhas, é correto afirmar que

a) é vedada a retirada do réu da sala de audiências, sob pena de violação aos princípios constitucionais da ampla defesa e do contraditório.

b) a adoção do sistema acusatório implica a inadmissibilidade da condução coercitiva de testemunha, devendo o caso ser solucionado a partir do sistema de distribuição do ônus da prova.

c) a ex-esposa do acusado de determinado crime poderá recusar-se a depor, mesmo que já separada judicialmente do réu.

d) não se deferirá o compromisso de dizer a verdade ao menor de dezoito anos de idade.

e) são proibidas de depor as pessoas que, em razão de função, ministério, ofício ou profissão, devam guardar segredo, ainda que desobrigadas dessa guarda pela parte interessada.

COMENTÁRIOS

Alternativa correta: letra "C": é o que prevê o art. 206 do CPP, quando usa a antiga expressão "desquitado".

Alternativa "A": de acordo com o art. 217 do CPP, se o juiz verificar que a presença do réu poderá causar humilhação, temor, ou sério constrangimento à testemunha ou ao ofendido, de modo que prejudique a verdade do depoimento, fará a inquirição por videoconferência e, somente na impossibilidade dessa forma, determinará a retirada do réu, prosseguindo na inquirição, com a presença do seu defensor.

Alternativa "B": a parte não tem como obrigar a testemunha a comparecer. Somente o juiz tem tal poder, inclusive de fazê-lo coercitivamente. Sem isso, não há como se garantir o direito à prova, parte importante do sistema acusatório.

Alternativa "D": o menor de 18 anos tem o dever de dizer a verdade. Se o não fizer, comete ato infracional de falso testemunho. Assim, deve ser compromissado. Porém, se for menor de 14 anos, apesar de passível de cometer ato infracional – desde que tenha pelo menos 12 – o art. 208 do CPP dispensa o compromisso.

Alternativa "E": se desobrigadas, podem depor, desde que queiram (art. 207, CPP).

---

183. (ACAFE – Delegado de Polícia – SC/2014) Sobre a Prova, de acordo com o Código de Processo Penal, é correto afirmar:

a) São admissíveis as provas derivadas das ilícitas quando não evidenciado o nexo de causalidade entre umas e outras, ou quando as derivadas puderem ser obtidas por uma fonte dependente das primeiras.

b) O juiz formará sua convicção pela livre apreciação da prova produzida em contraditório judicial, não podendo fundamentar sua decisão exclusivamente nos elementos informativos colhidos na investigação, ressalvadas as provas cautelares, não repetíveis e antecipadas.

c) Considera-se fonte independente a prova que por si só seria incapaz de conduzir ao fato objeto da prova.

d) Preclusa a decisão de desentranhamento da prova declarada inadmissível, esta não será inutilizada por decisão judicial.

e) O juiz formará sua convicção pela livre apreciação da prova produzida em contraditório judicial, podendo fundamentar sua decisão exclusivamente nos elementos informativos colhidos na investigação, ressalvadas as provas cautelares, não repetíveis e antecipadas.

COMENTÁRIOS

Alternativa correta: letra "B" (responde também a alternativa "E"): a alternativa repete os dizeres do art. 155 do CPP, que representa o reconhecimento, na lei processual, de modo expresso, do que a doutrina de há muito já vinha dizendo: o juiz deve fundamentar sua decisão em provas produzidas sob o contraditório, salvo as três exceções previstas no próprio dispositivo citado. Nas exceções estão, por exemplo, as perícias realizadas na fase de inquérito e que não mais podem ser repetidas.

Alternativa "A": as provas derivadas das consideradas ilícitas são também ilícitas, salvo quando não evidenciado o nexo de causalidade entre umas e outras, ou quando as derivadas puderem ser obtidas por uma fonte independente das primeiras, conforme dispõe o art. 157 do CPP. É a aplicação da teoria dos frutos da árvore envenenada, de origem norte-americana.

Alternativa "C": o § 2º do art. 157 do CPP dispõe ser a fonte independente "aquela que por si só, seguindo os trâmites típicos e de praxe, próprios da investigação ou instrução criminal, seria capaz de conduzir ao fato objeto da prova". A doutrina vem criticando tal definição, por entender ter feito o legislador uma pequena confusão entre "fonte independente" e "descoberta inevitável", outra das criações da Suprema Corte norte-americana. De fato, a definição contida no § 2º do art. 157 do CPP brasileiro descreve a situação de "descoberta inevitável". Então, o que seria a fonte independente? No caso da fonte independente, a prova tem duas origens, sendo uma delas ilícita. Assim, pode-se perfeitamente suprimir a fonte ilegal, que ainda assim subsistirá a fonte lícita.

Alternativa "D": preclusa a decisão de desentranhamento da prova declarada inadmissível, esta será inutilizada por decisão judicial, facultado às partes acompanhar o incidente (art. 157, § 3º, CPP).

---

184. (ACAFE – Delegado de Polícia – SC/2014) Analise as afirmações a seguir e assinale a alternativa correta, considerando as disposições do Código de Processo Penal em relação à realização do interrogatório do réu por videoconferência, medida excepcional que visa atender, dentre outras, as seguintes finalidades:

I. Prevenir risco à segurança pública, quando exista fundada suspeita de que o preso integre organização criminosa ou de que, por outra razão possa fugir durante o deslocamento.

II. Viabilizar a participação do réu no referido ato processual quando haja relevante dificuldade para seu comparecimento em juízo, por enfermidade ou outra circunstância pessoal.

III. Minimizar os deslocamentos entre o local de detenção e o Fórum, de maneira a otimizar o trânsito em locais reconhecidamente sujeitos a congestionamentos.

IV. Aferir a influência do réu no ânimo de testemunha ou da vítima, desde que seja possível colher o depoimento destas por videoconferência.

a) Apenas I, II e IV estão corretas.

b) Apenas I e II estão corretas.

c) Apenas II e III estão corretas.

d) Apenas II, III e IV estão corretas.

e) Todas as afirmações estão corretas.

COMENTÁRIOS

Alternativa correta: letra "B": estão certas as Afirmações I e II.

Afirmação I: certo. É a previsão do art. 185, § 2º, I, do CPP.

Afirmação II: certo. É a hipótese do art. 185, § 2º, II, do CPP.

Afirmação III: errado. Essa não é justificativa para a realização do interrogatório por videoconferência, eis que não prevista nos quatro incisos do art. 185, § 2º do CPP.

Afirmação IV: errado. Na verdade, o motivo relacionado às testemunhas que pode justificar a videoconferência é outro: impedir a influência do réu no ânimo de testemunha ou da vítima, desde que não seja possível colher o depoimento destas por videoconferência (art. 185, § 2º, III, CPP).

185. (ACAFE – Delegado de Polícia – SC/2014) Considerando o Código de Processo Penal e as finalidades da busca e apreensão domiciliar realizada pelo Delegado de Polícia, analise as afirmações a seguir e assinale a alternativa correta.

I. Prender criminosos ou apreender coisas achadas ou obtidas por meios criminosos.

II. Apreender quaisquer cartas, desde que já abertas, destinadas ao acusado ou em seu poder.

III. Apreender pessoas vítimas de crimes ou quaisquer outras que estejam no domicílio.

IV. Colher qualquer elemento de convicção.

a) Todas as afirmações estão corretas.
b) Apenas II e IV estão corretas.
c) Apenas I, II e III estão corretas.
d) Apenas I e IV estão corretas.
e) Apenas a afirmação I está correta.

COMENTÁRIOS

Alternativa correta: letra "D": estão certas as Afirmações I e IV.

Afirmação I: certo. O art. 240, § 1º, do CPP elenca as finalidades da busca e apreensão. O contido na Afirmação está nas alíneas "a" e "b".

Afirmação II: errado. A lei menciona tal hipótese, não fazendo distinção entre cartas abertas ou fechadas. Na verdade, inclui ambas (art. 240, § 1º, "f", CPP). Porém, há entendimentos de que a apreensão de cartas infringe o inciso XII do art. 5º do CF, que traz a inviolabilidade absoluta da correspondência. Outro entendimento é o de que, inviolável é a comunicação, ou seja, a transmissão da correspondência entre o emitente e o destinatário. Porém, tendo este recebido a carta e estando ela aberta, poderá ser apreendida.

Afirmação III: errado. Buscar vítimas de crimes pode ser objeto desse meio de obtenção de provas (art. 240, § 1º, "g"). No entanto, o mesmo não se pode dizer quanto às "outras pessoas" que estiverem no local, salvo se estas estiverem envolvidas no crime.

Afirmação IV: certo. É o previsto no art. 240, § 1º, "h", do CPP.

186. (ACAFE – Delegado de Polícia – SC/2014) Considere o Código de Processo Penal quanto ao exame de corpo de delito e perícias em geral, analise as afirmações a seguir e assinale a alternativa correta.

I. Quando a infração deixar vestígios será indispensável o exame de corpo de delito, direto ou indireto, não podendo supri-lo a confissão do acusado.

II. O assistente técnico atuará a partir de sua indicação pelo juiz e antes da conclusão dos exames e elaboração do laudo pelos peritos oficiais, sendo as partes intimadas desta decisão.

III. Na falta de perito oficial, o exame será realizado por 2 (duas) pessoas idôneas, portadoras de diploma de curso superior indispensavelmente na área específica relacionada com a natureza do exame.

IV. Serão facultadas ao Ministério Público, ao assistente de acusação, ao ofendido, ao querelante e ao acusado, a formulação de quesitos e indicação de assistente técnico.

a) Apenas I e IV estão corretas.
b) Apenas I, II e III estão corretas.
c) Apenas II e III estão corretas.
d) Apenas II e IV estão corretas.
e) Apenas II, III e IV estão corretas.

COMENTÁRIOS

Alternativa correta: letra "A": estão certas as Afirmações I e IV.

Afirmação I: certo. Trata-se de regra importante, inscrita no art. 158 do CPP. Notem a parte final: ausente o exame de corpo de delito, a prova da materialidade do crime não pode ser suprida pela confissão isolada. Já atuamos em caso no qual um homem apareceu numa delegacia de polícia e admitiu ter matado a própria companheira – a família dela, por sinal, desconhecia seu paradeiro. O tal homem levou o delegado ao local onde teria enterrado o corpo, mas este não foi encontrado. Como não havia prova da materialidade, por meio do exame de corpo de delito, tampouco testemunhas do suposto homicídio, nada pôde ser feito contra o tal homem, eis que a confissão, sozinha, é incapaz de provar a ocorrência do crime que deixa vestígios.

Afirmação II: errado. O assistente técnico atuará a partir de sua admissão pelo juiz e somente após a conclusão dos exames e elaboração do laudo pelos peritos oficiais, sendo as partes intimadas desta decisão (art. 159, § 4º, CPP).

Afirmação III: errado. Na falta de perito oficial, o exame será realizado por 2 (duas) pessoas idôneas, portadoras de diploma de curso superior preferencialmente na área específica, dentre as que tiverem habilitação técnica relacionada com a natureza do exame (art. 159, § 1º, CPP).

Afirmação IV: certo. É o que permite o § 3º do art. 159 do CPP, sendo inovação trazida ao nosso processo penal em 2008.

187. (ACAFE – Delegado de Polícia – SC/2014) De acordo com o Código de Processo Penal, assinale a alternativa correta.

a) O exame de corpo de delito poderá ser feito em qualquer dia e a qualquer hora.
b) A autópsia será feita pelo menos doze horas depois do óbito, salvo se os peritos, pela evidência dos sinais de morte, julgarem que possa ser feita antes daquele prazo, o que declararão no auto.
c) Proceder-se-á, sempre, a avaliação de coisas destruídas, deterioradas ou que constituam produto do crime.
d) Para o efeito de exame do local onde houver sido praticada a infração, a autoridade providenciará

imediatamente para que não se altere o estado das coisas até a chegada dos parentes, que poderão instruir os laudos com fotografias, desenhos ou esquemas elucidativos.

e) Nos casos de morte violenta bastará o simples exame externo do cadáver, quando houver infração penal que apurar ou quando as lesões internas não permitirem precisar a causa da morte ou a verificação de alguma circunstância relevante.

COMENTÁRIOS

Alternativa correta: letra "A": é a regra do art. 161 do CPP, que não admite exceção.

Alternativa "B": o prazo é de 6 horas, não de 12, conforme dispõe o art. 162, caput, do CPP. Parece-nos muito ligada tal regra à nossa cultura, em que os mortos devem ser logo sepultados. Em alguns países, os prazos são muito maiores, de dias, não de horas.

Alternativa "C": tais exames serão realizados apenas quando necessário (art. 172, CPP).

Alternativa "D": até a chegada dos peritos, não dos parentes (art. 169, CPP).

Alternativa "E": a regra é a seguinte: nos casos de morte violenta, bastará o simples exame externo do cadáver, quando não houver infração penal que apurar, ou quando as lesões externas permitirem precisar a causa da morte e não houver necessidade de exame interno para a verificação de alguma circunstância relevante (parágrafo único do art. 162, CPP)..

---

188. (FUNCAB – Delegado de Polícia – RO/2014) No que se refere ao estudo das provas no processo penal, sabe-se que a autoridade judiciária se sujeita ao Princípio da Persuasão Racional (ou do Livre Convencimento Motivado), que tem por característica:

a) a impossibilidade de vincular o convencimento judicial à atuação das partes, por existir autonomia da autoridade judiciária para buscar as provas.

b) a possibilidade de a autoridade judiciária se valer de provas ilícitas para a formação do convencimento judicial.

c) a necessidade de a autoridade judiciária explicitar os motivos de fato e de direito que foram relevantes para a formação do seu convencimento.

d) a preponderância da prova pericial sobre a prova testemunhal.

e) a maior valoração que a lei confere à confissão.

COMENTÁRIOS

Alternativa correta: letra "C": o juiz tem livre convicção para decidir, conforme estabelece o art. 155 do CPP, mas o juiz está limitado a decidir com base nas provas produzidas nos autos e, preferencialmente, nas provas produzidas sob contraditório. O método racional de decisão pressupõe controle pelas partes, de modo que o juiz deverá decidir motivadamente, mostrando o raciocínio por ele feito, sua análise das provas, o que o levou a chegar a determinado resultado.

Alternativa "A": o juiz tem alguma iniciativa probatória, embora limitada (v. art. 156, CPP). Assim, primordialmente, caberá às partes propor a produção das provas, de modo a levar ao conhecimento do juiz as fontes de prova, para que este decida com base nelas.

Alternativa "B": tanto a CF quanto o CPP proíbem a valoração de provas ilícitas.

Alternativa "D": não há preponderância entre as provas. Não há hierarquia entre elas. Cada prova deve ser avaliada em conjunto com as demais, podendo o juiz até mesmo desconsiderar as provas periciais, desde que mostre, em sua fundamentação, o motivo de assim agir.

Alternativa "E": a confissão já foi considerada a "rainha das provas". Tinha valor absoluto. Resultado: o processo passou a ser a busca da confissão e o método usado era a tortura. Ridículo. A confissão, como qualquer outra prova, deve ser avaliada em conjunto com os demais elementos dos autos, não tendo valor absoluto, podendo até ser descartada.

---

189. (NUCEPE – Delegado de Polícia – PI/2014) O art. 157 do Código de Processo penal preleciona serem "[...] inadmissíveis, devendo ser desentranhadas do processo, as provas ilícitas, assim entendidas as obtidas em violação a normas constitucionais ou legais". Em vista do exposto, analise as afirmativas a seguir, assinalando a alternativa INCORRETA.

I - Dar-se-á a prova ilegítima ante a violação de uma regra de direito processual penal no momento da sua produção em juízo.

II - A prova ilícita é aquela que viola regra de direito material ou a Constituição no momento da sua coleta, senso, assim, exterior ao processo.

III - O princípio da contaminação da prova ilícita tem sua origem na expressão fruits of the poisonous tree cunhada em caso pela Corte Suprema estadunidense.

a) Estão corretas as assertivas I e II.

b) Estão corretas as assertivas II e III.

c) As assertivas I e II estão incorretas.

d) A assertiva III está incorreta.

e) Todas as assertivas estão corretas.

COMENTÁRIOS

✪ **Nota do autor:** a questão foi anulada.

Assertiva I: certo. A doutrina brasileira, desde importante obra de Ada Pellegrini Grinover, baseada na doutrina italiana de Nuvolone, passou a diferenciar as provas ilegais em duas espécies: provas ilícitas e provas ilegítimas. As provas ilícitas são aquelas produzidas em violação a princípios constitucionais ou regras de direito material. As provas ilegítimas são aquelas produzidas com violação a regras de direito processual. As primeiras são inadmissíveis e não podem ingressar no processo. Se ingressarem, deverão ser desentranhadas. As segundas acarretam a nulidade do ato, possibilitando sua repetição.

O art. 157 do CPP não fez essa diferenciação, o que tem gerado discussões na doutrina.

Assertiva II: certo. Normalmente, a prova ilícita é produzida fora – geralmente, antes – da fase judicial, daí porque não podem ingressar, pois inadmissíveis, no processo. A prova é ilícita quando viola norma de direito material e normas constitucionais que estabeleçam direitos ou garantias fundamentais. Portanto, não é simplesmente, violação à Constituição de modo geral. Preferimos não dizer que a assertiva está errada. Ela está certa, desde que feitos os reparos observados.

Assertiva III: certo. É também chamada de *taint doctrine*. "Contaminada" é a prova derivada da ilícita, sendo também inadmissível, conforme estabelece os parágrafos do art. 157 do CPP.

---

190. (NUCEPE – Delegado de Polícia – PI/2014) Acerca da prova no processo penal, pode-se afirmar:

a) não se pode confundir o exame de corpo de delito com as perícias em geral.

b) nos crimes de estupro e tortura o Delegado de Polícia, por ocasião da requisição pericial, restringirá seus quesitos ao âmbito do corpo de delito e aos elementos jurídicos que caracterizam aqueles crimes.

c) a confissão do acusado é suficiente para a comprovação da materialidade do delito.

d) a materialidade dos crimes que deixam vestígios será comprovada mediante exame de corpo de delito que só poderá ser do tipo direto.

e) no caso da maconha, o princípio ativo tetrahidrocanabinol – THC, poderá ser atestado por fotografia ou depoimentos atestando o seu aspecto físico ou olfativo.

COMENTÁRIOS

Alternativa correta: letra "A": o exame de corpo de delito é uma perícia que versa sobre o objeto sobre o qual recaiu a infração penal, como uma pessoa, por exemplo. O ordenamento jurídico processual brasileiro também prevê outras espécies de perícias.

Alternativa "B": os quesitos formulados aos peritos não devem versar sobre aspectos jurídicos caracterizadores da tipicidade penal. Cabe ao delegado formular quesitos que tratem tão somente de aspectos objetivos, dos quais poderão ser extraídas conclusões jurídicas pela autoridade policial, mas, sobretudo, pelo Ministério Público e pelo juiz.

Alternativa "C": a confissão, sozinha, não pode ser aceita para provar a materialidade do crime, conforme estabelece o art. 158 do CPP.

Alternativa "D": o exame de corpo de delito poderá ser realizado indiretamente, com base, por exemplo, em documentos hospitalares.

Alternativa "E": somente poderá ser atestado por exame químico-toxicológico, único com aptidão de detectar, com a certeza necessária, o princípio ativo da "maconha".

---

191. (Vunesp – Delegado de Polícia – SP/2014) No delito de homicídio, o exame de corpo de delito

a) é prova pericial fundamental, sem a qual não pode haver o oferecimento da denúncia.

b) deve, em regra, ser realizado por perito oficial, portador de diploma de curso superior.

c) é dispensável, no caso de confissão do crime.

d) é dispensável, caso existam outras provas da prática delituosa.

e) deve ser realizado por dois peritos médicos pertencentes ao Instituto Médico Legal.

COMENTÁRIOS

Alternativa correta: letra "B" (responde também a alternativa "E"): essa é a regra para todos os crimes que deixam vestígios. A realização da perícia por perito oficial, portador de diploma de curso superior é regra prevista no art. 159, *caput*, do CPP. Não havendo perito oficial, o exame pericial deverá ser realizado por 2 pessoas idôneas, portadoras de diploma de curso superior preferencialmente na área específica, dentre as que tiverem habilitação técnica relacionada com a natureza do exame (art. 159, § 1º).

Alternativa "A": a denúncia contendo imputação de homicídio pode ser oferecida ainda que não haja nos autos o laudo de exame de corpo de delito, desde que haja certeza da ocorrência do crime, por exemplo, por meio da prova testemunhal. Depois, o laudo poderá vir para os autos.

Alternativa "C": a ausência da prova da materialidade do crime – feita pelo exame de corpo de delito – não poderá ser suprida pela confissão do acusado. É a regra do art. 158 do CPP. Saibam os leitores que um dos maiores erros judiciários ocorridos no Brasil – o "caso dos irmãos Naves", em uma cidade mineira – ocorreu porque se aceitou a confissão dos acusados como prova da morte da vítima. Esta, porém, não havia morrido e as confissões foram obtidas mediante tortura. Faz sentido, portanto, a proibição do art. 158.

Alternativa "D": o exame de corpo de delito não é dispensável. Tendo o crime deixado vestígios, ele deverá ser realizado, conforme a exigência do art. 158 do CPP. Apenas se desaparecidos os vestígios é que se admite que a prova seja feita por meio de testemunhas (mas não, repita-se, pela confissão do réu).

---

192. (Fundação Aroeira – Delegado de Polícia – TO/2014) Uma vez arroladas como testemunhas, o Código de Processo Penal determina que serão inquiridas em local, dia e hora, previamente ajustados entre elas e o juiz, as seguintes autoridades, entre outras:

a) Delegados de polícia.

b) Vereadores de Capitais.

c) Secretários de Estado.

d) Membros dos Tribunais de Contas dos Municípios.

COMENTÁRIOS

Alternativa correta: letra "C": realmente, a lei processual prevê que certas autoridades terão prerrogativas no caso de ser necessária a oitiva como testemunha. A regra geral está no *caput* do art. 221 do CPP, nada impedindo que lei especial traga outras hipóteses. Diz o referido dispositivo que o Presidente e o Vice-Presidente da República, os senadores e deputados federais, os ministros de Estado, os governadores de Estados e Territórios, **os secretários de Estado** – como afirma a alternativa – os prefeitos do Distrito Federal e dos Municípios, os deputados às Assembleias Legislativas Estaduais, os membros do Poder Judiciário, os ministros e juízes dos Tribunais de Contas da União, dos Estados, do Distrito Federal, bem como os do Tribunal Marítimo serão inquiridos em local, dia e hora previamente ajustados entre eles e o juiz.

Alternativa "A": os delegados de polícia não estão incluídos na regra vista acima, não tendo, até o momento, tal prerrogativa.

Alternativa "B": os vereadores também não possuem a prerrogativa vista aqui.

Alternativa "D": somente se aplica a prerrogativa aos membros dos tribunais de conta da União, dos Estados e do Distrito Federal.

193. (UEL – Delegado de Polícia – PR/2013) Sobre o tema prova, atribua V (verdadeiro) ou F (falso) às afirmativas a seguir.

( ) O juiz formará sua convicção pela apreciação da prova judicial, estando impedido de fundamentar sua decisão nos elementos informativos colhidos na investigação.

( ) A prova da alegação incumbirá a quem a fizer, sendo vedado ao juiz determiná-la de ofício e antes de iniciada a ação penal.

( ) O laudo pericial será elaborado no prazo máximo de dez dias, podendo ser prorrogado, em casos excepcionais, a requerimento dos peritos.

( ) Quando a infração deixar vestígios, será dispensável o exame de corpo de delito, mediante a confissão do acusado.

( ) O exame de corpo de delito poderá ser feito em qualquer dia e qualquer hora.

Assinale a alternativa que contém, de cima para baixo, a sequência correta.

a) V, V, F, V, F.

b) V, F, V, F, V.

c) F, V, F, V, F.

d) F, V, F, F, V.

e) F, F, V, F, V.

COMENTÁRIOS

Alternativa correta: letra "E": estão certas as afirmativas 3ª e 5ª.

Afirmativa 1ª: errado. A regra, trazida pelo art. 155 do CPP, é diversa da exposta na afirmativa. O juiz realmente deverá formar sua convicção pela livre apreciação da prova produzida em contraditório judicial, não podendo fundamentar sua decisão exclusivamente em elementos informativos, isto é, naquilo que foi produzido na fase investigatória. Mas o dispositivo ressalva as provas cautelares, as irrepetíveis ou as antecipadas. A palavra "exclusivamente" e a ressalva mencionada têm gerado intensas discussões na doutrina, havendo entendimento de que poderá o juiz formar sua convicção exclusivamente com base, *v.g.*, em provas cautelares produzidas na fase judicial (ex.: interceptação telefônica). Outros entendem que não, pois deverá existir também provas produzidas em contraditório judicial a corroborar a prova cautelar (ou irrepetível ou antecipada).

Afirmativa 2ª: errado. A prova da afirmação realmente caberá a quem a fizer, afirma o art. 156 do CPP, embora não possamos esquecer de que no processo penal o ônus da prova, primordialmente, é da parte acusadora. O mesmo dispositivo permite, ademais, que o juiz, de ofício, (i) ordene, mesmo antes de iniciada a ação penal, a produção antecipada de provas consideradas urgentes e relevantes, e (ii) determine, no curso da instrução, ou antes de proferir sentença, a realização de diligências para dirimir dúvida sobre ponto relevante. Essas regras têm também gerado grande discussão na doutrina, havendo entendimentos – com os quais concordamos – que o juiz não poderia ordenar, de ofício, na fase investigatória, a produção de provas de modo antecipado, pois isso violaria o princípio acusatório. Então, caberia ao Ministério Público requer a produção antecipada da prova e o juiz, aí sim, poderia determiná-la.

Afirmativa 3ª: certo. É simplesmente a regra do parágrafo único do art. 160 do CPP.

Afirmativa 4ª: errado. Tendo a infração deixado vestígios, será indispensável o exame de corpo de delito, não podendo a confissão do imputado suprir sua falta (art. 158, CPP). Notem que, se já tiverem desaparecido os vestígios do delito, a lei admite que a falta do exame seja suprida pela prova testemunha (atenção: nunca pela confissão). Nesse sentido, o art. 167.

Afirmativa 5ª: certo. É o que diz o art. 161 do CPP.

194. (FUNCAB – Delegado de Polícia – ES/2013) Um inquérito policial foi instalado formalmente em 25/6/2008, em face de diligências anteriores a fevereiro de 2007 e, até julho de 2008, os procedimentos de monitoramento telefônico e telemático, que tiveram início desde fevereiro de 2007, foram efetuados, sem autorização judicial, por agentes de órgão de inteligência governamental estranho à polícia. Inclusive, o Delegado de Polícia responsável arregimentou, para as ações de monitoramento, entre 75 e 100 servidores do órgão de inteligência e ex-agente aposentado sem o conhecimento do Poder Judiciário. Posteriormente, o inquérito policial foi concluído e a ação penal proposta, em face dos indiciados. As interceptações ou monitoramentos foram confirmados por depoimentos de testemunhas em Juízo, colhidos sob o contraditório, respeitada a ampla defesa. Assim, impõe-se:

a) a anulação da ação penal desde o início, em face das provas obtidas através de meios ilícitos.

b) o prosseguimento da ação penal, desentranhando as provas obtidas através de meios ilícitos.

c) a manutenção da ação penal com todas as provas, pois o que deve prevalecer é o interesse público, no que tange à prova ilícita.

d) observar a proporcionalidade entre os interesses individuais e o interesse público, para o desentranhamento das provas obtidas através de meios ilícitos.

e) o prosseguimento da ação penal em sua integralidade, em face de não haver prova ilícita.

COMENTÁRIOS

✪ **Nota do autor:** o CPP, no art. 157, traz a regra geral sobre as provas ilícitas no processo penal, afirmando que são inadmissíveis, devendo ser desentranhadas do processo, e definindo-as como aquelas obtidas em violação a normas constitucionais ou legais. Além disso, adotando a teoria da jurisprudência americana (teoria dos frutos da árvore envenenada), tratou das provas ilícitas por derivação: são também inadmissíveis as provas derivadas das ilícitas, salvo quando não evidenciado o nexo de causalidade entre umas e outras, ou quando as derivadas puderem ser obtidas por uma fonte independente das primeiras (§ 1º). E fonte independente é aquela que por si só, seguindo os trâmites típicos e de praxe, próprios da investigação ou instrução criminal, seria capaz de conduzir ao fato objeto da prova (§ 2º) – com o que, a nosso ver, o legislador confundiu fonte independente e a "descoberta inevitável" do direito norte-americano.

Alternativa correta: letra "A": a 5ª Turma do STJ decidiu caso rumoroso e enfrentou o mesmo problema trazido pela questão. E, na oportunidade, o STJ decidiu pela anulação do processo, justamente em razão da participação de agentes de órgão de inteligência e ex-agente aposentado. Eis a ementa do acórdão: "PENAL E PROCESSO PENAL. HABEAS CORPUS. OPERAÇÃO SATIAGRAHA. PARTICIPAÇÃO IRREGULAR, INDUVIDOSAMENTE COMPROVADA, DE DEZENAS DE FUNCIONÁRIOS DA AGÊNCIA BRASILEIRA DE INFORMAÇÃO (ABIN) E DE EX-SERVIDOR DO SNI, EM INVESTIGAÇÃO CONDUZIDA PELA POLÍCIA FEDERAL. MANIFESTO ABUSO DE PODER. IMPOSSIBILIDADE DE CONSIDERAR-SE A ATUAÇÃO EFETIVADA COMO HIPÓTESE EXCEPCIONALÍSSIMA, CAPAZ DE PERMITIR COMPARTILHAMENTO DE DADOS ENTRE ÓRGÃOS INTEGRANTES DO SISTEMA BRASILEIRO DE INTELIGÊNCIA. INEXISTÊNCIA DE PRECEITO LEGAL AUTORIZANDO-A. PATENTE A OCORRÊNCIA DE INTROMISSÃO ESTATAL, ABUSIVA E ILEGAL NA ESFERA DA VIDA PRIVADA, NO CASO CONCRETO. VIOLAÇÕES DA HONRA, DA IMAGEM E DA DIGNIDADE DA PESSOA HUMANA. INDEVIDA OBTENÇÃO DE PROVA ILÍCITA, PORQUANTO COLHIDA EM DESCONFORMIDADE COM PRECEITO LEGAL. AUSÊNCIA DE RAZOABILIDADE. AS NULIDADES VERIFICADAS NA FASE PRÉ-PROCESSUAL, E DEMONSTRADAS À EXAUSTÃO, CONTAMINAM FUTURA AÇÃO PENAL. INFRINGÊNCIA A DIVERSOS DISPOSITIVOS DE LEI. CONTRARIEDADE AOS PRINCÍPIOS DA LEGALIDADE, DA IMPARCIALIDADE E DO DEVIDO PROCESSO LEGAL INQUESTIONAVELMENTE CARACTERIZADA. A AUTORIDADE DO JUIZ ESTÁ DIRETAMENTE LIGADA À SUA INDEPENDÊNCIA AO JULGAR E À IMPARCIALIDADE. UMA DECISÃO JUDICIAL NÃO PODE SER DITADA POR CRITÉRIOS SUBJETIVOS, NORTEADA PELO ABUSO DE PODER OU DISTANCIADA DOS PARÂMETROS LEGAIS. ESSAS EXIGÊNCIAS DECORREM DOS PRINCÍPIOS DEMOCRÁTICOS E DOS DIREITOS E GARANTIAS INDIVIDUAIS INSCRITOS NA CONSTITUIÇÃO. NULIDADE DOS PROCEDIMENTOS QUE SE IMPÕE, ANULANDO-SE, DESDE O INÍCIO, A AÇÃO PENAL. 1.Uma análise detida dos 11 (onze) volumes que compõem o HC demonstra que existe uma grande quantidade de provas aptas a confirmar, cabalmente, a participação indevida, flagrantemente ilegal e abusiva, da ABIN e do investigador particular contratado pelo Delegado responsável pela chefia da Operação Satiagraha. 2. Não há se falar em compartilhamento de dados entre a ABIN e a Polícia Federal, haja vista que a hipótese dos autos não se enquadra nas exceções previstas na Lei nº 9.883/99. 3. Vivemos em um Estado Democrático de Direito, no qual, como nos ensina a Profª. Ada Pellegrini Grinover, in 'Nulidades no Processo Penal', 'o direito à prova está limitado, na medida em que constitui as garantias do contraditório e da ampla defesa, de sorte que o seu exercício não pode ultrapassar os limites da lei e, sobretudo, da Constituição'." (HC 149.250-SP, Rel. Min. Adilson Vieira Macabu (Des. convocado), j. 07.06.2011). No entanto, observe-se que isso não significa que o STJ tenha entendimento no sentido de que a interceptação telefônica é exclusividade da polícia civil ou federal, não podendo ser realizado por outros órgãos. Ao contrário, a mesma 5ª Turma decidiu: "INTERCEPTAÇÕES TELEFÔNICAS REALIZADAS PELA POLÍCIA MILITAR. ATRIBUIÇÃO DA POLÍCIA CIVIL. INEXISTÊNCIA DE EXCLUSIVIDADE. OFENSA AO ARTIGO 6º DA LEI 9.296/1996 NÃO CONFIGURADA. 1. Dos artigos 6º e 7º da Lei 9.296/1996, não há como extrair que a autoridade policial seja a única autorizada a proceder às interceptações telefônicas, até mesmo porque o legislador não teria como antever, diante das diferentes realidades encontradas nas unidades da Federação, quais órgãos ou unidades administrativas teriam a estrutura necessária, ou mesmo as maiores e melhores condições para executar a medida. 2. Esta Corte Superior já decidiu que não se pode interpretar de maneira restrita o artigo 6º da Lei 9.296/1996, sob pena de se inviabilizar a efetivação de interceptações telefônicas. 3. Na hipótese dos autos, agentes da Polícia Militar ficaram a cargo de acompanhar a interceptação telefônica, procedimento que não pode ser acoimado de ilegal, mormente porque autorizado judicialmente". (RHC 28.281-SP, Rel. Min. Jorge Mussi, j. 21.02.2013).

Alternativa "B": no caso em questão, as interceptações tiveram início antes mesmo de instaurado o inquérito policial, de modo que todos os atos de investigação posteriores tiveram direta influência do monitoramento das ligações telefônicas. Assim, sendo ilícitas as intercep-tações, tudo o que delas derivou também é ilícito (art. 157, § 1º, CPP). Nada se salva nesse caso. Do contrário, seria possível o prosseguimento da ação penal, excluindo-se a prova ilícita e aquela dela derivada.

Alternativa "C": a proibição das provas ilícitas também é assunto de interesse público, eis que tal vedação é garantia constitucional, prevista expressamente no inciso LVI do art. 5º da CF.

Alternativa "D": há corrente na doutrina que prega a possibilidade de aplicação do princípio da proporcionalidade a fim de deixar de excluir a prova ilícita, desde que, na ponderação entre os interesses em jogo, seja plenamente justificada a utilização da prova em face da gravidade do fato delituoso. No entanto, há que se observar que o interesse do acusado em não ter prova ilícita utilizada contra si não é interesse meramente privado, mas genuinamente público, pois se trata de garantir a plena aplicação de uma garantia constitucional. Além disso, ingressando na análise da própria questão da proporcionalidade e baseando-nos na teoria dos princípios, deve-se observar que a proibição da utilização de provas obtidas por meios ilícitos é uma regra, não um princípio e, consequentemente, não admite ponderação. Ou seja, a inadmissibilidade de provas ilícitas é uma regra, de modo que, presente a situação de ilegalidade da prova, esta não poderá ser admitida, seja ou não grave o fato apurado. Diferente, como exemplo, é o caso da presunção de inocência, que é um princípio, não uma regra, admitindo ponderação, tanto assim que a própria lei possibilita sua relativização, na medida em que permite a prisão – preventiva ou temporária – antes mesmo de uma condenação definitiva.

Alternativa "E": como visto acima, a utilização de pessoas de fora dos quadros do órgão que realiza a investigação, fora dos casos de cooperação, caracteriza ilegalidade na prova.

---

195. (Cespe – Delegado de Polícia – BA/2013) Com relação às provas criminais, julgue os itens que se seguem.

195.1. É indispensável o exame pericial, direto ou indireto, nos casos em que a infração penal deixe vestígios, não podendo supri-lo a confissão do acusado, facultada ao MP, ao assistente de acusação, ao ofendido, ao querelante e ao acusado a indicação de assistente técnico para atuar na etapa processual após sua admissão pelo juiz e a conclusão dos exames e elaboração do laudo pelos peritos oficiais.

COMENTÁRIOS

Certo. É que se extrai das regras dos arts. 158 e 159, §§ 3º e 4, do CPP.

195.2. Consoante a interpretação doutrinária da legislação penal, as buscas e apreensões são consideradas não só meios de prova, mas também providências acautelatórias da atividade probante (medida cautelar), podendo ser executadas em qualquer fase da persecução penal.

COMENTÁRIOS

Certo. Na verdade, a doutrina mais atenta à terminologia da prova – v. Antonio Magalhães Gomes Filho, por exemplo – entende ser a busca e apreensão meio de investigação de prova. Há quem separe a busca da apreensão – v. Cleunice Pitombo – , como fazem outras legislações. Tanto a doutrina quanto a jurisprudência não raro apontam o caráter nitidamente cautelar da busca e apreensão, além de ser meio de busca de prova.

195.3. De acordo com o CPP, o interrogatório do investigado, em regra, pode ser realizado em qualquer etapa do inquérito policial, e por intermédio do sistema de videoconferência ou de outro recurso tecnológico de transmissão de sons e imagens em tempo real, desde que o investigado esteja recolhido em unidade da federação distinta daquela em que se realize o procedimento e tal medida seja necessária para prevenir risco à segurança pública, em razão de fundada suspeita de que o preso integre organização criminosa ou possa fugir durante o deslocamento.

Errado. O interrogatório pode ser realizado em qualquer etapa do inquérito, salvo se for situação de flagrante, caso em que deverá ser realizado ao final do ato. Quanto ao interrogatório por videoconferência, há expressa previsão legal (art. 185, § 2º, CPP), desde que tenha uma das seguintes finalidades: a) prevenir risco à segurança pública, quando exista fundada suspeita de que o preso integre organização criminosa ou de que, por outra razão, possa fugir durante o deslocamento; b) viabilizar a participação do réu no referido ato processual, quando haja relevante dificuldade para seu comparecimento em juízo, por enfermidade ou outra circunstância pessoal; c) impedir a influência do réu no ânimo de testemunha ou da vítima, desde que não seja possível colher o depoimento destas por videoconferência, nos termos do art. 217 do CPP.

---

196. (UEG – Delegado de Polícia – GO/2013) Quanto à prova pericial, segundo o Código de Processo Penal, tem-se o seguinte:

a) na falta de peritos oficiais, a perícia será realizada por uma pessoa idônea, portadora de diploma de qualquer área de habilitação técnica.
b) será facultada ao Ministério Público e ao acusado a formulação de quesitos aos peritos, mas, diferentemente do previsto no Código de Processo Civil, as partes não poderão indicar assistente técnico.
c) em regra, o exame de corpo de delito e outras perícias serão realizados por perito oficial, portador de diploma de curso superior.
d) a falta do exame de corpo de delito direto nos crimes que deixam vestígios é causa de nulidade insanável, não podendo ser suprida pela prova testemunhal.

COMENTÁRIOS

Alternativa correta: letra "C": é a regra geral do art. 159, *caput*, do CPP. Notem que a lei usa a palavra "perito" no singular, de modo que, ao contrário do que ocorria antes da reforma processual de 2008, não mais se exige que o laudo seja subscrito por pelo menos dois peritos.

Alternativa "A": na falta de perito oficial, a regra é a de que o exame será realizado por 2 pessoas idôneas, portadoras de diploma de curso superior preferencialmente na área específica, dentre as que tiverem habilitação técnica relacionada com a natureza do exame (art. 159, § 1º, CPP).

Alternativa "B": segundo o § 3º do art. 159 do CPP, serão facultadas ao Ministério Público, ao assistente de acusação, ao ofendido, ao querelante e ao acusado a formulação de quesitos e indicação de assistente técnico.

Alternativa "D": em caso de desaparecimento dos vestígios do crime, poderá a falta do exame de corpo de delito ser suprida pela prova testemunhal (art. 167, CPP), embora jamais pela confissão do acusado (art. 158).

---

197. (UEG – Delegado de Polícia – GO/2013) Quanto ao reconhecimento de pessoas ou coisas, tem-se o seguinte:

a) segundo o Supremo Tribunal Federal, o reconhecimento fotográfico não poderá ser efetivado na impossibilidade de recognição pessoal e direta, mesmo que obedecidos os parâmetros definidos pelo Código de Processo Penal quanto ao reconhecimento pessoal.

b) o reconhecimento de voz ou auditivo não possui valor probatório, uma vez que não se encontra previsto na legislação processual penal ou em qualquer outra legislação extravagante.

c) a jurisprudência majoritária inadmite reconhecimento pessoal em juízo, sem as formalidades previstas na legislação processual, mesmo quando se tratar de ratificação de reconhecimento formal anterior realizado no bojo do inquérito policial.

d) segundo o Código de Processo Penal, a pessoa, cujo reconhecimento se pretender, será colocada, se possível, ao lado de outras pessoas que com ela tiverem qualquer semelhança, convidando-se quem tiver de fazer o reconhecimento a apontá-la.

COMENTÁRIOS

Alternativa correta: letra "D": trata-se de parte do rito previsto no art. 226, II, do CPP. O rito deve ser seguido, sob pena de não poder o ato ser considerado como de efetivo reconhecimento, pois seria uma prova irritual.

Alternativa "A": há muita polêmica sobre este ponto. Alguns consideram atípico reconhecimento fotográfico; outros, como prova anômala. Há quem entenda não ser propriamente reconhecimento, mas simplesmente prova testemunhal. Seja como for, o STF vem admitindo o reconhecimento fotográfico como prova, sobretudo quando confirmado em juízo e quando houver outras provas para corroborá-lo. Nesse sentido: "(...)O reconhecimento fotográfico do acusado, quando ratificado em juízo, sob a garantia do contraditório e da ampla defesa, pode servir como meio idôneo de prova para lastrear o édito condenatório. (…)" (HC 104.404-MT, Rel. Min. Dias Toffoli, j. 21.09.2010).

Alternativa "B": o reconhecimento de voz ou auditivo por testemunha ou pelo ofendido não tem previsão legal, mas já tem sido aceito por alguns tribunais como prova.

Alternativa "C": a jurisprudência tem admitido que se dispense o rito do reconhecimento em juízo, desde que tenha sido seguido na fase anterior. Concordamos inteiramente com tal entendimento. É que, do ponto de vista epistemológico, desde que o rito tenha sido seguido na fase policial, de pouco valor teria o reconhecimento feito posteriormente, pois seria impossível saber se o primeiro estaria ou não a influenciar o segundo. Nesse caso, bastaria que o juiz inquirisse a pessoa ouvida sobre como foi o reconhecimento da fase anterior, para aferir se o rito foi realmente seguido, bem como se o acusado foi a pessoa por ele reconhecida.

---

198. (UEG – Delegado de Polícia – GO/2013) X, cansado dos prejuízos decorrentes das avarias causadas a seu veículo por terceiro não identificado, instalou uma câmera de vigilância dirigida ao box da garagem a ele destinada em edifício onde reside, com o objetivo de identificar o autor dos danos praticados contra seu patrimônio. Segundo o Supremo Tribunal Federal, a gravação de imagem, nesse caso, é:

a) lícita, pois o box de garagem pode ser considerado extensão da residência da vítima, sendo válida a utilização de meios de segurança para a preservação de seu patrimônio.

b) ilícita, porquanto não houve circunstanciada autorização judicial necessária à realização de monitoramento ambiental.

c) ilícita, pois há clara ofensa à intimidade, à vida privada e ao direito de imagem de terceiros, direitos estes consagrados constitucionalmente.

d) lícita, pois o monitoramento ambiental, em ambiente público ou privado, não necessita de autorização judicial.

COMENTÁRIOS

Alternativa correta: letra "A": o box de garagem é extensão da residência da pessoa, que pode instalar equipamento de vigilância em tal ambiente. Assim, sendo lícita a conduta, não pode a prova dela derivada ser considerada ilícita. Ademais, como é cediço, o STF vem considerando lícita a gravação de conversa feita por um dos interlocutores, sem o conhecimento dos demais, situação que atinge a intimidade destes, o que não ocorre no caso da gravação de parte de sua própria residência.

Alternativa "B": como visto acima, a conduta é lícita, não dependendo de autorização judicial.

Alternativa "C": não há direito à intimidade, à vida privada ou à imagem daquele que ingressa em propriedade alheia para cometer crimes.

Alternativa "D": o monitoramento ambiental não depende de autorização judicial, se o objetivo é a proteção do patrimônio ou da segurança. No entanto, se a Polícia quiser fazer a gravação de imagens e conversas entre terceiros, sem o conhecimento destes, deverá obter a necessária autorização de juiz.

---

199. (UEG – Delegado de Polícia – GO/2013) Magrillo, criminoso contumaz, foi abordado pela polícia, sob possível suspeita de prática do crime previsto no artigo 157, § 2°, I e II, do Código Penal. Conduzido à delegacia de polícia, mesmo sem estar em estado flagrancial e sem determinação judicial, foi instado a entrar em contato com os últimos terminais telefônicos que se encontravam gravados em seu celular. A conversa, então, foi gravada, com conhecimento de Magrillo, após ser determinado, pelo delegado, que ele efetuasse diálogos ditados pela própria autoridade policial e utilizasse o sistema de viva voz. Tal fato gerou a identificação de Magrillo como partícipe do crime. Nesse caso, a prova é:

a) ilícita, uma vez que a gravação clandestina autorizada por terceiro, mesmo quando este for vítima, está, segundo Superior Tribunal de Justiça, inserida no conceito de interceptação telefônica e, destarte, necessita de autorização judicial para ser viabilizada.

b) ilícita, uma vez que, além de Magrillo se encontrar ilegalmente detido, não foi advertido pela autoridade policial de seu direito de não autoincriminação, garantia prevista na Carta Política Brasileira.

c) lícita, uma vez que a escuta por terceiro não está, segundo Supremo Tribunal Federal, inserida no conceito de interceptação telefônica e, destarte, não necessita de autorização judicial para ser viabilizada.

d) lícita, porquanto, além de Magrillo assentir na empreitada de captação telefônica, é aplicável, ao caso, o princípio da proporcionalidade, em seu subprincípio da necessidade, pois se deve levar em consideração, na análise da nulidade, a gravidade do crime ora investigado.

COMENTÁRIOS

Alternativa correta: letra "B": a prova é claramente ilícita. A condução do suspeito foi ilícita, eis que não havia estado de prisão e ele deveria ter sido notificado a comparecer, não sendo a isso obrigado. Além disso, quando o suspeito comparece à delegacia, deve ser advertido de que tem o direito de não produzir provas contra si mesmo, o que inclui o direito de permanecer calado. Assim, sem tal advertência, não poderia a autoridade policial ter seguido o procedimento narrado no enunciado e a prova obtida, consequentemente, deve ser considerada ilícita.

Alternativa "A": a gravação clandestina autorizada pela vítima de seus próprios ramais telefônicos não constitui interceptação telefônica, segundo os Tribunais Superiores. No caso, nem temos tal situação, já que foi o próprio suspeito do crime que autorizou a gravação, sem ter sido alertado de que não era obrigado a fazê-lo. Este o motivo da nulidade, portanto.

Alternativa "C": interceptação telefônica é justamente a escuta, por terceiro, de ligações feitas por outros interlocutores, desde que pelo menos um deles não tenha conhecimento disso. Nesse caso, há necessidade de autorização judicial.

Alternativa "D": a proibição da utilização da prova ilícita é uma norma-regra que, consoante entendimento da doutrina que estuda a fundo o princípio da proporcionalidade, não admite ponderação. Se fosse norma-princípio, admitiria. Assim, presente a ilicitude da prova, não pode ser admitida, ainda que grave o fato criminoso.

COMENTÁRIOS

---

200. (UEG – Delegado de Polícia – GO/2013) Capitão Didi teve seus diálogos telefônicos, estabelecidos com Lekão do Cerrado, interceptados pela autoridade policial, sem autorização judicial e sem consentimento de ambos. Tal fato desvelou a prática do crime previsto no artigo 157, § 2°, I e II, do Código Penal. Após ameaça de sua esposa em abandonar o lar, Capitão Didi consentiu na divulgação dos seus conteúdos. Nesse caso, segundo o Superior Tribunal de Justiça, a prova é:

a) nula, pois não houve prévia autorização judicial, nem tampouco os interlocutores tinham ciência de tal artifício no momento dos diálogos interceptados.

b) válida, pois o consentimento de um dos interlocutores, mesmo posterior, tem o condão de legitimar o ato.

c) nula, pois o consentimento de Capitão Didi se encontra viciado pela ameaça proferida de abandono de lar pela sua esposa.

d) válida, pois é possível afirmar que Capitão Didi, caso soubesse previamente da interceptação telefônica, manteria os mesmos diálogos travados com Lekão do Cerrado.

COMENTÁRIOS

Alternativa correta: letra "A" (responde também a alternativa "B"): a prova é ilícita, pois o consentimento deve se dar no momento em que o ato é praticado, ou seja, quando a conversa for interceptada. E, nesse caso, não havia autorização judicial, razão pela qual a interceptação foi ilegal quando realizada, não podendo ser sanada a ilegalidade posteriormente. Muito esclarecedor o seguinte acórdão do STJ: "(...)1. A interceptação telefônica é a captação de conversa feita por um terceiro, sem o conhecimento dos interlocutores, que depende de ordem judicial, nos termos do inciso XII do artigo 5º da Constituição Federal. 2. A escuta é a captação de conversa telefônica feita por um terceiro, com o conhecimento de apenas um dos interlocutores, ao passo que a gravação telefônica é feita por um dos interlocutores do diálogo, sem o consentimento ou a ciência do outro. 3. Na hipótese, embora as gravações tenham sido implementadas pelo esposo da cliente do paciente com a intenção de provar a sua inocência, é certo que não obteve a indispensável prévia autorização judicial, razão pela qual se tem como configurada a interceptação de comunicação telefônica ilegal. 4. O fato da esposa do autor das interceptações – que era uma interlocutora dos diálogos gravados de forma clandestina – ter consentido posteriormente com a divulgação dos seus conteúdos não tem o condão de legitimar o ato, pois no momento da gravação não tinha ciência do artifício que foi implementado pelo seu marido, não se podendo afirmar, portanto, que, caso soubesse, manteria tais conversas com o seu advogado pelo telefone interceptado. 5. Aplicação da norma contida no artigo 157, caput, do Código de Processo Penal, com a redação que lhe foi dada pela Lei nº 11.690/08. (...)" (HC 161.053-SP, Rel. Min. Jorge Mussi, j. 27.11.2012).

Alternativa "C": o motivo da ilicitude da prova é a ausência da autorização judicial, como visto acima.

Alternativa "D": mera suposição, que não valida a ilicitude original da interceptação feita sem autorização judicial.

---

201. (FUNCAB – Delegado de Polícia – RJ/2012) Sobre o instituto da prova, leia as assertivas a seguir e marque a alternativa correta.

I. A partir das construções teóricas de Robert Alexy e Ronald Dworkin, eventuais colisões entre direitos fundamentais se resolvem pelo método de ponderação, sendo a dignidade humana o princípio que dá unidade de sentido ao sistema de direitos fundamentais. Por essa razão, apesar do princípio da vedação da prova ilícita, é admissível, excepcionalmente, a prova ilícita pro reo, vez que o direito de liberdade prevalece nesta ponderação, pois do contrário, afetar-se-ia a dignidade do acusado.

II. A inevitable discovery, teoria conhecida no Brasil por descoberta inevitável, ou curso hipotético de investigação, foi contemplada no pensamento da Corte Norte-Americana (Nix v. Williams, 1984). Segundo essa diretriz, a prova concretamente obtida por meio ilícito pode ser valorada desde que se conclua, hipoteticamente, que tal prova inevitavelmente seria descoberta por meio lícito. Lança-se mão de um "curso de investigação hipotético".

III. A teoria da descoberta inevitável é aceita pacificamente na doutrina brasileira e estrangeira, não havendo mais quem conteste a sua eficiência em temperar os exageros da teoria dos frutos da árvore envenenada.

IV. A teoria das fontes independentes (independent source) não está positivada no ordenamento jurídico brasileiro, apesar de ser agasalhada na jurisprudência do STF.

Está(ão) correta(s) apenas a(s) assertiva(s):

a) I.

b) II.

c) I e II.

d) II e III.

e) IV.

COMENTÁRIOS

Alternativa correta: letra "C": estão certas as Assertivas I e II.

Assertiva I: certo. Já tratamos desse ponto mais acima. Esta é a posição majoritária da doutrina sobre a prova ilícita e sua utilização a favor do acusado. Porém, tal entendimento é questionável e explicamos o motivo. A assertiva cita o alemão Robert Alexy, cuja obra vem exercendo enorme influência no direito constitucional, mas também no direito processual penal, entre outros campos dessa ciência. Porém, Alexy trouxe uma importante distinção entre normas-princípio e normas-regras, que tratam de direitos fundamentais. As primeiras admitem ponderação, ou seja, a aplicação da regra da proporcionalidade; as demais, não. Para parte da doutrina, a proibição da prova ilícita é regra, não admitindo, assim, a ponderação. O que isso quer dizer? Significa que, sendo hipótese de prova ilícita, ela não pode ser aplicada no processo penal, como prevê regra específica da CF. Entretanto, caso se considere que a proibição da utilização da prova ilícita é princípio, então é possível sua utilização no processo, desde que *pro reo*. Mas, atenção: aqueles que entendem totalmente inadmissíveis as provas ilícitas no processo afirmam que, quando utilizada pela acusado para proteção de sua liberdade, há a incidência da causa de exclusão da ilicitude, sendo, consequentemente, lícita a prova, podendo, assim, ser utilizada. Para estes, portanto, não há utilização de prova ilícita *pro reo* – vez que a prova ilícita não pode de modo algum ser utilizada –, mas prova lícita utilizada pelo acusado.

Assertiva II: certo. A assertiva define muito bem o que se entende por "descoberta inevitável". Agora, compare com essa definição: "aquela que por si só, seguindo os trâmites típicos e de praxe, próprios da investigação ou instrução criminal, seria capaz de conduzir ao fato objeto da prova". Segundo relevante doutrina brasileira – ex.: Antonio Magalhães Gomes Filho – trata-se de definição aplicável à descoberta inevitável. Qual é o problema? A definição citada encontra-se no § 2º do art. 157 do CPP, que trata, porém, não da descoberta inevitável, mas da "fonte independente". Veremos mais sobre isso, abaixo.

Assertiva III: errado. A teoria da descoberta inevitável é criação da jurisprudência norte-americana, justamente para limitar o alcance da teoria dos frutos da árvore envenenada. A reforma de 2008 adotou esta última teoria, bastando verificar a redação dada o § 1º do art. 157. Enquanto o *caput* proíbe a valoração das provas ilícitas – consideradas inadmissíveis, devendo ser desentranhadas dos autos – o referido parágrafo afirma: "São também inadmissíveis as provas derivadas das ilícitas" (aqui a adoção da teoria), "salvo quando não evidenciado o nexo de causalidade entre umas e outras, ou quando as derivadas puderem ser obtidas por uma fonte independente das primeiras". Como tudo no direito processual penal, a adoção da teoria da descoberta inevitável não restou isenta de críticas, sendo uma delas a de que sua aplicação acaba por mascarar o caráter ilícito de determinadas provas.

Assertiva IV: errado. Como visto na assertiva anterior, o § 1º do art. 157 faz clara menção à teoria das fontes independentes. O problema é que, ao definir, no § 2º, o que é fonte independente, acaba por não fazê-lo, visto que a definição ali constante é adequada a uma outra teoria, qual seja, da descoberta inevitável. Então, o que seria a fonte independente? Para nós, ela se dá nos casos em que a prova tem duas origens, sendo apenas uma delas ilícita. Assim, pode-se perfeitamente suprimir a fonte ilegal, que ainda assim subsistirá a fonte lícita, podendo ser valorada.

202. (FUNCAB – Delegado de Polícia – RJ/2012) Em matéria de prova, disciplinada pelo Código de Processo Penal, é correto afirmar:

a) Quando a infração deixar vestígios, o exame de corpo de delito poderá ser dispensado a pedido da parte interessada.
b) O juiz julga conforme seu livre convencimento e sem obrigação de fundamentar a sua convicção, porém com base na prova existente nos autos.
c) O silêncio do acusado não importará confissão, e tampouco poderá constituir elemento para a formação do convencimento do juiz.
d) O maior de quatorze anos e menor de dezoito anos não prestará compromisso como testemunha, quando desacompanhado do responsável legal.
e) Consideram-se documentos somente os escritos ou papéis, públicos ou particulares.

COMENTÁRIOS

Alternativa correta: letra "C": a afirmação contida na alternativa é consequência direta da faculdade que tem o acusado de permanecer em silêncio, em vista do princípio segundo o qual ninguém é obrigado a produzir prova contra si mesmo. O parágrafo único do art. 186, incluído no CPP em 2003, por isso mesmo, determina que o silêncio do réu, que não importará em confissão, não poderá ser interpretado em prejuízo da defesa. A nosso ver, encontra-se revogado o art. 198 ("O silêncio do acusado não importará confissão, mas poderá constituir elemento para a formação do convencimento do juiz").

Alternativa "A": a regra é a de que, tendo a infração deixado vestígios, deverá ser realizado o exame de corpo de delito (art. 158, *caput*, CPP). A lei afirma ser o exame imprescindível. Ou seja, não há como ser dispensado pela "parte interessada". Aliás, quem seria esta? Ora, a apuração das infrações penais é de interesse do Estado e da própria sociedade. Nem a confissão do réu pode suprir a falta do exame. É claro que a lei prevê a hipótese em que os vestígios do crime desapareceram, impossibilitando a realização do exame. Nesse caso, permite-se que haja suprimento da ausência de tal meio de prova pela prova testemunhal (art. 168, § 3º).

Alternativa "B": sem dúvida, o juiz julga de acordo com seu livre convencimento, mas há limites a esta. Com efeito, o juiz não pode decidir com base exclusivamente nos elementos informativos colhidos na fase de investigação, portanto, fora do contraditório judicial, com algumas ressalvas previstas no art. 155 do CPP. Além disso, é importante que o juiz fundamente sua decisão, mostrando, dessa forma, o raciocínio percorrido até chegar à conclusão. Vale lembrar que a CF determina que todas as decisões judiciais deverão ser fundamentas, sob pena de nulidade (art. 93, IX).

Alternativa "D": o maior de 14 anos presta compromisso. A lei dispensa do compromisso o menor de 14 (art. 208, CPP).

Alternativa "E": o conceito de documento é mais amplo. Segundo o *caput* do art. 323 do CPP, consideram-se documentos quaisquer escritos, instrumentos ou papéis, públicos ou particulares.

203. (FGV – Delegado de Polícia – MA/2012) Analise as afirmativas a seguir.

I. Desde a reforma do Código de Processo Penal realizada pela Lei 11.690 de 2008, as perguntas às testemunhas devem ser formuladas diretamente pelas partes. Contudo, de acordo com a jurisprudência majoritária dos Tribunais Superiores, se o magistrado iniciar as perguntas haverá apenas nulidade relativa.
II. Conferindo efetividade ao princípio de que ninguém é obrigado a produzir prova contra si e ao direito ao silêncio, o Superior Tribunal de Justiça decidiu que o condutor de veículo automotor não é obrigado a se submeter ao teste do bafômetro e que tal recusa não pode implicar consequências penais.
III. De acordo com o Código de Processo Penal, entendendo conveniente, o juiz poderá ouvir as pessoas referidas pelas testemunhas, ainda que não constassem originalmente do rol indicado pelas partes.

Assinale:

a) se somente a afirmativa I estiver correta.
b) se somente a afirmativa II estiver correta.
c) se somente as afirmativas I e II estiverem corretas.
d) se somente as afirmativas II e III estiverem corretas.
e) se todas as afirmativas estiverem corretas.

COMENTÁRIOS

Alternativa correta: letra "E": todas as afirmativas estão certas.

Afirmativa I: certo. Esse é, de fato, o entendimento dos Tribunais Superiores. Nesse sentido, decisão do STJ: "(...) Esta Corte Superior de Justiça possui o entendimento de que a inversão na ordem de perguntas enseja nulidade relativa, a depender da arguição no momento oportuno e da comprovação do efetivo prejuízo. (…)" (HC 238.860-RS, Rel. Min. Sebastião Reis Júnior, j. 25.09.2012). Notem que mais recentemente o STJ passou a não admitir Recurso Especial sob o fundamento de violação ao art. 212 do CPP – ou seja, violação a lei federal –, pois, segundo tal Corte, a inversão da ordem de inquirição direta das testemunhas não viola o princípio acusatório.

Afirmativa II: certo. Cuidado aqui. Quanto ao princípio *nemo tenetur se detegere*, esse realmente vem sendo o entendimento do STJ. Ou seja, ninguém é obrigado a se submeter ao etilômetro, pois estaria se obrigando a produzir prova contra si mesmo. Isso levava à impossibilidade de se condenar o imputado, por falta de materialidade do crime do art. 306 do CTB. Porém, houve alteração legislativa. Vejam recente decisão do STJ, bastante esclarecedora sobre o tema: "(...) 1. Na vigência da Lei 11.705/2008, o exame de sangue ou o teste do bafômetro eram considerados indispensáveis para a comprovação da materialidade do crime de embriaguez ao volante, sendo certo que o condutor do automóvel não era obrigado a realizá-los, sob pena de ofensa ao princípio que proíbe a autoincriminação. 2. Com o advento da Lei 12.760/2012, o combate à embriaguez ao volante tornou-se ainda mais rígido, tendo o legislador previsto a possibilidade de comprovação do crime por diversos meios de prova, conforme se infere da redação do § 2º incluído no artigo 306 do Código de Trânsito Brasileiro. (...)" (HC RHC 45.173-SP, Rel. Min. Jorge Mussi, j. 06.05.2014). Então, embora hoje continue o motorista desobrigado de se submeter ao bafômetro, para não produzir prova contra si mesmo, a prova da embriaguez poderá ser feita por outros meios, inclusive por testemunhas.

Afirmativa III: certo. É o que permite o § 1º do art. 209 do CPP.

---

204. (FGV – Delegado de Polícia – MA/2012) Com relação ao capítulo da prova, assinale a afirmativa incorreta.

a) Admite-se a prova pericial, apesar de o juiz não ficar adstrito ao laudo, podendo aceitá-lo ou rejeitá-lo, no todo ou em parte.

b) De acordo com o Art. 212, do CPP, as perguntas serão formuladas pelas partes diretamente às testemunhas, podendo o juiz complementar a inquirição formulando perguntas sobre pontos não esclarecidos.

c) Havendo mais de um réu, cada um deles deverá ser interrogado separadamente, podendo a defesa e a acusação formular perguntas ao final.

d) Apesar de a lei processual penal dispor que o assistente de acusação pode propor meios de prova (Art. 271), em regra não poderá arrolar testemunhas, eis que somente pode o assistente ser admitido após o oferecimento e recebimento da denúncia com o rol respectivo.

e) Por força do princípio constitucional da ampla defesa, a testemunha deverá ser ouvida em juízo na presença do acusado e da defesa técnica, não se admitindo exceção a esta regra.

COMENTÁRIOS

Alternativa incorreta: letra "E": o princípio que melhor se adequa à necessidade da oitiva da testemunha na presença da defesa é o do contraditório. Nesse caso, nem sempre será obrigatória a presença do acusado, já que este pode simplesmente não comparecer e há situações em que ele poderá ser retirado da sala – em caso de temor por parte da testemunha – ou o depoimento ser realizado por videoconferência.

Alternativa "A": como qualquer outra prova, a pericial deve ser valorada em conjunto com os demais elementos de prova. Então, assim como pode fazer, por exemplo, com a prova testemunhal, o juiz pode desconsiderar o laudo pericial, desde que, evidentemente, apresente suas razões para tanto. A própria lei permite isso (art. 182, CPP).

Alternativa "B": diz o art. 212 do CPP: "As perguntas serão formuladas pelas partes diretamente à testemunha, não admitindo o juiz aquelas que puderem induzir a resposta, não tiverem relação com a causa ou importarem na repetição de outra já respondida". E o parágrafo único diz que: "Sobre os pontos não esclarecidos, o juiz poderá complementar a inquirição". É certo que a jurisprudência majoritária do STJ é no sentido de que a infração a esta última regra gera nulidade apenas relativa, devendo ser demonstrado o prejuízo.

Alternativa "C": são as regras dos arts. 188 e 191 do CPP.

Alternativa "D": cabe ao Ministério Público arrolar testemunhas. Assim, o momento processual para a acusação arrolar testemunhas é o oferecimento da denúncia.

---

205. (Delegado de Polícia – SP/ 2011 – ACADEPOL) Quanto aos sistemas de avaliação da prova, o Brasil adota

a) a livre convicção.

b) somente a persuasão racional.

c) a persuasão racional, em regra; e a prova legal, excepcionalmente.

d) a persuasão racional, a íntima convicção e a prova legal.

e) a persuasão racional, em regra; e a íntima convicção, excepcionalmente.

COMENTÁRIOS

Alternativa correta: letra "E" (responde, também, as alternativas "A", "B" e "D"): a regra é o sistema da persuasão racional, estando representado no art. 155 do CPP, que diz que o juiz formará sua convicção pela livre apreciação da prova produzida em contraditório judicial, não podendo fundamentar sua decisão exclusivamente nos elementos informativos colhidos na investigação, ressalvadas as provas cautelares, não repetíveis e antecipadas. Ou seja, ao mesmo tempo em que estabelece que o juiz tem liberdade para apreciar a prova – ou seja, estas não têm um peso específico, previamente fixado, como ocorre no sistema da prova legal –, fixa parâmetros racionais e epistemológicos para que o juiz possa fazer tal apreciação, determinando que deve limitar-se a valorar as provas produzidas em contraditório judicial, com as exceções previstas no próprio dispositivo. E mais: o juiz deve dar os fundamentos de sua decisão, mostrando como chegou à sua conclusão. Porém, nosso ordenamento ainda adota o sistema da íntima convicção no tribunal do júri, pois os jurados não obedecem aos mesmos parâmetros e sequer devem motivar seus veredictos.

Alternativa "C" (responde, também, a alternativa "D"): a prova legal, tarifada, não mais é adotada em nosso ordenamento processual penal. Ela já foi adotada em diversos ordenamentos, mas acabou progressivamente abandonada. Simplificando a explicação, a prova legal dá peso prévio a determinados meios de prova, estabelecendo, por exemplo, que somente é possível provar determinado tipo de crime se houver pelo menos duas testemunhas afirmando-o. Se isso parece irracional, na época de sua utilização não era, sendo, por sinal, uma reação tendente a evitar os arbítrios da íntima convicção do julgador, que julgava como bem queria, sem qualquer parâmetro legal. Um resquício da prova legal pode ser encontrado no parágrafo único do art. 155 do CPP, que estabelece: "Somente quanto ao estado das pessoas serão observadas as restrições estabelecidas na lei civil". Assim, por exemplo, a idade de uma pessoa deve ser provada através de sua certidão de nascimento; a morte, por meio da certidão de óbito etc.

---

206. (Delegado de Polícia – SP/ 2011 – ACADEPOL) Para formar seu juízo de convicção a respeito de fato submetido a julgamento, o juiz

a) poderá considerar elementos colhidos na investigação policial, desde que não contrariados pelas partes.
b) poderá considerar elementos colhidos na investigação policial, desde que em consonância com provas produzidas sob o contraditório.
c) poderá considerar elementos colhidos na investigação policial desde que não contrariados por provas judiciais.
d) não poderá considerar elementos colhidos na investigação policial, porque não produzidos sob o contraditório.
e) não poderá considerar exclusivamente elementos constantes da investigação policial, exceto se colhidos em presença de defensor do investigado.

COMENTÁRIOS

✪ **Nota do autor:** o tema relaciona-se tanto à prova quanto à sentença. Porém, entendemos mais diretamente relacionado às provas, tanto que o próprio CPP o trata no art. 155.

Alternativa correta: letra "B": é o entendimento que prevalece na jurisprudência, que estaria em consonância com o disposto no art. 155 do CPP ("O juiz formará sua convicção pela livre apreciação da prova produzida em contraditório judicial, não podendo fundamentar sua decisão exclusivamente nos elementos informativos colhidos na investigação, ressalvadas as provas cautelares, não repetíveis e antecipadas"). Portanto, o juiz não pode formar sua convicção com base apenas nos elementos informativos existentes no inquérito, com as três ressalvas contidas no final do dispositivo (ex.: elementos de prova coligidos durante interceptação telefônica realizada na fase de investigação).

Alternativa "A": no processo penal, a falta de oposição das partes quanto a alguma alegação sobre um fato não importa no reconhecimento desta, como pode ocorrer no processo civil.

Alternativa "C": não basta que os elementos colhidos na fase de investigação não sejam contrariados na fase judicial, sendo necessário que sejam confirmados pelas provas colhidas em contraditório judicial.

Alternativa "D": vide comentários à alternativa "B". Notem: os elementos coligidos no inquérito podem ser considerados se confirmados em juízo, sob o contraditório e, mais importante, se fizerem parte das três ressalvas da parte final do art. 155 do CPP: provas cautelares, não repetíveis e antecipadas.

Alternativa "E": mesmo que colhido na presença de defensor do investigado, o elemento de informação do inquérito não poderá, sozinho, servir para a formação da convicção do julgador, pois não houve contraditório, mas simples exercício do direito de ter um advogado, que é parte da garantia da ampla defesa. Novamente: salvo se se tratar da parte final do art. 155 do CPP (provas cautelares, não repetíveis e antecipadas).

---

207. (Delegado de Polícia – SP/ 2011 – ACADEPOL) A oitiva do perito em audiência criminal é

a) vedada, uma vez que não há norma que expressamente disponha a respeito do tema.
b) vedada, não se aplicando por apologia a norma permissiva constante do Código de Processo Civil.
c) permitida por emprego analógico de regra inserta no Código de Processo Civil.
d) permitida, porém as indagações devem ser previamente enviadas ao perito que sempre as responderá em audiência, sob o contraditório.
e) Permitida, porém, ele poderá responder em laudo complementar as questões que lhe devem ser previamente formuladas.

COMENTÁRIOS

Alternativa correta: letra "E" (responde, também, as alternativas "A", "C" e "D"): os esclarecimentos de peritos em audiência são permitidos pelo inciso I do § 5º do art. 159 do CPP, que dá direito às partes de "requerer a oitiva dos peritos para esclarecerem a prova ou para responderem a quesitos, desde que o mandado de intimação e os quesitos ou questões a serem esclarecidas sejam encaminhados com antecedência mínima de 10 (dez) dias, podendo apresentar as respostas em laudo complementar". No caso de oitiva, os peritos são ouvidos após as testemunhas e antes das acareações, reconhecimentos e interrogatório do acusado (arts. 400, *caput*, 411, *caput*, e 531, CPP).

Alternativa "B" (responde, também, a alternativa "C"): não há tal vedação, como visto acima, sendo desnecessária o recurso à analogia.

208. (Delegado de Polícia – MG/ 2011 – ACADEPOL) Sobre a prova pericial é INCORRETO afirmar:

a) O exame de corpo de delito deverá ser assinado por 2 (dois) peritos oficiais, portadores de diploma de curso superior.

b) O exame de corpo de delito poderá ser realizado qualquer dia e horário, inclusive aos domingos.

c) A autópsia será realizada, em regra, 6 (seis) horas após o óbito.

d) Nas perícias de laboratório, os peritos guardarão material suficiente para a eventualidade de nova perícia.

COMENTÁRIOS

✪ **Nota do autor:** o CPP foi reformado em 2008 no capítulo das provas, devendo haver muita atenção do candidato com tais questões.

Alternativa incorreta: letra "A": a regra sobre o número de peritos que devem elaborar o laudo mudou. De acordo com o art. 159, *caput*, do CPP, o exame de corpo de delito e outras perícias serão realizados por perito oficial – um apenas, portanto – portador de diploma de curso superior. Porém, na falta de perito oficial, o exame será realizado por duas pessoas idôneas, portadoras de diploma de curso superior preferencialmente na área específica, dentre as que tiverem habilitação técnica relacionada com a natureza do exame (§ 1º).

Alternativa "B": o art. 161 do CPP diz que o exame de corpo de delito pode ser feito a qualquer dia ou qualquer hora, o que, por óbvio, inclui os domingos. Nem poderia ser diferente, pois os vestígios devem ser verificados o mais próximo possível do crime, pouco importando os sábados, os domingos e os feriados.

Alternativa "C": o art. 162 do CPP diz que a autópsia – normalmente chamado de exame necroscópico ou necropsia – será feita pelo menos seis horas depois do óbito, salvo se os peritos, pela evidência dos sinais de morte, julgarem que possa ser feita antes daquele prazo, o que declararão no auto.

Alternativa "D": é o que determina a primeira parte do art. 170 do CPP.

209. (Delegado de Polícia – MG/ 2011 – ACADEPOL) Sobre a prova no processo penal brasileiro é INCORRETO afirmar:

a) A prova sobre o "estado das pessoas" deve observar restrições estabelecidas na lei civil.

b) A confissão deve ser cotejada com outros elementos de convicção.

c) A narcoanálise constitui método para obtenção de informações úteis à moderna investigação policial.

d) O juiz pode determinar a realização de prova mesmo antes de iniciada a ação penal.

COMENTÁRIOS

Alternativa incorreta: letra "C": a narcoanálise não é prevista como meio de prova ou de investigação em nosso CPP. Além disso, não se pode admiti-la sob o argumento de que as provas atípicas não são proibidas em nosso ordenamento processual. No entanto, este último entendimento se baseia na permissão às provas atípicas contidas no art. 369 do novo CPC. Mas, atenção ao texto do art. 369: "As partes têm o direito de empregar todos os meios legais, bem como os moralmente legítimos, ainda que não especificados neste Código, para provar a verdade dos fatos em que se funda o pedido ou a defesa e influir eficazmente na convicção do juiz". Ora, a narcoanálise é meio moralmente ilegítimo, pois fere frontalmente a dignidade da pessoa investigada, estando, portanto, fora, da autorização do art. 369 do CPC e atinge frontalmente o disposto no art. 1º, III, da CF.

Alternativa "A": trata-se ainda de um resquício das "provas legais", estando prevista no parágrafo único do art. 155 do CPP: "Somente quanto ao estado das pessoas serão observadas as restrições estabelecidas na lei civil".

Alternativa "B": é o que diz o art. 197 do CPP: "O valor da confissão se aferirá pelos critérios adotados para os outros elementos de prova, e para a sua apreciação o juiz deverá confrontá-la com as demais provas do processo, verificando se entre ela e estas existe compatibilidade ou concordância". Portanto, a confissão não tem valor absoluto.

Alternativa "D": pode, de acordo com a redação do art. 156, I, do CPP: "A prova da alegação incumbirá a quem a fizer, sendo, porém, facultado ao juiz de ofício (...) ordenar, mesmo antes de iniciada a ação penal, a produção antecipada de provas consideradas urgentes e relevantes, observando a necessidade, adequação e proporcionalidade da medida". O problema é que há entendimento – com o qual particularmente concordamos – no sentido de que o juiz não pode fazê-lo de ofício, pois infringiria o sistema acusatório, devendo haver requerimento para a produção antecipada de prova ainda no curso da fase pré-judicial.

210. (Delegado de Polícia – AP/ 2010 – FGV) Relativamente ao tema *prova*, analise as afirmativas a seguir:

I. O juiz que conhecer do conteúdo da prova declarada inadmissível não poderá proferir a sentença ou acórdão.

II. O juiz formará sua convicção pela livre apreciação da prova produzida em contraditório judicial, não podendo fundamentar sua decisão exclusivamente nos elementos informativos colhidos na investigação, ressalvadas as provas cautelares, não repetíveis e antecipadas.

III. A lei autoriza a produção antecipada de provas consideradas urgentes e relevantes, mesmo antes de iniciada a ação penal, observando a necessidade, adequação e proporcionalidade da medida.

Assinale:

a) se somente a afirmativa I estiver correta.

b) se somente a afirmativa II estiver correta.

c) se somente a afirmativa III estiver correta.

d) se somente as afirmativas II e III estiverem corretas.

e) se todas as afirmativas estiverem corretas.

COMENTÁRIOS

Alternativa correta: letra "D": estão certas as alternativas II e III.

Item I: errado. Não existe tal regra em nosso CPP. Chegou a fazer parte do projeto que acabou aprovado e constituiu a reforma em 2008, mas acabou sendo, depois, excluída. Ou seja, ainda que o juiz tenha contato com uma prova considerada inadmissível, poderá continuar oficiando no feito.

Item II: certo. É a importantíssima regra trazida pelo art. 155, *caput*, do CPP. Trata-se da definitiva consagração do princípio do contraditório. Assim, as provas deverão ser produzidas com a participação das partes, salvo as exceções trazidas pelo art. 155, sob pena de o juiz não poder valorá-las.

Item III: certo. Tal autorização encontra-se nos incisos do art. 156 do CPP, sendo o primeiro deles muito polêmico, pois autoriza o juiz a determinar a produção de tais provas, de ofício, antes de iniciada a ação penal, o que para muitos – e com eles concordamos – viola o princípio acusatório.

211. (Delegado de Polícia – AP/ 2010 – FGV) Relativamente ao tema *prova*, analise as afirmativas a seguir:

I. Quando a infração deixar vestígios, será indispensável o exame de corpo de delito, direto ou indireto, realizado por perito oficial, portador de diploma de curso superior. Na falta de perito oficial, o exame será realizado por duas pessoas idôneas, portadoras de diploma de curso superior preferencialmente na área específica, dentre as que tiverem habilitação técnica relacionada com a natureza do exame. Na falta do exame, poderá supri-lo a confissão do acusado.

II. Serão facultadas ao Ministério Público, ao assistente de acusação, ao ofendido, ao querelante e ao acusado a formulação de quesitos e indicação de assistente técnico, que atuará durante a perícia e antes da conclusão dos exames e elaboração do laudo pelos peritos oficiais.

III. Durante o curso do processo judicial, é permitido às partes, quanto à perícia, requerer a oitiva dos peritos para esclarecerem a prova ou para responderem a quesitos, desde que o mandado de intimação e os quesitos ou questões a serem esclarecidas sejam encaminhados com antecedência mínima de 10 (dez) dias, podendo apresentar as respostas em laudo complementar.

Assinale:

a) se somente a afirmativa I estiver correta.

b) se somente a afirmativa II estiver correta.

c) se somente a afirmativa III estiver correta.

d) se somente as afirmativas II e III estiverem corretas.

e) se todas as afirmativas estiverem incorretas.

COMENTÁRIOS

Alternativa correta: letra "C": está certa a afirmativa III.

Item I: errado. Em primeiro lugar, o art. 158 do CPP estipula que, quando a infração deixar vestígios, será indispensável o exame de corpo de delito, direto ou indireto, não podendo supri-lo a confissão do acusado. Além disso, o exame de corpo de delito e outras perícias serão realizados por perito oficial, portador de diploma de curso superior (art. 159, *caput*). E na falta de perito oficial, o exame será realizado por duas pessoas idôneas, portadoras de diploma de curso superior preferencialmente na área específica, dentre as que tiverem habilitação técnica relacionada com a natureza do exame (art. 159, § 1º).

Item II: errado. O § 3º do art. 159 do CPP faculta ao Ministério Público, ao assistente de acusação, ao ofendido, ao querelante e ao acusado a formulação de quesitos e indicação de assistente técnico. Porém, o assistente técnico atuará a partir de sua admissão pelo juiz e após a conclusão dos exames e elaboração do laudo pelos peritos oficiais (§ 4º, art. 159).

Item III: certo. É o que permite o inciso I do § 5º do art. 159 do CPP, incluído (o inciso) pela Lei 11.690/2008.

212. (Delegado de Polícia – AP/ 2010 – FGV) João Batista foi preso em flagrante acusado de tráfico de drogas. Na delegacia, a autoridade policial inicia uma conversa informal com João, que confessa a prática do crime. Todavia, quando o delegado informa que iniciará o seu interrogatório policial, João exige a presença de um advogado dativo ou defensor público (já que não tem recursos para contratar um advogado particular), o que lhe é negado pelo Delegado ao argumento de que não há previsão legal para essa assistência gratuita. João decide permanecer em silêncio. Contudo, o delegado gravara a confissão de João durante a conversa informal. Oferecida e recebida a denúncia, não havendo testemunhas a serem inquiridas, é designado interrogatório judicial. Minutos antes de iniciar o interrogatório, João pede ao juiz que indique um advogado ou defensor, o que lhe é negado ao argumento de que o interrogatório é ato de autodefesa e não de defesa técnica. Considerando a narrativa acima, analise as afirmativas a seguir:

I. É válida a gravação da conversa informal mantida pelo delegado com João.

II. João tem direito de exigir a assistência de um advogado dativo ou um defensor público no momento de seu interrogatório judicial, tendo o delegado dado causa à nulidade do interrogatório.

III. Caso o juiz permitisse que João fosse assistido por um defensor público antes de seu interrogatório judicial, João e o defensor público poderiam conversar de forma reservada antes do interrogatório.

Assinale:

a) se somente a afirmativa II estiver correta.

b) se somente as afirmativas I e III estiverem corretas.

c) se somente as afirmativas II e III estiverem corretas.

d) se somente as afirmativas I e II estiverem corretas.

e) se todas as afirmativas estiverem corretas.

COMENTÁRIOS

✪ **Nota do autor:** a questão envolve dois temas muito importantes, a saber, os direitos e garantias relacionados à defesa do imputado e as provas no processo. Por isso, inserimos a questão no tópico relacionado às provas.

Alternativa correta: letra "C": estão certas as afirmativas II e III.

Item I: errado. A gravação informal feita pelo delegado não tem valor algum e não poderá ser utilizada como prova no processo, eis que o preso não havia sido informado que já naquele momento tinha o direito de permanecer em silêncio. Nesse sentido, o entendimento do STJ: "PROCESSUAL PENAL. *HABEAS CORPUS*. TRÁFICO DE DROGAS. INVESTIGAÇÃO POLICIAL. EXERCÍCIO DO DIREITO DE PERMANECER CALADO MANIFESTADO EXPRESSAMENTE PELO INDICIADO (ART. 5º, LXIII, DA CF). GRAVAÇÃO DE CONVERSA INFORMAL REALIZADA PELOS POLICIAIS QUE EFETUARAM A PRISÃO EM FLAGRANTE. ELEMENTO DE INFORMAÇÃO CONSIDERADO ILÍCITO. VULNERAÇÃO DE DIREITO CONSTITUCIONALMENTE ASSEGURADO. INAPLICABILIDADE DO ENTENDIMENTO NO SENTIDO DA LICITUDE DA PROVA COLETADA QUANDO UM DOS INTERLOCUTORES TEM CIÊNCIA DA GRAVAÇÃO DO DIÁLOGO. SITUAÇÃO DIVERSA. DIREITO À NÃO AUTOINCRIMINAÇÃO QUE DEVE PREVALECER SOBRE O DEVER-PODER DO ESTADO DE REALIZAR A INVESTIGAÇÃO CRIMINAL. 1. Segundo o art. 5º, LXIII, da Constituição Federal, o preso será informado de seus direitos, entre os quais o de permanecer calado, sendo-lhe assegurada a assistência da família e de advogado. 2. Apesar de ter sido formalmente consignado no auto de prisão em flagrante que o indiciado exerceu o direito de permanecer calado, existe, nos autos da ação penal, gravação realizada entre ele e os policiais que efetuaram sua prisão, momento em que não foi informado da existência desse direito, assegurado na Constituição Federal. 3. As instâncias ordinárias insistiram na manutenção do elemento de prova nos autos, utilizando, de forma equivocada, precedente do Supremo Tribunal Federal no sentido de que não é considerada ilícita a gravação do diálogo quando um dos interlocutores tem ciência da gravação. 4. Tal entendimento não se coaduna com a situação dos autos, uma vez que – além de a gravação estar sendo utilizada para sustentar uma acusação – no caso do precedente citado estava em ponderação o sigilo das comunicações, enquanto no caso em questão está em discussão o direito constitucional de o acusado permanecer calado, não se autoincriminar ou não produzir prova contra si mesmo. 5. Admitir tal elemento de prova nos autos redundaria em permitir um falso exercício de um direito constitucionalmente assegurado, situação inconcebível em um Estado Democrático de Direito. 6. Ordem concedida para determinar o desentranhamento da mídia que contém a gravação do diálogo ocorrido entre o paciente e os policiais que efetuaram sua prisão da ação penal instaurada contra ele, pelo crime de tráfico de drogas, na Vara Criminal da comarca de Laguna/SC" (HC 244.977-SC, Rel. Min. Sebastião Reis Júnior, j. 25.09.2012).

Item II: certo, mas com algumas ressalvas ao final. O imputado tem o direito de ser acompanhado por advogado em seu interrogatório na polícia e em juízo. Neste último caso, por sinal, é bom lembrar que se trata, em regra, do último ato da instrução e é realizado sob contraditório, sendo causa de nulidade absoluta a ausência de defensor. Um cuidado deve-se ter quanto a esta afirmativa: o delegado não deu causa à nulidade do interrogatório judicial e pensamos que não haverá anulação do interrogatório policial, até porque o imputado permaneceu em silêncio, muito embora tivesse direito a um defensor, que poderia orientá-lo a fornecer alguma versão. De qualquer modo, o mais importante seria mesmo o interrogatório judicial.

Item III: certo. O réu tem o direito de se entrevistar com seu defensor antes do interrogatório (art. 185, § 5º, CPP).

---

213. (Delegado de Polícia – AP/ 2010 – FGV) Relativamente ao tema *prova*, analise as afirmativas a seguir:

I. Em caso de lesões corporais, se o primeiro exame pericial tiver sido incompleto, proceder-se-á a exame complementar por determinação da autoridade policial ou judiciária, de ofício, ou a requerimento do Ministério Público, do ofendido ou do acusado, ou de seu defensor.

II. No exame para o reconhecimento de escritos, por comparação de letra, quando não houver escritos para a comparação ou forem insuficientes os exibidos, a autoridade mandará que a pessoa escreva o que lhe for ditado, não podendo o indiciado recusar-se sob pena de crime de desobediência.

III. O juiz ficará adstrito ao laudo, não podendo aceitá-lo ou rejeitá-lo apenas em parte.

Assinale:

a) se somente a afirmativa I estiver correta.

b) se somente a afirmativa II estiver correta.

c) se somente a afirmativa III estiver correta.

d) se somente as afirmativas II e III estiverem corretas.

e) se todas as afirmativas estiverem corretas.

COMENTÁRIOS

Alternativa correta: letra "A": a afirmativa I está certa.

Item I: certo. É o que dispõe o *caput* do art. 168 do CPP, *verbis*: "Em caso de lesões corporais, se o primeiro exame pericial tiver sido incompleto, proceder-se-á a exame complementar por determinação da autoridade policial ou judiciária, de ofício, ou a requerimento do Ministério Público, do ofendido ou do acusado, ou de seu defensor".

Item II: errado. O exame para reconhecimento de escritos é regulado pelo art. 174 do CPP. Este dispõe que a pessoa a quem se atribua ou se possa atribuir o escrito será intimada para o ato, se for encontrada; para a comparação, poderão servir quaisquer documentos que a dita pessoa reconhecer ou já tiverem sido judicialmente reconhecidos como de seu punho, ou sobre cuja autenticidade não houver dúvida; a autoridade, quando necessário, requisitará, para o exame, os documentos que existirem em arquivos ou estabelecimentos públicos, ou nestes realizará a diligência, se daí não puderem ser retirados; e quando não houver escritos para a comparação ou forem insuficientes os exibidos, a autoridade mandará que a pessoa escreva o que lhe for ditado. Se estiver ausente a pessoa, mas em lugar certo, esta última diligência poderá ser feita por precatória, em que se consignarão as palavras que a pessoa será intimada a escrever. No entanto, é certo que tal procedimento probatório deve ser analisado em conjunto com os direitos e garantias individuais trazidos pela CF e pelos tratados de direitos humanos dos quais o Brasil é signatário. Então, a doutrina tem concordado que o imputado tem o direito de não produzir prova contra si mesmo (*nemo tenetur se detegere*), ou seja, não é obrigado a fornecer elementos que venham a resultar em prova que lhe possa ser prejudicial. Isso inclui o fornecimento de material grafotécnico para comparação. Em suma, sendo um direito, não pode a autoridade policial obrigar o imputado a fornecer material de seu próprio punho, para perícia de comparação de escritos. Portanto, pode o imputado recusar-se a fazê-lo, sem que com isso incorra em crime de desobediência, já que sua recusa é lícita.

Item III: errado. O juiz não fica adstrito ao laudo (art. 182, CPP). Ao contrário, pode o juiz valorar livremente o conteúdo do laudo e até mesmo rejeitá-lo, desde que o faça fundamentadamente.

214. (Delegado de Polícia – MT/ 2010 – UNEMAT) A respeito das provas no Direito Processual Penal, à luz do entendimento dos Tribunais Superiores e da legislação respectiva, assinale a alternativa **correta.**

a) Prova emprestada, que não preencha os requisitos exigidos como identidade de partes e presença de contraditório, não pode ser utilizada pelo magistrado, nem como indicio.

b) Os Tribunais têm entendido que a alegação de legítima defesa pela vítima de crime, em caso de registros telefônicos desautorizados, somente é admissível em se tratando de escuta telefônica e não de interceptação.

c) A inviolabilidade de correspondência abrange encomendas.

d) A gravação telefônica realizada sem a autorização judicial é prova ilícita.

e) O conhecimento fortuito de crime distinto daquele para o qual foi autorizada a quebra do sigilo telefônico, induz à imprestabilidade da prova, não podendo servir de base a eventual Inquérito Policial.

COMENTÁRIOS

Alternativa correta: letra "B": primeiramente, cabe diferenciar escuta e interceptação telefônica. Esta última se dá quando a quebra do sigilo das comunicações é realizado sem o conhecimento dos interlocutores, sendo esta a hipótese regulada pela Lei 9.296/1996. A escuta ocorre no caso em que a violação das comunicações se dá por terceiro, mas com o conhecimento de um dos interlocutores. O STF tem entendido que a escuta pode ser admitida como prova lícita, como forma de legítima defesa: "(...) Utilização de gravação de conversa telefônica feita por terceiro com a autorização de um dos interlocutores sem o conhecimento do outro quando há, para essa utilização, excludente da antijuridicidade. – Afastada a ilicitude de tal conduta – a de, por legítima defesa, fazer gravar e divulgar conversa telefônica ainda que não haja o conhecimento do terceiro que está praticando crime –, é ela, por via de consequência, lícita e, também consequentemente, essa gravação não pode ser tida como prova ilícita, para invocar-se o artigo 5º, LVI, da Constituição com fundamento em que houve violação da intimidade (art. 5º, X, da Carta Magna). (…)" (HC 74.678-SP, Rel. Min. Moreira Alves, j. 10.06.1997).

Alternativa "A": a doutrina normalmente considera somente ser admissível a prova emprestada se houver, entre os processos em que foi produzida e aquele no qual será utilizada, identidade de partes e tiver sido produzida sob contraditório, ou seja, na presença de um mesmo acusado. Há corrente que defende ser necessário que a prova tenha sido produzida perante o mesmo juiz. No entanto, não têm os Tribunais Superiores acompanhado tais entendimentos. O STJ entende, por exemplo, que a prova emprestada pode ser utilizada, mesmo não havendo identidade de partes entre os dois processos e desde que garantidos o contraditório e a ampla defesa. Além disso, frequentemente tal Tribunal admite que a prova emprestada seja admitida sempre, desde que corroborada por outros elementos de convicção. Um exemplo: "(…) INDIGITADA CONDENAÇÃO BASEADA EM PROVA EMPRESTADA COLHIDA SEM A PARTICIPAÇÃO DA PACIENTE. IDONEIDADE PARA FUNDAMENTAR A DECISÃO. ÉDITO REPRESSIVO MOTIVADO EM OUTROS ELEMENTOS DE CONVICÇÃO PRODUZIDOS NOS AUTOS. CONJUNTO PROBATÓRIO APTO A EMBASAR O ÉDITO REPRESSIVO. CONSTRANGIMENTO ILEGAL NÃO EVIDENCIADO. 1. Conquanto tenham sido anexadas aos autos da ação penal em apreço provas produzidas em processos criminais distintos, tais elementos de convicção foram submetidos ao crivo do contraditório, pois se concedeu às partes a oportunidade de impugná-los, o que não foi feito. 2. Tais provas não foram as únicas utilizadas pelo magistrado singular para fundamentar o édito repressivo, uma vez que 'o julgador monocrático convenceu-se da participação da paciente no crime de furto em exame' após 'proceder à análise profunda e criteriosa do conjunto probatório – documentos, perícias e outros meios de prova disponíveis', tendo exarado decreto condenatório 'com base no exame amplo de fatos suficientes para o preenchimento da hipótese típica, através do cotejo de fortes indícios contra a paciente'. (...)" (HC 196.472-CE, Rel. Min. Jorge Mussi, j. 11.09.2012).

Alternativa "C": há muita discussão quanto à inviolabilidade da correspondência, prevista no inciso XII do art. 5º da CF: "é inviolável o sigilo da correspondência e das comunicações telegráficas, de dados e das comunicações telefônicas, salvo, no último caso, por ordem judicial, nas hipóteses e na forma que a lei estabelecer para fins de investigação criminal ou instrução processual penal". Uma interpretação gramatical do dispositivo constitucional leva à conclusão de que o sigilo da correspondência é inviolável, não sendo previstas exceções. Porém, o próprio STF ainda possui entendimento de que tal sigilo não é absoluto, entendimento este exposto em Acórdão paradigmático: "(...) A administração penitenciaria, com fundamento em razoes de segurança pública, de disciplina prisional ou de preservação da ordem jurídica, pode, sempre excepcionalmente, e desde que respeitada a norma inscrita no art. 41, parágrafo único, da Lei nº 7.210/84, proceder a interceptação da correspondência remetida pelos sentenciados, eis que a cláusula tutelar da inviolabilidade do sigilo epistolar não pode constituir instrumento de salvaguarda de práticas ilícitas. (...)" (HC 70.814, Rel. Min. Celso de Mello, j. 01.03.1994). Portanto, utilizando um critério de proporcionalidade, a correspondência pode ser violada, seja carta ou encomenda, segundo o STF.

Alternativa "D": nem sempre. A gravação telefônica feita por um dos interlocutores, sem o conhecimento do outro e sem autorização judicial é considerada prova lícita. Nesse sentido, decisão do STF: "Trancamento de ação penal. investigação criminal realizada pelo Ministério Público. Excepcionalidade do caso. Possibilidade. gravação clandestina (gravação de conversa telefônica por um interlocutor sem o conhecimento do outro). Licitude da prova. Precedentes. ordem denegada. (...) Gravação clandestina (Gravação de conversa telefônica por um interlocutor sem o conhecimento do outro). Licitude da prova. Por mais relevantes e graves que sejam os fatos apurados, provas obtidas sem a observância das garantias previstas na ordem constitucional ou em contrariedade ao disposto em normas de procedimento não podem ser admitidas no processo; uma vez juntadas, devem ser excluídas. O presente caso versa sobre a gravação de conversa telefônica por um interlocutor sem o conhecimento de outro, isto é, a denominada "gravação telefônica" ou "gravação clandestina". Entendimento do STF no sentido da licitude da prova, desde que não haja causa legal específica de sigilo nem reserva de conversação. Repercussão geral da matéria (RE 583.397/RJ). 3. Ordem denegada" (91.613-MG, Rel. Min. Gilmar Mendes, j. 15.05.2012).

Alternativa "E": os Tribunais Superiores têm entendimento oposto ao mencionado pela alternativa, sendo exemplo o seguinte Acórdão do STJ: "(...) ALEGADA NULIDADE DAS INTERCEPTAÇÕES TELEFÔNICAS. QUEBRA DO SIGILO TELEFÔNICO DECORRENTE DO DESMEMBRAMENTO DE INQUÉRITO POLICIAL QUE INVESTIGARIA FATOS DISTINTOS. POSSIBILIDADE. DESCOBERTA FORTUITA DE NOVOS CRIMES. NECESSIDADE DE APURAÇÃO PELA AUTORIDADE POLICIAL. AUSÊNCIA DE ILICITUDE. 1. A quebra do sigilo telefônico do paciente e demais investigados foi permitida em razão dos elementos de convicção que já teriam sido reunidos em outro inquérito policial. 2. Não se vislumbra qualquer ilegalidade em tal procedimento, já que se a autoridade policial, em decorrência de interceptações telefônicas legalmente autorizadas, tem notícia do cometimento de novos ilícitos por parte daqueles cujas conversas foram monitoradas, é sua obrigação e dever funcional apurá-los, ainda que não possuam liame algum com os delitos cuja suspeita originariamente ensejou a quebra do sigilo telefônico. Precedentes do STJ e do STF. (...)" (HC 189.735-ES, Rel. Min. Jorge Mussi, j. 07.02.2013).

---

215. (Delegado de Polícia – PI/ 2009 – NUCEPE) Durante busca pessoal realizada no curso de busca domiciliar, tendo esta última sido efetivada em cumprimento a mandado judicial às oito horas da manhã, foi encontrada na mochila de Paulo arma de fogo de uso restrito e com numeração raspada. Preso em flagrante e levado à presença da autoridade policial, Paulo confessou a posse ilegal da arma, tendo ainda reconhecido que ele próprio raspou a sua numeração, a fim de ocultar a verdadeira origem do objeto. Diante da situação hipotética acima exposta, assinale a afirmativa correta.

a) A busca pessoal foi ilegal, porque apenas a busca domiciliar havia sido autorizada por mandado judicial.

b) A busca domiciliar foi realizada às oito horas da manhã porque em nenhuma hipótese poderia se dar à noite, nem mesmo com o consentimento do morador, devido a garantia da inviolabilidade de domicílio assegurada pela própria Constituição Federal.

c) A confissão de Paulo diante da autoridade policial poderá vir a ser retratada em juízo.

d) A confissão, de acordo com o Código de Processo Penal, é indivisível, ou seja, seu teor não pode vir a ser desmembrado.

e) Como Paulo já confessou seu delito perante a autoridade policial, não haverá mais necessidade de produção de outras provas acerca da materialidade e da autoria da conduta delituosa.

COMENTÁRIOS

✪ **Nota do autor:** analisando o enunciado, pode-se afirmar que a diligência policial – busca e apreensão – foi realizada em acordo com as regras constitucionais e legais. Com efeito, a entrada na residência ocorreu com mandado, ou seja, autorização judicial; a entrada deu-se de dia (art. 245, CPP); e a busca pessoal foi feita quando do cumprimento do mandado de busca domiciliar (art. 244).

Alternativa correta: letra "C": a confissão é retratável, como afirma o art. 200 do CPP. Portanto, pode o acusado dar outra versão quando interrogado pelo juiz, inclusive podendo negar a autoria ou simplesmente permanecer em silêncio.

Alternativa "A": a busca pessoal realizada durante cumprimento de mandado de busca domiciliar dispensa mandado próprio (art. 244, CPP).

Alternativa "B": se houver o consentimento do morador, pode a busca ser realizada à noite. É o que se conclui pela leitura do inciso XI do art. 5º da CF: "a casa é asilo inviolável do indivíduo, ninguém nela podendo penetrar sem consentimento do morador, salvo em caso de flagrante delito ou desastre, ou para prestar socorro, ou, durante o dia, por determinação judicial". Atenção ao decidido pelo STF em tempos mais recentes, que traz relevantíssima modificação do entendimento simplista que vigorava até então sobre o flagrante na jurisprudência: "(...) A Constituição dispensa o mandado judicial para ingresso forçado em residência em caso de flagrante delito. No crime permanente, a situação de flagrância se protrai no tempo. (...) Período noturno. A cláusula que limita o ingresso ao período do dia é aplicável apenas aos casos em que a busca é determinada por ordem judicial. Nos demais casos – flagrante delito, desastre ou para prestar socorro – a Constituição não faz exigência quanto ao período do dia. (...) Controle judicial a posteriori. Necessidade de preservação da inviolabilidade domiciliar. Interpretação da Constituição. Proteção contra ingerências arbitrárias no domicílio. Muito embora o flagrante delito legitime o ingresso forçado em casa sem determinação judicial, a medida deve ser controlada judicialmente. A inexistência de controle judicial, ainda que posterior à execução da medida, esvaziaria o núcleo fundamental da garantia contra a inviolabilidade da casa (art. 5, XI, da CF) e deixaria de proteger contra ingerências arbitrárias no domicílio (Pacto de São José da Costa Rica, artigo 11, 2, e Pacto Internacional sobre Direitos Civis e Políticos, artigo 17, 1). O controle judicial a posteriori decorre tanto da interpretação da Constituição, quanto da aplicação da proteção consagrada em tratados internacionais sobre direitos humanos incorporados ao ordenamento jurídico. Normas internacionais de caráter judicial que se incorporam à cláusula do devido processo legal. (...) Justa causa. **A entrada forçada em domicílio, sem uma justificativa prévia conforme o direito, é arbitrária. Não será a constatação de situação de flagrância, posterior ao ingresso, que justificará a medida. Os agentes estatais devem demonstrar que havia elementos mínimos a caracterizar fundadas razões (justa causa) para a medida.** (...) Fixada a interpretação de que **a entrada forçada em domicílio sem mandado judicial só é lícita, mesmo em período noturno, quando amparada em fundadas razões, devidamente justificadas a posteriori, que indiquem que dentro da casa ocorre situação de flagrante delito, sob pena de responsabilidade disciplinar, civil e penal do agente ou da autoridade e de nulidade dos atos praticados.** (...)" (RE 603.616-RO, Rel. Min. Gilmar Mendes, j. 05.11.2015, grifos nossos).

Alternativa "D": o mesmo art. 200 do CPP, acima citado, diz que, além de retratável, a confissão é divisível, ou seja, o juiz pode ou não considerar como suficientemente demonstrado apenas parte do teor afirmado pelo acusado. Assim, o acusado pode confirmar ter matado a vítima, mas ao mesmo tempo alegar ter agido em legítima defesa: a confissão pode ser usada para confirmar a autoria, afastada, porém, no que tange à tese da legítima defesa.

Alternativa "E": a confissão extrajudicial, sozinha, pode não ser suficiente para confirmação da autoria, porque outros elementos de prova colhidos podem desmenti-la. Assim, quanto à autoria, há necessidade de que haja um conjunto de provas a confirmá-la, não bastando a confissão. Quanto à materialidade, nos crimes que deixam vestígio, há necessidade do laudo de exame de corpo de delito, direto ou indireto, ou que seja confirmada por testemunhas (arts. 167 e 168, § 3º, CPP). No entanto, a confissão não supre a falta da prova da materialidade (art. 159, CPP).

216. (Delegado de Polícia – RO/ 2009 – FUNCAB) No que se refere às provas no processo penal brasileiro, é correto afirmar que:

a) antes de realizar o interrogatório, dependendo da gravidade do crime, poderá o juiz, por decisão fundamentada, dispensar a entrevista do réu com o seu defensor.

b) o silêncio do acusado não importará confissão, mas poderá constituir elemento para a formação do convencimento do juiz.

c) foram disciplinadas pela Lei nº 9.296/96 a interceptação, a escuta e a gravação telefônica, que somente poderão ser autorizadas judicialmente para fins de investigação criminal.

d) no que diz respeito à apreciação da prova no processo penal, após a reforma promovida pela Lei nº 11.690/2008, passou a vigorar, como regra, o sistema da íntima convicção.

e) os exames de corpo de delito e outras perícias serão feitos por dois peritos oficiais e, em sua falta, por duas pessoas idôneas, portadoras de diploma de curso superior.

COMENTÁRIOS

✪ **Nota do autor:** não concordamos com o gabarito. Mesmo se tratando de concurso para Delegado de Polícia, os direitos fundamentais devem ser respeitados. Óbvio. Vejamos.

Alternativa considerada correta: letra "B": o gabarito acolhe integralmente o que afirma o art. 198 do CPP. Porém, tal dispositivo é original do CPP, ou seja, vem da década de 40 do século XX. De lá para cá, muito mudou, inclusive a CF. Esta garante o direito ao silêncio no art. 5º, LXIII. E o CPP foi modificado para que se incluísse, em 2003, a seguinte redação ao parágrafo único do art. 186: "O silêncio, que não importará em confissão, não poderá ser interpretado em prejuízo da defesa". Trata-se de modificação posterior ao texto do art. 198 e com ele incompatível. Logo, este último foi revogado. Nem poderia ser diferente: o silêncio é um "direito" (para nós, melhor seria dizer uma "faculdade"), cujo gozo não pode trazer consequências negativas ao seu titular.

Alternativa "A": não há tal possibilidade. Tem o acusado e seu Defensor o direito à entrevista prévia ao interrogatório, não fazendo a lei qualquer exceção. Vide art. 185, § 5º, do CPP.

Alternativa "C": a Lei 9.296/1996 regula a interceptação das comunicações telefônicas, ou seja, o ato, autorizado por autoridade judiciária, pelo qual terceiro – a autoridade policial – pode ouvir e gravar conversas de outras pessoas. A lei não regulou a gravação feita por um dos interlocutores, o que ainda é tratada nos planos jurisprudencial e doutrinário.

Alternativa "D": errado. O sistema atual é o do livre convencimento ou da persuasão racional. Assim, o juiz é livre para apreciar as provas, mas sua valoração encontra alguns limites, como, por exemplo, o de não poder fundamentar sua decisão com base em elementos exclusivamente produzidos na fase de investigação. Portanto, não se trata de puro decisionismo, não sendo a liberdade do julgador tão plena assim.

Alternativa "E": errado. A lei não mais exige dois peritos. De acordo com o art. 159, *caput*, do CPP, "O exame de corpo de delito e outras perícias serão realizados por perito oficial, portador de diploma de curso superior". E, na falta de perito oficial, o exame será realizado por 2 pessoas idôneas, portadoras de diploma de curso superior preferencialmente na área específica, dentre as que tiverem habilitação técnica relacionada com a natureza do exame (§ 1º).

9. SENTENÇA

- CF, art. 92, IX
- CPP, art. 381 a 392

217. (Vunesp – Delegado de Polícia – PC – SP/2018) Acerca das sentenças e decisões em geral, afirma-se corretamente:

a) a possibilidade de o juiz dar ao fato definição jurídica diversa daquela constante da denúncia, prevista no art. 383, do Código de Processo Penal, depende de requerimento do Ministério Público, titular da ação penal.

b) sentença subjetivamente plúrima é a sentença proferida por mais de um órgão, composto por julgadores de natureza diversa, como são as sentenças do tribunal do júri.

c) a sentença que extingue o processo sem julgamento do mérito é denominada sentença definitiva lato sensu.

d) em caso de aditamento da denúncia, previsto no art. 384 do Código de Processo Penal, o juiz não ficará adstrito na sentença aos termos do aditamento, podendo de forma fundamentada decidir de forma diversa.

e) só fazem coisa julgada material as sentenças de mérito.

COMENTÁRIOS

Alternativa "a": o juiz pode fazê-lo de ofício, eis que não está alterando os fatos imputados, mas simplesmente dando a eles definição jurídica diversa. O art. 383 do CPP traz a chamada *emendatio libelli*.

Alternativa "b": é a sentença proferida por órgão colegiado.

Alternativa "c": é uma sentença terminativa.

Alternativa "d": uma vez recebido o aditamento, o juiz deverá julgar o caso levando em consideração os fatos trazidos à denúncia aditada. Vale lembrar que isso decorre do princípio da correlação entre acusação e sentença.

Alternativa "e": as sentenças terminativas, que não julgam o mérito, como a impronúncia, não geram efeito de coisa julgada material. Assim, surgindo prova nova, poderá ser proposta nova denúncia.

Alternativa correta: letra "e".

218. (FUNIVERSA – Delegado de Polícia – DF/2015) Com relação à sentença no processo penal, é correto afirmar que

a) o réu não poderá apelar sem que tenha sido recolhido à prisão em caso de sentença penal condenatória em que tenha sido decretada sua prisão preventiva, sob pena de deserção.

b) o juiz, ao prolatar sentença penal condenatória, poderá, segundo entendimento do STJ, fixar valor mínimo para a reparação dos danos causados pela infração, considerando os prejuízos sofridos pelo ofendido, desde que haja pedido expresso e formal nesse sentido.

c) ocorre a *mutatio libelli* quando o juiz, sem modificar a descrição do fato contida na denúncia ou na queixa, atribuir-lhe definição jurídica diversa.

d) é vedado ao juiz, em caso de ação penal pública, proferir sentença penal condenatória, caso o Ministério Público tenha requerido a absolvição do réu em face do princípio da correlação ou congruência.

e) o juiz que entender, por ocasião da prolação da sentença, que não há prova suficiente para a condenação, deverá converter o feito em diligência para que o inquérito policial seja retomado.

COMENTÁRIOS

Alternativa correta: letra "B": tal exigência de pedido expresso e formal sempre nos pareceu relevante, embora nada conste a respeito no art. 387 do CPP. Porém, a nosso ver, o pedido é necessário, até para que o valor da reparação possa ser discutido, sob contraditório, no processo.

Alternativa "A": não há mais essa causa de deserção, pois feria a presunção de inocência e o direito ao recurso. A respeito, o STJ editou a Súmula 347: "O conhecimento de recurso de apelação do réu independe de sua prisão".

Alternativa "C": a *mutatio libelli* pressupõe alteração na imputação fática da denúncia, mediante prévio aditamento pelo Ministério Público. A respeito, vejam a disposição do art. 384 do CPP.

Alternativa "D": por tal princípio, não pode o juiz decidir além, fora da imputação contida na denúncia, embora passa dar-lhe outra classificação jurídica. Porém, pode condenar o réu, mesmo que tenha o Ministério Público requerido a absolvição (art. 385, CPP).

Alternativa "E": deverá absolver o réu por falta de provas (art. 386, VII, CPP).

---

219. (Delegado de Polícia – MT/ 2010 – UNEMAT) Com respeito ao princípio da correlação, segundo doutrina majoritária, na situação em que o *Parquet* oferece exordial acusatória em face de um acusado, em decorrência do crime de roubo, capitulando este nas penas do art. 157, do Código Penal, e no curso da instrução processual penal sobrevém prova de que, na realidade, não houve violência ou grave ameaça na conduta do agente, ficando, contudo assente a subtração. Nesse caso, devera o juiz:

a) desclassificar o crime e sentenciar, sem abertura de vista ao Ministério Público, eis que caso de *emendatio libelli*

b) julgar improcedente a denúncia, absolvendo o réu.

c) determinar a intimação das partes para nova produção de provas.

d) oferecer transação penal.

e) desclassificar o crime e abrir vista ao Ministério Público para fins de *muttatio libelli.*

COMENTÁRIOS

✪ **Nota do autor:** pontos dos mais importantes no estudo da sentença são os da *mutatio libelli* e *emendatio libelli*. Por isso, não nos furtaremos em repetir noutros comentários o que em seguida se exporá. A *mutatio libelli* é tratada pelo art. 384 do CPP, que dispõe em seu *caput*: "Encerrada a instrução probatória, se entender cabível nova definição jurídica do fato, em consequência de prova existente nos autos de elemento ou circunstância da infração penal não contida na acusação, o Ministério Público deverá aditar a denúncia ou queixa, no prazo de 5 (cinco) dias, se em virtude desta houver sido instaurado o processo em crime de ação pública, reduzindo-se a termo o aditamento, quando feito oralmente". Na verdade, o que define a *mutatio libelli* é o fato de a nova definição jurídica do fato resultar de prova de algum elemento ou circunstância do delito não contido na denúncia, advindo, normalmente, no curso da instrução. Então, pouco importando qual a pena resultante, o Ministério Público poderá aditar a denúncia, para incluir o fato, já que é deste, e não de sua classificação jurídica, que o acusado se defende. Outra situação é a da *emendatio libelli*, tratada no art. 383: o fato está todo narrado na denúncia, o acusado dele defendeu-se e, no momento da sentença, o juiz dá definição jurídica diversa daquela até então constante da acusação. Nesse caso, dispensável o aditamento, ainda que a pena resultante seja maior. É certo, porém, que existe posicionamento no sentido de que, na *emendatio libelli*, antes de proferir a decisão, se verificar que será possível dar outra classificação jurídica para o fato já descrito na inicial, deve o juiz ouvir pelo menos o acusado. Tal posicionamento, a nosso ver, ganha mais peso com a entrada em vigor do novo **CPC**, cujo art. 9º estatui: "Não se proferirá decisão contra uma das partes sem que ela seja previamente ouvida". Trata-se de evidente aplicação do princípio constitucional do contraditório. Por que tal dispositivo pode influenciar o processo penal? Ora, além do fato de as disposições processuais civis poderem ser aplicadas, por analogia, ao processo penal (argumento fraco, pois a analogia deve ser aplicada quanto há lacuna, o que não existe na hipótese aqui tratada), parece-nos haver uma razão mais forte: não pode o contraditório no processo civil ser mais amplo do que o aplicável ao processo penal. Então, tal salutar regra do art. 9º do novo CPC deve, segundo tal posicionamento, ser aplicado ao processo penal, de modo que o art. 383 do CPP deve ser aplicado em combinação com aquele dispositivo.

Alternativa correta: letra "A" (responde, também, a alternativa "E"): o crime de roubo pressupõe a subtração, tendo este ponto em comum com o furto. Portanto, a subtração está descrita na denúncia. Logo, se durante a instrução de acusação de roubo não restar provada a grave ameaça ou a violência, mas apenas a subtração, entendemos não ser necessário o aditamento da denúncia, pois esta já contém uma imputação de furto implícita. Portanto, é caso de *emendatio libelli* e poderá o juiz proferir sentença, classificando o caso como furto.

Alternativa "B": deve o juiz aplicar o art. 383 do CPP, não sendo o caso de absolvição, mas de desclassificação do delito.

Alternativa "C": na aplicação do art. 383 do CPP, não há nova imputação, não sendo prevista possibilidade de nova produção de provas.

Alternativa "D": se cabível a transação penal após a desclassificação por força do art. 383 do CPP, deve o juiz providenciar audiência para tal finalidade. Em caso de furto, normalmente não estão presentes os requisitos objetivos da Lei 9.099/1995, em razão da pena cominada a tal crime.

---

220. (Delegado de Polícia – MT/ 2010 – UNEMAT) Tendo em vista que o processo caminha a uma decisão definitiva de mérito, assinale a alternativa correta.

a) A ausência do relatório na sentença gera nulidade relativa.

b) A incapacidade para exercício do pátrio poder, como efeito decorrente de uma sanção condenatória, pode ser extensível aos filhos que não foram vítimas do crime, sendo possível reabilitação criminal em relação a estes.

c) O efeito extrapenal específico de perda da função pública, imposta na sentença, é aplicável a magistrados e promotores.

d) Mesmo com o esgotamento de instância, o juiz poderá reconhecer, de ofício, nulidades absolutas.

e) A sentença proferida em audiência, através de método de estenotipia, é ato inexistente, já que não é possível constar a autenticidade exigida pelo CPP

COMENTÁRIOS

Alternativa correta: letra "B": a incapacidade para exercer o pátrio poder (o ECA – Lei 8.069/1990 – usa a expressão "poder familiar") é prevista como efeito extrapenal possível da sentença penal condenatória, desde que declarado pelo juiz. Assim, diz o art. 92, II, do CP, que é efeito da condenação "a incapacidade para o exercício do pátrio poder (...) nos crimes dolosos, sujeitos à pena de reclusão, cometidos contra filho (...)". Já o parágrafo único do art. 93 do CP dispõe que "a reabilitação poderá, também, atingir os efeitos da condenação, previstos no art. 92 deste Código, vedada reintegração na situação anterior, nos casos dos incisos I e II do mesmo artigo". Porém, é certo que se a reabilitação não permite a reintegração "na situação anterior", tal vedação refere-se somente ao filho que foi vítima do delito.

Alternativa "A": o relatório deve fazer parte da sentença, conforme o rol de seus componentes, constantes do art. 381 do CPP. Mais atual, o art. 480 do novo CPC diz serem requisitos essenciais da sentença: o relatório, que conterá os nomes das partes, a identificação do caso, com a suma do pedido e da contestação, e o registro das principais ocorrências havidas no andamento do processo; os fundamentos, em que o juiz analisará as questões de fato e de direito; e o dispositivo, em que o juiz resolverá as questões principais que as partes lhe submeterem. Assim, faltando o relatório, haverá nulidade absoluta (art. 564, IV), salvo nos casos do procedimento sumaríssimo, eis que há expressa permissão legal (art. 81, § 3º, Lei 9.099/1995).

Alternativa "C": a posição majoritária é a de que a perda do cargo de Promotor de Justiça e Juiz de Direito, em especial quanto ao primeiro, desde que atingida a vitaliciedade, depende de sentença definitiva, proferida em ação civil específica, não sendo possível como efeito extrapenal da sentença penal condenatória. Há, porém, entendimento, minoritário, de que é possível a perda nessa última hipótese.

Alternativa "D": esgotada a instância, ou seja, prolatada a sentença e havendo recurso, caberá ao Tribunal reconhecer eventual nulidade absoluta.

Alternativa "E": evidentemente, a estenotipia é forma largamente utilizada e admitida para uso em audiência, sendo regulamentada pelos tribunais. Lembra o STJ que: "(...) Nos termos do § 1º do artigo 405 do Código de Processo Penal, "sempre que possível, o registro dos depoimentos do investigado, indiciado, ofendido e testemunhas será feito pelos meios ou recursos de gravação magnética, estenotipia digital ou técnica similar, inclusive audiovisual, destinada a obter maior fidelidade das informações", sendo que o § 2º do referido dispositivo legal estatui que 'no caso de registro por meio audiovisual, será encaminhado às partes cópia do registro original, sem necessidade de transcrição'. (...)" (HC 163.917-SP, Rel. Min. Jorge Mussi, j. 18.08.2011).

221. (Delegado de Polícia – RN/ 2008 – CESPE) De acordo com CPP, assinale a opção correta com relação ao processo comum e à sentença.

a) O defensor não poderá abandonar o processo senão por motivo imperioso, comunicando previamente o juiz, sob pena de multa, sem prejuízo das demais sanções cabíveis.

b) O processo terá completada a sua formação quando o juiz receber a acusação, tendo-a por apta.

c) Na sentença condenatória, o juiz deve fixar valor para reparação integral dos danos causados pela infração, considerando o pedido e as provas demonstradas a respeito do prejuízo sofrido.

d) O rito sumaríssimo é uma espécie do gênero procedimento especial, aplicável para as infrações penais de menor potencial ofensivo, na forma da lei.

e) Apenas com o trânsito em julgado de sentença absolutória é que o juiz deve ordenar a cessação das medidas cautelares e provisoriamente aplicadas.

COMENTÁRIOS

✪ **Nota do autor:** a escolha deste tópico para inclusão da questão se dá por haver duas alternativas relacionadas ao tema da sentença.

Alternativa correta: letra "A": é o que dispõe o art. 265 do CPP: "O defensor não poderá abandonar o processo senão por motivo imperioso, comunicado previamente o juiz, sob pena de multa de 10 (dez) a 100 (cem) salários mínimos, sem prejuízo das demais sanções cabíveis".

Alternativa "B": o processo terá completada sua formação com a citação do acusado, diz o art. 363 do CPP, não com o recebimento da denúncia.

Alternativa "C": o juiz pode fixar o valor mínimo da indenização, considerando os prejuízos sofridos pelo ofendido (art. 387, IV, CPP), o que não impede a ação civil própria.

Alternativa "D": o procedimento sumaríssimo é comum. Por sinal, o art. 394 do CPP determina que o procedimento será comum ou especial. O comum será ordinário, sumário ou sumaríssimo (§ 1º). Será aplicado o procedimento ordinário, quando tiver por objeto crime cuja sanção máxima cominada for igual ou superior a quatro anos de pena privativa de liberdade; o sumário, quando tiver por objeto crime cuja sanção máxima cominada seja inferior a quatro anos de pena privativa de liberdade; e o sumaríssimo, para as infrações penais de menor potencial ofensivo.

Alternativa "E": não há sentido algum em absolver o acusado e manter as medidas cautelares, que representam restrições a direitos dele. Não é por outro motivo que o art. 386, parágrafo único, II, do CPP determina que o juiz, na sentença absolutória, ordenará a cessação das medidas cautelares e provisoriamente aplicadas. É imediato seu cumprimento, não sendo necessário aguardar-se o trânsito em julgado.

222. (Delegado de Polícia – RN/ 2008 – CESPE) Assinale a opção correta com relação à sentença.

a) O crime de abuso de autoridade é de competência da justiça militar, federal ou estadual, conforme o agente seja, respectivamente, integrante das Forças Armadas, ou da polícia militar ou do corpo de bombeiros militares dos estados.

b) Sentença absolutória imprópria é aquela que condena o réu, impondo-lhe uma sanção a mais, qual seja, a medida de segurança.

c) No rito do júri, o judicium causae fica limitado, fática e juridicamente, à denúncia ou queixa.

d) A justiça militar estadual só julga réus militares. Por isso, o civil que praticar um crime contra as instituições militares estaduais será processado na justiça comum estadual, não na justiça militar.

e) No caso de *mutatio libelli*, o MP só aditará a denúncia se a mutação implicar tipificação mais grave.

COMENTÁRIOS

✪ **Nota do autor:** devido às modificações sofridas pelo CPM (art. 9º), a alternativa "A" também deve ser considerada correta hoje.

Alternativa correta: letra "D": o § 4º do art. 125 da CF diz competir à Justiça Militar estadual processar e julgar os militares dos Estados, nos crimes militares definidos em lei e as ações judiciais contra atos disciplinares militares, ressalvada a competência do júri quando a vítima for civil, cabendo ao tribunal competente decidir sobre a perda do posto e da patente dos oficiais e da graduação das praças. Portanto, não cabe à Justiça Militar estadual julgar civil. Por sinal, segundo o entendimento do STJ: "Compete à justiça comum estadual processar e julgar civil acusado de prática de crime contra instituições militares estaduais" (Súmula 53).

Alternativa "A": segundo a Súmula 172 do STJ: "Compete à justiça comum processar e julgar militar por crime de abuso de autoridade, ainda que praticado em serviço". Porém, certamente tal entendimento será revisto. Muito importante a modificação trazida ao inciso II do art. 9º, que passou a considerar militares os crimes previstos no CPM **e na legislação penal** quando praticados: a) por militar em situação de atividade ou assemelhado, contra militar na mesma situação ou assemelhado; b) por militar em situação de atividade ou assemelhado, em lugar sujeito à administração militar, contra militar da reserva, ou reformado, ou assemelhado, ou civil; c) por militar em serviço ou atuando em razão da função, em comissão de natureza militar, ou em formatura, ainda que fora do lugar sujeito à administração militar contra militar da reserva, ou reformado, ou civil; d) por militar durante o período de manobras ou exercício, contra militar da reserva, ou reformado, ou assemelhado, ou civil; e) por militar em situação de atividade, ou assemelhado, contra o patrimônio sob a administração militar, ou a ordem administrativa militar. Assim, crime de abuso de autoridade praticado por militar em serviço ou atuando em razão da função será julgado pela Justiça Militar.

Alternativa "B": como o nome diz, a sentença absolutória imprópria é, antes de mais nada, absolutória, pela ausência de imputabilidade, que é um dos requisitos da culpabilidade. No entanto, ganha o adjetivo porque, ao absolver, o juiz impõe ao acusado medida de segurança, que é espécie de sanção penal aplicável aos inimputáveis (art. 26, CP), além do que reconhece haver prova da autoria ou participação em fato típico e antijurídico.

Alternativa "C": o *judicium causae* é a fase do procedimento aplicado aos crimes dolosos contra a vida em que ocorre o julgamento perante o Tribunal do Júri. A fase anterior é denominada *judicium accusationis*. Esta termina com a decisão de pronúncia, que limita, fática e juridicamente, a fase posterior, pois a acusação que será feita perante o Conselho de Sentença será aquela delimitada pelo juiz na citada decisão.

Alternativa "E": como visto na nota do autor, seja qual for o resultado em termos de pena a ser aplicada, se houver circunstância não constante da denúncia, implícita ou explicitamente, deverá ocorrer o aditamento (*mutatio libelli*)

223. (Delegado de Polícia – SC/ 2008 – ACADEPOL) O réu foi denunciado por ter subtraído um aparelho de TV de uma residência, depois de ter rompido obstáculo à subtração da coisa, consistente no arrombamento de uma janela.

O Promotor de Justiça capitulou o fato como furto simples, embora tenha descrito na denúncia todas as circunstâncias já mencionadas.

Após a instrução criminal e alegações escritas das partes o juiz recebeu os autos conclusos para sentença.

Estando inteiramente provados os fatos narrados, o juiz deve:

a) anular o processo a partir da denúncia, inclusive, por ser esta inepta.

b) absolver o réu, por inexistir correlação entre a narrativa oferecida pelo promotor e a capitulação do crime.

c) determinar a abertura de vistas dos autos ao Ministério Público, para que adite a denúncia.

d) condenar o réu por furto qualificado, dando definição jurídica diversa daquela que constou da denúncia.

COMENTÁRIOS

✪ **Nota do autor:** mais uma vez, temos os temas da *emendatio libelli* e *mutatio libelli*. Já notaram a importância?

Alternativa correta: letra "D": deve-se ter muita atenção com o que diz o enunciado da questão, pois ali afirma-se expressamente que a qualificadora do rompimento de obstáculo foi descrita na denúncia. Assim, como vimos antes, o juiz pode reconhecer a qualificadora, dando definição jurídica diversa daquela capitulada na denúncia, pois o fato representativo de tal circunstância foi descrito na inicial. Logo, o acusado teve condições de se defender do fato representativo da qualificadora e, como se sabe, o réu defende-se do fato imputado, não da capitulação contida na denúncia. Enfim, trata-se de caso de *emendatio libelli*.

Alternativa "A": a denúncia não é inepta, pois descreve perfeitamente os fatos, apenas deixando de capitular adequadamente a imputação. Não há qualquer causa de nulidade, até mesmo porque pode o acusado exercer plenamente seu direito de defesa.

Alternativa "B": há correlação entre a narrativa e a capitulação, pois houve a descrição de um furto, classificado como tal na capitulação legal. Ocorre que apenas faltou constar desta a qualificadora. E, lembrem-se, o juiz julga de acordo com o que é imputado na denúncia (correlação entre imputação e sentença). No caso, o juiz julgou de acordo com o que era imputado, com os fatos descritos, dando a estes a classificação jurídica adequada, nos termos do art. 383 do CPP.

Alternativa "C": não há necessidade de aditamento da denúncia, pois o fato está todo descrito. Haveria necessidade se a circunstância "rompimento de obstáculo" não estivesse descrita, surgindo durante a produção de provas no curso do processo. Nesse caso, aplicar-se-ia o art. 384 do CPP, pois seria o caso de *mutatio libelli*.

224. (Delegado de Polícia – PB/ 2008 – CESPE) Com base no CPP, assinale a opção correta acerca da sentença penal.

a) Da sentença obscura, ambígua, contraditória ou omissa caberão embargos de declaração, no prazo de cinco dias, a serem interpostos perante o tribunal competente.

b) O juiz, sem modificar a descrição do fato contida na denúncia ou queixa, pode atribuir-lhe definição jurídica diversa, ainda que, em consequência, tenha de aplicar pena mais grave.

c) Encerrada a instrução probatória, se entender cabível nova definição jurídica do fato, em consequência de prova existente nos autos de elemento ou circunstância da infração penal não contida na acusação, o juiz deve baixar os autos, para que o MP a adite no prazo de três dias.

d) Caso o MP promova o aditamento da denúncia ou queixa, por força de *mutatio libelli*, o juiz é obrigado a receber o aditamento, pois o MP é o titular da ação penal pública.

e) Nos crimes de ação pública, o juiz pode proferir sentença condenatória, ainda que o MP tenha pedido a absolvição, mas não pode reconhecer agravantes que não tenham sido alegadas na denúncia, em face do princípio da congruência.

COMENTÁRIOS

Alternativa correta: letra "B": mais uma vez, temos o tema da *emendatio libelli*, prevista no art. 383 do CPP. Tal dispositivo prevê a hipótese em que o juiz constata, pelas provas produzidas na instrução, que o crime cometido pelo acusado não foi aquele capitulado na denúncia, mas outro, que já está descrito, ainda que implicitamente, na denúncia. Nesse caso, o juiz não precisa que a denúncia seja aditada pelo Ministério Público, podendo condenar o acusado pelo fato que restou provado e que já está descrito na denúncia. Lembrem-se: é dos fatos que o acusado se defende, não da capitulação da inicial acusatória.

Alternativa "A": os embargos de declaração são apresentados perante o juiz que prolatou a sentença, no prazo de 2 dias. É o próprio juiz que prolatou a sentença quem deve esclarecê-la.

Alternativa "C": a hipótese é de *mutatio libelli*, pois o fato constatado na instrução e que poderá ter nova classificação jurídica não foi descrito na denúncia. Assim, de acordo com o art. 384 do CPP: "Encerrada a instrução probatória, se entender cabível nova definição jurídica do fato, em consequência de prova existente nos autos de elemento ou circunstância da infração penal não contida na acusação, o Ministério Público deverá aditar a denúncia ou queixa, no prazo de 5 (cinco) dias, se em virtude desta houver sido instaurado o processo em crime de ação pública, reduzindo-se a termo o aditamento, quando feito oralmente". Como vimos antes, o que define a *mutatio libelli* é o fato de a nova definição jurídica do fato resultar de prova de algum elemento ou circunstância do delito não contido na denúncia, advindo, normalmente, no curso da instrução. Então, pouco importando qual a pena resultante, o Ministério Público deverá aditar a denúncia, para incluir o fato, já que é deste, e não de sua classificação jurídica, que o acusado se defende. Se o *Parquet* não fizer o aditamento, o juiz julgará a causa com a imputação original ou aplicará o art. 28 do CPP, ou seja, encaminhará os autos ao Procurador-Geral de Justiça para decisão sobre a necessidade ou não de aditamento.

Alternativa "D": o juiz não é obrigado a receber o aditamento feito pelo Ministério Público. Se não admitido o aditamento, o processo prosseguirá, conforme afirma o § 5º do art. 384 do CPP.

Alternativa "E": o juiz pode condenar o acusado, ainda que o órgão de acusação tenha requerido a absolvição, bem como reconhecer agravantes, embora nenhuma tenha sido alegada. (art. 385, CPP). Nesse último ponto, é possível questionar a constitucionalidade do dispositivo legal, por violação do princípio da ampla defesa, pois pode-se alegar que uma agravante precisaria estar descrita na denúncia para que o juiz possa reconhecê-la, pois seria necessária a oportunidade de o acusado se defender do fato que a representa. Uma exceção seria, por exemplo, a reincidência, que não depende de imputação.

10. PROCEDIMENTOS

10.1. PROCEDIMENTOS COMUNS ORDINÁRIO E SUMÁRIO

- CPP, arts. 394 a 411

225. (UEG – Delegado de Polícia – PC – GO/2018) É instituto exclusivo da fase processual (i. e., judicial) da persecução penal:

a) Sequestro de bens imóveis.
b) Quebra de sigilo telemático.
c) Incidente de insanidade mental.
d) Habilitação de assistente de acusação.
e) Medida cautelar de proibição de ausentar-se da comarca.

COMENTÁRIOS

Alternativa "a": o sequestro pode ser determinado em qualquer fase.

Alternativa "b": também é possível a quebra do sigilo telemático em qualquer fase da persecução.

Alternativa "c": o incidente de insanidade pode ser instaurado em qualquer fase, até na execução da pena.

Alternativa "d": o CPP parece limitar à fase processual, razão pela qual não se tem admitido na fase de investigação.

Alternativa "e": prevista dentre as medidas do art. 319 do CPP, tal proibição pode ser determinada já na fase de investigação.

Alternativa correta: letra "d".

---

226. (ACAFE – Delegado de Polícia – SC/2014) De acordo com o Código de Processo Penal, assinale a alternativa correta.

a) Somente depois do interrogatório, nos casos da ação pública, poderá intervir, como assistente do Ministério Público, o ofendido ou seu representante legal.
b) Nenhum acusado, ainda que ausente ou foragido, será processado ou julgado sem defensor.
c) Ao corréu, no mesmo processo, será facultado intervir como assistente do Ministério Público.
d) A admissão do Assistente de Acusação será determinada pelo juiz independentemente de previamente ouvir o Ministério Público.
e) Da decisão que não admitir o Assistente de Acusação, caberá recurso, devendo, inclusive, constar dos autos o pedido e a decisão.

COMENTÁRIOS

✪ **Nota do autor:** inserimos a questão no tópico sobre procedimentos, mas observamos que se aplica a todos os procedimentos, não só aos ritos ordinário e sumário.

Alternativa correta: letra "B": é a regra do art. 261 do CPP, que consagra o princípio constitucional da ampla defesa. Assim, é obrigatória a defesa técnica no processo penal, não podendo o acusado – salvo se advogado – defender-se sem ajuda profissional. A nulidade seria absoluta, por ausência de defesa (STF, Súmula 523).

Alternativa "A": o ofendido ou seu representante legal poderá intervir, como assistente do Ministério Público, em todos os termos da ação pública (art. 268, CPP).

Alternativa "C": o corréu não pode intervir, no mesmo processo, como assistente da acusação (art. 270, CPP).

Alternativa "D": o Ministério Público sempre deverá ser previamente ouvido a respeito da habilitação de assistente de acusação no processo (art. 271, § 1º, CPP).

Alternativa "E": não há recurso cabível (art. 273, CPP), mas a parte interessada poderá manejar mandado de segurança.

---

227. (ACAFE – Delegado de Polícia – SC/2014) Ante as disposições do Código de Processo Penal, analise as afirmações a seguir.

I. O procedimento comum será ordinário, sumário ou sumaríssimo.
II. O procedimento será ordinário quando tiver por objeto crime cuja sanção máxima cominada for igual ou superior a 3 (três) anos de pena privativa de liberdade.
III. O procedimento será sumário sempre que tiver por objeto crime cuja sanção máxima cominada seja inferior a 3 (três) anos de pena privativa de liberdade.
IV. O procedimento será sumaríssimo para as infrações penais de menor potencial ofensivo, na forma da lei.

Assinale a alternativa correta.

a) Apenas I, II e III estão corretas.
b) Apenas II e III estão corretas.
c) Apenas II, III e IV estão corretas.
d) Apenas I e IV estão corretas.
e) Todas as afirmações estão corretas.

COMENTÁRIOS

Alternativa correta: letra "D": estão certas as Afirmações I e IV.

Afirmação I: certo. É o que estabelece o § 1º do art. 394 do CPP.

Afirmação II: errado. O procedimento será ordinário, quando tiver por objeto crime cuja sanção máxima cominada for igual ou superior a 4 anos de pena privativa de liberdade.

Afirmação III: errado. O procedimento será sumário, quando tiver por objeto crime cuja sanção máxima cominada for inferior a 4 anos de pena privativa de liberdade.

Afirmação IV: certo. Como prevê o inciso III do § 1º do art. 394 do CPP. O rito do procedimento sumaríssimo não está no CPP, mas na Lei 9.099/1995.

---

228. (FUNCAB – Delegado de Polícia – RO/2014) O procedimento ordinário expressamente previsto no Código de Processo Penal possui características que o diferenciam do procedimento especial previsto para os crimes dolosos contra a vida. Dito isso, analise as proposições e assinale a alternativa que se adequa ao procedimento ordinário.

a) Não há previsão legal para o recebimento da denúncia após a citação e apresentação da resposta escrita.
b) É cabível o julgamento antecipado da lide.
c) Podem ser arroladas até cinco testemunhas pelo autor da ação para cada imputação formulada.
d) Não é aplicável o Princípio da Identidade Física do juiz.
e) O Ministério Público deve ser intimado após a apresentação da resposta escrita.

COMENTÁRIOS

Alternativa correta: letra "B": o art. 397 do CPP prevê a possibilidade do julgamento antecipado do feito – não gostamos da palavra "lide" usada no processo penal –, em face apenas da resposta à acusação, apresentada pelo réu depois da citação. O juiz pode julgar antecipadamente, note-se, apenas para absolver o acusado, nas hipóteses previstas no art. 397. Para nós, tal dispositivo pode ser aplicado também ao rito dos crimes dolosos contra a vida.

Alternativa "A": a denúncia já foi recebida quando houve a citação e a resposta. É assim também no rito dos crimes dolosos contra a vida. Há respeitável entendimento de que tal recebimento da denúncia foi meramente provisório e que o juiz, em face da resposta do acusado, não sendo caso de absolvição sumária dentre as hipóteses do art. 397 do CPP, poderia rejeitar a denúncia ou confirmar o recebimento de modo definitivo. Essa alternativa comporta mais de um entendimento, cuidado.

Alternativa "C": podem ser arroladas até 8 testemunhas por fato imputado, tal como também se dá na primeira fase do procedimento dos crimes dolosos contra a vida.

Alternativa "D": é aplicável por expressa previsão legal (art. 399, § 2º, CPP).

Alternativa "E": não há tal previsão, ao contrário do que ocorre no rito do júri. A nosso ver, deve o juiz ouvir o Ministério Público, sobretudo quando o acusado, na resposta, traz alegação que pode resultar na aplicação do art. 397 do CPP, ou seja, na absolvição sumária. Mas, admitimos, não há previsão legal para isso no rito ordinário.

229. (Vunesp – Delegado de Polícia – SP/2014) O minucioso relatório policial que encerra determinado inquérito conclui pela ocorrência do crime de estelionato praticado por "X". O promotor de justiça, entretanto, com base nas descrições contidas no referido documento, denuncia "X" pela prática do crime de furto mediante fraude. Ao receber a peça acusatória, o magistrado

a) deverá, em juízo preliminar, modificar a classificação jurídica do crime feita na denúncia, a fim de que fique em consonância com o relatório policial, sob pena de inépcia da denúncia.
b) poderá, em juízo preliminar, modificar a classificação jurídica do crime feita no relatório policial, a fim de que fique em consonância com a denúncia, sob pena de nulidade da sentença.
c) poderá devolver os autos ao delegado de polícia responsável, caso entenda que a classificação do crime deva ser retificada.
d) se não a rejeitar preliminarmente, deverá recebê-la e ordenar a citação do réu "X" para responder à acusação por crime de furto mediante fraude.
e) deverá devolver os autos ao delegado de polícia responsável pelo relatório, a fim de que seja feita a retificação da classificação do crime, sob pena de inépcia da denúncia.

COMENTÁRIOS

✪ **Nota do autor:** inserimos a questão no tópico dos procedimentos, pois entendemos que trata de assunto relacionado ao papel do juiz na análise da denúncia a ele oferecida. Em geral, o ato de recebimento da denúncia é o primeiro ato do procedimento, ainda que se entenda que tal análise seja apenas provisória.

Alternativa correta: letra "D" (responde também a alternativa "A"): deve ficar claro que a opinião do delegado de polícia não vincula o membro do Ministério Público, de modo que este pode oferecer denúncia com imputação de crime diverso, por exemplo, daquele constante do indiciamento. Assim, havendo justa causa e não sendo inepta a denúncia, deverá o juiz recebê-la e, depois, determinar a citação do réu. Poderia o juiz receber a denúncia, mas dando ao fato outra classificação jurídica? As opiniões são divididas, mas prevalece na doutrina o entendimento de que não pode. Por quê? Primeiro, porque o imputado defende-se dos fatos trazidos na denúncia, não de sua classificação jurídica. Ademais, porque o juiz não fica vinculado à classificação trazida na denúncia, podendo dar outra classificação posteriormente, quando da prolação da sentença, sem necessidade de aditamento (art. 383, CPP). Mas, admite-se tal modificação da classificação jurídica já no recebimento da denúncia, se aquela trouxer, de imediato, importantes reflexos processuais para o imputado. Nesse sentido: STJ, HC 103.763-MG, Rel. Min. Felix Fischer, j. 17.02.2009.

Alternativa "B": não pode o juiz modificar o relatório da autoridade policial e nem haveria qualquer necessidade disso, visto que tal peça do inquérito não gera qualquer efeito na ação penal.

Alternativa "C": a opinião jurídica do delegado deve ser respeitada, não podendo ser modificada por ordem do Ministério Público ou do juiz. E, como visto acima, nem haveria qualquer necessidade, eis que as conclusões do relatório final do inquérito não vinculam a etapa seguinte.

Alternativa "E": como vimos, as conclusões do delegado não vinculam o promotor de justiça, de modo que jamais será a denúncia inepta por esse motivo.

230. (UEL – Delegado de Polícia – PR/2013) A respeito do procedimento comum, atribua V (verdadeira) ou F (falso) às afirmativas a seguir.

( ) Será sumaríssimo para as infrações penais de menor potencial ofensivo, na forma da Lei nº 9.099/1995.

( ) Será ordinário quando tiver por objeto crime cuja sanção máxima cominada for inferior a quatro anos de pena privativa de liberdade.

( ) Será sumário quando tiver por objeto crime cuja sanção máxima cominada seja igual ou superior a quatro anos.

( ) Aplica-se a todos os processos, salvo disposições em contrário do Código de Processo Penal ou de lei especial.

( ) Aplicam-se as disposições do procedimento ordinário subsidiariamente aos procedimentos especial, sumário e sumaríssimo.

Assinale a alternativa que contém, de cima para baixo, a sequência correta.

a) V, F, V, F, F.

b) V, F, F, V, V.

c) F, V, V, F, V.

d) F, V, F, V, F.

e) F, F, V, F, V.

COMENTÁRIOS

✪ **Nota do autor:** diz o art. 394 do CPP que o procedimento será comum ou especial. O comum será ordinário, sumário ou sumaríssimo (§ 1º). Será aplicado o procedimento ordinário, quando tiver por objeto crime cuja sanção máxima cominada for igual ou superior a quatro anos de pena privativa de liberdade; o sumário, quando tiver por objeto crime cuja sanção máxima cominada seja inferior a quatro anos de pena privativa de liberdade; e o sumaríssimo, para as infrações penais de menor potencial ofensivo.

Alternativa correta: letra "B": estão certas a primeira, a quarta e a quinta afirmativas.

Afirmativa 1ª: certo. Como visto na nota do autor, o procedimento sumaríssimo é destinado ao processo das infrações de menor potencial ofensivo, sendo previsto na Lei 9.099/1995. Porém, é importante salientar que pode ocorrer de uma infração de menor potencial ofensivo não poder ser julgada pelo Juizado Especial Criminal, tal como ocorre quando o réu for citado por edital. Nesse caso, o processo seguirá, no juízo comum, o rito sumário.

Afirmativa 2ª: errado. Nesse caso, o rito será o sumário.

Afirmativa 3ª: errado. Nessa hipótese, o rito será o ordinário.

Afirmativa 4ª: certo. A regra é realmente essa: aplica-se o rito comum – que se divide em ordinário, sumário e sumaríssimo – a todos os processos, salvo quando a lei dispuser de modo diverso (art. 394, § 2º, CPP).

Afirmativa 5ª: certo. É o que dispõe o § 5º do art. 394 do CPP. Não se esqueçam de que a aplicação é subsidiária, ou seja, somente se aplica em caso de omissão da lei. O cuidado que se deve ter é o de separar o que realmente é omissão e o que foi deixado de fora do procedimento de modo proposital pelo legislador, justamente para marcar a diferença entre os ritos.

---

231. (UEG – Delegado de Polícia – GO/2013) Segundo entendimento sumulado do Superior Tribunal de Justiça:

a) o decurso do tempo pode ser único fundamento para, validamente, alicerçar decisão que determina a produção antecipada de provas em face da suspensão do processo pela não localização do acusado.

b) intimada a defesa da expedição da carta precatória, torna-se desnecessária intimação da data da audiência no juízo deprecado.

c) incabível a suspensão condicional do processo quando houver desclassificação do crime ou procedência parcial da pretensão punitiva, antes ou no momento da prolação da sentença.

d) o benefício da suspensão condicional do processo é aplicável em relação às infrações penais cometidas em concurso material quando a pena mínima cominada, pelo somatório, ultrapassar o limite de um ano.

COMENTÁRIOS

Alternativa correta: letra "B": é a posição do STJ, exposta na Súmula 273 ("Intimada a defesa da expedição da carta precatória, torna-se desnecessária intimação da data da audiência no juízo deprecado").

Alternativa "A": ao contrário, diz a Súmula 455 do STJ: "A decisão que determina a produção antecipada de provas com base no art. 366 do CPP deve ser concretamente fundamentada, não a justificando unicamente o mero decurso do tempo".

Alternativa "C": é cabível a suspensão condicional do processo em tais casos, conforme entendimento exposto na Súmula 337 do STJ ("É cabível a suspensão condicional do processo na desclassificação do crime e na procedência parcial da pretensão punitiva").

Alternativa "D": para a aplicação do benefício, a pena mínima cominada não pode ultrapassar, pelo somatório, o limite de um ano. Conforme Súmula 243 do STJ: "O benefício da suspensão do processo não é aplicável em relação às infrações penais cometidas em concurso material, concurso formal ou continuidade delitiva, quando a pena mínima cominada, seja pelo somatório, seja pela incidência da majorante, ultrapassar o limite de um (01) ano".

---

232. (Cespe – Delegado de Polícia – AL/ 2012) No que concerne aos aspectos processuais das leis penais extravagantes e às inovações legais havidas no sistema processual penal, julgue os itens a seguir.

232.1. Nos procedimentos ordinário e sumário, após o interrogatório do réu em juízo, este deverá, por intermédio de seu advogado, apresentar defesa prévia, no prazo de 10 dias, ocasião em que poderão ser arguidas preliminares, teses defensivas, arrolar testemunhas e oferecer documentos.

COMENTÁRIOS

Errado. Nos procedimentos ordinário e sumário o interrogatório é o último ato do procedimento probatório. Assim, primeiramente, recebida a denúncia, o juiz determina a citação do acusado para que, no prazo de 10 dias, apresente resposta à acusação, oportunidade que terá para arrolar testemunhas, indicar provas e alegar tudo o que entenda útil para sua defesa. Então, decidirá o juiz se é o caso de absolvê-lo sumariamente e, do contrário, designará audiência de instrução, debates e julgamento, quando serão ouvidas as testemunhas arroladas na inicial acusatória, depois as arroladas pelo acusado, em seguida, se o caso, serão feitas as acareações e reconhecimentos, bem como os esclarecimentos de peritos e, finalmente, é o acusado interrogado. Seguem os debates e, então, o juiz profere a sentença. No procedimento ordinário, antes dos debates, é possível às partes requererem a produção de alguma prova relevante, o que poderá ser deferido pelo juiz, adiando os debates e a sentença para outra oportunidade.

232.2. Nos crimes ambientais, é viável e possível a prorrogação do prazo de suspensão condicional do processo, por mais um ano além do máximo previsto, que é de quatro anos, dependendo a declaração de extinção da punibilidade de laudo que comprove ter o acusado adotado todas as providências inerentes à reparação integral do dano.

COMENTÁRIOS

Certo. Segundo o art. 28 da Lei 9.605/1998, a suspensão condicional do processo prevista no art. 89 da Lei 9.099/1995 é aplicada aos delitos ambientais. Porém, nesse caso, a declaração de extinção de punibilidade dependerá de laudo de constatação de reparação do dano ambiental, ressalvada a impossibilidade comprovada; na hipótese de o laudo de constatação comprovar não ter sido completa a reparação, o prazo de suspensão do processo será prorrogado, até o período máximo previsto no art. 89, da Lei 9.099 – 4 anos –, acrescido de mais um ano, com suspensão do prazo da prescrição.

232.3. O comércio ilegal de drogas envolvendo mais de um Estado faz surgir o tráfico interestadual de entorpecentes, deslocando-se a competência para apuração e atuação da Polícia Federal, todavia, a competência para processar e julgar o criminoso continua a ser da justiça estadual.

COMENTÁRIOS

Certo. Conforme previsto no art. 70 da Lei 11.343/2006, somente será de competência da Justiça Federal o crime de tráfico transnacional ("O processo e o julgamento dos crimes previstos nos arts. 33 a 37 desta Lei, se caracterizado ilícito transnacional, são da competência da Justiça Federal"). Portanto, no caso de crime com repercussão apenas transestadual, a competência continuará da Justiça Estadual, não obstante possa ser investigado pela Polícia Federal, por força do que autoriza o art. 144, § 1º, I, da CF.

232.4. A prisão temporária para os crimes hediondos e equiparados, em função da gravidade objetiva dessas infrações penais, é de 30 dias, prorrogável por igual período em caso de extrema e comprovada necessidade.

COMENTÁRIOS

Certo. Segundo o § 4º do art. 2º da Lei 8.072/1990: "A prisão temporária, sobre a qual dispõe a Lei nº 7.960, de 21 de dezembro de 1989, nos crimes previstos neste artigo, terá o prazo de 30 (trinta) dias, prorrogável por igual período em caso de extrema e comprovada necessidade".

232.5. Verificando que o réu, maliciosamente, está se ocultando para se escusar da citação, poderá o oficial de justiça proceder à citação por hora certa, observando as mesmas regras estabelecidas no Código de Processo Civil.

COMENTÁRIOS

Certo. O art. 362 do CPP, com a redação que lhe foi dada pela Lei 11.719/2008, passou a prever que, verificando que o réu se oculta para não ser citado, o oficial de justiça certificará a ocorrência e procederá à citação com hora certa, na forma estabelecida no CPC (atuais arts. 252 a 254).

---

233. (Delegado de Polícia – PI/ 2009 – NUCEPE) De acordo com Código de Processo Penal, aplicar-se-á o procedimento sumário quando tiver por objeto crime cuja sanção máxima:

a) seja a pena de detenção.
b) seja pena superior a dois anos e inferior a quatro anos de detenção.
c) seja pena inferior a dois anos de reclusão.
d) seja inferior a quatro anos de pena privativa de liberdade.
e) seja aquela correspondente às infrações de menor potencial ofensivo.

COMENTÁRIOS

✪ **Nota do autor:** a repetição é útil para quem precisa decorar certas regras legais. Portanto, repitamos: diz o art. 394 do CPP que o procedimento será comum ou especial. O comum será ordinário, sumário ou sumaríssimo (§ 1º). Será aplicado o procedimento ordinário, quando tiver por objeto crime cuja sanção máxima cominada for igual ou superior a quatro anos de pena privativa de liberdade; o sumário, quando tiver por objeto crime cuja sanção máxima cominada seja inferior a quatro anos de pena privativa de liberdade; e o sumaríssimo, para as infrações penais de menor potencial ofensivo.

Alternativa correta: letra "D" (responde, também, as alternativas "B" e "C"): é exatamente o que dispõe o art. 394 do CPP.

Alternativa "A" (responde, também, as alternativas "B" e "C"): a espécie de pena não mais é critério para definição do rito a ser seguido, como ocorria antes da reforma trazida ao CPP em 2008.

Alternativa "E": o rito previsto para as infrações de menor potencial ofensivo (definição esta prevista na Lei 9.099/1995) é o sumaríssimo (que é regulado na própria Lei 9.099/1995).

---

234. (Delegado de Polícia – RJ/ 2009 – CEPERJ) Considerando as assertivas abaixo, marque a **Alternativa correta:**

I. Diante da recente reforma do Código de Processo Penal passou-se a adotar o princípio da identidade física do juiz e a concentração da realização dos atos em uma audiência una, admitindo-se, no procedimento comum ordinário, o fracionamento somente dos atos decisórios.

II. Diante do sistema processual acusatório todos os atos realizados na primeira fase da persecução penal deverão ser renovados em juízo.

III. O espaço probatório no processo penal é mais amplo que no processo civil, em decorrência da relevância dos interesses, sendo admissível todos os meios de prova, desde que não estejam expressamente proibidos.

IV. Em que pese posição divergente na doutrina, o Supremo Tribunal Federal entende que caso o membro do Ministério Público se recuse a oferecer proposta de suspensão condicional do processo nos crimes da competência do Juizado Especial Criminal, com ou sem fundamentação, o Juiz, caso discorde, deverá encaminhar os autos ao órgão do *parquet* com poderes de revisão.

V. De acordo com o entendimento do Supremo Tribunal Federal, quando se tratar de concurso de crimes, desde que a pena mínima cominada, aplicando-se a soma dos crimes e o acréscimo decorrente do concurso formal e do crime continuado, não seja superior abstratamente a um ano, será possível a aplicação da suspensão condicional do processo.

a) Todas as afirmativas estão corretas.
b) Apenas uma afirmativa está correta.
c) Apenas duas afirmativas estão corretas.
d) Apenas três afirmativas estão corretas.
e) Apenas quatro afirmativas estão corretas.

COMENTÁRIOS

✪ **Nota do autor:** entendemos que o assunto que predomina na questão é o do procedimento, razão pela qual a inserimos neste tópico, mais geral.

Alternativa correta: letra "C": estão certas as afirmativas IV e V.

Item I: errado. Realmente, o princípio da identidade física do juiz encontra-se previsto no § 2º do art. 399 do CPP ("O juiz que presidiu a instrução deverá proferir a sentença"). Além disso, de fato, a audiência será una (art. 400, § 1º: "As provas serão produzidas numa só audiência, podendo o juiz indeferir as consideradas irrelevantes, impertinentes ou protelatórias"), oportunidade em que deverá o juiz proferir a sentença (salvo na hipótese do § 3º do art. 403). Mas, cuidado: a afirmativa fala em concentração da realização dos atos em uma audiência una. Ora, há vários atos que são praticados no processo, como o recebimento da denúncia ou queixa – quando ele tem início – a citação do acusado, a resposta à acusação, a decisão sobre os fatos alegados por esta, que são todos feitos separadamente e antes da audiência.

Item II: errado. Nem todos os atos realizados na fase de investigação serão renovados posteriormente, sendo exemplos disso as perícias, que, em regra, não serão renovadas, até porque não mais podem ser repetidas (basta pensar no exame necroscópico).

Item III: errado. O ponto aqui tratado não é nem um pouco pacífico, embora nem sempre aprofundado na maioria dos manuais de processo penal. Em resumo, podemos dizer que não temos no CPP uma regra a respeito dos meios de prova atípicos, como existe no CPC, que acaba por permiti-las expressamente. Diz o art. 369 do CPC que as partes têm o direito de empregar todos os meios legais, bem como os moralmente legítimos, ainda que não especificados no Código, para provar a verdade dos fatos em que se funda o pedido ou a defesa e influir eficazmente na convicção do juiz. No entanto, é razoável o entendimento de que podem ser admitidos meios de prova atípicos também no processo penal (ou seja, meios de produção de prova não previstos em lei ou, embora previstos, não regulados). Porém, o que a doutrina reluta em admitir no processo penal são os meios de investigação de prova atípicos, pois se tratam de meios de busca de fontes ou de elementos de prova (exemplo de meio de investigação de prova típico: interceptação telefônica), normalmente ocorrendo na fase de investigações e sempre muito restritivos a direitos fundamentais. De qualquer modo, é certo que no processo penal não se pode admitir meios de prova que atentem contra a própria dignidade da pessoa, seja ou não o acusado, ainda que não sejam expressamente proibidos.

Item IV: certo. É o que diz o STF na Súmula 696: "Reunidos os pressupostos legais permissivos da suspensão condicional do processo, mas se recusando o promotor de justiça a propô-la, o juiz, dissentindo, remeterá a questão ao procurador-geral, aplicando-se por analogia o art. 28 do Código de Processo Penal".

Afirmativa V: certo. É o que afirma a Súmula 723 do STF: "Não se admite a suspensão condicional do processo por crime continuado, se a soma da pena mínima da infração mais grave com o aumento mínimo de um sexto for superior a um ano".

---

235. (Delegado de Polícia – RJ/ 2009 – CEPERJ) Considere as assertivas a seguir:

I. Os crimes falimentares previstos na Lei 11.101/05 se processam por ação pública incondicionada;

II. Nas infrações penais de menor potencial ofensivo, quando o juizado especial criminal encaminhar ao juízo comum as peças existentes para a adoção de outro procedimento, observar-se-á o procedimento comum sumário;

III. A reforma processual realizada pela Lei 11.689/08 determina que pronunciado o réu seja o inquérito policial retirado dos autos do processo, evitando-se, assim, que os jurados possam decidir com fundamento em matéria não submetida ao crivo do contraditório.

IV. É incabível a realização de interrogatório por videoconferência nos processos do Tribunal do Júri, em face da ausência de previsão legal;

V. No regime processual implementado pela Lei 11.690/08 é vedado ao juiz, em homenagem ao princípio acusatório, indagar acerca de pontos não esclarecidos de perguntas das partes diretamente dirigidas às testemunhas.

Assinale a opção que contém a resposta correta:

a) Apenas uma das assertivas está correta;

b) Duas assertivas estão corretas;

c) Três assertivas estão corretas;

d) Quatro assertivas estão corretas;

e) Todas as assertivas estão corretas.

COMENTÁRIOS

✪ **Nota do autor:** pode-se afirmar que as assertivas têm em comum o tema "procedimentos", daí a inclusão da questão neste tópico.

Alternativa considerada correta: letra "C": estão certas as assertivas I, II e IV.

Assertiva I: certo. É o que dispõe o art. 184 da Lei 11.101/2005.

Assertiva II: certo. Segundo o parágrafo único do art. 66 e no § 2º do art. 77 da Lei 9.099/1995, no caso de remessa dos autos ao juízo comum, deverá neste ser adotado o procedimento previsto em lei. Qual o procedimento a ser adotado? Segundo o art. 538 do CPP: "Nas infrações penais de menor potencial ofensivo, quando o juizado especial criminal encaminhar ao juízo comum as peças existentes para a adoção de outro procedimento, observar-se-á o procedimento sumário previsto neste Capítulo".

Assertiva III: errado. Não há tal previsão no CPP, muito embora haja em projetos de alteração do rito do Júri. Portanto, as peças do inquérito policial permanecem nos autos.

Assertiva IV: certo. Realmente, quanto ao julgamento a ser realizado em plenário, não há previsão para utilização da videoconferência. Esta, porém, pode ser feita na primeira fase do procedimento dos crimes dolosos contra a vida, ou seja, na fase que antecede a pronúncia.

Assertiva V: errado. O art. 212, *caput*, do CPP, dispõe que as perguntas serão formuladas pelas partes diretamente à testemunha, não admitindo o juiz aquelas que puderem induzir a resposta, não tiverem relação com a causa ou importarem na repetição de outra já respondida. E o parágrafo único permite ao juiz complementar a inquirição sobre os pontos não esclarecidos.

236. (Delegado de Polícia – PA/ 2009 – MOVENS) Quanto ao processo comum, às testemunhas e ao arquivamento de inquérito policial, assinale a opção correta.

a) Apenas o delegado de polícia poderá mandar arquivar os autos de inquérito policial, sendo vedado tal ato ao juiz.

b) O depoimento da testemunha será prestado oralmente, sendo permitido trazê-lo por escrito.

c) O procedimento comum sumário será adotado quando tiver por objeto crime cuja sanção máxima cominada for inferior a 6 anos de pena privativa de liberdade.

d) Será observado o procedimento comum ordinário quando tiver por objeto crime cuja sanção máxima cominada for igual ou superior a quatro anos de pena privativa de liberdade.

COMENTÁRIOS

✪ **Nota do autor:** tendo em vista que há duas alternativas tratando do tema "procedimentos", incluímos a questão neste tópico.

Alternativa correta: letra "D" (responde, também, a alternativa "C"): o art. 394 do CPP determina que o procedimento será comum ou especial. O comum será ordinário, sumário ou sumaríssimo (§ 1º). Será aplicado o procedimento ordinário, quando tiver por objeto crime cuja sanção máxima cominada for igual ou superior a quatro anos de pena privativa de liberdade; o sumário, quando tiver por objeto crime cuja sanção máxima cominada seja inferior a quatro anos de pena privativa de liberdade; e o sumaríssimo, para as infrações penais de menor potencial ofensivo.

Alternativa "A": o Delegado de Polícia não pode determinar o arquivamento do inquérito policial (art. 17, CPP). Somente o juiz tem tal poder.

Alternativa "B": o depoimento da testemunha é oral, não sendo possível que ela o traga escrito e pronto (art. 204, *caput*, CPP). O § 1º do art. 221 traz algumas exceções. Diz: "O Presidente e o Vice-Presidente da República, os presidentes do Senado Federal, da Câmara dos Deputados e do Supremo Tribunal Federal poderão optar pela prestação de depoimento por escrito, caso em que as perguntas, formuladas pelas partes e deferidas pelo juiz, lhes serão transmitidas por ofício".

237. (Delegado de Polícia – PB/ 2008 – CESPE) No que concerne ao processo comum, assinale a opção correta.

a) A falta de justa causa para o exercício da ação penal, considerada por muitos doutrinadores como a quarta condição da ação, não é hábil a ensejar a rejeição da denúncia por parte do juiz. Isso porque, sendo o MP o titular da ação penal pública, não é dado ao magistrado analisar a viabilidade da denúncia sob o aspecto da justa causa, nesse momento processual.

b) Nos crimes de ação penal pública incondicionada, após o oferecimento da denúncia, o juiz a recebe e ordena a citação do acusado para ser interrogado, no prazo máximo de dez dias, em se tratando de réu preso.

c) A absolvição sumária é instituto exclusivo do procedimento do júri, cabendo nas hipóteses de existência manifesta de causa excludente da ilicitude do fato ou da culpabilidade ou punibilidade do agente.

d) Finda a instrução, as partes têm o prazo de 24 horas para requererem diligências que reputem imprescindíveis ao deslinde da causa.

e) Vigora no processo penal o princípio da identidade física do juiz, segundo o qual o juiz que presidiu a instrução deve proferir a sentença.

COMENTÁRIOS

✪ **Nota do autor:** repetindo o que já afirmamos acima – convém que o leitor decore estas regras – diz o art. 394 do CPP que o procedimento será comum ou especial. O comum será ordinário, sumário ou sumaríssimo (§ 1º). Será aplicado o procedimento ordinário, quando tiver por objeto crime cuja sanção máxima cominada for igual ou superior a quatro anos de pena privativa de liberdade; o sumário, quando tiver por objeto crime cuja sanção máxima cominada seja inferior a quatro anos de pena privativa de liberdade; e o sumaríssimo, para as infrações penais de menor potencial ofensivo.

Alternativa correta: letra "E": o princípio da identidade física do juiz está corretamente descrito na alternativa. Importante ressaltar que ele não era aplicado ao processo penal em nosso país até 2008, quando houve importante reforma nos procedimentos. Então, ele passou a ser expressamente previsto no § 2º do art. 399 do CPP: "O juiz que presidiu a instrução deverá proferir a sentença".

Alternativa "A": para que a denúncia seja recebida, deve estar baseada em um mínimo de substrato probatório, pois, do contrário, poderá ser rejeitada justamente por falta de justa causa. Basta verificar que o art. 395 do CPP dispõe que a denúncia será rejeitada quando: a) for manifestamente inepta; b) faltar pressuposto processual ou condição para o exercício da ação penal; ou c) faltar justa causa para o exercício da ação penal. Portanto, deve o Magistrado analisar a existência de justa causa.

Alternativa "B": o procedimento não mais é assim. Agora, uma vez recebida a denúncia, o juiz deverá citar o acusado para que, em dez dias, apresente resposta à acusação, que é o momento que tem para requerer provas, arrolar testemunhas etc. Então, o juiz decidirá se deve absolver sumariamente o acusado e, caso entenda que não deve, determinará a realização da instrução probatória, em audiência única. Primeiro são ouvidos o ofendido e as pessoas arroladas pela acusação, depois, as arroladas pela defesa e, se necessário, há esclarecimentos dos peritos e, somente então, o interrogatório do acusado.

Alternativa "C": a absolvição sumária realmente era prevista apenas para os procedimentos do Júri. Porém, isso mudou. Trata-se de inovação trazida pela Lei 11.719/2008. Assim, o juiz, depois da resposta do acusado, poderá absolvê-lo sumariamente nos casos especificados nos incisos do art. 397 do CPP, ou seja, quando verificar: a) a existência manifesta de causa excludente da ilicitude do fato; b) a existência manifesta de causa excludente da culpabilidade do agente, salvo inimputabilidade; c) que o fato narrado evidentemente não constitui crime; ou d) estar extinta a punibilidade do agente.

Alternativa "D": era o que dispunha, em linhas gerais, a redação anterior do art. 499 do CPP. Isso também mudou. Agora, no procedimento comum ordinário, de acordo com o art. 402, produzidas as provas, ao final da audiência, o Ministério Público, o querelante e o assistente e, a seguir, o acusado poderão requerer diligências cuja necessidade se origine de circunstâncias ou fatos apurados na instrução.

10.2. PROCEDIMENTO SUMARÍSSIMO (LEI Nº 9.099/1995)

▸ Lei 9.099/1995, arts. 69 a 82

238. (Vunesp – Delegado de Polícia – PC – BA/2018) Nos termos do art. 69, parágrafo único, da Lei nº 9.099/95, ao autor do fato típico definido como crime de menor potencial ofensivo, após a lavratura do termo circunstanciado, caso se comprometa a comparecer junto ao Juizado Especial Criminal, não se imporá prisão em flagrante,

a) desde que primário.

b) desde que imediatamente restitua o prejuízo da vítima.

c) a menos que se trate de reincidente específico.

d) mas a liberdade pode ser condicionada, pela autoridade policial, ao estabelecimento e à aceitação de imediata pena restritiva de direito.

e) nem se exigirá fiança.

COMENTÁRIOS

Alternativa "a": o enunciado reproduz quase que todo o teor do parágrafo único do art. 69 da Lei 9.099/1995, tendo faltado apenas a parte final. Na sistemática adotada, não importa se o acusado é primário ou reincidente: sempre será dispensada a lavratura do auto de prisão em flagrante se o autor do fato se comprometer a comparecer ao juizado.

Alternativa "b": não há tal exigência na lei. A composição civil poderá ser tentada quando da audiência preliminar.

Alternativa "c": nem mesmo quando o autor do fato for reincidente específico será possível fugir da regra geral.

Alternativa "d": a aceitação da pena restritiva de direito será realizada quando da audiência preliminar, após proposta de transação apresentada pelo Ministério Público ou pelo querelado.

Alternativa "e": eis o que faltava para completar o parágrafo único do art. 69 da Lei 9.099.

Alternativa correta: letra "e".

239. (UEG – Delegado de Polícia – PC – GO/2018) Sobre o processamento dos crimes de menor potencial ofensivo, verifica-se o seguinte:

a) A intimação das partes pode ser feita por qualquer meio idôneo de comunicação, inclusive eletrônico.

b) A homologação da transação penal prevista no artigo 76 da Lei n. 9.099 de 1995 faz coisa julgada material.

c) Não é admitida, nos crimes de menor potencial ofensivo, a realização de perícia criminal.

d) A suspensão condicional do processo será revogada se, no curso do prazo, o beneficiário vier a ser indiciado por outro crime.

e) Sendo caso de denúncia, é imprescindível o retorno dos autos à autoridade policial para instauração do respectivo inquérito.

COMENTÁRIOS

Alternativa "a": admite-se a intimação por meios eletrônicos, tendo em vista a preocupação com a celeridade e informalidade que permeia o procedimentos das infrações penais de menor potencial ofensivo.

Alternativa "b": não faz coisa julgada material, tanto assim que, descumprido o acordo, poderá ser oferecida a denúncai (STF, Sümula Vinculante 35).

Alternativa "c": evidemente, é admitida a realização de perícia, até porque se trata de matéria probatória, o que não e dispensado apenas porque temos um rito simplificado.

Alternativa "d": será revogada a suspensão se o autor do fato vier a ser processado por outro crime.

Alternativa "e": a denúncia poderá ser oferecida com base no termo circunstanciado, inclusive oralmente, ao final da audiência preliminar.

Alternativa correta: letra "a".

240. (Cespe – Delegado de Polícia – GO/2017) Acerca de investigação criminal e juizados especiais criminais, assinale a opção correta.

a) No juizado especial criminal, é inadmissível a transação penal caso se comprove que o autor da infração foi condenado em sentença definitiva por crime ou contravenção penal de caráter culposo ou doloso.

b) Para definição da competência do juizado especial criminal no concurso material de crimes, a soma das penas máximas cominadas para cada crime não pode exceder a dois anos.

c) Não se admite a transação penal nem a composição civil dos danos nos processos de competência dos juizados especiais criminais que, por motivo de conexão ou continência, tiverem sua competência deslocada para o tribunal do júri.

d) O delegado-geral de polícia civil, no âmbito estadual, ou o delegado regional, no âmbito territorial, poderão, mediante despacho fundamentado, avocar ou determinar a redistribuição de autos de inquérito policial, sempre que a infração penal a ser apurada for de interesse do Poder Executivo da respectiva unidade da Federação.

e) Caberá recurso especial contra a decisão da turma recursal dos juizados especiais criminais que negue provimento a recurso interposto contra sentença penal condenatória, caso seja demonstrada ofensa a dispositivo de norma infraconstitucional.

COMENTÁRIOS

Alternativa correta: letra "B": para aferição da existência de hipótese de competência do Juizado Especial Criminal, não pode o delito ter pena máxima superior a dois anos, que é justamente aquilo que o caracteriza como crime de menor potencial ofensivo. Havendo mais de um crime, o resultado da aplicação das regras dos concursos material e formal não pode ser superior a 2 anos.

Alternativa "A": o que impede a transação penal é a condenação definitiva, pela prática de crime, à pena privativa de liberdade.

Alternativa "C": ao contrário, o parágrafo único do art. 60 da Lei 9.099/1995 permite expressamente a aplicação de tais institutos.

Alternativa "D": o superior hierárquico poderá avocar o inquérito, de modo fundamentado, desde que haja interesse público.

Alternativa "E": o STJ não admite recurso especial contra decisão da turma recursal (Súmula 203).

241. (IBADE – Delegado de Polícia – AC/2017) Leia as assertivas a seguir.

I. A autoridade policial que tomar conhecimento da ocorrência de infração de menor potencial ofensivo lavrará termo circunstanciado e o encaminhará imediatamente ao Juizado, com o autor do fato e a vítima, providenciando-se as requisições dos exames periciais necessários.

II. No crime de lesão corporal no âmbito da violência doméstica contra a mulher, a autoridade policial, lavrará o termo circunstanciado, porém este não será encaminhado ao juizado especial criminal e sim ao juizado de violência doméstica familiar.

III. No crime de lesão corporal no âmbito da violência doméstica contra a mulher, ao autor do fato que, após a lavratura do termo circunstanciado, for imediatamente encaminhado ao juizado ou assumir o compromisso de a ele comparecer será arbitrada fiança ou, em caso de negativa, será imposta a prisão em flagrante.

IV. Nas infrações penais de menor potencial ofensivo, ao autor do fato que, após a lavratura do termo, for imediatamente encaminhado ao juizado ou assumir o compromisso de a ele comparecer, não se imporá prisão em flagrante, nem se exigirá fiança.

Está correto o que se afirma apenas em:

a) I e IV.

b) II e III.

c) I e II.

d) II e IV.

e) I e III.

COMENTÁRIOS

Alternativa correta: letra "A": estão certos os Itens I e IV.

Item I: certo. É o disposto no art. 69, caput, da Lei 9.099/1995.

Item II: errado. Nesse caso, por não ser possível a aplicação da Lei 9.099/1995 aos casos de violência doméstica contra mulher, deverá a autoridade policial instaurar inquérito policial e, ao final das investigações, encaminhá-lo à Justiça criminal comum ou a uma vara especializada em violência doméstica.

Item III: errado. Não sendo possível a aplicação da Lei 9.099 aos casos de violência doméstica contra mulher, o delegado deverá lavrar auto de prisão em flagrante e não serão os autos encaminhados, como vimos, ao Juizado Especial Criminal.

Item IV: certo. É o que dispõe o parágrafo único do art. 69 da Lei 9.099.

---

242. (IBADE – Delegado de Polícia – AC/2017) No que concerne à legislação que dispõe sobre os Juizados Especiais Cíveis e Criminais (Lei nº 9.099/1995), pode-se afirmar que:

a) a composição dos danos civis será reduzida a escrito e, homologada pelo Juiz mediante sentença irrecorrível, não pode ser executado no juízo civil competente.

b) a autoridade policial que tomar conhecimento da ocorrência lavrará termo circunstanciado e o encaminhará em até 24 {vinte e quatro) horas ao Juizado, com o autor do fato e a vítima, providenciando-se as requisições dos exames periciais necessários.

c) ao autor do fato que, após a lavratura do termo circunstanciado, for imediatamente encaminhado ao juizado ou assumir o compromisso de a ele comparecer, não se imporá prisão em flagrante, podendo-se exigir fiança a critério da autoridade policial.

d) consideram-se infrações penais de menor potencial ofensivo, para os efeitos desta Lei, as contravenções penais e os crimes a que a lei comine pena máxima não superior a 1 (um) ano, cumulada ou não com multa.

e) havendo representação ou tratando-se de crime de ação penal pública incondicionada, não sendo caso de arquivamento, o Ministério Público poderá propor a aplicação imediata de pena restritiva de direitos ou multas, a ser especificada na proposta.

COMENTÁRIOS

Alternativa correta: letra "E": trata-se de proposta de transação penal, de que fala o art. 76 da Lei 9.099/1995.

Alternativa "A": a acordo homologado terá eficácia de título a ser executado no juízo cível (art. 74, Lei 9.099).

Alternativa "B": o art. 69 da Lei 9.099 fala em encaminhar a pessoa "imediatamente", não no prazo de 24 horas. Na prática, isso não é feito, porque não há plantão permanente do juizado, como parece ter sido a ideia original do legislador. Ideia, diga-se, impraticável do ponto de vista prático, inclusive econômico.

Alternativa "C": não se imporá fiança, conforme estabelece o art. 69, parágrafo único, da Lei 9.099.

Alternativa "D": pena máxima não superior a 2 anos, é o correto.

---

243. (FUNIVERSA – Delegado de Polícia – DF/2015) Gustavo constrangeu, mediante grave ameaça, um colega de trabalho a agir de maneira vexatória.

Com base nessa situação hipotética e na Lei nº 9.099/1995, que dispõe sobre os juizados especiais criminais, assinale a alternativa correta.

a) Se Gustavo descumprir transação penal, o Ministério Público estará autorizado a denunciá-lo, independentemente de representação da vítima.

b) O crime de constrangimento ilegal, praticado por Gustavo, não se submete à lei dos juizados especiais criminais por não ser considerado de menor potencial ofensivo.

c) A autoridade policial que tomar conhecimento da ocorrência poderá optar entre lavrar termo circunstanciado ou instaurar o competente inquérito policial.

d) Caso Gustavo, após o procedimento adotado pela autoridade policial, seja imediatamente encaminhado ao juizado ou assuma o compromisso de a este comparecer, a ele não se imporá prisão em flagrante, mas a autoridade policial poderá exigir-lhe fiança.

e) Se Gustavo, após o procedimento adotado pela autoridade policial, for imediatamente encaminhado ao juizado ou assumir o compromisso de a este comparecer, a ele será imposta prisão em flagrante.

COMENTÁRIOS

Alternativa correta: letra "A" (responde também a alternativa "B"): o crime de constrangimento ilegal é de menor potencial ofensivo, eis que sua pena máxima não ultrapassa dois anos (art. 61, Lei 9.099/1995) e não depende de representação. Em caso de descumprimento da transação penal, pode o Ministério Publico oferecer denúncia. Esse não é o entendimento de parte da doutrina. E também não era o entendimento do STJ: a transação penal homologada, segundo o entendimento contrário ao da alternativa, faz coisa julgada formal e material e, assim, em caso de descumprimento do acordo, não pode ser proposta a ação penal contra o autor do fato. Porém, tal entendimento veio aos poucos sendo alterado e com razão a nosso ver. Muito importante verificar o seguinte julgado, que resume a questão: "(...)1. No âmbito desta Corte Superior de Justiça consolidou-se o entendimento no sentido de que a sentença homologatória da transação penal possui eficácia de coisa julgada formal e material, o que a torna definitiva, motivo pelo qual não seria possível a posterior instauração de ação penal quando descumprido o acordo homologado judicialmente. 2. Contudo, o Supremo Tribunal Federal, ao examinar o RE 602.072/RS, cuja repercussão geral foi reconhecida, entendeu de modo diverso, assentando a possibilidade de ajuizamento de ação penal quando descumpridas as condições estabelecidas em transação penal, compreensão que passou a ser adotada pela Terceira Seção deste Sodalício. (...)" (HC 184.821 – SC, Rel. Min. Jorge Mussi, 20.11.2012). O STF editou a Súmula Vinculante 35, com o seguinte enunciado: "A homologação da transação penal prevista no artigo 76 da Lei 9.099/1995 não faz coisa julgada material e, descumpridas suas cláusulas, retoma-se a situação anterior, possibilitando-se ao Ministério Público a continuidade da persecução penal mediante oferecimento de denúncia ou requisição de inquérito policial".

Alternativa "C": a autoridade policial não tem opção, pois, havendo infração de menor potencial ofensivo, deve lavrar termo circunstanciado.

Alternativa "D" (responde também a alternativa "E"): não deve ser exigida fiança nesse caso, tampouco poderá ser lavrado o flagrante (art. 69, parágrafo único, Lei 9.099/1995).

244. (Fundação Aroeira – Delegado de Polícia – TO/2014) Nos termos da Lei nº 9.099/1995, as partes serão intimadas da data da sessão de julgamento da apelação na Turma Recursal

a) por mandado.

b) por qualquer meio hábil de comunicação.

c) pela correspondência com aviso de recebimento.

d) pela imprensa.

COMENTÁRIOS

Alternativa correta: letra "D" (responde todas as demais alternativas): a intimação, no caso da apelação interposta sob o rito do Juizado Especial Criminal, se dará pela imprensa, como diz explicitamente o § 4º do art. 82 da Lei 9.099/1995: "As partes serão intimadas da data da sessão de julgamento pela imprensa".

245. (Fundação Aroeira – Delegado de Polícia – TO/2014) Os Juizados Especiais Criminais são órgãos da Justiça Ordinária, criados pela União, pelo Distrito Federal, pelos Territórios e Estados, para conciliação, processo, julgamento e execução, nas causas de sua competência, com seus processos orientados pelos critérios da oralidade, simplicidade, informalidade, economia processual e celeridade, buscando, sempre que possível, a conciliação ou a transação. Nesse sentido, no tocante aos Juizados Especiais Criminais, consoante a Lei nº 9.099/1995,

a) o autor do fato que, após a lavratura do termo, for imediatamente encaminhado ao juizado ou assumir o compromisso de a ele comparecer, mediante fiança, não estará sujeito à prisão em flagrante.

b) o juiz poderá determinar, em caso de violência doméstica, como medida de cautela, a retirada da vítima do lar, domicílio ou local de convivência com o autor.

c) as contravenções e os crimes apenados com detenção que a lei comine pena máxima não superior a dois anos são considerados infrações penais de menor potencial ofensivo.

d) a autoridade policial que tomar conhecimento da ocorrência lavrará termo circunstanciado e o encaminhará imediatamente ao juizado, com o autor do fato e a vítima.

COMENTÁRIOS

Alternativa "D": é o que prevê o art. 69, *caput*, da Lei 9.099/1995. Na prática, contudo, dificilmente há o encaminhamento imediato ao Juizado Especial Criminal, pois não foi estruturado em nosso país para possibilitar o cumprimento de tal regra. Por vezes, o legislador é ambicioso demais ou pensa viver em país com pouco crime e população diminuta. Então, na prática, lavra-se o termo circunstanciado e o autor do fato assina o compromisso de comparecer ao Juizado quando chamado.

Alternativa "A": o autor do fato, nesse caso, não estará sujeito à prisão em flagrante, não sendo exigível a fiança (art. 69, parágrafo único, Lei 9.099/1995).

Alternativa "B": aqui, menciona-se medida protetiva aplicável aos casos de violência doméstica, cometida contra mulher, nos termos da Lei 11.340/2006, não da Lei 9.099. Aliás, a primeira, ou seja, a Lei "Maria da Penha" proíbe a aplicação da Lei 9.099 aos casos nela tratados.

Alternativa "C": as contravenções são infrações de menor potencial ofensivo, sempre. Quanto aos crimes, são assim considerados aqueles a que a lei comine pena privativa de liberdade – reclusão ou detenção – máxima não superior a 2 anos, cumulada ou não com multa (art. 61, Lei 9.099/1995).

246. (UEL – Delegado de Polícia – PR/2013) No que diz respeito aos Juizados Especiais Criminais, conforme a Lei nº 9.099/1995, assinale a alternativa correta.

a) A proposta de transação penal é admissível, mesmo que o agente tenha sido beneficiado com outra proposta em menos de cinco anos.

b) A proposta de transação penal é admissível, mesmo que o indivíduo tenha sido beneficiado anteriormente, no prazo de cinco anos, pela aplicação de pena restritiva ou multa.

c) A suspensão condicional da pena é instituto previsto na Lei nº 9.099/1995 e é proposta sem proibições, reparações ou obrigações perante o juízo.

d) Caso uma pessoa seja surpreendida praticando uma infração penal de menor potencial ofensivo, será presa em flagrante e recolhida à prisão.

e) Não encontrado o acusado para ser citado, o juiz encaminhará as peças existentes ao juízo comum.

COMENTÁRIOS

Alternativa correta: letra "E": trata-se de característica importante do procedimento sumaríssimo, qual seja, não se determina a citação por edital. Assim, não sendo encontrado o acusado para ser citado, o feito deve ser remetido ao juízo comum (art. 66, parágrafo único, Lei 9.099/1995), o qual adotará, a partir daí, o procedimento sumário (art. 538, CPP).

Alternativa "A": trata-se de hipótese em que não se admite a transação penal, conforme previsto no art. 76, § 2º, II, da Lei 9.099.

Alternativa "B": é a mesma situação da alternativa anterior. A transação penal diz respeito à aplicação antecipada de pena de multa ou restritiva de direitos, de modo que, se alguém já foi assim beneficiado nos cinco anos anteriores, não fará jus à nova transação.

Alternativa "C": ao contrário, trata-se de suspensão **condicional** do processo. Ou seja, por definição, tem condições. E o art. 89 da Lei 9.099/1995 dispõe que as condições podem ser: (a) reparação do dano, salvo impossibilidade de fazê-lo; (b) proibição de frequentar determinados lugares; (c) proibição de ausentar-se da comarca onde reside, sem autorização do Juiz; (d) comparecimento pessoal e obrigatório a juízo, mensalmente, para informar e justificar suas atividades. Além disso, o Juiz poderá especificar outras condições a que fica subordinada a suspensão, desde que adequadas ao fato e à situação pessoal do acusado. É possível prestação pecuniária, como condição judicial? A prestação pecuniária é possível, conforme entendimento da 5ª Turma do STJ: "(...)É pacífico o entendimento da Quinta Turma desta Corte no sentido de que é cabível a imposição de prestação de serviços à comunidade ou de prestação pecuniária como condição especial para a concessão do benefício da suspensão condicional do processo, desde que estas se mostrem adequadas ao caso concreto, observando-se os princípios da adequação e da proporcionalidade. (...)" (HC 225.166 – BA, Rel. Min. Laurita Vaz, j. 15.08.2013). Porém, a 6ª Turma do mesmo Tribunal Superior tinha entendimento diametralmente oposto: "(...) Interpretando a Lei nº 9.099/1995, a Sexta Turma adotou o entendimento de que é inadmissível a fixação de prestação de serviços à comunidade ou de prestação pecuniária, que têm caráter de sanção penal, como condição para a suspensão condicional do processo. (...)" (AgRg no REsp 1.265.083 – RS, Rel. Min. Sebastião Reis Júnior, j. 04.02.2014). Hoje, mesmo a 6ª Turma do STJ passou a acompanhar a 5ª Turma. Nesse sentido: "(...) Não há óbice a que se estabeleçam, no prudente uso da faculdade judicial disposta no art. 89, § 2º, da Lei nº 9.099/1995, obrigações equivalentes, do ponto de vista prático, a sanções penais (tais como as penas de prestação de serviços comunitários ou a prestação pecuniária), mas que, para os fins do sursis processual, se apresentam tão somente como **condições** para sua incidência. (...)" (RHC 51.557-PR, Rel. Min. Rogério Schietti Cruz, j. 22.09.2015).

Alternativa "D": nesse caso, não se faz, a princípio, a prisão em flagrante, mas desde que o autor do fato for imediatamente encaminhado ao juizado ou assumir o compromisso de a ele comparecer (art. 69, parágrafo único, Lei 9.099/1995).

---

247. (UEG – Delegado de Polícia – GO/2013) Sobre os juizados especiais criminais, tem-se o seguinte:

a) os crimes de menor potencial ofensivo praticados em detrimento de bens, serviços ou interesses de autarquias federais ou da União são, conforme previsão constitucional, de competência da justiça dos estados.

b) segundo o Supremo Tribunal Federal, a suspensão condicional do processo representa um direito subjetivo do imputado, podendo ser proposta pelo Ministério Público ou pelo magistrado, desde que, atendidos os requisitos de ordem objetiva, o acusado confesse a prática criminosa.

c) é possível, segundo entendimento atual do Superior Tribunal de Justiça, a revogação do benefício de suspensão condicional do processo após o término do período de prova, desde que os fatos ensejadores da revogação tenham ocorrido durante esse período.

d) os efeitos da transação penal, conforme o Superior Tribunal de Justiça, poderão ser, por ser objeto de sentença meramente homologatória, afastados mediante ação anulatória, a ser ajuizada, pelo autor do fato, perante o juízo cível.

COMENTÁRIOS

Alternativa correta: letra "C": trata-se de situação comum, ou seja, verifica-se que o acusado foi processado durante o curso da suspensão, mas tal verificação dá-se somente ao final do período do benefício. Nesse caso, o STJ vem entendendo que pode haver a revogação da suspensão e o prosseguimento do processo. Nesse sentido: "(...) É entendimento assente no Superior Tribunal de Justiça que o benefício da suspensão condicional do processo pode ser revogado mesmo após o transcurso do período de prova, desde que a causa da revogação tenha ocorrido durante o referido lapso temporal. (...)" (AgRg no AREsp 559.292-SP, Rel. Min. Sebastião Reis Júnior, j. 02.10.2014).

Alternativa "A": nesse caso, são de competência dos Juizados Especiais Criminais da Justiça Federal

Alternativa "B": de acordo com o STF: "Reunidos os pressupostos legais permissivos da suspensão condicional do processo, mas se recusando o promotor de justiça a propô-la, o juiz, dissentindo, remeterá a questão ao procurador-geral, aplicando-se por analogia o art. 28

do Código de Processo Penal" (Súmula 696). Assim, cabe ao Ministério Público a proposta, não ao juiz. Ademais, o entendimento que prevalece é o de que não se trata de direito subjetivo do réu (STF, RHC 115.997-PA, Rel. Min. Cármen Lúcia, j. 12.11.2013). Por fim, não há necessidade alguma de que o acusado confesse.

Alternativa "D": a ação anulatória somente é possível na transação do processo civil, ou seja, do acordo civil homologado. No Juizado Especial Criminal, a homologação da transação penal é passível de Apelação e, a nosso ver, se não mais cabível o recurso, de revisão criminal *pro reo*.

248. (FUNCAB – Delegado de Polícia – RJ/2012) Em matéria de procedimento dos Juizados Especiais Criminais, é correto afirmar:

a) Se a complexidade ou as circunstâncias do caso não permitirem a formulação da denúncia, o Ministério Público poderá diretamente suprir a investigação e oferecer a denúncia.
b) Poderá ser dispensado o exame de corpo de delito quando a materialidade do crime estiver aferida por boletim médico ou prova equivalente.
c) O inquérito policial deverá estar concluído, em caso de indiciado solto, em 30 dias.
d) O inquérito policial será iniciado pelo termo circunstanciado.
e) O auto de prisão em flagrante será encaminhado ao Juizado juntamente com a comunicação da prisão.

COMENTÁRIOS

Alternativa correta: letra "B": em razão da maior informalidade e simplificação existentes no rito do Juizado Especial Criminal – o rito sumaríssimo – o § 1º do art. 77 da Lei 9.099/1995 permite a dispensa do exame de corpo de delito, desde que a materialidade do crime estiver aferida por boletim médico ou prova equivalente.

Alternativa "A": nesse caso, dispõe o § 2º do art. 77 da Lei 9.099 que o Ministério Público poderá requerer ao Juiz o encaminhamento das peças existentes ao juízo comum. Nesse caso, se necessária a continuidade das investigações, esta se realizará por meio de inquérito policial, presidido por Delegado de Polícia (Lei 12.830/2013). Porém, somos da opinião de que o Ministério Público pode realizar investigações criminais e, com base nelas oferecer denúncia, que é o posicionamento adotado pelo STF. Não obstante, deve o leitor estar atento, sempre e primordialmente, para o que dispõe a lei, tal como acima explicado.

Alternativa "C": no caso de indiciado solto, o inquérito deve ser concluído no prazo de 30 dias, tal como está previsto no CPP. Porém, em se tratando de infração penal de menor potencial ofensivo, deve ser aplicada a Lei 9.099/1995, que estabelece a dispensa do inquérito policial, devendo ser o fato apurado por meio de termo circunstanciado. Este, uma vez lavrado, deve ser encaminhado de imediato ao juiz (art. 69, *caput*).

Alternativa "D": inquérito policial e termo circunstanciado são dois procedimentos apuratórios distintos, sendo utilizado o primeiro para investigação das infrações penais em geral e o segundo para apuração das infrações penais de menor potencial ofensivo.

Alternativa "E": ocorrendo infração de menor potencial ofensivo, não se deve lavrar o auto de prisão em flagrante, desde que o autor do fato seja imediatamente encaminhado ao Juizado Especial Criminal – o que quase nunca ocorre – ou assuma o compromisso de a ele comparecer (art. 69, parágrafo único, Lei 9.099/1995).

249. (FGV – Delegado de Polícia – MA/2012) Com relação ao procedimento nos Juizados Especiais Criminais, assinale a afirmativa incorreta.

a) A composição dos danos civis acarreta renúncia ao direito de queixa ou representação nas ações penais privadas e públicas condicionadas à representação.
b) Acolhendo a transação penal proposta pelas partes, o juiz, em decisão irrecorrível, aplicará pena restritiva de direito ou multa, que não importará em reincidência.
c) De acordo com a jurisprudência majoritária do Superior Tribunal de Justiça, no caso de concursos de crimes, as penas deverão ser somadas ou exasperadas para fins de verificação do cabimento de suspensão condicional do processo.
d) Os embargos de declaração podem ser propostos oralmente e o prazo será de 5 dias da ciência da decisão.
e) A transação penal e a composição dos danos civis não são institutos privativos do Juizado Especial Criminal.

COMENTÁRIOS

Alternativa incorreta: letra "B": a decisão que homologa a transação penal é recorrível, havendo previsão expressa de apelação no art. 76, § 5º, da Lei 9.099/1995.

Alternativa "A": trata-se de disposição expressa do parágrafo único do art. 74 da Lei 9.099. Segundo o rito previsto, ocorrendo um crime de menor potencial ofensivo que dependa de representação ou que seja de ação penal privada, deve o juiz designar audiência preliminar. No início desta, será tentada a composição entre as partes. Ocorrendo a homologação da composição entre ofendido e autor do fato, isso implicará em renúncia ao direito de representação ou queixa.

Alternativa "C": é o entendimento do STJ, exposto na Súmula 243: "O benefício da suspensão do processo não é aplicável em relação às infrações penais cometidas em concurso material, concurso formal ou continuidade delitiva, quando a pena mínima cominada, seja pelo somatório, seja pela incidência da majorante, ultrapassar o limite de um (01) ano".

Alternativa "D": podem ser propostos oralmente ou por escrito, na forma descrita na alternativa, tal como prevê o § 1º do art. 83 da Lei 9.099.

Alternativa "E": há crimes que, embora fora da competência do Juizado Especial Criminal, estão sujeitos à transação penal e à composição dos danos civis (exs.: algumas hipóteses de lesões corporais culposas majoradas, previstas no Código de Trânsito Brasileiro). Isso ocorre quando a lei prevê tal possibilidade, mesmo que não se trate de infração de menor potencial ofensivo.

---

250. (Delegado de Polícia – PI/ 2009 – NUCEPE) Considerando a temática dos Juizados Especiais Criminais, assinale a alternativa correta.

a) A competência do Juizado será determinada pelo lugar em que foi praticada a infração penal.

b) Consideram-se infrações penais de menor potencial ofensivo as contravenções penais e os crimes a que a lei comine pena mínima não superior a 2 (dois) anos, cumulada ou não com multa.

c) Nos crimes em que a pena mínima cominada for igual ou inferior a um ano, o Ministério Público, ao oferecer a denúncia, poderá propor a suspensão do processo, por um a quatro anos, desde que o acusado não esteja sendo processado ou não tenha sido condenado por outro crime, presentes os demais requisitos que autorizariam a suspensão condicional da pena (art. 77 do Código Penal).

d) A composição civil, estabelecida nos arts. 74 e 75 da Lei, é uma causa de extinção da punibilidade nos crimes de menor potencial ofensivo, quando a ação for pública incondicionada.

e) A proposta de Transação Penal (art. 76) deve ser feita pelo Juiz na presença do Ministério Público.

COMENTÁRIOS

Alternativa correta: letra "A": diferentemente do que estipula a regra do art. 70 do CPP (que prevê a competência do local da consumação do crime), o art. 63 da Lei 9.099/1995 determina que a competência do Juizado será determinada pelo lugar em que foi praticada a infração penal.

Alternativa "B": consideram-se infrações penais de menor potencial ofensivo, para os efeitos desta Lei, as contravenções penais e os crimes a que a lei comine pena máxima não superior a 2 anos, cumulada ou não com multa (art. 61, Lei 9.099/1995).

Alternativa "C": o tempo de suspensão está errado. Com efeito, o caso é de suspensão condicional do processo, prevista no art. 89 da Lei 9.099/1995, cujo *caput* diz: "Nos crimes em que a pena mínima cominada for igual ou inferior a um ano, abrangidas ou não por esta Lei, o Ministério Público, ao oferecer a denúncia, poderá propor a suspensão do processo, por dois a quatro anos, desde que o acusado não esteja sendo processado ou não tenha sido condenado por outro crime, presentes os demais requisitos que autorizariam a suspensão condicional da pena".

Alternativa "D": o parágrafo único do art. 74 da Lei 9.099/1995 dispõe que, tratando-se de ação penal de iniciativa privada ou de ação penal pública condicionada à representação, o acordo homologado acarreta a renúncia ao direito de queixa ou representação. Portanto, o acordo acarreta a extinção da punibilidade, quer seja o crime de ação penal pública condicionada, quer de ação penal privada. Não se aplica esta regra aos crimes de ação penal pública incondicionada.

Alternativa "E": a proposta deve ser feita pelo membro do Ministério Público, conforme previsto no art. 76, *caput*, da Lei 9.099/1995. Depois, se aceita pelo autor do fato, deve ser submetida ao juiz.

---

251. (Delegado de Polícia – SC/ 2008 – ACADEPOL) Analise as alternativas e assinale a **correta.**

a) A autoridade policial que tomar conhecimento da ocorrência de infração penal de menor potencial ofensivo determinará, mediante portaria, a abertura de inquérito policial, que deverá ser concluído em, no máximo, trinta dias.

b) Nos crimes de menor potencial ofensivo, sujeitos ao procedimento da Lei nº 9.099/95, a competência do Juizado Especial Criminal será determinada pelo lugar em que a infração se consumou (lugar do resultado) e não pelo lugar da ação ou omissão.

c) Nos crimes em que a pena mínima cominada for igual ou inferior a 2 (dois) anos, abrangidos ou não pela Lei dos Juizados Especiais Criminais, o Ministério Público, ao oferecer denúncia, poderá propor a suspensão do processo por 2 a 4 anos, desde que o acusado não esteja sendo processado ou não tenha sido condenado por outro crime, presentes os demais requisitos que autorizariam a suspensão condicional da pena.

d) Quando houver conexão ou continência entre uma infração de menor potencial ofensivo e outra do juízo comum ou do júri, a força atrativa, para a reunião dos processos, será do juízo comum (estadual ou federal) ou do tribunal do júri (estadual ou federal).

COMENTÁRIOS

✪ **Nota do autor:** o procedimento sumaríssimo é aquele aplicável às infrações de menor potencial ofensivo. De acordo com o art. 61 da Lei 9.099/1995, são infrações de menor potencial ofensivo as contravenções penais e os crimes cujas penas máximas não ultrapassem 2 anos, cumulada ou não com multa.

Alternativa correta: letra "D": embora nem toda a doutrina concorde com tal solução (há entendimento de que a competência do Juizado Especial Criminal tem natureza constitucional), é certo que a jurisprudência vem se firmando no sentido de que, em caso de conexão entre uma infração de menor potencial ofensivo e um crime comum, a competência será do juízo comum. Nesse sentido, o seguinte julgado do STJ: "CONFLITO NEGATIVO DE COMPETÊNCIA. CONEXÃO ENTRE INFRAÇÃO DE MENOR POTENCIAL OFENSIVO (CRIME DE TRÂNSITO) E DELITO DA JUSTIÇA COMUM (TRÁFICO DE ENTORPECENTES). APLICAÇÃO DO ART. 60 DA LEI Nº 9.099/95, COM REDAÇÃO DADA PELA LEI Nº

11.313/2006. COMPETÊNCIA DO JUÍZO COMUM PARA PROCESSAR E JULGAR OS DELITOS. 1. Configurada a conexão entre os crimes de tráfico de drogas e aquele previsto no art. 309 do Código de Trânsito Brasileiro, compete ao Juízo Comum processar e julgar tais delitos, por aplicação do disposto no art. 60 da Lei nº 9.099/95, com a nova redação dada pela Lei nº 11.313/2006. 2. Conflito conhecido para declarar-se competente o Juízo Federal Criminal e Juizado Especial Adjunto de Caxias do Sul – Seção Judiciária do Rio Grande do Sul, o suscitado" (CC 92.365-RS, Rel. Min. Jorge Mussi, j. 13.08.2008). Quanto ao caso de conexão com crime doloso contra a vida, a competência será do Tribunal do Júri. Vejam o que diz o parágrafo único do art. 60 da Lei 9.099/1995: "Na reunião de processos, perante o juízo comum ou o tribunal do júri, decorrentes da aplicação das regras de conexão e continência, observar-se-ão os institutos da transação penal e da composição dos danos civis".

Alternativa "A": não se instaura, em regra, inquérito policial para apuração de infração de menor potencial ofensivo. Assim, a autoridade policial que tomar conhecimento da ocorrência lavrará termo circunstanciado e o encaminhará imediatamente ao Juizado, com o autor do fato e a vítima, providenciando-se as requisições dos exames periciais necessários (art. 69, Lei 9.099/1995).

Alternativa "B": como se sabe, a regra geral prevista no art. 70 do CPP diz que a competência será, de regra, determinada pelo lugar em que se consumar a infração, ou, no caso de tentativa, pelo lugar em que for praticado o último ato de execução. Porém, no âmbito dos Juizados Especiais Criminais, a regra é outra: de acordo com o art. 63 da Lei 9.099/1995, a competência do Juizado será determinada pelo lugar em que foi praticada a infração penal.

Alternativa "C": trata-se da suspensão condicional do processo. Apesar de prevista no art. 89 da Lei 9.099/1995, que trata do procedimento nos crimes de menor potencial ofensivo, eis que regula os Juizados Especiais e, portanto, o procedimento sumaríssimo, é certo que a suspensão condicional do processo aplica-se a todo e qualquer crime que atenda aos seus requisitos. Diz o referido art. 89: nos crimes em que a pena mínima cominada for igual ou inferior a um ano, abrangidas ou não por esta Lei, o Ministério Público, ao oferecer a denúncia, poderá propor a suspensão do processo, por dois a quatro anos, desde que o acusado não esteja sendo processado ou não tenha sido condenado por outro crime, presentes os demais requisitos que autorizariam a suspensão condicional da pena.

---

252. (Delegado de Polícia – PB/ 2008 – CESPE) Julgue os itens a seguir, relativos aos juizados especiais criminais.

I. Preenchidos os requisitos legais, o MP pode propor a aplicação imediata de penas restritivas de direitos ou multas, sendo vedado ao juiz, em qualquer caso, alterar a proposta formulada.

II. Acolhendo a proposta do MP aceita pelo autor da infração, o juiz deve aplicar a pena restritiva de direitos ou multa, por sentença irrecorrível.

III. Ao autor do fato que, após a lavratura do termo circunstanciado, for imediatamente encaminhado ao juizado ou assumir o compromisso de a ele comparecer, não se impõe prisão em flagrante, devendo a autoridade policial, desde já, fixar o valor da fiança.

IV. A suspensão condicional do processo, cabível nos crimes em que a pena mínima cominada for igual ou inferior a um ano, será revogada se, no curso do prazo, o beneficiário for definitivamente condenado por outro crime.

V. Conforme expressa previsão legal, não efetuado o pagamento de multa, deve ser feita a conversão em pena privativa da liberdade, ou restritiva de direitos.

A quantidade de itens certos é igual a

a) 1.
b) 2.
c) 3.
d) 4.
e) 5.

COMENTÁRIOS

Alternativa correta: letra "A": o item V está certo.

Item I: errado. O § 1º do art. 76 da Lei 9.099/1995 prevê que nas hipóteses de ser a pena de multa a única aplicável, o Juiz poderá reduzi-la até a metade. Portanto, pode haver, em tal hipótese, interferência do Magistrado.

Item II: errado. O § 5º do art. 76 da Lei 9.099/1995 prevê que cabe apelação da sentença que homologa a transação penal.

Item III: errado. Não se exige fiança nesse caso. Segundo o parágrafo único do art. 69 da Lei 9.099/1995: "Ao autor do fato que, após a lavratura do termo, for imediatamente encaminhado ao juizado ou assumir o compromisso de a ele comparecer, não se imporá prisão em flagrante, nem se exigirá fiança. Em caso de violência doméstica, o juiz poderá determinar, como medida de cautela, seu afastamento do lar, domicílio ou local de convivência com a vítima".

Item IV: errado. A suspensão condicional do processo está prevista no art. 89 da Lei 9.099/1995, que diz: "Nos crimes em que a pena mínima cominada for igual ou inferior a um ano, abrangidas ou não por esta Lei, o Ministério Público, ao oferecer a denúncia, poderá propor a suspensão do processo, por dois a quatro anos, desde que o acusado não esteja sendo processado ou não tenha sido condenado por outro crime, presentes os demais requisitos que autorizariam a suspensão condicional da pena". A suspensão será revogada se, no curso do benefício, for o acusado processado – não necessariamente condenado – por outro crime (art. 89, § 3º). Há entendimento de que a revogação da suspensão exige decisão condenatória, mas é minoritária.

Item V: certo. Segundo o art. 85 da Lei 9.099/1995, não efetuado o pagamento de multa aplicada na sentença, será feita a conversão em pena privativa da liberdade, ou restritiva de direitos, nos termos previstos em lei. Portanto, cuidado, pois o tratamento é diverso daquele que se vê no CP, em que a multa deve ser executada.

253. (Delegado de Polícia – BA/ 2008 – ACADEPOL) Sobre a Lei nº 9.099/95, pode-se afirmar:

a) Caso um indivíduo seja surpreendido praticando uma infração penal de menor potencial ofensivo, será preso em flagrante e recolhido à prisão.

b) Um indivíduo conduzido à delegacia por infração de menor potencial ofensivo, praticado contra a sua esposa, dentro de sua residência, poderá, como medida acautelatória, ter decretado o seu afastamento do lar.

c) A suspensão condicional da pena é instituto despenalizante previsto na Lei n°. 9.099/95.

d) A proposta de transação penal é admissível, mesmo que o agente tenha sido beneficiado anteriormente, no prazo de cinco anos, pela aplicação de pena restritiva ou multa.

e) A proposta de transação penal é admissível, mesmo que o agente tenha sido beneficiado com outra proposta em menos de cinco anos.

COMENTÁRIOS

Alternativa correta: letra "B": o ponto aqui cobrado é regulado pelo parágrafo único do art. 69 da Lei 9.099/1995, que traz uma regra, seguida da exceção: "Ao autor do fato que, após a lavratura do termo, for imediatamente encaminhado ao juizado ou assumir o compromisso de a ele comparecer, não se imporá prisão em flagrante, nem se exigirá fiança. Em caso de violência doméstica, o juiz poderá determinar, como medida de cautela, seu afastamento do lar, domicílio ou local de convivência com a vítima".

Alternativa "A": vide comentário à alternativa anterior, que mostra ser a regra da Lei 9.099/1995 a liberação do autor do fato, sem o flagrante ou a exigência de fiança.

Alternativa "C": não se trata propriamente de um instituto despenalizante a suspensão condicional do processo prevista no art. 89 da Lei 9.099/1995. É verdade que, se cumpridas as condições impostas, haverá a extinção da punibilidade e, assim, evita-se a aplicação de pena privativa de liberdade. Mas não se trata de substituí-la por outro tipo de pena, como ocorre no caso das penas restritivas de direitos.

Alternativa "D" (responde, também, a alternativa "E"): trata-se de uma das proibições para o oferecimento de proposta de transação penal. De acordo com o § 2º do art. 76 da Lei 9.099/1995, não se admitirá a proposta se ficar comprovado: ter sido o autor da infração condenado, pela prática de crime, à pena privativa de liberdade, por sentença definitiva; ter sido o agente beneficiado anteriormente, no prazo de cinco anos, pela aplicação de pena restritiva ou multa, em transação penal; não indicarem os antecedentes, a conduta social e a personalidade do agente, bem como os motivos e as circunstâncias, ser necessária e suficiente a adoção da medida.

10.3. PROCEDIMENTO DOS PROCESSOS DE COMPETÊNCIA DO TRIBUNAL DO JÚRI

- CF, art. 5º, XXXVIII
- CPP, arts. 406 a 497

254. (Delegado de Polícia – MG/ 2011 – ACADEPOL) Sobre o tribunal do júri é INCORRETO afirmar:

a) Nas comarcas de mais de 100.000 (cem mil) habitantes serão alistados de 300 (trezentos) a 700 (setecentos) jurados.

b) Se o interesse da ordem pública reclamar o juiz poderá, logo após o interrogatório do acusado, determinar o desaforamento do julgamento.

c) O serviço de jurado é obrigatório e somente compreenderá maiores de 18 anos.

d) Os jurados poderão formular perguntas às testemunhas por intermédio do juiz-presidente.

COMENTÁRIOS

Alternativa incorreta: letra "B": o juiz não poderá determinar o desaforamento, mas poderá suscitá-lo ao tribunal. O desaforamento poderá ser requerido pelo Ministério Público, pelo Assistente de Acusação, pelo querelante, pelo acusado e pelo próprio juiz, devendo ser decidido pelo Tribunal – TJ ou TRF. Os motivos: interesse da ordem pública ou dúvida sobre a imparcialidade do júri ou mesmo a segurança pessoal do acusado. Assim, o Tribunal pode determinar o desaforamento do julgamento para outra comarca da mesma região, preferindo-se as mais próximas, desde que, obviamente, os mesmos motivos que o justificaram não estiverem presentes. É o que se extrai do art. 427 do CPP. Além disso, conforme dispõe o art. 428, o desaforamento também poderá ser determinado, em razão do comprovado excesso de serviço, ouvidos o juiz presidente e a parte contrária, se o julgamento não puder ser realizado no prazo de 6 meses, contado do trânsito em julgado da decisão de pronúncia.

Alternativa "A": é o art. 425 do CPP que regula este ponto: "Anualmente, serão alistados pelo presidente do Tribunal do Júri de 800 (oitocentos) a 1.500 (um mil e quinhentos) jurados nas comarcas de mais de 1.000.000 (um milhão) de habitantes, de 300 (trezentos) a 700 (setecentos) nas comarcas de mais de 100.000 (cem mil) habitantes e de 80 (oitenta) a 400 (quatrocentos) nas comarcas de menor população".

Alternativa "C": é o que dispõe o *caput* do art. 436 do CPP, que dispõe: "O serviço do júri é obrigatório. O alistamento compreenderá os cidadãos maiores de 18 (dezoito) anos de notória idoneidade".

Alternativa "D": há essa possibilidade, prevista no § 2º do art. 473 do CPP.

255. (Delegado de Polícia – SP/ 2011 – ACADEPOL) Quanto ao procedimento do júri, é correto afirmar que

a) a competência material prevista na Constituição Federal de 1988 não pode ser ampliada pelo legislador ordinário.

b) o libelo-crime acusatório e o desaforamento foram excluídos em recente reforma realizada no procedimento.

c) a pronúncia é uma decisão interlocutória mista não terminativa e pode ser impugnada mediante interposição de recurso em sentido estrito, no prazo de 5 dias.

d) caso haja prova da inexistência do fato, o juiz deverá impronunciar o acusado, cabendo nesta hipótese a interposição de recurso de apelação, no prazo de 5 dias.

e) não há prazo expressamente previsto em lei para o encerramento da primeira fase do procedimento do júri.

COMENTÁRIOS

Alternativa correta: letra "C": muita polêmica existiu quanto à natureza jurídica da pronúncia. Para alguns, trata-se de sentença, havendo quem dissesse se tratar de sentença processual. Antes da reforma de 2008 no rito do Júri, a pronúncia realmente era chamada de sentença. Outros entendem se tratar de decisão interlocutória. Após a reforma, a pronúncia passou a ser chamada de decisão, não mais de sentença (art. 421, CPP). Concordamos com este último entendimento. A pronúncia é decisão interlocutória mista não terminativa, eis que apenas encerra uma etapa do procedimento escalonado.

Alternativa "A": pode ser ampliada. O art. 5º, XXXVIII, *d*, da CF garante a competência do tribunal do júri para julgamento dos crimes dolosos contra a vida. Ou seja, salvo exceções previstas pelo próprio constituinte originário (ex.: foro por prerrogativa de função), todos os crimes dolosos contra a vida serão julgados pelo tribunal popular. No entanto, nada há na CF que impeça a inserção de outros crimes na competência do júri, bastando previsão a respeito na legislação ordinária.

Alternativa "B": o libelo foi eliminado pela reforma de 2008, mas não o desaforamento, que continua sendo previsto nos arts. 427 e 428 do CPP.

Alternativa "D": trata-se de novidade trazida pela reforma de 2008. Antes, seria o caso de impronúncia. Porém, agora, provada a inexistência do fato, deverá o juiz absolver sumariamente o acusado, nos termos do art. 415, I, do CPP. Cabível será a apelação, conforme previsão do art. 416. O prazo é de 5 dias (art. 593).

Alternativa "E": há prazo sim. Está no art. 412 do CPP e é de 90 dias.

256. (Delegado de Polícia – MT/ 2010 – UNEMAT) Quanto ao procedimento escalonado do Tribunal do Júri, é **correto** afirmar que:

a) sustentando a defesa tese desclassificatória, deverá este quesito ser elaborado após o referente à autoria.

b) a sentença de pronúncia é decisão interlocutória simples.

c) no procedimento do júri foi prevista a possibilidade de absolvição sumária após análise da resposta à acusação pelo juiz.

d) ante a possibilidade de intimação por edital da sentença de pronúncia, prevalece o entendimento de que a sessão plenária poderá ser realizada sem a intimação pessoal do réu.

e) compete ao juiz singular a apreciação acerca da necessidade de desaforamento, eis que este é que tem condições de avaliar a existência dos motivos relevantes em sua comarca.

COMENTÁRIOS

✪ **Nota do autor:** a questão traz alguns pontos verdadeiramente polêmicos, ainda não solucionados na doutrina e na jurisprudência. Vejamos.

Alternativa correta: letra "A": primeiro, deve o juiz submeter à votação dos jurados quesito referente à existência do fato, para então inquirir sobre a autoria. Somente depois deve ser decidido quesito sobre eventual desclassificação do crime (art. 483, § 4º, CPP).

Alternativa "B": muita polêmica existiu quanto à natureza jurídica da pronúncia. Como visto em questão anterior, para alguns, trata-se de sentença. Antes da reforma de 2008 no rito do Júri, a pronúncia realmente era chamada de sentença. Outros entendem se tratar de decisão interlocutória. Após a reforma, a pronúncia passou a ser chamada de decisão, não mais de sentença (art. 421, CPP). Concordamos com este último entendimento. Porém, é uma decisão interlocutória simples? Não. Costuma dizer a doutrina que a decisão interlocutória simples é mais do que um despacho, tendo certo grau de decisão, como ocorre no caso de recebimento da denúncia. Já a pronúncia é decisão interlocutória mista não terminativa, eis que apenas encerra uma etapa do procedimento escalonado. A impronúncia, ao contrário, é uma decisão interlocutória mista terminativa, pois põe fim ao procedimento, sem julgamento do mérito.

Alternativa "C": no rito específico do Júri (arts. 406 a 497, CPP) realmente não há previsão específica da possibilidade de absolvição sumária depois da resposta à acusação, tal como previsto no art. 397. No entanto, há quem entenda que este último dispositivo deve ser aplicado ao rito do Júri. E há margem para tal entendimento. Apesar de o § 3º do art. 394 afirmar que, nos processos de competência do Tribunal do Júri, o procedimento observará as disposições estabelecidas nos arts. 406 a 497 do Código, o § 4º diz que as disposições dos arts. 395 a 398 aplicam-se a todos os procedimentos penais de primeiro grau, não excetuando o Júri. Portanto, a alternativa foi considerada incorreta, numa interpretação restrita do

CPP. Em nosso entender, deve ser aplicado o art. 397 ao procedimento do Júri.

Alternativa "D": de fato, o art. 420, parágrafo único, do CPP permite que o acusado solto que não for encontrado poderá ser intimado da decisão de pronúncia por edital. Então, quando da realização do julgamento, deverá ser tentada a intimação pessoal, que não pode ser dispensada. Somente se não encontrado novamente o acusado é que poderá ser determinada a intimação por edital, daí porque a alternativa foi considerada errada. Há entendimento, que cremos minoritário, de que o julgamento somente poderá ser realizado se houver intimação pessoal. Discordamos, já que o art. 457, *caput*, diz que o julgamento não será adiado pelo não comparecimento do acusado solto, do assistente ou do advogado do querelante, que tiver sido regularmente intimado. Desde que tenha sido tentada a intimação pessoal, é perfeitamente regular a intimação por edital.

Alternativa "E": a competência para decisão de pedido de desaforamento é do Tribunal de Justiça (ou Tribunal Regional Federal), conforme deixa claro o art. 427 do CPP.

---

257. (Delegado de Polícia - PA/ 2009 - MOVENS) Antônio, com intenção homicida, desfechou dois tiros de pistola em Bruno, na cidade de Altamira-PA. Gravemente ferido, Bruno foi levado para Belém, onde foi internado em unidade hospitalar com melhor estrutura que aquela do município onde ocorreram os disparos. Apesar do esforço dos integrantes da equipe médica, Bruno veio a falecer seis meses após o fato, em consequência dos ferimentos provocados pela arma de Antônio.

Considerando essa situação hipotética, assinale a opção correta.

a) A competência para processar e julgar o delito é do tribunal do júri de Belém-PA, pois o Código de Processo Penal, em relação ao lugar do crime, adotou a teoria do resultado.

b) Na instrução preliminar do júri, o juiz, ao receber a denúncia ou a queixa, deverá ordenar a citação do acusado para responder à acusação, por escrito, no prazo de dez dias.

c) No procedimento do júri, a acusação deverá arrolar testemunhas na denúncia, até o máximo de cinco.

d) Nessa situação, a competência para processar e julgar o delito será determinada pela prevenção, ou seja, a autoridade judicial que primeiro tomar conhecimento do fato delituoso será competente para dar início à persecução criminal.

COMENTÁRIOS

Alternativa correta: letra "B": é o que determina o art. 406, *caput*, do CPP.

Alternativa "A" (responde, também, a alternativa "D"): cuidado: o art. 70 do CPP diz que a competência será, de regra, determinada pelo lugar em que se consumar a infração, ou, no caso de tentativa, pelo lugar em que for praticado o último ato de execução. Assim, pode parecer que, no caso do homicídio, a competência seria de Belém, ou seja, local da morte da vítima – e, portanto, da consumação do crime. No entanto, é pacífico o entendimento de que, no caso do homicídio, a competência é do local onde ocorreu a conduta, não o resultado. Nesse sentido, decisão do STJ, que sintetiza a discussão a respeito do tema: "(...) 1. Segundo o disposto no inciso I do art. 69 do Código de Processo Penal, tem-se como regra para a determinação da competência jurisdicional o lugar da infração penal, sendo o que se denomina de competência ratione loci, visto ser o local que presumivelmente é tido como o que permite uma natural fluidez na produção probatória em juízo, razão pela qual deve o agente ser aí punido. 2. A competência para o processamento e julgamento da causa, em regra, é firmada pelo foro do local em que ocorreu a consumação do delito (*locus delicti commissi*), com a reunião de todos os elementos típicos, ou, no caso de tentativa, pelo lugar em que for praticado o último ato de execução. Adotou-se a teoria do resultado. (Art. 70, caput, do CPP). 3. No caso concreto, aplicando-se simplesmente o art. 70 do Código de Processo Penal, teríamos como Juízo competente o da comarca de Nazaré Paulista/SP, onde veio a falecer a vítima. 4. O princípio que rege a fixação de competência é de interesse público, objetivando alcançar não só a sentença formalmente legal, mas, principalmente, justa, de maneira que a norma prevista no caput do art. 70 do Código de Processo Penal não pode ser interpretada de forma absoluta. 5. Partindo-se de uma interpretação teleológica da norma processual penal, em caso de crimes dolosos contra a vida, a doutrina, secundada pela jurisprudência, tem admitido exceções nas hipóteses em que o resultado morte ocorrer em lugar diverso daquele onde se iniciaram os atos executórios, ao determinar que a competência poderá ser do local onde os atos foram inicialmente praticados. 6. O motivo que levou o legislador a estabelecer como competente o local da consumação do delito foi, certamente, o de facilitar a apuração dos fatos e a produção de provas, bem como o de garantir que o processo possa atingir à sua finalidade primordial, qual seja, a busca da verdade real. 7. Embora, no caso concreto, os atos executórios do crime de homicídio tenham se iniciado na comarca de Guarulhos/SP, local em que houve, em tese, os disparos de arma de fogo contra a vítima, e não obstante tenha se apurado que a causa efetiva da sua morte foi asfixia por afogamento, a qual ocorreu em represa localizada na comarca de Nazaré Paulista/SP, tem-se que, sem dúvidas, o lugar que mais atende às finalidades almejadas pelo legislador ao fixar a competência de foro é o do local em que foram iniciados os atos executórios, o Juízo de Guarulhos/SP, portanto. 8. O local onde o delito repercutiu, primeira e primordialmente, de modo mais intenso deve ser considerado para fins de fixação da competência. (...)" (HC 196.458-SP, Rel. Min. Sebastião Reis Júnior, j. 06.12.2011).

Alternativa "C": na denúncia, pode o Ministério Público arrolar até o máximo de 8 testemunhas (art. 406, § 2º, CPP), entendendo a jurisprudência que tal número se conta por fato criminoso imputado.

258. (Delegado de Polícia – RN/ 2008 – CESPE) Com base nas recentes alterações legislativas levadas a efeito no rito do tribunal do júri, julgue os itens subsequentes.

I. Deve o juiz, ao citar o denunciado, determinar que este apresente resposta escrita à acusação. Se o réu, citado, não apresentá-la, deverá o magistrado nomear defensor para que o faça, concedendo-lhe vista dos autos.

II. Atualmente, a audiência deve ser una, como regra, sendo o interrogatório o último ato da instrução.

III. Da decisão de pronúncia será cabível o recurso em sentido estrito, já para a impronúncia e para a absolvição sumária recorre-se mediante apelação.

IV. Com a nova sistemática do rito do júri, após preclusa a decisão de pronúncia, não é mais necessária a apresentação da acusação de forma articulada (libelo).

V. Atualmente, os apartes já fazem parte da legislação codificada, cabendo ao juiz presidente regulamentá-los durante os debates.

A quantidade de itens certos é igual a

a) 1.
b) 2.
c) 3.
d) 4.
e) 5.

COMENTÁRIOS

✪ **Nota do autor:** as alterações legislativas mencionadas são decorrência da Lei 11.689/2011.

Alternativa correta: letra "E": todos os itens estão certos.

Item I: certo. É exatamente o que preveem os arts. 406 e 408 do CPP. O prazo para apresentação da resposta à acusação é de 10 dias.

Item II: certo. Essa foi uma das mais marcantes modificações havidas no rito do Júri. Antes, eram marcadas três audiências para a realização da primeira fase do procedimento do Júri (ou seja, a fase anterior ao julgamento pelo Tribunal do Júri e que serve justamente para que o juiz verifique estarem presentes os requisitos para tal julgamento): uma para o interrogatório, outra para oitiva das pessoas arroladas pela acusação e outra para aquelas arroladas pela defesa. Agora, diz o art. 411, *caput*, do CPP que na audiência de instrução, proceder-se-á à tomada de declarações do ofendido, se possível, à inquirição das testemunhas arroladas pela acusação e pela defesa, nesta ordem, bem como aos esclarecimentos dos peritos, às acareações e ao reconhecimento de pessoas e coisas, interrogando-se, em seguida, o acusado e procedendo-se o debate. E, para não deixar qualquer dúvida, o § 2º dispõe que as provas serão produzidas em uma só audiência, podendo o juiz indeferir as consideradas irrelevantes, impertinentes ou protelatórias.

Item III: certo. Trata-se de outra modificação ocorrida em 2008. Antes, somente era cabível recurso em sentido estrito. Agora, cabe tal recurso apenas contra a decisão de pronúncia (art. 581, IV, CPP), enquanto que contra a absolvição sumária e a impronúncia deve ser interposta apelação (art. 416)..

Item IV: certo. Realmente, foi extinto o libelo. Agora, resta apenas a fase do art. 422 do CPP, em que as partes podem formular requerimentos e arrolar as pessoas que desejam ouvir em Plenário.

Item V: certo. O legislador houve por bem incluir os apartes, verdadeira praxe existente no Júri há longo tempo. Diz o art. 497, XII, do CPP que cabe ao juiz-presidente regulamentar, durante os debates, a intervenção de uma das partes, quando a outra estiver com a palavra, podendo conceder até 3 minutos para cada aparte requerido, que serão acrescidos ao tempo desta última.

259. (Delegado de Polícia – SC/ 2008 – ACADEPOL) O veredicto do Tribunal do Júri enquadrou o réu "Antares" como incurso no art. 121, § 2º, inciso II, do Código Penal (homicídio qualificado pelo motivo fútil).

Para chegar a esta conclusão, os jurados fizeram a avaliação da prova pelo sistema:

a) do livre arbítrio do juiz.
b) do livre convencimento ou da persuasão racional do juiz.
c) da identidade física do juiz com o réu.
d) da íntima convicção ou da certeza moral do juiz.

COMENTÁRIOS

Alternativa correta: letra "D": o jurado decide através de voto secreto, não justificado, não fundamentado, consistindo apenas em uma resposta "sim" ou "não", a quesito formulado pelo juiz-presidente do Tribunal do Júri. Assim, o conselho de sentença pode decidir como bem entender, ou seja, com base em tudo que lhe for exibido em plenário, nos argumentos das partes etc., já que a decisão é sigilosa, e desprovida de fundamentação. O jurado decide de acordo com a sua consciência e os ditames da justiça, em resumo.

Alternativa "A": o livre arbítrio não é conceito aplicável às decisões no processo penal. O juiz, os jurados, o promotor, o advogado, todos, enfim, segundo determinadas correntes filosóficas ou religiosas, possuem livre-arbítrio, o que não guarda relação com o sistema utilizado em nosso ordenamento para que o jurado tome sua decisão sobre o processo que está a julgar. Nesse caso, a expressão correta é "livre convencimento".

Alternativa "B": este é o princípio adotado em nosso CPP, fora dos casos do Júri. Com efeito, o art. 155 dispõe: "O juiz formará sua convicção pela livre apreciação da prova produzida em contraditório judicial, não podendo fundamentar sua decisão exclusivamente nos elementos informativos colhidos na investigação, ressalvadas as provas cautelares, não repetíveis e antecipadas". Com isso, pretende afastar a já superada ideia de "prova legal", ou seja, a determinação apriorística, pelo legislador, do valor de determinadas provas (prova tarifada). O único resquício encontra-se no parágrafo único do mesmo art. 155, que estipula: "Somente quanto ao estado das pessoas serão observadas as restrições estabelecidas na lei civil". Assim, o princípio do livre convencimento do juiz é o adotado em nosso ordenamento processual penal, mas exigindo racionalidade na apreciação da prova, a partir de regras sobre a admissibilidade. Assim, se tem o juiz liberdade de avaliação das provas introduzidas no processo, por outro lado há controles prévios de racionalidade, que operam no momento da admissão da prova. Por isso, a regra do art. 155 deixa claro que o juiz somente poderá valorar as provas produzidas em contraditório, ressalvadas "as provas cautelares, não repetíveis e antecipadas".

Alternativa "C": o princípio da identidade física do juiz não diz respeito ao mecanismo de decisão, mas simplesmente é uma regra que obriga o juiz a sentenciar o caso, se ele presidiu a instrução do processo (art. 399, § 2º, CPP: "O juiz que presidiu a instrução deverá proferir a sentença").

---

260. (Delegado de Polícia – PB/ 2008 – CESPE) Acerca do procedimento relativo aos processos da competência do tribunal do júri, assinale a opção correta.

a) Após o trânsito em julgado da sentença de pronúncia, é dada vista dos autos ao órgão do MP, pelo prazo de cinco dias, para oferecimento do libelo crime acusatório.

b) A intimação da sentença de pronúncia, em caso de crime inafiançável, é necessariamente pessoal, não prosseguindo o processo até que o réu seja intimado da sentença de pronúncia, caso em que ocorre a chamada crise de instância.

c) Ainda que preclusa a decisão de pronúncia, havendo circunstância superveniente que altere a classificação do crime, o juiz deve ordenar a remessa dos autos ao MP.

d) O desaforamento ocorre necessariamente para a comarca mais próxima, onde inexistem os motivos ensejadores do pedido.

e) O julgamento é adiado pelo não comparecimento de acusado solto, ainda que regularmente intimado e sem que tenha dado justificativa.

COMENTÁRIOS

Alternativa correta: letra "C": isso significa que a acusação pode ser alterada, mesmo depois de preclusa a pronúncia, mas antes, evidentemente, de ter sido o acusado julgado. É o que prevê o § 1º do art. 421 do CPP. Assim, se a acusação for de tentativa de homicídio e, depois da pronúncia, a vítima vier a falecer em razão daquela conduta tratada no processo, poderá o Ministério Público aditar a acusação, o mesmo fazendo o juiz quanto à pronúncia, caso considere existente o nexo causal entre a conduta e o resultado morte.

Alternativa "A": desde a reforma dos procedimentos ocorrida em 2008 não mais existe o libelo. Agora, de acordo com o art. 422 do CPP, após a preclusão da decisão de pronúncia, ao receber os autos, o presidente do Tribunal do Júri determinará a intimação do órgão do Ministério Público ou do querelante, no caso de queixa, e do defensor, para, no prazo de 5 dias, apresentarem rol de testemunhas que irão depor em plenário, até o máximo de 5, oportunidade em que poderão juntar documentos e requerer diligência.

Alternativa "B": esse era o procedimento adotado até 2008, ou seja, o processo simplesmente permanecia suspenso até que o acusado fosse encontrado para ser intimado da pronúncia em caso, por exemplo, de homicídio. Agora, o acusado poderá ser intimado da pronúncia por edital e o feito prosseguirá (art. 420, parágrafo único, CPP).

Alternativa "D": o desaforamento poderá ser requerido pelo Ministério Público, pelo Assistente de Acusação, pelo querelante, pelo acusado e pelo próprio juiz, devendo ser decidido pelo Tribunal – geralmente, o Tribunal de Justiça. Os motivos: interesse da ordem pública ou dúvida sobre a imparcialidade do júri ou mesmo a segurança pessoal do acusado. Também é possível o desaforamento, em razão da demora para a realização do julgamento. Assim, o Tribunal pode determinar o desaforamento do julgamento para outra comarca da mesma região, preferindo-se as mais próximas (ou seja, não é obrigatória a transferência para as mais próximas), desde que, obviamente, os mesmos motivos que o justificaram não estiverem presentes. É o que se extrai do art. 427 do CPP.

Alternativa "E": se o acusado, solto, não comparecer e nem justificar sua ausência, o julgamento não será adiado, pois poderá ser realizado sem sua presença. Se preso, deverá ser levado para o julgamento, mas, caso queira e assim expresse, também poderá deixar de comparecer (art. 457, *caput*, e § 2º, CPP).

10.4. PROCEDIMENTOS ESPECIAIS DO CPP E LEGISLAÇÃO PROCESSUAL ESPECIAL

- CPP, arts. 513 a 530-I
- Decreto-lei 1002/1969 (CPPM)
- Lei 1.521/1951
- Lei 4.737/1965
- Lei 4.898/1965
- Lei 8.069/1990
- Lei 9.296/1996
- Lei 9.455/1997
- Lei 9.503/1997
- Lei 9.605/1998
- Lei 9.609/1998
- Lei 9.613/1998
- Lei 9.807/1999
- Lei 10.741/2003
- Lei 11.101/2005
- Lei 11.340/2006
- Lei 11.343/2006
- Lei 12.850/2013

261. (Vunesp – Delegado de Polícia – PC – BA/2018) A retratação da representação, de acordo com o art. 25 do CPP e do art. 16 da Lei nº 11.340/06 (Lei Maria da Penha), respectivamente,

a) é admitida até o recebimento da denúncia; não é admitida.
b) é admitida até o recebimento da denúncia; só será admitida perante o juiz, antes do recebimento da denúncia.
c) é inadmitida; só será admitida perante o juiz, antes do recebimento da denúncia.
d) é inadmitida depois de oferecida a denúncia; não é admitida.
e) é inadmitida depois de oferecida a denúncia; só será admitida perante o juiz, antes do recebimento da denúncia.

COMENTÁRIOS

De acordo com a sistemática do art. 25 do CPP, a representação é retratável até o oferecimento da denúncia; na sistemática do art. 16 da Lei Maria da Penha, a retratação é possível mesmo depois de oferecida a denúncia, mas antes de seu recebimento, desde que seja feita em audiência judicial, designada especificamente para essa finalidade.

Alternativa correta: letra "e".

262. (Vunesp – Delegado de Polícia – PC – SP/2018) É correto afirmar a respeito do crime de disparo de arma de fogo, previsto na Lei nº 10.826/2003 (Estatuto do Desarmamento), que

a) é inafiançável, de perigo abstrato e que não admite a suspensão condicional do processo.
b) se trata de crime comum, de perigo abstrato e que não admite a suspensão condicional do processo.
c) se trata de crime próprio, afiançável e que admite a suspensão condicional do processo.
d) não admite a suspensão condicional do processo, é afiançável e trata-se de crime de mão-própria.
e) é inafiançável, de perigo concreto e que admite a suspensão condicional do processo.

COMENTÁRIOS

Alternativa "a": o crime de disparo de arma de fogo é de perigo abstrato, não cabendo a aplicação da suspensão condicional do processo, pois a pena mínima, de dois anos de reclusão, é superior ao patamar estabelecido pelo art. 89 da Lei 9.099. Porém, é afiançável, pois, no parágrafo único do art. 15, da Lei 10.826 foi considerado inconstitucional pela ADIN 3.112.

Alternativa "b": realmente se trata de crime de perigo abstrato, comum, e que não comporta a suspensão condicional do processo.

Alternativa "c": vide comentários acima.

Alternativa "d": não se trata de crime de mão própria.

Alternativa "e": como visto, é afiançável e de perigo abstrato.

Alternativa correta: letra "b".

263. (Fumarc – Delegado de Polícia – PC – MG/2018) Considerando exclusivamente o disposto na Lei n° 11.343/06 acerca do procedimento de destruição de drogas apreendidas no curso de investigações, é CORRETO afirmar:

a) Nos termos da Lei n° 11.343/06, a destruição de drogas apreendidas sem a ocorrência de prisão em flagrante será feita por incineração, no prazo máximo de 30 (trinta) dias contados da data da determinação judicial.
b) Na hipótese de ocorrência de prisão em flagrante, a Lei n° 11.343/06 estabelece que a destruição das drogas apreendidas será executada pelo delegado de polícia competente, no prazo de 15 (quinze) dias, na presença do Ministério Público e da autoridade sanitária, levando em consideração a necessária determinação judicial para a destruição.
c) Na hipótese de ocorrência de prisão em flagrante, a Lei n° 11.343/06 estabelece que a destruição das drogas será executada pelo delegado de polícia competente, no prazo de 15 (quinze) dias, sem necessidade de presença do Ministério Público e da autoridade sanitária, guardando-se amostra necessária à realização do laudo definitivo.
d) A destruição de drogas apreendidas sem a ocorrência de prisão em flagrante será feita por incineração, no prazo máximo de 15 (quinze) dias, contados da data da apreensão, guardando-se amostra necessária à realização do laudo definitivo.

COMENTÁRIOS

Em caso de flagrante, a destruição das drogas será executada pelo delegado de polícia competente no prazo de 15 dias na presença do Ministério Público e da autoridade sanitária (art. 50, § 4º, Lei 11.343). Porém, a destruição de drogas apreendidas sem a ocorrência de prisão em flagrante será feita por incineração, no prazo máximo de 30 dias contado da data da apreensão, guardando-se amostra necessária à realização do laudo definitivo (art. 50-A).

Alternativa correta: letra "b".

264. (Fumarc – Delegado de Polícia – PC – MG/2018) Sobre a ação controlada prevista na Lei 12.850/13, é CORRETO afirmar:

a) A intervenção policial ou administrativa poderá ser postergada sem que exista prévia comunicação ao juízo competente.
b) Consiste na imediata intervenção policial ou administrativa relativa à ação praticada no âmbito de organização criminosa ou a esta vinculada.
c) Mesmo que envolva a transposição de fronteiras, não haverá necessidade de cooperação do país tido como provável destino do investigado.
d) Poderá ter seus limites definidos pelo juiz competente.

COMENTÁRIOS

Alternativa "a": o § 1º do art. 8º da Lei 12.850/2013 exige prévia comunicação ao juiz.

Alternativa "b": ao contrário, trata-se de postergar a atuação policial, para momento mais oportuno, visando uma eficaz coleta de prova.

Alternativa "c": segundo o art. 9º da Lei 12.850, se a ação controlada envolver transposição de fronteiras, o retardamento da intervenção policial ou administrativa somente poderá ocorrer com a cooperação das autoridades dos países que figurem como provável itinerário ou destino do investigado, de modo a reduzir os riscos de fuga e extravio do produto, objeto, instrumento ou proveito do crime.

Alternativa "d": poderá o juiz fazer tal limitação, razão pela qual deve ser previamente comunicado pela polícia.

Alternativa correta: letra "d".

---

265. (Fumarc – Delegado de Polícia – PC – MG/2018) Em matéria de colaboração premiada, prevista na Lei 12.850/13, é CORRETO afirmar:

a) A ação penal poderá deixar de ser proposta temporariamente contra o colaborador até o cumprimento das medidas de colaboração.

b) A homologação do acordo de colaboração premiada independe de efetividade das informações repassadas pelo colaborador.

c) O acordo de colaboração deixa de ser sigiloso assim que oferecida a denúncia.

d) O Ministério Público não poderá dispor da ação penal caso o colaborador não seja o líder da organização e seja o primeiro a prestar efetiva colaboração.

COMENTÁRIOS

Alternativa "a": segundo o § 3º do art. 4º da Lei 12.850, o prazo para oferecimento de denúncia ou o processo, relativos ao colaborador, poderá ser suspenso por até 6 meses, prorrogáveis por igual período, até que sejam cumpridas as medidas de colaboração, suspendendo-se o respectivo prazo prescricional.

Alternativa "b": ao contrário, a efetividade das informações prestadas serão essenciais, tanto que deverá ser analisada na sentença, a fim de que o juiz possa premiar o colaborador.

Alternativa "c": o acordo deixa de ser sigiloso assim que recebida a denúncia e não simplesmente depois de oferecida.

Alternativa "d": trata-se de verdadeira imunidade que a Lei 12.850 autoriza que seja dada pelo Ministério Público se o colaborador não for o líder da organização criminosa e tiver sido o primeiro a colaborar.

Alternativa correta: letra "a".

---

266. (Fumarc – Delegado de Polícia – PC – MG/2018) Em relação aos aspectos processuais da lei de lavagem de dinheiro (Lei 9.613/98), pode-se afirmar:

a) A alienação de bens objeto de medidas assecuratórias depende da existência de trânsito em julgado de sentença condenatória.

b) A competência para o julgamento do delito de lavagem de dinheiro será da justiça federal.

c) A denúncia deverá ser instruída com indícios suficientes da existência de infração penal antecedente.

d) A persecução penal em juízo depende da comprovação, mediante sentença condenatória, de infrações penais antecedentes.

COMENTÁRIOS

Alternativa "a": não há necessidade do trânsito em julgado para a alienação dos bens sequestrados, apreendidos etc., havendo autorização legal para a alienação antecipada (art. 4º-A, Lei 9.613).

Alternativa "b": a competência será da Justiça Federal somente se praticado contra o sistema financeiro e a ordem econômico-financeira, ou em detrimento de bens, serviços ou interesses da União, ou de suas entidades autárquicas ou empresas públicas; ou quando a infração penal antecedente for de competência da Justiça Federal (art. 2º, III, Lei 9.613).

Alternativa "c": bastam os indícios da infração penal antecedente, não havendo necessidade de prova conclusiva ou de condenação por tais crimes.

Alternativa "d": vide comentário acima.

Alternativa correta: letra "c".

---

267. (IBADE – Delegado de Polícia – AC/2017) Em todos os casos de violência doméstica e familiar contra a mulher, feito o registro da ocorrência, deverá a autoridade policial adotar, de imediato, os seguintes procedimentos, sem prejuízo de outros previstos no Código de Processo Penal:

I. ouvir a ofendida, lavrar o boletim de ocorrência e tomar a representação a termo, se apresentada.

II. determinar que se proceda ao exame de corpo de delito da ofendida e requisitar outros exames periciais necessários.

III. remeter, no prazo de 72 (setenta e duas) horas, expediente apartado ao juiz com o pedido da ofendida, para a concessão de medidas protetivas de urgência.

IV. ouvir o agressor e as testemunhas. Caso entenda desnecessária a oitiva do agressor, poderá o Delegado dispensá-lo ouvindo apenas a vítima e as testemunhas.

Está correto o que se afirma apenas em:

a) II e III.

b) II e IV.

c) I e III.

d) I e II.

e) III e IV.

COMENTÁRIOS

Alternativa correta: letra "D": estão certos os Itens I e II.

Item I: certo. É o que prevê o art. 12, I, da Lei 11.340/2006.

Item II: certo. É o que prevê o art. 12, IV, da Lei Maria da Penha.

Item III: errado. O prazo é de 48 horas (art. 12, III, Lei 11.340).

Item IV: errado. Deve o agressor ser ouvido, não havendo a previsão da dispensa.

268. (FUNCAB – Delegado de Polícia – PA/2016) Analise as afirmativas a seguir.

I. Em razão da decisão do STF a ação penal no crime de lesão corporal, ainda que leve, no âmbito da violência doméstica contra a mulher, é pública incondicionada, não sendo possível a retratação em sede policial. Não obstante, nos demais crimes de ação penal pública condicionada, como a ameaça no âmbito da violência doméstica, é admissível a renúncia ou retratação da representação pela mulher perante a autoridade policial.

II. No atendimento à mulher em situação de violência doméstica a autoridade policial deverá garantir à vítima proteção policial quando necessário, bem como fornecer transporte para a ofendida para abrigo ou local seguro.

III. Por força da inviolabilidade constitucional do domicílio e dos demais princípios que asseguram um processo penal garantista, a autoridade policial não poderá acompanhar a ofendida para assegurar a retirada de seus pertences do domicílio familiar.

Está correto apenas o que se afirma em:

a) II e III.

b) II.

c) I.

d) III.

e) I e II.

COMENTÁRIOS

Alternativa correta: letra "B": apenas a Afirmativa II está certa.

Afirmativa I: errado. O erro da alternativa está em dizer ser possível a retratação da representação perante a autoridade policial. Na verdade, a Lei Maria da Penha permite a retratação – que chama de renúncia –, mas desde que seja realizada em audiência judicial designada especialmente para tal finalidade. Nesse caso, a retratação pode ocorrer mesmo depois de oferecida a denúncia, mas antes de seu recebimento. Essa regra é diferente daquela constante do CPP, que admite a retratação até o oferecimento da inicial acusatória.

Afirmativa II: certo. São medidas previstas nos incisos I e III do art. 11 da Lei 11.340/2006.

Afirmativa III: errado. Ao contrário, o acompanhamento está previsto no art. 11, IV, da Lei Maria da Penha.

269. (Cespe – Delegado de Polícia – PE/2016) Godofredo tem a obrigação legal de cuidar de determinado idoso, mas o abandonou em um hospital – conduta prevista no art. 98, do Estatuto do Idoso, com pena de detenção de seis meses a três anos e multa. Paulo negou trabalho a um idoso, com a justificativa de que o pretendente ao emprego encontrava-se em idade avançada – conduta enquadrada no art. 100, II, do Estatuto do Idoso, com pena de reclusão de seis meses a um ano e multa.

Nessas situações, as medidas despenalizadoras, previstas na Lei nº 9.099/1995 (lei dos juizados especiais),

a) poderão beneficiar ambos os acusados, desde que haja anuência das vítimas.

b) poderão beneficiar Paulo, com a transação penal, ao passo que Godofredo, com a suspensão condicional do processo.

c) não poderão beneficiar Godofredo nem Paulo.

d) poderão beneficiar apenas Godofredo.

e) poderão beneficiar apenas Paulo.

COMENTÁRIOS

✪ **Nota do autor:** o Estatuto do Idoso foi trazido pela Lei 10.741/2003.

Alternativa correta: letra "B"(responde também todas as demais alternativas): o art. 94 do Estatuto permite a aplicação da Lei 9.099/1995 mesmo quando a pena máxima cominada chegue a até 4 anos de privação de liberdade. Porém, o STF deu a tal regra interpretação conforme a Constituição na ADIN 3.096-DF (Rel. Min. Cármen Lúcia, j. 16.06.2010): "(...) Art. 94 da Lei nº 10.741/2003: interpretação conforme à Constituição do Brasil, com redução de texto, para suprimir a expressão "do Código Penal e". Aplicação apenas do procedimento sumaríssimo previsto na Lei nº 9.099/95: benefício do idoso com a celeridade processual. Impossibilidade de aplicação de quaisquer medidas despenalizadoras e de interpretação benéfica ao autor do crime. 3. Ação direta de inconstitucionalidade julgada parcialmente procedente para dar interpretação conforme à Constituição do Brasil, com redução de texto, ao art. 94 da Lei nº 10.741/2003". Portanto, aplica-se apenas o procedimento da Lei 9.099/1995, mas não seus institutos despenalizadores, como a transação penal e a suspensão condicional do processo. Assim, quanto aos respectivos patamares de pena que permitem a aplicação da transação penal e a suspensão condicional do processo, deve seguir o Estatuto do Idoso a regra geral da Lei 9.099/1995, não a do art. 94 da Lei 10.741. Apenas o procedimento sumaríssimo será seguido, ainda que a pena máxima seja superior a 2 anos, mas desde que não ultrapasse 4 anos. Diante disso, pode-se concluir que Paulo poderá ser beneficiado pela transação penal, pois o crime cometido encontra-se dentro do patamar das infrações penais de menor potencial ofensivo (pena máxima não superior a 2 anos); e Godofredo poderá ser beneficiado apenas com a suspensão condicional do processo, pois a pena mínima insere-se no requisito do art. 89 da Lei 9.099.

270. (Cespe – Delegado de Polícia – PE/2016) Sebastião, Júlia, Caio e Marcela foram indiciados por, supostamente, terem se organizado para cometer crimes contra o Sistema Financeiro Nacional. No curso do inquérito, Sebastião e Júlia, sucessivamente com intervalo de quinze dias, fizeram acordo de colaboração premiada.

Nessa situação hipotética, no que se refere à colaboração premiada,

a) nos depoimentos que prestarem, Sebastião e Júlia terão direito ao silêncio e à presença de seus defensores.
b) o MP poderá não oferecer denúncia contra Sebastião, caso ele não seja o líder da organização criminosa.
c) o MP poderá não oferecer denúncia contra Júlia, ainda que a delação de Sebastião tenha sido a primeira a prestar efetiva colaboração.
d) Sebastião e Júlia poderão ter o benefício do perdão judicial, independentemente do fato de as colaborações terem ocorrido depois de sentença judicial.
e) o prazo para o oferecimento da denúncia em relação aos delatores poderá ser suspenso pelo período, improrrogável, de até seis meses.

COMENTÁRIOS

✪ **Nota do autor:** a conduta em questão enquadra-se no crime do art. 2º da Lei 12.850/2013, presumindo-se presente os demais requisitos do art. 1º, § 1º, da mesma lei: "Considera-se organização criminosa a associação de 4 (quatro) ou mais pessoas estruturalmente ordenada e caracterizada pela divisão de tarefas, ainda que informalmente, com objetivo de obter, direta ou indiretamente, vantagem de qualquer natureza, mediante a prática de infrações penais cujas penas máximas sejam superiores a 4 (quatro) anos, ou que sejam de caráter transnacional". Tal lei permite a colaboração premiada e é a que melhor a regula em nosso ordenamento. Segundo o art. 4º, o juiz poderá, a requerimento das partes, conceder o perdão judicial, reduzir em até 2/3 a pena privativa de liberdade ou substituí-la por restritiva de direitos daquele que tenha colaborado efetiva e voluntariamente com a investigação e com o processo criminal, desde que dessa colaboração advenha um ou mais dos seguintes resultados: (i) a identificação dos demais coautores e partícipes da organização criminosa e das infrações penais por eles praticadas; (ii) a revelação da estrutura hierárquica e da divisão de tarefas da organização criminosa; (iii) a prevenção de infrações penais decorrentes das atividades da organização criminosa; (iv) a recuperação total ou parcial do produto ou do proveito das infrações penais praticadas pela organização criminosa; (v) a localização de eventual vítima com a sua integridade física preservada. Em qualquer caso, a concessão do benefício levará em conta a personalidade do colaborador, a natureza, as circunstâncias, a gravidade e a repercussão social do fato criminoso e a eficácia da colaboração.

Alternativa correta: letra "B" (responde também a alternativa "C"): o § 4º do art. 4º da Lei 12.850 trouxe nítida exceção ao princípio da obrigatoriedade da ação penal, permitindo que o Ministério Público deixe de oferecer denúncia se o imputado não for o líder da organização e tiver sido o primeiro a prestar efetiva colaboração.

Alternativa "A": esse aspecto da colaboração premiada é importante: nos depoimentos que prestar, o colaborador renunciará, na presença de seu defensor, ao direito ao silêncio e estará sujeito ao compromisso legal de dizer a verdade (art. 4º, § 14, Lei 12.850/2013).

Alternativa "D": não é possível o perdão judicial nessa hipótese, já que, se a colaboração for posterior à sentença, a pena somente poderá ser reduzida até a metade ou será admitida a progressão de regime ainda que ausentes os requisitos objetivos.

Alternativa "E": o prazo para oferecimento de denúncia ou o processo, relativos ao colaborador, poderá ser suspenso por até 6 meses, prorrogáveis por igual período, até que sejam cumpridas as medidas de colaboração, suspendendo-se o respectivo prazo prescricional (art. 4º, § 3º, Lei 12.850/2013).

271. (Vunesp – Delegado de Polícia – CE/2015) Assinale alternativa que contempla todas as hipóteses de decretação de interceptação telefônica (art. 3º, Lei nº 9.296/96).

a) Pelo juiz, a requerimento da autoridade policial, na investigação criminal; ou pelo juiz, a requerimento do representante do Ministério Público, na investigação criminal e na instrução processual penal.
b) Pelo juiz, a requerimento da autoridade policial, na investigação criminal; ou a requerimento do representante do Ministério Público ou da autoridade policial, na instrução processual penal.
c) Pelo juiz, a requerimento da autoridade policial, na investigação criminal; ou a requerimento do representante do Ministério Público, na investigação criminal e na instrução processual penal.
d) Pelo juiz, de ofício, ou a requerimento da autoridade policial, na investigação criminal; ou a requerimento do representante do Ministério Público ou da autoridade policial, na instrução processual penal.
e) Pelo juiz, de ofício, ou a requerimento da autoridade policial, na investigação criminal; ou a requerimento do representante do Ministério Público, na investigação criminal e na instrução processual penal.

COMENTÁRIOS

Alternativa correta: letra "E": aqui, repete-se os termos do art. 3º da Lei 9.296/1996. A nosso ver, não pode o juiz determinar, de ofício, na fase de investigação, a interceptação telefônica. Trata-se de meio de investigação de prova, não sendo papel do juiz meter-se na investigação. Portanto, para nós, a parte da lei que determina a decisão de ofício, na fase policial, é inconstitucional, pois fere o princípio acusatório.

Alternativa "A": o Ministério Público também pode requerer a interceptação na fase de investigação, não é só a autoridade policial.

Alternativa "B": o delegado não pode pedir a interceptação na fase judicial. Cabe apenas ao Ministério Público fazê-lo.

Alternativa "C": a alternativa não menciona a possibilidade de decisão de ofício pelo juiz.

Alternativa "D": como visto, o delegado não pode requerer a interceptação na fase judicial.

---

272. (FUNIVERSA – Delegado de Polícia – DF/2015) A respeito do tráfico ilícito de drogas e do uso indevido de substância entorpecente, assinale a alternativa correta à luz da lei que rege a matéria.

a) A lavratura do auto de prisão em flagrante do autor de crime de tráfico e o estabelecimento da materialidade do delito prescindem de laudo de constatação da natureza e da quantidade da droga.

b) É cabível a prisão em flagrante do usuário de substância entorpecente, havendo, ou não, concurso de crime com o delito de tráfico ilícito de entorpecentes.

c) É vedado à autoridade policial, ao encerrar inquérito relativo a crime de tráfico, indicar a quantidade e a natureza da substância ou do produto apreendido.

d) O inquérito policial relativo ao crime de tráfico de substância entorpecente será concluído no prazo de trinta dias se o indiciado estiver preso e, no de noventa dias, se estiver solto.

e) A destruição das drogas apreendidas somente poderá ser executada pelo juiz de direito ou pela pessoa indicada pelo respectivo tribunal, vedando-se tal conduta ao delegado de polícia.

COMENTÁRIOS

Alternativa correta: letra "D": é o que dispõe o art. 51 da Lei 11.343/2006.

Alternativa "A": segundo o § 1º do art. 50 da Lei 11.343, para efeito da lavratura do auto de prisão em flagrante e estabelecimento da materialidade do delito, é suficiente o laudo de constatação da natureza e quantidade da droga, firmado por perito oficial ou, na falta deste, por pessoa idônea.

Alternativa "B": aquele que for flagrado apenas pelo crime de posse de droga para consumo próprio jamais poderá ser preso, vez que não há previsão de pena privativa de liberdade, sendo desproporcional qualquer prisão cautelar. Ademais, deve-se aplicar o regime da Lei 9.099/1995, que também restringe a possibilidade de prisão em flagrante.

Alternativa "C": o art. 52, I, da Lei 11.343 diz que, ao relatar o inquérito, a autoridade policial relatará sumariamente as circunstâncias do fato, justificando as razões que a levaram à classificação do delito, indicando a quantidade e natureza da substância ou do produto apreendido, o local e as condições em que se desenvolveu a ação criminosa, as circunstâncias da prisão, a conduta, a qualificação e os antecedentes do agente.

Alternativa "E": recebida cópia do auto de prisão em flagrante, o juiz, no prazo de 10 dias, certificará a regularidade formal do laudo de constatação e determinará a destruição das drogas apreendidas, guardando-se amostra necessária à realização do laudo definitivo. A destruição das drogas será executada pelo delegado de polícia competente no prazo de 15 dias na presença do Ministério Público e da autoridade sanitária (art. 50, §§ 3º e 4º, Lei 11.343).

---

273. (ACAFE – Delegado de Polícia – SC/2014) De acordo com a legislação em vigor, assinale a alternativa correta.

a) Segundo dispõe a Lei 12.037/09, é recomendado mencionar a identificação criminal do indiciado em atestados de antecedentes ou em informações não destinadas ao juízo criminal, antes do trânsito em julgado da sentença condenatória.

b) Consoante a Lei 12.850/13, considera-se organização criminosa, a associação de 3 (três) ou mais pessoas estruturalmente ordenada e caracterizada pela divisão de tarefas, com objetivo de obter, direta ou indiretamente, vantagem de qualquer natureza, mediante a prática de infrações penais cujas penas máximas sejam superiores a 5 (cinco) anos, ou que sejam de caráter transnacional.

c) Conforme disposto na Lei 12.037/09, a interceptação de comunicação telefônica de qualquer natureza ocorrerá nos mesmos autos do inquérito policial ou do processo criminal, preservando-se o sigilo das diligências, gravações e transcrições respectivas.

d) Na forma da Lei 9.807/99, as medidas de proteção requeridas por vítimas ou por testemunhas de crimes que estejam coagidas ou expostas a grave ameaça em razão de colaborarem com a investigação ou processo criminal serão prestadas pela União, pelos Estados e pelos Municípios, no âmbito das respectivas competências, na forma de programas especiais organizados.

e) São considerados hediondos, na forma da Lei 8.072/84, dentre outros, os crimes de latrocínio, extorsão qualificada pela morte, extorsão mediante sequestro e na forma qualificada, falsificação, corrupção, adulteração ou alteração de produto destinado a fins terapêuticos ou medicinais.

COMENTÁRIOS

Alternativa correta: letra "E": a Lei dos Crimes Hediondos é a Lei 8.072/1990. Falsificação e corrupção não estão no rol legal dos crimes hediondos.

Alternativa "A": é vedado mencionar a identificação criminal do indiciado em atestados de antecedentes ou em informações não destinadas ao juízo criminal, antes do trânsito em julgado da sentença condenatória (art. 6º, Lei 12.037/2009).

Alternativa "B": de acordo com o § 1º do art. 1º da Lei 12.850/2013, considera-se organização criminosa a associação de 4 ou mais pessoas estruturalmente ordenada e caracterizada pela divisão de tarefas, ainda que informalmente, com objetivo de obter, direta ou indiretamente, vantagem de qualquer natureza, mediante a prática de infrações penais cujas penas máximas sejam superiores a 4 anos, ou que sejam de caráter transnacional.

Alternativa "C": a lei que trata das interceptações telefônicas é a Lei 9.296/1996. A interceptação ocorrerá em autos apartados (art. 8º). O sigilo só pode ser oposto à defesa enquanto estiver sendo realizada a interceptação. Depois, o réu e seu defensor têm o direito de conhecer o resultado da medida.

Alternativa "D": tal lei menciona a União, os Estado e o Distrito Federal, apenas (art. 1º).

274. (ACAFE – Delegado de Polícia – SC/2014) Analise as afirmações a seguir e assinale a alternativa correta, observando-se configurar violência doméstica e familiar contra a mulher qualquer ação ou omissão baseada no gênero que lhe cause morte, lesão, sofrimento físico, sexual ou psicológico e dano moral ou patrimonial, que tenha lugar:

I. no âmbito da família, compreendida como a comunidade formada por indivíduos que são ou se consideram aparentados, unidos por laços naturais, por afinidade ou por vontade expressa.
II. em qualquer relação íntima de afeto, na qual o agressor conviva ou tenha convivido com a ofendida, desde que com ela tenha coabitado.
III. no âmbito da unidade doméstica, compreendida como o espaço de convívio permanente de pessoas, com ou sem vínculo familiar, inclusive as esporadicamente agregadas.
IV. no âmbito do trabalho, desde que a ofendida seja empregada doméstica e a violência seja perpetrada na residência onde presta seus serviços.

a) Apenas I, II e IV estão corretas.
b) Apenas II e III estão corretas.
c) Apenas I, III e IV estão corretas.
d) Apenas III e IV estão corretas.
e) Todas as afirmações estão corretas.

COMENTÁRIOS

Alternativa correta: letra "C": estão certas as Afirmações I, III e IV.

Afirmação I: certo. É o que dispõe o art. 5º, II, da Lei 11.340/2006 (Lei Maria da Penha).

Afirmação II: errado. O correto é: em qualquer relação íntima de afeto, na qual o agressor conviva ou tenha convivido com a ofendida, independentemente de coabitação (art. 5º, III, Lei 11.340).

Afirmação III: certo. É a descrição do inciso I do art. 5º da Lei Maria da Penha.

Afirmação IV: certo. Essa hipótese ingressa na definição do inciso I do art. 5º da Lei 11.340: âmbito da unidade doméstica, compreendida como o espaço de convívio permanente de pessoas, com ou sem vínculo familiar, inclusive as esporadicamente agregadas.

275. (Fundação Aroeira – Delegado de Polícia – TO/2014) Conforme o inciso XII, parte final, do art. 5º da Constituição Federal, é inviolável o sigilo da correspondência e das comunicações telegráficas, de dados e das comunicações telefônicas, salvo, no último caso, por ordem judicial, nas hipóteses e na forma que a lei estabelecer para fins de investigação criminal ou instrução processual penal. Acerca das interceptações de comunicações telefônicas, de qualquer natureza, para prova em investigação criminal ou em instrução processual penal, conforme disciplina a Lei nº 9.296/1996,

a) a interceptação da comunicação telefônica, de informática ou telemática, poderá ser determinada pelo juiz, de ofício ou a requerimento da autoridade policial, pelo representante do Ministério Público, na investigação criminal e na instrução processual penal.
b) a interceptação de comunicações telefônicas será admitida, mesmo quando a prova puder ser feita por outros meios disponíveis e o fato investigado constituir infração penal punida com detenção, devendo ser descrita com clareza a situação objeto da investigação, inclusive com a indicação dos investigados.
c) o pedido de interceptação deve ser feito na forma escrita, sendo que o juiz inadmitirá qualquer pedido formulado verbalmente, ainda que estejam presentes os pressupostos que autorizem a interceptação.
d) a realização de interceptação de comunicações telefônicas, ou a quebra de segredo da Justiça, sem autorização judicial ou com objetivos não autorizados em lei, constitui crime punido com detenção.

COMENTÁRIOS

Alternativa correta: letra "A": o art. 3º da Lei 9.296/1996 permite que o juiz determine a interceptação telefônica, de ofício, em qualquer fase da persecução penal, o que é questionado por parte da doutrina, visto que a iniciativa probatória do magistrado, na fase investigatória, feriria o princípio acusatório. Seja como for, a lei prevê tal possibilidade. Além disso, o juiz poderá determinar a interceptação à vista de requerimento do Ministério Público, feito tanto na fase de inquérito quanto na processual, ou à vista de representação da autoridade policial, na fase de investigação.

Alternativa "B": a busca de prova por meio da interceptação telefônica deve ser subsidiária, é dizer, somente deve-se empregar tal meio de investigação se a prova não puder ser obtida por outros meios. Além disso, não se defere a interceptação se o crime investigado for apenado com detenção. Finalmente, a indicação dos investigados deve constar da ordem autorizadora, bem como dos pedidos eventualmente feitos. Porém, a impossibilidade de tal indicação não impede que seja autorizado o meio de investigação aqui tratado. Tudo isso encontra-se disciplinado no art. 2º da Lei 9.296/1996.

Alternativa "C": a lei citada permite que o pedido de interceptação seja apresentado verbalmente, excepcionalmente. Nesse caso, a concessão fica condicionada à redução a termo da solicitação (art. 4º, § 1º).

Alternativa "D": o crime em tela é previsto no art. 10 da Lei 9.296, sendo, contudo, apenado com reclusão, de 2 a 4 anos, e multa.

276. (Fundação Aroeira – Delegado de Polícia – TO/2014) A Lei nº 11.343/2006 institui o Sistema Nacional de Políticas Públicas sobre Drogas, prescreve medidas para prevenção do uso indevido, atenção e reinserção social de usuários e dependentes de drogas, estabelece normas para repressão à produção não autorizada e ao tráfico ilícito de drogas, define crimes e dá outras providências. Considerando os dispositivos dessa lei,

a) a autoridade de polícia judiciária, ocorrendo prisão em flagrante, fará, imediatamente, comunicação ao Ministério Público, remetendo-lhe cópia do auto lavrado, do qual será dada vista ao juiz competente em 24 (vinte e quatro) horas.
b) o inquérito policial será concluído no prazo de 30 (trinta) dias, se o indiciado estiver preso, e de 90 (noventa) dias, quando solto, podendo os prazos serem duplicados, conforme os critérios de oportunidade e conveniência da autoridade de polícia judiciária.
c) o indiciado ou acusado que colaborar voluntariamente com a investigação policial e o processo criminal na identificação dos demais coautores ou partícipes do crime e na recuperação total ou parcial do produto do crime, no caso de condenação, terá pena reduzida de um terço a dois terços.
d) a conduta de adquirir drogas, sem autorização ou em desacordo com determinação legal ou regulamentar, não está sujeita à prisão em flagrante, devendo o autor do fato, nesse caso, ser imediatamente encaminhado ao juízo competente, lavrando-se termo circunstanciado.

COMENTÁRIOS

Alternativa correta: letra "C": a Lei 11.343/2006 – Lei de Drogas – possui hipótese própria de colaboração processual, também chamada da delação premiada. Nesse caso, a alternativa está a repetir o teor do art. 41 da lei.

Alternativa "A": a comunicação ao juiz deve ser imediata, com envio a ele de cópia do auto lavrado. Então, o juiz, no prazo de 24 horas, dará vista ao Ministério Público (art. 50, lei 11.343). Atenção: não se dá "vista" de procedimento a juiz, mas às partes.

Alternativa "B": o erro da alternativa está no seu final, pois a prorrogação deve ser determinada pelo juiz, ouvido o Ministério Público (art. 51, parágrafo único, Lei 11.343/2006), não devendo levar em consideração critérios de conveniência e oportunidade da autoridade policial. Na verdade, esta deverá justificar seu pedido, mostrando ser necessária a prorrogação para a continuidade das investigações.

Alternativa "D": o que afirma a alternativa somente se aplica à aquisição de drogas para consumo pessoal.

277. (UEL – Delegado de Polícia – PR/2013) Segundo a Lei n° 11.340/2006, assinale a alternativa correta.

a) A prisão preventiva do agressor é medida cabível em qualquer fase do inquérito policial ou da instrução processual, desde que requerida pela ofendida ou pelo Ministério Público.
b) As medidas protetivas de urgência poderão ser requeridas pela autoridade policial, em qualquer momento da investigação.
c) Após fixadas as medidas protetivas, ainda que sofram alterações, deverão ser mantidas até o julgamento final do processo.
d) É facultada ao juiz a aplicação de pena pecuniária nos casos de violência doméstica e familiar contra a mulher, quando comprovado prejuízo.
e) O juiz poderá aplicar de imediato ao agressor a medida protetiva de afastamento do lar e prestação de alimentos provisionais, em conjunto ou separadamente.

COMENTÁRIOS

Alternativa correta: letra "E": a Lei 11.340/2006 (Lei Maria da Penha) traz medidas protetivas de urgência para a ofendida, mas também outras que obrigam o agressor da mulher. O art. 22 traz estas últimas. Com base nele, pode-se dizer que o juiz poderá determinar: (a) a suspensão da posse ou restrição do porte de armas, com comunicação ao órgão competente; (b) o afastamento do lar, domicílio ou local de convivência com a ofendida; (c) a proibição de determinadas condutas, entre as quais: (c.1) aproximação da ofendida, de seus familiares e das testemunhas, fixando o limite mínimo de distância entre estes e o agressor; (c.2) contato com a ofendida, seus familiares e testemunhas por qualquer meio de comunicação; (c.3) frequentação de determinados lugares a fim de preservar a integridade física e psicológica da ofendida; (d) restrição ou suspensão de visitas aos dependentes menores, ouvida a equipe de atendimento multidisciplinar ou serviço similar; (e) prestação de alimentos provisionais ou provisórios.

Alternativa "A": na verdade, caberá a prisão preventiva em qualquer fase do inquérito policial ou da instrução criminal, decretada pelo juiz, de ofício, a requerimento do Ministério Público ou mediante representação da autoridade policial (art. 20, *caput*, Lei 11.340). Há questionamentos quanto à possibilidade de o juiz decretar a prisão preventiva, de ofício, na fase do inquérito policial, seja porque isso feriria o princípio acusatório, seja porque iria de encontro à proibição existente no art. 311 do CPP.

Alternativa "B": as medidas protetivas de urgência poderão ser concedidas pelo juiz, a requerimento do Ministério Público ou a pedido da ofendida (art. 19, *caput*, Lei 11.340).

Alternativa "C": ao contrário, conforme a necessidade, poderá ocorrer alterações das medidas protetivas. Com efeito, o § 2º do art. 19 da Lei 11.340 dispõe que as medidas protetivas de urgência serão aplicadas isolada ou cumulativamente, e poderão ser substituídas a qualquer tempo por outras de maior eficácia, sempre que os direitos reconhecidos na Lei forem ameaçados ou violados. Além disso, o § 3º admite que o juiz possa, a requerimento do Ministério Público ou a pedido da ofendida, conceder novas medidas protetivas de urgência ou rever aquelas já concedidas, se entender necessário à proteção da ofendida, de seus familiares e de seu patrimônio, ouvido o Ministério Público.

Alternativa "D": o art. 17 da Lei Maria da Penha, com redação curiosa, veda, nos casos de violência doméstica e familiar contra a mulher, "penas de cesta básica" – que, no fundo, não existem em nosso ordenamento – ou outras de prestação pecuniária, bem como a substituição de pena que implique o pagamento isolado de multa.

278. (UEL – Delegado de Polícia – PR/2013) Com relação à Lei de Drogas, Lei nº 11.343/2006, considere as afirmativas a seguir.

I. No crime de tráfico, o laudo definitivo da substância deve ser anexado antes de se efetuar a remessa do inquérito policial ao juiz competente.

II. No crime de tráfico, a prisão em flagrante deve ser imediatamente informada ao magistrado.

III. No crime de uso de droga, é possível a transação penal.

IV. Nos crimes de drogas, o prazo para conclusão de inquérito policial poderá ser duplicado, desde que haja requerimento do delegado, seja ouvido o Ministério Público e deferido pelo magistrado.

Assinale a alternativa correta.

a) Somente as afirmativas I e II são corretas.
b) Somente as afirmativas I e IV são corretas.
c) Somente as afirmativas III e IV são corretas.
d) Somente as afirmativas I, II e III são corretas.
e) Somente as afirmativas II, III e IV são corretas.

COMENTÁRIOS

Alternativa correta: letra "E": estão certas as Afirmativas II, III e IV.

Afirmativa I: errado. Segundo o art. 50, § 1º, da Lei 11.343/2006 (Lei de Drogas), é suficiente o laudo de constatação da natureza e quantidade da droga, firmado por perito oficial ou, na falta deste, por pessoa idônea.

Afirmativa II: certo. A comunicação imediata do flagrante ao juiz é previsão do *caput* do art. 50 da Lei de Drogas. Aliás, não só no crime de tráfico, vez que o art. 306 do CPP também determina a comunicação da prisão de qualquer pessoa ao juiz, de imediato, seja qual for o crime cometido.

Afirmativa III: certo. O crime do art. 28 da Lei 11.343/2006 é passível de transação penal, conforme disposição expressa do § 1º do art. 48.

Afirmativa IV: certo. A Lei de Drogas realmente prevê tal possibilidade e exige que o Ministério Público seja previamente ouvido a respeito da duplicação do prazo (art. 51, parágrafo único). Por sinal, o prazo para conclusão do inquérito é de 30 dias, se estiver preso o indiciado, ou de 90 dias, se solto.

279. (FUNCAB – Delegado de Polícia – ES/2013) No tocante à investigação criminal pertinente aos crimes de tráfico de drogas, leia as assertivas a seguir e marque a alternativa correta.

I. O laudo prévio pode ser realizado por um só perito oficial, entretanto o laudo definitivo deverá ser realizado por dois peritos oficiais, ficando impedido de participar do laudo definitivo o perito que participar do laudo prévio, sob pena de nulidade.

II. O inquérito policial será concluído no prazo de trinta dias, se o indiciado estiver preso e de noventa dias, se o indiciado estiver solto.

III. Tratando-se do crime preceituado no artigo 33, § 3º da Lei nº 11.343/2006 (Oferecer droga, eventualmente e sem objetivo de lucro, à pessoa de seu relacionamento, para juntos a consumirem), o inquérito policial deve ser instaurado de plano pela autoridade policial.

IV. Findos os prazos preceituados na Lei nº 11.343/2006, a autoridade policial remeterá os autos do inquérito policial ao Juízo, sem prejuízo de diligências complementares necessárias ou úteis à plena elucidação do fato, cujo resultado deverá ser encaminhado ao juízo competente até três dias antes da audiência de instrução e julgamento.

a) Apenas I e III estão corretas.
b) Apenas II e III estão corretas.
c) Apenas II e IV estão corretas.
d) Apenas I, II e IV estão corretas.
e) Apenas II, III e IV estão corretas.

COMENTÁRIOS

Alternativa correta: letra "C": as assertivas II e IV estão corretas.

Assertiva I: errado. O laudo prévio poderá ser realizado por um só perito ou, ainda, por pessoa idônea, conforme dispõe o § 1º do art. 50 da Lei 11.343/2006. Além disso, o perito que subscreveu o laudo prévio não fica impedido de participar da elaboração do laudo definitivo (§ 2º). O laudo definitivo pode ser subscrito por apenas um perito oficial, como permite a regra geral do art. 159, *caput*, do CPP.

Assertiva II: certo. É o que dispõe o art. 51, *caput*, da Lei 11.343/2006. Tais prazos podem ser duplicados pelo juiz, ouvido o Ministério Público, mediante pedido justificado da autoridade de polícia judiciária (art. 51, parágrafo único, Lei 11.343/2006).

Assertiva III: errado. Trata-se, a nosso ver, de infração de menor potencial ofensivo, devendo ser lavrado termo circunstanciado.

Assertiva IV: certo. É exatamente o que dispõe o art. 52, parágrafo único, I, da Lei 11.343/2006.

280. (UEG – Delegado de Polícia – GO/2013) Sobre a interceptação das comunicações, tem-se o seguinte:

a) é cabível, em regra, a interceptação telefônica para apuração de ato infracional ou para fins civis, comerciais, industriais ou que envolvam direitos difusos.

b) segundo o Superior Tribunal de Justiça, é possível a autorização de interceptação telefônica independentemente da existência de inquérito policial.

c) segundo o Superior Tribunal de Justiça, a prisão em flagrante ocorrida em razão do monitoramento telefônico é nula, uma vez que configura hipótese de flagrante preparado.

d) já se consolidou o entendimento de que a prova emprestada, mesmo se na origem forem respeitados o contraditório e a ampla defesa, é inadmissível.

COMENTÁRIOS

✪ **Nota do autor:** não obstante as interceptações telefônicas serem autêntico meio de obtenção (ou de investigação) de prova, preferimos tratar do assunto neste tópico, onde deixamos as questões que contenham aspectos sobre leis processuais especiais.

Alternativa correta: letra "B": a Lei 9.296/1996 não diz que a interceptação deve ser realizada apenas quando já existente inquérito policial. Reparem que o art. 1º e o inciso I do art. 3º falam em investigação criminal. Assim, o STJ tem entendido que, de fato, pode haver interceptação mesmo antes de instaurado o inquérito. Nesse sentido: "(...) INTERCEPTAÇÕES TELEFÔNICAS AUTORIZADAS SEM INQUÉRITO POLICIAL INSTAURADO. DESNECESSIDADE. INDÍCIOS SUFICIENTES DE AUTORIA E MATERIALIDADE DELITIVA. EIVA NÃO CARACTERIZADA. 1. A anterior instauração de inquérito policial não é imprescindível para que seja permitida a interceptação telefônica, bastando que existam indícios razoáveis da autoria ou participação do acusado em infração penal. Precedentes. 2. No caso em tela, da documentação que instrui a impetração, constata-se que apesar do monitoramento telefônico dos investigados haver sido permitido quando ainda não havia inquérito policial contra eles instaurado, durante as apurações o procedimento foi regularmente iniciado, tendo a autoridade policial, durante o seu transcurso, representado pela quebra do sigilo telefônico de vários acusados. (…)" (HC 171.453-SP, Rel. Min. Jorge Mussi, j. 07.02.2013). Particularmente, temos restrições a tal entendimento. É que, especificamente no caso da Polícia, as investigações são realizadas no bojo do inquérito policial, até para que seja possível o controle de suas atividades.

Alternativa "A": não é possível que o juiz autorize a interceptação telefônica para tais finalidades, uma vez que a CF apenas a permite em investigação criminal ou instrução de processo penal (art. 5º, XII). Porém, a jurisprudência tem admitido a utilização em outras espécies de procedimentos como prova emprestada.

Alternativa "C": ao contrário, o entendimento do STJ é de que se trata de flagrante esperado e, portanto, legal: "PENAL E PROCESSUAL PENAL. *HABEAS CORPUS* SUBSTITUTIVO DE RECURSO ORDINÁRIO. ARTIGOS 157, § 2º, INCISOS I E II, 288, PARÁGRAFO ÚNICO, E 299, CAPUT, DO CÓDIGO PENAL. FLAGRANTE ESPERADO. LEGALIDADE. EXCESSO DE PRAZO. RÉU FORAGIDO. I – Não há que se confundir flagrante preparado, modalidade que conduz à caracterização do crime impossível, com o flagrante esperado, que é plenamente admitido pela legislação penal e processual penal. II – Verifica-se o flagrante esperado na hipótese em que policiais, após obterem, por meio de interceptação telefônica judicialmente autorizada, informações de que quadrilha armada pretende realizar roubo em estabelecimento industrial, consegue, por meio de ação tempestiva, evitar a consumação da empreitada criminosa. (…)" (HC 84.141-SP, Rel. Min. Felix Fischer, j. 20.11.2007).

Alternativa "D": ao contrário, o entendimento que prevalece é o de que a prova emprestada é possível desde que, na origem, tenham sido respeitados o contraditório e a ampla defesa. Na doutrina exige-se que o contraditório tenha contado com a participação da defesa do acusado contra quem, no outro processo, se pretenda utilizar a prova por empréstimo. Há posicionamento de que a prova emprestada deve ter sido produzida perante o mesmo órgão jurisdicional competente para julgar o caso onde ela será utilizada. Uma posição menos rigorosa prega que basta que a prova tenha sido produzida sob contraditório judicial.

---

281. (Cespe – Delegado de Polícia – BA/2013) Determinado policial militar efetuou a prisão em flagrante de Luciano e o conduziu à delegacia de polícia. Lá, com o objetivo de fazer Luciano confessar a prática dos atos que ensejaram sua prisão, o policial responsável por seu interrogatório cobriu sua cabeça com um saco plástico e amarrou-o no seu pescoço, asfixiando-o. Como Luciano não confessou, o policial deixou-o trancado na sala de interrogatório durante várias horas, pendurado de cabeça para baixo, no escuro, período em que lhe dizia que, se ele não confessasse, seria morto. O delegado de polícia, ciente do que ocorria na sala de interrogatório, manteve-se inerte. Em depoimento posterior, Luciano afirmou que a conduta do policial lhe provocara intenso sofrimento físico e mental.

Considerando a situação hipotética acima e o disposto na Lei Federal nº 9.455/1997, julgue os itens subsequentes.

281.1. O delegado não pode ser considerado coautor ou partícipe da conduta do policial, pois o crime de tortura somente pode ser praticado de forma comissiva.

COMENTÁRIOS

Errado. O delegado de polícia pode responder pelo crime de tortura, na forma prevista no § 2º do art. 1º da Lei 9.455/1997, que traz uma forma omissiva de conduta. Diz o dispositivo: "Aquele que se omite em face dessas condutas, quando tinha o dever de evitá-las ou apurá-las, incorre na pena de detenção de um a quatro anos". As condutas referidas são aquelas previstas no inciso I e no § 1º do art. 1º, incluindo a conduta do policial que praticou os atos de tortura descritos no enunciado, que configuram, especificamente, o disposto na alínea *a* do inciso I do art. 1º ("Constitui crime de tortura: I – constranger alguém com emprego de violência ou grave ameaça, causando-lhe sofrimento físico ou mental: a) com o fim de obter informação, declaração ou confissão da vítima ou de terceira pessoa").

281.2. Para a comprovação da materialidade da conduta do policial, é imprescindível a realização de exame de corpo de delito que confirme as agressões sofridas por Luciano.

COMENTÁRIOS

Errado. Não é imprescindível a realização de exame de corpo de delito, já que nem todos os "métodos" de tortura deixam vestígios. Não havendo vestígios, será desnecessário o exame (ar. 158, CPP). Ainda que tenham deixado vestígios, caso estes tenham desaparecido, pode a prova testemunhal e o relato da vítima suprir a falta do laudo. É o que dispõe o art. 167 ("Não sendo possível o exame de corpo de delito, por haverem desaparecido os vestígios, a prova testemunhal poderá suprir-lhe a falta").

282. (Cespe – Delegado de Polícia – BA/2013) Um delegado de polícia, tendo recebido denúncia anônima de que Mílton estaria abusando sexualmente de sua própria filha, requereu, antes mesmo de colher provas acerca da informação recebida, a juiz da vara criminal competente a interceptação das comunicações telefônicas de Mílton pelo prazo de quinze dias, sucessivamente prorrogado durante os quarenta e cinco dias de investigação.

Kátia, ex-mulher de Mílton, contratou o advogado Caio para acompanhar o inquérito policial instaurado. Mílton, então, ainda no curso da investigação, resolveu interceptar, diretamente e sem o conhecimento de Caio e Kátia, as ligações telefônicas entre eles, tendo tomado conhecimento, devido às interceptações, de que o advogado cometera o crime de tráfico de influência. Em razão disso, Mílton procurou Kátia e solicitou que ela concordasse com a divulgação do conteúdo das gravações telefônicas, ao que Kátia anuiu expressamente. Mílton, então, apresentou ao delegado o conteúdo das gravações, que foram utilizadas para subsidiar ação penal iniciada pelo MP contra Caio, pela prática do crime de tráfico de influência.

Com base nessa situação hipotética, julgue os itens seguintes, a respeito das interceptações telefônicas.

282.1. O fato de Kátia – que era interlocutora dos diálogos gravados – – ter consentido posteriormente com a divulgação do conteúdo das gravações não legitima o ato nem justifica sua utilização como prova.

COMENTÁRIOS

Certo. O STJ já julgou caso idêntico e entendeu que a gravação não poderia ser usada como prova: (...)TRÁFICO DE INFLUÊNCIA (ARTIGO 332 DO CÓDIGO PENAL). GRAVAÇÃO DE CONVERSA TELEFÔNICA ENTRE O PACIENTE, ADVOGADO, E SUA CLIENTE EFETUADA POR TERCEIRO. AUSÊNCIA DE PRÉVIA AUTORIZAÇÃO JUDICIAL. SIGILO VIOLADO. ILICITUDE DA PROVA. CONSTRANGIMENTO ILEGAL CARACTERIZADO. 1. A interceptação telefônica é a captação de conversa feita por um terceiro, sem o conhecimento dos interlocutores, que depende de ordem judicial, nos termos do inciso XII do artigo 5º da Constituição Federal. 2. A escuta é a captação de conversa telefônica feita por um terceiro, com o conhecimento de apenas um dos interlocutores, ao passo que a gravação telefônica é feita por um dos interlocutores do diálogo, sem o consentimento ou a ciência do outro. 3. Na hipótese, embora as gravações tenham sido implementadas pelo esposo da cliente do paciente com a intenção de provar a sua inocência, é certo que não obteve a indispensável prévia autorização judicial, razão pela qual se tem como configurada a interceptação de comunicação telefônica ilegal. 4. O fato da esposa do autor das interceptações – que era uma interlocutora dos diálogos gravados de forma clandestina – ter consentido posteriormente com a divulgação dos seus conteúdos não tem o condão de legitimar o ato, pois no momento da gravação não tinha ciência do artifício que foi implementado pelo seu marido, não se podendo afirmar, portanto, que, caso soubesse, manteria tais conversas com o seu advogado pelo telefone interceptado. 5. Aplicação da norma contida no artigo 157, caput, do Código de Processo Penal, com a redação que lhe foi dada pela Lei nº 11.690/08. (...)" (HC 161.053-SP, Rel. Min. Jorge Mussi, j. 27.11.2012).

282.2. O delegado de polícia não poderia ter determinado a instauração de inquérito policial exclusivamente com base na denúncia anônima recebida.

COMENTÁRIOS

Certo. É o entendimento que tem prevalecido em nossos tribunais. Nesse sentido, a seguinte decisão do STJ: "(...) Conquanto não possa servir como parâmetro único da persecução penal, a *delatio criminis* anônima pode servir para dar início às investigações e colheitas de elementos acerca da possível prática de infração penal, de sorte a desencadear medidas cautelares de maior peso. (...) Na hipótese em apreço, constata-se que a comunicação anônima foi o único dado que serviu para embasar a interceptação telefônica autorizada judicialmente, que ensejou as quebras de sigilos de outros terminais, bem como as prorrogações posteriores, inexistindo a realização de diligências prévias à medida constritiva extrema. (...) Evidente a flagrante ilegalidade, visto que, em decorrência da suposta prática de tráfico de entorpecentes e associação, a quebra do sigilo, a prisão, a denúncia e a condenação do paciente estão intimamente amparadas nos informes apócrifos recebidos pela autoridade policial, que não se esmerou em realizar procedimentos investigatórios preliminares, antes da requisição da interceptação telefônica. (...)" (HC 229.205-RS, Rel. Min. Maria Thereza de Assis Moura, j. 08.04.2014).

282.3. A interceptação telefônica solicitada pelo delegado de polícia e autorizada judicialmente é nula, haja vista ter sido sucessivamente prorrogada pelo magistrado por prazo superior a trinta dias, o que contraria a previsão legal de que o prazo da interceptação telefônica não pode exceder quinze dias, renovável uma vez por igual período.

Errado. O entendimento prevalecente nos nossos Tribunais Superiores é o de que pode haver prorrogações sucessivas das interceptações telefônicas, desde que se mostrem necessárias e haja a devida fundamentação pelo juiz.

282.4. A interceptação telefônica realizada por Mílton é ilegal, porquanto desprovida da necessária autorização judicial.

COMENTÁRIOS

Certo. Qualquer interceptação telefônica deve contar com a autorização judicial, sob pena de evidente ilegalidade, impossibilitando o uso dos elementos de prova em inquérito ou processo.

283. (Cespe – Delegado de Polícia – BA/2013) João, preso em flagrante pela prática do crime de roubo, foi encaminhado à delegacia de polícia, onde apresentou a carteira nacional de habilitação para identificar-se, visto que não portava sua carteira de identidade. Ainda assim, o delegado determinou que João fosse submetido à perícia dactiloscópica.

Com base nessa situação hipotética, julgue os itens que se seguem à luz do disposto na Lei nº 12.037/2009.

283.1. Nos termos da Lei nº 12.037/2009, a identificação criminal de João se justifica pelo fato de ele estar sendo indiciado pela prática de crime de roubo.

COMENTÁRIOS

Errado. A regra é: o civilmente identificado não será submetido a identificação criminal, salvo nas hipóteses previstas na própria Lei 12.037/2009, dentre as quais não se inclui o simples fato de o sujeito ser indiciado pela prática de roubo. Os casos previstos na lei são os seguintes(art. 3º): a) o documento apresentar rasura ou tiver indícios de falsidade; b) o documento apresentado for insuficiente para identificar cabalmente o indiciado; c) o indiciado portar documentos de identidade distintos, com informações conflitantes entre si; d) a identificação criminal for essencial às investigações policiais, segundo despacho da autoridade judiciária competente, que decidirá de ofício ou mediante representação da autoridade policial, do Ministério Público ou da defesa; e) constar de registros policiais o uso de outros nomes ou diferentes qualificações; f) o estado de conservação ou a distância temporal ou da localidade da expedição do documento apresentado impossibilite a completa identificação dos caracteres essenciais.

283.2. Ao determinar a identificação criminal de João, o delegado praticou o delito de constrangimento ilegal.

COMENTÁRIOS

Errado. A nosso ver, trata-se de crime de abuso de autoridade (art. 4º, *b*, Lei 4.898/1965).

284. (FUNCAB – Delegado de Polícia – ES/2013) Quanto aos processos ou procedimentos que tenham por objeto crimes praticados por organizações criminosas, o Juiz poderá decidir:

I. Pela formação de colegiado para a prática de qualquer ato processual, especialmente decretação de prisão ou de medidas assecuratórias, concessão de liberdade provisória ou revogação de prisão.

II. Pela formação de colegiado para a prática de qualquer ato processual, especialmente sentença, progressão ou regressão de regime de cumprimento de pena, concessão de liberdade condicional.

III. Pela formação de colegiado para a prática de qualquer ato processual, especialmente transferência de preso para estabelecimento prisional de segurança máxima.

IV. Pela formação de colegiado para a prática de qualquer ato processual, especialmente inclusão do preso no regime disciplinar diferenciado.

Indique a opção que contempla a(s) assertiva(s) correta(s).

a) I, II, III e IV.
b) II, III e IV, apenas.
c) III e IV, apenas.
d) I e IV, apenas.
e) I, apenas.

COMENTÁRIOS

Alternativa correta: letra "A": todas as assertivas estão certas.

Assertiva I: certo. Segundo o art. 1º da Lei 12.694/2012, em processos ou procedimentos que tenham por objeto crimes praticados por organizações criminosas, o juiz poderá decidir pela formação de colegiado para a prática de qualquer ato processual, especialmente: (i) decretação de prisão ou de medidas assecuratórias; (ii) concessão de liberdade provisória ou revogação de prisão; (iii) sentença; (iv) progressão ou regressão de regime de cumprimento de pena; (v) concessão de liberdade condicional; (vi) transferência de preso para estabelecimento prisional de segurança máxima; e (vii) inclusão do preso no regime disciplinar diferenciado. A definição de organização criminosa contida em tal lei foi, a nosso ver, revogada por aquela constante da Lei 12.850/2013.

Assertiva II: certo. Vide resposta à assertiva anterior.

Assertiva III: certo. Vide resposta à assertiva I.

Assertiva IV: certo. Vide resposta à assertiva I.

285. (FUNCAB – Delegado de Polícia – ES/2013) Quanto à interceptação de comunicações telefônicas, para prova em investigação criminal, é correto afirmar:

a) É impossível a prorrogação do prazo de autorização para a interceptação telefônica, mesmo que sucessivas.

b) Para fundamentar o pedido de interceptação, a lei apenas exige relatório circunstanciado da polícia com a explicação das conversas e da necessidade da continuação das investigações.

c) É exigida a transcrição total das conversas interceptadas.

d) A interceptação telefônica de forma fundamentada, legal e legítima, as informações e provas coletadas dessa diligência não podem subsidiar denúncia com base em crimes puníveis com pena de detenção, mesmo que conexos aos primeiros tipos penais que justificaram a interceptação.

e) Na linha do artigo 6°, caput, da Lei n° 9.296/1996, a obrigação de cientificar o Ministério Público das diligências efetuadas não é prioritariamente da polícia.

COMENTÁRIOS

Alternativa correta: letra "B": segundo a Lei 9.296/1996, deve ser descrita com clareza a situação objeto da investigação, inclusive com a indicação e qualificação dos investigados, salvo impossibilidade manifesta, devidamente justificada (art. 2º, parágrafo único). Além disso, o pedido de interceptação de comunicação telefônica conterá a demonstração de que a sua realização é necessária à apuração de infração penal, com indicação dos meios a serem empregados (art. 4º). Para a renovação da interceptação – que parece ser o caso da alternativa – além do visto acima, deve ser comprovada a indispensabilidade de tal meio de obtenção de prova.

Alternativa "A": é possível a prorrogação, conforme permite o art. 5º da Lei 9.296/1996. Houve discussão sobre se seria possível apenas uma prorrogação ou sucessivas prorrogações. Predomina o entendimento de que são possíveis prorrogações sucessivas, de 15 dias cada, desde que cada uma seja devidamente fundamentada e se mostrem necessárias.

Alternativa "C": o § 1º do art. 6º da Lei 9.296/1996 dispõe que, no caso de a diligência possibilitar a gravação da comunicação interceptada, será determinada a sua transcrição. No entanto, a jurisprudência vem dispensando a transcrição das conversas, sobretudo a transcrição integral, por perito. É o posicionamento do STJ, por exemplo: "*HABEAS CORPUS*. RECEPTAÇÃO E QUADRILHA (ARTIGOS 180, § 1º, E 288, PARÁGRAFO ÚNICO, DO CÓDIGO PENAL). ALEGADA NULIDADE DA AÇÃO PENAL ANTE A AUSÊNCIA DE JUNTADA DA TRANSCRIÇÃO INTEGRAL DAS INTERCEPTAÇÕES TELEFÔNICAS REALIZADAS NO CURSO DO INQUÉRITO. MATÉRIA NÃO APRECIADA PELA CORTE DE ORIGEM. SUPRESSÃO DE INSTÂNCIA. NÃO CONHECIMENTO DO WRIT. 1. A questão referente à nulidade do feito em face da ausência de juntada aos autos da íntegra das transcrições das interceptações telefônicas não foi objeto de análise perante a Corte de origem, o que impede a sua apreciação diretamente por este Superior Tribunal de Justiça, sob pena de indevida supressão de instância. 2. Ainda que assim não fosse, há que se considerar que o entendimento predominante é no sentido da desnecessidade de transcrição integral do conteúdo da quebra do sigilo das comunicações telefônicas, bastando que se confira às partes acesso aos diálogos interceptados. Precedentes do STJ e do STF. 3. No caso dos autos, as mídias contendo as interceptações telefônicas ficaram à disposição das partes durante a instrução, além de terem sido juntadas aos autos, a pedido do órgão ministerial, as degravações referentes às escutas realizadas e pertinentes ao caso em tela, o que afasta a existência de qualquer constrangimento ilegal a ser sanado por esta Corte Superior de Justiça. 4. Writ não conhecido" (HC 109.493-MT, Rel. Min. Jorge Mussi, j. 01.03.2011).

Alternativa "D": não é possível autorizar a interceptação para apurar infração penal punida com detenção. Porém, autorizada para apuração de crime apenado com reclusão, a prova obtida pode ser usada, se descoberto, fortuitamente, crime apenado com detenção. Neste sentido, o posicionamento do STF: "(...) O Supremo Tribunal Federal, como intérprete maior da Constituição da República, considerou compatível com o art. 5º, XII e LVI, o uso de prova obtida fortuitamente através de interceptação telefônica licitamente conduzida, ainda que o crime descoberto, conexo ao que foi objeto da interceptação, seja punido com detenção. (...)" (AI 626.214 AgR-MG, Rel. Min. Joaquim Barbosa, j. 21.09.2010). Também, do STJ: "(...) Em princípio, havendo o encontro fortuito de notícia da prática futura de conduta delituosa, durante a realização de interceptação telefônica devidamente autorizada pela autoridade competente, não se deve exigir a demonstração da conexão entre o fato investigado e aquele descoberto, a uma, porque a própria Lei nº 9.296/96 não a exige, a duas, pois o Estado não pode se quedar inerte diante da ciência de que um crime vai ser praticado e, a três, tendo em vista que se por um lado o Estado, por seus órgãos investigatórios, violou a intimidade de alguém, o fez com respaldo constitucional e legal, motivo pelo qual a prova se consolidou lícita. (...) A discussão a respeito da conexão entre o fato investigado e o fato encontrado fortuitamente só se coloca em se tratando de infração penal pretérita, porquanto no que concerne as infrações futuras o cerne da controvérsia se dará quanto a licitude ou não do meio de prova utilizado e a partir do qual se tomou conhecimento de tal conduta criminosa. (...)" (HC 69.552-PR, Rel. Min. Felix Fischer, j. 06.02.2007).

Alternativa "E": o art. 6º citado acima determina que cabe à autoridade policial comunicar o Ministério Público da realização da interceptação, que poderá ser acompanhada por este último órgão.

286. (FUNCAB – Delegado de Polícia – ES/2013) Quanto aos programas especiais de proteção a vítimas e a testemunhas ameaçadas, é INCORRETO afirmar que compreendem, dentre outras, as seguintes medidas, aplicáveis isolada ou cumulativamente em benefício da pessoa protegida, segundo a gravidade e as circunstâncias de cada caso:

I. Segurança na residência, sem o controle de telecomunicações, e apoio do órgão executor do programa para o cumprimento de obrigações civis e administrativas que exijam o comparecimento pessoal.

II. Escolta e segurança nos deslocamentos da residência, inclusive para fins de trabalho ou para a prestação de depoimentos e preservação da identidade, imagem e dados pessoais.

III. Transferência de residência ou acomodação provisória em local compatível com a proteção, bem como suspensão temporária das atividades funcionais, sem prejuízo dos respectivos vencimentos ou vantagens, quando servidor público ou militar.

IV. Ajuda financeira mensal para prover as despesas necessárias à subsistência individual ou familiar, no caso de a pessoa protegida estar impossibilitada de desenvolver trabalho regular ou de inexistência de qualquer fonte de renda.

Indique a opção que contempla a(s) assertiva(s) correta(s).

a) I, II, III e IV.
b) II, III e IV, apenas.
c) III e IV, apenas.
d) I e IV, apenas.
e) I, apenas.

COMENTÁRIOS

✪ **Nota do autor:** a questão foi anulada. Cremos que a primeira assertiva pode trazer dúvidas, mas, a nosso ver, todas estão corretas.

Assertiva I: certo. O art. 7º, I, da Lei 9.807/1999 diz que os programas de proteção compreendem, dentre outras, algumas medidas, aplicáveis isolada ou cumulativamente em benefício da pessoa protegida, segundo a gravidade e as circunstâncias de cada caso, dentre as quais a segurança na residência, incluindo o controle de telecomunicações. Isso não quer dizer que sempre deva haver o controle de comunicações. Assim, não se pode dizer que a assertiva está incorreta por conta disso. Além disso, o inciso IX incluiu o apoio do órgão executor do programa para o cumprimento de obrigações civis e administrativas que exijam o comparecimento pessoal.

Assertiva II: certo. É o que garante o art. 7º, II e IV, da Lei 9.807/1999.

Assertiva III: certo. É o que garante o art. 7º, III e VI, da Lei 9.807/1999.

Assertiva IV: certo. É o que garante o art. 7º, V, da Lei 9.807/1999.

287. (FUNCAB – Delegado de Polícia – ES/2013) Quanto à Lei nº 9.605/1998, que dispõe sobre as sanções penais e administrativas derivadas de condutas e atividades lesivas ao meio ambiente, é correto afirmar:

a) Os animais apreendidos serão entregues a jardins zoológicos, fundações ou entidades assemelhadas, independentemente de ficarem sob a responsabilidade de técnicos habilitados.
b) Tratando-se de produtos perecíveis ou madeiras, estes irão a hasta pública, sendo o resultado depositado em favor do meio ambiente.
c) Os produtos e subprodutos da fauna perecíveis serão preservados como prova do crime.
d) Os instrumentos utilizados na prática da infração serão vendidos, garantida a sua descaracterização por meio da reciclagem.
e) Nas infrações penais previstas nessa lei, a ação penal é pública condicionada à representação.

COMENTÁRIOS

Alternativa correta: letra "D": é o que dispõe o § 4º do art. 25 da Lei 9.605/1998.

Alternativa "A": segundo o § 1º da Lei 9.605/1998, os animais serão libertados em seu *habitat* ou entregues a jardins zoológicos, fundações ou entidades assemelhadas, desde que fiquem sob a responsabilidade de técnicos habilitados.

Alternativa "B": tratando-se de produtos perecíveis ou madeiras, serão estes avaliados e doados a instituições científicas, hospitalares, penais e outras com fins beneficentes (art. 25, § 2º, Lei 9.605/1998).

Alternativa "C": os produtos e subprodutos da fauna não perecíveis serão destruídos ou doados a instituições científicas, culturais ou educacionais (art. 25, § 3º, Lei 9.605/1998).

Alternativa "E": na Lei 9.605/1998, a ação penal é pública incondicionada, por expressa disposição do art. 26.

288. (FGV – Delegado de Polícia – MA/2012) Com relação ao prazo para a conclusão do inquérito policial instaurado para apurar a prática do crime de tráfico de entorpecentes, de acordo com a Lei nº 11.343, de 23 de agosto de 2006, assinale a afirmativa correta.

a) Será de 10 (dez) dias, se o indiciado estiver preso, e de 30, na hipótese de o indiciado estar solto.
b) Não poderá ultrapassar 30 dias, se o indiciado estiver preso.
c) Será de 30 dias, se o indiciado estiver preso, e de 90 dias, quando estiver solto, podendo o juiz, ouvido o Ministério Público, mediante pedido justificado da autoridade de polícia judiciária, triplicar tal prazo.
d) Excepcionalmente, quando requerido de forma fundamentada pela autoridade de polícia judiciária, ouvido o Ministério Público, poderá ser de 180 dias, se o indiciado estiver solto.

e) Será de 30 dias, se o indiciado estiver preso, e de 60 dias, quando estiver solto, podendo o juiz, ouvido o Ministério Público, mediante pedido justificado da autoridade de polícia judiciária, duplicar tal prazo.

COMENTÁRIOS

Alternativa correta: letra "D" (responde, também, as alternativas "A" e "E"): de acordo com o *caput* do art. 51 da Lei 11.343/2006, o inquérito policial será concluído no prazo de 30 dias, se o indiciado estiver preso, e de 90 dias, quando solto. Por força do que dispõe o parágrafo único, os prazos podem ser duplicados pelo juiz, ouvido o Ministério Público, mediante pedido justificado da autoridade de polícia judiciária. Portanto, pode o prazo chegar a 180 dias, se estiver o indiciado solto.

Alternativa "B": poderá até ser duplicado o prazo, conforme autoriza o parágrafo único do art. 51 da Lei 11.343/2006.

Alternativa "C": poderá apenas duplicar. Vide, também, os comentários às alternativas "D" e "B".

289. (FUNCAB – Delegado de Polícia – RJ/2012) Marque a opção correta.

a) Compete ao Juizado Especial Criminal julgar as infrações penais cuja pena máxima, privativa de liberdade, não seja superior a 02 anos. Assim, o crime de ameaça do marido contra a esposa, cuja pena é de 01 a 06 meses de detenção ou multa, é de sua competência, não podendo, contudo, ser fixada pena de cesta básica.

b) O crime de tráfico transnacional é o que se submete ao princípio da dupla incriminação, e a competência para seu julgamento é da Justiça Federal, conforme regência válida da Lei de Drogas.

c) No rito ordinário, poderão ser inquiridas 08 (oito) testemunhas da acusação e 08 (oito) da defesa. Já no rito sumário, poderão ser inquiridas 03 (três) testemunhas pela acusação e igual número pela defesa.

d) O registro dos depoimentos dos indiciados, investigados, ofendidos e das testemunhas não pode ser feito por meio audiovisual.

e) Relativamente ao rito para apuração do crime de tráfico de entorpecente, a remessa do inquérito policial far-se-á sem prejuízo das diligências complementares. Porém, o resultado destas deverá ser encaminhado ao juízo competente até 03 (três) dias antes da audiência de instrução e julgamento.

COMENTÁRIOS

✪ **Nota do autor:** como a maior parte das alternativas tratam de procedimentos de leis especiais, incluímos a questão neste tópico.

Alternativa correta: letra "E": é o que dispõe o art. 52, parágrafo único, I, da Lei 11.343/2006.

Alternativa "A": a definição de delito de menor potencial ofensivo trazida pela alternativa está certa. No entanto, o exemplo citado resulta na aplicação da Lei 11.340/2006 (Lei "Maria da Penha"), que veda a aplicação da Lei 9.099/1995 a tais casos e, portanto, afasta a competência do Juizado Especial Criminal.

Alternativa "B": nesse caso não se aplica o princípio da dupla incriminação, bastando a previsão da existência do crime de tráfico no Brasil. A competência é de fato da Justiça Federal, como dispõe o art. 70 da Lei de Drogas.

Alternativa "C": o número, no rito sumário, é de 5 testemunhas para a acusação e 5 para a defesa. Atenção: o número máximo deve ser considerado por fato criminoso imputado, como vem entendendo a jurisprudência, de modo que, havendo dois fatos, por exemplo, pode a acusação arrolar até 16 testemunhas no procedimento ordinário e 10, no sumário. Quanto à defesa, o número máximo é por fato e por acusado, e não o número total de testemunhas que os acusados podem, juntos, arrolar.

Alternativa "D": pode ser utilizado meio audiovisual, como permite, desde 2008, o § 1º do art. 405 do CPP.

290. (Delegado de Polícia – SP/ 2011 – ACADEPOL) Sobre a Lei nº 9.296/96 – Interceptação de Comunicações Telefônicas – é correto afirmar que

a) o texto legal não abrange a interceptação do fluxo de comunicações em sistemas de telemática.

b) O pedido de interceptação de comunicação telefônica deverá ser decidido pelo juiz competente no prazo máximo de vinte e quatro horas.

c) a interceptação de comunicações telefônicas será admitida na hipótese de o fato investigado configurar crime apenado, no máximo, com detenção.

d) a gravação que não interessar à prova será inutilizada somente por requerimento da parte interessada, após a instrução do inquérito policial.

e) a interceptação de comunicações telefônicas será admitida somente quando não houver indícios razoáveis de autoria.

COMENTÁRIOS

Alternativa correta: letra "B": realmente, a Lei 9.296/1996 estabelece tal prazo (24 horas) como o tempo máximo disponível para a decisão judicial (art. 4º, § 2º).

Alternativa "A": a Lei 9.296/1996 abrange também a interceptação do fluxo de comunicações em sistemas de telemática, eis que expressamente prevista tal possibilidade no parágrafo único do art. 1º, que está em consonância com o inciso XII do art. 5º da CF.

Alternativa "C": ao contrário, a regra é que somente se autoriza a interceptação telefônica em caso de crime apenado com reclusão, muito embora a jurisprudência admita que, se no curso das interceptações for descoberta a prática de crime apenado com detenção, os elementos de prova colhidos poderão ser utilizados neste último caso. Mas, notem: jamais poderá ser autorizada a interceptação para investigar especificamente um crime apenado com detenção (art. 2º, III, Lei 9.296/1996).

Alternativa "D": não é só por requerimento da parte interessada. Segundo o *caput* do art. 9º da Lei 9.296/1996, a gravação que não interessar à prova será inutilizada por decisão judicial, durante o inquérito, a instrução processual ou após esta, em virtude de requerimento do Ministério Público ou da parte interessada.

Alternativa "E": ao contrário. Somente se autoriza a interceptação se houver indícios razoáveis de autoria (art. 2º, I, Lei 9.296/1996).

291. (Delegado de Polícia - SP/ 2011 - ACADEPOL) Com respeito aos procedimentos de investigação e de formação de provas, assinale o enunciado não previsto na Lei nº 9.034/95.

a) Acesso a documentos fiscais e eleitorais.
b) Acesso a dados fiscais e bancários.
c) Interceptação de sinal ótico ambiental, autorizado judicialmente.
d) Infiltração de indivíduo não afeto à organização policial, em tarefas de investigação, autorizado judicialmente.
e) Interceptação de sinal acústico ambiental, autorizado judicialmente.

COMENTÁRIOS

✪ **Nota do autor:** A Lei 9.034/1995 foi revogada pela Lei 12.850, de 2 de agosto de 2013. A nova Lei define organização criminosa, estabelece um crime autônomo em caso de sua formação e regula, em detalhes, alguns dos instrumentos de investigação que a lei anterior apenas citava.

Alternativa correta: letra "D": o inciso V do art. 2º da Lei 9.034/1995 possibilitava a delicada e controversa infiltração em organizações criminosas, mediante autorização judicial. Tal lei previa que o infiltrado fosse da Polícia ou de órgão de inteligência. Dizia o dispositivo ser possível: "infiltração por agentes de polícia ou de inteligência, em tarefas de investigação, constituída pelos órgãos especializados pertinentes, mediante circunstanciada autorização judicial". A nova Lei 12.850/2103 mantém a infiltração como meio de investigação de prova e a regula com mais detalhes. Uma diferença importante está no fato de que o infiltrado deve ser policial, não mais sendo permitida a infiltração por agente de inteligência.

Alternativa "A" (responde, também, a alternativa "B"): tal acesso era previsto no inciso III do art. 2º da Lei 9.034/1995. O acesso a tais dados foi mantido na Lei 12.850/2013.

Alternativa "C": a previsão estava no inciso IV do art. 2º da Lei 9.034/1995. A nova Lei 12.850/2013 manteve a interceptação ambiental, mas repetiu o erro da Lei 9.034/1995, pois deixou de regular como se dará o procedimento.

Alternativa "E": conforme também era previsto do inciso IV, art. 2º da Lei 9.034/1995. Para parte da doutrina, não seria possível a autorização de interceptação ambiental, eis que a falta de regulamentação adequada por parte do dispositivo não permitiria tamanha violação à intimidade. Porém, o STF entende possível: "(...)PROVA. Criminal. Escuta ambiental. Captação e interceptação de sinais eletromagnéticos, óticos ou acústicos. Meio probatório legalmente admitido. Fatos que configurariam crimes praticados por quadrilha ou bando ou organização criminosa. Autorização judicial circunstanciada. Previsão normativa expressa do procedimento. Preliminar repelida. Inteligência dos arts. 1º e 2º, IV, da Lei nº 9.034/95, com a redação da Lei nº 10.217/95. Para fins de persecução criminal de ilícitos praticados por quadrilha, bando, organização ou associação criminosa de qualquer tipo, são permitidos a captação e a interceptação de sinais eletromagnéticos, óticos e acústicos, bem como seu registro e análise, mediante circunstanciada autorização judicial. (...)" (Inq. 2.424-RJ, Rel. Min. Cezar Peluso, j. 26.11.2008). Como visto nos comentários à alternativa "C", a nova Lei 12.850/2013 mantém a interceptação ambiental, mas repetiu o erro da Lei 9.034/1995, pois deixou de regular como se dará o procedimento.

292. (Delegado de Polícia - SP/ 2011 - ACADEPOL) Em relação à Lei sobre Programas Especiais de Proteção a Vítimas e Testemunhas Ameaçadas (Lei nº 9.807/99), assinale a alternativa incorreta

a) A solicitação objetivando o ingresso no programa poderá ser encaminhada ao órgão executor pelo próprio interessado.
b) A medida de proteção poderá ser estendida ao cônjuge ou companheiro, ascendentes, descendentes e dependentes que tenham convivência habitual com a vítima ou testemunha.
c) O ingresso e as restrições de segurança e demais medidas protetivas adotadas pelo programa dispensam a anuência da pessoa protegida ou de seu representante legal.
d) Toda admissão ou exclusão do programa será precedida de consulta ao Ministério Público e posteriormente comunicada à autoridade policial ou ao juiz competente.
e) A solicitação objetivando o ingresso no programa poderá ser encaminhada ao órgão executor por entidades com atribuições de defesa dos direitos humanos.

COMENTÁRIOS

Alternativa incorreta: letra "C": obviamente que depende da anuência da pessoa protegida, pois, do contrário, equivaleria a uma punição. Por isso, o § 3º do art. 1º da Lei 9.807/1999 dispõe que: "O ingresso no programa, as restrições de segurança e demais medidas por ele adotadas terão sempre a anuência da pessoa protegida, ou de seu representante legal".

Alternativa "A" (responde, também, a alternativa "E"): segundo o art. 5º da Lei 9.807/1999, a solicitação objetivando ingresso no programa poderá ser encaminhada ao órgão executor: (i) pelo interessado; (ii) por representante do Ministério Público; (iii) pela autoridade policial que conduz a investigação criminal; (iv) pelo juiz competente para a instrução do processo criminal; (v) por órgãos públicos e entidades com atribuições de defesa dos direitos humanos.

Alternativa "B": é o que permite o § 1º do art. 2º da Lei 9.807/1999: "A proteção poderá ser dirigida ou estendida ao cônjuge ou companheiro, ascendentes, descendentes e dependentes que tenham convivência habitual com a vítima ou testemunha, conforme o especificamente necessário em cada caso".

Alternativa "D": é o que dispõe o art. 3º da Lei 9.807/1999.

293. (Delegado de Polícia – ES/ 2011 – CESPE) Julgue os itens seguintes, referentes aos dispositivos aplicáveis ao tráfico ilícito e ao uso indevido de substâncias entorpecentes.

293.1. Considere a seguinte situação hipotética. Cláudio, penalmente responsável, foi flagrado fazendo uso de um cigarro artesanal de maconha, sendo que em seu poder ainda foi encontrada quantidade significativa da mesma droga, acondicionada em pequenas trouxinhas, com preços distintos afixados em cada uma delas, bem como constatou-se que Cláudio, mesmo desempregado, trazia consigo anotações e valores que o ligavam, indubitavelmente, ao tráfico de drogas. Nessa situação hipotética, Cláudio responderá pelo crime de tráfico de entorpecentes e, mesmo que remanescente o crime de uso indevido de drogas, estarão excluídos os benefícios da lei atinente aos juizados especiais).

COMENTÁRIOS

Certo. O crime de tráfico de drogas, previsto no art. 33 da Lei 11.343/2006, não permite a aplicação dos benefícios da Lei 9.099/1995, como a transação penal. Isoladamente, o crime de posse de droga para uso próprio, previsto no art. 28 da mesma Lei, permite a aplicação das medidas da Lei 9.099/1995, conforme expressamente autorizada pelo § 1º do art. 48. Porém, no caso em tela, há concurso de crimes e, nesse caso, deve ser aplicada a Súmula 243 do STJ, por analogia ("O benefício da suspensão do processo não é aplicável em relação às infrações penais cometidas em concurso material, concurso formal ou continuidade delitiva, quando a pena mínima cominada, seja pelo somatório, seja pela incidência da majorante, ultrapassar o limite de um (01) ano").

293.2. Considere a seguinte situação hipotética. O comerciante Ronaldo mantém em estoque e frequentemente vende para menores em situação de risco (meninos de rua) produto industrial conhecido como cola de sapateiro. Flagrado pela polícia ao vender uma lata do produto para um adolescente, o comerciante foi apresentado à autoridade policial competente.

Nessa situação hipotética, caberá ao delegado de polícia a autuação em flagrante de Ronaldo, por conduta definida como tráfico de substância entorpecente.

COMENTÁRIOS

Errado. A cola de sapateiro não se encontra no rol dos produtos considerados ilícitos. Ou seja, não é droga ilícita. Porém, a conduta é criminosa, eis que se subsume ao tipo do art. 243, *caput*, da Lei 8.069/1990 (ECA): "Vender, fornecer ainda que gratuitamente, ministrar ou entregar, de qualquer forma, a criança ou adolescente, sem justa causa, produtos cujos componentes possam causar dependência física ou psíquica, ainda que por utilização indevida". A pena é de detenção, de 2 a 4 anos, e multa, se o fato não constituir crime mais grave (seria o caso, por exemplo, da venda de droga ilícita, que configuraria o tráfico da Lei 11.343/2006).

293.3. A conduta de porte de drogas para consumo pessoal possui a natureza de infração sui generis, porquanto o fato deixou de ser rotulado como crime tanto do ponto de vista formal quanto material.

COMENTÁRIOS

Errado. Há entendimento nesse sentido, mas é minoritário. O art. 28 da Lei 11.343/2006 descreve um crime. Ele está situado sob o Título III, denominado "Das Atividades de Prevenção do Uso Indevido, Atenção e Reinserção Social de Usuários e Dependentes de Drogas" e, especificamente, sob o Capítulo III, chamado "Dos Crimes e das Penas". E o art. 28 é o único em tal capítulo que descreve conduta e comina pena. Tem sido este o entendimento dos nossos Tribunais Superiores.

294. (Delegado de Polícia – ES/ 2011 – CESPE) Com relação às legislações pertinentes aos crimes de abuso de autoridade, lavagem de capitais e tortura, bem como à lei que disciplina os procedimentos relativos às infrações de menor potencial ofensivo, julgue os itens.

294.1. Considere a seguinte situação hipotética. As enfermeiras Alda e Alice foram apontadas como autoras de uma omissão de socorro na forma prevista na parte especial do Código Penal. Ao receber o termo circunstanciado, o promotor de justiça ofereceu propostas de transação penal para cada uma das profissionais. Apenas Alda aceitou a proposta e cumpriu as obrigações impostas. Alice alegou que era inocente e não aceitou a transação penal. Oferecida a denúncia e proposta a suspensão condicional do processo, sob o mesmo argumento, Alice não aceitou o benefício. Concluída a instrução criminal em relação a esta, colheram-se provas suficientes da culpabilidade das duas enfermeiras em relação ao crime de omissão de socorro.

Nessa situação hipotética, somente caberá a condenação a Alice, sendo que em relação Alda, que concordou com a transação penal, não se imporá qualquer sanção.

COMENTÁRIOS

Certo. Na transação penal, uma vez aceita a proposta pelo autor do fato e cumprido o acordo por este, evita-se o processo e eventual fixação de pena em caso de condenação. Por isso, havendo o cumprimento do acordo, dá-se a extinção da punibilidade. Portanto, no caso, a enfermeira que aceitou o acordo e o cumpriu não poderá ser condenada, eis que, quanto a ela, já ocorreu a aplicação imediata de pena restritiva de direitos ou multa, nos termos do caput do art. 76 da Lei 9.099/1995.

294.2. Considere a seguinte situação hipotética. Rui, que é policial militar, mediante violência e grave ameaça, infligiu intenso sofrimento físico e mental a um civil, utilizando para isso as instalações do quartel de sua corporação. A intenção do policial era obter a confissão da vítima em relação a um suposto caso extraconjugal havido com sua esposa.

Nessa situação hipotética, a conduta de Rui, independentemente de sua condição de militar e de o fato ter ocorrido em área militar, caracteriza o crime de tortura na forma tipificada em lei específica.

COMENTÁRIOS

Certo. O crime de tortura está previsto no art. 1º da Lei 9.455/1997. No caso, Rui cometeu a modalidade prevista no art. 1º, I, a, pois constrangeu o "civil", com emprego de violência ou grave ameaça, causando-lhe sofrimento físico ou mental, com o fim de obter informação, declaração ou confissão.

294.3. Considere que um agente policial, acompanhado de um amigo estranho aos quadros da administração pública, mas com pleno conhecimento da condição funcional do primeiro, efetuem a prisão ilegal de um cidadão. Nesse caso, ambos responderão pelo crime de abuso de autoridade, independentemente da condição de particular do coautor.

COMENTÁRIOS

Certo. Basta, no caso, a aplicação do art. 30 do CP, pois a condição de autoridade é elementar dos tipos penais previstos na Lei 4.898/1965, comunicando-se, portanto, ao coautor ou partícipe.

294.4. Considere a seguinte situação hipotética. Lucas, penalmente responsável, comanda uma intensa e lucrativa rede de receptação e venda de veículos roubados. Visando ocultar valores provenientes da atividade ilícita, ele forjou pagamentos a um suposto prestador de serviços de advocacia e, após, os mesmos montantes foram simuladamente emprestados a empresas de sua titularidade. Nessa situação hipotética, Lucas responderá pelo crime de lavagem de dinheiro.

COMENTÁRIOS

✪ **Nota do autor:** segundo o gabarito, deveria a conclusão ser considerada incorreta. Cremos que assim se dá porque, posto tenha havido lavagem de dinheiro, o crime antecedente – receptação – não fazia parte do rol de crimes antecedentes previstos no art. 1º da Lei 9.613/1998. Porém, tal lei foi reformada em 2012 pela Lei 12.683, acabando com o rol de crimes antecedentes, de modo que, hoje, qualquer crime antecedente é passível de resultar na lavagem dos seus ganhos.

Certo. A conduta se subsume ao descrito no art. 1º da Lei 9.613/1998: "Ocultar ou dissimular a natureza, origem, localização, disposição, movimentação ou propriedade de bens, direitos ou valores provenientes, direta ou indiretamente, de infração penal".

295. (Delegado de Polícia – MT/ 2010 – UNEMAT) No que concerne ao procedimento comum ordinário e sumário, e ao especial, assinale a alternativa **correta.**

a) No procedimento sumário é incabível a inversão da ordem de oitiva das testemunhas.

b) Os crimes falimentares seguem o rito sumário.

c) Crimes inafiançáveis, praticados por funcionário público, contemplam a benesse da apresentação de resposta à acusação antes do recebimento da denúncia.

d) Tratando-se de crime contra a honra, aplica-se o procedimento comum sumário, sem qualquer peculiaridade especial.

e) O delito de uso de drogas, por ser infração *sui generis*, deve seguir o rito ordinário.

COMENTÁRIOS

Alternativa correta: letra "B": o rito é o sumário, por expressa disposição do art. 185 da Lei 11.101/2005.

Alternativa "A": há entendimento de que é possível tal inversão, já que o art. 536 do CPP determina a ouvida da testemunha que comparecer, observada a ordem prevista no art. 531. A interpretação que se dá é: são ouvidas primeiro as testemunhas arroladas pela acusação que comparecerem e então as da defesa que estiverem presentes, somente depois, em outra audiência, as testemunhas faltantes.

Alternativa "C": o art. 514 do CPP dispõe que, nos crimes afiançáveis praticados por funcionários públicos, estando a denúncia ou queixa em devida forma, o juiz mandará autuá-la e ordenará a notificação do acusado, para responder por escrito, dentro do prazo de 15 dias. Hoje, a regra é a da afiançabilidade de todos os crimes; a exceção, a inafiançabilidade. Portanto, como regra, deve-se aplicar o art. 514, havendo possibilidade de defesa prévia antes do recebimento da denúncia. No caso de crime inafiançável, o dispositivo não se aplica. No entanto, o **STJ** entende que não é necessária a resposta preliminar se a ação penal foi instruída por inquérito policial (Súmula 330). Além disso, o mesmo Tribunal entende que a ausência da resposta sequer seria causa de nulidade absoluta, mas apenas relativa. Nesse sentido: PROCESSO PENAL. HABEAS CORPUS. CONCUSSÃO. DEFESA PRELIMINAR (ART. 514 DO CPP). AUSÊNCIA DE OPORTUNIDADE PARA APRESENTAÇÃO. NÃO ALEGAÇÃO NO MOMENTO OPORTUNO. PRECLUSÃO. ILEGALIDADE. AUSÊNCIA. 1. A defesa preliminar, seja a prevista no art. 514 do Código de Processo penal, ou mesmo aquela inserida no procedimento ordinário, com as reformas processuais penais de 2008, prestam-se a evitar a inútil marcha de ações penais desprovidas de justa causa. É indispensável, contudo, que o vício no procedimento, de ausência de oportunidade para sua apresentação, seja registrado na primeira oportunidade, sob pena de preclusão. In casu, nem na audiência de interrogatório, ocorrida em 2001, nem na defesa prévia, consignou-se a irresignação, que somente veio a lume quando das alegações finais. Ademais, foi instaurada prévia investigação (ministerial) a suportar o oferecimento da denúncia, o que afastaria a nulidade, nos moldes do entendimento sumulado por esta Corte no enunciado 330. 2. Ordem denegada" (HC 126.901-RS, Rel. Min. Maria Thereza de Assis Moura, j. 19.06.2012). O **STF** trilhava o mesmo caminho da Súmula 330 acima citada, mas, recentemente, alterou seu entendimento, exigindo a aplicação do art. 514 do CPP, salvo se o acusado não mais exercer o cargo público quando da denúncia: "HABEAS CORPUS. PROCESSUAL PENAL. OBRIGATORIEDADE DE DEFESA PRÉVIA. ART. 514 DO CPP. PACIENTE QUE NÃO MAIS EXERCIA O CARGO PÚBLICO À ÉPOCA DA DENÚNCIA. PECULIARIDADE QUE AFASTA A EXIGÊNCIA. NULIDADE RELATIVA. NECESSIDADE DE DEMONSTRAR O EFETIVO PREJUÍZO. CONDENAÇÃO TRANSITADA EM JULGADO. ORDEM DENEGADA. I – A partir do julgamento do HC 85.779/RJ, passou-se a entender, nesta Corte, que é indispensável a defesa prévia nas hipóteses do art. 514 do Código de Processo Penal, mesmo quando a denúncia é lastreada em inquérito policial (Informativo 457/STF). II – A jurisprudência do STF, contudo, firmou-se no sentido de que o "procedimento especial previsto no artigo 514 do CPP não é de ser aplicado ao funcionário público que deixou de exercer a função na qual estava investido" (HC 95.402-ED/SP, Rel. Min. Eros Grau). III – Esta Corte decidiu, por diversas vezes, que a defesa preliminar de que trata o art. 514 do Código de Processo Penal tem como objetivo evitar a propositura de ações penais temerárias contra funcionários públicos e, por isso, a sua falta constitui apenas nulidade relativa. IV – O entendimento deste Tribunal, de resto, é o de que para o reconhecimento de eventual nulidade, ainda que absoluta, faz-se necessária a demonstração do prejuízo, o que não ocorreu na espécie. Nesse sentido, o Tribunal tem reafirmado que a demonstração de prejuízo, "a teor do art. 563 do CPP, é essencial à alegação de nulidade, seja ela relativa ou absoluta, eis que (...) o âmbito normativo do dogma fundamental da disciplina das nulidades *pas de nullité sans grief* compreende as nulidades absolutas" (HC 85.155/SP, Rel. Min. Ellen Gracie). V – Habeas corpus denegado" (HC 110.361-SC, Rel Min. Ricardo Lewandowski, j. 05.06.2012).

Alternativa "D": o rito a ser seguido no caso de crimes contra a honra dependerá da pena prevista, sendo aplicável, na maioria dos casos, o procedimento sumaríssimo da Lei 9.099/1995. Além disso, deverá o juiz observar as disposições específicas dos arts. 519 a 523 do CPP, embora haja entendimentos de que estes foram tacitamente revogados pela Lei 9.099.

Alternativa "E": o art. 28 da Lei 11.343/2006 deve seguir o rito sumaríssimo, da Lei 9.099/1995.

---

296. (Delegado de Polícia – MT/ 2010 – UNEMAT) Assinale a alternativa que se distancia das diretrizes estabelecidas pela Lei n° 8.653/93, que dispõe sobre o transporte de presos.

a) Dignidade da pessoa humana.

b) Princípio da humanidade.

c) Legalidade.

d) Vedação de penas degradantes.

e) Direito à imagem

COMENTÁRIOS

✪ **Nota do autor:** a Lei 8.653/1993 possui apenas uma regra (art. 1º): "É proibido o transporte de presos em compartimento de proporções reduzidas, com ventilação deficiente ou ausência de luminosidade".

Alternativa correta: letra "C": realmente, a aplicação da regra acima citada prescinde de qualquer análise de legalidade, ou seja, não depende de análise de outras regras, devendo ser totalmente aplicada.

Alternativa "A": uma das razões para a edição da lei foi a necessidade de respeito à dignidade humana, que é verdadeiro fundamento do Estado brasileiro, assim previsto no inciso III do art. 1º da CF.

Alternativa "B": não é difícil perceber a relação direta entre a proibição à acomodação de presos em compartimento de proporções reduzidas, com ventilação deficiente ou ausência de luminosidade e o princípio da humanidade.

Alternativa "D": embora o transporte de presos não seja pena em si, pode ocorrer durante o processo ou quando do cumprimento de pena. Assim, não pode ser atividade por si mesma degradante, já que nem mesmo se admite tal situação no caso da própria sanção penal.

Alternativa "E": o transporte de presos em situação degradante atinge diversos direitos da personalidade, entre os quais, o da imagem do indivíduo, pois este é mostrado recebendo tratamento que não se deve permitir nem a animais.

---

297. (Delegado de Polícia – PI/ 2009 – NUCEPE) Marque a afirmação correta que se aplica seja aos crimes hediondos (Lei 8.072/90), seja ao tráfico ilícito e ao uso indevido de substâncias entorpecentes (Lei 11.340/2006), seja aos crimes de tortura (Lei 9.455/97).

a) As penas aplicadas ao usuário de substâncias entorpecentes são: a advertência sobre os efeitos das drogas, a prestação de serviços à comunidade e a medida educativa de comparecimento a programa ou curso educativo. Estas, nos casos de descumprimento injustificado, podem ser convertidas em pena privativa de liberdade.

b) O crime de associação para o tráfico ilícito de entorpecente é um crime de concurso necessário, devendo ter no mínimo 2 (dois) sujeitos ativos.

c) Os crimes de tortura, assim como os crimes hediondos, não admitem a anistia, a graça e o indulto.

d) O roubo qualificado pelo resultado (lesão corporal grave e morte), estabelecido no art. 157 § 3°, é crime hediondo.

e) Quem, sendo usuário de substância entorpecente, oferece droga, eventualmente e sem objetivo de lucro, a pessoa de seu relacionamento, para juntos a consumirem, pratica o crime de uso de substância entorpecente, com uma causa especial de aumento de pena pelo oferecimento da droga a terceira pessoa.

COMENTÁRIOS

Alternativa correta: letra "B": a questão, como se vê, mistura aspectos penais e processuais, como se percebe nesta alternativa, que trata de assunto do Direito Penal. No caso, ela está correta porque, de fato, o delito de associação, como lhe é intrínseco, é de concurso necessário e para a configuração do tipo penal do art. 35 da Lei 11.343/2006 bastam que duas pessoas se associem. Diz o tipo penal: "Associarem-se duas ou mais pessoas para o fim de praticar, reiteradamente ou não, qualquer dos crimes previstos nos arts. 33, caput e § 1º, e 34 desta Lei".

Alternativa "A": as penas citadas não podem ser convertidas em privativa de liberdade. Segundo o § 6º do art. 28 da Lei 11.343/2006, em caso de descumprimento, pode o juiz impor, sucessivamente, a admoestação verbal e a multa.

Alternativa "C": segundo o art. 5º, XLIII, da CF os crimes de tortura e os hediondos não admitem fiança, graça e anistia. E o art. 2º, I, da Lei 8.072/1990, inclui a vedação ao indulto. A Lei 9.455/1997, que trata da tortura apenas menciona, no art. 1º, § 6º, a vedação à fiança, à graça e à anistia. Logo, pode-se chegar à conclusão – como chegou o gabarito do concurso – que a Lei de Tortura, por ser especial e posterior à Lei dos Crimes Hediondos, deve prevalecer quanto às vedações, não sendo vedado, portanto, o indulto.

Alternativa "D": o art. 1º, II, da Lei 8.072/1990, inclui como hediondo apenas o latrocínio, ou seja, o roubo com resultado morte.

Alternativa "E": o crime em questão está previsto no § 3º do art. 33 da Lei 11.343/2006, cujo *caput* trata do tráfico de drogas, não do uso. Diz o § 3º: "Oferecer droga, eventualmente e sem objetivo de lucro, a pessoa de seu relacionamento, para juntos a consumirem". A pena prevista é de detenção, de 6 meses a 1 ano, e pagamento de 700 a 1.500 dias-multa, sem prejuízo das penas previstas no art. 28, que trata da posse de droga para uso próprio.

---

298. (Delegado de Polícia – PI/ 2009 – NUCEPE) No homicídio culposo cometido na direção de veículo automotor, a pena é aumentada de um terço à metade, se o agente:

a) afastar-se do veículo do local do acidente, para fugir à responsabilidade penal ou civil que lhe possa ser atribuída.

b) praticá-lo enquanto estiver fazendo uso de aparelho telefônico celular.

c) deixar de prestar socorro, quando possível fazê-lo, sem risco pessoal, à vítima do acidente.

d) no exercício de sua profissão ou atividade, estiver conduzindo veículo de transporte de passageiros ou de carga.

e) estiver sob a influência de álcool ou substância tóxica ou entorpecente de efeitos análogos.

COMENTÁRIOS

Alternativa correta: letra "C": a Lei 9.503/1997 (Código de Trânsito Brasileiro) regula tal situação. Segundo o parágrafo único do art. 302, a pena do homicídio culposo sofrerá o aumento mencionado se o agente: (i) não possuir Permissão para Dirigir ou Carteira de Habilitação; (ii) praticá-lo em faixa de pedestres ou na calçada; (iii) deixar de prestar socorro, quando possível fazê-lo sem risco pessoal, à vítima do acidente, que é a hipótese desta alternativa; e (iv) no exercício de sua profissão ou atividade, estiver conduzindo veículo de transporte de passageiros.

Alternativa "A": a conduta em questão constitui crime específico, previsto no art. 305 da Lei 9.503/1997.

Alternativa "B": é justamente o fato de falar ao celular que constitui a imprudência caracterizadora do delito culposo em tela.

Alternativa "D": há o aumento da pena se o agente estiver conduzindo, no exercício de sua profissão ou atividade, veículo de transporte de passageiros, não de carga.

Alternativa "E": essa era uma causa de aumento, mas foi revogada. Note-se que dirigir sob a influência de droga ou álcool já constitui crime autônomo (art. 306, Lei 9.503/1997).

---

299. (Delegado de Polícia – PI/ 2009 – NUCEPE) Constitui abuso de autoridade (Lei 4.898/65):

a) ordenar ou executar medida privativa da liberdade individual, com as formalidades legais.

b) submeter pessoa sob sua guarda ou custódia a qualquer tipo de vexame ou constrangimento.

c) deixar de comunicar, imediatamente, ao juiz competente a prisão ou detenção de qualquer pessoa.

d) deixar o Juiz de ordenar o relaxamento de prisão ou detenção legal que lhe seja comunicada.

e) levar à prisão e nela deter quem quer que se proponha a prestar fiança, não permitida em lei.

COMENTÁRIOS

✪ **Nota do autor:** as condutas que constituem abuso de autoridade estão previstas nos arts. 3º e 4º da Lei 4.898/1965.

Alternativa correta: letra "C": tal conduta está prevista no art. 4º, *c*, da Lei 4.898/1965.

Alternativa "A": tal conduta seria considerada abuso de autoridade se fosse cometida sem as formalidades legais ou com abuso de poder (art. 4º, *a*, Lei 4.898/1965).

Alternativa "B": é curiosa esta conduta. Somente há crime se o agente submeter pessoa sob sua guarda ou custódia a vexame ou a constrangimento não autorizado em lei.

Alternativa "D": somente haveria crime se a prisão ou a detenção fosse ilegal (art. 4º, *d*, Lei 4.898/1965).

Alternativa "E": somente haveria crime se fosse permitida a fiança (art. 4º, *e*, Lei 4.898/1965).

300. (Delegado de Polícia – RJ/ 2009 – CEPERJ) Considerando as assertivas abaixo, marque a **Alternativa correta:**

I. Em caso de violência doméstica e familiar contra a mulher a Autoridade Policial deverá remeter, em apartado, no prazo de 48 horas, expediente, com o pedido da ofendida para concessão de medidas protetivas de urgência. Após esta medida, o Inquérito Policial prosseguirá normalmente.

II. A decisão de arquivamento do Inquérito Policial pela autoridade Judiciária competente tem eficácia preclusiva, não impedindo, no entanto, a rediscussão dos fatos diante do mesmo conjunto probatório.

III. No Crime de difamação praticado contra funcionário público, no exercício de suas funções, a ação penal é de iniciativa pública incondicionada, em decorrência do interesse da administração pública em comprovar a veracidade ou não dos fatos imputados.

IV. Embora não seja exigível a participação obrigatória do acusado na formação da prova a ele contrária, sua condução coercitiva será possível, tendo em vista ser o interrogatório um meio de defesa.

V. Com relação aos crimes de violência doméstica e familiar contra a mulher não é possível a elaboração de um simples termo circunstanciado, previsto na Lei 9.099/95, com exceção do crime de ameaça em que a pena máxima cominada não ultrapassa 2 (dois) anos.

a) Todas as afirmativas estão corretas.
b) Apenas uma afirmativa está correta.
c) Apenas duas afirmativas estão corretas.
d) Apenas três afirmativas estão corretas.
e) Apenas quatro afirmativas estão corretas.

COMENTÁRIOS

✪ **Nota do autor:** a questão lida com temas diversos, mas escolhemos este tópico, pois há duas afirmativas que cuidam de uma lei especial, a Lei 11.343/2006.

Alternativa correta: letra "B": a afirmativa I está correta.

Item I: certo. De acordo com o art. 12, III, da Lei 11.340/2006, após o registro da ocorrência, deverá a autoridade policial remeter, no prazo de 48 horas, expediente apartado ao juiz com o pedido da ofendida, para a concessão de medidas protetivas de urgência. Assim, por ser expediente apartado do inquérito policial, não atrapalhará a tramitação deste.

Item II: errado. Uma vez arquivado o inquérito policial, somente poderá ser oferecida denúncia se houver novas provas, conforme se depreende do art. 18 do CPP. Por sinal, o STF editou conhecida Súmula a respeito do assunto: "Arquivado o inquérito policial, por despacho do juiz, a requerimento do promotor de justiça, não pode a ação penal ser iniciada sem novas provas" (Súmula 524).

Item III: errado. No caso em tela, a ação penal é pública condicionada à representação do ofendido, ou seja, do funcionário (art. 145, parágrafo único, CP). Todavia, entende-se que pode o funcionário propor queixa-crime, caso queira, sendo hipótese de legitimidade concorrente: "É concorrente a legitimidade do ofendido, mediante queixa, e do Ministério Público, condicionada à representação do ofendido, para a ação penal por crime contra a honra de servidor público em razão do exercício de suas funções" (STF, Súmula 714).

Item IV: errado. Cuidado: muito embora possa o acusado não comparecer à instrução criminal, seu defensor deverá estar presente, sob pena de nulidade, por falta de contraditório na formação da prova. Quanto ao interrogatório, entendemos que o acusado também não é obrigado a comparecer, não podendo o juiz determinar sua condução coercitiva. Caso esteja ele preso, o juiz obrigatoriamente deverá requisitá-lo para comparecer à audiência e ser interrogado, não sendo ele obrigado à responder às perguntas que lhe forem feitas. Há divergência na doutrina quanto à natureza do interrogatório, havendo entendimento que se trata de meio de prova, meio de defesa e ambos.

Afirmativa V: errado. No caso de violência contra a mulher, nos termos da Lei 11.340/2006, deverá ser sempre instaurado inquérito policial, mesmo no delito de ameaça ou nas infrações de menor potencial ofensivo eventualmente contra ela cometidas em tal situação.

301. (Delegado de Polícia – PA/ 2009 – MOVENS)

Em relação à Lei nº 11.343/2006, que trata do tráfico ilícito e do uso de substâncias entorpecentes, assinale a opção correta.

a) A nova lei de tóxicos não prevê o concurso eventual de agentes como causa de aumento de pena. Dessa forma, se as normas anteriores previssem tal majorante, seria forçoso reconhecer abolitio criminis em relação a ela.
b) Não há previsão de políticas preventivas ao uso de drogas na referida lei.
c) Na apuração dos fatos delituosos relacionados ao tráfico de drogas, o inquérito policial deverá ser concluído, em qualquer situação, no prazo de cinco dias.
d) Fará jus à causa especial de redução de pena o agente que, em razão da dependência, ou sob o efeito, proveniente de caso fortuito ou de força maior, de droga, era, ao tempo da ação ou da omissão, inteiramente incapaz de entender o caráter ilícito do fato ou de determinar-se de acordo com esse entendimento.

COMENTÁRIOS

Alternativa correta: letra "A": o art. 40 da Lei 11.343/2006 não prevê tal causa de aumento de pena. Assim, por força do disposto no art. 2º do CP, há que ser aplicada a regra da *abolitio criminis*, ou seja, a majorante não mais existe na lei nova – que se tornou, assim, uma *lex mitior* – e, portanto, tal inovação deve retroagir.

Alternativa "B": há previsão de políticas preventivas no Título III, Capítulo I da Lei 11.343/2006.

Alternativa "C": o prazo para conclusão do inquérito na Lei de Drogas é de 30 dias, se o imputado estiver preso, e de 90 dias, se solto (art. 51, *caput*).

Alternativa "D": segundo o art. 45 da Lei 11.343/2006, nesse caso o imputado será isento de pena. Diz o dispositivo: "É isento de pena o agente que, em razão da dependência, ou sob o efeito, proveniente de caso fortuito ou força maior, de droga, era, ao tempo da ação ou da omissão, qualquer que tenha sido a infração penal praticada, inteiramente incapaz de entender o caráter ilícito do fato ou de determinar-se de acordo com esse entendimento". É um caso de inimputabilidade por dependência ou efeito de droga.

302. (Delegado de Polícia – PA/ 2009 – MOVENS)

No que se refere à Lei nº 10.826/2003 (Estatuto do Desarmamento), assinale a opção correta.

a) As armas de fogo de uso restrito devem ser registradas nos departamentos de polícia civil dos estados.

b) Caberá à polícia federal autorizar, excepcionalmente, a aquisição de armas de fogo de uso restrito, exceto em relação às aquisições pelas polícias civis estaduais.

c) O Sistema Nacional de Armas tem circunscrição em todo o território nacional.

d) Os auditores-fiscais da Receita Federal do Brasil estão proibidos de portar arma de fogo no território nacional.

COMENTÁRIOS

✪ **Nota do autor:** o Estatuto do Desarmamento (Lei 10.826/2003) foi regulamentado pelo Decreto 5.123/2004, que, portanto, será muito importante para a compreensão da matéria, sobretudo quanto ao registro, aquisição e autorização para porte de armas de fogo.

Alternativa correta: letra "C": é o que afirma o art. 1º da Lei 10.826/2003 (Estatuto do Desarmamento): "O Sistema Nacional de Armas – Sinarm, instituído no Ministério da Justiça, no âmbito da Polícia Federal, tem circunscrição em todo o território nacional".

Alternativa "A": tais armas serão registradas no Comando do Exército, conforme estabelece o parágrafo único do art. 3º, da Lei 10.826/2003.

Alternativa "B": este ponto é detalhadamente regulado pelo Decreto 5.123/2004, cujo art. 18 diz competir tal autorização ao Comando do Exército.

Alternativa "D": os auditores da Receita Federal podem portar arma de fogo, de acordo com a autorização do art. 6º, X, do Estatuto do Desarmamento.

303. (Delegado de Polícia – PA/ 2009 – MOVENS) Quanto aos delitos hediondos, à Lei nº 9.296/1996 (interceptação telefônica), ao crime de tortura e aos crimes contra as crianças e os adolescentes, assinale a opção correta.

a) A progressão de regime, no caso dos condenados pela prática de crimes hediondos ou equiparados, dar-se-á após o cumprimento de dois quintos da pena, se o apenado for primário, e de três quintos, se reincidente.

b) A interceptação das comunicações telefônicas poderá ser determinada pelo juiz, de ofício ou a requerimento da autoridade policial ou do representante do Ministério Público, sendo expressamente vedado que o pedido seja formulado verbalmente.

c) Quem submete pessoa presa ou sujeita a medida de segurança a sofrimento físico ou mental, por intermédio da prática de ato não previsto em lei ou não resultante de medida legal, sujeitar-se-á às penas do delito de tortura, sendo certo que esse crime não pode ser praticado na modalidade omissiva.

d) Constitui crime divulgar, total ou parcialmente, sem autorização devida, por qualquer meio de comunicação, nome, ato ou documento de procedimento policial, administrativo ou judicial relativo a criança ou adolescente a que se atribua ato infracional.

COMENTÁRIOS

Alternativa correta: letra "A": a redação original da Lei 8.072/1990 (Lei dos Crimes Hediondos) não previa direito à progressão de regime aos condenados pela prática dos crimes nela elencados. Assim, o condenado deveria cumprir a pena em regime integralmente fechado. Desde a edição da Lei 11.464/2007, que deu nova redação à Lei dos Crimes Hediondos – até em respeito à posição do STF, que entendeu inconstitucional a proibição à progressão de regime – esta passou a estabelecer a progressão, nos termos citados pela alternativa (art. 2º, § 2º).

Alternativa "B": o erro está no final da alternativa, eis que a Lei 9.296/1996 admite que o pedido de interceptação seja feito oralmente: "Excepcionalmente, o juiz poderá admitir que o pedido seja formulado verbalmente, desde que estejam presentes os pressupostos que autorizem a interceptação, caso em que a concessão será condicionada à sua redução a termo" (art. 4º, § 1º).

Alternativa "C": o § 2º do art. 1º da Lei 9.455/1997 prescreve conduta omissiva, com pena própria. Diz o dispositivo: "Aquele que se omite em face dessas condutas, quando tinha o dever de evitá-las ou apurá-las, incorre na pena de detenção de um a quatro anos".

Alternativa "D": a Lei 8.069/1990 (Estatuto da Criança e do Adolescente), não prevê tal conduta como crime, mas apenas como infração administrativa (art. 247, *caput*).

304. (Delegado de Polícia – PA/ 2009 – MOVENS)

Acerca dos crimes cometidos na condução de veículo automotor, da Lei nº 11.340/2006 (violência doméstica), dos crimes contra o meio ambiente e do Estatuto do Idoso, assinale a opção correta.

a) Configura violência doméstica e familiar contra a mulher apenas a ação ou omissão baseada no gênero que cause a morte da vítima, excluindo-se as situações de lesão corporal.

b) Tratando-se de delitos contra o meio ambiente, a responsabilidade das pessoas jurídicas exclui a das pessoas físicas, autoras, coautoras ou partícipes do mesmo fato.

c) Não constitui crime humilhar, menosprezar ou discriminar pessoa idosa, por qualquer motivo.

d) Quando o agente estiver sob a influência de álcool ou qualquer outra substância psicoativa que determine dependência e, nessas condições, praticar lesão corporal culposa no trânsito, deverá ser instaurado inquérito policial para a investigação da infração penal.

COMENTÁRIOS

Alternativa correta: letra "D": deve ser instaurado inquérito policial – e não termo circunstanciado – porque a Lei 9.503/1997 (Código de Trânsito Brasileiro) limita a aplicação da Lei 9.099/1995 em algumas situações. Mais especificamente, não se permite a transação penal nos casos em que o agente estiver sob a influência de álcool ou qualquer outra substância psicoativa que determine dependência; participando, em via pública, de corrida, disputa ou competição automobilística, de exibição ou demonstração de perícia em manobra de veículo automotor, não autorizada pela autoridade competente; e transitando em velocidade superior à máxima permitida para a via em 50 km/h (art. 291, § 1º). E o § 2º do citado dispositivo é expresso: "Nas hipóteses previstas no § 1º deste artigo, deverá ser instaurado inquérito policial para a investigação da infração penal".

Alternativa "A": não são só os casos de morte que configuram a violência doméstica, mas qualquer ação ou omissão baseada no gênero que lhe cause morte, lesão, sofrimento físico, sexual ou psicológico e dano moral ou patrimonial (art. 5º, Lei 11.340/2006).

Alternativa "B": ao contrário, a responsabilidade das pessoas jurídicas não impede que as pessoas físicas sejam, ao mesmo tempo, processadas criminalmente pelo crime contra o meio ambiente (art. 3º, parágrafo único, Lei 9.605/1998).

Alternativa "C": tal conduta é prevista como crime no § 1º do art. 96 do Estatuto do Idoso (Lei 10.741/2003).

305. (Delegado de Polícia – PA/ 2009 – MOVENS) A respeito da identificação criminal, da Lei nº 9.034/1995 (crime organizado), dos crimes de responsabilidade dos prefeitos e vereadores (Decreto-Lei nº 201/1967), da Lei de Licitações e do Estatuto do índio, assinale a opção correta.

a) As infrações criminais tipificadas no Decreto-Lei nº 201/1967 têm como destinatários o prefeito municipal e os vereadores que as praticarem no exercício do mandato.

b) Em regra, o civilmente identificado por documento original não será submetido à identificação criminal, exceto quando envolvido com ações praticadas por organização criminosa, entre outras hipóteses.

c) Os crimes definidos na lei de licitações são de ação penal pública incondicionada, cabendo ao Ministério Público promovê-la, não sendo admissível a ação penal privada subsidiária da pública.

d) Será tolerada a aplicação, pelos grupos tribais, de acordo com as instituições próprias, de sanções penais ou disciplinares contra os seus membros, inclusive, em casos devidamente justificados, da pena de morte.

COMENTÁRIOS

Alternativa correta: letra "B": em caso de a pessoa já ser civilmente identificada, o assunto é regulado pela Lei 12.037/2009, que estabelece os casos em que o civilmente identificado poderá ser submetido à identificação criminal. Os casos são os seguintes (art. 3º): a) o documento apresentar rasura ou tiver indícios de falsidade; b) o documento apresentado for insuficiente para identificar cabalmente o indiciado; c) o indiciado portar documentos de identidade distintos, com informações conflitantes entre si; d) a identificação criminal for essencial às investigações policiais, segundo despacho da autoridade judiciária competente, que decidirá de ofício ou mediante representação da autoridade policial, do Ministério Público ou da defesa; e) constar de registros policiais o uso de outros nomes ou diferentes qualificações; f) o estado de conservação ou a distância temporal ou da localidade da expedição do documento apresentado impossibilite a completa identificação dos caracteres essenciais. Além disso, o art. 5º da Lei 9.034/1995 dispunha que a identificação criminal de pessoas envolvidas com a ação praticada por organizações criminosas deveria ser realizada independentemente da identificação civil. A Lei 9.034/1995 foi revogada pela Lei 12.850/2013, que não trata do assunto.

Alternativa "A": os crimes previstos no Decreto 201/1967 são cometidos apenas por Prefeitos. Há, no mesmo texto legal, infrações variadas, mas não de natureza criminal, atribuíveis a Prefeitos e Vereadores.

Alternativa "C": o art. 103 da Lei 8.666/1993 admite expressamente a possibilidade de ação penal privada subsidiária da pública, nos exatos termos do art. 29 do CPP, ou seja, quando houver inércia do Ministério Público.

Alternativa "D": o Estatuto do Índio (Lei 6.001/1973) prevê em seu art. 57 que: "Será tolerada a aplicação, pelos grupos tribais, de acordo com as instituições próprias, de sanções penais ou disciplinares contra os seus membros, desde que não revistam caráter cruel ou infamante, proibida em qualquer caso a pena de morte".

---

306. (Delegado de Polícia – PA/ 2009 – MOVENS) Nos casos de violência doméstica e familiar contra a mulher, a Lei nº 11.340/2006 (Lei Maria da Penha) determina que, feito o registro da ocorrência, deverá a autoridade policial remeter, no prazo de 48 horas, expediente apartado ao juiz com o pedido da ofendida, que será tomado a termo pela autoridade policial, para a concessão de medidas protetivas de urgência, muitas das quais de natureza nitidamente civil, como, por exemplo, a prestação de alimentos provisionais ou provisórios.

Com base nessas premissas, assinale a opção que indica o momento em que se considera iniciada a litispendência em relação à mulher, autora nos autos da medida protetiva.

a) Na data da propositura da ação.

b) Na data em que o termo da demanda foi distribuído no Poder Judiciário.

c) Na data em que o termo da demanda foi despachado pelo juiz competente.

d) Na data em que demandou a medida perante a autoridade policial.

COMENTÁRIOS

✪ **Nota do autor:** o art. 12, III, da Lei 11.340/2006, prevê o dever da autoridade policial descrito no enunciado da questão. Segundo pesquisas que efetuamos na *internet*, percebemos que houve a impetração de mandado de segurança por candidato desse concurso, cuja ordem foi concedida. Questionava-se o gabarito. Constou do acórdão que a banca examinadora não explicou o motivo pelo qual escolheu a alternativa "D" como correta, não sendo encontrada uma resposta objetiva em quaisquer das fontes do direito brasileiro.

Alternativa considerada correta: letra "D": discordamos, pois foge ao conceito de litispendência. Autoridade policial não pode ser equiparada a autoridade judiciária e, assim, não há "demanda" apresentada a ela. A autoridade policial então remete o expediente ao juiz, expediente este que contém o pedido da vítima para a concessão de medidas protetivas.

Alternativas "A" (responde, também, as alternativa "B" e "C"): pensamos que se pode aceitar a existência de litispendência já quando protocolado o expediente contendo o pedido da vítima, aplicando-se, aqui, a disposição do art. 312 do novo CPC: "Considera-se proposta a ação quando a petição inicial for protocolada, todavia, a propositura da ação só produz quanto ao réu os efeitos mencionados no art. 240 depois que for validamente citado". Mas a questão, podemos adiantar, não é nada pacífica e a escolha do tema foi extremamente infeliz, sobretudo numa questão objetiva, de múltipla escolha. Basta verificar que, no acórdão acima citado, considerou-se como correta a alternativa "A"; lembrando que a questão é anterior ao advento do novo CPC, que possuía dispositivo diferente do visto acima.

---

307. (Delegado de Polícia – RO/ 2009 – FUNCAB) Sobre a Lei nº 4.898/1965, que regula o processo de responsabilidade administrativa, civil e penal, nos casos de abuso de autoridade, é correto afirmar que:

a) considera-se autoridade, para os efeitos dessa lei, quem exerce cargo, emprego ou função pública de modo definitivo e mediante remuneração.

b) o processo administrativo disciplinado na referida lei será sempre sobrestado para o fim de aguardar a decisão da ação penal ou civil.

c) a ação penal nos crimes tratados por essa lei é pública incondicionada.

d) a ação penal depende de representação do ofendido, que será exercida por meio de petição dirigida à autoridade policial.

e) o crime de abuso de autoridade consistente no atentado à liberdade de locomoção admite tentativa.

COMENTÁRIOS

Alternativa correta: letra "C" (responde, também, a alternativa "D"): a leitura da Lei de Abuso de Autoridade (Lei 4.898/1965) faz crer que a ação penal nos delitos nela previstos dependem de representação do ofendido. Mas, para afastar tal impressão, foi editada a Lei 5.249/1967, que expressamente previu (art. 1º): "A falta de representação do ofendido, nos casos de abusos previstos na Lei nº 4.898, de 9 de dezembro de 1965, não obsta a iniciativa ou o curso de ação pública". Se a denúncia ficasse obstada, isso significaria que a ação penal era dependente da representação, portanto, pública condicionada. Porém, como visto, a ação não depende de representação.

Alternativa "A": segundo o art. 5º da Lei 4.898/1965, considera-se autoridade, para os efeitos de tal lei, quem exerce cargo, emprego ou função pública, de natureza civil, ou militar, ainda que transitoriamente e sem remuneração.

Alternativa "B": ao contrário do que consta da alternativa, o § 3º do art. 7º da Lei 4.898/1865 determina expressamente que o processo administrativo não poderá ser sobrestado para o fim de aguardar a decisão da ação penal ou civil.

Alternativa "E": o art. 3º já prevê que se trata de "atentado" à liberdade de locomoção (alínea *a*). Ou seja, o crime consiste em atentar contra a liberdade de locomoção, tenha ou não o agente sucesso, ou seja, consiga ou não o resultado. Assim, sendo o crime de atentado, não se fala em tentativa.

---

308. (Delegado de Polícia – RO/ 2009 – FUNCAB) A respeito da disciplina normativa prevista na Lei nº 11.343/2006, também conhecida como Lei Antidrogas, é correto afirmar que:

a) a infiltração de agentes de polícia é expressamente vedada na investigação dos crimes previstos nessa lei.

b) nos crimes tratados por essa lei, o inquérito policial será concluído no prazo de 30 (trinta) dias se o indiciado estiver preso, e de 60 (sessenta) dias, quando solto.

c) a conduta daquele que traz consigo droga sem autorização ou em desacordo com determinação legal ou regulamentar para uso próprio, submete-se ao procedimento estabelecido na Lei nº 9.099/95.

d) no crime de tráfico ilícito de entorpecentes, a denúncia poderá ser oferecida sem o laudo prévio, desde que, no momento da sentença, já exista laudo definitivo confirmando a natureza da substância.

e) na defesa prévia, somente poderão ser arroladas testemunhas e requeridas diligências.

COMENTÁRIOS

Alternativa correta: letra "C": realmente, é a própria Lei 11.343/2006 (Lei de Drogas) que determina tal tratamento no § 1º do art. 48. Ali, há determinação expressa para que em tal delito – posse de droga para uso próprio (art. 28) – sejam aplicadas as disposições da Lei 9.099/1995 a respeito do procedimento.

Alternativa "A": ao contrário, a infiltração de agentes de polícia é permitida pela Lei de Drogas. Com efeito, diz o art. 53, I, que em qualquer fase da persecução criminal relativa aos crimes previstos nessa Lei, é permitida, mediante autorização judicial e ouvido o Ministério Público, a infiltração por agentes de polícia, em tarefas de investigação, constituída pelos órgãos especializados pertinentes. Tal dispositivo recebe críticas da doutrina – a nosso ver, com razão – pois não regulamenta os termos desse delicado assunto, limitando-se a dizer que depende de autorização policial e exigindo prévia oitiva do Ministério Público. A Lei 12.850/2013 traz uma melhor regulamentação do tema.

Alternativa "B": os prazos para conclusão do IP na Lei de Drogas são diversos daqueles previstos no CPP. De fato, o art. 51, *caput*, da Lei 11.343/2006, diz que o inquérito policial será concluído no prazo de 30 dias, se o indiciado estiver preso, e de 90 dias, quando solto.

Alternativa "D": o laudo definitivo não é necessário, segundo o art. 50, § 1º, da Lei 11.343/2006. Diz tal dispositivo que, para efeito da lavratura do auto de prisão em flagrante e estabelecimento da materialidade do delito – o que inclui os elementos mínimos para o oferecimento da denúncia –, é suficiente o laudo de constatação da natureza e quantidade da droga, firmado por perito oficial ou, na falta deste, por pessoa idônea.

Alternativa "E": a defesa prévia é mais ampla. O § 1º do art. 55 da Lei de Drogas estabelece que, na resposta, consistente em defesa preliminar e exceções, o acusado poderá arguir preliminares e invocar todas as razões de defesa, oferecer documentos e justificações, especificar as provas que pretende produzir e, até o número de 5, arrolar testemunhas.

309. (Delegado de Polícia – RO/ 2009 – FUNCAB) Caio, Delegado de Polícia, percebe que, na sala ao lado, Antônio, agente policial lotado em sua Delegacia, submete Tício, preso em flagrante, a sofrimento físico mediante violência, como forma de aplicar-lhe castigo pessoal. Caio nada fez para impedir tal conduta. Pode-se afirmar que Caio e Antônio cometeram as seguintes condutas, respectivamente:

a) Caio será punido por sua omissão na forma da Lei nº 9.455/1997 e Antônio responderá pelo crime de tortura.

b) Caio será punido por sua omissão na forma da Lei nº 9.455/1997 e Antônio não responderá por crime algum, por ser seu subordinado.

c) Caio não praticou crime algum e Antônio cometeu o crime de tortura.

d) Caio responderá pelo crime de constrangimento ilegal em concurso de agentes com Antônio.

e) Caio não praticou crime algum e Antônio responderá pelo crime de abuso de autoridade.

COMENTÁRIOS

Alternativa correta: letra "A" (responde, também, a alternativa "C"): A Lei de Tortura (Lei 9.455/1997) prevê tipos penais para a conduta do agente policial e do delegado, no caso descrito acima. Assim, o agente responderá pelo crime descrito no art. 1º, II (submeter alguém, sob sua guarda, poder ou autoridade, com emprego de violência ou grave ameaça, a intenso sofrimento físico ou mental, como forma de aplicar castigo pessoal ou medida de caráter preventivo), com pena de reclusão, de 2 a 8 anos. Já o delegado incidirá no § 2º do art. 1º, que dispõe: "Aquele que se omite em face dessas condutas, quando tinha o dever de evitá-las ou apurá-las, incorre na pena de detenção de um a quatro anos".

Alternativa "B": o agente deverá ser punido na forma vista no comentário à alternativa anterior, não o eximindo o fato de ser subordinado.

Alternativa "D": o crime de tortura é previsto em nosso ordenamento, sendo a conduta especial em relação à genérica disposição do CP sobre o constrangimento ilegal. Portanto, aplica-se a legislação especial.

Alternativa "E": vide comentários às alternativas "A" e "D". Observo que o crime de tortura é específico e se subsume à conduta do agente. Portanto, não se deve aplicar a Lei de Abuso de Autoridade, que teria um caráter subsidiário: somente haveria abuso de autoridade se não fosse possível inserir a conduta do agente em algumas das condutas previstas na Lei de Tortura.

310. (Delegado de Polícia – RN/ 2008 – CESPE) Acerca do direito de representação e do processo de responsabilidade administrativa civil e penal, nos casos de abuso de autoridade, assinale a opção incorreta.

a) O direito de representação será dirigido ao MP competente para dar início à ação penal contra a autoridade apontada como culpada, não podendo ser dirigido ao juiz ou à polícia.

b) A representação será encaminhada à autoridade superior àquela acusada de ter cometido o abuso, com competência legal para aplicar a sanção necessária, se for o caso.

c) Caso um policial e outra pessoa, não pertencente aos quadros da administração pública e com conhecimento da condição de autoridade do policial, efetuem, juntos, uma prisão ilegal, responderão ambos por abuso de autoridade.

d) É admissível a participação, ou seja, o auxílio de terceiro para o cometimento do delito de abuso de autoridade, sem que o terceiro pratique, diretamente, a figura típica.

e) O autor do abuso de autoridade está sujeito a responder pelo ato nas esferas administrativa, civil e penal. A sanção civil depende do ajuizamento da ação correspondente a ser proposta pela vítima.

COMENTÁRIOS

✪ **Nota do autor:** a Lei 4.898/1965 trata da representação e das formas de cometimento do crime de abuso de autoridade.

Alternativa incorreta: letra "A" (responde, também, a alternativa "B"): o art. 2º da Lei 4.898/1965 dispõe expressamente que o direito de representação será exercido por meio de petição dirigida à autoridade superior com competência legal para aplicar a sanção de natureza administrativa ou ao Ministério Público, para fins penais. Além disso, entende a doutrina nada impedir que a representação seja encaminhada ao juiz ou à própria polícia, ainda que o seja para fins penais.

Alternativa "C": deve-se aplicar o disposto no art. 30 do CP. Assim, sendo o conceito de autoridade (vide definição no art. 5º da Lei 4.898/1965), elementar do tipo penal de abuso de autoridade, comunica-se ao coautor ou partícipe.

Alternativa "D": trata-se da própria ideia de participação. Aqui, uma vez mais, deve-se aplicar o CP, especificamente o art. 29, de modo que aquele que concorre para o crime – mesmo não executando o núcleo do tipo penal, isto é, como partícipe – incide nas penas a ele cominadas.

Alternativa "E": é o que dispõe o *caput* do art. 6º da Lei 4.898/1965. O § 2º diz que a sanção civil, caso não seja possível fixar o valor do dano, consistirá no pagamento de indenização cujo valor encontra-se ainda em moeda não mais existente na economia brasileira. Logo, é inaplicável, razão pela qual somente será possível a indenização se a vítima intentar a devida ação civil, havendo apenas a possibilidade – aplicável a todo o processo penal – de o juiz fixar o valor mínimo da reparação já na sentença penal condenatória.

---

311. (Delegado de Polícia – RN/ 2008 – CESPE) De acordo com a Lei nº 9.807/1999, que trata de Programas de Proteção a Vítimas e Testemunhas, assinale a opção correta.

a) Estão excluídos da proteção os ascendentes e os dependentes que tenham convivência habitual com a vítima ou a testemunha.

b) Estão incluídos nessa proteção os condenados que estejam cumprindo pena, uma vez que é dever do Estado proteger a integridade física do preso.

c) O ingresso nesse programa e as restrições de segurança independem da anuência da pessoa protegida ou de seu representante legal.

d) A solicitação visando ao ingresso nesse programa poderá ser encaminhada ao órgão executor pelo interessado, por representante do MP, pela autoridade policial que conduz a investigação criminal, pelo juiz competente para a instrução do processo criminal ou por órgãos públicos e entidades com atribuições de defesa dos direitos humanos.

e) Os programas não compreendem ajuda financeira mensal para prover as despesas necessárias à subsistência individual ou familiar, se a pessoa protegida estiver impossibilitada de desenvolver trabalho regular.

COMENTÁRIOS

Alternativa correta: letra "D": é a previsão do art. 5º e incisos da Lei 9.807/1999. Deve haver a concordância da pessoa que será protegida, um parecer do Ministério Público e, somente então, haverá a decisão sobre o ingresso da pessoa no programa de proteção, que será proferida por um conselho deliberativo.

Alternativa "A": segundo o § 1º do art. 2º da Lei 9.807/1999, a proteção poderá ser dirigida ou estendida ao cônjuge ou companheiro, ascendentes, descendentes e dependentes que tenham convivência habitual com a vítima ou testemunha, conforme o especificamente necessário em cada caso.

Alternativa "B": segundo o § 2º da Lei 9.807/1999, estão excluídos da proteção os indivíduos cuja personalidade ou conduta seja incompatível com as restrições de comportamento exigidas pelo programa, os condenados que estejam cumprindo pena e os indiciados ou acusados sob prisão cautelar em qualquer de suas modalidades. Tal exclusão não trará prejuízo a eventual prestação de medidas de preservação da integridade física desses indivíduos por parte dos órgãos de segurança pública.

Alternativa "C": depende de tal anuência (art. 2º, § 3º, Lei 9.807/1999).

Alternativa "E": o programa de proteção compreende, dentre outras, as seguintes medidas, aplicáveis isolada ou cumulativamente em benefício da pessoa protegida, segundo a gravidade e as circunstâncias de cada caso: a) segurança na residência, incluindo o controle de telecomunicações; b) escolta e segurança nos deslocamentos da residência, inclusive para fins de trabalho ou para a prestação de depoimentos; c) transferência de residência ou acomodação provisória em local compatível com a proteção; d) preservação da identidade, imagem e dados pessoais; e) ajuda financeira mensal para prover as despesas necessárias à subsistência individual ou familiar, no caso de a pessoa protegida estar impossibilitada de desenvolver trabalho regular ou de inexistência de qualquer fonte de renda (terá um teto fixado pelo conselho deliberativo no início de cada exercício financeiro); f) suspensão temporária das atividades funcionais, sem prejuízo dos respectivos vencimentos ou vantagens, quando servidor público ou militar; g) apoio e assistência social, médica e psicológica; h) sigilo em relação aos atos praticados em virtude da proteção concedida; i) apoio do órgão executor do programa para o cumprimento de obrigações civis e administrativas que exijam o comparecimento pessoal.

312. (Delegado de Polícia – BA/ 2008 – ACADEPOL) Identifique com V as afirmativas verdadeiras e com F, as falsas.

Consoante ao artigo 11 da Lei nº. 11.340/2006, Lei Maria da Penha, a autoridade policial da Delegacia Circunscricional do município de Casa Nova, no atendimento à mulher em situação de violência doméstica e familiar, deverá, entre outras, adotar as seguintes providências, sem prejuízo dos procedimentos previstos no Código do Processo Penal:

( ) Garantir proteção policial, quando necessário, comunicando o fato, de imediato, ao Ministério Público e ao Poder Judiciário.

( ) Encaminhar a ofendida ao hospital ou posto de saúde e ao Instituto Médico Legal.

( ) Fornecer transporte para a ofendida e seus dependentes, para abrigo ou local seguro, quando houver risco de vida.

( ) Acompanhar, se necessário, a ofendida para assegurar a retirada de seus pertences do local da ocorrência ou domicílio familiar.

( ) Informar à ofendida os direitos a ela conferidos na Lei Maria da Penha e os serviços disponíveis.

A alternativa que contém a sequência correta, de cima para baixo, é a

a) F – V – F – F

b) V – V – V – F

c) V – V – V – V

d) V – F – V – F

e) F – F – V – V

COMENTÁRIOS

✪ **Nota do autor:** a questão foi anulada. Há mais afirmativas do que respostas nas alternativas.

1ª afirmativa: verdadeira. É o que dispõe o inciso I do art. 11 da Lei 11.340/2006.

2ª afirmativa: verdadeira. É o que dispõe o inciso II do art. 11 da Lei 11.340/2006.

3ª afirmativa: verdadeira. É o que dispõe o inciso III do art. 11 da Lei 11.340/2006.

4ª afirmativa: verdadeira. É o que dispõe o inciso IV do art. 11 da Lei 11.340/2006.

5ª afirmativa: verdadeira. É o que dispõe o inciso V do art. 11 da Lei 11.340/2006.

313. (Delegado de Polícia – BA/ 2008 – ACADEPOL) Consoante o artigo 12 da Lei nº 11.340, em todos os casos de violência doméstica e familiar contra a mulher, realizado o registro da ocorrência, deverá a autoridade policial adotar, de imediato, entre outros, os seguintes procedimentos, sem prejuízo daqueles previstos no Código do Processo Penal:

( ) Ouvir a ofendida, lavrar o Boletim de Ocorrência, tomar representação a termo, se apresentada.

( ) Colher todas as provas que servirem ao atendimento dos fatos e suas circunstâncias

( ) Remeter, no prazo de 48 horas, expediente apartado ao juiz com o pedido da ofendida, para a concessão de medidas protéticas de urgência.

( ) Determinar que se proceda ao exame de corpo de delito da ofendida e requisitar outros exames periciais necessários.

( ) Ouvir o agressor e as testemunhas.

( ) Ordenar a identificação do agressor e fazer juntar aos autos sua folha de antecedentes criminais, indicando a existência de mandato de prisão com registro de outras ocorrências policiais contra ele.

( ) Remeter, no prazo legal, os autos do Inquérito Policial à autoridade competente.

A alternativa que contém a sequência correta, de cima para baixo, é a

a) V – V – V – F – F – V – F

b) V – V – V – V – V – F – F

c) V – V – V – V – V – V – V

d) V – F – V – F – F – F – V

e) F – F – V – V – V – V – V

COMENTÁRIOS

✪ **Nota do autor:** a questão descreve todos os incisos do art. 12 da Lei 11.340/2006.

Alternativa correta: letra "C". Todas as alternativas são verdadeiras.

1ª afirmativa: verdadeira. É o que dispõe o inciso I do art. 12 da Lei 11.340/2006.

2ª afirmativa: verdadeira. É o que dispõe o inciso II do art. 12 da Lei 11.340/2006.

3ª afirmativa: verdadeira. É o que dispõe o inciso III do art. 12 da Lei 11.340/2006.

4ª afirmativa: verdadeira. É o que dispõe o inciso IV do art. 12 da Lei 11.340/2006.

5ª afirmativa: verdadeira. É o que dispõe o inciso V do art. 12 da Lei 11.340/2006.

6ª afirmativa: verdadeira. É o que dispõe o inciso VI do art. 12 da Lei 11.340/2006.

7ª afirmativa: verdadeira. É o que dispõe o inciso VII do art. 12 da Lei 11.340/2006.

314. (Delegado de Polícia – SC/ 2008 – ACADEPOL) Analise o seguinte caso: "Tulius", reincidente em crime doloso, partícipe de crime de sequestro ou cárcere privado, interrogado no inquérito pela autoridade policial, além de assumir seu envolvimento no ilícito, indicou o local onde se achava a vítima, o que permitiu a sua libertação com a integridade física preservada. No mesmo interrogatório "Tulius" delatou os seus comparsas – autores executores do crime, os quais foram identificados e posteriormente presos preventivamente.

Ele poderá obter perdão judicial por força da delação premiada?

a) Sim, pois ele preenche todos os requisitos exigidos pela Lei nº 9.807/99.
b) Não, pois "Tulius" não é primário.
c) Sim, porque não se trata de delito patrimonial praticado com violência ou grave ameaça à pessoa.
d) Não, pois se trata de crime contra a liberdade da pessoa.

COMENTÁRIOS

✪ **Nota do autor:** a questão trata da chamada "delação premiada", prevista em diversos textos legais. A questão trata de sequestro (art. 148, CP), não de extorsão mediante sequestro (art. 159, CP). Se fosse este último caso, há previsão expressa a respeito no CP. No entanto, seja qual for o crime, é certo que a Lei 9.807/1999 trata dos temas da proteção a testemunhas e também da delação premiada. Neste último caso, a lei trata do assunto nos arts. 13 e 14, o primeiro aplicável aos réus primários, com previsão de perdão judicial, e o segundo, a todos os demais, apenas com previsão de diminuição da pena. No caso de organizações criminosas, é aplicável a Lei 12.850/2013.

Alternativa correta: letra "B": o art. 13 da Lei 9.807/1999 dispõe que poderá o juiz, de ofício ou a requerimento das partes, conceder o perdão judicial e a consequente extinção da punibilidade ao acusado que, sendo primário, tenha colaborado efetiva e voluntariamente com a investigação e o processo criminal, desde que dessa colaboração tenha resultado a identificação dos demais coautores ou partícipes da ação criminosa, a localização da vítima com a sua integridade física preservada, a recuperação total ou parcial do produto do crime. Já o art. 14 dispõe que ao indiciado ou acusado – primário ou não, notem – que colaborar voluntariamente com a investigação policial e o processo criminal na identificação dos demais coautores ou partícipes do crime, na localização da vítima com vida e na recuperação total ou parcial do produto do crime, no caso de condenação, terá pena reduzida de um a dois terços. Portanto, no caso em questão, é perfeitamente possível a aplicação do art. 14, mas impossível a concessão do perdão judicial.

Alternativa "A": como visto acima, para que fosse possível a concessão do perdão judicial, seria necessário que o acusado fosse primário, o que não ocorre no caso.

Alternativa "C": não se trata de crime patrimonial, mas de delito contra a pessoa, mais especificamente, um crime contra a liberdade.

Alternativa "D": é verdade que o sequestro é crime contra a liberdade, o que não impede a aplicação dos arts. 13 e 14 da Lei 9.807/1999. O problema é que o acusado da questão não cumpre todos os requisitos do art. 13 e, por isso, não pode receber o perdão judicial.

315. (Delegado de Polícia – GO / 2008 – UEG) Sobre a interceptação das comunicações, é CORRETO afirmar:

a) no conhecimento ou encontro fortuito de provas, os elementos probatórios relativos a outro crime, encontrados casualmente à investigação de um determinado delito, durante interceptação telefônica judicialmente autorizada, podem ser valorados quando, por exemplo, guardarem relação de conexão com o delito que justificou a medida.
b) o efeito-à-distância explica que a proibição de valoração que incide sobre o meio de prova primário, obtido a partir de interceptação ilícita, não é comunicável ao meio de prova secundário, uma vez que, nestes casos, o interesse social deve prevalecer sobre o direito à privacidade dos investigados.
c) as correspondências remetidas aos presos, mesmo por razões de segurança pública ou disciplina prisional, só podem ser interceptadas pela administração penitenciária mediante autorização judicial, sob pena de violação da intimidade ou privacidade do emitente e destinatário.
d) somente o Poder Judiciário pode autorizar o início das interceptações telefônicas para investigação de crimes punidos com detenção, porquanto tal medida se encontra sob a cláusula da reserva de jurisdição.

COMENTÁRIOS

✪ **Nota do autor:** a interceptação das comunicações telefônicas é permitida expressamente pela CF (art. 5º, XII: "é inviolável o sigilo da correspondência e das comunicações telegráficas, de dados e das comunicações telefônicas, salvo, no último caso, por ordem judicial, nas hipóteses e na forma que a lei estabelecer para fins de investigação criminal ou instrução processual penal") e regulada pela Lei 9.296/1996.

Alternativa correta: letra "A": refere-se a alternativa à hipótese em que há autorização judicial para interceptação telefônica para fins de investigação de um determinado delito, no curso da qual são ouvidas conversas que dão conta da ocorrência de outros crimes, não mencionados expressamente na citada autorização judicial e que sequer eram objetos da investigação. Nesse caso, dá-se o chamado encontro fortuito, sendo aceito o elemento de prova resultante, havendo conexão entre o crime por acaso descoberto e o investigado. Mas atenção: tal exigência de conexão somente existe quanto ao encontro fortuito de crimes já ocorridos, não em relação a crimes cuja prática é anunciada nas conversas. Nesse sentido, posicionamento do STJ: "PENAL E PROCESSUAL PENAL.

HABEAS CORPUS SUBSTITUTIVO DE RECURSO ORDINÁRIO. ART. 288 DO CÓDIGO PENAL. INÉPCIA DA DENÚNCIA OFERECIDA EM DESFAVOR DOS PACIENTES BASEADA EM MATERIAL COLHIDO DURANTE A REALIZAÇÃO DE INTERCEPTAÇÃO TELEFÔNICA PARA APURAR A PRÁTICA DE CRIME DIVERSO. ENCONTRO FORTUITO. NECESSIDADE DE DEMONSTRAÇÃO DA CONEXÃO ENTRE O CRIME INICIALMENTE INVESTIGADO E AQUELE FORTUITAMENTE DESCOBERTO. I – Em princípio, havendo o encontro fortuito de notícia da prática futura de conduta delituosa, durante a realização de interceptação telefônica devidamente autorizada pela autoridade competente, não se deve exigir a demonstração da conexão entre o fato investigado e aquele descoberto, a uma, porque a própria Lei nº 9.296/96 não a exige, a duas, pois o Estado não pode se quedar inerte diante da ciência de que um crime vai ser praticado e, a três, tendo em vista que se por um lado o Estado, por seus órgãos investigatórios, violou a intimidade de alguém, o fez com respaldo constitucional e legal, motivo pelo qual a prova se consolidou lícita. II – A discussão a respeito da conexão entre o fato investigado e o fato encontrado fortuitamente só se coloca em se tratando de infração penal pretérita, porquanto no que concerne as infrações futuras o cerne da controvérsia se dará quanto a licitude ou não do meio de prova utilizado e a partir do qual se tomou conhecimento de tal conduta criminosa. Habeas corpus denegado" (HC 69.552-PR, Rel. Min. Felix Fischer, j. 06.02.2007).

Alternativa "B": as teorias "dos frutos da árvore envenenada" e "da fonte independente" foram claramente adotada na reforma sofrida pelo CPP em 2008, bastando verificar a redação dada ao § 1º do art. 157. Enquanto o *caput* proíbe a valoração das provas ilícitas – consideradas inadmissíveis, devendo ser desentranhadas dos autos – o referido parágrafo afirma: "São também inadmissíveis as provas derivadas das ilícitas" (frutos da árvore envenenada"), "salvo quando não evidenciado o nexo de causalidade entre umas e outras, ou quando as derivadas puderem ser obtidas por uma fonte independente das primeiras". O que se deve entender por "fonte independente"? Diz o § 2º: "aquela que por si só, seguindo os trâmites típicos e de praxe, próprios da investigação ou instrução criminal, seria capaz de conduzir ao fato objeto da prova". Para nós, isso é não propriamente fonte independente, como vimos repetidas vezes no tópico sobre as provas.

Alternativa "C": tendo em vista o disposto no art. 5º, XI, da CF (vide nota do autor), a doutrina tem discutido se é possível a utilização como prova de correspondência interceptada. O STF já tratou da questão e revelou admitir a interceptação das missivas, independentemente de autorização judicial: "(...) A administração penitenciária, com fundamento em razoes de segurança pública, de disciplina prisional ou de preservação da ordem jurídica, pode, sempre excepcionalmente, e desde que respeitada a norma inscrita no art. 41, parágrafo único, da Lei nº 7.210/84, proceder a interceptação da correspondência remetida pelos sentenciados, eis que a cláusula tutelar da inviolabilidade do sigilo epistolar não pode constituir instrumento de salvaguarda de práticas ilícitas. (...)" (HC 70.814-SP, Rel. Min. Celso de Mello, j. 1º.03.1994).

Alternativa "D": a Lei 9.296/1996 não permite que se autorize a interceptação telefônica para apuração de crimes apenados com detenção (art. 2º, III).

316. (Delegado de Polícia – MG / 2008 – ACADEPOL – PC/MG) Em relação ao procedimento dos delitos previstos na Lei nº 11.343/2006, assinale a afirmativa ***INCORRETA***.

a) Para efeito de lavratura do auto de prisão em flagrante delito e demonstração da materialidade delitiva, é suficiente o laudo de constatação da natureza e quantidade da droga firmado por perito oficial ou, na falta deste, por pessoa idônea.

b) Na hipótese de indiciado preso, o inquérito policial deverá terminar no prazo de 10 dias.

c) Os prazos para o término do inquérito policial podem ser duplicados pelo juiz, ouvido o Ministério Público, mediante pedido justificado da autoridade de polícia judiciária.

d) Na hipótese de indiciado solto, o inquérito policial deverá terminar no prazo de 90 dias.

COMENTÁRIOS

Alternativa incorreta: letra "B": de acordo com o art. 51, *caput*, da Lei 11.343/2006, o inquérito policial será concluído no prazo de 30 dias, se o indiciado estiver preso, e de 90 dias, quando solto.

Alternativa "A": é a regra do § 1º do art. 50 da Lei 11.343/2006. Posteriormente, deverá ser elaborado um laudo definitivo, não havendo impedimento de que seja subscrito pelo mesmo perito (§ 2º).

Alternativa "C": é o que dispõe o parágrafo único do art. 51 da Lei 11.343/2006. Esta lei diz expressamente que o Ministério Público deve ser ouvido pelo juiz antes da concessão ou não do prazo.

Alternativa "D": como visto acima, é o prazo previsto no art. 51, *caput*, da Lei 11.343/2006.

317. (Delegado de Polícia – MG / 2008 – ACADEPOL – PC/MG) Na prática de violência doméstica e familiar contra a mulher, assinale a afirmativa ***CORRETA***.

a) A mulher ofendida, na hipótese de delito de ação penal pública condicionada à representação, somente poderá renunciar ao direito de representação perante a autoridade judiciária, em audiência especialmente designada para esse fim, desde que antes do recebimento da denúncia.

b) A mulher ofendida, na hipótese de delito de ação penal pública condicionada à representação, somente poderá renunciar ao direito de representação perante a autoridade judiciária, em audiência especialmente designada para esse fim, desde que antes do oferecimento da denúncia.

c) A mulher ofendida, na hipótese de delito de ação penal pública condicionada à representação, poderá se retratar da representação a qualquer momento, seja na fase do inquérito policial ou do processo judicial.

d) A mulher ofendida, na hipótese de delito de ação penal pública condicionada à representação, não poderá renunciar ao direito de representação mesmo que perante a autoridade judiciária.

COMENTÁRIOS

✪ **Nota do autor:** a base para o tratamento da violência doméstica contra mulher é a Lei 11.340/2006, também conhecida como "Lei Maria da Penha", que tem como grande marca a possibilidade de aplicação de medidas protetivas.

Alternativa correta: letra "A" (responde, também, a alternativa "D"): trata-se de regra prevista no art. 16 da Lei 11.340/2006. É medida que busca aumentar a proteção à mulher, pois esta, não raro, voltava para sua casa depois de se dirigir à Delegacia de Polícia, onde havia pedido a lavratura de termo circunstanciado contra o companheiro ou a companheira, apresentando, já naquele ato, a representação. Depois, pressionada pelo autor do fato, acabava por retornar à unidade policial, onde se retratava da representação. Agora, tal ato somente poderá se dar em audiência, na qual o juiz deverá verificar se a renúncia é, de fato, espontânea, fornecendo à mulher os devidos esclarecimentos.

Alternativa "B": a audiência deverá ser designada para ouvir o desejo da mulher de renunciar à representação se a denúncia ainda não tiver sido recebida. Se já tiver sido recebida, não será mais possível tal renúncia.

Alternativa "C": como visto acima, somente é possível a renúncia ao direito de representação ou a retratação da representação já feita até antes do recebimento da denúncia, portanto, ainda na fase pré-processual.

---

318. (Delegado de Polícia – MG / 2008 – ACADEPOL – PC/MG) Sobre a Lei nº 9.296/96, que dispõe sobre a interceptação de comunicações telefônicas, é ***CORRETO*** afirmar

a) que poderá ser decretada a quebra do sigilo telefônico quando a prova da autoria ou materialidade do delito puder ser feita por outro meio de prova.

b) que o delito investigado deve ser punido com pena de detenção.

c) que, decretada a interceptação telefônica, a autoridade policial não necessita dar ciência dos procedimentos realizados ao Ministério Público.

d) que a interceptação telefônica não poderá ser decretada por período superior a 15 dias, admitida a prorrogação do prazo.

COMENTÁRIOS

Alternativa correta: letra "D": o prazo máximo de 15 dias é o estipulado pelo art. 5º da Lei 9.296/1996. Tal prazo pode ser prorrogado, sucessivas vezes, por períodos de até 15 dias cada, desde que a representação seja motivada, a decisão também e haja efetiva necessidade.

Alternativa "A": uma das limitações impostas pela Lei 9.296/1996 é a de que somente será autorizada a interceptação telefônica se a prova não puder ser feita por outro meio (art. 2º, II). É a aplicação do princípio da proporcionalidade: a interceptação atinge frontalmente o direito à intimidade, razão pela qual não se pode autorizá-la sempre, mas desde que realmente necessária, ou seja, quando a prova não puder ser feita por outro meio.

Alternativa "B": trata-se de outra das limitações da Lei 9.296/1996 às interceptações telefônicas, ou seja, não se autoriza sua realização se o crime diretamente investigado for apenado com detenção (art. 2º, III).

Alternativa "C": ao contrário, o *caput* do art. 6º da Lei 9.296/1996 determina que, deferido o pedido, a autoridade policial conduzirá os procedimentos de interceptação, dando ciência ao Ministério Público, que poderá acompanhar a sua realização.

---

319. (Delegado de Polícia – PB/ 2008 – CESPE) Acerca do tráfico ilícito e do uso indevido de substâncias entorpecentes, com base na legislação respectiva, assinale a opção correta.

a) No caso de porte de substância entorpecente para uso próprio, não se impõe prisão em flagrante, devendo o autor de fato ser imediatamente encaminhado ao juízo competente ou, na falta deste, assumir o compromisso de a ele comparecer.

b) Para a lavratura do auto de prisão em flagrante, é suficiente o laudo de constatação da natureza e quantidade da droga, o qual será necessariamente firmado por perito oficial.

c) O IP relativo a indiciado preso deve ser concluído no prazo de 30 dias, não havendo possibilidade de prorrogação do prazo. A autoridade policial pode, todavia, realizar diligências complementares e remetê-las posteriormente ao juízo competente.

d) Findo o prazo para conclusão do inquérito, a autoridade policial remete os autos ao juízo competente, relatando sumariamente as circunstâncias do fato, sendo-lhe vedado justificar as razões que a levaram à classificação do delito.

e) É legalmente vedada a não atuação policial aos portadores de drogas, a seus precursores químicos ou a outros produtos utilizados em sua produção, que se encontrem no território brasileiro.

COMENTÁRIOS

✪ **Nota do autor:** a legislação respectiva, é sempre bom lembrar, é a Lei 11.343/2006, conhecida como Lei de Drogas.

Alternativa correta: letra "A": não se impõe prisão em flagrante no caso de porte de droga para uso próprio (art. 28, Lei 11.343/2006), isso porque o § 1º do art. 48 da Lei de Drogas faz expressa remissão à Lei 9.099/1995, cujo art. 69, parágrafo único, determina que: "Ao autor do fato que, após a lavratura do termo, for imediatamente encaminhado ao juizado ou assumir o compromisso de a ele comparecer, não se imporá prisão em flagrante, nem se exigirá fiança. (...)".

Alternativa "B": é a regra do § 1º do art. 50 da Lei 11.343/2006: "Para efeito da lavratura do auto de prisão em flagrante e estabelecimento da materialidade do delito, é suficiente o laudo de constatação da natureza e quantidade da droga, firmado por perito oficial ou, na falta deste, por pessoa idônea".

Alternativa "C": o IP será concluído no prazo de 30 dias, se o indiciado estiver preso, e de 90 dias, quando solto (art. 51, *caput*, Lei 11.343/2006), mas tais prazos podem ser duplicados pelo juiz, ouvido o Ministério Público, mediante pedido justificado da autoridade de polícia judiciária (art. 51, parágrafo único).

Alternativa "D": a autoridade policial deve relatar o inquérito, findos os prazos citados no art. 51 da Lei 11.343/2006, oportunidade em que deverá relatar sumariamente as circunstâncias do fato, justificando as razões que a levaram à classificação do delito, indicando a quantidade e natureza da substância ou do produto apreendido, o local e as condições em que se desenvolveu a ação criminosa, as circunstâncias da prisão, a conduta, a qualificação e os antecedentes do agente; ou requererá sua devolução para a realização de diligências necessárias (art. 52).

Alternativa "E": não há vedação alguma. Ao contrário, tem a Polícia a obrigação de prender tais pessoas. Porém, a Lei 11.343/2006 permite que a Polícia faça a denominada "entrega vigiada". Com efeito, o art. 53, II, afirma que em qualquer fase da persecução criminal relativa aos crimes previstos nesta Lei, são permitidos, além dos previstos em lei, mediante autorização judicial e ouvido o Ministério Público, a não atuação policial sobre os portadores de drogas, seus precursores químicos ou outros produtos utilizados em sua produção, que se encontrem no território brasileiro, com a finalidade de identificar e responsabilizar maior número de integrantes de operações de tráfico e distribuição, sem prejuízo da ação penal cabível, autorização esta que será concedida desde que sejam conhecidos o itinerário provável e a identificação dos agentes do delito ou de colaboradores.

---

320. (Delegado de Polícia – PB/ 2008 – CESPE) A respeito do crime organizado e com base na legislação respectiva, assinale a opção correta.

a) O réu pode apelar em liberdade, se for primário e portador de bons antecedentes.

b) Os condenados por crime decorrente de organização criminosa iniciam o cumprimento da pena em regime fechado.

c) O civilmente identificado não deve ser submetido a identificação criminal.

d) O participante de organização criminosa tem sua pena reduzida em um a dois terços, ainda que sua colaboração não tenha sido espontânea.

e) Não se concede liberdade provisória, com ou sem fiança, a qualquer participante de organização criminosa.

COMENTÁRIOS

✪ **Nota do autor:** quanto à legislação a ser analisada nesta questão, a mais relevante era, quando da realização do concurso, a Lei 9.034/1995. Agora, é a Lei 12.850/2013. Há definição de organização criminosa no direito brasileiro? Até o ano de 2012, muita polêmica existia a respeito, havendo quem defendesse que a Convenção de Palermo, da qual o Brasil é signatário, traz uma definição de organização criminosa. Outros afirmavam que tal definição é imprecisa, chegando mesmo a conter erros de tradução do texto original. Pois bem. É certo que a Lei 12.694/2012, em seu art. 2º, trouxe uma definição de organização criminosa: associação, de 3 ou mais pessoas, estruturalmente ordenada e caracterizada pela divisão de tarefas, ainda que informalmente, com objetivo de obter, direta ou indiretamente, vantagem de qualquer natureza, mediante a prática de crimes cuja pena máxima seja igual ou superior a 4 anos ou que sejam de caráter transnacional. Tal definição, a nosso ver, foi revogada pela trazida na Lei 12.850. Esta Lei, por sinal, deixa obsoleta tal discussão, eis que não apenas define organização criminosa (art. 1º), como também cria um tipo penal em caso de sua formação.

Alternativa correta: letra "B": o art. 10 da Lei 9.034/1995 realmente dispunha que os condenados por crime decorrente de organização criminosa deviam iniciar o cumprimento da pena em regime fechado. A nova Lei 12.850 não traz tal regra. Ou seja, a regra que determina o cumprimento da pena obrigatoriamente em regime inicial fechado deixou de existir.

Alternativa "A": o art. 9º da Lei 9.034/1995 proibia que o acusado condenado recorresse em liberdade. Tal dispositivo teve sua constitucionalidade bastante questionada na doutrina. Mais uma vez, a nova Lei 12.850 nada diz a respeito, o que significa que vale a regra geral, isto é, deve o juiz, fundamentadamente, quando da sentença, decidir se deve ou não decretar a prisão preventiva ou mantê-la.

Alternativa "C": dizia o art. 5º da Lei 9.034/1995 que a identificação criminal de pessoas envolvidas com a ação praticada por organizações criminosas seria realizada independentemente da identificação civil. A nova Lei 12.850 não trata mais do assunto.

Alternativa "D": nos crimes praticados em organização criminosa, segundo o art. 6º da revogada Lei 9.034/1995, a pena deveria ser reduzida de um a dois terços, quando a colaboração espontânea do agente levasse ao esclarecimento de infrações penais e sua autoria. A nova Lei 12.850 regula em detalhes a colaboração premiada, possibilitando o perdão judicial, a redução da pena em até 2/3 ou a substituição da pena privativa de liberdade por restritiva de direitos (art. 4º).

Alternativa "E": é o que dispunha o art. 7º da Lei 9.034/1995. O STF vem sistematicamente considerando inconstitucionais tais tipos de regras, que também existem na Lei de Drogas e no Estatuto do Desarmamento para certos crimes. Em ambos os casos, o STF entendeu que os dispositivos são inconstitucionais. A nova Lei 12.850 não trata do assunto.

321. (Delegado de Polícia – PB/ 2008 – CESPE) Assinale a opção correta com base na legislação sobre interceptação telefônica.

a) A interceptação das comunicações telefônicas pode ser determinada pelo juiz, a requerimento da autoridade policial, na investigação criminal ou na instrução processual penal.

b) O pedido de interceptação das comunicações telefônicas deve ser feito necessariamente por escrito.

c) Não se admite interceptação das comunicações telefônicas quando o fato investigado constituir infração penal punida, no máximo, com pena de detenção.

d) Somente após o trânsito em julgado da sentença penal pode a gravação ser inutilizada, mediante decisão judicial, ainda que não interesse à prova.

e) Ainda que a diligência possibilite a gravação da comunicação interceptada, é dispensada a transcrição da gravação.

COMENTÁRIOS

✪ **Nota do autor:** a Lei 9.296/1996 regula a interceptação telefônica. O fundamento constitucional dessa interferência estatal no direito à intimidade pode ser encontrado no art. 5º, XII, da CF: "é inviolável o sigilo da correspondência e das comunicações telegráficas, de dados e das comunicações telefônicas, salvo, no último caso, por ordem judicial, nas hipóteses e na forma que a lei estabelecer para fins de investigação criminal ou instrução processual penal".

Alternativa correta: letra "C": o art. 2º da Lei 9.296/1996 traz os casos em que não se pode autorizar a interceptação das comunicações telefônicas: a) não houver indícios razoáveis da autoria ou participação em infração penal; b) a prova puder ser feita por outros meios disponíveis; c) o fato investigado constituir infração penal punida, no máximo, com pena de detenção. Ocorre que, se no curso de uma interceptação para investigação de crime apenado com reclusão for descoberta a prática de outro delito, este apenado com detenção, podem os elementos de provas encontrados nos diálogos interceptados ser utilizados para a persecução de tal segundo delito.

Alternativa "A": a interceptação das comunicações telefônicas poderá ser determinada pelo juiz, de ofício ou a requerimento da autoridade policial, na investigação criminal; do representante do Ministério Público, na investigação criminal e na instrução processual penal (art. 3º, Lei 9.296/1996).

Alternativa "B": a lei permite que, excepcionalmente, o pedido seja feito verbalmente. Diz o § 1º do art. 4º da Lei 9.296/1996: "Excepcionalmente, o juiz poderá admitir que o pedido seja formulado verbalmente, desde que estejam presentes os pressupostos que autorizem a interceptação, caso em que a concessão será condicionada à sua redução a termo".

Alternativa "D": segundo o art. 9º da Lei 9.296/1996, a gravação que não interessar à prova será inutilizada por decisão judicial, durante o inquérito, a instrução processual ou após esta, em virtude de requerimento do Ministério Público ou da parte interessada.

Alternativa "E": segundo o § 1º do art. 6º da Lei 9.296/1996, no caso de a diligência possibilitar a gravação da comunicação interceptada, será determinada a sua transcrição. De se observar, porém, que a jurisprudência dominante é a de que não há necessidade de transcrição integral das conversas telefônicas gravadas. Nesse sentido, decisão do Superior Tribunal de Justiça: "*HABEAS CORPUS*. RECEPTAÇÃO E QUADRILHA (ARTIGOS 180, § 1º, E 288, PARÁGRAFO ÚNICO, DO CÓDIGO PENAL). ALEGADA NULIDADE DA AÇÃO PENAL ANTE A AUSÊNCIA DE JUNTADA DA TRANSCRIÇÃO INTEGRAL DAS INTERCEPTAÇÕES TELEFÔNICAS REALIZADAS NO CURSO DO INQUÉRITO. MATÉRIA NÃO APRECIADA PELA CORTE DE ORIGEM. SUPRESSÃO DE INSTÂNCIA. NÃO CONHECIMENTO DO WRIT. 1. A questão referente à nulidade do feito em face da ausência de juntada aos autos da íntegra das transcrições das interceptações telefônicas não foi objeto de análise perante a Corte de origem, o que impede a sua apreciação diretamente por este Superior Tribunal de Justiça, sob pena de indevida supressão de instância. 2. Ainda que assim não fosse, há que se considerar que o entendimento predominante é no sentido da desnecessidade de transcrição integral do conteúdo da quebra do sigilo das comunicações telefônicas, bastando que se confira às partes acesso aos diálogos interceptados. Precedentes do STJ e do STF. 3. No caso dos autos, as mídias contendo as interceptações telefônicas ficaram à disposição das partes durante a instrução, além de terem sido juntadas aos autos, a pedido do órgão ministerial, as degravações referentes às escutas realizadas e pertinentes ao caso em tela, o que afasta a existência de qualquer constrangimento ilegal a ser sanado por esta Corte Superior de Justiça. 4. Writ não conhecido" (HC 109.493-MT, Rel. Min. Jorge Mussi, j. 01.03.2011).

322. (Delegado de Polícia – PB/ 2008 – CESPE) Quanto à legislação a respeito do crime de tortura, assinale a opção correta.

a) A condenação por crime de tortura acarreta a perda do cargo, função ou emprego público, mas não a interdição para seu exercício.

b) Não se aplica a lei de tortura se do fato definido como crime de tortura resultar a morte da vítima.

c) O condenado por crime previsto na lei de tortura inicia o cumprimento da pena em regime semiaberto ou fechado, vedado o cumprimento da pena no regime inicial aberto.

d) Aquele que se omite em face de conduta tipificada como crime de tortura, tendo o dever de evitá-la ou apurá-la, é punido com as mesmas penas do autor do crime de tortura.

e) Pratica crime de tortura a autoridade policial que constrange alguém, mediante emprego de grave ameaça e causando-lhe sofrimento mental, com o fim de obter informação, declaração ou confissão da vítima ou de terceira pessoa.

COMENTÁRIOS

✪ **Nota do autor:** a lei que trata do crime de tortura é a Lei 9.455/1997.

Alternativa correta: letra "E": tal conduta encontra-se tipificada no art. 1º, I, *a*, da Lei 9.455/1997.

Alternativa "A": segundo o § 5º do art. 1º da Lei 9.455/1997, a condenação acarretará a perda do cargo, função ou emprego público e a interdição para seu exercício pelo dobro do prazo da pena aplicada.

Alternativa "B": aplica-se o art. 1º, § 3º, da Lei 9.455/1997, se da tortura resulta a morte da vítima. Porém, aqui há que se ter muito cuidado: a nosso ver, trata-se de crime preterdoloso, ou seja, o agente quer torturar e, em razão do ato, acaba por matar a vítima, sem que essa fosse sua intenção. Assim, se o agente quis matar a vítima utilizando a tortura, trata-se de crime de homicídio qualificado pela tortura (art. 121, § 2º, III, CP).

Alternativa "C": de acordo com o § 7º do art. 1º da Lei 9.455/1997, o condenado por crime previsto em tal lei, salvo a hipótese do § 2º do mesmo artigo, iniciará o cumprimento da pena em regime fechado. Ou seja, a exceção é o caso do omitente ("Aquele que se omite em face dessas condutas, quando tinha o dever de evitá-las ou apurá-las, incorre na pena de detenção de um a quatro anos").

Alternativa "D": como visto na alternativa anterior, aquele que se omite em face da tortura praticada por outrem, quando tinha o dever de evitá-las ou apurá-las, incorre na pena de detenção de 1 a 4 anos. Ou seja, não se trata da mesma pena do autor da tortura.

323. (Delegado de Polícia – PB/ 2008 – CESPE) Os crimes hediondos ou a eles assemelhados não incluem

a) o atentado violento ao pudor.

b) a extorsão mediante sequestro.

c) a falsificação de produto destinado a fins terapêuticos.

d) a associação permanente para o tráfico ilícito de substância entorpecente.

e) a tentativa de genocídio.

COMENTÁRIOS

✪ **Nota do autor:** a Lei 8.072/1990 traz o rol dos crimes hediondos em seu art. 1º. São assemelhados aos crimes hediondos: a prática da tortura, o tráfico ilícito de entorpecentes e drogas afins, o terrorismo, o genocídio e o porte ou posse de arma de fogo de uso restrito.

Alternativa correta: letra "D": a associação permanente para o tráfico ilícito de droga (art. 35, Lei 11.343/2006) não está incluído no rol do art. 1º da Lei 8.072/1990. E o entendimento que prevalece na jurisprudência do STJ é o de que, quando há menção a "tráfico ilícito de entorpecentes", não se inclui o crime de associação: "O crime de associação para o tráfico de drogas não se encontra elencado no rol dos crimes hediondos ou equiparados, não se lhe aplicando o disposto na Lei nº 8.072/90, modificada pela Lei nº 11.343/06. E, de todo modo, o Plenário do Supremo Tribunal Federal declarou inconstitucional a obrigatoriedade do regime inicial fechado para os condenados por esses crimes" (HC 243.903-SP, Rel. Min. Laurita Vaz, j. 18.12.2012).

Alternativa "A": o atentado violento ao pudor era previsto no art. 214 do CP, dispositivo este revogado. Hoje, o atentado violento ao pudor configura o crime de estupro, descrito no art. 213 do mesmo Código. A Lei 8.072/1990 previa o atentado violento ao pudor como crime hediondo, mas houve a devida modificação, permanecendo, porém, no rol do art. 1º o crime de estupro (inciso V), assim como o estupro de vulnerável (inciso VI).

Alternativa "B": a extorsão mediante sequestro (art. 159, CP), faz parte do rol dos crimes hediondos (art. 1º, IV, Lei 8.072/1990).

Alternativa "C": a falsificação, corrupção, adulteração ou alteração de produto destinado a fins terapêuticos ou medicinais (art. 273, *caput* e § 1º, § 1º-A e § 1º-B, CP).

Alternativa "E": a tentativa de genocídio (arts. 1º, 2º e 3º, Lei 2.889/1956) é prevista como crime hediondo no parágrafo único do art. 1º da Lei 8.072/1990. Note-se que o *caput* de tal dispositivo deixa claro que o fato de um crime ser tentado não retira seu caráter de hediondo.

324. (Delegado de Polícia – PB/ 2008 – CESPE) Assinale a opção correta com base na legislação sobre os crimes de lavagem de dinheiro.

a) O processo e o julgamento dos crimes de lavagem de dinheiro dependem do processo e do julgamento dos crimes antecedentes, a menos que praticados em outro país.

b) Compete à justiça estadual processar e julgar os crimes de lavagem de dinheiro, se o crime antecedente for de competência da justiça federal.

c) Os crimes de lavagem de dinheiro são insuscetíveis de anistia, graça e fiança, não podendo o réu apelar em liberdade.

d) A tentativa é punida com a mesma pena do crime consumado.

e) No caso de delação premiada prevista na lei, presentes os requisitos, a pena deve ser reduzida de um a dois terços e começa a ser cumprida em regime aberto, podendo o juiz deixar de aplicá-la ou substituí-la por pena restritiva de direitos.

COMENTÁRIOS

✪ **Nota do autor:** a lei de lavagem de dinheiro é a Lei 9.613/1998, que sofreu importante modificação no ano de 2012, a fim de eliminar o rol de crimes antecedentes, de modo que, hoje, pode haver crime de lavagem de dinheiro tendo como fato antecedente qualquer infração penal.

Alternativa correta segundo o gabarito: letra "E": a Lei 9.613/1998 prevê a delação premiada. Mas, atenção: o § 5º do art. 1º sofreu modificação em 2012, antes, portanto, do concurso aqui tratado. Diz o § 5º: "A pena poderá ser reduzida de um a dois terços e ser cumprida em regime aberto ou semiaberto, facultando-se ao juiz deixar de aplicá-la ou substituí-la, a qualquer tempo, por pena restritiva de direitos, se o autor, coautor ou partícipe colaborar espontaneamente com as autoridades, prestando esclarecimentos que conduzam à apuração das infrações penais, à identificação dos autores, coautores e partícipes, ou à localização dos bens, direitos ou valores objeto do crime".

Alternativa "A": há independência entre o julgamento do crime de lavagem de dinheiro e o crime antecedente. Aliás, diz o art. 2º, II, da Lei 9.613/1998, que o processo e o julgamento do crime de lavagem de dinheiro independem do processo e julgamento das infrações penais antecedentes, ainda que praticados em outro país, cabendo ao juiz competente para os crimes previstos nesta Lei a decisão sobre a unidade de processo e julgamento.

Alternativa "B": o art. 2º, III, *b*, da Lei 9.613/1998 diz que, sendo o julgamento do crime antecedente de competência da Justiça Federal, será também de competência desta mesma Justiça o julgamento da lavagem de dinheiro.

Alternativa "C": até 2012, o art. 3º da Lei 9.613/1998 previa a impossibilidade de fiança e concessão de liberdade provisória nos crimes de lavagem de dinheiro. E, quanto ao direito de apelar em liberdade, não havia proibição, devendo o juiz fundamentar cada caso. O art. 3º foi revogado, sendo possível a fiança, a graça, a anistia e o apelo em liberdade.

Alternativa "D": a tentativa é punida da mesma forma que no CP, como afirma o § 3º do art. 1º da Lei 9.613/1998. Assim, aplica-se a mesma pena do crime consumado, diminuída de 1/3 a 2/3 (art. 14, parágrafo único, CP).

325. (Delegado de Polícia – AC/ 2008 – CESPE) Considerando o programa especial de proteção a vítimas e testemunhas ameaçadas e a legislação correlata, julgue os itens que se seguem.

325.1. A solicitação para ingresso no programa mencionado não pode ser feita diretamente pela autoridade policial que conduz a investigação criminal, a qual deverá formular representação ao Ministério Público, que tem legitimidade para tanto.

COMENTÁRIOS

Errado. Segundo o art. 5º da Lei 9.807/1999, a solicitação objetivando ingresso no programa poderá ser encaminhada ao órgão executor: pelo interessado; por representante do Ministério Público; pela autoridade policial que conduz a investigação criminal; pelo juiz competente para a instrução do processo criminal; por órgãos públicos e entidades com atribuições de defesa dos direitos humanos.

325.2. Em caso de urgência e considerando a procedência, a gravidade e a iminência da coação ou ameaça, a vítima ou testemunha poderá ser colocada provisoriamente sob a custódia de órgão policial, pelo órgão executor, no aguardo de decisão do conselho deliberativo, comunicando-se imediatamente o fato aos membros deste e ao Ministério Público.

COMENTÁRIOS

Certo. Diz o § 3º do art. 5º da Lei 9.807/1999, em caso de urgência e levando em consideração a procedência, gravidade e a iminência da coação ou ameaça, a vítima ou testemunha poderá ser colocada provisoriamente sob a custódia de órgão policial, pelo órgão executor, no aguardo de decisão do conselho deliberativo, com comunicação imediata a seus membros e ao Ministério Público.

326. (Delegado de Polícia – AC/ 2008 – CESPE) A respeito de interceptação telefônica e quebra de sigilo bancário, julgue os itens a seguir.

326.1. A interceptação poderá ser requerida verbalmente ao juiz pela autoridade policial, desde que estejam presentes os pressupostos que a autorizem, caso em que a concessão será condicionada à sua redução a termo.

COMENTÁRIOS

Certo. O § 1º do art. 4º da Lei 9.296/1996 autoriza, excepcionalmente, que o requerimento de interceptação telefônica seja feito verbalmente, devendo haver, depois, como diz a alternativa – que repete o dispositivo legal – a redução a termo.

326.2. A quebra de sigilo bancário poderá ser decretada, quando necessária para apuração de ocorrência unicamente de crime punido com reclusão, em qualquer fase do inquérito ou do processo judicial.

COMENTÁRIOS

Errado. A LC 105/2001 regula a quebra do sigilo bancário, cujo § 4º do art. 1º dispõe que a quebra de sigilo poderá ser decretada, quando necessária para apuração de ocorrência de qualquer ilícito, em qualquer fase do inquérito ou do processo judicial, apresentando, em seguida, um rol de delitos, que não é, contudo, taxativo.

327. (Delegado de Polícia – TO/ 2008 – CESPE) De acordo com a legislação especial pertinente, julgue os itens

327.1. Considere a seguinte situação hipotética. Uma autoridade policial representou pela prisão temporária de um indiciado, tendo o juiz decretado a medida pelo prazo de cinco dias. Findo o prazo para a custódia, a autoridade policial, de ofício, deliberou por manter o indiciado por mais dois dias sob custódia, prazo necessário para a conclusão das investigações. Nessa situação, não ocorreu constrangimento ilegal, pois a prisão poderia ser prorrogada por mais cinco dias.

COMENTÁRIOS

Errado. A prisão poderia ser prorrogada por mais 5 dias, desde que houvesse autorização judicial específica, precedida de requerimento fundamentado quanto à necessidade de prorrogação (art. 2º, Lei 7.960/1989). No caso em tela, houve constrangimento ilegal e crime de abuso de autoridade por parte da autoridade policial, já que, findo o prazo fixado pelo juiz, deve o preso ser imediatamente colocado em liberdade, salvo se tenha sido decretada a prisão preventiva (art. 2º, § 7º).

327.2. Considere que uma autoridade policial de determinado município represente em juízo pela prisão temporária de um cidadão, indiciado pela prática de crime de roubo qualificado pela morte da vítima. Nessa situação, levando em conta a natureza do delito, o prazo da custódia temporária será de cinco dias, o qual poderá, ainda, ser prorrogado por igual período, em caso de extrema e comprovada necessidade.

COMENTÁRIOS

Errado. O crime de roubo com resultado morte (latrocínio) encontra-se no rol da Lei 8.072/1990 como hediondo (art. 1º, II). Sendo assim, de acordo com o § 4º do art. 2º da mesma lei, a prisão temporária poderá ter o prazo de até 30 dias, prorrogável por igual período.

327.3. Os crimes de lesão corporal culposa, embriaguez ao volante e participação em competição não autorizada, elencados no Código de Trânsito Brasileiro, são apurados por meio de termo circunstanciado de ocorrência, sendo vedada, em qualquer hipótese, a prisão em flagrante em tais condutas, nos termos dispostos na Lei dos Juizados Especiais Criminais.

COMENTÁRIOS

Errado. A Lei 9.503/1997 (CTB) possui regras próprias quanto aos crimes nela previstos. Assim, pode-se aplicar o CP, o CPP e a Lei 9.099/1995 quando não houver disposições em contrário, mas alertamos que elas existem. O § 1º do art. 291 dispõe que aplica-se aos crimes de trânsito de lesão corporal culposa as regras sobre transação penal, exceto se o agente estiver: sob a influência de álcool ou qualquer outra substância psicoativa que determine dependência; participando, em via pública, de corrida, disputa ou competição automobilística, de exibição ou demonstração de perícia em manobra de veículo automotor, não autorizada pela autoridade competente; transitando em velocidade superior à máxima permitida para a via em 50 km/h. Nestes casos, deverá ser instaurado inquérito pela autoridade policial. Além disso, de acordo com o art. 301, ao condutor de veículo, nos casos de acidentes de trânsito de que resulte vítima, não se imporá a prisão em flagrante, nem se exigirá fiança, se prestar pronto e integral socorro àquela.

327.4. A defesa do consumidor encontra supedâneo na Constituição Federal ao estabelecer que o Estado, na forma da lei, promoverá a defesa dos direitos do consumidor. Por sua vez, o Código de Defesa do Consumidor preconiza que as normas de proteção e defesa são de ordem pública e interesse social. Sendo assim, as referidas normas têm de ser observadas mesmo que contrariem a vontade das partes.

COMENTÁRIOS

Certo. Logo no art. 1º, a Lei 8.078/1990, dispõe que as normas de proteção e defesa do consumidor são de ordem pública e de interesse social. Assim sendo, as regras nela previstas devem ser seguidas, não tendo as partes liberdade para compactuar de modo diverso. Por isso, o art. 51, XV, afirma serem nulas de pleno direito, entre outras, as cláusulas contratuais relativas ao fornecimento de produtos e serviços que estejam em desacordo com o sistema de proteção ao consumidor.

327.5. Considere a seguinte situação hipotética. Alfredo, imputável, transportava em seu veículo um revólver de calibre 38, quando foi abordado em uma operação policial de trânsito. A diligência policial resultou na localização da arma, desmuniciada, embaixo do banco do motorista. Em um dos bolsos da mochila de Alfredo foram localizados 5 projéteis do mesmo calibre. Indagado a respeito, Alfredo declarou não possuir autorização legal para o porte da arma nem o respectivo certificado de registro. O fato foi apresentado à autoridade policial competente. Nessa situação, caberá à autoridade somente a apreensão da arma e das munições e a imediata liberação de Alfredo, visto que, estando o armamento desmuniciado, não se caracteriza o crime de porte ilegal de arma de fogo.

COMENTÁRIOS

O gabarito considerou correto o item, havendo entendimentos na doutrina e na jurisprudência de que a arma desmuniciada não configura o crime de porte ilegal previsto no art. 14 da Lei 10.826/2003. Porém, estamos entre os que pensam diversamente. O STJ vem também seguindo o entendimento de que há o crime no caso acima, conforme se verifica no julgado seguinte: "(...) É assente o entendimento desta Corte Superior de Justiça que o tipo relacionado ao porte ilegal de arma de fogo desmuniciada ou, isoladamente, de munição, constitui hipótese de crime de mera conduta e de perigo abstrato, razão pela qual é prescindível, para aferição da materialidade delitiva, a existência de laudo pericial. Precedentes do STJ e do STF. (…)" (AgRg no REsp 1.285.140-MG, Rel. Min. Laurita Vaz, j. 26.02.2013).

327.6. A lei que dispõe acerca da prevenção e repressão de ações praticadas por organizações criminosas estabeleceu a figura da ação controlada, o que significa que, em determinados casos, a autoridade policial poderá retardar a prisão em flagrante dos investigados, desde que os mantenha sob estrita e ininterrupta vigilância.

COMENTÁRIOS

Certo. A lei referida é a 9.034/1995, que estava em vigor quando o concurso foi realizado. Esta, no art. 2º, previa que em qualquer fase de persecução criminal seriam permitidos, sem prejuízo dos já previstos em lei, os seguintes procedimentos de investigação e formação de provas: a) a ação controlada, que consiste em retardar a interdição policial do que se supõe ação praticada por organizações criminosas ou a ela vinculado, desde que mantida sob observação e acompanhamento para que a medida legal se concretize no momento mais eficaz do ponto de vista da formação de provas e fornecimento de informações; b) o acesso a dados, documentos e informações fiscais, bancárias, financeiras e eleitorais; c) a captação e a interceptação ambiental de sinais eletromagnéticos, óticos ou acústicos, e o seu registro e análise, mediante circunstanciada autorização judicial; d) infiltração por agentes de polícia ou de inteligência, em tarefas de investigação, constituída pelos órgãos especializados pertinentes, mediante circunstanciada autorização judicial. A Lei 9.034/1995 foi revogada pela Lei 12.850/2013. Esta também regula a ação controlada, bem como os demais instrumentos que a Lei 9.034/1995 já previa. Mas, à diferença desta, a nova Lei regula em detalhes alguns deles, inclusive a ação controlada.

327.7. Considere a seguinte situação hipotética. Em 28/7/2007, Maria foi presa e autuada em flagrante delito pela prática de um crime hediondo. Concluído o inquérito policial e remetidos os autos ao Poder Judiciário, foi deferido pelo juízo pedido de liberdade provisória requerido pela defesa da ré. Nessa situação, procedeu em erro a autoridade judiciária, pois os crimes hediondos são insuscetíveis de liberdade provisória.

COMENTÁRIOS

Errado. Sempre se discutiu se a proibição à liberdade provisória que havia na Lei 8.072/1990 era ou não constitucional. É certo, porém, que a Lei 11.464/2007 acabou com tal proibição. Tal diploma legislativo foi promulgado e publicado em 29.03.2007, entrando em vigor no mesmo dia. Portanto, no caso acima, poderia a autoridade judicial conceder liberdade provisória.

327.8. A transação penal prevista na lei que dispõe acerca dos juizados especiais criminais implica suspensão do curso processual até o prazo final do acordo transacional, não resultando em reincidência, sendo vedado o registro do feito em certidão de antecedentes criminais.

COMENTÁRIOS

Certo, segundo o gabarito. Entendemos que a redação do dispositivo pode dar margem à confusão. Quando se fala em suspensão do processo, está-se falando na suspensão condicional do processo prevista no art. 89 da Lei 9.099/1995. Quando se diz "transação penal", está-se referindo à hipótese do art. 76, de aplicação imediata de pena restritiva de direitos ou multas. Neste caso, o cumprimento do acordo de transação não importará em reincidência, sendo registrada apenas para impedir novamente o mesmo benefício no prazo de 5 anos e não constará de certidão de antecedentes criminais.

327.9. O prazo do inquérito policial, se o indiciado estiver preso em virtude de prisão temporária, será de cinco dias, prorrogáveis por mais cinco dias, havendo exceção para determinados casos, a exemplo dos crimes de tráfico de entorpecentes ou tortura, em que o prazo se estende para 30 dias, prorrogáveis por igual período, em caso de extrema e comprovada necessidade.

COMENTÁRIOS

Certo. Diz o art. 10 do CPP que o inquérito deverá terminar no prazo de 10 dias, se o indiciado tiver sido preso em flagrante, ou estiver preso preventivamente, contado o prazo, nesta hipótese, a partir do dia em que se executar a ordem de prisão, ou no prazo de 30 dias, quando estiver solto, mediante fiança ou sem ela. Os prazos de 5 ou 30 dias referem-se ao tempo da prisão temporária, conforme o crime esteja ou não no rol dos crimes hediondos: se estiver, o prazo da prisão será de 30 dias, renovável por igual período; se não estiver, será de 5 dias, também renovável. Portanto, se, por exemplo, for decretada a prisão temporária por 5 dias, o prazo do art. 10 do CPP para conclusão do inquérito não resta, a nosso ver, alterado. Mas, nesse caso, vencido o prazo da prisão sem renovação, deve o preso ser colocado em liberdade – salvo se decretada a prisão preventiva. No caso em que a prisão temporária pode ser decretada por 30 dias, prorrogada por igual período, vem-se entendendo que o prazo do inquérito não pode continuar a ser de 10 dias, sob pena de conflito entre o dispositivo do CPP e o da Lei 7.960/1989.

327.10. Considere que uma autoridade policial de determinado município, ao transitar em via pública, observou a presença de menores perambulando pela rua, tendo, de pronto, determinado aos seus agentes a apreensão de dois deles para fins de averiguação. Nessa situação, a atitude da autoridade policial está correta por se tratar de adolescentes em situação de risco.

COMENTÁRIOS

Errado. Não estão os adolescentes cometendo ato infracional, não sendo cabível a apreensão pela autoridade policial. O art. 106 da Lei 8.069/1990 (ECA) diz: "Nenhum adolescente será privado de sua liberdade senão em flagrante de ato infracional ou por ordem escrita e fundamentada da autoridade judiciária competente".

327.11. O procedimento de apuração de ato infracional só é aplicável em se tratando de conduta praticada por adolescente (pessoa entre 12 e 18 anos de idade). Se o ato praticado for imputável a criança (pessoa de até 12 anos de idade), o caso deve ser apreciado pelo conselho tutelar na respectiva localidade.

COMENTÁRIOS

Certo. O art. 105 da Lei 8.069/1990 (ECA) diz que ao ato infracional praticado por criança corresponderão as medidas previstas no art. 101. E o art. 136 dispõe que ao Conselho Tutelar cabe atender as crianças e adolescentes nas hipóteses previstas nos arts. 98 e 105, aplicando as medidas previstas no art. 101, I a VII. Considera-se criança, para os efeitos desta Lei, a pessoa até doze anos de idade incompletos, e adolescente aquela entre doze e dezoito anos de idade (art. 2º). Finalmente, vale observar que o Título III do ECA, que trata dos atos infracionais somente menciona os atos praticados por adolescentes.

328. (Delegado de Polícia – BA/ 2008 – ACADEPOL) Com relação à nova Lei de Drogas, é incorreto o que se afirma em

a) O auto de prisão em flagrante não poderá ser lavrado, nos termos da nova Lei de Drogas, ainda que o usuário de drogas não se comprometa a comparecer em juízo.
b) A realização de transação penal é possível no crime previsto no Art. 28, da Lei de Drogas (usuário de drogas).
c) A prisão em flagrante, nos crimes de tráfico, deve ser imediatamente informada ao magistrado.
d) O laudo definitivo da substância, no crime de tráfico, antes de efetuar a remessa do IP ao juiz competente, deve ser anexado.
e) A prorrogação de prazo para conclusão de Inquérito Policial, nos crimes da nova Lei de Drogas, é cabível, desde que haja requerimento do delegado, seja ouvido o Ministério Público e deferido pelo magistrado.

COMENTÁRIOS

Alternativa incorreta: letra "D": não é necessário o laudo definitivo para que o delegado remeta o inquérito ao juiz competente, pois diz o § 1º do art. 50 da Lei 11.343/2006 que, para efeito da lavratura do auto de prisão em flagrante e estabelecimento da materialidade do delito, é suficiente o laudo de constatação da natureza e quantidade da droga, firmado por perito oficial ou, na falta deste, por pessoa idônea.

Alternativa "A": de acordo com o § 2º do art. 48 da Lei 11.343/2006, tratando-se da conduta prevista no art. 28 da mesma lei (ou seja, posse de droga para consumo próprio), não se imporá prisão em flagrante, devendo o autor do fato ser imediatamente encaminhado ao juízo competente ou, na falta deste, assumir o compromisso de a ele comparecer, lavrando-se termo circunstanciado e providenciando-se as requisições dos exames e perícias necessários.

Alternativa "B": o § 5º do art. 48 da Lei 11.343/2006 autoriza expressamente a realização da transação penal no caso de posse ilegal de drogas para consumo próprio (art. 28).

Alternativa "C": ocorrendo prisão em flagrante, a autoridade policial fará, imediatamente, comunicação ao juiz competente, remetendo-lhe cópia do auto lavrado, do qual será dada vista ao órgão do Ministério Público, em 24 horas (art. 50, *caput*, Lei 11.343/2006).

Alternativa "E": o inquérito policial será concluído no prazo de 30 dias, se o indiciado estiver preso, e de 90 dias, quando solto, conforme previsão do art. 51, *caput*, da Lei 11.343/2006. Tais prazos podem ser duplicados pelo juiz, ouvido o Ministério Público, mediante pedido justificado da autoridade policial (parágrafo único).

11. NULIDADES

- CF, art. 5º
- CPP, arts. 563 a 573

329. (Vunesp – Delegado de Polícia – PC – SP/2018) Sobre as nulidades, é correto afirmar:

a) para fins de convalidação dos atos processuais, as nulidades da sentença condenatória deverão ser alegadas na execução da pena, sob pena de convalidação.
b) a preclusão não se aplica às nulidades por expressa disposição legal.
c) segundo o princípio da instrumentalidade das formas, não se anula um ato se, embora praticado em desacordo com a forma prevista em lei, atingiu o seu fim.
d) a não intervenção do Ministério Público na ação privada subsidiária da pública gera nulidade absoluta.
e) o princípio do interesse aplica-se tanto às nulidades absolutas como às relativas.

COMENTÁRIOS

Alternativa "a": as nulidades da sentença condenatória deverão ser alegadas na apelação.

Alternativa "b": a preclusão aplicam-se às nulidades, eis que o CPP, em duas regras, deixa isso claro. No art. 571 traz regras quanto ao momento em que deverão ser arguidas certas nulidades. E no art. 572, prevê que algumas nulidades serão consideradas sanadas, "se não forem arguidas, em tempo oportuno, de acordo com o disposto no artigo anterior".

Alternativa "c": é a ideia do *pas de nullité sans grief*, inscrita no art. 563 do CPP.

Alternativa "d": gera nulidade apenas relativa, eis que o Ministério Público não é o titular da ação penal privada.

Alternativa "e": aplica-se apenas às nulidades relativas. Segundo o art. 565 do CPP: "Nenhuma das partes poderá argüir nulidade a que haja dado causa, ou para que tenha concorrido, ou referente a formalidade cuja observância só à parte contrária interesse".

Alternativa correta: letra "c".

330. (FUNCAB – Delegado de Polícia – RO/2014) No estudo das nulidades, a doutrina converge no sentido de reconhecer a aplicabilidade do princípio da instrumentalidade das formas, a viabilizar o não reconhecimento da nulidade pelo juízo quando, em uma análise prévia, verifica a incidência de medidas sanatórias (ou de convalidação), possibilitando a preservação do ato viciado (praticado em desconformidade com o modelo legal) como válido. Qual é a medida sanatória que supre a irregularidade da citação?

a) O suprimento
b) O comparecimento
c) A ratificação
d) A preclusão
e) A retificação

COMENTÁRIOS

Alternativa correta: letra "B" (responde também todas as demais alternativas): a resposta é dada pelo próprio CPP, que, no art. 570, dispõe: "A falta ou a nulidade da citação, da intimação ou notificação estará sanada, desde que o interessado compareça, antes de o ato consumar-se, embora declare que o faz para o único fim de argui-la. O juiz ordenará, todavia, a suspensão ou o adiamento do ato, quando reconhecer que a irregularidade poderá prejudicar direito da parte".

331. (Vunesp – Delegado de Polícia – SP/2014) Segundo o princípio da *pas de nullité sans grief*,

a) não há diferença entre nulidades absolutas e relativas.
b) no processo penal há prevalência do interesse do réu.
c) nenhum ato será declarado nulo, se da nulidade não resultar prejuízo.
d) o réu tem direito de ser julgado por um juiz previamente determinado por lei.
e) é garantida publicidade aos atos processuais, sob pena de nulidade.

COMENTÁRIOS

Alternativa correta: letra "C": este é o sentido do aforismo francês, que pode ser assim traduzido: não há nulidade, sem prejuízo. Tal princípio é também denominado "da transcendência", tendo sido acolhido por nossa lei processual (art. 563, CPP: "Nenhum ato será declarado nulo, se da nulidade não resultar prejuízo para a acusação ou para a defesa"). A doutrina, porém, afirma que a nulidade absoluta traz uma presunção de prejuízo, que não precisa de demonstração. No entanto, o STF tem se afastado de tal entendimento, exigindo prova do prejuízo até mesmo em caso de nulidade absoluta. Nesse sentido: "(...) entendimento deste Tribunal é o de que, para o reconhecimento de eventual nulidade, ainda que absoluta, faz-se necessária a demonstração do prejuízo, o que não ocorreu na espécie. Nesse sentido, o STF tem reafirmado que a demonstração de prejuízo, 'a teor do art. 563 do CPP, é essencial à alegação de nulidade, seja ela relativa ou absoluta, eis que (...) o âmbito normativo do dogma fundamental da disciplina das nulidades *pas de nullité sans grief* compreende as nulidades absolutas' (...)" (HC 120.880-MG, Rel. Min. Ricardo Lewandowski, j. 01.04.2014).

Alternativa "A": há diferenças. Segundo a doutrina, nas nulidades absolutas o prejuízo é presumido. Assim, a parte não precisa demonstrar que foi prejudicada pelo ato viciado. No entanto, a presunção não é absoluta e o STF tem mostrado uma tendência a exigir a comprovação, sempre, do prejuízo. Ademais, a nulidade absoluta pode ser arguida a todo tempo, salvo se já houver sentença absolutória com trânsito em julgado. No caso da nulidade relativa, deve ser comprovado o prejuízo à parte que a arguir. Além disso, deve ser arguida no momento oportuno, sob pena de preclusão. Quais são estes momentos? São os seguintes: (a) as nulidades da instrução criminal ocorridas na primeira fase do procedimento do Júri, ocorridas depois da resposta à acusação, devem ser arguidas na fase das alegações finais orais ou nos memoriais; (b) as nulidades ocorridas depois da pronúncia, mas antes da designação do julgamento devem ser arguidas na fase do art. 422 do CPP; (c) as nulidade ocorridas depois da fase de preparação do julgamento pelo Júri (art. 422), mas antes do julgamento devem ser arguidas no julgamento, após o pregão; (d) as nulidade ocorridas no julgamento em plenário do Júri devem ser arguidas de imediato; (e) nos procedimentos comuns ordinário e sumário, as nulidades ocorridas até a citação devem ser arguidas na resposta à acusação; se ocorridas depois, a arguição se dará até as alegações finais orais ou nos memoriais; (f) nestes casos, se ocorridas depois da sentença, devem ser arguidas no recurso.

Alternativa "B": o princípio citado no enunciado não guarda relação alguma com a afirmação da alternativa, até porque aquele aplica-se também quando a nulidade é arguida pelo acusado.

Alternativa "D": trata-se do princípio do juiz natural, que nada se relaciona com o aforismo do enunciado.

Alternativa "E": a publicidade no processo é a regra, por força do que dispõe o inciso IX do art. 93 da CF, que nada diz respeito ao aforismo mencionado no enunciado. Mas, aproveitando o ensejo, tratemos da regra da publicidade. Como toda regra, ela possui exceções, como o próprio dispositivo constitucional acima indicado deixa claro. Pode-se dizer que há duas espécies de publicidade: a interna e a externa. A interna é a publicidade voltada às partes do processo e aos que atuam nele. Nesse caso, não se pode evitar que as partes tenham acesso aos atos processuais, sob pena de atingir o direito à ampla defesa. É certo, embora raro, que o juiz possa evitar que, durante a tramitação do processo, tenha o acusado acesso a determinados atos, a fim de garantir sua eficácia – é o exemplo da busca determinada já no curso da ação penal. Mas, como dissemos, o sigilo interno do processo é mais raro, sendo a regra a publicidade. A externa é a publicidade voltada àquelas pessoas que não são partes no processo, como a imprensa e o público em geral. Nesse caso, a publicidade continua a ser a regra, mas tanto a CF quanto a lei processual admitem restrições, por questões de segurança, proteção da intimidade, ordem pública etc.

332. (Delegado de Polícia – SP/ 2011 – ACADEPOL) O princípio segundo o qual somente será declarada a nulidade se houver influenciado na apuração da verdade ou na decisão da causa é chamado de

a) consequencialidade.

b) instrumentalidade das formas.

c) interesse

d) prejuízo.

e) suprimento.

COMENTÁRIOS

Alternativa correta: letra "B": o princípio da instrumentalidade das formas prega que não há nulidade a ser reconhecida quando o ato, posto tenha sido praticado de forma diversa da prevista em lei, atingiu sua finalidade ou não tenha contribuído para apuração da verdade real ou na decisão da causa. É previsto no art. 566 do CPP.

Alternativa "A": o princípio da consequencialidade prega que a nulidade de um ato, uma vez declarada, causará a dos atos que dele diretamente dependam ou sejam consequência.

Alternativa "C": segundo o princípio do interesse, nenhuma das partes poderá arguir nulidade referente a formalidade cuja observância só à parte contrária interesse; e nenhuma das partes poderá arguir nulidade a que haja dado causa, ou para que tenha concorrido.

Alternativa "D": conforme o princípio do prejuízo ou da transcendência, nenhum ato será declarado nulo, se da nulidade não resultar prejuízo para a acusação ou para a defesa (*pas de nullité sans grief*).

Alternativa "E": de acordo com o princípio da convalidação ou da sanabilidade, as nulidades relativas poderão ser sanadas e o ato aproveitado. Uma das formas é o suprimento, trazendo à denúncia ou queixa algo que faltava, como, por exemplo, suprimento relativo à representação. Eis o que dispõe o art. 569 do CPP: "As omissões da denúncia ou da queixa, da representação, ou, nos processos das contravenções penais, da portaria ou do auto de prisão em flagrante, poderão ser supridas a todo o tempo, antes da sentença final".

333. (Delegado de Polícia – RO/ 2009 – FUNCAB) Acerca do tema nulidades no processo penal, marque a alternativa INCORRETA.

a) A teoria dos frutos da árvore envenenada foi acolhida pelo processo penal brasileiro.

b) É absoluta a nulidade por omissão de formalidade que constitua elemento essencial do ato.

c) É relativa a nulidade decorrente da inobservância da competência penal por prevenção.

d) É nula a decisão que determina o desaforamento de processo da competência do Júri sem audiência da defesa.

e) A incompetência do juízo anula somente os atos decisórios, devendo o processo, quando for declarada a nulidade, ser remetido ao juiz competente.

COMENTÁRIOS

Alternativa incorreta: letra "B": trata-se de um descuido do legislador. Notem: o inciso IV do art. 564 do CPP diz ser caso de nulidade a "omissão de formalidade que constitua elemento essencial do ato". Porém, o art. 572 diz que tal nulidade é considerada sanada: a) se não forem arguidas, em tempo oportuno, de acordo com o disposto no artigo 571; b) se, praticado por outra forma, o ato tiver atingido o seu fim; c) se a parte, ainda que tacitamente, tiver aceito os seus efeitos. Portanto, tratando especificamente do que exige a alternativa, esta é incorreta porque se a nulidade pode ser sanada, trata-se de nulidade apenas relativa, já que a absoluta pode ser declarada a qualquer momento e não precisa sequer ser arguida, não havendo como convalidá-la. Mas, vamos além: o descuido do legislador está em usar a expressão "elemento essencial". Ora, se pode o ato ser sanado, o elemento não pode ser essencial, já que, faltando um elemento que é da essência do ato – logo, essencial – o ato não existiria. Mas, tal descuido está no CPP há 70 anos e já foi observada por muitos, sem mudança.

Alternativa "A": de fato, tal teoria, de origem norte-americana, foi acolhida expressamente na reforma ocorrida em 2008. Primeiro, o *caput* do art. 157 do CPP diz serem "inadmissíveis, devendo ser desentranhadas do processo, as provas ilícitas, assim entendidas as obtidas em violação a normas constitucionais ou legais". E, em seguida, no § 1º, vem o reconhecimento da teoria citada, quando se afirma: "São também inadmissíveis as provas derivadas das ilícitas (...)". A ideia é a de que as provas que derivam das ilícitas – ou sejam, que são fruto da árvore envenenada – também devem ser consideradas ilícitas, salvo quando, continua o mesmo parágrafo, "não evidenciado o nexo de causalidade entre umas e outras, ou quando as derivadas puderem ser obtidas por uma fonte independente das primeiras".

Alternativa "C": segundo o art. 564, I, do CPP, haverá nulidade em caso de incompetência do juiz. O art. 567 diz que a incompetência do juízo anula somente os atos decisórios, devendo o processo, quando for declarada a nulidade, ser remetido ao juiz competente. Porém, trata-se de nulidade relativa (nesse sentido, Súmula 706 do STF) e somente será reconhecida se for oportunamente arguida pelas partes. Do contrário, considera-se sanada.

Alternativa "D": é o entendimento do STF, exposto em sua Súmula 712.

Alternativa "E": é o que dispõe o art. 567 do CPP. Atenção: parte minoritária da doutrina entende que a incompetência absoluta provoca a anulação de todos os atos processuais, enquanto a relativa anula apenas os atos decisórios. Posição majoritária entende que deve sempre ser aplicado o art. 567 do CPP, anulando-se apenas os atos decisórios. Ocorre que o STF passou a entender que até mesmo os atos decisórios proferidos por juiz incompetente podem ser ratificados pelo juiz que receber o processo (ao menos caso se entenda, como nós entendemos, que o recebimento da denúncia é ato decisório). Nesse sentido: "*HABEAS CORPUS*. DENÚNCIA. MINISTÉRIO PÚBLICO ESTADUAL. RATIFICAÇÃO. PROCURADORIA-GERAL DA REPÚBLICA. INQUÉRITO NO ÂMBITO DO STF. LEI Nº 8.038/90. 1. "Tanto a denúncia quanto o seu recebimento emanados de autoridades incompetentes *rationae materiae* são ratificáveis no juízo competente". Precedentes. 2. Caso em que a notificação para a apresentação de resposta (art. 4º da Lei nº 8.038/90), fase anterior ao julgamento em que o Tribunal deliberará pelo recebimento ou rejeição da denúncia (art. 6º da Lei nº 8.038/90), não permite se inferir que tenha o relator do inquérito ratificado o ato de recebimento da denúncia, exarado pelo juízo de origem. 3. Alegações formuladas a respeito da inépcia da denúncia que, além de demandarem o exame de provas, insuscetível de realização em sede de habeas corpus, inserem-se no âmbito da deliberação a ser realizado oportunamente pelo Tribunal em julgamento que está previsto no art. 6º da Lei nº 8.038/90. Ordem indeferida" (HC 83.006-SP, Rel. Min. Ellen Gracie, j. 18.06.2003).

334. (Delegado de Polícia – RN/ 2008 – CESPE) Em cada uma das opções a seguir, é apresentada uma situação hipotética, seguida de uma assertiva a ser julgada. Assinale a opção que apresenta assertiva correta.

a) Determinada CPI, criada em determinada assembleia legislativa, oficiou ao Banco Central do Brasil, requerendo a quebra de determinados sigilos bancários. Nessa situação, de acordo com a jurisprudência do STF, o sigilo de dados previsto na CF não poderá ser quebrado, por se tratar de pleito de CPI estadual.

b) Felisberto, após intimado de sentença condenatória, resolveu impetrar um habeas corpus no tribunal competente, no afã de anular o processo, sob o argumento de nulidade do mesmo, haja vista o não comparecimento do membro do MP ao seu interrogatório, apesar de este ter sido devidamente intimado. Nessa situação, para a jurisprudência dominante nos tribunais superiores, a ausência do parquet no aludido ato processual não induz nenhum tipo de nulidade.

c) Virgínia, vítima de violência sexual, por ocasião do seu depoimento em juízo, sentindo-se deveras constrangida com a presença do acusado na sala de audiência, pugnou para ser ouvida por meio de videoconferência, uma vez que a vara judicial tinha todo o aparato eletrônico para tal. Nessa situação, o juiz só deverá deferir o pedido da ofendida se for inviável o prosseguimento da inquirição com a só retirada do réu.

d) Sebastião, réu preso, mas primário, com bons antecedentes e bom comportamento carcerário, compareceu a sessão plenária do tribunal do júri devidamente escoltado por plurais policiais que, por ordem judicial, o mantiveram algemado durante o julgamento. Nessa situação, e em outras que tais, de acordo com a jurisprudência do STF, o juiz pode manter o pronunciado com algemas quando presumir algum ato de fuga ou resistência.

e) André, condenado uma única vez, após cumprir determinado lapso da pena, beneficiou-se de determinada lei de anistia. Nessa situação, André passará a gozar do status de primário, uma vez que todos os efeitos oriundos da condenação restarão apagados, inclusive o dever de reparar o prejuízo cível.

COMENTÁRIOS

✪ **Nota do autor:** a questão, que foi anulada, trata de assuntos diversos, mas que têm um ponto em comum, qual seja, a consequência dos atos descritos nas alternativas, mais especificamente se há nulidade ou não.

Alternativa "A": errado. Segundo o entendimento do STF, por maioria, pode a CPI estadual requerer ao Banco Central a remessa de dados bancários de pessoa investigada. Nesse sentido: "AÇÃO CÍVEL ORIGINÁRIA. MANDADO DE SEGURANÇA. QUEBRA DE SIGILO DE DADOS BANCÁRIOS DETERMINADA POR COMISSÃO PARLAMENTAR DE INQUÉRITO DE ASSEMBLEIA LEGISLATIVA. RECUSA DE SEU CUMPRIMENTO PELO BANCO CENTRAL DO BRASIL. LEI COMPLEMENTAR 105/2001. Potencial conflito federativo (cf. ACO 730-QO). Federação. Inteligência. Observância obrigatória, pelos estados-membros, de aspectos fundamentais decorrentes do princípio da separação de poderes previsto na Constituição federal de 1988. Função fiscalizadora exercida pelo Poder Legislativo. Mecanismo essencial do sistema de checks-and-counterchecks adotado pela Constituição federal de 1988. Vedação da utilização desse mecanismo de controle pelos órgãos legislativos dos estados-membros. Impossibilidade. Violação do equilíbrio federativo e da separação de Poderes. Poderes de CPI estadual: ainda que seja omissa a Lei Complementar 105/2001, podem essas comissões estaduais requerer quebra de sigilo de dados bancários, com base no art. 58, § 3º, da Constituição. Mandado de segurança conhecido e parcialmente provido" (ACO 730-RJ, Rel. Min. Joaquim Barbosa, j. 22.09.2004).

Alternativa "B": errado. O entendimento do STJ é de que a ausência do membro do Ministério Público no interrogatório do acusado é causa de nulidade relativa, que depende de efetiva comprovação do prejuízo. Nesse sentido: "(...)Não sendo impugnada, no momento processual oportuno, a suposta nulidade relativa – ausência de membro do Ministério Público em audiência –, inafastável a ocorrência de preclusão. 6. Ausência de demonstração de prejuízo enfrentado pela ré – *pas de nullité sans grief* –, porquanto o decisum condenatório se firmou, além do interrogatório, em vasto conteúdo probatório (art. 563 do CPP). (...)" (REsp. 1.199.887-PI, Rel. Min. Sebastião Reis Júnior, j. 26.06.2012).

Alternativa "C": errado. O art. 217 do CPP dispõe que se o juiz verificar que a presença do réu poderá causar humilhação, temor, ou sério constrangimento à testemunha ou ao ofendido, de modo que prejudique a verdade do depoimento, fará a inquirição por videoconferência e, somente na impossibilidade dessa forma, determinará a retirada do réu, prosseguindo na inquirição, com a presença do seu defensor. Portanto, a princípio, não deve indeferir o pedido da ofendida.

Alternativa "D": errado. O STF editou a Súmula Vinculante 11 a respeito do uso de algemas. Diz o verbete: "Só é lícito o uso de algemas em caso de resistência e de fundado receio de fuga ou de perigo à integridade física própria ou alheia, por parte do preso ou de terceiros, justificada a excepcionalidade por escrito, sob pena de responsabilidade disciplinar, civil e penal do agente ou da autoridade e de nulidade da prisão ou do ato processual a que se refere, sem prejuízo da responsabilidade civil do Estado". Portanto, não cabe a determinação do uso de algemas apenas com base em presunções ou suposições do juiz, mas em fundado receio de fuga.

Alternativa "E": trata-se de matéria penal, não processual. E está errada a alternativa. A *abolitio criminis* apaga os efeitos penais da condenação – portanto, eventual induzimento à reincidência – mas não os efeitos extrapenais, como o dever de indenizar.

12. RECURSOS

- CF, arts. 102, II e II, e 105, II e III
- CPP, arts. 574 a 620 e 639 a 646
- Lei 7.210/1984, art. 197
- Lei 9.099/1995, arts. 82 e 83

335. (Vunesp – Delegado de Polícia – PC – SP/2018) Tício foi absolvido da acusação de prática do crime de homicídio qualificado. Inconformado com a decisão, o Ministério Público interpõe recurso de apelação por entender ser a decisão manifestamente contrária à prova dos autos. Dado provimento ao recurso e submetido a novo julgamento pelo Tribunal do Júri, Tício é agora condenado pela prática do crime de homicídio qualificado à pena de 12 anos de reclusão.

Com base em tais informações, afirma-se corretamente:

a) o efeito devolutivo da apelação contra decisões do Júri não é adstrito aos fundamentos da sua interposição.

b) não se cogita a possibilidade de interposição de recurso de apelação quando houver injustiça no tocante à aplicação da pena.

c) no caso das sentenças do júri, a apelação é recurso vinculado e não de fundamentação livre.

d) com base no princípio da ampla defesa, é possível que a defesa interponha recurso de apelação contra a sentença condenatória pelo mesmo fundamento (decisão contrária à prova dos autos).

e) não era dado ao Tribunal de Justiça prover o recurso interposto pelo Ministério Público, violando assim o direito fundamental da soberania dos veredictos do Tribunal do Júri.

COMENTÁRIOS

Alternativa "a": ao contrário, fica o tribunal limitado, adstrito aos fundamentos da interposição do recurso. É posição pacífica na jurisprudência, tendo sido editada, nesse sentido, a Súmula 713 pelo STF.

Alternativa "b": uma das possibilidades de recurso contra as decisões do tribunal do júri é justamente essa, assim como ocorre com qualquer outra sentença. E esse ponto é importante: a apelação que tenha esse fundamento não está a atacar o veredicto dos jurados, mas a sentença do juiz-presidente e, portanto, poderá o tribunal reformar a sentença, a fim de fazer alterações na pena fixada, desde que mantenha os parâmetros fáticos-jurídicos fixados pelo conselho de sentença.

Alternativa "c": o art. 593 do CPP estabelece apenas quatro fundamentos para o recurso contra as decisões do júri: nulidade posterior à pronúncia; sentença do juiz-presidente contrária à lei expressa ou à decisão dos jurados; erro ou injustiça no tocante à fixação da pena ou medida de segurança; e decisão dos jurados manifestamente contrária à prova dos autos.

Alternativa "d": quando se alega ter sido a decisão manifestamente contrária à prova dos autos, está-se atacando, não a sentença, mas o veredicto dos jurados e, por isso mesmo, o tribunal recursal não poderá reformá-lo, mas anulá-lo, para que outro julgamento se realize. Só é possível a anulação por esse motivo uma única vez.

Alternativa "e": nenhuma decisão pode estar alijada de controle judicial, nem mesmo a dos jurados. Por isso, reconhece-se que o recurso que ataque a decisão pelo mérito é possível, devendo o julgamento ser anulado se o veredicto foi manifestamente contrário à prova dos autos.

Alternativa correta: letra "c".

336. (Vunesp – Delegado de Polícia – CE/2015) Qual o recurso cabível e em qual prazo deve ser manejado contra decisão denegatória de *habeas corpus* proferida por uma vara criminal em primeiro grau de jurisdição?

a) Apelação; 5 dias.

b) Recurso em sentido estrito; 2 dias.

c) Recurso em sentido estrito; 5 dias.

d) Apelação; 2 dias.

e) Recurso em sentido estrito; 10 dias.

COMENTÁRIOS

Alternativa correta: letra "C"(responde também todas as demais alternativas): o recurso cabível contra a denegação do *habeas corpus* em primeira instância é o recurso em sentido estrito (art. 581, X, CPP). O prazo para interposição é de 5 dias (art. 586, *caput*). Para arrazoar, 2 dias (art. 588, *caput*, CPP).

337. (FUNCAB – Delegado de Polícia – RO/2014) Com base nas ponderações doutrinárias acerca da teoria geral dos recursos, aponte a alternativa que prevê as características fundamentais dos recursos.

a) Alguns recursos criam uma nova relação processual, outros não, mas sempre têm por objeto a impugnação de um ato judicial.

b) Todo recurso é voluntário, prolonga a mesma relação processual e impugna decisão judicial.

c) O recurso pode ser voluntário ou obrigatório, prolonga a mesma relação processual e impugna decisão judicial.

d) O recurso pode ser voluntário ou obrigatório, cria uma nova relação processual e impugna decisão judicial.

e) Todo recurso é obrigatório, cria uma nova relação processual e impugna decisão judicial.

COMENTÁRIOS

Alternativa correta: letra "B" (responde também todas as demais alternativas): no Brasil, adota-se o princípio da voluntariedade dos recursos, ou seja, as partes não são obrigadas a recorrer da decisão, mesmo no caso do Ministério Público. Este não é obrigado a recorrer jamais, porém, se recorrer, fica impedido de desistir do recurso. De outra parte, o recurso é sempre contra decisão judicial e não inicia uma nova relação processual, pois se trata do mesmo processo, entre as mesmas partes, sendo julgado pelo mesmo Estado-juiz. Ainda há no Brasil casos, poucos, de recurso de ofício pelo juiz, ou seja, de reexame obrigatório, sendo o mais usado aquele que se dá quando o juiz concede ordem de *habeas corpus*. Outro caso é da decisão que julga procedente pedido de reabilitação criminal.

338. (Vunesp – Delegado de Polícia – SP/2014) Cabe recurso de ofício da sentença

a) que conceder habeas corpus.

b) que absolver o réu por inexistência do crime.

c) de pronúncia.

d) de absolvição sumária.

e) que denegar habeas corpus.

COMENTÁRIOS

✪ **Nota do autor:** o recurso de ofício é, na verdade, um reexame necessário da decisão. Há casos em que a lei exige que a decisão judicial seja necessariamente revista, é dizer, novamente analisada pelo tribunal, independentemente de recurso de algum interessado.

Alternativa correta: letra "A" (responde também a alternativa "E"): hoje em dia, esta hipótese é praticamente a única em que se exige o reexame necessário, pelo menos no sentido de que acaba sendo, na prática, a única usada. Mas, notem: apenas no caso em que juiz singular concede a ordem de *habeas corpus* (art. 574, I, CPP), já que a lei fala em "sentença". No caso de denegação, não há o reexame necessário, sendo preciso que o impetrante, se o caso, interponha recurso em sentido estrito (art. 581, X). Também não há reexame necessário no caso de concessão do *writ* por acórdão.

Alternativa "B": não há previsão de reexame necessário nesse caso, sendo necessário que a parte sucumbente interponha recurso de apelação.

Alternativa "C": contra a decisão de pronúncia cabe recurso em sentido estrito, não sendo hipótese de reexame necessário.

Alternativa "D": a sentença de absolvição sumária proferida na primeira fase do procedimento dos crimes dolosos contra a vida comporta apelação (art. 416, CPP), não sendo caso de reexame necessário. Aqui, há a necessidade de um esclarecimento. O art. 574 do CPP prevê o reexame necessário em dois casos, sendo o primeiro deles a sentença concessiva de *habeas corpus*. O segundo caso é previsto nos seguintes termos: "da [sentença] que absolver desde logo o réu com fundamento na existência de circunstância que exclua o crime ou isente o réu de pena, nos termos do art. 411". Tratava o citado art. 411, antes da reforma de 2008, da absolvição sumária no procedimento da primeira fase do Júri. Hoje, o art. 411 trata de assunto diverso. Assim, prevalece o entendimento de que o inciso II do art. 574 do CPP não mais é aplicável.

339. (Vunesp – Delegado de Polícia – SP/2014) Dentre os recursos a seguir, aquele em que não é possível a desistência é:

a) apelação.

b) em qualquer recurso interposto pelo Defensor Público.

c) protesto por novo júri.

d) em qualquer recurso interposto pelo Ministério Público.

e) recurso em sentido estrito.

COMENTÁRIOS

Alternativa correta: letra "D": para o Ministério Público, os recursos são indisponíveis, tal como ocorre com a ação penal. É verdade que o membro do Ministério Público não é obrigado a interpor o recurso, mas, uma vez que o faça, não poderá dele desistir (art. 576, CPP). Já o acusado, em geral, não possui tal impedimento, podendo desistir de qualquer um que tenha interposto.

Alternativa "A": pode haver desistência da apelação, desde que não pelo Ministério Público.

Alternativa "B": o Defensor Público pode desistir do recurso que tenha interposto, desde que seja conveniente para a Defesa do acusado.

Alternativa "C": não existe mais o protesto por novo júri desde 2008, quando foi extinto este recurso pela reforma processual então ocorrida.

Alternativa "E": pode haver desistência do recurso em sentido estrito pelo acusado, mas não pelo Ministério Público.

340. (FGV – Delegado de Polícia – MA/2012) Apesar de predominar na doutrina o entendimento de que o duplo grau de jurisdição não é um princípio constitucional absoluto, o Código de Processo Penal contém uma série de dispositivos sobre este tema, já que os recursos, juntamente com as ações autônomas de impugnação, possibilitam um amplo exercício do direito de defesa. A esse respeito, assinale a afirmativa correta.

a) Caberá recurso de apelação da decisão que pronunciar o réu.

b) O efeito devolutivo da apelação contra decisões do Tribunal do Júri é adstrito aos fundamentos de sua interposição.

c) De acordo com a jurisprudência majoritária do Superior Tribunal de Justiça, cabe *habeas corpus* questionando decisão que condene o réu exclusivamente à pena de multa.

d) A revisão criminal poderá ser requerida por procurador regularmente habilitado, mas não pelo próprio réu.

e) Da decisão que não receber a denúncia ou queixa caberá agravo.

COMENTÁRIOS

Alternativa correta: letra "B": é o entendimento trazido no enunciado da Súmula 713 do STF. Isso significa que o tribunal deve se ater ao fundamento invocado na apelação. É que, contra decisões do Tribunal do Júri, pode haver apelação com os seguintes fundamentos: (i) nulidade processual ocorrida após a pronúncia; (ii) sentença do juiz-presidente contrária à lei expressa ou ao veredicto dos jurados; (iii) erro ou injustiça no tocante à aplicação da pena ou da medida de segurança; (iv) decisão dos jurados manifestamente contrária à prova dos autos. Assim, se foi interposta a apelação sob a alegação de nulidade posterior à pronúncia, não pode o Tribunal anular o Júri sob o fundamento de ter sido a decisão manifestamente contrária à prova dos autos.

Alternativa "A": nesse caso, cabe recurso em sentido estrito. Apelação, nessa fase do procedimento dos crimes dolosos contra a vida, somente contra decisão de impronúncia ou de absolvição sumária.

Alternativa "C": não cabe *habeas corpus* nesse caso, sendo este o entendimento do STJ e do STF. Aliás, a Suprema Corte editou a Súmula 693, cujo enunciado diz: "Não cabe habeas corpus contra decisão condenatória a pena de multa, ou relativo a processo em curso por infração penal a que a pena pecuniária seja a única cominada".

Alternativa "D": o réu é parte legítima para propor a revisão criminal, conforme deixa expresso o art. 623 do CPP.

Alternativa "E": caberá recurso em sentido estrito (art. 581, I, CPP).

341. (Delegado de Polícia – MG/ 2011 – ACADEPOL) Sobre recursos no processo penal é INCORRETO afirmar:

a) O recurso de agravo, previsto no art. 197 da LEP, tem efeito regressivo.

b) A apelação no juizado especial tem prazo de 10 dias.

c) No juizado especial a parte recorrente pode protestar por apresentar as razões de apelação perante a turma recursal.

d) O prazo dos embargos de declaração no juizado especial é de 5 (cinco) dias.

COMENTÁRIOS

Alternativa incorreta: letra "C": o § 1º do art. 82 da Lei 9.099/1995 não permite isso. Tal regra determina que: "A apelação será interposta no prazo de dez dias, contados da ciência da sentença pelo Ministério Público, pelo réu e seu defensor, por petição escrita, da qual constarão as razões e o pedido do recorrente". Portanto, o recorrente deve apresentar suas razões recursais juntamente com a interposição.

Alternativa "A": o art. 197 da LEP prevê o agravo como único recurso cabível em sede de execução da pena. Não tem efeito suspensivo. O prazo para a interposição é o mesmo do recurso em sentido estrito, aplicando-se, aqui, o disposto no art. 586 do CPP. A LEP silencia a respeito, mas esse entendimento encontra-se na Súmula 700 do STF. No caso do agravo em execução, por adotar o rito do recurso em sentido estrito, entendemos que é possível o juízo de retratação.

Alternativa "B": tal prazo é realmente previsto no § 1º do art. 82 da Lei 9.099/1995, contado da data da ciência da sentença.

Alternativa "D": é o prazo previsto no § 1º do art. 83 da Lei 9.099/1995.

342. (Delegado de Polícia – PA/ 2009 – MOVENS) Para impugnar decisão de um juiz que, no curso do processo em primeiro grau de jurisdição, resolveu questão incidente sem analisar o mérito, é cabível a interposição de

a) apelação.

b) agravo.

c) embargos de divergência.

d) embargos infringentes.

COMENTÁRIOS

✪ **Nota do autor:** no processo civil, o agravo é o recurso cabível contra decisão que resolve questão incidente, sem extinguir o processo. O gabarito adotou tal solução no processo penal por analogia. No entanto, pensamos que a questão não é assim tão pacífica. De qual mérito a questão se refere: da própria questão incidental ou da ação penal? E a que se refere a questão quando menciona "questão incidente"? Seriam as questões prejudiciais e as exceções, por exemplo? Se forem, definitivamente não é cabível o agravo em hipótese alguma. Admite-se, em alguns casos, o recurso de apelação (exs.: reconhecimento de ofício da litispendência ou da coisa julgada), enquanto em outros há previsão expressa do recurso em sentido estrito (exs.: decisão que julga procedente exceção de litispendência, de coisa julgada ou de ilegitimidade de parte apresentada por uma das partes).

Há situações em que simplesmente não cabe recurso algum (exs.: exceção de incompetência; decisão que rejeita exceção de litispendência; que rejeita exceção de coisa julgada ou de ilegitimidade de parte), podendo-se pensar na possível impetração de mandado de segurança, que recurso não é, como se sabe.

Alternativa considerada correta: letra "B": quanto ao cabimento do agravo, vide nota do autor acima.

Alternativa "A": quanto ao cabimento da apelação, vide a nota do autor acima.

Alternativa "C": os embargos de divergência são cabíveis quando o acórdão de órgão fracionário: em recurso extraordinário ou em recurso especial, divergir do julgamento de qualquer outro órgão do mesmo tribunal, sendo os acórdãos, embargado e paradigma, de mérito; em recurso extraordinário ou em recurso especial, divergir do julgamento de qualquer outro órgão do mesmo tribunal, sendo um acórdão de mérito e outro que não tenha conhecido do recurso, embora tenha apreciado a controvérsia (art. 1.043, CPC). Portanto, inaplicável ao caso em tela.

Alternativa "D": os embargos infringentes são cabíveis contra acórdão não unânime e somente podem ser apresentados a favor do acusado.

343. (Delegado de Polícia – MG / 2008 – ACADEPOL – PC/MG) Sobre recursos no processo penal, assinale a afirmativa ***CORRETA***.

a) Da decisão do juiz que decide sobre unificação de penas caberá recurso em sentido estrito.

b) Da decisão do juiz do juizado especial criminal que não recebe a denúncia oferecida pelo Ministério Público caberá recurso em sentido estrito.

c) Ao não conceder ordem de *habeas corpus* impetrado em favor de acusado preso, por maioria de votos, caberá embargos infringentes.

d) O prazo de interposição do recurso de apelação pelo assistente do ministério público, ainda não habilitado no processo até a sentença absolutória, é de 15 dias após esgotado o prazo recursal do titular da ação penal.

COMENTÁRIOS

Alternativa correta: letra "D": de acordo com o entendimento do STF, o prazo para o assistente recorrer, supletivamente, começa a correr imediatamente após o transcurso do prazo do Ministério Público (Súmula 448). E o art. 598, parágrafo único, do CPP confirma tal entendimento e estabelece o prazo de 15 dias.

Alternativa "A": unificação de penas é matéria decidida no âmbito da execução penal. Portanto, no caso, é aplicável o art. 197 da LEP, ou seja, é cabível o agravo ali previsto, que seguirá o rito do recurso em sentido estrito, inclusive quanto ao prazo. Atenção: os dispositivos do art. 581 do CPP (que regula o recurso em sentido estrito) relativos a incidentes em execução criminal foram revogados tacitamente pela LEP.

Alternativa "B": caberá apelação. Normalmente, seria cabível recurso em sentido estrito. Mas a Lei 9.099/1995 tem disposição expressa e especial a respeito do tema: "Da decisão de rejeição da denúncia ou queixa e da sentença caberá apelação, que poderá ser julgada por turma composta de três Juízes em exercício no primeiro grau de jurisdição, reunidos na sede do Juizado" (art. 82, *caput*).

Alternativa "C": cabe recurso em sentido estrito, conforme previsão do art. 581, X, do CPP.

344. (Delegado de Polícia – MG / 2008 – ACADEPOL – PC/MG) Ao julgar apelação interposta contra decisão do Tribunal do Júri, **NÃO** poderá o Tribunal de Apelação

a) julgar a apelação interposta contra sentença condenatória e declarar o acusado inocente, sob o fundamento de que a decisão dos jurados foi manifestamente contrária às provas dos autos.

b) remeter o acusado a novo júri sob a alegação de nulidade nos quesitos submetidos à apreciação dos jurados.

c) reformar a sentença proferida pelo Juiz Presidente apenas para diminuir a pena imposta, sem, no entanto, alterar a qualificação jurídica do fato.

d) reformar a sentença do Juiz Presidente quando contrariar a decisão proferida pelos jurados.

COMENTÁRIOS

✪ **Nota do autor:** a previsão constitucional da soberania dos veredictos não impede que contra a decisão do Júri seja interposta apelação. Entende-se, assim, que o art. 593 do CPP não foi revogado pela nova ordem constitucional quando se refere ao Júri. Portanto, caberá apelação contra a sentença proferida pelo Juiz-Presidente, caso ele não siga o veredicto dos jurados ou em relação à pena fixada. Pode igualmente haver apelação em caso de nulidade posterior à pronúncia. E pode, finalmente, haver apelação sob o fundamento de ter sido a decisão dos jurados manifestamente contrária à prova dos autos. A questão lida com o que pode ou não o Tribunal recursal fazer em tais situações.

Alternativa correta: letra "A": se a apelação foi interposta contra a própria decisão de mérito dos jurados, não pode o Tribunal reformá-la, pois isto violaria a soberania do veredicto. Nesse caso, deve o Tribunal anular o julgamento – sob o fundamento de ter o veredicto contrariado manifestamente a prova dos autos – e determinar que outro se realize. Atenção: não se admite, porém, pelo mesmo motivo, segunda apelação (§ 3º, art. 593, CPP).

Alternativa "B": pode o Tribunal anular o julgamento em caso de nulidade nos quesitos submetidos à votação dos jurados, caso em que não terá outra saída senão determinar a realização de novo julgamento (jamais de nova votação apenas).

Alternativa "C": se houver incorreção ou injustiça na fixação da pena, pode o Tribunal reformá-la para corrigi-la, sem alterar a sentença no que se refere ao reconhecimento da decisão de mérito dos jurados.

Alternativa "D": se o Juiz-Presidente não seguir a decisão dos jurados (ex.: o conselho de sentença reconhece uma causa de exclusão da ilicitude e o juiz, ao invés de absolver o réu, o condena), deve o Tribunal reformar a sentença para adequá-la ao veredicto.

13. *HABEAS CORPUS* E MANDADO DE SEGURANÇA

- CF, art. 5º, LXVIII e LXIX
- CPP, arts. 647 a 667
- Lei 12.016/2009

345. (IBADE – Delegado de Polícia – AC/2017) Sobre habeas corpus assinale a alternativa correta.

a) Não cabe habeas corpus contra ato de Delegado de Polícia.

b) O delegado de polícia não pode impetrar habeas corpus.

c) Para a doutrina, o habeas corpus, a revisão criminal e o mandado de segurança não são recursos e sim ações autônomas de impugnação.

d) O habeas corpus não pode ser concedido de ofício pelo Juiz ou tribunal.

e) O habeas corpus contra ato de Delegado de Polícia deve ser julgado pelo Tribunal de Justiça.

COMENTÁRIOS

Alternativa correta: letra "C": é essa a natureza desses meios de impugnação. O habeas corpus e o mandado de segurança, por exemplo, são considerados verdadeiras ações de natureza constitucional. Cuidado aqui, porque o CPP indica que o habeas corpus e a revisão criminal são recursos. Não são.

Alternativa "A": lógico que cabe. É possível habeas corpus contra prisão ilegal feita por delegado ou contra instauração de inquérito policial em caso de fato atípico, apenas para ficarmos com dois exemplos comuns.

Alternativa "B": qualquer pessoa pode impetrar habeas corpus a favor de outra.

Alternativa "D": tanto o juiz quanto o tribunal podem conceder habeas corpus de ofício. Por sinal, os tribunais superiores passaram a entender que o habeas corpus não pode ser usado como sucedâneo recursal ou de revisão criminal. Nesses casos, os tribunais não conhecem o habeas corpus. Porém, ocorre, algumas vezes, algo curioso: embora não conheçam da ação de habeas corpus, como tomaram os ministros conhecimento do abuso, concedem a ordem de ofício.

Alternativa "E": deve ser julgado pelo juiz de direito, em primeiro grau.

346. (NUCEPE – Delegado de Polícia – PI/2014) Maria foi denunciada pela prática do crime de furto na modalidade simples. O Ministério Público, considerando estarem presentes as condições para propositura da suspensão condicional do processo prevista no art.89 da Lei nº 9.099/95, oferecera mencionada proposta que fora aceita por Maria e homologada pelo magistrado, tendo este suspendido o processo pelo prazo de dois anos com imposição das condições a serem cumpridas nesse prazo. Considerando a narrativa, assinale a assertiva CORRETA.

a) Maria poderá impetrar *habeas corpus* objetivando o trancamento da ação penal por ausência de justa causa, embora tenha aceitado a proposta.

b) Maria não poderá impetrar habeas corpus uma vez concordado com a suspensão condicional do processo, renuncia ao interesse de agir.

c) Não cabe habeas corpus no âmbito dos Juizados Especiais Criminais.

d) Inexiste previsão legal para trancamento de ação penal via habeas corpus por ausência de justa causa.

e) Só é possível trancamento da ação penal nos casos de decisões que extinguem a punibilidade.

COMENTÁRIOS

Alternativa correta: letra "A" (responde também a alternativa "B"): a jurisprudência tem sido pacífica nesse sentido. Ou seja, pode o réu aceitar a proposta de suspensão condicional do processo, garantindo, assim, tal benefício e, ao mesmo tempo, questionar, pela via do *habeas corpus* – portanto, fora do processo, por meio de impugnação autônomo – os requisitos para o recebimento da denúncia, entre os quais a justa causa. O réu, nesse caso, tem interesse de agir, vez que sua liberdade encontra-se limitada – afinal, a ele foram impostas condições para a suspensão – sendo legítima a propositura do habeas corpus.

Alternativa "C": cabe habeas corpus, que deverá ser julgado pelas Turmas Recursais.

Alternativa "D": há previsão para concessão de *habeas corpus* em caso de ausência de justa causa no inciso I do art. 648 do CPP.

Alternativa "E": é cabível o trancamento também nos casos em que há ilegitimidade de parte, atipicidade e, de modo geral, ausência de justa causa.

347. (FUNCAB – Delegado de Polícia – ES/2013) Quanto às Turmas Recursais dos Juizados Especiais Criminais, está correto afirmar:

I. O Supremo Tribunal Federal não é competente para processamento e julgamento de mandado de segurança contra atos das Turmas Recursais dos Juizados Especiais Criminais.

II. O Supremo Tribunal Federal é competente para processamento e julgamento de habeas corpus contra atos das Turmas Recursais dos Juizados Especiais Criminais.

III. Cabe habeas corpus, mandado de segurança e revisão criminal contra atos das Turmas Recursais dos Juizados Especiais Criminais.

IV. Não cabe recurso extraordinário contra atos das Turmas Recursais dos Juizados Especiais Criminais.

Indique a opção que contempla a(s) assertiva(s) correta(s).

a) I, II, III e IV.
b) I, II e III, apenas.
c) III e IV, apenas.
d) II e III, apenas.
e) IV, apenas.

COMENTÁRIOS

✪ **Nota do autor:** a questão foi anulada.

Assertiva I: certo. Segundo o STF: "(...) O julgamento do mandado de segurança contra ato de turma recursal cabe à própria turma, não havendo campo para atuação quer de tribunal de justiça, quer do Superior Tribunal de Justiça. (…)" (AI 666.523 AgR-BA, Rel. p/ acórdão Min. Marco Aurélio, j. 26.10.2010). Mais recentemente: "MANDADO DE SEGURANÇA – EMBARGOS DE DECLARAÇÃO RECEBIDOS COMO RECURSO DE AGRAVO – IMPUGNAÇÃO DE DECISÕES OU DE ATOS EMANADOS, QUER DE TURMAS RECURSAIS VINCULADAS AO SISTEMA DOS JUIZADOS ESPECIAIS, QUER DE MAGISTRADOS QUE NELAS ATUAM – AUSÊNCIA DE COMPETÊNCIA ORIGINÁRIA DO SUPREMO TRIBUNAL FEDERAL – RECONHECIMENTO, EM TAL HIPÓTESE, DA COMPETÊNCIA ORIGINÁRIA DA PRÓPRIA TURMA RECURSAL DOS JUIZADOS ESPECIAIS – PRECEDENTES – RECURSO DE AGRAVO IMPROVIDO" (MS 32.620 ED-RJ, Rel. Min. Celso de Mello, j. 30.09.2014).

Assertiva II: errado. Como vimos mais acima, o STF emitiu a Súmula 690, em que afirmou competir àquele Tribunal Superior o julgamento de *habeas corpus* contra decisão de turma recursal de juizados especiais criminais. Ou seja, seguindo-se esse entendimento, a assertiva estaria certa. Porém, tal posicionamento foi alterado pelo próprio STF, que vem entendendo competir o julgamento de referida ação constitucional aos Tribunais de Justiça e Tribunais Regionais Federais. Nesse sentido: "COMPETÊNCIA – HABEAS CORPUS – DEFINIÇÃO. A competência para o julgamento do habeas corpus é definida pelos envolvidos – paciente e impetrante. COMPETÊNCIA – HABEAS CORPUS – ATO DE TURMA RECURSAL. Estando os integrantes das turmas recursais dos juizados especiais submetidos, nos crimes comuns e nos de responsabilidade, à jurisdição do tribunal de justiça ou do tribunal regional federal, incumbe a cada qual, conforme o caso, julgar os habeas impetrados contra ato que tenham praticado. COMPETÊNCIA – HABEAS CORPUS – LIMINAR. Uma vez ocorrida a declinação da competência, cumpre preservar o quadro decisório decorrente do deferimento de medida acauteladora, ficando a manutenção, ou não, a critério do órgão competente" (HC 86.834-SP, Rel. Min. Marco Aurélio, j. 23.08.2006). Cremos que tal entendimento deve ser igualmente seguido no caso de mandado de segurança. Note-se que se o *habeas corpus* for interposto contra ato de juiz de direito (singular) do Juizado Especial Criminal, a competência será da própria Turma Recursal.

Assertiva III: certo. Como visto acima, cabe *habeas corpus* e mandado de segurança. Além disso, admite-se também a revisão criminal, que será de competência da própria turma recursal.

Assertiva IV: certo. O STF tem conhecido os recursos extraordinários interpostos contra decisões de turmas recursais.

348. (Delegado de Polícia – SP/ 2011 – ACADEPOL) De acordo com o prescrito no Código de Processo Penal, aponte, dentre as alternativas abaixo, a que determina ser dever da autoridade judiciária dirigir-se até o local onde se encontra paciente de habeas corpus

a) quando o funcionário responsável pela prisão ilegal recusar-se a atender a ordem de apresentação do paciente ao juiz.
b) quando a pessoa não puder ser levada à presença do juiz por motivo de doença.
c) quando as informações prestadas pela autoridade coatora foram inconvincentes.
d) quando não houver meios para a apresentação do paciente sem risco à sua segurança pessoal em virtude de clamor público.
e) quando o detentor afirmar que a prisão é legal e a impetração do habeas corpus é infundada.

COMENTÁRIOS

Alternativa correta: letra "B" (responde, também, a alternativa "D"): o art. 656 do CPP dispõe que, recebida a petição de *habeas corpus*, o juiz, se julgar necessário, e estiver preso o paciente, mandará que este lhe seja imediatamente apresentado em dia e hora que designar. Somente poderá o paciente deixar de ser apresentado em caso de: grave enfermidade; não estar ele sob a guarda da pessoa a quem se atribui a detenção; se o comparecimento não tiver sido determinado pelo juiz ou pelo tribunal (art. 657). E, finalmente, diz o parágrafo único do art. 657 que o juiz poderá ir ao local em que o paciente se encontrar, se este não puder ser apresentado por motivo de doença.

Alternativa "A": nesse caso, deve ser aplicado o parágrafo único do art. 656, ou seja, em caso de desobediência, será expedido mandado de prisão contra o detentor, que será processado na forma da lei, e o juiz providenciará para que o paciente seja tirado da prisão e apresentado em juízo.

Alternativa "C": nesse caso, deverá o juiz ou tribunal conceder o *writ* de *habeas corpus*.

Alternativa "E": nesse caso, deverá o juiz simplesmente julgar o remédio constitucional.

349. (Delegado de Polícia – MT/ 2010 – UNEMAT) Acerca do Mandado de Segurança, assinale a alternativa **correta.**

a) O STJ é o órgão competente para julgamento de mandado de segurança impetrado contra ato de um Tribunal de Justiça.

b) Da decisão de juiz singular que indefere a segurança, cabe recurso em sentido estrito.

c) Em que pese dispor o Código de Processo Penal que será cabível recurso em sentido estrito da decisão de indeferimento da restituição de bem apreendido, é viável a impetração de mandado de segurança para este fim.

d) Mandado de segurança impetrado pelo Ministério Público prescinde da citação do réu como litisconsorte.

e) Pessoa jurídica pode figurar como autoridade coatora no polo passivo do mandado de segurança.

COMENTÁRIOS

✪ **Nota do autor:** o mandado de segurança é regulado pela Lei 12.016/2009.

Alternativa considerada correta: letra "C": primeiramente, discordamos da alternativa quando afirma que o recurso cabível é o em sentido estrito, Para nós, é cabível apelação. De qualquer modo, é possível o mandado de segurança, em tese, muito embora os tribunais têm sido mais restritivos. Assim, entende o STJ ser possível, por exemplo, no caso de terceiro prejudicado: "(...) É lícito ao terceiro prejudicado impetrar mandado de segurança contra ato judicial, por ter o direito potestativo de se insurgir contra o referido decisum e almejar a restituição do veículo que alegadamente lhe pertence, cujo perdimento foi decretado em feito no qual não era parte. Incidência do enunciado da Súmula nº 202 desta Corte. (…)" (RMS 32.654-RS, Rel. Min. Laurita Vaz, j. 06.11.2012). No entanto, a mesma Corte restringe o uso do mandado de segurança, que não pode pura e simplesmente substituir o recurso cabível: "PROCESSO PENAL. RECURSO ORDINÁRIO EM MANDADO DE SEGURANÇA. BENS APREENDIDOS. INCIDENTE DE RESTITUIÇÃO. PLEITO INDEFERIDO. MANDADO DE SEGURANÇA COMO SUCEDÂNEO DE APELAÇÃO. IMPOSSIBILIDADE. SÚMULA 267 DO STF. RECURSO A QUE SE NEGA PROVIMENTO. 1. A utilização do writ contra ato judicial deve-se dar de forma excepcional, quando inexistentes meios aptos a fim de se evitar a lesão, ou mesmo sua ameaça, a direito líquido e certo. Incidência da Súmula nº 267 do Supremo Tribunal Federal. 2. In casu, após o indeferimento do pleito no incidente de restituição de bem apreendido, a defesa não manejou o recurso cabível – apelação –, sendo inviável a análise do requestado em sede de *mandamus* extraordinário. 3. Recurso ordinário em mandado de segurança a que se nega provimento" (RMS 28.979-RS, Rel. Min. Maria Thereza de Assis Moura, j. 27.11.2012).

Alternativa "A": segundo o art. 18 da Lei 12.016/2009, das decisões em mandado de segurança proferidas em única instância pelos tribunais cabe recurso especial e extraordinário, nos casos legalmente previstos, e recurso ordinário, quando a ordem for denegada.

Alternativa "B": cabe apelação, de acordo com o art. 14, *caput*, da Lei 12.016/2009.

Alternativa "D": o entendimento que prevalece é que o réu deve ser citado como litisconsorte passivo em caso de mandado de segurança impetrado pelo Ministério Público. É o teor da Súmula 701 do STF.

Alternativa "E": autoridade coatora é sempre pessoa física, normalmente ligada a pessoa jurídica, de direito público ou não. Vejam o seguinte acórdão do STJ: "MANDADO DE SEGURANÇA. AUTORIDADE COATORA. A autoridade coatora desempenha duas funções no mandado de segurança: a) uma, internamente, de natureza processual, consistente em defender o ato impugnado pela impetração; trata-se de hipótese excepcional de legitimidade ad *processum*, em que o órgão da pessoa jurídica, não o representante judicial desta, responde ao pedido inicial; b) outra, externamente, de natureza executiva, vinculada à sua competência administrativa; ela é quem cumpre a ordem judicial. A legitimação da autoridade coatora deve ser aferida à base das duas funções acima descritas; só o órgão capaz de cumpri-las pode ser a autoridade coatora. A pessoa jurídica sujeita aos efeitos da sentença no mandado de segurança só estará bem presentada no processo se houver correlação material entre as atribuições funcionais da autoridade coatora e o objeto litigioso; essa identificação depender de saber, à luz do direito administrativo, qual o órgão encarregado de defender o ato atacado pela impetração. (…)" (RMS 38.960-MS, Rel. Min. Ari Parglender, j. 14.05.2013).

---

350. (Delegado de Polícia – MT/ 2010 – UNEMAT) A respeito da ação constitucional autônoma de impugnação, prevista no art. 5º, inciso LXVIII, da Constituição Federal, pode-se afirmar que:

a) é cabível a impetração de *habeas corpus* para combater decisão que recebeu denúncia em caso do fato típico previsto no art. 28 da Lei n° 11.343/06, consistente na infração *sui generis* de uso de drogas.

b) o *habeas corpus* pode ser impetrado para efeito de decretação da extinção da punibilidade, quando esta já tiver sido alcançada, em caso de crime cujo preceito secundário seja de multa.

c) contra decisão que determinou em sessão plenária de julgamento pelo Júri, que o acusado permanecesse algemado, sem que preexistisse qualquer requisito constante na Súmula Vinculante de n° 11 do STF, é impetrável *habeas corpus.*

d) ante a excepcionalidade verificada na vigência de estado de sítio, é inadmissível a impetração de *habeas corpus,* ainda em se verificando vício de índole formal.

e) apesar de não se incluir o *habeas corpus* em ato privativo da advocacia, exige-se capacidade civil do impetrante.

COMENTÁRIOS

✪ **Nota do autor:** a "ação constitucional autônoma de impugnação, prevista no art. 5º, inciso LXVIII, da Constituição Federal" é o *habeas corpus.*

Alternativa correta: letra "C": não obstante haja nulidade passível de ser alegada em preliminar em sede de recurso, entendo que a ilegalidade é tão manifesta, em razão da afronta à Súmula Vinculante, que pode ser alegada e conhecida em sede de *habeas corpus*.

Alternativa "A" (responde, também, a alternativa "B"): não é cabível o *habeas corpus*, porque o art. 28 da Lei de Drogas não prevê pena privativa de liberdade para tal tipo de delito. Logo, não há risco à liberdade de locomoção. E, consoante o teor da Súmula 693 do STF, perfeitamente aplicável ao caso: "Não cabe habeas corpus contra decisão condenatória a pena de multa, ou relativo a processo em curso por infração penal a que a pena pecuniária seja a única cominada".

Alternativa "D": o *habeas corpus* é admitido até mesmo durante a vigência do estado de sítio, não havendo ressalva alguma na CF.

Alternativa "E": o *habeas corpus* pode ser impetrado por qualquer pessoa (art. 654, CPP).

---

351. (Delegado de Polícia – PI/ 2009 – NUCEPE) Considerando a jurisprudência e as disposições legais sobre o *habeas corpus*, assinale a alternativa correta.

a) Não cabe *habeas corpus* em face de crime cuja única pena prevista seja a prestação pecuniária, porque tal hipótese não consubstancia violação ou ameaça ao direito de locomoção.

b) É inadmissível seu uso como sucedâneo recursal.

c) O Ministério Público não detém legitimidade para impetrar *habeas corpus* em favor de acusado.

d) O *habeas corpus* é instrumento idôneo contra punições disciplinares de qualquer natureza.

e) Considera-se coação ilegal, a ensejar o *habeas corpus*, a negativa de fiança nos casos em que a lei a autoriza.

COMENTÁRIOS

✪ **Nota do autor:** o *habeas corpus*, apesar de constar do tópico sobre recursos do CPP, não é recurso, mas ação constitucional, meio autônomo de impugnação. O art. 5º, LXVIII, da CF diz: "conceder-se-á 'habeas-corpus' sempre que alguém sofrer ou se achar ameaçado de sofrer violência ou coação em sua liberdade de locomoção, por ilegalidade ou abuso de poder". Entendemos que há mais de uma alternativa correta.

Alternativa correta: letra "E": parece-nos óbvio o cabimento do *habeas corpus*, já que, sendo cabível a fiança, ou seja, não sendo mais necessária a prisão preventiva e, portanto, podendo o imputado ser colocado em liberdade, o direito à liberdade está ameaçado. Tal situação está prevista expressamente no art. 648, V, do CPP.

Alternativa "A": se a única pena prevista é a pecuniária, realmente não há ameaça à liberdade de locomoção, já que a multa não mais pode ser convertida em prisão. Portanto, a alternativa está correta, ao contrário do entendimento do gabarito. Aliás, o STF editou a Súmula 693, que diz: "Não cabe habeas corpus contra decisão condenatória a pena de multa, ou relativo a processo em curso por infração penal a que a pena pecuniária seja a única cominada".

Alternativa "B": trata-se de questão polêmica. Há quem admita o *habeas corpus* mesmo quando ainda cabível recurso. Mas, recentemente, o STF decidiu que: "(...) A via estreita do habeas corpus não pode ser utilizada como sucedâneo de recurso, para discutir questões alheias à liberdade de locomoção, tais como ausência dos pressupostos de admissibilidade recursal. (…)" (HC 113.660-SP, Rel. Min. Ricardo Lewandowski, j. 18.12.2012). O STJ, por sua vez, passou a adotar tal entendimento, *verbis*: "(…) 1. Buscando dar efetividade às normas previstas no artigo 102, inciso II, alínea "a", da Constituição Federal, e aos artigos 30 a 32, ambos da Lei nº 8.038/90, a mais recente jurisprudência do Supremo Tribunal Federal passou a não mais admitir o manejo do *habeas corpus* em substituição a recursos ordinários (apelação, agravo em execução, recurso especial), tampouco como sucedâneo de revisão criminal. 2. O Superior Tribunal de Justiça, alinhando-se à nova jurisprudência da Colenda Corte, passou também a restringir as hipóteses de cabimento do habeas corpus, não admitindo que o remédio constitucional seja utilizado em substituição do recurso cabível. (…)" (HC 238.328-ES, Rel. Min. Campos Marques (Desembargador convocado), j. 11.04.2013). Portanto, parece-nos que a alternativa também está correta.

Alternativa "C": o Ministério Público pode impetrar *habeas corpus* em favor do acusado. Aliás, tal atribuição encontra-se prevista no art. 32, I, da Lei 8.625/1993 (Lei Orgânica Nacional do Ministério Público).

Alternativa "D": o *habeas corpus* não é cabível contra punições disciplinares, sendo mais adequado o mandado de segurança. Basta ver o teor da Súmula 694 do STF: "Não cabe habeas corpus contra a imposição da pena de exclusão de militar ou de perda de patente ou de função pública".

---

352. (Delegado de Polícia – RJ/ 2009 – CEPERJ) Salazar é indiciado em inquérito policial instaurado na Delegacia Fazendária da Polícia Civil Fluminense para apuração de crimes que já são objeto de processo penal instaurado perante a Justiça Federal, no qual Salazar figura como um dos réus, havendo, inclusive, sentença condenatória aguardando o trânsito em julgado. Em tais condições, tecnicamente é cabível:

a) Mandado de Segurança perante a Justiça Estadual, pugnando pelo reconhecimento da litispendência;

b) *Habeas Corpus* perante a Justiça Estadual, pugnando pelo reconhecimento da litispendência;

c) Mandado de Segurança perante a Justiça Federal, pugnando pelo reconhecimento da litispendência;

d) *Habeas Corpus* perante a Justiça Estadual, pugnando pelo reconhecimento da ausência de justa causa;

e) *Habeas Corpus* perante a Justiça Federal, pugnando pelo reconhecimento da litispendência.

COMENTÁRIOS

Alternativa correta: letra "D": é cabível *habeas corpus*, pois o fato de existir uma investigação instaurada no âmbito criminal importa em risco para o direito de ir e vir do investigado, tendo em vista a possibilidade de decretação, em tese, de medidas coativas pessoais e mesmo de, iniciada uma ação penal, vir a ser o acusado condenado. Qual a Justiça competente no presente caso? Para nós, o *habeas corpus* deve ser impetrado perante a própria Justiça Estadual, pois se trata de investigação levada a cabo pela Polícia Civil. Aliás, é possível a impetração ainda perante o juiz de primeiro grau, caso não tenha proferido alguma decisão no feito, já que, fora dessa hipótese, a autoridade coatora é o delegado de polícia. Porém, se o inquérito tiver sido instaurado por requisição do Ministério Público, o remédio constitucional deverá ser impetrado no Tribunal de Justiça. O fundamento é a falta de justa causa, eis que a competência é da Justiça Federal; o fato já foi investigado e encontra-se *sub judice*, de modo que seria impossível a instauração de nova ação penal, sob pena de ocorrer litispendência, faltando até mesmo interesse de agir.

Alternativa "A": embora haja litispendência e o *writ* seja passível de obtenção perante a Justiça Estadual, é certo que a medida correta não é o mandado de segurança, mas o *habeas corpus*, pois há efetivo risco para a liberdade de ir e vir do investigado. Quando isso ocorre, a medida cabível, primordialmente, é o *habeas corpus*, sendo o mandado de segurança aplicável, em matéria penal, quando não há tal risco.

Alternativa "B": não seria o caso de alegação de litispendência, porque a ação penal não foi ainda instaurada na Justiça Estadual, havendo apenas inquérito. Assim, a melhor alegação seria de falta de justa causa.

Alternativa "C": vide alternativas anteriores. Vale ressaltar que a concessão do *writ* teria como efeito o trancamento do inquérito policial. Como este tramita em órgão que atua como Polícia Judiciária estadual, a nosso ver a ordem de trancamento deveria partir da Justiça Estadual (ou do STJ ou do STF), não da Justiça Federal.

Alternativa "E": vide alternativas anteriores.

353. (Delegado de Polícia – PA/ 2009 – MOVENS) Em relação ao habeas corpus, assinale a opção correta.

a) Será concedido sempre que alguém sofrer ou se achar ameaçado de sofrer violência ou coação em sua liberdade de locomoção, por ilegalidade ou abuso de poder.

b) Não será concedido em favor de quem já se encontra preso.

c) Não será concedido em favor de quem já foi condenado por sentença transitada em julgado.

d) Não será concedido a pessoa estrangeira em passagem pelo Brasil.

COMENTÁRIOS

Alternativa correta: letra "A": trata-se da própria ideia de *habeas corpus*, tal como hoje compreendida no direito brasileiro. É a própria CF que estabelece o parâmetro. Diz o inciso LXVIII do art. 5º: "conceder-se-á 'habeas-corpus' sempre que alguém sofrer ou se achar ameaçado de sofrer violência ou coação em sua liberdade de locomoção, por ilegalidade ou abuso de poder".

Alternativa "B": é justamente o caso em que o paciente mais precisa da concessão do *writ*, não fazendo a CF qualquer exceção. Aliás, o art. 648 do CPP traz algumas hipóteses de concessão da ordem em que o paciente está necessariamente preso.

Alternativa "C": igualmente não há qualquer limitação em tal sentido. Assim, se uma pessoa já definitivamente condenada for presa ilegalmente, tem tanto direito à concessão do *habeas corpus* quanto outra que é primária e com bons antecedentes.

Alternativa "D": entende-se que pode ser concedida a ordem ao estrangeiro, mesmo que não residente no Brasil. É a posição da própria Corte Suprema: "(...) O SÚDITO ESTRANGEIRO, MESMO AQUELE SEM DOMICÍLIO NO BRASIL, TEM DIREITO A TODAS AS PRERROGATIVAS BÁSICAS QUE LHE ASSEGUREM A PRESERVAÇÃO DO "STATUS LIBERTATIS" E A OBSERVÂNCIA, PELO PODER PÚBLICO, DA CLÁUSULA CONSTITUCIONAL DO "DUE PROCESS". – O súdito estrangeiro, mesmo o não domiciliado no Brasil, tem plena legitimidade para impetrar o remédio constitucional do "habeas corpus", em ordem a tornar efetivo, nas hipóteses de persecução penal, o direito subjetivo, de que também é titular, à observância e ao integral respeito, por parte do Estado, das prerrogativas que compõem e dão significado à cláusula do devido processo legal. – A condição jurídica de não nacional do Brasil e a circunstância de o réu estrangeiro não possuir domicílio em nosso país não legitimam a adoção, contra tal acusado, de qualquer tratamento arbitrário ou discriminatório. Precedentes. – Impõe-se, ao Judiciário, o dever de assegurar, mesmo ao réu estrangeiro sem domicílio no Brasil, os direitos básicos que resultam do postulado do devido processo legal, notadamente as prerrogativas inerentes à garantia da ampla defesa, à garantia do contraditório, à igualdade entre as partes perante o juiz natural e à garantia de imparcialidade do magistrado processante. (...)" (HC 94.016-SP, Rel. Mi. Celso de Mello, j. 16.09.2008).

14. MEDIDAS COATIVAS PESSOAIS

▸ CPP, arts. 282 a 350

354. (Vunesp – Delegado de Polícia – PC – BA/2018) No que concerne à prisão em flagrante, à prisão temporária e à prisão preventiva, assinale a alternativa correta, nos estritos termos legais e constitucionais.

a) Nenhuma delas tem prazo máximo estabelecido em lei.

b) A primeira pode ser realizada pela autoridade policial, violando domicílio e sem ordem judicial, a qualquer horário do dia ou da noite.

c) A segunda somente é cabível em crimes hediondos ou assemelhados, podendo durar 30 (trinta) ou 60 (sessenta) dias.

d) A segunda demanda ordem judicial e prévio parecer favorável do Ministério Público.

e) A terceira pode ser decretada de ofício pelo Juiz durante o inquérito policial.

COMENTÁRIOS

Alternativa "a": a prisão temporária tem como uma de suas características a ter prazo máximo definido em lei. Assim, normalmente, só pode ser decretada por no máximo 5 dias (no caso dos crimes hediondos, por 30 dias). É possível a prorrogação, pelo mesmo prazo, apenas uma vez.

Alternativa "b": a prisão em flagrante independe de ordem judicial, sendo prevista na própria CF e por ela permitida, a qualquer hora do dia ou da noite, mesmo com entrada forçada em domicílio.

Alternativa "c": a prisão temporária é aplicada para crimes que fazem parte do rol da Lei 7.960/1989, que inclui crimes hediondos e comuns.

Alternativa "d": a prisão temporária demanda prévio parecer do Ministério Público, sempre que a representação por sua decretação partir do delegado de polícia. No entanto, o juiz poderá decretá-la mesmo que o parecer ministerial tenha sido desfavorável.

Alternativa "e": o juiz pode decretar de ofício a prisão preventiva, menos na fase pré-processual, o que inclui a fase de investigação por meio do inquérito (art. 311, CPP).

Alternativa correta: letra "b".

---

355. (Vunesp – Delegado de Polícia – PC – SP/2018) Em relação à prisão em flagrante, assinale a alternativa correta.

a) A autoridade policial somente poderá conceder fiança nos casos de infração cuja pena privativa de liberdade máxima não seja superior a 2 anos.

b) O delito putativo por obra do agente provocador é contemplado na lei e mesmo na doutrina como espécie do chamado quase-flagrante.

c) Para existir a prisão em flagrante nas hipóteses de perseguição é necessário que o agente seja preso em até 24 horas após o fato.

d) A atribuição para a lavratura do auto de prisão em flagrante é da autoridade policial do local em que ocorrer a prisão-captura, mesmo que esta se dê em local diverso do da prática do crime.

e) Chama-se flagrante impróprio a situação de prisão em que o agente é surpreendido quando acabou de cometer o delito.

COMENTÁRIOS

Alternativa "a": a autoridade policial poderá conceder fiança desde que a pena máxima não seja superior a 4 anos (art. 322, caput, CPP).

Alternativa "b": quase-flagrante é o flagrante impróprio, irreal, previsto no inciso IV do art. 302 do CPP: " é encontrado, logo depois, com instrumentos, armas, objetos ou papéis que façam presumir ser ele autor da infração". O delito putativo por obra do agente provocador é considerado crime impossível, pois se trata do flagrante preparado.

Alternativa "c": desde que não cesse a perseguição, não há qualquer limite temporal para a realização da prisão em flagrante.

Alternativa "d": essa é a regra aplicável aos flagrantes, lembrando-se ainda que, conforme disposto no art. 308 do CPP, não havendo autoridade no lugar em que se tiver efetuado a prisão, o preso será logo apresentado à do lugar mais próximo.

Alternativa "e": trata-se do flagrante próprio (art. 302, II, CPP).

Alternativa correta: letra "d".

---

356. (Vunesp – Delegado de Polícia – PC – SP/2018) A prisão temporária é cabível

a) quando imprescindível para as investigações do inquérito policial nos crimes, entre outros, de latrocínio e epidemia com resultado morte, pelo prazo de trinta dias, prorrogável por igual período em caso de extrema e comprovada necessidade.

b) quando imprescindível para as investigações do inquérito policial nos crimes, entre outros, de latrocínio e roubo, pelo prazo de trinta dias, prorrogável por igual período em caso de extrema e comprovada necessidade.

c) quando imprescindível para as investigações do inquérito policial ou instrução processual, nos crimes, entre outros, de latrocínio e sequestro ou cárcere privado, pelo prazo de trinta dias, prorrogável por igual período em caso de extrema e comprovada necessidade.

d) quando imprescindível para as investigações do inquérito policial ou instrução processual, nos crimes, entre outros, de latrocínio e roubo, pelo prazo de trinta dias, prorrogável por igual período em caso de extrema e comprovada necessidade.

e) quando imprescindível para as investigações do inquérito policial, decretada de ofício pelo magistrado ou a requerimento do Delegado de Polícia, nos crimes, entre outros, de latrocínio e estupro, pelo prazo de trinta dias, prorrogável por igual período em caso de extrema e comprovada necessidade.

COMENTÁRIOS

Alternativa "a": são crimes do rol da Lei 7.960/1989, hediondos, razão pela qual a prisão temporária poderá ser decretada por até 30 dias, conforme previsto na Lei 8.072/1990.

Alternativa "b": o roubo não é crime hediondo, salvo no caso de latrocínio. Portanto, fora dessa hipótese, o prazo para a prisão temporária será de 5 dias.

Alternativa "c": o crime de sequestro e cárcere privado, embora esteja no rol da Lei 7.960, não é crime hediondo e, assim, o prazo também, será de 5 dias.

Alternativa "d": não é possível a prisão temporária na fase processual. Trata-se de medida cautelar própria da fase investigatória.

Alternativa "e": o magistrado não pode decretar a prisão temporária de ofício, sempre dependendo de requerimento do Ministério Público ou de representação da autoridade policial. Neste último caso, deverá ouvir o Parquet.

Alternativa correta: letra "a".

---

357. (UEG – Delegado de Polícia – PC – GO/2018) Segundo o Código de Processo Penal, é cabível a prisão domiciliar, em substituição à prisão preventiva, quando o agente for:

a) magistrado.
b) Ministro de Estado.
c) pessoa maior de setenta anos.
d) pessoa portadora de diploma de ensino superior.
e) homem, caso seja o único responsável pelos cuidados do filho de até doze anos de idade incompletos.

COMENTÁRIOS

Alternativa "a": o magistrado terá direito à prisão especial, que não se confunde com prisão domiciliar.

Alternativa "b": o Ministro de Estado também está sujeito apenas à prisão especial.

Alternativa "c": somente terá direito se for maior de 80 anos (art. 318, I, CPP).

Alternativa "d": também é caso apenas de prisão especial.

Alternativa "e": é hipótese do inciso VI do art. 318 do CPP.

Alternativa correta: letra "e".

---

358. (UEG – Delegado de Polícia – PC – GO/2018) Sobre a prisão, tem-se o seguinte:

a) A prisão temporária, presentes os seus requisitos, poderá ser decretada no curso da ação penal.
b) A Constituição da República Federativa do Brasil prevê a incomunicabilidade do preso durante o estado de defesa.
c) Nos crimes hediondos, a prisão temporária tem, em regra, a duração de trinta dias.
d) Após a alteração legislativa promovida pela Lei n. 12.403, de 2011, é possível a decretação de prisão preventiva pelo juiz, de ofício, durante a investigação penal.
e) É causa de revogação da prisão preventiva o extrapolamento, pela autoridade policial, do prazo de conclusão do inquérito policial.

COMENTÁRIOS

Alternativa "a": a prisão temporária deverá ser decretada apenas na fase investigatória, não na fase processual.

Alternativa "b": não há permissão expressa para a incomunicabilidade em hipótese alguma.

Alternativa "c": esse prazo é previsto na Lei 8.072/1990.

Alternativa "d": o art. 211 do CPP proíbe que o juiz decrete a prisão preventiva de ofício na fase de investigação. Na fase processual, há essa possibilidade.

Alternativa "e": não necessariamente, pois o excesso de prazo é tratado pela jurisprudência, não considerando de modo isolado, mas globalmente.

Alternativa correta: letra "c".

---

359. (Fumarc – Delegado de Polícia – PC – MG/2018) Sobre o regime jurídico da liberdade provisória, é CORRETO afirmar:

a) A cassação da fiança poderá ocorrer com a inovação da classificação do delito tido, inicialmente, como afiançável.
b) Não poderá haver reforço da fiança mediante inovação da classificação do delito.
c) O pagamento da fiança poderá ser dispensado pela autoridade policial, em face da situação econômica do preso.
d) O quebramento injustificado da fiança importará na perda da totalidade do seu valor.

COMENTÁRIOS

Alternativa "a": correto. Trata-se de hipótese de cassação prevista no art. 339 do CPP. Note-se que a cassação ocorre quando não era cabível a sua concessão ou quando, concedida porque cabível segundo a classificação jurídica que havia, há uma alteração desta, que torna o delito insuscetível de fiança.

Alternativa "b": o art. 340 do CPP prevê três hipóteses em que o juiz deverá exigir o reforço da fiança, sendo o terceiro caso justamente o descrito na alternativa.

Alternativa "c": a fiança somente poderá ser dispensada pelo juiz, conforme se verifica com a combinação dos arts. 325, § 1º, I e 350 do CPP.

Alternativa "d": segundo o art. 343 do CPP, o quebramento injustificado da fiança importará na perda de metade do seu valor, cabendo ao juiz decidir sobre a imposição de outras medidas cautelares ou, se for o caso, a decretação da prisão preventiva.

Alternativa correta: letra "a".

---

360. (Cespe – Delegado de Polícia – GO/2017) Pedro, Joaquim e Sandra foram presos em flagrante delito. Pedro, por ter ofendido a integridade corporal de Lucas, do que resultou debilidade permanente de um de seus membros; Joaquim, por ter subtraído a bicicleta de Lúcio, de vinte e cinco anos de idade, no período matutino — Lúcio a havia deixado em frente a uma padaria; e Sandra, por ter subtraído o carro de Tomás mediante grave ameaça.

Considerando-se os crimes cometidos pelos presos, a autoridade policial poderá conceder fiança a

a) Joaquim somente.
b) Pedro somente.

c) Pedro, Joaquim e Sandra.

d) Pedro e Sandra somente.

e) Joaquim e Sandra somente.

COMENTÁRIOS

Alternativa correta: letra "A" (responde também todas as demais alternativas): Pedro foi preso por ter, em tese, cometido o crime do art. 129, § 1º, III, do CP, com pena de reclusão, de 1 a 5 anos. Trata-se de crime afiançável, mas somente o juiz pode arbitrar a fiança, visto que a pena máxima ultrapassa 4 anos. Joaquim cometeu o crime de furto, previsto no art. 155, caput, do CP, com pena de reclusão, de 1 a 4 anos, e multa. É afiançável e a fiança pode ser aplicada pela própria autoridade policial. Sandra cometeu crime de roubo, previsto no art. 157, caput, do CP, com pena de reclusão, de 4 a 10 anos, e multa. Novamente, trata-se de crime afiançável, mas a fiança somente pode ser aplicada pelo juiz.

---

361. (Cespe – Delegado de Polícia – GO/2017) No que tange ao procedimento criminal e seus princípios e ao instituto da liberdade provisória, assinale a opção correta.

a) O descumprimento de medida cautelar imposta ao acusado para não manter contato com pessoa determinada é motivo suficiente para o juiz determinar a substituição da medida por prisão preventiva, já que a aplicação de outra medida representaria ofensa ao poder imperativo do Estado além de ser incompatível com o instituto das medidas cautelares.

b) Concedida ao acusado a liberdade provisória mediante fiança, será inaplicável a sua cumulação com outra medida cautelar tal como a proibição de ausentar-se da comarca ou o monitoramento eletrônico.

c) Compete ao juiz e não ao delegado a concessão de liberdade provisória, mediante pagamento de fiança, a acusado de crime hediondo ou tráfico ilícito de entorpecente.

d) Caso, após sentença condenatória, advenha a prescrição da pretensão punitiva e seja declarada extinta a punibilidade por essa razão, os valores recolhidos a título de fiança serão integralmente restituídos àquele que a prestou.

e) Ofenderá o princípio constitucional da ampla defesa e do contraditório a defesa que, firmada por advogado dativo, se apresentar deficiente e resultar em prejuízo comprovado para o acusado.

COMENTÁRIOS

Alternativa correta: letra "E": esse entendimento está de acordo com o posicionamento do STF. Segundo a Suprema Corte, haverá nulidade relativa em caso de deficiência da defesa, o que demanda comprovação de prejuízo ao acusado.

Alternativa "A": entendo que o juiz pode, sim, decretar a prisão preventiva em caso de descumprimento da medida cautelar diversa da prisão (art. 312, parágrafo único, CPP). Porém, considerando-se que a prisão preventiva deve ser aplicada somente em último caso, deve o juiz primeiro substituir a medida ou impor mais uma, se isso mostrar-se suficiente (art. 282, § 4º, CPP).

Alternativa "B": qualquer das medidas cautelares diversas da prisão previstas no art. 319 e 320 do CPP podem ser aplicadas de modo isolada ou cumulada (art. 282, § 1º), o que se aplica inclusive à fiança.

Alternativa "C": crimes hediondos e aqueles a eles equiparados, como o tráfico ilícito de drogas, são inafiançáveis, ou seja, até pode ser concedida liberdade provisória, mas jamais por meio do arbitramento de fiança.

Alternativa "D": a fiança será devolvida se o acusado for absolvido ou se o processo for extinto, ou ainda se a fiança for julgada sem efeito (art. 337, CPP).

---

362. (Cespe – Delegado de Polícia – GO/2017) Será cabível a concessão de liberdade provisória ao indivíduo que for preso em flagrante devido ao cometimento do crime de

I. estelionato;

II. latrocínio;

III. estupro de vulnerável.

Assinale a opção correta.

a) Apenas os itens I e III estão certos.

b) Apenas os itens II e III estão certos.

c) Todos os itens estão certos.

d) Apenas o item I está certo.

e) Apenas os itens I e II estão certos.

COMENTÁRIOS

Alternativa correta: letra "C": todos os itens estão certos. Não mais se admite proibição à liberdade provisória em nosso ordenamento. O STF, de modo sistemática, vem considerando inconstitucional qualquer regra nesse sentido. Assim, mesmo que o crime seja inafiançável, hediondo ou não, será possível a liberdade provisória, pura e simplesmente, ou com aplicação de alguma medida cautelar diversa da prisão, salvo a fiança, se esta for proibida no caso (como se dá no latrocínio e no estupro de vulnerável, ambos crimes hediondos).

---

363. (Cespe – Delegado de Polícia – GO/2017) Com relação à prisão temporária, assinale a opção correta.

a) A prisão temporária poderá ser decretada pelo juiz de ofício ou mediante representação da autoridade policial ou requerimento do Ministério Público.

c) São três os requisitos indispensáveis para a decretação da prisão temporária, conforme a doutrina majoritária: imprescindibilidade para as investigações; existência de indícios de autoria ou participação; e indiciado sem residência fixa ou identificação duvidosa.

d) É cabível a prisão temporária para a oitiva do indiciado acerca do delito sob apuração, desde que a liberdade seja restituída logo após a ultimação do ato.

e) A prisão temporária poderá ser decretada tanto no curso da investigação quanto no decorrer da fase instrutória do competente processo criminal.

COMENTÁRIOS

Alternativa correta: letra "B" (responde também a alternativa "E"): a prisão temporária é medida cautelar que busca acautelar o inquérito policial, ou seja, a fase de investigação. Por isso, não tem cabimento na fase judicial. Por isso, recebida a denúncia, caso entenda o juiz que a prisão deve prosseguir, deverá decretar a prisão preventiva.

Alternativa "A": o juiz não pode decretar a prisão temporária de ofício.

Alternativa "C": segundo a Lei 7.960/1989, a prisão temporária será cabível em duas situações: a) quando houver fundadas razões, de acordo com qualquer prova admitida na legislação penal, de autoria ou participação do indiciado em algum dos crimes do rol do art. 1º, III, e desde que imprescindível para as investigações do inquérito policial; b) quando houver fundadas razões, de acordo com qualquer prova admitida na legislação penal, de autoria ou participação do indiciado em algum dos crimes do rol do art. 1º, III, e desde que o indicado não tiver residência fixa ou não fornecer elementos necessários ao esclarecimento de sua identidade.

Alternativa "D": não é prevista a prisão temporária apenas para se ouvir o indiciado. Ele, por sinal, tem o direito de permanecer calado.

364. (IBADE – Delegado de Polícia – AC/2017) Tendo em vista a correta classificação, considera-se em flagrante delito quem:

a) é encontrado, logo depois, com instrumentos armas, objetos ou papéis que façam presumir ser ele autor da infração, ou seja, flagrante impróprio.

b) acaba de cometer a infração penal, ou seja, flagrante próprio.

c) é perseguido, logo após, pela autoridade, pelo ofendido ou por qualquer pessoa em situação que faça presumir ser autor da infração, ou seja, flagrante presumido.

d) é preso por flagrante provocado.

e) está cometendo a infração penal, ou seja, crime imperfeito.

COMENTÁRIOS

Alternativa correta: letra "B" (responde também todas as demais alternativas): segundo a doutrina, com base no CPP, as espécies de flagrante são: a) flagrante próprio ou propriamente dito ou real ou verdadeiro (art. 302, I e II, CPP: o imputado está cometendo a infração penal ou acaba de cometê-la); b) flagrante impróprio ou irreal ou quase flagrante (art. 302, III, CPP: o imputado é perseguido, logo após, pela autoridade, pelo ofendido ou por qualquer pessoa, em situação que faça presumir ser autor da infração); c) flagrante presumido ou ficto ou assimilado (art. 302, IV, CPP: o imputado é encontrado, logo depois, com instrumentos, armas, objetos ou papéis que façam presumir ser ele autor da infração).

365. (IBADE – Delegado de Polícia – AC/2017) No que concerne à Lei que trata dos crimes Hediondos (Lei nº 8.072/1990 e suas alterações), assinale a alternativa correta.

a) A progressão de regime, no caso dos condenados por crimes hediondos, dar-se-á após o cumprimento de 3/5 (três quintos) da pena, se o apenado for primário.

b) O crime de homicídio qualificado previsto no Código Penal Militar é considerado hediondo.

c) O fato de o crime ser considerado hediondo, por si só, não impede a concessão da liberdade provisória, de acordo com o entendimento dos Tribunais Superiores.

d) O sistema adotado pela legislação brasileira para rotular uma conduta como hediondo é o sistema misto.

e) Dentre os crimes equiparados aos hediondos estão: tortura, tráfico ilícito de drogas e racismo.

COMENTÁRIOS

Nota do autor: boa parte das alternativas traz matéria mais ligada ao direito penal. A inserimos neste tópico para reforçar o entendimento que prevalece no assunto tratado na alternativa correta.

Alternativa correta: letra "C": em sua redação original, havia proibição à concessão de liberdade provisória aos crimes hediondos. Hoje, tal vedação não existe, havendo apenas a proibição à concessão de fiança. Nada impede a liberdade provisória, com ou sem imposição de outras medidas cautelares presentes nos arts. 319 e 320 do CPP. Mesmo antes da modificação da Lei dos Crimes Hediondos, este já era o entendimento do STF e do STJ.

Alternativa "A": se for primário, será de 2/5; se reincidente, 3/5.

Alternativa "B": não é. Apenas o homicídio qualificado do CP é que é considerado hediondo, já que o do CPM não é mencionado na Lei 8.072/1990.

Alternativa "D": é o sistema legal, ou seja, somente será hediondo se fizer parte do rol da Lei 8.072/1990.

Alternativa "E": racismo não é equiparado a crime hediondo. Atenção: tornou-se equiparado a tortura o crime de porte ou posse de droga do art. 16 da Lei 10.826/2003 (Estatuto do Desarmamento).

366. (FUNCAB – Delegado de Polícia – PA/2016) Bentinho, que é médico, vinha conduzindo seu veículo falando ao celular e não percebeu a retenção do trânsito e atingiu a traseira da motocicleta conduzida por Capitu. Prontamente parou o veículo, chamou o socorro e prestou os primeiros atendimentos à vítima que ficou gravemente ferida. Com a chegada da ambulância, Capitu foi removida para a emergência hospitalar, porém, veio a falecer no caminho. A polícia militar preservou o local do acidente, conduziu e apresentou Bentinho à autoridade policial. A autoridade policial, após advertir do direito ao silêncio, verificou que o conduzido portava CNH regular e em seguida ouviu Bentinho que confessou conduzir o veículo e falar ao celular, bem como ouviu as demais testemunhas que confirmaram a narrativa. Como deve proceder a Autoridade Policial?

a) Deverá lavrar o auto de prisão em flagrante e representar pela suspensão da habilitação de dirigir veículo.
b) Por se tratar de pena máxima de 04 anos, o delegado deverá arbitrar fiança.
c) O Delegado de Polícia deverá lavrar o auto de prisão em flagrante.
d) O delegado deverá registrar a ocorrência, instaurar inquérito por portaria, não impor ao indiciado a prisão em flagrante e nem exigir fiança.
e) Deverá lavrar o termo circunstanciado e encaminhar ao Juizado Especial Criminal.

COMENTÁRIOS

Alternativa correta: letra "D" (responde também as alternativas "B" e "C"): o autor do delito cometeu o crime do art. 302 do CTB (Lei 9.503/1997), ou seja, homicídio culposo na condução de veículo automotor. Nesse caso, é possível a prisão em flagrante. Porém, no caso específico da questão, o autor prestou socorro e permaneceu na cena do crime, razão pela qual deve ser aplicado o disposto no art. 301, que determina: "Ao condutor de veículo, nos casos de acidentes de trânsito de que resulte vítima, não se imporá a prisão em flagrante, nem se exigirá fiança, se prestar pronto e integral socorro àquela".

Alternativa "A": a autoridade policial pode representar ao juiz pela determinação da suspensão de habilitação para dirigir, mas somente se necessária a medida para garantia da ordem pública (art. 294, caput, CTB).

Alternativa "E": não poderá lavrar termo circunstanciado, eis que não se trata de crime de menor potencial ofensivo.

---

367. (Cespe – Delegado de Polícia – PE/2016) Considerando a doutrina majoritária e o entendimento dos tribunais superiores, assinale a opção correta a respeito da prisão.

a) O flagrante diferido que permite à autoridade policial retardar a prisão em flagrante com o objetivo de aguardar o momento mais favorável à obtenção de provas da infração penal prescinde, em qualquer hipótese, de prévia autorização judicial.
b) Para a admissibilidade de prisão temporária exige-se, cumulativamente, a presença dos seguintes requisitos: imprescindibilidade para as investigações, não ter o indiciado residência fixa ou não fornecer dados esclarecedores de sua identidade e existência de indícios de autoria em determinados crimes.
c) Configura crime impossível o flagrante denominado esperado, que ocorre quando a autoridade policial, detentora de informações sobre futura prática de determinado crime, se estrutura para acompanhar a sua execução, efetuando a prisão no momento da consumação do delito.
d) Havendo conversão de prisão temporária em prisão preventiva no curso da investigação policial, o prazo para a conclusão das investigações, no âmbito do competente inquérito policial, iniciar-se-á a partir da decretação da prisão preventiva.
e) Havendo mandado de prisão registrado no Conselho Nacional de Justiça (CNJ), a autoridade policial poderá executar a ordem mediante certificação em cópia do documento, desde que a diligência se efetive no território de competência do juiz processante.

COMENTÁRIOS

Alternativa correta: letra "D": o prazo para conclusão das investigações começa e ser contado a partir da instauração do inquérito, caso esteja solto o imputado e normalmente é de 30 dias. Porém, estando preso, o prazo é de 10 dias, contado a partir do dia em que se executar a ordem de prisão (art. 10, CPP). Assim, sendo preso em flagrante e convertida tal prisão em preventiva, entendemos que o prazo começou já no dia em que houve a prisão em flagrante. Porém, há controvérsia na doutrina quanto ao que ocorre no caso de prisão temporária. O prazo de 10 dias do art. 10 do CPP não entra em conflito com o prazo normal da prisão temporária, que é de 5 dias, prorrogável por mais 5. Porém, há evidente conflito se se tratar de crime hediondo ou assemelhado, em que o prazo sobe para 30 dias, prorrogável por mais 30. Ou seja, enquanto o prazo para conclusão do inquérito é de 10 dias, o prazo de prisão temporária, em tal caso, pode chegar a 60 dias. E lembrem-se que a prisão temporária só pode ser decretada no curso do inquérito. Nesse caso, estamos com a corrente jurisprudencial, majoritária, que entende seguir o inquérito o prazo da prisão temporária. Porém, ainda é possível pensar em outra hipótese, que é a da questão: decretada a prisão temporária, pode ser decretada a prisão preventiva, uma vez esgotada a primeira, ainda no curso do inquérito. Nesse caso, pensamos que, de fato, é possível considerar que o prazo de 10 dias do art. 10 do CPP somente começará a correr a partir do momento da decretação da preventiva, que é o momento em que esta estará "valendo", é dizer, substituindo a prisão temporária. Esse ponto, advirta-se, não é tão pacífica como pode parecer.

Alternativa "A": a Lei 11.343/2006 (Lei de Drogas) é expressa no sentido de exigir, em tal hipótese, autorização judicial (art. 53).

Alternativa "B": não há a cumulação destes três requisitos. Na verdade, exige-se sempre a presença do requisito referente ao rol de crimes da Lei 7.960/1989, ou seja, somente pode ser decretada a prisão temporária se a investigação disser respeito a um dos crimes do catálogo legal e houver indícios de sua prática. Então, soma-se a esse requisito um dos outros dois citados na alternativa: imprescindibilidade para as investigações ou falta de elementos de identidade do suspeito.

Alternativa "C": não há crime impossível nesse caso, mas flagrante legítimo e que poderá ser classificado como flagrante próprio (art. 302, I, CPP). O flagrante preparado é que torna impossível a consumação do crime e, por isso, é considerada a hipótese como de crime impossível (STF, Súmula 145). No flagrante preparado, é a polícia que provoca a atuação criminosa, ao contrário do que se dá no flagrante esperado.

Alternativa "E": qualquer agente policial poderá efetuar a prisão determinada no mandado de prisão registrado no CNJ, ainda que fora da competência territorial do juiz que o expediu (art. 289-A, § 1º, CPP). Além disso, qualquer agente policial poderá efetuar a prisão decretada, ainda que sem registro no CNJ, adotando as precauções necessárias para averiguar a autenticidade do mandado e comunicando ao juiz que a decretou, devendo este providenciar, em seguida, o registro.

---

368. (Cespe – Delegado de Polícia – PE/2016) Acerca das alterações processuais assinaladas pela Lei nº 12.403/2011, do instituto da fiança, do procedimento no âmbito dos juizados especiais criminais e das normas processuais pertinentes à citação e intimação, assinale a opção correta.

a) Se o acusado, citado por edital, não comparecer nem constituir advogado, será decretada a revelia e o processo prosseguirá com a nomeação de defensor dativo.

b) Em homenagem ao princípio da ampla defesa, será sempre pessoal a intimação do defensor dativo ou constituído pelo acusado.

c) O arbitramento de fiança, tanto na esfera policial quanto na concedida pelo competente juízo, independe de prévia manifestação do representante do MP.

d) Nos procedimentos previstos na Lei nº 9.099/1995, em se tratando de ação penal pública condicionada à representação e não havendo conciliação na audiência preliminar, caso o ofendido se manifeste pelo não oferecimento de representação, o processo será julgado extinto de imediato, operando-se a decadência do direito de ação.

e) No caso de prisão em flagrante, a autoridade policial somente poderá conceder fiança se a infração penal for punida com detenção e prisão simples; nas demais situações, a fiança deverá ser requerida ao competente juízo.

COMENTÁRIOS

Alternativa correta: letra "C": realmente, não há previsão alguma de prévia ouvida do Ministério Público nesses casos. A nosso ver, isso somente se justifica nos casos em que a fiança pode ser arbitrada já pela autoridade policial, mas não no caso de fiança arbitrada pelo juiz. Pensamos que deve o titular da ação penal, ou seja, o Ministério Público ser ouvido antes de o juiz decidir por aplicar tal medida cautelar diversa da prisão. Mas, repita-se, a lei não exige isso.

Alternativa "A": nesse caso, será o processo suspenso (e o prazo prescricional) suspenso, não podendo prosseguir (art. 366, CPP).

Alternativa "B": o defensor dativo será intimado pessoalmente; o constituído, pelo diário oficial (art. 370, §§ 1º e 4º, CPP).

Alternativa "D": entende-se que poderá o ofendido oferecer nova representação enquanto não decorrido o prazo decadencial.

Alternativa "E": a autoridade policial pode arbitrar fiança nos crimes apenados com até 4 anos de pena máxima (art. 322, CPP).

---

369. (Cespe – Delegado de Polícia – PE/2016) Considerando-se que João tenha sido indiciado, em inquérito policial, por, supostamente, ter cometido dolosamente homicídio simples, e que Pedro tenha sido indiciado, em inquérito policial, por, supostamente, ter cometido homicídio qualificado, é correto afirmar que, no curso dos inquéritos,

a) se a prisão temporária de algum dos acusados for decretada, ela somente poderá ser executada depois de expedido o mandado judicial.

b) João e Pedro podem ficar presos temporariamente, sendo igual o limite de prazo para a decretação da prisão temporária de ambos.

c) o juiz poderá decidir sobre a prisão temporária de qualquer um dos acusados ou de ambos, independentemente de ouvir o MP, sendo suficiente, para tanto, a representação da autoridade policial.

d) o juiz poderá decretar, de ofício, a prisão temporária de Pedro mas não a de João.

e) o juiz poderá decretar, de ofício, a prisão temporária de João e de Pedro.

COMENTÁRIOS

Alternativa correta: letra "A": é exigência legal que a prisão temporária somente poderá ser executada depois de expedido o mandado judicial (art. 2º, § 5º, Lei 7.960/1989).

Alternativa "B": o homicídio simples não é crime hediondo, portanto, está sujeito à regra segundo a qual a prisão temporária pode ser decretada por 5 dias, prorrogável por mais 5 dias. O crime de homicídio qualificado é hediondo e, assim, a prisão temporária poderá ser decretada por 30 dias, prorrogável por igual período.

Alternativa "C": havendo representação da autoridade policial, antes de decretar a prisão temporária deverá o juiz ouvir o Ministério Público (art. 2º, § 1º, Lei 7.960).

Alternativa "D" (responde também a alternativa "E"): em nenhuma hipótese, o juiz poderá decretar a prisão temporária de ofício (art. 2º, caput, Lei 7.960), dependendo de representação da autoridade policial ou de requerimento do Ministério Público.

370. (Vunesp – Delegado de Polícia – CE/2015) A prisão temporária é cabível (I) quando imprescindível para as investigações do inquérito policial; (II) quando o indiciado não tiver residência fixa ou não fornecer elementos necessários ao esclarecimento de sua identidade e (III) quando houver fundadas razões, de acordo com qualquer prova admitida na legislação penal, de autoria ou participação do indiciado em alguns crimes expressamente citados no texto da Lei nº 7.960/90, entre eles

a) a corrupção passiva (CP, art. 317).
b) a falsificação, corrupção, adulteração ou alteração de produto destinado a fins terapêuticos ou medicinais (CP, art. 273).
c) a concussão (CP, art. 316).
d) o contrabando (CP, art. 334).
e) os contra o sistema financeiro (Lei nº 7.492/86).

COMENTÁRIOS

Alternativa correta: letra "E": o enunciado descreve os requisitos para a decretação da prisão temporária. E, como é possível perceber, há um rol de crimes na Lei 7.960/1989 – o enunciado errou o ano da lei –, de modo a não ser possível a decretação de tal espécie de prisão cautelar em crime que esteja fora dele. Assim, pode ser decretada a temporária em crime contra o sistema financeiro, pois está no rol (art. 1º, III, o).

Alternativa "A": nenhuma das formas de corrupção admite a prisão temporária, pois nada consta do rol legal.

Alternativa "B": embora seja crime hediondo, não faz parte do rol da Lei 7.960. Pode-se discutir se, diante da redação do § 4º do art. 2º da Lei 8.072/1990, os crimes hediondos seriam automaticamente passíveis de prisão temporária.

Alternativa "C": a extorsão admite a prisão temporária, mas a concussão não.

Alternativa "D": o contrabando não faz parte do rol da Lei 7.960.

371. (Vunesp – Delegado de Polícia – CE/2015) De acordo com o art. 289-A, § 1º do CPP,

a) qualquer agente policial poderá efetuar a prisão determinada no mandado de prisão registrado no Conselho Nacional de Justiça, ainda que fora da competência territorial do juiz que o expediu, mas desde que o juiz do local da prisão seja previamente comunicado e lance seu "cumpra-se".
b) qualquer agente policial poderá efetuar a prisão determinada no mandado de prisão registrado no Conselho Nacional de Justiça, ainda que fora da competência territorial do juiz que o expediu.
c) apenas o agente policial lotado em unidade sujeita à competência territorial do juiz que expediu o mandado de prisão poderá efetuar a prisão determinada no respectivo mandado fora da competência territorial do juiz que o expediu, mas desde que o mandado seja registrado no Conselho Nacional de Justiça.
d) apenas o agente policial lotado em unidade sujeita à competência territorial do juiz que expediu o mandado de prisão poderá efetuar a prisão determinada no respectivo mandado fora da competência territorial do juiz que o expediu.
e) qualquer agente policial poderá efetuar a prisão determinada no mandado de prisão registrado no Conselho Nacional de Justiça, mas apenas no território de competência do juiz que o expediu.

COMENTÁRIOS

Alternativa correta: letra "B" (responde também todas as demais alternativas): o art. 289-A, § 1º, do CPP dispõe que qualquer agente policial poderá efetuar a prisão determinada no mandado de prisão registrado no Conselho Nacional de Justiça, ainda que fora da competência territorial do juiz que o expediu. Notem como muitas vezes o examinador quer testar o conhecimento do candidato quanto à letra da lei, pura e simplesmente.

372. (FUNIVERSA – Delegado de Polícia – DF/2015) Com base na legislação, na jurisprudência e na doutrina majoritária, assinale a alternativa correta no que se refere a prova, prisão preventiva, liberdade provisória e excludente de ilicitude.

a) Não se admite liberdade provisória em crime hediondo.
b) Dada a adoção do sistema acusatório no processo penal brasileiro, não cabe ao réu o ônus de provar a causa excludente de ilicitude.
c) De acordo com o CPP, a falta de exame complementar não pode ser suprida por meio de prova testemunhal.
d) Conforme dispositivo expresso no CPP, não se admite prisão preventiva em crime culposo.
e) Suponha-se que o juiz decrete a prisão preventiva do investigado, em virtude do descumprimento de outras medidas cautelares pessoais. Nesse caso, prescinde-se de que o crime seja punido com pena privativa de liberdade máxima superior a quatro anos.

COMENTÁRIOS

Alternativa correta: letra "E": trata-se de hipótese autônoma do parágrafo único do art. 313 do CPP. Por isso, não há necessidade de que se submeta também à condição do inciso I. Temos, portanto, hipótese que alguns chamam de prisão preventiva sancionadora, pois se trata de sanção processual pelo descumprimento das medidas cautelares antes aplicadas.

Alternativa "A": admite-se, conforme vêm decidindo os Tribunais Superiores. O que se não admite é a concessão de liberdade provisória por meio de fiança.

Alternativa "B": não cabe ao réu provar que é inocente. Sabemos que há vozes respeitáveis que sustentam caber-lhe o ônus da prova das causas de exclusão da ilicitude. Porém, a nosso ver, todo o ônus da prova recai sobre a acusação. No entanto, isso não guarda relação tão direta assim com o sistema acusatório, mas com o regime de ônus da prova.

Alternativa "C": se desaparecidos os vestígios do crime, o próprio exame de corpo de delito pode ser suprido pela prova testemunhal, não havendo exclusão do laudo complementar (art. 167, CPP).

Alternativa "D": embora não haja vedação expressa, ela decorre do teor do art. 313 do CPP e seus incisos, que sempre exigem como condição para a preventiva a prática de crime doloso.

373. (FUNIVERSA – Delegado de Polícia – DF/2015) Considera-se flagrante diferido o(a)

a) modalidade de flagrante proibida pela legislação processual penal brasileira, em que a autoridade policial, tendo notícia da prática de futura infração, coloca-se estrategicamente de modo a impedir a consumação do crime.

b) obtido a partir de uma provocação do agente criminoso para controlar a ação delituosa e evitar o crime, com base na política criminal hodierna.

c) realizado em momento imediatamente após a prática do crime, se o agente for encontrado com instrumentos, armas, objetos ou papéis que façam presumir ser ele o autor da infração.

d) ação policial de monitoramento e controle das ações criminosas desenvolvidas, transferindo-se o flagrante para momento de maior visibilidade das responsabilidades penais.

e) lavrado quando o agente é perseguido, logo após o crime, pela autoridade policial, pelo ofendido ou por qualquer pessoa em situação que indique ser ele o autor da infração.

COMENTÁRIOS

Alternativa correta: letra "D" (responde também todas as demais alternativas): é o retardamento do flagrante, permitido pelas Leis 11.343/2006 e 12.850/2013. Uma vez havendo situação de flagrância, a autoridade policial tem o dever de efetuar a prisão. Porém, em casos de tráfico de drogas e de criminalidade organizada, pode ser muito mais eficaz deixar para efetuar o flagrante posteriormente, retardando-se a ação, a fim de, por exemplo, seguir os criminosos e obter saldo maior na operação policial, com a descoberta de outros membros, de dinheiro escondido, mais droga etc.

374. (FUNIVERSA – Delegado de Polícia – DF/2015) Acerca da fiança e da liberdade provisória, assinale a alternativa correta.

a) A fiança poderá ser dispensada, se assim recomendar a situação econômica do preso, observados os critérios legais.

b) A liberdade provisória, conforme a atual sistemática do CPP, será concedida sempre com fiança.

c) A autoridade policial poderá conceder fiança nos casos de infração penal punida com detenção ou prisão simples, independentemente da duração da pena.

d) Denomina-se quebra da fiança o não pagamento desta no prazo legal.

e) Em se tratando de prisão civil, é cabível a concessão de fiança pela autoridade policial.

COMENTÁRIOS

Alternativa correta: letra "A": é o que permite o art. 325, § 1º, I, do CPP.

Alternativa "B": poderá ser concedida a liberdade sem fiança, com fiança ou com qualquer outra das medidas cautelares previstas no art. 319 do CPP.

Alternativa "C": a autoridade policial somente poderá conceder fiança nos casos de infração cuja pena privativa de liberdade máxima não seja superior a 4 anos (art. 322, caput, CPP).

Alternativa "D": as hipóteses de quebra da fiança estão previstas nos arts. 327 e 341 do CPP. Não há prazo legal para o pagamento da fiança. Uma vez concedida, poderá ser paga até o trânsito em julgado da sentença. O não pagamento implica em mantença da prisão, não em quebra da fiança.

Alternativa "E": não cabe fiança em prisão civil (art. 324, II, CPP).

375. (ACAFE – Delegado de Polícia – SC/2014) Considere o Código de Processo Penal quanto as medidas cautelares, analise as afirmações a seguir e assinale a alternativa correta.

I. As medidas cautelares serão decretadas pelo juiz, de ofício ou a requerimento das partes ou, quando no curso da investigação criminal, por representação da autoridade policial ou mediante requerimento do Ministério Público.

II. Não será permitido o emprego de força, mesmo a indispensável, no caso de resistência ou de tentativa de fuga do preso.

III. A prisão preventiva será determinada quando não for cabível a sua substituição por outra medida cautelar.

IV. As medidas cautelares serão decretadas pelo juiz e não poderão ser aplicadas cumulativamente.

a) Apenas I e III estão corretas.

b) Apenas II e III estão corretas.

c) Apenas III e IV estão corretas.

d) Apenas I, II e III estão corretas.

e) Todas as afirmações estão corretas.

COMENTÁRIOS

Alternativa correta: letra "A": estão certas as Afirmações I e III.

Afirmação I: certo. A questão trata das medidas cautelares pessoais (preferimos chamá-las medidas coativas pessoais, pois pensamos não ter caráter cautelar, por exemplo, a prisão preventiva para garantia da ordem pública ou da ordem econômica, embora as consideremos constitucionais), que já não mais se resumem às prisões preventiva e temporária, eis que houve a inclusão de diversas outras, por meio dos arts. 319 e 320 do CPP. O teor da Afirmação está de acordo com o disposto no § 2º do art. 282.

Afirmação II: errado. O uso da força é exceção, permitida justamente no caso de resistência ou tentativa de fuga (art. 284, CPP).

Afirmação III: certo. É o que diz o § 6º do art. 282 do CPP. É a aplicação da regra da proporcionalidade: havendo necessidade de aplicação de medida cautelar, deve-se aplicar apenas aquela necessária, entendida como sendo a menos restritiva a direitos fundamentais. Assim, a prisão preventiva, sendo, dentre as medidas coativas, a mais limitadora de direitos, deve ser usada somente em último caso.

Afirmação IV: errado. Poderão ser aplicadas cumulativamente, como autoriza o § 1º do art. 282 do CPP.

---

376. (ACAFE – Delegado de Polícia – SC/2014) Analise os crimes a seguir, identifique os passíveis de decretação de prisão temporária quando houver fundadas razões de autoria ou participação do indiciado e assinale a alternativa correta.

I. Homicídio de qualquer natureza e tráfico de drogas.
II. Sequestro, cárcere privado e estupro.
III. Extorsão mediante sequestro e crimes contra o sistema financeiro.
IV. Furto, roubo e extorsão.

a) Apenas I, II e III estão corretos.
b) Apenas I e III estão corretos.
c) Apenas II e III estão corretos.
d) Apenas III e IV estão corretos.
e) Todos estão corretos.

COMENTÁRIOS

✪ **Nota do autor:** ainda que presentes os requisitos da prisão temporária, ela só pode ser decretada nas investigações que versarem sobre crime ou crimes do rol do art. 1º, III, da Lei 7.960/1989. Esse é, na verdade, mais um requisito.

Alternativa correta: letra "C": estão certas as Afirmações II e III.

Afirmação I: errado. Só é passível de prisão temporária o homicídio doloso nas modalidades simples (art. 121, caput, CP) e qualificada (art. 121, § 2º, CP).

Afirmação II: certo. Estão no rol do art. 1º, III, da Lei 7.960, respectivamente, nas alineas "b" e "f".

Afirmação III: certo. Também estão no rol do art. 1º, III, da Lei 7.960, respectivamente, nas alineas "e" e "o".

Afirmação IV: errado. O furto não é passível de prisão temporária, pois não faz parte do rol legal já mencionado.

---

377. (FUNCAB – Delegado de Polícia – RO/2014) A ordem ou o "comando implícito de soltura" é característica peculiar de uma prisão cautelar, no caso, a prisão:

a) preventiva decorrente de conversão.
b) em flagrante.
c) temporária.
d) preventiva decretada no curso do processo.
e) domiciliar decretada no curso do processo.

COMENTÁRIOS

Alternativa correta: letra "C": a prisão temporária possui prazo determinado pela lei, de modo que, vencido, deve o preso ser imediatamente liberado. Isso é o que se denomina "comando implícito de soltura".

Alternativa "A" (responde também a alternativa "D"): a prisão preventiva, seja de que tipo for, uma vez decretada, perdura até que outra ordem a revogue. Portanto, não há o tal comando implícito de soltura.

Alternativa "B": a prisão em flagrante, segundo boa parte da doutrina, tem natureza pré-cautelar. Uma vez preso em flagrante, há necessidade de que o juiz analise a situação, seja para decretar a preventiva (conversão), seja para relaxar a prisão, ou ainda para conceder a liberdade provisória. A soltura, portanto, não é automática, dependendo sempre de decisão judicial.

Alternativa "E": a prisão domiciliar é forma substitutiva da prisão preventiva, mas depende da existência dos requisitos desta. Assim, somente pode cessar por ordem do juiz.

---

378. (FUNCAB – Delegado de Polícia – RO/2014) Sabe-se que a prisão em flagrante se desdobra em dois momentos sucessivos: em um primeiro momento, ocorre a apreensão física do infrator e; em um momento posterior, a lavratura ou a documentação da prisão no respectivo auto. Dito isso, analise as proposições e assinale a alternativa correta.

a) Após a lavratura ou a documentação da prisão, o auto de prisão em flagrante deverá ser encaminhado ao juiz competente.
b) Não cabe apreensão física de Juiz de Direito que pratica infração afiançável.
c) Não há discussão doutrinária acerca da possibilidade de a autoridade judiciária lavrar o auto de prisão em flagrante, essa possibilidade decorre da lei.
d) O denominado flagrante facultativo viabiliza que a autoridade policial não lavre ou documente a prisão.
e) Não cabe apreensão física de pessoa que pratica infração de menor potencial ofensivo.

COMENTÁRIOS

Alternativa correta: letra "A": uma vez ocorrendo a captura e a lavratura do auto de prisão em flagrante, deve esta ser comunicada ao juiz imediatamente e o auto a ele encaminhado em até 24 horas, justamente para que haja o controle das garantias fundamentais pelo Poder Judiciário. Vejam, a respeito, o art. 306 do CPP.

Alternativa "B": a captura, ou seja, a apreensão física é possível, mas não a lavratura da prisão em flagrante.

Simplesmente é lavrada uma ocorrência e comunicado dos fatos o Tribunal de Justiça.

Alternativa "C": há muita discussão doutrinária. Para nós, o juiz não pode, no sistema acusatório, lavrar auto de prisão em flagrante. Ademais, somente delegado de polícia instaura e preside inquérito (Lei 12.830/2013) e, lembrem-se, a lavratura do auto de prisão em flagrante é uma das formas de se iniciar um inquérito.

Alternativa "D": o flagrante facultativo é aquele realizado por qualquer do povo. É previsto no art. 301 do CPP. Ninguém, salvo a autoridade policial e seus agentes, é obrigado a prender outrem em flagrante, embora possa fazê-lo.

Alternativa "E": a pessoa pode ser levada à delegacia, mas será liberada, se se comprometer a comparecer perante o juizado especial criminal. Ou seja, não se lavra, em regra, o flagrante (art. 69, parágrafo único, Lei 9.099/1995).

---

379. (NUCEPE – Delegado de Polícia – PI/2014) Na atual processualística penal, com as modificações implementadas pela Lei nº 12.403/11, pode-se afirmar que

a) a prisão preventiva poderá ser decretada de ofício pelo juiz no curso da ação penal ou na fase pré-processual.

b) a prisão temporária, assim como a prisão preventiva, está submetida à presença do *fumus comissi delicti* e ao *periculum libertatis*.

c) o princípio da provisionalidade das prisões cautelares refere-se à adequação e proporcionalidade da imposição da medida.

d) a prisão em flagrante, uma vez comunicada ao magistrado e por ele convalidada, manter-se-á eficaz.

e) a prisão preventiva não existe sem prévio flagrante.

COMENTÁRIOS

Alternativa correta: letra "B": é o requisito da cautelaridade. Diz-se que, para a concessão de uma medida com natureza cautelar deve haver fumus boni iuris e periculum in mora. No processo penal, porém, entendemos que é melhor usar os termos fumus comissi delicti e periculum libertatis. Assim, deve existir indícios de autoria e prova do crime, bem como a necessidade da medida para acautelar o inquérito (no caso da temporária ou da preventiva) ou o processo (no caso da preventiva).

Alternativa "A": o juiz pode decretar a prisão preventiva de ofício apenas na fase judicial. Na fase preliminar, depende de requerimento dos legitimados, tal como previsto no art. 311 do CPP.

Alternativa "C": também conhecido como princípio da precariedade ou da provisoriedade, refere-se à possibilidade de se submeter a matéria a uma constante revisão por parte do juiz, de modo que, uma prisão antes negada poderá, depois, ser decretada e vice-versa, tudo a depender de sua necessidade (v. art. 282, §§ 5º e 6º, CPP).

Alternativa "D": a prisão em flagrante, segundo muitos na doutrina, tem natureza apenas pré-cautelar e, para que a prisão se mantenha, deverá o juiz converter a prisão em flagrante em preventiva, do contrário haverá evidente constrangimento ilegal, passível de caracterização de crime de abuso de autoridade.

Alternativa "E": a prisão preventiva não depende de prévio flagrante. São coisas absolutamente distintas e reguladas separadamente. O flagrante pode ser convertido em preventiva, mas esta pode ser decretada, mesmo estando solto o imputado, sem ter sido flagrado a cometer o fato.

---

380. (NUCEPE – Delegado de Polícia – PI/2014) Quanto ao novo regime da liberdade provisória é INCORRETO afirmar:

a) no sistema brasileiro, a liberdade provisória se situa após a prisão em flagrante e antes da prisão preventiva, como medida impeditiva da prisão cautelar.

b) não é uma medida originária, senão substitutiva da prisão em flagrante.

c) a afiançabilidade não é condição sine qua non para a concessão da liberdade provisória.

d) mesmo em crime hediondo ou qualquer outro crime inafiançável poderá o juiz conceder liberdade provisória.

e) o delegado de polícia poderá conceder fiança em qualquer crime cuja pena mínima não exceda 4 anos.

COMENTÁRIOS

Alternativa incorreta: letra "E": o erro está na afirmação de que o patamar refere-se à pena mínima, quando, na verdade, refere-se à máxima, conforme a regra do art. 322, caput, do CPP. Acima desse patamar, apenas o juiz poderá conceder a fiança, como medida cautelar diversa da prisão preventiva.

Alternativa "A": uma vez preso em flagrante o imputado, deve o juiz analisar, primeiramente, a legalidade da prisão. Se ilegal, deverá relaxá-la. Se legal, deverá decidir, em primeiro lugar, se deve conceder a liberdade, com ou sem imposição de medida cautelar, entre as quais a fiança. Somente então, em último caso, pode decretar a prisão preventiva.

Alternativa "B": a liberdade provisória é a regra. Consideramos pouco apropriado dizer que a liberdade provisória "substitui" a prisão em flagrante. Pensamos que a prisão em flagrante não se sustenta por si só, sendo necessária uma decisão judicial após a prisão. Um dos posicionamentos do juiz pode ser o de conceder a liberdade, restabelecendo a regra geral.

Alternativa "C": a liberdade provisória pode ser concedida sem qualquer medida cautelar ou pode ser concedida com medida cautelar, inclusive a fiança.

Alternativa "D": a liberdade pode ser concedida nesses casos, conforme já decidiram o STF e o STJ, mas não poderá ser imposta a fiança.

381. (Vunesp – Delegado de Polícia – SP/2014) Em relação ao tema prisão, é correto afirmar que

a) o emprego de força para a realização da prisão será permitido sempre que a autoridade policial julgar necessário, não existindo restrição legal.

b) a prisão poderá ser efetuada em qualquer dia e a qualquer hora, respeitadas as restrições relativas à inviolabilidade de domicílio.

c) a prisão cautelar somente ocorre durante o inquérito policial.

d) em todas as suas hipóteses, é imprescindível a existência de mandado judicial prévio.

e) a prisão preventiva somente ocorre durante o processo judicial.

COMENTÁRIOS

Alternativa correta: letra "B": a prisão não poderá ser feita em qualquer dia ou qualquer hora, salvo o caso de flagrante. É que, estando o imputado em sua casa – "asilo inviolável do indivíduo", na dicção de nossa CF –, não poderá ser dada execução ao mandado de prisão à noite, salvo com a concordância do morador (art. 5º, XI). O CPP regula a questão. Vejam que o art. 293 dispõe que: "Se o executor do mandado verificar, com segurança, que o réu entrou ou se encontra em alguma casa, o morador será intimado a entregá-lo, à vista da ordem de prisão. Se não for obedecido imediatamente, o executor convocará duas testemunhas e, sendo dia, entrará à força na casa, arrombando as portas, se preciso; sendo noite, o executor, depois da intimação ao morador, se não for atendido, fará guardar todas as saídas, tornando a casa incomunicável, e, logo que amanheça, arrombará as portas e efetuará a prisão". Importa lembrar, ainda, que o Código Eleitoral também traz restrições à possibilidade da prisão em datas próximas ao pleito.

Alternativa "A": na verdade, a regra é a de que não será permitido o emprego de força, salvo se for indispensável em caso de resistência ou de tentativa de fuga do preso (art. 284, CPP).

Alternativa "C": a prisão cautelar que somente ocorre no inquérito policial é a prisão temporária (a doutrina, hoje, em geral, vem entendendo que a prisão em flagrante é pré-cautelar, eis que não se sustenta sozinha, necessitando de conversão em prisão preventiva). Mas, há outra forma de prisão cautelar, qual seja, a prisão preventiva, que pode ser decretada tanto na fase de inquérito, quanto na fase processual (art. 311, CPP).

Alternativa "D": não há necessidade de mandado judicial prévio no caso de prisão em flagrante. Para a preventiva e a temporária, a ordem judicial prévia é imprescindível.

Alternativa "E": como visto acima, o art. 311 do CPP permite a decretação da prisão preventiva também na fase do inquérito. Nesse caso, porém, o juiz sempre dependerá de representação da autoridade policial ou de requerimento do Ministério Público, não podendo decretá-la de ofício. A restrição não se aplica à fase processual.

382. (Vunesp – Delegado de Polícia – SP/2014) A fiança

a) poderá ser prestada em todas as hipóteses de prisão, salvo no caso de prisão em decorrência de pronúncia.

b) poderá ser prestada em qualquer termo do processo, inclusive após o trânsito em julgado da sentença.

c) poderá ser prestada em qualquer termo do processo, enquanto não transitar em julgado a sentença condenatória.

d) somente poderá ser prestada durante o inquérito policial.

e) poderá ser prestada nas hipóteses de prisão temporária.

COMENTÁRIOS

Alternativa correta: letra "C" (responde também a alternativa "B"): a fiança é medida cautelar pessoal, diversa da prisão. Assim, pode ser concedida pelo juiz (em alguns casos, pelo delegado) e prestada pelo imputado em qualquer momento do processo, até o trânsito em julgado (art. 334, CPP), pois, a partir daí, temos o cumprimento da pena, não mais uma prisão cautelar.

Alternativa "A": a nosso ver, não existe mais a prisão em virtude de pronúncia, que já foi obrigatória até meados dos anos 70 do século XX. Pensamos que, a partir da reforma de 2008, existe a prisão preventiva, que não decorre da pronúncia em si, mas que é decretada quando da prolação desta, porque o juiz verificou haver necessidade da custódia cautelar. Quanto à afirmação contida na alternativa, é certo que o juiz poderá arbitrar a fiança mesmo nesse caso, já que a prisão preventiva pode ser substituída por outra medida cautelar, se esta se mostrar mais adequada.

Alternativa "D": como medida cautelar que é, a fiança poderá ser prestada também durante o processo, não só após a prisão em flagrante, que dá início a inquérito.

Alternativa "E": não poderá. A prisão temporária é modalidade de prisão provisória aplicável apenas à fase do inquérito. Nesse caso, findo o prazo da prisão, o imputado é solto. Se não se mostrar necessária, o juiz a revoga. A fiança é cabível em caso de prisão em flagrante ou mesmo de prisão preventiva.

383. (Fundação Aroeira – Delegado de Polícia – TO/2014) Caberá prisão temporária quando houver fundadas razões, de acordo com qualquer prova admitida na legislação penal, de autoria ou participação do indiciado, entre outros crimes, em

a) lesão corporal seguida de morte.

b) redução a condição análoga à de escravo.

c) tráfico internacional de pessoa para exploração sexual.

d) crimes contra o sistema financeiro.

COMENTÁRIOS

✪ **Nota do autor:** a prisão temporária é uma das espécies de prisão cautelar, de natureza provisória, prevista em nosso ordenamento, sendo aplicável apenas na fase do inquérito policial, não da ação penal. A outra espécie é a prisão preventiva.

Alternativa correta: letra "D": a prisão temporária é regulada pela Lei 7.960/1989, que traz um rol taxativo de crimes, de modo que somente poderá ser decretada a medida nas investigações sobre tais delitos. E a alínea *o* do inciso III do art. 1º da citada lei prevê a possibilidade da prisão temporária nos crimes contra o sistema financeiro da Lei 7.492/1986.

Alternativa "A": o crime de lesão corporal seguida de morte, do art. 129, § 3º, do CP, não consta do rol da Lei 7.960/1989.

Alternativa "B": embora gravíssimo – pelo fato em si, mas não tanto pela pena cominada – o crime de redução à condição análoga a de escravo não é passível, por si só, de prisão temporária, por não fazer parte do rol da Lei 7.960.

Alternativa "C": também não faz parte do rol da Lei 7.960. Mas, atenção: se houver sequestro ou cárcere privado, será possível a prisão temporária (art. 1º, III, *b*).

---

384. (Fundação Aroeira – Delegado de Polícia – TO/2014) Se assim recomendar a situação econômica do preso, a fiança poderá ser dispensada, e também

a) reduzida até o máximo de um terço ou aumentada em até cem vezes.

b) reduzida até o máximo de dois terços ou aumentada em até mil vezes.

c) reduzida até o máximo de metade ou aumentada em até dez vezes.

d) reduzida até o máximo de três quintos ou aumentada em até cinqüenta vezes.

COMENTÁRIOS

✪ **Nota do autor:** a esta altura, os leitores já perceberam que a fundação responsável pela questão aprecia muito que o candidato conheça o texto da lei. Então, uma recomendação: estudem, tendo ao lado o texto legal e o leiam, sempre.

Alternativa correta: letra "B" (responde todas as demais alternativas): o art. 325, § 1º, do CPP, resolve o problema. Diz o dispositivo que, se assim recomendar a situação econômica do preso, a fiança poderá ser: (i) dispensada; (ii) reduzida até o máximo de 2/3; ou (iii) aumentada em até mil vezes.

---

385. (Fundação Aroeira – Delegado de Polícia – TO/2014) A fiança ficará sem efeito e o acusado será recolhido à prisão, quando ele

a) deixar de reforçar a fiança, nas hipóteses legais.

b) descumprir cautelar imposta cumulativamente.

c) resistir injustificadamente à ordem judicial.

d) praticar nova infração penal dolosa.

COMENTÁRIOS

Alternativa correta: letra "A" (responde todas as demais alternativas): cabe observar, primeiramente, que o art. 340 do CPP, traz os casos em que há necessidade de reforço da fiança já fixada anteriormente. Os casos são os seguintes: (i) quando a autoridade tomar, por engano, fiança insuficiente; (ii) quando houver depreciação material ou perecimento dos bens hipotecados ou caucionados, ou depreciação dos metais ou pedras preciosas; (iii) quando for inovada a classificação do delito. Então, caso o imputado não reforce a fiança, essa ficará sem efeito e ele será recolhido à prisão (art. 340, parágrafo único).

---

386. (Fundação Aroeira – Delegado de Polícia – TO/2014) Entende-se que a prisão preventiva possui caráter *rebus sic stantibus* porque o juiz

a) poderá revogá-la se, no correr do processo, verificar a falta de motivo para que subsista, bem como de novo decretá-la, se sobrevierem razões que a justifiquem.

b) deverá sempre motivar a decisão que decretar, substituir ou denegar esta modalidade de prisão cautelar.

c) poderá decretá-la de ofício exclusivamente no curso da ação penal, sendo proibido esse tipo de decretação na fase da investigação policial.

d) poderá decretá-la quando houver prova da existência do crime e indício suficiente de autoria.

COMENTÁRIOS

Alternativa correta: letra "A": a prisão preventiva não é medida cautelar obrigatória no processo, de modo que somente deverá ser imposta ao imputado se for efetivamente adequada e necessária, tomando-se por base o caso concreto e os requisitos do art. 312 do CPP. Ademais, ainda que decretada, a decisão poderá ser revista a qualquer tempo pelo magistrado, inclusive para revogá-la, se a julgar não mais necessária. O contrário também é verdadeiro: mesmo tendo deixado de decretá-la em determinado momento do processo, é certo que poderá o juiz rever a decisão e impor a medida se, durante o feito, passar a ser necessária. É esse o sentido de se verificar ter a prisão preventiva caráter *rebus sic stantibus*. O § 5º do art. 282 do CPP é claro nesse sentido: "O juiz poderá revogar a medida cautelar ou substituí-la quando verificar a falta de motivo para que subsista, bem como voltar a decretá-la, se sobrevierem razões que a justifiquem".

Alternativa "B": sem dúvida nenhuma, o juiz sempre deverá motivar tal espécie de decisão. Mas, não é isso o que significa ter a prisão preventiva caráter *rebus sic stantibus*.

Alternativa "C": como visto acima, não é isso o caráter *rebus sic stantibus* da prisão preventiva. Mas, atenção: o juiz realmente não poderá decretá-la, de ofício, na fase pré-processual, mas apenas na fase processual. Na fase de investigação, dependerá o juiz de requerimento do Ministério Público ou de representação da autoridade policial (art. 311, CPP).

Alternativa "D": são os pressupostos da prisão preventiva, previstos no art. 312 do CPP. Não guardam, porém, relação com o caráter *rebus sic stantibus*.

387. (Fundação Aroeira – Delegado de Polícia – TO/2014) A privação cautelar da liberdade individual reveste-se de caráter excepcional, somente devendo ser decretada em situações de absoluta necessidade, como quando for imprescindível para as investigações do inquérito policial. Nesse sentido, acerca da prisão temporária, nos termos da Lei nº 7.960/1989,

a) será decidida pelo juiz, na hipótese de representação da autoridade policial, em vinte quatro horas, sendo prescindível, nesse caso, o parecer do Ministério Público.
b) será cabível quando houver fundadas razões, de acordo com qualquer prova admitida na legislação penal, de autoria ou participação do indiciado em qualquer tipo de crime de homicídio.
c) será decretada pelo juiz, em face da representação da autoridade policial, e terá o prazo improrrogável de cinco dias.
d) poderá o juiz, de ofício, determinar que o preso lhe seja apresentado, solicitar informações da autoridade policial e submetê-lo a exame de corpo de delito.

COMENTÁRIOS

Alternativa correta: letra "D": um poder pouco exercido na prática pelos juízes é o de exigir que o preso temporário lhe seja apresentado. Dado o histórico brasileiro de violação de direitos humanos, deveria ser mais utilizado. Este poder está previsto no § 3º do art. 2º da Lei 7.960/1989 e pode ser exercido de ofício pelo magistrado ou a requerimento do Ministério Público ou do advogado. Ademais, da mesma forma, a lei prevê o poder do juiz de solicitar informações e esclarecimentos da autoridade policial e também de determinar que o preso seja submetido a exame de corpo de delito. Hoje, exige-se que sejam implementadas em todo o país as audiências de custódia, normalmente aplicadas para os casos de prisão em flagrante, muito embora devessem ser aplicadas também para os casos de prisões temporária e preventiva. A audiência de custódia tem seu fundamento na Convenção Americana de Direitos Humanos (Pacto de São José da Costa Rica), do qual o Brasil é signatário, já o tendo ratificado no início na década de 90 do século XX. Falta efetivamente aplicá-lo.

Alternativa "A": o juiz não pode decretar a prisão temporária de ofício, realmente dependendo de requerimento do Ministério Público ou de representação da autoridade policial. Neste último caso, necessariamente deverá o magistrado ouvir o Ministério Público antes de decidir, tendo prazo de 24 horas para exarar a decisão (art. 2º, §§ 1º e 2º, Lei 7.960).

Alternativa "B": somente é cabível a prisão temporária se o homicídio for doloso, não havendo previsão alguma de sua decretação na hipótese de homicídio culposo.

Alternativa "C": o prazo é prorrogável uma vez. Além disso, pode o juiz decretar a prisão temporária também diante de requerimento do Ministério Público, como vimos acima.

388. (UEL – Delegado de Polícia – PR/2013) Sobre o tema prisão, assinale a alternativa correta.

a) A prisão em virtude de mandado entender-se-á feita desde que o executor fazendo-se conhecer do réu lhe apresente o mandado e o intime a acompanhá-lo.
b) A prisão poderá ser efetuada em qualquer dia e qualquer hora, impondo-se prioritariamente sobre qualquer restrição relativa à inviolabilidade do domicílio.
c) A falta de testemunhas da infração impedirá o auto de prisão em flagrante, sendo o preso solto sob fiança.
d) Se a infração for inafiançável, a falta de exibição do mandado impedirá a prisão e a consequente condução do suspeito ao juízo.
e) Será admissível a prisão mediante ordem escrita da autoridade competente, com devida fundamentação, sem exceção.

COMENTÁRIOS

✪ **Nota do autor:** notem como a solução da questão não exige do candidato nada mais que o conhecimento do texto legal.

Alternativa correta: letra "A": a alternativa repete exatamente o teor do art. 291 do CPP. É simples: a ordem de prisão existe, tendo sido emanada por juiz, sendo demonstrada pela mera exibição do mandado. O art. 291 é regra antiga do CPP e não sofreu qualquer modificação até hoje.

Alternativa "B": já vimos mais acima que o mandado não poderá ser cumprido à noite, se estiver o indivíduo a ser preso em algum domicílio. Nesse caso, a polícia dependerá da autorização do morador. Isso não quer dizer que a polícia não possa entrar em algum domicílio durante a noite, já que isso é possível no caso de prisão em flagrante.

Alternativa "C": a falta de testemunhas da infração penal não impede a lavratura do auto de prisão em flagrante. Nesse caso, o auto deverá ser assinado, além do condutor, por no mínimo duas testemunhas que hajam presenciado a apresentação do preso à autoridade policial (art. 304, § 2º, CPP).

Alternativa "D": a falta do mandado não impede a realização da prisão, desde que, evidentemente, ele exista e se trate de crime inafiançável. Nesse caso, o preso deverá ser imediatamente apresentado ao juiz que expediu o mandado (art. 287, CPP).

Alternativa "E": a regra é que a prisão somente poderá ser realizada se houver ordem escrita de autoridade judicial, fundamentada, conforme estipula o art. 283 do CPP. Porém, o mesmo dispositivo dispõe também ser cabível a prisão em flagrante, que não depende de ordem judicial escrita, podendo ser realizada por qualquer pessoa, à vista das situações de flagrância do art. 302.

389. (UEL – Delegado de Polícia – PR/2013) Em relação à prisão temporária, considere as afirmativas a seguir.

I. O prazo da prisão temporária é de cinco dias, sem prorrogação.

II. O despacho que decretar a prisão temporária deverá ser fundamentado.

III. Decorrido o prazo de cinco dias de detenção, o preso deverá ser posto imediatamente em liberdade, salvo se já tiver sido decretada sua prisão preventiva.

IV. A prisão temporária pode ser decretada se for imprescindível para as investigações do inquérito policial.

Assinale a alternativa correta.

a) Somente as afirmativas I e II são corretas.

b) Somente as afirmativas I e IV são corretas.

c) Somente as afirmativas III e IV são corretas.

d) Somente as afirmativas I, II e III são corretas.

e) Somente as afirmativas II, III e IV são corretas.

COMENTÁRIOS

Alternativa correta: letra "E": estão certas as Afirmativas II, III e IV.

Afirmativa I: errado. O prazo da prisão temporária é, em regra de 5 dias, sendo de 30, no caso dos crimes previstos na Lei 8.072/1990 (Lei dos Crimes Hediondos). Em ambos os casos, é permitida uma prorrogação.

Afirmativa II: certo. Óbvio, pois ninguém poderá ser preso, senão por ordem fundamentada de autoridade judicial, salvo o caso de flagrante (art. 5º, LXI, CF).

Afirmativa III: certo. Findo o prazo fixado na decisão judicial para a duração da prisão temporária, o preso deverá ser posto imediatamente em liberdade, não havendo necessidade de contramandado ou alvará de soltura (art. 2º, § 7º, Lei 7.960/1989).

Afirmativa IV: certo. Trata-se de um dos requisitos para a prisão temporária, previsto no inciso I, do art. 1º da Lei 7.960/1989. Deve-se combinar tal requisito com o rol de crimes previsto no mesmo art. 1º, de modo que somente em tais hipóteses será cabível a prisão temporária. Ademais, ainda dentro do rol, será possível a prisão quando o indicado não tiver residência fixa ou não fornecer elementos necessários ao esclarecimento de sua identidade.

390. (Cespe – Delegado de Polícia – BA/2013) Determinado cidadão, maior, capaz, réu em processo penal sob a acusação de crime de latrocínio na comarca de Catu – BA, tendo sido contra ele expedido mandado de prisão preventiva, devidamente registrado no banco de dados do Conselho Nacional de Justiça, foi abordado por agentes da delegacia de homicídios de Salvador – BA, no curso de investigação policial por outros delitos perpetrados na capital baiana. Após consulta ao sistema informatizado de capturas, e tendo sido o seu nome localizado, foi-lhe dada voz de prisão. Nesse momento, o cidadão empreendeu fuga em um veículo na direção ao interior do estado e, imediatamente perseguido pelos agentes policiais, foi interceptado e preso na Comarca de Feira de Santana – BA.

Com base na situação hipotética apresentada acima, julgue os itens subsequentes.

390.1. A decretação da prisão preventiva submete-se aos requisitos fáticos e normativos estabelecidos no CPP, sendo admitida em qualquer fase da persecução criminal, seja de ofício, seja por representação da autoridade policial, a requerimento do MP, do querelante ou do assistente de acusação.

COMENTÁRIOS

Errado. A prisão preventiva depende dos pressupostos e requisitos estabelecido no art. 312 do CPP, bem como das condições do art. 313. Pode ser decretada em qualquer fase da persecução criminal. Porém, o juiz somente poderá decretá-la de ofício na fase judicial. Antes, dependerá de requerimento do Ministério Público, do querelante ou do assistente, ou de representação da autoridade policial (art. 311).

390.2. Nessa situação, por força do disposto contido no CPP, deverão os agentes apresentar o cidadão à autoridade policial de Feira de Santana – BA e, nessa ocasião, ele será informado de seus direitos constitucionais. Caso não apresente o nome de seu advogado, a defensoria pública será cientificada da prisão. A autoridade policial, após execução das formalidades legais, comunicará da prisão ao juízo do local de cumprimento da medida, o qual informará ao juízo que a decretou.

COMENTÁRIOS

Certo. O art. 290 do CPP dispõe que se o réu, sendo perseguido, passar ao território de outro município ou comarca, o executor poderá efetuar-lhe a prisão no lugar onde o alcançar, apresentando-o imediatamente à autoridade local, que, depois de lavrado, se for o caso, o auto de flagrante, providenciará a remoção do preso. Portanto, deverá ser apresentado à autoridade de Feira de Santana. Deve, então, ser aplicado o § 3º do art. 289-A, que estabelece: "A prisão será imediatamente comunicada ao juiz do local de cumprimento da medida o qual providenciará a certidão extraída do registro do Conselho Nacional de Justiça e informará ao juízo que a decretou". Também deve ser aplicado o § 4º do mesmo dispositivo, que estabelece dever o preso ser informado de seus direitos, nos termos do inciso LXIII do art. 5º da CF e, caso o autuado não informe o nome de seu advogado, será comunicado à Defensoria Pública.

391. (UEPA – Delegado de Polícia – PA/2013) Dentre as reformas recentes do Código de Processo Penal, uma das mais importantes, se deu através da Lei nº. 12.403, de 2011, que representa um esforço por diminuir o uso excessivo da prisão não decorrente de condenação penal transitada em julgado. De acordo com as novas normas:

I. O Código de Processo Penal deixa claro que a aplicação de medidas cautelares deve ser considerada antes da decretação da prisão, dando especial ênfase à necessidade e à adequação da medida adotada ao caso concreto e às características pessoais do acusado.

II. Em caso de prisão em flagrante, se o juiz verificar a regularidade formal do auto respectivo (oitiva do condutor e das testemunhas e interrogatório do réu, nesta ordem), havendo prova da materialidade delitiva e indícios de autoria, deverá homologar o auto e manter o acusado preso.

III. A prisão preventiva continua possível em qualquer fase da investigação ou da ação penal, sob os mesmos fundamentos (garantia a ordem pública ou econômica, conveniência da instrução criminal ou para assegurar a aplicação da lei penal), ficando vedada, todavia, a sua imposição de ofício pelo juiz, que sempre a decretará atendendo a requerimento do Ministério Público, querelante ou assistente de acusação.

IV. O papel do delegado de polícia foi valorizado, porque agora ele pode conceder fiança, sem deliberação judicial, mesmo para crimes punidos com reclusão, desde que a pena seja limitada a quatro anos.

V. A possibilidade de fiança foi ampliada pela eliminação de previsões discriminatórias (que negavam esse direito aos mendigos e vadios) ou excessivamente subjetivas (porque baseadas em "clamor público"), de modo que o critério para a inafiançabilidade passou a ser a natureza dos delitos, independentemente de quem os tenha praticado ou das reações sociais que despertem.

Após análise das afirmativas acima, assinale a alternativa correta.

a) Há três assertivas corretas e a II é uma das erradas, porque mesmo se o auto de prisão em flagrante estiver regular, deve o juiz relaxar a prisão, aplicar outra medida cautelar ou conceder liberdade provisória, se não houver motivos concretos para decretar a custódia preventiva.

b) Há duas assertivas corretas e a III é uma das erradas, porque as mudanças operadas na lei não retiraram do juiz a faculdade de decretar a custódia preventiva de ofício, desde que declarando motivos concretos e que extrapolem a mera prova da materialidade e indícios de autoria delitiva.

c) Há duas assertivas corretas e a V é uma das erradas, porque continuam inafiançáveis os crimes na hipótese de cabimento da prisão preventiva, o que se faz por critérios relacionados, ao menos alguns deles, à pessoa do acusado.

d) Há uma única assertiva incorreta, a I, porque as novas medidas cautelares são analisadas mediante critérios diferentes dos pressupostos da prisão e, inclusive, a "ênfase à necessidade e à adequação da medida adotada ao caso concreto e às características pessoais do acusado" diz respeito à prisão e não às cautelares.

e) Há três assertivas corretas e a IV é uma das erradas, porque a concessão de fiança para crimes punidos com penas de até quatro anos de reclusão continua sendo uma atribuição do juiz.

COMENTÁRIOS

Alternativa correta: letra "A" (responde, também, a alternativa "E"): as três assertivas corretas são: I, IV e V. A assertiva I é correta em virtude de uma interpretação sistemática das disposições referentes às medidas cautelares pessoais. Chamamos a atenção, primeiramente, para o disposto no art. 282 do CPP, muito importante, pois afirma que qualquer medida cautelar – inclusive a prisão preventiva – somente deve ser imposta ao acusado se necessária para aplicação da lei penal, para a investigação ou a instrução criminal e, nos casos expressamente previstos, para evitar a prática de infrações penais; e se adequada à gravidade do crime, circunstâncias do fato e condições pessoais do indiciado ou acusado. Trata-se de indisfarçável tentativa de trazer para o texto legal dois dos requisitos do princípio da proporcionalidade, quais seja, necessidade e adequação. Além disso, o § 6º do art. 282 dispõe que a prisão preventiva será determinada quando não for cabível a sua substituição por outra medida cautelar, dentre as previstas no art. 319. Ou seja, primeiramente deve o juiz verificar se é cabível alguma medida cautelar diversa da prisão, somente devendo aplicar esta última se necessária. A assertiva IV é correta porque o art. 322, *caput*, que dispõe: "A autoridade policial somente poderá conceder fiança nos casos de infração cuja pena privativa de liberdade máxima não seja superior a 4 (quatro) anos". Ou seja, inclui crimes apenas com reclusão. A assertiva V é correta porque os crimes passaram a ser, em regra, afiançáveis e critérios de inafiançabilidade mudaram. Assim, lembrem que a própria CF estabelece os casos de inafiançabilidade no art. 5º, incisos XLII ("a prática do racismo constitui crime inafiançável e imprescritível, sujeito à pena de reclusão, nos termos da lei"), XLIII ("a lei considerará crimes inafiançáveis e insuscetíveis de graça ou anistia a prática da tortura, o tráfico ilícito de entorpecentes e drogas afins, o terrorismo e os definidos como crimes hediondos, por eles respondendo os mandantes, os executores e os que, podendo evitá-los, se omitirem") e XLIV (constitui crime inafiançável e imprescritível a ação de grupos armados, civis ou militares, contra a ordem constitucional e o Estado Democrático). O CPP não mais adota o critério da pena para a inafiançabilidade de um crime, como ocorria anteriormente às mudanças introduzidas pela Lei 12.403. Agora, os impedimentos para a fiança estão nos art. 323 (que apenas repete as proibições constitucionais) e 324 (que traz as seguintes proibições: aos que, no mesmo processo, tiverem quebrado fiança anteriormente concedida ou infringido, sem motivo justo, qualquer das obrigações a que se referem os arts. 327 e 328; em caso de prisão civil ou militar; e quando presentes os motivos que autorizam a decretação da prisão preventiva). A assertiva II está errada porque o juiz deve sempre verificar a regularidade do auto de prisão em flagrante, de modo que, estando irregular, deve relaxar a prisão. Porém, estando regular, deve decidir se concede a liberdade ao preso, com ou sem imposição de medida cautelar (dentre as previstas nos arts. 319 e 320 do CPP, entre as quais inclui-se a fiança). Finalmente, entendendo ser o caso de prisão preventiva, deve decretá-la. Ou seja, não basta a homologação do laudo para que o imputado permaneça preso, sendo necessária a decretação da prisão preventiva (art. 310, CPP). A alternativa, a nosso ver, não está totalmente correta, porque diz ser possível o relaxamento da prisão ainda que esteja regular a prisão. Ora, se a prisão estiver formalmente em ordem, não será o caso de relaxamento, como visto antes.

Alternativa "B": vide comentários à alternativa anterior quanto às três assertivas corretas. Realmente, a assertiva III está errada, mas não exatamente pelos motivos expostos na alternativa, mas porque o juiz ainda pode decretar a prisão de ofício na fase judicial, somente dependendo de requerimento da autoridade policial ou de representação do Ministério Público na fase de investigação (art. 311, CPP).

Alternativa "C": vide comentários à alternativa "A" quanto às três assertivas corretas, dentre as quais inclui-se a V.

Alternativa "D": vide comentários à alternativa "A" quanto a ser correta a assertiva I. Observo que o disposto no art. 282 do CPP aplica-se a todas as medidas cautelares, inclusive a prisão preventiva.

392. (FUNCAB – Delegado de Polícia – ES/2013) Quanto à prisão processual de natureza cautelar, é correto afirmar:

a) A prisão após o trânsito em julgado da condenação pode ser decretada a título cautelar, em face da execução da pena imposta.

b) A privação cautelar da liberdade individual, qualquer que seja a modalidade autorizada pelo ordenamento positivo, se traduz em execução provisória da futura condenação.

c) Revela-se absolutamente constitucional a utilização, com fins punitivos, da prisão cautelar, pois esta pode se destinar a punir o indiciado.

d) Os elementos próprios à tipologia, bem como as circunstâncias da prática delituosa, são suficientes para respaldara prisão preventiva.

e) Réu que não comparece à delegacia de polícia para depoimento, não autoriza a custódia cautelar.

COMENTÁRIOS

Alternativa correta: letra "E": o imputado não é obrigado a produzir prova contra si mesmo. Consequentemente, não é obrigado a dizer nada em seu interrogatório. Portanto, o fato de não comparecer à delegacia para prestar declarações não justifica a decretação de sua prisão temporária ou preventiva. Faça-se uma correção: se ainda estamos na fase de investigação, não se deve chamar o imputado de réu, mas de suspeito, averiguado, indiciado (se tiver sido indiciado) ou simplesmente imputado, como chamamos no início da frase.

Alternativa "A": prisão após o trânsito em julgado da condenação é pena, tendo natureza definitiva, não sendo prisão cautelar.

Alternativa "B" (responde, também, a alternativa "C"): a prisão antes do trânsito em julgado da sentença condenatória é sempre de natureza cautelar, não podendo ser considerada pena ou sequer antecipação da execução, sob pena de violação ao princípio da presunção de inocência. Ocorre que, mais recentemente, o STF, no julgamento do HC 126.292-SP, modificou o entendimento que até então mantinha sobre o alcance do princípio da presunção de inocência. Assim, a Corte Suprema entendeu possível o início da execução da pena imediatamente depois do julgamento do recurso em segunda instância. Portanto, o STF agora entende ser possível a prisão para cumprimento da pena ainda que haja recurso especial ou extraordinário pendente, isso porque não mais será possível a discussão do fato e da prova, não havendo mais, a partir daí, a presunção da inocência.

Alternativa "D": não basta a prova da existência do crime ou indício suficiente de autoria. Estes são apenas pressupostos estabelecidos pelo art. 312 do CPP para a prisão preventiva. Porém, além disso, deve estar presente pelo menos um dos requisitos do mesmo dispositivo, a saber: decretação como garantia da ordem pública, da ordem econômica, por conveniência da instrução criminal, ou para assegurar a aplicação da lei penal. Por fim, alguma das condições do art. 313 também devem estar presentes: (i) crimes dolosos punidos com pena privativa de liberdade máxima superior a 4 anos; (ii) imputado com condenação por outro crime doloso, em sentença transitada em julgado, ressalvado o disposto no inciso I do *caput* do art. 64 do CP; (iii) crime que envolva violência doméstica e familiar contra a mulher, criança, adolescente, idoso, enfermo ou pessoa com deficiência, para garantir a execução das medidas protetivas de urgência; (iv) existência de dúvida sobre a identidade civil da pessoa ou quando esta não fornecer elementos suficientes para esclarecê-la, devendo o preso ser colocado imediatamente em liberdade após a identificação, salvo se outra hipótese recomendar a manutenção da medida.

393. (UEG – Delegado de Polícia – GO/2013) Sobre a prisão em flagrante, tem-se o seguinte:

a) o auto de prisão em flagrante deverá ser lavrado pela autoridade do local do crime onde foi efetivada a captura, sob pena de nulidade absoluta.

b) em até 24 (vinte e quatro) horas da realização da prisão, será entregue ao preso, mediante recibo, a nota de culpa, assinada pelo juiz, sendo que a errônea capitulação dos fatos no mencionado documento gera nulidade do flagrante.

c) o reconhecimento da nulidade do auto de prisão em flagrante atinge unicamente o seu valor como instrumento de coação cautelar, não tendo repercussão no processo-crime.

d) a falta de comunicação, no prazo legal, da prisão em flagrante à autoridade judiciária nulifica-a, devendo o magistrado, após oitiva do Ministério Público, determinar seu imediato relaxamento.

COMENTÁRIOS

Alternativa correta: letra "C": a nulidade do auto de prisão em flagrante implica em seu relaxamento, conforme determina o art. 310 do CPP. Porém, não contamina a ação penal posterior, visto que os vícios do inquérito não têm tal efeito.

Alternativa "A": não há nulidade absoluta nesse caso. É certo que a comunicação deve ser feita ao juiz competente, para que possa decidir sobre a prisão e a liberdade do preso.

Alternativa "B": a nota de culpa deve ser assinada pelo delegado de polícia, não pelo juiz. O erro não gera, necessariamente, o relaxamento da prisão.

Alternativa "D": não há nulidade do flagrante, mas ilegalidade da prisão, que poderá, por esse motivo, ser relaxada.

394. (FUNCAB – Delegado de Polícia – ES/2013) Marque a resposta correta.

a) Trata-se de flagrante diferido quando policiais, realizando uma busca pessoal, colocam no bolso da vítima da busca determinada quantidade de droga.

b) Havendo concurso material de delitos, somam-se as penas mínimas abstratas cominadas, para o exame do cabimento da fiança.

c) Se, na fase policial, foi o delito tipificado como afiançável e, o Ministério Público denuncia como inafiançável, fica o Magistrado obrigado a efetuar a cassação da fiança anteriormente concedida.

d) A proibição de liberdade provisória por crimes hediondos veda o relaxamento da prisão processual.

e) A autoridade policial somente poderá conceder fiança nos casos de infração cuja pena privativa de liberdade máxima não seja superior a cinco anos.

COMENTÁRIOS

Alternativa correta: letra "C": se o crime foi considerado inafiançável, a fiança deverá ser cassada, conforme determina o art. 339 do CPP: "Será também cassada a fiança quando reconhecida a existência de delito inafiançável, no caso de inovação na classificação do delito".

Alternativa "A": trata-se de flagrante forjado, que constitui, para os agentes públicos, a prática de crime de denunciação caluniosa.

Alternativa "B": não é a pena que determina o cabimento ou não da fiança, embora possa determinar o seu valor ou se a autoridade policial pode aplicá-la. Nesses casos, deve-se somar as penas máximas, não as mínimas.

Alternativa "D": primeiro, deve-se observar que não há mais vedação à liberdade provisória por crimes hediondos. Segundo, ainda que houvesse, sempre que a prisão for ilegal, deve ser relaxada.

Alternativa "E": a autoridade policial somente poderá conceder fiança nos casos de infração cuja pena privativa de liberdade máxima não seja superior a 4 anos (art. 322, CPP).

395. (FUNCAB – Delegado de Polícia – ES/2013) Romualdo e Paulo subtraíram pertences de Cláudia, utilizando-se para tanto de um punhal, que possuía o cabo cravejado com pedras. Logo após ter sofrido a subtração de seus pertences, Cláudia comunicou o fato a policiais civis da delegacia de polícia próxima, onde lhe apresentaram um álbum fotográfico da distrital, tendo Cláudia reconhecido Romualdo. Os policiais, então, saíram em diligência e lograram êxito em deter Romualdo que contribuiu para as investigações fornecendo o nome de seu comparsa, culminando, a seguir, com a detenção de Paulo, bem como apreenderam a arma e recuperaram a res furtiva com Paulo. Você, Delegado de Plantão, apreciando toda a ocorrência e confirmando os fatos deverá:

a) autuá-los em flagrante delito, pois se trata de flagrante ficto.

b) autuá-los em flagrante delito, pois se trata de flagrante próprio.

c) autuá-los em flagrante delito, pois se trata de quase flagrante.

d) autuá-los em flagrante delito, pois se trata de flagrante impróprio.

e) libertá-los após colher suas declarações, pois não estavam mais em flagrante delito.

COMENTÁRIOS

✪ **Nota do autor:** segundo a doutrina, com base no CPP, as espécies de flagrante são: a) flagrante próprio ou propriamente dito ou real ou verdadeiro (art. 302, I e II, CPP: o imputado está cometendo a infração penal ou acaba de cometê-la); b) flagrante impróprio ou irreal ou quase flagrante (art. 302, III, CPP: o imputado é perseguido, logo após, pela autoridade, pelo ofendido ou por qualquer pessoa, em situação que faça presumir ser autor da infração); c) flagrante presumido ou ficto ou assimilado (art. 302, IV, CPP: o imputado é encontrado, logo depois, com instrumentos, armas, objetos ou papéis que façam presumir ser ele autor da infração).

Alternativa correta: letra "A" (responde também a alternativa "E"): é bem clara, a nosso ver, a situação de flagrante ficto quanto a Paulo, vez que ele foi encontrado, logo depois do crime, com a arma do crime e os objetos subtraídos. Porém, não é tão clara assim quanto a Romualdo, mas, como autoridade policial, diante do reconhecimento da vítima e o encontro deste último logo depois do crime, com confissão, admitimos possa ser realizado o flagrante.

Alternativa "B": não há flagrante próprio, pois não foram os imputados detidos quando cometiam ou quando acabavam de cometer o crime.

Alternativa "C" (responde também a alternativa "D"): não houve perseguição, logo, não há quase flagrante, também conhecido como flagrante impróprio.

396. (FUNCAB – Delegado de Polícia – ES/2013) Altair foi detido e conduzido à delegacia de polícia da circunscrição, em face de estar portando uma pistola, calibre 45, com numeração raspada. Como se tratava de uma cidade do interior, que não tinha autoridade policial todos os dias para apreciar as ocorrências policiais, Vanessa, Escrivã de Polícia, por ser altamente competente e diligente, lavrou um auto de flagrante delito e deu nota de culpa a Altair, por crime previsto no Estatuto do Desarmamento. Assim, pode-se afirmar:

a) O auto de prisão em flagrante lavrado pela Escrivã de Polícia Vanessa é nulo, bem como serão nulos todos os atos decorrentes, inclusive a ação penal e futura condenação decorrentes desse auto de prisão em flagrante serão nulas.
b) O auto de prisão em flagrante lavrado pela Escrivã de Polícia Vanessa é nulo, mas a ação penal e futura condenação decorrentes desse auto de prisão em flagrante não serão nulas.
c) O auto de prisão em flagrante lavrado pela Escrivã de Polícia Vanessa poderá ser convalidado com a posterior assinatura da autoridade policial, bem como serão nulos todos os atos decorrentes, inclusive ação penal e futura condenação decorrentes desse auto de prisão em flagrante serão nulas.
d) O auto de prisão em flagrante lavrado pela Escrivã de Polícia Vanessa não pode ser atacado por habeas corpus, em face de não haver nulidade em sede de inquérito policial.
e) O auto de prisão em flagrante lavrado pela Escrivã de Polícia Vanessa é nulo, entretanto permanecem os efeitos coercitivos da medida cautelar.

COMENTÁRIOS

Alternativa correta: letra "B" (responde também a alternativa "A"): nesse caso, houve flagrante, mas não havia autoridade policial para presidir a lavratura do auto de prisão. Que fazer? A solução está no art. 308 do CPP: "Não havendo autoridade no lugar em que se tiver efetuado a prisão, o preso será logo apresentado à do lugar mais próximo". E se a falta fosse de escrivão? A solução encontra-se no art. 305: "Na falta ou no impedimento do escrivão, qualquer pessoa designada pela autoridade lavrará o auto, depois de prestado o compromisso legal". Portanto, não houve observância do art. 308 do CPP, razão pela qual o auto de prisão é nulo e, consequentemente, deve a prisão ser relaxada (não impede que o juiz a relaxe e decrete a prisão preventiva). Mas, atenção: a nulidade do auto afeta a prisão, mas não a futura ação penal, eis que nulidade de atos do inquérito não contamina a ação.

Alternativa "C": não será possível a convalidação do auto de prisão. Este será nulo, sem possibilidade de conserto. Mas, como visto, isso não contamina a futura ação penal.

Alternativa "D": a nulidade do auto existiu e pode ser atacado por *habeas corpus*, até para que se obtenha o relaxamento da prisão.

Alternativa "E": a prisão é atingida pela nulidade do auto. Note-se que, segundo a doutrina, a prisão em flagrante não é medida cautelar, mas pré-cautelar, até porque não se sustenta por si só. A medida cautelar seria a prisão preventiva, caso decretada pelo juiz, à vista do flagrante realizado.

397. (FUNCAB – Delegado de Polícia – ES/2013) Quanto às medidas cautelares, é correto afirmar:

I. As medidas cautelares poderão ser decretadas pelo Juiz, quando houver necessidade para a investigação criminal e, nos casos expressamente previstos, para evitar a prática de infrações penais, mediante representação da autoridade policial.
II. Nos casos de urgência ou de perigo de ineficácia da medida, o Juiz, ao receber o pedido de medida cautelar, determinará a intimação da parte contrária, acompanhada de cópia do requerimento e das peças necessárias, permanecendo os autos em juízo.
III. No caso de descumprimento de qualquer das obrigações impostas, o Juiz não poderá substituir a medida, impor outra em cumulação ou decretar a prisão preventiva.
IV. A prisão preventiva não poderá ser determinada quando não for cabível a sua substituição por outra medida cautelar.

Indique a opção que contempla a(s) assertiva(s) correta(s).

a) I, II, III e IV.
b) I, II e III, apenas.
c) I e II, apenas.
d) IV, apenas.
e) I, apenas.

COMENTÁRIOS

✪ **Nota do autor:** a questão foi anulada.

Assertiva I: errado. Presumimos que a assertiva se refere às medidas cautelares pessoais. Estas podem ser decretadas de ofício pelo juiz na fase judicial ou a requerimento das partes; na fase de investigação, poderão ser decretadas pelo juiz, atendendo representação da autoridade policial ou requerimento do Ministério Público (art. 282, § 2º, CPP).

Assertiva II: errado. A regra é que o atingido pela medida seja intimado pelo juiz quando receber pedido de aplicação de medida cautelar pessoal. Portanto, a regra é que se estabeleça o contraditório. A exceção é justamente o caso de urgência ou de perigo de ineficácia da medida (art. 282, § 3º, CPP).

Assertiva III: errado. Ao contrário do afirmado, no caso de descumprimento de qualquer das obrigações impostas, o juiz, de ofício ou mediante requerimento do Ministério Público, de seu assistente ou do querelante, poderá substituir a medida, impor outra em cumulação, ou, em último caso, decretar a prisão preventiva (art. 282, § 4º, CPP).

Assertiva IV: errado. Não poderá ser decretada a prisão preventiva quando for cabível a aplicação de outra medida cautelar menos gravosa. A regra legal é: "A prisão preventiva será determinada quando não for cabível a sua substituição por outra medida cautelar (art. 319)" (art. 282, § 6º, CPP).

---

398. (FUNCAB – Delegado de Polícia – RJ/2012) A Lei nº 12.403/2011 introduziu, no processo penal, a possibilidade de prisão cautelar domiciliar. Sobre o tema, leia as assertivas abaixo e marque a alternativa correta.

I. O Delegado de Polícia não poderá representar pela prisão preventiva na modalidade domiciliar vez que o exame quanto à adequação desta é exclusiva do juiz. A representação deverá ser pela prisão tradicional e o juiz decidirá sobre a substituição desta pela prisão domiciliar.

II. A prisão preventiva, nos termos do art. 318 do CPP, poderá ser substituída por prisão cautelar domiciliar quando o acusado for maior de 80 anos, ou estiver extremamente debilitado por motivo de doença grave, ou for imprescindível aos cuidados especiais de pessoa menor de (06) seis anos de idade ou com deficiência, ou ainda, a gestante a partir do 7º mês ou com gravidez de alto risco.

III. Para parte da doutrina, o artigo 318 do CPP funciona como barreira, criando hipóteses nas quais o juiz não poderá decretar a prisão preventiva senão na forma domiciliar, pois, do contrário, seria a mesma inconstitucional, notadamente quando comparada aos requisitos da prisão domiciliar na Lei de Execução Penal, que são menos rígidos.

IV. A prisão cautelar domiciliar poderá ser aplicada, nos termos do art. 318 do CPP, ao maior de 70 anos; ou ao acusado acometido de doença grave; ou com filho menor ou deficiente físico ou mental, ou à gestante.

Está(ão) correta(s) apenas a(s) assertiva(s):

a) I e II.
b) II e III.
c) III e IV.
d) I e IV.
e) III.

COMENTÁRIOS

✪ **Nota do autor:** estando presentes os pressupostos e requisitos do art. 312 e as condições do art. 313 do CPP, pode o juiz decretar a prisão preventiva do imputado. Porém, a lei processual estabelece que, uma vez decretada, a prisão preventiva pode ser substituída pela domiciliar nos casos em que o agente for: maior de 80 anos; extremamente debilitado por motivo de doença grave; imprescindível aos cuidados especiais de pessoa menor de 6 anos de idade ou com deficiência; gestante; mulher com filho de até 12 anos de idade incompletos; e homem, caso seja o único responsável pelos cuidados do filho de até 12 anos de idade incompletos (art. 318, I a VI). Atenção para as modificações trazidas pela Lei 13.257/2016 (Lei da Primeira Infância) ao art. 318 do CPP.

Alternativa correta: letra "B": Estão corretas as assertivas II e III.

Assertiva I: errado. É claro que caberá ao juiz verificar se estão presentes as hipóteses do art. 318 do CPP. Porém, não há qualquer vedação legal a que a autoridade policial, ao representar pela decretação da prisão preventiva (art. 311), possa apontar a presença de tais hipóteses justificadoras da prisão domiciliar.

Assertiva II: certo. Vide nota do autor.

Assertiva III: certo. Todo aquele que estiver nas condições do art. 318 do CPP terá direito à prisão domiciliar. Assim, caso o juiz entenda ser o caso de decretação da prisão preventiva, desde que presentes tais condições, estará obrigado a substituí-la pela prisão domiciliar. Portanto, realmente o art. 318 funciona como barreira.

Assertiva IV: errado. Vide nota do autor.

---

399. (FGV – Delegado de Polícia – MA/2012) Com relação à prisão em flagrante, assinale a afirmativa correta.

a) O flagrante impróprio é aquele em que o agente é preso quando está cometendo a infração penal ou logo após cometê-la.
b) O flagrante esperado se diferencia do flagrante preparado, pois naquele está presente a figura do agente provocador, enquanto neste não encontramos tal figura.
c) O flagrante forjado não é considerado ilegal.
d) O flagrante protelado ou diferido é aquele em que a prisão em flagrante é retardada para um momento posterior ao cometimento do crime, mais adequado do ponto de vista da persecução penal.
e) Tanto o flagrante esperado quanto o flagrante provocado são considerados ilegais pela doutrina amplamente majoritária, tendo em vista que configuram hipótese de crime impossível.

COMENTÁRIOS

Alternativa correta: letra "D": também é chamado de "ação controlada". É prevista tanto na Lei 12.850/2013, quanto na Lei 11.343/2006. No caso desta última, é definida como "a não atuação policial sobre os portadores de drogas, seus precursores químicos ou outros produtos utilizados em sua produção, que se encontrem no território brasileiro, com a finalidade de identificar e responsabilizar maior número de integrantes de operações de tráfico e distribuição, sem prejuízo da ação penal cabível" (art. 53, II). Já na Lei 12.850, a ação controlada consiste "em retardar a intervenção policial ou administrativa relativa à ação praticada por organização criminosa ou a ela vinculada, desde que mantida sob observação e acompanhamento para que a medida legal se concretize no momento mais eficaz à formação de provas e obtenção de informações" (art. 8º, *caput*). Tais previsões são fundamentais, pois, do contrário, a autoridade policial deveria agir de pronto.

Alternativa "A": este é o flagrante próprio. O flagrante impróprio ou irreal ou quase flagrante é o previsto no art. 302, III, do CPP. Nele, o imputado é perseguido, logo após o crime, pela autoridade, pelo ofendido ou por qualquer pessoa, em situação que faça presumir ser autor da infração.

Alternativa "B": é o contrário, ou seja, o agente provocador encontra-se no flagrante preparado, mas não no flagrante esperado. Por isso, entende-se que o flagrante preparado o torna nulo, sendo equiparado a crime impossível.

Alternativa "C": o flagrante forjado não só é considerado ilegal, como ainda configura o crime de denunciação caluniosa.

Alternativa "E": o flagrante esperado não é considerado ilegal, seja pela doutrina, seja pela jurisprudência majoritária. Nesse caso, tendo a polícia conhecimento de que o crime será cometido em determinado momento e lugar, posta-se para flagrar o autor. Isso é legal.

400. (FGV – Delegado de Polícia – MA/2012) Com relação ao tema prisão e medidas cautelares, assinale a afirmativa incorreta.

a) As medidas cautelares possuem natureza instrumental, existindo para a garantia do regular desenvolvimento do processo assim como para assegurar a efetividade do poder de punir do Estado.

b) Na linha da doutrina mais atual, assim como ocorre no processo civil, no campo processual penal a prisão cautelar tem que estar fundada no fumus boni iuris e no periculum in mora.

c) O princípio da presunção de inocência, na linha do entendimento majoritário dos Tribunais Superiores, não se mostra incompatível com a prisão cautelar quando presentes os seus requisitos justificadores.

d) Os princípios da razoabilidade, da proporcionalidade e da proibição de excesso são de observância obrigatória em todas as áreas do Direito, inclusive no processo penal quando da necessidade da prisão ou de qualquer medida cautelar.

e) Ao receber o auto de prisão em flagrante, o juiz poderá proferir três decisões possíveis: relaxar o flagrante se ilegal; converter a prisão em flagrante em preventiva quando presentes os requisitos do Art. 312 do CPP; conceder liberdade provisória com ou sem fiança.

COMENTÁRIOS

✪ **Nota do autor:** a questão foi anulada.

Alternativa "A": certo. Temos nessa alternativa um resumo da finalidade da medida cautelar. Se o processo é um instrumento para aplicação do direito material, dizem alguns, as medidas cautelares são "os instrumentos do instrumento".

Alternativa "B": nem totalmente errada, mas não totalmente certa. Vejam bem: diz-se que as cautelares exigem *fumus boni iuris* e *periculum in mora*. Porém, a doutrina processual penal tem trazido denominações diversas para tais requisitos, quando aplicados às medidas coativas pessoais: no lugar de *fumus boni iuris*, diz-se *fumus comissi delicti*; no lugar do *periculum in mora*, o *periculum libertatis*.

Alternativa "C": certo. Desde que presentes os requisitos legais e desde que sejam adequadas, necessárias e proporcionais com o fato cometido, as hipóteses de prisões cautelares – prisões temporária e preventiva – são totalmente compatíveis com a presunção de inocência, não havendo qualquer inconstitucionalidade. É o entendimento majoritário na doutrina e pacífico nos Tribunais Superiores.

Alternativa "D": errado. Há muitos autores que diferenciam os princípios da razoabilidade e da proporcionalidade, enquanto outros não veem qualquer diferença entre eles. Aí, a nosso ver, uma razão clara para a anulação dessa questão. A proibição de excesso (*Übermassverbot*, no dizer da doutrina alemã) é uma das vertentes do princípio da proporcionalidade. "A proibição à proteção deficiente é uma das facetas do princípio da proporcionalidade, conforme desenvolvido pelos constitucionalistas. Os direitos fundamentais devem ser objeto de proteção, operando, justamente aí, o princípio da proporcionalidade. Assim, este princípio impede que o Estado avance em demasia na restrição a tais direitos, por exemplo, criando tipos penais excessivamente desproporcionais (pena muito alta, para proteção a certos bens jurídicos, que estariam bem protegidos com uma pena menor ou até mesmo sem intervenção do direito penal). É a proibição de excesso (*Übermassverbot*). Porém, os direitos fundamentais também devem ser protegidos e a CF muitas vezes exige, para sua proteção, a criminalização de certas condutas. Assim sendo, não pode o Estado deixar de agir em tais casos, sendo tal vertente do princípio da proporcionalidade conhecido como proibição à proteção deficiente (*Untermassverbot*).

Alternativa "E": certo. É o que prevê o art. 310 do CPP. Notem que o inciso II do art. 310, quando trata da prisão preventiva, diz que o juiz pode: "converter a prisão em flagrante em preventiva, quando presentes os requisitos constantes do art. 312 deste Código, e se revelarem inadequadas ou insuficientes as medidas cautelares diversas da prisão". Ou seja, diz um pouco mais do que afirma a alternativa, mas cremos que esta resume bem as três alternativas que tem o juiz.

401. (Delegado de Polícia – SP/ 2011 – ACADEPOL) São circunstâncias que autorizam o juiz a substituir a prisão preventiva pela prisão domiciliar:

a) agente imprescindível aos cuidados de menor de 6 anos de idade ou agente gestante em qualquer fase da gravidez.

b) agente idoso (idade igual ou superior a 60 anos) ou agente gestante a partir do T mês de gravidez.

c) agente grávida, em qualquer fase da gestação, ou agente imprescindível aos cuidados especiais de pessoa com deficiência.

d) agente gestante a partir do 4º mês ou agente imprescindível aos cuidados especiais de pessoa com deficiência menor de 6 anos de idade.

e) agente maior de 80 anos de idade ou agente imprescindível aos cuidados especiais de pessoa com deficiência, de qualquer idade.

COMENTÁRIOS

✪ **Nota do autor:** como visto acima, estando presentes os pressupostos e requisitos do art. 312 e as condições do art. 313 do CPP, pode o juiz decretar a prisão preventiva do imputado. Porém, a lei processual estabelece que, uma vez decretada, a prisão preventiva pode ser substituída pela domiciliar nos casos em que o agente for: maior de 80 anos; extremamente debilitado por motivo de doença grave; imprescindível aos cuidados especiais de pessoa menor de 6 anos de idade ou com deficiência; gestante; mulher com filho de até 12 anos de idade incompletos; e homem, caso seja o único responsável pelos cuidados do filho de até 12 anos de idade incompletos (art. 318, I a VI). Atenção para as modificações trazidas pela Lei 13.257/2016 (Lei da Primeira Infância) ao art. 318 do CPP, que acabou afetando as respostas a esta questão.

Alternativa correta: letra "E": são as hipóteses previstas, respectivamente, nos incisos I e III do art. 318 do CPP. Continua correta.

Alternativa "A": o erro da alternativa estava no tempo de gestação, eis que a antiga redação do art. 318 somente permitia a substituição da preventiva pela prisão domiciliar se a imputada fosse gestante a partir do 7º mês de gravidez ou sendo esta de alto risco (art. 318, IV, CPP). Hoje, a alternativa deve ser considerada correta.

Alternativa "B": não é simplesmente idoso, mas imputado maior de 80 anos (art. 318, I, CPP). Quanto à gestante, vide comentários à alternativa "A".

Alternativa "C": quanto à gestante, ponto em que estava o erro da alternativa, vide comentários à alternativa "A". Hoje, a alterativa "C" também estaria correta.

Alternativa "D": quanto à gestante, vide comentários à alternativa "A". O inciso III do art. 318 do CPP permite a substituição da prisão preventiva por domiciliar se o agente for imprescindível aos cuidados especiais de pessoa menor de 6 anos de idade **ou** com deficiência.

402. (Delegado de Polícia – SP/ 2011 – ACADEPOL) São circunstâncias legais que deverão ser consideradas pela autoridade policial ou judiciaria para fixar o valor da fiança:

a) repercussão social do crime, vida pregressa do agente e importância provável das custas do processo.

b) condições pessoais de fortuna do agente, sua vida pregressa e a natureza da infração.

c) natureza da infração, prejuízo causado à vítima e condições pessoais de fortuna do agente.

d) prejuízo causado à vítima, natureza da infração e periculosidade do agente.

e) importância provável das custas do processo, natureza da infração e condições de fortuna da vítima.

COMENTÁRIOS

✪ **Nota do autor:** toda a matéria relativa à prisão e liberdade foi modificada em 2011, o que incluiu a fiança. A regra é que os crimes são afiançáveis. É importante, então, verificar o que a lei considera crime inafiançável. Primeiramente, a própria CF estabelece os casos de inafiançabilidade no art. 5º, incisos XLII ("a prática do racismo constitui crime inafiançável e imprescritível, sujeito à pena de reclusão, nos termos da lei"), XLIII ("a lei considerará crimes inafiançáveis e insuscetíveis de graça ou anistia a prática da tortura, o tráfico ilícito de entorpecentes e drogas afins, o terrorismo e os definidos como crimes hediondos, por eles respondendo os mandantes, os executores e os que, podendo evitá-los, se omitirem") e XLIV (constitui crime inafiançável e imprescritível a ação de grupos armados, civis ou militares, contra a ordem constitucional e o Estado Democrático). O CPP não mais adota o critério da pena para a inafiançabilidade de um crime, como ocorria anteriormente às mudanças introduzidas pela Lei 12.403. Agora, os impedimentos para a fiança estão nos art. 323 (que apenas repete as proibições constitucionais) e 324 (que traz as seguintes proibições: aos que, no mesmo processo, tiverem quebrado fiança anteriormente concedida ou infringido, sem motivo justo, qualquer das obrigações a que se referem os arts. 327 e 328 do CPP; em caso de prisão civil ou militar; e quando presentes os motivos que autorizam a decretação da prisão preventiva). O quebramento da fiança importará na perda de metade do seu valor, cabendo ao juiz decidir sobre a imposição de outras medidas cautelares ou, se for o caso, a decretação da prisão preventiva. Ela ocorrerá nas seguintes hipóteses: (i) não comparecimento do imputado perante a autoridade, quando tenha sido intimado para atos do inquérito e da instrução criminal e para o julgamento, sem motivo justo; (ii) mudança de residência, sem prévia permissão da autoridade processante; (iii) ausência por mais de 8 dias de sua residência, sem comunicar àquela autoridade o lugar onde será encontrado; (iv) deliberadamente, o imputado praticar ato de obstrução ao andamento do processo; (v) descumprimento de medida cautelar imposta cumulativamente com a fiança; (vi) quando o imputado resistir injustificadamente a ordem judicial; (vii) quando o imputado praticar nova infração penal dolosa (v. art. 341 do CPP).

Alternativa correta: letra "B": o valor da fiança guardará relação com a pena cominada à infração penal. Assim, de acordo com o art. 425 do CPP, a fiança será de 1 a 100 salários mínimos, quando se tratar de infração cuja pena privativa de liberdade, no grau máximo, não for superior a 4 anos; se superior, será de 10 a 200 salários mínimos. Os critérios utilizados para a fixação do valor encontram-se no art. 426, que diz dever a autoridade levar em consideração a natureza da infração, as condições pessoais de fortuna e vida pregressa do acusado, as circunstâncias indicativas de sua periculosidade, bem como a importância provável das custas do processo, até final julgamento.

Alternativa "A": a repercussão social do crime não é critério para fixação do valor da fiança.

Alternativa "C" (responde, também, a alternativa "D"): o prejuízo causado à vítima também não é critério para fixação do valor da fiança.

Alternativa "E": as condições de fortuna da vítima não contam para a fixação do valor da fiança, mas apenas as condições de fortuna do imputado.

403. (Delegado de Polícia – MG/ 2011 – ACADEPOL) NÃO haverá o quebramento da fiança quando:

a) Deliberadamente o afiançado praticar ato de obstrução ao andamento do inquérito/processo.
b) Descumprir medida cautelar imposta cumulativamente com a fiança.
c) Resistir injustificadamente a ordem judicial.
d) Deixar de comparecer, por justo motivo, quando regularmente intimado para ato processual.

COMENTÁRIOS

Alternativa correta: letra "D": para que haja o quebramento da fiança, o não comparecimento deve ser injustificado (art. 341, I, CPP).

Alternativa "A": é prevista tal hipótese de quebramento no art. 341, II, do CPP.

Alternativa "B": é a previsão do art. 341, III, do CPP.

Alternativa "C": é a previsão do art. 341, IV, do CPP.

404. (Delegado de Polícia – SP/ 2011 – ACADEPOL) Assinale a alternativa correta relacionada às medidas cautelares diversas da prisão.

a) As medidas cautelares somente podem ser impostas pelo juiz, que não poderá aplicá-las de ofício, sob pena de quebrar a sua imparcialidade.
b) A monitoração eletrônica não é prevista como medida cautelar.
c) A fiança é uma medida cautelar que pode ser imposta pela autoridade policial, se o limite máximo da pena privativa de liberdade não ultrapassar 4 anos.
d) Admite-se fiança em caso de prisão militar.
e) As circunstâncias indicativas da periculosidade do acusado não constituem parâmetro legal para a determinação do valor da fiança.

COMENTÁRIOS

Alternativa correta: letra "C": a regra a respeito do assunto encontra-se no art. 322 do CPP: "A autoridade policial somente poderá conceder fiança nos casos de infração cuja pena privativa de liberdade máxima não seja superior a 4 (quatro) anos". A fiança é, sem dúvida, uma medida cautelar, sendo prevista no art. 319, VIII.

Alternativa "A": a fiança é medida cautelar e pode ser concedida pela autoridade policial, nos limites do art. 322 do CPP. À parte tal caso, realmente as medidas cautelares devem ser fixadas pelo juiz, que pode fazê-lo de ofício, no curso da ação penal. Antes, somente pode ser aplicada pelo juiz se houver representação da autoridade policial ou requerimento do Ministério Público, conforme se extrai da redação do § 2º o art. 282: "As medidas cautelares serão decretadas pelo juiz, de ofício ou a requerimento das partes ou, quando no curso da investigação criminal, por representação da autoridade policial ou mediante requerimento do Ministério Público".

Alternativa "B": a monitoração eletrônica é medida cautelar pessoal, prevista no inciso IX do art. 319 do CPP.

Alternativa "D": o CPPM não prevê fiança.

Alternativa "E": a periculosidade pode ser levada em consideração para a determinação do valor da fiança, entre outros critérios. Diz o art. 326 do CPP: "Para determinar o valor da fiança, a autoridade terá em consideração a natureza da infração, as condições pessoais de fortuna e vida pregressa do acusado, as circunstâncias indicativas de sua periculosidade, bem como a importância provável das custas do processo, até final julgamento".

405. (Delegado de Polícia – MG/ 2011 – ACADEPOL) NÃO poderá ser cumulada com outra medida cautelar

a) a monitoração eletrônica.
b) a proibição de ausentar-se do País, inclusive mediante entrega do passaporte.
c) a fiança.
d) a prisão domiciliar.

COMENTÁRIOS

Alternativa correta: letra "D": a prisão domiciliar é medida cautelar pessoal utilizada em substituição à prisão preventiva nos casos em que o agente for maior de 80 anos; extremamente debilitado por motivo de doença grave; imprescindível aos cuidados especiais de pessoa menor de 6 anos de idade ou com deficiência; gestante; mulher com filho de até 12 anos de idade incompletos; e homem, caso seja o único responsável pelos cuidados do filho de até 12 anos de idade incompletos (art. 318, I a VI). Atenção para as modificações trazidas pela Lei 13.257/2016 (Lei da Primeira Infância) ao art. 318 do CPP. Somente é cabível quando também cabível a prisão preventiva. Logo, se esta não for necessária, também não deverá ser fixada a prisão domiciliar. De qualquer modo, assim como a prisão preventiva, a domiciliar não pode ser cumulada com as demais medidas previstas nos arts. 319 e 320.

Alternativa "A": a monitoração eletrônica está prevista no art. 319, IX, do CPP. Tais medidas podem ser fixadas de forma isolada ou cumulativamente, conforme dispõe o § 1º do art. 282.

Alternativa "B": a proibição de ausentar-se do país é possível como medida cautelar, conforme menciona o art. 320 do CPP, que possibilita a entrega do passaporte pelo imputado. Tal medida pode ser perfeitamente cumulada com outras do art. 319, como a exigência de comparecimento periódico, monitoração eletrônica etc.

Alternativa "C": a fiança está prevista no art. 319, VIII, do CPP, havendo menção expressa – e desnecessária, em razão do § 1º do art. 282 – de que pode ser aplicada de forma cumulativa com outras medidas (art. 319, § 4º).

---

406. (Delegado de Polícia – MG/ 2011 – ACADEPOL) Sobre a prisão preventiva é CORRETO afirmar:

a) poderá ser decretada de ofício pelo juiz na fase do inquérito policial.

b) poderá ser decretada em crime doloso, quando se tratar de reincidente, independente da pena cominada ao delito.

c) nos casos de violência doméstica poderá ser decretada independentemente da imposição anterior de medida protetiva.

d) quando houver dúvida sobre a identidade civil da pessoa poderá se decretada e mantida mesmo após superada a dúvida.

COMENTÁRIOS

✪ **Nota do autor:** é fundamental que o leitor memorize os pressupostos, requisitos e condições para a decretação da prisão preventiva. Portanto, nos permitam a repetição. Os pressupostos para a decretação da prisão preventiva estão previstos no art. 312 do CPP (prova da existência do crime e indício suficiente de autoria). Os requisitos, no mesmo dispositivo (decretação como garantia da ordem pública, da ordem econômica, por conveniência da instrução criminal, ou para assegurar a aplicação da lei penal). As condições, no art. 313: (i) crimes dolosos punidos com pena privativa de liberdade máxima superior a 4 anos; (ii) imputado com condenação por outro crime doloso, em sentença transitada em julgado, ressalvado o disposto no inciso I do *caput* do art. 64 do CP; (iii) crime que envolva violência doméstica e familiar contra a mulher, criança, adolescente, idoso, enfermo ou pessoa com deficiência, para garantir a execução das medidas protetivas de urgência; (iv) existência de dúvida sobre a identidade civil da pessoa ou quando esta não fornecer elementos suficientes para esclarecê-la, devendo o preso ser colocado imediatamente em liberdade após a identificação, salvo se outra hipótese recomendar a manutenção da medida.

Alternativa correta: letra "B": é a combinação dos incisos I e II do art. 313 do CPP.

Alternativa "A": o art. 311 do CPP deixa claro que o juiz poderá decretar a prisão de ofício somente na fase processual, dependendo de requerimento do Ministério Público ou de representação da autoridade policial na fase extrajudicial.

Alternativa "C": nesse caso, a prisão deve ser para garantir a medida cautelar anteriormente imposta.

Alternativa "D": superada a dúvida, deve ser a pessoa colocada em liberdade (art. 313, parágrafo único, CPP).

---

407. (Delegado de Polícia – MT/ 2010 – UNEMAT) Sabendo-se que a liberdade provisória é o instituto por meio do qual, em algumas situações, concede-se ao indivíduo o direito de aguardar em liberdade o final do processo, assinale a alternativa correta.

a) Se ocorre excesso de prazo na conclusão do processo, o qual é imputável ao juízo, impõe-se a concessão de liberdade provisória.

b) Com o advento da Lei nº 11.464/2007, é permitida a concessão de liberdade provisória para aqueles que tenham participação em organizações criminosas.

c) O valor da fiança leva em conta a pena mínima cominada ao tipo penal pelo qual se deu a prisão em flagrante.

d) Com o trânsito em julgado da sentença condenatória, a fiança recolhida é perdida, prestando-se ao pagamento das custas, eventual multa e satisfação do dano.

e) Na fase de pronúncia, no sistema escalonado do Júri, poderá o magistrado arbitrar fiança ao denunciado em caso de desclassificação.

COMENTÁRIOS

✪ **Nota do autor:** muita atenção para as alterações havidas no tema em tela no ano de 2011.

Alternativa correta: letra "E": a fiança é uma das medidas cautelares diversas da prisão preventiva, fazendo parte do rol do art. 319 do CPP. Assim sendo, quando da decisão de pronúncia, estando o acusado preso, pode o juiz conceder liberdade, impondo, se o caso, alguma medida cautelar, o que inclui a fiança.

Alternativa "A": a posição prevalecente é que o excesso de prazo na instrução do processo não leva à concessão de liberdade provisória, mas ao próprio relaxamento da prisão.

Alternativa "B": a Lei 11.464/2007 alterou a Lei 8.072/1990 (Lei dos Crimes Hediondos), acabando com a proibição à liberdade provisória. Portanto, não atingiu a proibição que havia na Lei 9.034/1995, relativo às organizações criminosas (art. 7º). Porém, particularmente, entendemos que o art. 7º da Lei 9.034/1995 era inconstitucional, pois, como vem sistematicamente entendendo o STF, a lei não pode simplesmente proibir o juiz de, no caso concreto, verificar se a prisão é ou não necessária. A Lei 9.034 foi revogada pela Lei 12.850/2013, que não traz qualquer proibição à liberdade provisória.

Alternativa "C": o art. 325 do CPP define a questão. Diz o *caput* que o valor da fiança será fixado pela autoridade que a conceder nos seguintes limites: a) de 1 a 100 salários mínimos, quando se tratar de infração cuja pena privativa de liberdade, no grau máximo, não for superior a 4 anos; b) de 10 a 200 salários mínimos, quando o máximo da pena privativa de liberdade cominada for superior a 4 anos. Portanto, leva-se em conta a pena máxima cominada, não a mínima.

Alternativa "D": segundo o art. 336 do CPP, o dinheiro ou objetos dados como fiança servirão ao pagamento das custas, da indenização do dano, da prestação pecuniária e da multa, se o réu for condenado.

408. (Delegado de Polícia – AP/ 2010 – FGV) Roberto entra em uma agência bancária e efetua o saque de quinhentos reais da conta corrente de terceiro, utilizando um cheque falsificado. De posse do dinheiro, Roberto se retira da agência. Quinze minutos depois, o caixa do banco observa o cheque com mais cuidado e percebe a falsidade. O segurança da agência é acionado e consegue deter Roberto no ponto de ônibus próximo à agência. O segurança revista Roberto e encontra os quinhentos reais em seu bolso. Roberto é conduzido pelo segurança à Delegacia de Polícia mais próxima. Considerando a narrativa acima, assinale a alternativa correta.

a) O Delegado de Polícia deve baixar a portaria de instauração do inquérito policial, tomar o depoimento de Roberto, lavrar termo de apreensão do dinheiro que havia sido sacado por ele na agência bancária, e liberá-lo, já que a situação narrada não caracterizou flagrante delito. Encerradas as investigações, deve remeter os autos do inquérito policial ao Ministério Público para que ofereça denúncia.

b) O Delegado de Polícia a quem Roberto é apresentado deve lavrar o auto de prisão em flagrante, sendo-lhe vedado tomar o depoimento do preso sem que esteja assistido por advogado. Se o autuado não informar o nome de seu advogado, o Delegado deverá solicitar a presença de um defensor público ou nomear um advogado dativo para proceder à oitiva. Após a lavratura do auto, deve comunicar a prisão ao juiz competente e entregar nota de culpa ao preso.

c) O Delegado de Polícia a quem Roberto é apresentado deve lavrar o auto de prisão em flagrante, comunicar a prisão imediatamente ao juiz competente e à família do preso ou à pessoa por ele indicada, bem como entregar a nota de culpa ao preso. Se o juiz constatar a desnecessidade da decretação de prisão cautelar, deverá conceder liberdade provisória ao preso, com ou sem fiança, independentemente de manifestação do Ministério Público ou da defensoria pública.

d) O Delegado de Polícia a quem Roberto é apresentado deve lavrar o auto de prisão em flagrante, comunicar a prisão imediatamente ao juiz competente e à família do preso ou à pessoa por ele indicada, devendo ainda remeter, em vinte e quatro horas, o auto de prisão em flagrante acompanhado de todas as oitivas colhidas ao juiz competente e, caso o autuado não informe o nome de seu advogado, cópia integral do auto à Defensoria Pública, e entregar nota de culpa ao preso.

e) O Delegado de Polícia a quem Roberto é apresentado deve lavrar o auto de prisão em flagrante, comunicar a prisão imediatamente ao juiz competente e à família do preso ou à pessoa por ele indicada, devendo ainda remeter, em vinte e quatro horas, o auto de prisão em flagrante acompanhado de todas as oitivas colhidas ao juiz competente e entregar nota de culpa ao preso. Caberá ao juiz abrir vista dos autos de comunicação de prisão ao Ministério Público e, caso o preso tenha declarado não possuir advogado, à defensoria pública.

COMENTÁRIOS

✪ **Nota do autor:** entendemos que há uma situação de flagrância, sem dúvida nenhuma. Haverá divergência quanto à espécie de flagrante. A nosso ver, há verdadeiramente um flagrante próprio, pois o imputado acabou de cometer o crime (art. 302, II, CPP). Porém, é possível o entendimento de que se trata da situação de flagrante prevista no inciso IV do art. 302 ("é encontrado, logo depois, com instrumentos, armas, objetos ou papéis que façam presumir ser ele autor da infração"), ou seja, o chamado flagrante presumido. Algumas das regras sobre o flagrante foram alteradas em 2011, o que não chegou a alterar a resposta do gabarito.

Alternativa correta: letra "D" (responde, também, a alternativa "E"): o que deve fazer o Delegado consta do art. 306 do CPP. O *caput* diz que a prisão de qualquer pessoa – o que, por óbvio, inclui a prisão em flagrante – e o local onde se encontre serão comunicados imediatamente ao juiz competente, ao Ministério Público e à família do preso ou à pessoa por ele indicada. Em até 24 horas após a realização da prisão, será encaminhado ao juiz competente o auto de prisão em flagrante e, caso o autuado não informe o nome de seu advogado, cópia integral para a Defensoria Pública (§ 1º). No mesmo prazo, será entregue ao preso, mediante recibo, a nota de culpa, assinada pela autoridade, com o motivo da prisão, o nome do condutor e os das testemunhas (§ 2º).

Alternativa "A": como afirmamos na nota do autor, houve situação de flagrância e, portanto, deve a autoridade policial providenciar a lavratura do auto de prisão em flagrante delito.

Alternativa "B": vide comentários à alternativa correta. O preso pode ser ouvido, mesmo que não compareça eventual advogado por ele indicado ou defensor público.

Alternativa "C": o delegado pode apenas fixar a fiança nos casos admitidos pela lei (art. 322, *caput*, CPP: "A autoridade policial somente poderá conceder fiança nos casos de infração cuja pena privativa de liberdade máxima não seja superior a 4 (quatro) anos"). Fora dessa situação, não pode a autoridade policial conceder liberdade, mas deve encaminhar o caso ao Poder Judiciário..

409. (Delegado de Polícia – AP/ 2010 – FGV) Assinale a alternativa que contenha um princípio que não se aplica à *prisão preventiva*.

a) Taxatividade das hipóteses de aplicação.
b) Admissibilidade de aplicação automática.
c) Adequação e proporcionalidade.
d) Jurisdicionariedade das medidas cautelares.
e) Demonstração do *fumus comissi delicti* e do *periculum libertatis*.

COMENTÁRIOS

Alternativa correta: letra "B": a prisão preventiva não tem aplicação automática, não sendo obrigatória em hipótese alguma. Para ser decretada, ela depende da existência de seus pressupostos (prova da existência do crime e indícios suficientes de autoria) e requisitos (garantia da ordem pública, da ordem econômica, por conveniência da instrução criminal, ou para assegurar a aplicação da lei penal) previstos no art. 312, bem como condições elencadas no art. 313 do CPP (este dispositivo exige que somente seja decretada a prisão preventiva: a) nos crimes dolosos punidos com pena privativa de liberdade máxima superior a 4 anos; b) se tiver sido condenado por outro crime doloso, em sentença transitada em julgado, ressalvado o disposto no inciso I do caput do art. 64 do Código Penal; c) se o crime envolver violência doméstica e familiar contra a mulher, criança, adolescente, idoso, enfermo ou pessoa com deficiência, para garantir a execução das medidas protetivas de urgência; d) quando houver dúvida sobre a identidade civil da pessoa ou quando esta não fornecer elementos suficientes para esclarecê-la, devendo o preso ser colocado imediatamente em liberdade após a identificação, salvo se outra hipótese recomendar a manutenção da medida).

Alternativa "A": como visto acima, somente é possível a decretação da prisão preventiva nas hipóteses dos arts. 312 e 313 do CPP.

Alternativa "C" (responde, também, a alternativa "E"): vamos entender a aplicação da proporcionalidade no campo das medidas cautelares pessoais. Primeiramente, vejamos a questão da liberdade provisória. O que determina sua concessão é a desnecessidade da decretação da prisão preventiva (art. 321, CPP: "Ausentes os requisitos que autorizam a decretação da prisão preventiva, o juiz deverá conceder liberdade provisória, impondo, se for o caso, as medidas cautelares previstas no art. 319 deste Código e observados os critérios constantes do art. 282 deste Código"). Portanto, a regra é a liberdade, sendo a prisão a exceção. O art. 282, citado acima, é muito importante, pois afirma que qualquer medida cautelar – inclusive a prisão preventiva – somente deve ser imposta ao acusado se necessária para aplicação da lei penal, para a investigação ou a instrução criminal e, nos casos expressamente previstos, para evitar a prática de infrações penais; e se adequada à gravidade do crime, circunstâncias do fato e condições pessoais do indiciado ou acusado. Trata-se de indisfarçável tentativa de trazer para o texto legal dois dos requisitos do princípio da proporcionalidade, quais sejam, necessidade e adequação. Aliás, a alternativa nem é muito precisa, já que coloca lado a lado o princípio da proporcionalidade e um subprincípio deste, qual seja, o da adequação. Como aplicar, num caso concreto, o princípio da proporcionalidade no caso das medidas cautelares? Entendemos que, de início, deve o juiz (e, como muitas vezes será o requerente, também o Ministério Público) verificar qual o objetivo que pretende atingir com a decretação da medida cautelar (ex.: assegurar a realização da instrução criminal, impedindo intimidação de testemunha; impedir que o acusado fuja, vindo a frustrar a aplicação da lei penal etc.). Depois, deve o juiz verificar a presença do *fumus comissi delicti*, ou seja, indício suficiente que indique ter o imputado envolvimento na infração penal. Deve verificar também a presença do *periculim libertatis*, ou seja, do risco efetivo que a liberdade do imputado representa para o fim que se pretende atingir com a medida. Então, deve verificar quais medidas cautelares, incluindo a prisão preventiva, são adequadas para atingir a finalidade; em seguida, dentre as adequadas, qual a necessária, ou seja, aquela que terá eficiência para atingir a finalidade buscada, ao mesmo tempo em que representa uma menor restrição aos direitos fundamentais envolvidos. Por fim, deve o juiz zelar para que a restrição seja proporcional à pena que o imputado receberá em caso de condenação, é dizer: se não há probabilidade de cumprir pena privativa de liberdade, mas restritiva de direito, não é cabível a prisão preventiva; se apenas receberá pena privativa de liberdade em regime aberto. Com isso, estar-se-á aplicando os três aspectos (ou subprincípios) do princípio da proporcionalidade: adequação, necessidade e proporcionalidade em sentido estrito.

Alternativa "D": a prisão preventiva somente pode ser decretada por autoridade judiciária.

Alternativa "D": a prisão preventiva somente pode ser decretada por autoridade judiciária.

410. (Delegado de Polícia – AP/ 2010 – FGV) Eduardo Souza é um conhecido estelionatário que falsifica documentos para obtenção de benefícios previdenciários estaduais falsos (pensões de funcionários públicos estaduais). Numa fiscalização de rotina, funcionários do setor de controladoria e auditoria da secretaria de fazenda estadual identificaram um grande número de benefícios com valores semelhantes e documentações idênticas, concedidos na mesma data para pessoas com nomes muito parecidos (Fernando Souza, Ferdinand Souza, Hernandes Souza, Hernando Souza, Ernani Souza, Ernesto Souza, Ernã Souza, Fernnando Souza, etc.). Desconfiados, checaram a documentação e desconfiaram da sua validade. De posse desses documentos, os funcionários dirigem-se à polícia que instaura inquérito para apuração dos crimes de estelionato qualificado, falsificação de documento público e uso de documento falso. Durante as investigações, o laudo pericial confirma tratar-se de falsificações muito parecidas e todos os indícios (provas testemunhais e filmagens, entre outras) e apontam para Eduardo, o qual é indiciado de forma indireta, já que não foi localizado. O Delegado de Polícia considera que é imprescindível a prisão de Eduardo para as investigações do inquérito policial (mesmo porque Eduardo não possui residência fixa) e decide representar pela prisão temporária do indiciado. Considerando a narrativa acima, assinale a alternativa correta.

a) O Delegado deve dirigir sua representação ao promotor de justiça, não podendo faze-lo diretamente ao juiz, sugerindo que ele requeira ao juiz competente a decretação da prisão temporária, que tem como finalidade justamente assegurar a investigação do inquérito policial, adequando-se perfeitamente à hipótese narrada.

b) O Delegado deve dirigir sua representação ao juiz competente, requerendo a decretação da prisão temporária, que tem como finalidade justamente assegurar a investigação do inquérito policial, adequando-se perfeitamente à hipótese narrada. O juiz poderá decidir sem ouvir o Ministério Público.

c) O Delegado deve dirigir sua representação ao Ministério Público, requerendo a decretação da prisão preventiva, que tem como finalidade justamente assegurar a investigação do inquérito policial, adequando-se perfeitamente à hipótese narrada.

d) O Delegado deve dirigir sua representação ao promotor de justiça, não podendo faze-lo diretamente ao juiz, sugerindo que ele requeira ao juiz competente a decretação da prisão preventiva, obrigando-se contudo a demonstrar qual das hipóteses presentes no art. 312 do Código Processual Penal se amolda à hipótese narrada.

e) O Delegado deve dirigir sua representação ao juiz competente, requerendo a decretação da prisão preventiva, obrigando-se contudo a demonstrar qual das hipóteses presentes no art. 312 do Código Processual Penal se amolda à hipótese narrada.

COMENTÁRIOS

Alternativa correta: letra "E" (responde, também, a alternativa "D"): da leitura do enunciado da questão conclui-se que o delegado de polícia chegou ao final das investigações, tanto que reuniu elementos de informação suficientes para indiciar o investigado. Sendo assim, deve fazer relatório do apurado e representar ao juiz pela decretação da prisão preventiva, mostrando estarem presentes os pressupostos e requisitos do art. 312 do CPP e as condições do art. 313. A prisão temporária seria possível se as investigações ainda estivessem em andamento e a custódia cautelar fosse imprescindível para os trabalhos policiais.

Alternativa "A": se fosse o caso de prisão temporária, poderia o delegado dirigir sua representação diretamente ao juiz, conforme permite o art. 2º, *caput*, da Lei 7.960/1989.

Alternativa "B": como vimos nos comentários à alternativa correta, não é hipótese de prisão temporária. Se fosse, antes de decidir, teria o juiz que ouvir o Ministério Público (art. 2º, § 1º, Lei 7.960/1989).

Alternativa "C": a representação pela decretação da prisão preventiva deve ser dirigida diretamente ao juiz. A finalidade citada na alternativa diz respeito à prisão temporária, não à preventiva.

---

411. (Delegado de Polícia – AP/ 2010 – FGV) Relativamente ao tema *prisão temporária*, analise as afirmativas a seguir:

I. A prisão temporária será decretada pelo Juiz, em face da representação da autoridade policial ou de requerimento do Ministério Público, e terá o prazo de 5 (cinco) dias. A prorrogação dispensará nova decisão judicial, devendo entretanto a autoridade policial colocar o preso imediatamente em liberdade findo o prazo da prorrogação.

II. Ao decretar a prisão temporária, o Juiz poderá, de ofício, determinar que o preso lhe seja apresentado, solicitar esclarecimentos da autoridade policial e submeter o preso a exame de corpo de delito.

III. Os presos temporários deverão permanecer, obrigatoriamente, separados dos demais detentos.

Assinale:

a) se somente a afirmativa I estiver correta.

b) se somente a afirmativa II estiver correta.

c) se somente a afirmativa III estiver correta.

d) se somente as afirmativas II e III estiverem corretas.

e) se todas as afirmativas estiverem corretas.

COMENTÁRIOS

Alternativa correta: letra "D": estão certas as alternativas II e III.

Item I: errado. O erro está em considerar automática a prorrogação do prazo da prisão temporária. Na verdade, para que haja prorrogação, esta deve ser expressa e fundamentada pelo juiz. Veja o que diz o *caput* do art. 2º da Lei 7.960/1989: "A prisão temporária será decretada pelo Juiz, em face da representação da autoridade policial ou de requerimento do Ministério Público, e terá o prazo de 5 (cinco) dias, prorrogável por igual período em caso de extrema e comprovada necessidade".

Item II: certo. Tais poderes estão previstos no § 3º do art. 2º da Lei 7.960/1989: "O Juiz poderá, de ofício, ou a requerimento do Ministério Público e do Advogado, determinar que o preso lhe seja apresentado, solicitar informações e esclarecimentos da autoridade policial e submetê-lo a exame de corpo de delito".

Item III: certo. É a regra do art. 3º da Lei 7.960/1989.

---

412. (Delegado de Polícia – MT/ 2010 – UNEMAT) Acerca do instituto excepcional da constrição da liberdade, assinale a alternativa **correta.**

a) O assistente de acusação tem legitimidade para representar por prisão preventiva.

b) Prisão preventiva decretada para assegurar eficácia de medida de urgência, deferida à mulher em situação de violência doméstica e familiar, prescinde da presença de outro requisito previsto no art. 312 do CPP.

c) O adolescente em flagrante de ato infracional jamais poderá ser preso em flagrante.

d) A prisão temporária em relação ao crime intitulado "sequestro relâmpago" poderá ser decretada pelo período de 30 dias.

e) Após representação da autoridade policial ou requerimento do Ministério Público, o juiz terá o prazo de 48h para decidir sobre a necessidade de prisão temporária.

COMENTÁRIOS

✪ **Nota do autor:** o tema das medidas cautelares pessoais sofreram profunda modificação em 2011, o que alterou o resultado desta questão, como veremos.

Alternativa correta: letra "C": a prisão em flagrante somente é aplicável aos imputáveis. Adolescente é inimputável. Logo, a ele se aplica o regime da Lei 8.069/1990 (ECA), sendo cabível apenas a sua apreensão.

Alternativa "A": também correta. De acordo com o art. 311 do CPP, com a redação dada pela Lei 12.043/2011, o assistente pode requerer a decretação da prisão preventiva.

Alternativa "B": a questão não é pacífica. A Lei 11.340/2006 diz apenas que em qualquer fase do inquérito policial ou da instrução criminal, caberá a prisão preventiva do agressor, decretada pelo juiz, de ofício, a requerimento do Ministério Público ou mediante representação da autoridade policial. Porém, as modificações trazidas pela Lei 12.043/2011 vieram a permitir que a prisão preventiva fosse decretada, qualquer que seja a pena em abstrato prevista no tipo penal, se o crime envolver violência doméstica e familiar contra a mulher, criança, adolescente, idoso, enfermo ou pessoa com deficiência, para garantir a execução das medidas protetivas de urgência. Isso está no inciso III do art. 313 do CPP. Ocorre que o *caput* diz: "Nos termos do art. 312 deste Código, será admitida a decretação da prisão preventiva...". No art. 312 estão os requisitos da prisão preventiva. E mais: o parágrafo único afirma que a prisão preventiva também poderá ser decretada em caso de descumprimento de qualquer das obrigações impostas por força de outras medidas cautelares. Assim, há uma viva discussão: afinal, em caso de descumprimento das medidas cautelares dos arts. 319 e 320 do CPP ou das medidas protetivas da Lei 11.340/2006, basta tal descumprimento ou também é necessário que estejam presentes os requisitos do art. 312? O gabarito entende que não. Para nós, basta o descumprimento, sendo a prisão preventiva, em tal caso, sancionatória. Do contrário, ninguém cumpriria tais medidas.

Alternativa "D": há discussão na doutrina sobre se o chamado "sequestro relâmpago" (§ 3º do art. 158 do CP: "Se o crime é cometido mediante a restrição da liberdade da vítima, e essa condição é necessária para a obtenção da vantagem econômica, a pena é de reclusão, de 6 (seis) a 12 (doze) anos, além da multa; se resulta lesão corporal grave ou morte, aplicam-se as penas previstas no art. 159, §§ 2º e 3º, respectivamente") é ou não crime hediondo. O gabarito entendeu não ser. E, de fato, o art. 1º da Lei 8.072/1990 não traz em seu rol tal hipótese, mas apenas a do § 2º do art. 158 do CP, ou seja, extorsão com resultado morte. Consequentemente, o prazo da prisão temporária é de no máximo 5 dias, prorrogáveis por igual período.

Alternativa "E": o prazo é de 24 horas, estabelecido no § 2º do art. 2º da Lei 7.960/1989.

---

413. (Delegado de Polícia – PI/ 2009 – NUCEPE) Sobre as espécies de prisão processual, analise as afirmativas abaixo:

1) STF, haja justificação escrita de tal medida.
2) STF entende ser hipótese de crime impossível.
3) O crime de roubo não pode ensejar prisão temporária, mas poderá provocar o decreto de prisão preventiva, mediante representação da autoridade policial, se houver prova da existência do crime e indícios suficientes de autoria, além dos demais requisitos previstos no Código de Processo Penal.

Está(ão) correta(s):

a) 1, 2 e 3
b) 1 apenas
c) 2 apenas
d) 1 e 3 apenas
e) 2 e 3 apenas

COMENTÁRIOS

Alternativa correta: letra "B": está correta a afirmativa 1.

Afirmativa 1: certo. A questão foi regulada pelo STF na Súmula Vinculante 11: "Só é lícito o uso de algemas em casos de resistência e de fundado receio de fuga ou de perigo à integridade física própria ou alheia, por parte do preso ou de terceiros, justificada a excepcionalidade por escrito, sob pena de responsabilidade disciplinar, civil e penal do agente ou da autoridade e de nulidade da prisão ou do ato processual a que se refere, sem prejuízo da responsabilidade civil do Estado". O art. 292, parágrafo único, do CPP, proíbe o uso de algemas em mulheres grávidas, durante os atos médico-hospitalares preparatórios para a realização do parto e durante o trabalho de parto, bem como em mulheres durante o período de puerpério imediato.

Afirmativa 2: errado. No caso descrito na afirmativa não há flagrante preparado, mas flagrante esperado. Isso assim é porque a polícia não provocou o crime, isto é, não provocou a atuação do agente, mas apenas aguardou o momento em que este cometeria o crime. No flagrante preparado, a própria polícia instiga o cometimento do crime, caso em que o STF considera haver crime impossível (Súmula 145).

Afirmativa 3: errado. É cabível a prisão temporária nos crimes de roubo, já que tal delito encontra-se elencado no art. 1º, III, c, da Lei 7.960/1989.

414. (Delegado de Polícia – PI/ 2009 – NUCEPE) A apresentação espontânea do acusado:

a) não impede que a autoridade policial represente pela decretação de sua prisão preventiva.
b) é o único meio de impedir que a apelação interposta contra sentença absolutória tenha efeito suspensivo.
c) é causa de revogação imediata de prisão preventiva anteriormente decretada.
d) impede o indiciamento e garante ao acusado o direito de não ser recolhido à prisão durante o curso do inquérito e da instrução criminal.
e) enseja o trancamento do inquérito por falta de justa causa, uma vez que foi demonstrado o intuito colaborativo do acusado.

COMENTÁRIOS

✪ **Nota do autor:** o CPP trazia um tópico específico sobre a apresentação espontânea daquele que comete um crime à autoridade. Tal tópico foi revogado em 2011.

Alternativa correta: letra "A": ainda que o agente apresente-se à autoridade depois de cometer o delito, esta não está impedida de representar pela decretação da prisão preventiva. O que vai justificar o pedido são outras coisas: os pressupostos e os requisitos do art. 312 do CPP e as condições do art. 313.

Alternativa "B": a apelação contra sentença absolutória não tem efeito suspensivo (art. 596, CPP).

Alternativa "C": a apresentação do acusado que tem contra si mandado de prisão preventiva acarretará sua prisão, ou seja, o cumprimento do mandado. Caso o juiz entenda não haver motivos para a mantença da prisão, pode revogá-la, pura e simplesmente, ou aplicar, em seu lugar, quaisquer das medidas cautelares dos arts. 319 e 320 do CPP.

Alternativa "D": primeiro, o indiciamento é ato privativo da autoridade policial, quando esta entende haver elementos suficientes que indiquem ter sido o investigado autor ou partícipe do delito, não tendo que ver com a apresentação espontânea. Neste sentido, diz o § 6º do art. 3º da Lei 12.830/2013 que: "O indiciamento, privativo do delegado de polícia, dar-se-á por ato fundamentado, mediante análise técnico-jurídica do fato, que deverá indicar a autoria, materialidade e suas circunstâncias". Segundo, sua prisão durante o processo dependerá de decretação da prisão preventiva, se presentes seus pressupostos, requisitos e condições, nada tendo que ver com a apresentação espontânea.

Alternativa "E": o fato de o imputado colaborar com as investigações do inquérito pode beneficiá-lo, posteriormente, quando da fixação da pena, mas jamais poderá justificar o trancamento do procedimento investigatório, já que a justa causa – o que inclui indícios suficientes de autoria – não resta afastada.

415. (Delegado de Polícia – PI/ 2009 – NUCEPE) Sobre a liberdade provisória, é correto afirmar que:

a) nas hipóteses em que o Código de Processo Penal determina que o réu "livrar-se-á solto", haverá liberdade provisória independentemente de fiança, o que ocorre, por exemplo, nas infrações cujo máximo de pena privativa de liberdade prevista não ultrapasse seis meses.
b) não poderá ser concedida fiança nos crimes punidos com reclusão em que a pena mínima cominada for superior a quatro anos.
c) o Código de Processo Penal admite que a autoridade policial conceda fiança nos casos de infração punida apenas com detenção, mas nesse caso deverá requerer autorização ao juiz.
d) o STF vem recentemente decidindo que a proibição de liberdade provisória, nos casos de crimes hediondos e equiparados, decorre da própria inafiançabilidade imposta pela Constituição da República à legislação ordinária (art. 5º, inc. XLIII).
e) é permitida a concessão de fiança mesmo quando presentes os motivos que autorizam a decretação da prisão preventiva.

COMENTÁRIOS

✪ **Nota do autor:** não concordamos com o gabarito, conforme explicaremos abaixo.

Alternativa considerada correta: letra "D": não concordamos. Este entendimento podia ser encontrado no STF, mas, recentemente, houve total alteração de entendimento por parte de tal Corte. Pode-se afirmar que, hoje, o STF entende ser inconstitucional qualquer proibição à liberdade provisória. Aliás, vale lembrar que a própria Lei 8.072/1990 (Lei dos Crimes Hediondos) não mais proíbe que a liberdade provisória seja concedida (v. a redação dada ao art. 2º pela Lei 11.464/1007). Sobre o entendimento atual do STF: "HABEAS CORPUS. PROCESSUAL PENAL. PRISÃO EM FLAGRANTE POR TRÁFICO DE DROGAS. LIBERDADE PROVISÓRIA INDEFERIMENTO. DECISÃO BASEADA, APENAS, NA VEDAÇÃO LEGAL CONTIDA NO ART. 44 DA LEI DE DROGAS. AUSÊNCIA DE FUNDAMENTAÇÃO IDÔNEA. ORDEM CONCEDIDA. SUPERVENIÊNCIA DE CONDENAÇÃO. DIREITO DE RECORRER EM LIBERDADE. DENEGAÇÃO. FALTA DE MOTIVAÇÃO. PENA. REGIME. LEI 8.072/1990. DISPOSITIVO QUE IMPUNHA O REGIME FECHADO PARA CRIMES HEDIONDOS E EQUIPARADOS. INCONSTITUCIONALIDADE. PENA PRIVATIVA DE LIBERDADE. SUBSTITUIÇÃO POR PENAS RESTRITIVAS DE DIREITOS. POSSIBILIDADE. CONCESSÃO DA ORDEM DE OFÍCIO. I – Não obstante a vedação prevista no art. 44 da Lei 11.343/2006, o Plenário desta Corte, ao apreciar o HC 104.339/SP, Rel. Min. Gilmar Mendes, declarou, *incidenter tantum*, a inconstitucionalidade da proibição de concessão de liberdade provisória aos acusados da prática do crime de tráfico, por ser incompatível com os princípios constitucionais da presunção de inocência, do devido processo legal, entre outros. II – Ordem concedida para assegurar ao paciente o direito de aguardar em liberdade o trânsito em julgado de eventual sentença condenatória, sem prejuízo de que o magistrado de primeiro grau, caso entenda necessário, fixe, de forma fundamentada, uma ou mais de uma das medidas cautelares previstas no art. 319 do Código de Processo Penal. III – Concessão da ordem de ofício para determinar ao juízo de piso que: i) superada a obrigatoriedade de imposição do regime fechado aos condenados por tráfico de drogas, avalie se o paciente preenche os requisitos para a fixação do regime aberto, ou, caso entenda pela imposição de regime mais grave do que o previsto para o quantum de pena, que o faça de forma fundamentada, e ii) afastado o óbice à conversão da pena privativa de liberdade em penas restritivas de direitos, analise se o paciente preenche os requisitos para a referida substituição" (HC 114.029-SP, Rel. Min. Ricardo Lewandowski, j. 18.12.2012).

Alternativa "A": não há mais tal regra prevendo situações em que o acusado "livrar-se-á solto", em razão da reforma ocorrida em 2011. Restou apenas uma utilização da expressão "livrar-se solto", no § 1º do art. 304 do CPP. Mas não há a descrição de tal hipótese. Entendemos que tal expressão, embora não mais empregada, pode ser usada para nos referirmos à hipótese de flagrante de infrações penais de menor potencial ofensivo, eis que, nestas, de regra, não é lavrado o auto de prisão.

Alternativa "B": o critério que determina a inafiançabilidade de uma infração penal mudou totalmente. Primeiramente, a própria CF estabelece os casos de inafiançabilidade no art. 5º, incisos XLII ("a prática do racismo constitui crime inafiançável e imprescritível, sujeito à pena de reclusão, nos termos da lei"), XLIII ("a lei considerará crimes inafiançáveis e insuscetíveis de graça ou anistia a prática da tortura, o tráfico ilícito de entorpecentes e drogas afins, o terrorismo e os definidos como crimes hediondos, por eles respondendo os mandantes, os executores e os que, podendo evitá-los, se omitirem") e XLIV (constitui crime inafiançável e imprescritível a ação de grupos armados, civis ou militares, contra a ordem constitucional e o Estado Democrático). O CPP não mais adota o critério da pena para a inafiançabilidade de um crime, como ocorria anteriormente às mudanças introduzidas pela Lei 12.403. Agora, os impedimentos para a fiança estão nos art. 323 (que apenas repete as proibições constitucionais) e 324 (que traz as seguintes proibições: aos que, no mesmo processo, tiverem quebrado fiança anteriormente concedida ou infringido, sem motivo justo, qualquer das obrigações a que se referem os arts. 327 e 328 do CPP; em caso de prisão civil ou militar; e quando presentes os motivos que autorizam a decretação da prisão preventiva).

Alternativa "C": a atual redação do CPP dispõe que o Delegado de Polícia pode conceder fiança nos casos de infração cuja pena privativa de liberdade máxima não seja superior a 4 anos (art. 322, *caput*, CPP), mesmo que seja apenado com reclusão.

Alternativa "E": o art. 324, IV, do CPP afirma que não se concede fiança quando presentes os pressupostos e requisitos para a decretação da prisão preventiva. Óbvio: se a prisão é realmente necessária, não deve o acusado ser beneficiado com a liberdade mediante pagamento de fiança.

416. (Delegado de Polícia – RJ/ 2009 – CEPERJ) Considerando as assertivas abaixo, marque a **Alternativa correta:**

I. Toda prisão deve ser comunicada de forma imediata ao Juiz e familiares do preso, além da Defensoria Pública, quando o preso não tiver advogado.

II. A liberdade provisória implica restrição de direitos. Sendo assim, a inexistência posterior das razões motivadoras da prisão não acarretará concessão de liberdade provisória, mas, sim, revogação da prisão.

III. O fato da liberdade com fiança não ser permitida para determinados crimes, não significa a impossibilidade da aplicação da liberdade provisória sem fiança.

IV. O novo modelo de interrogatório trazido pela reforma do Código de Processo Penal através da Lei 11.719/08 alinha-se ao modelo constante na Lei 11.343/06 (Lei de Tóxicos).

V. A Lei de Tóxicos prevê a competência dos Juizados Especiais Criminais para julgamento do crime de porte de substância entorpecente para consumo próprio.

a) Todas as afirmativas estão corretas.
b) Apenas uma afirmativa está correta.
c) Apenas duas afirmativas estão corretas.
d) Apenas três afirmativas estão corretas.
e) Apenas quatro afirmativas estão corretas.

COMENTÁRIOS

✪ **Nota do autor:** em razão de haver três afirmativas que tratam de prisão e liberdade, inserimos a questão neste tópico.

Alternativa correta: letra "A": todas as afirmativas estão corretas.

Item I: certo. Houve mudança na redação do dispositivo que tratava do assunto. Porém, entendemos que continua correta a afirmativa, pois a ideia não mudou, já que o art. 306, *caput*, do CPP determina que a prisão de qualquer pessoa e o local onde se encontre serão comunicados imediatamente ao juiz competente, ao Ministério Público e à família do preso ou à pessoa por ele indicada. E o § 1º diz que em até 24 horas após a realização da prisão, será encaminhado ao juiz competente o auto de prisão em flagrante e, caso o autuado não informe o nome de seu advogado, cópia integral para a Defensoria Pública.

Item II: certo. Em face das alterações ocorridas em 2011, pode-se afirmar que a liberdade provisória se dá quando, uma vez preso em flagrante o acusado, o juiz deixa de converter tal prisão em prisão preventiva, concedendo a liberdade, mas aplicando alguma das medidas cautelares previstas no art. 319 do CPP. Caso nada aplique, resta difícil afirmar se tratar de liberdade provisória, já que esta implica, como diz corretamente a questão, alguma forma de restrição ao imputado. A liberdade sem restrições é apenas isso, liberdade. Por sinal, deve ser a regra. No entanto, se presentes os pressupostos, os requisitos e as condições para a decretação da prisão preventiva (arts. 312 e 313, CPP), o juiz deve decretá-la, nada o impedindo de revogá-la, caso os citados pressupostos e requisitos não mais se mostrarem presentes ao longo do processo.

Item III: certo. Até porque o juiz pode aplicar ao imputado, ao conceder-lhe a liberdade, outra ou outras das medidas cautelares previstas nos arts. 319 e 320 do CPP, que não a fiança.

Item IV: certo. Realmente, há tal alinhamento se pensarmos que, em ambos os casos, o interrogatório ocorre somente depois de ouvidas todas as pessoas, ou seja, como último ato da instrução – salvo se as partes necessitarem da produção de alguma prova, necessidade que decorra do apurado na audiência. Porém, cabe ressaltar que isso não constituiu propriamente uma novidade em nosso ordenamento, já que a Lei 9.099/1995 já previra o interrogatório como último ato da instrução.

Afirmativa V: certo. É o que prevê o § 1º do art. 48 da Lei 11.343/2006.

417. (Delegado de Polícia – PA/ 2009 – MOVENS)

Em relação às prisões e à prova, assinale a opção correta.

a) A autoridade judicial, por estar submetida ao princípio da inércia, não terá iniciativa probatória. No processo penal, as perícias deverão ser realizadas por dois peritos oficiais.

b) Na hipótese de crime de ação penal privada, o ofendido, ou seu representante legal, decairá do direito de queixa ou de representação, se não o exercer dentro do prazo de seis meses, contado do dia da ocorrência do delito.

c) Em nenhum caso a prisão preventiva será decretada se o juiz verificar, pelas provas constantes dos autos, que o agente praticou o fato em estado de necessidade, em legítima defesa, em estrito cumprimento do dever legal ou no exercício regular de direito.

d) Após assaltarem uma farmácia no centro de Belém-PA, dois homens fugiram em direção a Cuiabá-MT. Policiais civis do Estado do Pará que passavam próximo ao local saíram em perseguição, mas só efetuaram a prisão dos assaltantes na capital de Mato Grosso. Nessa situação, a prisão é ilegal, uma vez que os referidos policiais deveriam ter acionado as autoridades policiais locais, pois não têm autorização legal para atuar em outra unidade da Federação.

COMENTÁRIOS

✪ **Nota do autor:** como duas das alternativas referem-se ao tema da prisão e liberdade, inserimos a questão neste tópico.

Alternativa correta: letra "C": é o que prevê o art. 314 do CPP. Assim, havendo elementos que apontem para causa de exclusão da ilicitude, não deverá o juiz decretar a prisão preventiva.

Alternativa "A": embora haja bastante polêmica na doutrina quanto aos poderes instrutórios do juiz, é certo que o entendimento majoritário é o de que ele os possui. O CPP estabelece expressamente tais poderes no art. 156, inclusive podendo determinar a produção de provas de ofício.

Alternativa "B": o prazo não é contado do dia da ocorrência do delito, mas do dia em que o ofendido veio a saber quem foi o autor do delito (art. 38, CPP).

Alternativa "D": a prisão, nesse caso, é possível, nos termos do art. 290, *caput*, do CPP: "Se o réu, sendo perseguido, passar ao território de outro município ou comarca, o executor poderá efetuar-lhe a prisão no lugar onde o alcançar, apresentando-o imediatamente à autoridade local, que, depois de lavrado, se for o caso, o auto de flagrante, providenciará para a remoção do preso".

418. (Delegado de Polícia – PA/ 2009 – MOVENS) A respeito das prisões em flagrante, preventiva e temporária, assinale a opção correta.

a) A prisão temporária será decretada de ofício pelo juiz, ou em face da representação da autoridade policial ou de requerimento do Ministério Público, e terá o prazo de cinco dias, prorrogável por igual período em caso de extrema e comprovada necessidade.

b) Em até 24 horas após a prisão em flagrante, será encaminhado ao juiz competente o auto de prisão acompanhado de todas as oitivas colhidas e, caso o autuado não informe o nome de seu advogado, cópia integral para a Defensoria Pública.

c) É inadmissível a decretação de prisão preventiva em crimes culposos e em infrações punidas, no máximo, com pena de detenção.

d) Uma vez revogada a prisão preventiva no curso do processo, é vedado ao juiz decretá-la novamente antes do trânsito em julgado da sentença penal condenatória, exceto nas hipóteses de delitos hediondos, quando a decretação será admitida mais de uma vez.

COMENTÁRIOS

Alternativa correta: letra "B": houve mudança na redação do dispositivo que tratava do assunto. Porém, entendo que continua correta a afirmativa, pois a ideia não mudou, já que o art. 306, *caput*, do CPP determina que a prisão de qualquer pessoa e o local onde se encontre serão comunicados imediatamente ao juiz competente, ao Ministério Público e à família do preso ou à pessoa por ele indicada. E o § 1º diz que em até 24 horas após a realização da prisão, será encaminhado ao juiz competente o auto de prisão em flagrante e, caso o autuado não informe o nome de seu advogado, cópia integral para a Defensoria Pública.

Alternativa "A": a prisão temporária não pode ser decretada de ofício pelo juiz, que sempre dependerá de representação da autoridade policial ou de requerimento do Ministério Público (art. 2º, *caput*, Lei 7.960/1989).

Alternativa "C": realmente, não é possível a decretação da prisão preventiva em crimes culposos, mas não há tal limitação no que diz respeito aos delitos apenados com detenção. As condições para a decretação da prisão estão, desde 2011, previstas no art. 313 do CPP e são as seguintes: a) crimes dolosos punidos com pena privativa de liberdade máxima superior a 4 anos; b) se o imputado tiver sido condenado por outro crime doloso, em sentença transitada em julgado, ressalvado o disposto no inciso I do *caput* do art. 64 do Código Penal; c) se o crime envolver violência doméstica e familiar contra a mulher, criança, adolescente, idoso, enfermo ou pessoa com deficiência, para garantir a execução das medidas protetivas de urgência; d) quando houver dúvida sobre a identidade civil da pessoa ou quando esta não fornecer elementos suficientes para esclarecê-la, devendo o preso ser colocado imediatamente em liberdade após a identificação, salvo se outra hipótese recomendar a manutenção da medida.

Alternativa "D": a prisão preventiva pode ser decretada ou revogada, mais de uma vez ao longo do processo, sempre que as circunstâncias do caso assim exigirem. O art. 316 do CPP diz: "O juiz poderá revogar a prisão preventiva se, no correr do processo, verificar a falta de motivo para que subsista, bem como de novo decretá-la, se sobrevierem razões que a justifiquem".

---

419. (Delegado de Polícia – RO/ 2009 – FUNCAB) Semprônio, apreendido em flagrante pela prática do crime de lesão corporal leve, foi encaminhado para a Delegacia de Polícia em que você, candidato, está lotado como Delegado de Polícia. Assinale a alternativa que está de acordo com o procedimento a ser adotado.

a) Verificando a natureza do delito, deverá a autoridade policial liberar o preso, mediante o compromisso de comparecera todos os atos do processo.

b) Deverá ser lavrado o termo circunstanciado, concedendo ao réu a liberdade provisória, depois de ouvir o Ministério Público.

c) Deverá ser lavrado o auto de prisão em flagrante, com a oitiva do condutor, remetendo-se o auto lavrado dentro de 24 (vinte a quatro) horas, ao juiz competente.

d) Deverá ser lavrado o termo circunstanciado, encaminhando-o imediatamente ao Juizado, com o autor do fato e a vítima, providenciando-se as requisições dos exames periciais necessários.

e) Deverá ser lavrado o auto de prisão em flagrante, com a oitiva do condutor, remetendo-se o auto lavrado, dentro de 72 (setenta e duas) horas, ao juiz competente.

COMENTÁRIOS

✪ **Nota do autor:** a questão lida com o procedimento a ser seguido em caso de prisão em flagrante por delito de menor potencial ofensivo. Muita atenção para o que dispõe o parágrafo único do art. 69 da Lei 9.099/1995: "Ao autor do fato que, após a lavratura do termo, for imediatamente encaminhado ao juizado ou assumir o compromisso de a ele comparecer, não se imporá prisão em flagrante, nem se exigirá fiança. Em caso de violência doméstica, o juiz poderá determinar, como medida de cautela, seu afastamento do lar, domicílio ou local de convivência com a vítima".

Alternativa correta: letra "D": é a providência prescrita no *caput* do art. 69 da Lei 9.099/1995: "A autoridade policial que tomar conhecimento da ocorrência lavrará termo circunstanciado e o encaminhará imediatamente ao Juizado, com o autor do fato e a vítima, providenciando-se as requisições dos exames periciais necessários". A única ressalva que se faz é a seguinte: se o crime praticado estiver dentre as hipóteses de violência doméstica da Lei 11.340/2006, a autoridade policial deverá instaurar inquérito policial (art. 12, VII, Lei 11.340/2006).

Alternativa "A": em regra, a autoridade policial realmente liberará o imputado, mas desde que ele assuma o compromisso de comparecer ao juizado. De qualquer modo, deverá lavrar o termo circunstanciado, com as ressalvas feitas nos comentários à alternativa correta quanto aos casos de violência doméstica. Além disso, se se tratar de caso de posse de droga para uso próprio (art. 28, Lei 11.343/2006), não será possível a prisão em flagrante, mas, ainda assim, deve a autoridade policial lavrar o termo circunstanciado (art. 48, § 2º, Lei 11.343/2006).

Alternativa "B" (responde, também, as alternativas "C" e "E"): autoridade policial não concede liberdade provisória, salvo nas hipóteses de fiança, quando pode fixá-la, desde que a pena privativa de liberdade máxima não seja superior a 4 anos (art. 322, *caput*, CPP). No caso aqui tratado, a autoridade policial não tem escolha: por determinação legal (art. 69, parágrafo único, Lei 9.099/1995), deve apresentar imediatamente o autor do fato ao juizado ou obter daquele o compromisso de neste comparecer. Somente se o autor do fato recusar-se a comparecer – e desde que não seja crime de posse ilegal de droga para uso próprio – ou se se tratar de violência doméstica é que a autoridade policial deve manter a situação de flagrante e comunicar imediatamente ao juiz competente, ao Ministério Público e à família do preso ou à pessoa por ele indicada (art. 306, *caput*, CPP).

---

420. (Delegado de Polícia – RO/ 2009 – FUNCAB) É(São) hipótese(s) de prisão em flagrante admitida(s) no ordenamento jurídico brasileiro:

I. flagrante presumido.

II. flagrante esperado.

III. flagrante provocado.

IV. flagrante próprio.

V. flagrante forjado.

Estão corretas as seguintes assertivas:

a) três alternativas estão corretas.

b) quatro alternativas estão corretas.

c) todas as alternativas estão corretas.

d) apenas uma alternativa está correta.

e) duas alternativas estão corretas.

COMENTÁRIOS

Alternativa correta: letra "A": estão corretas as assertivas I, II e IV.

Assertiva I: certo. Flagrante presumido é uma das formas previstas no art. 302 do CPP. O inciso IV do art. 302 traz a hipótese em que o imputado é encontrado, logo depois, com instrumentos, armas, objetos ou papéis que façam presumir ser ele autor da infração. A essa situação a doutrina chama de flagrante presumido ou ficto ou assemelhado.

Assertiva II: certo. O flagrante esperado não é propriamente previsto em lei. Ocorre que quaisquer das figuras do art. 302 do CPP pode, em tese, configurá-lo, sendo o mais comum a ocorrência da hipótese do inciso I (o imputado é preso quando está cometendo o crime). Por que? Ora, o flagrante esperado é justamente a situação em que a polícia tem notícia de que um crime será cometido e vai ao local para aguardar o início de sua execução e, assim, prender o réu. Notem: a polícia não provoca a atuação criminosa, nem nesta interfere, mas apenas surpreende o imputado quando este está a cometê-la, já que tinha prévio conhecimento de que a conduta poderia ser praticada.

Assertiva III: errado. O flagrante provocado – ou seja, a polícia interfere na conduta do acusado, provocando-o a cometer o delito – é considerado ilícito e, portanto, não foi aceito por nosso ordenamento.

Assertiva IV: certo. O flagrante próprio ou propriamente dito ou real ou verdadeiro é previsto no art. 302, I e II, do CPP. São as hipóteses legais em que o imputado está cometendo a infração penal ou acaba de cometê-la.

Assertiva V: errado. O flagrante forjado é um crime de denunciação caluniosa. Ou seja, não é aceito pelo ordenamento jurídico. Nesse caso, alguém fabrica uma situação que leva à prisão de outra pessoa (ex.: coloca droga no veículo da pessoa, para que seja presa por tráfico). Nesse caso, quem forjou o flagrante deve responder por denunciação caluniosa, a nosso ver.

---

421. (Delegado de Polícia – BA/ 2008 – ACADEPOL) Identifique com V as afirmativas verdadeiras e com F, as falsas.

A autoridade policial deve representar, nos termos da Lei nº 7.960/89, pela prisão temporária nas seguintes hipóteses:

( ) Para garantir a ordem pública, em caso de comoção social, quando for imprescindível para investigação.

( ) Quando o indiciado não possuir residência fixa ou não fornecer elementos necessários ao esclarecimento de sua identidade.

( ) Quando houver fundadas razões de acordo com qualquer prova admitida na legislação penal, de autoria ou participação do indiciado nos crimes de homicídio doloso, sequestro ou cárcere privado, roubo, extorsão mediante sequestro, estupro ou atentado violento ao pudor, rapto violento, epidemia com resultado de morte, envenenamento de água potável ou substância alimentícia ou medicinal qualificado pela morte, quadrilha ou bando, genocídio em qualquer de suas formas típicas, tráfico de drogas e crime contra o sistema financeiro.

( ) Ao contrário da prisão preventiva, a temporária só pode ser decretada pela autoridade judiciária, mediante representação da autoridade policial ou do Ministério Público, sendo que, no primeiro caso, se exige a ouvida do Parquet.

( ) Para crime hediondo e tráfico de entorpecentes, o prazo para prisão temporária, que varia de 5 dias mais 5, em caso de extrema necessidade, é de 30 dias, prorrogável por mais 30 dias, e, findo o prazo, o indiciado deverá ser posto em liberdade, caso não decretada a prisão preventiva, sob pena de se cometer crime de abuso de autoridade.

A alternativa que contém a sequência correta, de cima para baixo, é a

a) V – V – F – V – V
b) F – V – V – V – V
c) V – V – V – V – F
d) V – V – V – V – V
e) F – F – F – V – V

COMENTÁRIOS

Alternativa correta: letra "B": apenas a primeira afirmativa é falsa.

1ª afirmativa: falsa. A prisão temporária não tem como finalidade a garantia da ordem pública, que é um dos requisitos para a decretação da prisão preventiva (art. 312, CPP).

2ª afirmativa: verdadeira. É um dos fundamentos para a decretação da prisão temporária, previsto no inciso II do art. 1º da Lei 7.960/1989.

3ª afirmativa: verdadeira. O art. 1º da Lei 7.960/1989 possui, no inciso III, um rol dos crimes em cujas investigações é possível a decretação da prisão temporária, desde que presentes também pelo menos um dos requisitos previstos nos incisos I (quando imprescindível para as investigações do inquérito policial) e II (quando o indiciado não tiver residência fixa ou não fornecer elementos necessários ao esclarecimento de sua identidade).

4ª afirmativa: verdadeira. Cuidado com a redação da afirmativa. As prisões temporária e preventiva dependem de ordem judicial. Ocorre que a primeira não pode ser decretada de ofício pelo juiz; a segunda, desde que na fase judicial, pode. A temporária sempre depende, portanto, de representação da autoridade policial ou de requerimento do Ministério Público. Se houver representação da autoridade policial deve o juiz, antes de decidir, ouvir o *Parquet* (art. 2º, *caput* e § 1º, Lei 7.960/1989).

5ª afirmativa: verdadeira. O prazo da prisão temporária é, em regra, de no máximo 5 dias, prorrogável por igual período, em caso de extrema e comprovada necessidade (art. 2º, *caput*, Lei 7.960/1989). Porém, nos casos dos crimes de que trata a Lei 8.072/1990 (Lei dos Crimes Hediondos), o prazo é maior, de 30 dias, conforme disposto no § 4º do art. 2º desta última lei.

422. (Delegado de Polícia – BA/ 2008 – ACADEPOL) Assinale a alternativa correta.

a) A prisão em flagrante delito é considerada processual, sendo o prazo para a conclusão do Inquérito contado a partir do dia seguinte à efetivação da prisão.

b) O autor da infração, em caso de flagrante próprio, detido no momento em que executa o crime, a depender da periculosidade do infrator, pode ser a autoridade policial deixar de lavrar o Auto de Prisão em Flagrante e representar por sua prisão preventiva.

c) O sujeito ativo de uma prisão em flagrante obrigatório é sempre um particular, qualquer pessoa do povo e figurará, quando da lavratura do respectivo auto, como condutor.

d) Um promotor de Justiça não pode ser preso em flagrante delito por crime afiançável.

e) Um juiz de Direito, que não esteja na comarca de sua jurisdição, pode ser preso em flagrante por crime afiançável, sendo liberado desde que pague a respectiva fiança, em caso de crime apenado com detenção.

COMENTÁRIOS

Alternativa correta: letra "D": os membros do Ministério Público só serão presos em flagrante em caso de cometimento de crime inafiançável, quando a autoridade policial deverá comunicar e apresentar o preso ao Procurador-Geral em 24 horas.

Alternativa "A": o prazo de prisão é penal, devendo ser contado o dia do começo. Assim, se o imputado foi preso no sábado, o décimo dia do prazo para a finalização do inquérito se dará na segunda-feira da segunda semana subsequente.

Alternativa "B": deve a autoridade policial sempre lavrar o flagrante se presentes seus requisitos, cabendo ao juiz decidir se o relaxa – em caso de ilegalidade – se concede a liberdade provisória, com ou sem medidas cautelares, ou se decreta a prisão preventiva (art. 310, CPP).

Alternativa "C": o flagrante obrigatório é o que deve ser efetuado pela autoridade policial ou seus agentes, enquanto que o facultativo é o efetuado por particular, que não tem dever algum de agir em tal caso (art. 301, CPP).

Alternativa "E": os magistrados, onde quer que estejam, só serão presos em flagrante em caso de cometimento de crime inafiançável, quando a autoridade policial deverá imediatamente comunicar e apresentar o preso ao Presidente do tribunal.

423. (Delegado de Polícia – BA/ 2008 – ACADEPOL) Um homem foi preso no interior do coletivo, quando subtraía o dinheiro do cobrador enquanto a sua parceira foi presa, quando acabava de cometer a subtração do celular de um passageiro, e o terceiro elemento também foi preso logo após a prática do crime, quando iniciada a perseguição policial ininterrupta a partir do instante em que a polícia tomou conhecimento do fato criminoso, após a sua execução.

Assim sendo, consoante o disposto no artigo 302, incisos I e III, do Código de Processo Penal, ocorreu a prisão em flagrante nas seguintes condições:

( ) A prisão em flagrante próprio do homem, parceira e terceiro elemento.

( ) A prisão em flagrante impróprio de terceiro elemento.

( ) A prisão em flagrante presumida da parceira.

( ) A prisão em flagrante próprio do homem e da parceira e em flagrante impróprio do terceiro elemento.

A alternativa que contém a sequência correta, de cima para baixo, é a

a) V V V V

b) F F V V

c) F V F V

d) F F F F

e) V V V F

COMENTÁRIOS

✪ **Nota do autor:** de acordo com a doutrina, com base no CPP, as espécies de flagrante são: a) flagrante próprio ou propriamente dito ou real ou verdadeiro (art. 302, I e II, CPP: o imputado está cometendo a infração penal ou acaba de cometê-la); b) flagrante impróprio ou irreal ou quase flagrante (art. 302, III, CPP: o imputado é perseguido, logo após, pela autoridade, pelo ofendido ou por qualquer pessoa, em situação que faça presumir ser autor da infração); c) flagrante presumido ou ficto ou assimilado (art. 302, IV, CPP: o imputado é encontrado, logo depois, com instrumentos, armas, objetos ou papéis que façam presumir ser ele autor da infração).

Alternativa correta: letra "C": são verdadeiras as 2ª e 4ª afirmativas.

1ª afirmativa: falsa. No caso do homem e da parceira, os flagrantes são próprios (ele foi pego cometendo o crime; ela, acabando de cometê-lo); do terceiro, impróprio (ele foi perseguido, logo após, pela autoridade, em situação que fazia presumir ter sido autor da infração).

2ª afirmativa: verdadeira. Vide comentário anterior e nota do autor.

3ª afirmativa: falsa. Ela foi presa quando acabou de cometer a infração, logo, flagrante próprio.

4ª afirmativa: verdadeira. Vide comentários à primeira afirmativa.

424. (Delegado de Polícia – RN/ 2008 – CESPE) Assinale a opção correta com relação a prisões.

a) De acordo com o CPP, após uma prisão em flagrante, deve a autoridade policial que lavrar o auto providenciar, com o imediatismo possível, a comunicação para a família do preso, ou pessoa por ele indicada, ao juiz competente e à defensoria pública, no caso de não haver advogado já constituído.

b) O presidente da República não estará sujeito à prisão enquanto não sobrevier sentença condenatória transitada em julgado. Tal proteção poderá alcançar os governadores caso haja previsão nas constituições estaduais.

c) Para o STF, em entendimento sumulado, há crime no chamado delito de ensaio, sendo, por isso, seu causador suscetível de prisão em flagrante, lavratura de auto de prisão e abertura de IP, com o devido indiciamento.

d) Caso alguém, após matar sua companheira, apresente-se, voluntariamente, à autoridade policial, comunicando o ocorrido e indicando o local do crime, essa apresentação voluntária tornará inviável a prisão em flagrante assim como a preventiva, mesmo que esse indivíduo dê argumentos de que fugirá do país.

e) A prisão temporária, espécie de segregação cautelar, visa ao resguardo da investigação pré-processual, podendo ser decretada pelo juiz de ofício ou mediante requerimento do MP ou representação da autoridade policial.

COMENTÁRIOS

✪ **Nota do autor:** o CPP sofreu importante reforma quanto à matéria referente às medidas cautelares pessoais, sendo responsável por ela a Lei 12.403/2011. A seguir, iremos analisar a questão com base nos novos dispositivos legais.

Alternativa "A": considerada correta no gabarito. Atenção: o art. 306 e seu parágrafo único agora dispõem que a prisão de qualquer pessoa e o local onde se encontre serão comunicados imediatamente ao juiz competente, ao Ministério Público e à família do preso ou à pessoa por ele indicada e, em até 24 horas após a realização da prisão, será encaminhado ao juiz competente o auto de prisão em flagrante e, caso o autuado não informe o nome de seu advogado, cópia integral para a Defensoria Pública.

Alternativa "B": segundo § 3º do art. 86 da CF, enquanto não sobrevier sentença condenatória, nas infrações comuns, o Presidente da República não estará sujeito a prisão. Podem as constituições estaduais adotar a mesma regra? A matéria não é propriamente de processo penal, mas de direito constitucional, eis que diz respeito aos limites da autonomia dos entes federativos. Nesse ponto, o STF já decidiu que não podem as constituições estaduais fazer tal equiparação: "(...) IMUNIDADE A PRISÃO CAUTELAR – PRERROGATIVA DO PRESIDENTE DA REPUBLICA – IMPOSSIBILIDADE DE SUA EXTENSÃO, MEDIANTE NORMA DA LEI ORGÂNICA, AO GOVERNADOR DO DISTRITO FEDERAL. – O Distrito Federal, ainda que em norma constante de sua própria Lei Orgânica, não dispõe de competência para outorgar ao Governador a prerrogativa extraordinária da imunidade a prisão em flagrante, a prisão preventiva e a prisão temporária, pois a disciplinação dessas modalidades de prisão cautelar submete-se, com exclusividade, ao poder normativo da União Federal, por efeito de expressa reserva constitucional de competência definida pela Carta da Republica. – A norma constante da Lei Orgânica do Distrito Federal – que impede a prisão do Governador do DF antes de sua condenação penal definitiva – não se reveste de validade jurídica e, consequentemente, não pode subsistir em face de sua evidente incompatibilidade com o texto da Constituição Federal. PRERROGATIVAS INERENTES AO PRESIDENTE DA REPUBLICA ENQUANTO CHEFE DE ESTADO. – O Distrito Federal não pode reproduzir em sua própria Lei Orgânica – não obstante a qualificação desse diploma normativo como estatuto de natureza constitucional (ADIn 980-DF, Rel. Min. CELSO DE MELLO) – o conteúdo material dos preceitos inscritos no art. 86, 3º e 4º, da Carta Federal, pois as prerrogativas contempladas nesses preceitos da Lei Fundamental, por serem unicamente compatíveis com a condição institucional de Chefe de Estado, são apenas extensíveis ao Presidente da República. Precedente: ADIn 978-PB, Rel. p/ o acórdão Min. CELSO DE MELLO (ADI 1.020-DF, Rel. Min. Ilmar Galvão, j. 19.10.1995). Desde então, tal entendimento vem sendo aplicado pelo STJ (que antes, entendia possível a imunidade dos governadores à prisão, por questão de simetria): "(...)Os Governadores dos Estados e do Distrito Federal não gozam de imunidade à prisão cautelar, prerrogativa extraordinária garantida somente ao Presidente da República, na qualidade de Chefe de Estado. Reserva de competência da União Federal. Precedente do Supremo Tribunal Federal. (...)" (Inq 650-DF, Rel. Min. Fernando Gonçalves, j. 11.02.2010).

Alternativa "C": delito de ensaio é o flagrante preparado, ou seja, uma situação em que o agente é provocado pela própria polícia a cometer o crime, razão pela qual entende-se ser uma forma de crime impossível. É este, aliás, o entendimento do STF, que editou a Súmula 145 com o seguinte verbete: "Não há crime, quando a preparação do flagrante pela polícia torna impossível a sua consumação".

Alternativa "D": houve modificação total do CPP no que tange à "apresentação espontânea", que foi simplesmente retirada do texto. Assim, poderá ocorrer a prisão em flagrante e esta poderá ser convertida em prisão preventiva, pois, no caso da alternativa, há indício suficiente de autoria e prova do fato, além da efetiva necessidade da custódia cautelar para assegurar a aplicação da lei penal (art. 312, CPP), que poderá ser frustrada com a fuga do acusado.

Alternativa "E": o erro da alternativa está em afirmar que a prisão temporária pode ser decretada pelo juiz, de ofício. Não pode. Nesse caso e também no caso da prisão preventiva ainda na fase de investigação, o juiz somente pode decretar tais espécies de prisões se houver requerimento do Ministério Público ou representação da autoridade policial (art. 2º, Lei 7.960/1989, para a prisão temporária; art. 311, CPP, para a prisão preventiva).

---

425. (Delegado de Polícia – RN/ 2008 – CESPE) Considerando que um indivíduo, primário, tenha sido preso em flagrante pela prática do delito de tráfico de drogas, assinale a opção correta de acordo com a legislação pertinente à matéria e com a jurisprudência do STF.

a) Em caso de condenação, o citado indivíduo terá a sua pena diminuída se, em razão da dependência, ou sob o efeito de droga, proveniente de caso fortuito ou força maior, era, ao tempo da ação ou da omissão, inteiramente incapaz de entender o caráter ilícito do fato ou de determinar-se de acordo com esse entendimento.

b) Na hipótese de indeferimento do pedido de liberdade provisória do referido indivíduo, que venha a ser formulado por seu advogado, haverá, segundo o STF, violação ao princípio da não culpabilidade.

c) Em caso de condenação por tráfico de drogas, o juiz, na fixação da pena, considerará a personalidade e a conduta social do preso, sendo, porém, indiferente a quantidade da substância entorpecente apreendida.

d) O crime de tráfico de drogas é inafiançável, mas admite o sursis.

e) O STF tem adotado orientação segundo a qual há proibição legal para a concessão da liberdade provisória em favor dos sujeitos ativos do crime de tráfico ilícito de drogas.

COMENTÁRIOS

✪ **Nota do autor:** a resposta considerada correta em 2008 hoje não mais se sustenta, conforme veremos. Incluímos a questão neste tópico porque, do ponto de vista processual, a possibilidade ou não de liberdade provisória é o mais relevante dentre os assuntos tratados nas alternativas.

Alternativa "A": errado. O tema está ligado ao Direito Penal. O erro da alternativa está na conclusão: se o crime foi cometido em tais circunstâncias, há isenção de pena, isto é, situação de inimputabilidade com determinação de tratamento médico, e não diminuição da pena (art. 45, Lei 11.343/2006).

Alternativa "B": errado. Se estão presentes os motivos que autorizam a prisão preventiva, ou seja, os pressupostos e requisitos do art. 312 e as condições do art. 313 do CPP, deve a prisão preventiva ser decretada quando receber o juiz a comunicação da prisão em flagrante. Nesse caso, é possível o indeferimento do pedido de liberdade provisória, o que não representa afronta ao princípio da presunção de inocência. A própria CF admite a ocorrência da prisão provisória ao afirmar que "ninguém será levado à prisão ou nela mantido, quando a lei admitir a liberdade provisória, com ou sem fiança" (art. 5º, LXVI, CF). Ou seja, quando a não admitir, a prisão é possível. Em resumo: se necessária a prisão preventiva, pode o pedido de liberdade ser indeferido.

Alternativa "C": errado. A quantidade da droga pode influenciar na pena e nem poderia ser diferente, já que é muito mais grave a conduta de quem é surpreendido com uma tonelada de cocaína do que a de quem é pego com um quilo da mesma droga. É a aplicação do art. 59 do CP. E não é só. O art. 42 da Lei 11.343/2006 é explícito: "O juiz, na fixação das penas, considerará, com preponderância sobre o previsto no art. 59 do Código Penal, a natureza e a quantidade da substância ou do produto, a personalidade e a conduta social do agente".

Alternativa "D": errado. O crime de tráfico é inafiançável por força, em primeiro lugar, do que dispõe o art. 5º, XLIII, da CF. Quanto ao cabimento do *sursis*, há vedação legal expressa no art. 44 da Lei 11.343/2006. A 5ª Turma do STJ entende incabível o *sursis* em caso de tráfico: "(...) A vedação expressa da concessão de sursis aos condenados pelo crime de tráfico ilícito de entorpecentes, disciplinada no art. 44 da Lei nº 11.343/06 é, por si só, motivo suficiente para impedir a concessão da referida benesse. (...)" (AgRg no Resp. 1.185.785-MG, Rel. Min. Marco Aurélio Bellizze, j. 07.02.2013). A 6ª Turma, ao contrário, entende ser, em tese, possível o *sursis*, não obstante a proibição legal: "AGRAVO REGIMENTAL NO RECURSO ESPECIAL. TRÁFICO DE DROGAS. SUBSTITUIÇÃO DA PENA PRIVATIVA DE LIBERDADE POR RESTRITIVA DE DIREITOS E SURSIS. POSSIBILIDADE EM TESE. 1. De acordo com o entendimento da Sexta Turma deste Superior Tribunal, em relação aos condenados por tráfico de drogas, uma vez preenchidos os requisitos legais, a suspensão condicional da pena será cabível tão somente se não for concedida a substituição da reprimenda por restritivas de direitos, nos termos do art. 77, inciso III, do Código Penal. 2. Não trazendo o agravante tese jurídica capaz de modificar o posicionamento anteriormente firmado, é de se manter a decisão agravada na íntegra, por seus próprios fundamentos. 3. Agravo regimental a que se nega provimento" (AgRg no Resp. 1.163.452-MG, Rel. Min. Og Fernandes, j. 05.02.2013). Tem prevalecido o entendimento, inclusive no STF, de que nos crimes de tráfico é possível a fixação de regime compatível com o montante da pena e o art. 33 do CP, e a substituição por pena restritiva de direito.

Alternativa "E": errado. A alternativa foi considerada correta quando da realização do concurso. No entanto, atualmente, o STF não mais admite como válida a proibição à liberdade provisória contida no art. 44 da Lei 11.343/2006. Nesse sentido: "(...) Não obstante a vedação prevista no art. 44 da Lei 11.343/2006, o Plenário desta Corte, ao apreciar o HC 104.339/SP, Rel. Min. Gilmar Mendes, declarou, *incidenter tantum*, a inconstitucionalidade da proibição de concessão de liberdade provisória aos acusados da prática do crime de tráfico, por ser incompatível com os princípios constitucionais da presunção de inocência, do devido processo legal, entre outros. (...)" (HC 114.029-SP, Rel. Min. Ricardo Lewandowski, j. 18.12.2012).

---

426. (Delegado de Polícia – SC/ 2008 – ACADEPOL) Ocorre o chamado "flagrante facultativo" quando (...) Assinale a alternativa **correta** que completa a frase acima.

a) A prisão em flagrante se dá no momento em que alguém está no cometimento da infração penal.

b) A prisão em flagrante é efetuada por qualquer do povo.

c) A prisão em flagrante é efetuada pela autoridade policial ou por seus agentes.

d) A prisão em flagrante se dá por crime a que a lei comina pena de detenção.

COMENTÁRIOS

Alternativa correta: letra "B": o art. 301 do CPP dispõe que qualquer do povo poderá e as autoridades policiais e seus agentes deverão prender quem quer que seja encontrado em flagrante delito. Assim, na primeira parte de tal dispositivo temos o chamado flagrante facultativo, ou seja, se qualquer pessoa se deparar com uma das situações descritas no art. 302, pode efetuar a prisão em flagrante, mas não é obrigado a fazê-lo. Porém, conforme se percebe na segunda parte do dispositivo, se tal pessoa for autoridade policial ou agente desta, tem a obrigação de efetuar a prisão. Há duas exceções em nosso ordenamento, que retratam formas de ação controlada: (i) **Lei 12.850/2013**, art. 8º, *caput*: consiste a ação controlada em retardar a intervenção policial ou administrativa relativa à ação praticada por organização criminosa ou a ela vinculada, desde que mantida sob observação e acompanhamento para que a medida legal se concretize no momento mais eficaz à formação de provas e obtenção de informações; (ii) **Lei 11.343/2006**, art. 53, II: a não atuação policial sobre os portadores de drogas, seus precursores químicos ou outros produtos utilizados em sua produção, que se encontrem no território brasileiro, com a finalidade de identificar e responsabilizar maior número de integrantes de operações de tráfico e distribuição, sem prejuízo da ação penal cabível. A Lei 9.034/1995 também previa a ação controlada, mas foi revogada pela Lei 12.850..

Alternativa "A": trata-se de flagrante próprio, conforme visto na nota do autor.

Alternativa "C": como visto na alternativa "B", trata-se de flagrante obrigatório.

Alternativa "D": como visto acima, não se trata de flagrante facultativo.

427. (Delegado de Polícia – SC/ 2008 – ACADEPOL) Nos crimes permanentes o agente poderá ser preso em flagrante delito:

a) já nas fases de cogitação e preparação do crime.

b) depois de cessada a permanência.

c) no instante do cometimento da primeira infração.

d) enquanto não cessar a permanência.

COMENTÁRIOS

✪ **Nota do autor:** os crimes permanentes são aqueles em que a execução se prolonga no tempo.

Alternativa correta: letra "D": uma das consequências de um crime ter sua execução prolongada no tempo é o fato de que a prisão em flagrante pode ser feita em qualquer momento. Assim, durante um sequestro, enquanto o ofendido não for libertado, há situação de flagrância (art. 303, CPP).

Alternativa "A": como é cediço, as fases de preparação e de cogitação não são punidas no direito brasileiro, salvo se constituírem, por si mesmas, fatos típicos autônomos. Por exemplo, o fato de alguém comprar uma arma para matar outra pessoa ainda não representa tentativa de homicídio, mas pode representar o delito de porte ilegal.

Alternativa "B": conforme dispõe o art. 303 do CPP, nas infrações permanentes, entende-se o agente em flagrante delito enquanto não cessar a permanência. Ou seja, cessada a permanência, não há estado de flagrância.

Alternativa "C": não há "primeira infração" nos crimes permanentes, mas uma primeira ação, seguida de seu prosseguimento, constituindo tudo um único crime.

428. (Delegado de Polícia – SC/ 2008 – ACADEPOL) Analise as alternativas e assinale a **correta**.

a) o Presidente da República, durante o seu mandato, nas infrações penais comuns, não está sujeito a nenhuma modalidade de prisão provisória.

b) Dentro de vinte e quatro horas depois da lavratura do auto de prisão em flagrante será dada ao preso nota de culpa assinada pela autoridade policial competente, constando o motivo da prisão, o nome do condutor e os das testemunhas.

c) Em qualquer fase da persecução criminal relativa ao crime de tráfico de drogas será permitido, mediante autorização judicial, o "flagrante protelado".

d) A "prisão para averiguação" consiste na privação momentânea à liberdade de alguém, fora das hipóteses de flagrante e sem ordem escrita do juiz competente, com a finalidade de investigação. Segundo a lei processual penal brasileira, a autoridade policial pode determiná-la diretamente, pelo prazo de 24 horas, desde que estejam preenchidos os mesmos requisitos para a decretação da prisão preventiva.

COMENTÁRIOS

✪ **Nota do autor:** entendemos que as modificações trazidas pela Lei 12.403/2011 modificaram o resultado da questão.

Alternativa correta: letra "A": de acordo com o § 3º do art. 86 da CF, enquanto não sobrevier sentença condenatória, nas infrações comuns, o Presidente da República não estará sujeito a prisão. A prisão decorrente de sentença condenatória transitada em julgado é prisão com caráter de pena, sem caráter cautelar. Portanto, durante o mandato, não pode o Presidente da República ser preso provisoriamente.

Alternativa "B": também está correta. De acordo com o art. 306 do CPP, com a redação dada pela Lei 12.403/2011 (modificação ocorrida posteriormente à realização do concurso), a prisão de qualquer pessoa e o local onde se encontre serão comunicados imediatamente ao juiz competente, ao Ministério Público e à família do preso ou à pessoa por ele indicada. Em até 24 horas após a realização da prisão, será encaminhado ao juiz competente o auto de prisão em flagrante e, caso o autuado não informe o nome de seu advogado, cópia integral para a Defensoria Pública (§ 1º). No mesmo prazo, será entregue ao preso, mediante recibo, a nota de culpa, assinada pela autoridade, com o motivo da prisão, o nome do condutor e os das testemunhas (§ 2º).

Alternativa "C": errado. A Lei 11.343/2006 prevê a chamada entrega vigiada, que é uma forma de ação controlada ou flagrante prorrogado. Está prevista no art. 53, II, que diz: "Em qualquer fase da persecução criminal relativa aos crimes previstos nesta Lei, são permitidos, além dos previstos em lei, mediante autorização judicial e ouvido o Ministério Público, os seguintes procedimentos investigatórios: (...) a não atuação policial sobre os portadores de drogas, seus precursores químicos ou outros produtos utilizados em sua produção, que se encontrem no território brasileiro, com a finalidade de identificar e responsabilizar maior número de integrantes de operações de tráfico e distribuição, sem prejuízo da ação penal cabível". Portanto, não é aplicável apenas aos crimes de tráfico, mas a todos aqueles previstos na Lei de Drogas.

Alternativa "D": errado. A "prisão para averiguação" não é aceita pela ordem jurídica vigente. Salvo em caso de flagrante delito, não poderá a autoridade policial prender ninguém sem expressa autorização judicial. E mesmo no caso de prisão em flagrante, para que permaneça presa a pessoa, deverá o juiz decretar a prisão preventiva.

429. (Delegado de Polícia – SC/ 2008 – ACADEPOL) Correlacione a segunda coluna de acordo com a primeira, considerando as modalidades de flagrante com os seus respectivos conceitos.

1) Flagrante próprio
2) Flagrante impróprio
3) Flagrante ficto ou assimilado
4) Flagrante esperado
5) Flagrante preparado

( ) Ocorre quando o agente é preso, logo depois de cometer a infração, com instrumentos, armas, objetos ou papéis que façam presumir ser ele o autor da infração.

( ) Ocorre quando a ação policial aguarda o momento da prática delituosa, valendo-se de investigação anterior, para efetivar a prisão, sem utilização de agente provocador.

( ) Ocorre quando o agente é perseguido, logo após cometer o delito, pelo ofendido ou por qualquer pessoa, em situação que faça presumir ser autor da infração.

( ) Ocorre quando alguém provoca o agente à prática de um crime, ao mesmo tempo em que toma providências para que o mesmo não se consume.

( ) Ocorre quando o agente é surpreendido cometendo uma infração penal ou quando acaba de cometê-la.

A sequência **correta**, de cima para baixo, é:

a) 4 – 3 – 2 – 1 – 5
b) 2 – 4 – 1 – 5 – 3
c) 5 – 1 – 3 – 2 – 4
d) 3 – 4 – 2 – 5 – 1

COMENTÁRIOS

Alternativa correta: letra "D" (responde todas as demais alternativas): vejamos a sequência, de cima para baixo: (3) flagrante presumido ou ficto ou assimilado (art. 302, IV, CPP) – o imputado é encontrado, logo depois, com instrumentos, armas, objetos ou papéis que façam presumir ser ele autor da infração; (4) flagrante esperado – é legal, pois não há qualquer provocação por parte dos agentes da polícia; (2) flagrante impróprio ou irreal ou quase flagrante (art. 302, III, CPP) – o imputado é perseguido, logo após, pela autoridade, pelo ofendido ou por qualquer pessoa, em situação que faça presumir ser autor da infração; (5) flagrante preparado – é considerada forma de crime impossível, conforme entendimento do STF (Súmula 145: "Não há crime, quando a preparação do flagrante pela polícia torna impossível a sua consumação"); (1) flagrante próprio (art. 302, I e II, CPP) – o imputado está cometendo a infração penal ou acaba de cometê-la.

430. (Delegado de Polícia – SC/ 2008 – ACADEPOL) O policial civil "Tício", visando à prisão de "Mévio", conhecido traficante da Capital, se passou por consumidor e dele comprou 10 papelotes de cocaína, provocando a negociação (venda da droga). Quando o traficante retirou a droga e a entregou para o policial, outros dois policiais civis, "Caio" e "Linus", efetuaram a prisão de "Mévio" em flagrante delito.

Nesse caso, é **correto** afirmar que:

a) a prisão em flagrante do traficante é ilegal, pois a negociação (venda) configura delito putativo por obra do agente provocador, configurando, portanto, crime impossível.

b) a prisão em flagrante do traficante é lícita e não se dá pela compra e venda simulada, mas sim pelo fato de o traficante, espontaneamente, trazer consigo droga, que é uma modalidade permanente do crime em questão.

c) a prisão em flagrante do traficante é lícita, mas o policial civil "Tício" deverá também responder por crime de tóxico, pois adquiriu ilicitamente substância entorpecente.

d) a prisão em flagrante do traficante é ilícita, pois os agentes induziram a prática criminosa, devendo os policiais civis "Tício", "Caio" e "Linus" responder por crime de abuso de autoridade.

COMENTÁRIOS

✪ **Nota do autor:** a questão trata do chamado flagrante preparado, em que a própria polícia provoca o cometimento do crime, o que, segundo o STF, torna impossível sua consumação. Vide a Súmula 145: "Não há crime, quando a preparação do flagrante pela polícia torna impossível a sua consumação".

Alternativa correta: letra "B": não há possibilidade de ser o traficante preso em tal hipótese pela conduta de vender a droga, já que esta foi provocada por agente da própria polícia. Porém, é certo que a questão deixa claro que o traficante já trazia consigo a droga para mercancia, mesmo antes do policial dele se aproximar e provocar a venda. Portanto, é possível o flagrante pelo "trazer consigo", sendo esta uma das formas de cometimento do delito de tráfico previstas no art. 33, *caput*, da Lei 11.343/2006.

Alternativa "A": realmente, seria ilegal a prisão se esta tivesse sido realizada em virtude da compra e venda, pois, de fato, houve a provocação policial. Mas, como visto no próprio enunciado da questão, o motivo da prisão em flagrante foi pelo fato de o traficante trazer consigo a droga, o que independia totalmente da conduta do policial provocador.

Alternativa "C": o policial civil não agiu com dolo, estava no exercício regular de suas funções e seu objetivo era propiciar a prisão do traficante. Logo, não responderá por crime algum.

Alternativa "D": a atividade criminosa já vinha sendo praticada pelo traficante muito antes dos policiais agirem. Logo, estes não a provocaram. A provocação foi a da venda, apenas, o que não configura a prática de abuso de autoridade.

431. (Delegado de Polícia – GO / 2008 – UEG) Sobre as prisões, é CORRETO afirmar:

a) a autoridade policial deve comunicar a prisão em flagrante ao juiz que, caso seja ilegal ou nula, deve, de ofício, conceder a liberdade provisória sob compromisso; caso não cumprido o compromisso, a prisão em flagrante será restabelecida.

b) a custódia cautelar preventiva não pode ser imposta a autor de prática de infração contravencional.

c) o clamor público é, por si só, fundamento válido, conforme entende o Supremo Tribunal Federal, para a decretação da prisão preventiva sob a alegação de violação à ordem pública.

d) por ser medida cautelar própria da fase investigativa, a prisão temporária poderá ser decretada pelo juiz somente mediante representação da autoridade policial, mas, antes de decidir, o magistrado deve, necessariamente, ouvir o Ministério Público.

COMENTÁRIOS

✪ **Nota do autor:** com a reforma parcial do CPP ocorrida em 2011, a prisão em flagrante não mais se sustenta sozinha(daí porque se diz ter apenas natureza pré-cautelar). Assim, uma vez ocorrendo a prisão em flagrante, tal situação perdurará somente até o juiz analisar os autos de comunicação. A partir daí, para que o imputado permaneça preso deverá o magistrado decretar a prisão preventiva. Se o não fizer, o imputado será solto. Além disso, pode o juiz decidir não ser o caso de prisão preventiva, mas de concessão da liberdade, mediante fiança ou com a aplicação simultânea de quaisquer das medidas cautelares previstas nos arts. 319 e 320 do CPP (entre as quais encontra-se a fiança). Ou pode, simplesmente, deixar em liberdade o imputado, sem a imposição de qualquer medida.

Alternativa correta: letra "B": o art. 312 do CPP deixa claro que somente é cabível a prisão preventiva no caso de cometimento de crimes, não sendo mencionadas as contravenções penais. Além disso, não haveria proporcionalidade em se permitir a decretação de prisão preventiva em infração de menor potencial ofensivo, em que o agente sequer receberá punição consistente em privação da liberdade. Não é por acaso que o art. 283, § 1º, afirma que: "As medidas cautelares previstas neste Título não se aplicam à infração a que não for isolada, cumulativa ou alternativamente cominada pena privativa de liberdade". É o que ocorre com muitas das contravenções penais.

Alternativa "A": se a prisão for ilegal, deve o juiz relaxá-la (art. 310, I, CPP). Nada impede, porém, que o magistrado a relaxe e, ao mesmo tempo, decrete a prisão preventiva ou imponha alguma das medidas cautelares previstas nos arts. 319 e 320.

Alternativa "C": alguns autores afirmam que uma das definições possíveis de ordem pública é o clamor popular. Ou seja, havendo clamor público, seria possível a decretação da prisão preventiva para garantia da ordem pública (art. 312, CPP). No entanto, é sempre bom lembrar que não basta tal requisito, sendo necessário que haja prova da existência do crime e indício suficiente de autoria. O STF tem entendimento muito interessante sobre o que constitui "ordem pública". Pedimos a atenção para o acórdão seguinte, muito elucidativo sobre a questão e a posição do Supremo. Portanto, nossa recomendação é a de que leia com atenção: "HABEAS CORPUS. CRIME DOLOSO CONTRA A VIDA. PRISÃO CAUTELAR. FUNDAMENTAÇÃO IDÔNEA. GARANTIA DA ORDEM PÚBLICA. DELIMITAÇÃO CONSTITUCIONAL DESSE FUNDAMENTO DA PRISÃO PREVENTIVA. ORDEM DENEGADA. 1. Muito já se escreveu sobre esse fundamento específico da prisão preventiva, previsto no art. 312 do CPP. Para alguns estudiosos, serviria ele de instrumento para evitar que o acusado, em liberdade, praticasse novos crimes ou colocasse em risco a vida das pessoas que desejassem colaborar com a Justiça, causando insegurança no meio social. Outros preferem associar a ordem pública à credibilidade do Poder Judiciário e das instituições públicas. Por fim, há também aqueles que encaixam no conceito de ordem pública a gravidade do crime ou a reprovabilidade da conduta, sem falar no proverbial "clamor público", muitas vezes confundido com a repercussão, na mídia, causada pelo suposto delito. 2. No seu cotidiano exercício de interpretação constitucional do Direito Penal e Processual Penal, o Supremo Tribunal Federal já consolidou o entendimento de que o uso de expressões fortemente retóricas ou emocionais, além do apelo à credibilidade da Justiça ou ao clamor público, não se prestam para preencher o conteúdo da expressão "ordem pública". Seja porque não ultrapassam o campo da mera ornamentação linguística, seja porque desbordam da instrumentalidade inerente a toda e qualquer prisão provisória, antecipando, não raras vezes, o juízo sobre a culpa do acusado. 3. Em matéria de prisão cautelar, a expressão "ordem pública", justamente, é a que me parece de mais difícil formulação conceitual. Como a Constituição fala de "preservação da ordem pública e da incolumidade das pessoas e do patrimônio", fico a pensar que ordem pública é algo diferente da incolumidade do patrimônio, como é algo diferente da incolumidade das pessoas. É um *tertium genus*. Um conceito negativo mesmo: ordem pública é bem jurídico distinto da incolumidade das pessoas e do patrimônio. Enquanto a incolumidade das pessoas e do patrimônio alheio vai servir como a própria razão de ser da criminalização das condutas a ela contrárias, a ordem pública é algo também socialmente valioso e por isso juridicamente protegido, mas que não se confunde mesmo com tal incolumidade. Mais que isso: cuida-se de bem jurídico a preservar por efeito, justamente, do modo personalizado ou das especialíssimas circunstâncias subjetivas em que se deu a concreta violação da integridade das pessoas e do patrimônio de outrem, como também da saúde pública. Pelo que ela, ordem pública, se revela como bem jurídico distinto daquela incolumidade em si, mas que pode resultar mais ou menos fragilizado pelo próprio modo ou em função das circunstâncias em que penalmente violada a esfera de integridade das pessoas ou do patrimônio de terceiros. Daí a sua categorização jurídico-positiva, não como descrição de delito ou cominação de pena, mas como pressuposto de prisão cautelar; ou seja, como imperiosa necessidade de acautelar o meio social contra fatores de perturbação que já se localizam na peculiar execução de certos crimes. Não da incomum gravidade desse ou daquele delito, entendase. Mas da incomum gravidade da protagonização em si do crime e de suas circunstâncias. 4. Não há como desenlaçar a necessidade de preservação da ordem pública e o acautelamento do meio social. No mesmo passo em que o conceito de ordem pública se desvincula do conceito de incolumidade das pessoas e do patrimônio alheio, ele se liga umbilicalmente ao conceito de acautelamento do meio social. Acautelamento que não se confunde com a mera satisfação de um sentimento generalizado de insegurança, senão com medidas de efetiva proteção de uma certa comunidade; ou seja, se a ambiência fática permite ao magistrado aferir que a liberdade de determinado indivíduo implicará a insegurança objetiva de outras pessoas, com sérios reflexos no seio da própria comunidade, abre-se espaço para o manejo da prisão em prol da ordem pública. Insegurança objetiva, portanto, que direciona o juízo do magistrado para a concretude da realidade que o cerca. Não para um retórico ou especulativo apelo à indeterminação semântica daquilo que tradicionalmente se entende por "paz pública". (...)" (HC 111.244-SP, Rel. Min. Ayres Britto, j. 10.04.2012).

Alternativa "D": a prisão temporária somente pode ser decretada na fase de investigação. É o que se depreende do disposto no art. 1º, I, da Lei 7.960/1989 ("quando imprescindível para as investigações do inquérito policial"). Porém, jamais poderá ser decretada de ofício pelo juiz, mas somente mediante representação da autoridade policial ou de requerimento do Ministério Público (art. 2º). Se houver representação da autoridade policial, o juiz deve, antes de decidir, ouvir o Ministério Público (art. 2º, § 1º). O prazo é, em regra, de 5 dias, prorrogável uma vez por igual período. Em caso de crime hediondo, tal prazo aumenta para 30 dias, igualmente prorrogável.

432. (Delegado de Polícia – MG / 2008 – ACADEPOL – PC/MG) Sobre as prisões cautelares, é ***CORRETO*** afirmar

a) que a prisão temporária poderá ser decretada de ofício pelo juiz.
b) que a prisão em flagrante poderá ser comunicada imediatamente ao juiz competente.
c) que, nos crimes hediondos, o réu condenado não poderá apelar em liberdade já que se trata de crime grave.
d) que, nos processos de competência originária, a prisão preventiva poderá ser decretada de ofício pelo magistrado relator.

COMENTÁRIOS

Alternativa correta: letra "D": de acordo com a Lei 8.658/1993, devem ser aplicados os arts. 1º a 12 da Lei 8.038/1990 (que regula os procedimentos no STF e STJ) também aos processos de competência originária dos Tribunais de Justiça e dos TRFs. Assim, o parágrafo único do art. 2º desta última lei dispõe que o relator terá as atribuições que a legislação processual confere aos juízes singulares. Logo, caberá ao relator decidir sobre a decretação da prisão preventiva, podendo fazê-lo inclusive de ofício, desde que já haja processo instaurado (art. 311, CPP).

Alternativa "A": a prisão temporária não pode ser decretada de ofício pelo juiz, pois depende de representação da autoridade policial ou de requerimento do Ministério Público (art. 2º, *caput*, Lei 7.960/1989).

Alternativa "B": diz o art. 306, *caput*, do CPP: "A prisão de qualquer pessoa e o local onde se encontre serão comunicados imediatamente ao juiz competente, ao Ministério Público e à família do preso ou à pessoa por ele indicada". Portanto, a alternativa está errada quando afirma que a prisão "poderá" ser comunicada. O correto seria: ela "deverá" ser comunicada.

Alternativa "C": primeiramente, cabe ao juiz decidir, caso a caso, se a prisão preventiva deve ser mantida – caso já tenha sido imposta – ou decretada quando da sentença condenatória, não sendo a gravidade do crime impedimento para a liberdade. Segundo, o § 3º do art. 2º da Lei 8.072/1990 (Lei dos Crimes Hediondos) determina que o juiz decidirá fundamentadamente se o réu poderá apelar em liberdade.

433. (Delegado de Polícia – PB/ 2008 – CESPE) Acerca da prisão processual, assinale a opção correta.

a) No flagrante irreal, o agente é perseguido logo após cometer o ilícito, em situação que faça presumir ser ele o autor da infração.
b) A prisão em flagrante é compulsória em relação às autoridades policiais e seus agentes, desde que constatada a presença das hipóteses legais, mas possuem eles plena discricionariedade para avaliar o cabimento ou não da medida.

c) No flagrante preparado, a consequência é a soltura do indiciado, em nada influindo a preparação do flagrante na conduta típica praticada pelo agente.

d) A prisão preventiva pode ser decretada para garantia de aplicação da lei penal, ou seja, para impedir que o agente, solto, continue a delinquir e, consequentemente, acautelar o meio social.

e) A prisão preventiva pode ser decretada em prol da garantia da ordem pública, havendo, nesse caso, necessidade de comprovação do iminente risco de fuga do agente.

COMENTÁRIOS

✪ **Nota do autor:** segundo a doutrina, as espécies de flagrante são as seguintes: a) flagrante próprio ou propriamente dito ou real ou verdadeiro (art. 302, I e II, CPP): o imputado está cometendo a infração penal ou acaba de cometê-la; b) flagrante impróprio ou irreal ou quase flagrante (art. 302, III, CPP): o imputado é perseguido, logo após, pela autoridade, pelo ofendido ou por qualquer pessoa, em situação que faça presumir ser autor da infração; c) flagrante presumido ou ficto ou assimilado (art. 302, IV, CPP): o imputado é encontrado, logo depois, com instrumentos, armas, objetos ou papéis que façam presumir ser ele autor da infração.

Alternativa correta: letra "A": trata-se de hipótese de flagrante impróprio, irreal ou quase flagrante a situação descrita na alternativa e prevista no art. 302, III, do CPP.

Alternativa "B": o flagrante para as autoridades policiais e seus agentes é obrigatório, ou seja, diante de uma situação de flagrância, a autoridade policial e seus agentes são obrigados a efetuar a prisão (art. 301, CPP: "Qualquer do povo poderá e as autoridades policiais e seus agentes deverão prender quem quer que seja encontrado em flagrante delito").

Alternativa "C": o flagrante preparado é considerado uma forma de crime impossível. É a posição do STF, que entende não haver crime quando a preparação do flagrante tornou impossível sua consumação (Súmula 145).

Alternativa "D": de acordo com o art. 312 do CPP, a prisão preventiva pode ser decretada como garantia da ordem pública, da ordem econômica, por conveniência da instrução criminal, ou para assegurar a aplicação da lei penal. A prisão para garantia da aplicação da lei penal visa a evitar que o acusado fuja e, uma vez condenado, não cumpra a pena. Diz-se que a prisão é decretada para acautelar o meio social ou impedir a reiteração criminosa quando há necessidade de garantir a ordem pública.

Alternativa "E": como vimos na alternativa anterior, a prisão para evitar a fuga tem como fundamento assegurar a aplicação da lei penal.

434. (Delegado de Polícia – PB/ 2008 – CESPE) Considerando a lei que regulamenta a prisão temporária, assinale a opção correta.

a) Pode ser decretada a prisão temporária em qualquer fase do IP ou da ação penal.

b) A prisão temporária pode ser decretada por intermédio de representação da autoridade policial ou do membro do MP, assim como ser decretada de ofício pelo juiz competente.

c) O prazo da prisão temporária, que em regra é de 5 dias, prorrogáveis por igual período, é fatal e peremptório, de modo que, esgotado, o preso deve ser imediatamente posto em liberdade, não podendo ser a prisão convertida em preventiva.

d) Quando a prisão temporária for requerida pela autoridade policial, por intermédio de representação, não haverá necessidade de prévia oitiva do MP, devendo o juiz decidir o pedido formulado no prazo máximo de 24 horas.

e) Não cabe prisão temporária nas contravenções nem em crimes culposos.

COMENTÁRIOS

✪ **Nota do autor:** a lei que regulamenta a prisão temporária é a Lei 7.960/1989. É cabível: a) quando imprescindível para as investigações do inquérito policial; b) quando o indicado não tiver residência fixa ou não fornecer elementos necessários ao esclarecimento de sua identidade; c) quando houver fundadas razões, de acordo com qualquer prova admitida na legislação penal, de autoria ou participação do indiciado nos seguintes crimes: homicídio doloso; sequestro ou cárcere privado; roubo; extorsão; extorsão mediante sequestro; estupro; epidemia com resultado de morte; envenenamento de água potável ou substância alimentícia ou medicinal qualificado pela morte; quadrilha ou bando; genocídio, em qualquer de sua formas típicas; tráfico de drogas; crimes contra o sistema financeiro; crimes da Lei de Terrorismo. O rol de crimes é taxativo, só sendo possível a decretação da prisão temporária em tais casos e desde que: imprescindível para as investigações do inquérito policial; ou quando o indicado não tiver residência fixa ou não fornecer elementos necessários ao esclarecimento de sua identidade.

Alternativa correta: letra "E": somente cabe prisão temporária nos crimes previstos no rol do inciso III do art. 1º da Lei 7.960/1989, que não inclui contravenções penais ou delitos culposos.

Alternativa "A": somente pode ser decretada a prisão temporária durante a fase pré-processual. Se já há processo, deve ser decretada prisão preventiva.

Alternativa "B": a prisão temporária não pode ser decretada de ofício pelo juiz, que depende de representação da autoridade policial ou requerimento do Ministério Público (art. 2º, Lei 7.960/1989).

Alternativa "C": uma vez encerrado o prazo da prisão temporária (normalmente de 5 dias; de 30, se o crime for hediondo), nada impede que, presentes os pressupostos e requisitos do art. 312 e as condições do art. 313 do CPP, seja decretada a prisão preventiva.

Alternativa "D": o § 1º do art. 2º da Lei 7.960/1989 determina que o juiz colha a manifestação do Ministério Público antes de decidir.

435. (Delegado de Polícia – AC/ 2008 – CESPE) No que se refere a prisão e liberdade provisória, julgue os próximos itens.

435.1. A própria autoridade policial poderá conceder fiança, nos casos de infração punida com detenção ou prisão simples.

COMENTÁRIOS

Atenção para esta questão, porque o tema sofreu total reformulação pela Lei 12.403/2011. Assim, a nosso ver, o item estaria, hoje, errado. Agora, vale o disposto no art. 422 do CPP: "A autoridade policial somente poderá conceder fiança nos casos de infração cuja pena privativa de liberdade máxima não seja superior a 4 (quatro) anos". Nos demais casos, cabe ao juiz decidir sobre a fiança. Portanto, os critérios mudaram.

435.2. Mesmo sem o consentimento do morador, poder-se-á efetuar a prisão dentro da sua residência em caso de situação de flagrante delito em curso, naquele momento, no interior da residência.

COMENTÁRIOS

Certo. Trata-se de hipótese em que o ingresso da polícia na residência, mesmo sem mandado, é permitida. Com efeito, segundo o inciso XI do art. 15 da CF: "a casa é asilo inviolável do indivíduo, ninguém nela podendo penetrar sem consentimento do morador, salvo em caso de flagrante delito ou desastre, ou para prestar socorro, ou, durante o dia, por determinação judicial".

436. (Delegado de Polícia – BA/ 2008 – ACADEPOL) No que concerne à prisão preventiva, pode-se afirmar:

a) Um dos requisitos da prisão preventiva é facilitar a investigação da polícia.
b) A prisão preventiva somente pode ser decretada mediante requerimento do Ministério Público.
c) A garantia da ordem pública, a conveniência da instrução criminal, assegurar a aplicação da lei e garantia da ordem econômica são hipóteses que autorizam a decretação da prisão preventiva.
d) A prisão preventiva é cabível para os crimes culposos.
e) A prisão preventiva, uma vez decretada, não é possível ser revogada.

COMENTÁRIOS

✪ **Nota do autor:** diz-se que o art. 312 do CPP contém os pressupostos (prova da existência do crime e indício suficiente de autoria) e os requisitos da prisão preventiva (decretação como garantia da ordem pública, da ordem econômica, por conveniência da instrução criminal, ou para assegurar a aplicação da lei penal), enquanto que o art. 313 traz as condições (somente se admite a prisão preventiva: nos crimes dolosos punidos com pena privativa de liberdade máxima superior a 4 anos; se tiver sido condenado por outro crime doloso, em sentença transitada em julgado, ressalvado o disposto no inciso I do caput do art. 64 do CP; se o crime envolver violência doméstica e familiar contra a mulher, criança, adolescente, idoso, enfermo ou pessoa com deficiência, para garantir a execução das medidas protetivas de urgência; ou quando houver dúvida sobre a identidade civil da pessoa ou quando esta não fornecer elementos suficientes para esclarecê-la, devendo o preso ser colocado imediatamente em liberdade após a identificação, salvo se outra hipótese recomendar a manutenção da medida.

COMENTÁRIOS

Alternativa correta: letra "C": as quatro hipóteses são consideradas requisitos para decretação da prisão preventiva. Para que seja possível a decretação, deve estar presente pelo menos um dos requisitos citados.

Alternativa "A": facilitar a investigação da polícia não é requisito da prisão preventiva. Aliás, sequer é requisito da prisão temporária, embora esta possa ser decretada quando imprescindível para as investigações (art. 1º, I, Lei 7.960/1989).

Alternativa "B": a prisão pode ser decretada também por representação da autoridade policial, por requerimento do querelante ou do assistente e pelo próprio juiz, de ofício, desde que, neste último caso, já haja processo em andamento (art. 311, CPP).

Alternativa "D": não cabe prisão preventiva em crimes culposos (vide as condições previstas no art. 313 do CPP, expostas na nota do autor).

Alternativa "E": a prisão preventiva, assim como qualquer medida cautelar de natureza pessoal aplicada pelo juiz, pode ser revista a qualquer momento. Por sinal, o art. 316 do CPP dispõe que o juiz poderá revogar a prisão preventiva se, no correr do processo, verificar a falta de motivo para que subsista, bem como de novo decretá-la, se sobrevierem razões que a justifiquem.

437. (Delegado de Polícia – BA/ 2008 – ACADEPOL) Sobre prisões, é incorreto o que se afirma em

a) A prisão temporária só pode ser decretada por autoridade judiciária, em face da representação da autoridade policial ou de requerimento do Ministério Público.
b) A prisão temporária pode ser decretada por ser imprescindível para as investigações durante a fase inquisitorial.
c) A soltura do investigado, findo o prazo da prisão temporária, será imediata, independentemente de ordem judicial.
d) O prazo da prisão temporária é de cinco dias não prorrogáveis.
e) O despacho que decretar ou denegar a prisão preventiva será sempre fundamentado.

COMENTÁRIOS

Alternativa incorreta: letra "D": a regra é que o prazo da prisão temporária é de 5 dias (a exceção se dá no crimes elencados na Lei 8.072/1990 – Lei dos Crimes Hediondos – que fixa o prazo de 30 dias), prorrogável por igual período em caso de extrema e comprovada necessidade (art. 2º, *caput*, Lei 7.960/1989).

Alternativa "A": a prisão temporária depende de ordem judicial. Aliás, toda prisão, que não aquela resultante do flagrante, depende de ordem judicial. E mesmo no caso de flagrante, o detido será liberado se o juiz não decretar a prisão preventiva (art. 310, CPP).

Alternativa "B": como já vimos em outra questão, a prisão temporária é cabível: a) quando imprescindível para as investigações do inquérito policial; b) quando o indiciado não tiver residência fixa ou não fornecer elementos necessários ao esclarecimento de sua identidade; c) quando houver fundadas razões, de acordo com qualquer prova admitida na legislação penal, de autoria ou participação do indiciado nos seguintes crimes: homicídio doloso; sequestro ou cárcere privado; roubo; extorsão; extorsão mediante sequestro; estupro; epidemia com resultado de morte; envenenamento de água potável ou substância alimentícia ou medicinal qualificado pela morte; quadrilha ou bando; genocídio, em qualquer de suas formas típicas; tráfico de drogas; crimes contra o sistema financeiro; crimes de Lei de Terrorismo. O rol de crimes é taxativo, só sendo possível a decretação da prisão temporária em tais casos e desde que: imprescindível para as investigações do inquérito policial; ou quando o indicado não tiver residência fixa ou não fornecer elementos necessários ao esclarecimento de sua identidade.

Alternativa "C": é o que dispõe o § 7º do art. 2º da Lei 7.960/1989, que ressalva a hipótese de eventual decretação de prisão preventiva.

Alternativa "E": o juiz deve fundamentar a decisão, no mínimo para explicar que se encontram presentes os requisitos da prisão temporária. Diz o § 2º do art. 2º da Lei 7.960/1989 que o despacho que decretar a prisão temporária deverá ser fundamentado e prolatado dentro do prazo de 24 horas, contadas a partir do recebimento da representação ou do requerimento.

---

438. (Delegado de Polícia – BA/ 2008 – ACADEPOL) Quanto à liberdade provisória, pode-se afirmar:

a) A autoridade policial somente poderá conceder fiança nos casos de infração punida com detenção ou prisão simples.

b) A liberdade provisória, nos crimes hediondos, é inadmissível.

c) A liberdade provisória, com fiança, para crimes punidos com reclusão, com pena mínima superior a dois anos, é permitida.

d) A fiança poderá ser concedida, mesmo que estejam presentes os motivos que autorizam a decretação da prisão preventiva.

e) A liberdade provisória não será cabível, mesmo que, no flagrante, inexistam as hipóteses que autorizam a prisão preventiva, visto que não resta dúvida quanto à autoria delitiva.

COMENTÁRIOS

✪ **Nota do autor:** mais uma vez, chamamos a atenção para o fato de ter a matéria relativa às medidas coativas pessoais sofrido profundas modificações em 2011, através da Lei 12.403/2011. Assim, a alternativa considerada correta em 2008 – a **letra "A"** – hoje estaria errada.

Alternativa "A": com a reforma trazida pela Lei 12.403/2011, a autoridade policial somente poderá conceder fiança nos casos de infração cuja pena privativa de liberdade máxima não seja superior a 4 anos, pouco importando que seja apenada com reclusão (art. 322, CPP). Nos demais casos, caberá à autoridade judiciária decidir a respeito.

Alternativa "B": a Lei 8.072/1990 não mais proíbe a liberdade provisória, em razão das modificações trazidas pela Lei 11.464/2007.

Alternativa "C": o critério que determina a inafiançabilidade de uma infração penal mudou totalmente. Primeiramente, a própria CF estabelece os casos de inafiançabilidade no art. 5º, incisos XLII ("a prática do racismo constitui crime inafiançável e imprescritível, sujeito à pena de reclusão, nos termos da lei"), XLIII ("a lei considerará crimes inafiançáveis e insuscetíveis de graça ou anistia a prática da tortura, o tráfico ilícito de entorpecentes e drogas afins, o terrorismo e os definidos como crimes hediondos, por eles respondendo os mandantes, os executores e os que, podendo evitá-los, se omitirem") e XLIV (constitui crime inafiançável e imprescritível a ação de grupos armados, civis ou militares, contra a ordem constitucional e o Estado Democrático). O CPP não mais adota o critério da pena para a inafiançabilidade de um crime, como ocorria anteriormente às mudanças introduzidas pela Lei 12.403. Agora, os impedimentos para a fiança estão nos art. 323 (que apenas repete as proibições constitucionais) e 324 (que traz as seguintes proibições: aos que, no mesmo processo, tiverem quebrado fiança anteriormente concedida ou infringido, sem motivo justo, qualquer das obrigações a que se referem os arts. 327 e 328 do CPP; em caso de prisão civil ou militar; e quando presentes os motivos que autorizam a decretação da prisão preventiva).

Alternativa "D": como visto na alternativa anterior, se estiverem presentes os motivos que autorizam a decretação da prisão preventiva, não será concedida fiança (art. 324, IV, CPP).

Alternativa "E": a ocorrência de uma prisão em flagrante não significa que a prisão preventiva será decretada. O flagrante, vale lembrar, não mais se sustenta por si mesmo, sendo necessário que o juiz o converta em prisão preventiva, mas desde que presentes os requisitos e pressupostos do art. 312 do CPP e, a nosso ver, também as condições do art. 313. Atenção para o procedimento adotado pelo CPP no art. 310: o juiz verificará se os requisitos da prisão em flagrante estão presentes, do contrário, a relaxará; caso não seja o caso de relaxamento, o juiz converterá a prisão em flagrante em preventiva, quando presentes os requisitos constantes do art. 312 do CPP, e se revelarem inadequadas ou insuficientes as medidas cautelares diversas da prisão; ou então concederá liberdade provisória, com ou sem fiança.

439. (Delegado de Polícia – BA/ 2008 – ACADEPOL) Homem, pedreiro, casado, pai de dois filhos, com carteira assinada, morando no mesmo endereço há mais de 20 anos, foi preso em flagrante delito pelo crime previsto no art. 155, *caput* do Código Penal (furto). Levado à presença da autoridade policial, o delegado presidiu a lavratura do auto de prisão em flagrante, entregando-lhe a respectiva nota de culpa e comunicando o fato, imediatamente ao juiz da comarca. Esse homem nunca havia sido preso ou processado antes.

Com base nesse relato, pode-se afirmar:

a) A lavratura do flagrante, tendo em vista que o infrator é pai de família, primário, e possui emprego definido, poderia deixar de ser presidida pelo delegado.

b) A nota de culpa poderia deixar de ser entregue, considerando que, para o crime, tal medida é dispensável.

c) O juiz é o único que poderia conceder a liberdade provisória a esse homem, sob o argumento de que se trata de réu primário, com bons antecedentes, família constituída, emprego determinado e residência fixa.

d) O promotor de Justiça também poderia conceder a liberdade provisória, uma vez que se trata de réu primário, com bons antecedentes, família constituída, emprego determinado e residência fixa.

e) O réu deverá aguardar preso até o julgamento da ação penal, por se tratar de crime grave contra o patrimônio.

COMENTÁRIOS

✪ **Nota do autor:** trata-se de mais uma questão cujo resultado foi afetado pela mudança trazida no CPP pela Lei 12.403/2011. Não mais é possível afirmar que o gabarito esteja correto, pois, como veremos, apontou a alternativa "C" como sendo a correta, mas, hoje, a afirmação nela contida está errada.

Alternativa "A": errado. O flagrante é sempre presidido pela autoridade policial. Se não houver autoridade no local da infração, o preso será conduzido à do lugar que estiver mais próximo (art. 308, CPP).

Alternativa "B": errado. A nota de culpa será entregue ao preso em até 24 horas, mediante recibo, assinado pela autoridade, com o motivo da prisão, o nome do condutor e os das testemunhas (art. 306, § 2º, CPP), tratando-se de formalidade obrigatória do flagrante, até para que o acusado saiba o motivo pelo qual foi detido.

Alternativa "C": errado. Quando o concurso foi realizado, a alternativa podia ser considerada correta, eis que a autoridade policial não poderia conceder fiança, pois o crime em questão é apenado com reclusão e somente o juiz poderia fixá-la ou conceder a liberdade provisória sem fiança. Agora, a autoridade policial pode conceder fiança nos casos de infração cuja pena privativa de liberdade máxima não seja superior a 4 anos (art. 322, *caput*, CPP), não importando se a pena é de reclusão ou de detenção. O crime de furto simples tem pena máxima de 4 anos. Interessante observar que se a autoridade policial não fixar a fiança, no caso específico da questão, o juiz não poderá decretar a prisão preventiva, eis que ausentes as condições do art. 313 do CPP. Ou seja, o destino do imputado será mesmo a liberdade, podendo, porém, ser a ele fixada alguma medida cautelar, dentre as previstas nos arts. 319 a 320 do CPP. E entendemos que, caso fixada e descumprida, pode ser decretada a prisão preventiva, se realmente necessária (art. 282, § 4º).

Alternativa "D": errado. Promotor de Justiça jamais concede liberdade provisória, pois não possui autorização legal alguma para isso.

Alternativa "E": errado. Como visto na alternativa "C", sequer será possível, no caso em tela, a decretação da prisão preventiva, ou seja, a prisão em flagrante não poderá ser convertida em preventiva, por força do disposto no art. 313 do CPP.

440. (Delegado de Polícia – BA/ 2008 – ACADEPOL) Homem, pedreiro, pai de dois filhos, casado, com carteira assinada, morando no mesmo endereço há mais de 20 anos, nunca sendo preso ou processado, revoltado com a atuação do prefeito de Constantinopla, quebrou o balcão de atendimento da prefeitura, os móveis e os sofás. Preso, de imediato foi conduzido à presença da autoridade policial. O Art. 163, parágrafo único do Código Penal, prevê o dano qualificado quando o crime for praticado contra o patrimônio da União, do Estado ou Município, com pena de três meses a três anos de detenção e multa.

Com base nesse relato, pode-se afirmar:

a) O delegado deve presidir a lavratura do auto de prisão em flagrante e, logo após, ele próprio arbitrar a fiança.

b) O delegado deve lavrar o termo circunstanciado e remetê-lo ao Juizado Especial Criminal.

c) A autoridade judicial é a única que poderá decidir acerca da liberdade desse homem.

d) O infrator deve ficar custodiado até o final do processo, por ser tratar de crime contra a Administração Pública.

e) O advogado do pedreiro deve impetrar habeas corpus perante o Tribunal de Justiça contra a lavratura do flagrante

COMENTÁRIOS

✪ **Nota do autor:** há um erro no enunciado da questão. O crime em tela, tipificado no art. 163, parágrafo único, inciso III, do CP tem pena de detenção, de 6 meses a 3 anos, e multa, além da pena correspondente à violência. Em si, isso não afeta o resultado.

Alternativa correta: letra "A": o concurso foi realizado em 2008, antes da reforma do CPP trazida pela Lei 12.403/2011. Na época, a alternativa foi considerada correta porque o Delegado de Polícia podia fixar a fiança, isso porque o crime em tela é apenado com detenção. A alternativa continua correta, mas por uma razão diversa: agora, a autoridade policial pode conceder fiança nos casos de infração cuja pena privativa de liberdade máxima não seja superior a 4 anos (art. 322, *caput*, CPP), não importando se a pena é de reclusão ou de detenção. É justamente o caso do enunciado.

Alternativa "B": o crime de dano qualificado não é infração de menor potencial ofensivo, eis que a pena máxima prevista extrapola os dois anos, tal como previsto no art. 61 da Lei 9.099/1995 ("Consideram-se infrações penais de menor potencial ofensivo, para os efeitos desta Lei, as contravenções penais e os crimes a que a lei comine pena máxima não superior a 2 (dois) anos, cumulada ou não com multa").

Alternativa "C": a autoridade policial poderá fixar a fiança, como visto acima. Se paga, levará o imputado à liberdade.

Alternativa "D": sequer será possível a conversão da prisão em flagrante em prisão preventiva, pois, em razão da pena cominada ao delito em tela, não estarão preenchidas as condições do art. 313 do CPP.

Alternativa "E": na verdade, o advogado do pedreiro deve requerer a fixação de fiança à autoridade policial e, caso esta não a fixe, deve pedir ao juiz. A este, por sinal, deve pedir a liberdade provisória independentemente do pagamento de fiança, sob o argumento de que nenhuma das medidas cautelares do art. 319 do CPP – o que inclui a fiança – é necessária, tendo em vista que não estão presentes as hipóteses do art. 282 ("As medidas cautelares previstas neste Título deverão ser aplicadas observando-se a: I – necessidade para aplicação da lei penal, para a investigação ou a instrução criminal e, nos casos expressamente previstos, para evitar a prática de infrações penais; II – adequação da medida à gravidade do crime, circunstâncias do fato e condições pessoais do indiciado ou acusado").

---

441. (Delegado de Polícia – BA/ 2008 – ACADEPOL) Dois agentes policiais extremamente competentes, tomando conhecimento de que um homem vendia drogas em determinado local, fizeram-se passar por usuários e encomendaram ao traficante um quilo de maconha. No local e no dia aprazados, quando o homem entregou a droga aos agentes disfarçados, estes deram-lhe voz de prisão, conduzindo-o à autoridade policial para que fosse lavrado o auto de prisão em flagrante.

Com base nessa narrativa, é correto afirmar:

a) O delegado deve determinar a lavratura do auto de prisão em flagrante, por se tratar de tráfico ilícito de drogas, caracterizando a figura do flagrante esperado.
b) A prisão é ilegal, pois se trata de flagrante forjado.
c) A prisão é ilegal, pois se trata de flagrante preparado.
d) O delegado, por ser hipótese em que o preso se livra solto, deve lavrar o Termo Circunstanciado e liberá-los em seguida.
e) O flagrante é válido, porquanto estão presentes os requisitos para a decretação da prisão preventiva.

COMENTÁRIOS

Alternativa correta: letra "C": o que caracteriza o flagrante preparado é a provocação dos agentes policiais. Segundo o entendimento que prevalece, havendo flagrante preparado, resta impossível a consumação do delito, logo, não há crime. O STF editou a respeito do tema a Súmula 145: "Não há crime, quando a preparação do flagrante pela polícia torna impossível a sua consumação".

Alternativa "A": caso a Polícia tivesse conhecimento de que um traficante faria a entrega de droga a outrem em determinado local e momento, poderia efetuar a prisão em flagrante, pois haveria o chamado flagrante esperado. Porém, para que tal ocorra, não pode haver provocação da polícia, ou seja, não pode esta provocar o cometimento do crime, pois, nesse caso, há flagrante preparado.

Alternativa "B": forjado seria o flagrante em que a própria polícia "plantou" a droga, ou seja, simulou que a droga pertencia à pessoa detida. Não foi o que ocorreu nesse caso, pois, como visto, o indivíduo realmente tinha a droga em seu poder, mas assim o fazia por provocação da própria polícia. Flagrante preparado, portanto.

Alternativa "D": o flagrante é ilegal e, se lavrado, deve ser relaxado pelo juiz. O Delegado, ciente das circunstâncias dos fatos, não poderia lavrar o flagrante, pois haveria a hipótese da Súmula 145 do STF e não porque seria hipótese em que o acusado "se livra solto".

Alternativa "E": uma coisa é a legalidade do flagrante; outra, a possibilidade de prisão preventiva. É possível que o juiz relaxe a prisão em flagrante, por falta de requisitos legais, e decrete a prisão preventiva. Porém, no caso em tela, não houve crime, pois se tratou de fato em que se considera haver crime impossível. Logo, não cabe sequer a prisão preventiva.

---

442. (Delegado de Polícia – BA/ 2008 – ACADEPOL) Um rapaz foi descoberto fumando um cigarro de maconha. Ao ser revistado por agentes policiais, encontraram em seu bolso um isqueiro, papel para confeccionar cigarro e mais dois gramas da droga. Conduzido à presença da autoridade competente, o delegado não lavrou o auto de prisão em flagrante.

Com base nesse caso, a autoridade policial deveria

a) lavrar efetivamente o auto de prisão em flagrante e comunicar à autoridade judicial, após entregar a nota de culpa.
b) lavrar o auto de prisão em flagrante, por se tratar de crime hediondo, não necessitando comunicá-lo ao juiz, mas somente à Defensoria Pública.

c) lavrar o Termo Circunstanciado e, se o rapaz se comprometesse a comparecer ao Juizado Especial Criminal, liberá-lo de imediato.

d) lavrar o Termo Circunstanciado e liberá-lo logo em seguida, ainda que ele não se comprometesse a comparecer ao Juizado Especial Criminal.

e) liberar o rapaz de imediato, porém representar pela decretação da prisão preventiva.

COMENTÁRIOS

✪ **Nota do autor:** a chave para a resposta desta questão é a natureza da infração penal. Assim, em regra, havendo infração de menor potencial ofensivo, não se lavra auto de prisão em flagrante, mas termo circunstanciado. Do contrário, lavra-se o flagrante.

Alternativa correta: letra "D": no caso do cometimento do crime descrito no art. 28 da Lei 11.343/2006 (Lei de Drogas), aplica-se a Lei 9.099/1995 e não se impõe prisão em flagrante, devendo o autor do fato ser imediatamente encaminhado ao juízo competente ou, na falta deste, assumir o compromisso de a ele comparecer, lavrando-se termo circunstanciado e providenciando-se as requisições dos exames e perícias necessários (art. 48, § 2º, Lei 11.343/2006).

Alternativa "A": como o caso caracteriza o crime de posse de droga para uso próprio (art. 28, Lei 11.343/2006), deve-se aplicar o disposto no § 2º do art. 48 da Lei de Drogas (vide alternativa anterior).

Alternativa "B": não se trata de crime hediondo, pois o art. 28 da Lei 11.343/2006 não faz parte do rol da Lei 8.072/1990.

Alternativa "C": não há necessidade de que o imputado faça tal compromisso, já que o § 2º do art. 48 da Lei 11.343/2006 deixa claro que, seja como for, não se deve prender em flagrante no caso do enunciado.

Alternativa "E": não cabe prisão preventiva no caso do art. 28 da Lei 11.343/2006, pois ausentes as condições do art. 313 do CPP.

15. MEDIDAS CAUTELARES REAIS

▸ CPP, arts. 125 a 144

443. (FUNCAB – Delegado de Polícia – RO/2014) A empresa XYZ, ao transportar madeira irregularmente por uma estrada rondoniense em um caminhão adaptado para a prática, foi surpreendida por fiscais, que apreenderam o veículo. Após processo administrativo, com o regular julgamento do auto de infração, a empresa perdeu para o Estado os bens apreendidos na fiscalização. Após os acontecimentos narrados, o juiz penal, no bojo de inquérito policial sobre o mesmo fato:

a) ainda que determine a liberação do veículo, a decisão proferida só revogará a apreensão pela falta administrativa com natureza cautelar, não a atingindo após a apreciação e o julgamento do auto de infração.

b) poderá determinar a liberação do veículo, decisão que só produzirá efeitos após a revisão da decisão administrativa pelo órgão competente, que deverá, necessariamente, respeitar a decisão do juízo penal.

c) poderá determinar a liberação do veículo, decisão deverá ser cumprida imediatamente pela administração pública, independentemente da decisão administrativa.

d) ainda que determine a liberação do veículo, a decisão proferida não alcançará a apreensão pela infração administrativa.

e) poderá determinar a liberação do veículo, desde que haja prévia composição do dano ambiental.

COMENTÁRIOS

Alternativa correta: letra "D" (responde também todas as demais alternativas): parece-nos que a apreensão deu-se fora do inquérito policial, por órgão de fiscalização. Depois, isso gerou a instauração do inquérito. Houve, em âmbito administrativo, fora do inquérito, a apreensão. Por isso, a nosso ver, não pode o juiz, no inquérito, determinar a liberação, porque no inquérito não houve apreensão. Se o fizer, isso não atinge a apreensão realizada em outro procedimento administrativo. Cabe ao interessado ajuizar a medida mais apropriada, como mandado de segurança, para, aí sim, conseguir uma ordem judicial que deverá ser aplicável ao procedimento administrativo.

444. (UEG – Delegado de Polícia – GO/2013) Sobre as medidas assecuratórias, tem-se que, segundo o Código de Processo Penal:

a) são instrumentos processuais cuja finalidade é, cumulativa e exclusivamente, garantir o pagamento das despesas processuais, assegurar o pagamento da pena de multa e ressarcir o acusado em caso de absolvição ou anulação do processo.

b) o arresto prévio à hipoteca legal é medida assecuratória que incide sobre os bens móveis e imóveis adquiridos com proventos da prática criminosa, ou seja, sobre os lucros obtidos de forma indireta pelo crime.

c) o sequestro se presta a salvaguardar possível ressarcimento em face da prática do crime, enquanto a hipoteca legal visa, tão somente, a evitar que o bem móvel produto ou provento da prática do crime pereça antes de solvida a discussão da causa.

d) o juiz, de ofício, a requerimento do Ministério Público ou do ofendido, ou mediante representação da autoridade policial, poderá ordenar o sequestro em qualquer fase do processo ou ainda antes de oferecida a denúncia ou queixa.

COMENTÁRIOS

Alternativa correta: letra "D": é o que dispõe o art. 127 do CPP. Há quem entenda não ser possível o juiz decretar o sequestro de ofício, antes de oferecida a denúncia ou a queixa, pois isso infringiria o princípio acusatório, estando o juiz fazendo um pré-julgamento antes mesmo de iniciado o processo. No entanto, não tem sido este o entendimento prevalecente, eis que, segundo se alega, a vedação da atuação do juiz, de ofício, antes da fase processual, estaria relacionada apenas à produção de provas, ou seja, de elementos de convicção, bem como de medidas cautelares pessoais, neste último caso, por expressa disposição legal, inexistente no caso das medidas cautelares reais.

Alternativa "A": as medidas cautelares reais – ou medidas assecuratórias, como as chama o CPP – podem ter diversas finalidades, como assegurar futuro confisco do produto ou do provento do crime; garantir a obrigação de indenizar o ofendido; garantir o pagamento das custas do processo e o pagamento da multa. Tais medidas não têm a finalidade de assegurar o pagamento de indenização ao acusado, em caso de absolvição ou anulação do processo.

Alternativa "B": a medida assecuratória que incide sobre os proventos do crime é o sequestro, tanto no que respeita aos bens móveis quanto aos imóveis (arts. 125 e 132, CPP). O objetivo é assegurar o confisco previsto no art. 91, II, *b*, do CP e, também, o pagamento dos custos do processo e da pena de multa. O arresto prévio à hipoteca legal incide apenas sobre os bens imóveis, tendo como objetivo primordial assegurar a futura indenização ao ofendido, como efeito da condenação (art. 91, I, CP). Pode incidir sobre bens móveis, desde que o responsável não possua bens imóveis ou os possua de valor insuficiente (art. 137, CPP).

Alternativa "C": como visto acima, o sequestro tem como objetivo evitar que os proventos do crime desapareçam, impedindo a incidência do confisco previsto no art. 91, II, *b*, do CP. A hipoteca legal tem como objetivo primordial evitar que os bens imóveis do responsável pela indenização à vítima (art. 91, I, CP) tenham sua propriedade transferida a outrem, tendo, portanto, o objetivo de garantir tal ressarcimento.

---

445. (FGV – Delegado de Polícia – MA/2012) As medidas assecuratórias possuem uma natureza acautelatória. Buscam proteger a efetividade do procedimento ou garantir o ressarcimento ou reparação civil do dano causado pela infração penal.

A esse respeito, assinale a afirmativa correta.

a) De acordo com o CPP, a restituição de coisas apreendidas poderá ser feita pela autoridade policial quando não existir dúvida acerca do direito do reclamante, ainda que as coisas sejam apreendidas em poder de terceiro de boa-fé.

b) Não poderá ser feito o sequestro de bens imóveis adquiridos com proveito do crime quando transferidos para terceiros.

c) A hipoteca legal, que poderá ser requerida pelo ofendido em qualquer fase do processo, exige a certeza da infração e indícios suficientes da autoria.

d) O mandado que autoriza realização de busca e apreensão em determinada favela, sem especificar as casas atingidas, pode ser considerado válido.

e) A autoridade policial poderá adentrar na residência de determinada pessoa, a qualquer hora do dia ou da noite, se houver consentimento do morador, flagrante delito, situação de desastre ou mandado judicial.

COMENTÁRIOS

Alternativa correta: letra "C": é o que dispõe o *caput* do art. 134 do CPP. Quando se diz "certeza da infração", quer-se com isso dizer que há prova da ocorrência do crime. Quanto à autoria, bastam indícios. Não há necessidade de que os bens imóveis atingidos sejam aqueles obtidos com os ganhos do crime, isso porque a hipoteca legal pode ter simplesmente como objetivo o de assegurar que haja bens suficientes para que, em caso de condenação, seja possível a reparação dos danos ao ofendido.

Alternativa "A": a regra geral está no art. 120 do CPP, cujo *caput* afirma que a restituição, quando cabível, poderá ser ordenada pela autoridade policial ou juiz, mediante termo nos autos, desde que não exista dúvida quanto ao direito do reclamante. Porém, se duvidoso esse direito, o pedido de restituição autuar-se-á em apartado, assinando-se ao requerente o prazo de 5 dias para a prova. Em tal caso, só o juiz criminal poderá decidir o incidente (§ 1º). O incidente autuar-se-á também em apartado e só a autoridade judicial o resolverá, se as coisas forem apreendidas em poder de terceiro de boa-fé, que será intimado para alegar e provar o seu direito, em prazo igual e sucessivo ao do reclamante, tendo um e outro dois dias para arrazoar (§ 2º). Sobre o pedido de restituição será sempre ouvido o Ministério Público (§ 3º). Em caso de dúvida sobre quem seja o verdadeiro dono, o juiz remeterá as partes para o juízo cível, ordenando o depósito das coisas em mãos de depositário ou do próprio terceiro que as detinha, se for pessoa idônea (§ 4º).

Alternativa "B": o sequestro dos proventos da infração poderá ser determinado ainda que os bens já tenham sido transferidos a terceiro, conforme autoriza expressamente o art. 125 do CPP.

Alternativa "D": casa situada em favela é domicílio de alguém, é casa. Ou seja, barraco e mansão são a mesma coisa aos olhos da lei. Assim, para a realização de busca e apreensão, deve ser cumprido o que dispõe o inciso I do art. 243 do CPP. Ou seja, exige-se que o mandado indique, o mais precisamente possível, a casa em que será realizada a diligência e o nome do respectivo proprietário ou morador. Portanto, na favela ou no condomínio fechado, deve a autorização judicial para a busca indicar as casas que poderão ser revistadas.

Alternativa "E": a CF diz ser a casa asilo inviolável do indivíduo, ninguém nela podendo penetrar sem consentimento do morador, salvo em caso de flagrante delito ou desastre, ou para prestar socorro, ou, durante o dia, por determinação judicial (art. 5º, XI). Assim, o cumprimento do mandado do busca somente pode ocorrer de dia. Entendemos, contudo, que pode o morador autorizar a autoridade policial a ingressar em sua residência e fazer buscas, de noite, mesmo sem mandado.

446. (Delegado de Polícia – SP/ 2011 – ACADEPOL) Relativamente aos bens móveis e imóveis ou valores consistentes em produtos decorrentes da prática dos crimes previstos na Lei sobre Drogas (Lei nº 11 343/06) é correto afirmar que

a) o pedido de restituição será conhecido pelo juiz independentemente do comparecimento pessoal do acusado a juízo.
b) acusado poderá apresentar ou requerer a produção de provas acerca da origem lícita do bem, a qualquer tempo, independente de concessão judicial.
c) a ordem de sequestro de bens ou valores poderá ser suspensa pelo juiz quando sua execução comprometer as investigações.
d) os veículos e aeronaves apreendidos ficarão sob a custódia da autoridade judicial.
e) a utilização de veículos e aeronaves apreendidos é expressamente proibida.

COMENTÁRIOS

✪ **Nota do autor:** a nosso ver, a questão refere-se aos proventos ou proveitos do crime. No tráfico, o autor aufere lucro e adquire bens móveis ou imóveis. Estes não são produto do tráfico, mas proveito deste.

Alternativa correta: letra "C": é o que prevê o § 4º do art. 60 da Lei 11.343/2006 ("A ordem de apreensão ou sequestro de bens, direitos ou valores poderá ser suspensa pelo juiz, ouvido o Ministério Público, quando a sua execução imediata possa comprometer as investigações"). É que, por vezes, o sequestro pode revelar uma investigação em andamento, inviabilizando, por exemplo, outras medidas, como busca, interceptação e mesmo a prisão.

Alternativa "A": o § 3º do art. 60 da Lei 11.343/2006 ("Nenhum pedido de restituição será conhecido sem o comparecimento pessoal do acusado, podendo o juiz determinar a prática de atos necessários à conservação de bens, direitos ou valores").

Alternativa "B": não é a qualquer tempo e depende da autorização judicial. Com efeito, o § 1º do art. 60 da Lei 11.343/2006 diz que: "Decretadas quaisquer das medidas previstas neste artigo, o juiz facultará ao acusado que, no prazo de 5 (cinco) dias, apresente ou requeira a produção de provas acerca da origem lícita do produto, bem ou valor objeto da decisão". No caso, as medidas são a apreensão ou qualquer outra de natureza assecuratória (sequestro, normalmente).

Alternativa "D": o art. 62, *caput*, da Lei 11.343/2006 determina que os veículos, embarcações, aeronaves e quaisquer outros meios de transporte, os maquinários, utensílios, instrumentos e objetos de qualquer natureza, utilizados para a prática dos crimes definidos na própria lei, após a sua regular apreensão, ficarão sob custódia da autoridade de polícia judiciária, excetuadas as armas, que serão recolhidas na forma de legislação específica.

Alternativa "E": ao contrário, o § 1º do art. 62 da Lei 11.343/2006 autoriza o uso: "Comprovado o interesse público na utilização de qualquer dos bens mencionados neste artigo, a autoridade de polícia judiciária poderá deles fazer uso, sob sua responsabilidade e com o objetivo de sua conservação, mediante autorização judicial, ouvido o Ministério Público".

447. (Delegado de Polícia – AP/ 2010 – FGV) Relativamente ao tema *medidas assecuratórias*, analise as afirmativas a seguir:

I. Caberá o sequestro dos bens imóveis, adquiridos pelo indiciado com os proventos da infração, ainda que já tenham sido transferidos a terceiro.
II. O sequestro será levantado se a ação penal não for intentada no prazo de sessenta dias, contado da data em que ficar concluída a diligência.
III. O juiz poderá ordenar o sequestro ainda antes de oferecida a denúncia ou queixa mediante representação da autoridade policial.

Assinale:

a) se somente a afirmativa I estiver correta.
b) se somente a afirmativa II estiver correta.
c) se somente a afirmativa III estiver correta.
d) se somente as afirmativas II e III estiverem corretas.
e) se todas as afirmativas estiverem corretas.

COMENTÁRIOS

✪ **Nota do autor:** o CPP prevê três medidas assecuratórias, quais sejam, o sequestro (para os proventos do crime), o arresto (que normalmente irá assegurar a reparação do dano) e a especialização da hipoteca legal (idem).

Alternativa correta: letra "E". Todas as afirmativas estão corretas.

Item I: certo. O sequestro pode recair sobre bens móveis ou imóveis que tenham procedência ilícita, ou seja, que sejam proveitos do crime. Ex.: alguém pratica tráfico de drogas e, com o dinheiro ganho em tal atividade, compra uma mansão. É possível o sequestro de tal imóvel, inclusive quando já tenha sido passado para o nome de terceira pessoa (art. 125, CPP).

Item II: certo. É o que dispõe o art. 131, I, do CPP. Mas, atenção: não obstante os protestos da doutrina, há julgados que acabaram por desconsiderar tal prazo devido à complexidade do caso concreto.

Item III: certo. Dispõe o art. 127 do CPP: "O juiz, de ofício, a requerimento do Ministério Público ou do ofendido, ou mediante representação da autoridade policial, poderá ordenar o sequestro, em qualquer fase do processo ou ainda antes de oferecida a denúncia ou queixa".

448. (Delegado de Polícia – AP/ 2010 – FGV) Relativamente ao tema *medidas assecuratórias*, analise as afirmativas a seguir:

I. Constituem modalidades de medidas assecuratórias previstas expressamente no Código de Processo Penal o sequestro, o arresto, a hipoteca legal e a medida cautelar de indisponibilidade de bens.

II. A hipoteca legal sobre os imóveis do indiciado poderá ser decretada pelo juiz, de ofício, a requerimento do Ministério Público ou do ofendido, ou mediante representação da autoridade policial, desde que haja certeza da infração e indícios suficientes da autoria.

III. Passando em julgado a sentença condenatória, serão os autos de hipoteca ou arresto remetidos ao juiz do cível.

Assinale:

a) se somente a afirmativa I estiver correta.
b) se somente a afirmativa II estiver correta.
c) se somente a afirmativa III estiver correta.
d) se somente as afirmativas II e III estiverem corretas.
e) se todas as afirmativas estiverem corretas.

COMENTÁRIOS

Alternativa correta: letra "C": está correta a afirmativa III.

Item I: errado. As medidas assecuratórias previstas no CPP são apenas três: sequestro, arresto e especialização da hipoteca legal.

Item II: errado. De acordo com o art. 134 do CPP, a hipoteca legal sobre os imóveis do indiciado poderá ser requerida pelo ofendido em qualquer fase do processo, desde que haja certeza da infração e indícios suficientes da autoria. O art. 142 possibilita que o Ministério Público apresente tal requerimento se houver interesse da Fazenda Pública, ou se o ofendido for pobre e o requerer. Há vozes na doutrina que entendem não ser mais possível ao Ministério Público apresentar tal requerimento.

Item III: certo. É o que dispõe o art. 143 do CPP. O arresto e a hipoteca têm o objetivo de garantir a indenização, que decorre da sentença condenatória, bem como as despesas processuais e as penas pecuniárias. A indenização ao ofendido tem preferência (art. 140).

449. (Delegado de Polícia – AP/ 2010 – FGV) Relativamente ao tema *medidas assecuratórias*, analise as afirmativas a seguir:

I. O depósito e a administração dos bens arrestados ficam sujeitos ao regime do processo civil.

II. Quando os bens arrestados forem coisas fungíveis e facilmente deterioráveis, serão avaliados e levados a leilão público, depositando-se o dinheiro apurado, ou entregues as coisas ao terceiro que as detinha, se este for pessoa idônea e assinar termo de responsabilidade.

III. Das rendas dos bens móveis arrestados poderão ser fornecidos recursos arbitrados pelo juiz para a manutenção do indiciado e de sua família.

Assinale:

a) se somente a afirmativa I estiver correta.
b) se somente a afirmativa II estiver correta.
c) se somente a afirmativa III estiver correta.
d) se somente as afirmativas II e III estiverem corretas.
e) se todas as afirmativas estiverem corretas.

COMENTÁRIOS

✪ **Nota do autor:** deflui do disposto no art. 140 do CPP que o arresto é uma garantia para o ressarcimento do dano causado pelo delito, mas também para o pagamento das despesas processuais e da pena pecuniária. Esta parte do CPP sofreu algumas mudanças em 2012, pela Lei 12.694.

Alternativa correta: letra "E": todas as afirmativas estão corretas.

Item I: certo. É o que dispõe expressamente o art. 139 do CPP, com a redação que lhe foi dada pela Lei 11.435/2006.

Item II: certo. Esta é uma tendência das legislações mundiais. A Lei 12.694/2012 incluiu no CPP o art. 144-A, que dispõe: "O juiz determinará a alienação antecipada para preservação do valor dos bens sempre que estiverem sujeitos a qualquer grau de deterioração ou depreciação, ou quando houver dificuldade para sua manutenção". Trata-se de dispositivo mais amplo do aquele que vigorava quando este concurso foi realizado. Mas entendemos que a afirmativa deve ser considerada correta, eis que seu conteúdo não contraria o atual texto legal, mas é hipótese que nele se insere.

Item III: certo. É a previsão do art. 137, § 2º, do CPP.

450. (Delegado de Polícia – MT/ 2010 – UNEMAT) Com relação às medidas assecuratórias previstas no CPP, assinale a alternativa **correta.**

a) A medida legal do sequestro não incidirá sobre os bens previstos na Lei n° 8.009/90, consistentes em bens de família.
b) Com a decretação do sequestro, perde-se o direito de obtenção dos frutos.
c) A espécie de sentença que autoriza o cancelamento da hipoteca é a absolutória irrecorrível.
d) A Lei de Drogas, diversamente do Código de Processo Penal, descuidou-se da hipótese de suspensão do sequestro de bens.
e) A hipoteca legal não impede a alienação do bem.

COMENTÁRIOS

Alternativa correta: letra "E": a hipoteca legal é uma garantia que recai sobre o bem imóvel. Assim, caso o juiz determine a inscrição da hipoteca, o bem ficará gravado e poderá a garantia ser executada, no juízo cível, uma vez transitada em julgado a sentença condenatória criminal, pouco importando se o acusado tenha alienado o bem.

Alternativa "A": o sequestro incide sobre os proventos do crime, ou seja, sobre bens com origem ilícita (art. 125, CPP). Logo, se o acusado, com os proventos do crime, adquire um imóvel – único bem de família – este poderá ser sequestrado.

Alternativa "B": não há regra prevendo a proibição dos frutos do bem sequestrado enquanto não transitar em julgado a sentença condenatória.

Alternativa "C": o art. 141 do CPP inclui também a hipótese de decisão extintiva da punibilidade, não somente aquela que absolve o acusado.

Alternativa "D": o § 4º do art. 60 da Lei 11.343/2006 (Lei de Drogas) prevê a suspensão do sequestro e da ordem de apreensão. Não há tal regra no CPP.

451. (Delegado de Polícia – PI/ 2009 – NUCEPE) De acordo com o que dispõe o Código de Processo Penal, a medida assecuratória de sequestro:

a) pode ser determinada provando-se simplesmente a existência de indícios veementes da proveniência ilícita dos bens.

b) atinge os bens adquiridos pelo indiciado com os proventos da infração, mas não pode ser decretada se esses bens já tiverem sido transferidos para terceiros.

c) não pode ser determinada antes do oferecimento da denúncia ou da queixa.

d) será levantada se a ação penal não for intentada no prazo de trinta dias.

e) pode ser embargada pelo terceiro de boa-fé, a quem houverem os bens sido transferidos a título oneroso, caso em que a decisão poderá ser pronunciada antes mesmo da sentença penal condenatória.

COMENTÁRIOS

✪ **Nota do autor:** não confundam produto e provento do crime. O produto do crime é o resultado mesmo do delito (ex.: o agente rouba um veículo; este é o produto do crime). O provento é o benefício que o agente tem com o produto do crime (ex.: o dinheiro resultante da venda do carro que o agente roubou). Quanto ao provento, cabe sequestro; quanto ao produto, cabe busca e apreensão, salvo no caso em que o produto for um bem imóvel, caso em que se admite o sequestro.

Alternativa correta: letra "A": é o que diz o art. 126 do CPP: "Para a decretação do sequestro, bastará a existência de indícios veementes da proveniência ilícita dos bens".

Alternativa "B": o sequestro pode ser decretado mesmo que os bens proventos do crime tenham sido transferidos a terceiro (art. 125, CPP).

Alternativa "C": dispõe o art. 127 do CPP que o juiz, de ofício, a requerimento do Ministério Público ou do ofendido, ou mediante representação da autoridade policial, poderá ordenar o sequestro, em qualquer fase do processo ou ainda antes de oferecida a denúncia ou queixa. Há na doutrina quem questione se o juiz pode, de ofício, na fase anterior ao início do processo, decretar o sequestro. No entanto, na doutrina há quem afirme ser isso perfeitamente possível.

Alternativa "D": o prazo é outro, de 60 dias.

Alternativa "E": os embargos, nesse caso, são meio de impugnação previsto no art. 130, II, do CPP. Nesse caso, os embargos não poderão ser julgados antes do trânsito em julgado da sentença condenatória (parágrafo único).

452. (Delegado de Polícia – MG / 2008 – ACADEPOL – PC/MG) Em relação à medida assecuratória do **sequestro** e à **busca e apreensão**, assinale a afirmativa ***CORRETA***.

a) Se Tício furta um relógio, poderá esse objeto ser sequestrado, porque foi obtido por meios criminosos.

b) Se, porém, Tício compra normalmente um relógio pagando-o com dinheiro furtado – ou seja, pagando com proventos da infração – o que cumpre, então, é apreender o relógio.

c) O sequestro se destina a possibilitar os efeitos da sentença condenatória, isto é, pagamento das obrigações que nascem do crime e perda em favor da União, depois de satisfeitas as obrigações para com o lesado e o terceiro de boa-fé, dos produtos do crime ou de quaisquer bens ou valores que constituam proveito auferido com a prática do fato criminoso.

d) Prolatada a sentença condenatória, o juiz determinará a avaliação e a venda, em leilão público, dos bens sequestrados.

COMENTÁRIOS

✪ **Nota do autor:** o sequestro é considerado pelo CPP uma medida assecuratória. Preferimos, no entanto, chamá-lo de medida cautelar de natureza real (ex.: sequestro de bem imóvel adquirido com o provento do crime). Já a busca e apreensão é meio de obtenção de prova, pois através dela busca-se uma fonte ou mesmo um elemento de prova (ex.: um documento, o próprio produto do crime, a arma usada no delito etc.). Parte da doutrina considera que a busca e apreensão pode ter natureza acautelatória também.

Alternativa correta: letra "C": o objetivo do sequestro é o de tornar indisponíveis os bens adquiridos pelo imputado com os proventos do crime, a fim de garantir os efeitos extrapenais da condenação: reparação do dano e perda do bem que seja decorrente da prática do crime.

Alternativa "A": se Tício furta um relógio, este bem é o próprio produto do crime, sendo cabível, *in casu*, a busca e apreensão.

Alternativa "B": nesse caso, o relógio não é produto do crime, mas coisa adquirida a partir do ganho obtido com o crime, sendo o caso de aplicação do art. 132 do CPP, ou seja, sequestro.

Alternativa "D": prolatada a sentença condenatória, o juiz deverá decidir o que fazer com os bens sequestrados, sendo este o entendimento que se pode extrair do disposto no art. 387, § 1º, do CPP. Porém, de acordo com o art. 133, *caput*, do CPP, somente quando transitada em julgado a sentença é que o juiz, de ofício ou a requerimento do interessado, poderá determinar a avaliação e a venda dos bens em leilão público.

16. EXECUÇÃO PENAL

▸ Lei 7.210/1984 (LEP)

453. (IBADE – Delegado de Polícia – AC/2017) A prática de fato previsto como crime doloso constitui falta grave e, quando ocasione subversão da ordem ou disciplina internas, sujeita o preso provisório, ou condenado, sem prejuízo da sanção penal, ao regime disciplinar diferenciado, com a seguinte característica, nos moldes da Lei de Execução Penal:

a) duração máxima de trezentos e sessenta dias, sem prejuízo de repetição da sanção por nova falta grave de mesma espécie, até o limite da metade da pena aplicada.

b) recolhimento em cela com. no máximo. 3 detentos.

c) visitas semanais de duas pessoas, sem contar as crianças, com duração de uma hora.

d) duração máxima de trezentos e sessenta dias, sem prejuízo de repetição da sanção por nova falta grave de mesma espécie, até o limite de um terço da pena aplicada.

e) o preso terá direito à saída da cela por 2 horas diárias para banho de sol.

COMENTÁRIOS

Alternativa correta: letra "E": o Regime Disciplinar Deferenciado, também conhecido como RDD, é previsto no art. 52 da Lei 7.210/1984 (LEP). Segundo tal dispositivo, a prática de fato previsto como crime doloso constitui falta grave e, quando ocasione subversão da ordem ou disciplina internas, sujeita o preso provisório, ou condenado, sem prejuízo da sanção penal, a tal regime mais rigoroso, que possui as seguintes características: a) duração máxima de 360 dias, sem prejuízo de repetição da sanção por nova falta grave de mesma espécie, até o limite de 1/6 da pena aplicada; b) recolhimento em cela individual; c) visitas semanais de 2 pessoas, sem contar as crianças, com duração de 2 horas; d) o preso terá direito à saída da cela por 2 horas diárias para banho de sol. A decisão de incluir ou não o preso no regime especial é do juiz da execução penal.

454. (FUNCAB – Delegado de Polícia – ES/2013) Quanto ao sistema de acompanhamento da execução das penas, da prisão cautelar e da medida de segurança, é correto afirmar que a autoridade policial, por ocasião da prisão, deve providenciar o lançamento dos dados ou das informações referentes:

I. ao tipo penal e pena em abstrato e comunicação da prisão à família e ao defensor.

II. ao nome, filiação, data de nascimento e sexo.

III. à utilização de equipamento de monitoração eletrônica.

IV. à data da prisão ou da internação.

Estão corretas:

a) I, II, III e IV.

b) I, II e III, apenas.

c) I, II e IV, apenas.

d) III e IV, apenas.

e) I e III, apenas.

COMENTÁRIOS

✪ **Nota do autor:** o sistema de acompanhamento da execução das penas é regulado pela Lei 12.714/2013, que estipula, no art. 2º, quais os dados que devem ser nele lançados e, no art. 3º, quais são as autoridades responsáveis pelo lançamento. Atenção para esta lei, que é recente e novidade em concursos.

Alternativa correta: letra "C": estão certas as assertivas I, II e IV.

Assertiva I: certo. É o que prevê o art. 2º, III e IV, combinado com o art. 3º, I, da Lei 12.714/2013.

Assertiva II: certo. É a previsão do art. 2º, I, combinado com o art. 3º, I, da Lei 12.714/2013.

Assertiva III: errado. O lançamento de tal dado cabe ao magistrado que proferiu a decisão (art. 3º, II, Lei 12.714/2013).

Assertiva IV: certo. É o que prevê o art. 2º, II, combinado com o art. 3º, I, da Lei 12.714/2013.

455. (UEPA – Delegado de Polícia – PA/2013) De acordo com a Lei de Execução Penal é correto afirmar que:

a) indivíduo que tenha sido condenado, em processos distintos, a duas penas privativas de liberdade em regime inicial semiaberto, pode iniciar a execução em regime fechado, se o somatório das penas importar em valor incompatível com esse regime.

b) a inclusão do apenado no regime aberto depende da comprovação de que o mesmo já está trabalhando, porque deve comprovar a capacidade prévia de sustentar-se por meios lícitos.

c) a regressão de regime pode ser imposta ao apenado que, no curso da execução, seja condenado, por sentença transitada em julgado, pela prática de crime doloso ou, nos termos do regulamento da casa penal, da prática de falta grave.

d) o regime disciplinar diferenciado pode ser imposto tanto ao condenado quanto ao preso provisório, tendo como fundamento a prática de qualquer crime doloso, porque todos os crimes dolosos constituem faltas graves.

e) razões de segurança ou disciplinares autorizam o diretor do estabelecimento penal a suspender ou restringir certos direitos do preso, dentre eles o de receber visitas íntimas, mas não pode ser suspenso o direito às visitas normais dos familiares, porque essa é uma condição básica de ressocialização.

COMENTÁRIOS

Alternativa correta: letra "A": quando ocorrem duas condenações em processos distintos, o juiz responsável pela execução das penas deve unificá-las. Então, procederá nos termos do art. 111 da LEP: "Quando houver condenação por mais de um crime, no mesmo processo ou em processos distintos, a determinação do regime de cumprimento será feita pelo resultado da soma ou unificação das penas, observada, quando for o caso, a detração ou remição". Então, é possível que um acusado seja condenado em dois processos distintos, num caso, a 6 anos de reclusão em regime semiaberto e, noutro, a 7 anos, no mesmo regime, resultando numa pena unificada de 13 anos, que deverá ser cumprida no regime inicial fechado (art. 33, § 2º, *a*, CP).

Alternativa "B": de acordo com o art. 113 da LEP, o ingresso do condenado em regime aberto supõe a aceitação de seu programa e das condições impostas pelo Juiz. E somente poderá ingressar no regime aberto o condenado que: (i) estiver trabalhando ou comprovar a possibilidade de fazê-lo imediatamente; (ii) apresentar, pelos seus antecedentes ou pelo resultado dos exames a que foi submetido, fundados indícios de que irá ajustar-se, com autodisciplina e senso de responsabilidade, ao novo regime (art. 115). Em alguns casos, o trabalho poderá ser dispensado.

Alternativa "C": segundo o art. 118 da LEP, a regressão de regime é possível se o condenado praticar fato definido como crime doloso ou falta grave; ou sofrer condenação, por crime anterior, cuja pena, somada ao restante da pena em execução, torne incabível o regime.

Alternativa "D": o Regime Disciplinar Diferenciado (RDD) é previsto pelo art. 52 da LEP. Tal dispositivo prevê que a prática de fato previsto como crime doloso constitui falta grave e, quando ocasione subversão da ordem ou disciplina internas, sujeita o preso provisório, ou condenado, sem prejuízo da sanção penal, ao regime disciplinar diferenciado. Os §§ 1º e 2º ampliam a aplicação de tal regime disciplinar diferenciado aos presos provisórios ou condenados, nacionais ou estrangeiros, que apresentem alto risco para a ordem e a segurança do estabelecimento penal ou da sociedade, bem como para o preso provisório ou o condenado sob o qual recaiam fundadas suspeitas de envolvimento ou participação, a qualquer título, em organizações criminosas, quadrilha ou bando.

Alternativa "E": podem ser suspensos ou restringidos, por ato motivado do diretor do estabelecimento, os seguintes direitos do preso: (i) proporcionalidade na distribuição do tempo para o trabalho, o descanso e a recreação; (ii) visita do cônjuge, da companheira, de parentes e amigos em dias determinados; (iii) contato com o mundo exterior por meio de correspondência escrita, da leitura e de outros meios de informação que não comprometam a moral e os bons costumes.

456. (Delegado de Polícia – RN/ 2008 – CESPE) A indulgência estatal que depende de decreto do presidente da República (podendo esse delegar tal competência a ministros de Estado, procurador-geral da República ou advogado-geral da União), tem caráter individual e, de regra, depende de requerimento do condenado, do MP, do Conselho Penitenciário ou de autoridade administrativa é denominada

a) anistia.
b) indulto.
c) graça.
d) asilo político.
e) extradição.

COMENTÁRIOS

Alternativa correta: letra "C": a graça é denominada "indulto individual" pela LEP (Lei 7.210/1984). Trata-se de um benefício individual, que depende de provocação do interessado, sendo ato concedido ou delegado pelo Presidente da República (art. 84, XII, CF). Na LEP, seu procedimento está regulado nos arts. 188 a 193. Assim, poderá ser provocada por petição do condenado, por iniciativa do Ministério Público, do Conselho Penitenciário, ou da autoridade administrativa. A petição da graça, acompanhada dos documentos que a instruírem, será entregue ao Conselho Penitenciário, para a elaboração de parecer e posterior encaminhamento ao Ministério da Justiça. O Conselho Penitenciário, à vista dos autos do processo e do prontuário, promoverá as diligências que entender necessárias e fará, em relatório, a narração do ilícito penal e dos fundamentos da sentença condenatória, a exposição dos antecedentes do condenado e do procedimento deste depois da prisão, emitindo seu parecer sobre o mérito do pedido e esclarecendo qualquer formalidade ou circunstâncias omitidas na petição. Processada no Ministério da Justiça com documentos e o relatório do Conselho Penitenciário, a petição será submetida a despacho do Presidente da República, a quem serão presentes os autos do processo ou a certidão de qualquer de suas peças, se ele o determinar. Concedido a graça e anexada aos autos cópia do decreto, o juiz declarará extinta a pena ou ajustará a execução aos termos do decreto, no caso de comutação.

Alternativa "A": a anistia é lei de natureza penal. Como tal, sua edição é da competência legislativa da União (art. 22, I, CF) e, portanto, do Congresso Nacional. Além disso, não pode ser concedida por medida provisória (art. 62, § 1º, *b*, CF). É lei penal de efeito retroativo, que retira as consequências de alguns crimes já praticados, promovendo, no dizer da doutrina, o seu "esquecimento" jurídico. A anistia pode ser: especial (para crimes políticos); comum (para crimes não políticos); própria (concedida antes do trânsito em julgado); imprópria (concedida depois do trânsito em julgado); geral ou plena (menciona os fatos e atinge a todos que os cometeram); parcial ou restrita (menciona fatos, mas exige o preenchimento de alguma condição pessoal do criminoso, como a primariedade); incondicionada ou irrestrita (não exige o atendimento de nenhum requisito); condicionada ou restrita (exige o atendimento a certos requisitos, podendo ser recusada pelo anistiado). Uma vez concedida, a anistia não pode ser revogada, porque a lei posterior revogadora prejudicaria os anistiados, violando o princípio constitucional de que a lei não pode retroagir para prejudicar o acusado (art. 5º, XL). A lei que concede a anistia retira todos os efeitos penais, principais e secundários do fato, mas não os efeitos extrapenais. Não é possível sua concessão aos crimes mencionados na Lei 8.072/1990 (Lei dos Crimes Hediondos).

Alternativa "C": o indulto é um benefício coletivo, que não depende de provocação do interessado e também é concedido pelo Presidente da República.

Alternativa "D": asilo político é ato de soberania, por meio do qual o país concede a um cidadão estrangeiro permissão para que aqui resida. Não guarda relação alguma, portanto, com cumprimento de pena ou cometimento de crime no território brasileiro.

Alternativa "E": a extradição consiste na entrega de um indivíduo a um outro país, para que neste ele seja julgado ou para que cumpra pena pela qual naquele país tenha sido condenado. A decisão sobre pedido de extradição cabe ao STF, conforme competência expressamente atribuída pela CF (art. 102, I, *g*) e é regulada, basicamente, pela Lei 13.445/2017 e pelo Regimento Interno do mesmo Tribunal. No processo de extradição não se faz instrução probatória, pois o Estado requerente tem o dever de fornecer todas as informações, por documentos, necessárias para a decisão do STF, comprovando que os requisitos previstos na CF e legislação infraconstitucional brasileiras estão presentes; a Corte Suprema não analisará o mérito da ação penal estrangeira, mas o STF entende que deve haver o exame do mérito (indícios de autoria e prova do crime, pelo menos) da ação penal estrangeira quando se tratar de processo de extradição de brasileiro naturalizado em caso de comprovado envolvimento com tráfico de drogas..

457. (Delegado de Polícia – RN/ 2008 – CESPE) De acordo com a Lei de Execução Penal, assinale a opção correta.

a) O trabalho externo é inadmissível para os presos em regime fechado, tendo em vista o alto grau de periculosidade dos condenados.

b) A prestação de trabalho externo, a ser autorizada pela direção do estabelecimento penal, dependerá de aptidão, disciplina e responsabilidade, além do cumprimento mínimo de dois terços da pena.

c) Se o preso for punido por falta média, será revogada a autorização de trabalho externo.

d) Se o preso praticar fato definido como crime, revogar-se-á a autorização de trabalho externo.

e) Para o preso provisório, o trabalho é obrigatório e só poderá ser executado no interior do estabelecimento.

COMENTÁRIOS

Alternativa correta: letra "D": a prática de fato definido como crime doloso é falta grave (art. 52, Lei 7.210/1984 – LEP). O art. 37, parágrafo único, autoriza, nesse caso, a revogação da autorização de trabalho externo.

Alternativa "A": diz o art. 36 da LEP que o trabalho externo será admissível para os presos em regime fechado somente em serviço ou obras públicas realizadas por órgãos da Administração Direta ou Indireta, ou entidades privadas, desde que tomadas as cautelas contra a fuga e em favor da disciplina.

Alternativa "B": segundo o art. 37, *caput*, da LEP: "A prestação de trabalho externo, a ser autorizada pela direção do estabelecimento, dependerá de aptidão, disciplina e responsabilidade, além do cumprimento mínimo de 1/6 (um sexto) da pena".

Alternativa "C": somente ocorrerá a revogação se a falta for grave (art. 37, parágrafo único, LEP).

Alternativa "E": para o preso provisório, o trabalho não é obrigatório e só poderá ser executado no interior do estabelecimento (art. 31, parágrafo único, LEP).

458. (Delegado de Polícia – MG / 2008 – ACADEPOL – PC/MG) Quanto à competência do Conselho Penitenciário, é ***CORRETO*** afirmar que

a) o Conselho Penitenciário tem que emitir parecer em pedidos de progressão de regime do semi-aberto para o aberto e indulto.

b) o Conselho Penitenciário tem que emitir parecer em pedidos de progressão de regime do fechado para o semi-aberto e comutação de pena.

c) o Conselho Penitenciário tem que emitir parecer em pedidos de indulto e comutação de pena.

d) o Conselho Penitenciário tem que emitir parecer em pedidos de livramento condicional e progressão de regime do fechado para o semi-aberto.

COMENTÁRIOS

✪ **Nota do autor:** a competência do Conselho Penitenciário está prevista na LEP (Lei 7.210/1984). Trata-se de órgão consultivo e fiscalizador da execução da pena, integrado por membros nomeados pelo Governador do Estado, do Distrito Federal e dos Territórios, dentre professores e profissionais da área do Direito Penal, Processual Penal, Penitenciário e ciências correlatas, bem como por representantes da comunidade. O mandato dos membros do Conselho Penitenciário terá a duração de 4 anos. Segundo o art. 70 da LEP, incumbe ao Conselho: emitir parecer sobre indulto e comutação de pena, excetuada a hipótese de pedido de indulto com base no estado de saúde do preso; inspecionar os estabelecimentos e serviços penais; apresentar, no primeiro trimestre de cada ano, ao Conselho Nacional de Política Criminal e Penitenciária, relatório dos trabalhos efetuados no exercício anterior; e supervisionar os patronatos, bem como a assistência aos egressos.

Alternativa correta: letra "C": trata-se da competência prevista no art. 70, I, da LEP, que excepciona a hipótese de pedido de indulto com base no estado de saúde do preso.

Alternativas "A" e "B": a progressão de regime não depende de parecer do Conselho Penitenciário, mas de comprovação de bom comportamento carcerário por meio de atestado do diretor do estabelecimento prisional (art. 112, *caput*, LEP). Há necessidade, isto sim, de prévias manifestações do Ministério Público e do defensor (art. 112, § 1º).

Alternativa "D": o Conselho Penitenciário será ouvido pelo juiz antes de conceder o livramento condicional, conforme estipula o art. 131 da LEP, não havendo a mesma exigência, como visto acima, quanto à progressão de regime.

✦ DICAS (RESUMO)

1. PRINCÍPIOS E GARANTIAS

- **CF, art. 5º**

DECRETO 678/1992 (CONVENÇÃO AMERICANA DE DIREITOS HUMANOS)

- **Princípio da presunção de inocência** (ou **da não culpabilidade** ou **do estado de inocência**): decorre do art. 5º, LVII, da CF. Significa que ninguém pode ser considerado culpado antes que advenha sentença penal condenatória com trânsito em julgado. Disso decorrem diversas consequências, sendo importante sublinhar: a) o acusado não tem que provar sua inocência, cabendo a prova da culpabilidade à parte acusadora; b) não é possível execução provisória da pena, a não ser para fins de progressão de regime ou aplicação de regime menos severo (v. STF, Súmulas 716 e 717); e, ainda, o § 2º do art. 387 do CPP manda que o tempo de prisão provisória já seja computado na sentença para fins de fixação do regime inicial da pena. O STF já vinha admitindo a execução provisória da pena se o recurso especial ou extraordinário manejado mostrar-se claramente protelatório. Ocorre que o STF, no julgamento do HC 126.292-SP, modificou o entendimento que até então mantinha sobre o alcance do princípio da presunção de inocência. Assim, a Corte Suprema entendeu possível o início da execução da pena imediatamente depois do julgamento do recurso em segunda instância, ou seja, do esgotamento da via recursal ordinária. Portanto, o STF agora entende ser possível a prisão para cumprimento da pena ainda que haja recurso especial ou extraordinário pendente – ou seja, execução provisória – isso porque não mais será possível a discussão do fato e da prova, não havendo mais, a partir daí, a presunção da inocência. Tal decisão vem causando polêmica nos meios jurídicos e ainda será objeto de maiores reflexões, visto que, a nosso ver, pode haver, sim, em sede de recurso extraordinário ou especial, reflexos da decisão sobre a prova – e, portanto, sobre a matéria fática provada. Basta que se pense sobre decisão que anule uma determinada prova em sede de recurso especial: o tribunal superior pode, em face de tal decisão, analisando a prova remanescente, absolver o acusado.

– havendo presunção de inocência, para que o acusado seja condenado é necessário que ela seja afastada pelas provas produzidas na instrução criminal. Logo, havendo dúvida, o acusado não poderá ser condenado (*in dubio pro reo*);

– no caso da pronúncia, o juiz deve ter certeza da materialidade do crime doloso contra a vida, é dizer, que tal crime ocorreu. Em caso de dúvida, deve impronunciar o réu. O mesmo vale para a existência de indícios suficientes de autoria: se o juiz não estiver convencido de que eles existem – ou seja, se estiver em dúvida quanto à presença de tais indícios suficientes – deve impronunciar o réu. Portanto, notem: ao contrário do que tradicionalmente se afirma, não se aplica, mesmo nesse caso, o brocardo *in dubio pro societate*, mas também o *in dubio pro reo*. Ora, juiz com dúvida é juiz que não está convencido e a pronúncia exige o convencimento.

- **Princípio da ampla defesa**: decorre do art. 5º, LV, da CF, que assegura a ampla defesa, aos litigantes, em processo judicial ou administrativo, e aos acusados em geral, com os meios e recursos a ela inerentes. Assim, todo acusado tem direito à defesa técnica, devendo o Estado providenciá-la, caso aquele não possa fazê-lo (art. 5º, LXXIV, CF). O acusado também tem direito à autodefesa, mas se trata de opção dele, que pode ou não exercê-la (ou seja, o acusado pode confessar o delito, negá-lo, silenciar a respeito etc.). A defesa técnica deve ser efetiva e a falta dela constitui nulidade absoluta. Já sua insuficiência, de acordo com entendimento do STF (Súmula 523), é causa de nulidade apenas relativa, devendo ser demonstrado prejuízo ao acusado. É importante observar que a Defesa deve ter acesso à todas as provas dos autos e a todas as informações nele disponíveis, inclusive na fase policial (v. STF, Súmula Vinculante 14). Entendemos que o princípio da ampla defesa deve ser aplicado já na fase investigatória.

- **Princípio do *nemo tenetur se detegere***: é o direito de não produzir prova contra si mesmo. A CF reconhece ter o acusado direito ao silêncio, devendo ser advertido de sua existência (art. 5º, LXIII). Porém, o direito ao silêncio é apenas uma das facetas do princípio. Há outras consequências:

– além de poder manter-se em silêncio, não sendo obrigado a dizer nada, nem a confessar, o acusado não pode ser obrigado a dizer a verdade. Não se trata de direito de mentir, mas simplesmente que a mentira, nesse caso, não é sancionada. Mas, cuidado: o objetivo de mentir deve ser o de se proteger, o que significa que, caso a mentira prejudique terceiro, inclusive com imputação de crime a este, poderá o acusado responder pelo crime de denunciação caluniosa. Notem: a mentira não pode servir para a prática de crime. Por isso, não se tem admitido que o acusado minta sobre sua identidade, cometendo o delito de falsa identidade, caso o faça;

– o imputado tem o direito de não praticar qualquer ato que possa incriminá-lo. Mas, o direito somente abarca os comportamentos ativos do imputado, caso em que sempre se dependerá de seu consentimento. Não por outro motivo, o STF já considerou que o imputado não tem a obrigação de fornecer material para perícia grafotécnica ou de voz. O mesmo não se pode dizer quanto ao reconhecimento: o acusado não pode se recusar a ser submetido a reconhecimento;

- o imputado não pode se sujeitar a coleta de provas incriminadoras invasivas sem o seu consentimento: por prova invasiva, entende-se aquela que, para sua produção, exige que haja intervenção no corpo do imputado, com penetração de instrumentos ou substâncias, com ou sem extração de parte do organismo. Havendo permissão, a prova é lícita. E mais: se o imputado, involuntariamente, fornecer o material (pensem em um filtro de cigarro fumado por ele e recolhido pela polícia em um cinzeiro), este poderá ser usado. A mera inspeção corporal não configura invasão.

- **Princípio do contraditório**: também chamado por alguns de "princípio da bilateralidade da audiência", decorre do mesmo art. 5º, LV, da CF, que o afirma ao lado da ampla defesa. A formulação clássica do princípio do contraditório afirma que este consiste na ciência bilateral dos atos do processo e a possibilidade de contrariá-los. Porém, não é só isso. Contraditório pressupõe conhecimento dos atos e termos do processo, sem dúvida. Mas, implica na possibilidade efetiva de participar de tais atos, podendo neles influir, como ocorre no caso da produção das provas. E as partes no processo devem atuar em seus atos em igualdade de condições. Importante observar que todas as provas devem ser produzidas sob o contraditório, pois as partes tem o direito de presenciar sua produção e, mais importante, de influir na produção e, por via de consequência, no convencimento do juiz. É por isso que o art. 155 do CPP determina que o juiz deve formar sua convicção pela livre apreciação da prova produzida em contraditório judicial, não podendo fundamentar sua decisão exclusivamente nos elementos informativos colhidos na investigação (pois na fase de investigação, posto tenha a Defesa acesso aos autos – STF, Súmula Vinculante 14 –, não vige o contraditório), ressalvadas as provas cautelares, não repetíveis e antecipadas. Nestes três últimos casos ocorre o que a doutrina chama de "contraditório diferido". Na fase investigatória, não incide o princípio do contraditório: o fato de poder o advogado do investigado acompanhar alguns atos, formular requerimentos, apresentar argumentos, não significa que há contraditório, mas apenas a incidência da garantia da ampla defesa;

- assim, temos o **contraditório real**: as partes atuam na formação da prova (contraditório para a prova);

- e temos o **contraditório diferido**: atua depois da formação da prova (contraditório sobre a prova).

- **Princípio da paridade de armas** (ou **da igualdade de partes**): a Defesa deve ter os mesmos direitos, no processo, que o Ministério Público e vice-versa. É a igualdade formal, que decorre do art. 5º, *caput*, da CF. Mas, há a necessidade também da igualdade substancial, com a criação de mecanismos que garantam, efetivamente, a igualdade entre as partes no processo, já que a realidade mostra que, na prática, há desigualdade de forças entre o acusado – ou a maioria deles, que não possuem recursos para bancar, por exemplo, assistentes técnicos ou investigações privadas – e o Ministério Público. Alguns mecanismos foram criados, como no caso dos embargos infringentes (só possíveis para a Defesa) e a revisão criminal (já que é vedada a revisão *pro societate*, ou seja, revisão só é permitida a favor do acusado).

- **Princípios do juiz imparcial e do juiz natural**: decorrem de dois dispositivos da CF, quais sejam, os incisos XXXVII (não haverá juízo ou tribunal de exceção) e LIII (ninguém será processado nem sentenciado senão pela autoridade competente) do art. 5º, sendo a garantia do juiz imparcial implícita. Bastante explícito, a nosso ver, é a garantia do juiz natural, já que os dois dispositivos asseguram que sempre haverá um juiz com competências previamente definidas, de modo que, ocorrendo um crime, já se saberá qual magistrado deverá julgá-lo (na realidade, já se saberá se deverá ser julgado por vara especializada ou se deverá ocorrer distribuição a uma das varas da comarca). Além disso, nenhum tribunal especial não previsto na CF poderá ser formado para julgar um caso determinado.

- **Princípio da motivação**: decorre da regra decorrente do inciso IX do art. 93 do texto constitucional (todos os julgamentos dos órgãos do Poder Judiciário serão públicos, e fundamentadas todas as decisões, sob pena de nulidade, podendo a lei limitar a presença, em determinados atos, às próprias partes e a seus advogados, ou somente a estes, em casos nos quais a preservação do direito à intimidade do interessado no sigilo não prejudique o interesse público à informação). Isso inclui não somente as decisões finais, mas também, segundo boa parte da doutrina, as interlocutórias;

- Admite-se, porém, sobretudo nos Tribunais Superiores, que o juiz pode referir-se a argumentos do Ministério Público ou o Tribunal pode referir-se às razões de decidir do juiz de primeiro grau, sendo isso suficiente. Os Tribunais Superiores também vêm admitindo não ser necessária fundamentação no recebimento da denúncia, já que se está no início do processo e o recebimento implica em aceitação implícita dos requisitos da inicial acusatória;

- **Atenção para duas regras do novo CPC** que podem vir a ser aplicadas ao processo penal, com importantes implicações práticas sobre a fundamentação das decisões judiciais:

- Art. 489, II: obrigação de fundamentar a decisão, quando deverá o juiz analisar as questões de fato e de direito postas à sua apreciação;

- Art. 489, § 1º: sentença não será considerada fundamentada (ou seja, pode ser anulada) se o juiz:

- se limitar à indicação, à reprodução ou à paráfrase de ato normativo, sem explicar sua relação com a causa ou a questão decidida;
- empregar conceitos jurídicos indeterminados, sem explicar o motivo concreto de sua incidência no caso;
- invocar motivos que se prestariam a justificar qualquer outra decisão;
- não enfrentar todos os argumentos deduzidos no processo capazes de, em tese, infirmar a conclusão adotada pelo julgador;
- se limitar a invocar precedente ou enunciado de súmula, sem identificar seus fundamentos determinantes nem demonstrar que o caso sob julgamento se ajusta àqueles fundamentos;
- deixar de seguir enunciado de súmula, jurisprudência ou precedente invocado pela parte, sem demonstrar a existência de distinção no caso em julgamento ou a superação do entendimento.

• **Princípio da publicidade**: decorre do inciso LX do art. 5º ("a lei só poderá restringir a publicidade dos atos processuais quando a defesa da intimidade ou o interesse social o exigirem"), e do inciso IX do art. 93 (todos os julgamentos dos órgãos do Poder Judiciário serão públicos, e fundamentadas todas as decisões, sob pena de nulidade, podendo a lei limitar a presença, em determinados atos, às próprias partes e a seus advogados, ou somente a estes, em casos nos quais a preservação do direito à intimidade do interessado no sigilo não prejudique o interesse público à informação), ambos do texto constitucional. Por isso, a Súmula Vinculante 14 do STF, que dispôs ser direito do defensor, no interesse do representado, ter acesso amplo aos elementos de prova que, já documentados em procedimento investigatório realizado por órgão com competência de polícia judiciária, digam respeito ao exercício do direito de defesa. De se notar que as restrições à publicidade dos atos processuais são aquelas acima mencionadas, podendo a lei infraconstitucional regulá-las, como faz o CPP no art. 782, por exemplo. Assim, pode-se dizer que a regra é a da **publicidade interna**, ou seja, publicidade às partes e aos que atuam no processo, podendo haver restrições à **publicidade externa**. Não se considera haver qualquer infringência à regra constitucional na chamada "sala secreta" ou "sala especial" no Tribunal do Júri (ou seja, a recolha dos jurados para a votação, caso não seja possível a realização desta no próprio Plenário, depois de esvaziado). Vejam, adiante, algumas noções sobre o sigilo na fase investigatória.

• **Princípio do duplo grau de jurisdição**: não possui previsão no texto da CF, mas é reconhecido pela doutrina com base no art. 8º, *h*, da Convenção Americana de Direitos Humanos (Pacto de São José da Costa Rica), referendado pelo Decreto 678/1992. Há divergência no STF quanto à natureza jurídica das disposições da referida convenção, havendo, de um lado, entendimento de que teriam *status* de norma constitucional e, por outro, de que teriam natureza supralegal (vem prevalecendo este último entendimento). De qualquer modo, os dispositivos da Convenção integram nosso ordenamento jurídico. Mas, há exceção evidente ao princípio: casos de competência originária dos Tribunais. Assim, por exemplo, no caso de competência originária do Supremo Tribunal Federal, não caberá recurso a outro tribunal, pois este simplesmente inexiste. No máximo, como visto na Ação Penal 470, que tramitou no STF, são aceitos embargos de declaração – que até podem ter efeitos infringentes, ou seja, modificadores do resultado – e embargos infringentes, desde que haja previsão legal ou regimental.

• **Princípio da oficialidade**: significa que os órgãos responsáveis pela investigação e pela ação penal pública são órgãos do Estado, com funções públicas. No caso da ação penal pública, a titularidade é privativa do Ministério Público, conforme o disposto no art. 129, I, da CF, sendo possível, apenas em caso de inércia de tal órgão, a ação penal privada subsidiária da pública.

• **Princípio da obrigatoriedade**: preenchidos os requisitos legais, os órgãos incumbidos de investigar e de promover a ação penal pública são obrigados a fazê-lo. O Ministério Público, por sinal, não pode desistir da ação ou de recurso que tenha interposto, nem o Delegado de Polícia pode arquivar o inquérito policial (**princípio da indisponibilidade**). O princípio não se aplica à ação penal privada. A lei somente autoriza que o Ministério Público deixe de propor ação penal em alguns casos, como nos casos de crimes de menor potencial ofensivo (Lei 9.099/1995), pois há previsão de transação penal previamente ao momento do oferecimento da denúncia. Aceita a transação pelo autor do fato, a ação deixa de ser proposta. Há flexibilização do princípio também nos casos em que há acordo de leniência. Além disso, a Lei 12.850/2013 autoriza que o Ministério Público deixe de propor a ação penal contra membro de organização criminosa que tenha, dentro de certas condições, colaborado para as investigações. Vejam abaixo, no tópico sobre ação penal, outras exceções ao princípio apontadas pela doutrina.

• **Princípio da duração razoável do processo**: trata-se de garantia do acusado, prevista no inciso LXXVIII do art. 5º da CF. Não há previsão legal sobre o que seja prazo razoável ou quais as consequências da não observância da garantia. No entanto, é certo que pode acarretar a concessão da liberdade ao acusado que estiver preso provisoriamente.

• **Princípio do devido processo legal** (***due process ou law***): decorre da previsão do art. 5º, LIV, da CF (ninguém será privado da liberdade ou de seus bens sem o devido processo legal). Segundo a doutrina, divide-se em **devido processo legal substantivo** (*substantive due process*) e **devido processo legal processual** (*procedural due process*). O primeiro significa que as leis devem ser razoáveis e racionais quando se referem a atos do Estado e o segundo, na verdade, engloba diversos outros princípios, sendo o que alguns denominam de "princípio síntese" (ou seja, nele estão englobados os princípios do juiz natural, do contraditório, ampla defesa, juiz imparcial etc.).

- **Princípio do Promotor Natural**: significa que o Procurador-Geral não pode nomear livremente qualquer membro do Ministério Público para atuar em casos determinados, escolhidos por ele, havendo necessidade de previsão – antecipada, por regramentos internos – de qual órgão ministerial deve atuar em determinadas situações. Há muita controvérsia sobre a existência deste princípio, posto não previsto expressamente no texto constitucional. Normalmente, entre os membros do Ministério Público, há a aceitação de sua existência: haverá sempre uma regra de distribuição de feitos predeterminada, que não pode ser alterada, exceto nos casos expressamente previstos pela lei, evitando-se o acusador de exceção (assim como não pode haver tribunal de exceção). Na Lei 8.625/1993 (Lei Orgânica Nacional no Ministério Público) encontram-se hipóteses em que é possível um feito passar de um membro do Ministério Público a outro, como o art. 10, IX, *g* (pode o Procurador-Geral, por ato excepcional e fundamentado, designar membro da instituição, submetendo sua decisão previamente ao Conselho Superior do Ministério Público) e o art. 24 (o Procurador-Geral de Justiça poderá, com a concordância do Promotor de Justiça titular, designar outro Promotor para funcionar em feito determinado, de atribuição daquele). É importante que se observe não ter o STF reconhecido, até agora, explicitamente, na CF, a existência de tal princípio, embora, por vezes, o cite sem entrar numa discussão mais aprofundada do tema. Segundo pensamos, a existência do princípio vem sendo reconhecida pela doutrina processualista penal, até como uma das garantias formadoras do devido processo legal.

- **Princípio da Verdade Real**: muito se afirma que o processo penal, diferentemente do processo civil, não se contenta com a verdade formal, mas deve o Magistrado buscar uma reconstrução histórica fidedigna dos fatos. Um certo "princípio da verdade real" é frequentemente citado em manifestações do Ministério Público e mesmo em Acórdãos dos Tribunais, inclusive do STJ. No entanto, a doutrina vem questionando sua existência. É que a lei estabelece diversas restrições ao juiz quanto ao que pode ser aceito como prova, havendo a proibição das provas ilícitas e daquelas não produzidas sob o contraditório (se únicas nos autos). Entendemos, porém, que o processo não pode e não deve prescindir da busca da verdade, mas, ao mesmo tempo, não deve iludir-se com a ideia de que seja capaz de atingir a "verdade real". No processo, atinge-se a verdade processual possível, dentro dos limites impostos pela CF e pela lei.

- **Princípio da identidade física do juiz**: foi adotado em nosso CPP na reforma de 2008, por meio da redação do § 2º do art. 399 do CPP, que diz: "O juiz que presidiu a instrução deverá proferir a sentença". O CPC de 1973 também possuía previsão a respeito, no art. 132, que passou a ser aplicado ao processo penal por analogia. Assim, conforme o dispositivo do CPC revogado, o juiz, titular ou substituto que concluir a audiência julgará a lide, salvo se estiver convocado, licenciado, afastado por qualquer motivo, promovido ou aposentado, casos em que passará os autos ao seu sucessor. No entanto – e aqui há que se ter cautela –, **o novo CPC**, não contém disposição alguma a respeito do assunto. A nosso ver, deve ser aplicada a mesma solução dada pelo revogado CPC, mas não porque este, nesse ponto, continua em vigor – pois não continua –, mas por segurança jurídica. Entendemos que a solução até aqui seguida pela maioria da doutrina e da jurisprudência é razoável e deveria continuar a ser adotada. Tudo dependerá da posição jurisprudencial, que poderá mudar.

- **Princípio da proporcionalidade**: segundo alguns, trata-se de uma regra, não de um princípio. Seja como for, trata-se de princípio – vamos tratá-lo assim – que busca justamente a proteção dos direitos fundamentais frente às restrições que podem ser impostas, inclusive no processo penal;

– no processo penal, muito influente foi a obra de Nicolas Gonzales-Cuellar Serrano. Assim, tem-se entendido que qualquer restrição a direito fundamental depende, primeiramente, da **legalidade**, ou seja, de previsão em lei, com a respectiva regulamentação, da restrição. Ex.: previsão legal da interceptação telefônica, com a respectiva regulamentação;

– finalidade legítima, do ponto de vista constitucional, da medida restritiva. Assim, não se pode justificar a prisão temporária, por exemplo, com base no argumento de que, uma vez preso e isolado, o imputado poderá vir a confessar o crime, o que atentaria contra a dignidade humana;

– qualquer restrição deve ser judicialmente autorizada e de modo motivado;

– diz-se, ainda, que a proporcionalidade possui requisitos intrínsecos, também chamados de subprincípios:

  - adequação: será adequada a medida restritiva que for apta a se atingir o fim buscado com ela;
  - necessidade: dentre as medidas adequadas, deve o Estado escolher a menos gravosa, ou seja, a restrita em menor grau o direito fundamental atingido;
  - proporcionalidade em sentido estrito: é a ponderação entre a restrição causada ao direito fundamental e o fim buscado por meio dela.

2. NORMA PROCESSUAL PENAL E SUA APLICAÇÃO

- **CPP, arts. 1º a 3º**
- **Aplicação da lei penal no espaço**: a regra é a aplicação da *lex fori*, ou seja, a regra da territorialidade, que encontra exceção no próprio art. 1º, I, do CPP: aplica-se o CPP aos casos que devam ser julgados em território brasileiro, salvo disposições em contrário previstas em tratados, convenções ou regras de direito internacional.
- **Aplicação da lei penal no tempo**: a regra geral do art. 2º o CPP estabelece que a lei processual penal aplica-se desde logo, sem prejuízo da validade dos atos realizados sob a vigência da lei anterior. Portanto, alterada a lei processual, a nova deve ser aplicada, sem prejuízo do que já ocorreu no processo. No entanto, a doutrina vem entendendo que, no que tange às normas a respeito de medidas cautelares pessoais privativas ou restritivas da liberdade, por possuírem conteúdo misto, ou seja, penal e processual, deve seguir a regra do art. 5º, LV, da CF, que proíbe a retroação de norma penal, salvo para beneficiar o réu. Além disso, entende que ainda pode ser aplicado, mesmo que por analogia, o disposto no art. 2º do Decreto-lei 3.931/1941 (Lei de Introdução ao Código de Processo Penal), que prevê expressamente, quanto à prisão preventiva e à fiança, a aplicação da lei mais favorável no caso de intertemporalidade. Portanto:

– no caso de normas puramente processuais, aplica-se, como visto, o art. 2º do CPP;

– no caso de normas mistas (híbridas), ou seja, que misturem aspectos penais e processuais, o aspecto penal deve prevalecer, de modo que a nova lei não se aplicará se os dispositivos de natureza penal forem mais gravosos ao imputado. Não confundam normas mistas com as heterotópicas, que são normas que possuem uma única natureza (ex.: natureza processual), mas que se encontra em diploma legislativa com outro caráter (ex.: natureza processual, mas inserida no CP).

- **Analogia**: o art. 3º do CPP permite a aplicação da interpretação extensiva e da analogia. Para a aplicação desta última, deve haver lacuna, que pode ser integrada por meio de analogia. Para tanto, toma-se a regra existente para situações semelhantes, aplicando-se para aquela em que há a lacuna: *ubi eadem ratio, ibi eadem jus* (onde a mesma razão de fato, o mesmo direito)
- O CPC pode ser aplicado ao processo penal por analogia. O fundamento é o próprio art. 3º do CPP, não o art. 15 do CPC (que não menciona o processo penal).

3. INQUÉRITO POLICIAL E OUTROS PROCEDIMENTOS INVESTIGATÓRIOS

- **CPP, arts. 4º a 23**
- **Lei 9.099/1995, art. 69**
- **Lei 12.037/2009, art. 3º**
- **Lei 12830/2013**
- **CF, arts. 58, § 3º, e 129**
- O Inquérito Policial (IP) é conduzido pela Polícia Judiciária, função exercida, nos Estados, pela Polícia Civil e, no âmbito da União, pela Polícia Federal (art. 144, § 1º, IV, e § 4º, da CF). Estão excluídos das atribuições de tais Polícias os crimes militares.
- O IP é presidido por Delegado de Polícia (estadual ou federal), tendo como objetivo a apuração da materialidade e autoria das infrações penais.
- Segundo a Lei 12.830/2013, as funções de polícia judiciária e a apuração de infrações penais exercidas pelo delegado de polícia são de natureza jurídica, essenciais e exclusivas de Estado.
- Cabe ao Delegado de Polícia, segundo a mesma Lei 12.830/2013, a condução das investigações realizadas por meio de IP.
- Tem o IP natureza administrativa e serve de base para a propositura de ação penal (portanto, é um procedimento administrativo preparatório).
- O IP tem natureza inquisitória, é escrito e, segundo costuma dizer a doutrina, sigiloso.

– É inquisitório, pois não se aplica o princípio do contraditório, o que não quer dizer que não deva ser aplicado outro: o princípio da ampla defesa;

– Quanto ao sigilo, é certo que não se aplica aos advogados, em virtude do disposto no art. 7º, XIV, do Estatuto da Advocacia e a Ordem dos Advogados do Brasil (Lei 8.906/1994), que garante que tais profissionais possam examinar autos de inquérito policial em qualquer repartição policial. E a Súmula Vinculante 14 do Supremo Tribunal Federal dispõe ser direito do defensor, no interesse do representado, ter acesso amplo aos elementos de prova que, já documentados em procedimento investigatório realizado por órgão com competência de polícia judiciária, digam respeito ao exercício do direito de defesa. Normalmente, para afirmar que o inquérito é sigiloso, baseia-se a doutrina no art. 20 do CPP. Mas, notem: tal dispositivo na verdade não diz que o IP deve ser sigiloso. Não. Ali afirma-se apenas que a autoridade policial deve assegurar o sigilo necessário para as investigações. Ou seja, assegurar o sigilo, quando necessário.

- A doutrina reconhece a existência de investigações que não são feitas pela Polícia Judiciária: a) inquéritos parlamentares, realizados pelas Comissões Parlamentares de Inquérito ou pelas próprias polícias da Câmara dos Deputados e do Senado Federal, em caso de crimes cometidos em suas dependências (STF, Súmula 397); b) inquéritos policiais militares, conduzido por autoridades militares; c) investigações de infrações penais cometidas por Juízes de Direito e Promotores de Justiça, que são conduzidas pela cúpula das respectivas instituições; d) investigações de infrações penais de pessoas com prerrogativa de função pelos Tribunais Superiores.
- O inquérito civil previsto na Lei 7.347/1985 (que trata da ação civil pública) não é instaurado para apurar crime, mas como preparação para a ação mencionada. No entanto, pode ser usada para embasar a denúncia no âmbito criminal.
- O Ministério Público tem poderes de investigação, conforme já decidiu o STF, no RE 595.727-MG: "(...) Questão constitucional com repercussão geral. Poderes de investigação do Ministério Público. Os artigos 5º, incisos LIV e LV, 129, incisos III e VIII, e 144, inciso IV, § 4º, da Constituição Federal, não tornam a investigação criminal exclusividade da polícia, nem afastam os poderes de investigação do Ministério Público. Fixada, em repercussão geral, tese assim sumulada: 'O Ministério Público dispõe de competência para promover, por autoridade própria, e por prazo razoável, investigações de natureza penal, desde que respeitados os direitos e garantias que assistem a qualquer indiciado ou a qualquer pessoa sob investigação do Estado, observadas, sempre, por seus agentes, as hipóteses de reserva constitucional de jurisdição e, também, as prerrogativas profissionais de que se acham investidos, em nosso País, os Advogados (Lei 8.906/94, artigo 7º, notadamente os incisos I, II, III, XI, XIII, XIV e XIX), sem prejuízo da possibilidade – sempre presente no Estado democrático de Direito – do permanente controle jurisdicional dos atos, necessariamente documentados (Súmula Vinculante 14), praticados pelos membros dessa instituição'. Maioria. (...)" (RE 593.727-MG, Rel. Min. Gilmar Mendes, j. 14.05.2015).

* A Lei 13.432/2017 regulamentou a profissão de detetive particular. A nova legislação deixou claro que o detetive somente pode realizar investigações de natureza não-criminal, embora possa colaborar com a polícia nos inquéritos, caso a autoridade policial assim o autorize. Se o detetive realizar investigações, há entendimento de que estará a praticar crime de usurpação de função pública. Porém, outro entendimento entende que não se pode proibir investigações e que o detetive particular poderá agir no âmbito da investigação defensiva.

- De qualquer modo, o IP é dispensável, conforme se depreende dos arts. 12, 27, 39, § 5º, e 46, § 1º, do CPP. Portanto, com base em outros tipos de informações (peças de informação, termos circunstanciados no caso dos delitos de menor potencial ofensivo, etc.), pode a ação penal ser oferecida.
- **Notitia criminis**: é o conhecimento do crime por parte da autoridade policial. A doutrina costuma dividi-la em três espécies:
  - **notitia criminis de cognição imediata ou espontânea**: se dá nas hipóteses em que a própria autoridade policial, em suas atividades rotineiras (ex.: leitura de jornal), toma conhecimento da infração penal;
  - **notitia criminis de cognição mediata ou provocada**: a autoridade policial toma conhecimento da infração penal por meio de comunicado escrito;
  - **notitia criminis de cognição coercitiva**: a autoridade policial toma conhecimento da infração quando alguém lhe é apresentado preso em flagrante.
- **Obs:** *delatio criminis* é a comunicação da infração penal à autoridade policial feita por quem não é o ofendido ou seu representante legal. Pode ser apresentar tanto sob a forma de *notitia criminis* de cognição imediata quanto como mediata.

ESPÉCIE DE AÇÃO	INÍCIO DO IP
Ação penal pública incondicionada **CPP, arts. 5º, *caput*, e 8º**	• de ofício, pela Autoridade Policial, que elabora portaria inaugural • por requisição do Ministério Público • por requisição do juiz (há quem entenda que isso atinge o sistema acusatório, sendo inconstitucional) • por requerimento do ofendido • por auto de prisão em flagrante
Ação penal pública condicionada **CPP, art. 5º, § 4º**	• depende de representação do ofendido ou seu procurador • ou de requisição do Ministro da Justiça, quando cabível
Ação penal privada **CPP, art. 5º, § 5º**	• depende de requerimento do ofendido
Foro por prerrogativa de função	• depende de autorização do Tribunal competente para julgar o caso

- Não há um rito a ser seguido pela autoridade policial. Porém, os arts. 6º e 7º do CPP trazem algumas indicações de como deverá proceder o delegado. Assim, diz tal dispositivo legal que, logo que tiver conhecimento da prática da infração penal, a autoridade policial deverá:

- dirigir-se ao local, providenciando para que não se alterem o estado e conservação das coisas, até a chegada dos peritos criminais;
- apreender os objetos que tiverem relação com o fato, após liberados pelos peritos criminais;
- colher todas as provas (leia-se: elementos informativos) que servirem para o esclarecimento do fato e suas circunstâncias;
- ouvir o ofendido;
- ouvir o indiciado, devendo o respectivo termo ser assinado por duas testemunhas que lhe tenham ouvido a leitura;
- proceder a reconhecimento de pessoas e coisas e a acareações;
- determinar, se for caso, que se proceda a exame de corpo de delito e a quaisquer outras perícias;
- ordenar a identificação do indiciado pelo processo datiloscópico, se possível, e fazer juntar aos autos sua folha de antecedentes;

• **identificação criminal** em caso de a pessoa já ser civilmente identificada: o assunto é regulado pela Lei 12.037/2009, que estabelece os casos em que o civilmente identificado poderá ser submetido à identificação criminal. São tantas as hipóteses previstas, que haverá a possibilidade de que seja realizada a identificação criminal, ainda que o indivíduo seja civilmente identificado. Os casos são os seguintes (art. 3º):

  ▪ o documento apresentar rasura ou tiver indícios de falsidade;
  ▪ o documento apresentado for insuficiente para identificar cabalmente o indiciado;
  ▪ o indiciado portar documentos de identidade distintos, com informações conflitantes entre si;
  ▪ a identificação criminal for essencial às investigações policiais, segundo despacho da autoridade judiciária competente, que decidirá de ofício ou mediante representação da autoridade policial, do Ministério Público ou da defesa;
  ▪ constar de registros policiais o uso de outros nomes ou diferentes qualificações;
  ▪ o estado de conservação ou a distância temporal ou da localidade da expedição do documento apresentado impossibilite a completa identificação dos caracteres essenciais.

- averiguar a vida pregressa do indiciado, sob o ponto de vista individual, familiar e social, sua condição econômica, sua atitude e estado de ânimo antes e depois do crime e durante ele, e quaisquer outros elementos que contribuírem para a apreciação do seu temperamento e caráter;
- colher informações sobre a existência de filhos, respectivas idades e se possuem alguma deficiência e o nome e o contato de eventual responsável pelos cuidados dos filhos, indicado pela pessoa presa;
- proceder à reprodução simulada dos fatos, desde que esta não contrarie a moralidade ou a ordem pública, caso necessária para verificar a possibilidade de haver a infração sido praticada de determinado modo.

* O CPP possui novas disposições a respeito das investigações dos crimes previstos nos arts. 148, 149 e 149-A, no § 3º do art. 158 e no art. 159 do CP, e no art. 239 do ECA. Nesses casos, o membro do Ministério Público ou o delegado de polícia poderá requisitar, de quaisquer órgãos do poder público ou de empresas da iniciativa privada, *dados* e *informações cadastrais* da vítima ou de suspeitos. A requisição será atendida no prazo de 24 horas.

* Outra disposição nova é a seguinte: se necessário à prevenção e à repressão dos *crimes relacionados ao tráfico de pessoas*, o membro do Ministério Público ou o delegado de polícia poderão requisitar, mediante autorização judicial, às empresas prestadoras de serviço de telecomunicações e/ou telemática que disponibilizem imediatamente os meios técnicos adequados – como sinais (posicionamento da estação de cobertura, setorização e intensidade de radiofrequência), informações e outros – que permitam a localização da vítima ou dos suspeitos do delito em curso. Mas atenção:

- o sinal não permitirá acesso ao conteúdo da comunicação de qualquer natureza, que dependerá de autorização judicial, conforme disposto na Lei 9.296/1996;
- deverá ser fornecido pela prestadora de telefonia móvel celular por período não superior a 30 dias, renovável por uma única vez, por igual período;
- para períodos superiores, haverá necessidade de ordem judicial;
- na hipótese prevista neste artigo, o inquérito policial deverá ser instaurado no prazo máximo de 72 horas, contado do registro da respectiva ocorrência policial;
- não havendo manifestação judicial no prazo de 12 horas, a autoridade competente requisitará às empresas prestadoras de serviço de telecomunicações e/ou telemática que disponibilizem imediatamente os meios técnicos adequados – como sinais, informações e outros – que permitam a localização da vítima ou dos suspeitos do delito em curso, com imediata comunicação ao juiz. Este dispositivo é de duvidosa constitucionalidade, visto que, se estamos diante de hipótese em que há necessidade de ordem judicial, esta é imprescindível, não podendo ser obtida posteriormente.

* Há regras novas no ECA (Lei 8.069/1990) sobre infiltração policial na internet nas investigações sobre crimes contra a dignidade sexual de crianças e adolescentes (arts. 190-A a 190-E):

- a infiltração será precedida de autorização judicial devidamente circunstanciada e fundamentada, que estabelecerá os limites da infiltração para obtenção de prova, ouvido o Ministério Público;
- dar-se-á mediante requerimento do Ministério Público ou representação de delegado de polícia e conterá a demonstração de sua necessidade, o alcance das tarefas dos policiais, os nomes ou apelidos das pessoas investigadas e, quando possível, os dados de conexão ou cadastrais que permitam a identificação dessas pessoas;
- não poderá exceder o prazo de 90 dias, sem prejuízo de eventuais renovações, desde que o total não exceda a 720 dias e seja demonstrada sua efetiva necessidade, a critério da autoridade judicial;
- a infiltração não será admitida se a prova puder ser obtida por outros meios;
- as informações da operação de infiltração serão encaminhadas diretamente ao juiz responsável pela autorização da medida, que zelará por seu sigilo;
- antes da conclusão da operação, o acesso aos autos será reservado ao juiz, ao Ministério Público e ao delegado de polícia responsável pela operação, com o objetivo de garantir o sigilo das investigações;
- concluída a investigação, todos os atos eletrônicos praticados durante a operação deverão ser registrados, gravados, armazenados e encaminhados ao juiz e ao Ministério Público, juntamente com relatório circunstanciado;
- os atos eletrônicos registrados serão reunidos em autos apartados e apensados ao processo criminal juntamente com o inquérito policial, assegurando-se a preservação da identidade do agente policial infiltrado e a intimidade das crianças e dos adolescentes envolvidos.

- **Indiciamento**: o CPP não define critério algum. Porém, a Lei 12.830/2013, em seu art. 2º, § 6º, diz ser o indiciamento ato privativo do delegado de polícia, devendo se dar por ato fundamentado, mediante análise técnico-jurídica do fato, que deverá indicar a autoria, materialidade e suas circunstâncias. Trata-se de ato por meio do qual a Autoridade Policial indica quem, segundo os indícios coligidos no IP, é o autor da infração penal. O indiciamento deve ser feito durante o IP, sendo pacífico na jurisprudência o entendimento de que não cabe quando já há denúncia oferecida. A jurisprudência admite o "desindiciamento", por meio de *writ* de *habeas corpus*.

- **Incomunicabilidade do preso**: é vedada pela CF durante o estado de defesa, conforme regra expressa (art. 136, § 3º, IV). É certo que o art. 21 do CPP a prevê. No entanto, se mesmo durante o estado de defesa ela é vedada, entende-se que com mais razão ainda a incomunicabilidade não é possível em condições de normalidade institucional. Logo, concordamos com o entendimento segundo o qual o art. 21 do CPP não foi recepcionado pela CF de 1988. Há, é verdade, entendimento contrário. Mas, vale lembrar que até quem entende cabível a incomunicabilidade reconhece não valer para o advogado do preso e para o membro do Ministério Público. Com efeito, é prerrogativa do membro do Ministério Público o acesso ao indiciado preso, a qualquer momento, mesmo quando decretada a sua incomunicabilidade (art. 41, IX, Lei 8.625/1993). Já quanto aos advogados, diz o art. 7º, III, do Estatuto da Advocacia e a Ordem dos Advogados do Brasil (Lei 8.906/1994) ser direito do advogado "comunicar-se com seus clientes, pessoal e reservadamente, mesmo sem procuração, quando estes se acharem presos, detidos ou recolhidos em estabelecimentos civis ou militares, ainda que considerados incomunicáveis".

PRAZOS PARA ENCERRAMENTO DO IP		
	imputado solto	**imputado preso**
Regra geral (CPP)	30 dias, prorrogáveis	10 dias
PF (art. 66, Lei 5.010/1966)	30 dias, prorrogáveis	15 dias
Lei 10.343/2006 (Lei de Drogas)	90 dias, podendo ser duplicado	30 dias, podendo ser duplicado
IPM	40 dias, prorrogáveis por mais 20 dias	20 dias
Crimes contra a economia popular (Lei 1.521/1951, art. 10, § 1º)	10 dias	10 dias

- **Arquivamento do inquérito policial**: não pode ser determinado pela autoridade policial ou de ofício pela autoridade judiciária. O juiz somente poderá determinar o arquivamento a requerimento do Ministério Público.

- se discordar o juiz do pedido do Ministério Público: aplicação do art. 28 do CPP:
  - na Justiça Estadual, juiz envia os autos ao Procurador-Geral de Justiça, que decidirá a respeito. Ele poderá: confirmar o arquivamento, com o que os autos irão para o arquivo; determinar a realização de mais diligências; oferecer denúncia ou designar outro Promotor de Justiça para oferece-la;
  - na Justiça Federal ou do Distrito Federal: o juiz encaminha os autos à Câmara de Coordenação e Revisão do Ministério Público Federal ou do Distrito Federal. Parte da doutrina entende que a decisão final cabe a esta, tal como ocorre com o Procurador-Geral nos Ministérios Públicos estaduais. Porém, outros entendem que a Câmara dará apenas um parecer e que, nos termos do art. 28 do CPP, a decisão final será do Procurador-Geral da República. Nos últimos tempos, no âmbito do Ministério Público Federal, o Procurador-Geral tem delegado tal função à Câmara, de modo que a divergência doutrinária fica assim superada.
- **Arquivamento pelo Procurador-Geral da República nos feitos de sua atribuição originária**: em regra, não há necessidade de homologação pelo STF. Porém, a Suprema Corte entende que, nos casos de arquivamento por atipicidade ou por reconhecimento de causa de exclusão da ilicitude – que gera, na primeira hipótese, coisa julgada material – o Supremo deverá analisá-lo.
- **Arquivamento pelo Procurador-Geral de Justiça nos feitos de sua atribuição originária**: desnecessária qualquer decisão do Tribunal de Justiça, já que o arquivamento é obrigatório, salvo no caso em que o fundamento gere coisa julgada material (arquivamento por atipicidade do fato). Porém, o interessado que discordar da decisão do Procurador-Geral de Justiça poderá provocar a revisão do ato pelo Colégio de Procuradores de Justiça, nos termos do art. 12, XI, da Lei 8.625/1993, segundo procedimento regulado por cada lei orgânica estadual.
- **Arquivamento e coisa julgada material**: entende a doutrina, em geral, que o arquivamento com fundamento na atipicidade do fato ou na existência de causa de exclusão da ilicitude gera efeito de coisa julgada material, não podendo ocorrer futuro oferecimento de denúncia no caso de surgimento de provas novas. Esse vinha sendo o entendimento do STJ. Ocorre que, em 2015, o STF definiu seu posicionamento sobre o assunto, fixando o entendimento de que o arquivamento do inquérito policial em razão do reconhecimento de excludente de ilicitude não faz coisa julgada material (HC 125.101-SP, Rel. para o Acórdão Min. Dias Toffoli, j. 25.08.2015, Informativo 796) Na hipótese em que o arquivamento gere efeito de coisa julgada material, tal efeito subsiste, segundo o STF, mesmo que o arquivamento tenha sido determinado por juiz absolutamente incompetente.
- **Arquivamento e coisa julgada formal**: nos demais casos, é possível oferecimento da denúncia, enquanto não prescrita a infração penal, desde que surjam provas substancialmente novas.

4. AÇÃO PENAL

- **CF, arts. 5º, LIX, 129, I**
- **CPP, arts. 24 a 62**
- **Condições da ação**:
  - possibilidade jurídica do pedido (fato que é crime + punibilidade);
  - interesse de agir (interesse + adequação);
  - legitimidade de partes (ativa e passiva);
  - justa causa (fundamento probatório mínimo).
- **Obs.:** além das condições genéricas da ação penal acima mencionadas, é possível vislumbrar diversas hipóteses de condições específicas. Exs: representação do ofendido ou do representante legal nas ações penais públicas condicionadas; provas novas, no caso em que o inquérito policial tiver sido arquivado; laudo pericial nos crimes contra a propriedade imaterial. São também chamadas **condições de procedibilidade.**
  - O novo CPC não menciona mais "condições da ação". Entende-se, porém, que não deixou de reconhecer sua existência, eis que há menções a "interesse e legitimidade" (arts. 17, 337, XI, 485, VI). Porém, não há qualquer menção à possibilidade jurídica do pedido. A doutrina já vinha, de há muito, negando que era realmente uma condição da ação
- No CPP, o art. 395, II, diz que o juiz deve rejeitar a denúncia ou queixa quando faltar condição para o exercício da ação penal.
- Corrente minoritária entende que as condições da ação no processo penal são específicas deste: prática de fato aparentemente criminoso, punibilidade concreta, legitimidade de parte e justa causa
- Segue um quadro comparativo, com os princípios mais cobrados em concursos e as principais características das espécies de ação penal.

ESPÉCIES E CARACTERÍSTICAS DAS AÇÕES PENAIS		
	Princípios	**Características**
Ação penal pública incondicionada	**oficialidade**: é promovida por um órgão do Estado (Ministério Público) **obrigatoriedade**: presentes a materialidade da infração penal e indícios suficientes de autoria, o Ministério Público tem o dever de propor a ação penal (salvo exceções legais) **indisponibilidade**: o Ministério Público não pode desistir da ação penal ou de eventual recurso interposto, mas pode, em alegações finais ou parecer em 2º grau, opinar pela absolvição do acusado ou desclassificação da infração penal	não depende da vontade do ofendido ou de requisição de autoridade inicial = denúncia
Ação penal pública condicionada à representação do ofendido ou de seu representante legal	**oficialidade**: é promovida por um órgão do Estado (Ministério Público) **obrigatoriedade**: havendo representação e presentes a materialidade da infração penal e indícios suficientes de autoria, o Ministério Público tem o dever de propor a ação penal (salvo exceções legais) **indisponibilidade**: o Ministério Público não pode desistir da ação penal ou de eventual recurso interposto, mas pode, em alegações finais ou parecer em 2º grau, opinar pela absolvição do acusado ou desclassificação da infração penal	Representação do ofendido ou de seu representante legal = condição de procedibilidade para a propositura da ação penal A representação não vincula o Ministério Público: este não está obrigado a propor a ação penal se ausentes prova da ocorrência do delito ou indícios suficientes de autoria Retratação da representação: possível só até o oferecimento da denúncia. No caso da Lei 11.340 (Maria da Penha), a vítima pode se retratar ("renunciar") até antes do recebimento da denúncia O direito de representar está sujeito a prazo decadencial, normalmente de 6 meses, contado do dia em que veio a saber quem é o autor do crime (art. 103, CP) Inicial = denúncia
Ação penal pública condicionada à requisição do Ministro da Justiça	**oficialidade**: é promovida por um órgão do Estado (Ministério Público) **obrigatoriedade**: havendo requisição e presentes a materialidade da infração penal e indícios suficientes de autoria, o Ministério Público tem o dever de propor a ação penal (salvo exceções legais) **indisponibilidade**: o Ministério Público não pode desistir da ação penal ou de eventual recurso interposto, mas pode, em alegações finais ou parecer em 2º grau, opinar pela absolvição do acusado ou desclassificação da infração penal	Requisição do Ministro da Justiça = condição de procedibilidade para a propositura da ação penal Hipóteses do art. 7º, § 3º, CP (caso de extraterritorialidade da lei penal brasileira) e do art. 145, parágrafo único, CP (crime contra a honra do Presidente da República ou de chefe de governo estrangeiro) A requisição é ato administrativo discricionário A requisição não vincula o Ministério Público: este não está obrigado a propor a ação penal se ausentes prova da ocorrência do delito ou indícios suficientes de autoria A requisição não admite retratação e não está sujeita a prazo decadencial, embora haja entendimentos em contrário Inicial = denúncia
Ação penal privada subsidiária da pública	Não se aplicam os princípios da ação penal pública, já que não há obrigatoriedade da propositura da queixa, pois ela é proposta por particular. Mas, atenção: o perdão do ofendido e a renúncia não geram efeitos, já que o Ministério Público assumirá a ação penal	Admitida nos crimes de ação pública, se esta não for intentada no prazo legal Pode o Ministério Público aditar a queixa, repudiá-la e oferecer denúncia substitutiva, intervir em todos os termos do processo, fornecer elementos de prova, interpor recurso e, a todo tempo, no caso de negligência

ESPÉCIES E CARACTERÍSTICAS DAS AÇÕES PENAIS		
	Princípios	**Características**
Ação penal privada subsidiária da pública		do querelante, retomar a ação como "parte principal" O direito à queixa subsidiária está sujeito a prazo decadencial, de 6 meses, contado do dia em que se esgota o prazo para oferecimento da denúncia (art. 103, CP) Não ocorre perempção, pois, em caso de negligência do querelante, o Ministério Público tem o dever de retomar a ação como "parte principal" Inicial = queixa
Ação penal exclusivamente privada	**princípio da oportunidade**: o titular do direito de queixa não é obrigado a propô-la **princípio da disponibilidade**: o titular do direito pode a ele renunciar, pode desistir da ação e perdoar o acusado **princípio da indivisibilidade**: a ação penal privada deve ser intentada contra todos os envolvidos no delito, não podendo o querelante escolher quem irá processar. Assim, a renúncia em relação a um dos querelados, importa em renúncia ao direito de queixa a todos; e o perdão a um deles aproveitará a todos, salvo aquele que recusá-lo	Prazo decadencial é de 6 meses, normalmente; Está sujeita à perempção: a) quando, iniciada a ação penal, o querelante deixar de promover o andamento do processo durante 30 dias seguidos; b) quando, falecendo o querelante, ou sobrevindo sua incapacidade, não comparecer em juízo, para prosseguir no processo, dentro do prazo de 60 (sessenta) dias, qualquer das pessoas a quem couber fazê-lo, ressalvado o disposto no art. 36 do CPP; c) quando o querelante deixar de comparecer, sem motivo justificado, a qualquer ato do processo a que deva estar presente, ou deixar de formular o pedido de condenação nas alegações finais; d) quando, sendo o querelante pessoa jurídica, esta se extinguir sem deixar sucessor Inicial = queixa
Ação penal privada personalíssima	Idem, quanto aos princípios da ação penal exclusivamente privada	Hipótese: art. 236, CP (crime de "induzimento a erro essencial e ocultação de impedimento", relacionado a casamento), em que a queixa penal só pode ser proposta pelo contraente do casamento que foi enganado e por mais ninguém Demais características idênticas às da ação penal exclusivamente privada Em caso de falecimento do querelante, entende-se haver perempção, não sendo possível a substituição processual

- **Exceções ao princípio da obrigatoriedade (segundo a doutrina):**
- – transação penal (art. 76, Lei 9.099/1995);
- – colaboração premiada específica (art. 4º, § 4º, Lei 12.850/2013):
- colaborador que não for líder da organização criminosa;
- que for o primeiro a prestar efetiva colaboração
- – acordo de leniência (arts. 86 e 87, Lei 12.529/2011);
- – termos de ajustamento de conduta (art. 5º, § 6º, Lei 7.347/1985);
- – parcelamento do débito tributário (art. 83, § 2º, Lei 9.430/1996).
- Outros princípios invocados pela doutrina:
- – **ne procedat iudex ex officio**: o juiz não pode iniciar o processo de ofício. Aplica-se a todas as espécies de ações penais;
- – **ne bis in idem**: ninguém pode ser processado duas vezes pelo mesmo fato, com a mesma imputação. Aplica-se a todas as espécies de ações penais;
- – **oficiosidade**: as autoridade públicas devem agir de ofício nas ações penais públicas incondicionadas;

- **autoritariedade**: nas ações penais públicas, a persecução penal fica a carga da autoridade pública. Aplica-se às ações penais privadas apenas quanto à fase pré-processual;
- **instranscendência**: as ações penais, públicas e privadas, devem ser propostas apenas em face daquele contra o qual há indícios de autoria.

- **Legitimidade para oferecer representação (e queixa, de modo geral)**:
  - ofendido com 18 anos de idade ou mais: cabe a ele próprio oferecer a representação;
  - ofendido menor de 18 anos ou com doença ou retardo mental: representação cabe ao representante legal; se não tiver representante legal ou caso haja interesses colidentes entre eles, a representação caberá a um curador especial, nomeado por juiz competente para o processo penal;
  - ofendido maior de 16 e menor de 18 anos, casado: não possuindo representante legal em virtude da emancipação civil, há duas hipóteses: a) nomeação de curador especial; b) aguarda-se que atinja a idade de 18 anos, para que possa ter legitimidade para oferecer a representação, não correndo o prazo decadencial.
  - pessoa jurídica: a representação cabe a quem os represente, segundo seus estatutos ou contratos sociais; na ausência de previsão, caberá aos diretores ou sócios que exerçam função de gerência;
  - em caso de morte do ofendido (ou declarado ausente por decisão judicial): a representação cabe, nessa ordem, ao cônjuge (não inclui o companheiro, pois isso aumentaria o alcance do direito de punir, segundo entendimento aparentemente majoritário; a nosso ver, deve incluir o companheiro), ascendente, descendente e irmão.

- A representação, em regra, é retratável somente até o **oferecimento** da denúncia (não o recebimento, que é ato posterior, do juiz). Nesse sentido, regra expressa do art. 25 do CPP. Mas há uma exceção. O art. 16 da Lei 11.340/2006 (Lei Maria da Penha) possibilita a retratação feita pela ofendida, em audiência especialmente designada para tal fim, ainda que a denúncia já tenha sido oferecida, mas antes de seu recebimento pelo juiz.

- Normalmente, em se tratando de crime de lesão corporal leve, ainda que cometido no âmbito doméstico, nos termos do § 9º do art. 129 do CP, haverá a necessidade de representação da vítima. Porém, em se tratando de violência contra a mulher, deve ser aplicada a Lei 11.340/2006 (Lei Maria da Penha), não se exigindo a representação, ainda que leve a lesão corporal. É que a necessidade de representação em crime de lesão corporal leve foi introduzida em nosso ordenamento pela Lei 9.099/1995, pois, até então, o crime do art. 129, *caput*, era de ação penal pública incondicionada. Então, adveio a Lei 11.340/2006 que, em seu art. 41, previu a inaplicabilidade da Lei 9.099/1995 em casos de violência doméstica. Então, a doutrina e a jurisprudência se dividiram a respeito: o que não é aplicado da Lei 9.099, tudo ou apenas a transação penal? A questão nunca foi pacífica, nem no STJ, bastando verificar o Recurso Especial 1.127.981-PE (Rel. Min. Gilson Dipp, j. 22.11.2011), do qual se depreende a necessidade da representação. Ocorre que, em 2012, o STF, na ADI 4424 – portanto, com efeitos vinculantes e *erga omnes* – decidiu pela constitucionalidade do art. 41 da Lei Maria da Penha e, assim, que não é necessária a representação da ofendida em casos de lesões corporais leves (v. Informativo 654). No STJ, há a Súmula 536: "A suspensão condicional do processo e a transação penal não se aplicam na hipótese de delitos sujeitos ao rito da Lei Maria da Penha".

- **Prazo decadencial para a queixa ou representação**: normalmente, de 6 meses, contado do dia em que o ofendido veio a conhecer a autoria da infração penal.
  - no caso de legitimidade do representante legal, há duas posições:
    - a inércia do representante não implica na decadência do direito para o ofendido, que poderá exercê-lo quando completar 18 anos (não há decadência de direito que não pode ser exercido);
    - a decadência para o representante legal afeta o direito do ofendido, pois o prazo decadencial não pode ser dividido.

- **Extinção da punibilidade na ação penal privada**
  - **Prescrição**: aplicável a todas as espécies de ação, inclusive a privada;
  - **Decadência**: perda do direito de oferecer a queixa (e também a representação na ação penal pública condicionada);
  - **Renúncia**: ato unilateral do ofendido, realizado antes do processo;
    - **expressa**: por escrito, assinada pelo ofendido ou por seu representante legal ou por procurador com poderes especiais;
    - **tácita**: prática, pelo ofendido, de ato incompatível com a vontade de oferecer a queixa-crime, ou seja, de ver o autor da infração penal processado;
      - renúncia quanto a um dos autores do crime implica em renúncia contra todos;
  - **Perdão do ofendido**: ato bilateral, realizado no curso do processo, que depende de aceitação do querelado;
    - **expresso** ou **tácito**;
    - pode ser oferecido até o trânsito em julgado da sentença condenatória;
    - oferecido por um dos ofendidos, não atinge o direito das demais vítimas em prosseguir com o processo;
    - oferecido a um dos querelados, deve ser estendido a todos os demais;

- aceito por um dos querelados, não implica em aceitação pelos demais;
- a aceitação pode ser **processual** ou **extraprocessual**, **expressa** ou **tácita**. O silêncio importa em aceitação;

– **Perempção**: inércia ou desídia do titular da ação penal privada;

- quando, iniciada a ação penal privada, o querelante deixar de promover o andamento do processo durante 30 dias seguidos;
- quando, falecendo o querelante, ou sobrevindo sua incapacidade, não comparecer em juízo, para prosseguir no processo, dentro do prazo de 60 dias, qualquer das pessoas a quem couber fazê-lo, ressalvado o disposto no art. 36 do CPP;
- quando o querelante deixar de comparecer, sem motivo justificado, a qualquer ato do processo a que deva estar presente, ou deixar de formular o pedido de condenação nas alegações finais;
- quando, sendo o querelante pessoa jurídica, esta se extinguir sem deixar sucessor.
- **Requisitos da denúncia e da queixa**

– endereçamento;

– exposição do fato criminoso com todas as suas circunstâncias;

– qualificação do acusado ou dados que permitam individualizá-lo;

– classificação do crime;

– rol de testemunhas, se se pretender usar tal meio de produção de prova;

– subscrição pelo membro do Ministério Público (denúncia) ou pelo advogado do querelante, com poderes especiais (queixa na ação penal privada);

  - na ação penal privada, a procuração deve mencionar o nome do querelado e o fato criminoso, entendendo a jurisprudência não haver necessidade de descrição minuciosas deste. Tais irregularidades são consideradas sanadas se o querelante também assinar a queixa.
  - prevalece o entendimento de que as irregularidades na procuração podem ser sanadas a qualquer tempo, mesmo depois do decurso do prazo decadencial.

5. AÇÃO CIVIL *EX DELICTO*

- **CPP, arts. 63 a 68**
- No Brasil, adotou-se o sistema da independência entre as instâncias civil e penal, no que toca à reparação do dano causado pela infração penal. Porém, trata-se de uma independência mitigada, eis que pode a ação penal condenatória pode servir de título executivo judicial (ação de execução *ex delicto*), mas, independentemente, é possível o ajuizamento da a ação civil própria (ação civil *ex delicto*).
- Ação penal condenatória com trânsito em julgado = título executivo judicial (ação de execução *ex delicto*).

– necessidade de prévia liquidação para apuração do montante da indenização;

– possibilidade de o juiz criminal, na sentença condenatória, fixar um valor mínimo de indenização;

- Legitimidade ativa para a ação civil *ex delicto*:

– vítima;

– representante legal;

– em caso de óbito: herdeiros;

– Defensoria Pública em caso de hipossuficiência;

– onde não houver Defensoria Pública: admite-se que seja proposta pelo Ministério Público ou que seja nomeado advogado dativo.

- Competência: juízo cível
- Se proposta a ação cível antes da sentença: o juiz cível pode suspendê-la.

HIPÓTESES DE ABSOLVIÇÃO DO ART. 386, CPP E REFLEXOS NA AÇÃO CIVIL	
Hipótese	**Consequência**
Prova da inexistência do fato	não há responsabilidade civil
Falta de prova da existência do fato	pode haver discussão na esfera civil
Fato não constitui infração penal	pode haver ilícito civil e dever de indenizar
Prova de que o acusado não concorreu para a infração	não há responsabilidade civil
Falta de prova de que o acusado concorreu para a infração	pode haver discussão na esfera civil
Prova de excludente de culpabilidade	pode haver discussão na esfera civil
Prova de excludente de ilicitude	**legítima defesa**: em regra, torna o ato lícito também na esfera civil, sendo exceção o caso de *aberratio ictus* (ou seja, o terceiro atingido pode pedir indenização ao causador do dano, que, por sua vez, tem direito de regresso contra o agressor inicial); **estado de necessidade**: em regra, torna o ato lícito também na esfera civil, sendo exceção o caso em que o lesado não foi o causador do perigo (ou seja, deve ser indenizado, tendo o causador direto do dano direito de regresso contra o causador do perigo);

HIPÓTESES DE ABSOLVIÇÃO DO ART. 386, CPP E REFLEXOS NA AÇÃO CIVIL	
Hipótese	**Consequência**
	estrito cumprimento do dever legal: em regra, tor na o ato lícito também na esfera civil. Há corrente que entende haver responsabilidade objetiva do Estado (discordamos: a responsabilidade deriva de ato ilícito, apenas)
	exercício regular de direito: torna o ato lícito também na esfera civil

6. COMPETÊNCIA

- **CF, arts. 5º, XXXVIII; 29, X; 96, III; 102; 105; 109; 124; 125**
- **CPP, arts. 69 a 91**
- **Lei 9.099/1995, art. 63**
- **Lei 11.101/2005, art. 183**
- **Lei 11.343/2006, art. 70**
- **Jurisdição**: poder-dever pertinente ao Estado de aplicar o direito ao caso concreto.
- **Características**:

– Investidura: o exercício da jurisdição é feito por magistrado investido na função;

– Indelegabilidade: não pode ser delegada a outro órgão, salvo precatórias e cartas de ordem;

– Juiz natural;

– Inafastabilidade (art. 5º, LIII, CF: a lei não excluirá da apreciação do Poder Judiciário lesão ou ameaça a direito);

– Inevitabilidade ou irrecusabilidade: não está sujeita à vontade das partes;

– Inércia: depende de provocação, em regra.

- **Para exercer a jurisdição há divisão de competências** (v. quadro mais abaixo).
- **Competência absoluta**: tem origem direta em regra trazida pela CF

– é indisponível ao Ministério Público, querelante e imputado;

– a incompetência absoluta pode ser arguida até o trânsito em julgado, em qualquer fase do processo;

– pode ser arguida mesmo depois do trânsito em julgado, por meio de revisão criminal (admite-se, também, o *habeas corpus*), mas apenas nos casos de sentença condenatória ou absolutória imprópria. Assim, é vedada a arguição *pro societate* depois do trânsito em julgado de decisão absolutória própria;

– não há necessidade de demonstração de prejuízo;

– a incompetência absoluta pode ser declarada de ofício pelo juiz, até a sentença; depois, deverá ser declarada pelo tribunal recursal;

– exs. de competência absoluta: em razão da matéria e por prerrogativa de função.

- **Competência relativa**: tem origem direta em normas infraconstitucionais; indiretamente, em normas constitucionais.

– pode ser prorrogada, caso não alegada a incompetência no momento certo. Normalmente, deve ser alegada por meio de exceção de incompetência, no prazo da resposta à acusação. Se não alegada em exceção, mas na própria resposta, pode ser aceita pelo juiz mesmo assim;

– a incompetência, nesse caso, gera apenas nulidade relativa, devendo ser demonstrado prejuízo à parte;

– a incompetência relativa também pode ser declarada de ofício pelo juiz. A nosso ver de modo equivocado, o STJ estendeu a aplicação da Súmula 33 ao processo penal, de modo que tal Corte veda o reconhecimento da incompetência relativa de ofício pelo juiz. Na verdade, a Súmula 33 tem origem no processo civil, não devendo ser aplicada, *data venia*, ao processo penal;

– entendendo que pode ser declarada de ofício, entende-se que o juiz terá até o início da instrução para declará-la, em virtude de que, hoje, há o princípio da identidade física, de modo que, iniciada a coleta da prova pelo magistrado, estará preclusa a matéria da competência relativa.

– exs. de competência relativa: territorial e por prevenção.

- **Consequências da incompetência**:

– o CPP possui regra a respeito, que está no art. 567: a incompetência anula somente os atos decisórios;

– parte a doutrina entende que tal regra aplica-se apenas à incompetência relativa, já que a incompetência absoluta provoca a anulação de todos os atos, mesmo que não tenham natureza decisória;

– o entendimento jurisprudencial é diverso, ou seja, somente os atos decisórios devem ser anulados, aplicando-se o art. 567 do CPP, devendo o juiz competente ratificar os demais atos. É esse o entendimento do STF. Nesse sentido: "(...) Tanto a denúncia quanto o seu recebimento emanados de autoridades incompetentes *rationae materiae* são ratificáveis no juízo competente. (...)" (HC 83.006-SP, Rel. Min. Ellen Gracie, j. 18.06.2003);

- **Obs.:** comungamos do entendimento segundo o qual os atos de produção de prova realizados por juiz incompetente devem ser anulados, isso porque hoje vige o princípio da identidade física do juiz. Logo, se ao juiz que presidiu a instrução cabe a prolação da sentença, a produção probatória deverá ser refeita – e não meramente ratificada – pelo juiz competente, para que possa, então, prolatar a decisão.

<table>
<tr><th colspan="2">CRITÉRIOS DOUTRINÁRIOS
PARA DIVISÃO DA COMPETÊNCIA</th></tr>
<tr><td>***Ratione materiae* (matéria)**</td><td>Define a Justiça competente, levando em conta:
a) a natureza do delito; ou
b) a titularidade do bem, valor ou interesse jurídico</td></tr>
<tr><td>***Ratione loci* (territorial)**</td><td>Os parâmetros podem ser o lugar da consumação do crime ou do domicílio do acusado: primeiro é necessário estabelecer a competência em razão da matéria (competência de jurisdição); depois, a competência territorial</td></tr>
<tr><td>***Ratione personae* (funcional)**</td><td>Leva em conta as funções exercidas por determinadas pessoas (foro por prerrogativa de função): os casos de foro por prerrogativa de função são previstos na CF e superam as demais competências.</td></tr>
</table>

- **Competência em razão da matéria:** competência de Justiça, absoluta.

– divide-se em Justiças Comum e Especial:

- as Especiais são: Justiça Eleitoral, Justiça Militar; Justiça do Trabalho (alguns incluem também, para os crimes de responsabilidade, a Justiça Política);
- as Comuns são: Federal e Estadual, que incluem, dentro delas, também os respectivos tribunais do Júri e juizados especiais criminais.

– **Justiça Comum Estadual: competência residual.**

- em caso de conexão com crime de competência da Justiça Federal, prevalecerá a competência desta.
- **Casuística jurisprudencial:**
- Súmula 42, STJ: causas cíveis em que é parte sociedade de economia mista e os crimes praticados em seu detrimento;
- Súmula 53, STJ: civil acusado de prática de crime contra instituições militares estaduais;
- Súmula 62, STJ: crime de falsa anotação na CTPS, atribuído à empresa privada;
- Súmula 73, STJ: uso de papel-moeda grosseiramente falsificado configura estelionato, de competência da Justiça Estadual;
- Súmula 140, STJ: crime em que o indígena figure como autor ou vítima;

– **Justiça Comum Federal:**

- Art. 109, CF: diversas hipóteses (casuística constitucional);
- Regra geral: compete à Justiça Federal o julgamento dos delitos cometidos em detrimento de bens, serviços ou interesse da União, de suas entidades autárquicas ou empresas públicas.
- Exceção: contravenções penais e crimes de competência das Justiças Eleitoral e Militar.
- Casuística jurisprudencial:
- Súmula 91, STJ: cancelada. Agora, crime contra a fauna é competência da Justiça Estadual;
- Súmula 122, STJ: compete à Justiça Federal o processo e julgamento unificado dos crimes conexos de competência federal e estadual, não se aplicando a regra do art. 78, II, a, do CPP;
- Súmula 147, STJ: compete à Justiça Federal processar e julgar os crimes praticados contra funcionário público federal, quando relacionados com o exercício da função;
- Súmula 165, STJ: crime de falso testemunho cometido no processo trabalhista é de competência da Justiça Federal;
- Súmula 208, STJ: prefeito municipal por desvio de verba sujeita à prestação de contas perante órgão federal deve ser julgado pela Justiça Federal;
- Súmula 209, STJ: julgar prefeito por desvio de verba transferida e incorporada ao patrimônio municipal compete à Justiça Estadual;
- Súmula 522, STF: tráfico para o exterior é competência da Justiça Federal.

– **Justiça Militar**: art. 124, CF (Justiça especial): julga os crimes militares;

- *Justiça Militar da União*: julga os membros das Forças Armadas e os civis que incorram em crime militar;
- *Justiça Militar Estadual*: não julga civis, somente PMs (incluindo Bombeiros militares);
  - o *art. 125, § 4º, CF* (cabe processar e julgar os militares dos Estados, nos crimes militares definidos em lei e as ações judiciais contra atos disciplinares militares, ressalvada a competência do júri quando a vítima for civil);
  - o *art. 125, § 5º, CF* (compete aos juízes de direito do juízo militar processar e julgar, singularmente, os crimes militares cometidos contra civis e as ações judiciais contra atos disciplinares militares, cabendo ao Conselho de Justiça, sob a presidência de juiz de direito, processar e julgar os demais crimes militares);
- **Atenção 1**: houve importante modificação no CPM, o que alterou a competência para o julgamento dos crimes militares, eis que a definição destes foi alterada. Muito importante a modificação trazida ao inciso II do art. 9º, que passou a considerar militares os crimes previstos no CPM e na legislação penal (o que inclui o CP)

quando praticados: a) por militar em situação de atividade ou assemelhado, contra militar na mesma situação ou assemelhado; b) por militar em situação de atividade ou assemelhado, em lugar sujeito à administração militar, contra militar da reserva, ou reformado, ou assemelhado, ou civil; c) por militar em serviço ou atuando em razão da função, em comissão de natureza militar, ou em formatura, ainda que fora do lugar sujeito à administração militar contra militar da reserva, ou reformado, ou civil; d) por militar durante o período de manobras ou exercício, contra militar da reserva, ou reformado, ou assemelhado, ou civil; e) por militar em situação de atividade, ou assemelhado, contra o patrimônio sob a administração militar, ou a ordem administrativa militar. Assim, por exemplo, abuso de autoridade cometido por policial militar contra civil agora deverá ser julgado pela Justiça Militar;

- **Atenção 2**: no âmbito estadual, os crimes dolosos contra a vida cometidos por militar contra civil continua a ser julgado pelo Tribunal do Júri;
- **Atenção 3**: no âmbito federal, os crimes dolosos contra a vida cometidos por militares das Forças Armadas contra civil, serão da competência da Justiça Militar da União, se praticados no contexto: a) do cumprimento de atribuições que lhes forem estabelecidas pelo Presidente da República ou pelo Ministro de Estado da Defesa; b) de ação que envolva a segurança de instituição militar ou de missão militar, mesmo que não beligerante; ou c) de atividade de natureza militar, de operação de paz, de garantia da lei e da ordem ou de atribuição subsidiária, realizadas em conformidade com o disposto no art. 142 da Constituição Federal e na forma dos seguintes diplomas legais: Código Brasileiro de Aeronáutica; LC 97/1999; CPPM; Código Eleitoral.

- **Casuística jurisprudencial:**
- Súmula 6, STJ: compete à justiça comum estadual processar e julgar delito decorrente de acidente de trânsito envolvendo viatura de polícia militar, salvo se autor e vítima forem policiais militares em situação de atividade. **Atenção**: em vista das modificações do CPM vistas acima, entendemos que tal Súmula deverá ser revista;
- Súmula 75, STJ: compete à Justiça Comum Estadual julgar policial militar por crime de promover ou facilitar a fuga de preso de estabelecimento penal. **Atenção**: em vista das modificações do CPM vistas acima, entendemos que tal Súmula deverá ser revista;
- Súmula 78, STJ: compete à Justiça Militar Estadual julgar policial de corporação estadual, ainda que o delito tenha sido praticado em outra unidade da federação;
- Súmula 172, STJ: militar por crime de abuso de autoridade, ainda que praticado em serviço é de competência da Justiça Comum Estadual. **Atenção**: em vista das modificações do CPM vistas acima, entendemos que tal Súmula deverá ser revista;

– **Justiça Eleitoral**: crimes eleitorais + HC e MS se houver pertinência temática.

- **crimes eleitorais** são aqueles previstos no Código Eleitoral ou que a lei defina como eleitorais;
- em caso de conexão entre crime eleitoral e crime comum de competência da Justiça Estadual, prevalece a competência da Justiça Eleitoral;
- se houver conexão entre crime eleitoral e crime doloso contra a vida, prevalece o entendimento de que haverá separação: o crime eleitoral será julgado pela Justiça Eleitoral; o crime doloso contra a vida, pelo Tribunal do Júri, instituído na Justiça Comum Estadual. A razão: assim como a competência da Justiça Eleitora está prevista na CF, a do Tribunal do Júri também está;
- havendo conexão entre crime eleitoral e crime de competência da Justiça Comum Federal, embora haja divergências de opinião na doutrina e tenha o MPF defendido a necessidade de separação dos processos, prevalece no STJ e no STF o entendimento de que o julgamento será realizado pela Justiça Eleitoral;
- idem quanto à conexão entre crime eleitoral e crime militar.

– **Justiça do Trabalho**: a Justiça do Trabalho não tem competência para o julgamento de crimes. É verdade que houve casos de julgamento de infrações penais em tal Justiça, em razão da redação dada pela EC 45/2004 ao art. 114, I, IV e IX, da CF. Porém, decidiu o STF não ser cabível tal julgamento: "COMPETÊNCIA CRIMINAL. Justiça do Trabalho. Ações penais. Processo e julgamento. Jurisdição penal genérica. Inexistência. Interpretação conforme dada ao art. 114, incs. I, IV e IX, da CF, acrescidos pela EC nº 45/2004. Ação direta de inconstitucionalidade. Liminar deferida com efeito *ex tunc*. O disposto no art. 114, incs. I, IV e IX, da Constituição da República, acrescidos pela Emenda Constitucional nº 45, não atribui à Justiça do Trabalho competência para processar e julgar ações penais" (ADI 3.684 MC-DF, Rel. Min. Cezar Peluso, j. 01.02.2007). Porém, isso não quer dizer que não tenha a Justiça do Trabalho competência criminal alguma. Tem: o art. 114, IV, da CF dá-lhe competência para julgar os mandados de segurança, habeas corpus e habeas data, quando o ato questionado envolver matéria sujeita à sua jurisdição.

- **Competência territorial:** relativa. Deve ser verificada depois que se estabelecer a competência de Justiça.

– Regras previstas na legislação infraconstitucional.

– **Teoria do resultado**: art. 70, CPP (lugar em que se

consumar a infração, ou, no caso de tentativa, pelo lugar em que for praticado o último ato de execução);

- Exceção: art. 63, Lei 9.099/1995 (teoria da ação: local em que foi praticada a infração penal);

– A jurisprudência vem mitigando o rigor do art. 70.

– Outras regras:

- se, iniciada a execução no território nacional, a infração se consumar fora dele, a competência será determinada pelo lugar em que tiver sido praticado, no Brasil, o último ato de execução;
- quando o último ato de execução for praticado fora do território nacional, será competente o juiz do lugar em que o crime, embora parcialmente, tenha produzido ou devia produzir seu resultado;
- quando incerto o limite territorial entre duas ou mais jurisdições, ou quando incerta a jurisdição por ter sido a infração consumada ou tentada nas divisas de duas ou mais jurisdições, a competência firmar-se-á pela **prevenção**;
- tratando-se de infração continuada ou permanente, praticada em território de duas ou mais jurisdições, a competência firmar-se-á pela **prevenção;**
- não sendo conhecido o lugar da infração, a competência regular-se-á pelo **domicílio ou residência do réu**;
- se o réu tiver mais de uma residência, a competência firmar-se-á pela **prevenção**;
- se o réu não tiver residência certa ou for ignorado o seu paradeiro, será competente o juiz que primeiro tomar conhecimento do fato;
- **atenção**: nos casos de **ação exclusivamente privada**, o querelante poderá preferir o foro de domicílio ou da residência do réu, ainda quando conhecido o lugar da infração;
- regras especiais dos arts. 88 a 90, CPP, para **crimes ocorridos a bordo de aeronaves ou embarcações no território nacional**:
- **viagem interna** no território brasileiro: compete o julgamento ao lugar em que primeiro a aeronave pousar ou a embarcação atracar após a infração penal;
- **internacional**: compete ao local da chegada da aeronave ou da embarcação, se veio do estrangeiro para o Brasil e o crime ocorreu em nosso território; ou compete ao lugar da última saída, no caso em que se dirige ao exterior.

- **Casuística jurisprudencial:**
- **Homicídio**: a jurisprudência entende ser competência do lugar da conduta;
- **Crime de estelionato mediante cheque sem fundos**: local da recusa do pagamento pelo sacado (Súmula 521, STF – Súmula 244, STJ);
- **Estelionato mediante falsificação de cheque**: local da obtenção da vantagem ilícita (Súmula 48, STJ);
- **Apropriação indébita**: lugar da alienação da coisa como própria, não o do seu recebimento;
- **Falso testemunho por precatória**: juízo deprecado. E por videoconferência? Entendemos que a competência será do juízo que está efetivamente tomando o depoimento, não do lugar onde está o depoente;
- **Contrabando ou descaminho**: prevenção do Juízo Federal do lugar da apreensão dos bens (Súmula 151, STJ);
- **Uso de passaporte falso**: lugar em que o crime se consumou, sendo competência da Justiça Federal (Súmula 200, STJ).

- **Competência em razão da prerrogativa de foro**: absoluta.

– Matéria regulada na CF, não no CPP.

– Tais competências prevalecem sobre a do Tribunal do Júri.

– No caso de concurso de agentes com prerrogativas de foro diversas, prevalece a do Tribunal com "jurisdição mais ampla". Ex.: concurso entre Desembargador e Promotor de Justiça = competência do Superior Tribunal de Justiça para julgar os dois.

– No caso de concurso de pessoas por crime contra a vida, uma com foro por prerrogativa previsto na CF e outra sem prerrogativa, deve haver a separação de processos, sendo esta última julgada sozinha pelo Tribunal do Júri.

– Em caso de concurso entre Juiz Federal e Juiz de Direito, prevalece a competência do Tribunal Regional Federal.

– Em caso de exceção da verdade em que pessoa com foro de prerrogativa de função é a vítima (ofendido) em crime contra a honra, a *exceptio* deve se processar perante o Tribunal que a julgaria em caso de cometimento de um crime.

FORO POR PRERROGATIVA DE FUNÇÃO – COMPETÊNCIAS POR CRIMES COMUNS	
STF	Membros do "primeiro escalão" dos três Poderes (Presidente da República, Vice-Presidente da República, Ministros, Senadores, Deputados Federais, Ministros do Supremo Tribunal Federal)
	Alto comando das Forças Armadas
	Membros do Tribunal de Contas da União
	Chefes de missão diplomática permanente
	Membros do Superior Tribunal de Justiça
	Procurador-Geral da República

FORO POR PRERROGATIVA DE FUNÇÃO – COMPETÊNCIAS POR CRIMES COMUNS	
STF	Chefe da Casa Civil da Presidência da República, Chefe da Secretaria de Governo da Presidência da República, Chefe do Gabinete de Segurança Institucional da Presidência da República, Chefe da Secretaria-Geral da Presidência da República, Advogado-Geral da União, até que seja aprovada emenda constitucional para incluí-lo no rol das alíneas *c* e *d* do inciso I do *caput* do art. 102 da Constituição Federal, Presidente do Banco Central do Brasil, até que seja aprovada emenda constitucional para incluí-lo, juntamente com os diretores do Banco Central do Brasil, no rol das alíneas c e d do inciso I do caput do art. 102 da Constituição Federal
STJ	Governadores dos Estados e do Distrito Federal Membros dos Tribunais Regionais Federais, dos Tribunais de Justiça, dos Tribunais Regionais do Trabalho, dos Tribunais Regionais Eleitorais, dos Tribunais de Contas dos Estados e do Distrito Federal Procuradores Regionais da República e do Trabalho Procuradores de Justiça do Distrito Federal que atuem perante Tribunal Membros dos Tribunais de Contas dos municípios
TRFs	Juízes federais, do trabalho e da Justiça Militar Membros do Ministério Público da União (inclusive do Distrito Federal); Deputados Estaduais, por crime federal Prefeitos municipais, por crime federal
TJs	Juízes de Direito estaduais e do Distrito Federal Membros dos Ministérios Públicos estaduais Deputados Estaduais Prefeitos municipais
TREs	Todos aqueles julgados pelos Tribunais Regionais Federais e Tribunais de Justiça, desde que o crime seja eleitoral

- **Prorrogação da competência.**

– A competência absoluta não pode ser prorrogada e a incompetência, nesse caso, pode ser declarada de ofício pelo juiz.

– A competência relativa é sanável e pode ser prorrogada, portanto, modificada.

– Prorrogação é atribuir competência a órgão judiciário que normalmente não a teria.

– Há alguns casos de prorrogação de competência no ordenamento jurídico brasileiro:

- conexão e continência;
- desaforamento;
- federalização dos crimes em que ocorre grave violação a direitos humanos;
- no caso dos crimes de menor potencial ofensivo:
- necessidade de citação por edital;
- complexidade da causa.
- e, segundo doutrina majoritária, a não oposição de exceção de incompetência, no caso de competência territorial.

– **Conexão**: pluralidade de delitos, cometido por uma pluralidade de agentes ou por apenas um.

- Art. 76, I, CPP: **conexão intersubjetiva** – pluralidade de agentes e de infrações penais. Se subdivide em:

- **conexão intersubjetiva por simultaneidade**: diversas infrações, cometidas ao mesmo tempo (mesmas circunstâncias de tempo e lugar) por várias pessoas reunidas (ex.: torcedores de futebol que depredam os arredores de um estádio);

- **conexão intersubjetiva por concurso**: diversas infrações, cometidas por diversas pessoas, em concurso (i.e., previamente acordadas), mas em circunstâncias de tempo e lugar diversos (ex.: pessoas que praticam vários furtos a caixas eletrônicos em locais e dias diversos);

- **conexão intersubjetiva por reciprocidade**: diversas infrações, cometidas por diversas pessoas, umas contra as outras (ex.: colisão entre dois veículos, com vítimas aos dois condutores, que agiram ambos com culpa). **Atenção:** a rixa não entra nessa classificação, pois, nela, as condutas configuram um só crime.

- Art. 76, II, CPP: **conexão objetiva ou teleológica ou finalista**: duas ou mais infrações cometidas para facilitar ou ocultar as outras, ou para conseguir impunidade ou vantagem em relação a qualquer delas (ex.: crime de ocultação de cadáver em relação ao homicídio; homicídio de uma testemunha de outro crime; lavagem de dinheiro em relação à corrupção passiva).

- Art. 76, III, CPP: **conexão instrumental ou probatória**: a prova de uma infração ou de qualquer de suas elementares influir na prova de outra infração (ex.: receptação e furto do objeto receptado).

– **Continência**: pluralidade de agentes e infração única ou unidade de agentes e concurso formal de delitos.

- Art. 77, I, CPP: **continência por cumulação subjetiva**: concurso de agentes.

- Art. 77, II, CPP: **continência por cumulação objetiva**: concurso formal de delitos (art. 70, CP), erro na execução ou aberratio ictus (art. 73, CP) e resultado diverso do pretendido ou aberratio criminis (art. 74, CP) – são todos casos de concurso formal.

– **Efeito da conexão e da continência**: reunião dos processos.

EXCEÇÕES À REUNIÃO DE PROCESSOS NA CONEXÃO OU CONTINÊNCIA	
Separação obrigatória de processos	**Separação facultativa**
concurso entre jurisdição comum e militar (Súmula 90, STJ: "Compete à Justiça Estadual Militar processar e julgar o policial militar pela prática do crime militar, e à comum pela prática do crime comum simultâneo àquele"	infrações praticadas em circunstâncias de tempo ou de lugar diferentes
concurso entre a jurisdição comum e à da Vara da Infância e Juventude	excessivo número de acusados, a fim de não lhes prolongar a prisão preventiva
concurso entre crime militar e eleitoral	por outro motivo relevante, o juiz reputar conveniente a separação.
superveniência de doença mental em um dos corréus: processo deve ser desmembrado em relação a este, só voltando a ter andamento depois de recuperado o acusado	–
suspensão do processo, nos termos do art. 366, CPP: desmembramento em relação ao acusado citado por edital, que não compareceu em juízo nem constituiu defensor.	–

– **Foro prevalente em caso de conexão e continência**:

- no concurso entre a competência do júri e a de outro órgão da jurisdição comum, prevalecerá a competência do júri;
- no concurso de jurisdições da mesma categoria:
- preponderará a do lugar da infração, à qual for cominada a pena mais grave;
- prevalecerá a do lugar em que houver ocorrido o maior número de infrações, se as respectivas penas forem de igual gravidade;
- firmar-se-á a competência pela prevenção, nos outros casos.
- no concurso de jurisdições de diversas categorias, predominará a de maior graduação (aplicável aos casos de foro por prerrogativa de função). Até a Ação Penal 470, em razão da conexão ou continência, o STF julgava não apenas as pessoas com foro por prerrogativa de função, mas também aqueles réus que deveriam ser julgados pela Justiça Comum. Nos casos mais recentes (v. os processos resultantes da chamada "Operação Lava-Jato"), o STF ter determinado a separação, julgando apenas os casos de foro por prerrogativa, deixando o restante para a Justiça Comum;
- no concurso entre a jurisdição comum e a especial, prevalecerá esta:
- no caso de crime militar, não haverá reunião de processos, pois a Justiça Militar não julga crime comum;
- conexão entre crime eleitoral e comum: reunião na Justiça Eleitoral.

– **Absolvição e Desclassificação**: art. 81, CPP.

- Verificada a reunião dos processos por conexão ou continência, ainda que no processo da sua competência própria venha o juiz ou tribunal a proferir sentença absolutória ou que desclassifique a infração para outra que não se inclua na sua competência, continuará competente em relação aos demais processos (art. 81, caput, CPP);
- Reconhecida inicialmente ao júri a competência por conexão ou continência, o juiz, se vier a desclassificar a infração ou impronunciar ou absolver o acusado, de maneira que exclua a competência do júri (ainda na primeira fase do procedimento), remeterá o processo ao juízo competente (art. 81, parágrafo único, CPP);
- se a absolvição do crime doloso contra a vida ocorrer, os jurados continuarão a julgar o crime conexo;
- se os jurados desclassificarem o crime doloso contra a vida para outro que não é da competência do Júri, o juiz-presidente julgará este e o crime conexo.

7. QUESTÕES PREJUDICIAIS, EXCEÇÕES E INCIDENTES

- **Questões prejudiciais**: o reconhecimento da infração penal depende da solução de questão a ser decidida em outro processo.
- A doutrina faz algumas classificações:

– quanto à natureza da questão a ser decidida:

- **prejudicial homogênea**: deve ser decidida também no campo penal;
- **prejudicial heterogênea**: deve ser decidida em outro ramo do direito. As hipóteses dos arts. 92 e 93 são dessa espécie.

– quanto à necessidade de suspensão do processo:

- **prejudicial obrigatória** (art. 92, *caput*, CPP): diz respeito ao estado civil das pessoas. **Consequência**: o curso da ação penal ficará suspenso até que no juízo cível seja a controvérsia dirimida por sentença passada em julgado, sem prejuízo, entretanto, da inquirição das testemunhas e de outras provas de natureza urgente;

- **prejudicial facultativa** (art. 93, CPP): questão diversa do estado civil, sendo discutida em processo cível. **Consequência**: o juiz pode, desde que essa questão seja de difícil solução e não verse sobre direito cuja prova a lei civil limite, suspender o curso do processo, após a inquirição das testemunhas e realização das outras provas de natureza urgente. O juiz marcará o prazo da suspensão, que poderá ser razoavelmente prorrogado, se a demora não for imputável à parte. Expirado o prazo, sem que o juiz cível tenha proferido decisão, o juiz criminal fará prosseguir o processo, retomando sua competência para resolver, de fato e de direito, toda a matéria da acusação ou da defesa. O art. 93, do CPP, não fixa prazo para a suspensão do processo. Pensamos ser razoável o uso, por analogia, do prazo fixado, para caso idêntico, no art. 315, § 2º, do novo CPC: um ano.
- da suspensão caberá recurso em sentido estrito; da denegação, não há recurso previsto;
- a suspensão pode ser determinada de ofício pelo juiz ou a pedido das partes.
- **Exceção de suspeição.**
- Hipóteses de suspeição previstas no art. 254 do CPP, aplicáveis ao juiz e também aos membros do Ministério Público, peritos e intérpretes, serventuários da justiça e jurados.
- Delegado de Polícia pode se dar por suspeito, pois a ele se aplicam as hipóteses acima. Porém, contra ele não se pode opor exceção.
- A suspeição pode ser declarada de ofício ou ser oposta pelas partes, por petição assinada pela parte ou por procurador com poderes especiais.
- Se reconhecer a suspeição, o juiz sustará a marcha do processo, mandará juntar aos autos a petição do recusante com os documentos que a instruam, e por despacho se declarará suspeito, ordenando a remessa dos autos ao substituto.
- Não aceitando a suspeição, o juiz mandará autuar em apartado a petição, dará sua resposta dentro em três dias, podendo instruí-la e oferecer testemunhas, e, em seguida, determinará sejam os autos da exceção remetidos, dentro em vinte e quatro horas, ao juiz ou tribunal a quem competir o julgamento.
- Consequência do reconhecimento pelo Tribunal: anulação dos atos do processo.
- É uma exceção meramente dilatória;
- Como a decisão é proferida pelo tribunal, é possível o manejo dos Recursos Especial e Extraordinário, mas não do Recurso em Sentido Estrito.
- **Exceção de impedimento ou incompatibilidade.**
- Hipóteses de impedimento: art. 252, CPP.
- **Atenção:** o inciso I do art. 252 do CPP afirma haver impedimento do juiz quando "tiver funcionado seu cônjuge ou parente, consanguíneo ou afim, em linha reta ou colateral até o terceiro grau, inclusive, como defensor ou advogado, órgão do MP, autoridade policial, auxiliar da Justiça ou perito". A nosso ver, deve também ser aplicado, por analogia, o art. 144, do novo CPC, que incorporou, em seu inciso VII, a *ratio* da Resolução 200/2015 do CNJ: impedimento no caso "em que figure como parte cliente do escritório de advocacia de seu cônjuge, companheiro ou parente, consanguíneo ou afim, em linha reta ou colateral, até o terceiro grau, inclusive, mesmo que patrocinado por advogado de outro escritório"
- Hipóteses de incompatibilidade: art. 253, CPP.
- O juiz, o órgão do Ministério Público, os serventuários ou funcionários de justiça e os peritos ou intérpretes abster-se-ão de servir no processo, quando houver incompatibilidade ou impedimento legal, que declararão nos autos.
- Se não se der a abstenção, a incompatibilidade ou impedimento poderá ser arguido pelas partes, seguindo-se o processo estabelecido para a exceção de suspeição (art. 112, CPP).
- Tem natureza meramente dilatória;
- Quanto ao recurso cabível, aplica-se o mesmo princípio da exceção de suspeição.
- **Exceção de incompetência.**
- Deve ser reconhecida de ofício.
- Pode ser oposta, no prazo para resposta à acusação ou defesa prévia, por escrito ou até oralmente (art. 108, CPP).
- Juiz deve autuar a exceção em apartado e ouvir o Ministério Público ou o acusado, em caso de ter o primeiro apresentado a exceção.
- Juiz decide: reconhecendo a incompetência, cabe recurso em sentido estrito; negada, não caberá recurso algum;
- Consequência em caso de reconhecimento da incompetência: remessa ao juízo competente. V. acima os efeitos da incompetência absoluta ou relativa.
- Não oposta exceção em caso de competência territorial (relativa) = preclusão.
- É exceção meramente dilatória.
- **Exceção de litispendência.**
- Ocorre quando há tramitação simultânea de duas ações penais versando sobre o mesmo fato, imputado ao mesmo acusado.
- É exceção peremptória, pois, se reconhecida, põe fim ao segundo processo, no qual deve ser alegada.
- Pode ser alegada de ofício ou pelas partes, a qualquer tempo, não suspendendo o andamento do processo.
- A decisão que a rejeita é irrecorrível. Se reconhecida, quando arguida por uma das partes, cabe recurso em sentido estrito; se reconhecida de ofício, o recurso cabível é a apelação.

- **Exceção de coisa julgada**.
- Fato que já foi decidido em relação a determinado acusado, com trânsito em julgado, não pode ser objeto de nova ação penal em face da mesma pessoa (*non bis in idem*).
- Cabível em caso de coisa julgada material (processo encerrado definitivamente com decisão sobre o mérito), mostrando-se que já houve decisão definitiva quanto ao mesmo fato e acusado em outro processo.
- Não é cabível em relação à coisa julgada formal (ex.: em outro processo, sobre o mesmo fato, houve rejeição da denúncia por falta de indícios suficientes. Havendo novos indícios, pode haver nova denúncia).
- É exceção peremptória, pois leva à extinção do processo. Acolhida por requerimento da parte, cabe recurso em sentido estrito; se de ofício, apelação. Não há recurso em caso de indeferimento.
- **Exceção de ilegitimidade de parte**.
- Pode ser arguida verbalmente ou por escrito, a qualquer tempo.
- Pode ser peremptória, se há ilegitimidade *ad causam* (ex.: Ministério Público oferece denúncia em caso de ação penal privada).
- Pode, também, ter natureza dilatória, pois no caso da ilegitimidade *ad processum* (vício em pressuposto de constituição e desenvolvimento do processo; ex.: representação do ofendido), há possibilidade de que o vício seja sanado.
- A ilegitimidade pode se dar nos polos passivo e ativo.
- Cabe recurso em sentido estrito da decisão que reconhece a ilegitimidade de parte, por exceção; se o reconhecimento se dá de ofício, não há previsão de recurso, embora haja entendimento do cabimento também de recurso em sentido estrito. Contra o indeferimento, não há recurso.
- **Conflito de jurisdição**: há jurisdicionalidade envolvida.

Competência para decidir conflito de jurisdição	
Supremo Tribunal Federal (art. 102, I, *o*, CF)	entre o Superior Tribunal de Justiça e quaisquer tribunais
	entre os Tribunais Superiores
	entre os Tribunais Superiores e qualquer outro tribunal
Superior Tribunal de Justiça (art. 105, I, *d*, CF)	entre quaisquer tribunais, ressalvados os casos acima
	entre tribunal e juízes não vinculados a ele (ex.: conflito entre Tribunal Regional Federal e juiz estadual)
	entre juízes vinculados a tribunais diversos (ex.: entre juízes de Estados diversos)
Tribunal Regional Federal (art. 108, I, *e*, CF)	entre juízes federais da mesma região
	entre juizado especial federal e juiz federal da mesma seção judiciária (STJ, Súmula 428)
Tribunais de Justiça	entre juízes de seus respectivos estados

- **Conflito de atribuições**: nesse caso, não há jurisdicionalidade envolvida.
- **Atenção, muito importante:** o STF entendia caber a ele o julgamento do conflito de atribuições entre membros do Ministério Público Federal e do Ministério Público do Estado: "(...)Com fundamento no art. 102, I, f, da Constituição da República, deve ser conhecido o presente conflito de atribuição entre os membros do Ministério Público Federal e do Estado do Rio de Janeiro diante da competência do Supremo Tribunal Federal para julgar conflito entre órgãos de Ministérios Públicos diversos. (…)" (ACO 1.136-RJ, Rel. Min. Ellen Gracie, j. 04.08.2011). Porém, tal entendimento mudou recentemente. De fato, no julgamento de questão de ordem na ACO 1.567-SP (Rel. Min. Dias Toffoli, j. 17.08.2016), decidiu o STF que tal hipótese de conflito deve ser resolvida internamente pelo Ministério Público, especificamente pelo Procurador-Geral da República. Nesse sentido, o **Informativo 835:** "Cabe ao Procurador-Geral da República a apreciação de conflitos de atribuição entre órgãos do ministério público. Com base nesse entendimento, o Plenário, por maioria, resolveu questão de ordem no sentido do não conhecimento da ação e remeteu os autos ao Procurador-Geral da República. No caso, instaurara-se conflito negativo de atribuições entre ministério público estadual e ministério público federal, para apuração de crime contra o mercado de capitais previsto no art. 27-E da Lei 6.385/1976. O Tribunal consignou que a competência para a apreciação de conflitos de atribuição entre membros do ministério público, por não se inserir nas competências originárias do STF (CF, art. 102, I), seria constitucionalmente atribuída ao Procurador-Geral da República, como órgão nacional do ministério público. Vencidos os Ministros Marco Aurélio e Celso de Mello, que conheciam da ação. Pontuavam que a competência seria do STF e que conclusão diversa culminaria por nulificar, de modo absoluto, a autonomia institucional dos ministérios públicos estaduais". Particularmente, discordamos do novo entendimento do STF, pois entendemos que o Procurador-Geral da República não exerce qualquer chefia sobre os Ministérios Públicos dos Estados. Por isso, **na tabela abaixo, mantivemos nosso entendimento.**

ÓRGÃO RESPONSÁVEL PELA DECISÃO DO CONFLITO DE ATRIBUIÇÕES ENTRE MEMBROS DO MINISTÉRIO PÚBLICO	
Procurador-Geral de Justiça	entre Promotores de Justiça do mesmo Estado
Procurador-Geral da República	entre membros do Ministério Público da União
Supremo Tribunal Federal (nosso posicionamento))	entre membros de Ministérios Públicos estaduais diversos
	entre membro de Ministério Público Estadual e do Ministério Público da União

- **Restituição de coisa apreendida.**
- Antes de transitar em julgado a sentença final, as coisas apreendidas durante busca, ou encontradas na cena do crime, não poderão ser restituídas enquanto interessarem ao processo (art. 118, CPP).
- Delegado de polícia: pode restituir, desde que o direito do requerente seja certo ou quando a coisa não tiver sido apreendida em poder de terceiro de boa-fé.
- Juiz: pode decidir sempre.
- O incidente é autuado em apartado e permite dilação probatória.
- Em caso de dúvida sobre quem seja o verdadeiro dono, o juiz remeterá as partes para o juízo cível, ordenando o depósito das coisas em mãos de depositário ou do próprio terceiro que as detinha, se for pessoa idônea.
- Cabe apelação da decisão do juiz.
- **Incidente de falsidade.**
- Para se fazer o desentranhamento de um documento dos autos, em razão de suspeita de sua falsidade, deve ser instaurado este incidente, autuando-se a impugnação ao documento em apartado.
- Pode ser instaurado de ofício.
- A arguição de falsidade, feita por procurador, exige poderes especiais.
- É previsto contraditório e dilação probatória.
- Qualquer que seja a decisão, não fará coisa julgada em prejuízo de ulterior processo penal ou civil.
- **Incidente de insanidade mental.**
- Instaurado, de ofício, em caso de dúvida sobre a integridade mental do acusado.
- Também pode ser instaurado a requerimento do Ministério Público, do defensor, do curador, do ascendente, descendente, irmão ou cônjuge do acusado
- Pode ser instaurado ainda na fase do inquérito policial, por representação do delegado.
- O juiz deve nomear curador ao acusado, ficando suspenso o processo, se já iniciada a ação penal, salvo quanto às diligências que possam ser prejudicadas pelo adiamento.

MOMENTO DA INIMPUTABILIDADE	CONSEQUÊNCIA PROCESSUAL
ao tempo da infração	prosseguimento do processo, com a presença do curador (que pode ser o próprio defensor)
doença mental sobrevejo à infração penal	suspensão do processos, até o restabelecimento do acusado
	realização de diligências urgentes
	não há suspensão do prazo prescricional

8. CITAÇÃO, INTIMAÇÃO E CONTAGEM DE PRAZOS

- **CPP, arts. 351 a 372**
- **CPC, 252 a 254**
- **Citação.**
- O processo terá completada a sua formação quando realizada a citação do acusado.
- A citação do acusado deve ser, a princípio, pessoal. Se estiver preso, será necessariamente pessoal. Exceção: militar, que se dará por intermédio do chefe do respectivo serviço.
- Se o réu estiver fora do território de competência do juiz do processo, pode ser feita a citação por carta precatória.
- Somente se o acusado não for encontrado é que será citado por edital, com prazo de 15 dias.
- A citação com hora certa é prevista no art. 362 do CPP, que faz remissão, quanto ao procedimento, aos arts. 227 a 229 do CPC de 1973, já revogado (por isso, deve ser interpretado o dispositivo como se estivesse a, mencionar os arts. 252/254 do novo CPC). As regras do CPC são as seguintes regras: (a) quando, por duas vezes, o oficial de justiça houver procurado o citando em seu domicílio ou residência sem o encontrar, deverá, havendo suspeita de ocultação, intimar qualquer pessoa da família ou, em sua falta, qualquer vizinho de que, no dia útil imediato, voltará a fim de efetuar a citação, na hora que designar; (b) no dia e na hora designados, o oficial de justiça, independentemente de novo despacho, comparecerá ao domicílio ou à residência do citando a fim de realizar a diligência; (c) se o citando não estiver presente, o oficial de justiça procurará informar-se das razões da ausência, dando por feita a citação, ainda que o citando se tenha ocultado em outra comarca, seção ou subseção judiciárias; (d) a citação com hora certa será efetivada mesmo que a pessoa da família ou o vizinho que houver sido intimado esteja ausente, ou se, embora presente, a pessoa da família ou o vizinho se recusar a receber o mandado; (e) da certidão da ocorrência, o oficial de justiça deixará contrafé com qualquer pessoa da família ou vizinho, conforme o caso, declarando-lhe o nome; (f) feita a citação com hora certa, o escrivão

ou chefe de secretaria enviará ao réu, executado ou interessado, no prazo de 10 dias, contado da data da juntada do mandado aos autos, carta, telegrama ou correspondência eletrônica, dando-lhe de tudo ciência.

- se feita a citação com hora certa e o acusado não comparecer, ser-lhe-á nomeado defensor dativo.

- O processo seguirá sem a presença do acusado que, citado ou intimado pessoalmente para qualquer ato, deixar de comparecer sem motivo justificado, ou, no caso de mudança de residência, não comunicar o novo endereço ao juízo.

- Estando o acusado no estrangeiro, em lugar sabido, será citado mediante carta rogatória, suspendendo-se o curso do prazo de prescrição até o seu cumprimento.

- Se o acusado, citado por edital, não comparecer, nem constituir advogado, ficarão suspensos o processo e o curso do prazo prescricional, podendo o juiz determinar a produção antecipada das provas consideradas urgentes e, se for o caso, decretar prisão preventiva, se cabível (art. 366, CPP).

- a decisão que determina a produção antecipada de provas com base no art. 366 do CPP deve ser concretamente fundamentada, não a justificando unicamente o mero decurso do tempo (STJ, Súmula 455).

- embora o art. 366 do CPP não estabeleça prazo máximo para a suspensão do processo e do prazo prescricional, a doutrina e a jurisprudência entendem que não poderá ser indefinido. O entendimento majoritário é o de que a suspensão do prescricional regula-se pelo máximo da pena cominada (Súmula 415, Superior Tribunal de Justiça).

- **Intimações.**

- A intimação do acusado deve ser, a princípio, pessoal, aplicando-se as regras referentes à citação.

- A intimação do Ministério Público, do Defensor Público e do defensor dativo será pessoal, com vista dos autos, conforme decidiu o STJ.

- A intimação do defensor constituído, do advogado do querelante e do assistente far-se-á por publicação no órgão incumbido da publicidade dos atos judiciais da comarca, incluindo, sob pena de nulidade, o nome do acusado.

- **Contagem de prazos.**

- No processo penal, contam-se os prazos da data da intimação, e não da juntada aos autos do mandado ou da carta precatória ou de ordem (STF, Súmula 770).

- Os prazos também correm: da audiência ou sessão em que for proferida a decisão, se a ela estiver presente a parte; e do dia em que a parte manifestar nos autos ciência inequívoca da sentença ou despacho.

- Todos os prazos correm em cartório e são contínuos e peremptórios, não se interrompendo por férias, domingo ou dia feriado.

- Não se computa no prazo o dia do começo, incluindo-se, porém, o do vencimento.

- O prazo que terminar em domingo ou dia feriado considerar-se-á prorrogado até o dia útil imediato.

- Quando a intimação tiver lugar na sexta-feira, ou a publicação com efeito de intimação for feita nesse dia, o prazo judicial terá início na segunda-feira imediata, salvo se não houve expediente, caso em que começará no primeiro dia útil que se seguir (STF, Súmula 310).

- A informatização do processo judicial é objeto da Lei 11.419/2006, que, no § 3º do art. 4º, dispõe que a data da publicação será o primeiro dia útil seguinte ao da disponibilização da informação no Diário da Justiça eletrônico. Assim, o prazo começará a ser contado somente no primeiro dia útil seguinte ao considerado como data da publicação (art. 798, § 1º, CPP).

9. PROVAS

- **Terminologia da prova**:

- **elemento de prova**: dado objetivo que confirma ou nega uma afirmação sobre determinado fato. Exs.: declaração da testemunha e o conteúdo de um documento;

- **resultado da prova**: conclusão a que se chega depois do exame dos elementos de prova constantes dos autos;

- **objeto de prova**: é a verdade ou a falsidade de uma afirmação sobre um fato;

- **fonte de prova**: pessoa ou coisa da qual se obtém o elemento de prova (exs.: a testemunha e o documento);

- **meio de prova (ou de produção de prova)**: instrumento ou atividade por meio do qual o elemento de prova é introduzido no processo (exs.: prova testemunhal e prova documental). É realizado pelo juiz do processo, sob o contraditório das partes;

- **meio de investigação de prova (ou de pesquisa de prova)**: procedimento que visa à busca de fontes de prova. Nem sempre é realizado pelo juiz, mas pelo órgão de investigação, fora do processo. Exs.: interceptação telefônica e busca;

- **indício**: possui mais de um significado. Segundo o CPP: é a circunstância conhecida e provada, que, tendo relação com o fato, autorize, por indução, concluir-se a existência de outra ou outras circunstâncias (prova indireta);

- no sentido de prova indireta, indícios são elementos de prova (o CPP os trata como "meio de prova") e, como qualquer outro elemento de prova, deve ser valorado em conjunto com dos demais elementos colhidos no processo. Assim, posto haja quem entenda ser impossível a condenação por indícios, entendemos ser, sim, possível, desde que o conjunto de indícios permitam a certeza necessária para o decreto condenatório;

- quando a lei exige a presença de *indícios suficientes* para o juiz proferir algumas decisões (exs.: pronúncia e decretação da prisão preventiva), está se referindo ao indício como "prova semiplena". Nesses casos, a palavra indício não tem o sentido técnico visto acima, mas apenas quer dizer que há uma probabilidade razoável, por exemplo, de que determinada pessoa tenha sido autora do delito;

– **prova nominada**: meio previsto em lei;

– **prova inominada**: meio não previsto em lei;

– **prova típica**: são os meios previstos e regulados pela lei;

– **prova atípica**: meio não previsto (prova inominada) ou previsto, mas não regulado pela lei;

– **prova anômala**: utilização de meio de prova diversos daquele previsto para a obtenção da prova. Ex.: se se pretende obter a declaração de uma testemunha, deve-se usar o meio "prova testemunhal"; utilizando-se o meio "prova documental", com a juntada de documento escrito, contendo declaração da testemunha, tem-se a prova anômala;

– **prova irritual**: não é seguido o rito previsto na lei para a prova que se quer produzir;

– **provas cautelares**: nelas, há um risco de desaparecimento da fonte da prova, devendo ser realizada fora do contraditório, que será, portanto, diferido (ex.: interceptação telefônica);

– **provas irrepetíveis**: nelas, uma vez produzida, não há possibilidade de sua repetição, pelo desaparecimento ou modificação da fonte de prova. Ex.: exame pericial no cadáver (laudo de exame necroscópico);

– **provas antecipadas**: são produzidas sob contraditório e judicialmente, mas fora do momento previsto no rito processual ou mesmo antes de iniciado o processo, em razão da urgência (ex.: oitiva de testemunha acometida de doença grave e potencialmente fatal, ainda durante a fase de investigação);

– **prova emprestada**: de acordo com a maioria da doutrina, trata-se da utilização em um determinado processo, de prova produzida em outro, neste último caso, sob contraditório e tendo as mesmas partes. Doutrina minoritária entende que em ambos os processos deve atuar o mesmo juiz. Ademais, entende-se não ser possível o empréstimo de elemento informativo produzido em inquérito policial, salvo o caso das provas cautelares e irrepetíveis, em que o contraditório é diferido.

- **Provas ilícitas**: há vedação constitucional à utilização de provas ilícitas no processo penal (art. 5º, LVI, CF: "são inadmissíveis, no processo, as provas obtidas por meios ilícitos"). O CPP traz igualmente tal proibição (art. 157, *caput*: "São inadmissíveis, devendo ser desentranhadas do processo, as provas ilícitas, assim entendidas as obtidas em violação a normas constitucionais ou legais").

– portanto, para o CPP são ilícitas: as provas obtidas em violação a normas constitucionais ou legais;

– na doutrina, há distinção entre provas ilícitas e ilegítimas, proposta por Ada Pellegrini Grinover, baseando-se em entendimento da doutrina italiana. Assim, segundo tal importante jurista, a prova ilegal seria de dois tipos: prova ilegítima (que viola normas processuais para sua produção) e prova ilícita (que viola norma de direito material ou garantias constitucionais). Como visto, não foi feita tal distinção no art. 157, CPP;

– as teorias "dos frutos da árvore envenenada" e "da descoberta inevitável" – criações da jurisprudência da Suprema Corte norte-americana – foram claramente adotadas na reforma sofrida pelo CPP em 2008, bastando verificar a redação dada ao § 1º do art. 157. Enquanto o *caput* proíbe a valoração das provas ilícitas – consideradas inadmissíveis, devendo ser desentranhadas dos autos – o referido parágrafo afirma: "São também inadmissíveis as provas derivadas das ilícitas" (frutos da árvore envenenada"), "salvo quando não evidenciado o nexo de causalidade entre umas e outras, ou quando as derivadas puderem ser obtidas por uma fonte independente das primeiras". O que se deve entender por "fonte independente"? Diz o § 2º: "aquela que por si só, seguindo os trâmites típicos e de praxe, próprios da investigação ou instrução criminal, seria capaz de conduzir ao fato objeto da prova". A doutrina vem criticando tal definição, por entender ter feito o legislador uma pequena confusão entre "fonte independente" – outra das criações da Suprema Corte norte-americana – e "descoberta inevitável". De fato, a definição contida no § 2º do art. 157 do CPP brasileiro descreve a situação de "descoberta inevitável". Então, o que seria a fonte independente? No caso da fonte independente, a prova tem duas origens, sendo uma delas ilícita. Assim, pode-se perfeitamente suprimir a fonte ilegal, que ainda assim subsistirá a fonte lícita.

- **Sistemas de avaliação da prova**:

– **sistema da íntima convicção** (ou da certeza moral do juiz): o julgador é livre para apreciar as provas, não sendo sequer obrigado a dar as razões de seu convencimento, não estando sujeito a qualquer restrição legal. Não é adotado como regra no Brasil, já que a CF exige que todas as decisões do Poder Judiciário sejam fundamentadas (art. 93, IX). Como exceção, porém, pode-se dizer que tal sistema foi adotado no Tribunal do Júri, pois os jurados não podem fundamentar seu veredicto, podendo julgar de acordo com sua convicção, ainda que contra a prova dos autos (embora, é certo, isso possa levar a pelo menos uma anulação do julgamento, com realização de outro);

– **sistema das provas legais** (ou da prova tarifada ou da certeza moral do legislador): os meios de prova têm seu valor fixado previamente pelo legislador. Vêm daí algumas afirmações, hoje sem muito sentido, como *testis unus, testis nullus*, às vezes repetida nos debates perante o Tribunal do Júri. Hoje, não há sentido algum em se considerar não provada a afirmação sobre um fato, porque foi atestado por apenas uma testemunha. Há um resquício bem evidente desse sistema em nosso CPP, no parágrafo único do art. 155: "somente quanto ao estado das pessoas serão observadas as restrições [probatórias, esclarecemos] estabelecidas na lei civil". Há quem aponte outro resquício na regra do art. 158, que afirma ser indispensável o exame de corpo de delito quando a infração deixar vestígio.

– **Sistema da persuasão racional** (ou do livre convencimento motivado): o juiz tem liberdade para valorar a prova produzida segundo os ditames constitucionais e legais, devendo motivar sua decisão, revelando como os elementos coligidos o levaram à conclusão exposta. É o sistema adotado como regra em nosso CPP;

• o **art. 155 do CPP** diz que o juiz formará sua convicção pela livre apreciação da prova, mas desde que produzida em contraditório judicial, além do que está limitado na fundamentação de sua decisão, eis que não poderá fundamentá-la exclusivamente nos elementos informativos colhidos na fase investigatória, ressalvadas as provas cautelares, não repetíveis e antecipadas.

• No quadro a seguir, os pontos principais cobrados nos concursos comentados.

Aspectos importantes
Provas periciais
• quando a infração deixar vestígios, será indispensável o exame de corpo de delito, direto ou indireto
• não sendo possível o exame de corpo de delito, por haverem desaparecido os vestígios, a prova testemunhal poderá suprir-lhe a falta
• a confissão do acusado não pode suprir a falta do exame de corpo de delito, direto ou indireto
• as perícias serão realizadas por perito oficial, portador de diploma de curso superior, não havendo mais a exigência de dois peritos
• na falta de perito oficial, o exame será realizado por duas pessoas idôneas, portadoras de diploma de curso superior preferencialmente na área específica, dentre as que tiverem habilitação técnica relacionada com a natureza do exame
• o juiz não fica adstrito ao laudo, já que pode aceitá-lo ou rejeitá-lo, no todo ou em parte

Prova testemunhal
• a testemunha não pode eximir-se da obrigação de depor
• poderão recusar-se a depor: o ascendente ou descendente, o afim em linha reta, o cônjuge, ainda que desquitado, o irmão e o pai, a mãe, ou o filho adotivo do acusado
• tais pessoas serão ouvidas, sem o compromisso de dizer a verdade, quando não for possível, por outro modo, obter-se ou integrar-se a prova do fato e de suas circunstâncias
• são proibidas de depor as pessoas que, em razão de função, ministério, ofício ou profissão, devam guardar segredo, salvo se, desobrigadas pela parte interessada, quiserem dar o seu testemunho
• também não se deferirá o compromisso dizer a verdade aos doentes e deficientes mentais e aos menores de 14 anos
• em regra, nos procedimentos comuns, as perguntas serão formuladas pelas partes diretamente à testemunha. Apenas sobre os pontos não esclarecidos, o juiz poderá complementar a inquirição;
• se o juiz verificar que a presença do réu poderá causar humilhação, temor, ou sério constrangimento à testemunha ou ao ofendido, de modo que prejudique a verdade do depoimento, fará a inquirição por videoconferência e, somente na impossibilidade dessa forma, determinará a retirada do réu, prosseguindo na inquirição, com a presença do seu defensor;

Prova testemunhal
• testemunhas numerárias: são as arroladas pelas partes e que prestam compromisso legal;
• testemunhas extranumerárias: são as arroladas pelas partes e que não prestam compromisso legal ou que nada sabem de interesse do feito; são também as ouvidas por iniciativa do juiz;
• testemunhas fedatárias (ou impróprias ou instrumentárias): prestam depoimento sobre a regularidade de um ato processual, como se dá no caso de lavratura de flagrante em que não há testemunha da infração penal, mas apenas da prisão em si;
• a lei prevê o número máximo de testemunhas (numerárias) que podem ser arroladas, conforme o procedimento. P. ex.: no rito comum ordinário, o número máximo é de 8 testemunhas para a acusação e 8 para cada acusado. Entende-se que o número máximo é por fato imputado no processo.

Interrogatório do imputado
• deve ser feito pessoalmente pelo juiz
• excepcionalmente, o juiz, por decisão fundamentada, de ofício ou a requerimento das partes, poderá realizar o interrogatório do réu preso por sistema de videoconferência ou outro recurso tecnológico de transmissão de sons e imagens em tempo real, desde que a medida seja necessária para atender a uma das seguintes finalidades:

a) prevenir risco à segurança pública, quando exista fundada suspeita de que o preso integre organização criminosa ou de que, por outra razão, possa fugir durante o deslocamento;

b) viabilizar a participação do réu no referido ato processual, quando haja relevante dificuldade para seu comparecimento em juízo, por enfermidade ou outra circunstância pessoal;

c) impedir a influência do réu no ânimo de testemunha ou da vítima, desde que não seja possível colher o depoimento destas por videoconferência;

d) responder à gravíssima questão de ordem pública antes do interrogatório por videoconferência, o preso poderá acompanhar, pelo mesmo sistema tecnológico, a realização de todos os atos da audiência única de instrução e julgamento;

- o silêncio do imputado não importará em confissão e não poderá ser interpretado em prejuízo de sua defesa (princípio *nemo tenere se detegere*), não devendo ser aplicado o disposto no art. 198, CPP
- a confissão não prova automaticamente o envolvimento do imputado no fato: seu valor se aferirá pelos critérios adotados para os outros elementos de prova, e para a sua apreciação o juiz deverá confrontá-la com as demais provas do processo, verificando se entre ela e estas existe compatibilidade ou concordância;
- a confissão é divisível e retratável.

Busca e apreensão domiciliar

- a busca e apreensão domiciliar é usada para colher qualquer elemento de convicção, e também para:

a) prender criminosos;

b) apreender coisas achadas ou obtidas por meios criminosos;

c) apreender instrumentos de falsificação ou de contrafação e objetos falsificados ou contrafeitos;

d) apreender armas e munições, instrumentos utilizados na prática de crime ou destinados a fim delituoso;

e) descobrir objetos necessários à prova de infração ou à defesa do réu;

f) apreender cartas, abertas ou não, destinadas ao acusado ou em seu poder, quando haja suspeita de que o conhecimento do seu conteúdo possa ser útil à elucidação do fato;

g) apreender pessoas vítimas de crimes

- **regra constitucional** (art. 5º, XI): ninguém pode ingressar em casa alheia sem o consentimento do morador, salvo em caso de flagrante delito ou desastre, ou para prestar socorro, ou, durante o dia, por determinação judicial.

  Ou seja, cumprimento de mandado de busca e apreensão, somente durante o dia; realização de apreensões à noite, somente com o consentimento do morador ou em caso de flagrante delito;

- **flagrante em crime permanente: atenção ao decidido pelo STF:** "(...) A Constituição dispensa o mandado judicial para ingresso forçado em residência em caso de flagrante delito. No crime permanente, a situação de flagrância se protrai no tempo. (...) Período noturno. A cláusula que limita o ingresso ao período do dia é aplicável apenas aos casos em que a busca é determinada por ordem judicial. Nos demais casos – flagrante delito, desastre ou para prestar socorro – a Constituição não faz exigência quanto ao período do dia. (...) Controle judicial a posteriori. Necessidade de preservação da inviolabilidade domiciliar. Interpretação da Constituição. Proteção contra ingerências arbitrárias no domicílio. Muito embora o flagrante delito legitime o ingresso forçado em casa sem determinação judicial, a medida deve ser controlada judicialmente. A inexistência de controle judicial, ainda que posterior à execução da medida, esvaziaria o núcleo fundamental da garantia contra a inviolabilidade da casa (art. 5º, XI, da CF) e deixaria de proteger contra ingerências arbitrárias no domicílio (Pacto de São José da Costa Rica, artigo 11, 2, e Pacto Internacional sobre Direitos Civis e Políticos, artigo 17, 1). O controle judicial a posteriori decorre tanto da interpretação da Constituição, quanto da aplicação da proteção consagrada em tratados internacionais sobre direitos humanos incorporados ao ordenamento jurídico. Normas internacionais de caráter judicial que se incorporam à cláusula do devido processo legal. (...) Justa causa. **A entrada forçada em domicílio, sem uma justificativa prévia conforme o direito, é arbitrária. Não será a constatação de situação de flagrância, posterior ao ingresso, que justificará a medida. Os agentes estatais devem demonstrar que havia elementos mínimos a caracterizar fundadas razões (justa causa) para a medida.** (...) Fixada a interpretação de que **a entrada forçada em domicílio sem mandado judicial só é lícita, mesmo em período noturno, quando amparada em fundadas razões, devidamente justificadas a posteriori, que indiquem que dentro da casa ocorre situação de flagrante delito, sob pena de responsabilidade disciplinar, civil e penal do agente ou da autoridade e de nulidade dos atos praticados.** (...)" (RE 603.616-RO, Rel. Min. Gilmar Mendes, j. 05.11.2015, grifos nossos).

Exame de alcoolemia (embriaguez ao volante)

- houve questionamentos quanto à confiabilidade do exame; quando à falta de possibilidade de contra prova; e, finalmente, quanto à constitucionalidade de sua previsão, eis que ninguém pode ser obrigado a produzir prova contra si mesmo, razão pela qual também não poderia ser obrigado, ainda que na condução de veículo automotor, a se submeter ao exame pericial;
- o problema relacionava-se ao crime previsto no art. 306 do Código de Trânsito Brasileiro, que trazia um tipo penal com elementar de natureza objetiva, qual seja, a direção de veículo automotor tendo o motorista concentração superior a 6 decigramas de álcool etílico por litro de sangue. Para a comprovação dessa elementar, era necessária a realização de perícia. A lei mudou e hoje admite outros meios de provar a embriaguez, como a prova testemunhal, sendo o exame de alcoolemia apenas uma – não mais a única – possibilidade;

- o Superior Tribunal de Justiça entendeu não caber *habeas corpus* preventivo para discutir o tema, pois não se pode considerar como fundado receio o simples temor de, porventura, ter de se submeter ao exame ao trafegar pelas ruas em veículo automotor, sem a existência de procedimento investigatório (RHC 27.590-SP, Rel. Min. Maria Thereza de Assis Moura, j. 18.05.2010);
- além disso, o Superior Tribunal de Justiça entendeu que ninguém é obrigado a se submeter a tal perícia, em razão do princípio *nemo tenetur se detegere*, mas, ao mesmo tempo afirmou que os exames de alcoolemia (análise do sangue e o etilômetro) podem ser realizados e são perfeitamente legais, desde que a ele se submeta voluntariamente o motorista. Nesse sentido, o importante julgado em sede de Recurso Especial: RE 1.111.566-DF, Rel. Min. Marco Aurélio Bellizze, j. 28.03.2012.

- Sobre interceptações telefônicas, v. tópico sobre procedimentos abaixo.

10. SENTENÇA

- **Emendatio libelli**: o juiz pode dar definição jurídica diversa ao fato, conforme autorização do art. 383 do CPP, desde que não modifique a descrição contida na inicial acusatória (denúncia ou queixa), ainda que, em consequência, tenha de aplicar pena mais grave.

– assim, o juiz pode dar outra definição jurídica para o fato (e o réu defendeu-se de tal fato, não da classificação jurídica até então existente), não havendo previsão de manifestação da Defesa ou do Ministério Público e tampouco de produção de novas provas;

– o que o juiz não pode fazer é dar definição jurídica diversa da contida na acusação, se a descrição do fato feita pelo juiz for além dos limites da denúncia ou queixa. Nesses casos, o Ministério Público deverá aditar a denúncia (art. 384, CPP – *mutatio libelli*). Do contrário, o juiz não poderá condenar o acusado por fato do qual não se defendeu. Deve haver correlação entre a acusação e a sentença.

– existe posicionamento no sentido de que, antes de proferir a decisão, se verificar que será possível dar outra classificação jurídica para o fato já descrito na inicial, deve o juiz ouvir pelo menos o acusado. Tal posicionamento, a nosso ver, ganha mais peso com o novo **CPC**, cujo art. 9º estatui: "Não se proferirá decisão contra uma das partes sem que ela seja previamente ouvida". Trata-se de evidente aplicação do princípio constitucional do contraditório. Por que tal dispositivo pode influenciar o processo penal? Ora, além do fato de as disposições processuais civis poderem ser aplicadas, por analogia, ao processo penal, parece-nos haver uma razão mais forte: não pode o contraditório no processo civil ser mais amplo do que o aplicável ao processo penal. Então, tal salutar regra do art. 9º do CPC deve, segundo tal posicionamento, ser aplicado ao processo penal, de modo que o art. 383 do CPP deve ser aplicado em combinação com aquele dispositivo.

- **Mutatio libelli**: hipótese do art. 384 do CPP: "Encerrada a instrução probatória, se entender cabível nova definição jurídica do fato, em consequência de prova existente nos autos de elemento ou circunstância da infração penal não contida na acusação, o Ministério Público deverá aditar a denúncia ou queixa, no prazo de 5 (cinco) dias, se em virtude desta houver sido instaurado o processo em crime de ação pública, reduzindo-se a termo o aditamento, quando feito oralmente".

– a redação do art. 384, *caput*, e § 5º do CPP mostra que a provocação para o aditamento não deve partir do juiz, mas deve ser iniciativa do próprio Ministério Público. Cabe a tal órgão, em respeito ao sistema acusatório, verificar se é ou não cabível o aditamento;

– se o Ministério Público não fizer o aditamento, o juiz, ao invés de sentenciar, pode encaminhar os autos ao Procurador-Geral de Justiça, para que este verifique se é ou não caso de aditamento, em analogia explícita ao art. 28 do CPP (art. 384, § 1º);

– feito o aditamento, cada parte poderá arrolar até 3 testemunhas, no prazo de 5 dias, ficando o juiz, na sentença, adstrito aos termos do aditamento (§ 4º);

– então, o juiz, a requerimento de qualquer das partes, designará dia e hora para continuação da audiência, com inquirição de testemunhas, novo interrogatório do acusado, realização de debates e julgamento (§ 2º);

– se não admitido o aditamento, o processo prosseguirá (§ 5º), isto é, o juiz deverá prolatar a sentença, ficando adstrito apenas aos fatos já contidos na denúncia.

EMENDATIO LIBELLI	*MUTATIO LIBELLI*
Juiz dá definição jurídica diversa ao fato descrito na denúncia	MP verifica possibilidade de definição jurídica diversa da contida na denúncia
Juiz pode aplicar pena mais grave do que aquela prevista para a definição contida na denúncia ou queixa	Fato novo, surgido da instrução, não descrito na denúncia
Não há necessidade de dar vista dos autos ao MP	MP deve aditar a denúncia
Não há necessidade de aditamento	Recusa do MP: aplicação do art. 28, CPP

- **Absolvição imprópria** ocorre nos casos em que a existência do crime e a autoria são reconhecidas, mas o acusado, por ser inimputável, não é condenado, aplicando-se-lhe medida de segurança (art. 386, VI, CPP). Há uma condenação disfarçada de absolvição, como afirma certa doutrina, cabendo, inclusive, revisão criminal.

- Os casos de **absolvição própria** são os seguintes: a) estar provada a inexistência do fato; b) não haver prova da existência do fato; c) não constituir o fato infração penal; d) estar provado que o réu não concorreu para a infração penal; e) não existir prova de ter o réu concorrido para a infração penal; f) existirem circunstâncias que excluam o crime – causa de exclusão da ilicitude – ou mesmo se houver fundada dúvida sobre sua existência; g) não existir prova suficiente para a condenação.
- O art. 387 e §§ 1º e 2º do CPP dispõem que o juiz, ao proferir **sentença condenatória**: a) mencionará as circunstâncias agravantes ou atenuantes definidas no Código Penal, e cuja existência reconhecer; b) mencionará as outras circunstâncias apuradas e tudo o mais que deva ser levado em conta na aplicação da pena, de acordo com o disposto nos arts. 59 e 60 do Código Penal; c) aplicará as penas de acordo com essas conclusões; d) fixará valor mínimo para reparação dos danos causados pela infração, considerando os prejuízos sofridos pelo ofendido; e) atenderá, quanto à aplicação provisória de interdições de direitos e medidas de segurança, ao disposto no CPP; f) determinará se a sentença deverá ser publicada na íntegra ou em resumo e designará o jornal em que será feita a publicação (art. 73, § 1º, do Código Penal); g) decidirá, fundamentadamente, sobre a manutenção ou, se for o caso, imposição de prisão preventiva ou de outra medida cautelar, sem prejuízo do conhecimento da apelação que vier a ser interposta; h) computará o tempo de prisão provisória, de prisão administrativa ou de internação, no Brasil ou no estrangeiro, para fins de determinação do regime inicial de pena privativa de liberdade. Esta última disposição é mais recente, portanto, **atenção a ela.**
- A Lei 12.736, de 30 de novembro de 2012, modificou o art. 387 do CPP, que era composto do *caput* e de parágrafo único. Agora, possui dois parágrafos, sendo o primeiro praticamente idêntico ao antigo parágrafo único. Já o segundo trouxe a regra da detração vista na letra "h" acima.
- **Eficácia preclusiva subordinante da sentença penal**: a responsabilidade civil é independente da criminal, conforme afirma o art. 935 do 13.43. Mas tal dispositivo afirma também que não se pode questionar mais sobre a existência do fato, ou sobre quem seja o seu autor, quando estas questões se acharem decididas no juízo criminal. Essa é a ideia da eficácia preclusiva subordinante da sentença penal (v. acima, dicas sobre ação civil *ex delicto*).
- O art. 392 determina que a **intimação da sentença** será feita ao réu, pessoalmente, se estiver preso; ao réu, pessoalmente, ou ao defensor por ele constituído, quando se livrar solto, ou, sendo afiançável a infração, tiver prestado fiança; mediante edital, nesse último caso, se o réu e o defensor que houver constituído não forem encontrados, e assim o certificar o oficial de justiça; ao defensor constituído pelo réu, se este, afiançável, ou não, a infração, expedido o mandado de prisão, não tiver sido encontrado, e assim o certificar o oficial de justiça; nesse último caso, mediante edital, se o defensor que o réu houver constituído também não for encontrado, e assim o certificar o oficial de justiça; mediante edital, se o réu, não tendo constituído defensor, não for encontrado, e assim o certificar o oficial de justiça.
  - no caso de sentença condenatória, prevalece o entendimento de que o acusado e seu defensor devem ser intimados separadamente e o prazo para o recurso começa da última intimação;
  - se a intimação for por carta precatória, a Súmula 710 do STF estabelece que os prazos são contados da data da intimação e não da juntada do mandado ou da carta aos autos. Em sentido contrário, entendimento é de que começa a correr o prazo recursal a partir da juntada da carta precatória aos autos, devidamente cumprida (STJ, RE 261.360-RS);
  - há, também, a Súmula 523 do STF, que estabelece ser a desídia do defensor, que perde o prazo para o recurso, hipótese de nulidade absoluta, por cerceamento de defesa.

11. PROCEDIMENTOS

11.1. PROCEDIMENTOS COMUNS ORDINÁRIO E SUMÁRIO

- O art. 394 do CPP determina que o procedimento será comum ou especial.
- O procedimento comum será **ordinário**, **sumário** ou **sumaríssimo** (§ 1º).

PROCEDIMENTO	PENA PRIVATIVA DE LIBERDADE
Ordinário	máxima igual ou superior a 4 anos
Sumário	máxima inferior a 4 anos
Sumaríssimo	infrações de menor potencial ofensivo

- Nos procedimentos **ordinário** e **sumário**, oferecida a denúncia ou queixa, o juiz, se a não rejeitar liminarmente, recebê-la-á e ordenará a citação do acusado para responder à acusação, por escrito, no prazo de 10 dias.
  - no caso de citação por edital, o prazo para a defesa começará a fluir a partir do comparecimento pessoal do acusado ou do defensor constituído; do contrário, aplica-se o disposto no art. 366 do CPP (suspensão do processo);
  - na resposta, o acusado poderá arguir preliminares e alegar tudo o que interesse à sua defesa, oferecer documentos e justificações, especificar as provas

pretendidas e arrolar testemunhas, qualificando-as e requerendo sua intimação, quando necessário;

- não apresentada a resposta no prazo legal, ou se o acusado, citado, não constituir defensor, o juiz nomeará defensor para oferecê-la, concedendo-lhe vista dos autos por 10 dias.

• O juiz, depois da resposta do acusado, poderá absolvê-lo sumariamente nos casos especificados nos incisos do art. 397 do CPP, ou seja, quando verificar: a) a existência manifesta de causa excludente da ilicitude do fato; b) a existência manifesta de causa excludente da culpabilidade do agente, salvo inimputabilidade; c) que o fato narrado evidentemente não constitui crime; ou d) estar extinta a punibilidade do agente.

- a nosso ver, o rol do art. 397 do CPP é taxativo, não incluindo a definição de ausência de "justa causa";
- a ausência de alguma das condições da ação – atipicidade do fato, por exemplo – pode levar à absolvição sumária. Porém, as hipóteses do art. 397 do CPP não se limitam à análise das condições da ação, chegando mesmo à análise do mérito (exemplo: existência de causa de exclusão da ilicitude);
- a inimputabilidade é excluída expressamente das causas que podem levar à absolvição sumária nos procedimentos comuns. Nesse caso, deverá a ação prosseguir e, ao final, o juiz proferirá sentença de absolvição imprópria, fixando medida de segurança.

• No **procedimento ordinário**, se o juiz não absolver sumariamente o acusado, designará audiência de instrução e julgamento, a ser realizada no prazo máximo de 60 dias.

- na audiência serão tomadas as declarações do ofendido, serão inquiridas as testemunhas arroladas pela acusação e pela defesa, nesta ordem, serão colhidos os esclarecimentos dos peritos – se houve prévio requerimento das partes –, serão realizadas acareações e reconhecimento de pessoas e coisas, e, ao final, será o acusado interrogado;
- na instrução poderão ser inquiridas até 8 testemunhas arroladas pela acusação e 8 pela defesa, não se computando, nesse número, as que não prestem compromisso e as referidas;
- permite-se o adiamento da audiência se o defensor, por motivo justificado, não puder comparecer. Contudo, o ônus de provar o impedimento do defensor incumbe a este, que deverá fazê-lo até a abertura da audiência e, caso não o faça, o juiz determina o prosseguimento do ato, nomeando defensor substituto, ainda que provisoriamente ou só para o efeito do ato;
- produzidas as provas, ao final da audiência, o Ministério Público, o querelante e o assistente e, a seguir, o acusado poderão requerer diligências cuja necessidade se origine de circunstâncias ou fatos apurados na instrução;
- não havendo requerimento de diligências, ou sendo indeferido, serão oferecidas alegações finais orais por 20 minutos, respectivamente, pela acusação e pela defesa, prorrogáveis por mais 10, proferindo o juiz, a seguir, sentença;

• havendo mais de um acusado, o tempo previsto para a defesa de cada um será individual;

• ao assistente do Ministério Público, após a manifestação desse, serão concedidos 10 minutos, prorrogando-se por igual período o tempo de manifestação da defesa;

• o juiz poderá, considerada a complexidade do caso ou o número de acusados, conceder às partes o prazo de 5 dias sucessivamente para a apresentação de memoriais. Nesse caso, terá o prazo de 10 dias para proferir a sentença;

• havendo necessidade de diligências, não haverá alegações orais em audiência. Assim que realizada a diligência, as partes apresentarão, no prazo sucessivo de 5 dias, suas alegações finais, por memorial, e, no prazo de 10 dias, o juiz proferirá a sentença.

- O juiz que presidiu a instrução deverá proferir a sentença (princípio da identidade física do juiz).

• No **procedimento sumário**, se o juiz não absolver sumariamente o acusado, designará audiência de instrução e julgamento, a ser realizada no prazo máximo de 30 dias.

- na audiência serão tomadas as declarações do ofendido, serão inquiridas as testemunhas arroladas pela acusação e pela defesa, nesta ordem, serão colhidos os esclarecimentos dos peritos – se houve prévio requerimento das partes –, serão realizadas acareações e reconhecimento de pessoas e coisas, e, ao final, será o acusado interrogado;
- na instrução poderão ser inquiridas até 5 testemunhas arroladas pela acusação e 5 pela defesa;
- nenhum ato será adiado, salvo quando imprescindível a prova faltante, determinando o juiz a condução coercitiva de quem deva comparecer.
- as alegações finais serão orais, concedendo-se a palavra, respectivamente, à acusação e à defesa, pelo prazo de 20 minutos, prorrogáveis por mais 10, proferindo o juiz, a seguir, sentença;

• havendo mais de um acusado, o tempo previsto para a defesa de cada um será individual;

• ao assistente do Ministério Público, após a manifestação desse, serão concedidos 10 minutos, prorrogando-se por igual período o tempo de manifestação da defesa;

- não há previsão de diligências complementares;
- O juiz que presidiu a instrução deverá proferir a sentença (princípio da identidade física do juiz).

DIFERENÇAS ENTRE PROCEDIMENTOS ORDINÁRIO E SUMÁRIO		
–	**Ordinário**	**Sumário**
Prazo para realização da audiência	60 dias	30 dias
Número máximo de testemunhas a serem arroladas por cada parte	8	5
Permitidas diligências depois da audiência?	Sim	Não
Previsão de memoriais, em substituição aos debates?	Sim	Não

- A **suspensão condicional do processo** é aplicável a todos os crimes que estiverem dentro dos limites previsto no art. 89 da Lei 9.099/1995.

– a suspensão condicional do processo será aplicada se a pena mínima cominada for igual ou inferior a 1 ano e desde que o acusado não esteja sendo processado ou não tenha sido condenado por outro crime, presentes os demais requisitos que autorizariam a suspensão condicional da pena;

– a suspensão terá duração de 2 a 4 anos;

– entendemos que a proposta de suspensão condicional deve ser feita pelo Promotor de Justiça, titular da ação penal (há, evidentemente, quem entenda que o juiz também pode fazer a proposta, caso o Promotor se recuse a fazê-la). Em caso de recusa do membro do Ministério Público, deve ser aplicado, por analogia, o disposto no art. 28 do CPP. É o entendimento do STF, por meio da Súmula 696: "Reunidos os pressupostos legais permissivos da suspensão condicional do processo, mas se recusando o Promotor de Justiça a propô-la, o juiz, dissentindo, remeterá a questão ao Procurador-Geral, aplicando-se por analogia o art. 28 do Código de Processo Penal". O mesmo se aplica à transação penal.

– quanto ao momento, deve o Ministério Público oferecer a proposta de suspensão quando oferecer a denúncia, conforme consta do art. 89 da Lei 9.099/1995. Mas, qual o momento para o acusado aceitá-la? Se o procedimento a ser adotado for o sumaríssimo, da própria Lei 9.099, deve-se ter em mente que, se foi oferecida denúncia, isso significa que não foi possível ou não foi aceita a proposta de transação penal. Então, apresenta o Ministério Público oralmente a denúncia. Se o acusado estiver presente ao ato, é citado. Porém, caso não esteja presente, deve o acusado também é citado posteriormente. Nos dois casos, o acusado deve comparecer à audiência designada, na qual seu defensor apresentará a defesa preliminar, com o que decidirá o juiz se recebe a denúncia. A recebendo, será o acusado instado a se manifestar quanto à proposta de suspensão. Por outro lado, se o procedimento for o ordinário ou o sumário, lembrem-se que o acusado será citado para oferecer resposta à acusação e depois o juiz decidirá se absolve sumariamente o acusado. Caso o não faça, deverá designar audiência una de instrução e julgamento. Não concordamos com o posicionamento segundo o qual deve ser realizada a audiência e, quando do interrogatório (último ato dela), deve o acusado dizer se aceita a proposta de suspensão ou não. A melhor solução, a nosso ver, é outra: decidindo o juiz não ser o caso de absolvição sumária, designa audiência para que o acusado diga se aceita ou não a proposta de suspensão e, caso a aceite, fica prejudicada a realização da audiência de instrução e julgamento, que sequer é marcada. Por fim, ainda quanto a tal tema, se houver a desclassificação do delito quando da sentença ou acórdão e a nova classificação jurídica do crime possibilitar a aplicação da suspensão condicional do processo, deve o juiz ou tribunal dar ao Ministério Público a oportunidade de apresentar a proposta de suspensão.

11.2. PROCEDIMENTO SUMARÍSSIMO (LEI 9.099/1995)

- Adotado para as infrações penais de menor potencial ofensivo e previsto na Lei 9.099/1995.
- **Infrações penais de menor potencial ofensivo**: as contravenções penais e os crimes a que a lei comine pena máxima não superior a 2 anos, cumulada ou não com multa.
- Há crimes em que são previstas penas alternativas: privativa de liberdade ou multa. Como exemplo, vejam o preceito secundário do art. 7º da Lei 8.137/1990: pena de detenção, de 2 a 5 anos, ou multa. Assim, visto sob o ângulo da pena privativa de liberdade, não se trata de infração de menor potencial ofensivo, já que, para isso, a pena máxima não poderia ultrapassar 2 anos; visto sob o prisma da pena de multa, seria crime de menor potencial ofensivo. Então, qual o critério que deve prevalecer? A nosso ver, o da pena privativa de liberdade. Isso porque o legislador, ao definir crime de menor potencial ofensivo levou em conta, essencialmente, a pena privativa de liberdade, de modo que, aquele cuja pena máxima ultrapassar 2 anos não pode ser considerado "de menor potencial ofensivo". Esse é, por sinal, vinha sendo o entendimento de uma das turmas do STJ: "(...) Considera-se crime de menor potencial ofensivo aquele cuja pena máxima não exceda o limite de 2 (dois) anos. (…) No caso, o Agravante foi denunciado pela prática do crime do art. 38 da Lei nº 9.605/98, cuja pena máxima abstratamente cominada é de 3 (três) anos de detenção. E, apesar da previsão de pena alternativa de multa, o critério eleito pelo legislador para definir se a infração reveste-se de menor gravidade e, portanto, se compete o julgamento da causa ao Juizado Especial, é exatamente o quantum máximo da pena privativa de liberdade abstratamente cominada.

(...) Agravo regimental desprovido." (AgRg no REsp 1.208.989 – TO, Rel. Min. Laurita Vaz, j. 06.12.2011). Em decisão recente, a 2ª Turma do STF decidiu no mesmo sentido, quanto ao mesmo caso, verbis: "HABEAS CORPUS. PENAL. PROCESSUAL PENAL. CRIME CONTRA O MEIO AMBIENTE. AÇÃO PENAL. COMPETÊNCIA DA JUSTIÇA FEDERAL COMUM. PENA MÁXIMA SUPERIOR A DOIS ANOS. ORDEM DENEGADA. I – A lei prevê como infrações de menor potencial ofensivo as contravenções e os crimes a que a lei comine pena máxima não superior a dois anos, cumulada ou não com multa. II – O Ministério Público denunciou o paciente pela suposta prática do crime previsto no art. 38 da Lei 9.605/1998, que prevê a pena de detenção de um a três anos, ou multa, ou ambas as penas cumulativamente, de modo que não há falar, in casu, de infração de menor potencial ofensivo. Afastada, pois, a competência do Juizado Especial Federal Criminal. III – Ordem denegada" (HC 112.758 – TO, Rel. Min. Ricardo Lewandowski, j. 16.10.2012). Porém, em decisão da 6ª Turma, de 2015, o STJ decidiu que, nesse caso, é cabível a transação: "PROCESSO PENAL. RECURSO ORDINÁRIO EM HABEAS CORPUS. ART. 7º, IX, DA LEI Nº 8.137/90. PENA MÍNIMA COMINADA IGUAL A DOIS ANOS. PREVISÃO ALTERNATIVA DE MULTA. SUSPENSÃO CONDICIONAL DO PROCESSO. TRANSAÇÃO PENAL. POSSIBILIDADE. RECURSO A QUE SE DÁ PROVIMENTO. 1. O preceito sancionador do delito descrito no art. 7º, IX, da Lei nº 8.137/90 comina pena privativa de liberdade mínima igual a dois anos ou multa. 2. Consistindo a pena de multa na menor sanção penal estabelecida para a figura típica em apreço, é possível a aplicação dos arts. 76 e 89 da Lei nº 9.099/95. 3. Recurso ordinário a que se dá provimento, a fim de que o Ministério Público do Estado de São Paulo se manifeste acerca das propostas de transação penal e suspensão condicional do processo, afastado o argumento referente à pena mínima cominada para o referido crime" (RHC 54. 429-SP, Rel. Min. Maria Thereza de Assis Moura, j. 24.03.2015). Tal decisão pode indicar uma forte tendência de se aceitar a transação penal nesse caso, tal como já ocorreu com a aceitação da suspensão prevista no art. 89 da Lei 9.099.

- O processo perante o Juizado Especial orientar-se-á pelos critérios da oralidade, informalidade, economia processual e celeridade, objetivando, sempre que possível, a reparação dos danos sofridos pela vítima e a aplicação de pena não privativa de liberdade.

– não se pronunciará qualquer nulidade sem que tenha havido prejuízo;

– a prática de atos processuais em outras comarcas poderá ser solicitada por qualquer meio hábil de comunicação;

– serão objeto de registro escrito exclusivamente os atos havidos por essenciais. Os atos realizados em audiência de instrução e julgamento poderão ser gravados em fita magnética ou equivalente;

– a citação será pessoal e far-se-á no próprio Juizado, sempre que possível, ou por mandado;

– não encontrado o acusado para ser citado, o Juiz encaminhará as peças existentes ao Juízo comum para adoção do procedimento sumário;

– a intimação será feita por correspondência, com aviso de recebimento pessoal ou, tratando-se de pessoa jurídica ou firma individual, mediante entrega ao encarregado da recepção, que será obrigatoriamente identificado, ou, sendo necessário, por oficial de justiça, independentemente de mandado ou carta precatória, ou ainda por qualquer meio idôneo de comunicação.

- **Fase preliminar.**

– não há instauração de inquérito policial, mas é elaborado apenas termo circunstanciado. Se o caso for complexo, deve ser encaminhado ao Juízo criminal comum;

– é designada audiência preliminar;

- presente o representante do Ministério Público, o autor do fato e a vítima e, se possível, o responsável civil, acompanhados por seus advogados, o Juiz esclarecerá sobre a possibilidade da composição dos danos e da aceitação da proposta de aplicação imediata de pena não privativa de liberdade (transação penal);
- a conciliação pode ser conduzida por conciliador sob orientação do juiz;
- em caso de composição dos danos civis haverá redução desta por escrito e, homologada pelo Juiz mediante sentença irrecorrível, terá eficácia de título a ser executado no juízo cível competente;
- no caso de ação penal privada ou pública condicionada à representação, o acordo homologado acarreta a renúncia ao direito de queixa ou representação;
- não havendo a composição dos danos civis, será dada imediatamente ao ofendido a oportunidade de exercer o direito de representação, que não precisa ser feito no ato, podendo ser exercido posteriormente, enquanto não decorrido o prazo decadencial;
- havendo representação ou tratando-se de crime de ação penal pública incondicionada, não sendo caso de arquivamento, o Ministério Público poderá propor a aplicação imediata de pena restritiva de direitos ou multas, a ser especificada na proposta. É a **transação penal**;
- não poderá haver transação penal se: o autor da infração foi condenado, pela prática de crime, à pena privativa de liberdade, por sentença definitiva; o agente foi beneficiado anteriormente, no prazo de cinco anos, pela aplicação de pena restritiva ou multa, em transação penal; e não indicarem os antecedentes, a conduta social e a personalidade do agente, bem como os motivos e as circunstâncias, ser necessária e suficiente a adoção da medida;
- não pode o juiz propor a transação penal sem a proposta do Ministério Público. Se este se recursar e

o juiz entender que deve ser feita a proposta, deve aplicar, por analogia, o disposto no art. 28 do CPP;

- acolhendo a proposta do Ministério Público aceita pelo autor da infração, o juiz aplicará a pena restritiva de direitos ou multa, que não importará em reincidência, sendo registrada apenas para impedir novamente o mesmo benefício no prazo de cinco anos. Além disso, não constará de certidão de antecedentes criminais, salvo para os fins previstos no mesmo dispositivo, e não terá efeitos civis, cabendo aos interessados propor ação cabível no juízo cível.
- **Procedimento sumaríssimo.**

– se o autor do fato não tiver comparecido à audiência preliminar ou não tiver sido possível o oferecimento de proposta de transação penal por falta de seus requisitos legais, o Ministério Público oferecerá ao Juiz, de imediato, denúncia oral, se não houver necessidade de diligências imprescindíveis. É permitida, também, a queixa oral; pode ser proposta a ação penal se o autor do fato descumprir os termos da transação penal (STF, Súmula Vinculante 35);

– oferecida a denúncia ou queixa, será reduzida a termo, entregando-se cópia ao acusado, que com ela ficará citado e imediatamente cientificado da designação de dia e hora para a audiência de instrução e julgamento. Ou, será feita a citação;

– o acusado deverá trazer suas testemunhas ou apresentar requerimento para intimação, no mínimo cinco dias antes da realização da audiência;

– o ofendido e o responsável civil serão intimados para a audiência de instrução e julgamento, caso não tenham comparecido à audiência preliminar;

– é possível a composição entre as partes mesmo depois de oferecida a denúncia, no caso em que não foi possível fazê-lo na fase anterior. É o que permite o art. 79 da Lei 9.099/1995, que cita expressamente os arts. 72, 73, 74 e 75 da mesma Lei. Admite, também, a doutrina a possibilidade, na mesma hipótese, de que se permita também a transação penal. Porém, ela não importa em retratação da ação penal proposta em caso de ação penal pública, que é irrenunciável, indisponível e obrigatória. Simplesmente, o juiz deixará de receber a denúncia em caso de aceitação da proposta de transação pelo autor do fato e aguardará o cumprimento do acordado;

– aberta a audiência, será dada a palavra ao defensor para responder à acusação, após o que o Juiz receberá, ou não, a denúncia ou queixa; havendo recebimento, serão ouvidas a vítima e as testemunhas de acusação e defesa, interrogando-se a seguir o acusado, se presente, passando-se imediatamente aos debates orais e à prolação da sentença;

– é possível a suspensão condicional do processo (art. 89, Lei 9.099/1995);

– da decisão de rejeição da denúncia ou queixa e da sentença caberá apelação (prazo de interposição: 10 dias), que poderá ser julgada por turma composta de três Juízes em exercício no primeiro grau de jurisdição, reunidos na sede do Juizado (Turma Recursal do Juizado Especial Criminal).

11.3. PROCEDIMENTO DOS PROCESSOS DE COMPETÊNCIA DO TRIBUNAL DO JÚRI

- O procedimento previsto para o julgamento dos crimes dolosos contra a vida (e os conexos a eles) é dividido em duas fases: instrução preliminar (*judicium accusationis*) e julgamento pelo Tribunal do Júri (*judicium causae*).
- **Instrução preliminar (*judicium accusationis*).**

– deve se encerrar em no máximo 90 dias;

– oferecimento da denúncia (ou queixa subsidiária), podendo a acusação arrolar até 8 testemunhas;

– recebimento da denúncia, seguindo-se a citação do acusado para oferecer, em 10 dias, resposta à acusação;

– na resposta, o acusado poderá arguir preliminares e alegar tudo que interesse a sua defesa, oferecer documentos e justificações, especificar as provas pretendidas e arrolar testemunhas, até o máximo de 8, qualificando-as e requerendo sua intimação, quando necessário;

– não apresentada a resposta no prazo legal, o juiz nomeará defensor para oferecê-la em até 10 dias, concedendo-lhe vista dos autos;

– apresentada a defesa, o juiz ouvirá o Ministério Público ou o querelante sobre preliminares e documentos, em 5 dias;

– há posições admitindo a aplicação do art. 397 do CPP (absolvição sumária, antes da instrução);

– então, o juiz determinará a inquirição das testemunhas e a realização das diligências requeridas pelas partes, no prazo máximo de 10 dias;

– na audiência de instrução, proceder-se-á à tomada de declarações do ofendido, se possível, à inquirição das testemunhas arroladas pela acusação e pela defesa, nesta ordem, bem como os esclarecimentos dos peritos (se houver prévios requerimento das partes e deferimento pelo juiz), às acareações e ao reconhecimento de pessoas e coisas, interrogando-se, em seguida, o acusado e procedendo-se o debate;

– nenhum ato será adiado, salvo quando imprescindível à prova faltante, determinando o juiz a condução coercitiva de quem deva comparecer.

– as alegações serão orais, concedendo-se a palavra, respectivamente, à acusação e à defesa, pelo prazo de 20 minutos, prorrogáveis por mais 10;

– havendo mais de um acusado, o tempo previsto para a acusação e a defesa de cada um deles será individual;

– ao assistente do Ministério Público, após a manifestação deste, serão concedidos 10 minutos, prorrogando-se por igual período o tempo de manifestação da defesa;

– encerrados os debates, o juiz proferirá a sua decisão, ou o fará em 10 dias;

– o juiz poderá proferir as seguintes decisões: pronúncia, impronúncia, absolvição sumária, desclassificação do delito para outro de competência do Juízo criminal comum.

DECISÃO	REQUISITOS	RECURSO
Pronúncia	juiz deve estar convencido da materialidade do fato e da existência de indícios suficientes de autoria ou de participação	recurso em sentido estrito
Impronúncia	juiz que não estiver convencido da materialidade do fato ou da existência de indícios suficientes de autoria ou de participação	apelação
Absolvição sumária	provada a inexistência do fato; ou provado não ser ele autor ou partícipe do fato; ou o fato não constituir infração penal; ou demonstrada causa de isenção de pena (se esta for a única tese defensiva, no caso de inimputabilidade) ou de exclusão do crime	apelação
Desclassificação	juiz se convencer de que o crime não é da espécie "doloso contra a vida"	recurso em sentido estrito

• **Julgamento pelo Tribunal do Júri (*judicium causae*).**

– o acusado deve ser pessoalmente intimado da pronúncia, mas, caso não encontrado, é admitida a intimação por edital;

– preclusa a decisão, o presidente do Tribunal do Júri determinará a intimação do órgão do Ministério Público ou do querelante, no caso de queixa subsidiária, e do defensor, para, no prazo de 5 dias, apresentarem rol de testemunhas que irão depor em plenário, até o máximo de 5, oportunidade em que poderão juntar documentos e requerer diligência;

– **atenção**: não existe mais o libelo;

– **desaforamento**: se necessário, poderá ser requerido pelo Ministério Público, pelo Assistente de Acusação, pelo querelante, pelo acusado e pelo próprio juiz, devendo ser decidido pelo Tribunal – geralmente, o Tribunal de Justiça, mas, no caso da Justiça Federal, o respectivo Tribunal Regional Federal. Os motivos: interesse da ordem pública ou dúvida sobre a imparcialidade do júri ou mesmo a segurança pessoal do acusado. Assim, o Tribunal pode determinar o desaforamento do julgamento para outra comarca da mesma região, preferindo-se as mais próximas, desde que, obviamente, os mesmo motivos que o justificaram não estiverem presentes. A demora na realização do julgamento também pode dar causa ao desaforamento: em razão do comprovado excesso de serviço, ouvidos o juiz presidente e a parte contrária, se o julgamento não puder ser realizado no prazo de 6 meses, contado do trânsito em julgado da decisão de pronúncia. A Súmula 712 do STF afirma haver nulidade na decisão que determina o desaforamento do processo sem que a defesa tenha sido ouvida;

– o Tribunal do Júri é composto pelo juiz togado, que é seu presidente, bem como por 25 jurados, que serão sorteados dentre os alistados, dos quais 7 constituirão o Conselho de Sentença em cada sessão de julgamento;

– **Julgamento:**

• se o Ministério Público não comparecer, o juiz presidente adiará o julgamento para o primeiro dia desimpedido da mesma reunião, cientificadas as partes e as testemunhas. Não pode ser nomeado Promotor de Justiça ou Procurador da República *ad hoc*;

• não havendo escusa legítima para a falta do advogado do acusado, o julgamento será adiado somente uma vez, devendo o réu ser julgado quando chamado novamente. Nesse caso, o juiz intimará a Defensoria Pública para o novo julgamento, que será adiado para o primeiro dia desimpedido, observado o prazo mínimo de 10 dias;

• o julgamento não será adiado pelo não comparecimento do acusado solto, do assistente ou do advogado do querelante, que tiver sido regularmente intimado;

• se o acusado preso não for conduzido, o julgamento será adiado para o primeiro dia desimpedido da mesma reunião, salvo se houver pedido de dispensa de comparecimento subscrito por ele e seu defensor;

• o julgamento não será adiado se a testemunha deixar de comparecer, salvo se uma das partes tiver requerido a sua intimação por mandado, em caráter de imprescindibilidade, e indicando a sua localização. Se, intimada, a testemunha não comparecer, o juiz presidente suspenderá os trabalhos e mandará conduzi-la ou adiará o julgamento para o primeiro dia desimpedido, ordenando a sua condução. E o julgamento será realizado mesmo na hipótese de a testemunha não ser encontrada no local indicado, se assim for certificado por oficial de justiça;

- comparecendo, pelo menos, 15 jurados, o juiz presidente declarará instalados os trabalhos, anunciando o processo que será submetido a julgamento. Do contrário, terá de adiar o julgamento;
- o juiz fará, então, o sorteio dos jurados. O Ministério Público e a defesa, nessa ordem, poderão recusar, sem motivos, até 3 jurados (recusas peremptórias), não havendo limites para recusas motivadas, em caso de suspeição ou impedimento;
- não ocorre mais separação do julgamento em caso de mais de um réu, quando um deles recusar o jurado e o outro, assim como o Ministério Público, aceitá-lo. Só haverá separação se, em razão das recusas, não houver o número mínimo de 7 jurados para a composição do Conselho de Sentença;
- prestado o compromisso pelos jurados, será iniciada a instrução plenária quando o juiz presidente, o Ministério Público, o assistente, o querelante e o defensor do acusado tomarão, sucessiva e diretamente, as declarações do ofendido, se possível, e inquirirão as testemunhas arroladas pela acusação. Os jurados formulam perguntas por intermédio do juiz. **Atenção**: o juiz faz as perguntas primeiro, ao contrário do que ocorre no procedimento comum;
- as partes e os jurados poderão requerer acareações, reconhecimento de pessoas e coisas e esclarecimento dos peritos, bem como a leitura de peças que se refiram, exclusivamente, às provas colhidas por carta precatória e às provas cautelares, antecipadas ou não repetíveis;
- segue o interrogatório do acusado, se presente. O Ministério Público, o assistente, o querelante e o defensor, nessa ordem, poderão formular, diretamente, perguntas ao acusado. Os jurados formulam perguntas por intermédio do juiz.
- **atenção**: por expressa determinação legal (art. 474, § 3º, CPP), não se permitirá o uso de algemas no acusado durante o período em que permanecer no plenário do Júri, salvo se absolutamente necessário à ordem dos trabalhos, à segurança das testemunhas ou à garantia da integridade física dos presentes;
- encerrada a instrução, será concedida a palavra ao Ministério Público, que fará a acusação, nos limites da pronúncia ou das decisões posteriores que julgaram admissível a acusação, sustentando, se for o caso, a existência de circunstância agravante. O assistente falará depois do Ministério Público. Em caso de ação privada subsidiária, falará em primeiro lugar o querelante e, em seguida, o Ministério Público, salvo se este houver retomado a titularidade da ação. Depois da acusação, falará a defesa.

Duração máxima das etapas dos debates em plenário		
Ordem	apenas um acusado	dois ou mais acusados
Acusação	1 hora e 30 minutos	2 horas e 30 minutos
Defesa	1 hora e 30 minutos	2 horas e 30 minutos
Réplica	1 hora	2 horas
Tréplica	1 hora	2 horas

- durante os debates as partes não poderão, sob pena de nulidade, fazer referências: a) à decisão de pronúncia como argumento de autoridade que beneficie ou prejudique o acusado; b) às decisões posteriores que julgaram admissível a acusação (acórdão confirmatório da pronúncia, já havendo caso em que o Tribunal de Justiça paulista anulou julgamento em razão da leitura de acórdão que anulou julgamento sob o fundamento de ter sido a decisão dos jurados manifestamente contrária à prova dos autos) como argumento de autoridade que beneficiem ou prejudiquem o acusado; c) ou à determinação do uso de algemas; d) ao silêncio do acusado ou à ausência de interrogatório por falta de requerimento, em seu prejuízo;
- durante o julgamento não será permitida a leitura de documento ou a exibição de objeto que não tiver sido juntado aos autos com a antecedência mínima de 3 dias úteis, dando-se ciência à outra parte. Compreende-se em tal proibição a leitura de jornais ou qualquer outro escrito, bem como a exibição de vídeos, gravações, fotografias, laudos, quadros, croqui ou qualquer outro meio assemelhado, cujo conteúdo versar sobre a matéria de fato submetida à apreciação e julgamento dos jurados;
- concluídos os debates, o presidente indagará dos jurados se estão habilitados a julgar ou se necessitam de outros esclarecimentos;
- **formulação dos quesitos:** os quesitos serão redigidos em proposições afirmativas, simples e distintas, de modo que cada um deles possa ser respondido com suficiente clareza e necessária precisão. Na sua elaboração, o presidente levará em conta os termos da pronúncia ou das decisões posteriores que julgaram admissível a acusação, do interrogatório e das alegações das partes. Em seguida, a lei estabelece a ordem dos quesitos, a saber: materialidade do fato; autoria ou participação; se o acusado deve ser absolvido; se existe causa de diminuição de pena alegada pela defesa; se existe circunstância qualificadora ou causa de aumento de pena reconhecidas na pronúncia ou em decisões posteriores que julgaram admissível a acusação. Assim, tanto as agravantes quanto as atenuantes não mais são objeto de quesitação. O pedido de seu reconhecimento deve ser formu-

lado nos debates e dirigido ao juiz-presidente. Ao final, havendo condenação, caberá a este considerá-lo ou não na sentença;

- **votação**: secreta, sob comando do Juiz-Presidente e na presença das partes. Nenhum dos jurados pode manifestar abertamente seu voto, sob pena de anulação imediata do julgamento. O resultado da votação de cada quesito se dará por maioria;
- em caso de desclassificação do crime doloso contra a vida, o juiz-presidente passará a julgar o caso, incluindo os crimes conexos;
- finalmente, o juiz lerá a sentença em Plenário;
- das decisões do Júri cabe apelação;

FUNDAMENTO DA APELAÇÃO	CONSEQUÊNCIA EM CASO DE PROVIMENTO DA APELAÇÃO
nulidade posterior à pronúncia	anulação do julgamento e realização de outro
sentença do juiz-presidente contrária à lei expressa ou à decisão dos jurados	reforma da sentença
erro ou injustiça no tocante à aplicação da pena ou da medida de segurança	reforma da sentença
decisão dos jurados manifestamente contrária à prova dos autos	anulação do julgamento e realização de outro. **Atenção:** por esse fundamento, só se anula o julgamento uma vez

- o Tribunal de Justiça (ou Tribunal Regional Federal) deve se ater ao fundamento apontado pelo Ministério Público para o recurso. Portanto, alegado um dos fundamentos no recurso, o Tribunal de Justiça não pode dar provimento à apelação com base em outro. A respeito, o STF editou a Súmula 713: "O efeito devolutivo da apelação contra decisões do júri é adstrito aos fundamentos da sua interposição";
- se da sentença não for interposta apelação pelo Ministério Público no prazo legal, o ofendido ou qualquer das pessoas enumeradas no art. 31 do CPP, ainda que não se tenha habilitado como assistente, poderá interpor apelação, que não terá, porém, efeito suspensivo (art. 598, CPP). O prazo para interposição de tal recurso será de quinze dias, começando a correr do dia em que terminar o prazo para o Ministério Público apelar. Contudo, se este recomenda aos Jurados a absolvição do acusado e ele é absolvido, não tem o órgão acusatório sucumbência e, portanto, não possui interesse recursal algum. Logo, não era cabível seu recurso. Pensamos, então, que o art. 598 somente se aplica em caso em que o pleito do Ministério Público em plenário não é aceito pelos jurados.

11.4. PROCEDIMENTOS ESPECIAIS DO CPP E LEGISLAÇÃO PROCESSUAL ESPECIAL

- Vejamos algumas dicas sobre alguns dos casos especiais normalmente tratados em questões de concursos.
- **Procedimento para os crimes de responsabilidade dos funcionários públicos**.

– determina o art. 514 do CPP que, nos crimes afiançáveis, estando a denúncia ou queixa em devida forma, o juiz mandará autuá-la e ordenará a notificação do acusado (funcionário público, fora dos casos de foro por prerrogativa de função), para responder por escrito, dentro do prazo de 15 dias;

– em geral, os crimes são afiançáveis, sendo mais fácil descobrir quais são inafiançáveis;

- primeiramente, a própria CF estabelece os casos de inafiançabilidade no art. 5º, incisos XLII ("a prática do racismo constitui crime inafiançável e imprescritível, sujeito à pena de reclusão, nos termos da lei"), XLIII ("a lei considerará crimes inafiançáveis e insuscetíveis de graça ou anistia a prática da tortura, o tráfico ilícito de entorpecentes e drogas afins, o terrorismo e os definidos como crimes hediondos, por eles respondendo os mandantes, os executores e os que, podendo evitá-los, se omitirem". V. Lei 8.072/1990) e XLIV (constitui crime inafiançável e imprescritível a ação de grupos armados, civis ou militares, contra a ordem constitucional e o Estado Democrático);
- o CPP não mais adota o critério da pena para a inafiançabilidade de um crime, como ocorria anteriormente às mudanças introduzidas pela Lei 12.403. Agora, os impedimentos para a fiança estão nos art. 323 (que apenas repete as proibições constitucionais) e 324 (que traz as seguintes proibições: aos que, no mesmo processo, tiverem quebrado fiança anteriormente concedida ou infringido, sem motivo justo, qualquer das obrigações a que se referem os arts. 327 e 328 do CPP; em caso de prisão civil ou militar; e quando presentes os motivos que autorizam a decretação da prisão preventiva);

– **voltando ao que dispõe o art. 514 do CPP**, no **STJ**, há o entendimento de que não é necessária a resposta preliminar se a ação penal foi instruída por inquérito policial (Súmula 330). Além disso, o mesmo Tribunal entende que a ausência da resposta sequer seria causa de nulidade absoluta, mas apenas relativa. Nesse sentido: HC 126.901-RS, Rel. Min. Maria Thereza de Assis Moura, j. 19.06.2012. O **STF** trilhava também o mesmo caminho da Súmula 330 acima citada, mas, recentemente, alterou seu entendimento, exigindo a aplicação do art. 514 do CPP, salvo se o acusado não mais exerce o cargo público quando da denúncia: HC 110.361-SC, Rel Min. Ricardo Lewandowski, j. 05.06.2012.

- à vista da resposta do acusado, o juiz rejeitará a queixa ou denúncia, em despacho fundamentado, se convencido da inexistência do crime ou da improcedência da ação;
- se receber a inicial acusatória, seguem a citação e o procedimento comum.
- **Crimes contra a honra**.
- normalmente, aplica-se o procedimento sumaríssimo aos crimes contra a honra, em razão da pena cominada;
- mas, caso não seja aplicada a Lei 9.099/1995, assim que ofertada a inicial acusatória, em caso de ação penal privada, o juiz oferecerá às partes oportunidade para se reconciliarem, fazendo-as comparecer em juízo e ouvindo-as, separadamente, sem a presença dos seus advogados, não se lavrando termo;
- se depois de ouvir o querelante e o querelado, o juiz achar provável a reconciliação, promoverá entendimento entre eles, na sua presença;
- no caso de reconciliação, depois de assinado pelo querelante o termo da desistência, a queixa será arquivada;
- como visto acima, ação penal privada é disponível, de modo que o querelante comparece se quiser para o ato, podendo haver perempção, se o caso (art. 60, III, CPP: quando o querelante deixar de comparecer, sem motivo justificado, a qualquer ato do processo a que deva estar presente). Mas, **atenção**: no caso em tela, temos a aplicação obrigatória da tentativa de conciliação prevista nos arts. 519/523 do CPP. Aqui a doutrina divide-se: uma corrente entende que, caso uma das partes, ou ambas, não compareça, o feito prossegue, pois entende-se que o querelante ou o querelado não quis a conciliação; outra entende que, se o não comparecimento for do querelado, deve haver condução coercitiva; se for do querelante, deve ser declarada a perempção. Entendo que o querelante e o querelado são obrigados a comparecer, o primeiro sob pena de perempção, o segundo, de condução coercitiva. O art. 520 do CPP diz que o juiz, antes de receber a queixa, **oferecerá** às partes oportunidade para a reconciliação, "fazendo-as comparecer e juízo e ouvindo-as" – é uma imposição legal, não uma opção;
- **exceção da verdade**: quando for oferecida, o querelante poderá contestar a exceção no prazo de dois dias, podendo ser inquiridas as testemunhas arroladas na queixa, ou outras indicadas naquele prazo, em substituição às primeiras, ou para completar o máximo legal;
- **importante**: se o querelante for pessoa com foro por prerrogativa de função, a exceção da verdade deve se processar no tribunal que tem competência para julgá-lo.
- **Procedimento nos crimes contra a propriedade imaterial**.
- o CPP regula o rito para o processamento dos crimes contra a propriedade imaterial nos arts. 524 a 530-I;
- o art. 525 traz verdadeira condição de procedibilidade para o oferecimento da inicial acusatória: no caso de haver o crime deixado vestígio, a queixa ou a denúncia não será recebida se não for instruída com o exame pericial dos objetos que constituam o corpo de delito, admitindo-se que seja suprido por prova testemunhal. Porém, é certo que tal condição somente é exigível nos casos em que o crime deixa vestígios;
- ou seja, pode ser dispensável o exame pericial se a infração for daquelas que não deixam vestígios.
- **Lei de Drogas (Lei 11.343/2006)**.
- o inquérito policial será concluído no prazo de 30 dias, se o indiciado estiver preso, e de 90 dias, quando solto, podendo o juiz dobrar tais prazos;
- em qualquer fase da persecução criminal relativa aos crimes previstos na Lei de Drogas, são permitidos, além dos previstos em lei, mediante autorização judicial e ouvido o Ministério Público, os seguintes procedimentos investigatórios: a) a infiltração por agentes de polícia, em tarefas de investigação, constituída pelos órgãos especializados pertinentes; b) a não atuação policial sobre os portadores de drogas, seus precursores químicos ou outros produtos utilizados em sua produção, que se encontrem no território brasileiro, com a finalidade de identificar e responsabilizar maior número de integrantes de operações de tráfico e distribuição, sem prejuízo da ação penal cabível;
- **procedimento**:
- prazo para oferecimento da denúncia: 10 dias;
- podem ser arroladas até 5 testemunhas;
- segue a notificação do acusado para, em 10 dias, oferecer defesa prévia, na qual poderá arguir preliminares e invocar todas as razões de defesa, oferecer documentos e justificações, especificar as provas que pretende produzir e arrolar até 5 testemunhas;
- se a resposta não for apresentada no prazo, o juiz nomeará defensor para oferecê-la em 10 dias, concedendo-lhe vista dos autos no ato de nomeação;
- somente então o juiz recebe ou rejeita a denúncia;
- recebida a denúncia, o juiz designará dia e hora para a audiência de instrução e julgamento, que será realizada dentro dos 30 dias seguintes ao recebimento da denúncia, salvo se determinada a realização de avaliação para atestar dependência de drogas, quando se realizará em 90 dias;
- não obstante haver previsão de realização do interrogatório no início da audiência, o STF e o STJ

entendem que deve ser realizado ao final, tal como se dá nos ritos ordinário, sumário e sumaríssimo;

- em seguida, será dada a palavra, sucessivamente, ao Ministério Público e ao defensor do acusado, para sustentação oral, pelo prazo de 20 minutos para cada um, prorrogável por mais 10, a critério do juiz;
- encerrados os debates, proferirá o juiz sentença de imediato, ou o fará em 10 dias;
- os crimes praticados nos Municípios que não sejam sede de vara federal serão processados e julgados na vara federal da circunscrição respectiva.
- **Lei "Maria da Penha" (Lei 11.340/2006).**

– a retratação ("renúncia") da representação deve ser feita na presença do juiz, conforme expressamente previsto no art. 16 da Lei 11.340/2006, *verbis*: "Nas ações penais públicas condicionadas à representação da ofendida de que trata esta Lei, só será admitida a renúncia à representação perante o juiz, em audiência especialmente designada com tal finalidade, antes do recebimento da denúncia e ouvido o Ministério Público". A representação pode ser feita à própria autoridade policial (art. 12);

– o art. 19, § 1º, admite que as medidas protetivas de urgência possam ser concedidas de imediato, independentemente de audiência das partes e de manifestação do Ministério Público, embora este possa ser prontamente comunicado;

– normalmente, em se tratando de crime de lesão corporal leve, ainda que cometido no âmbito doméstico, nos termos do § 9º do art. 129 do CP, haverá necessidade de representação da vítima. Porém, em se tratando de violência contra a mulher, deve ser aplicada a Lei 11.340/2006 (Lei Maria da Penha), não se exigindo a representação, ainda que leve a lesão corporal. É que a necessidade de representação em crime de lesão corporal leve foi introduzida em nosso ordenamento pela Lei 9.099/1995, pois, até então, o crime do art. 129, *caput*, era de ação penal pública incondicionada. Então, adveio a Lei 11.340/2006 que, em seu art. 41, previu a inaplicabilidade da Lei 9.099/1995 em casos de violência doméstica. Então, a doutrina e a jurisprudência se dividiram a respeito: o que não é aplicado da Lei 9.099, tudo ou apenas a transação penal? A questão nunca foi pacífica, nem no STJ, bastando verificar o Recurso Especial 1.127.981-PE (Rel. Min. Gilson Dipp, j. 22.11.2011), do qual se depreende a necessidade da representação. Ocorre que, em 2012, o STF, na ADI 4424 – portanto, com efeitos vinculantes e *erga omnes* – decidiu pela constitucionalidade do art. 41 da Lei Maria da Penha e, assim, que não é necessária a representação da ofendida em casos de lesões corporais leves (v. Informativo 654). No STJ, há a Súmula 536: "A suspensão condicional do processo e a transação penal não se aplicam na hipótese de delitos sujeitos ao rito da Lei Maria da Penha".

- **Lei de Falências e Recuperação Judicial (Lei 11.101/2005).**

– nos crimes falimentares, todas as ações penais são públicas incondicionadas;

– admite-se a ação penal privada subsidiária da pública, que pode ser intentada por qualquer credor habilitado ou pelo administrador judicial. O prazo decadencial é de seis meses;

– o juiz não preside inquérito para apuração de crime falimentar. Este deve ser apurado, se o caso, por inquérito policial, presidido por delegado de polícia;

– intimado da sentença que decreta a falência ou concede a recuperação judicial, o Ministério Público, verificando a ocorrência de qualquer crime previsto nesta Lei, promoverá imediatamente a competente ação penal ou, se entender necessário, requisitará a abertura de inquérito policial;

– compete ao juiz criminal da jurisdição onde tenha sido decretada a falência, concedida a recuperação judicial ou homologado o plano de recuperação extrajudicial, conhecer da ação penal.

- **Interceptação telefônica (Lei 9.296/1996).**

– a interceptação telefônica pode ser determinada, de ofício, pelo juiz, ou a requerimento da autoridade policial (na investigação criminal) ou do Ministério Público (durante a investigação ou processo);

– excepcionalmente, o juiz poderá admitir que o pedido seja formulado verbalmente, caso em que a concessão será condicionada à sua redução a termo

– pressupostos:

- indícios razoáveis da autoria ou participação em infração penal;
- a prova não puder ser feita por outros meios disponíveis;
- crime punido com reclusão.

– a interceptação não poderá exceder o prazo de quinze dias, renovável por igual tempo. A jurisprudência dos tribunais superiores admite prorrogações sucessivas, desde que se mostrem necessárias e que as respectivas decisões sejam sempre fundamentadas;

- no caso de a diligência possibilitar a gravação da comunicação interceptada, será determinada a sua transcrição. Os tribunais superiores, porém, não exigem a transcrição integral das conversas gravadas;

- os tribunais superiores admitem que os elementos de prova colhidos nas interceptações sejam aproveitados em outras investigações e processos, cíveis, criminais ou administrativos;

– o procedimento ocorrerá em autos apartados, apensados aos autos do inquérito policial ou do processo criminal, preservando-se o sigilo das diligências, gravações e transcrições respectivas;

– a gravação que não interessar à prova será inutilizada por decisão judicial, durante o inquérito, a instrução processual ou após esta, em virtude de requerimento do Ministério Público ou da parte interessada.

- **Crimes contra o meio ambiente (Lei 9.605/1998).**

– nos crimes ambientais de menor potencial ofensivo, a proposta de aplicação imediata de pena restritiva de direitos ou multa, prevista no art. 76 da Lei 9.099/1995, somente poderá ser formulada desde que tenha havido a prévia composição do dano ambiental, salvo em caso de comprovada impossibilidade;

– em caso de suspensão condicional do processo (art. 89, Lei 9.099/1995):

- a declaração de extinção de punibilidade dependerá de laudo de constatação de reparação do dano ambiental, ressalvada a impossibilidade prevista no inciso I do § 1° do artigo 89 da Lei 9.099/1995;
- na hipótese de o laudo de constatação comprovar não ter sido completa a reparação, o prazo de suspensão do processo será prorrogado, até o período máximo previsto no referido art. 89, acrescido de mais um ano, com suspensão do prazo da prescrição;
- no período de prorrogação, não se aplicarão as condições dos incisos II, III e IV do § 1° do artigo 89 citado;
- findo o prazo de prorrogação, proceder-se-á à lavratura de novo laudo de constatação de reparação do dano ambiental, podendo, conforme seu resultado, ser novamente prorrogado o período de suspensão, até o máximo previsto acima;
- esgotado o prazo máximo de prorrogação, a declaração de extinção de punibilidade dependerá de laudo de constatação que comprove ter o acusado tomado as providências necessárias à reparação integral do dano.

- **Abuso de Autoridade. (Lei 4.898/1965).**

– se houver vestígios materiais do ato ou fato constitutivo do abuso de autoridade, a vítima ou o acusado poderá comprovar por meio de duas testemunhas qualificadas ou requerer ao juiz, até 72 horas antes da audiência de instrução e julgamento, a designação de perito para fazer as devidas verificações. Não se trata de suprir a falta de exame de corpo de delito por prova testemunhal, pois, se possível a realização da perícia, esta deve ser realizada, conforme regra geral do art. 158 do CPP;

– a leitura da Lei de Abuso de Autoridade faz crer que a ação penal nos delitos nela previstos dependem de representação do ofendido. Mas, para afastar tal impressão, foi editada a Lei 5.249/1967, que expressamente previu (art. 1º): "A falta de representação do ofendido, nos casos de abusos previstos na Lei nº 4.898, de 9 de dezembro de 1965, não obsta a iniciativa ou o curso de ação pública".

- **Crime contra a economia popular (Lei 1.521/1951)**: o art. 7º da Lei 1.521/1951 prevê que os juízes recorrerão de ofício sempre que absolverem os acusados em processo por crime contra a economia popular, ou quando determinarem o arquivamento dos autos do respectivo inquérito policial. Particularmente, entendemos que tais regras que preveem o reexame necessário são contrárias ao sistema acusatório, empregada em nosso sistema processual penal.

- **Lei de Lavagem de Capitais (Lei 9.613/1998).**

– a competência no caso de lavagem de dinheiro dependerá da análise do caso concreto. O próprio art. 2º da Lei 9.613/1998 dispõe ser competente a Justiça Federal: a) quando praticados os crimes contra o sistema financeiro e a ordem econômico-financeira, ou em detrimento de bens, serviços ou interesses da União, ou de suas entidades autárquicas ou empresas públicas; b) quando a infração penal antecedente for de competência da Justiça Federal.

– o art. 4º da Lei 9.613/1998, com a redação dada pela Lei 12.683/2012, dispõe que o juiz, de ofício, a requerimento do Ministério Público ou mediante representação do delegado de polícia, ouvido o Ministério Público em 24 horas, havendo indícios suficientes de infração penal, poderá decretar medidas assecuratórias de bens, direitos ou valores do investigado ou acusado, ou existentes em nome de interpostas pessoas, que sejam instrumento, produto ou proveito dos crimes previstos na referida lei ou das infrações penais antecedentes. E os §§ 2º e 3º realmente preveem que o interessado deve comprovar a licitude do bem para obter a liberação total ou parcial, bem como comparecer pessoalmente. A questão fala que o juiz age "uma vez provocado", mas a lei permite que atue de ofício;

– o art. 366 do CPP também é aplicado ao delito de lavagem de dinheiro, segundo parte da doutrina. No entanto, a Lei 9.613/1998, em seu art. 2º, § 2º, sempre trouxe regra sobre a não aplicação do art. 366 do CPP aos casos nela tratados. A regra foi mantida e ligeiramente modificada pela Lei 12.683/2012: no processo por crime de lavagem de dinheiro, não se aplica o art. 366 do CPP, devendo o acusado que não comparecer nem constituir advogado ser citado por edital, prosseguindo o feito até o julgamento, com a nomeação de defensor dativo.

- **Código de Trânsito Brasileiro (Lei 9.503/1997).**

– o art. 291, § 1º, do CTB (Lei 9.503/1997) não permite a aplicação dos arts. 74 (composição dos danos civis em audiência preliminar), 76 (transação penal), e 88 (representação em caso de lesões corporais leves ou culposas) da Lei 9.099/1995 nos casos de crimes de trânsito de lesão corporal culposa quando agente estiver sob a influência de álcool ou qualquer outra substância psicoativa que determine dependência; participando, em via pública, de corrida, disputa ou competição automobilística, de exibição ou demonstração de perícia em manobra de veículo automotor, não autorizada pela autoridade competente; transitando em velocidade superior à máxima permitida para a via em 50 km/h;

– além disso, não basta a instauração de termo circunstanciado, mas de inquérito policial para apurar tal crime em tais condições (§ 2º);

– com tais regras, e considerando que o homicídio culposo e a direção embriagada não são crimes de menor potencial ofensivo, conclui-se que não se deve aplicar o procedimento sumaríssimo quando há influência de álcool.

- **Lei das Organizações Criminosas (Lei 12.850/ 2013).**

– Considera organização criminosa a associação de 4 ou mais pessoas estruturalmente ordenada e caracterizada pela divisão de tarefas, ainda que informalmente, com objetivo de obter, direta ou indiretamente, vantagem de qualquer natureza, mediante a prática de infrações penais cujas penas máximas sejam superiores a 4 anos, ou que sejam de caráter transnacional;

– Prevê os seguintes meios de prova (embora não os regule todos):

- colaboração premiada;
- captação ambiental de sinais eletromagnéticos, ópticos ou acústicos;
- ação controlada;
- acesso a registros de ligações telefônicas e telemáticas, a dados cadastrais constantes de bancos de dados públicos ou privados e a informações eleitorais ou comerciais;
- interceptação de comunicações telefônicas e telemáticas, nos termos da legislação específica;
- afastamento dos sigilos financeiro, bancário e fiscal, nos termos da legislação específica;
- infiltração, por policiais, em atividade de investigação, na forma do art. 11;

– **Colaboração premiada:** o juiz poderá, a requerimento das partes, conceder o perdão judicial, reduzir em até 2/3 a pena privativa de liberdade ou substituí-la por restritiva de direitos daquele que tenha colaborado efetiva e voluntariamente com a investigação e com o processo criminal, desde que dessa colaboração advenha um ou mais dos seguintes resultados: I – a identificação dos demais coautores e partícipes da organização criminosa e das infrações penais por eles praticadas; II – a revelação da estrutura hierárquica e da divisão de tarefas da organização criminosa; III – a prevenção de infrações penais decorrentes das atividades da organização criminosa; IV – a recuperação total ou parcial do produto ou do proveito das infrações penais praticadas pela organização criminosa; V – a localização de eventual vítima com a sua integridade física preservada.

- nas mesmas hipóteses do caput, o Ministério Público poderá deixar de oferecer denúncia se o colaborador: I – não for o líder da organização criminosa; II – for o primeiro a prestar efetiva colaboração nos termos deste artigo.

– **Ação controlada**: consiste em retardar a intervenção policial ou administrativa relativa à ação praticada por organização criminosa ou a ela vinculada, desde que mantida sob observação e acompanhamento para que a medida legal se concretize no momento mais eficaz à formação de provas e obtenção de informações;

– **Infiltração de agentes de polícia**: permita em tarefas de investigação, representada pelo delegado de polícia ou requerida pelo Ministério Público, após manifestação técnica do delegado de polícia quando solicitada no curso de inquérito policial, será precedida de circunstanciada, motivada e sigilosa autorização judicial, que estabelecerá seus limites.

- será admitida se houver indícios de infração penal envolvendo organização criminosa e se a prova não puder ser produzida por outros meios disponíveis;
- a infiltração será autorizada pelo prazo de até 6 meses, sem prejuízo de eventuais renovações, desde que comprovada sua necessidade. Findo o prazo, um relatório circunstanciado será apresentado ao juiz competente, que imediatamente cientificará o Ministério Público.

12. NULIDADES

- Segundo Gustavo Badaró, os **atos juridicamente inexistentes** "são *não atos*, em relação aos quais não se cogita de invalidação, pois a existência é um *problema que antecede a questão da validade*. Não há que falar em nulidade do ato inexistente. Somente em relação aos atos juridicamente existentes é que se cogita de sua validade ou invalidade, ficando os atos inexistentes fora de tal categoria" (*Processo Penal*. Rio de Janeiro: Campus/Elsevier, 2012, p. 575).
- **Nulidade absoluta**:

– o prejuízo é presumido. Assim, a parte não precisa demonstrar que foi prejudicada pelo ato viciado. No entanto, a presunção não é absoluta e o STF tem mostrado uma tendência a de exigir a comprovação, sempre, do prejuízo;

– pode ser arguida a todo tempo, em regra. No caso de haver sentença absolutória com trânsito em julgado, não mais poderá ser arguida;

- **Nulidade relativa**:

– deve ser comprovado o prejuízo à parte que arguir a nulidade;

– deve ser arguida no momento oportuno, pena de preclusão. Vejamos tais momentos:

• as nulidades da instrução criminal ocorridas na primeira fase do procedimento do Júri, ocorridas depois da resposta à acusação, devem ser arguidas na fase das alegações finais orais ou nos memoriais;

• as nulidades ocorridas depois da pronúncia, mas antes da designação do julgamento devem ser arguidas na fase do art. 422 do CPP;

• as nulidade ocorridas depois da fase de preparação do julgamento pelo Júri (art. 422), mas antes do julgamento devem ser arguidas no julgamento, após o pregão;

• as nulidade ocorridas no julgamento em plenário do Júri devem ser arguidas de imediato

• nos procedimentos comuns ordinário e sumário, as nulidades ocorridas até a citação devem ser arguidas na resposta à acusação; se ocorridas depois, a arguição se dará até as alegações finais orais ou nos memoriais;

• nestes casos, se ocorridas depois da sentença, devem ser arguidas no recurso.

• **Princípios:**

– **da transcendência ou do prejuízo** (*pas de nullité sans grief*): nenhum ato será declarado nulo, se da nulidade não resultar prejuízo para a acusação ou para a defesa;

• não será declarada a nulidade de ato processual que não houver influído na apuração da verdade substancial ou na decisão da causa;

– **da conservação dos atos processuais**: incompetência do juízo anulará apenas os atos decisórios;

• parte minoritária da doutrina entende que a incompetência absoluta provoca a anulação de todos os atos processuais, enquanto a relativa anula apenas os atos decisórios;

• ocorre que o Supremo Tribunal Federal passou a entender que até mesmo os atos decisórios proferidos por juiz incompetente pode ser ratificado pelo juiz que receber o processo. Nesse sentido: HC 83.006-SP, Rel. Min. Ellen Gracie, j. 18.06.2003.

– **do interesse**: nenhuma das partes poderá arguir nulidade referente a formalidade cuja observância só à parte contrária interesse;

• nenhuma das partes poderá arguir nulidade a que haja dado causa, ou para que tenha concorrido;

– **da instrumentalidade das formas**: não será declarada a nulidade de ato processual que, praticado por outra forma, tiver atingido o seu fim;

– **da oportunidade**: não será declarada nulidade (relativa) se não for arguida, em tempo oportuno;

– **da preclusão lógica**: não será declarada nulidade (relativa) se a parte, ainda que tacitamente, tiver aceito os seus efeitos;

– **da causalidade (ou da consequencialidade)**: a nulidade de um ato, uma vez declarada, causará a dos atos que dele diretamente dependam ou sejam consequência.

	Nulidade absoluta	Nulidade relativa
Ocorrência	violação de regras processuais previstas na CF	inobservância da forma do ato
Declaração	pode ser declarada de ofício	depende de provocação das partes para seu reconhecimento
Princípios	da instrumentalidade das formas	da transcendência
	da causalidade (ou da consequencialidade)	da conservação dos atos processuais
		do interesse
		da instrumentalidade das formas
		da oportunidade
		da preclusão lógica
		da causalidade (ou da consequencialidade)

13. RECURSOS

• **Características principais dos recursos:**

– **voluntariedade**: a parte interessada deve manifestar a intenção de recorrer. O reexame necessário da decisão de mérito é prevista em poucas hipóteses: decisão que concede habeas corpus ou a reabilitação; e decisão absolutória de acusados em processo por crime contra a economia popular ou arquivamento do respectivo inquérito policial (art. 7º da Lei 1.521/1951);

– **previsão legal**;

– **interposição antes da preclusão ou da coisa julgada.**

• **Princípios**:

– **duplo grau de jurisdição**: a decisão da matéria de fato e de direito deve ser reexaminada por órgão jurisdicional diverso daquele que a prolatou. O princípio é restringido, no Brasil, nos casos de foro por prerrogativa de função;

– **unirrecorribilidade das decisões**: a cada decisão deve corresponder, normalmente, apenas um recurso;

– **fungibilidade**: salvo a hipótese de má-fé, a parte não será prejudicada pela interposição de um recurso por outro (art. 579, CPP);

– **taxatividade**: o recurso deve estar previsto em lei para ser admitido. Porém, é possível a aplicação de interpretação extensiva e analogia, com um limite: não será admitido o recurso, mesmo nesses casos, se resta claro que a lei quis excluir a possibilidade de recurso na hipótese considerada;

- **voluntariedade**: v. acima;
- **disponibilidade**: cabe à parte decidir se quer ou não recorrer. No caso do Ministério Público, uma vez optando por recorrer, não pode desistir do recurso interposto;
- **non reformatio in pejus**: em caso de recurso interposto exclusivamente pela defesa, o recorrente não poderá ser prejudicado pela decisão do tribunal. A isso, dá-se também o nome de **efeito prodrômico da sentença**. Inclui-se a proibição à *reformatio in pejus* indireta: havendo recurso exclusivo da defesa que resulte em anulação da decisão, esta quando novamente proferida, não poderá agravar a situação do recorrente.

• **Recurso em sentido estrito**:

- hipóteses de cabimento previstas no art. 581, CPP; embora se diga que o rol não é taxativo, não se pode incluir situações que evidentemente foram excluídas pelo legislador (ex.: há previsão apenas de recurso contra decisão que não receber a denúncia, estando excluída a possibilidade de recurso contra a decisão que a receber);
- prazo para interposição: 5 dias;
- prazo para apresentação de razões e contrarrazões: 2 dias;
- efeito suspensivo: apenas naqueles interpostos contra perda da fiança e decisão que denegar a apelação ou a julgar deserta;
- é previsto juízo de retratação.

• **Apelação**:

- hipóteses de cabimento:
  - das sentenças definitivas de condenação ou absolvição proferidas por juiz singular;
  - das decisões definitivas, ou com força de definitivas, proferidas por juiz singular nos casos em que não cabe recurso em sentido estrito;
  - das decisões de impronúncia e absolvição sumária;
  - das decisões do Tribunal do Júri;
  - da rejeição da denúncia ou da queixa no procedimento da Lei 9.099/1995;
  - da decisão homologatória da transação penal, prevista na Lei 9.099/1995;
- em regra, não terá efeito suspensivo, salvo no caso em que interposta contra sentença condenatória;
- nos crimes de competência do Tribunal do Júri, ou do juiz singular, se da sentença não for interposta apelação pelo Ministério Público no prazo legal, o ofendido ou qualquer das pessoas enumeradas no art. 31 do CPP, ainda que não se tenha habilitado como assistente, poderá interpor apelação, que não terá, porém, efeito suspensivo;
- prazo para interposição: 5 dias;
- prazo para apresentação de razões e contrarrazões:
  - crimes: 8 dias;
  - para o assistente: 3 dias;
  - contravenções penais: 3 dias.
- se o apelante declarar, na petição ou no termo, ao interpor a apelação, que deseja arrazoar na superior instância serão os autos remetidos ao tribunal ad quem onde será aberta vista às partes, observados os prazos legais.

PRAZOS		
–	INTERPOSIÇÃO	RAZÕES E C.R.
APELAÇÃO	5 dias	8 dias (crime) – 3 dias (contravenções)
R.E.S.E.	5 dias	2 dias

• **Carta testemunhável**:

- o CPP estabelece que deve ser dada carta testemunhável da decisão que denegar o recurso e da que, admitindo embora o recurso, obstar à sua expedição e seguimento para o juízo *ad quem*;
- portanto, se a apelação não for recebida, caberá recurso em sentido estrito (art. 581, XV), mas, caso este não seja recebido pelo juiz, será possível a carta testemunhável;
- a carta testemunhável será requerida ao escrivão, ou ao secretário do tribunal, conforme o caso, nas 48 horas seguintes ao despacho que denegar o recurso, indicando o requerente as peças do processo que deverão ser trasladadas. Então, o escrivão, ou o secretário do tribunal, dará recibo da petição à parte e, no prazo máximo de 5 dias, no caso de recurso em sentido estrito, ou de 60 dias, no caso de recurso extraordinário, fará entrega da carta, devidamente conferida e concertada. E a lei prevê que o escrivão, ou o secretário do tribunal, que se negar a dar o recibo, ou deixar de entregar, sob qualquer pretexto, o instrumento, será suspenso por trinta dias;
- o juiz, ou o presidente do Tribunal de Apelação, em face de representação do testemunhante, imporá a pena e mandará que seja extraído o instrumento, sob a mesma sanção, pelo substituto do escrivão ou do secretário do tribunal. Se o testemunhante não for atendido, poderá reclamar ao presidente do tribunal *ad quem*, que avocará os autos, para o efeito do julgamento do recurso e imposição da pena;
- extraído e autuado o instrumento, observar-se-á o disposto nos arts. 588 a 592 do CPP, no caso de recurso em sentido estrito;
- o processo da carta testemunhável na instância superior seguirá o processo do recurso denegado e não terá efeito suspensivo;
- o juiz poderá se retratar de sua decisão anterior que não deu seguimento a recurso interposto, não, obviamente, de sua decisão de mérito.

- **Correição parcial**: é classificado como recurso apenas pela doutrina, sendo cabível contra a inversão tumultuária do processo.
- **Embargos de declaração**:
- art. 382, CPP: qualquer das partes poderá, no prazo de 2 dias, pedir ao juiz que declare a sentença, sempre que nela houver obscuridade, ambiguidade, contradição ou omissão;
- art. 619, CPP: aos acórdãos proferidos pelos Tribunais de Apelação, câmaras ou turmas, poderão ser opostos embargos de declaração, no prazo de dois dias contados da sua publicação, quando houver na sentença ambiguidade, obscuridade, contradição ou omissão;
- art. 83, § 2º, da Lei 9.099/1995: a apresentação dos embargos provoca a interrupção do prazo para os demais recursos.
- **Protesto por novo Júri**: não existe mais, tendo sido revogado em 2008 os dispositivos que o previam (arts. 607 e 608, CPP).
- **Embargos infringentes e de nulidade**:
- recurso exclusivamente em favor do acusado, contra acórdão não unânime;
- prazo de 10 dias para interposição, a contar da publicação do acórdão;
- serão restritos à matéria objeto de divergência;
- não há vedação a que o Ministério Público interponha tal recurso, razão pela qual entendemos ser possível, desde que o faça em favor do acusado.
- e o caso de acórdão unânime numa parte e não unânime em outra? Cabem embargos infringentes quanto à parte não unânime e recurso especial ou extraordinário quanto à parte unânime? O entendimento era o de que deveriam ser interpostos embargos infringentes e, somente depois do julgamento destes, é que seriam interpostos RE ou REsp. Tal entendimento baseava-se no disposto no art. 498, do CPC revogado. O novo CPC não prevê embargos infringentes. Que fazer? A nosso ver, mais seguro interpor RE ou REsp quanto à parte unânime e embargos infringentes contra a não unânime. Tal entendimento pode trazer de volta duas Súmulas já antigas do STF:
  - **Súmula 354 do STF:** "Em caso de embargos infringentes parciais, é definitiva a parte da decisão embargada em que não houve divergência na votação";
  - **Súmula 355 do STF:** "Em caso de embargos infringentes parciais, é tardio o recurso extraordinário interposto após o julgamento dos embargos, quanto à parte da decisão embargada que não for a por eles abrangida".
- **Agravo em execução**:
- o agravo em execução não terá efeito suspensivo, conforme disposição expressa do art. 197 da LEP;
- o STJ entende não ser cabível a interposição de mandado de segurança para dar efeito suspensivo ao agravo;
- o prazo para a interposição é o mesmo do recurso em sentido estrito, aplicando-se, aqui, o disposto no art. 586 do CPP. A Lei de Execução Penal silencia a respeito, mas esse entendimento encontra-se na Súmula 700 do STF.

14. HABEAS CORPUS

- **Habeas corpus**:
- é garantia prevista no art. 5º, LXVIII, CF: conceder-se-á "habeas-corpus" sempre que alguém sofrer ou se achar ameaçado de sofrer violência ou coação em sua liberdade de locomoção, por ilegalidade ou abuso de poder;
- não é recurso, mas ação constitucional;
- protege a liberdade de locomoção;
- portanto, não havendo risco à liberdade de locomoção, não é cabível, sendo utilizado o mandado de segurança;
- muito importante: o STF e o STJ têm limitado a possibilidade de impetração de *habeas corpus* quando for cabível a interposição de recurso ou revisão criminal. Em outras palavras, o *habeas corpus* não pode servir de sucedâneo recursal ou de revisão criminal.
- **Mandado de segurança:**
- é garantia prevista no art. 5º, LXIX, CF: conceder-se-á mandado de segurança para proteger direito líquido e certo, não amparado por "habeas-corpus" ou "habeas-data", quando o responsável pela ilegalidade ou abuso de poder for autoridade pública ou agente de pessoa jurídica no exercício de atribuições do Poder Público;
- não é recurso, mas ação constitucional;
- protege direitos líquidos e certos outros que não o de locomoção;
- regulado pela Lei 12.016/2009.

15. MEDIDAS COATIVAS PESSOAIS

- São de dois tipos as chamadas de medidas cautelares: **prisão** e **medidas cautelares diversas da prisão**

MEDIDAS COATIVAS PESSOAIS	ESPÉCIES
Prisão	• prisão em flagrante delito • prisão temporária • prisão preventiva

MEDIDAS COATIVAS PESSOAIS	ESPÉCIES
Medidas Cautelares Diversas	• comparecimento periódico em juízo, no prazo e nas condições fixadas pelo juiz, para informar e justificar atividades • proibição de acesso ou frequência a determinados lugares quando, por circunstâncias relacionadas ao fato, deva o indiciado ou acusado permanecer distante desses locais para evitar o risco de novas infrações • proibição de manter contato com pessoa determinada quando, por circunstâncias relacionadas ao fato, deva o indiciado ou acusado dela permanecer distante • proibição de ausentar-se da Comarca quando a permanência seja conveniente ou necessária para a investigação ou instrução • recolhimento domiciliar no período noturno e nos dias de folga quando o investigado ou acusado tenha residência e trabalho fixos • suspensão do exercício de função pública ou de atividade de natureza econômica ou financeira quando houver justo receio de sua utilização para a prática de infrações penais • internação provisória do acusado nas hipóteses de crimes praticados com violência ou grave ameaça, quando os peritos concluírem ser inimputável ou semi-imputável (art. 26 do Código Penal) e houver risco de reiteração • fiança, nas infrações que a admitem, para assegurar o comparecimento a atos do processo, evitar a obstrução do seu andamento ou em caso de resistência injustificada à ordem judicial • monitoração eletrônica; • proibição de ausentar-se do país, com entrega do passaporte

- **Características:**
  - somente deve ser aplicada medida adequada ao fim que se busca atingir;
  - somente deve ser aplicada à medida que realmente se mostre necessária para atingir tal fim, devendo ser escolhida a menos restritiva a direito fundamental;
  - as medidas podem ser aplicadas isoladas ou cumuladas;
  - as medidas não podem ser aplicadas de ofício pelo juiz no curso da investigação criminal, dependendo de representação da autoridade policial ou de requerimento do Ministério Público;
  - durante a fase processual, o juiz pode decretar de ofício;
  - ressalvados os casos de urgência ou de perigo de ineficácia da medida, o juiz deve ouvir a pessoa que será atingida por ela;
  - o juiz pode substituir uma medida por outra ou acrescer alguma àquela já aplicada;
  - a prisão preventiva pode ser decretada em caso de descumprimento das medidas cautelares diversas da prisão.
- **Prisão especial:** consiste exclusivamente no recolhimento da pessoa em local distinto da prisão comum. É cabível para algumas pessoas, em caso de prisão provisória, portanto, antes da prisão em razão de condenação definitiva. Tais pessoas permanecerão em quartéis ou em prisão especial. E, não havendo estabelecimento específico para o preso especial, este será recolhido em cela distinta do mesmo estabelecimento. São elas (o rol do CPP é apenas exemplificativo, já que leis especiais podem – e trazem – outros casos, sendo exemplo os **membros do Ministério Público**):
- os ministros de Estado;
- os governadores ou interventores de Estados ou Territórios, o governador do Distrito Federal, seus respectivos secretários, os prefeitos municipais, os vereadores e os chefes de Polícia (Delegado-Geral de Polícia);
- os membros do Parlamento Nacional, do Conselho de Economia Nacional (que não mais existe) e das Assembleias Legislativas dos Estados;
- os cidadãos inscritos no "Livro de Mérito" (v. Decreto-lei 1.706/1939 e sua regulamentação pelo Decreto 5.244/1940);
- os oficiais das Forças Armadas e os militares dos Estados, do Distrito Federal e dos Territórios;
- os magistrados;
- os diplomados por qualquer das faculdades superiores da República;
- os ministros de confissão religiosa;
- os ministros do Tribunal de Contas;

- os cidadãos que já tiverem exercido efetivamente a função de jurado, salvo quando excluídos da lista por motivo de incapacidade para o exercício daquela função;
- os delegados de polícia e os guardas-civis dos Estados e Territórios, ativos e inativos.
- O art. 84 da LEP, com as modificações trazidas pela Lei 13.167/2015, passou a exigir a separação de presos provisórios ou condenados, segundo alguns critérios. Assim, os presos provisórios deverão ficar separados da seguinte maneira: (i) acusados pela prática de crimes hediondos ou equiparados; (ii) acusados pela prática de crimes cometidos com violência ou grave ameaça à pessoa; (iii) acusados pela prática de outros crimes ou contravenções diversos dos anteriores
- **Critérios da decretação e escolha das medidas cautelares**:
– deve o juiz (e, como muitas vezes será o requerente, também o Ministério Público) verificar qual o objetivo que pretende atingir com a decretação da medida cautelar (ex.: assegurar a realização da instrução criminal, impedindo intimidação de testemunha; impedir que o acusado fuja, vindo a frustrar a aplicação da lei penal etc.);
– deve estar presente o *fumus comissi delicti*, ou seja, indícios suficientes que indiquem ter o imputado envolvimento na infração penal;
– verificação da presença do *periculim libertatis*, ou seja, do risco efetivo que a liberdade do imputado representa para o fim que se pretende atingir com a medida;
– verificação de quais medidas cautelares, incluindo a prisão preventiva, são adequadas para atingir a finalidade;
– em seguida, dentre as adequadas, qual a necessária, ou seja, aquela que terá eficiência para atingir a finalidade buscada, ao mesmo tempo em que representa uma menor restrição aos direitos fundamentais envolvidos
– a restrição deve ser proporcional à pena que o imputado receberá em caso de condenação, é dizer: se não há probabilidade de cumprir pena privativa de liberdade, mas restritiva de direito, não é cabível a prisão preventiva; se apenas receberá pena privativa de liberdade em regime aberto, idem;
- estes três últimos critérios representam a aplicação do princípio da proporcionalidade;
- notem: o art. 282 do CPP tenta trazer o princípio para a legislação processual, mas o faz de modo invertido.
– **regra**: a prisão preventiva será determinada quando não for cabível a sua substituição por outra medida cautelar (art. 282, § 6º, CPP).
- **Prisão temporária**: prevista na Lei 7.960/1989.
– cabível apenas na fase de investigação;
– não pode ser decretada de ofício pelo juiz, dependendo de representação da autoridade policial ou de requerimento do Ministério Público;
– tem duração máxima de 5 dias, prorrogável, apenas uma vez, por igual período, em caso de comprovada necessidade; nos casos dos crimes previsto na Lei 8.072/1990 (Lei dos Crimes Hediondos), o prazo máximo é de 30 dias, igualmente prorrogáveis;
– é cabível:
- quando imprescindível para as investigações do inquérito policial;
- quando o indicado não tiver residência fixa ou não fornecer elementos necessários ao esclarecimento de sua identidade;
- quando houver fundadas razões, de acordo com qualquer prova admitida na legislação penal, de autoria ou participação do indiciado nos seguintes crimes:
- homicídio doloso;
- sequestro ou cárcere privado;
- roubo;
- extorsão;
- extorsão mediante sequestro;
- estupro;
- epidemia com resultado de morte;
- envenenamento de água potável ou substância alimentícia ou medicinal qualificado pela morte;
- quadrilha ou bando;
- genocídio, em qualquer de suas formas típicas;
- tráfico de drogas;
- crimes contra o sistema financeiro;
- crimes previstos na Lei de Terrorismo.
– o rol de crimes é taxativo, só sendo possível a decretação da prisão temporária em tais casos e desde que: imprescindível para as investigações do inquérito policial; ou quando o indicado não tiver residência fixa ou não fornecer elementos necessários ao esclarecimento de sua identidade.
- **Prisão em flagrante**: hipóteses previstas no art. 302 do CPP.

ESPÉCIES DE FLAGRANTE DO CPP		
–	**Característica**	**Dispositivo legal**
flagrante próprio ou propriamente dito ou real ou verdadeiro	o imputado está cometendo a infração penal ou acaba de cometê-la	art. 302, I e II

flagrante impróprio ou irreal ou quase flagrante	o imputado é perseguido, logo após, pela autoridade, pelo ofendido ou por qualquer pessoa, em situação que faça presumir ser autor da infração	art. 302, III
flagrante presumido ou ficto ou assimilado	o imputado é encontrado, logo depois, com instrumentos, armas, objetos ou papéis que façam presumir ser ele autor da infração	art. 302, IV

– as autoridades policiais e seus agentes têm a obrigação de prender o imputado em situação de flagrância (**flagrante obrigatório**); qualquer do povo pode efetuar tal prisão (**flagrante facultativo**);

– **flagrante esperado**: a autoridade policial, sabendo que um crime poderá ocorrer em determinado local, em determinada hora, para lá se dirige e, quando realmente a infração se perfaz, efetua a prisão, que é legal;

– **flagrante preparado**: é ilegal, pois há provocação do agente da autoridade policial para que o imputado cometa o crime. Para o Supremo Tribunal Federal, não há crime quando a preparação do flagrante tornou impossível sua consumação (Súmula 145);

– **ação controlada (flagrante prorrogado** ou **retardado** ou **postergado** ou **diferido** ou **estratégico)**: é situação prevista em leis especiais.

• **Lei 12.850/2013**, art. 8º: consiste em retardar a intervenção policial ou administrativa relativa à ação praticada por organização criminosa ou a ela vinculada, desde que mantida sob observação e acompanhamento para que a medida legal se concretize no momento mais eficaz à formação de provas e obtenção de informações. Nesse caso, o retardamento da intervenção policial ou administrativa será previamente comunicado ao juiz competente que, se for o caso, estabelecerá os seus limites e comunicará ao Ministério Público;

• **Lei 11.343/2006**, art. 53, II: a não atuação policial sobre os portadores de drogas, seus precursores químicos ou outros produtos utilizados em sua produção, que se encontrem no território brasileiro, com a finalidade de identificar e responsabilizar maior número de integrantes de operações de tráfico e distribuição, sem prejuízo da ação penal cabível.

– aos casos em que se aplica a Lei 9.099/1995 (ou seja, nas infrações penais de menor potencial ofensivo, excluídos os casos da Lei 11.340/2005, sobre violência doméstica), não se fará o flagrante, devendo ser lavrado termo circunstanciado, desde que o autor do fato seja encaminhado ao juizado ou assumir o compromisso de a ele comparecer;

CASOS ESPECIAIS		
Magistrados	**Membros do Ministério Público**	**Advogados**
só serão presos em flagrante em caso de cometimento de crime inafiançável e a autoridade policial deverá imediatamente comunicar e apresentar o preso ao Presidente do tribunal	só serão presos em flagrante em caso de cometimento de crime inafiançável, quando a autoridade policial deverá comunicar e apresentar o preso ao Procurador-Geral em 24 horas	podem ser presos em flagrante, mas, quando o flagrante ocorrer por motivo de exercício da profissão, somente será possível se o crime for inafiançável, sendo necessária, nesse caso, a presença de representante da Ordem dos Advogados do Brasil durante a lavratura do auto

– apresentado o preso à autoridade competente, ouvirá esta o condutor e colherá, desde logo, sua assinatura, entregando a este cópia do termo e recibo de entrega do preso. Em seguida, procederá à oitiva das testemunhas (testemunhas numerárias) que o acompanharem e ao interrogatório do acusado sobre a imputação que lhe é feita, colhendo, após cada oitiva suas respectivas assinaturas, lavrando, a autoridade, afinal, o auto;

– a doutrina não vê empecilho para lavratura do auto no caso da presença de apenas uma testemunha;

– a falta de testemunhas da infração não impedirá o auto de prisão em flagrante; mas, nesse caso, com o condutor, deverão assiná-lo pelo menos duas pessoas que hajam testemunhado a apresentação do preso à autoridade (testemunhas instrumentais ou indiretas);

– não havendo autoridade no lugar em que se tiver efetuado a prisão, o preso será logo apresentado à do lugar mais próximo;

– a prisão de qualquer pessoa e o local onde se encontre serão comunicados imediatamente ao juiz competente, ao Ministério Público e à família do preso ou à pessoa por ele indicada;

– ATENÇÃO: é vedado o uso de algemas em mulheres grávidas durante os atos médico-hospitalares preparatórios para a realização do parto e durante o trabalho de parto, bem como em mulheres durante o período de puerpério imediato (art. 292, CPP).

– ao receber o auto de prisão em flagrante, o juiz deverá fundamentadamente (art. 310, CPP):

• relaxar a prisão ilegal; ou

• conceder liberdade provisória, com ou sem fiança; ou

• converter a prisão em flagrante em preventiva, quando presentes os requisitos constantes do art. 312 do CPP, e se revelarem inadequadas ou insuficientes as medidas cautelares diversas da prisão.

– invertemos a ordem prevista no art. 310: o juiz somente decretará a prisão preventiva se não for caso de concessão da liberdade provisória, com ou sem aplicação de medida cautelar diversa da prisão;

- **importante**: percebam que a prisão em flagrante não mais se sustenta sozinha. Portanto, para que o imputado permaneça preso, deve ser decretada a prisão preventiva;
- por isso, parte da doutrina tem afirmado que a prisão em flagrante tem natureza "pré-cautelar";
- parte da doutrina também entende que o juiz pode decidir sem ouvir o Ministério Público. Particularmente, entendemos que deve o *Parquet* ser ouvido, até para que diga se há necessidade ou não de aplicação de alguma medida cautelar ou de prisão preventiva. E mais: se há a presença do *fumus comissi delicti* e do *periculum libertatis*.
- **Prisão preventiva**:

– pode ser decretada durante a investigação (nesse caso, nunca de ofício) ou durante fase processual;

– devem ser observados os requisitos dos arts. 312 e 313 do CPP.

– particularmente, apreciamos a classificação trazida por Antonio Scarance Fernandes quando à prisão preventiva. Para tal importante autor, há cinco espécies de prisão preventiva: "a prisão preventiva originária, imposta a pessoa solta (arts. 312 e 313, CPP); a prisão preventiva derivada, resultante de conversão de prisão em flagrante (art. 310, II, CPP); a prisão preventiva sancionatória, decretada em caso de descumprimento de outra medida cautelar (art. 312, par. único, CPP); a prisão preventiva protetiva, aplicada para garantir a atuação de medida protetiva em caso de violência doméstica (art. 313, III, CPP) e a prisão preventiva esclarecedora, determinada para que se esclareça a identidade de pessoa suspeita (art. 313, par. único, CPP)" (*Processo constitucional*. 7ª ed., São Paulo: Revista dos Tribunais, 2012, pp. 292-293).

REQUISITOS E CONDIÇÕES PARA A PRISÃO PREVENTIVA	
Art. 312, CPP	1) como garantia da ordem pública;
	2) como garantia da ordem econômica;
	3) por conveniência da instrução criminal;
	4) para assegurar a aplicação da lei penal
Art. 313, CPP	1) crimes dolosos punidos com pena privativa de liberdade máxima superior a 4 anos;
	2) se o imputado tiver sido condenado por outro crime doloso, em sentença transitada em julgado, ressalvado o disposto no inciso I do caput do art. 64 do Código Penal
	3) se o crime envolver violência doméstica e familiar contra a mulher, criança, adolescente, idoso, enfermo ou pessoa com deficiência, para garantir a execução das medidas protetivas de urgência;
Art. 313, CPP	4) quando houver dúvida sobre a identidade civil da pessoa ou quando esta não fornecer elementos suficientes para esclarecê-la, devendo o preso ser colocado imediatamente em liberdade após a identificação, salvo se outra hipótese recomendar a manutenção da medida.

– a prisão preventiva em nenhum caso será decretada se o juiz verificar pelas provas constantes dos autos ter o agente praticado o fato sob manto de excludente de ilicitude (art. 23, CP);

– diz o art. 236 do Código Eleitoral (Lei 4.737/1965) que nenhuma autoridade poderá, desde 5 dias antes e até 48 horas depois do encerramento da eleição, prender ou deter qualquer eleitor, salvo em flagrante delito ou em virtude de sentença criminal condenatória por crime inafiançável, ou, ainda, por desrespeito a salvo-conduto. E o § 1º determina que os membros das mesas receptoras e os fiscais de partido, durante o exercício de suas funções, não poderão ser detidos ou presos, salvo o caso de flagrante delito; da mesma garantia gozarão os candidatos desde 15 dias antes da eleição. Portanto, ainda que o juiz decrete a prisão, não poderá ser cumprido mandado dentro de tal prazo;

– poderá o juiz substituir a prisão preventiva pela domiciliar quando o agente for:

- maior de 80 anos;
- extremamente debilitado por motivo de doença grave;
- imprescindível aos cuidados especiais de pessoa menor de 6 anos de idade ou com deficiência;
- gestante;
- mulher com filho de até 12 anos de idade incompletos;
- homem, caso seja o único responsável pelos cuidados do filho de até 12 anos de idade incompletos.

- Como vimos acima, os arts. 319 e 320 do CPP, com a reforma ocorrida em 2011, trouxe diversas medidas cautelares diversas da prisão. Dentre elas, encontra-se a **fiança**.

FIANÇA – QUEM PODE CONCEDER?	
Autoridade Policial	**Juiz**
pena privativa de liberdade máxima não superior a 4 anos	todos os casos de crimes afiançáveis

– são inafiançáveis:

- crimes de racismo;
- crimes de tortura, tráfico ilícito de entorpecentes e drogas afins, terrorismo e nos definidos como crimes hediondos;

- crimes cometidos por grupos armados, civis ou militares, contra a ordem constitucional e o Estado Democrático;

– não pode ser concedida fiança:

- aos que, no mesmo processo, tiverem quebrado fiança anteriormente concedida ou infringido, sem motivo justo, qualquer das obrigações a que se referem os arts. 327 e 328 do CPP;
- em caso de prisão civil ou militar;
- quando presentes os motivos que autorizam a decretação da prisão preventiva).

PARÂMETROS PARA FIXAÇÃO DA FIANÇA	
Pena privativa de liberdade máxima não superior a 4 anos	**Pena privativa de liberdade máxima superior a 4 anos**
1 a 100 salários mínimos	10 a 200 salários mínimos

– se a situação econômica do preso recomendar, a fiança poderá ser:

- dispensada;
- reduzida até o máximo de 2/3; ou
- aumentada em até 1.000 vezes.

– a fiança poderá ser prestada enquanto não transitar em julgado a sentença condenatória.

– **quebramento** da fiança (importará na perda de metade do seu valor, cabendo ao juiz decidir sobre a imposição de outras medidas cautelares ou, se for o caso, a decretação da prisão preventiva):

- não comparecimento do imputado perante a autoridade, quando tenha sido intimado para atos do inquérito e da instrução criminal e para o julgamento, sem motivo justo;
- mudança de residência, sem prévia permissão da autoridade processante;
- ausência por mais de 8 dias de sua residência, sem comunicar àquela autoridade o lugar onde será encontrado;
- deliberadamente, o imputado praticar ato de obstrução ao andamento do processo;
- descumprimento de medida cautelar imposta cumulativamente com a fiança;
- quando o imputado resistir injustificadamente a ordem judicial;
- quando o imputado praticar nova infração penal dolosa.

– **cassação da fiança:**

- quando não era cabível na espécie de delito;
- quando reconhecida a existência de delito inafiançável, no caso de inovação na classificação do delito.

– fiança **sem efeito** (implica em retorno à prisão): quando não for reforçada. Necessidade de reforço:

- quando a autoridade tomar, por engano, fiança insuficiente;
- quando houver depreciação material ou perecimento dos bens hipotecados ou caucionados, ou depreciação dos metais ou pedras preciosas;
- quando for inovada a classificação do delito.

– **perda** da fiança: se, condenado, o acusado não se apresentar para o início do cumprimento da pena definitivamente imposta.

16. MEDIDAS CAUTELARES REAIS

- O CPP as chama de medidas assecuratórias.
- São as seguintes:

– sequestro de bens imóveis ilícitos;

- o imóvel deve ser produto direto ou indireto do crime;

– sequestro de bens móveis ilícitos;

- produto indireto do crime;
- produto direto: busca e apreensão.

– especialização e registro da hipoteca legal;

- bens de origem lícita;
- necessária para reparação do dano;

– arresto de bens imóveis, de origem lícita, previamente ao registro e especialização da hipoteca;

– arresto de bens móveis;

- bens de origem lícita;
- natureza subsidiária: ausência de bens imóveis ou com valor insuficiente para assegurar a indenização.
- Meios de defesa:

– embargos de terceiro: pessoa estranha ao processo;

– embargos do imputado: para alegação de que o bem é lícito, quando afirmado o contrário;

– embargos do terceiro de boa-fé: adquirente de boa-fé.

17. EXECUÇÃO PENAL

- **Trabalho do preso:**

– o condenado à pena privativa de liberdade está obrigado ao trabalho na medida de suas aptidões e capacidade;

– para o preso provisório, o trabalho não é obrigatório e só poderá ser executado no interior do estabelecimento;

– o trabalho externo será admissível para os presos em regime fechado somente em serviço ou obras públicas realizadas por órgãos da Administração direta ou indireta, ou entidades privadas, desde que tomadas as cautelas contra a fuga e em favor da disciplina.

- **Faltas disciplinares**: classificam-se em leves, médias e graves, as duas primeiras especificadas na legislação local, não na LEP.

configuram falta grave (art. 50, LEP):	• fuga; • incitar ou participar de movimento para subverter a ordem ou a disciplina; • possuir, indevidamente, instrumento capaz de ofender a integridade física de outrem; • provocar acidente de trabalho; • descumprir, no regime aberto, as condições impostas; • inobservar os deveres previstos nos incisos II e V, do artigo 39, da LEP; • ter em sua posse, utilizar ou fornecer aparelho telefônico, de rádio ou similar, que permita a comunicação com outros presos ou com o ambiente externo.

– **Súmula 441,** Superior Tribunal de Justiça: a falta grave não interrompe o prazo para obtenção de livramento condicional. Também não interrompe o prazo para a comutação das penas, conforme entendimento do mesmo Tribunal Superior. V. Súmulas a respeito de Execução Penal no próximo tópico.

- **Regime Disciplinar Diferenciado (RDD)**: previsto pelo art. 52 da LEP. Tal dispositivo prevê que a prática de fato previsto como crime doloso constitui falta grave e, quando ocasione subversão da ordem ou disciplina internas, sujeita o preso provisório, ou condenado, sem prejuízo da sanção penal, ao regime disciplinar diferenciado, com as seguintes características:

– duração máxima de trezentos e sessenta dias, sem prejuízo de repetição da sanção por nova falta grave de mesma espécie, até o limite de um sexto da pena aplicada;

– recolhimento em cela individual;

– visitas semanais de duas pessoas, sem contar as crianças, com duração de duas horas;

– o preso terá direito à saída da cela por 2 horas diárias para banho de sol.

– os §§ 1º e 2º ampliam a aplicação de tal regime disciplinar diferenciado aos presos provisórios ou condenados, nacionais ou estrangeiros, que apresentem alto risco para a ordem e a segurança do estabelecimento penal ou da sociedade, bem como para o preso provisório ou o condenado sob o qual recaiam fundadas suspeitas de envolvimento ou participação, a qualquer título, em organizações criminosas, quadrilha ou bando.

- **Execução provisória**: o princípio da presunção de inocência, a nosso ver, realmente veda a execução provisória da pena, não obstante as opiniões em contrário. Estas opiniões baseiam-se no fato de que os Recursos Extraordinário e Especial têm, em regra, apenas o efeito devolutivo. É dizer, ainda que não tenha ocorrido o trânsito em julgado da sentença, caso restem apenas tais recursos aos Tribunais Superiores, não haverá efeito suspensivo e, logo, poderá ser iniciado o cumprimento da pena. A nosso ver, o art. 5º, LVII, da CF não faz exceção alguma: ninguém será considerado culpado antes de uma sentença penal condenatória com trânsito em julgado, o que inclui não cumprir pena antes disso. É certo que se admite a progressão de regime de cumprimento da pena ou a aplicação imediata de regime menos severo, antes do trânsito em julgado, o que vem em benefício do acusado. Nesse sentido, a Súmula 716 do Supremo Tribunal Federal. E, ainda, o § 2º do art. 387 do CPP manda que o tempo de prisão provisória já seja computado na sentença para fins de fixação do regime inicial da pena. Ocorre que o STF passou a entender ser possível a execução provisória da pena, sempre, desde que esgotada a via recursal ordinária. Discordamos.

- **Unificação das penas**:

– quando houver condenação por mais de um crime, no mesmo processo ou em processos distintos, a determinação do regime de cumprimento será feita pelo resultado da soma ou unificação das penas, observada, quando for o caso, a detração ou remição; e, sobrevindo condenação no curso da execução, somar-se-á a pena ao restante da que está sendo cumprida, para determinação do regime. Por que dá-se a soma apenas ao restante da pena que está sendo cumprida? Porque o que já cumpriu não pode ser contada: pena cumprida é pena extinta, como gosta de afirmar a doutrina;

– a pena unificada para atender ao limite de trinta anos de cumprimento, determinado pelo art. 75 do Código Penal, não é considerada para a concessão de outros benefícios, como o livramento condicional ou regime mais favorável de execução (Súmula 715, Supremo Tribunal Federal).

- **Excesso ou desvio de execução**: ocorre sempre que algum ato for praticado além dos limites fixados na sentença, em normas legais ou regulamentares (art. 185, LEP – Lei 7.210/1984). O incidente pode ser suscitado pelo Ministério Público, pela Defensoria Pública, pelo Conselho Penitenciário, pelo sentenciado e por qualquer dos demais órgãos da execução penal. (arts. 81-B, I, *f*, e 186, LEP).

- O art. 84 da LEP, com as modificações trazidas pela Lei 13.167/2015, passou a exigir a separação de presos provisórios ou condenados, segundo alguns critérios. Assim, a separação dos presos condenados dá-se segundo estes critérios: (a) condenados pela prática de crimes hediondos ou equiparados; (b) reincidentes condenados pela prática de crimes cometidos com violência ou grave ameaça à pessoa; (c) primários condenados pela prática de crimes cometidos com violência ou grave ameaça à pessoa; (d) demais condenados pela prática de outros crimes ou contravenções em situação diversa das anteriores.

SAÍDAS DURANTE A EXECUÇÃO DA PENA	
PERMISSÃO DE SAÍDA	**SAÍDA TEMPORÁRIA**
condenados em regime fechado ou semiaberto presos provisórios saída com escolta **hipóteses:** • falecimento ou doença grave do cônjuge, companheira, ascendente, descendente ou irmão • necessidade de tratamento médico permissão fornecida pelo direito do estabelecimento	presos em regime semiaberto **requisitos:** • comportamento adequado • cumprimento mínimo de 1/6 da pena, se o condenado for primário, e 1/4, se reincidente • compatibilidade do benefício com os objetivos da pena • saída sem escolta **hipóteses:** • visita à família; • frequência a curso supletivo profissionalizante, bem como de instrução do 2º grau ou superior, na Comarca do Juízo da Execução; • participação em atividades que concorram para o retorno ao convívio social **regras:** • concedida por prazo não superior a 7 dias • pode ser renovada por mais 4 vezes durante o ano • quando se tratar de frequência a curso profissionalizante, de instrução de ensino médio ou superior, o tempo de saída será o necessário para o cumprimento das atividades discentes • nos demais casos, as autorizações de saída somente poderão ser concedidas com prazo mínimo de 45 dias de intervalo entre uma e outra. • autorização concedida pelo juiz da execução

- **Remição**: o condenado que cumpre a pena em regime fechado ou semiaberto poderá remir, por trabalho ou por estudo, parte do tempo de execução da pena.

– 1 dia de pena a cada 12 horas de frequência escolar – atividade de ensino fundamental, médio, inclusive profissionalizante, ou superior, ou ainda de requalificação profissional – divididas, no mínimo, em 3 dias;

– 1 dia de pena a cada 3 dias de trabalho.

- **Monitoração eletrônica:** o art. 146-B da LEP permite a monitoração eletrônica de presos quando o juiz autorizar a saída temporária no regime semiaberto ou determinar a prisão domiciliar.

– a violação comprovada dos deveres previstos àqueles que estão sob monitoração poderá acarretar, a critério do juiz da execução, ouvidos o Ministério Público e a defesa:

- a regressão do regime;
- a revogação da autorização de saída temporária;
- a revogação da prisão domiciliar;
- advertência, por escrito, para todos os casos em que o juiz da execução decida não aplicar alguma das medidas anteriores.

– o art. 146-D também permite a revogação da monitoração quando se tornar desnecessária ou inadequada; ou se o acusado ou condenado violar os deveres a que estiver sujeito durante a sua vigência ou cometer falta grave;

– assim, não há uma só hipótese em que a revogação da monitoração é obrigatória. É certo que o art. 118, I, permite a regressão em caso de prática de crime doloso ou falta grave, devendo o juiz ouvir, antes, o condenado. De qualquer modo, não há previsão de proibição e nova progressão.

- **Anistia**: é lei de natureza penal. Como tal, sua edição é da competência legislativa da União (art. 22, I, CF) e, portanto, do Congresso Nacional. Além disso, há não pode ser concedida por medida provisória (art. 62, § 1º, *b*, CF). É lei penal de efeito retroativo, que retira as consequências de alguns crimes já praticados, promovendo, no dizer da doutrina, o seu "esquecimento" jurídico.

- A anistia pode ser:

1) especial (para crimes políticos);
2) comum (para crimes não políticos);
3) própria (concedida antes do trânsito em julgado);
4) imprópria (concedida depois do trânsito em julgado);
5) geral ou plena (menciona os fatos e atinge a todos que os cometeram);

6) parcial ou restrita (menciona fatos, mas exige o preenchimento de alguma condição pessoal do criminoso, como a primariedade);

7) incondicionada ou irrestrita (não exige o atendimento de nenhum requisito);

8) condicionada ou restrita (exige o atendimento a certos requisitos, podendo ser recusada pelo anistiado).

– uma vez concedida, a anistia não pode ser revogada, porque a lei posterior revogadora prejudicaria os anistiados, violando o princípio constitucional de que a lei não pode retroagir para prejudicar o acusado (art. 5º, XL);

– a lei que concede a anistia retira todos os efeitos penais, principais e secundários do fato, mas não os efeitos extrapenais;

– não é possível a concessão de anistia aos crimes mencionados na Lei 8.072/1990 (Lei dos Crimes Hediondos).

• **Agravo em execução**: recurso cabível contra decisões proferidas na execução penal.

– o agravo em execução não terá efeito suspensivo, conforme disposição expressa do art. 197 da LEP;

– o Superior Tribunal de Justiça entende não ser cabível a interposição de mandado de segurança para dar efeito suspensivo ao agravo;

– o prazo para a interposição é o mesmo do recurso em sentido estrito, aplicando-se, aqui, o disposto no art. 586 do CPP. A Lei de Execução Penal silencia a respeito, mas esse entendimento encontra-se na Súmula 700 do Supremo Tribunal Federal.

18. COOPERAÇÃO JURÍDICA INTERNACIONAL

• O Brasil nunca editou uma lei geral sobre cooperação jurídica internacional. Ela seria útil para suprir lacunas existentes nos tratados bilaterais de cooperação celebrados com outros países ou nos casos em que não há tratado, mas apenas promessa de reciprocidade.

• Não obstante, o novo CPC trouxe um capítulo inteiro sobre cooperação jurídica internacional e, a nosso ver, poderá fazer o papel da lei geral ainda não editada, já que, como é cediço, o CPC pode ser aplicado subsidiariamente ao processo penal, já que o CPP permite, em caso de lacuna, a aplicação de outros dispositivos legais por analogia.

• Mas, atenção: em primeiro lugar, deve ser aplicado o tratado de cooperação; subsidiariamente, as regras do CPP e do Regimento Interno do STJ, bem como o novo CPC.

• Principais requisitos para a cooperação segundo o novo CPC:

- Respeito às garantias do devido processo legal
- Não admissão de atos que contrariem ou que produzam resultados incompatíveis com as normas fundamentais que regem o Estado brasileiro
- Recusa de pedido que configure manifesta ofensa à ordem pública
- Igualdade de tratamento entre nacionais e estrangeiros
- Publicidade processual
  - ▪ Se o tratado exigir, deve ser garantido o sigilo
- Autoridade central
  - ▪ Ministério da Justiça – Departamento de Recuperação de Ativos e Cooperação Jurídica Internacional
  - ▪ Procuradoria-Geral da República – Assessoria de Cooperação Jurídica Internacional (tratados com Canadá e Portugal)
- Espontaneidade na transmissão de informações a autoridades estrangeiras

• **Carta Rogatória**: instrumento por meio do qual um Estado pede a uma autoridade judiciária estrangeira a realização de alguma diligência (carta rogatória instrutória), comunicação de ato processual (carta rogatória ordinatória) ou execução de ato processual constritivo (carta rogatória executória).

– **Carta Rogatória Ativa**: encaminhada pelo Estado brasileiro, por intermédio do Ministério das Relações Exteriores ou do Ministério da Justiça;

– **Carta Rogatória Passiva**: de competência do STJ, que deve exarar o *exequatur*, ou seja, determinar, se o caso, seu cumprimento.

– só será expedida se demonstrada previamente a sua imprescindibilidade, arcando a parte requerente com os custos de envio;

– a expedição não suspenderá a instrução criminal e, findo o prazo marcado para o seu cumprimento e poderá realizar-se o julgamento, mas, a todo tempo, a rogatória, uma vez devolvida, será juntada aos autos.

– devem as partes serem intimadas da data da audiência no Estado estrangeiro? Cremos que não. Em primeiro lugar, o art. 222, *caput*, aplicável às precatórias, determina apenas a intimação da expedição da carta, não da data da audiência. Além disso, é pacífico o entendimento de que, intimada a defesa da expedição da carta precatória, torna-se desnecessária intimação da data da audiência no juízo deprecado (STJ, Súmula 273).

• **Pedido de auxílio direto**: diferencia-se das rogatórias porque nele as autoridades brasileiras não proferem *exequatur* e não homologam ato jurisdicional estrangeiro, sendo possível quando há tratados ou convenções a respeito.

- por meio do auxílio direto, as autoridades brasileiras conhecem dos fatos narrados pela autoridade requerente para daí proferir uma decisão nacional;
- o auxílio direto se dá entre autoridades centrais dos dois países;
- hoje, nossa autoridade central é o Ministério da Justiça, que exerce tal função por meio do seu Departamento de Recuperação de Ativos e Cooperação Jurídica Internacional e do Departamento de Estrangeiros;
- podem ser objeto de pedido de auxílio direto uma ampla gama de medidas que variam desde a comunicação de atos processuais, a obtenção de provas, a oitiva de testemunhas, a quebra de sigilo bancário, fiscal e telemático, a localização de bens e indivíduos, o sequestro de bens, o congelamento de contas bancárias até a repatriação de bens ou valores ilicitamente remetidos ao exterior;
- uma vez recebido o pedido de auxílio direito, ele é encaminhado à autoridade competente, que realizará a diligência ou pleiteará a autorização da medida a juízo federal de primeira instância, quando assim a lei o exigir, o que ocorre, como se sabe, quando há necessidade de autorização judicial, em geral em medidas constritivas, como quebra de sigilos e bloqueio de bens;
- assim, mesmo se tratando de cooperação jurídica internacional, a ordem judicial é exigida;
- cabe a Procurador da República oficiar perante a Justiça Federal de primeiro grau em tais casos.

• **Extradição**: consiste na entrega de um indivíduo a um outro país, para que neste ele seja julgado ou para cumpra pena pela qual nele foi condenado.

- a decisão sobre pedido de extradição cabe ao STF, conforme competência expressamente atribuída pela CF (art. 102, I, *g*) e é regulada, basicamente, pela Lei 13.445/2017 e pelo Regimento Interno do mesmo Tribunal
- no processo de extradição não se faz instrução probatória, pois o Estado requerente tem o dever de fornecer todas as informações, por documentos, necessárias para a decisão do STF, comprovando que os requisitos previstos na CF e legislação infraconstitucional brasileiras estão presentes;
  - ✓ a Corte Suprema não analisará o mérito da ação penal estrangeira, mas o STF entende que deve haver o exame do mérito (indícios de autoria e prova do crime, pelo menos) da ação penal estrangeira quando se tratar de processo de extradição de brasileiro naturalizado para o exterior
  - ✓ a prisão preventiva não é mais obrigatória, pois, segundo a Lei 13.445/2017, em caso de urgência, o Estado interessado na extradição poderá, previamente ou conjuntamente com a formalização do pedido extradicional, requerer, por via diplomática ou por meio de autoridade central do Poder Executivo, prisão cautelar com o objetivo de assegurar a executoriedade da medida de extradição que, após exame da presença dos pressupostos formais de admissibilidade exigidos na Lei ou em tratado, deverá representar à autoridade judicial competente, ouvido previamente o Ministério Público Federal. Ou seja, depende de pedido do Estado interessado. E mais: o STF, ouvido o Ministério Público, poderá autorizar prisão albergue ou domiciliar ou determinar que o extraditando responda ao processo de extradição em liberdade, com retenção do documento de viagem ou outras medidas cautelares necessárias, até o julgamento da extradição ou a entrega do extraditando, se pertinente, considerando a situação administrativa migratória, os antecedentes do extraditando e as circunstâncias do caso.

REQUISITOS DA EXTRADIÇÃO	
CONSTITUCIONAIS	**LEGAIS**
a) nenhum brasileiro será extraditado, salvo o naturalizado, em caso de crime comum, praticado antes da naturalização, ou de comprovado envolvimento em tráfico ilícito de entorpecentes e drogas afins, na forma da lei	a) a extradição poderá ser concedida quando o governo requerente se fundamentar em tratado, ou quando prometer ao Brasil a reciprocidade
b) não será concedida extradição de estrangeiro por crime político ou de opinião, ficando a cargo do STF decidir sobre o caráter do delito	b) não poderá ser concedida se o fato que motivar o pedido não for considerado crime no Brasil ou no Estado requerente
c) aos portugueses com residência permanente no País, se houver reciprocidade em favor de brasileiros, serão atribuídos os direitos inerentes ao brasileiro, salvo os casos previstos na Constituição, ou seja, tais cidadãos, segundo a doutrina, são equiparados aos brasileiros naturalizados, só podendo ser extraditados para Portugal, em virtude de um tratado bilateral entre o Brasil e tal nação (Decreto-legislativo 70.391/1972)	c) também não será concedida se o Brasil for competente, segundo suas leis, para julgar o crime imputado ao extraditando
	d) idem, se a lei brasileira impuser ao crime a pena de prisão igual ou inferior a 1 ano
	e) idem, se o extraditando estiver a responder a processo ou já houver sido condenado ou absolvido no Brasil pelo mesmo fato em que se fundar o pedido
	f) idem, se estiver extinta a punibilidade pela prescrição segundo a lei brasileira ou a do Estado requerente

	g) idem, se o extraditando houver de responder, no Estado requerente, perante Tribunal ou Juízo de exceção
	h) o crime deve ter sido cometido no território do Estado requerente ou serem aplicáveis ao extraditando as leis penais desse Estado
	i) deve existir sentença final de privação de liberdade, ou estar a prisão do extraditando autorizada por Juiz, Tribunal ou autoridade competente do Estado requerente
	j) deve o Estado solicitante se comprometer: 1. a não ser o extraditando preso nem processado por fatos anteriores ao pedido 2. a computar o tempo de prisão que, no Brasil, foi imposta por força da extradição 3. a comutar em pena privativa de liberdade a pena corporal ou de morte, ressalvados, quanto à última, os casos em que a lei brasileira permitir a sua aplicação 4. a não ser o extraditando entregue, sem consentimento do Brasil, a outro Estado que o reclame 5. não considerar qualquer motivo político, para agravar a pena

- **Homologação de sentença estrangeira**: o CP, em seu art. 9º, diz que a sentença estrangeira poderá ser homologada para:
- obrigar o condenado à reparação do dano, a restituições e a outros efeitos civis, o que depende de pedido da parte interessada;
- e sujeitá-lo a medida de segurança, que depende da existência de tratado de extradição com o país de cuja autoridade judiciária emanou a sentença, ou, na falta de tratado, de requisição do Ministro da Justiça.

– **atenção**: não se cumpre no Brasil pena privativa de liberdade decorrente de sentença estrangeira, por falta de previsão legal. O Estado que condenou o indivíduo deve requerer sua extradição;

– de acordo com o art. 105, I, *i*, da CF, a homologação de sentença estrangeira e o *exequatur* às cartas rogatórias que aqui cheguem é competência do STJ, estando revogado o art. 787 do CPP;

– deve ser observado também o Regimento Interno do STJ.;

– para que seja homologada, devem ser estar presentes os requisitos do art. 788 do CPP:

a) estar revestida das formalidades externas necessárias, segundo a legislação do país de origem;

b) haver sido proferida por juiz competente, mediante citação regular, segundo a mesma legislação;

c) ter passado em julgado;

d) estar devidamente autenticada por cônsul brasileiro;

e) estar acompanhada de tradução, feita por tradutor público.

✦ SÚMULAS APLICÁVEIS

1. PRINCÍPIOS E GARANTIAS

- **STF – Súmula 523** – No processo penal, a falta da defesa constitui nulidade absoluta, mas a sua deficiência só o anulará se houver prova de prejuízo para o réu.
- **STF – Súmula 716** – Admite-se a progressão de regime de cumprimento da pena ou a aplicação imediata do regime menos severo nela determinada, antes do trânsito em julgado da sentença condenatória.
- **STF – Súmula Vinculante 14** – É direito do defensor, no interesse do representado, ter acesso amplo aos elementos de prova que, já documentados em procedimento investigatório realizado por órgão com competência de polícia judiciária, digam respeito ao exercício do direito de defesa.

2. INQUÉRITO POLICIAL E OUTROS PROCEDIMENTOS INVESTIGATÓRIOS

- **STF – Súmula 397** – O poder de polícia da Câmara dos Deputados e do Senado Federal, em caso de crime cometido nas suas dependências, compreende, consoante o regimento, a prisão em flagrante do acusado e a realização do inquérito.
- **STF – Súmula 524** – Arquivado o inquérito policial, por despacho do juiz, a requerimento do promotor de justiça, não pode a ação penal ser iniciada sem novas provas.

- **STF – Súmula 568** – A identificação criminal não constitui constrangimento ilegal, ainda que o indiciado já tenha sido identificado civilmente.
- **STF – Súmula Vinculante 14** – É direito do defensor, no interesse do representado, ter acesso amplo aos elementos de prova que, já documentados em procedimento investigatório realizado por órgão com competência de polícia judiciária, digam respeito ao exercício do direito de defesa.
- **STJ – Súmula 234** – A participação de membro do Ministério Público na fase investigatória criminal não acarreta seu impedimento ou suspeição para o oferecimento de denúncia.
- **STJ – Súmula 444** – É vedada a utilização de inquéritos policiais e ações penais em curso para agravar a pena-base.

3. AÇÃO PENAL

- **STF – Súmula 524** – Arquivado o inquérito policial, por despacho do juiz, a requerimento do Promotor de Justiça, não pode a ação penal ser iniciada, sem novas provas.
- **STF – Súmula 554** – O pagamento de cheque emitido sem provisão de fundos, após o recebimento da denúncia, não obsta ao prosseguimento da ação penal
- **STF – Súmula 594** – Os direitos de queixa e de representação podem ser exercidos, independentemente, pelo ofendido ou por seu representante legal.
- **STF – Súmula 609** – É pública incondicionada a ação penal por crime de sonegação fiscal.
- **STF – Súmula 709** – Salvo quando nula a decisão de primeiro grau, o acórdão que provê o recurso contra a rejeição da denúncia vale, desde logo, pelo recebimento dela.
- **STF – Súmula 714** – É concorrente a legitimidade do ofendido, mediante queixa, e do Ministério Público, condicionada à representação do ofendido, para a ação penal por crime contra a honra de servidor público em razão do exercício de suas funções.
- **STJ – Súmula 542** - A ação penal relativa ao crime de lesão corporal resultante de violência doméstica contra a mulher é pública incondicionada.

4. AÇÃO CIVIL *EX DELICTO*

- **STJ – Súmula 18** – A sentença concessiva do perdão judicial é declaratória da extinção da punibilidade, não subsistindo qualquer efeito condenatório.

5. COMPETÊNCIA

- **STF – Súmula Vinculante 36** – Compete à Justiça Federal comum processar e julgar civil denunciado pelos crimes de falsificação e de uso de documento falso quando se tratar de falsificação da caderneta de inscrição e registro (CIR) ou de carteira de habilitação de amador (CHA), ainda que expedidas pela Marinha do Brasil.
- **STF – Súmula Vinculante 45** – A competência constitucional do tribunal do Júri prevalece sobre o foro por prerrogativa de função estabelecido exclusivamente pela Constituição Estadual.
- **STF – Súmula 498** – Compete à justiça dos Estados, em ambas as instâncias, o processo e o julgamento dos crimes contra a economia popular.
- **STF – Súmula 521** – O foro competente para o processo e julgamento dos crimes de estelionato, sob a modalidade da emissão dolosa de cheque sem provisão de fundos, é o do local onde se deu a recusa do pagamento pelo sacado.
- **STF – Súmula 522** – Salvo ocorrência de tráfico com o exterior, quando, então, a competência será da Justiça Federal, compete à justiça dos Estados o processo e o julgamento dos crimes relativos a entorpecentes.
- **STF – Súmula 555** – É competente o tribunal de justiça para julgar conflito de jurisdição entre juiz de direito do Estado e a justiça militar local.
- **STF – Súmula 603** – A competência para o processo e julgamento de latrocínio é do juiz singular e não do tribunal do júri.
- **STF – Súmula 702** – A competência do Tribunal de Justiça para julgar prefeitos restringe-se aos crimes de competência da Justiça comum estadual; nos demais casos, a competência originária caberá ao respectivo tribunal de segundo grau.
- **STF – Súmula 703** – A extinção do mandato do prefeito não impede a instauração de processo pela prática dos crimes previstos no art. 1º do DL 201/67.
- **STF – Súmula 704** – Não viola as garantias do juiz natural, da ampla defesa e do devido processo legal a atração por continência ou conexão do corréu ao foro por prerrogativa de função de um dos denunciados.
- **STF – Súmula 706** – É relativa a nulidade decorrente da inobservância da competência penal por prevenção.
- **STJ – Súmula 6** – Compete à justiça comum estadual processar e julgar delito decorrente de acidente de trânsito envolvendo viatura de polícia militar, salvo se autor e vítima forem policiais militares em situação de atividade.
- **STJ – Súmula 38** – Compete à justiça estadual comum, na vigência da Constituição de 1988, o processo por contravenção penal, ainda que praticada em detrimento de bens, serviços ou interesse da União ou de suas entidades.
- **STJ – Súmula 42** – Compete à justiça comum estadual processar e julgar as causas cíveis em que é parte sociedade de economia mista e os crimes praticados em seu detrimento.

- **STJ – Súmula 48** – Compete ao juízo do local da obtenção da vantagem ilícita processar e julgar crime de estelionato cometido mediante falsificação de cheque.
- **STJ – Súmula 53** – Compete à justiça comum estadual processar e julgar civil acusado de prática de crime contra instituições militares estaduais.
- **STJ – Súmula 59** – Não há conflito de competência se já existe sentença com trânsito em julgado, proferida por um dos juízos conflitantes.
- **STJ – Súmula 62** – Compete à justiça estadual processar e julgar o crime de falsa anotação na Carteira de Trabalho e Previdência Social, atribuído a empresa privada.
- **STJ – Súmula 73** – A utilização de papel moeda grosseiramente falsificado configura, em tese, o crime de estelionato, da competência da Justiça Estadual.
- **STJ – Súmula 75** – Compete à justiça comum estadual processar e julgar o policial militar por crime de promover ou facilitar a fuga de preso de estabelecimento penal.
- **STJ – Súmula 90** – Compete à justiça estadual militar processar e julgar o policial militar pela prática do crime militar, e à comum pela prática do crime comum simultâneo àquele.
- **STJ – Súmula 104** – Compete à justiça estadual o processo e julgamento dos crimes de falsificação e uso de documento falso relativo a estabelecimento particular de ensino.
- **STJ – Súmula 107** – Compete à justiça comum estadual processar e julgar crime de estelionato praticado mediante falsificação das guias de recolhimento das contribuições previdenciárias, quando não ocorrente lesão à autarquia federal.
- **STJ – Súmula 122** – Compete à justiça federal o processo e julgamento unificado dos crimes conexos de competência federal e estadual, não se aplicando a regra do art. 78, II, "a", do Código de Processo Penal.
- **STJ – Súmula 140** – Compete à justiça comum estadual processar e julgar crime em que o indígena figure como autor ou vítima.
- **STJ – Súmula 147** – Compete à justiça federal processar e julgar os crimes praticados contra funcionário público federal, quando relacionados com o exercício da função.
- **STJ – Súmula 151** – A competência para o processo e julgamento por crime de contrabando ou descaminho define-se pela prevenção do juízo federal do lugar da apreensão dos bens.
- **STJ – Súmula 164** – O prefeito municipal, após a extinção do mandato, continua sujeito a processo por crime previsto no art. 1º do Decreto-lei nº 201, de 27.2.67.
- **STJ – Súmula 165** – Compete à justiça federal processar e julgar crime de falso testemunho cometido no processo trabalhista.
- **STJ – Súmula 172** – Compete à justiça comum processar e julgar militar por crime de abuso de autoridade, ainda que praticado em serviço.
- **STJ – Súmula 200** – O juízo federal competente para processar e julgar acusado de crime de uso de passaporte falso é o do lugar onde o delito se consumou.
- **STJ – Súmula 206** – A existência de vara privativa, instituída por lei estadual, não altera a competência territorial resultante das leis de processo.
- **STJ – Súmula 208** – Compete à justiça federal processar e julgar prefeito municipal por desvio de verba sujeita a prestação de contas perante órgão federal.
- **STJ – Súmula 209** – Compete à justiça estadual processar e julgar prefeito por desvio de verba transferida e incorporada ao patrimônio municipal.
- **STJ – Súmula 224** – Excluído do feito o ente federal, cuja presença levara o Juiz Estadual a declinar da competência, deve o Juiz Federal restituir os autos e não suscitar conflito.
- **STJ – Súmula 235** – A conexão não determina a reunião dos processos, se um deles já foi julgado.
- **STJ – Súmula 244** – Compete ao foro do local da recusa processar e julgar o crime de estelionato mediante cheque sem provisão de fundos.
- **STJ – Súmula 528** - Compete ao juiz federal do local da apreensão da droga remetida do exterior pela via postal processar e julgar o crime de tráfico internacional.
- **STJ – Súmula 546** - A competência para processar e julgar o crime de uso de documento falso é firmada em razão da entidade ou órgão ao qual foi apresentado o documento público, não importando a qualificação do órgão expedidor.

6. QUESTÕES PREJUDICIAIS, EXCEÇÕES E INCIDENTES

- **STJ – Súmula 59** – Não há conflito de competência se já existe sentença com trânsito em julgado, proferida por um dos juízes conflitantes.
- **STJ – Súmula 428** – Compete ao Tribunal Regional Federal decidir os conflitos de competência entre juizado especial federal e juízo federal da mesma seção judiciária.

7. CITAÇÃO, INTIMAÇÕES E CONTAGEM DE PRAZOS

- **STF – Súmula 155** – É relativa a nulidade do processo criminal por falta de intimação da expedição de precatória para inquirição de testemunha.

- **STF – Súmula 310** – Quanto a intimação tiver lugar na sexta-feira, ou a publicação com efeito de intimação for feita nesse dia, o prazo judicial terá início na segunda-feira imediata, salvo se não houve expediente, caso em que começará no primeiro dia útil que se seguir.
- **STF – Súmula 351** – É nula a citação por edital de réu preso na mesma unidade da federação em que o juiz exerce a sua jurisdição.
- **STF – Súmula 366** – Não é nula a citação por edital que indica o dispositivo da lei penal, embora não transcreva a denúncia ou queixa, ou não resuma os fatos em que se baseia.
- **STF – Súmula 707** – Constitui nulidade a falta de intimação do denunciado para oferecer contra-razões ao recurso interposto da rejeição da denúncia, não a suprindo a nomeação de defensor dativo.
- **STF – Súmula 710** – No processo penal, contam-se os prazos da data da intimação, e não da juntada aos autos do mandado ou da carta precatória ou de ordem.
- **STJ – Súmula 273** – Intimada a defesa da expedição da carta precatória, torna-se desnecessária intimação da data da audiência no juízo deprecado.

8. PROVAS

- **STF – Súmula 352** – Não é nulo o processo penal por falta de nomeação de curador ao réu menor que teve a assistência de defensor dativo.
- **STJ – Súmula 455** – A decisão que determina a produção antecipada de provas com base no art. 366 do CPP deve ser concretamente fundamentada, não a justificando unicamente o mero decurso do tempo.
- **STJ – Súmula 574** - Para a configuração do delito de violação de direito autoral e a comprovação de sua materialidade, é suficiente a perícia realizada por amostragem do produto apreendido, nos aspectos externos do material, e é desnecessária a identificação dos titulares dos direitos autorais violados ou daqueles que os representem.

9. SENTENÇA

- **STF – Súmula 423** – Não transita em julgado a sentença por haver omitido o recurso "ex officio", que se considera interposto "ex lege".
- **STF – Súmula 453** – Não se aplicam à segunda instância o art. 384 e parágrafo único do Código de Processo Penal, que possibilitam dar nova definição jurídica ao fato delituoso, em virtude de circunstância elementar não contida explícita ou implicitamente na denúncia ou queixa.
- **STJ – Súmula 337** – É cabível a suspensão condicional do processo na desclassificação do crime e na procedência parcial da pretensão punitiva.
- **STJ – Súmula 442** – Fixada a pena-base no mínimo legal, é vedado o estabelecimento de regime prisional mais gravoso do que o cabível em razão da sanção imposta, com base apenas na gravidade abstrata do delito.
- **STJ – Súmula 443** – O aumento na terceira fase de aplicação da pena no crime de roubo circunstanciado exige fundamentação concreta, não sendo suficiente para a sua exasperação a mera indicação do número de majorantes.
- **STJ – Súmula 444** – É vedada a utilização de inquéritos policiais e ações penais em curso para agravar a pena-base.

10. PROCEDIMENTOS

- **Súmula Vinculante 35** – A homologação da transação penal prevista no artigo 76 da Lei 9.099/1995 não faz coisa julgada material e, descumpridas suas cláusulas, retoma-se a situação anterior, possibilitando-se ao Ministério Público a continuidade da persecução penal mediante oferecimento de denúncia ou requisição de inquérito policial.
- **STF – Súmula 156** – É absoluta a nulidade do julgamento, pelo júri, por falta de quesito obrigatório.
- **STF – Súmula 206** – É nulo o julgamento ulterior pelo júri com a participação de jurado que funcionou em julgamento anterior do mesmo processo.
- **STF – Súmula 208** – O assistente do Ministério Público não pode recorrer, extraordinariamente, de decisão concessiva de "habeas-corpus".
- **STF – Súmula 210** – O assistente do Ministério Público pode recorrer, inclusive extraordinariamente, na ação penal, nos casos dos arts. 584, § 1º, e 598 do Código de Processo Penal.
- **STF – Súmula 351** – É nula a citação por edital de réu preso na mesma unidade da federação em que o juiz exerce a sua jurisdição.
- **STF – Súmula 366** – Não é nula a citação por edital que indica o dispositivo da lei penal, embora não transcreva a denúncia ou queixa, ou não resuma os fatos em que se baseia.
- **STF – Súmula 696** – Reunidos os pressupostos legais permissivos da suspensão condicional do processo, mas se recusando o promotor de justiça a propô-la, o juiz, dissentindo, remeterá a questão ao procurador-geral, aplicando-se por analogia o art. 28 do Código de Processo Penal.
- **STF – Súmula 709** – Salvo quando nula a decisão de primeiro grau, o acórdão que provê o recurso contra a rejeição da denúncia vale, desde logo, pelo recebimento dela.
- **STF – Súmula 712** – É nula a decisão que determina o desaforamento de processo da competência do júri sem audiência da defesa.

- **STF – Súmula 723** – Não se admite a suspensão condicional do processo por crime continuado, se a soma da pena mínima da infração mais grave com o aumento mínimo de um sexto for superior a um ano.
- **STJ – Súmula 21** – Pronunciado o réu, fica superada a alegação do constrangimento ilegal da prisão por excesso de prazo na instrução.
- **STJ – Súmula 52** – Encerrada a instrução criminal, fica superada a alegação de constrangimento por excesso de prazo.
- **STJ – Súmula 64** – Não constitui constrangimento ilegal o excesso de prazo na instrução, provocado pela defesa.
- **STJ – Súmula 243** – O benefício da suspensão do processo não é aplicável em relação às infrações penais cometidas em concurso material, concurso formal ou continuidade delitiva, quando a pena mínima cominada, seja pelo somatório, seja pela incidência da majorante, ultrapassar o limite de um (01) ano.
- **STJ – Súmula 330** – É desnecessária a resposta preliminar de que trata o art. 514 do Código de Processo Penal, na ação penal instruída por inquérito policial.
- **STJ – Súmula 337** – É cabível a suspensão condicional do processo na desclassificação do crime e na procedência parcial da pretensão punitiva.
- **STJ – Súmula 415** – O período de suspensão do prazo prescricional é regulado pelo máximo da pena cominada.
- **STJ – Súmula 455** – A decisão que determina a produção antecipada de provas com base no art. 366 do CPP deve ser concretamente fundamentada, não a justificando unicamente o mero decurso do tempo.
- **STJ – Súmula 536** – A suspensão condicional do processo e a transação penal não se aplicam na hipótese de delitos sujeitos ao rito da Lei Maria da Penha

11. NULIDADES

- **STF – Súmula 155** – É relativa a nulidade do processo criminal por falta de intimação da expedição de precatória para inquirição de testemunha.
- **STF – Súmula 156** – É absoluta a nulidade do julgamento, pelo júri, por falta de quesito obrigatório.
- **STF – Súmula 160** – É nula a decisão do tribunal que acolhe, contra o réu, nulidade não arguida no recurso da acusação, ressalvados os casos de recurso de ofício.
- **STF – Súmula 206** – É nulo o julgamento ulterior pelo júri com a participação de jurado que funcionou em julgamento anterior do mesmo processo.
- **STF – Súmula 351** – É nula a citação por edital de réu preso na mesma unidade da federação em que o juiz exerce a sua jurisdição.
- **STF – Súmula 352** – Não é nulo o processo penal por falta de nomeação de curador ao réu menor que teve a assistência de defensor dativo.
- **STF – Súmula 366** – Não é nula a citação por edital que indica o dispositivo da lei penal, embora não transcreva a denúncia ou queixa, ou não resuma os fatos em que se baseia.
- **STF – Súmula 431** – É nulo o julgamento de recurso criminal, na segunda instância, sem prévia intimação, ou publicação da pauta, salvo em habeas-corpus.
- **STF – Súmula 523** – No processo penal, a falta da defesa constitui nulidade absoluta, mas a sua deficiência só o anulará se houver prova de prejuízo para o réu.
- **STF – Súmula 706** – É relativa a nulidade decorrente da inobservância da competência penal por prevenção.
- **STF – Súmula 707** – Constitui nulidade a falta de intimação do denunciado para oferecer contrarrazões ao recurso interposto da rejeição da denúncia, não a suprindo a nomeação de defensor dativo.
- **STF – Súmula 708** – É nulo o julgamento da apelação se, após a manifestação nos autos da renúncia do único defensor, o réu não foi previamente intimado para constituir outro.
- **STF – Súmula 712** – É nula a decisão que determina o desaforamento de processo da competência do júri sem audiência da defesa.
- **STJ – Súmula 273** – Intimada a defesa da expedição da carta precatória, torna-se desnecessária intimação da data da audiência no juízo deprecado.

12. RECURSOS

- **STF – Súmula 160** – É nula a decisão do tribunal que acolhe, contra o réu, nulidade não arguida no recurso da acusação, ressalvados os casos de recurso de ofício.
- **STF – Súmula 208** – O assistente do Ministério Público não pode recorrer, extraordinariamente, de decisão concessiva de "habeas-corpus".
- **STF – Súmula 210** – O assistente do Ministério Público pode recorrer, inclusive extraordinariamente, na ação penal, nos casos dos arts. 584, § 1º e 598 do Código de Processo Penal.
- **STF – Súmula 279** – Para simples reexame da prova não cabe recurso extraordinário.
- **STF – Súmula 280** – Por ofensa a direito local não cabe recurso extraordinário.
- **STF – Súmula 281** – É inadmissível o recurso extraordinário, quando couber na justiça de origem, recurso ordinária da decisão impugnada.

- **STF – Súmula 282** – É inadmissível o recurso extraordinário, quando não ventilada, na decisão recorrida, a questão federal suscitada.
- **STF – Súmula 283** – É inadmissível o recurso extraordinário, quando a decisão recorrida assenta em mais de um fundamento suficiente e o recurso não abrange todos eles.
- **STF – Súmula 284** – É inadmissível o recurso extraordinário, quando a deficiência na sua fundamentação não permitir a exata compreensão da controvérsia.
- **STF – Súmula 286** – Não se conhece do recurso extraordinário fundado em divergência jurisprudencial, quando a orientação do plenário do Supremo Tribunal Federal já se firmou no mesmo sentido da decisão recorrida.
- **STF – Súmula 287** – Nega-se provimento ao agravo, quando a deficiência na sua fundamentação, ou na do recurso extraordinário, não permitir a exata compreensão da controvérsia.
- **STF – Súmula 288** – Nega-se provimento a agravo para subida de recurso extraordinário, quando faltar no traslado o despacho agravado, a decisão recorrida, a petição de recurso extraordinário ou qualquer peça essencial à compreensão da controvérsia.
- **STF – Súmula 289** – O provimento do agravo por uma das turmas do Supremo Tribunal Federal ainda que sem ressalva, não prejudica a questão do cabimento do recurso extraordinário.
- **STF – Súmula 293** – São inadmissíveis embargos infringentes contra decisão em matéria constitucional submetida ao plenário dos tribunais.
- **STF – Súmula 299** – O recurso ordinário e o extraordinário interpostos no mesmo processo de mandado de segurança, ou de "habeas-corpus", serão julgados conjuntamente pelo Tribunal Pleno.
- **STF – Súmula 319** – O prazo do recurso ordinário para o Supremo Tribunal Federal, em "habeas-corpus" ou mandado de segurança, é de cinco dias.
- **STF – Súmula 322** – Não terá seguimento pedido ou recurso dirigido ao Supremo Tribunal Federal, quando manifestamente incabível, ou apresentado fora do prazo, ou quando for evidente a incompetência do tribunal.
- **STF – Súmula 344** – Sentença de primeira instância concessiva de "habeas-corpus", em caso de crime praticado em detrimento de bens, serviços ou interesses da união, está sujeita a recurso "ex officio".
- **STF – Súmula 356** – O ponto omisso da decisão, sobre o qual não foram opostos embargos declaratórios, não pode ser objeto de recurso extraordinário, por faltar o requisito do prequestionamento.
- **STF – Súmula 369** – Julgados do mesmo tribunal não servem para fundamentar o recurso extraordinário por divergência jurisprudencial.
- **STF – Súmula 395** – Não se conhece de recurso de habeas corpus cujo objeto seja resolver sobre o ônus das custas, por não estar mais em causa a liberdade de locomoção.
- **STF – Súmula 399** – Não cabe recurso extraordinário, por violação de lei federal, quando a ofensa alegada for a regimento de tribunal.
- **STF – Súmula 423** – Não transita em julgado a sentença por haver omitido o recurso "ex officio", que se considera interposto "ex lege".
- **STF – Súmula 428** – Não fica prejudicada a apelação entregue em cartório no prazo legal, embora despachada tardiamente.
- **STF – Súmula 431** – É nulo o julgamento de recurso criminal, na segunda instância, sem prévia intimação, ou publicação da pauta, salvo em habeas-corpus.
- **STF – Súmula 448** – O prazo para o assistente recorrer, supletivamente, começa a correr imediatamente após o transcurso do prazo do Ministério Público.
- **STF – Súmula 453** – Não se aplicam à segunda instância o art. 384 e parágrafo único do Código de Processo Penal, que possibilitam dar nova definição jurídica ao fato delituoso, em virtude de circunstância elementar não contida explícita ou implicitamente na denúncia ou queixa.
- **STF – Súmula 455** – Da decisão que se seguir ao julgamento de constitucionalidade pelo Tribunal Pleno, são inadmissíveis embargos infringentes quanto à matéria constitucional.
- **STF – Súmula 640** – É cabível recurso extraordinário contra decisão proferida por juiz de primeiro grau nas causas de alçada, ou por turma recursal de juizado especial cível e criminal.
- **STF – Súmula 699** – O prazo para interposição de agravo, em processo penal, é de cinco dias, de acordo com a Lei 8.038/90, não se aplicando o disposto a respeito nas alterações da Lei 8.950/94 ao Código de Processo Civil.
- **STF – Súmula 700** – É de cinco dias o prazo para interposição de agravo contra decisão do juiz da execução penal.
- **STF – Súmula 705** – A renúncia do réu ao direito de apelação, manifestada sem a assistência do defensor, não impede o conhecimento da apelação por este interposta.
- **STF – Súmula 707** – Constitui nulidade a falta de intimação do denunciado para oferecer contrarrazões ao recurso interposto da rejeição da

denúncia, não a suprindo a nomeação de defensor dativo.

- **STF – Súmula 708** – É nulo o julgamento da apelação se, após a manifestação nos autos da renúncia do único defensor, o réu não foi previamente intimado para constituir outro.
- **STF – Súmula 713** – O efeito devolutivo da apelação contra decisões do júri é adstrito aos fundamentos da sua interposição.
- **STJ – Súmula 7** – A pretensão de simples reexame de prova não enseja recurso especial.
- **STJ – Súmula 83** – Não se conhece do recurso especial pela divergência, quando a orientação do tribunal se firmou no mesmo sentido da decisão recorrida.
- **STJ – Súmula 86** – Cabe recurso especial contra acórdão proferido no julgamento de agravo de instrumento.
- **STJ – Súmula 123** – A decisão que admite, ou não, recurso especial deve ser fundamentada, com o exame dos seus pressupostos gerais e constitucionais.
- **STJ – Súmula 126** – É inadmissível recurso especial, quando o acórdão recorrido assenta em fundamentos constitucional e infraconstitucional, qualquer deles suficiente, por si só, para mantê-lo, e a parte vencida não manifesta recurso extraordinário.
- **STJ – Súmula 203** – Não cabe recurso especial contra decisão proferida por órgão de segundo grau dos Juizados Especiais.
- **STJ – Súmula 207** – É inadmissível recurso especial quando cabíveis embargos infringentes contra o acórdão proferido no tribunal de origem.
- **STJ – Súmula 211** – É inadmissível recurso especial quanto à questão que, a despeito da oposição de embargos declaratórios, não foi apreciada pelo tribunal *a quo*.
- **STJ – Súmula 216** – A tempestividade de recurso interposto no Superior Tribunal de Justiça é aferida pelo registro no protocolo da secretaria e não pela data da entrega na agência do correio.
- **STJ – Súmula 315** – Não cabem embargos de divergência no âmbito do agravo de instrumento que não admite recurso especial.
- **STJ – Súmula 316** – Cabem embargos de divergência contra acórdão que, em agravo regimental, decide recurso especial.
- **STJ – Súmula 347** – O conhecimento de recurso de apelação do réu independe de sua prisão.
- **STJ – Súmula 579** - Não é necessário ratificar o recurso especial interposto na pendência do julgamento dos embargos de declaração, quando inalterado o resultado anterior.

13. REVISÃO CRIMINAL

- **STF – Súmula 393** – Para requerer revisão criminal, o condenado não é obrigado a recolher-se à prisão.

14. *HABEAS CORPUS* E MANDADO DE SEGURANÇA

- **STF – Súmula 208** – O assistente do Ministério Público não pode recorrer, extraordinariamente, de decisão concessiva de habeas-corpus.
- **STF – Súmula 344** – Sentença de primeira instância concessiva de "habeas corpus", em caso de crime praticado em detrimento de bens, serviços ou interesses da União, está sujeita a recurso "ex officio".
- **STF – Súmula 395** – Não se conhece de recurso de habeas corpus cujo objeto seja resolver sobre o ônus das custas, por não estar mais em causa a liberdade de locomoção.
- **STF – Súmula 606** – Não cabe habeas corpus originário para o Tribunal Pleno de decisão de turma, ou do plenário, proferida em habeas corpus ou no respectivo recurso.
- **STF – Súmula 691** – Não compete ao Supremo Tribunal Federal conhecer de habeas corpus impetrado contra decisão do relator que, em habeas corpus requerido a tribunal superior, indefere a liminar.
- **STF – Súmula 692** – Não se conhece de habeas corpus contra omissão de relator de extradição, se fundado em fato ou direito estrangeiro cuja prova não constava dos autos, nem foi ele provocado a respeito.
- **STF – Súmula 693** – Não cabe habeas corpus contra decisão condenatória a pena de multa, ou relativo a processo em curso por infração penal a que a pena pecuniária seja a única cominada.
- **STF – Súmula 694** – Não cabe habeas corpus contra a imposição da pena de exclusão de militar ou de perda de patente ou de função pública.
- **STF – Súmula 695** – Não cabe habeas corpus quando já extinta a pena privativa de liberdade.
- **STF – Súmula 701** – No mandado de segurança impetrado pelo Ministério Público contra decisão proferida em processo penal, é obrigatória a citação do réu como litisconsorte passivo.
- **STJ – Súmula 21** – Pronunciado o réu, fica superada a alegação do constrangimento ilegal da prisão por excesso de prazo na instrução.
- **STJ – Súmula 52** – Encerrada a instrução criminal, fica superada a alegação de constrangimento por excesso de prazo.
- **STJ – Súmula 64** – Não constitui constrangimento ilegal o excesso de prazo na instrução, provocado pela defesa.

- **STJ – Súmula 376** – Compete a turma recursal processar e julgar o mandado de segurança contra ato de juizado especial.
- **STJ – Súmula 604** - O mandado de segurança não se presta para atribuir efeito suspensivo a recurso criminal interposto pelo Ministério Público.

15. MEDIDAS COATIVAS PESSOAIS

- **STF – Súmula 145** – Não há crime, quando a preparação do flagrante pela polícia torna impossível a sua consumação.
- **STF – Súmula 397** – O poder de polícia da Câmara dos Deputados e do Senado Federal, em caso de crime cometido nas suas dependências, compreende, consoante o regimento, a prisão em flagrante do acusado e a realização do inquérito.
- **STF – Súmula Vinculante 11** – Só é lícito o uso de algemas em casos de resistência e de fundado receio de fuga ou de perigo à integridade física própria ou alheia, por parte do preso ou de terceiros, justificada a excepcionalidade por escrito, sob pena de responsabilidade disciplinar, civil e penal do agente ou da autoridade e de nulidade da prisão ou do ato processual a que se refere, sem prejuízo da responsabilidade civil do Estado.
- **STF – Súmula Vinculante 25** – É ilícita a prisão de depositário infiel, qualquer que seja a modalidade do depósito.
- **STJ – Súmula 21** – Pronunciado o réu, fica superada a alegação do constrangimento ilegal da prisão por excesso de prazo na instrução.
- **STJ – Súmula 52** – Encerrada a instrução criminal, fica superada a alegação de constrangimento por excesso de prazo.
- **STJ – Súmula 64** – Não constitui constrangimento ilegal o excesso de prazo na instrução, provocado pela defesa.

16. EXECUÇÃO PENAL

- **STF – Súmula 611** – Transitada em julgado a sentença condenatória, compete ao juízo das execuções a aplicação de lei mais benigna.
- **STF – Súmula 700** – É de cinco dias o prazo para interposição de agravo contra decisão do juiz da execução penal.
- **STF – Súmula 715** – A pena unificada para atender ao limite de trinta anos de cumprimento, determinado pelo art. 75 do Código Penal, não é considerada para a concessão de outros benefícios, como o livramento condicional ou regime mais favorável de execução.
- **STF – Súmula 716** – Admite-se a progressão de regime de cumprimento da pena ou a aplicação imediata de regime menos severo nela determinada, antes do trânsito em julgado da sentença condenatória.
- **STF – Súmula 717** – Não impede a progressão de regime de execução da pena, fixada em sentença não transitada em julgado, o fato de o réu se encontrar em prisão especial.
- **STF – Súmula Vinculante 5** – A falta de defesa técnica por advogado no processo administrativo disciplinar não ofende a Constituição.
- **STF – Súmula Vinculante 9** – O disposto no artigo 127 da Lei no 7.210/1984 (Lei de Execução Penal) foi recebido pela ordem constitucional vigente, e não se lhe aplica o limite temporal previsto no caput do artigo 58.
- **STF – Súmula Vinculante 26** – Para efeito de progressão de regime no cumprimento de pena por crime hediondo, ou equiparado, o juízo da execução observará a inconstitucionalidade do art. 2o da Lei n. 8.072, de 25 de julho de 1990, sem prejuízo de avaliar se o condenado preenche, ou não, os requisitos objetivos e subjetivos do benefício, podendo determinar, para tal fim, de modo fundamentado, a realização de exame criminológico.
- **STF – Súmula Vinculante 56** – A falta de estabelecimento penal adequado não autoriza a manutenção do condenado em regime prisional mais gravoso, devendo-se observar, nessa hipótese, os parâmetros fixados no RE 641.320/RS.
- **STJ – Súmula 40** - Para obtenção dos benefícios de saída temporária e trabalho externo, considera-se o tempo de cumprimento da pena no regime fechado.
- **STJ – Súmula 192** – Compete ao juízo das execuções penais do Estado a execução das penas impostas a sentenciados pela Justiça Federal, Militar ou Eleitoral, quando recolhidos a estabelecimentos sujeitos à administração estadual.
- **STJ – Súmula 341** - A frequência a curso de ensino formal é causa de remição de parte do tempo de execução de pena sob regime fechado ou semiaberto.
- **STJ – Súmula 439** – Admite-se o exame criminológico pelas peculiaridades do caso, desde que em decisão motivada.
- **STJ – Súmula 441** – A falta grave não interrompe o prazo para obtenção de livramento condicional.
- **STJ – Súmula 471** – Os condenados por crimes hediondos ou assemelhados cometidos antes da vigência da Lei n. 11.464/2007 sujeitam-se ao disposto no art. 112 da Lei n. 7.210/1984 (Lei de Execução Penal) para a progressão de regime prisional.
- **STJ – Súmula 491** – É inadmissível a chamada progressão per saltum de regime prisional.

- **STJ – Súmula 493** – É inadmissível a fixação de pena substitutiva (art. 44 do CP) como condição especial ao regime aberto.
- **STJ – Súmula 520** - O benefício de saída temporária no âmbito da execução penal é ato jurisdicional insuscetível de delegação à autoridade administrativa do estabelecimento prisional.
- **STJ – Súmula 521** - A legitimidade para a execução fiscal de multa pendente de pagamento imposta em sentença condenatória é exclusiva da Procuradoria da Fazenda Pública.
- **STJ – Súmula 526** - O reconhecimento de falta grave decorrente do cometimento de fato definido como crime doloso no cumprimento da pena prescinde do trânsito em julgado de sentença penal condenatória no processo.
- **STJ – Súmula 533** - Para o reconhecimento da prática de falta disciplinar no âmbito da execução penal, é imprescindível a instauração de procedimento administrativo pelo diretor do estabelecimento prisional, assegurado o direito de defesa, a ser realizado por advogado constituído ou defensor público nomeado.
- **STJ – Súmula 534** - A prática de falta grave interrompe a contagem do prazo para a progressão de regime de cumprimento de pena, o qual se reinicia a partir do cometimento dessa infração.
- **STJ – Súmula 535** - A prática de falta grave não interrompe o prazo para fim de comutação de pena ou indulto.
- **STJ – Súmula 562** - É possível a remição de parte do tempo de execução da pena quando o condenado, em regime fechado ou semiaberto, desempenha atividade laborativa, ainda que extramuros.
- **STJ** – Súmula 341 – A freqüência a curso de ensino formal é causa de remição de parte do tempo de execução de pena sob regime fechado ou semi-aberto.
- **STJ – Súmula 617** - A ausência de suspensão ou revogação do livramento condicional antes do término do período de prova enseja a extinção da punibilidade pelo integral cumprimento da pena.

Criminologia

Fábio Caliari

TABELA DE INCIDÊNCIA DE QUESTÕES

Distribuição das questões organizada por ordem didática de assuntos		
Assunto	**Número de Questões**	**Peso**
1. NASCIMENTO DA CRIMINOLOGIA	4	7,55%
2. CRIMINOLOGIA COMO CIÊNCIA	14	26,42%
3. TEORIAS DA PENA	3	5,66%
4. TEORIAS CRIMINOLÓGICAS	20	37,74%
5. VITIMOLOGIA	5	9,43%
6. PREVENÇÃO E REAÇÃO	7	13,21%
Total	**53**	**100%**

Criminologia

Fábio Caliari

✦ QUESTÕES

1. NASCIMENTO DA CRIMINOLOGIA

01. (Nucepe – Delegado de Polícia – PC – PI/2018) Marque a alternativa CORRETA, no que diz respeito à classificação do criminoso, segundo Lombroso:

a) Criminoso louco: é o tipo de criminoso que tem instinto para a prática de delitos, é uma espécie de selvagem para a sociedade.

b) Criminoso nato: é aquele tipo de criminoso malvado, perverso, que deve sobreviver em manicômios.

c) Criminoso por paixão: aquele que utiliza de violência para resolver problemas passionais, geralmente é nervoso, irritado e leviano.

d) Criminoso por paixão: este aponta uma tendência hereditária, possui hábitos criminosos influenciados pela ocasião.

e) Criminoso louco: é o criminoso sórdido com deficiência do senso moral e com hábitos criminosos influenciados pela situação.

COMENTÁRIOS

✪ **Nota do autor:** Segundo Lombroso o criminoso típico seria uma cópia, uma reprodução nas sociedades modernas do homem primitivo, aparecido, pelo fenômeno do atavismo, no seio social civilizado, com muitos dos seus caracteres somáticos e os mesmos instintos bárbaros, a mesma ferocidade, a mesma falta de sensibilidade moral.

Alternativa "a": Criminoso louco é aquele tipo de criminoso malvado, perverso, louco, que deve sobreviver em manicômios.

Alternativa "b": Criminoso que tem instinto para a prática de delitos, é a espécie de um selvagem para a sociedade.

Alternativa "c": Criminoso por paixão é aquele que utiliza de violência para resolver problemas passionais, geralmente são nervosos, irritados e levianos.

Alternativa "d": Criminoso por paixão é aquele que utiliza de violência para resolver problemas passionais, geralmente são nervosos, irritados e levianos.

Alternativa "e": Criminoso louco é aquele tipo de criminoso malvado, perverso, louco, que deve sobreviver em manicômios.

Alternativa correta: letra "c".

02. (UEG – Delegado de Polícia – PC – GO/2018) Tendo a obra O Homem Deliquente, de Cesare Lombroso (1836-1909), como fundante da Criminologia surgida a partir da segunda metade do século XIX, verifica-se que, segundo a sistematização realizada por Enrico Ferri (1856-1929), o pensamento criminológico positivista assenta-se, dentre outras, na tese de que

a) o livre arbítrio é um conceito chave para o direito penal.

b) os chamados delinquentes poderiam ser classificados como loucos, natos, morais, passionais e de ocasião.

c) a defesa social é tomada como o principal objetivo da justiça criminal.

d) a responsabilidade social, tida como clássica, deveria ser substituída pela categoria da responsabilidade moral para a imputação do delito.

e) a natureza objetiva do crime, mais do que a motivação, deve ser base para medida da pena.

COMENTÁRIOS

✪ **Nota do autor:** Em síntese as principais contribuições de cada um dos pensadores da Escola Positiva são: a) Lombroso distingue criminoso e crime; b) Ferri promove a classificação dos criminosos, e negação do livre arbítrio, a responsabilidade social e os substitutos penais, e c) Garofalo conceitua o crime natural, a temibilidade do agente e o ressarcimento à vítima do crime.

Alternativa "a": O livre arbítrio pertence às ideias da Escola Clássica.

Alternativa "b": Na Escola Positiva os criminosos eram classificados em **nato, louco, habitual, ocasional e passional.**

Alternativa "c": A pena objetiva a defesa social, pressuposto e busca a recuperação e se aproxima da medida de segurança.

Alternativa "d": Na Escola Positiva observa-se uma limitação da responsabilidade moral.

Alternativa "e": Crime é um episódio de desajustamento social do homem ou fato humano que afeta a sociedade, e consequência de fatores biológicos e físicos, que são elementos casuais do crime.

Alternativa correta: letra "c".

---

03. (UEG – Delegado de Polícia – PC – GO/2018) Para a criminologia positivista, a criminalidade é uma realidade ontológica, pré-constituída ao direito penal, ao qual cabe tão somente reconhecê-la e positivá-la. Neste sentido, tem-se o seguinte:

a) Em seus primeiros estudos, Cesare Lombroso encontrou no atavismo uma explicação para relacionar a estrutura corporal ao que chamou de criminalidade habitual.

b) A periculosidade, ou temeritá, tal como conceituada por Enrico Ferri, foi definida como a perversidade constante e ativa a recomendar que esta, e não o dano causado, a medida de proporcionalidade de aplicação da pena.

c) Para Raffaele Garófalo (1851-1934), a defesa social era a luta contra seus inimigos naturais carecedores dos sentimentos de piedade e probidade.

d) Nos marcos do pensamento criminológico positivista, Enrico Ferri, embora discípulo de Lombroso, abandonou a noção de criminalidade centrada em causas de ordem biológica, passando a considerar como centrais as causas ligadas à etiologia do crime, sendo estas: as individuais, as físicas e as sociais.

e) Enrico Ferri e Cesare Lombroso, recorrendo à metáfora da guerra contra o delito, sustentaram a possibilidade de aplicação das penas de deportação ou expulsão da comunidade para aqueles que carecessem do sentido de justiça ou o tivessem aviltado.

COMENTÁRIOS

✪ **Nota do autor:** As principais características da Escola Positiva revelam que o direito penal é produto social, obra humana. A responsabilidade social deriva do determinismo.

Alternativa "a": incorreta. O criminoso que apresenta sinais de deformação era denominado criminoso nato.

Alternativa "b": incorreta. Ferri procurou ao estudar criminosos, fatores econômicos e sociais, o que o permitiu concluir que não bastava a pessoa ser um delinquente nato, era preciso que houvesse certas condições sociais que determinassem a potencialidade do criminoso. (Lei de Saturação Criminal).

Alternativa "d": incorreta. Para Ferri não bastava a pessoa ser um delinquente nato, era preciso que houvesse certas condições sociais que determinassem a potencialidade do criminoso.

Alternativa "c": Segundo Rarofalo delito é um fenômeno natural e social (fatores individuais, físicos e sociais). A pena é defesa social com função preventiva.

Alternativa "e": incorreta. Enrico Ferri e Cesare Lombroso não sustentaram a possibilidade de aplicação das penas de deportação ou expulsão da comunidade.

Alternativa correta: letra "c".

---

04. (Vunesp – Delegado de Polícia – SP/2014) A obra O homem delinqüente, publicada em 1876, foi escrita por

a) Cesare Lombroso.

b) Enrico Ferri.

c) Rafael Garofalo.

d) Cesare Bonesana.

e) Adolphe Quetelet.

COMENTÁRIOS

✪ **Nota do autor:** Lombroso entendia que o criminoso era um ser atávico, ou seja, **o homem nascia criminoso**, pois essa característica era passada dos ascendentes para os descendentes pelos genes, sendo o homem um **criminoso nato.**

Alternativa correta: letra "A": o homem delinquente, **L'Uomo Delinquente de 1876 foi escrita por Cesare Lombroso** tinha base no Contrato social (Rousseau), propunha a legalidade dos crimes e das penas, a prevenção geral da pena, proporcionalidade sem sua aplicação, o fim da tortura e pena de morte, com substituição pela prisão perpétua, e destacava a necessidade da clareza das leis, publicidade dos julgamentos e igualdade de todos perante a lei.

Alternativa "B": incorreta: Enrico Ferri foi autor de Sociologia Criminale de 1892.

Alternativa "C": incorreta. Rafael Garofalo foi autor da obra Criminologia de 1885

Alternativa "D": incorreta. Cesare Bonesana (Marques de Beccaria) foi autor da obra Dos delitos e das penas de 1764.

Alternativa "E": incorreta. Adolphe Quetelet foi principal autor da Escola Cartográfica, e 1835 publica o Ensaio de física social.

Alternativa correta: letra "A": o homem delinquente, **L'Uomo Delinquente de 1876 foi escrita por Cesare Lombroso** tinha base no Contrato social (Rousseau), propunha a legalidade dos crimes e das penas, a prevenção geral da pena, proporcionalidade sem sua aplicação, o fim da tortura e pena de morte, com substituição pela prisão perpétua, e destacava a necessidade da clareza das leis, publicidade dos julgamentos e igualdade de todos perante a lei.

2. CRIMINOLOGIA COMO CIÊNCIA

05. (UEG – Delegado de Polícia – PC – GO/2018) Em Vigiar e Punir, Michel Foucault (1926-1984) aborda a transformação dos métodos punitivos a partir de uma tecnologia do corpo, dentre cujos aspectos fundamentais destaca-se

a) a coexistência entre diversas economias políticas do castigo, mas, fundamentalmente, a mudança qualitativa que representou substituição do carcerário pelo patibular.

b) o pensamento criminológico centrado na figura do homem delinquente, o que constitui a força motriz para o surgimento e consolidação da prisão como mecanismo de controle.

c) o cumprimento dos fins declarados da pena de prisão na medida em que separa os espaços sociais livres de castigo e os que devem ser objeto da repressão estatal.

d) o abandono completo do suplício corporal como tecnologia encarceradora que passa ser utilizada a partir do século XIX.

e) o cárcere como dispositivo preponderante sobre o qual se ergue a sociedade disciplinar.

COMENTÁRIOS

✪ **Nota do autor:** Foucault considerou que as práticas penais mais como um capítulo da anatomia política, do que uma consequência das teorias jurídicas, e um controle de suas forças que é mais que a capacidade de vencê-las, esse saber e esse controle constituem o que se poderia chamar a tecnologia política do corpo.

Alternativa "a": Não se verifica a substituição do castigo do carcerário para o aparentemente criminoso.

Alternativa "b". Em suma, tentar estudar a metamorfose dos métodos punitivos a partir de uma tecnologia política do corpo onde se poderia ler uma história comum das relações de poder e das relações de objeto.

Alternativa "c": Não há cumprimento dos fins declarados na pena, e também não separa os espaços livres de castigo e do objeto de repressão estatal.

Alternativa "d": Aparentemente, a nova legislação criminal do século XIX se caracteriza por uma suavização das penas, uma codificação mais nítida, uma considerável diminuição do arbitrário, um consenso mais bem estabelecido a respeito do poder de punir (na falta de uma partilha mais real de seu exercício), ela é apoiada basicamente por uma profunda alteração na economia tradicional das ilegalidades e uma rigorosa coerção para manter seu novo ajustamento.

Alternativa "e": O castigo penal é então uma função generalizada, coextensiva ao corpo social e a cada um de seus elementos.

Alternativa correta: letra "b".

06. (Vunesp – Delegado de Polícia – PC – BA/2018) Assinale a alternativa que indica a correta relação da Criminologia com a Política Criminal, Direito Penal ou com o Sistema de Justiça Criminal.

a) O Direito Penal é condicionante e moldura da criminologia, visto que esta tem por objeto o estudo do crime e, assim, parte em suas diversas correntes e teorias, das definições criminais dogmáticas e legais postas pelo Direito Penal, e a elas se circunscreve.

b) A Criminologia, especialmente em sua vertente crítica, tem como incumbência a explicação e justificação do Sistema de Justiça Criminal que tem por finalidade a implementação do Direito Penal e consequente prevenção criminal.

c) A Política Criminal é uma disciplina que estuda estratégias estatais para atuação preventiva sobre a criminalidade, e que tem como uma das principais finalidades o estabelecimento de uma ponte eficaz entre a criminologia, enquanto ciência empírica, e o direito penal, enquanto ciência axiológica.

d) A Política Criminal é condicionante e moldura da criminologia, visto que esta tem por objeto o estudo do crime e, assim, parte em suas diversas correntes e teorias, das definições criminais dogmáticas e legais postas pela Política Criminal, e a elas se circunscreve.

e) As teorias criminológicas da integração ou do consenso apontam o sistema de justiça criminal como fator que pode aprofundar a criminalidade, deslocando o problema criminológico do plano da ação para o da reação.

COMENTÁRIOS

✪ **Nota do autor:** A política criminal é a **atividade do Estado** e também atividade científica que tem por objeto o estudo da postura a ser adotada pelo Estado no que se refere ã atividades relacionadas ao crime. A criminologia se ocupa dos aspectos fáticos do crime, analisando-o de modo empírico, e o Direito Penal é ramificação da ciência jurídica, direcionada ao crime com seu conteúdo exclusivamente normativo, cuja delimitação encontra-se contida nas normas penais e suas tipificações, por esta razão é denominada dogmática penal

Alternativa "a": O Direito Penal manuseia a metodologia sistemática e dedutiva para lidar com fatos criminais, tentando, pois, mediante normas, suprir a ineficácia das demais instâncias.

Alternativa "b": A Criminologia não tem por finalidade e implementação do Direito Penal.

Alternativa "c": O Estado através da política criminal tem por fim prevenir a criminalidade, utilizando medidas penas e extrapenais. Assim, "o Estado, através da Política Criminal, estabelece toda a orientação a seguir a fim de prevenir a criminalidade.

Alternativa "d": A Política Criminal não tem por objeto o estudo do crime.

Alternativa "e": As teorias do consenso compreendem que os objetivos de uma sociedade somente são verificados quando ocorre o funcionamento adequado das instituições, e os indivíduos compartilham e concordam com as regras de convívio.

Alternativa correta: letra "c".

---

07. (Vunesp – Delegado de Polícia – PC – BA/2018) Em relação ao conceito de crime, de criminoso e de pena nas diversas correntes do pensamento criminológico e ao desenvolvimento científico de seus modelos teóricos, é correto afirmar:

a) A criminologia científica nasceu no ambiente do século XVIII, recebendo contribuições da Escola Positivista, mas ganhando contornos mais precisos com a Escola Clássica.

b) A criminologia crítica compreende que a finalidade da sociedade é atingida quando há um perfeito funcionamento das suas instituições, de forma que os indivíduos compartilhem as regras sociais dominantes.

c) As teorias desenvolvidas nas escolas positivistas a partir do método dedutivo buscaram maximizar as garantias individuais na persecução penal e fora dela.

d) No pensamento criminológico das escolas clássicas, identifica-se uma grande preocupação com os conceitos de crime e pena como entidades jurídicas e abstratas de modo a estabelecer a razão e limitar o poder de punir do Estado.

e) Os modelos teóricos de integração que compõem a criminologia tradicional partem da premissa de que toda a sociedade está, a cada momento, sujeita a processos de mudança, exibindo dissensão e conflito, haja vista que todo elemento em uma sociedade contribui, de certa forma, para sua desintegração e mudança. Sendo assim, a sociedade é baseada na coerção de alguns de seus membros por outros.

COMENTÁRIOS

✪ **Nota do autor:** Escolas Penais devem ser entendidas como a estrutura de concepções contrapostas sobre a legitimidade do direito de punir, sobre a natureza do delito e sobre os fins das sanções. Ou ainda, o pensamento filosófico-jurídico sobre o crime a pena e o delinquente.

Alternativa "a": incorreta. Também conhecido como **período científico do direito penal** onde surgiram as **ciências criminológicas** (segunda metade do século XIX), o delito, a pena e o criminoso passaram a ser observados de outra forma, mais humana e científica, buscando, sobretudo o estudo mais aprofundado deles.

Alternativa "b": incorreta. Neste momento ao invés que questionar as causas do crime, a preocupação passa verificar o porquê determinadas pessoas são tratadas como criminosos, e, ainda, ao invés de questionar os motivos dos criminosos, passa a ser verificar os **mecanismos do controle social.**

Alternativa "c": incorreta. As teorias desenvolvidas nas escolas positivistas utilizaram método experimental.

Alternativa "d": As principais características da Escola Clássica apontam que o direito tem origem transcendente, é preexistente ao homem com origem divina. O delito é um ente jurídico, é a violação de um direito, a contradição entre o fato e a lei, e ainda uma infração da lei do Estado, resultante de um ato externo do homem, positivo ou negativo, moralmente imputável (livre arbítrio) e politicamente danoso (segurança dos cidadãos).

Alternativa "e": incorreta. A sociedade se mantém com determinados valores comuns, graças ao consenso de todos os seus membros, pois toda sociedade é uma estrutura de elementos integrada, todo elemento tem uma função para contribuir na manutenção do sistema, e assim, é baseada em um consenso entre seus membros.

Alternativa correta: letra "d".

---

08. (Nucepe – Delegado de Polícia – PC – PI/2018) Sobre a Criminologia é CORRETO afirmar:

a) o crime é um fenômeno social.

b) estuda o crime, o criminoso, mas não a vítima.

c) é uma ciência normativa e valorativa.

d) o crime é um fenômeno filosófico.

e) não tem por base a observação e a experiência.

COMENTÁRIOS

✪ **Nota do autor:** Para a criminologia, o crime deve ser encarado como um fenômeno comunitário e como um **problema social.**

Alternativa "a". A finalidade da Criminologia é permitir a compreensão do fenômeno criminal, informando a sociedade sobre o crime, o criminoso e a vítima, visando à prevenção e intervenção adequada.

Alternativa "b": Na **atualidade a Criminologia** possui como objeto de estudo e análise: **o delito, o delinquente, a vítima e o controle social.**

Alternativa "c": É ciência humana do ser, por meio de informações, observação e experiência, portanto, **empírica,** mas com validade e confiabilidade sobre o delito, com a função de interpretar estes dados e levá-los, em sintonia com realidade, a contribuir para a compreensão do delito.

Alternativa "d": Na Criminologia o método é a observação e a indução, juízos empíricos dos fenômenos sociais e da realidade dos fatos.

Alternativa "e": A Criminologia tem por base a observação e a indução, juízos empíricos dos fenômenos sociais e da realidade dos fatos.

Alternativa correta: letra "a".

---

09. (Nucepe – Delegado de Polícia – PC – PI/2018) Acerca da História da Criminologia, marque a alternativa CORRETA:

a) Desde a Antiguidade, o Direito Penal, em concreto, passou a ser compilado em Códigos e âmbitos jurídicos, tal qual como nos dias de hoje, entretanto, algumas vezes eram imprecisos.

b) O Código de Hamurabi (Babilônia) possuía dispositivos, punindo furtos, roubos, mas não considerava crime, a corrupção praticada por altos funcionários públicos.

c) Durante a Antiguidade, o crime era considerado pecado, somente na Idade Média, é que a dignidade da pessoa humana passou a ser considerada, e as punições deixaram de ser cruéis.

d) Em sua obra "A Política", Aristóteles, ressaltou que a miséria causa rebelião e delito. Para o referido filósofo, os delitos mais graves eram os cometidos para possuir o voluptuário, o supérfluo.

e) Da Antiguidade à Modernidade, o furto famélico (roubar para comer) nunca foi considerado crime.

COMENTÁRIOS

✪ **Nota do autor:** A afirmação de que a criminologia possui uma curta história, mas um passado longo pode ser entendida como a premissa mais adequada, em razão dos inúmeros critérios e informes que procuraram determiná-la no tempo e no espaço.

Alternativa "a": Na antiguidade não haviam codificações penais como nos dias atuais.

Alternativa "b": O Código de Hamurabi(Babilônia) já admitia o o delito de corrupção praticado por altos funcionários públicos.

Alternativa "c": Mesma durante a idade média as punições eram desumanas e cruéis.

Alternativa "d". Aristóteles em sua obra "A Política" ressaltou que a miséria engendra rebelião e delito.

Alternativa "e": A não punição do furto famélico é reconhecida desde a idade média.

Alternativa correta: letra "d".

10. (Fumarc – Delegado de Polícia – PC – MG/2018) "Cabe definir a Criminologia como ciência empírica e interdisciplinar, que se ocupa do estudo do crime, da pessoa do infrator, da vítima e do controle social do comportamento delitivo, e que trata de subministrar uma informação válida, contrastada, sobre a gênese, dinâmica e variáveis principais do crime – contemplado este como problema individual e como problema social –, assim como sobre os programas de prevenção eficaz do mesmo e técnicas de intervenção positiva no homem delinquente e nos diversos modelos ou sistemas de resposta ao delito". Esta apresentação ao conceito de Criminologia apresenta, desde logo, algumas das características fundamentais do seu método (empirismo e interdisciplinaridade), antecipando o objeto (análise do delito, do delinquente, da vítima e do controle social) e suas funções (explicar e prevenir o crime e intervir na pessoa do infrator e avaliar os diferentes modelos de resposta ao crime). MOLINA, Antônio G.P.; GOMES, Luiz F.; Criminologia; 6. ed. reform., atual. e ampl. São Paulo: Revista dos Tribunais. p. 32.

Sobre o método, o objeto e as funções da criminologia, considera-se:

I. A luta das escolas (positivismo versus classicismo) pode ser traduzida como um enfrentamento entre adeptos de métodos distintos; de um lado, os partidários do método abstrato, formal e dedutivo (os clássicos) e, de outro, os que propugnavam o método empírico e indutivo (os positivistas).

II. Uma das características que mais se destaca na moderna Criminologia é a progressiva ampliação e problematização do seu objeto.

III. A criminologia, como ciência, não pode trazer um saber absoluto e definitivo sobre o problema criminal, senão um saber relativo, limitado, provisional a respeito dele, pois, com o tempo e o progresso, as teorias se superam.

Estão CORRETAS as assertivas indicadas em:

a) I e II, apenas.

b) I e III, apenas.

c) I, II e III.

d) II e III, apenas.

COMENTÁRIOS

✪ **Nota do autor:** A criminologia é um campo multidisciplinar, donde outras ciências contribuem, influenciam e estão presentes em seu conteúdo de estudo, e dentre elas, a biologia, a sociologia, a psicologia, a antropologia e o direito, todas de grande importância para delimitarem os contornos da criminologia. Tal interdisciplinaridade decorre da própria consolidação histórica da Criminologia.

Item I: os clássicos com método dedutivo e os positivistas com método experimental.

Item II: a criminologia moderna não pode se limitar à adoção do conceito jurídico-penal do delito, pois isso fulminaria sua independência e autonomia, transformando-se num mero instrumento de auxílio do sistema penal. De igual sorte, não aceita o conceito sociológico de crime como uma conduta desviada, que foge ao comportamento padrão de uma comunidade.

Item III: a criminologia, como ciência autônoma define o crime a partir de sua realidade, e não das fórmulas abstratas utilizadas pelo direito penal.

Alternativa correta: letra "c".

11. (Fundatec – Delegado de Polícia – PC – RS/2018) A Criminologia é definida tradicionalmente como a ciência que estuda de forma empírica o delito, o delinquente, a vítima e os mecanismos de controle social. Os autores que fundaram a Criminologia (Positivista) são:

a) Cesare Lombroso, Enrico Ferri e Raffaele Garofalo.

b) Franz Von Liszt, Edmund Mezger e Marquês de Beccaria.

c) Marquês de Beccaria, Cesare Lombroso e Michel Foucault.

d) Cesare Lombroso, Enrico Ferri e Michel Foucault.

e) Enrico Ferri, Michel Foucault e Nina Rodrigues.

COMENTÁRIOS

✪ **Nota do autor:** A Escola Positiva possui três fases: a Antropológica, Sociológica e Jurídica. A primeira atribuída a Cesare Lombroso, a segunda a Enrico Ferri, e por fim a terceira a Raffaele Garofalo.

Alternativa "a". As principais contribuições de cada um dos pensadores da Escola Positiva são: a) Lombroso distingue criminoso e crime; b) Ferri promove a classificação dos criminosos, e negação do livre arbítrio, a responsabilidade social e os substitutos penais, e c) Garofalo conceitua o crime natural, a temibilidade do agente e o ressarcimento à vítima do crime.

Alternativa "b": Os autores não pertencem à Escola Positiva da Criminologia.

Alternativa "c": Os autores não pertencem à Escola Positiva da Criminologia, exceto Cesare Lombroso.

Alternativa "d": Michel Foucault não pertence à Escola Positiva, somente Cesare Lombroso e Enrico Ferri.

Alternativa "e": Somente Enrico Ferri pertence à Escola Positiva.

Alternativa correta: letra "a".

---

12. (Cespe – Delegado de Polícia – PC – SE/2018) Acerca do conceito e das funções da criminologia, julgue os itens seguintes.

A criminologia é uma ciência dogmática que se preocupa com o ser e o dever ser e parte do fato para analisar suas causas e buscar definir parâmetros de coerção punitiva e preventiva.

COMENTÁRIOS

A criminologia é ciência humana do ser, por meio de informações, observação e experiência, portanto, **empírica,** mas com validade e confiabilidade sobre o delito, com a função de interpretar estes dados e levá-los, em sintonia com realidade, a contribuir para a compreensão do delito. **ERRADO**

Na inter-relação entre o direito penal, a política criminal e a criminologia, compete a esta facilitar a recepção das investigações empíricas e a sua transformação em preceitos normativos, incumbindo-se de converter a experiência criminológica em proposições jurídicas, gerais e obrigatórias.

COMENTÁRIOS

A criminologia é a ciência adequada para diagnosticar e buscar soluções para os índices de criminalidade, e ao mesmo tempo oferecer aos Poderes Públicos informação valida e confiável para sustentar a opção de política criminal adequada para determinada sociedade. **ERRADO**

A pesquisa criminológica científica visa evitar o emprego da intuição ou de subjetivismos no que se refere ao ilícito criminal, haja vista sua função de apresentar um diagnóstico qualificado e conjuntural sobre o delito.

COMENTÁRIOS

A finalidade da Criminologia é permitir a **compreensão do fenômeno criminal**, informando a sociedade sobre o crime, o criminoso e a vítima, visando a prevenção e intervenção adequada. **CERTO**

---

13. (Cespe – Delegado de Polícia – GO/2017) Com relação ao objeto, às funções, às características e aos métodos da criminologia, assinale a opção correta.

a) A criminologia caracteriza-se por ser uma ciência normativa e unidisciplinar.

b) O direito penal estabelece condutas vedadas, sob a cominação abstrata de uma pena; a criminologia, por sua vez, busca observar cada conduta de infração da lei penal como fenômeno humano, biopsicossocial.

c) A criminologia é disciplina que alimenta o direito penal, mas dele não depende.

d) Para que a vítima seja considerada como tal pela criminologia, é necessário que ela não tenha qualquer tipo de responsabilidade em relação ao crime.

e) Os objetos da criminologia incluem: o delinquente, a vítima, o Poder Judiciário e o controle social.

COMENTÁRIOS

✪ **Nota do autor:** Na **atualidade a Criminologia** possui como objeto de estudo e análise: **o delito, o delinquente, a vítima e o controle social.** A criminologia é de fato uma ciência, pois possui **função, método, e objeto** próprio. A criminologia é a ciência adequada para diagnosticar e buscar soluções para os índices de criminalidade, e ao mesmo tempo oferecer aos Poderes Públicos informação valida e confiável para sustentar a opção de política criminal adequada para determinada sociedade

Alternativa"A": incorreta. A Criminologia é um campo **multidisciplinar**, donde outras ciências contribuem, influenciam e estão presentes em seu conteúdo de estudo, e dentre elas, a biologia, a sociologia, a psicologia, a antropologia e o direito,

Alternativa "B": incorreta. A criminologia busca observar cada conduta de infração da lei penal enquanto fenômeno humano, biopsicossocial, e ainda observando a criminalidade e em seguida encontrar sua melhor forma de sua profilaxia.

Alternativa "C": incorreta. A criminologia não alimento ou fonte do direito penal, pois este tem como base o fato criminoso e sua possível aplicação de sanção.

Alternativa "D": incorreta. A vítima, na criminologia é estudada no fato danoso, e a maneira pela qual participa na ocorrência do delito, em especial pelos problemas de **ordem moral, psicológica**, nos crimes que são cometidas com violência e graves ameaça.

Alternativa "E": incorreta. Na **atualidade a Criminologia** possui como objeto de estudo e análise: **o delito, o delinquente, a vítima e o controle social.**

---

14. (Cespe – Delegado de Polícia – GO/2017) A respeito do conceito e das funções da criminologia, assinale a opção correta.

a) A criminologia tem como objetivo estudar os deliquentes, a fim de estabelecer os melhores passos para sua ressocialização. A política criminal, ao contrário, tem funções mais relacionadas à prevenção do crime.

b) A finalidade da criminologia em face do direito penal é de promover a eliminação do crime.

c) A determinação da etimologia do crime é uma das finalidades da criminologia.

d) A criminologia é a ciência que, entre outros aspectos, estuda as causas e as concausas da criminalidade e da periculosidade preparatória da criminalidade.

e) A criminologia é orientada pela política criminal na prevenção especial e direta dos crimes socialmente relevantes, mediante intervenção nas manifestações e nos efeitos graves desses crimes para determinados indivíduos e famílias.

COMENTÁRIOS

✪ **Nota do autor:** A criminologia é a ciência adequada para diagnosticar e buscar soluções para os índices de criminalidade, e ao mesmo tempo oferecer aos Poderes Públicos informação valida e confiável para sustentar a opção de política criminal adequada para determinada sociedade, ou seja, **busca conhecer, explicar e transformar a realidade.**

Alternativa "A": incorreta. A criminologia tem como objetivo estudar o delinquente e a criminalidade. A política criminal tem função relacionada à prevenção e repressão ao crime.

Alternativa "B": incorreta: A finalidade da Criminologia é permitir a **compreensão do fenômeno criminal**, informando a sociedade sobre o crime, o criminoso e a vítima, visando a prevenção e intervenção adequada.

Alternativa "C": incorreta. A etimologia do crime não consiste na finalidade da criminologia.

Alternativa "E": incorreta. A criminologia mão é orientada pela política criminal, pois está última é atividade do estado que tem por fim prevenir a criminalidade, utilizando medidas penas e extrapenais.

Alternativa correta: letra "D": A criminologia como ciência estuda as **causas e as concausas** da criminalidade e da **periculosidade preparatória da criminalidade,** suas manifestações e seus efeitos.

---

15. (Cespe – Delegado de Polícia – PE/2016) Os objetos de investigação da criminologia incluem o delito, o infrator, a vítima e o controle social. Acerca do delito e do delinquente, assinale a opção correta.

a) Para a criminologia positivista, infrator é mera vítima inocente do sistema econômico; culpável é a sociedade capitalista.

b) Para o marxismo, delinquente é o indivíduo pecador que optou pelo mal, embora pudesse escolher pela observância e pelo respeito à lei.

c) Para os correcionalistas, criminoso é um ser inferior, incapaz de dirigir livremente os seus atos: ele necessita ser compreendido e direcionado, por meio de medidas educativas.

d) Para a criminologia clássica, criminoso é um ser atávico, escravo de sua carga hereditária, nascido criminoso e prisioneiro de sua própria patologia.

e) A criminologia e o direito penal utilizam os mesmos elementos para conceituar crime: ação típica, ilícita e culpável.

COMENTÁRIOS

✪ **Nota do autor:** Na **atualidade, a Criminologia** possui como objeto de estudo e análise: **o delito, o delinquente, a vítima e o controle social.** O delito é um fenômeno social com múltiplas facetas, que exige uma ampla abordagem juntamente com demais ramos do direito, assim, para a Criminologia para a criminologia, no entanto, o crime deve ser encarado como um fenômeno comunitário e como um **problema social**. A Criminologia também por objeto de estudo o criminoso, pois com a Escola Positiva o foco de atenção passou a ser o delinquente. Outra Escola que deu destaque ao criminoso foi a Correcionalista, onde o delinquente era visto com alguém que necessitava de ajuda.

Alternativa "A": incorreta. Para a criminologia positivista o infrator está sujeito ao determinismo, inexistindo o livre-arbítrio.

Alternativa "B": incorreta. O crime está associado à estrutura política e econômica de determinada sociedade, parte da ideia de que a divisão de classes do sistema capitalista gera desigualdades e violência a ser contida por meio da legislação penal.

Alternativa "D": incorreta. Para a criminologia clássica a prevenção está relacionada à aplicação da pena, e na ameaça de castigo.

Alternativa "E": incorreta. A criminologia trata do crime como um problema social ou um fenômeno social, no qual o crime afeta a população, ocorre reiteradamente num determinado tempo e espaço e devem ser analisados minuciosamente todos os seus elementos e sua repercussão na sociedade. O direito penal, por seu turno, dedica-se às normas, e utiliza os elementos ação típica, ilícita e culpável.

Correta alternativa: letra "C". Para os Correcionalista o criminoso é um ser anormal, incapaz de uma convivência social livre, tornando-se um perigo para a sociedade, desse modo à pena é encarada como um benefício, por esse motivo consideravam que o delinquente tinha direito de exigir a execução da pena e não obrigação de cumpri-la.

---

16. (Cespe – Delegado de Polícia – PE/2016) A criminologia moderna

a) é uma ciência normativa, essencialmente profilática, que visa oferecer estratégias para minimizar os fatores estimulantes da criminalidade e que se preocupa com a repressão social contra o delito por meio de regras coibitivas, cuja transgressão implica sanções.

b) ocupa-se com a pesquisa científica do fenômeno criminal – suas causas, características, sua prevenção e o controle de sua incidência –, sendo uma ciência causal-explicativa do delito como fenômeno social e individual.

c) ocupa-se, como ciência causal-explicativa-normativa, em estudar o homem delinquente em seu aspecto antropológico, estabelece comandos legais de repressão à criminalidade e despreza, na análise empírica, o meio social como fatores criminógenos.

d) é uma ciência empírica e normativa que fundamenta a investigação de um delito, de um delinquente, de uma vítima e do controle social a partir de fatos abstratos apreendidos mediante o método indutivo de observação.

e) possui como objeto de estudo a diversidade patológica e a disfuncionalidade do comportamento criminal do indivíduo delinquente e produz fundamentos epistemológicos e ideológicos como forma segura de definição jurídico-formal do crime e da pena.

COMENTÁRIOS

✪ **Nota do autor:** A criminologia moderna substitui o conceito "tratamento" (conotação clínica e individual) por "intervenção" (conotação dinâmica, complexa e pluridimensional), acentua a orientação "prevencionista" do saber criminológico, diante da obsessão repressiva explícita de outros modelos convencionais. Destaca a análise e a avaliação dos modelos de reação ao delito como um dos objetos da Criminologia.

Alternativa "A": incorreta. A criminologia não é ciência normativa, pois trata do crime como um problema social ou um fenômeno social, no qual o crime afeta a população, ocorre reiteradamente num determinado tempo e espaço e devem ser analisados minuciosamente todos os seus elementos e sua repercussão na sociedade.

Alternativa "C": incorreta. A moderna criminologia se ocupa da pesquisa científica, sendo uma ciência causal-explicativa e não normativa.

Alternativa "D": incorreta. É uma ciência empírica mediante o método indutivo de observação, e não normativa.

Alternativa "E": incorreta. A criminologia possui como objeto (delito, delinquente, vítima e controle social).

Correta alternativa: letra "B". A criminologia é definida como uma ciência causal-explicativa da criminalidade, isto é, que investiga as causas da criminalidade (seu objeto) segundo o método experimental, e, portanto, empírica.

---

17. (Vunesp – Delegado de Polícia – CE/2015) Os objetos de estudo da moderna criminologia estão divididos em

a) três vertentes: justiça criminal, delinquente e vítima.

b) três vertentes: política criminal, delito e delinquente.

c) três vertentes: política criminal, delinquente e pena.

d) quatro vertentes: delito, delinquente, justiça criminal e pena.

e) quatro vertentes: delito, delinquente, vítima e controle social.

COMENTÁRIOS

✪ **Nota do autor:** O objeto da Criminologia passou por transformações ao longo da história. Inicialmente, ainda o foco era o delinquente, em seguida, já na Escola Positiva o objeto passa a estudar a vítima e a reação social.

Alternativa "A": incorreta. A justiça criminal não é objeto da criminologia.

Alternativa "B": incorreta. A política criminal não é objeto da criminologia.

Alternativa "C": incorreta. A política criminal e a pena não são objeto da criminologia.

Alternativa "D": incorreta. A justiça criminal e a pena não são objeto da criminologia.

Correta alternativa: letra "E". Na atualidade a **Criminologia** possui como objeto de estudo e análise: **o delito, o delinquente, a vítima e o controle social.**

---

18. (Vunesp – Delegado de Polícia – SP/2014) Assinale a alternativa que completa, correta e respectivamente, a frase: A Criminologia ________; o Direito Penal.

a) não é considerada uma ciência, por tratar do "dever ser" ... é uma ciência empírica e interdisciplinar, fática do "ser"

b) é uma ciência normativa e multidisciplinar, do "dever ser" ... é uma ciência empírica e fática, do "ser"

c) não é considerada uma ciência, por tratar do "ser" ... é uma ciência jurídica, pois encara o delito como um fenômeno real, do "dever ser"

d) é uma ciência empírica e interdisciplinar, fática do "ser" ... é uma ciência jurídica, cultural e normativa, do "dever ser"

e) é considerada uma ciência jurídica, por tratar o delito como um conceito formal, normativo, do "dever ser" ... não é considerado uma ciência, pois encara o delito como um fenômeno social, do "ser"

COMENTÁRIOS

✪ **Nota do autor:** Acerca da distinção entre criminologia e Direito Penal, é possível afirmar que aquela é uma ciência empírica que estuda o "o que é", ao passo que o Direito Penal é disciplina normativa e declara "o que deve ser". A criminologia adota métodos empíricos específicos das ciências sociais, já o Direito Penal utiliza métodos da ciência do Direito e interpretação das fontes de seus dados.

Alternativa "A": incorreta. A criminologia é empírica e interdisciplinar, fática do "ser", portanto, não deixa de ser uma ciência. O Direito Penal é disciplina normativa do "dever ser".

Alternativa "B": incorreta. A criminologia não é ciência normativa do "dever ser", e o Direito Penal não é ciência empírica do "ser".

Alternativa "C": incorreta. A criminologia é uma ciência do "ser". A criminologia é de fato uma ciência, pois possui **função, método, e objeto** próprio. De outro lado o Direito Penal é ciência jurídica do "dever ser".

Alternativa "E": incorreta. A criminologia não é ciência jurídica do "dever ser". O Direito Penal é uma ciência normativa do "dever ser" e não do "ser" como no caso da criminologia.

Correta alternativa: letra "D". A criminologia é uma ciência humana do ser, por meio de informações, observação e experiência, portanto, **empírica,** mas com validade e confiabilidade sobre o delito, com a função de interpretar estes dados e levá-los, em sintonia com realidade, a contribuir para a compreensão do delito. A interdisciplinariedade decorre de uma necessidade de articulação dos conhecimentos, ou seja, o diálogo entre as disciplinas, com troca de informações essenciais para a melhoria do conhecimento. Já o Direito Penal pertence à classe da ciência natural do dever ser, e ainda cultural e normativa.

3. TEORIAS DA PENA

19. (ACAFE – Delegado de Polícia – SC/2014) São referências de teorias penais e criminológicas latino-americanas e brasileiras que tiveram grande repercussão entre os anos 60 a 80 do século XX:

a) A Criminologia dialética desenvolvida pelos brasileiros Roberto Lyra (pai) e Roberto Lyra Filho.

b) Criminologia da Liberação desenvolvida em colaboração pelas Venezuelanas Lola Aniyar de Castro e Rosa Del Olmo.

c) A Sociologia do controle penal desenvolvida conjuntamente pelo argentino Roberto Bergalli e pelo chileno Eduardo Novoa Monreal.

d) O Realismo jurídico-penal marginal, a partir do ponto de vista de uma região marginal do poder planetário, desenvolvido pelo argentino Eugenio Raúl Zaffaroni.

e) A Criminologia radical desenvolvida pelo brasileiro Juarez Cirino dos Santos e As matrizes Ibéricas do Direito Penal brasileiro, desenvolvida conjuntamente pelos brasileiros Nilo Batista e Vera Malaguti W. de Souza Batista.

COMENTÁRIOS

✪ **Nota do autor:** Eugenio Raúl Zaffaroni analisa a discursividade criminológica como um fato de poder, do centro para a periferia. Segundo o autor, uma das técnicas do poder é o monopólio da informação que impede a comunicação com as margens: é o isolamento internacional e intramarginal.

Alternativa "A": incorreta. A Criminologia dialética foi desenvolvida pelo brasileiro Roberto Lyra Filho.

Alternativa "B": incorreta. A Criminologia da Liberação foi desenvolvida com a colaboração da Venezuelana Lola Aniyar de Castro.

Alternativa "C": incorreta. A sociologia do controle penal foi desenvolvida pelo argentino Roberto Bergalli.

Alternativa "E": incorreta. A Criminologia radical no Brasil tem como pioneiro Juarez Cirino dos Santos.

Correta alternativa: letra "D". O realismo jurídico é a corrente de pensamento que identifica a lei com a eficácia das regras, isto é, normas que sejam efetivamente observadas. O ponto de partida fundamental do realismo jurídico é de que a lei não pode consistir em meras declarações ideais sobre o que é obrigatório.

20. (ACAFE – Delegado de Polícia – SC/2014) Sobre o sistema penitenciário brasileiro, de acordo com as últimas estatísticas realizadas pelo Ministério da Justiça – CNPCP (Conselho Nacional de Política Criminal e Penitenciária) através do Departamento Penitenciário Nacional (DEPEN)/ Sistema Integrado de Informações Penitenciárias (InfoPen) no ano de 2013, é correto afirmar:

a) Os crimes contra a pessoa (homicídio qualificado e simples, sequestro e cárcere privado) constituem aproximadamente 40% do total da população prisional brasileira, totalizando prisões provisórias e definitivas.

b) A população prisional brasileira é constituída, em sua esmagadora maioria, por homens, adultos jovens (predomina a faixa etária de 18 a 24 anos) e pobres. A clientela feminina, constituída também de mulheres adultas jovens e pobres cresce progressivamente, sobretudo em virtude da criminalização feminina pelo crime de tráfico de drogas.

c) A população prisional brasileira hoje, totalizando prisões provisórias e definitivas, está entre as 3 (três) maiores no mundo, perdendo apenas para os Estados Unidos da América e a China.

d) Os crimes contra o patrimônio (principalmente roubo qualificado e simples, furto qualificado e simples, extorsão mediante sequestro, extorsão e latrocínio) constituem aproximadamente 25% e o crime de tráfico ilícito de entorpecente incluído o tráfico internacional (Art. 33 da Lei 11.343/06) constitui aproximadamente 25% do total da população prisional brasileira, totalizando prisões provisórias e definitivas.

e) A população prisional brasileira hoje, totalizando prisões provisórias e definitivas, presos cumprindo pena em estabelecimentos prisionais e delegacia de polícia é de 400.000 presos aproximadamente.

COMENTÁRIOS

✪ **Nota do autor:** A população prisional brasileira tem em sua maioria jovens, e de maioria masculina, no entanto, o encarceramento feminino cresce em decorrência dos crimes de tráfico de drogas

Alternativa "A": incorreta. Os crimes contra a pessoa (homicídio qualificado e simples, sequestro e cárcere privado) representam menos de 40% da população prisional brasileira.

Alternativa "C": incorreta. Em números absolutos, o Brasil tem a quarta maior população prisional, ficando atrás apenas dos Estados Unidos, da China e da Rússia.

Alternativa "D": incorreta. O tráfico de entorpecentes é o crime de maior incidência, respondendo por 27% dos crimes.

Alternativa "E": incorreta. De acordo com os últimos dados coletados, a população prisional brasileira chegou a 607.731 pessoas.

Correta alternativa: letra "B". Nota-se que a maior parte da população prisional é formada por jovens, a proporção de jovens é maior no sistema prisional que na população em geral.

21. (Vunesp – Delegado de Polícia – SP/2014) Tendo o Direito Penal a missão subsidiária de proteger os bens jurídicos e, com isso, o livre desenvolvimento do indivíduo, e, ainda, sendo a pena vinculada ao Direito Penal e à Execução Penal, após a reforma do Código Penal Brasileiro, em 1984, é correto afirmar que a finalidade da pena é

a) repreensiva e abusiva.

b) punitiva e reparativa.

c) retributiva e preventiva (geral e especial).

d) ressocializadora e reparativa.

e) punitiva e distributiva.

COMENTÁRIOS

✪ **Nota do autor:** Predomina na atualidade conciliar a exigência de retribuição jurídica, com os fins de prevenção geral e especial como finalidades da pena. A pena deve ser acima de tudo justa e adequada, proporcional ao injusto e a culpabilidade do autor, e por isso também retributiva.

Alternativa "A": incorreta. A repressão e o abuso não constituem a finalidade da pena que se caracteriza pela retribuição e prevenção (geral e especial).

Alternativa "B": incorreta. A punição pura e simples e a reparação não constituem a finalidade da pena que se caracteriza pela retribuição e prevenção (geral e especial).

Alternativa "D": incorreta. Ressocialização, ou ainda socialização que seria mais correto, e reparação não constituem a finalidade da pena.

Alternativa "E": incorreta. A punição e a distribuição não constituem a finalidade da pena que se caracteriza pela retribuição e prevenção (geral e especial).

Correta alternativa: letra "C". A ideia de retribuição jurídica significa que a pena deve ser proporcional ao delito culpável, de acordo com o princípio de justiça distributiva. A prevenção encontra fundamento na necessidade de se **evitar a prática de futuros delitos**. É instrumento preventivo de garantia social para evitar delitos futuros. A prevenção geral se destina à totalidade dos indivíduos integrantes da sociedade, a ideia da prevenção especial refere-se ao delinquente em si.

4. TEORIAS CRIMINOLÓGICAS

22. (Vunesp – Delegado de Polícia – PC – BA/2018) No tocante às teorias da subcultura delinquente e da anomia, assinale a alternativa correta.

a) Uma das principais críticas às teorias da subcultura delinquente é a de que ela não consegue oferecer uma explicação generalizadora da criminalidade, havendo um apego exclusivo a determinado tipo de criminalidade, sem que se tenha uma abordagem do todo.

b) A teoria da anomia, sob a perspectiva de Durkheim, define-se a partir do sintoma do vazio produzido no momento em que os meios socioestruturais não satisfazem as expectativas culturais da sociedade, fazendo com que a falta de oportunidade leve à prática de atos irregulares para atingir os objetivos almejados.

c) A teoria da anomia, sob a perspectiva de Merton, define-se a partir do momento em que a função da pena não é cumprida, por exemplo, instaura-se uma disfunção no corpo social que desacredita o sistema normativo de condutas, fazendo surgir a anomia. Portanto, a anomia não significa ausência de normas, mas o enfraquecimento de seu poder de influenciar condutas sociais.

d) O utilitarismo da ação é um dos fatores que caracterizam a subcultura deliquencial sob a perspectiva de Albert Cohen.

e) O sentimento de impunidade vivenciado por uma sociedade é antagônico ao conceito de anomia identificado sob a ótica de Durkheim.

COMENTÁRIOS

✪ **Nota do autor:** Com a ascensão das economias, em especial a norte americana após a segunda guerra mundial, tornado a sociedade cada vez mais competitiva em busca de riqueza e sucesso, as desigualdades entre os membros provocam diferenças, ainda mais naqueles que não obtiveram êxito econômico e social. Tal sentimento é vivenciado em toda a sociedade, criando o contexto das subculturas, que nada mais significam do que uma reação das minorias para prosseguir numa sociedade de reduzidas possibilidades, revelando um estado de frustração.

Alternativa "a": A crítica da subcultura delinquente repousa sobre a incapacidade de explicar a criminalidade de forma genérica, restando apenas à criminalidade juvenil.

Alternativa "b": Para Durkhein a anomia é ausência ou **desintegração das normas sociais**, resumida em três acepções: situação existente de transgressão por quem pratica ilegalidades; a existência de um conflito de normas claras, que dificultam a adequação do indivíduo; e a existência de um movimento que discute a inexistência das normas que vincule as pessoas a um contexto social

Alternativa "c": Para Merton a anomia é a crise da estrutura cultural que se verifica especialmente quando existe uma forte discrepância entre normas e fins culturais.

Alternativa "d": Segundo Cohen o comportamento dos jovens em reação aos sistemas dominantes é maior em grupos do que individualmente. Os sinais de status entre jovens menos favorecidos são diferentes daqueles com mais recursos, cada um possui um valor do próprio subgrupo. Daí surgem as gangues nos bairros localizados em periferias.

Alternativa "e": Aponta ainda Durkhein a existência de dois tipos de sociedade, a **sociedade primitiva,** é aquela onde a sociedade não possui diferenciação entre os seus membros, pois possuem os mesmos valores, sentimentos e crenças religiosas. Destaca ainda a **sociedade contemporâne**a, onde os membros da sociedade em decorrência do trabalho, valores não compartilham das mesmas metas, enfraquecendo a consciência coletiva, o chamado fenômeno social cultural.

Alternativa correta: letra "a".

---

23. (Vunesp – Delegado de Polícia – PC – BA/2018) Assinale a alternativa correta no que diz respeito à criminologia e ao controle social.

a) A criminologia crítica radical, através de análises profundas e contundentes, busca apresentar meios eficazes de aperfeiçoamento do controle social exercido pela justiça criminal.

b) A afirmação do criminólogo Jeffery, no sentido de que "mais leis, mais penas, mais policiais, mais juízes, mais prisões significam mais presos, porém não necessariamente menos delitos", refere-se a uma crítica ao controle social informal.

c) A esterilização eugenista aplicada a criminosos contumazes e estupradores com o objetivo de evitar a procriação foi sustentada, no início do século XX, como forma de controle social por correntes criminológicas derivadas do pensamento positivista.

d) a conclusão de uma pesquisa que indica maior punibilidade para negros (mais condenados do que indiciados e mais presos em flagrante do que indiciados por portaria) contradiz os fundamentos da criminologia crítica em relação ao controle social.

e) A incipiente criminologia na escola clássica afastava o livre-arbítrio como fundamento do sistema penal de controle social.

COMENTÁRIOS

✪ **Nota do autor:** O controle social é entendido, como um "conjunto de instituições, estratégias e **sanções sociais** que pretendem promover e garantir referido submetimento do indivíduo aos modelos e normas.

Alternativa "a": incorreta. Neste momento ao invés que questionar as causas do crime, a preocupação passa verificar o porquê determinadas pessoas são tratadas como criminosos, e, ainda, ao invés de questionar os motivos dos criminosos, passa a ser verificar os **mecanismos do controle social**

Alternativa "b": incorreta. Refere-se a uma crítica ao controle social informal e formal.

Alternativa "c": Durante a primeira metade do século XX, houve grande influência do discurso eugenista nos Estados Unidos da América.

Alternativa "d": incorreta. A preocupação da criminologia crítica passa verificar o porquê determinadas pessoas são tratadas como criminosos, e, ainda, ao invés de questionar os motivos dos criminosos, passa a se verificar os mecanismos do controle social.

Alternativa "e": incorreta. Na escola clássica não se nega o livre-arbítrio.

Alternativa correta: letra "c".

23.1. (UEG – Delegado de Polícia – PC – GO/2018) Sobre o labelling approach e sua influência sobre o pensamento criminológico do século XX, constata-se que

a) a criminalidade se revela como o processo de anteposição entre ação e reação social.

b) recebeu influência decisiva de correntes de origem fenomenológica, tais como o interacionismo simbólico e o behaviorismo.

c) o sistema penal é entendido como um processo articulado e dinâmico de criminalização.

d) parte dos conceitos de conduta desviada e reação social como termos independentes para determinar que o desvio e a criminalidade não são uma qualidade intrínseca da conduta.

e) no processo de criminalização seletiva o funcionamento das agências formais de controle mostra-se autossuficiente e autorregulado.

COMENTÁRIOS

✪ **Nota do autor:** A teoria do Labelling approach ou ainda **interacionismo simbólico**, **etiquetamento**, rotulação social ou reação social, surgiu nos Estados Unidos na década de 60, considerada como teoria do conflito

Alternativa "a": A linha marcante desta teoria é que deixou o estudo do fenômeno criminoso e passou para as **reações sociais** que surgem com a prática do delito.

Alternativa "b": O labelling contesta a criminologia tradicional, trazendo para a visão central desta ciência a reação social com a prática da conduta pelo delinquente. Nesta teoria verifica-se a passagem da criminologia liberal para a criminologia crítica.

Alternativa "c": As principais consequências o labelling são a política de: **descriminalização, diversão, devido processo legal, e, desinstitucionalização**, que contribuíram para a chamada prudente não intervenção, como forma de repensar o ordenamento jurídico penal.

Alternativa "d": A teoria sustenta que não se pode compreender o crime sem o processo de reação social, de seleção de pessoas e condutas etiquetadas como delitivas.

Alternativa "e":

Alternativa correta: letra "c".

24. (Nucepe – Delegado de Polícia – PC – PI/2018) O crime é um comportamento valorado pelo direito. Acerca da Sociologia Criminal, podemos afirmar:

a) Ciência que tem como finalidade o estudo do criminoso-nato, sob seu aspecto amplo e integral: psicológico, social, econômico e jurídico.
b) Ciência que explica a correlação crime- sociedade, sua motivação, bem como sua perpetuação.
c) Busca, precipuamente, explicar e justificar os fatores psicológicos que levam ao crime.
d) Tem como objetivo maior, a ressocialização do preso, estabelecendo estudos de inclusão social.
e) Ciência que estuda as relações entre as pessoas que pertencem a uma comunidade, e se ocupa em estudar a vida social humana.

COMENTÁRIOS

✪ **Nota do autor:** A moderna sociologia parte de que não somente as degenerações apontadas por Lombroso eram suficientes para explicar o fato criminoso, mas também as transformações sociais que afetam os indivíduos desajustando-os.

Alternativa "a": A finalidade da Criminologia é permitir a **compreensão do fenômeno criminal**, informando a sociedade sobre o crime, o criminoso e a vítima, visando a prevenção e intervenção adequada.

Alternativa "b": É a **ciência que estuda o crime, o criminoso e a vítima,** além das **circunstâncias sociais**, os **fatores físicos, psicológicos**, que levaram o criminoso ao cometimento da conduta criminosa. Também cuida das instâncias de **controle social**.

Alternativa "c": É uma ciência humana do ser, por meio de informações, observação e experiência, portanto, **empírica,** mas com validade e confiabilidade sobre o delito, com a função de interpretar estes dados e levá-los, em sintonia com realidade, a contribuir para a compreensão do delito.

Alternativa "d": A Criminologia busca conhecer, explicar e transformar a realidade.

Alternativa "e": A criminologia é a ciência que estuda as causas e as concausas da criminalidade e da periculosidade preparatória da criminalidade, as manifestações e seus efeitos.

Alternativa correta: letra "b".

25. (Fumarc – Delegado de Polícia – PC – MG/2018) Sobre o sistema penal e a reprodução da realidade social, segundo Alessandro Baratta, é CORRETO afirmar:

a) A cada sucessiva recomendação do menor às instâncias oficiais de assistência e de controle social corresponde uma diminuição das chances desse menor ser selecionado para uma "carreira criminosa".
b) A homogeneidade do sistema escolar e do sistema penal corresponde ao fato de que realizam, essencialmente, a mesma função de reprodução das relações sociais e de manutenção da estrutura vertical da sociedade.
c) A teoria das carreiras desviantes, segundo a qual o recrutamento dos "criminosos" se dá nas zonas sociais mais débeis, não é confirmada quando se analisa a população carcerária.
d) O suficiente conhecimento e a capacidade de penetração no mundo do acusado por parte do juiz e das partes no processo criminal são favoráveis aos indivíduos provenientes dos estratos econômicos inferiores da população.

COMENTÁRIOS

✪ **Nota do autor:** Verifica-se no sistema penal, em face dos indivíduos provenientes dos estratos sociais mais fracos, os mesmos mecanismos presentes no sistema escolar.

Alternativa "a": A cada sucessiva recomendação do menor às instâncias oficiais de assistência e de controle social corresponde um aumento das chances desse menor ser selecionado para uma "carreira criminosa".

Alternativa "b": Verifica-se no sistema penal, em face dos indivíduos provenientes dos estratos sociais mais fracos, os mesmos mecanismos presentes no sistema escolar.

Alternativa "c": A teoria das carreiras desviantes, segundo a qual o recrutamento dos "criminosos" se dá nas zonas sociais mais débeis, é confirmada quando se analisa a população carcerária.

Alternativa "d": A capacidade de penetração no mundo do acusado por parte do juiz e das partes no processo criminal são desfavoráveis aos indivíduos provenientes dos estratos econômicos inferiores da população.

Alternativa correta: letra "b".

26. (Fumarc – Delegado de Polícia – PC – MG/2018) "A criminologia contemporânea, dos anos 30 em diante, se caracteriza pela tendência a superar as teorias patológicas da criminalidade, ou seja, as teorias baseadas sobre as características biológicas e psicológicas que diferenciariam os sujeitos 'criminosos' dos indivíduos 'normais', e sobre a negação do livre arbítrio, mediante um rígido determinismo. Essas teorias eram próprias da criminologia positivista que, inspirada na filosofia e na psicologia do positivismo naturalista, predominou entre o final do século passado e princípios deste." BARATTA, Alessandro. Criminologia Crítica e Crítica do Direito Penal. Introdução à sociologia do Direito Penal. 3. ed. Rio de Janeiro: Revan: Instituto Carioca de Criminologia. p. 29. (Coleção Pensamento Criminológico)

Numere as seguintes assertivas de acordo com a ideia de criminologia que representam, utilizando (1) para a criminologia positivista e (2) para a escola liberal clássica do direito penal.

( ) Assumia uma concepção patológica da criminalidade.

( ) Considerava a criminalidade como um dado pré-constituído às definições legais de certos comportamentos e certos sujeitos.

( ) Não considerava o delinquente como um ser humano diferente dos outros.

( ) Objetivava uma política criminal baseada em princípios como os da humanidade, legalidade e utilidade.

( ) Pretendia modificar o delinquente.

A sequência que expressa a associação CORRETA, de cima para baixo, é:

a) 1, 1, 2, 2, 1.

b) 1, 2, 1, 2, 2.

c) 2, 2, 1, 1, 1.

d) 2, 1, 2, 2, 2.

COMENTÁRIOS

✪ **Nota do autor:** Verifica-se nas escolas positivas o surgimento do caráter científico da criminologia e que tem por objeto não propriamente o delito, mas o homem delinquente, clinicamente observável, afastando as concepções patológicas e biológicas.

Item 1. A escola positiva assumia uma concepção patológica como consequência de fatores biológicos e físicos, que são elementos casuais do crime

Item 2. O direito é posterior ao homem, feito da vida e sociedade (antropocêntrico), na Escola positiva.

Item 3. A Escola Clássica não fazia distinção entre os indivíduos,

Item 4. Na escola clássica que se inicia a discussão sobre legalidade, humanização das penas, especialmente com Cesare Bonesana, autor de Dos Delitos e das Penas.

Item 5. Escola Positiva que passa a ser discutida a ideia da recuperação.

Alternativa correta: letra "a".

---

27. (Fumarc – Delegado de Polícia – PC – MG/2018) Sobre a relação entre o preso e a sociedade, segundo Alessandro Baratta, é CORRETO afirmar:

a) A reinserção do preso na sociedade, após o cumprimento da pena, é assegurada a partir do momento em que, no cárcere, o preso absorve um conjunto de valores e modelos de comportamento desejados socialmente.

b) É necessário primeiro modificar os excluídos, para que eles possam voltar ao convívio social na sociedade que está apta a acolhê-los.

c) O cárcere não reflete as características negativas da sociedade, em razão do isolamento a que são submetidos os presos.

d) São relações sociais baseadas no egoísmo e na violência ilegal, no interior das quais os indivíduos socialmente mais débeis são constrangidos a papéis de submissão e de exploração.

COMENTÁRIOS

✪ **Nota do autor:** As relações sociais e o poder da subcultura carcerária têm uma série de características que a distinguem da sociedade externa, e são uma ampliação das características da sociedade capitalista.

Alternativa "a":. No cárcere, o preso absorve um conjunto de valores e modelos de comportamento não desejados socialmente.

Alternativa "b": Antes de se modificar os excluídos é necessário modificar a sociedade excludente.

Alternativa "c": O cárcere reflete as características negativas da sociedade.

Alternativa "d": Toda técnica pedagógica de reinserção do preso choca contra a natureza da relação de exclusão, não é possível ao mesmo tempo excluir e incluir.

Alternativa correta: letra "d".

---

28. (Fumarc – Delegado de Polícia – PC – MG/2018) "Por debaixo do problema da legitimidade do sistema de valores recebido pelo sistema penal como critério de orientação para o comportamento socialmente adequado e, portanto, de discriminação entre conformidade e desvio, aparece como determinante o problema da definição do delito, com as implicações político-sociais que revela, quando este problema não seja tomado por dado, mas venha te- matizado como centro de uma teoria da criminalidade. Foi isto o que aconteceu com as teorias da 'reação social', ou labeling approach, hoje no centro da discussão no âmbito da sociologia criminal."

BARATTA, Alessandro. Criminologia Crítica e Crítica do Direito Penal. Introdução à sociologia do Direito Penal. 3. ed. Rio de Janeiro: Revan: Instituto Carioca de Criminologia. p. 86. (Coleção Pensamento Criminológico)

Com base no excerto acima, referente ao paradigma do labeling approach, analise as asserções a seguir:

I - O labeling approach tem se ocupado em analisar, especialmente, as reações das instâncias oficiais de controle social, ou seja, tem estudado o efeito estigmatizante da atividade da polícia, dos órgãos de acusação pública e dos juízes.

PORQUE

II - Não se pode compreender a criminalidade se não se estuda a ação do sistema penal, pois o status social de delinquente pressupõe o efeito da atividade das instâncias oficiais de controle social da delinquência.

Está CORRETO o que se afirma em:

a) I e II são proposições falsas.

b) I e II são proposições verdadeiras e II é uma justificativa correta da I.

c) I é uma proposição falsa e II é uma proposição verdadeira.

d) I é uma proposição verdadeira e II é uma proposição falsa.

COMENTÁRIOS

✪ **Nota do autor:** Para a teoria a criminalidade não é produto da conduta humana, mas sim em razão do estigma que diferencia o homem comum, pelo rótulo que recebe. Tal rotulação cria **estigmas e desigualdades**, onde o homem passa a sofrer reação social da família, amigos, trabalho, escola.

Item I: as questões centrais do pensamento criminológico, a partir desse momento histórico, deixam de referir-se ao crime e ao criminoso, passando a voltar sua base de reflexão ao sistema de controle social e suas consequências, bem como o papel exercido pela vítima na relação delitual.

Item II: A teoria sustenta que não se pode compreender o crime sem o processo de reação social, de seleção de pessoas e condutas etiquetadas como delitivas.

Alternativa correta: letra "a".

---

29. (Fundatec – Delegado de Polícia – PC – RS/2018) Observe os seguintes casos e responda ao comando da questão:

- Amanda, adolescente negra, vive com medo e deixou de adicionar amigos em seu perfil nas redes sociais. Mesmo assim, sofre agressões de outras jovens que enviam mensagens adjetivando-a como "nojenta, nerd e lésbica".
- Pedro, 20 anos, transgênero, teve uma foto sua publicada sem autorização na internet. A imagem resultou em uma montagem depreciativa do seu corpo e acabou "viralizando" na rede. Muitas pessoas postaram mensagens dizendo que se fosse com elas, se matariam. Sob influência da grande repercussão e das mensagens enviadas até por desconhecidos, Pedro praticou suicídio. O ato foi transmitido ao vivo pelas redes sociais e, também, noticiado por outros veículos de mídia.

Uma investigação desses acontecimentos orientada pelos saberes criminológicos contemporâneos, levaria em consideração:

I. Os padrões da heteronormatividade e da cultura homofóbica.

II. As maneiras como as pessoas transgêneros são tratadas pelo sistema de justiça criminal.

III. As diferentes ordens normativas que influenciam a vida das pessoas.

IV. O contexto global, a política e as relações de poder sobre todas as pessoas.

V. A construção dos homens como violentos e das mulheres como vítimas.

Quais estão corretas?

a) As assertivas I, II, III, IV e V, posto que se referem às criminologias queer e feminista.

b) Apenas as assertivas I, II e III, porque as demais não são temáticas criminológicas.

c) Apenas as assertivas IV e V, porque as outras não são válidas na criminologia.

d) Nenhuma das assertivas, já que nenhuma se relaciona com a criminologia.

e) Apenas a assertiva III, porque a ordem normativa se relaciona com o direito penal.

COMENTÁRIOS

✪ **Nota do autor:** A criminologia feminista permitiu o estudo sobre a dominação masculina sobre as mulheres, e os estudos da criminologia queer agregam ao debate sobre a heterossexualidade, reconhecendo um duplo padrão naturalista que define por um lado a superioridade masculina sobre as mulheres e de outro, normatiza a sexualidade masculina como padrão, produzindo uma norma política andro-centrada e homofóbica.

Item I: a heteronormatividade e da cultura homofóbica são levados em consideração para uma análise criminológica.

Item II: as instâncias formais são instrumentos de manutenção da ordem social estabelecida por classes dominantes.

Item III: as normas são criadas para atingir determinados setores da sociedade.

Item IV: os processos de criminalização primária e secundária permitem a condução do poder por classes dominantes.

Item V: as condutas heterossexuais são moralmente consensuais e qualquer forma de desvio implica nos instrumentos de controle social.

Alternativa correta: letra "a".

---

30. (Fundatec – Delegado de Polícia – PC – RS/2018) A representação artística a seguir aborda uma mesma temática (vício) sob duas perspectivas: tradicional e contemporânea. Dessa observação, resta evidenciado um novo padrão de comportamento humano, despertado pelo advento da tecnologia. Em suma, a imagem comunica uma crítica sobre a sociedade e o modo de vida atuais.

No mesmo sentido, é a crimininologia ______ como derivação da crimininologia ______, que insere novos temas, ícones e símbolos criminais na interpretação do processo de seleção de condutas humanas como típicas e suas formas de resposta ao delito.

Assinale a alternativa que preenche, correta e respectivamente, as lacunas do trecho acima.

a) cultural – crítica
b) cibernética – positiva
c) crítica – cultural
d) positivista – crítica
e) científica – positivista

COMENTÁRIOS

✪ **Nota do autor:** A criminologia cultural surge integrando a criminologia já existente, com perspectiva mais contemporânea.

Alternativa "a". A criminologia crítica deixou de lado as questões referentes ao delinquente e o crime, para se dirigirem para a produção normativa e estrutura de reação da sociedade, e a criminologia cultural a integra com outras perspectivas.

Alternativa "b": incorreta. Criminologia cibernética não é considerada como teoria da criminologia.

Alternativa "c": incorreta. A criminologia crítica surge antes da criminologia cultural.

Alternativa "d": incorreta. A criminologia positivista não insere novos temas como objeto de estudo.

Alternativa "e": incorreta. A criminologia científica se utilizada de diversos ramos do conhecimento, dentre eles se destacam a **biologia, psicologia e sociologia criminal. A criminologia crítica** passa a ser verificar os **mecanismos do controle social.**

Alternativa correta: letra "a".

---

31. (Fundatec – Delegado de Polícia – PC – RS/2018) A afirmação criminológica "(...) o desvio não é uma qualidade do ato cometido pela pessoa, senão uma consequência da aplicação que os outros fazem das regras e sanções para um 'ofensor'" tem por função indagar:

a) Quem é definido por desviante?
b) Quem é o criminoso?
c) Por que o criminoso comete crime?
d) Quem é a vítima do criminoso?
e) Quando o desvio irá acontecer?

COMENTÁRIOS

✪ **Nota do autor:** O fato central acerca do desvio é que ele é criado pela sociedade. Não no sentido que é comumente compreendido, de que as causas do desvio estão localizadas na situação social do desviante ou em "fatores sociais" que incitam sua ação.

Alternativa "a":. Desviante é pessoa que não está seguindo as regras dentro de uma sociedade.

Alternativa "b": O criminoso seria um indivíduo ontologicamente diferente, mas um status social atribuído a certos sujeitos selecionados pelo sistema penal e pela sociedade que classifica a conduta de tal indivíduo como se devesse ser assistida por esse sistema.

Alternativa "c": O desvio não explica o questionamento.

Alternativa "d": O desvio não explica o questionamento.

Alternativa "e": O comportamento desviante é aquele que as pessoas rotulam como tal.

Alternativa correta: letra "a".

---

32. (Fundatec – Delegado de Polícia – PC – RS/2018) A partir da Modernidade, constituíram-se os movimentos e as escolas criminológicas que se concentraram no estudo da criminalidade e da criminalização dos comportamentos, levando em consideração a causa dos delitos. Fatores como a biotipologia humana e o meio ambiente são associados à prática dos delitos. Todavia, pode-se afirmar que uma teoria, em especial, rompe com esse padrão e não recai na análise causal do delito, mas, sim, na análise dos processos de criminalização e do funcionamento das agências de punitividade. Tal teoria é a:

a) Do etiquetamento.
b) Positivista do "homem delinquente".
c) Sociológica do desvio.
d) Evolucionista da espécie.
e) Social da ação.

COMENTÁRIOS

✪ **Nota do autor:** A linha marcante desta teoria é que deixou o estudo do fenômeno criminoso e passou para as **reações sociais** que surgem com a prática do delito. Assim, funda-se na ideia de que a intervenção da justiça pode acentuar a criminalidade, e ainda que a criminalidade resulta de um processo de interação social, ou seja, a conduta proibida seria uma qualidade atribuída a um determinado comportamento pela sociedade, caracterizando-se como seletivo, e discriminatório

Alternativa "a": As questões centrais do pensamento criminológico, deixam de referir-se ao crime e ao criminoso, passando a voltar sua base de reflexão ao sistema de controle social e suas consequências, bem como o papel exercido pela vítima.

Alternativa "b": Lombroso, autor da Escola Positiva entendia que o criminoso era um ser atávico, ou seja, **o homem nascia criminoso**, pois essa característica era passada dos ascendentes para os descendentes pelos genes, sendo o homem um **criminoso nato**.

Alternativa "c": Os comportamentos sociais não se podem explicar a partir de esquemas rigidamente estabelecidos, mas somente pela interação social entre os sujeitos.

Alternativa "d": Não possui relação com as teorias sociológicas da criminologia.

Alternativa "e": Não indica nenhuma das teorias sociológicas da criminologia.

Alternativa correta: letra "a".

33. (Cespe – Delegado de Polícia – PC – SE/2018) Em seu início, a sociologia criminal buscava associar a gênese delituosa a fatores biológicos. Posteriormente, ela passou a englobar as chamadas teorias macrossociológicas, que não se limitavam à análise do delito segundo uma visão do indivíduo ou de pequenos grupos, mas consideravam a sociedade como um todo.

Tendo esse fragmento de texto como referência inicial, julgue os itens a seguir, relativos a teorias sociológicas em criminologia.

33.1. Na perspectiva macrossociológica, o pensamento criminológico moderno é influenciado por duas visões: a das teorias de consenso e a das teorias de conflito.

COMENTÁRIOS

A moderna sociologia analisa as teorias **macrossociológica**, sob os aspectos **consensuais e do conflito**, pois não é possível limitar-se apenas a uma visão do indivíduo ou de pequenos grupos. **CERTO**

33.2. Relacionada a movimentos conservadores e a orientações políticas também conservadoras, a teoria sociológica do conflito considera que a harmonia social advém da coerção e do uso da força, pois as sociedades estão sujeitas a mudanças contínuas e são predispostas à dissolução.

COMENTÁRIOS

As teorias do conflito sustentam que as relações sociais são conflituosas, com base na distribuição desigual de autoridade, e, portanto, necessita de força e coerção, ignorando-se a existência de acordos em torno de valores de que depende o próprio estabelecimento da força. **ERRADO**

33.3. As teorias sociológicas de consenso vinculam-se a orientações ideológicas e políticas progressistas. Essas teorias consideram que os objetivos da sociedade são atingidos quando as instituições funcionam e os indivíduos, que dividem os mesmos valores, concordam com as regras de convívio.

COMENTÁRIOS

As teorias do consenso compreendem que os objetivos de uma sociedade somente são verificados quando ocorre o funcionamento adequado das instituições, e os indivíduos compartilham e concordam com as regras de convívio. **ERRADO**

34. (Cespe – Delegado de Polícia – PE/2016) Considerando que, conforme a doutrina, a moderna sociologia criminal apresenta teorias e esquemas explicativos do crime, assinale a opção correta acerca dos modelos sociológicos explicativos do delito.

a) Para a teoria ecológica da sociologia criminal, que considera normal o comportamento delituoso para o desenvolvimento regular da ordem social, é imprescindível e, até mesmo, positiva a existência da conduta delituosa no seio da comunidade.

b) A teoria do conflito, sob o enfoque sociológico da Escola de Chicago, rechaça o papel das instâncias punitivas e fundamenta suas ideias em situações concretas, de fácil comprovação e verificação empírica das medidas adotadas para contenção do crime, sem que haja hostilidade e coerção no uso dos meios de controle.

c) A teoria da integração, ao criticar a teoria consensual na solução do conflito, rotula o criminoso quando assevera que o delito é fruto do sistema capitalista e considera o fator econômico como justificativa para o ato criminoso, de modo que, para frear a criminalidade, devem-se separar as classes sociais.

d) A Escola de Chicago, ao atentar para a mutação social das grandes cidades na análise empírica do delito, interessa-se em conhecer os mecanismos de aprendizagem e transmissão das culturas consideradas desviadas, por reconhecê-las como fatores de criminalidade.

e) A teoria estrutural-funcionalista da sociologia criminal sustenta que o delito é produto da desorganização da cidade grande, que debilita o controle social e deteriora as relações humanas, propagando-se, consequentemente, o vício e a corrupção, que são considerados anormais e nocivos à coletividade.

COMENTÁRIOS

✪ **Nota do autor:** Pertencente ao grupo das teorias do consenso, surgindo no século XX dentro da Universidade de Chicago, onde foi criado o primeiro departamento de sociologia do mundo, em razão do crescimento desordenada da cidade de Chicago nos EUA, face aos inúmeros problemas sociais, econômicos e culturais que criaram um ambiente favorável à criminalidade, ainda mais pela ausência de mecanismos de controle social.

Alternativa "A": incorreta. A teoria ecológica explica o efeito criminógeno da grande cidade, valendo-se dos conceitos de desorganização e contágio inerentes aos modernos núcleos urbanos.

Alternativa "B": incorreta. A Escola de Chicago pertence à criminologia do consenso.

Alternativa "C": incorreta. A teoria da integração não se opõe à criminologia do consenso. A teoria da integração ou do consenso não rotula o criminoso e também não defende a separação da sociedade em classes.

Alternativa "E": incorreta. A teoria estrutural-funcionalista tem como característica o determinismo sociológico, onde a perda das consciências coletivas da vida em sociedade leva ao enfraquecimento da solidariedade social, e consequentemente ao crime.

Correta alternativa: letra "D". Através de um paralelo entre as plantas da natureza e organização da sociedade, a escola de Chicago cria as **zonas de delinquências**, ou também conhecida como concentração geográfica de criminalidade. E, como forma de prevenção defende a necessidade de ações de intervenção nas cidades como planejamento dos bairros, investimento com recursos compatíveis com a realidade e o interesse dos habitantes. A observação da criminalidade urbana da escola de Chicago provoca alterações do ponto de vista da política criminal, em especial no que se refere ao controle social informal, pois encontra na **desorganização social** um fator da criminalidade, e por esta razão os estudiosos da escola atribuem à vizinhança, igreja, família e escola importante fator para a organização social, e o controle da criminalidade. A partir daí a criminalidade deve ser enfrentada com intervenções urbanas para o **planejamento das cidades, revitalização de áreas degradadas, e proteção do patrimônio público.**

---

35. (Cespe – Delegado de Polícia – PE/2016) Acerca dos modelos teóricos explicativos do crime, oriundos das teorias específicas que, na evolução da história, buscaram entender o comportamento humano propulsor do crime, assinale a opção correta.

a) O modelo positivista analisa os fatores criminológicos sob a concepção do delinquente como indivíduo racional e livre, que opta pelo crime em virtude de decisão baseada em critérios subjetivos.

b) O objeto de estudo da criminologia é a culpabilidade, considerada em sentido amplo; já o direito penal se importa com a periculosidade na pesquisa etiológica do crime.

c) A criminologia clássica atribui o comportamento criminal a fatores biológicos, psicológicos e sociais como determinantes desse comportamento, com paradigma etiológico na análise causal-explicativa do delito.

d) Entre os modelos teóricos explicativos da criminologia, o conceito definitorial de delito afirma que, segundo a teoria do *labeling approach*, o delito carece de consistência material, sendo um processo de reação social, arbitrário e discriminatório de seleção do comportamento desviado.

e) O modelo teórico de opção racional estuda a conduta criminosa a partir das causas que impulsionaram a decisão delitiva, com ênfase na observância da relevância causal etiológica do delito.

COMENTÁRIOS

✪ **Nota do autor:** Para a teoria a criminalidade não é produto da conduta humana, mas sim em razão do estigma que diferencia o homem comum, pelo rótulo que recebe. Tal rotulação cria **estigmas e desigualdades**, onde o homem passa a sofrer reação social da família, amigos, trabalho, escola. O etiquetamento pode se verificar dentro do controle formal, e também dentro do controle informal da criminalidade. A teoria sustenta que não se pode compreender o crime sem o processo de reação social, de seleção de pessoas e condutas etiquetadas como delitivas.

Alternativa "A": incorreta. O modelo clássico e não o positivista analisa os fatores criminológicos sob a concepção do delinquente como indivíduo racional e livre, que opta pelo crime em virtude de decisão baseada em critérios subjetivos.

Alternativa "B": incorreta. Na atualidade a **Criminologia** possui como objeto de estudo e análise: **o delito, o delinquente, a vítima e o controle social.**

Alternativa "C": incorreta. A criminologia positiva, e não a clássica, atribui o comportamento criminal a fatores biológicos, psicológicos e sociais como determinantes desse comportamento, com paradigma etiológico na análise causal-explicativa do delito.

Alternativa "E": incorreta. A teoria da opção racional o delinquente como indivíduo livre e racional pode optar pelo crime. Analisam as circunstâncias sob as quais um indivíduo decide ir à frente e cometer um crime, e tem por objetivo intervenções destinadas a alterar essas circunstâncias, ou seja, circunstâncias de prevenção do crime.

Correta alternativa: letra "D". A teoria do labeling approach funda-se na ideia de que a intervenção da justiça pode acentuar a criminalidade, e ainda que a criminalidade resulta de um processo de interação social, ou seja, a conduta proibida seria uma qualidade atribuída a um determinado comportamento pela sociedade, caracterizando-se como seletivo, e discriminatório.

---

36. (Vunesp – Delegado de Polícia – CE/2015) Sobre a teoria da "anomia", é correto afirmar:

a) é classificada como uma das "teorias de conflito" e teve, como autores, Erving Goffman e Howard Becker.

b) foi desenvolvida pelo sociólogo americano Edwin Sutherland e deu origem à expressão white collar crimes.

c) surgiu em 1890 com a escola de Chicago e teve o apoio de John Rockefeller.

d) iniciou-se com as obras de Émile Durkheim e Robert King Merton, e significa ausência de lei.

e) foi desenvolvida por Rudolph Giuliani, também conhecida como "Teoria da Tolerância Zero".

COMENTÁRIOS

✪ **Nota do autor:** A teoria funcionalista da anomia e da criminalidade, introduzida por Emile Durkheim no século XIX, contrapunha à ideia da propensão ao crime como patologia a noção da normalidade do desvio como fenômeno social, podendo ser situada no contexto da guinada sociológica da criminologia, em que se origina uma concepção alternativa às teorias de orientação biológica e caracterológica do delinquente

Alternativa "A": incorreta. A teoria da "anomia" pertence à teoria criminológica do consenso.

Alternativa "B": incorreta. A teoria desenvolvida pelo sociólogo americano Edwin Sutherland é relacionada à teoria da associação diferencial.

Alternativa "C": incorreta. A teoria da anomia não surgiu com a Escola de Chicago.

Alternativa "E": incorreta. O movimento de Lei e Ordem surge na cidade de Nova York, a partir de 1993, como incremento do Estado para conter o crescimento da criminalidade, também chamada de tolerância zero, decorrente da teoria das janelas quebradas, inspirada na Escola de Chicago.

Alternativa correta: letra "D". Anomia pela etimologia significa ausência de lei. Como principal expoente desta teoria verifica-se Émile Durkheim, Roberto Merton e ainda Cloward, Ohlin e Parsons.

---

37. (Vunesp – Delegado de Polícia – CE/2015) Assinale a alternativa correta em relação aos modelos teóricos de reação social ao delito.

a) São três os modelos: o dissuasório, o ressocializador e o integrador; o primeiro, também conhecido como modelo clássico, tem o foco na punição do criminoso, procurando mostrar que o crime não compensa; o segundo tem o foco no criminoso e sua ressocialização, procurando reeducá-lo para reintegrá-lo à sociedade; e o terceiro, conhecido como justiça restaurativa, que defende uma intervenção mínima estatal em que o sistema carcerário só atuará em último caso.

b) Apresentam dois modelos bem distintos: o tradicional e o moderno, por entender que um tem foco na punição e recuperação do delinquente, e o outro tem foco na reparação do delito; o primeiro olha para o delinquente e o segundo, somente para a vítima, não importando a recuperação do delinquente.

c) Estão divididos em dois modelos: o concreto e o abstrato, nos quais os objetivos são comuns, ou seja, ambos estão focados no sujeito ativo do delito e em como fazer com que ele não volte a delinquir; o primeiro visa aplicar uma pena privativa de liberdade e o segundo, uma pena pecuniária.

d) São três os modelos teóricos: o moderno, o contemporâneo e o tradicional; o modelo moderno objetiva tratar a prevenção do delito como um problema social, no qual todos têm responsabilidade na ressocialização do criminoso; o modelo contemporâneo entende que há necessidade das penas serem proporcionais ao bem jurídico protegido, enquanto que o modelo tradicional busca no sistema de justiça criminal (Polícia, Ministério Público, Poder Judiciário e Sistema Penitenciário) a efetividade para a prevenção do delito.

e) São caracterizados por três modelos, também conhecido como as três velocidades do direito penal, um direito penal mais "duro" para os crimes mais violentos, um direito penal mais brando, como, por exemplo, para os crimes de menor potencial ofensivo e um direito penal intermediário, um meio termo, para os demais crimes.

COMENTÁRIOS

✪ **Nota do autor:** A reação, de outro lado, ocorre quando se verifica a prática de um delito. Três são os modelos de reação social: dissuasório, ressocializador e restaurador.

Alternativa "B": incorreta. Tradicional e moderno não são modelos de reação social ao delito.

Alternativa "C": incorreta. Concreto e abstrato não são modelos de reação social ao delito.

Alternativa "D": incorreta. Moderno, o contemporâneo e o tradicional não são modelos de reação social ao delito.

Alternativa "E": incorreta. Os três modelos de reação social: o dissuasório, o ressocializador e o integrador, não se confundem com o movimento do Direito Penal de três velocidades.

Alternativa correta: letra "A": O modelo dissuasório ou retributivo tem como característica a punição intimidatória e proporcional do criminoso, e tendo como objeto o Estado e criminoso, ficando de fora a vítima e sociedade, o que lhe rende críticas. A pena é aplicada aos imputáveis e semimputáveis, e aos inimputáveis o tratamento psiquiátrico. O modelo ressocializador não se limita à imposição da pena, mas sim à reinserção social do criminoso, onde a sociedade tem papel importante para prevenir e evitar estigmatização. O modelo restaurador ou integrador ou também justiça restaurativa visa recuperar o criminoso, assistência à vítima, reparação do dano e controle social rompido pela prática do fato, e ainda a conciliação entre os envolvidos com meios de solução de conflitos. A vantagem é diminuição das penas, humilhações e demais consequências.

---

38. (ACAFE – Delegado de Polícia – SC/2014) Quanto ao estatuto da disciplina Criminologia e sua relação com a Política criminal, é correto afirmar:

a) A Criminologia desenvolvida com base no chamado "paradigma etiológico", de matriz positivista, e a Política criminal dela decorrente, exerceram influência marcante sobre vários níveis do sistema penal brasileiro (legal, doutrinário), exceto na execução penal.

b) A seletividade do sistema penal significa que a criminalização é desigualmente distribuída entre os vários grupos e classes sociais, apesar da prática de condutas legalmente definidas como crime ocorrer em todos eles e que a Lei, em princípio, é igual e geral para todos, resultando a desigualdade no momento da seleção dos criminosos pela Polícia, Ministério Público e Justiça.

c) A Criminologia desenvolvida com base no chamado "paradigma da reação ou controle social", que origina a Criminologia crítica, estuda o sistema penal, incluindo a agência policial, como parte integrante de seu objeto, e conclui que a seletividade estigmatizante é a lógica estrutural de seu funcionamento.

d) A obra "Dos delitos e das penas" (1764), de Cesar Beccaria, constitui a matriz mais autorizada do nascimento da Criminologia como uma disciplina autodenominada de "ciência" causal-explicativa da criminalidade.

e) A Criminologia é uma disciplina complexa e plural, pois existem diferentes paradigmas e teorias criminológicas que, desde o século XVII, se desenvolvem no mundo ocidental, inclusive na América Latina e no Brasil. Seu objeto varia de acordo com os diferentes paradigmas. Entretanto, seu método experimental tem permanecido constante.

COMENTÁRIOS

✪ **Nota do autor:** Imperioso com o estudo da criminologia, inferir que esta possui íntima ligação com outras áreas, disciplinas ou estudos, que são convertidos em propostas teóricas com embasamento empírico para o Estado e o meio social. A política criminal disciplina as medidas que devem (ou podem) ser implementadas pelo Estado no combate à criminalidade, portanto, diretamente ligada ao controle social do desviante, ao poder que o Estado oficial possui de definir um conflito social como criminalidade e tomar as medidas adequadas para combatê-lo.

Alternativa "A": incorreta. No paradigma etiológico, modelado segundo uma matriz positivista derivada das ciências naturais, a Criminologia é definida como uma ciência causal-explicativa da criminalidade, isto é, que investiga as causas da criminalidade (seu objeto) segundo o método experimental.

Alternativa "B": incorreta. A seletividade do sistema penal não é atribuída por seleção dos criminosos pela Polícia, Ministério Público e Justiça.

Alternativa "D": incorreta. O caráter científico da criminologia surge com a Escola Positiva de Lombroso, Ferri e Garofalo, e não com Cesare Bonessana (Marquês de Beccaria), pertencente à Escola Clássica.

Alternativa "E": incorreta. A criminologia possui objetos definidos e seu método é flexível, e assim pode-se afirmar que a abordagem criminológica é empírica, o que significa dizer que seu objeto (delito, delinquente, vítima e controle social) se insere no mundo real, do verificável através dos fenômenos sociais.

Correta alternativa: letra "C". Na década de 60, a análise do fenômeno criminal foi ampliada, considerada como verdadeira revolução teórica e prática, pois deixou de lado as questões referentes ao delinquente e o crime, para se dirigirem para a produção normativa e estrutura de **reação da sociedade**. Neste momento ao invés de questionar as causas do crime, a preocupação passa a verificar o porquê determinadas pessoas são tratadas como criminosos, e, ainda, ao invés de questionar os motivos dos criminosos, passa a ser verificar os mecanismos do controle social. Este movimento ficou conhecido como Criminologia Crítica ou Nova Criminologia.

---

39. (Delegado de Polícia – SP/ 2008 – ACADEPOL) Dentre os modelos de reação ao crime destaca-se aquele que procura restabelecer ao Máximo possível o status quo ante, ou seja, valoriza a reeducação do infrator, a situação da vitima e o conjunto social afetado pelo delito, impondo sua revigoração com a reparação do dano suportado. Nesse caso, fala-se em.

a) modelo dissuasório

b) modelo ressocializador.

c) modelo integrador.

d) modelo punitivo.

e) modelo sociológico.

COMENTÁRIOS

✪ **Nota do autor:** A reação ao delito constitui uma das maiores preocupações do Estado, e consequentemente visa medidas adequadas para compor o conflito social, e, avaliar a qualidade de intervenção.

Alternativa "A": o modelo dissuasório ou retributivo tem como característica a punição intimidatória e proporcional do criminoso, e tendo como objeto o Estado e criminoso, ficando de fora a vítima e sociedade, o que lhe rende críticas.

Alternativa "B": incorreta**:** o modelo ressocializador possui preocupação com a utilidade da pena do delinquente e sua efetividade possui grande importância. O Estado deve preparar o condenado para reintegrar o corpo social.

Alternativa "D": incorreta. O modelo punitivo não corresponde à valorização e reeducação do infrator, à situação da vitima e o conjunto social afetado pelo delito.

Alternativa "E": incorreta. O modelo sociológico não pertence à classificação da reação social, e não corresponde a valorização e reeducação do infrator, a situação da vítima e o conjunto social afetado pelo delito.

Alternativa correta: letra "C": o modelo restaurador ou integrador ou também justiça restaurativa visa recuperar o criminoso, promover assistência à vítima, reparação do dano e o controle social rompido pela prática do fato, e ainda a conciliação entre os envolvidos com meios de solução de conflitos.

40. (Delegado de Polícia – SP/ 2008 – ACADEPOL) Dentre os fatores condicionantes da criminalidade, no aspecto psicológico, alcança projeção, hoje em dia, nas favelas, um modelo consciente ou inconsciente, com o qual o individuo gosta de se identificar, sendo atraente o comportamento do bandido, pois é "valente, tem dinheiro e prestígio na comunidade". A esse comportamento dá-se o nome de

a) carência afetiva.
b) ego abúlico.
c) insensibilidade moral.
d) mimetismo.
e) telurismo.

COMENTÁRIOS

✪ **Nota do autor:** o **mimetismo** é a imitação, o ajustamento de uma pessoa a uma nova situação, ou ainda, o processo de assumir o aspecto do meio em que se encontra. Assim, o delinquente pode ser tornar um imitador.

Alternativa "A": incorreta: A carência afetiva é estrutura deficiente, pela ausência de familiares, constitui fator condicionante psicológico.

Alternativa "B": incorreta. O ego abúlico é fraca força de vontade daqueles que podem ser influenciados facilmente, e constitui fator condicionante psicológico.

Alternativa "C": incorreta. A insensibilidade moral também foi considerada por Lombroso na fase Antropológica da Escola Positiva, como fator determinante do criminoso nato, juntamente com a insensibilidade a dor.

Alternativa "E": incorreta. O telurismo é a influência da natureza do solo no homem que o habita, na sua índole, costumes **Alternativa correta: letra "D":** A identificação com modelos ou imitação ocorre por vaidade ou sentimento similar, onde uma conduta criminosa é repetida. Os agentes que por vaidade e deformação de caráter sentem uma necessidade incontrolável de se exibirem para a sociedade, com veículos, roupas de grifes, provocando ainda mais sentimento de impunidade no meio social.

41. (Vunesp – Delegado de Polícia – SP/2014) A moderna Sociologia Criminal possui visão bipartida do pensamento criminológico atual, sendo uma de cunho funcionalista e outra de cunho argumentativo. Trata-se das teorias

a) indutiva e dedutiva.
b) do consenso e do conflito.
c) absoluta e relativa.
d) moderna e contemporânea.
e) abstrata e concreta.

COMENTÁRIOS

✪ **Nota do autor:** A moderna sociologia parte de que não somente as degenerações apontadas por Lombroso eram suficientes para explicar o fato criminoso, mas também as transformações sociais que afetam os indivíduos desajustando-os. A moderna sociologia analisa as teorias **macrossociológicas**, sob os aspectos **consensuais e do conflito**, pois não é possível limitar-se apenas a uma visão do indivíduo ou de pequenos grupos.

Alternativa "A": incorreta: Indução e dedução são métodos de pesquisa apresentando-se contrários um ao outro.

Alternativa "C": incorreta. Teoria absoluta e relativa são teorias da pena.

Alternativa "D": incorreta. Moderna e contemporânea são sinônimos e não constituem a visão bipartida da criminologia.

Alternativa "E": incorreta. O termo abstrato e concreto não constitui a visão bipartida da criminologia.

Alternativa correta: letra "B": As teorias do consenso compreendem que os objetivos de uma sociedade somente são verificados quando ocorre o funcionamento adequado das instituições, e os indivíduos compartilham e concordam com as regras de convívio. Por sua vez, as teorias do conflito sustentam que as relações sociais são conflituosas, com base na distribuição desigual de autoridade, e, portanto, necessita de força e coerção, ignorando-se a existência de acordos em torno de valores de que depende o próprio estabelecimento da força.

5. VITIMOLOGIA

42. (Vunesp – Delegado de Polícia – PC – BA/2018) No que diz respeito aos estudos desenvolvidos no âmbito da vitimologia, assinale a alternativa correta.

a) O linchamento do autor de um crime por populares em uma rua pode ser classificado como uma vitimização secundária e terciária.
b) A chamada da vítima na fase processual da persecução penal para ser ouvida sobre o crime, por inúmeras vezes, é denominada de vitimização secundária.
c) A longa espera da vítima de um crime em uma delegacia de polícia para o registro do crime é denominada de vitimização terciária.
d) A vítima só passa a ter um contorno sistemático em sua abordagem criminológica a partir do fim da primeira guerra mundial, na segunda década do século XX.
e) As pesquisas de vitimização têm por objetivo principal mensurar a vitimização secundária.

COMENTÁRIOS

✪ **Nota do autor:** . A vítima foi praticamente desconsiderada nos últimos séculos pelo direito penal, mas na Criminologia seu papel foi resgatado.

Alternativa "a": A vitimização secundária consiste na ocorrência de danos à vítima em razão do processo, com suas experiências traumáticas, como no crime de estupro. E a vitimização terciária compreende os abusos, maus tratos, além da penalização da vítima pela própria sociedade.

Alternativa "b": Vitimização secundária consiste na ocorrência de danos à vítima em razão do processo, com suas experiências traumáticas, como no crime de estupro.

Alternativa "c": A longa espera da vítima de um crime em uma delegacia de polícia para o registro do crime é denominada de vitimização secundária.

Alternativa "d": Somente no terceiro momento é que se valoriza a vítima, com estudo feito de maneira mais aprofundada, logo após a 2ª Guerra Mundial.

Alternativa "e": A **vitimologia** estuda o papel da vítima no fato danoso, e a maneira pela qual participa na ocorrência do delito, em especial pelos problemas de ordem moral, psicológica, nos crimes que são cometidas com violência e graves ameaça.

Alternativa correta: letra "b".

---

43. (Nucepe – Delegado de Polícia – PC – PI/2018) Sobre a Vitimologia, assinale a alternativa CORRETA.

a) De acordo com a classificação das vítimas, formulada por Mendelsohn, a vítima simuladora é aquela que voluntária ou imprudentemente, colabora com o ânimo criminoso do agente.

b) É denominada terciária a vitimização que corresponde aos danos causados à vítima em decorrência do crime.

c) De acordo com a ONU, apenas são consideradas vítimas as pessoas que, individual ou coletivamente, tenham sofrido lesões físicas ou mentais, por atos ou omissões que representem violações às leis penais, incluídas as leis referentes ao abuso criminoso do poder.

d) O surgimento da Vitimologia ocorreu no início do século XVIII, com os estudos pioneiros de Hans Von Hentig, seguido por Mendelsohn.

e) É denominada secundária a vitimização causada pelas instâncias formais de controle social, no decorrer do processo de registro e apuração do crime.

COMENTÁRIOS

✪ **Nota do autor:** A **Vitimologia** estuda o papel da vítima no fato danoso, e a maneira pela qual participa na ocorrência do delito, em especial pelos problemas de ordem moral, psicológica, nos crimes que são cometidas com violência e graves ameaça

Alternativa "a": A Classificação de Mendelsohn propõe a vítima completamente inocente ou vítima ideal, por ignorância, voluntária ou culpa, e mais culpada que o infrator.

Alternativa "b": A vitimização terciária compreende os abusos, maus tratos, além da penalização da vítima pela própria sociedade.

Alternativa "c": A vítima pode ser entendida como aquele indivíduo e a comunidade que sofrem as consequências do crime.

Alternativa "d": O fundador da criminologia da vítima foi **Benjamin Mendelsohn,** da Universidade de Hebraica de Jerusalém, que em 1947 proferiu palestra com o tema Um horizonte novo na ciência biopsicossocial: a vitimologia. Outro precursor da vitimologia é **Hans Von Hentig**, com o trabalho denominado **O criminoso e sua vítima de 1948.**

Alternativa "e". Vitimização secundária consiste na ocorrência de danos à vítima em razão do processo, com suas experiências traumáticas, como no crime de estupro.

Alternativa correta: letra "e".

▸ **TEXTO 1A9-I: SENTENÇA**

Ação: Medidas Protetivas de Urgência (Lei Maria da Penha)

Processo n.º: XXXXXXX

Ana de Jesus foi à polícia reclamar que Mário, seu ex-namorado, alcoólatra e usuário de drogas, lhe fez ameaça de morte e ainda lhe deu umas refregas (sic), ao que se seguiram a comunicação do fato e o pedido de medida protetiva. É lamentável que a mulher não se dê ao respeito e, com isso, faça desmerecido o poder público. Simplesmente decidir que o agressor deve manter determinada distância da vítima é um nada. Depois que o sujeito, sentindo só a debilidade do poder público, invadir a distância marcada, caberá à vítima, mais uma vez, chamar a polícia, a qual, tendo ido ao local, o afastará dali. Mais que isso, legalmente, pouco há que fazer. Enfim, enquanto a mulher não se respeitar, não se valorizar, ficará nesse ramerrão sem fim — agressão, reclamação na polícia, falta de proteção. Por outro lado, ainda vige o instituto da legítima defesa, muito mais eficaz que qualquer medidazinha (sic) de proteção. Intimem-se, inclusive ao MP.

▸ **TEXTO 1A9-II**

No Brasil, a edição da Lei Maria da Penha retratou a preocupação da sociedade com a violência doméstica contra a mulher, e a incorporação do feminicídio ao Código Penal refletiu o reconhecimento de conduta criminosa reiterada relacionada à questão de gênero. Mesmo com tais medidas, que visam reduzir a violência contra as mulheres, as estatísticas nacionais apontam para um agravamento do problema. No caso do estado de Sergipe, de acordo com dados do Panorama da Violência contra as Mulheres no Brasil (2016), a taxa de violência letal contra mulheres é superior à taxa nacional, enquanto a taxa de estupros é inferior, o que pode ser resultado de uma subnotificação desse tipo de violência.

Internet: <www.senado.gov.br> (com adaptações).

---

44. (Cespe – Delegado de Polícia – PC – SE/2018) Considerando os textos apresentados, julgue os itens que se seguem, pertinentes aos objetos da criminologia.

44.1. A sentença transcrita (texto 1A9-I) exemplifica o que a teoria criminológica descreve como revitimização ou vitimização secundária, que se expressa como o atendimento negligente, o descrédito na palavra da vítima, o descaso com seu sofrimento físico e(ou) mental, o desrespeito à sua privacidade, o constrangimento e a responsabilização da vítima pela violência sofrida.

COMENTÁRIOS

Vitimização secundária consiste na ocorrência de danos à vítima em razão do processo, com suas experiências traumáticas, como, por exemplo no crime de estupro. **CERTO**

44.2. Conforme o conceito de delito na criminologia, o feminicídio caracteriza-se como um crime por ser um fato típico, ilícito e culpável.

COMENTÁRIOS

O crime, para a criminologia deve ser encarado como um fenômeno comunitário e como um problema social, tal conceituação é insuficiente. **ERRADO**

45. (Vunesp – Delegado de Polícia – CE/2015) Quando a vítima, em decorrência do crime sofrido, não encontra amparo adequado por parte dos órgãos oficiais do Estado, durante o processo de registro e apuração do crime, como, por exemplo, o mau atendimento por um policial, levando a vítima a se sentir como um "objeto" do direito e não como sujeito de direitos, caracteriza

a) vitimização estatal ou oficial.

b) vitimização secundária.

c) vitimização terciária.

d) vitimização quaternária.

e) vitimização primária.

COMENTÁRIOS

✪ **Nota do autor:** A vítima também possui classificação própria, podendo verificar-se a existência da vítima: **primária, secundária e terciária.**

Alternativa "A": incorreta. A vitimização estatal ou oficial não é objeto de classificação.

Alternativa "C": incorreta. A vitimização terciária envolve além dos danos adicionais como abuso, maus tratos, a penalização suportada pela vítima como a discriminação da própria sociedade como por exemplo familiares, amigos, colegas de trabalho, como forma de segregação e humilhação

Alternativa "D": incorreta. Não se verifica tal classificação.

Alternativa "E": incorreta. A vitimização primária verifica-se quando atingida diretamente pela conduta criminosa.

Correta alternativa: letra "B". A vitimização secundária consiste na ocorrência de danos à vítima em razão da investigação e do processo, com suas experiências traumáticas.

46. (Vunesp – Delegado de Polícia – SP/2014) Um dos primeiros autores a classificar as vítimas de um crime foi Benjamin Mendelsohn, que levou em conta a participação das vítimas no delito. Segundo esse autor, as vítimas classificam-se em __________; vítimas menos culpadas que os criminosos; __________; vítimas mais culpadas que os criminosos e __________.

Assinale a alternativa que preenche, correta e respectivamente, as lacunas do texto.

a) vítimas inocentes ... vítimas inimputáveis ... vítimas culpadas

b) vítimas primárias ... vítimas secundárias ... vítimas terciárias

c) vítimas ideais ... vítimas tão culpadas quanto os criminosos ... vítimas como únicas culpadas

d) vítimas tão participativas quanto os criminosos ... vítimas passivas ... vítimas colaborativas quanto aos criminosos

e) vítimas passivas em relação ao criminoso ... vítimas prestativas ... vítimas ativas em relação aos criminosos

COMENTÁRIOS

✪ **Nota do autor:** O fundador da criminologia da vítima foi **Benjamin Mendelsohn,** da Universidade de Hebraica de Jerusalém, que em 1947 proferiu palestra com o tema Um horizonte novo na ciência biopsicossocial: a vitimologia.

Alternativa "A": incorreta: Vítimas inimputáveis não pertencem à classificação de Mendelsohn.

Alternativa "B": incorreta. A vitimização primária verifica-se quando atingida diretamente pela conduta criminosa. Secundária consiste na ocorrência de danos à vítima em razão do processo, com suas experiências traumáticas, como no crime de estupro. E a vitimização terciária compreende os abusos, maus tratos, além da penalização da vítima pela própria sociedade.

Alternativa "D": incorreta. As hipóteses não correspondem à classificação proposta por Mendelsohn.

Alternativa "E": incorreta. As hipóteses não correspondem à classificação proposta por Mendelsohn.

Alternativa correta: letra "C": Mendelsohn sintetiza a classificação das vítimas em três grupos: a) a vítima inocente que não concorre para a realização do crime (vítima ideal); b) a vítima provocadora, que colabora com a vontade do criminoso (tão culpadas quanto os criminosos); c) e a vítima agressora, que acaba por justificar a ação de seu agressor (vítimas como únicas culpadas).

6. PREVENÇÃO E REAÇÃO

47. (Vunesp – Delegado de Polícia – PC – BA/2018) Assinale a alternativa que contém um exemplo de prevenção de infrações penais preponderantemente primária.

a) Construção de uma praça com equipamentos de lazer em uma comunidade com altos índices de criminalidade e de vulnerabilidade social com o fim de evitar que jovens daquele local, em especial em situação de risco, envolvam-se com a criminalidade.

b) Projeto Começar de Novo, que visa devolver aos cumpridores de pena e egressos a autoestima e a cidadania suprimidas com a privação de sua liberdade, por meio de ações de caráter preventivo, educativo e res- socializador, atuando, assim, na humanização, a fim de que referido público valorize a liberdade e passe a fazer escolhas melhores em sua vida, evitando o retorno ao cárcere.

c) Implementação de sistemas de leitores óticos de placas de veículos nas ruas e avenidas da cidade de Salvador para identificação de veículos relacionados a algum tipo de crime.

d) Bloqueio que impeça a ativação e utilização de aparelhos de telefonia celular subtraídos do legítimo proprietário por meio de uma conduta criminosa.

e) Melhoria de atendimento pré e pós-natal a todas as gestantes de uma determinada cidade com a finalidade de reduzir os índices criminais no município.

COMENTÁRIOS

✪ **Nota do autor:** A prevenção significa as ações destinadas a evitar a prática do crime. Constitui verdadeiro objeto do Estado a manutenção da paz e a prevenção dos atos criminosos, através de medidas que passam por todos os setores do Poder Público.

Alternativa "a": incorreta. As situações envolvem a prevenção secundária.

Alternativa "b": incorreta. Exemplos de prevenção terciária.

Alternativa "c": incorreta. Medidas educativas de trânsito.

Alternativa "d": incorreta. A medida não se aproxima das formas de prevenção.

Alternativa "e": A prevenção primária repousa sobre as causas do delito, incidem na concretização dos direitos da pessoa, como saúde, educação, segurança, qualidade de vida, com prevenção de médio a logo prazo.

Alternativa correta: letra "e".

48. (Cespe – Delegado de Polícia – PC – SE/2018) No que se refere à prevenção da infração penal no Estado democrático de direito, julgue os próximos itens.

48.1. Medidas indiretas de prevenção delitiva visam atacar as causas do crime: cessada a causa, cessam seus efeitos.

COMENTÁRIOS

É considerada indireta a prevenção pois não atinge diretamente o crime, mas o indivíduo e meio em que vive. **CERTO**

48.2. A alteração dos espaços físicos e urbanos, como, por exemplo, a elaboração de novos desenhos arquitetônicos e o aumento da iluminação pública, pode ser considerada uma forma de prevenção delituosa.

COMENTÁRIOS

A prevenção secundária atua no momento do crime ou após a sua realização, com foco nas ações policiais, programas de apoio e comunicação, com prevenção a curto e médio prazo. **CERTO**

48.3. A prevenção terciária da infração penal consiste em medidas de longo prazo, como a garantia de educação, a redução da desigualdade social e a melhoria das condições de qualidade de vida, enquanto a prevenção primária é voltada à pessoa reclusa e visa à sua recuperação e reintegração social.

COMENTÁRIOS

A prevenção terciária consiste na prevenção da **reincidência**, e realiza-se por meio de medidas socioeducativas, como a laborterapia, a liberdade assistida, a prestação de serviços comunitários. **ERRADO**

49. (Cespe – Delegado de Polícia – GO/2017) Considerando que, para a criminologia, o delito é um grave problema social, que deve ser enfrentado por meio de medidas preventivas, assinale a opção correta acerca da prevenção do delito sob o aspecto criminológico.

a) A transferência da administração das escolas públicas para organizações sociais sem fins lucrativos, com a finalidade de melhorar o ensino público do Estado, é uma das formas de prevenção terciária do delito.

b) O aumento do desemprego no Brasil incrementa o risco das atividades delitivas, uma vez que o trabalho, como prevenção secundária do crime, é um elemento dissuasório, que opera no processo motivacional do infrator.

c) A prevenção primária do delito é a menos eficaz no combate à criminalidade, uma vez que opera, etiologicamente, sobre pessoas determinadas por meio de medidas dissuasórias e a curto prazo, dispensando prestações sociais.

d) Em caso de a Força Nacional de Segurança Pública apoiar e supervisionar as atividades policiais de investigação de determinado estado, devido ao grande número de homicídios não solucionados na capital do referido estado, essa iniciativa consistirá diretamente na prevenção terciária do delito.

e) A prevenção terciária do crime consiste no conjunto de ações reabilitadoras e dissuasórias atuantes sobre o apenado encarcerado, na tentativa de se evitar a reincidência.

COMENTÁRIOS

✪ **Nota do autor:** A prevenção significa as **ações destinadas a evitar a prática do crime**. Estas medidas podem ser diretas ou indiretas, atuando sobre causas, e tem como alvo o indivíduo e o meio em que vive, ou seja, quanto à personalidade, caráter, e, com medidas sociais, políticas, e econômicas que influenciam na qualidade de vida das pessoas, e também sobre a infração penal.

Alternativa "A": incorreta. A melhoria das escolas, dentro de diversas possibilidades atua como **prevenção primária** que, repousa sobre as causas do delito, incidem na concretização dos direitos da pessoa, **como saúde, educação, segurança, qualidade de vida**, com prevenção de médio a logo prazo.

Alternativa "B": incorreta. A **prevenção secundária** atua no momento do crime ou após a sua realização, com foco nas ações policiais, programas de apoio e comunicação, com prevenção a curto e médio prazo. O trabalho é entendido como forma de prevenção terciária.

Alternativa "C": incorreta. A prevenção primária repousa sobre as causas do delito, incidem na **concretização dos direitos da pessoa**, como saúde, educação, segurança, qualidade de vida, com prevenção de médio a logo prazo.

Alternativa "D": incorreta. A prevenção terciária atua como forma de evitar a **reincidência.**

Alternativa correta: letra "E". A prevenção terciária consiste na prevenção da **reincidência**, e realiza-se por meio de **medidas socioeducativas, como a laborterapia, a liberdade assistida, a prestação de serviços comunitários.**

---

50. (Cespe – Delegado de Polícia – GO/2017) Em busca do melhor sistema de enfrentamento à criminalidade, a criminologia estuda os diversos modelos de reação ao delito. A respeito desses modelos, assinale a opção correta.

a) De acordo com o modelo clássico de reação ao crime, os envolvidos devem resolver o conflito entre si, ainda que haja necessidade de inobservância das regras técnicas estatais de resolução da criminalidade, flexibilizando-se leis para se chegar ao consenso.

b) Conforme o modelo ressocializador de reação ao delito, a existência de leis que recrudescem o sistema penal faz que se previna a reincidência, uma vez que o infrator racional irá sopesar o castigo com o eventual proveito obtido.

c) Para a criminologia, as medidas despenalizadoras, com o viés reparador à vítima, condizem com o modelo integrador de reação ao delito, de modo a inserir os interessados como protagonistas na solução do conflito.

d) A fim de facilitar o retorno do infrator à sociedade, por meio de instrumentos de reabilitação aptos a retirar o caráter aflitivo da pena, o modelo dissuasório de reação ao crime propõe uma inserção positiva do apenado no seio social.

e) O modelo integrador de reação ao delito visa prevenir a criminalidade, conferindo especial relevância ao ius puniendi estatal, ao justo, rápido e necessário castigo ao criminoso, como forma de intimidação e prevenção do crime na sociedade.

COMENTÁRIOS

✪ **Nota do autor:** É considerável a preocupação do Estado contemporâneo na reação ao delito. Três são os modelos de reação social: dissuasório, ressocializador e restaurador.

Alternativa "A": incorreta. O modelo dissuasório, retributivo ou clássico tem como característica a punição intimidatória e proporcional do criminoso, e tendo como objeto o Estado e criminoso, ficando de fora a vítima e sociedade.

Alternativa "B": incorreta. O modelo ressocializador não se limita à imposição da pena, mas sim à reinserção social do criminoso, onde a sociedade tem papel importante para prevenir e evitar estigmatização

Alternativa "D": incorreta. O modelo dissuasório ou retributivo tem como característica a punição intimidatória e proporcional do criminoso, e tendo como objeto o Estado e criminoso, ficando de fora a vítima e sociedade, o que lhe rende críticas

Alternativa "E": incorreta. O modelo restaurador (integrador) ou também justiça restaurativa visa recuperar o criminoso, assistência à vítima, reparação do dano e controle social rompido pela prática do fato, e ainda a conciliação entre os envolvidos com meios de solução de conflitos. A vantagem é diminuição das penas, humilhações e demais consequências.

Alternativa correta: letra "C". O modelo restaurador (integrador) ou também justiça restaurativa visa recuperar o criminoso, assistência à vítima, reparação do dano e controle social rompido pela prática do fato, e ainda a conciliação entre os envolvidos com meios de solução de conflitos.

---

51. (Cespe – Delegado de Polícia – PE/2016) No que se refere aos métodos de combate à criminalidade, a criminologia analisa os controles formais e informais do fenômeno delitivo e busca descrever e apresentar os meios necessários e eficientes contra o mal causado pelo crime. A esse respeito, assinale a opção correta.

a) A criminologia distingue os paradigmas de respostas conforme a finalidade pretendida, apresentando, entre os modelos de reação ao delito, o modelo dissuasório, o ressocializador e o integrador como formas de enfrentamento à criminalidade. Em determinado nível, admitem-se como conciliáveis esses modelos de enfrentamento ao crime.

b) Como modelo de enfrentamento do crime, a justiça restaurativa é altamente repudiada pela criminologia por ser método benevolente ao infrator, sem cunho ressocializador e pedagógico.

c) O modelo dissuasório de reação ao delito, no qual o infrator é objeto central da análise científica, busca mecanismos e instrumentos necessários à rápida e rigorosa efetivação do castigo ao criminoso, sendo desnecessário o aparelhamento estatal para esse fim.

d) O modelo ressocializador de enfrentamento do crime propõe legitimar a vítima, a comunidade e o infrator na busca de soluções pacíficas, sem que haja a necessidade de lidar com a ira e a humilhação do infrator ou de utilizar o ius puniendi estatal.

e) A doutrina admite pacificamente o modelo integrador na solução de conflitos havidos em razão do crime, independentemente da gravidade ou natureza, uma vez que o controle formal das instâncias não se abdica do poder punitivo estatal.

COMENTÁRIOS

✪ **Nota do autor:** O Controle Social constitui-se em um conjunto de mecanismos e sanções sociais que determinam ao indivíduo um padrão de conduta, sendo, portanto, uma forma de destinada a levar ao comportamento adequado relação em sintonia com os **valores da coletividade.** O controle social informal atua ao longo da formação do indivíduo, transmitindo valores morais e éticos, sem a atuação do Estado. O controle social formal entra em cena quando os controles sociais informais se tornaram insuficientes, atuando de modo coercitivo e impondo sanções distintas daquelas do controle informal.

Alternativa "B": incorreta. O modelo restaurador ou também justiça restaurativa visa recuperar o criminoso, assistência à vítima, reparação do dano e controle social rompido pela prática do fato, e ainda a conciliação entre os envolvidos com meios de solução de conflitos, é amplamente aceito pela criminologia.

Alternativa "C": incorreta. O modelo dissuasório de reação ao delito tem como característica a punição intimidatória e proporcional do criminoso, e tendo como objeto o Estado e criminoso, ficando de fora a vítima e sociedade, o que lhe rende críticas. A pena é aplicada aos imputáveis e semi imputáveis, e aos inimputáveis o tratamento psiquiátrico.

Alternativa "D": incorreta. O modelo ressocializador não se limita à imposição da pena, mas sim à reinserção social do criminoso, onde a sociedade tem papel importante para prevenir e evitar estigmatização.

Alternativa "E": incorreta. A doutrina não é pacífica quanto ao alcance da justiça restaurativa, especialmente quanto à sua aplicação em crimes de maior gravidade.

Correta alternativa: letra "A". Três são os modelos de reação social: dissuasório, ressocializador e restaurador. O modelo dissuasório ou retributivo tem como característica a punição intimidatória e proporcional do criminoso, e tendo como objeto o Estado e criminoso, ficando de fora a vítima e sociedade, o que lhe rende críticas. A pena é aplicada aos imputáveis e semi-imputáveis, e aos inimputáveis o tratamento psiquiátrico. O modelo ressocializador não se limita à imposição da pena, mas sim à reinserção social do criminoso, onde a sociedade tem papel importante para prevenir e evitar estigmatização. A preocupação com a utilidade da pena do delinquente e sua efetividade possui grande importância. O Estado deve preparar o condenado para reintegrar o corpo social. O modelo restaurador (integrador) ou também justiça restaurativa visa recuperar o criminoso, assistência à vítima, reparação do dano e controle social rompido pela prática do fato, e ainda a conciliação entre os envolvidos com meios de solução de conflitos. Assim, é possível verificar em alguns aspectos, elementos conciliáveis.

---

52. (Cespe – Delegado de Polícia – PE/2016) A criminologia reconhece que não basta reprimir o crime, deve-se atuar de forma imperiosa na prevenção dos fatores criminais. Considerando essa informação, assinale a opção correta acerca de prevenção de infração penal.

a) Para a moderna criminologia, a alteração do cenário do crime não previne o delito: a falta das estruturas físicas sociais não obstaculiza a execução do plano criminal do delinquente.

b) A prevenção terciária do crime implica na implementação efetiva de medidas que evitam o delito, com a instalação, por exemplo, de programas de policiamento ostensivo em locais de maior concentração de criminalidade.

c) No estado democrático de direito, a prevenção secundária do delito atua diretamente na sociedade, de maneira difusa, a fim de implementar a qualidade dos direitos sociais, que são considerados pela criminologia fatores de desenvolvimento sadio da sociedade que mitiga a criminalidade.

d) Trabalho, saúde, lazer, educação, saneamento básico e iluminação pública, quando oferecidos à sociedade de maneira satisfatória, são considerados forma de prevenção primária do delito, capaz de abrandar os fenômenos criminais.

e) A doutrina da criminologia moderna reconhece a eficiência da prevenção primária do delito, uma vez que ela atua diretamente na pessoa do recluso, buscando evitar a reincidência penal e promover meios de ressocialização do apenado.

COMENTÁRIOS

✪ **Nota do autor:** A prevenção significa as ações destinadas a evitar a prática do crime. Constitui verdadeiro objeto do Estado a manutenção da paz e a prevenção dos atos criminosos, através de medidas que passam por todos os setores do Poder Público. Tais medidas atuam sobre causas, e tem como alvo o indivíduo e o meio em que vive, ou seja, quanto à personalidade, caráter, e, com medidas sociais, políticas, e econômicas que influenciam na qualidade de vida das pessoas.

Alternativa "A": incorreta. A moderna criminologia tem por objetivo a prevenção do delito por meio de controle social, mas sem visar a fim do delito em sociedade.

Alternativa "B": incorreta. A prevenção terciária realiza-se por meio de medidas socioeducativas, como a laborterapia, a liberdade assistida, e a prestação de serviços comunitários.

Alternativa "C": incorreta. A prevenção secundária atua no momento do crime ou após a sua realização, com foco nas ações policiais, programas de apoio e comunicação, com prevenção a curto e médio prazo.

Alternativa "E": incorreta. A criminologia moderna tem por objetivo a prevenção do delito por meio do controle social eficaz, e não pela atuação na pessoa do recluso.

Correta alternativa: letra "D". A prevenção primária repousa sobre as causas do delito, incidem na concretização dos direitos da pessoa, como saúde, educação, segurança, qualidade de vida, com prevenção de médio a logo prazo.

---

53. (Vunesp – Delegado de Polícia – SP/2014) A prevenção criminal que está voltada à segurança e qualidade de vida, atuando na área da educação, emprego, saúde e moradia, conhecida universalmente como direitos sociais e que se manifesta a médio e longo prazos, é chamada pela Criminologia de prevenção

a) primária.

b) individual.

c) secundária.

d) estrutural.

e) terciária.

COMENTÁRIOS

✪ **Nota do autor:** A prevenção implica em ações destinadas a evitar a prática do crime, a manutenção da paz e a prevenção dos atos criminosos, através de medidas que passam por todos os setores do Poder Público. Estas medidas podem ser diretas ou indiretas. As primeiras atuam sobre causas, e tem como alvo o indivíduo e o meio em que vive, ou seja, quanto à personalidade, caráter, e, com medidas sociais, políticas, e econômicas que influenciam na qualidade de vida das pessoas. A segunda atua sobre a infração penal.

Alternativa "B": incorreta: Não existe tal classificação dentro da prevenção do crime.

Alternativa "C": incorreta. A prevenção secundária atua no momento do crime ou após a sua realização, com foco nas ações policiais, programas de apoio e comunicação, com prevenção a curto e médio prazo.

Alternativa "D": incorreta. Não existe tal classificação dentro da prevenção do crime.

Alternativa "E": incorreta. A prevenção terciária consiste na prevenção da **reincidência**, e "realiza-se por meio de medidas socioeducativas, como a laboterapia, a liberdade assistida, a prestação de serviços comunitários.

Alternativa correta: letra "A": Alguns fatores contribuem para a existência do crime como desemprego, miséria, desigualdade, corrupção, ao passo que trabalho, educação, democracia, justiça social afastam a criminalidade. A prevenção pode ser **primária a secundária.** A prevenção primária repousa sobre as causas do delito, incidem na concretização dos direitos da pessoa, como saúde, educação, segurança, qualidade de vida, com prevenção de médio a logo prazo.

Criminologia

Fábio Caliari

✦ DICAS

- A criminologia não possui momento determinado quanto ao seu surgimento, de fato ainda que de maneira simples e sem conteúdo científico, ela sempre existiu.
- A afirmação de que a criminologia possui uma curta história mas um passado longo, pode ser entendida como a premissa mais adequada, em razão dos inúmeros critérios e informes que procuraram determiná-la no tempo e no espaço.
- É certo que diversos autores apontam como **marco científico da criminologia** a publicação da obra **L'Uomo Delinquente de 1876 de Cesare Lombroso,** precursor da Escola Positiva italiana, fato amplamente levado em consideração na elaboração e resolução de provas e concursos.
- Na antiguidade poucas foram as questões que versavam sobre o criminoso, o crime e suas consequências, entretanto, na Idade Média e início da Idade Moderna é que se verificam diversas manifestações visando a explicação da criminalidade.
- O movimento científico dado à Criminologia e também do Direito Penal nada mais significa do que a evolução das ideias penais com o objetivo de cientificizar o estudo do crime. Este fato ocorre com as Escolas Penais.
- Também conhecido como **período científico do direito penal** onde surgiram as **ciências criminológicas** (segunda metade do século XIX), o delito, a pena e o criminoso passaram a ser observados de outra forma, mais humana e científica, buscando, sobretudo o estudo mais aprofundado deles. As principais figuras foram **Cesare Lombroso**, fundador da antropologia criminal; **Ferri,** da sociologia criminal; e **Garofalo, da Criminologia.**
- A **Escola Clássica** teve como principais características apontar que o direito tem origem transcendente é preexistente ao homem com origem divina. O delito é um ente jurídico, é a violação de um direito, a contradição entre o fato e a lei, e ainda uma infração da lei do Estado, resultante de um ato externo do homem, positivo ou negativo, moralmente imputável (livre arbítrio) e politicamente danoso (segurança dos cidadãos)
- As principais características da **Escola Positiva** revelam que o direito penal é produto social, obra humana. A responsabilidade social deriva do determinismo
- Na **Escola Positiva** o delito é um fenômeno natural e social (fatores individuais, físicos e sociais). A pena é defesa social com função preventiva. O método é o indutivo ou experimental. Os objetos de estudo **são o crime, o delinquente, a pena e o processo**. A sanção poderia ser aplicada antes da prática criminosa, como ociosidade, embriaguez, desonestidade. A Escola Positiva contribui para o **nascimento da criminologia**, a preocupação com o **delinquente e a vítima**, além de desenvolver o conceito de **periculosidade,** e a medida de segurança, e o tratamento do menor.
- A criminologia é uma ciência, pois possui **função, método, e objeto** próprio, e busca conhecer, explicar e transformar a realidade para permitir a compreensão do fenômeno criminal.
- Criminologia significa o estudo do Crime, é a **ciência que estuda o crime, o criminoso e a vítima,** além das **circunstâncias sociais**, os **fatores físicos, psicológicos**, que levaram o criminoso ao cometimento da conduta criminosa.
- A Criminologia é um campo multidisciplinar, donde outras ciências contribuem, influenciam e estão presentes em seu conteúdo de estudo, e dentre elas, a biologia, a sociologia, a psicologia, a antropologia e o direito, todas de grande importância para delimitarem os contornos da criminologia.
- A palavra Criminologia foi utilizada pela primeira vez em 1883 por Paul Topinard e aplicada por Garofalo, no mencionado livro **Criminologia de 1885.**
- Na Criminologia o método é a observação e a indução, juízos empíricos dos fenômenos sociais e da realidade dos fatos.
- Na atualidade a Criminologia possui como objeto de estudo e análise: **o delito, o delinquente, a vítima e o controle social.**

Objeto da Criminologia	
	▸ O delito
	▸ O delinquente
	▸ A vítima
	▸ O controle social

- As disciplinas relacionadas à realidade são: fenomenologia criminal, etiologia criminal, biologia criminal, geografia criminal e ecologia criminal. A disciplina é a criminalística. As disciplinas relacionadas à prevenção e repressão são: penologia e profixalia.
- A moderna sociologia parte de que não somente as degenerações apontadas por Lombroso eram suficientes para explicar o fato criminoso, mas também as transformações sociais que afetam os indivíduos desajustando-os.

- A moderna sociologia analisa as teorias **macrossociológica**, sob os aspectos **consensuais e do conflito**, pois não é possível limitar-se apenas a uma visão do indivíduo ou de pequenos grupos.
- A primeira visão, conhecida como teoria da integração, ou, seu nome mais comum de **teoria do consenso**, onde abrange a escola de Chicago, teoria da associação diferencial, teoria da anomia, e teoria da subcultura do delinquente. A segunda, chamada **de teoria do conflito**, onde se situam as teorias do *labelling approach* e teoria crítica ou radical.
- As teorias do consenso compreendem que os objetivos de uma sociedade somente são verificados quando ocorre o funcionamento adequado das instituições, e os indivíduos compartilham e concordam com as regras de convívio.
- As teorias do conflito sustentam que as relações sociais são conflituosas, com base na distribuição desigual de autoridade, e, portanto, necessita de força e coerção, ignorando-se a existência de acordos em torno de valores de que depende o próprio estabelecimento da força.

Criminologia do consenso	Criminologia do conflito
Escola de Chicago	Labelling approach
Teoria da associação diferencial	Teoria crítica
Teoria da anomia	–
Teoria da subcultura a do delinquente	–

- A **Escola de Chicago** se desenvolveu com a crescente industrialização do século XX, o que provocou não só na cidade de Chicago, mas em diversas cidades do mundo, um grande **contraste de etnias, culturas, religiões, regiões marcadas pelo conflito e pela desordem**, por isso a escola de Chicago é marcada pela sociologia da cidade ou ecologia social da cidade.
- A Teoria da associação diferencial sustenta que o delito não reside apenas no cometimento por classes menos favorecidas, pois não é praticado somente pelas pessoas que pertencem a estes grupos. O comportamento criminoso é **aprendido pelo criminoso, mas nunca herdado**, assim o indivíduo é convertido em delinquente quando os **valores de seu grupo lhe ensinam** o crime (**aprendizagem**) por um processo de interação.
- A Teoria da significa ausência de lei. Para Durkhein a anomia é ausência ou **desintegração das normas sociais**, resumida em três acepções: situação existente de transgressão por quem pratica ilegalidades; a existência de um conflito de normas claras, que dificultam a adequação do indivíduo; e a existência de um movimento que discute a inexistência das normas que vincule as pessoas a um contexto social.
- A aprendizagem sustenta que criminalidade de altas classes sociais levam ao abandono das metas convencionais da personalidade e infância do indivíduo, justificando o comportamento pelo processo de aprendizagem. Com a teoria surgem dois pontos e a serem verificados como a ausência de dados chamado de **cifra dourada**, e também a questão de que são crimes sem vítimas.
- A Teoria da subcultura parte de uma estrutura social defeituosa onde a exclusão das metas sociais leva a criação de subcultura. O termo significa cultura dentro de cultura, ou ainda contra cultura, e cultura de minorias. As **diferenças sociais** levam a existência de várias culturas dentro de uma mesma sociedade.
- Para a teoria do **labelling approach** a criminalidade não é produto da conduta humana, mas sim em razão do estigma que diferencia o homem comum, pelo rótulo que recebe. Tal rotulação cria **estigmas e desigualdades**, onde o homem passa a sofrer reação social da família, amigos, trabalho, escola. A linha marcante desta teoria é que deixou o estudo do fenômeno criminoso e passou para as **reações sociais** que surgem com a prática do delito. O labelling contesta a criminologia tradicional e suas principais consequências são: descriminalização, diversão, devido processo legal, e, desinstitucionalização.
- **A Teoria crítica** afirma que o crime está associado à estrutura política e econômica de determinada sociedade, parte da ideia de que a divisão de classes do sistema capitalista gera desigualdades e violência a ser contida por meio da legislação penal.
- O abolicionismo defende que o mal causado pelo sistema penal é maior do que aquele o fato que gera sua intervenção.
- Os princípios sobre os quais se funda seu modelo garantista clássico são a legalidade estrita, a materialidade e a **lesividade dos delitos, a responsabilidade pessoal, o contraditório entre as partes, a presunção de inocência** – são como se sabe, fruto da tradição jurídica do iluminismo.
- O movimento de Lei e Ordem surge na cidade América da Nova York, a partir de 1993, como incremento do Estado para conter o crescimento da criminalidade, também chamada de **tolerância zero**, decorre da **teoria das janelas quebradas**, inspirada na Escola de Chicago.
- O direito penal do inimigo, sustentado por Güinther Jakobs, afirma que um indivíduo que não admite o estado de cidadania não pode participar dos benefícios do conceito de pessoa, e com isso não teria direitos fundamentais, tal movimento é chamado de terceira velocidade do Direito Penal
- A **prevenção** significa as ações destinadas a evitar a prática do crime. Constitui verdadeiro objeto do Estado a manutenção da paz e a prevenção dos atos criminosos, através de medidas que passam por todos os setores do Poder Público. O estudo da pena possui três grandes teorias: **teoria absoluta, teoria relativa e teoria mista.**

- O **bullyng** ganha espaço na criminologia e pode ter relação com a criminalidade, em **especial em crimes de violência e grave ameaça**.
- O assédio moral é um comportamento abusivo que pode ser praticado por gestos, palavras que causam problemas físicos e psíquicos no homem.
- O exame criminológico tem por finalidade a formação da convicção do magistrado sobre os **riscos da colocação em liberdade.** O exame possibilita a verificação das condições pessoais, psicológicas, familiares e sociais para o indivíduo preso voltar à sociedade.
- A justiça restaurativa visa substituir o castigo pela conscientização, com estímulo à mediação e **composição dos conflitos**, e no contexto mundial tem auxiliado no controle da violência.
- Vários fatores sociológicos da criminalidade, destacam-se os fatores, infância abandonada, lares desfeitos, pais separados, crianças nas ruas e outros.
- Outros fatores também podem ser observados como: desestruturação familiar; falta de políticas públicas voltadas para os jovens; educação; desemprego; desigualdade social; desemprego; drogas; impunidade (sensação) segurança nas escolas; ausência de valores religiosos; segregação social, e, ainda: crescimento populacional acelerado; má distribuição demográfica; distribuição inadequada de renda; falta de planejamento familiar, e favelas e conglomerados.
- A criminologia feminista permitiu o estudo sobre a dominação masculina sobre as mulheres, e os estudos da criminologia *queer* agregam o debate sobre a heterossexualidade, reconhecendo um duplo padrão naturalista que define por um lado a superioridade masculina sobre as mulheres e de outro, normatiza a sexualidade masculina como padrão, produzindo uma norma política androcentrada e homofóbica.

Medicina Legal

Cleyson Brene

TABELA DE INCIDÊNCIA DE QUESTÕES

Distribuição das questões organizada por ordem didática de assuntos		
Assunto	**Número de Questões**	**Peso**
1. PERÍCIAS, PERITOS E DOCUMENTOS MÉDICO-LEGAIS	17	11,89%
2. ANTROPOLOGIA	9	6,29%
3. TANATOLOGIA	26	18,18%
4. TRAUMATOLOGIA	58	40,56%
5. SEXOLOGIA FORENSE	17	11,89%
6. PSICOPATOLOGIA	16	11,19%
Total	**143**	**100%**

Medicina Legal

Cleyson Brene

✦ QUESTÕES

1. PERÍCIAS, PERITOS E DOCUMENTOS MÉDICO-LEGAIS

01. (Cespe – Delegado de Polícia – PC – SE/2018) Um homem de cinquenta anos de idade assassinou a tiros a esposa de trinta e oito anos de idade, na manhã de uma quarta-feira. De acordo com a polícia, o homem chegou à casa do casal em uma motocicleta, chamou a mulher ao portão e, quando ela saiu de casa, atirou nela com uma arma de fogo, matando-a imediatamente. Em seguida, ele se matou no mesmo local, com um disparo da arma encostada na própria têmpora.

Considerando a situação hipotética apresentada e os diversos aspectos a ela relacionados, julgue os itens a seguir.

O laudo cadavérico do homem citado no texto deve ser assinado por, no mínimo, dois peritos oficiais que tenham participado da necropsia.

COMENTÁRIOS

Conforme dispõe o art. 159, do CPP, basta um perito oficial. A antiga redação do art. 159, do CPP, exigia o mínimo de dois peritos oficiais para a realização dos exames de corpo de delito e das outras perícias em geral. Porém, o artigo sofreu alteração determinada pela Lei nº 11.690/08, rezando que tais perícias serão realizadas por **perito oficial (ou seja, basta um!)**. Todavia, se peritos não oficiais, permanece a exigência do mínimo de 02 (dois), conforme art. 159, § 1º, CPP. **ERRADO**

02. (Fundatec – Delegado de Polícia – PC – RS/2018) De acordo com a resolução do Conselho Federal de Medicina nº 1.779/2005, que trata da responsabilidade médica no fornecimento da Declaração de Óbito, é INCORRETO afirmar que:

a) É vedado ao Médico deixar de atestar óbito de paciente ao qual vinha prestando assistência, exceto quando houver indícios de morte violenta.

b) Em caso de morte natural, sem assistência médica, em local que disponha de serviço de verificação de óbito, a declaração de óbito deverá ser fornecida pelos médicos do serviço de verificação de óbito.

c) Em caso de morte natural, sem assistência médica, em local sem serviço de verificação de óbito, a declaração de óbito deverá ser fornecida pelos médicos do Instituto Médico-Legal.

d) Em caso de morte violenta, a declaração de óbito deverá ser fornecida, obrigatoriamente, pelos serviços médico-legais.

e) Em caso de morte natural, sem assistência médica, em local sem serviço de verificação de óbito, a declaração de óbito deverá ser fornecida pelos médicos do serviço público de saúde mais próximo do local onde ocorreu o evento; na sua ausência, por qualquer médico da localidade.

COMENTÁRIOS

✪ **Nota do autor:** A questão exige do candidato conhecimento específico de normas do Conselho Federal de Medicina. A Resolução 1.779, de 2005, regulamenta a responsabilidade médica no fornecimento da Declaração de Óbito. Tem importância para a área policial em razão da atuação do médico-legista.

Alternativa "a": . É o teor do art. 84 do Código de Ética Médica, Resolução 2.217/2018.

Alternativa "b": . É o teor do art. 2º, 1, I, "a", da Resolução 1.779/2005.

Alternativa "c": Em caso de morte natural, sem assistência médica, em local sem serviço de verificação de óbito, "a declaração de óbito deverá ser fornecida pelos médicos do serviço público de saúde mais próximo do local onde ocorreu o evento; na sua ausência, por qualquer médico da localidade" (art. 2º, 1, I, "b", da Resolução 1.779/2005).

Alternativa "d": É o teor do art. 2º, 3, da Resolução 1.779/2005.

Alternativa "e": É o teor do art. 2º, 1, I, "b", da Resolução 1.779/2005.

Alternativa incorreta: letra "c".

03. (Fumarc – Delegado de Polícia – PC – MG/2018) No que tange à perícia oficial e em acordo com o CPP, é CORRETO afirmar:

a) É facultada ao acusado a indicação de assistente técnico, após admissão pela autoridade policial.

b) Entende-se por perícia complexa aquela que abrange mais de uma área de conhecimento especializado.

c) Faculta-se ao Ministério Público e ao assistente técnico do querelante a formulação de quesitos a qualquer tempo do inquérito policial.

d) Na falta de perito oficial, qualquer contribuinte poderá exercer o mister, desde que não inadimplente com impostos públicos, e que seja admitido pelo delegado de polícia presidente do inquérito.

COMENTÁRIOS

Alternativa "a": . Realmente, trata-se de uma faculdade do acusado a indicação de assistente técnico (que se estende ao Ministério Público, ao assistente de acusação, ao ofendido e ao querelante, conforme dispõe o art. 159, §3º, do CPP). Todavia, sua admissão é atribuição do juiz de direito (art. 159, §4º, CPP), e não da autoridade policial, como afirma a alternativa.

Alternativa "b": E esse conceito de perícia complexa é extraído do art. 159, §7º, do CPP. Nesse caso, é possível a designação de mais de um perito oficial e a parte indicar mais de um assistente técnico.

Alternativa "c": O assistente técnico só é admissível na fase processual, interpretação do art. 159, §4º, CPP.

Alternativa "d": O CPP dispõe que, na falta de perito oficial, serão necessários dois peritos juramentados ou não oficiais. O art. 159, §1º, CPP, exige que tais pessoas sejam idôneas e portadoras de diploma de curso superior preferencialmente na área específica, dentre as que tiverem habilitação técnica relacionada com a natureza do exame.

Alternativa correta: letra "b".

04. (UEG – Delegado de Polícia – PC – GO/2018) Quanto às perícias de local, são levados em conta os diversos vestígios encontrados. A análise desses elementos deverá constituir a materialidade dos fatos, provendo a Justiça com provas suficientes para o alcance da dinâmica dos fatos, das motivações de um crime porventura cometido e, preferencialmente, para o apontamento da autoria do mesmo. Nesse sentido, tem-se o seguinte:

a) a prova testemunhal substitui o exame de corpo de delito mesmo quando vestígios forem encontrados.

b) a análise dos vestígios é dispensável quando o culpado confessar o crime ou for pego em flagrante.

c) vestígios são provas do cometimento de um crime, sobretudo se são encontrados no local dos fatos.

d) o corpo da vítima é parte do corpo de delito e os vestígios nele encontrados.

e) corpo de delito é o conjunto de vestígios encontrados no local dos fatos ou a estes relacionados.

COMENTÁRIOS

Alternativa "a": Apenas quando não for possível o exame direto, por haverem desaparecidos os vestígios, será admitida a prova testemunhal. Vide artigos 158 e 167, CPP.

Alternativa "b": O art. 158, CPP, é expresso ao afirmar que a confissão não supre a necessidade de exame de corpo de delito em crimes que deixam vestígios.

Alternativa "c": Os vestígios são **fontes de prova** (prova é aquilo produzido perante o juiz, observado o contraditório entre as partes!), cuja materialização se dá por meio de laudo pericial. E ainda, não há hierarquia entre os vestígios, como sugere a alternativa em relação àqueles encontrados no local dos fatos.

Alternativa "d": A alternativa restringe o corpo de delito ao corpo da vítima e vestígios nele encontrados. Corpo de delito é o conjunto de vestígios materiais ou sensíveis deixados pela infração penal ou, em outras palavras, é a materialidade do crime. Um documento é corpo de delito em crime de falsificação documental, um copo quebrado pode ser corpo de delito na cena de um crime de homicídio (se utilizado para golpear a vítima ou se o autor ingeriu bebida no objeto, deixando, assim, vestígios para eventual confronto de DNA) etc.

Alternativa "e": Como afirmamos na alternativa "d". O vocábulo corpo, nessa expressão, significa conjunto e não especificamente o corpo de uma pessoa. Corpo de delito é o conjunto de vestígios, interligados entre si, denunciadores da infração. Esses vestígios são os elementos materiais que podem ser percebidos pelos sentidos humanos e que necessitam de comprovação para permitir avaliação judicial. Assim, para a determinação da materialidade da violência ocorrida (crime, suicídio, acidente), adquire significado tanto a análise do que concorreu para o fato como a de todos os vestígios resultantes dele e não apenas o exame do corpo de uma pessoa.

Alternativa correta: letra "e".

05. (Vunesp – Delegado de Polícia – PC – BA/2018) Jovem do sexo masculino é encontrado morto no seu quarto, aparentemente um caso de suicídio por enforcamento. Logo ao chegar no local de morte, a equipe pericial encontra a vítima na cama, com o objeto usado como elemento constritor removido.

Nessa situação, o perito criminal deve

a) avaliar detalhadamente o local, buscar pistas de envolvimento de terceiros, não realizar o exame pericial do cadáver e registrar a alteração notada no laudo final.

b) fazer o boletim de ocorrência com a alteração notada, isolar e preservar o local de morte, e solicitar o envio de equipe pericial do instituto médico-legal para realização de perícia conjunta.

c) informar à autoridade policial sobre a alteração do local de morte, emitir o laudo de impedimento e determinar a remoção imediata do cadáver para o instituto médico-legal.

d) realizar o exame externo do cadáver, de tudo que é encontrado em torno dele ou que possa ter relação com o fato em questão, e registrar no laudo a alteração notada no local de morte.

e) realizar o registro fotográfico do local, investigar as circunstâncias da morte, não realizar o exame pericial do cadáver, coletar o provável instrumento utilizado e descrever no laudo a alteração do local de morte.

COMENTÁRIOS

✪ **Nota do autor:** A questão aborda o chamado **exame perinecroscópico**, que é o exame do local de crime realizado por perito criminal. Conforme dispõe o **art. 164, do CPP**, "os cadáveres serão sempre fotografados na posição em que forem encontrados, bem como, na medida do possível, **todas as lesões externas** e vestígios deixados no local do crime". Portanto, o **exame externo do cadáver** é feito pelo perito criminal na cena do crime, sendo de fundamental importância para guiá-lo na conclusão da dinâmica dos fatos. Já o **exame de necropsia** é realizado pelo médico-legista, nas dependências do Instituto Médico Legal – IML, no qual o cadáver será examinado externa e internamente. Outro ponto a ser destacado, a questão relata possível hipótese de suicídio por enforcamento. Em tais casos, é comum a alteração do local, em razão da tentativa de socorro por familiares e/ ou equipes médicas de atendimento de emergência, inclusive, removendo a vítima do objeto constritor.

Alternativa "a": A alternativa traz quatro diligências. Vejamos cada uma delas: **Avaliar detalhadamente o local** é de fundamental importância para a confecção de um laudo pericial perinecroscópico, pois diversos vestígios podem levar à identificação da autoria delitiva, como, por exemplo, a localização de uma bituca de cigarro, que poderá ser posteriormente encaminhada ao laboratório para confronto genético com o DNA do eventual suspeito; o instrumento do crime pode ter sido deixado nos arredores da infração etc. Já **buscar pistas do envolvimento de terceiros** é tarefa afeta à equipe de investigadores (e não do perito criminal), que podem atuar ainda na cena do crime, entrevistando familiares, vizinhos etc. Em relação a **não realizar o exame pericial do cadáver**, como vimos em nota, está equivocado, pois há previsão legal, **art. 164, CPP**. Por fim, **registrar a alteração notada no laudo final** é diligência prevista no **art. 169, parágrafo único do CPP**, "os peritos registrarão, no laudo, as alterações do estado das coisas e discutirão, no relatório, as consequências dessas alterações na dinâmica dos fatos". Portanto, as diligências incorretas da alternativa são: buscar pistas de envolvimento de terceiros e não realizar o exame pericial do cadáver.

Alternativa "b": A alternativa traz três diligências. Vejamos cada uma delas: **Fazer o boletim de ocorrência com a alteração notada.** Duas observações: A uma, a confecção de boletim de ocorrência é tarefa do investigador de polícia ou, em alguns Estados, como Minas Gerais, também da Polícia Militar (de forma concorrente). O boletim de ocorrência nada mais é que a narrativa de um fato. A duas, o perito criminal se manifesta por laudo. Assim, conforme dispõe o art. 169, parágrafo único, CPP, o perito deverá registrar a alteração notada no respectivo laudo. **Preservar o local de morte**. Conforme dispõe os artigos 6º, I, e 169, do CPP, é a autoridade policial (delegado de polícia) que deve providenciar o isolamento do local, visando a não alteração do estão das coisas até a chegada dos peritos criminais. Portanto, não é o perito que toma essa providência. **Solicitar o envio de equipe pericial do instituto médico-legal para realização de perícia conjunta.** O médico-legista realiza a perícia de necropsia nas dependências do Instituto Médico Legal, portanto, não no local dos fatos. Assim, as três diligências estão incorretas.

Alternativa "c": Deve realizar o exame externo do cadáver e constar a alteração no respectivo laudo pericial.

Alternativa "d": Combina os artigos 164 e 169, do CPP, devendo realizar o exame externo do cadáver (art. 164) e registrar em laudo a alteração notada (art. 169, parágrafo único).

Alternativa "e": São dois os equívocos da alternativa. Investigar as circunstâncias da morte é tarefa da equipe de investigadores e não do perito criminal. E, como vimos, deve realizar, sim, o exame pericial do cadáver.

Alternativa correta: letra "d".

---

06. (FUNCAB – Delegado de Polícia – PA/2016) Em certa fase da investigação penal, surgem dúvidas quanto à verdadeira causa da morte da vítima de homicídio. Assim, o Juiz determina que o Delegado de Polícia busque os dados que precisa através da:

a) inumação, que pode ser realizada em qualquer fase processual.

b) exumação, que pode ser realizada apenas nas quarenta e oito primeiras horas após a morte.

c) exumação, que pode ser feita a qualquer tempo.

d) exumação, que pode ser feita apenas na fase de ação penal.

e) inumação, que pode ser realizada apenas na fase de ação penal.

COMENTÁRIOS

✪ **Nota do autor:** a questão aborda a diligência de perícia médico-legal denominada exumação que, segundo Genival Veloso de França, trata-se da "mais árdua e repulsiva das perícias médico-legais. Por isso, sua solicitação é sempre feita em caráter especial, sendo executada somente por sérias e imperiosas razões" (Medicina

Legal, 10ª ed. Rio de Janeiro: Guanabara Koogan, 2015, p. 1126). Assim, para responder devidamente à pergunta, o candidato deve conhecer os conceitos de inumação e exumação, suas finalidades, bem como o momento oportuno para a realização. Importante notar, o juiz pode determinar requisitar a realização de diligências à autoridade policial (delegado de polícia) com supedâneo no art. 13, inc. II, do Código de Processo Penal.

Alternativa correta: letra "C" (responde às demais alternativas): A **exumação** "consiste no desenterramento do cadáver e tem como finalidade atender aos reclamos da Justiça na averiguação de uma exata causa de morte passada despercebida, no esclarecimento de um detalhe, em uma identificação, em uma grave contradição ou na confirmação de um diagnóstico. Pode ainda atender às necessidades sanitárias ou servir para transladação do corpo" (Medicina Legal, 10ª ed. Rio de Janeiro: Guanabara Koogan, 2015, p. 1126). A exumação pode ter **objetivos**: 1) **Administrativos**, visando à transferência dos restos mortais: a) para outro local de sepultamento; b) para urna menor a fim de ocupar menos espaço ou para cremação; c) para remoção do corpo por razões sanitárias; 2) **Jurídicos**, por determinação do juiz ou da polícia judiciária: a) para identificação do cadáver ou de seus restos; b) para necropsia, por não ter sido realizada no momento oportuno; c) para realização de nova necropsia. Já a **inumação** é sinônimo de sepultamento. Consiste na colocação de cadáver em sepultura, jazigo ou local de consumpção aeróbia (construção constituída por compartimentos especificamente concebidos de forma a permitir a oxigenação ambiental necessária à consumpção, que significa decomposição gradativa do organismo). A exumação **pode ser realizada a qualquer tempo**, pois uma perícia pós-exumática, ainda que avançado o estado de decomposição, pode trazer elementos de interesse policial-judiciário.

07. (Cespe – Delegado de Polícia – PE/2016) Com relação aos conhecimentos sobre corpo de delito, perito e perícia em medicina legal e aos documentos médico-legais, assinale a opção correta.

a) Perícia é o exame determinado por autoridade policial ou judiciária com a finalidade de elucidar fato, estado ou situação no interesse da investigação e da justiça.

b) O atestado médico equipara-se ao laudo pericial, para serventia nos autos de inquéritos e processos judiciais, devendo ambos ser emitidos por perito oficial.

c) Perito oficial é todo indivíduo com expertise técnica na área de sua competência incumbido de realizar o exame.

d) É inválido o laudo pericial que não foi assinado por dois peritos oficiais.

e) Define-se corpo de delito como o conjunto de vestígios comprobatórios da prática de um crime evidenciado no corpo de uma pessoa.

COMENTÁRIOS

✪ **Nota do autor:** a questão aborda os conceitos de perito, perícia, corpo de delito e alguns documentos médico-legais.

Alternativa correta: letra "A": A perícia criminal é uma atividade técnico-científica, prevista no Código de Processo Penal, indispensável para elucidação de um fato, em tese, criminoso. A atividade é realizada por meio da ciência forense, responsável por auxiliar na produção do exame pericial e na interpretação correta de vestígios. Os peritos desenvolvem suas atribuições no atendimento das requisições de perícias provenientes de delegados de polícia e juízes, relativas a inquéritos policiais e a processos criminais. A Lei 12.030/09 dispõe sobre as perícias oficiais.

Alternativa "b": Errada. Tais documentos não se equivalem. O **atestado** ou certificado médico são informações prestadas por escrito a respeito de determinado fato de interesse médico, bem como suas consequências. É um documento particular, elaborado sem compromisso prévio e independente de compromisso legal. Pode ser emitido por qualquer profissional habilitado, por exemplo, o atestado de óbito de morte natural. Tal documento pode ter utilidade no inquérito policial ou processo, diante, por exemplo, da extinção da punibilidade do agente, art. 107, inc. I, CP. Já o **laudo médico-legal** é a narração escrita e minuciosa de todas as operações de uma perícia médica determinada pela autoridade competente. Tal documento deve, em regra, ser confeccionado por perito criminal oficial.

Alternativa "c": Errada. Perito oficial não é todo indivíduo com expertise técnica na área de sua competência, incumbido de realizar o exame. Este compõe os quadros de carreira do próprio Estado, é investido por lei, e possui conhecimento técnico e científico para a elaboração das perícias que formarão o acervo probatório, funcionando como auxiliar da justiça (art. 275 e seguintes do CPP). A Lei 12.030/09 estabelece as normas gerais para as perícias oficiais de natureza criminal, assegurando autonomia técnica, científica e funcional no exercício de perícia oficial de natureza criminal, art. 2º. Em vários Estados o perito criminal compõe os quadros das Polícias Civis, **exigindo-se concurso público**, com formação acadêmica específica, para o provimento do cargo de perito oficial (art. 3º da Lei).

Alternativa "d": Errada. A antiga redação do art. 159 do CPP exigia o mínimo de dois peritos oficiais para a realização dos exames de corpo de delito e das outras perícias em geral. Porém, o artigo sofreu alteração determinada pela Lei nº 11.690/08, rezando que tais perícias serão realizadas por perito oficial. Portanto, basta um perito oficial.

Alternativa "e": Errada. Corpo de delito é o conjunto de vestígios materiais ou sensíveis deixados pela infração penal ou, em outras palavras, é a materialidade do crime. O vocábulo corpo, nessa expressão, significa conjunto, e não especificamente o corpo de uma pessoa. Corpo de delito é o conjunto de vestígios, interligados entre si, denunciadores da infração. Esses vestígios são os elementos materiais que podem ser percebidos pelos sentidos humanos e que necessitam de comprovação para permitir avaliação judicial. Assim, para a determinação da materialidade da violência ocorrida (crime, suicídio, acidente), adquire significado tanto a análise do que concorreu para o fato como a de todos os vestígios resultantes dele e não apenas o exame do corpo de uma pessoa.

08. (ACAFE – Delegado de Polícia – SC/2014) Segundo a melhor doutrina, pode-se considerar que "Documento é toda anotação escrita que tem a finalidade de reproduzir e representar uma manifestação de pensamento".

Dentre os documentos médicos legais temos as seguintes descrições:

- É declaração simples, por escrito, de um fato médico e de suas possíveis consequências, feitas por qualquer médico que esteja no exercício regular de sua profissão e que tem o propósito de sugerir um estado de doença, para fim de licença, dispensa ou justificativa de falta de serviço.
- Comunicações compulsórias feitas às autoridades competentes, pelo médico, de um fato profissional, por necessidade sanitária e social sobre moléstia infectocontagiosa, doença de trabalho e a morte encefálica.
- Intercessão no decurso de um processo, por estudioso médico legal, nomeado para intervir na qualidade de perito, para emitir suas impressões e responder aos quesitos formulados pelas partes.
- Descrição minuciosa de uma perícia médica, feita por peritos oficiais, requisitada por autoridade policial ou judiciária frente a um inquérito policial. É constituído de preâmbulo, quesitos, histórico ou comemorativo, descrição, discussão conclusão e resposta dos quesitos.

As definições acima se referem, respectivamente, a:

a) atestado, notificação, parecer médico-legal e relatoria médico-legal.

b) parecer médico-legal, notificação, atestado e relatoria médico-legal.

c) atestado, parecer médico-legal, relatoria médico-legal e notificação.

d) relatoria médico-legal, notificação, relatoria médico-legal e atestado.

e) atestado, relatoria médico-legal, parecer médico-legal e notificação.

COMENTÁRIOS

✪ **Nota do autor:** a questão aborda os documentos médico-legais, tema recorrente em concursos públicos, e a citação inicial é da lavra do Professor Genival Veloso de França (Medicina Legal, 9ª ed. Rio de Janeiro: Guanabara Koogan, 2014, p. 25). No campo médico-legal da prova, os documentos são expressões gráficas, públicas ou privadas, que têm o caráter representativo de um fato a ser avaliado em juízo. Segundo o autor, os documentos que podem interessar à Justiça são: o relatório, os pareceres, as notificações, os atestados e os prontuários. A seguir, conceituaremos, na sequência apresentada pela questão, os referidos documentos, trazendo elementos conceituais distintos para que o candidato tenha uma maior amplitude de conteúdo. Vejamos: **Atestado:** também denominado certificado, são informações prestadas por escrito a respeito de determinado fato de interesse médico, bem como suas consequências; **Notificação:** é a comunicação feita pelo profissional da saúde, em determinados casos, compulsória, como ocorre na Lei nº 9.343/97 (Lei de Transplante de Órgãos), art. 13, que dispõe ser obrigatório, para todos os estabelecimentos de saúde, notificar às centrais de notificação, captação e distribuição de órgãos da unidade federada onde ocorrer, o diagnóstico de morte encefálica feito em pacientes por ele atendidos; **Parecer médico-legal:** é uma consulta médico-legal que envolve divergência importante sobre interpretação de determinada perícia, podendo as partes interessadas solicitar esclarecimentos mais aprofundados a uma instituição cujo corpo técnico tenha competência inquestionável ou a professor de renome. Não há aqui descrição, pois as dúvidas estão relacionadas à interpretação de um laudo pericial. São partes do parecer: preâmbulo, exposição, discussão e conclusão; e **Relatório médico-legal:** é a narração escrita e minuciosa de todas as operações de uma perícia médica determinada por autoridade policial ou judiciária ao perito. Pode ser dividido em sete partes: 1) preâmbulo: é a introdução na qual consta a qualificação da autoridade solicitante, a dos peritos, a do examinado, local onde é feito o exame, data e hora, bem como a espécie pericial; 2) histórico: é a contrapartida médico-legal da anamnese (histórico de doenças do examinado, caracteres hereditários, condição de vida etc.) do exame clínico comum. Na maioria das vezes, os dados referentes aos antecedentes são obtidos pelo próprio examinado, devendo o médico legista agir com cautela, pois a pessoa envolvida numa ocorrência policial costuma exagerar nas queixas de modo a tornar maior o dano sofrido; 3) quesitos: são perguntas cuja finalidade é a caracterização de fatos relevantes que deram origem ao processo. Na área criminal, são padronizados e o objetivo é caracterizar os elementos de um fato típico; 4) descrição: é a parte mais importante do relatório médico-legal, pois não pode ser refeita com a mesma riqueza de detalhes posteriormente, em razão da cicatrização do ferimento, evolução do processo de decomposição, temperatura etc. Tal descrição deve ser minuciosa, rica em detalhes, correspondendo ao *visum et repertum* (expressão latina que significa ver e repetir). O perito deve traduzir em palavras as sensações que experimenta ao realizar o exame, tanto as visuais quanto as derivadas de outros sentidos. 5) discussão: será necessária quando surgir alguma discrepância, quando o aspecto de alguma lesão foge ao que era de se esperar pelos elementos do histórico, devendo os achados serem analisados sob novos ângulos, em busca de explicação para as diferenças, podendo o perito lançar mão de esquemas, desenhos, fotografias etc.; 6) conclusão: terminadas a descrição e a discussão, o perito assume uma posição quanto à ocorrência, ou não, do fato com base nas informações do histórico, nos achados do exame objetivo e de seu confronto. O que for concluído será resumido de forma clara e concisa para a autoridade solicitante; e 7) resposta aos quesitos: cuja finalidade é a caracterização de fatos relevantes que deram origem ao processo, perguntas realizadas em formato de quesitação, variando conforme o tipo de perícia.

Alternativa correta: letra "A" (responde as demais alternativas): atestado, notificação, parecer médico-legal e relatoria médico-legal. Embora não tenhamos encontrado na doutrina médico-legal o termo relatoria, os dicionários da língua portuguesa atribuem o mesmo significado de relatório, qual seja, "ocupação ou trabalho do relator".

---

09. (Cespe – Delegado de Polícia – BA/2013) A autoridade policial deve promover as diligências para o devido esclarecimento dos fatos lesivos a algum direito. Essa averiguação deve ser baseada em procedimentos de demonstração, os quais dependem da natureza dos fatos. Com relação a esse assunto, julgue os itens a seguir.

09.1. No foro penal, o relatório do médico perito, denominado laudo pericial médico-legal, somente poderá ser solicitado pela autoridade competente até o momento da sentença.

COMENTÁRIOS

✪ **Nota do autor:** a questão aborda o momento oportuno para a autoridade competente requisitar um laudo médico-legal.

Errado. Em relação ao momento da solicitação, como bem ressalta Genival Veloso de França, "a atuação do perito criminal far-se-á em qualquer fase do processo ou mesmo após a sentença" (Medicina Legal, 9ª ed. Rio de Janeiro: Guanabara Koogan, 2014, p. 21). E um exemplo emblemático desta atuação após a sentença seria a hipótese do exame de insanidade mental do acusado, que, conforme aduz o art. 154 do Código de Processo Penal, pode ser requisitado, inclusive, no curso da execução penal.

09.2. Caso haja contradição entre os depoimentos das testemunhas, as confissões dos acusados e as conclusões técnicas dos peritos, o testemunho das pessoas envolvidas, quando estas estiverem sob juramento, deve prevalecer sobre as conclusões técnicas dos peritos.

COMENTÁRIOS

✪ **Nota do autor:** a questão aborda o tema da valoração das provas no processo penal.

Errado. O Brasil adota, como regra, o **sistema do livre convencimento motivado ou da persuasão racional** (outras denominações seriam: **sistema da livre convicção e da verdade real**) no tocante à valoração das provas no processo penal. O juiz atua com liberdade na valoração da prova, **não havendo hierarquia**, cabendo ao magistrado aquilatar a importância do conjunto probatório. Todavia, difere da íntima convicção, pois deve embasar a decisão nas provas produzidas em contraditório no bojo do processo, devendo, necessariamente, motivá-la. Conforme dispõe o Código de Processo Penal em seu art. 155: "o juiz formará sua convicção pela livre apreciação da prova produzida em contraditório judicial, não podendo fundamentar sua decisão exclusivamente nos elementos informativos colhidos na investigação, ressalvadas as provas cautelares, não repetíveis e antecipadas". Confirmando que não há hierarquia entre as provas produzidas, dispõe o art. 182 do CPP, "o juiz não ficará adstrito ao laudo, podendo aceitá-lo ou rejeitá-lo, no todo ou em parte".

09.3. Os técnicos especializados encarregados de realizar o exame dos vestígios materiais relacionados ao fato jurídico são denominados peritos; caso sejam remunerados pelo Estado, serão denominados peritos oficiais.

COMENTÁRIOS

✪ **Nota do autor:** a questão aborda o conceito de perito e sua classificação em oficial e não oficial.

Errado. Na primeira parte da assertiva há confusão entre o conceito de perícia e exame de corpo de delito. **Exame de corpo de delito** é espécie de prova pericial, consistente na colheita de elementos e vestígios realizada por pessoa com conhecimentos técnico e científico, o **perito criminal**, que, em alguns dos Estados brasileiros, é policial civil. O referido exame, que constatará a materialidade delitiva, é confeccionado por meio de laudo pericial. Todavia, há perícias que não estão ligadas diretamente aos vestígios materiais deixados pela infração penal, por exemplo, o exame de insanidade mental, art. 149, CPP. Outro exemplo comum na atuação do delegado de polícia, quando é requisitado laudo pericial de detalhamento de chamadas e transcrição de mensagens de aparelho celular apreendido durante a investigação. Quanto ao conceito de **perito oficial,** este compõe os quadros de carreira do próprio Estado (é investido por (lei e possui conhecimento técnico e científico para a elaboração das perícias que formarão o acervo probatório, funcionando como auxiliar da justiça (art. 275 e seguintes do CPP). A **Lei 12.030/09** estabelece as normas gerais para as perícias oficiais de natureza criminal, assegurando autonomia técnica, científica e funcional no exercício de perícia oficial de natureza criminal, art. 2º. Em vários Estados o perito criminal compõe os quadros das Polícias Civis, exigindo-se concurso público, com formação acadêmica específica, para o provimento do cargo de perito oficial (art. 3º da Lei). A lei ainda estabelece quais são os **peritos oficiais**: os peritos criminais (curso superior em qualquer área, como química, biologia, física, contabilidade etc.), peritos médico-legistas (formação superior em medicina) e peritos odontolegistas (formação superior em odontologia). Os **peritos não oficiais** ou **juramentados** são pessoas idôneas, nomeadas na falta de perito oficial, portadores de diploma de curso superior preferencialmente na área específica, dentre as que tiverem habilitação técnica relacionada com a natureza do exame. Nesse caso, o exame será realizado por 2 (duas) pessoas (dois peritos não oficiais), art. 159, § 1º, CPP. Os peritos não oficiais prestarão o compromisso de bem e fielmente desempenhar o encargo.

10. (UEG – Delegado de Polícia – GO/2013) A prova pericial é muito valorada na fase do inquérito policial e na fase processual. Com relação às perícias tem – se que

a) o exame de corpo de delito deve ser solicitado pela autoridade competente diretamente ao perito.

b) na exumação, o administrador do cemitério deve mostrar o local da inumação do corpo.

c) o exame médico pericial complementar deve ser realizado 30 dias após o primeiro exame.

d) nos casos de perícias complexas o exame pericial deve ser realizado por dois peritos.

COMENTÁRIOS

✪ **Nota do autor:** as perícias, que compõem o acervo probatório objetivo do inquérito policial ou do processo, são de fundamental importância no deslinde da causa, pois constituem prova técnica, sendo indispensáveis nos crimes que deixam vestígios, denominados não transeuntes, conforme dispõe o art. 159 do CPP.

Alternativa correta: letra "B": o administrador do cemitério deverá indicar o lugar da sepultura, sob pena de desobediência, conforme dispõe o art. 163, parágrafo único do CPP. **Inumação** é sinônimo de sepultamento. Consiste na colocação de cadáver em sepultura, jazigo ou local de consumpção aeróbia (construção constituída por compartimentos especificamente concebidos de forma a permitir a oxigenação ambiental necessária à consumpção, que significa decomposição gradativa do organismo).

Alternativa "a": nada obsta a requisição realizada diretamente ao perito criminal pela autoridade competente. Todavia, não é a regra. Geralmente, é encaminhada a requisição criminal ao Instituto de Criminalística, ao Instituto de Identificação ou ao Instituto Médico-Legal, ou repartições congêneres, a depender da perícia necessária.

Alternativa "c": o exame **complementar** pode ocorrer em duas hipóteses, elencadas no art. 168 do Código de Processo Penal. A **primeira** delas, prevista no *caput*, quando em caso de lesões corporais, se o primeiro exame pericial tiver sido incompleto, proceder-se-á a exame complementar por determinação do delegado de polícia, do juiz, de ofício, ou a requerimento do Ministério Público, do ofendido ou do acusado, ou de seu defensor. A **segunda** hipótese é o exame complementar para constatação da qualificação da lesão grave do art. 129, § 1º, inc. I, CP, incapacidade para exercício de suas atividades habituais por tempo superior a trinta dias. Neste último caso, o exame deverá ser feito logo que decorra o prazo de trinta dias, contado da data do crime, art.168, § 2º, CPP. Portanto, a alternativa está errada por contemplar apenas a segunda hipótese.

Alternativa "d": a alternativa está errada, pois, o CPP faculta a participação de mais de um perito nos casos de perícia complexa que abranja mais de uma área de conhecimento especializado, art. 159, § 7º. Não há, portanto, obrigatoriedade, podendo o laudo pericial ser confeccionado por apenas um perito oficial.

11. (FUNCAB – Delegado de Polícia – RJ/2012) Os documentos médico-legais são mecanismos de comunicação com as autoridades e, portanto, devem ser elaborados com metodologia, de forma a obedecer uma configuração preestabelecida. Constituem parte comum ao relatório ou laudo e ao parecer, EXCETO:

a) descrição.

b) discussão.

c) conclusão.

d) preâmbulo.

e) quesitos.

COMENTÁRIOS

✪ **Nota do autor:** o tema abordado na questão refere-se aos documentos médico-legais. O **relatório médico-legal** é a narração escrita e minuciosa de todas as operações de uma perícia médica determinada por autoridade policial ou judiciária ao perito. Pode ser dividido em sete partes: preâmbulo, quesitos, histórico, descrição, discussão, conclusão e resposta aos quesitos. Já o **parecer médico legal** é uma consulta médico-legal que envolve divergência importante sobre interpretação de determinada perícia, podendo as partes interessadas solicitar esclarecimentos mais aprofundados a uma instituição cujo corpo técnico tenha competência inquestionável ou a professor de renome. Não há aqui **descrição**, pois as dúvidas estão relacionadas à interpretação de um laudo pericial. São partes do parecer: preâmbulo, exposição, discussão e conclusão. De igual modo não há descrição em atestado médico, sendo tão somente a afirmação simples e por escrito de um fato médico e suas consequências.

Alternativa correta: letra "A": a **descrição** é a parte mais importante do relatório médico-legal, pois não pode ser refeita com a mesma riqueza de detalhes posteriormente, em razão da cicatrização do ferimento, evolução do processo de decomposição, temperatura etc. Tal descrição deve ser minuciosa, rica em detalhes, correspondendo ao *visum et repertum* (expressão latina que significa ver e repetir). Como visto em nota, não compõe os requisitos do parecer.

Alternativa "b": a **discussão** está presente tanto no relatório quanto no parecer e será necessária quando surgir alguma discrepância, quando o aspecto de alguma lesão foge ao que era de se esperar pelos elementos do histórico, devendo os achados serem analisados sob novos ângulos, em busca de explicação para as diferenças, podendo o perito lançar mão de esquemas, desenhos, fotografias etc.

Alternativa "c": terminadas a descrição e a discussão, o perito assume uma posição quanto à ocorrência, ou não, do fato com base nas informações do histórico, nos achados do exame objetivo e de seu confronto. O que for concluído será resumido de forma clara e concisa para a autoridade solicitante. É a denominada **conclusão**, presente nos dois documentos médico-legais: relatório e parecer.

Alternativa "d": o **preâmbulo** é a introdução na qual constam a qualificação da autoridade solicitante, a dos peritos, a do examinado, local onde é feito o exame, data e hora, bem como a espécie pericial. Está presente nos dois documentos médico-legais: relatório e parecer.

Alternativa "e": os **quesitos** tem por finalidade a caracterização de fatos relevantes que deram origem ao processo. Tais perguntas são realizadas em formato de **quesitação**, variando conforme o tipo de perícia, devendo os dois documentos médico-legais contê-los.

---

12. (**Cespe – Delegado de Polícia – AL/ 2012)** Em relação à perícia médico-legal, julgue os itens que se seguem.

12.1. O exame dos vestígios não desvanecentes, visando à inserção probatória nos inquéritos e processos penais, deve ser feito após a autoridade policial tomar conhecimento da prática da infração penal. Nessa ocasião, a autoridade se vale do Código de Processo Penal, e, se for o caso, deve determinar o exame de corpo de delito ou quaisquer outras perícias. Portanto, as provas periciais são inseridas nos autos através dos laudos.

COMENTÁRIOS

Certo. O tema abordado pelo examinador exige a concatenação dos artigos 6º, inc. II, 158 e 160 do Código de Processo Penal, textos bastante cobrados em provas de concursos de delegado de polícia, pois descrevem quais as principais diligências devem ser tomadas pela autoridade policial quando do conhecimento de uma infração penal, bem como a necessidade de constatação pericial nos crimes que deixam vestígios. Assim, dispõe o CPP: "logo que tiver conhecimento da prática da infração penal, a autoridade policial deverá determinar, se for caso, que se proceda a exame de corpo de delito e a quaisquer outras perícias", (**art. 6º, inc. II**). E o **art. 158** exige a elaboração de laudo pericial, exame de corpo de delito, nas **infrações penais que deixam vestígios, não desvanecentes (não transeuntes)**. Por fim, contempla, de forma acertada, que as provas periciais serão inseridas nos autos através dos laudos, onde os peritos descreverão minuciosamente o que examinarem, respondendo aos quesitos formulados pela autoridade solicitante (**art. 160, CPP**).

---

13. (Delegado de Polícia – ES/ 2011 – CESPE) Julgue os itens a seguir, acerca de documentos médico-legais, perícia e peritos, e da interpretação de laudos periciais médico-legais.

13.1. Compete ao perito médico-legista, por meio do laudo pericial, estabelecer a autoria e a materialidade de fato delituoso cujo corpo de delito seja corpo de pessoa.

COMENTÁRIOS

Errado. A **autoria** e **materialidade** são os objetivos primordiais do inquérito policial, conforme reza o art. 4º do CPP. Para tanto, o delegado de polícia lança mão de diversos meios de prova para delinear a autoria e materialidade de um crime, tais como: declarações da vítima, depoimentos de testemunhas, reprodução simulada dos fatos (CPP, art. 7º), laudos periciais etc. O exame no corpo de uma pessoa tem o condão de esclarecer a **materialidade** do crime, constatando se houve lesão, tipo de instrumento utilizado pelo autor, causa da morte etc.

---

14. (Delegado de Polícia – ES/ 2011 – CESPE) Considerando que um senhor com 65 anos de idade tenha-se submetido a um exame ambulatorial no instituto médico legal após ter sofrido, trinta dias antes, um acidente automobilístico de que resultou fratura de membro inferior, julgue os itens que se seguem.

14.1. Após o exame desse idoso, o delegado deve determinar ao legista que apresente relatório conclusivo, caso o laudo esteja inconcluso.

COMENTÁRIOS

Errado. A impossibilidade de concluir já é uma conclusão. O perito dirá que não tem elementos para afirmar ou negar determinada situação, não podendo o delegado determinar a conclusão do laudo. Todavia, é de se destacar que a autoridade poderá ordenar que se proceda a novo exame, por outros peritos, se julgar conveniente (art. 181, parágrafo único, CPP).

14.2. Estando o paciente incapacitado para exercício de suas atividades habituais por tempo superior a trinta dias, sempre é possível descartar que a natureza da lesão seja leve.

COMENTÁRIOS

Certo. É possível descartar a natureza leve da lesão em razão da qualificadora encartada no § 1º, inc. I do art. 129 do Código Penal, que considera a lesão grave na hipótese de *incapacidade par as ocupações habituais, por mais de 30 (trinta) dias*. Porém, é bom lembrar, que a citada qualificadora apenas tem incidência para as lesões corporais dolosas. Assim, no Código Penal, independentemente do grau da lesão, tratando-se de crime culposo, a adequação típica será a mesma, art. 129, § 6º, CP, podendo o magistrado considerar tal circunstância na primeira fase de aplicação da pena, do art. 59 do CP.

---

15. (Delegado de Polícia – SP/ 2011 – ACADEPOL) Em um relatório médico-legal, o chamado *visum et repertum* refere-se:

a) ao histórico.

b) ao preâmbulo

c) à descrição.

d) à discussão e conclusão

e) à resposta aos quesitos.

COMENTÁRIOS

✪ **Nota do autor:** o tema abordado na questão novamente refere-se aos documentos médico-legais. O **relatório médico-legal** é a narração escrita e minuciosa de todas as operações de uma perícia médica determinada por autoridade policial ou judiciária ao perito. Pode ser dividido em sete partes: preâmbulo, quesitos, histórico, descrição, discussão, conclusão e resposta aos quesitos.

Alternativa correta: letra "C": a **descrição** é a parte mais importante do relatório médico-legal, pois não pode ser refeita com a mesma riqueza de detalhes posteriormente, em razão da cicatrização do ferimento, evolução do processo de decomposição, temperatura etc. Tal descrição deve ser minuciosa, rica em detalhes, correspondendo ao *visum et repertum* (expressão latina que significa ver e repetir). O perito deve traduzir em palavras as sensações que experimenta ao realizar o exame, tanto as visuais quanto as derivadas de outros sentidos.

Alternativa "a": o **histórico** é a contrapartida médico-legal da anamnese (histórico de doenças do examinado, caracteres hereditários, condição de vida etc.) do exame clínico comum. Na maioria das vezes, os dados referentes aos antecedentes são obtidos pelo próprio examinado, devendo o médico legista agir com cautela, pois a pessoa envolvida numa ocorrência policial costuma exagerar nas queixas de modo a tornar maior o dano sofrido.

Alternativa "b": o **preâmbulo** é a introdução na qual constam a qualificação da autoridade solicitante, a dos peritos, a do examinado, local onde é feito o exame, data e hora, bem como a espécie pericial.

Alternativa "d": a **discussão** será necessária quando surgir alguma discrepância, quando o aspecto de alguma lesão foge ao que era de se esperar pelos elementos do histórico, devendo os achados ser analisados sob novos ângulos, em busca de explicação para as diferenças, podendo o perito lançar mão de esquemas, desenhos, fotografias etc. Já na **conclusão,** terminadas a descrição e a discussão, o perito assume uma posição quanto à ocorrência, ou não, do fato com base nas informações do histórico, nos achados do exame objetivo e de seu confronto. O que for concluído será resumido de forma clara e concisa para a autoridade solicitante.

Alternativa "e": resposta aos quesitos cuja finalidade é a caracterização de fatos relevantes que deram origem ao processo, perguntas realizadas em formato de quesitação, variando conforme o tipo de perícia.

---

16. (Delegado de Polícia – SP/ 2011 – ACADEPOL) A diferença entre laudo e auto médico-legal é:

a) os dois são ditados a um escrivão.

b) o auto é apenas um resumo do laudo.

c) primeiro é escrito e o segundo é ditado a um escrivão perante testemunhas.

d) os dois são pareceres.

e) laudo só pode ser realizado pelo médico legista.

COMENTÁRIOS

✪ **Nota do autor:** os **relatórios médico-legais** são os documentos resultantes da atuação do serviço médico-legal. Podem se apresentar na forma de **auto**, quando ditado ao escrivão, ou **laudo**, elaborado pelo próprio perito.

Alternativa correta: letra "C": quando ditado a um escrivão durante o exame é denominado **auto**, se redigido depois de terminada a perícia é chamado **laudo.**

Alternativa "a": apenas o auto é ditado ao escrivão.

Alternativa "b": errada. São formas distintas de se realizar o relatório médico-legal.

Alternativa "d": o **parecer médico-legal** é documento distinto do relatório (que pode ser tanto laudo quanto auto), sendo uma consulta feita a profissionais de reconhecimento e renome na área médica para utilização como prova em processo judicial ou administrativo. Importante observar que são documentos particulares, geralmente encomendados pela parte para subsidiar os argumentos de sua tese alegada em juízo.

Alternativa "e": conforme dispõe o art. 159, § 1º do CPP, na falta de perito oficial, o exame poderá ser feito por duas pessoas idôneas, portadoras de curso superior preferencialmente na área específica, dentre as que tiverem habilitação técnica relacionada com a natureza do exame.

---

17. (Delegado de Polícia – SP/ 2011 – ACADEPOL) Perícia médico-legal baseada exclusivamente em prontuários médicos denomina-se:

a) complementar.

b) indireta.

c) documental.

d) subsidiária.

e) direta.

COMENTÁRIOS

✪ **Nota do autor:** todos os exames levados a efeito por profissionais da medicina (clínicos, laboratoriais ou necroscópicos) e que são destinados a uso judicial denominam-se perícias médico-legais, que podem ser classificadas segundo vários critérios.

Alternativa correta: letra "B": a perícia médico-legal é denominada **indireta** quando o exame for realizado por intermédio de fichas hospitalares ou prontuários, por exemplo.

Alternativa "a": o exame **complementar** pode ocorrer em duas hipóteses, elencadas no art. 168 do Código de Processo Penal. A **primeira** delas, prevista no *caput*, quando em caso de lesões corporais, se o primeiro exame pericial tiver sido incompleto, proceder-se-á a exame complementar por determinação do delegado de polícia, do juiz, de ofício, ou a requerimento do Ministério Público, do ofendido ou do acusado, ou de seu defensor. A **segunda** hipótese é o exame complementar para constatação da qualificação da lesão grave do art. 129, § 1º, inc. I, CP, incapacidade para exercício de suas atividades habituais por tempo superior a trinta dias. Neste último caso, o exame deverá ser feito logo que decorra o prazo de trinta dias, contado da data do crime, art.168, § 2º, CPP.

Alternativa "c": a perícia **documental**, realizada para a constatação de uma falsificação material ou ideológica, por exemplo, não é realizada por médico-legista, mas pelo perito criminal. Esta será encaminhada ao Instituto de Criminalística e não ao Instituto Médico Legal.

Alternativa "d": essa nomenclatura não encontra respaldo doutrinário.

Alternativa "e": a perícia médico-legal é denominada **direta** quando o exame for realizado diretamente sobre o corpo da vítima.

2. ANTROPOLOGIA

18. (Cespe – Delegado de Polícia – PC – SE/2018) A respeito de identificação médico-legal, de aspectos médico-legais das toxicomanias e lesões por ação elétrica, de modificadores da capacidade civil e de imputabilidade penal, julgue os itens que se seguem.

O procedimento de identificação de uma pessoa baseia-se na comparação entre a experiência da sensação proporcionada no passado com a mesma experiência renovada no presente pela pessoa a ser identificada.

COMENTÁRIOS

Errado. Trata-se do conceito de RECONHECIMENTO, baseado na obra do autor Hygino de Carvalho Hércules (Medicina Legal – Texto e Atlas, São Paulo: Editora Atheneu. 2005, p. 29). **Cuidado**! IDENTIFICAÇÃO não se confunde com RECONHECIMENTO. A IDENTIFICAÇÃO é o conjunto de técnicas, métodos e sistemas usados para determinar a identidade de alguém. Deve ser realizada por médico legista (como exemplos: análise de ossos, sangue etc.) ou técnicos identificadores (que podem ser investigadores de polícia), em geral, para a identificação policial, como exemplo a datiloscópica. Já o RECONHECIMENTO compara uma percepção passada com a presente. É empírico, sem utilizar técnica de base científica. Como exemplo, o reconhecimento da vítima de um roubo, feito na delegacia de polícia, sendo confeccionado o respectivo termo.

19. (Nucepe – Delegado de Polícia – PC – PI/2018) Em relação à identificação policial ou judiciária podem ser destacados vários métodos de identificação, entre eles, o sistema dactiloscópico de Vucetich, que se baseia na disposição das cristas papilares que se encontram na polpa dos dedos. A presença de um, ou dois, ou nenhum delta numa impressão digital estabelece os quatro tipos fundamentais do Sistema dactiloscópico de Vucetich, assim qual a alternativa CORRETA em relação a esse sistema?

a) Presilha externa: presença de um delta à direita do observador e de núcleo voltado à esquerda.

b) Verticilo: presença de dois deltas e um núcleo central.

c) Presilha interna: presença de um delta à esquerda do observador e de núcleo voltado em sentido contrário ao delta.

d) Arco: presença de dois deltas e um núcleo central.

e) Presilha externa: ausência de deltas e apenas com sistema de linhas basilares e marginais. Não tem núcleo.

COMENTÁRIOS

Alternativa "a": O conceito trazido é o da presilha interna. O elemento básico denominado **delta** (pequeno sinal triangular ou estrelado), em razão da semelhança com a letra grega (Δ), é formado pela confluência de linhas à direita da impressão. Por essa razão, o núcleo, em regra, fica em sentido oposto ao delta, acompanhando a formação da laçada, que é uma linha que entra por um lado da impressão, desenvolve uma recurva com perfeita inflexão ao centro do campo digital e retorna ou tende a retornar ao lado onde iniciou sua trajetória. A presilha interna é representada pela letra I, quando polegar, e pelo número 2 nos demais dedos.

Alternativa "b": O tipo fundamental verticilo é marcado pela presença de um delta de cada lado da impressão, além do núcleo central. O verticilo é representado pela letra V, quando polegar, e pelo número 4 nos demais dedos.

Alternativa "c": É a presilha externa que é marcada pelo delta do lado esquerdo da impressão. A presilha externa é representada pela letra E, quando polegar, e pelo número 3 nos demais dedos.

Alternativa "d": O tipo fundamental arco se caracteriza pela ausência de deltas. O arco é representado pela letra A, quando polegar, e pelo número 1 nos demais dedos. O conceito trazido é o do tipo fundamental verticilo.

Alternativa "e": Esse é o conceito do tipo fundamental denominado arco. A presilha externa, como vimos, possui o delta à esquerda da impressão.

Alternativa correta: letra "b".

20. (Cespe – Delegado de Polícia – GO/2017) No que se refere às perícias e aos laudos médicos em medicina legal, assinale a opção correta.

a) As perícias podem consistir em exames da vítima, do indiciado, de testemunhas ou de jurado.

b) A perícia em antropologia forense permite estabelecer a identidade de criminosos e de vítimas, por meio de exames de DNA, sem, no entanto, determinar a data e a circunstância da morte.

c) A opção pela perícia antropológica deve ser conduta de rotina nos casos em que a família da vítima manifestar suspeita de morte por envenenamento.

d) As perícias médico-legais são restritas aos processos penais e civis.

e) Laudo médico-legal consiste em narração ditada a um escrivão durante o exame.

COMENTÁRIOS

Alternativa correta: letra "A": A assertiva está correta. Qualquer pessoa pode ser submetida a exame pericial no curso da investigação/ processo. A vítima, para determinação da materialidade delitiva, por exemplo. O indiciado, para comprovação de eventual lesão de defesa, sanidade mental etc. Inclusive a testemunha e o jurado, conforme leciona Neusa Bittar, "quando há dúvidas sobre sua sanidade mental" (Medicina Legal Descomplicada. 2ª edição. São Paulo: Rideel, 2011, p. 10).

Alternativa "b": A alternativa é bastante confusa, mas está errada, se considerarmos doutrina minoritária. Embora a perícia de DNA possa ser relacionada à Antropologia Forense, como destaca Genival Veloso de França, "a Medicina Legal também beneficiou-se com o avanço indiscutível que se verifica em torno do estudo do genoma humano e, por isso, tem-se observado uma acentuada evolução no campo da identidade, tanto nas questões da identificação civil como nas da identificação criminal. Amplia-se assim essa importante área da Hemogenética Médico-legal. Além das perícias de investigação do vínculo genético da paternidade, abriu-se um novo campo na Criminalística, em que a análise de vestígios humanos pode trazer grande contribuição ao interesse pericial, pelo uso dos marcadores genéticos e da aplicação do polimorfismo do DNA" (Medicina Legal, 10ª ed. Rio de Janeiro: Guanabara Koogan, 2015, p. 186/187), o erro na assertiva está em afirmar que não se pode relacionar a Antropologia Forense com o estabelecimento das circunstâncias da morte. Cuidado! Para a doutrina majoritária, essa divisão da Medicina Legal estuda a identidade e a identificação médico-legal e judiciária. Todavia, Hygino de C. Hércules, inclui, como objeto de estudo, a causa da morte. (**Medicina Legal**, 9ª ed. Rio de Janeiro: Guanabara Koogan, 2014, p. 11).

Alternativa "b": Errada. Como descreve a alternativa, a vítima já está devidamente identificada, portanto, dispensa-se a opção pela perícia antropológica, cujos fins são a identidade e a identificação.

Alternativa "d": Errada. A Medicina Legal pode ser utilizada em qualquer ramo do Direito. Por exemplo, a **Infortunística** é a parte da Medicina Legal que estuda os acidentes de trabalho, as doenças profissionais, suas consequências, os meios de prevenção e de reparação.

Alternativa "e": Errada. O conceito apresentado é de auto. Os **relatórios médico-legais** são os documentos resultantes da atuação do serviço médico-legal. Podem se apresentar na forma de **auto**, quando ditado ao escrivão, ou **laudo**, elaborado pelo próprio perito.

---

21. (Cespe – Delegado de Polícia – GO/2017) De acordo com Ottolenghi, um indivíduo de pele branca ou trigueira, com íris azuis ou castanhas, cabelos lisos ou crespos, louros ou castanhos, com perfil de face ortognata ou ligeiramente prognata e contorno anterior da cabeça ovoide é classificado como

a) indiano.
b) australoide.
c) caucásico.
d) negroide.
e) mongólico.

COMENTÁRIOS

✪ **Nota do autor:** A questão aborda o tema Identificação Médico-legal. Neste processo, exigem-se não só conhecimentos e técnicas médico-legais, como também entendimento de suas ciências acessórias. Sempre é feita por legistas. Um dos aspectos a serem analisados: a Raça. Ottolenghi classifica em cinco os tipos étnicos fundamentais, que serão abordados nas alternativas.

Alternativa correta: letra "C": Segundo o autor, o tipo caucásico é um indivíduo de pele branca ou trigueira; cabelos lisos ou crespos, louros ou castanhos; íris azuis ou castanhas; contorno craniofacial anterior ovoide ou ovoide-poligonal; perfil facial ortognata e ligeiramente prognata.

Alternativa "a": Errada. Para o autor, o **tipo indiano** não se afigura como um tipo racial definido. Estatura alta; pele amarelo-trigueira, tendente ao avermelhado; cabelos pretos, lisos, espessos e luzidios; íris castanhas; crânio mesocéfalo; supercílios espessos; orelhas pequenas; nariz saliente, estreito e longo; barba escassa; fronte vertical: zigomas salientes e largos.

Alternativa "b": Errada. O **tipo australoide** possui as seguintes características: estatura alta; pele trigueira; nariz curto e largo; arcadas zigomáticas largas e volumosas; prognatismo maxilar e alveolar; cinturas escapular larga e pélvica estreita; dentes fortes; mento retraído; arcadas superciliares salientes e crânio dolicocéfalo.

Alternativa "c": Errada. O **tipo negroide** possui as seguintes características, segundo a classificação do autor: pele negra; cabelos crespos, em tufos; crânio pequeno; perfil facial prognata; fronte alta e saliente; íris castanhas; nariz pequeno, largo e achatado; perfil côncavo e curto; narinas espessas e afastadas, visíveis de frente e circulares.

Alternativa "e": Errada. O **tipo mongólico** possui as seguintes características, segundo a classificação do autor: pele amarela; cabelos lisos; face achatada de diante para trás; fronte larga e baixa; espaço interorbital largo; maxilares pequenos e mento saliente.

---

22. (FUNCAB – Delegado de Polícia – PA/2016) No que se refere ao tema "identificação", os ângulos de Jacquart, Cloquet e Curvier são verificados:

a) no tórax.
b) nas penas.
c) nos braços.
d) na bacia.
e) no crânio.

COMENTÁRIOS

✪ **Nota do autor:** A questão aborda o tema Identificação Médico-legal. Neste processo, exigem-se não só conhecimentos e técnicas médico-legais, como também entendimento de suas ciências acessórias. Sempre é feita por legistas. Um dos aspectos a serem analisados: **o ângulo facial:** sua importância está na determinação do prognatismo, constituindo-se em um valioso elemento da distinção racial. Segundo Jacquart, o ângulo é dado por uma linha que passa pelo ponto mais saliente da fronte e pela linha nasal anterior, e por outra linha que vai da espinha nasal anterior ao meio da linha medioauricular, conseguindo, aproximadamente, um ângulo de 76,5° para os brancos, de 72° para os amarelos e de 70,3° para os negros. São importantes também os ângulos de Curvier (uma linha que passa pela parte mais saliente da fronte até o ângulo dentário superior, e por outra linha que vai do ângulo dentário superior até o conduto auditivo externo) e de Cloquet (uma linha que vai da parte mais saliente da fronte até o ponto alveolar, e outra linha que vai do ponto alveolar até o conduto auditivo externo).

Alternativa correta: letra "E" (responde às demais alternativas): Como visto em nota, os ângulos de Jacquart, Cloquet e Curvier são verificados no crânio (ângulo facial).

23. (Cespe – Delegado de Polícia – PE/2016) Determinada delegacia de polícia, comunicada da existência de um cadáver em estado de putrefação jogado em um canavial de sua circunscrição, deve tomar providências para levantar informações – como, por exemplo, a certificação de tratar-se de pessoa, e não de animal, e o estabelecimento da causa da morte –, além de realizar diligências diversas.

Assinale a opção correta acerca das atividades médico-legais nesse caso.

a) O método de identificação do cadáver de primeira escolha, para o caso, é a identificação por material genético, o DNA, que pode ser extraído mesmo de material putrefeito.

b) Mesmo estando o cadáver em adiantado estado de putrefação, é possível, conforme a especificidade, estabelecer, pelo exame médico-legal, a causa jurídica da morte – suicídio, homicídio, acidente ou morte natural.

c) A análise do aspecto macroscópico do fígado do cadáver em questão é suficiente para que o médico-legista determine se ocorreu morte súbita ou se morte com suspeita de ocorrência criminal.

d) Deve-se proceder à exumação do cadáver, que deve ser realizada por equipe da delegacia de polícia acompanhada de médico-legista.

e) Caso o cadáver encontrado seja de material humano, a identificação deverá ser feita por reconhecimento.

COMENTÁRIOS

✪ **Nota do autor:** Diante das informações da questão, encontro fortuito de um cadáver, o delegado de polícia deverá adotar diligências para a devida identificação médico-legal. O enunciado menciona, exemplificativamente, duas diligências importantes: a certificação de tratar-se de pessoa (e não de animal) e o estabelecimento da causa da morte. A **identificação da espécie**, se homem ou animal, pode ser levada a cabo com as seguintes técnicas: **Análise dos ossos**. Morfologicamente, pelo exame de suas dimensões e caracteres. Microscopicamente, a diferença é dada pela análise do tamanho dos canais de Havers (que são em menor número e mais largos no homem. Já nos animais são mais estreitos, redondos e mais numerosos). **Causa jurídica da morte**. Um dos objetivos principais do estudo da Tanatologia Médico-Legal é estabelecer o diagnóstico da causa jurídica da morte, buscando determinar se a hipótese é de homicídio, suicídio, acidente ou morte natural.

Alternativa correta: letra "B": Correta. São diversas as considerações no exame de necropsia que possibilitam identificar a causa jurídica da morte, ainda que o cadáver esteja em estado de putrefação, tais como: o mecanismo da morte (exemplo: esganadura para homicídio, enforcamento para suicídio), espécies e sede das lesões, direção da ferida etc.

Alternativa "a": Errada. A impressão digital genética do DNA (ácido desoxirribonucleico), representada pelo material genético básico de cada indivíduo e composta de uma substância existente nos cromossomos, é um método bastante utilizado na determinação de paternidade e maternidade. Embora possa ser utilizada na identificação de vítimas, conforme ensina Genival França, deve ser empregada quando outros métodos mostrarem-se ineficientes (Medicina Legal, 9ª ed. Rio de Janeiro: Guanabara Koogan, 2014, p. 348). A identificação deve ser feita levando-se em consideração elementos antropológicos, antropométricos e material genético. Assim, a identificação dactiloscópica, métodos odontológicos (arcada dentária, próteses, malformações), meios médico-forenses (identificação por sexo, raça, idade, estatura, tatuagens, superposição de imagens etc.), ganham relevo na elaboração do laudo de necropsia. O erro da alternativa foi ter colocado o exame de DNA como primeira escolha.

Alternativa "c": Errada. A morte súbita (natural) pode ter por etiologia causas diversas, como afecções cardiovasculares, lesões do sistema nervoso central, hemorragias agudas, rotura de vísceras, além de fatores ocasionais, como a fadiga, o esforço, embriaguez etc. Segundo Genival França, **em média 90% das mortes súbitas em adultos são de origem cardíaca**. Portanto, a recomendação para uma perícia médico-legal (no exame interno do cadáver) é o **exame macroscópico do coração** (cavidade pericárdica, anatomia dos grandes vasos e válvulas, exame das artérias coronárias, inspeção da aorta e da artéria pulmonar). Porém, o exame macroscópico não deve ser considerado suficiente, devendo o médico-legista proceder a exame histológico *standard* do coração, exames toxicológicos, patologia molecular, além do exame externo do cadáver (estatura, peso, lesões torácicas, queimaduras elétricas, presença de marca-passo etc.).

Alternativa "d": Errada. O cadáver não se encontrava inumado (enterrado). Inumação é sinônimo de sepultamento. Portanto, não há falar em exumação, que consiste no processo de desenterrar um cadáver, com fins: **administrativos**, visando à transferência dos restos mortais: a) para outro local de sepultamento; b) para urna menor a fim de ocupar menos espaço ou para cremação; c) para remoção do corpo por razões sanitárias; ou **jurídicos**, por determinação do juiz ou da polícia judiciária: a) para identificação do cadáver ou de seus restos; b) para necropsia, por não ter sido realizada no momento oportuno; c) para realização de nova necropsia.

Alternativa "e": Errada. Como vimos em nota, são vários os métodos de identificação que podem ser utilizados pelo médico-legista. Embora o reconhecimento seja um deles, o erro da alternativa está em afirmar que a identificação **deverá** ser feita através de reconhecimento.

---

24. (FUNCAB – Delegado de Polícia – RJ/2012) A identificação de uma pessoa se define como um conjunto de características que individualiza a pessoa, tornando-a diferente das demais. Sob esta óptica, o exame de DNA, embora moderno e com alto grau de confiabilidade, não é suficiente para a determinação da identidade, pois via de regra, essas análises são realizadas utilizando-se como material de comparação amostras de familiares, sendo assim um método capaz de gerar o grau de parentesco e, não a identidade propriamente dita, ou seja, pode determinar se um indivíduo é filho de alguém, mas não qual dos filhos. Outras técnicas, científicas, ao contrário do exame de DNA, podem, isoladamente, conferir a identidade a um cadáver, considerando a preexistência de parâmetros de comparação. Entre essas técnicas, estão:

a) reconhecimento facial, arcada dentária e sobreposição de imagens.
b) reconhecimento facial, sinais particulares e sobreposição de imagens.
c) impressão dactiloscópica, sinais particulares e sobreposição de imagens.
d) impressão dactiloscópica, arcada dentária e sobreposição de imagens.
e) impressão dactiloscópica, arcada dentária e sinais particulares.

COMENTÁRIOS

✪ **Nota do autor:** A **identificação** é o processo técnico e científico empregado para determinar a **identidade** de um indivíduo, que, por sua vez, é o conjunto de elementos característicos que distingue uma pessoa das demais. Assim, o método de identificação é **comparativo**. Os fundamentos biológicos ou técnicos que preenchem as condições para um método de identificação aceitável e seguro são: **1. Unicidade** (determinado elemento seja específico daquele indivíduo, distinguindo-o dos demais); **2. Imutabilidade** (as características precisam ser imutáveis, não se alterando com o passar do tempo); **3. Perenidade** (capacidade de determinados elementos resistirem à ação do tempo, durando por toda a vida, e até após a morte, como, por exemplo, o esqueleto. Há características que são imutáveis durante certo período da vida, porém não são perenes, como, por exemplo, o número de dentes); **4. Praticabilidade** (o método dever ser prático, tanto na obtenção quanto no registro); **5. Classificabilidade** (requisito de suma importância, pois deve haver metodologia no arquivamento, propiciando rapidez e facilidade na busca dos registros).

Alternativa correta: letra "D" (responde as demais alternativas): A assertiva está correta e apresenta três técnicas de identificação. A **impressão dactiloscópica** consiste num método de colheita das impressões digitais, a datiloscopia, isto é, pelas saliências papilares existentes nas pontas dos dedos. Todos nós temos nas polpas dos dedos as chamadas cristas papilares. Se untarmos as pontas dos dedos da mão com tinta preta e pressionarmos numa folha de papel, observaremos desenhos que apresentam uma série de linhas paralelas. Tais vestígios são denominados **impressão digital**, formada por diferentes linhas curvas e constituída de pequenas partículas de suor produzidas pelos sulcos e saliências da pele que envolvem os dedos, e o estudo dos mesmos é a datiloscopia. A identificação pela **arcada dentária** é um método relevante, principalmente em casos de carbonização e esqueletização. Para tanto, é preciso dispor de uma ficha dentária anterior fornecida pelo dentista da vítima. Já a **sobreposição de imagens**, também conhecida como **método Piancentino** ou **craniofotocomparativo**, consiste na identificação individual por demonstração fotográfica, utilizando-se a superposição de negativos de fotos do indivíduo tiradas em vida sobre as do esqueleto do crânio. Não é tão seguro quanto os demais, sendo usado de forma subsidiária. Nas três técnicas apresentadas faz-se necessária a preexistência de parâmetros de comparação. Já as demais técnicas referidas nas alternativas, embora sejam utilizadas para auxiliar a identificação, não são científicas. O **reconhecimento facial** não é método de identificação. Trata-se de processo empírico exercido por leigo e com baixo grau de precisão. Já a identificação é técnica científica, realizada por perito criminal. Em relação aos **sinais particulares**, mesmo não identificando uma pessoa, podem servir para excluí-la. Assim, todo e qualquer sinal individual, como uma tatuagem, por exemplo, é útil para auxiliar na busca da identificação.

---

25. (FGV – Delegado de Polícia – MA/2012) O sistema dactiloscópico de Vucetich é um dos principais métodos utilizados na identificação policial e judiciária.

Numa individual dactiloscópica expressa pela fórmula **E0.3.1.3/ AX.4.4.2**, verifica-se que a pessoa identificada apresenta

a) amputação do dedo polegar esquerdo.
b) amputação do dedo indicador direito.
c) amputação do dedo indicador esquerdo.
d) amputação do dedo polegar direito.
e) amputação do dedo mínimo esquerdo.

COMENTÁRIOS

✪ **Nota do autor:** A **identificação datiloscópica** consiste num método de colheita das impressões digitais – datiloscopia, isto é, pelas saliências papilares existentes nas pontas dos dedos. Todos nós temos nas polpas dos dedos as chamadas cristas papilares. Se untarmos as pontas dos dedos da mão com tinta preta e pressionarmos numa folha de papel, observaremos desenhos que apresentam uma série de linhas paralelas. Tais vestígios são denominados **impressão digital**, formada por diferentes linhas curvas e constituída de pequenas partículas de suor produzidas pelos sulcos e saliências da pele que envolvem os dedos, e o estudo dos mesmos datiloscopia. São **características** da impressão digital: unicidade, imutabilidade ou perenidade, praticabilidade e classificabilidade. Vucetich observou que, apesar da infinidade de desenhos nas impressões digitais, há determinados padrões que se repetem, sendo denominados pelo autor de **tipos fundamentais**, tendo por base a presença de um elemento básico denominado **delta** (pequeno sinal triangular ou estrelado), em razão da semelhança com a letra grega (**Δ**), formado pela confluência de linhas em um dos lados da impressão. São quatro os tipos fundamentais: **Arco:** ausência de delta; **Presilha Interna:** presença de delta à direita do observador; **Presilha Externa:** presença de delta à esquerda do observador; e **Verticilo:** presença de dois deltas, um à direita e outro à esquerda. No processo de identificação datiloscópica são colhidas as impressões digitais dos dez dedos das mãos numa ficha, sendo tal conjunto denominado individual **ou fórmula datiloscópica (ID)**, representada por uma **fração** cujo **numerador** é a mão direita, chamado **série**; o **denominador** é a mão esquerda, chamado **seção.** Nessa fórmula os polegares iniciam as sequências e são representados por letras, já os dedos indicador, médio, anular e mínimo, são representados por números, da seguinte forma: Arco (**A/ 1**), Presilha interna (**I/ 2**), Presilha Externa (**E/ 3**) e Verticilo (**V/4**). Outros tipos pertinentes: dedos defeituosos e cicatrizes são representados pela letra **X** e amputações pelo número **zero** (**0**).

Alternativa correta: letra "B" (responde as demais alternativas): a fórmula apresentada na questão é a seguinte:

Mão direita			Mão esquerda		
Polegar	**E**	presilha externa	Polegar	A	arco
Indicador	**0**	Amputação	Indicador	**X**	defeito ou cicatriz
dedo médio	**3**	presilha externa	dedo médio	**4**	verticilo
Anular	**1**	Arco	Anular	**4**	verticilo
Mínimo	**3**	presilha externa	Mínimo	**2**	presilha interna

26. (**UEG – Delegado de Polícia – GO/2013)** Na cena do local do crime os peritos arrecadaram a seguinte fórmula datiloscópica:

V	1	4	2	1
A	3	2	1	3

O suspeito deverá apresentar qual desenho digital no dedo médio da mão esquerda?

a) verticilo
b) presilha externa
c) arco
d) presilha interna

COMENTÁRIOS

✪ **Nota do autor:** A **identificação datiloscópica** consiste num método de colheita das impressões digitais, datiloscopia, isto é, pelas saliências papilares existentes nas pontas dos dedos. Todos nós temos nas polpas dos dedos as chamadas cristas papilares. Se untarmos as pontas dos dedos da mão com tinta preta e pressionarmos numa folha de papel, observaremos desenhos que apresentam uma série de linhas paralelas. Tais vestígios são denominados **impressão digital**, formada por diferentes linhas curvas e constituída de pequenas partículas de suor produzidas pelos sulcos e saliências da pele que envolvem os dedos, e o estudo dos mesmos datiloscopia. Vucetich, o criador do sistema, observou que, apesar da infinidade de desenhos nas impressões digitais, há determinados padrões que se repetem, sendo denominados pelo autor de tipos fundamentais, tendo por base a presença de um elemento básico denominado delta (pequeno sinal triangular ou estrelado), em razão da semelhança com a letra grega (**Δ**), formado pela confluência de linhas em um dos lados da impressão. São quatro os tipos fundamentais: **Arco:** ausência de delta; **Presilha Interna:** presença de delta à direita do observador; **Presilha Externa:** presença de delta à esquerda do observador; e **Verticilo:** presença de dois deltas, um à direita e outro à esquerda. No processo de identificação **datiloscópica** são colhidas as impressões digitais dos dez dedos das mãos numa ficha, sendo tal conjunto denominado individual **ou fórmula datiloscópica (ID)**, representada por uma fração cujo numerador é a mão direita, chamado **série**; o denominador é a mão esquerda, chamado **seção.** Nessa fórmula os polegares iniciam as sequências e são representados por letras, já os dedos indicador, médio, anular e mínimo, são representados por números, da seguinte forma: Arco (A/ 1), Presilha interna (I/ 2), Presilha Externa (E/ 3) e Verticilo (V/4).

Alternativa correta: letra "D": A **presilha interna** é representada pela letra **I**, quando polegar, e pelo número **2** nos demais dedos. A mão esquerda é a sequência debaixo da fórmula (numerador), a **seção.**

Alternativa "a": o **verticilo** é representado pela letra **V**, quando polegar, e pelo número **4** nos demais dedos.

Alternativa "b": a **presilha externa** é representada pela letra **E**, quando polegar, e pelo número **3** nos demais dedos.

Alternativa "c": o **arco** é representado pela letra **A**, quando polegar, e pelo número **1** nos demais dedos.

3. TANATOLOGIA

27. (Cespe – Delegado de Polícia – PC – SE/2018) Um homem de cinquenta anos de idade assassinou a tiros a esposa de trinta e oito anos de idade, na manhã de uma quarta-feira. De acordo com a polícia, o homem chegou à casa do casal em uma motocicleta, chamou a mulher ao portão e, quando ela saiu de casa, atirou nela com uma arma de fogo, matando-a imediatamente. Em seguida, ele se matou no mesmo local, com um disparo da arma encostada na própria têmpora.

Considerando a situação hipotética apresentada e os diversos aspectos a ela relacionados, julgue os itens a seguir.

O evento caracteriza um episódio de comoriência.

COMENTÁRIOS

O fenômeno da comoriência, previsto no art. 8º, do Código Civil, tem especial interesse no Direito das Sucessões. Conforme disposição legal, "se dois ou mais indivíduos falecerem na mesma ocasião, não se podendo averiguar se algum dos comorientes precedeu aos outros, presumir-se-ão simultaneamente mortos". Em outras palavras, a comoriência significa simultaneidade da morte (por presunção legal), diante da impossibilidade de se verificar quem primeiro faleceu. Não é a situação da questão, pois, o autor, em primeiro lugar, matou a esposa. **ERRADO**

Um homem de quarenta e cinco anos de idade morreu após se engasgar com um pedaço do sanduíche que comia em uma lanchonete. Ele estava na companhia do seu cunhado, que não conseguiu ajudá-lo a retomar o fôlego. Os empregados da lanchonete acionaram o socorro médico, mas não houve êxito na tentativa de evitar a morte do homem.

28. (Cespe – Delegado de Polícia – PC – SE/2018) Considerando essa situação hipotética e os diversos aspectos a ela relacionados, julgue os itens a seguir.

28.1. Se o socorro médico tivesse chegado uma hora após o óbito do homem, seria possível constatar a rigidez completa do cadáver e a presença de livores de hipóstases fixados.

COMENTÁRIOS

Conforme esclarece o professor Genival Veloso de França, atualmente, acredita-se que a rigidez cadavérica seja resultante de vários fatores, todos eles decorrentes da supressão de oxigênio muscular, indo impedir a formação de ATP (ácido adenosínico-trifosfórico) das modificações da permeabilidade das membranas das células, da formação de actomiosina e da ação da glicose anaeróbica, com o inevitável acúmulo de ácido lático (Medicina Legal. 9ª edição. Rio de Janeiro: Guanabara Koogan, 2014, p. 431). A instalação também é fonte de divergência. Segundo França, começa entre 1 e 2h após a morte. Para Eduardo Roberto Alcântara Del-Campo, em regra, inicia-se de 3 a 5 horas após o óbito, instala-se completamente entre 8 e 12 horas e permanece por um período de 12 a 24 horas, quando a musculatura retorna ao estado de flacidez (Medicina Legal, Coleção Cursos e Concursos, 3ª ed. São Paulo: Editora Saraiva, 2007, p. 239). Ambos concordam com o desaparecimento, em regra, após 24h. Pois bem. A questão menciona rigidez completa. Embora a divergência na doutrina, esta se dá a partir de 8h do óbito. Portanto, incorreta tal afirmação, após 1h de óbito. E a presença de livores de hipóstases fixados? Resultantes da ação da gravidade, o sangue se deposita nas regiões em declive. Em geral, essas manchas surgem, em média, duas a três horas após a morte, fixando-se definitivamente em torno das 12 horas *post mortem*. Portanto, também incorreta a segunda parte da assertiva. **ERRADO**

28.2. O evento morte descrito será classificado, quanto à causa jurídica, como morte natural.

COMENTÁRIOS

Um dos objetivos principais do estudo da Tanatologia Médico-Legal é estabelecer o diagnóstico da causa jurídica da morte, buscando determinar se a hipótese é de homicídio, suicídio, acidente ou morte natural. Morte natural é aquela oriunda de um estado mórbido adquirido ou de uma perturbação congênita, em outras palavras, por doenças e pelo inevitável processo de envelhecimento. França prefere a expressão "morte por antecedentes patológicos". A morte violenta tem origem por ação externa (e mais raramente interna), nas quais se incluem o homicídio, o suicídio e o acidente. Na questão apresentada, estamos diante de uma hipótese de morte acidental, portanto, não natural. **ERRADO**

29. (Fundatec – Delegado de Polícia – PC – RS/2018) Em relação à "estimativa do tempo de morte", também conhecida como cronotanatognose, analise as afirmações abaixo, assinalando V, se verdadeiras, ou F, se falsas.

( ) Existem vários parâmetros (fenômenos cadavéricos) utilizados para a estimativa do tempo de morte.

( ) A estimativa do tempo de morte, considerando os avanços da Medicina-Legal, é bastante precisa, não apresentando margem de erro (para mais ou para menos) maior do que uma hora.

( ) A estimativa do tempo de morte depende, além de outros fatores, de fatores externos ao cadáver.

( ) A estimativa do tempo de morte, apesar dos avanços da Medicina-Legal, não é precisa.

A ordem correta de preenchimento dos parênteses, de cima para baixo, é:

a) V – F – V – V.

b) V – V – V – F.

c) V – V – F – F.

d) F – F – F – V.

e) F – V – F – V.

COMENTÁRIOS

✪ **Nota do autor:** a questão aborda a estimativa do tempo da morte, também chamada de intervalo *post mortem*. Denomina-se tanatocronodiagnose, cronotanatognose ou diagnóstico cronológico da morte (espaço de tempo observado em diversas fases do cadáver e o momento em que se verificou a morte). Vejamos cada uma das assertivas: **Assertiva I. Verdadeira**. São vários os fenômenos utilizados para a estimativa do tempo da morte, como exemplos: esfriamento do cadáver, presença de livores cadavéricos, rigidez cadavérica, mancha verde abdominal etc. **Assertiva II. Falsa**. Trata-se de um dos assuntos mais complexos da Medicina Legal. Como afirma França, "inúmeros são os fenômenos cadavéricos estudados, porém seus resultados ainda se nos apresentam insuficientes para determinar-se precisamente o tempo da morte, pois, como se sabe, ela se constitui em um processo gradativo e não em um momento exato" (FRANÇA, Genival Veloso de. Medicina Legal. 9ª ed. Rio de Janeiro: Guanabara Koogan, 2014, p. 442). Portanto, não é um diagnóstico preciso, mas, sim, aproximado. **Assertiva III. Verdadeira.** São diversos os fatores externos que irão influenciar no tempo da morte, tais como: temperatura ambiente, tipo de solo, vestimentas do cadáver etc. Além disso, quanto maior for o tempo decorrido, mais complexa e dificultosa se torna a estimativa. **Assertiva IV. Verdadeira**. Conforme afirmamos na assertiva II.

Alternativa correta: letra "a" (responde as demais alternativas): apenas a assertiva II está incorreta.

30. (Fumarc – Delegado de Polícia – PC – MG/2018) Custodiado pela Polícia, um suposto infrator queixa que se sente mal na viatura policial ao ser transferido do local do fato para a delegacia responsável. Ele relata ser "cardíaco" e que usa medicação para evitar infarto do miocárdio. Em seguida, fica em silêncio e imóvel. Os responsáveis constatam a realidade do óbito. A conduta CORRETA é:

a) Entrar em contato com alguma autoridade do Ministério Público ou do judiciário para tomada de decisão do caso.

b) Por não haver violência, procurar os meios para encaminhamento ao serviço de verificação de óbito.

c) Procurar os meios e as formalidades para o encaminhamento ao IML.

d) Trata-se de morte natural; dar seguimento aos procedimentos para encaminhamento à funerária.

COMENTÁRIOS

✪ **Nota do autor:** A chamada "morte sob custódia" é " aquela que ocorre com pessoas privadas de liberdade e sobre a qual se pode aventar uma situação de morte violenta. Espera-se que, pelo menos como questão de fato, todas essas mortes tenham obrigatoriamente uma investigação criminal e que esta se inicie com a competente necropsia" (FRANÇA, Genival Veloso de. Medicina Legal, 10ª ed. Rio de Janeiro: Guanabara Koogan, 2015, p. 1123). Embora a questão aponte para uma morte natural, diante da peculiaridade de estar sob custódia, como objetivo de se apurar qualquer responsabilidade dos agentes do Estado, deverá ser instaurado procedimento investigativo com a consequente requisição pericial de necropsia. Portanto, o corpo deverá ser encaminhado ao Instituto Médico Legal, por determinação do delegado de polícia.

Alternativa correta: letra "c" (responde as demais alternativas).

31. (Fumarc – Delegado de Polícia – PC – MG/2018) Em relação à exumação, é CORRETO afirmar:

a) Em determinados casos, o exame histopatológico pode ser realizado.

b) O exame interno deve ser direcionado à região determinada e/ou suspeita do cadáver.

c) O médico-legista se incumbirá de providenciar para que se realize a diligência, mediante autorização expressa da família.

d) Os fenômenos putrefativos prejudicam as características das vestes, não devendo ser consideradas, a fim de se evitarem erros periciais grosseiros.

COMENTÁRIOS

Alternativa "a": Está correta. A análise microscópica de tecidos (exame histopatológico) pode ser determinante para afastar uma causa violenta, por exemplo. Em determinados casos, conforme França, "o exame histopatológico de alguns órgãos e tecidos pode ser realizado, assim como todos os recursos da pesquisa toxicológica e bacteriológica" (FRANÇA, Genival Veloso de. Medicina Legal, 9ª ed. Rio de Janeiro: Guanabara Koogan, 2014, p. 477).

Alternativa "b": Errada. O exame interno deve ser completo (mesmo no que resta do cadáver). E o médico-legista deve ter cuidado redobrado na distinção de achados patológicos e traumáticos das modificações *post mortem*.

Alternativa "c": Errada. Independe de autorização da família. E, conforme dispõe o art. 163, do CPP, é a autoridade (não o médico-legista) que providenciará realização da diligência, entendendo, a doutrina majoritária, tratar-se do delegado de polícia.

Alternativa "d": Está errada. Conforme mencionamos nos comentários à alternativa "b", tais fenômenos devem ser considerados pelo médico-legista, que deverá agir com cautela para distingui-los dos achados patológicos e traumáticos.

Alternativa correta: letra "a".

32. (Fumarc – Delegado de Polícia – PC – MG/2018) Em relação aos dispositivos legais sobre a remoção de órgãos, tecidos e partes do corpo humano para fins de transplante e tratamento, é CORRETO afirmar:

a) A retirada post mortem de tecidos, órgãos ou partes do corpo humano destinados a transplante ou tratamento deverá ser precedida de diagnóstico de morte encefálica, constatada e registrada por dois médicos não participantes das equipes de remoção e transplante.

b) A retirada de tecidos, órgãos e partes do corpo de pessoas falecidas para transplantes ou outra finalidade terapêutica não dependerá apenas da autorização do cônjuge ou parente, estando também vinculada aos sistemas de saúde pública e ao delegado de polícia.

c) No caso de morte sem assistência médica, de óbito em decorrência de causa mal definida ou de outras situações nas quais houver indicação de verificação da causa médica da morte, a remoção de tecidos, órgãos ou partes de cadáver para fins de transplante ou terapêutica somente poderá ser realizada após a autorização do delegado de polícia ou do Ministério Público.

d) O cadáver de pessoa não identificada não pode se prestar a qualquer doação para transplantes, exceto se autorizado pelo delegado de polícia, promotor ou juiz.

COMENTÁRIOS

✪ **Nota do autor:** A questão aborda conhecimento específico da Lei 9.434, de 1997, que dispõe sobre a remoção de órgãos, tecidos e partes do corpo humano para fins de transplante e tratamento e dá outras providências.

Alternativa "a": É o que dispõe o art. 3º, da Lei 9.434, de 1997.

Alternativa "b": Depende, sim, de autorização do cônjuge ou parente. Conforme dispõe o art. 4º, da Lei, "a retirada de tecidos, órgãos e partes do corpo de pessoas falecidas para transplantes ou outra finalidade terapêutica, **dependerá** da autorização do cônjuge ou parente, maior de idade, obedecida a linha sucessória, reta ou colateral, até o segundo grau inclusive, firmada em documento subscrito por duas testemunhas presentes à verificação da morte". Além disso, não há vinculação ao delegado de polícia, como afirma a alternativa.

Alternativa "c":. A autorização não será do delegado ou promotor de justiça, mas do **patologista do serviço de verificação de óbito – SVO responsável pela investigação**. Essa autorização deve ser citada no relatório de necropsia, conforme dispõe o art. 7º, parágrafo único, da Lei 9.434/ 97.

Alternativa "d": Conforme dispõe o art. 6º, da lei, "é vedada a remoção *post mortem* de tecidos, órgãos ou partes do corpo de pessoas não identificadas".

Alternativa correta: letra "a".

---

33. (Fumarc – Delegado de Polícia – PC – MG/2018) São causas médicas de óbito NÃO jurídicas:

a) Acidentais.

b) Homicidas.

c) Oncológicas.

d) Suicidas.

COMENTÁRIOS

✪ **Nota do autor:** A questão aborda a classificação da causa da morte em jurídica e não jurídica. A jurídica está relacionada à morte resultante de fatores externos (não-naturais) e podem ser provocadas por acidente, suicídio ou homicídio. Já a morte natural ocorre por doenças ou processo de envelhecimento. A causa oncológica (câncer) está relacionada à morte natural, portanto, não jurídica. A oncologia é o estudo de tumores, sua etiologia e formas de tratamento (neoplasias: proliferação anormal, autônoma e descontrolada de células de um determinado tecido do corpo).

Alternativa correta: letra "c" (responde às demais alternativas).

---

34. (Nucepe – Delegado de Polícia – PC – PI/2018) O estudo da morte na medicina legal é realizado pela Tanatologia forense; Dentro do estudo dos fenômenos cadavéricos, é CORRETO afirmar que:

a) Ocorre autólise quando há a destruição progressiva dos tecidos sob a ação dos germes.

b) A saponificação ocorre naturalmente, quando o corpo é submetido a uma forte dessecação.

c) A maceração é o fenômeno destrutivo concomitante à putrefação, resultante da umidade ou excesso de água sobre o cadáver.

d) Ocorre a mumificação na transformação do cadáver, após um estado avançado de putrefação, em uma substância especial denominada adipocera.

e) Ocorre a putrefação quando há a desintegração tissular acompanhada pela ação dos fermentos de acidificação, desorganizando as diversas estruturas.

COMENTÁRIOS

Alternativa "a": Esse é o conceito de putrefação. Lembrando que germe é um termo amplo para indicar micro-organismo, incluindo-se a bactéria.

Alternativa "b": Trata-se do conceito de mumificação. Fenômeno transformativo conservador que pode ser provocado, por exemplo, pelo processo de embalsamento, ou espontâneo, isto é, decorrente de certas condições do meio ambiente, principalmente a falta de umidade, que prejudica a putrefação.

Alternativa "c": A maceração é processo de putrefação que ocorre nos corpos submersos. Os ossos soltam-se dos tecidos, o abdômen achata-se e o tegumento desprende-se sob a forma de largos retalhos. A pele perde a aderência e descola-se, após a formação de bolhas que se rompem. Observa-se tal fenômeno em duas situações: nos submersos em meio líquido contaminado, isto é, com germes, denominada maceração séptica; e nos fetos retidos a partir do quinto mês de gestação, denominada maceração asséptica, sem a presença de germes.

Alternativa "d": A adipocera é sinônimo de saponificação, fenômeno transformativo conservador em que o cadáver adquire consistência untuosa e mole como sabão ou cera.

Alternativa "e": Trata-se do fenômeno denominado autólise, que é autodestruição da célula pelas suas próprias enzimas. Em razão da morte, cessa a troca nutritiva entre as células, assim, o meio se transforma, acidificando-se.

Alternativa correta: letra "c".

35. (UEG – Delegado de Polícia – PC – GO/2018) Para o conhecimento estimado do tempo de morte são utilizados os critérios preconizados pela cronotanatognose. Segundo o que dita o artigo 162, do Código Penal Brasileiro, a autópsia deverá ser iniciada pelo menos seis horas após a constatação da veracidade do óbito, ou antes, caso existam sinais de certeza da morte, o que deverá ser anotado pelo perito no laudo. Segundo os conhecimentos da cronotanatognose e atendendo ao preceito legal exposto, tem-se que:

a) a mancha verde, dependente de ação bacteriana, ocorre na fossa ilíaca e revela o início da putrefação.

b) a midríase paralítica bilateral é um sinal abiótico consecutivo que servirá para a confirmação da morte.

c) a algidez cadavérica segue os princípios da Lei de Nysten, tendo sentido de ocorrência craniocaudal.

d) a rigidez cadavérica é um fenômeno abiótico mediato que se inicia pelos músculos mais volumosos.

e) os livores cadavéricos ou manchas de hipostase permitem o conhecimento da posição do cadáver.

COMENTÁRIOS

Alternativa "a": A mancha verde abdominal tem início na fosse ilíaca, porém, difunde-se por todo o corpo. Forma-se na face ilíaca direita por causa da proximidade do ceco (primeira parte do intestino) com a pele (parede abdominal). O gás sulfídrico produzido pelas bactérias difunde-se pelos tecidos e se combina com a hemoglobina, formando a sulfoemoglobina, de tonalidade verde.

Alternativa "b": A midríase significa dilatação da pupila. Se ambas as pupilas permanecem dilatadas estamos diante da **midríase paralítica bilateral**. Pois bem. O erro na alternativa, porém, está em relacioná-la aos sinais abióticos consecutivos, pois, na verdade, trata-se de sinal abiótico imediato ou de incerteza. **Sinais da morte** podem ser classificados em **abióticos** (avitais ou vitais negativos) e **transformativos.** Os sinais abióticos se subdividem em: **sinais abióticos imediatos (ou sinais de incerteza, ou diagnóstico da morte clínica)** que ocorrem devido à cessação das funções vitais e permitem supor que a morte ocorreu, porém, o fator que determinou a parada das funções do organismo pode ser reversível, sendo a morte apenas aparente. Por essa razão são chamados de sinais de incerteza. São eles: perda da consciência; insensibilidade; imobilidade; abolição do tono muscular; midríase (dilatação das pupilas); cessação da circulação. **Já os sinais abióticos mediatos (consecutivos, ou sinais de certeza)**, que ocorrem devido à instalação de fenômenos cadavéricos de ordem química, física e estrutural, confirmam a morte, pois, com o passar do tempo, as alterações da parada cardiocirculatória vão se tornando perceptíveis, autorizando, assim, a antecipação da autópsia antes das seis horas. São eles: evaporação tegumentar (desidratação); resfriamento do corpo; hipóstase (mancha decorrente do depósito de sangue nas regiões de declive do corpo); rigidez cadavérica; espasmo cadavérico.

Alternativa "c": É a rigidez (e não algidez) cadavérica que segue a Lei de Nysten. A rigidez se manifesta em primeiro lugar na face, na mandíbula e no pescoço, seguindo-se dos membros superiores, do tronco e, finalmente, dos membros inferiores, indo desaparecer pela mesma ordem, principalmente nos cadáveres colocados em decúbito dorsal. A rigidez cadavérica desaparece quando se inicia a putrefação. Algidez não é sinônimo de rigidez. Significa resfriamento das extremidades do corpo.

Alternativa "d": Embora a rigidez cadavérica seja um fenômeno abiótico mediato, como mencionamos nos comentários à alternativa "c", inicia-se na mandíbula e pescoço, portanto, o erro está em afirmar que o início de dá nos músculos mais volumosos.

Alternativa "e": Tais manchas são resultantes da ação da gravidade, o sangue se deposita nas regiões em declive. Em geral, surgem, em média, duas a três horas após a morte, fixando-se definitivamente em torno das 12 horas *post mortem*. Como destaca França, "possuem grande valor médico-legal porque, além de ser um sinal de morte, são importantes na cronotanatognose, na posição do cadáver no momento da morte, na causa de certos óbitos e como elementos indiscutíveis em possíveis mudanças de posição do cadáver" (Medicina Legal. 9ª ed. Rio de Janeiro: Guanabara Koogan, 2014, p. 430). A distribuição dos livores varia de acordo com a posição do cadáver. Assim, se o cadáver é colocado em decúbito dorsal, que é a mais comum das posições, a distribuição dos livores situar-se-á na parte posterior do corpo (nas costas).

Alternativa correta: letra "e".

36. (Vunesp – Delegado de Polícia – PC – SP/2018) Ainda em relação à rigidez cadavérica, a figura representa a ligação entre a actína e a miosina II, importantes no processo de contratura muscular, consequentemente no processo de rigor mortis.

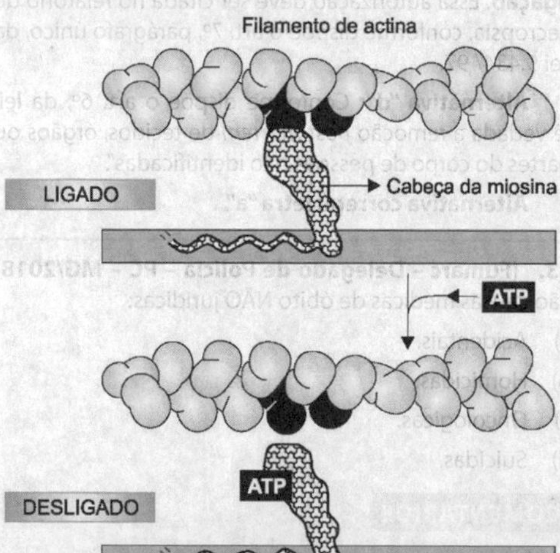

Assinale a alternativa correta.

a) A figura I representa a fase de relaxamento, que necessita de DNA nesse processo e corresponde ao religamento entre as duas moléculas.

b) A figura II representa a fase de relaxamento, que necessita de GUANINA nesse processo e corresponde à dissolução do citosol.

c) A figura II representa a fase de relaxamento, que necessita de ATP nesse processo e corresponde ao desligamento das duas moléculas.

d) A figura I representa a fase de relaxamento, que necessita de DNA nesse processo e corresponde ao desligamento entre as duas moléculas.

e) A figura I representa a fase de relaxamento, que necessita de ATP nesse processo e corresponde ao religamento entre as duas moléculas.

COMENTÁRIOS

✪ **Nota do autor:** A questão aborda o fenômeno cadavérico de ordem química: rigidez muscular. Para compreendê-lo, precisamos entender como se dá a contração muscular. A energia para a contração muscular vem das moléculas de ATP (adenosina trifosfato) produzidas durante a respiração celular. Estas moléculas atuam na ligação de miosina à actina (ambos miofilamentos arranjados paralelamente, como no desenho), ocasionando a contração muscular. Logo em seguida, o ATP tem que ser regenerado (por essa razão o desligamento) e a energia necessária provém da queima da glicose ou da fosfocreatina. No caso de trabalho muscular intenso, as células musculares repõem seus estoques de ATP e de fosfocreatina, intensificando a respiração celular, utilizando o glicogênio como combustível. Na ausência de oxigênio na célula, a queima pode advir da via anaeróbica, com a produção de ácido láctico. O ATP atua tanto na ligação da miosina à actina quanto em sua separação, que ocorre durante o relaxamento muscular. Quando falta ATP, a miosina mantém-se unida à actina, causando enrijecimento muscular. É o que acontece após a morte, produzindo-se o estado de rigidez cadavérica *(rigor mortis)*. Portanto, a imagem retrata a fase de relaxamento, além das demais alternativas mencionarem DNA e GUANINA que não atuam da rigidez cadavérica.

Alternativa correta: letra "c" (responde às demais alternativas).

37. (Vunesp – Delegado de Polícia – PC – SP/2018) A putrefação é o processo de decomposição da matéria orgânica por bactérias e pela fauna macroscópica, sendo um fenômeno destrutivo e transformativo, que acaba por devolvê-la à condição de matéria inorgânica. Alguns fatores podem influir e alterar esse processo, dentre eles a temperatura ambiente.

Podemos então afirmar corretamente que temperaturas

a) abaixo de 5 graus celsius aceleram o processo.

b) abaixo de zero grau celsius tendem a conservar indefinidamente o corpo.

c) entre 5 e 10 graus celsius tendem a conservar indefinidamente o corpo.

d) acima de 25 graus celsius não aceleram o processo.

e) entre 10 e 15 graus celsius tendem a conservar o cadáver por cerca de 48 horas.

COMENTÁRIOS

✪ **Nota do autor:** Como mencionado no preâmbulo da questão, a putrefação cadavérica consiste na decomposição do corpo pela ação de germes (bactérias). Entre os mais influentes fatores que interferem na decomposição cadavérica destaca-se a temperatura ambiente. Para Hygino Hércules é imprescindível que a temperatura esteja numa faixa ideal de 30° e 40°C, como é comum nos países tropicais (Medicina Legal – Texto e Atlas. São Paulo: Ed. Atheneu, 2005, p. 152). Se mais baixas, o processo tende a ser mais lento. Porém, a questão traz algumas temperaturas específicas. Segundo França, "a temperatura muito alta ou muito baixa retarda ou para a marcha da putrefação. Assim, **abaixo de 0°C, não se inicia esse fenômeno**. Em certas regiões geladas, como a Sibéria e a Groenlândia, os cadáveres se conservam naturalmente" (FRANÇA, Genival Veloso de. Medicina Legal, 9ª ed. Rio de Janeiro: Guanabara Koogan, 2014, p. 432-433).

Alternativa "a": Temperaturas mais baixas tendem a retardar o início da putrefação.

Alternativa "b": Como indicamos em nota, abaixo de zero grau celsius tendem a conservar indefinidamente o corpo, pois, não se inicia o processo de putrefação.

Alternativa "c": Segundo França, apenas abaixo de zero grau celsius.

Alternativa "d": A média da temperatura do inverno é entre 18° e 24°C. Assim, a partir de 25°C o processo tende a seguir o ritmo normal, iniciando-se cerca de 18 a 24h após a morte.

Alternativa "e": Podem retardar o início do processo de putrefação. Segundo Hygino Hércules, no inverno, a fase inicial é observada em torno de 36h após a morte, podendo chegar a 48h (Medicina Legal – Texto e Atlas. São Paulo: Ed. Atheneu, 2008, p. 152-153).

Alternativa correta: letra "b".

38. (Vunesp – Delegado de Polícia – PC – SP/2018) De modo geral, nos casos de morte de causa desconhecida, o cadáver deve ser encaminhado para o IML (Instituto Médico Legal) ou para o SVO (Serviço de Verificação de Óbitos) respectivamente, quando a morte for decorrente de

a) acidente de trânsito – suicídio.

b) causa natural sem assistência médica – acidente de trânsito.

c) homicídio – suicídio.

d) suicídio – morte natural ou suspeita sem assistência médica.

e) causa externa ou morte suspeita – morte natural sem assistência médica.

COMENTÁRIOS

✪ **Nota do autor:** A questão aborda a classificação da causa da morte em jurídica e não jurídica. A **jurídica** está relacionada à morte resultante de fatores externos (não-naturais) e podem ser provocadas por **acidente**, **suicídio** ou **homicídio**. Em outras palavras, "a morte não-natural é aquela que sobrevém em decorrência de causas externas violentas" (Resolução 1.779/2005, CFM). Já a **morte natural** ocorre por doenças ou processo de envelhecimento. Segundo o Conselho Federal de Medicina, "a morte natural tem como causa a doença ou lesão que iniciou a sucessão de eventos mórbidos que diretamente causaram o óbito" (Resolução 1.779/2005, CFM). Nos casos de mortes decorrentes de causas externa ou suspeita, deve o cadáver ser encaminhado ao Instituto Médico Legal (Resolução do CFM, art. 2º, 3, 1.779/2005). Nas hipóteses de morte natural sem assistência médica, a responsabilidade por atestar o óbito é o Serviço de Verificação de Óbito – SVO (Resolução do CFM, art. 2º, 1, I, 1.779/2005).

Alternativa correta: letra "e" (responde às demais alternativas).

---

39. (IBADE – Delegado de Polícia – AC/2017) O exame médico-legal em um cadáver constatou a presença de um feto ainda no interior do útero, em meio líquido, com destacamento de amplas partes do tecido cutâneo, flictenas na epiderme, bem como cavalgamento dos ossos cranianos. Diante dessas informações, pode-se afirmar que o feto sofreu:

a) maceração

b) saponificação.

c) eletroplessão.

d) mumificação

e) carbonização.

COMENTÁRIOS

✪ **Nota do autor:** A questão traz vários temas. Exige do candidato o conhecimento dos fenômenos cadavéricos transformativos, lesão causada por ação elétrica e queimadura resultante da ação térmica.

Alternativa correta: letra "A": A **maceração** é um fenômeno cadavérico transformativo destrutivo. Consiste no processo de putrefação que ocorre nos corpos submersos. Os ossos soltam-se dos tecidos, o abdômen achata-se e o tegumento desprende-se sob a forma de largos retalhos. A pele perde a aderência e descola, após a formação de bolhas que se rompem. Observa-se tal fenômeno em duas situações: nos corpos submersos em meio líquido contaminado, isto é, com germes, denominada **maceração séptica**; e nos fetos retidos a partir do quinto mês de gestação, denominada **maceração asséptica**, sem a presença de germes. Em relação às características da retenção fetal, Genival Veloso de França esclarece que, "após o 5º mês, a retenção leva o feto à maceração, sendo que esse fenômeno transformativo evolui de maneira lenta ou brusca. Nos três primeiros dias após a morte, o feto começa a apresentar flictenas que contêm serosidade sanguinolenta e destacamento da epiderme, e o líquido amniótico toma uma tonalidade esverdeada em virtude do mecônio expelido na fase de sofrimento fetal (maceração do 1º grau). Em torno do 8º dia, o destacamento da epiderme é quase total, o desnudamento da derme dá ao feto um aspecto sanguinolento, e o líquido amniótico torna-se pardo-avermelhado, devido à serosidade das flictenas rotas (maceração do 2º grau). Em torno do 15º dia, o feto perde sua tonicidade, destaca-se o couro cabeludo, e os ossos cranianos e dos membros desarticulam-se (maceração do 3º grau). O feto morto retido apresenta conotações legispericiais significativas, não apenas em seu aspecto penal, no que diz respeito ao aborto e aos crimes contra a liberdade sexual seguidos de gravidez e imputação de responsabilidade médica por suposta morte durante o parto, mas sobretudo nas questões civis, como, por exemplo, no tempo de gravidez, data da concepção, situações ligadas ao casamento, à herança e à filiação contestada" (Medicina Legal, 10ª ed. Rio de Janeiro: Guanabara Koogan, 2015, p. 683).

Alternativa "b": Errada. A **saponificação** ou **adipocera** é um fenômeno transformativo conservador em que o cadáver adquire consistência untuosa e mole como sabão ou cera.

Alternativa "c": Errada. Segundo a doutrina majoritária, a morte causada por eletricidade industrial ou artificial é denominada **eletroplessão.** Já a morte causada pela eletricidade natural é denominada **fulminação.** Quando provoca apenas lesões corporais, chama-se **fulguração.** Todavia, impende destacar posição diversa em relação ao tema. Higyno de C. Hercules dá o nome de **eletroplessão** às lesões causadas pela energia elétrica industrial ou artificalartificial e **fulguração** à ação da eletricidade natural ou cósmica (Medicina Legal, texto e atlas, São Paulo: editora Atheneu, 2005, p. 337).

Alternativa "d": Errada. A **mumificação** é um fenômeno transformativo conservador que pode ser provocado, por exemplo, pelo processo de embalsamento, ou espontâneo, isto é, decorrente de certas condições do meio ambiente, principalmente a falta de umidade, que prejudica a putrefação.

Alternativa "e": Errada. A alternativa aborda as queimaduras resultantes da ação térmica. Queimaduras são lesões corporais produzidas pelo calor agindo diretamente sobre o organismo em qualquer de suas formas. As mais comuns são aquelas causadas pelo fogo, líquidos em ebulição e metais incandescentes. Quanto à gravidade, Lussena/ Hofmann admitem quatro graus, que vão desde queimaduras leves (1º grau) até a carbonização do plano ósseo, com a consequente redução do volume do corpo por condensação dos tecidos (4º grau).

---

40. (ACAFE – Delegado de Polícia – SC/2014) Com relação ao processo de putrefação do corpo humano, analise as afirmações a seguir.

I. Durante a fase denominada cromática, ocorre o sinal mais precoce da putrefação que se caracteriza pela formação de uma mancha verde, comumente iniciada na fossa ilíaca direita e que se difunde por todo abdome.

II. O período coliquativo, último da decomposição pela putrefação, manifesta-se com a dissolução pútrida das partes moles e dos ossos, devido à ação de bactérias e da fauna necrófaga.

III. É na fase da esqueletização que a fauna cadavérica e o meio ambiente destroem os resíduos tissulares, expondo os ossos que ficam presos apenas por alguns ligamentos. Este período varia de 3 a 5 anos.

IV. A fase gasosa se dá com o surgimento dos gases de putrefação, formando flictenas na epiderme, contendo líquido hemoglobínico

Assinale a alternativa correta.

a) Apenas I, II e III estão corretas.
b) Apenas I, III e IV estão corretas.
c) Apenas II e IV estão corretas.
d) Apenas III e IV estão corretas.
e) Todas as afirmações estão corretas.

COMENTÁRIOS

✪ **Nota do autor:** A questão exige do candidato o conhecimento dos fenômenos transformativos destrutivos, especificamente em relação à putrefação, que é a decomposição do corpo pela ação das bactérias, gerando grande quantidade de gases. São fases (períodos) da putrefação: **1ª) Coloração ou Cromática**: o período cromático da putrefação ou fase da coloração surge entre 20 e 24 horas após a morte e pode durar até 7 dias. Tem início pela mancha verde abdominal localizada na fossa ilíaca direita, difundindo-se por todo o corpo; **2ª) Enfisema ou Gasosa:** a fase da enfisema ou período enfisematoso da putrefação, é também denominada fase gasosa, em razão dos gases que são formados no interior do corpo e fazem com que o cadáver adquira uma aparência de agigantamento, com protusão da língua e inchaço dos genitais. O sangue é forçado para a periferia, dando origem ao desenho dos vasos na superfície da pele, fenômeno denominado "circulação póstuma de Brouardel"; **3ª) Coliquativa:** o período coliquativo é a dissolução do cadáver pela ação das bactérias e da fauna cadavérica e **4ª) Esqueletização**: é a redução do cadáver às suas partes ósseas. Embora vários fatores interfiram no período de esqueletização, o professor Genival Veloso de França indica uma variação de 3 a 5 anos (Medicina Legal, 9ª ed. Rio de Janeiro: Guanabara Koogan, 2014, p. 435).

Alternativa correta: letra "B" (responde as demais alternativas): a única assertiva errada é a II. Embora o conceito apresentado esteja correto, não é a última fase da putrefação, como explicado em nota, mas sim, a terceira.

---

41. (Vunesp – Delegado de Polícia – CE/2015) A tanatologia forense usa de diversas e poderosas ferramentas para tentar estabelecer a identificação de um cadáver, o mecanismo e a causa da morte, o diagnóstico diferencial médico-legal, entre outras.

Com essas considerações, é correto afirmar:

a) com relação ao diagnóstico jurídico da morte com suspeita de violência oculta, as características são: lesões externas discretas a moderadas, mas ainda indefinidas, suspeita inicial de lesões ocultas (traumatismos, envenenamentos etc.) ou nos casos de estados de decomposição avançada.

b) apesar de todas as ferramentas modernas, há casos em que não é possível esclarecer a causa da morte, tendo que se concluir, por morte de causa indeterminada. Alguns estudos revelam que a percentagem de mortes de causa indeterminada, mesmo depois de realizada a autópsia médico-legal, varia de centro para centro, mas pode chegar a 50%.

c) a rigidez cadavérica resulta da supressão de oxigênio às células e acúmulo de ácido lático. Embora variável, de maneira geral, começa entre 1 e 3 horas após a morte, em condições de temperatura ambiente usual. Inicia-se na mandíbula e na nuca e progride no sentido craniocaudal, desaparecendo após 24 horas, eventualmente após 36 a 48 horas.

d) as características da fase coliquativa são: pele íntegra, abertura dos orifícios naturais e perda do volume do corpo. Ela tem início em 48 horas e pode durar até 3 semanas.

e) os livores de hipóstase são manchas que se formam nas partes em declive do cadáver, por consequência da ausência de fluxo sanguíneo. Eles têm tonalidade violácea, surgem em torno da 10a hora após a morte e fixam-se em torno da 20a hora.

COMENTÁRIOS

✪ **Nota do autor:** Uma das principais funções da Medicina Legal, em especial da Tanatologia, é o estudo e classificação jurídica da morte, ou seja, identificar se ocorreu um homicídio, um suicídio ou uma morte acidental.

Alternativa correta: letra "C": conforme esclarece o professor Genival Veloso de França, atualmente, acredita-se que a rigidez cadavérica seja resultante de vários fatores, todos eles decorrentes da supressão de oxigênio muscular, indo impedir a formação de ATP (ácido adenosínico-trifosfórico) das modificações da permeabilidade das membranas das células, da formação de actomiosina e da ação da glicose anaeróbica, com o inevitável acúmulo de ácido lático (Medicina Legal, Rio de Janeiro: Guanabara Koogan, 2014, p. 431). A instalação também é fonte de divergência. Segundo França, começa entre 1 e 2h após a morte. Para Eduardo Roberto Alcântara Del-Campo, em regra, inicia-se de 3 a 5 horas após o óbito, instala-se completamente entre 8 e 12 horas e permanece por um período de 12 a 24 horas, quando a musculatura retorna ao estado de flacidez (Medicina Legal, Coleção Cursos e Concursos, 3ª ed. São Paulo: Editora Saraiva, 2007, p. 239). Ambos concordam com o desaparecimento, em regra, após 24h.

Alternativa "a": errada, pois a morte suspeita de violência oculta dá-se quando os corpos não mostram lesões externas, porém, podem ocultar algum tipo de lesão, como traumatismos, envenenamento, sevícias ou outros sinais que, comprovados, alteram a natureza jurídica da ocorrência.

Alternativa "b": errada. É fato que nem sempre é possível chegar a um diagnóstico sobre a causa da morte. Há mortes cujas causas permanecem indeterminadas mesmo depois da autópsia médico-legal. Em qualquer serviço de Tanatologia Forense, apesar da experiência dos médicos que fazem a autópsia, da possibilidade de recurso a todos os meios auxiliares de diagnóstico adequados ao caso em estudo, haverá sempre morte em que não é possível esclarecer a sua causa, tendo que se concluir, por morte de causa indeterminada. Alguns estudos revelam que a percentagem de mortes de causa indeterminada, mesmo depois de realizada a autópsia médico-legal, varia de centro para centro, porém, entre 4 a 10%.

Alternativa "d": errada. A fase coliquativa (terceira da putrefação) é marcada pela dissolução do cadáver pela ação das bactérias e fauna cadavérica. Pode durar de um a dois meses.

Alternativa "e": errada. Embora o conceito esteja correto, tais manchas surgem em torno de duas a três horas após a morte e se fixam passadas de oito a doze horas.

---

42. (UEL – Delegado de Polícia – PR/2013) Leia o laudo de autópsia que demonstra as informações a seguir.

I. Temperatura retal com perda de 2,5 °C em relação à temperatura média do ambiente.

II. Presença de livores cadavéricos (hipóstases) em declives e em face posterior do pescoço, móveis.

III. Rigidez cadavérica em membros superiores.

IV. Ausência de gases de putrefação ou de mancha verde abdominal.

O tempo de morte médio ocorreu, aproximadamente,

a) em menos de 1 hora.

b) entre 1 a 2 horas.

c) entre 3 a 4 horas.

d) entre 6 a 7 horas.

e) entre 8 a 9 horas.

COMENTÁRIOS

✪ **Nota do autor: O** diagnóstico de morte se apresenta de forma complexa e com diversas dificuldades no estudo da Medicina Legal. Porém, ainda mais dificultosa é a estimativa do tempo da morte, também chamada de intervalo *post mortem*. Denomina-se **tanatocronodiagnose**, **cronotanatognose** ou **diagnóstico cronológico da morte** o espaço de tempo observado em diversas fases do cadáver e o momento em que se verificou a morte. Analisaremos cada uma das assertivas para ajudar a elucidar a questão. Vejamos: **1. Temperatura retal com perda de 2,5°C em relação à temperatura média do ambiente**. O esfriamento do cadáver é o mais importante fenômeno na determinação do tempo aproximado da morte nas primeiras horas após o óbito. Em que pese os diversos fatores que influenciam no processo de esfriamento do corpo, a tendência da temperatura do cadáver é aproximar-se da temperatura do ambiente. Conforme leciona Genival França (Medicina Legal, 9ª ed., Rio de Janeiro: Guanabara Koogan, 2014, p. 442), em nosso meio (clima temperado – 20 a 30º C), as observações registram que, em cada uma das três primeiras horas, a queda da temperatura do corpo é em torno de 0,5ºC e, da quarta hora em diante, o decréscimo é em redor de 1,0ºC, até equilibrar-se com a temperatura do meio ambiente. Isto até cerca de 12 horas após a morte. **2. Presença de livores cadavéricos (hipóstases) em declive e em face posterior do pescoço, móveis.** Resultantes da ação da gravidade, o sangue se deposita nas regiões em declive. Em geral, essas manchas surgem, em média, duas a três horas após a morte, fixando-se definitivamente em torno das 12 horas *post mortem*. **3. Rigidez cadavérica em membros superiores.** Em regra, este fenômeno surge na seguinte ordem: na mandíbula e na nuca (da 1ª a 2ª hora após a morte); nos membros superiores (da 2ª a 4ª hora após a morte); nos músculos torácicos (da 4ª àa 6ª hora após a morte) e, por fim, nos membros inferiores (da 6ª a 8ª hora após a morte). **4. Ausência de gases de putrefação ou de mancha verde abdominal.** A mancha verde abdominal se forma na face ilíaca direita por causa da proximidade do ceco (primeira parte do intestino) com a pele (parede abdominal). O gás sulfídrico produzido pelas bactérias difunde-se pelos tecidos e se combina com a hemoglobina, formando a sulfoemoglobina, de tonalidade verde. Em média, surge entre 18 e 24 horas após a morte. Os gases da putrefação, também chamado de período gasoso ou fase da enfisema, ocorrem após a fase da coloração (mancha verde abdominal).

Alternativa correta: letra "C" (responde as demais alternativas): o tempo de morte, médio, ocorreu entre 3 e 4 horas, pelas seguintes razões: a temperatura retal com perda de 2,5°C em relação à temperatura média do ambiente sugere 4 horas do óbito, pois, como vimos, a queda da temperatura é de 1,5ºC nas primeiras três horas (somadas), mais 1ºC da quarta hora. A presença de livores cadavéricos (hipóstases) em declives e em face posterior do pescoço, móveis, significa que as manchas ainda não se fixaram definitivamente, fato que ocorre em torno de 12 horas *post mortem*. Como surgem, em média, duas a três horas após a morte, podemos concluir por esta afirmativa que o óbito ocorreu há mais de duas horas, porém, há menos de 12. Já a rigidez cadavérica em membros superiores, em regra, surge da 2ª à 4ª hora após a morte. A ausência de gases de putrefação ou de mancha verde abdominal indica que a morte ocorreu em período inferior a 18 horas.

---

43. (UEL – Delegado de Polícia – PR/2013) Leia a manchete a seguir.

Não é incomum que em alguns casos ocorram equívocos em relação ao atestado de óbito, como nessa notícia. O Art. 162 do Código de Processo Penal Brasileiro (CPPB) diz que "A autópsia será feita pelo menos seis horas depois do óbito, salvo se os peritos, pela evidência dos sinais de morte, julgarem que possa ser feita antes daquele prazo, o que declararão no auto (...)".

Quanto aos sinais de certeza de morte que autorizam o médico legista a iniciar a autópsia antes de seis horas, assinale a alternativa correta.

a) Os sinais de morte se dividem em fenômenos abióticos e consecutivos. A presença de qualquer sinal abiótico já é compatível com a realidade de morte e autoriza o início da autópsia.

b) São considerados como sinais de certeza de morte aqueles chamados de abióticos consecutivos e que, quando presentes, autorizam a antecipação da autópsia.

c) O médico legista só está autorizado a realizar a autópsia antes de seis horas, caso já se encontrem sinais transformativos como a mancha verde abdominal ou rigidez cadavérica.

d) São sinais de certeza de morte, autorizadores de antecipação de autópsia, a presença de abolição do tônus muscular, presença de midríase e perda de consciência.

e) É necessária a presença de todos os sinais abióticos consecutivos como rigidez cadavérica, desidratação cadavérica, esfriamento cadavérico e manchas de hipóstases para a realização da autópsia.

COMENTÁRIOS

✪ **Nota do autor:** Os sinais da morte podem ser classificados em **abióticos** (avitais ou vitais negativos) e **transformativos**. A questão se restringe aos sinais abióticos. Por sua vez, estes se subdividem em: **sinais abióticos imediatos (ou sinais de incerteza, ou diagnóstico da morte clínica)** que ocorrem devido à cessação das funções vitais e permitem supor que a morte ocorreu, porém, o fator que determinou a parada das funções do organismo pode ser reversível, sendo a morte apenas aparente. Por essa razão são chamados de **sinais de incerteza**. São eles: perda da consciência; insensibilidade; imobilidade; abolição do tono muscular; midríase (dilatação das pupilas); cessação da circulação. Já os **sinais abióticos mediatos (consecutivos, ou sinais de certeza)**, que ocorrem devido à instalação de fenômenos cadavéricos de ordem química, física e estrutural, confirmam a morte, pois, com o passar do tempo, as alterações da parada cardiocirculatória vão se tornando perceptíveis, autorizando, assim, a antecipação da autópsia antes das seis horas. São eles: evaporação tegumentar (desidratação); resfriamento do corpo; hipóstase (mancha decorrente do depósito de sangue nas regiões de declive do corpo); rigidez cadavérica; espasmo cadavérico.

Alternativa correta: letra "B": os sinais de certeza da morte são denominados abióticos consecutivos ou tardios e autorizam a antecipação da autópsia.

Alternativa "a": as duas assertivas estão erradas. Em primeiro lugar, os sinais consecutivos representam uma subdivisão dos sinais abióticos. Em segundo lugar, apenas o sinal abiótico consecutivo é compatível com a realidade de morte e autoriza o início da autópsia, por essa razão, os sinais abióticos imediatos são chamados de sinais de incerteza.

Alternativa "c": errada. Os sinais transformativos, como a putrefação, por exemplo, ocorrem após os sinais abióticos consecutivos. E mais, a mancha verde abdominal ou rigidez cadavérica não são sinais transformativos, mas sim, abióticos consecutivos, como visto em nota.

Alternativa "d": errada, pois a presença de abolição do tônus muscular, presença de midríase e perda de consciência são sinais abióticos imediatos.

Alternativa "e": errada, em razão de outros fatores que podem interferir em cada um dos sinais, como idade da vítima, temperatura, meio ambiente etc.

44. (Vunesp – Delegado de Polícia – SP/2014) Considere a situação em que um cadáver é encontrado por seus familiares em domicílio, 4 dias após a morte. Assinale a alternativa que corresponde ao fenômeno cadavérico que já se desfez, nesse período (4 dias).

a) Gases inflamáveis derivados de ação de bactérias facultativas.

b) Rigidez cadavérica.

c) Cristais de Westenhoffer-Rocha-Valverde no sangue periférico.

d) Mancha verde disseminada por todo o corpo.

e) Livores de hipóstase.

COMENTÁRIOS

✪ **Nota do autor:** O examinador aborda a estimativa do tempo da morte, também chamada de intervalo *post mortem*. Denomina-se **tanatocronodiagnose**, **cronotanatognose** ou **diagnóstico cronológico da morte** (espaço de tempo observado em diversas fases do cadáver e o momento em que se verificou a morte).

Alternativa correta: letra "B": a rigidez cadavérica, em regra, é um fenômeno que surge na seguinte ordem: na mandíbula e na nuca (da 1ª a 2ª hora após a morte); nos membros superiores (da 2ª aà 4ª hora após a morte); nos músculos torácicos (da 4ª aà 6ª hora após a morte) e, por fim, nos membros inferiores (da 6ª a 8ª hora após a morte). A flacidez muscular, desaparecendo o *rigor mortis*, ocorre progressivamente na mesma sequência, iniciando-se, assim, na mandíbula e nuca, surgindo em torno de **36 a 48 horas** após a morte. Portanto, a rigidez cadavérica desaparece, em regra, no máximo em dois dias.

Alternativa "a": errada, pois, conforme observado por Brouardel, após perfuração de abdomens de cadáveres com trocarte (instrumento perfurante para punções cirúrgicas) e aproximação de uma vela: nº 1º dia, gases não inflamáveis; do 2º ao 4º dia, gases inflamáveis; e do 5º dia em diante, gases não inflamáveis. Portanto, no quarto dia, os gases são inflamáveis e o fenômeno ainda não se desfez.

Alternativa "c": os cristais de Westenhoffer-Rocha-Valverde são formações no sangue putrefeito, em forma de lâminas cristaloides, fragmentadas, agrupadas, cruzadas e incolores, que se formam depois do 3º dia da morte. Por essa razão, a alternativa está errada, pois o fenômeno não se desfez no 4º dia.

Alternativa "d": a mancha verde abdominal se forma na face ilíaca direita por causa da proximidade do ceco (primeira parte do intestino) com a pele (parede abdominal). O gás sulfídrico produzido pelas bactérias difunde-se pelos tecidos e se combina com a hemoglobina, formando a sulfoemoglobina, de tonalidade verde. Em média, surge entre 18 e 24 horas após a morte. Porém, a assertiva descreve a mancha verde disseminada por todo corpo. Tal fenômeno ocorre do 3º ao 5º dia após a morte.

Alternativa "e": os livores da hipóstase, resultantes da ação da gravidade, surgem quando o sangue se deposita nas regiões em declive. Em geral, essas manchas aparecem, em média, duas a três horas após a morte, fixando-se definitivamente em torno das 12 horas *post mortem*. Portanto, no quarto dia após a morte, como descreve a questão, o fenômeno não desapareceu.

---

45. (FUNCAB – Delegado de Polícia – RJ/2012) Para a verificação do tempo aproximado de morte em um cadáver parcialmente esqueletizado, torna-se dispensável:

a) o conhecimento de dados relacionados com o lugar de encontro do corpo, se aberto ou fechado, e o tipo de sepultamento.

b) o estudo do corpo e do local por entomologista.

c) a informação sobre a época do ano e as condições climáticas.

d) a dosagem de carbonº 14 nos despojos.

e) a ciência da causa da morte, se violenta ou natural.

COMENTÁRIOS

✪ **Nota do autor:** A Tafonomia, do grego *taphos* (sepultar) e *nomos* (leis), incluída no rol das atividades modernas da Paleontologia (ciência que estuda o registro de vida no passado geológico, através da prospecção e identificação de fósseis), é o estudo da transição dos restos biológicos a partir da morte até a fossilização. A avaliação tafonômica é um componente importante na análise antropológica forense, especialmente na reconstrução dos processos *perimortem* e *post mortem* e análise dos fatores de ordem física, química, mineral e animal que, isoladamente ou em conjunto, modificam os despojos do cadáver.

Alternativa correta letra "D": Em 1947, as pesquisas do químico Willard Libby revelaram que a quantidade de carbonº 14 dos tecidos orgânicos mortos diminui a um ritmo constante com o passar do tempo. O C-14 está presente em tecidos vivos (sedimentos orgânicos, ossos, conchas marinhas etc.) e é um isótopo radioativo instável que, a partir da morte de um ser vivo, sua quantidade existente no tecido orgânico se dividirá pela metade a cada 5.730 anos. É o que se chama de meia vida do carbono. Assim, em lapso temporal inferior a 100 anos não é possível determinar a diminuição significativa deste elemento, somente se prestando à datação de intervalos da ordem de centenas a milhares de anos. Na questão, a técnica do C-14, muito utilizada para a datação de achados arqueológicos e fósseis antigos, é dispensável, pois o cadáver não está, nem mesmo, completamente esqueletizado.

Alternativa "a": o conhecimento de dados relacionados com o lugar de encontro do corpo, se aberto ou fechado, e o tipo de sepultamento são de fundamental importância, pois, a putrefação ao ar livre é diversa da decorrente do cadáver inumado. Quando os restos humanos são expostos em locais abertos apresentam padrão diferenciado de desarticulação, dispersão produzida por pisadelas e atividade de carnívoros. O cadáver, ficando exposto ao ar, em regiões de clima seco e quente, por exemplo, perde água rapidamente, sofrendo acentuado dessecamento. Já os cadáveres colocados em ambientes de ar confinado, como nos jazigos, não contam com fatores externos da putrefação, mas apenas, com os agentes internos para a decomposição.

Alternativa "b": também representa diligência pertinente o estudo do corpo e do local por entomologista. O entomologista se ocupa dos fenômenos relacionados à fauna cadavérica. Por exemplo, a aposição de larvas de insetos necrófagos em cavidades neoformadas, produzidas por um trauma relacionado à morte, pode orientar o curso da investigação.

Alternativa "c": a informação sobre a época do ano e as condições climáticas influenciam decisivamente no processo de decomposição do corpo, levando a fenômenos transformativos distintos. Por exemplo, a temperatura muito alta ou muito baixa retarda ou interrompe a marcha da putrefação. Em locais onde o ar é seco, o cadáver pode ser conservado pela mumificação. Já em lugares úmidos, os fenômenos transformativos podem ser a saponificação ou maceração.

Alternativa "e": embora não tenha sido a melhor redação a escolhida pelo examinador, a ciência da causa da morte deverá ser utilizada para a identificação do cadáver e a descoberta da *causa mortis*, se violenta ou natural. Assim, será determinante para o início de uma investigação criminal, não podendo ser dispensada pela autoridade policial.

---

46. (FGV – Delegado de Polícia – MA/2012) A morte encefálica é definida como a parada total e irreversível das atividades encefálicas e equivale, para fins de remoção de órgãos para transplante, à morte clínica.

Assinale a alternativa que indica a condição que permite o diagnóstico de morte encefálica.

a) Lesão axonal difusa pós-traumática.

b) Intoxicação por barbitúricos.

c) Intoxicação por benzodiazepínicos.

d) Intoxicação por neurolépticos.

e) Hipotermia.

COMENTÁRIOS

✪ **Nota do autor:** O art. 3º da Lei 9.434/97 reza que a retirada *post mortem* de tecidos, órgãos ou partes do corpo humano destinados a transplante ou tratamento deverá ser precedida de diagnóstico de morte encefálica.

Alternativa correta: letra "A" (responde as demais alternativas): O Conselho Federal de Medicina regulamentou por meio da Resolução 1.480/97 os critérios para diagnóstico de morte encefálica, considerando que a parada total e irreversível das funções encefálicas equivale à morte, conforme critérios já bem estabelecidos pela comunidade científica mundial. O Conselho Federal de Medicina revogou a mencionada Resolução e editou a de nº2173/2017. Conforme dispõe o ANEXO I da Resolução, a **hipotermia** e **fármacos depressores do sistema nervoso central** (como a intoxicação por barbitúricos, por benzodiazepínicos ou por neurolépticos) são fatores que podem confundir o quadro clínico. Tal precaução se justifica para descartar causas reversíveis de coma. Por fim, **a alternativa correta é a letra "A"**, pois a lesão axional pós-traumática é uma das principais lesões responsáveis pelo estado comatoso com evolução para a morte, comumente decorrente de acidentes de trânsito. A lesão axonal difusa (LAD) deve-se ao comprometimento das fibras nervosas por ocasião da aceleração-desaceleração da cabeça. Na LAD ocorre a distensão e ruptura dos axônios (parte da estrutura do neurônio que atua como condutor dos impulsos nervosos). A depender da gravidade, pode levar o indivíduo ao estado vegetativo.

---

47. (UEG – Delegado de Polícia – GO/2013) Ao passar por um matagal, populares encontram um corpo em estado de decomposição e comunicam à autoridade policial, que solicita o exame pericial. Sobre putrefação, tem-se que

a) a fase gasosa marca o início da putrefação.

b) os gases produzidos entre o 2° e 4° dias de putrefação são inflamáveis.

c) a circulação póstuma de Brouardell marca a fase cromática da putrefação.

d) a fase coliquativa é marcada por odor intenso e marcante.

COMENTÁRIOS

✪ **Nota do autor:** A questão exige do candidato o conhecimento dos fenômenos transformativos destrutivos, especificamente em relação à **putrefação**, que é a decomposição do corpo pela ação das bactérias, gerando grande quantidade de gases.

Alternativa correta: letra "B": conforme observado por Brouardel, após perfuração de abdomens de cadáveres com trocarte (instrumento perfurante para punções cirúrgicas) e aproximação de uma vela, constatou: nº 1º dia, gases não inflamáveis; **do 2º ao 4º dia, gases inflamáveis**; e do 5º dia em diante, gases não inflamáveis.

Alternativa "a": errada, pois a 1ª fase da putrefação é a da coloração ou cromática. O período cromático da putrefação ou fase da coloração surge entre 20 e 24 horas após a morte e pode durar até 7 dias, tem início pela mancha verde abdominal localizada na fossa ilíaca direita, difundindo-se por todo o corpo. A fase gasosa ou da enfisema (período enfisematoso da putrefação) é a 2ª fase, surgindo em razão dos gases que são formados no interior do corpo e fazem com que o cadáver adquira uma aparência de agigantamento, com protusão da língua e inchaço dos genitais.

Alternativa "c": errada, pois tal fenômeno marca a fase gasosa (fase da enfisema ou período enfisematoso da putrefação),. O sangue é forçado para a periferia, dando origem ao desenho dos vasos na superfície da pele, fenômeno denominado "circulação póstuma de Brouardel".

Alternativa "d": odor fétido, intenso e marcante ocorre na fase gasosa, pois os gases desprendem-se do cadáver. Já a fase **coliquativa** é a dissolução do cadáver pela ação das bactérias e da fauna cadavérica.

---

48. (Delegado de Polícia – MG/ 2011 – ACADEPOL) Constituem fatores, que interferem na evolução da putrefação cadavérica, EXCETO:

a) Temperatura ambiente.

b) Espasmo cadavérico.

c) Idade do morto.

d) Umidade do ar.

COMENTÁRIOS

Alternativa correta: letra "B": o **espasmo cadavérico** está associado às mortes rápidas e violentas, podendo a rigidez cadavérica se instalar de forma abrupta. Também é denominado rigidez cataléptica, plástica ou estatutária. Relacionado, portanto, aos fenômenos cadavéricos consecutivos.

Alternativa "a": a temperatura interfere no processo de putrefação cadavérica, podendo levar à mumificação natural do corpo, quando há a desidratação rápida, impedindo a ação de bactérias que levam à putrefação.

Alternativa "c": a idade do morto interfere na evolução da putrefação cadavérica, pois, conforme a doutrina médico-legal, por exemplo, crianças tem um processo de putrefação mais lento.

Alternativa "d": a umidade do ar pode acelerar o processo de putrefação, em razão da atuação de insetos necrófagos e larvas.

---

49. (Delegado de Polícia – MG/ 2011 – ACADEPOL) Denomina-se o processo especial de transformação, que ocorre no cadáver do feto retido no útero materno, do sexto ao nono mês de gravidez:

a) Maceração.

b) Corificação.

c) Mumificação.

d) Saponificação.

COMENTÁRIOS

✪ **Nota do autor: A** questão exige do candidato o conhecimento dos fenômenos cadavéricos transformativos, sendo a maceração um fenômeno transformativo destrutivo e a corificação, a mumificação e a saponificação fenômenos transformativos conservadores.

Alternativa correta: letra "A": a **maceração** é o processo de putrefação que ocorre nos corpos submersos. Os ossos soltam-se dos tecidos, o abdômen achata-se e o tegumento desprende-se sob a forma de largos retalhos. A pele perde a aderência e descola, após a formação de bolhas, que se rompem. Observa-se tal fenômeno em duas situações: nos corpos submersos em meio líquido contaminado, isto é, com germes, denominada **maceração séptica**; e nos fetos retidos a partir do quinto mês de gestação, denominada **maceração asséptica**, sem a presença de germes.

Alternativa "b": a **corificação** é um fenômeno transformativo conservador observado em corpos encerrados em caixões metálicos hermeticamente fechados, principalmente de zinco. Preservado o corpo da decomposição, a pele assume a coloração e o aspecto de couro curtido. As vísceras e a musculatura permanecem conservadas, mas amolecidas.

Alternativa "c": a **mumificação** é um fenômeno transformativo conservador que pode ser *provocado*, por exemplo, pelo processo de embalsamento, ou *espontâneo*, isto é, decorrente de certas condições do meio ambiente, principalmente a falta de umidade, que prejudica a putrefação.

Alternativa "d": a **saponificação** ou adipocera é um fenômeno transformativo conservador em que o cadáver adquire consistência untuosa e mole como sabão ou cera.

50. (Delegado de Polícia – MG/ 2011 – ACADEPOL) No esqueleto, a estimativa do sexo, faz-se pelas características morfológicas observadas, após a puberdade. Os achados mais evidentes do dimorfismo sexual são observados no(a)

a) clavícula.
b) úmero.
c) fêmur.
d) pelve.

COMENTÁRIOS

✪ **Nota do autor:** O dimorfismo sexual representa as diferenças existentes entre os sexos masculino e feminino.

Alternativa correta: letra "D": a região pélvica, da bacia, apresenta as principais diferenças entre os sexos, pois na bacia do homem predominam as dimensões verticais (mais estreita e funda) e o sacro é mais alto. Já na mulher, a bacia tem maior diâmetro transversal (mais larga e menos funda) e o sacro é mais baixo, características próprias para a reprodução.

Alternativa "a": não há diferença significativa entre os sexos.

Alternativa "b": é um osso longo que compõe o braço humano, não havendo diferença entre os sexos.

Alternativa "c": não há diferença significativa entre os sexos.

51. (Delegado de Polícia – SP/ 2011 – ACADEPOL) Para se realizar um transplante cardíaco, considera-se como sinal de morte do doador:

a) a parada dos movimentos cárdiocirculatórios.
b) a parada cárdiorespiratória irreversível.
c) a parada cardíaca definitiva.
d) a lesão cerebral irreversível.
e) a suspensão irreversível da atividade encefálica.

COMENTÁRIOS

✪ **Nota do autor:** A questão exige do candidato o conhecimento da Lei 9.434/97, que dispõe sobre a remoção de órgãos, tecidos e partes do corpo humano para fins de transplante.

Alternativa correta: letra "E" (responde as demais alternativas): o art. 3º da Lei 9.434/97 reza que a retirada *post mortem* de tecidos, órgãos ou partes do corpo humano destinados a transplante ou tratamento deverá ser precedida de diagnóstico de morte encefálica.

52. (Delegado de Polícia – SP/ 2011 – ACADEPOL) No processo de putrefação do cadáver se sucedem as seguintes fases, pela ordem:

a) gasosa, cromática, coliquativa e de esqueletização.
b) cromática, gasosa, coliquativa e de esqueletização.
c) cromática, coliquativa, gasosa e de esqueletização.
d) gasosa, coliquativa, cromática e de esqueletização.
e) coliquativa, cromática, gasosa e de esqueletização.

COMENTÁRIOS

✪ **Nota do autor: A** questão exige do candidato o conhecimento dos fenômenos transformativos destrutivos, especificamente em relação à **putrefação**, que é a decomposição do corpo pela ação das bactérias, gerando grande quantidade de gases. **São fases/ períodos da putrefação**: 1ª) Coloração ou Cromática, o **período cromático** da putrefação ou fase da coloração surge entre 20 e 24 horas após a morte e pode durar até 7 dias, tem início pela mancha verde abdominal localizada na fossa ilíaca direita, difundindo-se por todo o corpo; 2ª) Enfisema ou Gasosa, ou **período enfisematoso** da putrefação, fase gasosa em razão dos gases que são formados no interior do corpo e fazem com que o cadáver adquira uma aparência de agigantamento, com protusão da língua e inchaço dos genitais; 3ª) **Coliquativa**, é a dissolução do cadáver pela ação das bactérias e da fauna cadavérica; e 4ª) **Esqueletização** é a redução do cadáver às suas partes ósseas.

Alternativa correta: letra "B" (responde as demais alternativas): No processo de putrefação do cadáver se sucedem as seguintes fases, pela ordem: cromática, gasosa, coliquativa e de esqueletização.

4. TRAUMATOLOGIA

53. (Cespe – Delegado de Polícia – PC – SE/2018) A respeito de identificação médico-legal, de aspectos médico-legais das toxicomanias e lesões por ação elétrica, de modificadores da capacidade civil e de imputabilidade penal, julgue os itens que se seguem.

O termo eletroplessão é utilizado para se referir a lesões produzidas por eletricidade industrial, enquanto o termo fulguração é empregado para se referir a lesões produzidas por eletricidade natural.

COMENTÁRIOS

A eletricidade natural ou cósmica (raios atmosféricos, por exemplo) e a eletricidade artificial ou industrial podem atuar como energia vulnerante sobre o organismo. Três termos importantes: **Fulminação**: morte causada por eletricidade natural. **Fulguração**: lesões corporais causadas por eletricidade natural. **Eletroplessão**: lesão ou morte causada por eletricidade industrial (é, geralmente, acidental, podendo, no entanto, ter origem suicida ou homicida). Hygino Hércules não utiliza o termo fulminação (Medicina Legal – Texto e Atlas. São Paulo: Ed. Atheneu, 2005, p. 353). **CERTO**

54. (Cespe – Delegado de Polícia – PC – SE/2018) Um homem de cinquenta anos de idade assassinou a tiros a esposa de trinta e oito anos de idade, na manhã de uma quarta-feira. De acordo com a polícia, o homem chegou à casa do casal em uma motocicleta, chamou a mulher ao portão e, quando ela saiu de casa, atirou nela com uma arma de fogo, matando-a imediatamente. Em seguida, ele se matou no mesmo local, com um disparo da arma encostada na própria têmpora.

Considerando a situação hipotética apresentada e os diversos aspectos a ela relacionados, julgue os itens a seguir.

Ao realizar a necropsia no cadáver masculino, espera-se que sejam verificados sinal de Benassi, sinal do funil de Bonnet e câmara de mina de Hoffmann.

COMENTÁRIOS

A assertiva menciona o exame de necropsia do cadáver masculino (autor dos disparos). Portanto, tiro encostado. O **Sinal de Benassi** é um halo fuliginoso deixado sobre as peças ósseas nos disparos encostados. Em outras palavras, quando os resíduos de pólvora ficam depositados na superfície óssea. O diagnóstico diferencial entre o ferimento de entrada e o de saída no plano ósseo, principalmente nos ossos do crânio, é feito pelo **sinal de funil de Bonnet** ou do cone truncado de Pousold. Na lâmina externa do osso, o ferimento de entrada é arredondado, regular e em forma de "saca-bocado". Na lâmina interna, o ferimento é irregular, maior do que o da lâmina externa e com bisel interno bem definido, dando à perfuração a forma de um funil ou de um tronco de cone. A presença de orifício de entrada em **câmara de mina** ou **câmara de Hoffmann** ocorre nos **tiros encostados** com plano ósseo logo abaixo. Assim, os gases e as micropartículas não conseguem perfurar, causando ferimento estrelado e de bordos evertidos, em razão do refluxo dos gases. **CERTO**

55. (Cespe – Delegado de Polícia – PC – SE/2018) Considerando essa situação hipotética e os diversos aspectos a ela relacionados, julgue os itens a seguir.

Um homem de quarenta e cinco anos de idade morreu após se engasgar com um pedaço do sanduíche que comia em uma lanchonete. Ele estava na companhia do seu cunhado, que não conseguiu ajudá-lo a retomar o fôlego. Os empregados da lanchonete acionaram o socorro médico, mas não houve êxito na tentativa de evitar a morte do homem.

A obstrução das vias aéreas superiores, como a citada no texto, causada por obstáculo na faringe, laringe ou traqueia e que impede a entrada do ar, denomina-se sufocação por engasgamento.

COMENTÁRIOS

A terminologia adequada é sufocação direta por oclusão das vias respiratórias. Como menciona Hygino Hércules, sufocação por engasgamento é expressão popular (Medicina Legal – Texto e Atlas. São Paulo: Ed. Atheneu, 2005, p. 485), provavelmente o motivo da anulação. Ocorre quando corpos estranhos impedem a passagem de ar até os pulmões. É mais frequente nos acidentes, como no exemplo da questão. Além disso, é modalidade de sufocação direta. **Anulada.**

56. (Fundatec – Delegado de Polícia – PC – RS/2018) Sobre ferimentos causados por projetis de arma de fogo, é INCORRETO afirmar que:

a) O número de orifícios de entrada pode ser maior do que o número de projetis disparados e que atingem o corpo.
b) Um mesmo projetil pode transfixar um segmento do corpo e, a seguir, penetrar outra região anatômica no mesmo indivíduo.
c) As zonas de esfumaçamento e tatuagem podem ser "barradas" pelo vestuário da vítima, não chegando à pele.
d) A determinação da ordem dos disparos que atingiram uma vítima é fácil de ser realizada. Entretanto, em raras situações, sua determinação não é possível.
e) Ao estudar a direção dos disparos, sem nenhuma outra informação disponível além da obtida durante a necropsia, o Perito Médico-Legista deve descrever a trajetória considerando o cadáver na posição anatômica clássica.

COMENTÁRIOS

Anulada. Apesar da anulação da banca examinadora, pois, duas alternativas estão incorretas, comentaremos todas as assertivas.

Alternativa "a". A resposta nos é dada pela própria alternativa "b". Quando um mesmo projétil pode transfixar um segmento do corpo e, a seguir, penetrar outra região anatômica no mesmo indivíduo. Exemplo do disparo que transfixa o braço da vítima, atingindo a região torácica. Teremos dois orifícios de entrada.

Alternativa "b". Vide comentários à alternativa "a".

Alternativa "c". O **halo ou zona de tatuagem** é resultante da impregnação de grãos de pólvora incombustos que alcançam o corpo. Já a **zona ou orla de esfumaçamento** é decorrente do depósito deixado pela fuligem que circunscreve a ferida de entrada, formado pelos resíduos finos e impalpáveis da pólvora combusta. É também chamada de **zona de falsa tatuagem**, pois, lavando-se, ela desaparece. "Está sempre presente nesses tipos de ferimentos, a **não ser quando a região do corpo está protegida pelas vestes que retêm o depósito de fuligem**" (FRANÇA, Genival Veloso de. Medicina Legal, 9ª ed. Rio de Janeiro: Guanabara Koogan, 2014, p. 106).

Alternativa "d". É o contrário. São raras as situações nas quais se é possível determinar a ordem dos disparos.

Alternativa "e". A alternativa confunde trajeto com trajetória. A trajetória é o caminho percorrido pelo projétil da arma de fogo até a superfície atingida, ou seja, fora do corpo. Também possui relevante valor pericial, podendo determinar o *modus operandi* do delito, a incidência de uma qualificadora etc. Portanto, é realizada pelo perito criminal. O trajeto é o caminho percorrido pelo projétil no interior do corpo da vítima, constitui um túnel lesional feito pelo deslocamento do projétil dentro do corpo, que termina no seu ponto de repouso ou saída, quando transfixiante. Na necropsia, assim, o médico-legista deve estudar o trajeto dos disparos.

---

57. (Fundatec – Delegado de Polícia – PC – RS/2018) Em relação às asfixias por constrição cervical, analise as afirmações abaixo, assinalando V, se verdadeiras, ou F, se falsas.

( ) O enforcamento, de acordo com sua definição médico-legal, quando diagnosticado indica a ocorrência de suicídio.

( ) O enforcamento, de acordo com sua definição médico-legal, necessita que o peso do corpo da vítima acione o laço. Desta forma, os casos descritos como enforcamento, mas nos quais a vítima não estava completamente suspensa (pés não tocando o solo) devem ser classificados como "montagem" (tentativa de ocultação de homicídio).

( ) O enforcamento, de acordo com sua definição médico-legal, não necessita do peso do corpo da vítima para ocorrer.

( ) A esganadura pode ser consequência de suicídio ou de homicídio.

A ordem correta de preenchimento dos parênteses, de cima para baixo, é:

a) V – V – F – F.

b) V – F – V – V.

c) F – V – F – F.

d) F – F – V – V.

e) F – F – F – F.

COMENTÁRIOS

✪ **Nota do autor:** Todas as assertivas são falsas e tratam, basicamente, do enforcamento e da esganadura. Vejamos cada uma das assertivas: **Assertiva I**. Falsa. O **enforcamento** é modalidade de asfixia em que a constrição do pescoço é exercida por um laço, cuja extremidade se acha fixa em um determinado ponto. A força atuante é o próprio peso da vítima. Em outras palavras, trata-se de uma modalidade de asfixia mecânica que se caracteriza pela interrupção do ar atmosférico até as vias respiratórias, em decorrência da constrição do pescoço por um laço fixo, agindo o peso do próprio corpo da vítima como força ativa. É mais comum nos suicídios, podendo, no entanto, ter como etiologia o acidente, o homicídio e a execução judicial. Portanto, o erro da assertiva é apontar, apenas, o suicídio como causa em hipótese de enforcamento. **Assertiva II**. Falsa. Como visto no conceito, no enforcamento, a força atuante é o próprio corpo da vítima. Existem dois tipos de suspensão do corpo no enforcamento. Chama-se de **suspensão típica ou completa** aquela em que o corpo fica totalmente sem tocar em qualquer ponto de apoio; e **suspensão atípica ou incompleta**, se é apoiado pelos pés, joelhos ou outra parte qualquer do corpo, muito comum em suicídios praticados no banheiro. Assim, embora seja possível eventual montagem para descaracterizar um crime de homicídio (por exemplo, o famoso caso da ditadura militar, do jornalista Vladimir Herzog), existe, sim, a modalidade de enforcamento por suspensão incompleta. **Assertiva III**. Falsa. Como vimos no conceito, no enforcamento, a força atuante é o próprio corpo da vítima. **Assertiva IV**. Falsa. A esganadura é um tipo de asfixia mecânica que se verifica pela constrição do pescoço pelas mãos do agressor, ao obstruir a passagem do ar atmosférico pelas vias respiratórias até os pulmões. É sempre homicida, sendo impossível a forma suicida ou acidental.

Alternativa correta: letra "e" (responde as demais alternativas): todas as assertivas são falsas.

---

58. (Fumarc – Delegado de Polícia – PC – MG/2018) De acordo com o Artigo 129 do Código Penal Brasileiro, trata-se de lesão corporal de natureza gravíssima:

a) Aceleração de parto.

b) Debilidade permanente de membro, sentido ou função.

c) Deformidade permanente.

c) Perigo de vida.

COMENTÁRIOS

✪ **Nota do autor:** Segundo a doutrina, o art. 129, §1º, do Código Penal, elenca as hipóteses legais **de lesão corporal de natureza grave** (se resulta: incapacidade para as ocupações habituais, por mais de trinta dias; perigo de vida; debilidade permanente de membro, sentido ou função; aceleração de parto); enquanto o art. 129, §2º, traz os casos de **lesão corporal gravís-**

sima, quando resulta: incapacidade permanente para o trabalho; enfermidade incurável; perda ou inutilização do membro, sentido ou função; deformidade permanente; aborto. Portanto, as alternativas "a", "b" e "d" estão previstas no art. 129, §1º, CP. A deformidade permanente está prevista no art. 129, §2º, inc. IV, CP.

Alternativa correta: letra "c" (responde as demais alternativas).

---

59. (Fumarc – Delegado de Polícia – PC – MG/2018) Um indivíduo foi vítima da explosão de uma bomba ao implantá-la num caixa eletrônico, tendo evoluído para óbito imediatamente. Qual das feridas tem mais probabilidade de tê-lo acometido?

a) Contusodilacerantes.

b) Cortocontusas.

c) Cortodilacerantes.

d) Dilacerantes.

COMENTÁRIOS

✪ **Nota do autor:** Segundo a bibliografia apontada pela Banca Examinadora, Genival Veloso de França não aceita as denominações contusodilacerantes, cortodilacerantes ou dilacerantes, por não existirem instrumentos dilacerantes. Como explica o autor, "as feridas, por exemplo, produzidas por fragmentos de vidro, lança, dentes ou explosão, ainda que venham a apresentar perdas vultosas de tecidos, não deixam de ser cortantes, perfurocortantes, cortocontusas e contusas, correspondentemente" (FRANÇA, Genival Veloso de. Medicina Legal, 9ª ed. Rio de Janeiro: Guanabara Koogan, 2014, p. 83).

Alternativa correta: letra "b".

---

60. (Nucepe – Delegado de Polícia – PC – PI/2018) O legislador através do Código Penal contempla os tipos penais acerca das lesões corporais, pois o Estado tem o dever de proteger a integridade física das pessoas; Dentro da medicina legal temos a traumatologia que estuda as lesões e os estados patológicos imediatos ou tardios produzidos por violência no corpo humano.

Em relação a traumatologia é CORRETO afirmar:

a) Os instrumentos cortantes não produzem lesões no pescoço chamadas de esgorjamento, degolamento e decapitação.

b) Esgorjamento são as lesões produzidas por instrumentos perfurantes nas regiões anterior, lateral, anterolateral ou laterolateral do pescoço.

c) Escoriações são lesões profundas em que existe perda de epiderme, deixando a derme a descoberto.

d) O esgorjamento e o degolamento indicam sempre que ocorreu um homicídio.

e) Esgorjamento é o ato de separar completamente a cabeça do corpo, produzido especialmente por instrumentos cortocontudentes.

COMENTÁRIOS

✪ **Nota do autor:** A questão foi **anulada** pela Banca Examinadora, em razão de todas as alternativas estarem incorretas.

Alternativa "a": Tais lesões são provocadas por instrumentos cortantes, produzindo lesões incisas. O esgorjamento é a lesão localizada na região anterior do pescoço. A degola, na região posterior, e a decaptação, a separação da cabeça do corpo.

Alternativa "b": Como afirmamos nos comentários à alternativa "a", a região do pescoço atingida no esgorjamento é a anterior. Além disso, o instrumento é cortante.

Alternativa "c": A escoriação é uma ferida contusa superficial, agindo, o instrumento contundente, tangencialmente à superfície corpórea, produzindo o arrancamento da epiderme, deixando a derme descoberta. Assim, é a perda epidérmica traumática. Importante notar que não ocorre a cicatrização, mas sim, regeneração. O erro está em afirmar que a escoriação é uma lesão profunda.

Alternativa "d": O esgorjamento, segundo França, consiste numa "longa ferida transversal do pescoço, de significativa profundidade, lesando além dos planos cutâneos, vasculonervosos e musculares, órgãos mais internos como esôfago, laringe e traqueia" (FRANÇA, Genival Veloso de. Medicina Legal, 9ª ed. Rio de Janeiro: Guanabara Koogan, 2014, p. 86). Além disso, afirma que sua etiologia pode ser homicida ou suicida. Portanto, é possível o esgorjamento em hipótese de suicídio.

Alternativa "e": A separação da cabeça do corpo é denominada decaptação. Embora se estude no contexto de lesões produzidas por instrumentos cortantes, a doutrina admite outras formas de ação.

---

61. (Nucepe – Delegado de Polícia – PC – PI/2018) A balística "é a ciência que estuda o movimento dos projéteis, particularmente os disparos por armas leves e canhões". Em relação à balística forense, marque a alternativa INCORRETA:

a) As armas portáteis também conhecidas por individuais, são aquelas que podem ser transportadas e acionadas por uma só pessoa.

b) Em relação às armas automáticas tanto o funcionamento como o disparo são automáticos.

c) A percussão é o choque de dois corpos; no cão o percurssor atinge a espoleta para transmitir fogo à pólvora.

d) Projétil é a parte da munição destinada a atingir o alvo.

e) Quanto ao municiamento, na arma de retrocarga a munição é colocada pela parte anterior do cano.

COMENTÁRIOS

Alternativa "a": Encontramos a definição no glossário do Anexo III, do Decreto 9.493, de 5 de setembro de 2018, que aprova o Regulamento para a Fiscalização de Produtos Controlados, além de revogar o Decreto 3.665, de 20 de novembro de 2000. "**Arma de fogo portátil:** arma que, devido às suas dimensões ou ao seu peso, pode ser transportada por uma única pessoa, tais como fuzil, carabina e espingarda".

Alternativa "b": Segundo o Decreto 9.493, de 2018 (Anexo III), **arma de fogo automática** é aquela em que "o carregamento, o disparo e todas as operações de funcionamento ocorrem continuamente enquanto o gatilho estiver sendo acionado".

Alternativa "c": Descreve o funcionamento de uma arma de fogo. Percutir é bater. Quando acionado o gatilho, o percussor atinge a espoleta, que é a parte do cartucho destinada a inflamar a carga, transmitindo fogo à pólvora, fazendo-a explodir pela combustão. Os gases decorrentes impulsionam com potência o projétil.

Alternativa "d": Trata-se do verdadeiro instrumento perfurocontundente.

Alternativa "e": A alternativa inverte os conceitos. Quanto ao modo de carregar, a arma pode ser de: **Antecarga** (carregada pela boca, parte anterior do cano da arma, pela extremidade de saída do projétil. Ex. mosquete. **Retrocarga** (são as mais comuns, atualmente), munição colocada no pente (ex. pistola), no tambor (ex. revólver) ou na parte posterior do cano (ex. espingarda), ou seja, na parte mais próxima do atirador.

Alternativa incorreta: letra "e".

62. (Nucepe – Delegado de Polícia – PC – PI/2018) Em relação aos mecanismos de ação, é INCORRETO afirmar que:

a) Os agentes perfurocontudentes onde a lesão acontece mais pelo peso e força com que eles são usados do que pelo deslizamento do gume.

b) Os agentes perfurantes atuam por pressão em um ponto de contato, rompendo as fibras e causando danos internos bem maiores do que o pequeno orifício de entrada.

c) Os agentes cortantes atuam em contato com o corpo, que se dá por uma linha do gume, cortam por deslizamento e pressão, geralmente sem maior profundidade.

d) Os agentes contundentes atuam por choque, pressão ou deslizamento no contato com a superfície plana, como regra.

e) Os agentes perfurocortantes onde além da perfuração, por pressão, ocorre ação lateral, resultando corte.

COMENTÁRIOS

Alternativa "a": O agente ou instrumento perfurocontundente produz uma **lesão perfurocontusa,** sendo aquele que age inicialmente por pressão em uma superfície para em seguida perfurar a região atingida, ao atuar sobre o alvo, perfura e contunde. O instrumento típico deste grupo de agentes lesivos é o projétil de arma de fogo. Portanto, não há falar em gume.

Alternativa "b": O agente ou instrumento perfurante produz uma **lesão punctória**, sendo todo aquele que possui uma haste clíndrico-cônica dotada de ponta. A ação predominante é o afastamento das fibras dos tecidos. Exemplos: agulha, prego, espeto de churrasco etc.

Alternativa "c": O agente ou i**nstrumento cortante** é todo aquele dotado de lâmina que apresenta fio, lume ou corte, e age por pressão ou por deslizamento, gerando a secção dos tecidos. A lesão é denominada **incisa**. Exemplo: navalha.

Alternativa "d": Instrumento contundente produz uma **lesão contusa,** sendo todo objeto rombo, capaz de agir traumaticamente sobre o organismo. Exemplos: pau, pedra, martelo, barra de ferro, o chão etc. Segundo França, "entre os agentes mecânicos, os instrumentos contundentes são os maiores causadores de dano. Sua ação é quase sempre produzida por um corpo de superfície, e suas lesões mais comuns se verificam externamente, embora possam repercutir na profundidade. Agem por pressão, explosão, deslizamento, percussão, compressão, descompressão, distensão, torção, fricção, por contragolpe ou de forma mista" (FRANÇA, Genival Veloso de. Medicina Legal, 9ª ed. Rio de Janeiro: Guanabara Koogan, 2014, p. 87).

Alternativa "e": O **instrumento perfurocortante** é aquele dotado de uma ponta (ação perfurante) na extremidade de uma lâmina portadora de um ou mais gumes (ação cortante), produzindo uma **lesão perfuroincisa**. Exemplo: punhal.

Alternativa incorreta: letra "a".

63. (UEG – Delegado de Polícia – PC – GO/2018) Tendo em vista a relevância da determinação da distância de um disparo com arma de fogo, bem como a necessidade de conhecimento acerca dos elementos do disparo na saída da arma, para a verificação de um tiro a curta distância (queima-roupa), quando observados os sinais na pele da vítima, também deverá ser levado em consideração o seguinte aspecto:

a) a zona de chamuscamento é um sinal indispensável nesse caso.

b) o orifício de entrada do PAF apresentará bordas nitidamente chamuscadas.

c) a zona de tatuagem será o marcador do limite dessa distância.

d) a orla de escoriação será simétrica em relação ao orifício de entrada do PAF.

e) o sinal de Werkgartner é um parâmetro a ser levado em conta.

COMENTÁRIOS

Alternativa "a": Não se trata de sinal indispensável, pois, embora seja observado nos tiros efetuados à curta distância, definindo, inclusive, o disparo à queima-roupa, nem sempre estará presente, em razão de algum anteparo (como um travesseiro) ou, até mesmo as vestes da vítima. Também chamada de zona de queimadura ou zona de chama, tem como responsável a ação superaquecida dos gases que atingem e queimam o alvo.

Alternativa "b": As bordas, nos orifícios de entrada, ficam invertidas, ou seja, viradas para dentro. O chamuscamento, como vimos, se dá nas regiões cobertas por pelos.

Alternativa "c": A zona de tatuagem é resultante da impregnação de grãos de pólvora incombustos que alcançam o corpo. Pela análise desse halo, a perícia pode determinar a distância exata do tiro, usando-se a mesma arma e a mesma munição em vários tiros de prova, até alcançar um halo de mesmo diâmetro que o original. A tatuagem é um sinal indiscutível de orifício de entrada em tiros a curta distância (FRANÇA, Genival Veloso de. Medicina Legal, 9ª ed. Rio de Janeiro: Guanabara Koogan, 2014, p. 106).

Alternativa "d": A orla de escoriação irá variar nos tiros oblíquos ou com anteparos, pois, o projétil perderá movimento e rotação.

Alternativa "e": o chamado Sinal de Werkgaertner está presente nos tiros encostados, quando ocorre uma queimadura ao redor do orifício de entrada, causada pelo cano e pela mira da arma aquecidos pelo disparo. Muitas vezes o desenho da mira permite identificar se a arma utilizada foi revólver ou pistola.

Alternativa correta: letra "c".

---

64. (UEG – Delegado de Polícia – PC – GO/2018) As asfixias mecânicas se enquadram na categoria dos traumas de natureza fisicoquímica. Nos casos das constrições cervicais – enforcamento, estrangulamento e esganadura – as asfixias demonstram sinais característicos que as diferenciam entre si. Nesse sentido, verifica-se o seguinte:

a) num enforcamento, diferentemente de um estrangulamento, é possível reconhecer o material empregado no laço, a partir da marca deixada na pele.

b) a esganadura só ocorre na forma dolosa, uma vez que as formas acidental e culposa são afastadas pelo mecanismo de ação empregado.

c) nos estrangulamentos, os sinais são constituídos de equimose facial associada a marcas ungueais, os quais permitem a identificação do agressor.

d) uma suspensão incompleta, num caso de enforcamento, aponta, direta e inquestionavelmente, para um homicídio por execução da vítima.

e) dentre as asfixias por constrição cervical, a mais rápida delas em termos de ocorrência da morte é representada pelo estrangulamento.

COMENTÁRIOS

Alternativa "a": Em ambas as hipóteses é possível identificar o material utilizado, a partir da marca deixada na pele.

Alternativa "b": A doutrina entende que apenas a forma dolosa é admitida, "é sempre homicida, sendo impossível a forma suicida ou acidental", nas palavras de Genival Veloso de França (Medicina Legal, 9ª ed. Rio de Janeiro: Guanabara Koogan, 2014, p. 157). **Cuidado!** Embora França aponte a causa sempre homicida, a banca optou por mencionar que a esganadura é dolosa, ou seja, nada falou sobre o crime (se homicídio doloso, culposo). A cautela se justifica, pois é possível imaginar a morte acidental na hipótese de esganadura durante o ato sexual.

Alternativa "c": As marcas ungueais (das unhas) estão relacionadas à esganadura, que é um tipo de asfixia mecânica que se verifica pela **constrição do pescoço pelas mãos**, ao obstruir a passagem do ar atmosférico pelas vias respiratórias até os pulmões.

Alternativa "d": Existem dois tipos de suspensão do corpo no enforcamento. Chama-se de **suspensão típica ou completa** aquela em que o corpo fica totalmente sem tocar em qualquer ponto de apoio; e, **suspensão atípica ou incompleta**, se é apoiado pelos pés, joelhos ou outra parte qualquer do corpo, muito comum em suicídios praticados no banheiro. Assim, embora seja possível eventual montagem para descaracterizar um crime de homicídio (por exemplo, o famoso caso da ditadura militar, do jornalista Vladimir Herzog), existe, sim, a modalidade de enforcamento por suspensão incompleta na forma suicida ou acidental.

Alternativa "e": São diversos os fatores a influenciar as asfixias por constrição cervical. O tipo de nó (no enforcamento), o tipo de laço (no estrangulamento), obstrução intermitente na esganadura, em razão de luta corporal, por exemplo, além de aspectos pessoais (peso, idade, condições de saúde etc.).

Alternativa correta: letra "b".

---

65. (Vunesp – Delegado de Polícia – PC – BA/2018) Com relação aos ferimentos de entrada em lesões produzidas por projéteis de arma de fogo, é correto afirmar:

a) a aréola equimótica é representada por uma zona superficial e relativamente difusa, decorrente da sufusão hemorrágica oriunda da ruptura de pequenos vasos localizados nas vizinhanças do ferimento, geralmente de tonalidade violácea.

b) o formato de ferimentos em tiros a distância varia de acordo com a inclinação do disparo, assim, quando o tiro é oblíquo, a ferida é arredondada ou ligeiramente oblíqua, além de evidenciar uma orla de escoriação concêntrica.

c) diz-se que uma lesão tem as características das produzidas por tiro a distância quando ela não apresenta os efeitos secundários do tiro, com diâmetro maior que o do projétil, aréola equimótica e bordas reviradas para dentro.

d) ferimentos em tiros encostados podem ter forma arredondada ou elíptica, com zona de compressão de gases, evidenciada pela depressão da pele em virtude do efeito gerado pelo projétil com a ação mecânica de gases que descolam e dilaceram os tecidos.

e) tiros a curta distância causam ferimentos arredondados, com entalhes, zona de tatuagem e de esfumaçamento, devido à ação resultante dos gases que descolam e dilaceram os tecidos, com vertentes enegrecidas e desgarradas, tendo aspecto de cratera de mina.

COMENTÁRIOS

Alternativa "a": A banca lançou citação literal da obra do autor Genival Veloso de França (Medicina Legal, 9ª ed. Rio de Janeiro: Guanabara Koogan, 2014, p. 107). Trata-se de fenômeno que tem por origem a formação de uma equimose bem justa ao ferimento, em razão do rompimento de vasos sanguíneos. A ponta romba do projétil pressiona e contunde os tecidos.

Alternativa "b": É verdade que a forma varia de acordo com a inclinação do tiro. Porém, o examinador confunde em relação ao disparo perpendicular e oblíquo. No perpendicular, o orifício é arredondado ou ligeiramente oblíquo, em virtude das linhas de força de certas regiões capazes de alterar a direção no sentido de suas fibras. Já, quando o tiro é oblíquo, a ferida é sensivelmente elíptica.

Alternativa "c": Os efeitos secundários identificam um disparo à curta distância, porém, não se pode padronizar a distância com essa informação apenas. Além do projétil, saem pela boca do cano outros elementos como pólvora já queimada (fuligem), pólvora em combustão e não combusta, chama (fogo), formando o chamado cone de explosão. Esses são chamados de efeitos secundários. A aréola equimótica e as bordas voltadas para dentro também são observadas, explicadas pela ação contundente do instrumento. O erro na assertiva está em afirmar que o diâmetro da lesão é maior que o do projétil. É o contrário, o diâmetro é menor em razão da elasticidade da pele.

Alternativa "d": Forma arredondada ou elíptica é a apresentada por tiros à curta distância. Em tiros encostados, o ferimento tem forma irregular, denteada ou com entalhes.

Alternativa "e": A alternativa descreve características do ferimento do tiro encostado.

Alternativa correta: letra "a".

---

66. (Vunesp – Delegado de Polícia – PC – SP/2018) Com relação à traumatologia médico-legal, a diferença conceitual entre degola (decapitação) e esgorjamento reside

a) na separação total da cabeça do restante do corpo na degola, sendo a lesão sempre profunda.

b) no instrumento utilizado, sendo cortante na degola e cortante e contundente no esgorjamento.

c) no instrumento utilizado. Cortante na decapitação e contundente no esgorjamento.

d) na localização da lesão, sendo a degola posterior ao pescoço e o esgorjamento anterior ou lateral.

e) na localização da lesão, sendo a degola lateral e o esgorjamento anterior.

COMENTÁRIOS

✪ **Nota do autor:** A questão aborda nomenclatura especial de algumas feridas incisas (aquelas causadas por instrumentos cortantes). Parte da doutrina faz a seguinte distinção: **Esgorjamento**: ferida profunda na parte anterior (garganta) e lateral do pescoço. **Degola**: lesão profunda situada na região posterior do pescoço (nuca). **Decaptação**: separação da cabeça do corpo. Porém, é de se destacar os conceitos trazidos pelo autor Hygino de Carvalho Hércules. **Esgorjamento**, quando as lesões são profundas e localizadas no pescoço, nas faces laterais ou anterior. E a **degola**, quando localizada na face posterior (Medicina Legal – Texto e Atlas. São Paulo: Editora Atheneu, 2005, p. 218).

Alternativa correta: letra "d" (responde às demais alternativas).

---

67. (Cespe – Delegado de Polícia – GO/2017) Um cadáver jovem, do sexo masculino, encontrado por moradores de uma região ribeirinha, estava nas seguintes condições: vestido com calção de banho; corpo apresentando dois orifícios, o primeiro deles medindo cerca de 1 cm, ligeiramente elíptico, na parte posterior do tórax, na altura da região escapular direita; o segundo, de mesmo tamanho que o primeiro, circular, no pescoço, logo abaixo da nuca. O primeiro orifício apresentava orla de enxugo, orla de escoriação e orla de contusão; em torno do segundo orifício, foram observadas zonas de esfumaçamento e de tatuagem.

Nessa situação hipotética, as lesões descritas

a) foram causadas por instrumentos perfurocontundentes empregados a longa distância e a curta distância, respectivamente.

b) decorreram de ação cortocontundente produzida a curta distância.

c) foram causadas por instrumentos perfurocortantes, e o instrumento que produziu o segundo orifício foi usado a curta distância.

d) foram, ambas, causadas por instrumentos perfurocontundentes empregados a curta distância.

e) são compatíveis com a ação de projéteis de alta energia disparados a longa distância.

COMENTÁRIOS

✪ **Nota do autor:** os ferimentos produzidos por projéteis de arma de fogo (PAF) são causados por **instrumento perfurocontundente**, que produz uma **lesão perfurocontusa**. Para responder à questão, necessário diferenciar as características dos disparos, levando-se em consideração a distância. As orlas de contusão, escoriação e enxugo estão presentes tanto nos tiros realizados a curta quanto a longa distância. A diferença reside nas zonas, que podem ou não estar presentes, dependendo da distância do disparo. Outro ponto importante, as duas situações apresentam orifício de entrada, pois, o de saída, é dilacerado.

Alternativa correta: letra "A": A assertiva está correta. O primeiro disparo foi a longa distância (acima de 50 cm), pois não apresenta zonas (chamuscamento, esfumaçamento e tatuagem). Já o segundo, a curta distância (de 5 a 30 cm), em razão das zonas de esfumaçamento (se forma em razão do volume de gases em alta temperatura e em combustão, e certa quantidade de fumaça, expelidos no momento do disparo. Assim, a fumaça decorrente do disparo poderá atingir o alvo e depositar-se ao redor do ferimento de entrada, quando a distância for até 30 cm) e de tatuagem (pode ser encontrada em disparos realizados até 50 cm do alvo, e é causada pela dispersão dos grãos de pólvora e pelas partículas metálicas decorrentes da abrasão do projétil no cano da arma, incidindo sobre o alvo como verdadeiros projéteis secundários, por vezes incrustando-se na pele de tal maneira que formam verdadeira tatuagem. Não se observa em disparos muito próximos, até 5 cm, pois não há dispersão suficiente, acompanhando, tais partículas, o projétil para o interior da lesão).

Alternativa "b": Errada. **Instrumento cortocontundente** produz uma **lesão cortocontusa** sendo dotado de grande massa, transferindo sua energia por meio de um gume. Assim, além de cortar, contunde, agindo mais por pressão, como exemplo, um golpe de machado. A ação dos dentes incisivos, dentada ou mordedura, produz lesão cortocontusa.

Alternativa "c": Errada. O equívoco da alternativa está na primeira parte. Instrumento perfurocortante é aquele dotado de uma ponta (ação perfurante) na extremidade de uma lâmina portadora de um ou mais gumes (ação cortante), produzindo uma lesão perfuroincisa. Exemplo: punhal.

Alternativa "d": Errada. Como vimos nos comentários à alternativa correta, o primeiro disparo foi realizado a longa distância.

Alternativa "e": Errada. As feridas de entrada de projéteis de arma de fogo de alta energia cinética costumam apresentar formas bizarras. Qualquer elemento que altere a estabilidade do projétil de alta energia na sua entrada tende a ampliar a ferida, chamando, alguns autores, de ferida explosiva ou lacerada. E ainda, os ferimentos de entrada produzidos por esses projéteis de alta velocidade podem apresentar vultosas áreas de destruição dos tecidos atingidos, deixando à mostra regiões ou estruturas mais profundas, com orifícios muito maiores que o diâmetro do projétil. Outras vezes, a orla de escoriação está ausente ou pouco nítida, e as bordas do orifício são irregulares e apresentam radiações. Quando encontram maior resistência, como, por exemplo, no tecido ósseo, apresentam-se como verdadeiras explosões.

---

68. (Cespe – Delegado de Polícia – GO/2017) Em relação às asfixias, assinale a opção correta.

a) A projeção da língua e a exoftalmia são achados suficientes para concluir que houve morte não natural.

b) As equimoses das conjuntivas somente são encontradas nos casos de afogamento.

c) Nas asfixias, as ocorrências de manchas de hipóstase são raras.

d) Na sufocação por compressão do tórax, observam-se pulmões congestos e com hemorragias.

e) O cogumelo de espuma é uma característica exclusiva do afogamento.

COMENTÁRIOS

✪ **Nota do autor:** a Asfixiologia Forense é o capítulo da Medicina Legal que estudas as asfixias, energias de ordem físico-química como agentes vulnerantes que causam traumas. Conforme ensina Genival França Veloso, "asfixia, sob o ponto de vista médico-legal, é a síndrome caracterizada pelos efeitos da ausência ou baixíssima concentração do oxigênio no ar respirável por impedimento mecânico de causa fortuita, violenta e externa em circunstâncias as mais variadas. Ou a perturbação oriunda da privação, completa ou incompleta, rápida ou lenta, externa ou interna, do oxigênio" (FRANÇA, Genival Veloso de. Medicina Legal, 10ª ed. Rio de Janeiro: Guanabara Koogan, 2015, p. 327). Como características gerais, os sinais internos das asfixias mecânicas são: *fluidez sanguínea* (o sangue é fluido, não coagula, líquido, espesso e escuro); *congestão das vísceras*; e *equimoses viscerais*. Por oportuno, os sinais externos são: *cianose da pele* (cor arroxeada ou azulada); *equimoses conjuntivas*; *espuma na boca* (cogumelo de espuma); *projeção da língua para fora da boca*; e *resfriamento lento do cadáver*.

Alternativa correta: letra "D": A assertiva está correta. A sufocação por compressão torácica (classificada como indireta) impede os movimentos respiratórios, levando, por consequência, à asfixia. Também é conhecida como congestão compressiva de Perthes. Um dos sinais mais importantes é a máscara equimótica da face, também conhecida como congestão cefalocervical ou máscara equimótica de Morestin, produzida pelo refluxo sanguíneo da veia cava superior em face da compressão torácica. Os pulmões se mostram distendidos (sinal de Valentin), congestos, com sufusões hemorrágicas subpleurais. O fígado é congesto e o sangue do coração, escuro e fluido.

Alternativa "a": Errada. São achados comuns nas asfixias mecânicas, mas não esquecer que os cadáveres putrefeitos na fase gasosa ou enfisematosa também apresentam exoftalmia (projeção do globo ocular para fora de sua órbita) e projeção da língua, mesmo sem ter nenhuma relação com a morte por asfixia.

Alternativa "b": Errada. Essas equimoses são muito importantes para o diagnóstico *post mortem* da asfixia mecânica, mesmo que elas possam surgir em outras formas de morte, como, por exemplo, na insuficiência cardíaca aguda, embolia pulmonar, transtorno da coagulação sanguínea, algumas intoxicações exógenas e até mesmo em algumas doenças da pele. Desenvolvem-se em algumas horas depois da morte. Em relação aos cadáveres de afogados, algumas vezes (e não "somente", como menciona a alternativa) são notadas tais equimoses, principalmente em líquidos espessos, como das latrinas e pântanos.

Alternativa "c": Errada. Os sinais encontrados são numerosos e variáveis, podendo ser divididos, segundo sua situação, em externos e internos. Para Genival Veloso de França, dentre os sinas externos estão as manchas de hipóstase. Segundo o autor, são precoces, abundantes e de tonalidade escura, variando essa tonalidade, nas asfixias por monóxido de carbono quando essas manchas assumem uma tonalidade rósea (FRANÇA, Genival Veloso de. Medicina Legal, 10ª ed. Rio de Janeiro: Guanabara Koogan, 2015, p. 330). Portanto, não são raras, como mencionado na alternativa.

Alternativa "e": Errada. O cogumelo de espuma é formado de uma bola de finas bolhas de espuma que cobre a boca e as narinas e continua pelas vias respiratórias inferiores. É mais comum nos afogados, mas pode surgir em outras formas de asfixias mecânicas, no edema agudo do pulmão e nos casos de morte precedida de grandes convulsões. Portanto, não é uma característica exclusiva, como mencionado na alternativa.

---

69. (IBADE – Delegado de Polícia – AC/2017) Diante de notícia sobre a ocorrência de crime de homicídio, policiais civis foram ao local para investigar o fato. Ao chegarem, foi possível observar que a vítima estava com o corpo totalmente em contato com o solo, em decúbito ventral, com as mãos amarradas para trás. Na região do pescoço, foi possível observar que havia um fio que circulava a região por três vezes. A perícia no material revelou que nas duas pontas do fio havia um pedaço de madeira amarrado, o que possibilitava o tracionamento para lados opostos. O sulco provocado pelo fio era contínuo, com profundidade uniforme e em sentido horizontal, tendo lesionado a região inferior ao osso hioide. Diante das informações apresentadas acima, pode-se afirmar que houve:

a) soterramento.
b) enforcamento.
c) esganadura.
d) estrangulamento.
e) afogamento.

COMENTÁRIOS

✪ **Nota do autor:** a questão aborda o tema asfixias (energias de ordem físico-química). Enforcamento, estrangulamento e esganadura são modalidades de asfixia por constrição do pescoço. Já o soterramento, é modalidade de asfixia por sufocação; e o afogamento, por colocação da vítima em meio líquido.

Alternativa correta: letra "D": a descrição do preâmbulo da questão é de **estrangulamento**, que é a constrição do pescoço por um laço que é acionado por outra força que não o peso da vítima. Exemplo: o "garrote". Nesta hipótese de asfixia o sulco é contínuo, abrangendo todo o pescoço com a mesma profundidade e frequentemente se identifica mais de uma volta do laço.

Alternativa "a": Errada. O **soterramento** é modalidade de asfixia mecânica pura (sufocação direta) decorrente do bloqueio direto (obstrução) das vias respiratórias, impedindo a penetração do ar.

Alternativa "b": o **enforcamento** é modalidade de asfixia em que a constrição do pescoço é exercida por um laço, cuja extremidade se acha fixa em um determinado ponto. A força atuante é o próprio peso da vítima. Dentre as características do sulco deixado no pescoço da vítima estão: é profundo na região do pescoço oposta ao nó e superficial perto do nó, portanto, profundidade variável; e a direção do sulco é oblíqua ascendente.

Alternativa "c": esganadura é um tipo de asfixia mecânica que se verifica pela constrição do pescoço pelas mãos do agressor, ao obstruir a passagem do ar atmosférico pelas vias respiratórias até os pulmões. Para a autora Neusa Bittar "é a constrição do pescoço diretamente por qualquer parte do corpo do agressor como mãos, pernas, braços etc." (Medicina Legal Descomplicada. 2ª edição. São Paulo: Rideel, 2011, p. 143).

Alternativa "e": o **afogamento** é modalidade de asfixia mecânica em que há penetração de líquido nas vias aéreas.

---

70. (IBADE – Delegado de Polícia – AC/2017) A perícia médico-legal em um cadáver indica uma lesão na cabeça, com característica estrelada na pele, forte impregnação de fumaça e detritos granulares provenientes da incombustão da pólvora no conduto produzido através da massa encefálica. Nesta, foi encontrado um objeto metálico, totalmente feito de chumbo, em forma ogival. Na lateral deste objeto foi identificada a presença de estriações. Com base nesses dados, pode-se dizer:

a) Tal lesão é conhecida como sinal do rasgão crucial de Nerio Rojas.
b) Apontam-se características de lesão provocada por projétil de arma de fogo de alta energia, cujo disparo foi feito a longa distância.
c) O disparo foi efetuado a curta distância, o que impossibilita a formação do cone de dispersão.
d) Tal lesão é cortocontusa.
e) O cadáver possui lesão provocada por projétil de arma de fogo comum, tendo havido disparo com o cano da arma encostado na cabeça.

COMENTÁRIOS

✪ **Nota do autor:** Os ferimentos produzidos por projéteis de arma de fogo (PAF) são causados por **instrumento perfurocontundente**, que produz uma **lesão perfurocontusa**.

Alternativa correta: letra "E": A assertiva está correta. Podemos afirmar que a lesão foi provocada por projétil de arma de fogo comum, pois, o projétil ogival (estriado ou não) não possui características para a conclusão de ser de alta energia cinética. E ainda, os ferimentos de entrada produzidos por esses projéteis de alta velocidade podem apresentar vultosas áreas de destruição dos tecidos atingidos, deixando à mostra regiões ou estruturas mais profundas, com orifícios muito maiores que o diâmetro do projétil. Outras vezes, a orla de escoriação está ausente ou pouco nítida, e as bordas do orifício são irregulares e apresentam radiações. Quando encontram maior resistência, como, por exemplo, no tecido ósseo, apresentam-se como verdadeiras explosões. Por fim, trata-se de lesão de entrada e tiro encostado, em razão da presença de orifício de entrada em **Câmara de Mina** ou **Câmara de Hoffmann**, que ocorre nos **tiros encostados** com plano ósseo logo abaixo (a lesão descrita é na região da cabeça). Assim, os gases e as micropartículas não conseguem perfurar, causando ferimento estrelado e de bordos evertidos, em razão do refluxo dos gases.

Alternativa "a": Errada. O sinal do rasgão crucial de Nerio Rojas, também conhecido como sinal do dilaceramento crucial, se caracteriza pelo rasgão em forma de cruz, no orifício de entrada de projétil de arma de fogo causado no tecido da roupa.

Alternativa "b": Errada. No momento do disparo, atrás do projétil lançado, segue a nuvem de gás proveniente da pólvora. O gás se espalha em forma de cone, conhecido como **cone de dispersão**. Quando encontramos uma lesão provocada exclusivamente pelo PAF, sem os elementos do cone de dispersão, temos o tiro a distância.

Alternativa "c": Errada. Como vimos nos comentários à alternativa correta, o primeiro disparo foi realizado a longa distância.

Alternativa "d": Errada. Os ferimentos produzidos por projéteis de arma de fogo (PAF) são causados por **instrumento perfurocontundente**, que produz uma **lesão perfurocontusa**. **Instrumento cortocontundente** produz uma **lesão cortocontusa** sendo dotado de grande massa, transferindo sua energia por meio de um gume. Assim, além de cortar, contunde, agindo mais por pressão, como exemplo, um golpe de machado. A ação dos dentes incisivos, dentada ou mordedura, produz lesão cortocontusa.

71. (FUNCAB – Delegado de Polícia – PA/2016) De acordo com a classificação de Afrânio Peixoto, as asfixias podem ser definidas como puras, complexas e mistas. Acerca desta classificação, é um exemplo de asfixia pura a(o):

a) esganadura.
b) enforcamento.
c) confinamento.
d) empalamento.
e) estrangulamento.

COMENTÁRIOS

✪ **Nota do autor:** A classificação de Afrânio Peixoto é a que mais se aproxima do critério médico-legal, dividindo as asfixias mecânicas em três grupos distintos: puras, complexas e mistas. **ASFIXIAS PURAS**. São manifestadas pela anoxemia e hipercapnia: Podem ser: A. *Asfixia em ambientes por gases irrespiráveis:* confinamento e asfixia por monóxido de carbono asfixia por outros vícios de ambientes. B. *Obstaculação à penetração do ar nas vias respiratórias:* sufocação direta (obstrução da boca e das narinas pelas mãos ou das vias respiratórias mais inferiores) e sufocação indireta (compressão do tórax). C. *Transformação do meio gasoso em meio líquido*: afogamento. D. *Transformação do meio gasoso em meio sólido ou pulverulento*: soterramento. **ASFIXIAS COMPLEXAS**. Constrição das vias respiratórias com anoxemia e excesso de gás carbônico, interrupção da circulação cerebral e inibição por compressão dos elementos nervosos do pescoço: Podem ser: A. *Constrição passiva do pescoço exercida pelo peso do corpo*: enforcamento; B. *Constrição ativa do pescoço exercida pela força muscular*: estrangulamento. **ASFIXIAS MISTAS**. São as que se confundem e se superpõem, em graus variados, aos fenômenos circulatórios, respiratórios e nervosos: esganadura (FRANÇA, Genival Veloso de. Medicina Legal, 10ª ed. Rio de Janeiro: Guanabara Koogan, 2015, p. 334/335).

Alternativa correta: letra "C": A assertiva está correta. O confinamento é uma modalidade de asfixia pura *em ambientes por gases irrespiráveis*.

Alternativa "a": Errada. A esganadura é modalidade de asfixia mista, que são as que se confundem e se superpõem, em graus variados, aos fenômenos circulatórios, respiratórios e nervosos.

Alternativa "b": Errada. O enforcamento é modalidade de asfixia complexa, por constrição passiva do pescoço exercida pelo peso do corpo.

Alternativa "d": Errada. O empalhamento é estudado na Traumatologia (energias de ordem mecânica), lesão causada por instrumento contundente. Essa forma especial de encravamento caracteriza-se pela penetração de um objeto de grande eixo longitudinal, na maioria das vezes consistente e delgado, no ânus ou na região perineal. As lesões são sempre múltiplas e variadas, sua profundidade varia de acordo com o impacto e as dimensões do objeto contusivo.

Alternativa "e": Errada. O estrangulamento é modalidade de asfixia complexa, constrição ativa do pescoço exercida pela força muscular.

72. (FUNCAB – Delegado de Polícia – PA/2016) A ordem das lesões que se cruzam e são produzidas por ação cortante decorrente de armas brancas pode ser observada através do sinal de:

a) Richter.
b) Chavigny.
c) Knight.
d) Simonin.
e) Legrand Du Saulle.

COMENTÁRIOS

✪ **Nota do autor:** a questão aborda o tema ferimentos produzidos por ação perfurocortante.

Alternativa correta: letra "B": O diagnóstico das feridas produzidas por ação cortante é relativamente fácil. A dificuldade pode se apresentar na distinção dos mais diversos instrumentos porventura utilizados. Uma questão de suma importância é a ordem das lesões que se cruzam. Como a segunda lesão foi produzida sobre a primeira, de bordas já afastadas, coaptando-se às margens de uma das feridas, sendo ela a primeira a ser produzida, a outra não segue um trajeto em linha reta. É o denominado sinal de Chavigny. Esse fato não interessa apenas ao legista, mas também ao cirurgião, no sentido de suturar as feridas pela ordem de agressão (FRANÇA, Genival Veloso de. Medicina Legal, 10ª ed. Rio de Janeiro: Guanabara Koogan, 2015, p. 261).

Alternativa "a": Errada. Richter utilizava a radiologia no cadáver para as questões de identificação através da imageologia dos seios da face.

Alternativa "c": Errada. Sobre o tema **rubefação**, que é a congestão de pouca intensidade, resulta da dilatação de vasos capilares, também denominada hiperemia (exemplo de agente causador: uma bofetada), Knight chama a atenção para o fato da possibilidade de se encontrar na pele do cadáver, em contato com calor, uma zona de rubefação (pseudoeritema) até uma hora depois da cessação da circulação.

Alternativa "d": Errada. O mencionado autor, analisando as lesões por atropelamento terrestre, assinala que pode ocorrer, simultaneamente, a passagem do veículo sobre o corpo caído (esmagamento), comprimindo-o violentamente sobre o solo, deixando impressas as chamadas "estrias pneumáticas" de Simonin.

Alternativa "e": Errada. Legrand Du Saulle foi quem primeiro observou o fenômeno denominado espectro equimótico. A equimose é a infiltração, nas malhas dos tecidos, de sangue que extravasou de pequenos vasos que se romperam. São as denominadas, vulgarmente, "manchas roxas". A equimose sofre mudança de cores com o passar do tempo e pode auxiliar na determinação da data da agressão. No tocante à coloração da lesão, a mudança se justifica, nos seres vivos, em razão da alteração causada pela decomposição do sangue, pois o pigmento da hemácia (glóbulo vermelho) tem ferro, que é um elemento cuja decomposição dá a variação cromática ao longo do tempo e da recuperação tecidual, até a reabsorção completa do sangue extravasado pelo organismo.

73. (FUNCAB – Delegado de Polícia – PA/2016) Durante a necropsia de um cadáver é encontrado o sinal de Montalti. Este sinal é um importante indício para saber se a vítima:

a) sofreu alguma espécie de barotrauma.

b) possui lesões provocadas pela eletricidade.

c) ingeriu alguma substância líquida que a levou a óbito.

d) possui lesões provocadas por projéteis de arma de fogo.

e) respirou, pois pode ser observada fuligem ao longo das vias respiratórias.

COMENTÁRIOS

✪ **Nota do autor:** O sinal de Montalti está relacionado à perícia médico-legal nos casos de carbonização total do corpo, sendo a primeira providência para identificar o morto. Na morte causada pelo agente vulnerante fogo, torna-se imperioso esclarecer se o indivíduo morreu durante o incêndio ou se já se achava morto ao ser alcançado pelas chamas, pois tal circunstância influencia, inclusive, a adequação típica da conduta, podendo advir a qualificadora do emprego de fogo (art. 121, §2º, inc. III, do CP).

Alternativa correta: letra "E" (responde às demais alternativas): Após o médico-legista procurar, no corpo, outras lesões distintas das queimaduras deve, em seguida, analisar se o indivíduo respirou na duração do incêndio, pela pesquisa do óxido de carbono no sangue e pela presença de fuligem ao longo das vias respiratórias, conhecido como sinal de Montalti. Não havendo fuligem, significa que o indivíduo já estava morto no momento do contato com o fogo. As demais alternativas não se referem à referida perícia.

74. (Cespe – Delegado de Polícia – PE/2016) A respeito de aspectos médico-legais relacionados a lesões corporais e a maus-tratos a idosos e menores, assinale a opção correta.

a) As feridas punctórias e as que apresentam cauda de escoriação são típicas de lesão por instrumento contundente.

b) Em se tratando de lesões por arma branca, o exame médico pericial concentra-se na observação das bordas da ferida e nas manchas encontradas na pele e nas vestes, em torno da lesão, no intuito de estabelecer a distância e a velocidade dos golpes.

c) Nas lesões por projétil de arma de fogo de alta energia, as ondas de pressão agravam a lesão pelo mecanismo de retoque do projétil.

d) O exame de corpo de delito em idosos deve ser prioritário, visto que as lesões corporais nesses pacientes regeneram-se mais rapidamente.

e) Os pais e(ou) os responsáveis por crianças menores diagnosticadas com síndrome da criança espancada raramente apresentam explicações implausíveis para as lesões e raramente se apresentam com indiferença; pelo contrário, afirmam conhecer as lesões.

COMENTÁRIOS

✪ **Nota do autor:** A questão aborda, no contexto da Traumatologia, lesões corporais e maus-tratos a idosos e menores. A **síndrome do ancião maltratado** é uma das faces do aumento da violência familiar, além de ser observada em hospitais e asilos destinados aos idosos. Pela condição física, o idoso não oferece reação aos agressores e os maus-tratos incluem desde o abandono até agressões físicas e psíquicas. Já a **síndrome da criança maltratada** (também denominada síndrome da criança espancada, síndrome de Silverman, síndrome de Caffey-Kempe ou *battered child syndrome*), compreende um conjunto de lesões externas e internas apresentado por crianças de tenra idade, em regra, infligidas pelos próprios pais, naturais ou não (Eduardo Roberto Alcântara Del-Campo (Medicina Legal, coleção cursos e concursos, 7ª ed. São Paulo: Editora Saraiva, 2012, p. 127).

Alternativa correta: a questão foi anulada, razão pela qual analisaremos todas as alternativas indicando o motivo que ensejou a anulação.

Alternativa "a": Errada. A ferida punctória é a lesão causada por instrumento perfurante. Já a cauda de escoriação é característica das feridas incisas, causadas por instrumentos cortantes. O instrumento contundente é todo objeto rombo, capaz de agir traumaticamente sobre o organismo, produzindo uma **lesão contusa**. Exemplos: pau, pedra, martelo, barra de ferro, o chão etc.

Alternativa "b": Errada. Embora as bordas da ferida incisa (causada por instrumento cortante) sejam importantes para a determinação do instrumento utilizado, as manchas encontradas na pele e nas vestes, em torno da lesão, não auxiliam a estabelecer a distância e a velocidade dos golpes, considerando que podem significar causas variadas, a depender do local atingido, abundância de sangramento, posição da vítima etc.

Alternativa "c": A alternativa foi considerada correta antes da retificação do gabarito. É verdade que as ondas de pressão potencializam os efeitos do projétil de arma de fogo, através do fenômeno da **cavitação**. O trajeto dos projéteis de alta energia difere do deixado pelos projéteis comuns por causa da maior potência das ondas de pressão que produzem. Os projéteis, em geral, rompem os tecidos e formam um túnel cujas paredes são deslocadas pelas ondas de pressão em direção radial e em sentido centrífugo. Quanto maior a energia transmitida aos tecidos, maior a potência das ondas de pressão. A cavidade permanente representada pelos tecidos lacerados e esmagados pelo contato direto com o projétil é ampliada temporariamente pelo afastamento de suas paredes. Essas ondas de pressão formam-se a **reboque** (atrás) do projétil. A justificativa da anulação da questão pela banca examinadora foi que "a utilização do termo 'retoque' em vez de 'reboque' prejudicou o julgamento objetivo da questão".

Alternativa "d": Errada. O **atendimento prioritário** é um princípio instituído pelo Estatuto do Idoso (Lei 10.741/03), art. 3º, *caput* e parágrafo único, inc. I. Além disso, o Estatuto alterou a Lei 10.048/ 2000, prevendo em seu art. 1º: "As pessoas portadoras de deficiência, os idosos com idade igual ou superior a 60 (sessenta) anos, as gestantes, as lactantes e as pessoas acompanhadas por crianças de colo terão atendimento prioritário". O equívoco da alternativa está em afirmar que as lesões corporais nesses pacientes regeneram-se mais rapidamente. Os idosos possuem a característica de recuperação mais lenta do que os mais novos, por exemplo, o processo de cicatrização dos ossos em fraturas é progressivamente mais ineficaz por causa da calcificação das estruturas ósseas.

Alternativa "e": Errada. Como vimos em nota, os pais e (ou) os responsáveis por crianças menores na maioria das vezes são os autores das agressões e maus-tratos, por essa razão, comumente apresentam explicações implausíveis para as lesões e se apresentam com indiferença, além de afirmarem o desconhecimento das lesões.

---

75. (ACAFE – Delegado de Polícia – SC/2014) Com relação aos ferimentos produzidos por projéteis de arma de fogo, analise as afirmações a seguir e assinale a alternativa correta.

I. O orifício de entrada é maior que o de saída, as bordas são invertidas e há abundante sangramento.

II. O orifício de saída não apresenta o halo de enxugo, as bordas são evertidas e, normalmente, tem diâmetro maior do que o de entrada.

III. O orifício de entrada nos tiros a curta distância apresenta forma arredondada ou elíptica, bordas invertidas, orla de escoriação, zona de tatuagem, zona de esfumaçamento, zona de queimadura, halo de enxugo, aréola equimótica e zona de compressão de gases.

IV. São componentes do orifício de saída a orla de escoriação, a orla de enxugo, a zona de tatuagem e a zona de esfumaçamento.

a) Todas as afirmações estão corretas.
b) Apenas I, II e III estão corretas.
c) Apenas I, II e IV estão corretas.
d) Apenas I e IV estão corretas.
e) Apenas II e III estão corretas.

COMENTÁRIOS

✪ **Nota do autor:** Os ferimentos produzidos por projéteis de arma de fogo são causados por **instrumento perfurocontundente**, que produz uma **lesão perfurocontusa**. Para responder à questão, necessário diferenciar os orifícios de entrada e saída do projétil de arma de fogo. Vejamos: como regra geral, o ferimento de saída é irregular, maior que o de entrada, pois o projétil frequentemente se deforma em sua passagem pelos tecidos orgânicos, e tem as bordas voltadas para fora, evertidas. O sangramento do orifício de saída é maior em relação ao orifício de entrada, pois há o rompimento de vasos importantes durante o trajeto do projétil, bem como perfuração de órgãos vitais. Assim, as lesões do orifício de saída possuem as seguintes características, em regra: dilacerado, evertidas, desproporcionais (maiores) em relação ao projétil, sem orlas, sem zonas e sangramento abundante. Em comparação, o orifício de entrada possui as seguintes características: regular, invaginado, proporcional ao projétil e com orlas e zonas. Passaremos a analisar as assertivas. **Assertiva I:** errada, pois, o orifício de entrada é menor que o de saída e, embora as bordas sejam invertidas, o sangramento é menor do que o orifício de saída. **Assertiva II:** correta, conforme nota inicial. **Assertiva III:** correta. O orifício de entrada nos tiros a curta distância apresenta **forma arredondada ou elíptica**, dependendo da inclinação do tiro. As **bordas invertidas**, em razão da ação traumática de fora para dentro sobre a natureza elástica da pele. A presença das orlas e zonas se justifica em razão do tiro ser a curta distância, pois, além da lesão de entrada produzida pelo impacto do projétil (efeito primário), são encontradas manifestações provocadas pela combustão da pólvora e das partículas sólidas do próprio projétil expelido pelo cano da arma (efeitos secundários). A **orla de escoriação** é causada pelo embate do projétil na rede de capilares da pele, gerando uma pequena região equimótica. A **zona de tatuagem** é causada pela dispersão dos grãos de pólvora e pelas partículas metálicas decorrentes da abrasão do projétil no cano da arma, incidindo sobre o alvo como verdadeiros projéteis secundários, por vezes incrustando-se na pele de tal maneira que forma verdadeira tatuagem. A **zona de esfumaçamento** se forma em razão do volume de gases em alta temperatura e em combustão, acompanhada de certa quantidade de fumaça, expelidos no momento do disparo. A **zona de queimadura** é decorrente da ação superaquecida dos gases que atingem e queimam o alvo. O **halo de enxugo** se forma porque o projétil, ao atravessar o cano da arma, se cobre de resíduos, como graxa, óleo de limpeza de arma, fuligem da queima da pólvora etc. Quando o projétil penetra na pele, ele se "limpa" dessas impurezas, "enxuga-se" nas bordas da ferida. A **aréola equimótica** é representada por uma zona superficial e relativamente difusa, decorrente da sufusão hemorrágica proveniente da rotura de pequenos vasos localizados nos arredores do ferimento. Por fim, a **zona de compressão de gases**, é representada pela depressão da pele em virtude da ação mecânica da coluna de gases que segue o projétil nos chamados tiros à queima-roupa, vista apenas nos primeiros instantes no vivo (FRANÇA, Genival Veloso de. Medicina Legal, 9ª ed. Rio de Janeiro: Guanabara Koogan, 2014, p. 106/107). **Assertiva IV:** errada, pois, o orifício de saída, como visto, não possui orlas e zonas.

Alternativa correta: letra "E" (responde as demais alternativas): apenas as assertivas II e III estão corretas.

76. (ACAFE – Delegado de Polícia – SC/2014) Assinale a alternativa correta. ANULADA

a) A esganadura apresenta sulco de profundidade uniforme, em sentido horizontal e sem interrupção.

b) O estrangulamento apresenta sinais de equimose e escoriações nos dois lados do pescoço.

c) O enforcamento apresenta, na maioria das vezes, sulco único, situado na posição posterior do pescoço, com direção oblíqua e descontínua, interrompendo-se na parte superior, nas proximidades do nó.

d) O enforcamento apresenta, na maioria das vezes, sulco múltiplos de profundidade uniforme e sem interrupção.

e) O estrangulamento apresenta sulco na posição posterior do pescoço, de profundidade uniforme e interrupção na parte superior, nas proximidades do nó.

COMENTÁRIOS

✪ **Nota do autor:** O tema central da questão é a Asfixiologia Forense, capítulo da Medicina Legal que estudas as asfixias, energias de ordem físico-química como agentes vulnerantes que causam traumas.

Alternativa correta: a questão foi anulada, razão pela qual analisaremos todas as alternativas indicando as divergências que fundamentaram a anulação.

Alternativa "a": errada. A esganadura é a constrição do pescoço realizada diretamente pelas mãos do agressor (parte da doutrina inclui qualquer parte do corpo, como mãos, pernas e antebraço). Não há sulco. Porém, são encontradas marcas ou estigmas ungueais (causados por unhas) e diversas escoriações, equimoses e hematomas.

Alternativa "b": estrangulamento é a constrição produzida por braço mecânico acionado por força estranha ao peso do corpo. É típico nos casos de homicídio. São características do sulco do estrangulamento: é contínuo, abrangendo todo o pescoço com a mesma profundidade; situa-se em posição baixa no pescoço; é horizontal; frequentemente se identifica mais de uma volta do laço; não costuma haver pergaminhamento porque a força constritiva cessa com a morte da vítima, afrouxando o laço. Embora o estrangulamento geralmente se dê com a constrição no pescoço por um laço acionado por uma força estranha, é comum a verificação da constrição do pescoço pela ação do braço e antebraço sobre a laringe (golpe gravata). Pode ainda ocorrer o estrangulamento pela pressão de um objeto duro, como o cassetete, bastão sobre o pescoço e, neste caso, a perícia encontrará "significativas lesões externas (equimoses e escoriações) e lesões internas (infiltrações hemorrágicas dos tecidos moles e muito comumente fraturas dos anéis da traqueia e da laringe)" (FRANÇA, Genival Veloso de. Medicina Legal, 9º. ed. Rio de Janeiro: Guanabara Koogan, 2013, p. 157). Neste caso, França esclarece que os sinais de tal estrangulamento, não são tão evidentes quanto os deixados pelo laço do enforcamento e estrangulamento ou pelos dedos na esganadura. Veja-se que o enunciado da letra "b" é taxativo, ou seja, ali não foram inseridas quaisquer hipóteses de exceção, razão pela qual, na forma em que está redigido, conduz a uma única premissa, qual seja: que o enforcamento SEMPRE apresenta sinais de equimose e escoriações nos dois lados do pescoço. Todavia, essa taxatividade da premissa não encontra ressonância na literatura nacional ou estrangeira. Ademais, a justificativa para alteração do gabarito confunde lesões externas eventualmente encontradas na vítima de estrangulamento com o sulco do estrangulamento. Este equívoco fica claro ao se ler a justificativa para mudança de gabarito. Genival Veloso de França em nenhum momento afirma que há equimoses e escoriações nos dois lados do pescoço de um estrangulado: "Equimoses de pequena dimensão na face, nas conjuntivas, pescoço e face anterior do tórax" (*in verbis*) são lesões que podem ocorrer no estrangulado. É o sulco que ocorre no pescoço e, claro, aparece nos dois lados deste segmento. Sulco, equimoses e escoriações são lesões absolutamente diferentes. Ainda no contexto da literatura especializada, Hygino de Carvalho Hércules, em sua obra "Medicina Legal Texto e Atlas" (Ed. Atheneu, 2008, Rio de Janeiro, p. 499) afirma que, "não é raro que se encontrem lesões de defesa, sinais de contenção e alterações da roupa que indiquem luta." Assim, "não raro" não significa, de forma alguma, sempre.

Alternativa "c": o gabarito inicial apontava esta alternativa como correta. Enforcamento é a constrição produzida por braço mecânico acionado pelo peso do próprio corpo. É completo quando o corpo fica suspenso no ar. São características do sulco do enforcamento: é descontínuo (interrompendo-se nas zonas em que há cabelo e barba, ou nas proximidades do nó); situa-se em posição alta do pescoço; é profundo na região do pescoço oposta ao nó e superficial próximo ao nó; a direção do nó é oblíqua ascendente; o aspecto é pálido e frequentemente pergaminhado. No entanto, a alternativa não está de acordo com a melhor doutrina, pois, nos enforcamentos, o sulco situa-se na parte anterior do pescoço e não na parte posterior, conforme aponta a alternativa.

Alternativa "d": errada, pois, além de sulco único, na maioria das vezes, há a interrupção nas proximidades do nó.

Alternativa "e": errada. As características apresentadas são do enforcamento. Todavia, o sulco situa-se na parte anterior do pescoço.

---

77. (ACAFE – Delegado de Polícia – SC/2014) O deslocamento de dois ossos, cuja superfície de articulação deixa de manter sua relação de contato, é denominado:

a) escoriação.
b) entorse.
c) luxação.
d) rubefação.
e) fratura.

COMENTÁRIOS

✪ **Nota do autor:** A questão aborda as espécies de lesões contusas, causadas por instrumentos contundentes, que agem pela ação de uma superfície.

Alternativa correta: letra "C": o conceito apresentado pelo enunciado é o da luxação. Para frisar, esse deslocamento é em relação a sua articulação pelo rompimento da cápsula articular.

Alternativa "a": errada. A escoriação é lesão superficial, geralmente produzida por deslizamento, em que apenas a camada mais externa da pele (epiderme) é atingida. Vulgarmente denominada esfolado ou arranhão.

Alternativa "b": errada. A entorse é a lesão dos ligamentos em razão de movimento que extrapola os limites fisiológicos da articulação.

Alternativa "d": errada. A rubefação é a congestão repentina e momentânea de uma região do corpo, apresentando-se uma mancha avermelhada, efêmera e fugaz, que desaparece em alguns minutos.

Alternativa "e": errada. Fratura é a solução de continuidade do tecido ósseo.

---

78. (Vunesp – Delegado de Polícia – CE/2015) A traumatologia forense constitui um campo da medicina legal que se ocupa das implicações jurídicas dos traumatismos ou lesões em geral. Nesse aspecto, é correto afirmar:

a) os instrumentos perfurocontundentes produzem lesões por pressão intensa nos tecidos, em geral, com perfuração e secção. As lesões apresentam fundo irregular, com integridade de vasos e nervos no fundo da lesão.
b) os instrumentos contundentes podem produzir uma grande diversidade de lesões: escoriação, equimose, hematoma, ferida contusa, fratura, rotura de vísceras ocas, entre outras.
c) as características do orifício de saída produzidas por arma de fogo são: forma irregular, halo de enxugo, aréola equimótica e menos sangrantes que o orifício de entrada.
d) as lesões por agentes perfurantes comumente estão relacionadas com ação suicida ou acidental, raramente sendo consequência de ação homicida.
e) a equimose é a expressão final da infiltração hemorrágica nas malhas dos tecidos; apesar disso, ela tem pouca importância médico-legal, uma vez que não é possível correlacioná-la de forma temporal com o evento, lesão ou trauma.

COMENTÁRIOS

Alternativa correta: letra "B": o instrumento contundente é todo objeto rombo, capaz de agir traumaticamente sobre o organismo, produzindo uma lesão contusa. Exemplos: pau, pedra, martelo, barra de ferro, o chão etc. Os instrumentos contundentes podem produzir uma grande diversidade de lesões. Conceituaremos as lesões da assertiva: a **escoriação** é lesão superficial, geralmente produzida por deslizamento, na qual apenas a camada mais externa da pele (epiderme) é atingida. Vulgarmente denominada esfolado ou arranhão. A **equimose** é a infiltração, nas malhas dos tecidos, de sangue que extravasou de pequenos vasos que se romperam. São as denominadas, vulgarmente, "manchas roxas". A **ferida contusa** é aquela lesão aberta cuja ação contundente foi capaz de vencer a elasticidade e a resistência dos tecidos moles. São produzidas por pressão, percussão, arrastamento, explosão e tração. **Hematoma**: nessa modalidade de lesão contusa, a pele resiste pela sua elasticidade, mas os vasos mais calibrosos, que estão embaixo da mesma, se rompem, razão pela qual há maior quantidade de sangue. Diante desta maior quantidade de sangue, este não consegue se espalhar pelos tecidos, ocorrendo um agrupamento, permanecendo colacionado. São coleções sanguíneas produzidas pelo sangue derramado. **Fratura** é a solução de continuidade do tecido ósseo. A **rotura de vísceras ocas** ocorre por impacto sobre o tórax ou abdômen, mais frequente neste último porque não há proteção dos ossos como no tórax. Exemplo de víscera (órgão) oca: a bexiga.

Alternativa "a": o instrumento perfuro-contundente produz uma lesão perfurocontusa, sendo aquele que age inicialmente por pressão em uma superfície para, em seguida, perfurar a região atingida. Assim, ao atuar sobre o alvo, perfura e contunde. O instrumento típico deste grupo de agentes lesivos é o projétil de arma de fogo. Portanto, o conceito está correto. P orém, fundo irregular, com integridade de vasos e nervos no fundo da lesão, são características da lesão contusa, causada por instrumento contundente.

Alternativa "c": errada, pois, em que pese a forma irregular, halo de enxugo, aréola equimótica e menor sangramento são características do orifício de entrada.

Alternativa "d": errada. Instrumento perfurante produz uma lesão punctória, sendo todo aquele que possui uma haste cilíndrico-cônica dotada de ponta.

A ação predominante é o afastamento das fibras dos tecidos. Exemplos: agulha, prego, espeto de churrasco etc. Estes instrumentos são muito utilizados em condutas típicas de homicídio e não "raramente" como a assertiva propõe.

Alternativa "e": errada. A equimose é a infiltração, nas malhas dos tecidos, de sangue que extravasou de pequenos vasos que se romperam. São as denominadas, vulgarmente, "manchas roxas". O equívoco da assertiva está em afirmar que tem pouca importância médico-legal, uma vez que não é possível correlacioná-la de forma temporal com o evento, lesão ou trauma. A equimose sofre mudança de cores com o passar do tempo e pode auxiliar na determinação da data da agressão. No tocante à coloração da lesão, a mudança se justifica, nos seres vivos, em razão da alteração causada pela decomposição do sangue, pois o pigmento da hemácia (glóbulo vermelho) tem ferro, que é um elemento cuja decomposição dá a variação cromática ao longo do tempo e da recuperação tecidual, até a reabsorção completa do sangue extravasado pelo organismo. É o denominado **espectro equimótico**. Quem primeiro observou esse fenômeno foi Legrand Du Saulle. A seguir, um quadro para demonstração apresentado por Eduardo Roberto Alcântara Del-Campo (Medicina Legal, Coleção Cursos e Concursos, 3ª ed. São Paulo: Editora Saraiva, 2007, p. 108): **1º dia** (vermelho escuro); do **2º ao 3º dia** (violeta); do **4º ao 6º dia** (azulado); do **7º ao 10º dia** (verde escuro); do **11º ao 12º dia** (verde amarelado); do **12º ao 17º dia** (amarelado) e **a partir do 22º dia** (desaparecem os vestígios).

---

79. (Vunesp – Delegado de Polícia – CE/2015) Adolescente de 15 anos é avaliado em uma perícia. Ele apresentava: (a) dificuldade na fala, rouquidão e relatava dor na região cervical e na face; (b) edema e equimose de coloração vermelho-violácea na região periorbitária direita e esquerda; (c) hemorragia conjuntival e petéquias na pálpebra inferior de ambos os olhos; (d) escoriação linear, horizontal, uniforme, de coloração avermelhada, medindo 0,4 cm de largura, localizada abaixo da tireoide, estendendo-se pela circunferência do pescoço e interrompendo-se em sua região lateral esquerda.

A perícia descrita mais provavelmente sugere

a) estrangulamento por tentativa de homicídio.

b) edema e equimose observados na região periorbitária, como consequências da asfixia.

c) enforcamento por tentativa de suicídio.

d) que o evento ou dano ocorreu muito recentemente, provavelmente, em menos de 2 horas.

e) graves consequências clínicas secundárias à asfixia por inalante, por exemplo, monóxido de carbono ou cianeto.

COMENTÁRIOS

✪ **Nota do autor:** A questão aborda as alterações em sobreviventes à asfixia por constrição cervical. Nos casos em que não ocorre a morte, a vítima fica suscetível a perturbações que podem ser locais e gerais.

Alternativa correta: letra "A": o estrangulamento é forma de asfixia consistente na constrição do pescoço da vítima por meio de um laço acionado por força diversa do corpo da vítima, que age de forma passiva. A constrição cervical por estrangulamento, diante da forte pressão sobre a laringe, faz com que haja edema da mucosa e, por conseguinte, das cordas vocais. Assim, há disfonia de grau variado, podendo chegar à afonia. Tal edema pode causar dificuldade respiratória por estreitamento da passagem do ar. A respiração fica mais ruidosa. Tais sintomas são descritos na **assertiva "a"**, dificuldade na fala, rouquidão e dor na região cervical e na face. Reforçando o teor da **assertiva "b"**, Hygino Hércules esclarece que o "edema das partes moles do pescoço e da face torna-se mais nítido. As conjuntivas oculares evidenciam congestão, edema e alargamento dos focos hemorrágicos" (Medicina Legal Texto e Atlas. Ed. Atheneu, 2008, Rio de Janeiro, p. 501). Em relação às hemorragias conjuntivais e petéqueas relatadas na **assertiva "c"**, o mesmo autor, salientando as alterações em sobrevivente de caso clínico examinado, afirma que no dia seguinte ao fato, a vítima apresentava "edema moderado e petéqueas na face, infiltração equimótica e tumefação palpebral, e extensas hemorragias conjuntivais que cobriam toda a parte branca de ambas os olhos". Já a **assertiva "d"**, descreve as características do sulco (escoriação linear, horizontal, uniforme, de coloração avermelhada, medindo 0,4 cm de largura, localizada abaixo da tireoide, estendendo-se pela circunferência do pescoço e interrompendo-se em sua região lateral esquerda). O sulco do estrangulamento possui as seguintes características: horizontal, uniforme, abaixo da cartilagem tireóidea, de profundidade uniforme. A título de comparação, o sulco do enforcamento é: oblíquo ascendente, interrompido ao nível do nó, por cima da tireoide e de profundidade desigual.

Alternativa "b": errada, não necessariamente como consequência de asfixia, mas sim, decorrente do trauma.

Alternativa "c": errada, pois como vimos nos comentários da assertiva correta, o sulco do enforcamento possui características distintas.

Alternativa "d": errada, pois, conforme salientado por Hygino Hércules, em relação às hemorragias conjuntivais e petéqueas relatadas na assertiva "c", as alterações em sobrevivente de caso clínico examinado, afirma que **no dia seguinte ao fato**, a vítima apresentava "edema moderado e petéqueas na face, infiltração equimótica e tumefação palpebral, e extensas hemorragias conjuntivais que cobriam toda a parte branca de ambas os olhos". Portanto, acima do período de duas horas.

Alternativa "e": errada, considerando os traumas apresentados na questão.

---

80. (UEL – Delegado de Polícia – PR/2013) Leia o trecho, a seguir, extraído de um exame de lesões corporais realizado em um Instituto Médico Legal do Paraná.

Lesões cutâneas, de bordas levantadas e centro deprimido, de consistência dura, com perda de substância, com as características de lesão eletroespecífica ou "marca elétrica" de Jellinek, localizadas, na face dorsal da mão direita, entre o 1° e 2° metacarpianos, e na face dorsal da mão esquerda, na base do polegar.

Sobre as energias vulnerantes do tipo física descritas, considere as afirmativas a seguir.

I. A metalização ou impregnação da pele por partículas elétricas resultantes da fusão e vaporização dos condutores são elementos encontrados em choques elétricos envolvendo fios de cobre.

II. Quando há resistência do plano cutâneo e muscular, podem ocorrer também lesões térmicas caracterizadas por queimadura.

III. A marca elétrica de Jellinek é característica de dano por corrente elétrica natural ou artificial e que não tem relação com a porta de entrada da corrente elétrica no organismo.

IV. Quando existe morte decorrente de energia física do tipo eletricidade, esta se relaciona exclusivamente à extensão da queimadura resultante.

Assinale a alternativa correta.

a) Somente as afirmativas I e II são corretas.
b) Somente as afirmativas I e IV são corretas.
c) Somente as afirmativas III e IV são corretas.
d) Somente as afirmativas I, II e III são corretas.
e) Somente as afirmativas II, III e IV são corretas.

COMENTÁRIOS

✪ **Nota do autor:** A questão exige do candidato o conhecimento, no estudo da Traumatologia, das energias de ordem física. Dentre as mais comuns estão: a temperatura, a pressão atmosférica, a eletricidade, a radioatividade, a luz e o som. De forma específica, o trecho do laudo citado se refere à lesão causada pela **eletricidade**.

Alternativa correta: letra "A" (responde as demais alternativas): as afirmativas I e II estão corretas. Assim, vejamos cada uma das afirmativas para melhor compreensão. **Afirmativa I:** está correta, pois, ferimento superficial dessa modalidade de energia, a **metalização,** possui a característica do destacamento da pele, com o fundo da lesão impregnado de partículas da fusão e vaporização dos condutores elétricos. O cobre é um metal de transição, um dos mais importantes, sob o ponto de vista industrial, e bom condutor de eletricidade. **Afirmativa II:** está correta e representa o denominado **efeito Joule**, quando a eletricidade é transformada em calor em decorrência de resistência à passagem da corrente, produzindo queimaduras na pele, músculos, ossos e vísceras. **Afirmativa III:** está incorreta, pois a marca elétrica de Jellinek é decorrente apenas da eletricidade artificial e representa a porta de entrada da corrente. **Afirmativa IV:** errada. São três teorias que explicam a etiologia da morte pela corrente elétrica: a **morte pulmonar** (em razão da asfixia por contratura dos músculos respiratórios); a **morte cardíaca** (causada pela fibrilação ventricular); e a **morte cerebral** (causada pela hemorragia das meninges, ventrículos cerebrais, bulbo e medula espinhal).

Leia as descrições do exame externo do laudo necroscópico, a seguir, e responda às questões de 42 a 44.

Notamos:

1. Ferimento perfuroinciso, de 4,0 cm de extensão, de bordas nítidas, penetrante na cavidade torácica esquerda, localizado na face dorsal do hemitórax esquerdo, no nível do 6° espaço intercostal esquerdo e a aproximadamente 5,0 cm à esquerda da linha mediana.
2. Ferimento perfuroinciso, de bordas nítidas, de 3,0 cm de extensão, penetrante na cavidade torácica direita, localizado na face dorsal do hemitórax direito, no nível do 7° espaço intercostal direito e a aproximadamente 4,0 cm à direita da linha mediana.
3. Ferimento inciso superficial, transversal ao eixo do membro, de 4,0 cm de extensão, de bordas nítidas, localizado na face dorsal do punho direito, com características de lesão de defesa.
4. Ferimento inciso, não penetrante, oblíquo da esquerda para a direita, de 6,0 cm de extensão, de bordas nítidas, localizado na face anterior do abdome superior, na região epigástrica, a 1,0 cm à direita da linha mediana, precedido por uma escoriação linear de 17,0 cm de extensão, que tem a sua mesma direção e que se localiza na face anterior no hemitórax esquerdo.

---

81. (UEL – Delegado de Polícia – PR/2013) Sobre as lesões descritas nos itens 1 e 2, assinale a alternativa correta.

a) O instrumento causador dessas lesões é compatível com instrumentos perfurocontundentes, pois apresentam trajeto interno torácico, característico do deslocamento de projéteis de arma de fogo.

b) O instrumento causador dessas lesões é compatível com instrumentos perfurocortantes, pois estão presentes na descrição médico-legal elementos como nitidez das bordas (elemento cortante) e trajeto interno em cavidade torácica.

c) Apesar das características semelhantes entre as lesões descritas nos itens 1 e 2, essas foram causadas com intervalos de tempos diferentes entre si, devido ao tamanho e localização das lesões.

d) O instrumento causador dessas lesões é compatível com instrumentos cortantes, pois estes apresentam mecanismo de ação através de gume, agindo exclusivamente por pressão e deslocamento paralelo ao tecido cutâneo.

e) As lesões podem ter sido causadas por ação contundente, através de deslocamento passivo do corpo sobre a direção de veículo automotivo.

COMENTÁRIOS

✪ **Nota do autor:** A questão aborda as espécies de instrumentos vulnerantes, as respectivas lesões e suas principais características.

Alternativa correta: letra "B": o **instrumento perfurocortante** é aquele dotado de uma ponta (ação perfurante) na extremidade de uma lâmina portadora de um ou mais gumes (ação cortante), produzindo uma **lesão perfuroincisa**. Exemplos: punhal (dois gumes), faca (um gume). A nitidez das bordas é uma das principais características da lesão incisa (instrumento cortante) e a profundidade da lesão, com trajeto interno em cavidade torácica, indica instrumento perfurante (lesão punctória). A lesão perfuroincisa é de natureza mista.

Alternativa "a": errada, pois o **instrumento perfurocontundente** é aquele que age inicialmente por pressão numa superfície para em seguida perfurar a região atingida. Ao atuar sobre o alvo, perfura e contunde, produzindo uma **lesão perfurocontusa**. O instrumento típico deste grupo de agentes lesivos é o projétil de arma de fogo. Não possui a característica de bordas nítidas.

Alternativa "c": não é o intervalo de tempo que determina o tamanho e a localização das lesões, mas a intensidade da pressão utilizada.

Alternativa "d": errada. Quando o instrumento causador da lesão é cortante, embora apresente mecanismo de ação através de gume, agindo exclusivamente por pressão e deslocamento paralelo ao tecido cutâneo, há predomínio da extensão sobre a profundidade.

Alternativa "e": o **instrumento contundente** produz uma **lesão contusa** e é todo objeto rombo, capaz de agir traumaticamente sobre o organismo. Exemplos: pau, pedra, martelo, barra de ferro, o chão, deslocamento passivo do corpo sobre a direção de veículo automotivo etc. Não há nitidez nas bordas.

---

82. (UEL – Delegado de Polícia – PR/2013) Sobre as lesões descritas nos itens 3 e 4, assinale a alternativa correta.

a) O instrumento que causou essas lesões atuou por um gume afiado por pressão e deslocamento de forma linear, gerando cauda de escoriação característica desses instrumentos.

b) A escoriação retratada no item 4 está associada a instrumentos cortocontundentes que atuam de maneira perpendicular e oblíqua e ao gume pouco afiado.

c) Essas lesões foram geradas por instrumentos perfurantes através de sua extremidade biselada e que se deslocam no corpo humano de forma paralela ao plano cutâneo.

d) O punhal (instrumento de dois gumes) pode ser compatível com essas lesões, desde que atuando de forma perpendicular ao plano cutâneo e com penetração em planos mais profundos.

e) Projéteis de arma de fogo geram lesões incisas como as descritas, quando disparados a mais de 30 cm do alvo, e que atuam tangencialmente ao plano cutâneo.

COMENTÁRIOS

✪ **Nota do autor:** A questão aborda as espécies de instrumentos vulnerantes, as respectivas lesões e suas principais características.

Alternativa correta: letra "A": as lesões foram causadas por **instrumento cortante,** que é todo aquele dotado de lâmina que apresenta fio, lume ou corte, e age por pressão ou por deslizamento, gerando a secção dos tecidos. A **lesão** é denominada **incisa**. Exemplo: navalha. Possui as características de extensão linear e a denominada **cauda de escoriação** (que aponta para o final do movimento do golpe), como retratado no item. Outras características são: margens lisas e regulares; ausência de região de contusão; hemorragia abundante; e mais largas e profundas na porção média da ferida.

Alternativa "b": está errada, pois o instrumento cortocontundente, que produz uma lesão cortocontusa, é dotado de grande massa e transfere sua energia por meio de um gume. Assim, além de cortar, contunde, agindo mais por pressão, como exemplo, um golpe de machado. A ação dos dentes incisivos, dentada ou mordedura, também é exemplo. A ferida apresenta característica bizarra e é acompanhada de escoriações e equimoses. O instrumento cortante e o cortocontundente podem atuar de maneira perpendicular ou oblíqua, resultando características distintas na lesão. Já, em relação ao gume pouco afiado, diminui a intensidade da nitidez das bordas, apresentando escoriações.

Alternativa "c": errada, pois o instrumento perfurante é todo aquele que possui uma haste cilíndrico-cônica dotada de ponta. A ação predominante é o afastamento das fibras dos tecidos, produzindo uma lesão punctória. Exemplos: agulha, prego, espeto de churrasco etc. A extremidade biselada e o deslocamento no corpo humano de forma paralela ao plano cutâneo são características da ferida incisa (instrumento cortante).

Alternativa "d": errada, pois os itens afirmam que a lesão foi superficial (item 3) e não penetrante (item 4), portanto, não há penetração em planos mais profundos.

Alternativa "e": os projéteis de arma de fogo geram lesões perfurocontusas.

---

83. (UEL – Delegado de Polícia – PR/2013) Sobre a interpretação do excerto do laudo necroscópico, considere as afirmativas a seguir.

I. A faca de cozinha (arma branca), como objeto suspeito de ter sido utilizada como a arma do crime, não é compatível com todas as lesões descritas.

II. A presença de escoriações lineares precedendo ou sucedendo as feridas incisas dão uma ideia da direção e do mecanismo dinâmico da ação pela qual a arma é utilizada.

III. A nitidez das bordas de feridas incisas está diretamente relacionada ao fio ou gume daquele instrumento.

IV. Margens nítidas e regulares, ausência de secção de tecidos no fundo da lesão e predomínio sobre a largura e a profundidade são características de instrumentos que se associam a caudas de escoriação.

Assinale a alternativa correta.

a) Somente as afirmativas I e II são corretas.

b) Somente as afirmativas I e IV são corretas.

c) Somente as afirmativas III e IV são corretas.

d) Somente as afirmativas I, II e III são corretas.

e) Somente as afirmativas II, III e IV são corretas.

COMENTÁRIOS

✪ **Nota do autor:** A questão aborda as espécies de instrumentos vulnerantes, as respectivas lesões e suas principais características.

Alternativa correta: letra "A" (responde as demais alternativas): A **assertiva I** está incorreta, pois, a faca de cozinha (arma branca) pode ser utilizada tanto como instrumento cortante, agindo por deslizamento do gume sobre o corpo, quanto como instrumento perfurocortante, agindo por pressão, através da ponta. **As demais assertivas II, III e IV** estão corretas e apresentam características da ferida incisa, causada por instrumento cortante. A presença de escoriações lineares precedendo ou sucedendo as feridas incisas dão uma ideia da direção e do mecanismo dinâmico da ação pela qual a arma é utilizada (**assertiva II**), podendo indicar, inclusive, se o agressor é destro ou canhoto. A nitidez das bordas de feridas incisas está diretamente relacionada ao fio ou gume daquele instrumento (**assertiva III**), conforme as faces sejam lisas ou ásperas, as bordas da ferida podem apresentar-se normais (nítidas) ou escoriadas. As margens nítidas e regulares (em razão do gume do instrumento), ausência de secção de tecidos no fundo da lesão (como acontece na lesão causada por instrumento perfurante ou perfuroinciso) e predomínio sobre a largura e a profundidade são características de instrumentos que se associam a caudas de escoriação, que indicam a saída do instrumento (**assertiva IV**), todas características de lesão causada por instrumentos cortantes.

---

84. (UEL – Delegado de Polícia – PR/2013) Nas feridas causadas por projéteis de arma de fogo, devem-se considerar elementos do orifício de entrada, trajeto e orifício de saída.

A respeito desses tipos de lesões, assinale a alternativa correta.

a) A análise do orifício de entrada permite que o observador estime uma distância aproximada do disparo do projétil, principalmente baseado, entre outros elementos, na presença ou ausência dos elementos chamados de contorno (zona de esfumaçamento e zona de tatuagem).

b) As lesões perfurocontusas são exclusivamente causadas por projéteis de arma de fogo. A presença de queimadura junto ao orifício de entrada caracteriza o tiro a "queima roupa", ou seja, quando o cano da arma encosta na roupa ou pele da vítima e devido a sua alta temperatura gera queimaduras de primeiro e segundo graus.

c) Os projéteis de arma de fogo geram feridas perfurocortantes. A ausência de zona de esfumaçamento e de tatuagem e a presença de equimoses e queimaduras demonstram que o projétil foi disparado a uma curta distância.

d) São componentes do orifício de saída das feridas perfurocontundentes causadas por projéteis de arma de fogo: a orla de escoriação, a orla de enxugo, a zona de tatuagem e a zona de esfumaçamento.

e) O tiro a longa distância, causado por arma de fogo comum, se caracteriza pela presença de orifício de entrada em "câmara de mina" e ausência dos elementos de combustão da munição como pólvora incombusta, fumaça e restos da bucha.

COMENTÁRIOS

✪ **Nota do autor:** As lesões causadas por projéteis de arma de fogo (PAF) são estudadas na Traumatologia e os elementos do orifício de entrada, trajeto e orifício de saída apresentam características distintas, muito cobradas em concursos. Como destaca Eduardo Roberto Alcântara Del-Campo (Medicina Legal, Coleção Cursos e Concursos, 3ª ed. São Paulo: Editora Saraiva, 2007, p. 176), na análise dos ferimentos produzidos por projéteis de arma de fogo, quatro são os pontos que devem merecer atenção do perito: **a.** determinação e descrição dos ferimentos de entrada e saída; **b.** a trajetória do projétil; **c.** a orientação do disparo em relação à posição do corpo; e **d.** a distância provável do disparo.

Alternativa correta: letra "A": está correta, pois o orifício de entrada apresenta determinas zonas, a depender da distância do disparo. A **zona de esfumaçamento** se forma em razão do volume de gases em alta temperatura e em combustão, além de certa quantidade de fumaça, expelidos no momento do disparo. Assim, a fumaça decorrente do disparo poderá atingir o alvo e depositar-se ao redor do ferimento de entrada, quando a distância for até 30 cm. Já a **zona de tatuagem** pode ser encontrada em disparos realizados até 50 cm do alvo e é causada pela dispersão dos grãos de pólvora e pelas partículas metálicas decorrentes da abrasão do projétil no cano da arma, incidindo sobre o alvo como verdadeiros projéteis secundários, por vezes incrustando-se na pele de tal maneira que formam verdadeira tatuagem. Não se observa em disparos muito próximos, até 5 cm, pois não há dispersão suficiente, acompanhando (tais partículas) o projétil para o interior da lesão.

Alternativa "b": embora o projétil de arma de fogo seja a principal incidência das feridas perfurocontusas não é exclusivo. Na doutrina encontramos outro exemplo, como o cabo de guarda-chuva. A parte final da assertiva está correta e representa a denominada **zona de chamuscamento** (zona de chama ou zona de queimadura).

Alternativa "c": errada, pois os projéteis de arma de fogo geram feridas perfurocontusas (perfurocontundente é o agente vulnerante). A ausência de zona de esfumaçamento e de tatuagem; e a presença de equimoses e queimaduras demonstram que o projétil foi disparado a longa distância e não curta, como informado na alternativa.

Alternativa "d": tais características são componentes do orifício de entrada das feridas perfurocontusas causadas por projéteis de arma de fogo: a orla de escoriação, a orla de enxugo, a zona de tatuagem e a zona de esfumaçamento. O orifício de saída apresenta as seguintes características: dilacerado (irregular); evertido (bordas para fora); desproporcional ao projeto (maior); e sem orlas e zonas.

Alternativa "e": a presença de orifício de entrada em **câmara de mina** ou **câmara de Hoffmann** ocorre nos **tiros encostados** com plano ósseo logo abaixo. Assim, os gases e as micropartículas não conseguem perfurar, causando ferimento estrelado e de bordos evertidos, em razão do refluxo dos gases. A parte final está correta, pois nos tiros a longa distância verifica-se a ausência dos elementos de combustão da munição, como pólvora incombusta, fumaça e restos da bucha.

---

85. (UEL – Delegado de Polícia – PR/2013) As asfixias são modalidades de morte derivadas de energias físico-químicas. Entre elas são frequentes as modalidades de constrição do pescoço. Em relação às diferenças entre enforcamento, esganadura e estrangulamento, considere as afirmativas a seguir.

I. A esganadura ocorre por laço tracionado ou por parte do corpo que atua de forma similar a um laço (gravata, chave de braço, golpes de jiujitsu), desde que a força empregada não seja o peso da vítima.

II. O estrangulamento ocorre através da interrupção da passagem do ar atmosférico pelas vias aéreas e é causado diretamente pela mão do agente, não havendo forma homicida ou incidental da mesma.

III. É possível do ponto de vista pericial em medicina legal a distinção entre estrangulamento e enforcamento, através da análise das características dos sulcos imprimidos no pescoço da vítima.

IV. O enforcamento ocorre por um laço cuja extremidade se acha fixa a um ponto dado, agindo o próprio peso do indivíduo como força viva.

Assinale a alternativa correta.

a) Somente as afirmativas I e II são corretas.
b) Somente as afirmativas I e IV são corretas.
c) Somente as afirmativas III e IV são corretas.
d) Somente as afirmativas I, II e III são corretas.
e) Somente as afirmativas II, III e IV são corretas

COMENTÁRIOS

✪ **Nota do autor: OO** tema central da questão é asfixia (energia de ordem físico-química), exigindo do candidato os conceitos de asfixias por obstrução das vias respiratórias (estrangulamento, enforcamento e esganadura).

Alternativa correta: letra "C" (responde as demais alternativas). Estão corretas as assertivas III e IV. Vejamos cada uma delas. **Assertiva I:** o conceito apresentado é o do **estrangulamento**. Já a **esganadura**, consiste na constrição do pescoço diretamente pelas mãos do agressor. **Assertiva II:** está errada, pois apresenta o conceito de esganadura e não de estrangulamento. **Assertiva III:** são características do **sulco do estrangulamento**: é contínuo, abrangendo todo o pescoço com a mesma profundidade; situa-se em posição baixa no pescoço; é horizontal; frequentemente se identifica mais de uma volta do laço; não costuma haver pergaminhamento porque a força constritiva cessa com a morte da vítima, afrouxando o laço. São características do **sulco do enforcamento:** é descontínuo (interrompendo-se nas zonas em que há cabelo e barba, ou nas proximidades do nó); situa-se em posição alta do pescoço; é profundo na região do pescoço oposta ao nó e superficial próximo ao nó; a direção do nó é oblíqua ascendente; o aspecto é pálido e frequentemente pergaminhado. **Assertiva IV:** está correta. O **enforcamento** é modalidade de asfixia na qual a constrição do pescoço é exercida por um laço, cuja extremidade se acha fixa num determinado ponto. A força atuante é o próprio peso da vítima. Dentre as características do sulco deixado no pescoço da vítima estão: é profundo na região do pescoço oposta ao nó e superficial perto do nó, portanto, profundidade variável; e a direção do sulco é oblíqua ascendente.

---

86. (Vunesp – Delegado de Polícia – SP/2014) É uma característica da morfologia de uma ferida por ação cortante, em relação à ferida contusa, a presença de

a) fundo irregular.
b) hemorragia abundante.
c) retração das bordas da ferida.
d) vertentes irregulares.
e) integridade de vasos, nervos e tendões no fundo da lesão.

COMENTÁRIOS

✪ **Nota do autor:** A questão aborda as características da ferida incisa, causada por instrumento cortante (ex. faca), e da ferida contusa, causada por instrumento contundente (exemplo: pedra).

Alternativa correta: letra "B" (reponde as demais alternativas): a hemorragia abundante é uma característica da ferida incisa. Vejamos as características principais da lesão incisa e da lesão contundente. **Lesões incisas (instrumento cortante): a.** margens lisas e regulares; **b.** sem zona de contusão; **c.** hemorragia abundante; **d.** geralmente com causa de escoriação; **e.** geralmente mais largas e profundas na porção média da ferida. **Lesões contusas (instrumento contundente): a.** forma estrelada, sinuosa ou retilínea; **b.** bordas irregulares, escoriadas e equimosadas; **c.** fundo irregular; **d.** vertentes irregulares; **e.** presença de pontes de tecido íntegro ligando as vertentes; **f.** retração das bordas da ferida; **g.** pouco sangramento; **h.** integridade dos vasos, nervos e tendões no fundo da lesão.

87. (Vunesp – Delegado de Polícia – SP/2014) Leia atentamente as definições a seguir, acerca de lesões por agentes perfurocontundentes, e relacione-as por letras e números aos seus nomes.

A. Ferimento por projétil de arma de fogo que se deve ao arrancamento da epiderme devido ao movimento rotatório do projétil que entra na superfície corporal.

B. Sinal deixado pela passagem do projétil nos tecidos corporais, concêntrico, decorrente do atrito e contusão do projétil, que também deixa nos tecidos por onde passa suas impurezas de superfície.

C. Área de impregnação por grãos de pólvora incombustos que se fixam ao redor do ferimento de entrada de projétil, em tiros de curta distância.

D. Área de depósito de fuligem que circunscreve a ferida de entrada, removível com a lavagem do local, portanto, sem impregnação tecidual.

E. Área ao redor do orifício de entrada, caracterizada pela queimadura da pele ou pelos, decorrente da alta energia térmica dos projéteis de arma de fogo, característica de disparos a curta distância ou à queima-roupa.

1. Orla de esfumaçamento.
2. Halo de enxugo.
3. Zona de chamuscamento.
4. Orla de escoriação ou contusão.
5. Halo de tatuagem.

A associação correta entre a definição e o elemento de uma ferida de entrada de projétil de arma de fogo é vista, em ordem alfabética e corretamente, na alternativa:

a) A – 5; B – 1; C – 4; D – 2; E – 3.
b) A – 3; B – 4; C – 1; D – 5; E – 2.
c) A – 4; B – 2; C – 5; D – 1; E – 3.
d) A – 2; B – 5; C – 3; D – 1; E – 4.
e) A – 4; B – 3; C – 2; D – 5; E – 1.

COMENTÁRIOS

✪ **Nota do autor:** De forma recorrente em provas de concurso são cobradas as características das lesões causadas por projeto de arma de fogo, pois representam um grande número de ocorrências no cotidiano de uma delegacia de polícia.

Alternativa correta: letra "C" (respondem as demais alternativas): a sequência correta com as respectivas definições é: **1. orla de esfumaçamento:** área de depósito de fuligem que circunscreve a ferida de entrada, removível com a lavagem do local, portanto, sem impregnação tecidual; **2. halo de enxugo:** sinal deixado pela passagem do projétil nos tecidos corporais, concêntrico, decorrente do atrito e contusão do projétil, que também deixa nos tecidos por onde passa suas impurezas de superfície; **3. zona de chamuscamento:** área ao redor do orifício de entrada, caracterizada pela queimadura da pele ou pelos, decorrente da alta energia térmica dos projéteis de arma de fogo, característica de disparos à curta distância ou à queima-roupa; **4. orla de escoriação ou contusão:** ferimento por projétil de arma de fogo que se deve ao arrancamento da epiderme devido ao movimento rotatório do projétil que entra na superfície corporal; e **5. halo de tatuagem:** área de impregnação por grãos de pólvora incombustos que se fixam ao redor do ferimento de entrada de projétil, em tiros de curta distância.

88. (FUNCAB – Delegado de Polícia – RJ/2012) Nas necropsias, em casos de morte por asfixias em geral, na ausência de lesões externas específicas, o perito deverá basear o seu diagnóstico no achado de um conjunto de sinais internos, que estarão descritos no corpo do laudo cadavérico. A autoridade policial, ao ler o laudo pericial, irá observar a presença constante de:

a) edema cerebral, petéquias pulmonares e sangue coagulado.
b) fluidez do sangue, congestão e equimoses viscerais.
c) desidratação corporal e hemorragia visceral.
d) edema pulmonar, distensão intestinal e congestão vascular.
e) encontro de espuma e de corpos estranhos nas vias respiratórias.

COMENTÁRIOS

✪ **Nota do autor:** A asfixiologia forense é o capítulo da Medicina Legal que estuda as asfixias, energias de ordem físico-química como agentes vulnerantes que causam traumas.

Alternativa correta: letra "B": como características gerais, os **sinais internos** das asfixias mecânicas são: **fluidez sanguínea** (o sangue é fluido, não coagula, líquido, espesso e escuro); **congestão das vísceras;** e **equimoses viscerais**. As equimoses viscerais, também denominadas **manchas de Tardieu**, são pequenas manchas avermelhadas (petéquias hemorrágicas) encontradas, principalmente, na região subpleural e subepicárdica (abaixo das membranas que recobrem o pulmão e o coração), em razão a ruptura dos capilares por causa da alta pressão arterial provocada pelo aumento da concentração de gás carbônico no sangue. Por oportuno, os **sinais externos** são: **cianose da pele** (cor arroxeada ou azulada); **equimoses conjuntivas**; **espuma na boca** (cogumelo de espuma); **projeção da língua para fora da boca**; e **resfriamento lento do cadáver**.

Alternativa "a": errada. Embora as petéquias pulmonares estejam presentes nos sinais internos da asfixia em geral, as outras duas características da assertiva não estão. O **edema cerebral** ocorre nas asfixias por parada respiratória central, pois, o indivíduo para de respirar em consequência de lesão no centro que comanda a respiração, nos casos de traumatismos crânio-encefálico (causam parada respiratória por lesão no tronco encefálico, comprometendo o centro respiratório situado no bulbo). Como vimos, o sangue é fluido, não coagula, portanto.

Alternativa "c": não representam sinais internos da asfixia em geral.

Alternativa "d": não representam sinais internos da asfixia em geral.

Alternativa "e": a espuma é uma das características da asfixia, saindo pelas cavidades da boca e nariz. Todavia, a presença de corpos estranhos nas vias respiratórias é um sinal específico da sufocação, modalidade de asfixia mecânica produzida pelo impedimento da passagem do ar respirável por meio direto ou indireto.

---

89. (FUNCAB – Delegado de Polícia – RJ/2012) A respeito das lesões produzidas por projéteis de arma de fogo, é correto afirmar que:

a) a morfologia de uma ferida de entrada não permite distinguir se a mesma foi produzida por projétil de arma de fogo comum ou de alta energia cinética.

b) quanto mais longo for o trajeto de um projétil de arma de fogo dotado de alta energia cinética no interior do corpo de uma pessoa, maior será o tamanho da lesão de saída.

c) nas feridas produzidas por entrada de projétil de arma de fogo, a aferição do diâmetro da zona de enxugo determina a distância do atirador em relação à vítima.

d) as feridas de saída de projéteis de arma de fogo têm propriedades bem definidas, que permitem a sua fácil distinção em relação às feridas de entrada.

e) as feridas de entrada de projéteis de arma de fogo de alta energia cinética não costumam apresentar formas bizarras na interposição de anteparos.

COMENTÁRIOS

Alternativa correta: letra "A": Embora discutível o gabarito, a questão não foi anulada pela banca examinadora. Higyno de C. Hercules afirma que na maioria das vezes, os projéteis de alta energia apresentam lesões semelhantes às deixadas pelos projéteis comuns de uso civil, tanto na entrada perpendicular como nas entradas oblíquas (Medicina Legal, texto e atlas, São Paulo: editora Atheneu, 2005, p. 265). Todavia, Genival Veloso de França, esclarece que os ferimentos deixados por projéteis de alta energia podem apresentar vultosa área de destruição dos tecidos atingidos, deixando à mostra regiões ou estruturas mais profundas, com orifícios muito maiores que o diâmetro do projétil. Outras vezes, a orla de escoriação está ausente ou pouco nítida (Medicina Legal, Rio de Janeiro: Guanabara Koogan, 2014, p. 115).

Alternativa "b": são vários os fatores que interferem na lesão de saída de um projétil de arma de fogo dotado de alta energia cinética. Porém, o tamanho da lesão de saída depende do plano em que ela se situa no trajeto. Se o segmento do corpo for muito delgado, por exemplo o braço, e o projeto não tocar o esqueleto, não há tempo para que tombe e produza uma cavidade temporária importante. E quanto maior o diâmetro da cavidade temporária maior será a lesão de saída.

Alternativa "c": errada, pois as três orlas (de enxugo, de escoriação e de contusão) estão presentes na quase-totalidade dos ferimentos de entrada produzidos por projéteis de arma de fogo, independente da distância em que o disparo foi efetuado.

Alternativa "d": errada. Os ferimentos de saída não possuem grande relevância, salvo na determinação da trajetória, pois não possuem características próprias. Em regra, são irregulares, maiores que o orifício de entrada e com as bordas evertidas.

Alternativa "e": errada, pois as feridas de entrada de projéteis de arma de fogo de alta energia cinética costumam apresentar formas bizarras na interposição de anteparos. Qualquer elemento que altere a estabilidade do projétil de alta energia na sua entrada tende a ampliar a ferida, chamando, alguns autores, de **ferida explosiva ou lacerada**.

---

90. (FGV – Delegado de Polícia – MA/2012) Na sufocação indireta por compressão torácica, a vítima asfixia-se pela restrição aos movimentos de inspiração e expiração.

O achado de necropsia típico desta modalidade de asfixia caracteriza-se por

a) rotura das camadas interna e externa das artérias carótidas.

b) fratura do osso hioide.

c) petéquias subpleurais e subepicárdicas.

d) máscara equimótica ou equimose cérvico-facial.

e) cogumelo de espuma eliminado pelos orifícios da face.

COMENTÁRIOS

✪ **Nota do autor:** A sufocação indireta por compressão torácica impede os movimentos respiratórios, levando, por consequência, à asfixia. Também é conhecida como **congestão compressiva de Perthes.**

Alternativa correta: letra "D": um dos sinais mais importantes que caracteriza a asfixia por sufocação indireta por compressão torácica é a **máscara equimótica da face**, equimose cérvico-facial, também conhecida como **máscara equimótica de Morestin**, produzida pelo refluxo sanguíneo da veia cava superior em face da compressão.

Alternativa "a": a rotura das camadas interna e externa das artérias carótidas é característica da asfixia por enforcamento.

Alternativa "b": a fratura do osso hioide é característica da asfixia por enforcamento.

Alternativa "c": petéquias subpleurais e subepicárdicas são sinais internos das asfixias em geral.

Alternativa "e": cogumelo de espuma eliminado pelos orifícios da face é sinal externo das asfixias em geral.

91. (FGV – Delegado de Polícia – MA/2012) Com relação às lesões provocadas por ação elétrica, analise as afirmativas a seguir.

I. Nos acidentes com correntes elétricas de baixa voltagem, a morte é geralmente provocada por fibrilação ventricular.

II. A morte por parada respiratória central é causada pela contração involuntária da musculatura respiratória, durante a passagem da corrente elétrica pelo tronco da vítima.

III. A marca elétrica de Jellineck é uma lesão vascular, de aspecto arborescente, tipicamente observada nos acidentes de fulguração.

Assinale:

a) se somente a afirmativa I estiver correta.

b) se somente a afirmativa II estiver correta.

c) se somente a afirmativa III estiver correta.

d) se somente as afirmativas I e II estiverem corretas.

e) se todas as afirmativas estiverem corretas.

COMENTÁRIOS

✪ **Nota do autor:** A eletricidade natural ou cósmica e a eletricidade artificial ou industrial podem atuar como energia vulnerante.

Alternativa correta letra "A" (responde as demais alternativas): apenas a afirmativa I está correta. Vejamos cada uma delas. **Afirmativa I:** está correta. A fibrilação ventricular consiste na contração desordenada das fibras musculares cardíacas, sem o sincronismo necessário para esvaziar os ventríloquos. Se não for revertida, leva à morte rapidamente, pois corresponde a uma parada cardíaca. Nas redes de baixa tensão, a perda da consciência é decorrente da parada cardíaca por fibrilação, seguida da parada respiratória. **Afirmativa II:** errada, pois a passagem da corrente não é pelo tronco, mas sim, pela cabeça, como ocorre no eletrochoque terapêutico, no qual flui corrente de 300 mA de um polo temporal ao outro. A morte por parada respiratória central é derivada da asfixia; e a perda da consciência, bem como a paralisia dos centros respiratórios, ocorrem pela eletroperfuração dos neurônios. A formação dos campos elétricos porosos é capaz de perfurar as membranas celulares em grau variado, dependendo da intensidade e da duração da corrente. **Afirmativa III:** errada, pois a lesão vascular, de aspecto arborescente, tipicamente observada nos acidentes de fulguração é denominada **sinal de Lichtenberg**. A **marca elétrica de Jellinek** consiste numa lesão na pele, com forma circular, elíptica ou estrelada, de consistência endurecida, bordas altas, leito deprimido, tonalidade branco-amarelada, fixa, indolor, asséptica e de fácil cicatrização. É a lesão mais simples e representa a porta de entrada da corrente.

92. (FGV – Delegado de Polícia – MA/2012) As feridas em sedenho resultam da

a) ação penetrante de um instrumento cortante na região anterior do pescoço.

b) transfixação de vísceras ocas por instrumentos perfurantes.

c) ação mutilante dos instrumentos corto-contundentes nas extremidades dos membros.

d) ação subcutânea dos instrumentos pérfuro-contundentes nos tiros oblíquos.

e) escoriação da pele nos tiros tangencias.

COMENTÁRIOS

✪ **Nota do autor:** A questão aborda as características da lesão causada por instrumento perfurocontundente. Nas demais alternativas, mistura outros instrumentos vulnerantes e suas respectivas feridas.

Alternativa correta: letra "D": o trajeto subcutâneo pode ser de extensão diversa, dependendo da região anatômica, na hipótese de **instrumento perfurocontundente**, por exemplo, projétil de arma de fogo. Quando o disparo incide de modo oblíquo a lesão é denominada **ferida em sedenho**.

Alternativa "a": a ação penetrante de um instrumento cortante na região anterior do pescoço é denominada **esgorjamento**.

Alternativa "b": as feridas causadas por instrumentos perfurantes de médio calibre podem ser classificadas em: superficiais, penetrantes e transfixantes. Quando atuam em vísceras ocas do tubo digestivo, apresentam forma de fenda com direção paralela às fibras musculares.

Alternativa "c": a ação mutilante dos instrumentos cortocontundentes nas extremidades dos membros produz ferida cortocontusa. São comuns as amputações de seguimentos dos membros. As lesões mutilantes não fatais são causadas principalmente por acidentes de trabalho. Na zona rural, no campo, em geral, são comuns lesões mutilantes causadas por brigas, rixas, sendo os instrumentos mais utilizados a foice e o facão.

Alternativa "e": no tiro tangencial observam-se escoriações com bordos paralelos ou trajeto bizarro subdérmico.

93. (UEG – Delegado de Polícia – GO/2013) O Brasil está geograficamente localizado na zona tropical, com isso é o país com maior incidência de descargas elétricas naturais (cósmicas). Sobre as descargas elétricas, verifica-se que

a) as mortes causadas por descargas elétricas naturais são as fulgurações.

b) a marca de entrada do raio no corpo chama-se lesão de Jellineck.

c) as marcas produzidas pelas descargas elétricas no corpo são ocasionadas pelo efeito Joule.

d) a marca de saída do raio no corpo chama-se lesão de Lichtemberg.

COMENTÁRIOS

✪ **Nota do autor:** A incidência de acidentes causados por descargas elétricas é maior nos países tropicais, haja vista a maior frequência de tempestades nessas regiões.

Alternativa correta: letra "C": quando a eletricidade é transformada em calor em decorrência da resistência à passagem da corrente, produz queimaduras na pele, músculos, ossos e vísceras. É o denominado **efeito Joule**, **queimadura elétrica**. Segundo o **efeito** e **lei de Joule**, temos: "a passagem de uma corrente elétrica através de um condutor determina calor" (efeito) e "o calor desenvolvido por uma corrente elétrica é proporcional à resistência do condutor, ao quadrado da intensidade e ao tempo durante o qual passa pelo condutor" (lei).

Alternativa "a": errada, pois, segundo a doutrina majoritária, a morte causada pela eletricidade natural é denominada **fulminação.** Quando provoca apenas lesões corporais, chama-se **fulguração.** Todavia, impende destacar posição diversa em relação ao tema. Higyno de C. Hercules dá o nome de **eletroplessão** às lesões causadas pela energia elétrica industrial ou artifical e **fulguração** à ação da eletricidade natural ou cósmica (Medicina Legal, texto e atlas, São Paulo: editora Atheneu, 2005, p. 337).

Alternativa "b": errada. A marca elétrica de Jellinek representa a porta de entrada da corrente elétrica industrial ou artifical, e não da natural ou cósimica.

Alternativa "d": a marca de saída está relacionada ao efeito Joule. O **sinal de Lichenberg**, tipicamente observado nos acidentes de fulguração (eletricidade natural), é lesão vascular, de aspecto arborescente, decorrente de fenômenos vasomotores.

---

94. (UEG – Delegado de Polícia – GO/2013) Os instrumentos contundentes causam lesões no corpo pela ação de sua superfície de contato. Um instrumento contundente cilíndrico produz uma lesão chamada de

a) sugilação
b) víbice
c) cilindruria
d) escoriação

COMENTÁRIOS

Alternativa correta: letra "B": quando a equimose é produzida por objetos cilíndricos, como bastões, cassetetes ou bengalas, deixa duas equimoses longas e paralelas, conhecidas por **víbices**, em razão do extravasamento do sangue ocorrer ao lado do traumatismo e não na sua linha de impacto.

Alternativa "a": quando a equimose se apresenta em forma de pequenos grãos é denominada **sugilação**. É a confluência de numerosas lesões puntiformes em área bem delineada.

Alternativa "c": é a presença de cilindros na urina. Os cilindros são os elementos do sedimento urinário de maior importância na distinção entre nefropatia e doenças do trato urinário inferior e geralmente são formados por uma aglutinação de células tendo uma matriz proteica.

Alternativa "d": a escoriação é o arrancamento traumático da epiderme, expondo a derme.

---

95. (UEG – Delegado de Polícia – GO/2013) Em relação aos disparos de arma de fogo, tem-se que

a) o trajeto do projétil pode ser determinado pelo orifício de saída.
b) nos orifícios de entrada sempre encontramos orla de contusão e enxugo.
c) nos disparos à queima roupa encontramos o sinal de Werkgaertner.
d) o sinal de Romanesi está localizado no orifício de saída do projétil.

COMENTÁRIOS

✪ **Nota do autor:** As lesões causadas por projéteis de arma de fogo (PAF) são estudadas na Traumatologia e os elementos do orifício de entrada, trajeto e orifício de saída apresentam características distintas, muito cobradas em concursos. Como destaca Eduardo Roberto Alcântara Del-Campo (Medicina Legal, coleção cursos e concursos, 3ª ed. São Paulo: Editora Saraiva, 2007, p. 176) na análise dos ferimentos produzidos por projéteis de arma de fogo, quatro são os pontos que devem merecer atenção do perito: **a.** determinação e descrição dos ferimentos de entrada e saída; **b.** a trajetória do projétil; **c.** a orientação do disparo em relação à posição do corpo; e **d.** a distância provável do disparo.

Alternativa correta: letra "D": embora o ferimento de saída não apresente, em regra, orla de escoriação, pois, a ação no complexo dermoepidérmico é de dentro para fora, quando o corpo atingido pelo disparo está encostado num anteparo, o projétil, ao sair, em razão da resistência dos tegumentos, causará orla de escoriação, também na saída. É o **sinal de Romanesi ou Romanese.**

Alternativa "a": errada. A determinação do trajeto, caminho percorrido pelo projétil no interior do corpo, é tarefa árdua enfrentada pelo médico legista na confecção do laudo de necropsia. Devem ser analisadas a entrada e a saída do projétil. Porém, há diversos fatores dificultadores, como a posição da vítima em relação ao atirador, distância do disparo, região atingida (estruturas ósseas, órgãos), pois, não raro há desvio na trajetória.

Alternativa "b": errada, pois o atirador pode ter utilizado um anteparo para efetuar o disparo.

Alternativa "c": o chamado Sinal de Werkgaertner está presente nos tiros encostados, quando ocorre uma queimadura ao redor do orifício de entrada, causada pelo cano e pela mira da arma aquecidos pelo disparo. Muitas vezes o desenho da mira permite identificar se a arma utilizada foi revólver ou pistola.

---

96. (UEG – Delegado de Polícia – GO/2013) Com relação aos meios vulnerantes que podem causar danos corporais, tem-se que

a) o revólver é um instrumento perfurocontundente.

b) a lesão em acordeom é produzida por instrumentos cortantes.

c) os instrumentos são classificados pelo seu modo de ação.

d) são exemplos de armas naturais a faca, o facão e a foice.

COMENTÁRIOS

✪ **Nota do autor:** As energias de ordem mecânica são aquelas capazes de modificar o estado de repouso ou de movimento de um corpo, produzindo lesões.

Alternativa correta: letra "C": os instrumentos vulnerantes são classificados pelo seu modo de ação e atuam por pressão, percussão, tração, torção, compressão, descompressão, explosão, deslizamento e contrachoque, segundo Genival França (Medicina Legal, 9ª ed., Rio de Janeiro: Guanabara Koogan, 2014, p. 83).

Alternativa "a": errada, pois o instrumento é o projétil de arma de fogo que atinge o corpo e causa o trauma.

Alternativa "b": errada. A **lesão de acordeom** é produzida por **instrumentos perfurantes** e ocorre quando a profundidade da penetração é maior que o próprio comprimento da arma. A denominação foi dada por **Lacassagne**.

Alternativa "d": a faca, o facão e a foice são exemplos de armas eventuais. As armas naturais são os dentes, os punhos e os pés.

97. (UEG – Delegado de Polícia – GO/2013) Delegado de polícia na cena do crime encontra um cadáver com livores fixos no dorso, equimoses arroxeadas no braço direito e no tórax, com os pés pendentes sobre o solo através de um laço envolto no pescoço com sulco único, contínuo e horizontal. Diante do exposto, tem-se que

a) a investigação deve ser direcionada com base na hipótese de suicídio.

b) os achados são compatíveis com óbito por asfixia mecânica por enforcamento.

c) as lesões equimóticas foram produzidas após a morte, que ocorreu 4 horas antes.

d) o corpo foi manipulado após a morte, antes do isolamento do local do crime.

COMENTÁRIOS

✪ **Nota do autor: A** questão aborda uma das modalidades de asfixia: o enforcamento, que é a constrição produzida por braço mecânico acionado pelo peso do próprio corpo. É completo quando o corpo fica suspenso no ar.

Alternativa correta: letra "D": a cena do crime poderia indicar possível suicídio por enforcamento. Todavia, podemos afirmar que o corpo foi manipulado após a morte, antes do isolamento do local do crime, pois o sulco nos casos de enforcamento é oblíquo e descontínuo. O sulco horizontal e contínuo indica que a asfixia foi provocada por estrangulamento, meio utilizado, geralmente, por homicidas.

Alternativa "a": geralmente o enforcamento é meio utilizado para cometimento de suicídio. Porém, a cena do crime e as características do sulco indicam estrangulamento.

Alternativa "b": errada, pois compatíveis com o **estrangulamento**, constrição produzida por braço mecânico acionada por força estranha ao peso do corpo. É típico nos casos de homicídio.

Alternativa "c": errada, pois pelo espectro equimótico (sucessão de cores denominada por Legrand Du Saulle) a equimose adquire a cor violeta/ arroxeada do 2º ao 3º dia. Portanto, é anterior à morte.

98. (UEG – Delegado de Polícia – GO/2013) Vítima de violência doméstica comparece ao distrito policial e narra ao delegado de polícia que foi agredida por seu marido. A vítima é encaminhada para realização de exame pericial que descreve uma equimose azulada, ovalada com 4 cm x 6 cm na coxa direita. Isso indica que a referida lesão foi produzida há

a) 5 dias

b) 1 dia

c) 3 dias

d) 8 dias

COMENTÁRIOS

✪ **Nota do autor:** A questão aborda o **espectro equimótico**, sucessão de cores denominada por Legrand Du Saulle, decorrente das sucessivas alterações cromáticas observadas pela hemoglobina, sua metabolização e absorção pelo organismo.

Alternativa correta: letra "A": do 4º ao 6º dia a coloração é azulada.

Alternativa "b": nº 1º dia a cor da equimose é vermelho escuro.

Alternativa "c: do 2º ao 3º dia a coloração é violeta, arroxeada.

Alternativa "d": do 7º ao 10º dia, verde escuro.

99. (Cespe – Delegado de Polícia – BA/2013) Suponha que em naufrágio de embarcação de grande porte, tenha havido tombamento das cabines e demais dependências, antes da evacuação da embarcação e resgate dos passageiros e, em razão desse fato, os sobreviventes tenham sofrido diversos tipos de lesões corporais e centenas tenham morrido por politraumatismo e afogamento. Com base nessa situação hipotética, julgue os itens seguintes, de acordo com a legislação brasileira.

99.1. Caso seja comprovada imperícia, negligência ou imprudência da tripulação, esta poderá responder judicialmente pelo crime de homicídio em relação às mortes ocorridas no naufrágio.

COMENTÁRIOS

✪ **Nota do autor:** O Código Penal Brasileiro prevê o **princípio da excepcionalidade dos crimes culposos** no art. 18, parágrafo único, ou seja, a existência de um crime culposo depende de expressa previsão legal. Não havendo, o fato é atípico na seara penal. O homicídio culposo está previsto no art. 121, § 3º, CP.

Certo. Se a investigação demonstrar conduta culposa por parte da tripulação é possível a responsabilidade criminal dos envolvidos. A conduta culposa decorre da inobservância de um dever de cuidado objetivo, manifestada por uma conduta negligente, imprudente ou imperita. A **imprudência** ocorre quando o agente atua com afoiteza, precipitação, sem cautelas (conduta positiva). A **negligência** é a ausência de precaução (conduta negativa). E a **imperícia** é a incapacidade, a falta de conhecimentos técnicos no exercício de profissão ou arte.

99.2. Se, durante o tumulto, determinada pessoa, caída ao chão, tenha sido pisoteada, e, não tendo apresentado e nenhuma sequela da fratura ou do trauma, tenha se recuperado totalmente em sessenta dias, as lesões decorrentes do pisoteamento devem ser consideradas de natureza leve.

COMENTÁRIOS

Anulada. A qualificadora da lesão corporal que resulta incapacidade para as ocupações habituais, por mais de 30 (trinta) dias, art. 129, § 1º, inc. I, CP, depende de **laudo complementar** (art. 168, § 2º, CPP), após 30 dias da data do crime. Todavia, é possível a incidência de outra qualificadora, a do **perigo de vida** (art. 129, § 1º, inc. II, CP), independentemente do transcurso do prazo de 60 (sessenta) dias. Assim, não serão consideradas, necessariamente, de natureza leve.

100. (**FUNCAB – Delegado de Polícia – RJ/2012**) Nas rebeliões em presídios, um instrumento artesanal usualmente utilizado pelos detentos para provocar lesões graves ou mesmo a morte é o estoque, que pode ser classificado como:

a) cortante.
b) perfurocortante.
c) perfurocontundente.
d) contundente.
e) perfurante.

COMENTÁRIOS

✪ **Nota do autor:** No interior dos presídios, infelizmente, é comum a fabricação artesanal de armas, utilizando, os detentos, de partes da construção dos próprios prédios, como exemplo o **estoque**, também conhecido como **sucho**. Esta arma é confeccionada a partir dos vergalhões de ferro retirados das paredes, amolando-se, posteriormente, suas pontas.

Alternativa correta: letra "E". O estoque (ou sucho) é um **instrumento perfurante,** todo aquele que possui uma haste cilíndrico-cônica dotada de ponta, e produz uma lesão denominada **punctória.** A ação predominante é o afastamento das fibras dos tecidos, sendo outros exemplos: agulha, prego, espeto de churrasco etc.

Alternativa "a": o **instrumento co**rtante é todo aquele dotado de lâmina que apresenta fio, lume ou corte, e age por pressão ou por deslizamento, gerando a secção dos tecidos. A lesão é denominada **incisa**. Exemplo: navalha.

Alternativa "b": o **instrumento perfurocortante** é aquele dotado de uma ponta (ação perfurante) na extremidade de uma lâmina portadora de um ou mais gumes (ação cortante), produzindo uma **lesão perfuroincisa**. Exemplo: punhal.

Alternativa "c": o **instrumento perfurocont**undente é aquele que age inicialmente por pressão em uma superfície para, em seguida, perfurar a região atingida, ao atuar sobre o alvo, além de perfurar, contunde, produzindo uma **lesão perfurocontusa**. O instrumento típico deste grupo de agentes lesivos é o projétil de arma de fogo.

Alternativa "d": o **instrumento contundente** é todo objeto rombo, capaz de agir traumaticamente sobre o organismo, produzindo uma **lesão contusa**. Exemplos: pau, pedra, martelo, barra de ferro, o chão etc.

101. (**FUNCAB – Delegado de Polícia – RJ/2012**) Uma mulher de 75 anos, portadora de cardiopatia e osteoporose acentuada, foi intencionalmente empurrada por um funcionário no interior de um estabelecimento comercial e sofre uma queda da própria altura, que resulta em fratura do osso fêmur. Foi hospitalizada, submetida a tratamento cirúrgico e evoluiu de forma favorável, com alta para a residência em 15 dias. O exame de corpo de delito de lesão corporal evidenciou encurtamento permanente do membro afetado e dificuldade motora, com marcha claudicante. As alterações decorrentes dessa agressão podem ser caracterizadas como lesões de natureza:

a) leve.
b) grave.
c) gravíssima.
d) leve, agravada por concausa preexistente.
e) grave, complicada por concausa superveniente.

COMENTÁRIOS

✪ **Nota do autor:** A lesão corporal é delito encartado no art. 129 do Código Penal e consiste em qualquer dano ocasionado à integridade física e à saúde fisiológica ou mental da pessoa, sem, contudo, o *animus necandi*. No *caput e* parágrafos do citado artigo estão previstas as modalidades: **simples ou leve** (art. 129, *caput*); **grave** (§ 1º); **gravíssima** (§ 2º) e **seguida de morte** (§ 3º).

Alternativa correta: letra "C: Cuidado! Em **sentido amplo** ou lato, a expressão lesões corporais graves engloba os parágrafos 1º e 2º do art. 129, CP. Todavia, **em sentido estrito**, lesões corporais graves são as do § 1º, art. 129, CP, e as lesões corporais gravíssimas as do § 2º, art. 129, CP. A adequação típica correta ao fato narrado, se da ofensa à integridade de outrem resultar **deformidade permanente**, é a do **art. 129, § 2º, inc. IV do CP**, cuja pena é a de reclusão, de dois a oito anos. **Lesão corporal gravíssima**. Interessante notar que essa é uma denominação doutrinária e não do texto legal.

Alternativa "a": o conceito de lesão leve é dado por exclusão. Portanto, configuram o tipo básico as lesões que não causarem qualquer dos resultados previstos nos parágrafos do art. 129, CP.

Alternativa "b": são hipóteses de lesão corporal de natureza grave previstas no art. 129, § 1º, se resulta: 1) incapacidade para as ocupações habituais, por mais de trinta dias; 2) perigo de vida; 3) debilidade permanente de membro, sentido ou função; 4) aceleração de parto.

Alternativa "d": a lesão é gravíssima e não há a previsão legal de agravante em razão de concausa preexistente.

Alternativa "e": o Código Penal, em seu art. 13, § 1º, dispõe que apenas a concausa relativamente independente **superveniente** exclui a imputação do resultado. Portanto, se concausa concomitante ou preexistente, responde pelo delito.

---

102. (**Cespe – Delegado de Polícia – AL/ 2012**) Em relação à perícia médico-legal, julgue os itens que se seguem.

102.1. Conceitua-se lesão como a atuação de uma energia externa (física, mecânica ou química) sobre o corpo da pessoa, com intensidade suficiente para provocar desvio da normalidade, com ou sem expressão morfológica; trauma corresponde à alteração estrutural proveniente da agressão ao organismo, podendo ser visível macro ou microscopicamente.

COMENTÁRIOS

Errado. O examinador apenas inverteu os conceitos, pois **trauma** é atuação de uma energia externa, exógena (física, mecânica ou química) sobre o indivíduo, com intensidade suficiente para provocar desvio perceptível da normalidade, ou apenas alterar o funcionamento do organismo. Já a **lesão** corresponde à alteração estrutural proveniente da agressão ao organismo, podendo ser visível macroscopicamente (a olho nu) ou apenas ao microscópio, seja qual for a etiologia (causa).

102.2. A lesão corporal seguida de morte não se confunde com o homicídio culposo, pois, na primeira situação, chamada de homicídio preterdoloso, ocorre o dolo. Nesse caso, o autor tem a intenção de provocar a lesão corporal, mas não a morte da vítima.

COMENTÁRIOS

Certo. A lesão corporal seguida de morte (art. 129, § 3º, CP) é um crime qualificado pelo resultado. Há dolo no antecedente e culpa no consequente. Assim, o agente age com *animus laedendi*, vontade de provocar a lesão na vítima (conduta dolosa). Todavia, advém um resultado qualificador de sua ação (a morte). Se culposo, o delito é denominado **preterdoloso.** E a lesão corporal seguida de morte será sempre preterdolosa, pois se houver dolo no resultado morte o delito será outro, qual seja, homicídio doloso, art. 121, CP. Já no **homicídio culposo**, encartado no CP, art. 121, § 3º, não há intenção de produzir o resultado na ação do agente, ocorre, sim, uma violação do dever de cuidado objetivo, manifestada por uma conduta imprudente, negligente ou imperita (art. 18, II, CP).

---

103. (Delegado de Polícia – MG/ 2011 – ACADEPOL) Considerando as lesões corporais dolosas graves relativas à eventualidade "perigo de vida", pode-se afirmar que

a) constitui prognóstico de morte futura.

b) constitui provável complicação letal vindoura.

c) constitui situação concreta de morte iminente.

d) todas as opções listadas acima contemplam o conceito perigo de vida.

COMENTÁRIOS

✪ **Nota do autor: O** perigo de vida é uma qualificadora da lesão corporal, encartada no art. 129, § 1º, inc. II, CP. Todavia, é de se destacar que o indivíduo não age, *in casu*, com *animus necandi*, pois, nesta hipótese, responderia pelo crime de homicídio tentado, art. 121, c/c art. 14, inc. II, CP. Portanto, a lesão corporal qualificada pelo perigo de vida será sempre preterdolosa.

Alternativa correta: letra "C": o perigo de vida é a probabilidade concreta e presente do resultado letal, sendo exemplos colhidos na jurisprudência: facada no pulmão e lesão penetrante no abdômen.

Alternativa "a": a morte futura desnatura a qualificadora.

Alternativa "b": a probabilidade de complicação afasta a qualificadora, pois o laudo pericial deve ser técnico e delimitar a causa concreta de perigo de vida da vítima.

Alternativa "d": apenas a alternativa "c" está correta.

---

104. (Delegado de Polícia – MG/ 2011 – ACADEPOL) Uma luxação do ombro, caracteriza a ação de um instrumento

a) cortante.

b) perfurante.

c) contundente.

d) cortocontundente.

COMENTÁRIOS

✪ **Nota do autor:** A questão aborda os diversos agentes físicos, instrumentos que podem causar um trauma, uma lesão.

Alternativa correta: letra "C": Instrumento contundente é todo objeto rombo, capaz de agir traumaticamente sobre o corpo. Os mais comuns são: pau, martelo, pedra, bengala, barra de ferro etc. Todavia, nas lesões passivas, uma superfície pode funcionar como instrumento contundente. A **luxação** é o deslocamento permanente das superfícies articulares dos ossos de uma articulação.

Alternativa "a": instrumento cortante é aquele dotado de lâmina que apresenta fio, lume ou corte, age por deslizamento, gerando a secção dos tecidos. Exemplo: a navalha.

Alternativa "b": instrumento perfurante é todo aquele que possui uma haste cilíndrico-cônica dotada de ponta. A ação predominante é o afastamento das fibras dos tecidos. Exemplos: prego, agulha, espeto de churrasco etc.

Alternativa "d": é aquele que apresenta peso, superfície de corte e a força atuante é a mão do agressor. Exemplo: machado.

105. (Delegado de Polícia – MG/ 2011 – ACADEPOL) Constitui um exemplo de asfixia mecânica pura de interesse médico-legal:

a) Sufocação direta.

b) Estrangulamento típico.

c) Enforcamento completo.

d) Esganadura antebraquial.

COMENTÁRIOS

✪ **Nota do autor:** A classificação de Afrânio Peixoto é a que mais se aproxima do critério médico-legal, dividindo as asfixias mecânicas em três grupos distintos: puras, complexas e mistas. **ASFIXIAS PURAS**. São manifestadas pela anoxemia e hipercapnia: Podem ser: A. *Asfixia em ambientes por gases irrespiráveis:* confinamento e asfixia por monóxido de carbono asfixia por outros vícios de ambientes. B. *Obstaculação à penetração do ar nas vias respiratórias:* sufocação direta (obstrução da boca e das narinas pelas mãos ou das vias respiratórias mais inferiores) e sufocação indireta (compressão do tórax). C. *Transformação do meio gasoso em meio líquido*: afogamento. D. *Transformação do meio gasoso em meio sólido ou pulverulento*: soterramento. **ASFIXIAS COMPLEXAS**. Constrição das vias respiratórias com anoxemia e excesso de gás carbônico, interrupção da circulação cerebral e inibição por compressão dos elementos nervosos do pescoço: Podem ser: A. *Constrição passiva do pescoço exercida pelo peso do corpo*: enforcamento; B. *Constrição ativa do pescoço exercida pela força muscular*: estrangulamento. **ASFIXIAS MISTAS**. São as que se confundem e se superpõem, em graus variados, aos fenômenos circulatórios, respiratórios e nervosos: esganadura (FRANÇA, Genival Veloso de. Medicina Legal, 10ª ed. Rio de Janeiro: Guanabara Koogan, 2015, p. 334/335).

Alternativa correta: letra "A": é a **sufocação direta**. É o impedimento da entrada do ar por obstáculo nos orifícios externos como boca e nariz, ou nas vias respiratórias.

Alternativa "b": estrangulamento, modalidade de asfixia complexa, é a constrição produzida por braço mecânico acionado por força estranha ao peso do corpo. É típico nos casos de homicídio.

Alternativa "c": enforcamento, modalidade de asfixia complexa, é a constrição produzida por braço mecânico acionado pelo peso do próprio corpo. É completo quando o corpo fica suspenso no ar.

Alternativa "d": Para a doutrina majoritária, esganadura é um tipo de asfixia mecânica que se verifica pela constrição do pescoço pelas mãos do agressor, ao obstruir a passagem do ar atmosférico pelas vias respiratórias até os pulmões. Todavia, para parte dos autores, por todos, Neusa Bittar: "é a constrição do pescoço diretamente por qualquer parte do corpo do agressor como mãos, pernas, braços etc." (Medicina Legal Descomplicada. 2ª edição. São Paulo: Rideel, 2011, p. 143). É modalidade de asfixia mista. Adotada a segunda posição, seria possível a esganadura pelo antebraço. Para Genival Veloso de França, é possível o **estrangulamento antibraquial**, embora em situações não tão raras, é possível o estrangulamento através da constrição do pescoço pela ação do braço e do antebraço sobre a laringe, conhecida como "golpe de gravata" (Medicina Legal, 10ª ed. Rio de Janeiro: Guanabara Koogan, 2015, p. 369).

106. (Delegado de Polícia – MG/ 2011 – ACADEPOL) A classificação das queimaduras, que considera a profundidade das lesões, é definida em graus, do primeiro ao quarto. Uma queimadura que apresenta vesículas ou flictenas, contendo líquido seroso, remete-se:

a) primeiro grau.

b) segundo grau.

c) terceiro grau.

d) quarto grau.

COMENTÁRIOS

✪ **Nota do autor: A** questão aborda as queimaduras resultantes da ação térmica. **Queimaduras** são lesões corporais produzidas pelo calor agindo diretamente sobre o organismo em qualquer de suas formas. As mais comuns são aquelas causadas pelo fogo, líquidos em ebulição e metais incandescentes. Quanto à gravidade, Lussena/ Hofmann admitem quatro graus, que vão desde queimaduras leves (1º grau) até a carbonização (4º grau).

Alternativa correta: letra "B": a queimadura de 2º grau apresenta vesículas ou flictenas, contendo líquido seroso nas áreas erimatosas.

Alternativa "a": as queimaduras de 1º grau são leves, apresentando o Sinal de Christinson, simples formação de eritemas.

Alternativa "c": as queimaduras de 3º grau atingem a derme e os tecidos adjacentes, dando origem à formação de escaras.

Alternativa "d": hipótese de carbonização.

107. (Delegado de Polícia – ES/ 2011 – CESPE) Julgue os itens a seguir, acerca de documentos médico-legais, perícia e peritos, e da interpretação de laudos periciais médico-legais.

107.1. Em caso de incêndio em edificações, o agente causador que sempre explica a morte de pessoas é o físico, o calor, provocando, nos cadáveres, sempre, queimaduras graves – de segundo e terceiro grau.

COMENTÁRIOS

Errado. Não é apenas o agente físico calor que **sempre** explica a morte de pessoas em caso de incêndios em edificações. A inalação de fumaça pelas vítimas de incêndios, juntamente com a porcentagem da superfície corporal queimada e a idade do paciente, representam os maiores fatores de mortalidade em tais situações. Principalmente no grupo de pessoas vitimadas em lugares fechados, como apartamentos, edificações, salas comerciais, boates, casas de espetáculos etc., a aspiração da fumaça, com gases exalados da combustão, causa grave prejuízo da função respiratória, ocorrendo a **asfixia**, agente causador de ordem química. Tal hipótese recebe a denominação **lesão de inalação.**

107.2. A expressão instrumento perfurocontundente geralmente refere-se a projétil de arma de fogo.

COMENTÁRIOS

Certo. Instrumentos perfurocontundentes são aqueles que agem inicialmente por pressão numa superfície para em seguida perfurar a região atingida. São aqueles que atuam por meio de uma ponta romba, por pressão, e produzem lesões em forma de túnel. As lesões produzidas por tais instrumentos são denominadas **perfurocontusas** e são típicas dos projéteis de arma de fogo. Todavia, há outros exemplos na doutrina, como as lesões produzidas por: cabo de guarda-chuva, vergalhões de construção civil, flechas e pedaços de madeira alongados.

108. (Delegado de Polícia – SP/ 2011 – ACADEPOL) O sinal de Werkgaertner é:

a) halo fuliginoso deixado sobre as peças ósseas nos disparos encostados.
b) a zona de tatuagem deixada pela pólvora sobre a pele nos disparos a curta distância.
c) o ângulo oblíquo do orifício de entrada nos disparos efetuados a longa distância.
d) desenho da boca e da alça de mira da arma sobre a pele.
e) arrancamento da epiderme causado pela rotação do projétil sobre a pele.

COMENTÁRIOS

✪ **Nota do autor: A** questão exige do candidato conhecimento específico sobre as características das lesões causadas por projétil de arma de fogo (perfurocontusa).

Alternativa correta: letra "D": nos tiros encostados, pode haver uma queimadura ao redor do orifício de entrada, causada pelo cano e pela mira da arma aquecidos pelo disparo. Muitas vezes o desenho da mira permite identificar se a arma utilizada foi revólver ou pistola. É o chamado **Sinal de Werkgaertner**. **Cuidado!** A questão deveria ser anulada, pois não se trata do desenho da alça de mira, mas sim, da massa de mira.

Alternativa "a": esse é o denominado **Sinal de Benassi**, quando os resíduos de pólvora ficam depositados na superfície óssea.

Alternativa "b": é a denominada **zona de tatuagem,** que pode ser encontrada em disparos realizados até 50 cm do alvo, e é causada pela dispersão dos grãos de pólvora e pelas partículas metálicas decorrentes da abrasão do projétil no cano da arma, incidindo sobre o alvo como verdadeiros projéteis secundários, por vezes incrustando-se na pele de tal maneira que forma verdadeira tatuagem. Não se observa em disparos muito próximos, até 5 cm, pois não há dispersão suficiente, acompanhando, tais partículas, o projétil para o interior da lesão.

Alternativa "d": não há denominação específica para essa característica do orifício de entrada nos disparos efetuados à longa distância.

Alternativa "e": essa é a denominada orla ou **halo de escoriação**.

109. (Delegado de Polícia – SP/ 2011 – ACADEPOL) A figura do "perigo de vida" nas lesões corporais diz respeito:

a) ao perigo decorrente da situação em que esteve a vítima por ocasião da agressão.
b) ao perigo resultante do dano pessoal ocasionado pelo ato criminoso.
c) à situação de prognóstico médico de grave dano.
d) a situação de expectativa de risco de vida relacionada à agressão.
e) todo tipo de atividade relativa a vítima em seu cotidiano.

COMENTÁRIOS

✪ **Nota do autor: O** perigo de vida é uma qualificadora da lesão corporal, encartada no art. 129, § 1º, inc. II, CP. Todavia, é de se destacar que o infrator não age, *in casu*, com *animus necandi*, pois nesta hipótese responderia pelo crime de homicídio tentado, art. 121 c/c art. 14, inc. II, CP. Portanto, a lesão corporal qualificada pelo perigo de vida será sempre preterdolosa. O perigo de vida é a probabilidade concreta e presente do resultado letal, sendo exemplos colhidos na jurisprudência: facada no pulmão e lesão penetrante no abdômen.

Alternativa correta: letra "A": por tratar-se de qualificadora do crime de lesão corporal, o objeto jurídico tutelado é a **integridade física**, constatado o **perigo de vida** diante da situação em que esteve a vítima por ocasião da agressão.

Alternativa "b": a terminologia **dano pessoal** é ampliativa, bem como **ato criminoso**.

Alternativa "c": prognóstico indica suposição sobre eventual complicação futura, sendo a expressão grave dano muito ampliativa. O laudo pericial deve ser técnico e delimitar a causa concreta de perigo de vida da vítima.

Alternativa "d": a probabilidade de risco afasta a qualificadora, pois o laudo pericial deve ser técnico e delimitar a causa concreta de perigo de vida da vítima.

Alternativa "e": nesse caso, pode incidir outra qualificadora, por exemplo, a incapacidade para as ocupações habituais por mais de trinta dias, art. 129, § 1º, inc. I, CP.

---

110. (Delegado de Polícia – MG/ 2011 – ACADEPOL) A capacidade de diagnosticar e mensurar a dor, alegada em um exame pericial, constitui um desafio da medicina legal, por se tratar de um dado subjetivo. O sinal de dor, avaliado pela contagem prévia do pulso radial, compressão do ponto doloroso alegado e nova contagem do pulso, é denominado pelo epônimo de sinal de

a) Müller.

b) Levi.

c) Imbert.

d) Mankof.

COMENTÁRIOS

✪ **Nota do autor:** A **infortunística** é a parte da Medicina Legal que estuda os acidentes de trabalho, as doenças profissionais, suas consequências, os meios de prevenção e de reparação. A perícia médica, através do exame do acidentado, tem por finalidade concluir sobre os seguintes aspectos: esclarecimento da causa, a natureza do acidente ou da doença profissional, concluindo pelo nexo causal; avaliação do grau de incapacidade; exclusão da possibilidade de simulação, metassimulação ou dissimulação. O perito deverá utilizar exames especiais para afastar tais possibilidades. A simulação tem como sintoma mais referido a dor. Para pesquisar a existência ou não deste fenômeno utilizam-se os seguintes **sinais da dor:** sinal de Müller, sinal de Levi, sinal de Imbert e sinal de Mankoff.

Alternativa correta: letra "D": O **sinal de Mankoff** consiste em deixar em repouso o paciente durante alguns minutos, depois de prévia contagem de seu pulso radial. Em seguida, rapidamente, comprime-se a região dolorosa alegada e contam-se novamente os batimentos do pulso. Seu aumento faz o diagnóstico da existência da dor referida.

Alternativa "a": O **sinal de Müller** é pesquisado marcando-se com um compasso a região da dor referida. Em seguida, assinala-se o ponto doloroso, mantendo o indivíduo de olhos vendados, comprime-se com o dedo um ponto que não seja sensível à dor. Dentro do mesmo círculo, passa-se rapidamente a comprimir o ponto doloroso. Quando existe metassimulação o examinado não percebe a mudança.

Alternativa "b": O **sinal de Levi** é feito pedindo-se ao paciente que mantenha seu olhar à distância e no local referido como doloroso faz-se uma compressão. Quando a dor realmente existe, verificam-se contrações e dilatações pupilares.

Alternativa "c": O **sinal de Imbert**, utilizado para os casos de simulação dolorosa de membros, consiste em colocar o paciente em repouso e contar suas pulsações radiais, para em seguida, mandá-lo ficar apoiado na perna referida ou segurar um peso com o braço afetado. Quando a dor alegada realmente existir haverá um aumento de pulsações.

5. SEXOLOGIA FORENSE

111. (Cespe – Delegado de Polícia – PC – SE/2018) De acordo com estudos vitimológicos, a diferença entre os crimes sexuais praticados e os comunicados às agências de controle social é de aproximadamente 90%, o que estaria em consonância com os dados do Panorama da Violência contra as Mulheres no Brasil (texto 1A9-II), que indica a ocorrência de subnotificação nos casos de estupros praticados em Sergipe. Esse fenômeno, de apenas uma parcela dos crimes reais ser registrada oficialmente pelo Estado, é o que a criminologia chama de cifra negra da criminalidade.

COMENTÁRIOS

✪ **Nota do autor:** a questão aborda tema relevante da disciplina Criminologia, que demonstra a preocupação com as estatísticas oficiais dos índices de criminalidade, que encontra, todavia, obstáculos importantes, como exemplo, os casos de desconhecimento de um evento criminoso por parte das autoridades públicas.

O sociólogo Edwin H. Sutherland já criticava as ocorrências criminais desconhecidas pelas autoridades, permanecendo ocultas. Em outras palavras, a cifra negra (zona obscura, *dark number* ou *ciffre noir*) é o resultado da diferença entre os crimes conhecidos (números oficiais) e os ocultos. **CERTO**

---

112. (Cespe – Delegado de Polícia – GO/2017) Em relação aos aspectos médico-legais dos crimes contra a liberdade sexual, assinale a opção correta.

a) A presença de escoriação em cotovelo e de esperma na cavidade vaginal são suficientes para caracterizar o estupro.

b) Equimoses da margem do ânus, hemorragias por esgarçamento das paredes anorretais e edemas das regiões circunvizinhas são características de coito anal violento.

c) Em crianças com mudanças de comportamento, a presença de eritemas confirma o diagnóstico de abuso sexual.

d) A vasectomia feita no indivíduo antes de ele cometer um crime de estupro impede a obtenção de dados objetivos desse crime.

e) A integridade do hímen invalida o diagnóstico de conjunção carnal.

COMENTÁRIOS

Alternativa correta: letra "B": A assertiva está correta. A perícia do coito anal mediante violência buscará as lesões produzidas no local, tais como equimose, rágade, escoriação, edema e exulceração (também chamada de erosão, é a perda parcial da epiderme).

Alternativa "a": Errada. Tais elementos podem contribuir para a apuração do delito, mas não são suficientes. A presença de escoriação em cotovelo pode ser um indicativo de agressão, podendo caracterizar a violência real. Já a presença de esperma na cavidade vaginal comprova a conjunção carnal, não necessariamente o crime sexual.

Alternativa "c": Errada. O **eritema** ou **rubefação** é a congestão de pouca intensidade, causando vermelhidão no local em razão da dilatação dos vasos capilares. Ex. uma bofetada de mão aberta. Em crianças com mudanças de comportamento, a presença de eritemas pode revelar os maus-tratos, podendo confirmar o diagnóstico da **síndrome da criança maltratada** (também denominada síndrome da criança espancada, síndrome de Silverman, síndrome de Caffey-Kempe ou *battered child syndrome*), que compreende um conjunto de lesões externas e internas apresentado por crianças de tenra idade, em regra, infligidas pelos próprios pais, naturais ou não (Eduardo Roberto Alcântara Del-Campo (**Medicina Legal,** coleção cursos e concursos, 7ª ed. São Paulo: Editora Saraiva, 2012, p. 127).

Alternativa "d": Errada. A vasectomia impede a detecção de espermatozoide durante a perícia laboratorial. Todavia, outros métodos empregados para demonstrar a presença de sêmen na vagina são os que se baseiam na detecção da **fosfatase ácida prostática**, em altos teores, e do **antígeno prostático-específico**, o PSA, no líquido vaginal. São determinantes, pois podem identificar a presença de sêmen mesmo nos casos de azoospermia (ausência de espermatozoides) por processo patológico (doença) ou esterilização cirúrgica (vasectomia).

Alternativa "e": Errada. A integralidade himenal é prova de virgindade, que representa o primeiro quesito de um exame de corpo de delito de conjunção carnal. Porém, é possível coexistir a integralidade do hímen com a conjunção carnal, diante do denominado hímen complacente ou tolerante (em razão da elasticidade da membrada, entre outros fatores, o hímen não se rompe com a penetração do pênis).

---

113. (IBADE – Delegado de Polícia – AC/2017) Uma pessoa vai até a Delegacia de Polícia relatar que um indivíduo do sexo masculino reiteradamente é visto à noite, num cemitério, praticando atos sexuais com cadáveres femininos retirados dos túmulos. Com base nas informações acima, pode-se afirmar que se está diante de um caso de:

a) necrofilia.
b) anafrodisia.
c) autoerotismo.
d) sadismo.
e) frigidez.

COMENTÁRIOS

✪ **Nota do autor:** a questão aborda o tema Transtornos da Sexualidade, que são distúrbios qualitativos ou quantitativos do instinto sexual. A expressão veio substituir a antiga e considerada estigmatizante perversão sexual. Os transtornos sexuais não constituem, em princípio, infrações penais, podendo representar fatores criminógenos, contribuindo para escândalos, chantagens, ameaças, corrupções, violências (Hygino de C. Hercules, Medicina Legal – Texto e Atlas. São Paulo: Atheneu, 2005, p. 542). Em quase todo mundo é utilizado o *Diagnostic and Statistic Manual of Mental Disorders* – DSM-IV, que adota uma classificação metódica dos transtornos sexuais. Quanto às parafilias, diz serem caracterizadas por anseios, fantasias ou comportamentos sexuais, manifestações de modo intenso e recorrente, que envolvem objetos, atividades ou situações incomuns e causam sofrimento clinicamente significativo ou prejuízo no funcionamento social ou ocupacional ou em outras áreas importantes da vida do indivíduo.

Alternativa correta: letra "A": a **necrofilia** significa a preferência sexual por prática de atos libidinosos e relação sexual com cadáveres.

Alternativa "b": Errada. A **anafrodisia** significa diminuição do desejo sexual do homem.

Alternativa "c": Errada. O **autoerotismo** (ou **aloerotismo**) é o erotismo sem parceiro.

Alternativa "d": Errada. O **sadismo** é o prazer sexual em causar maus-tratos e humilhação ao parceiro.

Alternativa "e": Errada. A **frigidez** é a diminuição do desejo sexual na mulher.

---

114. (IBADE – Delegado de Polícia – AC/2017) Durante investigação que durou um mês, policiais civis descobriram um extenso esquema que envolvia diversos médicos da cidade. Tais médicos mantinham clínicas clandestinas com precárias condições de higiene, em que praticavam aborto. Algumas mulheres acabaram morrendo em decorrência desta prática ilegal. No curso da investigação, o Delegado de Polícia fez diversas requisições de exames para o perito legista, com a finalidade de buscar elementos de informação para o inquérito policial. Com base nas informações acima, assinale a alternativa correta.

a) É inviável a realização de exames complementares para a pesquisa de substâncias abortivas, se o perito não estiver de posse do nome do produto a ser pesquisado.
b) O exame para diagnóstico do aborto recente em mulher morta tem como objetivo, dentre outros, a análise de aspectos internos e externos do cadáver.
c) O perito legista irá responder aos quesitos do exame mediante a apresentação do atestado, que deverá ser entregue no prazo de quinze dias.

d) É inviável s realização de exame de DNA para confronto entre restos fetais e um cadáver do sexo feminino.

e) É inviável a realização de exame cadavérico na mulher morta para a pesquisa de materiais ou lesões.

COMENTÁRIOS

✪ **Nota do autor:** A questão está muito mal elaborada, mas aborda o tema aborto, crime que se perfaz com a interrupção da gravidez por meios executivos químicos, físicos ou mecânicos, destruindo a vida intrauterina. O delito se consuma com a morte do feto ou a destruição do produto da concepção, pouco importando esta ocorre dentro ou fora do ventre materno.

Alternativa correta: letra "B": Nestes casos, além dos elementos descritos e analisados através do exame externo, o estudo deverá ser orientado para os órgãos mais internos. Conforme nos ensina Genival Veloso de França, "a forma, o tamanho, as lesões e a disposição do colo uterino; a existência de lesões e secreções do leito uterino; as dimensões e a forma do corpo uterino, o qual deve ser medido em suas três dimensões; observação do perimétrio, que normalmente é liso, úmido e brilhante, apresentando-se, no aborto, espessado e lacerado. A cavidade uterina apresenta elementos valiosos, tais como: tumefação, coloração vermelho-escura, consistência diminuída, presença de restos de vilosidades coriais e sinais de inserção placentária. O exame histológico é de valor capital, demonstrando incontestavelmente a gravidez. O exame dos ovários deve ser feito na procura do corpo amarelo, fazendo-se a diferença entre este estado e o da menstruação" (Medicina Legal, 10ª ed. Rio de Janeiro: Guanabara Koogan, 2015, p. 1126).

Alternativa "a": Errada. Sem sentido a redação. O exame complementar para a pesquisa de substâncias abortivas serve para a análise laboratorial, independentemente do nome do produto a ser pesquisado.

Alternativa "b": Errada. O médico legista lançará mão do **relatório médico-legal** (**laudo pericial**), que é a narração escrita e minuciosa de todas as operações de uma perícia médica determinada por autoridade policial ou judiciária ao perito. O laudo pericial "será elaborado no **prazo máximo de 10 dias**, podendo este prazo ser prorrogado, em casos excepcionais, a requerimento dos peritos" (art. 160, parágrafo único, CPP), e não 15 dias, como mencionado na alternativa. Por fim, o **atestado** ou certificado médico são informações prestadas por escrito a respeito de determinado fato de interesse médico, bem como suas consequências.

Alternativa "d": Errada. O exame de DNA poderá determinar com segurança a maternidade. Portanto, trata-se de perícia perfeitamente realizável.

Alternativa "e": Errada. Mencionamos nos comentários à alternativa correta a importância de tal procedimento.

115. (Cespe – Delegado de Polícia – PE/2016) Sexologia forense é o ramo da medicina legal que trata dos exames referentes aos crimes contra a liberdade sexual, além de tratar de aspectos relacionados à reprodução. Acerca do exame médico-legal e dos crimes nessa área, assinale a opção correta.

a) Para a configuração do infanticídio, são necessários dois aspectos: o estado puerperal e a mãe matar o próprio filho.

b) O crime de aborto configura-se com a expulsão prematura do feto, independentemente de sua viabilidade e das causas da eliminação.

c) O crime de abandono de recém-nascidos, que consiste na ausência de cuidados mínimos necessários à manutenção das condições de sobrevivência ou exposição à vulnerabilidade, só estará caracterizado se for cometido pela mãe.

d) Para se determinar um estupro, é necessário que respostas aos quesitos sobre a ocorrência de conjunção carnal ou ato libidinoso sejam afirmativas: essas ocorrências sempre deixam vestígios.

e) Para a resposta ao quesito sobre virgindade da paciente, a integridade do hímen pode não ser necessária, desde que outros elementos indiquem que a periciada nunca manteve relação sexual.

COMENTÁRIOS

Alternativa correta: letra "A": Embora assinalada como correta pela banca examinadora, entendemos que a alternativa está incompleta, pois, na verdade, são necessários três elementos para configuração do delito, conforme breve leitura do art. 123 do Código Penal. Além da mãe causar a morte do próprio filho e do estado puerperal (influência), o aspecto cronológico é de suma importância para a adequação típica: **durante ou logo após o parto**. O infanticídio é a ocisão da vida do ser nascente (durante o parto) ou do neonato (logo após o parto), realizada pela própria mãe, que se encontra sob a influência do estado puerperal. Trata-se de homicídio privilegiado, adotando o legislador o sistema fisiopsicológico ou fisiopsíquico (apoiado no critério puerperal, a atenuação da pena leva em consideração o desequilíbrio fisiopsíquico da mulher parturiente).

Alternativa "b": Errada. O crime de aborto se perfaz com a interrupção da gravidez por meios executivos químicos, físicos ou mecânicos, destruindo a vida intrauterina. O delito se consuma com a morte do feto ou a destruição do produto da concepção, pouco importando esta ocorre dentro ou fora do ventre materno. Admite-se a forma tentada (no exemplo do enunciado, com a expulsão do feto com vida). No tocante à viabilidade, o STF, em sede da ADPF 54, decidiu pela interpretação conforme a Constituição dos artigos 124 a 128 do Código Penal no sentido de não considerar criminosa a interrupção da gravidez de feto anencefálico. Em relação às causas da eliminação, também influenciam na adequação criminosa, pois, se o aborto for natural, acidental, ou legal (hipóteses do art. 128, CP) não haverá crime.

Alternativa "c": Errada. A doutrina majoritária entende que a lei exige que o autor do fato tenha alguma honra cuja preservação motivaria o abandono do recém-nascido. Assim, além da mãe, admite-se o pai da criança como sujeito ativo do crime, em razão da comprovação de eventual adultério, por exemplo.

Alternativa "d": Errada. Nem sempre deixam vestígios. Exemplos, quando o autor, mediante grave ameaça, constrange a vítima para que o masturbe; toques nas partes íntimas da vítima; vítima mulher não virgem, com rutura himenal antiga, sem vestígios de esperma na cavidade vaginal etc.

Alternativa "e": Errada. Conforme ensina Hygino Hercules (Medicina Legal – Texto e Atlas. São Paulo: Atheneu, 2005, p. 555), materialmente, a única prova de virgindade é a integridade himenal, ou melhor, integridade de um hímen não complacente. A virgindade representa o primeiro quesito de um exame de corpo de delito de conjunção carnal. Portanto, se o hímen estiver roto, desautoriza a afirmação pericial da virgindade. Assim, a integridade do hímen é necessária para a constatação da virgindade. O denominado **hímen complacente ou tolerante** (em razão da elasticidade da membrada, entre outros fatores, o hímen não se rompe com a penetração do pênis), para fins periciais, não fornece subsídios ao diagnóstico da virgindade.

---

116. (Vunesp – Delegado de Polícia – CE/2015) Com relação ao crime sexual, sexualidade anômala e criminosa, é correto afirmar:

a) a sexualidade anômala engloba diferentes distúrbios caracterizados por degeneração psicopatológica, sempre envolvendo uma alteração de personalidade, mas sem qualquer tipo de associação com distúrbios orgânicos ou glandulares.

b) a violência sexual sádica é a expressão de uma explosão de agressão totalmente instintiva e impulsiva, não sendo premeditada.

c) o comportamento sexual anômalo é muito mais frequente em mulheres, na faixa dos 15 aos 25 anos, associado à baixa escolaridade e a distúrbios psiquiátricos primários.

d) o onanismo é a forma de excitação sexual em objetos que ligam o indivíduo à pessoa desejada ou amada, muitas vezes de forma patológica, em geral peças de roupas ou determinadas partes do corpo.

e) o abuso sexual é a prática de ato sexual com pessoa incapaz de opor resistência ou pessoa inconsciente, sendo as crianças e os adolescentes as maiores vítimas.

COMENTÁRIOS

✪ **Nota do autor:** Embora a questão utilize as terminologias crime sexual, sexualidade anômala e criminosa, a melhor doutrina denomina transtornos da sexualidade, distúrbios qualitativos ou quantitativos do instinto sexual, fantasias ou comportamento recorrente e intenso que ocorrem de forma inabitual, também chamados de parafilias, podendo existir como sintoma numa perturbação psíquica, como intervenção de fatores orgânicos glandulares e simplesmente como questão da preferência sexual, conforme ensina Genival Veloso de França (Medicina Legal, 9ª ed. Rio de Janeiro: Guanabara Koogan, 2014, p. 271).

Alternativa correta: "E": O abuso sexual, embora não haja definição unânime, é modalidade de maus-tratos que ocorre, na imensa maioria das vezes, na intimidade dos lares, praticada por pais, tios, padrastos, irmãos ou outras pessoas ligadas à criança. Incluem-se as pessoas incapazes de oferecer resistência ou inconscientes, comum em clínicas médicas.

Alternativa "a": errada. Como visto em nota, transtornos da sexualidade, distúrbios qualitativos ou quantitativos do instinto sexual, fantasias ou comportamento recorrente e intenso que ocorrem de forma inabitual, também chamados de parafilias, podendo existir como sintoma numa perturbação psíquica, como intervenção de fatores orgânicos glandulares e simplesmente como questão da preferência sexual.

Alternativa "b": errada. O sadismo é o desejo e a satisfação sexual advindos do sofrimento do parceiro, exercido pela crueldade do pervertido, podendo chegar até à morte. É também chamado de algolagnia ativa (*algor* – dor; *lagnea* – devassidão). Não está relacionada apenas à explosão de agressão, com o sugere a alternativa, pois, a depender do grau da perturbação, consiste em beliscões, injúrias etc. É claro que pode ser premeditada, pois muitas vezes são utilizados instrumentos como chicotes e algemas para alcançar o prazer.

Alternativa "c": errada. A sexualidade anômala é a sexualidade pervertida e aberrante. São diversos os tipos de transtornos sexuais, sendo que alguns são mais frequentes em homens, como nos casos de pedofilia, necrofilia e sadismo. Várias espécies estão relacionadas a alto grau de instrução individual.

Alternativa "d": errada. O **onanismo** é o impulso obsessivo à excitação dos órgãos genitais, comum na puberdade. É o "coito solitário de Onan". O **fetichismo** é forma de excitação sexual em objetos que ligam o indivíduo à pessoa desejada ou amada, muitas vezes de forma patológica, em geral peças de roupas ou determinadas partes do corpo.

---

117. (UEL – Delegado de Polícia – PR/2013) Esclareça-se inicialmente que os termos abortamento e aborto, embora intrinsecamente relacionados, não são sinônimos. Abortamento é o ato de abortar e aborto é o produto expelido. Ressalte-se ainda que esse conceito, em Medicina Legal, difere do da Obstetrícia. Conceitua-se como abortamento, em obstetrícia, a interrupção da gravidez com idade igual ou inferior a 20-22 semanas completas, levando-se em conta, respectivamente, a data da última menstruação ou da ovulação da mulher.

Quando não for possível estabelecer com precisão a idade da gestação, considerar-se-ão aborto os produtos de concepção que pesarem 500 g ou menos. Já a definição médico-legal do aborto consiste em interrupção criminosa da gestação, não importando a idade em que isso venha a ocorrer.

Quanto ao tema do aborto sob a ótica médico-legal, assinale a alternativa correta.

a) Para a comprovação do aborto, não é necessário que a perícia médica demonstre a presença de gestação prévia da mãe, bastando o exame dos restos fetais ou ovulares e a verificação de que houve um parto de um nativivo.
b) O aborto sentimental ou piedoso ocorre em casos de risco de vida iminente para a mãe em que a única modalidade terapêutica é a interrupção da gestação.
c) A perícia de constatação de aborto deve ser realizada em fetos enviados ao IML e consiste em autópsia para avaliar a causa de morte fetal.
d) No caso de aborto terapêutico, é permitido ao médico realizá-lo mesmo sem o consentimento da mãe, bastando que outro médico concorde que é a única modalidade terapêutica possível para salvar a vida da gestante.
e) O exame fetal é parte importante da comprovação da materialidade do crime de aborto, pois é através dele que se verificam os elementos comprobatórios de gestação como a docimasia de Galeno.

COMENTÁRIOS

Alternativa correta: letra "D": o **aborto terapêutico ou necessário** é aquele realizado pelo médico para salvar a vida da gestante, quando não há outro recurso, modalidade autorizada pelo Código Penal, art. 128, inc. I. Conforme ensina Genival Veloso de França, "o estado de necessidade de terceiro que outorga ao médico o direito de praticar o aborto terapêutico deve ser aludido quando: 1. A mãe apresente perigo vital; 2. Este perigo esteja sob a dependência direta da gravidez; 3. A interrupção da gravidez faça cessar esse perigo para a vida da mãe; 4. Esse procedimento seja o único meio capaz de salvar a vida da gestante; 5. Sempre que possível, com a confirmação ou concordância de outros dois colegas" (Medicina Legal, 9ª ed. Rio de Janeiro: Guanabara Koogan, 2014, p. 310).

Alternativa "a": a perícia do aborto criminoso é bastante complexa e delicada, devendo o perito atuar com bastante cuidado. A alternativa está incorreta, pois a comprovação da gravidez é um quesito necessário para a tipicidade da conduta. Exame da gestante/vítima, distinção de aborto patológico ou traumático, comprovação da prática abortiva, a identificação do meio causador e o exame dos restos fetais. Se houve um parto de um nativivo, é possível a tentativa do crime de aborto. **Alternativa "b"**: errada. O conceito apresentado é do **aborto terapêutico ou necessário**. O **aborto sentimental**, também denominado **humanitário ou moral**, é aquele autorizado pelo legislador quando a gravidez for resultante de estupro, art. 128, inc. II, CP. Parte da doutrina também o denomina como piedoso.

Alternativa "c": errada. Examina-se a gestante/vítima, devendo o médico legista distinguir se aborto patológico ou traumático, comprovar a prática abortiva, identificar o meio causador e o examinar os restos fetais.

Alternativa e": errada. Como vimos nas alternativas anteriores o exame fetal não é imprescindível, devendo atentar-se, o perito, no exame da gestante (se viva ou morta), determinação da gravidez e dos meios abortivos utilizados. Outro equívoco da alternativa quando menciona a **docimásia hidrostática de Galeno**, que consiste na imersão dos pulmões ou de fragmentos deles em uma cuba com água. Se houver flutuação é porque houve respiração. Tal método é utilizado nas perícias de infanticídio.

---

118. (Vunesp – Delegado de Polícia – SP/2014) Mulher de 23 anos de idade, sexualmente ativa, procura serviço médico devido a fortes e lancinantes dores abdominopélvicas há 1 hora. O exame clínico, associado a exames laboratoriais e de imagem, revela gestação ectópica com embrião fixado e viável em tuba uterina esquerda. A paciente evade-se do local e 3 meses após retorna, agora com franco quadro de hemorragia interna, evoluindo com choque hemodinâmico e parada cardiorrespiratória. Os médicos revertem a parada e, analisando o histórico, determinam que a causa do sangramento provém da ruptura da tuba uterina, que é imediatamente retirada cirurgicamente. Essa condição configura, do ponto de vista médico-legal, um aborto

a) social.
b) eugênico.
c) terapêutico.
d) econômico.
e) piedoso.

COMENTÁRIOS

✪ **Nota do autor:** O examinador exige do candidato conhecimento dos diversos tipos de aborto.

Alternativa correta: letra "C": O aborto terapêutico ou necessário é aquele realizado para salvar a vida da gestante, quando não há outro recurso, modalidade também autorizada pelo Código Penal, art. 128, inc. I.

Alternativa "a": aborto social, também denominado miserável ou econômico, é aquele realizado para impedir que se agrave a situação de penúria ou miséria da gestante, cometido no caso de famílias muito numerosas, em que o nascimento agravaria a crise financeira e social da família. É crime no ordenamento jurídico brasileiro, artigos 124, 125 e 126 do Código Penal.

Alternativa "b": eugenia refere-se a métodos de melhoramento do patrimônio genético humano, selecionando aqueles indivíduos mais viáveis em detrimento daqueles com anomalias congênitas, tais como: *anencefalia* (malformação do tubo neural, a caracterizar-se pela ausência parcial do encéfalo e do crânio, resultante de defeito no fechamento do tubo neural durante o desenvolvimento embrionário) e *agenesia* (ausência completa de rins). Assim, o termo aborto eugênico é o gênero do qual faz parte a espécie aborto de feto anencefálico. Tal procedimento foi utilizado durante o Holocausto pelos nazistas. Recentemente o STF, em sede da ADPF 54, decidiu pela interpretação conforme a Constituição dos artigos 124 a 128 do Código Penal no sentido de não considerar criminosa a interrupção da gravidez de feto anencefálico. Tal decisão possui efeito *erga omnes* e vinculante aos demais poderes. Importante notar que não há, em tais casos, a necessidade de autorização judicial.

Alternativa "d": é sinônimo do aborto social.

Alternativa "e": para parte da doutrina é **sinônimo de aborto eugênico** (Fernando Capez, Curso de Direito Penal, vol. 2, 12ª ed., São Paulo: Saraiva, 2012, p. 161). Para outros, é **sinônimo de aborto sentimental ou moral** (Genival Veloso de França, Medicina Legal, 9ª ed. Rio de Janeiro: Guanabara Koogan, 2014, p. 310).

119. (FUNCAB – Delegado de Polícia – RJ/2012) Na perícia de conjunção carnal, a maioria das lesões encontradas nas vítimas de crimes sexuais é de caráter inespecífico, o que torna necessária a realização de métodos complementares para a elucidação dos vestígios, entre os quais NÃO se inclui:

a) pesquisa direta de espermatozoides.
b) dosagem de fosfatase ácida prostática.
c) pesquisa de antígeno prostático específico.
d) exame de confronto genético.
e) dosagem de prostaglandina F2-alfa.

COMENTÁRIOS

✪ **Nota do autor:** O procedimento pericial para a demonstração da conjunção carnal deve ser iniciado com a periciada em posição ginecológica. Já no exame perigenital, é possível constatar a conjunção carnal, principalmente nos casos de violência, pelos seguintes **sinais**: equimoses e escoriações; lesões traumáticas nos lábios vaginais; nas comissuras labiais; no clitóris; e na fossa vestibular. **Vestígios substâncias** são: a rotura não cicatrizada do hímen e a presença de sêmen na cavidade vaginal. As alternativas da questão apresentam alguns exames complementares pertinentes.

Alternativa correta: letra "E": a dosagem de prostaglandina F2-alfa não encontra amparo na doutrina médico-legal na perícia relacionada à conjunção carnal. Está associada à patologia denominada dismenorreia (menstruação dolorosa), pois as prostaglandinas F2-alfa e E2 atuam aumentando o tônus uterino e a pressão intramiometrial, levando a contrações descoordenadas, assim como estimulam contrações da musculatura lisa do tubo digestivo e vasos sanguíneos, causando náuseas, vômitos, diarreia, irritabilidade e cefaleia.

Alternativa "a": a pesquisa direta de espermatozoides é o método mais simples para a verificação da presença de sêmen na cavidade vaginal.

Alternativa "b": outros métodos empregados para demonstrar a presença de sêmen na vagina são os que se baseiam na detecção da **fosfatase ácida prostática**, em altos teores, e do **antígeno prostático-específico**, o PSA, no líquido vaginal. São determinantes, pois podem identificar a presença de sêmen mesmo nos casos de azoospermia (ausência de espermatozoides) por processo patológico (doença) ou esterilização cirúrgica (vasectomia).

Alternativa "c": idem, alternativa "b".

Alternativa "d": o exame de confronto genético, atestando o perfil do DNA do autor do delito, permite a produção de prova robusta de conjunção carnal, comparando o material coletado na vagina com o material do suspeito/ investigado.

120. (FGV – Delegado de Polícia – MA/2012) O Supremo Tribunal Federal decidiu que, à luz da Constituição Federal, a antecipação terapêutica do parto de fetos anencefálicos não tipifica o crime de aborto previsto no Código Penal.

A interrupção da gravidez, nesses casos, depende de

a) exame clínico, desde que atestado pelo obstetra que acompanha a gestante, e de exame ultrassonográfico realizado antes da quarta semana de gravidez.
b) exame ultrassonográfico que comprove a malformação e de relatório médico legal assinado por perito legista, mediante determinação judicial.
c) exame ultrassonográfico, desde que realizado antes da décima segunda semana de gestação, sendo dispensável o exame clínico.
d) exame clínico que comprove a malformação antes da quarta semana da gestação, sendo dispensável o exame ultrassonográfico.
e) exame ultrassonográfico que comprove a ausência da calota craniana e parênquima cerebral identificável, realizado após a décima segunda semana de gestação.

COMENTÁRIOS

✪ **Nota do autor:** A antecipação terapêutica do parto de fetos anencéfalos era realizada no Brasil mediante autorização do Poder Judiciário. Em 12 de abril de 2012, com a conclusão do julgamento da Arguição de Descumprimento de Preceito Fundamental nº 54, de 17 de junho de 2004 (ADPF-54), o Supremo Tribunal Federal decidiu que, à luz da Constituição Federal, a antecipação terapêutica do parto de fetos anencéfalos não tipifica o crime de aborto previsto no Código Penal e dispensa, assim, autorização prévia. O Conselho Federal de Medicina regulamentou o procedimento através da Resolução 1.989/2012. Assim, dispõe a resolução: **art. 1º,** na ocorrência do diagnóstico inequívoco de anencefalia o médico pode, a pedido da gestante, **independente de autorização do Estado**, interromper a gravidez. **Art. 2º,** o diagnóstico de anencefalia é feito por **exame ultrassonográfico realizado a partir da 12ª (décima segunda) semana de gestação** e deve conter: I – duas fotografias, identificadas e datadas: uma com a face do feto em posição sagital; a outra, com a visualização do polo cefálico no corte transversal, demonstrando a ausência da calota craniana e de parênquima cerebral identificável; II – laudo assinado por dois médicos, capacitados para tal diagnóstico (grifamos).

Alternativa correta: a questão foi **anulada**, razão pela qual analisaremos todas as alternativas. É de se destacar que o gabarito preliminar apontou a alternativa "e", inicialmente, como a correta.

Alternativa "a": a alternativa fala em exame ultrassonográfico realizado antes da quarta semana de gravidez. Como vimos, no art. 2º da resolução, o diagnóstico de anencefalia é feito por exame ultrassonográfico realizado a partir da 12ª (décima segunda) semana de gestação.

Alternativa "b": errada, pois, além de não se exigir relatório médico – legal de perito criminal, independe de autorização judicial.

Alternativa "c": errada, pois é a partir da 12ª semana de gestação.

Alternativa "d": errada, pois é a partir da 12ª semana de gestação e a resolução exige o exame ultrassonográfico.

Alternativa "e": dada como correta pelo gabarito preliminar da banca examinadora. O motivo da anulação pode estar relacionado com o fato da alternativa se apresentar incompleta, pois o exame ultrassonográfico exige, além de uma fotografia, identificada e datada, com a visualização do polo cefálico no corte transversal, demonstrando a ausência da calota craniana e de parênquima cerebral identificável, uma com a face do feto em posição sagital. E mais, que o laudo seja assinado por dois médicos, capacitados para tal diagnóstico.

121. (FGV – Delegado de Polícia – MA/2012) Uma mulher comparece ao IML alegando que, sob a ameaça de um revólver, foi obrigada a manter conjunção carnal com um desconhecido. O exame pericial não apurou vestígios de violência física. O exame ginecológico apurou a presença de carúnculas mirtiformes. O exame laboratorial da secreção vaginal colhida não revelou a presença de espermatozóides e a dosagem de fosfatase ácida estava elevada.

A análise do caso apresentado permite concluir que

a) a periciada não é virgem e houve conjunção carnal recente comprovada pela dosagem da fosfatase ácida na secreção vaginal.
b) a periciada apresenta vestígios de conjunção carnal recente pela presença de carúnculas mirtiformes.
c) a periciada é virgem pela ausência de rotura himenal e de espermatozóides na secreção vaginal.
d) a periciada não é virgem mas não é possível determinar se houve conjunção carnal recente.
e) a presença de carúnculas himenais é incompatível com a dosagem de fosfatase ácida.

COMENTÁRIOS

✪ **Nota do autor:** Considerando que o estupro narrado pela vítima foi praticado com violência moral, grave ameaça exercida com o emprego de arma de fogo, a perícia não constatou violência física. O preâmbulo da questão aborda dois exames médicos: no ginecológico, a presença de carúnculas mirtiformes; no laboratorial, da secreção vaginal colhida, não revelou a presença de espermatozoides e a dosagem de fosfatase ácida estava elevada. As **carúnculas mirtiformes** são pequenas cristas ou tubérculos distribuídos ao longo da linha de implantação himenal, em razão da ocorrência de parto transvaginal, completando-se a fragmentação de retalhos preexistentes, em decorrência da repetição de cópulas vaginais. Já em relação ao exame laboratorial, embora não tenha sido constatada a presença de espermatozoides, é possível a utilização de outros métodos, como a presença de **fosfatase ácida prostática**, em altos teores, no líquido vaginal. Assim, pode-se identificar a presença de sêmen mesmo nos casos de azoospermia (ausência de espermatozoides) por processo patológico (doença) ou esterilização cirúrgica (vasectomia).

Alternativa correta: a questão foi anulada, razão pela qual analisaremos todas as alternativas. É de se destacar que o gabarito preliminar apontou a alternativa "a", inicialmente, como a correta.

Alternativa "a": dada como correta pelo gabarito preliminar, afirma que houve conjunção carnal recente comprovada pela dosagem da fosfatase ácida na secreção vaginal, um dos métodos para a comprovação de sêmen no líquido vaginal, como vimos em nota. Todavia, conclui que a periciada não é mais virgem em razão das carúnculas mirtiformes, característica de parto transvaginal. Porém, Higyno de Carvalho Hercules não concorda com a afirmação que a presença de gravidez seja um sinal bastante para se afirmar pericialmente a perda da virgindade. Ensina que a gravidez, por si só, não pode constituir vestígio de desvirginamento quando o hímen integro e incomplacente garante a absoluta impossibilidade de ter havido conjunção carnal. E exemplifica, se uma mulher tivesse interrompido a gravidez, porém, preservada a integralidade do hímen incomplacente, retornaria, em possível exame pericial futuro, à condição médico-legal de virgem (Medicina Legal, texto e atlas, São Paulo: editora Atheneu, 2005, p. 559).

Alternativa "b": errada, pois os vestígios de conjunção carnal estão relacionados à presença de fosfatase ácida prostática, em altos teores.

Alternativa "c": errada, pois a questão não fala em ausência de rotura himenal e, ainda, a ausência de espermatozoides na secreção vaginal não é bastante para determinar que não houve conjunção carnal, pois o sêmen pode ser identificado por outros métodos, como o da fosfatase ácida prostática.

Alternativa "d": errada, pois é possível determinar a conjunção carnal pela presença da fosfatase ácida prostática em altos teores.

Alternativa "e": errada. As carúnculas mirtiformes estão relacionadas ao parto transvaginal.

122. (FGV – Delegado de Polícia – MA/2012) A Síndrome do Bebê Sacudido compreende um conjunto de sinais e sintomas causados pela violenta sacudida manual da criança.

A rápida aceleração e desaceleração da cabeça resultam nas lesões relacionadas a seguir, à exceção de uma. Assinale-a.

a) Hematomas subdurais bilaterais.

b) Hemorragias retinianas.

c) Alargamento das suturas cranianas.

d) Aumento do perímetro cefálico.

e) Microftalmia.

COMENTÁRIOS

✪ **Nota do autor:** A síndrome do bebê sacudido ou *shaken baby syndrome* descreve uma série de sinais e sintomas que decorrem da ação de sacudir com vigor a criança, segurando-a pelas extremidades ou pelos ombros. Tal movimento causa danos cerebrais em razão da aceleração e desaceleração.

Alternativa correta: letra "E": a **microftalmia** é uma anomalia congênita ou desenvolvida em que o globo ocular é anormalmente pequeno. Não está relacionada à rápida aceleração e desaceleração da cabeça da criança. As demais alternativas apresentam diversas consequências possíveis do ato de sacudir, sendo que o grau de dano cerebral depende da quantidade, duração do sacudir e das forças que resultarem em impacto na cabeça.

Alternativa "a": o hematoma subdural ou hemorragia subdural é a acumulação de sangue nos espaços meníngeos. Causam um aumento da pressão intracraniana, com compressão e lesão do tecido cerebral. Os hematomas subdurais ocorrem, com maior frequência, em ferimentos na cabeça, quando acontecem rápidas alterações de velocidade (efeito aceleração/ desaceleração) que podem romper as pequenas vénulas existentes no espaço subdural.

Alternativa "b": no fundo de olho acontecem hemorragias retinianas, subretinianas e do nervo óptico. As sequelas oculares da síndrome são o descolamento de retina, glaucoma, catarata, alta miopia, entre outras.

Alternativa "c": as suturas cranianas são espaços anormalmente grandes nas articulações ósseas do crânio de um bebê. O crânio de um bebê ou de uma criança pequena é constituído por placas ósseas que permitem o seu crescimento. As fronteiras em que essas placas se juntam são chamadas de suturas ou linhas de suturas. No caso de um bebê com apenas alguns minutos de nascido, a pressão do parto pode comprimir a cabeça, provocando a sobreposição das placas ósseas nas suturas e criando um pequeno rebordo ou crista, que é normal em recém-nascidos. Nos dias seguintes a cabeça vai expandir-se, a sobreposição desaparece, e as bordas das placas ósseas vão ao encontro umas das outras, o que constitui a posição normal. O ato de sacudir o bebê pode causar um aumento anormal da pressão na cabeça e gerar a separação das suturas.

Alternativa "d": o aumento do perímetro cefálico também se apresenta como consequência da pressão intracraniana.

123. (UEG – Delegado de Polícia – GO/2013) Em uma tentativa de diminuir o assédio sexual que as mulheres vinham sofrendo em ônibus e vagões de trens, as autoridades criaram os "vagões rosas", para uso exclusivo de mulheres. A perversão sexual em que o indivíduo se realiza pelo contato em aglomerações ou multidões chama-se

a) edipismo

b) froteurismo

c) pigmalianismo

d) troilismo

COMENTÁRIOS

Alternativa correta: letra "B": esse distúrbio é caracterizado pela necessidade de esfregar os órgãos sexuais em outra pessoa.

Alternativa "a": é tendência ao incesto, à prática de relações sexuais entre parentes muito próximos. Para alguns autores é a atração específica do filho pela própria mãe.

Alternativa "c": é também denominado iconolagnia ou iconomania, atração exagerada e patológica por estátuas.

Alternativa "d": é também denominado pluralismo, *ménage à trois, swapping* ou *swing*, é excitação na presença de terceira pessoa ou de um grupo.

124. (Cespe – Delegado de Polícia – BA/2013) Com relação à sexologia forense, julgue o item abaixo.

Considere que uma autoridade policial tenha sido informada da ocorrência de suposto estupro de uma mulher gravemente enferma internada em instituição hospitalar. Nessa situação hipotética, a autoridade policial deve solicitar perícia imediata, com deslocamento de médico-legista para o local de internação.

COMENTÁRIOS

Certo. O tema abordado pelo examinador exige a concatenação dos artigos 6º, inc. II e 158 do Código de Processo Penal, textos bastante cobrados em provas de concursos de delegado de polícia, pois descrevem quais as principais diligências devem ser tomadas pela autoridade policial quando do conhecimento de uma infração penal, bem como a necessidade de constatação pericial nos crimes que deixam vestígios. Assim, dispõe o CPP: "logo que tiver conhecimento da prática da infração penal, a autoridade policial deverá determinar, se for caso, que se proceda a exame de corpo de delito e a quaisquer outras perícias", (art. 6º, inc. II). E o art. 158 exige a elaboração de laudo pericial, exame de corpo de delito, nas infrações penais que deixam vestígios, e o estupro é um crime material. E mais, a perícia relacionada ao estupro, na qual os quesitos deverão abranger a conjunção carnal e atos libidinosos diversos, possui elementos sensíveis, por exemplo a presença de esperma ou de fosfatase ácida (componente do líquido seminal) na secreção vaginal, devendo a perícia ser imediatamente realizada, sob pena perecimento da materialidade delitiva.

125. (**Cespe – Delegado de Polícia – AL/ 2012**) Em relação à perícia médico-legal, julgue os itens que se seguem.

Não existe a possibilidade de ocorrência de estupro em pessoa do sexo feminino com hímen íntegro, isto é, virgem.

COMENTÁRIOS

Errado. A nova redação dada pela Lei 12.015/09 alterou o art. 213 do Código Penal, alargando o **conceito de estupro**, englobando os atos libidinosos diversos de conjunção carnal. Embora não seja o núcleo da questão, vale ressaltar que é possível que uma mulher com hímen íntegro seja vítima de estupro decorrente de conjunção carnal, na hipótese dos chamados **hímens complacentes**, que não se rompem durante o coito por serem compostos de tecido elástico e apresentarem reduzida orla himenal.

126. (Delegado de Polícia – MG/ 2011 – ACADEPOL) Representa uma docimásia extrapulmonar:

a) Siálica de Souza-Dinitz.

b) Hidrostática de Galeno.

c) Táctil de Nero Rojas.

d) Visual de Bouchut.

COMENTÁRIOS

✪ **Nota do autor:** As **docimásias** são exames capazes de demonstrar pericialmente se houve vida extrauterina. O termo advém do grego *dokimásia*, que significa prova, experiência. Esta determinação é de fundamental importância para a adequação típica do delito, se aborto, infanticídio ou até mesmo homicídio. As docimásias mais comuns são as pulmonares, para saber se houve respiração. Porém, simultaneamente com a respiração, o recém-nascido faz movimentos de deglutição, o ar vai também para o estômago e para o ouvido médio, o que dá oportunidade para que sejam feitas docimásias extrapulmonares.

Alternativa correta: letra "A": a **docimásia siálica de Souza-Dinitz** pesquisa a presença de saliva no estômago.

Alternativa "b": a **docimásia hidrostática de Galeno** consiste na imersão dos pulmões ou de fragmentos deles em uma cuba com água. Se houver flutuação é porque houve respiração. Esta é a prova mais comumente utilizada no dia a dia pericial.

Alternativa "c": a **docimásia táctil de Nero Rojas** consiste na palpação do pulmão, sendo que naquele que respirou sente-se um leve creptar, que é ausente no pulmão que não respirou.

Alternativa "d": a **docimásia visual de Bouchut** consiste na simples observação visual do pulmão. O que não respirou tem aparência mais compacta, sólida, e o que respirou apresenta desenho alveolar evidente.

127. (Delegado de Polícia – MG/ 2011 – ACADEPOL) Retalhos de hímen roto pelo parto vaginal, os quais se retraem constituindo verdadeiros tubérculos em sua implantação, correspondem a

a) entalhes himenais.

b) hímens cribriformes.

c) carúnculas mirtiformes.

d) chanfraduras vulvo-himenais.

COMENTÁRIOS

✪ **Nota do autor:** A questão aborda de forma profunda a demonstração pericial da conjunção carnal e aspectos da rotura do hímen.

Alternativa correta: letra "C": se ocorre o parto transvaginal, completa-se a fragmentação dos retalhos preexistentes, deles restando apenas pequenas cristas ou tubérculos, conhecidas como **carúnculas mirtiformes**. Em resumo, após o parto, as rupturas se acentuam, restando apenas fragmentos de hímen.

Alternativa "a": os **entalhes himenais** são irregularidades estruturais, por vezes muito semelhantes às roturas. Eles aparecem como pequenas reentrâncias na borda livre da orla do hímen, que resultam não de trauma, mas de falha na sua formação. Porém, não se confundem. As roturas são de natureza traumática e os entalhes de natureza congênita.

Alternativa "b": o **hímen cibriforme** é aquele que apresenta múltiplos e diminutos óstios (óstio é o orifício himenal).

Alternativa "d": alguns autores utilizam este termo como sinônimo de entalhes.

6. PSICOPATOLOGIA

128. (Cespe – Delegado de Polícia – PC – SE/2018) A respeito de identificação médico-legal, de aspectos médico-legais das toxicomanias e lesões por ação elétrica, de modificadores da capacidade civil e de imputabilidade penal, julgue os itens que se seguem.

128.1. O ácido lisérgico pode causar no usuário distúrbios de percepção e aguçamento dos sentidos: seus efeitos atingem o pico no prazo de duas a quatro horas do uso e podem durar até doze horas.

COMENTÁRIOS

Trata-se do alucinógeno mais potente. É de fácil transporte por meio de papéis de filtro embebidos pela solução aquosa. Como afirma Hygino Hércules, pode haver dificuldade em identificar as sensações reais, misturando-se as vias sensitivas (Medicina Legal – Texto e Atlas, São Paulo: Editora Atheneu. 2005, p. 383). Os efeitos psíquicos começam entre meia a uma hora após a ingestão, atingem o máximo no prazo de duas a quatro horas (alguns autores citam três horas) do uso e podem durar até doze horas (alguns autores mencionam nove). Diante da divergência, questão de duvidoso gabarito. **CERTO**

128.2. A epilepsia é uma doença que, geralmente, não influencia na capacidade civil e na imputabilidade penal das pessoas.

COMENTÁRIOS

A epilepsia caracteriza-se, fundamentalmente, como uma condição na qual o indivíduo é suscetível de ataques convulsivos, de alterações mais ou menos específicas do registro eletroencefalográfico e de moderada ou nenhuma alteração do comportamento (FRANÇA, Genival Veloso de. Medicina Legal, 9ª ed. Rio de Janeiro: Guanabara Koogan, 2014, p. 492). O autor critica a catalogação da epilepsia no rol de doenças mentais, apontando o caráter discriminatório, além de defender a plena capacidade civil do epiléptico. Pode, inclusive, não existir a crise convulsiva, sendo substituída pelas ausências, estados crepusculares ou outras manifestações. **CERTO**

129. (Fundatec – Delegado de Polícia – PC – RS/2018) Sobre os conceitos médico-legais de "embriaguez alcoólica", de "alcoolemia" e de "tolerância ao álcool", é correto afirmar que:

a) A alcoolemia e a embriaguez alcoólica têm igual definição, sendo, portanto, sinônimos.
b) Sempre que existir álcool etílico no sangue, o exame de embriaguez será positivo.
c) A embriaguez alcoólica é uma situação transitória.
d) Sempre que a alcoolemia detectar álcool etílico no sangue, o exame para verificação de embriaguez alcoólica será positivo.
e) Uma mesma quantidade de álcool etílico administrada a indivíduos diferentes irá produzir os mesmos resultados, no mesmo período de tempo, em todas as ocasiões.

COMENTÁRIOS

✪ **Nota do autor:** A questão exige do candidato a distinção, sob a ótica médico-legal, entre embriaguez alcoólica, alcoolismo e alcoolemia. Para França, **embriaguez alcoólica** é um conjunto de manifestações neuropsicossomáticas resultantes da intoxicação etílica aguda de caráter episódico e passageiro. Já o termo **alcoolismo**, seria um elenco de perturbações resultantes do uso imoderado do álcool e de caráter crônico, independendo, no momento do exame, de um maior ou menor consumo ou concentração de bebida alcoólica. Por fim, **alcoolemia** é o resultado da dosagem do álcool etílico na circulação sanguínea e seus percentuais traduzidos em gramas ou decigramas por litro de sangue examinado (FRANÇA, Genival Veloso de. Medicina Legal, 9ª ed. Rio de Janeiro: Guanabara Koogan, 2014, p. 367). Assim, o autor sintetiza da seguinte forma: a embriaguez é um estágio, a alcoolemia uma taxa e, o alcoolismo, um estado.

Alternativa "a": Como vimos em nota, são termos distintos.

Alternativa "b": Álcool no sangue significa alcoolemia, que é uma taxa. Já a embriaguez é um estágio, um conjunto de sinais que indicam a incapacidade psicomotora do agente. O erro da questão está em utilizar o termo sempre, pois, cada organismo reage de forma diferente em relação à ingestão de bebida, sendo denominada pela doutrina de tolerância ao álcool, que é a capacidade, maior ou menor, que a pessoa tem de embriagar-se.

Alternativa "c": A embriaguez alcoólica é uma situação transitória, enquanto o alcoolismo é crônico.

Alternativa "d": Pelos mesmos argumentos que trouxemos na alternativa "b".

Alternativa "e": A tolerância ao álcool depende de vários fatores, como o peso (pois, quanto maior o peso, em razão da quantidade de água do organismo, o álcool ficará mais diluído); sistema digestivo (onde o álcool é absorvido, sendo determinantes o tipo de bebida, ritmo da ingestão, quantidade de alimento, absorção intestinal etc.); hábito de beber; e estados emotivos (cansaço, sono, temperaturas, doenças etc.).

Alternativa correta: letra "c".

130. (Fumarc – Delegado de Polícia – PC – MG/2018) Em relação à simulação, é INCORRETO afirmar:

a) A simulação negativa é o ato de se apresentar como normal.
b) Na dissimulação, o examinado tem consciência dos sintomas e da motivação que o levaram a agir de maneira enganosa.
c) No transtorno fáctico, existe a apresentação intencional de sintomas falsos.
d) Nos transtornos dissociativo e conversivo, o paciente não tem consciência dos sintomas e não tem interesse nem percepção de suas motivações.

COMENTÁRIOS

✪ **Nota do autor:** A questão foi **anulada.** De qualquer forma, teceremos comentários pertinentes sobre cada uma das alternativas, considerando a bibliografia indicada pela banca examinadora.

Alternativa "a": Para Genival Veloso de França a **simulação negativa** é sinônimo de **dissimulação**, sendo o ato de apresentar-se como normal, ou seja, simular que não tem sintomas.

Alternativa "b": Embora o gabarito inicial tenha apontado como alternativa errada, pois a banca apenas trocou os termos da doutrina indicada, sendo que França afirma que a simulação é a apresentação de sinais e sintomas falsos; depreende-se dos demais conceitos do autor que também na metassimulação (exagero de sinais e sintomas realmente existentes) e na dissimulação (apresentar-se como normal) o examinado tem consciência da falsidade dos sintomas, objetivando algum benefício.

Alternativa "c": Conforme França, no transtorno fáctico e na simulação existe a apresentação intencional de sintomas falsos. No primeiro há um desejo inconsciente de o indivíduo assumir uma doença. Um exemplo desse transtorno é a Síndrome de Münchausen em que o paciente pode praticar a autoflagelação a fim de obter ganhos psíquicos.

Alternativa "d": Nesse tipo de transtorno, o paciente pode apresentar sintomas de perda da audição, da visão, da voz, dos movimentos e da sensibilidade, e, em casos mais raros, crises convulsivas.

Alternativa correta: questão anulada.

---

131. (Fumarc – Delegado de Polícia – PC – MG/2018) NÃO está correto o que se afirma em:

a) Heroína é um produto sintético (éter diacético da morfina – diacetilmorfina). Tem a forma de pó branco e cristalino.

b) LSD 25 é droga eminentemente alucinógena, extraída da ergotina do centeio (dietilamina do ácido lisérgico).

c) Morfinomania ou morfinofilia é o uso vicioso de morfina, sendo a morfina um alcaloide derivado do ópio.

d) O corpo do indivíduo que morre de overdose de cocaína ou do crack se apresenta tipicamente róseo-avermelhado ou carmim.

COMENTÁRIOS

Alternativa "a": Além disso, após a diluição, ela é injetada. O aspecto do intoxicado é semelhante ao da morfina. Sua decadência é maior e mais rápida, pois a heroína é cinco vezes mais potente que a morfina.

Alternativa "b": É de fácil transporte por meio de papéis de filtro embebidos pela solução aquosa, geralmente são utilizados selos. Colocados sob a língua, são absorvidos rapidamente.

Alternativa "c": A morfina é um alcaloide derivado do ópio e apresenta-se em forma de líquido incolor. Esse narcótico é utilizado sob a forma de injeção intramuscular.

Alternativa "d": Esse aspecto acarminado, de tonalidade róseo-avermelhado (cor carmim), ocorre nas asfixiais por monóxido de carbono (CO).

Alternativa incorreta: letra "d".

---

132. (Fumarc – Delegado de Polícia – PC – MG/2018) NÃO está correto o que se afirma em:

a) A merla apresenta consistência pastosa, tonalidade que varia do amarelo ao marrom e seu uso é através de cigarros ou cachimbos.

b) Anfetaminas são usadas para evitar a sonolência, para desinibir e para euforizar.

c) Merla é obtida a partir da pasta de coca.

d) Oxi é droga sintética, consumida em cápsulas, de custo elevado e causa pouca agressão ao sistema nervoso central.

COMENTÁRIOS

✪ **Nota do autor:** O examinador trabalha três tipos de droga na questão. A **merla** é uma opção mais barata do crack, obtida a partir da pasta de coca, fabricada em laboratórios improvisados, com a ajuda de produtos químicos. De consistência pastosa, possui tonalidade que varia do amarelo ao marrom, além de um cheiro muito ativo. Portanto, as alternativas "a" e "c" estão corretas. Já as **anfetaminas** são drogas sintéticas que estimulam o sistema nervoso central. Se inserem na classificação de drogas psicoanalépticas: substâncias que estimulam a atividade mental, aumentam a vigília, causam insônia, excitam a atividade intelectual, exaltam a tensão emocional, levando à euforia e ansiedade. Assim, alternativa "b" está correta. Por fim, trata da droga denominada **Oxi**. Além de não ser droga sintética, não é consumida em cápsula. O Oxi é droga produzida a partir de restos do refino das folhas de coca adicionados ao querosene ou gasolina, cal e ácido sulfúrico. É consumida pela queima das pedras, atingindo severamente o sistema nervoso central.

Alternativa incorreta: letra "d" (responde às demais alternativas).

---

133. (UEG – Delegado de Polícia – PC – GO/2018) O Manual Diagnóstico e Estatístico de Doenças Mentais da Associação Americana de Psiquiatria (DSM-V) é um guia de critérios adotado pericialmente para a verificação das doenças e dos transtornos mentais. O artigo 26 do Código Penal Brasileiro é aquele que trata das questões voltadas para a imputabilidade e a responsabilidade penal dos agentes agressores. Levando-se em conta os conhecimentos da Psiquiatria Forense, deve-se entender que:

a) o Transtorno de Personalidade Antissocial é o correspondente ao que se denomina de serial killer.

b) o Transtorno de Personalidade Histriônica corresponde ao chamado Transtorno de Dependência.

c) portadores de Transtorno de Personalidade Borderline apresentam instabilidade comportamental.

d) cometimento de atos ilícitos é situação comum entre os portadores de Transtorno Bipolar do Humor.

e) psicopatas são atualmente denominados de sociopatas, por cometerem homicídios e agressões físicas.

COMENTÁRIOS

Alternativa "a": Um serial killer não possui, necessariamente, um transtorno de personalidade. O transtorno de personalidade antissocial possui como característica maior a impossibilidade de experimentar sentimentos de afeto, simpatia ou valorização de demais pessoas. Não possuem sentimentos, são amorais.

Alternativa "b": Enquanto o transtorno da personalidade histriônica é um padrão de emocionalidade e busca de atenção em excesso, o transtorno da personalidade dependente é um padrão de comportamento submisso e apegado, relacionado a uma necessidade excessiva de ser cuidado.

Alternativa "c": É um padrão de instabilidade nas relações interpessoais, na autoimagem e nos afetos, com impulsividade acentuada.

Alternativa "d": É um transtorno mental cíclico, com crises de excitação psicomotora e estado depressivo, isoladas, combinadas ou alternadas, de intensidade, duração e disposição variáveis. Portanto, oscila entre a excitação (euforia) e a depressão. Não há predisposição para cometimento de ilícitos, como afirma a questão. Porém, é possível haver agressividade em episódio maníaco.

Alternativa "e": Atualmente, de acordo com o Manual Diagnóstico e Estatístico de Doenças Mentais da Associação Americana de Psiquiatria (DSM-V), aqueles que antes eram chamados de "personalidades psicopáticas", hoje são rotulados como portadores de transtornos de personalidade, transtorno psicopático ou sociopatia, sem relação com o cometimento de crimes, mas profundas modificações do caráter e do afeto.

Alternativa correta: letra "c".

134. (Cespe – Delegado de Polícia – GO/2017) Com relação ao desenvolvimento mental incompleto ou retardado, assinale a opção correta.

a) A primeira manifestação do retardo mental é detectada na pré-escola e a criança apresenta dificuldades durante a alfabetização.

b) Os portadores de debilidade mental apresentam personalidade definida e percepção ética.

c) O quociente intelectual abaixo de sessenta determina a incapacidade civil.

d) Indivíduos portadores de debilidade mental são imputáveis perante a lei.

e) Indivíduos portadores de imbecilidade ou retardo mental profundo são incapazes de se defenderem e cuidarem de si mesmos.

COMENTÁRIOS

✪ **Nota do autor:** Inicialmente, o gabarito oficial foi a alternativa "E". Todavia, a questão foi anulada pela Banca Examinadora com o seguinte argumento justificante: "a terminologia utilizada na opção apontada como gabarito difere entre as áreas de direito e medicina, fato que prejudicou o julgamento objetivo da questão".

Alternativa "A": Errada. As primeiras manifestações desses estados surgem desde cedo: dificuldade de pegar o seio, choro e gritos descabidos e contínuos, expressão fisionômica apática, impossibilidade de fixar o olhar, movimentos lerdos, retardamento do falar e do andar. Tem um grande valor diagnóstico o rendimento escolar (FRANÇA, Genival Veloso de. Medicina Legal, 10ª ed. Rio de Janeiro: Guanabara Koogan, 2015, p. 1167). Portanto, desnecessário aguardar o ingresso da criança na pré-escola para o estabelecimento do diagnóstico.

Alternativa "b": Errada. Os deficientes mentais moderados (apresentam a idade de uma criança de 3 a 7 anos e QI entre 25 a 50) não têm sentimento ético nem personalidade definida.

Alternativa "c": Errada. Para se determinar a imputabilidade ou a capacidade civil, o quociente intelectual, como dado isolado, não deve prevalecer categoricamente. Outros são os fatores de maior relevância, tais como: grau de entendimento, temperamento, instintos, capacidade de adaptação ao meio, juízo crítico e disposição clínica. A grande dificuldade de estabelecer a capacidade de imputação desponta à medida que o retardo mental, em suas formas mais discretas, aproxima-se da normalidade.

Alternativa "d": Errada. De forma geral, os deficientes mentais moderados e profundos são incapazes civilmente, pois não têm condições de gerir seus bens por se mostrarem vulneráveis em razão de sua falta de competitividade e de adaptação nas relações sociais e dos negócios. Todavia, em relação ao retardo mental leve, não se pode afirmar de forma categórica que esteja sempre privado de sua capacidade civil (parcial ou totalmente), sendo necessária a análise do caso concreto. Portanto, não se pode afirmar que serão sempre imputáveis.

Alternativa "e": Errada. Parte da doutrina classifica o retardo mental em três graduações. **Idiotia** (QI inferior a 25 e idade mental inferior a três anos): retardo mental profundo, não falam, têm vida psíquica inferior aos animais superiores e não conseguem cuidar de si. **Imbecilidade** (QI inferior entre 25 e 50; idade mental entre três e sete anos): retardo mental moderado, conseguem falar e aprender algumas tarefas, podendo prover sua própria subsistência. **Debilidade mental** (QI inferior entre 50 e 90; idade mental inferior entre sete e doze anos): retardo mental leve, podem prover a própria subsistência. O autor Eduardo Roberto Alcântara Del-Campo afirma que apenas os portadores de retardo mental profundo (idiotia) não conseguem cuidar de si (Medicina Legal, coleção cursos e concursos, 3ª ed. São Paulo: Editora Saraiva, 2007, p. 304). Diante da divergência nas classificações da doutrina médico-legal, a questão foi anulada.

135. (Cespe – Delegado de Polícia – PE/2016) Psiquiatria forense é o ramo da medicina legal que trata de questões relacionadas ao funcionamento da mente e sua interface com a área jurídica. O estabelecimento do estado psíquico no momento do cometimento do delito e a capacidade de entendimento desse ato são dependentes das condições de sanidade psíquica e desenvolvimento mental, que também influenciam na forma de percepção e no relato do evento, com importância direta para o operador do direito, na tomada a termo e na análise dos depoimentos. A respeito de psiquiatria forense e dos múltiplos aspectos ligados a essa área, assinale a opção correta.

a) A surdo-mudez é motivo de desqualificação do testemunho, da confissão e da acareação, pois, sendo causa de desenvolvimento mental incompleto, impede a comunicação.

b) Nos atos cometidos, pode haver variação na capacidade de entendimento, por doente mental ou por indivíduo sob efeito de substâncias psicotrópicas ou entorpecentes, do caráter ilícito do ato por ele cometido; cabe ao perito buscar determinar, e assinalar no laudo pericial, o estado mental no momento do delito.

c) A perturbação mental, por ser de grau leve quando comparada a doença mental, não reflete na capacidade cível nem na imputabilidade penal.

d) Em indivíduos com intoxicação aguda pelo álcool, observam-se estados de automatismos e estados crepusculares.

e) O desenvolvimento mental incompleto ou retardado, tecnicamente denominado oligofrenia, está diretamente relacionado à ocorrência de epilepsia.

COMENTÁRIOS

✪ **Nota do autor:** A questão aborda o tema da Psiquiatria Forense. Todavia, iremos ampliar o assunto, em razão da divergência entre os autores para a devida catalogação de tais desdobramentos. Utilizaremos a seguinte distinção: **Psicopatologia Forense:** nela geralmente são incluídos dois grandes ramos da Medicina Legal, a psicologia forense e a psiquiatria forense. Sob o aspecto jurídico, tem o objetivo de esclarecer as questões relacionadas à capacidade civil e à imputabilidade penal. **Psicologia Forense:** estuda a personalidade normal e os fatores que nela influem, quer sejam de natureza biológica, quer sejam de natureza mesológica (do meio, ecológica) ou social. **Psiquiatria Forense:** ocupa-se dos transtornos anormais da personalidade, as chamadas doenças mentais, os retardos mentais, as demências, as esquizofrenias e outros transtornos psicóticos ou não. **Toxicologia:** é o estudo das drogas tóxicas ou substâncias psicoativas, seus efeitos sobre o corpo humano e seus mecanismos de ação. Tais substâncias são aquelas químicas, naturais ou sintéticas, com capacidade de agir sobre o sistema nervoso central, com tendência ao tropismo pelo cérebro que comanda o corpo, alterando a normalidade psíquica ou mental, desequilibrando a conduta e a personalidade do agente.

Alternativa correta: letra "B": Certa. Considerando a adoção do critério biopsicológico para a determinação da imputabilidade penal, são necessários três elementos para a sua devida constatação: causal (agente portador de doença mental ou desenvolvimento mental incompleto ou retardado); consequencial (em razão da doença deve ser o autor inteiramente incapaz de entender o caráter ilícito do fato); temporal (ao tempo da ação ou omissão). O Código Penal Brasileiro adota este critério (art. 26, CP), como regra, assim como a Lei de Drogas, 11.343/06 (art. 45), tratando a dependência química como patologia. E é o perito criminal (médico-legista) quem irá determinar em laudo específico se o autor era a tempo da ação ou omissão inteiramente incapaz de entender o caráter ilícito de seu comportamento ou de determinar-se conforme esse entendimento.

Alternativa "a": Errada. Embora a surdo-mudez possa ser considerada causa de desenvolvimento mental incompleto (desde que não tenham recebido tratamento adequado e não possam expressar sua vontade), o Código Penal adotou o **critério biopsicológico** (normativo ou misto), em regra, em relação à imputabilidade penal: considera inimputável aquele que em razão de sua condição mental (**causa**) era ao tempo da ação ou omissão, totalmente incapaz de entender o caráter ilícito do fato e de determinar-se de acordo com esse entendimento (**efeito**). Para a completa compreensão do tema, a **imputabilidade penal** é o conjunto de condições pessoais que dão ao agente a capacidade para lhe ser imputada a prática de um fato punível. É a capacidade de entender o caráter ilícito de um fato e de determinar-se conforme esse entendimento. O agente deve ter condições físicas, psicológicas, morais e mentais de saber que está realizando um ilícito penal. O Código Penal trata do assunto nos artigos 26 a 28, apresentando os **casos de exclusão da imputabilidade**, hipóteses de inimputabilidade (dirimentes), e as consequências jurídicas de seu reconhecimento. Portanto, não basta a condição mental (causa), também é necessário o efeito, ou seja, se o autor era capaz de entender o caráter ilícito da conduta e de determinar-se de acordo com esse entendimento. E mais, demonstrando a validade da declaração ou depoimento do surdo-mudo, o art. 192 do CPP descreve o procedimento para o seu interrogatório, sendo as perguntas formuladas por escrito e do mesmo modo dadas as respostas (inc. III).

Alternativa "c": Errada. Conforme dispõe o Código Penal, em seu art. 26, parágrafo único, a perturbação da saúde mental pode levar à semi-imputablidade, com redução da pena de um a dois terços.

Alternativa "d": Errada. Tais sintomas estão relacionados à **epilepsia**, doença neuropsiquiátrica, pois, existem formas de exteriorização tipicamente neurológica e outras que se manifestam por meio de quadros psiquiátricos. Os aspectos mais importantes, do ponto de vista médico-legal, dizem respeito aos automatismos e estados crepusculares. Os **automatismos** podem ser exteriorizados por impulsos, que podem chegar ao furor epiléptico, a fugas e ao sonambulismo epiléptico. São ações explosivas, espontâneas, súbitas, irresistíveis, com característica de grande agressividade. Já os **estados crepusculares** costumam acontecer após os ataques e constituem episódios confusionais, de obnubilação da consciência, de duração variável, causando ilusões e alucinações de todos os sentidos, mas, sobretudo, visuais.

Alternativa "e": Errada. A oligofrenia está relacionada ao desenvolvimento mental incompleto e a epilepsia à doença mental.

136. (Vunesp – Delegado de Polícia – CE/2015) Durante uma avaliação pericial em um homem de 22 anos, são constatadas as seguintes características: lesões puntiformes em região antecubital direita; pupilas extremamente mióticas; rebaixamento do nível de consciência; redução da frequência respiratória e redução da temperatura corpórea.

Em relação aos achados descritos, assinale a alternativa correta.

a) Os achados sugerem um evento agudo e inesperado, possivelmente uma doença aguda (acidente vascular cerebral).

b) Podem representar uma tentativa de suicídio possivelmente devido ao uso de antidepressivos tricíclicos.

c) Trata-se de um provável trauma craniano do tipo contuso.

d) Os achados corroboram o uso de droga ilícita com característica do tipo opioide (heroína).

e) A descrição aponta para uma tentativa de indução de coma de forma criminosa, possivelmente por droga alucinógena (ácido lisérgico).

COMENTÁRIOS

✪ **Nota do autor:** a Toxicologia é o estudo das drogas tóxicas ou substâncias psicoativas, seus efeitos sobre o corpo humano e seus mecanismos de ação. Tais substâncias são aquelas químicas, naturais ou sintéticas, com capacidade de agir sobre o sistema nervoso central, com tendência ao tropismo pelo cérebro que comanda o corpo, alterando a normalidade psíquica ou mental, desequilibrando a conduta e a personalidade do agente.

Alternativa correta: letra "D": a heroína é a diacetilmorfina, derivado sintético da morfina, que por sua vez, provém do ópio, mistura de alcaloides extraída da papoula. As regiões geográficas mais importantes na produção são o Sudeste Asiático, com grau de pureza de 80% a 90%, e a Ásia Menor, com qualidade inferior. Embora possa ser utilizado sob a forma de pó, comumente misturada à farinha, talco, bicarbonato, a forma injetável via venosa é a mais conhecida, quando dissolvida em água. Geralmente o usuário utiliza uma colher para aquecê-la. Isso explica as lesões puntiformes em região antecubital direita, que são as produzidas por agulhas hipodérmicas (de injeção), instrumentos perfurantes. Região antecubital é a região anterior da dobra entre o braço e o antebraço (local de costume para a aplicação de injeções endovenosas). Seus efeitos duram aproximadamente cinco horas causando sensação: de bem-estar; euforia e prazer; elevação da autoestima; diminuição do desânimo, dor e ansiedade. São efeitos da abstinência, após 24 horas do uso: diarreia; vômitos; dores musculares; pânico; insônia; inquietação; e taquicardia. **Dica importante!** Ao contrário da grande maioria das outras drogas de abuso, como cocaína e anfetaminas (metanfetamina e ecstasy) que produzem **midríase** (dilatação da pupila), a heroína produz a chamada **miose**, que é a contração da pupila. É uma característica importante na distinção clínica da overdose de heroína daquelas produzidas por outras drogas. Conforme a questão, o indivíduo apresentava pupilas extremamente mióticas.

Alternativa "a": errada, pois o Acidente Vascular Cerebral (AVC), conhecido popularmente como "derrame cerebral", pode ser dividido em dois tipos: O Acidente Vascular Cerebral Isquêmico (AVCI), o mais comum, que é causado pela falta de sangue em determinada área do cérebro, decorrente da obstrução de uma artéria. O Acidente Vascular Cerebral Hemorrágico (AVCH) é causado por sangramento devido ao rompimento de um vaso sanguíneo. Nos dois tipos de AVC, uma vez que o sangue, contendo nutrientes e oxigênio, não chega a determinadas áreas do cérebro, ocorre a perda das funções dos neurônios, causando os sinais e sintomas que dependerão da região do cérebro envolvida. Os sinais e sintomas do AVC se iniciam de forma súbita e podem ser únicos ou combinados, vejamos: enfraquecimento, adormecimento ou paralisação da face, braço ou perna de um lado do corpo; alteração de visão; dificuldade para falar ou entender o que os outros estão falando, mesmo que sejam as frases mais simples; tontura sem causa definida; desequilíbrio; falta de coordenação no andar ou queda súbita, geralmente acompanhada pelos sintomas acima descritos; dores de cabeça fortes e persistentes e dificuldade para engolir.

Alternativa "b": errada. Os antidepressivos tricíclicos são medicamentos desenvolvidos para o tratamento da depressão, mas também utilizados como coadjuvantes do tratamento de dor crônica, na profilaxia da enxaqueca, na abstinência da cocaína e nos casos de enurese (emissão involuntária de urina) noturna em crianças. Os principais antidepressivos tricíclicos são os de primeira geração: a imipramina e a amitriptilina. Didaticamente podemos dividir em **fases de intoxicação aguda**: A **primeira fase**, que aparece no primeiro dia de intoxicação, se caracteriza por manifestações anticolinérgicas como mucosas secas, hipertermia, hiperemia, visão turva, taquicardia, excitação, delírios, alucinações, mioclonias, convulsões do tipo tônico-clônicas e outras distonias, além de midríase. A **segunda fase** aparece após o primeiro dia e pode durar até o terceiro dia, com um quadro de depressão dos estímulos neuroquímicos, com o aparecimento de diminuição do nível de consciência até coma, grau variável de depressão respiratória com consequente hipóxia, hiporreflexia, hipotensão e hipotermia. A **terceira fase**, que aparece após 72 horas, tem como característica o retorno do quadro de agitação, delírios e marcada síndrome anticolinérgica. As manifestações cardíacas podem surgir nas primeiras horas de intoxicação, mas com manifestações clínicas mais importantes nas fases subsequentes, em geral nos casos mais graves, e incluem arritmias, como taquicardia sinusal que é um achado frequente, taquicardia ou fibrilação ventricular; bradiarritmias são menos frequentes, mas tem prognóstico reservado. A hipotensão é inicialmente por vasodilatação, mas pode evoluir por depressão miocárdica direta com posterior choque cardiogênico, edema agudo do pulmão e óbito.

Alternativa "c": errada. Os achados da perícia não apontam qualquer tipo de trauma na região da cabeça.

Alternativa "e": errada. Em que pese as lesões puntiformes pudessem inclinar o candidato ao coma induzido via intravenosa, o LSD (Dietilamida do Ácido Lisérgico) é o alucinógeno mais potente, um produto semissintético formado da aglutinação de uma dietilamida com o ácido licérgico, extraído do fungo *Claviceps purperea* (esporão do centeio). Seus efeitos são: dilatação da pupila; sudorese; aumento da frequência cardíaca e pressão arterial; aumento da temperatura; náuseas; vômitos; alucinações auditivas e visuais; sensibilidade sensorial; confusão; pensamento desordenado; perda do controle emocional; euforia alternada com angústia; dificuldade de concentração. Importante notar, o LSD tem como efeito a midríase (dilatação da pupila), enquanto a heroína produz a chamada miose, que é a contração da pupila.

137. (UEL – Delegado de Polícia – PR/2013) A avaliação da imputabilidade penal é realizada por intermédio de exame de sanidade mental e leva em consideração fatores limitadores ou modificadores. A interpretação do laudo médico-legal é fundamental para um correto entendimento do quadro psicopatológico.

Sobre a ótica da medicina legal relacionada à imputabilidade penal, assinale a alternativa correta.

a) São considerados inimputáveis aqueles com doença mental e que são inteiramente incapazes de discernir o caráter ilícito do fato ou de determinar-se de acordo com o entendimento.

b) São considerados inimputáveis aqueles que são relativamente incapazes de discernir o caráter ilícito do fato ou de determinar-se de acordo com o entendimento, como os que apresentam desenvolvimento mental incompleto ou retardado.

c) A presença de paixão, emoção, agonia, cegueira ou surdomutismo não é modificadora de imputabilidade penal em nenhuma situação.

d) Estados demenciais, oligofrenias ou psicoses mentais geram estados de semi-imputabilidade, mas nunca geram inimputabilidade.

e) Os estados de personalidade antissocial em que existem uma baixa tolerância à frustação e um baixo limiar de descarga de agressividade geram um estado de inimputabilidade penal.

COMENTÁRIOS

✪ **Nota do autor:** A imputabilidade penal é o conjunto de condições pessoais que dão ao agente a capacidade para lhe ser imputada a prática de um fato punível. É a capacidade de entender o caráter ilícito de um fato e de determinar-se conforme esse entendimento. O agente deve ter condições físicas, psicológicas, morais e mentais de saber que está realizando um ilícito penal. Além dessa capacidade plena de entendimento, deve ter totais condições de controle sobre a sua vontade.

Alternativa correta: letra "A": o legislador brasileiro adotou o **critério biopsicológico (normativo ou misto)**. Assim, considera inimputável aquele que em razão de sua condição mental (**causa**) era ao tempo da ação ou omissão, totalmente incapaz de entender o caráter ilícito do fato e de determinar-se de acordo com esse entendimento (**efeito**). O Código Penal Brasileiro adota este critério (art. 26, CP), como regra, assim como a Lei de Drogas, 11.343/06 (art. 45).

Alternativa "b": errada, pois a alternativa reproduz o conceito de semi-imputabilidade penal, art. 26, parágrafo único do CP, causa de redução da pena e não de exclusão da culpabilidade.

Alternativa "c": a **emoção ou paixão** não excluem a imputabilidade penal, como reza o art. 28, inc. I do CP. A **agonia** é um estado que interessa, quase exclusivamente, ao Direito Civil, pois a capacidade de um moribundo não pode ser afastada simplesmente pelo fato de estar ele numa situação mais grave, haja vista sua vontade e sua consciência poderem corresponder à normalidade (Genival Veloso de França, Medicina Legal, 9ª ed. Rio de Janeiro: Guanabara Koogan, 2014, p. 484). A **cegueira**, por si só, não se apresenta como um modificador da responsabilidade penal, conforme doutrina majoritária. Em relação **surdomutismo**, são, em regra, considerados semi-imputáveis, especialmente quando recebem tratamento em instituições especializadas, podendo atingir a inimputabilidade se existir uma grave perturbação do entendimento. Portanto, o surdomutismo, em algumas situações, pode modificar a imputabilidade penal e conforme o laudo elaborado por psiquiatra forense poderá ser considerado inimputável, semi-imputável ou plenamente capaz de responder pelo fato. É exemplo de **desenvolvimento mental retardado.**

Alternativa "d": os estados demenciais, oligofrenias ou psicoses mentais podem gerar estados de semi-imputabilidade, ou de inimputabilidade, a depender do laudo psiquiátrico que irá atestar a capacidade de discernimento no momento do crime. Os estados de demência e oligofrenias são exemplos de **desenvolvimento mental retardado.**

Alternativa "e": a inimputabilidade penal nos casos em que o paciente apresente estado de personalidade antissocial em que existe uma baixa tolerância à frustação e um baixo limiar de descarga de agressividade depende do laudo pericial, considerando a adoção do critério biopsicológico pelo Direito Penal, há a causa (transtorno de personalidade), devendo-se aquilatar o efeito, ou seja, a capacidade de entender o caráter ilícito do fato e de determinar-se de acordo com esse entendimento.

138. (Vunesp – Delegado de Polícia – SP/2014) Substância tóxica de dependência química e psíquica; é um produto sintético (diacetilmorfina), tem a forma de pó branco e cristalino que, após a diluição, é injetado no usuário, que apresenta de início euforia, disposição, alegria, mas que, ao longo do uso, passa a apresentar náuseas, vômitos, delírios, convulsões, bloqueio do sistema respiratório e morte de forma fugaz. Essa substância corresponde à(ao)

a) maconha.

b) morfina.

c) LSD.

d) cocaína.

e) heroína.

COMENTÁRIOS

✪ **Nota do autor:** A **Toxicologia** é o estudo das drogas tóxicas ou substâncias psicoativas, seus efeitos sobre o corpo humano e seus mecanismos de ação. Tais substâncias são aquelas químicas, naturais ou sintéticas, com capacidade de agir sobre o sistema nervoso central, com tendência ao tropismo pelo cérebro que comanda o corpo, alterando a normalidade psíquica ou mental, desequilibrando a conduta e a personalidade do agente. As substâncias psicoativas ou psicotrópicas são substâncias químicas naturais ou sintéticas capazes de alterar, de vários modos, a atividade mental, deprimindo, excitando ou perturbando o psiquismo. As drogas podem ser divididas em três grandes grupos: **psicolépticas** (que deprimem a atividade psíquica do cérebro), **psicoanalépticas** (que estimulam, excitam) e as **psicodislépticas** (que causam perturbação).

Alternativa correta: letra "E": a **heroína** é a diacetilmorfina, derivado sintético da morfina, que por sua vez, provém do ópio, mistura de alcaloides extraída da papoula. Embora possa ser utilizado sob a forma de pó, comumente misturado à farinha, talco, bicarbonato, a forma injetável via venosa é a mais conhecida, quando dissolvida em água. Geralmente o usuário utiliza uma colher para aquecê-la. Seus efeitos duram aproximadamente cinco horas causando sensação: de bem-estar; euforia e prazer; elevação da autoestima; diminuição do desânimo, dor e ansiedade. São efeitos da abstinência, após 24 horas do uso: diarreia; vômitos; dores musculares; pânico; insônia; inquietação; e taquicardia.

Alternativa "a": maconha, cujo nome científico é *cannabis sativa*, é vulgarmente conhecida por fumo, erva, marijuana, pacau, birra, dirijo, diamba, fumo d'angola etc. É a droga ilícita mais consumida mundialmente, sob a forma de cigarros toscos (chamados baseados) feitos a partir da desidratação das folhas da planta (cânhamo). Seu princípio ativo é o THC (tetraidrocanabinol), isômero levógiro do delta-9.

Alternativa "b": a **morfina** é um fármaco narcótico (substância narcótica e sintética produzida em laboratório), de alto poder analgésico usado para aliviar dores severas. Pertence ao grupo dos opioides, derivada do ópio retirado do leite da papoula.

Alternativa "c": o **LSD** (Dietilamida do Ácido Lisérgico) é o alucinógeno mais potente. É um produto semissintético formado da aglutinação de uma dietilamida com o ácido licérgico, extraído do fungo *claviceps purperea* (esporão do centeio). É de fácil transporte por meio de papéis de filtro embebidos pela solução aquosa, geralmente são utilizados selos. Colocados sob a língua são absorvidos rapidamente.

Alternativa "d": a **cocaína** é extraída da planta andina *erithroxylon coca*, folhas de coca, obtida através da adição de ácido clorídrico ou bicarbonato de sódio (para a produção dos subprodutos *crack* e merla) à pasta obtida da maceração das folhas. Forma-se um pó branco, sendo a aspiração a forma mais comum de utilização. São derivados (subprodutos) da cocaína o ***crack*** (sob a forma de pedra é fumado em cachimbos) e a **merla** (melado, pasta viscosa).

139. (Vunesp – Delegado de Polícia – SP/2014) Se um indivíduo em uso de medicamentos que são potencializadores do efeito alcoólico sobre o sistema nervoso, desconhecendo essa informação, ingere bebida alcoólica e passa a apresentar sinais inequívocos de embriaguez, tal fato pode ser considerado embriaguez

a) preordenada.

b) habitual.

c) culposa.

d) acidental.

e) fortuita.

COMENTÁRIOS

✪ **Nota do autor:** A embriaguez é tratada pelo Código Penal no capítulo relacionado à imputabilidade. Se **voluntária ou culposa** não exclui a imputabilidade penal (art. 28, inc. II, CP). Apenas se **completa e proveniente de caso fortuito ou força maior**, e, sendo o agente, ao tempo da ação ou omissão, inteiramente incapaz de entender o caráter ilícito do fato ou de determinar-se conforme esse entendimento, o isenta de pena, excluindo, assim, a culpabilidade, art. 28, § 1º, CP.

Alternativa correta: letra "D": a embriaguez acidental é decorrente de caso fortuito ou força maior. Se completa, exclui a imputabilidade, art. 28, § 1º, CP. O exemplo de embriaguez acidental narrado na questão se amolda à embriaguez acidental proveniente de caso fortuito.

Alternativa "a": é a denominada teoria da ***actio libera in causa*** (ação livre na causa), quando o autor se coloca voluntariamente em estado de embriaguez responderá pelo delito praticado, incidindo, nesta hipótese, a agravante genérica do art. 61, inc. II, *l*, CP.

Alternativa "b": ocorre quando o sujeito é dado ao uso de bebidas alcoólicas e se encontra frequentemente em estado de embriaguez. Poderá responder pela contravenção penal prevista no art. 62 da Lei de Contravenções Penais, Dec.-lei 3.688/41.

Alternativa "c": é a não acidental. Quando o indivíduo ingere bebida alcoólica não pretendendo embriagar-se, porém, bebe demais, atingindo o estado etílico. O art. 28, inc. II do Código Penal reza não excluir a imputabilidade penal a embriaguez culposa por álcool ou substâncias de efeitos análogos.

Alternativa "e": é sinônimo de embriaguez acidental. Portanto, em nosso sentir, a questão deveria ser anulada, pois duas alternativas estão corretas.

140. (FUNCAB – Delegado de Polícia – RJ/2012) Em relação ao álcool e a outras drogas psicotrópicas relacionadas com a dependência e a tolerância, julgue os itens a seguir e assinale a opção verdadeira.

a) O álcool, por ser uma substância estimulante do sistema nervoso central (SNC), acarreta ao indivíduo intoxicado a perda do controle dos sentimentos éticos e morais, podendo produzir, nos primeiros momentos da embriaguez, um comportamento desinibido e irreverente.

b) O conceito de tolerância farmacológica aponta na direção de um posicionamento, em termos de política criminal, contra a criminalização das drogas e a favor de uma abordagem sobre as mesmas dentro de um contexto de saúde pública.

c) A principal propriedade de reforço dos opiáceos é a euforia, às vezes intensa, seguida de uma sensação de tranquilidade profunda; em relação aos alucinógenos, pode-se afirmar que uma de suas características mais relevantes é a ocorrência de uma rápida e significativa tolerância.

d) Para a avaliação da imputabilidade penal de dependentes de drogas psicoativas que cometeram crimes relacionados com o uso de drogas, o perito legista, psiquiatra forense, avaliará se a droga específica causa ou causou dependência física ou psíquica, considerando o indivíduo mais imputável, quanto menor for a dependência física e menor a quantidade de droga consumida.

e) A autoridade policial, de acordo com o Código de Processo Penal, poderá solicitar o exame de sanidade mental do acusado, quando verificar a provável existência de indícios de "Doença Mental" ou "Dependência de Drogas", devendo o perito legista, psiquiatra forense, concluir o laudo em quarenta e cinco dias, salvo se o mesmo demonstrara necessidade de maior prazo.

COMENTÁRIOS

Alternativa correta: letra "C": a primeira parte da assertiva trata do principal efeito dos opiáceos, num primeiro momento excitação e euforia, para depois cair em depressão e prostração profundas. Já os alucinógenos, na segunda parte, embora não causem dependência física, podem desencadear crises psicóticas.

Alternativa "a": errada. O álcool é substância depressora do sistema nervoso central. Todavia, a terminologia pode gerar confusão, pois, o álcool, que é um depressor, atua como excitante em doses baixas, provocando um estado de liberação comportamental (fase do macaco, a primeira da embriaguez).

Alternativa "b": errada. O conceito de tolerância é dado à necessidade de doses mais elevadas ao paciente, em razão da diminuição da resposta farmacológica que se deve à administração repetida ou prolongada de alguns fármacos.

Alternativa "d": errada. Em razão do critério biopsicológico adotado pelo Código Penal, o perito criminal deverá atestar a dependência patológica (causa) e ponderar se o agente tinha plena capacidade de discernimento no momento da ação (efeito).

Alternativa "e": errada. A autoridade policial poderá representar ao juiz competente, durante o curso do inquérito policial, pela submissão do investigado a exame de sanidade mental, quando houver dúvida sobre a sua integridade mental, conforme art. 149, § 1º, CPP.

---

141. (FUNCAB – Delegado de Polícia – RJ/2012) Depoimento de uma mulher usuária de drogas em reabilitação: "... porque para mim a droga era uma pessoa e as pessoas eram coisas, de que eu precisava para me encontrar com a droga." A palavra droga substituiu a palavra originalmente utilizada pela mulher que fazia referência a uma substância específica. Esse pensamento retrata claramente o comportamento de adicção. Essa manifestação de desejo de consumo associado ao efeito residual da droga tem potencializado atos de extrema violência. Contudo, o comportamento agressivo está, na imensa maioria das vezes, associado ao uso de estimulantes do sistema nervoso, em geral, e um depressor. Esses estimulantes e o depressor seriam, respectivamente:

a) solventes inalantes, ecstasy e cocaína.

b) solventes inalantes, crack e ecstasy.

c) ecstasy, álcool e crack.

d) cocaína, crack e álcool.

e) cocaína, solventes inalantes e álcool.

COMENTÁRIOS

✪ **Nota do autor:** A terminologia **adicção** é comumente utilizada para designar o vício e a dependência em drogas.

Alternativa correta: letra "D" (responde as demais alternativas): a **cocaína** e o **crack** são **drogas psicoanalépticas**, substâncias que estimulam a atividade mental, aumentam a vigília, causam insônia, excitam a atividade intelectual, exaltam a tensão emocional, levando à euforia e ansiedade. O *ecstasy* (MDMA) é exemplo de **droga psicodisléptica**, estimulando o sistema nervoso central. Assim, as três drogas apresentadas atuam como estimulante. Já o **álcool** é **droga psicoléptica**, substância que deprime a atividade mental, diminui a vigília, reduz a atividade intelectual, seda a tensão emocional, induz ao sono, relaxa os músculos e diminui a ansiedade e o pânico. Os solventes inalantes também deprimem o sistema nervoso central, como exemplos, o cloreto de etila (lança perfume) e cola de sapateiro. Portanto, das drogas apresentadas nas alternativas, são estimulantes: a cocaína, o crack e o ecstasy. São depressoras: os solventes inalantes e o álcool.

---

142. (FGV – Delegado de Polícia – MA/2012) O transtorno que se manifesta pela compulsão do indivíduo em comprar tudo o que vê e que pode levar à dissipação do patrimônio da própria pessoa, denomina-se

a) dipsomania.

b) riparofilia.

c) cibomania.

d) amusia.

e) oniomania.

COMENTÁRIOS

✪ **Nota do autor:** A questão aborda diversos tipos de transtornos e alterações de personalidade.

Alternativa correta: letra "E": a **oniomania** é perturbação mental que provoca o portador a adquirir descontroladamente tudo o que tiver vontade. Parte da doutrina civilista enquadra tal desvio **como incapacidade relativa**, art. 4º, inc. IV do Código Civil, na **prodigalidade**, devendo a incapacidade ser declarada judicialmente.

Alternativa "a": é uma alteração psiquiátrica ligada ao alcoolismo. O consumo de bebidas alcoólicas é esporádico, porém, em grande quantidade, podendo persistir por vários dias seguidos.

Alternativa "b": a **riparofilia** (também denominada **misofilia**, **escatofilia** e **azolagnia**) se traduz na atração anômala pelo contato com mulheres imundas, desasseadas (significa sem asseio, higiene), fétidas. Também fazem parte da predileção dos riparofílicos as parceiras que se apresentem menstruadas ou com infecções vaginais.

Alternativa "c": transtorno obsessivo que desencadeia a compulsão por jogos. Psicose conducente à dilapidação patrimonial em jogos de azar. Parte da doutrina civilista enquadra tal desvio como **incapacidade relativa**, art. 4º, inc. IV do Código Civil, na **prodigalidade**, devendo a incapacidade ser declarada judicialmente.

Alternativa "d": a **amusia** é a incapacidade de captar os sons musicais, de identificar e recordar de uma melodia e pode ser congênita ou adquirida. A primeira é uma condição hereditária, já a adquirida pode surgir como consequência de traumatismos ou de derrames cerebrais.

---

143. (**Cespe – Delegado de Polícia – AL/ 2012**) Em relação à perícia médico-legal, julgue os itens que se seguem.

Para a aplicação do critério biopsicológico da imputabilidade, conceito expresso no Código Penal brasileiro, é necessário a avaliação da existência de um transtorno mental, da capacidade de entendimento do caráter ilícito do fato e da capacidade de autodeterminação pelo autor e, ainda, do nexo de causalidade entre o distúrbio mental ou psicológico e o ato praticado.

COMENTÁRIOS

Certo. O critério biopsicológico (normativo ou misto), adotado, como regra, pelo Código Penal brasileiro (**art. 26**), considera inimputável aquele que em razão de sua condição mental (**causa**) era ao tempo da ação ou omissão, totalmente incapaz de entender o caráter ilícito do fato e de determinar-se de acordo com esse entendimento (**efeito**). Assim, para a determinação da inimputabilidade penal, além da doença mental, desenvolvimento mental incompleto ou retardado, o agente tem que ser inteiramente incapaz de entender o caráter ilícito de sua conduta e de determinar-se conforme esse entendimento.

Medicina Legal

Cleyson Brene

✦ DICAS

1. PERÍCIAS, PERITOS E DOCUMENTOS MÉDICO-LEGAIS

- **Leitura essencial:** o candidato deve estudar atentamente os artigos 158 a 185 e 275 a 281 do Código de Processo Penal, que tratam do exame de corpo de delito e das perícias em geral, e dos peritos, respectivamente.
- Questão recorrente em concursos é quanto ao **número de peritos** necessário para a realização de um laudo. A antiga redação do art. 159 do Código de Processo Penal exigia o mínimo de dois peritos oficiais para a realização dos exames de corpo de delito e das outras perícias em geral.

Porém, o artigo sofreu alteração determinada pela Lei nº 11.690/08, prevendo que tais perícias serão realizadas por **perito oficial**.

Portanto, basta um perito! Todavia, se **peritos não oficiais**, permanece a exigência do mínimo de 02 (dois), conforme art. 159, § 1º, CPP.

- O Ministério Público, o assistente de acusação, o ofendido, o querelante e o acusado podem indicar **assistente técnico**, conforme dispõe o art. 159, § 3 do CPP.
- É importante frisar que a figura do assistente técnico atuará a partir de sua admissão pelo juiz e **após a conclusão** dos exames e elaboração do laudo pelos peritos oficiais (art. 159, § 4º, CPP).
- O art. 158 do CPP dispõe que quando a **infração deixar vestígios** será indispensável o exame de corpo de delito, direto ou indireto, não podendo supri-lo a confissão do acusado.
- Todavia, não sendo possível o exame de corpo de delito, por haverem desaparecido os vestígios, a prova testemunhal poderá suprir-lhe a falta (art. 167, CPP).
- Em razão da importância do tema, vamos estabelecer alguns conceitos pertinentes:
- **Corpo de delito** é o conjunto de vestígios materiais ou sensíveis deixados pela infração penal ou, em outras palavras, é a materialidade do crime.
- **Exame de corpo de delito**, por sua vez, é espécie de prova pericial, consistente na colheita de elementos e vestígios realizada por pessoa com conhecimentos técnico e científico, o **perito criminal**, que, em alguns dos Estados brasileiros, é policial civil. O referido exame que constatará a materialidade delitiva é confeccionado por meio de **laudo pericial.**
- O Código de Processo Penal faz referência em seu art. 158 quanto à necessidade do exame pericial nos crimes que deixam vestígios:
- Os chamados *delicta factis permanentis* (**delitos que deixam vestígios**), ou não transeuntes, são aqueles nos quais a infração penal deixa rastro, pistas, indícios, perceptíveis pelos sentidos, como ocorre com o homicídio, quando da localização do cadáver da vítima, ou manchas de sangue numa faca apreendida ou vestes do suspeito, bem como no furto qualificado por rompimento de obstáculo, sendo apreendido pelos peritos o cadeado rompido, como exemplos.
- Já os denominados *delicta factis transeuntis* (**delitos que não deixam vestígios)**, ou transeuntes, são assim denominados em razão da transitoriedade da materialidade delitiva, da vida efêmera dos vestígios. Exemplo, na injúria verbal (art. 140, CP), no desacato (art. 331, CP), na omissão de socorro (art. 135, CP), entre outros.
- **Exame de corpo de delito direto** é aquele em que os peritos dispõem do próprio corpo de delito para análise, exemplos: o cadáver, a janela arrombada, a arma de fogo apreendida, a droga etc.
- **Exame de corpo de delito indireto**, embora discutido na doutrina, inexistindo os vestígios, dispensa-se a perícia, fazendo-se então a prova da materialidade do crime por outros meios de prova que não o exame direto. Forma-se, assim, o corpo de delito indireto, como prevê a lei, em regra por testemunha (art. 167, CPP).
- Portanto, a prova pericial é imprescindível, como orienta o Código de Processo Penal em seu art. 158, "quando a infração penal deixa vestígios, será indispensável o exame de corpo de delito, direito ou indireto, não podendo supri-lo a confissão do acusado".
- Tratando-se de perícia complexa que abranja mais de uma área de conhecimento especializado, poder-se-á designar a atuação de mais de um perito oficial, e a parte indicar mais de um assistente técnico (art. 159, § 7º, CPP).
- O exame de corpo de delito poderá ser feito em qualquer dia e a qualquer hora (art. 161, CPP).

- A falta de **exame complementar**, destinado à classificação da **lesão corporal qualificada** (art. 129, § 1º, inc. I, CP), transcorrido o prazo de 30 dias, contado da data do crime, poderá ser suprida pela prova testemunhal (art. 168, § 3, CPP).
- A autoridade poderá também ordenar que se proceda a novo exame, por outros peritos, se julgar conveniente (art. 181, parágrafo único, CPP).
- Conforme dispõe o art. 182 do CPP o juiz não ficará adstrito ao laudo, podendo aceitá-lo ou rejeitá-lo, no todo ou em parte.
- **Diferença entre auto e laudo médico legal**: os **relatórios médico-legais** são os documentos resultantes da atuação do serviço médico-legal. Podem se apresentar na forma de **auto**, quando ditado ao escrivão, ou **laudo**, elaborado pelo próprio perito.
- Em razão da relevância do tema e índice de cobrança em concursos, necessário guardar o conceito e partes do documento médico-legal mais importante. O **relatório médico-legal** é a narração escrita e minuciosa de todas as operações de uma perícia médica determinada por autoridade policial ou judiciária ao perito. Pode ser dividido em sete partes:

1) **Preâmbulo:** é a introdução na qual constam a qualificação da autoridade solicitante, a dos peritos, a do examinado, local onde é feito o exame, data e hora, bem como a espécie pericial;
2) **Histórico:** é a contrapartida médico-legal da anamnese (histórico de doenças do examinado, caracteres hereditários, condição de vida etc.) do exame clínico comum. Na maioria das vezes, os dados referentes aos antecedentes são obtidos pelo próprio examinado, devendo o médico legista agir com cautela, pois a pessoa envolvida numa ocorrência policial costuma exagerar nas queixas de modo a tornar maior o dano sofrido;
3) **Quesitos:** são perguntas cuja finalidade é a caracterização de fatos relevantes que deram origem ao processo. Na área criminal, são padronizados e o objetivo é caracterizar os elementos de um fato típico;
4) **Descrição:** é a parte mais importante do relatório médico-legal, pois não pode ser refeita com a mesma riqueza de detalhes posteriormente, em razão da cicatrização do ferimento, evolução do processo de decomposição, temperatura etc. Tal descrição deve ser minuciosa, rica em detalhes, correspondendo ao *visum et repertum* (expressão latina que significa ver e repetir). O perito deve traduzir em palavras as sensações que experimenta ao realizar o exame, tanto as visuais quanto as derivadas de outros sentidos.
5) **Discussão:** será necessária quando surgir alguma discrepância, quando o aspecto de alguma lesão foge ao que era de se esperar pelos elementos do histórico, devendo os achados serem analisados sob novos ângulos, em busca de explicação para as diferenças, podendo o perito lançar mão de esquemas, desenhos, fotografias etc.;
6) **Conclusão:** terminadas a descrição e a discussão, o perito assume uma posição quanto à ocorrência, ou não, do fato com base nas informações do histórico, nos achados do exame objetivo e de seu confronto. O que for concluído será resumido de forma clara e concisa para a autoridade solicitante; e
7) **Resposta aos quesitos:** cuja finalidade é a caracterização de fatos relevantes que deram origem ao processo, perguntas realizadas em formato de quesitação, variando conforme o tipo de perícia.

Outros documentos médico-legais:

- **parecer médico legal:** é uma consulta médico-legal que envolve divergência importante sobre interpretação de determinada perícia, podendo as partes interessadas solicitar esclarecimentos mais aprofundados a uma instituição cujo corpo técnico tenha competência inquestionável ou a professor de renome. Não há aqui **descrição**, pois as dúvidas estão relacionadas à interpretação de um laudo pericial. São partes do parecer: preâmbulo, exposição, discussão e conclusão.
- **atestado ou certificado médico:** são informações prestadas por escrito a respeito de determinado fato de interesse médico, bem como suas consequências.
- **notificação:** é a comunicação feita pelo profissional da saúde, em determinados casos, compulsória, como ocorre na Lei nº 9.343/97 (Lei de Transplante de Órgãos), art. 13, que dispõe ser obrigatório, para todos os estabelecimentos de saúde, notificar às centrais de notificação, captação e distribuição de órgãos da unidade federada onde ocorrer, o diagnóstico de morte encefálica feito em pacientes por ele atendidos.

A **Lei 12.030/09** estabelece as normas gerais para as perícias oficiais de natureza criminal, assegurando autonomia técnica, científica e funcional no exercício de perícia oficial de natureza criminal, art. 2º.

Em vários Estados o perito criminal compõe os quadros das Polícias Civis, exigindo-se concurso público, com formação acadêmica específica, para o provimento do cargo de perito oficial (art. 3º da Lei).

A lei ainda estabelece quais são os **peritos oficiais**: os peritos criminais (curso superior em qualquer área, como química, biologia, física, contabilidade etc.), peritos médico-legistas (formação superior em medicina) e peritos odontolegistas (formação superior em odontologia). Os **peritos não oficiais** ou **juramentados** são pessoas idôneas, nomeadas na falta de perito oficial, portadores de diploma de curso superior preferencialmente na área específica, dentre as que tiverem habilitação técnica relacionada com a natureza do exame. Nesse caso, o exame será realizado por 2 (duas) pessoas (dois peritos não oficiais), art. 159, § 1º, CPP. Os peritos não oficiais prestarão o compromisso de bem e fielmente desempenhar o encargo.

Em relação à exumação:

Consiste "no desenterramento do cadáver e tem como finalidade atender aos reclamos da Justiça na averiguação de uma exata causa de morte passada despercebida, no esclarecimento de um detalhe, em uma identificação, em uma grave contradição ou na confirmação de um diagnóstico. Pode ainda atender às necessidades sanitárias ou servir para transladação do corpo" (Medicina Legal, 10ª ed. Rio de Janeiro: Guanabara Koogan, 2015, p. 1126).

A exumação pode ter objetivos:

1) **Administrativos**, visando à transferência dos restos mortais:

a) para outro local de sepultamento;

b) para urna menor a fim de ocupar menos espaço ou para cremação;

c) para remoção do corpo por razões sanitárias;

2) **Jurídicos**, por determinação do juiz ou da polícia judiciária:

a) para identificação do cadáver ou de seus restos;

b) para necropsia, por não ter sido realizada no momento oportuno;

c) para realização de nova necropsia.

Obs. o administrador do cemitério deverá indicar o lugar da sepultura, sob pena de desobediência, conforme dispõe o art. 163, parágrafo único do CPP.

2. ANTROPOLOGIA

- A **identificação criminal** é um conjunto de atos por meio dos quais se cria uma identidade criminal, podendo ser realizado um registro fotográfico do indiciado de frente e de perfil, discriminando-se todos os dados relevantes para a especificação de suas características físicas de sua identificação visual (como cor dos olhos, cabelo, pele, altura, peso, idade), além da qualificação de dados familiares bem como endereços.
- Assim, o objetivo precípuo da identificação criminal é reunir informações visando à individualização de determinada pessoa investigada em inquérito policial ou ré em processo penal, auxiliando, desta forma, o sistema penal.

A **identificação** é o processo técnico e científico empregado para determinar a **identidade** de um indivíduo, que, por sua vez, é o conjunto de elementos característicos que distingue a pessoa das demais.

Assim, o método de identificação é **comparativo**. Os fundamentos biológicos ou técnicos que preenchem as condições para um método de identificação aceitável e seguro são:

1. **Unicidade** (determinado elemento seja específico daquele indivíduo, distinguindo-o dos demais);
2. **Imutabilidade** (as características precisam ser imutáveis, não se alterando com o passar do tempo);
3. **Perenidade** (capacidade de determinados elementos resistirem à ação do tempo, durando por toda a vida, e até após a morte, como, por exemplo, o esqueleto. Há características que são imutáveis durante um certo período da vida, porém não são perenes, como, por exemplo, o número de dentes);
4. **Praticabilidade** (o método dever ser prático, tanto na obtenção quanto no registro);
5. **Classificabilidade** (requisito de suma importância, pois deve haver metodologia no arquivamento, propiciando rapidez e facilidade na busca dos registros).

- Já a **identificação datiloscópica** consiste num método de colheita das impressões digitais, datiloscopia, isto é, pelas saliências papilares existentes nas pontas dos dedos. Todos nós temos nas polpas dos dedos as chamadas cristas papilares. Se untarmos as pontas dos dedos da mão com tinta preta e pressionarmos numa folha de papel, observaremos desenhos que apresentam uma série de linhas paralelas.

Tais vestígios são denominados **impressão digital**, formada por diferentes linhas curvas e constituída de pequenas partículas de suor produzidas pelos sulcos e saliências da pele que envolvem os dedos, e o estudo dos mesmos datiloscopia.

O termo advém do grego *daktilos* (dedos) conjugado com *skopein* (observação, estudo). Tal sistema, iniciado na Argentina pelo dálmata Vucetich em 1891, foi prontamente adotado por diversos países em razão de sua simplicidade, inclusive o Brasil, em 1905.

- São **características** da impressão digital: unicidade, imutabilidade ou perenidade, praticabilidade e classificabilidade. Vucetich observou que, apesar da infinidade de desenhos nas impressões digitais, há determinados padrões que se repetem, sendo denominados pelo autor de tipos fundamentais, tendo por base a presença de um elemento básico denominado delta (pequeno sinal triangular ou estrelado), em razão da semelhança com a letra grega (**Δ**), formado pela confluência de linhas em um dos lados da impressão. São quatro os tipos fundamentais:

a) Arco: ausência de delta;

b) Presilha Interna: presença de delta à direita do observador;

c) Presilha Externa: presença de delta à esquerda do observador; e

d) Verticilo: presença de dois deltas, um à direita e outro à esquerda.

- No processo de identificação datiloscópica são colhidas as impressões digitais dos dez dedos das mãos, numa ficha, sendo tal conjunto denominado individual **ou fórmula datiloscópica (ID)**, representada por uma fração cujo numerador é a mão direita, chamado **série**; o denominador é a mão esquerda, chamado **seção.** Nessa fórmula os polegares iniciam as sequências e são representados por letras, já os dedos indicador, médio, anular e mínimo, são representados por números, da seguinte forma: Arco (A / 1), Presilha interna (I / 2), Presilha Externa (E / 3) e Verticilo (V / 4).

- Exemplo de uma fórmula datiloscópica, utilizada na identificação criminal e na colheita de digitais pelo Instituto de Identificação:

FD = V 3341 / E 3214					
Mão direita			**Mão esquerda**		
polegar	V	verticilo	**polegar**	E	presilha externa
indicador	3	presilha externa	**indicador**	3	presilha externa
dedo médio	3	presilha externa	**dedo médio**	2	presilha interna
anular	4	verticilo	**anular**	1	Arco
mínimo	1	arco	**mínimo**	4	Verticilo

Outros tipos pertinentes:

- dedos defeituosos e cicatrizes são representados pela letra X; e
- amputações pelo número zero (0).

A Lei 12.037/09 dispõe sobre o tema, tendo revogado, inclusive, a Lei 10.054/2000, criticada pela doutrina em razão de prever um rol de crimes que autorizariam a medida. Em seu art. 3º, destaca as situações em que poderá ocorrer a identificação criminal, ainda que apresentado documento de identificação, quando:

- O documento apresentar rasura ou tiver indício de falsificação;
- O documento apresentado for insuficiente para identificar cabalmente o indiciado;
- O indiciado portar documentos de identidade distintos, com informações conflitantes entre si;
- A identificação criminal for essencial às investigações policiais, segundo despacho da autoridade judiciária competente, que decidirá de ofício ou mediante representação da Autoridade Policial, do Ministério Público ou da defesa;
- Constar de registros policiais o uso de outros nomes ou diferentes qualificações;
- O estado de conservação ou a distância temporal ou da localidade da expedição do documento apresentado impossibilite a completa identificação dos caracteres essenciais.

No processo de Identificação Médico-legal, exigem-se não só conhecimentos e técnicas médico-legais, como também entendimento de suas ciências acessórias. Sempre é feita por legistas. Um dos aspectos a serem analisados: **a Raça**. **Ottolenghi** classifica em cinco os tipos étnicos fundamentais (FRANÇA, Genival Veloso de. Medicina Legal, 10ª ed. Rio de Janeiro: Guanabara Koogan, 2015, p. 683):

Tipo caucásico: é um indivíduo de pele branca ou trigueira; cabelos lisos ou crespos, louros ou castanhos; íris azuis ou castanhas; contorno craniofacial anterior ovoide ou ovoide-poligonal; perfil facial ortognata e ligeiramente prognata.

Tipo indiano: não se afigura como um tipo racial definido. Estatura alta; pele amarelo-trigueira, tendente ao avermelhado; cabelos pretos, lisos, espessos e luzidios; íris castanhas; crânio mesocéfalo; supercílios espessos; orelhas pequenas; nariz saliente, estreito e longo; barba escassa; fronte vertical: zigomas salientes e largos.

Tipo australoide: possui as seguintes características: estatura alta; pele trigueira; nariz curto e largo; arcadas zigomáticas largas e volumosas; prognatismo maxilar e alveolar; cinturas escapular larga e pélvica estreita; dentes fortes; mento retraído; arcadas superciliares salientes e crânio dolicocéfalo.

Tipo negroide: possui as seguintes características, segundo a classificação do autor: pele negra; cabelos crespos, em tufos; crânio pequeno; perfil facial prognata; fronte alta e saliente; íris castanhas; nariz pequeno, largo e achatado; perfil côncavo e curto; narinas espessas e afastadas, visíveis de frente e circulares.

Tipo mongólico possui as seguintes características, segundo a classificação do autor: pele amarela; cabelos lisos; face achatada de diante para trás; fronte larga e baixa; espaço interorbital largo; maxilares pequenos e mento saliente.

3. TANATOLOGIA

- **Tanatologia** é a Divisão da Medicina Legal na qual estudam-se a morte e todos os problemas a ela relacionados.
- A **morte** é a cessação dos fenômenos vitais pela parada das funções cerebral, respiratória e circulatória.
- A Lei nº 9.437/97, em seu art. 3º dispõe: "A retirada *post mortem* de tecidos, órgãos ou partes do corpo humano destinados a transplante ou tratamento deverá ser precedida de diagnóstico de **morte encefálica**, constatada e registrada por dois médicos não participantes das equipes de remoção e transplante, mediante a utilização de critérios clínicos e tecnológicos definidos por resolução do Conselho Federal de Medicina".
- Para o diagnóstico da morte real são observados os seguintes **sinais**:

1) Duvidosos:

- Imobilidade do corpo;
- Perda da consciência;
- Insensibilidade geral e dos sentidos;
- Suor frio e horripilação da pele;
- Suspensão dos movimentos aparentes de respiração;
- Cessação dos batimentos cardíacos;
- Ausência de pulso;
- Face cadavérica etc.

2) Prováveis:

- Resfriamento progressivo do corpo;

- Paralisia dos esfíncteres;
- Rigidez cadavérica;
- Manchas da esclerótica;
- Livores cadavéricos;
- Hipóstases etc.

3) **Certos:**

- Pergaminhamento da pele;
- Mancha verde abdominal;
- Parada completa e prolongada da circulação.
- Uma classificação mais completa dos fenômenos cadavéricos:

i) **ABIÓTICOS OU AVITAIS NEGATIVOS:**

I.1) imediatos

- Perda da consciência;
- Insensibilidade;
- Imobilidade;
- Abolição do tono muscular;
- Cessação da circulação.

I.2) consecutivos (tardios)

- Evaporação tegumentar (desidratação);
- Resfriamento do corpo;
- Hipóstase;
- Rigidez cadavérica;
- Espasmo cadavérico.

II) transformativos:

II.1) destrutivos

- **Autólise:** autodestruição da célula pelas suas próprias enzimas. Em razão da morte, cessa a troca nutritiva entre as células, assim, o meio se transforma, acidificando-se.
- **Putrefação:** é a decomposição do corpo pela ação das bactérias, gerando grande quantidade de gases.
- **Maceração**: processo de putrefação que ocorre nos corpos submersos. Os ossos soltam-se dos tecidos, o abdômen achata-se e o tegumento desprende-se sob a forma de largos retalhos. A pele perde a aderência e descola, após a formação de bolhas que se rompem. Observa-se tal fenômeno em duas situações: nos submersos em meio líquido contaminado, isto é, com germes, denominada **maceração séptica**; e nos fetos retidos a partir do quinto mês de gestação, denominada **maceração asséptica**, sem a presença de germes.

ii.2) conservadores

- **Mumificação**: fenômeno transformativo conservador que pode ser provocado, por exemplo, pelo processo de embalsamento, ou espontâneo, isto é, decorrente de certas condições do meio ambiente, principalmente a falta de umidade, que prejudica a putrefação.
- **Saponificação ou adipocera:** fenômeno transformativo conservador em que o cadáver adquire consistência untuosa e mole como sabão ou cera.

- Importante do candidato o conhecimento dos **fenômenos transformativos destrutivos**, especificamente em relação à **putrefação**, que é a decomposição do corpo pela ação das bactérias, gerando grande quantidade de gases.
- São fases/ períodos da putrefação:

1ª) **Coloração ou Cromática**; o período cromático da putrefação ou fase da coloração surge entre 20 e 24 horas após a morte e pode durar até 7 dias. Tem início pela mancha verde abdominal localizada na fossa ilíaca direita, difundindo-se por todo o corpo;

2ª) **Enfisema ou Gasosa**; a fase da enfisema ou período enfisematoso da putrefação, também denominada fase gasosa, em razão dos gases que são formados no interior do corpo e fazem com que o cadáver adquira uma aparência de agigantamento, com protusão da língua e inchaço dos genitais. O sangue é forçado para a periferia, dando origem ao desenho dos vasos na superfície da pele, fenômeno denominado **"circulação póstuma de Brouardel"**;

3ª) **Coliquativa**; o período coliquativo é a dissolução do cadáver pela ação das bactérias e da fauna cadavérica e

4ª) **Esqueletização;** a esqueletização é a redução do cadáver às suas partes ósseas.

- O sinal mais precoce de putrefação do cadáver é uma mancha verde que aparece, primeiramente, no abdômen.

DIAGNÓSTICO DA MORTE ENCEFÁLIA E RESOLUÇÃO 2.137/17

O Conselho Federal de Medicina – CFM atualizou os critérios para a definição de morte encefálica, substituindo a Resolução 1.480/97 pela Resolução 2.173/17, e atende o que determina a lei 9.434/97 e o decreto presidencial 9.175/17, que regulamentam o transplante de órgãos no Brasil.

Entre as mudanças introduzidas no texto está a possibilidade de mais especialistas, além do neurologista, diagnosticarem a morte cerebral.

Pela resolução anterior (1.480/97), a morte encefálica deveria ser diagnosticada por dois médicos, sendo que um seria obrigatoriamente neurologista, mas o outro não precisava ter nenhuma habilitação específica.

Agora, os dois médicos devem ser especificamente qualificados, sendo que um deles deve, obrigatoriamente, possuir uma das seguintes especialidades: medicina intensiva adulta ou pediátrica, neurologia adulta ou pediátrica, neurocirurgia ou medicina de emergência. O outro deve ter, no mínimo, um ano de experiência no atendimento a pacientes em coma, tenha acompanhado ou realizado pelo menos 10 determinações de morte encefálica ou tenha realizado curso de capacitação.

Nenhum dos dois médicos deve fazer parte da equipe de transplantes.

De acordo com a Lei 9.434/97, a retirada de tecidos, órgãos ou partes do corpo humano destinados a transplante ou tratamento deverá ser precedida de diagnóstico de morte encefálica, constatada por dois médicos não participantes das equipes de remoção e de transplante, mediante a utilização de critérios clínicos e tecnológicos definidos por resolução do CFM.

A Resolução CFM 2.173/17 estabelece que os procedimentos para a determinação da morte encefálica devem ser iniciados **em todos os pacientes que apresentem coma não perceptivo, ausência de reatividade supraespinhal e apneia persistente**.

O **quadro clínico** do paciente também deve apresentar todos os seguintes **pré-requisitos:**

- Presença de lesão encefálica de causa conhecida e irreversível;
- Ausência de fatores tratáveis que confundiriam o diagnóstico;
- Tratamento e observação no hospital pelo período mínimo de seis horas;
- Temperatura corporal superior a 35º graus;
- E saturação arterial de acordo com critérios estabelecidos pela Resolução (Obs. No caso de crianças, os parâmetros são um pouco diferentes, com um período de observação maior).

Além do exame clínico, que deve ser realizado por dois médicos diferentes, com um intervalo mínimo de uma hora entre o primeiro e o segundo, o paciente deve ser submetido a um teste de apneia e a exames complementares.

Esses exames podem ser a **angiografia cerebral, o eletroencefalograma, o doppler transcraniano e a cintilografia**. O laudo deve ser assinado por profissional com comprovada experiência e capacitação para a realização desse tipo de exame.

O paciente também deve ser submetido a um teste de apneia, que estimula o centro respiratório de forma máxima. É necessária a realização de um único teste.

Veja, abaixo, o que mudou:

RESOLUÇÃO 1.480/97	RESOLUÇÃO 2.173/17
Parâmetros clínicos para o início do diagnóstico: Coma aperceptivo com ausência de atividade motora supraespinal e apneia.	**Parâmetros clínicos para o início do diagnóstico:** Coma não perceptivo, ausência de reatividade supraespinhal, apneia persistente. Deve apresentar lesão encefálica de causa conhecida, irreversível e capaz de causar a morte encefálica, ausência de fatores tratáveis que possam confundir o diagnóstico de morte encefálica. Temperatura corporal superior a 35º, saturação arterial de oxigênio acima de 94% e pressão arterial sistólica maior ou igual a 100 mmHg para adultos.
Tempo de observação para que seja iniciado o diagnóstico: Não tinha.	**Tempo de observação para que seja iniciado o diagnóstico:** Mínimo de 6 horas. Quando a causa fora encefalopatia hipóxico-isquêmica, a observação deve ser de 24 horas.
Intervalo mínimo entre as duas avaliações clínicas: De 7 dias a 2 meses incompletos – 48 horas; De 2 meses a 1 ano incompleto – 24 horas; De 1 ano a 2 anos incompletos – 12 horas; Acima de 2 anos – 6 horas.	**Intervalo mínimo entre as duas avaliações clínicas** De 7 dias a 2 meses incompletos – 24 horas; De 2 meses a 24 meses incompletos – 12 horas; Acima de 2 anos – 1 hora.
Confirmação da morte encefálica: a) Exames clínicos, realizados por médicos diferentes, e exames complementares, realizados em intervalos de tempos variáveis; b) Os exames complementares devem demonstrar: ausência de atividade elétrica cerebral, ou ausência de atividade metabólica cerebral ou ausência de perfusão sanguínea cerebral.	**Confirmação da morte encefálica:** a) Dois exames clínicos, por médicos diferentes, especificamente capacitados para confirmar o coma não perceptivo e a ausência de função do tronco encefálico; b) um teste de apneia; c) um exame complementar que comprove a ausência de atividade encefálica. Este exame deve comprovar: ausência de perfusão sanguínea encefálica, ou ausência de atividade metabólica encefálica ou ausência de atividade elétrica encefálica.
Formação dos médicos examinadores: a) Decreto 2.268/97 (revogado pelo decreto 9.175/17) estabelecia que um dos dois médicos confirmadores da morte encefálica deveria ser neurologista; b) mesmo decreto estabelecia que nenhum desses médicos poderiam fazer parte da equipe de transplante.	**Formação dos médicos examinadores** a) Será considerado especificamente capacitado o médico com um ano de experiência no atendimento de pacientes em coma e que tenha acompanhado ou realizado pelo menos dez determinações de morte encefálica, ou que tenha realizado curso de capacitação para determinação de morte encefálica; b) Um dos médicos especificamente capacitado deverá ser especialista em uma das seguintes especialidades: medicina intensiva, medicina intensiva pediátrica, neurologia, neurologia pediátrica, neurocirurgia ou medicina de emergência. c) Nenhum desses médicos poderá fazer parte da equipe de transplante.

4. TRAUMATOLOGIA

- Considerando que em diversas provas de medicina legal são cobradas questões relacionadas ao crime lesão corporal, optamos por tecer alguns comentários pertinentes sobre o delito:
- **LESÃO CORPORAL:** Delito previsto no art. 129 do Código Penal, que consiste em qualquer dano ocasionado à integridade física e à saúde fisiológica ou mental da pessoa, com intenção de lesionar, ofender, sem, contudo, o *animus necandi*, que é a intenção de matar, pois em tal situação responderia o autor por delito diverso: homicídio, art. 121, CP.
- A **integridade física** diz respeito à alteração anatômica, interna ou externa, do corpo humano; geralmente produzida por violência física e mecânica.
- A **saúde fisiológica** do corpo humano diz respeito ao equilíbrio funcional do organismo, cuja lesão normalmente não produz alteração anatômica, ou seja, dano, mas apenas perturbação de sua normalidade funcional que produz ofensa à saúde.
- A **saúde mental** diz respeito à perturbação de ordem psíquica, exemplo: choque nervoso decorrente de susto.
- O verbo núcleo do tipo é *ofender*, que significa atingir a integridade corporal ou a saúde física ou mental de outrem.
- Formas de execução (crime de ação livre):

– Meios físicos: faca, pau, ácido sulfúrico (denominado **vitriolagem**)

– Meios morais: susto, ameaça etc. (lesão no sistema nervoso)

– Ação (conduta comissiva, ex. chute, soco, atropelamento, facada)

– Omissão (somente quando o agente for garantidor, art. 13, § 2º CP; ex. pai que não alimenta o filho e este em razão da desnutrição sofre lesões).

- **Obs.** a violência física é desnecessária para a produção das lesões corporais, podendo a ofensa à integridade e saúde da vítima dar-se através de meios outros que não acarretem, inclusive, qualquer alteração anatômica, como equimoses, fraturas, mas tão somente alteração da função fisiológica do organismo ou transtornos psíquicos.
- Em relação ao **tipo subjetivo**, é o dolo, consistente na vontade consciente de ofender a integridade física ou a saúde de outrem. Exige-se, assim, o chamado *animus nocendi* (de prejudicar) ou *animus laedendi* (de ofender). É a intenção de lesionar que diferencia o crime de lesão corporal consumado da tentativa de homicídio.
- **São modalidades:**

– **Lesão corporal dolosa** (art. 129, *caput*, §§ 1º e 2º, CP);

– **Lesão corporal preterdolosa** (art. 129, § 3º) e

– **Lesão corporal culposa** (art. 129, § 6º, CP).

LESÃO CORPORAL SIMPLES OU LEVE (art.129, *caput*)

- O conceito de lesão leve é dado por exclusão. Portanto, configuram o tipo básico as lesões que não causarem qualquer dos resultados previstos nos parágrafos.

LESÃO CORPORAL GRAVE (art. 129, § 1º)

1) incapacidade para as ocupações habituais por mais de 30 dias

- Ocupações habituais (ocupações da vida em geral, tais como: trabalho, recreação, estudos etc. Não se refere especificamente ao trabalho do ofendido, ou seja, não necessita ter atividade lucrativa).
- Atividade ilícita (entende a doutrina e jurisprudência que esta deve ser lícita, não havendo gravidade quando a vítima se dedica a atividades criminosas. Porém, qualifica quando não puder desempenhar as demais. ex. criminoso habitual).
- Atividade imoral? Doutrina majoritária e jurisprudência entendem que qualifica o crime.
- Comprovação da qualificadora: exame de corpo de delito, art. 168, § 2º, CPP.
- O período de incapacidade não se confunde com a duração da lesão, podendo esta cicatrizar e a incapacidade persistir mais algum tempo, ou ainda, não curada a lesão, desaparecer a incapacidade.

2) perigo de vida

- Perigo de vida: Probabilidade de morte. Não se trata de perigo presumido, mas concreto, precisando ser investigado e comprovado por perícia.
- Laudo pericial deve ser fundamentado, não se exigindo exame complementar.
- Exemplos: hemorragia grave, lesão penetrante no abdômen, perfuração do intestino, coma cerebral e queimaduras generalizadas.

Obs. esse tipo penal apenas admite a forma preterdolosa dos crimes qualificados pelo resultado, pois se há dolo quanto ao perigo de vida o sujeito responderá por tentativa de homicídio.

3) debilidade permanente de membro, sentido ou função

- Debilidade significa uma redução na capacidade funcional, uma diminuição das possibilidades funcionais da vítima.
- Membros são os apêndices do corpo, superiores (braços) e inferiores (pernas). São as partes do corpo que se prendem ao tronco.
- Sentidos são todas as funções perceptivas do mundo exterior, ou seja, os mecanismos sensoriais por meio dos quais percebemos o mundo exterior (visão, audição, olfato, tato e paladar). É a faculdade de percepção.

- Função é a atividade desempenhada por vários órgãos (circulatória, respiratória, digestiva, locomotora). Atividade específica de um órgão.
- Obs. quando se trata de membro ou órgão duplos, a supressão de um deles debilita a função, ou seja, há apenas a diminuição funcional do organismo. Se houver a supressão de ambos, estará caracterizada a perda, sendo lesão gravíssima, art. 129, § 2º, III, CP.

4) **aceleração de parto**

- É grave a lesão quando há antecipação do parto, ou seja, quando o feto é expulso antes do termo final da gravidez, conseguindo sobreviver.
- Não se configura a qualificadora, porém, se o agente desconhecia o estado de gravidez da vítima e se a ignorância a respeito era plenamente escusável, já que é necessário ao menos culpa com relação ao resultado que agrava especialmente a pena (art.19 CP).

LESÃO CORPORAL GRAVÍSSIMA (ART. 129, § 2º CP)

1) **incapacidade permanente para o trabalho**

- Não se refere às ocupações habituais, mas à atividade profissional remunerada. Excluindo-se, assim, crianças e idosos.
- É pacífico na doutrina que a lei se refere a qualquer trabalho, e não a atividade específica da vítima.
- Não precisa ser perpétua, mas apenas duradoura.

2) **enfermidade incurável**

- Enfermidade: doença, moléstia, qualquer estado mórbido de evolução lenta.
- Incurável: que nos termos atuais da medicina não apresenta maiores probabilidades de cura integral.

3) **perda ou inutilização de membro, sentido ou função**

- Perda: pode ser causada por: mutilação (causada pela violência da própria ação lesiva) ou amputação (em razão de cirurgia).
- Inutilização: inaptidão funcional.
- Obs. Se em consequência da lesão corporal sobrevier:

– Paralisia de um braço: inutilização de membro;

– Perda da mão: inutilização de membro;

– Perda de um dedo: debilidade permanente (lesão grave apenas).

- **Obs.** Órgãos duplos? Quando houver a supressão de ambos (exemplos cegueira, surdez total) será perda. Quando se der a supressão de apenas um, estaremos diante da hipótese de debilidade, pois a função não foi totalmente abolida.

4) **deformidade permanente**

- Deformidade: prejuízo estético adquirido, visível, oriundo da deformação de uma parte corpo.
- Permanente: irreparável.
- Exemplos: orelha de borracha, olho de vidro, peruca, ou seja, qualificam mesmo nos casos em que a pessoa pode camuflar.
- Obs. Além de ser considerável, deve o dano causar impressão vexatória, humilhante ao portador e certo desconforto aos olhos de terceiros. A idade, o sexo e a condição social são de extrema importância na apreciação.

5) **aborto**

- É o chamado pela doutrina aborto preterintencional.
- O agente quer apenas causar lesões corporais, mas faz com que a vítima aborte. Evidentemente, se o agente deseja o aborto ou assume o risco de produzi-lo, responde por esse crime em concurso com o de lesões corporais.
- Faz-se necessário a prova da gravidez.

LESÃO CORPORAL SEGUIDA DE MORTE (§ 3º)

- É o chamado homicídio preterdoloso/preterintencional.
- Obs. Não é competência do Tribunal do Júri, mas sim, juiz comum.
- Exemplos: empurrão e queda da vítima que sofre fratura de crânio, pauladas na cabeça etc.

LESÃO CORPORAL CULPOSA (§ 6º)

- Não importa a gravidade, pois, ao contrário das lesões dolosas o CP não faz distinção quanto à gravidade das lesões.
- Exemplos: fumar próximo a depósito de pólvora; agir com culpa na guarda de cão bravio etc.

Para memorização:

LESÃO CORPORAL	
GRAVE (§ 1º)	**GRAVÍSSIMA (§ 2º)**
1) Incapacidade para as ocupações habituais, por mais de trinta dias;	1) Incapacidade permanente para o trabalho;
2) perigo de vida;	2) enfermidade incurável;
3) debilidade permanente de membro, sentido ou função;	3) perda ou inutilização do membro, sentido ou função;
4) aceleração de parto.	4) deformidade permanente;
–	5) aborto.

- Em relação às **lesões contusas** (causadas por instrumentos contundentes), são diversas as modalidades de lesão, a depender da forma e força utilizadas na agressão, com consequências jurídicas diferentes. Vejamos as mais importantes:
- **Rubefação (eritema):** é a congestão de pouca intensidade, causando vermelhidão no local em razão da dilatação dos vasos capilares. Ex. uma bofetada de mão aberta. Desaparece em pouco tempo, entendendo a jurisprudência pela tipificação da

contravenção penal **vias de fato**, art. 21 da Lei de Contravenções Penais (Dec.-Lei 3.689/41).

- **Escoriação:** popularmente denominadas "esfoladas" ou "arranhões", são lesões superficiais, agindo o instrumento tangencialmente à superfície corpórea, causando o arrancamento da epiderme, deixando a derme descoberta. É toda perda epidérmica traumática.

Cuidado! Na escoriação, que é uma ferida contusa superficial, não ocorre cicatrização, mas sim, regeneração.

- **Equimose:** a intensidade do agente causador é maior do que na rubefação, mas ainda se preservam a elasticidade e integridade da pele. Os vasos superficiais rompem-se, causando extravasamento do sangue internamente, o qual fica entremeado nas tramas teciduais. São as famosas "manchas rochas". Assim, equimoses são derrames sanguíneos nos quais o sangue extravasado se infiltra e coagula nas malhas dos tecidos do corpo.
- **Espectro equimótico:** a equimose sofre mudança de cores com o passar do tempo e pode auxiliar na determinação da data da agressão. Quem primeiro observou esse fenômeno foi Legrand Du Saulle.

A seguir, um quadro para demonstração apresentado por Eduardo Roberto Alcântara Del-Campo:

TEMPO	COLORAÇÃO
1º dia	vermelho escuro
do 2º ao 3º dia	violeta
do 4º ao 6º dia	azulado
do 7º ao 10º dia	verde escuro
do 11º ao 12º dia	verde amarelado
do 12º ao 17º dia	amarelado
a partir do 22º dia	desaparecem os vestígios

- **Obs.** 1: Hélio Gomes dá a seguinte sequência da coloração: vermelho-escuro, violeta, negro, azul, verde e amarelo.
- **Obs. 2:** Este fenômeno somente ocorre nos vivos!
- **Hematoma:** nessa modalidade de lesão contusa, a pele resiste pela sua elasticidade, mas os vasos mais calibrosos que estão embaixo da mesma se rompem, razão pela qual há maior quantidade de sangue. Diante desta maior quantidade de sangue, este não consegue se espalhar pelos tecidos, ocorrendo um agrupamento, permanecendo colacionado. São coleções sanguíneas produzidas pelo sangue derramado.
- **Diferença entre equimose e hematoma:** na primeira, o sangue se infiltra nas malhas dos tecidos subcutâneos. Já no hematoma, o sangue se aglomera em determinado ponto, formando uma bolsa.
- **Bossas:** são protuberâncias, quando o hematoma faz projeção na pele, em razão de alguma estrutura óssea (exemplos: canela, testa) que impede o sangue de "empurrar" a pele para os lados e para baixo. São os denominados "galos".
- Importante não confundir os instrumentos causadores com as lesões produzidas!
- Assim, o quadro abaixo especifica as espécies de instrumento e lesão, bem como apresenta exemplos para o candidato memorizar:

INSTRUMENTO	LESÃO	EXEMPLO DE INSTRUMENTO
contundente	contusa	bengala, pedra, pau
Cortante	incisa	Faca
perfurante	punctória	Agulha
cortocontundente	cortocontusa	Machado
perfurocortante	perfuroincisa	Punhal
perfurocontundente	perfurocontusa	projétil de arma de fogo

- **Instrumento contundente** produz uma **lesão contusa,** sendo todo objeto rombo, capaz de agir traumaticamente sobre o organismo. Exemplos: pau, pedra, martelo, barra de ferro, o chão etc.
- **Instrumento cortante** é todo aquele dotado de lâmina que apresenta fio, lume ou corte, e age por pressão ou por deslizamento, gerando a secção dos tecidos. A lesão é denominada **incisa**. Exemplo: navalha.
- **Instrumento perfurante** produz uma **lesão punctória**, sendo todo aquele que possui uma haste clíndrico-cônica dotada de ponta. A ação predominante é o afastamento das fibras dos tecidos. Exemplos: agulha, prego, espeto de churrasco etc.
- **Instrumento cortocontundente** produz uma **lesão cortocontusa** sendo dotado de grande massa, transferindo sua energia por meio de um gume. Assim, além de cortar, contunde, agindo mais por pressão, como exemplo, um golpe de machado. A ação dos dentes incisivos, dentada ou mordedura.
- **Instrumento perfurocortante** é aquele dotado de uma ponta (ação perfurante) na extremidade de uma lâmina portadora de um ou mais gumes (ação cortante), produzindo uma **lesão perfuroincisa**. Exemplo: punhal.
- **Instrumento perfurocontundente** produz uma **lesão perfurocontusa** sendo aquele que age inicialmente por pressão em uma superfície para em seguida perfurar a região atingida, ao atuar sobre o alvo, perfura e contunde. O instrumento típico deste grupo de agentes lesivos é o projétil de arma de fogo.
- Segundo o objeto de estudo, a **BALÍSTICA** pode ser dividida em:

a) interna ou interior: que estuda os mecanismos internos das armas, sua estrutura, munições e propelentes;

b) externa: cuida da trajetória do projétil e de sua estabilidade; e

c) terminal: trata da maneira como o projétil é afetado quando atinge o alvo e como o alvo é afetado pelo projétil.

- Diferenciação necessária e que costuma confundir em provas objetivas, entre as características do orifício de entrada e de saída causados por disparo de arma de fogo:

ORIFÍCIO DE ENTRADA	ORIFÍCIO DE SAÍDA
regular	dilacerado (irregular)
invaginado	evertido (bordas para fora)
proporcional ao projétil	desproporcional ao projeto (maior)
com orlas e zonas	sem orlas e zonas

- Importante fazer a distinção entre trajeto e trajetória relacionados às lesões produzidas por projétil de arma de fogo:
- O **trajeto** é o caminho percorrido pelo projétil no interior do corpo da vítima, constitui um túnel lesional feito pelo deslocamento do projétil dentro do corpo, que termina no seu ponto de repouso ou saída, quando transfixiante.
- A **trajetória** é o caminho percorrido pelo projétil da arma de fogo até a superfície atingida, ou seja, fora do corpo. Também possui relevante valor pericial, podendo determinar o *modus operandi* do delito, a incidência de uma qualificadora etc.
- Em relação aos ferimentos produzidos por projéteis de arma de fogo, fundamental destacar os conceitos de orlas e zonas, bem como identificá-las a partir da distância em que foi efetuado o disparo.
- Ao redor do ferimento de entrada produzido por projétil de arma de fogo podemos observar **orlas** (ou halos), que são regiões circunscritas, regulares, formando uma pequena auréola ao redor do ferimento.

A maioria dos autores costuma agrupar as orlas de contusão e de escoriação como uma única.

São orlas ou halos:

1. **Orla de escoriação/ contusão:** é causada pelo embate do projétil na rede de capilares da pele, gerando uma pequena região equimótica, sendo sinônimos na doutrina: **orla erosiva, orla desepitelizada e anel de Fisch**.
2. **Orla de enxugo**: se forma porque o projétil ao atravessar o cano da arma, se cobre de resíduos, como graxa, óleo de limpeza de arma, fuligem da queima da pólvora etc. Quando o projétil penetra na pele, ele se "limpa" dessas impurezas, "enxuga-se" nas bordas da ferida.

DISTÂNCIA	ORLAS		
	contusão	escoriação	enxugo
Até 5 cm	Sim	Sim	Sim
De 5 a 10 cm	Sim	Sim	Sim
De 10 a 30 cm	Sim	Sim	Sim
Até 50 cm	Sim	Sim	Sim
Mais de 50 cm	Sim	Sim	Sim

- Já as **zonas** compreendem áreas maiores, irregulares, que podem ou não estar presentes, dependendo da distância do disparo. São elas:

1. **Zona de chamuscamento** ocorre quando o disparo é efetuado muito próximo do alvo, sendo a pele queimada pela chama e calor que saem da boca do cano da arma. Até 5 cm de distância.
2. **Zona de esfumaçamento** se forma em razão do volume de gases em alta temperatura e em combustão, e certa quantidade de fumaça, expelidos no momento do disparo. Assim, a fumaça decorrente do disparo poderá atingir o alvo e depositar-se ao redor do ferimento de entrada, quando a distância for até 30 cm.
3. **Zona de tatuagem** pode ser encontrada em disparos realizados até 50 cm do alvo, e é causada pela dispersão dos grãos de pólvora e pelas partículas metálicas decorrentes da abrasão do projétil no cano da arma, incidindo sobre o alvo como verdadeiros projéteis secundários, por vezes incrustando-se na pele de tal maneira que forma verdadeira tatuagem. Não se observa em disparos muito próximos, até 5 cm, pois não há dispersão suficiente, acompanhando, tais partículas, o projétil para o interior da lesão.

DISTÂNCIA	ZONAS		
	CHAMUSCAMENTO	ESFUMAÇAMENTO	TATUAGEM
Até 5 cm	Sim	Sim	Não
De 5 a 10 cm	Não	Sim	Sim
De 10 a 30 cm	Não	Sim	Sim
Até 50 cm	Não	Não	Sim
Mais de 50 cm	Não	Não	Não

Obs. 1. A presença de orifício de entrada em **câmara de mina** ou **câmara de Hoffmann** ocorre nos **tiros encostados** com plano ósseo logo abaixo. Assim, os gases e as micropartículas não conseguem perfurar, causando ferimento estrelado e de bordos evertidos, em razão do refluxo dos gases.

Obs. 2. Embora o ferimento de saída não apresente, em regra, orla de escoriação, pois, a ação no complexo dermoepidérmico é de dentro para fora, quando o corpo atingido pelo disparo está encostado num anteparo, o projétil, ao sair, em razão da resistência dos tegumentos, causará orla de escoriação, também na saída. É o **sinal de Romanesi ou Romanese.**

A **Asfixiologia Forense** é o capítulo da Medicina Legal que estudas as asfixias, energias de ordem físico-química como agentes vulnerantes que causam traumas.

Como características gerais, os **sinais internos** das asfixias mecânicas são:

- **fluidez sanguínea** (o sangue é fluido, não coagula, líquido, espesso e escuro);
- **congestão das vísceras;** e
- **equimoses viscerais**.

As equimoses viscerais, também denominadas **manchas de Tardieu**, são pequenas manchas avermelhadas (petéquias hemorrágicas), encontradas, principalmente, na região subpleural e supepicárdica (abaixo das membranas que recobrem o pulmão e o coração), em razão a ruptura dos capilares por causa da alta pressão arterial provocada pelo aumento da concentração de gás carbônico no sangue.

Por oportuno, os **sinais externos** são:

- **cianose da pele** (cor arroxeada ou azulada);
- **equimoses conjuntivas**; **espuma na boca** (cogumelo de espuma);
- **projeção da língua para fora da boca**; e
- **resfriamento lento do cadáver**.

Sufocação é a asfixia mecânica pura decorrente do bloqueio direto ou indireto das vias respiratórias, impedindo a penetração do ar.

Compreende:

1. **Direta:** obstrução dos orifícios externos respiratórios; obstrução das vias respiratórias; soterramento; confinamento.
2. **Indireta:** compressão do tórax.

A sufocação indireta por compressão torácica impede os movimentos respiratórios, levando, por consequência, à asfixia. Também é conhecida como **congestão compressiva de Perthes.**

Um dos sinais mais importantes que caracteriza a asfixia por sufocação indireta por compressão torácica é a **máscara equimótica da face**, equimose cérvico-facial, também conhecida como **máscara equimótica de Morestin**, produzida pelo refluxo sanguíneo da veia cava superior em face da compressão.

- **Estrangulamento** é a constrição produzida por braço mecânico acionado por força estranha ao peso do corpo. É típico nos casos de homicídio.
- **Enforcamento** é a constrição produzida por braço mecânico acionado pelo peso do próprio corpo. É completo quando o corpo fica suspenso no ar.
- **Esganadura**: para a doutrina majoritária, esganadura é um tipo de asfixia mecânica que se verifica pela constrição do pescoço pelas mãos do agressor, ao obstruir a passagem do ar atmosférico pelas vias respiratórias até os pulmões. Todavia, para parte dos autores, por todos, Neusa Bittar: "é a constrição do pescoço diretamente por qualquer parte do corpo do agressor como mãos, pernas, braços etc." (Medicina Legal Descomplicada. 2ª edição. São Paulo: Rideel, 2011, p. 143).

São características do **sulco do estrangulamento**:

- é contínuo, abrangendo todo o pescoço com a mesma profundidade;
- situa-se em posição baixa no pescoço;
- é horizontal;
- frequentemente se identifica mais de uma volta do laço;
- não costuma haver pergaminhamento porque a força constritiva cessa com a morte da vítima, afrouxando o laço.

São características do **sulco do enforcamento:**

- é descontínuo (interrompendo-se nas zonas em que há cabelo e barba, ou nas proximidades do nó);
- situa-se em posição alta do pescoço;
- é profundo na região do pescoço oposta ao nó e superficial próximo ao nó;
- a direção do nó é oblíqua ascendente;
- o aspecto é pálido e frequentemente pergaminhado.

De acordo com a classificação de Afrânio Peixoto, as asfixias podem ser definidas como puras, complexas e mistas.

ASFIXIAS PURAS. São manifestadas pela anoxemia e hipercapnia:

Podem ser:

A. *Asfixia em ambientes por gases irrespiráveis:* confinamento e asfixia por monóxido de carbono asfixia por outros vícios de ambientes.

B. *Obstaculação à penetração do ar nas vias respiratórias:* sufocação direta (obstrução da boca e das narinas pelas mãos ou das vias respiratórias mais inferiores) e sufocação indireta (compressão do tórax).

C. *Transformação do meio gasoso em meio líquido*: afogamento.

D. *Transformação do meio gasoso em meio sólido ou pulverulento*: soterramento.

ASFIXIAS COMPLEXAS. Constrição das vias respiratórias com anoxemia e excesso de gás carbônico, interrupção da circulação cerebral e inibição por compressão dos elementos nervosos do pescoço:

Podem ser:

A. *Constrição passiva do pescoço exercida pelo peso do corpo*: enforcamento;

B. *Constrição ativa do pescoço exercida pela força muscular*: estrangulamento.

ASFIXIAS MISTAS. São as que se confundem e se superpõem, em graus variados, aos fenômenos circulatórios, respiratórios e nervosos: esganadura (FRANÇA, Genival Veloso de. Medicina Legal, 10ª ed. Rio de Janeiro: Guanabara Koogan, 2015, p. 334/335).

Traumas resultantes da ação térmica:

Queimaduras são lesões corporais produzidas pelo calor agindo diretamente sobre o organismo em qualquer de suas formas. As mais comuns são aquelas causadas pelo fogo, líquidos em ebulição e metais incandescentes. Quanto à gravidade, Lussena/ Hofmann admitem quatro graus, que vão desde queimaduras leves (1º grau) até a carbonização (4º grau).

- **as queimaduras de 1º grau** são leves, apresentando o Sinal de Christinson, simples formação de eritemas.
- a **queimadura de 2º grau** apresenta vesículas ou flictenas, contendo líquido seroso nas áreas erimatosas.
- as **queimaduras de 3º grau** atingem a derme e os tecidos adjacentes, dando origem à formação de escaras.
- a **queimadura de 4º grau** é hipótese de carbonização.

5. SEXOLOGIA

- O médico (ou terceira pessoa) que ajuda a mãe parturiente (sob a influência do estado puerperal) a matar o próprio filho, nascente (que está nascendo) ou neonato (que acabou de nascer), responde também por **infanticídio** (art. 123, CP). O fundamento legal está no **art. 30** do Código Penal que dispõe que as circunstâncias de caráter pessoal (próprio filho, estado puerperal) se comunicam quando elementares do tipo penal, *contrario sensu.*
- Geralmente costumam ser cobradas dentro da disciplina Medicina Legal questões relacionadas aos crimes sexuais.

Assim, teceremos alguns comentários que julgamos indispensáveis:

- O **Título VI** do Código Penal sofreu importantes alterações em 2009 implementadas pela Lei 12.015. Afastou-se a obsoleta denominação "Dos Crimes Contra os Costumes" para **"Dos Crimes Contra a Dignidade Sexual".**
- O vocábulo estupro, no Brasil, se limitava a incriminar o constrangimento de mulher à conjunção carnal. Outros atos libidinosos eram tipificados no art. 214 do CP. Com a citada alteração legislativa, os dois tipos penais foram reunidos em um só, alargando a acepção do conceito vulgar de **estupro**.
- Portanto, atualmente, significa conjunção carnal violenta e, ainda, praticar ou permitir que com o agente se pratique outro ato libidinoso, podendo homem e mulher serem autores e vítimas do delito em comento.
- Dessa forma, em que pese tenha o legislador revogado o art. 214 do CP que previa o delito atentado violento ao pudor, em razão do **princípio da continuidade normativa típica**, manteve o fato como criminoso, não se operando a chamada *abolitio criminis.*
- Importante mencionar que o art. 224 do CP trazia hipóteses de **presunção de violência** nos casos de estupro e atentado violento ao pudor, se a vítima:

a) não é maior de catorze anos;

b) é alienada ou débil mental, e o agente conhecia esta circunstância;

c) não pode, por qualquer outra causa, oferecer resistência.

- Com a alteração legislativa em 2009, promovendo a revogação do art. 224, CP, tais situações se enquadram no tipo penal do **art. 217-A** e seu parágrafo 1º, denominado **estupro de vulnerável,** "ter conjunção carnal ou praticar outro ato libidinoso com menor de 14 (catorze) anos, com alguém que, por enfermidade ou deficiência mental, não tem o necessário discernimento para a prática do ato, ou que, por qualquer outra causa, não pode oferecer resistência".
- A Lei 12.015/09, ainda, revogou a lei 2.252/54 (corrupção de menores) e introduziu o **art.244-B** no Estatuto da Criança e do Adolescente, lei 8.069/90.
- A expressão **mulher virgem** foi abolida do Código Penal (art. 215, parágrafo único).
- O delegado de polícia deve atentar-se, nos crimes sexuais, para a chamada pela criminologia de **síndrome da mulher de Potifar,** verossimilhança da palavra da vítima, importada dos ensinamentos bíblicos, Livro do Gênesis (cap. 39, vers. de 6 a 20), no qual a mulher do oficial egípcio Potifar, após ser rejeitada pelo empregado José, o acusa falsamente de tentar abusá-la sexualmente, sendo preso e condenado. "O julgador deverá ter a sensibilidade necessária para apurar se os fatos relatados pela vítima são verdadeiros, ou seja, comprovar a *verossimilhança* de sua palavra, haja vista que contradiz com a negativa do agente. A falta de credibilidade poderá, portanto, conduzir à absolvição do acusado, ao passo que a verossimilhança de suas palavras será decisiva para um decreto condenatório". (GRECO, Rogério. Curso de Direito Penal: parte especial, volume III. 9ª ed. Niterói: Impetus, 2.012, p. 486).
- **Espécies de aborto:**

a) **Aborto eugênico (eugenésico ou piedoso):** eugenia refere-se a métodos de melhoramento do patrimônio genético humano, selecionando aqueles indivíduos mais viáveis em detrimento daqueles com anomalias congênitas, tais como: anencefalia (malformação do tubo neural, a caracterizar-se pela ausência parcial do encéfalo e do crânio, resultante de defeito no fechamento do tubo neural durante o desenvolvimento embrionário) e agenesia (ausência completa de rins). Assim, o termo aborto eugênico é o gênero do qual faz parte a espécie aborto de feto anencefálico.

b) **Aborto sentimental (humanitário ou moral):** é aquele autorizado pelo legislador quando a gravidez for resultante de estupro, art. 128, inc. II, CP.

c) **Aborto terapêutico:** é aquele realizado para salvar a vida da gestante, quando não há outro recurso, modalidade também autorizada pelo Código Penal, art. 128, inc. I.

d) **Aborto social (miserável ou econômico):** é aquele realizado para impedir que se agrave a situação de penúria ou miséria da gestante, cometido no caso de famílias muito numerosas, em que o nascimento agravaria a crise financeira e social da família. É crime no ordenamento jurídico brasileiro, artigos 124, 125 e 126 do Código Penal.

e) **Aborto natural:** interrupção espontânea da gravidez. Fato atípico.

f) **Aborto acidental:** decorrente de queda, traumatismo. Em regra, atípico.

g) **Aborto criminoso:** previstos nos artigos 124 a 127 do CP.

h) **Aborto legal ou permitido:** previsto no art. 128 do CP.

i) **Aborto ovular:** praticado até a oitava semana de gestação.

j) **Aborto embrionário:** praticado até a décima quinta semana de gestação.

l) **Aborto fetal:** praticado após a décima quinta semana de gestação.

m) **Aborto** honoris causa: praticado para esconder gravidez extraconjugal. É crime.

- Leitura essencial: artigos do Código Penal, 124 a 128 e 213 a 234-C. Atentar para as alterações introduzidas pela Lei nº 12.015/09.
- Toda cautela precisam ter os peritos legistas para não confundirem entalhes naturais com roturas no momento da confecção de laudo médico-legal para constatação de violência sexual, especificamente, da análise do hímen da vítima. Vejamos as características:

CARACTERÍSTICAS DOS ENTALHES	CARACTERÍSTICAS DAS RUPTURAS
São incompletos, não chegando até a base do hímen;	São completas, atingindo a base do hímen (raramente são incompletas);
São geralmente simétricos, isto é, existem na mesma posição, dos dois lados do hímen;	São assimétricos.
Suas bordas não se coaptam (não se encaixam);	Suas bordas se encaixam;
Têm cor avermelhada igual à do hímen, pois possuem o mesmo tecido himenal;	Tem coloração esbranquiçada, pois seu tecido é cicatricial, uma vez que no local da ruptura forma-se uma cicatriz;
Encontram-se em número que varia de um a cinco.	–

- **TRANSTORNOS DA SEXUALIDADE:** são distúrbios qualitativos ou quantitativos do instinto sexual. A expressão veio substituir a antiga e considerada estigmatizante **perversão sexual.** Os transtornos sexuais não constituem, em princípio, infrações penais, podendo representar fatores criminógenos, contribuindo para escândalos, chantagens, ameaças, corrupções, violências (Hygino de C. Hercules, Medicina Legal – Texto e Atlas. São Paulo: Atheneu, 2005, p. 542).

Em quase todo mundo é utilizado o *Diagnostic and Statistic Manual of Mental Disorders* – DSM-IV, que adota uma classificação metódica dos transtornos sexuais. Quanto às **parafilias**, diz serem caracterizadas por anseios, fantasias ou comportamentos sexuais, manifestações de modo intenso e recorrente, que envolvem objetos, atividades ou situações incomuns e causam sofrimento clinicamente significativo ou prejuízo no funcionamento social ou ocupacional ou em outras áreas importantes da vida do indivíduo.

A seguir uma lista de alguns transtornos que costumam ser cobrados em provas de concursos:

- **Anafrodisia:** diminuição do desejo sexual do homem.
- **Autoerotismo (aloerotismo):** erotismo sem parceiro.
- **Bestialismo (zoofilia, zoolagnia, zooerastia, zoofilismo):** satisfação sexual com animais.
- **Clismafilia:** atração e dependência do uso de clisma, de enema, de clister, para a excitação sexual.
- **Cromoinversão:** preferência sexual por indivíduo de cor diferente da própria.
- **Cronoinversão (gerontofilia):** predileção sexual de jovens por pessoas de idade avançada.
- **Cropofilia:** prazer sexual relacionado ao contato com fezes ou o ato de defecação.
- **Croprolalia:** excitação e prazer sexual dependente de proferir ou ouvir de alguém palavras vulgares, chulas, obscenas.
- **Dendrofilia (fitofilia):** patológica obsessão sexual por árvores.
- **Dollismo:** preferência sexual por bonecas ou manequins com conformação humana.
- **Edipismo:** tendência ao incesto, à prática de relações sexuais entre parentes muito próximos. Para alguns autores é a atração específica do filho pela própria mãe.
- **Electrismo**: desvio caracterizado pela atração incestuosa da filha pelo próprio pai.
- **Erotismo:** aumento exagerado do apetite sexual.
- **Erotografia (eretografomania):** prazer em escrever textos eróticos.
- **Etnoinversão:** forte atração sexual por pessoas de raça diversa da própria.
- **Erotomania:** é a obsessão por sexo. Para alguns é o desejo exaltado sem ereção, com ideia fixa por

sexo. Para outros, na erotomania não há o desejo carnal, sendo os erotômanos quase sempre virgens e castos.

- **Exibicionismo:** impulso mórbido de exibir os órgãos sexuais em público.
- **Fetichismo:** excitação anormal e predileção por determinadas partes do corpo do parceiro ou ainda objetos e pertences da pessoa amada, como peças íntimas.
- **Frigidez:** diminuição do desejo sexual na mulher.
- **Frotteurismo:** distúrbio caracterizado pela necessidade de esfregar os órgãos sexuais em outra pessoa.
- **Lubricidade senil:** é a atração sexual de pessoas idosas por jovens, principalmente crianças.
- **Masoquismo:** prazer sexual obtido pelo sofrimento físico ou moral.
- **Mixoscopia (voyeurismo, escopofilia, tealagnia, vedorismo, visionismo):** prazer sexual em assistir a relação sexual de outrem.
- **Narcisismo:** é o desvio sexual que importa na admiração do próprio corpo, com desprezo do sexo oposto.
- **Necrofilia:** preferência sexual por prática de atos libidinosos e relação sexual com cadáveres.
- **Onanismo:** prática compulsiva de automasturbação manual masculina, também denominada **quiromania.**
- **Pedofilia:** predileção pela prática sexual com crianças.
- **Pigmalionismo (iconolagnia, iconomania):** atração exagerada e patológica por estátuas.
- **Riparofilia:** também denominada **misofilia**, **escatofilia** e **azolagnia**, se traduz na atração anômala pelo contato com mulheres imundas, desasseadas (significa sem asseio, higiene), fétidas. Também fazem parte da predileção dos riparofílicos as parceiras que se apresentem menstruadas ou com infecções vaginais.
- **Sadismo:** prazer sexual em causar maus-tratos e humilhação ao parceiro.
- **Topoinversão:** neste desvio o prazer sexual é pela prática de coito ectópico ou atos eróticos diversos da conjunção carnal, como sexo oral, sexo anal, entre coxas etc.
- **Triolismo (pluralismo,** ménage à trois, swapping, swing**):** excitação na presença de terceira pessoa ou de um grupo.

6. PSICOPATOLOGIA

- Optamos por agrupar as questões relacionadas à **toxicologia** dentro do capítulo da **psicopatologia**, pois, o Código Penal em seus artigos 26, 27 e 28 trata da **imputabilidade penal** e suas consequências jurídicas, podendo funcionar a doença mental como circunstância atenuante e até mesmo causa de isenção de pena do autor de um injusto típico.
- E o legislador deu o idêntico tratamento ao dependente de drogas ou sob efeito, proveniente de caso fortuito ou força maior, nos mesmos moldes da embriaguez, conforme a **Lei de Drogas nº 11.343/06**, quando em seu art. 45 reza: "É isento de pena o agente que, em razão da dependência, ou sob o efeito, proveniente de caso fortuito ou força maior, de droga, era, ao tempo da ação ou da omissão, qualquer que tenha sido a infração penal praticada, inteiramente incapaz de entender o caráter ilícito do fato ou de determinar-se de acordo com esse entendimento. Parágrafo único. Quando absolver o agente, reconhecendo, por força pericial, que este apresentava, à época do fato previsto neste artigo, as condições referidas no caput deste artigo, poderá determinar o juiz, na sentença, o seu encaminhamento para tratamento médico adequado".
- Assim, apresentamos alguns conceitos para melhores esclarecimentos sobre o tema:
- **Psicopatologia Forense:** nela geralmente são incluídos dois grandes ramos da Medicina Legal, a psicologia forense e a psiquiatria forense. Sob o aspecto jurídico, tem o objetivo de esclarecer as questões relacionadas à capacidade civil e à imputabilidade penal.
- **Psicologia Forense:** estuda a personalidade normal e os fatores que nela influem, quer sejam de natureza biológica, quer sejam de natureza mesológica (do meio, ecológica) ou social.
- **Psiquiatria Forense:** ocupa-se dos transtornos anormais da personalidade, as chamadas doenças mentais, os retardos mentais, as demências, as esquizofrenias e outros transtornos psicóticos ou não.
- **Toxicologia:** é o estudo das drogas tóxicas ou substâncias psicoativas, seus efeitos sobre o corpo humano e seus mecanismos de ação. Tais substâncias são aquelas químicas, naturais ou sintéticas, com capacidade de agir sobre o sistema nervoso central, com tendência ao tropismo pelo cérebro que comanda o corpo, alterando a normalidade psíquica ou mental, desequilibrando a conduta e a personalidade do agente.
- As substâncias psicoativas ou psicotrópicas são substâncias químicas naturais ou sintéticas capazes de alterar, de vários modos, a atividade mental, deprimindo, excitando ou perturbando o psiquismo. As drogas podem ser divididas em três grandes grupos: **psicolépticas** (que deprimem a atividade psíquica do cérebro), **psicoanalépticas** (que estimulam, excitam) e as **psicodislépticas** (que causam perturbação).
- Porém, antes de analisarmos cada uma delas é preciso fazer uma ressalva importante, pois os autores divergem em relação à alocação de determinadas drogas nesta classificação.

- Explico a razão da confusão: Por exemplo, o álcool, que é um depressor, atua como excitante em doses baixas, provocando um estado de liberação comportamental (fase do macaco, a primeira da embriaguez).
- Outro exemplo, o *ecstasy*, componente do grupo das anfetaminas, que são excitantes, causam alucinações.
- E mais, o grupo dos psicodislépticos é bastante heterogêneo, produzindo estados delirantes e alucinações que podem ser acompanhados de excitação ou de depressão, conforme o agente e a reação individual.

Assim, vejamos:

1. **Drogas Psicolépticas:** são substâncias que deprimem a atividade mental, diminuem a vigília, reduzem a atividade intelectual, sedam a tensão emocional, induzem ao sono, relaxam os músculos e diminuem a ansiedade e o pânico.

Podem ser enquadrados nesse grupo o **álcool etílico**, os **barbitúricos** (substâncias químicas derivadas da composição sintética entre ureia e ácido malônico, agem como calmantes, indutores do sono e anticonvulsivantes, exemplo fenobarbital – gardenal), os **opiáceos** (ópio e seus derivados como a morfina e a heroína) e os **benzodiazepínicos** (utilizados como tranquilizantes e ansiolíticos, exemplos Diazepam, Lorax, Valium).

2. **Drogas Psicoanalépticas:** são substâncias que estimulam a atividade mental, aumentam a vigília, causam insônia, excitam a atividade intelectual, exaltam a tensão emocional, levando à euforia e ansiedade.

   São exemplos: cocaína, anfetaminas (exemplo *ecstasy*).

3. **Drogas Psicodislépticas:** são substâncias que perturbam a atividade mental, gerando distorção da realidade (delírios), alucinações, ilusões, estados confusionais e despersonalização.

   São exemplos: maconha (*cannabis sativa L.*), mescalina (*peyote*), psilocybina (extraída de um cogumelo), LSD (dietilamida do ácido lisérgico), ayauasca (santo daime).

- A seguir, as principais drogas integrantes de cada grupo:
- **Heroína:** é a diacetilmorfina, derivado sintético da morfina, que por sua vez, provém do ópio, mistura de alcalóides extraído da papoula.

  As regiões geográficas mais importantes na produção são o Sudeste Asiático, com grau de pureza de 80% a 90%, e a Ásia Menor, com qualidade inferior.

  Embora possa ser utilizado sob a forma de pó, comumente misturado à farinha, talco, bicarbonato, a forma injetável via venosa é a mais conhecida, quando dissolvida em água. Geralmente o usuário utiliza uma colher para aquecê-la.

- Seus efeitos duram aproximadamente cinco horas causando sensação:

– de bem estar;
– euforia e prazer;
– elevação da autoestima;
– diminuição do desânimo, dor e ansiedade.

- São efeitos da abstinência, após 24 horas do uso:

– diarreia;
– vômitos;
– dores musculares;
– pânico;
– insônia;
– inquietação; e
– taquicardia.

Dica importante! Ao contrário da grande maioria das outras drogas de abuso, como cocaína e anfetaminas (metanfetamina e *ecstasy*) que produzem **midríase** (dilatação da pupila), a heroína produz a chamada **miose**, que é a contração da pupila. É uma característica importante na distinção clínica da overdose de heroína daquelas produzidas por outras drogas.

- **Cocaína:** é extraída da planta andina *erithroxylon coca*, folhas de coca, obtida através da adição de ácido clorídrico ou bicarbonato de sódio (para a produção dos subprodutos crack e merla) à pasta obtida da maceração das folhas. Forma-se um pó branco, sendo a aspiração a forma mais comum de utilização.

São derivados (subprodutos) da cocaína o **crack** (sob a forma de pedra é fumado em cachimbos) e a **merla** (melado, pasta viscosa).

- Os seus efeitos imediatos duram de 30 a 40 minutos, podendo ser psicológicos ou físicos:

– Euforia;
– sensação de poder;
– ausência de medo;
– ansiedade;
– agressividade;
– excitação física, mental e sexual;
– anorexia (perda do apetite);
– insônias;
– Delírios;
– taquicardia;
– hipertensão arterial;
– vasoconstrição;
– tremores;
– dilatação da pupila (midríase);
– hiperglicemia;
– suor e salivação intensa e com textura grossa; e
– dentes anestesiados.

- Ecstasy: anfetamina cujo princípio ativo é o metileno-droximetanfetamina ou **MDMA**. Também denominada **pílula do amor,** ganhou popularidade entre os jovens, especialmente em festas denominadas *raves*, sendo o seu consumo mais comum pela via oral, na forma de comprimidos.

Os efeitos são a sensação de empatia e conforto, abertura emocional, desinibição e euforia. Denomina-se **aterragem** a depressão causada nos usuários após cessados os efeitos estimulantes.

Seus efeitos, que podem durar em média oito horas, variam de acordo com cada organismo. Em pessoas que possuam maior quantidade de enzimas metabolizadoras pode durar menos tempo. São eles:

- aumento do estado de alerta;
- maior interesse sexual (por isso é chamada pílula do amor);
- sensação de bem estar;
- grande capacidade física e mental;
- euforia;
- aumento da sociabilização;
- extroversão.

- Após o uso:
- aumento da tensão muscular e da atividade motora;
- aumento da temperatura corporal;
- enrijecimento e dores na musculatura dos membros inferiores e coluna lombar;
- dores de cabeça;
- náusea;
- crise de pânico;
- visão borrada;
- boca seca;
- ansiedade.

- **Maconha:** o nome científico é *cannabis sativa*, sendo vulgarmente conhecida por fumo, erva, marijuana, pacau, birra, dirijo, diamba, fumo d'angola etc. É a droga ilícita mais consumida mundialmente, sob a forma de cigarros toscos (chamados baseados) feitos a partir da desidratação das folhas da planta (cânhamo).

Seu princípio ativo é o THC (tetraidrocanabinol), isômero levógiro do delta-9.

Em alguns países no Norte da África e no Oriente Médio a planta é cultivada e dela se extrai a resina das extremidades, brotos e inflorescências. Da desidratação formam-se pequenas pedras, fumadas em cachimbo. É o **haxixe**, com concentração de THC muito maior do que os cigarros feitos das folhas secas e prensadas.

- São efeitos:
- olhos avermelhados;
- diminuição da pressão intraocular;
- boca seca;
- sentidos aguçados;
- sensação de calor e frio;
- taquicardia;
- relaxamento muscular;
- diminuição da coordenação psicomotora;
- perda de memória.

- **LSD (Dietilamida do Ácido Lisérgico)**: é o alucinógeno mais potente. É um produto semissintético formado da aglutinação de uma dietilamida com o ácido licérgico, extraído do fungo *Claviceps purperea* (esporão do centeio).

É de fácil transporte por meio de papéis de filtro embebidos pela solução aquosa, geralmente são utilizados selos. Colocados sob a língua são absorvidos rapidamente.

- Seus efeitos são:
- dilatação da pupila;
- sudorese;
- aumento da frequência cardíaca e pressão arterial;
- aumento da temperatura;
- náuseas;
- vômitos;
- alucinações auditivas e visuais;
- sensibilidade sensorial;
- confusão;
- pensamento desordenado;
- perda do controle emocional;
- euforia alternada com angústia;
- dificuldade de concentração.

- **Ayauasca:** é uma bebida alucinógena feita pela mistura do caule do mariri (*Banisterisopsis caapi*) com as folhas da chacrona (*Psycotria viridis*).

O chá feito com essas plantas tem sido usado há milênios pelos índios da Amazônia e, recentemente, por seitas religiosas como a União do Vegetal e o Santo Daime.

- Efeitos:
- O resultado do uso das duas plantas em conjunto é um estado de transe causado pelos efeitos alucinógenos da harmina, harmalina e da DMT.

- Embora o álcool etílico (etanol) seja a substância depressora mais consumida no mundo, iremos analisá-la sob o prisma da **embriaguez**. Mas antes, algumas considerações sobre a imputabilidade penal.

- **Imputabilidade Penal:** é o conjunto de condições pessoais que dão ao agente a capacidade para lhe ser imputada a prática de um fato punível.

É a capacidade de entender o caráter ilícito de um fato e de determinar-se conforme esse entendimento. O agente deve ter condições físicas, psicológicas, morais e mentais de saber que está realizando um ilícito penal.

Além dessa capacidade plena de entendimento, deve ter totais condições de controle sobre a sua vontade.

- O Código Penal trata do assunto nos artigos 26 a 28, apresentando os casos de exclusão da imputabilidade, **hipóteses de inimputabilidade** (dirimentes), e as consequências jurídicas de seu reconhecimento.
- Em relação à **imputabilidade penal** (aptidão para realizar com pleno discernimento uma conduta), importante memorizar os critérios utilizados pelo legislador para isentar de pena o autor:

1. **Critério biológico (etiológico):** aquele que apresenta uma anomalia psíquica é sempre considerado inimputável. Leva-se em conta apenas o desenvolvimento mental do acusado (a **causa**).

Adotado pelo Código Penal, em relação aos **menores de 18 (dezoito anos)**, art. 27, CP.

2. **Critério psicológico:** se verificam apenas as condições do autor no momento do fato. Considera apenas se o agente, ao tempo da ação ou omissão, tinha capacidade de entendimento e autodeterminação.

Preocupa-se apenas com o **efeito** e não com a causa. Critério pouco científico e de difícil averiguação.

3. **Critério biopsicológico (normativo ou misto):** considera inimputável aquele que em razão de sua condição mental (**causa**) era ao tempo da ação ou omissão, totalmente incapaz de entender o caráter ilícito do fato e de determinar-se de acordo com esse entendimento (**efeito**).

O Código Penal Brasileiro adota este critério (art. 26, CP), como regra, assim como a Lei de Drogas, 11.343/06 (art. 45).

Assim, para a determinação da inimputabilidade penal, além da doença mental, desenvolvimento mental incompleto ou retardado, o agente tem que ser inteiramente incapaz de entender o caráter ilícito de sua conduta e de determinar-se conforme esse entendimento.

Requisitos da inimputabilidade pelo critério biopsicológico:

- **Causal:** agente portador de doença mental ou desenvolvimento mental incompleto ou retardado.
- **Consequencial:** em razão da doença deve ser o autor inteiramente incapaz de entender o caráter ilícito do fato.
- **Temporal:** ao tempo da ação ou omissão.

- **Resumindo**: o Código Penal adotou como regra o critério biopsicológico, art. 26. E, em relação aos adolescentes infratores menores de 18 anos, o critério biológico (art. 27, CP).
- Causas de exclusão da imputabilidade (**inimputabilidade**):

1) Menoridade
2) Doença mental
3) Desenvolvimento mental incompleto
4) Desenvolvimento mental retardado
5) Embriaguez fortuita completa
6) Dependência toxicológica
7) Intoxicação fortuita

Alguns comentários sobre cada uma delas para reforçar o entendimento:

1) Menoridade

- Trata-se de presunção absoluta, ou seja, não é preciso que o menor seja inteiramente incapaz de entender o caráter ilícito ou de determinar-se conforme esse entendimento.
- Adoção do critério biológico, com a inimputabilidade prevista no art. 27 do Código Penal e 228 da Constituição Federal.

2) Doença mental

- Art. 26 do Código Penal, adoção do critério biopsicológico.
- São todas as alterações da saúde mental. Exemplos: demência, psicoses maníaco-depressivas, histeria, paranoia, arteriosclerose cerebral, senilidade, embriaguez patológica etc.
- Sobre a insanidade mental que pode, inclusive, excluir a imputabilidade do autor de um delito, quando houver dúvida sobre a integridade mental do acusado, o juiz ordenará, de ofício ou a requerimento do Ministério Público, do defensor, do curador, do ascendente, descendente, irmão ou cônjuge do acusado, seja este submetido a exame médico-legal (art. 149, CPP).
- O exame poderá ser ordenado ainda na fase do inquérito, mediante representação da autoridade policial ao juiz competente (art. 149, § 1º, CPP).

3) Desenvolvimento mental incompleto

- Art. 26 do Código Penal, adoção do critério biopsicológico.
- Quando o desenvolvimento mental ainda não se concluiu. Exemplos: o menor de 18 anos e o silvícola inadaptado à vida em sociedade.

4) Desenvolvimento mental retardado

- Art. 26 do Código Penal, adoção do critério biopsicológico.
- Nesta hipótese inexistiu o desenvolvimento mental, sendo característica dos oligofrênicos (idiotas, imbecis, débeis) e surdos-mudos (dependendo do grau da anomalia).

5) Embriaguez fortuita completa

- **Atenção!** A **embriaguez, voluntária ou culposa**, não exclui a imputabilidade penal (art. 28, inc. II, CP). Apenas se **completa e proveniente de caso fortuito ou força maior**, e, se o agente era, ao tempo da ação ou omissão, inteiramente incapaz de entender o caráter ilícito do fato ou de determinar-se conforme esse entendimento, o isenta de pena, excluindo, assim, a culpabilidade, art. 28, § 1º, CP.

- Assim, para melhor compreensão do tema classificaremos a embriaguez:

a) **voluntária:** É não acidental. Quando o indivíduo ingere bebida alcoólica com a intenção de embriagar-se.

O art. 28, inc. II do Código Penal reza que não exclui a imputabilidade penal a embriaguez voluntária por álcool ou substâncias de efeitos análogos.

b) **culposa:** É não acidental. Quando o indivíduo ingere bebida alcoólica não pretendendo embriagar-se, porém, bebe demais, atingindo o estado etílico.

O art. 28, inc. II do Código Penal reza não exclui a imputabilidade penal a embriaguez culposa por álcool ou substâncias de efeitos análogos.

c) **fortuita:** Também denominada acidental. É a decorrente de caso fortuito ou força maior. Se completa, exclui a imputabilidade, art. 28, § 1º, CP.

- **Exemplo de embriaguez acidental proveniente de caso fortuito,** aquela ocorrência episódica, ocasional, rara, de difícil verificação, é o do sujeito que tropeça e cai de cabeça num tonel de vinho, embriagando-se.
- **Exemplo de embriaguez acidental proveniente de força maior**, quando deriva de força externa ao agente, sujeito obrigado a consumir bebida alcoólica mediante coação moral irresistível.

d) **habitual:** o sujeito é dado ao uso de bebidas alcoólicas e se encontra frequentemente em estado de embriaguez.

Poderá responder pela contravenção penal prevista no art. 62 da Lei de Contravenções Penais, Dec.-lei 3.688/41.

e) **patológica:** É aquela que atinge o estágio de doença mental, aplicando-se o disposto no art. 26, *caput*, do CP.

f) **preordenada (premeditada):** É a denominada teoria da *actio libera in causa* (ação livre na causa), quando o autor se coloca voluntariamente em estado de embriaguez responderá pelo delito praticado, incidindo, nesta hipótese, a agravante genérica do art. 61, inc. II, *l*, CP.

Resumindo, as espécies de embriaguez e suas consequências jurídicas, para fixação:

a) **voluntária:** não exclui a imputabilidade penal, art. 28, inc. II, CP.

b) **culposa:** não exclui a imputabilidade penal, art. 28, inc. II, CP.

c) **fortuita:** exclui a imputabilidade, se completa e, se ao tempo da ação ou da omissão, o agente era inteiramente incapaz de entender o caráter ilícito do fato ou de determinar-se de acordo com esse entendimento, art. 28, § 1º, CP.

d) **habitual:** contravenção penal, art. 62 da LCP.

e) **patológica:** pode excluir a imputabilidade, art. 26, *caput*, do CP.

f) **preordenada (premeditada):** agravante genérica do art. 61, inc. II, *l*, CP.

- Por fim, as bancas examinadoras sempre abordam as fases da embriaguez, dentro do estudo do alcoolismo.

O **alcoolismo agudo** é a intoxicação alcoólica que se caracteriza pela ausência de crise de abstinência, significando que os sintomas cessam quando se esgota o álcool no organismo.

Assim, merecem ser guardadas pelo candidato as fases da embriaguez. São três, quais sejam: a da excitação, a da confusão e a comatosa.

Primeira fase: da excitação ou do macaco. Quando o usuário mostra-se desinibido e eufórico, apresentando vivacidade mental e motora. O indivíduo apresenta comportamento extrovertido e ausência de autocrítica.

Segunda fase: da confusão ou do leão. A intoxicação progride e surgem comportamentos antissociais, como irritação e agressividade. Há a diminuição das faculdades mentais e comprometimento da coordenação motora e autocontrole.

Terceira fase: comatosa, **siderativa, do sono ou do porco**. O ébrio não mais consegue manter-se em pé e cai em sono profundo, que, na dependência da quantidade de álcool ingerida, pode acarretar coma e morte. Há ausência de reflexos, atonia muscular, pulso lento, hipotensão, hipotermia, náuseas, vômitos. Admite-se, nesta fase, apenas a forma omissiva de conduta.

6) Dependência toxicológica

- Prevista no art. 45 da Lei de Drogas nº 11.343/06, adotando o critério biopsicológico, sendo tratada como patologia.

7) Intoxicação fortuita

- Também com previsão no art. 45 da Lei de Drogas nº 11.343/06, adotando o critério biopsicológico, estar o agente sob efeito de droga, proveniente de caso fortuito ou força maior. É a chamada **drogadição**.
- **Resumindo:** As causas de exclusão da imputabilidade, hipóteses de **inimputabilidade,** também denominadas **dirimentes** e os seus respectivos artigos correspondentes:

- **Menoridade:** art. 27, CP.
- **Doença mental:** art. 26, CP.
- **Desenvolvimento mental incompleto:** art. 26, CP.
- **Desenvolvimento mental retardado:** art. 26, CP.
- **Embriaguez fortuita completa:** art. 28, § 1º, CP.
- **Dependência toxicológica:** art. 45, Lei 11.343/06.
- **Intoxicação fortuita:** art. 45, Lei 11.343/06.

Direito Constitucional

Paulo Lépore

TABELA DE INCIDÊNCIA DE QUESTÕES

Distribuição das questões organizada por ordem didática de assuntos		
Assunto	**Número de Questões**	**Peso**
1. CONSTITUIÇÃO. CONCEITO. CLASSIFICAÇÃO. APLICABILIDADE E INTERPRETAÇÃO DAS NORMAS CONSTITUCIONAIS. SUPREMACIA DA CONSTITUIÇÃO.	17	6,85%
2. PODER CONSTITUINTE. CONCEITO, FINALIDADE, TITULARIDADE E ESPÉCIES. REFORMA DA CONSTITUIÇÃO. CLÁUSULAS PÉTREAS.	14	5,65%
3. PRINCÍPIOS FUNDAMENTAIS DA CONSTITUIÇÃO BRASILEIRA.	11	4,44%
4. DIREITOS E GARANTIAS FUNDAMENTAIS	64	25,81%
5. ORGANIZAÇÃO DO ESTADO	94	37,90%
6. CONTROLE DE CONSTITUCIONALIDADE	14	5,65%
7. DEFESA DO ESTADO E DAS INSTITUIÇÕES DEMOCRÁTICAS	10	4,03%
8. SEGURANÇA PÚBLICA	12	4,84%
9. TRIBUTAÇÃO, FINANÇAS E ORÇAMENTO	2	0,81%
10. ORDEM ECONÔMICA E FINANCEIRA	1	0,40%
11. ORDEM SOCIAL	9	3,63%
Total	**248**	**100%**

Direito Constitucional

Paulo Lépore

✦ QUESTÕES

1. CONSTITUIÇÃO. CONCEITO. CLASSIFICAÇÃO. APLICABILIDADE E INTERPRETAÇÃO DAS NORMAS CONSTITUCIONAIS. SUPREMACIA DA CONSTITUIÇÃO

01. (Nucepe – Delegado de Polícia – PC – PI/2018) A Constituição Federal de 1988 pode ser considerada:

a) semirrígida, porque algumas matérias, denominadas cláusulas pétreas, são imutáveis.

b) sintética, porque veicula tão somente princípios e normas gerais.

c) analítica, pois aborda minúcias, estabelecendo regras que poderiam estar em leis infraconstitucionais.

d) pactuada, segundo valores e tradições estabelecidos e conservados pela sociedade.

e) outorgada, permitiu a participação do povo em seu processo de elaboração.

COMENTÁRIOS

Alternativa "a": Nossa constituição, na realidade, é considerada como rígida, ou mesmo super-rígida por parte da doutrina, em razão da existência de um núcleo imutável de normas (cláusulas pétreas).

Alternativa "b": Nossa constituição é analítica ou prolixa, e não sintética, pois trata não só de assuntos inerentes ao corpo de normas constitucionais (princípios básicos e direitos fundamentais), mas também de assuntos outros.

Alternativa "c": Nossa constituição não dispõe somente de normas tipicamente constitucionais, como a organização do estado e a o rol de direitos e garantias fundamentais. Trata ainda de assuntos outros, sendo, por isso, analítica.

Alternativa "d": Nossa constituição é democrática ou promulgada, uma vez que foi feita por uma assembleia constituinte composta por representantes do povo, e não pactuada, que consiste em um pacto de vontades entre o soberano e determinados grupos sociais mais favorecidos.

Alternativa "e": A constituição outorgada é feita pelo próprio governante, que a impõe ao povo. É o oposto da nossa constituição, que é promulgada.

Alternativa correta: letra "c".

02. (UEG – Delegado de Polícia – PC – GO/2018) A Constituição Federal brasileira de 1988 classifica-se quanto à origem, ao modo de elaboração, à alterabilidade, à dogmática e ao critério ontológico de Karl Loewenstein, respectivamente, em

a) outorgada, dogmática, rígida, eclética e normativa.

b) outorgada, histórica, semirrígida, ortodoxa e nominalista.

c) promulgada, dogmática, rígida, eclética e normativa.

d) promulgada, histórica, semirrígida, ortodoxa e nominalista.

e) cesarista, histórica, imutável, eclética e semântica.

COMENTÁRIOS

✪ **Nota do autor:** entendemos que, por ter a questão considerado a Constituição de 1988 como normativa, quando doutrina majoritária compreende ser nominalista, seria a questão passível de anulação. No entanto, era possível atingir a resposta buscada pelo examinador, independentemente dessa classificação.

Quanto à origem, nossa constituição é **promulgada** (foi elaborada pelo povo, por meio de uma assembleia constituinte); **quanto ao modo de elaboração**, é **dogmática** (traz em si os dogmas/valores do momento de sua elaboração); **quanto à alterabilidade** é considerada **rígida**, ou super-rígida (pois para que possa ser alterada depende de procedimento específico, mais dificultoso, havendo ainda um núcleo de normas imutáveis-cláusulas pétreas).

Quanto à dogmática (ou ideologia), é **eclética**, pois formada sob uma pluralidade de ideais; e **quanto ao critério ontológico** de Karl Loewenstein, é considerada por parte da doutrina como **nominal**, por seu baixo grau de correspondência com a realidade, enquanto outra parte da doutrina (minoritária) entende ser **normativa**.

Alternativa correta: letra "c".

---

03. (Vunesp – Delegado de Polícia – PC – BA/2018) Em suas decisões, o Supremo Tribunal Federal afirma que as normas constitucionais originárias não possuem hierarquia entre si, assentando a premissa fundamental de que o sistema positivo constitucional constitui um complexo de normas que deve manter entre si um vínculo de coerência; em síntese, em caso de confronto entre as normas constitucionais, devem ser apaziguados os dispositivos constitucionais aparentemente conflitantes. Tal interpreta**ção decorre de um princípio específico de interpretação constitucional, denominado princípio da**

a) conformidade ou justeza constitucional.
b) eficácia integradora.
c) força normativa.
d) máxima efetividade.
e) unidade da constituição.

COMENTÁRIOS

Alternativa "a": O princípio da conformidade ou justeza constitucional estabelece que não se deve atribuir à norma constitucional um sentido que subverta o esquema organizatório-funcional da Constituição.

Alternativa "b": O princípio da eficácia integradora estabelece que ao interpretar a Constituição, atribua-se preferência às normas que promovam a integração política e social e o reforço da unidade política.

Alternativa "c": Pelo princípio da força normativa é estabelecido que a toda norma jurídica seja atribuído um mínimo de eficácia, de modo que todas as normas da Constituição são dotadas de força suficiente, por si só, para alterar a realidade.

Alternativa "d": O princípio da máxima efetividade estabelece que se atribua à norma constitucional o sentido que lhe confira a maior efetividade social, de modo a maximizar a norma, extraindo dela todas as suas potencialidades.

Alternativa "e": O princípio da Unidade da Constituição estabelece que o texto da Constituição seja interpretado como um todo, de modo a evitar contradições entre suas normas. Qualquer conflito que surgisse nessa análise seria aparente (antinomia aparente), pois as normas constitucionais originárias não possuem hierarquia entre si.

Alternativa correta: letra "e".

---

04. (Vunesp – Delegado de Polícia – PC – SP/2018) Ao julgar o RE nº 251.445/GO, o Supremo Tribunal Federal decidiu que o termo "casa", resguardado pela inviolabilidade conferida pelo art. 5º, inciso XI, da Constituição Federal e antes restrito a domicílio e residência, revela-se abrangente, devendo, portanto, se estender também a qualquer compartimento privado onde alguém exerça profissão ou atividade. Essa fixação de novo entendimento pelo Supremo Tribunal Federal que acarretou num processo de alteração do sentido da norma constitucional, sem alteração do texto, é denominada pela hermenêutica constitucional de

a) repristinação constitucional.
b) mutação constitucional informal.
c) interpretação conforme.
d) interpretação literal.
e) interpretação teleológica.

COMENTÁRIOS

Alternativa "a": A repristinação consiste no fenômeno por meio do qual determinada norma revogada volta a viger em razão da perda de vigência da lei revogadora. Esse fenômeno só pode ocorrer no Brasil em caso de previsão expressa (art. 2º, §3º, LINDB).

Alternativa "b": Mutação constitucional é o fenômeno pelo qual se altera a interpretação de determinada norma constitucional, sem alterar seu texto. Por isso, trata-se de alteração informal, uma vez que não é uma alteração feita pelo Poder Legislativo, por meio do processo legislativo de emenda constitucional.

Alternativa "c": Interpretação conforme é um método que incide sobre a interpretação de normas infraconstitucionais plurissignificativas, de modo a afastar os sentidos que contrariem a Constituição, e manter aquele ou aqueles que estejam de acordo com ela.

Alternativa "d": A interpretação literal decorre do método hermenêutico clássico, pautando-se no texto da norma, em sua literalidade.

Alternativa "e": A interpretação teleológica, também chamada sociológica, se destina à obtenção da finalidade da norma.

Alternativa correta: letra "b".

---

05. (Vunesp – Delegado de Polícia – PC – SP/2018) Partindo das concepções e classificações possíveis da Constituição, assinale a alternativa correta.

a) A concepção sociológica da Constituição, de autoria de Ferdinand Lassale, busca o fundamento da Constituição na decisão política fundamental que antecede a elaboração da Constituição.
b) A concepção política da Constituição, de autoria de Carl Schmitt, visualiza a Constituição sob o aspecto da relação entre os fatos sociais dentro do Estado, de modo que há uma Constituição real/efetiva e uma Constituição escrita.
c) Quanto à forma, as constituições podem ser classificadas em cesaristas e pactuadas.

d) Quanto ao modo de elaboração, as normas podem ser classificadas em dogmáticas e históricas.

e) A concepção jurídica ou puramente normativa da Constituição, de autoria de Konrad Hesse, define que a Constituição é puro dever-ser, norma pura, e não deve buscar seu fundamento apenas na própria ciência jurídica.

COMENTÁRIOS

✪ **Nota do autor: a questão foi ANULADA pela banca examinadora.**

Alternativa "a": A alternativa descreve a concepção política de Carl Schmitt.

Alternativa "b": A alternativa descreve, na verdade, a concepção sociológica de Ferdinand Lassale.

Alternativa "c": Quanto à forma, as constituições podem ser escritas ou não escritas. A classificação apontada pela alternativa tem por critério a origem e não a forma.

Alternativa "d": Quanto ao modo de elaboração, podemos classificar as Constituições como dogmáticas ou históricas. Portanto, essa alternativa estaria correta.

Alternativa "e": A alternativa descreve a concepção jurídica de Hans Kelsen, e não de Konrad Hesse.

06. (Vunesp – Delegado de Polícia – PC – SP/2018) Em recente julgamento nos autos da ADPF nº 132, o Supremo Tribunal Federal, diante da possibilidade de duas ou mais interpretações razoáveis sobre o art. 1.723 do Código Civil, que trata sobre a união estável entre homem e mulher, reconheceu a união homoafetiva como família. Nesse caso, é correto afirmar que a técnica de interpretação utilizada foi

a) interpretação teleológica.

b) mutação constitucional informal.

c) interpretação conforme.

d) mutação constitucional formal.

e) ponderação pelo princípio da proporcionalidade.

COMENTÁRIOS

Alternativa "a": A interpretação teleológica, também chamada sociológica, se destina a obtenção da finalidade da norma.

Alternativa "b": Mutação constitucional é o fenômeno pelo qual se altera a interpretação de determinada norma constitucional, sem alterar seu texto. Trata-se de alteração informal, uma vez que não é uma alteração feita pelo Poder Legislativo, por meio do processo legislativo de emenda constitucional.

Alternativa "c": A norma objeto da ADPF possuía uma pluralidade de sentidos: a que implicava na exclusão da possibilidade da união ser entre pessoas do mesmo sexo, e a que implicava nessa possibilidade. Adotando o método da interpretação conforme, o STF afastou a interpretação que excluía a possibilidade em questão, adotando aquela que tinha maior compatibilidade com os preceitos constitucionais.

Alternativa "d": A mutação constitucional formal decorreria da alteração do texto da Constituição Federal por meio do processo legislativo de emendas constitucionais.

Alternativa "e": Na ponderação pelo princípio da proporcionalidade, busca-se adequar a norma à necessidade do caso concreto, proporcionalmente.

Alternativa correta: letra "c".

07. (IBADE – Delegado de Polícia – AC/2017) José Afonso da Silva, em sua obra clássica "Aplicabilidade das normas constitucionais", formulou a classificação das normas constitucionais em: 1- normas constitucionais de eficácia plena; 2- normas constitucionais de eficácia contida; e 3- normas constitucionais de eficácia limitada. Assinale a alternativa que reflete hipótese de norma constitucional de eficácia limitada.

a) "Constituem objetivos "Fundamentais da República Federativa do Brasil construir uma sociedade livre, justa e solidária".

b) "São brasileiros natos os nascidos na República Federativa do Brasil, ainda que de pais estrangeiros, desde que estes não estejam a serviço de seu país".

c) "O alistamento eleitoral e voto são obrigatórios para os maiores de dezoito anos".

d) "É assegurado a todos o livre exercício de qualquer atividade econômica, independentemente de autorização de órgãos públicos, salvo nos casos previstos em lei".

e) "O civilmente identificado não será submetido à identificação criminal, salvo nas hipóteses previstas em lei".

COMENTÁRIOS

Alternativa correta: letra "a": As normas de eficácia plena são aquelas que, desde que entram em vigor, têm aplicabilidade imediata, direta e integral. Portanto, são autoaplicáveis, visto que têm em si o potencial para produzirem e atingirem todos os efeitos pretendidos. As normas de eficácia contida, por sua vez, são aquelas que têm aplicabilidade imediata, direta e não integral, porque têm alcance reduzido em relação às normas de eficácia plena. Isto porque contém em si potencial para futura atuação restritiva pelo Poder Público por meio de legislação infraconstitucional. Por fim, as normas de eficácia limitada são aquelas que possuem aplicabilidade indireta, mediata e reduzida (não direta, não imediata e não integral), pois exigem norma infraconstitucional para que se materializem na prática. Assim, a única alternativa possível é a assertiva "a", porque contém um objetivo traçado pelo constituinte, a ser seguido pelos órgãos estatais.

08. (IBADE – Delegado de Polícia – AC/2017) De acordo com uma das concepções sobre a Constituição, ela "consigna a norma fundamental hipotética não positiva, pois sobre ela embasa-se o primeiro ato legislativo não determinado por nenhuma norma superior de direito positivo" (BULOS, Uadi Lammêgo, Curso de Direito Constitucional, 2015, p. 103). O trecho acima destacado

a) remete aos fatores reais de poder enunciados por Lassale em sua concepção sociológica.

b) alude a ideia de que a "essência da Constituição" advém da realidade social em que o texto constitucional estiver inserido.

c) tem por base a linha decisionista que funda a concepção política de Schimitt.

d) sustenta a concepção de que as leis constitucionais podem conter diversos elementos que não sejam propriamente constitucionais.

e) refere-se ao aspecto lógico-jurídico da concepção jurídica de Kelsen.

COMENTÁRIOS

Alternativa correta: letra "e": a assertiva está em conformidade com a concepção jurídica de constituição desenvolvida por Hans Kelsen. Para ele, constituição, numa perspectiva lógica-jurídica, refere-se a uma norma fundamental hipotética que é pressuposta; numa perspectiva jurídica-positiva, a constituição seria a norma positiva suprema que valida todo o restante do ordenamento jurídico. Assim, segundo a perspectiva lógica-jurídica da constituição, ela é norma fundamental do Estado, considerada como dever-ser.

09. (Cespe – Delegado de Polícia – GO/2017) Com relação aos tratados e convenções internacionais, assinale a opção correta à luz do direito constitucional brasileiro e da jurisprudência do Supremo Tribunal Federal (STF).

a) Segundo o entendimento do STF, respaldado na teoria da supralegalidade, a ratificação do Pacto de São José da Costa Rica revogou o inciso LXVII do art. 5.° da CF, que prevê a prisão do depositário infiel.

b) O sistema constitucional brasileiro adotou, para efeito da executoriedade doméstica de um tratado internacional, a teoria dualista extremada, pois exige a edição de lei formal distinta para tal executoriedade.

c) O Pacto de São José da Costa Rica influenciou diretamente a edição da súmula vinculante proferida pelo STF, a qual veda a prisão do depositário infiel.

d) A Convenção de Palermo tem como objetivo a cooperação para a prevenção e o combate do crime de feminicídio no âmbito das nações participantes.

e) Elaborada pelas Nações Unidas, a Convenção de Mérida, que trata da cooperação internacional contra a corrupção, ainda não foi ratificada pelo Brasil.

COMENTÁRIOS

Alternativa correta: letra "c": a assertiva está em conformidade com a jurisprudência do STF. Nesse sentido: "Esse caráter supralegal do tratado devidamente ratificado é internalizado na ordem jurídica brasileira – porém não submetido ao processo legislativo estipulado pelo art. 5º, parágrafo 3º, da CF – foi reafirmado pela edição da Súmula Vinculante 25, segundo a qual 'é ilícita a prisão civil de depositário infiel, qualquer que seja a modalidade do depósito'. Tal verbete sumular consolidou o entendimento deste tribunal de que o art. 7º, item 7, da Convenção Americana de Direitos Humanos teria ingressado no sistema jurídico nacional com status supralegal, inferior à Constituição Federal, mas superior à legislação interna, a qual não mais produziria qualquer efeito naquilo que conflitasse com a sua disposição de vedar a prisão civil do depositário infiel. (...)" (ADI 5240, rel. Min. Luiz Fux, Tribunal Pleno, julgamento em 20/08/2015).

Alternativa "a": a ratificação do Pacto de São José da Costa Rica não teria revogado o art. 5º, inciso LXVII, da CF, mas, sim, mudado a interpretação do dispositivo. Ainda, segundo o STF, a vedação da prisão do depositário infiel estaria dissonante do Código Civil, e não da Constituição.

Alternativa "b": o sistema brasileiro adota o dualismo moderado, porque os tratados devem ser promulgados na ordem interna, porém não necessitando ser transformados em lei para tanto.

Alternativa "d": a Convenção de Palermo, conhecida como Convenção das Nações Unidas Contra o Crime Organizado Transnacional tem três objetivos: prevenir, reprimir e punir o tráfico de pessoas, principalmente mulheres e crianças; combater o tráfico de migrantes por via terrestre, marítima e aérea; impedir a fabricação e o tráfico ilícito de armas de fogo e munições.

Alternativa "e": a referida convenção foi ratificada pelo Brasil, promulgada pelo Decreto nº 5.687/2006.

10. (FUNCAB – Delegado de Polícia – PA/2016) No que concerne à classificação das normas constitucionais, é correto afirmar que:

a) A Constituição brasileira de 1988 tem induvidosa propensão estatutária (constituição-garantia).

b) todas as normas contidas na Constituição de 1988 são materialmente constitucionais.

c) existem normas formalmente constitucionais que não estão na Constituição.

d) a participação do povo em seu processo de elaboração define uma Constituição como outorgada.

e) a Constituição brasileira de 1988 é do tipo rígido.

COMENTÁRIOS

Alternativa correta: letra "e": constituição rígida é aquela em que o processo para a alteração de qualquer de suas normas é mais difícil do que o utilizado para criar leis. Tal classificação refere-se à estabilidade da constituição. Segundo Nathália Masson: "A alteração da Constituição é possível, mas exige um processo legislativo mais complexo e solene do que aquele previsto para as demais espécies normativas (...). Há, todavia, uma leve divergência na doutrina a respeito dessa classificação. Alexandre de Moraes entende ser a Constituição de 1988 superrígida, pois, além de suscetível a processo legislativo diferenciado, possui, segundo o autor, normas imutáveis (as cláusulas pétreas). (...) Esse não é, todavia, o entendimento da doutrina majoritária, que compreende a Constituição de 1988 enquanto rígida, sob a justificativa de que o que caracteriza a rigidez é exatamente o processo diferenciado de classificação" (MASSON, Nathália. *Manual de direito constitucional*. 4ª ed. p. 37).

Alternativa "d": a participação do povo classifica a constituição como democrática ou promulgada; outorgada é aquela imposta pelo governante, sem que haja participação popular ou manifestação de vontade do povo para que seja editada a constituição.

Alternativa "a": a Constituição brasileira, apesar de ser bastante garantista (prevê limitações ao Poder Público, de modo a garantir a abstenção deste), caracteriza-se por ser dirigente, visto que contém normas programáticas que traçam programas sociais e políticas públicas para a efetivação dos direitos nela contidos.

Alternativa "b": as normas materiais são aquelas que versam sobre a organização do Estado e dos poderes, e também sobre direitos e garantias fundamentais. Entretanto, a CF/1988 não possui apenas normas materiais, contendo também normas formais (que independem do conteúdo, apenas são assim classificadas por estarem contidas no texto constitucional).

Alternativa "c": a assertiva também poderia ser considerada correta, levando-se em consideração a Teoria do Bloco de Constitucionalidade, segundo a qual também seriam normas constitucionais os princípios implícitos no texto, além dos tratados internacionais sobre direitos humanos.

---

11. (FUNIVERSA – Delegado de Polícia – DF/2015) Com relação à classificação das constituições, é correto afirmar que

a) a constituição dirigente visa garantir os direitos fundamentais de primeira geração ou dimensão.

b) a constituição-garantia anuncia um ideal a ser concretizado pelo Estado e pela sociedade, caracterizando-se por conter normas programáticas.

c) constituições outorgadas são aquelas que, embora confeccionadas sem a participação popular, para entrarem em vigor, são submetidas à ratificação posterior do povo por meio de referendo.

d) as constituições podem ser ortodoxas, quando reunirem uma só ideologia, como a Constituição Soviética de 1977, ou ecléticas, quando conciliarem várias ideologias em seu texto, como a Constituição Brasileira de 1988.

e) as constituições semirrígidas são aquelas que podem ser modificadas por meio de emendas ou de revisão constitucional.

COMENTÁRIOS

Alternativa correta: letra "d": a alternativa representa o entendimento perfeito da classificação das Constituições em ortodoxas (forjada sob a ótica de somente uma ideologia) e ecléticas (fundada em valores plurais), inclusive com seus exemplos.

Alternativa "a": a Constituição dirigente **confere atenção especial à implementação de programas pelo Estado**.

Alternativa "b": a Constituição garantia **contém proteção especial às liberdades públicas**.

Alternativa "c": as Constituições outorgadas **são impostas**.

Alternativa "e": a Constituição semirrígida é aquela dotada de **parte rígida** (em que somente pode ser alterada por processo mais difícil do que o utilizado para criar leis), **e parte flexível** (em que pode ser alterada pelo mesmo processo utilizado para criar leis).

---

12. (NUCEPE – Delegado de Polícia – PI/2014) Entre os chamados sentidos doutrinariamente atribuídos à Constituição, existe um que realiza a distinção entre Constituição e lei constitucional. Assinale a alternativa que o contempla.

a) Sentido político.

b) Sentido sociológico.

c) Sentido jurídico.

d) Sentido culturalista.

e) Sentido simbólico.

COMENTÁRIOS

✪ **Nota do autor:** questão de fácil resolução, buscando os fundamentos e as concepções das constituições.

Alternativa correta: letra "a" (a alternativa responde as demais): segundo as lições de Carl Schmitt (1928), Constituição Política é aquela que decorre de uma decisão política fundamental, e se traduz na estrutura do Estado e dos Poderes, e na presença de um rol de direitos fundamentais. As normas que não traduzirem a decisão política fundamental não serão constituição propriamente dita, mas meras leis constitucionais.

Alternativa "b": Constituição Sociológica é aquela que deve traduzir a soma dos fatores reais de poder que rege determinada nação, sob pena de se tornar mera folha de papel escrita, que não corresponda à Constituição real.

Alternativa "c": Constituição Jurídica é a que se constitui em norma hipotética fundamental pura, que traz fundamento transcendental para sua própria existência (sentido lógico-jurídico), e que, por se constituir no conjunto de normas com mais alto grau de validade, deve servir de pressuposto para a criação das demais normas que compõem o ordenamento jurídico (sentido jurídico-positivo).

Alternativa "d": Constituição Culturalista é aquele que representa o fato cultural, ou seja, que disciplina as relações e direitos fundamentais pertinentes à cultura, tais como a educação, o desporto, e a cultura em sentido estrito.

Alternativa "e": Constituição Simbólica (Marcelo Neves – 1994): é aquela que traz uma grande enunciação de direitos e valores sociais que não passam de álibis ou argumentos dilatórios frente à falta de efetividade prática do que se preceitua.

13. (UEG – Delegado de Polícia – GO/2013) Nos estudos sobre a formação do direito constitucional, verifica-se que o constitucionalismo representou um importante movimento político e filosófico, com manifestações distintas, nos diferentes períodos da história. Os teóricos desse ramo do direito apresentam classificação do constitucionalismo, identificando características próprias a cada período. Assim, o constitucionalismo

a) antigo, desenvolvido nas cidades-estado da Grécia, entre os séculos V a III a.C., caracteriza-se por um regime político constitucional ditatorial, cujo poder político é concentrado no chefe político, e o exercício do governo é afastado dos governados.

b) na Idade Média, marcado pela Magna Carta Inglesa de 1215, caracteriza-se pelo avanço do absolutismo, tendo em vista que esse documento confere poder ilimitado e absoluto ao Rei, sobretudo nas questões referentes à propriedade.

c) moderno, identificado nas Constituições dos Estados Unidos da América de 1787 e da França de 1791, caracteriza-se pela vinculação à ideia de constituição escrita e rígida, com força para limitar e vincular os órgãos do poder político.

d) contemporâneo, cujo marco inicial são as Constituições Mexicanas de 1917 e de Weimar de 1919, caracteriza-se por inaugurar o modelo de organização do Estado e por limitar o poder estatal, por meio de uma declaração de direitos e garantias fundamentais.

COMENTÁRIOS

✪ **Nota do autor:** questão versando sobre a evolução do constitucionalismo. Importante o conhecimento das fases evolutivas.

Alternativa correta: letra "C": a alternativa que apresenta a correta classificação, pois tais constituições inauguraram o governo das leis, com o surgimento de constituições escritas, dando início ao Estado Liberal.

Alternativa "A": o constitucionalismo antigo data de 100 a.c. ao sec. V. Os Parlamentos e Monarcas formulavam as normas de convívio social, e já existia uma exortação aos direitos fundamentais dos indivíduos, porém, o constitucionalismo tinha pouca efetividade, pois os Monarcas não cumpriam as garantias dispostas nos direitos fundamentais.

Alternativa "B": a Magna carta limitou os poderes do Rei João Sem Terra, sendo um dos primeiros freios ao absolutismo.

Alternativa "D": caracteriza-se pela consolidação da existência de Constituições garantistas, calçadas na defesa dos direitos fundamentais igualitários, sociais e solidários. As disposições constantes nas Constituições têm reafirmada sua força normativa, com destaque em relação às prescrições de outras fontes jurídicas (leis e atos estatais). Esse período é marcado pelas constituições dirigentes, que prescrevem programas a serem implementados pelos Estados, normalmente por meio de normas programáticas. Vale destacar que esse período acabou manchado por algumas constituições criadas apenas para justificar o exercício de um Poder não democrático, a exemplo da Carta Polaca de 1937, que sustentou a Era Vargas no Brasil, e que faz parte do que se denomina **constitucionalismo semântico**, uma vez que se busca extrair da Constituição apenas os significados que possam reconhecer a tomada e manutenção de Poder por regimes autoritários.

14. (UEL – Delegado de Polícia – PR/2013) Sobre a classificação das constituições, relacione a coluna da esquerda com a da direita.

II. Em sentido político.

III. Em sentido jurídico.

IIII. Em sentido sociológico.

a) A constituição de um país é, em essência, a soma dos fatores reais do poder que regem esse país, sendo esta a constituição real e efetiva, não passando a constituição escrita de uma "folha de papel".

b) A constituição é considerada norma pura, puro dever-ser, é o conjunto de normas que regula a criação de outras normas.

c) A constituição é considerada como decisão política fundamental, decisão concreta de conjunto sobre o modo e forma de existência da unidade política.

Assinale a alternativa que contém a associação correta.

a) I-A, II-C, III-B.

b) I-B, II-A, III-C.

c) I-B, II-C, III-A.

d) I-C, II-A, III-B.

e) I-C, II-B, III-A.

COMENTÁRIOS

✪ **Nota do autor:** o assunto não é comumente cobrado em concursos públicos, o que serve de alerta para os candidatos, que devem evitar surpresas. O assunto consta do edital, portanto deve ser estudado.

Alternativa correta: letra "E": (responde as demais alternativas) a alternativa A vai ao encontro da coluna III, a constituição sociológica, idealizada por Ferdinand Lassalle, que remonta 1862. Constituição Sociológica é aquela que deve traduzir a soma dos fatores reais de poder que rege determinada nação, sob pena de se tornar mera folha de papel escrita, que não corresponda à Constituição real. A alternativa B vai ao encontro da coluna II, o seja, a Constituição Jurídica. Idealizada por Hans Kelsen, remontando 1934. É aquela que se constitui em norma hipotética fundamental pura, que traz fundamento transcendental para sua própria existência (sentido lógico-jurídico), e que, por se constituir no conjunto de normas com mais alto grau de validade, deve servir de pressuposto para a criação das demais normas que compõem o ordenamento jurídico (sentido jurídico-positivo). A Alternativa C vai ao encontro da coluna I, a constituição política. Idealizada por Carl Schmitt, remontando 1928, é aquela que decorre de uma decisão política fundamental, e se traduz na estrutura do Estado e dos Poderes, e na presença de um rol de direitos fundamentais. As normas que não traduzirem a decisão política fundamental não serão constituição propriamente dita, mas meras leis constitucionais.

---

15. (Cespe – Delegado de Polícia – AL/ 2012) No que se refere a aspectos históricos do direito constitucional, julgue o item a seguir.

O constitucionalismo moderno surgiu no século XVIII, trazendo novos conceitos e práticas constitucionais, como a separação de poderes, os direitos individuais e a supremacia constitucional.

COMENTÁRIOS

✪ **Nota do autor:** questão versando sobre a evolução do constitucionalismo.

Alternativa correta: a alternativa está **certa**, pois a partir de 1776, com a Declaração de Independência das 13 colônias Norte Americanas, e da Revolução Francesa, em 1789, foi inaugurado um novo patamar jurídico, sendo o nascimento do Estado liberal. A menção da teoria de Montesquieu na Declaração do Homem e do Cidadão da França, em seu art. 16, materializa a separação de poderes, assim como dá início a inserção da figura humana no centro dos ordenamentos jurídicos.

---

16. (FGV – Delegado de Polícia – MA/2012) A respeito da Constituição da República Federativa do Brasil, de 1988, tendo em vista a classificação das constituições, assinale a afirmativa correta.

a) A Constituição de 1988 é exemplo de Constituição semirrígida, que possui um núcleo imutável (cláusulas pétreas) e outras normas passíveis de alteração.
b) A Constituição de 1988 é exemplo de Constituição outorgada, pois resulta do exercício da democracia indireta, por meio de representantes eleitos.
c) O legislador constituinte optou pela adoção de uma Constituição histórica, formada tanto por um texto escrito quanto por usos e costumes internacionais.
d) Na Constituição de 1988, coexistem normas materialmente constitucionais e normas apenas formalmente constitucionais.
e) A Constituição de 1988 pode ser considerada como uma Constituição fixa (ou imutável), pois o seu núcleo rígido não pode ser alterado nem mesmo por Emenda.

COMENTÁRIOS

✪ **Nota do autor:** questão que versa sobre a classificação das constituições, exigindo do candidato mais do que o conhecimento do texto legal.

Alternativa correta: letra "D": a Constituição Formal compõe-se do que consta em documento solene que tem posição hierárquica de destaque no ordenamento jurídico. A Constituição Material é composta por regras que exteriorizam a forma de Estado, organizações dos Poderes e direitos fundamentais. Portanto, suas normas são aquelas essencialmente constitucionais, mas que podem ser escritas ou costumeiras, pois a forma tem importância secundária. A CF de 1988 tem ambas, portanto, a alternativa está correta.

Alternativa "a": em que pese a existência de cláusulas pétreas, e de normas passíveis de alterações, a CF de 1988 é rígida, pois é aquela em que o processo para a alteração de qualquer de suas normas é mais difícil do que o utilizado para criar leis.

Alternativa "b": a Constituição de 1988 é promulgada, já que foi elaborada por legítimos representantes do povo.

Alternativa "c": a Constituição Brasileira é dogmática, pois foi sistematizada a partir de ideias fundamentais.

Alternativa "e": a CF 1988 é rígida, possuindo um núcleo imutável, porém, com normas que podem sim ser alteradas por meio de emendas constitucionais.

---

17. (Delegado de Polícia – SP/ 2011 – ACADEPOL) A Assembleia Nacional constituinte instituiu, de acordo com o "Preâmbulo" da Constituição Federal, um Estado Democrático destinado a assegurar

a) a promoção da integração ao mercado de trabalho.
b) a assistência social e a descentralização político-administrativa.
c) a liberdade, o bem-estar, o desenvolvimento e a segurança.
d) que a fauna e a flora tenham sua função ecológica ampliada.
e) que o casamento religioso tenha efeito civil, independentemente de lei.

COMENTÁRIOS

Alternativa correta: letra "C": essa é única alternativa que se encaixa no preâmbulo da CF, que já foi alvo de polêmica, por gerar a dúvida quanto a ser ou não considerado como norma jurídica. Em que pese integrar a Constituição formal, segundo posição exarada pelo **STF** no bojo da **ADI 2076**, julgada em 2002, o Preâmbulo da Constituição da República não tem força normativa, figurando como mero vetor interpretativo. Em seu voto, Celso de Mello sustentou que **o Preâmbulo não se situa no**

âmbito do direito, mas no domínio da política, refletindo posição ideológica do constituinte. Ademais, ele conteria proclamação ou exortação no sentido dos princípios inscritos na Constituição Federal. Quanto à natureza jurídica do Preâmbulo, a posição do STF filia-se à Tese da Irrelevância Jurídica, afastando-se da Tese da Plena Eficácia (que defende ter o Preâmbulo a mesma eficácia das normas que consta da parte articulada da CF) e da Tese da Relevância Jurídica Indireta (para a qual o Preâmbulo é parte da Constituição, mas não é dotado das mesmas características normativas da parte articulada). Por essa razão, também não serve de parâmetro para controle de constitucionalidade. Esse posicionamento do STF serviu para definir que a invocação à proteção de Deus, constante do Preâmbulo da Constituição da República vigente somente denota inspiração do constituinte, não violando a liberdade religiosa que permeia o Estado brasileiro.

2. PODER CONSTITUINTE. CONCEITO, FINALIDADE, TITULARIDADE E ESPÉCIES. REFORMA DA CONSTITUIÇÃO. CLÁUSULAS PÉTREAS

18. (Fundatec – Delegado de Polícia – PC – RS/2018) O poder constituinte pode ser conceituado como o poder de elaborar ou atualizar uma Constituição. A titularidade desse poder pertence ao povo, como aponta a doutrina moderna.

Sobre as proposições em relação ao tema, assinale a alternativa INCORRETA.

a) Recepção é um processo abreviado de criação de normas jurídicas, pelo qual a nova Constituição adota as leis já existentes, se com ela compatíveis, dando-lhes validade e evitando o trabalho de se elaborar toda a legislação infraconstitucional novamente. Já a desconstitucionalização ocorre quando as normas da Constituição anterior permanecem em vigor, desde que compatíveis com a nova ordem, mas com status de lei infraconstitucional.

b) O poder constituinte originário tem como principais características ser: inicial, ilimitado e incondicionado; já o poder constituinte derivado, por sua vez, possui as seguintes características principais: subordinado, condicionado e limitado.

c) Há possibilidade de se apontar duas formas básicas de expressão do Poder Constituinte originário: Assembleia Nacional Constituinte e Movimento Revolucionário (outorga).

d) O poder constituinte derivado revisor consiste na possibilidade que os Estados-membros têm, em virtude de sua autonomia político-administrativa, de se auto-organizarem através de suas respectivas constituições estaduais, sempre respeitando as limitações estabelecidas pela Constituição Federal.

e) O poder constituinte difuso dá fundamento ao fenômeno denominado de mutação constitucional. Por meio dela, são dadas novas interpretações aos dispositivos da Constituição, mas sem alterações na literalidade de seus textos, que permanecem inalterados.

COMENTÁRIOS

Alternativa "a": A alternativa descreve corretamente os fenômenos da recepção e da desconstitucionalização. Vale lembrar que a recepção decorre da compatibilidade material, de modo que uma norma pode ser recepcionada mesmo que tenha incompatibilidade formal com a nova Constituição. A desconstitucionalização tem também importante detalhe a ser lembrado: depende de previsão expressa na nova Constituição para que ocorra.

Alternativa "b": A alternativa caracteriza perfeitamente as espécies de Poder Constituinte. O originário, vale lembrar, não é limitado nem mesmo pelo direito adquirido ou coisa julgada, uma vez que inaugura uma nova ordem jurídica. O derivado, por sua vez, é subordinado àquele, sendo ainda condicionado e limitado por ele.

Alternativa "c": O Poder Constituinte Originário se manifesta na criação de uma nova constituição, rompendo com a ordem jurídica anterior: pode se dar por meio de assembleias constituintes ou mesmo em revoluções, nas quais se usurpa o Poder Constituinte de titularidade do povo.

Alternativa "d": A alternativa descreve o Poder Constituinte Decorrente, que se manifesta na elaboração de Constituições estaduais, ou da lei orgânica distrital. O poder constituinte derivado revisor consiste na possibilidade de elaboração de revisões do texto constitucional, em período determinado pela Constituição.

Alternativa "e": O Poder Constituinte Difuso se manifesta na interpretação da Constituição, podendo ocasionar um processo informal de alteração do sentido de seus enunciados sem alterar sua literalidade. Trata-se do fenômeno da mutação constitucional.

Alternativa incorreta: letra "d".

19. (UEG – Delegado de Polícia – PC – GO/2018) O fenômeno jurídico da

a) transcendência dos motivos determinantes não é admitido pelo STF em sede de reclamação.

b) mutação constitucional consiste na mudança da Constituição, mediante o acréscimo, a modificação ou a supressão de artigos.

c) reforma constitucional é o processo informal de mudança da Constituição, mediante a alteração de significados ou a reconstrução interpretativa da norma.

d) derrotabilidade, amplamente admitido pelo STF, pode levar o intérprete a afastar regra geral sem necessariamente declarar a inconstitucionalidade da norma.

e) desconstitucionalização impõe que as normas da Constituição anterior, se materialmente compatíveis com a nova, sejam recepcionadas pela ordem constitucional superveniente, embora com status infraconstitucional.

COMENTÁRIOS

✪ **Nota do autor: a questão foi ANULADA pela banca examinadora.**

Alternativa "a": De acordo com essa teoria, seria vinculante não só o dispositivo da decisão, mas também os motivos determinantes daquela. Essa teoria ainda é controversa na jurisprudência do STF, havendo julgados que a aplicam, e julgados que a afastam. Como há julgados recentes de reclamação que aplicam a teoria, podemos considerar a alternativa como incorreta.

Alternativa "b": A mutação constitucional, na verdade, consiste na alteração da interpretação de determinado dispositivo constitucional, sem, contudo, alterar seu conteúdo.

Alternativa "c": O processo de reforma constitucional consiste na elaboração de emendas constitucionais, que alteram o texto de normas da constituição, de modo formal. A descrição da alternativa diz respeito à mutação constitucional, que é uma alteração informal, sem alterar o texto.

Alternativa "d": Na derrotabilidade, admitida pelo SF, não se afasta regra geral, mas sim se reconhece a existência de uma cláusula de exceção: um caso em que a norma não é aplicada, por ser derrotada em face dos demais valores prevalecentes no caso.

Alternativa "e": A desconstitucionalização implica na recepção de normas da Constituição anterior como normas infraconstitucionais, desde que sejam normas cujo conteúdo não seja inerente à Constituição. Portanto, devem ser normas apenas formalmente constitucionais da ordem anterior. Nesse caso, para que sejam recepcionadas, deve haver previsão expressa, e compatibilidade com a nova Constituição. Apesar da redação confusa da alternativa, poderíamos considera-la como correta.

---

20. (Nucepe – Delegado de Polícia – PC – PI/2018) Sobre o Poder Constituinte, assinale a alternativa CORRETA.

a) Reformador é incondicionado e ilimitado.

b) Originário é aquele que instaura uma nova ordem jurídica, provocando uma ruptura com a ordem jurídica anterior.

c) Dos estados-membros é incondicionado e ilimitado juridicamente.

d) Reformador pode suprimir cláusulas pétreas.

e) Decorrente é o conferido aos municípios dos territórios.

COMENTÁRIOS

Alternativa "a": O poder constituinte reformador é, na verdade, condicionado e limitado pelo poder constituinte originário. Assim, somente pode ser exercido nas condições estabelecidas nas normas constitucionais originárias.

Alternativa "b": De fato, o poder constituinte originário se manifesta quando da ruptura com a ordem jurídica anterior, instituindo uma nova, de modo ilimitado e incondicionado.

Alternativa "c": O poder constituinte decorrente, que detêm os Estados e Distrito Federal para promover sua auto-organização, é, na verdade, condicionado e limitado pelo poder constituinte originário. A título de exemplo, temos as normas constitucionais de reprodução obrigatória da Constituição Federal, que devem ser repetidas nas Constituições Estaduais.

Alternativa "d": O poder constituinte reformador não pode suprimir cláusulas pétreas, pois é condicionado e limitado. Trata-se de uma limitação implícita: a não alteração do processo de alteração da Constituição Federal.

Alternativa "e": O poder constituinte decorrente é atribuído aos Estados e Distrito Federal, mas não aos Municípios ou Territórios.

Alternativa correta: letra "b".

---

21. (UEG – Delegado de Polícia – PC – GO/2018) É constitucionalmente possível, apesar das limitações constitucionais ao poder constituinte derivado, segundo a doutrina nacional predominante,

a) a alteração na titularidade dos poderes constituintes originário e derivado reformador.

b) a edição, ainda este ano, da centésima Emenda Constitucional, pois a intervenção federal no Rio de Janeiro, prevista para durar até 31 de dezembro de 2018, não configura nenhuma limitação temporal ao poder de reforma.

c) a Constituição ser emendada mediante proposta de iniciativa popular.

d) a dupla revisão, com a revogação da cláusula pétrea num primeiro momento e a posterior abolição do direito por ela protegido.

e) a hipotética redução da maioridade penal de 18 para 16 anos.

COMENTÁRIOS

Alternativa "a": A titularidade do poder constituinte é do povo, seja ele originário ou derivado, não podendo ser essa titularidade alterada.

Alternativa "b": Na realidade, conforme previsão do art. 60, §1º da CF/88, a Constituição Federal não pode ser emendada na vigência de intervenção federal, estado de defesa ou estado de sítio.

Alternativa "c": De acordo com o art. 60 da CF/88, a Constituição pode ser emendada por proposta: de um terço, no mínimo, dos membros da Câmara dos Deputados ou do Senado Federal; do Presidente da República; de mais da metade das Assembléias Legislativas das unidades da Federação, manifestando-se, cada uma delas, pela maioria relativa de seus membros. Não há iniciativa popular para proposta de emenda à Constituição.

Alternativa "d": Não é possível a revogação de cláusula pétrea: a impossibilidade de alterar o procedimento de alteração da Constituição consiste em limitação implícita ao poder constituinte derivado.

Alternativa "e": Embora a banca examinadora tenha julgado essa alternativa como correta, trata-se de questão objeto de controvérsia doutrinária. Parte dela entende ser impossível, por ser tendente a abolir direito ou garantia fundamental, enquanto outra parte entende que restringir direito ou garantia fundamental é possível.

Alternativa correta: letra "e".

---

22. (Vunesp – Delegado de Polícia – PC – BA/2018) O poder que enseja a elaboração da Constituição de um Estado-membro da federação, organizando o arcabouço constitucional daquela unidade federada, é denominado

a) poder constituinte derivado decorrente reformador normal.

b) poder constituinte derivado decorrente institucionalizador.

c) poder constituinte derivado decorrente revisional anômalo.

d) poder constituinte derivado decorrente reformador anômalo.

e) poder constituinte derivado decorrente revisional normal.

COMENTÁRIOS

O poder constituinte em questão é chamado poder constituinte derivado decorrente pela doutrina. Não é revisional ou reformador, pois não interfere na Constituição Federal, a revisando ou reformando, mas é sim institucionalizador, a medida que cria/institui a ordem jurídica nos Estados e Distrito Federal.

Alternativa correta: letra "b".

---

23. (IBADE – Delegado de Polícia – AC/2017) Acerca do poder constituinte e controle de constitucionalidade, é correto afirmar:

a) O STF admite controle concentrado ou difuso de constitucionalidade de normas produzidas pelo poder constituinte originário, aplicando a tese das "normas constitucionais inconstitucionais".

b) Um dos exemplos à limitação circunstancial do poder de reforma na CRFB/88 diz respeito às pessoas que poderão propor emendas à Constituição (artigo 60, CRFB/88).

c) O poder constituinte originário é definido como permanente, pela possibilidade de se manifestar a qualquer tempo.

d) A CRFB/88 adota o entendimento de que o povo é o titular do poder constituinte, se filiando, portanto, à concepção da teoria da soberania nacional cunhada por Emmanuel Sieyès.

e) As limitações materiais ao poder constituinte de reforma (artigo 60, § 4º, CRFB/88) significam a intangibilidade literal da respectiva disciplina na Constituição originária.

COMENTÁRIOS

Alternativa correta: letra "c": a assertiva está correta, pois o poder constituinte originário é permanente, visto que apenas adormece após a sua manifestação, sendo caracterizado também por ser autônomo, incondicionado, ilimitado e inalienável.

Alternativa "a": de acordo com jurisprudência do STF, não se admite controle concentrado ou difuso de constitucionalidade de normas produzidas pelo poder constituinte originário a partir da teoria das normas constitucionais inconstitucionais, ou seja, de normas contraditórias. Assim, cabe ao intérprete da Constituição a compatibilização delas.

Alternativa "b": a limitação do poder de reforma quanto às pessoas é conhecida por "limitação procedimental ou formal". Limitação circunstancial é aquela prevista no art. 60, § 1º, da CF, e diz respeito à situações excepcionais: "A Constituição não poderá ser emendada na vigência de intervenção federal, de estado de defesa ou de estado de sítio".

Alternativa "d": de acordo com Sieyès, o titular do poder constituinte é a nação, e não o povo.

---

24. (Cespe – Delegado de Polícia – PE/2016) Acerca do poder de reforma e de revisão constitucionais e dos limites ao poder constituinte derivado, assinale a opção correta.

a) Além dos limites explícitos presentes no texto constitucional, o poder de reforma da CF possui limites implícitos; assim, por exemplo, as normas que dispõem sobre o processo de tramitação e votação das propostas de emenda não podem ser suprimidas, embora inexista disposição expressa a esse respeito.

b) Emendas à CF somente podem ser apresentadas por proposta de um terço, no mínimo, dos membros do Congresso Nacional.

c) Emenda e revisão constitucionais são espécies do gênero reforma constitucional, não havendo, nesse sentido, à luz da CF, traços diferenciadores entre uma e outra.

d) Não se insere no âmbito das atribuições do presidente da República sancionar as emendas à CF, mas apenas promulgá-las e encaminhá-las à publicação.

e) Se uma proposta de emenda à CF for considerada prejudicada por vício de natureza formal, ela poderá ser reapresentada após o interstício mínimo de dez sessões legislativas e ser apreciada em dois turnos de discussão e votação.

COMENTÁRIOS

✪ **Nota do autor:** o Poder Constituinte Derivado Reformador (também denominado por Secundário, de Segundo Grau, Instituído, Constituído, ou de Reforma) é responsável pela reforma da Constituição (no Brasil, por meio de Emendas Constitucionais ou da incorporação de tratados internacionais de direitos humanos).

Vale notar que a CF de 1988 não prevê expressamente o poder de reforma, que materializa o poder constituinte derivado, mas este se encontra implícito, e se extrai, por exemplo, da norma constitucional que prevê propostas de emendas à Constituição.

Alternativa correta: letra "a": o Poder Constituinte Derivado deve observas as seguintes limitações: **Temporais**: impedem a alteração da Constituição em um determinado período de tempo (A CF/88 não prevê nenhuma limitação temporal, em privilégio ao ganho de estabilidade); **Circunstanciais**: impedem a alteração da CF em momentos de extrema gravidade, nos quais a livre manifestação do poder reformador possa estar ameaçada (Estado de Defesa, Estado de Sítio, e Intervenção Federal); **Formais/ Processuais/Procedimentais**, que podem ser de duas espécies: 3.1. Formal Subjetiva (há legitimados específicos para a propositura de Emendas Constitucionais); 3.2. Formal Objetiva (quórum qualificado de três quintos, em dois turnos, em cada Casa do Congresso Nacional, com promulgação pelas mesas do Senador Federal e da Câmara dos Deputados); **Materiais/Substanciais**: cláusulas pétreas; **Implícitas**: vedam a alteração das regras pertinentes ao processo para modificação da Constituição.

Alternativa "b": a Constituição poderá ser emendada mediante proposta: I – de um terço, no mínimo, dos membros da Câmara dos Deputados ou do Senado Federal; II – do Presidente da República; III – de mais da metade das Assembleias Legislativas das unidades da Federação, manifestando-se, cada uma delas, pela maioria relativa de seus membros.

Alternativa "c": Emenda e revisão constitucionais são espécies do gênero reforma constitucional, mas não se confundem. Segundo José Afonso da Silva, reforma é gênero, e tem como espécies: emenda (mudança pontual) e revisão (modificações mais amplas). A **revisão constitucional** está prevista no art. 3°, do ADCT da CF, foi realizada 5 anos após a promulgação da CF/88 (em 1993, portanto) pelo voto da maioria absoluta dos membros do Congresso Nacional, em sessão unicameral, tendo gerado seis emendas constitucionais de revisão que detêm o status de normas constitucionais derivadas, porque materializadas por meio de emendas. Ademais, elas estão sujeitas ao controle de constitucionalidade, pois apenas as normas constitucionais originárias gozam de presunção absoluta de constitucionalidade.

Alternativa "d": a emenda à Constituição **será promulgada pelas Mesas da Câmara dos Deputados e do Senado Federal**, com o respectivo número de ordem (art. 60, § 3º, da CF).

Alternativa "e": a matéria constante de proposta de emenda rejeitada ou havida por prejudicada não pode ser objeto de nova proposta na mesma sessão legislativa (art. 60, § 5º, da CF).

---

25. (FUNCAB – Delegado de Polícia – RO/2014) Acerca do tema "poder constituinte e reforma constitucional", marque a alternativa correta.

a) Poder constituinte é o poder que o governo tem de vetar as leis inconstitucionais.

b) O poder constituinte reformador manifestado por meio de emendas tem por características ser inicial, autônomo e ilimitado.

c) O poder constituinte reformador manifestado por meio de emendas pode ser iniciado por meio das mesas das assembleias legislativas.

d) A Constituição não poderá ser emendada na vigência de intervenção federal, de estado de defesa ou de estado de sítio.

e) Compete ao Presidente da República vetar emendas constitucionais que contrariem o interesse público.

COMENTÁRIOS

Alternativa correta: letra "d": é a previsão do art. 60, § 1°, da CF.

Alternativa "a": a soberania popular consiste essencialmente no poder constituinte da nação. Entretanto, atualmente, a ideia de nação cedeu lugar ao poder do povo. Assim, é o povo que atribui seus poderes a órgãos estatais especializados, que passam a se denominar Poderes (Executivo, Legislativo e Judiciário). E se **o povo delega certas partes do seu poder às diversas autoridades constituintes**, ele mantém o poder constituinte. Nesse sentido, o Poder Constituinte tem suas raízes em uma força geral da Nação (J. J. Gomes Canotilho). **O veto do Presidente da República a projeto de lei aprovado pelas casas do Congresso Nacional, por motivo de inconstitucionalidade é considerado mecanismo de controle político prévio de constitucionalidade**, a teor do art. 66, § 1°, da CF.

Alternativa "b": O poder constituinte **originário** (e não o derivado) é o que cria a primeira ou nova constituição de um Estado. Para atingir seu objetivo, ele é **inicial** (não existe outro poder anterior ou superior a ele), **autônomo** (o poder constituinte determina a estrutura da nova Constituição), **ilimitado** (tem autonomia para escolher o Direito que irá viger, ou seja, não se subordina a nenhuma ideia jurídica preexistente) e **incondicionado** (é dotado de liberdade quanto aos procedimentos adotados para a criação da Constituição, ou seja, não precisa seguir nenhuma formalidade preestabelecida).

Alternativa "c": na linha do art. 60 da CF, a Constituição **somente** poderá ser emendada mediante proposta: I – de um terço, no mínimo, dos membros da Câmara dos Deputados ou do Senado Federal; II – do Presidente da República; III – de mais da metade das Assembleias Legislativas das unidades da Federação, manifestando-se, cada uma delas, pela maioria relativa de seus membros.

Alternativa "e": as emendas constitucionais **não estão sujeitas a veto**, pois se traduzem em manifestação do poder constituinte derivado reformador.

---

26. (Vunesp – Delegado de Polícia – SP/2014) A Constituição poderá ser emendada mediante proposta

a) de governador da Unidade da Federação.

b) de mais da metade das Câmaras Municipais, manifestando-se, cada uma delas, pela maioria relativa de seus membros.

c) do Presidente da República, mediante representação popular, manifestada por apoio de partido político sem representação no Congresso Nacional.

d) de dois terços, no mínimo, dos membros da Câmara dos Deputados ou do Senado Federal.

e) de mais da metade das Assembleias Legislativas das unidades da Federação, manifestando-se, cada uma delas, pela maioria relativa de seus membros.

COMENTÁRIOS

✪ **Nota do autor:** questão versando sobre a possibilidade de emendas à Constituição, especificamente sobre a legitimidade para propositura de projeto de emenda.

Alternativa correta: letra "E" (responde as demais alternativas): a única alternativa que encontra sustentação na redação do art. 60, I, II e III da CF, que diz "**A Constituição poderá ser emendada mediante proposta: I – de um terço, no mínimo, dos membros da Câmara dos Deputados ou do Senado Federal; II – do Presidente da República; III – de mais da metade das Assembleias Legislativas das unidades da Federação, manifestando-se, cada uma delas, pela maioria relativa de seus membros**".

27. (UEG – Delegado de Polícia – GO/2013) O poder constituinte originário, segundo a teoria constitucional, é a força política capaz de estabelecer o vigor normativo da Constituição e tem por características precípuas

a) pertencer a uma dada ordem jurídica e ser regido pelo direito por ela positivado.

b) esgotar-se com a edição da Constituição, não subsistindo para além dessa ordem.

c) ser a vontade política do grupo de poder, independente de valores culturais.

d) ter eficácia atual por constituir força histórica apta a realizar os fins a que se propõe.

COMENTÁRIOS

✪ **Nota do autor:** mais uma questão versando sobre o Poder Constituinte. A matéria deve ser bem estudada, a fim de evitar surpresas nas provas. A questão foi muito bem formulada e é de difícil resolução.

Alternativa correta: letra "D": o poder constituinte originário cria a primeira ou nova constituição de um Estado. Para atingir seu objetivo, ele é **inicial** (não existe outro poder anterior ou superior a ele) **autônomo** (tem autonomia para escolher o Direito que irá viger, ou seja, não se subordina a qualquer ideia jurídica preexistente) e **incondicionado** (é dotado de liberdade quanto aos procedimentos adotados para a criação da Constituição, ou seja, não precisa seguir nenhuma formalidade preestabelecida).

Alternativa "A": o poder constituinte originário cria a primeira ou nova constituição de um Estado, não pertence a uma dada ordem jurídica e nem é regido pelo direito por ela positivado.

Alternativa "B": não se esgota, podendo ser invocado a qualquer tempo.

Alternativa "C": o poder constituinte originário inaugura uma nova ordem jurídica, fruto das aspirações e desejos imperantes em determinado momento da história.

28. (UEL – Delegado de Polícia – PR/2013) Considerando os limites de reforma da Constituição Brasileira (CF) de 1988, assinale a alternativa correta.

a) É inaceitável alterar a CF para readequar a forma federativa do Estado brasileiro.

b) É inaceitável alterar a CF para readequar a separação dos Poderes do Estado brasileiro.

c) Quanto ao procedimento de reforma, existe limitação formal, inexistindo limitação material.

d) A CF não pôde sofrer emenda constitucional por cinco anos, contados de sua promulgação, em razão de limitação temporal.

e) É inaceitável alterar a CF para restringir direitos fundamentais individuais.

COMENTÁRIOS

✪ **Nota do autor:** questão que versa sobre a possibilidade de emendas à Constituição, conforme art. 60 da CF.

Alternativa correta: letra "E": a alternativa encontra sustentação na redação do art. 60, § 4º, inciso IV da CF, que impede a deliberação da proposta de emenda tendente a abolir os direitos e garantias individuais.

Alternativa "A": o que a Constituição veda expressamente são as emendas tendentes a abolir a forma federativa de Estado, de acordo com o art. 60, § 4º, inciso I.

Alternativa "B": o que a Constituição veda expressamente são as emendas tendentes a abolir a separação de poderes, de acordo com o art. 60, § 4º, inciso III.

Alternativa "C": a alternativa está completamente errada, pois existem limitações formais, previstas no art. 60, e também as limitações materiais, previstas no § 4º do mencionado artigo.

Alternativa "D": em que pese a previsão art. 3º do ADCT, com o prazo de 5 anos para revisão formal, a Constituição de 1988 já poderia ser alterada, desde que respeitado o procedimento para a edição das Emendas Constitucionais.

29. (FGV – Delegado de Polícia – MA/2012) Com relação aos limites ao exercício do Poder Constituinte, assinale a única afirmativa correta.

a) Os limites ao Poder Reformador, como todas as exceções, interpretam-se restritivamente; daí decorre que é vedada a proposta de Emenda tendente a abolir a forma Federativa de Estado, sendo possível, por outro lado, que uma Emenda retire dos municípios o status de entes da federação.

b) Não será objeto de deliberação a proposta de emenda tendente a abolir a forma federativa do

Estado, o voto direto, secreto, universal e periódico, os monopólios do Estado e os direitos e garantias individuais.

c) Além dos limites expressos na Constituição ao Poder Constituinte Reformador, podem ser identificados limites implícitos, exemplificados pelo próprio dispositivo que prevê as matérias que não podem ser objeto de Emenda.

d) De acordo com a jurisprudência do Supremo Tribunal Federal, não se pode invocar a existência de direito adquirido em face do Poder Constituinte, quer do originário, quer do reformador.

e) O Poder Constituinte Originário divide-se em Poder Constituinte Estruturante e Poder Constituinte Decorrente

COMENTÁRIOS

✪ **Nota do autor:** questão tratando do Poder Constituinte, e suas nuances. O candidato deve dominar bem os conceitos de Poder Constituinte originário, derivado e decorrente.

Alternativa correta: letra "C": as limitações são **explícitas** (englobam as circunstanciais e as materiais) e **implícitas** (se confundem com as formais/processuais/procedimentais).

Alternativa "A": não há tal possibilidade prevista na Constituição. Os Municípios são entes federados, e em que pese a sua organização não se dê mediante uma Constituição, como os Estados, mas sim por meio de uma Lei orgânica, estes possuem fundamental papel na composição do sistema federado.

Alternativa "B": não há menção aos monopólios do Estado na redação do § 4º do art. 60 da CF.

Alternativa "D": no tocante ao Poder Constituinte Originário, não se pode falar em direito adquirido, pois este inaugura uma nova ordem constitucional, rompendo totalmente com a anterior. No tocante ao Poder Reformador, é possível invocar os direitos adquiridos.

Alternativa "E": do Poder Constituinte originário, surge o reformador. O Poder Constituinte decorrente é atribuído aos Estados, na elaboração de suas próprias constituições.

30. (Delegado de Polícia – SP/ 2011 – ACADEPOL) Há uma ideia difundida de que a Constituição não se caracteriza por ser

a) a limitação do Poder do Estado.

b) um corpo sistemático de normas.

c) a organização política basilar de um Estado.

d) a cúpula da ordem estabelecida.

e) uma oligarquia eletiva.

COMENTÁRIOS

Alternativa correta: letra "E": uma oligarquia é um governo de poucos, o que vai de encontro ao que prevê a CF de 1988, que elege o povo como detentor do poder estatal, exercido por meio de seus representantes eleitos, ou diretamente, em determinados casos previstos na Constituição.

Alternativa "a": uma das características do constitucionalismo é a limitação do Poder Estatal, constante de um rol de direitos chamados de negativos, em que o Estado deve interferir o mínimo na vida do cidadão.

Alternativa "b": a Constituição chamada de material é justamente o conjunto de normas que tratam da organização do Estado.

Alternativa "c": a organização do estado, em que pese ser elencada posteriormente aos direitos fundamentais da pessoa humana na ordem de elaboração da Constituição, é presente por meio da constituição material.

Alternativa "d": a Constituição é o documento legislativo que está no topo do ordenamento jurídico, sendo responsável por balizar a confecção legislativa.

31. (Delegado de Polícia – MT/ 2010 – UNEMAT) Quanto ao poder constituinte originário, analise as afirmações.

I. É inicial, pois sua obra – a Constituição

II. É limitado, pois deve respeitar os limites postos pelo direito positivo antecessor.

III. É condicionado, pois está sujeito a formas prefixadas para manifestar sua vontade.

IV. É permanente, pois não desaparece com a realização da sua obra.

Em face das proposições acima, assinale a alternativa **correta.**

a) Apenas I e II estão corretas.

b) Apenas I e III estão corretas.

c) Apenas II, III e IV estão corretas.

d) Apenas I e IV estão corretas.

e) Todas estão corretas.

COMENTÁRIOS

✪ **Nota do autor:** a questão versa sobre o Poder Constituinte, exigindo do candidato mais do que o conhecimento sobre o texto constitucional.

Alternativa correta: letra "D" (responde a todas as alternativas): a assertiva I está correta, pois o poder constituinte originário nasce para a criação da Constituição. A assertiva IV está correta, pois mesmo finalizada a elaboração da constituição, o Poder constituinte permanece. A Assertiva II está errada, pois o Poder Constituinte originário inaugura uma nova ordem jurídica, rompendo com a anterior. A Assertiva III está equivocada, já que a o Poder constituinte originário rompe com a ordem jurídica anterior, não existindo normas prefixadas para sua vinculação.

3. PRINCÍPIOS FUNDAMENTAIS DA CONSTITUIÇÃO BRASILEIRA

32. (Fundatec – Delegado de Polícia – PC – RS/2018) Pode-se dizer que a Carta Maior consolida a separação dos Poderes quando dispõe no Art. 2º que: "são Poderes da União, independentes e harmônicos entre si, o Legislativo, o Executivo e o Judiciário". Com base nessa premissa, assinale a alternativa INCORRETA.

a) As restrições prescritas ao exercício das competências constitucionais conferidas ao Poder Executivo, incluída a definição de políticas públicas, importam em contrariedade ao princípio da independência e harmonia entre os Poderes.

b) Compreende-se na esfera de autonomia dos Estados a anistia (ou o cancelamento) de infrações disciplinares de seus respectivos servidores, podendo concedê-la à assembleia constituinte local.

c) Não há falar-se em quebra do pacto federativo e do princípio da interdependência e harmonia entre os Poderes em razão da aplicação de princípios jurídicos ditos "federais" na interpretação de textos normativos estaduais. Princípios são normas jurídicas de um determinado ordenamento, no caso, do ordenamento brasileiro. Não há princípios jurídicos aplicáveis no território de um, mas não de outro ente federativo, sendo descabida a classificação dos princípios em "federais" e "estaduais".

d) O exercício da função regulamentar e da função regimental decorrem de delegação de função legislativa; envolvem, portanto, derrogação do princípio da divisão dos Poderes.

e) Na Constituição Brasileira de 1824, havia previsão de quatro poderes: Executivo, Legislativo, Judiciário (que na época era chamado Poder Judicial) e o Moderador.

COMENTÁRIOS

Alternativa "a": Nesse sentido foi o entendimento do STF no julgamento da ADI 4102 MC-REF, em que declarou a inconstitucionalidade de lei que estabelecia vinculação de parcelas das receitas tributárias a órgãos, fundos ou despesas.

Alternativa "b": A alternativa está de acordo com o entendimento emanado pelo STF no julgamento da ADI 104. Essa anistia se daria mormente quando circunscrita às punições impostas no regime decaído por motivos políticos, a exemplo da concedida na Constituição Federal. Vale observar que a União não deteria competência para a concessão de anistia às infrações administrativas de servidores estaduais. Seria da União a competência, no que diz respeito aos servidores estaduais, somente para conceder anistia em infrações penais.

Alternativa "c": Nesse sentido entendeu o STF no julgamento da ADI 246 em 2004.

Alternativa "d": Na realidade, não decorrem de delegação de função legislativa e não há derrogação do princípio da separação/divisão dos Poderes, tendo assim entendido o STF no julgamento do HC 85.060.

Alternativa "e": A alternativa está correta.

Alternativa incorreta: letra "d".

33. (UEG – Delegado de Polícia – GO/2013) Na interpretação da norma constitucional, assim como no controle de constitucionalidade das leis, o Poder Judiciário tem recorrido a princípios que buscam conferir maior concreção aos valores consagrados na Carta Magna. Assim, a aplicação do princípio da

a) correção funcional permite o ajustamento, a revisão e a correção das competências funcionais constitucionalmente estabelecidas.

b) eficácia integradora visa a favorecer a integração social e a unidade política, no construir de soluções para os problemas jurídico-constitucionais.

c) correção funcional impõe interpretar a lei cujo sentido originário contrarie a Constituição, de forma a corrigir sua função no ordenamento jurídico.

d) concordância prática determina que nas diversas exegeses constitucionais seja preferida aquela que atenda a reserva do possível.

COMENTÁRIOS

Alternativa correta: letra "B" (a alternativa responde as demais): o mencionado princípio traz a ideia que as normas constitucionais devem ser interpretadas com o objetivo de integrar política e socialmente o povo de um Estado Nacional. Nas demais alternativas, o examinador busca confundir os candidatos com alterações nos sentidos dos princípios. No princípio da correção funcional, ou da justeza, o intérprete é limitado a concretizar o texto constitucional. No princípio da concordância prática a interpretação de uma norma constitucional exige a harmonização dos bens e valores jurídicos colidentes em um dado caso concreto, de forma a se evitar o sacrifício total de um em relação a outro.

34. (UEG – Delegado de Polícia – GO/2013) No âmbito constitucional, a distinção entre regra e princípio tem relevância prática, dada a influência das ideias advindas do neoconstitucionalismo na construção do sentido normativo, pelo judiciário. Entende-se que, nesse âmbito,

a) os princípios têm o caráter concreto, enquanto as regras são abstratas.

b) as regras são normas jurídicas, enquanto os princípios não têm essa natureza.

c) as regras são standards com caráter vinculante, enquanto os princípios não vinculam.

d) os princípios têm o caráter fundamental e função fundante em relação às regras.

COMENTÁRIOS

✪ **Nota do autor:** questão que trata da diferenciação entre princípios e regras.

Alternativa correta: letra "D" (responde as demais alternativas): a única alternativa que se encaixa na diferenciação proposta. O neoconstitucionalismo alçou os princípios ao status de normas, com efeitos concretos. Podemos dizer que os princípios são mandamentos de otimização, possuindo uma maior flexibilidade. Já as regras, são cumpridas ou não, tudo ou nada.

35. (UEG – Delegado de Polícia – GO/2013) O art. 5° da Constituição Federal institui o combate ao poder arbitrário do Estado, ao preceituar que ninguém será obrigado a fazer ou deixar de fazer alguma coisa senão em virtude de lei. Por força desse dispositivo, institui-se o princípio da legalidade que apresenta, segundo os teóricos, notas distintivas do princípio da reserva legal. Dentre os aspectos diferenciadores entre ambos, observa-se que

a) o princípio da reserva legal é um princípio abstrato, de aplicação ampla, que determina que os comandos jurídicos que impõem comportamentos gerais originem-se de espécies normativas constitucionalmente previstas.

b) o princípio da legalidade é um princípio abstrato, de aplicação ampla, à generalidade das matérias, que submete a atuação estatal às espécies normativas constitucionalmente previstas, dependentes de processo legislativo.

c) o princípio da legalidade é um princípio abstrato, de aplicação restrita a matérias especificadas constitucionalmente, que submete a atuação estatal a espécies normativas constitucionalmente previstas, dependentes de processo legislativo.

d) o princípio da reserva legal é um princípio concreto, de aplicação ampla e geral, que determina que os comandos jurídicos que impõem comportamentos forçados originem-se de espécies normativas constitucionalmente previstas.

COMENTÁRIOS

✪ **Nota do autor:** nessa questão, o examinador mistura dois princípios de suma importância no direito, na tentativa de confundir os candidatos.

Alternativa correta: letra "B" (a alternativa responde as demais): os princípios da legalidade e da reserva legal diferem claramente. Na reserva legal, a conduta é expressamente prevista em lei, ou seja, a pessoa praticou o ato, que é vedado pelo ordenamento jurídico. No tocante a legalidade, está se mostra mais abstrata, pois o particular pode praticar tudo o que a lei não proíbe. Portanto, o que não é vedado, é lícito.

36. (FUNCAB – Delegado de Polícia – RJ/2012) Com base nas lições de Canotilho, os princípios de interpretação constitucional foram desenvolvidos a partir do método hermenêutico-concretizador e se tornaram referência obrigatória da teoria da interpretação constitucional. Segundo a Doutrina, há um princípio que tem por finalidade impedir que o intérprete-concretizador da Constituição modifique aquele sistema de repartição e divisão das funções constitucionais, para evitar que a interpretação constitucional chegue a resultados que perturbem o esquema organizatório-funcional nela estabelecido, como é o caso da separação dos poderes. A definição exposta corresponde ao Princípio:

a) da Justeza ou da Conformidade Funcional.

b) da Máxima Efetividade.

c) da Harmonização.

d) da Força Normativa da Constituição.

e) do Efeito Integrador.

COMENTÁRIOS

✪ **Nota do autor:** questão complexa, e que exige do candidato o conhecimento dos princípios enunciados por Canotilho.

Alternativa correta: letra "A": a alternativa está correta, pois o mencionado princípio limita o intérprete na atividade de concretizador da Constituição, impedindo que ele atue de modo a desestruturar as premissas de organização política previstas no Texto Constitucional.

Alternativa "B": tal princípio exige que o intérprete otimize a norma constitucional para dela extrair a maior efetividade possível, guardando estreita relação com o princípio da força normativa.

Alternativa "C": a interpretação de uma norma constitucional exige a harmonização dos bens e valores jurídicos colidentes em um dado caso concreto, de forma a se evitar o sacrifício total de um em relação a outro.

Alternativa "D": a partir dos valores sociais, o intérprete, em atividade criativa, deve extrair aplicabilidade e eficácia de todas as normas da Constituição, conferindo-lhes sentido prático e concretizador, em clara relação com o princípio da máxima efetividade ou eficiência. Por meio dele, a Constituição tem força ativa para alterar a realidade.

Alternativa "E": traz a ideia que as normas constitucionais devem ser interpretadas com objetivo de integrar política e socialmente o povo de um Estado Nacional.

37. (FUNCAB – Delegado de Polícia – RJ/2012) Quanto aos Princípios Fundamentais da República Federativa do Brasil, elencados na Constituição Federal, é correto afirmar como fundamento e objetivo, respectivamente:

a) pluralismo político e promoção do bem de todos.

b) independência nacional e construção de uma sociedade livre, justa e solidária.

c) defesa da paz e igualdade entre os Estados.

d) soberania da União e garantia do desenvolvimento nacional.

e) livre-iniciativa e eliminação das desigualdades sociais e econômicas.

COMENTÁRIOS

✪ **Nota do autor:** questão de fácil resolução, bastando o conhecimento da CF.

Alternativa correta: letra "A" (a alternativa responde as demais): o pluralismo político está previsto no art. 1º, inciso V, e o bem de todos está previsto como um dos objetivos fundamentais da República Federativa do Brasil no art. 3º, inciso IV.

38. (FUNCAB – Delegado de Polícia – RJ/2012) Sobre o Princípio da Motivação das decisões judiciais, assinale a alternativa correta.

a) Trata-se de uma garantia contra possíveis excessos do Estado-Juiz.

b) Trata-se de uma prerrogativa do cidadão com base no princípio constitucional do contraditório.

c) Trata-se de uma prerrogativa do cidadão, correlacionada com a garantia do habeas corpus.

d) Trata-se de uma garantia contra possíveis excessos do Estado-Juiz, vinculada tão somente às decisões judiciais e administrativas dos Tribunais que ocorram em sessão pública.

e) Trata-se tanto de uma prerrogativa do cidadão com base no princípio constitucional do contraditório como uma garantia contra possíveis excessos do Estado-Juiz, vinculada tão somente às decisões administrativas dos Tribunais.

COMENTÁRIOS

✪ **Nota do autor:** questão de fácil resolução, pois pode ser solucionada com a simples aplicação da lógica.

Alternativa correta: letra "A": a alternativa está perfeitamente correta. Ao prever que o magistrado deve fundamentar suas decisões, o Estado juiz age de forma a promover a segurança jurídica, reduzindo o risco de decisões sem o amparo legal.

Alternativa "B": o cidadão tem o direito ao devido processo legal, que contempla o contraditório, além da ampla defesa. Não se trata de prerrogativa do cidadão, mas de uma garantia de que o estado juiz apenas decidirá amparado no ordenamento vigente, garantindo a segurança jurídica.

Alternativa "C": alternativa totalmente incorreta, e inserida apenas para confundir o candidato.

Alternativa "D": tal garantia se estende a todas as decisões judiciais, sob pena de nulidade, de acordo com expressa previsão no art. 93, IX "**todos os julgamentos dos órgãos do Poder Judiciário serão públicos, e fundamentadas todas as decisões, sob pena de nulidade**, podendo a lei limitar a presença, em determinados atos, às próprias partes e a seus advogados, ou somente a estes, em casos nos quais a preservação do direito à intimidade do interessado no sigilo não prejudique o interesse público à informação".

Alternativa "x": a redação do inciso IX do art. 93 responde a alternativa.

39. (FGV – Delegado de Polícia – MA/2012) Agentes da fiscalização tributária de determinado Estado, durante o dia, sem mandado judicial, ingressaram no escritório de contabilidade de empresa investigada por sonegação fiscal, a fim de apreender livros contábeis e documentos fiscais. Nesse caso, a atuação dos agentes

a) foi correta, pois o escritório de contabilidade não está sujeito à proteção constitucional da inviolabilidade domiciliar.

b) foi correta, pois, apesar da proteção constitucional, o ingresso sem mandado judicial é possível nos casos de flagrante delito, de desastre, de prestação de socorro e, durante o dia, de investigação fiscal ou criminal, quando houver risco de destruição de provas.

c) não foi correta, pois o ingresso sem mandado judicial somente seria possível nos casos de investigação criminal, e não nos casos de investigação fiscal.

d) não foi correta, pois o escritório, como espaço privado, não aberto ao público, está sujeito à proteção constitucional da inviolabilidade domiciliar, havendo necessidade de autorização judicial.

e) não foi correta, pois livros e documentos só podem ser objeto de apreensão para fins de investigação criminal ou instrução processual penal.

COMENTÁRIOS

✪ **Nota do autor:** questão que versa sobre a inviolabilidade domiciliar, sendo de fácil resolução, pois o STF já se manifestou sobre o assunto.

Alternativa correta: letra "D" (responde as demais alternativas): O conceito de domicílio é amplo, abrangendo, inclusive, o escritório. Portanto, o ingresso só pode ocorrer mediante ordem judicial. Esse **amplo sentido conceitual da noção jurídica de "casa" revela-se plenamente consentâneo com a exigência constitucional de proteção à esfera de liberdade individual, de intimidade pessoal e de privacidade profissional** (RT 214/409 – RT 277/576 – RT 467/385 – RT 635/341).

40. (Delegado de Polícia – MG/ 2011 – ACADEPOL) São fundamentos essenciais da República Federativa do Brasil:

a) independência nacional, prevalência dos direitos humanos, autodeterminação dos povos, integração econômica e cultural.

b) concessão de asilo político, repúdio ao terrorismo e ao racismo, eleições diretas, não intervenção do Estado.

c) soberania nacional, cidadania, dignidade da pessoa humana, valores sociais do trabalho, livre iniciativa, pluralismo político.

d) liberdade de exercício de qualquer ofício ou profissão, inviolabilidade do sigilo de correspondência e das comunicações telegráficas e telefônicas, liberdade de associação para fins lícitos, direito de propriedade, desde que atendidas suas funções sociais.

COMENTÁRIOS

✪ **Nota do autor:** questão que trata dos fundamentos da República Federativa do Brasil, elencados no art. 1º da CF.

Alternativa correta: letra "C" (responde a todas as alternativas): a alternativa está em perfeita consonância com o previsto no art. 1º, incisos I ao V da CF, sendo a única que se encaixa no rol do mencionado artigo. As demais alternativas buscam mesclar os fundamentos da república com os direitos fundamentais, objetivos da república e os princípios que regem as relações internacionais, na tentativa de confundir os candidatos.

41. (Delegado de Polícia – MG/ 2011 – ACADEPOL) A Constituição da República de 1988 alargou significativamente o campo dos direitos e garantias fundamentais, por isso é um marco jurídico da transição ao regime democrático no Brasil. Nesse processo de transição, é acentuada, na Constituição, a preocupação em assegurar os valores da dignidade e do bem-estar da pessoa humana, como imperativo de justiça social. NÃO corrobora com o contexto acima, este entendimento o argumento:

a) Os objetivos fundamentais do Estado brasileiro visam à concretização da democracia econômica, social e cultural, a fim de efetivar na prática a dignidade da pessoa humana.

b) Os direitos fundamentais, que têm como núcleo a dignidade da pessoa humana, são elementos básicos para a realização do princípio democrático, tendo em vista que exercem uma função democratizadora.

c) A Constituição traz a previsão expressa do valor da dignidade da pessoa humana como imperativo da justiça social, mas que deve ceder frente à necessidade de se preservar a ordem democrática.

d) O valor da dignidade da pessoa humana impõe-se como núcleo básico e informador do todo o ordenamento jurídico como critério e parâmetro que orienta a compreensão do sistema constitucional.

COMENTÁRIOS

✪ **Nota do autor:** a questão versa sobre o princípio da dignidade da pessoa humana, núcleo central da CF de 1988.

Alternativa correta: letra "C": o núcleo central da CF de 1988 é o princípio da dignidade da pessoa humana. Desde a proclamação da DUDH, em 1948, foi inaugurado um novo patamar legislativo, em que os ordenamentos jurídicos se voltam para a pessoa humana, e não mais privilegiam a organização do Estado. Portanto, descabida tal afirmação, devendo a dignidade da pessoa humana estar em primeiro lugar.

Alternativa "a": a redação do art. 3º da CF, e seus incisos, deixam claro que a busca pela dignidade da pessoa humana é o principal objetivo da República Federativa do Brasil.

Alternativa "b": os direitos fundamentais, inspirados pela dignidade da pessoa humana, buscam diminuir as diferenças entre os cidadãos, proporcionando um sentido amplo de justiça e perseguição da igualdade.

Alternativa "d": a alternativa descreve com precisão o valor do princípio da dignidade da pessoa humana que, nas palavras de Jose Afonso da Silva, se classifica como um valor supremo, do qual se irradiam todos os direitos fundamentais.

42. (Delegado de Polícia – MG/ 2011 – ACADEPOL) Os fundamentos do Estado Democrático de Direito, conforme expressos na Constituição são:

a) Os direitos políticos: votar e ser votado.

b) A cidadania e a dignidade da pessoa humana.

c) Federalismo e República, como formas de organização política.

d) Meio ambiente e cultura, como bens de uso comum do povo.

COMENTÁRIOS

Alternativa correta: letra "B" (responde a todas as alternativas): a alternativa é a única que elenca dois dos fundamentos da República, positivados por meio dos incisos II e III do art. 1º da CF. As demais alternativas são tentativas do examinador em confundir os candidatos.

4. DIREITOS E GARANTIAS FUNDAMENTAIS

43. (UEG – Delegado de Polícia – PC – GO/2018) Os Tratados Internacionais de Direitos Humanos ocupam, no ordenamento jurídico brasileiro, o status de

a) norma constitucional se aprovados, em cada Casa do Congresso Nacional, em dois turnos, por três quintos ou menos dos votos dos respectivos membros.

b) norma supralegal, segundo o STF, se aprovados com quórum inferior a três quintos, embora haja respeitável doutrina no sentido de que, ainda assim, possuiriam estatura constitucional.

c) norma supralegal, segundo o STF, qualquer que seja o quórum de aprovação, o que é acatado de maneira unânime pela doutrina.

d) lei ordinária, pois a República Federativa do Brasil prima por sua soberania, pela independência nacional e pela autodeterminação dos povos.

e) norma constitucional, pois os direitos e garantias expressos na Constituição não excluem outros decorrentes do regime e dos princípios por ela adotados, ou dos tratados internacionais em que a República Federativa do Brasil seja parte.

COMENTÁRIOS

Alternativa "a": O art. 5º, §3º da CF/88 estabelece que se os tratados relativos a direitos humanos forem aprovados em cada Casa do Congresso Nacional, em dois turnos, por três quintos dos votos dos respectivos membros, serão equivalentes às emendas constitucionais. O erro da alternativa está em incluir "ou menos" ao quórum.

Alternativa "b": Nesse sentido foi o entendimento do STF quando do julgamento do RE 466.343. Assim, havendo tratado sobre direitos humanos temos 2 possibilidades: se aprovado no quórum do art. 5º, §3º da CF/88, terá status de emenda constitucional; se não, terá status de norma supralegal, inferior à Constituição, mas superior às normas infraconstitucionais.

Alternativa "c": Não há unanimidade na doutrina, mas sim grande controvérsia, uma vez que parte da doutrina entende que teria de qualquer forma status de norma constitucional.

Alternativa "d": Na realidade, somente tratados que não tratem sobre direitos humanos podem ter esse status. Tratados de direitos humanos terão status de emenda constitucional ou de norma supralegal segundo o STF.

Alternativa "e": Para que tenha esse status, depende de aprovação no quórum do art. 5º, §3º da CF/88.

Alternativa correta: letra "b".

---

44. (UEG – Delegado de Polícia – PC – GO/2018) Sobre os direitos fundamentais garantidos na Constituição (CRFB), segundo o Supremo Tribunal Federal (STF),

a) o Estado, ao lançar mão de ações afirmativas, como as cotas raciais, desafia os princípios da igualdade, da moralidade e da eficiência, além de fomentar o preconceito.

b) como não há direito absoluto, o direito à liberdade é incompatível com a produção de biografias não autorizadas ou com a veiculação de charges, sátiras e paródias sobre candidatos em programas humorísticos durante o período eleitoral.

c) a interrupção voluntária da gestação até o segundo trimestre de gravidez deixou de configurar o crime de aborto.

d) o direito de o preso não ser submetido a tratamento desumano ou degradante cede quando em confronto com o direito à segurança da sociedade, inclusive porque é do Poder Executivo estadual a responsabilidade pelo estado de coisas inconstitucional do sistema prisional.

e) o transgênero, pessoa que não se identifica psiquicamente com seu gênero biológico, se assim o desejar, pode, independentemente da cirurgia de redesignação sexual ou da realização de tratamentos hormonais, solicitar a alteração de seu prenome e de seu gênero (sexo) diretamente no registro civil.

COMENTÁRIOS

Alternativa "a": As ações afirmativas, na realidade, são mecanismos para combater o preconceito. Ademais, não há qualquer relação com a moralidade ou eficiência, mas sim com a equidade, uma vez que partem do pressuposto de uma situação desigual, que deve ser suprida pelo estado para se atingir a equidade. Assim, seriam meios de promover a igualdade material, segundo entendimento do STF (ADPF 186).

Alternativa "b": Na realidade, entendeu o STF pela possibilidade de produção de biografias não autorizadas (ADI 4815) e pela possibilidade de veiculação de charges, sátiras e paródias mesmo em períodos eleitorais (ADI 4.451/DF).

Alternativa "c": A interrupção da gravidez no primeiro trimestre (e não segundo, como aponta a questão), provocada pela própria gestante ou com o seu consentimento não é considerada crime, segundo entendimento do STF no julgamento do HC 124306/RJ.

Alternativa "d": Não há ressalvas à vedação de tratamento desumano ou degradante, nos termos do art. 5º, III da CF/88. Ademais, a integridade do preso é responsabilidade do Estado, que responde, segundo o STF, pelo estado de coisas inconstitucional em que se encontrem (ADPF 347 MC/DF).

Alternativa "e": Nesse sentido foi o entendimento do STF no julgamento da ADI 4275/DF.

Alternativa correta: letra "e".

---

45. (IBADE – Delegado de Polícia – AC/2017) No que se refere aos direitos e garantias fundamentais, assinale a alternativa correta.

a) Para os idealistas, os direitos do homem são faculdades outorgadas pela lei e reguladas por ela.

b) Os direitos fundamentais são irrestritos, tendo em vista a proibição pelo poder constituinte originário de reserva legal no âmbito dos direitos e garantias fundamentais.

c) A teoria da eficácia diagonal dos direitos fundamentais consiste na incidência e observância dos direitos fundamentais nas relações entre o Estado e o particular hipossuficiente.

d) O reconhecimento da validade jurídica aas uniões homoafetivas pelo STF acarretou o crescimento de vozes favoráveis, na via política, ao Estatuto da Família. Tal fenômeno é ligado ao efeito backlash.

e) O princípio da proibição de proteção deficiente, é uma das vertentes do princípio da proporcionalidade e remete à ideia de que os direitos fundamentais são meros direitos subjetivos negativos.

COMENTÁRIOS

Alternativa correta: letra "d": o efeito backlash diz respeito à atuação legislativa retrógrada que reage ao ativismo judicial – há, portanto, tendência conservadora. O efeito backlash é caracterizado quando há tentativa de aprovação de medidas legislativas contrárias às decisões judiciais mais progressistas. Como exemplo, o caso da validade jurídica das uniões homoafetivas dada pelo STF gerou vozes contrárias que pretendem a aprovação do Estatuto da Família, que excluiria casais homossexuais da proteção estatal.

Alternativa "a": para os idealistas, os direitos não são dados pela lei, visto que preexistem a ela.

Alternativa "b": os direitos fundamentais não são irrestritos, admitindo-se a restrição deles de acordo com as situações concretas, quando houver conflitos de direitos e interesses.

Alternativa "c": a teoria da eficácia diagonal dos direitos fundamentais é aplicada em situações entre particulares, quando uma das partes é vulnerável e/ou hipossuficiente, como em casos de direito do consumidor.

Alternativa "e": os direitos fundamentais não são apenas subjetivos, visto que têm, também, uma dimensão objetiva que se refere à atuação de todos os Poderes para que sejam garantidos.

---

46. (UEL – Delegado de Polícia – PR/2013) Sobre os direitos fundamentais, assinale a alternativa correta.

a) São brasileiros natos os nascidos no estrangeiro de pai ou de mãe brasileira, desde que sejam registrados em repartição brasileira competente ou optem, em qualquer tempo, pela nacionalidade brasileira; sendo menor, deve ser acompanhado por seu representante legal.

b) Os denominados direitos fundamentais individuais são aqueles que reconhecem autonomia aos particulares, garantindo a iniciativa e a independência aos indivíduos diante dos demais membros da sociedade política e do próprio Estado.

c) Ninguém será preso senão em flagrante delito ou por ordem escrita e fundamentada de autoridade judiciária competente, salvo nos casos de transgressão militar ou crime propriamente militar, definidos em lei, ou no caso de ordem escrita e fundamentada de Comissão Parlamentar de Inquérito.

d) A nacionalidade pode ser cancelada por sentença transitada em julgado, em virtude de atividade nociva ao interesse nacional, podendo ser reestabelecida pelo juiz de direito responsável pela condenação, depois da execução da pena imposta na sentença condenatória.

e) Todo o tratado internacional sobre os direitos humanos que for aprovado pelo Congresso Nacional será equivalente à emenda constitucional.

COMENTÁRIOS

✪ **Nota do autor:** mais uma questão versando sobre os direitos fundamentais, em uma clara amostra de que o assunto é bastante cobrado nos concursos públicos.

Alternativa correta: letra "B": a alternativa se encaixa perfeitamente na descrição dos direitos fundamentais. Após um longo período de privação de liberdades, as cartas constitucionais, tendo como marcos a americana de 1787 e a francesa de 1791, passaram a garantir a liberdade dos indivíduos. No Brasil, após um longo período de ditadura, a CF de 1988 apresenta um rol de direitos e garantias individuais, em uma clara amostra da evolução na tutela pela liberdade dos indivíduos.

Alternativa "A": o examinador busca confundir os candidatos com pequenas alterações no texto legal. A redação do art. 12, I, "c", que diz "os nascidos no estrangeiro de pai brasileiro ou de mãe brasileira, desde que sejam registrados em repartição brasileira competente ou venham a residir na República Federativa do Brasil e optem, em qualquer tempo, **depois de atingida a maioridade,** pela nacionalidade brasileira".

Alternativa "C": mais uma vez uma alteração no texto legal, previsto no art. 5º, LXI, que diz "ninguém será preso senão em flagrante delito ou por ordem escrita e fundamentada de autoridade judiciária competente, salvo nos casos de transgressão militar ou crime propriamente militar, definidos em lei". Como visto, não há previsão de ordem escrita e fundamentada de Comissão Parlamentar de Inquérito, que só pode efetuar prisões em flagrante delito.

Alternativa "D": o § 4º, I, do art. 12 da CF diz que **perderá a nacionalidade** o Brasileiro que tiver cancelada sua naturalização, por sentença judicial, em virtude de atividade nociva ao interesse nacional. **Não há menção a possibilidade de reestabelecimento pelo juiz de direito responsável pela condenação, depois da execução da pena imposta na sentença condenatória.**

Alternativa "E": aqui ocorre uma confusão muito comum no que tange aos tratados internacionais que versam sobre os direitos humanos. A redação do § 3º do art. 5º da CF diz que "os tratados e convenções internacionais sobre direitos humanos **que forem aprovados, em cada Casa do Congresso Nacional, em dois turnos, por três quintos dos votos dos respectivos membros, serão equivalentes às emendas constitucionais**". Portanto, para que sejam conhecidos como Emendas Constitucionais, há limitação material (Direitos Humanos), e formal. Os tratados que versarem sobre direitos humanos, mas que não passarem pelo rito mencionado no § 3º do art. 5º, terão status supralegal.

---

47. (UEL – Delegado de Polícia – PR/2013) Sobre as diferenças entre os direitos e as garantias de direitos fundamentais, considere as afirmativas a seguir.

I. A vedação de tratamento desumano ou degradante é garantia do direito à vida e também do direito à integridade física.

II. A casa protegida como asilo inviolável, nos termos do Art. 5° da Constituição Federal, é garantia do direito à intimidade.

III. A liberdade de manifestação de pensamento é garantia do direito de resposta proporcional ao agravo, além da indenização por dano material, moral ou à imagem.

IV. A inviolabilidade da honra do indivíduo é garantia do direito à indenização por dano material ou moral decorrente de sua violação.

Assinale a alternativa correta.

a) Somente as afirmativas I e II são corretas.

b) Somente as afirmativas I e IV são corretas.

c) Somente as afirmativas III e IV são corretas.

d) Somente as afirmativas I, II e III são corretas.

e) Somente as afirmativas II, III e IV são corretas.

COMENTÁRIOS

✪ **Nota do autor:** a alternativa versa sobre os direitos e garantias fundamentais, e o examinador busca confundir os candidatos com algumas inversões no sentido do texto.

Alternativa correta: letra "A" (responde as demais alternativas): a alternativa I tem uma redação bastante lógica, pois ao garantir a vedação ao tratamento desumano ou degradante o direito a vida e a integridade física são protegidos. A assertiva II também apresenta uma redação lógica, conectando a inviolabilidade da casa do indivíduo ao desfrute de sua intimidade. No tocante a assertiva III, o examinador busca confundir os candidatos, pois a liberdade de manifestação é um direito, e não uma garantia. Da mesma forma, na assertiva IV, o examinador busca confundir o direito do indivíduo a não ter sua honra violada, com a garantia de indenização por dano material ou moral, em caso de violação.

---

48. (FUNCAB – Delegado de Polícia – RJ/2012) Assinale, dentre as opções abaixo, aquela que indica uma característica INCORRETA dos direitos e garantias tidos como fundamentais previstos na Constituição da República:

a) Históricos.

b) Cumuláveis ou concorrentes.

c) Inalienáveis.

d) Absolutos.

e) Irrenunciáveis.

COMENTÁRIOS

✪ **Nota do autor:** questão versando sobre as características dos direitos fundamentais, exigindo do candidato um conhecimento que vai além do texto legal.

Alternativa correta: letra "D" (a alternativa responde as demais): não existem direitos fundamentais absolutos. Eles podem ser relativizados em prol da coletividade. Vejamos o exemplo do direito à vida, pois este, em que pese ser o objeto que ocupa o ápice da tutela jurídica, pode ser relativizado nos casos em que o agente que tira a vida de alguém age amparado por uma excludente de ilicitude, como a legítima defesa. Não existem direitos absolutos. São históricos, pois decorrem da evolução ao longo do tempo. São concorrentes, pois o surgimento de novos direitos fundamentais não exclui os anteriores, somando-se a estes. São inalienáveis, pois o titular não pode deles dispor, e irrenunciáveis, pois estão em um patamar que impede o titular de renunciar a estes.

---

49. (Cespe – Delegado de Polícia – AL/ 2012) Em relação aos direitos e garantias individuais previstos na Constituição Federal de 1988 (CF), julgue os itens subsequentes.

I. Consoante o entendimento atual do STF, a prova consistente em gravação ambiental realizada por um dos interlocutores sem o conhecimento do outro é ilícita, mesmo quando destinada a fazer prova em favor de quem efetuou a gravação, pois viola o direito constitucional à intimidade. ERRADO

II. A jurisprudência do STF entende que o sigilo bancário é protegido constitucionalmente. Dessa forma, o acesso a dados bancários somente pode ser feito por determinação judicial ou requisição da autoridade policial. ERRADO

III. De acordo com a CF, os tratados internacionais de direitos humanos que forem aprovados, em cada Casa do Congresso Nacional, em dois turnos, por três quintos dos votos dos respectivos membros, terão status de norma constitucional. Tais tratados podem fundamentar tanto o controle de constitucionalidade quanto o controle de convencionalidade. CERTO

COMENTÁRIOS

✪ **Nota do autor:** mais uma questão em que são cobrados os entendimentos do STF sobre diversos assuntos, em uma amostra de que o tema é recorrente em provas, exigindo dos candidatos o conhecimento da jurisprudência praticada pelo Tribunal.

Alternativa correta: a primeira assertiva está **errada**, pois o entendimento do STF caminha em sentido contrário, o que pode ser confirmado pelo entendimento da Min. Ellen Gracie "A gravação de conversa telefônica feita por um dos interlocutores, sem conhecimento do outro, quando ausente causa legal de sigilo ou de reserva da conversação não é considerada prova ilícita". (RE 578.858-AgR, rel. min. ELLEN GRACIE). A segunda assertiva está **errada**, pois as Comissões Parlamentares de Inquérito podem pedir a quebra do sigilo bancário. A terceira assertiva está **certa**, pois vai de encontro ao previsto no § 3º do art. 5º da Constituição Federal, e tais tratados, desde que obedecidos os ritos de incorporação, adquirem status de norma constitucional.

---

50. (UEPA – Delegado de Polícia – PA/2013) Dos Direitos e Garantias Fundamentais na Constituição de 1988, assinale a alternativa correta.

a) Ninguém será obrigado a fazer alguma coisa, mesmo que tal conduta esteja prevista em lei.

b) A expressão da atividade intelectual, artística e científica será livre, após o licenciamento e a aprovação da censura ética, na forma da lei.

c) A tortura será admitida, desde que para a promoção da segurança da sociedade e do Estado.

d) É livre o exercício de qualquer trabalho, ofício ou profissão, desde que atendidas as qualificações estabelecidas na forma da lei.

e) É livre a manifestação do pensamento, ainda que sob anonimato.

COMENTÁRIOS

Alternativa correta: letra "D": a questão está em simetria com do art. 5º, inciso XIII da CF, que diz: "é livre o exercício de qualquer trabalho, ofício ou profissão, atendidas as qualificações profissionais que a lei estabelecer".

Alternativa "a": a alternativa está equivocada, pois a redação do inciso II do art. 5º da CF diz " ninguém será obrigado a fazer ou deixar de fazer alguma coisa **senão em virtude de lei**".

Alternativa "b": o inciso IX do art. 5º da CF diz que "é livre a expressão da atividade intelectual, artística, científica e de comunicação, **independentemente de censura ou licença**".

Alternativa "c": o inciso III do art. 5º da CF diz "**ninguém será submetido a tortura** nem a tratamento desumano ou degradante".

Alternativa "e": a redação do inciso IV do art. 5º da CF diz que "é livre a manifestação do pensamento, **sendo vedado** o anonimato".

51. (Delegado de Polícia – MG/ 2011 – ACADEPOL) Os direitos e garantias, enumerados na Constituição, não excluem outros decorrentes do regime e dos princípios por ela adotados, ou dos tratados internacionais em que a República Federativa do Brasil seja parte.

Leia e analise as assertivas abaixo:

I. A Constituição atribuiu aos direitos internacionais uma natureza especial e diferenciada, qual seja, a natureza de norma constitucional.

II. Os direitos enunciados nos tratados de direitos humanos, de que o Brasil é parte, integram o elenco dos direitos constitucionalmente consagrados.

III. A interpretação sistemática do texto constitucional exige que a dignidade da pessoa seja o parâmetro orientador para a compreensão do fenômeno constitucional.

Marque a opção CORRETA:

a) apenas as assertivas I e II estão corretas.
b) as assertivas I, II e III estão incorretas.
c) as assertivas I, II e III estão corretas.
d) apenas as assertivas II e III estão corretas.

COMENTÁRIOS

Alternativa correta: letra "C": a assertiva I está correta, pois os direitos humanos internacionais, oriundos de tratados, ingressam em nosso ordenamento jurídico com uma classificação especial, ou seja, caso sejam aprovados em cada casa do Congresso, assumem o caráter de norma constitucional, e não sendo aprovados, ainda assim, tem caráter supralegal, porém, infraconstitucional. A assertiva II está correta, pois assumem o caráter de emenda Constitucional, se aforem aprovados nas duas casas, e de norma com caráter supralegal, por versarem sobre os direitos humanos. A assertiva III está correta, pois a dignidade da pessoa humana é o núcleo central da CF, portanto, o norte em sua interpretação.

52. (Delegado de Polícia – AP/ 2010 – FGV) Relativamente aos *Direitos e Garantias Fundamentais*, assinale a afirmativa **incorreta.**

a) É livre a locomoção no território nacional em tempo de paz, podendo qualquer pessoa, nos termos da lei, nele entrar, permanecer ou dele sair com seus bens.
b) É assegurado a todos o acesso à informação e resguardado o sigilo da fonte, quando necessário ao exercício profissional.
c) é livre a expressão da atividade intelectual, artística, científica e de comunicação, independentemente de censura ou licença.
d) É livre a criação de associações e a de cooperativas, na forma da lei, sujeitas à prévia autorização estatal, sendo porém vedada a interferência estatal em seu funcionamento.
e) as associações só poderão ser compulsoriamente dissolvidas ou ter suas atividades suspensas por decisão judicial, exigindo-se, no primeiro caso, o trânsito em julgado.

COMENTÁRIOS

Alternativa correta: letra "D": a questão afronta o previsto no inciso XVIII do art. 5º da CF, que diz "a criação de associações e, na forma da lei, a de cooperativas independem de autorização, sendo vedada a interferência estatal em seu funcionamento".

Alternativa "a": a alternativa está em simetria com o previsto no inciso XV do art. 5º da CF.

Alternativa "b": a alternativa está em consonância com o previsto no inciso XIV do art. 5º da CF.

Alternativa "c": alternativa que se encontra de acordo com a expressa previsão do inciso IX do art. 5º da CF.

Alternativa "e": a alternativa está em consonância com o previsto no inciso XIX do art. 5º da CF.

4.1. DIREITOS E DEVERES INDIVIDUAIS, COLETIVOS

53. (Cespe – Delegado de Polícia – PC – SE/2018) Julgue o item seguinte, relativo aos direitos e deveres individuais e coletivos e às garantias constitucionais.

Em caso de perigo à integridade física do preso, admite-se o uso de algemas, desde que essa medida, de caráter excepcional, seja justificada por escrito.

COMENTÁRIOS

Nos termos da súmula vinculante 11, só é lícito o uso de algemas em situações em que haja resistência ou fundado receio de fuga ou de perigo à integridade física própria ou alheia, por parte do preso ou de terceiros. Nesses casos, deve-se justificar a excepcionalidade por escrito, sob pena de responsabilidade disciplinar, civil e penal do agente ou da autoridade, e de nulidade da prisão ou do ato processual em questão, sem prejuízo da responsabilidade civil do Estado. **CERTO**

54. (Fundatec – Delegado de Polícia – PC – RS/2018) Os direitos fundamentais despontaram para a assegurar às pessoas a possibilidade de ter uma vida digna, livre e igualitária. Os direitos e garantias fundamentais estão disponíveis na CF/1988 do artigo 5° ao 17° dispostos em direitos e garantias individuais, civis, políticos, sociais, econômicos, culturais, difusos e coletivos. Os direitos e deveres individuais e coletivos são encontrados nas constituições de quase todos os países democráticos. O constitucionalismo moderno indica que esses direitos sejam ponto de partida na ordem jurídica. Isso posto, assinale a alternativa INCORRETA em relação aos citados direitos e deveres.

a) Só por lei se pode sujeitar a exame psicotécnico a habilitação de candidato a cargo público.

b) A decisão que determina o arquivamento de inquérito policial, a pedido do Ministério Público e determinada por juiz competente, que reconhece que o fato apurado está coberto por excludente de ilicitude, não afasta a ocorrência de crime quando surgirem novas provas, suficientes para justificar o desarquivamento do inquérito.

c) Cabe recurso extraordinário por contrariedade ao princípio constitucional da legalidade, quando a sua verificação pressuponha rever a interpretação dada a normas infraconstitucionais pela decisão recorrida.

d) A utilização de gravação de conversa telefônica feita por terceiro com a autorização de um dos interlocutores sem o conhecimento do outro quando há, para essa utilização, excludente da antijuridicidade. Afastada a ilicitude de tal conduta – a de, por legítima defesa, fazer gravar e divulgar conversa telefônica ainda que não haja o conhecimento do terceiro que está praticando crime –, é ela, por via de consequência, lícita e, também consequentemente, essa gravação não pode ser tida como prova ilícita, para invocar-se o Art. 5°, LVI, da Constituição com fundamento em que houve violação da intimidade.

e) A CF autoriza a prisão em flagrante como exceção à inviolabilidade domiciliar, prescindindo de mandado judicial.

COMENTÁRIOS

Alternativa "a": Trata-se do texto da Súmula Vinculante 44.

Alternativa "b": Nesse sentido é o entendimento do STF, que entende que, surgindo novas provas, pode ser reaberto o inquérito policial (HC 95211).

Alternativa "c": Trata-se do oposto da súmula 636 do STF, que estabelece que não cabe recurso extraordinário nessa hipótese.

Alternativa "d": Trata-se do entendimento do STF, manifestado no julgamento do HC 74678/SP.

Alternativa "e": Nesse sentido é a disciplina do art. 5º, XI da CF/88.

Alternativa incorreta: letra "c".

55. (UEG – Delegado de Polícia – PC – GO/2018) A polícia pode entrar em domicílio à noite sem o consentimento do morador, segundo a Constituição (CRFB), o Supremo Tribunal Federal (STF) e o Superior Tribunal de Justiça (STJ), se

a) fundadas razões, formalmente justificadas a posteriori, indicarem a ocorrência de crime permanente.

b) houver determinação judicial de prisão do morador.

c) passadas as 18 horas, o crepúsculo ainda não tiver acontecido, em virtude do horário de verão.

d) o morador não reivindicar verbalmente a inviolabilidade do domicílio ou estiver em um quarto de hotel.

e) a intuição da autoridade policial apontar para possível ocorrência de tráfico de drogas no interior da residência, o que configura flagrante delito.

COMENTÁRIOS

Alternativa "a": Nesse sentido entendeu o STF no julgamento do RE 603.616.

Alternativa "b": A determinação judicial de prisão do morador autoriza a entrada somente no período diurno, e não noturno, nos termos do art. 5º, XI da CF/88.

Alternativa "c": Não há manifestação do STF ou STJ nesse sentido, havendo meras discussões doutrinárias a respeito.

Alternativa "d": O STF entende que quarto de hotel pode ser considerado como casa para fins da proteção do art. 5º, XI da CF/88 (RHC 90.376).

Alternativa "e": A mera intuição não é suficiente para autorizar a invasão de domicílio (STJ, REsp 1574681-RS).

Alternativa correta: letra "a".

56. (UEG – Delegado de Polícia – PC – GO/2018) O racismo e os crimes hediondos constituem, segundo a Constituição (CRFB),

a) ambos crimes inafiançáveis e insuscetíveis de graça ou anistia.

b) crime inafiançável e insuscetível de graça ou anistia, o primeiro, e crimes inafiançáveis e imprescritíveis, os segundos.

c) ambos crimes inafiançáveis e imprescritíveis.

d) crime inafiançável e imprescritível, o primeiro, e crimes inafiançáveis e insuscetíveis de graça ou anistia, os segundos.

e) ambos crimes inafiançáveis, mas prescritíveis, pois o ordenamento constitucional não admite a ideia de imprescritibilidade.

COMENTÁRIOS

Nos termos do art. 5º, XLII da CF/88 consiste o racismo em crime inafiançável e imprescritível, sujeito à pena de reclusão. Os crimes hediondos, por sua vez, serão inafiançáveis e insuscetíveis de graça ou anistia, em razão da previsão no art. 5º, XLIII da CF/88.

Alternativa correta: letra "d".

57. (UEG – Delegado de Polícia – PC – GO/2018) A Constituição (CRFB) admite como possível a pena de

a) interdição de direitos, ainda que de caráter perpétuo.
b) prestação social alternativa, na modalidade de trabalho forçado.
c) morte em caso de guerra declarada.
d) banimento, considerada suspensão ou interdição de direitos.
e) privação da liberdade, independentemente de assegurar-se ao preso o respeito à sua integridade física e moral.

COMENTÁRIOS

A CF/88 veda, no art. 5º, XLVII, penas: de morte, salvo em caso de guerra declarada; de caráter perpétuo; de trabalhos forçados; de banimento; e cruéis. São possíveis, dentre outras, nos termos do art. 5º, XLVI as penas de privação ou restrição da liberdade; perda de bens; multa; prestação social alternativa; e suspensão ou interdição de direitos. Em todas as hipóteses, deve assegurar-se ao preso o respeito à sua integridade física e moral, conforme art. 5º, XLIX da CF/88.

Alternativa correta: letra "c".

58. (UEG – Delegado de Polícia – PC – GO/2018) É possível, segundo a Constituição (CRFB) e o Supremo Tribunal Federal (STF),

a) a prisão civil por dívida do depositário infiel.
b) a extradição de brasileiro naturalizado em caso de crime comum, praticado antes da naturalização, mas o brasileiro nato nunca poderá ser entregue pelo Brasil a outro país.
c) o uso de algemas como regra, com vistas à proteção dos agentes envolvidos e da autoridade policial.
d) a manutenção provisória de condenado em regime prisional mais gravoso até o surgimento de vaga em estabelecimento penal adequado à progressão de regime.
e) a extradição de brasileiro naturalizado em caso de crime comum, praticado depois da naturalização, mas o estrangeiro não será extraditado por crime político ou de opinião.

COMENTÁRIOS

Alternativa "a": Nos termos da súmula vinculante 25, é ilícita a prisão civil do depositário infiel, qualquer que seja a modalidade do depósito.

Alternativa "b": Trata-se da previsão do art. 5º, LI da CF/88, que veda a extradição de brasileiro nato, e autoriza a extradição de brasileiro naturalizado, em caso de crime comum, praticado antes da naturalização, ou de comprovado envolvimento em tráfico ilícito de entorpecentes e drogas afins, a qualquer tempo.

Alternativa "c": Segundo disposição da súmula vinculante 11, somente é autorizado o uso de algemas em caso de resistência e de fundado receio de fuga ou perigo à integridade física própria ou alheia, por parte do preso ou de terceiros.

Alternativa "d": A súmula vinculante 56 estabelece que a falta de estabelecimento penal adequado não autoriza a manutenção do condenado em regime prisional mais gravoso.

Alternativa "e": A extradição de brasileiro naturalizado pela prática de crime comum, nos termos do art. 5º, LI da CF/88, só é possível se o crime tiver sido praticado **antes** da naturalização.

Alternativa correta: letra "b".

59. (UEG – Delegado de Polícia – PC – GO/2018) O sigilo bancário pode ser levantado independentemente de autorização judicial, mas de forma devidamente regulamentada,

a) pela Receita Federal, pelo Fisco Estadual e pela CPI federal, estadual ou distrital.
b) pelo Delegado de Polícia, pelo membro do Ministério Público e pela CPI municipal.
c) pelo Delegado de Polícia, pela Receita Federal e pelo membro do Ministério Público.
d) pelo Delegado de Polícia, pelo Fisco Estadual e pela CPI federal, estadual ou distrital.
e) pelo Tribunal de Contas da União, pela Receita Federal e pela CPI federal, estadual, distrital ou municipal.

COMENTÁRIOS

A polícia depende de autorização judicial, assim como o Ministério Público(STJ, HC 160.646), salvo em contas bancárias de titularidade de órgãos e entidades públicas (STJ, HC 308.493). O Tribunal de Contas da União também depende de autorização judicial (STF, MS 22934/DF), salvo em caso de operações de crédito originárias de recursos públicos (STF, MS 33340/DF). Por sua vez, entende-se que a receita federal, nos termos do art. 6º da LC 105/2001 teria competência para tanto, assim como o fisco estadual, distrital e municipal, em sua respectiva esfera de atuação. A CPI também possui tal competência (art. 4º, §1º da LC 105/2001).

Alternativa correta: letra "a".

60. (Vunesp – Delegado de Polícia – PC – SP/2018) Ao dispor sobre os direitos e garantias fundamentais, a Constituição Federal de 1988 dispõe que

a) após o registro dos filiados, as entidades associativas têm legitimidade automática para representá-los judicial ou extrajudicialmente.
b) a lei estabelecerá o procedimento para desapropriação por necessidade ou utilidade pública, ou por interesse social, mediante justa e prévia indenização em títulos da dívida pública, ressalvados os casos previstos na Constituição.
c) as associações só poderão ser compulsoriamente dissolvidas ou ter suas atividades suspensas por

decisão judicial, exigindo-se, no primeiro caso, o trânsito em julgado.

d) é livre o exercício de qualquer trabalho, ofício ou profissão, atendidas as qualificações profissionais que o respectivo órgão de classe estabelecer.

e) os tratados internacionais sobre direitos humanos que forem aprovados por maioria absoluta em cada casa do Congresso Nacional, em dois turnos, serão equivalentes às emendas constitucionais.

COMENTÁRIOS

Alternativa "a": A legitimidade depende de autorização expressa dos filiados, de acordo com o art. 5º, XXI da CF/88.

Alternativa "b": A indenização deve se dar em dinheiro, nos termos do art. 5º, XXIV da CF/88.

Alternativa "c": Trata-se da previsão do art. 5º, XIX da CF/88.

Alternativa "d": Somente a lei pode estabelecer qualificações a serem atendidas, nos termos do art. 5º, XIII da CF/88.

Alternativa "e": Para terem status de emendas constitucionais, os tratados devem ser aprovados em dois turnos, por 3/5 dos votos dos respectivos membros, conforme art. 5º, §3º da CF/88.

Alternativa correta: letra "c".

---

61. (IBADE – Delegado de Polícia – AC/2017) Leia a assertiva a seguir sobre o tema "liberdade de expressão" e responda.

"A crítica jornalística, quando inspirada pelo interesse público, dirigida a figuras públicas, com alto grau de responsabilidade na condução dos negócios do Estado, não se revela suscetível, em situações de caráter ordinário, à possibilidade de sofrer qualquer repressão estatal".

(CHEQUER, Cláudio. A liberdade de expressão como direito fundamental preferencial prima facie. Ed. Lumen Juris, 2011).

A afirmação acima reflete a(o):

a) interpretação do STF em reiteradas oportunidades.

b) entendimento da doutrina majoritária brasileira, mas não do STF.

c) posição da doutrina minoritária brasileira, não albergada pelo STF.

d) interpretação do STJ, em alguns julgados, com base na teoria interna dos limites dos direitos fundamentais.

e) posição da doutrina estrangeira, não recepcionada pelo Direito Constitucional Brasileiro.

COMENTÁRIOS

Alternativa correta: letra "a": a liberdade de expressão concedida a veículos jornalísticos não deve sofrer repressão estatal, conforme jurisprudência pacífica do STF. Como exemplo: LIBERDADE DE IMPRENSA (CF, ART. 5º, IV, c/c O ART. 220). JORNALISTAS. DIREITO DE CRÍTICA. PRERROGATIVA CONSTITUCIONAL CUJO SUPORTE LEGITIMADOR REPOUSA NO PLURALISMO POLÍTICO (CF, ART. 1º, V), QUE REPRESENTA UM DOS FUNDAMENTOS INERENTES AO REGIME DEMOCRÁTICO. O EXERCÍCIO DO DIREITO DE CRÍTICA INSPIRADO POR RAZÕES DE INTERESSE PÚBLICO: UMA PRÁTICA INESTIMÁVEL DE LIBERDADE A SER PRESERVADA CONTRA ENSAIOS AUTORITÁRIOS DE REPRESSÃO PENAL. A CRÍTICA JORNALÍSTICA E AS AUTORIDADES PÚBLICAS. A ARENA POLÍTICA: UM ESPAÇO DE DISSENSO POR EXCELÊNCIA. (...) Vê-se, pois, que a crítica jornalística, quando inspirada pelo interesse público, não importando a acrimônia e a contundência da opinião manifestada, ainda mais quando dirigida a figuras públicas, com alto grau de responsabilidade na condução dos negócios de Estado, não traduz nem se reduz, em sua expressão concreta, à dimensão de abuso da liberdade de imprensa, não se revelando suscetível, por isso mesmo, em situações de caráter ordinário, à possibilidade de sofrer qualquer repressão estatal ou de se expor a qualquer reação hostil do ordenamento positivo. (Pet 2.653-AgR/AP, Rel. Min. CELSO DE MELLO – MS 24.261/DF, Rel. Min. CELSO DE MELLO.)

Alternativa "b": tanto a doutrina quanto o STF (conforme anteriormente apontado) ressaltam a importância da liberdade de imprensa em expressar críticas dirigidas a pessoas que conduzam negócios estatais.

Alternativa "c": a assertiva está equivocada, conforme explicação para as alternativas "a" e "b".

Alternativa "d": a teoria interna dos limites aos direitos fundamentais pressupõe a não existência de restrições aos direitos fundamentais, de modo que elas (as restrições) não devem ser respaldadas pelo ordenamento jurídico. Entretanto, tanto o STJ quanto o STF aplicam a teoria externa, que admite a restrição de direitos fundamentais – apesar de a liberdade ser regra, esta pode ser restringida de acordo com as situações concretas, quando houver conflitos de direitos e interesses.

Alternativa "e": a teoria externa dos limites aos direitos fundamentais encontra respaldo não apenas na doutrina estrangeira, mas também na maioria da doutrina brasileira, como Gilmar Mendes, Virgílio Afonso da Silva, etc.

---

62. (FUNCAB – Delegado de Polícia – PA/2016) No que respeita aos princípios da presunção de inocência e da não autoincriminação, é correto afirmar que:

a) o direito ao silêncio pode ser utilizado em desfavor do réu.

b) segundo a atual jurisprudência do Supremo Tribunal Federal, a sentença condenatória tem eficácia tão logo confirmada em segundo grau de jurisdição, não importando em violação ao princípio da presunção de inocência.

c) a exigência do recolhimento do réu a prisão para apelar não ofende os princípios da não culpabilidade e da proporcionalidade.

d) é possível a invocação de investigações e ações penais em andamento como maus antecedentes na fase da aplicação da pena.

e) o princípio constitucional da não culpabilidade não é óbice ao lançamento do nome do réu no rol dos culpados antes do trânsito em julgado da sentença condenatória.

COMENTÁRIOS

Alternativa correta: letra "b": no julgamento do HC 126.292, o plenário mudou a jurisprudência do STF, afirmando-se que é possível a execução da pena depois de decisão condenatória confirmada em segunda instância. Conforme ementa: CONSTITUCIONAL. HABEAS CORPUS. PRINCÍPIO CONSTITUCIONAL DA PRESUNÇÃO DE INOCÊNCIA (CF, ART. 5º, LVII). SENTENÇA PENAL CONDENATÓRIA CONFIRMADA POR TRIBUNAL DE SEGUNDO GRAU DE JURISDIÇÃO. EXECUÇÃO PROVISÓRIA. POSSIBILIDADE. 1. A execução provisória de acórdão penal condenatório proferido em grau de apelação, ainda que sujeito a recurso especial ou extraordinário, não compromete o princípio constitucional da presunção de inocência afirmado pelo artigo 5º, inciso LVII da Constituição Federal. 2. Habeas corpus denegado. (HC 126.292, rel. Min. Teori Zavascki, julgado em 17/02/2016).

Alternativa "a": o direito ao silêncio se encontra no art. 5º, inciso LXIII, da CF: "o preso será informado de seus direitos, entre os quais o de permanecer calado, sendo-lhe assegurada a assistência da família e de advogado". Ademais, de acordo com o art. 198 do Código de Processo Penal "o silêncio do acusado não importará confissão, mas poderá constituir elemento para a formação do convencimento do juiz".

Alternativa "c": a alternativa não está em conformidade com a Súmula 347 do STJ, segundo a qual "O conhecimento de recurso de apelação do réu independe de sua prisão".

Alternativa "d": investigações e ações penais em andamento não podem ser consideradas como maus antecedentes porque se violaria a presunção de inocência trazida no art. 5º, inciso LVII, da CF: "ninguém será considerado culpado até o trânsito em julgado de sentença penal condenatória".

Alternativa "e": ainda de acordo com o art. 5º, inciso LVII, da CF, o princípio constitucional da não culpabilidade impede que o nome do réu seja lançado no rol dos culpados enquanto não houver sentença condenatória transitada em julgado.

63. (FUNCAB – Delegado de Polícia – PA/2016) De acordo com o art. 5º, LXVII, da CRFB/1988, "Não haverá prisão civil por dívida, salvo a do responsável pelo inadimplemento voluntário e inescusável de obrigação alimentar e a do depositário infiel". A Convenção Americana sobre Direitos Humanos – Pacto de San José da Costa Rica, que proíbe a prisão por dívida decorrente do descumprimento de obrigações contratuais, à qual o Brasil aderiu, foi internalizada com o status de:

a) norma supralegal e infraconstitucional.

b) lei complementar.

c) norma supraconstitucional.

d) norma constitucional.

e) lei ordinária.

COMENTÁRIOS

Alternativa correta: letra "a": de acordo com o art. 5º, § 3º, da CF, "os tratados e convenções internacionais sobre direitos humanos que forem aprovados, em cada Casa do Congresso Nacional, em dois turnos, por três quintos dos votos dos respectivos membros, serão equivalentes às emendas constitucionais". Assim sendo, têm status de norma constitucional apenas os tratados internalizados sob rito para aprovação de emenda constitucional. Tratados internacionais que versam sobre direitos humanos, mas não aprovados pelo rito de emenda constitucional, como o caso em questão, têm status supralegal – ou seja, está abaixo da CF, porém com status superior ao restante do ordenamento. Demais tratados internacionais internalizados têm força de lei ordinária.

64. (FUNIVERSA – Delegado de Polícia – DF/2015) Com relação aos direitos e às garantias fundamentais, assinale a alternativa correta segundo interpretação dada pelo STF.

a) Admite-se a apreensão, pela polícia federal e pela receita federal, de livros contábeis e documentos fiscais de clientes localizados em escritório de advocacia, pois escritório não se equipara a domicílio.

b) A regra constitucional que preceitua ser livre o exercício de qualquer trabalho, ofício ou profissão, atendidas as qualificações profissionais que a lei estabelecer, é norma de eficácia contida que somente será aplicada quando houver regulamentação.

c) É ilegal, por violação ao domicílio, a prova obtida por meio de escuta ambiental e exploração de local, em escritório de advocacia, realizada no período noturno, mesmo com ordem judicial.

d) Suponha-se que um policial, imediatamente após a prisão em flagrante, tenha verificado, no celular do preso, os registros das últimas ligações. Nesse caso, essa prova é lícita, pois a interceptação telefônica não se confunde com os registros telefônicos.

e) A casa é o asilo inviolável do indivíduo, nela ninguém podendo penetrar, salvo em casos de desastre, para prestar socorro, ou, durante o dia, por determinação judicial.

COMENTÁRIOS

✪ **Nota do autor:** questão de difícil resolução, pois exige do candidato um conhecimento que vai além do texto legal.

Alternativa correta: letra "d": para responder a questão, se faz necessário o aporte das decisões do STF. Vejamos o HC 91.867, rel. min. Gilmar Mendes, julgamento em 24-4-2012, Segunda Turma, DJE de 20-9-2012. **Suposta ilegalidade decorrente do fato de os policiais,**

após a prisão em flagrante do corréu, terem realizado a análise dos últimos registros telefônicos dos dois aparelhos celulares apreendidos. Não ocorrência. Não se confundem comunicação telefônica e registros telefônicos, que recebem, inclusive, proteção jurídica distinta. Não se pode interpretar a cláusula do art. 5º, XII, da CF, no sentido de proteção aos dados enquanto registro, depósito registral. A proteção constitucional é da comunicação de dados, e não dos dados.

Alternativa "a": o conceito de casa como asilo inviolável é amplo. Não se pode interpretar a cláusula do art. 5º, XII, da CF, no sentido de proteção aos dados enquanto registro, depósito registral. A proteção constitucional é da comunicação de dados, e não dos dados. (HC 91.867, rel. min. Gilmar Mendes, julgamento em 24-4-2012, Segunda Turma, DJE de 20-9-2012).

Alternativa "b": segundo julgamento do MI 6.113-AgR, rel. min. Cármen Lúcia, em 22-5-2014, Plenário, DJE de 13-6-2014, o art. 5º, XIII, da CF é norma de aplicação imediata e eficácia contida, que pode ser restringida pela legislação infraconstitucional. Inexistindo lei regulamentando o exercício da atividade profissional dos substituídos, é livre o seu exercício.

Alternativa "c": o conceito normativo de casa é abrangente; assim, qualquer compartimento privado onde alguém exerce profissão ou atividade está protegido pela inviolabilidade do domicílio. Apesar disso, há a possibilidade de se instalar escuta ambiental em escritório de advocacia que seja utilizado como reduto para a prática de crimes, conforme já decidiu o STF: "Escuta ambiental e exploração de local. Captação de sinais óticos e acústicos. Escritório de advocacia. Ingresso da autoridade policial, no período noturno, para instalação de equipamento. Medidas autorizadas por decisão judicial. Invasão de domicílio. Não caracterização. (...) Inteligência do art. 5º, X e XI, da CF; art. 150, § 4º, III, do CP; e art. 7º, II, da Lei 8.906/1994. (...) Não opera a inviolabilidade do escritório de advocacia, quando o próprio advogado seja suspeito da prática de crime, sobretudo concebido e consumado no âmbito desse local de trabalho, sob pretexto de exercício da profissão." (Inq 2.424, julgado em 2008 e relatado pelo Ministro Cezar Peluso).

Alternativa "e": de acordo com a redação do Art. 5º, XI, da CF, casa é asilo inviolável do indivíduo, ninguém nela podendo penetrar sem consentimento do morador, salvo **em caso de flagrante delito ou desastre, ou para prestar socorro, ou, durante o dia**, por determinação judicial;

---

65. (FUNIVERSA – Delegado de Polícia – DF/2015) No que diz respeito aos direitos e às garantias fundamentais, assinale a alternativa correta à luz da interpretação dada pelo STF.

a) O advogado tem direito, no interesse de seu cliente, a ter acesso aos elementos de prova que, já documentados em procedimento investigatório realizado pela polícia, digam respeito ao exercício do direito de defesa.

b) Não é inconstitucional a exigência de depósito ou arrolamento de bens para admissibilidade de recurso administrativo.

c) As associações podem ser dissolvidas, por meio de ato administrativo, quando se verificar a prática de atos ilegais.

d) Os sindicatos e as associações representam os seus filiados como substituto processual na defesa de interesses e direitos coletivos ou individuais homogêneos, desde que haja prévia autorização dos sindicalizados e associados.

e) As propriedades rurais não serão objeto de penhora para pagamento de débitos decorrentes de sua atividade produtiva.

COMENTÁRIOS

Alternativa correta: letra "a": a súmula vinculante 14 responde à questão: "É direito do defensor, no interesse do representado, ter acesso amplo aos elementos de prova que, já documentados em procedimento investigatório realizado por órgão com competência de polícia judiciária, digam respeito ao exercício do direito de defesa".

Alternativa "b": de acordo com a redação da súmula vinculante 21, **é inconstitucional** a exigência de depósito ou arrolamento prévios de dinheiro ou bens para admissibilidade de recurso administrativo.

Alternativa "c": segundo o art. 5º, inciso XIX, da CF, as associações só poderão ser compulsoriamente dissolvidas ou ter suas atividades suspensas **por decisão judicial**, exigindo-se, no primeiro caso, o trânsito em julgado.

Alternativa "d": segundo o STF, "**a legitimidade de sindicato para atuar como substituto processual no mandado de segurança coletivo pressupõe tão somente a existência jurídica**, ou seja, o registro no cartório próprio, sendo indiferente estarem ou não os estatutos arquivados e registrados no Ministério do Trabalho." (RE 370.834, julgado em 2011 e relatado pelo Ministro Marco Aurélio).

Alternativa "e": na linha do art. 5º, XXVI, da CF, somente a **pequena** propriedade rural, assim definida em lei, desde que trabalhada pela família, é que não será objeto de penhora para pagamento de débitos decorrentes de sua atividade produtiva, dispondo a lei sobre os meios de financiar o seu desenvolvimento.

---

66. (ACAFE – Delegado de Polícia – SC/2014) Acerca dos Direitos e Garantias Fundamentais, conforme expressamente exposto na Constituição da República Federativa do Brasil – CRFB/88, pode-se afirmar, exceto:

a) É inviolável o sigilo da correspondência e das comunicações telegráficas, de dados e das comunicações telefônicas, salvo por ordem judicial, nas hipóteses e na forma que a lei estabelecer para fins de investigação criminal ou instrução processual penal.

b) É plena a liberdade de associação para fins lícitos, inexistindo vedações.

c) É livre a locomoção no território nacional em tempo de paz, podendo qualquer pessoa, nos termos da lei, nele entrar, permanecer ou dele sair com seus bens.

d) Todos podem reunir-se pacificamente, sem armas, em locais abertos ao público, independentemente de autorização, desde que não frustrem outra reunião anteriormente convocada para o mesmo local, sendo apenas exigido prévio aviso à autoridade competente.

e) No caso de iminente perigo público, a autoridade competente poderá usar de propriedade particular, assegurada ao proprietário indenização ulterior, se houver dano.

COMENTÁRIOS

✪ **Nota do autor:** questão tratando dos direitos e garantias fundamentais, em que o conhecimento da Constituição Federal é suficiente para a resolução. Atenção para o enunciado, pois está sendo cobrada a alternativa que contém afirmação errada.

Alternativa certa (questão pede a incorreta): letra "b": O inciso XVII do art. 5° da CF menciona que "é plena a liberdade de associação para fins lícitos, **vedada a de caráter paramilitar**".

Alternativa "a": trata-se do que diz o art. 5°, XII, da CF.

Alternativa "c": é a reprodução literal do art. 5°, XV, da CF.

Alternativa "d": conforme o art. 5°, XVI, da CF.

Alternativa "e": são os exatos termos do art. 5°, XXV, da CF.

---

67. (ACAFE – Delegado de Polícia – SC/2014) Considerando o previsto na Constituição da República Federativa do Brasil – CRFB/88, sobre a liberdade da imprensa e direito de comunicação, direitos também fundamentais, é correto afirmar, exceto:

a) A propaganda comercial de tabaco, bebidas alcoólicas, agrotóxicos, medicamentos e terapias estará sujeita a restrições legais e conterá, sempre que necessário, advertência sobre os malefícios decorrentes de seu uso.

b) A propriedade de empresa jornalística e de radiodifusão sonora e de sons e imagens é privativa de brasileiros natos ou naturalizados há mais de dez anos, ou de pessoas jurídicas constituídas sob as leis brasileiras e que tenham sede no País.

c) A responsabilidade editorial e as atividades de seleção e direção da programação veiculada são privativas de brasileiros natos ou naturalizados há mais de dez anos, em qualquer meio de comunicação social.

d) Os meios de comunicação social não podem, direta ou indiretamente, ser objeto de monopólio ou oligopólio.

e) A publicação de veículo impresso de comunicação depende de licença de autoridade.

COMENTÁRIOS

Alternativa certa: letra "e" (a questão pede a incorreta): de acordo com o art. 220, § 6°, da CF, a publicação de veículo impresso de comunicação **independe** de licença de autoridade.

Alternativa "a": conforme art. 220, § 4°, da CF.

Alternativa "b": é o que preleciona o *caput* do art. 222 da CF.

Alternativa "c": trata-se do que dispõe o art. 222, § 2°, da CF.

Alternativa "d": assim preceitua o art. 220, § 5°, da CF.

---

68. (FUNCAB – Delegado de Polícia – RO/2014) Com relação ao tema "direitos individuais e coletivos" na Constituição Federal de 1988, assinale a alternativa correta.

a) É ilícita a prisão civil de depositário infiel, qualquer que seja a modalidade do depósito.

b) A Constituição prevê que a votação no júri se dê por votação pública.

c) Ao júri é assegurado a competência para julgamento de todos os crimes contra a vida.

d) Não haverá juízo ou tribunal de exceção, salvo em tempo de guerra.

e) O exercício de qualquer trabalho depende de autorização da repartição competente.

COMENTÁRIOS

Alternativa correta: letra "a": assim dispõe a súmula vinculante 25.

Alternativa "b": o inciso XXXVIII alínea "b" do art. 5º da CF firma o **sigilo** nas votações do júri.

Alternativa "c": o inciso XXXVIII alínea "d" do art. 5º da CF fala apenas em crimes **dolosos** (e não todos os crimes) contra a vida.

Alternativa "d": o inciso XXXVII do art. 5º da CF, aduz que, não haverá juízo ou tribunal de exceção, **sem qualquer ressalva**.

Alternativa "e": o inciso XIII do art. 5º da CF determina que **é livre** o exercício de qualquer trabalho, ofício ou profissão, atendidas as qualificações profissionais que a lei estabelecer.

---

69. (NUCEPE – Delegado de Polícia – PI/2014) Sobre os direitos individuais e coletivos, assinale a alternativa CORRETA.

a) Inspirada no princípio da dignidade da pessoa humana, a Constituição Federal de 1988 não permite, em hipótese alguma, as seguintes penas: de morte, de caráter perpétuo, de trabalhos forçados, de banimento, cruéis.

b) É reconhecida a instituição do júri, com a organização que lhe der a lei, assegurados: a plenitude de defesa, a publicidade das votações, a soberania dos veredictos e a competência para o julgamento dos crimes dolosos contra a vida.

c) Nenhum brasileiro será extraditado, salvo o naturalizado, e unicamente em caso de comprovado envolvimento na prática de crime de tráfico de seres humanos verificado antes da naturalização.

d) Os tratados e convenções internacionais sobre Direitos Humanos que forem aprovados, em cada Casa do Congresso Nacional, em dois turnos, por três quintos dos votos dos respectivos membros, serão equivalentes às emendas constitucionais.

e) A criação de associações e, na forma da lei, a de cooperativas dependem de autorização do Poder Executivo, sendo vedada a interferência estatal em seu funcionamento.

COMENTÁRIOS

Alternativa correta: letra "d": a alternativa está em perfeita consonância com a redação do § 3º do art. 5º da CF.

Alternativa "a": em caso de **guerra declarada, pode existir a pena de morte** (art. 5°, XLVII, "a", da CF).

Alternativa "b": consoante art. 5°, XXXVIII, da CF, é reconhecida a instituição do júri, com a organização que lhe der a lei, assegurados a) a plenitude de defesa; b) **o sigilo** (não a publicidade) das votações; c) a soberania dos veredictos; d) a competência para o julgamento dos crimes dolosos contra a vida.

Alternativa "c": a redação do inciso LI, do art. 5º da CF traz norma segundo a qual nenhum brasileiro será extraditado, **salvo o naturalizado, em caso de crime comum, praticado antes da naturalização, ou de** comprovado envolvimento em tráfico ilícito de entorpecentes e drogas afins, na forma da lei.

Alternativa "e": de acordo com o art. 5°, XVIII, da CF, a criação de associações e, na forma da lei, a de cooperativas **independem de autorização**, sendo vedada a interferência estatal em seu funcionamento.

---

70. (Fundação Aroeira – Delegado de Polícia – TO/2014) Dispõe a Constituição Federal, no Título dos Direitos e Garantias Fundamentais, que a prisão ilegal será imediatamente

a) revogada pela autoridade policial competente.

b) substituída por fiança.

c) relaxada pela autoridade judiciária.

d) substituída por monitoração eletrônica.

COMENTÁRIOS

Alternativa correta: letra "C" (responde as demais): a única alternativa que está de acordo com o previsto no inciso LXV do art. 5º da CF, que diz "a prisão ilegal será imediatamente relaxada pela **autoridade judiciária**".

---

71. (Vunesp – Delegado de Polícia – SP/2014) Quanto às garantias constitucionais e à privação da liberdade, assinale a alternativa correta.

a) Conceder-se-á habeas corpus sempre que a lei admitir a liberdade provisória.

b) O preso será informado de seus direitos, dentre os quais o de permanecer calado, sendo-lhe assegurada a remoção para estabelecimento perto de sua família.

c) O preso tem direito à identificação dos responsáveis por sua prisão ou por seu interrogatório policial, exceto nos crimes inafiançáveis.

d) A prisão de qualquer pessoa e o local onde se encontre serão comunicados no primeiro dia útil ao juiz competente e à família do preso ou à pessoa por ele indicada.

e) Ninguém será levado à prisão ou nela mantido quando a lei admitir a liberdade provisória, com ou sem fiança.

COMENTÁRIOS

✪ **Nota do autor:** a questão versa sobre o direito individual e fundamental, previsto no art. 5º da CF, bastando ao candidato o conhecimento da Constituição Federal.

Alternativa correta: letra "E": a questão encontra sustentação na redação do inciso LXVI do art. 5º da CF.

Alternativa "A": a redação do inciso LXVIII diz que "conceder-se-á "habeas-corpus" **sempre que alguém sofrer ou se achar ameaçado de sofrer violência ou coação em sua liberdade de locomoção, por ilegalidade ou abuso de poder**". O examinador busca confundir os candidatos com alterações no texto legal.

Alternativa "B": o inciso LXIII do art. 5º da CF diz que "o preso será informado de seus direitos, entre os quais o de permanecer calado, **sendo-lhe assegurada a assistência da família e de advogado**".

Alternativa "C": a redação do inciso LXIV diz que "o preso tem direito **à identificação dos responsáveis por sua prisão ou por seu interrogatório policial**".

Alternativa "D": a redação do inciso LXII diz que "a prisão de qualquer pessoa e o local onde se encontre serão comunicados **imediatamente** ao juiz competente e à família do preso ou à pessoa por ele indicada".

---

72. (Cespe – Delegado de Polícia – BA/2013) Em relação aos direitos e deveres fundamentais expressos na Constituição Federal de 1988 (CF), julgue os itens subsecutivos.

I. A conversa telefônica gravada por um dos interlocutores não é considerada interceptação telefônica.

II. O brasileiro nato que cometer crime no exterior, quaisquer que sejam as circunstâncias e a natureza do delito, não pode ser extraditado pelo Brasil a pedido de governo estrangeiro.

III. Caso determinado deputado estadual perca seu mandato eletivo por infidelidade partidária, o deputado que assumir o mandato em seu lugar deve, necessariamente, ser do partido político pelo qual o primeiro tenha sido eleito.

IV. A proteção do direito à vida tem como consequência a proibição da pena de morte em qualquer situação, da prática de tortura e da eutanásia.

COMENTÁRIOS

✪ **Nota do autor:** apesar do enunciado, o tema não é unicamente sobre os direitos e deveres fundamentais.

Alternativa correta: a assertiva I está certa, pois a interceptação é oriunda de autorização judicial. Trata-se de uma medida cautelar preparatória, quando está em fase policial, ou incidental se for utilizada em juízo, ou seja, durante o processo. A assertiva II está certa, pois a extradição de brasileiros natos é vedada pela Constituição, no inciso LI do art. 5º. A assertiva III está errada, pois os representantes das Assembleias Legislativas são eleitos pelo sistema proporcional, o que pode gerar a suplência para um candidato que seja pertencente a uma coligação, e portanto, de partido diferente. A assertiva IV está errada, pois existe a previsão constitucional da pena de morte, em caso de guerra declarada.

73. (FUNCAB – Delegado de Polícia – RJ/2012) O art. 5º da Constituição Federal de 1988 enuncia a maior parte dos direitos fundamentais de primeira geração albergados em nosso ordenamento constitucional. Tomando por base as decisões recentes do Supremo Tribunal Federal, **é INCORRETO** afirmar:

a) Só é lícito o uso de algemas em caso de resistência e de fundado receio de fuga ou de perigo à integridade física própria ou alheia, por parte do preso ou de terceiros, justificada a excepcionalidade por escrito, sob pena de responsabilidade disciplinar, civil e penal do agente ou da autoridade e de nulidade da prisão ou do ato processual a que se refere, sem prejuízo da responsabilidade civil do Estado.

b) É ilícita a prisão civil do depositário infiel, qualquer que seja a modalidade de depósito.

c) É direito do defensor, no interesse do representado, ter acesso amplo aos elementos de prova que, já documentados em procedimento investigatório realizado por órgão com competência de polícia judiciária, digam respeito ao exercício do direito de defesa.

d) Não cabe habeas corpus quando já extinta a pena privativa de liberdade.

e) A prisão do depositário judicial pode ser decretada no próprio processo em que se constitui o encargo, independentemente da propositura de ação de depósito.

COMENTÁRIOS

✪ **Nota do autor:** questão bem elaborada, mas de solução bastante lógica. Com exceção da alternativa que está errada, as demais fazem parte do conhecido entendimento do STF sobre determinados assuntos. Inclusive, a redação da alternativa B responde ao erro da alternativa E. **Atenção, pois o examinador pede a alternativa incorreta.**

Alternativa certa: letra "E" (a alternativa responde as demais): por força do Pacto de San Jose da Costa Rica, o ordenamento jurídico brasileiro não contempla mais a prisão do depositário infiel, em que pese expressa possibilidade de tal prática na Constituição Federal. Nas demais alternativas, há o expresso entendimento do STF sobre diversos assuntos, sendo uma questão bastante lógica em sua resolução, pois os assuntos cobrados, como o uso de algemas, regulado com a edição da súmula vinculante 11, são de conhecimento geral.

74. (FUNCAB – Delegado de Polícia – RJ/2012) Acerca dos direitos individuais e coletivos, é correto afirmar o seguinte:

a) A propriedade particular não poderá ser usada por autoridade competente, mesmo no caso de iminente perigo público.

b) A prática do racismo constitui crime inafiançável, imprescritível, sujeito à pena de detenção, nos termos da lei.

c) O brasileiro naturalizado não poderá ser extraditado pela prática de crime comum antes da naturalização, ou de comprovado envolvimento em tráfico ilícito de entorpecentes e drogas afins, na forma da lei.

d) O sigilo da fonte será resguardado, quando necessário ao exercício profissional e assegurado a todos o acesso à informação.

e) O sigilo das informações imprescindíveis à segurança da sociedade e do Estado não excepciona o direito do indivíduo de receber dos órgãos públicos informações de interesse particular, ou de interesse coletivo ou geral, devendo ser prestadas no prazo da lei, sob pena de responsabilidade.

COMENTÁRIOS

✪ **Nota do autor:** questão de fácil resolução, bastando o conhecimento da Constituição Federal.

Alternativa correta: letra "D": a alternativa está de acordo com o previsto no inciso XIV do art. 5º da CF, que diz "é assegurado a todos o acesso à informação e resguardado o sigilo da fonte, quando necessário ao exercício profissional". Nas demais alternativas, o examinador busca confundir os candidatos com pequenas alterações no texto legal.

75. (Delegado de Polícia – ES/ 2011 – CESPe) Julgue o item seguinte, relativo aos direitos e garantias fundamentais.

Com fundamento no dispositivo constitucional que assegura a liberdade de manifestação de pensamento e veda o anonimato, o Supremo Tribunal Federal (STF) entende que os escritos anônimos não podem justificar, por si só, desde que isoladamente considerados, a imediata instauração de procedimento investigatório.

COMENTÁRIOS

Correto. A questão da vedação do anonimato é polêmica, porém, neste caso específico, o informativo 393 do STF apresenta uma resolução clara, "os escritos anônimos não podem justificar, só por si, desde que isoladamente considerados, a imediata instauração da "persecutio criminis", eis que peças apócrifas não podem ser incorporadas, formalmente, ao processo, salvo quando tais documentos forem produzidos pelo acusado, ou, ainda, quando constituírem, eles próprios, o corpo de delito (como sucede com bilhetes de resgate no delito de extorsão mediante sequestro, ou como ocorre com cartas que evidenciem a prática de crimes contra a honra, ou que corporifiquem o delito de ameaça ou que materializem o "crimen falsi", p. ex.)"

76. (Delegado de Polícia – AP/ 2010 – FGV) Com relação ao tema *Direitos e Garantias Fundamentais*, analise as afirmativas a seguir:

I. Ninguém será privado de direitos por motivo de crença religiosa ou de convicção filosófica ou política, salvo se as invocar para eximir-se de obrigação legal a todos imposta e recusar-se a cumprir prestação alternativa, fixada em lei.

II. No caso de iminente perigo público, a autoridade competente poderá usar de propriedade particular, assegurada ao proprietário indenização ulterior, se houver dano.

III. Nenhum brasileiro será extraditado, salvo o naturalizado, em caso de crime comum, praticado antes da naturalização, ou de comprovado envolvimento em tráfico ilícito de entorpecentes e drogas afins, na forma da lei.

Assinale:

a) se somente a afirmativa I estiver correta.

b) se somente a afirmativa II estiver correta.

c) se somente a afirmativa III estiver correta.

d) se somente as afirmativas I e II estiverem corretas.

e) se todas as afirmativas estiverem corretas.

COMENTÁRIOS

✪ **Nota do autor:** a questão versa sobre os direitos e garantias fundamentais, previstos no art. 5º da CF, bastando ao candidato o conhecimento do texto legal.

Alternativa correta: letra "E" (responde a todas as alternativas): todas as alternativas estão corretas, com expressa previsão no texto do art. 5º da CF, respectivamente, na ordem das alternativas, nos incisos VIII, XXV e LI.

4.2. AÇÕES OU REMÉDIOS CONSTITUCIONAIS

77. (Fumarc – Delegado de Polícia – PC – MG/2018) A partir de julgamentos de mandados de injunção coletivos, em 2007, entre eles o MI 708, o Supremo Tribunal Federal alterou seu entendimento acerca dos efeitos e da abrangência da decisão. Corresponde a essa mudança:

a) O Supremo Tribunal Federal manteve seu entendimento, consolidado desde a promulgação da Constituição Federal, de se conceder a ordem injuncional, afirmando a competência do Judiciário para regulamentar, no caso concreto, a falta da norma regulamentadora.

b) O Supremo Tribunal Federal manteve seu entendimento, segundo a maioria dos Ministros, de não se conceder a ordem injuncional, afirmando que compete ao Judiciário apenas cientificar o órgão competente para a elaboração da norma regulamentadora, sem obrigá-lo.

c) O Supremo Tribunal Federal passou a aplicar, no entendimento da maioria dos Ministros, a teoria concretista, afirmando a competência do Judiciário para regulamentar, no caso concreto, a falta da norma regulamentadora.

d) O Supremo Tribunal Federal passou a aplicar, no entendimento da maioria dos Ministros, a teoria não concretista, afirmando a impossibilidade de o Judiciário regulamentar, no caso concreto, a falta da norma regulamentadora.

COMENTÁRIOS

Não tem o Judiciário competência para regulamentar, no caso concreto, a falta de norma regulamentadora. Na realidade, o que pode fazer, é determinar que, até que seja editada a norma regulamentadora, seja aplicada ao caso uma norma análoga já existente no ordenamento. Inicialmente, o STF adotava a corrente não-concretista, na qual somente reconhecia a mora legislativa, mas a situação concreta continuava igual. Em 2007, mudou seu posicionamento, adotando a corrente concretista e aplicando a norma existente ao caso. (STF. Plenário. MI 708, Rel. Min. Gilmar Mendes, julgado em 25/10/2007).

Alternativa correta: letra "c".

78. (IBADE – Delegado de Polícia – AC/2017) A cerca dos instrumentos de tutela das liberdades, previstos na CRFB/88, afirma-se corretamente:

a) Direito de petição e direito de ação são expressões sinônimas, segundo o entendimento do STF.

b) O pagamento de custas judiciais e do ônus da sucumbência é devido em sede de habeas corpus.

c) A repartição pública que obstruir o direito de certidão deverá ser compelida, mediante habeas data, a concedê-lo, sob pena de os seus titulares serem responsabilizados civil e criminalmente.

d) O mandado de injunção pode ser ajuizado coletivamente, embora inexista previsão expressa na CRFB/88.

e) Os brasileiros naturalizados não possuem legitimidade ativa para propor ação popular, direito este resguardado somente aos brasileiros natos.

COMENTÁRIOS

Alternativa correta: letra "d": apesar de não existir previsão expressa na CF, o mandado de injunção coletivo foi disciplinado pela Lei 13.300/2016.

Alternativa "a": o direito de petição, previsto no art. 5º, inciso XXXIV, da CF, garante ao cidadão o direito de provocar órgão público para que sejam atendidos seus interesses. O direito de ação, por sua vez, previsto no art. 5º, inciso XXV, da CF, garante o direito de postular em juízo, submetendo-se a regras processuais para tanto.

Alternativa "b": de acordo com o art. 5º, inciso LXXVII, da CF, "são gratuitas as ações de habeas corpus e habeas data, e, na forma da lei, os atos necessários ao exercício da cidadania".

Alternativa "c": o direito de certidão é direito líquido e certo, de modo que é tutelado por mandado de segurança. Habeas data é utilizado, de acordo com o art. 5º, inciso LXXII, da CF, para assegurar conhecimento de informações relativas à pessoa do impetrante, ou para a retificação de dados.

Alternativa "e": é legitimado a propor ação popular qualquer cidadão em gozo dos direitos políticos – deste modo, estando o brasileiro naturalizado gozando de direitos políticos, pode ajuizar ação popular.

79. (Cespe – Delegado de Polícia – GO/2017) Considerando a jurisprudência do STF, assinale a opção correta com relação aos remédios do direito constitucional.

a) É cabível habeas corpus contra decisão monocrática de ministro de tribunal.

b) Em habeas corpus é inadmissível a alegação do princípio da insignificância no caso de delito de lesão corporal cometido em âmbito de violência doméstica contra a mulher.

c) No mandado de segurança coletivo, o fato de haver o envolvimento de direito apenas de certa parte do quadro social afasta a legitimação da associação.

d) O prazo para impetração do mandado de segurança é de cento e vinte dias, a contar da data em que o interessado tiver conhecimento oficial do ato a ser impugnado, havendo decadência se o mandado tiver sido protocolado a tempo perante juízo incompetente.

e) O habeas corpus é o instrumento adequado para pleitear trancamento de processo de impeachment.

COMENTÁRIOS

Alternativa correta: letra "b": a assertiva está em conformidade com a Súmula n 589 do STJ: "É inaplicável o princípio da insignificância nos crimes ou contravenções penais praticados contra a mulher no âmbito das relações domésticas".

Alternativa "a": contra decisão monocrática de ministro de tribunal é cabível agravo interno, observando-se o princípio da colegialidade. Vide Súmula 691 do STF: "Não compete ao Supremo Tribunal Federal conhecer de habeas corpus impetrado contra decisão do Relator que, em habeas corpus requerido a tribunal superior, indefere a liminar".

Alternativa "c": a assertiva não está em conformidade com a Súmula 630 do STF, segundo a qual: "A entidade de classe tem legitimação para o mandado de segurança ainda quando a pretensão veiculada interesse apenas a uma parte da respectiva categoria".

Alternativa "d": não há que se falar em decadência quando o mandado tiver sido protocolado a tempo, ainda que perante juízo incompetente. Nesse sentido, vide MS 11957 STJ.

Alternativa "e": tendo em vista que o processo de impeachment não configura risco de lesão à liberdade ambulatorial, não cabe habeas corpus para tanto.

80. (FUNCAB – Delegado de Polícia – PA/2016) Maria, gestante de feto anencéfalo, pretende a obtenção de autorização judicial para realização de aborto. O Juízo de primeiro grau julgou improcedente o pedido. Pretende, agora, manejar um remédio constitucional para evitar o cometimento de crime. Para tanto, deverá demandar por meio do seguinte instrumento:

a) ação popular.

b) habeas corpus.

c) habeas data.

d) mandado de segurança.

e) mandado de injunção.

COMENTÁRIOS

Alternativa correta: letra "b": de acordo com o art. 5º, inciso LXVIII, da CF: "conceder-se-á habeas corpus sempre que alguém sofrer ou se achar ameaçado de sofrer violência ou coação em sua liberdade de locomoção, por ilegalidade ou abuso de poder". No caso em questão, há ameaça real de privação de liberdade ambulatorial caso Maria interrompa sua gravidez sem a autorização judicial. Destaca-se jurisprudência do STJ sobre o tema: "PENAL E PROCESSUAL PENAL. HABEAS CORPUS SUBSTITUTIVO DE RECURSO ORDINÁRIO. INDEFERIMENTO DE LIMINAR NO WRIT ORIGINÁRIO. MANIFESTA ILEGALIDADE. CABIMENTO DE HABEAS CORPUS PERANTE O SUPERIOR TRIBUNAL DE JUSTIÇA. INTERRUPÇÃO DE GRAVIDEZ. PATOLOGIA CONSIDERADA INCOMPATÍVEL COM A VIDA EXTRA-UTERINA. ATIPICIDADE DA CONDUTA. GESTAÇÃO NO TERMO FINAL PARA A REALIZAÇÃO DO PARTO. ORDEM PREJUDICADA. 1. **A via do habeas corpus é adequada para pleitear a interrupção de gravidez fora das hipóteses previstas no Código Penal (art. 128, incs. I e II), tendo em vista a real ameaça de constrição à liberdade ambulatorial, caso a gestante venha a interromper a gravidez sem autorização judicial.** 2. Consoante entendimento desta Corte, é admitida a impetração de habeas corpus contra decisão denegatória de liminar em outro writ quando presente flagrante ilegalidade. 3. Não há como desconsiderar a preocupação do legislador ordinário com a proteção e a preservação da vida e da saúde psicológica da mulher ao tratar do aborto no Código Penal, mesmo que em detrimento da vida de um feto saudável, potencialmente capaz de transformar-se numa pessoa (CP, art. 128, incs. I e II), o que impõe reflexões com os olhos voltados para a Constituição Federal, em especial ao princípio da dignidade da pessoa humana.

4. Havendo diagnóstico médico definitivo atestando a inviabilidade de vida após o período normal de gestação, a indução antecipada do parto não tipifica o crime de aborto, uma vez que a morte do feto é inevitável, em decorrência da própria patologia. 5. Contudo, considerando que a gestação da paciente se encontra em estágio avançado, tendo atingido o termo final para a realização do parto, deve ser reconhecida a perda de objeto da presente impetração. 6. Ordem prejudicada" (HC 56.572/SP, Rel. Ministro ARNALDO ESTEVES LIMA, QUINTA TURMA, julgado em 25/04/2006, DJ 15/05/2006, p. 273). Ainda, importante salientar que, no julgamento da ADPF nº 54, os Ministros do STF entenderam que não é crime interromper a gravidez de fetos anencéfalos, enquadrando-se no art. 128, inciso II, do Código Penal como exceção ao crime.

Alternativa "a": a ação popular, de acordo com o art. 5º, inciso LXXIII, da CF, visa a anular "ato lesivo ao patrimônio público ou de entidade de que o Estado participe, à moralidade administrativa, ao meio ambiente e ao patrimônio histórico e cultural". Portanto, não é via adequada para atacar decisão judicial.

Alternativa "c": o habeas data é via utilizada para se acessar informações relativas à pessoa do impetrante em registros ou bancos de dados público ou de caráter público, ou para a retificação de dados, conforme art. 5º, inciso LXXII, alíneas "a" e "b", da CF.

Alternativa "d": primeiramente, é importante salientar que o mandado de segurança possui caráter subsidiário em relação ao habeas corpus e ao habeas data – ou seja, só pode ser utilizado quando inviável habeas data ou habeas corpus. No caso em questão, pode ser utilizado o habeas corpus com caráter preventivo (cassar eventual prisão decorrente da prática do aborto).

Alternativa "e": mandado de injunção não é remédio a ser utilizado porque, segundo art. 5º, inciso LXXI, da CF: "conceder-se-á mandado de injunção sempre que a falta de norma regulamentadora torne inviável o exercício dos direitos e liberdades constitucionais e das prerrogativas inerentes à nacionalidade, à soberania e à cidadania". No caso em questão, não há lacuna de norma regulamentadora, tendo em vista que o aborto de feto anencéfalo é exceção à tipificação da prática de aborto.

---

81. (ACAFE – Delegado de Polícia – SC/2014) Observando a Constituição da República Federativa do Brasil (CRFB/88), no que se refere as Garantias dos Direitos Fundamentais, analise as afirmações a seguir.

I. Conceder-se-á "habeas-data" para assegurar o conhecimento de informações relativas à pessoa do impetrante, constantes de registros ou bancos de dados de entidades governamentais ou de caráter público.

II. Conceder-se-á mandado de injunção sempre que a falta de norma regulamentadora torne inviável o exercício dos direitos e liberdades constitucionais e das prerrogativas inerentes à nacionalidade, à soberania e à cidadania.

III. O mandado de segurança coletivo pode ser impetrado por partido político com representação no Congresso Nacional.

IV. Conceder-se-á "habeas-corpus" sempre que alguém sofrer ou se achar ameaçado de sofrer violência ou coação em sua liberdade de locomoção, por ilegalidade ou abuso de poder.

V. Conceder-se-á mandado de segurança para proteger direito líquido e certo, não amparado por "habeas-corpus" ou "habeas-data", quando o responsável pela ilegalidade ou abuso de poder for autoridade pública ou agente de pessoa jurídica no exercício de atribuições do Poder Público.

Assinale a alternativa correta.

a) Apenas I e II estão corretas.
b) Todas as afirmações estão corretas.
c) Apenas I, III e IV estão corretas.
d) Apenas IV e V estão corretas.
e) Apenas II e III estão corretas.

COMENTÁRIOS

Alternativa correta: letra "b" (a alternativa responde as demais): todas estão corretas.

Afirmação I. É o que dispõe o art. 5°, LXXII, da CF.

Afirmação II. Trata-se da redação do art. 5°, LXXI, da CF.

Afirmação III. Nos termos do art. 5°, LXX, da CF, o mandado de segurança coletivo pode ser impetrado por partido político com representação no Congresso Nacional, bem como por organização sindical, entidade de classe ou associação legalmente constituída e em funcionamento há pelo menos um ano, em defesa dos interesses de seus membros ou associados.

Afirmação IV. São os exatos termos do art. 5°, LXVIII, da CF.

Afirmação V. Assim enuncia o art. 5°, LXIX, da CF.

---

82. (ACAFE – Delegado de Polícia – SC/2014) No que se refere ao Mandado de Segurança, é correto afirmar, exceto:

a) Não se concederá mandado de segurança quando se tratar de ato do qual caiba recurso administrativo com efeito suspensivo, independentemente de caução.
b) Quando o direito ameaçado ou violado couber a várias pessoas, qualquer delas poderá requerer o mandado de segurança.

c) Considerar-se-á federal a autoridade coatora se as consequências de ordem patrimonial do ato contra o qual se requer o mandado houverem de ser suportadas pela União ou entidade por ela controlada.

d) O titular de direito líquido e certo decorrente de direito, em condições idênticas, de terceiro poderá impetrar mandado de segurança a favor do direito originário, se o seu titular não o fizer, no prazo de 30 (trinta) dias, quando notificado judicialmente.

e) Cabe mandado de segurança contra atos de gestão comercial praticados pelos administradores de empresas públicas, de sociedade de economia mista e de concessionárias de serviço público.

COMENTÁRIOS

✪ **Nota do autor:** em matéria de mandado de segurança, além do Texto Constitucional, não se pode negligenciar o estudo da Lei 12.016/2009.

Alternativa certa (a questão pede a incorreta): letra "e": nos termos do art. 1°, § 2°, da Lei 12.016/2009, **não** cabe mandado de segurança contra os atos de gestão comercial praticados pelos administradores de empresas públicas, de sociedade de economia mista e de concessionárias de serviço público.

Alternativa "a": esse é o teor do art. 5° da Lei 12.016/2009.

Alternativa "b": a redação do art. 1° da Lei 12.016/2009 diz que "conceder-se-á mandado de segurança para proteger direito líquido e certo, não amparado por **habeas corpus** ou **habeas data**, sempre que, ilegalmente ou com abuso de poder, qualquer pessoa física ou jurídica sofrer violação ou houver justo receio de sofrê-la por parte de autoridade, seja de que categoria for e sejam quais forem as funções que exerça.

Alternativa "c": é o que preleciona o art. 2° da Lei n 12.016/2009.

Alternativa "d": assim dispõe o art. 3° da Lei 12.016/2009.

---

83. (ACAFE – Delegado de Polícia – SC/2014) Sobre o Mandado de Segurança Coletivo, é correto afirmar, **exceto**:

a) No mandado de segurança coletivo, a sentença fará coisa julgada limitadamente aos membros do grupo ou categoria substituídos pelo impetrante.

b) O mandado de segurança coletivo não induz litispendência para as ações individuais, mas os efeitos da coisa julgada não beneficiarão o impetrante a título individual se não requerer a desistência de seu mandado de segurança no prazo de 30 (trinta) dias a contar da ciência comprovada da impetração da segurança coletiva.

c) No mandado de segurança coletivo, a liminar poderá ser concedida sem oitiva da parte adversa, ou seja, *inaudita altera pars*.

d) Os direitos protegidos pelo mandado de segurança coletivo podem ser individuais homogêneos, assim entendidos, para efeito desta Lei, os decorrentes de origem comum e da atividade ou situação específica da totalidade ou de parte dos associados ou membros do impetrante.

e) Os direitos protegidos pelo mandado de segurança coletivo podem ser coletivos, assim entendidos, para efeito desta Lei, os transindividuais, de natureza indivisível, de que seja titular grupo ou categoria de pessoas ligadas entre si ou com a parte contrária por uma relação jurídica básica.

COMENTÁRIOS

Alternativa certa (a questão pede a incorreta) letra "c": de acordo com o § 2° do art. 22 da Lei 12.016/2009, no mandado de segurança coletivo, **a liminar só poderá ser concedida após a audiência do representante judicial da pessoa jurídica de direito público**, que deverá se pronunciar no prazo de 72 (setenta e duas) horas. Ou seja, não se admite *inaudita altera pars* (sem ouvir a outra parte).

Alternativa "a": é a redação do art. 22 da Lei 12.016/2009.

Alternativa "b": assim dispõe o § 1º do art. 22 da Lei 12.016/2009.

Alternativa "d": são os exatos termos do art. 22, parágrafo único, II, da Lei 12.016/2009.

Alternativa "e": trata-se do que dispõe o art. 22, parágrafo único, I, da Lei 12.016/2009.

---

84. (FUNCAB – Delegado de Polícia – ES/2013) Dos atos lesivos ao meio ambiente, cabe:

a) *Habeas corpus*.

b) *Habeas data*.

c) Mandado de Injunção.

d) Mandado de Segurança Individual.

e) Ação Popular.

COMENTÁRIOS

✪ **Nota do autor:** questão versa sobre a defesa ao meio ambiente e a participação popular no processo de defesa.

Alternativa correta: letra "E": de acordo com expressa previsão constitucional, no inciso LXXIII, do art. 5º da CF, "qualquer cidadão é parte legítima para propor **ação popular** que vise a anular ato lesivo ao patrimônio público ou de entidade de que o Estado participe, à moralidade administrativa, **ao meio ambiente** e ao patrimônio histórico e cultural, ficando o autor, salvo comprovada má-fé, isento de custas judiciais e do ônus da sucumbência".

Alternativa "a": conceder-se-á ***habeas corpus*** sempre que alguém sofrer ou se achar ameaçado de sofrer violência ou coação em sua liberdade de locomoção (também denominada **ambulatorial**), por ilegalidade ou abuso de poder.

Alternativa "b": conceder-se-á ***habeas data*** para assegurar o conhecimento de **informações relativas à pessoa do impetrante**, constantes de registros ou bancos de dados de entidades governamentais ou de caráter público ou para a retificação de dados, quando não se prefira fazê-lo por processo sigiloso, judicial ou administrativo.

Alternativa "c": o mandado de injunção é utilizado sempre que a falta de norma regulamentadora torne inviável o exercício dos direitos e liberdades constitucionais e das prerrogativas inerentes à nacionalidade, à soberania e à cidadania.

Alternativa "d": caberá mandado de segurança para proteger direito líquido e certo, não amparado por habeas corpus ou habeas data, quando o responsável pela ilegalidade ou abuso de poder for autoridade pública ou agente de pessoa jurídica no exercício de atribuições do Poder Público.

4.3. DIREITOS SOCIAIS

85. (FUNCAB – Delegado de Polícia – PA/2016) Sobre os Direitos Sociais, assinale a alternativa correta.

a) O acesso à justiça e a assistência jurídica integral e gratuita são direitos de prestações positivas.

b) O direito à educação não impõe ao Poder Público o oferecimento de atendimento em creches e pré-escola, tão somente atendimento educacional aos maiores de cinco anos de idade.

c) O Supremo Tribunal Federal entende que a penhora de imóvel utilizado para fins de residência do fiador, no contrato de locação, ofende o direito de moradia.

d) O princípio da proibição do retrocesso não impede que, em termos de direitos fundamentais de caráter social, sejam desconstituídas as conquistas já alcançadas pelo cidadão ou pela formação social em que ele vive.

e) Há direito absoluto a todo e qualquer procedimento necessário para a proteção, promoção e recuperação da saúde.

COMENTÁRIOS

Alternativa correta: letra "a": os direitos sociais, enquanto direitos classificados como de segunda geração, são característicos por exigirem prestações positivas do Estado. Assim, o acesso à justiça e a assistência jurídica integral e gratuita são exemplos de direitos que exigem a atuação do Estado para que se concretizem – por exemplo, através da garantia estatal de instituição de Defensorias Públicas.

Alternativa "b": o direito à educação, enquanto direito social de segunda geração, impõe ao Poder Público o oferecimento de atendimento em creches e pré-escola, dever constitucionalizado no art. 208, inciso IV, da CF: "O dever do Estado com a educação será efetivado mediante a garantia de: IV – educação infantil, em creche e pré-escola, às crianças de até 5 (cinco) anos de idade".

Alternativa "c": de acordo com jurisprudência do STF, a penhora do único imóvel residencial do fiador, em contrato de locação, não viola o direito à moradia. Segundo ementa do julgamento do assunto no STF: EMENTA: RECURSO. Extraordinário. Inadmissibilidade. Fiador. Locação. Responsabilidade solidária pelos débitos do afiançado. Penhora de seu imóvel residencial. Bem de família. Admissibilidade. Inexistência de afronta ao direito de moradia, previsto no art. 6º da CF. Constitucionalidade do art. 3º, inc. VII, da Lei nº 8.009/90, com a redação da Lei nº 8.245/91. Jurisprudência assente. Ausência de razões consistentes. Decisão mantida. Agravo regimental improvido. Nega-se provimento a agravo regimental tendente a impugnar, sem razões consistentes, decisão fundada em jurisprudência assente na Corte (AI 585772 AgR, Relator(a): Min. CEZAR PELUSO, Segunda Turma, julgado em 19/09/2006). Nesse sentido, foi editada a Súmula 549 do STJ: "É válida a penhora de bem de família pertencente a fiador de contrato de locação".

Alternativa "d": o erro da assertiva reside em afirmar que o princípio não impede que sejam desconstituídas as conquistas sociais – o princípio em questão impede o retrocesso das conquistas sociais sem que haja a devida compensação.

Alternativa "e": não existe direito absoluto, de modo que são relativos e limitados a demais direitos e garantias fundamentais. Ou seja, cabe ao intérprete da norma, no caso concreto, a decisão sobre a prevalência de direitos, restringindo-o ao mínimo, e observando-se todos os direitos fundamentais envolvidos no caso.

86. (FUNCAB – Delegado de Polícia – ES/2013) São direitos sociais preceituados na Constituição de 1988:

a) a educação, a saúde, a alimentação, o trabalho, a moradia, o lazer, a segurança, a previdência social, a proteção à maternidade e à infância, a assistência aos desamparados.

b) a educação, a saúde, o trabalho, o lazer, a segurança, a previdência social, a proteção à maternidade e à infância, a assistência aos desamparados.

c) a educação, a saúde, o trabalho, a moradia, o lazer, a segurança, a previdência social, a proteção à maternidade e à infância, a assistência aos desamparados.

d) o direito de herança, a intimidade, a privacidade, a informação dos órgãos públicos.

e) a livre locomoção no território nacional em tempo de paz, podendo qualquer pessoa, nos termos da lei, nele entrar, permanecer, ou dele sair com seus bens.

COMENTÁRIOS

Alternativa correta: letra "A" (responde a todas as alternativas): trata-se da única alternativa que se encaixa com simetria na redação do art. 6º da CF, que diz: "São direitos sociais a educação, a saúde, a alimentação, o trabalho, a moradia, o transporte, o lazer, a segurança, a previdência social, a proteção à maternidade e à infância, a assistência aos desamparados, na forma desta Constituição". Nas demais, o examinador busca confundir o candidato, ou com a supressão de algum direito, ou com a inserção de direitos que não constam do rol dos direitos sociais.

4.4. DIREITOS DA NACIONALIDADE

87. (Fumarc – Delegado de Polícia – PC – MG/2018) Não constitui cargo privativo de brasileiro nato:

a) Ministro de Estado da Defesa.

b) Oficial das Forças Armadas.

c) Presidente da Câmara dos Deputados.

d) Senador da República.

COMENTÁRIOS

Nos termos do art. 12, §3º da CF/88, são privativos de brasileiro nato os cargos: Presidente e Vice-Presidente da República; Presidente da Câmara dos Deputados; Presidente do Senado Federal; Ministro do Supremo Tribunal Federal; carreira diplomática; de oficial das Forças Armadas; e Ministro de Estado da Defesa.

Alternativa correta: letra "d".

88. (Vunesp – Delegado de Polícia – PC – SP/2018) Supondo que o Presidente da República decida nomear como novo Ministro de Defesa FULANO DE TAL, é correto afirmar que referido Ministro

a) deverá possuir no mínimo 18 anos de idade, podendo ser brasileiro nato ou naturalizado, no gozo de seus direitos políticos.

b) obrigatoriamente, deverá possuir mais de 21 anos de idade e ser exclusivamente brasileiro nato, no gozo de seus direitos políticos.

c) uma vez nomeado, caso pratique crime de responsabilidade juntamente com o Presidente da República, será julgado pelo Supremo Tribunal Federal.

d) deverá contar no máximo 30 anos de idade, podendo ser brasileiro nato ou naturalizado, no gozo dos seus direitos políticos.

e) tendo preenchido os requisitos constitucionais para sua nomeação e assumido o cargo, caso pratique infração penal comum, será julgado pelo Superior Tribunal de Justiça.

COMENTÁRIOS

Alternativa "a": Vide comentário da alternativa b.

Alternativa "b": O cargo de Ministro de Defesa é privativo de brasileiro nato, nos termos do art. 12, §3º da CF/88. Sua escolha se dá entre maiores de 21 anos que estejam no exercício dos direitos políticos, conforme art. 87 da CF/88.

Alternativa "c": O crime de responsabilidade conexo ao do Presidente da República será julgado perante o Senado Federal, conforme art. 52, I da CF/88.

Alternativa "d": Vide comentário da alternativa b.

Alternativa "e": No caso de infração penal comum, será julgado perante o STF, nos termos do art. 102, I, c da CF/88.

Alternativa correta: letra "b".

89. (FUNCAB – Delegado de Polícia – PA/2016) "Os elementos clássicos de um Estado são seu território, sua soberania e seu povo. Para a formação deste último, é necessário que se estabeleça um vínculo político e pessoal entre o Estado e o indivíduo. É a nacionalidade que efetiva tal conexão e faz com que uma pessoa integre dada comunidade política. Portanto, é natural e necessário que o Estado distinga o nacional do estrangeiro para diversos fins". (MENDES, 2016)

Assinale a assertiva correta de acordo com o direito

a) O brasileiro nato nunca poderá perder a nacionalidade.

b) A nacionalidade pode ser adquirida de forma originária ou secundária.

c) Os estrangeiros dispõem do direitos políticos.

d) O brasileiro nato pode ser extraditado caso pratique tráfico internacional de entorpecentes e drogas afins.

e) Pelo critério de determinação jus sanguinis, o indivíduo é nacional se nascido em território específico.

COMENTÁRIOS

Alternativa correta: letra "b": o Brasil disciplina duas espécies de nacionalidade: brasileiro nato (nacionalidade primária/originária) e brasileiro naturalizado (nacionalidade secundária). É brasileiro nato, nos termos do art. 12, inciso I, da CF: a) nascido na República Federativa do Brasil, ainda que de pais estrangeiros, desde que estes não estejam a serviço de seu país; b) nascido no estrangeiro, de pai brasileiro ou mãe brasileira, desde que qualquer deles esteja a serviço da República Federativa do Brasil; c) nascido no estrangeiro de pai brasileiro ou de mãe brasileira, desde que sejam registrados em repartição brasileira competente ou venham a residir na República Federativa do Brasil e opte, em qualquer tempo, depois de atingida a maioridade, pela nacionalidade brasileira. No caso da nacionalidade secundária, são brasileiros naturalizados: a) os que, na forma da lei, adquiram a nacionalidade brasileira, exigidas aos originários de Países de língua portuguesa apenas residência por 1 ano ininterrupto e idoneidade moral (naturalização ordinária ou comum); b) os estrangeiros de qualquer nacionalidade, residentes na República Federativa do Brasil há mais de 15 anos ininterruptos e sem condenação penal, desde que requeiram a nacionalidade brasileira (naturalização extraordinária ou quinzenária).

Alternativa "a": é possível que brasileiro nato perca a nacionalidade, de acordo com o **art. 12, § 4º, da CF.**

Alternativa "c": direitos políticos são reservados aos cidadãos brasileiros, de modo que estrangeiros, no geral, não gozam de direitos políticos.

Alternativa "d": nos termos do art. 5º, LI, da CF, nenhum brasileiro será extraditado, salvo o naturalizado, em caso de crime comum, praticado antes da naturalização, ou de comprovado envolvimento em tráfico ilícito de entorpecentes e drogas afins, na forma da lei. Portanto, o brasileiro **nato** nunca poderá ser extraditado.

Alternativa "e": o critério jus sanguinis reconhece a nacionalidade de acordo com sua ascendência; o critério jus solis, termo correto para a assertiva, indica a nacionalidade reconhecida pelo lugar de nascimento do indivíduo.

90. (Cespe – Delegado de Polícia – PE/2016) Assinale a opção correta acerca dos direitos sociais, dos remédios ou garantias constitucionais e dos direitos de nacionalidade.

a) Será considerado brasileiro nato o indivíduo nascido no estrangeiro, filho de pai brasileiro ou de mãe brasileira, que for registrado em repartição brasileira competente ou que venha a residir no Brasil e opte, em qualquer tempo, depois de atingida a maioridade, pela nacionalidade brasileira.

b) A duração da jornada normal de trabalho, de, no máximo, oito horas diárias e quarenta e quatro horas semanais, não comporta exceções, no entanto a CF admite a compensação de horários mediante acordo ou convenção coletiva de trabalho.

c) De acordo com o STF, o habeas data é ação que permite ao indivíduo o direito de obter informações relativas à sua pessoa, inseridas em repartições públicas ou privadas, podendo ser utilizado para a obtenção de acesso a autos de processos administrativos, como aqueles que tramitam no TCU.

d) A sentença em mandado de injunção gera efeitos erga omnes, alcançando, de maneira indistinta, todos aqueles privados de exercer quaisquer direitos e liberdades constitucionais por falta de norma regulamentadora.

e) O mandado de segurança coletivo pode ser impetrado por sindicatos, entidades de classe e associações, mas não por partidos políticos, pois se destinam à defesa de interesses coletivos comuns a determinada coletividade de pessoas.

COMENTÁRIOS

Alternativa correta: letra "a": em conformidade com o art. 12, I, *c*, da CF.

Alternativa "b": consoante disposto no art. 7º, XIII, da CF, é assegurado aos trabalhadores urbanos e rurais, duração do trabalho normal não superior a oito horas diárias e quarenta e quatro semanais, facultada a compensação de horários e a **redução da jornada, mediante acordo ou convenção coletiva de trabalho.**

Alternativa "c": nos termos da CF, conceder-se-á habeas data: a) para assegurar o conhecimento de informações relativas à pessoa do impetrante, constantes de registros ou bancos de dados de entidades governamentais ou de caráter público; b) para a retificação de dados, quando não se prefira fazê-lo por processo sigiloso, judicial ou administrativo. Para acessar autos de processos administrativos, como aqueles que tramitam no TCU, o remédio cabível é o mandado de segurança, conforme entendimento do STF, constante do HD 90 AgR, julgado em 2010 e relatado pela Ministra Ellen Gracie.

Alternativa "d": prevalece o entendimento que o efeito da decisão em mandado de injunção é *inter partes* (e não *erga omnes*).

Alternativa "e": o **mandado de segurança coletivo pode ser impetrado** por: a) **partido político** com representação no Congresso Nacional; b) organização sindical, entidade de classe ou associação legalmente constituída e em funcionamento há pelo menos um ano, em defesa dos interesses de seus membros ou associados.

91. (FUNIVERSA – Delegado de Polícia – DF/2015) No que se refere a direitos e garantias fundamentais, assinale a alternativa correta com base na interpretação dada pelo STF.

a) O cargo de ministro das Relações Exteriores é privativo de brasileiro nato.

b) Suponha-se que Carlos, brasileiro nato, resida há muitos anos no estrangeiro e precise adquirir a nacionalidade estrangeira como condição de permanência naquele território. Nesse caso, se ele obtiver a referida nacionalidade, perderá a nacionalidade brasileira.

c) Suponha-se que Pedro seja brasileiro nato e também possua outra nacionalidade originária de um país X (dupla nacionalidade). Nesse caso, Pedro poderá ser extraditado se praticar algum crime no país X.

d) Suponha-se que Antônio tenha nascido no estrangeiro, sendo filho de pai brasileiro e mãe estrangeira. Nesse caso, Antônio poderá optar, em qualquer tempo, depois de atingir dezoito anos de idade, pela nacionalidade brasileira originária, desde que venha residir no Brasil.

e) Suponha-se que Afonso tenha nascido em Portugal e pretenda se naturalizar brasileiro. Nesse caso, a CF autoriza a opção, mas exige a residência por quinze anos ininterruptos e a ausência de condenação penal.

COMENTÁRIOS

Alternativa correta: letra "d": a situação de Antônio amolda-se à regra inscrita no art. 12, I, c, da CF, segundo a qual são brasileiros natos os nascidos no estrangeiro de pai brasileiro ou de mãe brasileira, desde que sejam registrados em repartição brasileira competente ou venham a residir na República Federativa do Brasil e optem, em qualquer tempo, depois de atingida a maioridade, pela nacionalidade brasileira.

Alternativa "a": os cargos privativos de brasileiros natos estão positivados no art. 12, § 3º, compreendendo o de Presidente e Vice-Presidente da República; de Presidente da Câmara dos Deputados; de Presidente do Senado Federal; de Ministro do Supremo Tribunal Federal; da carreira diplomática; de oficial das Forças Armadas e de Ministro de Estado da Defesa.

Alternativa "b": caso a aquisição de outra nacionalidade seja requisito para a permanência de Carlos, este não perderá a nacionalidade brasileira, de acordo com o art. 12, § 4º, II, "b", da CF.

Alternativa "c": o brasileiro nato **nunca** será extraditado.

Alternativa "e": aos originários de países de língua portuguesa, é exigido **apenas residência por um ano ininterrupto e idoneidade moral**, de acordo com a redação do art. 12, II, a, da CF.

92. (Vunesp – Delegado de Polícia – SP/2014) É privativo de brasileiro nato o cargo de

a) Ministro do Supremo Tribunal Federal.
b) Senador.
c) Juiz de Direito.
d) Delegado de Polícia.
e) Deputado Federal.

COMENTÁRIOS

✪ **Nota do autor:** questão versando sobre a nacionalidade, e no caso em questão, sobre os cargos que são privativos de brasileiros natos, com previsão no art. 12 da CF.

Alternativa correta: letra "A" (a alternativa responde as demais): é a única alternativa que está de acordo com a previsão do § 3º do art. 12 da CF, que apresenta um rol taxativo de cargos que só podem ser preenchidos por brasileiros natos, que são os seguintes: I – de Presidente e Vice-Presidente da República; II – de Presidente da Câmara dos Deputados; III – de Presidente do Senado Federal; IV – de **Ministro do Supremo Tribunal Federal**; V – da carreira diplomática; VI – de oficial das Forças Armadas. VII – de Ministro de Estado da Defesa

93. (FUNCAB – Delegado de Polícia – RJ/2012) Quanto ao direito de nacionalidade, previsto na Constituição da República, é correto afirmar:

a) Será declarada a perda da nacionalidade do brasileiro residente em Estado estrangeiro que adquire outra nacionalidade em função de imposição de naturalização, pela norma estrangeira, como condição para permanência em seu território ou para o exercício de direitos civis.
b) O cargo de militar das Forças Armadas é privativo de brasileiro nato.
c) Aos portugueses com residência permanente no País, se houver reciprocidade em favor de brasileiros, serão atribuídos os direitos inerentes ao brasileiro, salvo os casos previstos na Constituição.
d) Em respeito ao princípio da origem territorial, todos os nascidos na República Federativa do Brasil, ainda que de pais estrangeiros, mesmo que estes estejam a serviço de seu país serão considerados brasileiros natos.
e) Os estrangeiros de qualquer nacionalidade residentes na República Federativa do Brasil há mais de 20 anos ininterruptos, desde que requeiram a nacionalidade brasileira, serão considerados brasileiros naturalizados.

COMENTÁRIOS

✪ **Nota do autor:** a questão versa sobre a nacionalidade, sendo de fácil resolução, desde que se tenha o conhecimento da Constituição Federal.

Alternativa correta: letra "C": a alternativa vai ao encontro do previsto no § 1º do art. 12 da CF.

Alternativa "A": ao brasileiro que adquire outra nacionalidade, será declarada a perda da nacionalidade, **salvo as exceções previstas no inciso II do § 4º do art. 12, nas letras a e b**, que assim versam "de reconhecimento de nacionalidade originária pela lei estrangeira; b) de imposição de naturalização, pela norma estrangeira, ao brasileiro residente em estado estrangeiro, como condição para permanência em seu território ou para o exercício de direitos civis".

Alternativa "B": o cargo de oficial das forças armadas é privativo de brasileiros natos, não o de militar, **de acordo com a redação do inciso VI do § 4º do art. 12.**

Alternativa "D": a redação do art. 12, inciso I, letra a diz que são brasileiros natos "os nascidos na República Federativa do Brasil, ainda que de pais estrangeiros, **desde que estes não estejam a serviço de seu país".**

Alternativa "E": a redação da letra b do inciso II, art. 12 da CF diz que "os estrangeiros de qualquer nacionalidade, residentes na República Federativa do Brasil **há mais de quinze anos ininterruptos e sem condenação penal, desde que requeiram a nacionalidade brasileira".**

94. (Delegado de Polícia – AP/ 2010 – FGV) Assinale o cargo que não é privativo de brasileiro nato.

a) Carreira diplomática.
b) Ministro de Estado da Defesa.
c) Ministro do Superior Tribunal de Justiça.
d) Presidente da Câmara dos Deputados.
e) Oficial das Forças Armadas.

COMENTÁRIOS

✪ **Nota do autor:** mais uma questão em que o assunto é a nacionalidade, demonstrando que o candidato deve dominar os detalhes da matéria, pois o examinador usará as minúcias do texto legal.

Alternativa correta: letra "C": a previsão dos cargos privativos de brasileiros natos encontra-se no § 3º do art. 12 da CF, nos incisos I ao VII. O Cargo de Ministro do STJ não se encontra previsto no rol taxativo.

Alternativa "a": previsão no rol taxativo do art. 12, § 3º, inciso V da CF.

Alternativa "b": previsão no rol taxativo do art. 12, § 3º, inciso VII da CF.

Alternativa "d": previsão no rol taxativo do art. 12, § 3º, inciso II da CF.

Alternativa "e": previsão no rol taxativo do art. 12, § 3º, inciso VI da CF.

4.5. DIREITOS POLÍTICOS E SISTEMAS ELEITORAIS

95. (Fundatec – Delegado de Polícia – PC – RS/2018) Os direitos políticos ou cívicos semelham às prerrogativas e aos deveres inerentes à cidadania e compreendem o direito de participar direta ou indiretamente do governo, da organização e do funcionamento do Estado. Conforme prescreve a Constituição Federal, os direitos políticos disciplinam as diversas formas de o cidadão se manifestar, dentre as quais pode-se citar a soberania popular, que se concretiza pelo sufrágio universal, pelo voto direto e secreto e por demais instrumentos. Sobre os direitos políticos, assinale a alternativa INCORRETA.

a) A soberania popular será exercida pelo sufrágio universal e pelo voto direto e secreto, com valor igual para todos, e, nos termos da lei, mediante: I – plebiscito; II – referendo; III – iniciativa popular.

b) A cláusula tutelar inscrita no Art. 14, caput, da Constituição tem por destinatário específico e exclusivo o eleitor comum, no exercício das prerrogativas inerentes ao status activae civitatis. Essa norma de garantia não se aplica, todavia, ao membro do Poder Legislativo nos procedimentos de votação parlamentar, em cujo âmbito predomina, como regra, o postulado da deliberação ostensiva ou aberta.

c) A dissolução da sociedade ou do vínculo conjugal, no curso do mandato, não afasta a inelegibilidade prevista no § 7° do Art. 14 da CF/1988. No entanto, não atrai a aplicação do entendimento constante do referido ditame a extinção do vínculo conjugal pela morte de um dos cônjuges.

d) A cidadania é o status de nacional acrescido dos direitos políticos, isto é, de poder participar do processo governamental, tanto de forma ativa quanto passiva. É cidadania ativa aquela que age em eleger seus governantes, e passiva aquela em que também se pode ser escolhido.

e) Da suspensão de direitos políticos – efeito da condenação criminal transitada em julgado –, resulta, por si mesma, a perda do mandato eletivo ou do cargo do agente político, inclusive no caso de parlamentar, – à exceção dos membros do poder legislativo, por exemplo.

COMENTÁRIOS

Alternativa "a": Trata-se da disposição literal do art. 14 da CF/88, *caput* e incisos.

Alternativa "b": Nesse sentido foi o entendimento do STF no julgamento da ADI 1.057 em 1994, no qual entendeu que a votação pública e ostensiva nas Casas Legislativas constitui um dos instrumentos mais significativos de controle do poder estatal pela sociedade civil.

Alternativa "c": O início da alternativa corresponde à disposição da Súmula Vinculante 18. Seu fim, diz respeito ao entendimento emanado pelo STF no julgamento do RE 758.461, em que se afastou a aplicação da súmula no caso de morte de um dos cônjuges.

Alternativa "d": Trata-se da conceituação doutrinária pacífica de cidadania, capacidade eleitoral ativa, e capacidade eleitoral passiva.

Alternativa "e": O STF entendeu, no julgamento da AP 565 em 2014 que a suspensão dos direitos políticos não tem por consequência natural a perda do caro público. A perda do cargo deve ser decidida nos termos do art. 55, §2º da CF/88, pela Câmara dos Deputados ou pelo Senado Federal por maioria absoluta, mediante provocação da respectiva Mesa ou de partido político representado no Congresso Nacional, assegurada ampla defesa.

Alternativa incorreta: letra "e".

96. (UEG – Delegado de Polícia – PC – GO/2018) A respeito do Senado Federal, segundo a Constituição (CRFB) e o Supremo Tribunal Federal (STF), é certo que

a) o senador infiel não perde o mandato por mudar de partido, pois, segundo o princípio majoritário, o mandato pertence ao candidato, e não ao partido.

b) cada Estado e o Distrito Federal elegerão três senadores, com mandato de oito anos, e a representação no Senado será renovada de quatro em quatro anos, alternadamente, por um e dois terços, razão pela qual cada Estado e o Distrito Federal elegerão em 2018 um senador.

c) o candidato a senador, assim como o governador e vice-governador de Estado e do Distrito Federal, precisa contar com a idade mínima de trinta anos.

d) o senador precisa renunciar ao respectivo mandato até seis meses antes do pleito caso queira concorrer a outro cargo, como o de Presidente da República, o de governador de Estado ou do Distrito Federal e o de prefeito.

e) o senador representa o povo pelo qual foi majoritariamente eleito.

COMENTÁRIOS

Alternativa "a": O STF entendeu no julgamento da ADI 5081/DF que a perda do mandato em razão de mudança de partido não se aplica aos candidatos eleitos pelo sistema majoritário, sob pena de violação da soberania popular e das escolhas feitas pelo eleitor. De acordo com o art. 46 da CF/88, os membros do Senado Federal serão eleitos segundo o princípio majoritário, logo, o senador infiel não perderá seu mandato por mudar de partido.

Alternativa "b": O erro da alternativa está em dizer que em 2018 a eleição se deu para 1 Senador, quando, na realidade, se deu para 2 Senadores.

Alternativa "c": Nos termos do §3º, inciso VI do art. 14 da CF/88, a idade mínima para Governador e Vice-Governador é de 30 anos; por outro lado, a idade mínima para Senador é de 35 anos.

Alternativa "d": A desincompatibilização somente se aplica a cargos do Poder Executivo, nos termos do art. 14, §6º da CF/88. O cargo de Senador é do Poder Legislativo, portanto, desnecessária a desincompatibilização antes de concorrer a qualquer cargo.

Alternativa "e": Senadores representam o Estado e o Distrito Federal, enquanto Deputados Federais representam o povo.

Alternativa correta: letra "a".

---

97. (Vunesp – Delegado de Polícia – PC – SP/2018) Suponha que Joseph, brasileiro naturalizado e atualmente com 20 anos de idade, decida se candidatar ao cargo de Deputado Federal. Nesse caso, é correto afirmar que ele

a) poderá se candidatar, pois o cargo é elegível tanto para brasileiros natos como naturalizados e a idade mínima exigida é 18 anos.

b) poderá se candidatar, pois o cargo é elegível tanto para brasileiros natos como naturalizados e a idade mínima exigida é 20 anos.

c) não poderá se candidatar, uma vez que embora o cargo não seja privativo de brasileiros natos, Joseph não possui a idade mínima de 21 anos exigida pela Constituição.

d) não poderá se candidatar, pois ainda que possua a idade necessária para a candidatura, o cargo é privativo de brasileiros natos.

e) não poderá se candidatar, pois além de não possuir a idade mínima exigida para a candidatura, o cargo é privativo de brasileiros natos.

COMENTÁRIOS

O cargo de Deputado Federal não é privativo de brasileiro nato (art. 12, §3º, CF/88), mas somente o cargo de Presidente da Câmara dos Deputados. A idade mínima para esse cargo, nos termos do art. 14, §3º, VI, c da CF/88 é de 21 anos de idade. Por isso, Joseph não poderá se candidatar.

Alternativa correta: letra "c".

---

98. (Vunesp – Delegado de Polícia – PC – SP/2018) Suponha que o Partido X lhe consulte sobre quais são os requisitos constitucionais para que um partido político tenha acesso aos recursos do fundo partidário e acesso gratuito ao tempo de rádio e televisão. Nesse sentido, segundo o disposto na Constituição Federal de 1988, após a reforma dada pela Emenda Constitucional nº 97/2017, é correto afirmar que o acesso a tais benefícios ocorrerá

a) se obtiver, nas eleições para a Câmara dos Deputados e do Senado Federal, conjuntamente, o mínimo de 5% dos votos válidos nacionais, distribuídos em pelo menos 1/3 das unidades da federação, exigindo-se, para ambos, o mínimo de 2% dos votos válidos em cada uma delas.

b) somente se obtiver, nas eleições para a Câmara dos Deputados, no mínimo, 3% dos votos válidos, distribuídos em pelo menos 1/3 das unidades da Federação, com um mínimo de 2% dos votos válidos em cada uma delas, ou se elegerem pelo menos 15 deputados distribuídos em pelo menos 1/3 das unidades da federação.

c) de forma automática, não sendo necessário o preenchimento de outros requisitos, sob pena de violação ao princípio da liberdade partidária reconhecido pela Constituição Federal.

d) se obtiver, nas eleições para o Senado Federal, no mínimo 2% dos votos válidos, distribuídos em pelo menos 2 unidades da federação, com um mínimo de 1% dos votos válidos em cada uma delas.

e) somente se obtiver, nas eleições para a Câmara dos Deputados, no mínimo, 5% dos votos válidos, distribuídos em pelo menos 1/3 das unidades da Federação, com um mínimo de 2% dos votos válidos em cada uma delas, e, obrigatoriamente, se elegerem pelo menos 15 deputados federais distribuídos em pelo menos 1/3 das unidades da federação.

COMENTÁRIOS

Alternativa "a": O parâmetro é somente a eleição da Câmara dos Deputados, sendo o mínimo de 3% dos votos válidos nacionais.

Alternativa "b": O art. 17, §3º da CF/88, resultado da emenda 97 de 2017, estabelece que somente terão direito a recursos do fundo partidário e acesso gratuito ao rádio e à televisão os partidos políticos que: obtiverem, nas eleições para a Câmara dos Deputados, no mínimo 3% dos votos válidos em pelo menos 1/3 das unidades da Federação, com no mínimo 2% dos votos válidos em cada uma delas; ou que tiverem elegido pelo menos 15 Deputados Federais distribuídos em pelo menos 1/3 das unidades da Federação.

Alternativa "c": Há requisitos a serem preenchidos, conforme comentário da alternativa b.

Alternativa "d": O parâmetro é a eleição da Câmara dos Deputados, sendo o mínimo de 3% dos votos válidos nacionais, em 1/3 das unidades da federação pelo menos, com no mínimo 2% dos votos em cada uma.

Alternativa "e": O mínimo dos votos válidos é de 3% e não 5%, e os requisitos não são cumulativos, mas sim alternativos.

Alternativa correta: letra "b".

---

99. (IBADE – Delegado de Polícia – AC/2017) Maristela era casada com o prefeito Alcides Ferreira do município X, falecido em um acidente de avião em setembro de 2015, no curso de seu segundo mandato. O vice-prefeito de Alcides Ferreira assumiu o cargo. Nas eleições de 2016, Maristela concorreu à prefeitura do Município X e ganhou a eleição. Considerando o entendimento jurisprudencial do STF, Maristela:

a) não poderia ser elegível, tendo em vista tratar-se de hipótese de inelegibilidade reflexiva prevista no artigo 14, § 7°, CRFB/88.

b) não poderia ser elegível, considerando o teor da súmula vinculante n° 18 do STF.

c) poderia ser elegível, vez que a inelegibilidade prevista no § 7º do artigo 14 da CRFB/88 não se aplica aos casos de extinção do vínculo conjugai pela morte de um dos cônjuges.

d) poderia ser elegível, uma vez que a CRFB/88 não impede que o cônjuge concorra às eleições na mesma circunscrição por motivo de casamento, parentesco ou afinidade.

e) não poderia ser elegível, tendo em vista que a CRFB/88 exige o prazo de 5 (cinco) anos, após o término de mandato, para que o cônjuge concorra às eleições na mesma circunscrição do marido ou ex-marido.

COMENTÁRIOS

Alternativa correta: letra "c": Maristela poderia ser elegível porque a Súmula Vinculante nº 18 do STF ("A dissolução da sociedade ou do vínculo conjugal, no curso do mandato, não afasta a inelegibilidade prevista no § 7º do artigo 14 da Constituição Federal") não alcança o cônjuge cujo vínculo conjugal tenha se encerrado pela morte de um deles, devendo ser observada a previsão do intervalo de seis meses entre o óbito e o pleito.

100. (FUNCAB – Delegado de Polícia – PA/2016) Ação prevista constitucional mente, a ser proposta ante a Justiça Eleitoral no prazo de quinze dias contados da diplomação, instruída a ação com provas de abuso do poder econômico, corrupção ou fraude. Trata-se de:

a) ação de impugnação de registro de candidatura.

b) representação na pesquisa eleitoral.

c) ação de impugnação de mandato eletivo.

d) recurso contra a diplomação.

e) ação de investigação eleitoral.

COMENTÁRIOS

Alternativa correta: letra "c": a ação de impugnação de mandato eletivo está prevista no art. 14, § 10, da CF: "O mandato eletivo poderá ser impugnado ante a Justiça Eleitoral no prazo de quinze dias contados da diplomação, instruída a ação com provas de abuso do poder econômico, corrupção ou fraude", deste modo, de acordo com a situação proposta pela questão.

Alternativa "a": a ação de impugnação ao registro de candidatura, de acordo com o art. 3º da LC 64/90, tem prazo de cinco dias a partir da publicação da lista com os pedidos de registro de candidatura – assim, é ação a ser proposta anteriormente à diplomação.

101. (FUNCAB – Delegado de Polícia – PA/2016) "Os rebeldes das Forças Armadas Revolucionárias da Colômbia (Farc) e o governo colombiano anunciaram neste sábado (12), em Havana, um novo acordo de paz, após o 'não' no referendo sobre uma versão anterior desse pacto para acabar com 52 anos de conflito armado no país." (sitegi.giobo.com-publicado em 12/11/2016 às 21h42).

Quanto ao referendo, plebiscito e iniciativa popular, nos termos da Constituição Federal da República Federativa do Brasil, é correto afirmar:

a) O plebiscito e o referendo podem ser prepostos mediante iniciativa popular.

b) A primeira experiência ordinária com o referendo deu-se com o Estatuto do Desarmamento.

c) Enquanto o plebiscito é uma consulta posterior sobre determinado ato ou decisão governamental, o referendo configura uma consulta prévia.

d) A realização de plebiscito e referendo sempre depende de autorização do Congresso Nacional.

e) O plebiscito e o referendo serão convocados por meio de decreto legislativo proposto por, no mínimo, 3/5 dos votos dos membros que compõem uma das Casas do Congresso Nacional.

COMENTÁRIOS

Alternativa correta: letra "b": de acordo com Gilmar Mendes, "a primeira experiência ordinária com o referendo deu-se com a Lei 10.826/2003 (art. 35 do Estatuto do Desarmamento), que estabeleceu a proibição do comércio de armas de fogo e fixou que a eficácia de tal proibição dependeria de referendo realizado em outubro de 2005" (MENDES, Gilmar; BRANCO, Paulo Gustavo Gonet. *Curso de Direito Constitucional*. 11ª ed. São Paulo: Saraiva, 2016, p. 759).

Alternativa "a": refendo e plebiscito não podem ser propostos mediante iniciativa popular, tendo em vista que constituem competências exclusivas do Congresso Nacional, de acordo com o art. 49, inciso XV, da CF.

Alternativa "c": a assertiva inverte os conceitos de plebiscito e de referendo. O primeiro é convocado previamente à criação de ato legislativo ou administrativo, enquanto o segundo é posterior à criação, cabendo ao povo a ratificação ou rejeição da proposta.

Alternativa "d": a autorização de referendo e convocação de plebiscito são competências exclusivas do Congresso Nacional, de acordo com o art. 49, inciso XV, da CF. Entretanto, as exceções se encontram no art. 18, §§ 3º e 4º, da CF, e art. 2º do ADCT. As exceções previstas no art. 18 da CF dizem respeito à incorporação, subdivisão ou desmembramento dos estados, situação na qual plebiscito e referendo são convocados mediante decreto legislativo.

Alternativa "e": o quórum para a convocação de referendo e plebiscito é de 1/3 dos membros que compõe cada uma das Casas do Congresso Nacional.

102. (Cespe – Delegado de Polícia – PE/2016) Acerca dos direitos e garantias fundamentais previstos na CF, assinale a opção correta.

a) Em obediência ao princípio da igualdade, o STF reconhece que há uma impossibilidade absoluta e genérica de se estabelecer diferencial de idade para o acesso a cargos públicos.

b) Conforme o texto constitucional, o civilmente identificado somente será submetido à identificação criminal se a autoridade policial, a seu critério, julgar que ela é essencial à investigação policial.

c) São destinatários dos direitos sociais, em seu conjunto, os trabalhadores, urbanos ou rurais, com vínculo empregatício, os trabalhadores avulsos, os trabalhadores domésticos e os servidores públicos genericamente considerados.

d) Embora a CF vede a cassação de direitos políticos, ela prevê casos em que estes poderão ser suspensos ou até mesmo perdidos.

e) Os direitos e garantias fundamentais têm aplicação imediata, razão por que nenhum dos direitos individuais elencados na CF necessita de lei para se tornar plenamente exequível.

COMENTÁRIOS

Alternativa correta: letra "d": segundo art. 15 da CF, é **vedada a cassação** dos direitos políticos, cuja **perda** ou **suspensão** só se dará nos casos de: I – cancelamento da naturalização por sentença transitada em julgado; II – incapacidade civil absoluta; III – condenação criminal transitada em julgado, enquanto durarem seus efeitos; IV – recusa de cumprir obrigação a todos imposta ou prestação alternativa, nos termos do art. 5º, VIII; V – improbidade administrativa, nos termos do art. 37, § 4º. O que difere a perda da cassação é que a cassação decorre de pura arbitrariedade. Nesse sentido, ensina Nathalia Masson: "Importante, desde já, deixar firmado que a cassação dos direitos políticos, consistente na retirada arbitrária dos direitos, engendrada por perseguições ideológicas, tão típicas dos períodos de hiato constitucional (antidemocráticos), é vedada pela atual Constituição de 1988." (*Manual de direito constitucional.* Salvador: Juspodivm, 2013, p. 299).

Alternativa "a": não há impossibilidade absoluta e genérica de se estabelecer diferencial de idade para o acesso a cargos públicos. Nos termos da Súmula 683 do STF: "O limite de idade para a inscrição em concurso público só se legitima em face do art. 7º, XXX, da Constituição, quando possa ser justificado pela natureza das atribuições do cargo a ser preenchido.".

Alternativa "b": nos termos da Constituição (art. 5º, LVIII), o civilmente identificado não será submetido a identificação criminal, salvo nas hipóteses previstas em lei.

Alternativa "c": são destinatários dos direitos sociais dos trabalhadores os trabalhadores **urbanos e** (e não 'ou') **rurais**. Quanto aos servidores públicos, consta do art. 39, § 3º, da CF, que aplica-se aos servidores ocupantes de cargo público o disposto no art. 7º, IV, VII, VIII, IX, XII, XIII, XV, XVI, XVII, XVIII, XIX, XX, XXII e XXX, podendo a lei estabelecer requisitos diferenciados de admissão quando a natureza do cargo o exigir.

Alternativa "e": nos termos do art. 5º, § 1º, da CF, as normas definidoras dos direitos e garantias fundamentais têm aplicação imediata. No entanto, não é correto afirmar que nenhum dos direitos individuais elencados na CF necessita de lei para se tornar plenamente exequível, eis que alguns direitos, por sua natureza, exigem regulamentação infraconstitucional. Nestes termos, vale destacar o alerta de Nathalia Masson: "[...] tal regra não é absoluta e não pode atropelar a natureza dos direitos constitucionalmente proclamados. Como existem normas constitucionais, relativas a direitos fundamentais, que são evidentemente não autoaplicáveis, isto é, que carecem de mediação legislativa para que possuam plena efetividade, é certo dizer que sozinhas não produzirão todos os seus efeitos essenciais." (*Manual de direito constitucional.* Salvador: Juspodvim, 2013, p. 203).

103. (Fundação Aroeira – Delegado de Polícia – TO/2014) M. T. foi condenado, em primeira instância, pela prática de crime político. Contra a referida sentença condenatória é cabível

a) recurso em sentido estrito para o Tribunal de Justiça.

b) apelação para o Tribunal Regional Federal.

c) recurso ordinário para o Supremo Tribunal Federal.

d) recurso inominado para o Superior Tribunal de Justiça.

COMENTÁRIOS

✪ **Nota do autor:** a redação versa sobre a competência originária do STF. O assunto é recorrente em concursos públicos, e os candidatos devem dedicar especial atenção ao tema.

Alternativa correta: letra "C" (a alternativa responde as demais): a única alternativa que encontra guarida na redação do art. 102 da CF, que trata da competência originária do STF. O inciso II, **letra "B"**, é claro ao atribuir competência ao STF para julga os recursos ordinários interpostos em razão de condenação por crime político.

104. (Fundação Aroeira – Delegado de Polícia – TO/2014) No caso de condenação criminal transitada em julgado, enquanto durarem seus efeitos, o condenado terá seus direitos políticos

a) mantidos.

b) cassados.

c) perdidos.

d) suspensos.

COMENTÁRIOS

✪ **Nota do autor:** a questão versa sobre os direitos políticos, que são compreendidos nos arts. 14 ao 16 da CF. Notem que a redação do art. 15 diz que não pode haver cassação dos direitos políticos, mas somente a suspensão e a perda.

Alternativa correta: letra "D" (responde as demais alternativas): a redação do art. 15 não deixa dúvidas, pois apresenta um rol taxativo de situações em que pode ocorrer a suspensão e a perda dos direitos políticos. Vejamos o que diz o esclarecedor art. da CF: Art. 15. É vedada a cassação de direitos políticos, cuja perda ou suspensão só se dará nos casos de: I – cancelamento da naturalização por sentença transitada em julgado; II – incapacidade civil absoluta; III – **condenação criminal transitada em julgado, enquanto durarem seus efeitos**; IV – recusa de cumprir obrigação a todos imposta ou prestação alternativa, nos termos do art. 5º, VIII; V – improbidade administrativa, nos termos do art. 37, § 4º.

105. (FGV – Delegado de Polícia – MA/2012) Com relação à organização dos partidos políticos, analise as afirmativas a seguir.

I. A Emenda Constitucional nº 52/2006 estabeleceu a chamada "verticalização" no âmbito das coligações partidárias.

II. O reconhecimento da justa causa para transferência de partido político afasta a perda do mandato eletivo por infidelidade partidária, transferindo ao novo partido o direito de sucessão à vaga de parlamentar falecido.

III. A fusão e a incorporação de partidos são consideradas justa causa para afastar a perda de mandato eletivo, mas a criação de partido novo, não.

Assinale:

a) se somente as afirmativas II e III estiverem corretas.
b) se somente as afirmativas I e II estiverem corretas.
c) se somente a afirmativa III estiver correta.
d) se somente a afirmativa II estiver correta.
e) se nenhuma das afirmativas estiver correta.

COMENTÁRIOS

Alternativa correta: letra "E": as três assertivas estão incorretas. A primeira apresenta uma informação equivocada, pois a referida EC 52/2006, buscava justamente acabar com a verticalização, em que pese ela tenha sido mantida para as eleições de 2006, em respeito ao princípio da anualidade. A segunda assertiva está incorreta. Para a fundamentação, trazemos o entendimento do STF, "O reconhecimento da justa causa para transferência de partido político afasta a perda do mandato eletivo por infidelidade partidária. Contudo, ela não transfere ao novo partido o direito de sucessão à vaga." (**MS 27.938**, Rel. Min. **Joaquim Barbosa**, julgamento em 11-3-2010, Plenário, *DJE* de 30-4-2010.) **Vide**: **MS 26.604**, Rel. Min. **Cármen Lúcia**, julgamento em 4-10-2007, Plenário, *DJE* de 3-10-2008.

A terceira assertiva também está incorreta. O Tribunal Superior Eleitoral, em observância ao que foi decidido pelo Supremo Tribunal Federal, editou a Resolução nº 22.610/2007 para disciplinar o processo de perda de cargo eletivo, bem como de justificação de desfiliação partidária, e estabeleceu como hipóteses de justa causa: (I) incorporação ou fusão do partido; **(II) criação de novo partido**; (III) mudança substancial ou desvio reiterado do programa partidário; (IV) grave discriminação pessoal.

106. (FUNCAB – Delegado de Polícia – ES/2013) São direitos políticos positivos:

I. De votar (inclusive em plebiscitos e referendos) e ser votado.

II. Inelegibilidade e de organizar e participar de partidos políticos.

III. Perda e suspensão dos direitos políticos.

IV. De propor ação popular e de exercer a iniciativa popular.

Estão corretos apenas os itens:

a) I e II.
b) II e III.
c) I e IV.
d) I, II e IV.
e) II, III e IV.

COMENTÁRIOS

✪ **Nota do autor:** questão versando sobre os direitos políticos.

Alternativa correta: letra "C": a assertiva I está correta, pois a manifestação da vontade popular é a maior expressão de participação na vida política do país, portanto, um direito positivo. A Assertiva II está errada, já que se trata de uma vedação a participação no processo político, encaixando-se em direito político negativo. A Assertiva III é vista da mesma forma, ou seja, qualquer limitação ao livre exercício dos direitos políticos, configura direito negativo. A assertiva IV está correta, pois, para tais proposituras, se faz necessário a comprovação de estar quites com as obrigações eleitorais, e portanto, no gozo dos plenos direitos políticos.

5. ORGANIZAÇÃO DO ESTADO

107. (Fumarc – Delegado de Polícia – PC – MG/2018) É imunidade extensível aos vereadores:

a) Autorização prévia da Assembleia Legislativa, por maioria de dois terços, para ser processado penalmente.
b) Inviolabilidade por suas opiniões, palavras e votos, no exercício do mandato e na circunscrição do Município.
c) Inviolabilidade por suas opiniões, palavras e votos, no exercício do mandato e na circunscrição do Município, e a prisão somente em caso de flagrante delito inafiançável, desde a diplomação.
d) Prisão somente em caso de flagrante delito inafiançável, desde a diplomação.

COMENTÁRIOS

A Constituição Federal estabelece, no art. 29, VIII da CF/88 que aos vereadores assegura-se a inviolabilidade por suas opiniões, palavras e votos no exercício do mandato e na circunscrição do Município. O STF entende que não possuem a imunidade relativa (HC 70359).

Alternativa correta: letra "b".

108. (UEG – Delegado de Polícia – PC – GO/2018) O foro por prerrogativa de função, segundo o Supremo Tribunal Federal (STF),

a) pode ser previsto, pela Constituição Estadual, em favor dos Delegados de Polícia, em respeito à autonomia dos estados-membros e ao princípio federativo.

b) teve seu rol de beneficiários reduzido recentemente pelo STF, a exemplo do que já acontece em outros países, como Alemanha, Itália e Portugal.

c) inicia-se com a diplomação do parlamentar federal e encerra-se com o término do mandato, qualquer que seja o estágio do processo.

d) cessa, e o processo segue para a primeira instância se o parlamentar renunciar ou perder o cargo durante o prazo para apresentação de alegações finais.

e) por mutação constitucional, passou a aplicar-se apenas aos crimes cometidos durante o exercício do cargo e diretamente relacionados às suas funções, de modo que o crime cometido por parlamentar após a diplomação, mas sem relação direta com o cargo, será processado e julgado em primeiro grau.

COMENTÁRIOS

Alternativa "a": O STF entende que a instituição de foro de prerrogativa de função na Constituição Estadual só pode ocorrer em decorrência do princípio da simetria. Como a Constituição Federal não atribuiu foro por prerrogativa de função a delegados de polícia federal, não pode a Constituição Estadual o estabelecer em favor dos delegados estaduais (ADI 2587).

Alternativa "b": O STF tem, em sua jurisprudência, restringido o alcance do foro por prerrogativa de função, mas não o rol de beneficiários, que só pode ser restrito por emenda à Constituição (STF. AP 937 QO/RJ).

Alternativa "c": O STF entende que o foro por prerrogativa não se aplica quando já encerrada a instrução processual (STF. AP 568).

Alternativa "d": A renúncia do parlamentar após o fim da instrução (após alegações finais), não acarreta a perda de competência do STF (STF. AP 568).

Alternativa "e": Nesse sentido foi o posicionamento adotado pelo STF no julgamento da Ação Penal 937.

Alternativa correta: letra "e".

109. (Vunesp – Delegado de Polícia – PC – SP/2018) É correto afirmar que o Federalismo

a) representa uma forma de Estado que possui um centro único dotado de capacidade legislativa, administrativa e política, que é direcionado às unidades locais e regionais.

b) representa um sistema de governo, que analisa as relações de poder existentes no âmbito da federação.

c) ocorreu no Brasil por meio de um movimento centrífuga (por segregação).

d) ocorreu no Brasil mediante um movimento centrípeta (por agregação).

e) representa uma forma de governo, que leva em consideração a quantidade de titulares que estão no poder.

COMENTÁRIOS

Alternativa "a": Embora o Federalismo seja uma forma de Estado, nele há um pacto, indissolúvel e inalterável, entre diversos Estados dotados de autonomia. A descrição da alternativa corresponde ao Estado Unitário, e não ao Federalismo

Alternativa "b": O Federalismo é uma forma de Estado, e não um sistema de governo, que pode ser, por exemplo, presidencialista ou parlamentarista.

Alternativa "c": O Brasil era um Estado Unitário até 1891, que, ao se descentralizar, formou uma Federação. Assim, há um movimento centrífugo, em que se parte da união em direção à segregação.

Alternativa "d": Conforme comentário da alternativa c, é na verdade centrífugo, pois partiu do Estado Unitário para o Federalismo.

Alternativa "e": Como já apontado, trata-se de uma forma de Estado. Formas de Governo são, por exemplo, república e monarquia.

Alternativa correta: letra "c".

110. (Cespe – Delegado de Polícia – GO/2017) Assinale a opção correta a respeito da organização dos poderes e do sistema de freios e contrapesos no direito constitucional pátrio.

a) Adotada por diversos países, entre eles o Brasil, a ideia de tripartição dos poderes do Estado em segmentos distintos e autônomos entre si — Legislativo, Executivo e Judiciário — foi concebida por Aristóteles.

b) A atividade legislativa e a de julgar o presidente da República nos crimes de responsabilidade são funções típicas do Poder Legislativo.

c) Constitui exemplo de mecanismo de freios e contrapesos a possibilidade de rejeição, pelo Congresso Nacional, de medida provisória editada pelo presidente da República.

d) As expressões poder, função e órgão são sinônimas.

e) A CF adotou o princípio da indelegabilidade de atribuições de forma absoluta, inexistindo qualquer exceção a essa regra.

COMENTÁRIOS

Alternativa correta: letra "c": o exemplo citado na assertiva corresponde ao sistema de freios e contrapesos, criado e utilizado para se evitar abusos entre os Poderes.

Alternativa "a": apesar de a ideia de tripartição ter sido dada inicialmente por Aristóteles, foi Montesquieu o responsável por teoriza-la como três Poderes autônomos e independentes entre si.

Alternativa "b": a atividade de julgar o presidente da República se constitui como atividade **atípica** do Poder Legislativo.

Alternativa "d": as expressões não são sinônimas. "Poder" seria atributo do Estado emanado pelo povo, de maneira una. "Função" seria o modo de o Estado manifestar a sua vontade, através de "órgãos", instrumentos utilizados pelo Estado para fazer valer suas funções.

Alternativa "e": o princípio em questão não é absoluto e encontra exceção, por exemplo, no art. 68 da CF.

111. (FUNCAB – Delegado de Polícia – RJ/2012) No que se refere às três funções do Estado, quando o Executivo, através do Presidente da República, adota medida provisória com força de lei; o Judiciário elabora seu regimento interno; o Legislativo julga o Presidente da República nos crimes de responsabilidade e, ainda, o Legislativo pratica atos de fiscalização financeira do Executivo, é correto afirmar:

a) Ocorrem respectivamente: função atípica do Executivo de natureza legislativa, função atípica do Judiciário de natureza executiva, função atípica do Legislativo de natureza jurisdicional e, por último, função típica do Legislativo.

b) Ocorrem respectivamente: função atípica do Executivo de natureza jurisdicional, função atípica do Judiciário de natureza legislativa, função típica do Legislativo e, por último, função atípica do Legislativo de natureza executiva.

c) Ocorrem respectivamente: função atípica do Executivo de natureza legislativa, função atípica do Judiciário de natureza legislativa, função atípica do Legislativo de natureza jurisdicional e, por último, função típica do Legislativo.

d) Ocorrem respectivamente: função típica do Executivo, função típica do Judiciário, função atípica do Legislativo de natureza executiva e, por último, função atípica do Legislativo de natureza executiva.

e) Ocorrem respectivamente: função atípica do Executivo de natureza jurisdicional, função atípica do Judiciário de natureza executiva, função atípica do Legislativo de natureza jurisdicional e, por último, função atípica do Legislativo de natureza executiva.

COMENTÁRIOS

✪ **Nota do autor:** questão versando sobre a divisão orgânica do Poder estatal e o sistema de freios e contrapesos.

Alternativa correta: letra "C" (a alternativa responde as demais): a única alternativa que apresenta a correta ordem do enunciado. Entende-se que o Executivo tenha como função típica a administração, baseada na lei, que é produzida pelo Legislativo. Ao Judiciário, cabe, como função típica, julgar os conflitos de interesse caracterizados por pretensões resistidas. Insta salientar que cabe ao Legislativo a fiscalização financeira dos atos do executivo, com o apoio do tribunal de Contas da União.

112. (Delegado de Polícia – ES/ 2011 – CESPE) No que diz respeito à organização do Estado, julgue o item abaixo.

O processo de formação dos estados-membros exige a participação da população interessada por meio de plebiscito, medida que configura condição prévia, essencial e prejudicial à fase seguinte. Assim, desfavorável o resultado da consulta prévia feita ao povo, não se passará à fase seguinte do processo.

COMENTÁRIOS

Alternativa correta: a alternativa é clara e correta, pois a consulta popular, por meio de plebiscito, e sua consequente aprovação, é condição sem a qual não se passa para a fase seguinte, ou seja, a criação de um estado-membro.

113. (Delegado de Polícia – MT/ 2010 – UNEMAT) Quanto aos Municípios, assinale a alternativa **correta.**

a) Autogoverna-se mediante a eleição indireta de seu prefeito, vice-prefeito e vereadores, sem qualquer ingerência dos Governos Federal e Estadual.

b) Auto organiza-se mediante a eleição direta de seu prefeito, vice-prefeito e vereadores.

c) Reger-se-ão por leis orgânicas municipais, votadas em dois turnos, com o interstício mínimo de dez dias, e aprovadas por dois terços dos membros da Câmara Municipal, que as promulgará.

d) A Constituição Federal consagrou o município como entidade federativa dispensável ao nosso sistema federativo.

e) Autogoverna-se por meio de sua Lei Orgânica Municipal e, posteriormente, por meio da edição de leis municipais.

COMENTÁRIOS

✪ **Nota do autor:** questão versando sobre os municípios e a autonomia administrativa destes.

Alternativa correta: letra "C": a alternativa está em perfeita consonância com o previsto no art. 29 da CF.

Alternativa "a": a eleição para o chefe do executivo municipal é direta, assim como para os representantes do Legislativo Municipal. Pode ocorrer a intervenção por parte do Estado e da União, de acordo com o previsto no art. 35 da CF, incisos I ao IV.

Alternativa "b": o que se obtém com a eleição direta do prefeito e vice-prefeito é o autogoverno, e não a organização, que é feita por meio de lei orgânica.

Alternativa "d": a alternativa afronta o previsto no art. 1º da CF, que diz "A República Federativa do Brasil, formada pela união indissolúvel dos Estados e Municípios e do Distrito Federal, constitui-se em Estado Democrático de Direito"...

Alternativa "e": o município autogoverna-se por meio do Prefeito, Vice-Prefeito e Vereadores, sendo as leis a forma de auto-organização.

5.1. ORGANIZAÇÃO POLÍTICO ADMINISTRATIVA.

114. (Fundatec – Delegado de Polícia – PC – RS/2018) A organização da República Federativa do Brasil está exposta na Constituição Federal de 1988. Todo Estado precisa de uma correta organização para que sejam cumpridos os seus objetivos dentro da administração pública. A divisão político-administrativa foi uma das maneiras encontradas para facilitar a organização do Estado Brasileiro. A divisão político-administrativa brasileira é apresentada na Constituição Federal, no Art. 18. Ela surgiu no período colonial, quando o Brasil se dividia em capitanias hereditárias e posteriormente foram surgindo outras configurações que proporcionaram maior controle administrativo do país. O Brasil é formado por 26 Estados, a União, o Distrito Federal e os Municípios, sendo ele uma República Federativa. Cada ente federativo possui sua autonomia financeira, política e administrativa, em que cada Estado deve respeitar a Constituição Federal e seus princípios constitucionais, além de ter sua Constituição própria; e também, cada município (através de sua lei orgânica) poderá ter sua própria legislação. Tendo como pano de fundo o descrito acima, assinale a alternativa INCORRETA.

a) Não há na CF previsão expressa da exigência de autorização prévia de assembleia legislativa para o processamento e julgamento de governador por crimes comuns perante o STJ. Dessa forma, inexiste fundamento normativo-constitucional expresso que faculte aos Estados-membros fazerem essa exigência em suas Constituições estaduais. Não há, também, simetria a ser observada pelos Estados-membros.

b) É inconstitucional a lei estadual que estabeleça como condição de acesso a licitação pública, para aquisição de bens ou serviços, que a empresa licitante tenha a fábrica ou sede no Estado-membro.

c) O inciso XIV do Art. 29 da CF/1988 estabelece que as prescrições do Art. 28 relativas à perda do mandato de governador aplicam-se ao prefeito, qualificando-se, assim, como preceito de reprodução obrigatória por parte dos Estados-membros e Municípios. Não é permitido a esses entes da federação modificar ou ampliar esses critérios. Se a Carta Maior não sanciona com a perda do cargo o governador ou o prefeito que assuma cargo público em virtude de concurso realizado após sua eleição, não podem fazê-los as Constituições estaduais.

d) O Município pode editar legislação própria, com fundamento na autonomia constitucional que lhe é inerente (CF, Art. 30, I), com objetivo de determinar, às instituições financeiras, que instalem, em suas agências, em favor dos usuários dos serviços bancários (clientes ou não), equipamentos destinados a proporcionar-lhes segurança (tais como portas eletrônicas e câmaras filmadoras) ou a propiciar-lhes conforto, mediante oferecimento de instalações sanitárias, ou fornecimento de cadeiras de espera, ou colocação de bebedouros, ou horário de funcionamento, ou, ainda, prestação de atendimento em prazo razoável, com a fixação de tempo máximo de permanência dos usuários em fila de espera. A abrangência da autonomia política municipal – que possui base eminentemente constitucional – estende-se à prerrogativa, que assiste ao Município, de "legislar sobre assuntos de interesse local" (CF, Art. 30, I).

e) Segundo a CF/88, a fiscalização do Município será exercida pelo Poder Legislativo Municipal, mediante controle externo, e pelos sistemas de controle interno do Poder Executivo Municipal, na forma da lei. Ainda, segundo dispõe o mesmo diploma legal, o controle externo da Câmara Municipal será exercido com o auxílio dos Tribunais de Contas dos Estados ou do Município ou dos Conselhos ou Tribunais de Contas dos Municípios, onde houver. Assim sendo, pode-se afirmar que a CF não proíbe a extinção de tribunais de contas dos Municípios. O legislador constituinte permitiu a experimentação institucional dos entes federados, desde que não fossem criados conselhos ou tribunais municipais, devendo ser observado o modelo federal, com ao menos um órgão de controle externo. É possível, portanto, a extinção de tribunal de contas responsável pela fiscalização dos Municípios por meio da promulgação de Emenda à Constituição estadual, pois a CF não proibiu a supressão desses órgãos.

COMENTÁRIOS

Alternativa "a": Nesse sentido é o posicionamento adotado pelo STF, manifestado no julgamento da ADI 5540/MG.

Alternativa "b": Assim entendeu o STF no julgamento da ADI 3583.

Alternativa "c": Trata-se do entendimento adotado pelo STF no julgamento da ADI 336 em 2010.

Alternativa "d": Embora o Município possa editar legislação própria, em decorrência de sua autonomia, sobre os assuntos demonstrados na alternativa, conforme entendimento do STF (AI 347.717 AgR), não pode disciplinar o horário bancário, uma vez que trata-se de competência da União, conforme Súmula 19 do STJ.

Alternativa "e": A possibilidade de extinção do Tribunal de Contas do Município, por meio de emenda constitucional estadual, foi reconhecida pelo STF (ADI 5543).

Alternativa incorreta: letra "d".

115. (Vunesp – Delegado de Polícia – PC – SP/2018) Considere que o Estado X, em função da diversidade cultural constatada em sua região, decida desmembrar-se para formação de dois novos Estados. Nessa hipótese, é correto afirmar que tal desmembramento

a) será constitucional desde que a proposta seja aprovada pela população diretamente interessada, por meio de plebiscito, e, cumulativamente, pelo Congresso Nacional, por lei complementar.

b) será constitucional se aprovada diretamente pela população interessada, por meio de referendo, e do Congresso Nacional, por meio de lei ordinária.

c) é automaticamente inconstitucional, pois a unidade federativa é cláusula pétrea imutável nos termos da Constituição.

d) é automaticamente inconstitucional, uma vez que a Constituição Federal veda tanto a separação como a criação de novos Estados-membros, ante a já estabelecida simetria federal.

e) será constitucional desde que aprovada pela Assembleia do Estado mediante lei estadual e, cumulativamente, pelo Congresso Nacional, por meio de lei complementar.

COMENTÁRIOS

O art. 18, §3º da CF/88 estabelece que os Estados podem incorporar-se entre si, subdividir-se ou desmembrar-se para se anexarem a outros ou formarem novos Estados ou Territórios, desde que haja aprovação de toda a população diretamente interessada, através de plebiscito, e do Congresso Nacional, por meio de lei complementar.

Alternativa correta: letra "a".

---

116. (Cespe – Delegado de Polícia – GO/2017) A respeito dos estados-membros da Federação brasileira, assinale a opção correta.

a) Denomina-se cisão o processo em que dois ou mais estados se unem geograficamente, formando um terceiro e novo estado, distinto dos estados anteriores, que perdem a personalidade originária.

b) Para o STF, a consulta a ser feita em caso de desmembramento de estado-membro deve envolver a população de todo o estado-membro e não só a do território a ser desmembrado.

c) A CF dá ao estado-membro competência para instituir regiões metropolitanas e microrregiões, mas não aglomerações urbanas: a competência de instituição destas é dos municípios.

d) Conforme a CF, a incorporação, a subdivisão, o desmembramento ou a formação de novos estados dependerá de referendo. Assim, o referendo é condição prévia, essencial ou prejudicial à fase seguinte: a propositura de lei complementar.

e) Segundo o STF, os mecanismos de freios e contrapesos previstos em constituição estadual não precisam guardar estreita similaridade com aqueles previstos na CF.

COMENTÁRIOS

Alternativa correta: letra "b": a assertiva está de acordo com a jurisprudência do STF. Nesse sentido: "Ação direta de inconstitucionalidade. Artigo 7º da Lei 9.709/98. Alegada violação do art. 18, § 3º, da Constituição. Desmembramento de estado-membro e município. Plebiscito. Âmbito de consulta. Interpretação da expressão "população diretamente interessada". População da área desmembranda e da área remanescente. Alteração da Emenda Constitucional nº 15/96: esclarecimento do âmbito de consulta para o caso de reformulação territorial de municípios. Interpretação sistemática. Aplicação de requisitos análogos para o desmembramento de estados. Ausência de violação dos princípios da soberania popular e da cidadania. Constitucionalidade do dispositivo legal. Improcedência do pedido. 1. Após a alteração promovida pela EC 15/96, a Constituição explicitou o alcance do âmbito de consulta para o caso de reformulação territorial de municípios e, portanto, o significado da expressão "populações diretamente interessadas", contida na redação originária do § 4º do art. 18 da Constituição, no sentido de ser necessária a consulta a toda a população afetada pela modificação territorial, o que, no caso de desmembramento, deve envolver tanto a população do território a ser desmembrado, quanto a do território remanescente. Esse sempre foi o real sentido da exigência constitucional – a nova redação conferida pela emenda, do mesmo modo que o art. 7º da Lei 9.709/98, apenas tornou explícito um conteúdo já presente na norma originária. 2. A utilização de termos distintos para as hipóteses de desmembramento de estados-membros e de municípios não pode resultar na conclusão de que cada um teria um significado diverso, sob pena de se admitir maior facilidade para o desmembramento de um estado do que para o desmembramento de um município. Esse problema hermenêutico deve ser evitado por intermédio de interpretação que dê a mesma solução para ambos os casos, sob pena de, caso contrário, se ferir, inclusive, a isonomia entre os entes da federação. O presente caso exige, para além de uma interpretação gramatical, uma interpretação sistemática da Constituição, tal que se leve em conta a sua integralidade e a sua harmonia, sempre em busca da máxima da unidade constitucional, de modo que a interpretação das normas constitucionais seja realizada de maneira a evitar contradições entre elas. Esse objetivo será alcançado mediante interpretação que extraia do termo "população diretamente interessada" o significado de que, para a hipótese de desmembramento, deve ser consultada, mediante plebiscito, toda a população do estado-membro ou do município, e não apenas a população da área a ser desmembrada. 3. A realização de plebiscito abrangendo toda a população do ente a ser desmembrado não fere os princípios da soberania popular e da cidadania. O que parece afrontá-los é a própria vedação à realização do plebiscito na área como um todo. Negar à população do território remanescente o direito de participar da decisão de desmembramento de seu estado restringe esse direito a apenas alguns cidadãos, em detrimento do princípio da isonomia, pilar de um Estado Democrático de Direito. 4. Sendo o desmembramento uma divisão territorial, uma separação, com o desfalque de parte do território e de parte da sua população, não há como excluir da consulta plebiscitária os interesses da população da área remanescente, população essa que também será inevitavelmente afetada. O desmembramento dos entes federativos, além de reduzir seu espaço territorial e sua população, pode resultar, ainda, na cisão da unidade sociocultural, econômica e financeira do Estado, razão pela qual a vontade da população do território remanescente não deve ser desconsiderada, nem deve ser essa população rotulada como indiretamente interessada. Indiretamente interessada – e, por isso, consultada apenas indiretamente, via seus representantes eleitos no Congresso Nacional – é a população dos demais estados da Federação, uma vez que a redefinição territorial de determinado estado-membro interessa não apenas ao respectivo ente federativo, mas a todo o Estado Federal. (...) (ADI 2650, Relator(a): Min. DIAS TOFFOLI, Tribunal Pleno, julgado em 24/08/2011)

Alternativa "a": o processo descrito na assertiva se refere à **fusão**.

Alternativa "c": a competência para instituir aglomerações urbanas é reservada aos Estados, conforme **art. 25, § 3º, da CF**: "Os Estados poderão, mediante lei complementar, instituir regiões metropolitanas, aglomerações urbanas e microrregiões, constituídas por agrupamentos de municípios limítrofes, para integrar a organização, o planejamento e a execução de funções públicas de interesse comum".

Alternativa "d": a incorporação, a subdivisão, o desmembramento e a formação de novos estados depende de plebiscito, e não de referendo, conforme art. 18, §§ 2º e 3º, da CF.

Alternativa "e": conforme jurisprudência do STF (vide ADI 1.905), o sistema de freios e contrapesos das constituições estaduais devem se espelhar no sistema prescrito na Constituição Federal.

117. (Vunesp – Delegado de Polícia – CE/2015) A criação, a incorporação, a fusão e o desmembramento de Municípios serão realizados por lei

a) federal, dentro do período determinado por lei complementar federal, e dependerão de plebiscito.
b) estadual, dentro do período determinado por lei complementar federal, e submetidos a referendo popular.
c) federal, dentro do período determinado por lei complementar estadual, e submetidos a referendo popular.
d) estadual, dentro do período determinado por lei complementar federal, e dependerão de plebiscito.
e) estadual, dentro do período determinado por lei complementar estadual, e dependerão de plebiscito.

COMENTÁRIOS

Alternativa correta: letra "d" (a alternativa responde as demais): trata-se do previsto no art. 18, § 4º da CF, segundo o qual a criação, a incorporação, a fusão e o desmembramento de Municípios, far-se-ão por **lei estadual, dentro do período determinado por Lei Complementar Federal, e dependerão de consulta prévia, mediante plebiscito,** às populações dos Municípios envolvidos, após divulgação dos Estudos de Viabilidade Municipal, apresentados e publicados na forma da lei.

118. (Vunesp – Delegado de Polícia – CE/2015) É livre a criação, fusão, incorporação e extinção de partidos políticos, resguardados a soberania nacional, o regime democrático, o pluripartidarismo, os direitos fundamentais da pessoa humana, observado o seguinte preceito:

a) o recebimento de recursos financeiros de entidades estrangeiras.
b) a prestação de contas à justiça estadual.
c) a obrigatoriedade de vinculação entre as candidaturas de âmbito nacional.
d) a subordinação a governos nacionais e internacionais.
e) o funcionamento parlamentar de acordo com a lei.

COMENTÁRIOS

Alternativa correta: letra "e" (responde todas as alternativas): a questão toda se refere apenas ao art. 17 da CF, que reza: "Art. 17. É livre a criação, fusão, incorporação e extinção de partidos políticos, resguardados a soberania nacional, o regime democrático, o pluripartidarismo, os direitos fundamentais da pessoa humana e observados os seguintes **preceitos**: I – caráter nacional; II – **proibição de recebimento de recursos financeiros de entidade ou governo estrangeiros ou de subordinação a estes (alternativas "a" e "d")**; III – prestação de contas à Justiça **Eleitoral (alternativa "b")**; IV – funcionamento parlamentar de acordo com a lei. § 1º É assegurada aos partidos políticos autonomia para definir sua estrutura interna, organização e funcionamento e para adotar os critérios de escolha e o regime de suas coligações eleitorais, **sem obrigatoriedade de vinculação entre as candidaturas em âmbito nacional, estadual, distrital ou municipal**, devendo seus estatutos estabelecer normas de disciplina e fidelidade partidária **(alternativa "c")**. § 2º Os partidos políticos, após adquirirem personalidade jurídica, na forma da lei civil, registrarão seus estatutos no Tribunal Superior Eleitoral. § 3º Os partidos políticos têm direito a recursos do fundo partidário e acesso gratuito ao rádio e à televisão, na forma da lei. § 4º É vedada a utilização pelos partidos políticos de organização paramilitar.

119. (ACAFE – Delegado de Polícia – SC/2014) Sobre o ente federativo Município, analise as afirmações a seguir.

I. As contas dos Municípios ficarão, durante sessenta dias, anualmente, à disposição de qualquer contribuinte, para exame e apreciação, o qual poderá questionar-lhes a legitimidade.
II. O parecer prévio, emitido pelo órgão competente sobre as contas que o Prefeito deve anualmente prestar, só deixará de prevalecer por decisão de dois terços dos membros da Câmara Municipal.
III. A fiscalização do Município será exercida pelo Poder Legislativo Municipal, mediante controle externo, e pelos sistemas de controle interno do Poder Executivo Municipal.

IV. É vedada a criação de Tribunais de Contas Municipais.

V. O controle externo da Câmara Municipal será exercido com o auxílio dos Tribunais de Contas dos Estados.

A alternativa correta é:

a) Apenas I e III estão corretas.

b) Todas as afirmações estão corretas.

c) Apenas I, II e III estão corretas.

d) Apenas III, IV e V estão corretas.

e) Apenas II e V estão corretas.

COMENTÁRIOS

✪ **Nota do autor:** questão versando sobre os Municípios, cuja previsão legal encontra-se nos arts. 30 e 31 da CF.

Alternativa correta: letra "b" (a alternativa responde as demais): todas as afirmações são corretas.

Afirmação I. Conforme ar. 31, § 3°, da CF.

Afirmação II. Assim dispõe o art. 31, § 2°, da CF.

Afirmação III. É o que preleciona o *caput* do art. 31 da CF.

Afirmação IV. Consoante art. 31, § 4°, da CF.

Afirmação V. Consoante art. 31, § 1°, da CF.

---

120. (UEG – Delegado de Polícia – GO/2013) Ao tratar da política urbana, a Constituição Federal institui a desapropriação por descumprimento da função social da propriedade urbana, como sanção ao não aproveitamento adequado do solo urbano. Essa medida há de ser promovida pelo poder público municipal,

a) conforme conveniência e necessidade, a qualquer tempo, sem adoção de medidas prévias.

b) por ato do executivo, em razão da necessidade e em área de conflituosidade ou de risco.

c) mediante ordem judicial, para qualquer área, após a notificação para edificação compulsória.

d) mediante lei específica para área incluída no Plano Diretor, após a aplicação do IPTU progressivo.

COMENTÁRIOS

✪ **Nota do autor:** o tema da questão é a política urbana, tratada nos arts. 182 e 183 da CF, mas a abordaremos neste item por questões didáticas.

Alternativa correta: letra "D": a redação do inciso II do § 4º do art. 182 da CF é clara, ou seja, "é facultado ao Poder Público municipal, mediante lei específica para área incluída no plano diretor, exigir, nos termos da lei federal, do proprietário do solo urbano não edificado, subutilizado ou não utilizado, que promova seu adequado aproveitamento, sob pena, **sucessivamente**, de: I – parcelamento ou edificação compulsórios; **II – imposto sobre a propriedade predial e territorial urbana progressivo no tempo;** III – desapropriação com pagamento mediante títulos da dívida pública de emissão previamente aprovada pelo Senado Federal, com prazo de resgate de até dez anos, em parcelas anuais, iguais e sucessivas, assegurados o valor real da indenização e os juros legais".

Alternativa "a": a conveniência e oportunidade são inerentes à prática dos atos administrativos, porém, nessa questão, diante da clareza do texto legal, a fim de proporcionar uma ampla chance de defesa ao contribuinte, a expressão "sem adoção de medidas prévias" aponta o erro da alternativa.

Alternativa "b": somente mediante lei específica para área incluída no plano diretor, de acordo com a redação do art. 182 da CF.

Alternativa "c": somente mediante lei específica para área incluída no plano diretor, de acordo com a redação do art. 182 da CF.

---

121. (Delegado de Polícia – AP/ 2010 – FGV) Relativamente à organização do Estado, assinale a afirmativa **incorreta.**

a) A organização político-administrativa da República Federativa do Brasil compreende a União, os Estados, o Distrito Federal e os Municípios, todos autônomos, nos termos desta Constituição.

b) A autonomia federativa assegura aos Estados, ao Distrito Federal e aos Municípios estabelecer cultos religiosos ou igrejas, subvencioná-los, autorizar ou proibir seu funcionamento, na forma da lei.

c) É vedado à União, aos Estados, ao Distrito Federal e aos Municípios criar distinções entre brasileiros ou preferências entre si.

d) Os Estados podem incorporar-se entre si, subdividir-se ou desmembrar-se para se anexarem a outros, ou formarem novos Estados ou Territórios Federais, mediante aprovação da população diretamente interessada, através de plebiscito, e do Congresso Nacional, por lei complementar.

e) A criação, a incorporação, a fusão e o desmembramento de Municípios, far-se-ão por lei estadual, dentro do período determinado por Lei Complementar Federal, e dependerão de consulta prévia, mediante plebiscito, às populações dos Municípios envolvidos, após divulgação dos Estudos de Viabilidade Municipal, apresentados e publicados na forma da lei.

COMENTÁRIOS

✪ **Nota do autor:** a questão versa sobre a organização do Estado, sobre os entes federativos e a autonomia inerente à estes.

Alternativa correta: letra "B": a alternativa está equivocada, pois, embora tenham autonomia federativa, suas ações estão vinculadas aos limites estabelecidos pela CF. A liberdade de culto e do funcionamento de templos é garantido como direito fundamental, tendo sua previsão expressa no art. 5º inciso VI da CF.

Alternativa "a": em perfeita sintonia com o que prevê o art. 18 da CF.

Alternativa "c": de acordo com a previsão do inciso II do art. 19 da CF.

Alternativa "d": a alternativa encontra amparo no § 3º do art. 18 da CF.

Alternativa "e": em perfeita simetria com o previsto no § 4º do art. 18 da CF.

5.2. ENTES FEDERADOS E DISTRIBUIÇÃO DE COMPETÊNCIAS

122. (Cespe – Delegado de Polícia – PC – SE/2018) Conforme disposições constitucionais a respeito da organização da segurança pública, julgue os itens a seguir.

Compete à União estabelecer normas gerais sobre a organização das polícias civis.

COMENTÁRIOS

Trata-se da previsão do art. 24, XVI da CF/88, que estabelece ser competência concorrente da União, dos Estados e do Distrito Federal legislar sobre organização, garantias, direitos e deveres das polícias civis. Nos termos do §1º do mesmo artigo, a competência da União nesse caso, limita-se a estabelecer normas gerais. **CERTO**

123. (Fundatec – Delegado de Polícia – PC – RS/2018) O decreto-lei nº 10/2018 determinou a intervenção federal no Estado do Rio de Janeiro, deixando a segurança pública fluminense sob responsabilidade de um interventor militar, que responde ao presidente da República. Ou seja, não se trata apenas do emprego das Forças Armadas ou de forças federais, mas sim da gestão federal de uma área que antes era coordenada pelo poder estadual. Isso posto, assinale a alternativa correta em relação ao tema em epígrafe.

a) A intervenção federal é a flexibilização excepcional e temporária da autonomia dos Estados. Já o Estado de Defesa e o Estado de Sítio, além de retirar a autonomia dos Estados, leva à suspensão de direitos fundamentais.

b) Segundo o artigo 35 da Carta Maior, o Estado não intervirá em seus Municípios, exceto quando: I – deixar de ser paga, sem motivo de força maior, por dois anos consecutivos, a dívida fundada; II – não forem prestadas contas devidas, na forma da lei; III – não tiver sido aplicado o mínimo exigido da receita municipal na manutenção e desenvolvimento do ensino e nas ações e serviços públicos de saúde; IV – o Tribunal de Justiça der provimento a representação para assegurar a observância de princípios indicados na Constituição Estadual, ou para prover a execução de lei, de ordem ou de decisão judicial. Isso posto, as disposições descritas consubstanciam preceitos de observância compulsória por parte dos Estados-membros, sendo inconstitucionais quaisquer ampliações ou restrições às hipóteses de intervenção.

c) A União não intervirá nos Estados nem no Distrito Federal, exceto para: I – manter a integridade nacional; II – repelir invasão estrangeira ou de uma unidade da Federação em outra; III – pôr termo a grave comprometimento da ordem pública; IV – garantir o livre exercício de qualquer dos Poderes nas unidades da Federação; V – reorganizar as finanças da unidade da Federação que: a) suspender o pagamento da dívida fundada por mais de dois anos consecutivos, salvo motivo de força maior; b) deixar de entregar aos Municípios receitas tributárias fixadas nesta Constituição, dentro dos prazos estabelecidos em lei; VI – prover a execução de lei federal, ordem ou decisão judicial; VII – assegurar a observância dos seguintes princípios constitucionais: a) forma republicana, sistema representativo e regime democrático; b) direitos da pessoa humana; c) autonomia municipal; d) prestação de contas da administração pública, direta e indireta; e) aplicação do mínimo exigido da receita resultante de impostos municipais, compreendida a proveniente de transferências, na manutenção e desenvolvimento do ensino e nas ações e serviços públicos de saúde.

d) A Constituição não poderá ser emendada na vigência de estado de defesa ou de estado de sítio, mas somente no caso de intervenção federal.

e) A decretação da intervenção, conforme o caso, dependerá tão somente de: solicitação do Poder Legislativo ou do Poder Executivo coacto ou impedido, ou de requisição do Supremo Tribunal Federal.

COMENTÁRIOS

Alternativa "a": Embora a alternativa esteja correta quanto à intervenção federal, está incorreta quanto ao Estado de Defesa e ao Estado de Sítio. Esses são, na verdade, mecanismos para restaurar a estabilidade constitucional, diante de uma crise institucional, de modo que nele há medidas voltadas para tanto, sem que haja supressão da autonomia dos Estados. Ademais, no Estado de Defesa não há suspensão de direitos fundamentais, mas somente restrição a um rol específico de direitos.

Alternativa "b": Trata-se da previsão literal do art. 35 da CF/88.**Alternativa "c":** O erro da alternativa está em seu item "e". Na realidade, a hipótese prevista no art. 34, VI, "e" da CF/88, trata de impostos **estaduais**, e não municipais, como indica a alternativa.

Alternativa "d": A Constituição não poderá ser emendada em nenhuma dessas hipóteses, conforme indica art. 60, §1º da CF/88.

Alternativa "e": Nos termos do art. 36 da CF/88, pode ainda depender, no caso de desobediência a ordem ou decisão judiciária, de requisição do Supremo Tribunal Federal, do Superior Tribunal de Justiça ou do Tribunal Superior Eleitoral; ou ainda de provimento, pelo STF, de representação do PGR na hipótese do art. 34, VII e no caso de recusa à execução de lei federal. A alternativa está incompleta.

Alternativa correta: letra "b".

124. (Fumarc – Delegado de Polícia – PC – MG/2018) A competência para a explorar diretamente, ou mediante concessão, os serviços locais de gás canalizado é dos

a) estados-membros e dos municípios.

b) estados-membros, do distrito federal e dos municípios.

c) estados-membros.

d) municípios.

COMENTÁRIOS

Nos termos do art. 25, §2º, cabe aos Estados explorar diretamente, ou mediante concessão, os serviços locais de gás canalizado, na forma da lei, vedada a edição de medida provisória para sua regulamentação.

Alternativa correta: letra "c".

125. (Nucepe – Delegado de Polícia – PC – PI/2018) O Governo Federal decretou uma intervenção na área da segurança pública no Estado do Rio de Janeiro que deverá vigorar até 31 de dezembro deste ano. Sobre a Intervenção Federal, analise as alternativas e marque a CORRETA.

a) A União intervirá em seus municípios, quando deixar de ser paga, sem motivo de força maior, por dois anos consecutivos, a dívida fundada.

b) A Intervenção Federal será espontânea, quando o Presidente decretar intervenção para assegurar o cumprimento dos "princípios constitucionais sensíveis".

c) Cessada a intervenção, em nenhum caso as autoridades afastadas retornarão aos seus cargos.

d) A invasão de um Estado-membro por outro não caracteriza hipótese de intervenção federal, mas sim decretação de estado de sítio pelo Presidente da República.

e) A Intervenção Federal será espontânea, quando o presidente a decretar para manter a integridade nacional.

COMENTÁRIOS

Alternativa "a": A União somente pode intervir em Municípios localizados em Território Federal.

Alternativa "b": A intervenção na hipótese mencionada, de acordo com a disposição do art. 36, III depende de provimento, pelo STF, de representação do Procurador-Geral da República. Trata-se da chamada ação direta de inconstitucionalidade interventiva.

Alternativa "c": Nos termos do art. 36, §4º da CF/88, cessados os motivos da intervenção, as autoridades afastadas de seus cargos a estes voltarão, salvo impedimento legal.

Alternativa "d": Trata-se de hipótese de intervenção da União nos Estados, prevista no art. 34, II da CF/88.

Alternativa "e": Trata-se de hipótese que não depende de provocação de terceiros, podendo ser decretada de ofício pelo Presidente da República, por isso chamada espontânea.

Alternativa correta: letra "e".

126. (Nucepe – Delegado de Polícia – PC – PI/2018) É competência do Município, conforme a Constituição Federal de 1988:

a) legislar sobre assuntos de interesse local;

b) exploração dos serviços de gás canalizado;

c) instituir regiões metropolitanas, aglomerações urbanas e microrregiões;

d) combater as causas da pobreza e os fatores de marginalização, promovendo a integração social;

e) legislar sobre normas de consumo.

COMENTÁRIOS

Alternativa "a": Trata-se da previsão literal do art. 30, I da CF/88.

Alternativa "b": A exploração dos serviços de gás canalizado é competência dos Estados, conforme art. 25, §2º da CF/88.

Alternativa "c": Trata-se de competência dos Estados, que devem fazê-lo por meio de lei complementar, conforme art. 25, §3º da CF/88. Os Municípios podem criar distritos, observada a legislação estadual.

Alternativa "d": Essa matéria é prevista como de competência comum da União, dos Estados, do Distrito Federal e dos Municípios, no art. 23, X da CF/88.

Alternativa "e": Trata-se de competência concorrente da União, Estados e Distrito Federal, prevista no art. 24, V da CF/88.

Alternativa correta: letra "a".

127. (Vunesp – Delegado de Polícia – PC – SP/2018) Assinale a alternativa correta que corresponda à previsão da Constituição Federal de 1988 sobre a repartição de competências entre os entes federativos.

a) É competência privativa da União legislar sobre procedimentos em matéria processual.

b) Compete privativamente à União legislar sobre proteção e integração social das pessoas portadoras de deficiência.

c) Em se tratando de competência legislativa concorrente, caso um Estado X legisle de forma plena sobre normas gerais e específicas, e, posteriormente, sobrevenha lei federal sobre normas gerais, a lei estadual será ab-rogada no que lhe for contrário.

d) Compete à União, Estados-membros e Distrito Federal legislar concorrentemente sobre custas dos serviços forenses.

e) É competência comum da União, Estados-membros e Distrito Federal legislar sobre populações indígenas.

COMENTÁRIOS

Alternativa "a": Trata-se, na verdade, de competência concorrente da União, Estados e Distrito Federal, conforme art. 24, XI da CF/88.

Alternativa "b": Essa matéria é de competência concorrente da União, Estados e Distrito Federal, prevista no art. 24, XIV da CF/88.

Alternativa "c": Na realidade, a norma estadual será **suspensa**, e não ab-rogada (anulada) no que lhe for contrário, nos termos do §4º do art. 24 da CF/88.

Alternativa "d": Podemos encontrar essa previsão no art. 24, IV da CF/88.

Alternativa "e": Essa matéria é, na verdade, competência privativa da União, prevista no art. 22, XIV da CF/88.

Alternativa correta: letra "d".

128. (Vunesp – Delegado de Polícia – CE/2015) Compete privativamente à União legislar sobre

a) organização, garantias, direitos e deveres das polícias civis.

b) direito tributário, orçamento, produção e consumo.

c) direito penal, processual, agrário e do trabalho.

d) direito penitenciário, conservação da natureza, educação e cultura.

e) direito financeiro, previdência social, proteção e defesa da saúde.

COMENTÁRIOS

Alternativa correta: letra "c": nos termos do art. 22, I, da CF, compete privativamente à União legislar sobre direito civil, comercial, penal, processual, eleitoral, agrário, marítimo, aeronáutico, espacial e do trabalho.

Alternativa "a": trata-se de matéria de **competência concorrente**, na linha do art. 24, XVI, da CF.

Alternativa "b": essas também são matérias de **competência concorrente** (art. 24, I, II, e V, da CF).

Alternativa "d": mais uma vez estamos diante de matérias de **competência concorrente** (art. 24, I, VI e IX da CF).

Alternativa "e": como não poderia ser diferente, aqui mais algumas hipóteses de **competência concorrente** (art. 24, I e XII, da CF).

129. (ACAFE – Delegado de Polícia – SC/2014) Sobre competência concorrente, conforme previsto expressamente na Constituição da República Federativa do Brasil – CRFB/88, é correto afirmar, exceto:

a) Inexistindo lei federal sobre normas gerais, os Estados exercerão a competência legislativa plena, para atender a suas peculiaridades.

b) A superveniência de lei federal sobre normas gerais revoga a eficácia da lei estadual, no que lhe for contrário.

c) A competência da União para legislar sobre normas gerais não exclui a competência suplementar dos Estados.

d) Compete à União, aos Estados e ao Distrito Federal legislar concorrentemente sobre assistência jurídica e Defensoria pública.

e) Compete à União, aos Estados e ao Distrito Federal legislar concorrentemente sobre responsabilidade por dano ao meio ambiente, ao consumidor, a bens e direitos de valor artístico, estético, histórico, turístico e paisagístico.

COMENTÁRIOS

✪ **Nota do autor:** a questão trata das competências concorrentes. Geralmente as matérias de competência exigem uma capacidade decorativa do candidato, já que as bancas tentam confundir as matérias. O enunciado pede a alternativa incorreta.

Alternativa certa: letra "b" (a questão pede a incorreta): nos termos do § 4º do art. 24 da CF, a superveniência de lei federal sobre normas gerais **suspende a eficácia da** (não revoga a) lei estadual, no que lhe for contrário.

Alternativa "a": em perfeita sintonia com a redação do § 3º do art. 24 da CF.

Alternativa "c": assim dispõe o § 2º do art. 24 da CF.

Alternativa "d": consoante inciso XIII do art. 24 da CF.

Alternativa "e": é a redação do inciso VIII do art. 24 da CF.

130. (Vunesp – Delegado de Polícia – SP/2014) Compete privativamente à União legislar sobre

a) produção e consumo.

b) assistência jurídica e defensoria pública.

c) trânsito e transporte.

d) direito tributário, financeiro, penitenciário, econômico e urbanístico.

e) educação, cultura, ensino e desporto.

COMENTÁRIOS

✪ **Nota do autor:** a questão versa sobre a competência legislativa privativa da União, prevista no art. 22 da CF.

Alternativa correta: letra "C" (responde as demais alternativas): a única alternativa que encontra supedâneo na redação do art. 22 da CF, especificamente o inciso XI.

131. (Vunesp – Delegado de Polícia – SP/2014) Nos termos da Constituição Federal, os Municípios poderão constituir guardas municipais destinadas

a) à execução de atividades de defesa civil.

b) ao patrulhamento ostensivo das vias públicas municipais.

c) às funções de polícia judiciária e à apuração de infrações penais.

d) à proteção de seus bens, serviços e instalações.

e) ao policiamento ostensivo e à preservação da ordem pública.

COMENTÁRIOS

✪ **Nota do autor:** questão versando sobre a segurança pública, tratada no art. 144 da CF.

Alternativa correta: letra "D" (responde as demais alternativas): a redação do art. 144 da CF, § 8º diz que "os Municípios poderão constituir guardas municipais destinadas **à proteção de seus bens, serviços e instalações**, conforme dispuser a lei". **A questão é polêmica e recentemente houve a aprovação do PLC 39/2014 que versa sobre o estatuto das GCM's. Uma boa dica é a leitura do mencionado projeto.**

132. (UEG – Delegado de Polícia – GO/2013) No modelo brasileiro, a repartição de competências, enquanto processo de distribuição constitucional de poderes entre as entidades federadas, é definida constitucionalmente pela enumeração

a) dos poderes da União, ficando os poderes remanescentes para estados federados e municípios.

b) dos poderes dos estados federados e dos municípios, ficando poderes indicativos para a União.

c) dos poderes da União, com poderes remanescentes para os estados e indicativos para os municípios.

d) de todos os poderes, tanto dos municípios, quanto dos estados federados e da União.

COMENTÁRIOS

✪ **Nota do autor:** a questão versa sobre as competências constitucionalmente repartidas entre a União, os Estados e os Municípios.

Alternativa correta: letra "C" (a alternativa responde as demais): à união cabem as maiores competências. Aos estados cabe a competência residual, de acordo com expressa previsão no § 1º do art. 25, restando aos Municípios os poderes indicativos.

133. (UEL – Delegado de Polícia – PR/2013) Tendo em vista a repartição de competências entre os membros da federação brasileira, assinale a alternativa que apresenta, corretamente, a competência necessária para legislar sobre: produção e consumo; florestas, caça, pesca, fauna e conservação da natureza; proteção à infância e à juventude.

a) Comum autorizada à União, aos Estados, ao Distrito Federal e aos Municípios.

b) Concorrente autorizada à União, aos Estados e ao Distrito Federal.

c) Suplementar autorizada à União, aos Estados e ao Distrito Federal.

d) Exclusiva da União.

e) Privativa da União.

COMENTÁRIOS

✪ **Nota do autor:** a questão versa sobre a competência para legislar, e neste caso, sobre a competência concorrente, prevista no art. 24 da CF. Dica: dediquem um tempo a decorar tais competências, pois sempre surgem questões sobre o tema.

Alternativa correta: letra "B" (responde as demais alternativas): a única alternativa que encontra sustentação na redação do art. 24 da CF, que versa sobre a competência concorrente entre os entes federativos pra legislar.

134. (UEL – Delegado de Polícia – PR/2013) Com relação às competências comuns entre a União Federal e o Estado do Paraná, previstas constitucionalmente, considere as afirmativas a seguir.

I. Estabelecer e implantar política de educação para a segurança do trânsito.

II. Fomentar a produção agropecuária e organizar o abastecimento alimentar.

III. Proporcionar os meios de acesso à cultura, à educação e à ciência.

IV. Explorar, mediante concessão, os serviços locais de gás canalizado.

Assinale a alternativa correta.

a) Somente as afirmativas I e II são corretas.

b) Somente as afirmativas I e IV são corretas.

c) Somente as afirmativas III e IV são corretas.

d) Somente as afirmativas I, II e III são corretas.

e) Somente as afirmativas II, III e IV são corretas.

COMENTÁRIOS

✪ **Nota do autor:** a alternativa exige o conhecimento das competências constitucionalmente previstas, exigindo do candidato o conhecimento da Constituição Federal.

Alternativa correta: letra "D": (responde as demais alternativas) a assertiva I está **correta** e encontra sustentação na redação do art. 23 da CF, pois contempla as competências comuns entre a União, os Estados, o Distrito Federal e os Municípios. O inciso XII do mencionado artigo prevê o estabelecimento e a implantação de política de educação para a segurança do trânsito. A assertiva II está **correta**, de acordo com o inciso XII do art. 23 da CF. A assertiva III está **correta**, de acordo com a redação do inciso V do art. 23 da CF. A assertiva IV está **incorreta**, pois a redação do § 2º do art. 25 diz que "**Cabe aos Estados explorar diretamente, ou mediante concessão, os serviços locais de gás canalizado, na forma da lei, vedada a edição de medida provisória para a sua regulamentação**".

135. (FGV – Delegado de Polícia – MA/2012) Acerca da repartição constitucional de competências, analise as afirmativas a seguir.

I. No campo das competências legislativas concorrentes, lei complementar disciplinará o modo de cooperação entre União, Estados e Municípios.

II. No campo das competências comuns à União, Estados e Municípios, a competência da União limita-se ao estabelecimento de normas gerais.

III. É reservada aos Estados competência residual, que não lhes seja vedada pela Constituição.

Assinale:

a) se todas as afirmativas estiverem corretas.

b) se apenas as afirmativas I e II estiverem corretas.

c) se apenas as afirmativas I e III estiverem corretas.

d) se apenas a afirmativa II estiver correta.

e) se apenas a afirmativa III estiver correta.

COMENTÁRIOS

✪ **Nota do autor:** a questão versa sobre a divisão estabelecida pela Constituição Federal, acerca da competência para legislar.

Alternativa correta: letra "E": a assertiva I está **incorreta**, pois não há menção sobre a necessidade de lei complementar para regulamentar a competência concorrente entre a União, os Estados e o Distrito Federal. A assertiva II está **incorreta**, pois a competência da União limita-se a estabelecer normas gerais no âmbito da **legislação concorrente**, de acordo com a redação do § 1º do art. 24 da CF. A assertiva III está **correta,** pois vai de encontro ao previsto no § 1º do art. 25 da CF.

136. (FUNCAB – Delegado de Polícia – ES/2013) Quanto aos Estados-Membros:

I. É proibido estabelecer cultos religiosos ou igrejas, subvencioná-los, embaraçar-lhes o funcionamento ou manter com eles ou seus representantes relações de dependência ou aliança, ressalvada, na forma da lei, a colaboração de interesse público.

II. Podem autorizar e fiscalizar a produção e o comércio de material bélico.

III. Podem, em atenção às suas peculiaridades locais, legislar sobre normas gerais nos claros deixados pelo legislador federal.

IV. Possuem as competências residuais.

São afirmativas corretas:

a) II e IV, apenas.

b) II, III e IV, apenas.

c) I, III e IV, apenas.

d) I, II e III, apenas.

e) I, II, III e IV.

COMENTÁRIOS

✪ **Nota do autor:** a questão versa sobre os estados membros e os seus limites de atuação.

Alternativa correta: letra "C" (responde a todas as alternativas): a assertiva I está correta, pois o inciso VI do art. 5º da CF garante a liberdade de crença e culto a qualquer tipo de religião. Por se tratar de estado laico, não se mostra coerente qualquer tipo de vinculação a determinada crença ou religião. A assertiva II está errada, pois compete à União, de acordo com a redação do inciso VI do art. 21 da CF, a tarefa de autorizar e fiscalizar a produção e o comércio de material bélico. A assertiva III está correta, pois o § 3º do art. 24 da CF diz que "Inexistindo lei federal sobre normas gerais, os Estados exercerão a competência legislativa plena, para atender a suas peculiaridades". A assertiva IV está correta, já que se encontra em simetria com o previsto no § 1º do art. 25 da CF.

137. (FGV – Delegado de Polícia – MA/2012) Acerca da repartição constitucional de competências, analise as afirmativas a seguir.

I. No campo das competências legislativas concorrentes, lei complementar disciplinará o modo de cooperação entre União, Estados e Municípios.

II. No campo das competências comuns à União, Estados e Municípios, a competência da União limita-se ao estabelecimento de normas gerais.

III. É reservada aos Estados competência residual, que não lhes seja vedada pela Constituição.

Assinale:

a) se todas as afirmativas estiverem corretas.

b) se apenas as afirmativas I e II estiverem corretas.

c) se apenas as afirmativas I e III estiverem corretas.

d) se apenas a afirmativa II estiver correta.

e) se apenas a afirmativa III estiver correta.

COMENTÁRIOS

Alternativa correta: letra "E" (responde a todas as alternativas): a assertiva I está errada, pois o § 1º do art. 24 da CF diz "No âmbito da legislação concorrente, a competência da União limitar-se-á a estabelecer normas gerais". A Assertiva II está errada, pois o estabelecimento de normas gerais é no âmbito da competência concorrente, de acordo com o § 1º do art. 24 da CF. A assertiva III está certa, já que a redação do § 1° do art. 25 da CF diz que "São reservadas aos Estados as competências que não lhes sejam vedadas por esta Constituição".

138. (Delegado de Polícia – SP/ 2011 – ACADEPOL) Atualmente as contas dos Municípios ficarão à disposição de qualquer contribuinte para exame e apreciação por

a) 15 dias.

b) 90 dias.

c) 30 dias.

d) 60 dias.

e) 100 dias.

COMENTÁRIOS

Alternativa correta: letra "D" (responde a todas as alternativas): de acordo com expressa previsão legal no texto constitucional, no art. 31, § 3º, "As contas dos Municípios ficarão, durante **sessenta dias**, anualmente, à disposição de qualquer contribuinte, para exame e apreciação, o qual poderá questionar-lhes a legitimidade, nos termos da lei".

5.3. ADMINISTRAÇÃO PÚBLICA

139. (Fundatec – Delegado de Polícia – PC – RS/2018) O artigo 37 da Constituição Federal de 1988 lista os princípios inerentes à Administração Pública, que são: legalidade, impessoalidade, moralidade, publicidade e eficiência. A incumbência desses princípios é dar unidade e coerência ao Direito Administrativo do Estado, controlando as atividades administrativas de todos os entes que integram a federação brasileira.

Tendo por base essa ideia inicial, assinale a alternativa correta.

a) A administração não pode anular seus próprios atos, quando eivados de vícios que os tornem ilegais.

b) Não viola o princípio da presunção de inocência a exclusão de certame público de candidato que responda a inquérito policial ou ação penal sem trânsito em julgado da sentença condenatória.

c) Segundo Hely Lopes Meirelles, o princípio da impessoalidade, referido na CF/1988 (Art. 37, caput), nada mais é que o clássico princípio da finalidade, o qual impõe ao administrador público que só pratique o ato para atingir o objetivo indicado expressa ou virtualmente pela norma de direito, de forma impessoal.

d) Segundo o jurista Alexandre de Moraes, o princípio da moralidade é o que impõe à administração pública direta e indireta e a seus agentes a persecução do bem comum, por meio do exercício de suas competências de forma imparcial, neutra, transparente, participativa, eficaz, sem burocracia e sempre em busca da qualidade, primando pela adoção dos critérios legais e morais necessários para melhor utilização possível dos recursos públicos, de maneira a evitarem-se desperdícios e garantir-se maior rentabilidade social.

e) Os atos administrativos não são passíveis de controle de mérito, bem como de legalidade pelo Poder Judiciário.

COMENTÁRIOS

Alternativa "a": De acordo com o enunciado da súmula 473 do STF, a Administração pode anular seus próprios atos, quando eivados de vícios que os tornem ilegais, uma vez que deles não se originam direitos. É possível ainda a revogação por motivo de conveniência ou oportunidade, respeitados os direitos adquiridos, e ressalvada, em todos os casos, a apreciação judicial. Trata-se da efetivação do princípio da autotutela.

Alternativa "b": O STF entendeu que nessa hipótese haveria violação ao princípio da presunção de inocência (AC 3.468/RJ-MC).

Alternativa "c": Trata-se da ideia defendida por Hely Lopes Meirelles, embora exista parte da doutrina que discorde, defendendo a separação desses princípios.

Alternativa "d": A definição apontada é, na verdade, do princípio da eficiência (melhor utilização possível; evitar desperdícios; garantir maior rentabilidade social). O princípio da moralidade estabelece que não basta ao administrador cumprir estritamente a legalidade, devendo ainda respeitar os princípios de razoabilidade e justiça.

Alternativa "e": O Judiciário não pode analisar o mérito dos atos administrativos, mas pode fazer um controle de legalidade. Admite-se ainda a possibilidade do Judiciário apreciar a proporcionalidade dos atos administrativos.

Alternativa correta: letra "c".

140. (Vunesp – Delegado de Polícia – CE/2015) É vedada a acumulação remunerada de cargos públicos, exceto, quando houver compatibilidade de horários, a de

a) dois cargos científicos com outro de professor.

b) um cargo de professor com outro técnico ou científico.

c) dois cargos técnicos com outro de professor.

d) dois cargos de professor com outro técnico, em autarquias ou fundações.

e) um cargo técnico com outro científico.

COMENTÁRIOS

✪ **Nota do autor:** a vedação de acumulação de cargos públicos e suas exceções devem ser bem fixadas pelos candidatos, pois são muito cobradas em concursos públicos, notadamente para Delegado de Polícia Civil.

Alternativa correta: letra "b" (responde todas as alternativas): é vedada a acumulação remunerada de cargos ou empregos públicos, exceto, quando houver compatibilidade de horários, nos seguintes casos: a) a de dois cargos de professor; b) a de um cargo de professor com outro técnico ou científico; c) a de dois cargos ou empregos privativos de profissionais de saúde, com profissões regulamentadas (art. 37, XVI, da CF).

141. (ACAFE – Delegado de Polícia – SC/2014) No que concerne a Administração Pública, sobre servidores públicos, é correto afirmar, exceto:

a) Invalidada por sentença judicial a demissão do servidor estável, será ele reintegrado, e o eventual ocupante da vaga, se estável, reconduzido ao cargo de origem, sem direito a indenização, aproveitado em outro cargo ou posto em disponibilidade com remuneração proporcional ao tempo de serviço.

b) Como condição para a aquisição da estabilidade é obrigatória a avaliação especial de desempenho por comissão instituída para essa finalidade.

c) Extinto o cargo, o servidor estável ficará em disponibilidade, com remuneração integral, até seu aproveitamento.

d) O servidor público estável só perderá o cargo em virtude de sentença judicial transitada em julgado, mediante processo administrativo em que lhe seja assegurada ampla defesa ou mediante procedimento de avaliação periódica de desempenho, na forma de lei complementar, assegurada ampla defesa.

e) São estáveis após três anos de efetivo exercício os servidores nomeados para cargo de provimento efetivo em virtude de concurso público.

COMENTÁRIOS

✪ **Nota do autor:** questão tratando sobre a Administração Pública, com previsão entre os arts. 37 e 41 da CF. Atenção, pois o enunciado pede a alternativa incorreta.

Alternativa certa: letra "c" (a questão pede a incorreta): consoante art. 41, § 3°, da CF, extinto o cargo ou declarada a sua desnecessidade, o servidor estável ficará em disponibilidade, com remuneração **proporcional ao tempo de serviço** (não integral), até seu **adequado** aproveitamento em **outro cargo**.

Alternativa "a": são os exatos termos do art. 41, § 2°, da CF.

Alternativa "b": trata-se da redação do art. 41, § 4°, da CF.

Alternativa "d": é o que consta do art. 41, § 1°, da CF.

Alternativa "e": assim preleciona o *caput* do art. 41 da CF.

142. (ACAFE – Delegado de Polícia – SC/2014) No que se refere a Organização do Estado, sobre os entes federativos, seus servidores e recursos orçamentários, conforme determina a Constituição da República Federativa do Brasil – CRFB/88, é correto afirmar, exceto:

a) Lei da União, dos Estados, do Distrito Federal e dos Municípios disciplinará a aplicação de recursos orçamentários provenientes da economia com despesas correntes em cada órgão, autarquia e fundação, para aplicação no desenvolvimento de programas de qualidade e produtividade, treinamento e desenvolvimento, modernização, reaparelhamento e racionalização do serviço público, inclusive sob a forma de adicional ou prêmio de produtividade.

b) Aos servidores titulares de cargos efetivos da União, dos Estados, do Distrito Federal e dos Municípios, é assegurado regime de previdência de caráter contributivo e solidário, mediante contribuição do respectivo ente público, dos servidores ativos e inativos e dos pensionistas.

c) A União, os Estados, o Distrito Federal e os Municípios instituirão conselho de política de administração e remuneração de pessoal, integrado por servidores designados exclusivamente pelo executivo.

d) A União, os Estados e o Distrito Federal manterão escolas de governo para a formação e o aperfeiçoamento dos servidores públicos, constituindo-se a participação nos cursos um dos requisitos para a promoção na carreira, facultada, para isso, a celebração de convênios ou contratos entre os entes federados.

e) Os Poderes Executivo, Legislativo e Judiciário publicarão anualmente os valores do subsídio e da remuneração dos cargos e empregos públicos.

COMENTÁRIOS

✪ **Nota do autor:** a questão versa sobre a organização do Estado e pode ser resolvida apenas com o conteúdo do texto constitucional.

Alternativa: letra "c": a alternativa contraria o art. 39 da CF, que diz "A União, os Estados, o Distrito Federal e os Municípios instituirão conselho de política de administração e remuneração de pessoal, integrado por **servidores designados pelos respectivos Poderes** (e não exclusivamente pelo Executivo).

Alternativa "a": está em perfeita consonância com a redação do § 7° do art. 39 da CF.

Alternativa "b": assim dispõe o *caput* do art. 40 da CF.

Alternativa "d": é o que enuncia o § 2° do art. 39 da CF.

Alternativa "e": consoante § 6° do art. 39 da CF.

143. (Vunesp – Delegado de Polícia – SP/2014) Os atos de improbidade administrativa importarão, nos termos da Constituição Federal, dentre outros,

a) a prisão provisória, sem direito à fiança.

b) a indisponibilidade dos bens.

c) a impossibilidade de deixar o país.

d) a suspensão dos direitos civis.

e) o pagamento de multa ao Fundo de Proteção Social.

COMENTÁRIOS

✪ **Nota do autor:** a questão versa sobre a improbidade administrativa, e as consequências de atos ímprobos estão previstas no art. 37 da CF.

Alternativa correta: letra "B" (a alternativa responde as demais): é a única alternativa que está em perfeita consonância com o previsto no § 4º do art. 37 da CF.

144. (UEG – Delegado de Polícia – GO/2013) A Constituição Federal prevê, dentre as retribuições pecuniárias ao servidor público, além da remuneração e dos vencimentos, a figura do subsídio como modalidade

a) obrigatória a todos os servidores públicos de carreira, paga em parcelas múltiplas, pelo exercício de cargo ou função.

b) obrigatória a certos agentes públicos, em parcela única, sendo vedado o acréscimo de gratificação, adicional ou outra espécie remuneratória.

c) facultativa a todos os agentes públicos, paga em parcela única, sendo cumulativa com gratificação, adicional ou outra espécie remuneratória.

d) facultativa aos servidores públicos de carreira, paga em parcelas múltiplas, fixada ou alterada por lei específica.

COMENTÁRIOS

✪ **Nota do autor:** alternativa de difícil resolução.

Alternativa correta: letra "B" (a alternativa responde as demais): a alternativa está em consonância com o previsto no § 4º do art. 39 da CF, que diz "O membro de Poder, o detentor de mandato eletivo, os Ministros de Estado e os Secretários Estaduais e Municipais serão remunerados exclusivamente por subsídio fixado em parcela única, vedado o acréscimo de qualquer gratificação, adicional, abono, prêmio, verba de representação ou outra espécie remuneratória, obedecido, em qualquer caso, o disposto no art. 37, X e XI".

145. (Delegado de Polícia – SP/ 2011 – ACADEPOL) Na aposentadoria dos servidores públicos, os requisitos de idade e de tempo de contribuição serão reduzidos em cinco anos para

a) quem exercer atividades insalubres e perigosas.

b) aquele que contrair doenças e/ou deficiências físicas em razão das atividades laborais exercidas.

c) todos os trabalhadores que comprovarem exercer atividades de risco.

d) o professor que comprovar o exercício de magistério exclusivo na educação infantil e no ensino fundamental e médio.

e) a mulher que comprovar o exercício cumulativo de dois cargos ou funções.

COMENTÁRIOS

✪ **Nota do autor:** questões versando sobre a Administração Pública são muito comuns em provas para delegado de polícia civil. Vale a pena intensificar o estudo referente a esse tema.

Alternativa correta: letra "D" (responde a todas as alternativas): alternativa em consonância com o que prevê o § 5° do art. 40 da CF, que diz "Os requisitos de idade e de tempo de contribuição serão reduzidos em cinco anos, em relação ao disposto no § 1º, III, "a", para o professor que comprove exclusivamente tempo de efetivo exercício das funções de magistério na educação infantil e no ensino fundamental e médio". As demais alternativas não encontram amparo legal.

146. (Delegado de Polícia – SP/ 2011 – ACADEPOL) No exercício de mandato eletivo, que exija seu afastamento, o servidor público terá

a) seu tempo de serviço contado para todos os efeitos legais, exceto para promoção por merecimento.

b) seu tempo de serviço contado para todos os efeitos legais, exceto para a aposentadoria.

c) interrompida sua contagem de tempo de serviço público e se sujeitará a regime previdenciário diferenciado.

d) interrompida sua contagem de tempo no serviço público.

e) interrompida sua contagem de tempo, resguardadas as promoções por antiguidade.

COMENTÁRIOS

Alternativa correta: letra "A": a alternativa está em simetria com o previsto no inciso IV do art. 38 da CF, que diz "em qualquer caso que exija o afastamento para o exercício de mandato eletivo, seu tempo de serviço será contado para todos os efeitos legais, exceto para promoção por merecimento".

Alternativa "b": segundo a redação do inciso IV do art. 38 da CF, na contagem de tempo de serviço, a exceção é quanto a promoção por merecimento, e não aposentadoria.

Alternativa "c": não há tal previsão na CF, pois a redação do inciso IV do art. 38 diz que, em qualquer caso que exija o afastamento para o exercício de mandato eletivo, seu tempo de serviço será contado para todos os efeitos legais, exceto para promoção por merecimento.

Alternativa "d": só há a interrupção no caso de promoção por merecimento, nos demais, a contagem prossegue.

Alternativa "e": o correto é reguardadas as promoções por merecimento, de acordo com a previsão do inciso IV do art. 38 da CF.

147. (Delegado de Polícia – ES/ 2011 – CESPe) Julgue o item subsecutivo, referente à administração pública e aos servidores públicos.

A CF assegura ao servidor público a revisão geral anual de sua remuneração ou subsídio mediante lei específica de iniciativa do chefe do Poder Executivo e estabelece o direito à indenização na hipótese de não cumprimento da referida determinação constitucional.

COMENTÁRIOS

Errado. Em que pese a previsão do inciso X do art. 37 da CF, que assegura a revisão geral anual de sua remuneração ou subsídio mediante lei específica de iniciativa do chefe do Poder Executivo, não existe previsão de indenização, na hipótese de não cumprimento da referida determinação constitucional.

5.4. SEPARAÇÃO DOS PODERES

148. (UEG – Delegado de Polícia – PC – GO/2018) Em relação ao Poder Executivo, segundo a Constituição (CRFB) e o Supremo Tribunal Federal (STF),

a) o Presidente da República pode decretar guerra e delegar aos Ministros de Estado a atribuição de decretar e executar intervenção federal.

b) os Presidentes da Câmara dos Deputados, do Senado Federal e do Supremo Tribunal Federal perdem a Chefia de Poder tão logo se tornem réus criminais perante o STF, em virtude da potencial assunção da Presidência da República.

c) o Presidente da Câmara dos Deputados, por estar na linha sucessória da Presidência da República, não pode ser responsabilizado por atos estranhos ao exercício de suas funções.

d) o Presidente da República pode expedir "decretos autônomos" e delegar aos Ministros de Estado, ao Procurador-Geral da República ou ao Advogado-Geral da União a atribuição de conceder indulto e comutar penas.

e) o Governador do Estado só pode ser processado criminalmente pelo Superior Tribunal de Justiça após prévia autorização da Assembleia Legislativa local nos casos em que a Constituição Estadual assim o exigir.

COMENTÁRIOS

Alternativa correta: letra "d": A previsão da edição de decretos autônomos está prevista no art. 84, VI da CF/88. Ademais, de acordo com a disposição do parágrafo único do art. 84 da CF/88, a competência de conceder indulto e comutar penas, prevista no inciso XII desse mesmo artigo, pode ser delegada aos Ministros de Estado, Procurador-Geral da República e ao Advogado--Geral da União.

Alternativa "a": Somente poder ser delegadas aos Ministros de Estado as atribuições de dispor, mediante decreto sobre a organização e funcionamento da administração federal, quando não implicar aumento de despesa nem criação ou extinção de órgãos públicos; e a extinção de funções ou cargos públicos, quando vagos; bem como a atribuição de conceder indulto e comutar penas; e a de prover os cargos públicos federais, na forma da lei, nos termos do parágrafo único do art. 84 da CF/88.

Alternativa "b": Essas autoridades, embora não percam a chefia de poder, não poderão assumir a Presidência da República (STF, ADPF 402, MC-REF/DF).

Alternativa "c": Essa prerrogativa, prevista no art. 86, §4º da CF/88, é exclusiva do Chefe do Executivo na esfera federal, não se estendendo nem mesmo aos Chefes do Executivo em esferas estaduais.

Alternativa "e": Essa prerrogativa, assegurada ao Presidente da República, não pode ser aplicada aos Governadores, conforme entendimento do STF (ADI 5540/MG).

5.4.1. PODER LEGISLATIVO

149. (Fumarc – Delegado de Polícia – PC – MG/2018) É da competência exclusiva do Congresso Nacional, que independe da sanção do Presidente da República:

a) concessão de anistia.

b) criação e extinção de Ministérios e órgãos da Administração Pública.

c) fixação do subsídio do Presidente e do Vice-Presidente da República e dos Ministros de Estado.

d) fixação do subsídio dos Ministros do Supremo Tribunal Federal.

COMENTÁRIOS

Alternativa "a": A concessão de anistia é de competência do Congresso, no entanto depende de sanção do Presidente da República, conforme art. 48, VIII da CF/88.

Alternativa "b": Essa atribuição também depende de sanção do Presidente da República, conforme art. 48, XI da CF/88.

Alternativa "c": Trata-se da previsão do art. 49, VIII da CF/88.

Alternativa "d": O exercício dessa competência depende da sanção do Presidente da República, conforme art. 48, XV da CF/88.

Alternativa correta: letra "c".

150. (Nucepe – Delegado de Polícia – PC – PI/2018) As Comissões Parlamentares de Inquérito (CPIs) são uma das formas do Poder Legislativo exercer sua função fiscalizadora.

Sobre as CPIs, assinale a alternativa CORRETA.

a) As Comissões Parlamentares de Inquérito não podem determinar a busca e apreensão domiciliar, por se tratar de ato sujeito ao princípio constitucional da reserva de jurisdição, ou seja, ato cuja prática a Constituição atribui com exclusividade aos membros do Poder Judiciário.

b) A criação de uma Comissão Parlamentar de Inquérito depende de autorização da Mesa Diretora da Câmara dos Deputados.

c) Visam apurar ilegalidades no âmbito do legislativo, com o auxílio do Tribunal de Contas, desde que autorizada sua instalação pela maioria absoluta dos membros do Congresso Nacional.

d) As Comissões Parlamentares de Inquérito podem ser criadas para apurar qualquer fato dentro do prazo de uma legislatura, devendo suas conclusões serem remetidas ao Ministério Público e ao Tribunal de Contas da União.

e) Somente podem ser criadas pelo requerimento de dois terços dos membros do Congresso Nacional, tendo por objeto a apuração de fato determinado.

COMENTÁRIOS

Alternativa "a": A busca e apreensão domiciliar está sujeita à cláusula da reserva de jurisdição, não podendo ser determinada por CPI (STF- MS 33.663 MC).

Alternativa "b": Conforme previsão do art. 58, §3º da CF/88, a criação de CPI se dará pela Câmara dos Deputados e pelo Senado Federal, em conjunto ou separadamente, mediante requerimento de 1/3 dos seus membros.

Alternativa "c": Incorreta, vide comentário da alternativa b.

Alternativa "d": Nos termos do art. 58, §3º da CF/88, a CPI deve ser instaurada para apurar fato determinado e por prazo certo, sendo suas conclusões, se for o caso, encaminhadas para o Ministério Público, a fim de promover a responsabilidade civil ou criminal dos infratores.

Alternativa "e": Incorreta, vide comentário da alternativa b.

Alternativa correta: letra "a".

151. (Vunesp – Delegado de Polícia – PC – SP/2018) Supondo que o Senador Y deixe de comparecer, em cada sessão legislativa, à terça parte das sessões ordinárias do Senado Federal, é correto assinalar que

a) perderá o seu mandato automaticamente, mediante decisão constitutiva por maioria simples do Senado Federal.

b) perderá o seu mandato automaticamente, mediante decisão declaratória por maioria absoluta do Senado Federal.

c) perderá o seu mandato, mediante decisão constitutiva do Congresso Nacional, assegurando-se contraditório e ampla defesa.

d) perderá o seu mandato automaticamente, mediante decisão constitutiva por maioria absoluta do Senado Federal, independentemente de que lhe seja assegurado contraditório e ampla defesa.

e) perderá o seu mandato, mediante decisão declaratória do Senado Federal, salvo se a ausência decorra de licença ou missão autorizada pela Casa legislativa.

COMENTÁRIOS

Nos termos do art. 55, III da CF/88, perderá o mandato o Deputado ou Senador que deixar de comparecer, em cada sessão legislativa, à terça parte das sessões ordinárias da Casa a que pertencer, salvo licença ou missão por esta autorizada. Nesse caso, a perda será declarada pela Mesa da Casa respectiva, de ofício ou mediante provocação de qualquer de seus membros, ou de partido político representado no Congresso Nacional, assegurada ampla defesa. Portanto, a perda não é automática.

Alternativa correta: letra "e".

152. (IBADE – Delegado de Polícia – AC/2017) Supondo-se que 27 senadores resolvam propor emenda à Constituição para autorizar e regulamentar o exercício da vaquejada em todo território nacional. Considerando: 1) que a referida emenda à constituição reconhece a vaquejada como tradição cultural, esporte e lazer brasileiro; 2) que exige regulamentação em lei específica para que se assegure o bem-estar dos animais envolvidos; 3) e que o STF julgou inconstitucional a Lei cearense nº 15.299/2013 que regulamentava vaquejada como prática desportiva e cultural no estado, através da Ação Direta de Inconstitucionalidade (ADI) 4.983, analise as alternativas a seguir, assinalando a correta.

a) Os senadores não podem propor emenda à constituição para autorizar e regulamentar o exercício da vaquejada, tendo em vista que a declaração de constitucionalidade ou inconstitucionalidade impede o legislador de emendar à constituição sobre o mesmo conteúdo julgado pelo STF como inconstitucional.

b) Os senadores podem propor emenda à constituição para autorizar e regulamentar o exercício da vaquejada, em observância ao princípio da separação dos poderes. Entretanto, o STF pode, através de proposição de ação civil pública, exercer o controle prévio de constitucionalidade material da proposta de emenda constitucional, tendo em vista que o caso em questão viola o núcleo de cláusula pétrea da CRFB/88.

c) O quórum de senadores para propor emenda à constituição é de, no mínimo, 3/5 dos membros do Senado Federal, existindo erro no número mencionado no enunciado.

d) O Poder Legislativo não se submete à decisão de inconstitucionalidade da Lei cearense nº 15.299/2013 julgada pelo STF (ADI 4.983), em observância à proibição da fossilização constitucional e preservação da atividade legislativa do Estado.

e) A atuação legislativa contrária à decisão do STF, o qual assentou a inconstitucionalidade de lei cearense que regulamentava a prática da vaquejada no referido Estado, só pode ser feita pela via legislativa ordinária e não por via de emenda constitucional.

COMENTÁRIOS

Alternativa correta: letra "d": o Poder Legislativo não está vinculado ao julgamento do STF, quando no exercício de sua função típica, sob pena de fossilização da CF e obstrução da atividade parlamentar. Ou seja, o Legislativo pode propor e editar lei de conteúdo idêntico àquele declarado inconstitucional pelo STF, em fenômeno chamado de superação legislativa da jurisprudência – que se sujeita à ampla fundamentação para tal.

Alternativa "a": a decisão do STF não vincula o Poder Legislativo, conforme anteriormente apontado.

Alternativa "b": o exercício do controle preventivo de constitucionalidade se daria mediante mandado de segurança impetrado por parlamentar que visasse a garantir direito líquido e certo de participar de processo legislativo hígido, e sob a argumentação de violação à cláusula pétrea; ou mediante veto presidencial, conforme art. 66, § 1º, da CF.

Alternativa "c": o quórum exigido é de 1/3, conforme art. 60, inciso I, da CF.

Alternativa "e": a atuação legislativa não está restrita à via ordinária, podendo se dar também através de emenda constitucional.

153. (Cespe – Delegado de Polícia – PE/2016) No que se refere a CPI, assinale a opção correta.

a) CPI proposta por cinquenta por cento dos membros da Câmara dos Deputados e do Senado Federal não poderá ser instalada, visto que, conforme exige o texto constitucional, são necessários dois terços dos membros do Congresso Nacional para tanto.

b) As CPIs, no exercício de suas funções, dispõem de poderes de investigação próprios das autoridades judiciais, tais como os de busca domiciliar, interceptação telefônica e decretação de prisão.

c) A CF só admite CPIs que funcionem separadamente na Câmara dos Deputados ou no Senado Federal.

d) Não poderá ser criada CPI que versar sobre tema genérico e indefinido, dada a exigência constitucional de que esse tipo de comissão deva visar à apuração de fato determinado.

e) As conclusões de determinada CPI deverão ser encaminhadas ao TCU para que este promova a responsabilidade civil ou administrativa dos que forem indicados como infratores.

COMENTÁRIOS

Alternativa correta: letra "d": a criação da CPI depende da existência de fato determinado, devendo, por consectário lógico, preexistir à criação da Comissão. Nos termos do art. 58, § 3º, da CF, as comissões parlamentares de inquérito, que terão poderes de investigação próprios das autoridades judiciais, além de outros previstos nos regimentos das respectivas Casas, serão criadas pela Câmara dos Deputados e pelo Senado Federal, em conjunto ou separadamente, mediante requerimento de um terço de seus membros, para a apuração de **fato determinado** e **por prazo certo**, sendo suas conclusões, se for o caso, encaminhadas ao Ministério Público, para que promova a responsabilidade civil ou criminal dos infratores.

Alternativa "a": nos termos do art. 58, § 3º, da CF, as comissões parlamentares de inquérito, que terão poderes de investigação próprios das autoridades judiciais, além de outros previstos nos regimentos das respectivas Casas, serão criadas pela Câmara dos Deputados e pelo Senado Federal, em conjunto ou separadamente, mediante requerimento de **um terço** de seus membros (e não dois terços), para a apuração de fato determinado e por prazo certo, sendo suas conclusões, se for o caso, encaminhadas ao Ministério Público, para que promova a responsabilidade civil ou criminal dos infratores.

Alternativa "b": as CPIs, no exercício de suas funções, dispõem de poderes de investigação próprios das autoridades judiciais, no entanto, não podem determinar busca domiciliar, interceptação telefônica e decretação de prisão, temas submetidos à reserva de jurisdição. Importante destacar que a interceptação (gravações de conversas presentes e futuras) não se confunde com a quebra de sigilo (acesso a dados passados). Tal distinção é relevante, pois as CPIs (órgãos que não são investidos de poderes jurisdicionais) até podem determinar a quebra de sigilo de dados telefônicos (registro de chamadas recebidas e efetuadas), mas não a interceptação telefônica. Vale anotar ainda que: "O princípio constitucional da reserva de jurisdição – que incide sobre as hipóteses de busca domiciliar (CF, art. 5º, XI), de interceptação telefônica (CF, art. 5º, XII) e de decretação da prisão, ressalvada a situação de flagrância penal (CF, art. 5º, LXI) – não se estende ao tema da quebra de sigilo, pois, em tal matéria, e por efeito de expressa autorização dada pela própria CR (CF, art. 58, § 3º), assiste competência à CPI, para decretar, sempre em ato necessariamente motivado, a excepcional ruptura dessa esfera de privacidade das pessoas." (MS 23.652, julgado no ano 2000 e relatado pelo Ministro Celso de Mello).

Alternativa "c": as CPIs podem funcionar separada ou conjuntamente. Nos termos do art. 58, § 3º, da CF, as comissões parlamentares de inquérito, que terão poderes de investigação próprios das autoridades judiciais, além de outros previstos nos regimentos das respectivas Casas, serão criadas pela Câmara dos Deputados e pelo Senado Federal, **em conjunto ou separadamente**, mediante requerimento de um terço de seus membros (e não dois terços), para a apuração de fato determinado e por prazo certo, sendo suas conclusões, se for o caso, encaminhadas ao Ministério Público, para que promova a responsabilidade civil ou criminal dos infratores.

Alternativa "e": nos termos do art. 58, § 3º, da CF, as comissões parlamentares de inquérito, que terão poderes de investigação próprios das autoridades judiciais, além de outros previstos nos regimentos das respectivas Casas, serão criadas pela Câmara dos Deputados e pelo Senado Federal, em conjunto ou separadamente, mediante requerimento de um terço de seus membros, para a apuração de fato determinado e por prazo certo, sendo **suas conclusões, se for o caso, encaminhadas ao Ministério Público** (e não ao TCU), **para que promova a responsabilidade civil ou criminal dos infratores.**

---

154. (Vunesp – Delegado de Polícia – CE/2015) As comissões parlamentares de inquérito serão criadas pela Câmara dos Deputados e pelo Senado Federal, em conjunto ou separadamente, atendendo aos seguintes requisitos:

a) requerimento de um terço de seus membros, apuração de fato determinado e prazo certo de funcionamento.

b) requisição de um décimo dos membros da cada uma das casas, apuração de fato notório e discussão pública com entidades civis.

c) requisição de dois terços de seus membros, apuração de fato relevante e prazo extensivo à necessidade das investigações.

d) requisição de um décimo de seus membros, requerimento do Ministério Público e apuração de fato infamante.

e) requerimento do Ministério Público e realização de audiência pública com entidades da sociedade civil para determinar a relevância do tema.

COMENTÁRIOS

✪ **Nota do autor:** a temática das CPIs sempre está presente nas provas. O assunto deve ser bem estudado, principalmente no tocante às competências das comissões.

Alternativa correta: letra "a" (a alternativa responde as demais): a alternativa vai ao encontro do previsto no art. 58, § 3° da CF, para o qual as comissões parlamentares de inquérito, que terão poderes de investigação próprios das autoridades judiciais, além de outros previstos nos regimentos das respectivas Casas, serão criadas pela Câmara dos Deputados e pelo Senado Federal, em conjunto ou separadamente, **mediante requerimento de um terço de seus membros, para a apuração de fato determinado e por prazo certo**, sendo suas conclusões, se for o caso, encaminhadas ao Ministério Público, para que promova a responsabilidade civil ou criminal dos infratores.

155. (FUNIVERSA – Delegado de Polícia – DF/2015) Em relação ao Poder Legislativo, assinale a alternativa correta.

a) Suponha-se que Carlos tenha sido eleito como deputado federal, mas ainda não tenha tomado posse, sendo-lhe apenas concedida a respectiva diplomação pela Justiça Eleitoral. Nesse caso, a denúncia contra ele ainda poderá ser recebida pela Justiça de primeiro grau, sendo que, apenas depois da posse, a ação deverá ser encaminhada ao STF.

b) Suponha-se que Paulo seja deputado federal e tenha sido arrolado como testemunha em um inquérito policial. Nesse caso, Paulo será obrigado a testemunhar, mesmo a respeito de informações recebidas em razão do exercício do mandato.

c) As comissões da Câmara dos Deputados ou do Senado Federal podem convocar ministro de Estado ou quaisquer titulares de órgãos diretamente ligados à presidência da República para prestarem, pessoalmente, informações a respeito de assunto previamente determinado, sob pena de crime de responsabilidade a ausência sem justificativa adequada.

d) Compete privativamente ao Senado Federal processar e julgar os crimes de responsabilidade praticados pelos seus próprios membros, pelo presidente da República e por seus ministros, bem como os praticados pelos ministros do STF, pelos membros do Conselho Nacional de Justiça, do Conselho Nacional do Ministério Público, pelo procurador-geral da República, e pelo advogado-geral da União.

e) Suponha-se que um senador da República tenha sido flagrado, pela polícia, cometendo crime inafiançável. Nesse caso, a autoridade policial deverá liberar o senador, pois não se permite a prisão em flagrante nesta hipótese.

COMENTÁRIOS

Alternativa correta: letra "c": a alternativa está de acordo com a redação do art. 58 da CF, que enuncia: "a Câmara dos Deputados e o Senado Federal, ou qualquer de suas Comissões, **poderão convocar Ministro de Estado ou quaisquer titulares de órgãos diretamente subordinados à Presidência da República** para prestarem, pessoalmente, informações sobre assunto previamente determinado, importando crime de responsabilidade a ausência sem justificação adequada".

Alternativa "a": segundo a redação do art. 53, § 1º da CF, os deputados e senadores**, desde a expedição do diploma**, serão submetidos a julgamento perante o STF.

Alternativa "b": nos termos do art. 53, § 6º da CF, "os **deputados e senadores não serão obrigados a testemunhar sobre informações recebidas** ou prestadas em razão do exercício do mandato, nem sobre as pessoas que lhes confiaram, ou deles receberam informações".

Alternativa "d": segundo a redação do art. 52, II da CF, "compete privativamente ao Senado Federal processar e julgar os Ministros do STF, membros do CNJ e do Conselho Nacional do Ministério Público, o Procurador-Geral da República e o Advogado-Geral da União nos crimes de responsabilidade".

Alternativa "e": a redação do art. 53, § 2º da CF aduz que, desde a expedição do diploma, os membros do Congresso Nacional não poderão ser presos, **salvo em flagrante de crime inafiançável [...]**".

156. (NUCEPE – Delegado de Polícia – PI/2014) A partir das normas que disciplinam o tratamento constitucional dispensado aos deputados e senadores, assinale a alternativa CORRETA.

a) Não perderá o mandato o Deputado ou Senador licenciado pela respectiva Casa por motivo de doença, ou para tratar, sem remuneração, de interesse particular, desde que, neste caso, o afastamento não ultrapasse cento e vinte dias por sessão legislativa.

b) As imunidades de Deputados ou Senadores não subsistirão durante o estado de sítio, só podendo ser restabelecidas mediante o voto de dois terços dos membros da Casa respectiva, e desde que caracterizada a compatibilidade com a execução da medida.

c) Perderá o mandato o Deputado ou Senador que deixar de comparecer, em cada sessão legislativa, a um quarto das sessões ordinárias da Casa a que pertencer, salvo licença ou missão por esta autorizada.

d) Os Deputados e Senadores não poderão, desde a expedição do diploma, ser proprietários, controladores ou diretores de empresa que goze de favor decorrente de contrato com pessoa jurídica de direito público, ou nela exercer função remunerada.

e) Os Deputados e Senadores são invioláveis, civil e penalmente, por quaisquer de suas opiniões, palavras e votos, sendo, mesmo por delitos cometidos após o encerramento do mandato, julgados pelo Supremo Tribunal Federal.

COMENTÁRIOS

✪ **Nota do autor:** questão versando sobre as prerrogativas e imunidades parlamentares.

Alternativa correta: letra "a": a alternativa está em perfeita consonância com a redação do art. 56, II, da CF.

Alternativa "b": consoante art. 53, § 8°, da CF, as **imunidades** de Deputados ou Senadores **subsistirão durante o estado de sítio**, só podendo ser suspensas mediante o voto de dois terços dos membros da Casa respectiva, nos casos de atos praticados fora do recinto do Congresso Nacional, que sejam incompatíveis com a execução da medida.

Alternativa "c": a redação do inciso III do art. 55 da CF enuncia que, perderá o mandato o Deputado ou Senador que deixar de comparecer, em cada sessão legislativa, **à terça parte** (não a um quarto) das sessões ordinárias da Casa a que pertencer, salvo licença ou missão por esta autorizada.

Alternativa "d": à luz do art. 54, II, "a", da CF, os Deputados e Senadores não poderão, desde a **posse** (e não desde a expedição do diploma)**,** ser proprietários, controladores ou diretores de empresa que goze de favor decorrente de contrato com pessoa jurídica de direito público, ou nela exercer função remunerada.

Alternativa "e": delitos cometidos por Parlamentes após o encerramento do mandato **não asseguram** foro privilegiado no Supremo Tribunal Federal.

---

157. (ACAFE – Delegado de Polícia – SC/2014) Especificamente, quanto a competência da Câmara de Deputados, assinale a alternativa correta.

a) Compete preferencialmente à Câmara dos Deputados dispor sobre sua organização, funcionamento, polícia, criação, transformação ou extinção dos cargos, empregos e funções de seus serviços, e a iniciativa de lei para fixação da respectiva remuneração, observados os parâmetros estabelecidos na lei de diretrizes orçamentárias.

b) Compete à Câmara dos Deputados autorizar, por três quintos de seus membros, a instauração de processo contra o Presidente e o Vice-Presidente da República e os Ministros de Estado.

c) Compete privativamente à Câmara dos Deputados eleger membros do Conselho da República.

d) Compete privativamente à Câmara dos Deputados proceder à tomada de contas do Presidente da República, quando não apresentadas ao Senado dentro de sessenta dias após a abertura da sessão legislativa.

e) A Câmara dos Deputados e o Senado Federal, ou qualquer de suas Comissões, poderão convocar Ministro de Estado ou quaisquer titulares de órgãos diretamente subordinados à Presidência da República para prestarem, pessoalmente, informações sobre assunto previamente determinado, importando sempre crime de responsabilidade a ausência.

COMENTÁRIOS

Alternativa correta: letra "c": nos termos do art. 51, V, da CF, compete privativamente à Câmara dos Deputados eleger membros do Conselho da República, nos termos do art. 89, VIII da CF (Art. 89. O Conselho da República é órgão superior de consulta do Presidente da República, e dele participam: I – o Vice-Presidente da República; II – o Presidente da Câmara dos Deputados; III – o Presidente do Senado Federal; IV – os líderes da maioria e da minoria na Câmara dos Deputados; V – os líderes da maioria e da minoria no Senado Federal; VI – o Ministro da Justiça; VII – seis cidadãos brasileiros natos, com mais de trinta e cinco anos de idade, sendo dois nomeados pelo Presidente da República, dois eleitos pelo Senado Federal e dois eleitos pela Câmara dos Deputados, todos com mandato de três anos, vedada a recondução).

---

158. (ACAFE – Delegado de Polícia – SC/2014) No que se refere ao Poder Legislativo, é correto afirmar, exceto:

a) O Senado Federal compõe-se de representantes dos Estados e do Distrito Federal, eleitos segundo o princípio majoritário.

b) É da competência exclusiva do Congresso Nacional sustar os atos normativos do Poder Executivo que exorbitem do poder regulamentar ou dos limites de delegação legislativa.

c) Cada legislatura terá a duração de quatro anos e cada Território elegerá quatro Deputados.

d) O número total de Deputados, bem como a representação por Estado e pelo Distrito Federal, será estabelecido por lei complementar, proporcionalmente à população, procedendo-se aos ajustes necessários, no ano anterior às eleições, para que nenhuma daquelas unidades da Federação tenha menos de oito ou mais de setenta Deputados.

e) A Câmara dos Deputados compõe-se de representantes dos estados, eleitos, pelo sistema proporcional, em cada Estado, em cada Território e no Distrito Federal.

COMENTÁRIOS

Alternativa certa: letra "e" (a questão pede a incorreta): a Câmara dos Deputados compõe-se de representantes **do povo** (e não dos estados), eleitos, pelo sistema proporcional, em cada Estado, em cada Território e no Distrito Federal (art. 45, *caput*, da CF).

Alternativa "a": conforme art. 46, *caput*, da CF.

Alternativa "b": É o que preceitua o art. 49, V, da CF.

Alternativa "c": assim dispõem o art. 44, parágrafo único e 45, § 2°, ambos da CF.

Alternativa "d": consoante art. 45, § 1°, da CF.

---

159. (Vunesp – Delegado de Polícia – SP/2014) A respeito de ações penais contra Deputados e Senadores, assinale a alternativa correta.

a) No caso de sustação da ação criminal, não há suspensão da prescrição, que permanecerá em curso.

b) Somente após a posse serão submetidos a julgamento perante o Supremo Tribunal Federal.

c) Recebendo, o Supremo Tribunal Federal dará ciência à Casa respectiva, que poderá sustar o andamento da ação.

d) As imunidades de Deputados ou Senadores não subsistirão durante o estado de sítio ou de guerra.

e) Desde a expedição do Diploma, não poderão ser presos, exceto pela prática de crime inafiançável.

COMENTÁRIOS

✪ **Nota do autor:** questão versando sobre as ações penais contra Congressistas, bastando ao candidato o conhecimento do texto constitucional.

Alternativa correta: letra "C" (responde as demais): a única alternativa que encontra sustentação na redação do art. 53 da CF, especificamente no § 3º, que assim o diz " Recebida a denúncia contra o Senador ou Deputado, por crime ocorrido após a diplomação, o Supremo Tribunal Federal dará ciência à Casa respectiva, que, por iniciativa de partido político nela representado e pelo voto da maioria de seus membros, poderá, até a decisão final, sustar o andamento da ação". Nas demais alternativas, o examinador busca confundir os candidatos com pequenas alterações no texto legal.

160. (Cespe – Delegado de Polícia – BA/2013) A respeito do Poder Legislativo, julgue os próximos itens.

I. Aos suplentes de senadores e deputados federais são garantidas as mesmas prerrogativas dos titulares, ainda que aqueles não estejam em exercício.

II. O processo penal impetrado contra deputado federal será julgado no STF, enquanto durar seu mandato, ainda que o crime tenha sido cometido antes da eleição.

COMENTÁRIOS

✪ **Nota do autor:** questão versando sobre o Poder Legislativo.

Alternativa correta: a assertiva I está errada, pois somente com a diplomação é que os congressistas fazem jus às prerrogativas inerentes a estes. A assertiva II está certa, pois vai ao encontro do previsto no inciso I, do art. 102 da CF, **letra "B"**.

161. (UEL – Delegado de Polícia – PR/2013) Sobre deputados e senadores, assinale a alternativa correta.

a) Eles têm foro privilegiado e devem ser julgados, por crime comum, perante o Superior Tribunal de Justiça.

b) Para serem processados criminalmente, é preciso prévia licença da Casa a que pertencem.

c) Eles estão desonerados do dever de testemunhar em juízo, somente sendo obrigados a responder em juízo quando convocados na condição de réu.

d) Podem ser presos, desde que em flagrante de crime inafiançável.

e) Perderão o mandato depois de transitada em julgado a sentença judicial condenatória por quebra de decoro parlamentar.

COMENTÁRIOS

✪ **Nota do autor:** a alternativa versa sobre a possibilidade de processo e perda de mandato dos Deputados, bastando o conhecimento da Constituição Federal.

Alternativa correta: letra "D": a alternativa encontra sustentação na redação do art. 53, § 2º da CF, que diz "desde a expedição do diploma, os membros do Congresso Nacional não poderão ser presos, salvo **em flagrante de crime inafiançável**. Nesse caso, os autos serão remetidos dentro de vinte e quatro horas à Casa respectiva, para que, pelo voto da maioria de seus membros, resolva sobre a prisão".

Alternativa "A": a alternativa apresenta um erro, que é muito explorado pelos examinadores na elaboração de questões de concursos. A redação do § 1º do art. 53 diz que "os Deputados e Senadores, desde a expedição do diploma, serão submetidos a julgamento perante **o Supremo Tribunal Federal**".

Alternativa "B": a Emenda Constitucional 35/2001 eliminou essa necessidade.

Alternativa "C": A redação do § 6º do art. 53 diz que "os Deputados e Senadores **não serão obrigados a testemunhar sobre informações recebidas ou prestadas em razão do exercício do mandato, nem sobre as pessoas que lhes confiaram ou deles receberam informações**". Não há nenhuma prerrogativa que os desonere de testemunhar em juízo.

Alternativa "E": nessa alternativa o examinador, de forma muito inteligente, mistura duas possibilidades de perda de mandato de membro do Congresso Nacional. Primeiramente, a redação do inciso II do art. 55 da CF diz que perderá o mandato o congressista "**cujo procedimento for declarado incompatível com o decoro parlamentar**". Essa declaração não é por sentença judicial, ocorrendo no âmbito interno do Congresso. Já a redação do inciso VI do art. 55 diz que perderá o mandato o congressista "**que sofrer condenação criminal em sentença transitada em julgado**", não fazendo nenhuma alusão a decoro parlamentar.

162. (FUNCAB – Delegado de Polícia – RJ/2012) O art. 58, § 3°, da Constituição Federal de 1988 consagrou, no Poder Legislativo, as Comissões Parlamentares de Inquérito. No que se refere ao poder investigatório da Comissão, é correto afirmar:

a) Pode ouvir testemunhas, inclusive com a possibilidade de condução coercitiva.

b) Não pode quebrar o sigilo bancário, fiscal e de dados de pessoa que esteja sendo investigada.

c) Pode determinar quaisquer buscas e apreensões imprescindíveis à elucidação do objeto da investigação, desde que fundamente sua decisão.

d) Pode determinar a aplicação de medidas cautelares, tais como indisponibilidade de bens, arrestos e sequestros, na hipótese de fundado receio de remessa para o exterior dos bens, públicos ou privados, adquiridos pela organização criminosa investigada.

e) No interesse da investigação, possuem competência para decretar todas as espécies de prisões cautelares, desde que haja prejuízo para a garantia da ordem pública, conveniência da instrução criminal e aplicação da lei penal.

COMENTÁRIOS

✪ **Nota do autor:** a alternativa foi bem elaborada, mas a resolução é simples, bastando o conhecimento da Constituição Federal, especificamente do art. 58, § 3°.

Alternativa correta: letra "A": a única alternativa que vai ao encontro da previsão do § 3°do art. 58 da CF, que diz "As comissões parlamentares de inquérito, que **terão poderes de investigação próprios das autoridades judiciais**, além de outros previstos nos regimentos das respectivas Casas, serão criadas pela Câmara dos Deputados e pelo Senado Federal, em conjunto ou separadamente, mediante requerimento de um terço de seus membros, para a apuração de fato determinado e por prazo certo, sendo suas conclusões, se for o caso, encaminhadas ao Ministério Público, para que promova a responsabilidade civil ou criminal dos infratores". Tais poderes incluem a oitiva de testemunhas, inclusive com condução coercitiva.

Alternativa "B": As CPI's podem sim quebrar o sigilo bancário, fiscal e de dados. No tocante as interceptações telefônicas, somente os números chamados e recebidos.

Alternativa "C": a prerrogativa de autorizar buscas e apreensões permanece somente com a autoridade judiciária, não sendo possível às CPI's.

Alternativa "D": de acordo com a redação do informativo 158 do STF, as CPI's não têm esse poder.

Alternativa "E": as CPI's podem prender em flagrante.

---

163. (FGV – Delegado de Polícia – MA/2012) O Deputado Federal "X", jornalista de formação, continua a escrever matérias e crônicas para um jornal de grande circulação. Um de seus últimos textos, de grande repercussão, foi a crítica a um livro de poesias lançado por outro Deputado, "Y", de um partido de oposição.

Sentindo-se ofendido em sua honra, "Y" ameaça processar "X" por danos morais. Com relação a esse caso

a) é incabível a condenação, pois "X", por ser Deputado Federal, é inviolável, civil e penalmente, por suas opiniões e palavras.

b) é cabível a condenação, pois "X", em regra, não pode ser processado por suas opiniões, mas essa inviolabilidade não pode ser oposta à ofensa dirigida a outro parlamentar.

c) é incabível a condenação por danos morais, não se tratando, entretanto, de imunidade parlamentar, mas de corolário da livre manifestação do pensamento.

d) é cabível a condenação, mas o processo só poderá ser iniciado após o fim do mandato de "X".

e) é cabível a condenação de "X", pois a ofensa foi proferida fora do recinto da Casa Legislativa (Câmara dos Deputados).

COMENTÁRIOS

✪ **Nota do autor:** a questão versa sobre a imunidade parlamentar, e foi muito bem redigida, exigindo do candidato, além do conhecimento do texto legal, um bom raciocínio.

Alternativa correta: letra "C" (a alternativa responde as demais): os congressistas (Deputados e Senadores), de acordo com expressa previsão constitucional do art. 53 da CF., "são invioláveis, civil e penalmente, por quaisquer de suas opiniões, palavras e votos". Ocorre que a questão é redigida para induzir o candidato ao erro. Notem que o enunciado fala que o Deputado federal "X" é jornalista de formação, continuando a escrever matérias e crônicas para um jornal de grande circulação. **Ele manifestou sua opinião crítica acerca de um livro de poesias lançado por outro Deputado, "Y", que pertence a um partido de oposição**. Ora, a livre manifestação do pensamento é um direito fundamental, previsto no inciso IV do art. 5º da CF, assim como expressamente previsto no art. 220, da CF. **Portanto, longe de existir causa pra a condenação por danos morais, e desnecessário invocar a imunidade inerente ao seu cargo de Deputado Federal.**

---

164. (FGV – Delegado de Polícia – MA/2012) Para apurar suposto desvio de recursos públicos na construção de uma usina nuclear, foi instaurada Comissão Parlamentar de Inquérito pela Câmara dos Deputados.

A Comissão foi instalada após requerimento de um terço dos Deputados, com prazo certo de duração. Uma das determinações da Comissão foi que se transladassem cópias das provas obtidas em processo judicial previamente instaurado, que corre sob segredo de justiça.

A respeito do caso sugerido, assinale a afirmativa correta.

a) A criação da Comissão foi irregular, pois é obrigatória a participação do Senado na composição de qualquer Comissão Parlamentar de Inquérito.

b) A criação da Comissão observou os requisitos constitucionais, mas a prova não pode ser obtida, pois o segredo de justiça não pode ser levantado por Comissão Parlamentar de Inquérito.

c) A Comissão não poderia ser instaurada, uma vez que sua criação pressupõe o requerimento da maioria absoluta dos membros da Câmara.

d) A criação da Comissão observou todos os requisitos constitucionais, e a prova pode ser obtida, pois a Constituição dotou as Comissões Parlamentares de Inquérito dos poderes de investigação próprios das autoridades judiciais.

e) A CPI pode ser instaurada pela Câmara dos Deputados, mediante requerimento de um terço dos seus membros, mas a comissão não pode ter, por objeto, a apuração de fato determinado.

COMENTÁRIOS

✪ **Nota do autor:** questão que versa sobre os poderes da CPI.

Alternativa correta: letra "B" (a alternativa responde as demais): O Supremo já definiu que CPIs têm poderes de investigação iguais aos das autoridades judiciais, mas com algumas limitações. As buscas e apreensões e as expedições de mandados de prisão, por exemplo, são vedadas. Podem determinar a quebra de sigilos bancário e fiscal de investigados, por exemplo. Mas esses poderes não permitem que as comissões invadam a competência privativa do Judiciário. A determinação de sigilo dos processos judiciais é prerrogativa dos integrantes do Poder Judiciário, assim como sua revogação.

165. (FUNCAB – Delegado de Polícia – RJ/2012) Acerca da organização do Poder Legislativo, é correto o que se afirma em:

a) Os Deputados e Senadores não serão obrigados a testemunhar sobre informações recebidas ou prestadas em razão do exercício do mandato, nem sobre as pessoas que lhes confiaram ou deles receberam informações.

b) Compete exclusivamente ao Congresso Nacional autorizar, por dois terços dos seus membros, a instauração de processo contra o Presidente e o Vice-Presidente da República e os Ministros de Estado.

c) Compete privativamente à Câmara dos Deputados sustar os atos normativos do Poder Executivo que exorbitem do poder regulamentar ou dos limites de delegação legislativa.

d) Compete privativamente ao Senado Federal apreciar os atos de concessão e renovação de concessão de emissoras de rádio e televisão.

e) As imunidades de Deputados ou Senadores subsistirão durante o estado de sítio, só podendo ser suspensas mediante o voto da maioria absoluta dos membros da Casa respectiva, nos casos de atos praticados fora do recinto do Congresso Nacional, que sejam incompatíveis com a execução da medida.

COMENTÁRIOS

✪ **Nota do autor:** a questão versa sobre as prerrogativas dos membros do Poder Legislativo.

Alternativa correta: letra "A": a alternativa está em perfeita consonância com o que prevê o § 6º do art. 53 da CF.

Alternativa "b": a mencionada competência é privativa da Câmara dos Deputados, conforme previsão constitucional no art. 51 da CF.

Alternativa "c": tal competência é exclusiva do Congresso Nacional, nos termos do art. 49, inciso V da CF.

Alternativa "d": essa competência é exclusiva do Congresso Nacional, de acordo com o inciso XII do art. 49 da CF.

Alternativa "e": a alternativa afronta o previsto no § 8º do art. 53 da CF, que diz "As imunidades de Deputados ou Senadores subsistirão durante o estado de sítio, só podendo ser suspensas mediante o voto de **dois terços** dos membros da Casa respectiva, nos casos de atos praticados fora do recinto do Congresso Nacional, que sejam incompatíveis com a execução da medida".

166. (FUNCAB – Delegado de Polícia – RJ/2012) Acerca da organização do Poder Legislativo, é correto o que se afirma em:

a) Os Deputados e Senadores não serão obrigados a testemunhar sobre informações recebidas ou prestadas em razão do exercício do mandato, nem sobre as pessoas que lhes confiaram ou deles receberam informações.

b) Compete exclusivamente ao Congresso Nacional autorizar, por dois terços dos seus membros, a instauração de processo contra o Presidente e o Vice-Presidente da República e os Ministros de Estado.

c) Compete privativamente à Câmara dos Deputados sustar os atos normativos do Poder Executivo que exorbitem do poder regulamentar ou dos limites de delegação legislativa.

d) Compete privativamente ao Senado Federal apreciar os atos de concessão e renovação de concessão de emissoras de rádio e televisão.

e) As imunidades de Deputados ou Senadores subsistirão durante o estado de sítio, só podendo ser suspensas mediante o voto da maioria absoluta dos membros da Casa respectiva, nos casos de atos praticados fora do recinto do Congresso Nacional, que sejam incompatíveis com a execução da medida.

COMENTÁRIOS

✪ **Nota do autor:** a questão versa sobre as prerrogativas dos membros do Poder Legislativo.

Alternativa correta: letra "A": a alternativa está em perfeita consonância com o que prevê o § 6º do art. 53 da CF.

Alternativa "b": a mencionada competência é privativa da Câmara dos Deputados, conforme previsão constitucional no art. 51 da CF.

Alternativa "c": tal competência é exclusiva do Congresso Nacional, nos termos do art. 49, inciso V da CF.

Alternativa "d": essa competência é exclusiva do Congresso Nacional, de acordo com o inciso XII do art. 49 da CF.

Alternativa "e": a alternativa afronta o previsto no § 8º do art. 53 da CF, que diz "As imunidades de Deputados ou Senadores subsistirão durante o estado de sítio, só podendo ser suspensas mediante o voto de **dois terços** dos membros da Casa respectiva, nos casos de atos praticados fora do recinto do Congresso Nacional, que sejam incompatíveis com a execução da medida".

5.4.1.1. PROCESSO LEGISLATIVO

167. (Vunesp – Delegado de Polícia – PC – BA/2018) A Casa na qual tenha sido concluída a votação de projeto de lei deverá enviá-lo ao Presidente da República que, ao considerar o projeto

a) no todo ou em parte, inconstitucional ou contrário ao interesse público, vetá-lo-á total ou parcialmente, no prazo de quinze dias úteis, contados da data do recebimento.

b) inconstitucional, em parte, poderá apor veto parcial, no prazo de quinze dias úteis, abrangendo artigo, parágrafo, inciso, alínea ou expressão verbal.

c) no todo ou em parte, inconstitucional ou contrário ao interesse público, vetá-lo-á total ou parcialmente, no prazo de trinta dias contados da data do recebimento.

d) contrário ao interesse público, vetá-lo-á totalmente, não podendo fazê-lo, neste caso, de forma parcial, já que não há como cindir o interesse público.

e) no todo ou em parte, inconstitucional, vetá-lo-á total ou parcialmente, no prazo de vinte dias contados da data do recebimento.

COMENTÁRIOS

O veto do presidente da República pode ser total ou parcial, devendo ser sempre motivado. O motivo do veto, nos termos do art. 66, §1º da CF/88, pode ser político, quando for contrário ao interesse público; ou jurídico, quando for inconstitucional. Deve se dar em 15 dias, sempre de forma expressa, uma vez que a não manifestação implica na sanção tácita do projeto.

Alternativa correta: letra "a".

168. (Cespe – Delegado de Polícia – PE/2016) Assinale a opção correta acerca do processo legiferante e das garantias e atribuições do Poder Legislativo.

a) A criação de ministérios depende de lei, mas a criação de outros órgãos da administração pública pode se dar mediante decreto do chefe do Poder Executivo.

b) Se um projeto de lei for rejeitado no Congresso Nacional, outro projeto do mesmo teor só poderá ser reapresentado, na mesma sessão legislativa, mediante proposta da maioria absoluta dos membros da Câmara dos Deputados ou do Senado Federal.

c) Uma medida provisória somente poderá ser reeditada no mesmo ano legislativo se tiver perdido sua eficácia por decurso de prazo, mas não se tiver sido rejeitada.

d) Somente após a posse, deputados e senadores passam a gozar do foro por prerrogativa de função, quando deverão ser submetidos a julgamento perante o STF.

e) Os deputados e os senadores gozam de imunidades absolutas, que não podem ser suspensas nem mesmo em hipóteses como a de decretação do estado de defesa ou do estado de sítio.

COMENTÁRIOS

Alternativa correta: letra "b": conforme consta do *caput* do art. 67 da CF, valendo a transcrição: "A matéria constante de projeto de lei rejeitado somente poderá constituir objeto de novo projeto, na mesma sessão legislativa, mediante proposta da maioria absoluta dos membros de qualquer das Casas do Congresso Nacional.".

Alternativa "a": a criação e extinção de Ministérios e **órgãos da administração pública** dependem de lei, consoante disposto no art. 61, § 1º, II, *e*, da CF.

Alternativa "c": é vedada a reedição, na mesma sessão legislativa, de medida provisória que tenha sido rejeitada ou que tenha perdido sua eficácia por decurso de prazo (art. 62, § 10, da CF).

Alternativa "d": nos termos do art. 53, § 1º, da CF, os Deputados e Senadores, desde a expedição do **diploma** (e não com a posse), serão submetidos a julgamento perante o Supremo Tribunal Federal.

Alternativa "e": consoante art. 53, § 8º, da CF, as imunidades de Deputados ou Senadores subsistirão durante o estado de sítio, **só podendo ser suspensas** mediante o **voto de dois terços dos membros da Casa respectiva**, nos casos de atos praticados fora do recinto do Congresso Nacional, que sejam incompatíveis com a execução da medida.

169. (FUNCAB – Delegado de Polícia – RO/2014) Tendo em vista o tema "medida provisória", a alternativa correta é:

a) Medida provisória pode dispor sobre matéria reservada à lei complementar.

b) Medida provisória não pode instituir crime ou fixar pena.

c) Medida provisória pode disciplinar sobre matéria referente a processo penal.

d) As medidas provisórias terão sua votação iniciada no Senado Federal.

e) Não é possível a abertura de crédito extraordinário por meio de medida provisória.

COMENTÁRIOS

Alternativa correta: letra "b" (a alternativa responde as demais): é o que dispõe o art. 62, I, "b", da CF.

Alternativa "a": de acordo com o art. 62, § 1°, III da CF, é **vedada** a edição de medidas provisória sobre matéria **reservada a lei complementar**.

Alternativa "c": consoante art. 62, § 1°, III da CF, é **vedada** a edição de medidas provisória sobre direito processual penal.

Alternativa "d": à luz do art. 62, § 8° da CF, as medidas provisórias terão sua votação iniciada **na Câmara dos Deputados** (não no Senado Federal).

Alternativa "e": não há vedação à abertura de crédito extraordinário via medida provisória. Vale anotar o que dispõe o art. 167, § 3°, da CF: "A abertura de crédito extraordinário somente será admitida para atender a despesas imprevisíveis e urgentes, como as decorrentes de guerra, comoção interna ou calamidade pública, observado o disposto no art. 62".

170. (NUCEPE – Delegado de Polícia – PI/2014) Em relação às medidas provisórias, assinale a alternativa CORRETA.

a) O prazo de duração das medidas provisórias é de sessenta dias, prorrogável, uma vez por igual período. Diferentemente da redação original da Constituição Federal de 1988, não mais se admite a suspensão do prazo durante o recesso parlamentar.

b) Logo que publicada a medida provisória, as demais normas do ordenamento jurídico que com ela não guardem compatibilidade serão consideradas revogadas.

c) Entre as matérias cuja disciplina por medida provisória encontra-se expressamente vedada pela Constituição Federal de 1988, encontram-se as referentes a partidos políticos, organização do Ministério Público e direito penal.

d) Por razões de segurança jurídica, é inadmissível a rejeição tácita de medida provisória. Com efeito, a ausência de apreciação pelo Congresso Nacional após o transcurso do prazo de duração da medida provisória, opera a sua imediata transformação em lei.

e) Se a medida provisória não for apreciada em até trinta dias contados de sua publicação, entrará em regime de urgência, subsequentemente, em cada uma das Casas do Congresso Nacional, ficando sobrestadas, até que se ultime a votação, todas as demais deliberações legislativas da Casa em que estiver tramitando.

COMENTÁRIOS

Alternativa correta: letra "c": trata-se do que dispõe o inciso I do § 1° do art. 62 da CF.

Alternativa "a": as redações dos §§ 3° e 4° do art. 62 da CF deixam claro que os prazos das medidas provisórias **se suspendem** durante os períodos de recesso do Congresso Nacional.

Alternativa "b": a publicação de uma medida provisória **não tem o condão de revogar leis e outros atos normativos** que com ela sejam incompatíveis.

Alternativa "d": a não conversão em lei dentro do prazo estipulado não a transforma em lei automaticamente. Em regra, **as medidas provisórias perderão eficácia, desde a edição, se não forem convertidas em lei no prazo** de sessenta dias, prorrogável, uma vez por igual período, devendo o Congresso Nacional disciplinar, por decreto legislativo, as relações jurídicas delas decorrentes (art. 62, § 3°, da CF).

Alternativa "e": na redação do § 6º do art. 62 da CF, se a medida provisória não for apreciada em até **quarenta e cinco** (e não trinta) dias contados de sua publicação, entrará em regime de urgência, subsequentemente, em cada uma das Casas do Congresso Nacional, ficando sobrestadas, até que se ultime a votação, todas as demais deliberações legislativas da Casa em que estiver tramitando.

171. (FUNCAB – Delegado de Polícia – RJ/2012) Dentre as espécies normativas mencionadas nas opções abaixo, aponte a que admite a figura da iniciativa popular.

a) Leis Delegadas.

b) Medidas Provisórias.

c) Resoluções.

d) Leis Complementares.

e) Decretos Legislativos.

COMENTÁRIOS

✪ **Nota do autor:** questão versando sobre o processo legislativo. Importante a leitura dos arts. 59 ao 69 da CF.

Alternativa correta: letra "D" (responde as demais alternativas): a única alternativa que encontra acerto é a que versa sobre a iniciativa popular. Tal possibilidade contempla as leis ordinárias e complementares, sendo que o rol de legitimados e o rito é idêntico para ambas, sendo que cabe à lei ordinária a matéria residual, ou seja, o que não for tratada pelos demais atos legislativos. As leis delegadas são propostas pelo Presidente de República, e autorizadas pelo Congresso Nacional. As medidas provisórias são de competência do Presidente da República. As resoluções e os decretos legislativos, a grosso modo, cabem nas ações internas do Congresso Nacional.

172. (FUNCAB – Delegado de Polícia – RJ/2012) Acerca das Reuniões ou Sessões do Poder Legislativo, qual das hipóteses abaixo NÃO possui previsão constitucional?

a) Sessão Extraordinária.

b) Sessão Ordinária.

c) Sessão Conjunta.

d) Sessão Preparatória.

e) Sessão Interventiva.

COMENTÁRIOS

✪ **Nota do autor:** a questão é de fácil resolução, bastando o conhecimento da Constituição Federal.

Alternativa correta: letra "E" (responde as demais alternativas): As sessões extraordinárias são as realizadas no correr do recesso parlamentar, ou seja, fora do período compreendido entre 02 de fevereiro e 17 de julho, e 01 de agosto a 22 de dezembro. As sessões ordinárias são justamente o contrário, ou seja, as realizadas durante o período legislativo, mencionado anteriormente. As sessões conjuntas são as realizadas pela Câmara dos Deputados e pelo Senado Federal, nas hipóteses previstas na Constituição, como a tomada de compromisso do Presidente da República e do Vice. As sessões preparatórias são as realizadas a partir de 01 de fevereiro, para a posso dos membros e eleição das respectivas mesas de casa do Congresso.

173. (FUNCAB – Delegado de Polícia – RJ/2012) De acordo com a distribuição das competências legislativas entre os entes da Federação, prevista na Constituição da República, é correto afirmar:

a) A União tem competência privativa para legislar sobre proteção à infância e à juventude.

b) A União pode delegar aos Estados, por meio de Lei Ordinária, assuntos de sua competência legislativa privativa.

c) A União, os Estados e o Distrito Federal possuem competência concorrente para legislar sobre sistema de consórcios e sorteios.

d) A competência para legislar sobre a organização, garantias, direitos e deveres das polícias civis é privativa dos Estados e do Distrito Federal.

e) Compete à União legislar privativamente sobre trânsito e transporte.

COMENTÁRIOS

Alternativa correta: letra "E": a alternativa está amparada pela redação do inciso XII do art. 22 da CF, que versa sobre a competência legislativa privativa da União.

Alternativa "a": de acordo com o inciso XV do art. 24 da CF, a mencionada competência é concorrente entre a União, os Estados e o Distrito Federal.

Alternativa "b": o parágrafo único do art. 22 da CF diz "**Lei complementar** poderá autorizar os Estados a legislar sobre questões específicas das matérias relacionadas neste artigo".

Alternativa "c": o inciso XX do art. 22 da CF diz que tal competência é privativa da União.

Alternativa "d": o inciso XVI do art. 24 da CF diz a dita competência é concorrente entre a União, os estados e o Distrito Federal.

174. (Delegado de Polícia – ES/ 2011 – CESPe) Com relação ao processo legislativo e ao controle de constitucionalidade, julgue os itens seguintes.

A iniciativa para elaboração de leis complementares e ordinárias constitui exemplo da denominada iniciativa concorrente.

COMENTÁRIOS

Certo. A iniciativa, de acordo com expressa previsão constitucional, pode nascer de diversos atores que compõe o cenário político e social. A redação do art. 61 da CF é clara, não deixando margem quanto a legitimidade concorrente, "A iniciativa das leis complementares e ordinárias cabe a qualquer membro ou Comissão da Câmara dos Deputados, do Senado Federal ou do Congresso Nacional, ao Presidente da República, ao Supremo Tribunal Federal, aos Tribunais Superiores, ao Procurador-Geral da República e aos cidadãos, na forma e nos casos previstos nesta Constituição".

5.4.2. PODER EXECUTIVO

175. (Fumarc – Delegado de Polícia – PC – MG/2018) Segundo entendimento do Supremo Tribunal Federal proferido em Ação Direta de Inconstitucionalidade julgada em 2017, no que tange a ações penais ajuizadas em face de Governador de Estado, é CORRETO afirmar:

a) Com base no princípio da simetria, as Assembleias Legislativas devem autorizar, por dois terços de seus membros, a instauração de ação penal contra o Governador por crimes comuns.

b) O recebimento de ação penal contra Governador de Estado pelo Superior Tribunal de Justiça acarreta o seu afastamento automático do cargo.

c) Os estados-membros têm competência para legislar sobre crimes de responsabilidade.

d) Os estados-membros não têm competência para editar normas que exijam autorização da Assembleia Legislativa para que o Superior Tribunal de Justiça (STJ) instaure ação penal contra Governador de Estado.

COMENTÁRIOS

Alternativa "a": Não se admite a extensão da garantia do Presidente da República aos Governadores (STF, ADI 5540/MG).

Alternativa "b": Não há suspensão automática do Governador de suas funções, cabendo ao STJ dispor, fundamentadamente, sobre a aplicação de medidas cautelares penais, inclusive afastamento do cargo. (STF, ADI 5540/MG).

Alternativa "c": De acordo com a disposição da Súmula Vinculante 46, a definição dos crimes de responsabilidade e o estabelecimento das respectivas normas de processo e julgamento são competência privativa da União, não podendo ser feita pelos Estados.

Alternativa "d": Nesse sentido foi o posicionamento adotado pelo STF no julgamento da ADI 5540/MG.

Alternativa correta: letra "d".

176. (Nucepe – Delegado de Polícia – PC – PI/2018) Segundo a Constituição Federal de 1988, é função de chefe de Estado exercido pelo Presidente da República:

a) fiscalizar a aplicação de quaisquer recursos repassados pela União mediante convênio, acordo, ajuste ou outros instrumentos congêneres, ao Estado, ao Distrito Federal ou ao Município;

b) avaliar o cumprimento das metas previstas no plano plurianual, a execução dos programas de governo e dos orçamentos da União;

c) manter relações com Estados estrangeiros e acreditar seus representantes diplomáticos;

d) dispor sobre os limites globais para as operações de crédito da União;

e) nomear e exonerar Ministros de Estado.

COMENTÁRIOS

✪ **Nota do autor:** A alternativa mistura a literalidade da Constituição Federal, com a conceituação doutrinária das funções de Chefe de Estado e de Chefe do Governo. A atenção é essencial para não confundir o gabarito com a alternativa "e".

Alternativa "a": Trata-se de atribuição que decorre do exercício do controle externo, exercido pelo Congresso Nacional com o auxílio do TCU, nos termos do art. 71, VI da CF/88.

Alternativa "b": Essa atribuição é do controle interno, mantido, de forma integrada, pelos Poderes Legislativo, Executivo e Judiciário, prevista no art. 74, I da CF/88.

Alternativa "c": Essa competência é prevista no art. 84, VII da CF/88. Decorre do exercício da função de Chefe de Estado, na qual o Presidente da República representa a República Federativa do Brasil nas suas relações internacionais.

Alternativa "d": Trata-se de competência privativa do Senado Federal, prevista no art. 52, VII da CF/88.

Alternativa "e": Embora seja função do Presidente da República, prevista no art. 84, I da CF/88, é decorrente da função de chefe de governo, na qual gerencia os negócios políticos e administrativos internos, e não de chefe de estado.

Alternativa correta: letra "c".

---

177. (Vunesp – Delegado de Polícia – PC – SP/2018) É correto afirmar sobre o Conselho da República:

a) dele participam como membros, dentre outros, os líderes da maioria e da minoria, tanto na Câmara dos Deputados como no Senado Federal.

b) possui como um de seus membros o Ministro do Planejamento.

c) dentre as suas competências constitucionais deve opinar nas hipóteses de declaração de guerra e de celebração de paz.

d) compete-lhe estudar, propor e acompanhar o desenvolvimento de iniciativas necessárias a garantir a independência nacional e a defesa do Estado democrático.

e) é composto, dentre outros membros, de oito cidadãos brasileiros natos ou naturalizados, com mais de trinta e cinco anos de idade, sendo três nomeados pelo Presidente da República, três eleitos pelo Senado Federal e dois eleitos pela Câmara dos Deputados, todos com mandato de três anos, sendo possível a recondução por uma única vez.

COMENTÁRIOS

Alternativa "a": A composição do Conselho da República está prevista no art. 89 da CF/88, dentre os quais, nos incisos IV e V, temos os líderes da maioria e da minoria na Câmara dos Deputados e Senado Federal.

Alternativa "b": O Ministro do Planejamento não faz parte do rol de autoridades do art. 89 da CF/88. Possivelmente, o examinador quis causar confusão com o Ministro da Justiça, que faz parte (Art. 89, VI da CF/88).

Alternativa "c": As competências do Conselho da República estão no art. 90 da CF/88, dentre as quais não se inclui a mencionada. Na realidade, trata-se de competência do Conselho de Defesa Nacional, prevista no art. 91, §1º, I da CF/88.

Alternativa "d": Trata-se, assim como no caso da alternativa "c", de competência do Conselho de Defesa Nacional, prevista no art. 91, §1º, IV da CF/88.

Alternativa "e": Participam da composição do Conselho da República 6 cidadãos brasileiros natos, com mais de 35 anos de idade, sendo 2 nomeados pelo Presidente da República, 2 eleitos pelo Senado Federal, e 2 eleitos pela Câmara dos Deputados, todos com mandatos de 3 anos, vedada a recondução, nos termos do art. 89, VII da CF/88.

Alternativa correta: letra "a".

---

178. (Cespe – Delegado de Polícia – PE/2016) Com base na disciplina constitucional acerca dos tratados internacionais, da forma e do sistema de governo e das atribuições do presidente da República, assinale a opção correta.

a) Insere-se no âmbito das competências privativas do Senado Federal resolver definitivamente sobre tratados, acordos ou atos internacionais que acarretem encargos ou compromissos gravosos ao patrimônio nacional.

b) O sistema presidencialista de governo adotado no Brasil permite que o presidente da República, na condição de chefe de Estado, decrete o estado de defesa e o estado de sítio, independentemente de autorização do Congresso Nacional.

c) Da forma republicana de governo adotada pela CF decorre a responsabilidade política, penal e administrativa dos governantes; os agentes públicos, incluindo-se os detentores de mandatos eletivos, são igualmente responsáveis perante a lei.

d) Na condição de chefe de governo, cabe ao presidente da República editar atos administrativos que criem e provejam órgãos públicos federais, na forma da lei.

e) Tratados e convenções internacionais sobre direitos humanos, para que sejam equivalentes a emendas constitucionais, deverão ser aprovados em cada Casa do Congresso Nacional, por maioria absoluta de votos, em dois turnos de discussão e votação.

COMENTÁRIOS

Alternativa correta: letra "c": segundo ensinamentos de Nathalia Masson: "Diversamente do princípio da absoluta irresponsabilidade, intrínseco ao caráter vitalício dos cargos reais, uma das características centrais da forma republicana de Governo é a possibilidade de responsabilização dos governantes. Em que pese o Presidente não poder ser destituído da chefia do Governo pelo Congresso Nacional porque deixou de ser detentor da sua confiança, possibilidade que só se viabiliza no sistema parlamentarista, ele pode ser responsabilizado tanto pela prática de crimes comuns (infrações penais comuns), quanto por crimes de responsabilidade (infrações político-administrativas)." (*Manual de direito constitucional*. Salvador: Juspodivm, 2013, p. 756).

Alternativa "a": é da competência exclusiva do Congresso Nacional resolver definitivamente sobre tratados, acordos ou atos internacionais que acarretem encargos ou compromissos gravosos ao patrimônio nacional (art. 49, I, da CF).

Alternativa "b": o sistema presidencialista de governo adotado no Brasil **não** permite que o presidente da República, na condição de chefe de Estado, decrete o estado de defesa e o estado de sítio, independentemente de autorização do Congresso Nacional. Nos termos da Lei Maior, é da competência exclusiva do Congresso Nacional aprovar o estado de defesa e a intervenção federal, autorizar o estado de sítio, ou suspender qualquer uma dessas medidas (art. 49, IV, CF).

Alternativa "d": a **lei** disporá sobre a criação e extinção de Ministérios e órgãos da administração pública (art. 88 da CF). Já o art. 61, § 1º, II, *e*, da CF, dispõe que são de iniciativa privativa do Presidente da República as **leis** que disponham sobre criação e extinção de Ministérios e órgãos da administração pública, observado o disposto no art. 84, VI. Desse modo, a criação de órgãos públicos federais deve ocorrer por **lei** (e não por ato administrativo).

Alternativa "e": os tratados e convenções internacionais sobre direitos humanos que forem aprovados, em cada Casa do Congresso Nacional, em dois turnos, por **três quintos** dos votos dos respectivos membros, serão equivalentes às emendas constitucionais.

---

179. (FUNIVERSA – Delegado de Polícia – DF/2015) Acerca do Poder Executivo, assinale a alternativa correta.

a) Uma vez instaurado o processo por crime de responsabilidade, o presidente da República poderá continuar, caso haja vontade da maioria absoluta do Senado Federal, a exercer as suas funções.

b) O presidente da República poderá ser preso em flagrante por crime comum inafiançável, devendo o flagrante ser encaminhado, em 48 horas, ao STF.

c) Em caso de impedimento ou vacância do presidente e do vice-presidente da República, a ordem de sucessão para ocupar o cargo de presidente da República será a seguinte: presidente do Senado, presidente da Câmara dos Deputados e presidente do STF.

d) O presidente da República poderá delegar sua competência privativa de conceder indulto e comutar penas.

e) Suponha-se que o presidente da República tenha cometido crime comum durante o seu mandato. Nesse caso, ele deverá ser processado e julgado pelo Senado Federal.

COMENTÁRIOS

✪ **Nota do autor:** questão que trata do Poder Executivo, com as particularidades inerentes aos cargos de Presidente e Vice-presidente.

Alternativa correta: letra "d": segundo a redação do art. 84 da CF, compete privativamente ao Presidente da República: XII – conceder indulto e comutar penas, com audiência, se necessário, dos órgãos instituídos em lei. O Presidente da República **poderá delegar as atribuições mencionadas nos incisos VI, XII e XXV, primeira parte, aos Ministros de Estado, ao Procurador-Geral da República ou ao Advogado-Geral da União**, que observarão os limites traçados nas respectivas delegações.

Alternativa "a": de acordo com a redação do art. 86, § 1º da CF, **o Presidente ficará suspenso de suas funções**, II – nos crimes de responsabilidade, após a instauração do processo pelo Senado Federal.

Alternativa "b": a redação do art. 86, § 3º, da CF enuncia que, **enquanto não sobrevier sentença condenatória**, nas infrações comuns, o Presidente da República não estará sujeito a prisão.

Alternativa "c": o art. 80 da CF diz que "em caso de impedimento do Presidente e do Vice-Presidente, ou vacância dos respectivos cargos, serão sucessivamente chamados ao exercício da Presidência o **Presidente da Câmara dos Deputados, o do Senado Federal** e o do Supremo Tribunal Federal".

Alternativa "e": o Presidente da República pode pratica ilicitudes que o levem a ser processado por crime comum ou por crime de responsabilidade. Caso a ilicitude praticada configure um **crime comum, o Presidente responderá a processo perante o Supremo Tribunal Federal** (art. 102, I, "a", da CF). Apenas se o ato ilícito configurar crime de responsabilidade é que o processo correrá no Senado Federal. Em ambos os casos a acusação precisa ser admitida pela Câmara dos Deputados.

---

180. (FGV – Delegado de Polícia – MA/2012) Com relação à chamada responsabilidade do Presidente da República, assinale a afirmativa correta.

a) O Presidente da República pode ser responsabilizado por atos estranhos ao exercício de suas funções, mesmo na vigência de seu mandato.

b) O Presidente da República somente será submetido a julgamento após admitida a acusação por dois terços dos membros do Congresso Nacional.

c) O Presidente da República, nos crimes de responsabilidade, ficará suspenso de suas funções após a instauração do processo pelo Senado Federal.

d) O Presidente da República, durante a vigência do mandato, somente está sujeito a julgamento pela prática de crimes de responsabilidade.

e) O Presidente da República, nas infrações comuns, estará sujeito a prisão cautelar, mediante autorização de dois terços dos membros da Câmara dos Deputados.

COMENTÁRIOS

Alternativa correta: letra "C": a alternativa está de acordo com o previsto no inciso II do § 1º do art. 86 da CF.

Alternativa "a": o § 4º do art. 86 da CF diz "O Presidente da República, na vigência de seu mandato, não pode ser responsabilizado por atos estranhos ao exercício de suas funções".

Alternativa "b": o Presidente da República somente será submetido a julgamento após admitida a acusação por dois terços dos membros da **Câmara dos Deputados.**

Alternativa "d": a redação do caput do art. 86 diz "Admitida a acusação contra o Presidente da República, por dois terços da Câmara dos Deputados, será ele submetido a julgamento perante o Supremo Tribunal Federal, **nas infrações penais comuns**, ou perante o Senado Federal, nos crimes de responsabilidade".

Alternativa "e": a redação do § 3º do art. 86 da CF diz "Enquanto não sobrevier sentença condenatória, nas infrações comuns, o Presidente da República não estará sujeito a prisão", portanto, não cabe prisão cautelar.

---

181. (Delegado de Polícia – AP/ 2010 – FGV) Assinale a afirmativa incorreta.

a) Em caso de impedimento do Presidente e do Vice – Presidente, ou vacância dos respectivos cargos, serão sucessivamente chamados ao exercício da Presidência o Presidente do Senado Federal, o da Câmara dos Deputados, e o do Supremo Tribunal Federal.

b) Vagando os cargos de Presidente e Vice-Presidente da República, far-se-á eleição noventa dias depois de aberta a última vaga.

c) O mandato do Presidente da República é de quatro anos e terá início em primeiro de janeiro do ano seguinte ao da sua eleição.

d) O Presidente e o Vice-Presidente da República não poderão, sem licença do Congresso Nacional, ausentar-se do País por período superior a quinze dias, sob pena de perda do cargo.

e) O Presidente e o Vice-Presidente da República tomarão posse em sessão do Congresso Nacional, prestando o compromisso de manter, defender e cumprir a Constituição, observar as leis, promover o bem geral do povo brasileiro, sustentar a união, a integridade e a independência do Brasil.

COMENTÁRIOS

Alternativa correta: letra "A": a ordem correta na substituição é: Presidente da Câmara dos Deputados, Presidente do Senado Federal e Presidente do STF, de acordo com a redação do art. 80 da CF.

Alternativa "b": em perfeita consonância com o texto constitucional gravado no art. 81.

Alternativa "c": a alternativa está em perfeita simetria com o que está positivado no art. 82 da CF.

Alternativa "d": o art. 83 da CF dá sustentação ao acerto desta alternativa.

Alternativa "e": o texto legal, gravado no art. 78 da CF, fundamenta o acerto da alternativa.

5.4.3. PODER JUDICIÁRIO

---

182. (FUNCAB – Delegado de Polícia – PA/2016) A competência para a criação de novas varas judiciárias é de iniciativa:

a) comum entre o Congresso Nacional ou Assembleia Legislativa e o respectivo Tribunal de Contas da União ou do Estado.

b) privativa do Tribunal ao qual pertencerá o órgão a ser criado.

c) privativa do Ministério Público.

d) comum entre o Chefe do Executivo e o Presidente do Supremo Tribunal Federal.

e) comum entre o Presidente do Supremo Tribunal Federal e qualquer membro do Congresso Nacional.

COMENTÁRIOS

Alternativa correta: letra "b": de acordo com o **art. 96, inciso I, alínea "d", da CF**, compete privativamente aos tribunais a criação de novas varas judiciárias.

---

183. (NUCEPE – Delegado de Polícia – PI/2014) À luz das normas constitucionais sobre o Poder Judiciário, assinale a alternativa CORRETA.

a) Um quinto dos lugares do Supremo Tribunal Federal será composto de membros, do Ministério Público, com mais de dez anos de carreira, e de advogados de notório saber jurídico e de reputação ilibada, com mais de dez anos de efetiva atividade profissional, indicados em lista sêxtupla pelos órgãos de representação das respectivas classes.

b) Aos juízes federais compete processar e julgar o litígio entre Estado estrangeiro ou organismo internacional e a União, o Estado, o Distrito Federal ou o Território.

c) A aprovação de súmula vinculante pelo Supremo Tribunal Federal poderá ocorrer de ofício, mediante decisão de dois terços dos seus membros, após reiteradas decisões sobre matéria constitucional. A vinculação abrangerá a atuação dos demais órgãos do Poder Judiciário e da administração pública direta e indireta, nas esferas federal, estadual e municipal.

d) Entre as vedações que caracterizam o regime jurídico aplicável à magistratura está a impossibilidade de exercer a advocacia antes de decorridos três anos do afastamento do cargo.

e) As causas em que forem parte instituição de previdência social e segurados, serão processadas e julgadas na justiça estadual, no foro do domicílio dos segurados ou beneficiários, sempre que a comarca não seja sede de vara do juízo federal, cabendo recurso para o Tribunal de Justiça do Estado.

COMENTÁRIOS

Alternativa correta: letra "c": trata-se do que prevê o art. 103-A da CF: "O Supremo Tribunal Federal poderá, de ofício ou por provocação, mediante decisão de dois terços dos seus membros, após reiteradas decisões sobre matéria constitucional, aprovar súmula que, a partir de sua publicação na imprensa oficial, terá efeito vinculante em relação aos demais órgãos do Poder Judiciário e à administração pública direta e indireta, nas esferas federal, estadual e municipal, bem como proceder à sua revisão ou cancelamento, na forma estabelecida em lei".

Alternativa "a": a composição do **STF não submete à regra do quinto** constitucional. O Supremo Tribunal Federal compõe-se de **onze Ministros, escolhidos dentre cidadãos** com mais de trinta e cinco e menos de sessenta e cinco anos de idade, de notável saber jurídico e reputação ilibada. Os Ministros do Supremo Tribunal Federal serão nomeados pelo Presidente da República, depois de aprovada a escolha (sabatina) pela maioria absoluta do Senado Federal (c.f. art. 101 da CF).

Alternativa "b": de acordo com o art. 109, II, da CF, aos juízes federais compete processar e julgar o litígio entre Estado estrangeiro ou organismo internacional e **Município** (não União, Estado, Distrito Federal ou Território).

Alternativa "d": a redação do art. 95, parágrafo único, inciso V, da CF preleciona que, aos juízes é vedado exercer a advocacia **no juízo ou tribunal do qual se afastou**, antes de decorridos três anos do afastamento do cargo por aposentadoria ou exoneração.

Alternativa "e": segundo o § 3º do art. 109 da CF, serão processadas e julgadas na justiça estadual, no foro do domicílio dos segurados ou beneficiários, as causas em que forem parte instituição de previdência social e segurado, sempre que a comarca não seja sede de vara do juízo federal, e, se verificada essa condição, a lei poderá permitir que outras causas sejam também processadas e julgadas pela justiça estadual. Ainda, na linha do § 4º do art. 109 da CF, nesse caso, **o recurso cabível será sempre para o Tribunal Regional Federal** na área de jurisdição do juiz de primeiro grau.

---

184. (Fundação Aroeira – Delegado de Polícia – TO/2014) O processo e julgamento da execução de carta rogatória, após o exequatur, e de sentença estrangeira, após a homologação, é de competência

a) dos Tribunais Regionais Federais.

b) dos juízes federais.

c) do Supremo Tribunal Federal.

d) do Superior Tribunal de Justiça.

COMENTÁRIOS

✪ **Nota do autor:** questão de resolução simples, bastando o conhecimento da Constituição Federal, especificamente sobre a competência atribuída aos juízes federais.

Alternativa correta: letra "B" (a alternativa responde as demais): a questão encontra sustentação na redação do inciso X do art. 109 da CF, que diz "os crimes de ingresso ou permanência irregular de estrangeiro, **a execução de carta rogatória, após o "exequatur", e de sentença estrangeira, após a homologação**, as causas referentes à nacionalidade, inclusive a respectiva opção, e à naturalização".

---

185. (FUNCAB – Delegado de Polícia – RJ/2012) O art. 5º, LVI da Constituição Federal de 1988 trata da vedação da prova ilícita. Tomando por base as decisões do Supremo Tribunal Federal, **é INCORRETO** afirmar:

a) É lícita a prova obtida por meio de gravação de conversa própria, feita por um dos interlocutores, se quem está gravando está sendo vítima de proposta criminosa do outro.

b) Exige-se a comprovação da legitimidade das interceptações telefônicas, com a fiel observância de todos os requisitos legais, não entendendo, porém, que exista ofensa ao direito ao silêncio e ao direito a não autoincriminação nas gravações obtidas mediante os requisitos constitucionais e legais para a realização de interceptação telefônica.

c) É incabível a utilização de prova emprestada obtida mediante interceptação telefônica, judicialmente autorizada, para fins de subsidiar apurações de cunho disciplinar.

d) A prova ilícita originária contamina todas as demais provas obtidas a partir dela; é a denominada teoria dos frutos da árvore envenenada.

e) A confissão sob prisão ilegal é prova ilícita e, portanto, invalida a condenação nela fundada.

COMENTÁRIOS

✪ **Nota do autor:** questão de alta complexidade, exigindo do candidato o conhecimento do entendimento do STF acerca do assunto provas ilícitas. **ATENÇÃO, POIS O EXAMINADOR PEDE A ALTERNATIVA INCORRETA.**

Alternativa certa: letra "C" (a alternativa responde as demais): a jurisprudência da Corte permite a utilização de provas colhidas em outro processo, desde que seja dada à defesa a oportunidade de se manifestar sobre estas provas, respeitando os princípios constitucionais da ampla defesa e do contraditório. Nas demais alternativas, a redação vai ao encontro do entendimento praticado pelo STF.

---

186. (FUNCAB – Delegado de Polícia – RJ/2012) Com base nas orientações do Supremo Tribunal Federal, no que se refere às ações constitucionais, é correto afirmar:

a) É cabível a impetração do mandado de injunção mesmo que já exista norma regulamentadora de direito previsto na Constituição Federal, desde que essa norma seja flagrantemente inconstitucional.

b) A entidade de classe tem legitimação para o mandado de segurança ainda quando a pretensão veiculada interesse apenas a uma parte da respectiva categoria.

c) É incabível o mandado de injunção coletivo, por ausência de previsão constitucional.

d) Os tribunais do Poder Judiciário não têm competência originária para julgamento de ação popular, mesmo que proposta contra atos de autoridades que dispõem de foro por prerrogativa de função, exceto no caso do Presidente da República em que a competência originária é do Supremo Tribunal Federal.

e) É cabível o mandado de injunção se a Constituição Federal outorga mera faculdade ao legislador para regulamentar direito previsto em algum de seus dispositivos.

COMENTÁRIOS

✪ **Nota do autor:** questão versando, mais uma vez, sobre o entendimento do STF. Os candidatos devem dedicar especial atenção às súmulas e informativos oriundos deste Tribunal.

Alternativa correta: letra "B": a redação da súmula 630 não deixa dúvidas, pois assim o diz "a entidade de classe tem legitimação para o mandado de segurança ainda quando a pretensão veiculada interesse apenas a uma parte da respectiva categoria".

Alternativa "A": a existência de norma que regulamenta um direito previsto na CF impossibilita a impetração do Mandado de Injunção, remédio constitucional que visa combater a falta de norma regulamentadora que torne impossível a fruição de determinado direito previsto na carta magna.

Alternativa "C": o STF admite a impetração do MI coletivo, o que pode ser confirmado pelo julgamento do MI 833/2010.

Alternativa "D": a redação do artigo 5º da Lei 4.717/65, que regula a ação popular, diz que a competência para julgamento da ação popular é determinada pela origem do ato lesivo a ser anulado, via de regra, do juízo competente de primeiro grau, conforme as normas de organização judiciária. Mesmo que o ato seja praticado pelo Presidente da República, não haverá foro privilegiado, sendo competente a justiça de primeira instância.

Alternativa "E": o mandado de injunção cabe quando a falta de norma regulamentadora torna inviável o exercício dos direitos e liberdades constitucionais e das prerrogativas inerentes à nacionalidade, à soberania e à cidadania.

187. (FUNCAB – Delegado de Polícia – RJ/2012) A jurisprudência do Supremo Tribunal Federal fixou entendimentos sobre o mandado de segurança. Com base nessas orientações, é correto afirmar:

a) É constitucional a lei que fixa prazo prescricional para impetração de mandado de segurança.

b) Controvérsia sobre matéria de direito impede concessão de mandado de segurança.

c) A concessão de mandado de segurança produz efeitos patrimoniais em relação a período pretérito, os quais somente devem ser reclamados pela via judicial própria.

d) Praticado o ato por autoridade, no exercício de competência delegada, contra ela cabe o mandado de segurança ou a medida judicial.

e) É cabível mandado de segurança contra decisão judicial com trânsito em julgado.

COMENTÁRIOS

✪ **Nota do autor:** mais uma questão que pede o entendimento do STF.

Alternativa correta: letra "D": a alternativa vai ao encontro da previsto na súmula 510 do STF.

Alternativa "A": a súmula 632 do STF diz que "É constitucional lei que fixa o prazo de **decadência** para a impetração de mandado de segurança".

Alternativa "B": a súmula 625 do STF diz que "controvérsia sobre matéria de direito não impede concessão de mandado de segurança".

Alternativa "C": a súmula 271 do STF diz que "concessão de mandado de segurança **não produz efeitos patrimoniais**, em relação a período pretérito, os quais devem ser reclamados administrativamente ou pela via judicial própria".

Alternativa "E": a súmula 268 do STF diz exatamente o contrário.

188. (FUNCAB – Delegado de Polícia – RJ/2012) Considerando as normas constitucionais que regulam a competência da Justiça Federal, é correto afirmar que cabe aos juízes federais processar e julgar:

a) os crimes políticos e todas as infrações penais praticadas em detrimento de bens, serviços ou interesse da União ou de suas entidades autárquicas ou empresas públicas, ressalvada a competência da Justiça Militar e da Justiça Eleitoral.

b) os crimes praticados contra o trabalhador que não importem em grave violação de direitos humanos.

c) as infrações penais cuja prática tenha repercussão interestadual e exija repressão uniforme.

d) os crimes cometidos em rodovias federais.

e) os crimes cometidos a bordo de navios ou aeronaves, ressalvada a competência da Justiça Militar.

COMENTÁRIOS

✪ **Nota do autor:** mais uma questão versando sobre a competência dos juízes federais, prevista no art. 109 da CF.

Alternativa correta: letra "E" (a alternativa responde as demais): a única alternativa que vai ao encontro a expressa previsão constitucional, acerca da competência dos juízes federais. A alternativa encontra sustentação na redação do inciso IX do art. 109 da CF.

189. (FUNCAB – Delegado de Polícia – RJ/2012) No que se refere às garantias do Poder Judiciário, com destaque à vitaliciedade conectada à noção de independência, marque a alternativa correta.

a) Diz-se garantia de independência dos órgãos judiciários porque, com a vitaliciedade, ocorre a estabilidade perpétua do magistrado.

b) Diz-se garantia de independência dos órgãos judiciários porque, com a vitaliciedade, os magistrados só perdem o cargo havendo sentença judicial transitada em julgado.

c) Diz-se garantia de independência dos órgãos judiciários porque a vitaliciedade se adquire tão logo ocorra o exercício do cargo.

d) Diz-se garantia de independência dos órgãos judiciários porque a vitaliciedade só se aplica ao juiz de carreira, não se estendendo aos advogados que integram a carreira da magistratura pela regra do quinto constitucional.

e) Diz-se garantia de independência dos órgãos judiciários porque, com a vitaliciedade, o magistrado só perde o cargo quando ocorre decisão da mais Alta Corte do País.

COMENTÁRIOS

✪ **Nota do autor:** questão que exige do candidato o conhecimento da CF, mas também o entendimento sobre os significados de vitaliciedade e independência funcional.

Alternativa correta: letra "B" (a alternativa responde as demais): a vitaliciedade materializa uma das mais importantes garantias à independência do Poder Judiciário. Ao garantir que os magistrados possam agir de forma independente, não estando sujeitos às perseguições que poderiam surgir caso fosse possível a sua exoneração por qualquer motivo, é preservada a independência entre os órgãos que compõe o Poder uno e indivisível do Estado. Vitaliciedade não significa estabilidade perpétua, já que os magistrados estão sujeitos às ações penais e administrativas que podem privar-lhes de seus cargos.

190. (Delegado de Polícia – SP/ 2011 – ACADEPOL) Compete ao Supremo Tribunal Federal processar e julgar, originariamente,

a) os casos de crime contra a Administração Pública ou de abuso de autoridade.

b) os processos disciplinares de juízes julgados há menos de um ano.

c) o litígio entre Estado estrangeiro e a União, o Estado e o Distrito Federal.

d) os Governadores dos Estados e do Distrito Federal, nos crimes comuns.

e) os mandados de segurança contra ato de Ministro de Estado.

COMENTÁRIOS

Alternativa correta: letra "C": tal competência originária encontra amparo na alínea "e", do inciso I, do art. 102 da CF.

Alternativa "a": tal competência não faz parte da originária do STF, havendo menção do CNJ representar o MP nos casos de crime contra a administração pública e os casos de abuso de autoridade, de acordo com o inciso IV do art. 103-B da CF.

Alternativa "b": mais uma competência atribuída ao CNJ, de acordo com i inciso V do art. 103-B da CF.

Alternativa "d": tal competência pertence ao STJ, de acordo com a alínea "a" do inciso I do art. 105 da CF.

Alternativa "e": a competência originária para julgas os mandados de segurança contra ato de Ministro de Estado é do STJ, de acordo com a alínea "b", do inciso I do art. 105 da CF.

191. (Delegado de Polícia – AP/ 2010 – FGV) Compete ao Supremo Tribunal Federal, precipuamente, a guarda da Constituição, **não** lhe cabendo processar e julgar, originariamente:

a) a ação direta de inconstitucionalidade de lei ou ato normativo federal.

b) o Presidente da República, nas infrações penais comuns.

c) o litígio entre Estado estrangeiro ou organismo internacional e a União, o Estado, o Distrito Federal ou o Território.

d) a extradição solicitada por Estado estrangeiro.

e) a homologação de sentenças estrangeiras e a concessão de *exequatur* às cartas rogatórias.

COMENTÁRIOS

✪ **Nota do autor:** a questão versa sobre a competência originária do STF para julgar e processar, tema muito cobrado nos concursos para Delegado de Polícia Civil.

Alternativa correta: letra "E": tal competência pertence ao STJ, com previsão no texto constitucional na alínea "i", do inciso I, do art. 105. As demais alternativas representam competências originárias do STF, elencadas na ordem das alternativas, por meio das alíneas "a", "b", "e", "g", do inciso I, do art. 102 da CF.

5.4.4. CONSELHO NACIONAL DE JUSTIÇA

192. (Nucepe – Delegado de Polícia – PC – PI/2018) Marque a alternativa que se refere à competência do Conselho Nacional de Justiça:

a) julgar a ação judicial em que todos os membros da magistratura sejam direta ou indiretamente interessados, e aquela em que mais da metade dos membros do tribunal de origem estejam impedidos ou sejam direta ou indiretamente interessados;

b) o julgamento de ministros do Supremo Tribunal Federal que cometam crime de responsabilidade;

c) os conflitos de atribuições entre autoridades administrativas e judiciárias da União, ou entre autoridades judiciárias de um Estado e administrativas de outro ou do Distrito Federal, ou entre as deste e da União;

d) rever, de ofício ou mediante provocação, os processos disciplinares de juízes e membros de tribunais julgados há menos de 1 (um) ano;

e) a elaboração do regimento interno dos tribunais estaduais.

COMENTÁRIOS

Alternativa "a": O Conselho Nacional de Justiça não tem função jurisdicional. Portanto, não julga ações judiciais, mas sim exerce um controle da atuação administrativa e financeira do Poder Judiciário e do cumprimento dos deveres funcionais dos juízes, conforme art. 103-B, §4º da CF/88. A competência mencionada na alternativa é, na verdade, do STF, nos termos do art. 102, I, n da CF/88.

Alternativa "b": Trata-se, na verdade, de competência privativa do Senado Federal, prevista no art. 52, II da CF/88.

Alternativa "c": Essa competência é, na verdade, do Superior Tribunal de Justiça, conforme art. 105, I, g da CF/88.

Alternativa "d": Trata-se de competência prevista no art. 103-B, §4º, V da CF/88.

Alternativa "e": Trata-se de competência privativa dos tribunais, prevista no art. 96, I e da CF/88.

Alternativa correta: letra "d".

193. (UEG – Delegado de Polícia – GO/2013) O Conselho Nacional de Justiça, consoante dispositivo constitucional, é órgão integrante do Poder Judiciário Brasileiro. Em razão de sua natureza esse órgão tem composição

a) heterogênea, sendo integrado tão somente por magistrados, membros do Ministério Público, advogados e cidadãos, com função jurisdicional e de controle da atuação financeira e disciplinar.

b) homogênea, sendo integrado tão somente por magistrados de carreira e advogados públicos, com função jurisdicional e de controle da atuação jurisdicional e disciplinar.

c) homogênea, sendo integrado tão somente por juízes, desembargadores e membros do ministério público, com função administrativa de controle da atuação jurisdicional e administrativa.

d) heterogênea, sendo integrado tão somente por magistrados, membros do Ministério Público, e defensores públicos, com função jurisdicional e de controle da atuação financeira e disciplinar.

COMENTÁRIOS

Alternativa correta: letra "A": a redação do art. 103-B da CF, inciso I ao XIII é clara e demonstra a forma heterogênea da composição do CNJ.

Alternativa "b": a composição do CNJ é heterogênea, pois não participam somente magistrados de carreira e advogados públicos, com função jurisdicional e de controle da atuação jurisdicional e disciplinar.

Alternativa "c": é heterogênea, pois dela também participam os cidadãos.

Alternativa "d": os cidadãos também compõem a heterogênea formação do CNJ.

194. (Delegado de Polícia – MG/ 2011 – ACADEPOL) O Conselho Nacional de Justiça (CNJ), criado através da EC 45/2004, é presidido pelo Presidente do Supremo Tribunal Federal (STF) que, por sua vez, possui as seguintes atribuições:

a) receber e conhecer dos conflitos de competência entre o Superior Tribunal de Justiça e quaisquer tribunais, entre os Tribunais Superiores, ou entre estes e qualquer outro tribunal.

b) receber as reclamações e denúncias, de qualquer interessado, relativas aos magistrados e aos serviços judiciários, além de proceder às inspeções e correições em geral.

c) receber e conhecer dos conflitos de atribuições entre autoridades administrativas e judiciárias da União, ou entre autoridades judiciárias de um Estado e administrativas de outro ou do Distrito Federal.

d) receber e conhecer dos conflitos de competência entre quaisquer tribunais, bom como entre tribunais e juízes a ele não vinculados.

COMENTÁRIOS

Alternativa correta: letra "B": a alternativa encontra-se em simetria com o previsto pelo inciso I, do § 5º do art. 103-B da CF.

Alternativa "a": a mencionada competência pertence ao STF, segundo expressa previsão constitucional, na alínea "o", inciso I, do art. 102 da CF.

Alternativa "c": tal competência pertence ao STJ, de acordo com a alínea "g", do inciso I, do art. 105 da CF.

Alternativa "d": tal competência pertence ao STJ, de acordo com a alínea "d", do inciso I, do art. 105 da CF.

5.5. FUNÇÕES ESSENCIAIS À JUSTIÇA

195. (Fundatec – Delegado de Polícia – PC – RS/2018) Em relação às funções essenciais à justiça e os desdobramentos relacionados a elas, assinale a alternativa correta.

a) O fato que constitui objeto da representação oferecida pelo ofendido (ou, quando for o caso, por seu representante legal) não traduz limitação material ao poder persecutório do Ministério Público, que poderá, agindo ultra vires, proceder a uma devida ampliação objetiva da delatio criminis postulatória, para, desse modo, incluir, na denúncia, outros delitos cuja perseguibilidade, embora dependente de representação, não foi nesta requerida por aquele que a formulou.

b) A CF dotou o Ministério Público do poder de requisitar diligências investigatórias e a instauração de inquérito policial (CF, Art. 129, VIII), todavia, a norma constitucional não contemplou a possibilidade de o Parquet realizar e presidir inquérito policial. Noutro giro, segundo a jurisprudência da maior instância do poder judiciário, cabe aos membros do Parquet inquirir diretamente pessoas suspeitas de autoria de crime, dispensando a requisição da diligência nesse sentido à autoridade policial.

c) É atribuição do Ministério Público estadual analisar inquérito por crime contra a ordem econômica e emitir a respeito opinio delicti, promovendo, ou não, ação penal, se não há violação a bens, interesses ou serviços da União.

d) O advogado é indispensável à administração da justiça, sendo inviolável por seus atos e manifestações no exercício da profissão, nos limites da lei. Sendo assim, sua presença não pode ser dispensada em atos jurisdicionais, a exceção das causas de competência dos Juizados Especiais Cíveis e Criminais.

e) A Defensoria Pública é instituição permanente, essencial à função jurisdicional do Estado, incumbindo-lhe, como expressão e instrumento do regime democrático, fundamentalmente, a orientação jurídica, a promoção dos direitos humanos e a defesa, em todos os graus, judicial e extrajudicial, dos direitos individuais e coletivos, de forma integral e gratuita, aos necessitados, na forma do inciso LXXIV do Art. 5° desta Constituição Federal. No entanto, o seu enfraquecimento se deu com a desconstitucionalização da autonomia funcional e administrativa.

COMENTÁRIOS

Alternativa "a": Na realidade, esse fato traduz limitação material ao poder persecutório do Ministério Público, que não poderá, agindo ultra vires, proceder a uma indevida ampliação objetiva da delatio criminis postulatória, sendo nesse sentido o entendimento do STF manifestado no julgamento do HC 98.237.

Alternativa "b": O Ministério Público, nos termos do inciso VIII do art. 129 da CF/88,tem por funções institucionais requisitar diligências investigatórias e a instauração de inquérito policial, indicados os fundamentos jurídicos de suas manifestações processuais. Ademais, a jurisprudência, a contrário do que aponta a alternativa, entende que não cabe aos seus membros inquirir diretamente pessoas suspeitas de autoria de crime, mas requisitar diligência nesse sentido à autoridade policial (STF, RHC 81.326).

Alternativa "c": Nesse sentido foi o posicionamento adotado pelo STF, no julgamento da ACO 1058.

Alternativa "d": Entende-se ser dispensável a presença de advogado em certos atos jurisdicionais (STF, ADI 1.127).

Alternativa "e": Não houve desconstitucionalização de sua autonomia, mas sim foi essa afirmada no §2º do art. 134 da CF/88, incluído com a EC 80/2014.

Alternativa correta: letra "c".

---

196. (Fumarc – Delegado de Polícia – PC – MG/2018) A Emenda Constitucional n. 80, de 4 de junho de 2014, foi responsável por alterar dispositivos do Capítulo IV – Das Funções Essenciais à Justiça, do Título IV – Da Organização dos Poderes. Em relação à Defensoria Pública, esta emenda

a) assegura às Defensorias Públicas Estaduais autonomia funcional e administrativa, além da iniciativa de sua proposta orçamentária.

b) atribui à Defensoria Pública a iniciativa legislativa quanto à fixação de subsídios dos defensores públicos.

c) averba que a Defensoria Pública é instituição essencial à função jurisdicional do Estado.

d) estende aos defensores públicos a garantia da inamovibilidade, na forma assegurada aos membros do Poder Judiciário.

COMENTÁRIOS

Alternativa "a": Trata-se de alteração promovida pela EC 45/2004.

Alternativa "b": Trata-se da alteração promovida pela EC 80/2014, que incluiu o §2º no art. 134 da CF/88.

Alternativa "c": Essa garantia constava do texto originário da CF/88.

Alternativa "d": A inamovibilidade foi garantida originariamente na CF/88.

Alternativa correta: letra "b".

---

197. (Nucepe – Delegado de Polícia – PC – PI/2018) O Ministério Público está situado no capítulo das Funções Essenciais à Justiça na Constituição de 1988. Marque a alternativa que NÃO se encontra entre as vedações constitucionalmente designadas aos seus membros:

a) exercer a advocacia;

b) participar de sociedade comercial, na forma da lei;

c) receber, a qualquer título e sob qualquer pretexto, honorários, percentagens ou custas processuais;

d) exercer, ainda que em disponibilidade, qualquer outra função pública, sem qualquer exceção;

e) exercer atividade político-partidária.

COMENTÁRIOS

✪ **Nota do autor:** A questão busca a alternativa que **não** é uma vedação aos membros do Ministério Público. Atenção!

Alternativa "a": Trata-se de vedação prevista no art. 128, §5º, II, "b" da CF/88.

Alternativa "b": Essa vedação é prevista no art. 128, §5º, II, "c" da CF/88.

Alternativa "c": A vedação em questão é encontrada no art. 128, §5º, II, "a" da CF/88.

Alternativa "d": A vedação em questão, encontrada no art. 128, §5º, II, "d", comporta uma exceção: o exercício de uma função pública de magistério.

Alternativa "e": Trata-se de vedação prevista no art. 128, §5º, II, "e" da CF/88.

Alternativa correta: letra "d".

---

198. (Cespe – Delegado de Polícia – GO/2017) No modelo de funcionamento da justiça montado no Brasil, entendeu-se ser indispensável a existência de determinadas funções essenciais à justiça. Nesse sentido, a CF considera como funções essenciais à justiça

a) o Poder Judiciário, o Ministério Público, a defensoria pública, a advocacia e as polícias civil e militar.

b) o Ministério Público, a defensoria pública, a advocacia pública, a advocacia e as polícias civil e militar.

c) o Poder Judiciário e o Ministério Público.

d) o Ministério Público, a defensoria pública, a advocacia pública e a advocacia.

e) o Poder Judiciário, o Ministério Público e a defensoria pública.

COMENTÁRIOS

Alternativa correta: letra "d": de acordo com a Constituição, são funções essenciais à justiça o Ministério Público (arts. 127 a 130-A da CF), a Advocacia Pública (arts. 131 e 132 da CF), a Advocacia (art. 133 da CF) e a Defensoria Pública (arts. 134 e 135 da CF).

---

199. (UEL – Delegado de Polícia – PR/2013) Sobre o Ministério Público, assinale a alternativa correta.

a) Ao Ministério Público Federal incumbe a defesa da ordem jurídica, do regime democrático, dos interesses sociais e dos individuais indisponíveis, além da defesa dos interesses da União em juízo.

b) O Ministério Público abrange o Ministério Público da União, que abrange o Ministério Público Federal, o Ministério Público do Trabalho, o Ministério Público Militar, o Ministério Público do Distrito Federal e dos Territórios; e o Ministério Público dos Estados, abrange o Ministério Público Estadual e o Ministério Público Eleitoral.

c) Analisando a Constituição Federal, constata-se que são princípios institucionais do Ministério Público a unidade, a indivisibilidade e a independência funcional.

d) Pela garantia de vitaliciedade, adquirida após três anos de exercício, o membro do Ministério Público poderá perder o cargo por sentença judicial transitada em julgado.

e) Dentro da organização dos Poderes do Estado brasileiro, o Ministério Público é instituição subordinada ao Poder Executivo.

COMENTÁRIOS

✪ **Nota do autor:** questão simples, cuja resposta encontra-se no capítulo IV da CF, que trata das funções essenciais à justiça.

Alternativa correta: letra "C": a resposta a alternativa está na redação do § 1º do art. 127 da CF, que diz "**são princípios institucionais do Ministério Público a unidade, a indivisibilidade e a independência funcional**".

Alternativa "A": a alternativa está errada, o que pode ser confirmado pela redação do art. 127 da CF, que diz "**O Ministério Público é instituição permanente, essencial à função jurisdicional do Estado, incumbindo-lhe a defesa da ordem jurídica, do regime democrático e dos interesses sociais e individuais indisponíveis**".

Alternativa "B": a alternativa está errada, pois a redação do art. 128 da CF diz que o Ministério Público abrange o Ministério Público da União (que compreende o MP Federal, o MP do Trabalho, o MP Militar e o MP do DF e dos territórios) e o Ministério Público dos Estados.

Alternativa "D": é garantida a vitaliciedade do membro do MP, **após dois anos no cargo** e a perda deste só pode ocorrer por meio de sentença judicial transitada em julgado.

Alternativa "E": a alternativa está errada, pois não He subordinação ao Poder Executivo. A redação do art. 127 da CF diz que "**o Ministério Público é instituição permanente, essencial à função jurisdicional do Estado**, incumbindo-lhe a defesa da ordem jurídica, do regime democrático e dos interesses sociais e individuais indisponíveis".

---

200. (Delegado de Polícia – AP/ 2010 – FGV) Relativamente às vedações e garantias dos juízes, assinale a afirmativa incorreta.

a) Os juízes gozam da garantia da inamovibilidade, salvo por motivo de interesse público, na forma da Constituição.

b) Aos juízes é vedado exercer a advocacia no juízo ou tribunal do qual se afastou, antes de decorridos cinco anos do afastamento do cargo por aposentadoria ou exoneração.

c) Aos juízes é vedado exercer, ainda que em disponibilidade, outro cargo ou função, salvo uma de magistério.

d) Os juízes gozam da garantia da vitaliciedade. A vitaliciedade no primeiro grau só será adquirida após dois anos de exercício.

e) Aos juízes é vedado dedicar-se à atividade político-partidária.

COMENTÁRIOS

Alternativa correta: letra "B": o inciso V, do parágrafo único do art. 95 da CF diz que ao juiz é vedado exercer a advocacia no juízo ou tribunal do qual se afastou, antes de decorridos **três anos do afastamento do cargo por aposentadoria ou exoneração.**

Alternativa "a": a alternativa está espelhada no inciso II do art. 95 da CF.

Alternativa "c": o acerto da alternativa encontra supedâneo no inciso I, do parágrafo único do art. 95 da CF.

Alternativa "d": a vitaliciedade é uma das garantias dos juízes sendo que no primeiro grau só será adquirida após dois anos de exercício, conforme previsto no inciso I do art. 95 da CF.

Alternativa "e": a vedação mencionada na alternativa está prevista no inciso III do parágrafo único, do art. 95 da CF.

6. CONTROLE DE CONSTITUCIONALIDADE

201. (Fumarc – Delegado de Polícia – PC – MG/2018) Segundo precedentes do Supremo Tribunal Federal, a comprovação da relação de pertinência temática em ação direta de inconstitucionalidade e ação declaratória de constitucionalidade NÃO é exigida para

a) o Conselho Federal das Ordem dos Advogados do Brasil.
b) Mesa de Assembleia Legislativa ou da Câmara Legislativa do Distrito Federal.
c) entidades de classe de âmbito nacional.
d) confederações sindicais.

COMENTÁRIOS

O STF entendeu que a legitimidade ativa da confederação sindical, entidade de classe de âmbito nacional, mesas das assembleias legislativas e governadores, para a ação direta de inconstitucionalidade, vincula-se ao objeto da ação, devendo assim haver pertinência temática (ADI 1508 MC-AgR). Portanto, todas as demais autoridades do art. 103 da CF/88 independem dessa comprovação, quais sejam: Presidente da República; Mesa do Senado Federal; Mesa da Câmara dos Deputados; Procurador-Geral da República; Conselho Federal da OAB; e partido político com representação no Congresso Nacional.

Alternativa correta: letra "a".

202. (Vunesp – Delegado de Polícia – PC – SP/2018) Assinale a alternativa correta a respeito do Controle de Constitucionalidade no Brasil.

a) A decisão sobre a constitucionalidade ou a inconstitucionalidade da lei ou do ato normativo somente será tomada se presentes na sessão pelo menos seis Ministros.
b) Após a propositura da ação direta de inconstitucionalidade, somente se admitirá a sua desistência mediante concordância da autoridade responsável pela edição da lei ou ato normativo impugnado.
c) Em se tratando de Ação Direta de Constitucionalidade, o Supremo Tribunal Federal, por decisão da maioria simples de seus membros, poderá deferir pedido de medida cautelar consistente na determinação de que os juízes e os Tribunais suspendam o julgamento dos processos que envolvam a aplicação da lei ou do ato normativo objeto da ação até seu julgamento definitivo.
d) A medida cautelar deferida na Ação Direta de Inconstitucionalidade, que será em regra dotada de eficácia contra todos de efeito ex nunc, torna aplicável a legislação anterior acaso existente, salvo manifestação expressa em sentido contrário.
e) Os partidos políticos, independentemente de representação no Congresso Nacional, possuem legitimação para propor Ação Direta de Inconstitucionalidade, uma vez que possuem representatividade nacional.

COMENTÁRIOS

Alternativa "a": O mínimo legal é, na verdade, de 8 Ministros, conforme art. 22 da lei 9868/99.

Alternativa "b": Não se admite a desistência da ação direta, conforme estabelece o art. 5º da lei 9868/99.

Alternativa "c": A maioria para essa decisão deve ser absoluta, e não simples, conforme art. 21 da lei 9868/99.

Alternativa "d": Trata-se da previsão do art. 11, §1º e §2º da lei 9868/99, sendo esse o chamado "efeito repristinatório" da decisão.

Alternativa "e": Os partidos políticos dependem da representação no Congresso Nacional para que sejam legitimados à propositura das ações do controle concentrado de constitucionalidade, nos termos da disposição do art. 103, VIII da CF/88.

Alternativa correta: letra "d".

203. (Cespe – Delegado de Polícia – GO/2017) Tendo em vista que a petição inicial de arguição de descumprimento de preceito fundamental (ADPF) dirigida ao STF deverá conter, entre outros requisitos, a indicação do ato questionado, assinale a opção correta acerca do cabimento dessa ação constitucional.

a) Não cabe ADPF sobre atos normativos já revogados.
b) Cabe ADPF sobre decisão judicial transitada em julgado.
c) Se uma norma pré-constitucional já fosse inconstitucional no regime constitucional anterior e existisse um precedente do STF que reconhecesse essa inconstitucionalidade, caberia ADPF contra essa norma pré-constitucional.
d) Não cabe ADPF sobre ato normativo municipal.
e) Cabe ADPF sobre ato de efeitos concretos como decisões judiciais.

COMENTÁRIOS

Alternativa correta: letra "e": é cabível ADPF sobre decisões judiciais, conforme entendimento consolidado quando do julgamento da ADPF 127 pelo STF.

Alternativa "a": cabe ADPF sobre atos normativos já revogados, porque a ação pretende a declaração de ilegitimidade ou de não-recepção da norma pela ordem constitucional superveniente.

Alternativa "b": não cabe ADPF sobre decisão judicial transitada em julgado, segundo jurisprudência do STF (vide ADPF 134-AgR-terceiro, rel. Min. Ricardo Lewandowski, julgamento em 2009).

Alternativa "c": no caso em questão, caberia Reclamação Constitucional, conforme entendimento do STF no julgamento da ADPF 53.

Alternativa "d": cabe ADPF sobre ato normativo municipal, nos termos do art. 1º, § ún, inciso I, da Lei 9.882/1999.

---

204. (FUNCAB – Delegado de Polícia – PA/2016) Acerca do controle de constitucionalidade, assinale a alternativa correta.

a) A jurisprudência do Supremo Tribunal Federal tem considerado admissível a propositura de ação direta de constitucionalidade contra atos de efeito concreto.

b) Segundo a Constituição brasileira, cabe ao Senado Federal a suspensão da execução do ato declarado inconstitucional pela Excelsa Corte nos recursos extraordinários.

c) A jurisprudência do Supremo Tribunal Federal tem dispensado a necessidade de que o Governador de um Estado ou a Assembleia Legislativa que impugna ato normativo de outro demonstre relevância, isto é, a relação de pertinência da pretensão formulada – da pretendida declaração de inconstitucionalidade da lei.

d) Dispõem de legitimidade para propor a ação de inconstitucionalidade o Presidente da República, a Mesa do Senado Federal, a Mesa da Câmara dos Deputados, a Mesa da Assembleia Legislativa ou da Câmara Legislativa, o Governador de Estado ou do Distrito Federal, o Procurador-Geral da República, o Conselho Federal da Ordem dos Advogados do Brasil e o Presidente do Tribunal de Contas da União.

e) Não é possível a atuação do *amicus curiae* no processo de ação direta de inconstitucionalidade, porquanto vedada a intervenção de terceiros.

COMENTÁRIOS

Alternativa correta: letra "b": de acordo com o art. 52, inciso X, da CF, compete privativamente ao Senado Federal a suspensão de execução, no todo ou em parte, de lei declarada inconstitucional por decisão definitiva do STF.

Alternativa "a": de acordo com jurisprudência do STF, apenas é admissível ADI contra ato dotado de abstração, generalidade e impessoalidade. Nesse sentido, vide ementa da ADI 2057: AÇÃO DIRETA DE INCONSTITUCIONALIDADE. LEI Nº 0456, DE 23/07/99, DO ESTADO DO AMAPÁ (DIRETRIZES ORÇAMENTÁRIAS). EMENDA PARLAMENTAR A PROJETO DE LEI, MODIFICATIVA DOS PERCENTUAIS PROPOSTOS PELO GOVERNADOR, SEM ALTERAR OS VALORES GLOBAIS DA PROPOSTA. ATO DE EFEITO CONCRETO. INVIABILIDADE DO CONTROLE ABSTRATO DE CONSTITUCIONALIDADE. 1. Constitui ato de natureza concreta a emenda parlamentar que encerra tão-somente destinação de percentuais orçamentários, visto que destituída de qualquer carga de abstração e de enunciado normativo. 2. A jurisprudência desta Corte firmou entendimento de que só é admissível ação direta de inconstitucionalidade contra ato dotado de abstração, generalidade e impessoalidade. 3. A emenda parlamentar de reajuste de percentuais em projeto de lei de diretrizes orçamentárias, que implique transferência de recursos entre os Poderes do Estado, tipifica ato de efeito concreto a inviabilizar o controle abstrato. 4. Ação direta não conhecida. (ADI 2057 MC, Relator(a): Min. MAURÍCIO CORRÊA, Tribunal Pleno, julgado em 09/12/1999).

Alternativa "c": governadores de Estados e Assembleias Legislativas devem apresentar pertinência temática para a propositura de ação. Nesse sentido: "A legitimidade ativa da confederação sindical, entidade de classe de âmbito nacional, Mesas das Assembleias Legislativas e governadores, para a ação direta de inconstitucionalidade, vincula-se ao objeto da ação, pelo que deve haver pertinência da norma impugnada com os objetivos do autor da ação. Precedentes do STF: ADI 305/RN (RTJ 153/428); ADI 1.151/MG (DJ de 19-5-1995); ADI 1.096/RS (Lex-JSTF, 211/54); ADI 1.519/AL, julgamento em 6-11-1996; ADI 1.464/RJ, DJ de 13-12-1996. Inocorrência, no caso, de pertinência das normas impugnadas com os objetivos da entidade de classe autora da ação direta)". (ADI 1.507 MC-AgR, rel. min. Carlos Velloso, j. 03/02/1997).

Alternativa "d": de acordo com o art. 103, incisos I a IX, da CF, são legitimados: Presidente da República, Mesa do Senado Federal, Mesa da Câmara dos Deputados, Mesa de Assembleia Legislativa ou Câmara Legislativa do DF, Governador de Estado ou do DF, Procurador-Geral da República, Conselho Federal da OAB, partido político com representação no Congresso Nacional, e Confederação Sindical ou entidade de classe de âmbito nacional.

Alternativa "e": intervenção de amicus curiae não é considerada intervenção de terceiros, de modo que é permitida em ação direta de inconstitucionalidade – exceto em caso de recurso.

---

205. (Cespe – Delegado de Polícia – PE/2016) Com relação ao controle de constitucionalidade, assinale a opção correta.

a) Como atos *interna corporis*, as decisões normativas dos tribunais, estejam elas sob a forma de resoluções administrativas ou de portarias, não são passíveis do controle de constitucionalidade concentrado.

b) Se o governador de um estado da Federação ajuizar ADI contra lei editada por outro estado, a ação não deverá ser conhecida pelo STF, pois governadores de estado somente dispõem de competência para ajuizar ações contra leis e atos normativos federais e de seu próprio estado.

c) A ADPF pode ser proposta pelos mesmos legitimados ativos da ADI genérica e da ADC, além do juiz singular quando, na dúvida sobre a constitucionalidade de uma lei, este suscita o incidente de arguição de inconstitucionalidade perante o STF.

d) Se a câmara de vereadores de um município entender que o prefeito local pratica atos que lesam princípios ou direitos fundamentais, ela poderá propor uma ADPF junto ao STF visando reprimir e fazer cessar as condutas da autoridade municipal.

e) São legitimados universais para propor ADI, não se sujeitando ao exame da pertinência temática, o presidente da República, as mesas da Câmara dos Deputados e do Senado Federal, o procurador-geral da República, partido político com representação no Congresso Nacional e o Conselho Federal da OAB.

COMENTÁRIOS

✪ **Nota do autor:** são legitimados para propor ADI, ADC e ADPF: I – o Presidente da República; II – a Mesa do Senado Federal; III – a Mesa da Câmara dos Deputados; IV – a Mesa de Assembleia Legislativa ou da Câmara Legislativa do Distrito Federal; V – o Governador de Estado ou do Distrito Federal; VI – o Procurador-Geral da República; VII – o Conselho Federal da Ordem dos Advogados do Brasil; VIII – partido político com representação no Congresso Nacional; IX – confederação sindical ou entidade de classe de âmbito nacional.

Alternativa correta: letra "e": nos termos da jurisprudência do STF, **são legitimados especiais**, ou seja, precisam demonstrar pertinência temática: a) Mesa da Assembleia Legislativa ou da Câmara Legislativa do Distrito Federal; b) Governador do Estado ou do Distrito Federal; c) Confederação Sindical ou Entidade de Classe de âmbito nacional. Os demais são **legitimados neutros ou universais** e não precisam demonstrar pertinência temática. Portanto, são legitimados universais para propor ADI, não se sujeitando ao exame da pertinência temática, o presidente da República, as mesas da Câmara dos Deputados e do Senado Federal, o procurador-geral da República, partido político com representação no Congresso Nacional e o Conselho Federal da OAB.

Alternativa "a": segundo ensina Uadi Lammêgo Bulos: "O Supremo Tribunal Federal admite o controle de constitucionalidade concentrado das decisões normativas dos tribunais. Tais decisões podem revestir-se sob a forma de resoluções administrativas, portarias, deliberações *interna corporis* etc." (*Curso de direito constitucional*. 9. Ed. São Paulo: Saraiva, 2015, p. 263).

Alternativa "b": se o governador de um estado da Federação ajuizar ADI contra lei editada por outro estado, a ação poderá ser conhecida pelo STF. Segundo ensinamentos de Uadi Lammêgo Bulos: "A garantia do equilíbrio federativo pressupõe a legitimidade ativa especial do Governador para propor a direta genérica no Pretório Excelso, quando ocorrerem invasões de competências constitucionais. Nesse caso, configura-se o elo de pertinência temática entre a norma impugnada e os interesses estaduais a serem, legitimamente, tutelados. Assim, **pode o Governador ajuizar a direta genérica tendo por objeto lei ou ato normativo da União, de seu próprio Estado, e até de outros Estados-membros da federação, cujas deliberações ferirem interesses e competências de sua ordem jurídica parcial**." (*Curso de direito constitucional*. 9. Ed. São Paulo: Saraiva, 2015, p. 284).

Alternativa "c": juiz não possui legitimidade para impetração de ADPF.

Alternativa "d": câmara de vereadores não possui legitimidade para impetração de ADPF.

---

206. (Fundação Aroeira – Delegado de Polícia – TO/2014) Pode propor a ação direta de inconstitucionalidade e a ação declaratória de constitucionalidade, entre outros, o

a) Governador de Estado ou do Distrito Federal.

b) Presidente do Senado Federal.

c) Presidente da Câmara dos Deputados.

d) Presidente de Assembleia Legislativa.

COMENTÁRIOS

✪ **Nota do autor:** questão de fácil resolução, bastando ao candidato o conhecimento do art. 103 da CF.

Alternativa correta: letra "A" (a alternativa responde as demais): a única alternativa que encontra sustentação no rol taxativo de legitimados para a propositura da ADI, estando os Governadores de Estado e do Distrito Federal, previstos no inciso V do art. 103 da CF.

---

207. (Vunesp – Delegado de Polícia – SP/2014) Pode (m) propor a ação direta de inconstitucionalidade e a ação declaratória de constitucionalidade perante o Supremo Tribunal Federal:

a) partido político sem representação no Congresso Nacional.

b) os Conselhos Federais de órgãos de classe profissional.

c) confederação sindical ou entidade de classe de âmbito regional.

d) a Mesa da Câmara dos Deputados.

e) o Procurador-Geral de Justiça.

COMENTÁRIOS

✪ **Nota do autor:** a questão versa sobre a legitimidade para propositura da Ação Direta de Inconstitucionalidade, prevista no art. 103, inciso I ao IX.

Alternativa correta: letra "D" (responde as demais alternativas): a única alternativa que vai ao encontro que está previsto no art. 103 da CF, que diz "podem propor a ação direta de inconstitucionalidade e a ação declaratória de constitucionalidade: I – o Presidente da República; II – a Mesa do Senado Federal; III – a Mesa da Câmara dos Deputados; IV a Mesa de Assembleia Legislativa ou da Câmara Legislativa do Distrito Federal; V o Governador de Estado ou do Distrito Federal; VI – o Procurador-Geral da República; VII – o Conselho Federal da Ordem dos Advogados do Brasil; VIII – partido político com representação no Congresso Nacional; IX – confederação sindical ou entidade de classe de âmbito nacional". Nas demais alternativas, não aparecem legitimados, mas o examinador busca colocar nomes parecidos para confundir os candidatos. Prestem atenção, e dediquem um tempo para decorar esse rol taxativo.

208. (Cespe – Delegado de Polícia – BA/2013) A respeito do controle de constitucionalidade, julgue os itens que se seguem.

I. Ao governador de estado é permitido questionar, por via principal e concentrada, a validade de determinada lei, ainda que não tenha vetado, na ocasião própria, o projeto dessa lei.

II. Prefeito municipal é parte legítima para ingressar com arguição de descumprimento de preceito fundamental perante o Supremo Tribunal Federal (STF).

III. O mandado de injunção é remédio jurídico apto a enfrentar a inconstitucionalidade por omissão.

COMENTÁRIOS

✪ **Nota do autor:**

Alternativa correta: a assertiva I está **certa**, pois o Governador de Estado é legitimado a propor ADI, de acordo com expressa previsão do art. 103 da CF. A assertiva II está **errada**, pois os prefeitos municipais não constam do rol taxativo do art. 103 da CF. A assertiva III está **certa**, pois vai de encontro ao texto do inciso LXXI do art. 5º da CF, que diz "conceder-se-á mandado de injunção sempre que a falta de norma regulamentadora torne inviável o exercício dos direitos e liberdades constitucionais e das prerrogativas inerentes à nacionalidade, à soberania e à cidadania".

209. (FUNCAB – Delegado de Polícia – ES/2013) Acerca do controle da constitucionalidade, é correto o que se afirma em:

a) O controle de constitucionalidade concentrado encontra obstáculo na norma constitucional de eficácia contida.

b) Uma medida provisória editada por um Ministro de Estado constituiria inconstitucionalidade formal orgânica.

c) Os decretos do Poder Executivo não estão sujeitos ao controle de constitucionalidade.

d) Para haver reforma da Constituição de 1988, foi necessário o plebiscito. Se este não tivesse ocorrido ou se houvesse fora dos parâmetros constitucionais, haveria inconstitucionalidade por vício material.

e) Os vícios formais dizem respeito ao próprio conteúdo do ato, originando-se de um conflito com os princípios estabelecidos na Constituição. E, evidentemente, a inconstitucionalidade formal envolve não só o contraste direto do ato legislativo com o parâmetro constitucional, mas também a aferição do desvio de poder ou do excesso de poder legislativo.

COMENTÁRIOS

✪ **Nota do autor:** questão versando sobre controle de constitucionalidade.

Alternativa correta: letra "B": por expressa previsão do art. 62, compete ao Presidente da República a edição de medidas provisórias. Portanto, fora do presidente, há flagrante inconstitucionalidade formal.

Alternativa "A": não há que se falar em obstáculo que impeça uma norma constitucional de eficácia contida de ser submetida co controle de constitucionalidade concentrado, praticado pelo STF.

Alternativa "C": Os atos legislativos estão sujeitos ao controle de constitucionalidade, pois devem estar de acordo com os ditames constitucionais, incluindo os decretos legislativos.

Alternativa "D": a constituição prevê o poder constituinte reformador. Não há necessidade de plebiscito para que a reforma se materialize, bastando a legitimidade prevista no art. 60 da CF, e a observação das vedações materiais, previstas no § 4º do art. 60 da CF.

Alternativa "E": os vícios **materiais** dizem respeito ao próprio conteúdo do ato, originando-se de um conflito com os princípios estabelecidos na Constituição.

210. (UEL – Delegado de Polícia – PR/2013) Leia o texto a seguir. Medida judicial cabível para declarar a inconstitucionalidade de lei ou ato normativo federal ou estadual, editados posteriormente à promulgação da Constituição Federal e que ainda estejam em vigor. É espécie de fiscalização objetiva, tratando-se de controle abstrato de constitucionalidade.

Esse texto faz referência a uma medida judicial utilizada para realização de controle de constitucionalidade, pois se trata de

a) ação declaratória de constitucionalidade.

b) ação declaratória de inconstitucionalidade por omissão.

c) ação direta de inconstitucionalidade.

d) arguição de descumprimento de preceito fundamental.

e) controle difuso.

COMENTÁRIOS

✪ **Nota do autor:** a questão versa sobre o controle de constitucionalidade, matéria recorrente nos concursos públicos.

Alternativa correta: letra "C" (responde as demais alternativas): a descrição do enunciado praticamente responde a alternativa, pois apresenta informações que evidenciam a ação direta de inconstitucionalidade. Ao mencionar a medida judicial cabível para **declarar a inconstitucionalidade de lei ou ato normativo federal ou estadual**, editados posteriormente à promulgação da Constituição Federal e que ainda estejam em vigor. É espécie de **fiscalização objetiva, tratando-se de controle abstrato de constitucionalidade**, fica evidente que o instrumento mencionado é a ADI, cuja competência originária para o julgamento pertence ao STF, de acordo com expressa previsão na Constituição, no art. 102, I, "a".

211. (FUNCAB – Delegado de Polícia – RJ/2012) Acerca do instrumento hábil para realizar o controle de constitucionalidade de lei ou ato normativo municipal em face do texto federal, assinale a alternativa correta.

a) Arguição de descumprimento de preceito fundamental, incluindo nesse raciocínio, a hipótese do veto imotivado.
b) Arguição de descumprimento de preceito fundamental, incluindo nesse raciocínio, os atos legislativos em fase de formação.
c) Fiscalização difusa, exercida, no caso concreto, por qualquer juiz ou tribunal.
d) Fiscalização difusa exercida no caso concreto, pelo Tribunal de Justiça ou pelo Tribunal de Justiça Militar dos Estados, nesta última hipótese, nos casos em que houver.
e) Arguição de descumprimento de preceito fundamental, pela fiscalização difusa exercida no caso concreto, pelo Tribunal de Justiça e pela ação direta de controle de constitucionalidade, nos casos em que a lei ou ato normativo municipal se referirem a ato que tenha repercussão geral.

COMENTÁRIOS

Alternativa correta: letra "C" (a alternativa responde as demais): qualquer juiz, analisando um caso concreto, e, portanto, exercendo o controle difuso de constitucionalidade, pode declarar uma lei municipal inconstitucional. O importante é saber que **julgar válida lei local contestada em face de lei federal é uma competência originária do STF, de acordo com expressa previsão no art. 102, III, "d". A arguição de descumprimento de preceito fundamental cabe no controle concentrado, e não no difuso.**

212. (Cespe – Delegado de Polícia – AL/ 2012) Julgue os itens seguintes, acerca do poder constituinte.

I. De acordo com o Supremo Tribunal Federal (STF), é possível questionar, através de mandado de segurança, proposta de emenda constitucional tendente a abolir a separação de poderes. Todavia, a legitimidade para o ajuizamento é exclusiva de parlamentar.
II. Para a doutrina constitucional majoritária, não existem limites implícitos ao poder constituinte derivado reformador. É possível, assim, adotar a teoria da dupla revisão.

COMENTÁRIOS

✪ **Nota do autor:** a questão não é fácil de ser resolvida, principalmente a primeira assertiva, pois o candidato deve conhecer a jurisprudência praticada pelo STF.

Alternativa correta: a primeira assertiva está **certa**, pois vai de encontrão ao entendimento jurisprudencial do STF. Vejamos o entendimento materializado no julgamento do MS 23.565-DF:

> *"PROPOSTA DE EMENDA À CONSTITUIÇÃO. CONTROLE INCIDENTAL DE CONSTITUCIONALIDADE (CF, ART. 60, § 4º). MANDADO DE SEGURANÇA. LEGITIMIDADE ATIVA DO MEMBRO DO CONGRESSO NACIONAL. WRIT MANDAMENTAL UTILIZADO POR SERVIDOR PÚBLICO. FALTA DE QUALIDADE PARA AGIR. MANDADO DE SEGURANÇA NÃO CONHECIDO.*
>
> *– O processo de formação das leis ou de elaboração de emendas à Constituição revela-se suscetível de controle incidental ou difuso pelo Poder Judiciário, sempre que, havendo possibilidade de lesão à ordem jurídico-constitucional, a impugnação vier a ser suscitada por membro do próprio Congresso Nacional, pois, nesse domínio,* **somente ao parlamentar – que dispõe do direito público subjetivo à correta observância das cláusulas que compõem o devido processo legislativo – assiste legitimidade ativa ad causam para provocar a fiscalização jurisdicional.**
>
> *– A jurisprudência do Supremo Tribunal Federal firmou-se no sentido de recusar, a terceiros que não ostentem a condição de parlamentar, qualquer legitimidade que lhes atribua a prerrogativa de questionar, incidenter tantum, em sede mandamental, a validade jurídico-constitucional de proposta de emenda à Constituição, ainda em tramitação no Congresso Nacional. Precedentes. .. (MS 23.565-DF, Rel. Min. CELSO DE MELLO, DJU de 17.11.1999)*

A segunda assertiva está **errada**, pois o Poder Constituinte que não encontra limites é o Originário. O derivado, como o próprio nome diz, deriva do Poder Originário, e foram inseridos limites explícitos e implícitos.

213. (UEG – Delegado de Polícia – GO/2013) A Ação Direta de Inconstitucionalidade interventiva é proposta em desfavor da unidade federada, com o fim de assegurar a observância dos chamados princípios constitucionais sensíveis. São legitimados para a sua propositura:

a) o Ministério Público, agindo na qualidade de sucessor processual, nos interesses da Federação.
b) as entidades de classe e associações constituídas no tempo e forma da lei, agindo em nome próprio.
c) o Presidente do Senado Federal, representando o Congresso Nacional e atuando em nome do mesmo.
d) o Procurador Geral da República, atuando como substituto processual, na defesa da coletividade.

COMENTÁRIOS

Alternativa correta: letra "D": o rol de legitimados para a propositura da Adin interventiva, está no art. 103, nos inciso I ao IX. A única alternativa que apresenta um dos legitimados é a "d", portanto, as demais estão erradas.

214. (Delegado de Polícia – AP/ 2010 – FGV) Relativamente ao *controle de constitucionalidade*, assinale a afirmativa correta.

a) As decisões definitivas de mérito, proferidas pelo Supremo Tribunal Federal, nas ações diretas de inconstitucionalidade e nas ações declaratórias de constitucionalidade produzirão eficácia contra todos e efeito vinculante, relativamente aos demais órgãos do Poder Judiciário, mas não à administração pública direta e indireta, nas esferas federal, estadual e municipal.
b) Podem propor a ação direta de inconstitucionalidade e a ação declaratória de constitucionalidade, dentre outros, Governador de Estado, o Procurador-Geral da República, o Conselho Federal da Ordem dos Advogados do Brasil, dois terços dos membros do Senado Federal ou da Câmara dos Deputados.
c) A súmula vinculante terá por objetivo a validade, a interpretação e a eficácia de normas determinadas, acerca das quais haja controvérsia atual entre órgãos judiciários ou entre esses e a administração pública que acarrete grave insegurança jurídica e relevante multiplicação de processos sobre questão idêntica.
d) A matéria constante de proposta de súmula vinculante rejeitada ou havida por prejudicada não pode ser objeto de nova proposta enquanto não for modificada a composição do Supremo Tribunal Federal.
e) Compete ao Supremo Tribunal Federal processar e julgar, originariamente, a ação direta de inconstitucionalidade e a ação declaratória de constitucionalidade de lei ou ato normativo federal, estadual ou municipal em face da Constituição Federal ou das Constituições Estaduais.

COMENTÁRIOS

✪ **Nota do autor:** controle de constitucionalidade é tema certo nos concursos para delegado de polícia. Vale a pena conferir atenção especial à matéria.

Alternativa correta: letra "C": a alternativa está fundamentada no § 1º do art. 103-A, que diz "A súmula terá por objetivo a validade, a interpretação e a eficácia de normas determinadas, acerca das quais haja controvérsia atual entre órgãos judiciários ou entre esses e a administração pública que acarrete grave insegurança jurídica e relevante multiplicação de processos sobre questão idêntica".

Alternativa "a": a alternativa afronta o previsto no § 2º do art. 102 da CF, que diz "As decisões definitivas de mérito, proferidas pelo Supremo Tribunal Federal, nas ações diretas de inconstitucionalidade e nas ações declaratórias de constitucionalidade produzirão eficácia contra todos e efeito vinculante, relativamente aos demais órgãos do Poder Judiciário e à administração pública direta e indireta, nas esferas federal, estadual e municipal".

Alternativa "b": no tocante aos legitimados para a propositura da ação direta de inconstitucionalidade e da ação declaratória de constitucionalidade, o erro da alternativa está relacionado ao Senado Federal e Câmara do Deputados, pois a legitimação é atribuída a mesa, tanto do Senado, quanto da Câmara.

Alternativa "d": O STF pode, de ofício ou por provocação editar a súmula vinculante. Neste caso, o examinador tenta confundir o candidato com a proximidade da ADI ou ADC, cuja proposta recusada só pode ser apreciada em nova sessão legislativa.

Alternativa "e": a alínea "a", do inciso I, do art. 102 da CF, diz "a ação direta de inconstitucionalidade de lei ou ato normativo federal ou estadual e a ação declaratória de constitucionalidade de lei ou ato normativo federal".

7. DEFESA DO ESTADO E DAS INSTITUIÇÕES DEMOCRÁTICAS

215. (Vunesp – Delegado de Polícia – PC – BA/2018) Assinale a alternativa que corretamente trata do sistema constitucional de crises.

a) Na hipótese extrema do estado de defesa, quando medidas enérgicas devem ser tomadas para preservar a ordem pública, o preso pode ficar, excepcionalmente, incomunicável.
b) O Estado de Sítio pode ser defensivo, tendo como pressuposto material a ocorrência de uma comoção grave, cuja repercussão é nacional e que não pode ser debelada com os instrumentos normais de segurança.
c) Logo que cesse o Estado de Defesa ou o Estado de Sítio, as medidas aplicadas em sua vigência pelo Presidente da República serão relatadas em mensagem ao Supremo Tribunal Federal, pois cumpre ao Judiciário o controle de legalidade dos atos praticados.
d) Cessado o Estado de Sítio, cessam imediatamente seus efeitos, de modo que os atos coercitivos autorizados em decreto, executados pelos delegados do Presidente da República, são imunes ao controle judicial.
e) Os pareceres emitidos pelos Conselhos da República e de Defesa Nacional não são vinculantes, cabendo a decretação do estado de defesa ao Presidente da República, que expedirá decreto estabelecendo a duração da medida.

COMENTÁRIOS

Alternativa "a": Não se admite, nem mesmo diante de estado de defesa, a incomunicabilidade do preso, conforme dispõe o art. 136, §3º, IV da CF/88.

Alternativa "b": O Estado de Sítio defensivo tem como pressuposto material a declaração de guerra ou resposta a agressão armada, conforme art. 137, II da CF/88.

Alternativa "c": A mensagem é destinada ao Congresso Nacional, e não ao STF, nos termos do art. 141, parágrafo único da CF/88.

Alternativa "d": Os atos não estão imunes ao controle judicial, nos termos do art. 141 da CF/88.

Alternativa "e": Os Conselhos são órgão meramente consultivos, estando a alternativa de acordo com o texto do art. 136, *caput* e §1º da CF/88.

Alternativa correta: letra "e".

216. (Vunesp – Delegado de Polícia – PC – SP/2018) Suponha que o Presidente da República, depois de ouvir o Conselho da República e o Conselho de Defesa Nacional, decretou estado de defesa para restabelecer a paz social ameaçada por grave e iminente instabilidade institucional no local X.

Nesse caso, é certo assinalar que

a) o estado de defesa poderá ser instituído pelo prazo máximo de 45 dias, prorrogado uma única vez por mais 45 dias.

b) o decreto poderá restringir tanto o sigilo de comunicação telegráfica como telefônica.

c) o decreto que instituir o estado de defesa poderá se dar por prazo indeterminado em casos de grave violação da ordem pública.

d) na vigência do estado de defesa a prisão ou detenção de qualquer pessoa não poderá ser superior a 30 dias, salvo quando autorizada pelo Poder Judiciário.

e) o direito de reunião poderá ser restringido, excetuando-se naquelas exercidas no seio das associações.

COMENTÁRIOS

Alternativa "a": O prazo do Estado de Defesa, nos termos do art. 136, §2º da CF/88, não será superior a 30 dias, podendo ser prorrogado uma vez, por igual período, se persistirem as razões que justificaram a sua decretação.

Alternativa "b": Trata-se da previsão do art. 136, §1º, I, "b" e "c" da CF/88.

Alternativa "c": Conforme apontado no comentário da alternativa "a", o estado de defesa só poderá ser instituído no prazo máximo de 30 dias, prorrogável uma única vez, por igual período.

Alternativa "d": A prisão, na vigência do estado de defesa, não poderá ser superior a 10 dias, salvo quando autorizada pelo Poder Judiciário, nos termos do art. 136, §3º da CF/88.

Alternativa "e": Não há exceção ao exercício do direito de reunião no seio das associações, conforme indica o art. 136, §1º, I, a da CF/88.

Alternativa correta: letra "b".

217. (IBADE – Delegado de Polícia – AC/2017) Acerca da intervenção federal, assinale a alternativa correta.

a) A invasão de um Estado-membro por outro não caracteriza hipótese de intervenção federal, mas sim decretação de estado de sítio pelo Presidente da República.

b) Nas intervenções espontâneas, o Presidente da República deve ouvir o Conselho da República e o de Defesa Nacional, embora não esteja obrigado ao parecer destes.

c) A intervenção do inciso VII do artigo 34, CRFB/88 (descumprimento de princípio sensível) é hipótese de atuação ex officio do Presidente da República, ou seja, pode decretar a intervenção sem a provocação de ninguém.

d) De acordo com o entendimento jurisprudencial do STF, a insuficiência de recursos financeiros pelo Estado não caracteriza fundamento razoável para se indeferir pleito de intervenção federal.

e) A hipótese do artigo 34, I, CRFB/88 (manter a integridade nacional), depende de solicitação do Poder Legislativo ao Presidente da República.

COMENTÁRIOS

Alternativa correta: letra "b": a assertiva está em conformidade com o art. 90, inciso I, e art. 91, § 1º, inciso II, da CF.

Alternativa "a": a hipótese da assertiva se trata de intervenção federal, e não de estado de sítio. Conforme art. 34, inciso II, da CF: "A União não intervirá nos Estados nem no Distrito Federal, exceto para: II – repelir invasão estrangeira ou de uma Unidade da Federação em outra".

Alternativa "c": a hipótese depende de provimento do STF e representação do Procurador-Geral da República, segundo art. 36, III e § 3º, da CF.

Alternativa "d": o entendimento do STF é no sentido de a insuficiência de recursos financeiros ser fundamento razoável para deferir pleito de intervenção federal. Nesse sentido: "AGRAVO REGIMENTAL EM INTERVENÇÃO FEDERAL. PRECATÓRIO. DESCUMPRIMENTO INVOLUNTÁRIO. 1. Descumprimento voluntário e intencional de decisão transitada em julgado. Pressuposto indispensável ao acolhimento do pedido de intervenção federal. 2. Precatório. Não-pagamento do título judicial em virtude da insuficiência de recursos financeiros para fazer frente às obrigações pecuniárias e à satisfação do crédito contra a Fazenda Pública no prazo previsto no § 1º do artigo 100 da Constituição da República. Exaustão financeira. Fenômeno econômico/financeiro vinculado à baixa arrecadação tributária, que não legitima a medida drástica de subtrair temporariamente a autonomia estatal. Precedentes. Agravo regimental a que se nega provimento". (IF 506 AgR, Relator(a): Min. MAURÍCIO CORRÊA, Tribunal Pleno, julgado em 05/05/2004).

Alternativa "e": a hipótese do art. 34, inciso I, da CF, não depende de solicitação, porque se caracteriza como intervenção espontânea.

218. (Cespe – Delegado de Polícia – PE/2016) A respeito das atribuições constitucionais da polícia judiciária e da organização político-administrativa do Estado Federal brasileiro, assinale a opção correta.

a) Todos os anos, as contas dos municípios devem ficar, durante sessenta dias, à disposição de qualquer contribuinte, para exame e apreciação, o qual poderá questionar a legitimidade dessas contas, nos termos da lei.

b) O DF, como ente federativo *sui generis*, possui as competências legislativas reservadas aos estados, mas não aos municípios; entretanto, no que se refere ao aspecto tributário, ele possui as mesmas competências que os estados e municípios dispõem.

c) As polícias civis, dirigidas por delegados de polícia de carreira, exercem as funções de polícia judiciária e de apuração de infrações penais, sejam elas civis ou militares.

d) Dirigidas por delegados de polícia, as polícias civis subordinam-se aos governadores dos respectivos estados, com exceção da polícia civil do DF, que é organizada e mantida pela União.

e) Os territórios não são entes federativos; assim, na hipótese de vir a ser criado um território federal, ele não disporá de representação na Câmara dos Deputados nem no Senado Federal.

COMENTÁRIOS

Alternativa correta: letra "a": as contas dos Municípios ficarão, durante sessenta dias, anualmente, à disposição de qualquer contribuinte, para exame e apreciação, o qual poderá questionar-lhes a legitimidade, nos termos da lei (art. 31, § 3º, da CF).

Alternativa "b": o DF possui as competências legislativas reservadas **aos estados e aos municípios**.

Alternativa "c": às polícias civis, dirigidas por delegados de polícia de carreira, incumbem, ressalvada a competência da União, as funções de polícia judiciária e a apuração de infrações penais, **exceto as militares** (art. 144, § 4º, da CF).

Alternativa "d": as polícias militares e corpos de bombeiros militares, forças auxiliares e reserva do Exército, **subordinam-se, juntamente com as polícias civis, aos Governadores dos Estados, do Distrito Federal e dos Territórios** (art. 144, § 6º, da CF).

Alternativa "e": cada Território elegerá quatro Deputados (art. 45, § 2º, da CF).

219. (ACAFE – Delegado de Polícia – SC/2014) O Presidente da República pode, ouvidos o Conselho da República e o Conselho de Defesa Nacional, decretar estado de defesa para preservar ou prontamente restabelecer, em locais restritos e determinados, a ordem pública ou a paz social ameaçadas por grave e iminente instabilidade insttucional ou atingidas por calamidades de grandes proporções na natureza.

Sobre o tema e de acordo com a Constituição da República Federativa do Brasil – CRFB/88 é correto afirmar, exceto:

a) Na vigência do estado de defesa a prisão por crime contra o Estado, determinada pelo executor da medida, será por este comunicada imediatamente ao juiz competente, que a relaxará, se não for legal, facultado ao preso requerer exame de corpo de delito à autoridade policial.

b) Decretado o estado de defesa ou sua prorrogação, o Presidente da República, dentro de vinte e quatro horas, submeterá o ato com a respectiva justificação ao Congresso Nacional, que decidirá por maioria absoluta.

c) Na vigência do estado de defesa a comunicação será acompanhada de declaração, pela autoridade, do estado físico e mental do detido no momento de sua autuação.

d) Na vigência do estado de defesa a prisão ou detenção de qualquer pessoa não poderá ser superior a trinta dias, estando vedada, ainda, a incomunicabilidade do preso.

e) O tempo de duração do estado de defesa não será superior a trinta dias, podendo ser prorrogado uma vez, por igual período, se persistirem as razões que justificaram a sua decretação.

COMENTÁRIOS

Alternativa certa: letra "d" (a questão pede a incorreta): de acordo com o art. 136, § 3°, III, da CF, a prisão ou detenção de qualquer pessoa não poderá ser superior a **dez** (e não trinta) dias, salvo quando autorizada pelo Poder Judiciário.

Alternativa "a": é o que dispõe o art. 136, § 3°, I, da CF.

Alternativa "b": consoante art. 136, § 4°, da CF.

Alternativa "c": trata-se do art. 136, § 3°, II, da CF.

Alternativa "e": assim preleciona o art. 136, § 2°, da CF.

220. (UEL – Delegado de Polícia – PR/2013) Com relação ao texto da Constituição Brasileira (CF) de 1988, atribua V (verdadeiro) ou F (falso) às afirmativas a seguir.

( ) A CF não poderá ser emendada na vigência de intervenção federal, de estado de defesa ou de estado de sítio.

( ) O decreto de intervenção é ato do chefe do Poder Executivo e deverá especificar a amplitude, o prazo e as condições de execução da intervenção e, se couber, nomeará o interventor.

( ) Sempre que houver intervenção federal caberá o afastamento do governador do Estado-Membro da federação que sofre a intervenção, para a devida correção dos abusos cometidos.

( ) Entre as medidas coercitivas a vigorarem durante o estado de defesa encontram-se restrições ao direito de sigilo de correspondência e ao direito de sigilo de comunicação telegráfica e telefônica.

( ) A declaração de estado de guerra ou a resposta à agressão armada estrangeira permite a suspensão dos direitos fundamentais individuais, para a boa condução da defesa do Estado brasileiro.

Assinale a alternativa que contém, de cima para baixo, a sequência correta.

a) V, V, F, V, F.

b) V, F, F, V, V.

c) V, F, F, F, V.

d) F, V, V, F, F.

e) F, F, V, F, V.

COMENTÁRIOS

✪ **Nota do autor:** a questão é de fácil resolução, bastando ao candidato o conhecimento da Constituição Federal, especificamente o título V, que trada da defesa do Estado e das Instituições Democráticas, assim como o art. 60, que versão sobre as possibilidades de emenda à Constituição.

Alternativa correta: letra "A": (responde as demais alternativas) a assertiva I é **verdadeira**, e encontra sustentação na redação do § 1º do art. 60 da CF. A assertiva II é **verdadeira**, e está de acordo com a redação do § 1º do art. 36 da CF, que diz " decreto de intervenção, que especificará a amplitude, o prazo e as condições de execução e que, se couber, nomeará o interventor, será submetido à apreciação do Congresso Nacional ou da Assembleia Legislativa do Estado, no prazo de vinte e quatro horas". A assertiva III é **falsa**, pois não há tal previsão na Constituição Federal. A assertiva IV é **verdadeira,** e encontra sustentação na redação do art. 136, § 1º, inciso I, alínea "b". A assertiva V é **falsa**, pois a restrição a determinados direitos existe caso ocorra a hipótese prevista no inciso I do art. 137 da CF, ou seja, "**comoção grave de repercussão nacional ou ocorrência de fatos que comprovem a ineficácia de medida tomada durante o estado de defesa**".

---

221. (FUNCAB – Delegado de Polícia – RJ/2012) De acordo com as normas constitucionais que disciplinam o estado de defesa, é correto afirmar:

a) O Presidente da República, ouvidos o Conselho da República e o Conselho de Defesa Nacional, solicitará ao Congresso Nacional autorização para a decretação do estado de defesa, expondo os motivos determinantes do pedido, devendo o Congresso Nacional decidir por maioria absoluta.

b) O tempo de duração do estado de defesa não será superior a trinta dias, podendo ser prorrogado tantas vezes, por igual período, se persistirem as razões que justifiquem a sua decretação.

c) A restrição ao direito de reunião, ainda que exercida no seio das associações, encontra-se entre as medidas coercitivas a serem indicadas no decreto que institui o estado de defesa, nos termos e limites da lei.

d) Na vigência do estado de defesa, não há vedação quanto à incomunicabilidade do preso.

e) Enquanto perdurar o estado de defesa, a prisão ou detenção de qualquer pessoa, sem a autorização do Poder Judiciário, poderá ser superior a dez dias, até o limite de trinta dias.

COMENTÁRIOS

✪ **Nota do autor:** questão simples, e que basta o conhecimento da Constituição Federal, especificamente o art. 136.

Alternativa correta: letra "C": a redação do § 1º do art. 136, em seu inciso I, letra a, sustenta o acerto da questão.

Alternativa "A": a redação do art. 136 da CF diz que "o Presidente da República pode, **ouvidos o Conselho da República e o Conselho de Defesa Nacional**, decretar estado de defesa para preservar ou prontamente restabelecer, em locais restritos e determinados, a ordem pública ou a paz social ameaçadas por grave e iminente instabilidade institucional ou atingidas por calamidades de grandes proporções na natureza".

Alternativa "B": o § 2º do art. 136 da CF diz que "O tempo de duração do estado **de defesa não será superior a trinta dias, podendo ser prorrogado uma vez, por igual período**, se persistirem as razões que justificaram a sua decretação."

Alternativa "D": o inciso IV do § 3º do art. 136 diz que "é vedada a incomunicabilidade do preso".

Alternativa "E": o inciso III do § 3º do art. 136 diz que "a prisão ou detenção de qualquer pessoa não poderá ser superior a dez dias, salvo quando autorizada pelo Poder Judiciário".

---

222. (FGV – Delegado de Polícia – MA/2012) No caso de comoção grave de repercussão nacional, o Presidente da República pode, ouvidos o Conselho da República e o Conselho de Defesa Nacional, solicitar ao Congresso Nacional autorização para decretar o estado de sítio.

As alternativas a seguir apresentam medidas que poderiam ser adotadas como decorrência da decretação do estado de sítio, à exceção de uma. Assinale-a.

a) Desapropriação sem prévia e justa indenização em dinheiro.

b) Intervenção nas empresas de serviços públicos.

c) Requisição de bens particulares.

d) Suspensão da liberdade de reunião.

e) Busca e apreensão em domicílio, sem prévia autorização judicial.

COMENTÁRIOS

✪ **Nota do autor:** a questão trata do estado de sítio e das medidas adotadas para garantir a segurança nacional.

Alternativa correta: letra "A" (a alternativa responde as demais): a alternativa é a única que não contempla uma das medidas elencadas no art. 139. Todas as demais integram o rol taxativo previsto no mencionado artigo, a saber: I – obrigação de permanência em localidade determinada; II – detenção em edifício não destinado a acusados ou condenados por crimes comuns; III – restrições relativas à inviolabilidade da correspondência, ao sigilo das comunicações, à prestação de informações e à liberdade de imprensa, radiodifusão e televisão, na forma da lei; IV – suspensão da liberdade de reunião; V – busca e apreensão em domicílio; VI – intervenção nas empresas de serviços públicos; VII – requisição de bens.

223. (Delegado de Polícia – AP/ 2010 – FGV) Com relação ao tema *Defesa do Estado e das instituições democráticas: estado de defesa e estado de sítio* analise as afirmativas a seguir:

I. O estado de defesa poderá ser decretado para preservar ou prontamente restabelecer, em locais restritos e determinados, a ordem pública ou a paz social ameaçadas por grave e iminente instabilidade institucional, declaração de estado de guerra ou resposta a agressão armada estrangeira.

II. O estado de sítio poderá ser decretado em casos de comoção grave de repercussão nacional, ou quando o país for atingido por calamidades naturais de grandes proporções.

III. Enquanto durar o estado de sítio poderão ser impostas restrições à difusão de pronunciamentos de parlamentares efetuados em suas Casas Legislativas, independentemente de licença da respectiva Mesa.

Assinale:

a) se somente as afirmativas II e III estiverem corretas.
b) se somente as afirmativas I e III estiverem corretas.
c) se somente as afirmativas I e II estiverem corretas.
d) se somente a afirmativa III estiver correta.
e) se nenhuma afirmativa estiver correta.

COMENTÁRIOS

Alternativa correta: letra "E" (responde a todas as alternativas): todas as alternativas estão incorretas. A assertiva I apresenta erro no tocante a atribuição do estado de defesa a situações que estão expressamente previstas como atinentes ao estado de sítio, de acordo com a redação do art. 136 e 137 da CF. A assertiva II está errada, pois descreve situações em que a ação correta é o estado defesa, ou seja, quando o país for atingido por calamidades naturais de grandes proporções. A assertiva III está errada, pois afronta o previsto no § 3º do art. 138, que diz "O Congresso Nacional permanecerá em funcionamento até o término das medidas coercitivas".

224. (Delegado de Polícia – MT/ 2010 – UNEMAT) Analise as alternativas e assinale a **correta.**

a) A União não poderá intervir nos Estados ou no Distrito Federal para garantir o livre exercício de qualquer dos Poderes nas unidades da Federação.
b) A União poderá intervir nos Estados ou no Distrito Federal para por termo a grave comprometimento da ordem pública.
c) A União poderá intervir nos Estados ou no Distrito Federal para reorganizar as finanças da unidade da Federação que suspender o pagamento da dívida fundada por mais de um ano consecutivo.
d) A União não poderá intervir nos Estados ou no Distrito Federal para prover a execução de lei federal, ordem ou decisão judicial.
e) A União não poderá intervir nos Estados ou no Distrito Federal para repelir invasão estrangeira ou de uma unidade da Federação em outra.

COMENTÁRIOS

✪ **Nota do autor:** o assunto da questão é a possibilidade de intervenção da União nos Estados e no Distrito Federal, prevista no art. 34 da CF e sempre lembrada nas provas.

Alternativa correta: letra "B": a alternativa está em simetria com a previsão legal, gravada no inciso III do art. 34 da CF.

Alternativa "a": a intervenção para garantir o livre exercício de qualquer dos Poderes nas unidades da Federação está prevista no inciso IV do art. 34 da CF.

Alternativa "c": a alínea "a" do inciso V do art. 34 da CF diz "suspender o pagamento da dívida fundada por mais de dois anos consecutivos, salvo motivo de força maior".

Alternativa "d": a intervenção para prover a execução de lei federal, ordem ou decisão judicial está prevista no inciso VI do art. 34 da CF.

Alternativa "e": a intervenção para repelir invasão estrangeira ou de uma unidade da Federação em outra está prevista no inciso II do art. 34 da CF.

8. SEGURANÇA PÚBLICA

225. (Cespe – Delegado de Polícia – PC – SE/2018) Conforme disposições constitucionais a respeito da organização da segurança pública, julgue os itens a seguir.

225.1. A segurança pública, exercida para preservação da ordem pública e da incolumidade das pessoas e do patrimônio, é responsabilidade de todos.

COMENTÁRIOS

Trata-se da previsão do *caput* do art. 144 da CF/88. **CERTO**

225.2. As polícias militares, os corpos de bombeiros militares e as polícias civis subordinam-se aos governadores dos estados, do Distrito Federal e dos territórios.

COMENTÁRIOS

Nesse sentido é a previsão do art. 144, §6º da CF/88. **CERTO**

225.3. Incumbem às polícias civis a função de polícia judiciária e a apuração de infrações penais contra a ordem política e social, excetuadas as infrações de natureza militar.

COMENTÁRIOS

Nos termos do art. 144, §4º da CF/88, deve-se ressalvar, dessa previsão, a competência da União, prevista no art. 144, §1º, IV da CF/88, segundo a qual compete à polícia federal exercer, com exclusividade, as funções de polícia judiciária da União. **ERRADO**

225.4. O poder constituinte originário, ao tratar da segurança pública no ordenamento constitucional vigente, fez menção expressa à segurança viária, atividade exercida para a preservação da ordem pública, da incolumidade das pessoas e de seu patrimônio nas vias públicas.

COMENTÁRIOS

Na realidade, essa previsão, contida no §10 do art. 144 da CF/88 não decorreu do exercício do poder constituinte originário, mas sim do poder constituinte derivado reformador, por meio da EC 82/2014. **ERRADO**

226. (Fundatec – Delegado de Polícia – PC – RS/2018) Reza a Constituição que a segurança pública, dever do Estado, direito e responsabilidade de todos, é exercida para a preservação da ordem pública e da incolumidade das pessoas e do patrimônio. Assinale a alternativa correta em relação às atribuições dos órgãos da segurança pública.

a) Celso Antônio Bandeira de Mello define o poder de polícia quanto ao seu exercício, promovendo uma bipartição do conceito e definindo o poder de polícia em sentido amplo e em sentido estrito. Em sentido amplo, refere-se ao complexo de atos legislativos, judiciais e executivos que tutelam a liberdade e a propriedade dos indivíduos, ajustando-as aos interesses da coletividade. Em sentido estrito, por sua vez, relaciona-se exclusivamente com as intervenções dos três Poderes que pretendem evitar atividades particulares conflitantes com os interesses coletivos, sendo elas, as autorizações, as licenças e os regulamentos.

b) As Polícias Civis são instituições nacionais permanentes e regulares, organizadas com base na hierarquia e na disciplina, sob a autoridade suprema do Governador do respectivo Estado, e destinam-se à defesa da Pátria, à garantia dos poderes constitucionais e, por iniciativa de qualquer destes, da lei e da ordem.

c) Conforme dispositivo da CF/88, os municípios poderão constituir guardas municipais destinadas à proteção de seus bens, serviços e instalações, conforme dispuser a lei. Destarte, é constitucional a atribuição às guardas municipais do exercício de poder de polícia de trânsito, inclusive para imposição de sanções administrativas legalmente previstas.

d) O conceito jurídico de ordem pública se confunde com incolumidade das pessoas e do patrimônio (Art. 144 da CF/1988). Sem embargo, a ordem pública se constitui em bem jurídico que pode resultar mais ou menos fragilizado pelo modo personalizado com que se dá a concreta violação da integridade das pessoas ou do patrimônio de terceiros, tanto quanto da saúde pública (nas hipóteses de tráfico de entorpecentes e drogas afins).

e) Os Estados-membros podem criar órgão de segurança pública diverso dos previstos na CF/88.

COMENTÁRIOS

Alternativa "a": O poder de política não abrange o exercício de atos judiciais, e apenas pode ser relacionado às intervenções do Poder Executivo, e não dos 3 Poderes.

Alternativa "b": A função mencionada é, na verdade, das Forças Armadas, conforme art. 142 da CF/88. As polícias civis têm por função o exercício da segurança pública, nos termos do art. 144 da CF/88.

Alternativa "c": Trata-se da previsão do art. 144, §8º da CF/88, combinado com o entendimento do STF sobre o exercício da polícia de trânsito (RE 658.570).

Alternativa "d": Esses conceitos não se confundem, conforme entendimento do STF no julgamento do HC 102065.

Alternativa "e": Não se admite a criação de outros órgãos pelos Estados-Membros, conforme entendimento do STF (ADI 2827).

Alternativa correta: letra "c".

227. (Fumarc – Delegado de Polícia – PC – MG/2018) Sobre o regime constitucional atribuído à polícia civil e aos policiais civis, é CORRETO afirmar:

a) Às polícias civis, dirigidas por delegados de carreira, incumbem, sem exceção, as funções de polícia judiciária e a apuração de infrações penais.

b) Não é possível a acumulação remunerada do cargo de policial civil com o cargo de professor, ainda que haja compatibilidade de horários.

c) Não se garante aos policiais civis o direito à livre associação sindical, em virtude da natureza de suas atividades.

d) Os policiais civis são remunerados por subsídio fixado em parcela única, por meio de lei de iniciativa privativa do Governador do Estado, vedado o acréscimo de qualquer outra espécie remuneratória.

COMENTÁRIOS

Alternativa "a": Na realidade, há uma exceção: ressalva-se, no art. 144, §4º da CF/88, a compeência da União.

Alternativa "b": Admite-se essa acumulação, conforme art. 37, XVI da CF/88.

Alternativa "c": Assegura-se esse direito no art. 37, VI da CF/88.

Alternativa "d": Trata-se da previsão do art. 144, §9º da CF/88.

Alternativa correta: letra "d".

228. (UEG – Delegado de Polícia – PC – GO/2018) O Delegado de Polícia, segundo a Constituição (CRFB) e o Supremo Tribunal Federal (STF),

a) tem a função institucional de exercer o controle externo da atividade policial.

b) ainda que figure na primeira classe da carreira, pode chefiar a Polícia Civil do Estado, se escolhido pelo governador.

c) pode exercer regularmente o direito de greve, pois a vedação constitucional restringe-se aos militares.

d) pode ser substituído por subtenente ou sargento da polícia militar nos municípios em que não houver servidor de carreira para o desempenho das funções de polícia.

e) exerce as funções de polícia judiciária e a apuração de infrações penais, inclusive as militares.

COMENTÁRIOS

Alternativa "a": Essa função, é na verdade, função institucional do Ministério Público, e não do delegado de polícia, nos termos do art. 129, VII da CF/88.

Alternativa "b": Nesse sentido foi o posicionamento adotado pelo STF (ADI 3038 e ADI 3077), sendo inconstitucional dispositivo de Constituição Estadual que exija que o superintendente da polícia civil seja um delegado de polícia integrante da classe final da carreira.

Alternativa "c": É inconstitucional o exercício do direito de greve por parte de policiais civis e demais servidores públicos que atuem diretamente na área de segurança pública, segundo entendimento do STF (ARE 654432), decorrente da interpretação da disposição do art. 142, §3º, IV da CF/88.

Alternativa "d": O STF entende que tal substituição é inconstitucional (ADI 3614).

Alternativa "e": Deve-se ressalvar a competência da União, e não exerce a apuração de infrações penais militares, nos termos do art. 144, §4º da CF/88.

Alternativa correta: letra "b".

229. (UEG – Delegado de Polícia – PC – GO/2018) O Delegado de Polícia, ainda segundo a Constituição (CRFB) e o Supremo Tribunal Federal (STF),

a) não pode possuir nenhuma tatuagem no corpo nem alegar-se adventista do sétimo dia, para recusar o plantão de sexta para sábado, pois no Brasil o Estado é laico.

b) pode questionar a condução de investigações penais pelo Ministério Público, cuja atribuição limita-se à propositura da ação penal pública.

c) está subordinado ao governador do Estado, e o respectivo concurso pode exigir altura mínima para ingresso.

d) pode instaurar procedimento investigatório a partir de delação anônima, independentemente de prévia averiguação sumária.

e) pode interromper manifestações voltadas à descriminalização das drogas, como a chamada "marcha da maconha", pois esse tipo de evento extrapola os direitos à livre manifestação do pensamento e de reunião, além de configurar apologia ao crime.

COMENTÁRIOS

Alternativa "a": O STF entende que, salvo diante de situações excepcionais nas quais a tatuagem tenha conteúdo que viole valores constitucionais, não se pode estabelecer restrições às pessoas que tenham tatuagem nesse âmbito de concursos públicos (STF – RE 898450). Quanto à segunda parte da alternativa, aplica-se a disposição do art. 5º, VIII da CF/88, segundo o qual ninguém será privado de direitos por motivo de crença religiosa ou de convicção filosófica ou política, salvo se as invocar para eximir-se de obrigação legal a todos imposta e recusar-se a cumprir prestação alternativa, fixada em lei.

Alternativa "b": O Ministério Público também possui competência para investigar, conforme entendimento do STF (RE 593727).

Alternativa "c": A subordinação ao governador encontra previsão no art. 144, §6º da CF/88. Quanto à exigência de altura mínima, entendeu o STF ser possível, desde que prevista em lei, uma vez que guarda relação com a função a ser exercida (RE 140889).

Alternativa "d": Isso só é possível caso haja uma inicial investigação sumária, conforme entendimento do STF (HC 100042).

Alternativa "e": Na verdade, o STF entendeu que a "marcha da maconha" não configura apologia ao uso de drogas, sendo ilegal sua interrupção, por caracterizar censura (ADPF 187).

Alternativa correta: letra "c".

230. (ACAFE – Delegado de Polícia – SC/2014) A segurança pública, dever do Estado, direito e responsabilidade de todos, é exercida para a preservação da ordem pública e da incolumidade das pessoas e do patrimônio.

Nesse sentido é correto afirmar, exceto:

a) Aos corpos de bombeiros militares cabem as atribuições definidas em lei, salvo a execução de atividades de defesa civil.

b) Às polícias civis, dirigidas por delegados de polícia de carreira, incumbem, ressalvada a competência da União, as funções de polícia judiciária e a apuração de infrações penais, exceto as militares.

c) A polícia federal, instituída por lei como órgão permanente, organizado e mantido pela União e estruturado em carreira, destina-se, dentre outras atribuições previstas constitucionalmente, a exercer as funções de polícia marítima, aeroportuária e de fronteiras.

d) As polícias militares e corpos de bombeiros militares, forças auxiliares e reserva do Exército, subordinam-se, juntamente com as polícias civis, aos Governadores dos Estados, do Distrito Federal e dos Territórios.

e) Às polícias militares cabem a polícia ostensiva e a preservação da ordem pública.

COMENTÁRIOS

Alternativa certa: letra "a" (a questão pede a incorreta): à luz do art. 144, § 5°, da CF, aos corpos de bombeiros militares, **além das atribuições definidas em lei, incumbe a execução de atividades de defesa civil.**

Alternativa "b": é o que dispõe o art. 144, § 4°, da CF.

Alternativa "c": de acordo com o art. 144, § 1°, da CF, a polícia federal, instituída por lei como órgão permanente, organizado e mantido pela União e estruturado em carreira, destina-se a: I – apurar infrações penais contra a ordem política e social ou em detrimento de bens, serviços e interesses da União ou de suas entidades autárquicas e empresas públicas, assim como outras infrações cuja prática tenha repercussão interestadual ou internacional e exija repressão uniforme, segundo se dispuser em lei; II – prevenir e reprimir o tráfico ilícito de entorpecentes e drogas afins, o contrabando e o descaminho, sem prejuízo da ação fazendária e de outros órgãos públicos nas respectivas áreas de competência; III – exercer as funções de polícia marítima, aeroportuária e de fronteiras; IV – exercer, com exclusividade, as funções de polícia judiciária da União.

Alternativa "d": consoante art. 144, § 6°, da CF.

Alternativa "e": assim preleciona a primeira parte do § 5° do art. 144 da CF.

---

231. (NUCEPE – Delegado de Polícia – PI/2014) Tratando-se da organização constitucional da segurança pública, é CORRETO afirmar que

a) as funções de polícia judiciária da União são exercidas pela polícia federal, pela polícia rodoviária federal, e pela polícia ferroviária federal.
b) às polícias civis, dirigidas por delegados de polícia de carreira, incumbem, ressalvada a competência da União, as funções de polícia judiciária e a apuração de infrações penais, inclusive as militares.
c) a polícia militar, o corpo de bombeiro militar, bem como com a polícia civil do Distrito Federal estão subordinadas à União, sob a direção do Presidente da República.
d) os municípios poderão constituir guardas municipais destinadas à proteção dos seus bens, serviços e instalações, não lhes cabendo o exercício de funções de polícia judiciária.
e) a coordenação das atividades de segurança pública é atribuição do Conselho de Segurança Militar, órgão de assessoramento do Presidente da República.

COMENTÁRIOS

Alternativa correta: letra "d": a alternativa está de acordo com a redação do § 8° do art. 144 da CF.

Alternativa "a": a **Polícia Federal exerce com exclusividade** a função de polícia judiciária da União (art. 144, § 1°, IV, da CF).

Alternativa "b": na redação do art. 144, § 4°, da CF, às polícias civis, dirigidas por delegados de polícia de carreira, incumbem, ressalvada a competência da União, as funções de polícia judiciária e a apuração de infrações penais, **exceto as militares.**

Alternativa "c": as polícias militares e corpos de bombeiros militares, forças auxiliares e reserva do Exército, subordinam-se, juntamente com as polícias civis, **aos Governadores** dos Estados, do Distrito Federal e dos Territórios (art. 144, § 6°, da CF).

Alternativa "e": não há tal previsão na Constituição Federal.

---

232. (ACAFE – Delegado de Polícia – SC/2014) As Forças Armadas, constituídas pela Marinha, pelo Exército e pela Aeronáutica, são instituições nacionais permanentes e regulares, organizadas com base na hierarquia e na disciplina, sob a autoridade suprema do Presidente da República, e destinam-se à defesa da Pátria, à garantia dos poderes constitucionais e, por iniciativa de qualquer destes, da lei e da ordem.

Considerando o previsto constitucionalmente acerca do assunto, analise as afirmações a seguir e assinale a alternativa correta.

I. Ao militar são permitidas a sindicalização mas, enquanto em serviço ativo, não pode estar filiado a partidos políticos.
II. O oficial perderá o posto e a patente se for julgado indigno do oficialato ou com ele incompatível por decisão de tribunal militar especial, em tempo de paz ou de guerra.
III. As mulheres e os eclesiásticos ficam isentos do serviço militar obrigatório em tempo de guerra, sujeitos, porém, a outros encargos que a lei lhes atribuir.
IV. Não caberá "habeas-corpus" em relação a punições disciplinares militares.
V. Os membros das Forças Armadas são denominados militares.

a) Todas as afirmações estão corretas.
b) Apenas IV e V estão corretas.
c) Apenas II e III estão corretas.
d) Apenas III e IV estão corretas.
e) Apenas I, II e III estão corretas.

COMENTÁRIOS

✪ **Nota do autor:** questão versando sobre as forças armadas, de fácil resolução, bastando o conhecimento dos arts. 142 e 143 da CF.

Alternativa correta: letra "b": apenas IV e V estão corretas.

Assertiva I. Incorreta. O art. 142, § 3°, IV da CF, proíbe ao militar a sindicalização e a greve.

Assertiva II. Incorreta. O oficial perderá o posto e a patente se for julgado indigno do oficialato ou com ele incompatível **por decisão de tribunal penal militar de caráter permanente em tempo de paz, ou** de tribunal militar especial, em tempo de guerra (art. 142, § 3°, VI da CF).

Assertiva III. Incorreta. As mulheres e os eclesiásticos ficam isentos do serviço militar obrigatório em tempo de **paz** (não de guerra), sujeitos, porém, a outros encargos que a lei lhes atribuir (art. 143, § 2°, da CF).

Assertiva IV. Correta. É o que dispõe o art. 142, § 2°, da CF.

Assertiva V. Correta. Trata-se do que preleciona o art. 142, § 3°, da CF.

233. (Cespe – Delegado de Polícia – AL/ 2012) Em relação às normas constitucionais relativas à segurança pública, julgue os próximos itens.

233.1. Os corpos de bombeiros militares e as polícias militares são forças auxiliares do Exército, não se subordinando aos governadores de estado.

COMENTÁRIOS

Errado, pois a redação do § 6º do art. 144 diz "As polícias militares e corpos de bombeiros militares, forças auxiliares e reserva do Exército, subordinam-se, juntamente com as polícias civis, aos Governadores dos Estados, do Distrito Federal e dos Territórios". Além disso, o STF já se pronunciou acerca do assunto, confirmando a subordinação aos governadores de estado.

233.2. A segurança pública é dever do Estado e direito e responsabilidade de todos, sendo exercida pela polícia federal, polícia rodoviária federal, polícia ferroviária federal, polícias civis, polícias militares e corpos de bombeiros militares.

COMENTÁRIOS

Certo, pois se amolda com perfeição ao art. 144, incisos I ao V da CF.

233.3. De acordo com a CF, a polícia civil exerce as funções de polícia judiciária e apura as infrações penais, inclusive as militares.

COMENTÁRIOS

Errado, uma vez que o § 4° do art. 144 da CF diz "às polícias civis, dirigidas por delegados de polícia de carreira, incumbem, ressalvada a competência da União, as funções de polícia judiciária e a apuração de infrações penais, **exceto as militares**".

234. (Delegado de Polícia – ES/ 2011 – CESPe) Julgue o item subsequente, relativo à segurança pública.

Segundo o STF, não há subordinação dos organismos policiais civis, que integram a estrutura do Estado, ao chefe do Poder Executivo, razão pela qual considera constitucional lei estadual que estabeleça autonomia administrativa, funcional e financeira à polícia civil.

COMENTÁRIOS

Incorreto, pois o entendimento do STF é em sentido contrário, reconhecendo a subordinação dos organismos policiais civis ao chefe do Poder Executivo, de acordo com a inteligência do § 6º do art. 144 da CF, que não deixa dúvidas "As polícias militares e corpos de bombeiros militares, forças auxiliares e reserva do Exército subordinam-se, juntamente com as **polícias civis, aos Governadores dos Estados, do Distrito Federal e dos Territórios**".

235. (Delegado de Polícia – AP/ 2010 – FGV) Os Órgãos apresentados nas alternativas a seguir estão incluídos no art. 144 da Constituição como responsáveis pelo exercício da preservação da ordem pública e da incolumidade das pessoas e do patrimônio, à exceção de um. Assinale-o.

a) Polícias Militares e Corpos de Bombeiros Militares.
b) Polícia Ferroviária Federal.
c) Polícias Civis.
d) Forças Armadas.
e) Polícia Federal.

COMENTÁRIOS

Alternativa correta: letra "D" (responde a todas as alternativas): as forças armadas não estão incluídas no art. 144. Os demais órgãos encontram previsão legal no mencionado art., especificamente, e em ordem de alternativa, as Polícias Militares e Corpos de Bombeiros Militares, no § 5º; a Polícia Ferroviária Federal, no § 3º; as Polícias Civis, no § 4º e a Polícia Federal no § 1º.

236. (Delegado de Polícia – AP/ 2010 – FGV) Com relação ao tema *Segurança Pública* analise as afirmativas a seguir:

I. Os municípios poderão constituir guardas municipais destinadas à proteção de seus bens, serviços e instalações, conforme dispuser a lei.
II. Às polícias civis, dirigidas por delegados de polícia de carreira, incumbem, ressalvada a competência da União, as funções de polícia judiciária e a apuração de infrações penais, exceto as militares.
III. A polícia federal, instituída por lei como órgão permanente, organizado e mantido pela União e estruturado em carreira, destina-se a prevenir e reprimir o tráfico ilícito de entorpecentes e drogas afins, o contrabando e o descaminho, sem prejuízo da ação fazendária e de outros órgãos públicos nas respectivas áreas de competência.

Assinale:

a) se somente a afirmativa I estiver correta.
b) se somente a afirmativa II estiver correta.
c) se somente a afirmativa III estiver correta.
d) se somente as afirmativas I e II estiverem corretas.
e) se todas as afirmativas estiverem corretas.

COMENTÁRIOS

Alternativa correta: letra "E" (responde a todas as alternativas): todas as alternativas estão corretas, sendo previstas no texto constitucional na seguinte ordem: Assertiva I, com previsão no texto constitucional, por meio do § 8º do art. 144 da CF. Assertiva II, encontra sustentação por meio do § 4º do art. 144 da CF. A assertiva III, tem sua previsão legal no § 1º do art. 144 da CF.

9. TRIBUTAÇÃO, FINANÇAS E ORÇAMENTO

237. (Nucepe – Delegado de Polícia – PC – PI/2018) Compete aos Estados e ao Distrito Federal instituir impostos sobre:

a) transmissão causa mortis e doação, de quaisquer bens ou direitos;

b) propriedade territorial rural;

c) renda e proventos de qualquer natureza;

d) transmissão inter vivos, a qualquer título, por ato oneroso, de bens imóveis, por natureza ou acessão física, e de direitos reais sobre imóveis, exceto os de garantia, bem como cessão de direitos a sua aquisição;

e) propriedade predial e territorial urbana.

COMENTÁRIOS

O rol de impostos de competência do Estado e Distrito Federal é encontrado no art. 155 da CF/88, qual seja: imposto sobre transmissão causa mortis e doação, de quaisquer bens ou direitos; imposto sobre operações relativas à circulação de mercadorias e sobre prestações de serviços de transporte interestadual e intermunicipal e de comunicação, ainda que as operações e as prestações se iniciem no exterior; e imposto sobre propriedade de veículos automotores.

Alternativa correta: letra "a".

238. (Cespe – Delegado de Polícia – PE/2016) Considerando os dispositivos constitucionais relativos ao STN e à ordem econômica e financeira, assinale a opção correta.

a) Como entidades integrantes da administração pública indireta, as empresas públicas e as sociedades de economia mista gozam de privilégios fiscais não extensivos às empresas do setor privado.

b) Em razão do princípio da anterioridade tributária, a cobrança de tributo não pode ser feita no mesmo exercício financeiro em que fora publicada a norma impositiva tributária.

c) De acordo com a CF, é vedado à administração tributária, visando aferir a capacidade econômica do contribuinte, identificar, independentemente de ordem judicial, o patrimônio, os rendimentos e as atividades econômicas do contribuinte.

d) Embora a CF vede a retenção ou qualquer outra restrição à entrega e ao emprego dos recursos atribuídos aos estados, ao DF e aos municípios, neles compreendidos adicionais e acréscimos relativos a impostos, a União e os estados podem condicionar a entrega de recursos.

e) A CF, ao diferenciar empresas brasileiras de capital nacional de empresas estrangeiras, concede àquelas proteção, benefícios e tratamento preferencial.

COMENTÁRIOS

Alternativa correta: letra "d": é o que consta do art. 160, *caput* e parágrafo único, da CF.

Alternativa "a": as empresas públicas e as sociedades de economia mista **não poderão gozar de privilégios fiscais não extensivos às do setor privado** (art. 173, § 2º, CF).

Alternativa "b": é vedado à União, aos Estados, ao Distrito Federal e aos Municípios cobrar tributos no mesmo exercício financeiro em que haja sido publicada a **lei que os instituiu ou aumentou** (princípio da anterioridade tributária). Note-se que tal regra aplica-se apenas à lei que instituir ou aumentar. Ademais, tal princípio encontra exceções, conforme disposto no § 1º do art. 150 da CF.

Alternativa "c": sempre que possível, os impostos terão caráter pessoal e serão graduados segundo a capacidade econômica do contribuinte, **facultado à administração tributária, especialmente para conferir efetividade a esses objetivos, identificar, respeitados os direitos individuais e nos termos da lei, o patrimônio, os rendimentos e as atividades econômicas do contribuinte** (art. 145, § 1º, da CF).

Alternativa "e": a CF **não** concede às empresas brasileiras de capital nacional proteção, benefícios e tratamento preferencial.

10. ORDEM ECONÔMICA E FINANCEIRA

239. (Nucepe – Delegado de Polícia – PC – PI/2018) Dentre as alternativas abaixo, assinale a que contém os princípios da ordem econômica:

a) soberania nacional, propriedade privada, livre iniciativa e tratamento favorecido a empresas brasileiras de sócios nacionais;

b) soberania nacional, defesa do consumidor, livre concorrência, propriedade privada, função social da propriedade.

c) livre concorrência e da concessão de garantias pelas entidades públicas;

d) hierarquização e a verticalidade;

e) livre concorrência e predominância do interesse do ente estatal;

COMENTÁRIOS

Os princípios da ordem econômica são previstos no art. 170 da CF/88, sendo eles: soberania nacional; propriedade privada; função social da propriedade; livre concorrência; defesa do consumidor; defesa do meio ambiente, inclusive mediante tratamento diferenciado conforme o impacto ambiental dos produtos e serviços e de seus processos de elaboração e prestação; redução das desigualdades regionais e sociais; busca do pleno emprego; tratamento favorecido para as empresas brasileiras de capital nacional de pequeno porte; e tratamento favorecido para as empresas de pequeno porte constituídas sob as leis brasileiras e que tenham sua sede e administração no País. **Alternativa correta: letra "b".**

11. ORDEM SOCIAL

240. (Vunesp – Delegado de Polícia – PC – BA/2018) Acerca da Previdência Social na Constituição Federal de 1988, é correto afirmar que

a) os gastos havidos com bens, serviços, prestações e administração da previdência não estão submetidos a uma lógica de equilíbrio atuarial, posto que a previdência se presta a auxiliar pessoas necessitadas, como trabalhadores doentes, de idade avançada, entre outras hipóteses.

b) a previdência privada é admitida, em caráter autônomo, facultativo, contratual e complementar, sendo vedado à União, aos Estados, aos Municípios e ao Distrito Federal assumir a qualidade de patrocinador de tais entidades, com uma contribuição igual àquela feita pelo segurado.

c) é constitucional a cobrança de contribuição previdenciária sobre os proventos de aposentadoria e as pensões dos servidores públicos da União, dos Estados, dos Municípios e do Distrito Federal (regime próprio) que superem o limite máximo estabelecido para os benefícios do regime geral de previdência social.

d) é constitucional que um ente federativo estabeleça, por norma própria (estadual, distrital ou municipal), um tempo mínimo de anos de contribuição na atividade privada, para fins de compensação e obtenção de aposentadoria por um servidor no regime próprio da Administração Pública.

e) professores que venham a exercer funções de direção de unidade escolar, coordenação e assessoramento pedagógico não farão jus à aposentadoria especial, pois o benefício somente será devido àqueles que comprovem o tempo de efetivo exercício das funções de magistério exclusivamente em sala de aula.

COMENTÁRIOS

Alternativa "a": Estão sim submetidos ao equilíbrio atuarial, conforme art. 201 da CF/88.

Alternativa "b": A única hipótese de aporte de recursos admitida pela CF/88 a entidades de previdência privada pela União, Estado, Distrito Federal e Municípios, é na qualidade de patrocinador, situação na qual, em hipótese alguma, sua contribuição normal poderá exceder a do segurado, conforme art. 202, §3º da CF/88.

Alternativa "c": Nesse sentido é o art. 40, §18 da CF/88, incluído pela EC 41/2003, já julgado como constitucional pelo STF (ADI 3105 e ADI 3128).

Alternativa "d": É, na verdade, inconstitucional, por violar o art. 201, §9º da CF/88 (STF, RE 650851).

Alternativa "e": O tempo de efetivo exercício, para fins de aposentadoria especial, inclui as atividades de direção, coordenação e assessoramento pedagógico, desde que em estabelecimentos de educação infantil ou de ensino fundamental e médio. (STF, RE 1039644).

Alternativa correta: letra "c".

241. (ACAFE – Delegado de Polícia – SC/2014) De acordo com a Constituição da República Federativa do Brasil – CRFB/88, no que se refere aos benefícios e aposentados da previdência, assinale a alternativa correta.

a) O regime de previdência privada, de caráter complementar e organizado de forma autônoma em relação ao regime geral de previdência social, será compulsório, baseado na constituição de reservas que garantam o benefício contratado.

b) Para efeito de aposentadoria é assegurada a contagem do tempo de contribuição na administração pública ou da atividade privada, rural e urbana, não cumulativamente ou reciprocamente.

c) Os ganhos habituais do empregado, a título indenizatório, serão incorporados ao salário para efeito de contribuição previdenciária e consequente repercussão em benefícios, nos casos e na forma da lei.

d) A gratificação natalina dos aposentados e pensionistas terá por base o valor dos proventos do mês de dezembro de cada ano.

e) Lei disporá sobre sistema especial de inclusão previdenciária para atender a trabalhadores de baixa renda e àqueles sem renda própria que se dediquem exclusivamente ao trabalho doméstico no âmbito de sua residência, ainda que não pertencentes a famílias de baixa renda, garantindo-lhes acesso a benefícios, contudo, no valor máximo de um salário-mínimo.

COMENTÁRIOS

✪ **Nota do autor:** a questão trata da previdência social, com previsão no art. 201 da CF. O simples conhecimento do texto legal é suficiente para a resolução da questão.

Alternativa correta: letra "d": a alternativa está em perfeita consonância com a previsão do § 6° do art. 201 da CF.

Alternativa "a": a redação do art. 202 da CF diz que o regime de previdência privada, de caráter complementar e organizado de forma autônoma em relação ao regime geral de previdência social, **será facultativo (não compulsório)**, baseado na constituição de reservas que garantam o benefício contratado, e regulado por lei complementar.

Alternativa "b": conforme o § 9º do art. 201 da CF para efeito de aposentadoria, é assegurada a contagem **recíproca** do tempo de contribuição na administração pública e na atividade privada, rural e urbana, hipótese em que os diversos regimes de previdência social se compensarão financeiramente, segundo critérios estabelecidos em lei.

Alternativa "c": de acordo com o § 11 do art. 201 da CF, os ganhos habituais do empregado, **a qualquer título (não apenas a título indenizatório)**, serão incorporados ao salário para efeito de contribuição previdenciária e consequente repercussão em benefícios, nos casos e na forma da lei.

Alternativa "d": na linha do § 12 do art. 201 da CF, lei disporá sobre sistema especial de inclusão previdenciária para atender a trabalhadores de baixa renda e àqueles sem renda própria que se dediquem exclusivamente ao trabalho doméstico no âmbito de sua residência, **desde que pertencentes a famílias de baixa renda**, garantindo-lhes acesso a benefícios de valor igual a um salário-mínimo.

242. (ACAFE – Delegado de Polícia – SC/2014) No que se refere a Seguridade Social, conforme previsto expressamente na Constituição da República Federativa do Brasil – CRFB/88, é correto afirmar, exceto:

a) A proposta de orçamento da seguridade social será elaborada de forma integrada pelos órgãos responsáveis pela saúde, previdência social e assistência social, tendo em vista as metas e prioridades estabelecidas na lei de diretrizes orçamentárias, assegurada a cada área a gestão de seus recursos.

b) A pessoa jurídica em débito com o sistema da seguridade social, como estabelecido em lei, não poderá contratar com o Poder Público nem dele receber benefícios ou incentivos fiscais, salvo creditícios.

c) Nenhum benefício ou serviço da seguridade social poderá ser criado, majorado ou estendido sem a correspondente fonte de custeio total.

d) As receitas dos Estados, do Distrito Federal e dos Municípios destinadas à seguridade social constarão dos respectivos orçamentos, não integrando o orçamento da União.

e) A seguridade social compreende um conjunto integrado de ações de iniciativa dos Poderes Públicos e da sociedade, destinadas a assegurar os direitos relativos à saúde, à previdência e à assistência social.

COMENTÁRIOS

Alternativa certa (questão pede a incorreta): letra "b": a redação do art. 195, inciso IV, § 3°, da CF, elucida que, a pessoa jurídica em débito com o sistema da seguridade social, como estabelecido em lei, não poderá contratar com o Poder Público nem dele receber benefícios ou incentivos fiscais **ou creditícios (e não, salvo creditícios)**.

Alternativa "a": conforme art. 195, § 2°, da CF.

Alternativa "c": nos exatos termos do art. 195, § 5°, da CF.

Alternativa "d": consoante art. 195, § 1°, da CF.

Alternativa "e": essa é a dicção do *caput* do art. 194 da CF.

243. (ACAFE – Delegado de Polícia – SC/2014) De acordo com a Constituição da República Federativa do Brasil – CRFB/88, no que se refere a Previdência Social, analise as afirmações a seguir e assinale a alternativa correta.

I. É possível a adoção de requisitos e critérios diferenciados para a concessão de aposentadoria aos beneficiários do regime geral de previdência social, ressalvados os casos de atividades exercidas sob condições especiais que prejudiquem a saúde ou a integridade física e quando se tratar de segurados portadores de deficiência, nos termos definidos em lei complementar.

II. É possível a filiação ao regime geral de previdência social, na qualidade de segurado facultativo, de pessoa participante de regime próprio de previdência.

III. É assegurado o reajustamento dos benefícios para preservar-lhes, em caráter permanente, o valor real, conforme critérios definidos em lei.

IV. Todos os salários de contribuição considerados para o cálculo de benefício serão devidamente atualizados, na forma da lei.

V. Nenhum benefício que substitua o salário de contribuição ou o rendimento do trabalho do segurado terá valor mensal inferior ao salário mínimo.

a) Todas as afirmações estão corretas.

b) Apenas I, II e III estão corretas.

c) Apenas II, III e IV estão corretas.

d) Apenas III e V estão corretas.

e) Apenas III, IV e V estão corretas.

COMENTÁRIOS

✪ **Nota do autor:** a questão aborda o tema da previdência social, bastando o conhecimento do texto legal para a sua resolução.

Alternativa correta: letra "e": apenas III, IV e V estão corretas.

Afirmação "I": é **vedada** (não possível) a adoção de requisitos e critérios diferenciados para a concessão de aposentadoria aos beneficiários do regime geral de previdência social, ressalvados os casos de atividades exercidas sob condições especiais que prejudiquem a saúde ou a integridade física e quando se tratar de segurados portadores de deficiência, nos termos definidos em lei complementar (c.f. art. 201, § 1°, da CF).

Afirmação "II": É **vedada** (não possível) a filiação ao regime geral de previdência social, na qualidade de segurado facultativo, de pessoa participante de regime próprio de previdência (c.f. art. 201, § 5°, da CF).

Afirmação "III": é redação do art. 201, § 4°, da CF.

Afirmação "IV": conforme art. 201, § 3°, da CF.

Afirmação "V": são os exatos termos do art. 201, § 2°, da CF.

244. (ACAFE – Delegado de Polícia – SC/2014 – ADAPTADA) A saúde é direito fundamental do cidadão.

Assim, considere o previsto expressamente na Constituição da República Federativa do Brasil – CRFB/88 e marque com V as afirmações verdadeiras e com F as falsas.

I. ( ) É vedada a destinação de recursos públicos para auxílios ou subvenções às instituições de saúde privadas com fins lucrativos.

II. ( ) A assistência à saúde é livre à iniciativa privada.

III. ( ) É livre a participação direta ou indireta de empresas ou capitais estrangeiros na assistência à saúde no País, salvo nos casos previstos em lei.

IV. ( ) As instituições privadas poderão participar de forma complementar do sistema único de saúde, segundo diretrizes deste, mediante contrato de direito público ou convênio, tendo preferência as entidades filantrópicas e as sem fins lucrativos.

V. ( ) Os gestores locais do sistema único de saúde poderão admitir agentes comunitários de saúde e agentes de combate às endemias por meio de processo seletivo público, de acordo com a natureza e complexidade de suas atribuições e requisitos específicos para sua atuação.

VII. ( ) Lei federal disporá sobre o regime jurídico, o piso salarial profissional nacional, as diretrizes para os Planos de Carreira e a regulamentação das atividades de agente comunitário de saúde e agente de combate às endemias, competindo à União, nos termos da lei, prestar assistência financeira complementar aos Estados, ao Distrito Federal e aos Municípios, para o cumprimento do referido piso salarial.

VIII. ( ) A lei disporá sobre as condições e os requisitos que facilitem a remoção de órgãos, tecidos e substâncias humanas para fins de transplante, pesquisa e tratamento, bem como a coleta, processamento e transfusão de sangue e seus derivados, sendo vedado todo tipo de comercialização.

A sequência correta, de cima para baixo, é:

a) F – V – F – V – F – V – F
b) V – V – F – V – V – V – V
c) V – F – V – F – V – F – V
d) V – V – F – F – F – V – V
e) F – F – V – V – V – F – F

COMENTÁRIOS

✪ **Nota do autor:** a questão trata do direito à saúde, que pede uma atuação do Estado para sua materialização. Trata-se, portanto, de norma programática.

Alternativa correta: letra "b" (a alternativa responde as demais): V – V – F – V – V – V – V.

Afirmativa I. Verdadeira. Conforme o art. 199, § 2°, da CF.

Afirmativa II. Verdadeira. Trata-se do *caput* do art. 199 da CF.

Afirmativa III. Falsa. É **vedada** (e não livre) a participação direta ou indireta de empresas ou capitais estrangeiros na assistência à saúde no País, salvo nos casos previstos em lei (c.f. art. 199, § 3°, da CF).

Afirmativa IV. Verdadeira. Consoante art. 199, § 1°, da CF.

Afirmativa V. Verdadeira. É o que colaciona o art. 198, § 4°, da CF.

Afirmativa VI. Verdadeira. Esta é a redação do art. 198, § 5°, da CF.

Afirmativa VII. Verdadeira. São os exatos termos do art. 199, § 4°, da CF.

245. (ACAFE – Delegado de Polícia – SC/2014) Considerando o previsto na Constituição da República Federativa do Brasil – CRFB/88 quanto ao meio ambiente, marque com V as afirmações verdadeiras e com F as falsas.

( ) A Serra do Mar, o Pantanal Mato-Grossense, a Zona Costeira, a Floresta Amazônica brasileira e a Mata Atlântica são patrimônio nacional.

( ) Aquele que explorar recursos minerais fica obrigado a recuperar o meio ambiente degradado, de acordo com solução técnica exigida pelo órgão público competente.

( ) Todos têm direito ao meio ambiente ecologicamente equilibrado, bem de uso comum do povo e essencial à sadia qualidade de vida, impondo-se ao Poder Público e à coletividade o dever de defendê-lo e preservá-lo para as presentes e futuras gerações.

( ) As usinas que operem com reator nuclear deverão ter sua localização definida em lei federal, sem o que não poderão ser instaladas.

( ) As condutas e atividades consideradas lesivas ao meio ambiente sujeitarão os infratores, pessoas físicas ou jurídicas, a sanções penais e administrativas, independentemente da obrigação de reparar os danos causados.

( ) São indisponíveis as terras devolutas ou arrecadadas pelos Estados, por ações discriminatórias, necessárias à proteção dos ecossistemas naturais.

A sequência correta, de cima para baixo, é:

a) V – V – F – F – V – V
b) F – V – V – V – F – V
c) V – F – V – F – V – F
d) V – V – V – V – V – V
e) F – V – F – F – V – F

COMENTÁRIOS

✪ **Nota do autor:** a questão versa sobre o meio ambiente e o conhecimento do art. 225 da CF é suficiente para a resolução.

Alternativa correta: letra "d" (responde as demais): todas as afirmações são verdadeiras, pois reproduzem o art. 225, *caput*, e parágrafos, da CF, que enuncia: Art. 225.

Todos têm direito ao meio ambiente ecologicamente equilibrado, bem de uso comum do povo e essencial à sadia qualidade de vida, impondo-se ao Poder Público e à coletividade o dever de defendê-lo e preservá-lo para as presentes e futuras gerações **(conforme terceira afirmativa)**. § 1º Para assegurar a efetividade desse direito, incumbe ao Poder Público: I – preservar e restaurar os processos ecológicos essenciais e prover o manejo ecológico das espécies e ecossistemas; II – preservar a diversidade e a integridade do patrimônio genético do País e fiscalizar as entidades dedicadas à pesquisa e manipulação de material genético; III – definir, em todas as unidades da Federação, espaços territoriais e seus componentes a serem especialmente protegidos, sendo a alteração e a supressão permitidas somente através de lei, vedada qualquer utilização que comprometa a integridade dos atributos que justifiquem sua proteção; IV – exigir, na forma da lei, para instalação de obra ou atividade potencialmente causadora de significativa degradação do meio ambiente, estudo prévio de impacto ambiental, a que se dará publicidade; V – controlar a produção, a comercialização e o emprego de técnicas, métodos e substâncias que comportem risco para a vida, a qualidade de vida e o meio ambiente; VI – promover a educação ambiental em todos os níveis de ensino e a conscientização pública para a preservação do meio ambiente; VII – proteger a fauna e a flora, vedadas, na forma da lei, as práticas que coloquem em risco sua função ecológica, provoquem a extinção de espécies ou submetam os animais a crueldade. § 2º Aquele que explorar recursos minerais fica obrigado a recuperar o meio ambiente degradado, de acordo com solução técnica exigida pelo órgão público competente, na forma da lei **(conforme a segunda afirmativa)**. § 3º As condutas e atividades consideradas lesivas ao meio ambiente sujeitarão os infratores, pessoas físicas ou jurídicas, a sanções penais e administrativas, independentemente da obrigação de reparar os danos causados **(conforme a quinta afirmativa)**. § 4º A Floresta Amazônica brasileira, a Mata Atlântica, a Serra do Mar, o Pantanal Mato-Grossense e a Zona Costeira são patrimônio nacional, e sua utilização far-se-á, na forma da lei, dentro de condições que assegurem a preservação do meio ambiente, inclusive quanto ao uso dos recursos naturais (**conforme a primeira afirmativa)**. § 5º São indisponíveis as terras devolutas ou arrecadadas pelos Estados, por ações discriminatórias, necessárias à proteção dos ecossistemas naturais **(conforme a sexta afirmativa)**. § 6º As usinas que operem com reator nuclear deverão ter sua localização definida em lei federal, sem o que não poderão ser instaladas **(conforme a quarta afirmativa)**.

---

246. (ACAFE – Delegado de Polícia – SC/2014) Ainda acerca dos direitos fundamentais constitucionais, no que se refere à educação, de acordo com a Constituição da República Federativa do Brasil – CRFB/88, é correto afirmar:

a) As universidades gozam de vinculação didático-científica, administrativa e de gestão financeira e patrimonial, e obedecerão ao princípio de dissociabilidade entre ensino, pesquisa e extensão.

b) O ensino fundamental regular será ministrado em língua portuguesa, assegurada às comunidades indígenas também a utilização de suas línguas maternas e processos próprios de aprendizagem.

c) É vetado às universidades admitirem professores, técnicos e cientistas estrangeiros.

d) O acesso ao ensino obrigatório e gratuito é direito público objetivo.

e) O ensino religioso, de matrícula compulsória, constituirá disciplina dos horários normais das escolas públicas de ensino fundamental.

COMENTÁRIOS

✪ **Nota do autor:** questão tratando do direito fundamental à educação. A questão pode ser resolvida apenas com o conhecimento da Constituição Federal.

Alternativa correta: letra "b": a alternativa está em perfeita consonância com o previsto no § 2° do art. 210 da CF.

Alternativa "a": a alternativa contraria o *caput* do art. 207 da CF, segundo o qual as universidades gozam de autonomia didático-científica, administrativa e de gestão financeira e patrimonial, e obedecerão ao princípio de **indissociabilidade** (e não de dissociabilidade) entre ensino, pesquisa e extensão.

Alternativa "c": o § 1° do art. 207 da CF traz norma no sentido de que é **facultado** às universidades admitir professores, técnicos e cientistas estrangeiros, na forma da lei.

Alternativa "d": o § 1° do art. 208 da CF diz que o acesso ao ensino obrigatório e gratuito é direito público **subjetivo** (não objetivo).

Alternativa "e": de acordo com a redação do § 1° do art. 210 o ensino religioso é de matrícula **facultativa** (não obrigatória).

---

247. (ACAFE – Delegado de Polícia – SC/2014 – ADAPTADa) A família, base da sociedade, tem especial proteção do Estado. Sobre a família, considere o previsto na Constituição da República Federativa do Brasil – CRFB/88 e marque com V as afirmações verdadeiras e com F as falsas.

I. ( ) Aos maiores de sessenta anos é garantida a gratuidade dos transportes coletivos urbanos.

II. ( ) Os programas de amparo aos idosos serão executados exclusivamente em seus lares.

III. ( ) Os pais têm o dever de assistir, criar e educar os filhos e todos os filhos têm o dever de ajudar e amparar os pais na velhice ou enfermidade.

IV. ( ) O casamento religioso não tem efeito civil.

V. ( ) Não é gratuita a celebração do casamento civil.

VII. ( ) Entende-se, também, como entidade familiar a comunidade formada por qualquer dos pais e seus descendentes.

VIII. ( ) Os filhos, havidos ou não da relação do casamento, ou por adoção, terão os mesmos direitos e qualificações, proibidas quaisquer designações discriminatórias relativas à filiação.

A sequência correta, de cima para baixo, é:

a) V – V – F – F – F – V – V
b) F – V – F – V – F – V – F
c) V – F – V – F – V – F – V
d) F – F – F – F – F – V – V
e) V – V – V – F – V – F – F

COMENTÁRIOS

✪ **Nota do autor:** questão versando sobre a família, cujo tema é tratado entres os arts. 226 e 230 da CF, bastando o conhecimento do texto legal para a resolução.

Alternativa correta: letra "d": F – F – F – F – F – V – V

Afirmação I. Falsa. Aos maiores de **sessenta e cinco** (e não sessenta) anos é garantida a gratuidade dos transportes coletivos urbanos (art. 230, § 2°, da CF).

Afirmação II. Falsa. Os programas de amparo aos idosos serão executados **preferencialmente** (e não exclusivamente) em seus lares (art. 230, § 1°, da CF).

Afirmação III. Falsa. Os pais têm o dever de assistir, criar e educar os filhos **menores** (apenas) e os filhos **maiores** (não todos) têm o dever de ajudar e amparar os pais na velhice, **carência** ou enfermidade (art. 229 da CF).

Afirmação IV. Falsa. O casamento religioso **tem** efeito civil (art. 226, § 2°, da CF).

Afirmação V. Falsa. O Casamento é civil **e gratuita a** celebração (art. 226, § 1°, da CF).

Afirmação VI. Verdadeira. É o que preceitua o art. 226, § 4°, da CF).

Afirmação VII. Verdadeira. Assim dispõe o art. 226, § 6°, da CF.

---

248. (Delegado de Polícia – AP/ 2010 – FGV) Relativamente à ordem social, assinale a afirmativa incorreta.

a) A assistência à saúde pode ser exercida pela iniciativa privada, desde que previamente autorizado seu funcionamento pelo Ministério da Saúde e submetidas às regras de concessão pública contidas na Constituição.

b) A seguridade social compreende um conjunto integrado de ações de iniciativa dos Poderes Públicos e da sociedade, destinadas a assegurar os direitos relativos à saúde, à previdência e à assistência social.

c) A ordem social tem como base o primado do trabalho, e como objetivo o bem-estar e a justiça sociais.

d) A seguridade social será financiada por toda a sociedade, de forma direta e indireta, nos termos da lei, mediante recursos provenientes dos orçamentos da União, dos Estados, do Distrito Federal e dos Municípios, além de contribuições sociais determinadas na Constituição.

e) A saúde é direito de todos e dever do Estado, garantido mediante políticas sociais e econômicas que visem à redução do risco de doença e de outros agravos e ao acesso universal e igualitário às ações e serviços para sua promoção, proteção e recuperação.

COMENTÁRIOS

Alternativa correta: letra "A": o texto legal, previsto no art. 199 da CF é claro, ou seja, **a assistência à saúde é livre à iniciativa privada.**

Alternativa "b": a alternativa encontra amparo na previsão expressa da constituição, no art. 194 da CF.

Alternativa "c": tal primado e objetivo, estão expressos no art. 193 da CF.

Alternativa "d": alternativa em perfeita simetria com o previsto no art. 195 da CF.

Alternativa "e": a alternativa encontra guarida na expressa previsão do art. 196 da CF.

TEORIA DA CONSTITUIÇÃO E DAS NORMAS CONSTITUCIONAIS

✦ DICAS

1. **Constitucionalismo:** movimento evolutivo de criação das Constituições.
2. **Constitucionalismo Primitivo (aproximadamente de 30.000 a. C. até 1.000 a. c):** na antiguidade clássica, os lideres das famílias ditavam e resguardavam as regras supremas para o convívio social. Segundo Karl Loewestein, o povo hebreu, teve grande destaque no movimento constitucionalista desse período, notadamente por reconhecer que os valores garantidos pelos primeiros textos bíblicos não podiam ser violados por ninguém (*Teoria de La Constitución*. Barcelona: Ariel, 1986, p. 154-157).
3. **Constitucionalismo Antigo (aproximadamente de 1.000 a.c. ao Séc. V d.c.):** os Parlamentos e Monarcas formulavam as normas de convívio social, e já existia uma exortação aos direitos fundamentais dos indivíduos. Entretanto, o constitucionalismo tinha pouco efetividade, pois os Monarcas não cumpriam as garantias dispostas nos direitos fundamentais.
4. **Constitucionalismo Medieval (Séc. V a XVIII):** surgimento de documentos que limitavam os poderes dos Monarcas e garantiam liberdades públicas aos cidadãos, a exemplo da Magna Charta de 1215, no Reino Unido. Também é desta época o que se denomina **constitucionalismo whig ou termidoriano**, que caracteriza a evolução lenta e gradual do movimento constitucionalista, e que se materializou com a ascensão de Guilherme de Oranges e do partido whig no Reino Unido, no final do século XVII, também marcado pela edição da Bill of Rights (1689).
5. **Constitucionalismo Moderno (Séc. XVIII a Séc. XX):** materialização e afirmação das Constituições Formais Liberais, que representavam garantias sérias de limitação dos Poderes Soberanos, e eram dotadas de legitimidade democrática popular. Desenvolveu-se a partir das revoluções liberais (Revolução Francesa e Revolução das 13 Colônias Estadunidenses). Representou o início do garantismo e o surgimento das primeiras Constituições dirigentes.
6. **Constitucionalismo Contemporâneo (Séc. XX a Séc. XXI):** caracteriza-se pela consolidação da existência de Constituições garantistas, calcadas na defesa dos direitos fundamentais igualitários, sociais e solidários. As disposições constantes nas Constituições têm reafirmada sua força normativa destacada em relação às prescrições de outras fontes jurídicas (leis e atos estatais). Esse período é marcado pelas constituições dirigentes, que prescrevem programas a serem implementados pelos Estados, normalmente por meio de normas programáticas. Vale destacar que esse período acabou manchado por algumas constituições criadas apenas para justificar o exercício de um Poder não democrático, a exemplo da Carta Polaca de 1937, que sustentou a Era Vargas no Brasil, e que faz parte do que se denomina **constitucionalismo semântico**, uma vez que se busca extrair da Constituição apenas os significados que possam reconhecer a tomada e manutenção de Poder por regimes autoritários.
7. **Neoconstitucionalismo (Séc. XX e Séc. XXI):** como um aprimoramento do Constitucionalismo Contemporâneo, prega a importância destacada da moral e dos valores sociais, garantidos predominantemente por meio de princípios. Não se conforma com as normas programáticas e as constituições dirigentes, afirmando que as Constituições devem ser dotadas de força normativa. Para conferir normatividade à Constituição, destaca o Poder Judiciário como garantidor, colocando a atividade legislativa em segundo plano. Em resumo: trabalha com a ideia de extração da máxima efetividade do Texto Constitucional, pois a Constituição deve ocupar o centro do sistema jurídico.

- Segundo **Ana Paula de Barcellos** (*"Neoconstitucionalismo, Direitos Fundamentais e Políticas Públicas"*, disponível em www.mundojuridico.adv.br), **o Neoconstitucionalismo tem as seguintes características**:

1. Do ponto de vista metodológico-formal:

a) Normatividade da Constituição: todas as disposições constitucionais são normas jurídicas;

b) Superioridade da Constituição sobre o restante da ordem jurídica: o que se dá por meio de constituições rígidas;

c) Centralidade da Constituição nos sistemas jurídicos: os demais ramos do Direitos devem ser compreendidos e interpretados a partir do que dispõe a Constituição.

2. Do ponto de vista material:

a) Incorporação explícita de valores e opções políticas nos textos constitucionais, sobretudo no que diz respeito à promoção da dignidade humana e dos direitos fundamentais;

b) Expansão de conflitos específicos e gerais entre as opções normativas e filosóficas existentes dentro do próprio sistema constitucional: envolve as colisões reais e aparentes entre regras e princípios (conflitos específicos) e o papel da Constituição (conflito geral). Esse conflito geral sobre o papel da constituição divide os autores em duas correntes.

- **Correntes sobre o papel da Constituição no Neoconstitucionalismo, segundo Ana Paula de Barcellos:**

a) Percepção/Visão Substancialista: cabe à Constituição impor ao cenário político um conjunto de decisões valorativas que se consideram essenciais e consensuais.

b) Percepção/Visão Procedimentalista: cabe à Constituição apenas garantir o funcionamento adequado do sistema de participação democrático, ficando a cargo da maioria, em cada momento histórico, a definição de seus valores e de suas políticas.

8. Concepções de Constituição

8.1. Constituição Sociológica (Ferdinand Lassalle – 1862): é aquela que deve traduzir a soma dos fatores reais de poder que rege determinada nação, sob pena de se tornar mera folha de papel escrita, que não corresponda à Constituição real.

8.2. Constituição Política (Carl Schmitt - 1928): é aquela que decorre de uma decisão política fundamental, e se traduz na estrutura do Estado e dos Poderes, e na presença de um rol de direitos fundamentais. As normas que não traduzirem a decisão política fundamental não serão constituição propriamente dita, mas meras leis constitucionais.

8.3. *Constituição Material*: é o arcabouço de normas que tratam da organização do poder, da forma de governo, da distribuição da competência, dos direitos da pessoa humana, considerados os sociais e individuais, do exercício da autoridade, ou seja, trata da composição e do funcionamento da ordem política. Tem relação umbilical com a Constituição Política de Carl Schimitt.

8.4. Constituição Jurídica (Hans Kelsen – 1934): é aquela que se constitui em norma hipotética fundamental pura, que traz fundamento transcendental para sua própria existência (sentido lógico-jurídico), e que, por se constituir no conjunto de normas com mais alto grau de validade, deve servir de pressuposto para a criação das demais normas que compõem o ordenamento jurídico (sentido jurídico-positivo).

8.5. Constituição Culturalista (Michele Ainis – 1986): é aquele que representa o fato cultural, ou seja, que disciplina as relações e direitos fundamentais pertinentes à cultura, tais como a educação, o desporto, e a cultura em sentido estrito.

8.6. Constituição Aberta (Peter Haberle – 1975): é aquela interpretada por todo o povo em qualquer espaço, e não apenas pelos juristas, no bojo dos processos.

8.7. Constituição Pluralista (Gustavo Zagrebelsky): não é nem um mandato nem um contrato. É aquela dotada de princípios universais, segundo as pretensões acordadas pelas "partes". Caracteriza-se pela capacidade de oferecer respostas adequadas ao nosso tempo ou, mais precisamente, da capacidade da ciência constitucional de buscar e encontrar essas respostas na constituição.

9. Supremacia Constitucional: a noção de supremacia da Constituição é oriunda de dois conceitos essenciais: 1. a ideia de superioridade do Poder Constituinte sobre as instituições jurídicas vigentes; e 2. a distinção entre Constituições Rígidas e Flexíveis. Nesse sentido, a supremacia prega que as normas constitucionais representam o paradigma máximo de validade do ordenamento jurídico, de modo que todas as demais normas são hierarquicamente inferiores a ela. Na pirâmide normativa de Hans Kelsen a Constituição está no ápice e as demais normas estão abaixo dela (relação de compatibilidade vertical).

10. Preâmbulo: é o texto introdutório da Constituição. Segundo posição exarada pelo STF no bojo da ADI 2076, julgada em 2002, o Preâmbulo da Constituição da República não tem força normativa, figurando como mero vetor interpretativo. Em seu voto, Celso de Mello sustentou que o Preâmbulo não se situa no âmbito do direito, mas no domínio da política, refletindo posição ideológica do constituinte. Ademais, ele conteria proclamação ou exortação no sentido dos princípios inscritos na Constituição Federal. Quanto à natureza jurídica do Preâmbulo, a posição do STF filia-se à Tese da Irrelevância Jurídica, afastando-se da Tese da Plena Eficácia (que defende ter o Preâmbulo a mesma eficácia das normas que consta da parte articulada da CF) e da Tese da Relevância Jurídica Indireta (para a qual o Preâmbulo é parte da Constituição, mas não é dotado das mesmas características normativas da parte articulada). Por essa razão, também não serve de parâmetro para controle de constitucionalidade. Esse posicionamento do STF serviu para definir que a invocação à proteção de Deus, constante do Preâmbulo da Constituição da República vigente, somente denota inspiração do constituinte, não violando a liberdade religiosa que permeia o Estado brasileiro.

11. Classificação das Constituições

I. Quanto à Origem

1. Democrática, Promulgada ou Popular: elaborada por legítimos representantes do povo, normalmente organizados em torno de uma Assembleia Constituinte.

2. Outorgada: é aquela elaborada sem a presença de legítimos representantes do povo, imposta pela vontade de um poder absolutista ou totalitário, não democrático.

3. Constituição Cesarista, Bonapartista, Plebiscitária ou Referendária: é aquela criada por um ditador ou imperador e posteriormente submetida à aprovação popular por plebiscito ou referendo.
4. Pactuada/Dualista: originada de um compromisso instável de duas forças políticas rivais, de modo que o equilíbrio fornecido por tal espécie de Constituição é precário. Esse modelo foi muito utilizado na monarquia da Idade Média. A Magna Carta de 1215, que os barões obrigaram João Sem Terra a jurar, é um exemplo.
5. Heteroconstituição (ou "Constituição Dada"): é aquela criada fora do Estado em que irá vigorar. Ex: Constituição do Chipre (procedente dos acordos de Zurique, de 1960, entre a Grã-Bretanha, a Grécia e a Turquia).

II. Quanto ao Conteúdo:

1. Formal: compõe-se do que consta em documento solene que tem posição hierárquica de destaque no ordenamento jurídico.
2. Material: composta por regras que exteriorizam a forma de Estado, organizações dos Poderes e direitos fundamentais. Portanto, suas normas são aquelas essencialmente constitucionais, mas que podem ser escritas ou costumeiras, pois a forma tem importância secundária.

III. Quanto à Forma:

1. Escrita/Instrumental: formada por um texto.

1.1. Escrita Legal (Paulo Bonavides): formada por texto oriundo de documentos esparsos ou fragmentados.

1.2. Escrita Codificada (Paulo Bonavides): formada por texto inscrito em documento único.

2. Não Escrita: identificada a partir dos costumes, da jurisprudência predominante e até mesmo por documentos escritos (por mais contraditório que possa parecer). Como esclarece Dirley da Cunha Júnior, "não existe Constituição inteiramente não-escrita ou costumeira, pois sempre haverá normas escritas compondo o seu conteúdo. A Constituição inglesa, por exemplo, compreende importantes textos escritos, mas esparsos no tempo e no espaço, como a Magna Carta (1251), o Petition of Rights (1628), o Habeas Corpus Act (1679), o Bill of Rights (1689), entre outros" (*Direito Constitucional.* 6 ed. Salvador: Juspodivm, 2012, p. 120).

IV. Quanto à Estabilidade:

1. Imutável: não prevê qualquer processo para sua alteração.
2. Fixa: só pode ser alteração pelo Poder Constituinte Originário, "circunstância que implica, não em alteração, mas em elaboração, propriamente, de uma nova ordem constitucional" (CUNHA JÙNIOR, Dirley da. *Curso de Direito Constitucional.* 6 ed. Salvador: Juspodivm, 2012, p. 122-123)
3. Rígida: aquela em que o processo para a alteração de qualquer de suas normas é mais difícil do que o utilizado para criar leis.

* Vale ressaltar que alguns autores falam em Constituição super-rígida, como aquela em que além de o seu processo de alteração ser mais difícil do que o utilizado para criar leis, dispõe ainda de uma parte imutável (cláusulas pétreas).

4. Flexível: aquela em que o processo para sua alteração é igual ao utilizado para criar leis.
5. Semi-rígida ou semiflexível: é aquela dotada de parte rígida (em que somente pode ser alterada por processo mais difícil do que o utilizado para criar leis), e parte flexível (em que pode ser alterada pelo mesmo processo utilizado para criar leis).

V. Quanto à Extensão:

1. Sintética: é a Constituição que regulamenta apenas os princípios básicos de um Estado.
2. Analítica ou prolixa: é a Constituição que vai além dos princípios básicos, detalhando também outros assuntos.

VI. Quanto à Finalidade:

1. Garantia: contém proteção especial às liberdades públicas.
2. Dirigente: confere atenção especial à implementação de programas pelo Estado.

VII. Quanto ao Modo de Elaboração:

1. Dogmática: sistematizada a partir de ideias fundamentais.
2. Histórica: de elaboração lenta, pois se materializa a partir dos costumes, que se modificam ao longo do tempo.

VIII. Quanto à Ideologia:

1. Ortodoxa: forjada sob a ótica de somente uma ideologia.
2. Eclética: fundada em valores plurais.

IX. Quanto ao Valor ou Ontologia (Karl Loewestein):

1. Normativa: dotada de valor jurídico legítimo.
2. Nominal: sem valor jurídico; com papel eminentemente social.
3. Semântica: tem importância jurídica, mas não valoração legítima, pois é criada apenas para justificar o exercício de um Poder não democrático. São meros simulacros de Constituição.

- **Máximas quanto às Classificações das Constituições**
- Toda Constituição rígida é escrita, pois não há rigidez em uma Constituição Não Escrita ou Costumeira.
- Toda Constituição costumeira é, ao menos conceitualmente, flexível, pois seu processo de alteração

não se diferencia do que se utiliza para a alteração de qualquer outra norma que discipline o convívio social.

- Nem toda Constituição escrita é rígida, pois a Constituição formada por um texto pode ser imutável, fixa, rígida, flexível, ou semiflexível.
- Uma Constituição pode ter partes rígidas e partes flexíveis, e nesse caso será denominada de semi-rígida ou semiflexível.

CLASSIFICAÇÃO DA CONSTITUIÇÃO DA REPÚBLICA FEDERATIVA DO BRASIL DE 1988	
1. Democrática ou Promulgada ou Popular	Elaborada por legítimos representantes do povo
2. Formal	Documento solene
3. Escrita ou Instrumental	Texto único
4. Rígida ou Super-rígida	Rígida: seu processo de alteração é mais difícil do que o utilizado para criar leis; Super-rígida: além de o seu processo de alteração ser mais difícil do que o utilizado para criar leis, ela tem uma parte imutável (cláusulas pétreas)
5. Analítica	Vai além dos princípios básicos, trazendo detalhamento também de outros assuntos
6. Dirigente	Confere atenção especial à implementação de programas pelo Estado
7. Dogmática	Sistematizada a partir de ideias fundamentais
8. Eclética	Fundada em valores plurais
9. Normativa	Tem valor jurídico legítimo (não apenas social)

12. Elementos das Constituições (José Afonso da Silva. *Curso de Direito Constitucional Positivo*. 6 ed. São Paulo: Malheiros, 1990, p. 43-44)

12.1. Elementos Orgânicos: regulam a estrutura do Estado e do Poder.

12.2. Elementos Limitativos: referem-se aos direitos fundamentais, que limitam a atuação do Estado, protegendo o povo.

12.3. Elementos Sócio-ideológicos: revelam o compromisso do Estado em equilibrar os ideais liberais e sociais ao longo do Texto Constitucional.

12.4. Elementos de Estabilização Constitucional: asseguram a solução de conflitos institucionais entre Poderes, e também protegem a integridade do Estado e da própria Constituição.

12.5. Elementos Formais de Aplicabilidade: referem-se às regras de interpretação e aplicação da Constituição, a exemplo do preâmbulo, do ADCT, e a aplicabilidade imediata dos direitos e garantias fundamentais.

13. Bloco de Constitucionalidade

- O bloco de constitucionalidade (ideia de Louis Favoreu, mas desenvolvida por Canotilho e consagrada nas ADIs 595 e 514, pelo Ministro Celso de Mello) consiste no conjunto de normas materialmente constitucionais, que até servem de paradigma para controle de constitucionalidade, mas que, não necessariamente, integram formalmente a Constituição, a exemplo dos tratados internacionais de direitos humanos aprovados de acordo com o regramento do art. 5º, § 3º, da CF.

14. Convenções Constitucionais: "(...) consistem em acordos, implícitos ou explícitos, entre as várias forças políticas, sobre o comportamento a adoptar para se dar execução ou actuação a determinadas normas constitucionais, legislativas ou regimentais." Esses acordos não necessariamente criam normas solenes, mas tem força material, apresentando-se como verdadeiras limitações aos poderes constituídos. (*Direito constitucional e teoria da Constituição*. Coimbra: Almedina, 2007).

15. Normas, Postulados Normativos, Princípio e Regras

- **Normas Jurídicas de Primeiro Grau (Princípios e Regras):** os Princípios são mandados de otimização que impõem a promoção de um fim, na maior medida possível, com abstração e generalidade, enquanto as Regras prescrevem comportamentos imediatos, de modo mais completo e preciso.
- **Normas Jurídicas de Segundo Grau/Postulados Normativos (Humberto Ávila):** situam-se num plano distinto daquele das normas cuja aplicação estruturam. A violação deles consiste na não interpretação de acordo com sua estruturação. Não impõem a promoção de um fim, mas, em vez disso, estruturam a aplicação do dever de promover um fim. Não prescrevem imediatamente comportamentos, mas modos de raciocínio e de argumentação relativamente a normas que indiretamente prescrevem comportamentos.

16. Colisão de Direitos Fundamentais: a colisão ocorrida em âmbito constitucional não pode ser considerada na mesma perspectiva do conflito entre leis (também chamadas de "regras"), ou seja, como um "conflito aparente de normas" para cuja solução seriam utilizados os critérios cronológico, hierárquico ou da especialidade, na forma do "tudo ou nada" ("all or nothing"), em que só se aplica um documento normativo daqueles que aparentemente conflitavam. Essa solução é inaplicável aos princípios, que não se sujeitam a esses critérios apontados pela doutrina, tampouco podem ser afastados um em razão de outro. Assim, em toda colisão de princípios deve ser respeitado o núcleo intangível dos direitos fundamentais concorrentes, mas sempre se deve chegar a uma posição em que um prepondere sobre outro (mas, sem eliminá-lo). A colisão deve ser resolvida por concordância prática (Konrad Hesse), com aplicação do princípio da proporcionalidade (tradição alemã) ou pela dimensão de peso e importância (Ronald Dworkin), com aplicação do princípio da razoabilidade (tradição norte-americana).

17. Classificação das Normas Constitucionais quanto à Eficácia

- No que tange à eficácia, segundo classificação de José Afonso da Silva, as normas constitucionais podem ser: plenas, contidas e limitadas.

17.1. Normas de eficácia plena são aquelas dotadas de aplicabilidade direta, imediata e integral, pois não necessitam de lei infraconstitucional para torná-las aplicáveis e nem admitem lei infraconstitucional que lhes restrinja o conteúdo. Em outras palavras: elas trazem todo o conteúdo necessário para a sua materialização prática. São entendidas como de aplicabilidade direta, imediata e integral, pois não necessitam de lei infraconstitucional. Exemplo: Brasília é a Capital Federal (art. 18, § 1º, da CF).

17.2. Normas de eficácia contida ou restringível são aquelas que têm aplicabilidade direta, imediata, mas não integral, pois admitem que seus conteúdos sejam restringidos por normas infraconstitucionais, o que ocorre, por exemplo, com o enunciado que garante o livre exercício de qualquer trabalho, ofício ou profissão, atendidas as qualificações profissionais que a lei estabelecer (art. 5º, XIII, da CF). Para ilustrar: a função de advogado, somente pode ser exercida atendida a qualificação profissional de ser bacharel em direito, aprovado no Exame da Ordem dos Advogados do Brasil (art. 8º, IV, da Lei 8.906/94).

17.3. Normas de eficácia limitada ou reduzida são aquelas que possuem aplicabilidade indireta, mediata e reduzida (não direta, não imediata e não integral), pois exigem norma infraconstitucional para que se materializem na prática. Entretanto, apesar de não se realizarem sozinhas na prática, elas são dotadas de eficácia jurídica, pois revogam as leis anteriores com elas incompatíveis; vinculam o legislador, de forma permanente, à sua realização; condicionam a atuação da administração pública e informam a interpretação e aplicação da lei pelo Poder Judiciário. Elas podem ser de princípio programático ou princípio institutivo.

17.3.1. As **normas de eficácia limitada de princípio programático** (também referidas apenas como normas programáticas) são aquelas que não regulam diretamente interesses ou direitos nelas consagrados, mas se limitam a traçar alguns preceitos a serem cumpridos pelo Poder Público, como programas das respectivas atividades, pretendendo unicamente a consecução dos fins sociais pelo Estado. Podem-se citar como exemplos os objetivos da República Federativa do Brasil (art. 3º, da CF), a estruturação da política agrícola brasileira (art. 187 da CF), e a determinação de organização de um regime de colaboração dos sistemas de ensino dos Entes da Federação (art. 211 da CF).

17.3.2. Já as **normas de eficácia limitada de princípio institutivo** são aquelas responsáveis pela estruturação do Estado como, por exemplo, a norma segundo a qual os Territórios Federais integram a União, e sua criação, transformação em Estado ou reintegração ao Estado de origem serão reguladas em lei complementar (art. 18, § 2º, da CF).

<table>
<tr><td rowspan="4">CLASSIFICAÇÃO DAS NORMAS CONSTITUCIONAIS QUANTO À EFICÁCIA</td><td>1. Eficácia Plena</td><td></td></tr>
<tr><td>2. Eficácia Contida</td><td></td></tr>
<tr><td rowspan="2">3. Eficácia Limitada</td><td>a) Princípio Programático (Programáticas)</td></tr>
<tr><td>b) Princípio Institutivo</td></tr>
</table>

18. Métodos de Interpretação Constitucional

18.1. Método Jurídico ou Hermenêutico Clássico (Ernest Forsthoff): parte de uma Tese da Identidade que existiria entre a Constituição e as demais leis, ou seja, se a constituição é uma lei, não há porque criar-se um método específico para interpretá-la. Ele se vale basicamente dos seguintes elementos: a) genético (origem do ato); b) gramatical ou filológico (análise textual e literal); c) histórico (momento e contexto de criação do ato); d) lógico (não contradição); e) sistemático (análise do todo ou conjunto); f) teleológico (finalidade social do ato).

18.2. Método Científico-espiritual, Valorativo ou Sociológico (Rudolf Smend): tem como norte o espírito constitucional, ou seja, valores consagrados nas normas constitucionais. Além dos valores, levam-se em conta também outros fatores extraconstitucionais, como a realidade social e cultural do povo, exigindo-se uma interpretação elástica do texto constitucional, alçando a Constituição a instrumento de integração e solução de conflitos em busca da construção e da preservação da unidade social.

18.3. Método Tópico-problemático (Theodor Viehweg): atua sobre as aporias (aporia: dificuldade de escolher entre duas opiniões contrárias e igualmente racionais sobre um dado problema). Topos que no plural são os topoi representam formas de pensamento, raciocínios, argumentações, pontos de vista ou lugares comuns. Os topoi são retirados da jurisprudência, da doutrina, dos princípios gerais de direito e até mesmo do senso comum. Trata-se de uma teoria de argumentação jurídica em torno do problema. A partir do problema expõem-se os argumentos favoráveis e contrários e consagra-se como vencedor aquele capaz de convencer o maior número de interlocutores. Tem aplicabilidade nos casos de difícil solução, denominados por *hard cases*.

18.4. Método Hermenêutico-concretizador (Konrad Hesse): é aquele em que o intérprete se vale de suas pré-compreensões valorativas para obter o sentido da norma e então aplicá-la à resolução de determinado problema. O conteúdo da norma somente é alcançado a partir de sua interpretação concretizadora, dotada do caráter criativo que emana do exegeta. Nesse sentido, o método de Hesse possibilita que a Constituição tenha força ativa para compreender e alterar a realidade. Mas, nesse mister, o texto constitucional apresenta-se como um limite intransponível para o intérprete, pois se o exegeta passar por cima do texto, ele estará modificando ou rompendo a Constituição, não a interpretando.

18.5. Método Normativo-estruturante (Friedrich Müller) ou Concretista (Paulo Bonavides): é aquele em que o intérprete parte do direito positivo para chegar à estruturação da norma, muito mais complexa que o texto legal. Nesse caminho, há influência da jurisprudência, da doutrina, da história, da cultura e das decisões políticas. Em outras palavras: o exegeta colhe elementos da realidade social para estruturar a norma que será aplicada.

18.6. Método Concretista da Constituição Aberta (Peter Häberle): traz a ideia que a Constituição deve ser interpretada por todos e em quaisquer espaços (abertura interpretativa), e não apenas pelos juristas no bojo de procedimentos formais.

18.7. Método da Comparação Constitucional (Peter Häberle): prega a interpretação a partir da comparação entre diversas Constituições.

- **Inexistência de hierarquia entre métodos de interpretação constitucional:** segundo Gilmar Ferreira Mendes, Inocêncio Mártires Coelho e Paulo Gustavo Gonet Branco: "Não por acaso Gustavo Zagrebelsky afirma que não existe na literatura, nem na jurisprudência, uma teoria de métodos interpretativos da Constituição que nos esclareça se é possível e mesmo necessário adotar um método previamente estabelecido ou uma ordem metodológica concreta, um dado de realidade que, se não configura lacuna inexplicável, por certo reflete a consciência de que não tem maior significado nos aproximarmos da interpretação através dos seus métodos, ainda que a palavra método, como todos sabem, signifique, precisamente, o caminho a ser percorrido para se alcançar a verdade". (*Curso de direito constitucional*. 2. ed. São Paulo: Saraiva, 2008, p. 98).

19. Leitura Moral da Constituição: Segundo Ronald Dworkin, a leitura moral da Constituição elucida que a interpretação jurídica deve valer-se de uma teoria política, sem que isso signifique uma corrupção da interpretação. Os princípios e valores dos julgadores tendem a influenciar no desvelar das normas jurídicas (*Uma questão de princípio*. São Paulo: Martins Fontes: 2001, p. 246-247).

20. Princípios de Interpretação Constitucional

20.1. Princípios Enunciados por Canotilho

20.1.1. Princípio da unidade da Constituição: preceitua que a interpretação constitucional deve ser realizada tomando-se as normas constitucionais em conjunto (interpretação sistêmica), como um sistema unitário de princípios e regras, de modo a se evitarem contradições (antinomias aparentes) entre elas.

20.1.2. Princípio do efeito integrador ou da eficácia integradora: traz a ideia que as normas constitucionais devem ser interpretadas com objetivo de integrar política e socialmente o povo de um Estado Nacional.

20.1.3. Princípio da máxima efetividade ou eficiência: exige que o intérprete otimize a norma constitucional para dela extrair a maior efetividade possível, guardando estreita relação com o princípio da força normativa. Segundo Luis Roberto Barroso, por meio dele realiza-se uma aproximação, tão íntima quanto possível, entre o dever-ser normativo e o ser da realidade social. (*Curso de direito constitucional contemporâneo*. São Paulo: Saraiva, 2009).

20.1.4. Princípio da conformidade/correção funcional/exatidão funcional ou da justeza: limita o intérprete na atividade de concretizador da Constituição, pois impede que ele atue de modo a desestruturar as premissas de organização política previstas no Texto Constitucional.

20.1.5. Princípio da concordância prática ou da harmonização: a interpretação de uma norma constitucional exige a harmonização dos bens e valores jurídicos colidentes em um dado caso concreto, de forma a se evitar o sacrifício total de um em relação a outro.

20.1.6. Princípio da força normativa: a partir dos valores sociais, o intérprete, em atividade criativa, deve extrair aplicabilidade e eficácia de todas as normas da Constituição, conferindo-lhes sentido prático e concretizador, em clara relação com o princípio da máxima efetividade ou eficiência. Por meio dele, a Constituição tem força ativa para alterar a realidade.

20.2. Outros Princípios

20.2.1. Princípio da razoabilidade ou da proporcionalidade: exige a tomada de decisões racionais, não abusivas, e que respeitem os núcleos essenciais de todos os direitos fundamentais. Por meio dele, analisa-se se as condutas são adequadas, necessárias e trazem algum sentido em suas realizações.

20.2.2. Princípio da interpretação conforme: consiste em conferir-se a um ato normativo polissêmico (que admite vários significados) a interpretação que mais se adéque ao que preceitua a Constituição, sem que essa atividade se constitua em atentado ao próprio texto constitucional. Aplicável ao controle de constitucionalidade, a interpretação conforme permite que se mantenha um texto legal, conferindo-se a ele um sentido ou interpretação de acordo com os valores constitucionais.

20.2.3. Princípio da presunção de constitucionalidade das leis: traz a ideia que todas as normas infraconstitucionais criadas estão de acordo com a Constituição. Toda lei é válida e constitucional até que se prove o contrário, portanto, a presunção de constitucionalidade é relativa (*juris tantum*). Esse princípio ainda tem por missão orientar que o judiciário declare a inconstitucionalidade de uma norma apenas se ela for patente ou chapada, não permitindo uma interpretação conforme a constituição. Sobre o princípio, a lição de Luís Roberto Barroso: "a) não sendo evidente a inconstitucionalidade, havendo dúvida ou a possibilidade de razoavelmente se considerar a norma como válida, deve o órgão competente abster-se da declaração de inconstitucionalidade; b) havendo alguma interpretação possível que permita afirmar-se a compatibilidade da norma com a Constituição, em meio a outras que carreavam para ela um juízo de invalidade, deve o intérprete optar pela interpretação legitimadora, mantendo o preceito em vigor" (*Interpretação e aplicação da Constituição*. 2. ed. São Paulo: Saraiva. 1998, p. 165).

20.2.4. Princípio da vedação do retrocesso: significa que uma vez garantido em um ordenamento jurídico, notadamente no Texto Constitucional, um direito humano (que se torna fundamental pela positivação na Constituição) não pode mais deixar de existir naquela sociedade ou Estado. Tal princípio está implícito nos ordenamentos jurídicos de todos os países que reconhecem a importância e a validade do direito internacional dos direitos humanos.

20.2.5. Correntes interpretativista e não-interpretativista: segundo a corrente interpretativista, os intérpretes têm como limites os valores expressos, ou, ao menos, claramente implícitos nas Constituições, de modo a respeitar-se a vontade do constituinte. Já a corrente não-interpretativista sustenta que o intérprete pode invocar valores eventualmente não expressos ou claramente implícitos nas Constituições, a exemplo da justiça, da moral e da liberdade. A corrente não-interpretativista recebe esse nome porque ela não interpretaria a partir da Constituição, mas criaria uma nova norma para servir à resolução do problema.

21. Classificação dos princípios constitucionais segundo José Afonso da Silva

21.1. Princípios Constitucionais Sensíveis: são aqueles que devem ser observados, sob pena de intervenção federal, consoante art. 34, II, da CF.

21.2. Princípios Constitucionais Extensíveis: são aqueles que trazem as normas de organização que a Constituição Federal estendeu aos Estados-membros, a exemplo do art. 6º da CF.

21.3. Princípios Constitucionais Estabelecidos: são aqueles que limitam a autonomia organizatória do Estado, a exemplo do art. 37 da CF.

PODER CONSTITUINTE E DIREITO CONSTITUCIONAL INTERTEMPORAL

- **CF, art. 60, § 4º.**

✦ DICAS

1. PODER CONSTITUINTE

1.1. Ideia ou Teoria Clássica de Poder Constituinte (de Emmanuel Joseph Sieyès, na obra *Que é o Terceiro Estado?*): a soberania popular consiste essencialmente no poder constituinte da nação. Entretanto, atualmente, a ideia de nação cedeu lugar ao poder do povo. Assim, é o povo que atribui seus poderes a órgãos estatais especializados, que passam a se denominar Poderes (Executivo, Legislativo e Judiciário). E se o povo delega certas partes do seu poder às diversas autoridades constituintes, ele mantém o poder constituinte. Nesse sentido, o Poder Constituinte tem suas raízes em uma força geral da Nação (JJ. Gomes Canotilho).

1.2. A **titularidade** do Poder Constituinte é do povo, mas é o Estado quem o exerce.

1.3. O **Poder Constituinte Originário (também denominado por Genuíno, Primário ou de Primeiro Grau)** cria a primeira ou nova constituição de um Estado. Para atingir seu objetivo, ele é **inicial** (não existe outro poder anterior ou superior a ele), **autônomo** (o poder constituinte determina a estrutura da nova Constituição), **ilimitado** (tem autonomia para escolher o Direito que irá viger, ou seja, não se subordina a nenhuma ideia jurídica preexistente) e **incondicionado** (é dotado de liberdade quanto aos procedimentos adotados para a criação da Constituição, ou seja, não precisa seguir nenhuma formalidade preestabelecida). (LÉPORE, Paulo. *Direito constitucional*. 2. Ed. Salvador: Juspodivm, 2014, p. 25). Ademais, o poder constituinte originário pode ser qualificado como **permanente**, "[...] já que o poder constituinte originário não se esgota com a edição da nova Constituição, sobrevivendo a ela e fora dela como forma de expressão da liberdade humana, em verdadeira ideia de subsistência." (LENZA, Pedro. *Direito constitucional esquematizado*. 16. ed. São Paulo: Saraiva, 2012, p. 186).

1.4. Já o **Poder Constituinte Derivado Reformador (também denominado por Secundário, de Segundo Grau, Instituído, Constituído, ou de Reforma)** é responsável pela reforma da Constituição (no Brasil, por meio de Emendas Constitucionais ou da incorporação de tratados internacionais de direitos humanos). Vale notar que a CF de 1988 **não** prevê expressamente o poder de reforma, que materializa o poder constituinte derivado, mas este se encontra implícito, e se extrai, por exemplo, da norma constitucional que prevê propostas de emendas à Constituição.

1.5. A seu turno, o Poder Constituinte Derivado **Decorrente** é aquele exercido pelos Estados-membros, na construção das Constituições Estaduais (art. 25, da CF).

1.6. Limitações ao Poder Constituinte Derivado

1.6.1. Temporais: impedem a alteração da Constituição em um determinado período de tempo (A CF/88 não prevê nenhuma limitação temporal, em privilégio ao ganho de estabilidade).

1.6.2. Circunstanciais: impedem a alteração da CF em momentos de extrema gravidade, nos quais a livre manifestação do poder reformador possa estar ameaçada (Estado de Defesa, Estado de Sítio, e Intervenção Federal).

1.6.3. Formais/Processuais/Procedimentais, que podem ser de duas espécies: 3.1. Formal Subjetiva (há legitimados específicos para a propositura de Emendas Constitucionais); 3.2. Formal Objetiva (quórum qualificado de três quintos, em dois turnos, em cada Casa do Congresso Nacional, com promulgação pelas mesas do Senador Federal e da Câmara dos Deputados).

1.6.4. Materiais/Substanciais: cláusulas pétreas.

1.6.5. Implícitas: vedam a alteração das regras pertinentes ao processo para modificação da Constituição.

- **Atenção!** Algumas provas pedem a classificação das limitações ao Poder Constituinte na Constituição de 1988. **Para a ESAF**, as limitações são **explícitas** (englobam as circunstanciais e as materiais) e **implícitas** (se confundem com as formais/processuais/procedimentais)
- As **cláusulas pétreas** (de pedra, duras) estão dispostas no art. 60, § 4º, da CF: I – a forma federativa de Estado; II – o voto direto, secreto, universal e periódico; III – a separação dos Poderes; IV – os direitos e garantias individuais. Não será objeto de deliberação a proposta de emenda constitucional **tendente** a aboli-las.
- O STF entende que **os direitos e garantias individuais considerados cláusulas pétreas pela CF não se restringem àqueles expressos no elenco do art. 5º**, admitindo interpretação extensiva para definição de **direitos análogos,** o que restou claro na ADI 939, julgada em 1993 e relatada pelo Ministro Sydney Sanches, que considerou direito e garantia individual a anterioridade tributária, consoante art. 5º, § 2º, art. 60, § 4º, IV, e art. 150, III, "b", todos da CF.
- As cláusulas pétreas tem como significado último **prevenir a erosão da Constituição Federal**, inibindo a tentativa de abolir o projeto constitucional deixado pelo constituinte (que normalmente ocorrem em momentos de pressões e revoltas populares, consoante lição de Karl Loewenstein (*Teoria de la constitución*. Barcelona: Ariel, 1983, p. 222).
- O STF considera que os limites materiais ao poder constituinte de reforma **não significam a intangibilidade literal da disciplina dada ao tema pela Constituição originária**, mas sim a proteção do núcleo essencial dos princípios e institutos protegidos pelas cláusulas pétreas, consoante ADI 2.024, julgada em 2007 e relatada pelo Ministro Sepúlveda Pertence.
- O poder constituinte de reforma não pode criar novas cláusulas pétreas, ou seja, não pode ampliar as hipóteses do art. 60, § 4º, da CF. Entretanto, é possível que haja uma **ampliação no catálogo dos direitos fundamentais** criado pelo poder constituinte originário, notadamente dos direitos e garantias individuais protegidos pelo art. 60, § 4º, IV, da CF, a exemplo do direito à razoável duração do processo (art. 5º, LXXVIII, da CF), incluído pela EC 45/04.
- O sistema constitucional brasileiro **admite a existência de cláusulas pétreas implícitas**, a exemplo da forma republicana de governo. Essa afirmação encontra fundamento na **jurisprudência do STF** (ADI 829, Rel. Min. Moreira Alves, julgamento em 14-4-1993, Plenário, DJ de 16-9-1994; e (MS 24.875, Rel. Min. Sepúlveda Pertence, julgamento em 11-5-2006, Plenário, DJ de 6-10-2006.).
- De acordo com Luís Roberto Barroso, "[...] hierarquia, em Direito, designa o fato de uma norma colher o seu fundamento de validade em outra, sendo inválida se contravier a norma matriz. Ora bem: não é isso que se passa na situação aqui descrita. Pelo princípio da unidade da Constituição, inexiste hierarquia entre normas constitucionais originárias, que jamais poderão ser declaradas inconstitucionais umas em face das outras. **A proteção especial dada às normas amparadas por cláusulas pétreas sobrelevam seu status político ou sua carga valorativa, com importantes repercussões hermenêuticas, mas não lhes atribui superioridade jurídica**". (Curso de direito constitucional contemporâneo. São Paulo: Saraiva, 2009, p. 167).

1.7. Segundo José Afonso da Silva, **reforma é gênero**, e tem como espécies: emenda (mudança pontual) e revisão (modificação mais amplas). Alguns autores também apontam a mutação constitucional como um procedimento não-formal de reforma ou mudança da Constituição

- **Revisão constitucional**: prevista no art. 3º, do ADCT da CF, foi realizada 5 anos após a promulgação da CF/88 (em 1993, portanto) pelo voto da maioria absoluta dos membros do Congresso Nacional, em sessão unicameral, tendo gerado seis emendas constitucionais de revisão que detêm o *status* de normas constitucionais **derivadas**, porque materializadas por meio de emendas. Ademais, elas estão sujeitas ao controle de constitucionalidade, pois apenas as normas constitucionais originárias gozam de presunção absoluta de constitucionalidade.

- **Mutação constitucional:** é um processo não formal de mudança da Constituição em que o texto constitucional permanece inalterado, modificando-se apenas o significado e o sentido interpretativo de determinada norma constitucional. Em outras palavras: na mutação, altera-se a interpretação sobre o texto da Constituição, chegando-se a norma com sentido novo. O exemplo mais famoso é o empregado ao STF ao art. 52, X, da CF, para dizer que a nova norma que dele se extrai é no sentido que a resolução emitida pelo Senador Federal para suspender a execução, no todo ou em parte, de norma declarada inconstitucional no controle difuso serve apenas para conferir publicidade à decisão do STF. Outro exemplo é a interpretação do STF sobre o conceito de casa, do art. 5º, XI, da CF, para dizer que inclui também escritórios profissionais, hotéis, motéis, pensões e congêneres. Segundo Luís Roberto Barroso, a mutação constitucional pode ocorrer por interpretação, pela atuação do legislador e por via de costume. A mutação constitucional por via de interpretação "consiste na mudança de sentido da norma, em contraste com entendimento preexistente". Já a mutação pela atuação do legislador ocorrerá "quando, por ato normativo primário, procurar-se modificar a interpretação que tenha sido dada a alguma norma constitucional. É possível conceber que, ensejando a referida norma mais de uma leitura possível, o legislador opte por uma delas, exercitando o papel que lhe é próprio, de realizar escolhas políticas. A mutação terá ligar se, vigendo um determinado entendimento, a lei vier a alterá-lo. Suponha-se, por exemplo, que o § 3º do art. 226 da Constituição – que reconhece a união estável entre homem e mulher como entidade familiar – viesse a ser interpretado no sentido de considerar vedada a união estável entre pessoas do mesmo sexo. Se a lei ordinária vier a disciplinar esta última possibilidade, chancelando as uniões homoafetivas, terá modificado o sentido que vinha sendo dado à norma constitucional". Por fim, a mutação por costume é aquela que altera uma prática historicamente considerada válida. "Há outro exemplo expressivo contemporâneo, relacionado com as Comissões Parlamentares de Inquérito (CPIs). Nos últimos anos, uma prática política persistente expandiu os poderes dessas comissões e redefiniu suas competências. Passou-se a admitir, pacificamente, a determinação de providências que antes eram rejeitadas pela doutrina e pela jurisprudência, aí incluídas a quebra de sigilos bancários, telefônico e fiscais" (BARROSO, Luís Roberto. Curso de Direito Constitucional Contemporâneo. São Paulo: Saraiva, 2009, p. 128-135).

- **Atenção!** Até recente pronunciamento do STF, entendia-se que o art. 52, X, da CF havia sofrido mutação constitucional, para dizer que a nova norma que dele se extrai seria no sentido de que a resolução emitida pelo Senado Federal para suspender a execução, no todo ou em parte, de norma declarada inconstitucional no controle difuso serviria apenas para conferir publicidade à decisão do STF. No entanto, **no julgamento da Reclamação 4335/AC, julgada em 2014 e relatada pelo Ministro Gilmar Mendes, esse posicionamento (da incidência da mutação constitucional no art. 52, X, CF) foi adotado apenas pelos Ministros Gilmar Mendes e Eros Grau, portanto, não foi compartilhado pela maioria dos Ministros. Assim, a tese de que o artigo 52, X, da CF sofreu mutação Constitucional não foi acolhida pelo STF.**

1.8. Poder constituinte supranacional: tem capacidade para submeter as diversas constituições nacionais ao seu poder supremo, distinguindo-se do ordenamento jurídico positivo interno assim como do direito internacional. Exemplo concreto é a tentativa de criação de uma Constituição para a União Européia, responsável pela regência de vários países e não se confundindo com cada um dos direitos internos e nem com os tratados internacionais.

- **Não há** manifestação de Poder Constituinte (Originário, Derivado, ou Decorrente) nos Municípios, pois estes têm sua estruturação jurídica dada por meio de Lei Orgânica, não de Constituição.

2. DIREITO CONSTITUCIONAL INTERTEMPORAL

2.1. Revogação: a Constituição nova, mesmo que não diga expressamente ou que não seja incompatível, revoga inteiramente a Constituição anterior. Trata-se de revogação por normação geral. Ocorre uma ab-rogação da Constituição anterior.

2.2. Desconstitucionalização: quando do surgimento de uma nova Constituição, apenas a constituição propriamente dita (anterior) é revogada, e as normas constitucionais compatíveis materialmente com o novo diploma são recepcionadas com status infraconstitucional (desconstitucionalizadas). Segundo a maioria da doutrina, esse fenômeno nem ocorreu tacitamente e nem foi expressamente adotado pela Constituição Federal vigente.

2.3. Recepção: consiste no fenômeno em que normas pertencentes a uma ordem jurídica anterior são recebidas e consideradas válidas por uma nova ordem constitucional, porque seus conteúdos são materialmente compatíveis. Quando do surgimento de uma nova Constituição as normas materialmente incompatíveis serão revogadas (nomenclatura utilizada pelo STF) ou não-recepcionadas. A incompatibilidade formal superveniente não impede a recepção, mas faz com que a norma adquira uma nova roupagem. Exemplo: CTN (Lei 5.172/66) foi recepcionado, por EC pela CF/67 e também pela CF/88 como Lei Complementar, logo, só pode ser revogado por outra lei complementar. Em outras palavras: na recepção constitucional só importa o aspecto material. Há, ainda, a recepção expressa, a exemplo da norma do art. 34 do ADCT, segundo a qual o sistema tributário nacional entraria em vigor apenas a partir do primeiro dia do quinto mês seguinte ao da promulgação da Constituição, mantido, até então, o da Constituição de 1967, com a redação dada pela Emenda nº 1, de 1969, e pelas posteriores. Assim, o art. 34 do ADCT recepcionou, expressamente, o sistema tributário da Constituição de 1967, ainda que por prazo determinado.

2.4. Repristinação: fenômeno que se dá pela recuperação da vigência de uma norma que tinha sido revogada, se, por acaso, a lei que a tinha revogado, por qualquer razão, perder a vigência (porque foi revogada, por exemplo). Simplificando: tomemos três leis "1", "2" e "3". Se "2" revoga "1", mas "3" revoga "2", "1" volta a ter vigência. No plano legal, esse fenômeno só existe de forma expressa (se a lei que entra em vigor revogando a lei revogadora expressar o restabelecimento da lei inicialmente revogada), não havendo repristinação tácita. Mas, no plano constitucional, fala-se na existência de um efeito repristinatório tácito, em que no controle de constitucionalidade concentrado, a concessão da medida cautelar ou decisão de mérito torna aplicável a legislação anterior acaso existente, salvo expressa manifestação em sentido contrário (art. 11, § 2º, da Lei 9.868/99). Vale ressaltar, com Pedro Lenza, que o STF vem utilizando a expressão "efeito repristinatório" da declaração de inconstitucionalidade (c.f. ADI 2.215-PE, medida cautelar, Rel. Ministro Celso de Mello, Informativo 224 do STF). Isso porque, se a lei é nula, ela nunca teve eficácia. Se nunca teve eficácia, nunca revogou nenhuma norma. Se nunca revogou nenhuma norma, aquela que teria sido supostamente "revogada" continua tendo eficácia (Direito Constitucional Esquematizado. 16 ed. São Paulo: Saraiva, 2012, p. 342).

2.5. Constitucionalidade superveniente: trata-se do saneamento do vício de inconstitucionalidade por uma nova constituição ou emenda. Não é admitida no Brasil. A constitucionalidade de uma lei sempre deve ser analisada em relação à Constituição vigente quando de sua edição. O vício de inconstitucionalidade, quando existente, é sempre congênito, ou seja, existe desde o momento de edição da norma. Se uma lei nasceu inconstitucional, o vício é insanável e o fato de ela não ser incompatível com uma nova Constituição é absolutamente irrelevante. Uma nova Constituição não pode constitucionalizar, tirar o vício de uma lei que é inconstitucional segundo o parâmetro constitucional anterior. Assim entende o STF: "Em nosso ordenamento jurídico, não se admite a figura da constitucionalidade superveniente. Mais relevante do que a atualidade do parâmetro de controle é a constatação de que a inconstitucionalidade persiste e é atual, ainda que se refira a dispositivos da CF que não se encontram mais em vigor. Caso contrário, ficaria sensivelmente enfraquecida a própria regra que proíbe a convalidação. (ADI 2.158, julgada em 2010 e relatada pelo Ministro Dias Tóffoli) "Constituição. Lei anterior que a contrarie. Revogação. Inconstitucionalidade superveniente. Impossibilidade. A lei ou é constitucional ou não é lei. Lei inconstitucional é uma contradição em si. A lei é constitucional quando fiel à Constituição; inconstitucional na medida em que a desrespeita, dispondo sobre o que lhe era vedado. O vício da inconstitucionalidade é congênito à lei e há de ser apurado em face da Constituição vigente ao tempo de sua elaboração. Lei anterior não pode ser inconstitucional em relação à Constituição superveniente; nem o legislador poderia infringir Constituição futura. A Constituição sobrevinda não torna inconstitucionais leis anteriores com ela conflitantes: revoga-as. Pelo fato de ser superior, a Constituição não deixa de produzir efeitos revogatórios. Seria ilógico que a lei fundamental, por ser suprema, não revogasse, ao ser promulgada, leis ordinárias. A lei maior valeria menos que a lei ordinária." (ADI 2, julgada em 1992 e relatada pelo Ministro Paulo Brossard).

2.6. Retroatividade da norma constitucional: há três níveis de retroatividade: máxima, média e mínima. A retroatividade máxima ou restitutória se dá na hipótese em que a norma nova prejudica coisa julgada ou fatos jurídicos já consumados. A retroatividade média ocorre no caso de a norma nova atingir efeitos pendentes de atos verificados antes dela. A retroatividade mínima, temperada ou mitigada se verifica quando a norma nova atinge apenas os efeitos de fatos anteriores, verificados após a data que ela entra em vigor (tudo conforme a ADI 493, julgada pelo STF em 1992 e relatada pelo Ministro Moreira Alves).

PRINCÍPIOS FUNDAMENTAIS DA CONSTITUIÇÃO DA REPÚBLICA FEDERATIVA DO BRASIL

- **CF, artigos 1º a 4º**

✦ DICAS

1. A República Federativa do Brasil (RFB), formada pela união indissolúvel dos Estados e Municípios e do Distrito Federal, constitui-se em Estado Democrático de Direito e tem como **fundamentos**: I – a soberania; II – a cidadania; III – a dignidade da pessoa humana; IV – os valores sociais do trabalho e da livre iniciativa; V – o pluralismo político (art. 1º da CF).

- Para memorizar os fundamentos da RFB, o leitor pode se valer da expressa mnemônica: **SOCIDIVAPLU**

FUNDAMENTOS DA REPÚBLICA FEDERATIVA DO BRASIL	
SO:	Soberania
CI:	Cidadania
DI:	Dignidade da pessoa humana
VA:	Valores sociais do trabalho e da livre iniciativa
PLU:	pluralismo político
SO-CI-DI-VA-PLU	

2. **Federalismo:** pode ser classificado em: a) por agregação ou centrípeto: b) por desagregação ou centrífugo:

2.1. **Federalismo por agregação ou centrípeto:** se forma a partir de Estados ou entes independentes que se juntam para a formação de um Estado Federado, com garantia de autonomia aos seus componentes, mas que dota apenas o Estado Unido (reunião de seus entes autônomos) de independência. Assim, por serem autônomos, mas não independentes, os entes federados não têm direito à secessão, ou seja, não podem se tornar independentes do Estado Federado. Essa é a forma originária e própria de Federalismo, que ocorreu com as treze colônias que conquistaram a independência da Grã Bretanha, mas optaram pela formação dos Estados (federados) Unidos da América.

2.2. **Federalismo por desagregação ou centrífugo:** se forma a partir da subdivisão de um Estado unitário em entes independentes, que se harmonizam para a formação de um Estado Federado, com garantia de autonomia aos seus componentes, mas que dota apenas o Estado Unido (reunião de seus entes autônomos) de independência. Assim, por serem autônomos, mas não independentes, os entes federados não têm direito à secessão, ou seja, não podem se tornar independentes do Estado Federado. Essa é a forma imprópria de Federalismo, que ocorreu com o Brasil em 1891, formando os Estados Unidos do Brasil e permanece até hoje, mas sob nova roupagem, pois estamos sob a égide da República Federativa do Brasil.

- **Federalismo de terceiro grau:** é o nome que se dá à Federação que também confere autonomia aos Municípios. No Brasil, o federalismo de terceiro grau passou a existir apenas a partir da Constituição Federal de 1988, momento em que os Municípios ganharam autonomia.

3. Ninguém é obrigado a cumprir ordem ilegal, ou a ela se submeter, ainda que emanada de autoridade judicial. É dever de cidadania opor-se à ordem ilegal; caso contrário, nega-se o **Estado Democrático de Direito**. Tal posicionamento foi exarado no **HC 73.454**, julgado pelo STF em 1996 e relatado pelo Ministro Maurício Corrêa.

4. **Princípio da livre iniciativa:** segundo o STF, "o princípio da livre iniciativa não pode ser invocado para afastar regras de regulamentação do mercado e de defesa do consumidor." (RE 349.686, julgado em 2005 e relatado pela Ministra Ellen Gracie).

5. **Todo o poder emana do povo**, que o exerce por meio de representantes eleitos ou diretamente, nos termos da Constituição Federal de 1988 (art. 1º, parágrafo único, da CF). Trata-se do denominado **Princípio Democrático**.

6. São **Poderes da União**, independentes e harmônicos entre si, o Legislativo, o Executivo e o Judiciário (art. 2º da CF).

- A Primeira Constituição Brasileira, de 1824, previa um quarto Poder, chamado de **Moderador**. Por meio dele o Imperador podia interferir diretamente nas atividades exercidas pelos demais Poderes, o que se ilustrava pela possibilidade de o Governante dissolver a Câmara dos Deputados.
- Atenção! O Ministério Público é compreendido como uma Função Essencial à Justiça (art. 127 da CF), não um Poder.

- A União é pessoa jurídica de direito público interno que representa a **pessoa jurídica de direito público externo República Federativa do Brasil**.

7. Constituem **objetivos fundamentais** da República Federativa do Brasil: I – construir uma sociedade livre, justa e solidária; II – garantir o desenvolvimento nacional; III – erradicar a pobreza e a marginalização e reduzir as desigualdades sociais e regionais; IV – promover o bem de todos, sem preconceitos de origem, raça, sexo, cor, idade e quaisquer outras formas de discriminação (art.3º da CF).

8. A República Federativa do Brasil rege-se, nas suas **relações internacionais**, pelos seguintes princípios: I – independência nacional; II – prevalência dos direitos humanos; III – autodeterminação dos povos; IV – não-intervenção; V – igualdade entre os Estados; VI – defesa da paz; VII – solução pacífica dos conflitos; VIII – repúdio ao terrorismo e ao racismo; IX – cooperação entre os povos para o progresso da humanidade; X – concessão de asilo político (art. 4º da CF).

9. São chamados de **preceitos fundamentais** não só os princípios fundamentais descritos nos artigos 1º a 4º da CF, mas também todas as prescrições que dão o sentido básico do regime constitucional, especialmente as designativas de direitos e garantias fundamentais. Assim leciona José Afonso da Silva: "Os preceitos fundamentais são, além dos princípios fundamentais, **todas as prescrições que dão o sentido básico do regime constitucional**, como são, por exemplo, as que apontam para a autonomia dos Estados, do Distrito Federal e especialmente as designativas de direitos e garantias fundamentais" (*Curso de Direito Constitucional Positivo*. 13 ed. Malheiros. São Paulo: 1997, p. 530).

DIREITOS E GARANTIAS FUNDAMENTAIS

- **CF, artigos 5º a 11.**

✦ DICAS

1. Os direitos e garantias fundamentais estão formalmente alocados nos **artigos 5º a 17 da CF**.

2. Denominam-se direitos fundamentais os **direitos humanos que são positivados nas constituições**.

- O jurista espanhol **Antonio Perez Luño** define os direitos fundamentais como um conjunto de faculdades e instituições que, em cada momento histórico, concretizam as exigências da dignidade, igualdade e liberdade humanas, devendo obrigatoriamente ser reconhecidos no ordenamento jurídico positivo e por este garantidos, em âmbito internacional e nacional, gozando no ordenamento nacional de tutela reforçada em face dos poderes constituídos do Estado (Los derechos fundamentales. 5. ed. Madrid: Tecnos, 1993, p. 46-47).

3. A doutrina classifica os direitos humanos e os fundamentais em **gerações ou dimensões de direitos**. Os **direitos civis e políticos** seriam os de primeira geração ou dimensão, caracterizados pelo valor liberdade. Já os **direitos econômicos, sociais e culturais** seriam os de segunda geração ou dimensão, caracterizados pelo valor igualdade. Por fim, os **direitos de solidariedade ou fraternidade** seriam os de terceira geração ou dimensão, caracterizados pelo valor solidariedade ou fraternidade. Estes direitos formariam, assim, um conjunto indivisível de direitos fundamentais, entre os quais não há qualquer relação hierárquica.

4. **Dimensões objetiva e subjetiva dos direitos fundamentais:** "a dimensão subjetiva dos direitos fundamentais corresponde à característica desses direito de, em maior ou menor escala, ensejarem uma pretensão a que se adote um dado comportamento ou então essa dimensão se expressa no poder da vontade de produzir efeitos sobre certas relações jurídicas". [...] "A dimensão objetiva resulta do significado dos direitos fundamentais como princípios básicos da ordem constitucional, [...] que transcendem a perspectiva da garantia de posições individuais, para alcançar a estatura de normas que filtram os valores básicos da sociedade política, expandindo-os para todo o direito positivo". [...] A perspectiva objetiva, nesse sentido, legitima até restrições aos direitos subjetivos individuais, limitando o conteúdo e o alcance dos direitos fundamentais em favor dos seus próprios titulares ou de outros bens constitucionalmente valiosos" (MENGES, Gilmar Ferreira; COELHO, Inocêncio Mártires; BRANCO, Paulo Gustavo Gonet. Curso de direito constitucional. 2. ed. São Paulo: Saraiva, 2008, p. 133)

- A **representação dos interesses individuais** sob a **ótica negativa** perante o Poder Público, que se refere a uma perspectiva subjetiva, não se compreende dentre as características da perspectiva objetiva dos direitos fundamentais. De acordo com Paulo Bonavides: "**os direitos da primeira geração** ou direitos da liberdade têm por titular o indivíduo, são oponíveis ao Estado, traduzem-se como faculdades ou atributos da pessoa e ostentam uma **subjetividade** que é seu traço mais característico; enfim, são direitos de resistência ou de oposição perante o Estado" (*Curso de Direito Constitucional*.22 ed. São Paulo: Malheiros, 2008, p. 564).

- Novamente segundo as lições de Paulo Bonavides, "**com o advento dos direitos fundamentais da segunda geração os publicistas alemães, a partir de Schmitt, descobriram também o aspecto objetivo** [...] Os direitos da segunda geração merecem um exame mais amplo. Dominam o século XX do mesmo modo como os direitos de primeira geração dominaram o século passado. São os direitos sociais, culturais e econômicos [...] Mas passaram primeiro por um ciclo de baixa normatividade ou tiveram eficácia duvidosa, em virtude de sua própria natureza de direitos que exigem do Estado determinadas prestações materiais nem sempre resgatáveis por exigüidade, carência ou limitação essencial de meios e recursos. De juridicidade questionada nessa fase, foram eles remetidos à chamada esfera programática, em virtude de não conterem para sua concretização aquelas garantias habitualmente ministradas pelos instrumentos processuais de proteção aos direitos da liberdade" (*Curso de Direito Constitucional*.22 ed. São Paulo: Malheiros, 2008, p. 564-565)

5. Segundo apontamentos doutrinários, os direitos fundamentais caracterizados pela **indivisibilidade, irrenunciabilidade e incaducabilidade**, que decorrem da exigência de atendimento do princípio da dignidade da pessoa humana.

6. **Efeito *cliquet* e vedação do retrocesso:** o efeito *cliquet* nada mais é do que a aplicação do princípio da vedação do retrocesso. Ou seja, uma vez garantido, um direito não pode mais ser revogado. Sua aplicação é evidente na temática dos direitos humanos. Uma vez reconhecido, um direito humano não pode mais ser desconsiderado.

7. No final do século XIX, na obra intitulada Sistema dos Direitos Subjetivos Públicos (System der subjektiv öffentlichen Rechte),**Georg Jellinek** desenvolveu parte de seu pensamento doutrinário sob o enfoque das diversas formas em relação as quais os indivíduos podem se colocar frente ao Estado. Dependendo do ***status***, ou seja, da relação que os indivíduos mantêm com o Estado, é que emergirão direitos ou deveres. Das diversas formas pelas quais os indivíduos podem se relacionar com o Estado podem ser extraídas quatro espécies fundamentais: a) status subjectionis ou status passivo; b) status negativus ou status libertatis; c) status civitatis ou status positivo e; d) status activus (JELLINEK, Georg.

Teoria general del Estado. Buenos Aires: Albatros, 1981, p. 306).

7.1. ***Status subjectionis* ou status passivo**, o indivíduo encontra-se subordinado aos poderes estatais, razão pela qual, deve se submeter ao cumprimento de alguns deveres, e às proibições impostas pelo Estado. Citem-se como exemplo a obrigação de exercício do direito de sufrágio pelo voto aos maiores de dezoito anos , e a proibição do direito de reunião para fins não pacíficos.

7.2. ***Status libertatis, status negativus* ou status negativo**, pode-se afirmar que se refere àqueles direitos que devem ser assegurados na situação em que o indivíduo requer um comportamento negativo do Estado, uma abstenção, para que, assim, possa exercer plenamente algumas de suas liberdades.

7.3. ***Status civitatis* ou status positivo**, permite que o indivíduo, subjugado pelos poderes instituídos e classes mais favorecidas, exija prestações positivas do Estado, que propiciem redução das desigualdades sociais.

7.4. ***Status activus***, relaciona-se à possibilidade de participação ativa dos indivíduos na formação da vontade política estatal. Consubstancia-se, por exemplo, na iniciativa popular de lei, e na possibilidade de manejo de ação popular.

8. **Multiculturalismo e Interculturalidade:** são pensamentos que se apresentam ligados à tutela dos direitos humanos e fundamentais. O multiculturalismo prega o respeito às diferentes culturas presentes na sociedade e que normalmente tem origem nas misturas de nacionalidades, raças e etnias durante o processo de formação de um povo. Funda-se, ainda, em um movimento contra-hegemônico, que não aceita a imposição de valores homogêneos que refletem os interesses da classe dominante. Por sua vez, a interculturalidade é uma das perspectivas do multiculturalismo, que se especializa por trabalhar com as ideias de abertura e interatividade. Sob este prisma, a sociedade deve ser democrática e aceitar que todos os valores culturais devem ser respeitados, em um movimento de constante negociação e ponderação.

9. **Eficácia Vertical dos Direitos Fundamentais:** aplicação dos direitos fundamentais nas relações entre Estado e particulares.

10. **Eficácia Horizontal, Privada, Externa, ou Em Relação a Terceiros dos Direitos Fundamentais:** trata-se da aplicação dos direitos fundamentais nas relações entre particulares. O STF reconheceu a eficácia horizontal em pelo menos três oportunidades: a) Exclusão de Cooperado: cooperados não poderiam ter sido excluídos sem que fosse respeitado o devido processo legal (RE 158.215, julgado em 1996 e relatado pelo Ministro Marco Aurélio); b) Caso Air France: os franceses não poderiam conceder aumento salarial apenas aos seus funcionários franceses, discriminado os brasileiros que exerciam as mesmas funções (RE 161243-6, julgado em 2006 e relatado pelo Ministro Carlos Velloso); c) Expulsão de Associado: associado não poderia ter sido expulso da União Brasileira de Compositores sem que lhe fosse garantido a ampla defesa (RE 201819, julgado em 2005 e relatado para acórdão pelo Ministro Gilmar Mendes).

- **Teorias quanto à Eficácia Horizontal:** No que tange à eficácia horizontal, é possível apontar as seguintes teorias: a) **Teoria da Ineficácia horizontal**: nega a aplicação dos direitos fundamentais às relações privadas; b) **Teoria da Eficácia Horizontal Indireta**: reclama a necessidade de normas infraconstitucionais delimitando a aplicabilidade das normas de direito fundamental nas relações privadas; c) **Teoria da Eficácia Horizontal Direta**: consente na aplicação direta dos direitos fundamentais às relações privadas, independentemente de sua delimitação legal; d) **Teoria Integradora**: preconiza que, em um plano ideal, cabe à lei regular a aplicação dos direitos fundamentais nas relações privadas, no entanto, diante de sua ausência, a aplicação será direta.
- **Eficácia Diagonal:** trata-se da aplicação dos direitos fundamentais nas relações privadas demarcadas por patente desequilíbrio fático e visível desproporção entre as partes.

11. No HC 82.959, julgado em 2006 e relatado pelo Ministro Gilmar Mendes, o STF traz didática lição acerca das teorias sobre o **núcleo essencial dos direitos fundamentais**: "(1) Os adeptos da chamada **teoria absoluta** ("absolute Theorie") entendem o núcleo essencial dos direitos fundamentais (Wesensgehalt) como unidade substancial autônoma (substantieller Wesenskern) que, independentemente de qualquer situação concreta, estaria a salvo de eventual decisão legislativa. (...) haveria um espaço que seria suscetível de limitação por parte do legislador; outro seria insuscetível de limitação. (...) (2) Os sectários da chamada **teoria relativa** ("relative Theorie") entendem que o núcleo essencial há de ser definido para cada caso, (...) mediante a utilização de um processo de ponderação entre meios e fins (Zweck-Mittel-Prüfung), com base no princípio da proporcionalidade. O núcleo essencial seria aquele mínimo insuscetível de restrição ou redução com base nesse processo de ponderação. (...). Tanto a teoria absoluta quanto a teoria relativa pretendem assegurar uma maior proteção dos direitos fundamentais, (...) Todavia, todas elas apresentam insuficiências. É verdade que a teoria absoluta, ao acolher uma noção material do núcleo essencial, insuscetível de redução por parte do legislador, pode converter-se, em muitos casos, numa fórmula vazia, dada a dificuldade ou até mesmo a impossibilidade de se demonstrar ou caracterizar in abstracto a existência desse mínimo essencial. (...) Por seu turno, uma opção pela teoria relativa pode conferir uma flexibilidade exagerada ao estatuto dos direitos fundamentais(...) Por essa razão, **propõe Hesse**

uma fórmula conciliadora, que reconhece no princípio da proporcionalidade uma proteção contra as limitações arbitrárias ou desarrazoadas (teoria relativa), mas também contra a lesão ao núcleo essencial dos direitos fundamentais (...) **a proporcionalidade não há de ser interpretada em sentido meramente econômico, de adequação da medida limitadora ao fim perseguido, devendo também cuidar da harmonização dessa finalidade com o direito afetado pela medida.**

12. **Eficácia irradiante:** segundo Daniel Sarmento (*Direitos fundamentais e relações privadas*. Rio de Janeiro: Ed. Lumen Juris, 2004) a eficácia irradiante dos direitos fundamentais é o atributo que confere caráter eminentemente objetivo a esses direitos, como critérios para o exercício das funções executiva, legislativa e judiciária do Estado, em claro afastamento da concepção privada e individualista do direito civil.

- O § 2º do artigo 5º, da CF, instituiu **cláusula de expansividade** do catálogo de direitos fundamentais no Brasil, ao dispor que os direitos e garantias expressos nesta Constituição não excluem outros decorrentes do regime e dos princípios por ela adotados, ou dos tratados internacionais em que a República Federativa do Brasil seja parte. Todavia, a Carta de 1988 não foi pioneira na abertura (expansividade) do catálogo de direitos fundamentais no Brasil. Norma semelhante era adotada desde a Constituição da República dos Estados Unidos do Brasil de 1891, e também nas Constituições de 1934, 1937, 1946 e 1967.

13. Os tratados e convenções internacionais sobre direitos humanos que forem aprovados, em cada Casa do Congresso Nacional, em dois turnos, por três quintos dos votos dos respectivos membros, **serão equivalentes às emendas constitucionais,** nos termos do art. 5º, § 3º, da CF, incluído pela EC 45/04.

- Essa nova sistemática de incorporação de tratados (art. 5º, § 3º, da CF) foi aplicada pela primeira vez em 2008, na votação do Decreto Legislativo 186, que acabou culminando na promulgação da **Convenção sobre os Direitos das Pessoas com Deficiência com força constitucional**, segundo o Decreto 6.949/2009. Como reflexo do reconhecimento de status constituição à Convenção, a Procuradora Geral da República Deborah Macedo Duprat de Britto Pereira ajuizou, em 2009, a **ADPF 182**, cujos pedidos são para que se reconheça que: a) o art. 20, § 2º, da Lei nº 8.742/93 não foi recepcionado pela Convenção dos Direitos da Pessoa com Deficiência, que foi aprovada pelo Decreto Legislativo nº 186/2008, de acordo com o procedimento previsto no art. 5º, § 3º, da Constituição Federal, **integrando, portanto, o bloco de constitucionalidade brasileiro**; b) o conceito estabelecido no art. 1º da Convenção sobre os Direitos da Pessoa com Deficiência, é de uso imperativo no direito interno brasileiro, sendo imediatamente aplicável no que tange aos critérios para concessão dos benefícios de prestação continuada disciplinados pela Lei nº 8.742/93.

- Sem prejuízo da supremacia da Constituição sobre os tratados e convenções internacionais, a norma convencional internacional em vigor e aplicável no Brasil e que disponha acerca de direitos humanos, não tendo sido objeto de processo legislativo que a equiparasse a emenda constitucional (art. 5º, § 3º, da CF, nos termos da EC 45/04), tem força jurídico-normativa suficiente para restringir a eficácia e indiretamente obstar a aplicabilidade da norma constitucional paradigma, gozando de **status supralegal**. Tal posição foi firmada no RE 466.343, julgado em 2008 e relatado pelo Ministro Cezar Peluso.

- A proteção dos direitos fundamentais não desconsidera o princípio da supremacia da constituição, **entretanto,** a norma convencional internacional sobre direitos humanos **tem** aptidão para afetar a eficácia ou a aplicabilidade da norma constitucional interna. No bojo do RE 466.343, ficou consignado que "Desde a adesão do Brasil, sem qualquer reserva, ao Pacto Internacional dos Direitos Civis e Políticos (art. 11) e à Convenção Americana sobre Direitos Humanos – Pacto de San José da Costa Rica (art. 7º, 7), ambos no ano de 1992, não há mais base legal para prisão civil do depositário infiel, pois o caráter especial desses diplomas internacionais sobre direitos humanos lhes reserva lugar específico no ordenamento jurídico, estando abaixo da Constituição, porém acima da legislação interna. O status normativo supralegal dos tratados internacionais de direitos humanos subscritos pelo Brasil, dessa forma, **torna inaplicável a legislação infraconstitucional com ele conflitante**, seja ela anterior ou posterior ao ato de adesão. Assim ocorreu com o art. 1.287 do CC de 1916 e com o DL 911/1969, assim como em relação ao art. 652 do Novo CC (Lei 10.406/2002)."

"NOVA" PIRÂMIDE NORMATIVA
(Baseada no posicionamento do STF)

Status constitucional:	Normas da CF + Tratados de Direitos Humanos aprovados de acordo com as regras do art. 5°, § 3°, da CF (Após EC 45/04)
Status supralegal:	Tratados de Direitos Humanos aprovados sem observância das regras do art. 5°, § 3°, da CF (Antes da EC 45/04)
Status legal:	Leis Complementares e Leis Ordinárias
Status infralegal:	Demais atos normativos

14. "Os direitos e garantias individuais **não têm caráter absoluto**. Não há, no sistema constitucional brasileiro, direitos ou garantias que se revistam de caráter absoluto, mesmo porque razões de relevante interesse público ou exigências derivadas do princípio de convivência das liberdades legitimam, ainda que excepcionalmente, a adoção, por parte dos órgãos estatais, de medidas restritivas das prerrogativas individuais ou coletivas, desde que respeitados os termos estabelecidos pela própria Constituição. O estatuto constitucional das liberdades públicas, ao delinear o regime jurídico a que estas estão sujeitas – e considerado o substrato ético que as informa- permite que sobre elas incidam limitações de ordem jurídica, destinadas, de um lado, a proteger a integridade do interesse social e, de outro, a assegurar a coexistência harmoniosa das liberdades, pois nenhum direito ou garantia pode ser exercido em detrimento da ordem pública ou com desrespeito aos direitos e garantias de terceiros." (MS n.º 23.452, julgado no ano 2000 e relatado pelo Ministro Celso de Mello).

15. Nas hipóteses de **grave violação de direitos humanos**, o Procurador Geral da República, com a finalidade de assegurar o cumprimento de obrigações decorrentes de tratados internacionais de direitos humanos dos quais o Brasil seja parte, poderá suscitar, perante o **Superior Tribunal de Justiça**, em qualquer fase do inquérito ou processo, incidente de deslocamento de competência para a Justiça Federal. Trata-se do disposto no § 5º do art. 109 da CF.

16. Direitos e deveres individuais e coletivos

- Os direitos e deveres individuais e coletivos estão concentrados no **art. 5º** da CF.
- Apesar do *caput* do artigo 5º garanti-los apenas a brasileiros e estrangeiros residentes no Brasil, a doutrina e o STF os estendem **também para estrangeiros em trânsito e pessoas jurídicas** (HC 94.016, julgado em 2008 e relatado pelo Ministro Celso de Mello).
- Segundo entendimento pacífico do Supremo Tribunal Federal, **as pessoas jurídicas também são titulares de direitos fundamentais** (AC 2.032-QO/SP, relatada pelo Ministro Celso de Mello e julgada em 2008).

17. O *caput* do art. 5º da CF enuncia que "todos são iguais perante a lei, sem distinção de qualquer natureza". Segundo posição doutrinária pacífica, trata-se do reconhecimento da **igualdade formal (perante a lei)**. Entretanto, implícita ao texto constitucional também existe a **igualdade material (na lei)**, que significa conferir tratamento desigual, para igualar. A igualdade material leva em consideração os sujeitos e valores envolvidos e busca equilibrar as relações de fato.

18. Igualdade e Teoria do Impacto Desproporcional: a abordagem dessa teoria se deu na inicial da ADI 4.424, ajuizada em 2010 pelo Procurador Geral da República, Paulo Gurgel. Destacamos o seguinte trecho: A doutrina e a jurisprudência alienígena designam tal situação como de discriminação indireta, correlata com a **teoria do impacto desproporcional. Segundo Joaquim Barbosa, tal teoria consiste na ideia de que "toda e qualquer prática empresarial, política governamental ou semigovernamental, de cunho legislativo ou administrativo, ainda que não provida de intenção discriminatória no momento de sua**

concepção, deve ser condenada por violação do princípio constitucional da igualdade material se, em consequência de sua aplicação, resultarem efeitos nocivos de incidência especialmente desproporcional sobre certas categorias de (*Ação afirmativa e princípio constitucional da igualdade*. Rio de Janeiro: Renovar, 2001, p. 24). Daniel Sarmento informa sobre o uso da teoria do impacto desproporcional, para evitar discriminações indiretas no campo da igualdade de gênero, pela Corte Europeia de Justiça. Diz ele: "O primeiro precedente ocorreu no julgamento do Caso 170/84, Bilka Kaufhaus vs. Von Hartz, em que se discutia a validade de um sistema privado de pensão mantido por empresa germânica, o qual negava o benefício a empregados que trabalhassem em regime de tempo parcial, à luz do art. 119 do Tratado de Roma, que garante a igualdade entre mulheres e homens em relação ao trabalho. Embora não houvesse ali explícita discriminação de gênero, a Corte entendeu que seria inválido o sistema, porque afetaria de forma muito mais intensa as mulheres do que os homens, já que são elas as que, na grande maioria dos casos, trabalham em regime parcial". E prossegue a respeito da jurisprudência pátria: "Embora a teoria do impacto desproporcional ainda não tenha sido explicitamente examinada pela jurisprudência constitucional brasileira, é importante destacar que nossos tribunais vêm se mostrando cada vez mais abertos à argumentação sobre o impacto real de determinadas medidas sobre grupos vulneráveis, independentemente da comprovação de qualquer intenção discriminatória. O caso mais importante e conhecido neste particular é o acórdão do STF, proferido na ADI nº 1946-DF, julgada em 2003, em que se examinou a constitucionalidade da incidência do limite dos benefícios previdenciários de R$ 1.200,00, estabelecido pela Emenda Constitucional nº 20, sobre o salário-maternidade. A consequência da aplicação do referido teto sobre o salário maternidade seria a transferência, para o empregador da gestante, da responsabilidade pelo pagamento da diferença entre o seu salário e o referido limite durante o período da licença maternidade. Ora, o argumento em que se louvou o STF para, por unanimidade, em decisão de interpretação conforme a Constituição, impedir a incidência questionada, foi o de que ela teria como efeito concreto o aumento da discriminação contra a mulher no mercado de trabalho. Como a isonomia entre gêneros constitui cláusula pétrea (art. 5º, inciso I, combinado com art. 60, § 4º, inciso IV, CF), entendeu-se que o limite dos benefícios não poderia ser aplicado ao salário-maternidade, sob pena de inconstitucionalidade" (*Livre e Iguais – Estudos de Direito Constitucional*. Rio de Janeiro: Lumen Juris, 2006, p. 150). A ADI 4.424 tinha como pedidos para a interpretação conforme a Constituição aos artigos 12, I, 16 e 41 da Lei nº 11.340/2006 (Lei Maria da Penha), no sentido de que (i) a Lei 9.099/95 não se aplica, em nenhuma hipótese, aos crimes cometidos no âmbito da Lei Maria da Penha; (ii) o crime de lesões corporais consideradas de natureza leve, praticadas contra a mulher emambiente doméstico, processa-se mediante ação penal pública incondicionada; (iii) os dispositivos referidos têm aplicação a crimes que se processam mediante representação, por previsão legal distinta da Lei 9.099/95. Trazendo solução à celeuma, em 2012, por maioria de votos, vencido o presidente, ministro Cezar Peluso, o Plenário do STF julgou procedente, a ADI 4.424. A corrente majoritária da Corte acompanhou o voto do relator, ministro Marco Aurélio, no sentido da possibilidade de o Ministério Público dar início a ação penal sem necessidade de representação da vítima. O artigo 16 da lei dispõe que as ações penais públicas "são condicionadas à representação da ofendida", mas, para a maioria dos ministros do STF, essa circunstância acaba por esvaziar a proteção constitucional assegurada às mulheres. Também foi esclarecido que não compete aos Juizados Especiais julgar os crimes cometidos no âmbito da Lei Maria da Penha (www.stf.jus.br).

19. **Igualdade e política de cotas:** o Plenário do STF julgou improcedente pedido formulado em arguição de descumprimento de preceito fundamental ajuizada, pelo Partido Democratas – DEM, contra atos da Universidade de Brasília – UnB, do Conselho de Ensino, Pesquisa e Extensão da Universidade de Brasília – Cepe e do Centro de Promoção de Eventos da Universidade de Brasília – Cespe, os quais instituíram sistema de reserva de 20% de vagas no processo de seleção para ingresso de estudantes, com base em critério étnico-racial. Preliminarmente, admitiu-se o cabimento da ação, por inexistir outro meio hábil para sanar a lesividade questionada. Apontou-se entendimento da Corte no sentido de que a subsidiariedade da via eleita deveria ser confrontada com a existência, ou não, de instrumentos processuais alternativos capazes de oferecer provimento judicial com eficácia ampla, irrestrita e imediata para solucionar o caso. Articulou-se que, diante da natureza infralegal dos atos impugnados, a ação direta de inconstitucionalidade não seria medida idônea para o enfrentamento da controvérsia, tampouco qualquer das ações que comporiam o sistema de jurisdição constitucional abstrata. De igual modo, repeliu-se alegada conexão ante eventual identidade de causa de pedir entre esta ADPF e a ADI 2197/RJ. Ocorre que as ações de índole abstrata não tratariam de fatos concretos, razão pela qual nelas não se deveria, como regra, cogitar de conexão, dependência ou prevenção relativamente a outros processos ou julgadores. Ademais, avaliou-se que o tema relativo às ações afirmativas inserir-se-ia entre os clássicos do controle de constitucionalidade, e seria conveniente que a controvérsia fosse definitivamente resolvida pelo STF, para colocar fim a polêmica que já se arrastaria, sem solução, por várias décadas nas diversas instâncias

jurisdicionais do país. No mérito, explicitou-se a abrangência da matéria. Nesse sentido, comentou-se, inicialmente, sobre o princípio constitucional da igualdade, examinado em seu duplo aspecto: formal e material. Rememorou-se o art. 5º, caput, da CF, segundo o qual ao Estado não seria dado fazer qualquer distinção entre aqueles que se encontrariam sob seu abrigo. Frisou-se, entretanto, que o legislador constituinte não se restringira apenas a proclamar solenemente a igualdade de todos diante da lei. Ele teria buscado emprestar a máxima concreção a esse importante postulado, para assegurar a igualdade material a todos os brasileiros e estrangeiros que viveriam no país, consideradas as diferenças existentes por motivos naturais, culturais, econômicos, sociais ou até mesmo acidentais. Além disso, atentaria especialmente para a desequiparação entre os distintos grupos sociais. **Asseverou-se que, para efetivar a igualdade material, o Estado poderia lançar mão de políticas de cunho universalista — a abranger número indeterminado de indivíduos — mediante ações de natureza estrutural; ou de ações afirmativas — a atingir grupos sociais determinados — por meio da atribuição de certas vantagens, por tempo limitado, para permitir a suplantação de desigualdades ocasionadas por situações históricas particulares. Certificou-se que a adoção de políticas que levariam ao afastamento de perspectiva meramente formal do princípio da isonomia integraria o cerne do conceito de democracia**. Anotou-se a superação de concepção estratificada da igualdade, outrora definida apenas como direito, sem que se cogitasse convertê-lo em possibilidade. (ADPF 186, julgada em 2012 e relatada pelo Ministro Ricardo Lewandowski).

20. **Igualdade, família, orientação sexual e união homoafetiva**: "Reconhecimento e qualificação da união homoafetiva como entidade familiar. O STF – apoiando-se em valiosa hermenêutica construtiva e invocando princípios essenciais (como os da dignidade da pessoa humana, da liberdade, da autodeterminação, da igualdade, do pluralismo, da intimidade, da não discriminação e da busca da felicidade) – reconhece assistir, a qualquer pessoa, o **direito fundamental à orientação sexual**, havendo proclamado, por isso mesmo, a plena legitimidade ético-jurídica da união homoafetiva como entidade familiar, atribuindo-lhe, em consequência, verdadeiro estatuto de cidadania, em ordem a permitir que se extraiam, em favor de parceiros homossexuais, relevantes consequências no plano do Direito, notadamente no campo previdenciário, e, também, na esfera das relações sociais e familiares. **A extensão, às uniões homoafetivas, do mesmo regime jurídico aplicável à união estável entre pessoas de gênero distinto justifica-se e legitima-se pela direta incidência, dentre outros, dos princípios constitucionais da igualdade, da liberdade, da dignidade, da segurança jurídica e do postulado constitucional implícito que consagra o direito à busca da felicidade, os quais configuram, numa estrita dimensão que privilegia o sentido de inclusão decorrente da própria CR (art. 1º, III, e art. 3º, IV)**, fundamentos autônomos e suficientes aptos a conferir suporte legitimador à qualificação das conjugalidades entre pessoas do mesmo sexo como espécie do gênero entidade familiar. (...) O postulado da dignidade da pessoa humana, que representa – considerada a centralidade desse princípio essencial (CF, art. 1º, III) – significativo vetor interpretativo, verdadeiro valor-fonte que conforma e inspira todo o ordenamento constitucional vigente em nosso País, traduz, de modo expressivo, um dos fundamentos em que se assenta, entre nós, a ordem republicana e democrática consagrada pelo sistema de direito constitucional positivo. (...) O **princípio constitucional da busca da felicidade**, que decorre, por implicitude, do núcleo de que se irradia o postulado da dignidade da pessoa humana, assume papel de extremo relevo no processo de afirmação, gozo e expansão dos direitos fundamentais, qualificando-se, em função de sua própria teleologia, como fator de neutralização de práticas ou de omissões lesivas cuja ocorrência possa comprometer, afetar ou, até mesmo, esterilizar direitos e franquias individuais. Assiste, por isso mesmo, a todos, sem qualquer exclusão, o direito à busca da felicidade, verdadeiro postulado constitucional implícito, que se qualifica como expressão de uma ideia força que deriva do princípio da essencial dignidade da pessoa humana." (RE 477.554-AgR, julgado em 2011 e relatado pelo Ministro Celso de Mello).

- "O caput do art. 226 confere à família, base da sociedade, especial proteção do Estado. Ênfase constitucional à instituição da família. Família em seu coloquial ou proverbial significado de núcleo doméstico, pouco importando se formal ou informalmente constituída, ou se integrada por casais heteroafetivos ou por pares homoafetivos. A Constituição de 1988, ao utilizar-se da expressão 'família', não limita sua formação a casais heteroafetivos nem a formalidade cartorária, celebração civil ou liturgia religiosa. Família como instituição privada que, voluntariamente constituída entre pessoas adultas, mantém com o Estado e a sociedade civil uma necessária relação tricotômica. Núcleo familiar que é o principal lócus institucional de concreção dos direitos fundamentais que a própria Constituição designa por 'intimidade e vida privada' (inciso X do art. 5º). **Isonomia entre casais heteroafetivos e pares homoafetivos que somente ganha plenitude de sentido se desembocar no igual direito subjetivo à formação de uma autonomizada família**. Família como figura central ou continente, de que tudo o mais é conteúdo. Imperiosidade da interpretação não reducionista do conceito de família como instituição que também se forma por vias distintas do casamento civil. Avanço da CF de 1988 no plano dos costumes. Caminhada na direção do pluralismo como categoria sócio-político-cultural. Competência do STF para manter, interpretativamente, o Texto Magno na posse do seu fundamental atributo da coerência, o que passa pela eliminação de preconceito quanto à orientação sexual das pessoas." (ADI 4.277 e ADPF 132, julgadas em 2011 e relatadas pelo Ministro Ayres Britto).

- **Interpretando a jurisprudência da Suprema Corte dos Estados Unidos da América,** Joaquim Benedito Barbosa Gomes (Ministro do STF, mais conhecido apenas como Joaquim Barbosa) ensina que, **no que tange à igualdade**, pode haver dois **tipos de discriminação**: a) Discriminação por impacto desproporcional ou adverso (A Teoria do Impacto Desproporcional – "Diparate Impact Doctrine"). É a grande inovação do Direito norte-americano no que diz respeito à concretização do princípio da Igualdade. Nos termos dessa teoria, em vez da busca da igualdade através da trivial coibição do tratamento discriminatório, cumpre combater a "discriminação indireta", ou seja, aquela que redunda em uma desigualdade não oriunda de atos concretos ou de manifestação expressa de discriminação por parte de quem quer que seja, mas de práticas administrativas, empresariais ou de políticas públicas aparentemente neutras, porém dotadas de grande potencial discriminatório. [...] **a teoria do impacto desproporcional pode ser singelamente resumida na seguinte formulação: toda e qualquer prática empresarial, política governamental ou semi-governamental, de cunho legislativo ou administrativo, ainda que não provida de intenção discriminatória no momento de sua concepção, deve ser condenada por violação do princípio constitucional da igualdade material, se em conseqüência de sua aplicação resultarem efeitos nocivos de incidência especialmente sobre certas categorias de pessoas.** b) Discriminação de fato. Esta modalidade de discriminação pode ser motivada por diversos fatores. Em primeiro lugar, ela resulta da «indiferença», do «desdém» das autoridades públicas para com o destino dos grupos marginalizados, para com a sua dignidade humana. Na implementação das políticas governamentais, essas autoridades em geral optam por uma concepção do princípio da igualdade que não leva em conta as especificidades dos grupos minoritários, tendendo quase sempre a perpetuar as iniqüidades de que eles historicamente são vítimas. [...] Além disso, no que concerne à discriminação em razão da raça ou cor, existe ainda o chamado "racismo inconsciente", que bem pode ser ilustrado por aquelas hipóteses em que não há propósito discriminatório por parte do legislador ao editar a norma excludente, tampouco por parte de quem a aplica. No entanto, a discriminação lá está. Palpável. Visível. Irrefutável" (Ação afirmativa & princípio constitucional da igualdade: (o Direito como instrumento de transformação social. A experiência dos EUA). Rio de Janeiro: Renovar, 2001).

21. **Direito à vida e pesquisas com células-tronco**: o Plenário do STF, no julgamento da ADI 3.510, declarou a constitucionalidade do art. 5º da Lei de Biossegurança (Lei 11.105/2005), por entender que as pesquisas com células-tronco embrionárias não violam o direito à vida ou o princípio da dignidade da pessoa humana. "O Magno Texto Federal não dispõe sobre o início da vida humana ou o preciso instante em que ela começa. Não faz de todo e qualquer estádio da vida humana um autonomizado bem jurídico, mas da vida que já é própria de uma concreta pessoa, porque nativiva (teoria 'natalista', em contraposição às teorias 'concepcionista' ou da 'personalidade condicional'). E, quando se reporta a 'direitos da pessoa humana' e até a 'direitos e garantias individuais' como cláusula pétrea, está falando de direitos e garantias do indivíduo-pessoa, que se faz destinatário dos direitos fundamentais 'à vida, à liberdade, à igualdade, à segurança e à propriedade', entre outros direitos e garantias igualmente distinguidos com o timbre da fundamentalidade (como direito à saúde e ao planejamento familiar). Mutismo constitucional hermeneuticamente significante de transpasse de poder normativo para a legislação ordinária. A potencialidade de algo para se tornar pessoa humana já é meritória o bastante para acobertá-la, infraconstitucionalmente, contra tentativas levianas ou frívolas de obstar sua natural continuidade fisiológica. Mas as três realidades não se confundem: o embrião é o embrião, o feto é o feto e a pessoa humana é a pessoa humana. Donde não existir pessoa humana embrionária, mas embrião de pessoa humana. O embrião referido na Lei de Biossegurança (in vitro apenas) não é uma vida a caminho de outra vida virginalmente nova, porquanto lhe faltam possibilidades de ganhar as primeiras terminações nervosas, sem as quais o ser humano não tem factibilidade como projeto de vida autônoma e irrepetível. O Direito infraconstitucional protege por modo variado cada etapa do desenvolvimento biológico do ser humano. Os momentos da vida humana anteriores ao nascimento devem ser objeto de proteção pelo direito comum. O embrião pré-implanto é um bem a ser protegido, mas não uma pessoa no sentido biográfico a que se refere a Constituição." (ADI 3.510, julgada em 2008 e relatada pelo Ministro Ayres Britto).

22. **Direito à vida e antecipação terapêutica do parto de anencéfalos:** "Na inicial, pede-se a declaração de inconstitucionalidade, com eficácia para todos e efeito vinculante, da interpretação dos arts. 124, 126 e 128, I e II, do CP (DL 2.848/1940) que impeça a antecipação terapêutica do parto na hipótese de gravidez de feto anencéfalo, previamente diagnosticada por profissional habilitado. Pretende-se o reconhecimento do direito da gestante de submeter-se ao citado procedimento sem estar compelida a apresentar autorização judicial ou qualquer outra forma de permissão do Estado. Destaco a alusão feita pela própria arguente ao fato de não se postular a proclamação de inconstitucionalidade abstrata dos tipos

penais, o que os retiraria do sistema jurídico. Busca-se tão somente que os referidos enunciados sejam interpretados conforme a Constituição. Dessa maneira, mostra-se inteiramente despropositado veicular que o Supremo examinará, neste caso, a descriminalização do aborto, especialmente porque, consoante se observará, existe distinção entre aborto e antecipação terapêutica do parto. Apesar de alguns autores utilizarem expressões 'aborto eugênico ou eugenésico' ou 'antecipação eugênica da gestação', afasto-as, considerado o indiscutível viés ideológico e político impregnado na palavra eugenia. Inescapável é o confronto entre, de um lado, os interesses legítimos da mulher em ver respeitada sua dignidade e, de outro, os interesses de parte da sociedade que deseja proteger todos os que a integram – sejam os que nasceram, sejam os que estejam para nascer – independentemente da condição física ou viabilidade de sobrevivência. O tema envolve a dignidade humana, o usufruto da vida, a liberdade, a autodeterminação, a saúde e o reconhecimento pleno de direitos individuais, especificamente, os direitos sexuais e reprodutivos de milhares de mulheres. No caso, não há colisão real entre direitos fundamentais, apenas conflito aparente. (...) Conforme a Resolução 1.480, de 8-8-1997, do Conselho Federal de Medicina (CFM), os exames complementares a serem observados para a constatação de morte encefálica deverão demonstrar, de modo inequívoco, a ausência de atividade elétrica cerebral ou metabólica cerebral ou, ainda, a inexistência de perfusão sanguínea cerebral. Não foi por outra razão que o CFM, mediante a Resolução 1.752/2004, consignou serem os anencéfalos natimortos cerebrais. O anencéfalo jamais se tornará uma pessoa. Em síntese, não se cuida de vida em potencial, mas de morte segura. O fato de respirar e ter batimento cardíaco não altera essa conclusão, até porque, como acentuado pelo dr. Thomaz Rafael Gollop[42], a respiração e o batimento cardíaco não excluem o diagnóstico de morte cerebral[43]. (...) No célebre caso de Marcela – suposta portadora de anencefalia que teria sobrevivido por um ano, oito meses e doze dias –, o diagnóstico estava equivocado, consoante informaram renomados especialistas. Não se tratava de anencefalia no sentido corriqueiramente utilizado pela literatura médica, mas de meroencefalia. Vale dizer: o feto possuía partes do cérebro – cerebelo e pedaço do lóbulo temporal – que viabilizavam, embora precariamente, a vida extrauterina. Daí não se poder qualificá-lo, em sentido técnico, como feto anencéfalo, o qual jamais será dotado de tais estruturas. (...) Cumpre rechaçar a assertiva de que a interrupção da gestação do feto anencéfalo consubstancia aborto eugênico, aqui entendido no sentido negativo em referência a práticas nazistas. O anencéfalo é um natimorto. Não há vida em potencial. Logo não se pode cogitar de aborto eugênico, o qual pressupõe a vida extrauterina de seres que discrepem de padrões imoralmente eleitos. Nesta arguição de descumprimento de preceito fundamental, não se trata de feto ou criança com lábio leporino, ausência de membros, pés tortos, sexo dúbio, Síndrome de Down, extrofia de bexiga, cardiopatias congênitas, comunicação interauricular ou inversões viscerais, enfim, não se trata de feto portador de deficiência grave que permita sobrevida extrauterina. Cuida-se tão somente de anencefalia. (...) De fato, a anencefalia mostra-se incompatível com a vida extrauterina, ao passo que a deficiência não. (...) Anencefalia e vida são termos antitéticos. Conforme demonstrado, o feto anencéfalo não tem potencialidade de vida. Trata-se, na expressão adotada pelo CFM e por abalizados especialistas, de um natimorto cerebral. Por ser absolutamente inviável, o anencéfalo não tem a expectativa nem é ou será titular do direito à vida, motivo pelo qual aludi, no início do voto, a um conflito apenas aparente entre direitos fundamentais. Em rigor, no outro lado da balança, em contraposição aos direitos da mulher, não se encontra o direito à vida ou à dignidade humana de quem está por vir, justamente porque não há ninguém por vir, não há viabilidade de vida. Aborto é crime contra a vida. Tutela-se a vida em potencial. No caso do anencéfalo, repito, não existe vida possível. (...) É de conhecimento corrente que, nas décadas de trinta e quarenta, a medicina não possuía os recursos técnicos necessários para identificar previamente a anomalia fetal incompatível com a vida extrauterina[70]. A literalidade do CP de 1940 certamente está em harmonia com o nível de diagnósticos médicos existentes à época, o que explica a ausência de dispositivo que preveja expressamente a atipicidade da interrupção da gravidez de feto anencefálico. Não nos custa lembrar: estamos a tratar do mesmíssimo legislador que, para proteger a honra e a saúde mental ou psíquica da mulher – da mulher, repito, não obstante a visão machista então reinante –, estabeleceu como impunível o aborto provocado em gestação oriunda de estupro, quando o feto é plenamente viável. (...) mesmo à falta de previsão expressa no CP de 1940, parece-me lógico que o feto sem potencialidade de vida não pode ser tutelado pelo tipo penal que protege a vida. (...) este Supremo Tribunal proclamou que a Constituição 'quando se reporta a 'direitos da pessoa humana' e até dos 'direitos e garantias individuais' como cláusula pétrea está falando de direitos e garantias do indivíduo-pessoa, que se faz destinatário dos direitos fundamentais 'à vida, à liberdade, à igualdade, à segurança e à propriedade'. É certo, senhor presidente, que, no caso do anencéfalo, não há, nem nunca haverá, indivíduo-pessoa. No segundo trecho, este Tribunal assentou que 'a potencialidade de algo para se tornar pessoa humana já é meritória o bastante para acobertá-la, infraconstitucionalmente, contra tentativas levianas ou frívolas de obstar sua natural continuidade fisiológica'. Ora, inexistindo potencialidade para tornar-se pessoa humana, não surge justificativa para a tutela jurídico-penal, com maior razão quando eventual tutela esbarra em direitos fundamentais da mulher, como se verá adiante. Enfim, cumpre tomar de empréstimo o conceito jurídico de morte cerebral previsto na Lei 9.434/1997[72], para concluir ser de todo impróprio falar em direito à vida intrauterina ou extrauterina do anencéfalo, o qual é um natimorto cerebral. (...) Constata-se a existência de dados merecedores de confiança que apontam riscos físicos maiores à gestante portadora de feto anencéfalo do que os verificados na gravidez comum. Sob o aspecto psíquico, parece incontroverso – impor a continuidade da gravidez de feto anencéfalo pode conduzir a quadro devastador, como o experimentado por Gabriela Oliveira Cordeiro, que figurou como paciente no emblemático HC 84.025/RJ, rel. min. Joaquim Barbosa. (...) Relatos como esse evidenciam que a manutenção compulsória da gravidez de feto anencéfalo importa em graves danos à saúde psíquica da família toda e, sobretudo, da mulher. Enquanto, numa gestação normal, são nove meses de acompanhamento, minuto a minuto, de avanços, com a predominância do amor, em que a alteração estética é suplantada pela alegre expectativa do nascimento da criança; na gestação do feto anencéfalo, no mais das vezes, reinam sentimentos mórbidos, de dor, de angústia, de impotência, de tristeza, de luto, de desespero, dada a certeza do óbito. (...) Ao Estado não é dado intrometer-se. Ao Estado compete apenas se desincumbir do dever de informar e prestar apoio médico e psicológico a paciente, antes e depois da decisão, seja ela qual for, o que se mostra viável, conforme esclareceu a então ministra da Secretaria Especial de Políticas para as Mulheres, Nilcéa Freire [103]. (...) Não se trata de impor a antecipação do parto do feto anencéfalo. De modo algum. O que a arguente pretende é que 'se assegure a cada mulher o direito de viver as suas escolhas, os seus valores, as suas crenças'[105]. Está em jogo o direito da mulher de autodeterminar-se, de escolher, de agir de acordo com a própria vontade num caso de absoluta inviabilidade de vida extrauterina. Estão em jogo, em última análise, a privacidade, a autonomia e a dignidade humana dessas mulheres. Hão de ser respeitadas tanto as que optem por prosseguir com a gravidez – por sentirem-se mais felizes assim ou por qualquer outro motivo que não nos cumpre perquirir – quanto as que prefiram interromper a gravidez, para pôr fim ou, ao menos, minimizar um estado de sofrimento. (...) Não se coaduna com o princípio da proporcionalidade proteger apenas um dos seres da relação, privilegiar aquele que, no caso da anencefalia, não tem sequer expectativa de vida extrauterina, aniquilando, em contrapartida, os direitos da mulher, impingindo-lhe sacrifício desarrazoado. A imposição estatal da manutenção de gravidez cujo resultado final será irremediavelmente a morte do feto vai de encontro aos princípios basilares do sistema constitucional, mais precisamente à dignidade da pessoa humana, à liberdade, à autodeterminação, à saúde, ao direito de privacidade, ao reconhecimento pleno dos direitos sexuais e reprodutivos de milhares de mulheres. O ato de obrigar a mulher a manter a gestação, colocando-a em uma espécie de cárcere privado em seu próprio corpo, desprovida do mínimo essencial de autodeterminação e liberdade, assemelha-se à tortura [109] ou a um sacrifício que não pode ser pedido a qualquer pessoa ou dela exigido. (...) Se alguns setores da sociedade reputam moralmente reprovável a antecipação terapêutica da gravidez de fetos anencéfalos, relembro-lhes de que essa crença não pode conduzir à incriminação de eventual conduta das mulheres que optarem em não levar a gravidez a termo. O Estado brasileiro é laico e ações de cunho meramente imorais não merecem a glosa do direito penal. A incolumidade física do feto anencéfalo, que, se sobreviver ao parto, o será por poucas horas ou dias, não pode ser preservada a qualquer custo, em detrimento dos direitos básicos da mulher. No caso, ainda que se conceba o direito à vida do feto anencéfalo – o que, na minha óptica, é inadmissível, consoante enfatizado –, tal direito cederia, em juízo de ponderação, em prol dos direitos à dignidade da pessoa humana, à liberdade no campo sexual, à autonomia, à privacidade, à integridade física, psicológica e moral e à saúde, previstos, respectivamente, nos arts. 1º III; 5º, cabeça e II III e X; e 6º, cabeça, da CR. Os tempos atuais, realço, requerem empatia, aceitação, humanidade e solidariedade para com essas mulheres. Pelo que ouvimos ou lemos nos depoimentos prestados na audiência pública, somente aquela que vive tamanha situação de angústia é capaz de mensurar o sofrimento a que se submete. Atuar com sapiência e justiça, calcados na Constituição da República e desprovidos de qualquer dogma ou paradigma moral e religioso, obriga-nos a garantir, sim, o direito da mulher de manifestar-se livremente, sem o temor de tornar-se ré em eventual ação por crime de aborto. Ante o exposto, julgo procedente o pedido formulado na inicial, para **declarar a inconstitucionalidade da interpretação segundo a qual a interrupção da gravidez de feto anencéfalo é conduta tipificada nos arts. 124, 126, e 128, I e II, do CP brasileiro**." (ADPF 54, julgada em 2012 e relatada pelo Ministro Marco Aurélio).

23. É livre a **manifestação do pensamento**, vedado o anonimato, e assegurado direito de resposta proporcional ao agravo, **além** de eventual indenização por dano material, moral ou à imagem (a resposta não exclui o dever de indenizar).

24. "(...) (a) os **escritos anônimos** não podem justificar, só por si, desde que isoladamente considerados, a imediata instauração da *persecutio criminis*, eis que **peças apócrifas** não podem ser incorporadas, formalmente, ao processo, salvo quando tais documentos forem produzidos pelo acusado, ou, ainda, quando constituírem, eles próprios, o corpo de delito (como sucede com bilhetes de resgate no delito de extorsão mediante sequestro, ou como ocorre com cartas que evidenciem a prática de crimes contra a honra, ou que corporifiquem o delito de ameaça ou que materializem o *crimen falsi*, p. ex.); (b) nada impede, contudo, que o Poder Público provocado por delação anônima ('disque-denúncia', p.

ex.), adote medidas informais destinadas a apurar, previamente, em averiguação sumária, 'com prudência e discrição', a possível ocorrência de eventual situação de ilicitude penal, desde que o faça com o objetivo de conferir a verossimilhança dos fatos nela denunciados, em ordem a promover, então, em caso positivo, a formal instauração da *persecutio criminis*, mantendo-se, assim, completa desvinculação desse procedimento estatal em relação às peças apócrifas; e (c) o Ministério Público, de outro lado, independentemente da prévia instauração de inquérito policial, também pode formar a sua *opinio delicti* com apoio em outros elementos de convicção que evidenciem a materialidade do fato delituoso e a existência de indícios suficientes de sua autoria, desde que os dados informativos que dão suporte à acusação penal não tenham, como único fundamento causal, documentos ou escritos anônimos." (Inq 1.957, Rel. Min. Carlos Velloso, voto do Min. Celso de Mello, julgamento em 11-5-2005, Plenário, DJ de 11-11-2005.)

25. Inviolabilidade do domicílio

INVIOLABILIDADE DO DOMICÍLIO	
Regra	**Exceções: hipóteses em que se pode penetrar em casa mesmo sem o consentimento do morador**
A casa (englobando escritórios, motéis, hotéis e congêneres, segundo o STF) é asilo inviolável do indivíduo e nela ninguém pode penetrar sem consentimento do morador.	**a) a qualquer horário:** em caso de flagrante delito ou desastre, ou para prestar socorro **b) somente durante o dia:** por determinação judicial.

- De acordo com a posição do STF no HC 93.050, julgado em 2008 e relatado pelo ministro Celso de Mello, para os fins da proteção jurídica a que se refere o art. 5º, XI, da CF, **"o conceito normativo de 'casa' revela-se abrangente** e, por estender-se a qualquer compartimento privado não aberto ao público, onde alguém exerce profissão ou atividade (CP, art. 150, § 4º, III), compreende, observada essa específica limitação espacial (área interna não acessível ao público), os escritórios profissionais, inclusive os de contabilidade. Sem que ocorra qualquer das situações excepcionais taxativamente previstas no texto constitucional (art. 5º, XI), nenhum agente público, ainda que vinculado à administração tributária do Estado, poderá, contra a vontade de quem de direito ('invito domino'), ingressar, durante o dia, sem mandado judicial, em espaço privado não aberto ao público, onde alguém exerce sua atividade profissional, sob pena de a prova resultante da diligência de busca e apreensão assim executada reputar-se inadmissível, porque impregnada de ilicitude material. O atributo da autoexecutoriedade dos atos administrativos, que traduz expressão concretizadora do 'privilège du préalable', não prevalece sobre a garantia constitucional da inviolabilidade domiciliar, ainda que se cuide de atividade exercida pelo Poder Público em sede de fiscalização tributária."

- O conceito normativo de casa é abrangente; assim, qualquer compartimento privado onde alguém exerce profissão ou atividade está protegido pela inviolabilidade do domicílio. Apesar disso, **há a possibilidade de se instalar escuta ambiental em escritório de advocacia que seja utilizado como reduto para a prática de crimes, conforme já decidiu o STF**: "Escuta ambiental e exploração de local. Captação de sinais óticos e acústicos. Escritório de advocacia. Ingresso da autoridade policial, no período noturno, para instalação de equipamento. Medidas autorizadas por decisão judicial. Invasão de domicílio. Não caracterização. (...) Inteligência do art. 5º, X e XI, da CF; art. 150, § 4º, III, do CP; e art. 7º, II, da Lei 8.906/1994. (...) Não opera a inviolabilidade do escritório de advocacia, quando o próprio advogado seja suspeito da prática de crime, sobretudo concebido e consumado no âmbito desse local de trabalho, sob pretexto de exercício da profissão." (Inq 2.424, julgado em 2008 e relatado pelo Ministro Cezar Peluso).

- Para que se considere flagrante delito a fim de justificar a invasão domiciliar, necessária justa causa. "Não configura justa causa apta a autorizar invasão domiciliar a mera intuição da autoridade policial de eventual traficância praticada por indivíduo, fundada unicamente em sua fuga de local supostamente conhecido como ponto de venda de drogas, ante iminente abordagem policial." (STJ. 6ª Turma. REsp 1574681-RS, Rel. Min. Rogério Schietti Cruz, julgado em 20/4/2017- Info 606)

26. É assegurado a todos o **acesso à informação** e resguardado o sigilo da fonte, quando necessário ao exercício profissional.

- "O sigilo profissional constitucionalmente determinado não exclui a possibilidade de **cumprimento de mandado de busca e apreensão em escritório de advocacia**. O local de trabalho do advogado, desde que este seja investigado, pode ser alvo de busca e apreensão, observando-se os limites impostos pela autoridade judicial. Tratando-se de local onde existem documentos que dizem respeito a outros sujeitos não investigados, é indispensável a especificação do âmbito de abrangência da medida, que não poderá ser executada sobre a esfera de direitos de não investigados. Equívoco quanto à indicação do escritório profissional do paciente, como seu endereço residencial, deve ser prontamente comunicado ao magistrado para adequação da ordem em relação às cautelas necessárias, sob pena de tornar nulas as provas oriundas da medida e todas as outras exclusivamente delas decorrentes. Ordem concedida para declarar a nulidade das provas oriundas da busca e apreensão no escritório de advocacia do paciente, devendo o material colhido ser desentranhado dos autos do Inq 544 em curso no STJ e devolvido ao paciente, sem que tais provas, bem assim quaisquer das informações oriundas da execução da medida, possam ser usadas em relação ao paciente ou a qualquer outro investigado, nesta ou em outra investigação." (HC 91.610, julgado em 2010 e relatado pelo Ministro Gilmar Mendes).

27. **Ninguém será privado de direitos por motivo de crença religiosa ou de convicção filosófica ou política**, salvo se as invocar para eximir-se de obrigação legal a todos imposta e recusar-se a cumprir prestação alternativa, fixada em lei;

- Apesar de a prestação de serviço militar ser obrigatória (art. 143, *caput*, da CF), a recusa em cumpri-la é admitida sob a alegação do direito de escusa de consciência, cabendo, nesse caso, às forças armadas atribuir àquele que exercer esse direito serviço alternativo em tempo de paz (art. 143, § 1º, da CF), cuja recusa enseja como sanção a declaração da **perda** dos direitos políticos (art. 15, IV, da CF). A matéria é regulamentada, ainda, pela Lei Federal nº 8.239, de 1991, segundo a qual será atribuído **serviço alternativo ao serviço militar obrigatório aos que, em tempo de paz, após alistados, alegarem imperativo de consciência decorrente de crença religiosa ou de convicção filosófica ou política, para se eximirem de atividades de caráter essencialmente militar**. O mesmo diploma legal define, ademais, o que se entende por serviço alternativo, a ser prestado em substituição às atividades de caráter essencialmente militar.
- Destaca-se que, tradicionalmente, a doutrina sempre se pronunciou no sentido de que a recusa prestação alternativa implica na **perda** dos direitos políticos. Entretanto, o art. 4º, § 2º, da Lei 8.239/91 (que regulamenta o art. 143, §§ 1º e 2º da Constituição Federal, sobre a prestação de Serviço Alternativo ao Serviço Militar Obrigatório), enuncia que a recusa de prestação alternativa gerará a **suspensão** dos direitos políticos.

28. Consoante art. 210, § 1º, da CF, o **ensino religioso**, de **matrícula facultativa**, constituirá disciplina dos horários normais das escolas públicas de ensino fundamental. Note que, por apenas o **oferecimento da disciplina ser obrigatório**, mas não a matrícula, não há que se falar em qualquer ofensa à liberdade de crença, pois aquele que não quiser participar da disciplina simplesmente não precisa se matricular.

29. É assegurada, nos termos da lei, a **proteção às participações individuais em obras coletivas e à reprodução da imagem e voz humanas, inclusive** nas atividades desportivas.

30. A **sucessão de bens de estrangeiros situados no País** será regulada pela lei brasileira em benefício do cônjuge ou dos filhos brasileiros, sempre que não lhes seja mais favorável a lei pessoal do "de cujus". Em outras palavras: **aplica-se a lei brasileira, salvo se a do falecido for mais favorável**.

31. O **sigilo da correspondência e das comunicações telegráficas, de dados e das comunicações telefônicas** é inviolável, **salvo**, no último caso, por **ordem judicial**, nas hipóteses e na forma que a lei estabelecer para fins de **investigação criminal ou instrução processual penal** (não para processo civil).

- Os sigilos bancário e fiscal estão incluídos na proteção ao **sigilo de dados**.
- **O STF já firmou posicionamento no sentido que a interceptação telefônica se submete à reserva de jurisdição, sem exceção**. Vale ressaltar que se a gravação for feita por um dos interlocutores, desconfigura-se a interceptação telefônica, restando mera gravação ambiental (RE 453.562-AgR, julgado em 2008 e relatado pelo Ministro Joaquim Barbosa).
- Importante destacar que a **interceptação** (gravações de conversas presentes e futuras) **não se confunde com a quebra de sigilo** (acesso a dados passados). Tal distinção é relevante, pois as CPIs (órgãos que não são investidos de poderes jurisdicionais) até podem determinar a quebra de sigilo de dados telefônicos (registro de chamadas recebidas e efetuadas), mas não a interceptação telefônica.
- Conforme posição do STF no RE 461366, julgado em 2007 e relatado pelo Ministro Marco Aurélio: "**A atuação fiscalizadora do Banco Central do Brasil não encerra a possibilidade de, no campo administrativo, alcançar dados bancários de correntistas**, afastando o sigilo previsto no inciso XII do artigo 5º da Constituição Federal".

32. **Interceptação e prova emprestada**: "Prova emprestada. Penal. Interceptação telefônica. Escuta ambiental. Autorização judicial e produção para fim de investigação criminal. Suspeita de delitos cometidos por autoridades e agentes públicos. Dados obtidos em inquérito policial. Uso em procedimento administrativo disciplinar, contra outros servidores, cujos eventuais ilícitos administrativos teriam despontado à colheita dessa prova. Admissibilidade. Resposta afirmativa a questão de ordem. Inteligência do art. 5º, XII, da CF e do art. 1º da Lei federal 9.296/1996. (...) Dados obtidos em interceptação de comunicações telefônicas e em escutas ambientais, judicialmente autorizadas para produção de prova em investigação criminal ou em instrução processual penal, **podem ser usados em procedimento administrativo disciplinar, contra a mesma ou as mesmas pessoas em relação às quais foram colhidos, ou contra outros servidores cujos supostos ilícitos teriam despontado à colheita dessa prova.**" (Inq 2.424-QO-QO, Rel. Min. Cezar Peluso, julgamento em 20-6-2007, Plenário, DJ de 24-8-2007).

33. **Interceptação e prorrogações sucessivas de prazo**: "É lícita a interceptação telefônica, determinada em decisão judicial fundamentada, quando necessária, como único meio de prova, à apuração de fato delituoso. (...) **É lícita a prorrogação do prazo legal de autorização para interceptação telefônica, ainda que de modo sucessivo**,

quando o fato seja complexo e, como tal, exija investigação diferenciada e contínua. (...) O ministro relator de inquérito policial, objeto de supervisão do STF, tem competência para determinar, durante as férias e recesso forenses, realização de diligências e provas que dependam de decisão judicial, inclusive interceptação de conversação telefônica. (...) O disposto no art. 6º, § 1º, da Lei federal 9.296, de 24-7-1996, só comporta a interpretação sensata de que, salvo para fim ulterior, só é exigível, na formalização da prova de interceptação telefônica, a transcrição integral de tudo aquilo que seja relevante para esclarecer sobre os fatos da causa sub iudice." (Inq 2.424, Rel. Min. Cezar Peluso, julgamento em 26-11-2008, Plenário, DJE de 26-3-2010.)

34. Interceptação e encontro fortuito de prova em crime punido com detenção: Encontro fortuito de prova da prática de crime punido com detenção. (...) O STF, como intérprete maior da CR, considerou compatível com o art. 5º, XII e LVI, o uso de prova obtida fortuitamente através de interceptação telefônica licitamente conduzida, ainda que o crime descoberto, conexo ao que foi objeto da interceptação, seja punido com detenção." (AI 626.214-AgR, Rel. Min. Joaquim Barbosa, julgamento em 21-9-2010, Segunda Turma, DJE de 8-10-2010.)

35. Segundo o STF, **a análise dos últimos registros telefônicos em aparelhos celulares apreendidos após a efetuação de prisão em flagrante é lícita**. Assim restou decidido no HC 91.867, julgado em 2012 e relato pelo Ministro Gilmar Mendes: "Suposta ilegalidade decorrente do fato de os policiais, após a prisão em flagrante do corréu, terem realizado a análise dos últimos registros telefônicos dos dois aparelhos celulares apreendidos. Não ocorrência. 2.2 Não se confundem comunicação telefônica e registros telefônicos, que recebem, inclusive, proteção jurídica distinta. Não se pode interpretar a cláusula do artigo 5º, XII, da CF, no sentido de proteção aos dados enquanto registro, depósito registral. A proteção constitucional é da comunicação de dados e não dos dados. 2.3 Art. 6º do CPP: dever da autoridade policial de proceder à coleta do material comprobatório da prática da infração penal. Ao proceder à pesquisa na agenda eletrônica dos aparelhos devidamente apreendidos, meio material indireto de prova, a autoridade policial, cumprindo o seu mister, buscou, unicamente, colher elementos de informação hábeis a esclarecer a autoria e a materialidade do delito (dessa análise logrou encontrar ligações entre o executor do homicídio e o ora paciente). Verificação que permitiu a orientação inicial da linha investigatória a ser adotada, bem como possibilitou concluir que os aparelhos seriam relevantes para a investigação. 2.4 À guisa de mera argumentação, mesmo que se pudesse reputar a prova produzida como ilícita e as demais, ilícitas por derivação, nos termos da teoria dos frutos da árvore venenosa (fruit of the poisonous tree), é certo que, ainda assim, melhor sorte não assistiria à defesa. É que, na hipótese, não há que se falar em prova ilícita por derivação. Nos termos da teoria da descoberta inevitável, construída pela Suprema Corte norte-americana no caso Nix x Williams (1984), o curso normal das investigações conduziria a elementos informativos que vinculariam os pacientes ao fato investigado. Bases desse entendimento que parecem ter encontrado guarida no ordenamento jurídico pátrio com o advento da Lei 11.690/2008, que deu nova redação ao art. 157 do CPP, em especial o seu §2º.

36. "O princípio constitucional da reserva de jurisdição – que incide sobre as hipóteses de busca domiciliar (CF, art. 5º, XI), de interceptação telefônica (CF, art. 5º, XII) e de decretação da prisão, ressalvada a situação de flagrância penal (CF, art. 5º, LXI) – **não se estende ao tema da quebra de sigilo, pois, em tal matéria, e por efeito de expressa autorização dada pela própria CR (CF, art. 58, § 3º), assiste competência à CPI, para decretar, sempre em ato necessariamente motivado, a excepcional ruptura dessa esfera de privacidade das pessoas.**" (MS 23.652, julgado no ano 2000 e relatado pelo Ministro Celso de Mello).

- Segundo a jurisprudência do STF, "**A quebra do sigilo inerente aos registros bancários, fiscais e telefônicos, por traduzir medida de caráter excepcional, revela-se incompatível com o ordenamento constitucional, quando fundada em deliberações emanadas de CPI cujo suporte decisório apoia-se em formulações genéricas, destituídas da necessária e específica indicação de causa provável**, que se qualifica como pressuposto legitimador da ruptura, por parte do Estado, da esfera de intimidade a todos garantida pela CR. Precedentes. Doutrina. O controle jurisdicional de abusos praticados por CPI não ofende o princípio da separação de poderes. O STF, quando intervém para assegurar as franquias constitucionais e para garantir a integridade e a supremacia da Constituição, neutralizando, desse modo, abusos cometidos por CPI, desempenha, de maneira plenamente legítima, as atribuições que lhe conferiu a própria Carta da República. O regular exercício da função jurisdicional, nesse contexto, porque vocacionado a fazer prevalecer a autoridade da Constituição, não transgride o princípio da separação de Poderes. Doutrina. Precedentes." (MS 25.668, julgado em 2006 e relatado pelo Ministro Celso de Mello).

37. Segundo o entendimento do STF, "**A administração penitenciária**, com fundamento em razões de segurança pública, de disciplina prisional ou de preservação da ordem jurídica, **pode, sempre excepcionalmente**, e desde que respeitada a norma inscrita no art. 41, parágrafo único, da Lei 7.210/1984, **proceder à interceptação da correspondência remetida pelos sentenciados, eis que a cláusula tutelar da inviolabilidade do sigilo epistolar não pode constituir instrumento de salvaguarda de práticas ilícitas.**" (HC 70.814, Rel. Min. Celso de

Mello, julgamento em 1º-3-1994, Primeira Turma, DJ de 24-6-1994.)

38. Assegura-se a todos, **independentemente do** pagamento de taxas, o **direito de petição** aos Poderes Públicos em defesa de direitos ou contra ilegalidade ou abuso de poder.

- "O **direito de petição**, presente em todas as Constituições brasileiras, qualifica-se como importante prerrogativa de caráter democrático. Trata-se de **instrumento jurídico-constitucional posto à disposição de qualquer interessado – mesmo daqueles destituídos de personalidade jurídica –**, com a explícita finalidade de viabilizar a defesa, perante as instituições estatais, de direitos ou valores revestidos tanto de natureza pessoal quanto de significação coletiva. Entidade sindical que pede ao PGR o ajuizamento de ação direta perante o STF. *Provocatio ad agendum*. Pleito que traduz o exercício concreto do direito de petição. Legitimidade desse comportamento." (STF. ADI 1.247, julgada em 2005 e relatada pelo Ministro Celso de Mello).

39. É livre o direito de reunião pacífica, não sendo necessária autorização. Entretanto, exige-se **prévio aviso** (não pedido de autorização) à autoridade competente, para que não frustre outra reunião anteriormente convocada.

- **Atenção!** A finalidade do direito de reunião é a manifestação do pensamento. A liberdade ambulatorial constitui apena um meio para o exercício do direito de reunião. Nesse sentido, diante de uma violação ao direito fundamental, líquido e certo, de reunião, cabível será o **mandado de segurança**, não o habeas corpus.

40. No caso de iminente perigo público, a autoridade competente poderá usar de propriedade particular, assegurada ao proprietário **indenização ulterior**, apenas **se houver dano** (e não em qualquer caso).

41. Associações

ASSOCIAÇÕES	
OBJETIVO	**EXIGÊNCIAS**
1. Criação	Não depende de autorização do poder público. É **vedada** a criação de associações de caráter paramilitar
2. Suspensão das Atividades	Somente por decisão Judicial
3. Dissolução	Somente por decisão judicial com trânsito em julgado

- A jurisprudência do STF **não é pacífica** quanto ao fato de as pessoas jurídicas serem titulares da liberdade de associação. Vale destacar trecho da ADI 2054: "I. Liberdade de associação. 1. Liberdade negativa de associação: sua existência, nos textos constitucionais anteriores, como corolário da liberdade positiva de associação e seu alcance e inteligência, na Constituição, quando se cuide de entidade destinada a viabilizar a gestão coletiva de arrecadação e distribuição de direitos autorais e conexos, cuja forma e organização se remeteram à lei. 2. Direitos autorais e conexos: sistema de gestão coletiva de arrecadação e distribuição por meio do ECAD (L 9610/98, art. 99), sem ofensa do art. 5º, XVII e XX, da Constituição, cuja aplicação, na esfera dos direitos autorais e conexos, hão de conciliar-se com o disposto no art. 5º, XXVIII, b, da própria Lei Fundamental. 3. **Liberdade de associação: garantia constitucional de duvidosa extensão às pessoas jurídicas** (ADI 2054, julgado em 2003 e relatado pelo Ministro Ilmar Galvão).

- Conforme entendimento do STF, "A **obrigatoriedade do visto de advogado para o registro de atos e contratos constitutivos de pessoas jurídicas** (art. 1º, § 2º, da Lei 8.906/1994) **não ofende** os princípios constitucionais da isonomia e da liberdade associativa." (ADI 1.194, Rel. p/ o ac. Min. Cármen Lúcia, julgamento em 20-5-2009, Plenário, DJE de 11-9-2009.)

42. Súmula 654 do STF: "A garantia da irretroatividade da lei, prevista no art. 5º, XXXVI, da Constituição da República, não é invocável pela entidade estatal que a tenha editado".

43. Somente os crimes de racismo e de ações de grupos armadas, civis ou militares, contra a ordem constitucional e o Estado Democrático são **imprescritíveis** (além de inafiançáveis). Já os crimes de tortura, tráfico ilícito de entorpecentes e drogas afins, terrorismo e os definidos em lei como hediondos, são **insuscetíveis de graça ou anistia** (além de inafiançáveis).

CRIME	INAFIANÇÁVEL	IMPRESCRITÍVEL	INSUSCETÍVEL DE GRAÇA OU ANISTIA
Racismo	Sim	Sim	Não
Ações de Grupos Armados, Civis ou Militares contra a Ordem Constitucional e o Estado Democrático	Sim	Sim	Não
Tortura	Sim	Não	Sim
Tráfico Ilícito de Entorpecentes e Drogas Afins	Sim	Não	Sim
Terrorismo	Sim	Não	Sim
Hediondo	Sim	Não	Sim

- Dica para memorização: **TTTH** prescrevem! (**T**ortura, **T**ráfico Ilícito de Entorpecentes e Drogas Afins, **T**errorismo e **H**ediondos).
- Vale destacar que os crimes insuscetíveis de graça ou anistia também não admitem **indulto** (que é espécie de graça, segundo entendimento do STF exposto no HC 84.312) e **comutação de pena** (que é tipo de indulto, também segundo o STF em julgamento do HC 84.312).
- No julgamento do HC 82424, julgado em 2003 e relatado para o acórdão pelo Ministro Maurício Corrêa, em que se discutia o **alcance da expressão "racismo"**, contida no inciso XLII do art. 5º, da CF, ("a prática do racismo constitui crime inafiançável e imprescritível, sujeito à pena de reclusão, nos termos da lei;"), o Tribunal, por maioria, acompanhou o voto proferido pelo Min. Maurício Corrêa no sentido do indeferimento do writ, sob o entendimento de que **o racismo é antes de tudo uma realidade social e política, sem nenhuma referência à raça enquanto caracterização física ou biológica, refletindo, na verdade, reprovável comportamento que decorre da convicção de que há hierarquia entre os grupos humanos, suficiente para justificar atos de segregação, inferiorização e até de eliminação de pessoas.** O Min. Marco Aurélio, ao proferir seu voto, salientando a necessidade do exame da causa em face da realidade social brasileira – na qual não há predisposição para a prática de discriminação contra o povo judeu, diferentemente do que ocorre com o negro, para o qual a CF/88 conferiu a proteção prevista no inciso XLII do art. 5º –, e tendo em conta a colisão entre os direitos fundamentais da liberdade de expressão e da proteção à dignidade do povo judeu, considerou não demonstrado que a conduta do paciente pudesse resultar em incitação à prática de discriminação ou colocar em risco a segurança do povo judeu, a justificar limitação do direito à liberdade de expressão. (Informativo 321 do STF).
- A incitação de ódio público feita por líder religioso contra outras religiões pode configurar o crime de racismo, não sendo protegida pela liberdade de expressão. (STF. 2ª Turma. RHC 146303/RJ, rel. Min. Edson Fachin, red. p/ o ac. Min. Dias Toffoli, julgado em 6/3/2018- Info 893).

44. A CF garante que não haverá prisão civil por dívida, **salvo** a do responsável pelo inadimplemento voluntário e inescusável (não desculpável) de obrigação alimentícia e a do depositário infiel (mas o STF já declarou inaplicável a prisão civil do depositário infiel).

45. O Estado prestará **assistência jurídica integral e gratuita** (apenas) aos que comprovarem **insuficiência de recursos** (e não a todos, indistintamente).

46. Todos têm direito a receber dos órgãos públicos informações de seu interesse particular, ou de interesse coletivo ou geral, que serão prestadas no prazo da lei, sob pena de responsabilidade, **ressalvadas aquelas cujo sigilo seja imprescindível à segurança da sociedade e do Estado, não** havendo prevalência do direito individual neste caso.

47. O registro civil de nascimento e a certidão de óbito são gratuitos **apenas aos reconhecidamente pobres.**

48. É livre o exercício de qualquer trabalho, ofício ou profissão, **desde que** atendidas as qualificações profissionais que a lei estabelecer.

- "O **jornalismo** é uma profissão diferenciada por sua estreita vinculação ao pleno exercício das liberdades de expressão e de informação. O jornalismo é a própria manifestação e difusão do pensamento e da informação de forma contínua, profissional e remunerada. Os jornalistas são aquelas pessoas que se dedicam profissionalmente ao exercício pleno da liberdade de expressão. O jornalismo e a liberdade de expressão, portanto, são atividades que estão imbricadas por sua própria natureza e não podem ser pensadas e tratadas de forma separada. Isso implica, logicamente, que a interpretação do art. 5º, XIII, da Constituição, na hipótese da profissão de jornalista, se faça, impreterivelmente, em conjunto com os preceitos do art. 5º, IV, IX, XIV, e do art. 220, da Constituição, que asseguram as liberdades de expressão, de informação e de comunicação em geral. (...) No campo da profissão de jornalista, não há espaço para a regulação estatal quanto às qualificações profissionais. **O art. 5º, IV, IX, XIV, e o art. 220 não autorizam o controle, por parte do Estado, quanto ao acesso e exercício da profissão de jornalista. Qualquer tipo de controle desse tipo, que interfira na liberdade profissional no momento do próprio acesso à atividade jornalística, configura, ao fim e ao cabo, controle prévio que, em verdade, caracteriza censura prévia das liberdades de expressão e de informação, expressamente vedada pelo art. 5º, IX, da Constituição.** A impossibilidade do estabelecimento de controles estatais sobre a profissão jornalística leva à conclusão de que não pode o Estado criar uma ordem ou um conselho profissional (autarquia) para a fiscalização desse tipo de profissão. O exercício do poder de polícia do Estado é vedado nesse campo em que imperam as liberdades de expressão e de informação. Jurisprudência do STF: Representação 930, Rel. p/ o ac. Min. Rodrigues Alckmin, DJ de 2-9-1977." (RE 511.961, julgado em 2009 e relatado pelo Ministro Gilmar Mendes).
- "Nem todos os ofícios ou profissões podem ser condicionadas ao cumprimento de condições legais para o seu exercício. A regra é a liberdade. Apenas quando houver potencial lesivo na atividade é que pode ser exigida inscrição em conselho de fiscalização profissional. **A atividade de músico prescinde de controle**. Constitui, ademais, manifestação artística protegida pela garantia da liberdade de expressão." (RE 414.426, Rel. Min. Ellen Gracie, julgamento em 1º-8- 2011, Plenário, DJE de 10-10-2011.)
- Já entendeu o STF, segundo noticiado no Informativo nº 748, que "**A exigência, pela Fazenda Pública, de prestação de fiança, garantia real ou**

fidujossória para a impressão de notas fiscais de contribuintes em débito com o Fisco viola as garantias do livre exercício do trabalho, ofício ou profissão (CF, art. 5º, XIII), da atividade econômica (CF, art. 170, parágrafo único) e do devido processo legal (CF, art. 5º, LIV)" (RE 565048, julgado em 2014 e relatado pelo Ministro Marco Aurélio).

49. A lei assegurará aos autores de inventos industriais **privilégio temporário** para sua utilização, bem como proteção às criações industriais, à propriedade das marcas, aos nomes de empresas e a outros signos distintivos, tendo em vista o interesse social e o desenvolvimento tecnológico e econômico do País.

50. O Supremo Tribunal Federal entende que decorre da regra que veda a utilização no processo de provas obtidas por meios ilícitos a proibição de utilização também das provas derivadas das ilícitas – teoria que se tornou conhecida pela alcunha de **"frutos da árvore envenenada"**. Todas essas provas são consideradas **nulas**. Entretanto, a jurisprudência daquele tribunal admite a utilização das provas derivadas das ilícitas em processo penal, quando a acusação demonstrar que as provas derivadas advêm de uma **fonte independente** (RHC 90.376, julgado em 2007 e relatado pelo Ministro Celso de Mello).

- O STF, como intérprete maior da Constituição Federal, considerou **compatível com o art. 5º, XII e LVI, o uso de prova obtida fortuitamente através de interceptação telefônica licitamente conduzida**, ainda que o crime descoberto, conexo ao que foi objeto da interceptação, seja punido com detenção." (AI 626.214, julgado em 2010 e relatado pelo Ministro Joaquim Barbosa).

51. A prisão de qualquer pessoa e o local onde se encontre serão comunicados imediatamente ao juiz competente e à família do preso ou à pessoa por ele indicada

52. É assegurada, nos termos da lei, a prestação de **assistência religiosa** nas entidades civis e militares de internação coletiva.

53. De acordo com entendimento da **Súmula vinculante 14 do STF**, é direito do defensor, no interesse do representado, ter acesso amplo aos elementos de prova que, **já documentados em procedimento investigatório realizado por órgão com competência de polícia judiciária, digam respeito ao exercício do direito de defesa** em procedimento investigatório realizado por órgão com competência de polícia judiciária.

- Sobre a Súmula vinculante 14, destaca-se o seguinte precedente representativo: 4. **Há, é verdade, diligências que devem ser sigilosas, sob o risco do comprometimento do seu bom sucesso. Mas, se o sigilo é aí necessário à apuração e à atividade instrutória, a formalização documental de seu resultado já não pode ser subtraída ao indiciado nem ao defensor, porque, é óbvio, cessou a causa mesma do sigilo**. (...) Os atos de instrução, enquanto documentação dos elementos retóricos colhidos na investigação, esses devem estar acessíveis ao indiciado e ao defensor, à luz da Constituição da República, que garante à classe dos acusados, na qual não deixam de situar-se o indiciado e o investigado mesmo, o direito de defesa. O sigilo aqui, atingindo a defesa, frustra-lhe, por conseguinte, o exercício. (...) 5. Por outro lado, o instrumento disponível para assegurar a intimidade dos investigados (...) não figura título jurídico para limitar a defesa nem a publicidade, enquanto direitos do acusado. E invocar a intimidade dos demais acusados, para impedir o acesso aos autos, importa restrição ao direito de cada um do envolvidos, pela razão manifesta de que os impede a todos de conhecer o que, documentalmente, lhes seja contrário. Por isso, a autoridade que investiga deve, mediante expedientes adequados, aparelhar-se para permitir que a defesa de cada paciente tenha acesso, pelo menos, ao que diga respeito ao seu constituinte." HC 88.190 (DJ 6.10.2006) – Relator Ministro Cezar Peluso – Segunda Turma.

54. Nenhuma pena passará da pessoa do condenado, podendo a obrigação de reparar o dano e a decretação do perdimento de bens ser, nos termos da lei, estendidas aos sucessores e contra eles executadas, **até o limite** do valor do patrimônio transferido (art. 5º, XLV, da CF).

55. De acordo com o art. 5º, LXVI, da CF, ninguém será levado à prisão ou nela mantido, quando a lei admitir a **liberdade provisória**, com ou sem fiança. O Plenário do **STF já declarou, incidentalmente, a inconstitucionalidade da vedação da liberdade provisória constante do art. 44, caput, da Lei 11.343/2006 (Lei de Drogas)**. "(...) essa vedação apriorística de concessão de liberdade provisória (Lei 11.343/2006, art. 44) é incompatível com o princípio constitucional da presunção de inocência, do devido processo legal, entre outros. É que a Lei de Drogas, ao afastar a concessão da liberdade provisória de forma apriorística e genérica, retira do juiz competente a oportunidade de, no caso concreto, analisar os pressupostos da necessidade do cárcere cautelar, em inequívoca antecipação de pena, indo de encontro a diversos dispositivos constitucionais. (...) a segregação cautelar – mesmo nos crimes atinentes ao tráfico ilícito de entorpecentes – deve ser analisada tal quais as prisões decretadas nos casos dos demais delitos previstos no ordenamento jurídico, o que conduz à necessidade de serem apreciados os fundamentos da decisão que denegou a liberdade provisória ao ora paciente, no intuito de verificar se estão presentes os requisitos do art. 312 do CPP que rege a matéria. (...) Ante o exposto, declaro, *incidenter tantum*, a inconstitucionalidade da vedação à liberdade provisória imposta pelo art. 44 da Lei 11.343/2006." (HC 104.339, julgado em 2012 e relatado pelo Ministro Gilmar Mendes).

56. De acordo com posição consolidada do Supremo Tribunal Federal, **a exigência de depósito prévio** como requisito de admissibilidade de ação judicial na qual se pretenda discutir a exigibilidade de crédito tributário **ofende a garantia de acesso ao Poder Judiciário**. Essa é a conclusão que se extrai da **Súmula Vinculante 28**, aprovada em 2010.

57. Súmula 667 do STF: viola a garantia constitucional de acesso à jurisdição a **taxa judiciária calcada sem limite sobre o valor da causa**.

58. No bojo do RHC 79785, julgado em 2002, o STF se pronunciou no sentido de que o **duplo grau de jurisdição** não seria uma garantia constitucional. Entretanto, em 2007, no HC 88.420, julgado em 2007, a Suprema Corte relativizou a negativa, passando a entender aplicável o duplo grau de jurisdição como uma garantia constitucional implícita, que decorre da previsão da existência e competência dos Tribunais para apreciação de decisões proferidas em instâncias inferiores. Vale ainda destacar que a existência de processos com instância única ou originária (AP 470, sobre o Mensalão, v.g.) faz parte da lógica constitucional, impondo uma ponderação de valores. Nos casos de instância única, não se aplica o duplo grau, mas isso não significa que ele deixa de existir como uma garantia implícita.

59. No bojo do RE 207.732, julgado em 2002 e relatado pela Ministra Ellen Gracie, o STF definiu que: "**Cabe ao Estado o custeio do exame de DNA para os beneficiários da Assistência Judiciária gratuita, em virtude da auto-executoriedade do art. 5º, LXXIV, da CF**, possibilitando o amplo acesso à Justiça e a igualdade no litígio para os menos favorecidos, sendo incabível a discussão de descumprimento do precatório judicial, tendo em vista que não existe lide entre o Estado agravante e as partes do processo contencioso (...)". Assim, a alternativa está incorreta porque a obrigação de o Estado-membro custear o exame de DNA em favor de hipossuficientes **não é condicional**, mas sim direta, imediata e integral.

60. Nos autos da ADPF 87, julgada em 2011 e relatada pelo Ministro Celso de Mello, cujo tema era a "**Marcha da Maconha**", o STF assim se manifestou: "[...] o presente feito não teria por objetivo discutir eventuais propriedades terapêuticas ou supostas virtudes medicinais ou possíveis efeitos benéficos resultantes da utilização de drogas ou de qualquer outra substância entorpecente. Destacou-se estar em jogo a proteção às liberdades individuais de reunião e de manifestação do pensamento. Em passo seguinte, assinalou-se que a liberdade de reunião, enquanto direito-meio, seria instrumento **viabilizador da liberdade de expressão e qualificar-se-ia como elemento apto a propiciar a ativa participação da sociedade civil na vida política do Estado.** A praça pública, desse modo, desde que respeitado o direto de reunião, passaria a ser o espaço, por excelência, para o debate. E, nesse sentido, salientou-se que **esta Corte, há muito, firmara compromisso com a preservação da integridade das liberdades fundamentais contra o arbítrio do Estado.** [...] Dessa forma, esclareceu-se que **seria nociva e perigosa a pretensão estatal de reprimir a liberdade de expressão, fundamento da ordem democrática, haja vista que não poderia dispor de poder algum sobre a palavra, as idéias e os modos de sua manifestação. Afirmou-se que, conquanto a livre expressão do pensamento não se revista de caráter absoluto, destinar-se-ia a proteger qualquer pessoa cujas opiniões pudessem conflitar com as concepções prevalecentes, em determinado momento histórico, no meio social"**.

61. A **proibição de tratamento caricatural e humorístico a candidatos a cargos eletivos, no período eleitoral, constitui ofensa à liberdade de imprensa**. Assim decidiu o STF na ADI 4451: "Não cabe ao Estado, por qualquer dos seus órgãos, definir previamente o que pode ou o que não pode ser dito por indivíduos e jornalistas. Dever de omissão que inclui a própria atividade legislativa, pois é vedado à lei dispor sobre o núcleo duro das atividades jornalísticas, assim entendidas as coordenadas de tempo e de conteúdo da manifestação do pensamento, da informação e da criação lato sensu. Vale dizer: não há liberdade de imprensa pela metade ou sob as tenazes da censura prévia, pouco importando o poder estatal de que ela provenha. Isso porque a liberdade de imprensa não é uma bolha normativa ou uma fórmula prescritiva oca. Tem conteúdo, e esse conteúdo é formado pelo rol de liberdades que se lê a partir da cabeça do art. 220 da CF: liberdade de 'manifestação do pensamento', liberdade de 'criação', liberdade de 'expressão', liberdade de 'informação'. Liberdades constitutivas de verdadeiros bens de personalidade, porquanto correspondentes aos seguintes direitos que o art. 5º da nossa Constituição intitula de 'Fundamentais': 'livre manifestação do pensamento' (inciso IV); 'livre (...) expressão da atividade intelectual, artística, científica e de comunicação' (inciso IX); 'acesso a informação' (inciso XIV). (...) Programas humorísticos, charges e modo caricatural de pôr em circulação ideias, opiniões, frases e quadros espirituosos compõem as atividades de 'imprensa', sinônimo perfeito de 'informação jornalística' (§ 1º do art. 220). Nessa medida, gozam da plenitude de liberdade que é assegurada pela Constituição à imprensa. (...) A liberdade de imprensa assim abrangentemente livre não é de sofrer constrições em período eleitoral. Ela é plena em todo o tempo, lugar e circunstâncias. (ADI 4.451, julgada em 2010 e relatada pelo Ministro Ayres Britto).

62. Para o STF a liberdade de expressão **não** protege os discursos racistas e preconceituosos, o que restou consignado no seguinte julgado: "Liberdade de expressão. Garantia constitucional que não se tem como absoluta. Limites morais e jurídicos. **O**

direito à livre expressão não pode abrigar, em sua abrangência, manifestações de conteúdo imoral que implicam ilicitude penal. As liberdades públicas não são incondicionais, por isso devem ser exercidas de maneira harmônica, observados os limites definidos na própria CF (CF, art. 5º, § 2º, primeira parte). **O preceito fundamental de liberdade de expressão não consagra o 'direito à incitação ao racismo', dado que um direito individual não pode constituir-se em salvaguarda de condutas ilícitas, como sucede com os delitos contra a honra.** Prevalência dos princípios da dignidade da pessoa humana e da igualdade jurídica." (HC 82.424, Rel. p/ o ac. Min. Presidente Maurício Corrêa, julgamento em 17-9-2003, Plenário, DJ de 19-3-2004.)

63. Desde o RE 153.531, julgado em 1997 e relatado para o acórdão pelo Ministro Marco Aurélio, o STF **entende que no conflito entre o direito de manifestação cultural e a proibição de práticas de crueldade contra os animais, deve prevalecer esta última**. Vale destacar o seguinte trecho do julgado: "A manifestação cultural deve ser estimulada, mas não a prática cruel. Admitida a chamada "farra do boi", em que uma turba ensandecida vai ensandecida atrás do animal para procedimentos que estarrecem, como vimos, não há poder de polícia que consiga coibir esse procedimento. Não vejo como chegar-se a posição intermediária. A distorção alcançou tal ponto que somente uma medida que obstaculize terminantemente a prática pode evitar o que verificamos nesse ano de 1997 [...] Não se trata, no caso, de uma manifestação cultural que mereça o agasalho da Carta da República. Como disse no início de meu voto, cuida-se de uma prática cuja crueldade é ímpar e decorre das circunstâncias de pessoas envolvidas por paixões condenáveis buscarem, a todo custo, o próprio sacrifício do animal."

64. Segundo a jurisprudência do STF, "[...] no Brasil, sendo o princípio do respeito ao direito adquirido, ao ato jurídico perfeito e à coisa julgada de natureza constitucional, sem qualquer exceção a qualquer espécie de legislação ordinária, **não tem sentido a afirmação de muitos – apegados ao direito de países em que o preceito é de origem meramente legal – de que as leis de ordem pública se aplicam de imediato, alcançando os efeitos futuros do ato jurídico perfeito ou da coisa julgada**, e isso porque, se se alteram os efeitos, é óbvio que se está introduzindo modificação na causa, o que é vedado constitucionalmente." (Rp 1451, julgada em 1988 e relatada pelo Ministro Moreira Alves).

65. Em matéria de **direito intertemporal e direito adquirido**, a Constituição brasileira, de acordo com a jurisprudência do STF, aderiu à chamada teoria **subjetiva,** que veda a retroatividade das leis e a incidência de normas de ordem pública sobre efeitos futuros de negócios jurídicos celebrados no passado. No RE 441.409, julgado em 2007 e relatado pelo Ministro Gilmar Mendes, restou consignado que: "A discussão sobre direito intertemporal assume delicadeza ímpar, entre nós, tendo em vista a disposição constante do art. 5º, inciso XXXVI, da Constituição, que reproduz norma tradicional do direito brasileiro. Os princípios constitucionais do direito adquirido e do ato jurídico perfeito não se mostram aptos a proteger as posições jurídicas contra eventuais mudanças dos institutos ou dos próprios estatutos jurídicos previamente fixados. **Na lição de Moreira Alves, domina, na nossa tradição, a teoria subjetiva do direito adquirido. É o que se lê na seguinte passagem do voto proferido na ADI nº 493, verbis: "Por fim, há de salientar-se que as nossas Constituições, a partir de 1934, e com exceção de 1937, adotaram desenganadamente, em matéria de direito intertemporal, a teoria subjetiva dos direitos adquiridos e não a teoria objetiva da situação jurídica,** que é a teoria de ROUBIER. [...] É certo, outrossim, que a dimensão constitucional que se confere ao princípio do direito adquirido, entre nós, não permite que se excepcionem da aplicação do princípio as chamadas regras de ordem pública.Daí concluir Moreira Alves que o princípio do direito adquirido "se aplica a toda e qualquer lei infraconstitucional, sem qualquer distinção entre lei de direito público e lei de direito privado, ou entre lei de ordem pública e lei dispositiva" [ADI no 493, Relator Ministro Moreira Alves, RTJ 143, p. 724 (746)]. O problema relativo à modificação das situações subjetivas em virtude da mudança de um instituto de direito não passou despercebido a Carlos Maximiliano, que assinala, a propósito, em seu clássico O Direito Intertemporal, verbis: "**Não há direito adquirido no tocante a instituições, ou institutos jurídicos. Aplica-se logo, não só a lei abolitiva, mas também a que, sem os eliminar, lhes modifica essencialmente a natureza. Em nenhuma hipótese granjeia acolhida qualquer alegação de retroatividade, posto que, às vezes, tais institutos envolvam certas vantagens patrimoniais que, por eqüidade, o diploma ressalve ou mande indenizar**". (MAXIMILIANO, Carlos. Direito Intertemporal, cit. p. 62).Essa orientação básica, perfilhada por nomes de prol das diferentes correntes jurídicas sobre direito intertemporal, encontrou acolhida na jurisprudência do Supremo Tribunal Federal. Assentou-se que a proteção ao direito adquirido e ao ato jurídico perfeito não obstava à modificação ou à supressão de determinado instituto jurídico. Em acórdão mais recente, proferido no RE no 94.020, de 4 de novembro de 1981, deixou assente a Corte, pela voz do eminente Ministro Moreira Alves: "**em matéria de direito adquirido vigora o princípio – que este Tribunal [...]tem assentado inúmeras vezes – de que não há direito adquirido a regime jurídico de um instituto de direito. Quer isso dizer que, se a lei nova modificar o regime jurídico de determinado instituto de direito (como é o direito de propriedade, seja ela de coisa móvel ou imóvel,**

ou de marca), essa modificação se aplica de imediato". [RE no 94.020, Relator Ministro Moreira Alves, RTJ 104, p. 269 (272)].**Esse entendimento tem sido reiterado pelo Supremo Tribunal Federal**. Nesse sentido, arrolo os seguintes precedentes: RE no 105.137, Relator: Ministro Cordeiro Guerra, RTJ 115, p. 379; ERE no 105.137, Relator Ministro Rafael Mayer, RTJ 119, p. 783; RE no 105.322, Relator Ministro Francisco Rezek, RTJ 118, p. 709.

66. Princípio da Razoável Duração do Processo: a todos, no âmbito judicial e administrativo, são assegurados a razoável duração do processo e os meios que garantam a celeridade de sua tramitação.

67. Ações ou remédios constitucionais

67.1. Habeas Corpus

- Conceder-se-á ***habeas corpus*** sempre que alguém sofrer ou se achar ameaçado de sofrer violência ou coação em sua liberdade de locomoção (também denominada **ambulatorial**), por ilegalidade ou abuso de poder.
- "**Não cabe** *habeas corpus* originário para o Tribunal Pleno **de decisão de turma, ou do plenário,** proferida em habeas corpus ou no respectivo recurso (Súmula 606 do STF).
- "Não cabe habeas corpus quando já **extinta a pena privativa de liberdade**." (Súmula 695 do STF.)
- "Não cabe habeas corpus contra a **imposição da pena de exclusão de militar ou de perda de patente ou de função pública**." (Súmula 694 do STF)
- "Não cabe habeas corpus contra **decisão condenatória a pena de multa, ou relativo a processo em curso por infração penal a que a pena pecuniária seja a única cominada**." (Súmula 693 do STF)
- "Não se conhece de habeas **corpus contra omissão de relator de extradição, se fundado em fato ou direito estrangeiro cuja prova não constava dos autos**, nem foi ele provocado a respeito." (Súmula 692 do STF)
- "Não se conhece de recurso de habeas corpus cujo objeto seja **resolver sobre o ônus das custas, por não estar mais em causa a liberdade de locomoção**." (Súmula 395 do STF)
- Ao **estrangeiro**, residente no exterior, é assegurado o direito de impetrar habeas corpus (STF, HC 94.404, julgado em 2008 e relatado pelo Ministro Celso de Mello).
- O habeas corpus **não pode ser proposto em favor de pessoa jurídica**, pois não há que se falar em liberdade ambulatorial. Nesse sentido o STF: "Habeas corpus. Negativa de seguimento. (...) Na concreta situação dos autos, a pessoa jurídica da qual o paciente é representante legal se acha processada por delitos ambientais. Pessoa Jurídica que somente poderá ser punida com multa e pena restritiva de direitos. Noutro falar: a liberdade de locomoção do agravante não está, nem mesmo indiretamente, ameaçada ou restringida." (HC 88.747-AgR, Rel. Min. Ayres Britto, julgamento em 15-9-2009, Primeira Turma, DJE de 29-10-2009.)
- **Entretanto,** segundo a doutrina e a jurisprudência predominantes, a pessoa jurídica pode impetrar habeas corpus **em favor de pessoa física**.
- "É nulo julgamento de recurso criminal, na segunda instância, sem prévia intimação ou publicação da pauta, salvo em habeas corpus." (Súmula 431 do STF)
- "O habeas corpus é **medida idônea para impugnar decisão judicial que autoriza a quebra de sigilos fiscal e bancário em procedimento criminal**, haja vista a possibilidade destes resultarem em constrangimento à liberdade do investigado. Com base nesse entendimento, a Turma, resolvendo questão de ordem, deu provimento a agravo de instrumento interposto pelo Ministério Público Federal para, convertendo-o em recurso extraordinário, negar-lhe provimento. Alegava-se, na espécie, ofensa ao art. 5º, LXVIII, da CF, ao fundamento de que a decisão que determinara a quebra de sigilos não ameaçaria o imediato direito de locomoção do paciente, consoante exigido constitucionalmente" (STF. AI 573623 QO/RJ, julgado em 2006 e relatado pelo Ministro Gilmar Mendes).
- Admite-se a **impetração de *habeas corpus* contra ato de particular**. Assim é a lição da doutrina, que ilustra o cabimento: "contra o médico que ilegalmente promove a retenção de paciente no hospital ou contra o fazendeiro que não libera o colono da fazenda" (CUNHA, Rogério Sanches; LORENZATO, Gustavo Müller; FERRAZ, Maurício Lins e PINTO, Ronaldo Batista. *Processo Penal Prático.* 2 ed. Salvador: Juspodivm, 2007, p. 180).
- A doutrina brasileira do *habeas corpus* **não subsiste** nos dias atuais. Nesse sentido o STF: "A ação de *habeas corpus* não se revela cabível, quando inexistente situação de dano efetivo ou de risco potencial ao *jus manendi, ambulandi, eundi ultro citroque* do paciente. Esse entendimento decorre da circunstância histórica de a reforma constitucional de 1926 – que importou na cessação da doutrina brasileira do *habeas corpus* – haver restaurado a função clássica desse extraordinário remédio processual, destinando-o, quanto à sua finalidade, à específica tutela jurisdicional da imediata liberdade de locomoção física das pessoas." (HC 102.041, julgado em 2010 e relatado pelo Ministro Celso de Mello).
- ***Habeas corpus* e liberdade na internet:** "O *habeas corpus*, em sua condição de instrumento de ativação da jurisdição constitucional das liberdades, configura um poderoso meio de cessação do injusto constrangimento ao estado de liberdade de locomoção física das pessoas. Se essa liberdade não se expõe a qualquer tipo de cerceamento, e se o direito de ir, vir ou permanecer sequer se revela

ameaçado, **nada justifica o emprego do remédio heróico do habeas corpus, por não estar em causa a liberdade de locomoção física** (de todo inconfundível com a 'liberdade de locomoção pelos sítios informativos' existentes no universo virtual, cuja proteção é ora pretendida pelo impetrante) (...)." (HC 100.231, julgado em 2009 e relatado pelo Ministro Celso de Mello).

- ***Habeas corpus* e ação de improbidade:** segundo o STF, "O *habeas corpus* é meio processual destinado à proteção do direito de ir e vir ameaçado por ilegalidade ou abuso de poder. Daí a impropriedade desse instrumento processual para solver controvérsia cível. Ainda que se admita que a ação de improbidade administrativa tem natureza penal, não há como trancá-la em habeas corpus, porquanto as sanções previstas na Lei 8.429/1992 não consubstanciam risco à liberdade de locomoção." (HC 100.244-AgR, julgado em 2009 e relatado pelo Ministro Eros Grau).

67.2. Mandado de Segurança

- Caberá **mandado de segurança** para proteger **direito líquido e certo, não amparado por habeas corpus ou habeas data,** quando o responsável pela ilegalidade ou abuso de poder for **autoridade pública ou agente de pessoa jurídica no exercício de atribuições do Poder Público.**
- "**Não cabe condenação em honorários de advogado** na ação de mandado de segurança." (Súmula 512 do STF)
- "Não cabe mandado de segurança para impugnar enquadramento da Lei 3.780, de 12-7-1960, **que envolva exame de prova ou de situação funcional** complexa." (Súmula 270 do STF)
- "Não cabe mandado de segurança contra **decisão judicial com trânsito em julgado**." (Súmula 268 do STF)
- "Não cabe mandado de segurança contra **ato judicial passível de recurso ou correição**." (Súmula 267 do STF)
- "Não cabe mandado de segurança **contra lei em tese**." (Súmula 266 do STF)
- Entretanto, segundo o STF, "**Se o decreto é**, materialmente, ato administrativo, assim **de efeitos concretos, cabe contra ele mandado de segurança**. Todavia, se o decreto tem efeito normativo, genérico, por isso mesmo sem operatividade imediata, necessitando, para a sua individualização, da expedição de ato administrativo, contra ele não cabe mandado de segurança. (Súmula 266)." (MS 21.274, julgado em 1994 e relatado pelo Ministro Carlos Velloso).
- **Vale ressaltar**, que em MC no MS 26.325, em 2007, o Ministro Gimar Mendes entendeu pela admissão de mandado de segurança para a impugnação de leis "dotadas de eficácia imediata e capazes de afetar direito subjetivo".
- "É constitucional lei que fixa **prazo de decadência** para impetração de mandado de segurança." (Súmula 632 do STF)
- Nos termos da Súmula 474 do STF, **não há direito líquido e certo**, amparado pelo mandado de segurança, quando se escuda em lei cujos efeitos foram anulados por outra, declarada constitucional pelo Supremo Tribunal Federal.
- Ao estrangeiro, residente no exterior, é assegurado o **direito de impetrar mandado de segurança** (STF, MS 4706, julgado em 1969 e relado pelo Ministro Ari Franco)
- o STF reconhece o direito de impetração de mandado de segurança a **diferentes órgãos públicos despersonalizados que tenham prerrogativas ou direitos próprios a defender**, tais como as Chefias dos Executivos e de Ministério Público; as Presidências das Mesas dos Legislativos; as Presidências dos Tribunais; os Fundos Financeiros; as Presidências de Comissões Autônomas; as Superintendências de Serviços e demais órgãos da Administração centralizada ou descentralizada contra atos de outros órgãos públicos.
- Não compete ao Supremo Tribunal Federal conhecer originariamente de mandado de segurança contra **atos de outros Tribunais.** (Súmula 624 do STF)
- "**Controvérsia sobre matéria de direito** não impede concessão de mandado de segurança." (Súmula 625 do STF)
- "Praticado o ato por **autoridade, no exercício de competência delegada**, contra ela cabe o mandado de segurança ou a medida judicial." (Súmula 510 do STF)
- "**Pedido de reconsideração** na via administrativa não interrompe o prazo para o mandado de segurança." (Súmula 430 do STF)
- "Concessão de mandado de segurança não produz efeitos patrimoniais em relação a **período pretérito**, os quais devem ser reclamados administrativamente ou pela via judicial própria." (Súmula 271 do STF)
- "O mandado de segurança **não é substitutivo de ação de cobrança**." (Súmula 269 do STF)
- Em que pese o teor da súmula 267, do Supremo Tribunal Federal, que afirma **não caber Mandado de Segurança contra ato judicial passível de recurso ou correição**, é certo que o próprio STF, abrandando a rigidez da referida súmula, **tem admitido** o *mandamus* quando, do ato judicial impugnado, puder resultar **dano irreparável**, desde logo cabalmente demonstrado. Tal posicionamento restou assentado no MS 22.623-AgR, julgado em 1996 e relatado pelo Ministro Sydney Sanches).
- "O mandado de segurança **não substitui a ação popular**." (Súmula 101 do STF)
- Lei 12.016/09: Art. 5º: **Não se concederá mandado de segurança** quando se tratar:

I – de ato do qual caiba recurso administrativo com efeito suspensivo, independentemente de caução;

II – de decisão judicial da qual caiba recurso com efeito suspensivo;

III – de decisão judicial transitada em julgado.

- O mandado de segurança pode ser utilizado **contra ato de juiz criminal, praticado em processo penal** (STJ. REsp 96024 GO, julgado em 1998 e relatado pelo Ministro José Dantas)
- **Entende-se por direito líquido e certo** aquele que pode ser demonstrado de plano por meio de prova pré-constituída, isto é, sem que haja necessidade de dilação probatória. Na dicção de conceituada doutrina de **Hely Lopes Meirelles**, é o direito "manifesto na sua existência, delimitado na sua extensão e apto a ser exercitado no momento da impetração" (*Mandado de Segurança*. 22 ed. São Paulo: Malheiros, 2000. p. 21-22).
- Conforme decidiu o STF, diante da ausência de previsão constitucional e com fundamento no art. 21 VI, da Loman, "a competência originária para conhecer de mandado de segurança contra coação imputada a Turma Recursal dos Juizados Especiais **é dela mesma e não do Supremo Tribunal Federal**" (MS 24.691).
- Na esteira de notícia divulgada pelo STF, por maioria de votos, no dia 02/05/2013, o Plenário do Supremo Tribunal Federal (STF) decidiu que a desistência do mandado de segurança é uma prerrogativa de quem o propõe e pode ocorrer a qualquer tempo, sem anuência da parte contrária e independentemente de já ter havido decisão de mérito, ainda que favorável ao autor da ação. A decisão ocorreu no julgamento do Recurso Extraordinário (RE) 669367, com repercussão geral reconhecida, em que a empresa Pronor Petroquímica S/A questionava decisão do Superior Tribunal de Justiça (STJ), que não admitiu a desistência de um mandado de segurança movido pela empresa contra a Comissão de Valores Imobiliários (CVM). De acordo com o entendimento da maioria dos ministros, o mandado de segurança é uma ação dada ao cidadão contra o Estado e, portanto, não gera direito a autoridade pública considerada coatora, pois seria "intrínseco na defesa da liberdade do cidadão".

67.3. Mandado de Segurança Coletivo

- O **mandado de segurança coletivo** pode ser impetrado por: a) partido político com representação no Congresso Nacional; b) organização sindical; c) entidade de classe ou **associação legalmente constituída** e em funcionamento há **pelo menos um ano**, em defesa dos interesses de seus membros ou associados.
- Conforme entendimento do STF, **os partidos políticos não têm legitimidade ativa ad causam para impetrar mandado de segurança coletivo em defesa de terceiros**, com vistas a impugnar direito individual disponível, como a incidência de imposto. Tal posicionamento restou evidenciado em 2004, no julgamento do RE 196.184, relatado pela Ministra Ellen Gracie: "Uma exigência tributária configura interesse de grupo ou classe de pessoas, só podendo ser impugnada por eles próprios, de forma individual ou coletiva. Precedente: RE 213.631, Rel. Min. Ilmar Galvão, DJ de 7-4-2000. O partido político não está, pois, autorizado a valer-se do mandado de segurança coletivo para, substituindo todos os cidadãos na defesa de interesses individuais, impugnar majoração de tributo."
- A impetração de mandado de segurança coletivo por entidade de classe em favor dos associados **independe da autorização destes** (Súmula 629 do STF).
- "A entidade de classe tem legitimação para o mandado de segurança **ainda quando a pretensão veiculada interesse apenas a uma parte da respectiva categoria**." (Súmula 630 do STF)
- Segundo o STF, "a **legitimidade de sindicato** para atuar como substituto processual no mandado de segurança coletivo **pressupõe tão somente a existência jurídica**, ou seja, o registro no cartório próprio, **sendo indiferente estarem ou não os estatutos arquivados e registrados no Ministério do Trabalho.**" (RE 370.834, julgado em 2011 e relatado pelo Ministro Marco Aurélio).
- O STF já entendeu pela "legitimidade do **sindicato** para a impetração de mandado de segurança coletivo **independentemente da comprovação de um ano de constituição e funcionamento**." (RE 198.919, julgado em 1999 e relatado pelo Ministro Ilmar Galvão).
- Segundo o STF, "A **legitimação** das organizações sindicais, entidades de classe ou associações, para a segurança coletiva, é **extraordinária**, ocorrendo, em tal caso, substituição processual. CF, art. 5º, LXX. **Não se exige, tratando-se de segurança coletiva, a autorização expressa** aludida no inciso XXI do art. 5º da Constituição, que contempla hipótese de representação." (RE 193.382, Rel. Min. Carlos Velloso, julgamento em 28-6-1996, Plenário, DJ de 20-9-1996.). Assim, por exemplo, um sindicato não dependerá de autorização expressa de seus filiados para promover a defesa de seus interesses em juízo.

67.4. *Habeas Data*

- Conceder-se-á ***habeas data***: a) para assegurar o conhecimento de **informações relativas à pessoa do impetrante**, constantes de registros ou bancos de dados de entidades governamentais ou de caráter público; b) para a retificação de dados, quando não se prefira fazê-lo por processo sigiloso, judicial ou administrativo. Se forem informações de **interesse pessoal**, mas não da pessoa do impetrante, cabe **mandado de segurança.**
- Segundo o STF, "O *habeas data* configura remédio jurídico-processual, de natureza constitucional, que se destina a garantir, em favor da pessoa interessada, o exercício de pretensão jurídica discernível em seu tríplice aspecto: **(a) direito de acesso aos registros; (b) direito de retificação dos registros; e (c)**

direito de complementação dos registros. Trata-se de relevante instrumento de ativação da jurisdição constitucional das liberdades, a qual representa, no plano institucional, a mais expressiva reação jurídica do Estado às situações que lesem, efetiva ou potencialmente, os direitos fundamentais da pessoa, quaisquer que sejam as dimensões em que estes se projetem. O acesso ao habeas data pressupõe, entre outras condições de admissibilidade, a existência do interesse de agir. Ausente o interesse legitimador da ação, torna-se inviável o exercício desse remédio constitucional. **A prova do anterior indeferimento do pedido de informação de dados pessoais, ou da omissão em atendê-lo, constitui requisito indispensável para que se concretize o interesse de agir no *habeas data*.** Sem que se configure situação prévia de pretensão resistida, há carência da ação constitucional do *habeas data*." (RHD 22, julgado em 1991 e relatado para o acórdão pelo Ministro Celso de Mello).

- No que se refere à legitimidade ativa, tem-se que **pessoa jurídica pode impetrar *habeas data*.** Conforme entendeu o STF no RE 673707, julgado em 2015 e relatado pelo Ministro Luiz Fux, "***A legitimatio ad causam* para interpretação de *Habeas Data* estende-se às pessoas físicas e jurídicas, nacionais e estrangeiras, porquanto garantia constitucional aos direitos individuais ou coletivas**" (Informativo 790, de 2015).
- Atenção! Não confunda o mandado de segurança com o *habeas data*. São comuns as questões que desafiam os candidatos quanto ao cabimento dessas duas ações constitucionais. Para facilitar a compreensão, elaboramos a seguinte tabela.

MANDADO DE SEGURANÇA	*HABEAS DATA*
1. Conhecimento de informações de **interesse pessoal** do impetrante	1. Conhecimento de informações **relativas/ referentes à pessoa** do impetrante
2. Obtenção de **certidão** que contenha informações de interesse pessoal do impetrante	2. Obtenção de **informações constantes em registros ou bancos de dados** (não em certidões)[1]

- **Atenção! São gratuitas** as ações de *habeas corpus* e *habeas data*, e, na forma da lei, os atos necessários ao exercício da cidadania.

67.5. Mandado de Injunção

- O mandado de injunção é utilizado **sempre que a falta de norma regulamentadora torne inviável o exercício dos direitos e liberdades constitucionais e das prerrogativas inerentes à nacionalidade, à soberania e à cidadania.**
- O entendimento atual do STF é no sentido de que **não** é cabível liminar em mandado de injunção (vide MI 680, julgado em 2008 e relatado pela Ministra Ellen Gracie).
- "Mandado de injunção. Garantia fundamental (CF, art. 5º, LXXI). Direito de greve dos servidores públicos civis (CF, art. 37, VII). Evolução do tema na jurisprudência do STF. Definição dos parâmetros de competência constitucional para apreciação no âmbito da Justiça Federal e da Justiça estadual até a edição da legislação específica pertinente, nos termos do art. 37, VII, da CF. Em observância aos ditames da segurança jurídica e à evolução jurisprudencial na interpretação da omissão legislativa sobre o direito de greve dos servidores públicos civis, fixação do prazo de sessenta dias para que o Congresso Nacional legisle sobre a matéria. Mandado de injunção deferido para determinar a aplicação das Leis 7.701/1988 e 7.783/1989. Sinais de evolução da garantia fundamental do mandado de injunção na jurisprudência do STF. No julgamento do MI 107/DF, Rel. Min. Moreira Alves, DJ de 21-9-1990, **o Plenário do STF consolidou entendimento que conferiu ao mandado de injunção os seguintes elementos operacionais**: **i)** os direitos constitucionalmente garantidos por meio de mandado de injunção apresentam-se como direitos à expedição de um ato normativo, os quais, via de regra, não poderiam ser diretamente satisfeitos por meio de provimento jurisdicional do STF; **ii)** a decisão judicial que declara a existência de uma omissão inconstitucional constata, igualmente, a mora do órgão ou poder legiferante, insta-o a editar a norma requerida; **iii)** a omissão inconstitucional tanto pode referir-se a uma omissão total do legislador quanto a uma omissão parcial; **iv)** a decisão proferida em sede do controle abstrato de normas acerca da existência, ou não, de omissão é dotada de eficácia erga omnes, e não apresenta diferença significativa em relação a atos decisórios proferidos no contexto de mandado de injunção; **v)** o STF possui competência constitucional para, na ação de mandado de injunção, determinar a suspensão de processos administrativos ou judiciais, com o intuito de assegurar ao interessado a possibilidade de ser contemplado por norma mais benéfica, ou que lhe assegure o direito constitucional invocado; **vi)** por fim, esse plexo de poderes institucionais legitima que o STF determine a edição de outras medidas que garantam a posição do impetrante até a oportuna expedição de normas pelo legislador.

---

1. O habeas data também não se presta para obtenção de vista em processo administrativo, consoante posicionamento do STF: "A ação de habeas data visa à proteção da privacidade do indivíduo contra abuso no registro e/ou revelação de dados pessoais falsos ou equivocados. O habeas data não se revela meio idôneo para se obter vista de processo administrativo". (HD 90-AgR, julgado em 2010 e relatado pela Ministra Ellen Gracie).

Apesar dos avanços proporcionados por essa construção jurisprudencial inicial, **o STF flexibilizou a interpretação constitucional primeiramente fixada para conferir uma compreensão mais abrangente à garantia fundamental do mandado de injunção. A partir de uma série de precedentes, o Tribunal passou a admitir soluções 'normativas' para a decisão judicial como alternativa legítima de tornar a proteção judicial efetiva** (CF, art. 5º, XXXV). Precedentes: MI 283, Rel. Min. Sepúlveda Pertence, DJ de 14-11-1991; MI 232/RJ, Rel. Min. Moreira Alves, DJ de 27-3-1992; MI 284, Rel. Min. Marco Aurélio, Rel. p/ o ac. Min. Celso de Mello, DJ de 26-6-1992; MI 543/DF, Rel. Min. Octavio Gallotti, DJ de 24-5-2002; MI 679/DF, Rel. Min. Celso de Mello, DJ de 17-12-2002; e MI 562/DF, Rel. Min. Ellen Gracie, DJ de 20-6-2003. (...) Em razão da evolução jurisprudencial sobre o tema da interpretação da omissão legislativa do direito de greve dos servidores públicos civis e em respeito aos ditames de segurança jurídica, fixa-se o prazo de sessenta dias para que o Congresso Nacional legisle sobre a matéria. Mandado de injunção conhecido e, no mérito, deferido para, nos termos acima especificados, determinar a aplicação das Leis 7.701/1988 e 7.783/1989 aos conflitos e às ações judiciais que envolvam a interpretação do direito de greve dos servidores públicos civis." (MI 708, Rel. Min. Gilmar Mendes, julgamento em 25-10-2007, Plenário, DJE de 31-10-2008). No mesmo sentido: MI 670, Rel. p/ o ac. Min. Gilmar Mendes, e MI 712, Rel. Min. Eros Grau, julgamento em 25-10-2007, Plenário, DJE de 31-10-2008.

- Quanto à decisão no mandado de injunção, temos as seguintes teorias: a) **teoria não-concretista**: assinala que a decisão do mandado de injunção possui natureza declaratória, apenas reconhecendo a omissão legislativa, mas não possuindo forças para concretizar o exercício do direito. É pautada no princípio da separação de Poderes; b) **teoria concretista:** reconhece a natureza constitutiva da decisão de mandado de injunção (e não apenas a declaratória). Esse reconhecimento implica viabilizar o exercício do direito carente de regulamentação. Como desdobramento da teoria concretista, temos: b.1) teoria concretista geral: a decisão produzirá efeitos *erga omnes;* b.2) teoria concretista individual: a decisão terá apenas efeitos *inter partes*, podendo ser direta (o Judiciário não aguarda que a autoridade competente edite a lei, conferindo o exercício do direito de imediato) ou intermediária (hipótese em que o Judiciário, ao reconhecer a omissão, comunicará o órgão competente, fixando-lhe prazo que, persistindo a omissão, o próprio judiciário concretizará o direito pendente de regulamentação). Em um primeiro momento, o STF adotou a teoria não-concretista. Todavia, esse posicionamento foi superado, de modo que, atualmente, **o posicionamento adotado pela Suprema Corte é a teoria concretista**.
- Em 2016 foi publicada a Lei 13.300, que disciplinou o processo e o julgamento do mandado de injunção. **A grande novidade ficou por conta da previsão do mandado de injunção coletivo**, o que, a bem da verdade, simplesmente trouxe um alinhamento à jurisprudência pacífica do STF, que há muitos anos já o admitia.
- Consoante art. 12 da Lei 13.300/2016, **o mandado de injunção coletivo pode ser promovido**: I - pelo **Ministério Público**, quando a tutela requerida for especialmente relevante para a defesa da ordem jurídica, do regime democrático ou dos interesses sociais ou individuais indisponíveis; II - por **partido político** com representação no Congresso Nacional, para assegurar o exercício de direitos, liberdades e prerrogativas de seus integrantes ou relacionados com a finalidade partidária; III - por **organização sindical, entidade de classe ou associação** legalmente constituída e em funcionamento há pelo menos 1 (um) ano, para assegurar o exercício de direitos, liberdades e prerrogativas em favor da totalidade ou de parte de seus membros ou associados, na forma de seus estatutos e desde que pertinentes a suas finalidades, dispensada, para tanto, autorização especial; IV - pela **Defensoria Pública**, quando a tutela requerida for especialmente relevante para a promoção dos direitos humanos e a defesa dos direitos individuais e coletivos dos necessitados, na forma do inciso LXXIV do art. 5º da Constituição Federal.
- O **STF já reconheceu sua competência para apreciar mandado de injunção impetrado por servidor público municipal** (vide MI 3815, relatado pelo Ministro Luiz Fux e julgado no dia 23/05/2013).
- Se, após a impetração de mandado de injunção, o diploma legal objeto da reclamação foi promulgado a ação estará prejudicada pela perda do objeto. Conforme consolidado no STF: "AGRAVO REGIMENTAL EM MANDADO DE INJUNÇÃO. SUPERAÇÃO DA MORA LEGISLATIVA. PERDA DO OBJETO. 1. A jurisprudência desta Corte se firmou no sentido de que a edição do diploma reclamado pela Constituição leva à perda de objeto do mandado de injunção. 2. "Excede os limites da via eleita a pretensão de sanar a alegada lacuna normativa do período pretérito à edição da lei regulamentadora" (MI 634-AgR, Rel. Min. Sepúlveda Pertence). 3. Agravo regimental improvido" (MI 3709 AgR, julgado em 2014 e Relatado pelo Min. Roberto Barroso).

67.6. Ação Popular

- A **ação popular** pode ser proposta por qualquer **cidadão** (nacional no gozo dos direitos políticos) com o objetivo de anular ato lesivo ao patrimônio público ou de entidade de que o Estado participe, à moralidade administrativa, ao meio ambiente e ao patrimônio histórico e cultural, ficando o autor, **salvo comprovada má-fé**, isento de custas judiciais e do ônus da sucumbência;
- "**Pessoa jurídica** não tem legitimidade para propor ação popular." (Súmula 365.)

- "**O mandado de segurança não substitui** a ação popular." (Súmula 101.)
- Como o requisito para a propositura é ser cidadão (art. 5º, LXXIII, da CF), e formalmente isso significa ter título de eleitor, aquele que, **a partir dos 16 anos** estiver munido deste documento, poderá ajuizar ação popular.
- Nos casos de ação popular movida contra o Presidente da República, a competência originária para o seu julgamento **não é** do Supremo Tribunal Federal, pois não há previsão no art. 102, da CF, que conta com rol taxativo (regime de direito estrito). Nesse sentido, a jurisprudência do STF: "**A competência para julgar ação popular contra ato de qualquer autoridade, até mesmo do presidente da República, é, via de regra, do juízo competente de primeiro grau**. Precedentes. Julgado o feito na primeira instância, se ficar configurado o impedimento de mais da metade dos desembargadores para apreciar o recurso voluntário ou a remessa obrigatória, ocorrerá a competência do STF, com base na letra n do inciso I, segunda parte, do art. 102 da CF." (AO 859-QO, julgado em 2001 e relatado pelo Ministro Maurício Corrêa).
- O prazo de contestação na ação popular é de **20 (vinte)** dias, prorrogável por mais **20 (vinte)**, a requerimento do interessado, se particularmente difícil a produção da prova documental, e será comum a todos os interessados, correndo da entrega em cartório do mandado cumprido, ou, quando for o caso, do decurso do prazo assinado em edital, de acordo com o art. 7º, IV, da Lei 4.717/65.
- A ação popular **prescreve em 05 (cinco) anos**, consoante art. 21, da Lei 4.717/65

◉ SÚMULAS

- **Súmula Vinculante 1:** Ofende a garantia constitucional do ato jurídico perfeito a decisão que, sem ponderar as circunstâncias do caso concreto, desconsidera a validez e a eficácia de acordo constante de termo de adesão instituído pela Lei Complementar 110/2001.
- **Súmula Vinculante 5:** A falta de defesa técnica por advogado no processo administrativo disciplinar não ofende a Constituição.
- **Súmula Vinculante 11:** Só é lícito o uso de algemas em casos de resistência e de fundado receio de fuga ou de perigo à integridade física própria ou alheia, por parte do preso ou de terceiros, justificada a excepcionalidade por escrito, sob pena de responsabilidade disciplinar, civil e penal do agente ou da autoridade e de nulidade da prisão ou do ato processual a que se refere, sem prejuízo da responsabilidade civil do Estado.
- **Súmula vinculante 14:** É direito do defensor, no interesse do representado, ter acesso amplo aos elementos de prova que, **já documentados em procedimento investigatório realizado por órgão com competência de polícia judiciária, digam respeito ao exercício do direito de defesa** em procedimento investigatório realizado por órgão com competência de polícia judiciária.
- **Súmula Vinculante 25:** É ilícita a prisão civil de depositário infiel, qualquer que seja a modalidade do depósito.
- **Súmula 419 do STJ:** Descabe a prisão civil do depositário judicial infiel.
- **Súmula Vinculante 28:** É inconstitucional a exigência de **depósito prévio como requisito de admissibilidade** de ação judicial na qual se pretenda discutir a exigibilidade de crédito tributário.
- **Súmula 654 do STF**: A garantia da irretroatividade da lei, prevista no art 5º, XXXVI, da Constituição da República, não é invocável pela entidade estatal que a tenha editado.
- **Súmula 667 do STF:** viola a garantia constitucional de acesso à jurisdição a taxa judiciária calcada sem limite sobre o valor da causa.
- **Súmula 693 do STF:** Não cabe habeas corpus contra decisão condenatória a pena de multa, ou relativo a processo em curso por infração penal a que a pena pecuniária seja a única cominada.
- **Súmula 694 do STF:** "Não cabe habeas corpus contra a imposição da pena de exclusão de militar ou de perda de patente ou de função pública".
- **Súmula 695 do STF:** Não cabe habeas corpus quando já **extinta a pena privativa de liberdade**.
- **Súmula 693 do STF:** Não cabe habeas corpus contra **decisão condenatória a pena de multa, ou relativo a processo em curso por infração penal a que a pena pecuniária seja a única cominada**.
- **Súmula 692 do STF:** Não se conhece de habeas **corpus contra omissão de relator de extradição, se fundado em fato ou direito estrangeiro cuja prova não constava dos autos**, nem foi ele provocado a respeito.
- **Súmula 395 do STF:** Não se conhece de recurso de habeas corpus cujo objeto seja **resolver sobre o ônus das custas, por não estar mais em causa a liberdade de locomoção**.
- **Súmula 512 do STF: Não cabe condenação em honorários de advogado** na ação de mandado de segurança.
- **Súmula 270 do STF:** Não cabe mandado de segurança para impugnar enquadramento da Lei 3.780, de 12-7-1960, **que envolva exame de prova ou de situação funcional** complexa.
- **Súmula 268 do STF:** Não cabe mandado de segurança contra **decisão judicial com trânsito em julgado**.
- **Súmula 267 do STF:** Não cabe mandado de segurança contra **ato judicial passível de recurso ou correição**.

- **Súmula 266 do STF:** Não cabe mandado de segurança **contra lei em tese**.
- **Súmula 431 do STF:** É nulo julgamento de recurso criminal, na segunda instância, sem prévia intimação ou publicação da pauta, salvo em habeas corpus.
- **Súmula 632 do STF:** É constitucional lei que fixa **prazo de decadência** para impetração de mandado de segurança.
- **Súmula 630 do STF:** A entidade de classe tem legitimação para o mandado de segurança **ainda quando a pretensão veiculada interesse apenas a uma parte da respectiva categoria**.
- **Súmula 629 do STF:** A impetração de mandado de segurança coletivo por entidade de classe em favor dos associados **independe da autorização destes**.
- **Súmula 624 do STF:** Não compete ao Supremo Tribunal Federal conhecer originariamente de mandado de segurança contra **atos de outros Tribunais**.
- **Súmula 625 do STF: Controvérsia sobre matéria de direito** não impede concessão de mandado de segurança.
- **Súmula 510, do STF:** Praticado o ato por **autoridade, no exercício de competência delegada**, contra ela cabe o mandado de segurança ou a medida judicial.
- **Súmula 430, do STF: Pedido de reconsideração** na via administrativa não interrompe o prazo para o mandado de segurança.
- **Súmula 271 do STF:** Concessão de mandado de segurança não produz efeitos patrimoniais em relação a **período pretérito**, os quais devem ser reclamados administrativamente ou pela via judicial própria.
- **Súmula 629 do STF:** O mandado de segurança **não é substitutivo de ação de cobrança**.
- **Súmula 101 do STF:** O mandado de segurança **não substitui a ação popular**.
- **Súmula 365 do STF: Pessoa jurídica** não tem legitimidade para propor ação popular.
- **Súmula 2 do STJ:** não cabe o habeas data (CF, art. 5º, LXXII, letra "a") se não houve recusa de informações por parte da autoridade administrativa.
- **Súmula 376 do STJ:** compete à turma recursal processar e julgar o mandado de segurança contra ato de juizado especial.
- **Súmula 333 do STJ:** cabe mandado de segurança contra ato praticado em licitação promovida por sociedade de economia mista ou empresa pública.
- **Súmula 105 do STJ:** na ação de mandado de segurança, não se admite condenação em honorários advocatícios.
- **Súmula 481 do STJ:** faz jus ao benefício da justiça gratuita a pessoa jurídica com ou sem fins lucrativos que demonstrar sua impossibilidade de arcar com os encargos processuais

✦ INFORMATIVOS STF

▸ *Anistia. AgRg no ARE 724.006-RJ. Rel. Min. Gilmar Mendes*

Agravo regimental em recurso extraordinário com agravo. 2. Direito Administrativo. 3. Anistia política. Reparação econômica. Ajuizamento de ação pelo anistiado com intuito de pleitear a incidência de juros e correção monetária. Descumprimento de requisito previsto em acordo. Anulação do termo de adesão pela autoridade coatora. 4. Análise de legislação infraconstitucional. Lei 11.354/06. Ofensa meramente reflexa ao texto constitucional. 5. Reexame do conteúdo fático-probatório. Impossibilidade. Incidência do Enunciado 279 da Súmula do STF. 6. Ausência de argumentos capazes de infirmar a decisão agravada. 7. Agravo regimental a que se nega provimento. (Info 708)

▸ *Inviolabilidade das Comunicações. RHC 115.983-RJ. Rel. Min. Ricardo Lewandowski*

Recurso ordinário em "habeas corpus". Constitucional e processual penal. Delito de homicídio. Busca e apreensão de cartas amorosas enviadas pela recorrente a um dos corréus com quem mantinha relacionamento extraconjugal. Art. 240, § 1º, f, do CPP. Violação do direito à inviolabilidade de correspondência. Não ocorrência. Garantia que não é absoluta. Autoria intelectual evidenciada por outras provas colhidas na instrução criminal. Ausência de demonstração do efetivo prejuízo. Impossibilidade de revolvimento do conjunto fático-probatório na via estreita do "habeas corpus". Soberania dos veredictos proferidos pelo tribunal do júri. Trânsito em julgado da condenação. Impossibilidade de admitir-se o writ constitucional como sucedâneo de revisão criminal. Recurso improvido. I. A jurisprudência desta Corte consagrou o entendimento de que o princípio constitucional da inviolabilidade das comunicações (art. 5º, XII, da CF) não é absoluto, podendo o interesse público, em situações excepcionais, sobrepor-se aos direitos individuais para evitar que os direitos e garantias fundamentais sejam utilizados para acobertar condutas criminosas. II. A busca e apreensão das cartas amorosas foi realizada em procedimento autorizado por decisão judicial, nos termos do art. 240, § 1º, f, do CPP. III. A condenação baseou-se em outros elementos de prova, em especial nos depoimentos de testemunhas, reproduzidos em plenário, sob o crivo do contraditório. IV. Esta Corte assentou o entendimento de que a demonstração de prejuízo, "a teor do art. 563 do CPP, é essencial à alegação de nulidade, seja ela relativa ou absoluta, eis que, (...) o âmbito normativo do dogma fundamental da disciplina das nulidades "pas de nullité sans grief" compreende as nulidades absolutas" (HC 85.155/SP). V. Não cabe a este Tribunal, na via do remédio constitucional, decidir de modo diverso, ainda mais quando se analisa a questão sob a ótica do preceito fundamental da soberania dos veredictos, assegurado ao Tribunal do Júri na alínea c do inciso XXXVIII do art. 5º da Carta Magna. VI. O "habeas corpus", em que pese configurar remédio constitucional de largo espectro, não pode ser utilizado como sucedâneo da revisão criminal, salvo em situações nas quais se verifique flagrante ilegalidade ou nulidade, o que não é o caso dos autos. VII. Recurso ordinário improvido. (Info 718)

▸ ***Prisão civil por inadimplemento voluntário e inescusável de pensão alimentícia. HC 110.526-SP. Rel. Min. Luiz Fux***

Prisão civil por inadimplemento voluntário e inescusável de pensão alimentícia (CF, art. 5º, inc. LXVII). Perda superveniente do objeto do "writ". Ausência do interesse de agir. "writ" prejudicado. 1. O art. 5º, inciso LXVII, da Carta Magna, dispõe que "não haverá prisão civil por dívida, salvo a do responsável pelo inadimplemento voluntário e inescusável de obrigação alimentício e a do depositário infiel". 2. "In casu", o paciente teve decretada a prisão civil por inadimplemento voluntário e inescusável de obrigação alimentícia, sobrevindo a perda do objeto do presente "writ", pelo decurso do prazo de 30 (trinta) dias da prisão civil, consoante entendimento desta Corte (HC 107558). 3. "Habeas corpus" julgado extinto, sem resolução do mérito, face à perda superveniente de seu objeto.

STJ

▸ ***Desnecessidade de sobrestamento de mandado de segurança que tramita no STJ em razão de declaração de repercussão geral pelo STF.***

O reconhecimento da repercussão geral pelo STF não implica, necessariamente, a suspensão de mandado de segurança em trâmite no STJ, mas unicamente o sobrestamento de eventual recurso extraordinário interposto em face de acórdão proferido pelo STJ ou por outros tribunais. MS 11.044-DF, Rel. Min. Og Fernandes, j. 13.3.2013. 3ª S. (Info 519)

▸ ***Ilegitimidade do governador de estado para figurar como autoridade coatora em mandado de segurança em que se busque a atribuição de pontuação em concurso público.***

O Governador do Estado é parte ilegítima para figurar como autoridade coatora em mandado de segurança no qual o impetrante busque a atribuição da pontuação referente à questão de concurso público realizado para o provimento de cargos do quadro de pessoal da respectiva unidade federativa. A autoridade coatora, para impetração de mandado de segurança, é aquela que pratica ou ordena, de forma concreta e específica, o ato ilegal, ou, ainda, aquela que detém competência para corrigir a suposta ilegalidade, conforme se extrai do art. 6º, § 3º, da Lei 12.016/2009. Na hipótese em análise, constatada a não atribuição de pontuação após a anulação de questão, a autoridade competente para proceder à reclassificação dos impetrantes seria a banca examinadora responsável pelo certame, que é a executora direta do ato impugnado. O Governador do Estado teria competência para nomear e dar posse aos candidatos, mas não para corrigir a ilegalidade apontada. AgRg no RMS 37.924-GO, Rel. Min. Mauro Campbell Marques, j. 9.4.2013. 2ª T. (Info 519)

▸ ***Inocorrência de perda do objeto de mandado de segurança em razão do encerramento do certame, do término do curso de formação ou da homologação do resultado final do concurso impugnado.***

O encerramento do certame, o término do curso de formação ou a homologação do resultado final do concurso público não acarretam perda do objeto de mandado de segurança impetrado em face de suposta ilegalidade ou abuso de poder praticados durante uma de suas etapas. Com efeito, entender como prejudicado o pedido nessas situações seria assegurar indevida perpetuação da eventual ilegalidade ou do possível abuso praticado. RMS 28.400-BA, Rel. Min. Sebastião Reis Júnior, j. 19.2.2013. 6ª T. (Info 515)

▸ ***Mandado de segurança. Cabimento. Configuração de prova pré-constituída da liquidez e certeza do direito à obtenção de medicamentos e insumos. Laudo médico particular.***

A instrução de MS somente com laudo médico particular não configura prova pré-constituída da liquidez e certeza do direito do impetrante de obter do Poder Público determinados medicamentos e insumos para o tratamento de enfermidade acometida por ele. O laudo de médico particular, embora aceito como elemento de prova, não pode ser imposto ao magistrado como se a matéria fosse, exclusivamente, de direito. Esse parecer não é espécie de prova suprema ou irrefutável, ainda mais quando a solução da controvérsia, de natureza complexa, depende de conhecimento técnico-científico, necessário para saber a respeito da possibilidade de substituição do medicamento ou sobre sua imprescindibilidade. Além do mais, o laudo médico, como elemento de prova, deve submeter-se ao contraditório, à luz do que dispõe o art. 333, II, do CPC, principalmente quando, para o tratamento da enfermidade, o Sistema Único de Saúde ofereça tratamento adequado, regular e contínuo. Nesse contexto, o laudo médico particular, não submetido ao crivo do contraditório, é apenas mais um elemento de prova, que pode ser ratificado ou infirmado por outras provas a serem produzidas no processo instrutório, dilação probatória incabível no MS. Desse modo, as vias ordinárias, e não a via do MS, representam o meio adequado ao reconhecimento do direito à obtenção de medicamentos do Poder Público, uma vez que, como foi dito, apenas o laudo médico atestado por profissional particular sem o crivo do contraditório não evidencia direito líquido e certo para impetração de MS. RMS 30.746-MG, Rel. Min. Castro Meira, j. 27.11.2012. 2ª T. (Info 511)

▸ ***Mandado de segurança concomitante com recurso especial. Mesma matéria. Invasão de competência.***

Não é cabível impetrar MS perante o tribunal de origem para discutir matéria já aduzida em REsp pendente de apreciação do STJ, ainda que os vícios acerca dos quais a parte se insurgiu no "mandamus" não sejam, ordinariamente, passíveis de revisão no apelo extremo. Assim, há invasão de competência do STJ no julgamento de mandado de segurança (MS) pelo tribunal "a quo" no qual a parte, derrotada na anterior análise de recurso de apelação, impugna uma série de matérias ligadas ao procedimento adotado no julgamento. Rcl 8.668-GO, Rel. Min. Nancy Andrighi, j. 28.11.2012. 2ª S. (Info 510)

▸ *Mandado de segurança para impugnar ato judicial que tenha determinado a conversão de agravo de instrumento em agravo retido.*

É cabível mandado de segurança para impugnar decisão que tenha determinado a conversão de agravo de instrumento em agravo retido. Isso porque, nessa hipótese, não há previsão de recurso próprio apto a fazer valer o direito da parte ao imediato processamento de seu agravo. RMS 30.269-RJ, Rel. Min. Raul Araújo, j. 11.6.2013. 4ª T. (Info 526)

▸ *Mandado de segurança. Ilegitimidade da autoridade coatora. Agente de retenção de tributos.*

Não tem legitimidade o Procurador-Geral de Justiça do MPDFT para figurar no polo passivo de MS impetrado por procuradora de justiça do respectivo órgão com o intuito de obter a declaração da ilegalidade da incidência de imposto de renda e de contribuição social no pagamento de parcelas referentes à conversão em pecúnia de licença-prêmio não usufruída. Para fins de mandado de segurança, autoridade coatora é aquela que pratica, ordena ou omite a prática do ato impugnado e tem o dever funcional de responder pelo seu fiel cumprimento, além de dispor da competência para corrigir eventual ilegalidade. No caso, os referidos tributos são instituídos pela União, e não pertence ao DF o produto da arrecadação do IRPF e da contribuição para o Plano de Seguridade Social do Servidor incidente sobre os rendimentos pagos pela União aos membros do MPDFT, conforme estabelecido nos arts. 21, XIII, 40, 149, 153 e 157 da CF. O Procurador-Geral de Justiça do MPDFT, ao determinar o desconto relativo ao imposto de renda e à contribuição social no pagamento de parcelas referentes à conversão em pecúnia de licença-prêmio, atua como mero responsável tributário pela retenção dos tributos sobre os rendimentos pagos pela União; não detém, portanto, legitimidade para figurar no polo passivo do respectivo mandado de segurança. O delegado da Receita Federal do Brasil no Distrito Federal seria o legitimado para figurar no polo passivo do presente writ, conforme o disposto no art. 243 do Regimento Interno da Secretaria da Receita Federal do Brasil, aprovado pela Portaria do Ministério da Fazenda 95/2007. AgRg no AREsp 242.466-MG, Rel. Min. Castro Meira, j. 27.11.2012. 2ª T. (Info 512)

▸ *Prazo decadencial para a impetração de mandado de segurança.*

Renova-se mês a mês o prazo decadencial para a impetração de mandado de segurança no qual se contesta o pagamento de pensão feito pela Administração em valor inferior ao devido. De acordo com a jurisprudência do STJ, cuidando-se de conduta omissiva ilegal da Administração, que envolve obrigação de trato sucessivo, o prazo decadencial estabelecido pela Lei do Mandado de Segurança se renova de forma continuada. AgRg no AREsp 243.070-CE, Rel. Min. Humberto Martins, j. 7.2.2013. 2ª T. (Info 517)

▸ *Termo inicial do prazo decadencial do mandado de segurança. Supressão de horas extras incorporadas.*

O termo inicial do prazo decadencial para impetração de mandado de segurança na hipótese de supressão de valores referentes a horas extras supostamente incorporadas por servidor público é a data em que a verba deixou de ser paga. A exclusão do pagamento de horas extras é ato comissivo que atinge o fundo de direito, portanto está sujeita ao prazo decadencial do art. 23 da Lei 12.016/2009, cuja contagem se inicia na data do primeiro pagamento em que houve a supressão da verba, ocasião em que toma ciência o interessado, não se renovando nos meses subsequentes. De modo diverso, no caso de redução, ficaria configurada a prestação de trato sucessivo, pois não haveria a negação do próprio fundo de direito. RMS 34.363-MT, Rel. Min. Herman Benjamin, j. 6.12.2012. 2ª T. (Info 513)

▸ *Termo inicial do prazo para impetração de mandado de segurança objetivando a nomeação em cargo público.*

Na hipótese em que houver, em ação autônoma, o reconhecimento da nulidade de questões de concurso público, o termo inicial do prazo para que o candidato beneficiado impetre mandado de segurança objetivando sua nomeação no cargo público será a data do trânsito em julgado da decisão judicial. Isso porque o candidato favorecido pela decisão judicial somente passa a ter direito líquido e certo à nomeação a partir da referida data. AgRg no REsp 1.284.773-AM, Rel. Min. Benedito Gonçalves, j. 23.4.2013. 1ª T. (Info 522)

▸ *Utilização de mandado de segurança para controle da competência dos juizados especiais.*

É cabível mandado de segurança, a ser impetrado no Tribunal de Justiça, a fim de que seja reconhecida, em razão da complexidade da causa, a incompetência absoluta dos juizados especiais para o julgamento do feito, ainda que no processo já exista decisão definitiva de Turma Recursal da qual não caiba mais recurso. Inicialmente, observe-se que, em situações como essa, o controle por meio da ação mandamental interposta dentro do prazo decadencial de cento e vinte dias não interfere na autonomia dos Juizados, uma vez que o mérito da demanda não será decidido pelo Tribunal de Justiça. Ademais, é necessário estabelecer um mecanismo de controle da competência dos Juizados, sob pena de lhes conferir um poder desproporcional: o de decidir, em caráter definitivo, inclusive as causas para as quais são absolutamente incompetentes, nos termos da lei civil. Dessa forma, sendo o juízo absolutamente incompetente em razão da matéria, a decisão é, nesse caso, inexistente ou nula, não havendo, tecnicamente, que falar em trânsito em julgado. RMS 39.041-DF, Rel. Min. Raul Araújo, j. 7.5.2013. 4ª T. (Info 524)

DIREITOS SOCIAIS

- CF, artigos 6º a 11.

✦ DICAS

1. Os direitos sociais, econômicos, e culturais são **direitos humanos de segunda geração, realizáveis por meio de políticas públicas estatais, e normalmente descritos em normas programáticas**, mas isso não significa que não podem ser exigidos juridicamente. Isso porque, **todos os direitos humanos são juridicamente exigíveis**, e os direitos fundamentais expressos na Constituição têm aplicabilidade imediata.

2. Nos termos do art. 6º, da CF, **são direitos sociais:** a educação, a saúde, a alimentação, o trabalho, a moradia, o transporte, o lazer, a segurança, a previdência social, a proteção à maternidade e à infância, além da assistência aos desamparados, na forma da Constituição.

- **Atenção!** O transporte foi expressamente reconhecido como direito social pela recente emenda constitucional 90/2015!

3. A **relevância econômica dos objetos dos direitos sociais prestacionais** (que exigem atuação estatal) faz com que a discussão, previsão e aplicação de recursos públicos, atribuições estas originárias dos órgãos políticos, notadamente do Poder Executivo, **legitime o Poder Judiciário, diante da inércia ou deficiência de atuação dos legitimados ordinários, à concretização dos direitos.** Aliás, esse é uma das características do que se tem chamado de judicialização de políticas públicas, uma das facetas do neoconstitucionalismo.

4. Canotilho ensina que: "1. "**Reserva do possível**" significa total desvinculação jurídica do legislador quanto à dinamização dos direitos sociais constitucionais consagrados. 2. Reserva do possível significa a "tendência para o zero" da eficácia jurídica das normas constitucionais consagradoras de direitos sociais. 3.Reserva do possível significa gradualidade com dimensão lógica e necessária da concretização dos direitos sociais,tendo sobretudo em conta os limites financeiros. 4. Reserva do possível significa insindicabilidade jurisdicional das opções legislativas quanto à densificação legislativa das normas constitucionais reconhecedoras de direitos sociais" (CANOTILHO, J. J. Gomes. Estudos Sobre Direitos Fundamentais, Coimbra: Coimbra, 2004, p. 108)

- "**A cláusula da reserva do possível – que não pode ser invocada, pelo Poder Público, com o propósito de fraudar, de frustrar e de inviabilizar a implementação de políticas públicas definidas na própria Constituição – encontra insuperável limitação na garantia constitucional do mínimo existencial**, que representa, no contexto de nosso ordenamento positivo, emanação direta do postulado da essencial dignidade da pessoa humana. (...) A **noção de 'mínimo existencial'**, que resulta, por implicitude, de determinados preceitos constitucionais (CF, art. 1º, III, e art. 3º, III), compreende um **complexo de prerrogativas cuja concretização revela-se capaz de garantir condições adequadas de existência digna**, em ordem a assegurar, à pessoa, acesso efetivo ao direito geral de liberdade e, também, a prestações positivas originárias do Estado, viabilizadoras da **plena fruição de direitos sociais básicos, tais como o direito à educação, o direito à proteção integral da criança e do adolescente, o direito à saúde, o direito à assistência social, o direito à moradia, o direito à alimentação e o direito à segurança.** Declaração Universal dos Direitos da Pessoa Humana, de 1948 (Artigo XXV)." (ARE 639.337, julgado em 2011 e relatado pelo Ministro Celso de Mello).

- Ademais, "Embora resida, primariamente, nos Poderes Legislativo e Executivo, a prerrogativa de formular e executar políticas públicas, **revela-se possível, no entanto, ao Poder Judiciário, determinar, ainda que em bases excepcionais, especialmente nas hipóteses de políticas públicas definidas pela própria Constituição, sejam estas implementadas pelos órgãos estatais inadimplentes**, cuja omissão – por importar em descumprimento dos encargos político-jurídicos que sobre eles incidem em caráter mandatório – mostra-se apta a comprometer a eficácia e a integridade de direitos sociais e culturais impregnados de estatura constitucional. A questão pertinente à 'reserva do possível'." (RE 436.996, julgado em 2005 e relatado pelo Ministro Celso de Mello).

5. A Constituição Federal, estabelece **proibição de distinção entre trabalho** manual, técnico e intelectual e entre os profissionais respectivos.

6. Há proibição de qualquer trabalho a menores de dezesseis anos, salvo na condição de aprendiz, a partir de **quatorze** anos.

7. É direito do trabalhador urbano e rural, **remuneração do serviço extraordinário** superior, no mínimo, em cinquenta por cento (50%) à do normal.

8. **Trabalhador doméstico**

- Os trabalhadores **domésticos tiveram os seus direitos ampliados pela Emenda Constitucional 72** de 2 de abril de 2013. Com a alteração constitucional, passam a existir dois grupos de direitos relativos aos domésticos: **a) direitos incondicionados**; e **b) direitos condicionados**. Os direitos incondicionados são aqueles que devem ser aplicados independentemente de qualquer determinação estabelecida na legislação infraconstitucional. Já os direitos condicionados são aqueles que devem ser aplicados com atendimento às condições estabelecidas em legislação infraconstitucional e observância de simplificação do cumprimento das obrigações tributárias, principais e acessórias, decorrentes da relação de trabalho e suas peculiaridades. Os detalhes estão arrolados na tabela a seguir.

DIREITOS CONSTITUCIONALMENTE ASSEGURADOS AO TRABALHADOR DOMÉSTICO DEPOIS DA EC 72/13		
	Direitos incondicionados	**Direitos condicionados à legislação infraconstitucional e à observância de simplificação do cumprimento das obrigações tributárias, principais e acessórias, decorrentes da relação de trabalho e suas peculiaridades**
Os que já existiam antes da EC 72/13	1. Salário mínimo 2. Irredutibilidade do salário 3. Décimo terceiro salário com base na remuneração integral ou no valor da aposentadoria 4. Repouso semanal remunerado, preferencialmente aos domingos 5. Férias anuais remuneradas com, pelo menos, um terço a mais do que o salário normal 6. Licença-gestante de 120 dias 7. Licença-paternidade de 5 dias 8. Aviso-prévio 9. Aposentadoria	1. Integração à previdência social
Os que foram estabelecidos pela EC 72/13	10. Garantia de salário, nunca inferior ao mínimo, para os que percebem remuneração variável 11. Proteção do salário na forma da lei, constituindo crime sua retenção dolosa 12. Duração do trabalho normal não superior a oito horas diárias e quarenta e quatro semanais, facultada a compensação de horários e a redução da jornada, mediante acordo ou convenção coletiva de trabalho	2. Relação de emprego protegida contra despedida arbitrária ou sem justa causa, nos termos de lei complementar, que preverá indenização compensatória, dentre outros direitos; 3. Seguro-desemprego, em caso de desemprego involuntário; 4. Fundo de garantia do tempo de serviço; 5. Remuneração do trabalho noturno superior à do diurno;
Os que foram estabelecidos pela EC 72/13	13. Remuneração do serviço extraordinário superior, no mínimo, em cinqüenta por cento à do normal 14. Redução dos riscos inerentes ao trabalho, por meio de normas de saúde, higiene e segurança 15. Reconhecimento das convenções e acordos coletivos de trabalho 16. Proibição de diferença de salários, de exercício de funções e de critério de admissão por motivo de sexo, idade, cor ou estado civil 17. Proibição de qualquer discriminação no tocante a salário e critérios de admissão do trabalhador portador de deficiência 18. Proibição de trabalho noturno, perigoso ou insalubre a menores de dezoito e de qualquer trabalho a menores de dezesseis anos, salvo na condição de aprendiz, a partir de quatorze anos	6. Salário-família pago em razão do dependente do trabalhador de baixa renda nos termos da lei 7. Assistência gratuita aos filhos e dependentes desde o nascimento até 5 (cinco) anos de idade em creches e pré-escolas 8. Seguro contra acidentes de trabalho, a cargo do empregador, sem excluir a indenização a que este está obrigado, quando incorrer em dolo ou culpa

• **Atenção!** Como a matéria é nova, a doutrina ainda se posicionará a respeito do tema. É possível que, com base na doutrina de José Afonso da Silva se diga que os direitos aqui denominados de **condicionados**, representam, em verdade, **normas constitucionais de eficácia limitada**, aplicabilidade indireta, mediata e reduzida e, por isso, poderiam ser chamados de direitos de aplicabilidade mediata. **Aliás, fique ligado, pois a FCC, na prova do TRT SC/2013, adotou justamente esse entendimento!**

9. Nos termos da doutrina de Alexandre de Moraes, o **direito de relacionamento ou de filiação** em organizações sindicais internacionais é manifestação do princípio da solidariedade internacional dos interesses dos trabalhadores (*Direito Constitucional*. 25 ed. São Paulo: Atlas, 2010, p. 204).

10. Ninguém poderá ser obrigado a **filiar-se ou manter-se filiado** a qualquer sindicato.
11. É **vedada a dispensa** do empregado sindicalizado a partir do registro da candidatura a cargo de direção ou representação sindical e, se eleito, ainda que suplente, até um ano após o final do mandato, salvo se cometer falta grave.
12. O **aposentado filiado** tem direito a votar e ser votado nas organizações sindicais.
13. É vedada a criação de mais de uma organização sindical, em qualquer grau, representativa de categoria profissional ou econômica, na mesma base territorial, que será definida pelos trabalhadores ou empregadores interessados, não podendo ser inferior à área de um **Município** (não de um Estado).

DIREITOS DA NACIONALIDADE

- **CF, artigos 12 e 13.**

✦ DICAS

1. O fato natural do nascimento não é suficiente para o reconhecimento de nacionalidade, pois devem ser levados em consideração outros elementos tais como: i) o local do nascimento; ii) nacionalidade dos pais; e; iii) função exercida pelos pais no local de nascimento da criança.
2. A origem sanguínea firma a nacionalidade pelo critério *jus sanguinis*, e a vinculação territorial reconhece o brasileiro via critério *jus solis*.
3. São brasileiros **natos:** a) os **nascidos na República Federativa do Brasil**, ainda que de pais estrangeiros, desde que estes não estejam a serviço de seu país; b) os nascidos no estrangeiro, de pai brasileiro ou mãe brasileira, desde que **qualquer deles** esteja **a serviço da República Federativa do Brasil** e; c) os nascidos no estrangeiro de pai brasileiro ou de mãe brasileira, desde que sejam **registrados em repartição brasileira competente ou venham a residir na República Federativa do Brasil e optem**, em qualquer tempo, depois de atingida a maioridade, pela nacionalidade brasileira (nacionalidade potestativa).
4. São brasileiros **naturalizados:** a) os que, na forma da lei, **adquiram a nacionalidade brasileira**, exigidas aos originários de países de língua portuguesa apenas residência por um ano ininterrupto e idoneidade moral (ato discricionário de soberania estatal, não sendo direito público subjetivo); b) os estrangeiros de qualquer nacionalidade, residentes na República Federativa do Brasil há mais de quinze anos ininterruptos e sem condenação penal, desde que **requeiram** a nacionalidade brasileira (direito público subjetivo).

SÃO BRASILEIROS	
1. Natos (Nacionalidade Primária/Originária)	a) os **nascidos na República Federativa do Brasil**, ainda que de pais estrangeiros, desde que estes não estejam a serviço de seu país;
	b) os nascidos no estrangeiro, de pai brasileiro ou mãe brasileira, desde que **qualquer deles** esteja **a serviço da República Federativa do Brasil**.
1. Natos (Nacionalidade Primária/Originária)	c) os nascidos no estrangeiro de pai brasileiro ou de mãe brasileira, desde que sejam **registrados em repartição brasileira competente ou venham a residir na República Federativa do Brasil e optem**, em qualquer tempo, depois de atingida a maioridade, pela nacionalidade brasileira.
2. Naturalizados (Nacionalidade Secundária)	a) os que, na forma da lei, **adquiram a nacionalidade brasileira**, exigidas aos originários de países de língua portuguesa apenas residência por um ano ininterrupto e idoneidade moral;
	b) os estrangeiros de qualquer nacionalidade, residentes na República Federativa do Brasil há mais de quinze anos ininterruptos e sem condenação penal, desde que **requeiram** a nacionalidade brasileira.

5. São **privativos de brasileiros natos** os cargos: I – de Presidente e Vice-Presidente da República; II – de Presidente da Câmara dos Deputados; III – de Presidente do Senado Federal; IV – de Ministro do Supremo Tribunal Federal; V – da carreira diplomática; VI – de oficial das Forças Armadas; VII – de Ministro de Estado da Defesa.

- Para memorizar os cargos privativos de brasileiro nato, o amigo leitor pode valer-se da expressa mnemônica **"MP3.COM"**

Cargos privativos de brasileiro nato		
	M	inistro do STF
	P	residente da República (e Vice)
P3	**P**	residente da Câmara dos Deputados
	P	residente do Senado Federal
	C	arreira Diplomática
	O	ficial das Forças Armadas
	M	inistro de Estado da Defesa

- **Atenção** para as "pegadinhas" clássicas: a) o cargo de Ministro do STJ não é privativo de brasileiro nato, mas o de Ministro do STF é; b) o cargo de Ministro da Justiça não é privativo de brasileiro nato, mas o de Ministro de Estado da Defesa é; c) o cargo de Senador não é privativo de brasileiro nato, mas o de Presidente do Senado Federal é.

6. O **brasileiro nato pode perder a nacionalidade**, pois nos termos do § 4º, do art. 12, da CF, será declarada a perda da nacionalidade do brasileiro que **adquirir outra nacionalidade**, **salvo** nos casos de reconhecimento de nacionalidade originária pela lei estrangeira ou de imposição de naturalização, pela norma estrangeira, ao brasileiro residente em estado estrangeiro, como condição para permanência em seu território ou para o exercício de direitos civis, quando o indivíduo poderá ter mais de uma nacionalidade. Vale notar que, o "exercício de direitos civis" deve ser interpretado de modo bastante amplo, para abranger, por exemplo, o exercício de atividade profissional.

7. O STF já decidiu que, o **Ministro da Justiça não tem competência para cancelar naturalização concedida**: "Conforme revela o inciso I do § 4º do art. 12 da CF, o ministro de Estado da Justiça não tem competência para rever ato de naturalização." (RMS 27.840, rel. p/ o ac. min. Marco Aurélio, julgamento em 7-2-2013, Plenário, DJE de 27-8-2013.)

8. A **deportação** se materializada na hipótese de entrada ou permanência irregular de estrangeiro no país, independentemente da prática de qualquer crime. Desta feita, será deportado aquele que entrar ou permanecer no território nacional violando normas administrativas, e não quiser se retirar voluntariamente no prazo fixado pela autoridade competente.

9. O **banimento ou degredo** se refere ao envio compulsório de um nacional ao estrangeiro, sem possibilidade de retorno, como forma de punição. Trata-se de medida vedada pelo ordenamento brasileiro.

10. O **princípio da especialidade** prega que extraditado somente pode ser processado e julgado pelo país estrangeiro em face do delito objeto do pedido de extradição, nos termos do art. 91, IV, do Estatuto do Estrangeiro. Vale destacar, na lição de Uadi Lammêgo Bulos, que não obstante a adoção do princípio da especialidade pelo Brasil, o STF permite o **pedido de extensão**, que consiste na permissão, solicitada pelo país estrangeiro, de processar pessoa já extraditada por qualquer delito praticado antes da extradição e diverso daquele que motivou o pedido extradicional (*Curso de Direito Constitucional.* 2 ed. São Paulo: Saraiva, 2008, p. 521).

11. **O Supremo Tribunal Federal não fica vinculado ao juízo formulado pelo Poder Executivo na concessão administrativa de asilo político**. A condição de asilado político (art. 4, X, da CF) **não** suprime, por si só, a possibilidade de o Estado brasileiro conceder a extradição que lhe haja sido requerida (vide Ext 524, julgada em 1989 e relatada pelo Ministro Celso de Mello), **salvo** quando o fato que enseja o pedido assume a qualificação de crime político ou de opinião (art. 5º, LII, da CF).

- "Deveras, antes de deliberar sobre a existência de poderes discricionários do presidente da República em matéria de extradição, ou mesmo se essa autoridade se manteve nos lindes da decisão proferida pelo Colegiado anteriormente, é necessário definir se o ato do chefe de Estado é sindicável pelo Judiciário, em abstrato. (...) **O sistema 'belga' ou 'da contenciosidade limitada', adotado pelo Brasil, investe o STF na categoria de órgão juridicamente existente apenas no âmbito do direito interno, devendo, portanto, adstringir-se a examinar a legalidade da extradição; é dizer, seus aspectos formais, nos termos do art. 83 da Lei 6.815/1980 (...). O presidente da República, no sistema vigente, resta vinculado à decisão do STF apenas quando reconhecida alguma irregularidade no processo extradicional, de modo a impedir a remessa do extraditando ao arrepio do ordenamento jurídico, nunca, contudo, para determinar semelhante remessa, porquanto, o Poder Judiciário deve ser o último guardião dos direitos fundamentais de um indivíduo, seja ele nacional ou estrangeiro, mas não dos interesses políticos de Estados alienígenas, os quais devem entabular entendimentos com o chefe de Estado, vedada a pretensão de impor sua vontade através dos tribunais internos. (...)** O princípio da separação dos Poderes (art. 2º da CRFB), indica não competir ao STF rever o mérito de decisão do presidente da República, enquanto no exercício da soberania do país, tendo em vista que o texto constitucional conferiu ao chefe supremo da Nação a função de representação externa do país. (...) A extradição não é ato de nenhum Poder do Estado, mas da República Federativa do Brasil, pessoa jurídica de direito público externo, representada na pessoa de seu chefe de Estado, o presidente da República. A reclamação por descumprimento de decisão ou por usurpação de poder, no caso de extradição, deve considerar que a Constituição de 1988 estabelece que a soberania deve ser exercida, em âmbito interno, pelos três Poderes (Executivo, Legislativo e Judiciário) e, no plano internacional, pelo chefe de Estado, por isso que é insindicável o poder exercido pelo presidente da República e, consequentemente, incabível a reclamação, porquanto juridicamente impossível submeter o ato presidencial à apreciação do Pretório Excelso." (STF. Rcl 11.243, julgada em 2011 e relatada pelo Ministro Luiz Fux).

12. A **expulsão** é medida política que se aplica ao estrangeiro que pratica condutas que coloquem em risco a segurança ou a ordem pública do país. Normalmente se refere à prática de crime, mas pode também decorrer da violação de normas

administrativas, sendo aplicável aos casos em que a deportação não seja aconselhável.

13. O **ostracismo** tem origem na Grécia Antiga. Em palavras simples, pode-se dizer que se trata de um "banimento ou degredo com prazo determinado". Desta feita, seria o envio compulsório de um nacional ao estrangeiro, sem possibilidade de retorno, como forma de punição, mas apenas por um determinado prazo. Assim como o banimento ou degredo, o ostracismo é prática vedada no ordenamento jurídico brasileiro.

14. Regras sobre **extradição**: a) O brasileiro nato **nunca** será extradito (por crime comum ou de opinião); b) O brasileiro naturalizado somente poderá ser extraditado em caso de crime comum (praticado **antes** da naturalização), ou de comprovado envolvimento em tráfico ilícito de entorpecentes e drogas afins (**antes ou depois** da naturalização), na forma da lei, mas **não** por crime político; c) O estrangeiro pode ser extraditado pela prática de crime comum, mas **não** por crime político e; d) O Brasil não extradita **ninguém** pela prática de crime político.

POSSIBILIDADE DE EXTRADIÇÃO		
	CRIME COMUM	**CRIME POLÍTICO OU DE OPINIÃO**
1. Brasileiro Nato	Não	Não
2. Brasileiro Naturalizado	Sim, desde que seja por: a) crime praticado antes da naturalização; b) comprovado envolvimento em tráfico ilícito de entorpecentes e drogas afins, na forma da lei.	Não
3. Estrangeiro	Sim	Não
REGRA GERAL:	**O Brasil não extradita ninguém pela prática de crime político ou de opinião**	

- Segundo a Súmula 421 do STF: "**Não impede a extradição** a circunstância de ser o extraditando casado com brasileira ou ter filho brasileiro".

- O Supremo Tribunal Federal, em recente revisão da jurisprudência, firmou a orientação de que **o Estado requerente deve emitir prévio compromisso em comutar a pena de prisão perpétua**, para a pena privativa de liberdade com o prazo máximo de trinta anos (pena máxima no Brasil). Esse entendimento baseia-se na garantia individual fundamental prevista pelo art. 5º, XLVII, b, da Constituição Federal do Brasil. (Ext 985, julgada em 2006 e relatada pelo Ministro Joaquim Barbosa).

15. A língua portuguesa é o **idioma oficial** da República Federativa do Brasil, que tem como **símbolos** a bandeira, o hino, as armas e o selo nacionais.

DIREITOS POLÍTICOS E SISTEMAS ELEITORAIS

- **CF, artigos 14 a 17.**

✦ DICAS

1. Conceitos Fundamentais

1.1. Democracia: podemos classificar os regimes democráticos em três espécies:

- Democracia Direta: povo exerce seus poderes diretamente, sem representantes.
- Democracia Representativa: o poder é exercido indiretamente, por meio da outorga de poderes aos representantes eleitos pelo povo.
- Democracia Semidireta ou Participativa: sistema híbrido, em que se tem uma democracia representativa com atributos da democracia direta. Nesse sistema, além da participação direta e concreta do cidadão na democracia representativa, há também um controle popular sobre os atos estatais.

OBS: Adotada pelo Brasil a partir da exegese do parágrafo único do artigo 1º c.c. o artigo 14, ambos da CF. Participação popular no poder.

1.2. Soberania Popular: é a qualidade máxima de poder extraída da soma dos atributos de cada membro da sociedade estatal, encarregado de escolher os seus representantes no governo através do sufrágio universal e do voto direto.

1.3. Nacionalidade: é o vínculo jurídico-político que liga um indivíduo a um determinado Estado, tornando-lhe apto a contrair obrigações e exercer direitos.

1.4. Cidadania: é a característica decorrente da nacionalidade que consiste na capacidade de exercer direitos políticos devido ao fato de o indivíduo ter direito de sufrágio (votar e ser votado).

1.5. Sufrágio: é o direito de votar e ser votado.

1.6. Voto: instrumento do exercício do direito de sufrágio.

1.7. Escrutínio: é a forma de exteriorização do voto, pública ou secreta.

2. Tem **capacidade eleitoral passiva** aquele que preenche as condições do direito de ser escolhido para exercício de mandato eletivo por meio de voto. Em sentido oposto, **capacidade eleitoral ativa** é atributo de quem reúne condições para votar em candidato, partido ou coligação.

3. O **alistamento eleitoral e o voto** são: I – **obrigatórios** para os maiores de dezoito anos; II – **facultativos** para: a) os analfabetos; b) os maiores de setenta anos e; c) os maiores de dezesseis e menores de dezoito anos.

ALISTAMENTO E VOTO	
1. Obrigatórios	Maiores de 18 anos
2. Facultativos	a) Maiores de 16 e menores 18 anos b) Maiores de 70 anos; c) Analfabetos;

4. São **inalistáveis** (para votarem ou serem votados) os estrangeiros e os conscritos, durante o período militar obrigatório.

5. São **condições de elegibilidade**, na forma da lei: I – a nacionalidade brasileira;II – o pleno exercício dos direitos políticos; III – o alistamento eleitoral; IV – o domicílio eleitoral na circunscrição;V – a filiação partidária; VI – a idade mínima.

IDADE MÍNIMA PARA EXERCÍCIO DE MANDATO POLÍTICO ELETIVO	
Idade Mínima	**Mandato Político Eletivo**
18 anos	Vereador
21 anos	Prefeito, Vice Prefeito, Deputado Estadual ou Distrita e Deputado Federal
30 anos	Governador e Vice Governador de Estado e do Distrito Federal
35 anos	Presidente da República, Vice Presidente da República e Senador

6. O **quase-nacional**, português que exerce direitos de brasileiros, condicionado à existência de reciprocidade (art. 12, § 1º, da CF), também poderá exercer direitos políticos no Brasil, como eleitor ou candidato (respeitadas as restrições constitucionais), nos termos do art. 17 do Decreto 3.927/01, que versa sobre o Tratado de Amizade, Cooperação e Consulta entre a República Federativa do Brasil e a República Portuguesa. Assim, nem sempre a nacionalidade será condição de elegibilidade.

7. Nem todos os que tiverem feito alistamento eleitoral serão elegíveis, isso porque, o alistamento é facultativo entre 16 e 18 anos, e nessa idade o eleitor será absolutamente inelegível porque sequer terá adquirido capacidade eleitoral passiva.

8. São **inelegíveis** (não podem ser votados) os inalistáveis e os analfabetos.

9. Assim, **todo inalistável é inelegível, mas nem todo inelegível é inalistável**, pois o analfabeto é inelegível (não pode ser votado), mas é alistável (pode votar). Somente os estrangeiros e os conscritos são inalistáveis e inelegíveis.

10. Súmula Vinculante 18: "A **dissolução da sociedade ou do vínculo conjugal, no curso do mandato**, não afasta a inelegibilidade prevista no § 7º do art. 14 da CF".

11. A improbidade administrativa é caso de **suspensão** de direitos políticos (art. 15, V, c.c. art. 37, § 4º, ambos da CF)

12. A condenação **criminal** (não a cível) transitada em julgado, enquanto durarem seus efeitos, é caso de **suspensão** dos direitos políticos, lembrando que **é vedada a cassação de direitos políticos**.

13. O cancelamento de naturalização por **sentença judicial** (e não por decisão administrativa) é caso de perda de nacionalidade e, por consequência, também dos direitos políticos.

- **Cuidado!** A incapacidade civil que gera a **suspensão** (não a perda) de direitos políticos é a de natureza **absoluta**, não relativa.

14. As **eleições para Presidente e Governador** seguem o sistema majoritário com exigência de maioria absoluta ou dois turnos.

15. A **eleição do Prefeito** e do Vice-Prefeito será realizada no primeiro domingo de outubro do ano anterior ao término do mandato dos que devam suceder, aplicadas as regras do art. 77 da CF (com segundo turno ou exigência de maioria absoluta) apenas no caso de Municípios com mais de duzentos mil eleitores. Sendo assim, nos Municípios de até duzentos mil eleitores considera-se eleito o candidato que obtiver a maioria (simples) dos votos, independentemente de ter obtido a aprovação da maioria absoluta dos eleitores.

16. São **Congressistas** o Deputado Federal e o Senador. O deputado federal é eleito pelo sistema proporcional (art. 45, da CF), e o Senador é eleito pelo majoritário simples (art. 46, da CF). Desta feita, é errado dizer que o Congressista é eleito mediante sistema proporcional, pois tal afirmativa ignora que o Senador se elege via sistema majoritário.

17. O **Vereador** será eleito mediante sistema proporcional.

18. Para concorrerem a **outros cargos**, o Presidente da República, os Governadores de Estado e do Distrito Federal e os **Prefeitos** devem **renunciar** aos respectivos mandatos **até seis meses antes** do pleito.

19. Inelegibilidade reflexa: são **inelegíveis**, no território de jurisdição do titular, o cônjuge e os parentes consangüíneos ou afins, até o segundo grau ou por adoção, do Presidente da República, de Governador de Estado ou Território, do Distrito Federal, de Prefeito ou de quem os haja substituído dentro dos seis meses anteriores ao pleito, salvo se já titular de mandato eletivo e candidato à reeleição (art. 14, § 7º, da CF).

- **Parâmetros para aplicação da inelegibilidade reflexa** (art. 14, § 7º, da CF). "É inelegível para o cargo de Prefeito de Município resultante de desmembramento territorial o irmão do atual Chefe do Poder Executivo do Município-mãe. O regime jurídico das inelegibilidades comporta interpretação construtiva dos preceitos que lhe compõem a estrutura normativa. Disso resulta a plena validade da exegese que, norteada por parâmetros axiológicos consagrados pela própria Constituição, visa a impedir que se formem grupos hegemônicos nas instâncias políticas locais. O primado da ideia republicana – cujo fundamento ético-político repousa no exercício do regime democrático e no postulado da igualdade – rejeita qualquer prática que possa monopolizar o acesso aos mandatos eletivos e patrimonializar o poder governamental, comprometendo, desse modo, a legitimidade do processo eleitoral". (STF. RE 158314, julgado em 1992 e relatado pelo Ministro Celso de Mello).

20. O **militar alistável é elegível**, sendo que, se contar mais de dez anos de serviço, será agregado pela autoridade superior e, se eleito, passará automaticamente, no ato da diplomação, para a inatividade, e, se contar **menos** (não mais) de dez anos de serviço, deverá afastar-se da atividade.

21. As hipóteses de inelegibilidade constam de rol **exemplificativo**. Prova disso é o artigo 14, § 9º, da CF, segundo o qual **lei complementar estabelecerá outros casos de inelegibilidade e os prazos de sua cessação,** a fim de proteger a probidade administrativa, a moralidade para exercício de mandato considerada vida pregressa do candidato, e a normalidade e legitimidade das eleições contra a influência do poder econômico ou o abuso do exercício de função, cargo ou emprego na administração direta ou indireta.

- Utilizando-se da classificação elaborada por José Afonso da Silva, o Supremo Tribunal Federal decidiu que a norma constitucional que prevê que '"lei complementar estabelecerá outros casos de inelegibilidade...", além das previstas no texto constitucional, é **norma de eficácia limitada** (não contida), portanto, não autoaplicável e dependente de lei para poder ser aplicada, o que se deu nos seguintes termos: "Como venho de assinalar, o § 9º do art. 14 da Constituição, por traduzir norma revestida de eficácia meramente limitada, não dispõe de autoaplicabilidade. Esta Suprema Corte não pode, por isso mesmo, substituindo-se, inconstitucional-mente, ao legislador, estabelecer, com apoio em critérios próprios, meios destinados a viabilizar a imediata incidência da regra constitucional mencionada (CF, art. 14, § 9º), ainda mais se se considerar que resultarão, dessa proposta da Associação dos Magistrados Brasileiros (AMB), restrições que comprometerão, sem causa legítima, a esfera jurídica de terceiros, a quem não se impôs sanção condenatória com trânsito em julgado. É preciso advertir que o princípio constitucional da reserva de lei formal traduz limi-tação ao exercício da atividade jurisdicional do Estado" (ADPF 144, julgada em 2008 e relatada pelo Ministro Celso de Mello).

22. No recente julgamento do Supremo Tribunal Federal (ADC 29 e 30 e ADI 4578) sobre Lei Complementar 135/2010, conhecido como **caso "ficha limpa"**, a questão central da discussão baseou-se na **interpretação do princípio da anualidade**, o qual significa que a lei que alterar o processo eleitoral entrará em vigor na data de sua publicação, não se aplicando à eleição que se realize até um ano da data de sua vigência, nos termos do art. 16, da CF, com redação dada pela EC 04/93. Por maioria de votos, prevaleceu o entendimento em favor da constitucionalidade da lei, que poderá ser aplicada nas eleições de 2012, alcançando atos e fatos ocorridos antes de sua vigência.

- Ademais, **os candidatos a cargo eletivo que tenham sido condenados, mesmo por sentença não transitada em julgado, são, conforme entendimento atual do STF (pois, anteriormente a posição da Suprema Corte era em sentido contrário), inelegíveis**, desde que assim esteja previsto em lei complementar (LC 135/2010, popularmente conhecida como Lei da Ficha Limpa). Após análise conjunta das Ações Declaratórias de Constitucionalidade (ADC 29 e 30) e da Ação Direta de Inconstitucionalidade (ADI 4578) que tratam da Lei Complementar 135/2010, por maioria de votos, prevaleceu o entendimento em favor da constitucionalidade da lei, que pode ser aplicada nas eleições de 2012, alcançando atos e fatos ocorridos antes de sua vigência. Assim, é plenamente válida a previsão no sentido de que são considerados inelegíveis os candidatos que forem condenados, em decisão transitada em julgado ou proferida por órgão judicial colegiado, em razão da prática de crimes contra a economia popular, a fé pública, a administração pública e o patrimônio público; contra o patrimônio privado, o sistema financeiro, o mercado de capitais e os previstos na lei que regula a falência; e contra o meio ambiente e a saúde pública.

23. O mandato eletivo poderá ser **impugnado** ante a Justiça Eleitoral no prazo de quinze dias contados da diplomação, instruída a ação com provas de abuso do poder econômico, corrupção ou fraude.

- A ação de impugnação de mandato **tramitará** em segredo de justiça, respondendo o autor, na forma da lei, se temerária ou de manifesta má-fé.

24. **É livre a criação, fusão, incorporação e extinção de partidos políticos**, resguardados a soberania nacional, o regime democrático, o pluripartidarismo, os direitos fundamentais da pessoa humana (art. 17, *caput*, da CF).

25. Nos termos do art. 17, § 2º, da CF, os **partidos políticos** adquirem personalidade jurídica (de direito privado) **na forma da lei civil, com a inscrição dos atos constitutivos no respectivo registro.** Existe ainda o dever de **posterior registro de seus estatutos no Tribunal Superior Eleitoral (TSE)**, consoante art. 44, V, art. 44 § 3º e art. 45, todos do Código Civil c.c. artigos 8º, 9º e 10 da Lei 9.096/95, mas que não é requisito para criação.

- De acordo com o art. 7º, § 2º, da Lei 9.096/95, só o partido que tenha registrado seu estatuto no Tribunal Superior Eleitoral pode participar do processo eleitoral, receber recursos do Fundo Partidário e ter acesso gratuito ao rádio e à televisão, nos termos fixados nesta Lei.

ORGANIZAÇÃO POLÍTICO-ADMINISTRATIVA

✦ DICAS

1. A **organização político-administrativa da República Federativa do Brasil** compreende a União, os Estados, o Distrito Federal e os Municípios, todos autônomos, nos termos desta Constituição (art. 18, *caput*, da CF).
2. A autonomia dos Estados federados está assegurada por meio da sua capacidade de **auto-organização** (elaboração das Constituições Estaduais e Leis Orgânicas do DF e dos Municípios), de **autolegislação** (criação de leis estaduais, distritais e municipais), de **autogoverno** (eleição de seus representantes) e **autoadministração** (organizações próprias dos Poderes Executivo, Legislativo e Judiciário, ressalvado o judiciário municipal, que não existe).
3. **Brasília** é a Capital Federal (art. 18, § 1º, da CF).
4. Os **Territórios Federais** integram a União, e sua criação, transformação em Estado ou reintegração ao Estado de origem serão reguladas em lei complementar (art. 18, § 2º, da CF).
5. **Os Estados podem incorporar-se entre si, subdividir-se ou desmembrar-se para se anexarem a outros, ou formarem novos Estados ou Territórios Federais**, mediante aprovação da população diretamente interessada, através de , e do Congresso Nacional, por lei complementar (art. 18,§ 3º, da CF).

- **Atenção!** Exige-se **lei complementar federal** (com trâmite no Congresso Nacional) para a aprovação da **criação de novos Entes Estaduais** (novos Estados).

6. Os Estados podem **incorporar-se entre si**, mas mediante aprovação da população diretamente interessada, através de **plebiscito,** não de referendo.

- Consoante art. 3º, da Lei 9.709/98, nas questões de relevância nacional, de competência do Poder Legislativo ou do Poder Executivo, e no caso do § 3º do art. 18 da Constituição Federal (Os Estados podem incorporar-se entre si, subdividir-se ou desmembrar-se para se anexarem a outros, ou formarem novos Estados ou Territórios Federais, mediante aprovação da população diretamente interessada, através de plebiscito, e do Congresso Nacional, por lei complementar), o plebiscito e o referendo são convocados **mediante decreto legislativo, por proposta de um terço, no mínimo, dos membros que compõem qualquer das Casas do Congresso Nacional**, de conformidade com esta Lei.
- A consulta à população do território que restar do Estado originário é **requisito para a reconfiguração de Estados** (art. 18, § 3º, da CF). Nesse sentido: "A expressão 'população diretamente interessada' constante do § 3º do art. 18 da CF (...) deve ser entendida como a população tanto da área desmembrada do Estado-membro como da área remanescente." (ADI 2.650, julgada em 2011 e relatado pelo Ministro Dias Toffoli).
- No bojo da ADI 2650, a Mesa da Assembleia Legislativa do Estado de Goiás (AL-GO) impugnava a primeira parte do artigo 7º da Lei 9.709/98, e o STF decidiu, por unanimidade, que **o plebiscito para o desmembramento de um estado da federação deve envolver não somente a população do território a ser desmembrado, mas a de todo o Estado.** A ação tinha como objeto o plebiscito para o desmembramento do Estado do Pará, que objetivava criar os Estados do Tapajós e de Carajás. Por fim, no dia 11 de dezembro de 2011, toda a população do Pará pode ir às urnas, e o resultado indicou que 66,59% escolheu "não" para a criação do Estado de Carajás e 66,08% rejeitou a criação do Estado de Tapajós.

7. **A criação, a incorporação, a fusão e o desmembramento de Municípios**, far-se-ão por lei estadual, dentro do período determinado por Lei Complementar Federal, e dependerão de consulta prévia, mediante plebiscito, às populações dos Municípios envolvidos, após divulgação dos Estudos de Viabilidade Municipal, apresentados e publicados na forma da lei (art. 18, § 4º, da CF).

- Nos termos do art. 5º da Lei 9.709/98 (que regulamenta os plebiscitos, os referendos e a iniciativa popular de lei), o plebiscito destinado à criação, à incorporação, à fusão e ao desmembramento de Municípios, será convocado pela **Assembléia Legislativa** (não pela Câmara de Vereadores), de conformidade com a legislação federal e estadual.
- Não obstante a **inexistência de lei complementar federal regulamentando a criação de novos municípios**, o STF deixou de pronunciar a nulidade de leis estaduais de criação de diversos municípios em razão da consolidada situação de fato e em respeito ao princípio da segurança jurídica. O art. 18, §4º, da CF diz que é necessária LC federal para criação, a incorporação, a fusão e o desmembramento de municípios. Entretanto, vários municípios foram criados sem essa LC, que ainda não existe. Com isso o STF declarou inconstitucional a criação desses municípios, mas não anulou a criação deles. O Supremo, então, fixou um prazo (em alguns casos de 18 e outros de 24 meses) para o Congresso criar a LC. Porém, ao invés de o Congresso editar a LC, editou a EC 57/2008 que acrescentou o art. 96 ao ADCT, convalidou os atos de criação dos municípios, desmembrados, fundidos ou incorporados – Art. 96 ADCT

8. Os **Municípios integram a federação brasileira**, possuindo autogoverno (gestão próprio de suas atividades por Prefeito, Vereadores, e demais agentes públicos), auto-organização (possuem Lei Orgânica) e auto-administração (prestam e mantêm serviços próprios).

9. O número de Vereadores não é definido por proporcionalidade. A CF, no art. 29, IV, estabelece os **limites máximos** de vereadores de acordo com **faixas que levam em consideração o número de habitantes**.

10. Município pode ter **eleição em segundo turno** se contar com mais de duzentos mil **eleitores,** não habitantes (art. 29, II, da CF).

- Portanto, **cuidado!** Para fixação de vereadores o critério é número de habitantes, mas para determinação de segundo turno em eleições para o executivo municipal o critério é número de eleitores.

11. **Não é possível** na ordem constitucional **a realização de eleições extemporâneas para a instalação de Municípios recém-criados**. Assim decidiu o TSE: "Município. Criação. Primeira eleição. Constituição. Simultaneidade. Observância. Necessidade. A eletividade do prefeito, do vice-prefeito e dos vereadores é a regra constitucional asseguradora da autonomia política do município, conforme o art. 29 da Constituição. A Constituição Federal de 1988 extinguiu a nomeação de prefeito em qualquer município. Como cediço, as regras de hermenêutica jurídica orientam que não é dado ao intérprete distinguir onde a lei não o fez. O inciso I do art. 29 da Constituição estabelece que as eleições para prefeito, vice-prefeito e vereador são realizadas simultaneamente em todo o país, não havendo distinção entre município criado e município instalado, pelo que descabida a pretendida realização de pleito específico para instituir vigência de mandato mais curto, até as eleições gerais de 2012. Nem a Constituição nem a legislação infraconstitucional tratam de situação privilegiada dos municípios recém-criados e ainda não instalados que enseje a promoção de eleições extemporâneas. Há somente uma exceção: nos casos de dupla vacância na chefia do Poder Executivo. Trata-se, contudo, de excepcionalidade prevista na própria Constituição. Além disso, existe a previsão legal de situações específicas, descritas no art. 224 do Código Eleitoral, que possibilitam a realização de novas eleições em período diverso ao das eleições ordinárias. Todavia, esses pleitos decorrem da anulação de eleição anteriormente realizada que, de alguma forma, tenha sido maculada, afastando sua incidência no caso concreto. Sendo assim, as eleições extraordinárias constituem medida extrema, excepcional e singular, e devem ocorrer apenas nas hipóteses previstas na Constituição ou em lei federal. À míngua de previsão específica sobre o tema, prevalece a simultaneidade constitucional. Ademais, a criação de um novo município não está vinculada a sua imediata estruturação e seu funcionamento, devendo ser observado o regramento constitucional. Assim, conquanto o município recém-criado possua personalidade jurídica e possa compor seu governo, a ausência de norma que disponha sobre a realização das primeiras eleições no município implica a observância do inciso I do art. 29 da Constituição Federal. Nesse caso, não haverá prejuízo algum ao município, uma vez que seu patrimônio e rendas continuarão a ser administrados pelo município-mãe. Some-se a isso o fato de que o processo eleitoral é de competência legislativa da União, nos termos do inciso I do art. 22 da Constituição, razão pela qual é vedado a outra unidade da federação legislar sobre o tema. Tampouco caberia a qualquer órgão da Justiça Eleitoral promover eleições sem amparo na Constituição Federal ou em outra lei (MS 39691-03, julgado em 2011 e relatado pelo Ministro Aldir Passarinho Junior).

12. Segundo o art. 29, X, da CF, o **Prefeito** está sujeito a julgamento perante o Tribunal de Justiça. Por sua vez, a Súmula 702 do STF determina que a competência do Tribunal de Justiça para julgar prefeitos restringe-se aos crimes de competência da justiça comum estadual; nos demais casos, a competência originária caberá ao respectivo tribunal de segundo grau", tal como o TRF ou o TRE. Tanto o texto da CF quanto a Súmula referem-se ao **julgamento de crimes comuns**. Em se tratando de crimes de responsabilidade, entra em cena o Decreto-Lei 201/66, segundo o qual, no **crime de responsabilidade próprio** (infração político administrativa punida com a cassação do mandato), a competência será da Câmara Municipal; já no **crime de responsabilidade impróprio** (crime de responsabilidade punido com pena privativa de liberdade de detenção ou reclusão), a competência será do Tribunal de Justiça. Assim, trocando em miúdos, o TJ julgará o Prefeito tanto em caso de crime comum de competência da justiça estadual (porque se for federal, a competência será do TRF) e nos crimes de responsabilidade impróprios (punidos com pena privativa de liberdade de detenção ou reclusão).

13. Compete à Justiça Federal processar e julgar prefeito municipal por desvio de verba sujeita à prestação de contas perante órgão federal **(súmula 208 do STJ).**

14. Intervenção

- Estado-membro que não assegura os direitos da pessoa humana expõe-se à **intervenção federal**.
- Segundo classificação doutrinária, os **princípios constitucionais sensíveis** são aqueles arrolados no art. 34, VII, da CF: a) forma republicana, sistema representativo e regime democrático; b) direitos da pessoa humana; c) autonomia municipal; d) prestação de contas da administração pública, direta e indireta; e) aplicação do mínimo exigido da receita resultante de impostos estaduais, compreendida a proveniente de transferências, na manutenção e

desenvolvimento do ensino e nas ações e serviços públicos de saúde.

PRINCÍPIOS CONSTITUCIONAIS SENSÍVEIS (art. 34, VII, da CF)
a) forma republicana, sistema representativo e regime democrático;
b) direitos da pessoa humana;
c) autonomia municipal;
d) prestação de contas da administração pública, direta e indireta;
e) aplicação do mínimo exigido da receita resultante de impostos estaduais, compreendida a proveniente de transferências, na manutenção e desenvolvimento do ensino e nas ações e serviços públicos de saúde.

- O descumprimento dos princípios sensíveis enseja intervenção da União nos Estados ou no DF, **não sendo possível intervenção nos Municípios por desrespeito a eles.**

15. Entes federados e distribuição de competências

15.1. Regras gerais

COMPETÊNCIAS			
Natureza das Competências	**Espécie**	**Regra**	**Exceção**
I. ADMINISTRATIVAS	**1. Exclusiva:** art. 21, da CF	Somente a União exerce	
	2. Comum: art. 23, da CF	Cooperação entre União, Estados, DF e Municípios	
II. LEGISLATIVAS	**1. Privativa:** art. 22, da CF	A União legisla privativamente	Lei complementar poderá autorizar os Estados a legislar sobre questões relativas à competência privativa da União, criando a competência legislativa delegada
	2. Delegada: art. 22, p. único, da CF	Mediante LC, em que a União delega para Estados e DF.	
II. LEGISLATIVAS	**3. Concorrente:** art.24, da CF	A União edita as normas Gerais e os Estados e o DF editam as normas específicas de seus interesses	Se a União não editar as normas gerais, os Estados e o DF passarão a ter competência plena. Se, posteriormente, a União legislar, as normas gerais feitas pelos Estados terão a sua eficácia suspensa.

15.2. A competência **material/administrativa** exclusiva, do art. 21, é indelegável. Já a competência material/administrativa comum do art. 23 segue a regra da cooperação entre União, Estados, DF e Municípios (a cooperação será regulada por Lei Complementar).

15.3. A competência legislativa da União ou é privativa (art. 22, da CF) ou é concorrente (art. 24, da CF). Já a competência administrativa da União pode ser exclusiva (art. 21, da CF) ou comum (art. 23, da CF). Portanto, **a União não exerce competência remanescente ou residual**. Na distribuição de competências feita pela CF, a competência residual ou remanescente administrativa fica com os Estados (art. 25, § 1º) e a legislativa (em razão do interesse local) resta aos Municípios (art. 30, I, da CF).

15.4. Lei complementar poderá autorizar os Estados a legislar sobre questões relativas à competência privativa da União. Assim, há a **possibilidade de delegação.**

- Para Alexandre de Moraes, há três **requisitos pertinentes à delegação de competência legislativa privativa da União para os Estados**: i. formal; ii. material e; iii. Implícito. O requisito formal se refere à necessidade de expedição de Lei complementar. Já o requisito material se refere ao foto de que a delegação deve ser pontual, ou seja, especificando-se alguma matéria expressamente disposta no art. 22 da CF, que detalhada os temas de competência privativa da União. Por fim, o requisito implícito se refere ao fato que, se a União delegar determinada matéria a um Estado, deverá estender a mesma possibilidade a todos os Estados da Federação, sob pena de afronta ao princípio do art. 19, da CF, que veda o estabelecimento de preferência entre entes federados (*Direito Constitucional*. São Paulo: Atlas, 2010, p. 309-310). Vale notar, que a questão da delegação de competência legislativa privativa da União aos Estados tem como base o art. 22, parágrafo único, da CF: "Lei complementar poderá autorizar os Estados a legislar sobre questões específicas das matérias relacionadas neste artigo".

15.5. Na competência legislativa concorrente, a União limita-se a estabelecer normas gerais. Entretanto, a competência da União para legislar sobre normas gerais **não** exclui a competência suplementar dos Estados.

15.6. Os Estados, **inexistindo** Lei Federal sobre normas gerais, exercerão a competência legislativa plena, para atender a suas peculiaridades. Nesse caso, a superveniência de Lei Federal sobre normas gerais não suspende a eficácia da Lei Estadual, **somente** no que lhe for contrário.

15.7. A União **não pode avocar** uma competência estadual ou municipal, ainda que o interesse público exigir. Isso porque, deve haver respeito à distribuição de competências feita pela CF, pois protege o equilíbrio do Pacto Federativo.

15.8. A suplementação na competência legislativa concorrente do art. 24, da CF, **cabe aos Municípios**, não à União.

16. Competência da União

- Compete privativamente à União legislar sobre **comércio exterior e interestadual**, o que engloba a importação de bens de outros países.
- Compete privativamente à União legislar sobre **direito civil**. Gratuidade de pagamento em estacionamento privado e mensalidade de serviço educacional são matérias de direito civil.
- Compete privativamente à União legislar sobre **direito processual.** Mas, é de **competência concorrente o estabelecimento de normas gerais sobre procedimentos.**
- Súmula Vinculante 46: "A definição dos crimes de responsabilidade e o estabelecimento das respectivas normas de processo e julgamento são da competência legislativa privativa da União".
- Nos termos do art. 177, V, da CF, constituem monopólio da União, a pesquisa, a lavra, o enriquecimento, o reprocessamento, a industrialização e o comércio de minérios e minerais nucleares e seus derivados, com exceção dos radioisótopos cuja produção, comercialização e utilização poderão ser autorizadas sob regime de permissão, conforme as alíneas b e c do inciso XXIII do caput do art. 21 desta Constituição Federal. Em seguida, no art. 177, § 1º, da CF, há regra segundo a qual a União poderá contratar com empresas estatais ou privadas a realização das atividades previstas nos incisos I a IV deste artigo observadas as condições estabelecidas em lei. Sendo assim, o inciso V, do art. 177 fica excluído, ou seja, a pesquisa, a lavra, o enriquecimento, o reprocessamento, a industrialização e o comércio de minérios e minerais nucleares e seus derivados não pode ficar a cargo de empresas estatais ou privadas, ainda que contratadas com a União.
- Caso se edite lei estadual proibindo as empresas de telecomunicações de cobrarem taxas para a instalação de segundo ponto de acesso à Internet, tal lei deverá ser considerada inconstitucional, visto que invadirá a competência privativa da União para legislar sobre telecomunicações (art. 22, IV, da CF), matéria que já foi decidida pelo STF na ADI 4.083, julgada em 2010 e relatada pela Ministra Cármen Lúcia.
- Lei estadual que institua a obrigatoriedade de instalação de cinto de segurança em veículo de transporte coletivo será **inconstitucional**, visto que trânsito e transporte é matéria de competência privativa da União (art. 22, XI, da CF e ADI 874, julgada em 2011 e relatada pelo Ministro Gilmar Mendes).
- Se for editada lei distrital de iniciativa parlamentar instituindo gratificação específica para os policiais militares e o Corpo de Bombeiros Militar do DF, essa lei será **inconstitucional**, pois é competência da União organizar e manter a Polícia Militar e o Corpo de Bombeiros Militar do DF, conforme art. 21, XIV, da CF e ADI 3.791, julgada em 2010 e relatada pelo Ministro Ayres Britto.
- "A Constituição estadual representa, no plano local, a expressão mais elevada do exercício concreto do poder de auto-organização deferido aos Estados-membros pela Lei Fundamental da República. Essa prerrogativa, contudo, não se reveste de caráter absoluto, pois se acha submetida, quanto ao seu exercício, a limitações jurídicas impostas pela própria Carta Federal (art. 25). **O Estado-membro não dispõe de competência para instituir, mesmo em sua própria Constituição, cláusulas tipificadoras de crimes de responsabilidade,** ainda mais se as normas estaduais definidoras de tais ilícitos tiverem por finalidade viabilizar a responsabilização política dos membros integrantes do Tribunal de Contas. A competência constitucional para legislar sobre crimes de responsabilidade (e, também, para definir-lhes a respectiva disciplina ritual) pertence, exclusivamente, à União Federal. Precedentes. Súmula 722/STF. (ADI 4.190-MC-REF, julgada em 2010 e relatada pelo Ministro Celso de Mello).
- Segundo o STF: "Legislação sobre trânsito: **competência privativa federal**: CF, art. 22, XI. Lei 11.766, de 1997, do Estado do Paraná, que **torna obrigatório a qualquer veículo automotor transitar permanentemente com os faróis acesos nas rodovias do Estado do Paraná**, impondo a pena

de multa aos que descumprirem o preceito legal: inconstitucionalidade, porque a questão diz respeito ao **trânsito.**" (ADI 3.055, julgada em 2005 e relatada pelo Ministro Carlos Velloso).

- No julgamento da ADI 3.279, em 2011, relatada pelo Ministro Cezar Peluso, o STF entendeu que **a definição dos crimes de responsabilidade do Chefe do Executivo Estadual é de competência privativa da União** (art. 22, I, da CF).

- É inconstitucional lei estadual que estabeleça, em favor dos portadores de deficiência proprietários de automóveis, a gratuidade nos estacionamentos situados no estado, pois nos termos da jurisprudência do STF, há **invasão da competência da União**, *in verbis*: "Estacionamento de veículos em áreas particulares. Lei estadual que limita o valor das quantias cobradas pelo seu uso. Direito Civil. Invasão de competência privativa da União. Hipótese de inconstitucionalidade formal por invasão de **competência privativa da União para legislar sobre Direito Civil (CF, art. 22, I)**. Enquanto a União regula o direito de propriedade e estabelece as regras substantivas de intervenção no domínio econômico, os outros níveis de governo apenas exercem o policiamento administrativo do uso da propriedade e da atividade econômica dos particulares, tendo em vista, sempre, as normas substantivas editadas pela União." (ADI 1.918, julgada em 2001 e relatada pelo Ministro Maurício Corrêa).

- **Telecomunicações e energia elétrica. Abrangência. "O sistema federativo instituído pela CF de 1988 torna inequívoco que cabe à União a competência legislativa e administrativa para a disciplina e a prestação dos serviços públicos de telecomunicações e energia elétrica (CF, arts. 21, XI e XII, b, e 22, IV)**. A Lei 3.449/2004 do Distrito Federal, ao proibir a cobrança da **tarifa de assinatura básica 'pelas concessionárias prestadoras de serviços de água, luz, gás, TV a cabo e telefonia** no Distrito Federal' (art. 1º, caput), incorreu em inconstitucionalidade formal, porquanto necessariamente inserida a fixação da 'política tarifária' no âmbito de poderes inerentes à titularidade de determinado serviço público, como prevê o art. 175, parágrafo único, III, da Constituição, elemento indispensável para a preservação do equilíbrio econômico-financeiro do contrato de concessão e, por consequência, da manutenção do próprio sistema de prestação da atividade. Inexiste, in casu, suposto respaldo para o diploma impugnado na competência concorrente dos Estados-membros para dispor sobre direito do consumidor (CF, art. 24, V e VII), cuja interpretação não pode conduzir à frustração da teleologia da referida regra expressa contida no art. 175, parágrafo único, III, da CF, descabendo, ademais, a aproximação entre as figuras do consumidor e do usuário de serviços públicos, já que o regime jurídico deste último, além de informado pela lógica da solidariedade social (CF, art. 3º, I), encontra sede específica na cláusula 'direitos dos usuários' prevista no art. 175, parágrafo único, II, da Constituição. Ofende a denominada reserva de administração, decorrência do conteúdo nuclear do princípio da separação del poderes (CF, art. 2º), a proibição de cobrança de tarifa de assinatura básica no que concerne aos serviços de água e gás, em grande medida submetidos também à incidência de leis federais (CF, art. 22, IV), mormente quando constante de ato normativo emanado do Poder Legislativo fruto de iniciativa parlamentar, porquanto supressora da margem de apreciação do chefe do Poder Executivo Distrital na condução da administração pública, no que se inclui a formulação da política pública remuneratória do serviço público." (ADI 3.343, Rel. p/ o ac. Min. Luiz Fux, julgamento em 1º-9-2011, Plenário, DJE de 22-11-2011).

- De acordo com notícia divulgada no Informativo 634 do STF, "O Plenário julgou procedente pedido formulado em ação direta, ajuizada pelo Governador do Estado de Santa Catarina, para declarar a **inconstitucionalidade da Lei 12.775/2003, daquela unidade federativa, que dispõe sobre o uso obrigatório de equipamento que ateste a autenticidade de cédulas de dinheiro por estabelecimentos bancários** e dá outras providências. Reputou-se que **a norma adversada teria invadido a competência privativa da União para legislar sobre o sistema financeiro nacional**" (CF, artigos 21, VIII; 22, VII; e 192, caput). ADI 3515/SC, rel. Min. Cezar Peluso, 1º.8.2011. (ADI-3515)

- **Lei estadual que disponha sobre a destinação de armas de fogo apreendidas, fazendo remissão expressa à lei federal que trata do tema e utilizando os preceitos nela contidos é inconstitucional, pois invade competência legislativa atribuída à União**. Assim entende o STF: "Competência da União para legislar sobre direito penal e material bélico. Lei 1.317/2004 do Estado de Rondônia. Lei estadual que autoriza a utilização, pelas polícias civil e militar, de armas de fogo apreendidas. A competência exclusiva da União para legislar sobre material bélico, complementada pela competência para autorizar e fiscalizar a produção de material bélico, abrange a disciplina sobre a destinação de armas apreendidas e em situação irregular." (ADI 3.258, Rel. Min. Joaquim Barbosa, julgamento em 6-4-2005, Plenário, DJ de 9-9-2005.) No mesmo sentido: ADI 3.193, rel. min. Marco Aurélio, julgamento em 9-5-2013, Plenário, DJE de 6-8-2013.

- "**Mensalidades escolares**. Fixação da data de vencimento. **Matéria de direito contratual**. (...) Os serviços de educação, seja os prestados pelo Estado, seja os prestados por particulares, configuram serviço público não privativo, podendo ser desenvolvidos pelo setor privado independentemente de concessão, permissão ou autorização. Nos termos do art. 22, I, da CB, **compete à União legislar sobre Direito Civil.**" (ADI 1.007, Rel. Min. Eros Grau, julgamento em 31-8-2005, Plenário, DJ de 24-2-2006.) No mesmo sentido: ADI 1.042, Rel.

Min. Cezar Peluso, julgamento em 12-8-2009, Plenário, DJE de 6-11-2009.

- "A definição das **condutas típicas configuradoras do crime de responsabilidade e o estabelecimento de regras que disciplinem o processo e julgamento das agentes políticos** federais, estaduais ou municipais envolvidos são da **competência legislativa privativa da União** e devem ser tratados em lei nacional especial (art. 85 da CR)." (ADI 2.220, Rel. Min. Cármen Lúcia, julgamento em 16-11-2011, Plenário, DJE de 7-12-2011.).
- Segundo o entendimento da Suprema Corte, divulgado no Informativo 782, é **formalmente inconstitucional lei estadual que estabelecer restrições ao ingresso, armazenamento e comercialização de produtos agrícolas importados no âmbito do estado-membro, pois estará caracterizada invasão da competência privativa da União para legislar sobre comércio exterior**. Nesse sentido, "Ação direta de inconstitucionalidade. Lei estadual (RS) nº 12.427/2006. Restrições ao comércio de produtos agrícolas importados no Estado. Competência privativa da União para legislar sobre comércio exterior e interestadual (CF, art. 22, inciso VIII). 1. É formalmente inconstitucional a lei estadual que cria restrições à comercialização, à estocagem e ao trânsito de produtos agrícolas importados no Estado, ainda que tenha por objetivo a proteção da saúde dos consumidores diante do possível uso indevido de agrotóxicos por outros países. A matéria é predominantemente de comércio exterior e interestadual, sendo, portanto, de competência privativa da União (CF, art. 22, inciso VIII). 2. É firme a jurisprudência do Supremo Tribunal Federal no sentido da inconstitucionalidade das leis estaduais que constituam entraves ao ingresso de produtos nos Estados da Federação ou a sua saída deles, provenham esses do exterior ou não (cf. ADI nº 280, Rel. Min. Francisco Rezek, DJ de 17/6/94; e ADI nº 3.035, Rel. Min. Gilmar Mendes, DJ de 14/10/05). 3. Ação direta julgada procedente" (STF. ADI 3813, julgada em 2015 e Relatada pelo Min. Dias Toffoli).

17. Competência dos Estados e competência concorrente

- São reservadas aos Estados **as competências que não lhes sejam vedadas** pela constituição (art. 25, § 1º, da CF). Além disso, o § 2º do art. 25 da CF dispõe expressamente que cabe aos Estados (privativamente) explorar, diretamente ou mediante concessão, os **serviços locais de gás canalizado**, na forma da lei, vedada a edição de medida provisória para a sua regulamentação.
- Segundo a jurisprudência do STF, é constitucional **lei estadual** que disponha sobre o ensino de língua espanhola aos alunos da rede pública do respectivo estado, pois o legislador estadual "atuara nos limites da competência concorrente dos Estados-membros e do DF para legislar sobre educação, cultura, ensino e desporto (CF, art. 24, IX). Ademais, asseverou-se que a Constituição, ao prever a competência privativa da União para tratar de diretrizes e bases da educação nacional (art. 22, XXIV) – cujo tratamento em âmbito nacional se dá pela Lei 9.394/96 – permitira que os entes estaduais e o DF atuassem no campo de suas especificidades" (ADI 3669, julgada em 2007 e relatada pela Ministra Cármen Lúcia).
- É **constitucional** lei estadual que fixe índices de correção monetária de créditos fiscais desde que o fator de correção adotado seja igual ou inferior ao utilizado pela União, conforme decisão do STF na ADI 442, julgada em 2010 e relatada pelo Ministro Eros Graus.
- A competência para legislar sobre direito urbanístico é **concorrente** entre União, Estados e Distrito Federal, e não privativa dos Municípios.
- A competência para legislar sobre defesa dos recursos naturais é **concorrente** entre União, Estados e Distrito Federal, pois é matéria de interesse de todos os entes da Federação, e não somente da União.
- **O estado federado não tem competência para dispor sobre as condições do exercício da profissão de motoboy** no âmbito do seu território. Assim entende o STF: "Competência legislativa. Direito do Trabalho. Profissão de motoboy. Regulamentação. Inadmissibilidade. (...) Competências exclusivas da União. (...) É inconstitucional a lei distrital ou estadual que disponha sobre condições do exercício ou criação de profissão, sobretudo quando esta diga à segurança de trânsito." (ADI 3.610, julgada em 2011 e relatada pelo Ministro Cezar Peluso).
- A **Súmula Vinculante** 2 é clara ao dispor que é inconstitucional a lei ou ato normativo estadual ou distrital que disponha sobre consórcios e sorteios, inclusive bingos e loterias.
- "Custas e emolumentos são espécies tributárias, classificando-se como taxas. Precedentes do STF. **À União, ao Estado membro e ao Distrito Federal é conferida competência para legislar concorrentemente sobre custas dos serviços forenses,** restringindo-se a competência da União, no âmbito dessa legislação concorrente, ao estabelecimento de normas gerais, certo que, inexistindo tais normas gerais, os Estados exercerão a competência legislativa plena, para atender a suas peculiaridades (CF, art. 24, IV, §§ 1º e 3º)." (ADI 1.624, julgada em 2003 e relatada pelo Ministro Carlos Velloso).

18. Competência dos Municípios

- O Município **possui** competência para suplementar a legislação federal e a estadual no que couber, além de poder legislar sobre assuntos de interesse local.
- É competente o Município para fixar o horário de funcionamento de estabelecimento comercial (súmula 645 do STF).

- "É pacífica a jurisprudência desta Corte de que **os Municípios detêm competência para legislar sobre o tempo máximo de espera por atendimento nas agências bancárias**, uma vez que essa questão é de interesse local e diz respeito às normas de proteção das relações de consumo, não se confundindo com a atividade-fim das instituições bancárias". (**STF. AI 495187**, julgado em 2011 e relatado pelo Ministro Dias Tóffoli).
- Segundo o STF, ""Distrito Federal: competência legislativa para fixação de tempo razoável de espera dos usuários dos **serviços de cartórios**. A imposição legal de um limite ao tempo de espera em fila dos usuários dos serviços prestados pelos cartórios não constitui matéria relativa à disciplina dos registros públicos, mas **assunto de interesse local, cuja competência legislativa a Constituição atribui aos Municípios** (...)." (RE 397.094, julgado em 2006 e relatado pelo Ministro Sepúlveda Pertence).
- O Município dispõe de competência, para, com apoio no poder autônomo que lhe confere a Constituição, exigir, mediante lei, a **instalação de sanitários ou a colocação de bebedouros em estabelecimentos bancários** (AI-AgR 614510, julgado em 2007 e relatado pelo Ministro Celso de Mello).
- O STF firmou entendimento no sentido de que é constitucional **lei municipal que determina às agências bancárias a instalação de portas eletrônicas de segurança**, visto que é competência do Município legislar sobre assuntos de interesse local dispondo sobre medidas referentes à segurança dos usuários de serviços bancários (AI-AgR 347.717, julgado em 2005 e relatado pelo Ministro Celso de Mello)
- A Constituição de 1988, no que se refere à organização federativa aplicada aos Municípios, dispõe que compete ao Município organizar e prestar, diretamente ou sob regime de concessão ou permissão, os **serviços públicos de interesse local, incluído o de transporte coletivo, que tem caráter essencial** (art. 30. V, da CF).
- Compete aos Municípios instituir e arrecadar os tributos de sua competência, bem como aplicar suas rendas, sem prejuízo da obrigatoriedade de prestar contas e publicar balancetes nos prazos fixados em lei.
- Os Municípios podem **criar, organizar e suprimir distritos, observada a legislação estadual, não havendo necessidade de Lei Federal** para nenhuma hipótese.
- Compete aos Municípios promover, no que couber, adequado ordenamento territorial, mediante planejamento e controle do uso, do parcelamento e da ocupação do solo urbano
- A jurisprudência do STF entende que, pelo princípio da simetria, os crimes de responsabilidade praticados pelos Prefeitos serão julgados pela **Câmara Municipal**, cabendo ao **TJ** a competência para os crimes comuns (art. 29, X, da CF). No julgamento perante o TJ, a competência para a decisão poderá ser do Plenário, do Órgão Fracionário ou do Órgão Especial, o que será fixado no Regimento Interno do Tribunal, Além disso, há a Súmula 702 do STF, que dispõe: "a competência do Tribunal de Justiça para julgar prefeitos restringe-se aos crimes de competência da justiça comum estadual; nos demais casos, a competência originária caberá ao respectivo tribunal de segundo grau", o que reafirma não ser competência privativa do TJ o julgamento de Prefeito.
- É inconstitucional a Lei Estadual que determina o fornecimento gratuito de água potável à população por meio de caminhão-pipa todas as vezes que houver interrupção do fornecimento normal do serviço, pois invade o âmbito de competência legislativa municipal (STF. 2340, julgada em 2013 e relatada pelo Ministro Ricardo Lewandowski).
- **Súmulas**
- **Súmula 208 do STJ:** Compete à Justiça Federal processar e julgar prefeito municipal por desvio de verba sujeita à prestação de contas perante órgão federal.
- **Súmula Vinculante 2:** É inconstitucional a lei ou ato normativo estadual ou distrital que disponha sobre sistemas de consórcios e sorteios, inclusive bingos e loterias.
- **Súmula Vinculante 39:** Compete privativamente à União legislar sobre vencimentos dos membros das polícias civil e militar e do corpo de bombeiros militar do Distrito Federal.
- **Súmula Vinculante 46:** A definição dos crimes de responsabilidade e o estabelecimento das respectivas normas de processo e julgamento são da competência legislativa privativa da União.
- **Súmula Vinculante 38:** É competente o Município para fixar o horário de funcionamento de estabelecimento comercial.

✦ INFORMATIVOS

STF

Competência

▸ ***ADI: uso de veículos apreendidos e competência – 3***

Revestem-se de constitucionalidade as Leis 5.717/98 e 6.931/2001, do Estado do Espírito Santo, que autorizam a utilização, pela polícia militar ou pela polícia civil estadual, de veículos apreendidos e não identificados quanto à procedência e à propriedade, exclusivamente no trabalho de repressão penal. Essa a orientação do Plenário que, em conclusão, por maioria, julgou improcedente pedido formulado em ação direta de inconstitucionalidade ajuizada contra as mencionadas normas.

Avaliou-se não se tratar de matéria correlata a trânsito, mas concernente à administração. Recordou-se que norma do Código de Trânsito Brasileiro permitiria que veículos fossem levados a hasta pública, embora constituísse permissão que nem sempre ocorreria. Destacou-se que as normas disporiam sobre a regulação no plano estritamente administrativo, na esfera de autonomia do estado-membro. ADI 3327/ES, red. p/ ac. Min. Cármen Lúcia, 8.8.2013. Pleno. (Info 714)

▸ ***Adaptação de veículos de transporte coletivo e acessibilidade***

O Plenário julgou improcedente pedido formulado em ação direta de inconstitucionalidade proposta contra a Lei 10.820/92, do Estado de Minas Gerais, que dispõe sobre a obrigatoriedade de empresas concessionárias de transporte coletivo intermunicipal promoverem adaptações em seus veículos, a fim de facilitar o acesso e a permanência de pessoas com deficiência física ou com dificuldade de locomoção. Salientou-se que a Constituição dera destaque à necessidade de proteção às pessoas com deficiência, ao instituir políticas e diretrizes de acessibilidade física (CF, arts. 227, § 2º; e 244), bem como de inserção nas diversas áreas sociais e econômicas da comunidade. Enfatizou-se a incorporação, ao ordenamento constitucional, da Convenção Internacional sobre os Direitos das Pessoas com Deficiência – primeiro tratado internacional aprovado pelo rito legislativo previsto no art. 5º, § 3º, da CF –, internalizado por meio do Decreto 6.949/2009. Aduziu-se que prevaleceria, no caso, a densidade do direito à acessibilidade física das pessoas com deficiência (CF, art. 24, XIV), não obstante pronunciamentos da Corte no sentido da competência privativa da União (CF, art. 22, XI) para legislar sobre trânsito e transporte. Consignou-se que a situação deveria ser enquadrada no rol de competências legislativas concorrentes dos entes federados. Observou-se que, à época da edição da norma questionada, não haveria lei geral nacional sobre o tema. Desse modo, possível aos estados-membros exercerem a competência legislativa plena, suprindo o espaço normativo com suas legislações locais (CF, art. 24, § 3º). Ressaltou-se que a preocupação manifestada, quando do julgamento da medida cautelar, sobre a ausência de legislação federal protetiva encontrar-se-ia superada, haja vista a edição da Lei 10.098/2000, a estabelecer normas gerais e critérios básicos de promoção da acessibilidade de pessoas com deficiência. Registrou-se que, diante da superveniência dessa lei nacional, a norma mineira, embora constitucional, perderia força normativa, na atualidade, naquilo que contrastasse com a legislação geral de regência do tema (CF, art. 24, § 4º). ADI 903/MG, Rel. Min. Dias Toffoli, 22.5.2013. Pleno. (Info 707)

▸ ***Alegação de inconstitucionalidade e "Zona Azul"***

A 2ª Turma deliberou afetar ao Plenário julgamento de recurso extraordinário em que se alega a inconstitucionalidade de lei municipal paulistana, de iniciativa de vereador, que autorizaria oficiais de justiça estacionar seus veículos em áreas denominadas "Zona Azul", sem pagamento das tarifas próprias. Destacou-se que o recurso poderia ser paradigmático, apesar de anterior à sistemática da repercussão geral, porque esses estacionamentos rotativos onerosos existiriam em muitas localidades brasileiras. RE 239458/SP, Rel. Min. Cármen Lúcia, 18.12.2012. 2ª T. (Info 693)

▸ ***ADI: cancelamento de multas e competência***

O Plenário, por maioria, julgou procedente pleito formulado em ação direta proposta, pelo Procurador-Geral da República, contra a Lei fluminense 3.279/99, que dispõe sobre o cancelamento de multas de trânsito. Concluiu-se pela afronta à regra de competência privativa da União para legislar sobre a matéria (CF, art. 22, XI). ADI 2137/RJ, Rel. Min. Dias Toffoli, 11.4.2013. Pleno. (Info 701)

▸ ***ADI e competência para parcelar multa de trânsito***

O Plenário, por maioria, julgou procedente pleito formulado em ação direta contra o art. 29 da Lei 6.555/2004, do Estado de Alagoas, na parte em que autoriza o parcelamento de débitos oriundos de multas de trânsito, inclusive os inscritos em dívidas ativas. Reputou-se que, na esteira da jurisprudência da Corte, a norma questionada estaria em conflito com o art. 22, XI, da CF, segundo o qual competiria privativamente à União legislar sobre trânsito e transporte. Vencido, em parte, o Min. Marco Aurélio, que julgava procedente o pedido em menor extensão. Admitia o parcelamento por entender tratar-se de receita do estado-membro. Sublinhava, no entanto, que o legislador alagoano teria adentrado no campo do direito processual, ao prever, no § 4º do art. 29 da norma impugnada, que "o pleito de parcelamento do débito implica, em si, a desistência, a renúncia a processo, a pretensão já submetida ao Judiciário". Assentava, assim, a inconstitucionalidade do aludido preceito. ADI 4734/AL, Rel. Min. Rosa Weber, 16.5.2013. Pleno. (Info 706)

▸ ***ADI: parcelamento de multas e competência***

O Plenário, por maioria, julgou procedente pedido formulado em ação direta ajuizada, pelo Procurador-Geral da República, contra a Lei 8.027/2003, que autorizou o parcelamento de multa vencida, resultante de infração de trânsito, e sua norma regulamentadora, Decreto 3.404/2004, ambos do Estado de Mato Grosso. Neste, autorizou-se que a penalidade de multa vencida, resultante de infração, pudesse ser dividida. Rejeitou-se preliminar de não conhecimento do Decreto 3.404/2004, porquanto se trataria de norma regulamentadora da lei questionada. No mérito, ante a usurpação de competência legislativa privativa da União, declarou-se a inconstitucionalidade da Lei 8.027/2003 e, por arrastamento, do referido decreto. ADI 3708/MT, Rel. Min. Dias Toffoli, 11.4.2013. Pleno. (Info 701)

▸ *ADI: segurança no trânsito e competência*

O Plenário julgou procedente pleito formulado em ação direta de inconstitucionalidade proposta, pelo Procurador-Geral da República, contra a Lei 10.521/95, do Estado do Rio Grande do Sul, que estabelece a obrigatoriedade do uso de cinto de segurança nas vias urbanas daquele estado, bem como proíbe aos menores de dez anos viajar nos bancos dianteiros de veículos que menciona. Asseverou-se haver inconstitucionalidade formal por ofensa ao art. 22, XI, da CF, que dispõe sobre a competência privativa da União para legislar sobre trânsito e transporte. ADI 2960/RS, Rel. Min. Dias Toffoli, 11.4.2013. Pleno. (Info 701)

▸ *ADI: uso de veículos apreendidos e competência*

O Plenário julgou procedente pedido formulado em ação direta, para declarar a inconstitucionalidade da Lei 8.493/2004, do Estado do Rio Grande do Norte. A norma questionada determina o uso de carros particulares apreendidos e que se encontram nos pátios das delegacias e no Departamento Estadual de Trânsito – Detran, notificados há mais de noventa dias, em serviços de inteligência e operações especiais, a critério da Secretaria de Defesa Social. Aduziu-se que o estado-membro não poderia criar hipóteses semelhantes à requisição administrativa para incidência no período em que a destinação do veículo aguardaria definição. Observou-se que a legalidade da medida dependeria do exame no curso do processo legislativo da União. O Min. Luiz Fux enfatizou que a Constituição estabeleceria a competência privativa da União para legislar sobre trânsito e transporte (CF, art. 22, XI). Em acréscimo, assinalou a edição do Código de Trânsito Brasileiro – CTB, em que fixadas as consequências específicas para a apreensão de veículos particulares (CTB, art. 328). Assim, ao versar sobre sanções administrativas da infração, preveria expressa e pontualmente o destino dos veículos após o decurso do lapso de noventa dias. Reputou que a lei estadual, ao desconsiderar por completo a legislação federal, trataria do tema de forma inteiramente distinta, a tornar imperativo o emprego dos veículos mencionados em atividades da própria Administração Pública. A par disso, sublinhou ser evidente existir antinomia jurídica instaurada na espécie. De igual modo, se a apreensão estivesse fundada em ordem judicial, também configuraria inconstitucionalidade por usurpação da competência da União para legislar sobre direito processual. Consignou que a forma de alienação ou de emprego de bens tomados judicialmente seria questão a integrar o cerne de matéria processual, a orientar a própria atividade jurisdicional. A Min. Cármen Lúcia entendeu que a norma impugnada, inclusive, seria lacônica. ADI 3639/RN, Rel. Min. Joaquim Barbosa, 23.5.2013. Pleno. (Info 707)

▸ *ADI: uso de veículos apreendidos e competência*

O Plenário iniciou exame de ação direta de inconstitucionalidade ajuizada, pelo Procurador-Geral da República, contra as Leis 5.717/98 e 6.931/2001, ambas do Estado do Espírito Santo, que autorizava a utilização, pela polícia militar ou pela polícia civil estadual, de veículos apreendidos e não identificados quanto à procedência e à propriedade, exclusivamente no trabalho de repressão penal. O Min. Dias Toffoli, relator, julgou procedente o pedido formulado, no que foi acompanhado pelos Ministros Ricardo Lewandowski, Rosa Weber e Luiz Fux. Destacou que a Constituição, na parte em que fixaria a competência legislativa dos entes federados, teria outorgado à União, privativamente, a faculdade de editar normas sobre trânsito e transporte. Em divergência, a Min. Cármen Lúcia considerou o pleito improcedente, no que foi seguida pelos Ministros Marco Aurélio, Celso de Mello e Joaquim Barbosa, Presidente. Obtemperou não se tratar de matéria correlata a trânsito, mas concernente à administração. Recordou que norma do Código de Trânsito Brasileiro permitiria que veículos fossem levados a hasta pública, embora constituísse permissão que nem sempre ocorreria. O Min. Marco Aurélio aduziu que o ente federado não teria invadido a esfera de competência da União porque, ante a inexistência de lei geral, os Estados-membros exerceriam normatividade plena, nos termos previstos na Constituição. Para o Min. Celso de Mello, a matéria em causa não envolveria trânsito e transporte, mas, sim, típica norma de caráter administrativo, integrada no âmbito de autonomia do próprio Estado-membro. Após, o julgamento foi suspenso para colher-se os votos dos demais Ministros. ADI 3327/ES, Rel. Min. Dias Toffoli, 11.4.2013. Pleno. (Info 701)

▸ *ADI: uso de veículos apreendidos e competência – 2*

O Plenário retomou julgamento de ação direta de inconstitucionalidade ajuizada contra as Leis 5.717/98 e 6.931/2001, ambas do Estado do Espírito Santo, que autorizam a utilização, pela polícia militar ou pela polícia civil estadual, de veículos apreendidos e não identificados quanto à procedência e à propriedade, exclusivamente no trabalho de repressão penal. Nesta assentada, os Ministros Teori Zavascki e Gilmar Mendes, ao acompanharem a divergência iniciada pela Min. Cármen Lúcia, consideraram o pleito improcedente. O Min. Teori Zavascki asseverou que os diplomas não tratariam de trânsito. O Min. Gilmar Mendes salientou que as leis cuidariam apenas da destinação dos bens apreendidos, o que configuraria disciplina meramente administrativa, de competência do estado-membro. O Min. Marco Aurélio, por sua vez, reajustou o voto anteriormente proferido, para julgar o pedido procedente. Asseverou que a competência normativa do tema estaria restrita à União, por versar disciplina do Código de Trânsito Brasileiro. Após, verificado empate na votação, deliberou-se suspender o julgamento para aguardar-se o voto do 11º membro da Corte. ADI 3327/ES, Rel. Min. Dias Toffoli, 16.5.2013. Pleno. (Info 706)

▸ ***Comercialização de produtos em recipientes reutilizáveis e competência***

O Plenário julgou improcedente pedido formulado em ação direta ajuizada contra a Lei 3.874/2002, do Estado do Rio de Janeiro, que dispõe sobre a comercialização de produtos por meio de vasilhames, recipientes ou embalagens reutilizáveis. Afastou-se alegação de inconstitucionalidade formal da norma, por suposto vício de competência legislativa, pois esta seria concorrente dos estados-membros, do Distrito Federal e da União, no tocante à defesa do consumidor. Frisou-se que o diploma não disciplinaria matéria de direito de marcas e patentes ou relacionada à propriedade intelectual. Lembrou-se que a Corte apreciara lei de redação idêntica em outra oportunidade (ADI 2359) e também julgara improcedente aquele pleito, haja vista o disposto no art. 24, V e VIII, da CF. ADI 2818/RJ, Rel. Min. Dias Toffoli, 9.5.2013. Pleno. (Info 705)

▸ ***Destinação de armas de fogo apreendidas e competência***

O estado-membro não tem competência para legislar sobre uso de armas de fogo apreendidas. Com base nessa orientação, o Plenário julgou procedente pedido formulado em ação direta, para declarar a inconstitucionalidade da Lei 11.060/2002, do Estado de São Paulo. A norma impugnada dispõe sobre o uso, pelas polícias civil e militar da referida entidade federativa, das armas de fogo apreendidas. De início, ressaltou-se que a existência de regulamentação federal sobre a matéria (Estatuto do Desarmamento) não impediria a análise em abstrato do diploma atacado com base exclusivamente no texto constitucional. Aduziu-se, na sequência, que a lei paulista possuiria peculiaridade, porquanto teria previsto que a transferência das armas de fogo ocorreria nos termos da legislação federal em vigor. Destacou-se que, ao assim proceder, a norma em tela incorporaria ao ordenamento jurídico estadual regras de competência privativa da União, a quem caberia legislar sobre comércio de material bélico e direito processual penal. Asseverou-se que o estado-membro não possuiria qualquer relação com o tema, de maneira que não lhe seria permitido utilizar-se da técnica de remissão à lei federal, distinto do que aconteceria se envolvida matéria de competência comum. O Min. Marco Aurélio consignou a impropriedade da manifestação do Advogado-Geral da União na defesa do ato questionado. ADI 3193/SP, Rel. Min. Marco Aurélio, 9.5.2013. Pleno. (Info 705)

▸ ***Sistema monetário e lei estadual***

À luz do entendimento esposado no julgamento do RE 561836/RN, apreciado nesta assentada, o Plenário julgou prejudicada, por perda superveniente de objeto, arguição de descumprimento de preceito fundamental em que discutida a competência para disciplinar a matéria referente à conversão de padrão monetário, tendo em vista a existência da Lei federal 8.880/94 e da Lei 6.612/94, do Estado do Rio Grande do Norte. Reputou-se que a lei potiguar teria sido declarada, "incidenter tantum", inconstitucional no julgamento supracitado, por tratar de tema cuja competência seria exclusiva da União. ADPF 174/RN, Rel. Min. Luiz Fux, 26.9.2013. Pleno. (Info 721)

▸ ***Telecomunicações e competência legislativa – 1***

Por vislumbrar aparente usurpação da competência privativa da União para legislar sobre telecomunicações (CF: Art. 21: XI), o Plenário deferiu pedido de medida cautelar em ação direta de inconstitucionalidade, proposta pela Associação das Operadoras de Celulares – Acel, a fim de suspender a eficácia da Lei 4.084/2011, do Estado de Mato Grosso do Sul. A norma impugnada versa sobre a validade de créditos alusivos à telefonia móvel. O Min. Gilmar Mendes aventou a possibilidade de converter-se a liminar em exame de mérito, principalmente, nas hipóteses a envolver competência legislativa e matérias já pacificadas na Corte. Destacou-se que, na espécie, isso não seria possível, porquanto ausentes, nos autos, as manifestações do Procurador-Geral da República e do Advogado-Geral da União. ADI 4715 MC/DF, Rel. Min. Marco Aurélio, 7.2.2013. Pleno. (Info 694)

▸ ***Telecomunicações e competência legislativa – 2***

Com base no fundamento acima expendido, o Plenário deferiu medida cautelar em ação direta de inconstitucionalidade, ajuizada pela Associação Brasileira de Concessionárias de Serviço Telefônico Fixo Comutado – Abrafix, para suspender a eficácia da Lei 14.150/2012, do Estado do Rio Grande do Sul. A norma questionada veda a cobrança de assinatura básica pelas concessionárias de telefonias fixa e móvel naquela unidade federativa. O Min. Ricardo Lewandowski, relator, salientou que o processo não estaria aparelhado para que houvesse pronunciamento sobre o mérito da ação. ADI 4907 MC/RS, Rel. Min. Ricardo Lewandowski, 7.2.2013. Pleno. (Info 694)

▸ ***Telecomunicações e competência legislativa – 3***

Na mesma linha acima referida, o Plenário deferiu pedido de medida cautelar em ação direta de inconstitucionalidade, ajuizada pela Associação Brasileira das Prestadoras de Serviços de Telecomunicações Competitivas – Telecomp, para suspender a eficácia da vigência dos arts. 1º a 4º da Lei 2.659/2011, do Estado de Rondônia. O ato normativo obriga empresa concessionária de serviços de telefonia celular a fornecer, mediante solicitação, informações sobre a localização de aparelhos de clientes à polícia judiciária estadual, ressalvado o sigilo do conteúdo das ligações telefônicas. O Min. Teori Zavascki acompanhou a conclusão, porém, por fundamento diverso. Entreviu não se tratar de lei a disciplinar telecomunicações, mas sim produção de prova em inquérito policial. Ressaltou que, como a causa de pedir em ação direta seria aberta, nada impediria a concessão da cautelar por ofensa ao art. 22, I, da CF, que trataria de matéria penal e processual penal. ADI 4739 MC/DF, Rel. Min. Marco Aurélio, 7.2.2013. Pleno. (Info 694)

▸ *Fila de banco. Competência. AgRg no AI 568.674-RJ. Rel. Min. Marco Aurélio*

Competência legislativa. Fila de banco. Tempo de espera. Interesse local – precedente. De acordo com o entendimento consolidado no Supremo, compete aos municípios legislar sobre o período máximo ao qual os clientes de instituições bancárias podem ser submetidos, no aguardo de atendimento. (Info 697)

▸ *ADI e criação de município*

O Plenário concedeu medida cautelar em ação direta de inconstitucionalidade, para suspender a eficácia da Lei 2.264/2010, do Estado de Rondônia, por vislumbrar aparente ofensa ao art. 18, § 4º, da CF, que estabelece a previsão da forma mediante a qual poderá haver a criação de novos municípios no Brasil. A norma impugnada criara a municipalidade de Extrema de Rondônia, a partir de desmembramento de área territorial de Porto Velho, fixara os seus limites, bem como informara os distritos que integrariam a municipalidade criada. Ponderou-se que, até a presente data, não fora editada a lei complementar a que aludiria o art. 18, § 4º, da CF. Destacou-se a pacífica jurisprudência da Corte quanto ao procedimento constitucionalmente previsto para a criação de municípios, que não fora observado na espécie. ADI 4992 MC/RO, Rel. Min. Gilmar Mendes, 26.6.2013. Pleno. (Info 712)

▸ *Fornecimento de água e obrigatoriedade – 3*

Em conclusão, o Plenário, por maioria, julgou procedente pedido formulado em ação direta, ajuizada pelo Governador do Estado de Santa Catarina, para declarar a inconstitucionalidade da Lei estadual 11.560/2000, que torna obrigatório o fornecimento de água potável pela Companhia Catarinense de Águas e Saneamento – Casan, com caminhão-pipa, sempre que houver interrupção no fornecimento normal. A norma adversada prevê, também, o cancelamento automático da cobrança da conta referente ao mês em que ocorrido o não fornecimento, ainda que eventual. Na espécie, salientou-se que haveria duas questões essenciais a serem enfrentadas: a) se a distribuição de água constituiria ou não serviço de natureza local, de competência dos municípios; e b) se no regime de concessão, o estabelecimento de normas quanto ao serviço concedido constituiria atribuição privativa do poder concedente ou se a matéria poderia ser disciplinada por lei estadual, uma vez que o Estado de Santa Catarina deteria o controle do capital social da prestadora do serviço. Asseverou-se que a competência para legislar sobre assuntos locais que a Constituição atribuiria aos municípios (art. 30, I) incluiria a distribuição de água potável. Destacou-se que, em face da ideia da preponderância do interesse, a realização de determinada tarefa haveria de ser atribuída ao ente federativo capaz de atender, de modo mais efetivo, ao interesse comum, consentâneo com o princípio da subsidiariedade, a reger as relações entre os entes da Federação. Aduziu-se que o Estado de Santa Catarina não poderia substituir-se aos municípios que contrataram com a Casan. Sequer poderia determinar àquela companhia, ainda que mediante lei estadual, o fornecimento de água em caminhões-pipa. Afirmou-se que o ente federativo tampouco poderia instituir isenção tarifária a favor dos usuários. O modo e a forma de prestação dos serviços configurariam normas de caráter regulamentar, cuja elaboração seria de competência exclusiva do poder concedente, ao passo que a remuneração destes estaria condicionada ao equilíbrio econômico-financeiro das concessões. ADI 2340/SC, Rel. Min. Ricardo Lewandowski, 6.3.2013. Pleno. (Info 697)

▸ *Fornecimento de água e obrigatoriedade – 4*

O Min. Gilmar Mendes apontou que a essência da autonomia municipal abrangeria primordialmente autoadministração, a significar a capacidade decisória quanto aos interesses locais sem delegação ou aprovação hierárquica, e autogoverno. Frisou que, no caso, não se cuidaria de regiões metropolitanas, mas de lei estadual a disciplinar o fornecimento de água para todos os municípios catarinenses. Mencionou ser notório que poucos municípios teriam condições de atender, por si sós, à função pública de saneamento básico. Dessa forma, esta extrapolaria o interesse local e passaria a ter natureza de interesse comum, apta a ser tratada não só pela legislação municipal. Pontuou que, embora a lei impugnada tivesse o intuito de proteger o usuário do serviço, adentraria a competência dos municípios, em patente inconstitucionalidade formal. O Min. Celso de Mello enfatizou que, conquanto tivesse indeferido a medida cautelar, posteriormente, após maior reflexão, adotara, em questão análoga, posição que lhe pareceria mais compatível com o sistema de repartição material de competências legislativas em âmbito do Estado Federal. Por conseguinte, julgou procedente o pleito, a despeito do extremo valor da água como bem comum, que deveria ser acessível a todos. ADI 2340/SC, Rel. Min. Ricardo Lewandowski, 6.3.2013. Pleno. (Info 697)

▸ *Serviços de água e saneamento básico – 4*

Por vislumbrar aparente ofensa ao princípio da autonomia dos municípios, o Plenário, em conclusão de julgamento, concedeu parcialmente medida cautelar em ação direta de inconstitucionalidade, proposta pelo Partido dos Trabalhadores – PT, para suspender a eficácia dos artigos 59, V, e 228, caput, da Constituição do Estado da Bahia, com a redação dada pela EC 7/99. ADI 2077 MC/BA, red. p/ ac. Min. Joaquim Barbosa, 6.3.2013. Pleno. (Info 697)

▸ *Estado-membro: criação de região metropolitana – 7*

O Plenário retomou julgamento de ação direta de inconstitucionalidade ajuizada pelo Partido Democrático Trabalhista – PDT contra dispositivos da LC 87/97, do Estado do Rio de Janeiro – que "dispõe sobre a Região Metropolitana do Rio de Janeiro, sua composição, organização e gestão, e sobre a Microrregião dos Lagos, define as funções públicas e serviços de interesse comum e dá outras providências" –, e os artigos 8º a 21 da Lei 2.869/97, do mesmo Estado-membro, a qual trata do regime de prestação do serviço público de transporte ferroviário e metroviário de passageiros e do serviço público de saneamento básico na mencionada unidade da Federação, e dá outras providências. Rejeitou-se, por maioria, preliminar de insuficiência de quórum para prosseguimento do feito. Registrou-se que 2 Ministros não mais comporiam a Corte já teriam proferido voto, que não mais poderia ser modificado. Por essa razão, a presença deles em Plenário não seria necessária para fins de quórum. ADI 1842/RJ, red. p/ ac. Min. Gilmar Mendes, 28.2.2013. Pleno. (Info 696)

▸ *Estado-membro: criação de região metropolitana – 8*

Afastada preliminar de inépcia da inicial, no mérito, por maioria, julgou-se parcialmente procedente o pleito, para declarar a inconstitucionalidade: a) da expressão "a ser submetida à Assembleia Legislativa", constante do inciso I do art. 5º; b) do § 2º do art. 4º; c) do parágrafo único do art. 5º; d) dos incisos I, II, IV e V do art. 6º; e) do art. 7º; f) do art. 10; e g) do § 2º do art. 11, todos da LC 87/97. De igual modo, declarou-se a inconstitucionalidade dos arts. 11 a 21 da Lei 2.869/97. Ademais, julgou-se prejudicado o pedido quanto ao: a) Decreto 24.631/98, do Estado do Rio de Janeiro; b) art. 1º, caput e § 1º; c) art. 2º, caput; d) art. 4º, caput e incisos I a VII; e e) art. 11, caput e incisos I a VI, todos da LC 87/97, porquanto esses dispositivos teriam sido alterados de forma superveniente pelas Leis Complementares 89/98, 97/2001 e 105/2002, bem como pelo Decreto 24.804/98, diplomas do Estado do Rio de Janeiro. O Min. Joaquim Barbosa, Presidente, salientou que o art. 25, § 3º, da CF imporia a conclusão de que não deveria haver conflito entre o estabelecimento de regiões metropolitanas e a autonomia municipal. Entendeu que os dispositivos impugnados violariam esta última, por alijar os municípios do processo decisório quanto à concessão e permissão de serviços de interesse comum dos entes integrantes da região metropolitana, bem como da organização, do planejamento e da execução desses serviços, ao transferir exclusivamente ao Estado-membro essas competências. Nesta assentada, reajustou seu voto anteriormente proferido para acompanhar a maioria quanto à inconstitucionalidade do § 2º do art. 4º e do § 2º do art. 11, ambos da LC 87/97. ADI 1842/RJ, red. p/ ac. Min. Gilmar Mendes, 28.2.2013. Pleno. (Info 696)

▸ *Estado-membro: criação de região metropolitana – 9*

Por sua vez, o Min. Gilmar Mendes entendeu que o serviço de saneamento básico, no âmbito de regiões metropolitanas, microrregiões e aglomerados urbanos, constituiria interesse coletivo que não poderia estar subordinado à direção de único ente, mas deveria ser planejado e executado de acordo com decisões colegiadas em que participassem tanto os municípios compreendidos como o Estado federado. Frisou que, nesses casos, o poder concedente do serviço de saneamento básico nem permaneceria fracionado entre os municípios, nem seria transferido para o Estado-membro, mas deveria ser dirigido por estrutura colegiada, instituída por meio da lei complementar estadual que criaria o agrupamento de comunidades locais, em que a vontade de um único ente não fosse imposta a todos os demais participantes. Assim, esta estrutura deveria regular o serviço de saneamento básico de forma a dar viabilidade técnica e econômica ao adequado atendimento do interesse coletivo. Ressaltou que a mencionada estrutura colegiada poderia ser implementada tanto por acordo, mediante convênios, quanto de forma vinculada, na instituição dos agrupamentos de municípios, e a instituição de agências reguladoras poderia se provar como forma eficiente de estabelecer padrão técnico na prestação e concessão coletivas do serviço e saneamento básico. ADI 1842/RJ, red. p/ ac. Min. Gilmar Mendes, 28.2.2013. Pleno. (Info 696)

▸ *Estado-membro: criação de região metropolitana – 10*

O Min. Ricardo Lewandowski, em voto-vista, ao acompanhar a maioria, corroborou que, para a efetivação dos valores constitucionais em jogo, bastaria que nenhum dos integrantes do ente regional fosse excluído dos processos decisórios que ocorressem, ou pudesse, sozinho, definir os rumos de gestão. Destacou, ainda, a necessidade de participação popular no planejamento regional. Sublinhou a democracia participativa como um dos valores mais caros da CF/88. Reputou contraditório que a Constituição houvesse garantido, às associações representativas de munícipes, a faculdade de intervir no planejamento local (CF, art. 29, XII), para retirar-lhes esse direito, caso as comunas viessem a integrar ente regional (CF, art. 25, § 3º). O Min. Teori Zavascki frisou que a definição sobre o sistema constitucionalmente mais adequado para gestão das regiões metropolitanas – matéria reservada à discrição política do legislador estadual, que deveria considerar as particularidades próprias de cada agrupamento de municípios – não poderia se constituir em pura e simples transferência de competências municipais para o âmbito do estado-membro. A Min. Rosa Weber registrou a necessidade de participação do estado-membro e dos municípios envolvidos, não necessariamente em paridade. ADI 1842/RJ, red. p/ ac. Min. Gilmar Mendes, 28.2.2013. Pleno. (Info 696)

▸ *Estado-membro: criação de região metropolitana – 11*

Vencidos os Ministros Maurício Corrêa, relator, e Marco Aurélio, em menor extensão. O relator julgava o pedido improcedente. Salientava posicionamento da Corte no sentido de que a instituição de regiões metropolitanas, aglomerações urbanas e microrregiões dependeria apenas de lei complementar estadual (ADI 1841/RJ, DJU de 20.9.2002). Considerava legítima a reunião de municípios territorialmente próximos pelo estado-membro, a prestigiar a concretização do pacto federativo e dos princípios da eficiência e da economicidade. Ressaltava caber àquele ente federado a responsabilidade pela adequada prestação dos serviços metropolitanos. O Min. Marco Aurélio, por sua vez, julgava parcialmente procedente o pleito, para declarar a inconstitucionalidade das expressões "condicionada sua execução à ratificação pelo Governador do Estado" e "a ser submetido à Assembléia Legislativa", contidas, respectivamente, no § 2º do art. 4º e no inciso I do art. 5º, ambos da LC 87/97. Anotava que o poder de veto atribuído ao Governador e à Assembleia Legislativa pela LC 87/97 criara inequívoco desequilíbrio federativo. Concluía que a lei complementar contestada não implicara subtrair dos municípios que comporiam a Região Metropolitana e a Microrregião dos Lagos a gestão plena sobre os serviços atrelados ao saneamento localmente prestados. Ao contrário, reconhecera-os como detentores de legítimos interesses no modo como seriam executados pelo estado-membro ou por delegação deste. Ao fazê-lo, todavia, o Estado do Rio de Janeiro não estaria autorizado a criar modelo que lhe possibilitasse assumir o controle dos serviços comuns de modo unilateral. Tanto a literalidade quanto a teleologia do art. 25, § 3º, da CF indicariam que a região metropolitana, as microrregiões e as aglomerações urbanas seriam um esforço cooperativo. ADI 1842/RJ, red. p/ ac. Min. Gilmar Mendes, 28.2.2013. Pleno. (Info 696)

▸ ***Estado-membro: criação de região metropolitana – 12***

Em seguida, passou-se à deliberação quanto à proposta formulada pelo Min. Gilmar Mendes, em sessão anterior, no sentido de que fossem modulados os efeitos da declaração para que só tivesse eficácia a partir de 24 meses após a conclusão do presente julgamento. Reputara razoável esse lapso de tempo, dentro do qual poderia o legislador estadual reapreciar o tema, para constituir modelo de prestação de saneamento básico, nas áreas de integração metropolitana, dirigido por órgão colegiado, com participação dos municípios pertinentes e do próprio Estado do Rio de Janeiro. Após os votos dos Ministros Ricardo Lewandowski e Teori Zavascki, que acompanharam o suscitante, e o voto do Min. Marco Aurélio, que não aderia à proposta, por entender que particularidades do caso concreto deveriam ser solucionadas por instrumento próprio, pediu vista dos autos o Ministro Luiz Fux – para manifestar-se apenas quanto a esta questão, uma vez suceder o Relator, que já proferira voto quanto ao mérito. ADI 1842/RJ, red. p/ ac. Min. Gilmar Mendes, 28.2.2013. Pleno. (Info 696)

▸ ***Estado-membro: criação de região metropolitana – 13***

Em conclusão, o Plenário, por maioria, ao acolher proposta do Min. Gilmar Mendes, modulou os efeitos de decisão em ação direta, ajuizada pelo Partido Democrático Trabalhista – PDT, na qual declarada a inconstitucionalidade: a) da expressão "a ser submetida à Assembleia Legislativa", constante do inciso I do art. 5º; b) do § 2º do art. 4º; c) do parágrafo único do art. 5º; d) dos incisos I, II, IV e V do art. 6º; e) do art. 7º; f) do art. 10; e g) do § 2º do art. 11, todos da LC 87/97, do Estado do Rio de Janeiro. De igual modo, reconhecida a inconstitucionalidade dos arts. 11 a 21 da Lei 2.869/97, do mencionado estado-membro. Ademais, assentado o prejuízo do pedido quanto ao: a) Decreto 24.631/98, do Estado do Rio de Janeiro; b) art. 1º, caput e § 1º; c) art. 2º, caput; d) art. 4º, caput e incisos I a VII; e e) art. 11, caput e incisos I a VI, todos da LC 87/97. Estabeleceu-se que a declaração teria eficácia apenas 24 meses após a conclusão do julgamento. O Min. Luiz Fux assinalou que a súbita transferência da gestão dos serviços públicos prestados no âmbito fluminense, decorrente de imediata necessidade de adequação ao que decidido por esta Corte, poderia inviabilizar a continuidade dos serviços públicos prestados, bem como ocasionar incerteza jurídica e problemas substanciais aos usuários. ADI 1842/RJ, red. p/ ac. Min. Gilmar Mendes, 6.3.2013. Pleno. (Info 697)

ADMINISTRAÇÃO PÚBLICA

- **CF, artigos 37 a 42.**

✦ DICAS

1. **Constituição e a atuação administrativa:** de acordo com os ensinamentos de Gustavo Binenbojm (*Uma teoria do Direito Administrativo*: direitos fundamentais, democracia e constitucionalização. Rio de Janeiro: Renovar, 2006), as políticas públicas não estão mais restritas à interposição legislativa, pois "a reserva vertical de lei foi substituída por uma reserva vertical de Constituição. **A Constituição para passa a figurar como norma diretamente habilitadora da atuação administrativa,** havendo uma verdadeira 'osmose entre a Constituição e a lei'. Pode-se, assim, dizer, com Canotilho, que se abre caminho para 'uma legalidade sem lei'. [...] **a Constituição se presta (i) não só como norma direta e imediatamente habilitadora de competências administrativas, como também (ii) serve de critério imediato de decisão administrativa**". Assim, em apertada síntese, pode-se dizer que, na condução da máquina administrativa e das políticas públicas, o administrador não mais se submete à mera legalidade estrita, mas sim aos preceitos que emanam diretamente da Constituição Federal.

2. **Princípios da Administração Pública:** para memorizar os princípios da administração pública que constam do artigo 37, da CF, o amigo leitor pode valer-se da clássica expressa mnemônica **"LIMPE"**.

Princípios da Administração Pública	
L	egalidade
I	mpessoalidade
M	oralidade
P	ublicidade
E	ficiência
LIMPE	

3. O **conteúdo do Princípio da Legalidade** (art. 37, *caput*, da CF) **não exclui a possibilidade de atividade discricionária pela Administração Pública**, desde que observados os limites da lei, quando esta deixa alguma margem para a Administração agir conforme os critérios de conveniência e oportunidade. Isso porque, é ínsita à atividade administrativa a tomada de decisões políticas, que se referem às opções que o administrador pode escolher na administração dos bens e serviços públicos. Por exemplo: um administrador pode decidir entre a construção de uma escola ou hospital (valendo-se de critérios de conveniência e oportunidade), e ambas são opções políticas legítimas. Entretanto, para materializar a obra, ele deverá abrir procedimento licitatório, pois a Constituição Federal (art. 37, XXI) e a Lei 8.666/93 lhe impõem esse dever (limites da lei).

4. A Administração Pública pode ser **direta** (prestada pela própria pessoa política, União, Estado ou Município) ou **indireta** (descentralizada para outra pessoa jurídica, Autarquia, Fundação, Empresa Pública ou Sociedade de Economia Mista).

5. Somente por **lei específica** poderá ser criada autarquia e autorizada a instituição de empresa pública, de sociedade de economia mista e de fundação, cabendo à **lei complementar**, neste último caso (fundação), definir as áreas de sua atuação.

6. Depende de **autorização legislativa**, em cada caso, a criação de subsidiárias de empresa pública, assim como a participação de qualquer delas em empresa privada.

7. A **autonomia gerencial, orçamentária e financeira dos órgãos e entidades da administração direta e indireta poderá ser ampliada** mediante contrato, a ser firmado entre seus administradores e o poder público, que tenha por objeto a fixação de metas de desempenho para o órgão ou entidade, cabendo à lei dispor sobre prazo de duração do contrato, os controles e critérios de avaliação de desempenho, direitos, obrigações e responsabilidade dos dirigentes, bem como a remuneração do pessoal.

8. A **administração fazendária** e seus servidores fiscais terão, dentro de suas áreas de competência e jurisdição, **precedência sobre os demais setores administrativos**, na forma da lei (art. 37, XVIII, da CF).

9. A **publicidade dos atos, programas, obras, serviços e campanhas dos órgãos públicos** deverá ter **caráter educativo, informativo ou de orientação,** dela não podendo constar nomes, símbolos ou imagens que caracterizem promoção pessoal de autoridades ou servidores públicos.

- No ARE 652777, julgado em 2015 e relatado pelo Ministro Teori Zavascki, em que se reconheceu repercussão geral, **o STF entendeu ser legítima a publicação, inclusive em sítio eletrônico mantido pela Administração Pública, dos nomes dos seus servidores e do valor dos correspondentes vencimentos e vantagens pecuniárias.**

10. As obras, serviços, compras e alienações, ressalvados os casos especificados na legislação, serão contratados mediante processo de **licitação pública** que assegure igualdade de condições a todos os concorrentes, com cláusulas que estabeleçam obrigações de pagamento, mantidas as condições efetivas da proposta, nos termos da lei, o qual somente permitirá as exigências de qualificação técnica e econômica indispensáveis à garantia do cumprimento das obrigações.

11. Concurso Público

- Quanto a **concurso público e o princípio da igualdade**, segundo **entendimento do STF**, é possível: a) fixação limites etários máximos para a admissão de pessoal no serviço público em atenção à natureza das atribuições do cargo a ser preenchido; e b) estabelecimento de limites mínimos de altura para candidatos em concurso público.

CONCURSO PÚBLICO E O PRINCÍPIO DA IGUALDADE Segundo entendimento do STF é possível:
a) fixação **limites etários máximos** para a admissão de pessoal no serviço público em atenção à natureza das atribuições do cargo a ser preenchido (Súmula 683, do STF);
b) estabelecimento de **limites mínimos de altura** para candidatos em concurso público;

- Súmula 683, do STF: "O limite de idade para a inscrição em concurso público só se legitima em face do art. 7º, XXX, da Constituição, quando possa ser justificado pela natureza das atribuições do cargo a ser preenchido."
- Segundo a jurisprudência do STF: "Razoabilidade da exigência de altura mínima para ingresso na carreira de delegado de polícia, dada a natureza do cargo a ser exercido. Violação ao princípio da isonomia. Inexistência." (RE 140.889, Rel. p/ o ac. Min. Maurício Corrêa, julgamento em 30-5-2000, Segunda Turma, DJ de 15-12-2000.)
- No **RE 598.099**, julgado em 2011 e relatado pelo Ministro Gilmar Mendes, o STF assentou que: "Dentro do prazo de validade do concurso, **a administração poderá escolher o momento no qual se realizará a nomeação**, mas não poderá dispor sobre a própria nomeação, a qual, de acordo com o edital, passa a constituir um direito do concursando aprovado e, dessa forma, um dever imposto ao Poder Público. **Uma vez publicado o edital do concurso com número específico de vagas, o ato da administração que declara os candidatos aprovados no certame cria um dever de nomeação para a própria administração** e, portanto, um direito à nomeação titularizado pelo candidato aprovado dentro desse

número de vagas. (...) O dever de boa-fé da administração pública exige o respeito incondicional às regras do edital, inclusive quanto à previsão das vagas do concurso público". **Entretanto**, quando se afirma que a Administração Pública tem a obrigação de nomear os aprovados dentro do número de vagas previsto no edital, **deve-se levar em consideração a possibilidade de situações excepcionalíssimas que justifiquem soluções diferenciadas**, devidamente motivadas de acordo com o interesse público. Não se pode ignorar que determinadas situações excepcionais podem exigir a recusa da Administração Pública de nomear novos servidores. Para justificar o excepcionalíssimo não cumprimento do dever de nomeação por parte da Administração Pública, é necessário que a situação justificadora seja dotada das seguintes características: a) Superveniência: os eventuais fatos ensejadores de uma situação excepcional devem ser necessariamente posteriores à publicação do edital do certame público; b) Imprevisibilidade: a situação deve ser determinada por circunstâncias extraordinárias, imprevisíveis à época da publicação do edital; c) Gravidade: os acontecimentos extraordinários e imprevisíveis devem ser extremamente graves, implicando onerosidade excessiva, dificuldade ou mesmo impossibilidade de cumprimento efetivo das regras do edital; d) Necessidade: a solução drástica e excepcional de não cumprimento do dever de nomeação deve ser extremamente necessária, de forma que a Administração somente pode adotar tal medida quando absolutamente não existirem outros meios menos gravosos para lidar com a situação excepcional e imprevisível. De toda forma, a recusa de nomear candidato aprovado dentro do número de vagas deve ser devidamente motivada e, dessa forma, passível de controle pelo Poder Judiciário.

- A **Súmula 15 do STF** dispõe: "Dentro do prazo de validade do concurso, o candidato aprovado tem **direito à nomeação, quando o cargo for preenchido sem observância da classificação**."
- "A **abertura de novo concurso**, no prazo de validade de concurso anterior, não gera direito de nomeação para os candidatos aprovados no primeiro, mas apenas **prioridade sobre os novos concursados**." (STF. RMS 22.926, julgado em 1997 e relatado pelo Ministro Ilmar Galvão).
- A exigência constitucional de reserva de vagas para portadores de deficiência em concurso público **não pode** ser afastada se o percentual legalmente previsto for inferior a um, hipótese em que a fração deve ser arredondada, obedecendo a regra constitucional constante no art. 37, VIII, da CF.

12. Os cargos, empregos e funções públicas são acessíveis aos brasileiros que preencham os requisitos legais, **assim como aos estrangeiros**, na forma da lei (art. 37, I, da CF).

13. É **inconstitucional** toda modalidade de provimento que propicie ao servidor investir-se, sem prévia aprovação em concurso público destinado ao seu provimento, em cargo que não integra a carreira na qual anteriormente investido (Súmula Vinculante 43).

14. Adquire **estabilidade, após três anos de efetivo exercício**, o servidor nomeado para cargo de provimento efetivo em virtude de concurso público, consoante art. 41, *caput*, da CF.

15. Em 2007, no bojo dos Mandados de Injunção (MIs) 670, 708 e 712, o STF autorizou **a aplicação da lei de greve da iniciativa privada** (Lei 7.783/89) **para garantir o exercício grevista regular dos servidores públicos**.

- Vale notar, entretanto, que o STF vem entendendo pela **inadmissibilidade de exercício de greve por policiais**. "O direito constitucional de greve atribuído aos servidores públicos em geral não ampara indiscriminadamente todas as categorias e carreiras, mas antes excepciona casos como o de agentes armados e policiais cujas atividades não podem ser paralisadas, ainda que parcialmente, sem graves prejuízos para a segurança e a tranquilidade pública. (Ministro Gilmar Mendes, ao negar seguimento ao MI 774).

16. Tanto a vinculação quanto a equiparação de quaisquer espécies remuneratórias no serviço público **são vedadas** para o efeito de remuneração de pessoal das carreiras públicas (art. 37, XIII, da CF).

17. É **vedada a acumulação** remunerada de cargos ou empregos públicos, exceto, quando houver compatibilidade de horários, nos seguintes casos: a) a de dois cargos de professor; b) a de um cargo de professor com outro técnico ou científico; c) a de dois cargos ou empregos privativos de profissionais de saúde, com profissões regulamentadas.

ACUMULAÇÃO REMUNERADA DE CARGOS PÚBLICOS	
1. Regra ⟶	Vedação/Impossibilidade
2. Exceções	a) dois cargos de professor b) um cargo de professor com outro técnico ou científico c) dois cargos ou empregos privativos de profissionais de saúde, com profissões regulamentadas

- **Cuidado! Não é possível** a acumulação nos seguintes casos:

  a) de cargo técnico com outro privativo de profissional da saúde;

  b) de mais de dois cargos ou empregos públicos (três ou mais).

  c) de dois cargos técnicos;

18. As **funções de confiança**, exercidas exclusivamente por servidores ocupantes de cargo efetivo, e os **cargos em comissão**, a serem preenchidos por servidores de carreira nos casos, condições e percentuais mínimos previstos em lei, **destinam-se apenas às atribuições de direção, chefia e assessoramento**.

19. **A nomeação de cargos de natureza política não está incluída nas proibições elencadas pela Súmula Vinculante 13**, **que veda a prática do nepotismo** em qualquer dos Poderes de todos os Entes Federados no Brasil, nos seguintes termos: "A nomeação de cônjuge, companheiro ou parente em linha reta, colateral ou por afinidade, até o terceiro grau, inclusive, da autoridade nomeante ou de servidor da mesma pessoa jurídica, investido em cargo de direção, chefia ou assessoramento, para o exercício de cargo em comissão ou de confiança, ou, ainda, de função gratificada na Administração Pública direta e indireta, em qualquer dos Poderes da União, dos Estados, do Distrito Federal e dos municípios, compreendido o ajuste mediante designações recíprocas, viola a Constituição Federal."

20. **Reintegração:** invalidação da pena de demissão aplicada a servidor público, com o retorno ao cargo, sem prejuízo da indenização. Se quem estiver em seu lugar for estável, será reconduzido ao cargo anteriormente ocupado, ou será afastado com vencimentos proporcionais, ou aproveitado em outro cargo (sem direito a indenização), mas se quem estava no lugar não era estável, será simplesmente exonerado.

21. A **exoneração** somente será a pedido ou por conveniência da administração, já a **demissão** é sempre a título de punição.

- O servidor público ocupante de cargo efetivo **não pode ser exonerado segundo livre critério da autoridade competente**, pois os casos de perda de cargo estão previstos no § 1º do art. 41 da CF (I – Em virtude de sentença judicial transitada em julgado; II – Mediante Processo Administrativo em que lhe seja assegurada ampla defes; III – Mediante Procedimento de Avaliação Periódica de Desempenho, na forma da lei complementar, assegurada ampla defeda).
- No caso da **falta de necessidade do cargo**, o servidor **ficará em disponibilidade**, com remuneração proporcional ao tempo de serviço, até o seu adequado aproveitamento em outro cargo.
- O servidor público ocupante de cargo efetivo **não pode ser exonerado *ad nutum***, com base em decreto que declara a desnecessidade do cargo (Súmula 21 do STF).

22. Os **vencimentos** referem-se ao vencimento básico somado às gratificações permanentes previstas em lei (art. 1º, da Lei 8.852/94), que se aplicam aos agentes administrativos submetidos a regime estatutário, os denominados servidores públicos.

23. Já o **subsídio**, na lição de Leandro Bortoleto "é o pagamento de uma única parcela, sem subdivisões [...] forma normalmente adotada para se remunerar os agentes políticos" (*Direito Administrativo*. Salvador: Juspodivm, 2012, p. 142).

24. Segundo Hely Lopes Meirelles "**vantagens pecuniárias** são acréscimos de estipêndio do servidor, concedidas a título definitivo ou transitório, pela decorrência do tempo de serviço (*ex facto temporis*), ou pelo desempenho de funções especiais (*ex facto officii*), ou em razão das condições anormais em que se realiza o serviço (*propter laborem*), ou, finalmente, em razão de condições pessoais do servidor (*propter personam*). As duas primeiras espécies constituem os adicionais (adicionais de vencimento e adicionais de função), as duas últimas formam a categoria das gratificações (gratificações de serviço e gratificações pessoais). (*Direito Administrativo Brasileiro*, 18 ed. São Paulo: Malheiros, 1993, p. 402). Portanto, pode-se dizer que **os vencimentos abrangem vantagens pecuniárias (gratificações)**

25. O membro de Poder, o detentor de mandato eletivo, os Ministros de Estado e os Secretários Estaduais e Municipais serão remunerados exclusivamente por **subsídio fixado em parcela única** (e não em quatro parcelas, trimestrais), vedado o acréscimo de qualquer gratificação, adicional, abono, prêmio, verba de representação ou outra espécie remuneratória.

26. É vedada a **vinculação ou equiparação de quaisquer espécies remuneratórias** para o efeito de remuneração de pessoal do serviço público.

27. Os **acréscimos pecuniários percebidos por servidor público** não serão computados e acumulados para fins de concessão de acréscimos ulteriores.

28. A fixação dos **padrões de vencimento e dos demais componentes do sistema remuneratório** observará a natureza, o grau de responsabilidade e a complexidade dos cargos componentes de cada carreira; os requisitos para a investidura; e as peculiaridades dos cargos.

29. A Lei da União, dos Estados, do Distrito Federal e dos Municípios disciplinará a aplicação de recursos orçamentários provenientes da economia com despesas correntes em cada órgão, autarquia e fundação, para aplicação no desenvolvimento de programas de qualidade e produtividade, treinamento e desenvolvimento, modernização, reaparelhamento e racionalização do serviço público, **inclusive** sob a forma de adicional ou prêmio de produtividade (art. 39, § 7º, da CF).

30. A remuneração dos servidores públicos deve ser fixada por lei específica, assegurada a revisão geral anual, **sempre na mesma data e sem distinção de índices**, e não depois de decorrido o prazo mínimo de um ano do último reajuste concedido à categoria.

31. A **fixação de vencimentos dos servidores** públicos não pode ser objeto de **convenção coletiva** (Súmula 679 do STF).

32. O **teto salarial do funcionalismo público**, previsto no texto constitucional e cujo parâmetro é o subsí-

dio dos ministros do STF, **aplica-se** aos servidores da administração direta, autárquica e fundacional, e também, aos empregados das empresas públicas e sociedades de economia mista, e suas subsidiárias, que receberem recursos da União, dos Estados, do DF ou dos Municípios para pagamento de despesas de pessoal ou de custeio em geral (art. 37, § 9º, da CF).

33. A União, os Estados e o Distrito Federal manterão escolas de governo para a formação e o aperfeiçoamento dos servidores públicos, constituindo-se a participação nos cursos um dos requisitos para a promoção na carreira, **facultada** (e não sendo obrigatória), para isso, a celebração de convênios ou contratos entre os entes federados, que deverão promovê-los anualmente.

- **Súmula Vinculante 37**: "Não cabe ao Poder Judiciário, que não tem função legislativa, aumentar vencimentos de servidores públicos sob fundamento de isonomia".

34. Aos servidores titulares de cargos efetivos da União, dos Estados, do Distrito Federal e dos Municípios, **incluídas** suas autarquias e fundações, é assegurado **regime de previdência de caráter contributivo e solidário**, mediante contribuição do respectivo ente público, dos servidores ativos e inativos e dos pensionistas, observados critérios que preservem o equilíbrio financeiro e atuarial.

35. Os servidores abrangidos pelo regime de previdência **serão aposentados**: I – por invalidez permanente, sendo os proventos proporcionais ao tempo de contribuição, exceto se decorrente de acidente em serviço, moléstia profissional ou doença grave, contagiosa ou incurável, na forma da lei; II – compulsoriamente, aos setenta anos de idade, com proventos proporcionais ao tempo de contribuição; III – voluntariamente, desde que cumprido tempo mínimo de dez anos de efetivo exercício no serviço público e cinco anos no cargo efetivo em que se dará a aposentadoria, observadas as seguintes condições: a) sessenta anos de idade e trinta e cinco de contribuição, se homem, e cinqüenta e cinco anos de idade e trinta de contribuição, se mulher; b) sessenta e cinco anos de idade, se homem, e sessenta anos de idade, se mulher, com proventos proporcionais ao tempo de contribuição.

36. Os **proventos de aposentadoria** e as pensões, por ocasião de sua concessão, **não** poderão exceder a remuneração do respectivo servidor, no cargo efetivo em que se deu a aposentadoria ou que serviu de referência para a concessão da pensão.

37. Os proventos **nunca poderão ser excedentes ao subsídio mensal, em espécie, dos Ministros do Supremo Tribunal Federal**, o que não abrange as parcelas de caráter indenizatório previstas em lei.

<table>
<tr><th colspan="5">REGRAS CONSTITUCIONAIS PARA APOSENTADORIA DO SERVIDOR</th></tr>
<tr><th>Modalidade</th><th>Sexo</th><th>Requisito</th><th>Aposentadoria</th><th>Limite/Teto</th></tr>
<tr><td>I. Por Invalidez Permanente</td><td>Homem ou Mulher</td><td>Invalidez Permanente</td><td>Com proventos proporcionais ao tempo de contribuição, exceto se decorrente de acidente em serviço, moléstia profissional ou doença grave, contagiosa ou incurável.</td><td rowspan="10">Proventos nunca excedentes ao subsídio mensal, em espécie, dos Ministros do Supremo Tribunal Federal</td></tr>
<tr><td>II. Compulsoriamente</td><td>Homem ou Mulher</td><td>70 ou 75 anos de idade, na forma de lei complementar</td><td>Com proventos proporcionais ao tempo de contribuição.</td></tr>
<tr><td rowspan="8">III. Voluntariamente</td><td rowspan="3">1. Homem</td><td>a) 60 anos de idade + 35 anos de contribuição</td><td>Com proventos integrais, nunca excedentes à remuneração do servidor em atividade</td></tr>
<tr><td rowspan="2">a) 65 anos de idade</td><td>OU</td></tr>
<tr><td>Com proventos proporcionais ao tempo de contribuição</td></tr>
<tr><td rowspan="3">2. Mulher</td><td>a) 55 anos de idade + 30 anos de contribuição</td><td>Com proventos integrais, nunca excedentes à remuneração do servidor em atividade</td></tr>
<tr><td rowspan="2">b) 60 anos de idade</td><td>OU</td></tr>
<tr><td>Com proventos proporcionais ao tempo de contribuição</td></tr>
<tr><td colspan="3">E</td></tr>
<tr><td>3. Homem e Mulher</td><td>Tempo mínimo de dez anos de efetivo exercício no serviço público e cinco anos no cargo efetivo em que se dará a aposentadoria</td><td></td></tr>
</table>

38. É **vedada a existência de mais de um regime próprio de previdência social para os servidores titulares de cargos efetivos.**

39. Notários e registradores: "O art. 40, § 1º, II, da CB, na redação que lhe foi conferida pela EC 20/1998, está restrito aos cargos efetivos da União, dos Estados-membros, do Distrito Federal e dos Municípios – incluídas as autarquias e fundações. Os serviços de registros públicos, cartorários e notariais são exercidos em caráter privado por delegação do Poder Público – serviço público não privativo. **Os notários e os registradores exercem atividade estatal, entretanto não são titulares de cargo público efetivo, tampouco ocupam cargo público. Não são servidores públicos, não lhes alcançando a compulsoriedade imposta pelo mencionado art. 40 da CF/1988 – aposentadoria compulsória aos setenta anos de idade."** (ADI 2.602, julgada em 2005 e relatada para o acórdão pelo Ministro Eros Grau).

40. As pessoas jurídicas de direito público e as de direito privado prestadoras de serviços públicos **responderão pelos danos que seus agentes, nessa qualidade, causarem a terceiros**, assegurado o direito de regresso contra o responsável nos casos de dolo ou culpa.

41. Segundo o STF, "A **responsabilidade civil das pessoas jurídicas de direito privado prestadoras de serviço público é objetiva relativamente a terceiros usuários, e não usuários do serviço**, segundo decorre do art. 37, § 6º, da CF. A inequívoca presença do nexo de causalidade entre o ato administrativo e o dano causado ao terceiro não usuário do serviço público é condição suficiente para estabelecer a responsabilidade objetiva da pessoa jurídica de direito privado." (RE 591.874, julgado em 2009 e relatado pelo Ministro Ricardo Lewandowski).

42. A lei disporá sobre os requisitos e as restrições ao ocupante de cargo ou emprego da administração direta e indireta que possibilite o acesso a informações privilegiadas.

43. A Administração pode anular seus próprios atos, quando eivados de vícios que os tornem ilegais, porque deles não se originam direitos, ou revogá-los, por motivo de conveniência ou oportunidade, mas **não pode** fazer revisão de direitos adquiridos, consoante súmula 473 do STF.

44. Os atos de improbidade administrativa importarão a **suspensão** de direitos políticos, a perda da função pública, a indisponibilidade de bens e o ressarcimento ao erário, na forma e gradação previstas em lei, **sem prejuízo da ação penal cabível**.

- **Súmulas**
- **Súmula Vinculante 21:** É inconstitucional a exigência de depósito ou arrolamento prévios de dinheiro ou bens para a admissibilidade de recurso administrativo.

SEPARAÇÃO DOS PODERES

- **CF, artigos 44 a 126 da CF.**

✦ DICAS

1. **Separação dos Poderes**: são **independentes e harmônicos entre si**, o Executivo, o Legislativo e o Judiciário, que se fiscalizam, uns aos outros, em mecanismo de freios e contrapesos, eliminando-se os excesso e desvios.

- Piero Calamandrei ensina que o **critério orgânico** explica o exercício da função estatal a partir do órgão responsável por seu exercício. Sendo assim, a função jurisdicional (jurisdição) é aquela exercida fundamentalmente pelo Poder Judiciário. Ao seu lugar, a função de administrar ou executar pertence ao Poder Executivo. Por fim, a função de legislar é a desempenhada pelo Poder Legislativo. (c.f. Instituições de Direito Processual Civil. 1 V. Campinas: booksellers, 2003). Desta feita, é o critério orgânico que considera como jurisdição aquilo que o legislador constituinte incluiu na competência dos órgãos Judiciários e como administração o que conferiu aos órgãos do Executivo.

2. Em âmbito Federal, o **Poder Legislativo** é exercido pelo Congresso Nacional, que se compõe da Câmara dos Deputados e do Senado Federal.

- O Congresso Nacional reúne-se, anualmente, na Capital Federal, de 2 de **fevereiro** (não janeiro) a **17 de julho** (não 30 de junho) e de 1º de agosto a 22 de dezembro, nos termos do art. 57, *caput*, da CF.
- Salvo disposição constitucional em contrário, as **deliberações** de cada Casa do Congresso Nacional e de suas Comissões serão tomadas por maioria dos votos, presente a maioria absoluta de seus membros.

ATIVIDADE LEGISLATIVA DO CONGRESSO NACIONAL	
Legislatura	Período de 4 anos de atividade legislativa
Sessão Legislativa	Período compreendido entre 2 de fevereiro a 17 de julho e 1º de agosto a 22 de dezembro de cada ano
Sessão Extraordinária	Ocorre por convocação ou do Presidente do Senado Federal ou do Presidente da Câmara dos Deputados ou do Presidente da República ou a requerimento da maioria dos membros de ambas as Casas, em caso de urgência ou interesse público relevante.
Sessão Conjunta	Reunião da Câmara dos Deputados e do Senado Federal destinada, por exemplo, a conhecer do veto presidencial e sobre ele deliberar.

- A **Câmara dos Deputados** compõe-se de representantes do povo, eleitos, pelo sistema proporcional, em cada Estado, em cada Território e no Distrito Federal.
- Os Deputados Federais representam o povo e possuem mandato de quatro anos (art. 45, da CF), **o mesmo período de duração da legislatura do Congresso Nacional**.
- Cada **Território** elegerá quatro Deputados Federais.
- O **Senado Federal** compõe-se de representantes dos Estados e do Distrito Federal, eleitos segundo o princípio majoritário para mandato de oito anos. Com esse mandato, o Senador exercerá o cargo por duas legislaturas. A renovação se dará de quatro em quatro anos, alternadamente, por um e dois terços.
- Cada Estado e o Distrito Federal elegerão **3 Senadores**.
- A Câmara dos Deputados e o Senado Federal, **ou qualquer de suas Comissões**, poderão convocar **Ministro de Estado** ou quaisquer titulares de órgãos diretamente subordinados à Presidência da República para prestarem, pessoalmente, informações sobre assunto previamente determinado, **importando crime de responsabilidade a ausência sem justificação adequada,** de modo que a convocação é absolutamente constitucional, e a ausência injustificada do Ministro importaria crime de responsabilidade.
- Compete exclusivamente ao Congresso Nacional **sustar os atos normativos** do Poder Executivo que exorbitem do poder regulamentar ou dos limites de delegação legislativa.
- Compete exclusivamente ao Congresso Nacional resolver definitivamente apenas sobre tratados acordos ou atos internacionais **que acarretem encargos ou compromissos gravosos ao patrimônio nacional,** e não sobre tratados de qualquer natureza.
- Compete exclusivamente ao Congresso Nacional aprovar o estado de defesa e a intervenção federal, e **autorizar** o estado de sítio, ou **suspender** qualquer dessas medidas, consoante disposto no art. 49, IV, da CF.
- Para não haver confusão, quanto às **contas do Presidente da República**, memorizar: TCU **aprecia** as contas (art. 71, I, da CF), o Congresso Nacional **julga** as contas (art. 49, IX, da CF) e a Câmara dos Deputados **procede a tomada** de contas (art. 51, II, da CF).
- O Presidente da República somente pode **ausentar-se do país por período superior a 15 dias se o Congresso Nacional autorizá-lo**, nos termos do art. 49, III, da CF.

3. Imunidades

- **Imunidade Material/Inviolabilidade:** Deputados e Senadores são **invioláveis**, civil e penalmente, por quaisquer de suas opiniões, palavras e votos.
- **Imunidade Formal:** desde a expedição do diploma, os membros do Congresso Nacional **não poderão ser presos**, salvo em flagrante de crime inafiançável. Nesse caso, os autos serão remetidos dentro de 24 horas à Casa respectiva, para que, pelo voto da maioria de seus membros, resolva sobre a prisão.
- Deputados e Senadores, desde a **expedição do diploma**, serão submetidos a julgamento perante o **Supremo Tribunal Federal**. No entanto, se já encerrada a instrução processual, não será o julgamento afetado pela diplomação. (Info 900/STF)
- Restrição do foro de prerrogativa funcional: "O foro por prerrogativa de função aplica-se apenas aos crimes cometidos durante o exercício do cargo e relacionados às funções desempenhadas." (STF. Plenário. AP 937 QO/RJ, Rel. Min. Roberto Barroso, julgado em 03/05/2018 . Info 900)
- Recebida a denúncia contra o Senador ou Deputado, por crime ocorrido após a diplomação, o Supremo Tribunal Federal dará ciência à Casa respectiva, que, **por iniciativa de partido político** nela representado e pelo voto da maioria de seus membros, **poderá**, até a decisão final, **sustar o andamento** da ação. Assim, **o STF não precisa de licença** da Cada Legislativa para processar um de seus membros.
- No bojo do HC 89.417, julgado pelo STF em 2006 e relatado pela Ministra Carmem Lúcia ficou consignado que, nem sempre, devem ser aplicadas as regras dos parágrafos 2º e 3º do art. 52, da CF (imunidades), *in verbis*: "Os elementos contidos nos autos impõem interpretação que considere mais que a regra proibitiva da prisão de parlamentar, isoladamente, como previsto no art. 53, § 2º, da CR. Há de se buscar interpretação que conduza à aplicação efetiva e eficaz do sistema constitucional como um todo. **A norma constitucional que cuida da imunidade parlamentar e da proibição de prisão do membro de órgão legislativo não pode ser tomada em sua literalidade, menos ainda como regra isolada do sistema constitucional**. Os princípios determinam a interpretação e aplicação corretas da norma, sempre se considerando os fins a que ela se destina. A Assembleia Legislativa do Estado de Rondônia, composta de 24 deputados, dos quais, 23 estão indiciados em diversos inquéritos, afirma situação excepcional e, por isso, não se há de aplicar a regra constitucional do art. 53, § 2º, da CF, de forma isolada e insujeita aos princípios fundamentais do sistema jurídico vigente".
- A **inviolabilidade parlamentar não se estende ao congressista quando, na condição de candidato a qualquer cargo eletivo, vem a ofender, moralmente, a honra de terceira pessoa**, inclusive a de outros candidatos, em pronunciamento motivado por finalidade exclusivamente eleitoral, que não guarda qualquer conexão com o exercício das funções congressuais. Segundo o STF, "o postulado republicano – que repele privilégios e não tolera discriminações – impede que o parlamentar-candidato tenha, sobre seus concorrentes, qualquer vantagem de ordem jurídico-penal resultante da garantia da imunidade parlamentar, sob pena de dispensar-se, ao congressista, nos pronunciamentos estranhos à atividade legislativa, tratamento diferenciado e seletivo, capaz de gerar, no contexto do processo eleitoral, inaceitável quebra da essen-

cial igualdade que deve existir entre todos aqueles que, parlamentares ou não, disputam mandatos eletivos". (Inq-QO 1400, julgado em 2002 e relatado pelo Ministro Celso de Mello).

- "Perda do mandato parlamentar. Entendimento da maioria no sentido de que **não cabe ao Poder Judiciário decretar a perda de mandato de parlamentar federal, em razão de condenação criminal. Determinação de comunicação à respectiva Casa para instauração do procedimento do art. 55, § 2º, da Constituição Federal**" (STF. AP 572, julgada em 2014 e relatada pelo Ministro Gilmar Mendes).
- **Os Vereadores gozam de imunidade material** (inviolabilidade) relativa às suas opiniões, palavras e votos, no exercício do mandato e na **circunscrição (limites territoriais) do Município** a que estejam vinculados.
- A **imunidade formal** (que garante regras especiais para a prisão e o processo de Parlamentar) **não se aplica aos Vereadores**, por falta de expressa previsão no Texto Constitucional. Aliás, esse é o posicionamento do STF sobre o tema: "O Tribunal, por maioria, julgou procedente o pedido formulado na inicial de ação direta ajuizada pelo Procurador-Geral da República para declarar a inconstitucionalidade da expressão abaixo destacada, constante da parte final do inciso XVII, do art. 13, da Constituição do Estado de Sergipe, que estabelece "a inviolabilidade do vereador por suas opiniões, palavras e votos, no exercício do mandato e na circunscrição do Município, não podendo, desde a expedição do diploma até a inauguração da legislatura seguinte, ser preso, salvo em flagrante de crime inafiançável, nem processado criminalmente sem prévia autorização da Câmara Municipal, cujo deferimento da licença ou ausência de deliberação suspende a prescrição enquanto durar o mandato;". Considerou-se caracterizada na espécie a ofensa ao art. 22, I, da CF/88, que prevê a competência privativa da União para legislar sobre direito penal e processual. O Min. Sepúlveda Pertence também julgou procedente o pedido formulado, mas por fundamento diverso, qual seja, por ofensa ao art. 29, VIII – "inviolabilidade dos vereadores por suas opiniões, palavras e votos no exercício do mandato e na circunscrição do município". – haja vista que a CF, ao estender expressamente aos vereadores a imunidade material, excluiu implicitamente a que eles se aplicasse a imunidade formal. Vencido o Min. Marco Aurélio que julgava improcedente o pedido formulado, por considerar que os vereadores devem gozar das mesmas prerrogativas quanto ao exercício do mandato no que diz respeito aos deputados federais e senadores. ADI 371, julgada em 2002 e relatada pelo Ministro Maurício Corrêa).

4. Comissão Parlamentar de Inquérito – CPI

- **STF e as CPIs:** "Criação de CPI: requisitos constitucionais. O Parlamento recebeu dos cidadãos, não só o poder de representação política e a competência para legislar, mas também o mandato para fiscalizar os órgãos e agentes do Estado, respeitados, nesse processo de fiscalização, os limites materiais e as exigências formais estabelecidas pela CF. O direito de investigar – que a Constituição da República atribuiu ao Congresso Nacional e às Casas que o compõem (art. 58, § 3º) – tem, no inquérito parlamentar, o instrumento mais expressivo de concretização desse relevantíssimo encargo constitucional, que traduz atribuição inerente à própria essência da instituição parlamentar. A instauração do inquérito parlamentar, para viabilizar-se no âmbito das Casas legislativas, está vinculada, unicamente, à satisfação de três exigências definidas, de modo taxativo, no texto da Carta Política: **(1) subscrição do requerimento de constituição da CPI por, no mínimo, 1/3 dos membros da Casa legislativa, (2) indicação de fato determinado a ser objeto de apuração e (3) temporariedade da CPI.** Preenchidos os requisitos constitucionais (CF, art. 58, § 3º), impõe-se a criação da CPI, que não depende, por isso mesmo, da vontade aquiescente da maioria legislativa. Atendidas tais exigências (CF, art. 58, § 3º), cumpre, ao presidente da Casa legislativa, adotar os procedimentos subsequentes e necessários à efetiva instalação da CPI, não lhe cabendo qualquer apreciação de mérito sobre o objeto da investigação parlamentar, que se revela possível, dado o seu caráter autônomo (RTJ 177/229 – RTJ 180/191-193), ainda que já instaurados, em torno dos mesmos fatos, inquéritos policiais ou processos judiciais. A prerrogativa institucional de investigar, deferida ao Parlamento (especialmente aos grupos minoritários que atuam no âmbito dos corpos legislativos), não pode ser comprometida pelo bloco majoritário existente no Congresso Nacional e que, por efeito de sua intencional recusa em indicar membros para determinada CPI (ainda que fundada em razões de estrita conveniência político-partidária), culmine por frustrar e nulificar, de modo inaceitável e arbitrário, o exercício, pelo Legislativo (e pelas minorias que o integram), do poder constitucional de fiscalização e de investigação do comportamento dos órgãos, agentes e instituições do Estado, notadamente daqueles que se estruturam na esfera orgânica do Poder Executivo. (...) Legitimidade passiva ad causam do presidente do Senado Federal – autoridade dotada de poderes para viabilizar a composição das comissões parlamentares de inquérito." (MS 24.831, julgado em 2005 e relatado pelo Ministro Celso de Mello).
- De acordo com o STF, "O **princípio da colegialidade** traduz diretriz de fundamental importância na regência das deliberações tomadas por qualquer CPI, notadamente quando esta, no desempenho de sua competência investigatória, ordena a adoção de medidas restritivas de direitos, como aquelas que importam na revelação (disclosure) das operações financeiras ativas e passivas de qualquer pessoa. A **legitimidade do ato de quebra do**

sigilo bancário, além de supor a plena adequação de tal medida ao que prescreve a Constituição, deriva da necessidade de a providência em causa respeitar, quanto à sua adoção e efetivação, o princípio da colegialidade, sob pena de essa deliberação reputar-se nula." (MS 24.817, Rel. Min. Celso de Mello, julgamento em 3-2-2005, Plenário, DJE de 6-11-2009.) Ademais, no bojo do MS 23.669, julgado no ano 2000, o Supremo Tribunal Federal decidiu que "A quebra do sigilo bancário, que compreende a ruptura da esfera de intimidade financeira da pessoa, quando determinada por ato de qualquer Comissão Parlamentar de Inquérito, **depende, para revestir-se de validade jurídica, da aprovação da maioria absoluta dos membros que compõem o órgão de investigação legislativa** (Lei nº 4.595/64, art. 38, § 4º)".

- À luz da jurisprudência do STF, "Existe, no sistema político-jurídico brasileiro, um verdadeiro **estatuto constitucional das minorias parlamentares**, cujas prerrogativas – notadamente aquelas pertinentes ao direito de investigar – devem ser preservadas pelo Poder Judiciário, a quem incumbe proclamar o alto significado que assume, para o regime democrático, a essencialidade da proteção jurisdicional a ser dispensada ao direito de oposição, analisado na perspectiva da prática republicana das instituições parlamentares. A norma inscrita no art. 58, § 3º, da CR destina-se a ensejar a participação ativa das minorias parlamentares no processo de investigação legislativa, sem que, para tanto, mostre-se necessária a concordância das agremiações que compõem a maioria parlamentar. O direito de oposição, especialmente aquele reconhecido às minorias legislativas, para que não se transforme numa prerrogativa constitucional inconsequente, há de ser aparelhado com instrumentos de atuação que viabilizem a sua prática efetiva e concreta no âmbito de cada uma das Casas do Congresso Nacional. **A maioria legislativa não pode frustrar o exercício, pelos grupos minoritários que atuam no Congresso Nacional, do direito público subjetivo que lhes é assegurado pelo art. 58, § 3º, da Constituição e que lhes confere a prerrogativa de ver efetivamente instaurada a investigação parlamentar, por período certo, sobre fato determinado**. Precedentes: MS 24.847/DF, Rel. Min. Celso de Mello. A ofensa ao direito das minorias parlamentares constitui, em essência, um desrespeito ao direito do próprio povo, que também é representado pelos grupos minoritários que atuam nas Casas do Congresso Nacional. (...) O requisito constitucional concernente à observância de 1/3 (um terço), no mínimo, para criação de determinada CPI (CF, art. 58, § 3º), refere-se à subscrição do requerimento de instauração da investigação parlamentar, que traduz exigência a ser aferida no momento em que protocolado o pedido junto à Mesa da Casa legislativa, tanto que, 'depois de sua apresentação à Mesa', consoante prescreve o próprio Regimento Interno da Câmara dos Deputados (art. 102, § 4º), não mais se revelará possível a retirada de qualquer assinatura. **Preenchidos os requisitos constitucionais (CF, art. 58, § 3º), impõe-se a criação da CPI, que não depende, por isso mesmo, da vontade aquiescente da maioria legislativa**. Atendidas tais exigências (CF, art. 58, § 3º), cumpre, ao presidente da Casa legislativa, adotar os procedimentos subsequentes e necessários à efetiva instalação da CPI, não se revestindo de legitimação constitucional o ato que busca submeter, ao Plenário da Casa legislativa, quer por intermédio de formulação de questão de ordem, quer mediante interposição de recurso ou utilização de qualquer outro meio regimental, a criação de qualquer CPI. **A prerrogativa institucional de investigar, deferida ao Parlamento (especialmente aos grupos minoritários que atuam no âmbito dos corpos legislativos), não pode ser comprometida pelo bloco majoritário existente no Congresso Nacional**, que não dispõe de qualquer parcela de poder para deslocar, para o Plenário das Casas legislativas, a decisão final sobre a efetiva criação de determinada CPI, sob pena de frustrar e nulificar, de modo inaceitável e arbitrário, o exercício, pelo Legislativo (e pelas minorias que o integram), do poder constitucional de fiscalizar e de investigar o comportamento dos órgãos, agentes e instituições do Estado, notadamente daqueles que se estruturam na esfera orgânica do Poder Executivo. **A rejeição de ato de criação de CPI, pelo Plenário da Câmara dos Deputados, ainda que por expressiva votação majoritária, proferida em sede de recurso interposto por líder de partido político que compõe a maioria congressual, não tem o condão de justificar a frustração do direito de investigar que a própria CR outorga às minorias que atuam nas Casas do Congresso Nacional**." (MS 26.441, julgado em 2007 e relatado pelo Ministro Celso de Mello).

- "A fundamentação exigida das Comissões Parlamentares de Inquérito quanto à **quebra de sigilo bancário, fiscal, telefônico e telemático não ganha contornos exaustivos** equiparáveis à dos atos dos órgãos investidos do ofício judicante. Requer-se que constem da deliberação as razões pelas quais veio a ser determinada a medida" (MS 24.749 julgado em 2004 e relatado pelo Ministro Marco Aurélio).

- De acordo com o STF, "**O sigilo bancário, o sigilo fiscal e o sigilo telefônico (sigilo este que incide sobre os dados/registros telefônicos e que não se identifica com a inviolabilidade das comunicações telefônicas) – ainda que representem projeções específicas do direito à intimidade, fundado no art. 5º, X, da Carta Política – não se revelam oponíveis, em nosso sistema jurídico, às comissões parlamentares de inquérito**, eis que o ato que lhes decreta a quebra traduz natural derivação dos poderes de investigação que foram conferidos, pela própria CR, aos órgãos de investigação parlamentar. As CPIs, no entanto, para decretarem, legitimamente, por autoridade própria, a quebra do sigilo bancário, do sigilo fiscal e/ ou do sigilo telefônico, relativamente a pessoas por elas investigadas, devem demonstrar, a partir de meros indícios, a existência concreta de causa provável que legitime a medida excepcional (ruptura da esfera de intimidade de quem se acha sob investigação), justificando a necessidade de sua efetivação no procedimento de ampla investigação dos fatos determinados que deram causa à instauração do inquérito parlamentar, sem prejuízo de ulterior controle jurisdicional dos atos em referência (CF, art. 5º, XXXV). As deliberações de qualquer comissão parlamentar de inquérito, à semelhança do que também ocorre com as decisões judiciais (RTJ 140/514), quando destituídas de motivação, mostram-se írritas e despojadas de eficácia jurídica, pois nenhuma medida restritiva de direitos pode ser adotada pelo Poder Público, sem que o ato que a decreta seja adequadamente fundamentado pela autoridade estatal." (MS 23.452, julgado em 1999 e relatado pelo Ministro Celso de Mello).

- A testemunha e o indiciado, quando convocados, **não são obrigados a responder às perguntas que possam incriminá-los, em razão do seu direito constitucional ao silêncio e a não autoincriminação**. Entretanto, tanto o indiciado quanto a testemunha tem **o dever de ao menos comparecer** à CPI.

- É possível a ampliação da atuação de CPI para além da finalidade para a qual ela tenha sido criada. Segundo o STF, **fatos inicialmente imprevistos podem ser acrescidos a uma CPI que esteja em funcionamento** (HC 71.039, julgado em 1996).

É constitucionalmente **legítima** a decisão judicial, emanada por autoridade competente, determinando o compartilhamento de registros bancários entre diversos órgãos de investigação. Também é possível a ampliação do objeto da investigação no curso dos trabalhos. Assim decidiu o STF: "Quarta preliminar. Prova emprestada. Caso 'Banestado'. **Autorização de compartilhamento tanto pela Comissão Parlamentar Mista de Inquérito como pelo STF. Legalidade.** Quinta preliminar. **Ampliação do objeto de investigação de CPI no curso dos trabalhos. Possibilidade**. Precedentes. Sexta preliminar. Quebra de sigilo pela CPMI. Fundamento exclusivo em matéria jornalística. Alegação inconsistente. Posterior autorização para quebra também pelo relator, no âmbito do inquérito e das ações cautelares incidentais. Sétima preliminar. Dados de empréstimo fornecidos pelo Banco Central. Pedido direto do Ministério Público. Ilegalidade. Ausência. Requisição feita pela CPMI dos Correios. Posterior autorização de compartilhamento com o Ministério Público para instrução do inquérito. Legalidade. (...) Oitava preliminar. Dados fornecidos ao Ministério Público pelo banco BMG. **Existência de decisão judicial de quebra de sigilo proferida pelo presidente do STF e, posteriormente, de modo mais amplo, pelo relator do inquérito. Ausência de ilegalidade**." (Inq 2.245, Rel. Min. Joaquim Barbosa, julgamento em 28-8-2007, Plenário, DJ de 9-11-2007.)

- De acordo com o STF, "**Não aparentam caracterizar abuso de exposição da imagem pessoal na mídia, a transmissão e a gravação de sessão em que se toma depoimento de indiciado, em CPI.**" (MS 24.832, julgado em 2004, e relatado pelo Ministro Cezar Peluso).

- Nos termos da jurisprudência do STF, "**O privilégio contra a autoincriminação – que é plenamente invocável perante as CPIs – traduz direito público subjetivo** assegurado a qualquer pessoa, que, na condição de testemunha, de indiciado ou de réu, deva prestar depoimento perante órgãos do Poder Legislativo, do Poder Executivo ou do Poder Judiciário. O exercício do direito de permanecer em silêncio não autoriza os órgãos estatais a dispensarem qualquer tratamento que implique restrição à esfera jurídica daquele que regularmente invocou essa prerrogativa fundamental. Precedentes. **O direito ao silêncio** – enquanto poder jurídico reconhecido a qualquer pessoa relativamente a perguntas cujas respostas possam incriminá-la (*nemo tenetur se detegere*) – impede, quando concretamente exercido, que aquele que o invocou venha, por tal específica razão, a ser preso, ou ameaçado de prisão, pelos agentes ou pelas autoridades do Estado. Ninguém pode ser tratado como culpado, qualquer que seja a natureza do ilícito penal cuja prática lhe tenha sido atribuída, sem que exista, a esse respeito, decisão judicial condenatória transitada em julgado. O princípio constitucional da não culpabilidade, em nosso sistema jurídico, consagra uma regra de tratamento que impede o Poder Público de agir e de se comportar, em relação ao suspeito, ao indiciado, ao denunciado ou ao réu, como se estes já houvessem sido condenados definitivamente por sentença do Poder Judiciário." (HC 79.812, julgado no ano 2000 e relatado pelo Ministro Celso de Mello).

- Para facilitar, preparamos os seguintes quadros:

CPI pode	a) quebrar sigilo fiscal, bancário e de dados; b) ouvir testemunhas e, se for o caso, determinar condução coercitiva (garantido o direito ao silêncio); c) ouvir investigados ou indiciados (garantido o direito ao silêncio).

CPI não pode	a) determinar busca domiciliar; b) determinar interceptação telefônica ou quebra do sigilo de comunicação telefônica (mas poderá determinar quebra do sigilo de dados telefônicos, ou seja, dos registros pretéritos em lista); c) determinar prisão (salvo em flagrante, como no falso testemunho).

- As comissões parlamentares de inquérito **não são permanentes,** pois são criadas para a apuração de fato determinado e por prazo certo. Além disso, possuem **poderes de investigação próprios das autoridades judiciais**, mas **não podem** aplicar sanções, devendo, se for o caso, encaminhar suas conclusões ao Ministério Público, para que promova a responsabilidade civil ou criminal dos infratores.

5. **Tribunal de Contas:** o controle externo, a cargo do Congresso Nacional, será exercido com o auxílio do Tribunal de Contas da União – TCU.

- **Natureza e Poderes do TCU:** de acordo com o STF, "A posição constitucional dos Tribunais de Contas – órgãos investidos de autonomia jurídica – inexistência de qualquer vínculo de subordinação institucional ao poder legislativo – atribuições do Tribunal de Contas que traduzem direta emanação da própria Constituição da República. Os Tribunais de Contas ostentam posição eminente na estrutura constitucional brasileira, não se achando subordinados, por qualquer vínculo de ordem hierárquica, ao Poder Legislativo, de que não são órgãos delegatários nem organismos de mero assessoramento técnico. A competência institucional dos Tribunais de Contas não deriva, por isso mesmo, de delegação dos órgãos do Poder Legislativo, mas traduz emanação que resulta, primariamente, da própria Constituição da República. Doutrina. Precedentes." (ADI 4.190-MC-REF, Rel. Min. Celso de Mello, julgamento em 10-3-2010, Plenário, DJE de 11-6-2010.)

- **TCU e Poderes Implícitos:** "(...) a atribuição de poderes explícitos, ao Tribunal de Contas, tais como enunciados no art. 71 da Lei Fundamental da República, supõe que se lhe reconheça, ainda que por implicitude, a titularidade de meios destinados a viabilizar a adoção de medidas cautelares vocacionadas a conferir real efetividade às suas deliberações finais, permitindo, assim, que se neutralizem situações de lesividade, atual ou iminente, ao erário público. Impende considerar, no ponto, em ordem a legitimar esse entendimento, a formulação que se fez em torno dos poderes implícitos, cuja doutrina, construída pela Suprema Corte dos Estados Unidos da América, no célebre caso McCulloch v. Maryland (1819), enfatiza que a outorga de competência expressa a determinado órgão estatal importa em deferimento implícito, a esse mesmo órgão, dos meios necessários à integral realização dos fins que lhe foram atribuídos. (...) É por isso que entendo revestir-se de integral legitimidade constitucional a atribuição de índole cautelar, que, reconhecida com apoio na teoria dos poderes implícitos, permite, ao TCU, adotar as medidas necessárias ao fiel cumprimento de suas funções institucionais e ao pleno exercício das competências que lhe foram outorgadas, diretamente, pela própria CR." (MS 24.510, Rel. Min. Ellen Gracie, voto do Min. Celso de Mello, julgamento em 19-11-2003, Plenário, DJ de 19-3-2004.)

6. **Processo Legislativo**

- O **processo legislativo compreende** a elaboração de: I – emendas à Constituição; II – leis complementares; III – leis ordinárias; IV – leis delegadas; V – medidas provisórias; VI – decretos legislativos e; VII – resoluções.

- A **Lei Complementar** exige aprovação por maioria absoluta, enquanto a **Lei Ordinária** é aprovada por maioria simples dos membros presentes à sessão, desde que presente a maioria absoluta dos membros de cada Casa ou de suas Comissões.

- As matérias que devem ser regradas por **Lei Complementar** encontram-se taxativamente indicadas no texto constitucional (ao longo dos dispositivos) e, desde que não seja assunto específico de normatização por decreto legislativo ou resolução, o regramento de todo o resíduo competirá à lei ordinária (conclusão que se extrai a partir de interpretação sistemática do texto constitucional).

- **Não** existe **hierarquia** entre lei complementar e lei ordinária, nem entre lei federal e lei estadual.

- As matérias reservadas à Lei Complementar **não** serão objeto de **delegação** do Congresso ao Presidente da República.

- Se uma **lei denominada de complementar versar sobre matéria relativa a lei ordinária** (ou seja, para a qual não seria exigível lei complementar), então ela poderá ser revogada também por lei ordinária posterior. Esse é o entendimento do STF (RE, 377.457, julgado em 2008 e relatado pelo Ministro Gilmar Mendes).
- Na apreciação de **projeto de lei delegada** pelo Congresso Nacional, não são admitidas emendas parlamentares.
- A discussão e votação dos **Projetos de Lei Ordinária não** devem, obrigatoriamente, ter início na Câmara dos Deputados. Somente os projetos de lei de iniciativa do Presidente da República, do Supremo Tribunal Federal e dos Tribunais Superiores terão início obrigatoriamente na Câmara dos Deputados (art. 64, da CF).
- A **correção redacional** a um projeto de lei ordinária **não importa** em retorno à casa iniciadora. Somente se exige o retorno à Casa iniciadora se a emenda parlamentar introduzida acarretar modificação no sentido da proposição jurídica, o que não ocorre quando há mera correção de redação.
- "**Não é necessária a reapreciação**, pela Câmara dos Deputados, de expressão suprimida pelo Senado Federal em texto de proposta de emenda constitucional que, na redação remanescente, aprovada por ambas as Casas do Congresso Nacional, **não perdeu sentido normativo**". (STF, ADI 3.367, julgada em 2005 e relatada pelo Ministro Cezar Peluso).
- **A sanção de projeto de lei não convalida o vício** de inconstitucionalidade resultante da usurpação do poder de iniciativa.
- Dá-se a chamada **sanção tácita** quando o Presidente da República permanece inerte durante o prazo de que dispõe para vetar ou sancionar o projeto de lei.
- É possível o controle sobre a **intempestividade do veto**, nos termos da jurisprudência do STF: "Processo legislativo: veto mantido pelo Legislativo: decreto-legislativo que, anos depois, sob fundamento de ter sido o veto intempestivo, desconstitui a deliberação que o mantivera e declara tacitamente sancionada a parte vetada do projeto de lei. Inconstitucionalidade formal do decreto-legislativo, independentemente da indagação acerca da validade material ou não da norma por ele considerada sancionada: aplicação ao **processo legislativo, que é verdadeiro processo, da regra da preclusão que, como impede a retratação do veto, também obsta a que se retrate o Legislativo de sua rejeição ou manutenção; preclusão, no entanto, que, não se confundindo com a coisa julgada, esta sim, peculiar do processo jurisdicional, não inibe o controle judicial da eventual intempestividade do veto.**" (ADI 1.254, Rel. Min. Sepúlveda Pertence, julgamento em 9-12-1999, Plenário, DJ de 17-3-2000.)
- A **iniciativa popular** pode ser exercida pela apresentação à Câmara dos Deputados de projeto de lei subscrito por, no mínimo, um por cento do eleitorado nacional, distribuído pelo menos por cinco Estados, com não menos de três décimos por cento dos eleitores de cada um deles.
- **Não** há previsão de iniciativa popular para se emendar a Constituição.
- São de iniciativa privativa do **Presidente da República** as leis que disponham sobre a criação de cargos, funções ou empregos públicos na administração direta e autárquica ou **aumento de sua remuneração** (art. 61, § 1º, II, "a", da CF). Essa regra, também deve ser aplicada ao Governador e à administração estadual, em decorrência do **Princípio da Simetria ou Parametricidade**, segundo o qual, as normas de organização do Estado dispostas na Constituição Federal e válidas para a União, devem ser reproduzidas nas Constituições Estaduais e aplicadas aos Estados Membros. O mesmo se dá em relação aos Municípios, na medida em que será de iniciativa privativa dos Prefeitos a criação de cargos, funções ou empregos públicos na administração direta e autárquica ou aumento de sua remuneração no âmbito de cada Município.
- No bojo da ADI 2813 (rel. Min. Cármen Lúcia, 1º.8.2011), **o STF entendeu pela possibilidade de emendas parlamentares a projetos de lei de iniciativa do Chefe do Poder Executivo, desde que** haja pertinência temática com o projeto de lei originário e que delas não decorra aumento da despesa global prevista (art. 166, §§ 3º e 4º da CF).
- Ainda, segundo consta do Informativo 773 do STF, no bojo da ADI 3942/DF, julgada em 2014 e relatada pela Ministra Cármen Lúcia, "**A iniciativa de competência privativa do Poder Executivo não impede a apresentação de emendas parlamentares, presente a identidade de matéria e acompanhada da estimativa de despesa e respectiva fonte de custeio**. Com base nessa orientação, o Plenário julgou improcedente pedido formulado em ação direta em face do art. 2º da Lei 11.075/2004, que dispõe sobre a criação de 435 cargos em comissão do Grupo-Direção e Assessoramento Superiores – DAS e Funções Gratificadas – FG. **O Plenário enfatizou que a Lei 11.075/2004 resultaria da fusão de conteúdo de duas normas de iniciativas presidenciais que contaram com parecer de comissão mista parlamentar incumbida da apreciação da matéria. Asseverou que, no caso, a incorporação ou a fusão de um projeto de lei em outro — projeto de conversão de medida provisória em lei — por emenda parlamentar seria admissível, desde que ambos tivessem sido propostos pela mesma autoridade, em respeito à competência para iniciar o processo legislativo**. Frisou que **a emenda parlamentar não desvirtuara a proposta inicial e tampouco incorrera na vedação ao aumento da despesa originalmente prevista**

(CF, art. 63, I e II). Ademais, a eventual superação do limite estabelecido pela LC 101/2000 para despesas com pessoal, decorrente da criação de novos cargos em comissão e das funções gratificadas, não importaria em ofensa direta e imediata à Constituição, porque seu exame estaria restrito à verificação de sua legalidade".

- A **Constituição poderá ser emendada** mediante **proposta**: I – de um terço, no mínimo, dos membros da Câmara dos Deputados ou do Senado Federal (nunca Congressista sozinho); II – do Presidente da República; III – de mais da metade das Assembléias Legislativas das unidades da Federação, manifestando-se, cada uma delas, pela maioria relativa de seus membros.

EMENDA À CONSTITUIÇÃO A Constituição poderá ser emendada mediante proposta:
1. De 1/3, no mínimo, dos membros da Câmara dos Deputados ou do Senado Federal (nunca Congressista sozinho);
2. Do Presidente da República;
3. De mais da metade das Assembléias Legislativas das unidades da Federação, manifestando-se, cada uma delas, pela maioria relativa de seus membros.

- A proposta de emenda constitucional será discutida e votada em cada Casa do Congresso Nacional, em **dois turnos**, considerando-se aprovada se obtiver, em ambos, **três quintos dos votos** (portanto, mais do que maioria absoluta) dos respectivos membros.
- **Atenção!** Emenda à Constituição será promulgada pelas **Mesas da Câmara dos Deputados e do Senado Federal** (não pelo Presidente da República), com o respectivo número de ordem.
- A matéria constante de proposta de **emenda à Constituição rejeitada ou havida por prejudicada** não pode ser objeto de nova proposta na mesma sessão legislativa (Princípio da Irrepetibilidade).
- Em caso de relevância e urgência, o Presidente da República poderá adotar **medidas provisórias**, com força de lei, devendo submetê-las de imediato ao Congresso Nacional.
- As medidas provisórias, regra geral, perderão eficácia, desde a edição, **se não forem convertidas em lei** no prazo de sessenta dias, prorrogável uma vez por igual período, devendo o Congresso Nacional disciplinar, por **decreto legislativo**, as relações jurídicas delas decorrentes.
- **Não editado o decreto legislativo** até sessenta dias após a **rejeição ou perda de eficácia** de medida provisória, as relações jurídicas constituídas e decorrentes de atos praticados durante sua vigência conservar-se-ão por ela regidas.
- A não apreciação pela Câmara dos Deputados e, após, pelo Senado Federal, no prazo de 45 dias contados da publicação, tem como consequência a entrada em **regime de urgência**, subseqüentemente, em cada uma das Casas do Congresso Nacional, **ficando sobrestadas**, até que se ultime a votação, **todas as demais deliberações** legislativas da Casa em que estiver tramitando.
- Se a Medida Provisória perder eficácia por decurso de prazo ou, em caráter expresso, for rejeitada pelo Congresso Nacional, **vedada será sua reedição na mesma sessão legislativa.**
- **Atenção! É vedada** a edição de medidas provisórias sobre matéria relativa a nacionalidade, cidadania, direitos políticos, partidos políticos, direito eleitoral, direito penal, processual penal e processual civil, **mas não sobre direito civil!**
- É **vedada** a edição de medidas provisórias sobre matéria já disciplinada em projeto de lei aprovado pelo Congresso Nacional e pendente de sanção ou veto do Presidente da República.
- É **vedada a reedição**, na mesma sessão legislativa, de medida provisória que tenha sido rejeitada ou que tenha perdido sua eficácia por decurso de prazo
- **Não é vedada** a edição de medidas provisórias para a abertura de crédito extraordinário, para a criação de normas gerais de licitações e contratos administrativos ou para aumento de **alíquota de imposto.**
- Segundo o STF, porque possui força de lei e eficácia imediata a partir de sua publicação, **a medida provisória não pode ser 'retirada' pelo presidente da República à apreciação do Congresso Nacional. (...). Entretanto, como qualquer outro ato legislativo, a medida provisória é passível de ab-rogação mediante diploma de igual ou superior hierarquia. (...). A revogação da medida provisória por outra apenas suspende a eficácia da norma ab-rogada, que voltará a vigorar pelo tempo que lhe reste para apreciação, caso caduque ou seja rejeitada a medida provisória ab-rogante**. Consequentemente, o ato revocatório não subtrai ao Congresso Nacional o exame da matéria contida na medida provisória revogada. (ADI 2.984, julgada em 2003 e relatada pela Ministra Ellen Gracie).
- De acordo com a jurisprudência atual do Supremo Tribunal Federal, **a medida provisória pode ser adotada pelos Estados-membros**, desde que: i. Esteja expressamente previsto na Constituição do Estado; e ii. Sejam observados os princípios e as limitações impostas pelo modelo adotado pela CF, tendo em vista a necessidade da observância simétrica do processo legislativo federal. *In verbis:* "Ação direta de inconstitucionalidade. Art. 51 e parágrafos da Constituição do Estado de Santa Catarina. Adoção de medida provisória por Estado-membro. Possibilidade. Arts. 62 e 84, XXVI, da CF. EC 32, de 11-9-2001, que alterou substancialmente a redação do art. 62. Revogação parcial do preceito impugnado por

incompatibilidade com o novo texto constitucional. Subsistência do núcleo essencial do comando examinado, presente em seu caput. Aplicabilidade, nos Estados-membros, do processo legislativo previsto na CF. Inexistência de vedação expressa quanto às medidas provisórias. Necessidade de previsão no texto da Carta estadual e da estrita observância dos princípios e limitações impostas pelo modelo federal. Não obstante a permanência, após o superveniente advento da EC 32/2001, do comando que confere ao chefe do Executivo Federal o poder de adotar medidas provisórias com força de lei, tornou-se impossível o cotejo de todo o referido dispositivo da Carta catarinense com o teor da nova redação do art. 62, parâmetro inafastável de aferição da inconstitucionalidade arguida. Ação direta prejudicada em parte. No julgamento da ADI 425, Rel. Min. Maurício Corrêa, DJ 19-12-2003, o Plenário desta Corte já havia reconhecido, por ampla maioria, a constitucionalidade da instituição de medida provisória estadual, desde que, primeiro, esse instrumento esteja expressamente previsto na Constituição do Estado e, segundo, sejam observados os princípios e as limitações impostas pelo modelo adotado pela CF, tendo em vista a necessidade da observância simétrica do processo legislativo federal. Outros precedentes: ADI 691, Rel. Min. Sepúlveda Pertence, DJ 19-6-1992 e ADI 812-MC, Rel. Min. Moreira Alves, DJ de 14-5-1993. Entendimento reforçado pela significativa indicação na CF, quanto a essa possibilidade, no capítulo referente à organização e à regência dos Estados, da competência desses entes da Federação para 'explorar diretamente, ou mediante concessão, os serviços locais de gás canalizado, na forma da lei, vedada a edição de medida provisória para a sua regulamentação' (art. 25, § 2º). Ação direta cujo pedido formulado se julga improcedente." (ADI 2.391, julgada em 2007 e relatada pela Ministra Ellen Gracie).

- **Não será admitido aumento de despesa** prevista: I – nos projetos de iniciativa exclusiva do Presidente da República (salvo nas leis orçamentárias); II – nos projetos sobre organização dos serviços administrativos da Câmara dos Deputados, do Senado Federal, dos Tribunais Federais e do Ministério Público.
- Nos termos da ADI 4034, julgada no ano 2000 e relatada pelo Ministro Sepúlveda Pertence, **as regras básicas do processo legislativo federal são de absorção compulsória pelos Estados-membros** em tudo aquilo que diga respeito – como ocorre às que enumeram casos de iniciativa legislativa reservada – ao princípio fundamental de independência e harmonia dos poderes, como delineado na Constituição da República.

7. Poder Executivo

- A **eleição do Presidente e do Vice-Presidente da República** realizar-se-á, simultaneamente, no primeiro domingo de outubro, em primeiro turno, e no último domingo de outubro, em segundo turno, se houver, do ano anterior ao do término do mandato presidencial vigente.
- Substituirá o Presidente, no caso de impedimento, e suceder-lhe-á, no de vaga, o **Vice-Presidente**.
- O Presidente e o Vice-Presidente da República tomarão posse em sessão do Congresso Nacional, prestando o compromisso de manter, defender e cumprir a Constituição, observar as leis, promover o bem geral do povo brasileiro, sustentar a união, a integridade e a independência do Brasil. Essa é a função típica (da essência do Poder Executivo) de ordem constitucional (porque prevista na Constituição) do Presidente e do Vice. Em regra, quem a exerce é o Presidente, mas, em caso de impedimento, será substituído pelo Vice-Presidente (art. 79, da CF).
- Na hipótese de impedimento ou vacância dos cargos de PR e Vice, serão chamados, sucessivamente: Presidente da Câmara, Presidente do SF e o Presidente do SF, nessa ordem. Mas se não for simples impedimento (que [e temporário, como férias, ou doença), mas vacância (definitiva), deve-se resolver a questão em definitivo. Assim, na dupla vacância, vigem as seguintes regras:
- Vagando os cargos de Presidente e Vice-Presidente da República **nos dois primeiros anos** do mandato presidencial, far-se-á eleição noventa dias depois de aberta a última vaga.
- Ocorrendo a vacância dos cargos de Presidente e Vice-Presidente da República nos últimos dois anos do período presidencial, será feita a eleição para ambos os cargos trinta dias depois da última vaga, pelo Congresso Nacional (eleição indireta).

VACÂNCIA DOS CARGOS DE PRESIDENTE DA REPÚBLICA E VICE (DUPLA VACÂNCIA)	
1. Nos 2 primeiros anos do mandato presidencial*	Eleição direta 90 dias depois de aberta a última vaga.
2. Nos 2 últimos anos do mandato presidencial*	Eleição indireta para ambos os cargos 30 dias depois da última vaga, pelo Congresso Nacional.

* **Atenção! Em ambos os casos haverá mandato "Tampão", ou seja, pelo prazo restante.** O eleito somente completará o mandato do sucedido.

- Tendo em vista o Princípio da Simetria, vagando o cargo de Governador de Estado e diante do impedimento do Vice-Governador será chamado para governar o Presidente da Assembleia Legislativa. "Acerca do rol de substitutos (a serem acionados em caso de duplo impedimento ou durante a espera da realização das eleições em hipótese de dupla vacância) nos âmbitos estadual, distrital e municipal, a doutrina informa que, por simetria ao modelo federal estabelecido no art. 80, CF, deve-se observar o seguinte regramento: (i) **nos Estados-membros, o impedimento simultâneo do Governador e do Vice, ou quando há vacância de ambos os cargos, exigiria o chamamento sucessivo do Presidente da Assembleia Legislativa e do Presidente do Tribunal de Justiça local**; (ii) **no Distrito Federal, o impedimento simultâneo do Governador e do Vice, ou quando há vacância de ambos os cargos, exigiria o chamamento sucessivo do Presidente da Câmara Legislativa e do Presidente do Tribu-**

nal de Justiça do Distrito Federal e Territórios; (iii) **nos Municípios, o impedimento simultâneo do Prefeito e do Vice, ou quando há vacância de ambos os cargos, exigiria o chamamento do Presidente da Câmara Municipal. Como este também pode estar impossibilitado, convém que a Lei Orgânica do Município inclua, na sequência, o Vice-Presidente da Câmara Municipal** (como ocorre em São Paulo e no Rio de Janeiro), **nunca sendo viável, porém, que o documento municipal agregue o Presidente do Tribunal de Justiça, por ser ele integrante do Poder Judiciário estadual** (não há Poder Judiciário municipal)" (MASSON, Nathalia. *Manual de Direito Constitucional.* Salvador: Juspodivm, 2013, p. 746). Todavia, **no caso de vacância do Governador e do Vice-Governador, pode o Estado-membro, em sua Constituição Estadual, disciplinar a eleição do novo titular do Poder Executivo estadual** (ou seja, apenas o procedimento e não a ordem sucessiva), **não sendo necessário observar o modelo previsto na CF para o Poder Executivo federal.** O entendimento da Suprema Corte encontra-se no julgamento da ADI 4298, em sede de tutela antecipada, julgada em 2009 e relatada pelo Ministro Cezar Peluso, em que se reconheceu não ser norma de observância obrigatória aos Estados-membros o modelo estabelecido para eleição do novo titular do Poder Executivo federal. Em outras palavras, vale destacar que: a) em caso de impedimento do Governador e do Vice-Governador, quem deve assumir, sucessivamente, é o presidente da Assembleia Legislativa e o Presidente do Tribunal de Justiça do Estado, hipótese que deverá seguir o modelo federal, por conta do princípio da simetria; b) sendo caso de vacância dos cargos de Governador e Vice, pode o Estado-membro, em sua Constituição Estadual, disciplinar a eleição do novo titular do Poder Executivo estadual, não sendo necessário observar o modelo previsto na CF para o Poder Executivo federal, por não se tratar de norma de observância obrigatória.

- Réus de processo criminal não podem substituir o Presidente da República. "[...]os substitutos eventuais do presidente da República a que se refere o art. 80 da Constituição Federal, caso ostentem a posição de réus criminais perante o Supremo Tribunal Federal, ficarão impossibilitados de exercer o ofício de presidente da República[...]"(STF. Plenário. ADPF 402 MC-REF/DF, Rel. Min. Marco Aurélio, julgado em 7/12/2016 – Info 850)
- Os **Ministros de Estado** serão escolhidos dentre brasileiros maiores de 21 anos e no exercício dos direitos políticos.
- Quanto à **responsabilidade dos Ministros de Estado,** nos termos dos artigos 52, I e 102, I, "c", da CF, **caso sejam crimes de responsabilidade autônomos (sem conexão), o julgamento ocorrerá perante o STF.** Em se tratando de crimes de responsabilidade conexos com crimes da mesma natureza, praticados pelo presidente ou pelo vice-presidente da República, o julgamento será perante o Senado Federal.
- Compete privativamente ao Presidente da República dispor, mediante **decreto autônomo**, sobre organização e funcionamento da administração federal, quando não implicar aumento de despesa nem criação ou extinção de órgãos públicos, bem como sobre a extinção de funções ou cargos públicos, quando vagos (conforme art. 84, VI, da CF).
- De acordo com o art. 84, parágrafo único, da CF, o Presidente da República poderá **delegar as atribuições** mencionadas nos incisos VI (dispor, mediante decreto, sobre organização e funcionamento da administração federal, quando não implicar aumento de despesa nem criação ou extinção de órgãos públicos; e sobre extinção de funções ou cargos públicos, quando vagos), XII (conceder indulto e comutar penas, com audiência, se necessário, dos órgãos instituídos em lei) e XXV, primeira parte (prover cargos públicos federais, na forma da lei), aos Ministros de Estado, ao Procurador-Geral da República ou ao Advogado-Geral da União, que observarão os limites traçados nas respectivas delegações.
- O Presidente da República responde a processo criminal, por **crime comum** no Supremo Tribunal Federal, e por **crime de responsabilidade** perante o Senado Federal, somente após ser declarada procedente a acusação por parte da Câmara dos Deputados.
- "Enfatize-se que **a necessidade de licença não obstaculiza o inquérito policial**, muito menos o oferecimento da denúncia. Impede, contudo, o seu recebimento, que é o primeiro ato de prosseguimento exercido pelo Supremo Tribunal Federal (STF, Diário de Justiça 69. Ministro Celso de Mello. Seção I, 10.04.1995, p. 9223).
- O ato do Presidente da República que atenta contra o livre exercício do Poder Legislativo, do Poder Judiciário, do Ministério Público e dos Poderes constitucionais das unidades da Federação é considerado **crime de responsabilidade**.
- Os atos do Presidente da República que atentem contra a Constituição Federal e, especialmente, contra a lei orçamentária, são **crimes de responsabilidade.**
- Nos Crimes de Responsabilidade do Presidente da República, a Câmara autoriza a instauração do processo pelo voto da maioria **qualificada de dois terços,** e não pela maioria absoluta dos seus membros. O julgamento ocorre pelo Senado Federal, cuja decisão será proferida por **dois terços** (não maioria simples) dos votos do Senado Federal. No julgamento funcionará como Presidente o do Supremo Tribunal Federal.
- O Presidente ficará suspenso de suas funções nos crimes de responsabilidade, por **180** dias, **assim que instaurado o processo** pelo Senado Federal (**e não** após a condenação pelo órgão competente).
- Condenado o Presidente por Crime de Responsabilidade, perderá o cargo, com inabilitação, por

oito anos, para o exercício de função pública, sem prejuízo das demais sanções judiciais cabíveis. Portanto **o Senado não condena ao cumprimento de pena privativa de liberdade**.

- Compete ao **Supremo Tribunal Federal** (e não ao Superior Tribunal de Justiça) processar e julgar, originariamente, nas infrações penais comuns e nos crimes de responsabilidade, os Ministros de Estado e os Comandantes da Marinha, do Exército e da Aeronáutica, ressalvado o disposto no art. 52, I, da CF, os membros dos Tribunais Superiores, os do Tribunal de Contas da União e os chefes de missão diplomática de caráter permanente (consoante art. 102, I, "c", da CF).
- **Não podem ser estendidas ao Governador de Estado** as **imunidades** segundo as quais enquanto não sobrevier sentença condenatória, nas infrações comuns, o Presidente da República não estará sujeito a prisão e, que, na vigência de seu mandato, o Presidente da República não pode ser responsabilizado por atos estranhos ao exercício de suas funções, Esse foi o posicionamento adotado pelo STF, em 1995, no julgamento da ADI 978.
- De acordo com a doutrina, a Constituição Federal reconhece apenas a **irresponsabilidade penal relativa** (mas, não a absoluta) **do Presidente da República,** consoante art. 86, §§ 3º e 4º, da CF: enquanto não sobrevier sentença condenatória, nas infrações comuns, o Presidente da República não estará sujeito a prisão; o Presidente da República, na vigência de seu mandato, não pode ser responsabilizado por atos estranhos ao exercício de suas funções. O STF referenda esse posicionamento: "O art. 86, § 4º, da Constituição, ao outorgar privilégio de ordem político-funcional ao presidente da República, excluiu-o, durante a vigência de seu mandato – e por atos estranhos ao seu exercício –, da possibilidade de ser ele submetido, no plano judicial, a qualquer ação persecutória do Estado. A cláusula de exclusão inscrita nesse preceito da Carta Federal, ao inibir a atividade do Poder Público, em sede judicial, alcança as infrações penais comuns praticadas em momento anterior ao da investidura no cargo de chefe do Poder Executivo da União, bem assim aquelas praticadas na vigência do mandato, desde que estranhas ao ofício presidencial. A norma consubstanciada no art. 86, § 4º, da Constituição, reclama e impõe, em função de seu caráter excepcional, exegese estrita, do que deriva a sua inaplicabilidade a situações jurídicas de ordem extrapenal. O presidente da República não dispõe de imunidade, quer em face de ações judiciais que visem a definir-lhe a responsabilidade civil, quer em função de processos instaurados por suposta prática de infrações político-administrativas, quer, ainda, em virtude de procedimentos destinados a apurar, para efeitos estritamente fiscais, a sua responsabilidade tributária. **A CB não consagrou, na regra positivada em seu art. 86, § 4º, o princípio da irresponsabilidade penal absoluta do Presidente da República**. O chefe de Estado, nos ilícitos penais praticados in officio ou cometidos propter officium, poderá, ainda que vigente o mandato presidencial, sofrer a persecutio criminis, desde que obtida, previamente, a necessária autorização da Câmara dos Deputados." (Inq 672-QO, Rel. Min. Celso de Mello, julgamento em 16-9-1992, Plenário, DJ de 16-4-1993.)
- A imunidade relativa à proibição de prisão do Presidente da República **não impede a prisão em flagrante por crime inafiançável**.
- O STF já se pronunciou no sentido que **o processo por crime de responsabilidade praticado pelo Presidente da República (*Impeachment*) implica em considerá-lo como acusado e, por isso, deve se desenvolver sob o manto do devido processo legal (*due processo of Law*)**, com todas as garantias a ele inerentes, sob pena de nulidade do procedimento (MS 21.623. Rel. Carlos Velloso. J. 17.12.1992). Nesse mesmo sentido, Dirley da Cunha Júnior: "[...] devem ser asseguradas ao Presidente da República as garantias constitucionais, em especial o contraditório e a ampla defesa" (*Curso de Direito Constitucional*. 6 ed. Salvador: Juspodivm, 2012, p. 1.104).
- As consequências diante da condenação pela prática de crime de responsabilidade são **autônomas** (podem ser aplicadas isoladamente, pois são independentes) **e cumulativas** (também podem ser aplicadas em conjunto, pois geram conseqüências diversas). Tais características ficaram evidentes no *Impeachment* (Processo pela Prática de Crime de Responsabilidade) de 1992, envolvendo o Ex- Presidente Fernando Collor de Mello que, dado o fato de ter renunciado ao Cargo antes do julgamento, apenas recebeu a medida de inabilitação, por 8 anos, para o exercício de função pública. Para encerrar os comentário, destacamos que os termos dispostos nas demais alternativas da questão não tem qualquer pertinência com o tema.
- "**Afronta os princípios constitucionais da harmonia e independência entre os Poderes e da liberdade de locomoção norma estadual que exige prévia licença da Assembleia Legislativa para que o governador e o vice-governador possam ausentar-se do País por qualquer prazo**. Espécie de autorização que, segundo o modelo federal, somente se justifica quando o afastamento exceder a quinze dias. Aplicação do princípio da simetria." (ADI 738, julgada em 2002 e relatada pelo Ministro Maurício Corrêa).
- De acordo com o art. 29, X, da CF, os **Prefeitos** serão submetidos a julgamento perante o Tribunal de Justiça. Ainda, segundo a Súmula 702 do STF, a competência do Tribunal de Justiça para julgar Prefeitos restringe-se aos crimes de competência da justiça comum estadual (compreendendo as condutas de desvio de verba transferida e incorporada ao patrimônio municipal, conforme Súmula 209 do STJ); nos demais casos, a competência originária caberá

ao respectivo Tribunal de segundo grau. Assim, o Tribunal Regional Eleitoral julgará os crimes eleitorais e o Tribunal Regional Federal será competente para as hipóteses de crimes praticados em detrimento de bens, serviços ou interesses da União, suas autarquias e empresas públicas (englobando situações de desvio de verba sujeita a prestação de contas perante órgão federal, segundo a Súmula 208 do STJ). Por fim, quanto aos crimes de responsabilidade, segundo o STF, aplica-se o princípio da simetria, de modo que os Prefeitos devem ser julgados pelas respectivas Câmaras Municipais.

- O **Conselho de Defesa Nacional** é órgão de consulta do Presidente da República nos assuntos relacionados com a soberania nacional e a defesa do Estado democrático. Ele tem como membros: I – o Vice-Presidente da República; II – o Presidente da Câmara dos Deputados; III – o Presidente do Senado Federal; IV – o Ministro da Justiça; V – o Ministro de Estado da Defesa; VI – o Ministro das Relações Exteriores; VII – o Ministro do Planejamento; VIII – os Comandantes da Marinha, do Exército e da Aeronáutica. Portanto, o **Procurador Geral da República não o compõe.**

8. Poder Judiciário

- São **órgãos** do Poder Judiciário: I – o Supremo Tribunal Federal; I-A o Conselho Nacional de Justiça; II – o Superior Tribunal de Justiça; III – os Tribunais Regionais Federais e Juízes Federais; IV – os Tribunais e Juízes do Trabalho; V – os Tribunais e Juízes Eleitorais; VI – os Tribunais e Juízes Militares; VII – os Tribunais e Juízes dos Estados e do Distrito Federal e Territórios.
- Alexandre de Moraes, citando Carlos S. Fayt, enuncia que "A **magistratura** se desempenha no interesse geral e suas garantias têm fundamento no *princípio da soberania do povo e na forma republicana de governo*, de modo que todo avanço sobre a independência do Poder Judiciário importa em um avanço contra a própria Constituição (*Direito Constitucional*. 25 ed. São Paulo: Atlas, 2010, p. 508-509). Nesses termos, soberania e forma republicada seriam os fundamentos da magistratura, pois ambos relacionam-se à ideia da soberania popular que legitima cada função do Estado. É claro que, por exemplo, inadmissibilidade das provas ilícitas, publicidade, verdade real dos fatos, menor onerosidade, ampla defesa, contraditório, presunção de inocência e moralidade (presentes nas demais alternativas) são princípios que devem ser respeitados pelo Magistrado, mas, note, não são valores que dão fundamento ao Poder Judiciário.
- De acordo com o que dispõe o art. 93, da CF, **Lei complementar, de iniciativa do Supremo Tribunal Federal, disporá sobre o Estatuto da Magistratura**.
- **É obrigatória a promoção** do juiz que figure por três vezes consecutivas ou cinco alternadas em lista de merecimento.
- **Não será promovido** o juiz que, injustificadamente, retiver autos em seu poder além do prazo legal, **não** podendo devolvê-los ao cartório sem o devido despacho ou decisão. Trata-se de nova regra criada pela EC 45/04, no contexto da reforma do Poder Judiciário, que teve como vetor fundamental a busca pela celeridade processual, estampada também no princípio da razoável duração do processo (art. 5º, LXXVIII, da CF).
- A **promoção por merecimento** pressupõe **2 anos** de exercício na respectiva entrância e integrar o juiz a primeira **quinta parte** da lista de antiguidade desta, salvo se não houver com tais requisitos quem aceite o lugar vago.
- Para fins de promoção, deverá ocorrer a aferição do merecimento conforme o desempenho e pelos critérios objetivos de produtividade e presteza no exercício da jurisdição e **pela frequência e aproveitamento em cursos** oficiais ou reconhecidos de aperfeiçoamento (portanto, o aproveitamento não é dispensável), consoante art. 93, II, "c", da CF.
- Na **apuração de antiguidade**, o tribunal somente poderá recusar o juiz mais antigo pelo voto fundamentado de **dois terços** de seus membros, conforme procedimento próprio, e assegurada ampla defesa, repetindo-se a votação até fixar-se a indicação (art. 93, II, "d", da CF).
- **Vitaliciedade:** de acordo com a doutrina, "todos os membros dos tribunais têm a garantia da vitaliciedade, independentemente da forma de acesso. Mesmo que um advogado ou membro do MP integre a carreira da magistratura, por exemplo, através da regra do quinto constitucional – art. 94 [...], no exato momento da posse adquirirá a vitaliciedade, não tendo de passar por qualquer estágio probatório (LENZA, Pedro. Direito constitucional esquematizado. 18. ed. São Paulo: Saraiva, 2014, p. 796)
- **Foro especial:** o STF já firmou entendimento no sentido de que: "**O foro especial por prerrogativa de função não se estende a magistrados aposentados.** Essa a conclusão do Plenário ao, por maioria, negar provimento a recurso extraordinário, afetado ao Pleno pela Primeira Turma, no qual desembargador aposentado insurgia-se contra decisão da Corte Especial do STJ, que declinara de sua competência para julgar ação penal contra ele instaurada, pois não teria direito à referida prerrogativa pelo encerramento definitivo da função — v. Informativos 485, 495 e 585. Aduziu-se que a pretensão do recorrente esbarraria em orientação jurisprudencial fixada pelo Supremo no sentido de que: a) o foro especial por prerrogativa de função teria por objetivo o resguardo da função pública; b) o magistrado, no exercício do ofício judicante, gozaria da prerrogativa de foro especial, garantia voltada não à pessoa do juiz, mas aos jurisdicionados; e c) o foro especial, ante a inexistência do exercício da função, não deveria perdurar, haja vista que a proteção dos jurisdicionados, nesse caso, não seria mais necessária. Ressal-

tou-se, ainda, que o provimento vitalício seria o ato que garantiria a permanência do servidor no cargo, aplicando-se apenas aos integrantes das fileiras ativas da carreira pública. Consignou-se não haver se falar em parcialidade do magistrado de 1ª instância para o julgamento do feito, porquanto a lei processual preveria o uso de exceções capazes de afastar essa situação. Enfatizou-se, também, cuidar-se de matéria de direito estrito que teria por destinatários aqueles que se encontrassem *in officio*, de modo a não alcançar os que não mais detivessem titularidades funcionais no aparelho de Estado. Assinalou-se, outrossim, que essa prerrogativa seria estabelecida *ratione muneris* e destinar-se-ia a compor o estatuto jurídico de determinados agentes públicos enquanto ostentassem essa particular condição funcional." (RE 549.560, Rel. Min. Ricardo Lewandowski, julgamento em 22-3-2012, Plenário, Informativo 659.)

- O Conselho da Justiça Federal funcionará junto ao Superior Tribunal de Justiça e lhe cabe exercer, na forma da lei, a **supervisão administrativa e orçamentária da Justiça Federal** de primeiro e segundo graus, como órgão central do sistema e com **poderes correicionais**, cujas decisões terão **caráter vinculante**. Trata-se de uma novidade instituída pela EC 45/04, no contexto da Reforma do Poder Judiciário.

- Compete ao Supremo Tribunal Federal, precipuamente, a guarda da Constituição, cabendo-lhe processar e julgar, originariamente, nas infrações penais comuns e nos crimes de responsabilidade, os Ministros de Estado e os Comandantes da Marinha, do Exército e da Aeronáutica, ressalvado o disposto no art. 52, I (crimes de responsabilidade conexos com o Presidente da República serão julgados pelo Senado Federal), os membros dos Tribunais Superiores, os do Tribunal de Contas da União e os chefes de missão diplomática de caráter permanente.

- Compete ao Supremo Tribunal Federal julgar **processar e julgar originariamente** (e não mediante recurso extraordinário) nas infrações penais comuns, o Presidente da República, o Vice-Presidente, os membros do Congresso Nacional, seus próprios Ministros e o Procurador- Geral da República (art. 103, I, "b", da CF).

- Compete ao Supremo Tribunal Federal julgar ação direta de inconstitucionalidade de lei ou ato normativo federal ou estadual e a ação declaratória de constitucionalidade de lei ou ato normativo federal, nos termos do art. 102, I, "a", da CF.

- No julgamento do HC 86.834, em 2006, sob relatoria do Ministro Marco Aurélio, DJ 9.3.2007, o STF firmou entendimento no sentido de que **a Corte Constitucional é incompetente para apreciar e julgar pedidos de habeas corpus diretamente impetrados contra atos de Turmas ou Colégios Recursais de Juizados Especiais**. A competência para o julgamento do habeas corpus é definida pelos envolvidos, paciente e impetrante. Estando os integrantes das turmas recursais dos juizados especiais submetidos, nos crimes comuns e nos de responsabilidade, à jurisdição do tribunal de justiça ou do tribunal regional federal incumbe a cada qual, conforme o caso, julgar os habeas impetrados contra ato que tenham praticado. Esse precedente implicou a superação da Súmula 690 do STF.

- Consoante art. 102, III, "d", da CF, compete ao Supremo Tribunal Federal julgar, mediante recurso extraordinário, as causas decididas em única ou última instância, quando a decisão recorrida julgar válida lei local contestada em face de lei federal. Essa competência foi incluída no Texto Constitucional pela EC 45/04, responsável pela Reforma do Poder Judiciário.

- No recurso extraordinário o recorrente deverá demonstrar a **repercussão geral** das questões constitucionais discutidas no caso, nos termos da lei, a fim de que o Tribunal examine a admissão do recurso, somente podendo recusá-lo pela manifestação de dois terços de seus membros.

- **Compete ao STF julgar Mandado de Segurança em face do TCU.** "A jurisprudência desta Corte é firme no sentido de que o TCU é parte legítima para figurar no polo passivo de mandado de segurança apenas quando o ato impugnado estiver revestido de caráter impositivo. Nesse sentido o MS 24.001, Rel. Min. Maurício Corrêa, DJ de 20-5-2002. A especificação da autoridade coatora na petição inicial há de ser feita em função do órgão do TCU que tenha proferido a decisão impugnada no mandamus. Tanto o presidente daquela Corte de Contas quanto os das respectivas Câmaras podem figurar como autoridades coatoras. O Supremo, no entanto, não faz essa distinção, conhecendo dos mandados de segurança impetrados contra o presidente do TCU (MS 23.919, Rel. Min. Carlos Velloso, DJ de 20-6-2003), contra os presidentes de suas Câmaras (MS 25.090, Rel. Min. Eros Grau, DJ de 1º-4-2005 e MS 24.381, Rel. Min. Gilmar Mendes, DJ de 13-5-2004) ou, simplesmente, contra o TCU (MS 23.596, Rel. Min. Sepúlveda Pertence, DJ de 18-5-2001). O ato emanado do TCU deve impor diretamente determinada conduta ao órgão público, configurando a coação impugnável pelo writ. Em se tratando de mandado de segurança de caráter preventivo, a concessão da ordem pressupõe a existência de efetiva ameaça a direito, ameaça que decorra de atos concretos da autoridade pública (MS 25.009, Rel. Min. Carlos Velloso, Plenário, DJ de 24-11-2004)." (MS 26.381-AgR, julgado em 2007 e relatado pelo Ministro Eros Grau).

- **STF e Regime de direito estrito:** "A competência do STF – cujos fundamentos repousam na CR – submete-se a regime de direito estrito. A competência originária do STF, por qualificar-se como um complexo de atribuições jurisdicionais de extração essencialmente constitucional – e ante o regime de direito estrito a que se acha submetida –, não comporta a possibilidade de ser estendida a situações que extravasem os limites fixados, em numerus clausus, pelo rol exaustivo inscrito no art. 102, I, da CR. Precedentes. **O regime de direito estrito, a que se submete a definição dessa competência institucional, tem levado o STF, por efeito da taxatividade do rol constante da Carta Política, a afastar, do âmbito de suas atribuições jurisdicionais originárias, o processo e o julgamento de causas de natureza civil que não se acham inscritas no texto constitucional** (ações populares, ações civis públicas, ações cautelares, ações ordinárias, ações declaratórias e medidas cautelares), mesmo que instauradas contra o presidente da República ou contra qualquer das autoridades, que, em matéria penal (CF, art. 102, I, b e c), dispõem de prerrogativa de foro perante a Corte Suprema ou que, em sede de mandado de segurança, estão sujeitas à jurisdição imediata do Tribunal (CF, art. 102, I, d). Precedentes." (Pet 1.738-AgR, Rel. Min. Celso de Mello, julgamento em 1º-9-1999, Plenário, DJ de 1º-10-1999.)

- O **Superior Tribunal de Justiça** compõe-se de, no mínimo, **33 Ministros**. Os Ministros do Superior Tribunal de Justiça serão nomeados pelo Presidente da República, dentre brasileiros com mais de trinta e cinco e menos de sessenta e cinco anos, de notável saber jurídico e reputação ilibada, depois de aprovada a escolha pela maioria absoluta do Senado Federal.
- A divisão de vagas no Superior Tribunal de Justiça permite o ingresso de **um terço dos membros** dentre juízes dos Tribunais Regionais Federais e **um terço** dentre desembargadores dos Tribunais de Justiça, indicados em lista tríplice elaborada pelo próprio Tribunal; **além de outro terço em partes iguais, dentre advogados e membros do Ministério Público Federal, Estadual, do Distrito Federal e Territórios**.
- A competência para julgamento dos membros do Ministério Público da União que oficiem perante Tribunais, e dos Governadores dos Estados nos crimes comuns, é do **Superior Tribunal de Justiça** (não do STF).
- Com o advento da EC 45/2004, a concessão de *exequatur* às cartas e a homologação de sentença estrangeira passaram a ser de competência do **Superior Tribunal de Justiça.**
- **Órgãos da Justiça Federal:** I – os Tribunais Regionais Federais; II – os Juízes Federais.
- **Tribunais Regionais Federais**: compõem-se de, no mínimo, 7 juízes, recrutados, quando possível, na respectiva região e nomeados pelo Presidente da República dentre brasileiros com mais de 30 e menos de 65 anos, sendo: I – um quinto dentre advogados com mais de dez anos de efetiva atividade profissional e membros do Ministério Público Federal com mais de dez anos de carreira; II – os demais, mediante promoção de juízes federais com mais de cinco anos de exercício, por antigüidade e merecimento, alternadamente.
- A lei disciplinará a **remoção ou a permuta de juízes dos Tribunais Regionais Federais** e determinará sua jurisdição e sede.
- Os Tribunais Regionais Federais instalarão a **justiça itinerante**, com a realização de audiências e demais funções da atividade jurisdicional, nos limites territoriais da respectiva jurisdição, servindo-se de equipamentos públicos e comunitários.
- Os Tribunais Regionais Federais **poderão funcionar descentralizadamente**, constituindo Câmaras regionais, a fim de assegurar o pleno acesso do jurisdicionado à justiça em todas as fases do processo.
- Nos termos do art. 108, da CF, **compete aos Tribunais Regionais Federais**:

I – processar e julgar, originariamente:

a) os juízes federais da área de sua jurisdição, incluídos os da Justiça Militar e da Justiça do Trabalho, nos crimes comuns e de responsabilidade, e os membros do Ministério Público da União, ressalvada a competência da Justiça Eleitoral;

b) as revisões criminais e as ações rescisórias de julgados seus ou dos juízes federais da região;

c) os mandados de segurança e os "habeas-data" contra ato do próprio Tribunal ou de juiz federal;

d) os "habeas-corpus", quando a autoridade coatora for juiz federal;

e) os conflitos de competência entre juízes federais vinculados ao Tribunal;

II – julgar, em grau de recurso, as causas decididas pelos juízes federais e pelos juízes estaduais no exercício da competência federal da área de sua jurisdição.

- De acordo com o art. 109, da CF, aos **juízes federais compete** processar e julgar:

I – as causas em que a União, entidade autárquica ou empresa pública federal forem interessadas na condição de autoras, rés, assistentes ou oponentes, exceto as de falência, as de acidentes de trabalho e as sujeitas à Justiça Eleitoral e à Justiça do Trabalho;

II – as causas entre Estado estrangeiro ou organismo internacional e Município ou pessoa domiciliada ou residente no País;

III – as causas fundadas em tratado ou contrato da União com Estado estrangeiro ou organismo internacional;

IV – os crimes políticos e as infrações penais praticadas em detrimento de bens, serviços ou interesse da União ou de suas entidades autárquicas ou empresas públicas, excluídas as contravenções e ressalvada a competência da Justiça Militar e da Justiça Eleitoral;

V – os crimes previstos em tratado ou convenção internacional, quando, iniciada a execução no País, o resultado tenha ou devesse ter ocorrido no estrangeiro, ou reciprocamente;

V- A as causas relativas a direitos humanos a que se refere o § 5º deste artigo;

VI – os crimes contra a organização do trabalho e, nos casos determinados por lei, contra o sistema financeiro e a ordem econômico-financeira;

VII – os "habeas-corpus", em matéria criminal de sua competência ou quando o constrangimento provier de autoridade cujos atos não estejam diretamente sujeitos a outra jurisdição;

VIII – os mandados de segurança e os "habeas-data" contra ato de autoridade federal, excetuados os casos de competência dos tribunais federais;

IX – os crimes cometidos a bordo de navios ou aeronaves, ressalvada a competência da Justiça Militar;

X – os crimes de ingresso ou permanência irregular de estrangeiro, a execução de carta rogatória, após o "exequatur", e de sentença estrangeira, após a homologação, as causas referentes à nacionalidade, inclusive a respectiva opção, e à naturalização;

XI – a disputa sobre direitos indígenas.

- As **causas em que a União for autora** serão aforadas na seção judiciária onde tiver domicílio a outra parte.
- As **causas intentadas contra a União** poderão ser aforadas na seção judiciária em que for domiciliado o autor, naquela onde houver ocorrido o ato ou fato que deu origem à demanda ou onde esteja situada a coisa, ou, ainda, no Distrito Federal.
- Serão **processadas e julgadas na justiça estadual, no foro do domicílio dos segurados ou beneficiários**, as causas em que forem parte instituição de previdência social e segurado, **sempre que a comarca não seja sede de vara do juízo federal**, e, se verificada essa condição, a lei poderá permitir que outras causas sejam também processadas e julgadas pela justiça estadual. Neste caso, o recurso cabível será sempre para o Tribunal Regional Federal na área de jurisdição do juiz de primeiro grau.
- Conforme restou apurado do voto prolatado pelo Ministro Gilmar Mendes, no bojo do HC 100.772/GO, julgado em 2011 e relatado pelo Min. Gilmar Mendes, **a competência para processar e julgar ação que se discute o desvio de recursos proveniente do Fundo de Manutenção e de Desenvolvimento do Ensino Fundamente e Valorização do Magistério (FUNDEF) é da Justiça Federal**, com fundamento no artigo 109, IV, da CF. Considera o Pretório Excelso que, com base na redação do dispositivo mencionado, a Constituição atribuiu à União função supletiva e redistributiva em matéria educacional, bem como o interesse na universalização de um padrão mínimo de qualidade do ensino, sendo que isso seria condição suficiente para caracterizar o interesse da União nas ações penais concernentes a desvios do FUNDEF, independentemente de repasse de verba federal. Assim, conforme se destaca do Informativo 643 de 2011 também entendeu a Suprema Corte que a propositura da ação penal, no caso de desvio de recursos do FUNDEB, é atribuição do MPF (Ministério Público Federal), ainda que não haja repasse de verbas da União, sendo julgada pela Justiça Federal. Já no caso de investigação de improbidade administrativa e a eventual ação de responsabilização civil, a competência é do Ministério Público Estadual.
- Cada Estado, bem como o Distrito Federal, constituirá uma **seção judiciária** que terá por sede a respectiva Capital, e varas localizadas segundo o estabelecido em lei.
- Nos Territórios Federais, a jurisdição e as atribuições cometidas aos juízes federais caberão aos juízes da justiça local, **na forma da lei**.
- O **Tribunal Superior do Trabalho** compõe-se de 27 Ministros, escolhidos dentre brasileiros com mais de 35 e menos de 65 anos, nomeados pelo Presidente da República após aprovação pela maioria absoluta do Senado Federal, sendo: I. um quinto dentre advogados com mais de 10 anos de efetiva atividade profissional e membros do Ministério Público do Trabalho com mais de 10 anos de efetivo exercício; II. os demais dentre juízes dos Tribunais Regionais do Trabalho, oriundos da magistratura da carreira, indicados pelo próprio Tribunal Superior. Sendo assim, apenas um quinto das 27 vagas será ocupado por advogados ou membros do Ministério Público (aliás, vale notar que o art. 111-A é oriundo da EC 45/04 e prevê o instituto do quinto constitucional, que não existia para Justiça do Trabalho), e o restante ficará com juízes dos Tribunais Regionais do Trabalho, oriundos da magistratura da carreira, indicados pelo próprio Tribunal Superior.
- O Tribunal Superior do Trabalho é composto de vinte e sete Ministros, escolhidos dentre brasileiros com mais de trinta e cinco e menos de sessenta e cinco anos, nomeados pelo Presidente da República após aprovação pela maioria absoluta do Senado Federal, **sendo um quinto dentre advogados com mais de dez anos de efetiva atividade profissional e membros do Ministério Público do Trabalho com mais de dez anos de efetivo exercício e os demais dentre juízes dos Tribunais Regionais do Trabalho, oriundos da magistratura da carreira, indicados pelo próprio Tribunal Superior** (art. 111-A, "I" e "II", da CF).
- Os Ministros do Tribunal Superior do Trabalho devem ser brasileiros, **mas, não necessariamente, natos (portanto, podem também ser naturalizados)**, nomeados pelo Presidente da República, após aprovação pela maioria absoluta do **Senado Federal** (não do Congresso Nacional), consoante art. 111-A, da CF.
- A **lei disporá sobre a competência do Tribunal Superior do Trabalho**, e funcionará, junto a ele a Escola Nacional de Formação e Aperfeiçoamento de Magistrados do Trabalho, cabendo-lhe, dentre

outras funções, regulamentar os cursos oficiais para o ingresso e promoção na carreira. O dispositivo tem origem na EC 45/04, que promoveu a reforma do Poder Judiciário.

- O **Conselho Superior da Justiça do Trabalho** funcionará junto ao Tribunal Superior do Trabalho (não é entidade separada e independente e também não pertence à administração pública), cabendo-lhe exercer, na forma da lei, a supervisão administrativa, orçamentária, financeira e patrimonial da Justiça do Trabalho de primeiro e segundo graus, como **órgão central do sistema**, **cujas decisões terão efeito vinculante.**
- Previstas na redação original do art. 112, da CF, **as Juntas de Conciliação e Julgamento não mais encontram guarida constitucional, por força da EC 45/04**. Segundo nova redação do art. 112, da CF, a lei criará varas da Justiça do Trabalho, podendo, nas comarcas não abrangidas por sua jurisdição, atribuí-la aos juízes de direito, com recurso para o respectivo Tribunal Regional do Trabalho. Portanto, não há mais menção das Juntas de Conciliação e Julgamento na estrutura da Justiça do Trabalho.
- Consoante art. 114, VI, da CF, **compete à Justiça do Trabalho** processar e julgar as ações de indenização por dano moral ou patrimonial, decorrentes da relação de trabalho. Tal regra foi incluída pela Emenda Constitucional nº 45, de 2004. Interessante notar que, logo depois da inclusão da nova regra, o STF no bojo do RE 438639, chegou a entender de modo diverso, firmando competência para a justiça do trabalho. Entretanto, logo em seguida, nos autos do Conflito de Competência 7.204-1, a Suprema Corte mudou de posição firmou a competência da justiça comum para o processo e o julgamento de ações de indenização por dano moral decorrente de acidente do trabalho propostas por empregado contra empregador, alinhando-se ao Texto Constitucional.
- Os **Tribunais Regionais do Trabalho compõem-se** de, **no mínimo**, sete juízes, recrutados, quando possível, na respectiva região, e nomeados pelo Presidente da República dentre brasileiros com mais de trinta e menos de sessenta e cinco anos (art. 115 da CF, com redação dada pela EC 45/04).
- Os Tribunais Regionais do Trabalho instalarão a **justiça itinerante**, com a realização de audiências e demais funções de atividade jurisdicional, nos limites territoriais da respectiva jurisdição (e não além deles), servindo-se de equipamentos públicos e comunitários (art. 115, § 1º, da CF).
- Os Tribunais Regionais do Trabalho **poderão** funcionar de forma descentralizada, **constituindo Câmaras regionais**, a fim de assegurar o pleno acesso do jurisdicionado à justiça em todas as fases do processo (art. 115, § 2º, da CF).
- Conforme determina a CF em seu art. 120, § 1º, III, o TRE é composto, entre outros, por dois juízes oriundos da classe dos advogados, os quais são nomeados pelo presidente da República, após indicação do respectivo tribunal de justiça. No entanto, **esses juízes não estão impedidos de continuar a exercer a advocacia**, conforme se pronunciou o STF na ADI 1127, julgada em 2006 e relatada pelo Ministro Ricardo Lewandowski.
- **Regra do Quinto Constitucional: um quinto dos lugares dos Tribunais Regionais Federais, dos Tribunais dos Estados, e do Distrito Federal e Territórios** será composto de membros, do **Ministério Público**, com mais de dez anos de carreira, e de **advogados** de notório saber jurídico e de reputação ilibada, com mais de dez anos de efetiva atividade profissional, indicados em lista sêxtupla pelos órgãos de representação das respectivas classes.
- O Advogado oriundo do Quinto Constitucional nos Tribunais de Justiça concorre como magistrado para ocupar vagas no Superior Tribunal de Justiça, **pois disputa o terço das vagas a serem ocupadas por Desembargadores dos Tribunais de Justiça.**

9. Conselho Nacional de Justiça – CNJ

CONSELHO NACIONAL DE JUSTIÇA – CNJ	
1. Natureza Jurídica	Órgão Integrante do Poder Judiciário, mas sem poder jurisdicional
2. Composição	15 membros, sendo: a) 9 do Poder Judiciário; b) 2 do Ministério Público; c) 2 advogados; d) 2 cidadãos. A Presidência do CNJ cabe ao Presidente do STF, que é um dos integrantes oriundo do Poder Judiciário.
3. Nomeação dos Membros	Pelo Presidente da República, após aprovação pela maioria absoluta do Senado Federal, salvo o Presidente e o Vice-Presidente, que não se submetem a essa exigência.
4. Mandatos dos Membros	2 anos, admitida uma recondução
5. Competência	Controle da atuação administrativa e financeira do Poder Judiciário e do cumprimento dos deveres funcionais dos juízes
6. Poderes/ Prerrogativas Especiais	a) apreciar, de ofício ou mediante provocação, a legalidade dos atos administrativos praticados por membros ou órgãos do Poder Judiciário, podendo desconstituí-los, revê-los ou fixar prazo para que se adotem as providências necessárias ao exato cumprimento da lei; b) receber e conhecer das reclamações contra membros ou órgãos do Poder Judiciário. c) avocar processos disciplinares em curso e determinar a remo-

CONSELHO NACIONAL DE JUSTIÇA – CNJ	
6. Poderes/ Prerrogativas Especiais	ção, a disponibilidade ou a aposentadoria com subsídios ou proventos proporcionais ao tempo de serviço e aplicar outras sanções administrativas, assegurada ampla defesa d) rever, de ofício ou mediante provocação, os processos disciplinares de juízes e membros de tribunais julgados há menos de um ano (portanto, não pode ser a qualquer tempo).
7. Controle Externo	Os atos do CNJ sujeitam-se ao controle do Supremo Tribunal Federal (art. 102, I, "r", da CF).

- O CNJ, órgão integrante do Poder Judiciário (art. 92, I-A, da CF), não pode julgar magistrados por crime de abuso de autoridade, pois sua **competência é administrativa e financeira**, não judicial.
- **Compete ao CNJ o controle da atuação administrativa e financeira do Poder Judiciário e do cumprimento dos deveres funcionais dos juízes**, cabendo-lhe, além de outras atribuições que lhe forem conferidas pelo Estatuto da Magistratura, zelar pela observância do art. 37 (que contém os princípios da administração) e apreciar, de ofício ou mediante provocação, a legalidade dos atos administrativos praticados por membros ou órgãos do Poder Judiciário, podendo desconstituí-los, revê-los ou fixar prazo para que se adotem as providências necessárias ao exato cumprimento da lei, sem prejuízo da competência do Tribunal de Contas da União.
- "Ação direta. EC 45/2004. Poder Judiciário. CNJ. Instituição e disciplina. Natureza meramente administrativa. Órgão interno de controle administrativo, financeiro e disciplinar da magistratura. **Constitucionalidade reconhecida**. Separação e independência dos Poderes. História, significado e alcance concreto do princípio. Ofensa a cláusula constitucional imutável (cláusula pétrea). Inexistência. Subsistência do núcleo político do princípio, mediante preservação da função jurisdicional, típica do Judiciário, e das condições materiais do seu exercício imparcial e independente. Precedentes e Súmula 649. Inaplicabilidade ao caso. Interpretação dos arts. 2º e 60, § 4º, III, da CF. Ação julgada improcedente.Votos vencidos. **São constitucionais as normas que, introduzidas pela EC 45, de 8-12-2004, instituem e disciplinam o CNJ**, como órgão administrativo do Poder Judiciário nacional. Poder Judiciário. Caráter nacional. Regime orgânico unitário. Controle administrativo, financeiro e disciplinar. Órgão interno ou externo. Conselho de Justiça. Criação por Estado-membro. Inadmissibilidade. Falta de competência constitucional. Os Estados-membros carecem de competência constitucional para instituir, como órgão interno ou externo do Judiciário, conselho destinado ao controle da atividade administrativa, financeira ou disciplinar da respectiva Justiça. Poder Judiciário. CNJ. Órgão de natureza exclusivamente administrativa. Atribuições de controle da atividade administrativa, financeira e disciplinar da magistratura. Competência relativa apenas aos órgãos e juízes situados, hierarquicamente, abaixo do STF. Preeminência deste, como órgão máximo do Poder Judiciário, sobre o Conselho, cujos atos e decisões estão sujeitos a seu controle jurisdicional. Inteligência dos arts. 102, caput, I, letra r, e 103-B, § 4º, da CF. O CNJ não tem nenhuma competência sobre o STF e seus ministros, sendo esse o órgão máximo do Poder Judiciário nacional, a que aquele está sujeito." (ADI 3.367, Rel. Min. Cezar Peluso, julgamento em 13-4-2005, Plenário, DJ de 22-9-2006.)
- "As provas obtidas em razão de diligências deflagradas na esfera criminal podem ser utilizadas em processo administrativo disciplinar, uma vez submetidas ao contraditório, posto estratégia conducente à duração razoável do processo, sem conjuração das cláusulas pétreas dos processos administrativo e judicial. A instauração de um Processo Administrativo Disciplinar (PAD) prescinde de prévia sindicância, quando o objeto da apuração encontra-se elucidado à luz de outros elementos lícitos de convicção. A competência originária do CNJ resulta do texto constitucional e independe de motivação do referido órgão, bem como da satisfação de requisitos específicos. **A competência do CNJ não se revela subsidiária**. Ressalva do redator do acórdão no sentido de que o STF, por força do princípio da unidade da Constituição e como guardião da Carta Federal, não pode desconsiderar a autoridade do CNJ e a autonomia dos tribunais, por isso que a conciliação possível, tendo em vista a atividade correcional de ambas as instituições, resulta na competência originária do órgão, que pode ser exercida de acordo com os seguintes termos e parâmetros apresentados de forma exemplificativa: a) comprovação da inércia do tribunal local quanto ao exercício de sua competência disciplinar. Nesse contexto, o CNJ pode fixar prazo não inferior ao legalmente previsto de 140 dias [60 dias (art. 152 da Lei 8.112) + 60 dias (art. 152 da Lei 8.112, que admite prorrogação de prazo para a conclusão do PAD) + 20 dias (prazo para o administrador competente decidir o PAD, ex vi do art. 167 da Lei 8.112)] para que as corregedorias locais apurem fatos que cheguem ao conhecimento do órgão, avocando os feitos em caso de descumprimento imotivado do lapso temporal; sem prejuízo da apuração de responsabilidade do órgão correcional local; b) demora irrazoável na condução, pelo tribunal local, de processo administrativo com risco de prescrição; c) falta de quórum para deliberação, por suspeição, impedimentos ou vagas de magistrados do tribunal; d) simulação quanto ao exercício da competência correicional pelo Poder Judiciário local; e) prova da incapa-

cidade de atuação dos órgãos locais por falta de condições de independência, hipóteses nas quais é lícita a inauguração de procedimento pelo referido Conselho ou a avocação do processo; f) a iminência de prescrição de punições aplicáveis pelas corregedorias no âmbito de suas atribuições autoriza o CNJ a iniciar ou avocar processos; g) qualquer situação genérica avaliada motivadamente pelo CNJ que indique a impossibilidade de apuração dos fatos pelas corregedorias autoriza a imediata avocação dos processos pelo CNJ; h) arquivado qualquer procedimento, disciplinar ou não, da competência das corregedorias, é lícito ao CNJ desarquivá-los e prosseguir na apuração dos fatos; i) havendo conflito de interesses nos tribunais que alcancem dimensão que torne o órgão colegiado local impossibilitado de decidir, conforme avaliação motivada do próprio CNJ, poderá o mesmo avocar ou processar originariamente o feito; j) os procedimentos disciplinares iniciados nas corregedorias e nos tribunais locais deverão ser comunicados ao CNJ dentro do prazo razoável de trinta dias para acompanhamento e avaliação acerca da avocação prevista nas alíneas antecedentes; k) as regras acima não se aplicam aos processos já iniciados, aos em curso e aos extintos no CNJ na data deste julgamento; l) as decisões judiciais pretéritas não são alcançadas pelos parâmetros acima. O instituto da translatio judicii, que realça com clareza solar o princípio da instrumentalidade do processo, viabiliza o aproveitamento dos atos processuais praticados no âmbito do CNJ pelo órgão correicional local competente para decidir a matéria. Denegação da segurança, mantendo-se a decisão do CNJ com o aproveitamento de todas as provas já produzidas." (MS 28.003, julgado em 2012 e relatado para o acórdão pelo Ministro Luiz Fux).

- De acordo com o entendimento da Suprema Corte, **a competência estabelecida no artigo 102, I, *r*, da CF, de processar e julgar as ações contra o Conselho Nacional de Justiça, restringe-se às ações constitucionais**, quais sejam, mandado de segurança, mandado de injunção, habeas corpus e habeas data. Desse modo, segundo dispõe o próprio Pretório: "**A competência desta Corte para conhecer e julgar ações que questionam atos do Conselho Nacional de Justiça – CNJ e do Conselho Nacional do Ministério Público – CNMP se limita às ações tipicamente constitucionais: mandados de segurança, mandados de injunção, habeas corpus e habeas data**" (STF. Pet 4794 ED, julgado em 2015 e relatado pelo Ministro Luiz Fux).

10. Súmula vinculante

- Somente o **STF** pode editar Súmula Vinculante.
- O Supremo Tribunal Federal poderá, de ofício ou por provocação, mediante decisão de **dois terços** (e não da maioria absoluta) de seus membros, **após reiteradas decisões sobre matéria constitucional**, aprovar súmula que, a partir de sua publicação na imprensa oficial, terá **efeito vinculante** em relação aos demais órgãos do Poder Judiciário e à administração pública direta e indireta, nas esferas federal, estadual e municipal, bem como proceder à sua revisão ou cancelamento, na forma estabelecida em lei.
- **A súmula vinculante terá por objetivo** a validade, a interpretação e a eficácia de normas determinadas, acerca das quais haja controvérsia atual entre órgãos judiciários ou entre esses e a administração pública que acarrete **grave insegurança jurídica** e **relevante multiplicação de processos** sobre questão idêntica.
- **A edição, a revisão ou o cancelamento de enunciado de súmula vinculante podem ser provocados** pelos legitimados para a propositura da ação direta de inconstitucionalidade, e também pelo Defensor Público-Geral da União, os Tribunais Superiores, os Tribunais de Justiça de Estados ou do Distrito Federal e Territórios, os Tribunais Regionais Federais, os Tribunais Regionais do Trabalho, os Tribunais Regionais Eleitorais e os Tribunais Militares, nos termos do art. 3º da Lei 11.417/06, que regulamenta o art. 103-A da Constituição Federal, disciplinando a edição, a revisão e o cancelamento de enunciado de súmula vinculante pelo Supremo Tribunal Federal.
- Atenção! O **Município** poderá propor, **incidentalmente ao curso de processo em que seja parte**, a edição, a revisão ou o cancelamento de enunciado de súmula vinculante, o que não autoriza a suspensão do processo.
- Conforme art. 103-A, da CF, o quórum para a decisão da aprovação da Súmula será de **dois terço de seus membros,** e não da maioria simples dos Ministros presentes.
- Do ato administrativo ou decisão judicial que contrariar a súmula aplicável ou que indevidamente a aplicar, caberá **reclamação** ao Supremo Tribunal Federal que, julgando-a procedente, anulará o ato administrativo ou cassará a decisão judicial reclamada, e determinará que outra seja proferida com ou sem a aplicação da súmula, conforme o caso.
- **É plenamente cabível** revisão ou cancelamento da Súmula Vinculante mesmo após sua edição, por força do que dispõe o Art. 103-A, da CF.
- Consoante art. 7º, § 1º, da Lei 11.417/06, contra omissão ou ato da administração pública, o uso da reclamação só será admitido **após esgotamento das vias administrativas**.

◉ SÚMULAS

✦ INFORMATIVOS

▸ ***Art. 93, II, a, da CF e obrigatoriedade de apresentação de lista***

O Plenário acolheu parcialmente embargos de declaração opostos, pela União, contra acórdão proferido em mandado de segurança, no qual cassado decreto presidencial que deixara de observar o disposto no art. 93, II, a, da CF. Naquela decisão, asseverara-se que, na promoção de magistrado federal, por merecimento, que figurasse por 3 vezes consecutivas ou 5 alternadamente, em lista tríplice, o Chefe do Executivo teria de, obrigatoriamente, sufragar o nome que figurasse no mencionado rol. Esclareceu-se que, ainda que existente vinculação ao nome que figurasse na lista observadas essas condições – a significar, para a embargante, indicação direta, e não lista –, o documento sempre deveria ser elaborado pelo respectivo tribunal e enviado à Presidência da República, por expressa exigência constitucional. Além disso, na lista constariam os nomes de 2 outros juízes que, eventualmente, poderiam ser beneficiados por esta regra, caso viessem a preencher os requisitos futuramente. MS 30585 ED/DF, Rel. Min. Ricardo Lewandowski, 27.2.2013. Pleno. (Info 696)

▸ *Juízes classistas aposentados e auxílio-moradia – 7*

Ao concluir julgamento, o Plenário, por maioria, proveu, em parte, recurso ordinário em mandado de segurança para reformar acórdão do TST com intuito de reconhecer o direito aos reflexos da parcela autônoma de equivalência incidente sobre os proventos e pensões de 1992 a 1998 e, após esse período, o direito à irredutibilidade dos respectivos valores. O aresto questionado reputara inviável a incorporação da parcela denominada auxílio-moradia aos proventos de juízes classistas aposentados sob a égide da Lei 6.903/81. De início, destacou-se que a Lei 9.655/98 desvinculara os vencimentos dos magistrados togados da remuneração percebida pelos juízes classistas de 1ª instância da justiça do trabalho, que passaram a ter direito às reposições salariais concedidas em caráter geral aos servidores públicos federais. Asseverou-se que, em seguida, a EC 24/99 extinguira a representação classista naquele âmbito, assegurado o cumprimento dos mandatos em curso. Assim, os classistas que adquiriram o direito à aposentadoria e os respectivos pensionistas teriam jus ao valor da última remuneração dos classistas ativos até 1999 e, a partir daí, ao percentual de variação dos reajustes concedidos aos servidores públicos federais. No ponto, afastou-se identidade entre juízes classistas e togados, no sentido da obrigatoriedade de remuneração equivalente. Tendo em conta essas considerações, deixou-se de acolher o pedido de equiparação de proventos e pensões de juízes classistas com os subsídios de magistrados togados em atividade. RMS 25841/DF, red. p/ ac. Min. Marco Aurélio, 20.3.2013. Pleno. (Info 699)

▸ *Juízes classistas aposentados e auxílio-moradia – 8*

Todavia, assentou-se o direito dos juízes classistas à parcela autônoma de equivalência até a edição da Lei 9.655/98. Relembrou-se que o STF afirmara, em sessão administrativa de 12.8.92, que o auxílio-moradia conferido aos membros da Câmara dos Deputados teria natureza remuneratória e, por isso, deveria integrar o cálculo de equivalência previsto na redação originária do art. 37, XI, da CF. Com esse fundamento, concedera-se, em 27.2.2000, medida liminar na AO 630/DF, com a determinação de que a aludida parcela fosse estendida aos demais membros da magistratura. Salientou-se que esse quadro perdurara até 2002. Observou-se que o Relator da mencionada ação declarara a perda de seu objeto, haja vista o reconhecimento administrativo do direito à parcela autônoma de equivalência no período compreendido entre 2000 e 2002 aos juízes, exceto aos classistas. Reputou-se que a premissa que embasara a decisão, de igual modo, poderia ser aplicada aos juízes classistas ativos, cujo cálculo de remuneração encontrava-se disciplinado pela Lei 4.439/64. Dessa maneira, a parcela enquadrar-se-ia no conceito de vencimento-base para todos os fins. Ao ressaltar o conteúdo declaratório da antecipação dos efeitos da tutela, dessumiu-se que o direito se originara com a criação desse auxílio pela Câmara dos Deputados em 1992. Logo, os juízes classistas ativos, entre 1992 e 1998, teriam jus ao cálculo remuneratório que computasse a parcela autônoma de equivalência recebida pelos togados. Em consequência, nesse interregno, existiria o direito dos classistas de obter os reflexos da parcela pleiteada sobre os respectivos proventos de aposentadorias e pensões. Quanto à eventual prescrição, assinalou-se que, se ocorrente, incidiria nas parcelas vencidas 5 anos antes da impetração e, sobre elas, a Corte não fora instada a se manifestar. RMS 25841/DF, red. p/ ac. Min. Marco Aurélio, 20.3.2013. Pleno. (Info 699)

▸ *Loman e decisões paradigmas em reclamação – 1*

O Plenário, por maioria, deu provimento a agravo regimental em reclamação e cassou liminar deferida pelo Min. Luiz Fux, relator, que sustara a posse de magistrado eleito para o cargo de Corregedor do Tribunal de Justiça do Estado do Rio Grande do Sul – TJRS. Na espécie, a reclamação fora ajuizada por magistrado que, inobstante figurar na quinta colocação na ordem de antiguidade dos desembargadores elegíveis e ser o segundo mais antigo dentre os candidatos, não tivera seu nome sufragado nas eleições realizadas para o biênio 2012-2013. Em face de recusa dos pares em participar da eleição, fora eleito desembargador que figurara em quinquagésimo na ordem de antiguidade e em quinto dentre os concorrentes. O reclamante, ora agravado, alegara que não se poderia estender o universo dos elegíveis a todos os desembargadores que integrassem o tribunal. Afirmara ofensa a Lei Orgânica da Magistratura Nacional – Loman (LC 35/79), na parte que cuidaria dos magistrados que poderiam se candidatar aos cargos de direção dos tribunais (Art. 102). Arguia, ainda, que ao proceder à eleição de seu órgão diretivo, o TJRS teria desrespeitado a autoridade das decisões proferidas pelo STF na ADI 3566, na ADI 3976 e na ADI 4108, bem como na Rcl 9723. Sustentara que o tribunal gaúcho não poderia permitir que se candidatassem mais desembargadores do que o número de cargos de direção em disputa. Rcl 13115

MC-AgR/RS, red. p/ ac. Min. Marco Aurélio, 12.12.2012. Pleno. (Info 692)

▸ *Loman e decisões paradigmas em reclamação – 2*

No agravo regimental, o Presidente daquela Corte insurgia-se contra a mencionada liminar suspensiva da posse e alegava que as eleições teriam ocorrido nos termos preceituados pela Loman. De início, o Min. Marco Aurélio destacou que, embora a Constituição tivesse proclamado a autonomia administrativa e financeira dos tribunais, seria silente quanto à disciplina de sua direção. Obtemperou que tampouco o art. 102 da Loman se mostraria sensato, em especial no que concerniria à inelegibilidade de magistrados que exerceram cargos de direção. Repisou seu posicionamento, vencido, quanto à não recepção do art. 102 da Loman pela Constituição. Aduziu que o STF não admitiria o efeito transcendente para ter-se como adequada a presente reclamação. Salientou que o acórdão paradigma da ADI 3566 analisara a constitucionalidade de dispositivo do Regimento Interno do TRF da 3ª Região, o qual não poderia ser apontado como descumprido por Corte diversa, no caso, pelo TJRS. Assinalou que, consoante jurisprudência do Supremo, não se poderia cogitar de reclamação para tornar prevalente decisão formalizada em reclamação. Assim, deu provimento ao agravo e afastou a parte que sobejaria da liminar. A Min. Cármen Lúcia pontuou que se estaria diante de reclamação por descumprimento de decisão proferida pelo STF e que a Corte já se manifestara quanto à recepção da Loman pela Constituição. Atestou que não se poderia, em sede de reclamação, questionar-se, novamente, a problemática da interpretação e aplicação da norma da Loman. O Min. Teori Zavascki corroborou que, no julgamento da ADI 3566/DF, tida como afrontada, discutia-se legitimidade constitucional de norma interna do TRF da 3ª Região. Naquela ação, ter-se-ia decidido, também, que regimento interno de tribunal não poderia disciplinar critérios de antiguidade de modo diverso do que contido na Loman. Frisou que a Rcl 9723, paradigma citado no ajuizamento da presente reclamação, questionara as eleições de 2009 do Tribunal gaúcho. Concluiu que a essência da fundamentação vinculante na ADI seria que os tribunais deveriam obedecer ao art. 102 da Loman e, na situação dos autos, o TJRS teria observado esse dispositivo. Dessa forma, não teria ocorrido ofensa ao que decidido na reclamação anterior, uma vez que atendido procedimento outrora reputado legítimo. O Min. Ricardo Lewandowski assentou, outrossim, que o art. 102 da Loman não teria sido violado e que inexistiria paradigma ofendido com a prática levada a efeito pelo TJRS. A Min. Rosa Weber, ao destacar a observância do art. 102 da Loman, assinalou que, sendo a presente reclamação baseada no descumprimento do que decidido pelo STF na Rcl 9723/RS, não teria havido descumprimento por parte do TJRS. Rcl 13115 MC-AgR/RS, red. p/ ac. Min. Marco Aurélio, 12.12.2012. Pleno. (Info 692)

▸ *Nomeação para TRT. MS 31.375-DF Rel. Min. Cármen Lúcia*

Mandado de segurança. Nomeação de magistrado para Tribunal Regional do Trabalho da 2ª Região: o impetrante em três listas tríplices consecutivas para promoção por merecimento para desembargador do TRT da 2ª região (art. 115, LI, da CF). Observância obrigatória do art. 93, inc. II, a. A, da CF. Regra aplicável à magistratura. Segurança concedida. Agravo regimental prejudicado. (Info 714)

▸ *Deliberação legislativa acerca de veto presidencial e ordem cronológica – 1*

Ao salientar a singular gravidade do cenário fático-jurídico da situação em apreço, o Plenário, por maioria, deu provimento a agravo regimental para revogar medida liminar concedida pelo Min. Luiz Fux, em mandado de segurança do qual relator. Trata-se de "writ" impetrado por deputado federal contra ato da Mesa Diretora do Congresso Nacional consubstanciado na aprovação de requerimento de urgência para exame do Veto Parcial 38/2012, aposto pela Presidente da República ao Projeto de Lei 2.565/2011, que dispõe sobre a distribuição entre os entes federados de "royalties" relativos à exploração de petróleo, gás natural e outros hidrocarbonetos fluidos. Sustenta-se, em síntese, violação ao devido processo legislativo por inobservância ao art. 66, § § 4º e 6º, da CF e a dispositivos do Regimento Comum do Congresso Nacional. A decisão agravada determinara àquele órgão que se abstivesse de deliberar acerca do veto presidencial antes que se procedesse à apreciação, em ordem cronológica de recebimento da respectiva comunicação, de todos os vetos pendentes com prazo constitucional de análise expirado até a data da concessão da medida acauteladora. MS 31816 AgR-MC/DF, red. p/ ac. Min. Teori Zavascki, 27.2.2013. Pleno. (Info 696)

▸ *Deliberação legislativa acerca de veto presidencial e ordem cronológica – 2*

De início, assentou-se a "legitimatio ad causam" do impetrante, bem como a adequação da via eleita. Destacou-se jurisprudência do STF segundo a qual o parlamentar no pleno exercício de mandato eletivo ostentaria legitimidade para impetrar mandado de segurança com a finalidade de prevenir atos no processo de aprovação de leis e emendas constitucionais incompatíveis com o processo legislativo constitucional. O Min. Luiz Fux aduziu inexistir alegação de inconstitucionalidade como causa de pedir, mas sim de pleito que visaria obstar a prática de ato em desacordo com a Constituição. Os Ministros Dias Toffoli, Cármen Lúcia, Ricardo Lewandowski e Celso de Mello ressaltaram a pertinência do instrumento escolhido e o direito público subjetivo de deputado federal invocar a tutela jurisdicional do Estado quando não atendidos os ditames constitucionais do processo legislativo. O Min. Celso de Mello acresceu que a índole política dos atos e dos procedimentos parlamentares, por si só, não bastaria para subtraí-los à esfera do controle jurisdicional. O Min. Gilmar Mendes, por sua vez, afirmou que o caso não envolveria a defesa de direito líquido e certo, porém diria respeito a mandado de segurança com perfil especial, utilizado para resolver típico conflito de atribuições. Em divergência, os Ministros Teori Zavascki e Rosa Weber consignavam o não cabimento do mandado de segurança como meio de controle preventivo de constitucionalidade, formal ou material, de atos normativos, em especial, se o impetrante não estiver incluído no rol de legitimados previsto no art. 103 da CF. O Min. Teori Zavascki frisou não estar em jogo tutela a direito líquido e certo ameaçado ou violado por ato de autoridade (direito subjetivo) e, tampouco, a prerrogativa do cargo de parlamentar, já que o impetrante objetivaria a proteção da higidez do processo legislativo. MS 31816 AgR-MC/DF, red. p/ ac. Min. Teori Zavascki, 27.2.2013. Pleno. (Info 696)

▸ *Deliberação legislativa acerca de veto presidencial e ordem cronológica – 3*

No tocante ao exame da liminar, prevaleceu o voto do Min. Teori Zavascki. Obtemperou que os argumentos de ofensa a normas regimentais não mereceriam consideração, notadamente em juízo de delibação. Quanto às cláusulas constitucionais que disciplinariam a votação sobre o veto presidencial (CF, art. 66, § § 4º e 6º), concordou com o Relator que teriam sido descumpridas. Mencionou que a sanção acarretada pelo não atendimento do prazo fixado na Constituição (prazo peremptório) atrairia, de forma automática e sem formalidade ou necessidade de manifestação de vontade, a colocação do veto na ordem do dia, sobrestadas as demais proposições até sua votação final. Registrou, no ponto, que essa imposição alcançaria não apenas a votação de outros vetos, mas sim todas as demais proposições de competência do Congresso Nacional. Aludiu a informações sobre a inércia parlamentar, tendo em vista a existência, nos dias de hoje, de mais de 3000 vetos pendentes de análise, alguns com prazo vencido há cerca de 13 anos. Assinalou que esse quadro mostrar-se-ia mais grave quando levado em conta que a estrita observância dos preceitos constitucionais do processo legislativo configuraria pressuposto de validade dos correspondentes atos normativos. Dessumiu que a aplicação rígida dos referidos artigos constitucionais, com eficácia retroativa, não apenas imporia futuro caótico para a atuação daquela Casa Legislativa – a paralisar nova deliberação, exceto a de vetos pendentes por ordem de vencimento –, assim como causaria insegurança jurídica sobre as deliberações tomadas pelo Congresso Nacional nos últimos 13 anos. MS 31816 AgR-MC/DF, red. p/ ac. Min. Teori Zavascki, 27.2.2013. Pleno. (Info 696)

▸ *Deliberação legislativa acerca de veto presidencial e ordem cronológica – 4*

Ademais, explicitou a relação de compatibilidade material que deveria ocorrer entre a decisão liminar e a sentença final, a limitar o juízo de verossimilhança, que consistiria na alta probabilidade de atendimento pela sentença definitiva da providência objeto de antecipação. Reputou que a questão em debate seria semelhante à enfrentada pelo STF no julgamento da ADI 4029/DF (DJe de 27.6.2012), razão pela qual tudo estaria a indicar o acolhimento de solução similar. A par disso, concluiu que, embora a Corte pudesse vir a declarar a inconstitucionalidade da prática até agora adotada pelo Congresso Nacional no processo legislativo de apreciação de vetos, dever-se-ia atribuir à decisão eficácia ex nunc. Excluir-se-iam as deliberações tomadas, os vetos presidenciais apreciados e os que já tivessem sido apresentados, mas pendentes de exame. Alinhavou que, sendo essa a decisão definitiva mais provável, a medida liminar deveria, desde logo, com ela se compatibilizar. Desse modo, a improbabilidade de êxito retiraria da impetração o indispensável requisito da verossimilhança. MS 31816 AgR-MC/DF, red. p/ ac. Min. Teori Zavascki, 27.2.2013. Pleno. (Info 696)

▸ *Deliberação legislativa acerca de veto presidencial e ordem cronológica – 5*

A Min. Rosa Weber acentuou, com relação às normas regimentais, jurisprudência do Supremo no sentido de que sua eventual afronta caracterizaria matéria interna corporis. O Min. Dias Toffoli acrescentou que o pedido final cingir-se-ia à afirmação de existência de fila de vetos em ordem cronológica, histórica ou, ao menos, na presente sessão legislativa. Nesse tocante, não vislumbrou, da leitura do § 6º do art. 66 da CF, a imposição de ordem cronológica de votação, de maneira a subtrair-se do Congresso Nacional a pauta política de votar o veto quando e na ordem que lhe aprouvesse. Evidenciou que, na espécie, o prazo constitucionalmente previsto não estaria exaurido e, portanto, teria dificuldades em proferir decisão que impediria outro Poder de deliberar. O Min. Ricardo Lewandowski, outrossim, não entreviu exigência de ordem cronológica na apreciação de vetos. Ressaiu que o constituinte ao referir-se à ordem cronológica, fizera-o em termos explícitos (CF, art. 100; ADCT, art. 86, § § 1º e 3º; art. 97, § § 6º e 7º). Sinalizou dúvida sobre o termo inicial em que se contaria o prazo de 30 dias para trancamento da pauta: se da comunicação do Presidente da República ao Presidente do Senado ou se do recebimento do veto pelo Plenário do Congresso Nacional. Destacou que, entre esses marcos, haveria iter complexo, disposto no art. 104 do Regimento Comum daquela Casa. Além disso, sublinhou que o impetrante não trouxera informação sobre a existência de data definida para o exame do referido veto presidencial. A Min. Cármen Lúcia distinguiu os requisitos da liminar em mandado de segurança – expressos taxativamente no art. 7º, III, da Lei 12.016/2009 – de outras formas cautelares no processo civil em geral. Realçou a necessidade de ocorrência de relevante fundamento para que se transcendesse o aguardo do julgamento final. Entendeu que a manutenção da liminar poderia gerar conjuntura mais gravosa ao Parlamento, à sociedade brasileira e ao Direito. O Min. Gilmar Mendes sobressaiu que, se a Corte estivesse a apreciar o mérito, pronunciar-se-ia pelo não recebimento do § 1º do art. 104 do Regimento Comum do Congresso Nacional. De igual modo, também não inferia da Constituição a necessidade de observância cronológica. MS 31816 AgR-MC/DF, red. p/ ac. Min. Teori Zavascki, 27.2.2013. Pleno. (Info 696)

▸ *Deliberação legislativa acerca de veto presidencial e ordem cronológica – 6*

Vencidos os Ministros Luiz Fux, Marco Aurélio, Celso de Mello e Joaquim Barbosa, Presidente, que mantinham a decisão agravada. O Relator considerava inconstitucional a deliberação aleatória dos vetos presidenciais pendentes de análise legislativa, cuja simples existência subtrairia do Poder Legislativo a autonomia para definição da respectiva pauta política (CF, art. 66, § 6º). Ressurtia ser necessária a deliberação dos vetos presidenciais em ordem cronológica de comunicação ao Congresso Nacional, a resultar na apreciação do Veto Parcial 38/2012 somente após a análise daqueles com prazo constitucional expirado. Aludia, ainda, à cognoscibilidade, em sede mandamental, das assertivas de transgressão à disciplina das regras dos regimentos das Casas Legislativas. Pontuava que, pela qualidade de normas jurídicas, elas reclamariam instrumentos jurisdicionais idôneos a resguardar-lhes a efetividade. Repelia, em consequência, a doutrina das questões interna corporis ante sua manifesta contrariedade ao Estado de Direito (CF, art. 1º, caput) e à proteção das minorias parlamentares. Arrematava que a leitura do citado veto, em regime de urgência, violaria as disposições regimentais que impediriam a discussão de matéria estranha à ordem do dia e a deliberação do veto sem prévio relatório da comissão mista. O Min. Marco Aurélio ressaltava que a concessão da liminar não teria implicado o trancamento da pauta do Congresso. O Min. Celso de Mello reiterava que nenhum Poder da República teria legitimidade para desrespeitar a Constituição ou para ferir direitos públicos e privados de seus cidadãos. Além disso, consignava que o debate envolveria típica situação de inconstitucionalidade por omissão, a comprometer a força normativa da Constituição. Mencionava a prática institucional em que o Congresso Nacional diminuir-se-ia perante o Poder Executivo ao não exercer o dever que lhe incumbiria, pela Constituição, de apreciar os vetos presidenciais, o que os transformaria, de superáveis e relativos, em absolutos. Nessa mesma linha, pronunciou-se o Presidente ao citar que se estaria diante de exemplo da hipertrofia do Poder Executivo, em face da abdicação, pelo Congresso Nacional, de suas prerrogativas. MS 31816 AgR-MC/DF, red. p/ ac. Min. Teori Zavascki, 27.2.2013. Pleno. (Info 696)

▸ *Rejeição de contas de prefeito pelo tribunal de contas e ausência de decisão da câmara legislativa – 6*

Tendo em vista o encerramento do mandato eletivo do recorrido, o Plenário, por maioria, julgou prejudicado recurso extraordinário em que se discutia se o parecer prévio de tribunal de contas municipal pela rejeição das contas de prefeito, ante o silêncio da câmara municipal, ensejaria a inelegibilidade prevista no art. 1º, I, g, da LC 64/90. Consignou-se que o pleito referir-se-ia a deferimento de registro de candidatura. A Min. Cármen Lúcia destacou que a questão constitucional discutida no caso possuiria repercussão geral reconhecida, a qual seria examinada em outros processos que tratariam de idêntica matéria. RE 597362/BA, repercussão geral – mérito, red. p/ ac. Min. Cármen Lúcia, 21.2.2013. Pleno. (Info 695)

▸ *TCU: repactuação de termos contratados, limites de atuação e via processual adequada – 1*

A 1ª Turma iniciou julgamento de mandado de segurança no qual se postula anular decisão do TCU que condenara a empresa impetrante, solidariamente, à devolução de valores ao erário, apurados a título de sobrepreço. Segundo aquela Corte de Contas, teria havido superfaturamento de preços, constatado em aditamentos contratuais celebrados entre o Departamento de Estradas e Rodagens – DNER de determinado estado-membro e a impetrante (construtora). Os referidos contratos destinavam-se a obras em rodovia que tiveram o aporte de recursos federais oriundos de convênios firmados com o extinto Departamento Nacional de Estradas de Rodagem – DNER. Com o intuito de cumprir determinação do TCU, o ente federado tentara repactuar os termos do contrato, o que não fora aceito. Diante da negativa da empresa contratada, o estado teria rescindido o instrumento contratual e seus aditivos, com base no art. 78, VII, da Lei 8.666/93. Esse fato dera origem à tomada de contas especial, perante o TCU, objeto da presente impetração. Na espécie, alegava-se: a) participação regular no processo licitatório, abarcado pelo Decreto-Lei 2.300/86, e cumprimento das especificações do edital, inclusive quanto ao preço dos serviços a serem executados; b) incompetência do TCU para promover alteração retroativa e unilateral dos preços, a modificar cláusulas econômico-financeiras de contrato; c) necessidade de preservação dos direitos adquiridos ou dos efeitos consolidados desses contratos e aditivos, no que se refere aos serviços já executados, ainda que o TCU pudesse anular contrato ou aditivos firmados com a impetrante e fixar novos preços; e d) violação ao devido processo legal por não terem sido considerados os elementos técnicos favoráveis à impetrante, somado ao indeferimento de produção de prova pericial por parte da empresa. MS 29599/DF, Rel. Min. Dias Toffoli, 7.5.2013. 1ª T. (Info 705)

▸ *TCU: repactuação de termos contratados, limites de atuação e via processual adequada – 2*

O Min. Dias Toffoli, relator, denegou a ordem, no que foi acompanhado pelo Min. Luiz Fux. De início, o Relator destacou que a impetrante não fora condenada a restituir valores recebidos em razão da execução de contrato, tampouco se trataria de modificação de cláusulas econômico-financeiras. Ela teria sido condenada a devolver aos cofres públicos a diferença de valores superfaturados apontados pelo TCU. Ressurtiu que o núcleo das prerrogativas do TCU no exame de atos e negócios administrativos estaria contido no inciso IX do art. 71 da CF. Asseverou que as atribuições daquela Corte de Contas abrangeriam a fixação de prazo ao órgão ou à entidade a fim de que adotasse providências necessárias ao exato cumprimento da lei, se verificada ilegalidade. Julgou ser legítima a condenação da impetrante ao ressarcimento do dano causado ao erário, bem como a sua consequente inscrição no CADIN, no caso de inadimplemento, nos termos da Lei 8.443/92. MS 29599/DF, Rel. Min. Dias Toffoli, 7.5.2013. 1ª T. (Info 705)

▸ *TCU: repactuação de termos contratados, limites de atuação e via processual adequada – 3*

Ressaltou que, ante o estreito limite da ação mandamental, extrair-se-ia dos autos que a impugnação padeceria de liquidez necessária, uma vez que demandaria análise pericial e verificação dos preços, dados e tabelas apresentados; em suma, revolvimento de fatos e provas. Frisou não prosperar a alegação de afronta ao princípio do devido processo legal, porque a impetrante teria participado, de forma efetiva, tanto do processo de denúncia, como da tomada de contas especial, com apresentação de defesa e interposição dos respectivos recursos. Por fim, aduziu que o mandado de segurança não seria a via adequada para impor ao TCU a análise de elementos técnicos ou o deferimento de requerimento de produção de prova pericial. Reconheceu, entretanto, a possibilidade da impetrante de buscar seus direitos pelas vias ordinárias, passível de obter, inclusive, antecipação de tutela, oportunidade em que seriam discutidos dados técnicos. O Min. Luiz Fux ponderou que a Constituição estabeleceria a competência do TCU e traria as sanções àqueles que agissem com ilegalidade nas contas públicas, a fazer valer os preceitos de seu art. 37. MS 29599/DF, Rel. Min. Dias Toffoli, 7.5.2013. 1ª T. (Info 705)

▸ *TCU: repactuação de termos contratados, limites de atuação e via processual adequada – 4*

Em divergência, o Min. Marco Aurélio concedeu a ordem. Sublinhou a importância do tema, porquanto se trataria de definir os limites de atuação do TCU. Observou que o TCU, a agir como órgão auxiliar no campo administrativo do Congresso Nacional, não poderia sustar contratos e sim comunicar àquele órgão legislativo. Enfatizou seu estranhamento quanto ao fato do TCU condenar pessoa jurídica de direito privado e essa condenação encerrar título executivo sem que houvesse, à exaustão, o direito de defesa. Realçou que, constatada a irregularidade, o âmbito de alcance do TCU consistiria em extrair cópias e encaminhá-las à AGU, para as medidas cabíveis. Sinalizou que a interpretação sistemática da Constituição reconheceria o TCU como órgão estritamente administrativo, não incluído no Poder Judiciário. O campo de atuação da Corte de Contas limitar-se-ia, quanto aos contratos, à Administração Pública. Após, pediu vista a Min. Rosa Weber. MS 29599/DF, Rel. Min. Dias Toffoli, 7.5.2013. 1ª T. (Info 705)

▸ *ARE-RG 641.896-RJ. Rel. Min. Marco Aurélio*

Legitimidade. Execução de multa aplicada pelo Tribunal de Contas do estado. Danos ao erário municipal. Matéria constitucional. Recurso extraordinário. Repercussão geral verificada. Possui repercussão geral a controvérsia acerca da legitimidade para promover a execução de multa aplicada pelo Tribunal de Contas estadual a agente político, por danos causados ao erário municipal – se do estado ou do município no qual ocorrida a irregularidade. (Info 705)

▸ *MS 30.221-DF. Rel. Min. Cármen Lúcia*

Mandado de segurança. Administrativo. Ato do TCU. Irregularidades no controle de horário e frequência de servidores. Imposição de multa ao gestor público. Alegada contrariedade ao devido processo legal. Suposta omissão culposa no acompanhamento da eficiência do controle de frequência. Não ocorrência. Ordem de segurança concedida. (Info 695)

▸ *RE-RG 717.424-AL. Rel. Min. Marco Aurélio*

Tribunal de contas. Composição. Egresso do Ministério Público. Distribuição das cadeiras. Mandado de segurança. Ordem deferida na origem. Recurso extraordinário. Alcance do Art. 73, § 2º, da Constituição Federal. Repercussão geral configurada. Possui repercussão geral a controvérsia relativa à possibilidade, ou não, de cargo vago de Conselheiro do Tribunal de Contas cujo ocupante anterior fora nomeado mediante indicação da Assembleia Legislativa ser preenchido por membro do Ministério Público de Contas, em observância à representatividade do órgão no aludido Tribunal. (Info 708)

FUNÇÕES ESSENCIAIS À JUSTIÇA

- **CF, artigos 127 a 135.**

✦ DICAS

1. Ministério Público

- O **Ministério Público** é instituição permanente, essencial à função jurisdicional do Estado, incumbindo-lhe a **defesa da ordem jurídica, do regime democrático** e **dos interesses sociais e individuais indisponíveis**.
- São **princípios institucionais** do Ministério Público: a **unidade,** a **indivisibilidade** e a **independência funcional.**
- São **funções institucionais** do Ministério Público:

a) promover, privativamente, a ação penal pública, na forma da lei;

b) zelar pelo efetivo respeito dos Poderes Públicos e dos serviços de relevância pública aos direitos assegurados nesta Constituição, promovendo as medidas necessárias a sua garantia;

c) promover o inquérito civil e a ação civil pública, para a proteção do patrimônio público e social, do meio ambiente e de outros interesses difusos e coletivos;

d) promover a ação de inconstitucionalidade ou representação para fins de intervenção da União e dos Estados, nos casos previstos nesta Constituição;

e) defender judicialmente os direitos e interesses das populações indígenas;

f) expedir notificações nos procedimentos administrativos de sua competência, requisitando informações e documentos para instruí-los, na forma da lei complementar respectiva;

g) exercer o controle externo da atividade policial, na forma da lei complementar mencionada no artigo anterior;

h) requisitar diligências investigatórias e a instauração de inquérito policial, indicados os fundamentos jurídicos de suas manifestações processuais;

i) exercer outras funções que lhe forem conferidas, desde que compatíveis com sua finalidade, sendo-lhe vedada a representação judicial e a consultoria jurídica de entidades públicas.

- Ao Ministério Público é assegurada **autonomia funcional e administrativa**, podendo propor ao Poder Legislativo a criação e extinção de seus cargos e serviços auxiliares, provendo-os por concurso público de provas ou de provas e títulos, a política remuneratória e os planos de carreira.

- O Ministério Público elaborará sua **proposta orçamentária** dentro dos limites estabelecidos na lei de diretrizes orçamentárias. Se o Ministério Público **não encaminhar a respectiva proposta** orçamentária dentro do prazo estabelecido na lei de diretrizes orçamentárias, o Poder Executivo **considerará, para fins de consolidação da proposta orçamentária anual, os valores aprovados na lei orçamentária vigente**.

- **Princípio ou Postulado do Promotor Natural**: de acordo com o STF, "O postulado do promotor natural, que se revela **imanente** ao sistema constitucional brasileiro, repele, a partir da vedação de designações casuísticas efetuadas pela chefia da instituição, a figura do acusador de exceção. Esse princípio consagra uma garantia de ordem jurídica, destinada tanto a proteger o membro do Ministério Público, na medida em que lhe assegura o exercício pleno e independente do seu ofício, quanto a tutelar a própria coletividade, a quem se reconhece o direito de ver atuando, em quaisquer causas, apenas o promotor cuja intervenção se justifique a partir de critérios abstratos e predeterminados, estabelecidos em lei. **A matriz constitucional desse princípio assenta-se nas cláusulas da independência funcional e da inamovibilidade dos membros da instituição**. O postulado do promotor natural limita, por isso mesmo, o poder do procurador-geral que, embora expressão visível da unidade institucional, não deve exercer a chefia do Ministério Público de modo hegemônico e incontrastável. Posição dos Min. Celso de Mello (relator), Sepúlveda Pertence, Marco Aurélio e Carlos Velloso. Divergência, apenas, quanto a aplicabilidade imediata do princípio do promotor natural: necessidade da interpositio legislatoris para efeito de atuação do princípio (Min. Celso de Mello); incidência do postulado, independentemente de intermediação legislativa (Min. Sepúlveda Pertence, Marco Aurélio e Carlos Velloso)." (HC 67.759, Rel. Min. Celso de Mello, julgamento em 6-8-1992, Plenário, DJ de 1º-7-1993.). Portanto, trata-se de **princípio implícito.**

- O **Princípio do Promotor Natural não é violado pela designação de Promotor de Justiça Substituto para prestar auxílio ao titular da Comarca**, ainda que ambos subscrevam a denúncia. A subscrição da denúncia pelo Promotor da Comarca e por Promotores auxiliares não a torna à margem do Direito. Nesse sentido o RHC 93.247, julgado em 2008 e relatado pelo Ministro Marco Aurélio.

- São **garantias dos membros do Ministério Público:**

a) **vitaliciedade**, após dois anos de exercício, não podendo perder o cargo senão por sentença judicial transitada em julgado;

b) **inamovibilidade**, salvo por motivo de interesse público, mediante decisão do órgão colegiado competente do Ministério Público, pelo voto da maioria absoluta de seus membros, assegurada ampla defesa

c) **irredutibilidade de subsídio.**

- **Vedações aos Membros do Ministério Público**:

a) receber, a qualquer título e sob qualquer pretexto, honorários, percentagens ou custas processuais;

b) exercer a advocacia;

c) participar de sociedade comercial, na forma da lei;

d) exercer, ainda que em disponibilidade, qualquer outra função pública, salvo uma de magistério;

e) exercer atividade político-partidária;

f) receber, a qualquer título ou pretexto, auxílios ou contribuições de pessoas físicas, entidades públicas ou privadas, ressalvadas as exceções previstas em lei.

g) exercer, ainda que em disponibilidade, outro cargo ou função, salvo uma de magistério;

h) receber, a qualquer título ou pretexto, custas ou participação em processo;

i) dedicar-se à atividade político-partidária.

j) receber, a qualquer título ou pretexto, auxílios ou contribuições de pessoas físicas, entidades públicas ou privadas, ressalvadas as exceções previstas em lei;

- Segundo entendimento do STF, **membro do MP pode exercer cargo ou função pública em órgão externo à organização do MP**, desde que tenha ingressado na instituição **antes** da promulgação da CF/88. Ressalte-se que a alternativa não citou acumulação de funções, mas sim fez referência ao exercício de cargo ou função em órgão diverso da organização do MP, questão já decidida pelo Supremo no MS 26.595, julgado em 2010 e relatado pela Ministra Cármen Lúcia.
- O Ministério Público **abrange**:

I – o Ministério Público da União, que compreende:

a) o Ministério Público Federal;

b) o Ministério Público do Trabalho;

c) o Ministério Público Militar;

d) o Ministério Público do Distrito Federal e Territórios;

II – os Ministérios Públicos dos Estados.

- O Ministério Público da União **tem por chefe o Procurador-Geral da República – PGR**, nomeado pelo Presidente da República dentre integrantes da carreira, maiores de trinta e cinco anos, após a aprovação de seu nome pela maioria absoluta dos membros do Senado Federal, para mandato de dois anos, permitida a recondução.
- **Procurador-Geral de Justiça:** "A escolha do PGR deve ser aprovada pelo Senado (CF, art. 128, § 1º). A nomeação do procurador-geral de Justiça dos Estados não está sujeita à aprovação da Assembleia Legislativa. Compete ao governador nomeá-lo dentre lista tríplice composta de integrantes da carreira (CF, art. 128, § 3º). Não aplicação do princípio da simetria." (ADI 452, Rel. Min. Maurício Corrêa, Plenário, DJ de 31-10-2002.)

MINISTÉRIO PÚBLICO	
1. Incumbências/ Missão	a) Defesa da Ordem Jurídica b) Defesa do Regime Democrático c) Defesa dos interesses sociais e individuais indisponíveis
2. Princípios Institucionais	a) Unidade b) Indivisibilidade c) Independência Funcional
3. Funções Institucionais	a) promover, privativamente, a ação penal pública, na forma da lei; b) zelar pelo efetivo respeito dos Poderes Públicos e dos serviços de relevância pública aos direitos assegurados nesta Constituição, promovendo as medidas necessárias a sua garantia; c) promover o inquérito civil e a ação civil pública, para a proteção do patrimônio público e social, do meio ambiente e de outros interesses difusos e coletivos; d) promover a ação de inconstitucionalidade ou representação para fins de intervenção da União e dos Estados, nos casos previstos nesta Constituição; e) defender judicialmente os direitos e interesses das populações indígenas; f) expedir notificações nos procedimentos administrativos de sua competência, requisitando informações e documentos para instruí-los, na forma da lei complementar respectiva; g) exercer o controle externo da atividade policial, na forma da lei complementar mencionada no artigo anterior; h) requisitar diligências investigatórias e a instauração de inquérito policial, indicados os fundamentos jurídicos de suas manifestações processuais; i) exercer outras funções que lhe forem conferidas, desde que compatíveis com sua finalidade, sendo-lhe vedada a representação judicial e a consultoria jurídica de entidades públicas.
4. Garantias dos Membros	a) <u>vitaliciedade</u>, após dois anos de exercício, não podendo perder o cargo senão por sentença judicial transitada em julgado; b) <u>inamovibilidade</u>, salvo por motivo de interesse público, mediante decisão do órgão colegiado competente do Ministério Público, pelo voto da maioria absoluta de seus membros, assegurada ampla defesa c) <u>irredutibilidade de subsídio</u>.
5. Vedações aos Membros	a) receber, a qualquer título e sob qualquer pretexto, honorários, percentagens ou custas processuais;

MINISTÉRIO PÚBLICO	
5. Vedações aos Membros	b) exercer a advocacia; c) participar de sociedade comercial, na forma da lei; d) exercer, ainda que em disponibilidade, qualquer outra função pública, salvo uma de magistério; e) exercer atividade político-partidária f) receber, a qualquer título ou pretexto, auxílios ou contribuições de pessoas físicas, entidades públicas ou privadas, ressalvadas as exceções previstas em lei. g) exercer, ainda que em disponibilidade, outro cargo ou função, salvo uma de magistério; h) receber, a qualquer título ou pretexto, custas ou participação em processo; i) dedicar-se à atividade político-partidária. j) receber, a qualquer título ou pretexto, auxílios ou contribuições de pessoas físicas, entidades públicas ou privadas, ressalvadas as exceções previstas em lei;
6. Composição	6.1. Ministério Público da União a) Ministério Público Federal; b) Ministério Público do Trabalho; c) Ministério Público Militar; d) Ministério Público do Distrito Federal e Territórios; 6.2. Ministérios Públicos dos Estados
7. Chefia	7.1. Ministério Público da União – Procurador Geral da República, nomeado pelo Presidente da República dentre integrantes da carreira, maiores de 35 anos, após a aprovação de seu nome pela maioria absoluta dos membros do Senado Federal, para mandato de 2 anos, permitida a recondução. 7.2. Ministérios Públicos dos Estados e do Distrito Federal e Territórios – Procuradores Gerais dos Estados e do Distrito Federal e Territórios, serão nomeados pelo Chefe do Poder Executivo, a partir de lista tríplice formada por integrantes da carreira, na forma da lei respectiva, mandato de 2 anos, permitida uma recondução.

- Segundo posicionamento do STF, **as atribuições do Ministério Público não estão sujeitas à reserva de lei complementar**: IV. Atribuições do Ministério Público: matéria não sujeita à reserva absoluta de lei complementar: improcedência da alegação de inconstitucionalidade formal do art. 66, caput e § 1º, do Código Civil (L. 10.406, de 10.1.2002). 1. O art. 128, § 5º, da Constituição, não substantiva reserva absoluta à lei complementar para conferir atribuições ao Ministério Público ou a cada um dos seus ramos, na União ou nos Estados-membros. 2. A tese restritiva é elidida pelo art. 129 da Constituição, que, depois de enumerar uma série de "funções institucionais do Ministério Público", admite que a elas se acresçam a de "exercer outras funções que lhe forem conferidas, desde que compatíveis com sua finalidade, sendo-lhe vedada a representação judicial e a consultoria jurídica de entidades públicas". 3. **Trata-se, como acentua a doutrina, de uma "norma de encerramento", que, à falta de reclamo explícito de legislação complementar, admite que leis ordinárias – qual acontece, de há muito, com as de cunho processual – possam aditar novas funções às diretamente outorgadas ao Ministério Público pela Constituição, desde que compatíveis com as finalidades da instituição e às vedações de que nelas se incluam "a representação judicial e a consultoria jurídica das entidades públicas"** (STF. ADI 2794, julgada em 2006 e relatada pelo Ministro Sepúlveda Pertence).
- A **destituição do Procurador-Geral da República**, por iniciativa do Presidente da República, deverá ser precedida de autorização da maioria absoluta do Senado Federal.
- **Os Procuradores-Gerais nos Estados e no Distrito Federal e Territórios poderão ser destituídos** por deliberação da maioria absoluta do Poder Legislativo, na forma da lei complementar respectiva.
- O **ingresso na carreira do Ministério Público** far-se-á mediante concurso público de provas e títulos, assegurada a participação da Ordem dos Advogados do Brasil em sua realização, exigindo-se do bacharel em direito, no mínimo, 3 anos de atividade jurídica e observando-se, nas nomeações, a ordem de classificação.
- As funções do Ministério Público só podem ser exercidas por integrantes da carreira, que **deverão residir na comarca da respectiva lotação, salvo autorização do chefe da instituição**.

Foro por Prerrogativa de Função dos Membros do MP		
1. Membros do Ministério Público DOS ESTADOS que:		
– Oficiarem no 1º grau de jurisdição	→	respondem perante o TJ do Estado.
– Oficiarem no 2º grau de jurisdição	→	respondem perante o TJ do Estado.
2. Membros do Ministério Público DA UNIÃO (MPF/MPT/MPM/MPDFT) que:		
– Oficiarem no 1º grau de jurisdição	→	respondem perante o TRF.
– Oficiarem no 2º grau de jurisdição	→	respondem perante o STJ.

- Para julgamento do Procurador-Geral da República, a competência será do STF, nos crimes comuns, e do Senado Federal, nos crimes de responsabilidade. Quanto aos Procuradores-Gerais de Justiça, o STF se manifestou no sentido de que **cabe à Constituição de cada Estado-membro** estabelecer a competência dos seus tribunais, com base no art. 125, § 1º, da CF, inclusive para fixar a competência do Tribunal de Justiça para processar e julgar, originariamente, nos crimes comuns ou de responsabilidade, o PGJ (ADI 541, julgada em 2007 e relatada pelo Ministro Carlos Velloso).
- A **distribuição de processos** no Ministério Público será imediata.
- O Ministério Público **está legitimado** a ingressar com ação civil pública para proteger direitos individuais homogêneos. Na jurisprudência do STF: "Concurso. Isenção de taxa de inscrição de candidatos carentes. Ação civil pública. Legitimidade ativa *ad causam* do MPF. (...) A legitimação do Ministério Público para o ajuizamento de ação civil pública, não se restringe à defesa dos direitos difusos e coletivos, mas também abarca a defesa dos direitos individuais homogêneos, máxime quando presente o interesse social." (AI 737.104-AgR, julgado em 2011 e relatado pelo Ministro Luiz Fux).
- Há decisão do STF no sentido de que "A Constituição do Brasil, em seu art. 127, confere expressamente ao Ministério Público poderes para agir em **defesa de interesses sociais e individuais indisponíveis**, como no caso de garantir o fornecimento de medicamentos a hipossuficiente. Não há que se falar em usurpação de competência da defensoria pública [...]". (RE 497858, julgado em 2010 e relatado pelo Ministro Joaquim Barbosa).
- Segundo o STF, "[...] as **garantias constitucionais da ampla defesa e do contraditório não são aplicáveis na fase do inquérito civil**, que tem de natureza administrativa, de caráter pré-processual, e somente se destina à colheita de informações para propositura da ação civil pública." (RE 481.955-AgR, julgado em 2011 e relatado pela Ministra Cármen Lúcia).
- **O Conselho Nacional do Ministério Público (CNMP)** compõe-se de **14 membros nomeados pelo Presidente da República,** depois de aprovada a escolha pela maioria absoluta do Senado Federal, para um **mandato de 2 anos, admitida uma recondução**, sendo:

I. o Procurador-Geral da República, que o preside;

II. quatro membros do Ministério Público da União, assegurada a representação de cada uma de suas carreiras;

III. três membros do Ministério Público dos Estados;

IV. dois juízes, indicados um pelo Supremo Tribunal Federal e outro pelo Superior Tribunal de Justiça;

V. dois advogados, indicados pelo Conselho Federal da Ordem dos Advogados do Brasil;

VI. dois cidadãos de notável saber jurídico e reputação ilibada, indicados um pela Câmara dos Deputados e outro pelo Senado Federal.

- Os membros do Conselho oriundos do Ministério Público serão **indicados pelos respectivos Ministérios Públicos**, na forma da lei.
- Compete ao Conselho Nacional do Ministério Público o **controle da atuação administrativa e financeira do Ministério Público e do cumprimento dos deveres funcionais de seus membros**, cabendo-lhe:

I. zelar pela autonomia funcional e administrativa do Ministério Público, podendo expedir atos regulamentares, no âmbito de sua competência, ou recomendar providências;

II. zelar pela observância do art. 37 e apreciar, de ofício ou mediante provocação, a legalidade dos atos administrativos praticados por membros ou órgãos do Ministério Público da União e dos Estados, podendo desconstituí-los, revê-los ou fixar prazo para que se adotem as providências necessárias ao exato cumprimento da lei, sem prejuízo da competência dos Tribunais de Contas;

III. receber e conhecer das reclamações contra membros ou órgãos do Ministério Público da União ou dos Estados, inclusive contra seus serviços auxiliares, sem prejuízo da competência disciplinar e correicional da instituição, podendo avocar processos disciplinares em curso, determinar a remoção, a disponibilidade ou a aposentadoria com subsídios ou proventos proporcionais ao tempo de serviço e aplicar outras sanções administrativas, assegurada ampla defesa;

IV. rever, de ofício ou mediante provocação, os processos disciplinares de membros do Ministério Público da União ou dos Estados julgados há menos de um ano;

V. elaborar relatório anual, propondo as providências que julgar necessárias sobre a situação do Ministério Público no País e as atividades do Conselho, o qual deve integrar a mensagem prevista no art. 84, XI.

- O Conselho escolherá, em votação secreta, um **Corregedor nacional**, dentre os membros do Ministério Público que o integram, vedada a recondução, competindo-lhe, além das atribuições que lhe forem conferidas pela lei, as seguintes:

I. receber reclamações e denúncias, de qualquer interessado, relativas aos membros do Ministério Público e dos seus serviços auxiliares;

II. exercer funções executivas do Conselho, de inspeção e correição geral;

III. requisitar e designar membros do Ministério Público, delegando-lhes atribuições, e requisitar servidores de órgãos do Ministério Público.

- **O Presidente do Conselho Federal da Ordem dos Advogados do Brasil oficiará junto ao Conselho.**
- **Leis da União e dos Estados criarão ouvidorias do Ministério Público**, competentes para receber reclamações e denúncias de qualquer interessado contra membros ou órgãos do Ministério Público, inclusive contra seus serviços auxiliares, representando diretamente ao Conselho Nacional do Ministério Público.

2. Advocacia Pública

- **A Advocacia-Geral da União** é a instituição que, diretamente ou através de órgão vinculado, representa a União, judicial e extrajudicialmente, cabendo-lhe, nos termos da lei complementar que dispuser sobre sua organização e funcionamento, as atividades de consultoria e assessoramento jurídico do Poder Executivo.
- O **ingresso nas classes iniciais das carreiras da AGU** far-se-á mediante concurso público de provas e títulos.
- A **Advocacia-Geral da União** tem por chefe o Advogado-Geral da União, nomeado pelo Presidente da República, **não necessariamente dentre integrantes da carreira**, maiores de 35 anos, de notável saber jurídico e reputação ilibada.
- Na execução da dívida ativa de natureza tributária, a representação da União caberá à **Procuradoria-Geral da Fazenda Nacional.**
- Os **Procuradores dos Estados e do Distrito Federal**, organizados em carreira, na qual o ingresso dependerá de concurso público de provas e títulos, com a participação da Ordem dos Advogados do Brasil em todas as suas fases, exercerão a **representação judicial e a consultoria jurídica das respectivas unidades federadas**.
- Aos **Procuradores dos Estados e do Distrito Federal**, que ingressarem na carreira mediante concurso público, é assegurada **estabilidade** (não vitaliciedade) **após 3 anos** de efetivo exercício, mediante avaliação periódica de desempenho perante os órgãos próprios, após relatório circunstanciado das corregedorias.
- Conforme decisão exarada pelo STF, "A **garantia da inamovibilidade** é conferida pela CF apenas aos magistrados, aos membros do Ministério Público e aos membros da Defensoria Pública, **não podendo ser estendida aos procuradores do Estado.**" (ADI 291, julgada em 2010 e relatada pelo Ministro Joaquim Barbosa).
- **Não é** inconstitucional lei estadual que crie Procuradoria-Geral para consultoria, assessoramento jurídico e representação judicial de Assembleia Legislativa.
- Segundo a jurisprudência do STF, **dispositivo de constituição estadual que confira independência funcional aos procuradores estaduais é inconstitucional**, "dado o princípio da hierarquia que informa a atuação dos servidores da Administração Pública". (ADI 291, julgada em 2010 e relatada pelo Ministro Joaquim Barbosa).
- Na ADI 2587, cujo relator foi o Ministro Maurício Corrêa, julgada em 2004, o STF entendeu que **a Constituição estadual pode conferir prerrogativa de foro aos Procuradores de Estado**.
- **A Defensoria Pública Estadual tem autonomia funcional e administrativa (art. 134, § 2º, da CF), mas as Procuradorias Estaduais não têm**, conforme posicionamento do STF na ADI 291, sob relatoria do Ministro Joaquim Barbosa, julgada em 2010. Nesse julgado o Supremo entendeu que os Procuradores dos Estados são subordinados hierárquicos do Chefe do Poder Executivo.
- No julgamento pelo STF da ADI 94, em 2011, sob relatoria do Ministro Gilmar Mendes, "asseverou-se a **possibilidade de existência de carreiras especiais para representação judicial das assembléias e dos tribunais de contas nos casos em que estes necessitassem praticar, em juízo e em nome próprio, atos processuais na defesa de sua autonomia e independência em face dos demais Poderes**. Sublinhou-se, outrossim, que essas procuradorias poderiam ser responsáveis pela consultoria e pelo assessoramento jurídico dos demais órgãos da assembléia e do tribunal de contas. Ademais, tendo em vista a alteração na Constituição da República, estabelecida pela EC 19/98, consignou-se a não-prejudicialidade da ação em curso, de modo que se imporia a verificação da constitucionalidade das normas impugnadas em relação aos dois paradigmas constitucionais. No ponto, não se observou qualquer ofensa ao art. 135 da CF, seja na sua redação original, seja na atual."

3. Advocacia

- O **advogado é indispensável à administração da justiça**, sendo inviolável por seus atos e manifestações no exercício da profissão, nos limites da lei.

4. Defensoria Pública

- A Defensoria Pública é **instituição permanente, essencial à função jurisdicional do Estado, incumbindo-lhe, como expressão e instrumento**

do regime democrático, fundamentalmente, a orientação jurídica, a promoção dos direitos humanos e a defesa, em todos os graus, judicial e extrajudicial, dos direitos individuais e coletivos, de forma integral e gratuita, aos necessitados, na forma do inciso LXXIV do art. 5º desta Constituição Federal. ("o Estado prestará assistência jurídica integral e gratuita aos que comprovarem insuficiência de recursos").

- São **princípios institucionais da Defensoria Pública** a unidade, a indivisibilidade e a independência funcional, aplicando-se também, no que couber, o disposto no art. 93 e no inciso II do art. 96 desta Constituição Federal.
- Acerca dos **princípios institucionais da Defensoria Pública** (unidade, indivisibilidade e independência funcional), assevera Uadi Lammêgo Bulos que "Pelo vetor da unidade, a Defensoria Pública é una, vedando-se a formação de 'panelinhas' ou 'grupelhos' que busquem a satisfação de interesses particulares. Segundo o ditame da indivisibilidade, a Defensoria Pública não pode ser dividida ou fragmentada, porque a prestação da assistência jurídica é contínua, ainda quando um defensor possa vir a ser substituído por outro ao longo de sua atividade. Conforme a diretriz da independência funcional, o defensor não deve satisfações a ninguém, mas apenas a sua própria consciência, podendo desagradar aqueles que se sentirem ofendidos por sua atuação, sem que sofra represálias ou retaliações de quem quer que seja" (BULOS, Uadi Lammêgo. *Curso de Direito Constitucional*. 9 ed. São Paulo: Saraiva, 2015, p. 1443).
- Lei complementar organizará a Defensoria Pública da União e do Distrito Federal e dos Territórios e prescreverá normas gerais para sua organização nos Estados, em cargos de carreira, providos, na classe inicial, mediante concurso público de provas e títulos, assegurada a seus integrantes a garantia da **inamovibilidade** (mas não a vitaliciedade) e vedado o exercício da advocacia fora das atribuições institucionais.
- **Atenção!** A **EC 69/12** passou a disciplinar que compete à União organizar e manter a Defensoria Pública dos Territórios, mas que a organização e a manutenção da Defensoria Pública do Distrito Federal caberá ao próprio DF.
- Nos termos da jurisprudência do STF, "A EC 45/2004 outorgou expressamente autonomia funcional e administrativa às defensorias públicas estaduais, além da iniciativa para a propositura de seus orçamentos (art. 134, § 2º): donde, ser **inconstitucional a norma local que estabelece a vinculação da Defensoria Pública a Secretaria de Estado**. A norma de autonomia inscrita no art. 134, § 2º, da CF pela EC 45/2004 é de eficácia plena e aplicabilidade imediata, dado ser a Defensoria Pública um instrumento de efetivação dos direitos humanos." (ADI 3.569, julgada em 2007 e relatada pelo Ministro Sepúlveda Pertence).
- De acordo com as jurisprudências do STJ e do STF, as **Defensorias Públicas Estaduais podem atuar perante os tribunais superiores**. O fundamento é o art. 106 da Lei Complementar 80/94, segundo o qual, a Defensoria Pública do Estado prestará assistência jurídica aos necessitados, em todos os graus de jurisdição e instâncias administrativas do Estado e caberá a ela interpor recursos aos Tribunais Superiores, quando cabíveis.
- **Defensoria e convênio com a OAB**: "É inconstitucional toda norma que, impondo a Defensoria Pública estadual, para prestação de serviço jurídico integral e gratuito aos necessitados, a obrigatoriedade de assinatura de convênio exclusivo com a OAB, ou com qualquer outra entidade, viola, por conseguinte, a autonomia funcional, administrativa e financeira daquele órgão público." (ADI 4.163, julgada em 2012 e relatada pelo Ministro Cezar Peluso).
- **Ao Defensor Público aplica-se o regramento disposto no art. 41 da CF, ou seja, será estável após 3 anos de efetivo exercício** e poderá perder o cargo em virtude de sentença judicial transitada em julgado, ou mediante processo administrativo em que lhe seja assegurada ampla defesa, ou mediante procedimento de avaliação periódica de desempenho, na forma da lei complementar, assegurada ampla defesa. Aliás, o STF já entendeu inconstitucional previsão da Constituição do Rio de Janeiro que previa estabilidade com 2 anos e perda do cargo apenas por sentença judicial transitada em julgado (ADI 230, julgada em 2010 e relatada pela Ministra Cármen Lúcia).
- **Atenção! A EC 80/2014** alterou o art. 98 do ADCT, que passou a dispor o seguinte: O número de defensores públicos na unidade jurisdicional será proporcional à efetiva demanda pelo serviço da Defensoria Pública e à respectiva população. § 1º: No prazo de 8 (oito) anos, a União, os Estados e o Distrito Federal deverão contar com defensores públicos em todas as unidades jurisdicionais, observado o disposto no caput deste artigo. Durante o decurso do prazo previsto no § 1º deste artigo, a lotação dos defensores públicos ocorrerá, prioritariamente, atendendo as regiões com maiores índices de exclusão social e adensamento populacional.
- **Súmulas**
- **Súmula 644, do STF:** "Ao titular do cargo de Procurador de autarquia não se exige a apresentação de instrumento de mandato para representá-la em juízo."

✦ INFORMATIVOS STF

▸ *ADI e prerrogativas de Procuradores de Estado – 2*

Em conclusão, o Plenário julgou procedente pedido formulado em ação direta para declarar a inconstitucionalidade da expressão "com porte de arma, independente de qualquer ato formal de licença ou autorização", contida no art. 88 da Lei Complementar 240/2002, do Estado do Rio Grande do Norte. A norma impugnada dispõe sobre garantias e prerrogativas dos Procuradores do Estado. Na sessão de 16.11.2005, o Plenário assentou a inconstitucionalidade do inciso I e § § 1º e 2º do art. 86, e dos incisos V, VI, VIII e IX do art. 87 da aludida lei. Na presente assentada, concluiu-se o exame do pleito remanescente relativo ao art. 88, que autoriza o porte de arma aos integrantes daquela carreira. Asseverou-se que, se apenas à União fora atribuída competência privativa para legislar sobre matéria penal, somente ela poderia dispor sobre regra de isenção de porte de arma. Em acréscimo, o Min. Gilmar Mendes ressaltou que o registro, a posse e a comercialização de armas de fogo e munição estariam disciplinados no Estatuto do Desarmamento (Lei 10.826/2003). Esse diploma criara o Sistema Nacional de Armas – Sinarm e transferira à polícia federal diversas atribuições até então executadas pelos estados-membros, com o objetivo de centralizar a matéria em âmbito federal. Mencionou precedentes da Corte no sentido da constitucionalidade do Estatuto e da competência privativa da União para autorizar e fiscalizar a produção e o comércio de material bélico (CF, art. 21, VI). Aduziu que, não obstante a necessidade especial que algumas categorias profissionais teriam do porte funcional de arma, impenderia um diálogo em seara federal. ADI 2729/RN, red. p/ ac. Min. Gilmar Mendes, 19.6.2013. Pleno. (Info 711)

▸ ***MP. Conflito de atribuições e Fundef – 2***

O Plenário retomou julgamento de ação cível originária em que o Ministério Público Federal suscita conflito negativo de atribuição relativamente ao Ministério Público do Estado do Rio Grande do Norte para a investigação de supostas irregularidades concernentes à gestão de recursos oriundos do Fundo de Manutenção e Desenvolvimento do Ensino Fundamental e de Valorização do Magistério – Fundef. Em voto-vista, o Min. Ricardo Lewandowski reconheceu a atribuição do Ministério Público Federal para atuar em matéria criminal e a atribuição do Ministério Público estadual para atuar em matéria cível, sem prejuízo, no último caso, de deslocamento da competência para a justiça federal, na hipótese de superveniente intervenção da União. Após o voto do Min. Teori Zavascki que, pelos fundamentos acima expostos não conheceu do feito, pediu vista o Min. Joaquim Barbosa, Presidente. ACO 1394/RN, Rel. Min. Marco Aurélio, 21.3.2013. Pleno. (Info 699)

▸ ***MP. Conflito de atribuições e Fundef – 3***

O Plenário retomou julgamento de duas petições em que o Ministério Público Federal suscita conflito negativo de atribuição quanto, respectivamente, aos Ministérios Públicos dos Estados de São Paulo e Rio Grande do Norte para a investigação de supostas irregularidades concernentes à gestão de recursos oriundos do Fundo de Manutenção e Desenvolvimento do Ensino e Valorização do Magistério – Fundef. Em voto-vista, o Min. Joaquim Barbosa, Presidente, reconheceu a atribuição do Ministério Público estadual, porquanto ausente indicação de que verbas originárias do referido fundo tivessem sido complementadas com recursos provenientes do erário federal. Por outro lado, o Min. Ricardo Lewandowski, assentou a atribuição do Ministério Público Federal para atuar em matéria criminal e a atribuição do Ministério Público estadual para atuar em matéria cível, sem prejuízo, no último caso, de deslocamento da competência para a justiça federal, na hipótese de superveniente intervenção da União. O Min. Teori Zavascki, por seu turno, não conheceu do feito por reputar inexistente conflito federativo a ser dirimido pelo STF. Tratar-se-ia de divergência estabelecida "interna corporis", cuja solução suporia juízo de valor sobre o resultado da própria investigação a ser promovida e de avaliação sobre as providências judiciais ou extrajudiciais cabíveis. Ressaltou que esse juízo típico do exercício de funções institucionais do parquet não seria suscetível de delegação judiciária. Sublinhou que, no âmbito da competência jurisdicional, embora ausente relação de natureza hierárquica entre juízes federal e estadual, caberia exclusivamente ao primeiro decidir a respeito da ocorrência ou não de interesse federal em determinada causa. Asseverou que esse entendimento deveria orientar as relações entre Ministério Público da União e Ministério Público dos Estados, de modo que a análise sobre as atribuições do Ministério Público da União seria do próprio órgão. Além disso, não caberia ao parquet estadual qualquer controle a respeito. Após, o julgamento foi suspenso. Pet 4706/DF, Pet 4863/RN, Rel. Min. Marco Aurélio, 21.3.2013. Pleno. (Info 699)

▸ ***MP. Conflito de atribuições e superfaturamento em construção de conjuntos habitacionais***

O Plenário iniciou julgamento de ação cível originária em que o Ministério Público do Estado do Paraná suscita conflito negativo de atribuição em face do Ministério Público Federal para a investigação de possível superfaturamento na construção de conjuntos habitacionais em município paranaense. Na espécie, os valores para o financiamento das obras teriam sido disponibilizados pela Caixa Econômica Federal – CEF, oriundos do Fundo de Garantia por Tempo de Serviço – FGTS, e colocadas no mercado de consumo por meio do Sistema Financeiro de Habitação. O Min. Luiz Fux, relator, não conheceu do conflito de atribuição, no que foi acompanhado pelo Min. Teori Zavascki. Primeiramente, recordou que se pronunciara em outra oportunidade pela remessa dos autos ao STJ, caso existente conflito federativo, à semelhança do que ocorreria quando envolvida controvérsia sobre competência entre juízes pertencentes a tribunais distintos. Em seguida, rememorou preliminar recentemente aventada pelo Min. Teori Zavascki, no sentido de competir à União dizer se teria, ou não, interesse na causa. Assim, por analogia, caberia ao parquet federal a palavra definitiva na questão. Por fim, consignou que, se vencido na preliminar de inexistência de conflito federativo a ser dirimido pelo STF, manifestar-se-ia a respeito dos demais temas arguidos no feito. O Min. Teori Zavascki explicitou que se estaria a decidir, no caso, sobre qual parquet iria promover investigação de natureza civil. Na sequência, reiterou os fundamentos expendidos em seu voto nas Petições 4706/DF e 4863/RN, para concluir que a natureza desta controvérsia não se qualificaria como de conflito federativo, apto a atrair a incidência do art. 102, f, da CF. Em divergência, o Min. Marco Aurélio conheceu do pedido e estabeleceu a atribuição do Ministério Público Federal. Reafirmou entendimento segundo o qual, ante o silêncio da Constituição, caberia ao Supremo atuar em favor da própria sociedade para que o inquérito civil público prosseguisse. Aduziu que, como o parquet da União não seria hierarquicamente superior ao estadual, não cumpriria a ele definir atribuição. No mérito, assentou cuidar-se de abatimento em prestações de mutuários da CEF, cujo objeto seria o superfaturamento havido tendo em conta o que financiado pela referida instituição. Ato contínuo, assinalou existir interesse a definir o inquérito como da atribuição do órgão federal. Após, pediu vista o Min. Joaquim Barbosa. ACO 924/PR, Rel. Min. Luiz Fux, 23.5.2013. Pleno. (Info 707)

▸ ***Ministério Público e investigação criminal – 19***

O Plenário retomou julgamento de recurso extraordinário em que discutida a constitucionalidade da realização de procedimento investigatório criminal pelo Ministério Público. O acórdão impugnado dispusera que, na fase de recebimento da denúncia, prevaleceria a máxima "in dubio pro societate", oportunidade em que se possibilitaria ao titular da ação penal ampliar o conjunto probatório. Sustenta o recorrente que a investigação procedida pelo parquet ultrapassaria suas atribuições funcionais constitucionalmente previstas, as quais seriam exclusivas da polícia judiciária. Em voto-vista, o Min. Luiz Fux negou provimento ao recurso e reconheceu a legitimidade do poder investigatório do Ministério Público, com modulação nos efeitos da decisão. Após, pediu vista o Min. Marco Aurélio. RE 593727/MG, Rel. Min. Cezar Peluso, 19.12.2012. Pleno. (Info 693)

▸ ***MPT. AgRg na Rcl 3.760-PA Rel. Min. Teori Zavascki***

Processual civil. Ministério Público do Trabalho. Atuação direta no STF. Impossibilidade. Função da Procuradoria-Geral da República, conforme disposto no art. 46 da LC 75/1993. 1. Segundo a jurisprudência firmada no STF, incumbe ao Procurador-Geral da República exercer as funções do Ministério Público junto ao STF, nos termos do art. 46 da LC 75/93, sendo que o exercício das atribuições do MPT se circunscreve aos órgãos da Justiça do Trabalho, consoante se infere dos arts. 83, 90, 107 e 110 da LC 75/93 (Rcl 4453). 2. Agravo não conhecido. (Info 711)

CONTROLE DE CONSTITUCIONALIDADE

- **CF, artigos 97 e 102 a 103 da CF.**

✦ DICAS

1. O Controle de Constitucionalidade consiste na **fiscalização da compatibilidade** entre condutas (comissivas ou omissivas) dos Poderes Públicos e o bloco de constitucionalidade, integrado pela Constituição Formal.

2. **Bloco de constitucionalidade** (ideia de Louis Favoreu, mas desenvolvida por Canotilho e consagrada nas ADIs 595 e 514, pelo Ministro Celso de Mello) consiste no **conjunto de normas materialmente constitucionais**, que servem de paradigma para controle de constitucionalidade, mas que, não necessariamente, integram formalmente a Constituição, a exemplo dos tratados internacionais de direitos humanos aprovados de acordo com o regramento do art. 5º, § 3º, da CF. Entretanto, nesse bloco não estão incluídas as normas infraconstitucionais. Assim, se uma norma ofende uma lei, mas não viola diretamente a Constituição, não é possível a realização do controle de constitucionalidade, posto que lei eventualmente violada não integra o bloco de constitucionalidade. Essa lei ofendida, que fica entre a norma objeto de questionamento e a Constituição, recebe o nome de norma interposta. **O STF tem posição firme no sentido de que não se admite controle de constitucionalidade em face de norma interposta**, ou seja, só há controle de constitucionalidade quando ocorrer violação ao bloco de constitucionalidade. Destacamos o seguinte julgado: "Ação direta de inconstitucionalidade. Lei nº 6.004, de 14/04/98, do Estado de Alagoas. Alegada violação aos arts. 150, § 6º; e 155, § 2º, XII, g, da constituição federal. **Ausência de conflito direto com o texto constitucional. Não cabe controle abstrato de constitucionalidade por violação de norma infraconstitucional interposta, sem ocorrência de ofensa direta à Constituição Federal.** Hipótese caracterizada nos autos, em que, para aferir a validade da lei alagoana sob enfoque frente aos dispositivos da Constituição Federal, seria necessário o exame do conteúdo da Lei Complementar nº 24/75 e do Convênio 134/97, inexistindo, no caso, conflito direto com o texto constitucional. Ação direta de inconstitucionalidade não conhecida". (STF. ADI 2122, julgada no ano 2000 e relatada pelo Ministro Ilmar Galvão).

3. **Evolução do controle de constitucionalidade no Brasil**

- **Constituição de 1891:** o controle difuso de constitucionalidade, que pode ser realizado por qualquer juiz mediante a provocação de qualquer indivíduo que tenha direito seu obstaculizado por uma inconstitucionalidade, tem raiz no direito norte-americano (caso Marbury vs Madison de

1803), mas somente foi introduzido no Brasil pela Constituição de 1891.

- **Constituição de 1934:** criou a ação direta de inconstitucionalidade interventiva, introduziu a cláusula da reserva de plenário (exigência que a declaração de inconstitucionalidade somente possa ser pronunciada pela maioria absoluta do tribunal), e estabeleceu ao Senado Federal atribuição para suspender a execução, no todo ou em parte, de lei ou ato normativo declarado inconstitucional por decisão definitiva.
- **Constituição de 1937:** de cunho ditatorial, criou a esdrúxula possibilidade de o Presidente da República submeter as decisões de inconstitucionalidade do Poder Judiciário ao crivo do Parlamento, para reexame. Havendo dois terços dos votos em cada Casa do Congresso, a decisão judicial de inconstitucionalidade perdia seus efeitos.
- **Constituição de 1946:** reestruturou o controle de constitucionalidade brasileiro. Ademais, a teor da Emenda Constitucional nº 16, de 1965, admitiu a representação contra inconstitucionalidade de lei ou ato de natureza normativa, federal, estadual, em face da Constituição da República, cujo julgamento competia exclusivamente ao STF. Também foi responsável por prever o controle concentrado de constitucionalidade em âmbito estadual (EC 16/65).
- **Constituição de 1967:** por meio da EC 01/69, previu o controle de constitucionalidade de lei municipal frente à Constituição Estadual. Também foi sob a égide da Constituição de 1967 que surgiu o primeiro elemento ou sucedâneo de incidência do *stare decisis*. A teor da EC 07/77, adotou-se a representação para interpretação de lei ou ato normativo federal ou estadual, que tinha, segundo o Regimento Interno do Supremo Tribunal Federal, "força vinculante". O *stare decisis* (está decidido) é o elemento que atribui efeito vinculante ao precedente judicial.
- **Constituição de 1988:** foi responsável pela democratização da legitimidade para a propositura de ações no controle concentrado, criando o rol de legitimados do art. 103, da CF, abandonando a legitimidade exclusiva do PGR. Além disso, criou a ação direta de inconstitucionalidade por omissão e o mandado de injunção, instrumentos que atacam as omissões inconstitucionais. Também é da Constituição Cidadã de 1988 o reconhecimento do controle concentrado de constitucionalidade estadual (art. 125, § 2º, da CF). Outra novidade foi a criação da ADPF – arguição de descumprimento de preceito fundamental (art. 102, parágrafo único, da CF). Por fim, a EC 03/93, fez previsão da ação declaratória de constitucionalidade, de lei ou ato normativo federal, com efeito vinculante.

4. Formas de inconstitucionalidade

- A inconstitucionalidade atacada pode ser **formal ou nomodinâmica** (vício de procedimento legislativo ou de afronta a regras de iniciativa/competência) ou **material ou nomoestática** (vício que afeta o conteúdo substantivo das normas constitucionais). Ex: projeto de lei de iniciativa de deputado federal visando criação de cargos na administração federal padecerá de vício de inconstitucionalidade **formal subjetiva** (vício de competência ou iniciativa), pois nesse caso a iniciativa é privativa do Presidente da República, nos termos do art. 61, § 1º, II, "a", da CF.
- Considerando-se que a inconstitucionalidade formal se relaciona a vício de procedimento ou de iniciativa/competência, ela só pode ser aferida em relação às regras constitucionais vigentes no momento de sua elaboração, e não em razão da mudança posterior do parâmetro constitucional.
- Segundo o STF, "Tem-se **inconstitucionalidade reflexa** – a cuja verificação não se presta a ação direta – quando o vício de ilegitimidade ir-rogado a um ato normativo é o desrespeito à Lei Fundamental por ha-ver violado norma infraconstitucional interposta, a cuja observância estaria vinculado pela Constituição" (ADI 3132, Rel. Sepúlveda Per-tence. Julgamento em 15.02.2006).

5. Controle prévio ou preventivo

- **Proposta legislativa pretensamente inconstitucional pode ser impugnada** por meio de mandado de segurança individual manejado por parlamentar sob o argumento de vulneração às cláusulas pétreas e violação ao direito líquido e certo de participação de um processo legislativo hígido (STF. MS 20.257, julgado em 1981 e relatado pelo Ministro Décio Miranda).
- O **veto do Presidente da República** a projeto de lei aprovado pelas casas do Congresso Nacional, por motivo de inconstitucionalidade é considerado mecanismo de controle político prévio de constitucionalidade, a teor do art. 66, § 1º, da CF.
- A sustação, pelo Poder Legislativo, de atos normativos do presidente da República que exorbitem do poder regulamentar constitui exemplo do controle de constitucionalidade **posterior ou repressivo** (não prévio ou preventivo), manejado via **Decreto Legislativo** produzido pelo Congresso Nacional (art. 49, V, da CF).

6. Controle posterior ou repressivo

- **Em regra, o controle repressivo de constitucionalidade é exercido pelo Poder Judiciário. Excepcionalmente** o Legislativo pode realizar esse controle, o que se dá por decreto legislativo emitido pelo Congresso Nacional para sustar atos normativos do Poder Executivo que exorbitem de poder regulamentar ou da delegação legislativa (artigos 49, V, 84, IV e 68, todos da CF). O Legislativo também faz controle repressivo em relação às medidas provisórias (art. 62 da CF). O Executivo também tem a possibilidade de realizar controle repressivo, o que se materializa pelo descumprimento, por parte de seu Chefe, de lei ou ato normativo que entenda inconstitucional.

- Apesar de haver dissonância na doutrina, há julgados do STF e do STJ que sinalizam pela **possibilidade de o chefe do Executivo deixar de aplicar lei que entenda inconstitucional**, podendo ainda determinar a seus subordinados que assim procedam. (STF. ADI 221, julgada em 1993 e relatada pelo Ministro Moreira Alves: "O controle de constitucionalidade da lei ou dos atos normativos é de competência exclusiva do Poder Judiciário. Os Poderes Executivo e Legislativo, por sua chefia – e isso mesmo tem sido questionado com o alargamento da legitimação ativa na ação direta de inconstitucionalidade –, podem tão só determinar aos seus órgãos subordinados que deixem de aplicar administrativamente as leis ou atos com força de lei que considerem inconstitucionais"). (STJ, REsp 23121, julgado em 1993 e relatado pelo Ministro Humberto Gomes de Barros: "O Poder Executivo deve negar execução a ato normativo que lhe pareça inconstitucional").

7. Controle jurisdicional

- O Brasil adota duas formas de controle jurisdicional: **difuso** (realizado por qualquer juízo) e **concentrado** (realizado apenas por um órgão de cúpula, que em âmbito federal, é o STF). Assim, o direito brasileiro dispõe de um **controle ou sistema jurisdicional misto.**
- O Controle difuso também pode ser denominado por: concreto; Incidental ou *incidenter tantum*; Via de Exceção; Processo Subjetivo; De efeitos inter partes; Estadunidense e Aberto.
- O Controle concentrado pode ser denominado por: Abstrato; Principal; Via de Ação; Processo Objetivo; De efeitos *erga omnes*; Austríaco e Reservado.

DENOMINAÇÕES DAS FORMAS DE CONTROLE DE CONSTITUCIONALIDADE NO BRASIL	
1. Controle Difuso	**2. Controle Concentrado**
Concreto	Abstrato
Incidental ou *incidenter tantum*	Principal
Via de Exceção	Via de Ação
Processo Subjetivo De efeitos *inter partes*	Processo Objetivo De efeitos *erga omnes*
Estadunidense	Austríaco
Aberto	Reservado

8. Controle difuso

- O controle difuso é fruto de construção jurisprudencial da Suprema Corte dos Estados Unidos (no famoso **caso Marbury *versus* Madison**, em 1803), embora alguns autores defendam que decisões anteriores já indicavam a possibilidade de o Judiciário declarar uma norma contrária à Constituição, a exemplo de Uadi Lammêgo Bulos: "A justiça do Estado de New Jersy, nos idos de 1780, já havia declarado que leis contrárias à constituição reputavam-se nulas. Em 1782, um grupo de juízes da Virgínia declararam, em seus vereditos, que leis inconstitucionais afiguravam-se nulas. No ano de 1787, a Suprema Corte da Carolina do Norte invalidou leis contrárias aos artigos da Confederação. Todas essas datas demonstram o quão é equivocada a ideia de que o controle difuso nasceu no caso Madison versus Marbury. Na realidade, o *decisum* de Marshall resultou do amadurecimento de séculos. Homens e instituições, de todo o mundo, exigiam o respeito incondicional às normas constitucionais, a fim de se encontrar a tão almejada salvaguarda de direitos e garantias". (BULOS, Uadi Lammêgo. Curso de Direito Constitucional. 2. ed. São Paulo: Saraiva, 2008, p. 114).
- O controle de constitucionalidade incidental brasileiro **pode ser provocado por qualquer pessoa e realizado por todo juiz, inclusive de ofício**, pois a questão constitucional somente servirá de fundamentação para decisão quanto ao pedido que envolve a resolução de um caso concreto.
- No controle difuso, a pronúncia do Judiciário sobre a inconstitucionalidade não é feita enquanto manifestação sobre o objeto principal da lide, mas sim sobre questão prévia (**via de exceção)**, indispensável ao julgamento do mérito. Em outras palavras: na via de exceção, a questão constitucional é a **causa de pedir**, e não o pedido.
- Somente pelo voto da maioria absoluta de seus membros ou dos membros do respectivo órgão especial poderão os tribunais declarar a inconstitucionalidade de lei ou ato normativo do Poder Público. Trata-se do denominado **Princípio da Reserva de Plenário**, previsto no art. 97, da CF, e reafirmado na Súmula Vinculante 10.
- Nos termos do parágrafo único, do art. 494 do Novo CPC, os órgãos fracionários dos tribunais não submeterão ao plenário, ou ao órgão especial, a arguição de inconstitucionalidade, quando já houver pronunciamento destes ou do plenário do Supremo Tribunal Federal sobre a questão. (Incluído pela Lei nº 9.756, de 1998). Trata-se de **abrandamento da cláusula de reserva de plenário** (art. 97, da CF), e que encontra guarida na jurisprudência do STF (RE 190.725, julgado em 1995 e relatado pelo Ministro Ilmar Galvão)
- A cláusula constitucional de reserva de plenário, insculpida no art. 97 da CF, fundada na presunção de constitucionalidade das leis, **não impede que os órgãos fracionários ou os membros julgadores dos tribunais, quando atuem monocraticamente, rejeitem a arguição de invalidade dos atos normativos, conforme consagrada lição da doutrina** (MOREIRA, José Carlos Barbosa. Comentários ao Código de Processo Civil, Vol. V – Arts. 476 a 565, Rio de Janeiro: Ed. Forense, 2009, p. 40)." (STF.

RE 636.359-AgR, julgado em 2011 e relatado pelo ministro Luiz Fux).

- Nos termos da Súmula Vinculante 10, **viola a cláusula de reserva de plenário** (CF, artigo 97) a decisão de órgão fracionário de tribunal que, embora não declare expressamente a inconstitucionalidade de lei ou ato normativo do poder público, afasta sua incidência, no todo ou em parte.

- Entretanto, como já decidiu o STF, "a simples ausência de aplicação de uma dada norma jurídica ao caso sob exame não caracteriza, apenas por isso, violação da orientação firmada pelo STF. Para caracterização da contrariedade à Súmula Vinculante 10, do STF, **é necessário que a decisão fundamente-se na incompatibilidade entre a norma legal tomada como base dos argumentos expostos na ação e a Constituição**." (Rcl 6.944, julgada em 2010 e relatada pela Ministra Cármen Lúcia).

- Segundo o STF, "EMENTA: (...) 1. **A cláusula de reserva de plenário (full bench) é aplicável somente aos textos normativos erigidos sob a égide da atual Constituição**. 2. As normas editadas quando da vigência das Constituições anteriores se submetem somente ao juízo de recepção ou não pela atual ordem constitucional, o que pode ser realizado por órgão fracionário dos Tribunais sem que se tenha por violado o art. 97 da CF. (...)" AI 669.872 AgR (DJe 14.02.2013) – Relator Ministro Luiz Fux – Primeira Turma.

- "Vê-se, portanto, na linha de iterativa jurisprudência prevalecente nesta Suprema Corte e em outros tribunais (RTJ 82/44 – RTJ 99/544 – RTJ 124/415 – RTJ 135/32 – RT 179/922 – RT 208/197 – RT 231/665, v.g.), que a incompatibilidade entre uma lei anterior (como a norma ora questionada inscrita na Lei 691/1984 do Município do Rio de Janeiro/RJ, p. ex.) e uma Constituição posterior (como a Constituição de 1988) resolve-se pela constatação de que se registrou, em tal situação, revogação pura e simples da espécie normativa hierarquicamente inferior (o ato legislativo, no caso), não se verificando, por isso mesmo, hipótese de inconstitucionalidade (RTJ 145/339 – RTJ 169/763). **Isso significa que a discussão em torno da incidência, ou não, do postulado da recepção – precisamente por não envolver qualquer juízo de inconstitucionalidade (mas, sim, quando for o caso, o de simples revogação de diploma pré-constitucional) – dispensa, por tal motivo, a aplicação do princípio da reserva de Plenário (CF, art. 97), legitimando, por isso mesmo, a possibilidade de reconhecimento, por órgão fracionário do Tribunal, de que determinado ato estatal não foi recebido pela nova ordem constitucional** (RTJ 191/329-330), além de inviabilizar, porque incabível, a instauração do processo de fiscalização normativa abstrata (RTJ 95/980 – RTJ 95/993 – RTJ 99/544 – RTJ 143/355 – RTJ 145/339, v.g.)." (AI 582.280 AgR, voto do Rel. Min. Celso de Mello, julgamento em 12-9-2006, Segunda Turma, DJ de 6-11-2006.) No mesmo sentido: RE 495.370-AgR, Rel. Min. Joaquim Barbosa, julgamento em 10-8-2010, Segunda Turma, DJE de 1º-10-2010.

- De acordo com o STF, "O **art. 97 da Constituição,** ao subordinar o reconhecimento da inconstitucionalidade de preceito normativo a decisão nesse sentido da 'maioria absoluta de seus membros ou dos membros dos respectivos órgãos especiais', está se dirigindo aos tribunais indicados no art. 92 e aos respectivos órgãos especiais de que trata o art. 93, XI. A referência, portanto, **não atinge juizados de pequenas causas (art. 24, X) e juizados especiais (art. 98, I)**, os quais, pela configuração atribuída pelo legislador, não funcionam, na esfera recursal, sob regime de plenário ou de órgão especial." (ARE 792.562-AgR, rel. min. Teori Zavascki, julgamento em 18-3-2014, Segunda Turma, DJE de 2-4-2014.)

- **O princípio da reserva de plenário não se aplica ao STF no julgamento de recursos extraordinários.** Assim já assentou a jurisprudência: "O STF exerce, por excelência, o controle difuso de constitucionalidade quando do julgamento do recurso extraordinário, tendo os seus colegiados fracionários competência regimental para fazê-lo sem ofensa ao art. 97 da CF." (RE 361.829, julgado em 2010 e relatado pela Ministra Ellen Gracie).

- **Súmula 513 do STF**: "a decisão que enseja a **interposição de recurso** ordinário ou extraordinário não é a do plenário, que resolve o incidente de inconstitucionalidade, mas a do órgão (câmaras, grupos ou turmas) que completa o julgamento do feito".

- **Em regra, a ação civil pública não pode ser usada como instrumento de controle de constitucionalidade**, sob pena de usurpação das atribuições do STF (Ag. 189.601, julgado em 1997 e relatado pelo Ministro Moreira Alves).

- **Entretanto, é possível a utilização da ação civil pública** como instrumento de controle incidental de constitucionalidade de leis ou atos do poder público, **desde que a questão qualifique-se apenas como questão prejudicial, indispensável à resolução da lide principal**. Nesse sentido, é esclarecedora a RCL 1.733, apreciada no ano 2000 e relatada pelo Ministro Celso de Mello: "O Supremo Tribunal Federal tem reconhecido a legitimidade da utilização da ação civil pública como instrumento idôneo de fiscalização incidental de constitucionalidade, pela via difusa, de quaisquer leis ou atos do Poder Público, mesmo quando contestados em face da Constituição da República, desde que, nesse processo coletivo, a controvérsia constitucional, longe de identificar-se como objeto único da demanda, qualifique-se como simples questão prejudicial, indispensável à resolução do litígio principal".

- A eficácia da decisão no controle difuso é ***inter partes***, não *erga omnes*.

- Poderá haver a geração de efeitos *erga omnes* se aplicado o art. 52, X, da CF, segundo o qual o **Senado Federal pode suspender a execução**, no todo ou em parte, de lei declarada inconstitucional por decisão definitiva do Supremo Tribunal Federal.
- A resolução do **Senado Federal** que suspende **a execução** (e não a eficácia), **no todo ou em parte**, de lei declarada inconstitucional por decisão definitiva do Supremo Tribunal Federal é forma de controle político de constitucionalidade, nos termos do art. 52, X, da CF.
- No controle difuso, quando houver **declaração de não recepção** (e não de inconstitucionalidade), não há enquadramento ao art. 52, X, da CF, portanto, o STF **não** deverá encaminhar a decisão ao Senado Federal.
- Segundo o STF, uma vez expedida, a **resolução senatorial é irretratável**.
- **Predomina o entendimento** no sentido de que o Senado Federal **não é obrigado** a suspender a execução de lei declarada inconstitucional pelo STF, pois se trata de atividade discricionária desse órgão do Poder Judiciário. Quanto à extensão da suspensão, o entendimento é no sentido de que **o Senado Federal está vinculado ao que decidiu o STF**. Assim, se, por exemplo, o STF declarou uma inconstitucionalidade parcial, o Senado tem que seguir a mesma linha, não podendo suspender a execução total da lei. Por fim, também é assente o pensamento segundo o qual a suspensão da execução pelo Senado Federal pode se dar em relação a **lei federal, estadual, distrital ou municipal**.
- Ao contrário dos demais órgãos jurisdicionais, que, no controle difuso, só podem declarar a inconstitucionalidade *incidenter tantum* (como fundamento para apreciação dos pedidos de cada caso julgado) de norma que devesse ser aplicada à hipótese concreta de julgamento, **ao Supremo Tribunal Federal, conforme sua jurisprudência dominante, é possível, quando apreciada a inconstitucionalidade em sede de controle difuso, emitir juízo quanto à validade ou invalidade da norma, ainda que a aplicação ou não desta se mostre dispensável à solução concreta da controvérsia** (MENDES, Gilmar Ferreira; COELHO, Inocêncio Mártires; BRANCO, Paulo Gustavo Gonet. *Curso de Direito Constitucional*. 2 ed. São Paulo: Saraiva, 2008, p. 1.076). Referido posicionamento foi adotado pelo STF em 2005, no julgamento do MS 20.505, relatado pelo Ministro Néri da Silveira, e também na apreciação do RE 102.553, julgado em 2005 e relatado pelo Ministro Francisco Rezek.
- "O poder de que dispõe qualquer juiz ou tribunal para deixar de aplicar a lei inconstitucional a determinado processo (...) pressupõe a invalidade da lei e, com isso, a sua nulidade. **A faculdade de negar aplicação à lei inconstitucional corresponde ao direito do indivíduo de recusar-se a cumprir a lei inconstitucional, assegurando-se-lhe, em última instância, a possibilidade de interpor recurso extraordinário ao STF contra decisão judicial que se apresente, de alguma forma, em contradição com a Constituição (...) (Cf., a propósito, Rp 980, Rel. Min. Moreira Alves, RTJ 96, p. 508). Tanto o poder do juiz de negar aplicação à lei inconstitucional quanto a faculdade assegurada ao indivíduo de negar observância à lei inconstitucional (mediante interposição de recurso extraordinário) demonstram que o constituinte pressupôs a nulidade da lei inconstitucional.** Em certos casos, o efeito necessário e imediato da declaração de nulidade de uma norma, na declaração de inconstitucionalidade pelo STF ou pelos Tribunais de Justiça dos Estados, há de ser a exclusão de toda ultra-atividade da lei inconstitucional. **A eventual eliminação dos atos praticados com fundamento na lei inconstitucional terá de ser considerada em face de todo o sistema jurídico, especialmente das chamadas fórmulas de preclusão.** Na espécie, com a declaração de inconstitucionalidade, pelo tribunal local, dos atos normativos que conferiam pontuação extra a todos os servidores públicos municipais, quando submetidos a concurso público, atribuindo-lhes 40% da pontuação total das provas, entendo que o ato do Prefeito não violou direito líquido e certo dos impetrantes." (RE 348.468, voto do Relator, Ministro Gilmar Mendes, julgamento em 2009).
- "**No direito brasileiro, jamais se aceitou a idéia de que a nulidade da lei importaria na eventual nulidade de todos os atos que com base nela viessem a ser praticados.** Embora a ordem jurídica brasileira não disponha de preceitos semelhantes aos constantes do § 79 da Lei do Bundesverfassungsgericht, que prescreve a intangibilidade dos atos não mais suscetíveis de impugnação, **não se deve supor que a declaração de nulidade afete, entre nós, todos os atos praticados com fundamento na lei inconstitucional**. É verdade que o nosso ordenamento não contém regra expressa sobre o assunto, aceitando-se, genericamente, a idéia de que o ato fundado em lei inconstitucional está eivado, igualmente, de iliceidade (Cf., a propósito, RMS 17.976, Rel. Amaral Santos, RTJ 55, p. 744). **Concede-se, porém, proteção ao ato singular, em homenagem ao princípio da segurança jurídica, procedendo-se à diferenciação entre o efeito da decisão no plano normativo (Normebene) e no plano do ato singular (Einzelaktebene) mediante a utilização das chamadas fórmulas de preclusão** (cf. Ipsen, Jörn, Rechtsfolgen der Verfassungswidrigkeit von Norm und Einzelakt, Baden-Baden, 1980, p. 266 e s. Ver, também, Mendes, Gilmar, Jurisdição Constitucional, 5ª ed., São Paulo: Saraiva, 2005, p. 334)." (RE 217.141-AgR, voto do Relator, Ministro Gilmar Mendes, julgamento em 2006).
- **Os efeitos da decisão no controle difuso são *ex tunc*.** Entretanto, o STF já admitiu a modulação dos

efeitos das decisões proferidas em sede de controle difuso de constitucionalidade, o que representa uma flexibilização do princípio da nulidade no controle de constitucionalidade. "A declaração de inconstitucionalidade reveste-se, ordinariamente, de eficácia ex tunc (RTJ 146/461-462 – RTJ 164/506-509), retroagindo ao momento em que editado o ato estatal reconhecido inconstitucional pelo STF. **O STF tem reconhecido, excepcionalmente, a possibilidade de proceder à modulação ou limitação temporal dos efeitos da declaração de inconstitucionalidade, mesmo quando proferida, por esta Corte, em sede de controle difuso. Precedente: RE 197.917/SP, Rel. Min. Maurício Corrêa (Pleno).** Revela-se inaplicável, no entanto, a teoria da limitação temporal dos efeitos, se e quando o STF, ao julgar determinada causa, nesta formular juízo negativo de recepção, por entender que certa lei pré-constitucional mostra-se materialmente incompatível com normas constitucionais a ela supervenientes. A não recepção de ato estatal pré-constitucional, por não implicar a declaração de sua inconstitucionalidade – mas o reconhecimento de sua pura e simples revogação (RTJ 143/355 – RTJ 145/339) –, descaracteriza um dos pressupostos indispensáveis à utilização da técnica da modulação temporal, que supõe, para incidir, dentre outros elementos, a necessária existência de um juízo de inconstitucionalidade. Inaplicabilidade, ao caso em exame, da técnica da modulação dos efeitos, por tratar-se de diploma legislativo, que, editado em 1984, não foi recepcionado, no ponto concernente à norma questionada, pelo vigente ordenamento constitucional." (STF. AI 589.281-AgR, julgado em 2006 e relatado pelo Ministro Celso de Mello).

- Vale destacar trecho do Informativo 304, do STF, que versa sobre o julgamento do **RE 197.917, conhecido popularmente como "Caso Mira Estrela"**, que foi o *leading case* sobre modulação de efeitos no controle difuso de constitucionalidade: "Retomado o julgamento de recurso extraordinário interposto contra acórdão do Tribunal de Justiça do Estado de São Paulo que reconhecera a constitucionalidade do parágrafo único do art. 6º da Lei Orgânica do Município de Mira Estrela, de menos de três mil habitantes, que fixara em 11 o número de vereadores da Câmara Municipal, por entender que o número estabelecido não se afastou dos limites constantes da CF, art. 29, IV, a, b e c. Na assentada anterior, o Min. Maurício Corrêa, relator, proferira voto no sentido de julgar procedente, em parte, o pedido formulado na ação, declarando a inconstitucionalidade do parágrafo único do art. 6º da Lei 226/90 do referido Município, por considerar que o citado preceito constitucional estabelece um critério de proporcionalidade aritmética para o cálculo do número de vereadores, não tendo os municípios autonomia para fixar esse número discricionariamente, sendo que, na espécie, o Município em questão somente poderia ter 9 vereadores, sob pena de incompatibilidade com a proporção determinada pela CF (v. Informativos 271 e 274). Na presente Sessão, **O Min. Gilmar Mendes, embora acompanhando o voto do Min. Maurício Corrêa, relator, proferiu voto-vista no sentido de restringir a declaração da inconstitucionalidade pro futuro, de modo que tal declaração não afete a composição da atual legislatura da Câmara Municipal, cabendo ao legislativo municipal estabelecer nova disciplina sobre a matéria, em tempo hábil para que se regule o próximo pleito eleitoral.** (STF. RE 197.917-SP, julgado em 2003 e relatado pelo Ministro Maurício Corrêa).

- **Repercussão Geral**

- No recurso extraordinário o recorrente deverá demonstrar a **repercussão geral** das questões constitucionais discutidas no caso, nos termos da lei, a fim de que o Tribunal examine a admissão do recurso, somente podendo recusá-lo pela manifestação de dois terços de seus membros (art. 102, § 3º, da CF).

- **Atenção!** A **preliminar formal de repercussão geral** é exigida nos recursos extraordinários interpostos de acórdãos publicados a partir de 3 de maio de 2007, data da entrada em vigor da Emenda Regimental nº 21/07 ao RISTF, que estabeleceu as normas necessárias à execução das disposições legais e constitucionais sobre o novo instituto (QO-AI 664.567, Min. Sepúlveda Pertence).

- Em regra, o **recurso extraordinário** apresenta-se como um instrumento do controle difuso de constitucionalidade. Entretanto, em sede de controle concentrado de constitucionalidade, se uma norma da Constituição Estadual violada é idêntica à norma da Constituição Federal, caso tenha sido provocado o controle de constitucionalidade estadual, será cabível um Recurso Extraordinário da decisão do TJ (que aprecia o controle concentrado estadual) para o STF, pois, nos termos do art. 102, III, "a", da CF, compete ao Supremo Tribunal Federal, precipuamente, a guarda da Constituição, cabendo-lhe julgar, mediante recurso extraordinário, as causas decididas em única ou última instância, quando a decisão recorrida contrariar dispositivo da Constituição. Assim, nesse caso excepcional, o recurso extraordinário poderá ser utilizado como um elemento do controle concentrado.

9. Controle concentrado

- O Controle concentrado pode ser manejado via: **ADI** – Ação Direta de Inconstitucionalidade (por ação, omissão ou interventiva); **ADC** – Ação Declaratória de Constitucionalidade e; **ADPF** – Arguição de Descumprimento de Preceito Fundamental.

- Compete ao **Supremo Tribunal Federal**, precipuamente, a **guarda da Constituição**, cabendo-lhe processar e julgar, originariamente, entre outras, a ação direta de inconstitucionalidade de lei ou ato normativo federal ou estadual (mas, não municipal) e a ação declaratória de constitucionalidade de lei ou ato normativo federal, consoante art. 102, I, "a", da CF.

- Desde a edição da EC 45/04, o **rol de legitimados** para a propositura de ADI e de ADC é o mesmo: aquele disposto no art. 103 da CF.

- **Podem propor** a ação direta de inconstitucionalidade, a ação declaratória de constitucionalidade e a arguição de descumprimento de preceito fundamental: I – o Presidente da República; II – a Mesa do Senado Federal; III – a Mesa da Câmara dos Deputados; IV – a Mesa de Assembléia Legislativa ou da Câmara Legislativa do Distrito Federal; V – o Governador de Estado ou do Distrito Federal; VI – o Procurador-Geral da República; VII – o Conselho Federal da Ordem dos Advogados do Brasil; VIII – partido político com representação no Congresso Nacional; IX – confederação sindical ou entidade de classe de âmbito nacional.

- No caso de um partido **político perder sua representação no Congresso Nacional** após ter proposto uma ação direta de inconstitucionalidade, essa **ação não é considerada prejudicada**, pois a aferição de legitimidade deve ser feita apenas no momento da propositura, conforme jurisprudência do STF.

- Segundo a jurisprudência do STF, figuram como **requisitos qualificativos das entidades de classe de âmbito nacional**, para fins de acesso ao controle abstrato de normas, **(i) a delimitação subjetiva da associação**, que deve representar categoria delimitada ou delimitável de pessoas físicas ou jurídicas, sendo vedada a heterogeneidade de composição (ADI nº 4.230/RJ-AgR, de relatoria do Ministro Dias Tóffoli); **(ii) o caráter nacional, configurada com a comprovação da presença de associados em ao menos nove Estados da Federação** (ADI nº 108/DF-QO, Ministro Celso de Mello, DJ de 5/6/92); e **(iii) a vinculação temática entre os objetivos institucionais da postulante e a norma objeto de sindicância**.

- **Associações de associações:** Em especial, quanto às associações de associações, decidiu o STF: ""Ação direta de inconstitucionalidade: legitimação ativa: 'entidade de classe de âmbito nacional': compreensão da 'associação de associações' de classe: revisão da jurisprudência do Supremo Tribunal. **O conceito de entidade de classe é dado pelo objetivo institucional classista, pouco importando que a eles diretamente se filiem os membros da respectiva categoria social ou agremiações que os congreguem, com a mesma finalidade, em âmbito territorial mais restrito.** É entidade de classe de âmbito nacional – como tal legitimada à propositura da ação direta de inconstitucionalidade (CF, art. 103, IX) – aquela na qual se congregam associações regionais correspondentes a cada unidade da Federação, a fim de perseguirem, em todo o País, o mesmo objetivo institucional de defesa dos interesses de uma determinada classe. **Nesse sentido, altera o Supremo Tribunal sua jurisprudência, de modo a admitir a legitimação das 'associações de associações de classe', de âmbito nacional, para a ação direta de inconstitucionalidade.**" (ADI 3.153-AgR, Rel. Min. Sepúlveda Pertence, julgamento em 12-8-2004, Plenário, DJ de 9-9-2005.)

- Segundo o STF: "O rol do artigo 103 da Constituição Federal é exaustivo quanto à legitimação para a propositura da ação direta de inconstitucionalidade. **Os denominados conselhos**, compreendidos no gênero "autarquia" e tidos como a consubstanciar a espécie corporativista **não se enquadram na previsão constitucional relativa às entidades de classe de âmbito nacional.** Da Lei Básica Federal exsurge a legitimação de Conselho único, ou seja, o Federal da Ordem dos Advogados do Brasil. **Daí a ilegitimidade "ad causam" do Conselho Federal de Farmácia e de todos os demais que tenham idêntica personalidade jurídica** – de direito público (Ação Direta de Inconstitucionalidade nº 641, Relator Ministro Néri da Silveira, vencido, na qual fui designado para redigir o acórdão, publicado no Diário da Justiça de 12 de março de 1999, página 03557, Ementário 01695-02, página 00.223)".

- As **centrais sindicais não têm legitimidade ativa** para ajuizar ADI perante o STF. "Ação direta de inconstitucionalidade. Ausência de legitimidade ativa de Central Sindical (CUT)." (ADI 1.442, Rel. Min. Celso de Mello, julgamento em 3-11-2004, Plenário, DJ de 29-4-2005.)

- De acordo com o STF, "no âmbito das **associações sindicais**, apenas estão aptas a deflagrar o controle concentrado de constitucionalidade as entidades de terceiro grau, ou seja, as confederações sindicais organizadas na forma da lei, excluindo-se, portanto, os sindicatos e as federações, **ainda que possuam abrangência nacional**" (ADO 9. Relatora: Ministra Ellen Gracie. Julgamento: 21/10/2010).

- Nos termos da jurisprudência do STF, são **legitimados especiais**, ou seja, precisam demonstrar **pertinência temática**: a) Mesa da Assembleia Legislativa ou da Câmara Legislativa do Distrito Federal; b) Governador do Estado ou do Distrito Federal; c) Confederação Sindical ou Entidade de Classe de âmbito nacional. Os demais são legitimados neutros ou universais e não precisam demonstrar pertinência temática.

- "O requisito da **pertinência temática – que se traduz na relação de congruência que necessariamente deve existir entre os objetivos estatutários ou as finalidades institucionais da entidade autora e o conteúdo material da norma questionada em sede de controle abstrato** – foi erigido à condição de pressuposto qualificador da própria legitimidade ativa ad causam para efeito de instauração do processo objetivo de fiscalização concentrada de constitucionalidade." Essa foi a conclusão do STF no bojo da ADI 1.157-MC, julgada em 1994 e relatada pelo Ministro Celso de Mello.

- No controle concentrado de constitucionalidade, a petição inicial nem sempre precisa ser assinada por advogado. Essa exigência de assinatura da inicial atinge apenas: a) partido político com representação no Congresso Nacional e; b) Confederação Sindical ou Entidade de Classe de âmbito nacional. Os demais legitimados têm **capacidade postulatória presumida ou especial**.
- O entendimento encampado pelo STF é que **o Governador de Estado deve assinar a petição inicial**, sendo **facultada a assinatura do Procurador-Geral do Estado**, tendo em vista que a legitimidade repousa sobre o Governador. Ou seja, a petição inicial pode ser assinada pelo Governador de Estado ou do DF isolada ou conjuntamente com o Procurador-Geral do Estado ou Advogado habilitado, mas o Procurador-Geral do Estado não pode assiná-la sozinho, por não possuir legitimidade *ad causam*. Nesse sentido, decisão monocrática da Ministra Rosa Weber, no bojo da ADI 5084, julgada em 2014 e ARE 893279/DF, julgado em 2015 e relatado pelo Ministro Celso de Mello.
- **Particularidades do processo objetivo do controle concentrado** (Listagem realizada com base nas lições de: LENZA, Pedro. *Direito Constitucional Esquematizado*. 16 ed. São Paulo: Saraiva, 2012, p. 329).

I. Inexistência de **prazo recursal em dobro ou diferenciado para contestar** (STF, ADI 2.130, julgada em 2001 e relatada pelo Ministro Celso de Mello);

II. Inexistência de **prazo prescricional ou decadencial** (STF, ADI 1.247, julgada em 1995 e relatada pelo Ministro Celso de Mello);

III. Inadmissibilidade de **assistência jurídica** a qualquer das partes (art. 169, § 2º, do Regimento Interno do STF);

IV. Inadmissibilidade de **intervenção de terceiros** (art. 7º, *caput*, da Lei 9.868/99 e art. 169, § 2º, do Regimento Interno do STF). Mas, o relator, considerando a relevância da matéria e a representatividade dos postulantes, poderá, por despacho irrecorrível, admitir a **manifestação de outros órgãos ou entidades** (art. 7º, § 2º, da Lei 9.868/99), o que abre espaço para a figura do *amicus curiae*, conforme já decidiu o STF na ADI 2238, julgada em 2002 e relatada pelo Ministro Ilmar Galvão. Assim, pode-se dizer que a atuação do ***amicus curiae*** tem natureza *sui generis*.

V. Vedação expressa à **desistência** da ação proposta (art. 5º, *caput*, da Lei 9.868/99 e art. 169, § 1º, do Regimento Interno do STF);

VI. **Irrecorribilidade** da decisão proferida, **salvo embargos de declaração** (art. 26 da Lei 9.868/99);

VII. **Irrescindibilidade** da decisão proferida (não pode ser atacada por ação rescisória), nos termos do art. 26 da Lei 9.868/99;

VIII. **Não vinculação do STF à tese jurídica/causa de pedir**, já que no processo objetivo de controle de constitucionalidade o que importa é a apreciação do pedido.

IX. **Possibilidade de dilação probatória com perícia ou audiência pública**: nos termos do art. 9º, § 2º, da Lei 9.868/99, em caso de necessidade de esclarecimento de matéria ou circunstância de fato ou de notória insuficiência das informações existentes nos autos, poderá o relator requisitar informações adicionais, designar perito ou comissão de peritos para que emita parecer sobre a questão, ou fixar data para, em audiência pública, ouvir depoimentos de pessoas com experiência e autoridade na matéria.

- Quanto à **participação do *amicus curiae***, vale destacar a jurisprudência do STF: "Ação direta de inconstitucionalidade. Embargos de declaração opostos por amicus curiae. Ausência de legitimidade. Interpretação do § 2º da Lei 9.868/1999. A jurisprudência deste Supremo Tribunal é assente quanto ao não cabimento de recursos interpostos por terceiros estranhos à relação processual nos processos objetivos de controle de constitucionalidade. **Exceção apenas para impugnar decisão de não admissibilidade de sua intervenção nos autos**. Precedentes." (ADI 3.615, julgada em 2008 e relatada pela Ministra Cármen Lúcia).
- Com o advento do Novo CPC (Lei 13.105/2015), **o *amicus curiae* passou a ser admitido em qualquer processo**, de maneira ampla. Desse modo, segundo a nova norma processualística, **o juiz ou o relator, considerando a relevância da matéria, a especificidade do tema objeto da demanda ou a repercussão social da controvérsia, poderá, por decisão irrecorrível, de ofício ou a requerimento das partes ou de quem pretenda manifestar-se, solicitar ou admitir a participação de pessoa natural ou jurídica, órgão ou entidade especializada, com representatividade adequada, no prazo de 15 (quinze) dias de sua intimação** (art. 138, do Novo CPC). Assim, interpretando a aplicação do *amicus curiae* com o advento do novel ordenamento processualista, "A intervenção do *amicus curiae* passou a ser possível em qualquer processo, desde que se trate de causa relevante, ou com tema muito específico ou que tenha repercussão social (art. 138, caput, CPC). Generalizou-se a intervenção do *amicus curiae*" (DIDIER JÚNIOR, Fredie. *Curso de Direito Processual Civil*, Vol 1, 17. Ed. Salvador: Ed. Juspodivm, 2015, p. 523). Além disso, compete destacar que **o Novo Código inseriu o *amicus curiae* dentre as disposições relativas à intervenção de terceiros**.
- Segundo a Ministra do STF Cármen Lúcia, no julgamento da ADI 3943, **"a pertinência temática também é requisito para a admissão de *amicus curiae*** [...]. Reduzir a pertinência temática ao disposto no estatuto das entidades, desconsiderando a sua natureza jurídica e a sua finalidade precípua, colocaria o Supremo Tribunal na condição submis-

são de ter de admitir sempre toda entidade em qualquer ação de controle abstrato de constitucionalidade de normas jurídicas como *amicus curiae*, bastando incluir-se em seu estatuto a finalidade de defender a Constituição da República".

- **Presença do contraditório:** de acordo com o STF "CONTROLE DE CONSTITUCIONALIDADE E GARANTIA DO CONTRADITÓRIO. – [...] **O postulado do contraditório, no processo de controle abstrato de constitucionalidade, vê-se atendido**, de um lado, com a possibilidade de o órgão estatal defender, objetivamente, o próprio ato que editou, e, de outro, com a intervenção do Advogado-Geral da União, que, em atuação processual plenamente vinculada, deve assumir, na condição de garante e curador da presunção de constitucionalidade, a defesa irrestrita da validade jurídica da norma impugnada (…)". (ADI 1434 MC/SP)
- **Impedimento e suspeição:** conforme restou claro no voto do Ministro Gilmar Mendes quando do julgamento da AS 37, em 2009, "Na linha de pensamento da Corte constitucional alemã, (...), **a arguição de suspeição revela-se incabível no âmbito do processo objetivo de controle normativo abstrato de constitucionalidade**. No tocante ao **impedimento, este pode ocorrer se o julgador houver atuado no processo como requerente, requerido, Advogado-Geral da União ou Procurador-Geral da República**. (...). No voto que proferiu quando do julgamento da ADI 2.370/CE, o eminente Ministro Sepúlveda Pertence esclareceu, forte em precedentes da casa (ADI 55, Gallotti, 13.5.89; ADI 2.243, Março Aurélio, 16.8.2000) que o Supremo Tribunal Federal não admite, no processo objetivo da ação direta de inconstitucionalidade, 'nem impedimentos, que não sejam os de formal participação na relação processual, nem de suspeição'. Ante o exposto, nego seguimento à presente arguição de suspeição (art. 21, § 1º, do RISTF).

10. ADI

- O **objeto** da ADI é lei ou ato normativo federal, estadual ou distrital. Já o objeto da **ADC** é somente lei ou ato normativo federal (art. 102, I, "a", da CF). Por sua vez, a **ADPF** admite como objeto também a lei ou ato normativo municipal.
- Enumerando os **atos que podem ser objeto de controle concentrado** de constitucionalidade, Ives Gandra da Silva Martins e Gilmar Ferreira Mendes (*Controle Concentrado de Constitucionalidade*. 2 ed. São Paulo: Saraiva, 2005, p. 171-175):

I. Direito Federal:

1. Disposições da Constituição propriamente ditas, desde que sejam normas secundárias (oriundas de emendas constitucionais, conforme ADI 829-3, julgada em 1993 e relatada pelo Ministro Moreira Alves); 2. Leis de todas as formas e conteúdos, incluídas todas as leis formais e atos normativos gerais federais, além das medidas provisórias; 3. Decreto Legislativo que contém a aprovação do Congresso Nacional aos tratados e autoriza o Presidente da República a ratificá-los em nome do Brasil (art. 49, I, da CF); 4. Decreto do Chefe do Executivo que promulga os Tratados e Convenções; 5. Decreto Legislativo do Congresso Nacional que suspende a execução de ato do Executivo, em virtude de incompatibilidade com a lei regulamentada (art. 49, V, da CF); 6. Atos normativos editados por pessoas jurídicas de direito público criadas pela União, bem como, 7. Os regimentos dos Tribunais Superiores, se configurado o seu caráter autônomo, não meramente acessório;

II. Direito Estadual:

1. Disposições das Constituições Estaduais; 2. Leis Estaduais de qualquer espécie ou conteúdo; 3. Leis Estaduais editadas para regulamentar matéria de competência exclusiva da União (art. 22, parágrafo único da CF); 4. Decreto editado com força de Lei (c.f. ADI 460-3, julgada em 1991 e relatado pelo Ministro Sepúlveda Pertence); 5. Regimento Interno dos Tribunais Estaduais; 6. Regimento Interno das Assembleias Legislativas; 7. Atos Normativos expedidos por pessoas jurídicas de direito público estadual.

ATOS QUE PODEM SER OBJETO DE CONTROLE CONCENTRADO DE CONSTITUCIONALIDADE PERANTE O STF	
I. Normas de Direito Federal	**II. Normas de Direito Estadual**
1. Disposições da Constituição propriamente ditas, desde que sejam normas secundárias (oriundas de emendas constitucionais)	1. Disposições das Constituições Estaduais;
2. Leis de todas as formas e conteúdos, incluídas todas as leis formais e atos normativos gerais federais, além das medidas provisórias	2. Leis Estaduais de qualquer espécie ou conteúdo
3. Decreto Legislativo que contém a aprovação do Congresso Nacional aos tratados e autoriza o Presidente da República a ratificá-los em nome do Brasil;	3. Leis Estaduais editadas para regulamentar matéria de competência exclusiva da União;
4. Decreto do Chefe do Executivo que promulga os Tratados e Convenções;	4. Decreto editado com força de Lei;
5. Decreto Legislativo do Congresso Nacional que suspende a execução de ato do Executivo, em virtude de incompatibilidade com a lei regulamentada (art. 49, V, da CF);	5. Regimento Interno dos Tribunais Estaduais;

ATOS QUE PODEM SER OBJETO DE CONTROLE CONCENTRADO DE CONSTITUCIONALIDADE PERANTE O STF	
I. Normas de Direito Federal	**II. Normas de Direito Estadual**
6. Atos normativos editados por pessoas jurídicas de direito público criadas pela União;	6. Regimento Interno das Assembleias Legislativas;
7. Os regimentos dos Tribunais Superiores, se configurado o seu caráter autônomo, não meramente acessório.	7. Atos Normativos expedidos por pessoas jurídicas de direito público estadual.

- Complementando, segundo a doutrina são atos normativos e, portanto, podem ser objeto de controle de constitucionalidade: a) **resoluções administrativas dos tribunais** (c.f. medida cautelar na ADI 1352-1, julgada em 1995 e relatada pelo Ministro Sepúlveda Pertence); b) **deliberações administrativas de outros órgãos do Poder Judiciário** (c.f. ADI 728, relatada pelo Ministro Marco Aurélio), inclusive dos Tribunais Regionais do Trabalho (c.f. ADI 681, julgada em 1992 e relatada pelo Ministro Néri da Silveira), salvo as convenções coletivas de trabalho; c) **atos estatais de conteúdo meramente derrogatórios, como as resoluções administrativas desde que incidam sobre atos de caráter normativo** (c.f. ADI 1716, relatado pelo Ministro Sepúlveda Pertence). (MORAES, Alexandre de. *Direito Constitucional*. 25 ed. São Paulo: Atlas, 2010, p. 739).

- O STF ainda reconhece que os **decretos autônomos** podem ser objeto de controle concentrado de constitucionalidade: "Decreto que, não se limitando a regulamentar lei, institua benefício fiscal ou introduza outra novidade normativa, reputa-se **autônomo e, como tal, é suscetível de controle concentrado de constitucionalidade** (ADI 3.664, julgada em 2011 e relatada pelo Ministro Cezar Peluso).

- **Resolução administrativa do Conselho Nacional de Justiça** que discipline determinada matéria, de forma geral e abstrata, pode ser objeto de ação direta de inconstitucionalidade. Assim entendeu o STF no bojo da ADI 3367, julgada em 2005 e relatada pelo Ministro Cezar Peluso.

- **Resolução do CNMP** também já foi reconhecida como objeto possível de ADI (Cautelar na ADI 3831, julgada em 2006 e relatada pela Ministra Cármen Lúcia).

- As **emendas constitucionais** podem ser objeto de controle de constitucionalidade, ou em outras palavras: admite-se a existência de normas constitucionais inconstitucionais, desde que não sejam originárias, mas oriundas de emendas constitucionais (vide ADIs 4357, 4372, 4400 e 4425, que versam sobre a inconstitucionalidade da EC 62/2009, que criou um regime especial de pagamento de precatórios).

- **Excepcionalmente se admite o controle concentrado de normas de efeito concreto, notadamente em se tratando de lei formal.** Na ADI 4048 MC/DF, julgada em 2008 e relatada pelo Ministro Gilmar Mendes, o STF entendeu possível o controle concentrado de normas de efeito concreto, admitindo-se o controle de constitucionalidade da Medida Provisória 405/2007, que abriu crédito extraordinário, em favor da Justiça Eleitoral e de diversos órgãos do Poder Executivo. Assim julgou o STF: "O Supremo Tribunal Federal deve exercer sua função precípua de fiscalização da constitucionalidade das leis e dos atos normativos quando houver um tema ou uma controvérsia constitucional suscitada em abstrato, independente do caráter geral ou específico, concreto ou abstrato de seu objeto. Possibilidade de submissão das normas orçamentárias ao controle abstrato de constitucionalidade".

- **Controle concentrado de Leis Orçamentárias.** Estabelecendo **mudança de posicionamento, em 2008 o STF passou a admitir o controle concentrado de leis orçamentárias**. Destacamos trecho do julgado: "A extensão da jurisprudência, desenvolvida para afastar do controle abstrato de normas os atos administrativos de efeito concreto, às chamadas leis formais suscita, sem dúvida, alguma insegurança, porque coloca a salvo do controle de constitucionalidade um sem-número de leis. (...) Outra há de ser, todavia, a interpretação, se se cuida de atos editados sob a forma de lei. Nesse caso, houve por bem o constituinte não distinguir entre leis dotadas de generalidade e aqueloutras, conformadas sem o atributo da generalidade e abstração. Essas leis formais decorrem ou da vontade do legislador ou do desiderato do próprio constituinte, que exige que determinados atos, ainda que de efeito concreto, sejam editados sob a forma de lei (v.g., lei de orçamento, lei que institui empresa pública, sociedade de economia mista, autarquia e fundação pública). Ora, se a Constituição submete a lei ao processo de controle abstrato, até por ser este o meio próprio de inovação na ordem jurídica e o instrumento adequado de concretização da ordem constitucional, não parece admissível que o intérprete debilite essa garantia da Constituição, isentando um número elevado de atos aprovados sob a forma de lei do controle abstrato de normas e, muito provavelmente, de qualquer forma de controle. É que muitos desses atos, por não envolverem situações subjetivas, dificilmente poderão ser submetidos a um controle de legitimidade no âmbito da jurisdição ordinária. Ressalte-se que não se vislumbram razões de índole lógica ou jurídica contra a aferição da legitimidade das leis formais no controle abstrato de normas, até porque abstrato – isto é, não vinculado ao caso concreto – há de ser o processo e não o ato legislativo submetido ao controle de constitucionalidade. (...) **Todas essas**

considerações parecem demonstrar que a jurisprudência do STF não andou bem ao considerar as leis de efeito concreto como inidôneas para o controle abstrato de normas. (...) A Corte não pode se furtar à análise do tema posto nesta ação direta. Há uma questão constitucional, de inegável relevância jurídica e política, que deve ser analisada a fundo." (ADI 4.048, julgada em 2008 e relatada pelo Ministro Gilmar Mendes)

- **A revogação de lei ou ato normativo objeto de ação direta de inconstitucionalidade implica perda de objeto da ação**. Este é o posicionamento do STF: "É por essa razão que o magistério jurisprudencial desta Suprema Corte tem advertido que o controle concentrado de constitucionalidade reveste-se de um só e único objetivo: o de julgar, em tese, a validade de determinado ato estatal contestado em face do ordenamento constitucional, desde que em regime de plena vigência, pois – conforme já enfatizado pelo Supremo Tribunal Federal (RTJ 95/980 – RTJ 95/993 – RTJ 99/544 – RTJ 145/339) –, o julgamento da argüição de inconstitucionalidade, quando deduzida "in abstracto", não deve considerar, para efeito do contraste que lhe é inerente, a existência de paradigma revestido de valor meramente histórico" (ADC 8, julgada em 2004 e relatada pelo Ministro Celso de Mello).
- Vale ressaltar que atos normativos **secundários**, tais como decretos regulamentares que não inovam originariamente a ordem jurídica, **não** poderão ser objeto de controle concentrado de constitucionalidade.
- Nos termos da Súmula 642, do STF: "**Não cabe ação direta de inconstitucionalidade de lei do Distrito Federal derivada da sua competência legislativa municipal**". Assim, apesar de o Distrito Federal poder fazer uso das competências legislativas dos Estados (art. 32, § 1º, da CF) e dos Municípios, somente as normas criadas por ele no exercício de competência estadual poderão ser objeto de ação direta de inconstitucionalidade. Isso porque, conforme art. 102, I, "a", da CF, compete ao Supremo Tribunal Federal, precipuamente, a guarda da Constituição, cabendo-lhe processar e julgar, originariamente, a ação direta de inconstitucionalidade de lei ou ato normativo federal ou estadual.
- Lei municipal que apresenta antinomia direta e frontal, somente com a Constituição Federal, **não** pode ser objeto de ação direta de inconstitucionalidade proposta perante o Tribunal de Justiça Estadual, pois esse ajuizamento somente seria possível se também houvesse afronta à Constituição Estadual, no caso de haver normas repetidas (Rcl 383, julgada em 1992 e relatada pelo Ministro Octavio Gallotti). Por sua vez, nessa **hipótese em que um ato normativo municipal puder ser contestado em face de norma da constituição do Estado repetida da CF, por força da reprodução obrigatória, a competência para julgar a ADI somente poderá ser do TJ em face da Constituição Estadual, pois lei municipal não poder ser objeto de ADI perante o STF (art. 102, I, "a", da CF).**
- Predomina na doutrina o entendimento que **a Súmula Vinculante não pode ser objeto de ação direta de inconstitucionalidade**. Isso porque, ela tem **procedimento próprio** para edição, revisão ou cancelamento (art. 103-A, da CF), que inclusive exige quórum mais qualificado (dois terços) do que o exigido para o STF declarar um ato normativo inconstitucional (maioria absoluta).
- O STF somente admite como objeto de ação direta de inconstitucionalidade lei ou ato normativo federal ou estadual que contrariar a CF, estando **excluídos os decretos e resoluções**.
- **Lei ou norma de caráter ou efeito concreto já exaurido não pode** ser objeto de controle abstrato de constitucionalidade, em ação direta de inconstitucionalidade. (STF. ADI 2.980, julgada em 2009 e relatada pelo Ministro Cezar Peluso).
- **Procedimento para julgamento da ADI**
- A **petição inicial** da ação direta de inconstitucionalidade inepta, não fundamentada e a manifestamente improcedente será liminarmente indeferida pelo relator, **mas cabe agravo** (consoante art. 3º, parágrafo único, e art. 4º, ambos da lei 9.868/99).
- Nos termos do art. 103, § 1º, da CF, **o Procurador-Geral da República deverá ser previamente ouvido nas ações de inconstitucionalidade** e em todos os processos de competência do Supremo Tribunal Federal.
- De acordo com o art. 103, § 3º, da CF, quando o Supremo Tribunal Federal apreciar a inconstitucionalidade, em tese, de norma legal ou ato normativo, **citará, previamente, o Advogado-Geral da União, que defenderá o ato ou texto impugnado**.
- Salvo no período de recesso, a **medida cautelar (também chamada de liminar)** na ação direta será concedida por decisão da maioria absoluta dos membros do Tribunal, após a audiência dos órgãos ou autoridades dos quais emanou a lei ou ato normativo impugnado, que deverão pronunciar-se no prazo de cinco dias, consoante art. 10, da Lei 9.868/99.
- A **eficácia de uma liminar** concedida em sede de ação direta de inconstitucionalidade opera, regra geral, efeitos *ex nunc*, podendo ter efeitos *ex tunc*, em caráter excepcional, se o Supremo Tribunal Federal assim o declarar expressamente, demonstrando a conveniência da medida.
- A concessão de medida cautelar **torna aplicável a legislação anterior acaso existente**, salvo expressa manifestação em sentido contrário, nos exatos termos do art. 11, § 2º, da Lei 9.868/99.
- Conforme entendimento do STF, **não cabe reclamação da decisão que conceder ou negar a liminar** proferida em ação direta de inconstitucionalidade. "O indeferimento de liminar em ação

direta de inconstitucionalidade, pouco importando o fundamento, não dá margem à apresentação de reclamação" (STF. Rcl-AgR 2810, julgada em 2004 e relatada pelo Ministro Marco Aurélio).

- A decisão sobre a constitucionalidade ou a inconstitucionalidade da lei ou do ato normativo somente será tomada **se presentes na sessão pelo menos 8 Ministros** (art. 22, da Lei 9.868/99).
- Efetuado o julgamento, **proclamar-se-á a constitucionalidade ou a inconstitucionalidade da disposição ou da norma impugnada se num ou noutro sentido se tiverem manifestado pelo menos 6 Ministros**, quer se trate de ação direta de inconstitucionalidade ou de ação declaratória de constitucionalidade (art. 23, da Lei 9.868/99).
- As **decisões definitivas de mérito**, proferidas pelo Supremo Tribunal Federal, nas ações diretas de inconstitucionalidade e nas ações declaratórias de constitucionalidade produzirão eficácia contra todos *(erga omnes)* e efeito vinculante, relativamente aos demais órgãos do Poder Judiciário e à administração pública direta e indireta, nas esferas federal, estadual e municipal (art. 28, parágrafo único, da Lei 9.868/99).
- De acordo com a jurisprudência dominante do Supremo Tribunal Federal, "a mera instauração do processo de controle normativo abstrato não se reveste, só por si, de efeitos inibitórios das atividades normativas do Poder Legislativo, que não fica impossibilitado, por isso mesmo, de revogar, enquanto pendente a respectiva ação direta, a própria lei objeto de impugnação perante o Supremo Tribunal, podendo, até mesmo, reeditar o diploma anteriormente pronunciado inconstitucional, eis que **não se estende, ao Parlamento, a eficácia vinculante que resulta, naturalmente, da própria declaração de inconstitucionalidade proferida em sede concentrada**." (ADI 2.903, Rel. Min. Celso de Mello, julgamento em 1º-12-2005, Plenário, DJE de 19-9-2008.)
- **A eficácia geral e o efeito vinculante de decisão proferida pelo STF em ação declaratória de constitucionalidade ou direta de inconstitucionalidade de lei ou ato normativo federal não alcançam o Poder Legislativo**, que pode editar nova lei com idêntico teor ao texto anteriormente censurado pela Corte. Perfilhando esse entendimento, e tendo em conta o disposto no § 2º do art. 102 da CF e no parágrafo único do art. 28 da Lei 9.868/99, o Plenário negou provimento a agravo regimental em reclamação na qual se alegava que a edição da Lei 14.938/2003, do Estado de Minas Gerais, que instituiu taxa de segurança pública, afrontava a decisão do STF na ADI 2424 MC/CE (acórdão pendente de publicação), em que se suspendera a eficácia de artigos da Lei 13.084/2000, do Estado do Ceará, que criara semelhante tributo. Ressaltou-se que entender de forma contrária afetaria a relação de equilíbrio entre o tribunal constitucional e o legislador, reduzindo o último a papel subordinado perante o poder incontrolável do primeiro, acarretando prejuízo do espaço democrático-representativo da legitimidade política do órgão legislativo, bem como criando mais um fator de resistência a produzir o inaceitável fenômeno da chamada fossilização da Constituição. Rcl 2617 AgR/MG, rel. Min. Cezar Peluso, 23.2.2005. (Rcl-2617)
- **Modulação dos efeitos da decisão:** nos termos do art. 27, da Lei 9.868/99, ao declarar a inconstitucionalidade de lei ou ato normativo, e tendo em vista **razões de segurança jurídica ou de excepcional interesse social**, poderá o Supremo Tribunal Federal, por maioria de **dois terços de seus membros**, restringir os efeitos daquela declaração ou decidir que ela só tenha eficácia a partir de seu trânsito em julgado ou de outro momento que venha a ser fixado.
- **Modulação dos efeitos da decisão via embargos de declaração:** conforme argumentação exarada na ADI 2791, julgada perante o STF, como regra geral, as decisões proferidas em sede de ação direta possuem efeitos *ex tunc*, sendo nulo o ato impugnado desde a sua origem, mas, excepcionalmente, poderão ter eficácia ex nunc quando, por razões de segurança jurídica ou de relevante interesse social, mostrar-se oportuno que seja fixado outro momento de eficácia, nos termos do art. 27 da Lei 9.868/99. O Min. Gilmar Mendes, relator, **conheceu dos embargos de declaração e a eles deu provimento** para esclarecer que a declaração de inconstitucionalidade não afeta os casos de benefícios previdenciários, aposentadorias e pensões já assegurados, assim como nas hipóteses em que o serventuário já preencheu todos os requisitos legais para a obtenção desses benefícios até a data da publicação da decisão de declaração de inconstitucionalidade, ocorrida em 23.8.2006. **Entendeu que, nas hipóteses em que se reconhecesse que a declaração de inconstitucionalidade com efeitos limitados ou restritos seria uma imposição da própria Constituição, não se atribuiria valor definitivo a uma eventual omissão por parte do Tribunal. Assim, seria possível, em tese, identificar a omissão no âmbito dos embargos de declaração para os fins de explicitar a necessária limitação de efeitos da decisão de inconstitucionalidade. Afirmou que uma limitação de efeitos decorreria de algum princípio constitucional imanente, sobretudo da idéia de segurança jurídica** (Informativo 499 do STF).
- Nos termos do art. 5º da Lei 9.868/99, **não é possível a desistência** em sede de controle concentrado, pois o processo é objetivo, de interesse público.
- A Ação Direta de Inconstitucionalidade **não** se submete a qualquer **prazo prescricional ou decadencial**.
- "À vista do modelo dúplice de controle de constitucionalidade por nós adotado, **a admissibilidade da ação direta não está condicionada à inviabilidade do controle difuso.**" (ADI 3.205, julgada em 2006 e relatada pelo Ministro Sepúlveda Pertence).

11. ADC

- Na **ADC não há** manifestação do Advogado-Geral da União, porque não há ato normativo a ser defendido quanto a sua constitucionalidade, pois o objeto é **por termo a controvérsia judicial relevante** (art. 14, da Lei 9.868/99).
- Só há exigência de **controvérsia judicial relevante** na ADC.
- A ação direta de inconstitucionalidade e a ação declaratória de constitucionalidade são consideradas **ações dúplices, ambivalentes, gêmeas, ou de sinais trocados**, quanto aos efeitos da decisão. Isso porque, nos termos do art. 24, da Lei 9.868/99, "Proclamada a constitucionalidade, julgar-se-á improcedente a ação direta ou procedente eventual ação declaratória; e, proclamada a inconstitucionalidade, julgar-se-á procedente a ação direta ou improcedente eventual ação declaratória". Assim também entende o STF: "Concluindo o julgamento de questão de ordem em agravo regimental interposto contra decisão do Min. Maurício Corrêa, relator – que não conhecera de reclamação ajuizada pelo Município de Turmalina-SP em que se pretendia ver respeitada a decisão proferida pelo STF na ADIn 1.662-SP por falta de legitimidade ativa ad causam do reclamante – o Tribunal, por maioria, decidiu todos aqueles que forem atingidos por decisões contrárias ao entendimento firmado pelo STF no julgamento de mérito proferido em ação direta de inconstitucionalidade, sejam considerados como parte legítima para a propositura de reclamação, e declarou a constitucionalidade do parágrafo único do art. 28 da Lei 9.868/99. Considerou-se que a ADC consubstancia uma ADI com sinal trocado e, tendo ambas caráter dúplice, seus efeitos são semelhantes. Vencidos os Ministros Moreira Alves, Ilmar Galvão e Marco Aurélio, que declaravam a inconstitucionalidade do mencionado dispositivo por ofensa ao princípio da separação de Poderes. (Lei 9.868/99, art. 28, parágrafo único: "A declaração de constitucionalidade ou de inconstitucionalidade, inclusive a interpretação conforme a Constituição e a declaração parcial de inconstitucionalidade sem redução de texto, têm eficácia contra todos e efeito vinculante em relação aos órgãos do Poder Judiciário e à Administração Pública federal, estadual e municipal."). Rcl (AgR-QO) 1.880, julgada em 2002 e relatada pelo Ministro Maurício Corrêa.
- O Supremo Tribunal Federal, por decisão da maioria absoluta de seus membros, poderá deferir **pedido de medida cautelar na ação declaratória de constitucionalidade**, consistente na determinação de que os juízes suspendam o julgamento dos processos que envolvam a aplicação da lei ou do ato normativo objeto da ação até seu julgamento definitivo, tudo de acordo com o art. 21, da Lei 9.868/99.

12. ADI por omissão

- Declarada a inconstitucionalidade por omissão de medida para tornar efetiva norma constitucional, **será dada ciência ao Poder competente para a adoção das providências necessárias** e, em se tratando de órgão administrativo, para fazê-lo em trinta dias.
- A ação direta de inconstitucionalidade por omissão **admite** medida cautelar. Nos termos do art. 12-F, da Lei 9.868/99 (incluído pela Lei 12.063/09), em caso de excepcional urgência e relevância da matéria, o Tribunal, por decisão da maioria absoluta de seus membros, observado o disposto no art. 22, poderá conceder medida cautelar, após a audiência dos órgãos ou autoridades responsáveis pela omissão inconstitucional, que deverão pronunciar-se no prazo de 5 (cinco) dias.
- **ADI, ADI por omissão e fungibilidade.** A jurisprudência do STF firma-se no seguinte sentido: "Senhores Ministros, Senhoras Ministras. Estamos diante de um caso deveras interessante. Temos quatro ações diretas de inconstitucionalidade (ADI n.º 1.987/DF, ADI n.º 875/DF, ADI n.º 2.727/DF e ADI n.º 3.243/DF) imbricadas por uma evidente relação de conexão, fenômeno que determina o seu julgamento conjunto, conforme a jurisprudência desta Corte (ADI-MC n.º 150, rel. min. Moreira Alves, DJ 9.3.1990). Por outro lado, é possível observar a intenção dos requerentes de estabelecer uma nítida distinção de pedidos: uns pela declaração da inconstitucionalidade por omissão e outros pela declaração da inconstitucionalidade (por ação). (...) O quadro aqui revelado, portanto, está a demonstrar uma clara imbricação de pedidos e causas de pedir e, dessa forma, a **evidenciar a patente fungibilidade que pode existir entre a ação direta de inconstitucionalidade e a ação direta de inconstitucionalidade por omissão**. (...) A Lei n.º 9.868/99 possui capítulos específicos para a ação direta de inconstitucionalidade (Capítulo II) e para a ação declaratória de constitucionalidade (Capítulo III). Com a nova Lei n.º 12.063, de 22 de outubro de 2009, a Lei n.º 9.868/99 passa a contar com o capítulo II-A, que estabelece rito procedimental e medidas cautelares específicas para a ação direta de inconstitucionalidade por omissão. A Lei n.º 9.882/99, por seu turno, trata da arguição de descumprimento de preceito fundamental. No Supremo Tribunal Federal, atualmente, todas as ações possuem uma classe específica de autuação: Ação Direta de Inconstitucionalidade (ADI); Ação Declaratória de Constitucionalidade (ADC); Ação Direta de Inconstitucionalidade por Omissão (ADO) e Arguição de Descumprimento de Preceito Fundamental (ADPF). Portanto, ante a aparente confusão inicialmente verificada nos diversos pedidos, como demonstrado, e tendo em vista a patente defasagem da jurisprudência até então adotada pelo Tribunal, temos aqui uma valiosa oportunidade para superarmos o antigo entendimento e reconhecermos o caráter fungível entre as ações." (ADI 875; ADI 1.987; ADI 2.727, voto do rel. min. Gilmar Mendes, julgamento em 24-2-2010, Plenário, DJE de 30-4-2010.)

13. ADI interventiva

- A ação direta de inconstitucionalidade interventiva, também denominada por representação de inconstitucionalidade interventiva federal (art. 36, III, da CF), tem como legitimado ativo o **Procurador-Geral da República** e o decreto de intervenção federal, que especificará a amplitude, o prazo e as condições de execução e que, se couber, nomeará o interventor, **será submetido à apreciação do Congresso Nacional ou da Assembléia Legislativa do Estado, no prazo de vinte e quatro horas** (art. 34, § 1º, da CF).

14. ADPF

- A arguição de descumprimento de preceito fundamental é cabível para **evitar ou reparar lesão a preceito fundamental resultante de ato do poder público** e seu julgamento é da competência do Supremo Tribunal Federal (art. 1º, da Lei 9.882/99). Caberá também ADPF quando for relevante o fundamento da controvérsia constitucional sobre lei ou ato normativo federal, estadual ou municipal, incluídos os anteriores à Constituição (art. 1º, parágrafo único, da Lei 9.882/99).
- Aplica-se à arguição de descumprimento o **princípio da subsidiariedade**, pois, nos termos do art. 4º, § 1º, da Lei 9.882/99, não será admitida arguição de descumprimento de preceito fundamental quando houver qualquer outro meio eficaz de sanar a lesividade.
- **Princípio da fungibilidade e ADI:** "Aplicação do princípio da fungibilidade. (...) É lícito conhecer de ação direta de inconstitucionalidade como arguição de descumprimento de preceito fundamental, quando coexistentes todos os requisitos de admissibilidade desta, em caso de inadmissibilidade daquela." (ADI 4.180-MC-REF, Rel. Min. Cezar Peluso, julgamento em 10-3-2010, Plenário, DJE de 27-8-2010.)
- A arguição de descumprimento de preceito fundamental (ADPF), prevista do art. 102, § 1º, da CF, é a única ação do controle concentrado de constitucionalidade federal (apreciado pelo STF) que pode realizar controle de **recepção constitucional** (direito infraconstitucional anterior à Constituição vigente), nos termos do art. 1º, parágrafo único, I, da Lei nº 9.882/1999. A ADPF **também é a única ação a contemplar a hipótese de controle concentrado de constitucionalidade pelo Supremo Tribunal Federal sobre lei ou ato normativo municipal** em face da Constituição da República (art. 1º, parágrafo único, I, da Lei nº 9.882/1999).
- **Direito pré-constitucional revogado e a ADPF:** ADPF 33: "[...] 6. Cabimento de argüição de descumprimento de preceito fundamental para solver controvérsia sobre legitimidade de lei ou ato normativo federal, estadual ou municipal, **inclusive anterior à Constituição (norma pré-constitucional)**. 7. Requisito de admissibilidade implícito relativo à relevância do interesse público presente no caso. 8. Governador de Estado detém aptidão processual plena para propor ação direta (ADIMC 127/AL, Rel. Min. Celso de Mello, DJ 04.12.92), bem como argüição de descumprimento de preceito fundamental, constituindo-se verdadeira hipótese excepcional de jus postulandi. 9. ADPF configura modalidade de integração entre os modelos de perfil difuso e concentrado no Supremo Tribunal Federal. 10. **Revogação da lei ou ato normativo não impede o exame da matéria em sede de ADPF, porque o que se postula nessa ação é a declaração de ilegitimidade ou de não-recepção da norma pela ordem constitucional superveniente**. 11. Eventual cogitação sobre a inconstitucionalidade da norma impugnada em face da Constituição anterior, sob cujo império ela foi editada, não constitui óbice ao conhecimento da argüição de descumprimento de preceito fundamental, uma vez que nessa ação o que se persegue é a verificação da compatibilidade, ou não, da norma pré-constitucional com a ordem constitucional superveniente. [...] 15. Argüição de descumprimento de preceito fundamental julgada procedente para declarar a ilegitimidade (não-recepção) do Regulamento de Pessoal do extinto IDESP em face do princípio federativo e da proibição de vinculação de salários a múltiplos do salário mínimo (art. 60, § 4º, I, c/c art. 7º, inciso IV, in fine, da Constituição Federal). STF. ADPF 33. Relator(a): Gilmar Mendes. Julgamento: 07/12/2005.
- Segundo restou evidente no julgamento da ADPF 37, em 2010, o STF segue a opinião de Gilmar Mendes no sentido de que **a arguição de descumprimento de preceito fundamental pode ter por objeto ato normativo já revogado**, segundo Gilmar Mendes, a ADPF, na hipótese de ato normativo revogado, tendo em vista o interesse jurídico da solução quanto à legitimidade de sua aplicação no passado.
- **Para o STF não cabe arguição de descumprimento de preceito fundamental em face de sentenças transitadas em julgado.** Tal posicionamento restou assentado na ADPF 134: ""O presente caso objetiva a desconstituição de decisões judiciais, dentre as quais muitas já transitadas em julgado, que aplicaram índice de reajuste coletivo de trabalho definido pelos Decretos Municipais 7.153/1985, 7.182/1985, 7.183/1985, 7.251/1985, 7.144/1985, 7.809/1988 e 7.853/1988, bem como pela Lei Municipal 6.090/86, todos do Município de Fortaleza/CE. Este instituto de controle concentrado de constitucionalidade não tem como função desconstituir coisa julgada. A argüição de descumprimento de preceito fundamental é regida pelo princípio da subsidiariedade a significar que a admissibilidade desta ação constitucional pressupõe a inexistência de qualquer outro meio juridicamente apto a sanar, com efetividade real, o estado de lesividade do ato impugnado. A ação tem como objeto normas que não se encontram mais em vigência. A ofensa

à Constituição Federal, consubstanciada na vinculação da remuneração ao salário mínimo, não persiste nas normas que estão atualmente em vigência. Precedentes. A admissão da presente ação afrontaria o princípio da segurança jurídica." (STF. ADPF 134-AgR-terceiro, Relator Ministro Ricardo Lewandowski, julgamento em 2009).

- **O STF admite ato infralegal como objeto de ADPF.** "O Plenário julgou improcedente pedido formulado em arguição de descumprimento de preceito fundamental ajuizada, pelo Partido Democratas – DEM, contra atos da Universidade de Brasília – UnB, do Conselho de Ensino, Pesquisa e Extensão da Universidade de Brasília – Cepe e do Centro de Promoção de Eventos da Universidade de Brasília – Cespe, os quais instituíram sistema de reserva de 20% de vagas no processo de seleção para ingresso de estudantes, com base em critério étnico-racial. Preliminarmente, admitiu-se o cabimento da ação, por inexistir outro meio hábil para sanar a lesividade questionada. Apontou-se entendimento da Corte no sentido de que a **subsidiariedade da via eleita** deveria ser confrontada com a existência, ou não, de instrumentos processuais alternativos capazes de oferecer provimento judicial com eficácia ampla, irrestrita e imediata para solucionar o caso. Articulou-se que, diante **da natureza infralegal dos atos impugnados**, a ação direta de inconstitucionalidade não seria medida idônea para o enfrentamento da controvérsia, tampouco qualquer das ações que comporiam o sistema de jurisdição constitucional abstrata. (ADPF 186, julgada em 2012 e relatada pelo Ministro Ricardo Lewandowski).

- O **STF não reconhece a prefeito municipal legitimidade ativa para o ajuizamento de ADPF.** *In verbis*: "Ação por descumprimento de preceito fundamental (ADPF). Prefeito municipal. Autor não legitimado para ação direta de inconstitucionalidade. Ilegitimidade reconhecida. Negativa de seguimento ao pedido. Recurso, ademais, impertinente. Agravo improvido. Aplicação do art. 2º, I, da Lei federal nº 9.882/99. Precedentes. **Quem não tem legitimidade para propor ação direta de inconstitucionalidade, não a tem para ação de descumprimento de preceito fundamental**". (ADPF 148. Relator Cezar Peluso. Julgamento: 03/12/2008).

15. Controle concentrado estadual

- É possível a **representação de inconstitucionalidade de leis ou atos normativos estaduais ou municipais diante da Constituição Estadual perante os Tribunais de Justiça dos Estados**, o que se denomina Controle Concentrado de Constitucionalidade Estadual. Assim dispõe o art. 125, § 2º, da CF: "Cabe aos Estados a instituição de representação de inconstitucionalidade de leis ou atos normativos estaduais ou municipais em face da Constituição Estadual, vedada a atribuição da legitimação para agir a um único órgão".

- Compete aos Estados a instituição de representação de inconstitucionalidade de leis ou atos normativos estaduais ou municipais em face da Constituição Estadual, **mas não é reconhecida expressamente a legitimação para agir aos mesmos órgãos e entidades legitimados a propositura de ação direta de inconstitucionalidade**. Cada Estado é livre para estabelecer o seu rol de legitimados.

- **Simultaneidade de ações nos controles concentrados Estadual e Federal:** "A instauração do processo de fiscalização normativa abstrata, perante o Supremo Tribunal Federal, em que se postule a invalidação de diploma normativo editado por Estado-membro ou pelo Distrito Federal, questionado em face da Constituição da República (CF, art. 102, I, "a"), qualifica-se como **causa de suspensão prejudicial do processo de controle concentrado de constitucionalidade, que, promovido perante o Tribunal de Justiça local** (CF, art. 125, § 2º), tenha, por objeto de impugnação, exatamente os mesmos atos normativos emanados do Estado-membro ou do Distrito Federal, contestados, porém, em face da Constituição estadual ou, então, como sucede na espécie, em face da Lei Orgânica do Distrito Federal. Tal entendimento, no entanto, há de ser observado, sempre que tal impugnação – deduzida perante a Corte Judiciária local – invocar, como parâmetro de controle, princípios inscritos na Carta Política local impregnados de predominante coeficiente de federalidade, tal como ocorre com os **postulados de reprodução necessária** constantes da própria Constituição da República (RTJ 147/404 – RTJ 152/371-373, v.g.). Isso significa, portanto, que, em ocorrendo hipótese caracterizadora de "simultaneus processus", impor-se-á **a paralisação do processo de fiscalização concentrada em curso perante o Tribunal de Justiça local, até que esta Suprema Corte julgue a ação direta**, que, ajuizada com apoio no art. 102, I, "a", da Constituição da República, tenha por objeto o mesmo diploma normativo local (estadual ou distrital), embora contestado em face da Carta Federal. Cabe assinalar, neste ponto, por relevante, que **esse entendimento acha-se consagrado na jurisprudência do Supremo Tribunal Federal**, cuja orientação, no tema, tem sido reafirmada em sucessivas decisões que proclamam, em situações como a destes autos, a necessidade de suspensão prejudicial do processo de fiscalização normativa abstrata instaurado perante Tribunal de Justiça local (CF, art. 125, § 2º), se houver, em tramitação simultânea no Supremo, processo de controle concentrado em que se questione a constitucionalidade do mesmo diploma normativo, também contestado na ação direta ajuizada no âmbito local". (STF. ADI 3482, julgada em 2006 e relatada pelo Ministro Celso de Mello).

- Cabe **recurso extraordinário contra decisão de Tribunal de Justiça que julgou ação direta de inconstitucionalidade em face da Constituição Estadual**, o que se dará em duas hipóteses: "(1) na situação de a norma da Constituição estadual eleita como parâmetro ser de repetição obrigatória da Constituição Federal. [...] (2) na hipótese de o Tribunal de Justiça considerar inconstitucional o parâmetro, isto é, a própria norma da Constituição estadual invocada como norma de referência. (MASSON, Nathalia. *Manual de direito constitucional*. Salvador: Juspodivm, 2013, p. 1.111).

16. Reclamação Constitucional

- A **Reclamação Constitucional** é um instrumento por meio do qual se busca assegurar a autoridade das decisões proferidas pelo STF. Nos termos do art. 102, I, "l", da CF, compete ao Supremo Tribunal Federal, precipuamente, a guarda da Constituição, cabendo-lhe processar e julgar, originariamente, reclamação para a **preservação de sua competência e garantia da autoridade de suas decisões**.
- Na linha da Súmula 734 do STF, **não cabe reclamação quando já houver transitado em julgado o ato judicial** que se alega tenha desrespeitado decisão do Supremo Tribunal Federal.
- De acordo com o STF, "a reclamação, constitucionalmente vocacionada a cumprir a dupla função a que alude o art. 102, I, l, da Carta Política (RTJ 134/1033) – embora cabível, em tese, quando se tratar de decisão revestida de efeito vinculante (como sucede com os julgamentos proferidos em sede de arguição de descumprimento de preceito fundamental, de ação direta de inconstitucionalidade ou de ação declaratória de constitucionalidade) –, **não se qualifica como sucedâneo recursal** nem configura instrumento viabilizador do reexame do conteúdo do ato reclamado, além de não constituir meio de revisão da jurisprudência eleitoral, eis que tal finalidade revela-se estranha à destinação constitucional subjacente à instituição dessa medida processual. Precedentes." (Rcl 6.534-AgR, Rel. Min. Celso de Mello, julgamento em 25-9-2008).
- Segundo entendimento do STF, todo aquele (pessoa física ou jurídica, pública ou privada), que for atingido por deliberações que contrariem decisões de mérito do STF, **pode ajuizar reclamação** (Recl. em AgRg 1.880, julgada em 2004 e relatada pelo Ministro Maurício Corrêa).
- **Segundo o próprio STF, a reclamação é cabível tanto no controle de constitucionalidade federal, quanto no Estadual.** Nesse sentido a ADI 2480, julgada em 2007 e relatada pelo Ministro Sepúlveda Pertence "O Tribunal, por maioria, julgou improcedente pedido formulado em ação direta ajuizada pelo Governador do Estado da Bahia, na qual se requeria fosse dada interpretação conforme a Constituição Federal ao art. 357 do Regimento Interno do Tribunal de Justiça local, que determina, nos casos omissos, a aplicação subsidiária dos Regimentos Internos do STF e do STJ. Alegava-se, na espécie, que se teria criado, por analogia, o instituto da reclamação, para preservar a competência do Tribunal ou garantir a autoridade das suas decisões, conforme o art. 156 e seguintes do Regimento Interno do Supremo. Considerou-se o texto da Constituição do Estado da Paraíba que prevê cláusulas de poderes implícitos, atribuídos ao Tribunal de Justiça estadual, para fazer valer os poderes explicitamente conferidos pela ordem legal, ainda que por instrumento com nomenclatura diversa ("Art. 105. Compete ainda ao Tribunal de Justiça: I – processar e julgar:... e) a representação para assegurar a observância de princípios indicados nesta Constituição; f) a representação para prover a execução de lei, no caso de desobediência a ordem ou decisão judiciária emanada do próprio Tribunal, de juiz de direito ou de auditor militar estadual;"). Entendeu-se, em razão disso, não haver afronta ao art. 125, § 1º da CF ("Art. 125. Os Estados organizarão sua Justiça, observados os princípios estabelecidos nesta Constituição. § 1º – A competência dos tribunais será definida na Constituição do Estado, sendo a lei de organização judiciária de iniciativa do Tribunal de Justiça."), haja vista que a reclamação paraibana não fora criada com a norma regimental impugnada, a qual, na interpretação dada pelo Tribunal de Justiça estadual no exercício dos seus poderes implícitos, possibilita a observância das normas de processo e das garantias processuais das partes (CF, art. 96, I, a). Vencido o Min. Marco Aurélio que julgava procedente o pedido, ao fundamento de que a mesclagem de regimentos de Cortes diversas estaria a violar o que disposto no art. 125, § 1º, da CF. ADI 2480/PB, rel. Min. Sepúlveda Pertence, 2.4.2007. (ADI-2480)
- Segundo entendimento do STF, aos estados **não** é vedada a criação do instituto da reclamação. *In verbis:* "Ação direta de inconstitucionalidade: dispositivo do Regimento Interno do Tribunal de Justiça do Estado da Paraíba (art. 357), que admite e disciplina o processo e julgamento de reclamação para preservação da sua competência ou da autoridade de seus julgados: ausência de violação dos arts. 125, caput e § 1º, e 22, I, da CF. **O STF, ao julgar a ADI 2.212 (Pleno, 2-10-2003, Ellen Gracie, DJ de 14-11-2003), alterou o entendimento – firmado em período anterior à ordem constitucional vigente (v.g., Rp 1.092, Pleno, Djaci Falcão, RTJ 112/504) – do monopólio da reclamação pelo STF e assentou a adequação do instituto com os preceitos da Constituição de 1988: de acordo com a sua natureza jurídica (situada no âmbito do direito de petição previsto no art. 5º, XXIV, da CF) e com os princípios da simetria (art. 125, caput e § 1º)** e da efetividade das decisões judiciais, é permitida a previsão da reclamação na Constituição Estadual. Questionada a constitucionalidade de norma regimental, é desnecessário indagar se a colocação do instrumento na seara do direito de petição dispensa, ou não, a sua previsão na Constituição estadual, dado que consta do texto da Constituição do Estado da Paraíba a existência de cláusulas de poderes implícitos atribuídos ao Tribu-

nal de Justiça estadual para fazer valer os poderes explicitamente conferidos pela ordem legal – ainda que por instrumento com nomenclatura diversa (Constituição do Estado da Paraíba, art. 105, I, e e f). Inexistente a violação do § 1º do art. 125 da CF: a reclamação paraibana não foi criada com a norma regimental impugnada, a qual – na interpretação conferida pelo Tribunal de Justiça do Estado à extensão dos seus poderes implícitos – possibilita a observância das normas de processo e das garantias processuais das partes, como exige a primeira parte da alínea a do art. 96, I, da CF. Ação direta julgada improcedente. (ADI 2212 CE, Rel. Min. Ellen Gracie, julgamento em 02/10/2003, DJ 14/11/2003).

17. Hermenêutica no controle de constitucionalidade

- **O STF não admite a inconstitucionalidade superveniente.** "Constituição. Lei anterior que a contrarie. Revogação. Inconstitucionalidade superveniente. Impossibilidade. A lei ou é constitucional ou não é lei. Lei inconstitucional é uma contradição em si. A lei é constitucional quando fiel à Constituição; inconstitucional na medida em que a desrespeita, dispondo sobre o que lhe era vedado. **O vício da inconstitucionalidade é congênito à lei e há de ser apurado em face da Constituição vigente ao tempo de sua elaboração. Lei anterior não pode ser inconstitucional em relação à Constituição superveniente; nem o legislador poderia infringir Constituição futura.** A Constituição sobrevinda não torna inconstitucionais leis anteriores com ela conflitantes: revoga-as. Pelo fato de ser superior, a Constituição não deixa de produzir efeitos revogatórios. Seria ilógico que a lei fundamental, por ser suprema, não revogasse, ao ser promulgada, leis ordinárias. A lei maior valeria menos que a lei ordinária." (ADI 2. Julgada em 1997 e relatada pelo Ministro Paulo Brossard).

- **Alteração de parâmetro e inconstitucionalidade superveniente:** Conforme noticiado no Informativo 600 do STF, "o Tribunal, em apreciação conjunta de duas ações diretas, julgou, por maioria, procedente em parte o pedido formulado na ADI 2158/PR, e, por unanimidade, procedente o na ADI 2198/PR, propostas, respectivamente, pela Associação dos Magistrados Brasileiros – AMB e pelo Procurador-Geral da República, para declarar a inconstitucionalidade de expressões e dispositivos constantes da Lei 12.398/98, do Estado do Paraná. A lei impugnada prevê a incidência de contribuição previdenciária sobre os proventos de servidores inativos e pensionistas no âmbito daquela unidade federativa. **Inicialmente, em votação majoritária, rejeitou-se a preliminar de prejudicialidade das ações em face da substancial alteração de parâmetro de controle operada pela EC 41/2003**, a qual — ao contrário do que previsto na EC 20/98, em vigor à época da edição da norma impugnada — admite expressamente a incidência da contribuição previdenciária sobre os proventos dos inativos na parte em que exceder o limite máximo para os benefícios do Regime Geral de Previdência Social (CF, art. 40, § 18). Salientou-se que, no caso, apesar de até hoje não ter sido cobrada a aludida contribuição naquele Estado, uma vez que a lei adversada fora suspensa com a concessão de medidas cautelares pela Corte, a norma não fora revogada, permanecendo no mundo jurídico. **Tendo isso em conta, asseverou-se que, se o Supremo aplicasse sua jurisprudência tradicional no sentido do prejuízo das ações, revogar-se-iam, em conseqüência, as medidas cautelares. Além disso, a lei estadual, não obstante patentemente inconstitucional, tornaria a produzir seus efeitos à luz do regramento instituído pela EC 41/2003, a qual lhe conferiria uma aparência de validade.** Aduziu-se, na linha de precedentes, que esse inconveniente poderia ser evitado com a excepcional admissão do exame de mérito das ações. **Ao enfatizar que o sistema brasileiro não contempla a figura da constitucionalidade superveniente, consignou-se que a norma em apreço não fora convalidada e, por isso, sua inconstitucionalidade persistiria e seria atual, embora se referisse a dispositivos da Constituição que não se encontram mais em vigor, modificados pela EC 41/2003.** Desse modo, reputou-se que, **se o sistema veda a convalidação da lei inconstitucional, seria necessária a existência de mecanismos eficazes para expungir a norma ainda inconstitucional do ordenamento jurídico, mesmo que em face de parâmetro de controle alterado ou revogado**. Concluiu-se que, na situação dos autos, cumpriria ao STF, ainda que já ajuizada a ação direta, declarar a inconstitucionalidade da norma, com eficácia erga omnes e efeito vinculante, em benefício da máxima efetividade da jurisdição constitucional. Salientou-se, por fim, o progressivo reforço legislativo na expansão da jurisdição constitucional abstrata do Supremo. Vencidos os Ministros Marco Aurélio, Ellen Gracie e Celso de Mello que assentavam o prejuízo das ações. ADI 2158/PR, rel. Min. Dias Toffoli, 15.9.2010. (ADI-2158)

- A **Teoria da Transcendência dos Motivos Determinantes** prega que a *ratio decidendi* (razões de decidir ou fundamentos determinantes de uma sentença) também estaria incluída no efeito vinculante gerado pela decisão em sede de controle de constitucionalidade. O STF reconheceu a aplicação dessa teoria na apreciação da ADI 3345, julgada em 2005 e relatada pelo Ministro Celso de Mello. A ação versava sobre uma Resolução do TSE que reduzia o número de vereadores em Municípios brasileiros. Vale destacar trecho do voto do Relator: "em relação ao mérito, concluiu-se pela inexistência das apontadas violações aos princípios da reserva de lei, da separação de poderes, da anterioridade da lei eleitoral e da autonomia municipal. Esclareceu-se que a Resolução 21.702/2004 foi editada com o propósito de dar efetividade e concreção ao julgamento do Pleno no RE 197917/SP (DJU de 27.4.2004), já que nele o STF dera interpretação definitiva à cláusula de proporcionalidade inscrita no inciso IV do art. 29 da CF, conferindo efeito transcendente aos **fundamentos determinantes** que deram suporte ao mencionado julgamento". **Entretanto, na apreciação da Rcl 3014, em 2007, o STF deu sinais que irá inverter sua orientação.** Nos termos do Informativo 475 do STF: "o Tribunal retomou julgamento de reclamação ajuizada pelo Município de Indaiatuba contra acórdão do Tribunal Regional do Trabalho da 15ª Região que mantivera a expedição de requisição de pequeno valor em patamar superior ao fixado pela Lei municipal 4.233/2002, por considerá-la inconstitucional ante a ausência de fixação da quantia em número de salários mínimos. Alega-se, na espécie, desrespeito à autoridade da decisão do Supremo na ADI 2868/PI (DJU de 11.12.2004), na qual se teria reconhecido a possibilidade de fixação, pelos estados-membros, de valor referencial inferior ao do art. 87 do ADCT. Na sessão de 13.12.2006, o Min. Carlos Britto, relator, julgou improcedente a reclamação. Asseverou, inicialmente, que, no julgamento da ADI 2868/PI, o Tribunal examinara a constitucionalidade da Lei piauiense 5.250/2002, que fixou, no âmbito da Fazenda Estadual, o quantum da obrigação de pequeno valor. **Salientou que o acolhimento da pretensão ora deduzida passaria pelo exame da possibilidade de se atribuir efeitos transcendentes aos motivos determinantes da decisão tomada no controle abstrato de normas. Considerando o fato de que, no julgamento da Rcl 4219 QO/SP (v. Informativos 441 e 458) — em que retomada a discussão do tema da aplicabilidade da chamada "transcendência dos fundamentos determinantes" —, quatro ministros já teriam votado em sentido contrário à respectiva adoção, votou, preliminarmente, pelo não-conhecimento da reclamação**. Rcl 3014/SP, rel. Min. Carlos Britto, 8.8.2007".

- **Interpretação Conforme a Constituição e Declaração parcial de Inconstitucionalidade sem redução de texto**

- Tanto a interpretação conforme quanto a declaração de inconstitucionalidade sem redução de texto são reconhecidas e consideradas válidas pelo STF. Nos termos da Rcl 1880, julgada em 2002 e relatada pelo Ministro Maurício Corrêa: "A declaração de constitucionalidade ou de inconstitucionalidade, **inclusive a interpretação conforme a Constituição e a declaração parcial de inconstitucionalidade sem redução de texto**, têm eficácia contra todos e efeito vinculante em relação aos órgãos do Poder Judiciário e à Administração Pública federal, estadual e municipal".

- "Ainda que se não possa negar a semelhança dessas categorias e a proximidade do resultado prático de sua utilização, é certo que, enquanto, na **interpretação conforme a Constituição** se tem, dogmaticamente, a declaração de que uma lei é constitucional com a interpretação que lhe é conferida pelo órgão judicial, constata-se, na **declaração de nulidade sem redução de texto**, a expressa exclusão, por inconstitucionalidade, de determinadas hipóteses de aplicação (Anwendungsfälle) do programa normativo sem que se produza alteração expressa do texto legal". (MENDES, Gilmar Ferreira. *Jurisdição Constitucional*. São Paulo: Saraiva, 1996, p.275).

- Caso **paradigmático sobre interpretação conforme foi o da ADPF 54, julgada em 2012 e relatada pelo Ministro Marco Aurélio, que teve como tema a antecipação terapêutica do parto de anencéfalos**. A Ministra Rosa Weber, em seu voto, se referiu expressamente à interpretação conforme: "Expressou que a tese da ausência de vontade do legislador para previsão da anencefalia como causa excludente da ilicitude não seria bom parâmetro hermenêutico para o caso. Evidenciou que, no direito contemporâneo, o processo legislativo seria muito complexo, a dificultar a aferição da vontade real do Legislativo e que seus documentos preparatórios nem sempre se mostrariam fontes seguras. Além disso, registrou que não seria rara a criação da lei de maneira ambígua e atécnica de forma proposital, a fim de que sua aprovação fosse politicamente viável, deixando-se a resolução das dúvidas futuras ao Judiciário. Também considerou que a Constituição determinaria os limites dessa vontade, de modo que a do legislador não poderia lhe ser contrária. Afastou a aplicação do precedente proferido no julgamento do RE 121336/CE (DJU de 26.6.92) à espécie, tendo em conta que não se trataria de vontade inconstitucional com atribuição de conteúdo para salvar o texto, mas de **interpretação conforme a Constituição** para mantê-lo e impedir que ele se estendesse a outra hipótese, que seria a anencefalia. No que diz respeito ao método da ponderação valorativa, recorreu à proporcionalidade em sentido estrito, pois as ações que preservariam os valores em concorrência para a situação concreta seriam necessárias e adequadas. Segundo esse princípio, que levaria à técnica da ponderação, impenderia estabelecer as razões argumentativas, que justificariam a restrição de abrangência de um princípio sobre outro, sempre com relação ao caso sob análise" (Informativo 661 do STF).

- "Ação direta de inconstitucionalidade: eficácia da suspensão cautelar da norma argüida de inconstitucional, que alcança, no caso, o dispositivo da lei primitiva, substancialmente idêntico. Ação direta de inconstitucionalidade e impossibilidade jurídica do pedido: **não se declara a inconstitucionalidade parcial quando haja inversão clara do sentido da lei**, dado que não é permitido ao Poder Judiciário agir como legislador positivo: hipótese excepcional, contudo, em que se faculta a emenda da inicial para ampliar o objeto do pedido." (ADI 1.949, julgada em 1996 e relatada pelo Ministro Sepúlveda Pertence).

- Sobre os efeitos das decisões em que há manifestação sobre interpretação conforme ou declaração parcial, vale o destaque ao seguinte julgado: "As decisões consubstanciadoras de declaração de constitucionalidade ou de inconstitucionalidade, inclusive aquelas que importem em interpretação conforme à Constituição e em declaração parcial de inconstitucionalidade sem redução de texto, quando proferidas pelo STF, em sede de fiscalização normativa abstrata, revestem-se de eficácia contra todos (erga omnes) e possuem efeito vinculante em relação a todos os magistrados e tribunais, bem assim em face da administração pública federal, estadual, distrital e municipal, impondo-se, em consequência, à necessária observância por tais órgãos esta-tais, que deverão adequar-se, por isso mesmo, em seus pronunciamentos, ao que a Suprema Corte, em manifestação subordinante, houver decidido, seja no âmbito da ação direta de inconstitucionalidade, seja no da ação declaratória de constitucionalidade, a propósito da validade ou da invalidade jurídico-constitucional de determinada lei ou ato normativo." (Rcl 2.143-AgR, Rel. Min. Celso de Mello, julgamento em 12-3-2003, Plenário, DJ de 6-6-2003.)

- "A doutrina e a jurisprudência nacionais admitem plenamente a **teoria da divisibilidade da lei**, de modo que somente deve ser proferida a inconstitucionalidade daquelas normas viciadas, não devendo se estender o juízo da censura às outras partes da lei, salvo se elas não puderem subsistir de forma autônoma. Essa é a lição de Gilmar Ferreira Mendes, que, complementando ainda ensina que: "Faz-se mister, portanto, verificar se estão presentes as condições objetivas de divisibilidade. Para isso, impõe-se aferir o grau de dependência entre os dispositivos, isto é, examinar se as disposições estão em uma relação de vinculação que impediria sua divisibilidade. Impõe-se verificar, igualmente, se a norma que irá subsistir após a declaração de nulidade parcial corresponderia à vontade do legislador. Portanto, devem ser investigadas não só a existência de uma relação de dependência (unilateral ou recíproca), mas também a possibilidade de intervenção no âmbito da vontade do legislador (*Jurisdição constitucional: o controle abstrato de normas no Brasil e na Alemanha.* 5.ed. São Paulo: Saraiva, 2007, p. 342-343).
- O ordenamento jurídico brasileiro **admite a inconstitucionalidade por arrastamento ou atração**, que consistiria na possibilidade de o STF declarar a inconstitucionalidade de uma norma objeto de pedido e também de outro ato normativo que não tenha sido objeto do pedido, em virtude de correlação, conexão ou interdependência entre uma e outro. Trata-se de uma mitigação ao princípio da adstrição ou congruência. Assim definiu o STF, na ADI 2995, julgada em 2006 e relatada pelo Ministro Celso de Mello: "Por entender caracterizada a ofensa ao art. 22, XX, da CF, que confere à União a competência privativa para legislar sobre sistemas de consórcios e sorteios, o Tribunal, por maioria, julgou procedente pedido formulado em ação direta ajuizada pelo Procurador-Geral da República, para declarar a inconstitucionalidade da Lei 12.343/2003 **e, por arrastamento**, do Decreto 24.446/2002, ambos do Estado de Pernambuco, que dispõem sobre o serviço de loterias no âmbito da referida unidade federativa".

18. Técnicas de Decisões no Direito Comparado e o Controle de Constitucionalidade

- ***Distinguishing:*** é um termo norte-americano aplicado quando se distingue o caso concreto do precedente, ainda que sumulado. Tendo em vista condições essenciais do caso concreto, o precedente não deve ser aplicado, o que não significa que ele esteja sendo definitivamente abandonado.
- ***Overruling:*** ao contrário do distinguishing, as decisões do caso concreto significam o abandono definitivo do precedente da matéria.
- ***Stare decisis:*** A doutrina norte-americana do *stare decisis* sustenta que deve ser dado o devido peso aos precedentes judiciais, devido às bases do *common law* dos EUA. Essa doutrina é dividida em dois efeitos:

a) **Horizontal**: impõe o respeito aos precedentes dentro do mesmo tribunal. No Brasil, instituto semelhante é a "cláusula de reserva de plenário", do art. 97, da CF.

b) **Vertical:** impõe respeito dos precedentes da Suprema Corte aos demais órgãos do Judiciário e do Executivo. No âmbito do judiciário é chamado de ***binding effect*** pelo qual os precedentes de qualquer tribunal superior têm que ser observados pelos tribunais inferiores. No Brasil, esse instituto é parecido com o efeito vinculante, só que neste, o respeito aos precedentes restringe-se ao STF.

- **Súmulas**
- **Súmula Vinculante 10:** Viola a cláusula de reserva de plenário (cf, artigo 97) a decisão de órgão fracionário de tribunal que, embora não declare expressamente a inconstitucionalidade de lei ou ato normativo do poder público, afasta sua incidência, no todo ou em parte.
- **Súmula 513 do STF:** A decisão que enseja a **interposição de recurso** ordinário ou extraordinário não é a do plenário, que resolve o incidente de inconstitucionalidade, mas a do órgão (câmaras, grupos ou turmas) que completa o julgamento do feito.
- **Súmula 347 do STF:** O Tribunal de Contas, no exercício de suas atribuições, pode apreciar a constitucionalidade das leis e dos atos do Poder Público.

DEFESA DO ESTADO E DAS INSTITUIÇÕES DEMOCRÁTICAS

- **CF, artigos 136 a 144.**

✦ DICAS

1. **Estado de Defesa:** De acordo com o art. 136, da CF, o Presidente da República pode, ouvidos o Conselho da República e o Conselho de Defesa Nacional, decretar Estado de Defesa para preservar ou prontamente restabelecer, em locais restritos e determinados, a ordem pública ou a paz social ameaçadas por grave e iminente instabilidade institucional ou atingidas por calamidades de grandes proporções na natureza.

- O Estado de Defesa será **instituído por decreto**, que determinará o tempo de sua duração, especificará as áreas a serem abrangidas e indicará, nos termos e limites da lei, as medidas coercitivas a vigorarem, dentre as quais estão abrangidas as que imponham restrições aos direitos de: i. reunião, ainda que exercida no seio das associações; ii. sigilo de correspondência e; iii. sigilo de comunicação telegráfica e telefônica. Também ficam permitidos a ocupação e ouso temporários de bens e serviços públicos, na hipótese de calamidade pública, respondendo a União pelos danos e custos decorrentes.

- **Decretado o estado de defesa ou sua prorrogação, o Presidente da República, dentro de 24 horas, submeterá o ato com a respectiva justificação ao Congresso Nacional**, que decidirá por maioria absoluta. Se o Congresso Nacional estiver em recesso, será convocado, extraordinariamente, no prazo de cinco dias. O Congresso Nacional apreciará o decreto dentro de dez dias contados de seu recebimento, devendo continuar funcionando enquanto vigorar o estado de defesa. Rejeitado o decreto, cessa imediatamente o estado de defesa.

2. Estado de Sítio: O Presidente da República pode, ouvidos o Conselho da República e o Conselho de Defesa Nacional, **solicitar ao Congresso Nacional autorização para decretar o Estado de Sítio** nos casos de: I – comoção grave de repercussão nacional ou ocorrência de fatos que comprovem a ineficácia de medida tomada durante o estado de defesa; II – declaração de estado de guerra ou resposta a agressão armada estrangeira.

- O Presidente da República, ao solicitar autorização para decretar o estado de sítio ou sua prorrogação, **relatará os motivos determinantes do pedido, devendo o Congresso Nacional decidir por maioria absoluta**.
- O **decreto do estado de sítio indicará sua duração, as normas necessárias a sua execução e as garantias constitucionais que ficarão suspensas**, e, depois de publicado, o Presidente da República designará o executor das medidas específicas e as áreas abrangidas.

3. As **Forças Armadas**, constituídas pela Marinha, pelo Exército e pela Aeronáutica, são instituições nacionais permanentes e regulares, organizadas com base na hierarquia e na disciplina, sob a autoridade suprema do Presidente da República, e destinam-se à defesa da Pátria, à garantia dos poderes constitucionais e, por iniciativa de qualquer destes, da lei e da ordem.

- Lei complementar estabelecerá as normas gerais a serem adotadas na organização, no preparo e no emprego das Forças Armadas.

4. A Segurança Pública, dever do Estado, direito e responsabilidade de todos, é exercida para a preservação da ordem pública e da incolumidade das pessoas e do patrimônio, através dos seguintes órgãos:

I – polícia federal;

II – polícia rodoviária federal;

III – polícia ferroviária federal;

IV – polícias civis;

V – polícias militares e corpos de bombeiros militares.

- **Rol taxativo:** conforme noticiado no informativo 600 do STF, "**o rol de órgãos encarregados do exercício da segurança pública, previsto no art. 144, I a V, da CF, é taxativo e esse modelo federal deve ser observado pelos Estados-membros e pelo Distrito Federal.** Com base nesse entendimento, o Tribunal, por maioria, julgou procedente, em parte, pedido formulado em ação direta proposta pelo Partido Social Liberal – PSL para declarar a inconstitucionalidade da EC 19/98 e da expressão "Instituto-Geral de Perícias" constante da EC 18/97, ambas da Constituição do Estado do Rio Grande do Sul, que dispõem sobre o aludido Instituto-Geral de Perícias. Preliminarmente, rejeitou-se a alegada inépcia da inicial, uma vez que o requerente indicara os dispositivos sobre os quais versaria a ação, bem como os fundamentos jurídicos do pedido. Ademais, ressaltou-se estar superada a tese relativa à prejudicialidade da ação direta em face da perda superveniente de representação do partido no Congresso Nacional. Assinalou-se, inclusive, que o requerente já teria readquirido sua representatividade. ADI 2827/RS, rel. Min. Gilmar Mendes, 16.9.2010".

  Nos termos do artigo 144, § 10º, da CF, com redação dada pela EC n. 82/2014, a segurança viária, exercida para a preservação da ordem pública e da incolumidade das pessoas e do seu patrimônio nas vias públicas: I – compreende a educação, engenharia e fiscalização de trânsito, além de outras atividades previstas em lei, que assegurem ao cidadão o direito à mobilidade urbana eficiente; II – compete, no âmbito dos Estados, do Distrito Federal e dos Municípios, aos respectivos órgãos ou entidades executivos e seus agentes de trânsito, estruturados em Carreira, na forma da lei.

  Para o STF, a atividade policial é carreira de Estado imprescindível à manutenção da normalidade democrática, sendo impossível sua complementação ou substituição pela atividade privada. [ARE 654.432, rel. p/ o ac. min. Alexandre de Moraes, j. 5-4-2017, P, DJE de 11-6-2018, Tema 541.]

  O STF entende que é constitucional a atribuição às guardas municipais do exercício de poder de polícia de trânsito, inclusive para imposição de sanções administrativas legalmente previstas. [RE 658.570, rel. p/ o ac. min. Roberto Barroso, j. 6-8-2015, P, DJE de 30-9-2015, Tema 472.]

  Para o STF, são ilegítimas, por contrariar o §6º do art. 144, quaisquer pretensões legislativas de conceder maior liberdade política (autonomias) aos órgãos de direção máxima das polícias civis estaduais, mesmo que materializadas em deliberações da Assembleia Constituinte local. [ADI 5.103, rel. min. Alexandre de Moraes, j. 12-4-2018, P, DJE de 25-4-2018.]

TRIBUTAÇÃO E ORÇAMENTO

- **CF, artigos 145 a 169.**

✦ DICAS

1. A União, os Estados, o Distrito Federal e os Municípios poderão instituir os seguintes **tributos:** I – impostos;

II – taxas, em razão do exercício do poder de polícia ou pela utilização, efetiva ou potencial, de serviços públicos específicos e divisíveis, prestados ao contribuinte ou postos a sua disposição; III – contribuição de melhoria, decorrente de obras públicas.

2. Sempre que possível, **os impostos terão caráter pessoal e serão graduados segundo a capacidade econômica do contribuinte**, facultado à administração tributária, especialmente para conferir efetividade a esses objetivos, identificar, respeitados os direitos individuais e nos termos da lei, o patrimônio, os rendimentos e as atividades econômicas do contribuinte.

3. As **taxas** não poderão ter base de cálculo própria de impostos.

4. Sem prejuízo de outras garantias asseguradas ao contribuinte, **é vedado à União, aos Estados, ao Distrito Federal e aos Municípios**:

I – **exigir ou aumentar tributo** sem lei que o estabeleça (**Princípio da Legalidade Tributária**);

II – **instituir tratamento desigual entre contribuintes** que se encontrem em situação equivalente, proibida qualquer distinção em razão de ocupação profissional ou função por eles exercida, independentemente da denominação jurídica dos rendimentos, títulos ou direitos (**Princípios da Isonomia e da Capacidade Contributiva**);

III – **cobrar tributos**:

a) **em relação a fatos geradores ocorridos antes do início da vigência da lei** que os houver instituído ou aumentado;

b) **no mesmo exercício financeiro** em que haja sido publicada a lei que os instituiu ou aumentou (**Princípio da Anterioridade Comum**);

c) antes de decorridos noventa dias da data em que haja sido publicada a lei que os instituiu ou aumentou (**Princípio da Anterioridade Nonagesimal**),

IV – utilizar tributo com efeito de confisco (**Princípio do Não-confisco ou Não-confiscatoriedade**);

V – **estabelecer limitações ao tráfego de pessoas ou bens, por meio de tributos** interestaduais ou intermunicipais, ressalvada a cobrança de pedágio pela utilização de vias conservadas pelo Poder Público (**Princípio da Liberdade de Tráfego**);

VI – **instituir impostos sobre**:

a) patrimônio, renda ou serviços, uns dos outros (**Princípio da Imunidade Recíproca**);

b) templos de qualquer culto;

c) patrimônio, renda ou serviços dos partidos políticos, inclusive suas fundações, das entidades sindicais dos trabalhadores, das instituições de educação e de assistência social, sem fins lucrativos, atendidos os requisitos da lei;

d) livros, jornais, periódicos e o papel destinado a sua impressão.

- Segundo decisão do STF no RE 455.017, julgado em 2009 e relatado pela Ministra Cármen Lúcia, **ofende o princípio da não confiscatoriedade** hipótese normativa que estipule multa fiscal de 300%, **ainda** que se trate de inadimplemento pelo contribuinte de obrigação tributária.

- Súmula Vinculante 50: "Norma legal que altera o prazo de recolhimento de obrigação tributária não se sujeita ao princípio da anterioridade."

- **A jurisprudência do STF entende cabível, em sede de controle normativo abstrato, a possibilidade de a Corte examinar se determinado tributo ofende, ou não, o princípio constitucional da não confiscatoriedade**, consagrado no art. 150, IV, da Constituição. Precedente: ADI 2.010-MC/DF, Rel. Min. Celso de Mello. A proibição constitucional do confisco em matéria tributária nada mais representa senão a interdição, pela Carta Política, de qualquer pretensão governamental que possa conduzir, no campo da fiscalidade, à injusta apropriação estatal, no todo ou em parte, do patrimônio ou dos rendimentos dos contribuintes, comprometendo-lhes, pela insuportabilidade da carga tributária, o exercício do direito a uma existência digna, ou a prática de atividade profissional lícita ou, ainda, a regular satisfação de suas necessidades vitais (educação, saúde e habitação, por exemplo). **A identificação do efeito confiscatório deve ser feita em função da totalidade da carga tributária, mediante verificação da capacidade de que dispõe o contribuinte considerado o montante de sua riqueza (renda e capital) – para suportar e sofrer a incidência de todos os tributos que ele deverá pagar, dentro de determinado período, à mesma pessoa política que os houver instituído (a União Federal, no caso), condicionando-se, ainda, a aferição do grau de insuportabilidade econômico-financeira, à observância, pelo legislador, de padrões de razoabilidade destinados a neutralizar excessos de ordem fiscal eventualmente praticados pelo Poder Público**. Resulta configurado o caráter confiscatório de determinado tributo, sempre que o efeito cumulativo – resultante das múltiplas incidências tributárias estabelecidas pela mesma entidade estatal – afetar, substancialmente, de maneira irrazoável, o patrimônio e/ou os rendimentos do contribuinte. O Poder Público, especialmente em sede de tributação (as contribuições de seguridade social revestem-se de caráter tributário), não pode agir imoderadamente, pois a atividade estatal acha-se essencialmente condicionada pelo princípio da razoabilidade." (ADC 8-MC, Rel. Min. Celso de Mello, julgamento em 13-10-1999, Plenário, DJ de 4-4-2003.)

- Súmula 657, do STF: "A imunidade prevista no art. 150, VI, d, da CF (**livros, jornais, periódicos e o papel destinado a sua impressão**), abrange os filmes e papéis fotográficos necessários à publicação de jornais e periódicos."

- Súmula Vinculante 52: "Ainda quando alugado a terceiros, permanece imune ao IPTU o imóvel pertencente a qualquer das entidades referidas pelo art. 150, VI, "c", da Constituição Federal, desde que o valor dos aluguéis seja aplicado nas atividades para as quais tais entidades foram constituídas."

5. A competência da União para **emitir moeda** será exercida exclusivamente pelo banco central (art. 164, *caput*, da CF).

6. É **vedado ao banco central** conceder, direta ou indiretamente, empréstimos ao Tesouro Nacional e a qualquer órgão ou entidade que não seja instituição financeira (art. 164, § 1º, da CF). .

7. Leis de iniciativa do Poder **Executivo** (não do Poder Legislativo) estabelecerão o **plano plurianual**, as **diretrizes orçamentárias** e os **orçamentos anuais** (art. 165, da CF).

- A lei que instituir o **Plano Plurianual** estabelecerá, de forma regionalizada, as diretrizes, objetivos e metas da administração pública federal para as despesas de capital e outras delas decorrentes e para as relativas aos programas de duração continuada.
- A **Lei de Diretrizes Orçamentárias** compreenderá as metas e prioridades da administração pública federal, incluindo as despesas de capital para o exercício financeiro subseqüente, orientará a elaboração da lei orçamentária anual, disporá sobre as alterações na legislação tributária e estabelecerá a política de aplicação das agências financeiras oficiais de fomento.
- A **Lei Orçamentária Anual** não conterá dispositivo estranho à previsão da receita e à fixação da despesa, não se incluindo na proibição a autorização para abertura de créditos suplementares e contratação de operações de crédito, ainda que por antecipação de receita.
- Os projetos de lei relativos ao plano plurianual, às diretrizes orçamentárias, ao orçamento anual e aos créditos adicionais serão apreciados **pelas duas Casas do Congresso Nacional, na forma do regimento comum** (e não pelo Chefe do Executivo), consoante art, 166, *caput*, da CF.

Súmulas

- **Súmula 657 do STF**: A imunidade prevista no art. 150, VI, d, da CF (livros, jornais, periódicos e o papel destinado a sua impressão), abrange os filmes e papéis fotográficos necessários à publicação de jornais e periódicos.

ORDEM ECONÔMICA E FINANCEIRA

- **CF, artigos 170 a 192.**

✦ DICAS

1. A ordem econômica, **fundada** na valorização do trabalho humano e na livre iniciativa, tem por **fim** assegurar a todos existência digna, conforme os ditames da justiça social.

2. São **princípios da ordem econômica**: I – soberania nacional; II – propriedade privada; III – função social da propriedade; IV – livre concorrência; V – defesa do consumidor; VI – defesa do meio ambiente, inclusive mediante tratamento diferenciado conforme o impacto ambiental dos produtos e serviços e de seus processos de elaboração e prestação; VII – redução das desigualdades regionais e sociais; VIII – busca do pleno emprego; IX – tratamento favorecido para as empresas de pequeno porte constituídas sob as leis brasileiras e que tenham sua sede e administração no País.

- Súmula Vinculante 49: "**Ofende o princípio da livre concorrência** lei municipal que impede a instalação de estabelecimentos comerciais do mesmo ramo em determinada área".

3. Excetuadas hipóteses previstas na Constituição da República, **o Estado poderá explorar atividade econômica quando necessária aos imperativos da segurança nacional ou a relevante interesse coletivo**, conforme definido em lei (art. 173, da CF).

4. As empresas públicas e as sociedades de economia mista **não poderão gozar de privilégios fiscais não extensivos às do setor privado**.

5. A lei **reprimirá o abuso do poder econômico** que vise à dominação dos mercados, à eliminação da concorrência e ao aumento arbitrário dos lucros.

6. Tem-se por **inadmissível**, no sistema da Constituição de 1988, que **norma de constituição estadual proíba, no estado-membro, que este possa reordenar, no âmbito da própria competência, sua posição na economia, transferindo à iniciativa privada atividades indevidas ou, sem qualquer necessidade, exploradas pelo setor público**. Assim restou decidido pelo STF na ADI 234, julgada em 1995 e relatada pelo Ministro Néri da Silveira.

7. **Política Urbana**

- Nos termos do art. 182, da CF, a **política de desenvolvimento urbano**, executada pelo Poder Público municipal, conforme diretrizes gerais fixadas em lei, tem por objetivo ordenar o pleno desenvolvimento das funções sociais da cidade e garantir o bem- estar de seus habitantes. O plano diretor, aprovado pela Câmara Municipal, obrigatório para cidades com mais de vinte mil habitantes, é o instrumento básico da política de desenvolvimento e de expansão urbana. Ademais, a propriedade urbana cumpre sua função social quando atende às exigências fundamentais de ordenação da cidade expressas no plano diretor. Nesse sentido é facultado ao Poder Público municipal, mediante lei específica para área incluída no plano diretor, exigir, nos termos da lei federal, do proprietário do solo urbano não edificado, subutilizado ou não utilizado, que promova seu adequado aproveitamento, sob pena, sucessivamente, de: I – parcelamento ou edificação compulsórios; II – imposto sobre a propriedade predial e territorial urbana progressivo no tempo; III – desapropriação com pagamento mediante títulos da dívida pública de emissão previamente aprovada pelo Senado Federal, com prazo de resgate de até dez anos, em parcelas anuais, iguais e sucessivas, assegurados o valor real da indenização e os juros legais. As desapropriações de imóveis urbanos serão feitas com prévia e justa indenização em dinheiro.

8. **Política agrícola e fundiária e da reforma agrária**

- Compete à União **desapropriar por interesse social, para fins de reforma agrária**, o imóvel rural que não esteja cumprindo sua função social, mediante prévia e justa indenização em títulos da dívida agrária, com cláusula de preservação do valor real, resgatáveis no prazo de até vinte anos, a partir do segundo ano de sua emissão, e cuja utilização será definida em lei. As benfeitorias úteis e necessárias serão indenizadas em dinheiro.

- O **decreto** que declarar o imóvel como de interesse social, para fins de reforma agrária, autoriza a União a propor a ação de desapropriação.

- Cabe à **lei complementar** estabelecer procedimento contraditório especial, de rito sumário, para o processo judicial de desapropriação.

- **São insuscetíveis de desapropriação para fins de reforma agrária**:

I – a pequena e média propriedade rural, assim definida em lei, desde que seu proprietário não possua outra;

II – a propriedade produtiva.

- A lei garantirá **tratamento especial à propriedade produtiva** e fixará normas para o cumprimento dos requisitos relativos a sua função social.

9. **Sistema financeiro nacional**

- O **sistema financeiro nacional**, estruturado de forma a promover o desenvolvimento equilibrado do País e a servir aos interesses da coletividade, em todas as partes que o compõem, abrangendo as cooperativas de crédito, será regulado por leis complementares que disporão, inclusive, sobre a participação do capital estrangeiro nas instituições que o integram.

- **Súmula Vinculante 3**: nos processos perante o Tribunal de Contas asseguram-se o contraditório e a ampla defesa quando da decisão puder resultar anulação ou revogação de ato administrativo que beneficie o interessado, excetuada a apreciação da legalidade do ato de concessão inicial de aposentadoria, reforma e pensão.

ORDEM SOCIAL

- **CF, artigos 193 a 232.**

✦ DICAS

1. A **ordem social tem como base** o primado do trabalho, e como objetivo o bem-estar e a justiça sociais.

2. A **seguridade social** compreende um conjunto integrado de ações de iniciativa dos Poderes Públicos e da sociedade, destinadas a assegurar os direitos relativos à **saúde**, à **previdência** e à **assistência social**.

- A **saúde** é direito de todos e dever do Estado, garantido mediante políticas sociais e econômicas que visem à redução do risco de doença e de outros agravos e ao acesso universal e igualitário às ações e serviços para sua promoção, proteção e recuperação.

- "Consolidou-se a jurisprudência desta Corte no sentido de que, **embora o art. 196 da Constituição de 1988 traga norma de caráter programático, o Município não pode furtar-se do dever de propiciar os meios necessários ao gozo do direito à saúde por todos os cidadãos**. Se uma pessoa necessita, para garantir o seu direito à saúde, de tratamento médico adequado, é dever solidário da União, do Estado e do Município providenciá-lo." (AI 550.530, julgado em 20012 e relatado pelo Ministro Joaquim Barbosa).

- O art. 199, § 4º, da CF, **veda todo tipo de comercialização de sangue**, entretanto estabelece que a lei infraconstitucional disporá sobre as condições e requisitos que facilitem a coleta de sangue. Por isso, na visão do STF, se um ato normativo estadual não determina recompensa financeira à doação ou estimula a comercialização de sangue, mas apenas incentiva a doação, na composição entre o princípio da livre iniciativa e o direito à vida há de ser preservado o interesse da coletividade, interesse público primário." (ADI 3.512, Rel. Min. Eros Grau, julgamento em 15-2-2006.).

- **Medicamentos e o STF:** "O recebimento de medicamentos pelo Estado é direito fundamental, podendo o requerente pleiteá-los de qualquer um dos entes federativos, desde que **demonstrada sua necessidade e a impossibilidade de custeá-los com recursos próprios**. Isso por que, uma vez satisfeitos tais requisitos, o ente federativo deve se pautar no espírito de solidariedade para conferir efetividade ao direito garantido pela Constituição, e não criar entraves jurídicos para postergar a devida prestação jurisdicional." (RE 607.381, julgado em 2011 e relatado pelo Ministro Luiz Fux).

- No art. 196 da Constituição Federal está estabelecido que a "saúde é direito de todos e dever do Estado, garantido mediante políticas sociais e econômicas que visem à redução do risco de doença e de outros agravos e ao acesso universal e igualitário às ações e serviços para sua promoção, proteção e recuperação". A referida norma é programática, ou seja, depende de ações estatais para ser implementada, mas, não obstante essa característica, **se algum paciente carente com patologia crônica com indiscutível risco de morte necessitar de remédio de alto custo não fornecido pelo SUS – Sistema Único de Saúde –, será possível mover ação judicial para sua obtenção e, se houver recurso, em última instância a pretensão será**

acolhida, pois o STF admite a judicialização de políticas públicas, em especial, o fornecimento de medicamentos de alto custo (conforme Suspensões de Tutela (STA) 175, 211 e 278; Suspensões de Segurança 3724, 2944, 2361, 3345 e 3355; e Suspensão de Liminar (SL) 47, de Relatoria do Ministro Gilmar Mendes, julgadas em 2010).

- Para que sejam concedidos os medicamentos, foram estabelecidos os seguintes requisitos pelo STJ: comprovação, por laudo médico, da imprescindibilidade ou necessidade do medicamento, bem como da ineficácia dos medicamentos fornecidos pelo SUS; incapacidade financeira de arcar com o custo do medicamento existência de registro na ANVISA do medicamento pleiteado (STJ. 1ª Seção. REsp 1.657.156-RJ, Rel. Min. Benedito Gonçalves, julgado em 25/04/2018 – recurso repetitivo- Info 625).
- A **previdência social** será organizada sob a forma de regime geral, de caráter contributivo e de filiação obrigatória, observados critérios que preservem o equilíbrio financeiro e atuarial.
- A **assistência social** será prestada a quem dela necessitar, independentemente de contribuição à seguridade social, e tem por objetivos:

I – a proteção à família, à maternidade, à infância, à adolescência e à velhice;

II – o amparo às crianças e adolescentes carentes;

III – a promoção da integração ao mercado de trabalho;

IV – a habilitação e reabilitação das pessoas portadoras de deficiência e a promoção de sua integração à vida comunitária;

V – a garantia de um salário mínimo de benefício mensal à pessoa portadora de deficiência e ao idoso que comprovem não possuir meios de prover à própria manutenção ou de tê-la provida por sua família.

3. A **educação**, direito de todos e dever do Estado e da família, será promovida e incentivada com a colaboração da sociedade, visando ao pleno desenvolvimento da pessoa, seu preparo para o exercício da cidadania e sua qualificação para o trabalho.

- De acordo com o art. 208, da CF, **o dever do Estado com a educação** será efetivado mediante a garantia de:

I – educação básica obrigatória e gratuita dos 4 aos 17 anos de idade, assegurada inclusive sua oferta gratuita para todos os que a ela não tiveram acesso na idade própria;

II – progressiva universalização do ensino médio gratuito;

III – atendimento educacional especializado aos portadores de deficiência, **preferencialmente na rede regular de ensino**;

IV – educação infantil, em **creche e pré-escola**, às crianças até 5 anos de idade;

V – acesso aos níveis mais elevados do ensino, da pesquisa e da criação artística, segundo a capacidade de cada um;

VI – oferta de ensino noturno regular, adequado às condições do educando;

VII – atendimento ao educando, em todas as etapas da educação básica, por meio de programas suplementares de material didáticoescolar, transporte, alimentação e assistência à saúde.

- o **STF** já decidiu que: "A educação infantil representa prerrogativa constitucional indisponível, que, deferida às crianças, a estas assegura, para efeito de seu desenvolvimento integral, e como primeira etapa do processo de educação básica, o atendimento em creche e o acesso à pré-escola (CF, art. 208, IV). Essa prerrogativa jurídica, em consequência, **impõe, ao Estado, por efeito da alta significação social de que se reveste a educação infantil, a obrigação constitucional de criar condições objetivas que possibilitem, de maneira concreta, em favor das 'crianças até cinco anos de idade'** (CF, art. 208, IV), o efetivo acesso e atendimento em creches e unidades de pré-escola, sob pena de configurar-se inaceitável omissão governamental, apta a frustrar, injustamente, por inércia, o integral adimplemento, pelo Poder Público, de prestação estatal que lhe impôs o próprio texto da CF. A educação infantil, por qualificar-se como direito fundamental de toda criança, **não se expõe, em seu processo de concretização, a avaliações meramente discricionárias da administração pública nem se subordina a razões de puro pragmatismo governamental**." (ARE 639.337-AgR, julgado em 2011 e relatado pelo Ministro Celso de Mello). "A jurisprudência do STF firmou-se no sentido da existência de **direito subjetivo público de crianças até cinco anos de idade ao atendimento em creches e pré-escolas**. (...) também consolidou o entendimento de que **é possível a intervenção do Poder Judiciário visando à efetivação daquele direito constitucional**." (RE 554.075-AgR, Rel. Min. Cármen Lúcia, julgamento em 30-6-2009, Primeira Turma, DJE de 21-8-2009.)
- Não se admite no Brasil a educação domiciliar, devendo haver uma parceria obrigatória entre família e Estado na educação de crianças e adolescentes. (Info 915, STF)
- "É consentânea com a Carta da República previsão normativa asseguradora, ao militar e ao dependente estudante, do acesso a instituição de ensino na localidade para onde é removido. Todavia, **a transferência do local do serviço não pode se mostrar verdadeiro mecanismo para lograr-se a transposição da seara particular para a pública, sob pena de se colocar em plano secundário a isonomia** – art. 5º, cabeça e inciso I –, a impessoalidade, a moralidade na administração pública, a igualdade de condições para o acesso e permanência na escola superior, prevista no inciso I do art. 206, bem como a viabilidade de chegar-se a

níveis mais elevados do ensino, no que o inciso V do art. 208 vincula o fenômeno à capacidade de cada qual." (ADI 3.324, julgada em 2004 e relatada pelo Ministro Marco Aurélio).

- A educação será prestada com garantia de **ensino religioso**, de matrícula **facultativa** (não obrigatória) nas escolas públicas de ensino fundamental (art. 210, § 1º, da CF).
- **Súmula vinculante 12:** A cobrança de taxa de matrícula nas universidades públicas viola o disposto no art. 206, IV, da Constituição Federal.

No entanto, a garantia constitucional da gratuidade de ensino não obsta a cobrança por universidades públicas de mensalidade em cursos de especialização. (Tese definida no RE 597.854, rel. min. Edson Fachin, P, j. 26-4-2017, DJE 214 de 21-9-2017, Tema 535.)

4. **Cultura:** Art. 215, da CF: O Estado garantirá a todos o **pleno exercício dos direitos culturais e acesso às fontes da cultura nacional**, e apoiará e incentivará a valorização e a difusão das manifestações culturais. Ademais, o Estado protegerá as manifestações das culturas populares, indígenas e afro-brasileiras, e das de outros grupos participantes do processo civilizatório nacional.

- Segundo o §1º, do artigo 216-A, da CF, o **Sistema Nacional de Cultura** (e não o Plano Nacional de Cultura) **fundamenta-se na política nacional de cultura e nas suas diretrizes**, **estabelecidas no Plano Nacional de Cultura** (e não Sistema Nacional de Cultura) e rege-se pelos seguintes princípios: I – diversidade das expressões culturais; II – universalização do acesso aos bens e serviços culturais; III – fomento à produção, difusão e circulação de conhecimento e bens culturais; IV – cooperação entre os entes federados, os agentes públicos e privados atuantes na área cultural; V – integração e interação na execução das políticas, programas, projetos e ações desenvolvidas; VI – complementaridade nos papéis dos agentes culturais; VII – transversalidade das políticas culturais; VIII – autonomia dos entes federados e das instituições da sociedade civil; IX – transparência e compartilhamento das informações; X – democratização dos processos decisórios com participação e controle social; XI – descentralização articulada e pactuada da gestão, dos recursos e das ações; XII – ampliação progressiva dos recursos contidos nos orçamentos públicos para a cultura.
- **Sistema Nacional de Ciência, Tecnologia e Inovação (SNCTI):** Instituído pela Emenda Constitucional nº 85/2015, o artigo 219-B da CF dispõe que o Sistema Nacional de Ciência, Tecnologia e Inovação (SNCTI) será organizado em regime de colaboração entre entes, tanto públicos quanto privados, com vistas a promover o desenvolvimento científico e tecnológico e a inovação. Lei federal disporá sobre as normas gerais do SNCTI. Os Estados, o Distrito Federal e os Municípios legislarão concorrentemente sobre suas peculiaridades.

5. **Meio Ambiente:** Art. 225, da CF: Todos têm direito ao **meio ambiente ecologicamente equilibrado**, bem de uso comum do povo e essencial à sadia qualidade de vida, impondo-se ao Poder Público e à coletividade o dever de defendê-lo e preservá- lo para as presentes e futuras gerações.

- **Rinhas ou brigas de galo**: "Por entender caracterizada ofensa ao art. 225, § 1º, VII, da CF, que veda práticas que submetam os animais a crueldade, o Plenário julgou procedente pedido formulado em ação direta ajuizada pelo Procurador-Geral da República para declarar a inconstitucionalidade da Lei fluminense 2.895/98. A norma impugnada autoriza a criação e a realização de exposições e competições entre aves das raças combatentes (fauna não silvestre). Rejeitaram-se as preliminares de inépcia da petição inicial e de necessidade de se refutar, artigo por artigo, o diploma legislativo invocado. Aduziu-se que o requerente questionara a validade constitucional da integridade da norma adversada, citara o parâmetro por ela alegadamente transgredido, estabelecera a situação de antagonismo entre a lei e a Constituição, bem como expusera as razões que fundamentariam sua pretensão. Ademais, destacou-se que a impugnação dirigir-se-ia a todo o complexo normativo com que disciplinadas as "rinhas de galo" naquela unidade federativa, qualificando-as como competições. Assim, despicienda a indicação de cada um dos seus vários artigos. No mérito, enfatizou-se que o constituinte objetivara assegurar a efetividade do direito fundamental à preservação da integridade do meio ambiente, que traduziria conceito amplo e abrangente das noções de meio ambiente natural, cultural, artificial (espaço urbano) e laboral. Salientou-se, de um lado, a íntima conexão entre o dever ético-jurídico de preservação da fauna e o de não-incidência em práticas de crueldade e, de outro, a subsistência do gênero humano em um meio ambiente ecologicamente equilibrado (direito de terceira geração). Assinalou-se que a proteção conferida aos animais pela parte final do art. 225, § 1º, VII, da CF teria, na Lei 9.605/98 (art. 32), o seu preceito incriminador, o qual pune, a título de crime ambiental, a infligição de maus-tratos contra animais. Frisou-se que tanto os animais silvestres, quanto os domésticos ou domesticados – aqui incluídos os galos utilizados em rinhas – estariam ao abrigo constitucional. **Por fim, rejeitou-se o argumento de que a "briga de galos" qualificar-se-ia como atividade desportiva, prática cultural ou expressão folclórica, em tentativa de fraude à aplicação da regra constitucional de proteção à fauna**. Os Ministros Marco Aurélio e Dias Toffoli assentaram apenas a inconstitucionalidade formal da norma. Precedentes citados: RE 153531/SC (DJU de 13.3.98); ADI 2514/SC (DJU de 3.8.2005); ADI 3776/RN (DJe de 29.6.2007). Manifestação na ADI 1856, julgada em 2011 e relatada pelo Ministro Celso de Mello.

6. Família, Criança, Adolescente, Jovem e Idoso

- Consoante art. 226, da CF, a **família, base da sociedade, tem especial proteção do Estado**.
- O **casamento** é civil e gratuita a celebração **(Família Formal)**. O casamento religioso tem efeito civil, nos termos da lei.
- Para efeito da proteção do Estado, é reconhecida a união estável **(Família Informal)** entre o homem e a mulher como entidade familiar, **devendo a lei facilitar sua conversão em casamento**.
- Entende-se, também, como entidade familiar a **comunidade formada por qualquer dos pais e seus descendentes (Família Monoparental)**.
- Os direitos e deveres referentes à **sociedade conjugal** são exercidos igualmente pelo homem e pela mulher.
- O casamento civil pode ser dissolvido pelo **divórcio**.
- Fundado nos princípios da dignidade da pessoa humana e da paternidade responsável, o **planejamento familiar é livre decisão do casal**, competindo ao Estado propiciar recursos educacionais e científicos para o exercício desse direito, vedada qualquer forma coercitiva por parte de instituições oficiais ou privadas.
- É dever da família, da sociedade e do Estado assegurar **à criança, ao adolescente e ao jovem**, com absoluta prioridade, o direito à vida, à saúde, à alimentação, à educação, ao lazer, à profissionalização, à cultura, à dignidade, ao respeito, à liberdade e à convivência familiar e comunitária, além de colocá-los a salvo de toda forma de negligência, discriminação, exploração, violência, crueldade e opressão.
- A lei **punirá severamente** o abuso, a violência e a exploração sexual da criança e do adolescente.
- Lei estabelecerá: I – o **estatuto da juventude**, destinado a regular os direitos dos jovens; II – o **plano nacional de juventude, de duração decenal**, visando à articulação das várias esferas do poder público para a execução de políticas públicas.
- **A família, a sociedade e o Estado têm o dever de amparar as pessoas idosas**, assegurando sua participação na comunidade, defendendo sua dignidade e bem-estar e garantindo-lhes o direito à vida.
- De acordo com o STF, o artigo da CF que assegura a **gratuidade nos transportes coletivos urbanos aos maiores de sessenta e cinco anos de idade** constitui norma de eficácia plena e de aplicabilidade imediata, conforme restou decidido no seguinte julgado: "Ação direta de inconstitucionalidade. Art. 39 da Lei 10.741, de 1º de outubro de 2003 (Estatuto do Idoso), que assegura gratuidade dos transportes públicos urbanos e semiurbanos aos que têm mais de 65 (sessenta e cinco) anos. Direito constitucional. Norma constitucional de eficácia plena e aplicabilidade imediata. Norma legal que repete a norma constitucional garantidora do direito. Improcedência da ação. O art. 39 da Lei 10.741/2003 (Estatuto do Idoso) apenas repete o que dispõe o § 2º do art. 230 da Constituição do Brasil. **A norma constitucional é de eficácia plena e aplicabilidade imediata, pelo que não há eiva de invalidade jurídica na norma legal que repete os seus termos e determina que se concretize o quanto constitucionalmente disposto**. Ação direta de inconstitucionalidade julgada improcedente." (ADI 3.768, julgada em 2007 e relatada pela Ministra Cármen Lúcia).

7. Índios

- **São reconhecidos aos índios** sua organização social, costumes, línguas, crenças e tradições, e os direitos originários sobre as terras que tradicionalmente ocupam, competindo à União demarcá-las, proteger e fazer respeitar todos os seus bens
- As terras tradicionalmente ocupadas pelos **índios** destinam-se à sua posse
- As terras tradicionalmente ocupadas pelos **índios** destinam-se à sua posse permanente, **cabendo-lhes o usufruto exclusivo das riquezas do solo, dos rios e dos lagos nelas existentes** (sem qualquer participação da União), nos termos do art. 231, § 1º, da CF.
- A CF, em seu art. 231, § 5º, consagrou o **princípio da irremovibilidade dos índios de suas terras**, salvo, *ad referendum* do Congresso Nacional, em caso de catástrofe ou epidemia que ponha em risco sua população, ou no interesse da soberania do país, devendo, cessado o risco, os índios retornar, de imediato, às suas terras
- O aproveitamento dos recursos hídricos, incluídos os potenciais energéticos, a pesquisa e a lavra das riquezas minerais em terras indígenas só podem ser efetivados com autorização **do Congresso Nacional** (e não da Fundação Nacional do Índio – FUNAI), ouvidas, as comunidades afetadas, ficando-lhes assegurada participação nos resultados da lavra, na forma da lei.

Direitos Humanos

Paulo Lépore

TABELA DE INCIDÊNCIA DE QUESTÕES

Distribuição das questões organizada por ordem didática de assuntos		
Assunto	**Número de Questões**	**Peso**
1. HISTÓRIA DOS DIREITOS HUMANOS	5	10,42%
2. TEORIA, CONCEITOS E ELEMENTOS DOS DIREITOS HUMANOS	10	20,83%
3. DECLARAÇÕES E TRATADOS INTERNACIONAIS	31	64,58%
4. ATUALIDADES, DIREITOS ESPECIAIS E OS DIREITOS HUMANOS	2	4,17%
Total	**48**	**100%**

Direitos Humanos

Paulo Lépore

✦ QUESTÕES

1. HISTÓRIA DOS DIREITOS HUMANOS

01. (Vunesp – Delegado de Polícia – CE/2015) Assinale a alternativa correta no que diz respeito à Organização das Nações Unidas.

a) O nome Nações Unidas foi concebido pelo presidente norte-americano Franklin Roosevelt e utilizado pela primeira vez na Declaração das Nações Unidas em decorrência das discussões que se seguiram ao término da primeira Guerra mundial.

b) Durante a primeira reunião da Assembleia Geral da ONU, que aconteceu na capital do Reino Unido, Londres, em 1946, ficou decidido que a sede permanente da Organização seria nos Estados Unidos, na cidade de São Francisco, local em que até hoje está sediada.

c) É propósito das Nações Unidas conseguir uma cooperação internacional para resolver os conflitos armados e os problemas internacionais de caráter econômico, social, cultural, humanitário ou religioso.

d) É propósito das Nações Unidas manter a paz e a segurança internacionais e, para esse fim, tomar, coletivamente, medidas efetivas para evitar ameaças à paz sem reprimir os atos de agressão já iniciados.

e) A Organização é baseada no princípio da igualdade de todos os seus Membros.

COMENTÁRIOS

✪ **Nota dos autores:** questão abordando a Organização das Nações Unidas (ONU).

Alternativa correta: letra "e": trata-se do que enuncia o art. 2°, 1, da Carta das Nações Unidas: "A Organização é baseada no princípio da igualdade soberana de todos os seus membros".

Alternativa "a": de acordo com a história contada no site da própria ONU, o nome Nações Unidas foi concebido pelo presidente norte-americano Franklin Roosevelt e utilizado pela primeira vez na Declaração das Nações Unidas, de 1º de janeiro de 1942, **quando os representantes de 26 países assumiram o compromisso de que seus governos continuariam lutando contra as potências do Eixo** (e não em decorrência das discussões que se seguiram ao término da primeira Guerra mundial). (https://nacoesunidas.org/conheca/historia/).

Alternativa "b": de fato, durante a primeira reunião da Assembleia Geral da ONU, que aconteceu na capital do Reino Unido, Londres, em 1946, ficou decidido que a sede permanente da Organização seria nos Estados Unidos, mas a cidade escolhida acabou sendo **Nova Iorque** (não São Francisco), local em que até hoje está sediada.

Alternativas "c" e "d": consoante art. 1° da Carta da ONU, os **propósitos ou objetivos das Nações Unidas** são: 1) Manter a paz e a segurança internacionais e para esse fim: tomar medidas coletivas eficazes para prevenir e afastar ameaças à paz e **reprimir os atos de agressão**, ou outra qualquer ruptura da paz e chegar, por meios pacíficos, e em conformidade com os princípios da justiça e do direito internacional, a um ajustamento ou solução das controvérsias ou situações internacionais que possam levar a uma perturbação da paz; 2) Desenvolver relações de amizade entre as nações baseadas no respeito do princípio da igualdade de direitos e da autodeterminação dos povos, e tomar outras medidas apropriadas ao fortalecimento da paz universal; 3) Realizar a cooperação internacional, resolvendo os problemas internacionais de carácter económico, social, cultural ou humanitário, promovendo e estimulando o respeito pelos direitos do homem e pelas liberdades fundamentais para todos, sem distinção de raça, sexo, língua ou religião; 4) Ser um centro destinado a harmonizar a ação das nações para a consecução desses objetivos comuns. **Não é propósito das Nações Unidas conseguir uma cooperação internacional para resolver os conflitos armados.**

02. (Vunesp – Delegado de Polícia – SP/2014) Considerando a sua evolução histórica, bem como o sistema internacional de proteção dos direitos humanos, assinale a alternativa correta.

a) No sistema processual de proteção dos direitos humanos, as pessoas físicas são titulares de direitos perante os órgãos de supervisão internacional, mas carecem de capacidade processual nesse sistema.

b) No campo dos direitos humanos, desde a Declaração Universal de 1948, verifica-se a coexistência de diversos instrumentos de proteção estabelecendo regras de efeitos e conteúdo essencialmente formais.

c) A resolução de conflitos nos casos concretos de violações de direitos humanos é tema de interesse exclusivamente nacional dos Estados.

d) Os tratados podem agir como normas de direito interno, desde que ratificados e incorporados, podendo influenciar a alteração, ou criação, de regulamentação nacional específica.

e) A partir de 1950, depois de estabelecida uma unidade conceitual dos direitos humanos, sua proteção internacional viu-se em acentuado declínio.

COMENTÁRIOS

✪ **Nota dos autores:** questão versando sobre o Sistema Internacional de Proteção dos Direitos Humanos.

Alternativa correta: letra "D": a alternativa está correta. No ordenamento jurídico brasileiro o § 3º do art. 5º da CF diz que os tratados internacionais sobre direitos humanos, que forem ratificados no Congresso Nacional, em votação nas duas casas, e em dois turnos, assumiram o status de normas constitucionais. Caso não haja esse procedimento, os tratados que versarem sobre direitos humanos terão, no mínimo, status supralegal.

Alternativa "A": No sistema processual de proteção dos direitos humanos, as pessoas físicas são titulares de direitos perante os órgãos de supervisão internacional, e esse foi o primeiro passo. Posteriormente, foi reconhecida a sua capacidade processual perante os órgãos de supervisão internacional, com o direito de petição individual e o direito de recorrer a instâncias internacionais.

Alternativa "B": com o advento da Declaração Universal do Direitos Humanos, a proteção à pessoa humana ganhou contornos que vão além da mera forma. As constituições pelo mundo inteiro passaram a primar pela pessoa humana, apresentando, além dos direitos humanos positivados, as garantias e os instrumentos que materializam tais direitos.

Alternativa "C": no sistema processual de proteção dos direitos humanos, as pessoas físicas são titulares de direitos e podem agir em caso de violação aos mesmos, não sendo tema de interesse exclusivo do Estados.

Alternativa "E": pelo contrário, após 1948, com a DUDH, a proteção à pessoa humana vem crescendo e permanece em evolução até os dias de hoje.

03. (Delegado de Polícia – MG/ 2011 – ACADEPOL) A verdadeira consolidação do Direito Internacional dos Direitos Humanos surge em meados do século XX, em decorrência da Segunda Guerra Mundial, por isso o moderno Direito Internacional dos Direitos Humanos é um fenômeno do pós-guerra. Dentre as proposições abaixo, assinale a que NÃO corrobora com o enunciado acima:

a) O desenvolvimento do Direito Internacional dos Direitos Humanos pode ser atribuído às monstruosas violações de direitos humanos da era Hitler e, após, à crença de que somente uma guerra poderia por fim a essas violações no âmbito internacional para garantir internamente em cada Estado nacional a dignidade da pessoa humana.

b) A internacionalização dos direitos humanos constitui um movimento extremamente recente da história, surgido a partir do pós-guerra, como proposta às atrocidades e aos horrores cometidos durante o nazismo. Se a Segunda Guerra significou a ruptura com os direitos humanos, o pós-guerra deveria significar sua reconstrução.

c) No momento em que os seres humanos se tornam supérfluos e descartáveis, no momento em que vige a lógica de destruição, em que cruelmente se abole o valor da pessoa humana, torna-se necessária a reconstrução dos direitos humanos como paradigma ético capaz de restaurar a lógica do razoável.

d) A barbárie do totalitarismo significou a ruptura do paradigma dos direitos humanos, por meio da negação do valor da pessoa humana, como valor fonte do direito. Essa ruptura fez emergir a necessidade da reconstrução dos direitos humanos como referencial e paradigma ético que aproxime o direito da moral.

COMENTÁRIOS

Alternativa correta: letra "A": em que pese a Declaração Universal dos Direitos Humanos ter sido proclamada em meio ao espírito do pós-guerra, momento em que ocorreram as atrocidades cometidas pelo regime nazista, a mensagem é justamente a de evitar conflitos armados como solução para o combate da violência e barbárie. A valorização da pessoa humana, com o reconhecimento da dignidade que lhe é inerente, veio diante de um processo histórico e irradiou seu ideal para as cartas constitucionais.

Alternativa "b": alternativa em perfeita simetria com o espírito que motivou a proclamação da DUDH, em 1948, com forte influência do pensamento Kantiano.

Alternativa "c": não há dúvidas de que o momento de reconstrução dos Direitos Humanos se deu após uma série de atrocidades cometidas contra a pessoa humana. A grande diferença entre o pensamento nazista, que atribuía direitos a uma raça específica, e a linha de pensamento organizadas após a segunda guerra, é que a Dignidade da Pessoa Humana é inerente a sua simples existência, ou seja, ela está presente na pessoa humana, pelo simples fato de ser humano.

Alternativa "d": a reaproximação do direito e da moral teve grande influência de Kant, rompendo com o positivismo puro, defendido por Kelsen. Só assim se obteve um modelo de valoração da pessoa humana capaz de fomentar a nova linha de pensamento que voga até os dias de hoje, ou seja, a dignidade da pessoa humana, a exemplo da CF de 1988, é o princípio que norteia todo o ordenamento jurídico.

04. (Delegado de Polícia – MG/ 2011 – ACADEPOL) A Constituição brasileira de 1988 simboliza o marco jurídico da transição democrática e da institucionalização dos direitos humanos no Brasil. O texto de 1988 empresta aos direitos e garantias ênfase extraordinária, destacando-se como documento mais avançado, abrangente e pormenorizado sobre a matéria na história do País.

Leia e analise as assertivas abaixo:

I. Ao romper com a sistemática das Constituições anteriores, a Constituição de 1988, ineditamente, consagra o primado do respeito aos direitos humanos, abrindo a ordem jurídica interna ao sistema de proteção internacional desses direitos.

II. As relevantes transformações internas, decorrentes do processo de democratização, permitiram que os direitos humanos se convertessem em tema fundamental na agenda internacional do País, a partir de então.

III. No plano das relações internacionais, tem-se de observar que não houve inovações na Constituição de 1988, pois a mesma reproduz ainda, no texto, a antiga preocupação vivida no Império com a dependência nacional e a não intervenção.

Marque a opção CORRETA:

a) apenas as assertivas I e III estão corretas.
b) Somente a assertiva III está incorreta.
c) apenas as assertivas II e III estão corretas.
d) as assertivas I, II e III estão corretas.

COMENTÁRIOS

Alternativa correta: letra "B": a assertiva III está incorreta, pois a própria forma da CF de 1988, alterando a ordem de posição dos direitos fundamentais, que passa a ser positivado em artigo anterior ao que determina a organização do Estado, já é uma amostra de que há uma influência da valoração da dignidade da pessoa humana, fruto de uma internacionalização dos direitos humanos. A condução do estado brasileiro se dá com a prevalência dos direitos humanos, positivada no inciso II do art. 4º da CF. A assertiva I está em perfeita simetria com o espírito vigente no direito internacional dos direitos humanos, pois a CF de 1988 reconhece a existência de direitos humanos que vão além dos que estão positivados no texto constitucional. A Assertiva II é um espelho de como tem sido conduzida a temática dos diretos humanos internacionais e de como estes ingressam no ordenamento jurídico, com status mínimo de norma supralegal.

05. (Delegado de Polícia – SP/ 2011 – ACADEPOL) Quando, no final do século XVIII, foram declarados os direitos fundamentais, eram encarados essencialmente como

a) interesses coletivos não individualizáveis
b) proliferação dos direitos naturais e objetivos
c) expressões da liberdade humana em face do Poder
d) objetivos políticos efetivamente protegidos
e) vulgarização e trivialização dos direitos naturais

COMENTÁRIOS

Alternativa correta: letra "C" (responde a todas as alternativas): a questão remete aos direitos humanos de primeira dimensão, tratando-se das liberdades públicas, em que o Estado deveria se abster de interferir na vida dos cidadãos, em sentido contrário ao absolutismo que vogava antes. A revolução francesa ilustra com perfeição o pensamento da época, com o surgimento do governo das leis e o rompimento com o absolutismo. As demais alternativas não se encaixam no período histórico mencionada, sendo utilizadas pelo examinador para confundir os candidatos.

2. TEORIA, CONCEITOS E ELEMENTOS DOS DIREITOS HUMANOS

06. (Fundatec – Delegado de Polícia – PC – RS/2018) A Constituição Federal de 1988, no que tange aos direitos humanos, estabelece que:

a) Seu rol resta limitado àquele previsto no texto constitucional.
b) Eles, os direitos humanos, são prevalentes, nas relações internacionais da República Federativa do Brasil.
c) Existe a necessidade imperiosa da internalização dos direitos humanos previstos em tratados antes de sua aplicação em território brasileiro.
d) A dignidade da pessoa humana é um dos objetivos fundamentais da República Federativa do Brasil.
e) Delimita a proteção de tais direitos a indivíduos, excluindo a coletividade.

COMENTÁRIOS

Alternativa "a": O art. 5º, §2º da CF/88 indica que os direitos e garantias expressos na CF/88 não excluem outros decorrentes do regime e dos princípios por ela adotados, ou dos tratados internacionais dos quais o Brasil seja parte.

Alternativa "b": Nos termos do art. 4º, II da CF/88, a prevalência dos direitos humanos, dentre outros princípios, rege as relações internacionais da República Federativa do Brasil.

Alternativa "c": O STF entende que a incorporação posterior ao ordenamento brasileiro de regra prevista em tratado internacional tem o condão de modificar a legislação ordinária que lhe é anterior (HC 88.420). No entanto, desde a ratificação implica no reconhecimento dos direitos nele previstos.

Alternativa "d": Os objetivos fundamentais da RFB podem ser encontrados no art. 3º da CF/88, e dentre eles não está inclusa a dignidade da pessoa humana. Essa é, na verdade um dos fundamentos da república, previstos no art. 1º da CF/88.

Alternativa "e": Na realidade, incluem-se tanto direitos individuais quanto coletivos, conforme indica o próprio nome do Capítulo I do Título II da CF/88.

Alternativa correta: letra "b".

07. (Fumarc – Delegado de Polícia – PC – MG/2018) A Constituição da República de 1988 cuidou expressamente dos direitos humanos, enumerando-os no Título que trata dos direitos e garantias fundamentais. Existem, entretanto, outros direitos humanos não enumerados no texto, mas cuja proteção a própria Constituição assegura, PORQUE:

a) decorrem do regime e dos princípios adotados pela própria Constituição.
b) o Brasil se submete à jurisdição de Tribunal Penal Internacional.
c) são criados pelo Poder Judiciário, após o trânsito em julgado das decisões.
d) surgem de necessidades que não foram previstas pelo legislador constituinte.

COMENTÁRIOS

Alternativa "a": De fato, o regime e princípios adotados pela própria Constituição implicam também no reconhecimento dos que deles decorrem, conforme indicação expressa do art. 5º, §2º da CF/88.

Alternativa "b": Embora esteja correta (Art. 5º, §4º, CF/88), não guarda tal assertiva relação com o reconhecimento de direitos humanos não enumerados no texto da Constituição.

Alternativa "c": Não se admite a criação de direitos pelo Poder Judiciário, por violar a Separação dos Poderes.

Alternativa "d": Não há relação com o enunciado.

Alternativa correta: letra "a".

08. (Nucepe – Delegado de Polícia – PC – PI/2018) A Constituição Federal de 1988 inovou, ao estabelecer princípios que governam as relações internacionais, marque a alternativa que NÃO contempla os princípios fixados pela CF.

a) Independência nacional, prevalência dos direitos humanos, defesa da paz.
b) Concessão de asilo político, solução pacífica de conflitos, defesa da paz, igualdade entre os Estados.
c) Não intervenção, autodeterminação dos povos, igualdade entre os Estados.
d) Cooperação entre os povos para o progresso da humanidade, não-intervenção, prevalência de direitos humanos.
e) Integração econômica entre os povos, prevalência de direitos humanos, erradicação das desigualdades.

COMENTÁRIOS

Os princípios que regem as relações internacionais da República Federativa do Brasil são previstos no art. 4º da CF/88, sendo eles: independência nacional; prevalência dos direitos humanos; autodeterminação dos povos; não-intervenção; igualdade entre os Estados; defesa da paz; solução pacífica dos conflitos; repúdio ao terrorismo e ao racismo; cooperação entre os povos para o progresso da humanidade; e concessão de asilo político.

Alternativa correta: letra "e".

09. (IBADE – Delegado de Polícia – AC/2017) Sobre os direitos humanos, assinale a alternativa correta.

a) Quanto ao processo de introdução dos Tratados Internacionais de Direitos Humanos no Brasil, o decreto legislativo editado não obriga o país a observar o Tratado, seja no plano internacional, seja no plano interno de acordo com o STF.
b) Após a Emenda Constitucional nº 45/2004, os tratados internacionais de direitos humanos têm status supraconstitucional, conforme entendimento do STF.
c) Os tratados e convenções internacionais de direitos humanos se incorporam à ordem jurídica como leis ordinárias.
d) Pode-se afirmar que a súmula vinculante nº 11 (uso de algemas), editada pelo STF, não tem por base o Pacto de San José da Costa Rica.
e) Os tratados genéricos – não relacionados a direitos humanos – possuem, em regra, hierarquia constitucional.

COMENTÁRIOS

Alternativa correta: letra "a": de acordo com André de Carvalho Ramos: "Temos, após a ratificação e entrada em vigor do tratado no plano internacional, o fim do ciclo de formação de um tratado para o Brasil. Porém, a norma, válida internacionalmente, não será válida internamente até que seja editado o Decreto de Promulgação pelo Presidente da República e referendado pelo Ministro das Relações Exteriores (art. 87, I, da Constituição), que incorpora ou recepciona internamente o tratado. Esse Decreto inova a ordem jurídica brasileira, tornando válido o tratado no plano interno. Não há prazo para sua edição e até lá o Brasil está vinculado internacionalmente, mas não internamente: esse descompasso enseja a óbvia responsabilização internacional do Brasil (*Curso de direitos humanos*. 2014, p. 337).

Alternativa "b": o entendimento do STF é no sentido de os tratados internacionais de direitos humanos têm status de norma supralegal, ou seja, estão acima da legislação ordinária, porém abaixo da Constituição.

Alternativa "c": de acordo com o art. 5º, § 3º, da CF: "Os tratados e convenções internacionais sobre direitos humanos que forem aprovados, em cada Casa do Congresso Nacional, em dois turnos, por três quintos dos votos dos respectivos membros, serão equivalentes às emendas constitucionais".

Alternativa "d": a súmula vinculante nº 11 do STF foi influenciada pelo art. 5º do Pacto de San José da Costa Rica, tendo em vista que o art. 5º do referido pacto dispõe que "Toda pessoa tem direito a que se respeite sua integridade física, psíquica e moral", seguido de "Ninguém deve ser submetido a torturas, nem a penas ou tratos cruéis, desumanos ou degradantes. Toda pessoa privada da liberdade deve ser tratada com o respeito devido à dignidade inerente ao ser humano".

Alternativa "e": os tratados genéricos, que não versam sobre direitos humanos, são recepcionados no ordenamento jurídico com o status de lei ordinária.

10. (FUNCAB – Delegado de Polícia – PA/2016) Sobre os direitos e deveres individuais e coletivos assegurados pela Constituição Federal, é correto afirmar que:

a) todos podem reunir-se pacificamente, sem armas, em locais abertos ao público, desde que com autorização e não frustrem outra reunião anteriormente convocada para o mesmo local.

b) é plena a liberdade de associação para fins lícitos, inclusive a de caráter paramilitar.

c) ninguém será privado de direitos por motivo de crença religiosa ou de convicção filosófica ou política, mesmo se as invocar para eximir-se de obrigação legal a todos imposta e recusar-se a cumprir prestação alternativa, fixada em lei.

d) o livre a manifestação do pensamento, ainda que sob anonimato.

e) é inviolável a liberdade de consciência e de crença, sendo assegurado o livre exercício dos cultos religiosos e garantida, na forma da lei, a proteção aos locais de culto e a suas liturgias.

COMENTÁRIOS

Alternativa correta: letra "e": a assertiva está plenamente de acordo com o disposto no **art. 5º, inciso VI**, da CF: "é inviolável a liberdade de consciência e de crença, sendo assegurado o livre exercício dos cultos religiosos e garantida, na forma da lei, a proteção aos locais de culto e a suas liturgias".

Alternativa "a": de acordo com o **art. 5º, inciso XVI**, da CF: "todos podem reunir-se pacificamente, sem armas, em locais abertos ao público, **independentemente de autorização**, desde que não frustrem outra reunião anteriormente convocada para o mesmo local, **sendo apenas exigido prévio aviso à autoridade competente**". Deste modo, para que haja reunião, deve-se haver comunicação prévia às autoridades; contudo, não cabe a elas a autorização para a sua realização.

Alternativa "b": a liberdade de associação não é ilimitada, sendo vedada aquela de caráter paramilitar, nos termos do **art. 5º, inciso XVII**, da CF: "**é plena a liberdade de associação para fins lícitos, vedada a de caráter paramilitar**".

Alternativa "c": o erro da assertiva reside no uso de "mesmo", quando a CF utiliza a expressão "salvo se", de acordo com o **art. 5º, inciso VIII**, da CF: "ninguém será privado de direitos por motivo de crença religiosa ou de convicção filosófica ou política, **salvo se** as invocar para eximir-se de obrigação legal a todos imposta e recusar-se a cumprir prestação alternativa, fixada em lei".

Alternativa "d": o anonimato é vedado, de acordo com o **art. 5º, inciso IV**, da CF: "é livre a manifestação do pensamento, **sendo vedado o anonimato**".

11. (FUNCAB – Delegado de Polícia – PA/2016) Sobre os direitos humanos, assinale a alternativa correta quanto a uma de suas características fundamentais.

a) Alienabilidade

b) Perversidade

c) Soberania estatal

d) Relatividade

e) Imprescritibilidade

COMENTÁRIOS

Questão anulada

Segundo o gabarito preliminar, a alternativa correta seria "E". Entretanto, também seria possível a alternativa "d", tendo em vista o posicionamento doutrinário que considera que os direitos fundamentais não são absolutos.

12. (Vunesp – Delegado de Polícia – SP/2014) Considerando a distinção conceitual entre grupos vulneráveis e minorias, assinale a alternativa que identifica, correta e respectivamente, no Estado Brasileiro, um componente de grupo vulnerável e outro de uma minoria.

a) População de rua e índios.

b) Adolescentes e mulheres.

c) Ciganos e praticantes do candomblé.

d) Crianças e pessoas com deficiência física ou sofrimento mental.

e) Homossexuais e idosos.

COMENTÁRIOS

✪ **Nota dos autores:** a questão versa sobre tema sempre atual, ou sejam, minorias e pessoas em situação de vulnerabilidade. Uma dica: as minorias têm um tratamento especial no ordenamento jurídico, como, por exemplo, as crianças e os adolescentes.

Alternativa correta: letra "A": a alternativa que apresenta a correta ordem, pois elenca a população de rua, grupo que não pode ser considerado uma minoria, mas que sofre em razão de sua vulnerabilidade, e os índios, reconhecidamente um grupo minoritário, com tratamento diferenciado no ordenamento jurídico brasileiro.

Alternativa "B": ambos se encaixam em minorias.

Alternativa "C": ambos se encaixam em minorias.

Alternativa "D": ambos se encaixam em minorias.

Alternativa "E": ambos se encaixam em minorias.

13. (Fundação Aroeira – Delegado de Polícia – TO/2014) No que se refere à posição do Supremo Tribunal Federal acerca da interpretação da Convenção Americana sobre Direitos Humanos,

a) a jurisprudência do Supremo Tribunal Federal firmou – se no sentido de reconhecer que a Convenção Americana sobre Direitos Humanos assegura, de modo irrestrito, ao condenado, o direito de sempre recorrer em liberdade.

b) o Pacto de São José da Costa Rica deixou de prever a possibilidade de cada sistema jurídico nacional instituir os casos em que se legitimará, ou não, a privação cautelar da liberdade de locomoção física do réu ou do condenado.

c) o Pacto de São José da Costa Rica admite a possibilidade de cada sistema jurídico nacional instituir os casos em que se legitimará, ou não, a privação cautelar da liberdade de locomoção física do réu ou do condenado.

d) a jurisprudência do Supremo Tribunal Federal firmou – se no sentido de reconhecer a possibilidade de execução provisória da pena, considerando ser esse o entendimento que melhor se amolda à Convenção Americana sobre Direitos Humanos.

COMENTÁRIOS

✪ **Nota dos autores:** questão que versa sobre a jurisprudência praticada pelo STF, no tocante à privação cautelar da liberdade de locomoção física do réu ou do condenado.

Alternativa correta: letra "C": de acordo com o informativo 454 do STF, é permitida em caráter excepcional tal medida.

Alternativa "A": como dito na alternativa correta, é perfeitamente possível a privação cautelar da liberdade de locomoção. O STF prima pelo recurso em liberdade, mas tal possibilidade encontra exceções.

Alternativa "B": os Estados detêm soberania e podem aplicar a privação cautelar da liberdade de locomoção física do réu ou do condenado. O próprio STF prima pelos recursos em liberdade, mas aplica, em casos excepcionais, a privação cautelar.

Alternativa "D": o assunto é polêmico e recomendamos a leitura do HC 84078/MG para um maior entendimento do tema.

14. (Fundação Aroeira – Delegado de Polícia – TO/2014) Acerca da posição hierárquica das normas internacionais em geral e dos tratados de direitos humanos no ordenamento jurídico interno, consoante o entendimento do Supremo Tribunal Federal,

a) o Poder Judiciário, fundado na supremacia da Constituição da República, dispõe de competência para, quer em sede de fiscalização abstrata, quer no âmbito do controle difuso, efetuar o exame de constitucionalidade dos tratados ou das convenções internacionais já incorporados ao sistema de direito positivo interno.

b) no sistema jurídico brasileiro, os tratados ou convenções internacionais estão livres de serem hierarquicamente subordinados à autoridade normativa da Constituição da República, e, em consequência, nenhum efeito jurídico terão os tratados internacionais que, incorporados ao sistema de direito positivo interno, transgredirem, formal ou materialmente, o texto da Carta Política.

c) a capacidade para firmar acordos internacionais pelo Estado brasileiro, conforme já pacificado pela jurisprudência do Supremo Tribunal Federal, está sujeita à necessária observância das limitações jurídicas impostas pelo texto da Constituição de 1988, tendo em vista o princípio da supremacia constitucional.

d) no sistema jurídico brasileiro, os atos internacionais são livres de primazia hierárquica sobre as normas de direito interno, e os tratados ou as convenções internacionais, uma vez regularmente incorporados ao direito interno, situam-se, no sistema jurídico brasileiro, nos mesmos planos de validade, de eficácia e de autoridade em que se posicionam as leis complementares.

COMENTÁRIOS

✪ **Nota dos autores:** questão bem elaborada, mas de fácil resolução, versando sobre a hierarquia dos tratados internacionais incorporados ao ordenamento brasileiro.

Alternativa correta: letra "A": se o tratado internacional for devidamente incorporado ao ordenamento jurídico brasileiro, por meio do exposto no § 3º do art. 5º da CF, estes galgam o status de normas constitucionais, e mesmo os que não foram submetidos a aprovação do Congresso Nacional, mas que versem sobre Direitos Humanos, passam a ter status supralegal. Portanto é perfeitamente cabível efetuar o exame de constitucionalidade dos tratados ou das convenções internacionais já incorporados ao sistema de direito positivo interno

Alternativa "B": a Constituição Federal é dotada de supremacia, e, portanto, hierarquicamente superior aos tratados que forem incorporados ao ordenamento positivo.

Alternativa "C": segundo a jurisprudência praticada pelo STF, no sistema jurídico brasileiro, os tratados e convenções internacionais estão hierarquicamente subordinados à autoridade normativa da Constituição da República. Em consequência, nenhum valor jurídico terão os tratados internacionais, que, incorporados ao sistema de direito positivo interno, transgredirem, formal ou materialmente, o texto da carta política.

Alternativa "D": os tratados internacionais que forem incorporados pelo sistema positivo, por aprovação do Congresso Nacional, tem o status de normas constitucionais. Os que não passarem pelo rito do Congresso, tem status supralegal.

15. (Delegado de Polícia – MG/ 2011 – ACADEPOL) A concepção universal dos direitos humanos, demarcada pela Declaração Universal dos Direitos Humanos, sofreu e sofre fortes resistências dos adeptos do movimento do relativismo cultural. Retoma-se dessa forma o velho dilema sobre o alcance das normas de direitos humanos. Associe abaixo as características intrínsecas a essas concepções:

(I) Concepção universalista.

(II) Concepção relativista.

( ) Flexibiliza as noções de soberania nacional e jurisdição doméstica, ao consagrar um parâmetro internacional mínimo, relativo à proteção dos direitos humanos aos quais os Estados devem se conformar.

( ) A noção de direito está estritamente relacionada ao sistema político, econômico, cultural, social e moral vigente em determinada sociedade.

( ) Cada cultura tem seu próprio discurso acerca dos direitos fundamentais, que está relacionado às específicas circunstâncias culturais e históricas de casa sociedade.

( ) O pluralismo cultural impede a formação de uma moral universal, tornando-se necessário que se respeitem as diferenças culturais apresentadas em cada sociedade.

Marque a opção CORRETA, na ordem de cima para baixo.

a) I – II – II – I.

b) II – I – I – I.

c) I – II – II – II.

d) I – II – I – II.

COMENTÁRIOS

✪ **Nota dos autores:** questão que trata da tese de aceitação da universalidade dos direitos humanos, que ainda não é pacífica.

Alternativa correta: letra "C": a assertiva I está de acordo com a corrente que apregoa a universalização dos direitos humanos, ou seja, capaz de relativizar os ordenamentos jurídicos dos Estados, em nome de um direito humano universal e igualitário entre todas as pessoas humanas. A Assertiva II, III e IV estão de acordo com a corrente relativista, pois todas trazem partes dos argumentos que sustentam a corrente. A celeuma entre as duas correntes reside no fato de que uma possível universalização dos direitos humanos seria um pano de fundo para uma dominação, ou uma imposição de uma visão ocidental dos DH. O respeito a cultura de um povo deve ser levado em conta na hora de elencar o que fere ou não fere o direito humano de um determinado povo. Tomemos como exemplo a diferença de crença em relação a penas corporais que voga em diversos países. Em um primeiro momento, ignorar tais diferenças seria ignorar a cultura que habita em um povo.

3. DECLARAÇÕES E TRATADOS INTERNACIONAIS

16. (Vunesp – Delegado de Polícia – PC – SP/2018) Os juízes da Corte Interamericana serão eleitos para um mandato de seis anos e só poderão ser reeleitos uma vez. Na hipótese de um dos juízes concluir o seu mandato, mas ainda ter casos sob seu exame que se encontrem em fase de sentença, o Estatuto da Corte estabelece que

a) deverão os casos ser redistribuídos, igualitariamente, aos juízes que permanecem na Corte, iniciando-se a transferência pelo integrante mais novo.

b) os casos deverão ser assumidos pelo novo juiz eleito que o substituirá, o qual deverá proferir as respectivas sentenças de acordo com seu livre convencimento.

c) o juiz presidente da Corte receberá os casos no estado em que se encontram e fará a sua redistribuição por sorteio aos demais juízes.

d) o juiz continuará conhecendo desses casos a que se tiver dedicado, para cujo efeito não será substituído pelo novo juiz eleito.

e) o juiz deverá concluir a instrução de todos os processos em sua posse e entregá-los prontos para a sentença que será proferida pelo novo juiz que o substituirá.

COMENTÁRIOS

Trata-se da previsão da diretriz 3 do art. 54 da Convenção Americana de Direitos Humanos, segundo a qual os juízes continuarão funcionando nos casos de que já houverem tomado conhecimento e que se encontrem em fase de sentença, não sendo, para tais efeitos, substituídos pelos novos juízes eleitos.

Alternativa correta: letra "d".

17. (Vunesp – Delegado de Polícia – PC – SP/2018) A respeito da Comissão Interamericana dos Direitos Humanos, é correto afirmar que

a) após a primeira eleição da Comissão, a duração do mandato dos seus membros será de 4 anos e poderão ser reeleitos por uma só vez.

b) a Comissão é órgão auxiliar da ONU e tem como função primordial a supervisão das obrigações dos Estados em virtude da Convenção Americana sobre Direitos Humanos.

c) a competência para apresentar à Comissão petições que contenham denúncias ou queixas de violação desta Convenção por um Estado-Parte será do Ministério Público Federal.

d) a Comissão é composta por 7 membros eleitos, que atuam como representantes dos seus respectivos governos.

e) a Comissão é um órgão de caráter jurisdicional que foi criado pela Convenção com tripla função, a consultiva, a contenciosa e a executiva.

COMENTÁRIOS

Alternativa "a": Trata-se da previsão do artigo 6 do Estatuto da Comissão Interamericana dos Direitos Humanos.

Alternativa "b": Sua função primordial é, nos termos da diretriz 1 do artigo 1 do Estatuto, promover a observância e a defesa dos direitos humanos e para servir como órgão consultivo da Organização nessa matéria.

Alternativa "c": Nos termos do artigo 23 do Estatuto, aplica-se o artigo 44 da Convenção Americana de Direitos Humanos, que estabelece que qualquer pessoa ou grupo de pessoas, ou entidade não-governamental legalmente reconhecida em um ou mais Estados-membros da Organização, pode apresentar à Comissão petições que contenham denúncias ou queixas de violação desta Convenção por um Estado-Parte.

Alternativa "d": A Comissão, na verdade, representa todos os Estados membros da Organização, conforme artigo 2, diretriz 2 do Estatuto da CIDH.

Alternativa "e": Trata-se, na verdade, de órgão executivo responsável pela promoção, observância e defesa dos Direitos Humanos. Não desempenha, portanto, a função contenciosa.

Alternativa correta: letra "a".

18. (Vunesp – Delegado de Polícia – PC – SP/2018) Assinale a alternativa que está em consonância com o Protocolo de Prevenção, Supressão e Punição do Tráfico de Pessoas, Especialmente Mulheres e Crianças.

a) Cada Estado-Parte se obriga, em virtude da relevância social da prevenção e gravidade da conduta, a afastar eventual confidencialidade dos procedimentos judiciais relativos ao tráfico de pessoas, especialmente de mulheres e crianças.

b) Cada Estado-Parte, ao aplicar as disposições sobre assistência e proteção das vítimas de tráfico de pessoas, não poderá fazer distinção quanto à idade, ao sexo ou às suas necessidades específicas.

c) O recrutamento, o transporte, a transferência, ou o acolhimento de uma criança para fins de exploração serão considerados tráfico de pessoas desde que envolvam o uso da força ou outras formas de coação.

d) Para efeitos do Protocolo, o termo "criança" significa qualquer pessoa com idade inferior a dezoito anos.

e) Quando se tratar de exploração para fins de prostituição mediante o pagamento de benefícios, o consentimento dado pela vítima descaracteriza o tráfico de pessoas.

COMENTÁRIOS

Alternativa "a": Na realidade, cada Estado Parte deverá proteger a privacidade e a identidade das vítimas de tráfico de pessoas, incluindo, entre outras, a confidencialidade dos procedimentos judiciais relativos a esse tráfico, conforme diretriz 1 do artigo 6 do Protocolo.

Alternativa "b": Deve-se, na verdade, ter em conta, ao aplicar as disposições do Protocolo, a idade, sexo e necessidades específicas das vítimas, conforme dispõe diretriz 4 do artigo 6 do Protocolo.

Alternativa "c": Mesmo que não envolvam o uso de força, ameaça, coação, fraude, etc., será considerado tráfico de pessoas, conforme artigo 3, "c" e "a" do Protocolo.

Alternativa "d": Trata-se da disposição do artigo 3, "d" do Protocolo.

Alternativa "e": O consentimento não descaracteriza o tráfico, sendo considerado irrelevante nos termos do artigo 3, "b" do Protocolo.

Alternativa correta: letra "d".

19. (Vunesp – Delegado de Polícia – PC – SP/2018) Nos moldes das Regras Mínimas das Nações Unidas para o Tratamento dos Presos (Regras de Mandela), na hipótese de haver uma presa em estado de gravidez ou com filhos em determinado estabelecimento prisional,

a) após o nascimento da criança, esta poderá ficar com a mãe no estabelecimento prisional, no máximo, até completar dois anos de idade.

b) os exames pré e pós-natais não devem ser realizados no próprio estabelecimento prisional, devendo a presa ser conduzida a hospital ou clínica especializada sempre que necessitar.

c) devem-se adotar as medidas para que o nascimento ocorra em hospital fora da unidade prisional, mas se a criança nascer no próprio estabelecimento prisional, este fato deve constar de sua certidão de nascimento.

d) providências devem ser tomadas para garantir creches internas ou externas dotadas de pessoal qualificado, onde as crianças poderão ser deixadas quando não estiverem sob o cuidado de seu pai ou sua mãe.

e) se a mãe, após o nascimento do filho, quiser manter a criança com ela no estabelecimento prisional, essa decisão deve se basear no melhor interesse da mãe e deve ser tomada pelo Diretor da unidade prisional.

COMENTÁRIOS

Alternativa "a": Não há, no documento, qualquer regra que limite o tempo máximo de permanência da criança no estabelecimento.

Alternativa "b": Na realidade, a regra de aplicação geral 28 estabelece que nas unidades prisionais femininas exista acomodação especial para todas as necessidades de cuidado e tratamento pré e pós-natais.

Alternativa "c": Se a criança nascer na unidade este fato não deve constar de sua certidão de nascimento, conforme regra de aplicação geral 28.

Alternativa "d": Trata-se da diretriz 1, a da regra de aplicação geral 29.

Alternativa "e": A regra de aplicação geral 29 das regras determina que a decisão de permitir uma criança de ficar com seu pai ou sua mãe na unidade prisional deve se basear no melhor interesse da criança.

Alternativa correta: letra "d".

20. (Vunesp – Delegado de Polícia – PC – SP/2018) O Pacto de São José da Costa Rica estipula que os Estados-Partes podem suspender as obrigações contraídas em virtude do referido Pacto, como por exemplo em situação de guerra, perigo público, ou de outra emergência que ameace a sua independência ou sua segurança. Dentre os direitos que podem ser suspensos nessas hipóteses, está

a) o Direito à Nacionalidade.

b) o Direito de Circulação.

c) o Direito ao Reconhecimento da Personalidade Jurídica.

d) a Liberdade de Religião.

e) o Princípio da Retroatividade da lei.

COMENTÁRIOS

O artigo 27 da Convenção Americana de Direitos Humanos autoriza, nessas hipóteses, a supressão de garantias, **exceto** do direito ao reconhecimento da personalidade jurídica, do direito à vida, do direito à integridade pessoal, da proibição da escravidão e da servidão, do princípio da legalidade e da retroatividade, da liberdade de consciência e religião, da proteção da família, do direito ao nome, dos direitos da criança, do direito à nacionalidade e dos direitos políticos. Com isso, resta somente a alternativa b.

Alternativa correta: letra "b".

21. (Vunesp – Delegado de Polícia – PC – SP/2018) No tocante ao Tribunal Penal Internacional, considerando o disposto, expressamente, no Estatuto de Roma, o Tribunal terá competência para julgar

a) a tortura, o racismo, o terrorismo e os crimes contra a humanidade.

b) a tortura coletiva, o extermínio em massa, o tráfico de pessoas e os crimes de guerra.

c) os crimes de guerra, os crimes contra a humanidade, o terrorismo e os crimes hediondos.

d) o genocídio, os crimes contra a humanidade, a tortura e o tráfico internacional de entorpecentes.

e) o genocídio, os crimes contra a humanidade, os crimes de guerra e os crimes de agressão.

COMENTÁRIOS

O art. 5º do Estatuto de Roma, em sua diretriz 1, define que terá o TPI competência para julgar os crimes de genocídio, contra a humanidade, de guerra, e de agressão.

Alternativa correta: letra "e".

22. (Vunesp – Delegado de Polícia – PC – SP/2018) É um Princípio Geral de Direito Penal, previsto no Estatuto de Roma, aplicável à jurisdição do Tribunal Penal Internacional:

a) os crimes da competência do Tribunal prescrevem em 10 anos, contados do conhecimento do fato criminoso.

b) qualquer pessoa condenada pelo Tribunal só poderá ser punida em conformidade com as disposições legais existentes no seu Estado-Parte.

c) o erro de fato só excluirá a responsabilidade criminal se eliminar o dolo requerido pelo crime.

d) o Tribunal não terá jurisdição sobre pessoas que, à data da denúncia da prática do crime, não tenham ainda completado 21 anos de idade.

e) a previsão de um crime será estabelecida de forma precisa, sendo permitida, quando isso não for possível, o recurso à analogia.

COMENTÁRIOS

Alternativa "a": Esses crimes, na verdade, são imprescritíveis, conforme previsão do art. 29 do Estatuto de Roma.

Alternativa "b": A punição se dará em conformidade com as disposições do próprio Estatuto de Roma, conforme indica seu art. 23.

Alternativa "c": Trata-se da previsão literal da diretriz 1 do art. 32 do Estatuto de Roma do TPI.

Alternativa "d": A idade mínima para a jurisdição do Tribunal é, na verdade, de 18 anos, conforme art. 26 do Estatuto.

Alternativa "e": Não se permite o recurso à analogia, conforme diretriz 2 do art. 22 do Estatuto de Roma.

Alternativa correta: letra "c".

23. (Vunesp – Delegado de Polícia – PC – SP/2018) Assinale a alternativa que contempla um tratado de direitos humanos, incorporado pelo Direito Brasileiro com o status de norma constitucional, que faz parte do que a doutrina chama de Bloco de Constitucionalidade.

a) Pacto Internacional dos Direitos Civis e Políticos.

b) Convenção Relativa ao Estatuto dos Refugiados.

c) Convenção contra a tortura e outros tratamentos ou penas cruéis, desumanas e degradantes.

d) Pacto Internacional dos Direitos Econômicos, Sociais e Culturais.

e) Convenção sobre os Direitos das Pessoas com Deficiência e seu Protocolo Facultativo.

COMENTÁRIOS

Somente possuem esse status, atualmente, a Convenção sobre os Direitos das Pessoas com Deficiência e seu Protocolo Facultativo, e o Tratado de Marraqueche para facilitar o acesso a obras publicadas às pessoas cegas, com deficiência visual ou com outras dificuldades para ter acesso ao texto impresso.

Alternativa correta: letra "e".

24. (Nucepe – Delegado de Polícia – PC – PI/2018) Recentemente foi sancionada a Lei nº 13.466/2017, que concede preferência especial, nos atendimentos de saúde, aos maiores de 80 (oitenta) anos. A referida lei veio alterar o Estatuto do Idoso, pois o Estado tem a obrigação de garantir políticas públicas e proteção ao idoso. Segundo o Estatuto do Idoso, marque a alternativa que constitui crime punível com reclusão.

a) Exibir ou veicular, por qualquer meio de comunicação, informações ou imagens depreciativas ou injuriosas à pessoa idosa.

b) Reter o cartão magnético de conta bancária relativa a benefícios, proventos ou pensão do idoso, bem como qualquer outro documento com objetivo de assegurar recebimento ou ressarcimento de dívida.

c) Negar o acolhimento ou a permanência do idoso, como abrigado, por recusa deste em outorgar procuração à entidade de atendimento.

d) Abandonar o idoso em hospitais, casas de saúde, entidades de longa permanência, ou congêneres, ou não prover suas necessidades básicas, quando obrigado por lei ou mandado.

e) Negar a alguém, por motivo de idade, emprego ou trabalho.

COMENTÁRIOS

✪ **Nota do autor:** Todas as alternativas indicam condutas tipificadas pelo Estatuto. A banca exigia do candidato o conhecimento acerca da pena desses delitos, de modo a identificar qual deles é considerado mais grave pelo legislador (e assim punido com a pena de reclusão).

Alternativa "a": Trata-se de crime punível com pena de detenção de 1(um) a 3(três) anos e multa, conforme art. 105 do Estatuto.

Alternativa "b": Esse crime é punido com pena de detenção de 6 meses a 2 anos e multa, conforme art. 104 do Estatuto.

Alternativa "c": Esse delito tem pena de detenção de 6 meses a 1 ano e multa, conforme art. 103 do Estatuto.

Alternativa "d": Esse crime tem pena de detenção de 6 meses a 3 anos e multa, conforme art. 98 do Estauto.

Alternativa "e": Trata-se da previsão do art. 100 do Estatuto.

Alternativa correta: letra "e".

25. (Fundatec – Delegado de Polícia – PC – RS/2018) De acordo com a Portaria Interministerial nº 4.226/2010, o uso da força pelos agentes da segurança pública:

a) Torna rotineiro o uso de arma de fogo contra pessoa em procedimentos de abordagem.

b) Reforça, em período bienal, a renovação da habilitação para uso de armas de fogo em serviço.

c) Faz com que o uso de arma de fogo seja legítimo na hipótese de veículo que ultrapasse bloqueio sem a existência de perigo de morte ou de lesão grave aos agentes públicos ou terceiros.

d) Percebe como prática inaceitável o disparo de advertência.

e) Possibilita ao agente o uso de um único instrumento de menor potencial ofensivo, além da arma de fogo.

COMENTÁRIOS

Alternativa "a": Nos termos da diretriz 7 do anexo I da portaria, o ato de apontar arma de fogo contra pessoas durante os procedimentos de abordagem não deverá ser uma prática rotineira e indiscriminada.

Alternativa "b": A renovação deve ser feita com periodicidade mínima de 1 ano, conforme diretriz 18 do anexo I da portaria.

Alternativa "c": A diretriz 5 do anexo I da portaria dispõe que não é legítimo o uso de armas de fogo contra veículo que desrespeite bloqueio policial em via pública, a menos que esse ato represente um risco imediato de morte ou lesão grave aos agentes de segurança pública ou terceiros.

Alternativa "d": Trata-se da previsão da diretriz nº 6 do anexo I da portaria.

Alternativa "e": Na realidade, deverá portar no mínimo 2 instrumentos de menor potencial ofensivo e equipamentos de proteção necessários à atuação específica, independentemente de portar ou não arma de fogo, conforme diretriz 8 do anexo I da portaria.

Alternativa correta: letra "d".

26. (Fundatec – Delegado de Polícia – PC – RS/2018) A Convenção contra a Tortura e Outros Tratamentos ou Penas Cruéis, Desumanos ou Degradantes:

a) Abrange, no conceito de tortura, as sanções legítimas.

b) Entende que seu conceito de tortura não pode ser ampliado pela legislação nacional.

c) Não exclui qualquer jurisdição criminal exercida de acordo com o direito interno.

d) Assevera que os membros do Comitê Contra a Tortura não podem ser reeleitos.

e) Torna opcional a informação sobre a tortura para membros da polícia civil.

COMENTÁRIOS

Alternativa "a": Nos termos do art. 1º da Convenção em questão, não se considera como tortura as dores ou sofrimentos que sejam consequência unicamente de sanções legítimas, ou que sejam inerentes a tais sanções ou delas decorram.

Alternativa "b": Na realidade, de acordo com o texto do art. 2º da Convenção, não se deve interpretá-la de modo a restringir qualquer instrumento internacional ou legislação nacional que contenha ou possa conter dispositivos de maior alcance.

Alternativa "c": Trata-se da previsão contida no art. 5º, item 3 da Convenção.

Alternativa "d": Admite-se, no art. 17, item 5, a reeleição.

Alternativa "e": O art. 10, item I da convenção estabelece como dever de cada Estado Parte assegurar que o ensino e a informação sobre a proibição da tortura sejam plenamente incorporados no treinamento do pessoal civil ou militar encarregado da aplicação da lei, dentre outros.

Alternativa correta: letra "c".

27. (Fundatec – Delegado de Polícia – PC – RS/2018) O Estatuto da Igualdade Racial abarca questões tais como o livre exercício dos cultos religiosos de matriz africana. Nesse sentido, pode-se afirmar que:

a) O combate à intolerância com as religiões de matrizes africanas exclui de seu âmbito de proteção os mananciais a elas vinculados.

b) A pena privativa de liberdade impede a assistência religiosa aos praticantes das religiões de matriz africana que se encontram no cumprimento de tal pena.

c) A celebração de reuniões relacionadas à religiosidade e a fundação e manutenção, por iniciativa privada, inclusive em lugares não reservados para tais fins.

d) É assegurada a possibilidade de criação de instituições beneficentes privadas ligadas às convicções religiosas derivadas dos cultos de matrizes africanas.

e) Os representantes das religiões de matrizes africanas possuem assento paritário em relação às demais religiões em conselhos públicos.

COMENTÁRIOS

Alternativa "a": Na realidade, tal combate é incluído no âmbito de proteção, conforme indica art. 26, inciso II do Estatuto.

Alternativa "b": O art. 25 do Estatuto assegura a assistência religiosa, inclusive a quem está submetido a pena privativa de liberdade, o que é assegurado inclusive na Constituição Federal, em seu art. 5º, VII.

Alternativa "c": Na verdade, o art. 24, I do Estatuto fala na prática de cultos, celebração de reuniões relacionadas á religiosidade e a fundação e manutenção, por iniciativa privada, de lugares reservados para tais fins.

Alternativa "d": Trata-se de garantia prevista no art. 24, III do Estatuto.

Alternativa "e": A participação em conselhos públicos é proporcional, e não paritária, nos termos do art. 26, III do Estatuto.

Alternativa correta: letra "d".

28. (FUNCAB – Delegado de Polícia – PA/2016) Com relação à Declaração Universal dos Direitos Humanos, é correto afirmar que a(os):

a) três valores fundamentais dos direitos humanos são a liberdade, a igualdade e a fraternidade.

b) pessoa vítima de perseguição tem direito de procurar asilo em outro país, mesmo nos casos em que a perseguição é motivada por crimes de direito comum.

c) liberdade de opinião e de expressão não inclui a liberdade de transmitir informações por qualquer meio e independente de fronteiras.

d) direitos de liberdade previstos são relativos à esfera individual, não prevendo liberdades políticas relativas à participação do povo no governo.

e) liberdade religiosa é acessível a qualquer pessoa desde que sua manifestação seja feita de forma coletiva e em particular apenas.

COMENTÁRIOS

Alternativa correta: letra "a": a assertiva está de acordo com o art. 1º da Declaração.

Alternativa "b": o asilo político não é direito a ser invocado em caso de motivação por crime comum, conforme art. 14, item 1, da Declaração.

Alternativa "c": de acordo com o art. 19 da Declaração, liberdade de opinião e expressão **inclui** a liberdade de receber e transmitir informações e ideias por quaisquer meios, independentemente de fronteiras.

Alternativa "d": o art. 21, item 1, prevê que é direito humano fazer parte do governo de seu país, direta ou indiretamente.

Alternativa "e": a manifestação pode ser isolada ou coletiva, como também pode ser pública ou particular, conforme art. 18 da Declaração.

29. (FUNCAB – Delegado de Polícia – PA/2016) Sobre o aspecto internacional dos direitos humanos e seus tratados, está correto afirmar que:

a) as sanções aplicadas pela Organização das Nações Unidas podem violar os direitos humanos em caso de rompimento da paz.

b) é um direito de proteção que visa proteger os estados.

c) não contém aspecto ideológico e político acentuado.

d) os direitos humanos pertencem à jurisdição doméstica e ao domínio reservado dos estados.

e) o direito internacional dos direitos humanos não está sujeito ao princípio da reciprocidade que domina o direito internacional público.

COMENTÁRIOS

Alternativa correta: letra "e": de acordo com o princípio da reciprocidade, os Estados contratantes devem realizar suas obrigações conforme os demais Estados também as realizam – caso uma das partes descumpra suas obrigações, as outras têm o direito subjetivo de também descumprirem. Entretanto, em tratados internacionais de direitos humanos, tal princípio não é aplicável, porque todos os Estados contratantes devem respeitar e cumprir as obrigações assumidas, ainda que qualquer parte as descumpra. Assim, tem-se que a noção contratualista não se aplica a tratados de direitos humanos.

30. (FUNCAB – Delegado de Polícia – PA/2016) Com relação ao trabalho e ao que estabelece a Declaração Universal dos Direitos Humanos, assinale a alternativa correta.

a) Toda pessoa que trabalha tem direito a uma remuneração justa e satisfatória, que lhe assegure apenas a si uma existência compatível com a dignidade humana, não sendo necessário acrescentar outros meios de proteção social.

b) Toda pessoa tem direito ao trabalho, à livre escolha de emprego e a condições justas e favoráveis de trabalho, sendo opcional a proteção contra o desemprego.

c) A remuneração por igual trabalho permite distinção desde que prevista em lei nacional.

d) Toda pessoa tem direito a organizar sindicatos e a neles ingressar para a proteção de seus interesses.

e) Toda pessoa tem direito a repouso e lazer, inclusive a limitação razoável das horas de trabalho e a férias periódicas não remuneradas.

COMENTÁRIOS

Alternativa correta: letra "d": a assertiva está em conformidade com o art. 23, 4: "Toda pessoa tem direito a organizar sindicatos e a neles ingressar para a proteção de seus interesses".

Alternativa "a": o erro reside na última oração do período, pois, segundo o art. 23, 3, da Declaração: "Toda pessoa que trabalha tem direito a uma remuneração justa e satisfatória, que lhe assegure, assim como à sua família, uma existência compatível com a dignidade humana, **e a que se acrescentarão, se necessário, outros meios de proteção social**".

Alternativa "b": a proteção contra o desemprego não é opcional, segundo art. 23, 1, da Declaração: "Toda pessoa tem direito ao trabalho, à livre escolha de emprego, a condições justas e favoráveis de trabalho e à proteção contra o desemprego".

Alternativa "c": não é cabível distinção entre pessoas, conforme art. 23, 2, da Declaração: "Toda pessoa, **sem qualquer distinção**, tem direito a igual remuneração por igual trabalho".

Alternativa "e": as férias devem ser remuneradas, de acordo com o art. 24 da Declaração: "Toda pessoa tem direito a repouso e lazer, inclusive limitação razoável das horas de trabalho e a férias periódicas remuneradas".

31. (Vunesp – Delegado de Polícia – CE/2015) É disposição prevista na Declaração Universal dos Direitos Humanos:

a) Todo o homem tem o direito de tomar parte no governo de seu país, diretamente ou por intermédio de representantes livremente escolhidos.

b) Todo o homem tem direito à instrução, que será gratuita pelo menos até o grau técnico-profissional.

c) Todo o homem tem direito à liberdade de reunião e de associação, independentemente do modo e dos fins a que deseja se associar.

d) Os Estados deverão, paulatinamente, conceder às crianças nascidas fora do matrimônio a mesma proteção social conferida aos nascidos dentro dele.

e) Os pais têm exclusividade de direito na escolha do gênero de instrução que será ministrada a seus filhos.

COMENTÁRIOS

Alternativa correta: letra "a": essa disposição é a do art. 21, 1, da Declaração.

Alternativa "b": a redação do art. 26, 1, da Declaração é no sentido de que toda a pessoa tem direito à educação. A educação deve ser gratuita, **pelo menos a correspondente ao ensino elementar fundamental**.

Alternativa "c": o art. 20, 1, da Declaração define que, toda a pessoa tem direito à liberdade de reunião e de **associação pacíficas** (portanto, não é "independente do fim").

Alternativa "d": consoante art. 25, 2, da Declaração, a maternidade e a infância têm direito a ajuda e a assistência especiais. **Todas as crianças, nascidas dentro ou fora do matrimônio, gozam da mesma proteção social**. Portanto, a proteção **não é paulatina**.

Alternativa "e": segundo o art. 26, 3, da Declaração, aos pais pertence a **prioridade** (não a exclusividade) do direito de escolher o gênero de educação a dar aos filhos.

32. (ACAFE – Delegado de Polícia – SC/2014) De acordo com a Convenção contra a Tortura e outros Tratamentos ou Penas Cruéis, Desumanas ou Degradantes, é correto afirmar:

a) A referida denúncia eximirá o Estado-parte das obrigações que lhe impõe a presente Convenção relativamente a qualquer ação ou omissão ocorrida antes ou após a data da denúncia. Todavia, a denúncia não acarretará a suspensão do exame de quaisquer questões que o Comitê já começara a examinar antes da data em que a denúncia fora realizada.

b) As controvérsias entre dois ou mais Estados-partes com relação à interpretação ou aplicação da presente Convenção serão sempre submetidas à Corte Internacional de Justiça, mediante solicitação feita em conformidade com o Estatuto da Corte.

c) Todo Estado-parte poderá denunciar a presente Convenção mediante notificação por escrito endereçada ao Secretário Geral das Nações Unidas. A denúncia produzirá efeitos 30 (trinta) dias depois da data do recebimento da notificação pelo Secretário Geral.

d) Todo Estado-parte na presente Convenção poderá propor emendas e depositá-las junto ao Secretário Geral da Organização das Nações Unidas. Quando entrarem em vigor, as emendas serão obrigatórias para os Estados-partes que as aceitaram, ao passo que os demais Estados-partes permanecem obrigados pelas disposições da Convenção e pelas emendas anteriores por eles aceitas.

e) A partir da data de protocolo da denúncia de um Estado-parte, o Comitê não dará início ao exame de qualquer nova questão referente ao Estado em apreço.

COMENTÁRIOS

Alternativa correta: letra "d": nos termos do artigo 29, 1, da Convenção, todo Estado-parte na presente Convenção poderá propor emendas e depositá-las junto ao Secretário Geral da Organização das Nações Unidas. O Secretário Geral comunicará todas as propostas de emendas aos Estados-partes, pedindo-lhes que o notifiquem se desejam que se convoque uma conferência dos Estados-partes destinada a examinar as propostas e submetê-las a votação. Dentro dos quatro meses seguintes à data da referida comunicação, se pelo menos um terço dos Estados-partes se manifestar a favor da referida convocação, o Secretário Geral convocará a conferência sob os auspícios da Organização das Nações Unidas. Toda emenda adotada pela maioria dos Estados-partes presentes e votantes na conferência será submetida pelo Secretário Geral à aceitação de todos os Estados-partes.

Alternativa "a": a redação do art. 31, 2, da Convenção anuncia que a denúncia **não** eximirá o Estado-parte das obrigações que lhe impõe a presente Convenção relativamente a qualquer ação ou omissão ocorrida antes da data em que a denúncia venha a produzir efeitos; a denúncia não acarretará, tampouco, a suspensão do exame de quaisquer questões que o Comitê já começara a examinar antes da data em que a denúncia veio a produzir efeitos.

Alternativa "b": a redação do art. 30 da Convenção preleciona que, as controvérsias entre dois ou mais Estados-partes, com relação à interpretação ou aplicação da presente Convenção, **que não puderem ser dirimidas por meio de negociação, serão, a pedido de um deles, submetidas à arbitragem** (ou seja, não serão sempre submetidas à Corte Internacional de Justiça). Se, durante os seis meses seguintes à data do pedido de arbitragem, as Partes não lograrem pôr-se de acordo quanto aos termos do compromisso de arbitragem, qualquer das Partes poderá submeter a controvérsia à Corte Internacional de Justiça, mediante solicitação feita em conformidade com o Estatuto da Corte".

Alternativa "c": o art. 31 da Convenção traz regra segundo a qual todo Estado-parte poderá denunciar a presente Convenção mediante notificação por escrito endereçada ao Secretário Geral das Nações Unidas. A denúncia produzirá efeitos **um ano** (e não trinta dias) depois da data do recebimento da notificação pelo Secretário Geral.

Alternativa "e": na linha do art. 31, 3, da Convenção, a partir **da data em que vier a produzir efeitos** (e não da data de protocolo) a denúncia de um Estado-parte, o Comitê não dará início ao exame de qualquer nova questão referente ao Estado em apreço.

---

33. (NUCEPE – Delegado de Polícia – PI/2014) A Convenção Americana sobre Direitos Humanos (Pacto de São José da Costa Rica) prevê, no item 2, do art. 8º, como garantias judiciais, EXCETO,

a) necessária motivação das decisões judiciais.

b) concessão ao acusado do tempo e dos meios adequados para a preparação de sua defesa.

c) direito de recorrer da sentença para juiz ou tribunal superior.

d) direito de não ser obrigado a depor contra si mesmo, nem a declarar-se culpado.

e) comunicação prévia e pormenorizada ao acusado da acusação formulada.

COMENTÁRIOS

Alternativa correta: letra "a" (responde todas as alternativas): o art. 8º, 2, da Convenção Americana sobre Direitos Humanos enuncia que, toda pessoa acusada de delito tem direito a que se presuma sua inocência enquanto não se comprove legalmente sua culpa. Durante o processo, toda pessoa tem direito, em plena igualdade, às seguintes garantias mínimas: a. direito do acusado de ser assistido gratuitamente por tradutor ou intérprete, se não compreender ou não falar o idioma do juízo ou tribunal; b. comunicação prévia e pormenorizada ao acusado da acusação formulada (**conforme alternativa "e"**); c. concessão ao acusado do tempo e dos meios adequados para a preparação de sua defesa (**conforme alternativa "b"**); d. direito do acusado de defender-se pessoalmente ou de ser assistido por um defensor de sua escolha e de comunicar-se, livremente e em particular, com seu defensor; e. direito irrenunciável de ser assistido por um defensor proporcionado pelo Estado, remunerado ou não, segundo a legislação interna, se o acusado não se defender ele próprio nem nomear defensor dentro do prazo estabelecido pela lei; f. direito da defesa de inquirir as testemunhas presentes no tribunal e de obter o comparecimento, como testemunhas ou peritos, de outras pessoas que possam lançar luz sobre os fatos; g. direito de não ser obrigado a depor contra si mesma, nem a declarar-se culpada **(conforme alternativa "d")**; e h. direito de recorrer da sentença para juiz ou tribunal superior **(conforme alternativa "c")**. Vê-se, pois, que a motivação das decisões judiciais não está aqui arrolada.

---

34. (Fundação Aroeira – Delegado de Polícia – TO/2014) A Corte Interamericana de Direitos Humanos é, ao lado da Comissão Interamericana de Direitos Humanos, o órgão competente para conhecer assuntos relacionados com o cumprimento dos compromissos assumidos pelos Estados-partes na Convenção Americana sobre Direitos Humanos e outros tratados de direitos humanos que afetem os Estados Americanos, signatários ou não da Convenção Americana. De acordo com a Jurisprudência da Corte Interamericana de Direitos Humanos, em sua função consultiva,

a) a competência consultiva da Corte pode ser exercida, em geral, sobre toda disposição concernente à proteção dos direitos humanos de qualquer tratado internacional aplicável nos Estados americanos, dependendo de qual seja o objetivo principal e excetuados os Estados alheios ao sistema interamericano.

b) a competência consultiva da Corte pode ser exercida, em geral, sobre toda disposição concernente à proteção dos direitos humanos de qualquer tratado internacional aplicável nos Estados americanos, independentemente de que seja bilateral ou multilateral.

c) o cumprimento por parte de agentes ou funcionários do Estado de uma lei manifestamente violadora da Convenção gera responsabilidade internacional para tal Estado, exceto se observada a regularidade no processo legislativo para elaboração da lei, de acordo com as normas vigentes em cada Estado.

d) o ato de cumprimento por parte de agentes ou funcionários do Estado de uma lei manifestamente violadora da Convenção constitui crime internacional e gera responsabilidade internacional para tal Estado, deixando de se falar em responsabilidade internacional dos agentes ou funcionários que executaram o ato.

COMENTÁRIOS

✪ **Nota dos autores:** questão que exige do candidato o conhecimento das atribuições da Corte Interamericana de Direitos Humanos.

Alternativa correta: letra "B": no tocante a competência consultiva da Corte Interamericana de Direitos Humanos, podemos dizer que os Estados Membros da Organização dos Estados Americanos podem consultar à Corte sobre a interpretação da Convenção Interamericana de Direitos Humanos ou de outros tratados que gravitem em torno dos Estados americanos, desde que relativos à proteção dos direitos humanos.

Alternativa "A": a expressão "excetuados os Estados alheios ao sistema interamericano" apresenta o erro da questão.

Alternativa "C": a expressão "exceto se observada a regularidade no processo legislativo para elaboração da lei, de acordo com as normas vigentes em cada Estado", apresenta o erro da questão.

Alternativa "D": a responsabilidade individual pode ser atribuída por violações consideradas como delitos internacionais em instrumentos que tenham esse mínimo caráter, tais como os crimes contra a paz, crimes de guerra e crimes contra a humanidade ou o genocídio que, naturalmente, afetam também os direitos humanos específicos.

35. (Fundação Aroeira – Delegado de Polícia – TO/2014) Um tratado de direitos humanos, para passar de documento declarativo a instrumento de real efetividade, precisa gerar instituições que garantam a sua eficácia no plano prático. O sistema interamericano avaliou essa necessidade e criou a Comissão e a Corte Interamericana de Direitos Humanos. Acerca da jurisdição contenciosa da Corte,

a) qualquer pessoa ou grupo de pessoas, ou entidade não governamental legalmente reconhecida, desde que em mais de um dos Estados-membros da Organização, pode apresentar à Comissão Interamericana de Direitos Humanos petições que contenham denúncias ou queixas de violação da Convenção por um Estado-parte.

b) todo Estado-parte pode, no momento do depósito do seu instrumento de ratificação da Convenção, ou de adesão a ela, sendo proibido em momento posterior declarar que reconhece a competência da Comissão para receber e examinar as comunicações em que um Estado-parte alegue haver outro Estado-parte incorrido em violações dos direitos humanos estabelecidos na Convenção.

c) o *quorum* para as deliberações da Corte é constituído por sete juízes.

d) o direito de submeter um caso à decisão da Corte é exclusivo dos Estados-partes e da Comissão.

COMENTÁRIOS

✪ **Nota dos autores:** mais uma questão versando sobre a corte interamericana de direitos humanos, prova de que os candidatos devem dominar o assunto.

Alternativa correta: letra "D": a alternativa está correta, pois a legitimidade para submissão de casos à Corte pertence aos Estados-parte e à Comissão.

Alternativa "A": o texto correto, previsto no art. 44 da Convenção diz que "qualquer pessoa ou grupo de pessoas, ou entidade não governamental legalmente reconhecida **em um ou mais Estados-membros da Organização,** pode apresentar à Comissão Interamericana de Direitos Humanos petições que contenham denúncias ou queixas de violação da Convenção por um Estado-parte".

Alternativa "B": a redação do art. 45 da Convenção diz que "todo Estado-parte pode, no momento do depósito do seu instrumento de ratificação da Convenção, ou de adesão a ela, **ou em qualquer momento posterior**, declarar que reconhece a competência da Comissão para receber e examinar as comunicações em que um Estado-parte alegue haver outro Estado-parte incorrido em violações dos direitos humanos estabelecidos na Convenção".

Alternativa "C": segundo o art. 56 do pacto de San Jose da Costa Rica, o *quorum* é de cinco juízes.

36. (Vunesp – Delegado de Polícia – SP/2014) Segundo o Estatuto de Roma, a competência do Tribunal Penal Internacional restringir-se-á aos crimes mais graves, que afetam a comunidade internacional no seu conjunto. Nos termos do referido Estatuto, portanto, o Tribunal terá competência para julgar, entre outros, os seguintes crimes:

a) hediondos e crimes de terrorismo.

b) de guerra e crimes de tráfico ilícito de entorpecentes e drogas afins.

c) infanticídio e crimes contra a humanidade.

d) de agressão e crimes contra a ordem constitucional e o Estado Democrático.

e) genocídio e crimes de guerra.

COMENTÁRIOS

✪ **Nota dos autores:** a alternativa versa sobre o Estatuto de Roma, esse importante documento que deve ser conhecido dos candidatos.

Alternativa correta: letra "E" (a alternativa responde as demais): a única alternativa que vai ao encontro do Estatuto de Roma, especificamente no art. 5º, 1, cujos crimes previstos são o genocídio, os crimes contra a humanidade, os crimes de guerra e o crime de agressão.

37. (Vunesp – Delegado de Polícia – SP/2014) Segundo o que dispõe a Declaração Universal dos Direitos Humanos da ONU, toda pessoa, vítima de perseguição, tem o direito de procurar e de gozar asilo em outros países. No entanto, esse direito não pode ser invocado, entre outros, em caso de perseguição

a) de militante político que tenha se evadido clandestinamente de seu país de origem.

b) de pessoa que claramente tenha se rebelado contra o regime de governo de seu país.

c) por razões de ordem política.

d) por motivos religiosos.

e) legitimamente motivada por crimes de direito comum.

COMENTÁRIOS

✪ **Nota dos autores:** questão que exige o conhecimento da Declaração Universal dos Direitos Humanos da ONU. Os candidatos devem conhecer este documento, pois é assunto recorrente em concursos públicos.

Alternativa correta: letra "E" (a alternativa responde as demais): a única alternativa que vai ao encontro do previsto na DUDH, especificamente no art. 14, II, que diz "II) Este direito não pode ser invocado em casos de perseguição legitimamente motivada por **crimes de direito comum** ou por atos contrários aos objetivos e princípios das Nações Unidas".

38. (Vunesp – Delegado de Polícia – SP/2014) Considerando o disposto expressamente no Pacto Internacional de San José da Costa Rica (Convenção Americana de Direitos Humanos de 1969), a respeito do direito à vida e do direito à integridade pessoal, é correto afirmar que

a) os processados devem ficar separados dos condenados, salvo em circunstâncias excepcionais, e devem ser submetidos a tratamento adequado à sua condição de pessoas não condenadas.

b) toda pessoa tem o direito de que se respeite sua vida, e o direito de ser protegido pela lei, em geral, desde o momento do seu nascimento.

c) todos os países estão proibidos de adotar a pena de morte e aqueles que já a adotem devem aboli-la de imediato.

d) é vedada pelos Estados a adoção da pena de prisão perpétua, exceto para casos de crimes hediondos.

e) a pena de trabalhos forçados será vedada unicamente a menores de vinte e um anos e a maiores de setenta anos.

COMENTÁRIOS

✪ **Nota dos autores:** questão versando sobre especificidades do Pacto de San Jose da Costa Rica, uma prova de que o assunto é comumente cobrado em provas de concurso público.

Alternativa correta: letra "A" (a alternativa responde as demais): a única alternativa que está em perfeita consonância com o previsto no Pacto de San Jose da Costa Rica, especificamente no art. 5º, 4, que diz "**Os processados devem ficar separados dos condenados, salvo em circunstâncias excepcionais, e devem ser submetidos a tratamento adequado à sua condição de pessoas não condenadas**". Nas demais alternativas, o examinador promove alterações no texto do pacto, a fim de confundir os candidatos.

39. (Vunesp – Delegado de Polícia – SP/2014) Assinale a alternativa que está de acordo com o contido no Protocolo das Nações Unidas contra o Crime Organizado Transnacional Relativo à Prevenção, Repressão e Punição do Tráfico de Pessoas, em Especial Mulheres e Crianças.

a) As controvérsias entre dois Estados, com respeito à aplicação do Protocolo, não resolvidas por negociação, serão submetidas ao Tribunal Penal Internacional.

b) Um dos objetivos do Protocolo é prevenir e combater o tráfico de pessoas, em especial de mulheres e crianças, fornecendo-lhes asilo político.

c) Cada Estado assegurará que o seu sistema jurídico ofereça às vítimas de tráfico de pessoas a possibilidade de obterem indenização pelos danos sofridos.

d) Para efeitos do Protocolo, o termo "criança" significa qualquer pessoa com idade inferior a vinte e um anos.

e) Cada Estado terá em consideração a aplicação de medidas que permitam a recuperação física, psicológica e social das vítimas de tráfico de pessoas, incluindo, se for o caso, o fornecimento de um salário-mínimo mensal de ajuda de custo.

COMENTÁRIOS

✪ **Nota dos autores:** questão versando sobre o Protocolo das Nações Unidas contra o Crime Organizado Transnacional Relativo à Prevenção, Repressão e Punição do Tráfico de Pessoas, em Especial Mulheres e Crianças. O assunto é muito específico. Isso demonstra que a cada dia mais os assuntos cobrados vêm sendo ampliados.

Alternativa correta: letra "C": a alternativa está em perfeita consonância com o art. 6º, inciso 6 do mencionado protocolo.

Alternativa "A": a redação do art. 15, inciso 2 diz que "as controvérsias entre dois ou mais Estados Partes com respeito à aplicação ou à interpretação do presente Protocolo que não possam ser resolvidas por negociação, dentro de um prazo razoável, serão submetidas, a pedido de um desses Estados Partes, a arbitragem. Se, no prazo de seis meses após a data do pedido de arbitragem, esses Estados Partes não chegarem a um acordo sobre a organização da arbitragem, qualquer desses Estados Partes poderá submeter o conflito ao Tribunal Internacional de Justiça mediante requerimento, em conformidade com o Estatuto do Tribunal".

Alternativa "B": a redação do art. 2, a, não menciona a concessão do asilo político, mas sim prevenir e combater o tráfico de pessoas, prestando uma atenção especial às mulheres e crianças.

Alternativa "D": segundo o art. 3º, d, é considerado criança qualquer pessoa com idade inferior a dezoito anos.

Alternativa "E": a redação do art. 6º, 3, a, b, c e d diz que "Cada Estado Parte terá em consideração a aplicação de medidas que permitam a recuperação física, psicológica e social das vítimas de tráfico de pessoas, incluindo, se for caso disso, em cooperação com organizações não governamentais, outras organizações competentes e outros elementos de sociedade civil e, em especial, o fornecimento de: a) Alojamento adequado; b) Aconselhamento e informação, especialmente quanto aos direitos que a lei lhes reconhece, numa língua que compreendam; c) Assistência médica, psicológica e material; e d) Oportunidades de emprego, educação e formação".

40. (Vunesp – Delegado de Polícia – SP/2014) Assinale a alternativa que está expressamente de acordo com as Regras Mínimas das Nações Unidas para o Tratamento dos Presos.

a) Os presos doentes que necessitem de tratamento especializado deverão ter toda a assistência médica, psicológica, psiquiátrica ou odontológica adequada dentro do próprio estabelecimento prisional, que deverá adequar suas instalações para esse fim.
b) Cada estabelecimento prisional terá uma biblioteca para o uso de todas as categorias de presos, devidamente provida com livros de recreio e de instrução, e os presos serão estimulados a utilizá-la.
c) Serão absolutamente proibidos, como punições por faltas disciplinares, os castigos corporais, a detenção em cela escura, e todas as penas cruéis, desumanas ou degradantes, a menos que um médico possa declarar que o preso tenha condições de suportá-la.
d) O preso que não trabalhar ao ar livre deverá ter, pelo menos, quatro horas por dia para fazer exercícios físicos apropriados ao ar livre, sem prejuízo do horário de banhos de sol.
e) Será exigido que todos os presos mantenham-se limpos; para este fim, todos os presos deverão adquirir e trazer consigo seus próprios artigos de higiene necessários à sua saúde e limpeza.

COMENTÁRIOS

✪ **Nota dos autores:** questão versando sobre Regras Mínimas das Nações Unidas para o Tratamento dos Presos. O assunto é comum em provas envolvendo os que almejam um cargo nas forças de segurança pública, em especial as que lidam diretamente com pessoas detidas e presas.

Alternativa correta: letra "B": a alternativa está em perfeita consonância com o previsto no item 40 do mencionado conjunto de Regras Mínimas das Nações Unidas para o Tratamento dos Presos.

Alternativa "A": o item 22, 2 das Regras Mínimas das Nações Unidas para o Tratamento dos Presos da ONU diz que os presos que necessitem de cuidados especializados devem ser transferidos para estabelecimentos com esse fim, e não que deva existir uma estrutura para tais atendimentos. E no caso de existir estrutura para realização de atendimentos, deve haver pessoal devidamente treinado nesta tarefa.

Alternativa "C": segunda a redação do item 31, tais práticas são totalmente vedadas, e uma declaração de um médico não tem o condão de possibilitá-las.

Alternativa "D": a redação do item 21, 1 diz que "O preso que não trabalhar ao ar livre deverá ter, se o tempo permitir, pelo menos uma hora por dia para fazer exercícios apropriados ao ar livre".

Alternativa "E": os artigos para a manutenção de limpeza dos presos deverão ser fornecidos pelo estabelecimento prisional.

41. (Vunesp – Delegado de Polícia – SP/2014) No direito brasileiro, considerando os tratados internacionais de direitos humanos, bem como o entendimento atual do Supremo Tribunal Federal, é correto afirmar, a respeito da prisão civil, que

a) são admitidas apenas duas possibilidades de prisão civil: a do depositário infiel e a do devedor de pensão alimentícia.
b) é ilícita a prisão do depositário infiel, qualquer que seja a modalidade do depósito.
c) foram abolidas todas e quaisquer hipóteses legais de prisão civil.
d) é ilícita a prisão do devedor de pensão alimentícia, sendo admitida apenas a prisão do depositário infiel.
e) se admite, atualmente, no direito pátrio, a prisão civil somente em âmbito federal, desde que haja decisão judicial transitada em julgado.

COMENTÁRIOS

✪ **Nota dos autores:** a questão versa sobre a vedação da prisão do depositário infiel. O tema é recorrente em concursos públicos, e os candidatos devem estudar a fundo o Pacto de San Jose da Costa Rica.

Alternativa correta: letra "B": com o advento do Pacto de San Jose da Costa Rica, o entendimento do STF é no sentido de vedar a prisão do depositário infiel, independente da modalidade de depósito, em que pese a previsão constitucional para tal prisão ainda existir.

Alternativa "A": apesar de estar prevista na Constituição federal a possibilidade de prisão do depositário infiel, esta é vedada, restando apenas a possibilidade de prisão do inadimplente de obrigação alimentícia.

Alternativa "C": resta a possibilidade de prisão do inadimplente de obrigação alimentícia.

Alternativa "D": apesar de estar prevista na Constituição federal a possibilidade de prisão do depositário infiel, esta é vedada, restando apenas a possibilidade de prisão do inadimplente de obrigação alimentícia.

Alternativa "E": a alternativa está totalmente fora da realidade, pois a prisão do inadimplente de obrigação alimentícia é perfeitamente possível, independendo de trânsito em julgado. O caráter de direitos humanos da obrigação de alimentar é o que realça o erro da questão.

42. (Delegado de Polícia – MG/ 2011 – ACADEPOL) A Declaração Universal dos Direitos Humanos pode ser caracterizada, primeiramente por sua amplitude, compreendendo um conjunto de direitos e faculdades, sem as quais um ser humano não pode desenvolver sua personalidade física, moral e intelectual. Em segundo lugar, pela universalidade, aplicável a todas as pessoas de todos os países, raças, religiões e sexos, seja qual for o regime político dos territórios nos quais incide. Assinale abaixo a assertiva que é CONTRÁRIA ao enunciado acima:

a) Como uma plataforma comum de ação, a Declaração foi adotada em 10 de dezembro de 1948, pela aprovação de 48 Estados, com 8 abstenções.
b) Objetiva delinear uma ordem pública mundial fundada no respeito à dignidade da pessoa humana, para orientar o desenvolvimento de uma raça humana superior.
c) Introduz a indivisibilidade dos direitos humanos, ao conjugar o catálogo dos direitos civis e políticos, com o dos direitos econômicos, sociais e culturais.
d) Teve imediatamente, após a sua adoção, grande repercussão moral ao despertar nos povos a consciência de que o conjunto da comunidade humana se interessava pelo seu destino.

COMENTÁRIOS

Alternativa correta: letra "B": não existe a pretensão na DUDH de orientar o desenvolvimento de uma raça humana superior, pelo contrário, o que existe é uma valoração extrema da pessoa humana, com o reconhecimento da dignidade que lhe é inerente desde o nascimento, pela simples condição de ser humano.

Alternativa "a": a alternativa está em simetria com a data e o reconhecimento da carta de recomendações por parte dos Estados.

Alternativa "c": com a amplitude do conceito da Dignidade da Pessoa Humana, os direitos civis e políticos, os direitos econômicos, sociais e culturais são interdependentes, não podem existir uns sem os outros, portanto, indivisíveis em sua fruição pela pessoa humana.

Alternativa "d": após o fim do conflito armado que assolou a humanidade, um espírito de união e de valoração da pessoa humana, influenciou a confecção da DUDH, uma carta de recomendações aos Estados responsável por um novo paradigma de respeito à pessoa humana.

43. (Delegado de Polícia – SP/ 2011 – ACADEPOL) As regras mínimas das Nações Unidas para o tratamento dos presos não incluem

a) o respeito as crenças religiosas e aos preceitos morais do grupo a que pertença o preso.
b) que todos são dotados de razão e consciência e devem agir com espírito de fraternidade.
c) as razões da prisão de qualquer pessoa e a autoridade competente que a ordenou.
d) a separação entre pessoas presas preventivamente e presos condenados.
e) que os presos jovens deverão ser mantidos separados dos presos adultos.

COMENTÁRIOS

✪ **Nota dos autores:** a questão trata de importante documento aprovado nº 1º Congresso Sobre Prevenção do Crime e Tratamento de Delinquentes, realizado em Genebra, em 1955.

Alternativa correta: letra "B": tal menção encontra-se na Declaração Universal dos Direitos Humanos, de 1948, em seu 1º artigo, não fazendo parte do documento aprovado nº 1º Congresso Sobre Prevenção do Crime e Tratamento de Delinquentes, realizado em Genebra, em 1955.

Alternativa "a": em simetria com o previsto no item 6.2 do referido documento, que diz "Ao contrário, é necessário respeitar as crenças religiosas e os preceitos morais do grupo a que pertença o preso".

Alternativa "c": o amparo ao acerto da alternativa está no item 7.1.b do documento em questão.

Alternativa "d": o item 8.b do documento aprovado nº 1º Congresso Sobre Prevenção do Crime e Tratamento de Delinquentes, realizado em Genebra, em 1955, dá supedâneo ao acerto da alternativa.

Alternativa "e": Presente tal recomendação no item 8.d do documento.

44. (Delegado de Polícia – SP/ 2011 – ACADEPOL) As penas que poderão ser fixadas pelo Tribunal Penal Internacional (Estatuto de Roma, 1998) são

a) expatriação, prisão até 30 anos ou perpétua e perda dos produtos, bens e haveres provenientes do crime.
b) prisão, no mínimo de 3 anos e, no máximo, perpétua, multa, ou perda de produtos e bens provenientes do crime, ainda que de forma indireta.
c) advertência, prisão, de 3 anos a 30 anos e a perda dos produtos, bens e haveres provenientes do crime.
d) prisão até 30 anos ou perpétua, multa e perda dos produtos, bens e haveres provenientes do crime.
e) expatriação, prisão de 3 a 30 anos ou perpétua e perda dos produtos, bens e haveres decorrentes do crime.

COMENTÁRIOS

✪ **Nota dos autores:** a questão versa sobre o estatuto de Roma, importante documento que formaliza o Tribunal Penal Internacional.

Alternativa correta: letra "D": esta possibilidade encontra-se positivado no artigo 77 do estatuto, que diz "1. Sem prejuízo do disposto no artigo 110, o tribunal pode impor à pessoa condenada por um dos crimes previstos no artigo 5º do presente Estatuto uma das seguintes penas: a) Pena de prisão por um número determinado de anos, até ao limite máximo de 30 anos; ou b) Pena de prisão perpétua, se o elevado grau de ilicitude do fato e as condições pessoais do condenado o justificarem. 2. Além da pena de prisão, o Tribunal poderá aplicar: a) Uma multa, de acordo com os critérios previstos no Regulamento Processual; b) A perda de produtos, bens e haveres provenientes, direta ou indiretamente, do crime, sem prejuízo dos direitos de terceiros que tenham agido de boa fé".

Alternativa "a": não há previsão de expatriação, e sim de entrega do criminoso ao Tribunal Penal Internacional.

Alternativa "b": não existe a previsão de prisão mínima no estatuto de Roma.

Alternativa "c": não existe a previsão de advertência e nem a de prisão mínima de 3 anos.

Alternativa "e": não existe a previsão de expatriação e nem a de prisão mínima de 3 anos.

45. (Delegado de Polícia – SP/ 2011 – ACADEPOL) De acordo com a Convenção Interamericana para Prevenir e Punir a Tortura (1985), podem ser sujeitos ativos do crime de tortura

a) apenas funcionários ou empregados públicos, ou particulares desde que instigados pelos dois primeiros.
b) apenas funcionários ou empregados públicos, ainda que em período de estágio probatório ou equivalente.
c) qualquer pessoa, desde que tenha a intenção de impor grave sofrimento físico ou mental.
d) exclusivamente empregados ou funcionários públicos, agindo em razão do ofício ou função.
e) qualquer pessoa, desde que seja penalmente responsável nos termos da lei do Estado Parte.

COMENTÁRIOS

Alternativa correta: letra "A": a alternativa está de acordo com o previsto no art. 3 da mencionada convenção que diz "Serão responsáveis pelo delito de tortura: a) Os empregados ou funcionários públicos que, atuando nesse caráter, ordenem sua execução ou instiguem ou induzam a ela, cometam-no diretamente ou, podendo impedi-lo, não o façam. b) As pessoas que, por instigação dos funcionários ou empregados públicos a que se refere a alínea *a*, ordenem sua execução, instiguem ou induzam a ela, cometam-no diretamente ou nele sejam cúmplices". As demais alternativas não se encaixam na

46. (Delegado de Polícia – SP/ 2011 – ACADEPOL) A Convenção sobre a Eliminação de Todas as Formas de Discriminação contra a Mulher estabelece que os Estados Partes se comprometem a

a) fomentar qualquer concepção estereotipada dos papéis masculino e feminino em todos os níveis.
b) derrogar todas as disposições penais nacionais que constituam discriminação contra as mulheres.
c) conceder bolsas e acesso aos programas de educação supletiva em maior número para compensar as desigualdades passadas.
d) desencorajar a educação mista, privilegiando os programas de alfabetização funcional para as mulheres.
e) proibir a demissão por motivo de gravidez, permanecendo aquelas motivadas pelo estado civil.

COMENTÁRIOS

Alternativa correta: letra "B": a alternativa está amparada no art. 2º alínea "g" da Convenção sobre a Eliminação de Todas as Formas de Discriminação contra a Mulher.

Alternativa "a": a alínea "a" do art. 5 da convenção diz "modificar os padrões socioculturais de conduta de homens e mulheres, com vistas a alcançar a **eliminação de preconceitos e práticas consuetudinárias e de qualquer outra índole que estejam baseados na ideia da inferioridade ou superioridade de qualquer dos sexos ou em funções estereotipadas de homens e mulheres".**

Alternativa "c": a convenção defende a igualdade na concessão de bolsas.

Alternativa "d": há na convenção o estímulo a educação mista, segundo a alínea "c" do art. 10, que diz "a eliminação de todo conceito estereotipado dos papéis masculino e feminino em todos os níveis e em todas as formas de ensino, mediante o estímulo à educação mista e a outros tipos de educação que contribuam para alcançar este objetivo e, em particular, mediante a modificação dos livros e programas escolares e adaptação dos métodos de ensino".

Alternativa "e": a aliena "a" do art. 2 diz "proibir, sob sanções, a demissão por motivo de gravidez ou de licença-maternidade e a discriminação nas demissões motivadas pelo estado civil".

4. ATUALIDADES, DIREITOS ESPECIAIS E OS DIREITOS HUMANOS

47. (Vunesp – Delegado de Polícia – CE/2015) No Brasil, com relação à diversidade étnico-racial, é correto afirmar:

a) a fim de fomentar a igualdade étnico-racial, é facultado aos estabelecimentos de ensino fundamental e de ensino médio, públicos e privados, o estudo da história geral da África.

b) é vedada a utilização da expressão população negra por ser considerada uma forma de discriminação decorrente de raça ou de cor.

c) as ações afirmativas adotadas para a correção das desigualdades raciais e para a promoção da igualdade de oportunidades substituirão, paulatinamente, as medidas repressivas previstas para a prática do racismo, inclusive possibilitando a futura revogação de leis que a considere como crime.

d) são considerados ilegais programas e políticas de emprego e de geração de renda voltados para populações vítimas de intolerância étnica em virtude da vedação constitucional a qualquer forma de preconceito de origem, raça, sexo, cor ou idade.

e) a população negra abrange o conjunto de pessoas que se autodeclaram pretas e pardas, conforme o quesito cor ou raça usado pela Fundação Instituto Brasileiro de Geografia e Estatística (IBGE), ou que adotam autodefinição análoga.

COMENTÁRIOS

Alternativa correta: letra "e": trata-se da definição disposta no art. 1°, parágrafo único, IV, da Lei nº 12.288/2010, que institui o Estatuto da Igualdade Racial.

Alternativa "a": nos termos do art. 26-A, § 1°, da Lei nº 9.394/2006 (Lei de Diretrizes e Bases da Educação Nacional, com redação dada pela Lei 11.645/2008), nos estabelecimentos de ensino fundamental e médio, públicos e privados, **torna-se obrigatório o estudo da história e cultura afro-brasileira e indígena.**

Alternativa "b": não é vedada a utilização da expressão população negra, tanto é que se encontra definida no art. 1°, parágrafo único, IV, da Lei 12.288/2010, como o conjunto de pessoas que se autodeclaram pretas e pardas, conforme o quesito cor ou raça usado pela Fundação Instituto Brasileiro de Geografia e Estatística (IBGE), ou que adotam autodefinição análoga.

Alternativa "c": ações afirmativas são programas e medidas especiais adotados pelo Estado e pela iniciativa privada para a correção das desigualdades raciais e para a promoção da igualdade de oportunidades (art. 1°, parágrafo único, IV, da Lei 12.288/2010). **Mas, não é correto dizer que substituirão, paulatinamente, as medidas repressivas previstas para a prática do racismo, inclusive possibilitando a futura revogação de leis que a considere como crime,** posto que a repressão ao racismo conta, inclusive, com mandamentos constitucionais (art. 1°, VIII, e art. 5°, XLII, ambos da CF).

Alternativa "d": não são considerados ilegais programas e políticas de emprego e de geração de renda voltados para populações vítimas de intolerância étnica em virtude da vedação constitucional a qualquer forma de preconceito de origem, raça, sexo, cor ou idade. Isso porque, **os programas de ação afirmativa constituir-se-ão em políticas públicas destinadas a reparar as distorções e desigualdades sociais e demais práticas discriminatórias adotadas, nas esferas pública e privada, durante o processo de formação social do País.** Nesses termos, é que, o poder público promoverá ações que assegurem a igualdade de oportunidades no mercado de trabalho para a população negra, inclusive mediante a implementação de medidas visando à promoção da igualdade nas contratações do setor público e o incentivo à adoção de medidas similares nas empresas e organizações privadas. A igualdade de oportunidades será lograda mediante a adoção de políticas e programas de formação profissional, de emprego e de geração de renda voltados para a população negra (art. 39 da Lei 12.288/2010).

---

48. (Vunesp – Delegado de Polícia – CE/2015) Caracterizam-se como Regras Mínimas das Nações Unidas para tratamento dos Presos:

a) as diferentes categorias de presos deverão ser mantidas em estabelecimentos prisionais separados, sendo vedada a utilização de diferentes zonas dentro de um mesmo estabelecimento.

b) todo preso terá, em cada semana de trabalho, a oportunidade de apresentar, no mínimo, um e, no máximo, três pedidos ou queixas ao diretor do estabelecimento ou ao funcionário autorizado a representá-lo.

c) as instalações de banho e ducha devem ser suficientes para que todos os reclusos possam, quando desejem ou lhes seja exigido, tomar banho ou ducha a uma temperatura adequada ao clima, tão frequentemente quanto necessário à higiene geral, de acordo com a estação do ano e a região geográfica, mas pelo menos uma vez por semana num clima temperado.

d) o preso que não trabalhar ao ar livre deverá ter, se o tempo permitir, pelo menos 30 minutos por dia para fazer exercícios apropriados ao ar livre.

e) as horas de trabalho serão fixadas de modo a deixar dois dias de descanso mensal e tempo suficiente para a educação e para outras atividades necessárias ao tratamento e reabilitação dos presos.

COMENTÁRIOS

✪ **Nota dos autores:** As Regras Mínimas para tratamento de prisioneiros foram adotadas pelo Primeiro Congresso das Nações Unidas sobre Prevenção do Crime e Tratamento de Delinquentes, realizado em Genebra, em 1955.

Alternativa correta: letra "c": trata-se do que dispõe o item 13 das Regras Mínimas.

Alternativa "a": a redação do item 8 das Regras Mínimas impõe que, as diferentes categorias de presos deverão ser mantidas em estabelecimentos prisionais separados **ou em diferentes zonas de um mesmo estabelecimento prisional**, levando-se em consideração seu sexo e idade, seus antecedentes, as razões da detenção e o tratamento que lhes deve ser aplicado.

Alternativa "b": nos termos do item 36, 1, das Regras Mínimas, todo preso terá, **em cada dia de trabalho**, a oportunidade de apresentar pedidos ou queixas ao diretor do estabelecimento ou ao funcionário autorizado a representá-lo.

Alternativa "d": de acordo com o item 21, 1, das Regras Mínimas, o preso que não trabalhar ao ar livre deverá ter, se o tempo permitir, **pelo menos uma hora por dia para fazer exercícios apropriados ao ar livre.**

Alternativa "e": consoante item 75, 2, das Regras Mínimas, as horas serão fixadas de modo a deixar **um dia de descanso semanal** e tempo suficiente para a educação e para outras atividades necessárias ao tratamento e reabilitação dos presos.

✦ DICAS

- A doutrina classifica os direitos humanos e os fundamentais e em gerações ou dimensões de direitos. Os **direitos civis e políticos** seriam os de primeira geração ou dimensão, caracterizados pelo valor liberdade. Já os **direitos econômicos, sociais e culturais** seriam os de segunda geração ou dimensão, caracterizados pelo valor igualdade. Por fim, os **direitos de solidariedade ou fraternidade** seriam os de terceira geração ou dimensão, caracterizados pelo valor solidariedade ou fraternidade. Estes direitos formariam, assim, um conjunto indivisível de direitos fundamentais, entre os quais não há qualquer relação hierárquica.
- A **representação dos interesses individuais** sob a ótica negativa perante o Poder Público, que se refere a uma perspectiva subjetiva, não se compreende dentre as características da perspectiva objetiva dos direitos fundamentais. De acordo com Paulo Bonavides: "os direitos da primeira geração ou direitos da liberdade têm por titular o indivíduo, são oponíveis ao Estado, traduzem-se como faculdades ou atributos da pessoa e ostentam uma **subjetividade** que é seu traço mais característico; enfim, são direitos de resistência ou de oposição perante o Estado" (*Curso de Direito Constitucional*. 22 ed. São Paulo: Malheiros, 2008, p. 564).
- Novamente segundo as lições de Paulo Bonavides, **"com o advento dos direitos fundamentais da segunda geração os publicistas alemães, a partir de Schmitt, descobriram também o aspecto objetivo** [...] Os direitos da segunda geração merecem um exame mais amplo. Dominam o século XX do mesmo modo como os direitos de primeira geração dominaram o século passado. São os direitos sociais, culturais e econômicos [...] Mas passaram primeiro por um ciclo de baixa normatividade ou tiveram eficácia duvidosa, em virtude de sua própria natureza de direitos que exigem do Estado determinadas prestações materiais nem sempre resgatáveis por exiguidade, carência ou limitação essencial de meios e recursos. De juridicidade questionada nessa fase, foram eles remetidos à chamada esfera programática, em virtude de não conterem para sua concretização aquelas garantias habitualmente ministradas pelos instrumentos processuais de proteção aos direitos da liberdade" (*Curso de Direito Constitucional*. 22 ed. São Paulo: Malheiros, 2008, p. 564-565)
- Segundo apontamentos doutrinários, os direitos fundamentais caracterizados pela **indivisibilidade, irrenunciabilidade e incaducabilidade**, que decorrem da exigência de atendimento do princípio da dignidade da pessoa humana.
- **Efeito** cliquet **e vedação do retrocesso: o** efeito *cliquet* nada mais é do que a aplicação do princípio da vedação do retrocesso. Ou seja, uma vez garantido, um direito não pode mais ser revogado. Sua aplicação é evidente na temática dos direitos humanos. Uma vez reconhecido, um direito humano não pode mais ser desconsiderado.
- **Georg Jellinek desenvolveu, no final do século XIX, na obra intitulada Sistema dos Direitos Subjetivos Públicos** (System der subjektiv öffentlichen Rechte), parte de seu pensamento doutrinário sob o enfoque das diversas formas em relação as quais os indivíduos podem se colocar frente ao Estado. Dependendo do status, ou seja, da relação que os indivíduos mantêm com o Estado, é que emergirão direitos ou deveres. Das diversas formas pelas quais os indivíduos podem se relacionar com o Estado podem ser extraídas quatro espécies fundamentais: a) status subjectionis ou status passivo; b) status negativus ou status libertatis; c) status civitatis ou status positivo e; d) status activus (JELLINEK, Georg. *Teoria general del Estado*. Buenos Aires: Albatros, 1981, p. 306).
- Status subjectionis **ou status passivo**, o indivíduo encontra-se subordinado aos poderes estatais, razão pela qual, deve se submeter ao cumprimento de alguns deveres, e às proibições impostas pelo Estado. Citem-se como exemplo a obrigação de exercício do direito de sufrágio pelo voto aos maiores de dezoito anos, e a proibição do direito de reunião para fins não pacíficos.
- Status libertatis**,** status negativus **ou status negativo**, pode-se afirmar que se refere àqueles direitos que devem ser assegurados na situação em que o indivíduo requer um comportamento negativo do Estado, uma abstenção, para que, assim, possa exercer plenamente algumas de suas liberdades.
- Status civitatis **ou status positivo**, permite que o indivíduo, subjugado pelos poderes instituídos e classes mais favorecidas, exija prestações positivas do Estado, que propiciem redução das desigualdades sociais.
- Status activus, relaciona-se à possibilidade de participação ativa dos indivíduos na formação da vontade política estatal. Consubstancia-se, por exemplo,

na iniciativa popular de lei, e na possibilidade de manejo de ação popular.

- **Multiculturalismo e Interculturalidade:** são pensamentos que se apresentam ligados à tutela dos direitos humanos e fundamentais. O multiculturalismo prega o respeito às diferentes culturas presentes na sociedade e que normalmente tem origem nas misturas de nacionalidades, raças e etnias durante o processo de formação de um povo. Funda-se, ainda, em um movimento contra-hegemônico, que não aceita a imposição de valores homogêneos que refletem os interesses da classe dominante. Por sua vez, a interculturalidade é uma das perspectivas do multiculturalismo, que se especializa por trabalhar com as ideias de abertura e interatividade. Sob este prisma, a sociedade deve ser democrática e aceitar que todos os valores culturais devem ser respeitados, em um movimento de constante negociação e ponderação.
- **Eficácia Vertical dos Direitos Humanos e Fundamentais:** aplicação dos direitos fundamentais nas relações entre Estado e particulares.
- **Eficácia Horizontal, Privada, Externa, ou Em Relação a Terceiros dos Direitos Humanos e Fundamentais:** trata-se da aplicação dos direitos fundamentais nas relações entre particulares. O STF reconheceu a eficácia horizontal em pelo menos três oportunidades: a) Exclusão de Cooperado: cooperados não poderiam ter sido excluídos sem que fosse respeitado o devido processo legal (RE 158.215, julgado em 1996 e relatado pelo Ministro Marco Aurélio); b) Caso Air France: os franceses não poderiam conceder aumento salarial apenas aos seus funcionários franceses, discriminado os brasileiros que exerciam as mesmas funções (RE 161243-6, julgado em 2006 e relatado pelo Ministro Carlos Velloso); c) Expulsão de Associado: associado não poderia ter sido expulso da União Brasileira de Compositores sem que lhe fosse garantido a ampla defesa (RE 201819, julgado em 2005 e relatado para acórdão pelo Ministro Gilmar Mendes).
- No HC 82.959, julgado em 2006 e relatado pelo Ministro Gilmar Mendes, o STF traz há didática lição acerca das teorias sobre o núcleo essencial dos direitos humanos e fundamentais: "(1) Os adeptos da chamada **teoria absoluta** ("absolute Theorie") entendem o núcleo essencial dos direitos fundamentais (Wesensgehalt) como unidade substancial autônoma (substantieller Wesenskern) que, independentemente de qualquer situação concreta, estaria a salvo de eventual decisão legislativa. (...) haveria um espaço que seria suscetível de limitação por parte do legislador; outro seria insuscetível de limitação. (...) (2) Os sectários da chamada **teoria relativa** ("relative Theorie") entendem que o núcleo essencial há de ser definido para cada caso, (...) mediante a utilização de um processo de ponderação entre meios e fins (Zweck-Mittel-Prüfung), com base no princípio da proporcionalidade. O núcleo essencial seria aquele mínimo insuscetível de restrição ou redução com base nesse processo de ponderação. (...). Tanto a teoria absoluta quanto a teoria relativa pretendem assegurar uma maior proteção dos direitos fundamentais, (...) Todavia, todas elas apresentam insuficiências. É verdade que a teoria absoluta, ao acolher uma noção material do núcleo essencial, insuscetível de redução por parte do legislador, pode converter-se, em muitos casos, numa fórmula vazia, dada a dificuldade ou até mesmo a impossibilidade de se demonstrar ou caracterizar in abstracto a existência desse mínimo essencial. (...) Por seu turno, uma opção pela teoria relativa pode conferir uma flexibilidade exagerada ao estatuto dos direitos fundamentais(...) Por essa razão, **propõe Hesse uma fórmula conciliadora, que reconhece no princípio da proporcionalidade uma proteção contra as limitações arbitrárias ou desarrazoadas (teoria relativa), mas também contra a lesão ao núcleo essencial dos direitos fundamentais** (...) a **proporcionalidade não há de ser interpretada em sentido meramente econômico, de adequação da medida limitadora ao fim perseguido, devendo também cuidar da harmonização dessa finalidade com o direito afetado pela medida.**
- Os tratados internacionais podem proteger direitos de todos os seres humanos ou apenas de algum grupo em especial, em geral "excluídos". Nesse passo, é possível apontar a existência de **dois sistemas de proteção**: homogêneo e heterogêneo.
- No **sistema homogêneo**, identifica-se verdadeira universalidade, pois os direitos de todos os seres humanos são tutelados, e não de um grupo específico. Consubstancia-se em um sistema "posto à disposição de todos os destinatários das normas que o compõem, de forma indistinta" (MÔNACO, Gustavo Ferraz de Campos. A Declaração Universal dos Direitos da Criança e seus sucedâneos internacionais.).
- Ao contrário do sistema homogêneo de proteção, disponibilizado de forma indistinta à universalidade de pessoas, o **sistema heterogêneo** de proteção tem por foco um grupo merecedor, diante de várias circunstâncias – como a exclusão histórica – de atenção especial, como ocorre com a criança, as mulheres, os portadores de necessidades especiais e outros.
- Toda vez que não se estiver diante de um caso de aplicação do sistema homogêneo, o intérprete estará diante de normas que implicam discriminação entre seres humanos, pois são aplicadas determinadas normas em benefício de alguns e não de todos ((MÔNACO, Gustavo Ferraz de Campos. A Declaração Universal dos Direitos da Criança e seus sucedâneos internacionais.).
- Os tratados somente deverão ser cumpridos pelos Estados que os ratificarem, segundo as regras de cada local.
- No Brasil, os tratados e convenções internacionais sobre direitos humanos que forem aprovados, em

cada Casa do Congresso Nacional, em dois turnos, por três quintos dos votos dos respectivos membros, **serão equivalentes às emendas constitucionais,** nos termos do art. 5°, § 3°, da CF, incluído pela EC 45/04.

- Essa sistemática de incorporação de tratados de direitos humanos (art. 5°, § 3°, da CF) foi aplicada pela primeira vez em 2008, na votação do Decreto Legislativo 186, que acabou culminando na promulgação da Convenção sobre os Direitos das Pessoas com Deficiência com força constitucional, segundo o Decreto 6.949/2009. Como reflexo do reconhecimento de status constituição à Convenção, a Procuradora Geral da República Deborah Macedo Duprat de Britto Pereira ajuizou, em 2009, a **ADPF 182**, cujos pedidos são para que se reconheça que: a) o art. 20, § 2º, da Lei nº 8.742/93 não foi recepcionado pela Convenção dos Direitos da Pessoa com Deficiência, que foi aprovada pelo Decreto Legislativo nº 186/2008, de acordo com o procedimento previsto no art. 5º, § 3º, da Constituição Federal, **integrando, portanto, o bloco de constitucionalidade brasileiro**; b) o conceito estabelecido no art. 1° da Convenção sobre os Direitos da Pessoa com Deficiência, é de uso imperativo no direito interno brasileiro, sendo imediatamente aplicável no que tange aos critérios para concessão dos benefícios de prestação continuada disciplinados pela Lei nº 8.742/93.
- Sem prejuízo da supremacia da Constituição sobre os tratados e convenções internacionais, a norma convencional internacional em vigor e aplicável no Brasil e que disponha acerca de direitos humanos, não tendo sido objeto de processo legislativo que a equiparasse a emenda constitucional (art. 5°, § 3°, da CF, nos termos da EC 45/04), tem força jurídico-normativa suficiente para restringir a eficácia e indiretamente obstar a aplicabilidade da norma constitucional paradigma, gozando de **status supralegal**. Tal posição foi firmada no RE 466.343, julgado em 2008 e relatado pelo Ministro Cezar Peluso.
- Vale destacar trecho do voto do Ministro Gilmar Mendes: "Desde a adesão do Brasil, sem qualquer reserva, ao Pacto Internacional dos Direitos Civis e Políticos (art. 11) e à Convenção Americana sobre Direitos Humanos – Pacto de San José da Costa Rica (art. 7º, 7), ambos no ano de 1992, não há mais base legal para prisão civil do depositário infiel, pois o caráter especial desses diplomas internacionais sobre direitos humanos lhes reserva lugar específico no ordenamento jurídico, estando abaixo da Constituição, porém acima da legislação interna. **O status normativo supralegal dos tratados internacionais de direitos humanos subscritos pelo Brasil, dessa forma, torna inaplicável a legislação infraconstitucional com ele conflitante, seja ela anterior ou posterior ao ato de adesão. Assim ocorreu com o art. 1.287 do CC de 1916 e com o DL 911/1969, assim como em relação ao art. 652 do Novo CC (Lei 10.406/2002)**." (RE 466.343, julgado em 2008 e relatado pelo Ministro Cezar Peluso).

"NOVA" PIRÂMIDE NORMATIVA
(Baseada no posicionamento do STF)

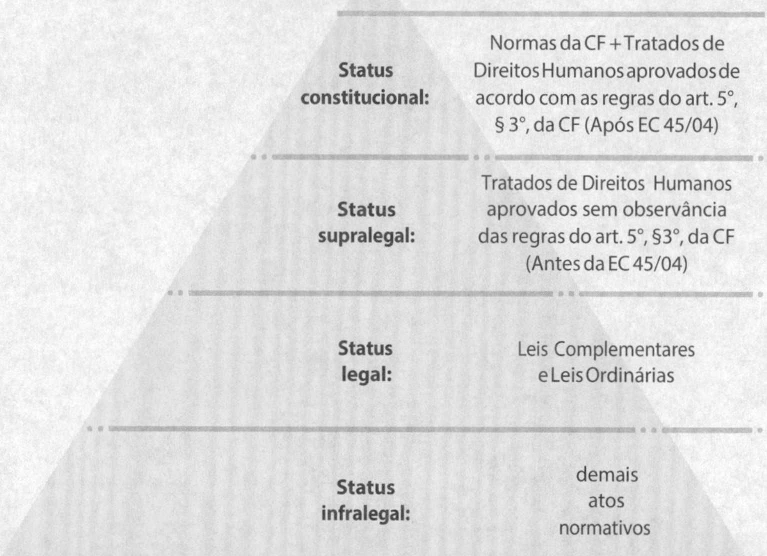

- A proteção dos direitos fundamentais não desconsidera o princípio da supremacia da constituição, **entretanto,** a norma convencional internacional sobre direitos humanos **tem** aptidão para afetar a eficácia ou a aplicabilidade da norma constitucional interna. No bojo do RE 466.343, ficou consignado que "Desde a adesão do Brasil, sem qualquer reserva, ao Pacto Internacional dos Direitos Civis e Políticos (art. 11) e à Convenção Americana sobre Direitos Humanos – Pacto de San José da Costa Rica (art. 7º, 7), ambos no ano de 1992, não há mais base legal para prisão civil do depositário infiel, pois o caráter especial desses diplomas internacionais sobre direitos humanos lhes reserva lugar específico no ordenamento jurídico, estando abaixo da Constituição, porém acima da legislação interna. O status normativo supralegal dos tratados internacionais de direitos humanos subscritos pelo Brasil, dessa forma, **torna inaplicável a legislação infraconstitucional com ele conflitante**, seja ela anterior ou posterior ao ato de adesão. Assim ocorreu com o art. 1.287 do CC de 1916 e com o DL 911/1969, assim como em relação ao art. 652 do Novo CC (Lei 10.406/2002)."

- Nas hipóteses de **grave violação de direitos humanos**, o Procurador Geral da República, com a finalidade de assegurar o cumprimento de obrigações decorrentes de tratados internacionais de direitos humanos dos quais o Brasil seja parte, poderá suscitar, perante o **Superior Tribunal de Justiça**, em qualquer fase do inquérito ou processo, incidente de deslocamento de competência para a Justiça Federal. Trata-se do disposto no § 5º do art. 109 da CF.

✦ SÚMULAS APLICÁVEIS

- **Súmula Vinculante 25:** É ilícita a prisão civil de depositário infiel, qualquer que seja a modalidade do depósito.

- **Súmula 419 do STJ:** Descabe a prisão civil do depositário judicial infiel.

Direito Administrativo

Leandro Bortoleto e
Luís Felipe Cirino

TABELA DE INCIDÊNCIA DE QUESTÕES

Distribuição das questões organizada por ordem didática de assuntos		
Assunto	**Número de Questões**	**Peso**
1. INTRODUÇÃO AO DIREITO ADMINISTRATIVO	6	2,75%
2. REGIME JURÍDICO ADMINISTRATIVO	10	4,59%
3. ADMINISTRAÇÃO PÚBLICA E TERCEIRO SETOR	29	13,30%
4. AGENTES PÚBLICOS: DISPOSIÇÕES CONSTITUCIONAIS	17	7,80%
5. REGIME JURÍDICO DOS SERVIDORES PÚBLICOS CIVIS FEDERAIS: LEI Nº 8.112/90	5	2,29%
6. PODERES ADMINISTRATIVOS	24	11,01%
7. ATO ADMINISTRATIVO	26	11,93%
8. PROCESSO ADMINISTRATIVO	4	1,83%
9. LICITAÇÃO E CONTRATO ADMINISTRATIVO	32	14,68%
10. SERVIÇOS PÚBLICOS	19	8,72%
11. BENS PÚBLICOS	4	1,83%
12. INTERVENÇÃO DO ESTADO NA PROPRIEDADE	7	3,21%
13. RESPONSABILIDADE EXTRACONTRATUAL DO ESTADO	8	3,67%
14. CONTROLE DA ADMINISTRAÇÃO PÚBLICA	11	5,05%
15. IMPROBIDADE ADMINISTRATIVA: LEI Nº 8.429/92	16	7,34%
Total	**218**	**100%**

Direito Administrativo

Leandro Bortoleto e Luís Felipe Cirino

✦ QUESTÕES

1. INTRODUÇÃO AO DIREITO ADMINISTRATIVO

01. (Vunesp – Delegado de Polícia – PC – SP/2018) O conceito de Administração Pública possui vários sentidos, sendo correto afirmar que:

a) sob o sentido formal, a Administração Pública deve ser entendida como o conjunto de funções administrativas exercidas pelo Estado.

b) sob o sentido objetivo, entende-se como Administração Pública a estrutura orgânica do Estado, definidora do conjunto de estruturas de competências legalmente definidas.

c) sob o sentido empreendedor, a Administração Pública é o conjunto de funções administrativas exercidas pelo Estado de forma empreendedora, visando o atingimento das suas finalidades.

d) sob o sentido material, a Administração Pública deve ser entendida como a atividade administrativa exercida pelo Estado.

e) sob o sentido material, entende-se como Administração Pública o conjunto de órgãos do Estado, isto é, a estrutura estatal.

COMENTÁRIOS

✪ **Nota do autor:** a Administração Pública é conceituada como o conjunto de pessoas jurídicas, órgãos públicos e agentes públicos que realizam a atividade administrativa, consistente em serviços públicos, fomento, polícia administrativa e intervenção. Abrange, dessa forma, o sentido subjetivo, formal ou orgânico e o sentido objetivo, material ou funcional.

Alternativa "a". Sentido formal é o mesmo que sentido subjetivo ou orgânico, que diz respeito ao **conjunto de pessoas jurídicas, órgãos públicos e agentes públicos** que realizam a atividade administrativa. Aqui, o que é levado em conta é **quem** faz a atividade administrativa, quem integra a Administração Pública. Por isso, a ideia de forma, de composição orgânica, de sujeitos.

Alternativa "c". A atividade administrativa é entendida como sentido objetivo, material ou funcional da Administração Pública, não havendo que se falar em atividade empreendedora.

Alternativa "d". (responde às alternativas "b" e "e") Sentido **objetivo** é o mesmo que sentido **material** ou **funcional**. Refere-se à Administração Pública como **atividade destinada a satisfazer as necessidades coletivas; é a atividade administrativa**. A ênfase, nesse sentido, é para a atividade, para **o que é desempenhado**. O que importa aqui é a função, o conteúdo da atividade e não quem a executa.

Alternativa correta: letra "d".

02. (Cespe – Delegado de Polícia – PE/2016) Considerando os princípios e fundamentos teóricos do direito administrativo, assinale a opção correta.

a) As empresas públicas e as sociedades de economia mista, se constituídas como pessoa jurídica de direito privado, não integram a administração indireta.

b) Desconcentração é a distribuição de competências de uma pessoa física ou jurídica para outra, ao passo que descentralização é a distribuição de competências dentro de uma mesma pessoa jurídica, em razão da sua organização hierárquica.

c) Em decorrência do princípio da legalidade, é lícito que o poder público faça tudo o que não estiver expressamente proibido pela lei.

d) A administração pública, em sentido estrito e subjetivo, compreende as pessoas jurídicas, os órgãos e os agentes públicos que exerçam função administrativa.

e) No Brasil, por não existir o modelo da dualidade de jurisdição do sistema francês, o ingresso de ação judicial no Poder Judiciário para questionar ato do poder público é condicionado ao prévio exaurimento da instância administrativa.

COMENTÁRIOS

✪ **Nota do autor:o** regime jurídico administrativo é o **conjunto de princípios** que atribuem à Administração Pública, em um extremo, **prerrogativas** e, no outro, **sujeições**. Dentre os que diversos princípios que o compõem, há dois que são considerados chamados de **pedras angulares** ou **pedras de toque**[1] do direito administrativo, quais sejam, o princípio da **supremacia do interesse público** e o princípio da **indisponibilidade do interesse público.**

Alternativa correta: letra "d". A Administração Pública em sentido amplo engloba a atividade política e a atividade administrativa, incluindo tanto os órgãos governamentais quanto os órgãos administrativos. Já em sentido estrito, corresponde, exclusivamente, à função administrativa exercida pelos órgãos administrativos. No sentido estrito, a Administração Pública pode ser subdividida em: a)sentido subjetivo, formal ou orgânico, pelo qual diz respeito ao conjunto de pessoas jurídicas, órgãos públicos e agentes públicos que realizam a atividade administrativa, isto é, leva-se em conta quem faz a atividade administrativa, quem integra a Administração Pública; b) sentido objetivo, material ou funcional, que diz respeito à atividade destinada a satisfazer as necessidades coletivas, ou seja, a atividade administrativa, que compreende o serviço público, a polícia administrativa, o fomento e a intervenção. Nesse sentido, a relevância é dada à função, ao conteúdo da atividade e não quem a executa, ou seja, interessa o que é realizado.

Alternativa "a". As empresas públicas e sociedades de economia mista são, necessariamente, pessoas jurídicas de **direito privado** e integram a **Administração Pública Indireta.**

Alternativa "b". Descentralização é a distribuição de competências de uma pessoa física ou jurídica para outra (**distribuição externa de competências**), ao passo que **desconcentração** é a distribuição de competências dentro de uma mesma pessoa jurídica, em razão da sua organização hierárquica (**distribuição interna de competências**).

Alternativa "c". O princípio da **legalidade** é aquele que, de maneira mais íntima, representa o Estado de Direito, revelando a supremacia da lei e, dessa maneira, constitui-se importantíssima forma de tutela dos direitos fundamentais. O **princípio da legalidade** não apresenta conteúdo idêntico para o particular e para a Administração Pública. Para esta, significa que **a atuação administrativa deve se dar em conformidade com a lei, com o direito**. Assim, ao administrador somente é permitido agir de acordo com a lei, não vigorando a autonomia da vontade, prevalente na esfera privada, em que o particular não é obrigado senão em virtude de lei. São esses os dois principais aspectos do princípio da legalidade: seguir a lei e não contrariar a lei. Como bem ressalta Thiago Marrara, são as regras da **"reserva legal"** e da **"supremacia da lei"** e pode ser sintetizado, respectivamente, nas expressões **"nada sem lei"** e **"nada contra a lei"**[2].

Alternativa "e". De fato, no Brasil, vigora o sistema da **unicidade jurisdicional**, diferentemente do que ocorre na França, que conta com uma justiça administrativa especializada e outra justiça comum. Todavia, no Brasil, não é necessário o exaurimento da via administrativa para possível seja aceder ao Judiciário, salvo em situações excepcionais, como a do art. 217, § 1º, da Constituição Federal, que destaca que "o Poder Judiciário só admitirá ações relativas à disciplina e às competições desportivas após esgotarem-se as instâncias da justiça desportiva, regulada em lei".

---

03. (ACAFE – Delegado de Polícia – SC/2014) Considere a definição de Direito Administrativo e assinale a alternativa correta.

a) É o conjunto dos princípios jurídicos de direito público que tratam da Administração Pública, suas entidades, órgãos e agentes públicos.

b) É o conjunto dos princípios jurídicos de direito público que têm como estudo o Serviço Público.

c) É o conjunto dos princípios jurídicos de direito público que regem as relações jurídicas entre órgãos do Estado.

d) É o conjunto dos princípios jurídicos de direito público e privado que tratam da Administração Pública, suas entidades, órgãos e agentes públicos.

e) É o conjunto dos princípios jurídicos de direito público e privado que têm como estudo os atos do Poder Executivo.

COMENTÁRIOS

Alternativa correta: letra "a" (responde as demais alternativas). Na clássica lição de Hely Lopes Meirelles, o Direito Administrativo pode ser definido como "o conjunto de princípios jurídicos que regem os órgãos, os agentes e as atividades públicas tendentes a realizar, concreta, direta e imediatamente, os fins desejados pelo Estado"[3].

Alternativa "b". A **atividade administrativa** engloba, para além do serviço público, o exercício do poder de polícia, as atividades de fomento, dentre tantas outras.

Alternativa "c". Os **princípios da Administração Pública** não se restringem à Administração Pública Direta e a seus órgãos, sendo, ainda, de imperiosa observância pelas **pessoas administrativas**, integrantes da **Administração Pública Indireta.**

---

1. MELLO, Celso Antônio Bandeira de. *Curso de direito administrativo.* 27. ed. São Paulo: Malheiros, 2010. p. 55 e 57.

2. As fontes do direito administrativo e o princípio da legalidade. In: DI PIETRO, Maria Sylvia Zanella; RIBEIRO, Carlos Vinicius Alves (coord.). *Supremacia do interesse público e outros temas relevantes do direito administrativo.* São Paulo: Altas, 2010. p. 232.

3. MEIRELLES, Hely Lopes. *Direito administrativo brasileiro.* 36. ed.São Paulo: Malheiros, 2010. p. 17.

Alternativas "d" e "e". O Direito Administrativo é responsável por instituir o regime de direito público e, não obstante existam pessoas de direito privado na administração indireta, as normas de direito privado que podem ser a elas aplicadas não são estabelecidas pelo Direito Administrativo.

04. (Vunesp – Delegado de Polícia – SP/2014) O conceito de Direito Administrativo é peculiar e sintetiza-se no conjunto harmônico de princípios jurídicos que regem os órgãos, os agentes e as atividades públicas tendentes a realizar concreta, direta e imediatamente os fins desejados pelo Estado. A par disso, é fonte primária do Direito Administrativo

a) a jurisprudência.

b) os costumes.

c) os princípios gerais de direito.

d) a lei, em sentido amplo.

e) a doutrina.

COMENTÁRIOS

✪ **Nota do autor:** no senso comum, a palavra fonte representa a ideia de origem, de nascedouro. E, no direito, não é diferente, pois **são das fontes jurídicas que surgem, emanam as normas jurídicas**. São as "formas que o revelam"[4].

Alternativa correta: letra "D". Como é inerente a um Estado de Direito, a **principal fonte normativa é a lei**. Todavia, aqui lei deve ser compreendida no **sentido amplo**, abrangendo **todos os atos legislativos e não somente a lei em sentido estrito**. São as chamadas **fontes primárias.**

Alternativa "a" (responde as alternativas "b", "c" e "e"). A **doutrina**, a **jurisprudência** e os **princípios gerais do direito** são considerados **fontes secundárias do Direito Administrativo**. Quanto ao **costume**, é forte a corrente que nega sua condição de fonte do direito administrativo; assim, de maneira objetiva, para as provas de concurso, é necessário lembrar que o costume **para uma parte da doutrina é fonte e para outra parte não é.**

05. (Vunesp – Delegado de Polícia – SP/2014) A Administração Pública, em sentido

a) objetivo, material ou funcional, designa os entes que exercem a atividade administrativa.

b) amplo, objetivamente considerada, compreende a função política e a função administrativa.

c) estrito, subjetivamente considerada, compreende tanto os órgãos governamentais, supremos, constitucionais, como também os órgãos administrativos, subordinados e dependentes, aos quais incumbe executar os planos governamentais.

d) estrito, objetivamente considerada, compreende a função política e a função administrativa.

e) subjetivo, formal ou orgânico, compreende a própria função administrativa que incumbe, predominantemente, ao Poder Executivo.

COMENTÁRIOS

Alternativa correta: letra "B" (responde as demais alternativas). A Administração Pública pode ser vista em vários sentidos, destacando-se em sentido amplo e estrito e em sentido subjetivo ou objetivo[5]: a) Administração Pública **em sentido amplo** engloba a **atividade política e a atividade administrativa**, incluindo tanto os órgãos governamentais quanto os órgãos administrativos, destinados à execução dos planos de governo; b) Administração Pública **em sentido estrito** corresponde exclusivamente à **função administrativa** exercida pelos órgãos administrativos. A Administração pode, ainda, ser analisada no sentido objetivo, material ou funcional e no sentido subjetivo, formal ou orgânico: a) **sentido subjetivo, formal ou orgânico**: diz respeito ao **conjunto de pessoas jurídicas, órgãos públicos e agentes públicos** que realizam a atividade administrativa; quem integra a Administração Pública; b) **sentido objetivo, material ou funcional**: refere-se à Administração Pública como **atividade destinada a satisfazer as necessidades coletivas; é a atividade administrativa.**

06. (Delegado de Polícia – MG/ 2011 – ACADEPOL) Em relação à interação do direito administrativo, com os demais ramos de direito, analise as afirmativas a seguir:

I. O direito administrativo é que dá mobilidade ao direito constitucional.

II. O direito administrativo tem vínculo com o direito processual civil e penal.

III. As normas de arrecadação de tributos podem ser tidas como de direito administrativo.

IV. A teoria civilista dos atos e negócios jurídicos têm aplicação supletiva aos atos e contratos administrativos.

Marque a alternativa CORRETA.

a) apenas as afirmativas I, II e III estão corretas.

b) apenas as afirmativas II e IV estão corretas.

c) apenas as afirmativas I e II estão corretas.

d) as afirmativas I, II, III e IV estão corretas.

COMENTÁRIOS

✪ **Nota do autor:** O Direito Administrativo é o ramo do direito que, em essência, pode ser compreendido como o "**conjunto de normas e princípios que regem a Administração Pública**"[6]. Como os demais ramos do direito, o Direito Administrativo não é estanque e incomu-

4. MELLO, Oswaldo Aranha Bandeira de. *Princípios gerais de direito administrativo*. 3 ed. São Paulo: Malheiros, 2007. v. 1. p. 219.

5. DI PIETRO, Maria Sylvia Zanella. *Direito administrativo*. 36 ed. São Paulo: Malheiros, 2010. p. 64.

6. MEDAUAR, Odete. *Direito administrativo moderno*. 14. ed. São Paulo: Revista dos Tribunais, 2010. p. 36. Original sem destaque.

nicável com as demais áreas do direito; ao contrário, com elas relaciona-se.

Alternativa correta: letra "D". Estão corretos os itens I, II, III e IV.

Item I. Certo. Sem dúvida, o ramo do direito mais próximo ao Direito Administrativo é o Direito Constitucional, pois é neste que estão as bases daquele e, conforme José dos Santos Carvalho Filho, o Direito Administrativo é o lado dinâmico do Direito Constitucional[7].

Item II. Certo. Por certo que o Direito Administrativo relaciona-se com o direito processual, pois nele também há processo, qual seja, o processo administrativo e, por exemplo, neste, também, devem ser observados os princípios do contraditório e ampla defesa.

Item III. Certo. O poder de polícia é matéria que faz forte conexão entre o Direito Administrativo e o Direito Tributário e, quanto às normas de arrecadação tributária, "se inserem dentro do Direito Administrativo"[8].

Item IV. Certo. Os atos e os contratos administrativos têm conformação própria no Direito Administrativo e, por exemplo, nos contratos administrativos são admitidas as cláusulas exorbitantes, o que é vedado nos contratos de direito privado. Entretanto, há comunicação entre os institutos administrativos e civilistas como é o caso da aplicação – com mitigação, diga-se de passagem – da cláusula da exceção do contrato não cumprido (*exceptio non adimpleti contractus*) nos contratos administrativos, dentre outros exemplos, havendo, inclusive, disposição legal a respeito como é o caso do art. 54 da Lei nº 8.666/93.

2. REGIME JURÍDICO ADMINISTRATIVO

- CF, art. 37, *caput*
- Lei nº 9.784/99, art. 2º

07. (Fumarc – Delegado de Polícia – PC – MG/2018) Sobre os princípios da Administração Pública, é CORRETO afirmar que:

a) a efetivação de pagamento de precatório em desobediência à ordem cronológica traduz violação ao princípio da impessoalidade, à luz do qual é vedada a atuação administrativa dissociada da moral, dos princípios éticos, da boa-fé e da lealdade.

b) em consonância com o princípio da legalidade, estatuído no artigo 37, caput, da CR/88, a Administração Pública pode fazer tudo o que a lei não proíbe.

c) não são oponíveis às Sociedades de Economia Mista, haja vista que essas sociedades são regidas pelo regime de direito privado.

d) o princípio da supremacia do interesse público não se radica em dispositivo específico da CR/88, ainda que inúmeros aludam ou impliquem manifestações concretas dele.

COMENTÁRIOS

✪ **Nota do autor:** O regime jurídico administrativo é o **conjunto de princípios** que atribuem à Administração Pública, em um extremo, **prerrogativas** e, no outro, **sujeições**. Dentre os que diversos princípios que o compõem, há dois que são considerados chamados de **pedras angulares** ou **pedras de toque**[9] do direito administrativo, quais sejam, o princípio da **supremacia do interesse público** e o princípio da **indisponibilidade do interesse público.**

Alternativa "a": É o **princípio da moralidade** que impõe a atuação administrativa aliada à moral, aos princípios éticos, à boa-fé e à lealdade. Pelo **princípio da impessoalidade**, a atuação da Administração Pública deve ser impessoal, tanto em relação ao administrado quanto em relação a ela própria.

Alternativa "b": O **princípio da legalidade** não apresenta conteúdo idêntico para o particular e para a Administração Pública. Para esta, significa que **a atuação administrativa deve se dar em conformidade com a lei, com o direito**. Assim, ao administrador somente é permitido agir de acordo com a lei, não vigorando a autonomia da vontade, prevalente na esfera privada, em que o particular não é obrigado senão em virtude de lei. São esses os dois principais aspectos do princípio da legalidade: seguir a lei e não contrariar a lei. Como bem ressalta Thiago Marrara, são as regras da **"reserva legal"** e da **"supremacia da lei"** e podem ser sintetizados, respectivamente, nas expressões **"nada sem lei"** e **"nada contra a lei"**[10].

Alternativa "c": Os princípios da Administração Pública aplicam-se a toda Administração Pública, direta e indireta, de tal modo que sendo as sociedades de economia mista pessoas administrativas, a elas impõe-se a observância do preceituado no art. 37, da Constituição Federal, e demais diplomas.

Alternativa "d": Pelo princípio da **supremacia do interesse público, havendo conflito entre o interesse público e o privado, aquele deverá prevalecer.** É o princípio que **confere autoridade à atuação administrativa.** Trata-se de um **princípio implícito**, que, a despeito de muito importante, não consta expresso em nenhum ato legislativo.

Alternativa correta: letra "d".

---

7. *Manual de direito administrativo.* 26. ed. São Paulo: Atlas, 2013. p. 9.
8. CARVALHO FILHO, José dos Santos. *Manual de direito administrativo.* 26. ed. São Paulo: Atlas, 2013. p. 10.
9. MELLO, Celso Antônio Bandeira de. *Curso de direito administrativo.* 27. ed. São Paulo: Malheiros, 2010. p. 55 e 57.
10. As fontes do direito administrativo e o princípio da legalidade. In: DI PIETRO, Maria Sylvia Zanella; RIBEIRO, Carlos Vinicius Alves (coord.). *Supremacia do interesse público e outros temas relevantes do direito administrativo.* São Paulo: Altas, 2010. p. 232.

08. (Fundatec – Delegado de Polícia – PC – RS/2018) Sobre os princípios da Administração Pública, analise as seguintes assertivas:

I. A prisão em flagrante delito de um indivíduo, sob o enfoque de não depender de prévia manifestação do poder judiciário, é uma manifestação concreta do princípio da autotutela administrativa.

II. O uso moderado e progressivo da força, modulador da ação policial, encontra fundamento no princípio da proporcionalidade, que tem por objetivo evitar que a atividade coercitiva do Estado seja exercida em intensidade superior à estritamente necessária para restabelecer a ordem e a segurança pública.

III. No âmbito administrativo, o acesso à informação, por se tratar de um direito público subjetivo de envergadura constitucional, derivado do princípio da publicidade e da transparência, não comporta sigilo como exceção.

IV. A utilização, por parte do servidor público, para fins privados, de um bem regularmente apreendido no âmbito de uma investigação criminal caracteriza violação ao princípio da impessoalidade, sob o enfoque da finalidade, impondo o enquadramento de tal conduta em ato de improbidade administrativa.

Quais estão corretas?

a) Apenas I.
b) Apenas I e II.
c) Apenas II e IV.
d) Apenas III e IV.
e) Apenas II, III e IV.

COMENTÁRIOS

Item I. Errado. Pelo **princípio da autotutela**, a Administração Pública analisa se os atos administrativos já praticados estão em conformidade com a legalidade ou se continuam convenientes e oportunos e, caso verificada a incompatibilidade, anulará o ato, quando possuir vício de legalidade, ou o revogará, quando se tornar inconveniente ou inoportuno diante do interesse público. Há, inclusive, no Supremo Tribunal Federal, as Súmulas 346 ("A Administração Pública pode declarar a nulidade dos seus próprios atos") e 473 ("A Administração pode anular seus próprios atos quando eivados de vícios que os tornem ilegais, porque deles não se originam direitos; ou revogá-los, por motivo de conveniência ou oportunidade, respeitados os direitos adquiridos, e ressalvada, em todos os casos, a apreciação judicial"). A prisão em flagrante se trata de exemplo do princípio da autoexecutoriedade.

Item II. Certo. Há certos doutrinadores que confundem o **princípio da proporcionalidade** com o princípio da **razoabilidade**, muito embora este último possa ser denominado **princípio da proporcionalidade ampla**. O princípio da **proporcionalidade ampla** ou **razoabilidade** não está expresso na Constituição Federal, mas, de acordo com o STF, é **decorrência do princípio do devido processo legal, além de estar positivado na Lei nº 9.784/1999.** Razoável significa ser comedido, moderado, aceitável, sensato, ponderado; assim, decorre do princípio da razoabilidade ou da **proporcionalidade em sentido amplo** o imperativo de que **devem ser adequados os meios utilizados pela Administração Pública para consecução de seus fins.**

Item III. Errado. Pelo princípio da **publicidade**, a **atuação administrativa** não pode ser secreta. Ao contrário, deve ser **transparente** para que, assim, o titular do poder – que é o povo – possa verificar se, realmente, a conduta do administrador estava pautada no interesse público. A regra é que todo ato administrativo deve ser publicado, exceto quando, nos termos do art. 5º, XXXIII, da CF, o "sigilo seja imprescindível à segurança da sociedade e do Estado".

Item IV. Certo. O **princípio da impessoalidade** deve ser visto sob dois aspectos: em **relação ao administrado** e em **relação à própria Administração.** No que se refere ao administrado, a impessoalidade se faz presente na **busca pela finalidade pública** e nunca de interesse particular. No outro sentido – em relação à própria Administração – significa que não é o agente público, enquanto pessoa física, que pratica o ato administrativo, pois, na verdade, quem o faz é a pessoa jurídica à qual pertence o órgão em que o servidor está lotado.

Alternativa correta: letra "c". Estão corretos os itens II e IV.

09. (Vunesp – Delegado de Polícia – PC – SP/2018) Os princípios administrativos podem ser utilizados para fins de controle de constitucionalidade dos atos administrativos pelo Poder Judiciário, sendo o que se observa na alternativa a seguir:

a) a nomeação de cônjuge da autoridade nomeante para o exercício de cargo em comissão ou de confiança na Administração Pública do Estado viola a Constituição Federal.
b) o ato administrativo eivado de ilegalidade deverá ser revogado pelo administrador público, em obediência ao princípio administrativo da discricionariedade.
c) ao titular do cargo de procurador de autarquia exige-se a apresentação de instrumento de mandato para representá-la em juízo.
d) não é possível a autotutela sobre os atos administrativos após a sua impugnação no Poder Judiciário.
e) o princípio da pessoalidade é corolário da isonomia e da legalidade, sendo centrais à ação administrativa.

COMENTÁRIOS

✪ **Nota do autor:** Hoje, os princípios são "[...] **o fundamento de regras jurídicas e têm uma idoneidade irradiante que lhes permite <ligar> ou cimentar objectivamente todo o sistema constitucional**"[11]. Não

11. CANOTILHO, José Joaquim Gomes. *Direito constitucional e teoria da constituição*. 3. ed. Coimbra: Almedina. 1999. p. 1089. Original sem destaque.

são mais vistos, apenas, como repositório de valores, mas, na verdade, **são normas** e, assim, **dizem o que deve ser**. Isso implica que a interpretação jurídica deve ser feita a partir dos princípios constitucionais para os demais atos normativos. Dessa maneira, deve haver o estudo de determinado princípio e, partindo dele, realizar a análise da compatibilidade de determinada lei.

Alternativa "a": Os princípios constitucionais vinculam a atividade da Administração Pública e, nesse sentido, o STF decidiu, no RE 579.951, que a vedação ao "nepotismo não depende de lei formal para coibir a prática. Proibição que decorre diretamente dos princípios contidos no art. 37, *caput*, da Constituição Federal". Dessa forma, a Resolução nº 7 do Conselho Nacional de Justiça é um ato administrativo normativo aplicável no âmbito do Poder Judiciário, mas, por outro lado, não há necessidade de lei para se coibir a nefasta prática do nepotismo, em razão da força normativa dos princípios constitucionais especialmente, no caso, do princípio da moralidade. Inclusive, na mesma esteira, o Supremo Tribunal Federal aprovou a Súmula Vinculante nº 13, dispondo sobre a vedação do nepotismo: "A nomeação de cônjuge, companheiro ou parente em linha reta, colateral ou por afinidade, até o terceiro grau, inclusive, da autoridade nomeante ou de servidor da mesma pessoa jurídica investido em cargo de direção, chefia ou assessoramento, para o exercício de cargo em comissão ou de confiança ou, ainda, de função gratificada na administração pública direta e indireta em qualquer dos poderes da União, dos Estados, do Distrito Federal e dos Municípios, compreendido o ajuste mediante designações recíprocas, viola a Constituição Federal". Deve ficar bem claro que a proibição apenas alcança os **ocupantes de cargo em comissão**, não atingindo o ingresso por concurso público, pois, no caso, há cargo efetivo e não comissionado.

Alternativa "b": O ato administrativo ilegal poderá ser anulado pela Administração Pública, em respeito ao princípio da autotutela. Nesse sentido, veja o teor da Súmula nº 473 do STF: *"A Administração pode anular seus próprios atos quando eivados de vícios que os tornem ilegais, porque deles não se originam direitos; ou revogá-los, por motivo de conveniência ou oportunidade, respeitados os direitos adquiridos, e ressalvada, em todos os casos, a apreciação judicial".*

Alternativa "c": "Ao titular do cargo de procurador de autarquia **não** se exige a apresentação de instrumento de mandato para representá-la em juízo" (Súmula nº 644 do STF), à luz do princípio da impessoalidade.

Alternativa "d": É dever da Administração Pública o controle de seus próprios atos, quanto à legalidade e quanto ao mérito. Assim, independentemente da impugnação perante o Judiciário, é possível a autotutela sobre os atos administrativos.

Alternativa "e": O princípio da **impessoalidade** é corolário da isonomia e da legalidade, sendo centrais à ação administrativa. Pelo **princípio da impessoalidade, a atuação da Administração Pública deve ser dirigida a todos**, sem discriminação, buscando a finalidade pública e, **quando atua, quem, na verdade, pratica o ato é a própria Administração Pública** e não o agente público como pessoa física, vedando-se, por isso, qualquer tipo de promoção pessoal em razão da atuação administrativa.

Alternativa correta: letra "a".

---

10. (IBADE – Delegado de Polícia – AC/2017) Acerca dos princípios que informam o Direito Administrativo Brasileiro, é correto afirmar que a(o):

a) nomeação de cônjuge, companheiro ou parente em linha reta, colateral ou por afinidade, até o quarto grau, inclusive, da autoridade nomeante ou de servidor da mesma pessoa jurídica investido em cargo de direção, chefia ou assessoramento, para o exercício de cargo em comissão ou de confiança ou, ainda, de função gratificada na Administração Pública direta e indireta em qualquer dos poderes da União, dos Estados, do Distrito Federal e dos Municípios, compreendido o ajuste mediante designações recíprocas, viola a Constituição Federal.

b) Supremo Tribunal Federal já possui pacífica jurisprudência no sentido de que o Chefe do Poder Executivo Estadual pode nomear parentes em linha reta, a exemplo de uma filha, para o cargo de Secretária de Estado, porque se trata de uma escolha política e o fato do cargo de Secretário de Estado ser de natureza política torna esta nomeação insuscetível de controle.

c) princípio da publicidade considera-se atendido sempre que houver a publicação de atos no Diário Oficial, sendo, por conseguinte, desnecessária qualquer medida adicional por parte da Administração Pública.

d) princípio da legalidade tem idêntica aplicação para os particulares e para a Administração Pública, significando a possibilidade de realização de atos que não sejam vedados pelo ordenamento jurídico.

e) Supremo Tribunal Federal possui entendimento no sentido de que vedar o acesso de qualquer cidadão a cargo público tão somente em razão da existência de relação de parentesco com servidor público que não tenha competência para o selecionar ou o nomear para o cargo de chefia, direção ou assessoramento, ou que não exerça ascendência hierárquica sobre aquele que possua essa competência é, em alguma medida, negar um dos princípios constitucionais a que se pretendeu conferir efetividade com a edição da Súmula Vinculante nº 13, qual seja, o princípio da impessoalidade.

COMENTÁRIOS

✪ **Nota do autor:** O regime jurídico administrativo é o **conjunto de princípios** que atribuem à Administração Pública, em um extremo, **prerrogativas** e, no outro, **sujeições**. Dentre os que diversos princípios que o compõem, há dois que são considerados chamados de **pedras angulares** ou **pedras de toque**[12] do direito administrativo, quais sejam, o princípio da **supremacia do interesse público** e o princípio da **indisponibilidade do interesse público.**

Alternativa correta: letra "e" (responde a alternativa "a"). O exemplo comumente apresentado como materialização do princípio da moralidade é, justamente, a **vedação ao nepotismo**, pois não há lei específica vedando a contratação de parentes para cargos comissionados na Administração Pública. Nesse sentido, o STF aprovou a **Súmula Vinculante nº 13** e, por ela, está proibida a nomeação para cargo em comissão do **cônjuge ou companheiro e dos parentes, em linha reta, colateral e por afinidade, até o 3º grau, inclusive, da autoridade nomeante ou de servidor que já é ocupante de cargo em comissão na mesma pessoa jurídica**. Ocorre que a 2ª Turma do Supremo Federal Tribunal firmou entendimento de que vedar o acesso de qualquer cidadão a cargo público tão somente em razão da existência de relação de parentesco com servidor público que não tenha competência para o selecionar ou o nomear para o cargo de chefia, direção ou assessoramento, ou que não exerça ascendência hierárquica sobre aquele que possua essa competência é, em alguma medida, negar o princípio da impessoalidade. Nesse sentido, é a Reclamação nº 18.564, recentemente julgada pelo Supremo Tribunal Federal, na qual ficou assentado que "é imprescindível a perquirição de projeção funcional ou hierárquica do agente político ou do servidor público de referência no processo de seleção para fins de configuração objetiva de nepotismo na contratação de pessoa com relação de parentesco com ocupante de cargo de direção, chefia ou assessoramento no mesmo órgão, salvo ajuste mediante designações recíprocas."

Alternativa "b". O STF delimitou os efeitos da Súmula Vinculante nº 13, na Rcl 6.650-MC-Agr/PR, fixando entendimento de que a vedação não se estende aos agentes políticos, sendo restrita a cargos administrativos. Entretanto, posteriormente a essa decisão, o STF vem se posicionando no sentido de que tal exceção não é absoluta, ou seja, o entendimento de que a Súmula Vinculante nº 13 não é aplicável quando se tratar de nomeação para cargo em comissão de natureza política não se aplica no caso de nomeação de parente para o cargo em comissão com a manifesta intenção de fraudar a lei como ocorre, por exemplo, nas hipóteses de nomeação decorrente de "comprovada troca de favores ou de evidente inaptidão do nomeado para seu exercício", conforme decidido no RE 825.862.

Alternativa "c". Pelo princípio da **publicidade**, a **atuação administrativa** não pode ser secreta. Ao contrário, deve ser **transparente** para que, assim, o titular do poder – que é o povo – possa verificar se, realmente, a conduta do administrador estava pautada no interesse público. A regra é que todo ato administrativo deve ser publicado, exceto quando, nos termos do art. 5º, XXXIII, da CF, o "sigilo seja imprescindível à segurança da sociedade e do Estado". Todavia, não é possível afirmar que, apenas, a publicação dos atos na imprensa oficial seria suficiente para dar cumprir o comando normativo contido no princípio da publicidade, pois a lei de acesso à informação, Lei nº 12.527/2011, prevê todo o regramento legal para dar concretude a esse princípio e determina, por exemplo, no art. 3º a observância das seguintes diretrizes: "I – observância da publicidade como preceito geral e do sigilo como exceção; II – divulgação de informações de interesse público, independentemente de solicitações; III – utilização de meios de comunicação viabilizados pela tecnologia da informação; IV – fomento ao desenvolvimento da cultura de transparência na administração pública; V – desenvolvimento do controle social da administração pública."

Alternativa "d". O princípio da **legalidade** é aquele que, de maneira mais íntima, representa o Estado de Direito, revelando a supremacia da lei e, dessa maneira, constitui-se importantíssima forma de tutela dos direitos fundamentais. O **princípio da legalidade** não apresenta conteúdo idêntico para o particular e para a Administração Pública. Para esta, significa que **a atuação administrativa deve se dar em conformidade com a lei, com o direito**. Assim, ao administrador somente é permitido agir de acordo com a lei, não vigorando a autonomia da vontade, prevalente na esfera privada, em que o particular não é obrigado senão em virtude de lei. São esses os dois principais aspectos do princípio da legalidade: seguir a lei e não contrariar a lei. Como bem ressalta Thiago Marrara, são as regras da **"reserva legal"** e da **"supremacia da lei"** e pode ser sintetizado, respectivamente, nas expressões **"nada sem lei"** e **"nada contra a lei"**[13].

---

11. (Cespe – Delegado de Polícia – PE/2016) Tendo como referência a jurisprudência majoritária do STF acerca dos princípios expressos e implícitos da administração pública e do regime jurídico-administrativo, assinale a opção correta.

a) Se houver repasse de verbas federais a município, a aplicação desses recursos pelo governo municipal não será objeto de fiscalização do órgão controlador federal, dado o princípio da autonomia dos entes federados.

b) A alteração, por meio de portaria, das atribuições de cargo público não contraria direito líquido e certo do servidor público investido no cargo, diante da inexistência de direito adquirido a regime jurídico.

c) A administração pública não pode, mediante ato próprio, desconsiderar a personalidade jurídica de empresa fiscalizada por tribunal de contas; a esse caso não se aplica a doutrina dos poderes implícitos.

d) Segundo o STF, a vedação ao nepotismo decorre diretamente de princípios constitucionais explícitos,

12. MELLO, Celso Antônio Bandeira de. *Curso de direito administrativo*. 27. ed. São Paulo: Malheiros, 2010. p. 55 e 57.

13. As fontes do direito administrativo e o princípio da legalidade. In: DI PIETRO, Maria Sylvia Zanella; RIBEIRO, Carlos Vinicius Alves (coord.). *Supremacia do interesse público e outros temas relevantes do direito administrativo*. São Paulo: Altas, 2010. p. 232.

como os princípios da impessoalidade, da moralidade administrativa e da igualdade, não se exigindo a edição de lei formal para coibir a sua prática.

e) De acordo com o princípio da eficiência, a administração pode revogar seus próprios atos, quando eivados de vícios que os tornem ilegais, porque deles não se originam direitos. Também pode anulá-los, por motivo de conveniência ou oportunidade, hipótese na qual devem ser respeitados os direitos adquiridos.

COMENTÁRIOS

✪ **Nota do autor:** Nos termos do artigo 37, *caput*, da Constituição Federal, a administração pública direta e indireta de qualquer dos Poderes da União, dos Estados, do Distrito Federal e dos Municípios obedecerá aos **princípios de legalidade, impessoalidade, moralidade, publicidade e eficiência.** São os princípios explícitos da Administração Pública. Além deles, há princípios implícitos como é o caso, por exemplo, do princípio da motivação. O reconhecimento dos princípios implícitos na Constituição Federal em Constituição estadual ou mesmo em legislação infraconstitucional é totalmente possível.

Alternativa correta: letra "d". Os princípios constitucionais vinculam a atividade da Administração Pública e, nesse sentido, o STF decidiu, no RE 579.951, que a vedação ao "nepotismo não depende de lei formal para coibir a prática. Inclusive, na mesma esteira, o Supremo Tribunal Federal aprovou a Súmula Vinculante nº 13, dispondo sobre a vedação do nepotismo: "A nomeação de cônjuge, companheiro ou parente em linha reta, colateral ou por afinidade, até o terceiro grau, inclusive, da autoridade nomeante ou de servidor da mesma pessoa jurídica investido em cargo de direção, chefia ou assessoramento, para o exercício de cargo em comissão ou de confiança ou, ainda, de função gratificada na administração pública direta e indireta em qualquer dos poderes da União, dos Estados, do Distrito Federal e dos Municípios, compreendido o ajuste mediante designações recíprocas, viola a Constituição Federal".

Alternativa "a". Se houver repasse de verbas federais a município, a aplicação desses recursos pelo governo municipal **será objeto de fiscalização pelo Tribunal de Contas da União**, à luz do que dispõe o art. 71, VI, da Constituição Federal, que determina que compete a este órgão "fiscalizar a aplicação de quaisquer recursos repassados pela União mediante convênio, acordo, ajuste ou outros instrumentos congêneres, a Estado, ao Distrito Federal ou a Município".

Alternativa "b". A alteração, por meio de portaria, das atribuições de cargo público contraria direito líquido e certo do servidor público investido no cargo e, ainda, **viola o princípio da legalidade**. De fato, o servidor público não tem direito adquirido ao regime jurídico-funcional, mas as alterações devem ser implementadas por meio de lei e não por ato administrativo.

Alternativa "c". A administração pública pode, mediante ato próprio, desconsiderar a personalidade jurídica de empresa fiscalizada por tribunal de contas. Essa possibilidade é considerada decorrência implícita dos princípios aplicáveis à Administração Pública, em especial, da **indisponibilidade de interesse público.** Ressalva-se, todavia, que poderia ser questionada essa alternativa porque o enunciado pede a solução conforme a jurisprudência do STF e, na corte constitucional, há a decisão monocrática do Ministro Celso de Mello no MS 32.494 suspendendo liminarmente decisão do TCU que aplicou a teoria da desconsideração da personalidade jurídica em procedimento administrativo referente a licitação para compra de trilhos para estrada de ferro pela estatal Valec. Na ocasião, o ministro enfatizou que concedeu a liminar em razão do STF ainda não ter se manifestado sobre a possibilidade de aplicação da desconsideração da personalidade jurídica, no âmbito administrativo, mediante deliberação do TCU. O ministro ressaltou, ainda, que a questão é de grande relevância porque a aplicação do instituto da desconsideração da personalidade jurídica, pelo TCU, "encontraria suporte legitimador não só na teoria dos poderes implícitos, mas também no princípio constitucional da moralidade administrativa, que representa um dos vetores que devem conformar e orientar a atividade da administração pública em ordem a inibir o emprego da fraude e a neutralizar a prática do abuso de direito, que se revelam comportamentos incompatíveis com a essência ética do direito". Dessa forma, não se pode falar que se trata de jurisprudência majoritária no STF.

Alternativa "e". Pelo princípio da **eficiência**, a Administração Pública **deve atuar de maneira a buscar resultados, e não simplesmente agir.** Isto é, a atuação administrativa deve buscar a **melhor relação custo-benefício**, deve ser feita a otimização dos recursos, o devido planejamento e estabelecimento de metas e a fiscalização do efetivo cumprimento do que fora planejado. A assertiva, na realidade, refere-se ao **princípio da autotutela.**

---

12. (Vunesp – Delegado de Polícia – SP/2014) Desde antigas eras do Direito, já vingava o brocardo segundo o qual "nem tudo o que é legal é honesto" (*non omne quod licet honestum est*). Aludido pensamento vem a tomar relevo no âmbito do Direito Administrativo principalmente quando se começa a discutir o problema do exame jurisdicional do desvio de poder. Essa temática serve, portanto, de lastro para o desenvolvimento do princípio constitucional administrativo

a) explícito da moralidade administrativa.
b) explícito da legalidade.
c) implícito da supremacia do interesse público sobre o privado.
d) implícito da finalidade administrativa.
e) implícito da motivação administrativa.

COMENTÁRIOS

Alternativa correta: letra "A". O princípio da **moralidade** preceitua que **a atuação administrativa além de ser legal tem que ser moral.** Tem que estar de acordo coma **boa-fé,** com a **moral,** com a **ética,** com a **honestidade,** com a **lealdade,** com a **probidade.** Mesmo que determinada situação seja respaldada pelo ordenamento jurídico, o ato pode ser considerado viciado por afrontar o princípio da moralidade.

Alternativa "b". O princípio da **legalidade** é aquele que, de maneira mais íntima, representa o Estado de Direito, revelando a supremacia da lei e, dessa maneira, constitui-se importantíssima forma de tutela dos direitos fundamentais. O **princípio da legalidade** não apresenta conteúdo idêntico para o particular e para a Administração Pública. Para esta, significa que **a atuação administrativa deve se dar em conformidade com a lei, com o direito**. Assim, ao administrador somente é permitido agir de acordo com a lei, não vigorando a autonomia da vontade, prevalente na esfera privada, em que o particular não é obrigado senão em virtude de lei. São esses os dois principais aspectos do princípio da legalidade: seguir a lei e não contrariar a lei. Como bem ressalta Thiago Marrara, são as regras da **"reserva legal"** e da **"supremacia da lei"** e podem ser sintetizados, respectivamente, nas expressões **"nada sem lei"** e **"nada contra a lei"**[14].

Alternativa "c". Pelo princípio da **supremacia do interesse público, havendo conflito entre o interesse público e o privado, aquele deverá prevalecer.** É o princípio que **confere autoridade à atuação administrativa.**

Alternativa "d". Pelo **princípio da finalidade administrativa**, a norma deve ser interpretada e aplicada da forma que melhor garanta a observância do fim público a que se destina.

Alternativa "e". Pelo **princípio da motivação**, em regra, **todo ato administrativo deve ser motivado**, isto é, é necessário **demonstrar, por escrito, os motivos, os pressupostos de fato e de direito, que levaram o administrador a praticar o ato administrativo.**

13. (Fundação Aroeira – Delegado de Polícia – TO/2014) Determinado Delegado de Polícia, no intuito de fazer promoção pessoal com pretensões políticas, convoca a imprensa para comunicar a prisão de marginal procurado, ressaltando as próprias qualidades profissionais e que o êxito da operação decorre de mérito seu (da autoridade). A situação descrita revela flagrante ofensa ao princípio da

a) moralidade.
b) impessoalidade.
c) razoabilidade.
d) publicidade.

COMENTÁRIOS

Alternativa correta: letra "B". O **princípio da impessoalidade** pode ser visto sob dois aspectos: **em relação aos administrados e em relação à própria Administração**. Na questão cuida-se da segunda acepção, ou seja, a impessoalidade em relação à própria Administração, o que significa dizer que a atuação administrativa não deve ser atrelada ao agente público em si, mas, ao contrário, o ato praticado pelo agente público deve ser atribuído, imputado à pessoa jurídica em que o servidor público está lotado.

Alternativa "a". O princípio da **moralidade** preceitua que **a atuação administrativa além de ser legal tem que ser moral.** Tem que estar de acordo coma **boa-fé,** com a **moral,** com a **ética,** com a **honestidade,** com a **lealdade,** com a **probidade.** Mesmo que determinada situação seja respaldada pelo ordenamento jurídico, o ato pode ser considerado viciado por afrontar o princípio da moralidade.

Alternativa "c". O princípio da **razoabilidade** é decorrência direta do princípio do **devido processo legal** e significa que **os meios devem ser adequados aos fins do ato administrativo**; assim, para que a atividade administrativa seja razoável, devem ser adotados **"meios que, para a realização de seus fins, revelam-se adequados, necessários e proporcionais"**[15].

Alternativa "d". Pelo princípio da **publicidade**, a **atuação administrativa** não pode ser secreta. Ao contrário, deve ser **transparente** para que, assim, o titular do poder – que é o povo – possa verificar se, realmente, a conduta do administrador estava pautada no interesse público.

14. (UEL – Delegado de Polícia – PR/2013) É possível encontrar posições jurídicas que entendem ser indissociáveis os princípios da razoabilidade e da proporcionalidade. Entretanto, também há a compreensão que os distingue, afirmando que a razoabilidade está sedimentada na criação norte-americana do devido processo legal substantivo e que a proporcionalidade é extraída da jurisprudência alemã, que dissociou o conceito em três subelementos constitutivos.

Assinale a alternativa que apresenta, corretamente, esses três subelementos.

a) Adequação – necessidade – proporcionalidade em sentido estrito.
b) Adequação – ponderação – razoabilidade em sentido estrito.
c) Efetividade – ponderação – razoabilidade em sentido amplo.
d) Efetividade – necessidade – proporcionalidade em sentido estrito.
e) Ponderação – necessidade – razoabilidade em sentido estrito.

COMENTÁRIOS

Alternativa correta: letra "A" (responde as demais alternativas). Pelo **princípio da proporcionalidade**,

---

14. As fontes do direito administrativo e o princípio da legalidade. In: DI PIETRO, Maria Sylvia Zanella; RIBEIRO, Carlos Vinicius Alves (coord.). *Supremacia do interesse público e outros temas relevantes do direito administrativo*. São Paulo: Altas, 2010. p. 232.

15. CUNHA JÚNIOR, Dirley de. *Curso de direito administrativo*. 8 ed. Salvador: Juspodivm, 2009. p. 50

aplicável ao Direito Administrativo, **os meios devem ser adequados aos fins do ato administrativo.** Possui como requisitos: **utilidade ou adequação, necessidade ou exigibilidade e a proporcionalidade em sentido estrito**. Assim, para que a atividade administrativa seja proporcional, devem ser adotados "**meios que, para a realização de seus fins, revelem-se adequados, necessários e proporcionais**"[16].

15. (FUNCAB – Delegado de Polícia – RJ/2012) No que se refere aos princípios que orientam a atividade administrativa, assinale a alternativa correta.

a) Ao contrário do princípio da legalidade que é um princípio-fim, os princípios da publicidade e da impessoalidade são princípios-meio.

b) São alguns dos princípios constitucionais explícitos: eficiência, impessoalidade, proporcionalidade, legalidade e moralidade.

c) O princípio da razoabilidade incide sobre o exercício das funções públicas, exceto sobre a função legislativa.

d) O Poder Executivo, no exercício de sua atividade típica, não se sujeita ao princípio da segurança jurídica que predomina na atividade jurisdicional, razão que leva a moderna doutrina administrativista a defender a inexistência de coisa julgada administrativa.

e) Assim como ocorre na esfera judicial, em que certos atos podem ter sua publicidade restrita em virtude da preservação da intimidade das partes, alguns atos administrativos também poderão ter sua publicidade restrita com amparo em dispositivo da Constituição Federal.

COMENTÁRIOS

Alternativa correta: letra "E". Pelo princípio da **publicidade**, a **atuação administrativa** não pode ser secreta. Ao contrário, deve ser **transparente**. A regra é que todo ato administrativo deve ser público, exceto quando, nos termos do art. 5º, XXXIII, da CF, o "sigilo seja imprescindível à segurança da sociedade e do Estado".

Alternativa "a". Alguns autores falam em princípio-fim no sentido de princípio-gênero ou princípio básico. Entretanto, os princípios constitucionais da Administração Pública são todos relevantes na mesma medida e não há, assim, diferenciação entre eles em razão de importância.

Alternativa "b". O **princípio da proporcionalidade não está expresso** na Constituição Federal. De acordo com a jurisprudência do STF, é decorrência direta do **princípio do devido processo legal**. Os demais princípios encontram-se dispostos no art. 37 da CF/88.

Alternativa "c". O princípio da razoabilidade incide sobre o exercício das funções públicas, **inclusive** sobre a função legislativa.

Alternativa "d". Pelo **princípio da segurança jurídica**, deve ocorrer a **tentativa de preservação dos atos administrativos praticados**. Aplica-se a toda a Administração Pública, inclusive ao Poder Executivo. Importa destacar que a coisa julgada administrativa não se equivale à coisa julgada judicial, já que adotamos, no Brasil, o princípio da unidade de jurisdição (art. 5º, XXXV da CF).

16. (Delegado de Polícia – SP/ 2011 – ACADEPOL) Resultados práticos de produtividade e redução de desperdícios na Administração Pública são medidas obtidas por observância ao princípio da

a) finalidade.

b) moralidade.

c) eficiência.

d) razoabilidade.

e) supremacia do interesse público.

COMENTÁRIOS

✪ **Nota do autor:** o estudo dos princípios é essencial, pois, na concepção atual, os princípios constitucionais são a **"norma das normas"**[17] e, dessa maneira, se são normas, dizem o que deve ser e a Administração Pública, direta e indireta, deve obedecer a eles. Em outras palavras, **os princípios constitucionais vinculam a atividade da Administração Pública.** Insta destacar, a título de auxílio ao candidato, que as iniciais dos princípios da Administração Pública consignados no art. 37 da Constituição Federal formam a palavra 'LIMPE' (Legalidade, Impessoalidade, Moralidade, Publicidade e Eficiência).

Alternativa correta: letra "C". Pelo princípio da **eficiência**, a Administração Pública **deve atuar de maneira a buscar resultados, e não simplesmente agir.** Isto é, a atuação administrativa deve buscar a **melhor relação custo-benefício**, deve ser feita a otimização dos recursos, o devido planejamento e estabelecimento de metas e a fiscalização do efetivo cumprimento do que fora planejado.

Alternativa "a". No que toca ao princípio da **finalidade**, Celso Antônio Bandeira de Mello ensina que ele "impõe que o administrador ao manejar as competências postas a seu encargo, atue com a rigorosa obediência à finalidade de cada qual"[18]. Trata-se, assim, de princípio que impõe ao administrador a obrigação de praticar o ato administrativo com vistas à realização da finalidade perseguida pela lei.

Alternativa "b". O princípio da **moralidade** preceitua que **a atuação administrativa além de ser legal tem que ser moral.** Tem que estar de acordo coma **boa-fé,** com a **moral**, com a **ética**, com a **honestidade,** com a **lealdade,** com a **probidade.** Mesmo que determinada situação seja respaldada pelo ordenamento jurídico, o

16. CUNHA JÚNIOR, Dirley da. *Curso de direito administrativo*. 8 ed. Salvador: Juspodivm, 2009. p. 50.

17. BONAVIDES, Paulo. *Curso de direito constitucional*. 24. ed. São Paulo: Malheiros, 2009. p. 294.

18. *Curso de direito administrativo*. 26 ed. São Paulo: Malheiros, 2009. p. 65.

ato pode ser considerado viciado por afrontar o princípio da moralidade.

Alternativa "d". O princípio da **razoabilidade** é decorrência direta do princípio do **devido processo legal** e significa que **os meios devem ser adequados aos fins do ato administrativo.** Assim, para que a atividade administrativa seja razoável, devem ser adotados **"meios que, para a realização de seus fins, revelam-se adequados, necessários e proporcionais"**[19].

Alternativa "e". Pelo princípio da **supremacia do interesse público, havendo conflito entre o interesse público e o privado, aquele deverá prevalecer.** É o princípio que **confere autoridade à atuação administrativa.**

3. ADMINISTRAÇÃO PÚBLICA E TERCEIRO SETOR

- CF, art. 37, XIX, XX e § 8º
- CF, art. 173 e 175
- Decreto-Lei nº 200/67
- Decreto-Lei nº 900/69, art. 5º
- Lei nº 9.649/98, art. 51
- Lei nº 13.303/16
- Lei nº 11.107/05
- Lei nº 9.637/98
- Lei nº 9.790/99

17. (Fumarc – Delegado de Polícia – PC – MG/2018) A Lei n. 13.303/2016, em seu artigo 3°, traz o seguinte conceito: "entidade dotada de personalidade jurídica de direito privado, com criação autorizada por lei e com patrimônio próprio, cujo capital social é integralmente detido pela União, pelos Estados, pelo Distrito Federal ou pelos Municípios". A entidade da administração indireta conceituada é uma:

a) Autarquia.
b) Empresa pública.
c) Fundação pública.
d) Sociedade de economia mista.

COMENTÁRIO

✪ **Nota do autor:** A Administração Pública indireta **é o conjunto de pessoas administrativas com personalidade jurídica de direito público ou de direito privado, patrimônio próprio e autonomia administrativa, vinculadas à administração direta, criadas para o desempenho de determinada atividade administrativa.** São entidades da Administração Pública indireta as **autarquias, as fundações públicas, as empresas públicas, as sociedades de economia mista** e os **consórcios públicos.** Sobre algumas das entidades da Administração Pública indireta, recentemente foi promulgada a Lei nº 13.303/2016, conhecida como Lei das Estatais, que, em seu art. 1º, estabelece que o diploma em questão "(...)dispõe sobre o estatuto jurídico da empresa pública, da sociedade de economia mista e de suas subsidiárias, abrangendo toda e qualquer empresa pública e sociedade de economia mista da União, dos Estados, do Distrito Federal e dos Municípios que explore atividade econômica de produção ou comercialização de bens ou de prestação de serviços, ainda que a atividade econômica esteja sujeita ao regime de monopólio da União ou seja de prestação de serviços públicos".

Alternativa "a": As autarquias são pessoas jurídicas de direito público, criadas por lei específica, com patrimônio próprio e autonomia administrativa, para a execução de atividade típica da Administração Pública. A autarquia integra a administração indireta da pessoa política na qual foi elaborada a lei que a criou. É uma pessoa jurídica que adota o regime jurídico de direito público e, assim, celebra concurso público, licitação, contrato administrativo, seus bens são públicos e possuem prerrogativas processuais (art. 5º, I, do Decreto-Lei nº 200/67).

Alternativa "b": Na forma do art. 3º, *caput*, da Lei nº 13.303/2016, "empresa pública é a entidade dotada de personalidade jurídica de direito privado, com criação autorizada por lei e com patrimônio próprio, cujo capital social é integralmente detido pela União, pelos Estados, pelo Distrito Federal ou pelos Municípios".

Alternativa "c": As **fundações públicas** são pessoas jurídicas de direito público ou de direito privado, com autonomia administrativa e que têm como substrato o patrimônio – próprio –, que são criadas por lei específica ou cuja criação é por ela autorizada, com área de atuação de interesse público, não exclusiva da Administração Pública, definida em lei complementar.

Alternativa "d": O art. 4º, *caput*, da Lei das Estatais, estabelece que "sociedade e economia mista é a entidade dotada de personalidade jurídica de direito privado, com criação autorizada por lei, sob a forma de sociedade anônima, cujas ações com direito a voto pertençam em sua maioria à União, aos Estados, ao Distrito Federal, aos Municípios ou a entidade da administração indireta".

Alternativa correta: letra "b".

18. (Fundatec – Delegado de Polícia – PC – RS/2018) Em relação à organização da Administração Pública, assinale a alternativa correta.

a) O processo de desconcentração administrativa tem por consequência a criação de entidades dotadas de personalidade jurídica própria, distinta do ente político criador.
b) Às entidades que integram a administração indireta podem ser atribuídas, nos termos da lei que as institui, as mesmas competências cometidas ao ente político criador.
c) A teoria do órgão não reconhece a responsabilidade do Estado em relação aos atos praticados pelos

19. CUNHA JÚNIOR, Dirley de. *Curso de direito administrativo*. 8 ed. Salvador: Juspodivm, 2009. p. 50

denominados "funcionários de fato", assim considerados os que foram irregularmente investidos em cargos, empregos ou funções públicas.

d) As autarquias podem desempenhar atividades típicas de estado e, excepcionalmente, explorar atividade econômica.

e) As empresas públicas e sociedades de economia mista, ainda que explorem atividade econômica de prestação de serviços, sujeitam-se ao regime jurídico próprio das empresas privadas, inclusive quanto aos direitos e obrigações civis, comerciais, trabalhistas e tributárias.

COMENTÁRIO

Alternativa "a": O processo de **descentralização** administrativa tem por consequência a criação de entidades dotadas de personalidade jurídica própria, distinta do ente político criador. Na **desconcentração**, há a **repartição interna de competências** e, desse modo, **não são criadas novas pessoas jurídicas.**

Alternativa "b": Não é possível a transferência de todas as competências à pessoa jurídica criada, sobretudo porque compete ao ente criador a fiscalização do cumprimento dos fins da pessoa administrativa para quem foi descentralizado o desempenho de determinada atividade.

Alternativa "c": Podem ser apontadas três teorias para se explicar a relação do Estado com o agente público: teoria do mandato, teoria da representação e teoria do órgão público. Pela primeira, o agente público receberia um mandato do Estado, mas não foi bem recebida porque não se compreende como o Estado, que não tem vontade própria, outorgaria o mandato. Pela segunda teoria, o agente público seria o representante legal do Estado; algo como um curador ou tutor da pessoa política, diferenciando-se, entretanto, pelo fato de que o próprio Estado escolhe seu representante; também, não teve boa acolhida já que equipara o Estado a um incapaz. Pela terceira teoria, o **agente público está lotado no órgão, que, por sua vez, faz parte de uma pessoa jurídica**. Assim, quando o agente pratica o ato é a própria pessoa jurídica quem está atuando. O órgão é o elemento de conexão entre o agente público e a pessoa jurídica. A atuação do agente é imputada, é atribuída, à pessoa jurídica. Assim, a vontade do Estado é manifestada por meio de seus agentes e não somente pelos agentes políticos. Esta última teoria reconhece, plenamente, os atos praticados pelos **"funcionários de fato"**, diferentemente do que consta na alternativa.

Alternativa "d": As autarquias são pessoas jurídicas de direito público, criadas por lei específica, com patrimônio próprio e autonomia administrativa, para a execução de atividade típica da Administração Pública e, desse modo, **não podem explorar atividade econômica**. A autarquia integra a administração indireta da pessoa política na qual foi elaborada a lei que a criou. É uma pessoa jurídica que adota o regime jurídico de direito público e, assim, celebra concurso público, licitação, contrato administrativo, seus bens são públicos e possuem prerrogativas processuais.

Alternativa "e": As empresas públicas e as sociedades de economia mista podem ser exploradoras de atividade econômica ou prestadoras de serviço público. Em ambos os casos, trata-se de pessoa jurídica de direito privado, isto é, o regime jurídico é o previsto no direito privado, todavia, com as derrogações feitas pelo direito público. Ou seja, na verdade, há um regime híbrido, com normas de direito privado e normas de direito público e a harmonização entre essas normas é diferente conforme se trate de exploradora de atividade econômica ou de prestadora de serviço público, pois naquela a maior incidência é de normas de direito privado e nesta predominam as normas de direito público. Por exemplo, não é possível estender às exploradoras de atividade econômica privilégios fiscais não extensivos às pessoas da iniciativa privada, conforme o art. 173, § 2º. De forma diferente ocorre com as prestadoras de serviço público. Nesse sentido, no RE 407.099/RS e no RE 601392/PR, o Supremo Tribunal Federal reconheceu que a Empresa de Correios e Telégrafos (ECT) é prestadora de serviço público (serviço postal) e, ainda, que tal serviço é de prestação obrigatória e exclusiva do Estado, devendo, pois, ser equiparada à Fazenda Pública para fins tributários e, dessa maneira, restou decidido que é merecedora da imunidade tributária recíproca, bem como que se submete ao regime de precatório, já que seus bens não podem ser penhorados.

Alternativa correta: letra "e".

---

19. (Cespe – Delegado de Polícia – PC – SE/2018) A diferença preponderante entre os institutos da descentralização e da desconcentração é que, no primeiro, há a ruptura do vínculo hierárquico e, no segundo, esse vínculo permanece.

COMENTÁRIO

✪ **Nota do autor:** Tanto a desconcentração administrativa quanto a descentralização administrativa são instrumentos que promovem a **distribuição de competências administrativas**, mas não devem ser confundidos.

Na **descentralização**, há uma distribuição externa de competência, de uma pessoa jurídica para a outra. Há a **pessoa jurídica política e a pessoa jurídica que recebeu a atribuição, do ente federativo, para o desempenho de determinada atividade administrativa.** Na **desconcentração**, por seu turno, a pessoa jurídica política se divide em vários órgãos públicos, havendo distribuição interna de competência. De fato, em se tratando de descentralização, **não há hierarquia entre o ente federativo e a pessoa jurídica por ele criada (ou autorizada)** – mas, apenas, um controle finalístico –, ao passo que a hierarquia permanece entre a pessoa administrativa e o órgão público por ela criada. **CERTO**

---

20. (Cespe – Delegado de Polícia – PC – SE/2018) Na administração pública, desconcentrar significa atribuir competências a órgãos de uma mesma entidade administrativa.

COMENTÁRIO

A **desconcentração** representa o exercício da função administrativa de maneira desconcentrada, quer dizer, não há a concentração em um só órgão, mas sim, **a pessoa jurídica política ou administrativa se divide em vários órgãos.** Ocorre a **distribuição interna de competências.** Dá-se distinção entre os níveis de direção e de execução no interior da mesma pessoa jurídica. Para fins informativos, destaque-se a **desconcentração** pode ocorrer: a) em razão da matéria; b) em razão do grau de hierarquia; c) em razão do território. Não pode ser confundida com a descentralização, pela qual a distribuição de competência é externa, ou seja, de uma pessoa jurídica para outra pessoa jurídica. Assim, com a concentração não há divisão de órgãos dentro da mesma pessoa jurídica e com a centralização a pessoa política não transfere para outra pessoa jurídica (por exemplo, uma entidade da administração indireta) a atividade administrativa. **CERTO**

21. (Cespe – Delegado de Polícia – PC – SE/2018) A centralização consiste na execução de tarefas administrativas pelo próprio Estado, por meio de órgãos internos e integrantes da administração pública direta.

COMENTÁRIO

Na **centralização, a pessoa política desempenha a atividade administrativa por seus próprios órgãos.** Não transfere competências para outra pessoa jurídica, **não havendo, desse modo, distribuição externa de competências.** Veja que a atividade pode ser, ao mesmo tempo, exercida de modo centralizado, mas desconcentrado, caso a pessoa política se utilize de órgãos públicos para auxiliá-la no desempenho das suas funções. **CERTO**

22. (Vunesp – Delegado de Polícia – PC – SP/2018) O regime jurídico constitucional das empresas estatais prevê que

a) as empresas estatais não estão sujeitas à regra de concurso público para a seleção de seu quadro de pessoal.
b) os empregados das empresas estatais não gozam de estabilidade, devendo, porém, sua demissão ser devidamente motivada.
c) as empresas estatais prestadoras de serviço público deverão ser criadas por lei, sendo admitida a formação de consórcio.
d) as empresas estatais gozarão do mesmo tratamento jurídico dispensado às autarquias em matéria de regime de pessoal.
e) as obrigações não adimplidas de responsabilidade das empresas estatais deverão ser executadas mediante o regime constitucional de precatórios.

COMENTÁRIO

✪ **Nota do autor:** A questão aborda o regime jurídico das empresas estatais, das quais são espécies as sociedades de economia mista e empresas públicas. Para respondê-la, era necessário o conhecimento do disposto na Constituição Federal sobre o assunto.

Alternativa "a": Ao contrário do afirmado, as empresas estatais devem promover concurso público para seleção de seu pessoal, nos termos do art. 37, II da CF/88: "a investidura em cargo ou emprego público **depende de aprovação prévia em concurso público** de provas ou de provas e títulos, de acordo com a natureza e a complexidade do cargo ou emprego, na forma prevista em lei, ressalvadas as nomeações para cargo em comissão declarado em lei de livre nomeação e exoneração".

Alternativa "b": O tema de motivação da dispensa de empregados das empresas estatais ainda não é pacífico na jurisprudência e, por esse motivo, entendo que não deveria ser cobrado em provas objetivas. No julgamento dos embargos no RE nº 589.998/PI, no ano de 2018, foi fixada a seguinte tese: "A Empresa Brasileira de Correios e Telégrafos – ECT tem o dever jurídico de motivar, em ato formal, a demissão de seus empregados[20]". Nesse sentido, permanece a dúvida no sentido da necessidade de motivação do ato da dispensa do empregado público das empresas estatais.

Esta foi, todavia, a alterativa dada como correta pela banca examinadora do concurso.

Alternativa "c": "Somente por lei específica poderá ser criada autarquia e **autorizada a instituição** de empresa pública, de sociedade de economia mista e de fundação, cabendo à lei complementar, neste último caso, definir as áreas de sua atuação" (art. 37, XIX da CF/88).

Alternativa "d": As autarquias são pessoas jurídicas de direito público, enquanto que as empresas estatais são dotadas de personalidade jurídica de direito privado. Dessa forma, apesar de ambas dependerem da realização de concurso público para a contratação de pessoal, apenas os servidores públicos das autarquias farão jus à estabilidade, o que não ocorre com os empregados públicos das empresas estatais. Não é correto, portanto, o expresso na alternativa, pois existentes distinções entre regime de pessoal das autarquias e das empresas estatais.

Alternativa "e": Por se tratar de pessoa de direito privado, em regra, as estatais **não se submetem ao regime de precatórios**, estabelecido no art. 100 da Constituição Federal, e, assim, seus bens podem ser **penhorados, com exceção daqueles que estiverem vinculados à prestação de serviço público.**

Alternativa correta: letra "b".

23. (IBADE – Delegado de Polícia – AC/2017) Considerando os temas da centralização e descentralização administrativa, da concentração e desconcentração administrativa, bem como dos entes da administração indireta, assinale a alternativa correta.

a) A possibilidade de nomeação, pelo chefe do Poder Executivo, dos dirigentes das autarquias públicas, empresas públicas, sociedades de economia mista e fundações é consequência da hierarquia existente entre a Administração direta e a Administração indireta.

20 Informativo nº 919 do STF.

b) As agências reguladoras são espécies de empresas públicas. Têm por finalidade a normatização técnica de serviços públicos e atividades econômicas.

c) Caso o Estado do Acre edite uma lei criando uma autarquia pública, fala-se em desconcentração administrativa, mantendo-se, assim, a hierarquia entre o novo ente da Administração indireta e a Administração direta.

d) Somente por lei especifica poderá ser criada autarquia e autorizada a instituição de empresa pública, de sociedade de economia mista e de fundação, cabendo à lei complementar ou à lei ordinária, neste último caso, definir as áreas de sua atuação.

e) A agência executiva, autarquia de regime especial, tem por forte característica a operacionalidade e a eficiência. Seu qualificativo como agência executiva é temporário, pois, de ordinário, depende de instrumento firmado perante a Administração direta.

COMENTÁRIOS

✪ **Nota do autor:** A **função administrativa** pode ser desempenhada de maneiras variadas e, inclusive, **pode ser atribuída a outras pessoas jurídicas**, que podem fazer parte da Administração Pública, bem como podem ser do setor privado. Essa possibilidade de a atuação administrativa ser realizada de diferentes maneiras está relacionada com a centralização, descentralização, a concentração e a desconcentração.

Alternativa correta: letra "e". A agência executiva encontra-se prevista na Lei nº 9.649/98, que dispõe sobre a organização da Presidência da República e dos Ministérios. Trata-se de uma qualificação dada a uma autarquia ou a uma fundação pública que celebre contrato de gestão com órgão da Administração Direta a que se acha vinculada para melhoria da eficiência e redução de custos. Trata-se de entidade preexistente que, uma vez preenchidos os requisitos legais, recebe a qualificação de agência executiva, podendo perdê-la, se deixar de atender os mesmos requisitos[21]. Ademais, o art. 51 do referido diploma legal estabelece que "O Poder Executivo poderá qualificar como Agência Executiva a autarquia ou fundação que tenha cumprido os seguintes requisitos: I – ter um plano estratégico de reestruturação e de desenvolvimento institucional em andamento; II – ter celebrado Contrato de Gestão com o respectivo Ministério supervisor." Portanto, a qualificação como agência executiva é temporária porque sua manutenção depende do cumprimento do contido no contrato de gestão. Por fim, destaca-se que a alternativa, apesar de ter sido considerada como correta pela banca, deve ser vista com ressalva, pois a agência executiva não, necessariamente, é uma autarquia em regime especial, já que se trata de título que pode ser concedido, de igual maneira, a uma fundação pública.

21. DI PIETRO, Maria Sylvia Zanella. *Direito Administrativo.* 24 ed. São Paulo: Atlas, 2011.p. 476.

Alternativa "a". O controle administrativo é conhecido como controle finalístico ou tutela administrativa, pelo qual a administração direta verifica se a entidade administrativa está cumprindo a finalidade para a qual foi criada, ressaltando-se que, como não é órgão e sim uma pessoa jurídica, não há hierarquia, mas vinculação; isto é, uma autarquia, por exemplo, está vinculada à administração direta e não subordinada.

Alternativa "b". A agência reguladora é uma entidade administrativa da Administração Pública indireta, com personalidade de direito público, criada para exercer a regulação, o controle administrativo, a fiscalização, a disciplina sobre a prestação de um determinado serviço público ou a realização de alguma atividade econômica. Tendo personalidade de direito público, **as agências reguladoras não são empresas estatais.**

Alternativa "c". Caso o Estado do Acre edite uma lei criando uma autarquia pública, fala-se em **descentralização administrativa**, uma vez que há **repartição externa de competências**, com a criação de nova pessoa jurídica, que não será subordinada à administração direta e, sim, vinculada.

Alternativa "d". A alternativa traz a literalidade do disposto no inciso XIX do art. 37 da Constituição Federal, contendo erro ao incluir a expressão "ou à lei ordinária", porque, no caso das fundações públicas, cabe à lei complementar definir as áreas de sua atuação.

24. (FUNCAB – Delegado de Polícia – PA/2016) Acerca da organização administrativa, especificamente em relação aos contratos de gestão, julgue os itens a seguir, marcando apenas a opção correta.

a) Os contratos de gestão das Agencias Executivas serão celebrados com periodicidade mínima de quatro anos, com previsão de critérios e instrumentos para a avaliação do seu cumprimento.

b) O Contrato de Gestão terá metas e objetivos definidos, bem como recursos orçamentários e financeiros para o cumprimento de ambos. O Poder Executivo editará medidas de organização administrativa específicas para as Agências Executivas.

c) O Poder Executivo poderá qualificar como Agência Executiva a autarquia, fundação, sociedade de economia mista ou empresa pública que tenha celebrado Contrato de Gestão com o respectivo Ministério supervisor.

d) O contrato de gestão, elaborado pelo órgão, ministério ou entidade supervisora, sem a participação da organização social, com a finalidade de garantia da supremacia do interesse público, discriminará as atribuições, responsabilidades e obrigações do Poder Público e da organização social.

e) Os contratos de gestão somente poderão ser celebrados entre a administração direta e as autarquias e fundação, não existindo previsão legal de celebração de contrato de gestão entre o poder público e entidades privadas.

COMENTÁRIOS

✪ **Nota do autor:** O Decreto nº 2.487/1998 dispõe sobre a qualificação de autarquias e fundações como Agências Executivas, estabelece critérios e procedimentos para a elaboração, acompanhamento e avaliação dos contratos de gestão e dos planos estratégicos de reestruturação e de desenvolvimento institucional das entidades qualificadas e dá outras providências.

Alternativa correta: letra "b". Nos termos do art. 4º, I e II, do Decreto, o contrato de gestão conterá, dentre outras especificações, "objetivos e metas da entidade, com seus respectivos planos de ação anuais, prazos de consecução e indicadores de desempenho" e "demonstrativo de compatibilidade dos planos de ação anuais com o orçamento e com o cronograma de desembolso, por fonte".

Alternativa "a". Na forma do art. 52º, §1º da Lei nº 9.649/1998: "Os Contratos de Gestão das Agências Executivas serão celebrados com periodicidade mínima de **um ano** e estabelecerão os objetivos, metas e respectivos indicadores de desempenho da entidade, bem como os recursos necessários e os critérios e instrumentos para a avaliação do seu cumprimento".

Alternativa "c". O Poder Executivo poderá qualificar como Agência Executiva apenas a autarquia e a fundação pública, não sendo possível que empresas públicas e sociedades de economia mista recebam referida qualificação.

Alternativa "d". Consoante art. 6º, da Lei nº 9.639/98, "o contrato de gestão, elaborado de comum acordo entre o órgão ou entidade supervisora e a organização social, discriminará as atribuições, responsabilidades e obrigações do Poder Público e da organização social".

Alternativa "e". De acordo com o art. 1º, da Lei nº 9.637/98, **pessoas jurídicas de direito privado sem fins lucrativos**, que realizem atividades dirigidas ao ensino, à pesquisa científica, ao desenvolvimento tecnológico, à proteção e preservação do meio ambiente, à cultura e à saúde, **podem ser qualificadas como organizações sociais**. Recebendo o título de organização social, a entidade será declarada como de interesse social e utilidade pública e **pode**, nos termos do art. 5º, da Lei, **celebrar contrato de gestão com o poder público** com "vistas à firmação de parceria entre as partes para fomento e execução de atividades (...)" nas áreas de ensino, pesquisa científica, desenvolvimento tecnológico, proteção e preservação do meio ambiente, cultura e saúde.

---

25. (FUNIVERSA – Delegado de Polícia – DF/2015) No que diz respeito à organização da administração pública e das entidades paraestatais, assinale a alternativa correta.

a) A CF assegura aos serviços sociais autônomos autonomia administrativa, não estando sujeitos ao controle do tribunal de contas.

b) Diante do recebimento de dinheiro público, os serviços sociais autônomos estão submetidos às regras de concurso público para contratação de seus funcionários, os quais serão regidos pela consolidação das leis trabalhistas (CLT).

c) As organizações sociais qualificadas no âmbito da União podem ser contratadas com dispensa de licitação para execução de contrato de gestão firmado com a União.

d) Suponha-se que João seja responsável pela fiscalização de contrato de gestão firmado com certa organização social. Nesse caso, ao tomar conhecimento de qualquer irregularidade na utilização de recursos públicos pela fiscalizada, João deverá dar ciência do fato ao TCU, sob pena de multa, mas não de responsabilidade solidária.

e) Uma instituição religiosa, desde que seja sem fins lucrativos e que tenha por objeto social as atividades descritas na referida lei, pode ser qualificada como organização da sociedade civil de interesse público.

COMENTÁRIOS

✪ **Nota do autor:** O **terceiro setor** abrange as **entidades do setor privado, sem fins lucrativos, que desenvolvem atividade de interesse público**. Atuam de maneira paralela ao Estado e com ele colaboram, cooperam, e, por isso, são chamadas de **entidades paraestatais ou entes de cooperação**. Tais entes, contudo, estão sujeitos ao controle e à supervisão da Administração Pública e do Tribunal de Contas.

Alternativa correta: letra "c". As organizações sociais são pessoas jurídicas de direito **privado**, sem fins lucrativos, que podem manter vínculo com entes políticos mediante contrato de gestão. Na forma do art. 24, XXIV, da Lei nº 8.666/93, é dispensável a licitação "para a celebração de contratos de prestação de serviços com as organizações sociais, qualificadas no âmbito das respectivas esferas de governo, para atividades contempladas no contrato de gestão".

Alternativa "a". Como visto, os entes paraestatais **estão sujeitos ao controle e à supervisão da Administração Pública e do Tribunal de Contas.**

Alternativa "b". As entidades do terceiro setor, como pessoas jurídicas não integrantes da Administração Pública, **não estão submetidas às regras do concurso público.**

Alternativa "d". Na forma do art. 74, § 1º, da Constituição Federal, os "responsáveis pelo controle interno, ao tomarem conhecimento de qualquer irregularidade ou ilegalidade, dela darão ciência ao Tribunal de Contas da União, sob pena de responsabilidade solidária".

Alternativa "e". O art. 2º, da Lei nº 9.790/99, expressamente exclui da abrangência da lei, dentre outros, as sociedades comerciais, sindicatos, associações de classe ou de representação de categoria profissional; **as instituições religiosas ou voltadas para a disseminação de credos, cultos, práticas e visões devocionais e confessionais**; as organizações partidárias e assemelhadas, inclusive suas fundações; as organizações sociais; as cooperativas; as organizações creditícias que tenham quaisquer tipos de vinculação com o sistema financeiro nacional a que se refere o art. 192 da Constituição Federal. Assim, uma instituição religiosa **não pode ser qualificada como organização da sociedade civil de interesse público.**

26. (NUCEPE – Delegado de Polícia – PI/2014) Dentre as assertivas abaixo, marque aquela que indica um serviço descentralizado e concentrado ao mesmo tempo.

a) Autarquia sem subdivisões internas

b) Presidência da República e Ministério da Educação

c) Departamento de Filosofia da Fundação Pública Monte Sinai

d) Sociedade de economia mista e suas superintendências

e) Ministério do Planejamento

COMENTÁRIOS

✪ **Nota do autor:** A descentralização administrativa ocorre quando a **pessoa jurídica política – titular do exercício de determinada competência material, a ela atribuída por expressa previsão constitucional – transfere a outra pessoa o exercício de determinada função.** É a distribuição externa de competências. No entanto, a **descentralização** não se confunde com a **desconcentração**, pois esta corresponde a uma repartição interna de competências, ou seja, ocorre no âmbito de uma mesma pessoa jurídica, seja ela integrante da Administração Pública direta ou indireta como, por exemplo, a distribuição de atribuições entre os diversos Ministérios

Alternativa correta: letra "a". A **autarquia**, por ser pessoa jurídica criada por um **ente federativo** para o desempenho de determinada atividade administrativa, representa, justamente, o **exercício descentralizado** da função administrativa. Como não há órgãos públicos em referida autarquia – **inexistindo, portanto, repartição interna de competências** no caso –, pode-se afirmar que se trata de um **serviço descentralizado** – se considerada a existência de autarquia – e, ao mesmo tempo, **concentrado** – dada a inexistência de órgãos públicos.

Alternativa "b". A Presidência da República e Ministério da Educação representam o exercício **centralizado e desconcentrado** de serviço.

Alternativa "c". O Departamento de Filosofia da Fundação Pública Monte Sinai representa o exercício **descentralizado e desconcentrado** de serviço.

Alternativa "d". Uma Sociedade de economia mista e suas superintendências representam o exercício **descentralizado e desconcentrado** de serviço.

Alternativa "e". O Ministério do Planejamento é órgão público da administração direta e, assim, representa exercício **centralizado e desconcentrado.**

27. (FUNCAB – Delegado de Polícia – RO/2014) Quanto às Agências Reguladoras, pode-se afirmar que:

a) seus dirigentes têm forma de escolha diferenciada, mitigando o controle político realizado pelo ente federativo que as criou.

b) são formas de descentralização contratual.

c) essas entidades possuem dependência técnica para o desempenho de suas atividades.

d) o recurso interposto por seus administrados é o hierárquico impróprio.

e) seus atos administrativos normativos são insindicáveis por ter seu fundamento de validade na lei que as criou.

COMENTÁRIOS

✪ **Nota do autor:** A agência reguladora é uma entidade administrativa da Administração Pública indireta, com personalidade de direito público, criada para exercer a regulação, o controle administrativo, a fiscalização, a disciplina sobre a prestação de um determinado serviço público ou a realização de alguma atividade econômica.

Alternativa correta: letra "a" (responde a alternativa "c"). As **agências reguladoras** são criadas, em regra, como **autarquias de regime especial**, dizendo respeito à maior autonomia em relação à Administração Direta. Para Maria Sylvia Zanella Di Pietro[22], contudo, **a independência das agências reguladoras deve ser entendida em termos compatíveis com o regime constitucional no Brasil**: independência em relação ao Poder Judiciário e ao Poder Legislativo inexiste; em relação ao Poder Executivo, a independência é um pouco maior, já que, como autarquias em regime especial, seus atos não podem ser revistos ou alterados pelo poder Executivo. Para que não haja confusão, deve ficar claro que a agência reguladora integra a administração indireta e, assim, está submetida a controle administrativo exercido pela administração direta. Entretanto, por ser autarquia em regime especial, **há maior autonomia, especialmente quanto ao controle político em razão de seus dirigentes terem mandato com duração definida** (na esfera federal, nos termos da Lei nº 9.986/00, são nomeados pelo Presidente da República, após aprovação pelo Senado Federal).

Alternativa "b". As **agências reguladoras** são forma de **descentralização administrativa por serviços**, que se dá por meio de lei.

Alternativa "d". O recurso hierárquico impróprio é o que pode ser manejado para outro órgão, situado fora da estrutura daquele que decidiu, mas somente quando houver expressa previsão legal

Alternativa "e". Os atos expedidos pelas agências reguladoras são atos administrativos, e mesmo existindo maior autonomia no caso da expedição de atos normativos, em razão da conhecida discricionariedade técnica, não são insindicáveis, pois podem ser objeto de controle perante o Poder Judiciário.

28. (ACAFE – Delegado de Polícia – SC/2014) Analise as afirmações a seguir e assinale a alternativa correta.

I. As Fundações Públicas são entidades de direito privado, sem fins lucrativos, criadas em virtude de

22. *Direito administrativo.* 21 ed. São Paulo: Atlas, 2008. p. 446.

autorização legislativa, para o desenvolvimento de atividades que exijam execução, por órgãos ou entidades de direito público com autonomia administrativa, patrimônio próprio gerido pelos respectivos órgãos de direção, e funcionamento custeado por recursos da União e de outras fontes.

II. As autarquias são hierarquicamente subordinadas à entidade estatal a que pertencem.

III. O Banco Central, o Conselho Administrativo de Defesa Econômica (CADE), a Comissão de Valores Mobiliários (CVM), a Superintendência de Seguros Privados e as agências reguladoras são exemplos de autarquias.

IV. São exemplos de fundações públicas: o Conselho Nacional de Desenvolvimento Científico e Tecnológico (CNPq), a Fundação Instituto Brasileiro de Geografia e Estatística (IBGe) e a Fundação Nacional de Saúde (Funasa).

a) Apenas I, II e IV estão corretas.
b) Apenas II, III e IV estão corretas.
c) Apenas I e II estão corretas.
d) Apenas III e IV estão corretas.
e) Todas as afirmações estão corretas.

COMENTÁRIOS

Alternativa correta: letra "d". Estão corretos os itens III e IV.

Item I. Errado. As **fundações públicas** são pessoas jurídicas de direito público ou de direito privado, com autonomia administrativa e que têm como substrato o patrimônio – próprio –, que são criadas por lei específica ou cuja criação é por ela autorizada, com área de atuação de interesse público, não exclusiva da Administração Pública, definida em lei complementar.

Item II. Errado. O controle administrativo é conhecido como **controle finalístico ou tutela administrativa**, pelo qual a Administração Direta verifica se a entidade administrativa – da Administração Indireta – está cumprindo a finalidade para a qual foi criada, ressaltando-se que, como não é órgão e sim uma pessoa jurídica, **não há hierarquia, mas vinculação**; isto é, uma autarquia, por exemplo, está vinculada à administração direta e não subordinada.

Item III. Correto. Nos termos do art. 5º, I, do Decreto-Lei nº 200/67, a autarquia é definida como o "serviço autônomo, criado por lei, com personalidade jurídica, patrimônio e receita próprios, para executar atividades típicas da Administração Pública, que requeiram, para seu melhor funcionamento, gestão administrativa e financeira descentralizada". Assim, a autarquia é **uma pessoa jurídica de direito público, criada por lei específica, com patrimônio próprio e autonomia administrativa, para executar atividade típica da Administração Pública.** Todas as pessoas jurídicas mencionadas na opção correspondem, de fato, a autarquias.

Item IV. Correto. As pessoas jurídicas mencionadas na opção são **fundações públicas** federais.

29. (ACAFE – Delegado de Polícia – SC/2014) São características da Administração Pública Direta:

a) exercício centralizado de atividades administrativas, desconcentração, ausência de personalidade jurídica própria, possuem patrimônio próprio.
b) exercício descentralizado de atividades administrativas, desconcentração, ausência de personalidade jurídica própria, possuem patrimônio próprio.
c) exercício centralizado de atividades administrativas, descentralização, personalidade jurídica própria, não possuem patrimônio próprio.
d) exercício descentralizado de atividades administrativas, descentralização, ausência de personalidade jurídica própria, não possuem patrimônio próprio.
e) exercício centralizado de atividades administrativas, desconcentração, ausência de personalidade jurídica própria, não possuem patrimônio próprio.

COMENTÁRIOS

Alternativa correta: letra "e" (responde as demais alternativas). As atividades administrativas, na Administração Pública Direta, são exercidas, todas, dentro da mesma pessoa jurídica – justamente, do ente federativo que recebeu a competência da Constituição Federal. Daí se falar em **exercício centralizado das atividades administrativas.** Ademais, os entes federativos podem criar **órgãos públicos**, a fim de buscar auxílio no melhor desempenho das funções administrativas a que competem realizar; os órgãos públicos são "centros de competência instituídos para o desempenho de funções estatais, através de seus agentes, cuja atuação é imputada à pessoa jurídica a que pertencem"[23]. Como os órgãos públicos são **despersonalizados**, ou seja, não tem personalidade jurídica própria – e **nem mesmo patrimônio** –, quando são criados, fala-se em **desconcentração**, que é a **repartição interna de competências**, uma vez que ocorre dentro da mesma pessoa jurídica, que é, justamente, o ente federativo que recebe competência da Constituição Federal. Por essas razões, que, **quando há criação de órgãos públicos**, pode-se afirmar que a Administração Pública Direta tem como características o **exercício centralizado da atividade administrativa** – já que dentro da mesma pessoa jurídica –, **desconcentração** – pois há uma repartição interna de competências –, com a criação de **órgãos públicos**, que não têm personalidade jurídica própria nem patrimônio próprio.

30. (Cespe – Delegado de Polícia – BA/2013) Entidades paraestatais são pessoas jurídicas privadas que colaboram com o Estado no desempenho de atividades não lucrativas, mas não integram a estrutura da administração pública.

23. MEIRELLES, Hely Lopes. *Direito administrativo brasileiro.* 36. ed. São Paulo: Malheiros, 2010. p. 68.

COMENTÁRIOS

Certo. O **terceiro setor** abrange as **entidades do setor privado sem fins lucrativos, que desenvolvem atividade de interesse público.** Atuam, por exemplo, no apoio e assistência às crianças carentes, às pessoas com deficiência, aos idosos, na proteção ao meio ambiente, no combate à pobreza, na educação, entre outras atividades. **Atuam de maneira paralela ao Estado, não integrando a estrutura da Administração Pública** e, por isso, são chamadas de **entidades paraestatais ou entes de cooperação.**

31. (Cespe – Delegado de Polícia – BA/2013) A criação de nova secretaria por governador de estado caracteriza exemplo de descentralização.

COMENTÁRIOS

Errado. A criação de nova secretaria por governador de estado caracteriza exemplo de **desconcentração**, situação em que a **pessoa jurídica política se divide em vários órgãos**, ocorrendo a **distribuição interna de competência.**

32. (UEG – Delegado de Polícia – GO/2013) De acordo com a Lei nº 9.790/99, as organizações da sociedade civil de interesse público

a) possuem personalidade jurídica de direito público.
b) podem ter fins lucrativos.
c) estão dispensadas da qualificação junto ao Ministério da Justiça.
d) celebram termos de parcerias com a Administração.

COMENTÁRIOS

Alternativa correta: letra "D". Após ser qualificada, a Oscip **pode celebrar termo de parceria com o poder público**, em que resta estabelecido um **vínculo de cooperação** entre ambos. Diferentemente, da Organização Social – que absorve determinada atividade que o Estado esteja fazendo – a Oscip representa **verdadeira parceria e não há extinção de órgãos públicos.**

Alternativa "a" (responde a alternativa "b"). A Lei nº 9790/99 regula a qualificação da pessoa **jurídica de direito privado** sem fins lucrativos, como organização da sociedade civil de interesse público (Oscip).

Alternativa "c". Nos termos do art. 5º da Lei nº 9.790/99, cumpridos os requisitos legais, deve fazer requerimento, objetivando a qualificação como Oscip, junto ao Ministério da Justiça, a quem cabe decidir a respeito, conforme o art. 6º.

33. (UEL – Delegado de Polícia – PR/2013) No direito administrativo brasileiro, autarquia designa uma espécie de descentralização por serviços. Assinale a alternativa que apresenta, corretamente, uma característica das autarquias.

a) Criação por meio de registro do seu estatuto.
b) Generalização de suas atividades.
c) Limitação à capacidade de autoadministração.
d) Personalidade jurídica de direito privado.
e) Sujeição ao controle de tutela.

COMENTÁRIOS

Alternativa correta: letra "E". Na **descentralização cria-se outra pessoa jurídica, com personalidade jurídica distinta da pessoa política.** A entidade criada tem personalidade jurídica própria, autonomia administrativa, mas não está livre de controle, que é realizado pela entidade criadora. Trata-se do controle de finalidade ou finalístico, ou, ainda, tutela administrativa, pelo qual a pessoa política fiscaliza a pessoa administrativa para verificar se objetivo da criação, contido na lei, está sendo atendido.

Alternativa "a" (responde as alternativas "b", "c" e "d"). A autarquia é uma pessoa jurídica de direito público, integrante da administração indireta, criada por lei para o exercício de atividade típica estatal. Da mesma forma que as demais pessoas administrativas, a autarquia possui autonomia administrativa e patrimônio próprio. Nasce diretamente da lei e não necessita de registro em nenhum órgão.

34. (UEG – Delegado de Polícia – GO/2013) De acordo com a Lei nº 11.107/2005, que dispõe sobre normas gerais de contratação de consórcios públicos, verifica-se que

a) a formação do consórcio somente poderá efetivar-se se houver prévia subscrição de protocolo de intenções.
b) é desnecessária a constituição de pessoa jurídica ou associação pública, sendo suficiente o termo de ajuste celebrado entre as pessoas federativas consorciadas.
c) desde que o termo de ajuste seja publicado em órgão oficial é dispensada lei específica para o ente federado participar do consórcio público.
d) é vedado aos consórcios públicos celebrarem qualquer tipo de acordo com terceiros, como contratos e convênios.

COMENTÁRIOS

✪ **Nota do autor:** Os **consórcios públicos** são uma nova espécie de pessoa jurídica administrativa, introduzida pela Lei nº 11.107/05 ao regulamentar o art. 241 da Constituição Federal. O dispositivo constitucional estabelece que a União, os Estados, o DF e os Municípios, por meio de lei, disciplinarão sobre os consórcios públicos e os convênios de cooperação entre os entes federados, inclusive autorizando a gestão associada de serviços públicos, bem como a transferência total ou parcial de encargos, serviços, pessoal e bens essenciais à continuidade dos serviços transferidos.

Alternativa correta: letra "A". Nos termos do art. 3º, o consórcio público será constituído por contrato cuja celebração dependerá de prévia subscrição do **protocolo de intenções**, que é uma espécie de **ajuste preliminar entre as pessoas políticas**, no qual há a definição do objeto do consórcio, quais são seus participantes, qual sua duração, qual forma de eleição do representante legal, entre outras cláusulas previstas no art. 4º.

Alternativa "b". O consórcio **não** é um simples ajuste entre seus membros, mas, na verdade, há **a criação de outra pessoa jurídica.** Conforme o art. 1º, § 1º, o **consórcio público poderá ser uma associação pública ou uma pessoa jurídica de direito privado.**

Alternativa "c". Como há criação de uma nova pessoa jurídica que fará parte da administração indireta, é necessário que haja **lei**. No caso do consórcio, como cada um dos entes consorciados é uma pessoa política, não basta lei oriunda somente de um deles, pois **deve haver a elaboração de lei em cada um dos entes consorciados.**

Alternativa "d". Nos termos do art. 2º, § 1º, I, para alcançar seus objetivos, o consórcio poderá "**firmar convênios, contratos, acordos de qualquer natureza, receber auxílios, contribuições e subvenções sociais ou econômicas de outras entidades e órgãos do governo**".

35. (Cespe – Delegado de Polícia – AL/ 2012) As empresas públicas prestadoras de serviços públicos, como não objetivam atividade econômica, possuem personalidade jurídica de direito público.

COMENTÁRIOS

Errado. As empresas públicas prestadoras de serviços públicos, mesmo não tendo como objetivo a exploração de atividade econômica, **possuem personalidade jurídica de direito privado, estando sujeitas ao regime jurídico de direito privado** que, em se tratando da Administração Pública, é um regime híbrido, misto, porque há normas de direito privado e normas de direito público. Assim, deve ser lembrado que, tanto faz se a empresa pública explora atividade econômica ou se presta serviço público, a personalidade jurídica é sempre de direito privado.

36. (Cespe – Delegado de Polícia – AL/ 2012) Ocorre o fenômeno da desconcentração quando o Estado desempenha algumas de suas funções por meio de outras pessoas jurídicas.

COMENTÁRIOS

Errado. Ocorre o fenômeno da **descentralização** quando o Estado desempenha algumas de suas funções por meio de outras pessoas jurídicas. A **desconcentração** é a situação em que a **pessoa jurídica política se divide em vários órgãos**, ocorrendo a **distribuição interna de competência.**

37. (FUNCAB – Delegado de Polícia – RJ/2012) São características das Agências Reguladoras, EXCETO:

a) poder normativo técnico.

b) autonomia decisória.

c) não vinculação à Administração Direta.

d) independência administrativa.

e) autonomia econômico-financeira.

COMENTÁRIOS

Alternativa correta: letra "C" (responde as demais alternativas). Agência reguladora é uma **entidade administrativa da Administração Pública indireta, com personalidade de direito público, criada para exercer a regulação, o controle administrativo, a fiscalização, a disciplina sobre a prestação de um determinado serviço público ou a realização de alguma atividade econômica.** As agências reguladoras estão sendo criadas como **autarquias em regime especial**, mas, apesar da autonomia administrativa estendida, não é independente e está **vinculada à administração direta.** Para o exercício da atividade de regulação, as agências reguladoras possuem poder normativo de natureza técnica, em que o legislador delega à autarquia regulatória a competência para inovar na ordem jurídica em relação aos aspectos técnicos de determinado serviço público. É a chamada discricionariedade técnica.

38. (FUNCAB – Delegado de Polícia – RJ/2012) Sobre a organização administrativa, assinale a alternativa correta.

a) Diferentemente das sociedades de economia mista, as empresas públicas não se submetem à supervisão ministerial.

b) A desconcentração é o que ocorre quando há a distribuição interna de atividades administrativas, havendo a criação de nova pessoa jurídica.

c) A criação de empresas subsidiárias também depende de autorização legislativa, que deve ser concedida para a criação específica de cada entidade. Não se permite a autorização genérica para a instituição de subsidiárias, prevista desde logo na lei disciplinadora da entidade primária.

d) Pode o Poder Executivo ceder servidor público para as Organizações Sociais, desde que mantenha o ônus de seu pagamento.

e) As Organizações da Sociedade Civil de Interesse Público devem ter personalidade jurídica de direito privado e realizar a distribuição de lucro entre seus associados uma vez a cada ano.

COMENTÁRIOS

Alternativa correta: letra "D". Nos termos do art. 14, da Lei nº 9.637/98, "é facultado ao Poder Executivo a cessão especial de servidor para as organizações sociais, com ônus para a origem".

Alternativa "a". Na forma do art. 19, do Decreto-Lei nº 200/67, "todo e qualquer órgão da Administração Federal, direta ou indireta, está sujeito à supervisão do Ministro de Estado competente, excetuados unicamente os órgãos mencionados no art. 32, que estão submetidos à supervisão direta do Presidente da República". Estão, portanto, sujeitos à supervisão ministerial **tanto a sociedade de economia mista quanto a empresa pública.**

Alternativa "b". A **desconcentração** é a situação em que a **pessoa jurídica política se divide em vários**

órgãos, ocorrendo a **distribuição interna de competência**; assim, **não há criação de nova pessoa jurídica.**

Alternativa "c". As **empresas públicas** e as **sociedades de economia mista podem criar empresas subsidiárias**, que são empresas controladas e geridas pela empresa pública ou sociedade de economia mista. Todavia, somente é possível a criação de empresa subsidiária se houver **autorização legal**, nos termos do art. 37, XX, da CF. Essa **autorização não precisa ser específica** para cada subsidiária, desde que "haja previsão para esse fim, na própria lei que instituiu a empresa de economia mista matriz, tendo em vista que a lei criadora é a própria medida autorizadora", conforme decidido pelo **Supremo Tribunal Federal**, na **ADIN nº 1.649 e, também, agora, nos termos do art. 2º, § 2º, da Lei nº 13.303/16 que estabelece: "depende de autorização legislativa a criação de subsidiárias de empresa pública e de sociedade de economia mista, assim como a participação de qualquer delas em empresa privada, cujo objeto social deve estar relacionado ao da investidora, nos termos do inciso XX do art. 37 da Constituição Federal".**

Alternativa "e". Tanto as OS quanto as Oscip são pessoas jurídicas de direito privado **sem fins lucrativos.** Em relação à Oscip, o art. 1º, parágrafo único, estabelece que "considera-se sem fins lucrativos a pessoa jurídica de direito privado que não distribui, entre os seus sócios ou associados, conselheiros, diretores, empregados ou doadores, eventuais excedentes operacionais, brutos ou líquidos, dividendos, bonificações, participações ou parcelas do seu patrimônio, auferidos mediante o exercício de suas atividades, e que os aplica integralmente na consecução do respectivo objeto social".

---

39. (FUNCAB – Delegado de Polícia – RJ/2012) Tratando da organização administrativa, é INCORRETO afirmar:

a) A expressão "descentralização social" costuma ser utilizada para designar as parcerias formalizadas pelo Estado com fundação privada ou associação civil com o objetivo de criar condições favoráveis para a execução, com alcance de metas socialmente adequadas, de atividades de relevância coletiva que podem ser cometidas a tais unidades sociais personalizadas por credenciamentos ou reconhecimentos.

b) As Organizações Sociais (OS) e as Organizações da Sociedade Civil de Interesse Público (OSCIP) são exemplos da retomada, pelo Estado, de atividades administrativas cuja execução havia sido transferida para a iniciativa privada por ocasião do advento do chamado Estado Liberal.

c) De acordo com a doutrina predominante e com a jurisprudência do Supremo Tribunal Federal (STF), a definição do regime jurídico aplicável a cada entidade administrativa não decorre exclusivamente da natureza da entidade, mas principalmente da atividade por ela desenvolvida.

d) Por serem unidades despersonalizadas, os órgãos públicos não possuem capacidade para figurar como parte nos contratos administrativos típicos, muito embora, na prática, frequentemente assim ocorra.

e) Excepcionalmente, doutrina e jurisprudência reconhecem capacidade processual a alguns órgãos públicos, para defesa em juízo de suas prerrogativas institucionais.

COMENTÁRIOS

Alternativa incorreta: letra "B" (responde a alternativa "a"). O **terceiro setor** – do qual são partes integrantes as Organizações Sociais (OS) e as Organizações da Sociedade Civil de Interesse Público (OSCIP) – abrange as **entidades do setor privado sem fins lucrativos, que desenvolvem atividade de interesse público.** Atuam, por exemplo, no apoio e assistência às crianças carentes, às pessoas com deficiência, aos idosos, na proteção ao meio ambiente, no combate à pobreza, na educação, entre outras atividades. **Atuam de maneira paralela ao Estado, não integrando a estrutura da Administração Pública** e, por isso, são chamadas de **entidades paraestatais ou entes de cooperação.** A essa transferência destinada ao terceiro setor, comumente dá-se o nome de **descentralização social.**

Alternativa "c". Mesmo nas pessoas jurídicas de direito privado – a qual aplicável o **regime jurídico de direito privado que, na Administração Pública, é um regime híbrido, misto** –, a definição do regime jurídico aplicável a cada entidade administrativa não decorre exclusivamente da natureza da entidade, mas principalmente da atividade por ela desenvolvida. Assim, no caso de empresa estatal **exploradora de atividade econômica**, nota-se uma presença bem **maior do direito privado**, enquanto na empresa estatal **prestadora de serviço público**, verifica-se maior incidência do **direito público**, muito embora sejam todas as empresas estatais **pessoas jurídicas de direito privado**. Por outro lado, se atividade desejada é o desempenho de atribuição típica estatal o regime deverá ser o público.

Alternativa "d" (responde a alternativa "e"). Algumas situações, em relação aos órgãos públicos, devem ser ressaltadas, porque não são condizentes com a condição do órgão público de ser parte de uma pessoa jurídica, de não ter vida própria, de ser despersonalizado. São aquelas em que, **de maneira excepcional**, o órgão não se mantém fiel às características apontadas. Nesse sentido, pode ser salientada a **possibilidade da celebração, por órgão, de contrato de gestão**, nos termos do art. 37, § 8º, da Constituição Federal. Na mesma esteira, é a **defesa judicial, pelo próprio órgão, de suas prerrogativas ou atribuições**, situação em que o órgão é parte no processo.

---

40. (Delegado de Polícia – ES/ 2011 – Cespe) Em sentido material ou objetivo, a administração pública compreende o conjunto de órgãos e pessoas jurídicas encarregadas, por determinação legal, do exercício da função administrativa do Estado.

COMENTÁRIOS

✪ **Nota do autor:** Basicamente, são dois os sentidos em que se utiliza mais comumente a expressão **Administração Pública.**

Errado. Na lição de Maria Sylvia Zanella Di Pietro[24], em sentido **subjetivo**, **formal** ou **orgânico**, Administração Pública designa os entes que exercem a atividade administrativa e, assim, compreende **pessoas jurídicas, órgãos** e **agentes públicos** incumbidos de exercer uma das funções em que se triparte a atividade estatal: a função administrativa. Em sentido **objetivo, material** ou **funcional**, por seu turno, ela designa a natureza da atividade exercida pelos referidos entes. Nesse sentido, a Administração Pública é a própria **função administrativa** que incumbe, **predominantemente**, ao Poder Executivo.

41. (Delegado de Polícia – ES/ 2011 – Cespe) A administração pública pode instituir empresas públicas e sociedades de economia mista mediante autorização legal, as quais estarão inteiramente sujeitas ao regime jurídico de direito privado, por força de lei.

COMENTÁRIOS

✪ **Nota do autor:** As empresas públicas e as sociedades de economia mista são espécies das chamadas **empresas estatais.** Há várias semelhanças entre elas: **integram a administração indireta, possuem personalidade de direito privado, possuem patrimônio próprio e autonomia administrativa** e a criação delas é **autorizada por lei específica.**

Errado. As regras previstas para o setor privado **não podem ser aplicadas na totalidade**, pois a empresa pública e a sociedade de economia mista são entidades da administração indireta. É aplicável o **regime híbrido**, pelo qual há uma mistura das normas de direito público com as normas de direito privado. No caso da **empresa estatal exploradora de atividade econômica**, nota-se uma presença bem maior do direito privado, mas, ainda assim, o **direito público faz-se presente.** Isso ocorre porque uma pessoa administrativa, mesmo que tenha personalidade de direito privado, deve obediência aos princípios constitucionais, já que sua instituição só ocorreu em busca do interesse público. Ao ser adotada a personalidade de direito privado, não há uma migração para o setor privado, pois a pessoa administrativa é integrante de administração indireta e, assim, continua a fazer parte da Administração Pública.

42. (Delegado de Polícia – MG/ 2011 – ACADEPOL) No tocante à Federação, assinale a **Alternativa correta:**

a) A descentralização política autoriza a participação direta dos Estados nos planos nacionais.

b) A partir da CF de 1988, os municípios podem editar formalmente suas constituições locais.

c) A autonomia, no sentido técnico-político, pode ser resumida, especificamente, na capacidade de auto-organização assegurada a cada ente da federação para organização própria e dos seus serviços.

d) O regime federativo exige a descentralização política.

COMENTÁRIOS

Alternativa correta: letra "D" (responde a alternativa "a"). A **descentralização política** é aquela realizada diretamente pela Constituição Federal, em que é atribuída a cada **ente federado** a **capacidade política.** No regime federativo, em que há mais de uma esfera de poder, assim, a **descentralização política** faz-se necessária para a manutenção do sistema como um todo.

Alternativa "b". Nos termos do art. 29 da CF, o Município reger-se-á por **lei orgânica**, e não por constituições locais.

Alternativa "c". O vocábulo **autonomia** faz referência ao poder de editar as próprias leis, sem subordinação a outras normas que não as da própria Constituição; neste sentido, só existe autonomia onde haja descentralização política[25].

43. (Delegado de Polícia – MG/ 2011 – ACADEPOL) Dentre as assertivas abaixo, é CORRETO afirmar que

a) o Estado é pessoa jurídica e a expressão de sua vontade pode ser entendida como a decisão do membro de cúpula de cada Poder Pertinente, ou seja, do agente político.

b) os agentes públicos são mandatários do Estado.

c) o órgão público, ainda que desprovido de personalidade jurídica, pode atuar em Juízo, na defesa dos seus interesses, em caráter excepcional, desde que exista expressa previsão legal.

d) a vontade do órgão de representação plúrima ou colegiado deve emanar da unanimidade ou da maioria das vontades dos agentes que o integram, mesmo em se tratando de ato de rotina administrativa.

COMENTÁRIOS

Alternativa correta: letra "C". A principal característica do **órgão público** é o fato dele ser **despersonalizado**, ou seja, **não possuir personalidade jurídica.** De igual modo, **não possui patrimônio próprio**, já que os bens pertencem à pessoa jurídica de que ele faz parte e **não tem capacidade processual**, ou seja, não pode ser autor ou réu em eventual ação judicial. Algumas situações, contudo, devem ser ressaltadas, pois, **de maneira excepcional**, o órgão público não se mantém fiel às características apontadas, quais sejam: a) possibilidade de celebração de contrato de gestão, como previsto no art. 37, § 8º, da Constituição Federal; b) **possibilidade de defesa judicial de suas prerrogativas ou atribui-**

24. *Direito administrativo.* 21 ed. São Paulo: Atlas, 2008. p. 49.

25. DI PIETRO, Maria Sylvia Zanella. *Direito administrativo.* 21 ed. São Paulo: Atlas, 2008. p. 390.

ções, nas situações em que o órgão é parte no processo; c) possibilidade de inscrição de alguns órgãos junto ao CNPJ.

Alternativa "a" (responde, também, a alternativa "b"). Podem ser apontadas três teorias para se explicar a relação do Estado com o agente público: teoria do mandato, teoria da representação e teoria do órgão público. Pela primeira, o agente público receberia um mandato do Estado, mas não foi bem recebida porque não se compreende como o Estado, que não tem vontade própria, outorgaria o mandato. Pela segunda teoria, o agente público seria o representante legal do Estado; algo como um curador ou tutor da pessoa política, diferenciando-se, entretanto, pelo fato de que o próprio Estado escolhe seu representante; também, não teve boa acolhida já que equipara o Estado a um incapaz. Pela terceira teoria, o **agente público está lotado no órgão, que, por sua vez, faz parte de uma pessoa jurídica**. Assim, quando o agente pratica o ato é a própria pessoa jurídica quem está atuando. O **órgão é o elemento de conexão entre o agente público e a pessoa jurídica. A atuação do agente é imputada, é atribuída, à pessoa jurídica**. Assim, a vontade do Estado é manifestada por meio de seus agentes e não somente pelos agentes políticos.

Alternativa "d". A vontade, nos órgãos colegiados, decorre, em regra, da maioria ou da unanimidade de seus membros. Entretanto, no caso de atos rotina administrativa a "vontade do órgão de representação plúrima será materializada pela manifestação volitiva apenas de seu presidente"[26]

44. (Delegado de Polícia – SP/ 2011 – ACADEPOL) Sobre as autarquias, é **incorreto** afirmar:

a) Possuem personalidade jurídica pública.
b) São criadas por lei.
c) Têm como privilégio o processo especial de execução.
d) Possuem capacidade política.
e) Sujeitam-se a controle administrativo.

COMENTÁRIOS

✪ **Nota do autor:** O Decreto-Lei nº 200/67, no art. 5º, I, define autarquia como o "serviço autônomo, criado por lei, com personalidade jurídica, patrimônio e receita próprios, para executar atividades típicas da Administração Pública, que requeiram, para seu melhor funcionamento, gestão administrativa e financeira descentralizada".

Alternativa correta: letra "D". As autarquias **não possuem capacidade política** e, desse modo, não podem criar leis/atos normativos primários. Isso não significa, contudo, que as autarquias não possam editar os chamados atos normativos secundários, dos quais são espécies, por exemplo, as portarias e as instruções normativas.

26. CARVALHO FILHO, José dos Santos. Manual de direito administrativo. 26. ed. São Paulo: Atlas, 2013. p. 18.

Alternativa "a" (responde as alternativas "b", "c" e "e"). A autarquia é **uma pessoa jurídica de direito público, criada por lei específica, com patrimônio próprio e autonomia administrativa, para executar atividade típica da Administração Pública.** É, ainda, fiscalizada pelo Tribunal de Contas e pela própria administração direta. Por possuir personalidade de direito público, submete-se ao **regime de direito público**, do qual é característica, dentre outras, o fato de **poder cobrar seus créditos por meio de execução fiscal.**

45. (Delegado de Polícia – MT/ 2010 – UNEMAT) Sobre a Administração Pública direta e indireta, assinale a alternativa **incorreta.**

a) Administração Indireta do Estado é o conjunto de pessoas administrativas que, vinculadas à respectiva Administração Direta, têm o objetivo de desempenhar as atividades administrativas de forma descentralizada.
b) Desconcentração é o fato administrativo que traduz a transferência da execução de atividade estatal à determinada pessoa, integrante ou não da Administração.
c) Autarquia é a pessoa jurídica de direito público, integrante da Administração Indireta, criada por lei para desempenhar funções que, despidas de caráter econômico, sejam próprias e típicas do Estado.
d) Administração Direta é o conjunto de órgãos que integram as pessoas federativas, aos quais foi atribuída a competência para o exercício, de forma centralizada das atividades administrativas do Estado.
e) A centralização é a situação em que o Estado executa suas tarefas diretamente, ou seja, por intermédio dos inúmeros órgãos e agentes administrativos que compõem sua estrutura funcional.

COMENTÁRIOS

✪ **Nota do autor:** A **função administrativa** pode ser desempenhada de maneiras variadas e, inclusive, **pode ser atribuída a outras pessoas jurídicas**, que podem fazer parte da Administração Pública, bem como podem ser do setor privado. Essa possibilidade de a atuação administrativa ser realizada de diferentes maneiras está relacionada com a centralização, descentralização, a concentração e a desconcentração.

Alternativa correta: letra "B" (responde, também, a alternativa "e"). A **desconcentração** representa o exercício da função administrativa de maneira desconcentrada, quer dizer, não há a concentração em um só órgão, mas sim, **a pessoa jurídica política ou administrativa se divide em vários órgãos**. Ocorre a **distribuição interna de competências**. Dá-se distinção entre os níveis de direção e de execução no interior da mesma pessoa jurídica. Para fins informativos, destaque-se a **desconcentração** pode ocorrer: a) em razão da matéria; b) em razão do grau de hierarquia; c) em razão do território. Não pode ser confundida com a descentralização, pela qual a distribuição de competência é externa, ou seja, de uma pessoa jurídica para outra pessoa jurídica. Assim, com a concentração não há divisão de órgãos dentro da mesma pessoa jurídica e com a centralização a pessoa política não transfere para outra pessoa jurídica (por exemplo, uma entidade da administração indireta) a atividade administrativa.

Alternativa "a" (responde, também, as alternativas "c" e "d"). A administração direta é o conjunto dos órgãos públicos que integram as pessoas políticas e a administração indireta é o conjunto das pessoas administrativas, com personalidade de direito público ou de direito privado, patrimônio próprio e autonomia administrativa, vinculadas à administração direta, criadas para o desempenho de determinada atividade administrativa. Um exemplo de pessoa administrativa (integrante da administração indireta) é a autarquia, que é a pessoa jurídica da administração indireta (descentralização), com personalidade de direito público, criada, por lei, para a execução de atividade típica da Administração, sujeita a controle ou tutela.

4. AGENTES PÚBLICOS: DISPOSIÇÕES CONSTITUCIONAIS

- CF, artigos 37 a 41

46. (Fumarc – Delegado de Polícia – PC – MG/2018) Sobre as hipóteses de perda do cargo do servidor estável previstas no artigo 41, §1° da CR/88, a INCORRETA:

a) Excesso de despesa com pessoal.

b) Procedimento de avaliação periódica de desempenho, na forma de lei complementar, assegurada ampla defesa.

c) Processo administrativo em que lhe seja assegurada ampla defesa.

d) Sentença judicial transitada em julgado.

COMENTÁRIO

✪ **Nota do autor:** A estabilidade é uma garantia constitucional destinada aos servidores ocupantes de cargo efetivo que tenham três anos de efetivo exercício e após avaliação especial de desempenho por comissão instituída para essa finalidade, nos moldes do art. 41, da Constituição Federal.

Alternativa "a". (responde às demais alternativas). Ao adquirir a estabilidade, o servidor somente perderá o cargo: a) em virtude de sentença judicial transitada em julgado; b) mediante processo administrativo, assegurada a ampla defesa; c) mediante procedimento de avaliação de desempenho, nos termos de lei complementar, assegurada a ampla defesa. Além dessas hipóteses, é necessário salientar que, no texto constitucional, no art. 169, § 4º, há a possibilidade de o servidor estável perder o cargo em decorrência de excesso de despesa.

Alternativa correta: letra "a".

47. (Nucepe – Delegado de Polícia – PC – PI/2018) A administração pública direta e indireta de qualquer dos Poderes da União, dos Estados, do Distrito Federal e dos Municípios obedecerá aos princípios de legalidade, impessoalidade, moralidade, publicidade e eficiência. Aponte a alternativa INCORRETA.

a) A lei estabelecerá os casos de contratação por tempo indeterminado para atender a necessidade temporária de excepcional interesse público.

b) As funções de confiança, exercidas exclusivamente por servidores ocupantes de cargo efetivo, e os cargos em comissão, a serem preenchidos por servidores de carreira nos casos, condições e percentuais mínimos previstos em lei, destinam-se apenas às atribuições de direção, chefia e assessoramento.

c) É garantido ao servidor público civil o direito à livre associação sindical.

d) O direito de greve será exercido nos termos e nos limites definidos em lei específica.

e) A lei reservará percentual dos cargos e empregos públicos para as pessoas com deficiência e definirá os critérios de sua admissão.

COMENTÁRIO

✪ **Nota do autor:** Atenção! A questão exigia que se assinalasse a alternativa incorreta!

Alternativa "a". A **contratação temporária** está prevista no art. 37, IX, da Constituição Federal, ao prever que "a lei estabelecerá os casos de contratação por tempo **determinado** para atender à necessidade temporária de excepcional interesse público". Assim, é competência de **cada ente federativo regulamentar, por meio de lei, a contratação temporária**. Na **esfera federal**, há a **Lei nº 8.745/93**. Entretanto, o legislador ordinário não recebeu plenos poderes para dispor sobre o assunto, pois somente poderá haver essa modalidade de contratação se houver uma "necessidade temporária de excepcional interesse público".

Alternativa "b". A assertiva traz transcrição literal do artigo 37, V, da Constituição Federal, segundo o qual "as funções de confiança, exercidas exclusivamente por servidores ocupantes de cargo efetivo, e os cargos em comissão, a serem preenchidos por servidores de carreira nos casos, condições e percentuais mínimos previstos em lei, destinam-se apenas às atribuições de direção, chefia e assessoramento". Função de confiança só é exercida por quem já ocupa cargo efetivo e, por outro lado, cargo em comissão pode ser ocupado por quem já está em um cargo efetivo ou por terceiro sem vínculo com a Administração.

Alternativa "c". Nos termos do art. 37, VI, da CF, é garantido ao servidor público civil o direito à livre associação sindical, sendo desnecessária autorização da pessoa da Administração a que se vincule.

Alternativa "d". O direito de greve está assegurado aos servidores públicos civis no art. 37, VII, da Constituição Federal. Todavia, esse dispositivo estabelece que "o direito de greve será exercido nos termos e nos limites definidos em lei específica". Trata-se, dessa forma, de norma de eficácia limitada, sendo necessária lei regulamentadora para que possa ser concretizado.

Alternativa "e". Nos termos do art. 37, VIII, da Constituição Federal, **a lei reservará percentual** dos cargos e empregos públicos para as **pessoas portadoras de deficiência.** Tais percentuais, contudo, serão **definidos pela própria lei.**

Alternativa correta: letra "a".

48. (Vunesp – Delegado de Polícia – PC – BA/2018) Servidores da Secretaria da Fazenda pretendem a ascensão do cargo de Técnico, posteriormente reestruturado para Analista Tributário, para o cargo de Agente Fiscal, sob o argumento de que ambos os cargos pertencem à mesma carreira. Tal pretensão é

a) constitucional, porque constitui mera transposição de servidor concursado de um cargo para outro dentro da mesma pessoa jurídica de direito público.

b) inconstitucional, porque tal alteração é de competência privativa do chefe do poder executivo e somente pode ocorrer por remoção ou permuta.

c) constitucional, porque os dois cargos possuem natureza e complexidade semelhantes, e os servidores já foram previamente aprovados em concurso público.

d) inconstitucional, por constituir modalidade de provimento derivado, que propicia ao servidor a investidura, sem prévia aprovação em concurso público destinado ao seu provimento, em cargo que não integra a carreira na qual foi anteriormente investido.

e) constitucional, porque a Constituição Federal somente prevê a necessidade de concurso público para ingresso na administração pública e não para transposição, transformação ou ascensão funcional.

COMENTÁRIOS

✪ **Nota do autor:** O provimento em cargo público pode se dar de forma originária, forma pela qual se dará início a uma relação jurídica nova, seja porque não pertencia ao serviço público anteriormente, seja porque pertencia a quadro funcional regido por estatuto diverso. Ou de forma derivada, em que o cargo é preenchido por alguém que já tinha vínculo anterior com outro cargo, mas sujeito ao mesmo estatuto[27].

Alternativa "d" (responde às demais alternativas). Súmula Vinculante nº 43: "é inconstitucional toda modalidade de provimento que propicie ao servidor investir-se, sem prévia aprovação em concurso público destinado ao seu provimento, em cargo que não integra a carreira na qual anteriormente investido".

Alternativa correta: "d".

27. CARVALHO FILHO, José dos Santos. Manual de Direito Administrativo. 31ª ed. São Paulo: Atlas, 2017. p. 660.

49. (Cespe – Delegado de Polícia – GO/2017) A respeito da administração pública, assinale a opção correta de acordo com a CF.

a) Desde a promulgação da CF, não houve, até o presente, inovação a respeito dos princípios constitucionais da administração pública por meio de emenda constitucional.

b) A previsão constitucional de que a investidura em cargo ou emprego público depende de aprovação prévia em concurso público decorre exclusivamente do princípio da razoabilidade administrativa.

c) Em oposição ao que diz o texto constitucional, o STF já se posicionou contrário à cobrança de contribuição previdenciária dos servidores públicos aposentados e pensionistas.

d) Caso um deputado estadual nomeie sua tia materna como assessora de seu gabinete, não haverá violação à súmula vinculante que trata do nepotismo, pois esta veda a nomeação de colaterais de até o segundo grau.

e) Segundo o STF, candidato aprovado em concurso público dentro do número de vagas previsto no edital e dentro do prazo de validade do certame terá direito subjetivo à nomeação.

COMENTÁRIOS

Alternativa correta: letra "e". No julgamento do RE 598.099, o STF decidiu que: a) candidato aprovado dentro do número de vagas divulgado no edital tem **direito subjetivo à nomeação**; b) a Administração tem o dever de nomear os candidatos aprovados dentro do número de vagas, mas pode escolher o momento desde que seja dentro do prazo de validade do concurso; c) são requisitos para surgir o direito à nomeação: previsão do número exato de vagas no edital; realização do concurso de acordo com as regras do edital; homologação do concurso com a divulgação formal dos aprovados dentro do número de vagas; d) o candidato aprovado fora do número de vagas não tem direito à nomeação, mesmo se surgirem novas vagas em razão de lei ou de vacância; e) excepcionalmente, a Administração pode não nomear, desde que: haja decisão motivada; exista situação superveniente à publicação do edital; ocorra imprevisibilidade da situação; haja expressiva gravidade da situação; exista necessidade da não nomeação, por não haver medida menos gravosa a ser adotada.

Importa destacar entendimento adotado pelo STJ, em MS 22.813 DF, julgado em 13/06/2018, no sentido de que o candidato aprovado em concurso público fora do número de vagas tem direito subjetivo à nomeação caso surjam novas vagas durante o prazo de validade do certame, haja manifestação inequívoca da administração sobre a necessidade de seu provimento e não tenha restrição orçamentária. Assim, para o STJ, mesmo que aprovado fora do número de vagas o candidato terá direito subjetivo à nomeação quando:

1. Surgirem novas vagas

2. Houver inequívoca demonstração sobre a necessidade de provimento
3. Inexistir restrição orçamentária

Alternativa "a". O **princípio da eficiência** foi acrescido ao art. 37, *caput*, da Constituição Federal com a Emenda Constitucional nº 19/98.

Alternativa "b". O concurso público é forma de manifestação efetiva do **princípio da impessoalidade**, indispensável na atuação administrativa e, nesse sentido, deve haver a possibilidade de participação no certame de todos os que preencham os requisitos do edital, sendo "inconstitucional o veto não motivado à participação de candidato a concurso público", de acordo com a Súmula 684 do STF.

Alternativa "c". De acordo com jurisprudência consolidada do Supremo Tribunal Federal, não viola as garantias e direitos fundamentais a exigência de contribuição previdenciária dos pensionistas e aposentados porque a medida apoia-se no princípio da solidariedade e no princípio de equilíbrio financeiro e atuarial do sistema previdenciário. Neste sentido, é a Adin nº 3.105.

Alternativa "d". Pela Súmula Vinculante nº 13, está proibida a nomeação para cargo em comissão do cônjuge ou companheiro e dos parentes, em linha reta, colateral e por afinidade, até o 3º grau, inclusive, da autoridade nomeante ou de servidor que já é ocupante de cargo em comissão na mesma pessoa jurídica.

---

50. (NUCEPE – Delegado de Polícia – PI/2014) São direitos constitucionais daqueles que exercem cargo público, EXCETO,

a) direito à livre associação sindical.
b) direito à greve, nos termos e nos limites definidos por lei específica.
c) irredutibilidade dos vencimentos.
d) ser convocado, se aprovado em concurso público, durante o prazo previsto no edital de convocação.
e) poder acumular o cargo público técnico com o de professor, se houver compatibilidade de horários.

COMENTÁRIOS

✪ **Nota do autor:** Os servidores públicos também têm direitos sociais assegurados. Entretanto, pela **peculiaridade do regime estatutário, nem todos os direitos garantidos aos trabalhadores do setor privado podem ser estendidos a eles.**

Alternativa correta: letra "d". Nos termos do art. 37, IV, "durante o prazo improrrogável previsto no edital de convocação, aquele aprovado em concurso público de provas ou de provas e títulos será convocado com prioridade sobre novos concursados para assumir cargo ou emprego, na carreira". Assim, como se depreende da leitura do dispositivo, **não se trata de direito daqueles que exercem cargos públicos**, mas dos aprovados em concurso público.

Alternativa "a". Nos termos do art. 37, VI, da CF, é garantido ao servidor público civil o direito à livre associação sindical.

Alternativa "b". O direito de greve está assegurado aos servidores públicos civis no art. 37, VII, da Constituição Federal, ao estabelecer que "o direito de greve será exercido nos termos e nos limites definidos em lei específica". Trata-se, dessa forma, de norma de eficácia limitada, sendo necessária lei regulamentadora para que possa ser concretizado. Entretanto, a mencionada lei ainda não surgiu e a consequência disso, na posição tradicional do Supremo Tribunal Federal, era no sentido da impossibilidade da realização de greve enquanto não editada a lei. Mas, no ano de 2007, a Corte Suprema – que, em julgamentos anteriores somente reconhecia a mora – julgou os Mandados de Injunção nºs 670, 708 e 712 e, além de reconhecer a mora, autorizou a realização de greve, com base na Lei nº 7.783/89, no que couber, tendo sido atribuído efeito *erga omnes* às decisões.

Alternativa "c". A regra é a irredutibilidade da remuneração e dos subsídios, conforme assegura o art. 37, XIV, da Constituição Federal. Todavia, isso não impede a aplicação do teto constitucional e nem a incidência de tributos como, por exemplo, o Imposto de Renda.

Alternativa "e". A acumulação de cargos, empregos ou funções públicas pode ocorrer se houver compatibilidade de horários e quando se tratar de: a) dois cargos de professor; b) um cargo de professor com outro técnico ou científico; c) dois cargos ou empregos privativos de profissionais de saúde, com profissões regulamentadas.

---

51. (ACAFE – Delegado de Polícia – SC/2014) Marque com V as afirmações verdadeiras e com F as falsas.

( ) Servidores públicos são agentes que firmam relação de trabalho diretamente com o Estado ou com as entidades administrativas por ele instituídas, prestando serviços em proveito dos interesses públicos e recebendo remuneração correspondente.

( ) Os jurados e os membros das mesas apuradoras de votos, à época das eleições, podem ser denominados apropriadamente de particulares em colaboração com a Administração.

( ) Agentes políticos são os ocupantes dos cargos que compõem o arcabouço constitucional do Estado.

( ) A polícia civil subordina-se ao Governador do Estado, cabendo-lhe a guarda e a fiscalização do trânsito urbano.

( ) Agente público é todo indivíduo ligado ao Estado por algum tipo de vínculo, e sua atuação nessa qualidade representa a manifestação da vontade estatal.

A sequência correta, de cima para baixo, é:

a) F – V – F – V – F
b) F – F – V – F – F
c) V – V – F – V – F
d) V – F – V – F – V
e) V – V – V – F – V

COMENTÁRIOS

Alternativa correta: letra "e". Os itens são, respectivamente, verdadeiro, verdadeiro, verdadeiro, falso e verdadeiro.

Item I. Correto. Os **servidores públicos têm uma relação funcional com a Administração Pública**; como ocupantes de cargo efetivo, são regidos por leis específicas, denominadas estatutos. Na lição de Celso Antônio Bandeira de Mello, **cargos públicos** "são as mais simples e indivisíveis unidades de competência a serem expressadas por um agente, previstas em número certo, com denominação própria, retribuídas por pessoas jurídicas de Direito Público e criadas por lei"[28].

Item II. Correto. Segundo a lição de Maria Sylvia Zanella Di Pietro, os agentes públicos subdividem-se em **agentes políticos, servidores públicos, militares e particulares em colaboração com o poder público**, como o são os jurados e o mesário, que, de maneira temporária, e, em geral, sem remuneração, em razão de sua honorabilidade e de sua idoneidade, **são convocados para prestar determinado serviço para a Administração Pública.**

Item III. Correto. Os **agentes políticos** são aqueles que representam **as funções típicas estatais de legislar, julgar, administrar; exercem atribuições previstas na Constituição Federal.**

Item IV. Errado. À Polícia Civil – órgão público vinculado ao Executivo – **não cabe a guarda e a fiscalização do trânsito urbano.**

Item V. Correto. Na clássica lição de Hely Lopes Meirelles, agentes públicos são "todas as pessoas físicas incumbidas, definitiva ou transitoriamente, do exercício de alguma função estatal"[29].

---

52. (ACAFE – Delegado de Polícia – SC/2014) Segundo os preceitos constitucionais vigentes é correto afirmar, exceto:

a) O servidor público estável tem direito adquirido à imutabilidade do cargo, não podendo o Estado suprimi-lo, transformá-lo ou extingui-lo, sem o conhecimento do seu titular.
b) Invalidada por sentença judicial a demissão do servidor estável, será ele reintegrado, e o eventual ocupante da vaga, se estável, reconduzido ao cargo de origem, sem direito a indenização, aproveitado em outro cargo ou posto em disponibilidade com remuneração proporcional ao tempo de serviço.
c) Os cargos, empregos e funções públicas são acessíveis aos brasileiros que preencham os requisitos estabelecidos em lei, assim como aos estrangeiros, na forma da lei.
d) Pode o Estado, por lei, estabelecer requisitos diferenciados de admissão a cargo público quando sua natureza assim o exigir.
e) O servidor público da administração direta, autárquica ou fundacional ficará afastado de seu cargo, emprego ou função quando investido em mandato eletivo federal, estadual ou distrital.

COMENTÁRIOS

✪ **Nota do autor:** A **estabilidade** é a **garantia constitucional** destinada aos servidores públicos nomeados para cargo de provimento efetivo em virtude de concurso público, após três anos de efetivo exercício e avaliação especial de desempenho por comissão instituída para essa finalidade, pela qual o servidor somente perderá o cargo nas hipóteses estabelecidas no texto constitucional

Alternativa correta: letra "a". *O regime estatutário tem como característica a mutabilidade,* ***pois o servidor não tem direito adquirido ao regime. No mesmo sentido, por lei, podem ser alterados direitos e atribuições, sem necessidade de consentimento do servidor, ainda que se trate de servidor estável.***

Alternativa "b". Invalidada por sentença judicial a demissão do servidor estável, será ele reintegrado, e o eventual ocupante da vaga, se estável, reconduzido ao cargo de origem, sem direito a indenização, aproveitado em outro cargo ou posto em disponibilidade com remuneração proporcional ao tempo de serviço (artigo 41, § 2º, CF).

Alternativa "c". Conforme o art. 37, I, da Constituição Federal, os "os cargos, empregos e funções públicas são acessíveis aos brasileiros que preencham os requisitos estabelecidos em lei, assim como aos estrangeiros, na forma da lei". Portanto, cabe à lei estabelecer os requisitos necessários para a investidura no cargo público.

Alternativa "d". Na forma do art. 39, § 3º, "aplica-se aos servidores ocupantes de cargo público o disposto no art. 7º, IV, VII, VIII, IX, XII, XIII, XV, XVI, XVII, XVIII, XIX, XX, XXII e XXX, **podendo a lei estabelecer requisitos diferenciados de admissão quando a natureza do cargo o exigir**".

Alternativa "e". Consoante art. 38, I, da Constituição Federal, quanto ao servidor público da administração direta, autárquica e fundacional, no exercício de mandato eletivo, "tratando-se de mandato eletivo federal, estadual ou distrital, ficará afastado de seu cargo, emprego ou função".

---

53. (Cespe – Delegado de Polícia – BA/2013) Para que ocorra provimento de vagas em qualquer cargo público, é necessária a prévia aprovação em concurso público.

COMENTÁRIOS

Errado. A forma de acesso ao cargo público dependerá da espécie de cargo de que se trata. Nos termos do art. 37, II, da Constituição Federal, a **regra** é que a **investidura em cargo ou emprego público depende de aprovação prévia em concurso público**, ressalvadas as

---

28. MELLO, Celso Antônio Bandeira de. *Curso de direito administrativo.* 27 ed. São Paulo: Malheiros, 2010. p. 254.
29. MEIRELLES, Hely Lopes. *Direito administrativo brasileiro.* 36. ed. São Paulo: Malheiros, 2010. p. 75. Original sem destaque.

nomeações para cargo em comissão. Só há a exigência de prévia realização de concurso quando se tratar de cargo público efetivo.

54. (FUNCAB – Delegado de Polícia – ES/2013) Quanto aos cargos públicos, leia as afirmativas a seguir e assinale a alternativa correta.

I. É vedada a acumulação remunerada de cargos públicos, exceto, quando houver compatibilidade de horários, a de dois cargos de professor, a de um cargo de professor com outro técnico ou científico, a de dois cargos ou empregos privativos de profissionais de saúde, com profissões regulamentadas.

II. Extinto o cargo ou declarada a sua desnecessidade, o servidor estável ficará em disponibilidade, com remuneração integral, até seu adequado aproveitamento em outro cargo.

III. A proibição de acumular estende-se a empregos e funções e abrange autarquias, fundações, empresas públicas, sociedades de economia mista, suas subsidiárias, e sociedades controladas, direta ou indiretamente, pelo poder público.

IV. Invalidada por sentença judicial a demissão do servidor estável, será ele reintegrado, e o eventual ocupante da vaga, se estável, reconduzido ao cargo de origem, com direito à indenização, aproveitado em outro cargo ou posto em disponibilidade com remuneração integral.

Estão corretas apenas as afirmativas:

a) I e II.

b) I e III.

c) II e IV.

d) I, II e IV.

e) II, III e IV.

COMENTÁRIOS

Alternativa correta: letra "B". Estão corretos os itens I e III.

Item I. Certo. A **regra** é a **proibição de acumulação remunerada** de cargos, empregos e funções públicas, consoante art. 37, XVI. A permissão é exceção e, somente, pode ocorrer se houver **compatibilidade de horários** e quando se tratar de: a) dois cargos de professor; b) um cargo de professor com outro técnico ou científico; c) dois cargos ou empregos privativos de profissionais de saúde, com profissões regulamentadas. É necessário anotar que a **proibição existe em relação a cargos públicos, empregos públicos e funções públicas, nos três poderes, na administração direta e indireta de todas as esferas.**

Item II. Errado. A **disponibilidade é a inatividade remunerada** garantida ao servidor estável quando seu **cargo é extinto** ou é **declarado desnecessário** ou quando ocorre a **reintegração do anterior ocupante do cargo** e não é possível a recondução ou o aproveitamento em outro cargo, conforme o art. 41, §§ 2º e 3º, da Constituição Federal. Enquanto estiver em disponibilidade, o servidor não trabalha, mas está à disposição da Administração e **faz jus a remuneração proporcional ao tempo de serviço e, surgindo a vaga, a Administração convocará o servidor** em disponibilidade para voltar ao trabalho.

Item III. Certo. Conforme destacado, é necessário anotar que a **proibição de acumulação existe em relação a cargos públicos, empregos públicos e funções públicas, nos três poderes, na administração direta e indireta de todas as esferas**, abrangendo, portanto, autarquias, fundações, empresas públicas, sociedades de economia mista, suas subsidiárias, e sociedades controladas, direta ou indiretamente, pelo poder público.

Item IV. Errado. Invalidada por sentença judicial a demissão do servidor estável, será ele reintegrado, e o eventual ocupante da vaga, se estável, reconduzido ao cargo de origem, **sem direito à indenização**, aproveitado em outro cargo ou posto em disponibilidade com remuneração integral.

55. (UEL – Delegado de Polícia – PR/2013) A remuneração e o subsídio dos ocupantes de cargos, funções e empregos públicos da administração direta, dos membros de qualquer dos Poderes dos Estados, dos detentores de mandato eletivo e dos demais agentes políticos não poderão exceder o subsídio mensal, em espécie, do

a) Governador do Estado.

b) Ministro do Supremo Tribunal Federal.

c) Presidente da Assembleia Legislativa do Estado.

d) Presidente da República.

e) Presidente do Tribunal de Contas do Estado.

COMENTÁRIOS

Alternativa correta: letra "B" (responde as demais alternativas). De acordo com o dispositivo mencionado, o **teto**, o limite máximo aplicável a qualquer agente público é o **subsídio do Ministro do Supremo Tribunal Federal**, que é fixado por **lei de iniciativa do próprio tribunal**. O teto é aplicável na esfera federal, estadual, distrital e municipal, e abrange todas as espécies remuneratórias (remuneração, subsídio, proventos de aposentadoria), incluindo, até mesmo, as vantagens pessoais, como, por exemplo, quinquênios e incorporações. A **exceção**, estabelecida no texto constitucional, é o **recebimento de verba indenizatória prevista em lei** (art. 37, § 11). A **limitação remuneratória aplica-se a todas as esferas da federação, englobando os Poderes Executivo, Legislativo e Judiciário,** aplicando-se **à administração direta e indireta**, com uma pequena diferença em relação às **sociedades de economia mista, às empresas públicas e suas subsidiárias**, uma vez que, nos termos do art. 37, § 9º, **só devem se submeter ao teto constitucional quando "receberem recursos da União, dos Estados, do DF ou dos Municípios, para pagamento das despesas de pessoal ou de custeio em geral"**.

Importa destacar, por fim, tese de repercussão geral fixada pelo STF (REs 602043 e 612975): "Nos casos autorizados, constitucionalmente, de acumulação de cargos, empregos e funções, a incidência do artigo 37, inciso XI, da Constituição Federal, pressupõe consideração de cada um dos vínculos formalizados, afastada a observância do teto remuneratório quanto ao somatório dos ganhos do agente público".

56. (UEG – Delegado de Polícia – GO/2013) Em relação aos empregados das sociedades de economia mista, tem-se que

a) são equiparados a funcionários públicos para fins penais.

b) podem acumular seus empregos com cargos ou funções públicas.

c) são regidos pelo estatuto dos servidores do estado ao qual a entidade pertence.

d) podem alcançar a estabilidade estatutária, como ocorre com os servidores públicos.

COMENTÁRIOS

✪ **Nota do autor:** A **sociedade de economia mista** é espécie de **empresa estatal**, submetida, pois, ao **regime de direito privado** que, em âmbito público, é **um regime híbrido, misto, porque há normas de direito privado e normas de direito público.**

Alternativa correta: letra "A" (responde, também, a alternativa "c".) Agente público é a expressão usada para se referir a **qualquer pessoa física que exerça uma função pública.** É simples: se exerce função pública, é agente público e, desse modo, os **empregados públicos** são **agentes públicos.** Estão submetidos ao regime **celetista.** Para fins penais, consideram-se os agentes públicos em sua totalidade e, assim, os **empregados públicos** podem, por exemplo, cometer crime de peculato, de corrupção passiva.

Alternativa "b". Muito embora os funcionários sejam **empregados públicos**, há incidência do **regime de direito público** em determinados momentos. Por exemplo, o ingresso, em regra, ocorre por meio de **concurso público** e **não podem acumular outro cargo ou emprego público**, salvo as exceções constitucionais.

Alternativa "d". De acordo com o posicionamento manifestado nas decisões do STF, a estabilidade só se estende aos empregados celetistas da administração direta, autarquias e fundações públicas que ingressaram no serviço público antes da Emenda 19/98. Assim, os **empregados de empresa pública ou sociedade de economia mista não possuem direito à estabilidade, nem antes nem depois da Emenda nº 19/98.**

57. (UEG – Delegado de Polícia – GO/2013) A Súmula Vinculante nº 13 do Supremo Tribunal Federal, editada para combater a prática do nepotismo na administração pública direta e indireta em qualquer dos poderes da União, dos estados, do Distrito Federal e dos municípios, veda a nomeação para o exercício de cargo em comissão ou de confiança ou, ainda, de função gratificada,

a) de cônjuge ou parente em linha reta, colateral ou por afinidade, até o terceiro grau, inclusive, da autoridade nomeante ou de servidor da mesma pessoa jurídica investido em cargo em comissão de direção, chefia ou assessoramento.

b) de cônjuge, companheiro ou parente em linha reta, colateral ou por afinidade, até o terceiro grau, inclusive, da autoridade nomeante ou de servidor da mesma pessoa jurídica investido em cargo em comissão de direção, chefia ou assessoramento.

c) de cônjuge, companheiro ou parente em linha reta, colateral ou por afinidade, até o segundo grau, inclusive, da autoridade nomeante ou de servidor da mesma pessoa jurídica investido em cargo em comissão de direção, chefia ou assessoramento.

d) de cônjuge ou parente em linha reta, colateral ou por afinidade, até o segundo grau, inclusive, da autoridade nomeante ou de servidor da mesma pessoa jurídica investido em cargo em comissão de direção, chefia ou assessoramento.

COMENTÁRIOS

✪ **Nota do autor:** Nos termos do art. 37, V, da Constituição Federal, o **cargo em comissão** é aquele **declarado em lei de livre nomeação e exoneração** e destina-se às atribuições de **direção, chefia e assessoramento.**

Alternativa correta: letra "B" (responde as demais alternativas). Para provimento em cargo em comissão, não é necessário concurso. A autoridade nomeante escolherá alguém de sua confiança e fará a nomeação. No entanto, existe **certa limitação na escolha, pois existe vedação ao nepotismo, conforme a súmula vinculante nº 13**, pela qual está proibida a nomeação para cargo em comissão do cônjuge ou companheiro e dos parentes, em linha reta, colateral e por afinidade, até o 3º grau, inclusive, da autoridade nomeante ou de servidor que já é ocupante de cargo em comissão na mesma pessoa jurídica.

58. (FGV – Delegado de Polícia – MA/2012) Acerca do direito de greve dos servidores públicos, analise as afirmativas a seguir.

I. Caso o servidor público venha a aderir a greve, é facultado a Administração efetuar o desconto na remuneração pelos dias não trabalhados.

II. Embora o Supremo Tribunal Federal tenha concretizado o direito de greve do servidor público, acabou por fixar entendimento que os policiais civis não têm direito de fazer greve.

III. A participação de servidor público em estágio probatório em movimento grevista, acarreta a sua exoneração, visto que o mesmo não detém estabilidade.

Assinale:

a) se somente as afirmativas I e II estiverem corretas.

b) se somente as afirmativas II e III estiverem corretas.

c) se somente as afirmativas I, II e III estiverem corretas.

d) se somente a afirmativa III estiver correta.

e) se somente a afirmativa II estiver correta.

COMENTÁRIOS

✪ **Nota do autor:** a **greve é a paralisação coletiva e temporária do trabalho, visando à defesa de interesses definidos pelos próprios trabalhadores.** É um direito fundamental garantido pela Constituição Federal. Todavia, o legislador constituinte não dispôs da mesma maneira em relação ao direito de greve dos trabalhadores em geral e dos servidores públicos.

Alternativa correta: letra "A". Estão corretos os itens I e II.

Item I. Certo. Conforme entendimento proferido pelo Superior Tribunal de Justiça, no julgamento do AGSS – 1765, em 07/11/2007, o direito de greve é assegurado aos servidores públicos, **porém não são ilegítimos os descontos efetuados em razão dos dias não trabalhados. ATENÇÃO! Esse entendimento está superado em razão de decisão proferida pelo STF, no RE 693.456, com repercussão geral reconhecida, onde foi fixada a seguinte tese: "A administração pública deve proceder ao desconto dos dias de paralisação decorrentes do exercício do direito de greve pelos servidores públicos, em virtude da suspensão do vínculo funcional que dela decorre, permitida a compensação em caso de acordo. O desconto será, contudo, incabível se ficar demonstrado que a greve foi provocada por conduta ilícita do Poder Público".**

Item II. Certo. Na posição atualmente adotada pela Suprema Corte, conforme tese de repercussão geral fixada no ARE 654432: "(1) o exercício do direito de greve, sob qualquer forma ou modalidade, é vedado aos policiais civis e a todos os servidores públicos que atuem diretamente na área de segurança pública. (2) É obrigatória a participação do Poder Público em mediação instaurada pelos órgãos classistas das carreiras de segurança pública, nos termos do artigo 165 do Código de Processo Civil, para vocalização dos interesses da categoria".

Item III. Errado. O STF julgou que não é possível "considerar o exercício do direito de greve como falta grave ou fato desabonador da conduta, em termos de avaliação de estágio probatório, que enseja imediata exoneração do servidor público não estável" (ADIN 3235) e, assim, que o fato de o servidor público ainda estar no período de estágio probatório não justifica sua demissão com o fundamento de ter participado de greve.

---

59. (FUNCAB – Delegado de Polícia – RJ/2012) No que diz respeito à aquisição da estabilidade do servidor público, assinale a alternativa correta.

a) É exigido o requisito temporal de dois anos de efetivo exercício.

b) Pode ser estendida aos titulares de cargo em comissão de livre nomeação e exoneração.

c) Guarda correlação com o cargo e não com o serviço público.

d) A avaliação negativa, pela Administração, do desempenho do servidor, pode excluí-lo do serviço público sem o ato de exoneração.

e) O servidor que não satisfizer as condições do estágio probatório deverá ser exonerado, observadas as formalidades legais.

COMENTÁRIOS

Alternativa correta: letra "E" (responde as demais alternativas). A **estabilidade** é a **garantia constitucional** destinada aos servidores públicos nomeados para cargo de provimento efetivo em virtude de concurso público, após três anos de efetivo exercício e avaliação especial de desempenho por comissão instituída para essa finalidade, pela qual o servidor somente perderá o cargo nas hipóteses estabelecidas no texto constitucional. A estabilidade **refere-se ao serviço público e não ao cargo.** Por isso, **estabilidade e estágio probatório não são sinônimos e referem-se a situações distintas. Aquela é pertinente ao serviço público e este se relaciona com o cargo.** Assim, se o servidor não satisfizer as condições do estágio probatório – não estando apto, portanto, à aquisição de estabilidade – **deverá ser exonerado, observadas as formalidades legais.**

---

60. (Delegado de Polícia – MG/ 2011 – ACADEPOL) No tocante aos agentes públicos, é INCORRETO afirmar que

a) para ser agente público, é mister o vínculo com o Estado, mesmo que não efetivo, mas perene, mediante contrato bilateral e remuneração.

b) os agentes de fato podem ser necessários ou putativos.

c) os agentes putativos desempenham atividade administrativa, mas não têm investidura no cargo.

d) os agentes necessários apenas se assemelham, mas não são agentes de direito.

COMENTÁRIOS

✪ **Nota do autor:** Na classificação de Maria Sylvia Zanella Di Pietro[30], os **agentes públicos** subdividem-se em **agentes políticos, servidores públicos, militares e particulares em colaboração com o Poder Público.**

Alternativa correta: letra "A". Agente público é a expressão usada para se referir a **qualquer pessoa física que exerça uma função pública.** O que é relevante para a caracterização de alguém como agente público é a verificação do exercício de função pública. Assim, não importa se o agente foi eleito, se foi aprovado em concurso público, se é estatutário ou celetista, se a função é temporária, se tem remuneração ou não. **Se exerce função pública, é agente público.**

Alternativa "b" (responde as alternativas "c" e "d"). Conforme José dos Santos Carvalho Filho, a classificação em **agentes de fato** faz referência àqueles que executam

---

30. *Direito administrativo*. 21 ed. São Paulo: Atlas, 2008. p. 511.

determinada função pública em nome do Estado em caráter excepcional, e subdivide-se em: a) agentes necessários, que são aqueles que praticam os atos e executam as atividades em situações excepcionais nas situações de emergência, em colaboração com a Administração Pública; b) agentes putativos, que desempenham uma atividade pública em que há presunção de legitimidade, mas não são agentes de direito[31].

61. (Delegado de Polícia – ES/ 2011 – Cespe) De acordo com a doutrina, quando determinada pessoa, de boa-fé, desempenha função pública em situações de emergência, deve ser aplicada a teoria do órgão, pois sua atuação será imputável ao Estado, a exemplo do que ocorre com o denominado agente de fato.

COMENTÁRIOS

✪ **Nota do autor:** Pela **teoria do órgão**, presume-se que a pessoa jurídica manifesta sua vontade por meio dos órgãos públicos, àquela vinculados, de tal modo que quando os agentes manifestam sua vontade, considera-se que esta foi feita pela própria Administração Pública. É a teoria utilizada para justificar a validade dos atos praticados pelos **agentes de fato**, pois considera que o ato por ele praticado é ato do órgão, imputável, desse modo, ao Poder Público.

Errado. De acordo com Maria Sylvia Zanella Di Pietro, **a teoria do órgão não é aplicável à pessoa que tenha assumido, por sua própria conta e risco, o exercício de determinada função pública**, quer de maneira dolosa – quando há usurpação de função –, quer de boa-fé, como nos casos de **situações de emergência**, já que nesses casos é impossível vislumbrar a investidura do agente em cargo ou função pública[32].

62. (Delegado de Polícia – SP/ 2011 – ACADEPOL) Constituem formas de provimento derivado de cargo público, à luz da Constituição Federal,

a) a readmissão e a promoção.

b) a readmissão e a reversão *exofficio*.

c) a reintegração e a transposição.

d) o aproveitamento e a transposição.

e) a reintegração e o aproveitamento.

COMENTÁRIOS

✪ **Nota do autor:** O **ato de se prover o cargo público** é chamado de **provimento**. Por meio dele, o cargo deixa de ser vago e passa a ser provido. Ocorre tanto nos cargos efetivos quanto nos cargos em comissão e, assim, há o provimento efetivo e o provimento em comissão. Há, ainda, outra divisão: provimento **originário** e **derivado**. Naquele, a investidura no cargo integrante de determinada carreira é feita pela **primeira vez**, de modo inaugural e, ao contrário, no **provimento derivado**, a investidura é **decorrente**.

Alternativa correta: letra "E" (responde as demais alternativas). Nos termos do art. 41, § 2º, da Constituição Federal, invalidada "por sentença judicial a demissão do servidor estável, será ele reintegrado, e o eventual ocupante da vaga, se estável, reconduzido ao cargo de origem, sem direito a indenização, aproveitado em outro cargo ou posto em disponibilidade com remuneração proporcional ao tempo de serviço". Como se vê, a reintegração e o aproveitamento em outro cargo somente podem ser feitos ao servidor ilegalmente demitido, não consistindo em formas de provimento originário e, ao contrário, são formas de provimento derivado.

5. REGIME JURÍDICO DOS SERVIDORES PÚBLICOS CIVIS FEDERAIS: LEI Nº 8.112/90

- CF, artigos 37 a 41
- Lei nº 8.112/90

63. (Nucepe – Delegado de Polícia – PC – PI/2018) Sem qualquer prejuízo, poderá o servidor ausentar-se do serviço:

a) por 2 (dois) dias, para doação de sangue.

b) pelo período comprovadamente necessário para alistamento ou recadastramento eleitoral, limitado, em qualquer caso, a 4 (quatro) dias.

c) por 10 (dez) dias consecutivos pelo falecimento do cônjuge.

d) por 8 (oito) dias consecutivos em razão de casamento.

e) por 05 (cinco) dias pelo falecimento dos pais.

COMENTÁRIO

✪ **Nota do autor:** O art. 97 e ss. da Lei nº 8.112/90 destaca as concessões aos servidores públicos civis federais.

Alternativa "d" (responde as demais alternativas). O art. 97, da Lei nº 8.112/90, estabelece o seguinte: "Art. 97. Sem qualquer prejuízo, poderá o servidor ausentar-se do serviço: I – por 1 (um) dia, para doação de sangue; II – pelo período comprovadamente necessário para alistamento ou recadastramento eleitoral, limitado, em qualquer caso, a 2 (dois) dias; **III – por 8 (oito) dias consecutivos em razão de: a) casamento**; b) falecimento do cônjuge, companheiro, pais, madrasta ou padrasto, filhos, enteados, menor sob guarda ou tutela e irmãos.

Alternativa correta: letra "d".

64. (Cespe – Delegado de Polícia – PE/2016) Assinale a opção correta a respeito de servidor público, agente público, empregado público e das normas do regime estatutário e legislação correlata.

31. *Manual de direito administrativo*. 26. ed. São Paulo: Atlas, 2012. p. 593-594.
32. *Direito administrativo*. 25 ed. São Paulo: Atlas, 2012. p. 575.

a) O processo administrativo disciplinar somente pode ser instaurado por autoridade detentora de poder de polícia.
b) Nomeação, promoção e ascensão funcional são formas válidas de provimento de cargo público.
c) Empregado público é o agente estatal, integrante da administração indireta, que se submete ao regime estatutário.
d) A vacância de cargo público pode decorrer da exoneração de ofício de servidor, quando não satisfeitas as condições do estágio probatório.
e) Para os efeitos de configuração de ato de improbidade administrativa, não se considera agente público o empregado de empresa incorporada ao patrimônio público municipal que não seja servidor público.

COMENTÁRIOS

Alternativa correta: letra "d". *O* estágio probatório é um período de avaliação, em que o servidor ocupante de cargo efetivo ou vitalício inicia com a finalidade de demonstrar capacidade e aptidão para o exercício do cargo, observando os seguintes fatores: a assiduidade, a disciplina, capacidade de iniciativa, produtividade e responsabilidade. Neste período o servidor, no caso da esfera federal, **poderá exercer quaisquer cargos de provimento em comissão ou função de direção, chefia e assessoramento, desde que seja no mesmo órgão ou entidade. Caso, ao fim do estágio probatório, não estejam satisfeitas as condições previstas, ocorre vacância do cargo público pela exoneração de ofício do servidor.** O rol das hipóteses em que poderá gerar a vacância está previsto no art. 33 da Lei nº 8.112/90: exoneração; demissão; promoção; readaptação; aposentadoria; posse em outro cargo inacumulável; e o falecimento do agente público.

Alternativa "a". Na forma do art. 143, § 3º, da Lei nº 8.112/90, a apuração de irregularidade no serviço público "(...) poderá ser promovida por autoridade de órgão ou entidade diverso daquele em que tenha ocorrido a irregularidade, mediante competência específica para tal finalidade, delegada em caráter permanente ou temporário pelo Presidente da República, pelos presidentes das Casas do Poder Legislativo e dos Tribunais Federais e pelo Procurador-Geral da República, no âmbito do respectivo Poder, órgão ou entidade, preservadas as competências para o julgamento que se seguir à apuração". Assim, **não é necessário** que a autoridade detenha poder de polícia.

Alternativa "b". No art. 8º da Lei nº 8.112/90, as **formas de provimento** são: a) nomeação; b) **promoção**; c) readaptação; d) **reversão**; e) **aproveitamento**; f) **recondução**; g) reintegração. A ascensão e a transferência constavam nos incisos III e IV daquele artigo, mas foram revogados pela Lei nº 9.527/97. Mesmo antes da revogação, o Supremo Tribunal Federal já as considerava inconstitucionais porque com a adoção no texto constitucional do acesso aos cargos públicos via concurso público, somente as hipóteses constantes da própria Constituição legitimam a dispensa do certame.

Alternativa "c". Empregado público é o agente estatal, integrante da administração indireta (de forma excepcional na administração direta), que se submete ao regime **celetista.**

Alternativa "e". Para os efeitos de configuração de ato de improbidade administrativa, **considera-se** agente público o empregado de empresa incorporada ao patrimônio público municipal que não seja servidor público. Neste sentido, o sujeito ativo do ato de improbidade pode ser o agente público e o terceiro que induza ou concorra para a prática do ato de improbidade ou dele se beneficie e, nos termos do art. 1º, da Lei nº 8.429/92, considera-se agente público aquele que exerce mandato, cargo, emprego ou função, com ou sem remuneração, mesmo que transitoriamente, por eleição, nomeação, designação, contratação ou qualquer outra forma de investidura ou vínculo em qualquer uma das entidades que podem ser sujeito passivo.

65. (Vunesp – Delegado de Polícia – CE/2015) Considerando o regime jurídico dos servidores públicos civis, a que alude a Lei nº 8.112/1990, assinale a alternativa correta.

a) A reintegração é a reinvestidura do servidor estável no cargo anteriormente ocupado, ou no cargo resultante de sua transformação, quando invalidada a sua demissão por decisão administrativa ou judicial, com ressarcimento de todas as vantagens.
b) O servidor que deva ter exercício em outro município em razão de ter sido removido, redistribuído, requisitado, cedido ou posto em exercício provisório terá, no mínimo, 15 e, no máximo, 30 dias de prazo, contados da publicação do ato, para a retomada do efetivo desempenho das atribuições do cargo, incluído nesse prazo o tempo necessário para o deslocamento à nova sede.
c) É possível a remoção para acompanhar pai ou filho também servidor público civil ou militar, de qualquer dos Poderes da União, dos Estados, do Distrito Federal e dos Municípios, que foi deslocado no interesse da Administração.
d) É de 30 dias o prazo para o servidor empossado em cargo público entrar em exercício, contados da data da posse.
e) O servidor em débito com o erário, que for demitido, exonerado ou que tiver sua aposentadoria ou disponibilidade cassada, terá o prazo de 90 dias para quitar o débito.

COMENTÁRIOS

Alternativa correta: letra "a". A **reintegração** é a reinvestidura do servidor no cargo antes ocupado, quando sua demissão tiver sido anulada por decisão administrativa ou judicial, tendo direito ao ressarcimento de remuneração e vantagens não percebidas, nos termos do art. 28, *caput*, da Lei.

Alternativa "b". Na forma do art. 18, *caput*, da Lei, "o servidor que deva ter exercício em outro município em razão de ter sido removido, redistribuído, requisitado, cedido ou posto em exercício provisório terá, **no mínimo, dez e, no máximo, trinta dias de prazo**, contados da publicação do ato, para a retomada do efetivo desempenho das atribuições do cargo, incluído nesse prazo o tempo necessário para o deslocamento para a nova sede".

Alternativa "c". Nos termos do art. 36, *caput*, da Lei, "remoção é o deslocamento do servidor, a pedido ou de ofício, no âmbito do mesmo quadro, com ou sem mudança de sede". O servidor tem direito à remoção, independentemente do interesse da Administração, "para acompanhar **cônjuge ou companheiro**, também servidor público civil ou militar, de qualquer dos Poderes da União, dos Estados, do Distrito Federal e dos Municípios, que foi deslocado no interesse da Administração", conforme art. 36, III, *a*, da Lei. Corroborando com o expresso no dispositivo, o STJ decidiu no EREsp 1.247.360 RJ que o servidor federal somente tem direito à remoção prevista no artigo 36, § único, III, "a", da Lei 8.112/90, caso seu cônjuge/ companheiro, também servidor, tenha sido deslocado de ofício, no interesse da administração. Assim, se o cônjuge foi removido a pedido, ao outro não assiste o direito à remoção com base neste dispositivo.

Alternativa "d". Estabelece o art. 15, § 1º, da Lei, que "é de **quinze dias** o prazo para o servidor empossado em cargo público entrar em exercício, contados da data da posse".

Alternativa "e". Na forma do art. 47, *caput*, da Lei, "o servidor em débito com o erário, que for demitido, exonerado ou que tiver sua aposentadoria ou disponibilidade cassada, **terá o prazo de sessenta dias para quitar o débito**".

66. (FUNIVERSA – Delegado de Polícia – DF/2015) A respeito do processo administrativo disciplinar dos servidores públicos federais, assinale a alternativa correta.

a) Conforme o STJ, para que haja aplicação dos prazos prescricionais do Código Penal (CP) nas infrações administrativas também descritas como crime, é desnecessária a prévia instauração de inquérito ou ação penal pelos mesmos fatos.

b) Suponha-se que Pedro já fosse estável quando foi aprovado em novo concurso público e que tenha iniciado novo período de estágio probatório. Nesse caso, durante o período do estágio probatório, Pedro poderá figurar validamente, desde que atendidos outros requisitos legais, como membro de processo administrativo disciplinar.

c) Suponha-se que João, servidor público, tenha participado de sindicância, emitindo juízo de valor sobre a necessidade de abertura de processo administrativo disciplinar. Nessa situação, conforme entendimento do STJ, João poderá integrar validamente a respectiva comissão de processo administrativo disciplinar.

d) Conforme entendimento do STF, diante do caráter contributivo do regime próprio de previdência dos servidores públicos, é inconstitucional a penalidade de cassação de aposentadoria.

e) A aplicação da sanção administrativa de demissão, por infração administrativa de revelação de segredo do qual se apropriou em razão do cargo, impede nova investidura em cargo público pelo prazo de cinco anos.

COMENTÁRIOS

✪ **Nota do autor:** Sobre o tema procedimento administrativo, importante destacar nova Súmula do STJ: "Desde que devidamente motivada e com amparo em investigação ou sindicância, é possível a instauração de processo administrativo disciplinar com base em denúncia anônima, em face do poder-dever de autotutela imposto à Administração" (Súmula nº 611).

Alternativa correta: letra "b". À luz da jurisprudência do STJ, a alternativa pode ser considerada correta caso Pedro seja designado como membro de comissão processante para julgamento de servidor que ocupe o mesmo cargo no qual Pedro seja estável. Nesse sentido, por exemplo, é o julgamento do Agravo Regimental no Mandado de Segurança nº 20.869-DF, julgado pelo Superior Tribunal de Justiça no início de 2014.

Alternativa "a". Conforme o STJ, para que haja aplicação dos prazos prescricionais do Código Penal (CP) nas infrações administrativas também descritas como crime, é necessária a prévia instauração de inquérito ou ação penal pelos mesmos fatos (ex.: Mandado de Segurança nº 15.437-DF).

Alternativa "c". Consoante jurisprudência do STJ, incorre em impedimento para compor comissão processante o servidor integrante de Comissão Disciplinar que também participou da Sindicância, ali emitindo juízo de valor pela instauração do Processo Administrativo Disciplinar (MS 7758-DF).

Alternativa "d". Na forma do art. 127, IV, da Lei nº 8.112/90, a **cassação de aposentadoria ou disponibilidade** é penalidade disciplinar; não há qualquer manifestação do STF pela inconstitucionalidade da aplicação de tal sanção ao servidor aposentado que incorrer nas hipóteses previstas na Lei.

Alternativa "e". Nos termos do art. 137, *caput*, da Lei, "a demissão ou a destituição de cargo em comissão, por infringência do art. 117, incisos IX e XI, incompatibiliza o ex-servidor para nova investidura em cargo público federal, pelo prazo de 5 (cinco) anos". Revelar segredo do qual se apropriou em razão do cargo é conduta aplicável com pena de demissão, mas prevista no art. 132, IX, da Lei, não havendo que se falar na aplicação do disposto no art. 137.

67. (FUNIVERSA – Delegado de Polícia – DF/2015) Acerca da Lei nº 8.112/1990 e da sua interpretação judicial, assinale a alternativa correta.

a) De acordo com o Supremo Tribunal Federal (STF), se um candidato tomar posse em cargo público, ancorado em uma medida liminar, transitando-se em julgado a sentença que reformou a liminar, a anulação do ato de nomeação não será mais possível devido à teoria do fato consumado.

b) Uma pessoa com mais de setenta anos de idade não pode ser investida em cargo público efetivo ou em comissão.

c) A remoção de servidor público federal, a pedido, por motivo de saúde de dependente, é ato administrativo vinculado, não sendo possível negar-lhe o pedido, por motivos de conveniência e oportunidade, caso estejam preenchidos todos os requisitos legais.

d) A reintegração é a reinvestidura do servidor público, ainda que não estável, no cargo anteriormente ocupado, ou no cargo resultante de sua transformação, quando invalidada a sua demissão por decisão administrativa ou judicial, com ressarcimento de todas as vantagens.

e) A licença para tratar de assuntos particulares admite uma única prorrogação.

COMENTÁRIOS

Alternativa correta: letra "c". A **remoção** é o deslocamento do servidor, **a pedido ou de ofício**, no âmbito do mesmo quadro, com ou sem mudança de sede. Caso ocorra de ofício, a remoção se dará no **interesse da Administração**. Porém, se a remoção for feita a pedido do servidor, poderá ocorrer: a) **a critério da Administração**; ou b) **para outra localidade, independentemente do interesse da Administração**: – para acompanhar cônjuge ou companheiro, também servidor público civil ou militar, de qualquer dos Poderes da União, dos Estados, do Distrito Federal e dos Municípios, que foi deslocado no interesse da Administração; – **por motivo de saúde do servidor, cônjuge, companheiro ou dependente que viva às suas expensas e conste do seu assentamento funcional, condicionada à comprovação por junta médica oficial**; – em virtude de processo seletivo promovido, na hipótese em que o número de interessados for superior ao número de vagas, de acordo com normas preestabelecidas pelo órgão ou entidade em que aqueles estejam lotados (art. 36 da Lei 8.112/90). Assim, sendo a remoção fundamentada em motivo de saúde de dependente, **o deferimento do pedido pela Administração é ato administrativo vinculado, não sendo possível a negativa do pedido,** caso os requisitos estejam preenchidos.

Alternativa "a". De acordo com o Supremo Tribunal Federal (STF), se um candidato tomar posse em cargo público, ancorado em uma medida liminar, transitando-se em julgado a sentença que reformou a liminar, **ainda assim a anulação do ato de nomeação será possível.** Nesse sentido, são o Recurso Extraordinário nº 803.298-DF e o Mandado de Segurança nº 15.470-DF.

Alternativa "b". Uma pessoa com mais de 70 (setenta) anos pode ser investida em cargo público em comissão, conforme consolidado entendimento do Superior Tribunal de Justiça. Neste sentido, é o RMS nº 36.950-RO.

Alternativa "d". A **reintegração** é a reinvestidura do servidor **estável** no cargo antes ocupado quando sua demissão foi anulada por decisão administrativa ou judicial, tendo direito ao ressarcimento de remuneração e vantagens não percebidas, nos termos do art. 28, *caput*, da Lei.

Alternativa "e". Na forma do art. 91, *caput*, da Lei, "a critério da Administração, poderão ser concedidas ao servidor ocupante de cargo efetivo, desde que não esteja em estágio probatório, licenças para o trato de assuntos particulares pelo prazo de até três anos consecutivos, sem remuneração".

6. PODERES ADMINISTRATIVOS

- CTN, art. 78
- Lei nº 9.873/99
- CF, art. 84, VI

68. (Fumarc – Delegado de Polícia – PC – MG/2018) Correlacione as duas colunas, vinculando cada situação ao respectivo poder administrativo.

(1) Revogação de ato administrativo	( ) Poder disciplinar
(2) Interdição de estabelecimento comercial pela vigilância sanitária.	( ) Poder regulamentar
(3) Aplicação de penalidade administrativa a servidor.	( ) Poder discricionário
(4) Edição de decretos	( ) Poder de polícia

A sequência numérica CORRETA, de cima para baixo, é:

a) 1, 2, 4, 3

b) 3, 1, 4, 2

c) 3, 4, 1, 2

d) 4, 3, 2, 1

COMENTÁRIO

✪ **Nota do autor:** Os **poderes administrativos são as prerrogativas à disposição da Administração destinadas à viabilização do interesse público.**

Alternativa "c" (responde as demais alternativas). Os poderes são, respectivamente, o **poder discricionário, poder de polícia, poder disciplinar e poder regulamentar.**

Item I. Poder Discricionário. O **poder discricionário** é o concedido à Administração Pública para a prática de determinados atos administrativos com **liberdade na valoração do juízo de conveniência e oportunidade**. Em outras palavras, trata-se de prerrogativa conferida à Administração Pública de fazer opções, de escolher, de analisar se é oportuno, se é conveniente, segundo o interesse público, a prática de determinado ato. Conforme

Hely Lopes Meirelles[33], o **poder discricionário** é o que o Direito concede à Administração, de modo explícito ou implícito, para a prática de atos administrativos com liberdade na **escolha de sua conveniência, oportunidade e conteúdo. Sendo a revogação ato que depende da conveniência e oportunidade da Administração Pública, trata-se de exercício do poder discricionário.**

Item II. Poder de Polícia. O **poder de polícia** pode ser definido como a **"faculdade de que dispõe a Administração Pública para condicionar e restringir o uso e gozo de bens, atividades, e direitos individuais, em benefício da coletividade ou do próprio Estado"**[34]. Assim, interdição de estabelecimento em face de risco à saúde pública é típico exemplo de aplicação do poder de polícia.

Item III. Poder Disciplinar. O **poder disciplinar** é a prerrogativa pela qual a Administração apura as infrações e aplica as penalidades ao infrator, que pode ser um servidor público ou particular sujeito à disciplina administrativa.

Item IV. Poder Regulamentar. O **poder regulamentar** é espécie do poder normativo, conferindo ao Chefe do Executivo a prerrogativa de editar atos gerais e abstratos, complementares à lei, sem inovar, de forma original, a ordem jurídica. Normalmente, manifesta-se pela expedição de decretos executivos destinados a explicitar, aclarar, explicar a lei para que possa ser posta em prática, e essa possibilidade de regulamentação não é privativa do Chefe do Poder Executivo, pois o Judiciário (provimentos, resoluções) e o Legislativo (regimento) também podem regulamentar as leis, mas a regulamentação não é tão extensa quanto a feita pelo Poder Executivo.

Alternativa correta: letra "c".

69. (Cespe – Delegado de Polícia – PC – SE/2018) São características do poder de polícia a discricionariedade, a autoexecutoriedade e a coercibilidade.

COMENTÁRIO

Os atributos ou características do poder de polícia são a discricionariedade, a autoexecutoriedade e a coercibilidade. Em regra, a atividade de polícia administrativa é discricionária, havendo liberdade de escolha do administrador em relação ao momento de atuação, à forma de atuação e, às vezes, até no que se refere a qual sanção aplicar. Todavia, nem sempre há discricionariedade e o poder de polícia pode ser manifestação administrativa vinculada, como são exemplos a licença para dirigir e a licença para construir. A autoexecutoriedade aponta que a Administração Pública, para satisfazer o interesse público e, assim, prevenir ou reprimir atividade particular nociva àquele, pode praticar diretamente os atos afetos à polícia administrativa, não necessitando recorrer ao Poder Judiciário. **CERTO**

33 *Direito administrativo brasileiro*. 36 ed. São Paulo: Malheiros, 2010. p. 121.

34 MEIRELLES, Hely Lopes. *Direito administrativo brasileiro*. 36 ed. São Paulo: Malheiros, 2010. p. 134.

70. (Cespe – Delegado de Polícia – PC – SE/2018) A polícia administrativa propõe-se a restringir o exercício de atividades ilícitas e, em regra, tem caráter preventivo.

COMENTÁRIO

✪ **Nota do autor:** A polícia administrativa tem como objeto bens, direitos e atividades, impondo condições para que possam ser exercidos em conformidade com o interesse público e se espalham por toda a Administração, quer dizer, não está restrita a determinado órgão.

O **poder de polícia administrativa incide sobre bens, direitos e atividades,** ao passo que **a polícia judiciária e da polícia de manutenção da ordem pública atua sobre pessoas, individual ou indiscriminadamente**. Ainda a **polícia judiciária** atua a partir de um **ilícito penal**, enquanto a **polícia administrativa** atua, preventivamente ou repressivamente, a partir de um **ilícito administrativo**. Portanto, há diferenças entre estas. A atuação do **poder de polícia administrativa** dá-se de **modo preventivo**, preferencialmente, através de ordens e proibições, mas também por meio de normas limitadoras e sancionadoras da conduta daqueles que utilizam bens ou exercem atividades que possam afetar a coletividade. **CERTO**

71. (Cespe – Delegado de Polícia – PC – SE/2018) O poder de polícia é indelegável.

COMENTÁRIO

✪ **Nota do autor:** A questão é muito polêmica e, no nosso entender, deveria ter sido anulada, considerando a controvérsia que a envolve.

A doutrina, de maneira geral, considera que não é possível a delegação do poder de polícia a particulares e aponta como exceção os capitães de navio. O que se admite, contudo, é a delegação de atos materiais antecedentes do ato de polícia administrativa. De fato, a instalação de radares em rodovias e ruas não é ato de polícia, pois se limita a constatar, declarar a situação fática em que está o veículo, ou seja, apenas apontam a velocidade e fazem o devido registro de maneira impessoal. A manifestação do poder de polícia é feita posteriormente pela Administração Pública com a imposição da multa. A questão pode ser apontada como errada uma vez que a **vedação à delegação do poder de polícia se restringe aos particulares, sendo admitida a delegação, por exemplo, a agências reguladoras e outras pessoas jurídicas que integram a Administração Pública indireta. ERRADO**

72. (Vunesp – Delegado de Polícia – PC – SP/2018) O chamado "poder de polícia" é um dos poderes da Administração Pública reconhecidos pela literatura administrativista. Sobre este tema, é correto afirmar que

a) somente os atos relativos ao consentimento e à fiscalização são delegáveis, pois aqueles relativos à legislação e à sanção derivam do poder de coerção do Poder Público.

b) o poder de polícia é exercido exclusivamente pelas forças de segurança nacional, em obediência ao previsto na Constituição Federal de 1988, cabendo às polícias civis a função de polícia judiciária.

c) as atividades ligadas ao poder de polícia podem ser livremente delegadas a particulares, em especial as atividades de fiscalização e de aplicação de sanção.

d) as medidas necessárias ao exercício do poder de polícia dependem, em regra, da intervenção do Poder Judiciário, não podendo a Administração agir diretamente na sua execução.

e) a escolha dos meios necessários ao atingimento dos fins de proteção à segurança e à propriedade, finalidade do poder de polícia, é livre ao administrador, não cabendo revisão pelo Poder Judiciário.

COMENTÁRIO

✪ **Nota do autor:** Para o correto entendimento da questão, é imprescindível o conhecimento do ciclo de polícia, que consiste:

1) **ordem de polícia:** preceito legal básico que dá validade à limitação prevista, para que não se pratique ato que lesionará o interesse público ou para que não deixe de fazer algo que evitará a lesão ao interesse público;

2) **consentimento de polícia:** confere anuência ao exercício de atividade ou ao uso de propriedade;

3) **fiscalização de polícia:** verificação se as ordens de polícia estão sendo cumpridas

4) **sanção de polícia**: é a fase em que, verificada afronta à ordem de polícia, é aplicada a pena de polícia[35].

Alternativa "a". (responde à alternativa "c"). Segundo entendimento adotado pelo STJ, somente os atos referentes ao consentimento e à fiscalização são passíveis de delegação, sendo vedado delegar os atos atinentes à legislação e à sanção[36].

Alternativa "b". O poder de polícia em sentido estrito se trata de atividade administrativa, podendo ser exercido pela administração direta (quando estaremos diante de poder de polícia originário) e por pessoas jurídicas da administração indireta (quando estaremos diante de poder de polícia delegado).

Nesse sentido, podemos citar trecho do decidido no RE nº 658570: "poder de polícia não se confunde com segurança pública. O exercício do primeiro não é prerrogativa exclusiva das entidades policiais, a quem a Constituição outorgou, com exclusividade, no art. 144, apenas as funções de promoção da segurança pública."

Enfim, não pode haver confusão. **A polícia administrativa** tem como foco a **limitação a uma liberdade, ao exercício de um direito para que não seja exercido de forma nociva ao interesse público,** e a **polícia judiciária** tem como objetivo a **responsabilização do infrator**. Outra diferença é que **a polícia administrativa** é regulada pelas **normas de direito administrativo,** e a **polícia judiciária, pelas normas do direito processual penal.**

Alternativa "d". O poder de polícia se trata de atividade administrativa, não dependendo da intervenção do Judiciário para sua execução. É dotado, portanto, do atributo de autoexecutoriedade, que aponta para o fato de que a Administração Pública, para satisfazer o interesse público e, assim, prevenir ou reprimir atividade particular nociva àquele, **pode praticar diretamente os atos afetos à polícia administrativa, não necessitando recorrer ao Poder Judiciário.**

Alternativa "e". O exercício do poder de polícia não afasta a possibilidade de controle judicial sobre as medidas adotadas pela Administração Pública e, caso fique comprovada atuação indevida da Administração, o particular poderá requerer a respectiva reparação dos danos.

Alternativa correta: letra "a".

73. (Vunesp – Delegado de Polícia – PC – SP/2018) Suponha que o chefe de uma determinada Seção Administrativa, agindo dentro de sua competência legal, opte por nomear determinado servidor em função de confiança, sob a justificativa de que tal servidor possui as características pessoais ideais para o desempenho da função. Imagine, porém, que, após algumas semanas da nomeação, venha a público a informação de que a nomeação se deu com a principal finalidade de redistribuir a outro servidor processo administrativo cuja responsabilidade incumbia à época da nomeação ao servidor contemplado com a função de confiança.

A respeito dessa situação hipotética, é correto afirmar que se trata de caso de

a) excesso de poder, o qual se verifica quando o agente público exorbita as suas competências, agindo de forma ilegal.

b) desvio de dever funcional, o qual se verifica quando o agente público deixa de praticar ato de ofício, ou o retarda, com a finalidade exclusiva de gerar vantagem a terceiro.

c) abuso de poder, o qual se verifica quando o agente público age de forma arbitrária, assumindo atribuições impróprias para as suas funções.

d) desvio de finalidade, o qual se verifica quando o agente público, embora dentro de sua competência, afasta-se da finalidade prevista na lei para a prática do ato.

e) exercício regular de direito, o qual independe de motivação para a sua validade, não podendo ser anulado.

COMENTÁRIO

✪ **Nota do autor:** a questão aborda as espécies de abuso de poder. Os poderes administrativos são instrumentos de concretização do interesse público e devem ser usados em consonância com os princípios da

35. MOREIRA NETO, Diogo de Figueiredo. *Curso de direito administrativo: parte introdutória, parte geral e parte especial.* 15. ed. Rio de Janeiro: Forense, 2009. p. 444-447.

36 REsp 817.534.

Administração Pública. Quando o administrador **usa os poderes conferidos à Administração** (e não a ele) **de forma indevida,** contrariando o regime jurídico administrativo, **há abuso de poder**.

Alternativa "a". No caso apresentado, o chefe da Seção Administrativa age dentro dos limites de sua competência, de modo que não há que se falar em excesso de poder, que ocorre quando o agente atua fora desses limites.

Alternativa "b". As formas de abuso do poder dividem-se em excesso de poder e desvio de poder. Não há, portanto, a previsão de desvio de dever funcional.

Alternativa "c". Conforme já explicado na nota do autor, abuso de poder é gênero, do qual são espécies o desvio de poder e o excesso de poder. Quando o agente assume atribuições impróprias para sua função, atua fora dos limites de sua competência, configurando-se o excesso de poder.

Alternativa "d". Desvio de finalidade ou desvio de poder ocorre quando o agente atua dentro dos limites de sua competência, todavia, age para alcançar fim diverso do previsto, dissociando-se do interesse público. Foi o que ocorreu no caso. O chefe da Seção Administrativa, dentro dos limites de competência, nomeou servidor em função de confiança. Apesar disso, a nomeação se deu com a principal finalidade de redistribuir a outro servidor processo administrativo cuja responsabilidade incumbia à época da nomeação ao servidor contemplado com a função de confiança.

Alternativa "e". Conforme já dito no comentário à alternativa "d", o chefe da Seção Administrativa agiu com desvio de poder, já que atuou dentro dos limites de sua competência, para alcançar fim diverso do previsto.

Alternativa correta: letra "d".

---

74. (Vunesp – Delegado de Polícia – PC – BA/2018) No âmbito da execução penal, a atribuição de apurar a conduta faltosa do detento cometida dentro do estabelecimento prisional durante o cumprimento da pena, assim como realizar a subsunção do fato à norma legal, verificando se a conduta corresponde a uma falta leve, média ou grave, e aplicar eventual sanção é do diretor do estabelecimento prisional e decorre do poder

a) de polícia.
b) geral de cautela.
c) de tutela.
d) hierárquico.
e) disciplinar.

COMENTÁRIO

✪ **Nota do autor:** A questão aborda os poderes administrativos. Poderes administrativos são as prerrogativas à disposição da Administração destinadas à viabilização do interesse público.

Alternativa "a". Poder de polícia é uma atividade administrativa consistente em **intervir no exercício de direitos e liberdades individuais, impondo restrições e condições para que o interesse particular não cause prejuízo ao interesse público.**

Alternativa "b". O poder geral de cautela consiste na adoção de providências acauteladoras pela Administração, sem a prévia manifestação do interessado, em caso de risco iminente, encontrando previsão no art. 45 da Lei nº 9.784/99.

Alternativa "c". Pelo poder de tutela, a administração pública direta controla, fiscaliza as atividades das entidades da administração indireta e **não deve ser confundido com autotutela**, pois nesta a Administração se autocontrola, analisando os atos praticados, anulando-os, se ilegais, ou revogando-os, se inoportunos ou inconvenientes.

Alternativa "d". O **Poder Hierárquico** é aquele conferido ao administrador para distribuir e escalonar as funções de seus órgãos, ordenar e rever a atuação de seus agentes, estabelecendo para tanto uma relação de hierarquia e subordinação. A hierarquia é uma característica peculiar da função administrativa, e não possui nenhuma correlação com o regime autoritário. A organização administrativa se baseia nos pressupostos da distribuição de competência e hierarquia.

Alternativa "e". O **poder disciplinar é a prerrogativa pela qual a Administração apura as infrações e aplica as penalidades ao infrator**, que pode ser um servidor público ou particular sujeito à disciplina administrativa, como apurar a conduta faltosa do detento cometida dentro do estabelecimento prisional[37], nos termos do apresentado na questão. Está intimamente relacionado com o **poder hierárquico** e é voltado, essencialmente, à esfera interna da Administração Pública.

Alternativa correta: letra "e".

---

75. (Cespe – Delegado de Polícia – GO/2017) De acordo com a legislação e a doutrina pertinentes, o poder de polícia administrativa

a) pode manifestar-se com a edição de atos normativos como decretos do chefe do Poder Executivo para a fiel regulamentação de leis.
b) é poder de natureza vinculada, uma vez que o administrador não pode valorar a oportunidade e conveniência de sua prática, estabelecer o motivo e escolher seu conteúdo.
c) pode ser exercido por órgão que também exerça o poder de polícia judiciária.
d) é de natureza preventiva, não se prestando o seu exercício, portanto, à esfera repressiva.
e) é poder administrativo que consiste na possibilidade de a administração aplicar punições a agentes públicos que cometam infrações funcionais.

37. DI PIETRO, Maria Sylvia Zanella. *Direito administrativo*. 23 ed. São Paulo: Atlas, 2010. p. 94.

COMENTÁRIOS

✪ **Nota do autor:** Conforme Hely Lopes Meirelles, o poder de polícia é definido como a "**faculdade de que dispõe a Administração Pública para condicionar e restringir o uso e gozo de bens, atividades e direitos individuais, em benefício da coletividade ou do próprio Estado**"[38].

Alternativa correta: letra "c" (responde a alternativa "d"). A polícia administrativa e a polícia judiciária não podem ser objeto de confusão, pois, de fato, são distintas. Ocorre que, normalmente, os órgãos de polícia judiciária exercem as duas formas de polícia como se vê, por exemplo, na polícia civil em relação ao trânsito e na polícia federal no que se refere à atividade de segurança privada. Entretanto, as atividades são diferentes. Nesse sentido, costuma-se apontar a atuação repressiva ou preventiva como critério suficiente para distingui-las. Todavia, não se trata de critério apto à distinção, porque o poder de polícia tem manifestações preventivas e repressivas. Na verdade, o que as separa é que a polícia administrativa tem como foco a limitação a uma liberdade, ao exercício de um direito para que não seja exercido de forma nociva ao interesse público e a polícia judiciária tem como objetivo a responsabilização do infrator. Outra diferença é que a polícia administrativa é regulada pelas normas de direito administrativo e a polícia judiciária pelas normas do direito processual penal. Ainda, pelo poder de polícia a Administração pode impor tanto abstenções quanto obrigações de fazer, não se restringindo a uma ou outra. Por fim, o poder polícia é próprio da pessoa jurídica de direito público, que o exercerá por meio dos agentes públicos, nos termos definidos na legislação e não exclusivamente pela autoridade superior. O poder de polícia, além de valer-se dos atos administrativos preventivos e repressivos, com a finalidade de coagir o infrator a cumprir a lei, também pode se manifestar através de atos normativos, ou seja, edita leis que criam limitações administrativas ao exercício de direitos e liberdades individuais. A competência e os limites para o exercício do poder de polícia são especificados em lei.

Alternativa "a". A edição de atos normativos no exercício da função administrativa é plenamente possível de ser feito na Administração Pública brasileira e se manifesta como decorrência do **poder regulamentar**. O meio apto a veicular essa norma é o decreto executivo ou regulamento executivo, os quais, necessariamente, dependem da existência de ato normativo primário, que será explicado, detalhado, para sua fiel execução.

Alternativa "b". Em regra, a atividade de polícia administrativa é discricionária, havendo liberdade de escolha do administrador em relação ao momento de atuação, à forma de atuação e, às vezes, até no que se refere a qual sanção aplicar. Desse modo, por exemplo, a atividade de fiscalização, normalmente, não possui um momento exato para ser desempenhada e, por vezes, a lei deixa para o fiscal a análise de qual medida adotar no caso concreto. Todavia, nem sempre há discricionariedade e o poder de polícia pode ser manifestação administrativa vinculada, como são exemplos a licença para dirigir e a licença para construir. Aliás, costuma-se indicar que, se o ato é praticado por licença, é vinculado e, se é feito por autorização, tem-se a discricionariedade.

Alternativa "e". A alternativa refere-se, na verdade, ao poder disciplinar, que consiste na prerrogativa da Administração Pública de apurar as infrações administrativas e aplicar as respectivas penalidades aos agentes públicos e aos particulares sujeitos à disciplina administrativa.

---

76. (Cespe – Delegado de Polícia – GO/2017) A respeito dos poderes e deveres da administração, assinale a opção correta, considerando o disposto na CF.

a) A lei não pode criar instrumentos de fiscalização das finanças públicas, pois tais instrumentos são taxativamente listados na CF.

b) A eficiência, um dever administrativo, não guarda relação com a realização de supervisão ministerial dos atos praticados por unidades da administração indireta.

c) O abuso de poder consiste em conduta ilegítima do agente público, caracterizada pela atuação fora dos objetivos explícitos ou implícitos estabelecidos pela lei.

d) A capacidade de inovar a ordem jurídica e criar obrigações caracteriza o poder regulamentar da administração.

e) As consequências da condenação pela prática de ato de improbidade administrativa incluem a perda dos direitos políticos e a suspensão da função pública.

COMENTÁRIOS

✪ **Nota do autor:** Os poderes administrativos são instrumentos de concretização do interesse público e devem ser usados em consonância com os princípios da Administração Pública. Quando o administrador **usa os poderes conferidos à Administração** (e não a ele) **de forma indevida**, contrariando o regime jurídico administrativo, **há abuso de poder.**

Alternativa correta: letra "c". O **abuso de poder** tem duas espécies: a) **excesso de poder**, que é verificado quando o **agente atua além dos limites de sua competência** e b) **desvio de poder ou desvio de finalidade**, que se dá quando o administrador **age dentro de sua competência, mas o faz para alcançar fim diferente do previsto, dissociando-se do interesse público**.

Alternativa "a". É plenamente possível a criação de instrumentos de fiscalização das finanças públicas, **inexistindo qualquer previsão de que aqueles previstos na Constituição Federal constituem rol taxativo.**

Alternativa "b". Por meio da **supervisão ministerial**, a pessoa política criadora tem por dever fiscalizar a entidade criada para verificar se o objetivo da criação está sendo atendido. Trata-se de um **controle finalístico**, a ser

38. MEIRELLES, Hely Lopes. *Direito administrativo brasileiro*. 36 ed. São Paulo: Malheiros, 2010. p. 134.

exercido pela administração direta, que está, portanto, intimamente relacionado com o **princípio da eficiência.**

Alternativa "d". O **poder regulamentar** é espécie do poder normativo, conferindo ao Chefe do Executivo a prerrogativa de editar atos gerais e abstratos, complementares à lei, **sem inovar**, de forma original, a ordem jurídica. Normalmente, manifesta-se pela expedição de decretos executivos destinados a explicitar, aclarar, explicar a lei para que possa ser posta em prática, e essa possibilidade de regulamentação não é privativa do Chefe do Poder Executivo, pois o Judiciário (provimentos, resoluções) e o Legislativo (regimento) também podem regulamentar as leis, mas a regulamentação não é tão extensa quanto à feita pelo Poder Executivo.

Alternativa "e". As consequências da condenação pela prática de ato de improbidade administrativa incluem a **suspensão** dos direitos políticos e a **perda** da função pública.

---

77. (Cespe – Delegado de Polícia – PE/2016) Acerca dos poderes e deveres da administração pública, assinale a opção correta.

a) A autoexecutoriedade é considerada exemplo de abuso de poder: o agente público poderá impor medidas coativas a terceiros somente se autorizado pelo Poder Judiciário.

b) À administração pública cabe o poder disciplinar para apurar infrações e aplicar penalidades a pessoas sujeitas à disciplina administrativa, mesmo que não sejam servidores públicos.

c) Poder vinculado é a prerrogativa do poder público para escolher aspectos do ato administrativo com base em critérios de conveniência e oportunidade; não é um poder autônomo, devendo estar associado ao exercício de outro poder.

d) Faz parte do poder regulamentar estabelecer uma relação de coordenação e subordinação entre os vários órgãos, incluindo o poder de delegar e avocar atribuições.

e) O dever de prestar contas aos tribunais de contas é específico dos servidores públicos; não é aplicável a dirigente de entidade privada que receba recursos públicos por convênio.

COMENTÁRIOS

✪ **Nota do autor:** para que seja possível a materialização das medidas administrativas necessárias a consecução do interesse público, a Administração dispõe dos chamados poderes administrativos, ou seja, instrumentos, ferramentas, mecanismos indispensáveis para esse agir. Os **poderes administrativos** são **as prerrogativas à disposição da Administração destinadas à viabilização do interesse público.**

Alternativa correta: letra "b". O **poder disciplinar é a prerrogativa pela qual a Administração apura as infrações e aplica as penalidades ao infrator,** que pode ser um servidor público ou particular sujeito à disciplina administrativa, como um estudante de escola pública[39].

Alternativa "a". O **poder de polícia**, por exemplo, tem como uma de suas características a **autoexecutoriedade** – que aponta que a Administração Pública pode praticar diretamente os atos afetos à polícia administrativa, não necessitando recorrer ao Poder Judiciário. Assim, **não há que se falar em abuso de poder**, neste caso.

Alternativa "c". A alternativa faz menção ao **poder discricionário**. O ***poder vinculado*** é aquele que a lei confere à Administração Pública para a prática de ato de sua competência, determinando os elementos e requisitos necessários a sua formalização, conforme Hely Lopes Meirelles. Todo e qualquer ato administrativo deve estar em conformidade com o direito e, em muitos casos, a conveniência e a oportunidade de se praticar determinado ato já foram valoradas pelo legislador, não havendo margem de escolha ao administrador; em tais situações, em que o ***comportamento já foi previamente delimitado pela lei***, há aplicação do ***poder vinculado*** – que, em verdade, por se tratar mais de uma restrição à Administração Pública que a uma prerrogativa, não é considerado, por muitos autores, poder da Administração Pública. Por seu turno, o ***poder discricionário*** é o concedido à Administração Pública para a prática de determinados atos administrativos com ***liberdade, nos limites da lei, na valoração do juízo de conveniência e oportunidade.*** Em outras palavras, trata-se de prerrogativa conferida à Administração Pública de fazer opções, de escolher, de analisar se é oportuno, se é conveniente, segundo o interesse público, a prática de determinado ato.

Alternativa "d". Faz parte do poder **hierárquico** estabelecer uma relação de coordenação e subordinação entre os vários órgãos, incluindo o poder de delegar e avocar atribuições.

Alternativa "e". O dever de prestar contas aos tribunais de contas **não** é específico dos servidores públicos. Neste sentido, por exemplo, à luz do que dispõe o art. 71, VI, da Constituição Federal, compete ao Tribunal de Contas da União "fiscalizar a aplicação de quaisquer recursos repassados pela União mediante convênio, acordo, ajuste ou outros instrumentos congêneres, a Estado, ao Distrito Federal ou a Município". Além disso, na forma do mesmo dispositivo, em seu parágrafo único, consta que "prestará contas qualquer pessoa física ou jurídica, pública ou privada, que utilize, arrecade, guarde, gerencie ou administre dinheiros, bens e valores públicos ou pelos quais a União responda, ou que, em nome desta, assuma obrigações de natureza pecuniária".

---

78. (Vunesp – Delegado de Polícia – CE/2015) No que se refere ao poder disciplinar da Administração, é correto afirmar que

a) se aplica ao poder disciplinar o princípio da pena específica.

39. DI PIETRO, Maria Sylvia Zanella. *Direito administrativo*. 23 ed. São Paulo: Atlas, 2010. p. 94.

b) nem toda a condenação criminal por delito funcional acarreta a punição disciplinar.

c) a aplicação da pena disciplinar tem para o superior hierárquico o caráter de um poder-dever.

d) a punição disciplinar e a criminal têm fundamentos idênticos.

e) é possível admitir punição disciplinar desacompanhada de justificativa da autoridade que a impõe.

COMENTÁRIOS

✪ **Nota do autor:** O **poder disciplinar** é a prerrogativa pela qual a Administração apura as infrações e aplica as penalidades ao infrator, que pode ser um servidor público ou particular sujeito à disciplina administrativa.

Alternativa correta: letra "c". Prevalece o entendimento de que **o poder disciplinar é vinculado, ou seja, uma vez tendo conhecimento da infração, a Administração não pode escolher entre aplicar, ou não a pena**. Assim, **a aplicação da pena disciplinar tem para o superior hierárquico o caráter de um poder-dever.** Todavia, em algumas situações, a discricionariedade existe limitadamente em alguns aspectos da aplicação das sanções. Considerando que os estatutos dos servidores na definição das infrações funcionais não estabelecem regras rígidas como as quais se impõem na esfera criminal, não há a definição de um verbo, o que muitas vezes gera para o administrador público um juízo de valor no reconhecimento do ilícito.

Alternativa "a". Uma das características do poder disciplinar é a **não vinculação prévia da definição de uma infração funcional e sua respectiva sanção.** Portanto, não se aplica ao poder disciplinar o princípio da pena específica, vigente no direito penal. O administrador aplicará a sanção que julgar cabível na hipótese concreta, dentre as penalidades que estiverem enumeradas em lei ou regulamento para a generalidade das infrações administrativas, com a observância do princípio da razoabilidade.

Alternativa "b" (responde a alternativa "d"). Em razão da possibilidade de, dentro do ordenamento jurídico brasileiro, ser possível que uma conduta configure ilícitos de naturezas diferentes, ou seja, o ilícito pode ser administrativo, penal e civil, existe a regra geral da **prevalência da independência das instâncias**. Deste modo, as apurações das instâncias tramitarão de maneira separada, cada uma possuindo um resultado da apuração, que podem ser diferentes, e as sanções todas poderão ser aplicadas todas ao mesmo tempo. A regra da incomunicabilidade das instâncias possui previsão legal no art. 125 da Lei nº 8.112/90.

Alternativa "e". À luz do **princípio da motivação, não** é possível admitir punição disciplinar desacompanhada de justificativa da autoridade que a impõe.

---

79. (FUNIVERSA – Delegado de Polícia – DF/2015) Acerca dos poderes da administração pública, assinale a alternativa correta.

a) No julgamento de revisão de processo administrativo em que foi aplicada sanção administrativa, o exercício do poder disciplinar é restringido pela Lei nº 9.784/1999, pois não se admite o agravamento da sanção.

b) A possibilidade de a administração aplicar multas pelo descumprimento total ou parcial dos contratos administrativos não decorre do seu poder disciplinar, visto que envolve terceiros, não integrantes da administração.

c) As decisões do TCU submetem-se ao controle hierárquico do Congresso Nacional.

d) Suponha-se que uma instrução normativa da Secretaria do Tesouro Nacional viole a lei. Nesse caso, não é possível a utilização de decreto legislativo, pelo Congresso Nacional, para suspender a norma regulamentar exorbitante do poder regulamentar, uma vez que esta norma não é um decreto editado pelo chefe do Poder Executivo.

e) O poder de polícia pode ser remunerado por meio de taxa, tanto pelo seu efetivo exercício, quanto pela potencialidade colocada à disposição do contribuinte.

COMENTÁRIOS

✪ **Nota do autor:** Nos termos do art. 65, *caput*, da Lei nº 9.784/99, "os processos administrativos de que resultem sanções poderão ser revistos, a qualquer tempo, a pedido ou de ofício, quando surgirem fatos novos ou circunstâncias relevantes suscetíveis de justificar a inadequação da sanção aplicada".

Alternativa correta: letra "a". Na forma do art. 65, parágrafo único, da Lei nº 9.784/99, "da revisão do processo não poderá resultar agravamento da sanção". Assim, **há mitigação do exercício do poder disciplinar**, uma vez que a autoridade administrativa fica adstrita aos limites da sanção anteriormente aplicada. Não se admite a *reformatio in pejus*

Alternativa "b". O poder disciplinar é a prerrogativa pela qual a Administração apura as infrações e aplica as penalidades ao infrator, que deve ser um servidor público **ou particular sujeito à disciplina administrativa,** como, por exemplo, um contratado da Administração que descumpra, total ou parcialmente, um contrato administrativo firmado.

Alternativa "c". Não há que se falar em hierarquia entre Congresso Nacional e Tribunal de Contas da União, sendo que este auxilia aquele no exercício do controle financeiro. O **poder hierárquico** é aquele conferido ao administrador para distribuir e escalonar as funções de seus órgãos, ordenar e rever a atuação de seus agentes, estabelecendo para tanto uma relação de hierarquia e subordinação.

Alternativa "d". Na forma do art. 49, V, da Constituição Federal, é de competência exclusiva do Congresso Nacional – instrumentalizada, portanto, por decreto legislativo – "sustar os atos normativos do Poder Executivo que exorbitem do poder regulamentar ou dos limites de delegação legislativa". Assim, **plenamente possível a utilização do decreto legislativo como controle do exercício do poder regulamentar.**

Alternativa "e". O poder de polícia é a **prerrogativa** pela qual a Administração Pública impõe **condições, restrições** ao **exercício de um direito**, de uma **liberdade**, em benefício da coletividade e, por ele, por exemplo, pode ser interditado um restaurante cujas instalações estejam em desacordo com o exigido para a tutela da saúde pública, ou, ainda, pode haver a cobrança de taxa de localização e funcionamento de estabelecimento comercial. Quanto à cobrança de taxa, a Constituição Federal, no art. 145, II, prevê que a União, os Estados, o Distrito Federal e os Municípios podem instituir taxa, em decorrência do poder de polícia. Todavia, **não é possível a cobrança de taxa, referente ao poder de polícia, pela potencialidade colocada à disposição do contribuinte**, mas apenas pelo seu efetivo exercício.

80. (NUCEPE – Delegado de Polícia – PI/2014) NÃO pode ser verificado serviços relativos ao poder extroverso do Estado em:

a) a cobrança e fiscalização dos impostos.

b) fiscalização do cumprimento de normas sanitárias.

c) controle do meio ambiente.

d) serviço de emissão de passaportes.

e) emissão de certidão.

COMENTÁRIOS

✪ **Nota do autor:** O **poder extroverso** pode ser definido como aquele que a Administração tem de constituir, unilateralmente, obrigações para terceiros, com o extravasamento de seus próprios limites.

Alternativa correta: letra "e" (responde as demais alternativas). A **emissão de certidão** é exemplo de **ato administrativo enunciativo.** Os **atos enunciativos** são os atos pelo quais a Administração pública **certifica ou atesta um fato ou emite uma opinião** sobre determinado assunto. **Não há manifestação de vontade** e são atos apenas em sentido formal. Assim, não há que se falar em constituição de obrigação para terceiros, de tal forma que **não há manifestação do poder extroverso.**

81. (FUNCAB – Delegado de Polícia – RO/2014) O Supremo Tribunal Federal considerou competente como ente federativo o Município, para impor a bancos a obrigação de instalar portas eletrônicas com detector de metais e travamento e de vidros à prova de baias, por vislumbrar, no tema, questão de interesse local e a segurança do usuário. Quanto a esse poder conferido ao Município, pode-se afirmar que se trata do poder:

a) hierárquico.

b) discricionário.

c) regulamentar.

d) disciplinar.

e) de polícia.

COMENTÁRIOS

✪ **Nota do autor:** A tese narrada no enunciado da questão está bem assentada no Supremo Tribunal Federal. Nesse sentido, por exemplo, é o Agravo Regimental no Agravo de Instrumento nº 709.974-MT e o Agravo Regimental no Agravo de Instrumento nº 427.373-RS

Alternativa correta: letra "e". Conforme Hely Lopes Meirelles, o poder de polícia é definido como a "**faculdade de que dispõe a Administração Pública para condicionar e restringir o uso e gozo de bens, atividades e direitos individuais, em benefício da coletividade ou do próprio Estado**"[40]. Pode-se, assim, afirmar que o poder de polícia é uma atividade administrativa consistente em **intervir no exercício de direitos e liberdades individuais, impondo restrições e condições para que o interesse particular não cause prejuízo ao interesse público.** No enunciado em questão, obrigação de instalar portas eletrônicas com detector de metais e travamento e de vidros à prova de baias é uma limitação a um direito às vistas da observância do interesse público, consubstanciado na segurança dos cidadãos.

Alternativa "a". O **poder hierárquico** é a prerrogativa que a Administração Pública tem de se organizar para buscar o interesse público e, para isso, desconcentra competências, isto é, distribui internamente competência entre seus diversos órgãos, escalonando-os, hierarquizando-os. Com isso, cria-se uma **relação de hierarquia** entre os órgãos, pelo que os subordinados têm o dever de obediência aos superiores.

Alternativa "b". O **poder discricionário** é o concedido à Administração Pública para a prática de determinados atos administrativos com **liberdade na valoração do juízo de conveniência e oportunidade**. Em outras palavras, trata-se de prerrogativa conferida à Administração Pública de fazer opções, de escolher, de analisar se é oportuno, se é conveniente, segundo o interesse público, a prática de determinado ato. Conforme Hely Lopes Meirelles[41], o **poder discricionário** é o que o Direito concede à Administração, de modo explícito ou implícito, para a prática de atos administrativos com liberdade na **escolha de sua conveniência, oportunidade e conteúdo.**

Alternativa "c". O **poder regulamentar** pode ser definido como a faculdade de que dispõem os Chefes de Executivo de aplicar a lei para sua correta execução.

Alternativa "d". O **poder disciplinar** é a prerrogativa pela qual a Administração apura as infrações e aplica as penalidades ao infrator, que pode ser um servidor público ou particular sujeito à disciplina administrativa.

82. (ACAFE – Delegado de Polícia – SC/2014) É correto afirmar que a Administração Pública exerce o poder disciplinar quando:

40. MEIRELLES, Hely Lopes. *Direito administrativo brasileiro.* 36 ed. São Paulo: Malheiros, 2010. p. 134.

41. *Direito administrativo brasileiro.* 36 ed. São Paulo: Malheiros, 2010. p. 121.

a) investiga irregularidades e aplica penas aos servidores públicos e particulares, mesmo aqueles não sujeitos à Administração Pública.
b) instaura inquérito administrativo, processa e aplica penalidades apenas aos servidores públicos que infringem os respectivos estatutos.
c) apura infrações e aplica penalidades aos servidores públicos e demais pessoas sujeitas à disciplina administrativa.
d) limita ou disciplina direito, interesse ou liberdade, com o objetivo de regular a prática de ato ou abstenção de fato, em razão do interesse público.
e) define, na forma da lei, os limites da competência de cada um dos agentes.

COMENTÁRIOS

Alternativa correta: letra "c" (responde as alternativas "a" e "b". O **poder disciplinar é a prerrogativa pela qual a Administração apura as infrações e aplica as penalidades ao infrator**, que pode ser um servidor público ou **particular sujeito à disciplina administrativa**, como um estudante de escola pública[42]. A **penalidade administrativa** tem como objeto as infrações relacionadas aos serviços, aplicando-se, portanto, apenas a um agente público ou a um particular juridicamente relacionado com a Administração.

Alternativa "d". Nesta situação, há claro exercício do **poder de polícia.**

Alternativa "e". A definição dos limites da competência de cada um dos agentes, é, de igual modo, manifestação do exercício do **poder hierárquico.**

83. (ACAFE – Delegado de Polícia – SC/2014) O Poder Hierárquico congrega as seguintes prerrogativas, exceto a de:

a) estabelecer a relação de subordinação entre os servidores do quadro de pessoal da Administração Pública.
b) distribuir e escalonar as funções dos órgãos da Administração Pública.
c) editar normas complementares à lei, para a definição de seu alcance e modo de execução.
d) rever a atuação dos agentes públicos.
e) ordenar a Administração Pública em sua organização e disciplina.

COMENTÁRIOS

Alternativa correta: letra "c" (responde as demais alternativas). O **poder hierárquico** é uma ferramenta de grande valia para a Administração porque possibilita a concatenação de suas ações em busca da satisfação do interesse público. Por ele, tem-se a organização, a estruturação, criando-se uma **relação de coordenação e subordinação** entre os diversos órgãos criados. É com base na hierarquia que se pode **avocar, delegar, ordenar, controlar, corrigir e aplicar sanções.** Por outro lado, a edição de normas complementares à lei, para a definição de seu alcance e modo de execução é clara manifestação do **poder regulamentar**, que é espécie do poder normativo, conferindo ao Chefe do Executivo a prerrogativa de editar atos gerais e abstratos, complementares à lei, sem inovar, de forma original, a ordem jurídica. Normalmente, manifesta-se pela expedição de decretos executivos destinados a explicitar, aclarar, explicar a lei para que possa ser posta em prática, e essa possibilidade de regulamentação não é privativa do Chefe do Poder Executivo, pois o Judiciário (provimentos, resoluções) e o Legislativo (regimento) também podem regulamentar as leis, mas a regulamentação não é tão extensa quanto à feita pelo Poder Executivo.

84. (Vunesp – Delegado de Polícia – SP/2014) Ao exercício do poder de polícia são inerentes certas atividades que podem ser sumariamente divididas em quatro grupos:

I. legislação;
II. consentimento;
III. fiscalização; e
IV. sanção.

Nessa ordem de ideias, é correto afirmar que o particular

a) pode exercer apenas as atividades de consentimento e de sanção, por não serem típicas de Estado.
b) somente pode exercer, por delegação, a atividade de fiscalização, por não ser típica de Estado.
c) pode exercer, por delegação, as atividades de consentimento e fiscalização, por não serem típicas de Estado.
d) pode exercer, por delegação, quaisquer das atividades inerentes ao poder de polícia, pois não se traduzem em funções típicas de Estado.
e) pode exercer, por delegação, o direito de impor, por exemplo, uma multa por infração de trânsito e cobrá-la, inclusive, judicialmente.

COMENTÁRIOS

Alternativa correta: letra "C" (responde as demais alternativas). A questão trata da delegação do poder de polícia, tema que com relativa divergência na doutrina, mas, conforme enunciado e alternativas, a banca baseou-se na posição do STJ a respeito do tema. Conforme decidido no Resp 817.534, as "as atividades que envolvem a consecução do poder de polícia podem ser sumariamente divididas em quatro grupos, a saber: (i) legislação, (i) consentimento, (i) fiscalização e (iv) sanção. No âmbito da limitação do exercício da propriedade e da liberdade no trânsito, esses grupos ficam bem definidos: o CTB estabelece normas genéricas e abstratas para obtenção da Carteira Nacional de Habilitação (legislação); a emissão da carteira corporifica vontade o Poder Público

42. DI PIETRO, Maria Sylvia Zanella. *Direito administrativo*. 23 ed. São Paulo: Atlas, 2010. p. 94.

(consentimento); a Administração instala equipamentos eletrônicos para verificar se há respeito à velocidade estabelecida em lei (fiscalização); e também a Administração sanciona aquele que não guarda observância ao CTB (sanção). Somente os **atos relativos ao consentimento e à fiscalização são delegáveis**, pois aqueles referentes à legislação e à sanção derivam do poder de coerção do Poder Público".

85. (Fundação Aroeira – Delegado de Polícia – TO/2014) O Delegado que é chefe de determinada Delegacia Regional de Polícia, por desavença pessoal com determinado Agente de Polícia, determina sua remoção para outra unidade e imediatamente convoca outro policial da sua preferência. O ato administrativo de remoção é

a) válido, porque previsto genericamente na lei para atender a carência de pessoal em algum órgão.

b) anulável, pois depende da anuência do removido.

c) nulo, por desvio de finalidade.

d) meramente irregular, podendo ser convalidado pelo Delegado-Geral de Polícia Civil.

COMENTÁRIOS

✪ **Nota do autor: o desvio de poder** ou **desvio de finalidade** ocorre quando o **administrador age dentro de sua competência** (não extrapola), **mas o faz para alcançar fim diferente do previsto**, explícita ou implicitamente, na lei, ou seja, **dissocia-se do interesse público.**

Alternativa correta: letra "C" (responde as demais alternativas). O **abuso de poder** é uma **ilegalidade** e, desse modo, pode ser afrontado tanto na esfera administrativa quanto em juízo, devendo o ato praticado com desvio de poder ou com excesso de poder ser declarado nulo. No caso, a autoridade não buscou o interesse público ao proceder a remoção do policial, mas sim interesse particular, motivado pela desavença existente entre eles.

86. (FUNCAB – Delegado de Polícia – ES/2013) O funcionamento de rádio comunitária, ainda que de baixa potência e sem fins lucrativos, depende de prévia autorização do Poder Público, sendo competente para fiscalizar a ANATEL. Após fiscalizar e constatar irregularidades no funcionamento de uma rádio, pois inexistia autorização do Poder Público para exploração de radiodifusão, a ANATEL determinou sua imediata interdição e lacrou as transmissões. Logo, é correto afirmar:

a) Agiu dentro da estrita legalidade, pois estava no pleno exercício do poder de polícia.

b) A interrupção e o lacre das transmissões só poderiam se dar após processo administrativo, em que fossem assegurados o contraditório e a ampla defesa.

c) A atuação da Administração Pública, no exercício do poder, há de se limitar aos atos indispensáveis à fiscalização, portanto as medidas decorrentes são ilegítimas.

d) Constitucionalmente, não pode haver interrupção e lacre de transmissões, em face do interesse público da radiodifusão.

e) Caberia a interrupção e o lacre das transmissões sem processo administrativo, desde que precedidos de notificação para defesa, em consonância com os princípios da ampla defesa e do contraditório.

COMENTÁRIOS

Alternativa correta: letra "A" (responde as demais alternativas). O **poder de polícia**, em seu sentido restrito, é caracterizado como a "**faculdade de que dispõe a Administração para condicionar e restringir o uso e gozo de bens, atividades e direitos individuais, em benefício da coletividade ou do próprio Estado"**[43]. A situação narrada na questão já foi objeto de decisão do STJ (REsp 958641 / PI), tendo sido decidido que o "funcionamento de rádio comunitária, ainda que de baixa potência e sem fins lucrativos, depende de prévia autorização do Poder Público [...] A ANATEL, ao fiscalizar a impetrante e, após verificar irregularidade em seu funcionamento, determinar sua interdição, agiu no pleno exercício do poder de polícia, não praticando nenhuma ilegalidade ou abuso de poder. Isso, porque, "inexistindo a regular autorização do Poder Público, para a exploração do serviço de radiodifusão, ressai perfeitamente legal, a despeito da abertura ou não de processo administrativo, a interrupção e lacre das transmissões".

87. (FUNCAB – Delegado de Polícia – RJ/2012) Os poderes administrativos encerram as prerrogativas de direito público outorgadas aos agentes do Estado. Sobre o tema, analise as afirmativas a seguir e assinale a alternativa correta.

I. Nem toda omissão administrativa se qualifica como ilegal.

II. Agindo com abuso de poder, a invalidação da conduta abusiva pode dar-se por mandado de segurança.

III. O desvio de poder é modalidade de abuso em que o agente atua fora dos limites de sua competência.

IV. No excesso de poder, o agente atua dentro dos limites de sua competência.

Estão corretas apenas as afirmativas:

a) I e II.

b) III e IV.

c) I, II e III.

d) I e IV.

e) I e III.

43. MEIRELLES, Hely Lopes. *Direito administrativo brasileiro*. 36 ed. São Paulo: Malheiros, 2010. p. 134.

COMENTÁRIOS

✪ **Nota do autor:** Os **poderes administrativos** são as **prerrogativas à disposição da Administração** destinadas à **viabilização do interesse público.**

Alternativa correta: letra "A". Estão corretos os itens I e II.

Item I. Certo. As **omissões administrativas** não são, necessariamente, ilegais. Neste sentido, destacam-se as **omissões genéricas**, em relação às quais cabe ao administrador avaliar, por meio de juízo de conveniência e oportunidade, se haverá atuação ou omissão. Trata-se, assim, de manifestação do **poder discricionário**, assim considerado como aquele que "o Direito concede à Administração, de modo explícito ou implícito, para a prática de atos administrativos com **liberdade na escolha de sua conveniência, oportunidade e conteúdo**"[44].

Item II. Certo. Em qualquer de suas modalidades, o **abuso de poder é uma ilegalidade** e, desse modo, pode ser afrontado tanto na esfera administrativa quanto em juízo. Nesta última, há possibilidade de ser impetrado mandado de segurança, como instrumento do controle judicial sobre os atos e omissões administrativos.

Item III. Errado. O **desvio de poder** ou **desvio de modalidade** ocorre quando o **administrador age dentro de sua competência**, mas o faz para alcançar **fim diferente do previsto**, explícita ou implicitamente, na lei, ou seja, **dissocia-se do interesse público.**

Item IV. Errado. O **excesso de poder** é verificado quando **o agente atua além dos limites de sua competência**, ou seja, "invade atribuições cometidas a outro agente, ou se arroga o exercício de atividades que a lei não lhe conferiu"[45].

---

88. (Delegado de Polícia – ES/ 2011 – Cespe) A atividade do Estado que condiciona a liberdade e a propriedade do indivíduo aos interesses coletivos tem por fundamento o denominado poder hierárquico.

COMENTÁRIOS

✪ **Nota do autor:** O **poder hierárquico** é "o de que dispõe o Executivo para distribuir e escalonar as funções de seus órgãos, ordenar e rever a atuação de seus agentes, estabelecendo a relação de subordinação entre os servidores do seu quadro de pessoal"[46].

Errado. Na alternativa, está descrito o **poder de polícia**, em seu sentido restrito, caracterizado como a "faculdade de que dispõe a Administração para condicionar e restringir o uso e gozo de bens, atividades e direitos individuais, em benefício da coletividade ou do próprio Estado"[47].

---

89. (Delegado de Polícia – MG/ 2011 – ACADEPOL) Sobre os poderes e funções do Estado, analise as seguintes afirmativas:

I. É possível que uma função típica atribuída a qualquer dos poderes de Estado seja convertida em atípica, e vice versa, por força de lei.

II. Há exclusividade no exercício de cada função pelos Poderes de Estado.

III. As linhas definidoras da competência têm caráter legal e apolítico.

Marque a alternativa CORRETA.

a) as afirmativas I, II e III estão incorretas.
b) apenas as afirmativas II e III estão incorretas.
c) apenas as afirmativas I e III estão incorretas.
d) apenas as afirmativas I e II estão incorretas.

COMENTÁRIOS

✪ **Nota do autor:** A **atividade administrativa** é desempenhada para a **consecução do interesse público.** Para tanto, a Administração dispõe dos chamados **poderes administrativos**, ou seja, de instrumentos, ferramentas, mecanismos indispensáveis para esse agir.

Alternativa correta: letra "B". Apenas os itens II e III estão incorretos.

Item I. Certo. As funções **típicas** são aquelas que cada um dos Poderes, originariamente, exercia de forma exclusiva e, atualmente, são exercidas com preponderância. As **atípicas**, por seu turno, são aquelas exercidas secundariamente. Assim, tem-se, por exemplo, que a função típica do Poder Legislativo é elaborar o regramento jurídico do Estado. Entretanto, incumbe a este, de igual modo, a administração de seus órgãos, situação em que exerce uma função típica do Poder Executivo, mas atípica para o Legislativo. O exercício de funções típicas de um Poder por outro, de forma atípica, é permitido se estiver em consonância com o texto constitucional, pois é nele que se estabelece a repartição de poderes. Desse modo a banca considerou como correta a afirmação constante do item I, mas isso deve ser visto com ressalvas, pois não pode ficar ao alvedrio do legislador ordinário alterar as funções típicas de cada Poder. A redação constante do item em análise está baseada em trecho da obra de José dos Santos Carvalho Filho, pois ele afirma que em "relação à *tipicidade* ou *atipicidade* das funções pode suceder que determinada função se enquadre, em certo momento como típica e o direito positivo venha a convertê-la em atípica, e vice-versa" e prossegue exemplificando com a Lei nº 11.441/07 que alterou o CPC permitindo a realização de inventário, partilha, divórcio consensual e separação consensual, se não houver filhos menores ou incapazes) em Ofício de Notas e, com isso, o que era função

44. MEIRELLES, Hely Lopes. *Direito administrativo brasileiro*. 36 ed. São Paulo: Malheiros, 2010. p. 121.
45. CARVALHO FILHO, José dos Santos. *Manual de direito administrativo*. 26. ed. São Paulo: Atlas, 2013. p. 48-49.
46. MEIRELLES, Hely Lopes. *Direito administrativo brasileiro*. 36 ed. São Paulo: Malheiros, 2010. p. 121.
47. MEIRELLES, Hely Lopes. *Direito administrativo brasileiro*. 36 ed. São Paulo: Malheiros, 2010. p. 134.

jurisdicional atípica passa a ser função administrativa típica. Porém, novamente, ressalta-se que o legislador não tem amplos poderes para atuar no assunto, principalmente quanto a um Poder passar a exercer atividade de outro. O Novo CPC repete essa possibilidade no art. 733.

Item II. Errado. Por exemplo, a **função administrativa** é, principalmente, desempenhada pelo Poder Executivo. Entretanto, de maneira **atípica**, é igualmente desempenhada pelo Poder Legislativo e pelo Poder Judiciário.

Item III. Errado. As linhas definidoras da competência têm caráter legal e **político**.

---

90. (Delegado de Polícia – MG/ 2011 – ACADEPOL) No que se refere aos Poderes Administrativos, assinale a alternativa INCORRETA:

a) O ato administrativo submete-se ao controle judicial por força do princípio da moralidade.

b) O poder regulamentar típico permite complementar a lei e é de caráter derivado.

c) Autoexecutoriedade e coercibilidade são atributos do poder de polícia.

d) Os atos de polícia que avultam o princípio da proporcionalidade revelam-se ilegais, sendo, portanto, passíveis de anulação pelo Poder Judiciário.

COMENTÁRIOS

✪ **Nota do autor:** O controle judicial é o "exercido privativamente pelos órgãos do Poder Judiciário sobre os atos administrativos do Executivo, do Legislativo e do próprio Judiciário quando realiza atividade administrativa"[48].

Alternativa correta: letra "A". O **controle judicial** é controle de natureza **externa** e, quanto à sua extensão, é um controle de **legalidade** ou **legitimidade**, não sendo, em regra, permitido ao Poder Judiciário a ingerência no mérito do ato administrativo, ou seja, sobre a conveniência e a oportunidade. Trata-se, pois, de controle por força do princípio da **legalidade**.

Alternativa "b". O **poder regulamentar** consiste na "**faculdade de que dispõem os Chefes do Executivo de explica a lei para sua correta execução, ou de expedir decretos autônomos sobre matéria de sua competência ainda não disciplinada em lei**"[49]. Trata-se de um poder de caráter **derivado** ou **secundário**, pois decorre, necessariamente, da existência de uma lei anterior. Apenas, deve ser feita a ressalva quanto ao decreto autônomo, previsto no art. 86, IV, da Constituição Federal, pois seu suporte de validade é o próprio texto constitucional.

Alternativa "c". São atributos do **poder de polícia**: a) a discricionariedade; b) a **autoexecutoriedade**; c) a **coercibilidade**.

Alternativa "d". A atividade de polícia administrativa deve estar em consonância com os princípios da Administração Pública e, portanto, possui **limites**. Em especial, tem-se no **princípio da razoabilidade**, importantíssima forma de controle da atividade realizada, pois, para que a **medida de polícia administrativa** escolhida seja **razoável**, deve ser **adequada, necessária e proporcional**.

---

91. (Delegado de Polícia – MT/ 2010 – UNEMAT) Com relação ao Poder de Polícia, assinale a alternativa **correta.**

a) Consiste apenas na faculdade de prender os que perturbam a ordem pública ou praticam crimes.

b) Consiste no conjunto de limitações impostas coercitivamente pelo Estado à atividade e à propriedade privadas.

c) E sempre exercido apenas sobre os bens particulares.

d) É sempre exercido exclusivamente sobre as pessoas.

e) É a prevalência do interesse particular em face do interesse coletivo.

COMENTÁRIOS

Alternativa correta: letra "B" (responde a alternativa "e"). O **poder de polícia**, em seu sentido restrito, é caracterizado como a "faculdade de que dispõe a Administração para condicionar e restringir o uso e gozo de bens, atividades e direitos individuais, em benefício da coletividade ou do próprio Estado"[50]. Por meio dele, tutela-se o interesse público frente ao interesse particular que lhe é nocivo.

Alternativa "c" (responde a alternativa "d"). O **poder de polícia** incide sobre bens, direitos ou atividades, mas não sobre as pessoas em si.

7. ATO ADMINISTRATIVO

- Lei nº 9.784/99, artigos 11 a 17, 50, 53, 54 e 55
- Lei nº 4.717/65, art. 2º

---

92. (Nucepe – Delegado de Polícia – PC – PI/2018) Um servidor público federal, Diretor administrativo de um órgão, concedeu, mediante processo administrativo, uma licença para tratar de assunto de interesse particular a um subordinado, pelo prazo de 30 (trinta) dias. Ocorre que no último dia da licença, o referido diretor decide revogá-la por motivos de oportunidade e conveniência. Em razão dos fatos, é CORRETO afirmar que:

a) é possível, desde que haja a concordância expressa do servidor;

b) não é possível, pois apenas o superior do chefe poderia assim o fazer;

48. MEIRELLES, Hely Lopes. *Direito administrativo brasileiro*. 36 ed. São Paulo: Malheiros, 2010. p. 744.

49. MEIRELLES, Hely Lopes. *Direito administrativo brasileiro*. 36 ed. São Paulo: Malheiros, 2010. p. 130.

50. MEIRELLES, Hely Lopes. *Direito administrativo brasileiro*. 36 ed. São Paulo: Malheiros, 2010. p. 134.

c) é possível, em razão da discricionariedade administrativa e da possibilidade de ocorrer com efeitos *ex tunc*;

d) não é possível, pois o ato já exauriu seus efeitos;

e) não é possível, pois somente caberia o instituto da revogação se houvesse algum vício no ato administrativo.

COMENTÁRIO

✪ **Nota do autor:** A **revogação** é a extinção de ato administrativo válido ou de seus efeitos por **razões de conveniência e oportunidade**, em face do interesse público. Assim, tendo em vista que a **revogação** tem por objeto um **ato administrativo válido**, extinto apenas por motivo de interesse público, seus **efeitos da revogação não retroagem, ou seja, são *ex nunc*.**

Alternativa "d" (responde as demais alternativas). São **irrevogáveis**: a) **atos vinculados**; b) **atos que integram um procedimento administrativo**; c) **atos que já exauriram seus efeitos**; d) **meros atos administrativos**; e) **atos que geraram direitos adquiridos**, nos termos da Súmula 473, do STF.

Alternativa correta: letra "d".

93. (Cespe – Delegado de Polícia – PC – SE/2018) Tanto a anulação como a revogação retiram do mundo jurídico atos com defeitos e produzem efeitos prospectivos.

COMENTÁRIO

✪ **Nota do autor:** De fato, a **anulação** é a extinção de um ato administrativo por razões de **ilegalidade.** O ato tem vício em um dos seus elementos. Como a anulação é realizada para se extinguir ato administrativo eivado de vício, quando é feito o ato anulatório apenas se está reconhecendo um vício que já maculava o ato desde sua feitura e, por isso, os efeitos da anulação, quase sempre, voltam no tempo de modo a atingir o ato no nascedouro, isto é, os efeitos são, em regra, *ex tunc*.

ERRADO. Como destacado, a **revogação** é a extinção de ato administrativo válido por razões de **conveniência e oportunidade** em face do interesse público, ou seja, em dado momento um ato administrativo, de natureza discricionária, foi praticado porque a autoridade administrativa entendeu que isso era conveniente e oportuno, mas em momento posterior, esse juízo de valoração é alterado e o que era conveniente e oportuno passa a ser inconveniente e inoportuno, cabendo sua extinção pela revogação. No entanto, **não há retroação** dos efeitos da revogação, isto é, produz efeitos *ex nunc*.

94. (Cespe – Delegado de Polícia – PC – SE/2018) A cassação de um ato administrativo corresponde a extingui-lo por descumprimento dos requisitos estabelecidos para a sua execução.

COMENTÁRIO

✪ **Nota do autor:** A **cassação** funciona como uma espécie de sanção para aqueles que deixaram de cumprir as condições determinadas pelo ato.

CERTO. Na clássica lição de Celso Antônio Bandeira de Mello[51], o ato administrativo extingue-se:

– pelo cumprimento de seus efeitos: é a sua extinção natural;
– pelo desaparecimento do sujeito ou objeto;
– pela **retirada** do ato: pode ser **pela cassação (o destinatário do ato descumpre condição a que estava obrigado pelo ato para se beneficiar de seus efeitos)**, pela caducidade (nova norma jurídica proíbe situação antes permitida e que é objeto do ato), pela contraposição ou derrubada (novo ato é praticado, com fundamento em competência diversa, cujos efeitos são contrapostos ao anterior), pela revogação (a extinção ocorre em razão de conveniência ou oportunidade, isto é, por interesse público) e pela anulação (a extinção se dá em razão de vício de legalidade no ato);
– pela **renúncia** (beneficiário do ato renuncia à situação jurídica nele prevista).

95. (Cespe – Delegado de Polícia – PC – SE/2018) A anulação de ato administrativo fundamenta-se na ilegalidade do ato, enquanto a revogação funciona como uma espécie de sanção para aqueles que deixaram de cumprir as condições determinadas pelo ato.

COMENTÁRIO

A **revogação** é a extinção de ato administrativo válido por razões de conveniência e oportunidade em face do interesse público, ou seja, em dado momento um ato administrativo, de natureza discricionária, foi praticado porque a autoridade administrativa entendeu que isto era conveniente e oportuno, mas em momento posterior, esse juízo de valoração é alterado e o que era conveniente e oportuno passa a ser inconveniente e inoportuno, cabendo sua extinção pela revogação. A competência para revogar é privativa da Administração e não depende de provocação, não sendo permitido ao Poder Judiciário, no exercício da função jurisdicional, fazê-lo. **ERRADO**

96. (Vunesp – Delegado de Polícia – PC – SP/2018) Suponha que a concessão de uma determinada permissão de instalação de empreendimento em um imóvel dependa, conforme determinado em lei, da assinatura da autoridade administrativa em dois formulários distintos e que, em determinado caso específico, em que pese o processo administrativo ter

51. MELLO, Celso Antônio Bandeira de. *Curso de direito administrativo*. 27. ed. São Paulo: Malheiros, 2010. p. 446-447.

sido adequadamente instruído, a autoridade competente firmou apenas um dos formulários, ordenando a publicação da autorização, apesar do vício, o qual era desconhecido no momento da publicação. Identificado o vício após dois meses da publicação, a autoridade administrativa deverá

a) converter a permissão em autorização, por ser esta última ato precário para o qual se exige o atendimento a um número menor de condições.

b) evitar realizar qualquer ato adicional relativo a esse processo até que se encerre a apuração preliminar que deverá, necessariamente, ser aberta para apurar eventual dolo na conduta da autoridade.

c) anular a autorização concedida anteriormente, pois o ato jurídico de autorização será não existente.

d) convalidar o ato, corrigindo o defeito sanável contido no ato anterior, garantindo, assim, a estabilidade das relações já constituídas.

e) anular a autorização concedida anteriormente, pois o ato jurídico de autorização será inexistente, em face da ausência de atendimento estrito ao previsto na legislação.

COMENTÁRIO

✪ **Nota do autor:** para que se respondesse de forma correta à questão, é necessário que o candidato conheça a distinção entre ato nulo e ato anulável. **Ato nulo** é o ato que **tem vício insanável**, isto é, há ausência ou defeito em um dos seus elementos, especialmente nos elementos motivo, finalidade e objeto, porque o vício de um desses requisitos não é passível de convalidação.

Ato anulável, por sua vez, é aquele que **tem vício sanável** quanto ao elemento competência ou quanto à forma.

Alternativa correta: "d" (responde às demais alternativas). O ato administrativo válido é aquele que **possui todos os elementos de validade**, ou seja, é praticado por autoridade competente e em obediência aos demais requisitos (finalidade, forma, motivo e objeto). No caso, todavia, não houve obediência ao requisito forma, de modo que o ato será passível de anulação. Assim, por se tratar de ato anulável, será passível de convalidação pela Administração Pública.

A "convalidação é o **suprimento da invalidade de um ato** com efeitos retroativos"[52]. Convalidar é **tornar válido um ato inválido,** por meio de outro ato que supre **vício sanável,** com efeitos ***ex tunc*** (retroagem).

Em face do princípio da segurança jurídica, deve se preferir a convalidação à anulação, mas, para tanto, o primeiro passo é verificar se o vício é sanável, isto é, se é superável, e isso dependerá de qual elemento do ato está viciado.

A convalidação não será possível[53]:

i) quando o **vício** estiver nos elementos **finalidade, motivo ou objeto**;

ii) quando o **vício** estiver nos elementos **competência** e **forma** e se tratar de **competência exclusiva ou forma essencial**;

iii) quando o **vício foi impugnado** administrativa ou judicialmente;

iv) quando **houve a estabilização** do vício pela prescrição ou decadência;

v) quando a convalidação **causar lesão ao interesse público;**

vi) quando a convalidação **causar prejuízo a terceiros.**

Alternativa correta: letra "d".

97. (Vunesp – Delegado de Polícia – PC – BA/2018) A imperatividade é o atributo do ato administrativo que impõe a coercibilidade para seu cumprimento ou execução. Dispensam esse atributo os atos administrativos

a) enunciativos.

b) normativos.

c) punitivos.

d) ordinatórios.

e) vinculados.

COMENTÁRIO

✪ **Nota do autor:** A **imperatividade** significa que o **ato administrativo é impositivo, obrigatório ao administrado**, quer dizer, a Administração não necessita da concordância do destinatário para que o ato seja praticado. A imperatividade **não está presente em todos os atos**, mas apenas naqueles que impõem obrigações aos administrados e, desse modo, não existe nos atos negociais (licença, autorização, etc.), nem nos enunciativos (parecer, certidão, etc.).

Alternativa "a". Atos enunciativos são os atos pelos quais a Administração Pública **certifica** ou **atesta** um fato ou **emite uma opinião** sobre determinado assunto. **Não há manifestação de vontade** e são atos administrativos apenas em sentido formal. São exemplos, a **certidão,** o **atestado** e o **parecer.** Conforme exposto na nota do autor, não são dotados de imperatividade.

Alternativa "b". Os atos administrativos normativos são os atos que **possuem conteúdo geral, abstrato, destinado a todas as pessoas que estejam na situação por eles regulada.** Possuem finalidade normativa, mas são submissos à lei e esta é o seu limite. São dotados de imperatividade.

Alternativa "c". Punitivos são os atos administrativos pelos quais a Administração impõe **sanção** aos

52. MELLO, Celso Antônio Bandeira de. *Curso de direito administrativo.* 27. ed. São Paulo: Malheiros, 2010. p. 473.

53. MAZZA, Alexandre. *Manual de direito administrativo.* São Paulo: Saraiva, 2011. p. 137.

agentes públicos e aos particulares sujeitos à disciplina administrativa. São imperativos.

Alternativa "d". Os atos administrativos ordinatórios são aqueles que **disciplinam o funcionamento da administração e a conduta de seus agentes**. São praticados no exercício do **poder hierárquico** e não atingem os particulares e nem os servidores subordinados a chefia diferente da que o expediu e são inferiores à lei e aos atos normativos. São imperativos.

Alternativa "e". Os **atos vinculados** são os atos realizados no exercício de competência vinculada, isto é, quando o **administrador não tem escolha diante da situação de fato**, devendo agir na única forma prevista na lei.

Alternativa correta: letra "a".

---

98. (Cespe – Delegado de Polícia – GO/2017) Após o término de estágio probatório, a administração reprovou servidor público e editou ato de exoneração, no qual declarou que esta se dera por inassiduidade. Posteriormente, o servidor demonstrou que nunca havia faltado ao serviço ou se atrasado para nele chegar.

Nessa situação hipotética, o ato administrativo de exoneração é

a) nulo por ausência de finalidade.
b) anulável por ausência de objeto.
c) anulável por ausência de forma.
d) anulável por ausência de motivação.
e) nulo por ausência de motivo.

COMENTÁRIOS

✪ **Nota do autor:** Os elementos do ato administrativo são a competência ("quem?"), a finalidade ("para quê?"), o motivo (por quê?"), a forma ("como?) e o objeto ("o quê?"). Não é elemento a condição de revogabilidade, pois esta não é requisito para se constituir o ato.

Alternativa correta: letra "e". O **motivo** é o **pressuposto, a razão, a situação de fato ou de direito cuja ocorrência autoriza ou determina a prática do ato.** É que o leva o administrador a praticar o ato. O **"porquê"** do ato realizado. Pela **teoria dos motivos determinantes**, não importa se deve ou não haver a **motivação – demonstração do motivo, por escrito** – do ato administrativo, pois o administrador fica **vinculado aos motivos declarados para a prática do ato.** Quer dizer, mesmo que se trate de situação em que não havia obrigação de motivar, **uma vez feita a motivação ou motivo declarado existiu e é verdadeiro ou o ato é nulo. Na situação descrita no enunciado, o motivo alegado para a prática do ato foi a ocorrência de inassiduidade, o que, na verdade, não ocorreu e, dessa maneira, não se faz presente o elemento motivo, sendo nulo o ato praticado.**

Alternativa "a". A finalidade é **elemento do ato administrativo** e é o **resultado almejado na prática.** É o **'para que'** o ato foi realizado, que deve ser sempre a **finalidade pública**, sob pena de desvio de finalidade.

Alternativa "b". O **objeto** é o **"efeito jurídico imediato que o ato produz"**[54], isto é, corresponde ao **conteúdo do ato.** Representa **"o que"** foi feito.

Alternativa "c". Diz-se que a forma é elemento exteriorizador do ato e se dá, em regra, na forma escrita. Excepcionalmente, existem atos administrativos não escritos (ordens verbais para o subordinado, sinalização do agente de trânsito, placas de sinalização...).

Alternativa "d". A motivação é a demonstração por escrito do motivo, distinguindo-se, pois do elemento do ato administrativo.

---

99. (FUNCAB – Delegado de Polícia – PA/2016) Quanto aos requisitos do ato administrativo, responda a alternativa correta.

a) A forma é elemento vinculado do ato administrativo, decorrente do princípio da solenidade, podendo ser exteriorizado de forma escrita, que é a regra, por sinal luminoso e mesmo por sons e gestos.
b) A lei deverá determinar a forma de exteriorização do ato, podendo prever mais de uma forma, sendo que a ausência de forma do ato administrativo importa na sua ineficácia, embora seja perfeito ou existente e válido.
c) A forma é elemento essencial ao ato, uma vez sendo desrespeitada a forma prescrita em lei o ato é inexistente.
d) A forma do ato administrativo decorre do princípio da liberdade das formas, trazido do direito civil.
e) A forma é o elemento não essencial ao ato administrativo, sendo o seu vício sempre insanável.

COMENTÁRIOS

Alternativa correta: letra "a" (responde as demais alternativas). A forma é elemento exteriorizador do ato e se dá, em regra, na forma escrita. Excepcionalmente, existem atos administrativos não escritos (ordens verbais para o subordinado, sinalização do agente de trânsito, placas de sinalização...).

Alternativa "b" (responde, também, a alternativa "d"). A forma é um dos elementos que o ato administrativo deve ter para ser válido. Não diz respeito à eficácia, que é possibilidade de produção imediata dos efeitos típicos do ato, e nem à perfeição, que corresponde ao ciclo de formação do ato administrativo. A forma a ser adotada é a prevista na lei e, caso não exista forma específica para determinado ato, pode ser adotada uma das formas legalmente existentes.

Alternativa "c" (responde, também, a alternativa "e"). O defeito de um ato administrativo será sanável, isto é, passível de convalidação, quando estiver nos elementos **competência ou forma,** desde que não seja **competência exclusiva ou forma essencial.** Nesse caso, portanto, diferentemente de quando o vício estiver nos

54. DI PIETRO, Maria Sylvia Zanella. *Direito administrativo*. 23 ed. São Paulo: Atlas, 2010. p. 206.

elementos **motivo, finalidade ou objeto,** o ato não será imediatamente considerado nulo, sendo passível de convalidação.

---

100. (Cespe – Delegado de Polícia – PE/2016) Acerca dos atos do poder público, assinale a opção correta.

a) A convalidação implica o refazimento de ato, de modo válido. Em se tratando de atos nulos, os efeitos da convalidação serão retroativos; para atos anuláveis ou inexistentes tais efeitos não poderão retroagir.

b) A teoria dos motivos determinantes não se aplica aos atos vinculados, mesmo que o gestor tenha adotado como fundamento um fato inexistente.

c) Atos complexos resultam da manifestação de um único órgão colegiado, em que a vontade de seus membros é heterogênea. Nesse caso, não há identidade de conteúdo nem de fins.

d) Atos gerais de caráter normativo não são passíveis de revogação, eles podem ser somente anulados.

e) Atos compostos resultam da manifestação de dois ou mais órgãos, quando a vontade de um é instrumental em relação à do outro. Nesse caso, praticam-se dois atos: um principal e outro acessório.

COMENTÁRIOS

✪ **Nota do autor:** o **ato administrativo** é "toda manifestação unilateral da vontade da Administração Pública que, agindo nessa qualidade, tenha por fim imediato adquirir, resguardar, transferir, modificar, extinguir e declarar direitos, ou impor obrigações aos administrados ou a si própria"[55].

Alternativa correta: letra "e" (responde a alternativa "c"). Em razão da formação da vontade o ato é classificado em simples, complexo e composto. O **ato simples** é aquele em que a formação da vontade decorre de um órgão só, independentemente se o órgão é singular ou coletivo. O **ato complexo** decorre da manifestação de vontade de dois ou mais órgãos, ou seja, há a soma das vontades de mais de um órgão para que seja possível a formação de um ato único, como é exemplo o decreto emitido pelo Presidente da República, pois, nos termos do art. 87, parágrafo único, I, da Constituição Federal, ele deve ser referendado pelo Ministro de Estado (há um ato só – o decreto – e dois órgãos – a Presidência da República e o Ministério), Já **os atos compostos são dois atos e não um só, pois aqui não há dois órgãos se unindo e formando um só ato, mas existem dois atos, sendo um principal e outro acessório, constituindo-se este em pressuposto ou complemento daquele** como, por exemplo, se dá na nomeação do Procurador-Geral da República em que é necessário o ato acessório, que é a aprovação do nome no Senado, para que seja praticado o ato principal, que é a nomeação pelo Presidente da República.

55. MEIRELLES, Hely Lopes. *Direito administrativo brasileiro*. 36 ed. São Paulo: Malheiros, 2010. p. 153.

Alternativa "a". A convalidação é o suprimento da invalidade de determinado ato administrativo, que opera efeitos *ex tunc*, ou seja, **retroativos à data da edição do ato tido como irregular.** Para que haja a convalidação, contudo, é necessário que o vício do ato seja **sanável**, o que ocorre quando estiver nos elementos **competência ou forma, desde que não se trate de competência exclusiva ou forma essencial ao ato.**

Alternativa "b". Pela **teoria dos motivos determinantes**, não importa se deve ou não haver a **motivação – demonstração do motivo, por escrito** – do ato administrativo, pois o administrador fica **vinculado aos motivos declarados para a prática do ato.** Quer dizer, mesmo que se trate de situação em que não havia obrigação de motivar, **uma vez feita a motivação ou motivo declarado existiu e é verdadeiro ou o ato é nulo.** Por exemplo, o ocupante de cargo em comissão pode ser exonerado a qualquer tempo, e a autoridade não precisa expor o motivo. Se, contudo, em determinado caso justifica-se a exoneração pela ausência de verba e, em seguida, outro servidor é nomeado, o ato é invalido porque o motivo alegado é falso. Isso, inclusive, pode ser apreciado pelo Poder Judiciário porque o ato somente é válido se todos os seus elementos estiverem em conformidade com o direito. É o elemento motivo que identifica se o ato é vinculado ou discricionário, mas em qualquer um dos casos, admite-se o controle jurisdicional.

Alternativa "d". Os **atos gerais** são passíveis de revogação. São, contudo, irrevogáveis, os **atos vinculados**, os **atos que integram um procedimento administrativo**, os **atos que já exauriram seus efeitos** e os **atos enunciativos**.

---

101. (NUCEPE – Delegado de Polícia – PI/2014) Quanto as espécies de atos administrativo, marque a alternativa CORRETA.

a) Atos normativos são os que contém um comando geral do Poder Judiciário visando à correta aplicação da lei.

b) Atos ordinatórios são os que visam a disciplinar o funcionamento da Administração e a conduta de seus agentes no desempenho de suas atribuições.

c) Atos negociais são os que contêm uma declaração de vontade da Administração com o objetivo de concretizar negócios jurídicos, conferindo ao particular poder de gerenciar, é ato bilateral.

d) Atos enunciativos são os que contêm o julgamento da Administração nos processos administrativos, contendo relatório, fundamentação e dispositivo.

e) Atos punitivos são aqueles que infringirem disposições legais, que contêm uma sanção imposta pela administração podendo ser multa e pena restritiva de direitos.

COMENTÁRIOS

✪ **Nota do autor:** O estudo das espécies dos atos administrativos é dotado de certas especificidades, o que exige o minucioso estudo do candidato. Muito embora haja grande divergência na doutrina, prevalece a tradicional repartição de Hely Lopes Meirelles, que diferencia os atos em punitivos, declaratórios, enunciativos, negociais e ordinatórios.

Alternativa correta: letra "b". Os atos administrativos ordinatórios são aqueles que **disciplinam o funcionamento da administração e a conduta de seus agentes**. São praticados no exercício do poder hierárquico e não atingem os particulares nem os servidores subordinados a chefia diferente da que o expediu. Exemplos: instruções, portarias, circulares, provimentos.

Alternativa "a". Os atos administrativos gerais, como o são os **atos normativos**, assim entendidos como aqueles que possuem **caráter geral e abstrato, sem destinatário determinado**, não podem ser objeto de impugnação por meio de recurso administrativo.

Alternativa "c". Os **atos negociais** são aqueles em que há a **concordância de vontades entre a Administração Pública e o particular**. Não se trata de contrato administrativo, porque a manifestação de vontade da Administração é unilateral. Destinam-se a concretizar determinado negócio jurídico ou a conceder determinada faculdade ao particular e **produzem efeitos concretos e individuais** para o administrado.

Alternativa "d". Os **atos administrativos enunciativos** são os atos pelos quais a Administração Pública certifica ou atesta um fato ou emite uma opinião sobre determinado assunto. Não há manifestação de vontade. Exemplos: certidão, atestado e o parecer.

Alternativa "e". Os atos administrativos punitivos são aqueles pelos quais a Administração Pública impõe sanções aos agentes públicos e aos particulares. Exemplos: multa, interdição de atividade e destruição de coisas, mas nunca uma **pena restritiva de direitos**, essa exclusivamente aplicável na esfera penal de responsabilização.

---

102. (Vunesp – Delegado de Polícia – CE/2015) São atos administrativos ordinatórios, entre outros,

a) os Decretos, os Despachos, os Regimentos e as Resoluções.
b) os Despachos, os Avisos, as Portarias e as Ordens de Serviço.
c) os Decretos, as Instruções, os Provimentos e os Regimentos.
d) as Instruções, as Deliberações, as Portarias e os Regulamentos.
e) os Regulamentos, as Instruções, os Regimentos e as Deliberações.

COMENTÁRIOS

✪ **Nota do autor:** Os atos administrativos ordinatórios são aqueles que **disciplinam o funcionamento da administração e a conduta de seus agentes.**

Alternativa correta: letra "b". Os **atos ordinatórios** são praticados no exercício do poder hierárquico e não atingem os particulares nem os servidores subordinados a chefia diferente da que o expediu. São exemplos de atos administrativos ordinatórios as instruções, as portarias, as circulares, os provimentos, os despachos e os avisos.

Alternativa "a" (responde as alternativas "c", "d" e "e"). Os **decretos,** as **resoluções** e os **regimentos**, por exemplo, são **atos normativos.**

---

103. (ACAFE – Delegado de Polícia – SC/2014) Considere a revogação e anulação do Ato Administrativo, analise as afirmações a seguir e assinale a alternativa correta.

I. A revogação tem por objeto atos válidos e exequíveis.
II. A anulação decorre da ilegalidade do ato administrativo.
III. Certidões, atestados ou informações prestadas por agente público são passíveis de revogação.
IV. Não podem ser revogados os atos vinculados.

a) Todas as afirmações estão corretas.
b) Apenas II e IV estão corretas.
c) Apenas I, II e III estão corretas.
d) Apenas III e IV estão corretas.
e) Apenas I, II e IV estão corretas.

COMENTÁRIOS

Alternativa correta: letra "e". Estão corretos os itens I, II e IV.

Item I. Correto. A **revogação** só pode ser feita em relação a **atos válidos** e nunca quanto a atos inválidos, pois para tal situação existe a anulação. De fato, o que leva à revogação de um ato é que ele, em dado momento, passa a ser considerado inconveniente e inoportuno em face do interesse público, quer dizer, não tinha nem passou a ter nenhum tipo de vício, mas não é mais condizente com o interesse público e, em razão disso, deve ser extinto por meio da revogação, cujos efeitos são *ex nunc,* isto é, a partir da revogação. A competência para revogar é privativa da Administração e não depende de provocação, não sendo permitido ao Poder Judiciário, no exercício da função jurisdicional, fazê-lo.

Item II. A **anulação** é a **extinção de um ato administrativo por razões de ilegalidade.** O ato tem **vício em um dos seus elementos.** A **competência para anular é** tanto da **própria Administração,** de ofício ou a pedido, quanto **do Poder Judiciário,** mediante provocação.

Item III. Errado. Não são revogáveis os **meros atos administrativos**, como certidões e atestados, pois a lei estabelece seus efeitos.

Item IV. Correto. Nem todo ato pode ser revogado e, assim, **não são revogáveis os atos vinculados (não há juízo de conveniência e oportunidade quando de sua prática)**, os atos que integram um procedimento administrativo (ou revoga o procedimento inteiro ou não, pois a cada ato novo ocorre a preclusão quanto ao anterior), os atos que já exauriram seus efeitos (por exemplo, não é possível revogar licença para tratar de interesse particular após o seu término), os meros atos administrativos (certidões, atestados, pois a lei estabelece seus efeitos) e os atos que geraram direitos adquiridos (Súmula 473, STF).

104. (Vunesp – Delegado de Polícia – SP/2014) O ato administrativo

a) pode ser revogado com fundamento em razões de conveniência e oportunidade, desde que observados os efeitos ex tunc dessa extinção do ato.

b) tem na presunção de legitimidade a autorização para imediata execução e permanece em vigor até prova em contrário.

c) é revogável pelo Poder Judiciário que é apto a fazer o controle de legalidade, sem ingressar em seu mérito administrativo.

d) de Secretário de Segurança Pública que determina remoção *ex officio* do Delegado de Polícia, sem motivação, não se sujeita ao controle de juridicidade por conter alta carga de discricionariedade em seu teor.

e) tem como requisitos a presunção de legitimidade, a autoexecutoriedade, a imperatividade e a exigibilidade.

COMENTÁRIOS

Alternativa correta: letra "B" (responde a alternativa "e"). Os atributos dos atos administrativos são (**PIA**): a) **presunção de legitimidade**, pela qual se **presume que todo ato administrativo praticado seja legal**; b) **imperatividade**, que significa que **o ato administrativo é impositivo, obrigatório ao administrado**, ou seja, a Administração não necessita da concordância do destinatário para que o ato seja praticado; c) **autoexecutoriedade**, pela qual a Administração pode **executar o ato administrativo por seus próprios meios**, sem necessidade de atuação do Poder Judiciário para tanto. São **efeitos da presunção de legitimidade**: a) **o ato pode ser praticado imediatamente**: não há necessidade de consulta prévia sobre sua legalidade, pois esta é presumida; b) **produz efeito até que seja retirado da esfera jurídica**; c) **inversão do ônus da prova**; d) **o Judiciário não pode apreciar de ofício o vício do ato.**

Alternativa "a". O **ato administrativo** pode ser revogado com fundamento em razões de conveniência e oportunidade, desde que observados os efeitos *ex nunc* dessa extinção do ato.

Alternativa "c". O **ato administrativo** somente pode ser **revogado pela Administração Pública.**

Alternativa "d". O mérito da escolha administrativa feita no exercício da discricionariedade **está sujeito ao controle jurisdicional, desde que tenha como parâmetro a legalidade do ato**, ou seja, "o Judiciário não examina o mérito dos atos da Administração a partir de considerações sobre a sua oportunidade ou conveniência, mas sim relativamente à sua conformação com os princípios constitucionais (...)"[56].

56. CUNHA JÚNIOR, Dirley da. *Curso de direito administrativo*. 8 ed. Salvador: Juspodivm, 2009. p. 642.

105. (Cespe – Delegado de Polícia – BA/2013) A venda de bens de produção no mercado por sociedade de economia mista caracteriza a prática de ato administrativo.

COMENTÁRIOS

✪ **Nota do autor:** nem todo ato da Administração Pública é ato administrativo e, por outra banda, nem todo ato administrativo é proferido pela Administração Pública.

Errado. Os **atos de direito privado** são atos da Administração Pública e **são aqueles em que se considera que esta não agiu em posição de superioridade em relação ao administrado**, sendo comum a ilustração da venda de bens de produção no mercado por sociedade de economia mista.

106. (UEL – Delegado de Polícia – PR/2013) A presunção de legitimidade e veracidade dos atos administrativos é tida como um de seus

a) atributos.

b) efeitos.

c) elementos.

d) requisitos de eficácia.

e) requisitos de validade.

COMENTÁRIOS

Alternativa correta: letra "A" (responde as demais alternativas). Os atributos dos atos administrativos são (**PIA**): a) **presunção de legitimidade**, pela qual se **presume que todo ato administrativo praticado seja legal**; b) **imperatividade**, que significa que **o ato administrativo é impositivo, obrigatório ao administrado**, ou seja, a Administração não necessita da concordância do destinatário para que o ato seja praticado; c) **autoexecutoriedade**, pela qual a Administração pode **executar o ato administrativo por seus próprios meios**, sem necessidade de atuação do Poder Judiciário para tanto.

107. (UEL – Delegado de Polícia – PR/2013) Um ato administrativo que completa todo o seu ciclo de formação, contendo seus elementos essenciais e existindo como entidade jurídica, mas que não preencha todas as exigências legais, é denominado como ato

a) válido.

b) eficaz.

c) perfeito.

d) transitório.

e) efetivo.

COMENTÁRIOS

Alternativa correta: letra "C" (responde as demais alternativas). Ato perfeito é aquele que já **completou o seu ciclo de formação**; não está pendente nenhuma etapa da sua fase de produção. Ato perfeito não se confunde com ato válido, porque a perfeição se refere às etapas de produção do ato, e a validade está relacionada à conformidade do ato com a lei. Por exemplo, mesmo tendo sido encerrado o ciclo de produção do ato, ele pode ser inválido se a autoridade não era competente para praticá-lo. Assim, **nem todo ato perfeito é valido, mas todo ato válido é perfeito.**

108. (Cespe – Delegado de Polícia – AL/ 2012) Não é possível, nos atos administrativos, haver a dispensa de sua motivação.

COMENTÁRIOS

Errado. O **motivo** é o **pressuposto,** a **razão,** a **situação de fato ou de direito cuja ocorrência autoriza ou determina a prática do ato.** É o que leva o administrador a praticar o ato. É o **"porquê"** do ato realizado. Entretanto, motivo e motivação são diferentes. Motivo é o elemento do ato administrativo, é o pressuposto de fato ou de direito e, por sua vez, motivação é a exposição, por escrito, do motivo e, por isso, faz parte do elemento **forma. Não há ato administrativo sem motivo, mas há, excepcionalmente, ato administrativo sem motivação,** como no caso da **exoneração *ad nutum*,** conforme previsto no art. 37, II, da Constituição Federal.

109. (Cespe – Delegado de Polícia – AL/ 2012) O fato administrativo é conceituado como a materialização da função administrativa.

COMENTÁRIOS

✪ **Nota do autor:** A expressão **ato da Administração** é abrangente e representa todos os atos praticados no exercício da função administrativa. Nessa categoria estão: a) os atos de direito privado; b) os atos materiais; c) os atos políticos; d) os atos administrativos.

Certo. Os chamados **fatos administrativos** ou **atos materiais** – espécies dos atos da Administração – são as **atividades materiais**, operacionais que a Administração desempenha como, por exemplo, realização de obra pública, construção de uma ponte. É a **materialização da função administrativa**.

110. (Cespe – Delegado de Polícia – AL/ 2012) Considere que o prefeito de um município tenha determinado a desapropriação de uma fazenda de seu adversário político, como forma de retaliação. Nesse caso, fica configurado o desvio de finalidade do ato.

COMENTÁRIOS

Certo. O **desvio de poder** ou **desvio de finalidade** ocorre quando o **administrador age dentro de sua competência** (não extrapola), **mas o faz para alcançar fim diferente do previsto**, explícita ou implicitamente, na lei, ou seja, **dissocia-se do interesse público**; assim, prefeito de um município que tenha determinado a desapropriação de uma fazenda de seu adversário político, como forma de retaliação, age **dentro de sua competência, mas para alcançar fim diferente do interesse público.**

111. (FGV – Delegado de Polícia – MA/2012) A respeito da autoexecutoriedade dos atos da Administração Pública, analise as afirmativas a seguir.

I. É vedada a autoexecutoriedade dos atos administrativos que imponham ao particular a obrigação de pagar dinheiro, devendo a Administração valer-se da via judicial para a cobrança.

II. A remoção de construções de áreas de risco iminente de desabamento somente pode ser feita após autorização judicial.

III. Admite-se, excepcionalmente, que a Administração execute seus atos, assegurando o exercício do contraditório e da ampla defesa apenas posteriormente.

Assinale:

a) se somente as afirmativas I e II estiverem corretas.
b) se somente as afirmativas I e III estiverem corretas.
c) se somente as afirmativas II e III estiverem corretas.
d) se somente a afirmativa II estiver correta.
e) se somente a afirmativa III estiver correta.

COMENTÁRIOS

✪ **Nota do autor:** pela **autoexecutoriedade**, a Administração Pública pode **executar o ato administrativo por seus próprios meios**, sem necessidade de atuação do Poder Judiciário. Trata-se de um dos atributos dos atos administrativos.

Alternativa correta: letra "B". Estão corretos os itens I e III.

Item I. A autoexecutoriedade só existe quando **prevista em lei** ou quando se tratar de **situação de urgência**, e, desse modo, **não existe em todos os atos administrativos.** Em se tratando do poder de polícia, por exemplo, em relação à multa, existe autoexecutoriedade na sua imposição, mas não há quando da sua cobrança, se houver resistência do administrado, devendo a Administração Pública valer-se da via judicial. A banca considerou esse item como correto. Porém, deve ficar bem claro que existe autoexecutoriedade em ato que imponha ao particular o pagamento de determinado valor, mas se o destinatário se recusar a cumprir a imposição, a Administração tem que se valer do Poder Judiciário. Na verdade, ante a redação incompleta, esse item deveria ter sido considerado incorreto.

Item II. Errado. Por se tratar de **questão de urgência**, a remoção de construções de áreas de risco iminente de desabamento é **ato administrativo dotado de autoexecutoriedade**, não sendo necessária autorização judicial para sua realização.

Item III. Certo. Trata-se do postulado da autoexecutoriedade, pela qual se admite a realização de atos de imediato, assegurado o exercício do contraditório e da ampla defesa apenas posteriormente.

112. (FUNCAB – Delegado de Polícia – RJ/2012) Sobre os atos administrativos, assinale a alternativa correta.

a) Um fato administrativo pode se consumar sem o suporte de um ato administrativo.

b) São elementos do ato administrativo: competência, finalidade, forma, modo e objeto.

c) Ao contrário do motivo, que pode ser dispensado em determinados atos administrativos, a motivação deverá estar sempre presente.

d) A característica da imperatividade significa que o ato administrativo tão logo praticado, pode imediatamente ser executado.

e) A anulação do ato administrativo, em regra, opera efeitos *ex nunc*.

COMENTÁRIOS

Alternativa correta: letra "A". Os chamados **fatos administrativos** ou **atos materiais** – espécies dos atos da Administração – são as **atividades materiais**, operacionais que a Administração desempenha como, por exemplo, realização de obra pública, construção de uma ponte. É a **materialização da função administrativa**. São atos da Administração Pública, mas não podem ser considerados **atos administrativos.**

Alternativa "b". São elementos do ato administrativo: competência, finalidade, forma, **motivo** e objeto.

Alternativa "c". Não há ato administrativo sem motivo, mas há, excepcionalmente, ato administrativo sem motivação, como no caso da **exoneração *ad nutum,*** conforme previsto no art. 37, II, da Constituição Federal.

Alternativa "d". Pela **imperatividade**, o ato administrativo é **impositivo, obrigatório ao administrado**, quer dizer, a Administração não necessita da concordância do destinatário para que o ato seja praticado.

Alternativa "e". A anulação do ato administrativo, em regra, opera efeitos ***ex tunc.***

113. (Delegado de Polícia – MG/ 2011 – ACADEPOL) Sobre a extinção dos atos administrativos, é INCORRETO afirmar que

a) a anulação promovida pela própria Administração decorre do exercício de sua prerrogativa de autotutela.

b) a revogação é forma de extinção do ato administrativo válido, de caráter vinculado ou discricionário.

c) a validade ou não do ato de revogação é passível de exame pelo Poder Judiciário.

d) incabível a revogação dos atos cujos efeitos produzidos já restaram consolidados.

COMENTÁRIOS

✪ **Nota do autor:** O ato administrativo extingue-se: a) **pelo cumprimento de seus efeitos**; b) **pelo desaparecimento do sujeito ou do objeto**; c) **pela retirada do ato**; d) pela **renúncia**. A **revogação** e a **anulação** são espécies da extinção do ato administrativo pela **retirada do ato.**

Alternativa correta: letra "B" (responde a alternativa "d"). A **revogação** é a **extinção de ato administrativo válido ou de seus efeitos por razões de conveniência e oportunidade**, em face do interesse público. Assim, não há que se falar em **extinção** de caráter **vinculado**, uma vez que se trata de **opção** conferida à Administração Pública. Ademais, são **irrevogáveis**: a) os **atos vinculados**; b) os atos que integram um procedimento administrativo; c) **os atos que já exauriram seus efeitos**; d) meros atos administrativos; e) atos que geraram direitos adquiridos.

Alternativa "a". A **anulação** é a **extinção do ato administrativo por razões de ilegalidade**. A competência para **anular** é da **própria Administração**, no exercício do **poder de autotutela**, ou, ainda, do **Judiciário**, mediante provocação.

Alternativa "c". O **Poder Judiciário** exerce um **controle de legalidade** sobre os **atos administrativos,** não podendo, em tese, fazer um juízo de **mérito** sobre eles. Assim, caso o ato administrativo de revogação de outro ato seja **ilegal**, caberá apreciação do Poder Judiciário, mediante provocação.

114. (Delegado de Polícia – AP/ 2010 – FGV) Quanto à finalidade, é caracterizado como vício do ato administrativo:

a) a função de fato.

b) a inexistência de motivos.

c) o desvio de poder.

d) o excesso de poder.

e) o objeto impossível.

COMENTÁRIOS

✪ **Nota do autor:** A **finalidade** é o **resultado mediato almejado na prática**, ou seja, é o **"para que"** o ato foi realizado, que deve ser sempre a **finalidade pública.**

Alternativa correta: letra "C" (responde as demais alternativas). O ato **terá vício se for praticado com finalidade diversa da prevista em lei** ou na busca de interesse particular como se dá no caso de a autoridade remover servidor não porque é necessário ao interesse público, mas para lhe aplicar punição, ou também, quando o fiscal da vigilância sanitária interdita um supermercado para favorecer seu amigo que está inaugurando estabelecimento similar naquela região. Haverá **desvio de poder** ou **desvio de finalidade.** Por isso, a **finalidade** é elemento **vinculado.** Desse modo, ocorre **desvio de poder** quando houver divergência entre a finalidade legal e a finalidade do ato.

115. (Delegado de Polícia – AP/ 2010 – FGV) Os atos administrativos, quanto à intervenção da vontade administrativa, podem ser classificados como atos:

a) simples.
b) perfeitos.
c) consumados.
d) constitutivos.
e) gerais.

COMENTÁRIOS

✪ **Nota do autor:** Há diversas classificações para os atos administrativos, mas a que mais é cobrada nos concursos públicos é a elaborada com base na sistematização de Hely Lopes Meirelles[57], que os divide quanto ao alcance, quanto ao objeto, quanto ao regramento, **quanto à formação de vontade**, quanto ao conteúdo, quanto à eficácia e quanto à exequibilidade.

Alternativa correta: letra "A". Quanto à **formação de vontade**, os atos podem ser classificados como **simples, complexos e compostos.** O **ato simples** é aquele em que a **formação da vontade decorre de um único órgão.**

Alternativa "b" (responde, também, a alternativa "c"). Quanto à exequibilidade, o ato classifica-se em perfeito, imperfeito, pendente e consumado.

Alternativa "d". Quanto ao conteúdo, o ato divide-se em constitutivo, extintivo, declaratório, alienativo, modificativo e abdicativo.

Alternativa "e". O ato, **quanto ao destinatário**, classifica-se em **geral** e **individual**.

116. (Delegado de Polícia – MT/ 2010 – UNEMAT) Quanto ao ato administrativo, assinale a alternativa **correta.**

a) Licença é o ato administrativo discricionário e precário pelo qual a Administração consente que o particular execute serviço de utilidade pública ou utilize privativamente bem público.
b) Admissão é o ato vinculado por meio do qual a Administração confere ao interessado consentimento para o desempenho de certa atividade.
c) Permissão é o ato administrativo pelo qual a Administração consente que o particular exerça atividade ou utilize bem público no seu próprio interesse.
d) Autorização é o ato administrativo que confere ao indivíduo, desde que preencha os requisitos legais, o direito de receber o serviço público desenvolvido em determinado estabelecimento oficial.
e) Alvará é o instrumento formal expedido pela Administração que, através dele, expressa aquiescência no sentido de ser desenvolvida certa atividade pelo particular.

COMENTÁRIOS

✪ **Nota do autor: Ato administrativo** é entendido como "toda manifestação unilateral de vontade da Administração Pública que, agindo nessa qualidade, tenha por fim imediata adquirir, resguardar, transferir, modificar, extinguir, e declarar direitos, ou impor obrigações aos administrados ou a si própria"[58].

Alternativa correta: letra "E". O **alvará**, na lição de Maria Sylvia Zanella Di Pietro[59], "é o instrumento pelo a Administração Pública confere licença ou autorização para a prática de ato ou exercício de atividade sujeitos ao poder de polícia do Estado". Em outras palavras, trata-se do instrumento pelo qual a Administração confere licença ou autorização ao particular interessado. Ele é a **forma**, o revestimento exterior do ato.

Alternativa "a". A **licença** é o ato administrativo **vinculado** e **unilateral** pelo qual a Administração Pública faculta àquele que preencha os requisitos legais o exercício de determinada atividade[60].

Alternativa "b". A **admissão** é o ato administrativo **unilateral** e **vinculado** por meio do qual a Administração **reconhece ao particular o direito à prestação de um determinado serviço público**[61].

Alternativa "c". A **permissão**, em sentido amplo, faz referência ao ato administrativo **unilateral, discricionário e precário** pelo qual a Administração faculta ao particular a execução de determinado serviço público ou a utilização privativa de bem público[62].

Alternativa "d". A **autorização administrativa**, em sentido amplo, é o ato administrativo **unilateral, discricionário** e **precário** pelo qual a Administração faculta ao particular o uso de bem público, ou a prestação de serviço público ou o desempenho de determinada atividade material[63]. A alternativa faz referência a um ato **vinculado** da Administração Pública.

117. (Delegado de Polícia – MT/ 2010 – UNEMAT) Constituem atributos do Ato Administrativo:

a) presunção de legitimidade, imperatividade e autoexecutoriedade.
b) revogabilidade, coercibilidade e transitoriedade.
c) oportunidade, conveniência e presunção de legitimidade.
d) vinculação à lei, forma e competência.
e) ofícios, pareceres e avisos.

COMENTÁRIOS

✪ **Nota do autor:** Em razão do regime peculiar a que estão sujeitos os atos administrativos, a doutrina costuma apontar algumas características principais a eles inerentes. São os chamados **atributos dos atos administrativos.**

57. *Direito administrativo brasileiro*. 36 ed. São Paulo: Malheiros, 2010. p. 167-179

58. MEIRELLES, Hely Lopes. *Direito administrativo brasileiro*. 36 ed. São Paulo: Malheiros, 2010. p. 167-179,
59. *Direito administrativo*. 25 ed. São Paulo: Atlas, 2012. p. 242.
60. DI PIETRO, Maria Sylvia Zanella. *Direito administrativo*. 25 ed. São Paulo: Atlas, 2012. p. 235.
61. DI PIETRO, Maria Sylvia Zanella. *Direito administrativo*. 25 ed. São Paulo: Atlas, 2012. p. 235.
62. DI PIETRO, Maria Sylvia Zanella. *Direito administrativo*. 25 ed. São Paulo: Atlas, 2012. p. 236.
63. DI PIETRO, Maria Sylvia Zanella. *Direito administrativo*. 25 ed. São Paulo: Atlas, 2012. p. 234.

Alternativa correta: letra "A" (responde as demais alternativas). Os atributos dos atos administrativos são (**PIA**): a) **presunção de legitimidade**, pela qual presume-se que todo ato administrativo praticado seja legal; b) **imperatividade**, que significa que o ato administrativo é impositivo, obrigatório ao administrado, ou seja, a Administração não necessita da concordância do destinatário para que o ato seja praticado; c) **autoexecutoriedade**, pela qual a Administração pode executar o ato administrativo por seus próprios meios, sem necessidade de atuação do Poder Judiciário para tanto.

8. PROCESSO ADMINISTRATIVO

118. (Nucepe – Delegado de Polícia – PC – PI/2018) São legitimados como interessados no processo administrativo:

a) pessoas que têm interesse direto ou indireto na matéria;

b) pessoas físicas ou jurídicas que o iniciem como titulares de direitos ou interesses individuais ou no exercício do direito de representação;

c) tenha participado ou venha a participar como perito, testemunha ou representante, ou se tais situações ocorrem quanto ao cônjuge, companheiro ou parente e afins até o terceiro grau;

d) esteja litigando judicial ou administrativamente com o interessado ou respectivo cônjuge ou companheiro;

e) a autoridade que houver feito a nomeação.

COMENTÁRIO

✪ **Nota do autor:** O **processo** é "a relação jurídica integrada por algumas pessoas, que nela exercem várias atividades direcionadas para determinado fim"[64].

Alternativa "b" (responde as demais alternativas). No processo administrativo não há partes no sentido atribuído no processo judicial. Neste, há uma relação trilateral, em que há o Estado-juiz, a parte autora e a parte ré, enquanto no processo administrativo, a relação é bilateral, situando-se, de um lado, o particular, e do outro, o Estado, a quem cabe tomar a decisão. Por isso, **não existem propriamente partes, e sim interessados.** O rol de legitimados como interessados no processo administrativo está previsto no art. 9º da Lei nº 9.784/99. Dentre eles estão: **as pessoas físicas ou jurídicas que o iniciem como titulares de direitos ou interesses individuais ou no exercício do direito de representação**; aqueles que, sem terem iniciado o processo, têm direitos ou interesses que possam ser afetados pela decisão a ser adotada; as organizações e as associações representativas, no tocante a direitos e interesses coletivos e, por fim, as pessoas ou as associações legalmente constituídas quanto a direitos ou interesses difusos.

Alternativa correta: letra "b".

64. CARVALHO FILHO, José dos Santos. *Manual de direito administrativo*. 26. ed. São Paulo: Atlas, 2013. p. 970-971.

119. (Cespe – Delegado de Polícia – GO/2017) Com base no disposto na Lei n.° 9.784/1999, assinale a opção correta, considerando o entendimento dos tribunais superiores e da doutrina sobre o processo administrativo.

a) Os processos de prestação de contas são exemplo de processos administrativos de outorga, cuja finalidade é autorizar o exercício de determinado direito individual.

b) O Supremo Tribunal Federal entende que não é necessária a observância do devido processo legal para a anulação de ato administrativo que tenha repercutido no campo dos interesses individuais.

c) Por ser a ampla defesa um princípio do processo administrativo, a administração não poderá definir a maneira como se realizará seu exercício, definindo, por exemplo, o local de vista aos autos.

d) A competência processante de órgão da administração pode ser delegada, em parte, a outro órgão, ainda que não subordinado hierarquicamente ao órgão delegante, desde que haja conveniência, razão e inexista impedimento legal.

e) Conforme o Supremo Tribunal Federal, é obrigatória a representação por advogado para o exercício do direito à recorribilidade de decisão proferida em processo administrativo.

COMENTÁRIOS

✪ **Nota do autor:** O **processo** é "a relação jurídica integrada por algumas pessoas, que nela exercem várias atividades direcionadas para determinado fim"[65].

Alternativa correta: letra "d". Mediante a delegação, quem é competente delega, transfere parte de sua competência para outro servidor. A delegação está regulada nos artigos 12 a 14 da Lei nº 9.784/99 e, nos termos do art. 12 da Lei nº 9.784/99, um "órgão administrativo e seu titular poderão, se não houver impedimento legal, delegar parte da sua competência a outros órgãos ou titulares, ainda que estes não lhe sejam hierarquicamente subordinados, quando for conveniente, em razão de circunstâncias de índole técnica, social, econômica, jurídica ou territorial". Salienta-se, também, que a **delegação é proibida, conforme o art. 13 da mencionada lei,** quando o objeto for a edição de **atos de caráter normativo**, a **decisão de recursos administrativos** e as **matérias de competência exclusiva** do órgão ou autoridade.

Alternativa "a". Os processos de prestação de contas **não** são exemplo de processos administrativos de outorga, uma vez que não há, naqueles, autorização para o exercício de determinado direito individual.

Alternativa "b". O Supremo Tribunal Federal entende que é necessária a observância do devido processo legal para a anulação de ato administrativo que tenha repercutido no campo dos interesses individuais. Neste sentido, é o RE nº 676.880-DF, por exemplo.

65. CARVALHO FILHO, José dos Santos. *Manual de direito administrativo*. 26. ed. São Paulo: Atlas, 2013. p. 970-971.

Alternativa "c". A despeito da ampla defesa ser um dos princípios do processo administrativo, é plenamente possível que a Administração Pública defina o local de vista dos autos. Neste sentido, é a consolidada jurisprudência das cortes superiores.

Alternativa "e". A assistência de advogado não é obrigatória para o administrado, pois o art. 3º, IV, determina que é direito do administrado "fazer-se assistir, **facultativamente**, por advogado, salvo quando obrigatória a representação, por força de lei". Ainda, há a Súmula vinculante nº 5, a qual estabelece que a "falta de defesa técnica por advogado no processo administrativo disciplinar não ofende a Constituição".

---

120. (FUNIVERSA – Delegado de Polícia – DF/2015) Com base na Lei nº 9.784/1999, que trata do processo administrativo no âmbito da União, assinale a alternativa correta.

a) O princípio da vedação da *reformatio in pejus* não se aplica ao recurso administrativo previsto na Lei nº 9.784/1999.

b) Diante do princípio do dispositivo e da imparcialidade, o ônus da prova incumbe a quem alega, sendo permitido à administração juntar, de ofício, aos autos do processo documentos indicados pelo interessado.

c) Diante do princípio da asserção, o processo administrativo somente pode ser iniciado pela parte interessada, não podendo o servidor orientar o interessado quanto ao suprimento de eventuais falhas, sob pena de infração disciplinar.

d) São legitimados como interessados no processo administrativo as pessoas jurídicas ou associações, legalmente constituídas há pelo menos um ano, na defesa de interesses difusos.

e) Suponha-se que a lei determine que certa autoridade tem competência para regulamentar uma norma legal com caráter normativo. Nesse caso, essa competência poderá ser delegada.

COMENTÁRIOS

✪ **Nota do autor:** Nos termos do art. 56 da Lei nº 9.784/99, é possível a **interposição de recurso administrativo** em face da decisão tomada no processo administrativo, **em razão de legalidade e mérito**.

Alternativa correta: letra "a". O art. 64, da Lei que determina que "o órgão competente para decidir o recurso poderá confirmar, modificar, anular ou revogar, total ou parcialmente, a decisão recorrida, se a matéria for de sua competência". Não vigora, quanto ao recurso administrativo a **vedação da *reformatio in pejus*.** Na revisão do processo administrativo, ao contrário, já existe a proibição.

Alternativa "b" (responde, também, a alternativa "c"). Na verdade, há o princípio da **oficialidade**, pelo qual a Administração pode de ofício iniciar o processo, impulsioná-lo, instruí-lo e revisá-lo. Nesse sentido, estabelece o art. 5º da Lei que "o processo administrativo pode iniciar-se de ofício ou a pedido de interessado". Outrossim, na forma do art. 6º, parágrafo único, "é vedada à Administração a recusa imotivada de recebimento de documentos, devendo o servidor orientar o interessado quanto ao suprimento de eventuais falhas".

Alternativa "d". São legitimados como interessados no processo administrativo as pessoas jurídicas que o iniciem como titulares de direitos ou interesses individuais ou no exercício do direito de representação (art. 9º, I, da Lei) ou associações legalmente constituídas quanto a direitos ou interesses difusos (art. 9º, II, da Lei).

Alternativa "e". Nos termos do art. 13, I, da Lei, não podem ser objeto de delegação "a edição de atos de caráter normativo".

---

121. (NUCEPE – Delegado de Polícia – PI/2014) A Lei n° 9.784/99 estabelece normas sobre o Processo Administrativo no âmbito da Administração Federal direta e indireta. Pode-se afirmar que o princípio que a Administração Pública deve obedecer a fim de que todo processo administrativo chegue ao seu final, ou seja, tenha uma decisão conclusiva, que solucione a controvérsia, é o

a) da legalidade.

b) da eficiência.

c) da ampla defesa.

d) da finalidade.

e) do interesse público.

COMENTÁRIOS

✪ **Nota do autor:** Na forma do art. 2º, *caput*, da Lei, "a Administração Pública obedecerá, dentre outros, aos princípios da legalidade, finalidade, motivação, razoabilidade, proporcionalidade, moralidade, ampla defesa, contraditório, segurança jurídica, interesse público e eficiência".

Alternativa correta: letra "b". Pelo princípio da eficiência, **a Administração Pública deve atuar de maneira a buscar resultados e não simplesmente agir**. É uma exigência constitucional que se manifesta, especialmente, em relação aos serviços públicos, pois esses devem ser, cada vez mais, executados da melhor maneira possível e devem alcançar todos os administrados, de maneira eficiente. A aplicação do **princípio da eficiência** no processo administrativo se verifica, justamente, na necessária busca de seu fim, com uma decisão conclusiva, que solucione a controvérsia.

Alternativa "a". O **princípio da legalidade** significa que **a atuação administrativa deve se dar em conformidade com a lei, com o direito**. Assim, ao administrador somente é permitido agir de acordo com a lei, não vigorando a autonomia da vontade, prevalente na esfera privada, em que o particular não é obrigado senão em virtude de lei.

Alternativa "c". O princípio da **ampla defesa** é aplicável em qualquer tipo de processo que envolva situações de litígio ou o poder sancionatório do Estado[66]. Impõe, nos processos administrativos, a observância dos "direitos à comunicação, à apresentação de alegações finais, à produção de provas e à interposição de recursos, nos processos de que possam resultar sanções e nas situações de litígios" como, por exemplo, prescreve o art. 2º, parágrafo único, inciso X, da Lei nº 9.784/99, que regula o processo administrativo no âmbito da Administração Pública federal.

Alternativa "d". No que toca ao princípio da **finalidade**, Celso Antônio Bandeira de Mello ensina que ele "impõe que o administrador ao manejar as competências postas a seu encargo, atue com a rigorosa obediência à finalidade de cada qual"[67]. Trata-se, assim, de princípio que impõe ao administrador a obrigação de praticar o ato administrativo com vistas à realização da finalidade perseguida pela lei.

Alternativa "e". Pelo princípio da **supremacia do interesse público, havendo conflito entre o interesse público e o privado, aquele deverá prevalecer.** É o princípio que **confere autoridade à atuação administrativa.**

9. LICITAÇÃO E CONTRATO ADMINISTRATIVO

- CF, art. 22, XXVII
- CF, art. 37, XXI
- CF, art. 173
- Lei nº 8.666/93
- Lei nº 10.520/02
- Lei nº 13.303/16
- Decreto nº 3.555/00
- Decreto nº 5.450/05

122. (Nucepe – Delegado de Polícia – PC – PI/2018) A fase externa do pregão será iniciada com a convocação dos interessados e observará as seguintes regras, EXCETO:

a) o prazo fixado para a apresentação das propostas, contado a partir da publicação do aviso, não será inferior a 15 (quinze) dias úteis.

b) o prazo fixado para a apresentação das propostas, contado a partir da publicação do aviso, não será inferior a 8 (oito) dias úteis.

c) no dia, hora e local designados, será realizada sessão pública para recebimento das propostas, devendo o interessado, ou seu representante, identificar-se e, se for o caso, comprovar a existência dos necessários poderes para formulação de propostas e para a prática de todos os demais atos inerentes ao certame.

d) aberta a sessão, os interessados ou seus representantes, apresentarão declaração dando ciência de que cumprem plenamente os requisitos de habilitação e entregarão os envelopes contendo a indicação do objeto e do preço oferecidos, procedendo-se à sua imediata abertura e à verificação da conformidade das propostas com os requisitos estabelecidos no instrumento convocatório.

e) no curso da sessão, o autor da oferta de valor mais baixo e os das ofertas com preços até 10% (dez por cento) superiores àquela poderão fazer novos lances verbais e sucessivos, até a proclamação do vencedor.

COMENTÁRIO

✪ **Nota do autor:** O **pregão** é a modalidade de licitação usada para a **aquisição de bens e serviços comuns**. Os bens e serviços comuns são entendidos como aqueles cujos **padrões de desempenho e qualidade possam ser objetivamente definidos pelo edital**, por meio de especificações usuais no mercado (art. 1º, parágrafo único). O critério para a escolha do vencedor é o **menor preço** (é o único tipo de licitação usado no pregão), observados, também, os prazos máximos para fornecimento, as especificações técnicas e parâmetros mínimos de desempenho e qualidade definidos no edital. O **pregão** é realizado sob a égide dos princípios comuns às demais modalidades licitatórias, além de, especialmente, os da celeridade, concentração e oralidade.

Alternativa "a" (responde as demais alternativas). Como destacado, o pregão é a modalidade de licitação usada para a **aquisição de bens e serviços comuns**. Está previsto na Lei nº 10.520/02, que é uma norma geral e, por isso, aplica-se à União, aos Estados, ao Distrito Federal e aos Municípios. O prazo para a convocação (que é feita por edital) dos interessados é, de no mínimo, **oito dias úteis**, contados da publicação do aviso de edital.

Alternativa correta: letra "a".

123. (Vunesp – Delegado de Polícia – PC – SP/2018) É hipótese de licitação dispensável:

a) para contratação de profissional de qualquer setor artístico, diretamente ou através de empresário exclusivo, desde que consagrado pela crítica especializada ou pela opinião pública.

b) para aquisição de materiais, equipamentos, ou gêneros que só possam ser fornecidos por produtor, empresa ou representante comercial exclusivo, vedada a preferência de marca.

c) para a contratação de serviços técnicos, de natureza singular, com profissionais ou empresas de notória especialização.

d) a alienação de bens imóveis, conforme lei autorizativa do ente estatal proprietário do bem a ser alienado.

e) quando não acudirem interessados à licitação anterior e esta, justificadamente, não puder ser repetida sem prejuízo para a Administração, mantidas, neste caso, todas as condições preestabelecidas.

66. DI PIETRO, Maria Sylvia Zanella. *Direito administrativo*. 21 ed. São Paulo: Atlas, 2008. p. 597.
67. *Curso de direito administrativo*. 26 ed. São Paulo: Malheiros, 2009. p. 65.

COMENTÁRIO

✪ **Nota do autor:** As hipóteses de licitação dispensável estão arroladas, de maneira **taxativa**, no art. 24. Nesses casos, embora exista a viabilidade de licitação, a lei autoriza a realização de contratação direta. Trata-se, portanto, de decisão discricionária do administrador.

Alternativa "a". "É **inexigível** a licitação quando houver inviabilidade de competição, em especial: para contratação de profissional de qualquer setor artístico, diretamente ou através de empresário exclusivo, desde que consagrado pela crítica especializada ou pela opinião pública" (art. 25, III da Lei nº 8.666/93).

Alternativa "b". "É **inexigível** a licitação quando houver inviabilidade de competição, em especial: para aquisição de materiais, equipamentos, ou gêneros que só possam ser fornecidos por produtor, empresa ou representante comercial exclusivo, vedada a preferência de marca (...) (art. 25, I da Lei nº 8.666/93).

Alternativa "c". "É **inexigível** a licitação quando houver inviabilidade de competição, em especial: para a contratação de serviços técnicos (...) de natureza singular, com profissionais ou empresas de notória especialização, vedada a inexigibilidade para serviços de publicidade e divulgação (art. 25, II da Lei nº 8.666/93).

Alternativa "d". No caso de alienação de bens imóveis da Administração Pública, será necessário o cumprimento dos seguintes requisito (art. 17, I da Lei nº 8.666/93):

a) **interesse público** justificado;

b) **avaliação** prévia;

c) **autorização legislativa**, se o bem for da **Administração direta, autarquia ou fundação pública** (se for empresa pública ou sociedade de economia mista, não é necessária a autorização; os outros requisitos são exigidos);

d) **licitação,** na modalidade concorrência (exceto se for caso de licitação dispensada)[68].

As hipóteses em que a licitação é dispensável para alienação de bens imóveis estão elencadas nas alíneas do art. 17, I da Lei nº 8.666/93.

Alternativa "e". "É **dispensável** a licitação: quando não acudirem interessados à licitação anterior e esta, justificadamente, não puder ser repetida sem prejuízo para a Administração, mantidas, neste caso, todas as condições preestabelecidas" (art. 24, V da Lei nº 8.666/93).

Alternativa correta: letra "e".

---

124. (Vunesp – Delegado de Polícia – PC – SP/2018) Os contratos administrativos são peculiares por terem cláusulas que contêm a manifestação do poder estatal e da supremacia do interesse público sobre interesses privados, as chamadas "cláusulas exorbitantes". Entre tais cláusulas se inclui:

a) a possibilidade de modificar o contrato, unilateralmente, para melhor adequação às finalidades de interesse público, respeitados os direitos do contratado.

b) a necessidade de identificação precisa do crédito orçamentário pelo qual correrá a despesa, com a indicação da classificação funcional programática e da categoria econômica.

c) a proibição de utilização de meios alternativos de resolução de conflitos, tais como a mediação e a arbitragem.

d) a fixação do preço e das condições de pagamento, as quais deverão ser mantidas durante todo o prazo do contrato.

e) a definição de prazos não superiores a 12 (doze) meses, excetuados os projetos contemplados na Lei de Diretrizes Orçamentárias.

COMENTÁRIO

✪ **Nota do autor:** A questão trata das cláusulas exorbitantes, que são inexistentes no direito privado e, por isso, extrapolam, exorbitam o direito privado, concedendo **prerrogativas** para a Administração ao colocá-la em **posição de superioridade** em relação ao contratado, isto é, desnivelam as partes no contrato e, por isso, são vedadas no contrato privado.

Alternativa "a". "O regime jurídico dos contratos administrativos instituído por esta Lei confere à Administração, em relação a eles, a prerrogativa de: modificá-los, unilateralmente, para melhor adequação às finalidades de interesse público, respeitados os direitos do contratado" (art. 58, I da Lei nº 8.666/93).

Alternativa "b". A alternativa trata de cláusula necessária em contrato administrativo, elencada no art. 55, V da Lei nº 8.666/93: "São cláusulas necessárias em todo contrato as que estabeleçam: o crédito pelo qual correrá a despesa, com a indicação da classificação funcional programática e da categoria econômica".

Alternativa "c". Por bastante tempo vigorou como regra a impossibilidade de o Poder Público transacionar em juízo, com fundamento no princípio da indisponibilidade do interesse público. Atualmente, todavia, já se **admite** o uso de meios alternativos de resolução de conflitos pela Administração Pública, como é o caso da mediação (art. 1º da Lei nº 13.140/15) e da arbitragem ((art. 1º, §§ 1º e 3º da Lei nº 9.307/96).

Alternativa "d". A fixação de preço e das condições de pagamento são cláusulas necessárias do contrato administrativo, que deve estabelecer os critérios, data-base e periodicidade do reajustamento de preços, os critérios de atualização monetária entre a data do adimplemento das obrigações e a do efetivo pagamento, nos termos do art. 55, III da Lei nº 8.666/93.

Alternativa "e". A duração dos contratos administrativos ficará adstrita à vigência dos créditos orçamentários exceto, dentre outros, os relativos "aos projetos cujos produtos estejam contemplados nas metas estabelecidas no Plano Plurianual, os quais poderão ser prorrogados se houver interesse da Administração e desde que

---

68. No caso de imóvel da União, ainda, há a necessidade de autorização do Presidente da República (art. 23, Lei nº 9.636/98).

isso tenha sido previsto no ato convocatório" (art. 57, I da Lei nº 8.666/93).

Alternativa correta: letra "a".

125. (Vunesp – Delegado de Polícia – PC – BA/2018) Após publicar edital de licitação a fim de contratar empresa para a construção de uma delegacia policial, a autoridade administrativa verifica a existência de um erro na descrição do projeto básico, que afeta, de maneira significativa e inquestionável, a estimativa de custos dos licitantes e a formulação das propostas a serem apresentadas. Nesse caso, a autoridade deverá

a) anular a licitação, pois não é possível modificar um edital já publicado, devendo iniciar um novo procedimento licitatório.
b) alterar o edital, divulgando a modificação pela mesma forma que se deu o texto original, reabrindo o prazo inicialmente estabelecido para a apresentação das propostas.
c) alterar o edital, divulgando a modificação por meio eletrônico em razão do princípio da eficiência, mantendo o prazo inicialmente estabelecido para a apresentação das propostas.
d) revogar a licitação, modificar o edital e, após, retomar o procedimento licitatório, com a publicação das modificações efetuadas e a reabertura do prazo para apresentação das propostas.
e) alterar o edital, publicando a modificação no Diário Oficial, mantendo o prazo inicialmente estabelecido para a apresentação das propostas.

COMENTÁRIO

✪ **Nota do autor:** O edital é o ato administrativo pelo qual a Administração **divulga a licitação e convoca os interessados para participarem da disputa, na forma por ele estabelecida**. O edital é extremamente importante, pois é por ele que eventual interessado poderá analisar se o objeto a ser contratado e as condições da contratação são atrativas, havendo nele, inclusive, as futuras cláusulas do contrato.

Alternativa "b". (responde às demais alternativas). "Qualquer modificação no edital exige divulgação pela mesma forma que se deu o texto original, reabrindo-se o prazo inicialmente estabelecido, exceto quando, inqüestionavelmente, a alteração não afetar a formulação das propostas" (art. 21, §4º da Lei nº 8.666/93).

Alternativa correta: letra "b".

126. (Vunesp – Delegado de Polícia – PC – BA/2018) Executado o contrato, o recebimento provisório do objeto poderá ser dispensado quando se tratar de

a) serviços profissionais.
b) gêneros não perecíveis e alimentação processada.
c) aquisição de equipamentos de grande vulto.
d) obras e serviços compostos de aparelhos, equipamentos e instalações.
e) locação de equipamentos.

COMENTÁRIO

✪ **Nota do autor:** após a execução do contrato, o seu objeto será recebido de forma definitiva ou provisória, nos termos do art. 73 da Lei nº 8.666/93. Há casos, como o exigido na questão, em que o recebimento será dispensado.

Alternativa "a". (responde às demais alternativas). Trata-se da literalidade do exposto no art. 74 da Lei nº 8.666/93:

> *Art. 74 da Lei nº 8.666/93: Poderá ser dispensado o recebimento provisório nos seguintes casos:*
>
> *I - gêneros perecíveis e alimentação preparada;*
>
> *II -* ***serviços profissionais;***
>
> *III - obras e serviços de valor até o previsto no art. 23, inciso II, alínea "a", desta Lei, desde que não se componham de aparelhos, equipamentos e instalações sujeitos à verificação de funcionamento e produtividade.*
>
> *Parágrafo único. Nos casos deste artigo, o recebimento será feito mediante recibo.*

Quanto ao inciso III, deve-se destacar o advento do Decreto nº 9.412/2018, que atualizou os valores praticados na licitação. Nesse sentido, poderá ser dispensado o recebimento provisório no caso de obras e serviços de valor até R$ 176.000,00.

Alternativa correta: letra "a".

127. (IBADE – Delegado de Polícia – AC/2017) No que tange às licitações públicas e aos contratos administrativos, com base na Lei n° 8.666/1993 e no Regime Diferenciado de Contratações Públicas (Lei n° 12.462/2011), é correto o que se afirma em:

a) Por ser incompatível com o regime jurídico de Direito Público, a Lei n° 8.666/1993 veda expressamente a aplicação supletiva dos princípios da teoria geral dos contratos aos contratos administrativos.
b) O Regime Diferenciado de Contratações Públicas (RDC) aplica-se às licitações necessárias à realização das obras e serviços de engenharia para construção, ampliação e reforma e administração de estabelecimentos penais e de unidades de atendimento socioeducativo. Contudo, às licitações relativas às ações no âmbito da segurança pública não se aplica o Regime Diferenciado de Contratações (RDC), devendo esta hipótese ser regida integralmente pela Lei n° 8.666/1993.
c) Contratos administrativos regidos pela Lei nº 8.666/1993 podem ser alterados unilateralmente pela Administração quando conveniente a substituição da garantia de execução contratual. Esta prerrogativa da Administração é um exemplo de cláusula exorbitante.
d) Segundo a Lei n° 8.666/1993, é inexigível a licitação na aquisição de bens e contratação de serviços para atender aos contingentes militares das Forças Singulares brasileiras empregadas em operações de paz no exterior, necessariamente justificadas quanto

ao preço e à escolha do fornecedor ou executante e ratificadas pelo Comandante da Força.

e) Conforme a Lei do Regime Diferenciado de Contratações Públicas (RDC), nas licitações e contratações de obras e serviços de engenharia serão adotados como regimes de execução indireta, preferencialmente, a empreitada por preço global, a empreitada integral ou a contratação integrada.

COMENTÁRIOS

✪ **Nota do autor:** A **licitação** é o **processo administrativo** instaurado pela Administração Pública consistente na **disputa igualitária** entre os interessados em celebrar contrato com ela, para a **escolha** da **proposta** que permita a **melhor contratação** em face do interesse público, que sempre deve prevalecer.

Alternativa correta: letra "e". Consoante art. 8º, §1º, da Lei nº 12.462/2011, na execução indireta das obras e serviços de engenharia, serão adotados, preferencialmente, os regimes discriminados nos incisos I, IV e V do *caput*, que correspondem, respectivamente, à empreitada por preço unitário, empreitada por preço global e contratação integrada.

Alternativa "a". Na forma do art. 54, *caput*, da Lei de Licitações, "os contratos administrativos de que trata esta Lei regulam-se pelas suas cláusulas e pelos preceitos de direito público, aplicando-se-lhes, supletivamente, os princípios da teoria geral dos contratos e as disposições de direito privado".

Alternativa "b". Nos termos do art. 1º, VII, da Lei nº 12.462/2011, o Regime Diferenciado de Contratações Públicas (RDC) aplica-se às ações no âmbito da segurança pública.

Alternativa "c". A alteração do contrato administrativo para a **substituição da garantia de execução** depende de acordo das partes, na forma do art. 65, II, *a*, da Lei nº 8.666/93.

Alternativa "d". Segundo a Lei nº 8.666/1993, é dispensável a licitação na aquisição de bens e contratação de serviços para atender aos contingentes militares das Forças Singulares brasileiras empregadas em operações de paz no exterior, necessariamente justificadas quanto ao preço e à escolha do fornecedor ou executante e ratificadas pelo Comandante da Força, na forma do art. 24, XXIX.

128. (Cespe – Delegado de Polícia – GO/2017) Determinado órgão público pretende dar publicidade a um instrumento convocatório com objetivo de comprar armas de fogo do tipo pistola, de calibre 380, usualmente vendidas no mercado brasileiro. O valor orçado da aquisição dos produtos é de R$ 700.000.

Nessa situação, a compra poderá ser efetuada mediante licitação na modalidade

a) tomada de preço do tipo técnica e preço.
b) concorrência do tipo melhor técnica.
c) concorrência do tipo técnica e preço.
d) pregão do tipo menor preço.
e) tomada de preços do tipo menor preço.

COMENTÁRIOS

✪ **Nota do autor:** O **pregão** é a modalidade de licitação usada para a **aquisição de bens e serviços comuns**. Está previsto na Lei nº 10.520/02, que é uma norma geral e, por isso, aplica-se à União, aos Estados, ao DF e aos Municípios.

Alternativa correta: letra "d" (responde as demais alternativas). O que importa para a utilização do pregão é o objeto da licitação e não o valor, ou seja, se for bem ou serviço comum usa-se o pregão, **independentemente de valor**. No pregão, o único tipo de licitação admitido é o menor preço.

129. (FUNCAB – Delegado de Polícia – PA/2016) Sobre os contratos administrativos e seu regime jurídico de Direito Público, é correto afirmar que:

a) a nulidade do contrato administrativo não exonera a Administração do dever de indenizar o contratado pelo que este houver executado e por outros prejuízos regularmente comprovados, a partir da declaração.
b) na hipótese da necessidade de acautelar apuração administrativa de faltas contratuais pelo contratado ou de rescisão do contrato administrativo, é admitida a ocupação provisória de bens móveis, imóveis, pessoal e serviços vinculados ao objeto do contrato.
c) a eles é vedada a aplicação de princípios da teoria geral dos contratos e as disposições de direito privado, mesmo que supletivamente.
d) desde que haja acordo entre as partes, é admitido o acréscimo ou a supressão do objeto contratado acima dos limites previstos para alterações unilaterais promovidas pelo Poder Público.
e) a inadimplência do contratado, com referência aos encargos trabalhistas, fiscais, comerciais e previdenciários não transfere à Administração Pública a responsabilidade por seu pagamento, nem poderá onerar o objeto do contrato ou restringir a regularização e o uso das obras e edificações, inclusive perante o Registro de Imóveis.

COMENTÁRIOS

✪ **Nota do autor:** A matéria dos contratos administrativos é recorrente nos concursos públicos. Importante lembrar que o contrato administrativo tem como principais características o fato de ser bilateral, formal (em regra), oneroso, comutativo, presença da Administração Pública como Poder Público, voltado à finalidade pública, com natureza *intuitu personae*, e, por fim, com a possibilidade de edição de cláusulas exorbitantes.

Alternativa correta: letra "b". Nos termos do art. 58, V, da Lei nº 8.666/93, é conferida à Administração Pública a prerrogativa de "nos casos de serviços essenciais, ocupar provisoriamente bens móveis, imóveis, pessoal e serviços vinculados ao objeto do contrato, na hipótese da necessidade de acautelar apuração administrativa de faltas contratuais pelo contratado, bem como na hipótese de rescisão do contrato administrativo".

Alternativa "a". Consoante art. 59, parágrafo único, "a nulidade não exonera a Administração do dever de indenizar o contratado pelo que este houver executado até a data em que ela for declarada e por outros prejuízos regularmente comprovados, contanto que não lhe seja imputável, promovendo-se a responsabilidade de quem lhe deu causa".

Alternativa "c". Na forma do art. 54, *caput*, da Lei de Licitações, "os contratos administrativos de que trata esta Lei regulam-se pelas suas cláusulas e pelos preceitos de direito público, aplicando-se-lhes, supletivamente, os princípios da teoria geral dos contratos e as disposições de direito privado".

Alternativa "d". A **mutabilidade**, ou instabilidade, é uma das características do contrato administrativo e significa que a Administração Pública tem a **prerrogativa de alterar as cláusulas contratuais unilateralmente**. O art. 58, I, da mencionada lei, prevê expressamente que a Administração pode modificar os contratos administrativos, de maneira unilateral (sem a concordância do contratado), "para melhor adequação às finalidades de interesse público, respeitados os direitos do contratado". Essa prerrogativa é inerente ao princípio da supremacia do interesse público, e, desse modo, o particular não pode alterar o contrato da mesma maneira. Somente a Administração pode fazê-lo. Obviamente, por acordo, o contrato também pode ser alterado. Em complemento a essa previsão legal, o art. 65, I, elenca as hipóteses em que pode ocorrer a alteração unilateral do contrato administrativo: a) quando houver modificação do projeto ou das especificações, para melhor adequação técnica aos seus objetivos; b) quando necessária a modificação do valor contratual em decorrência de acréscimo ou diminuição quantitativa de seu objeto, nos seguintes **limites**:

- até 25% do valor inicial atualizado do contrato para acréscimos e supressões feitas nas obras, serviços ou compras;
- até 50% do valor inicial atualizado do contrato para acréscimos no caso de reforma de edifício ou equipamento (se for supressão, o limite é de 25%). Por consenso entre a Administração e o contratado é possível que a redução do valor do contrato ocorra além do limite de 25%, mas não é possível o acréscimo fora dos limites previstos.

Alternativa "e". Na forma do art. 71, §1º, da Lei, "a inadimplência do contratado, com referência aos encargos trabalhistas, fiscais e comerciais não transfere à Administração Pública a responsabilidade por seu pagamento, nem poderá onerar o objeto do contrato ou restringir a regularização e o uso das obras e edificações, inclusive perante o Registro de Imóveis". Quanto aos encargos previdenciários, a Administração Pública responde solidariamente.

---

130. (FUNCAB – Delegado de Polícia – PA/2016) A teoria da imprevisão ocorre quando situações fáticas, imprevisíveis, alteram o equilíbrio econômico- financeiro do contrato, repercutindo na sua execução, sendo necessária a recomposição dos preços, Quando o desequilíbrio contratual é causado por uma interferência estatal, geral e abstrata, por exemplo, modificação de uma lei que onere a contratada, ou seja, uma interferência extracontratual causada pelo ente federativo que faça parte da relação contratual. A esses fatores a doutrina chama:

a) fato da administração.

b) interferência imprevista.

c) fato príncipe.

d) força maior.

e) caso fortuito.

COMENTÁRIOS

✪ **Nota do autor:** A **inexecução** é o **descumprimento do contrato** e pode ocorrer de forma dolosa ou culposa (**inexecução injustificada**) e, também, sem culpa (**inexecução justificada**). No primeiro caso, haverá a responsabilização civil, criminal e administrativa e, no caso de **inexecução justificada**, o **contratado não será responsabilizado**, pois não foi ele quem deu causa à inadimplência contratual. É a aplicação da teoria da imprevisão.

Alternativa correta: letra "c". Fato do príncipe é toda determinação estatal, positiva ou negativa, geral, imprevista e imprevisível, que onera substancialmente a execução do contrato administrativo, isto é, a Administração adota medida geral e esta, de maneira indireta, atinge o contrato de tal forma que ou sua execução se torna muito onerosa ou impossível, justificando sua alteração ou rescisão, sem culpa do contratado.

Alternativa "a". O **fato da Administração** é **"toda ação ou omissão do Poder Público que, incidindo direta e especificamente sobre o contrato, retarda, agrava ou impede sua execução"**[69]. Diferentemente do **fato do príncipe**, que é uma medida geral e que, indiretamente, afeta o contrato, o **fato da Administração** é uma **medida específica**, destinada ao contratado e que, por isso, **afeta diretamente o contrato**, caracterizando a inadimplência da Administração Pública.

Alternativa "b". As **superveniências imprevistas** são ocorrências materiais não imaginadas pelas partes quando da celebração do contrato, mas que são descobertas após o início de sua execução como, por exemplo, é o encontro de terreno rochoso não esperado para o local.

Alternativa "d" (responde a alternativa "e"). Tanto o **caso fortuito** quanto a **força maior** se referem a **situações imprevisíveis e inevitáveis** que, ao ocorrerem, tornam extremamente **onerosa a execução do contrato** – autorizando sua alteração, por acordo entre as partes, para a recomposição do equilíbrio econômico-financeiro – ou tornam **impossível a sua execução**, permitindo a

---

69. MEIRELLES, Hely Lopes. *Licitação e contrato administrativo*. 15 ed. São Paulo: Malheiros, 2010. p. 325.

rescisão contratual sem culpa do contratado. Para ilustrar, podem ser citados como exemplos de caso fortuito e força maior um vendaval extremamente forte, um terremoto, uma revolta popular, uma greve, uma inundação.

131. (Cespe – Delegado de Polícia – PE/2016) Com base nas regras e princípios relativos à licitação pública e aos contratos administrativos, assinale a opção correta.

a) É inexigível a licitação para aquisição de materiais, equipamentos, ou gêneros de determinada marca, quando essa só possa ser fornecida por representante comercial exclusivo.

b) Na contratação direta de serviço de engenharia por dispensa ou inexigibilidade de licitação, se o valor da contratação for inferior a R$ 150.000,00, o instrumento de contrato não será obrigatório.

c) De acordo com a Lei nº 10.520/2002 (modalidade de licitação denominada pregão, para aquisição de bens e serviços comuns), se a licitação for feita na modalidade de pregão, será obrigatória a exigência de garantia de proposta para a aquisição de serviços comuns.

d) Admite-se a participação de bolsas de mercadorias para o apoio técnico e operacional ao pregão, desde que sejam constituídas na forma de cooperativas.

e) É dispensável a licitação para a contratação de instituição que promoverá a recuperação social de presos. Para esse fim, o poder público pode contratar pessoa jurídica com ou sem fim lucrativo, desde que a instituição seja de inquestionável reputação ético-profissional.

COMENTÁRIOS

Alternativa correta: letra "b". Consoante art. 62, *caput*, da Lei nº 8.666/93, "o instrumento de contrato é obrigatório nos casos de concorrência e de tomada de preços, bem como nas dispensas e inexigibilidades cujos preços estejam compreendidos nos limites destas duas modalidades de licitação, e facultativo nos demais em que a Administração puder substituí-lo por outros instrumentos hábeis, tais como carta-contrato, nota de empenho de despesa, autorização de compra ou ordem de execução de serviço". Neste sentido, os limites dispostos pelo art. 23 da Lei nº 8.666/93 foram redefinidos pelo Decreto nº 9.412/2018, que, , estabelece que, em se tratando de obras e serviços de engenharia, o limite de valor é, respectivamente, de R$ 330.000,00 (trezentos e trinta mil reais) para convite, de R$ 3.300.000,00 (três milhões e trezentos mil reais) para tomada de preços e acima deste valor para concorrência. Assim, na contratação direta de serviço de engenharia por dispensa ou inexigibilidade de licitação, se o valor da contratação for inferior a R$ 150.000,00, o instrumento de contrato não será obrigatório. Observação: à época da realização do concurso, o Decreto nº 9.412/2018 não se encontrava em vigor.

Alternativa "a". É inexigível licitação quando houver inviabilidade de competição, como consignado no art. 25 da Lei nº 8.666/93. A hipótese retratada no item é a do vendedor ou produtor exclusivo, que configura situação que torna inviável a licitação. Entretanto, é vedada a preferência de marca e a exclusividade deve ser comprovado por atestado "fornecido pelo órgão de registro do comércio do local em que se realizaria a licitação ou a obra ou o serviço, pelo Sindicato, Federação ou Confederação Patronal, ou, ainda, pelas entidades equivalentes" (art. 25, I).

Alternativa "c". Nos termos do art. 5º, I, da Lei nº 10.520/02, é vedada a exigência de "garantia na proposta", em se tratando de licitação na modalidade **pregão.**

Alternativa "d". Nos termos do art. 2º, § 2º, da Lei nº 10.520/02, "será facultado, nos termos de regulamentos próprios da União, Estados, Distrito Federal e Municípios, a participação de bolsas de mercadorias no apoio técnico e operacional aos órgãos e entidades promotores da modalidade de pregão, utilizando-se de recursos de tecnologia da informação". À luz do dispositivo seguinte, referidas bolsas deverão estar organizadas sob a forma de sociedades civis sem fins lucrativos e com a participação plural de corretoras que operem sistemas eletrônicos unificados de pregões. Assim, **não podem estar constituídas sob a forma de cooperativas.**

Alternativa "e". Na forma do art. 24, XIII, da Lei nº 8.666/93, é dispensável a licitação "na contratação de instituição brasileira incumbida regimental ou estatutariamente da pesquisa, do ensino ou do desenvolvimento institucional, ou de instituição dedicada à recuperação social do preso, desde que a contratada detenha inquestionável reputação ético-profissional e não tenha fins lucrativos".

132. (FUNCAB – Delegado de Polícia – RO/2014) Sobre licitações e contratos administrativos, é correto afirmar:

a) O princípio da inalienabilidade que afeta os bens públicos é relativo, na medida que a alienação de bens imóveis da Administração Pública deve ser precedida de licitação em qualquer de suas modalidades.

b) Salvo quando necessária a modificação do valor contratual em decorrência de acréscimo ou diminuição quantitativa de seu objeto, em havendo alteração unilateral do contrato que aumente os encargos do contratado, a Administração deverá restabelecer, por aditamento, o equilíbrio econômico-financeiro inicial.

c) É dispensável a licitação quando houver inviabilidade de competição, sendo necessária a justificação da situação, mediante processo de dispensa em que se deve fazer presente, dentre outros elementos, a justificativa do preço.

d) É dispensada a licitação para a alienação de bens móveis da Administração Pública quando se tratar de permuta entre órgãos ou entidades da administração.

e) Nos termos do art. 65, da Lei nº 8.666/1993, a Administração pode alterar unilateral mente os contratos administrativos, desde que não haja modificação no projeto e nas especificações técnicas contratadas, caso em que se faz necessária nova licitação.

COMENTÁRIOS

Alternativa correta: letra "d". Na forma do art. 17, II, *b*, da Lei nº 8.666/93, a alienação de bens da Administração Pública está subordinada à existência de interesse público devidamente justificado, e, quando móveis, dependerá de avaliação prévia e de licitação, dispensada esta quando se tratar de "permuta, permitida exclusivamente entre órgãos ou entidades da Administração Pública".

Alternativa "a". Existem diversas situações em que se **dispensa** a licitação para a alienação de bens da Administração Pública, hipóteses essas **taxativamente** elencadas nas alíneas dos incisos do art. 17, da Lei de Licitações.

Alternativa "b". Mesmo quando necessária a modificação do valor contratual em decorrência de acréscimo ou diminuição quantitativa de seu objeto, em havendo alteração unilateral do contrato que aumente os encargos do contratado, a Administração deverá restabelecer, por aditamento, o equilíbrio econômico-financeiro inicial, conforme estabelece o art. 65, § 6º, da Lei: "em havendo alteração unilateral do contrato que aumente os encargos do contratado, a Administração deverá restabelecer, por aditamento, o equilíbrio econômico-financeiro inicial".

Alternativa "c". É inexigível a licitação quando houver inviabilidade de competição – nos termos do art. 25, *caput*, da Lei –, sendo necessária a justificação da situação, mediante processo de **inexigibilidade** em que se deve fazer presente, dentre outros elementos, a justificativa do preço.

Alternativa "e". Nos termos do art. 65, da Lei nº 8.666/1993, a Administração pode alterar unilateralmente os contratos administrativos, **ainda** que haja modificação no projeto e nas especificações técnicas contratadas, como se infere do inciso I, *a*.

133. (ACAFE – Delegado de Polícia – SC/2014) Analise as afirmações a seguir e assinale a alternativa correta.

I. Todos os órgãos da Administração Pública direta, os fundos especiais, as autarquias, as fundações públicas, as empresas públicas, as sociedades de economia mista e demais entidades controladas direta ou indiretamente pela União, Estados, Distrito Federal e Municípios estão obrigados à licitação.
II. Dentre os princípios básicos que devem reger o procedimento administrativo de licitação estão: a finalidade, a igualdade, o julgamento objetivo e a segurança jurídica.
III. Modalidades de licitação representam o conjunto de regras que devem ser observadas na realização de um determinado procedimento licitatório.
IV. O fracionamento da despesa a ser licitada possibilita a participação de empresas de menor porte nas licitações, amplia a competitividade e contribui para a obtenção de menor preço para a Administração Pública.

a) Apenas I e III estão corretas.
b) Apenas I, II e III estão corretas.
c) Apenas II, III e IV estão corretas.
d) Apenas II e IV estão corretas.
e) Todas as afirmações estão corretas.

COMENTÁRIOS

✪ **Nota do autor:** A licitação é o **processo administrativo** instaurado pela Administração Pública consistente na disputa igualitária entre os interessados em celebrar contrato com ela, para a **escolha da proposta que permita a melhor contratação em face do interesse público.**

Alternativa correta: letra "b". Estão corretos os itens I, II e III.

Item I. Correto. Nos termos do parágrafo único do art. 1º da Lei nº 8.666/93, subordinam-se ao regime dessa lei "além dos órgãos da administração direta, os fundos especiais, as autarquias, as fundações públicas, as empresas públicas, as sociedades de economia mista e demais entidades controladas direta ou indiretamente pela União, Estados, Distrito Federal e Municípios".

Item II. Correto. Na forma do art. 3º, *caput*, da Lei, "a licitação destina-se a garantir a observância do princípio constitucional da isonomia, a seleção da proposta mais vantajosa para a administração e a promoção do desenvolvimento nacional sustentável e será processada e julgada em estrita conformidade com os princípios básicos da legalidade, da impessoalidade, da moralidade, da igualdade, da publicidade, da probidade administrativa, da vinculação ao instrumento convocatório, do julgamento objetivo e dos que lhes são correlatos".

Item III. Correto. As **modalidades** de licitação são os diversos procedimentos existentes para se fazer a licitação.

Item IV. Errado. O **fracionamento da despesa de licitação** é **ato ilícito**, ensejando a responsabilidade em âmbito administrativo, cível e penal, inclusive.

134. (ACAFE – Delegado de Polícia – SC/2014) São hipóteses de dispensa de licitação, exceto:

a) casos de calamidade pública.
b) quando a União tiver que intervir no domínio econômico para regular os preços ou normalizar o abastecimento.
c) locação de imóvel para atender às finalidades da Administração.
d) contratação de serviço técnico de profissional de notória especialização.
e) nos casos de ausência de interessados em licitação anterior e esta, justificadamente, não puder ser repetida sem prejuízo para a Administração.

COMENTÁRIOS

Alternativa correta: letra "d" (responde as demais alternativas). Na forma do art. 25, II, da Lei nº 8.666/93, **é inexigível a licitação quando houver inviabilidade de competição**, em especial "para a contratação de serviços técnicos enumerados no art. 13 desta Lei, de natureza singular, com profissionais ou empresas de notória especialização, vedada a inexigibilidade para serviços de publicidade e divulgação". As demais hipóteses são casos de dispensa previstos no art. 24, nos incisos IV, V, VI, X.

135. (ACAFE – Delegado de Polícia – SC/2014) A rescisão do contrato administrativo pode ocorrer de três formas: unilateralmente, pela Administração, amigavelmente, por acordo entre as partes ou judicialmente.

Nesse sentido, analise as afirmações a seguir e assinale a alternativa correta.

I. A rescisão administrativa ou amigável independe de prévia autorização escrita e fundamentada da autoridade competente.
II. Só existe campo para a rescisão amigável de um contrato administrativo quando houver conveniência para a Administração e não ocorrer nenhuma das hipóteses previstas para a rescisão unilateral da avença.
III. A rescisão unilateral operada pela Administração gera a seu favor a assunção imediata do objeto do contrato, no estado e local em que se encontrar.
IV. Quando caracterizada a ocorrência de caso fortuito ou força maior que impeçam a execução do contrato, o contratado, sem culpa, terá direito ao pagamento pelo custo da desmobilização.

a) Apenas I, II e III estão corretas.
b) Apenas II e IV estão corretas.
c) Apenas II, III e IV estão corretas.
d) Apenas I e IV estão corretas.
e) Todas as afirmações estão corretas.

COMENTÁRIOS

✪ **Nota do autor:** A **inexecução e a rescisão** dos contratos administrativos estão previstas a partir do art. 77 da Lei nº 8.666/93. A inexecução total ou parcial do contrato enseja, sim, a sua rescisão, do que decorrerão consequências previstas no próprio contrato ou em lei.

Alternativa correta: letra "c". Estão corretos os itens II, III e IV.

Item I. Errado. A **rescisão administrativa** é aquela determinada por ato unilateral e escrito da Administração Pública, nos casos enumerados nos incisos I a XII e XVII do art. 78, da Lei nº 8.666/93. Nos termos do art. 79, § 1º, da Lei, "a rescisão administrativa ou amigável deverá ser precedida de autorização escrita e fundamentada da autoridade competente"

Item II. Correto. Na forma do art. 79, II, da Lei, a rescisão do contrato poderá ser "amigável, por acordo entre as partes, reduzida a termo no processo da licitação, desde que haja conveniência para a Administração". Assim, **só é possível a rescisão amigável** quando não houver causa para a rescisão unilateral.

Item III. Correto. Consoante art. 80, I, da Lei de Licitações, a rescisão unilateral do contrato administrativo acarreta, como consequência, a "assunção imediata do objeto do contrato, no estado e local em que se encontrar, por ato próprio da Administração".

Item IV. Correto. Na forma do art. 78, XVII, constitui motivo para a rescisão do contrato administrativo "a ocorrência de caso fortuito ou de força maior, regularmente comprovada, impeditiva da execução do contrato". Estabelece, ainda, a Lei de Licitações, que quando a rescisão ocorrer com base nos incisos XII a XVII do artigo 78 – este último, justamente, a ocorrência de caso fortuito ou força maior –, sem que haja culpa do contratado, será este ressarcido dos prejuízos regularmente comprovados que houver sofrido, **tendo ainda direito ao pagamento do custo de desmobilização**, nos exatos termos do art. 79, § 2º, III.

136. (Vunesp – Delegado de Polícia – SP/2014) Uma determinada empresa estatal veio a alienar imóvel público desafetado a entidade de serviço social autônomo e, para tanto, se valeu de hipótese legal de licitação dispensada prevista no art. 17, I, "e", da Lei nº 8.666/93 (venda a outro órgão ou entidade da administração pública, de qualquer esfera de governo). Partindo-se de tais pressupostos, é correto afirmar que essa venda é

a) ilegal, pois a negociação não fora precedida por licitação na modalidade de leilão.
b) ilegal, pois a negociação não fora precedida por licitação na modalidade tomada de preços.
c) legal, porque os serviços sociais autônomos integram a Administração Pública indireta, fazendo jus à dispensa de licitação.
d) ilegal, porque a hipótese de dispensa de licitação não se faz presente no caso.
e) legal, porque havendo desafetação do patrimônio público, era permitido à estatal vendê-lo diretamente à entidade integrante do sistema "S" que presta serviço de interesse público.

COMENTÁRIOS

✪ **Nota do autor:** a dispensa é uma opção legal, pois os interessados, em tese, poderiam competir. **As hipóteses de dispensa são taxativas e não podem ser ampliadas pelo administrador**. O art. 17, I e II, da Lei nº 8.666/93, estatui as hipóteses em que a licitação é **dispensada**, e o art. 24 elenca as situações em que é **dispensável**.

Alternativa correta: letra "D" (responde as demais alternativas). O art. 17, I, *e*, diz ser dispensada a licitação quando houver "venda a outro órgão ou entidade da administração pública, de qualquer esfera de governo"; todavia, o imóvel público em questão foi alienado a **entidade de serviço social autônomo**, do **terceiro setor**, que abrange as entidades do setor privado sem fins lucrativos, que desenvolvem atividades de interesse público, **não sendo integrantes da Administração Pública**. Assim, não há que se falar em dispensa de licitação no caso narrado na alternativa, razão pelo qual é possível afirmar que a venda procedida é ilegal, eis que a hipótese de dispensa de licitação não se faz presente.

137. (Vunesp – Delegado de Polícia – SP/2014) A respeito da licitação, assinale a assertiva correta.

a) A impugnação das cláusulas contidas no edital de licitação é restrita a quem dela participa e deve se dar até o momento da abertura dos envelopes de habilitação em concorrência.

b) Nas concorrências de âmbito internacional, por questão de soberania nacional, o edital não deverá se flexibilizar ao sabor das diretrizes da política monetária e do comércio exterior.

c) É inexigível a licitação para contratação de entidades privadas sem fins lucrativos, para implementação de cisternas ou outras tecnologias sociais de acesso à água para consumo humano e produção de alimentos em prol de famílias rurais de baixa renda flageladas pela crônica falta de água.

d) Salvo se posição individual divergente estiver devidamente fundamentada e registrada em ata lavrada na reunião em que tiver sido tomada a decisão, os membros das Comissões de licitação responderão solidariamente por todos os atos praticados pela Comissão.

e) Finalizada a licitação, o licitante vencedor nutre verdadeiro direito adquirido à contratação pelo Poder Público, o qual não poderá alegar motivo de interesse público para deixar de contratar naquele momento.

COMENTÁRIOS

✪ **Nota do autor:** a **licitação** é, nas palavras de Hely Lopes Meirelles, "**o procedimento administrativo mediante o qual a Administração Pública seleciona a proposta mais vantajosa para o contrato de seu interesse**"[70].

Alternativa correta: letra "D". Nos termos do art. 51, § 3º, da Lei nº 8.666/93, "os membros das Comissões de licitação responderão solidariamente por todos os atos praticados pela Comissão, salvo se posição individual divergente estiver devidamente fundamentada e registrada em ata lavrada na reunião em que tiver sido tomada a decisão".

Alternativa "a". Nos termos do art. 41, § 1º, da Lei, **qualquer pessoa** pode impugnar o edital, e o prazo é de **até cinco dias úteis** antes da data fixada para a abertura dos envelopes de habilitação, devendo a Administração julgar a impugnação e responder a ela em até três dias úteis.

Alternativa "b". Na forma do art. 42, da Lei, "nas concorrências de âmbito internacional, o edital **deverá** ajustar-se às diretrizes da política monetária e do comércio exterior e atender às exigências dos órgãos competentes".

Alternativa "c". Conforme art. 24, XXXIII, da Lei, é **dispensável** a licitação para "contratação de entidades privadas sem fins lucrativos, para a implementação de cisternas ou outras tecnologias sociais de acesso à água para consumo humano e produção de alimentos, para beneficiar as famílias rurais de baixa renda atingidas pela seca ou falta regular de água".

Alternativa "e". Com a **adjudicação**, a Administração deve **atribuir o objeto da licitação ao vencedor**. Com ela, encerra-se o procedimento licitatório. Assim, formalmente, a Administração entrega o prêmio ao vencedor, **mas isso não significa que será contratado**. Mas, se for contratar, tem que ser com o vencedor. Assim, não há que se falar em **direito adquirido à contratação**, mas à mera **expectativa de direito.**

138. (UEG – Delegado de Polícia – GO/2013) A compra ou locação de imóvel destinado ao atendimento das finalidades precípuas da Administração, cujas necessidades de instalação e localização condicionem sua escolha,

a) pode ocorrer por meio da dispensa de licitação com a contratação direta.

b) deve ser, obrigatoriamente, precedida de licitação na modalidade concorrência.

c) pode se efetivar independentemente de avaliação prévia do imóvel.

d) deve ser licitada e a modalidade do certame nesse caso é eleita de forma discricionária.

COMENTÁRIOS

Alternativa correta: letra "A" (responde as demais alternativas). Na forma do art. 24, X, da Lei nº 8.666/93, é dispensável a licitação "para a compra ou locação de imóvel destinado ao atendimento das finalidades precípuas da administração, cujas necessidades de instalação e localização condicionem a sua escolha, desde que o preço seja compatível com o valor de mercado, **segundo avaliação prévia**".

139. (UEG – Delegado de Polícia – GO/2013) Acerca dos contratos administrativos, nos termos da Lei nº 8.666/93, tem-se que

a) a prestação de serviços de assistência técnica poderá ser prorrogada, por iguais e sucessivos períodos, até o limite de quarenta e oito meses.

b) há exceção à regra de que a duração dos contratos ficará adstrita à vigência dos respectivos créditos orçamentários.

c) a eleição dos contratos que podem ser prorrogados, conforme o objeto, compete exclusivamente à autoridade contratante, que decidirá discricionariamente.

d) os contratos de aluguel de equipamentos e de utilização de programas de informática poderão ser prorrogados até o limite de sessenta meses.

COMENTÁRIOS

✪ **Nota do autor:** O contrato administrativo pode ser definido como o "ajuste que a Administração Pública,

70. *Direito administrativo brasileiro*. 36 ed. São Paulo: Malheiros, 2010. p. 280.

agindo nessa qualidade, firma com o particular ou outra entidade administrativa para a consecução de objetivos de interesse público, nas condições estabelecidas pela própria Administração"[71].

Alternativa correta: letra "B" (responde a alternativa "d"). É **vedado** o contrato com **prazo de vigência indeterminado**, nos termos do art. 57, § 3º, da Lei nº 8.666/93. A **regra** é que a **duração** do contrato fique adstrita à **vigência dos respectivos créditos orçamentários.** A lei, contudo, traz algumas **exceções** como, por exemplo, no contrato referente **ao aluguel de equipamentos e à utilização de programas de informática**, podendo a duração, nesse caso, estender-se pelo prazo de até **quarenta e oito meses** após o início da vigência do contrato.

Alternativa "a". A **prestação de serviços** a serem executados de forma **contínua** poderá ter a sua **duração prorrogada** por iguais e sucessivos períodos, com vistas à obtenção de preços e condições mais vantajosas para a Administração, até o **limite de sessenta meses.**

Alternativa "c". O art. 57, § 1º, estabelece as hipóteses em que os **prazos** de início de etapas de execução, de conclusão e de entrega poderão ser **prorrogados.**

---

140. (UEG – Delegado de Polícia – GO/2013) Em relação à modalidade licitatória pregão, verifica-se que

a) houve a adoção parcial do princípio da oralidade, em contraposição às formas comuns de licitação.

b) a Lei nº 10.520/02 estabelece restrição à adoção dessa modalidade para contratos de grande vulto.

c) permanece o órgão colegiado, Comissão de Licitação, incumbido da direção e definição dos trabalhos.

d) em razão da celeridade do procedimento é vedada a impugnação do ato convocatório na esfera administrativa.

COMENTÁRIOS

✪ **Nota do autor:** O **pregão** é a modalidade de licitação usada para a **aquisição de bens e serviços comuns**. Está previsto na Lei nº 10.520/02, que é uma norma geral e, por isso, aplica-se à União, aos Estados, ao DF e aos Municípios.

Alternativa correta: letra "A". O **pregão** é realizado sob a égide dos princípios comuns às demais modalidades licitatórias, além de, especialmente, os da celeridade, concentração e **oralidade**. Na sessão pública, por exemplo, há a previsão de lances verbais e sucessivos entre o licitante cuja proposta é a de menor preço e aqueles que tiverem oferecido proposta com valor até 10% superior ao valor da menor proposta.

Alternativa "b". O que importa para a utilização do pregão é o objeto da licitação e não o valor, ou seja, se for bem ou serviço comum usa-se o pregão, independentemente de valor.

Alternativa "c". Nos termos do art. 3º, IV, a autoridade competente designará o **pregoeiro** e respectiva equipe de apoio, cuja atribuição inclui, dentre outras o recebimento das propostas e lances, a análise de sua aceitabilidade e sua classificação, bem como a habilitação e a adjudicação do objeto do certame ao licitante vencedor.

Alternativa "d". A Lei nº 10.520/02 não previu expressamente a possibilidade de impugnação do ato convocatório. Entretanto, o Decreto nº 3.555/00, que regulamenta o pregão na esfera federal, estabelece no art. 12, *caput*, até "dois dias úteis antes da data fixada para recebimento das propostas, qualquer pessoa poderá solicitar esclarecimentos, providências ou impugnar o ato convocatório do pregão", cabendo ao pregoeiro decidir em 24 horas. Essa previsão tem suporte nos princípios constitucionais da legalidade e da publicidade, bem como porque o art. 9º da Lei nº 10.520/02 determina a aplicação subsidiária das normas previstas na Lei nº 8.666/93, e nesta o art. 41, § 1º, assegura a qualquer cidadão, e não somente ao licitante, a possibilidade de impugnação ao edital.

---

141. (UEPA – Delegado de Polícia – PA/2013) Sobre a Lei de Licitações, assinale a alternativa correta.

a) A licitação não será sigilosa, sendo públicos e acessíveis ao público todos os atos de seu procedimento, durante todas as fases, sem exceção, em virtude do princípio da transparência e da necessidade de controle social.

b) É dispensável a licitação nos casos de emergência ou de calamidade pública, quando caracterizada urgência de atendimento de situação que possa ocasionar prejuízo ou comprometer a segurança de pessoas, obras, serviços, equipamentos e outros bens, públicos ou particulares, e somente para os bens necessários ao atendimento da situação emergencial ou calamitosa e para as parcelas de obras e serviços que possam ser concluídas no prazo máximo de 180 (cento e oitenta) dias consecutivos e ininterruptos, contados da ocorrência da emergência ou calamidade, sendo a prorrogação dos respectivos contratos permitida desde que persista a situação de calamidade.

c) Não poderá participar, direta ou indiretamente, da licitação ou da execução de obra ou serviço e do fornecimento de bens a eles necessários, o autor do projeto, básico ou executivo, mesmo que atue como consultor ou técnico, nas funções de fiscalização, supervisão ou gerenciamento, exclusivamente a serviço da Administração interessada.

d) A declaração de nulidade do contrato administrativo opera retroativamente impedindo os efeitos jurídicos que ele, ordinariamente, deveria produzir, além de desconstituir os já produzidos e exonera a Administração do dever de indenizar o contratado pelo que este houver executado até a data em que ela for declarada, em qualquer caso.

e) Nos processos de licitação, poderá ser estabelecida margem de preferência para produtos manufaturados e para serviços nacionais que atendam a

71. MEIRELLES, Hely Lopes. *Licitação e contrato administrativo*. 15 ed. São Paulo: Malheiros, 2010. p. 247.

normas técnicas brasileiras. No caso de produtos manufaturados e serviços nacionais resultantes de desenvolvimento e inovação tecnológica realizados no País, poderá ser estabelecida margem de preferência adicional. As margens serão definidas pelo Poder Executivo federal, não podendo a soma delas ultrapassar o montante de 25% (vinte e cinco por cento) sobre o preço dos produtos manufaturados e serviços estrangeiros.

COMENTÁRIOS

✪ **Nota do autor:** A **licitação** é o **processo administrativo** instaurado pela Administração Pública consistente na **disputa igualitária** entre os interessados em celebrar contrato com ela, para a **escolha** da **proposta** que permita a **melhor contratação** em face do interesse público, que sempre deve prevalecer.

Alternativa correta: letra "E". Nos termos do art. 3º, § 5º, da Lei nº 8.666/93, "(...) poderá ser estabelecido margem de preferência: I- para produtos manufaturados e para serviços nacionais que atendam a normas técnicas brasileiras; II- bens e serviços produzidos ou prestados por empresas que comprovem cumprimento de reserva de cargos prevista em lei para pessoa com deficiência ou para reabilitado da Previdência Social e que atendam às regras de acessibilidade previstas na legislação.". A margem adicional, por seu turno, é um acréscimo ao percentual da margem de preferência para produtos manufaturados e serviços nacionais resultantes de desenvolvimento e inovação tecnológica realizados no país. Os percentuais das referidas margens serão definidos pelo Poder Executivo Federal, mas a soma das duas não poderá ultrapassar 25% sobre produtos manufaturados e serviços estrangeiros, na forma do § 7º do mesmo artigo.

Alternativa "a". Pelo **princípio da publicidade dos atos da licitação**, esta deve ser transparente e seus atos devem ser acessíveis ao público. Ocorre que o art. 3º, § 3º, traz, em si, uma exceção, *verbis*, "a licitação não será sigilosa, sendo públicos e acessíveis ao público os atos de seu procedimento, **salvo quanto ao conteúdo das propostas, até a respectiva abertura**".

Alternativa "b". Conforme prevê o art. 24, IV, é dispensável a licitação "nos casos de emergência ou de calamidade pública, quando caracterizada urgência de atendimento de situação que possa ocasionar prejuízo ou comprometer a segurança de pessoas, obras, serviços, equipamentos e outros bens, públicos ou particulares, e somente para os bens necessários ao atendimento da situação emergencial ou calamitosa e para as parcelas de obras e serviços que possam ser concluídas no prazo máximo de 180 (cento e oitenta) dias consecutivos e ininterruptos, contados da ocorrência da emergência ou calamidade, **vedada a prorrogação dos respectivos contratos**".

Alternativa "c". O art. 9º, § 1º, **autoriza** a participação do autor do projeto na licitação de obra ou serviço, ou na execução, como consultor ou técnico, nas funções de fiscalização, supervisão ou gerenciamento, exclusivamente a serviço da Administração interessada.

Alternativa "d". O art. 59 preceitua que "a declaração de nulidade do contrato administrativo opera retroativamente impedindo os efeitos jurídicos que ele, ordinariamente, deveria produzir, além de desconstituir os já produzidos". O parágrafo único, contudo, é expresso em consignar que a nulidade **não** exonera a Administração do dever de **indenizar o contratado pelo que este houver executado até a data em que ela for declarada e por outros prejuízos regularmente comprovados.**

142. (FUNCAB – Delegado de Polícia – RJ/2012) Acerca dos contratos administrativos, assinale a alternativa INCORRETA.

a) As Constituições Estaduais não podem condicionar a celebração de contratos da Administração à prévia autorização do Poder Legislativo, quando a Constituição Federal não o fizer.

b) Em razão do regime jurídico de direito público que regula os contratos administrativos, a Administração desfrutará de posição de supremacia em relação ao particular contratado.

c) Enquanto no contrato administrativo os interesses dos contratantes são opostos e diversos, no convênio administrativo, os interesses são paralelos e comuns, tendo como elemento fundamental a cooperação e não o lucro.

d) A Administração é subsidiariamente responsável pelos encargos trabalhistas da contratada quando esta for inadimplente, contudo, não poderá haver oneração do objeto do contrato.

e) A Administração pode obrigar o contratado a aceitar, nas mesmas condições, acréscimos ou supressões em obras, serviços ou compras até 25% do valor originário do contrato, ou até 50% de acréscimo, no caso de reforma de edifício ou equipamento.

COMENTÁRIOS

Alternativa correta: letra "D". Nos termos do art.71, § 1º, da Lei nº 8.666/93, "a inadimplência do contratado, com referência aos encargos trabalhistas, fiscais e comerciais **não transfere à Administração Pública a responsabilidade por seu pagamento, nem poderá onerar o objeto do contrato** ou restringir a regularização e o uso das obras e edificações, inclusive perante o Registro de Imóveis". Esse dispositivo, inclusive, foi objeto da ADC nº 16 e, nela, o Supremo Tribunal Federal decidiu que o § 1º do art. 71 é constitucional e, assim, é vedada a aplicação de responsabilidade subsidiária à Administração Pública de forma automática, apenas pela constatação de inadimplemento dos direitos trabalhistas pela empresa contratada. Por outro lado, foi decidido que, como a Administração Pública tem o dever de licitar e fiscalizar de forma eficaz a execução do contrato, inclusive quanto ao adimplemento de direitos trabalhistas, se verificada, no caso concreto, a omissão da Administração no seu dever de fiscalizar, é possível "a imputação de responsabilidade subsidiária à Administração Pública por culpa *in eligendo* ou *in vigilando*".

Alternativa "a". A celebração de contratos administrativos é atividade tipicamente administrativa e, por isso, própria da função administrativa, exercida, em regra, pelo Poder Executivo, e, de forma atípica, pelos Poderes Legislativo e Judiciário. Assim, em tese, o condicionamento à prévia aprovação pelo Poder Legislativo, em sua atuação típica, ofende a separação dos poderes. Nesse sentido, não pode o constituinte estadual impor tal limitação, especialmente se não há norma nesse sentido na Constituição Federal.

Alternativa "b". Uma das principais características do contrato administrativo está na **presença da Administração como Poder Público**, que deve se fazer presente com sua **superioridade**, por meio da estipulação das chamadas **cláusulas exorbitantes**.

Alternativa "c". A principal distinção entre os contratos e os convênios administrativos reside no fato de que os convênios se caracterizam pela comunhão de interesses dos convenentes, enquanto os contratos se caracterizam pela contraposição dos interesses do contratante e do contratado.

Alternativa "e". A regra é que qualquer alteração no contrato seja feita por acordo entre as partes, mas, no contrato administrativo, há a prerrogativa da Administração Pública de alterá-lo unilateralmente. O art. 65, I, da Lei nº 8.666/93 elenca as **hipóteses** em que o contrato poderá ser **alterado de forma unilateral**, a ser destacada aquela quando necessária a **modificação do valor** contratual em decorrência de **acréscimo ou diminuição quantitativa** de seu objeto, no limite de até **25%** do valor inicial atualizada do contrato para **acréscimos e supressões** feitas nas obras, serviços ou compras, ou até **50%** de acréscimo, no caso de reforma de edifício ou equipamento.

---

143. (FGV – Delegado de Polícia – MA/2012) A respeito dos contratos administrativos, tendo em vista as disposições da Lei nº 8.666/93, assinale a afirmativa correta.

a) Os contratos administrativos podem ser alterados unilateralmente pela Administração Pública em casos específicos, situações em que esta deverá restabelecer o equilíbrio econômico-financeiro inicial, caso haja aumento dos encargos do contratado.

b) Nos contratos administrativos, fica facultado à Administração inserir cláusula de reconhecimento dos direitos da Administração, em caso de rescisão administrativa decorrente de inexecução total ou parcial do contrato.

c) O instrumento de contrato, em regra, é obrigatório apenas nos casos de concorrência, bem como nas dispensas e inexigibilidades cujos preços estejam compreendidos no limite desta modalidade de licitação.

d) A Administração poderá, pela inexecução total ou parcial do contrato, aplicar as sanções de advertência, multa, suspensão temporária ou declaração de inidoneidade, independentemente de prévia oitiva da parte contratada.

e) Os contratos relativos a direitos reais sobre imóveis deverão ser lavrados nas repartições interessadas, as quais deverão manter arquivo cronológico dos seus autógrafos e registro sistemático do seu extrato.

COMENTÁRIOS

Alternativa correta: letra "A". A regra é que qualquer alteração no contrato seja feita por acordo entre as partes, mas, no contrato administrativo, há a prerrogativa da Administração Pública de alterá-lo unilateralmente. O art. 65, I, da Lei nº 8.666/93 elenca as **hipóteses** em que o contrato poderá ser **alterado de forma unilateral**. Entretanto, ao mesmo tempo em que a Administração tem essa prerrogativa, tem o dever de restabelecer o equilíbrio econômico-financeiro alterado por conta da alteração efetuada.

Alternativa "b". Nos termos do art. 55, IX, da Lei, são cláusulas necessárias, dentre outras, "o reconhecimento dos direitos da Administração, em caso de rescisão administrativa prevista no art. 77 desta Lei". Assim, nos contratos administrativos, **a Administração é obrigada a inserir cláusula de reconhecimento** dos direitos da Administração, em caso de rescisão administrativa decorrente de inexecução total ou parcial do contrato.

Alternativa "c". Nos termos do art. 62, caput, da Lei nº 8.666/93, o instrumento de contrato é obrigatório nos casos de concorrência e de tomada de preços e, também, nos casos de dispensas e inexigibilidades cujos preços estejam compreendidos nos limites destas duas modalidades de licitação, e facultativo nos demais em que a Administração puder substituí-lo por outros instrumentos hábeis, tais como carta-contrato, nota de empenho de despesa, autorização de compra ou ordem de execução de serviço.

Alternativa "d". A Administração poderá, pela inexecução total ou parcial do contrato, aplicar as sanções de advertência, multa, suspensão temporária ou declaração de inidoneidade, **desde que seja garantida a defesa**, nos termos do art. 87, da Lei.

Alternativa "e". Na forma do art. 60, da Lei, os contratos administrativos **são lavrados nas repartições interessadas**, com exceção dos contratos relativos a **direitos reais sobre imóveis**, os quais serão formalizados por instrumento lavrado em **cartório de notas**.

---

144. (FGV – Delegado de Polícia – MA/2012) A Secretaria Estadual de Segurança Pública, após o regular processo licitatório, celebrou contrato com uma empresa prestadora de serviços de limpeza.

Contudo, dois meses após a contínua prestação dos serviços, a Administração suspendeu o pagamento até então realizado, sob a alegação de inexistirem verbas orçamentárias para fazer frente a tais despesas. Ocorre que, quase quatro meses depois, a empresa continua sem receber pelos serviços prestados. Acerca da situação acima narrada, assinale a afirmativa correta.

a) Em razão do princípio da supremacia do interesse público, a ausência de pagamento não é justificativa razoável para que a empresa contratada suspenda a prestação do serviço de limpeza no prédio da Secretaria.

b) Em razão do princípio da continuidade do serviço público, a empresa contratada não poderá interromper a prestação do serviço de limpeza, a não ser mediante decisão judicial transitada em julgado.

c) Ainda que sem receber a contraprestação financeira pelos serviços prestados, a empresa não poderá interromper ou paralisar o serviço de limpeza na Secretaria, visto que não há previsão legal nesse sentido.

d) O princípio da supremacia do interesse público não pode servir de justificativa para a Administração deixar de cumprir suas obrigações contratuais, mesmo nos casos de calamidade pública.

e) Caso não queira pleitear a rescisão do contrato, poderá a empresa suspender a prestação dos serviços, independentemente de qualquer medida judicial.

COMENTÁRIOS

Alternativa correta: letra "E" (responde as demais alternativas). Nos contratos administrativos é **possível a exceção do contrato não cumprido (*exceptio non adimpleti contractus*), mas de forma mitigada**. Por exemplo, caso a Administração Pública não faça o pagamento dos serviços executados pelo contratado, este não poderá se recusar a continuar realizando o serviço em razão da exceção do contrato não cumprido, **exceto se o atraso for superior a noventa dias**, conforme estabelece o art. 78, XV, da Lei nº 8.666/93. Nessa situação, o contratado pode optar pela **rescisão do contrato** ou, ainda, pela **suspensão do cumprimento de suas obrigações** até que a situação seja normalizada.

145. (FUNCAB – Delegado de Polícia – RJ/2012) Tem início a fase externa do pregão presencial com a convocação dos interessados e deverá observar, entre outras, a seguinte regra:

a) A convocação dos interessados deverá ser efetuada por meio de intimação por via postal.

b) Não havendo pelo menos três ofertas com preços até 10% superiores à oferta de valor mais baixo, deverá ser o objeto do pregão adjudicado ao licitante com o menor lance.

c) O prazo fixado para a apresentação das propostas, contado a partir da publicação do aviso, não será inferior a 8 dias úteis.

d) O acolhimento de recurso importará a invalidação do certame.

e) Se o licitante vencedor, convocado dentro do prazo de validade da sua proposta, não celebrar o contrato no prazo, será excluído do certame, devendo reabrir-se o prazo para apresentação de propostas, por parte dos demais licitantes.

COMENTÁRIOS

Alternativa correta: letra "C". Nos termos do art. 4º, V, da Lei nº 10.520/2002, na fase externa do pregão deve ser observada a seguinte regra "o prazo fixado para a apresentação das propostas, contado a partir da publicação do aviso, **não será inferior a 8 (oito) dias úteis**".

Alternativa "a". Na forma do art. 4º, I, da Lei, "a convocação dos interessados será efetuada por meio de publicação de aviso em diário oficial do respectivo ente federado ou, não existindo, em jornal de circulação local, e facultativamente, por meios eletrônicos e conforme o vulto da licitação, em jornal de grande circulação, nos termos do regulamento de que trata o art. 2º".

Alternativa "b". Conforme determina o art. 4º, IX, não havendo pelo menos três ofertas com preços até 10% superiores à oferta de valor mais baixo, "(...) poderão os autores das melhores propostas, até o máximo de 3 (três), oferecer novos lances verbais e sucessivos, quaisquer que sejam os preços oferecidos".

Alternativa "d". Nos termos do art. 4º, XIX, "o acolhimento de recurso importará a invalidação apenas dos atos insuscetíveis de aproveitamento".

Alternativa "e". Se o licitante vencedor, convocado dentro do prazo de validade da sua proposta, não celebrar o contrato no prazo, aplica-se o disposto no art. 4º, XVI, pelo qual "se a oferta não for aceitável ou se o licitante desatender às exigências habilitatórias, o pregoeiro examinará as ofertas subsequentes e a qualificação dos licitantes, na ordem de classificação, e assim sucessivamente, até a apuração de uma que atenda ao edital, sendo o respectivo licitante declarado vencedor".

146. (FUNCAB – Delegado de Polícia – RJ/2012) Considere as seguintes afirmações acerca da disciplina dos contratos administrativos.

I. A principal distinção entre os contratos e os convênios administrativos reside no fato de que os convênios se caracterizam pela comunhão de interesses dos convenentes, enquanto os contratos se caracterizam pela contraposição dos interesses do contratante e do contratado.

II. São características dos contratos administrativos, dentre outras, a instabilidade, o desequilíbrio, a comutatividade e o formalismo.

III. Tanto as cláusulas regulamentares (de serviço), quanto as cláusulas econômicas (financeiras) dos contratos administrativos podem ser alteradas unilateralmente pela Administração Pública, desde que respeitados os limites estabelecidos pela Lei nº 8.666/1993.

IV. De acordo com o entendimento adotado pelo Tribunal de Contas da União (TCU), os limites percentualmente estabelecidos na Lei nº 8.666/1993 para a alteração unilateral dos contratos administrativos aplicam-se apenas às alterações quantitativas, estando as alterações qualitativas limitadas apenas pela impossibilidade de descaracterização do objeto contratual.

A análise do conteúdo de tais afirmações evidencia que:

a) Estão corretas as afirmativas II, III e IV e incorreta a afirmativa I.

b) Estão corretas as afirmativas I, II e III, e incorreta a afirmativa IV.

c) Estão corretas as afirmativas I e IV, e incorretas as afirmativas II e III.

d) Estão corretas as afirmativas II e IV, e incorretas as afirmativas I e III.

e) Estão corretas as afirmativas I e II, e incorretas as afirmativas III e IV.

COMENTÁRIOS

Alternativa correta: letra "E". Estão corretos os itens I e II.

Item I. Certo. Enquanto no contrato administrativo os interesses dos contratantes são opostos e diversos, no convênio administrativo, os interesses são paralelos e comuns, tendo como elemento fundamental a cooperação e não o lucro.

Item II. Certo. São **características** do contrato administrativo: a) presença da Administração Pública como Poder Público; b) finalidade pública; c) natureza de contrato de adesão; d) natureza *intuitu personae*; e) obediência à forma prescrita em lei; f) procedimento legal; g) mutabilidade; h) presença de **cláusulas exorbitantes.**

Item III. Errado. A Administração Pública tem a prerrogativa de alterar unilateralmente o contrato administrativo. O art. 65, I, da Lei nº 8.666/93 elenca as **hipóteses** em que isso pode se dar. Por outro lado, **não é possível a alteração de nenhuma cláusula econômico-financeira e monetária sem a concordância do contratado** (art. 58, § 1º, da Lei), e, toda vez que a Administração alterar unilateralmente o contrato, deverá haver a revisão das cláusulas econômico-financeiras para que seja mantido o **equilíbrio econômico-financeiro do contrato** (art. 58, § 2º, da Lei).

Item IV. Errado. Os limites percentualmente estabelecidos na Lei n° 8.666/1993 para a alteração unilateral dos contratos administrativos aplicam-se às alterações quantitativas e **qualitativas**, que se dão quando **houver modificação do projeto ou das especificações, para melhor adequação técnica aos seus objetivos.**

147. (Delegado de Polícia – ES/ 2011 – Cespe) De acordo com a legislação de regência, é possível a rescisão unilateral do contrato pela administração pública por motivo de interesse público, hipótese em que o contratado tem direito ao ressarcimento dos prejuízos, à devolução da garantia, aos pagamentos atrasados e ao pagamento do custo da desmobilização.

COMENTÁRIOS

✪ **Nota do autor:** As **cláusulas exorbitantes** são inexistentes no direito privado e, por isso, extrapolam, exorbitam este, concedendo **prerrogativas** para a Administração ao colocá-la em **posição de superioridade** em relação ao contratado. São exemplos de cláusulas exorbitantes a possibilidade de alteração e de **rescisão** unilateral do contrato administrativo.

Certo. A Administração Pública pode **rescindir unilateralmente** o contrato, conforme previsto no art. 58, III, da Lei nº 8.666/93. As hipóteses de rescisão estão descritas no art. 78 e, dentre elas, destaca-se o inciso XII, prevendo como uma das hipóteses de **rescisão administrativa**, "razões de **interesse público**, de alta relevância e amplo conhecimento, justificadas e determinadas pela máxima autoridade da esfera administrativa a que está subordinado o contratante e exaradas no processo administrativo a que se refere o contrato". Em tal caso, como previsto no art. 79, § 2º, o contratado tem direito: a) ao ressarcimento dos prejuízos regularmente comprovados; b) à devolução da garantia; c) aos pagamentos devidos pela execução do contrato até a data da rescisão; d) ao pagamento do custo da desmobilização.

148. (Delegado de Polícia – ES/ 2011 – Cespe) O procedimento do convite é simplificado e pode ser realizado por servidor designado pela autoridade competente, dispensando-se a comissão de licitação.

COMENTÁRIOS

✪ **Nota do autor:** O **convite** é usado nas contratações de **pequeno valor** e, assim, a lei restringiu a participação dos interessados. A definição do procedimento está no art. 22, § 3º, da Lei nº 8.666/93.

Certo. O art. 51, § 1º, preceitua que "no caso de convite, a Comissão de licitação, excepcionalmente, nas pequenas unidades administrativas e em face da exiguidade de pessoal disponível, poderá ser **substituída por servidor formalmente designado pela autoridade competente**".

149. (Delegado de Polícia – SP/ 2011 – ACADEPOL) Ampla publicidade e universalidade são características ínsitas à seguinte modalidade de licitação:

a) Convite.

b) Concorrência.

c) Tomada de Preços.

d) Leilão.

e) Concurso.

COMENTÁRIOS

✪ **Nota do autor:** A **concorrência** é a modalidade mais complexa da Lei nº 8.666/93 e, de acordo com o art. 22, § 1º, é "a modalidade de licitação entre quaisquer interessados que, na fase inicial de habilitação preliminar, comprovem possuir os requisitos mínimos de qualificação exigidos no edital para execução de seu objeto".

Alternativa correta: letra "B" (responde as demais alternativas). As principais **características** da concorrência são a **universalidade**, porque é admitida a participação de qualquer interessado que preencha os requisitos exigidos no edital e a **habilitação preliminar**, pois a habilitação do interessado ocorre dentro do procedimento da concorrência. É comum, ainda, ser apontada a **ampla publicidade**, que é assegurada pela publicação do aviso do edital, no mínimo uma vez, com antecedência mínima de trinta dias da data da abertura das propostas e com a indicação do local em que os interessados poderão ler o obter o texto integral e todas as informações sobre a licitação.

150. (Delegado de Polícia – AP/ 2010 – FGV) Após a devida publicação do aviso contendo o resumo do edital de uma licitação na modalidade concorrência, do tipo técnica e preço, o administrador público estadual poderá realizar o certame, de acordo com a Lei Federal 8666/93, no prazo de:

a) 8 (oito) dias úteis.

b) 10 (dez) dias.

c) 15 (quinze) dias.

d) 30 (trinta) dias.

e) 60 (sessenta) dias.

COMENTÁRIOS

✪ **Nota do autor:** O art. 21 preceitua que "os avisos contendo os **resumos dos editais das concorrências**, das tomadas de preços, dos concursos e dos leilões, embora realizados no local da repartição interessada, deverão ser publicados com antecedência, no mínimo, por uma vez". Ademais, **existe um prazo mínimo** entre a **publicação do edital** e a **data para o recebimento das propostas**, que varia conforme a modalidade de licitação.

Alternativa correta: letra "E" (responde as demais alternativas). Na forma do art. 2 1, § 2º, I, *b*, o prazo mínimo entre a publicação do aviso contendo o resumo do edital e o início do certame na **concorrência**, quando a licitação for do tipo **técnica e preço,** é de **45 dias**. Como tal prazo é **mínimo**, a alternativa "e" é a única que traz um prazo igual ou superior ao legalmente estabelecido, motivo pelo qual correta. Em regra, o intervalo entre o edital e a data da abertura das propostas na concorrência é de 30 dias, salvo se for do tipo técnica e preço ou do tipo melhor técnica e, por isso, está **errada** a **alternativa "d"**.

151. (Delegado de Polícia – AP/ 2010 – FGV) A Administração Pública, diante de uma rescisão de contrato administrativo, por culpa do contratado, retém os créditos decorrentes do contrato até os limites dos prejuízos causados.

Nessa situação, a retenção dos créditos é de natureza:

a) satisfativa.

b) coercitiva.

c) acautelatória.

d) restituitória.

e) judicial.

COMENTÁRIOS

✪ **Nota do autor:** O art. 80, IV, da Lei nº 8.666/93 consigna a possibilidade de **retenção dos créditos decorrentes do contrato até o limite dos prejuízos causados à Administração** no caso de **rescisão do contrato administrativo** nos casos enumerados nos incisos I a XII e XVII do artigo 78.

Alternativa correta: letra "C" (responde as demais alternativas). A natureza da retenção dos créditos é **acautelatória** e, portanto, não pode ser vista como medida prejudicial ao particular, já que, na verdade, há a chamada **compensação creditória**. Trata-se de mais uma esfera de proteção à Administração, que se coloca em posição de superioridade ao contratado nos contratos administrativos firmados. O pagamento, por parte da Administração Pública, somente se tornará exigível após a **liquidação** das perdas e danos e, apenas e tão somente, se os créditos ultrapassarem os débitos.

152. (Delegado de Polícia – AP/ 2010 – FGV) É dispensável a licitação:

a) nos casos de emergência ou de calamidade pública para parcelas de obras e serviços que possam ser concluídas no prazo máximo de 180 (cento e oitenta) dias consecutivos e ininterruptos, contados da ocorrência da emergência ou calamidade, podendo ser prorrogado uma única vez.

b) para o fornecimento de bens e serviços, produzidos ou prestados no País, que envolvam, cumulativamente, alta complexidade tecnológica e defesa nacional, mediante parecer de comissão especialmente designada pela autoridade máxima do órgão.

c) para locação ou permissão de uso de bens imóveis de uso comercial de âmbito local com área de até 350 m2(trezentos e cinquenta metros quadrados) e inseridos no âmbito de programas de regularização fundiária de interesse social desenvolvidos por órgãos ou entidades da administração pública.

d) para a contratação de serviços técnicos relativos à treinamento e aperfeiçoamento de pessoal, com profissionais ou empresas de notória especialização.

e) para contratação de obra complementar, desde que atendida a ordem de classificação da licitação anterior e aceitas as mesmas condições oferecidas pelo licitante vencedor, inclusive quanto ao preço, devidamente corrigido.

COMENTÁRIOS

✪ **Nota do autor:** O art. 24 da Lei nº 8.666/93 elenca as situações em que a licitação é **dispensável**. As hipóteses estão arroladas **taxativamente**, e podem ser divididas em razão do pequeno valor, de situações excepcionais, do objeto e da pessoa.

Alternativa correta: letra "B". O art. 24, XXVIII, consigna ser dispensável a licitação "para o fornecimento de bens e serviços, produzidos ou prestados no País, que envolvam, cumulativamente, alta complexidade tecnológica e defesa nacional, mediante parecer de comissão especialmente designada pela autoridade máxima do órgão". Trata-se de hipótese de dispensa de licitação em razão de situação excepcional.

Alternativa "a". Na forma do art. 24, IV, é dispensável a licitação nos casos de emergência ou de calamidade pública para parcelas de obras e serviços que possam ser concluídas no prazo máximo de 180 dias consecutivos e ininterruptos, contados da ocorrência da emergência ou calamidade, **sendo vedada a prorrogação** dos respectivos contratos.

Alternativa "c". A situação retratada, na verdade, é caso de licitação dispensada e, ainda, somente é possível, nos termos do art. 17, I, h, quando o imóvel tiver área de até 250 m^2 e não como constou na alternativa.

Alternativa "d". Nesse caso, a licitação é **inexigível**, por inviabilidade de competição entre os eventuais interessados.

Alternativa "e". Nos termos do art. 24, XI, é dispensável a licitação "na contratação de **remanescente de obra**, serviço ou fornecimento, em consequência de rescisão contratual, desde que atendida a ordem de classificação da licitação anterior e aceitas as mesmas condições oferecidas pelo licitante vencedor, inclusive quanto ao preço, devidamente corrigido". Não se trata, pois, de **obra complementar**.

153. (Delegado de Polícia – MT/ 2010 – UNEMAT) Sobre a Licitação, assinale a alternativa **incorreta.**

a) É dispensável a licitação nos casos de guerra ou grave perturbação da ordem.

b) Quando a União tiver que interferir no domínio econômico para regular os preços ou normalizar o abastecimento.

c) E inexigível a licitação quando houver inviabilidade de competição, em especial para contratação de profissional de qualquer setor artístico, diretamente ou através de empresário exclusivo, desde que consagrado pela crítica especializada ou pela opinião pública.

d) Convite e a modalidade de licitação entre os interessados devidamente cadastrados ou que atenderem a todas as condições exigidas para o cadastramento, até o terceiro dia anterior à data do recebimento das propostas, observada a necessária qualificação.

e) É vedada a exigência de comprovação de atividade ou de aptidão com limitações de tempo ou de época ou ainda em locais específicos, ou quaisquer outras não previstas nesta Lei (8.666/93), que inibam a participação na licitação.

COMENTÁRIOS

Alternativa correta: letra "D". O **convite**, nos termos do art. 22, § 3º, da Lei nº 8.666/93, é a "modalidade de licitação entre os interessados do ramo pertinente ao seu objeto, cadastrados ou não, escolhidos e convidados em número mínimo de 3 (três) pela unidade administrativa, a qual afixará, em local apropriado, cópia do instrumento convocatório e o estenderá aos demais cadastrados na correspondente especialidade que manifestarem seu interesse com antecedência de até 24 (vinte e quatro) horas da apresentação das propostas". A alternativa descreve a modalidade licitatória da **tomada de preços.**

Alternativa "a". Na forma do art. 24, III, é dispensável a licitação nos casos de guerra ou grave perturbação da ordem.

Alternativa "b". A alternativa está incompleta, pois nela está descrita uma das hipóteses de licitação dispensável, mas não há menção a isso. Apenas, houve a reprodução literal do art. 24, VI, da Lei nº 8.666/93 e não há nenhuma afirmação a ser julgada. A anulação da questão seria a melhor conduta por parte da banca. Para a compreensão do tema, o conteúdo da alternativa pode ser considerado correto, desde que ocorra a presunção de que seja completado no início com a expressão "é dispensável a licitação...".

Alternativa "c". A inexigibilidade ocorre sempre que houver inviabilidade de competição, nos termos do art. 25, da Lei nº 8.666/93, que elenca rol exemplificativo e nele consta, no inciso III, a contratação "de profissional de qualquer setor artístico, diretamente ou através de empresário exclusivo, desde que consagrado pela crítica especializada ou pela opinião pública".

Alternativa "e". O art. 30 da Lei dispõe sobre a documentação relativa à qualificação técnica e, em seu § 5º, determina que é "vedada a exigência de comprovação de atividade ou de aptidão com limitações de tempo ou de época ou ainda em locais específicos, ou quaisquer outras não previstas nesta Lei, que inibam a participação na licitação".

10. SERVIÇOS PÚBLICOS

- CF, artigos 21, 23, 25, 30 e 32, § 1º
- CF, art. 175
- Lei nº 8.987/95
- Lei nº 11.079/04

154. (Nucepe – Delegado de Polícia – PC – PI/2018) Sobre os serviços públicos, marque a alternativa CORRETA.

a) A Lei n° 8.987/1995, que dispõe sobre o regime de concessão e permissão da prestação de serviços públicos, não prevê causas expressas a fim de caracterizar a descontinuidade.

b) Os serviços públicos gerais ou (uti universi) são indivisíveis e devem ser mantidos por impostos.

c) Incumbe ao Poder Público a prestação de serviços públicos de saúde, educação e assistência social, fundamentais e exclusivos de Estado, apenas.

d) Os serviços de utilidade pública não admitem delegação.

e) Os serviços públicos propriamente ditos admitem delegação.

COMENTÁRIO

✪ **Nota do autor:** Exige-se do candidato conhecimento acerca da classificação, quanto aos destinatários, dos serviços públicos, assim entendidos como "toda atividade material que a lei atribui ao Estado para que a exerça diretamente ou por meio de seus delegados, com o objetivo de satisfazer concretamente às necessidades coletivas, sob regime jurídico total ou parcialmente público"[72].

Alternativa "a". A alternativa mostra-se confusa, já que o art. 6º, §3º da Lei nº 8.987/1995 traz casos que não se caracterizam a descontinuidade do serviço. Todavia, foi considerada como correta pela banca examinadora.

Alternativa "b". Trata-se de classificação quanto aos **destinatários do serviço.** Os **serviços públicos *uti universi*** ou gerais são aqueles em que **não há um destinatário determinado**, isto é, são prestados à coletividade como um todo, como, por exemplo, o serviço de iluminação pública e o correspondente à **atividade policial.** São serviços que não podem ser divididos, e, assim, não são mensuráveis no seu uso e, por isso, são **remunerados por imposto.**

Alternativa "c". Os serviços de saúde, educação e assistência social podem ser executados tanto pelo Estado como pelo particular, mediante autorização do Poder Público.

Alternativa "d". Serviços de utilidade pública não são essenciais, mas visam facilitar a vida do indivíduo na coletividade e podem ser delegados a terceiros; são pró-cidadão. Exemplos: transporte coletivo, telefonia.

Alternativa "e". Serviços públicos propriamente ditos são os serviços essenciais que a Administração presta diretamente à comunidade e não podem ser delegados; são pró-comunidade. Exemplos: polícia, defesa nacional.

Alternativa correta: letra "b".

155. (Vunesp – Delegado de Polícia – PC – SP/2018) As chamadas "parcerias público-privadas" (PPPs), cujo regime jurídico no Brasil encontra respaldo na Lei nº 11.079/2004, apresentam-se como importante forma de mobilização de capitais privados para a geração e operação de infraestrutura pública no Brasil. É importante ter em vista, porém, que, se a contratação de PPPs não for adequadamente tratada pelo ente público, poderá resultar em graves problemas de natureza fiscal no longo prazo.

A respeito desse tema, é correto afirmar com base na Lei nº 11.079/2004, que um dos mitigadores dos riscos fiscais decorrentes de PPPs

a) consiste na necessidade de que todas as contratações de PPPs contem com garantia concedida pelo Fundo Garantidor de Parcerias (FGP), controlado pela União Federal.

b) se encontra na previsão de que a abertura da licitação esteja condicionada à estimativa do fluxo de recursos públicos suficientes para o cumprimento, durante a vigência do contrato e por exercício financeiro, das obrigações contraídas pela Administração Pública.

c) consiste na proibição existente na Lei à previsão de garantias às obrigações pecuniárias contraídas pela Administração Pública por meio dos contratos.

d) consiste na necessidade de prévia autorização do Senado Federal e da Secretaria do Tesouro Nacional para a sua assinatura, a qual apenas poderá ser dispensada em caso de investimentos estratégicos integrantes do Plano Plurianual.

e) se encontra na proibição de contratação de PPPs com prazo superior a 35 (trinta e cinco) anos prorrogáveis por igual período, assegurando-se, assim, que as contratações de PPPs não comprometerão o ciclo orçamentário por mais de sete décadas.

COMENTÁRIO

✪ **Nota do autor:** A parceria público-privada nada mais é do que um tipo especial de contrato de concessão. É conceituada por Carvalho Filho como " acordo firmado entre a Administração Pública e pessoa do setor privado com o objetivo de implantação ou gestão de serviços públicos, com eventual execução de obras ou fornecimento de bens, mediante financiamento do contratado, contraprestação pecuniária do Poder Público e compartilhamento dos riscos e dos ganhos entre os pactuantes[73]".

Alternativa "a": As obrigações pecuniárias contraídas pela Administração Pública em PPP podem ser garantidas, **dentre outras**, por garantias prestadas por fundo garantidor ou empresa estatal criada para essa finalidade (art. 8º, V da Lei nº 11.079/2004).

Alternativa "b". "A contratação de parceria público-privada será precedida de licitação na modalidade de concorrência, estando a abertura do processo licitatório condicionada a: **estimativa do fluxo de recursos públicos suficientes para o cumprimento, durante a vigência do contrato e por exercício financeiro, das obrigações contraídas pela Administração Pública**" (art. 10, IV da Lei nº 11.079/2004).

Alternativa "c". As obrigações pecuniárias contraídas pela Administração Pública em PPP **poderão ser garantidas**, nos termos do art. 8º da Lei nº 11.079/2004.

Alternativa "d". Os Estados, o Distrito Federal e os Municípios que contratarem empreendimentos por intermédio de parcerias público-privadas deverão encaminhar ao Senado Federal e à Secretaria do Tesouro Nacional, previamente à contratação, as informações necessárias para cumprimento do exposto no art. 28 da Lei nº 11.079/2004.

Alternativa "e". O prazo máximo da PPP é de 35 anos, não havendo que se falar em prorrogação por prazo

72. DI PIETRO, Maria Sylvia Zanella. *Direito administrativo*. 25 ed. São Paulo: Altas, 2012. p. 106.

73. CARVALHO FILHO, José dos Santos. Manual de Direito Administrativo. 31ª ed. São Paulo: Atlas, 2017. p. 453.

superior. Nesse sentido, o art. 5º, I da Lei nº 11.079/2004: "As cláusulas dos contratos de parceria público-privada atenderão ao disposto no art. 23 da Lei nº 8.987, de 13 de fevereiro de 1995, no que couber, devendo também prever: "o prazo de vigência do contrato, compatível com a amortização dos investimentos realizados, não inferior a 5 (cinco), nem superior a 35 (trinta e cinco) anos, incluindo eventual prorrogação".

Alternativa correta: letra "b".

156. (IBADE – Delegado de Polícia – AC/2017) Quanto ao tema dos serviços públicos e sua disciplina constante da Lei n° 8.987/1995, assinale a alternativa correta.

a) Nas condições estabelecidas no contrato de concessão, o poder concedente autorizará a assunção do controle ou da administração temporária da concessionária por seus financiadores e garantidores com quem não mantenha vínculo societário direto, para promover sua reestruturação financeira e assegurar a continuidade da prestação dos serviços. Esta administração temporária, uma vez autorizada, acarretará responsabilidade aos financiadores e garantidores em relação à tributação, encargos, ônus, sanções, obrigações ou compromissos com terceiros, inclusive com o poder concedente ou empregados.

b) No exercício da fiscalização, o poder concedente terá acesso aos dados relativos à administração, contabilidade, recursos técnicos, econômicos e financeiros da concessionária. Ademais, tal fiscalização será feita por intermédio de órgão técnico do poder concedente ou por entidade com ele conveniada, e, periodicamente, conforme previsto em norma regulamentar, por comissão composta de representantes do poder concedente, da concessionária e dos usuários.

c) Entende-se por concessão de serviço público a delegação de sua prestação, feita pelo poder concedente, mediante licitação, nas modalidades de concorrência ou contratação integrada, à pessoa jurídica ou consórcio de empresas que demonstre capacidade para seu desempenho, por sua conta e risco e por prazo determinado.

d) Como o contrato de concessão de serviço público não é considerado um contrato administrativo e, portanto, não pode conter cláusulas exorbitantes, o poder concedente não possui atribuição para aplicação de penalidades regulamentares e contratuais. Por outro lado, a bem do interesse público, poderá a Administração intervir na prestação do serviço sempre que este não estiver sendo prestado de modo adequado.

e) Considera-se caducidade a retomada do serviço pelo poder concedente durante o prazo da concessão, por motivo de interesse público, mediante lei autorizativa específica e após prévio pagamento de indenização. Declarada a caducidade, não resultará para o poder concedente qualquer espécie de responsabilidade em relação aos encargos, ônus, obrigações ou compromissos com terceiros ou com empregados da concessionária.

COMENTÁRIOS

✪ **Nota do autor:** A concessão de serviço é, na lição de Maria Sylvia Di Pietro, "**o contrato administrativo por meio do qual a Administração Pública delega a terceiro a execução de um serviço público, para que o execute em seu próprio nome, por sua conta e risco, assegurando-lhe remuneração mediante tarifa paga pelo usuário ou outra forma de remuneração decorrente da exploração do serviço**"[74].

Alternativa correta: letra "b". Na forma do art. 30, *caput*, da Lei nº 8.987/95, o poder concedente, no exercício da fiscalização, terá acesso aos dados relativos à administração, contabilidade, recursos técnicos, econômicos e financeiros da concessionária. Outrossim, consoante parágrafo único do mesmo dispositivo legal, "a fiscalização do serviço será feita por intermédio de órgão técnico do poder concedente ou por entidade com ele conveniada, e, periodicamente, conforme previsto em norma regulamentar, por comissão composta de representantes do poder concedente, da concessionária e dos usuários".

Alternativa "a". Consoante art. 27-A, da Lei, "nas condições estabelecidas no contrato de concessão, o poder concedente autorizará a assunção do controle ou da administração temporária da concessionária por seus financiadores e garantidores com quem não mantenha vínculo societário direto, para promover sua reestruturação financeira e assegurar a continuidade da prestação dos serviços". O §5º estabelece que "a administração temporária autorizada na forma deste artigo **não** acarretará responsabilidade aos financiadores e garantidores em relação à tributação, encargos, ônus, sanções, obrigações ou compromissos com terceiros, inclusive com o poder concedente ou empregados".

Alternativa "c". Entende-se por concessão de serviço público a delegação de sua prestação, feita pelo poder concedente, mediante licitação, **na modalidade de concorrência**, à pessoa jurídica ou consórcio de empresas que demonstre capacidade para seu desempenho, por sua conta e risco e por prazo determinado, nos termos do art. 2º, II, da Lei.

Alternativa "d". O contrato de concessão é um **contrato administrativo** e, desse modo, é plenamente possível a imposição de **cláusulas exorbitantes pela Administração Pública.** Inclusive, é possível a intervenção do poder concedente na concessão, "com o fim de assegurar a adequação na prestação do serviço, bem como o fiel cumprimento das normas contratuais, regulamentares e legais pertinentes".

Alternativa "e". No caso, a forma de extinção é a **caducidade ou decadência**, pela qual o poder concedente retoma o serviço da concessionária, durante o prazo da concessão, em razão da inadimplência da concessionária, conforme o art. 38 da Lei nº 8.987/95. É na **encampação ou resgate** que o poder concedente

74. DI PIETRO, Maria Sylvia Zanella. *Direito Administrativo*. 23 ed. São Paulo: Atlas, 2010. p. 294.

retoma o serviço da concessionária, durante o prazo da concessão, por motivo de interesse público, mediante lei autorizativa específica e após prévio pagamento de indenização.

157. (Cespe – Delegado de Polícia – PE/2016) Tendo como referência a legislação aplicável ao regime de concessão e permissão de serviços públicos e às parcerias público-privadas, assinale a opção correta.

a) De acordo com a Lei nº 8.987/1995, as permissões de serviço público feitas mediante licitação não podem ser formalizadas por contrato de adesão.

b) Em relação à parceria público-privada, entende-se por concessão administrativa o contrato de prestação de serviços de que a administração pública seja a usuária direta ou indireta, ainda que envolva execução de obra ou fornecimento e instalação de bens.

c) As agências reguladoras não podem promover licitações que tenham por objeto a concessão de serviço público do objeto por ela regulado.

d) É vedada a celebração de contrato de parceria público-privada cujo período de prestação do serviço seja superior a cinco anos.

e) Por meio da concessão, o poder público delega a prestação de serviço público a concessionário que demonstre capacidade para seu desempenho, sendo esse serviço realizado por conta e risco do poder concedente.

COMENTÁRIOS

Alternativa correta: letra "b". A denominada parceria público-privada é, na verdade, uma **modalidade especial de concessão de serviço público**, que se subdivide em duas espécies, a concessão patrocinada e a concessão comum. A **concessão patrocinada**, nos termos do art. 2º, § 1º, da Lei nº 11.079/04, é "a concessão de serviços públicos ou de obras públicas de que trata a Lei nº 8.987, de 13 de fevereiro de 1995, quando envolver, adicionalmente à tarifa cobrada dos usuários contraprestação pecuniária do parceiro público ao parceiro privado", quer dizer, é uma concessão de serviços públicos que se distingue da regra geral em razão da remuneração da empresa prestadora de serviços públicos ter origem tanto nas tarifas que os usuários pagarão quanto em parcela paga pelo Poder Público. Já, a **concessão administrativa**, conforme o § 2º do mesmo artigo, define a concessão administrativa como o "o contrato de prestação de serviços de que a Administração Pública seja a usuária direta ou indireta, ainda que envolva execução de obra ou fornecimento e instalação de bens". Nessa última modalidade, não há tarifas a serem pagas pelos usuários, e a contraprestação devida ao parceiro privado será feita somente pelo Poder Público. São exemplos de atividade que podem ser objeto de contrato de concessão administrativa, serviços econômicos em que o Estado resolva não cobrar tarifa (ex.: rodovia em região pobre), serviços públicos sociais (ex.: educação, saúde), atividades preparatórias ou de auxílio ao poder de polícia (ex.: hotelaria em presídio, serviço de remoção de veículos estacionados irregularmente) e atividades internas da Administração (ex.: construção e operação de restaurantes e creches para os servidores públicos).

Alternativa "a". Consoante art. 40, da Lei nº 8.987/95, "a permissão de serviço público **será formalizada mediante contrato de adesão**, que observará os termos desta Lei, das demais normas pertinentes e do edital de licitação, inclusive quanto à precariedade e à revogabilidade unilateral do contrato pelo poder concedente".

Alternativa "c". As agências reguladoras podem promover licitações que tenham por objeto a concessão de serviço público do objeto por ela regulado.

Alternativa "d". O prazo de vigência do contrato de PPP não poderá ser inferior a 5 (cinco), nem superior a 35 (trinta e cinco) anos, incluindo eventual prorrogação, conforme determinação do art. 5º, I, da Lei nº 11.079/04.

Alternativa "e". A concessão de serviço é, na lição de Maria Sylvia Di Pietro, "**o contrato administrativo por meio do qual a Administração Pública delega a terceiro a execução de um serviço público, para que o execute em seu próprio nome, por sua conta e risco, assegurando-lhe remuneração mediante tarifa paga pelo usuário ou outra forma de remuneração decorrente da exploração do serviço**"[75]. Assim, o **risco** é transferido para o **concessionário**, restando ao Poder Concedente a responsabilidade subsidiária.

158. (Vunesp – Delegado de Polícia – CE/2015) Quanto à classificação dos serviços públicos, é correto conceituar como serviços próprios do Estado aqueles que

a) se relacionam intimamente com as atribuições do Poder Público e para a execução dos quais a Administração usa sua supremacia sobre os administrados.

b) a Administração os presta remuneradamente, por seus órgãos ou entidades descentralizadas, ou delega sua prestação a concessionários, permissionários ou autorizatários.

c) a Administração presta sem ter usuários determinados, vale dizer, atendem à coletividade no seu todo.

d) a Administração prepara para serem prestados ao público.

e) se consubstanciam em atividade econômica que só pode ser explorada diretamente pelo Poder Público.

COMENTÁRIOS

✪ **Nota do autor:** No que se refere à classificação dos serviços públicos, os concursos adotam a classificação tradicional, proposta por Hely Lopes Meirelles, que os divide quanto à essencialidade, à adequação, à finalidade e aos destinatários do serviço.

75. DI PIETRO, Maria Sylvia Zanella. *Direito Administrativo*. 23 ed. São Paulo: Atlas, 2010. p. 294.

Alternativa correta: letra "a" (responde a alternativa "d"). Os **serviços próprios** são aqueles intimamente relacionados com as atribuições do Poder Público e nos quais a Administração Pública se vale da sua supremacia. Só podem ser prestados pela própria Administração e, normalmente, são gratuitos ou de baixa remuneração. Exemplos: segurança, polícia, higiene e saúde pública.

Alternativa "b". Os **serviços próprios não admitem delegação,** só podendo ser prestados pela própria Administração Pública.

Alternativa "c". Esta é a conceituação dos **serviços públicos gerais (*uti universi*)**, referente à classificação quanto aos destinatários do serviço público.

Alternativa "e". Os **serviços públicos próprios** só podem ser desempenhados pelo Poder Público; assim, nunca serão referentes a atividades econômicas, uma vez que estas podem ser praticadas pelo mercado.

---

159. (FUNIVERSA – Delegado de Polícia – DF/2015) Acerca dos serviços públicos, assinale a alternativa correta.

a) Nos contratos de concessão, é vedada a subcontratação.

b) Em que pese a CF prever a competência de cada ente federado, restou autorizada também a formação de consórcios públicos ou convênios de cooperação para gestão associada de serviços públicos.

c) Diante do princípio da continuidade do serviço público, é proibida a interrupção do fornecimento de serviços públicos aos administrados.

d) A descentralização do serviço público pode ser feita por meio de outorga ou por meio de delegação. Na delegação, transfere-se não apenas a execução, mas também a titularidade do serviço, razão pela qual deve ser feita por meio de lei.

e) Todos os contratos de concessão devem ser precedidos de licitação, podendo o administrador escolher qualquer das modalidades de licitação previstas na Lei nº 8.666/1993.

COMENTÁRIOS

Alternativa correta: letra "b". Na forma do art. 241, da Constituição Federal, "a União, os Estados, o Distrito Federal e os Municípios disciplinarão por meio de lei os consórcios públicos e os convênios de cooperação entre os entes federados, autorizando a gestão associada de serviços públicos, bem como a transferência total ou parcial de encargos, serviços, pessoal e bens essenciais à continuidade dos serviços transferidos".

Alternativa "a". A **subconcessão** é possível, nos termos da Lei nº 8.987/95, desde que haja previsão no contrato de concessão, que o poder concedente a autorize e, ainda, que seja precedida de concorrência.

Alternativa "c". Não é possível a interrupção do serviço público e tal princípio serve, inclusive, para que se faça a ponderação entre ele e o direito à greve dos servidores públicos. Ainda, excepcionalmente, nos termos da Lei nº 8.987/95, art. 6º, § 1º, pode haver a interrupção do serviço público em caso de emergência ou, após prévio aviso, por motivo de ordem técnica ou de segurança das instalações e por motivo de inadimplência do usuário.

Alternativa "d". A descentralização do serviço público pode ser feita por meio de outorga ou por meio de delegação. Tanto em um caso quanto no outro, há transferência, **apenas e tão somente**, da execução do serviço público, sendo que titularidade continua com o ente federativo, a quem compete a regulamentação e o controle de seu exercício.

Alternativa "e". Todos os contratos de concessão devem ser precedidos de licitação, que deve ser feita na modalidade **concorrência.**

---

160. (ACAFE – Delegado de Polícia – SC/2014) Correlacione os cinco princípios do serviço público com seus requisitos específicos.

(1) Continuidade

(2) Eficiência

(3) Generalidade

(4) Modicidade

(5) Cortesia

( ) O princípio que consagra o direito do cidadão, dentro das modalidades estabelecidas, exigir, tanto da Administração Pública, quanto dos prestadores delegados, a prestação do serviço público, sem se negar a um usuário o que foi concedido a outro, é o da (...).

( ) Apesar de garantido pela Constituição Federal, em seu art. 37, VII, o direito de greve dos servidores públicos só pode ser exercido dentro dos limites definidos em lei, sob pena de ferimento do princípio da (...).

( ) O prestador do serviço público que busca o aperfeiçoamento do serviço, incorporando os melhores recursos e técnicas possíveis, de modo que a execução seja mais proveitosa, com o menor dispêndio, está agindo consoante com o princípio da (...).

( ) O princípio que traduz a preocupação da Administração Pública em estabelecer, em sentido mais amplo possível, o direito do cidadão de receber, do agente público competente, tratamento digno e que respeite os seus direitos como cidadão, é o da (...).

( ) Se um serviço público for tarifado em valor que impeça o usuário de utilizá-lo, em razão de ausência de condições financeiras, excluindo-o do universo de beneficiários, estará ferindo o princípio da (...).

A sequência correta, de cima para baixo, é:

a) 5 – 3 – 4 – 2 – 1

b) 2 – 5 – 1 – 4 – 3

c) 3 – 1 – 2 – 5 – 4

d) 1 – 4 – 5 – 3 – 2

e) 4 – 2 – 3 – 1 – 5

COMENTÁRIOS

✪ **Nota do autor:** Os princípios específicos do serviço público são apontados pela doutrina, havendo, inclusive, previsão expressa na Lei nº 8.987/95, no art. 6º, o qual deve ser lido com atenção.

Alternativa correta: letra "c". A sequência correta é 3, 1, 2, 5 e 4.

Item I. Princípio da generalidade. A generalidade é indispensável ao serviço público e consectária da impessoalidade, pois o serviço público deve ser prestado de maneira geral, ampla, de forma a se atingir a amplitude dos usuários, ou seja, todos os usuários que estejam em situação semelhante devem receber a mesma forma de tratamento.

Item II. Princípio da continuidade. Pelo princípio da **continuidade do serviço público**, o serviço público não pode parar. Não é possível a interrupção do serviço público e tal princípio serve, inclusive, para que se faça a ponderação entre ele e o direito à greve dos servidores públicos. Ainda, excepcionalmente, nos termos da Lei nº 8.987/95, art. 6º, § 1º, pode haver a interrupção do serviço público em caso de emergência ou, após prévio aviso, por motivo de ordem técnica ou de segurança das instalações e por motivo de inadimplência do usuário. Também, nessa lei há a previsão de que a Administração Pública, para evitar a interrupção do serviço público, pode intervir na concessão de serviços públicos e, caso não solucionado o problema, pode extinguir a concessão e realizar a ocupação das instalações necessárias à prestação do serviço público.

Item III. Princípio da Eficiência. Pelo **princípio da eficiência** – este previsto no art. 37, *caput*, da Constituição Federal –, a Administração Pública **deve atuar de maneira a buscar resultados, e não simplesmente agir.** Isto é, a atuação administrativa deve buscar a **melhor relação custo-benefício**, deve ser feita a otimização dos recursos, o devido planejamento e estabelecimento de metas e a fiscalização do efetivo cumprimento do que fora planejado.

Item IV. Princípio da Cortesia. Pelo princípio da **cortesia**, o usuário do serviço público tem direito a ser tratado de forma polida, cordial.

Item V. Princípio da Modicidade. Pela **modicidade das tarifas**, não é possível haver tarifa de serviço público com preço exorbitante, pois as tarifas devem ser módicas, razoáveis e, ainda, dependendo do serviço deve haver a consideração da condição financeira do usuário para, inclusive, a instituição de subsídios.

161. (ACAFE – Delegado de Polícia – SC/2014) Em relação aos concessionários de serviços públicos é correto afirmar, exceto que:

a) recebem a incumbência da administração para representá-la em determinado ato ou praticar certa atividade específica.

b) são agentes delegados, que exercem função pública em seu próprio nome, porém, sob fiscalização do Poder Público.

c) sujeitam-se a responsabilidade civil objetiva e ao mandado de segurança.

d) sua responsabilidade pelos prejuízos causados a terceiros e ligados à prestação do serviço governa-se pelos mesmos critérios e princípios da responsabilidade do Estado.

e) enquadram-se como funcionários públicos nos termos do artigo 327 do Código Penal.

COMENTÁRIOS

Alternativa correta: letra "a" (responde a alternativa "b"). A concessão de serviço público é o contrato administrativo por meio do qual a Administração Pública delega a terceiro a "execução de um serviço público, para que o execute em seu próprio nome, por sua conta e risco, assegurando-lhe a remuneração mediante tarifa paga pelo usuário ou outra forma de remuneração decorrente da exploração do serviço"[76]. Os concessionários de serviços públicos não recebem incumbência da Administração Pública para representá-la em determinado ato, bem como para que sejam escolhidos pelo Poder Público como contratados em determinado contrato administrativo devem participar de **licitação, necessariamente sob a modalidade de concorrência.** Outrossim, **não praticam certa atividade específica, mas desempenham verdadeira função pública – sob regulamentação e controle do ente federativo a quem a Constituição atribuiu competência** – praticando uma série de atividades, em nome próprio, por sua conta e risco, **não havendo que se falar em representação da Administração Pública.**

Alternativa "c" (responde, também, a alternativa "d"). A Constituição Federal, no art. 37, § 6º, deu o mesmo tratamento para quando o prestador do serviço público é o próprio Estado e quando é empresa privada, pois, nos termos do art. 37, § 6º, as pessoas de direito público e as pessoas de direito privado prestadoras de serviço público respondem objetivamente pelos danos causados pelos seus agentes. A responsabilidade é objetiva e, assim, não é necessário se perquirir sobre dolo ou culpa do agente para que a vítima seja indenizada, bastando a comprovação do dano e o nexo de causalidade com a conduta estatal. Ainda, como exercem função pública, nos termos do art. 1º, § 1º, da Lei nº 12.016/09, os dirigentes da pessoa jurídica de direito privado prestadora de serviço público são equiparados às autoridades.

Alternativa "e". Para fins penais, conforme prevê o art. 327, § 1º, do Código Penal, equipara-se a funcionário público quem exerce cargo emprego ou função em empresa prestadora de serviço ou conveniada para a execução de atividade típica da Administração Pública.

76. DI PIETRO, Maria Sylvia Zanella. *Direito administrativo*. 23 ed. São Paulo: Atlas, 2010. p. 294.

162. (Vunesp – Delegado de Polícia – SP/2014) Quando o Poder Público, conservando para si a titularidade do serviço público, transfere sua execução à pessoa jurídica de direito privado, previamente existente, ocorre o que se denomina descentralização

a) autárquica.

b) por colaboração.

c) hierárquica.

d) por subordinação

e) heterotópica.

COMENTÁRIOS

Alternativa correta: letra "B" (responde as demais alternativas). A **descentralização administrativa** pode ser feita, em relação aos serviços públicos, de duas distintas formas, quais sejam, a **descentralização por serviços** e a descentralização por colaboração. Na primeira, a pessoa **política cria (ou autoriza a criação) outra pessoa jurídica para a execução de determinada atividade administrativa (pessoa da administração indireta)** e, na segunda, a execução do serviço público é transferida para uma pessoa por meio de contrato administrativo. No primeiro caso, tem-se a **outorga** e, no segundo, a **delegação**.

163. (Vunesp – Delegado de Polícia – SP/2014) O prefeito de determinada cidade elabora projeto de celebração de uma parceria público-privada, que tem (i) valor de contrato equivalente a quinze milhões de reais; por um (ii) prazo de cinco anos; tendo por (iii) objeto único da prestação a execução de obra pública. De acordo com a Lei de Parceria Público-Privada (Lei nº 11.079/2004), o projeto

a) pode ser levado adiante, desde que seja aumentado o prazo de prestação para seis anos, estando corretos os demais parâmetros.

b) pode ser levado adiante, desde que o objeto único desse contrato possa ser modificado para "fornecimento de mão de obra", pois os demais parâmetros estão corretos para o tipo de contratação almejada.

c) não pode vingar, pois o valor do contrato não atinge ao mínimo permitido, e a finalidade "execução de obra pública" também é vedada para esse tipo de contratação.

d) não pode vingar, pois a despeito de as demais condições dele estarem adequadas, o valor da obra é inferior ao mínimo estabelecido na Lei para esse tipo de contratação.

e) pode ser levado adiante, pois todas as condições se encontram dentro dos parâmetros legais de observação obrigatória para esse tipo de contratação.

COMENTÁRIOS

✪ **Nota do autor:** a **parceria público-privada (PPP)** é uma modalidade especial de concessão de serviço público, regulada pela Lei nº 11.079/2004.

Alternativa correta: letra "C" (responde as demais alternativas). A parceria público-privada é diferente da concessão comum porque, na modalidade patrocinada, envolve a contraprestação do parceiro público, ou seja, além da remuneração proveniente do usuário do serviço público, o poder público garantirá parte da remuneração. É uma forma de atrair a iniciativa privada para grandes projetos, até porque é **vedada a celebração** de contrato de parceria público-privada (art. 2º, § 4º, da Lei): a) **cujo valor seja inferior a R$ 10.000.000,00 (dez milhões de reais)**; b) cujo período de prestação do serviço seja **inferior a cinco anos**; ou; c) que tenha como **objeto único** o fornecimento de **mão de obra**, o fornecimento e instalação de equipamentos ou a **execução de obra pública. ATENÇÃO:** a alternativa C era a correta quando da realização da prova, pois a vedação à realização de PPP era para contrato com valor igual ou inferior a R$ 20.000.000,00 e esse valor foi reduzido pela Lei nº 13.529/17, que alterou o inciso I do §4º do art. 2º da Lei nº 11.079/04. **Atualmente, a questão não tem resposta correta.**

164. (Fundação Aroeira – Delegado de Polícia – TO/2014) Ocorre a chamada descentralização por outorga quando o Estado

a) cria uma entidade, uma pessoa jurídica, e a ela transfere determinado serviço público.

b) utiliza contrato ou ato unilateral para transferir a execução de serviço público.

c) cria um novo órgão na sua estrutura interna para gerir determinado serviço público.

d) delega a prestação de serviço público a determinada pessoa física mediante carta de credenciamento.

COMENTÁRIOS

✪ **Nota do autor:** É possível, a depender do serviço público, que a sua execução seja transferida para outra pessoa, quando houver autorização constitucional ou legal. Na primeira hipótese – execução por seus próprios meios – há a **forma centralizada** e, na segunda, tem-se a **forma descentralizada.**

Alternativa correta: letra "A" (responde as demais alternativas). A **outorga** se opera mediante **lei** e nela há a transferência da execução de determinado serviço público para entidade da Administração Indireta.

165. (UEL – Delegado de Polícia – PR/2013) Sobre a concessão de serviço público, naquilo que a distingue da permissão, assinale a alternativa correta.

a) É feita à pessoa jurídica ou consórcio de empresa.

b) Admite outras modalidades de licitação, além da concorrência.

c) Tem natureza contratual a título precário.

d) Retira-se dela a característica de contrato de adesão.

e) Pode ser realizada mediante ato unilateral da administração.

COMENTÁRIOS

✪ **Nota do autor:** a **concessão de serviço público** é o contrato administrativo por meio do qual a Administração Pública delega a terceiro a "execução de um serviço público, para que o execute em seu próprio nome, por sua conta e risco, assegurando-lhe a remuneração mediante tarifa paga pelo usuário ou outra forma de remuneração decorrente da exploração do serviço"[77].

Alternativa correta: letra "A" (responde as demais alternativas). Pela definição constante no art. 2º, da Lei nº 8.987/95, constata-se que: a) a concessão deve adotar a modalidade concorrência, e a permissão pode adotar outra modalidade licitatória; b) a concessão **somente pode ser feita com pessoa jurídica ou com consórcio de empresas**, e a permissão pode ser realizada com pessoa jurídica e com pessoa física.

---

166. (UEG – Delegado de Polícia – GO/2013) Pelas regras do regime de concessão e permissão da prestação de serviços públicos, nos termos da Lei nº 8.987/95, tem-se que

a) a concessionária poderá promover desapropriação autorizada pelo poder concedente, desde que tenha sido prevista no edital e no contrato.

b) o menor valor da tarifa do serviço a ser prestado não constitui critério de julgamento da licitação.

c) é admitida a subconcessão, ainda que sem previsão contratual, desde que expressamente autorizada pelo poder concedente.

d) as contratações de mão de obra feitas pela concessionária serão regidas pelo Estatuto dos servidores adotado pelo poder concedente.

COMENTÁRIOS

✪ **Nota do autor:** Na **delegação**, diferentemente da **outorga** – que se opera mediante **lei**, haja vista a necessidade desta para a criação ou autorização de criação de entidade da administração indireta para a prestação de serviços públicos –, a transferência da execução do serviço é feita mediante **contrato** ou **ato** administrativo. A **delegação** pode ser feita por meio da **concessão**, da **permissão** e da **autorização.**

Alternativa correta: letra "A". Nos termos do art. 31, VI, da Lei nº 8.987/95 – diploma legal que dispõe sobre o regime de concessão e permissão da prestação dos serviços públicos previstos no art. 175 da Constituição Federal –, incumbe à concessionária "**promover as desapropriações** e constituir servidões **autorizadas pelo poder concedente, conforme previsto no edital** e no contrato".

Alternativa "b". Na forma do art. 15, I, no julgamento da licitação poderá ser considerado como um dos critérios o menor valor da tarifa do serviço público a ser prestado.

Alternativa "c". Como previsto no art. 26, é admitida a subconcessão, **desde que haja previsão no contrato de concessão firmado**, e com a autorização do poder concedente.

Alternativa "d". Nos termos do art. 31, parágrafo único, "as contratações, inclusive de mão de obra, feitas pela concessionária serão **regidas pelas disposições de direito privado e pela legislação trabalhista**, não se estabelecendo qualquer relação entre os terceiros contratados pela concessionária e o poder concedente".

---

167. (FGV – Delegado de Polícia – MA/2012) O Estado do Maranhão resolveu realizar a concessão de serviço público para a operação de uma rodovia estadual. Considerando a situação fática apresentada, assinale a afirmativa correta.

a) A concessão de serviço público, tal como no caso, deve ser realizada mediante licitação, em modalidade a ser definida conforme o valor da obra necessária.

b) O critério de julgamento previsto no edital de concessão de serviço público somente poderá ser o da menor tarifa pelo serviço prestado.

c) As responsabilidades penal e administrativa dos agentes operadores da concessionária são subjetivas, já a civil, quanto ao serviço da concessionária, será objetiva.

d) A outorga do contrato de concessão de serviço público, deve ser sempre precedida de autorização legislativa, ao licitante vencedor.

e) A concessão poderá ser transferida a terceiros, direito que assiste ao concessionário e que não necessita de anuência por parte do poder concedente.

COMENTÁRIOS

Alternativa correta: letra "C". A responsabilidade civil da concessionária de serviço público, nos termos do art. 37, § 6º, da Constituição Federal, é **objetiva**, sendo assegurado o direito de regresso contra os agentes operadores nos casos em que comprovado dolo ou culpa. A responsabilidade penal e administrativa dos agentes operadores da concessionária é **subjetiva**, em que necessária a demonstração do elemento culpa.

Alternativa "a". A concessão de serviço público, tal como no caso, deve ser realizada mediante licitação, na modalidade **concorrência.**

Alternativa "b". Na forma do art. 15, da Lei nº 8.987/95, os **critérios** usados para julgar a licitação podem ser: a) menor valor da tarifa do serviço público a ser prestado; b) maior oferta, nos casos de pagamento ao poder concedente pela outorga da concessão; c) melhor proposta técnica, com preço fixado no edital; d) melhor oferta de pagamento pela outorga, após qualificação de propostas técnicas.

Alternativa "d". A **delegação**, que é a transferência da execução de um serviço público para uma pessoa do setor privado, **formaliza-se mediante contrato administrativo.** Assim, não é necessária autorização legislativa em se tratando de contrato de concessão.

---

77. DI PIETRO, Maria Sylvia Zanella. *Direito administrativo*. 23 ed. São Paulo: Atlas, 2010.

Alternativa "e". Nos termos do art. 27, da Lei nº 8.987/95, "a transferência de concessão ou do controle societário da concessionária sem prévia anuência do poder concedente implicará a caducidade da concessão".

168. (FGV – Delegado de Polícia – MA/2012) Tendo em vista a disciplina da Lei nº 8.987/95 sobre os modos de extinção de concessões de serviços públicos, assinale a afirmativa correta.

a) A concessão pode ser extinta pela caducidade, que ocorre com o advento do termo final do contrato.

b) A concessão pode ser extinta pela encampação, que ocorre quando a concessionária não atender a intimação do poder concedente no sentido de regularizar a prestação do serviço, e independe de prévio pagamento de indenização.

c) Na rescisão, o contrato pode ser extinto por iniciativa do concessionário em caso de descumprimento de normas contratuais pelo poder concedente, mediante notificação administrativa para que sejam sanadas as irregularidades.

d) A encampação consiste na retomada do serviço pelo poder concedente, durante o prazo de concessão, por motivo de interesse público, após prévio pagamento de indenização, independentemente de autorização legislativa.

e) A caducidade da concessão pode ser declarada quando a concessionária não cumprir tempestivamente as penalidades impostas por infrações.

COMENTÁRIOS

✪ **Nota do autor:** conforme previsto no art. 35, da Lei nº 8.987/95, a **extinção da concessão** pode ocorrer por: a) advento do termo contratual; b) encampação; c) caducidade ou decadência; d) rescisão; e) anulação; f) falência ou extinção da concessionária.

Alternativa correta: letra "E" (responde a alternativa "a"). A **caducidade** ou **decadência** ocorre quando o poder concedente **retoma o serviço** da concessionária, **durante o prazo** da concessão, em razão da **inadimplência da concessionária**, conforme art. 38, da Lei. Uma dessas situações ocorre, por exemplo, quando a concessionária não cumprir tempestivamente as penalidades impostas por infrações.

Alternativa "b" (responde a alternativa "d"). A concessão pode ser extinta pela encampação, que ocorre quando o poder concedente **retoma o serviço** da concessionária, **durante o prazo da concessão, por motivo de interesse público**, mediante lei autorizativa específica e após prévio pagamento de **indenização.**

Alternativa "c". A **rescisão** restringe-se, apenas, à possibilidade de a **concessionária requerer judicialmente** a rescisão do contrato de concessão por inadimplência do poder concedente, conforme prevê o art. 39, da Lei.

169. (FUNCAB – Delegado de Polícia – RJ/2012) Quanto à permissão do serviço público, considere as afirmativas abaixo e assinale a alternativa correta.

I. Resulta de delegação negocial.

II. Dispensa licitação prévia.

III. Só pode ser firmada com pessoa física ou jurídica.

IV. O permissionário está sujeito à responsabilidade civil objetiva.

a) Apenas estão corretas as afirmativas I, II e III.

b) Apenas estão incorretas as afirmativas III e IV.

c) Apenas estão corretas as afirmativas I, III e IV.

d) Apenas estão incorretas as afirmativas I e IV.

e) Apenas estão corretas as afirmativas II e IV.

COMENTÁRIOS

Alternativa correta: letra "C". Estão corretos os itens I, III e IV.

Item I. Certo. A **descentralização administrativa** pode ser feita, em relação aos serviços públicos, de duas distintas formas, quais sejam, a **descentralização por serviços** e a descentralização por colaboração. Na primeira, a pessoa **política cria (ou autoriza a criação) outra pessoa jurídica para a execução de determinada atividade administrativa (pessoa da administração indireta)** e, na segunda, a execução do serviço público é transferida para uma pessoa do setor privado. No primeiro caso, tem-se a **outorga** (também conhecida como delegação legal) e, no segundo, a **delegação** (também chamada de delegação negocial), dos quais são exemplos a **concessão, a permissão e a autorização.**

Item II. Errado. Em se tratando de concessão, é necessária a realização de licitação prévia.

Item III. Certo. A permissão pode ser realizada com pessoa jurídica ou com pessoa física, diferentemente da concessão, que só pode ser feita com pessoa jurídica ou com consórcio de empresas.

Item IV. Certo. A responsabilidade do permissionário de serviço público é objetiva, nos termos do art. 37, § 6º, da Constituição Federal.

170. (Delegado de Polícia – SP/ 2011 – ACADEPOL) Quando uma pessoa jurídica de direito público ou privado é criada por lei, cabendo-lhe a titularidade e a execução de determinado serviço público, a hipótese é de

a) descentralização territorial.

b) desconcentração.

c) descentralização por serviço.

d) descentralização por colaboração.

e) desestatização.

COMENTÁRIOS

✪ **Nota do autor:** A **distribuição da competência** para a prestação de serviço público está presente na Constituição Federal e, dessa forma, é dever do ente federado que recebeu, por meio do texto constitucional, a titularidade de determinado serviço para prover sua execução. Isso não quer dizer, entretanto, que deverá fazê-lo por seus próprios meios; é possível, dependendo do serviço, que a sua execução seja transferida para outra pessoa, quando houver autorização constitucional ou legal. Na primeira hipótese, há a forma **centralizada** e, na segunda, tem-se a forma **descentralizada.**

Alternativa correta: letra "C" (responde as demais alternativas). A **descentralização administrativa** pode ser feita, em relação aos serviços públicos, de duas distintas formas, quais sejam, a **descentralização por serviços** e a descentralização por colaboração. Na primeira, a pessoa **política cria (ou autoriza a criação) outra pessoa jurídica para a execução de determinada atividade administrativa (pessoa da administração indireta)** e, na segunda, a execução do serviço público é transferida para uma pessoa do setor privado.

---

171. (Delegado de Polícia – AP/ 2010 – FGV) A transferência da execução de serviço público comum à pessoa jurídica de direito privado já existente, mediante contrato administrativo, conservando o Poder Público a titularidade do serviço, é caso de:

a) desconcentração administrativa por outorga.
b) desconcentração funcional por colaboração.
c) descentralização administrativa por delegação legal.
d) descentralização administrativa por colaboração.
e) concentração funcional por delegação negocial.

COMENTÁRIOS

Alternativa correta: letra "D" (responde as demais alternativas). A **descentralização administrativa** – assim entendida como a transferência de execução de determinado serviço público da pessoa política para outra pessoa – pode ser feita, em relação aos serviços públicos, de duas distintas formas, quais sejam, a descentralização por serviços e a **descentralização por colaboração**. Na primeira, a pessoa política cria (ou autoriza a criação) outra pessoa jurídica para a execução de determinada atividade administrativa (pessoa da administração indireta) e, na segunda, **a execução do serviço público é transferida para uma pessoa do setor privado**. No primeiro caso, tem-se a outorga e, no segundo, a **delegação.** Neste caso, a transferência da execução do serviço é feita mediante **contrato** ou **ato** administrativo; a **delegação** pode ser feita por meio da **concessão**, da **permissão** e da **autorização.**

---

172. (Delegado de Polícia – AP/ 2010 – FGV) Com relação aos contratos de concessão de serviços públicos, analise as afirmativas a seguir:

I. Em havendo alteração unilateral do contrato que afete o seu inicial equilíbrio econômico-financeiro, o poder concedente deverá restabelecê-lo, concomitantemente à alteração.

II. A tarifa não será subordinada à legislação específica anterior e, somente nos casos expressamente previstos em lei, sua cobrança poderá ser condicionada à existência de serviço público alternativo e gratuito para o usuário.

III. A criação, alteração ou extinção de quaisquer tributos ou encargos legais, inclusive os impostos sobre a renda, após a data da assinatura do contrato, implicará a revisão da tarifa, para mais ou para menos, conforme o caso.

IV. O poder concedente não poderá prever, em favor da concessionária, no edital de licitação, a possibilidade de outras fontes provenientes de receitas alternativas, complementares, acessórias ou de projetos associados, a fim de favorecer a modicidade das tarifas para os usuários.

Assinale:

a) se somente as afirmativas I e IV estiverem corretas.
b) se somente as afirmativas I e II estiverem corretas.
c) se somente as afirmativas II e IV estiverem corretas.
d) se somente as afirmativas II e III estiverem corretas.
e) se somente as afirmativas III e IV estiverem corretas.

COMENTÁRIOS

✪ **Nota do autor:** Para Maria Sylvia Zanella Di Pietro[78], o serviço público é "toda atividade material que a lei atribui ao Estado para que a exerça diretamente ou por meio de seus delegados, com o objetivo de satisfazer concretamente às necessidades coletivas, sob regime jurídico total ou parcialmente público".

Alternativa correta: letra "B". Estão corretos os itens I e II.

Item I. Certo. O art. 9º, § 4º, da Lei nº 8.987/95, preceitua que "em havendo alteração unilateral do contrato que afete o seu inicial equilíbrio econômico-financeiro, o poder concedente deverá restabelecê-lo, concomitantemente à alteração".

Item II. Certo. Trata-se de transcrição literal do art. 9º, § 1º, do mesmo diploma legal, que dispõe que "a tarifa não será subordinada à legislação específica anterior e somente nos casos expressamente previstos em lei, sua cobrança poderá ser condicionada à existência de serviço público alternativo e gratuito para o usuário".

Item III. Errado. Na forma do art. 9º, § 3º, a criação, alteração ou extinção de quaisquer tributos ou encargos legais, após a apresentação da proposta, quando comprovado seu impacto, implicará a revisão da tarifa, para mais ou para menos, conforme o caso, **ressalvados os impostos sobre a renda.**

Item IV. Errado. Nos termos do art. 11, *caput*, "no atendimento às peculiaridades de cada serviço público, **poderá o poder concedente prever**, em favor da concessionária, no edital de licitação, a possibilidade de outras fontes provenientes de receitas alternativas, complementares, acessórias ou de projetos associados, com ou sem exclusividade, com vistas a favorecer a modicidade das tarifas (...)".

---

78. *Direito administrativo*. 21 ed. São Paulo: Atlas, 2008. p. 102.

11. BENS PÚBLICOS

- Código Civil, artigos 98 a 103
- CF, artigos 20, 26, 30, 32, 183, § 3º, e 191, parágrafo único

173. (Vunesp – Delegado de Polícia – PC – SP/2018) Os bens públicos podem ter utilização especial ou privativa em algumas situações específicas. Suponha a situação em que empresa regularmente em operação deseja utilizar bem público, de forma privativa, onde realizará investimentos relevantes para a exploração da sua atividade, privada, mas de interesse público. Nessa situação, o instrumento administrativo mais adequado para preservar os interesses do particular investidor e da Administração é a

a) autorização de uso de bem público, pois é instrumento bilateral, assinado por prazo determinado, assegurando ao autorizado direito de indenização em caso de retomada do bem pela Administração.

b) concessão de uso especial para fins de moradia e investimentos, pois é esse o instrumento unilateral e precário adequado para a preservação dos interesses do particular na amortização dos investimentos realizados.

c) concessão de uso de bem público, a qual formaliza-se por contrato administrativo, portanto, instrumento bilateral, não sendo precário.

d) licença de uso de bem público, instrumento unilateral, assinado por prazo determinado, não assegurando ao licenciado direito de indenização em caso de retomada do bem pela Administração.

e) retrocessão, por ser esse o instrumento que permite, de forma gratuita, o uso de bem público por empresas privadas, para a exploração de atividade econômica de interesse público.

COMENTÁRIOS

✪ **Nota do autor:** Para que haja o uso de bem público por particular, é necessária a existência de título jurídico formal. Além dessa característica, podemos citar outras como: privatividade do uso, precariedade do uso e regime de direito público.

Alternativa "a". Autorização de uso é **ato** unilateral, discricionário e precário, pelo qual a Administração consente a utilização de bem público por particular, com exclusividade, para atender ao **interesse predominante do particular**. A questão afirma que a empresa irá utilizar bem público para exploração de sua atividade, mas de **interesse público,** de forma que a autorização não se mostra o instrumento mais adequado para preservar os interesses do investidor.

Alternativa "b". A concessão de uso especial para fins de moradia é conferida com esta finalidade exclusiva. Por ela, o legislador atribui à Administração atividade vinculada para reconhecer o direito subjetivo do ocupante à moradia, desde que cumpridos os requisitos legais[79].

Alternativa "c". Trata-se do instrumento mais adequado para preservar os interesses do investidor. **Concessão** é o **contrato** administrativo pelo qual a Administração Pública faculta ao particular a utilização privativa de bem público, para que a exerça conforme a sua destinação"[80]. Necessita de **licitação** prévia. O **interesse é preponderantemente público** e por ser um contrato, a rescisão antecipada gera, em regra, **direito à indenização.**

Alternativa "d". Licença é ato vinculado, pelo qual a Administração confere ao interessado consentimento para prática de uma **atividade.**[81]

Alternativa "e". Pela retrocessão, o bem privado que fora desapropriado pela Administração Pública retorna ao ex-proprietário, não havendo relação com o caso apresentado.

Alternativa correta: letra "c".

174. (FUNIVERSA – Delegado de Polícia – DF/2015) Com relação aos bens públicos, é correto afirmar que

a) as terras devolutas pertencem, em regra, à União.

b) os bens públicos são impenhoráveis, inalienáveis, imprescritíveis e indisponíveis.

c) as terras tradicionalmente ocupadas pelos índios são bens públicos de uso especial.

d) a autorização de bem público para fins particulares se concretiza por meio de contrato administrativo após processo de licitação.

e) o aforamento é uma forma de aquisição do domínio eminente do bem público por particular na qual há o pagamento de um laudêmio ou foro, sendo dispensada a licitação.

COMENTÁRIOS

✪ **Nota do autor:** Nos termos do art. 98, do Código Civil, são "públicos os bens do domínio nacional pertencentes às pessoas jurídicas de direito público interno; todos os outros são particulares, seja qual for a pessoa a que pertencerem". Esse é o **conceito legal** de bens públicos. Todavia, na doutrina há divergência quanto à definição dos bens públicos. Nesse sentido, José dos Santos Carvalho Filho considera como bens públicos apenas os pertencentes às pessoas de direito público e que, em face da redação do art. 98 do Código Civil, não há mais dúvida de que os bens das sociedades de economia mista e das empresas públicas são bens privados[82]. Por outro lado, Celso Antônio Bandeira de Mello afirma que

79. CARVALHO FILHO, José dos Santos. Manual de Direito Administrativo. 31ª ed. São Paulo: Altas, 2017. P. 1262.
80. DI PIETRO, Maria Sylvia Zanella. *Direito administrativo*. 23. ed. São Paulo: Atlas, 2010. p. 698.
81. CARVALHO FILHO, José dos Santos. Manual de Direito Administrativo. 31ª ed. São Paulo: Altas, 2017. P. 147.
82. *Manual de direito administrativo*. 19. ed. Rio de Janeiro: Lumen Juris, 2008, p. 1000.

são bens públicos os que pertencem às pessoas jurídicas de direito público e aqueles que, mesmo não pertencendo a essas pessoas, estejam afetados à prestação de serviços públicos[83].

Alternativa correta: letra "c". Nos termos do art. 20, XI, da Constituição Federal, as terras tradicionalmente ocupadas pelos índios são patrimônio da União, constituindo-se **bens públicos de natureza especial, *sui generis*, inalienáveis, indisponíveis e imprescritíveis**, características, em regra, inerentes a todos os bens públicos.

Alternativa "a". Em regra, as **terras devolutas** pertencem aos Estados, conforme art. 26, IV, da Constituição Federal. Há, **excepcionalmente**, terras devolutas pertencentes à União, que são aquelas "indispensáveis à defesa das fronteiras, das fortificações e construções militares, das vias federais de comunicação e à preservação ambiental, definidas em lei", na forma do art. 20, II, da Carta Magna.

Alternativa "b". Os bens públicos são inalienáveis, mas tal característica não é absoluta porque podem ser alienados caso tenha ocorrido a desafetação e sejam preenchidos os requisitos legais (como, por exemplo, autorização legal). Por isso, também, que a indisponibilidade não é característica de todos os bens públicos, pois existem os bens patrimoniais disponíveis, que são aqueles que não estão afetados a nenhuma finalidade pública e, desde que respeitadas condições legais, podem ser alienados. Por outro lado, de fato a **imprescritibilidade** e a **impenhorabilidade** são características dos bens públicos em geral. Em reforço à característica da imprescritibilidade do bem público, foi editada a **Súmula nº 619 do STJ**, que estabelece: "A ocupação indevida de bem público configura mera detenção, de natureza precária, insuscetível de retenção ou indenização por acessões e benfeitorias".

Alternativa "d". A **autorização de uso** é **ato** unilateral, discricionário e precário, pelo qual a Administração consente a utilização de bem público por particular, com exclusividade, para atender ao **interesse predominantemente particular**. Não se trata, portanto, de **contrato administrativo**, não sendo necessária, outrossim, a realização prévia de licitação.

Alternativa "e". **Aforamento** é o contrato pelo qual o proprietário de um imóvel transfere o domínio útil e perpétuo deste, mediante o pagamento de um foro anual, certo e invariável. Não há, assim, que se falar necessariamente em forma de aquisição do domínio eminente do bem público por particular.

---

175. (Cespe – Delegado de Polícia – AL/ 2012) Os bens públicos, seja qual for a sua destinação, são insuscetíveis de aquisição por meio de usucapião.

83. *Curso de direito administrativo*. 27. ed. São Paulo: Malheiros, 2010. p. 913.

COMENTÁRIOS

✪ **Nota do autor:** os **bens públicos** submetem-se a regime jurídico peculiar, diferente do aplicado aos bens particulares e, da análise desse regime, é possível extrair como características a inalienabilidade, a impenhorabilidade, a imprescritibilidade e a não onerabilidade.

Certo. Pela **imprescritibilidade**, os bens públicos **não se sujeitam à usucapião**. Assim, não é possível a aquisição de propriedade de bem público em razão da posse ininterrupta e prolongada nos prazos legalmente estabelecidos. Essa característica tem **natureza absoluta** e, desse modo, não há início de contagem de tempo para usucapião enquanto o bem for público, não importando se está vinculado a uso de interesse público ou não. Nesse sentido, a Súmula nº 619 do STJ, que estabelece: "A ocupação indevida de bem público configura mera detenção, de natureza precária, insuscetível de retenção ou indenização por acessões e benfeitorias".

---

176. (FUNCAB – Delegado de Polícia – RJ/2012) Uma viatura policial alocada ao depósito público como inservível se caracteriza como bem:

a) de uso especial.

b) dominical.

c) de uso comum do povo.

d) privado.

e) afetado.

COMENTÁRIOS

✪ **Nota do autor:** Pelo conceito **legalmente adotado**, somente são bens públicos aqueles pertencentes às pessoas jurídicas de **direito público**. Por outro lado, segundo doutrina majoritária, são, de igual modo, **bens público** aqueles que, mesmo que não pertençam às pessoas jurídicas de direito público, estejam **afetados à prestação de serviço público**.

Alternativa correta: letra "B". Os **bens dominicais** são os bens que **não possuem destinação específica** e que integram o patrimônio das pessoas jurídicas de direito público. Esses bens fazem parte do **patrimônio disponível** do Estado e são aqueles que não são nem de uso comum do povo nem de uso especial.

Alternativa "a". Os **bens de uso especial** são aqueles usados para a **execução das atividades administrativas**. Exemplos: os prédios onde há a sede de um órgão público, aeroportos, viaturas, desde que **não inservíveis**.

Alternativa "c". Os **bens de uso comum do povo** são aqueles **destinados ao uso de todos**, de maneira geral. Exemplos: ruas, rios, mares e praças.

Alternativa "d". Uma viatura policial alocada ao depósito público, **mesmo que inservível**, se caracteriza como bem **público**.

Alternativa "e". Os **bens dominicais** são considerados **desafetados**.

12. INTERVENÇÃO DO ESTADO NA PROPRIEDADE

- CF, artigos 5º, XXIV, 22, II, 182, 184 a 186, 216, § 1º21, 23, 25, 30 e 32, § 1º
- Lei Complementar nº 76/93
- Lei nº 8.257/91
- Lei nº 4.132/64
- Decreto-Lei nº 3.365/41
- Decreto-Lei nº 25/37

177. (Nucepe – Delegado de Polícia – PC – PI/2018) A proibição de construir além de determinado número de pavimentos e a passagem de fios da rede elétrica em um sítio de propriedade particular, correspondem, respectivamente, às seguintes modalidades de intervenção do Estado na propriedade:

a) servidão e aquisição administrativa.
b) requisição administrativa e limitação administrativa.
c) limitação administrativa e servidão administrativa.
d) limitação administrativa e ocupação temporária.
e) servidão e ocupação temporária.

COMENTÁRIO

✪ **Nota do autor:** Há várias formas de intervenção do Estado na propriedade privada, mas, levando-se em conta a natureza e os efeitos, a intervenção pode ser classificada em: a) **restritiva**, em que o Estado apenas **restringe o uso da propriedade, sem retirá-la do proprietário** e b) **supressiva**, em que ocorre a **supressão da propriedade.**

Alternativa "a". A **aquisição da propriedade** ocorre quando a Administração Pública adquire bens de todas as espécies, incorporando-os ao patrimônio público para a realização de seus fins. Podem ser feitas contratualmente (ex: compra) ou de forma compulsória (ex: desapropriação)[84]. A passagem de fios **não** consiste, dessa forma, em modo de aquisição de propriedade.

Alternativa "b". A **requisição administrativa** é a "utilização coletiva de **bens ou serviços** particulares pelo Poder Público" por ato de execução imediata e direta da autoridade requisitante e indenização ulterior, para atendimento de **necessidades coletivas, urgentes e transitórias."**[85] Trata-se, portanto, de medida **autoexecutória,** não restrita a apenas bens imóveis (abrange bens e serviços).

Alternativa "c". A **limitação administrativa** é toda **imposição geral, gratuita, unilateral** e de **ordem pública condicionadora do exercício de direitos ou de atividades particulares às exigências do bem-estar social**[86]. Ou seja, são determinações gerais, que condicionam o exercício do direito de propriedade em face do bem comum, pelas quais proprietários indeterminados são constituídos em **obrigações positivas, negativas ou permissivas**, isto é, o Poder Público pode impor que os proprietários em geral adotem determinado comportamento (fazer), ou que se abstenham de fazer algo (não fazer), ou que permitam que algo seja realizado. Não retira a propriedade de seus donos. A **servidão administrativa**, por seu turno, é o "**direito real público** que autoriza o Poder Público a usar a propriedade imóvel para permitir a execução de obras e serviços de interesse coletivo[87]. **Não se retira a propriedade de seu titular**, mas este é obrigado a consentir que seu imóvel seja usado em prol de um serviço público ou bem afetado a fim de utilidade pública. Tem como característica a **perpetuidade**, ou seja, durará enquanto for necessário ao interesse público.

Alternativa "d" (responde a alternativa "e"). A **ocupação temporária** é a "**utilização transitória**, remunerada ou gratuita, de **bens** particulares pelo Poder Público para a **execução** de obras, serviços ou atividades públicas de interesse público"[88]. Exemplos: ocupação de imóveis na época das eleições para votação e apuração ou, ainda, no caso de imóveis necessários à lavra e pesquisa de petróleo.

Alternativa correta: letra "c".

178. (Vunesp – Delegado de Polícia – PC – SP/2018) A atividade administrativa do Estado frequentemente demanda a necessidade de intervenção da propriedade individual em razão de um interesse público maior. A respeito das diversas modalidades de intervenção na propriedade, julgue as afirmações a seguir e selecione a alternativa correta.

a) A servidão administrativa é a intervenção na propriedade particular que decorre da instituição de direito real, impondo ao proprietário a obrigação de suportar ônus parcial sobre o imóvel de sua propriedade, em benefício de serviço público ou de um bem afetado a um serviço público.
b) A legislação brasileira não autoriza a ocupação temporária de bens imóveis particulares no Brasil, devendo a Administração, se necessária a ocupação de imóvel para fins de pesquisa arqueológica, apresentar ação de desapropriação com pedido de imissão na posse.
c) A função social da propriedade é o fundamento para a aplicação das restrições decorrentes do tombamento de bens particulares do Brasil, tornando o bem, a partir da formalização da restrição administrativa, integrante do patrimônio público, deixando de compor o acervo do particular.

84. MEIRELLES, Hely Lopes. *Direito administrativo brasileiro.* 43 ed. São Paulo: Malheiros, 2018. p 690.
85. MEIRELLES, Hely Lopes. *Direito administrativo brasileiro.* 36 ed. São Paulo: Malheiros, 2010. p 660.
86. MEIRELLES, Hely Lopes. *Direito administrativo brasileiro.* 36 ed. São Paulo: Malheiros, 2010. p 664.
87. CARVALHO FILHO, José dos Santos. *Manual de direito administrativo.* 19. ed. Rio de Janeiro: Lumen Juris, 2008. p. 691.
88. MEIRELLES, Hely Lopes. *Direito administrativo brasileiro.* 36 ed. São Paulo: Malheiros, 2010. p. 662.

d) Em regra, o tombamento de bens pela Administração, para a preservação de interesses de caráter histórico e cultural, exigirá a prévia indenização do proprietário em valor equivalente ao ônus de preservação a ele imposto.

e) A desapropriação de bens imóveis ocorrerá sempre mediante prévia indenização em dinheiro, conforme expressa determinação da Constituição.

COMENTÁRIOS

✪ **Nota do autor:** Com a evolução do perfil do Estado, este passou a atuar de forma mais incisiva nas relações sociais e assumiu o encargo de desempenhar a prestação de serviços fundamentais, de maneira a se tutelar a sociedade como um todo e não mais o indivíduo isoladamente considerado e, com isso, tornou-se inevitável a ingerência estatal no seio social, e, de maneira específica em relação à propriedade, há dois fundamentos para essa conformação intervencionista do Estado, quais sejam, a **supremacia do interesse público sobre o privado** e a **função social da propriedade**[89].

Alternativa "a". Por meio da servidão administrativa, a Administração Pública pode impor um **ônus real de uso** sobre a propriedade particular. Não se retira a propriedade de seu titular, mas este é obrigado a consentir que seu imóvel (**coisa serviente**) seja usado em prol de um serviço público ou de um bem afetado a fim de utilidade pública (**coisa dominante**). Correta, portanto, a alternativa.

Alternativa "b". A ocupação temporária é a "**utilização transitória**, remunerada ou gratuita, de **bens** particulares pelo Poder Público para a **execução** de obras, serviços ou atividades públicas ou de interesse público"[90]. Nota-se, portanto, ser possível a ocupação temporária de bem particular pelo Estado.

Alternativa "c". O tombamento é um **procedimento administrativo** adotado pelo Poder Público para sujeitar "a **restrições parciais** os bens de qualquer natureza cuja **conservação** seja de **interesse público**, por sua vinculação a fatos memoráveis da história ou por seu excepcional valor arqueológico ou etnológico, bibliográfico ou artístico"[91]. Ao contrário do afirmado, o bem não passará a integrar o patrimônio público, mantendo-se no patrimônio do particular.

Alternativa "d". Em regra, **não é devida indenização** em razão de tombamento, mas o proprietário terá direito ao ressarcimento se ficar demonstrado o dano como, por exemplo, o esvaziamento do valor econômico da propriedade.

89. CARVALHO FILHO, José dos Santos. *Manual de direito administrativo*. 19. ed. Rio de Janeiro: Lumen Juris, 2008. p. 685, 689.
90. MEIRELLES, Hely Lopes. *Direito administrativo brasileiro*. 36. ed.São Paulo: Malheiros, 2010. p. 662. Original sem destaque.
91. DI PIETRO, Maria Sylvia Zanella. *Direito administrativo*. 23. ed. São Paulo: Atlas, 2010. p. 139. Original sem destaque.

Alternativa "e". A regra é que a desapropriação seja indenizada ao proprietário, de maneira **prévia** e em **dinheiro**, mas o próprio texto constitucional admitiu as seguintes **exceções**, como, por exemplo, a desapropriação para fins urbanísticos (art. 182, §4º da CF/88), desapropriação por interesse social para fins de reforma agrária (art. 184 da CF/88), expropriação de terras em que haja cultura ilegal de planta psicotrópica ou trabalho escravo (art. 243 da CF/88).

Alternativa correta: letra "a".

---

179. (Vunesp – Delegado de Polícia – PC – BA/2018) O direito do proprietário de exigir que na desapropriação se inclua a parte restante do bem expropriado, que se tornou inútil ou de difícil utilização, é denominado de

a) Retrocessão.

b) Desapropriação indireta.

c) Direito de extensão.

d) Indenização de benfeitorias.

e) Direito de acrescer.

COMENTÁRIOS

✪ **Nota do autor:** Dentre as diversas formas de intervenção do Estado na propriedade particular, sem dúvida, a mais drástica delas é a desapropriação, pois se trata de intervenção supressiva da propriedade. Tem **natureza jurídica** de **forma originária de aquisição da propriedade**, ou seja, é como se não houvesse proprietário anterior.

Alternativa "a". A **retrocessão** é o direito do proprietário cujo imóvel fora expropriado de exigir o retorno do bem ao seu patrimônio em razão de não lhe ter sido dado o destino previsto.

Alternativa "b". Haverá desapropriação indireta quando o poder público se apossar de bem sem a observância do devido procedimento expropriatório.

Alternativa "c". Direito de extensão diz respeito ao direito do expropriado de exigir que a desapropriação alcance a totalidade do bem, quando o remanescente resultar esvaziado o seu conteúdo[92]. Trata-se, portanto, do exposto na questão.

Alternativa "d". Na desapropriação, haverá indenização do valor real do bem expropriado, acrescido de danos emergentes e lucros cessantes decorrentes da perda da propriedade. Ainda, haverá a incidência de juros moratórios e compensatórios, atualização monetária, despesas judiciais e honorários advocatícios[93].

Alternativa "e". Não há previsão de referido direito no instituto da desapropriação.

Alternativa correta: letra "c".

92. CARVALHO FILHO, José dos Santos. Manual de Direito Administrativo. 31ª ed. São Paulo, Atlas: 2017. p. 942.
93. CARVALHO FILHO, José dos Santos. Manual de Direito Administrativo. 31ª ed. São Paulo, Atlas: 2017. p. 914.

180. (Cespe – Delegado de Polícia – GO/2017) Um policial andava pela rua quando presenciou um assalto. Ao ver o assaltante fugir, o policial parou um carro, identificou-se ao motorista, entrou no carro e pediu que ele perseguisse o criminoso.

Nessa situação, conforme a CF e a doutrina pertinente, tem-se um exemplo típico da modalidade de intervenção do Estado na propriedade privada denominada

a) limitação administrativa, cabendo indenização ao proprietário, se houver dano ao bem deste.
b) requisição administrativa, cabendo indenização ao proprietário, se houver dano ao bem deste.
c) desapropriação, não cabendo indenização ao proprietário, independentemente de dano ao bem deste.
d) servidão administrativa, não cabendo indenização ao proprietário, independentemente de dano ao bem deste.
e) ocupação temporária, não cabendo indenização ao proprietário, mesmo que haja dano ao bem deste.

COMENTÁRIOS

✪ **Nota do autor:** Há várias formas de intervenção do Estado na propriedade privada, mas, levando-se em conta a natureza e os efeitos, a intervenção pode ser classificada em: a) **restritiva**, em que o Estado apenas **restringe o uso da propriedade, sem retirá-la do proprietário** e b) **supressiva**, em que ocorre a **supressão da propriedade**.

Alternativa correta: letra "b". A requisição administrativa é uma das formas de intervenção do Estado na propriedade privada, tratando-se de um ato administrativo unilateral, autoexecutório e oneroso, consistente na utilização coativa de bens, móveis, imóveis ou serviços particulares, com indenização posterior se houver dano (art. 5º, inc. XXV, da CF), para atender à necessidade pública inadiável e urgente, em tempos de guerra ou em caso de perigo público iminente. A requisição administrativa possui como características: a) é direito pessoal da Administração Pública; b) tem como pressuposto o perigo público iminente; c) incide sobre bens móveis, imóveis e serviços; d) caracteriza-se pela transitoriedade; e) a indenização é posterior e só ocorrerá se houver dano.

Alternativa "a". A limitação administrativa é exercida pela Administração Pública com a finalidade de disciplinar o uso do bem privado, em razão da função social. A limitação materializa-se na imposição de obrigações gerais a indeterminados proprietários, em razão do interesse da coletividade, desta forma impondo limites na liberdade em que o proprietário dispõe sobre seu bem.

Alternativa "c". A **desapropriação** é o "procedimento administrativo pelo qual o Estado, compulsoriamente, retira de alguém certo bem, por necessidade ou utilidade pública ou por interesse social e o adquire, originariamente, para si ou para outrem"[94].

94. GASPARINI, Diógenes. *Direito administrativo*. 13 ed. São Paulo: Saraiva, 2008. p. 816.

Alternativa "d". A **servidão administrativa** é uma forma de intervenção restritiva na propriedade, que implica instituição de direito real de natureza pública sobre coisa alheia, de maneira a impor ao proprietário a obrigação de suportar uma restrição parcial sobre o bem de sua propriedade, em benefício de um serviço público ou de execução de uma obra.

Alternativa "e". A **ocupação temporária** consiste em uma forma de limitação do Estado na propriedade privada que se caracteriza pela **utilização transitória**, gratuita ou remunerada de imóvel de propriedade particular, para fins de interesse público.

181. (FUNIVERSA – Delegado de Polícia – DF/2015) No que diz respeito à intervenção do Estado na propriedade, assinale a alternativa correta.

a) Suponha-se que Pedro seja proprietário de um bem tombado como patrimônio histórico e deseje vendê-lo. Nesse caso, o município terá direito de preferência na compra desse bem com relação ao estado ou ao Distrito Federal, e esses, por sua vez, com relação à União.
b) Limitações administrativas são determinações de caráter geral que impõem aos particulares obrigações positivas, negativas ou permissivas para condicionar as propriedades ao atendimento da sua função social, mediante prévia e justa indenização, mesmo que não haja prejuízo.
c) Servidão administrativa é o direito real do poder público de usar imóvel particular para permitir a execução de obras ou de serviços de interesse coletivo, sendo vedada indenização, mesmo se houver prejuízo, diante do seu caráter de interesse público.
d) A requisição é o direito real da administração de utilizar bem móvel, mas não imóvel ou serviço, quando houver perigo público iminente, havendo indenização ulterior, se houver prejuízo.
e) De acordo com a CF, a ocupação ou o uso temporário pode incidir sobre bens e serviços, em caso de calamidade pública, respondendo a União pelos danos e custos decorrentes.

COMENTÁRIOS

✪ **Nota do autor:** há várias formas de intervenção do Estado na propriedade privada, mas, levando-se em conta a natureza e os efeitos, a intervenção pode ser classificada em: a) **restritiva**, em que o Estado apenas **restringe o uso da propriedade, sem retirá-la do proprietário** e b) **supressiva**, em que ocorre a **supressão da propriedade**.

Alternativa correta: letra "e". A Constituição Federal estabelece no art. 136 as hipóteses em que o Presidente da República pode decretar estado de defesa, bem como que o decreto que o instituir especificará as medidas coercitivas a serem adotadas e, entre elas, o inciso II do § 1º desse artigo prevê a "ocupação e uso temporário de bens e serviços públicos, na hipótese de calamidade pública, respondendo a União pelos danos e custos decorrentes.

Alternativa "a". Com o tombamento o bem só se torna inalienável se for público e, ainda assim, apenas em relação à alienação para particular, porque pode ser alienado para outro ente público. Em se tratando de **bem particular pode ser alienado normalmente.** Aqui é importante ressaltar que o Decreto-Lei nº 25/1937 prevê em seu art. 22 que, no caso de alienação onerosa, existe o direito de preferência da União, do Estado e do Município (nessa ordem) para adquirir o bem. Todavia, o Novo Código de Processo Civil (Lei nº 13.105/15), no art. 1072, I, revogou esse artigo e, dessa maneira, com a sua entrada em vigor não há mais o direito de preferência para a alienação extrajudicial de bem tombado, ressaltando-se que o art. 892, § 3º, do Novo CPC estabelece que no "caso de leilão de bem tombado, a União, os Estados e os Municípios terão, nessa ordem, o direito de preferência na arrematação, em igualdade de oferta". Portanto, o direito de preferência somente existirá nas alienações judiciais.

Alternativa "b". A limitação administrativa é "toda imposição geral, gratuita, unilateral e de ordem pública condicionadora do exercício de direitos ou de atividades particulares às exigências do bem-estar social"[95]. **Não há que se falar em indenização**, quando da imposição das **limitações administrativas.**

Alternativa "c". A servidão administrativa é o "direito real público que autoriza o Poder Público a usar a propriedade imóvel para permitir a execução de obras e serviços de interesse coletivo"[96]. Por meio dela, a Administração impõe um **ônus real de uso** sobre a propriedade particular. Em regra, na **servidão administrativa há pagamento de indenização ao proprietário prejudicado.**

Alternativa "d". A requisição administrativa é a "**utilização coativa de bens ou serviços particulares** pelo Poder Público por ato de execução imediata e direta da autoridade requisitante e **indenização ulterior**, para atendimento de **necessidades coletivas** urgentes e transitórias"[97]. A requisição pode ter por objeto bens móveis, imóveis ou serviços particulares.

---

182. (FUNCAB – Delegado de Polícia – RJ/2012) Quanto à disciplina das requisições e demais modalidades de intervenção do Estado na propriedade, assinale a alternativa correta.

a) O objeto das requisições abrange somente os bens móveis e os serviços particulares, excluindo-se os bens imóveis, cuja intervenção se dará na forma de ocupação temporária.

b) A requisição é direito pessoal, ao contrário da servidão, que é direito real, e tem como pressuposto constitucional o perigo público iminente.

c) A requisição, quando causar diminuição patrimonial do particular, estará sujeita à prévia indenização nos termos da Constituição Federal.

d) Segundo a legislação aplicável, a requisição tem o prazo máximo de 30 dias, prorrogáveis por igual período em caso de justificada necessidade.

e) Não podem os entes federativos instituir servidões administrativas sobre os imóveis, uns dos outros.

COMENTÁRIOS

Alternativa correta: letra "B" (responde a alternativa "c"). A **requisição administrativa** é a "**utilização coativa de bens ou serviços particulares** pelo Poder Público por ato de execução imediata e direta da autoridade requisitante e **indenização ulterior**, para atendimento de **necessidades coletivas urgentes** e transitórias"[98]. Assim, a requisição tem natureza pessoal, enquanto na servidão administrativa, a Administração Pública **impõe um ônus real de uso** sobre a propriedade particular.

Alternativa "a". O objeto das requisições abrange, inclusive, os bens imóveis.

Alternativa "d". Não há prazo definido em lei específica para duração da requisição administrativa.

Alternativa "e". Em situações específicas admite-se a instituição de servidão sobre bem público. Entretanto, aplica-se, da mesma forma como ocorre na desapropriação, a proibição do Município instituí-la em bens dos Estados e da União, sendo que esta, por sua vez, pode fazê-lo sobre bens municipais e estaduais e o Estado em relação aos bens municipais.

---

183. (FGV – Delegado de Polícia – MA/2012) O estado "X" deseja desapropriar, por utilidade pública, um imóvel pertencente a particular, razão pela qual edita decreto declaratório de utilidade pública de determinada área. Diante do caso narrado, e tendo em vista as disposições do Decreto Lei nº 3.365/41, assinale a afirmativa correta.

a) Após a declaração de utilidade pública, caso o Estado não efetive a desapropriação em até dois anos contados da data da expedição do respectivo decreto, este caducará.

b) As autoridades administrativas, declarada a utilidade pública, podem penetrar nos prédios compreendidos na declaração, desde que possuam prévia autorização judicial.

c) Os proprietários de imóveis contíguos prejudicados extraordinariamente em sua destinação econômica deverão reclamar perdas e danos do proprietário do imóvel expropriado, pelo fato de este ter recebido integralmente o pagamento do preço.

d) O proprietário do imóvel poderá discutir em juízo se estão presentes ou não os casos de utilidade pública, hipótese em que, procedentes os pedidos do autor,

---

95. MEIRELLES, Hely Lopes. *Direito administrativo brasileiro*. 36 ed. São Paulo: Malheiros, 2010. p. 664.
96. CARVALHO FILHO, José dos Santos. *Manual de direito administrativo*. 25 ed. São Paulo: Atlas, 2013. p. 786.
97. MEIRELLES, Hely Lopes. *Direito administrativo brasileiro*. 36 ed. São Paulo: Malheiros, 2010. p. 660.
98. MEIRELLES, Hely Lopes. *Direito administrativo brasileiro*. 36 ed. São Paulo: Malheiros, 2010. p. 660.

este poderá reivindicar o imóvel mesmo após incorporado à Fazenda Pública, e obter indenização por perdas e danos.

e) A desapropriação poderá abranger as zonas que se valorizaram extraordinariamente em consequência da realização do serviço, as quais deverão estar compreendidas na declaração de utilidade pública.

COMENTÁRIOS

✪ **Nota do autor:** dentre as diversas formas de intervenção do Estado na propriedade particular, sem dúvida, a mais drástica delas é a desapropriação, pois se trata de intervenção **supressiva** da propriedade.

Alternativa correta: letra "E". Nos termos do art. 4º, *caput*, do Decreto-Lei nº 3.365/41, "**a desapropriação poderá abranger** a área contígua necessária ao desenvolvimento da obra a que se destina, e **as zonas que se valorizarem extraordinariamente, em consequência da realização do serviço**. Em qualquer caso, **a declaração de utilidade pública deverá compreendê-las**, mencionando-se quais as indispensáveis à continuação da obra e as que se destinam à revenda".

Alternativa "a". Após a declaração de utilidade pública, caso o Estado não efetive a desapropriação em até **cinco** anos contados da data da expedição do respectivo decreto, este caducará, nos termos do art. 10 do Decreto-Lei.

Alternativa "b". Na forma do art. 7º, **não é necessária autorização judicial** para as autoridades administrativas penetrarem nos prédios compreendidos na declaração de utilidade pública.

Alternativa "c". Nos termos do art. 37, *caput*, "aquele cujo bem for prejudicado extraordinariamente em sua destinação econômica pela desapropriação de áreas contíguas terá direito a reclamar perdas e danos do **expropriante**", ou seja, do Poder Público.

Alternativa "d". Caso a Administração Pública já tenha dado **destinação pública ao bem**, somente restará ao proprietário a indenização por perdas e danos, sendo impossível a **reivindicação do imóvel**, em face do contido no art. 35, do Decreto-Lei.

13. RESPONSABILIDADE EXTRACONTRATUAL DO ESTADO

▸ CF, art. 37, § 6º

184. (Fundatec – Delegado de Polícia – PC – RS/2018) Uma equipe da Delegacia de Polícia de Roubos e Extorsões do Departamento Estadual de Investigações Criminais da Polícia Civil do Estado do Rio Grande do Sul, a bordo de uma viatura oficial devidamente caracterizada, na rodovia BR 290, no sentido capital-litoral, realiza perseguição a um veículo tripulado por criminosos que, instantes antes, praticaram um assalto a uma agência bancária, com emprego de explosivos. Ao longo da perseguição, os policiais se veem obrigados a não parar na praça de pedágio, rompendo a respectiva cancela, de propriedade de empresa concessionária de serviço público, como única forma de não perderem os criminosos de vista. Graças a essa atitude, a equipe se manteve no encalço dos criminosos, logrando êxito em prendê-los em flagrante. Relacionando o caso acima com a responsabilidade extracontratual do Estado, analise as seguintes assertivas:

I. O Estado responderá objetivamente pelo prejuízo causado à empresa concessionária de serviço público.

II. A equipe de policiais civis não poderá ser responsabilizada em ação regressiva, porque não agiu com dolo ou culpa, mas no estrito cumprimento do dever legal.

III. A jurisprudência do Supremo Tribunal Federal adota, como regra geral, a teoria do risco administrativo para fundamentar a responsabilidade objetiva extracontratual do Estado.

Quais estão corretas?

a) Apenas I.

b) Apenas II.

c) Apenas I e II.

d) Apenas I e III.

e) I, II e III.

COMENTÁRIO

✪ **Nota do autor:** O art. 37, §6º, da Constituição Federal estabelece que as "pessoas jurídicas de direito público e as de **direito privado prestadoras de serviços públicos** responderão pelos danos que seus agentes, nessa qualidade, causarem a terceiros, assegurado o direito de regresso contra o responsável nos casos de dolo ou culpa".

Item I. Correto. Como destacado no comentário acima, o Estado responde objetivamente pelos danos que seus agentes, nessa qualidade, causarem a terceiros. De acordo com o texto constitucional, há a **exigência de dolo ou culpa para a responsabilização dos agentes públicos**, o que não ocorre em relação às pessoas jurídicas de direito público ou de direito privado prestadoras de serviço público, **donde se conclui que a responsabilidade extracontratual do Estado brasileiro é objetiva**, ou seja, independe da verificação de dolo ou culpa. Assim, verificados a conduta danosa, o prejuízo à vítima e o nexo de causalidade – e, por fim, a não incidência em uma das hipóteses de exclusão da responsabilidade –, a Administração Pública tem o dever de indenizar a vítima da lesão suportada.

Item II. Correto. O **direito de regresso** contra o agente causador do dano deve ser exercido pelo Estado quando aquele tenha agido com **dolo** ou **culpa**. No caso narrado, os agentes públicos não atuaram com **dolo** ou **culpa**, de tal modo que não devem ser responsabilizados, portanto.

Item III. Correto. De acordo com a **teoria do risco**, a responsabilidade do Estado é de **natureza objetiva,** ou seja, é desnecessária a demonstração de dolo ou culpa para que ocorra a responsabilização estatal. Essa teoria baseia-se no **risco** e na **solidariedade social** porque o Estado, no exercício de suas atividades, tem grande possibilidade de causar dano ao administrado. Essa teoria subdivide-se em duas vertentes: **teoria do risco administrativo,** de acordo com a qual, são admitidas excludentes de responsabilidade, em razão de caso fortuito ou força maior, culpa exclusiva da vítima e culpa exclusiva de terceiro; e **teoria do risco integral,** na qual não são admitidas excludentes de responsabilidade. A Constituição Federal, no art. 37, § 6º, adotou a responsabilidade objetiva do Estado, mas com base na teoria do risco administrativo e não a teoria do risco integral, salvo, no texto constitucional, em relação aos danos causados por acidente nucleares, consoante o art. 21, XXIII, "d".

Alternativa correta: letra "e".

185. (IBADE – Delegado de Polícia – AC/2017) Considerando os entendimentos jurisprudenciais do Superior Tribunal de Justiça e do Supremo Tribunal Federal relativos à responsabilidade civil do Estado, assinale a alternativa correta.

a) Para a jurisprudência do Superior Tribunal de Justiça, o Estado não responde civilmente por atos ilícitos praticados por foragidos do sistema penitenciário, salvo quando os danos decorrem direta ou imediatamente do ato de fuga. Também entende o Superior Tribunal de Justiça que o Estado pode responder civilmente pelos danos causados por seus agentes, ainda que estes estejam amparados por causa excludente de ilicitude penal.

b) Segundo o Supremo Tribunal Federal, é obrigação do Estado ressarcir os danos, inclusive morais, comprovadamente causados aos detentos em decorrência da falta ou insuficiência das condições legais de encarceramento. Para fundamentar esta tese, a Corte Excelsa invocou a teoria do risco administrativo do tipo integral.

c) Conforme a jurisprudência do Supremo Tribunal Federal, o Estado não deve ser condenado a indenizar servidores na hipótese de posse em cargo público determinada por decisão judicial, sob fundamento de que deveria ter sido investido em momento anterior, ainda que seja comprovada situação de arbitrariedade flagrante. Para o Supremo Tribunal Federal, nas hipóteses de arbitrariedade flagrante, a indenização deve ser substituída pelo reconhecimento do tempo de serviço.

d) Segundo o Supremo Tribunal Federal, caso um detento seja encontrado morto nas dependências de estabelecimento penitenciário e seja comprovado que se tratou de um suicídio, à luz da teoria do risco administrativo entende-se que não há como se imputar qualquer responsabilidade ao Estado.

e) O Superior Tribunal de Justiça, em conflito com a jurisprudência do Supremo Tribunal Federal, firmou entendimento no sentido de que o Estado deve ser responsabilizado civilmente caso o inquérito policial instaurado por delegado de polícia seja arquivado judicialmente após pedido do Ministério Público.

COMENTÁRIOS

✪ **Nota do autor:** O art. 37, § 6º, da Constituição Federal estabelece que as "pessoas jurídicas de direito público e as de direito privado prestadoras de serviços públicos responderão pelos danos que seus agentes, nessa qualidade, causarem a terceiros, assegurado o direito de regresso contra o responsável nos casos de dolo ou culpa". Assim, para haver a responsabilização do Estado não é necessária a perquirição do elemento subjetivo da conduta do agente público, isto é, não é preciso indagar se este agiu com dolo ou culpa, cuidando-se de indagação irrelevante para que o Estado seja obrigado a indenizar a vítima do dano, porque, para tanto, basta o nexo causal entre a conduta do agente e o prejuízo dela decorrente. Entretanto, situação diferente se revela em relação ao agente público, pois a pessoa estatal tem o direito de regresso apenas quando houve a conduta dolosa ou culposa, quer dizer, o agente público só responderá, perante a Administração Pública, se agiu com dolo ou culpa.

Alternativa correta: letra "a". O STJ possui entendimento nos dois sentidos mencionados na alternativa. Assim, no REsp nº 980.844, decidiu que o Estado não responde civilmente por atos ilícitos praticados por foragidos do sistema penitenciário, salvo quando os danos decorrem direta ou indiretamente do ato de fuga, propriamente dito. E, no REsp nº 1.266.517, restou decidido que "a Administração Pública pode ser condenada ao pagamento de indenização pelos danos cíveis causados por uma ação de seus agentes, mesmo que consequentes de causa excludente de ilicitude penal".

Alternativa "b". Segundo o Supremo Tribunal Federal, é obrigação do Estado ressarcir os danos, inclusive morais, comprovadamente causados aos detentos em decorrência da falta ou insuficiência das condições legais de encarceramento. Para fundamentar esta tese, a Corte Excelsa invocou a teoria do risco administrativo, pela qual possível a existência de excludentes de responsabilidade. Neste sentido, é o RE nº 580.252.

Alternativa "c". Conforme a jurisprudência do Supremo Tribunal Federal, o Estado não deve ser condenado a indenizar servidores na hipótese de posse em cargo público determinada por decisão judicial, sob fundamento de que deveria ter sido investido em momento anterior, **salvo se** comprovada situação de arbitrariedade flagrante. Nesse sentido, é o RE nº 724.347.

Alternativa "d". Segundo o Supremo Tribunal Federal, caso um detento seja encontrado morto nas dependências de estabelecimento penitenciário e não seja possível se comprovar que se tratou de suicídio, imperiosa a responsabilização do Estado. Nesse sentido, é o RE nº 841.526.

Alternativa "e". O Superior Tribunal de Justiça firmou entendimento no sentido de que o Estado **não**

deve ser responsabilizado civilmente caso o inquérito policial instaurado por delegado de polícia seja arquivado judicialmente após pedido do Ministério Público, uma vez que **não há configuração de erro judicial**, em referida situação. Nesse sentido, é o AgRg no AREsp nº 286.780-RN.

186. (ACAFE – Delegado de Polícia – SC/2014) Sobre a responsabilidade civil da Administração Pública, assinale a alternativa correta.

a) A absolvição do servidor no juízo criminal afastará a responsabilidade civil do Estado se não ficar comprovada culpa exclusiva da vítima.

b) A responsabilidade da Administração Pública será afastada se comprovada ausência do nexo causal entre o dano e a ação do Estado.

c) Não cabe à Administração Pública indenizar o erro judiciário.

d) As pessoas jurídicas de direito público interno são civilmente responsáveis por atos dos seus agentes que, nessa qualidade, causem danos a terceiros, ressalvado direito regressivo contra os causadores do dano, apenas se houver dolo por parte destes.

e) A Administração Pública deve indenizar o dano sofrido pelo particular somente se for comprovada a existência de falha da atividade administrativa.

COMENTÁRIOS

✪ **Nota do autor:** O Brasil adotou a **teoria do risco administrativo**, uma vez que, muito embora seja objetiva a responsabilidade do Estado, são admitidas excludentes em razão de caso fortuito ou força maior, culpa exclusiva da vítima e culpa exclusiva de terceiro.

Alternativa correta: letra "b". Nos casos de **rompimento** do nexo causal – dada a inexistência de um dos elementos necessários para a imputação de responsabilidade objetiva, quais sejam, existência de ato ilícito, prejuízo à vítima e nexo de causalidade – **entende-se que não há responsabilização do Estado**. É o que ocorre, por exemplo, quando há **culpa exclusiva da vítima** ou, ainda, **culpa exclusiva de terceiro.**

Alternativa "a". Vigora a independência entre as instâncias de responsabilização, de tal forma que a absolvição do servidor no juízo criminal **não** afastará a responsabilidade civil do Estado, uma vez que esta, como destacado, é **objetiva** e, portanto, independe da existência de **culpa ou dolo**.

Alternativa "c". O Estado, **em regra**, **não responde** pelos atos judiciais, **exceto** nos casos de (art. 5º, LXXV, CF): **a) erro judiciário**; **b) prisão além do tempo da condenação.**

Alternativa "d". As pessoas jurídicas de direito público interno são civilmente responsáveis por atos dos seus agentes que, nessa qualidade, causem danos a terceiros, ressalvado direito regressivo contra os causadores do dano, **se houver culpa ou dolo na conduta por estes perpetrada.**

Alternativa "e". O art. 37, § 6º, da Constituição Federal, impõe às pessoas jurídicas de direito público e às pessoas jurídicas de direito privado prestadoras de serviço público a chamada **responsabilidade objetiva**. Assim, não é necessária a ocorrência de **falha administrativa** para que a Administração Pública seja indenizada, bastando, apenas e tão somente, **ato ilícito, prejuízo às vítimas e nexo de causalidade.**

187. (Fundação Aroeira – Delegado de Polícia – TO/2014) Em uma situação hipotética, determinado Delegado de Polícia, sem observar as formalidades legais, autuou em flagrante cidadão conduzido pela Polícia Militar, o que acarretou o relaxamento da prisão por ordem judicial três dias depois. Essa situação configura um caso de responsabilidade

a) subsidiária do Estado.

b) subjetiva do Estado.

c) exclusiva do Delegado.

d) objetiva do Estado.

COMENTÁRIOS

Alternativa correta: letra "D" (responde as demais alternativas). O art. 37, § 6º, da Constituição Federal estabelece que as "pessoas jurídicas de direito público e as de direito privado prestadoras de serviços públicos responderão pelos danos que seus agentes, nessa qualidade, causarem a terceiros, assegurado o direito de regresso contra o responsável nos casos de dolo ou culpa". Verifica-se no dispositivo que existe a exigência de dolo ou culpa para os agentes públicos, o que não ocorre em relação às pessoas jurídicas mencionadas. A responsabilidade extracontratual do Estado brasileiro é objetiva. No caso em comento, **por não ter o delegado observado às formalidades legais**, este será responsabilizado, **subjetivamente**, mas somente via ação de regresso, após o trânsito em julgado da sentença que tenha condenado o Estado, de maneira objetiva, a indenizar os danos suportados pela vítima.

188. (Cespe – Delegado de Polícia – BA/2013) Um agente público que, agindo de forma culposa, gere lesão ao patrimônio público, estará obrigado a ressarcir integralmente o dano causado.

COMENTÁRIOS

Certo. Nos moldes do art. 37, § 6º, da Constituição Federal, a responsabilidade do Estado é objetiva e, por sua vez, a do agente público é subjetiva. Assim, não há necessidade de demonstração de dolo ou culpa para que a vítima seja indenizada; em relação ao servidor, contudo, este somente será responsabilizado se agiu com dolo ou culpa.

189. (UEL – Delegado de Polícia – PR/2013) Quanto à responsabilidade extracontratual do Estado, assinale a alternativa que apresenta, corretamente, caso em que existe uma atenuante de responsabilidade do Estado.

a) Caso fortuito.

b) Culpa concorrente da vítima.

c) Culpa exclusiva de terceiros.

d) Dolo eventual.

e) Força maior.

COMENTÁRIOS

✪ **Nota do autor:** a **responsabilidade extracontratual do Estado**, no Brasil, é objetiva, mas, pela adoção da **teoria do risco administrativo**, admitem-se **situações capazes de excluir a responsabilidade estatal**, porque **excluem o nexo de causalidade**.

Alternativa correta: letra "B". A **culpa concorrente da vítima** não exclui a responsabilidade, mas atenua esta, havendo redução do valor de indenização a ser fixado.

Alternativa "a" (responde as alternativas "c" e "e"). São **excludentes da responsabilidade objetiva do Estado** o **caso fortuito** ou a **força maior**, a **culpa exclusiva da vítima** e a **culpa exclusiva de terceiros**.

Alternativa "d". O **dolo eventual** não exclui nem atenua a responsabilidade do Estado; assim, verificado, por parte do agente público, dolo eventual, será objetiva a responsabilização da Administração Pública.

190. (Delegado de Polícia – MG/ 2011 – ACADEPOL) Sobre a Responsabilidade Civil do Estado é CORRETO afirmar, EXCETO:

a) As pessoas jurídicas de direito público respondem pelos danos que seus agentes, no exercício de suas funções, causarem a terceiros.

b) Cabível ao Estado ajuizar ação de regresso em face do agente causador do dano, desde que tenha agido dolosamente, mostrando-se inviável à pretensão se a conduta foi meramente culposa.

c) O princípio da repartição dos encargos também constitui fundamento da responsabilidade objetiva do Estado.

d) As pessoas jurídicas de direito privado que prestam serviços delegados serão responsáveis pelos atos seus ou de seus prepostos, desde que haja vínculo jurídico de direito público entre o Estado e o delegatário.

COMENTÁRIOS

✪ **Nota do autor:** O art. 37, § 6º, da Constituição Federal estabelece que as "pessoas jurídicas de direito público e as de direito privado prestadoras de serviços públicos responderão pelos danos que seus agentes, nessa qualidade, causarem a terceiros, assegurado o direito de regresso contra o responsável nos casos de dolo ou culpa". Verifica-se no dispositivo que existe a exigência de dolo ou culpa para os agentes públicos, o que não ocorre em relação às pessoas jurídicas mencionadas, donde se conclui que a responsabilidade extracontratual do Estado brasileiro é objetiva.

Alternativa correta: letra "B". O **direito de regresso** contra o agente causador do dano deve ser exercido pelo Estado quando aquele tenha agido com **dolo** ou **culpa.**

Alternativa "a". Da leitura do art. 37, § 6º, da Constituição, verifica-se que as pessoas jurídicas de direito público responderão pelos danos que seus agentes, nessa qualidade, causarem a terceiros.

Alternativa "c". A teoria da responsabilidade **objetiva** baseia-se no **risco** e na **solidariedade social** porque o Estado, no exercício de suas atividades, tem grande probabilidade de causar dano ao administrado, isto é, o risco de dano é grande e, como essa atividade tem como finalidade beneficiar a coletividade como um todo, o prejuízo causado, também, deve ser dividido com todos. Trata-se de incidência do **princípio da repartição dos encargos.Alternativa "d".** A responsabilidade objetiva prevista no art. 37, § 6º, da Constituição Federal aplica-se a todas as **pessoas jurídicas de direito público** e às **pessoas jurídicas de direito privado prestadoras de serviço público**. Nesse sentido, o STF, no RE 842846, fixou a seguinte tese com repercussão geral: "O Estado responde, objetivamente, pelos atos dos tabeliães e registradores oficiais que, no exercício de suas funções, causem dano a terceiros, assentado o dever de regresso contra o responsável, nos casos de dolo ou culpa, sob pena de improbidade administrativa".

191. (Delegado de Polícia – AP/ 2010 – FGV) Com relação à responsabilidade civil, penal e administrativa decorrente do exercício do cargo, emprego ou função pública, analise as afirmativas a seguir:

I. O funcionário público, condenado na esfera criminal, poderá ser absolvido na esfera civil e administrativa, prevalecendo a regra da independência entre as instâncias.

II. A absolvição judicial do servidor público repercute na esfera administrativa se negar a existência do fato ou excluí-lo da condição de autor do fato.

III. A Administração Pública pode demitir funcionário público por corrupção passiva antes de transitado em julgado da sentença penal condenatória.

IV. A absolvição do servidor público, em ação penal transitada em julgado, por não provada a autoria, implica a impossibilidade de aplicação de pena disciplinar administrativa, porém permite a ação regressiva civil para ressarcimento de dano ao erário.

Assinale:

a) se somente a afirmativa I estiver correta.

b) se somente as afirmativas I e II estiverem corretas.

c) se somente as afirmativas II e IV estiverem corretas.

d) se somente as afirmativas II e III estiverem corretas.

e) se todas as afirmativas estiverem corretas.

COMENTÁRIOS

✪ **Nota do autor:** O **agente público** deve exercer suas atribuições de maneira regular, em conformidade com o ordenamento jurídico e será responsabilizado quando atuar de maneira irregular, infringindo algum dispositivo normativo. Há diferentes esferas de responsabilização, e o agente público, com um ato só, pode **responder** nas esferas **cível, penal** e **administrativa**.

Alternativa correta: letra "D". Estão corretos os itens II e III.

Item I. Errado. A regra é que as **sanções penais, administrativas e civis podem cumular-se, pois são independentes entre si.** No entanto, a **exceção** se dá na esfera **penal**, quando o **servidor for absolvido em razão da inexistência do fato ou da negativa de autoria.** Qualquer outro motivo que tenha sido absolvido não interferirá na esfera administrativa ou cível. Se, contudo, o agente público for **condenado** em âmbito penal, **necessariamente** o será na esfera civil e administrativa.

Item II. Certo. Como visto, na esfera **penal**, quando o **servidor for absolvido em razão da inexistência do fato ou da negativa de autoria**, não poderá ser responsabilizado em âmbito civil ou administrativo. Qualquer outro motivo que tenha sido absolvido não interferirá nas outras esferas de responsabilização.

Item III. Certo. Pela pena de **demissão,** o **servidor titular de cargo efetivo é desligado compulsoriamente da Administração Pública.** Se no respectivo estatuto a corrupção estiver prevista como passível de demissão, como ocorre na esfera federal (art. 132, XI, da Lei nº 8.112/90), não há necessidade de aguardar o trâmite do processo judicial.

Item IV. Errado. Como destacado, a regra é que as **sanções penais, administrativas e civis podem cumular-se, pois são independentes entre si.** No entanto, a **exceção** se dá na esfera **penal**, quando o **servidor for absolvido em razão da inexistência do fato ou da negativa de autoria**. Qualquer outro motivo que tenha sido absolvido não interferirá na esfera administrativa ou cível, inclusive a absolvição por **não provada a autoria.** Quanto à ação regressiva, o que deve ser levado em consideração é se o servidor agiu ou não com dolo ou culpa e se o Estado reparou o dano.

14. CONTROLE DA ADMINISTRAÇÃO PÚBLICA

- CF, art. 5º LXVIII, LXIX, LXX, LXXI, LXXII, LXIII e LXXVII
- CF, artigos 50 e 58
- CF, artigos 70, 71 e 74
- CF, art. 103
- CF, art. 129, II
- Lei nº 12.016/09
- Lei nº 7.347/85
- Lei nº 4.717/65

192. (Fumarc – Delegado de Polícia – PC – MG/2018) Sobre o controle administrativo da Administração Pública, NÃO é correto afirmar:

a) É um controle de legalidade e de mérito.

b) Pode ocorrer por iniciativa da própria administração, mas não pode ser deflagrado mediante provocação dos administrados.

c) Quanto à natureza do órgão controlador, se divide em legislativo, judicial e administrativo.

d) Tem por finalidade confirmar, alterar ou corrigir condutas internas, segundo aspectos de legalidade ou de conveniência para a Administração.

COMENTÁRIO

✪ **Nota do autor:** O **controle administrativo** é **o poder que a própria Administração Pública tem de fiscalização e correção sobre seus próprios atos, sob os aspectos de legalidade e mérito, por iniciativa própria ou mediante provocação.** Deriva do poder-dever de autotutela que a Administração Pública tem sobre seus atos e agentes.

Alternativa "b" (responde às alternativas "a" e "d"). O "**controle administrativo** é um **autocontrole** dentro da Administração Pública"[99]. É "o poder de fiscalização e correção que a Administração (em sentido amplo) exerce sobre sua própria atuação, sob os aspectos de legalidade e mérito, por iniciativa própria ou **mediante provocação**"[100]. Decorre principalmente do poder de **autotutela,** mas também da própria **tutela,** quando se tratar de entidades da administração indireta.

Alternativa "c". Para que essa atividade de controle torne efetiva a submissão da Administração Pública à ordem jurídica, há um sistema tríplice de controle: **controle administrativo**, **controle legislativo** e **controle jurisdicional**[101].

Alternativa correta: letra "b".

193. (IBADE – Delegado de Polícia – AC/2017) Quanto ao Controle da Administração Pública, é correto afirmar:

a) Quanto aos sistemas de controle da Administração Pública, o ordenamento brasileiro filiou-se ao sistema francês ou de dualidade de jurisdição, na medida em que vários órgãos colegiados administrativos possuem a função atípica de julgamento de recursos administrativos.

b) A Administração pode anular seus próprios atos quando eivados de vícios que os tornam ilegais, porque deles não se originam direitos; ou revogá-los, por motivo de conveniência ou oportunidade, respeitados os direitos adquiridos, e ressalvada, em todos os casos, a apreciação judicial.

---

99. FAGUNDES, Miguel Seabra. *O controle dos atos administrativos pelo poder judiciário*. 8. ed. atualizada por Gustavo Binenbojm. Rio de Janeiro: Forense, 2010. p. 126. Original sem destaque.
100. DI PIETRO, Maria Sylvia Zanella. *Direito administrativo*. 23. ed. São Paulo: Atlas, 2010. p. 730.
101. FAGUNDES, Miguel Seabra. *O controle dos atos administrativos pelo poder judiciário*. 8. ed. atualizada por Gustavo Binenbojm. Rio de Janeiro: Forense, 2010. p. 125-126.

c) Por inexistir hierarquia entre a administração direta e a administração indireta, veda-se o controle administrativo desta por aquela. Neste norte de ideias, caso a administração direta discorde da atuação da administração indireta, o caso controvertido deve ser judicializado.

d) Como regra, para que um ato da Administração Pública seja controlado pelo Poder Judiciário, deve o interessado esgotar a via administrativa percorrendo todas as suas instâncias.

e) Os Tribunais de Contas dos Estados integram o Poder Judiciário estadual e exercem controle externo da Administração Pública.

COMENTÁRIOS

✪ **Nota do autor:** O controle da Administração Pública é "o conjunto de mecanismos jurídicos e administrativos por meio dos quais se exerce o poder de fiscalização e de revisão da atividade administrativa em qualquer das esferas de poder"[102].

Alternativa correta: letra "b". Nos termos da Súmula 473 do STF, representativa do princípio da autotutela, a "administração pode anular seus próprios atos, quando eivados de vícios que os tornam ilegais, **porque deles não se originam direitos**; ou revogá-los, por motivo de conveniência ou oportunidade, respeitados os direitos adquiridos, e ressalvada, em todos os casos, a apreciação judicial".

Alternativa "a". O Brasil **não** adota o sistema francês ou de dualidade de jurisdições, uma vez que, no país, **há uma jurisdição única**, inclusive para resolução de conflitos que envolvam a Administração Pública. Fala-se, assim, em **unicidade de jurisdição**. Nesse sentido é o art. 5º, XXXV: "a lei não excluirá da apreciação do Poder Judiciário lesão ou ameaça a direito". Por isso, as decisões administrativas no Brasil não possuem característica de definitividade.

Alternativa "c". O "**controle administrativo** é um **autocontrole** dentro da Administração Pública"[103]. É "o poder de fiscalização e correção que a Administração (em sentido amplo) exerce sobre sua própria atuação, sob os aspectos de legalidade e mérito, por iniciativa própria ou mediante provocação" [104]. Decorre principalmente do poder de **autotutela,** mas também da própria **tutela,** quando se tratar de entidades da administração indireta. **Quanto à amplitude ou fundamento**, o controle pode ser **hierárquico** (ou por subordinação) ou **finalístico** (ou por vinculação). O primeiro caso é decorrência da relação de subordinação instituída em razão do poder hierárquico da Administração. Já, o segundo é o controle realizado pela administração direta sobre as entidades da administração indireta, em que se verifica se a entidade criada está cumprindo as finalidades previstas na lei que a criou ou autorizou a sua criação.

Alternativa "d". À luz do princípio da **inafastabilidade de jurisdição**, previsto no art. 5º, XXXV, da Constituição Federal, **não é necessário, em regra, o esgotamento da via administrativa** para proposição da medida judicial cabível.

Alternativa "e". Na forma do art. 71, caput, da Constituição Federal, o **controle financeiro externo**, a cargo do Congresso Nacional, será exercido com o **auxílio do Tribunal de Contas da União.** Entretanto, os tribunais de contas revestem-se de **natureza de órgãos constitucionais dotados de autonomia administrativa e financeira**, sem qualquer relação de subordinação com os Poderes Executivo, Legislativo e Judiciário. Nas palavras de Alexandre de Moraes, o Tribunal de Contas da União é um "órgão auxiliar e de orientação do Poder Legislativo, **embora a ele não subordinado**, praticando atos de natureza administrativa, concernentes, basicamente, à fiscalização"[105]. Da mesma forma, os tribunais de contas estaduais não integram o Poder Judiciário.

194. (Vunesp – Delegado de Polícia – CE/2015) A Administração Pública deve atuar com legitimidade, segundo as normas pertinentes a cada ato e de acordo com a finalidade e o interesse coletivo na sua realização. Nesse sentido, é correto afirmar que

a) o controle de mérito é todo aquele que antecede a conclusão do ato.

b) a inexistência de lei específica impede o controle externo popular.

c) se o ato pendente de decisão administrativa é inoperante, pode causar lesão ou ameaça de lesão a alguém, que passa a ter legitimação para se socorrer do Judiciário.

d) são características da fiscalização hierárquica a mutabilidade e a provocação.

e) o controle administrativo deriva do poder-dever de autotutela que a Administração tem sobre seus próprios atos e agentes.

COMENTÁRIOS

Alternativa correta: letra "e". O "**controle administrativo** é um **autocontrole** dentro da Administração Pública"[106]. É "o poder de fiscalização e correção que a Administração (em sentido amplo) exerce sobre sua própria atuação, sob os aspectos de legalidade e mérito, por iniciativa própria ou mediante provocação"[107].

102. CARVALHO FILHO, José dos Santos. *Manual de direito administrativo*. 26. ed. São Paulo: Atlas, 2013. p. 836.
103. FAGUNDES, Miguel Seabra. *O controle dos atos administrativos pelo poder judiciário*. 8. ed. atualizada por Gustavo Binenbojm. Rio de Janeiro: Forense, 2010. p. 126. Original sem destaque.
104. DI PIETRO, Maria Sylvia Zanella. *Direito administrativo*. 23. ed. São Paulo: Atlas, 2010. p. 730.
105. *Constituição do Brasil interpretada e legislação constitucional*. 6 ed. São Paulo: Atlas, 2006. p. 1249-1259.
106. FAGUNDES, Miguel Seabra. *O controle dos atos administrativos pelo poder judiciário*. 8. ed. atualizada por Gustavo Binenbojm. Rio de Janeiro: Forense, 2010. p. 126. Original sem destaque.
107. DI PIETRO, Maria Sylvia Zanella. *Direito administrativo*. 23. ed. São Paulo: Atlas, 2010. p. 730.

Decorre principalmente do poder de **autotutela,** mas também da própria **tutela,** quando se tratar de entidades da administração indireta.

Alternativa "a". Quanto ao aspecto controlado, o controle pode ser de **legalidade ou de mérito**. Na primeira hipótese, analisa-se a conformidade do ato com o direito, isto é, verifica-se a legalidade do ato praticado; pode ser feito pela própria Administração, pelo Poder Judiciário ou pelo Poder Legislativo. Na segunda hipótese, controla-se a oportunidade, a conveniência de ato discricionário praticado; somente a própria Administração pode fazê-lo. Assim, a alternativa faz menção ao **controle preventivo**, que é aquele realizado antes da conclusão do ato, na classificação do controle **quanto ao momento em que é realizado.**

Alternativa "b". A **inexistência de lei específica não impede o controle externo popular.** Pelo contrário, é plenamente possível que a população, por meios não necessariamente previstos em lei, promova à fiscalização da Administração Pública.

Alternativa "c". Na forma do art. 5º, XXXV, da Constituição Federal, "a lei não excluirá da apreciação do Poder Judiciário lesão ou ameaça a direito"; assim, não há qualquer menção ao fato do ato administrativo ser **inoperante.**

Alternativa "d". A **provocação** não é característica do **controle hierárquico**, uma vez que, à luz do **princípio da autotutela,** a Administração Pública deve, **de ofício**, atuar quando verificada uma irregularidade.

---

195. (FUNIVERSA – Delegado de Polícia – DF/2015) No que se refere ao controle da administração pública e à improbidade administrativa, assinale a alternativa correta.

a) Conforme entendimento do STF, as comissões parlamentares de inquérito podem, desde que fundamentadamente, quebrar o sigilo fiscal, telefônico e bancário, mesmo na hipótese de haver investigação judicial em curso, sobre os mesmos fatos e pessoas, com decretação de segredo de justiça.

b) O STF é competente para julgar ação popular proposta pelo presidente da República.

c) Conforme preceito constitucional, as empresas públicas e as sociedades de economia mista não estão submetidas às regras da Lei nº 8.666/1993, mas apenas aos princípios constitucionais da administração pública, o que significa que os atos praticados nas licitações e nos contratos por essas empresas estatais não estarão sujeitos à impugnação via mandado de segurança, mas por meio de ação própria.

d) Suponha-se que um contrato administrativo de concessão de serviço público tenha sido firmado, e prorrogado, sem licitação. Nesse caso, o termo inicial do prazo prescricional para apurar eventual ato de improbidade administrativa será a data do ato ilegal e não o término de vigência do referido contrato.

e) O TCU não tem competência para sustar ou anular, por meio de decisão própria, contratos administrativos que foram firmados com violação à CF ou à lei.

COMENTÁRIOS

✪ **Nota do autor:** a questão dada pela banca, na verdade, admite recurso como se verá adiante. O melhor seria a anulação da questão.

Alternativa correta: letra "e". A Constituição Federal, ao disciplinar as competências do TCU, tratou de forma diferenciada a possibilidade de sustar ato administrativo – conforme art. 71, X, da Lei Maior – e contrato administrativo. **No caso de contratos administrativos, o ato de sustação compete, em princípio, ao Congresso Nacional,** nos exatos termos do art. 71, § 1º, da Constituição Federal. Entretanto, caso o Congresso Nacional ou o Poder Executivo não adotem as medidas necessárias, passa o TCU a ter competência para decidir a respeito da sustação do contrato, conforme determina o § 2º do art. 71. Assim, mesmo que de forma residual, o TCU tem competência para sustar contrato administrativo. Portanto, a alternativa deveria ser considerada incorreta e, dessa maneira, a questão deveria ter sido anulada por não haver alternativa correta.

Alternativa "a". Conforme entendimento do STF, as comissões parlamentares de inquérito **não** podem quebrar o sigilo fiscal, telefônico e bancário, quando houver investigação judicial em curso, sobre os mesmos fatos e pessoas, **com decretação de segredo de justiça.** Nesse sentido é, por exemplo, o Mandado de Segurança nº 27.483, **pelo qual foi determinado que as Comissões Parlamentares de Inquérito não têm poder para quebrar o sigilo judicial.**

Alternativa "b". A justiça comum, em 1ª instância, é a competente para julgar ação popular proposta contra o Presidente da República. Nesse sentido, é a Ação Originária nº 859, julgada pelo STF em 11/10/2001.

Alternativa "c". Para fins da Lei nº 8.666/93 – Lei de Licitações – considera-se Administração Pública, portanto, quem tem o **dever de licitar** "a administração direta e indireta da União, dos Estados, do Distrito Federal e dos Municípios, abrangendo inclusive as entidades com personalidade jurídica de direito privado sob controle do poder público e das fundações por ele instituídas ou mantidas". Assim, **empresas públicas e sociedades de economia mista estão submetidas às regras da Lei nº 8.666/93.**

Alternativa "d". Está bem assentado no Superior Tribunal de Justiça o entendimento segundo o qual o prazo prescricional em questão tem como termo inicial o **término do contrato**, porque, nestas situações, existe a continuidade de efeitos no tempo. Neste sentido, é o REsp nº 1.150.639-RS, publicado em 08/10/2010.

---

196. (NUCEPE – Delegado de Polícia – PI/2014) Caio ingressou no serviço público há 01 (um ano), contudo, Caio não tem cumprido metas, não vem desempenhando suas atividades dentro da Administração Pública a contento. Com base neste episódio que controle da administração pública possui como função a de observar a eficiência do agente administrativo dentro do princípio da legalidade?

a) Controle administrativo e financeiro.
b) Controle administrativo.
c) Controle político.
d) Controle judicial.
e) Controle legal.

COMENTÁRIOS

Alternativa correta: letra "b". O "**controle administrativo** é um **autocontrole** dentro da Administração Pública"[108]. É "o poder de fiscalização e correção que a Administração (em sentido amplo) exerce sobre sua própria atuação, sob os aspectos de legalidade e mérito, por iniciativa própria ou mediante provocação" [109]. Por isso, a função de observar a eficiência do agente administrativo representa exercício do controle administrativo.

Alternativa "a" (responde a alternativa "c"). O **controle legislativo** é exercido pelo Poder Legislativo sobre os atos do Poder Executivo, das entidades da administração indireta e, também, sobre os atos administrativos do Poder Judiciário. Esse controle **abrange o controle financeiro e o controle político**. O financeiro refere-se à receita, à despesa, à gestão dos recursos públicos. O controle político é feito sobre os outros Poderes, quanto aos atos administrativos, abrangendo aspectos de mérito (conveniência e oportunidade) e legalidade. Há várias hipóteses de controle político no texto constitucional, nas quais se inclui a aprovação da escolha dos Ministros do Superior Tribunal de Justiça por voto secreto (CF: art. 52, III, "a" c/c o art. 104, parágrafo único).

Alternativa "d". O **controle judicial** é o exercido privativamente pelos órgãos do Poder Judiciário sobre os atos administrativos do Executivo, do Legislativo e do próprio Judiciário quando realiza atividade administrativa. Trata-se de controle de natureza **externa** e, quanto a sua extensão, é um controle de **legalidade** ou **legitimidade**, não sendo permitido ao Judiciário a ingerência no mérito do ato administrativo, ou seja, sobre a conveniência e a oportunidade.

Alternativa "e". O **controle de legalidade** é aquele que busca a verificação dos requisitos legais para a formação de determinado ato administrativo. Opõe-se ao chamado **controle de mérito**, que busca a verificação da **conveniência e oportunidade** na realização de determinado ato.

---

197. (Fundação Aroeira – Delegado de Polícia – TO/2014) O controle exercido pelo Ministério Público sobre a polícia é do tipo:

a) hierárquico.
b) interno.
c) finalístico.
d) externo.

COMENTÁRIOS

Alternativa correta: letra "D" (responde a alternativa "b"). O **controle externo** é aquele realizado por órgão ou entidade administrativa ou por poder distinto daquele no qual o ato foi praticado. Assim, é externo, por exemplo, tanto o controle que o Poder Legislativo exerce sobre os demais poderes quanto o feito pela administração direta sobre entidade da administração indireta[110]. Neste sentido, é, por exemplo, o controle exercido pelo Ministério Público sobre a polícia.

Alternativa "a". O **controle hierárquico ou por subordinação** é decorrência da relação de subordinação instituída em razão do poder hierárquico da Administração. Esse controle pressupõe as faculdades dos superiores de fiscalização, coordenação, supervisão, orientação, aprovação, revisão e correção dos atos dos subordinados.

Alternativa "c". O **controle finalístico ou por vinculação** é aquele realizado pela administração direta sobre as entidades da administração indireta, em que se verifica se a entidade criada está cumprindo as finalidades previstas na lei que a criou ou autorizou a criação.

---

198. (UEL – Delegado de Polícia – PR/2013) A administração pública direta e indireta recebe o controle externo, relacionado à fiscalização contábil, financeira, orçamentária e patrimonial.

Assinale a alternativa que apresenta, corretamente, o órgão que exerce esse controle.

a) Poder Executivo com o auxílio do Poder Judiciário.
b) Poder Legislativo com o auxílio do Tribunal de Contas.
c) Poder Legislativo com o auxílio do Poder Judiciário.
d) Poder Judiciário com o auxílio do Tribunal de Justiça.
e) Poder Judiciário com o auxílio do Tribunal de Contas.

COMENTÁRIOS

Alternativa correta: letra "B" (responde as demais alternativas). O **controle financeiro** pode ser definido como a fiscalização contábil, financeira, orçamentária, operacional e patrimonial da União e das entidades da administração direta e indireta, quanto à legalidade, legitimidade, economicidade, aplicação das subvenções e renúncia de receitas, será exercida, em âmbito federal, pelo Congresso Nacional, mediante controle externo, e pelo sistema de controle interno de cada Poder. Na forma do art. 71, *caput*, da Constituição Federal, o **controle financeiro externo**, a cargo do Congresso Nacional, será exercido com o **auxílio do Tribunal de Contas da União.**

---

108. FAGUNDES, Miguel Seabra. *O controle dos atos administrativos pelo poder judiciário*. 8. ed. atualizada por Gustavo Binenbojm. Rio de Janeiro: Forense, 2010. p. 126. Original sem destaque.
109. DI PIETRO, Maria Sylvia Zanella. *Direito administrativo*. 23. ed. São Paulo: Atlas, 2010. p. 730.
110. DI PIETRO, Maria Sylvia Zanella. *Direito administrativo*. 21 ed. São Paulo: Atlas, 2008. p. 730.

199. (UEPA – Delegado de Polícia – PA/2013) Sobre Controle e Responsabilização da Administração Pública, assinale a alternativa correta.

a) O controle externo da Administração é o controle exercido por órgãos alheios à Administração, como o controle parlamentar direto, o controle pelo Tribunal de Contas e o controle judicial. O controle externo, a cargo do Congresso Nacional, será exercido com o auxílio do Tribunal de Contas da União, ao qual compete apreciar, para fins de registro, a legalidade dos atos de admissão de pessoal, a qualquer título, na administração direta e indireta, incluídas as nomeações para cargo de provimento em comissão, bem como a das concessões de aposentadorias, reformas e pensões.

b) O controle externo da Administração pode ser exercido por meio das comissões parlamentares de inquérito, que terão poderes de investigação próprios das autoridades judiciais, além de outros previstos nos regimentos das respectivas Casas, e serão criadas pela Câmara dos Deputados e pelo Senado Federal, em conjunto ou separadamente, mediante requerimento de um terço de seus membros, para a apuração de fato ou pessoas determinadas e por prazo certo, sendo suas conclusões, se for o caso, encaminhadas ao Ministério Público, para que promova a responsabilidade civil ou criminal dos infratores.

c) Do ato administrativo que contrariar a súmula aplicável ou que indevidamente a aplicar, caberá reclamação ao Supremo Tribunal Federal que, julgando-a procedente, determinará que a Administração anule seu próprio ato.

d) Os pagamentos devidos pelas Fazendas Públicas Federal, Estaduais, Distrital e Municipais, em virtude de sentença judicial, far-se-ão exclusivamente na ordem cronológica de apresentação dos precatórios e os débitos de natureza alimentícia decorrentes de indenizações por morte ou por invalidez, fundadas em responsabilidade civil, em virtude de sentença judicial transitada em julgado, serão pagos com preferência sobre todos os demais débitos, admitindo exceções.

e) Compete ao Tribunal de Contas da União julgar as contas dos administradores e demais responsáveis por dinheiros, bens e valores públicos da administração direta e indireta, incluídas as fundações e sociedades instituídas e mantidas pelo Poder Público federal, e as contas daqueles que derem causa a perda, extravio ou outra irregularidade qualquer, mesmo que não resulte prejuízo ao erário público.

COMENTÁRIOS

✪ **Nota do autor:** O controle da Administração Pública é "o conjunto de mecanismos jurídicos e administrativos por meio dos quais se exerce o poder de fiscalização e de revisão da atividade administrativa em qualquer das esferas de poder"[111].

Alternativa correta: letra "D". Nos termos do art. 100, *caput*, da Constituição Federal, "**os pagamentos devidos pelas Fazendas Públicas Federal, Estaduais, Distrital e Municipais, em virtude de sentença judiciária, far-se-ão exclusivamente na ordem cronológica de apresentação dos precatórios** (...)". Também, na forma do § 1º, "os **débitos de natureza alimentícia** compreendem aqueles decorrentes de salários, vencimentos, proventos, pensões e suas complementações, benefícios previdenciários e **indenizações por morte ou por invalidez, fundadas em responsabilidade civil, em virtude de sentença judicial transitada em julgado, e serão pagos com preferência sobre todos os demais débitos, exceto sobre aqueles referidos no § 2º deste artigo**".

Alternativa "a". O **controle externo** é aquele realizado por órgão ou entidade administrativa ou por poder distinto daquele no qual o ato foi praticado. Assim, é externo, por exemplo, tanto o controle que o Poder Legislativo exerce sobre os demais poderes quanto o feito pela administração direta sobre entidade da administração indireta[112]. A alternativa está equivocada, pois, na forma do art. 70, III, da Constituição Federal, compete ao Tribunal de Contas da União "apreciar, para fins de registro, a legalidade dos atos de admissão de pessoal, a qualquer título, na administração direta e indireta, incluídas as fundações instituídas e mantidas pelo Poder Público, **excetuadas as nomeações para cargo de provimento em comissão, bem como a das concessões de aposentadorias, reformas e pensões**, ressalvadas as melhorias posteriores que não alterem o fundamento legal do ato concessório".

Alternativa "b". Como previsto no art. 58, § 3º, da Constituição Federal, "as comissões parlamentares de inquérito, que terão poderes de investigação próprios das autoridades judiciais, além de outros previstos nos regimentos das respectivas Casas, serão criadas pela Câmara dos Deputados e pelo Senado Federal, em conjunto ou separadamente, mediante requerimento de um terço de seus membros, **para a apuração de fato determinado** e por prazo certo, sendo suas conclusões, se for o caso, encaminhadas ao Ministério Público, para que promova a responsabilidade civil ou criminal dos infratores". Não é possível, portanto, a apuração de **pessoas determinadas**, motivo pelo qual errada a alternativa em questão.

Alternativa "c". Na forma do art. 103-A, da Carta Magna, caso o Supremo Tribunal Federal julgue procedente a reclamação, ele próprio poderá **anular o ato administrativo**, ou, ainda, cassar a decisão judicial reclamada, determinando que outra seja proferida com ou sem a aplicação da súmula.

111. CARVALHO FILHO, José dos Santos. *Manual de direito administrativo*. 26. ed. São Paulo: Atlas, 2013. p. 836.
112. DI PIETRO, Maria Sylvia Zanella. *Direito administrativo*. 21 ed. São Paulo: Atlas, 2008. p. 730.

Alternativa "e". Nos termos do art. 71, II, da Constituição Federal, compete ao Tribunal de Contas da União "julgar as contas dos administradores e demais responsáveis por dinheiros, bens e valores públicos da administração direta e indireta, incluídas as fundações e sociedades instituídas e mantidas pelo Poder Público federal, e as contas daqueles que derem causa a perda, extravio ou outra irregularidade **de que resulte prejuízo ao erário público**".

200. (FGV – Delegado de Polícia – MA/2012) José, servidor público federal, recebia há anos gratificação de dedicação exclusiva, sem ter notícia de qualquer impugnação quanto ao respectivo pagamento.

Na semana passada, José foi surpreendido com o corte do pagamento da gratificação e com a notificação, pelo órgão ao qual é vinculado, de que deveria devolver todas as quantias já recebidas a título de dedicação exclusiva.

Ambas as medidas decorreram de determinação exarada em processo administrativo que tramitou no Tribunal de Contas da União (TCU).

Diante da situação narrada, assinale a afirmativa correta.

a) O imediato corte no pagamento e a cobrança dos valores recebidos foram medidas adotadas de forma adequada, tendo em vista que o dever do TCU de fiscalizar pagamentos a servidores legitima a pronta anulação de quaisquer atos irregulares.

b) As medidas adotadas foram viciadas, eis que não foram observados o contraditório e a ampla defesa no processo administrativo que tramitou perante o TCU, do qual resultou a anulação do ato que concedeu a gratificação a José.

c) A determinação exarada pelo TCU foi apenas parcialmente correta, eis que apenas o imediato corte no pagamento da gratificação poderia ter sido determinado de forma válida.

d) As medidas determinadas pelo TCU não poderiam ter sido imediatamente implementadas, pois dependeriam de prévia autorização judicial.

e) A competência constitucional do TCU não abrange a possibilidade de determinação de quaisquer das medidas aplicadas.

COMENTÁRIOS

Alternativa correta: letra "B" (responde as demais alternativas). De acordo com o STF, nos termos da **Súmula Vinculante nº 3**, "nos processos perante o TCU **asseguram-se** o **contraditório** e a **ampla defesa** quando da decisão puder resultar **anulação** ou **revogação** de ato administrativo que beneficie o interessado, excetuada a apreciação da legalidade do ato de concessão inicial de aposentadoria, reforma e pensão". No caso em tela, houve anulação ou revogação de ato administrativo que beneficiava o servidor público e, **não tendo sido o ato administrativo anulado/revogado de concessão inicial de aposentadoria, reforma e pensão, era necessária a observância do contraditório e da ampla defesa**, o que não ocorreu.

201. (Delegado de Polícia – ES/ 2011 – Cespe) O controle que o Poder Legislativo exerce sobre a administração pública limita-se às hipóteses previstas na Constituição Federal de 1988 (CF) e abrange aspectos de legalidade e de mérito do ato administrativo.

COMENTÁRIOS

✪ **Nota do autor:** O **controle legislativo** é o exercido pelo **Poder Legislativo**, pois são pertinentes a esse Poder, na sua **função típica**, as tarefas de legislar e fiscalizar. Esse controle é exercido sobre os atos do Poder Executivo, das entidades da administração indireta e, inclusive, sobre os atos administrativos do Poder Judiciário e, assim, trata-se de controle externo.

Certo. O controle legislativo **somente** pode ser realizado nas **hipóteses** previstas na **Constituição Federal**, as quais não podem ser ampliadas pelas Constituições Estaduais, pelas Leis Orgânicas do Distrito Federal e dos Municípios e, muito menos, pela legislação infraconstitucional, pois se trata de exceção ao princípio da separação dos poderes, o que somente pode ser previsto em âmbito constitucional. O controle legislativo abrange o **controle político** e o **controle financeiro**. O **controle político**, segundo Maria Sylvia Zanella Di Pietro, abrange aspectos de **legalidade** e de **mérito** e pode apreciar os atos administrativos inclusive sob o aspecto da "discricionariedade, ou seja, da oportunidade e conveniência diante do interesse público"[113].

202. (Delegado de Polícia – AP/ 2010 – FGV) São hipóteses que representam o exercício do controle político do Poder Legislativo sobre a Administração Pública, exceto:

a) a competência para apuração de irregularidades pelas Comissões Parlamentares de Inquérito.

b) a competência para o controle de legitimidade das despesas, que, a despeito da sua legalidade, não atendam a ordem de prioridade estabelecida no plano plurianual.

c) a competência do Congresso para apreciar os atos de concessão e renovação de concessão de emissoras de rádio e televisão.

d) a competência do Congresso Nacional para sustar os atos normativos do Poder Executivo que exorbitem do poder regulamentar ou dos limites de delegação legislativa.

e) a competência do Senado Federal para processar e julgar o Presidente e o Vice-Presidente da República nos crimes de responsabilidade.

COMENTÁRIOS

✪ **Nota do autor:** Por meio do **controle político**, subespécie do **controle legislativo**, o Poder Legislativo pode fiscalizar e decidir sobre "atos ligados à função administrativa e de organização do Executivo e do Judiciário".

113. *Direito administrativo*. 21 ed. São Paulo: Atlas, 2008. p. 743.

Alternativa correta: letra "B" (responde as demais alternativas). A **competência** para o **controle de legitimidade das despesas** que, a despeito de sua legalidade, **não atendam a ordem de prioridade estabelecida no plano plurianual** é hipótese que representa o exercício do **controle financeiro interno**. Nos termos do art. 70, da Constituição Federal, "**a fiscalização contábil, financeira, orçamentária**, operacional e patrimonial da União e das entidades da administração direta e indireta, quanto à legalidade, **legitimidade**, economicidade, aplicação das subvenções e renúncia de receitas, será exercida pelo Congresso Nacional, mediante controle externo, e pelo **sistema de controle interno de cada Poder**". E, na forma do art. 74, I, da Carta Magna, "Os Poderes Legislativo, Executivo e Judiciário manterão, de forma integrada, **sistema de controle interno** com a finalidade de: I – avaliar o cumprimento das metas previstas no plano plurianual, a execução dos programas de governo e dos orçamentos da União". As demais hipóteses, constantes das alternativas "a", "c", "d" e "e", são exemplos de controle político previstas no texto constitucional, respectivamente, no art. 58, § 3º; art. 49, XII; art. 49, V; art. 52, I.

15. IMPROBIDADE ADMINISTRATIVA: LEI Nº 8.429/92

▸ Lei 8.429/92

203. (Fumarc – Delegado de Polícia – PC – MG/2018) Está CORRETO o que se afirma em:

a) A Lei n. 8.429/1992 veda, expressamente, transação, acordo ou conciliação nas ações de improbidade administrativa.

b) A violação a quaisquer dos princípios da Administração Pública pode constituir ato de improbidade administrativa, independente da aferição de culpa ou dolo do agente.

c) Embora o ato de improbidade administrativa, quando praticado por servidor público, também corresponda a um ilícito administrativo, não há obrigatoriedade de instauração do procedimento adequado à apuração da responsabilidade pela autoridade administrativa competente, haja vista que as sanções previstas no artigo 37, § 4°, da CR/88 somente podem ser aplicadas após o trânsito em julgado de sentença condenatória.

d) Entre os legitimados ativos para propor a ação de improbidade administrativa figuram o Ministério Público, empresa incorporada ao patrimônio público e entidade para cuja criação ou custeio o erário haja concorrido ou concorra com cinquenta por cento do patrimônio ou da receita anual.

COMENTÁRIO

✪ **Nota do autor:** Os atos de improbidade são "aqueles que, possuindo natureza civil e devidamente tipificados em lei federal, ferem direta ou indiretamente os princípios constitucionais e legais da administração pública, independentemente de importarem enriquecimento ilícito ou de causarem prejuízo material ao erário público"[114].

Alternativa "a". O art. 17, § 1º, da Lei de Improbidade Administrativa, expressamente, veda a transação, o acordo ou a conciliação nas ações de improbidade.

Alternativa "b". O entendimento predominante é de que os atos de improbidade devem ser praticados com dolo, salvo quanto aos que causam prejuízo ao erário, pois o art. 10, expressamente, admite também a modalidade culposa. Desse modo, atos de improbidade administrativa que atentam contra os princípios da Administração Pública **só podem ser cometidos com dolo.**

Alternativa "c". Nos termos do art. 20, *caput*, da Lei nº 8.429/92, apenas as penas de perda da função pública e de suspensão dos direitos políticos dependem do trânsito em julgado da decisão condenatória para serem aplicadas.

Alternativa "d". A ação judicial de improbidade administrativa é considerada pela doutrina como espécie de ação civil pública, aplicando-se, subsidiariamente, as disposições não conflitantes da Lei nº 7.347/85. A legitimidade ativa para a propositura da ação é do **Ministério Público** e da **pessoa jurídica interessada.** Deve ser considerada como **pessoa jurídica interessada** uma das previstas no art. 1º da Lei. No último caso, porém, o Ministério Público, obrigatoriamente, atuará como fiscal da lei, sob pena de nulidade.

Alternativa correta: letra "a".

204. (Vunesp – Delegado de Polícia – PC – SP/2018) É exemplo de ato de improbidade administrativa que causa prejuízo ao erário:

a) perceber vantagem econômica para intermediar a liberação ou aplicação de verba pública de qualquer natureza.

b) praticar ato visando fim proibido em lei ou regulamento ou diverso daquele previsto na regra de competência.

c) conceder benefício administrativo ou fiscal sem a observância das formalidades legais ou regulamentares aplicáveis à espécie.

d) perceber vantagem econômica, direta ou indireta, para facilitar a alienação, permuta ou locação de bem público ou o fornecimento de serviço por ente estatal por preço inferior ao valor de mercado.

e) receber, para si ou para outrem, dinheiro, bem móvel ou imóvel, ou qualquer outra vantagem econômica, direta ou indireta, a título de comissão de quem tenha interesse, direto ou indireto, que possa ser atingido por ação ou omissão decorrente das atribuições do agente público.

114. MORAES, Alexandre. *Direito constitucional*. 24 ed. São Paulo: Atlas, 2009. p. 366.

✪ **Nota do autor:** questões que demandam o conhecimento das espécies dos atos de improbidade são muito comuns em provas de concursos. Não deixe de ler os arts. 9º ao 11 da Lei nº 8.429/92.

Alternativa "a". Trata-se de ato de improbidade que importa **enriquecimento ilícito**, presente no art. 9º, IX da Lei nº 8.429/92.

Alternativa "b". Trata-se de ato de improbidade que atenta contra **princípios da administração pública**, previsto no art. 11, I da Lei nº 8.429/92.

Alternativa "c". Constitui ato de improbidade administrativa que causa **lesão ao erário** qualquer ação ou omissão, dolosa ou culposa, que enseje perda patrimonial, desvio, apropriação, malbaratamento ou dilapidação dos bens ou haveres das entidades referidas no art. 1º desta lei, e notadamente: conceder benefício administrativo ou fiscal sem a observância das formalidades legais ou regulamentares aplicáveis à espécie (art. 10, VII da Lei nº 8.429/92).

Alternativa "d". Trata-se de ato de improbidade que importa **enriquecimento ilícito**, disposta no art. 9º, III da Lei nº 8.429/92.

Alternativa "e". Trata-se de ato de improbidade que importa **enriquecimento ilícito**, disposta no art. 9º, I da Lei nº 8.429/92.

Alternativa correta: letra "c".

---

205. (IBADE – Delegado de Polícia – AC/2017) Tendo em vista as disposições da Lei nº 8.429/1992, que trata da improbidade administrativa, é correto o que se afirma em:

a) Por ser o ato ímprobo extremamente pernicioso para a sociedade, as ações ou omissões, dolosas ou culposas, que importem enriquecimento ilícito, prejuízo ao erário ou violação de princípios da Administração Pública, serão passíveis de aplicação das sanções constantes da Lei de Improbidade Administrativa.

b) No caso de enriquecimento ilícito, perderá o agente público beneficiário os bens ou valores acrescidos ao seu patrimônio. Por uma lacuna legislativa, esta sanção não alcança os terceiros beneficiários da conduta ímproba.

c) Segundo a jurisprudência do Superior Tribunal de Justiça, a tortura de preso custodiado em delegacia praticada por policial não constitui ato de improbidade administrativa que atenta contra os princípios da Administração Pública, mas sim uma questão a ser resolvida exclusivamente na esfera penal.

d) Segundo a jurisprudência do Superior Tribunal de Justiça, nos casos de dispensa ilegal de procedimento licitatório mediante fracionamento indevido do objeto licitado em que o Poder Público deixa de contratar a melhor proposta, veda-se peremptoriamente a pena de ressarcimento ao erário porque sua admissão implicaria prejuízo ao erário *in re ipsa*, o que, para aquela Corte, é um caso não admitido de responsabilização objetiva por improbidade administrativa.

e) Segundo expressa disposição da Lei de Improbidade Administrativa, liberar recursos de parcerias firmadas pela Administração Pública com entidades privadas sem a estrita observância das normas pertinentes ou influir de qualquer forma para a sua aplicação irregular constitui ato de improbidade administrativa que causa lesão ao erário.

COMENTÁRIOS

✪ **Nota do autor:** Os atos de improbidade são "aqueles que, possuindo natureza civil e devidamente tipificados em lei federal, ferem direta ou indiretamente os princípios constitucionais e legais da administração pública, independentemente de importarem enriquecimento ilícito ou de causarem prejuízo material ao erário público"[115].

Alternativa correta: letra "e". Na forma do art. 10, XX, da Lei nº 8.429/92, constitui ato de improbidade administrativa que causa lesão ao erário "liberar recursos de parcerias firmadas pela administração pública com entidades privadas sem a estrita observância das normas pertinentes ou influir de qualquer forma para a sua aplicação irregular".

Alternativa "a". Quanto ao elemento subjetivo, predomina o entendimento de que há a necessidade de conduta dolosa, salvo quanto aos atos que causem prejuízo ao erário (art.10), quando se admite a forma culposa.

Alternativa "b". O sujeito ativo do ato de improbidade pode ser o agente público e o terceiro que induza ou concorra para a prática do ato de improbidade ou dele se beneficie. Dessa forma, é plenamente possível que as sanções previstas na Lei nº 8.429/92 atinjam os beneficiários da conduta ímproba, no que couber. Assim, não poderia ser aplicada ao terceiro a pena de perda da função pública, mas a **perda dos bens e valores acrescidos indevidamente é totalmente possível.**

Alternativa "c". Segundo a jurisprudência do Superior Tribunal de Justiça, a tortura de preso custodiado em delegacia praticada por policial constitui ato de improbidade administrativa que atenta contra os princípios da Administração Pública. Neste sentido é o REsp nº 1.177.910-SE, julgado em 26 de agosto de 2015.

Alternativa "d". Segundo a jurisprudência do Superior Tribunal de Justiça, nos casos de dispensa ilegal de procedimento licitatório mediante fracionamento indevido do objeto licitado em que o Poder Público deixa de contratar a melhor proposta, é imperiosa a aplicação da pena de ressarcimento ao erário. Nesse caso, "não há como concluir pela inexistência do dano, pois o prejuízo ao erário é inerente (*in re ipsa*) à conduta ímproba, na medida em que o Poder Público deixa de contratar a melhor proposta, por condutas de administradores" (REsp 1.376.524)

---

115. MORAES, Alexandre. *Direito constitucional*. 24 ed. São Paulo: Atlas, 2009. p. 366.

206. (Cespe – Delegado de Polícia – GO/2017) Em relação à improbidade administrativa, assinale a opção correta.

a) A ação de improbidade administrativa apresenta prazo de proposição decenal, qualquer que seja a tipicidade do ilícito praticado pelo agente público.

b) Se servidor público estável for condenado em ação de improbidade administrativa por uso de maquinário da administração em seu sítio particular, poderá ser-lhe aplicada pena de suspensão dos direitos políticos por período de cinco a oito anos.

c) O particular que praticar ato que enseje desvio de verbas públicas, sozinho ou em conluio com agente público, responderá, nos termos da Lei de Improbidade Administrativa, desde que tenha obtido alguma vantagem pessoal.

d) Enriquecimento ilícito configura ato de improbidade administrativa se o autor auferir vantagem patrimonial indevida em razão do cargo, mandato, função, emprego ou atividade, mesmo que de forma culposa.

e) Caso um servidor público federal estável, de forma deliberada, sem justificativa e reiterada, deixar de praticar ato de ofício, poderá ser-lhe aplicada multa civil de até cem vezes o valor da sua remuneração, conforme a gravidade do fato.

COMENTÁRIOS

✪ **Nota do autor:** Nos termos do art. 11, II, da Lei nº 8.429/92, constitui ato de improbidade que atenta contra os princípios da Administração Pública "retardar ou deixar de praticar, indevidamente, ato de ofício". No ano de 2018, foi inserida nova hipótese de improbidade que atenta contra os princípios da Administração Pública: "transferir recurso a entidade privada, em razão da prestação de serviços na área de saúde sem a prévia celebração de contrato, convênio ou instrumento congênere, nos termos do parágrafo único do art. 24 da Lei nº 8.080, de 19 de setembro de 1990" (art. 11, X da Lei nº 8.429/92).

Alternativa correta: letra "e". No caso de ato de improbidade que atente contra os princípios da Administração Pública, há a previsão das seguintes sanções, conforme o art. 12, III: a) ressarcimento integral do dano, se houver; b) perda da função pública; c) suspensão dos direitos políticos de três a cinco anos; d) pagamento de multa civil de até cem vezes o valor da remuneração percebida pelo agente; e) proibição de celebrar contrato com o Poder Público ou de receber benefícios ou incentivos fiscais ou creditícios, direta ou indiretamente, ainda que por intermédio de pessoa jurídica da qual seja sócio majoritário, pelo prazo de três anos.

Alternativa "a". Na forma do art. 23, da Lei, as ações destinadas a levar a efeitos as sanções previstas nesta lei podem ser propostas: a) até cinco anos após o término do exercício de mandato, de cargo em comissão ou de função de confiança; b) dentro do prazo prescricional previsto em lei específica para faltas disciplinares puníveis com demissão a bem do serviço público, nos casos de exercício de cargo efetivo ou emprego; c) até cinco anos da data da apresentação à administração pública da prestação de contas final pelas entidades constantes do art. 1º da Lei de Improbidade.

Alternativa "b". Nos termos do art. 9º, IV, constitui ato de improbidade administrativa que importa enriquecimento ilícito utilizar, em obra ou serviço particular, veículos, máquinas, equipamentos ou material de qualquer natureza, de propriedade ou à disposição de qualquer das entidades mencionadas no art. 1º da Lei, bem como o trabalho de servidores públicos, empregados ou terceiros contratados por essas entidades. Trata-se, assim, de **ato de improbidade que importa em enriquecimento ilícito,** que é punido, nos termos do art. 12, I, com as seguintes sanções: a) **perda dos bens ou valores acrescidos ilicitamente ao patrimônio**; b) ressarcimento integral do dano, quando houver; c) perda da função pública; d) **suspensão dos direitos políticos de oito a dez anos**; e) **pagamento de multa civil de até três vezes o valor do acréscimo patrimonial**; f) proibição de celebrar contrato com o Poder Público ou de receber benefícios ou incentivos fiscais ou creditícios, direta ou indiretamente, ainda que por intermédio de pessoa jurídica da qual seja sócio majoritário, pelo prazo de **dez anos**.

Alternativa "c". O **sujeito ativo** do ato de improbidade, nos termos dos artigos 1º e 3º, pode ser **agente público** ou **terceiro** que induza ou concorra para a prática de ato de improbidade ou dele se beneficie.

Alternativa "d". Não é possível a configuração de ato de improbidade que causa enriquecimento ilícito quando a conduta for culposa. Necessária se faz a presença de dolo.

207. (FUNCAB – Delegado de Polícia – PA/2016) Acerca do tema improbidade administrativa, especificamente quanto à declaração de bens, é correto afirmar que:

a) a declaração abrangerá os bens e valores patrimoniais dos filhos e de outras pessoas que vivam sob a dependência econômica do declarante.

b) o agente público que se recusar a prestar declaração dos bens será punido com a pena de exoneração ou suspensão.

c) o declarante não poderá entregar cópia da declaração anual de bens apresentada à Delegacia da Receita Federal.

d) a declaração compreenderá imóveis, móveis, semoventes, dinheiro, títulos, ações, e qualquer outra espécie de bens e valores patrimoniais, localizado no país ou no exterior, e, quando for o caso, abrangerá os bens e valores patrimoniais do cônjuge, salvo se casado no regime de separação de bens.

e) a declaração de bens deverá ser feita apenas em dois momentos, na data da posse, e na data em que o agente público deixar o exercício do mandato, cargo, emprego ou função.

COMENTÁRIOS

Alternativa correta: letra "a" (responde as demais alternativas). O art. 13, *caput*, da Lei nº 8.429/92, determina que "a posse e o exercício de agente público ficam condicionados à apresentação de declaração dos bens e valores que compõem o seu patrimônio privado, a fim de ser arquivada no serviço de pessoal competente". E, em complementação, o art. 13, §1º, determina que "a declaração compreenderá imóveis, móveis, semoventes, dinheiro, títulos, ações, e qualquer outra espécie de bens e valores patrimoniais, localizado no País ou no exterior, e, quando for o caso, abrangerá os bens e valores patrimoniais do cônjuge ou companheiro, dos filhos e de outras pessoas que vivam sob a dependência econômica do declarante, excluídos apenas os objetos e utensílios de uso doméstico". O §2º desse artigo exige, ainda, que essa declaração seja **anualmente atualizada** e, para tanto, o servidor pode apresentar **cópia da declaração anual** de bens entregue à Delegacia da Receita Federal. Caso o agente público não apresente a referida declaração em tempo – ou ainda a forneça com dados falsos –, na forma do §3º do mesmo artigo, **será punido com a pena de demissão, a bem do serviço público, sem prejuízo de outras sanções cabíveis.**

---

208. (Vunesp – Delegado de Polícia – CE/2015) Constitui ato de improbidade administrativa, importando enriquecimento ilícito, auferir qualquer tipo de vantagem patrimonial indevida em razão do exercício de cargo, mandato, função, emprego ou atividade, nas entidades mencionadas na Lei nº 8.429/1992, sujeitando o infrator, além do pagamento de multa civil, a

a) perda dos bens ou valores acrescidos ilicitamente ao patrimônio, ressarcimento integral do dano, quando houver, perda da função pública, suspensão dos direitos políticos de 5 a 8 anos e proibição de contratar com o Poder Público ou receber benefícios ou incentivos fiscais ou creditícios, direta ou indiretamente, ainda que por intermédio de pessoa jurídica da qual seja sócio majoritário, pelo prazo de 2 anos.

b) perda dos bens e valores acrescidos ilegalmente ao patrimônio, da função pública, suspensão dos direitos políticos de 3 a 5 anos e proibição de contratar com o Poder Público ou receber benefícios ou incentivos fiscais ou creditícios, direta ou indiretamente, ainda que por intermédio de pessoa jurídica da qual seja sócio majoritário, pelo prazo de 3 anos.

c) perda da função pública, suspensão dos direitos políticos de 4 a 8 oito anos e proibição de contratar com o Poder Público ou receber benefícios ou incentivos fiscais ou creditícios, pelo prazo de 5 anos.

d) perda dos bens ou valores acrescidos ilicitamente ao patrimônio, ressarcimento integral do dano, quando houver, perda da função pública, suspensão dos direitos políticos de 8 a 10 anos e proibição de contratar com o Poder Público ou receber benefícios ou incentivos fiscais ou creditícios, direta ou indiretamente, ainda que por intermédio de pessoa jurídica da qual seja sócio majoritário, pelo prazo de 10 anos.

e) perda dos bens ou valores acrescidos ilicitamente ao seu patrimônio, ressarcimento integral do dano, quando houver, perda da função pública e suspensão dos direitos políticos de 2 a 8 anos.

COMENTÁRIOS

✪ **Nota do autor:** as **sanções** passíveis de aplicação em decorrência da prática de ato de improbidade administrativa podem ser aplicadas **isolada** ou **cumulativamente** e são as **seguintes**: a) perda de bens e valores; b) **ressarcimento integral do dano**; c) **perda da função pública**; d) suspensão dos direitos políticos; e) multa civil; f) proibição de contratar e de receber benefícios.

Alternativa correta: letra "d" (responde as demais alternativas). Na forma do art. 12, I, da Lei nº 8.429/92, as sanções aplicáveis àqueles que pratiquem ato de improbidade administrativa que importa enriquecimento ilícito são "perda dos bens ou valores acrescidos ilicitamente ao patrimônio, ressarcimento integral do dano, quando houver, perda da função pública, suspensão dos direitos políticos de **oito a dez anos**, pagamento de multa civil de até **três vezes** o valor do acréscimo patrimonial e proibição de contratar com o Poder Público ou receber benefícios ou incentivos fiscais ou creditícios, direta ou indiretamente, ainda que por intermédio de pessoa jurídica da qual seja sócio majoritário, pelo prazo de **dez anos**".

---

209. (Cespe – Delegado de Polícia – BA/2013) Considere que um agente de polícia tenha utilizado uma caminhonete da polícia civil para transportar sacos de cimento para uma construção particular. Nesse caso, o agente cometeu ato de improbidade administrativa que importa em enriquecimento ilícito.

COMENTÁRIOS

Certo. Nos termos do art. 9º, IV, da Lei nº 8.492/92, é ato de improbidade que importa em enriquecimento ilícito "utilizar, em obra ou serviço particular, veículos, máquinas, equipamentos ou material de qualquer natureza, de propriedade ou à disposição de qualquer das entidades mencionadas no art. 1° desta lei, bem como o trabalho de servidores públicos, empregados ou terceiros contratados por essas entidades".

---

210. (UEG – Delegado de Polícia – GO/2013) Prevê a Lei nº 8.429/92 que constitui ato de improbidade administrativa que causa prejuízo ao erário

a) retardar ou deixar de praticar, indevidamente, ato de ofício.

b) negar publicidade aos atos oficiais.

c) frustrar a licitude de concurso público.

d) frustrar a licitude de processo licitatório ou dispensá-lo indevidamente.

COMENTÁRIOS

✪ **Nota do autor:** No ano de 2018, foi inserida nova hipótese de improbidade que atenta contra os princípios da Administração Pública: "transferir recurso a entidade privada, em razão da prestação de serviços na área de saúde sem a prévia celebração de contrato, convênio ou instrumento congênere, nos termos do parágrafo único do art. 24 da Lei nº 8.080, de 19 de setembro de 1990" (art. 11, X da Lei nº 8.429/92).

Alternativa correta: letra "D". Frustrar a licitude de processo licitatório ou de processo seletivo para celebração de parcerias com entidades sem fins lucrativos, ou dispensá-los indevidamente é **ato de improbidade que causa prejuízo ao erário**, consoante art. 10, VIII, da Lei.

Alternativa "a". Retardar ou deixar de praticar, indevidamente, ato de ofício é, nos termos do art. 11, II, ato de improbidade que atenta contra os princípios da Administração Pública.

Alternativa "b". Negar publicidade aos atos oficiais é ato de improbidade que atenta contra os princípios da Administração Pública, na forma do art. 11, IV, da Lei.

Alternativa "c". Frustrar a licitude de concurso público é ato de improbidade que atenta contra os princípios da Administração Pública, conforme art. 11, V, da Lei.

211. (UEPA – Delegado de Polícia – PA/2013) Assinale a alternativa correta sobre atos de improbidade administrativa.

a) O agente público que exerce função em entidade fundacional da União, com qualquer forma de vínculo, mesmo que transitoriamente e sem remuneração, está sujeito à pena de suspensão dos direitos políticos de cinco a oito anos, se cometer ato de improbidade administrativa que atente contra os princípios da administração pública.

b) A aplicação das sanções previstas para o ato de improbidade administrativa que causa lesão ao erário depende da rejeição das contas pelo órgão de controle interno ou pelo Tribunal ou Conselho de Contas.

c) O agente público que exerce função em sociedade de economia mista, mesmo que transitoriamente e sem remuneração, e pratica ato de improbidade administrativa que importe em enriquecimento ilícito, está sujeito às penas de suspensão dos direitos políticos de oito a dez anos, pagamento de multa civil de até três vezes o valor do acréscimo patrimonial e proibição de contratar com o Poder Público ou receber benefícios ou incentivos fiscais ou creditícios, direta ou indiretamente, ainda que por intermédio de pessoa jurídica da qual seja sócio majoritário, pelo prazo de dez anos.

d) O agente público que pratica ato de improbidade administrativa que importe em lesão ao erário está sujeito às penas de suspensão dos direitos políticos de cinco a oito anos, pagamento de multa civil de até duas vezes o valor do dano e proibição de contratar com o Poder Público ou receber benefícios ou incentivos fiscais ou creditícios, direta ou indiretamente, ainda que por intermédio de pessoa jurídica da qual seja sócio majoritário, pelo prazo de cinco anos, somente se não houver sido aplicada sanção penal prevista em lei específica, em prestígio ao princípio ne bis in idem.

e) Estão sujeitos às penalidades da lei os atos de improbidade praticados contra o patrimônio de entidade que receba subvenção, benefício ou incentivo, fiscal ou creditício, de órgão público, bem como daquelas entidades para cuja criação ou custeio o erário haja concorrido ou concorra com menos de cinquenta por cento do patrimônio ou da receita anual, não se limitando, nestes casos, a sanção patrimonial à repercussão do ilícito sobre a contribuição dos cofres públicos, em virtude da natureza repressiva e preventiva da sanção.

COMENTÁRIOS

Alternativa correta: letra "C". Nos **atos que importam enriquecimento ilícito**, aplicam-se as seguintes sanções (art. 12, I, da Lei): a) perda dos bens ou valores acrescidos ilicitamente ao patrimônio; b) ressarcimento integral do dano, quando houver; c) perda da função pública; d) suspensão dos direitos políticos **de oito a dez anos**; d) pagamento de multa civil de até **três vezes** o valor do **acréscimo patrimonial**; e) proibição de celebrar contrato com o poder Público ou de receber benefício ou incentivos fiscais ou creditícios, direta ou indiretamente, ainda que por intermédio de pessoa jurídica da qual seja sócio majoritário, pelo prazo de **dez anos**. O fato do agente público exercer função transitoriamente e sem remuneração não impede sua responsabilização, pois o art. 2º determina que se reputa "agente público, para os efeitos desta lei, todo aquele que exerce, ainda que transitoriamente ou sem remuneração, por eleição, nomeação, designação, contratação ou qualquer outra forma de investidura ou vínculo, mandato, cargo, emprego ou função nas entidades mencionadas no artigo anterior".

Alternativa "a". O agente público que exerce função em entidade fundacional da União, com qualquer forma de vínculo, mesmo que transitoriamente e sem remuneração, está sujeito à pena de suspensão dos direitos políticos de **três a cinco anos**, se cometer ato de improbidade administrativa que atente contra os princípios da administração pública.

Alternativa "b". A aplicação das sanções previstas para o ato de improbidade administrativa que causa lesão ao erário **não** depende da rejeição das contas pelo órgão de controle interno ou pelo Tribunal ou Conselho de Contas.

Alternativa "d". O agente público que pratica ato de improbidade administrativa que importe em lesão ao erário está sujeito às penas de suspensão dos direitos políticos de cinco a oito anos, pagamento de multa civil de até duas vezes o valor do dano e proibição de contratar com o Poder Público ou receber benefícios ou incentivos fiscais ou creditícios, direta ou indiretamente, ainda que por intermédio de pessoa jurídica da qual seja sócio majoritário, pelo prazo de cinco anos, ainda que tenha sido aplicada sanção penal prevista em lei específica. O art. 12 da Lei nº 8.429/92, estabelece que as **sanções** previstas nesse diploma normativo são aplicadas **independentemente** das **sanções penais, civis e administrativas** previstas na legislação específica. Ou seja, há **independência das instâncias.**

Alternativa "e". Estão sujeitos às penalidades da lei os atos de improbidade praticados contra o patrimônio de entidade que receba subvenção, benefício ou incentivo, fiscal ou creditício, de órgão público, bem como daquelas entidades para cuja criação ou custeio o erário haja concorrido ou concorra com menos de cinquenta por cento do patrimônio ou da receita anual, **limitando-se**, nestes casos, a sanção patrimonial à repercussão do ilícito sobre a contribuição dos cofres públicos, em virtude da natureza repressiva e preventiva da sanção, nos termos do art. 1º, parágrafo único, da Lei.

---

212. (Cespe – Delegado de Polícia – BA/2013) Um agente público que, agindo de forma culposa, gere lesão ao patrimônio público, estará obrigado a ressarcir integralmente o dano causado.

COMENTÁRIOS

✪ **Nota do autor:** A Lei nº 8.429/92 prevê três modalidades de atos de improbidade, quais sejam: a) atos que importam **enriquecimento ilícito** (art. 9º); b) atos que causam **prejuízo ao erário** (art. 10); c) atos que atentam **contra os princípios** da Administração Pública.

Certo. Os **atos de improbidade que causam prejuízo ao erário** é a única das modalidades em que, expressamente, a lei admitiu a prática **culposa**, exigindo-se a forma **dolosa** para as outras duas modalidades. Nos termos do art. 10, da Lei, configura ato de improbidade que causa **prejuízo ao erário** "qualquer ação ou omissão, dolosa ou **culposa**, que enseje perda patrimonial, desvio, apropriação, malbaratamento ou dilapidação dos bens ou haveres das entidades referidas no art. 1º desta lei (...)".

---

213. (Cespe – Delegado de Polícia – AL/ 2012) Apenas o Ministério Público (MP) poderá representar à autoridade administrativa competente para que seja instaurada investigação devida para apurar a prática de ato de improbidade.

COMENTÁRIOS

Errado. Na forma do art. 14, da Lei de Improbidade Administrativa, "**qualquer pessoa** poderá representar à autoridade administrativa competente para que seja instaurada investigação destinada a apurar a prática de ato de improbidade".

---

214. (Cespe – Delegado de Polícia – AL/ 2012) As ações que têm por objeto a aplicação das sanções previstas para o cometimento de ato de improbidade realizado por prefeito municipal prescrevem até três anos após a ocorrência do ato de improbidade.

COMENTÁRIOS

Errado. Nos termos do art. 23, I, da Lei nº 8.429/92, as ações que têm por objeto a aplicação das sanções previstas para o cometimento de ato de improbidade realizado por prefeito municipal prescrevem **até cinco anos** após o término do exercício de mandato, de cargo em comissão ou de função de confiança.

---

215. (FGV – Delegado de Polícia – MA/2012) José, servidor público, permitiu que chegasse ao conhecimento de João, antes da respectiva divulgação oficial, teor de medida econômica capaz de afetar o preço de mercadoria, do qual teve notícia em razão de sua função. Diante do caso narrado, tendo em vista a jurisprudência dos Tribunais Superiores, assinale a afirmativa correta.

a) A aferição acerca da configuração de ato de improbidade administrativa dependerá da comprovação de dolo específico de José. Caso este seja comprovado, José poderá sofrer a punição de suspensão dos direitos políticos pelo período de cinco a oito anos.
b) Para a verificação da prática de ato de improbidade administrativa no caso narrado, é suficiente a constatação de dolo genérico de José. Caso haja comprovação, José poderá ter seus direitos políticos suspensos pelo período de três a cinco anos.
c) Para que se configure ato de improbidade administrativa no caso, é essencial que João também seja servidor público.
d) A verificação de prática de ato de improbidade administrativa dependerá da comprovação de dolo específico de José. Caso este seja comprovado, José poderá sofrer a punição de suspensão de direitos políticos pelo período de oito a dezesseis anos ou pagamento de multa.
e) Para a aferição da prática de ato de improbidade administrativa, é suficiente a constatação de dolo genérico de José. Caso este seja comprovado, José poderá perder a função pública e ter seus direitos políticos suspensos pelo período de cinco a oito anos.

COMENTÁRIOS

✪ **Nota do autor:** nos termos do art. 11, VII, da Lei nº 8.429/92, constitui ato de improbidade administrativa que atenta contra os princípios da Administração Pública "revelar ou permitir que chegue ao conhecimento de terceiro, antes da respectiva divulgação oficial, teor de medida política ou econômica capaz de afetar o preço de mercadoria, bem ou serviço".

Alternativa correta: letra "B" (responde as alternativas "a", "d" e "e"). Por se tratar de ato de improbidade que atenta contra os princípios da Administração Pública, José poderá ter seus direitos políticos suspensos pelo prazo de **três a cinco** anos, além do pagamento de multa civil de até **cem vezes** o valor da **remuneração** por ele percebida.

Alternativa "c". O **sujeito ativo** do ato de improbidade pode ser **agente público**, assim compreendido como aquele que exerce mandato, cargo, emprego ou função, com ou sem remuneração, mesmo que transitoriamente, por eleição, nomeação, designação, contratação ou qualquer outra forma de investidura ou vínculo em qualquer uma das entidades que podem ser sujeito passivo. Verifica-se que a lei adotou conceito bastante **amplo**, incluindo, portanto, **aqueles que não possuem vínculo efetivo ou em comissão com a Administração Pública**. Pode, ainda, ser **terceiro que induza ou concorra para a prática do ato de improbidade ou dele se beneficie.**

216. (Delegado de Polícia – SP/ 2011 – ACADEPOL) Assinale a alternativa que configura ato de improbidade somente contra os princípios da Administração Pública, nos termos da Lei n° 8.429/92.

a) Concorrer para que terceiro enriqueça ilicitamente.

b) Frustrar a licitude de processo licitatório.

c) Retardar, indevidamente, ato de ofício.

d) Celebrar contrato de rateio de consórcio público sem suficiente e prévia dotação orçamentária.

e) Perceber vantagem econômica para intermediar a liberação de verba pública de qualquer natureza

COMENTÁRIOS

✪ **Nota do autor:** Os **atos de improbidade que atentam contra os princípios da Administração Pública**, nos termos do art. 11 da Lei, consubstanciam-se em "qualquer ação ou omissão que viole os deveres de honestidade, imparcialidade, legalidade e lealdada às instituições".

Alternativa correta: letra "C". Nos termos do art. 11, II, da Lei, constitui ato de improbidade que atenta contra os princípios da Administração Pública "retardar ou deixar de praticar, indevidamente, ato de ofício".

Alternativa "a". Concorrer para que terceiro enriqueça ilicitamente é **ato de improbidade que causa prejuízo ao erário**, nos termos do art. 10, I, da Lei.

Alternativa "b". Na forma do art. 10, VIII, da Lei, frustrar a licitude de processo licitatório ou de processo seletivo para celebração de parcerias com entidades sem fins lucrativos, ou dispensá-los indevidamente é **ato de improbidade que causa prejuízo ao erário.**

Alternativa "d". Celebrar contrato de rateio de consórcio público sem suficiente e prévia dotação orçamentária é, de igual modo, **ato de improbidade que causa prejuízo ao erário**, na forma do art. 10, XV, da Lei.

Alternativa "e". Nos termos do art. 9º, IX, da Lei, perceber vantagem econômica para intermediar a liberação de verba pública de qualquer natureza é **ato de improbidade que importa enriquecimento ilícito.**

217. (Delegado de Polícia – AP/ 2010 – FGV) Tem legitimidade para representar à autoridade administrativa competente para que seja instaurada investigação destinada a apurar a prática de ato de improbidade:

a) somente o Ministério Público.

b) somente o controle externo ou corregedoria do órgão.

c) somente o controle interno do órgão, em caráter sigiloso.

d) somente o Ministério Público, Tribunal ou Conselho de Contas.

e) qualquer pessoa que deseje ver apurada a prática de ato de improbidade.

COMENTÁRIOS

Alternativa correta: letra "E" (responde as demais alternativas). O art. 14 da Lei nº 8.429/92 prevê que **qualquer pessoa pode representar** junto à autoridade administrativa competente para que se dê início à investigação para a devida apuração da prática de ato de improbidade. Poderá fazê-lo por **escrito** ou **oralmente**, quando será reduzido a termo e assinada, devendo a representação conter a qualificação do representante, as informações sobre o fato e sua autoria e a indicação das provas de que tenha conhecimento.

218. (Delegado de Polícia – MT/ 2010 – UNEMAT) Com base na Lei de Improbidade Administrativa, assinale a alternativa **incorreta.**

a) Os agentes públicos de qualquer nível ou hierarquia são obrigados a velar pela estrita observância dos princípios de legalidade, impessoalidade, moralidade e publicidade no trato dos assuntos que lhes são afetos.

b) O sucessor daquele que causar lesão ao patrimônio público ou se enriquecer ilicitamente está sujeito às cominações desta lei até o limite do valor da herança.

c) No caso de enriquecimento ilícito, perderá o agente público ou terceiro beneficiário os bens ou valores acrescidos ao seu patrimônio.

d) Apenas o Ministério Público poderá representar à autoridade administrativa competente para que seja instaurada investigação destinada a apurar a prática de ato de improbidade.

e) A posse e o exercício de agente público ficam condicionados à apresentação de declaração dos bens e valores que compõem o seu patrimônio privado, a fim de ser arquivada no serviço de pessoal competente.

COMENTÁRIOS

✪ **Nota do autor:** Os **atos de improbidade** são, na visão de Alexandre de Moraes, "aqueles que, possuindo natureza civil e devidamente tipificados em lei federal, ferem direta ou indiretamente os princípios constitucionais e legais da administração pública, independentemente de importarem enriquecimento ilícito ou de causarem prejuízo material ao erário público"[116].

116. *Direito constitucional*. 24 ed. São Paulo: Atlas, 2009. p. 366.

Alternativa correta: letra "D". O art. 14 da Lei nº 8.429/92 prevê que **qualquer pessoa pode representar** junto à autoridade administrativa competente para que se dê início à investigação para a devida apuração da prática de ato de improbidade. Poderá fazê-lo por **escrito** ou **oralmente**, quando será reduzido a termo e assinada, devendo a representação conter a qualificação do representante, as informações sobre o fato e sua autoria e a indicação das provas de que tenha conhecimento.

Alternativa "a". Os agentes públicos, de qualquer nível ou hierarquia, têm a obrigação de "velar pela estrita observância dos princípios de legalidade, impessoalidade, moralidade e publicidade no trato dos assuntos que lhe são afetos", conforme o art. 4º, da Lei.

Alternativa "b". O art. 8º, da Lei nº 8.429/92, expressamente prevê que o "sucessor daquele que causar lesão ao patrimônio público ou se enriquecer ilicitamente está sujeito às cominações desta lei até o limite do valor da herança".

Alternativa "c". Se ocorrer enriquecimento ilícito, o agente público ou o terceiro beneficiário perderá os bens ou valores acrescidos ao seu patrimônio, nos termos do art. 6º.

Alternativa "e". Conforme o art. 13, da Lei de Improbidade, a "posse e o exercício de agente público ficam condicionados à apresentação de declaração dos bens e valores que compõem o seu patrimônio privado, a fim de ser arquivada no serviço de pessoal competente".

Direito Administrativo

Leandro Bortoleto e Luis Felipe Cirino

✦ DICAS

1. CONCEITO E FONTES DO DIREITO ADMINISTRATIVO

- O direito administrativo é o "conjunto harmônico de princípios jurídicos que regem os órgãos, os agentes e as atividades públicas tendentes a realizar concreta, direta e imediatamente os fins desejados pelo Estado"[1].
- A principal fonte do direito administrativo é a lei, mas deve ser concebida em sentido amplo, isto é, abrange todos os atos legislativos. Nesse sentido, além das leis ordinárias, complementares e delegadas, inclui, ainda, as medidas provisórias, os decretos legislativos, as resoluções legislativas, a Constituição Federal, as Emendas à Constituição, as Constituições estaduais, a Lei Orgânica do Distrito Federal e as Leis Orgânicas dos Municípios. São as chamadas fontes primárias. De todos os atos legislativos apontados, por óbvio, a Constituição Federal é a principal fonte, na qual há diversos dispositivos aplicados ao direito administrativo (por exemplo, art. 5º, 21, 23, 37).
- A jurisprudência em regra, é dotada de caráter orientador, mas há casos em que tem força vinculante. Exemplos: as decisões proferidas pelo STF na ação direta de inconstitucionalidade, na ação declaratória de constitucionalidade (CF, art. 102, § 2º) e a súmula vinculante.
- **Art. 22 da LINDB (Lei nº 13.655/2018)**: o art. 22 da LINDB determina que sejam considerados os obstáculos e dificuldades do gestor e as exigências das políticas públicas na interpretação das normas sobre gestão pública, sem prejuízo dos direitos dos administrados. Tal disposição, segundo Irene Patrícia Nohara[2], trata do primado da realidade, que não pode servir, todavia, para obstar a realização do direito, mas sim ser aplicado para que se considere a "circunstância contextual de exigência de cumprimento da determinação contida no texto normativo".

2. REGIME JURÍDICO ADMINISTRATIVO

- Os **princípios são normas** e vinculam a Administração Pública. STF (RE 579.951): a vedação do "nepotismo não depende de lei formal para coibir a prática. Proibição que decorre diretamente dos princípios contidos no art. 37, *caput*, da Constituição Federal".
- O **regime jurídico administrativo é o conjunto de princípios** que confere **prerrogativas** e impõe **sujeições** à Administração Pública. É a interação de dois polos opostos. Por isso, o uso das expressões bipolaridade do direito administrativo[3] ou binômio[4] do direito administrativo.
- Síntese dos princípios da Administração Pública[5]:

PRINCÍPIOS DA ADMINISTRAÇÃO PÚBLICA	
Supremacia do interesse público	• prerrogativa • interesse público prevalece sobre privado • interesse público primário
Indisponibilidade do interesse público	• sujeição • interesse público é indisponível
Legalidade	• atuação de acordo com a lei e o direito • esfera pública: não vigora autonomia da vontade
Impessoalidade	• busca da finalidade pública • atos imputados à Administração: imputação • proibição de promoção pessoal
Moralidade	• honestidade, boa-fé, lealdade, padrões morais e éticos
Publicidade	• transparência; publicação dos atos administrativos
Eficiência	• rendimento; atuação eficiente; organização eficiente
Continuidade do serviço público	• serviço público não pode parar
Autotutela	• administração anula e revoga seus próprios atos
Tutela ou controle	• administração direta controla finalidade da administração indireta
Especialidade	• criação de pessoa específica para atuação específica
Presunção de legitimidade	• regra: ato administrativo é legal • produz efeitos até ser extinto
Controle judicial dos atos administrativos	• sistema de jurisdição única

1. *Direito administrativo brasileiro*. 36. ed. São Paulo: Malheiros, 2010. p. 40.
2. NOHARA, Irene Patrícia. *LINDB*: Lei de Introdução às Normas do Direito Brasileiro, hermenêutica e novos Parâmetros ao Direito Público. Curitiba: Juruá, 2018.
3. DI PIETRO, Maria Sylvia Zanella. *Direito administrativo*. 25. ed. São Paulo: Atlas, 2012. p. 62.
4. Fernando Garrido Fala apud Celso Antônio Bandeira de Mello (*Curso de direito administrativo*. 27. ed. São Paulo: Malheiros, 2010. p. 56).
5. BORTOLETO, Leandro. *Direito administrativo*. Salvador: Juspodivm, 2012. p. 50.

PRINCÍPIOS DA ADMINISTRAÇÃO PÚBLICA	
Segurança jurídica	• aspecto objetivo: princípio da segurança jurídica. Tentativa de preservação do ato. Nova interpretação não retroage • aspecto subjetivo: princípio da proteção à confiança. Expectativa do administrado de que Administração respeitará os atos por ela praticados. • Os arts. 23, 24, 26 e 30 da LINDB (inseridos pela Lei nº 13.655/2018) reforçam a necessidade de se buscar a segurança jurídica no âmbito da Administração Pública.
Motivação ou fundamentação	• indicação dos pressupostos de fato e direito • A motivação deverá demonstrar a necessidade e adequação da medida imposta ou da invalidação do ato, contrato, ajuste, processo ou norma administrativa, indicando se a alternativa encontrada é superior às demais alternativas (art. 20, LINDB).
Razoabilidade	• meios devem ser adequados aos fins do ato • utilidade, necessidade, proporcionalidade • O art. 21 da LINDB, inserido pela Lei nº 13.655/2018, trata da aplicação da razoabilidade nos impactos da decisão administrativa[6] ao estabelecer que a decisão que invalidar ato, contrato, ajuste, processo ou norma administrativa, deverá indicar suas consequências jurídicas e administrativas, de modo expresso.
Hierarquia	• coordenação, organização, delegação, avocação

3. ADMINISTRAÇÃO PÚBLICA E TERCEIRO SETOR

- **Função administrativa**: exercida pelo Poder Executivo, de forma típica, e pelo Poder Legislativo e pelo Poder Judiciário, de maneira atípica.
- **Administração Pública**: conjunto de pessoas jurídicas, órgãos públicos e agentes públicos que realizam a atividade administrativa, consistente em serviços públicos, fomento, polícia administrativa e intervenção.
- Administração Pública em **sentido amplo**: engloba a atividade política e a atividade administrativa, incluindo tanto os órgãos governamentais quanto os órgãos administrativos. Administração Pública em **sentido estrito**: corresponde, exclusivamente, à função administrativa exercida pelos órgãos administrativos. Subdivide-se em: a) **sentido subjetivo**, formal ou orgânico (conjunto de pessoas jurídicas, órgãos públicos e agentes públicos que realizam a atividade administrativa; quem faz a atividade administrativa); b) **sentido objetivo**, material ou funcional (é a atividade administrativa, que compreende o serviço público, a polícia administrativa, o fomento e a intervenção; o que é realizado).
- Há várias formas de desempenho da atividade administrativa[7]:

FORMAS DE DESEMPENHO DA ATIVIDADE ADMINISTRATIVA	
Concentrada (concentração)	• atividade é realizada por um único órgão • pessoa jurídica sem divisão interna
Desconcentrada (desconcentração)	• atividade é realizada por vários órgãos • pessoa jurídica com divisão interna • distribuição interna de competência
Centralizada (centralização)	• atividade é realizada diretamente pela pessoa política, por meio de seus órgãos
Descentralizada (descentralização)	• atividade é realizada por outra pessoa jurídica • distribuição externa de competência

- **Administração direta**: conjunto de órgãos que compõem a pessoa política.
- **Administração indireta**: conjunto das pessoas administrativas, com personalidade de direito público ou de direito privado, patrimônio próprio e autonomia administrativa, vinculadas à administração direta, criadas para o desempenho de determinada atividade administrativa.
- **Classificação dos órgãos públicos:**

a) **Quanto à posição estatal ou hierarquia**: **independentes** (representam as funções principais do Estado; não estão subordinados a nenhum outro); **autônomos** (estão **situados abaixo dos órgãos independentes;** possuem autonomia administrativa, financeira e técnica.); **superiores** (subordinados aos autônomos e independentes; possuem poder de direção, mas não têm autonomia administrativa nem financeira); **subalternos** (**possuem pequeno poder de decisão;** atividades de execução).

b) **Quanto à estrutura**: **simples** (não se subdividem em outros); **compostos**: (subdividem-se em outros órgãos)

c) **Quanto à atuação funcional ou composição**: **singulares ou unipessoais** (a atuação do órgão é realizada de acordo com a decisão de um único agente); **coletivos ou pluripessoais** (a atuação do órgão é decidida por vários agentes).

d) **Quanto à esfera de atuação**: **centrais** (atuam em toda a área territorial da pessoa); **locais** (atuam apenas em parte do território da pessoa que integram)

- São **características dos órgãos públicos**: a) criação e extinção por lei; b) resultado da desconcentração; c) despersonalizados; d) não possuem patrimônio próprio; e) não possuem capacidade processual; f) alguns órgãos podem ser parte em processo para

6. NOHARA, Irene Patrícia. *LINDB*: Lei de Introdução às Normas do Direito Brasileiro, hermenêutica e novos Parâmetros ao Direito Público. Curitiba: Juruá, 2018.

7. BORTOLETO, Leandro. *Direito administrativo*. Salvador: Juspodivm, 2012. p. 69.

defesa de prerrogativa; g) podem celebrar contrato de gestão; h) órgãos gestores de orçamento devem ser inscritos no CNPJ.

- O candidato deve se atentar para não confundir as definições das entidades da administração indireta. Ter personalidade jurídica, patrimônio próprio, autonomia administrativa, submeter-se a controle da administração direta, por exemplo, não identificam nenhuma das pessoas e o que deve ser observado é se a personalidade é de direito público ou de direito privado, se é criada por lei ou se a lei autoriza a criação e qual a atividade desempenhada.

Autarquia	• lei cria; • personalidade de direito público; • atividade típica do Estado.
Fundação Pública	• lei cria (personalidade de direito público) e lei autoriza (personalidade de direito privado); • atividade não exclusiva do Estado (interesse público).
Sociedade de economia mista e Empresa Pública	• lei autoriza; • personalidade de direito privado; • prestação de serviço público ou exploração de atividade econômica.

- Lei 13.303/16 (estatuto das estatais) "estatuto jurídico da empresa pública, da sociedade de economia mista e de suas subsidiárias, abrangendo toda e qualquer empresa pública e sociedade de economia mista da União, dos Estados, do Distrito Federal e dos Municípios que explore atividade econômica de produção ou comercialização de bens ou de prestação de serviços, ainda que a atividade econômica esteja sujeita ao regime de monopólio da União ou seja de prestação de serviços públicos" (art. 1º, caput).
- Exploração de atividade econômica pelo Estado será exercida por meio de empresa pública, de sociedade de economia mista e de suas subsidiárias. Lei precisa indicar de forma clara a presença de relevante interesse coletivo ou imperativo de segurança nacional, nos termos do caput do art. 173 da Constituição Federal.
- Depende de autorização legal: criação de empresa pública ou de sociedade de economia mista; criação de suas subsidiárias; participação de qualquer delas em empresa privada, cujo objeto social deve estar relacionado ao da investidora
- Empresa pública (art. 3º): entidade dotada de personalidade jurídica de direito privado, com criação autorizada por lei e com patrimônio próprio, cujo capital social é integralmente detido pela União, pelos Estados, pelo Distrito Federal ou pelos Municípios. Podem participar no capital social outras pessoas jurídicas de direito público interno, bem como as entidades da administração indireta da União, dos Estados, do Distrito Federal e dos Municípios, desde que pessoas jurídicas de direito público interno, bem como de entidades da administração indireta da União, dos Estados, do Distrito Federal e dos Municípios.
- Sociedade de economia mista (art. 4º): entidade dotada de personalidade jurídica de direito privado, com criação autorizada por lei, sob a forma de sociedade anônima, cujas ações com direito a voto pertençam em sua maioria à União, aos Estados, ao Distrito Federal, aos Municípios ou a entidade da administração indireta. Importante destacar que, caso a sociedade de economia mista preste serviço público de atuação própria do Estado e de natureza não concorrencial, estará submetida ao regime de precatório (RE 852302).
- **Agência reguladora**: estão sendo criadas como autarquia em regime especial; maior autonomia; deve ter personalidade de direito público.
- **Agência executiva**: é uma qualificação, um título, que é dado a uma autarquia ou a uma fundação pública. São requisitos (art. 51 da Lei nº 9.649/98) a existência de plano estratégico de reestruturação e de desenvolvimento institucional em andamento e a celebração de contrato de gestão com o ministério supervisor. A qualificação se dá por ato do Presidente da República.
- **Consórcio público**: está regulado pela Lei nº 11.107/05. Trata-se de uma nova pessoa administrativa que surge da união entre pessoas políticas (União, Estados, Distrito Federal e Municípios). Em um primeiro momento, há o protocolo de intenções, que é uma espécie de ajuste preliminar entre as pessoas políticas, no qual há a definição do objeto do consórcio, quais são seus participantes, qual sua duração, qual a forma de eleição do representante legal. Depois, o protocolo de intenções deve ser publicado na imprensa oficial e, na sequencia, ele deve ser ratificado por lei em cada um dos entes consorciados.
- **Consórcio público** poderá ter **personalidade de direito público (associação pública;** conhecido como **autarquia interfederativa ou autarquia multifederada)** ou de **direito privado**.
- **Contrato de consórcio:** formaliza a **constituição** do consórcio.
- **Contrato de rateio:** formaliza a **entrega de recursos** dos entes consorciados para o consórcio.
- **Contrato de programa:** instrumento usado quando um dos consorciados assumir a **obrigação de prestar serviço** por meio de seus órgãos ou entidades.

TERCEIRO SETOR

- Marco regulatório: Lei 13.019/14. Disposições da nova lei não se aplicam às organizações sociais, reguladas pela Lei nº 9.637/98, nos termos do art. 3º, III. Quanto às organizações da sociedade civil, objeto da Lei nº 9.790/99, as disposições aplicam-se, no que couber.

  Parcerias são formalizadas:

a) **quando houver transferência de recursos: termo de colaboração** (para a realização de atividades de interesse público propostas pela Administração Pública, nos termos do art. 16) e **por termo de fomento** (para a realização de atividades de interesse público propostas pela organização da sociedade civil, conforme o art. 17); em ambos os casos: exigência de escolha da entidade do Terceiro Setor por meio de um processo seletivo denominado Chamamento Público, salvo as exceções previstas em lei;

b) **quando não houver transferência de recursos: acordo de cooperação.**

- **Organização social (OS) e Organização da Sociedade Civil de Interesse Público (Oscip):** são entidades civis sem fins lucrativos, integrantes do setor privado, que recebem a qualificação do Poder Público. Oscip: deve estar em funcionamento regular há, no mínimo, 3 anos.

- **Não podem ser qualificadas como Oscip** (art. 2º):

a) sociedades comerciais;

b) sindicatos, associações de classe ou de representação de categoria profissional;

c) instituições religiosas ou voltadas para a disseminação de credos, cultos, práticas e visões devocionais e confessionais;

d) organizações partidárias e assemelhadas, inclusive suas fundações;

e) entidades de benefício mútuo destinadas a proporcionar bens ou serviços a um círculo restrito de associados ou sócios;

f) entidades e empresas que comercializam planos de saúde e assemelhados;

g) instituições hospitalares privadas não gratuitas e suas mantenedoras;

h) escolas privadas dedicadas ao ensino formal não gratuito e suas mantenedoras;

i) organizações sociais;

j) cooperativas;

k) fundações públicas;

l) fundações, sociedades civis ou associações de direito privado criadas por órgão público ou por fundações públicas;

m) organizações creditícias que tenham qualquer tipo de vinculação com o sistema financeiro nacional a que se refere o art. 192 da Constituição Federal.

- Diferenças entre OS e Oscip: a) a OS opera a absorção de determinada atividade que o Estado esteja fazendo e, com frequência, leva à extinção do órgão público que realizava a mesma atividade e, por outro lado, a Oscip representa verdadeira parceria e não há extinção de órgãos; b) a outorga da qualificação é ato discricionário na OS e ato vinculado na Oscip; c) o vínculo na OS é contrato de gestão e na Oscip é termo de parceria; d) na OS, há exigência de que tenha a presença de representantes do poder público no órgão de administração, o que não ocorre com a Oscip; e) no caso de desqualificação, os bens adquiridos com recursos públicos serão revertidos ao Poder Público, no caso da OS e, se for Oscip, será transferida à outra Oscip, de preferência, na mesma área de atuação.

- **Organizações gestoras de fundos patrimoniais:** No ano de 2019, foi editada a Lei nº 13.800, que trata das organizações gestoras de fundos patrimoniais. Segundo a lei, referidos fundos serão geridos e administrados por organização gestora de fundos patrimoniais, instituição privada sem fins lucrativos, "instituída na forma de associação ou de fundação privada com o intuito de atuar exclusivamente para um fundo na captação e na gestão das doações oriundas de pessoas físicas e jurídicas e do patrimônio constituído" (art. 2º, II).

- Sistematização da Administração Pública e do Terceiro Setor[8]:

ADMINISTRAÇÃO PÚBLICA	
ADMINISTRAÇÃO INDIRETA	**ADMINISTRAÇÃO DIRETA**
Conjunto das pessoas administrativas, com personalidade de direito público ou de direito privado, patrimônio próprio e autonomia administrativa, vinculadas à administração direta, criadas para o desempenho de determinada atividade administrativa	Conjunto dos órgãos públicos que integram as pessoas jurídicas políticas Pessoas jurídicas de direito público **União, Estados, Distrito Federal e Municípios**
Autarquia: direito público Agência reguladora: autarquia em regime especial Agência Executiva: autarquia que recebeu a qualificação (contrato de gestão)	–
Fundação Pública: direito público ou direito privado Agência Executiva: fundação pública que recebeu a qualificação (contrato de gestão)	–
Empresa Pública: direito privado; prestadora de serviço público ou exploradora de atividade econômica	
Sociedade de Economia Mista: direito privado; prestadora de serviço público ou exploradora de atividade econômica	
Consórcio Público: direito público (associação pública) ou direito privado	

TERCEIRO SETOR
pessoas jurídicas de direito privado, sem fins lucrativos, pertencentes ao setor privado, que desenvolvem atividade de interesse público Marco regulatório (Lei nº 13.019/14): parcerias firmadas por: a) termo de fomento ou por termo de colaboração, quando envolverem transferência de recursos financeiros; entidades são escolhidas por meio de chamamento público, exceto os casos de dispensa e inexigibilidade; b) acordo de cooperação, quando não envolver transferência de recursos financeiros.
Serviço social autônomo
Entidade de apoio
Organização Social (OS) Vínculo jurídico com a administração direta: contrato de gestão
Organização da Sociedade Civil de Interesse Público (Oscip) Vínculo jurídico com a administração direta: termo de parceria

8. BORTOLETO, Leandro. *Direito administrativo*. Salvador: Juspodivm, 2012. p. 106.

4. AGENTES PÚBLICOS: DISPOSIÇÕES CONSTITUCIONAIS

- **Regime jurídico único**: STF (ADI 2135): foi deferida medida liminar para suspender a eficácia do art. 39, *caput*, da Constituição, por vício formal na aprovação da Emenda nº 19/98, com efeitos *ex nunc*, "subsistindo a legislação editada nos termos da emenda declarada suspensa", mantendo-se, "assim, o então vigente *caput* do art. 39, que tratava do regime jurídico único, incompatível com a figura do emprego público".
- Cronologia do regime jurídico único:

REGIME JURÍDICO ÚNICO

05/10/1988	12/12/1990	04/06/1998	23/02/2000	02/08/2007
CF, art. 39, *caput*	Lei nº 8.112	EC 19, art. 39, *caput*	Lei nº 9.962	ADI 2135
Regime Jurídico Único ➔	RJU Servidores federais ➔	Fim Regime Jurídico Único ➔	Emprego Público União, aut. e fund. ➔	retorno do Regime Jurídico Único

- Síntese sobre concurso público[9]:

CONCURSO PÚBLICO	
Regra: realização para provimento de cargo efetivo	
Exceção: não realização	– **Contratação temporária**: necessidade temporária e excepcional interesse público
	– **Cargo em comissão**: existência de lei declarando de livre nomeação e exoneração; atribuições de direção, de chefia e de assessoramento Pode ser ocupado por ocupante de cargo efetivo (lei definirá casos, condições e percentuais) e por não ocupante. Função de confiança: só ocupante de cargo efetivo
	– **Agentes públicos de saúde e agentes de combate a endemias**
Prazo de validade: até 2 anos, prorrogável, uma vez, por igual período	
Pode ser de **provas ou de provas e títulos**: natureza e complexidade do cargo	
Reserva de vagas para deficientes: lei definirá percentual. No âmbito federal, o tema é regulado pelo Decreto nº 9.508/2018.	

- O candidato aprovado em concurso possui **direito subjetivo à nomeação** ou apenas expectativa de direito?
- STF (RE 598.099), em agosto de 2011, alterou substancialmente seu posicionamento. Foi complementado pela fixação de tese no RE 837.311, com repercussão geral. Atual posição: O surgimento de novas vagas ou a abertura de novo concurso para o mesmo cargo, durante o prazo de validade do certame anterior, não gera automaticamente o direito à nomeação dos candidatos aprovados fora das vagas previstas no edital, ressalvadas as hipóteses de preterição arbitrária e imotivada por parte da administração, caracterizada por comportamento tácito ou expresso do Poder Público capaz de revelar a inequívoca necessidade de nomeação do aprovado durante o período de validade do certame, a ser demonstrada de forma cabal pelo candidato. Assim, o direito subjetivo à nomeação do candidato aprovado em concurso público exsurge nas seguintes hipóteses:

1) Quando a aprovação ocorrer dentro do número de vagas dentro do edital;
2) Quando houver preterição na nomeação por não observância da ordem de classificação;
3) Quando surgirem novas vagas, ou for aberto novo concurso durante a validade do certame anterior, e ocorrer a preterição de candidatos de forma arbitrária e imotivada por parte da administração nos termos acima.

- Súmula Vinculante nº 16: os "arts. 7º, IV, e 39, § 3º (redação da EC 19/1998), da Constituição, referem-se ao total da remuneração percebida pelo servidor público". O vencimento do servidor público pode ser menor do que o salário mínimo, mas a remuneração não.
- STJ (1ª Seção. MS 22.813 DF, julgado em 13/06/2018): O candidato aprovado em concurso público fora do número de vagas tem direito subjetivo à nomeação caso surjam novas vagas durante o prazo de validade do certame, haja manifestação inequívoca da administração sobre a necessidade de seu provimento e não tenha restrição orçamentária. Assim, para o STJ, mesmo que aprovado fora do número de vagas o candidato terá direito subjetivo à nomeação quando:

1. Surgimento de novas vagas
2. Inequívoca demonstração sobre a necessidade de provimento
3. Inexistência de restrição orçamentária

- **Reserva de vagas:** O STF, no julgamento do ADC 41/DF, datado de 08/06/2017, fixou a seguinte tese com repercussão geral: "É constitucional a reserva de 20% das vagas oferecidas nos concursos públicos para provimento de cargos efetivos e empregos públicos no âmbito da administração pública direta e indireta".

9. BORTOLETO, Leandro. *Direito administrativo*. Salvador: Juspodivm, 2012. p. 142.

- **Empregados da ECT:** No julgamento dos embargos no RE nº 589.998/PI, no ano de 2018, foi fixada a seguinte tese: "A Empresa Brasileira de Correios e Telégrafos – ECT tem o dever jurídico de motivar, em ato formal, a demissão de seus empregados[10]". Nesse sentido, o STF restringiu a motivação da demissão dos empregados da ECT, permanecendo a dúvida no sentido da necessidade de motivação do ato da dispensa do empregado público das demais empresas estatais.
- Sistematização dos limites remuneratórios[11]:

<table>
<tr><th colspan="3">LIMITES REMUNERATÓRIOS</th></tr>
<tr><td colspan="3">TETO → subsídio dos Ministros do Supremo Tribunal Federal</td></tr>
<tr><td rowspan="2">SUBTETOS</td><td rowspan="2">ESTADOS E DISTRITO FEDERAL</td><td>Poder Executivo → subsídio do Governador</td></tr>
<tr><td>Poder Legislativo → subsídio dos Deputados Estaduais e Distritais (máximo de 75% do subsídio do Deputado Federal)</td></tr>
<tr><td rowspan="2">SUBTETOS</td><td>ESTADOS E DISTRITO FEDERAL</td><td>Poder Judiciário → subsídio dos Desembargadores do Tribunal de Justiça (90, 25% do STF)
• aplicável aos membros do Ministério Público, Procuradores e Defensores Públicos
• não se aplica aos magistrados estaduais, de acordo com o STF
• Estados e DF podem adotar como subteto único este previsto para o Poder Judiciário, desde que haja alteração da Constituição Estadual ou da Lei Orgânica</td></tr>
<tr><td>MUNICÍPIOS</td><td>Subsídio do Prefeito
• Vereadores: regra própria (art. 29, VI, CF)
• Procuradores: teto dos desembargadores do TJ (RE 663696)</td></tr>
</table>

- **Tese de repercussão geral (REs 602043 e 612975)** "Nos casos autorizados, constitucionalmente, de acumulação de cargos, empregos e funções, a incidência do artigo 37, inciso XI, da Constituição Federal, pressupõe consideração de cada um dos vínculos formalizados, afastada a observância do teto remuneratório quanto ao somatório dos ganhos do agente público".
- **Tese de repercussão geral (RE 663696)** "A expressão "Procuradores", contida na parte final do inciso XI do art. 37 da Constituição da República, compreende os Procuradores Municipais, uma vez que estes se inserem nas funções essenciais à Justiça, estando, portanto, submetidos ao teto de noventa inteiros e vinte e cinco centésimos por cento do subsídio mensal, em espécie, dos Ministros do Supremo Tribunal Federal".
- **Tese de repercussão geral (RE 630733 DF)** "Os candidatos em concurso público não têm direito à prova de segunda chamada nos testes de aptidão física em razão de circunstâncias pessoais, ainda que de caráter fisiológico ou de força maior, salvo se houver previsão no edital permitindo essa possibilidade." (fixada em 15/05/2013).
- **Tese de repercussão geral (RE 1058333 PR)** "É constitucional a remarcação do teste de aptidão física de candidata que esteja grávida à época de sua realização, independentemente da previsão expressa em edital do concurso" (fixada em 21/11/2018).
- Sistematização da acumulação remunerada de cargos públicos[12]:

<table>
<tr><th colspan="2">ACUMULAÇÃO DE CARGOS, EMPREGOS E FUNÇÕES PÚBLICAS</th></tr>
<tr><th colspan="2">Cargo, função ou emprego público x Cargo, função ou emprego público</th></tr>
<tr><td>REGRA
Proibição de acumulação remunerada</td><td>EXCEÇÕES
Compatibilidade de horários
+
Dois cargos de professor
ou
Um cargo de professor com outro técnico ou científico
ou
Dois cargos ou empregos privativos de profissionais de saúde, com profissões regulamentadas</td></tr>
<tr><th colspan="2">Cargo, função ou emprego público x Mandato eletivo</th></tr>
<tr><td rowspan="2">Vereador</td><td>Horários compatíveis:
Acumulação</td></tr>
<tr><td>Horários não compatíveis:
Afastamento e escolha da remuneração</td></tr>
<tr><td>Prefeito e Vice-Prefeito</td><td>Afastamento e escolha da remuneração</td></tr>
<tr><td>Presidente da República e Vice,
Governador e Vice,
Deputados federais, estaduais e distritais e Senadores</td><td>Afastamento, sem escolha da remuneração</td></tr>
<tr><th colspan="2">Proventos x Cargo, função ou emprego público</th></tr>
<tr><td>REGRA
Proibição</td><td>EXCEÇÕES
• Cargo em comissão
• Cargo eletivo
• Cargos acumuláveis</td></tr>
<tr><th colspan="2">Proventos x Proventos</th></tr>
<tr><td>REGRA
Proibição</td><td>EXCEÇÃO
Proventos decorrentes de cargos acumuláveis</td></tr>
</table>

10. Informativo nº 919 do STF.
11. BORTOLETO, Leandro. *Direito administrativo.* Salvador: Juspodivm, 2012. p. 147.
12. BORTOLETO, Leandro. *Direito administrativo.* Salvador: Juspodivm, 2012. p. 106.

- São **direitos sociais do servidor público**: a) salário mínimo; b) garantia de salário nunca inferior ao mínimo, para os que percebem remuneração variável; c) décimo terceiro; d) remuneração do trabalho noturno superior à do diurno; e) salário-família; f) duração do trabalho normal não superior a oito horas diárias e quarenta e quatro semanais; g) repouso semanal remunerado; h) remuneração do serviço extraordinário superior, no mínimo, em 50% à do normal; i) férias anuais remuneradas com, pelo menos, um terço a mais do que o salário normal; j) licença à gestante (120 dias); k) licença-paternidade; l) proteção do mercado de trabalho da mulher; m) redução dos riscos inerentes ao trabalho, por meio de normas de saúde, higiene e segurança; n) proibição de diferença de salários, de exercício de funções e de critério de admissão por motivo de sexo, idade, cor ou estado civil.
- **Direito de greve**: STF (MI 670, 708 e 712): o direito de greve dos servidores públicos civis depende de lei para poder ser exercido, mas, em razão da inércia do legislador em produzir a lei, até que sobrevenha tal norma, fica autorizado o exercício do direito de greve pelos servidores públicos, usando, para tanto, a lei da iniciativa privada (Lei nº 7.783/89), no que couber. Todavia, essa situação é provisória, isto é, uma vez que a lei regulamentadora do art. 37, VII da Constituição Federal entre em vigor, o direito de greve dos servidores públicos não poderá mais ser aplicada a lei da iniciativa privada. O dispositivo constitucional referente ao direito de greve dos servidores aplica-se, em regra, a todas as categorias de servidores, com exceção dos militares, cujo exercício de greve é vedado e, dessa forma, não é considerado norma de eficácia plena para nenhuma categoria, inclusive para os servidores das carreiras de Estado. Aliás, em face do princípio da continuidade do serviço público, restou decidido no MI 708 que pode ser imposto regime de greve mais severo quando se tratar de serviços ou atividades essenciais, nos moldes dos artigos 9º a 11 da Lei nº 7.783/89. Em específico quanto aos policiais civis, na Rcl 6568/SP, que tinha como objeto preservar a competência do Tribunal de Justiça do Estado de São Paulo para dirimir o dissídio referente à greve dos policiais civis, o Min. Eros Grau sustentou a relativização do direito de greve, por não ser absoluto e que "servidores que exercem atividades relacionadas à manutenção da ordem pública e à segurança pública, à administração da Justiça – aí os integrados nas chamadas carreiras de Estado, que exercem atividades indelegáveis, inclusive as de exação tributária – e à saúde pública" sejam privados do direito de greve. Inclusive, no caso dos policiais civis, foi suscitada a questão de ser um movimento armado e não pacífico. Entretanto, a questão não era objeto do processo e, por isso, alguns Ministros não quiseram se posicionar, mas, expressamente, manifestaram-se acompanhando o relator, o Min. Cezar Peluso e o Min. Gilmar Mendes.
- **Tese de repercussão geral (RE 693456)**: "A administração pública deve proceder ao desconto dos dias de paralisação decorrentes do exercício do direito de greve pelos servidores públicos, em virtude da suspensão do vínculo funcional que dela decorre, permitida a compensação em caso de acordo. O desconto será, contudo, incabível se ficar demonstrado que a greve foi provocada por conduta ilícita do Poder Público".
- **Greve de policiais civis: Tese de repercussão geral (ARE 654432)**: "(1) o exercício do direito de greve, sob qualquer forma ou modalidade, é vedado aos policiais civis e a todos os servidores públicos que atuem diretamente na área de segurança pública. (2) É obrigatória a participação do Poder Público em mediação instaurada pelos órgãos classistas das carreiras de segurança pública, nos termos do artigo 165 do Código de Processo Civil, para vocalização dos interesses da categoria" **Justiça competente:** Tese de repercussão geral (RE 846854): "A justiça comum, federal ou estadual, é competente para julgar a abusividade de greve de servidores públicos celetistas da Administração pública direta, autarquias e fundações públicas."
- **Regime próprio de previdência**. É o regime destinado aos servidores titulares de cargo efetivo. Nesse regime, é proibida a existência de critérios diferentes para a concessão de aposentadoria, exceto, nos termos definidos em leis complementares, conforme o art. 40, § 4º, no caso de: a) servidores portadores de deficiência; b) servidores que exerçam atividades de risco; c) servidores cujas atividades sejam exercidas sob condições especiais que prejudiquem a saúde ou a integridade física.
- **Pensão**: até o valor do limite do regime geral de previdência, a pensão será integral. Se a remuneração ou os proventos do servidor eram superiores ao limite mencionado, a pensão não terá valor integral, pois corresponderá, na verdade, ao valor total até o limite, mais 70% do valor que exceder o limite.
- **Contribuição inativos**: aposentado somente contribuirá sobre o valor dos proventos que extrapolar o limite do regime geral de previdência. Se for portador de doença incapacitante, na forma da lei, só contribuirá sobre o valor que exceder o dobro do limite (art. 40, § 21).
- **Abono de permanência**: servidor que já preencheu os requisitos para a aposentadoria voluntária tem direito a receber até que alcance a idade para a aposentadoria compulsória (art. 40, § 19). O servidor não deixa de contribuir, pois continua contribuindo com 11% sobre o valor de sua remuneração, mas, como incentivo, recebe um abono no mesmo valor.
- **Valor dos proventos**: média das remunerações utilizadas como base de cálculo para incidência das contribuições previdenciárias, tanto ao regime geral quanto ao regime próprio. Não há integralidade nem paridade (estabelecido o valor dos proventos, este não acompanhará os reajustes concedidos ao pessoal da ativa; será reajustado para manter o valor real, na forma da lei).

- **Limite proventos**: pode ser adotado o limite do regime geral de previdência para o valor das aposentadorias e pensões do regime próprio, desde que instituam, por lei de iniciativa do respectivo Poder Executivo, regime de previdência complementar, por intermédio de entidades fechadas de previdência complementar, de natureza pública, que oferecerão aos respectivos participantes planos de benefícios somente na modalidade de contribuição definida (art. 40, §§ 14 e 15). Somente será obrigatório para o servidor que ingressar no serviço público após a data de publicação do ato instituidor desse regime. Para os que ingressaram antes, é opcional (art. 40, § 16).
- Sistematização da aposentadoria pelo regime próprio[13]:

APOSENTADORIA PELO REGIME PRÓPRIO		
Por invalidez permanente	• **regra** → proventos proporcionais • **exceções** →	• acidente em serviço • moléstia profissional • doença grave, contagiosa ou incurável, nos termos da lei
Compulsória	• proventos proporcionais • 70 ou 75 anos, nos termos de lei complementar. Lei Complementar nº 152/15: **75 anos** para I - os servidores titulares de cargos efetivos da União, dos Estados, do Distrito Federal e dos Municípios, incluídas suas autarquias e fundações; II - os membros do Poder Judiciário; III - os membros do Ministério Público; IV - os membros das Defensorias Públicas; V - os membros dos Tribunais e dos Conselhos de Contas.	
Voluntária	**Homem** 10 anos de serviço público, e 5 anos no cargo, e 35 anos de contribuição, e 60 anos de idade	**Mulher** 10 anos de serviço público, e 5 anos no cargo, e 30 anos de contribuição, e 55 anos de idade
Voluntária proporcional	**Homem** 10 anos de serviço público, e 5 anos no cargo, e 65 anos de idade	**Mulher** 10 anos de serviço público, e 5 anos no cargo, e 60 anos de idade
Aposentadoria especial	• requisitos serão estabelecidos em leis complementares • portadores de deficiência • atividades de risco • atividades exercidas sob condições especiais que prejudiquem a saúde ou a integridade física **Professores** • requisitos estabelecidos na Constituição • tempo exclusivo no magistério: infantil, fundamental e médio	

13. BORTOLETO, Leandro. *Direito administrativo.* Salvador: Juspodivm, 2012. p. 172.

APOSENTADORIA PELO REGIME PRÓPRIO		
	Homem	**Mulher**
Aposentadoria especial	10 anos de serviço público, e 5 anos no cargo, e 30 anos de contribuição, e 55 anos de idade	10 anos de serviço público, e 5 anos no cargo, e 25 anos de contribuição, e 50 anos de idade

5. REGIME JURÍDICO DOS SERVIDORES PÚBLICOS

- O **regime estatutário ou legal** é aquele em que o **conjunto de regras reguladoras do servidor com a Administração está inserido em lei específica, conhecidas como estatuto.**
- É **o regime próprio das pessoas jurídicas de direito público**, assim, é admitido na administração direta, nas autarquias e nas fundações com regime de direito público.
- **Não há uma lei só, um estatuto único. Pelo contrário, há diversas leis e, portanto, vários estatutos,** pois cabe a cada ente político legislar a respeito, ou seja, cada Município e cada Estado podem ter os seus.
- Na esfera federal, o estatuto dos servidores públicos civis federais está previsto na **Lei nº 8.112/90**.
- O **estatuto federal** é base para muitos estatutos municipais e alguns estaduais e, dessa maneira, muitos institutos têm tratamento idêntico ou semelhante. Assim, sua cobrança se dá nos concursos federais e, também, em alguns concursos estaduais.
- **Provimento** é o ato de se prover o cargo público. Pode ser originário (a investidura no cargo é feita pela primeira vez) ou derivado (investidura decorrente; servidor já era ocupante de cargo).

5.1. LEI Nº 8.112/90

- **Requisitos** para investidura (art. 5º):

a) ser brasileiro;

b) estar no gozo dos direitos políticos;

c) estar adimplente com as obrigações militares e eleitorais;

d) ter o nível de escolaridade exigido para o exercício do cargo;

e) ter a idade mínima de dezoito anos;

f) estar em aptas condições física e mental.

- É frequente a cobrança das formas de provimento derivado nas provas.
- **Posse:** com ela **materializa-se** a **investidura** do servidor no cargo.
- A posse pode ocorrer **mediante procuração específica** (art. 13, § 3º), depende de **prévia inspeção médica oficial** (art. 14; é necessária a aptidão física e mental para a posse).

- No **ato** da **posse** deve ser apresentada **declaração de bens e valores** que formam seu patrimônio e a declaração de exercício ou não de outro cargo, emprego ou função pública (art. 13, § 5º).
- **Prazo** para a **posse: trinta dias**, contados da publicação do ato de provimento (art. 13, § 1º).
- Nomeado **não toma posse** no prazo: **ato de provimento será tornado sem efeito**, pois ainda não era servidor para ser exonerado.
- **Exercício**: desempenho efetivo das atribuições do cargo.
- **Prazo para exercício**: **quinze dias,** contados da data da posse.
- Servidor **não entra em exercício** no prazo: será **exonerado** de ofício.
- **Estágio probatório**: lei prevê 24 meses, mas para STF é de 3 anos (STA 269, STA 290 e AI 754.802-DF).
- Sistematização das licenças e afastamentos em relação ao servidor em estágio probatório[14]:

SERVIDOR EM ESTÁGIO PROBATÓRIO – Licenças e Afastamentos	
PERMITIDO	**PROIBIDO**
• para o serviço militar (não suspende) • para exercício de mandato eletivo (não suspende) • para estudo ou missão no exterior (não suspende)	• para capacitação • para tratar de interesses particulares • para desempenho de mandato classista
• para servir a outro órgão ou entidade (só cargo de nível elevado; não suspende)• por motivo de doença em pessoa da família (suspende) • por motivo de afastamento do cônjuge ou companheiro (suspende) • para atividade política (suspende) • para servir em organismo internacional de que o Brasil participe ou com o qual coopere (suspende) • participação em curso de formação (suspende)	• para participação em programa de pós--graduação *stricto sensu* no País

- Sistematização das formas de provimento derivado[15]:

PROVIMENTO DERIVADO: principais formas
Readaptação → investidura em outro cargo com atribuições e responsabilidade → compatíveis com as limitações do servidor **Aproveitamento** → volta à ativa do servidor em disponibilidade **Reversão** → volta do aposentado **Reintegração** → volta do demitido **Recondução** → volta ao cargo anterior

- Remoção (art. 36): **deslocamento do servidor**, a pedido ou de ofício, no âmbito do mesmo quadro, **com ou sem mudança de sede.**
- Remoção pode ocorrer **de ofício ou a pedido** do servidor.
- Hipóteses em que a **Administração não pode recusar** o pedido de remoção do servidor (art. 36, III):

a) para **acompanhar cônjuge ou companheiro**, também servidor público civil ou militar, de qualquer dos Poderes da União, dos Estados, do Distrito Federal e dos Municípios, que foi deslocado no interesse da Administração[16];

b) por **motivo de saúde** do servidor, cônjuge, companheiro ou dependente que viva às suas expensas e conste do seu assentamento funcional, condicionada à comprovação por junta médica oficial;

c) em virtude de **processo seletivo** promovido, na hipótese em que o número de interessados for superior ao número de vagas, de acordo com normas preestabelecidas pelo órgão ou entidade em que aqueles estejam lotados.

- **Vantagens**: servidor pode receber indenizações, gratificações e adicionais.
- Sistematização das **indenizações**[17]:

INDENIZAÇÕES	
Ajuda de custo	• Deslocamento definitivo, no interesse da Administração • Valor em regulamento: máximo 3 remunerações servidor não se desloca: devolução em 30 dias
Diária	• Deslocamento transitório • Valor em regulamento: é ½ diária quando não houver pernoite fora da sede ou quando a União custear por outros meios • Servidor não se desloca: devolução em 5 dias
Indenização de transporte	• Uso de meio próprio de locomoção para execução de serviço externo, por força das atribuições do cargo • Valor em regulamento
Auxílio-moradia	• Servidor deslocado para ocupar alto cargo em comissão e demais requisitos do Art. 60-B • Valor: o que for menor: ou 25% do subsídio de Ministro ou 25% da remuneração do cargo ocupado. Independente do valor do cargo, assegura-se até R$ 1.800,00

- Sistematização das **gratificações** e **adicionais**[18]:

---

14. BORTOLETO, Leandro. *Direito administrativo.* 2. ed. Salvador: Juspodivm, 2013. p. 200.
15. BORTOLETO, Leandro. *Direito administrativo.* 2. ed. Salvador: Juspodivm, 2013. p. 205.
16. Corroborando com o expresso no dispositivo, o STJ decidiu no EREsp 1.247.360 RJ que o servidor federal somente tem direito à remoção prevista no artigo 36, § único, III, "a", da Lei 8.112/90, caso seu cônjuge/ companheiro, também servidor, tenha sido deslocado de ofício, no interesse da administração. Assim, se o cônjuge foi removido a pedido, ao outro não assiste o direito à remoção com base neste dispositivo.
17. BORTOLETO, Leandro. *Direito administrativo.* Salvador: Juspodivm, 2012. p. 212.
18. BORTOLETO, Leandro. *Direito administrativo.* Salvador: Juspodivm, 2012. p. 214.

GRATIFICAÇÕES E ADICIONAIS	
Retribuição pelo exercício de função de direção, chefia e assessoramento	– Servidor que ocupa cargo em comissão ou exerce → função comissionada
Gratificação natalina	– 13º
Adicionais pelo exercício de atividades insalubres, perigosas ou penosas	– Adicional de insalubridade: local insalubre ou em: → contato permanente com substâncias tóxicas – Adicional de periculosidade: permanente risco de vida
Adicionais pelo exercício de atividades insalubres, perigosas ou penosas	– Se tiver direito aos dois, tem que escolher um – Adicional de penosidade: zona de fronteira ou → localidade cujas condições de vida o justifiquem – Percentual: regulamento
Adicional por serviço extraordinário	– Hora extra – 50% sobre o valor da hora normal – Máximo de 2h por jornada
Adicional noturno	– Trabalho das 22h às 5h – Hora, nesse período, é 52min30s – 25% sobre o valor da hora normal – Se for o caso, incide sobre a remuneração com o → adicional por serviço extraordinário
Adicional de férias	– 1/3 sobre a remuneração do período de férias
Gratificação por encargo de curso ou concurso	– Fazer as atividades do art. 76-A, fora do horário → de trabalho ou com compensação – Máximo: 120h anuais (exceção: + 120h)

- **Licenças e afastamentos** assegurados ao servidor (artigos 86 a 96-A e 202 a 214): a) licença por motivo de doença em pessoa da família; b) licença por motivo de afastamento do cônjuge ou companheiro; c) licença para o serviço militar; d) licença para atividade política; e) licença para capacitação; f) licença para tratar de interesses particulares; g) licença para desempenho de mandato classista; h) licença para tratamento de saúde; i) licença à gestante, à adotante e licença-paternidade; j) licença por acidente em serviço; k) afastamento para servir a outro órgão ou entidade; l) afastamento para exercício de mandato eletivo; m) afastamento para estudo ou missão no exterior; n) afastamento para participação em programa de pós-graduação *stricto sensu* no País.
- Sistematização da licença para atividade política:

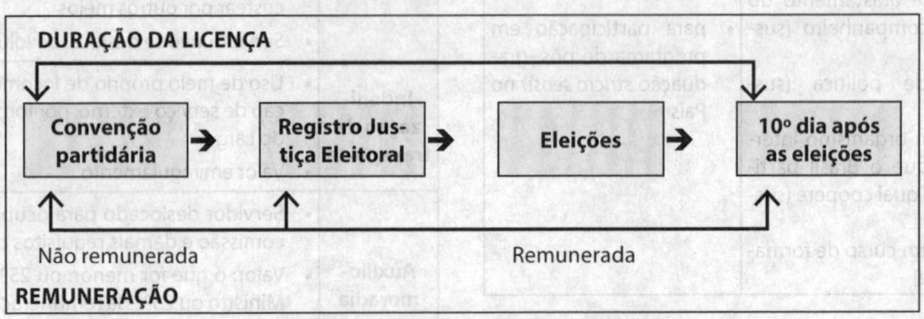

- Sistematização da contagem do tempo de serviço[19]:

TEMPO DE SERVIÇO	
Efetivo exercício	**Somente para aposentadoria e disponibilidade**
• tempo de serviço público federal (conta para todos os fins)	• tempo de serviço público prestado aos Estados, Municípios e Distrito Federal
• exercício de cargo em comissão ou equivalente, em órgão ou entidade dos Poderes da União, dos Estados, Municípios e Distrito Federal (cessão de servidor federal) • exercício de cargo ou função de governo ou administração, em qualquer parte do território nacional, por nomeação do Presidente da República	• tempo de serviço em atividade privada, vinculada à Previdência Social
• serviço militar federal (Forças Armadas; conta para todos os fins)	• tempo de serviço relativo a tiro de guerra

19. BORTOLETO, Leandro. *Direito administrativo.* 2. ed. Salvador: Juspodivm, 2013. p. 223/224.

<table>
<tr><th colspan="2">TEMPO DE SERVIÇO</th></tr>
<tr><th>Efetivo exercício</th><th>Somente para aposentadoria e disponibilidade</th></tr>
<tr><td>• desempenho de mandato eletivo federal, estadual, municipal ou do Distrito Federal, exceto para promoção por merecimento</td><td>• desempenho de mandato eletivo federal, estadual, municipal ou distrital, anterior ao ingresso no serviço público federal</td></tr>
<tr><td>• licença para tratamento da própria saúde, até o limite de vinte e quatro meses, cumulativo ao longo do tempo de serviço público prestado à União, em cargo de provimento efetivo</td><td>• licença para tratamento da própria saúde, além do limite de vinte e quatro meses, cumulativo ao longo do tempo de serviço público prestado à União, em cargo de provimento efetivo</td></tr>
<tr><td>• licença para tratamento de saúde de pessoal da família do servidor, com remuneração, até trinta dias, em período de doze meses</td><td>• licença para tratamento de saúde de pessoal da família do servidor, com remuneração, que exceder a trinta dias, em período de 12 doze meses</td></tr>
<tr><td>• ausências do art. 97 (alistamento eleitoral, doação de sangue, casamento, etc.)
• férias
• participação em programa de treinamento ou em programa de pós-graduação stricto sensu no País
• júri e outros serviços obrigatórios por lei
• missão ou estudo no exterior, quando autorizado o afastamento
• licença à gestante, à adotante e à paternidade
• licença para o desempenho de mandato classista ou participação de gerência ou administração em sociedade cooperativa constituída por servidores para prestar serviços a seus membros, exceto para efeito de promoção por merecimento</td><td>• licença para atividade política, com remuneração (do registro da candidatura na Justiça Eleitoral até dez dias após as eleições)</td></tr>
<tr><td>• licença por motivo de acidente em serviço ou doença profissional
• licença para capacitação
• licença por convocação para o serviço militar
• deslocamento para a nova sede (período de trânsito para o servidor que deva ter exercício em outro Município por ter sido removido, redistribuído, requisitado, cedido ou posto em exercício provisório)
• participação em competição desportiva nacional ou convocação para integrar representação desportiva nacional, no País ou no exterior
• afastamento para servir em organismo internacional de que o Brasil participe ou com o qual coopere</td><td></td></tr>
</table>

- **Direito de petição** do servidor **prescreve** em (art. 110): a) em **cinco anos**, quanto aos atos de demissão e de cassação de aposentadoria ou disponibilidade, ou que afetem interesse patrimonial e créditos resultantes das relações de trabalho; b) em **cento e vinte dias**, nos demais casos, salvo se houver outro prazo fixado em lei.
- Os artigos 116 e 117 devem ser lidos várias vezes. São muito importantes porque descrevem os deveres e proibições dos servidores e a definição das penas é correlacionada com esses dispositivos legais.
- **Responsabilidades**: as **sanções** penais, administrativas e civis podem **cumular-se**, pois são independentes entre si. **Exceção**: quando na esfera penal o servidor for **absolvido** em razão da **inexistência do fato** ou da **negativa de autoria** (art. 126).
- As **penas** que podem ser aplicadas ao servidor são (art. 127): a) advertência; b) suspensão; c) multa; d) demissão; e) cassação de aposentadoria e disponibilidade; f) destituição de cargo em comissão; g) destituição de função de confiança.
- **Advertência:** tem cabimento, conforme o art. 129, quando se tratar de **violação dos deveres funcionais** constantes do art. 117, I a VIII e XIX, ou quando houver a **inobservância de dever funcional** previsto em lei, regulamento ou norma interna, e não haja justificativa para a aplicação de pena mais grave.
- **Suspensão** é cabível (art. 130):

a) quando houver reincidência de falta punida com advertência;

b) nos casos de violação das proibições que não sejam punidas com demissão, isto é, nas situações previstas no art. 117, XVII e XVIII;

c) quando o servidor se recusar, injustificadamente, a se submeter a inspeção médica determinada pela autoridade competente (a partir do momento que se submeter a inspeção, cessam os efeitos da pena).

- **Suspensão** pode, a critério do administrador, ser **substituída por multa** no valor equivalente a **50% por dia** da remuneração do servidor e este continua a trabalhar.

- **Demissão**: hipóteses de **cabimento**:

  a) **Art. 117, IX a XVI**: *"IX – valer-se do cargo para lograr proveito pessoal ou de outrem, em detrimento da dignidade da função pública; X – participar de gerência ou administração de sociedade privada, personificada ou não personificada, exercer o comércio, exceto na qualidade de acionista, cotista ou comanditário; XI – atuar, como procurador ou intermediário, junto a repartições públicas, salvo quando se tratar de benefícios previdenciários ou assistenciais de parentes até o segundo grau, e de cônjuge ou companheiro; XII – receber propina, comissão, presente ou vantagem de qualquer espécie, em razão de suas atribuições; XIII – aceitar comissão, emprego ou pensão de estado estrangeiro; XIV – praticar usura sob qualquer de suas formas; XV – proceder de forma desidiosa; XVI – utilizar pessoal ou recursos materiais da repartição em serviços ou atividades particulares";*

  b) **Art. 132, I a XII: "***I – crime contra a administração pública; II – abandono de cargo; III – inassiduidade habitual; IV – improbidade administrativa; V – incontinência pública e conduta escandalosa, na repartição; VI – insubordinação grave em serviço; VII – ofensa física, em serviço, a servidor ou a particular, salvo em legítima defesa própria ou de outrem; VIII – aplicação irregular de dinheiros públicos; IX – revelação de segredo do qual se apropriou em razão do cargo; X – lesão aos cofres públicos e dilapidação do patrimônio nacional; XI – corrupção; XII – acumulação ilegal de cargos, empregos ou funções públicas.*

- Sistematização da pena de demissão[20]:

DEMISSÃO
Somente após 5 anos pode retornar ao serviço público federal
• valer-se do cargo para lograr proveito pessoal ou de outrem, em detrimento da dignidade da função pública • atuar, como procurador ou intermediário, junto a repartições públicas, salvo quando se tratar de benefícios previdenciários ou assistenciais de parentes até o segundo grau, e de cônjuge ou companheiro
Não pode mais retornar ao serviço público federal
• crime contra a Administração Pública
Não pode mais retornar ao serviço público federal **Indisponibilidade dos bens** **Ressarcimento ao erário**
• improbidade administrativa • aplicação irregular de dinheiros públicos • lesão aos cofres públicos e dilapidação do patrimônio nacional • corrupção

DEMISSÃO
Demais casos: sem restrição de retorno ao serviço público federal
• abandono de cargo • inassiduidade habitual • incontinência pública e conduta escandalosa, na repartição • insubordinação grave em serviço • ofensa física, em serviço, a servidor ou a particular, salvo em legítima defesa própria ou de outrem • revelação de segredo do qual se apropriou em razão do cargo • acumulação ilegal de cargos, empregos ou funções públicas • participar de gerência ou administração de sociedade privada, personificada ou não personificada, exercer o comércio, exceto na qualidade de acionista, cotista ou comanditário • recebimento de propina, comissão, presente ou vantagem de qualquer espécie, em razão de suas atribuições • aceitação de comissão, emprego ou pensão de Estado estrangeiro • prática de usura sob qualquer de suas formas • procedimento desidioso • utilização pessoal ou recursos materiais da repartição em serviços ou atividades particulares

- **Ação disciplinar** prescreve: a) se a infração administrativa também for crime, no prazo previsto na lei penal; b) se a infração administrativa não for crime: em 5 anos, para as infrações puníveis com demissão, cassação de aposentadoria ou disponibilidade e destituição de cargo em comissão; em 2 anos, para os casos de suspensão; em 180 dias para a advertência.
- STJ: "quando o servidor público comete infração disciplinar também tipificada como crime, somente se aplicará o prazo prescricional da legislação penal se os fatos também forem apurados em ação penal", conforme MS 15.462/DF (14/03/2011).
- STJ: Desde que devidamente motivada e com amparo em investigação ou sindicância, é possível a instauração de processo administrativo disciplinar com base em denúncia anônima, em face do poder-dever de autotutela imposto à Administração (Súmula nº 611).
- Sistematização das formas de apuração de infração disciplinar[21]:

APURAÇÃO DE INFRAÇÃO DISCIPLINAR	
Infração punida com	**Meio de apuração**
Advertência Suspensão ≤ 30 dias	Sindicância ou Processo administrativo disciplinar
Suspensão > 30 dias Demissão Cassação de aposentadoria ou disponibilidade Destituição de cargo em comissão	Processo administrativo disciplinar

20. BORTOLETO, Leandro. *Direito administrativo.* Salvador: Juspodivm, 2012. p. 233.

21. BORTOLETO, Leandro. *Direito administrativo.* 2. ed. Salvador: Juspodivm, 2013. p. 239.

- Processo administrativo: rito ordinário e rito sumário.
- **Rito ordinário** do processo administrativo disciplinar[22]:

<table>
<tr><th colspan="4">PROCESSO ADMINISTRATIVO DISCIPLINAR:
Rito Ordinário</th></tr>
<tr><td rowspan="2">Instauração</td><td colspan="3">Publicação do ato de constituição da comissão disciplinar
Comissão → 3 servidores estáveis</td></tr>
<tr><td>Consequências</td><td colspan="2">• (60 dias + 60 dias)
• possibilidade de afastamento temporário do servidor
• impossibilidade de aposentadoria voluntária ou exoneração a pedido do servidor</td></tr>
<tr><td rowspan="3">Inquérito Administrativo</td><td rowspan="2">Instrução</td><td colspan="2">• Produção de provas: testemunhas, perícias, acareações, interrogatório do servidor e demais diligências
• Indiciação: se for o caso, após análise das provas</td></tr>
<tr><td>Citação</td><td>• por mandado
ou
• por edital</td></tr>
<tr><td>Defesa</td><td>Prazo</td><td>• 10 dias → 1 indiciado
• 20 dias → + de 1 indiciado (comum)
• 15 dias → citação por edital</td></tr>
<tr><td rowspan="2">Inquérito Administrativo</td><td>Defesa</td><td>Defesa não apresentada no prazo</td><td>• servidor nomeado defensor dativo
• devolução do prazo</td></tr>
<tr><td>Relatório</td><td>Conteúdo</td><td>• resumo das principais peças
• menção às provas
• conclusão (inocência ou responsabilidade)
• indicação do dispositivo legal</td></tr>
<tr><td rowspan="3">Julgamento</td><td>Prazo</td><td colspan="2">→ 20 dias
→ inobservância: não gera nulidade; se ocorrer a prescrição autoridade será responsabilizada</td></tr>
<tr><td>Competência</td><td colspan="2">→ Art. 141; se autoridade instauradora não tiver competência, deve encaminhar os autos à competente</td></tr>
<tr><td>Relatório da Comissão Disciplinar</td><td colspan="2">→ Regra: deve ser acatado
→ Exceção: pode ser refutado se, motivadamente, for demonstrado que é contrário à prova dos autos</td></tr>
<tr><td colspan="4">PRAZO PARA CONCLUSÃO: 60 dias + 60 dias = 120 dias. Conforme STF e STJ, não está incluído prazo para julgamento (20 dias), totalizando 140 dias.</td></tr>
</table>

22. BORTOLETO, Leandro. *Direito administrativo*. 2. ed. Salvador: Juspodivm, 2013. p. 243.

- **Revisão** do processo administrativo disciplinar: **pode se dar de ofício ou a requerimento** do servidor (em caso de falecimento, ausência ou desaparecimento do servidor, qualquer pessoa da família poderá fazê-lo) e não há prazo, mas devem ser cumpridos os seguintes **requisitos**: **fato novo ou circunstância suscetível de justificar a inocência do punido ou a inadequação da penalidade aplicada** (art. 174).
- Seguridade social: é **dever da União manter Plano de Seguridade Social para o servidor e sua família** (art. 183).
- **Benefícios do Plano de Seguridade Social**. Benefícios para o **servidor**: **a)** aposentadoria; **b)** auxílio-natalidade; **c)** salário-família; **d)** licença para tratamento de saúde; **e)** licença à gestante, à adotante e licença-paternidade; **f)** licença por acidente em serviço; **g)** assistência à saúde; **h)** garantia de condições individuais e ambientais de trabalho satisfatórias. Benefícios para a **família do servidor**: **a)** pensão vitalícia e temporária; **b)** auxílio-funeral; **c)** auxílio-reclusão; **d)** assistência à saúde.
- **PENSÃO**:

– Beneficiários da pensão (art. 217):

a) o cônjuge;

b) o cônjuge divorciado ou separado judicialmente ou de fato, com percepção de pensão alimentícia estabelecida judicialmente

c) o companheiro ou companheira que comprove união estável como entidade familiar;

d) o filho de qualquer condição que atenda a um dos seguintes requisitos (enteado e o menor tutelado equiparam-se a filho mediante declaração do servidor e desde que comprovada dependência econômica, na forma estabelecida em regulamento):

- seja menor de 21 anos;
- seja invalido;
- tenha deficiência intelectual ou mental, nos termos do regulamento;

e) a mãe e o pai que comprovem dependência econômica do servidor; e

f) o irmão de qualquer condição que comprove dependência econômica do servidor e atenda a um dos requisitos:

- seja menor de 21 anos;
- seja invalido;
- tenha deficiência intelectual ou mental, nos termos do regulamento;

Obs.: a concessão aos beneficiários de "a" a "d"exclui os indicados nas letras "e" e "f";

- a concessão aos beneficiários indicados na letra "e" exclui o arrolado na letra "f".

– Perda da qualidade de beneficiário (art. 222, VII):

I. falecimento;

II. anulação do casamento, quando a decisão ocorrer após a concessão da pensão ao cônjuge;

III. a cessação da invalidez, em se tratando de beneficiário inválido, o afastamento da deficiência, em se tratando de beneficiário com deficiência, ou o levantamento da interdição, em se tratando de beneficiário com deficiência intelectual ou mental que o torne absoluta ou relativamente incapaz, respeitados os períodos mínimos decorrentes da aplicação das alíneas "a" e "b" do inciso VII;

IV. o implemento da idade de 21 anos, pelo filho ou irmão;

V. a acumulação de pensão na forma do art. 225;

VI. a renúncia expressa; e

VII. em relação ao cônjuge e companheiro (I a III do caput do art. 217):

a) o decurso de 4 meses:

- se o óbito ocorrer sem que o servidor tenha vertido 18 contribuições mensais, ou
- se o casamento ou a união estável tiverem sido iniciados em menos de 2 anos antes do óbito do servidor;

b) o decurso dos seguintes períodos, estabelecidos de acordo com a idade do pensionista na data de óbito do servidor, depois de vertidas 18 contribuições mensais e pelo menos 2 anos após o início do casamento ou da união estável:

- 3 anos (duração), com menos de 21 anos de idade (pensionista);
- 6 anos (duração), entre 21 e 26 anos de idade (pensionista);
- 10 anos (duração), entre 27 e 29 anos de idade (pensionista);
- 15 anos (duração), entre 30 e 40 anos de idade (pensionista);
- 20 anos (duração), entre 41 e 43 anos de idade (pensionista);
- vitalícia, com 44 ou mais anos de idade (pensionista).

- Perde o direito a pensão (art. 220):

> *I - o beneficiário condenado, após o trânsito em julgado, pela prática de crime de que tenha dolosamente resultado a morte do servidor;*
>
> *II - o cônjuge, o companheiro ou a companheira se comprovada, a qualquer tempo, simulação ou fraude no casamento ou na união estável, ou a formalização desses com o fim exclusivo de constituir benefício previdenciário, apuradas em processo judicial no qual será assegurado o direito ao contraditório e à ampla defesa.*

ATENÇÃO! Com o advento da MP nº 871/2019, a pensão por morte será devida ao conjunto dos dependentes do segurado a contar **da data**[23]:

a) do óbito, quando requerida em até cento e oitenta dias após o óbito, para os filhos menores de dezesseis anos, ou em até noventa dias após o óbito, para os demais dependentes;

b) do **requerimento**, quando requerida após o prazo previsto no inciso I; ou

c) da **decisão judicial**, na hipótese de morte presumida.

Ainda, de acordo com a MP nº 871/2019[24], caso o beneficiário não atenda à convocação da Administração Pública, terá o seu benefício suspenso (art. 222, §6º). Ademais, caso o servidor falecido esteja obrigado ao pagamento de pensão alimentícia temporária a ex-cônjuge ou companheiro (a), a pensão por morte será devida pelo prazo restante da pensão alimentícia, salvo se houver outra hipótese de cancelamento anterior ao faltante (art. 222, §5º).

6. PODERES ADMINISTRATIVOS

- Poderes administrativos são as **prerrogativas** à disposição da Administração destinadas à viabilização do interesse público.
- **Poder discricionário**: limitado pelo princípio da razoabilidade
- **Poder hierárquico**: o de que dispõe o Executivo para distribuir e escalonar as funções de seus órgãos, ordenar e rever a atuação de seus agentes, estabelecendo a relação de subordinação entre os servidores do seu quadro de pessoal"[25]. É típico da função administrativa, mas não é exclusivo do Executivo e faz parte dos Poderes Legislativo e Judiciário, na função atípica de administrar. É com base na hierarquia que se pode avocar, delegar, ordenar, controlar, corrigir e aplicar sanções.
- **Poder disciplinar**: é a prerrogativa pela qual a Administração apura as infrações e aplica as penalidades ao infrator, que pode ser um servidor público ou particular sujeito à disciplina administrativa, como um estudante de escola pública[26].
- **Poder regulamentar**: Para Maria Sylvia Zanella Di Pietro, é espécie do poder normativo da Administração Pública, ou seja, é um tipo, uma das formas pela qual se expressa a função normativa da Administração Pública, e o poder regulamentar, assim entendido, é privativo do Chefe do Executivo e se materializa por meio de decreto, mas há outras formas de expressão do poder normativo como as resoluções, as portarias, as instruções, os regimentos, mas esses atos possuem alcance restrito aos limites de atuação do órgão e não têm a mesma natureza dos regulamentos expedidos pelo Chefes do Executivo[27].

23. Até o fechamento desta edição, referida MP não havia sido convertida em Lei.
24. Até o fechamento desta edição, referida MP não havia sido convertida em Lei.
25. MEIRELLES, Hely Lopes. *Direito administrativo brasileiro*. 36. ed. São Paulo: Malheiros, 2010. p. 124.
26. DI PIETRO, Maria Sylvia Zanella. *Direito administrativo*. 23. ed. São Paulo: Atlas, 2010. p. 94.
27. MEIRELLES, Hely Lopes. *Direito administrativo*. 25. ed. São Paulo: Atlas, 2012. p. 91 e 94.

- **Regulamento autônomo**: é ato normativo, infralegal, que pode inovar na ordem jurídica; tem seu fundamento diretamente estabelecido no texto constitucional; trata de matéria não constante em lei. Art. 84, VI, da Constituição Federal.
- Regulamentação técnica ou regulamento autorizado: manifesta-se, por exemplo, na função normativa exercida pelas agências reguladoras, as quais recebem a função de regular por meio da deslegalização de parte da matéria.
- **Deslegalização ou delegificação**: a lei delega a função de criar norma a respeito de assuntos técnicos a órgãos administrativos. Fala-se, também, em discricionariedade técnica, porque a lei estabelece parâmetros, diretrizes para que, em nível administrativo, seja feita a complementação da lei, com conteúdo técnico.
- **Poder de polícia**: "faculdade de que dispõe a administração pública para condicionar e restringir o uso e gozo de bens, atividades e direitos individuais, em benefício da coletividade ou do próprio Estado"[28].
- **Poder de polícia em sentido amplo e em sentido estrito**: **sentido amplo**: engloba tanto os atos legislativos quanto os atos administrativos; **sentido estrito**: é uma atividade administrativa e, assim, só pode ser exercida na função administrativa e não na função legislativa.
- **Atributos do poder de polícia**: discricionariedade, autoexecutoriedade e coercibilidade.
- **Ciclo de polícia**: ordem de polícia, consentimento de polícia, fiscalização de polícia, sanção de polícia.
- Sistematização do abuso de poder[29]:

<table>
<tr><th colspan="2">ABUSO DE PODER</th></tr>
<tr><td colspan="2">• Uso dos poderes administrativos contrariando o regime jurídico administrativo
• Forma comissiva ou omissiva</td></tr>
<tr><th colspan="2">Espécies</th></tr>
<tr><th>Excesso de poder</th><th>Desvio de poder</th></tr>
<tr><td>Atua fora dos limites da competência</td><td>Atua dentro dos limites da competência, mas com finalidade diversa daquela com que deveria atuar</td></tr>
</table>

7. ATO ADMINISTRATIVO

- **Ato administrativo** é "toda manifestação unilateral de vontade da Administração Pública que, agindo nessa qualidade, tenha por fim imediato adquirir, resguardar, transferir, modificar, extinguir e declarar direitos, ou impor obrigações aos administrados ou a si própria"[30].
- Ato administrativo:

a) o regime jurídico é sempre o de **direito público**;

b) o ato é uma **manifestação**, uma declaração jurídica **unilateral**;

c) é ato **infralegal**;

d) submete-se ao **controle** administrativo e judicial.

- Sistematização dos elementos do ato administrativo[31]:

<table>
<tr><th>ELEMENTOS OU REQUISITOS DO ATO ADMINISTRATIVO</th></tr>
<tr><th>Posição tradicional (usualmente cobrada nas provas)</th></tr>
<tr><td>Competência ou Sujeito: Quem? Conjunto de atribuições administrativas do servidor.
Finalidade: Para quê? Resultado mediato almejado com a prática do ato.
Forma: Como? Exteriorização do ato. Maneira pela qual o ato se apresenta.
Motivo ou Causa: Por quê? Pressuposto de fato e de direito cuja ocorrência autoriza ou determina a prática do ato.
Objeto ou Conteúdo: O quê? Resultado imediato pretendido com a prática do ato</td></tr>
<tr><th>Posição de Celso Antônio Bandeira de Mello (requisitos)</th></tr>
<tr><td>Motivo do ato x Motivo legal: motivo legal é a previsão abstrata de uma situação fática e motivo do ato é a própria situação material. Ambos têm que coincidir.
Motivo x móvel: motivo é a situação objetiva, real, empírica; é a realidade objetiva, externa ao agente; móvel é a representação subjetiva, psicológica, interna do agente; móvel é a vontade do agente.
Objeto x Conteúdo: não são sinônimos. Objeto sobre o que o ato incide. Conteúdo é o próprio ato em essência; é interno ao ato, já o objeto é externo ao ato.
Causa: Não é sinônimo de motivo. É a correlação lógica entre o motivo do ato administrativo e seu conteúdo, em vista da finalidade pública. É a relação lógica entre motivo e o conteúdo do ato, em função da finalidade pública.</td></tr>
</table>

<table>
<tr><th colspan="3">Sistematização dos requisitos do ato (Celso Antônio)</th></tr>
<tr><td>Elementos</td><td colspan="2">• Conteúdo
• Forma</td></tr>
<tr><td rowspan="2">Pressupostos</td><td>• De existência</td><td>• Objeto
• Pertinência da função administrativa</td></tr>
<tr><td>• De validade</td><td>• Sujeito competente (pressuposto subjetivo)
• Motivo (pressuposto objetivo)
• Requisitos procedimentais
• Finalidade Pública (pressuposto teleológico)
• Causa (pressuposto lógico)
• Formalização (pressuposto formalístico)</td></tr>
</table>

- Consequência do **silêncio administrativo**: a) se houver lei a respeito: previsão legal; b) se não houver lei a respeito: competência discricionária: exigência de decisão motivada; competência vinculada: exigência da prática do ato.

---

28. MEIRELLES, Hely Lopes. *Direito administrativo brasileiro*. 36. ed. São Paulo: Malheiros, 2010. p. 134.
29. BORTOLETO, Leandro. *Direito administrativo*. Salvador: Juspodivm, 2012. p. 300.
30. MEIRELLES, Hely Lopes. *Direito administrativo brasileiro*. 36. ed. São Paulo: Malheiros, 2010. p. 153.
31. Quanto à posição de Celso Antônio Bandeira de Mello: *Curso de direito administrativo*. 27. ed. São Paulo: Malheiros, 2010. p. 393-412.

- Sistematização dos atributos do ato administrativo[32]:

ATRIBUTOS OU CARACTERÍSTICAS DO ATO ADMINISTRATIVO	
Presunção de legitimidade	• presunção de que todo ato administrativo praticado está de acordo com a lei • pode ser praticado imediatamente • produz efeitos até que seja anulado • ônus da prova do interessado • nulidade só é apreciada a pedido pelo Judiciário • existe em todos os atos administrativos
Imperatividade	• ato administrativo é imposto ao destinatário • não está presente em todos os atos administrativos
Autoexecutoriedade	• Administração executa o ato por seus próprios meios • não existe em todos os atos administrativos: só em urgência ou se previsto em lei

- Sistematização da classificação dos atos administrativos:

CLASSIFICAÇÃO DOS ATOS ADMINISTRATIVOS	
Quanto ao destinatário	**geral** ➔ sem destinatário definido; fim normativo
	individual ➔ com destinatário definido
Quanto ao alcance	**interno** ➔ efeitos somente dentro da Administração
	externo ➔ efeitos para fora da Administração
Quanto ao objeto	**império** ➔ posição de superioridade
	gestão ➔ posição de igualdade
	expediente ➔ rotina interna; sem poder decisório
Quanto ao regramento	**vinculado** ➔ não pode escolher no caso concreto
	discricionário ➔ pode escolher no caso concreto
Quanto à formação da vontade	**simples** ➔ vontade de um órgão só
	complexo ➔ vontade de dois órgãos e um ato só
	composto ➔ dois órgãos e dois atos (principal e acessório)
Quanto ao conteúdo	**constitutivo** ➔ cria situação jurídica individual
	extintivo ➔ encerra situação jurídica individual
	declaratório ➔ declara situação já existente
	alienativo ➔ transfere bens ou direitos
	modificativo ➔ altera situação jurídica, sem encerrá-la
	abdicativo ➔ renúncia a um direito

CLASSIFICAÇÃO DOS ATOS ADMINISTRATIVOS	
Quanto à eficácia	**válido** ➔ em conformidade com o direito
	nulo ➔ vício insanável
	anulável ➔ vício sanável
	inexistente ➔ parece ato, mas não é
Quanto à exequibilidade	**perfeito** ➔ completou ciclo de formação
	imperfeito ➔ não completou ciclo de formação
	pendente ➔ não está apto para produzir efeitos
	consumado ➔ já produziu seus efeitos; definitivo

- Sistematização da anulação e da revogação do ato administrativo[33]:

ANULAÇÃO	REVOGAÇÃO
ilegalidade	interesse público (conveniência e oportunidade)
ex tunc (ato restritivo) *ex nunc* (ato ampliativo e boa-fé)	*ex nunc*
Poder Judiciário e Administração	somente a Administração
qualquer ato (vinculado e discricionário)	atos irrevogáveis: • vinculados • integrantes de procedimento • enunciativos • geraram direito adquirido

- **Princípios do processo administrativo**: **Convalidação:** o **suprimento da invalidade de um ato** com efeitos retroativos"[34]. Convalidar é **tornar válido um ato inválido**, por meio de outro ato que supre **vício sanável,** com efeitos ex tunc (retroagem).

8. PROCESSO ADMINISTRATIVO

- **Princípios do processo administrativo**:
  – oficialidade;
  – informalidade (ou obediência à forma);
  – verdade material;
  – gratuidade;
  – pluralidade de instâncias.

- **Princípios do processo administrativo**: **Processo x procedimento:** O **processo** é "a relação jurídica integrada por algumas pessoas, que nela exercem várias atividades direcionadas para determinado fim"[35] e, por sua vez, o **procedimento** é a "sucessão de atos preparatórios que devem obrigatoriamente

32. BORTOLETO, Leandro. *Direito administrativo*. Salvador: Juspodivm, 2012. p. 334.

33. BORTOLETO, Leandro. *Direito administrativo*. Salvador: Juspodivm, 2012. p. 347.
34. MELLO, Celso Antônio Bandeira de. *Curso de direito administrativo*. 27. ed. São Paulo: Malheiros, 2010. p. 473.
35. CARVALHO FILHO, José dos Santos. *Manual de direito administrativo*. 19. ed. Rio de Janeiro: Lumen Juris, 2008. p. 862.

preceder a prática de ato final"[36]. Procedimento relaciona-se com movimento, dinâmica; é o rito, a sequência em que os atos devem ser praticados, com um objetivo final. Ambos são intrinsecamente relacionados, pois "todo processo demanda um procedimento – que é a tramitação dos atos – da mesma forma que todo procedimento só tem existência se houver o respectivo processo – este indicando a relação jurídica firmada entre aqueles que dele participam"[37].

- Há diversas espécies de processo administrativo e estes se desenvolvem em todas as esferas da Federação e, por isso, devem ser legalmente disciplinados em cada uma delas.
- Na esfera federal, há a Lei nº 9.784/99 que, conforme sua ementa, "regula o processo administrativo no âmbito da Administração Pública Federal". É uma lei de aplicação em âmbito federal, de forma subsidiária se houver lei específica para determinado processo administrativo e de forma integral se não existir lei dispondo de maneira específica sobre certo processo administrativo na esfera federal.
- A Lei nº 9.784/99 é uma norma na qual foram positivados diversos posicionamentos consagrados na doutrina e na jurisprudência e, apesar de ser de aplicação na esfera federal, serve como parâmetro para as legislações estaduais e municipais sobre processo administrativo. Nesse sentido, por exemplo, merecem destaque as disposições sobre a delegação de competência, a motivação do ato administrativo e o prazo decadencial para a anulação do ato.

8.1. LEI Nº 9.784/99

- **Princípios expressos** do processo administrativo (art. 2º): legalidade, finalidade, motivação, razoabilidade, proporcionalidade, moralidade, ampla defesa, contraditório, segurança jurídica, interesse público, eficiência.
- **Critérios** a serem seguidos (são os conteúdos dos princípios; art. 2º, parágrafo único): atuação conforme a lei e o direito; atendimento a fins de interesse geral, vedada a renúncia total ou parcial de poderes ou competências, salvo autorização em lei; objetividade no atendimento do interesse público, vedada a promoção pessoal de agentes ou autoridades; atuação segundo padrões éticos de probidade, decoro e boa-fé; divulgação oficial dos atos administrativos, ressalvadas as hipóteses de sigilo previstas na Constituição; adequação entre meios e fins, vedada a imposição de obrigações, restrições e sanções em medida superior àquelas estritamente necessárias ao atendimento do interesse público; indicação dos pressupostos de fato e de direito que determinarem a decisão; observância das formalidades essenciais à garantia dos direitos dos administrados; adoção de formas simples, suficientes para propiciar adequado grau de certeza, segurança e respeito aos direitos dos administrados; garantia dos direitos à comunicação, à apresentação de alegações finais, à produção de provas e à interposição de recursos, nos processos de que possam resultar sanções e nas situações de litígio; proibição de cobrança de despesas processuais, ressalvadas as previstas em lei; impulsão, de ofício, do processo administrativo, sem prejuízo da atuação dos interessados; interpretação da norma administrativa da forma que melhor garanta o atendimento do fim público a que se dirige, vedada aplicação retroativa de nova interpretação.
- **Prioridade** na tramitação do processo administrativo (art. 69-A): a) pessoa com idade igual ou superior a 60 anos; b) pessoa portadora de deficiência, física ou mental; c) pessoa portadora de doença grave, como tuberculose ativa, esclerose múltipla, neoplasia maligna, hanseníase, paralisia irreversível e incapacitante, cardiopatia grave, doença de Parkinson, espondiloartrose anquilosante, nefropatia grave, hepatopatia grave, estados avançados da doença de Paget (osteíte deformante), contaminação por radiação, síndrome de imunodeficiência adquirida, ou qualquer outra, com base em conclusão da medicina especializada, mesmo que a doença tenha sido contraída após o início do processo.
- Sistematização da delegação de competência[38]:

<table>
<tr><th colspan="4">DELEGAÇÃO</th></tr>
<tr><th colspan="4">É a transferência de parte das atribuições feita por quem era originariamente competente</th></tr>
<tr><td rowspan="5">A delegação pode ser feita</td><td colspan="3">• se houver ou não subordinação hierárquica</td></tr>
<tr><td colspan="3">• só parcialmente (não pode delegar integralmente a competência)</td></tr>
<tr><td colspan="3">• com ressalva quanto à atribuição delegada</td></tr>
<tr><td rowspan="2">• quando</td><td colspan="2">– não houver impedimento legal</td></tr>
<tr><td>– for conveniente em razão de circunstâncias de índole</td><td>– técnica
– social
– econômica
– jurídica
– territorial</td></tr>
<tr><td rowspan="3">A delegação não pode ser feita em relação</td><td colspan="3">• à edição de atos de caráter normativo</td></tr>
<tr><td colspan="3">• à decisão de recursos administrativos</td></tr>
<tr><td colspan="3">• às matérias de competência exclusiva do órgão ou autoridade</td></tr>
</table>

36. DI PIETRO, Maria Sylvia Zanella. *Direito administrativo*. 23. ed. São Paulo: Atlas, 2010. p. 623.
37. CARVALHO FILHO, José dos Santos. *Manual de direito administrativo*. 19. ed. Rio de Janeiro: Lumen Juris, 2008. p. 863.
38. BORTOLETO, Leandro. *Direito administrativo*. Salvador: Juspodivm, 2012. p. 373.

<table>
<tr><th colspan="3">DELEGAÇÃO</th></tr>
<tr><th colspan="3">É a transferência de parte das atribuições feita por quem era originariamente competente</th></tr>
<tr><td rowspan="3">O ato de delegação</td><td colspan="2">• deve ser publicado no meio oficial</td></tr>
<tr><td>• deve especificar</td><td>– as matérias transferidas
– os poderes transferidos
– os limites da atuação do delegado
– a duração da delegação
– os objetivos da delegação
– o recurso cabível</td></tr>
<tr><td colspan="2">• é revogável a qualquer tempo (ato de revogação deve ser publicado no meio oficial)</td></tr>
<tr><td>As decisões adotadas por delegação</td><td colspan="2">– devem mencionar explicitamente esta qualidade
– consideram-se editadas pelo delegado (este responderá em caso de irregularidade)</td></tr>
</table>

- **Avocação de competência**: o superior, que não era competente, chama para si parcela de competência legalmente atribuída a subordinado seu. Deve ser temporária e deve ser feita em caráter excepcional, por motivos relevantes devidamente justificados.
- **Recurso administrativo**: interposição no prazo de dez dias, em razão de legalidade e mérito. São legitimados: a) titulares de direitos e interesses que forem parte no processo; b) aqueles cujos direitos ou interesses forem indiretamente afetados pela decisão recorrida; c) as organizações e associações representativas, no tocante a direitos e interesses coletivos; d) os cidadãos ou associações, quanto a direitos ou interesses difusos.
- Se o recorrente alegar violação de enunciado da súmula vinculante, a autoridade competente para decidir explicitará as razões da aplicabilidade ou inaplicabilidade da súmula, conforme o caso (art. 64-A).

9. LICITAÇÃO E CONTRATO ADMINISTRATIVO

- **Licitação** é o processo administrativo instaurado pela Administração Pública consistente na disputa igualitária entre os interessados em celebrar contrato com ela, para a escolha da proposta que permita a melhor contratação em face do interesse público.
- São **finalidades da licitação**: a) escolher a melhor proposta; b) permitir a participação de qualquer interessado que preencha os requisitos exigidos; c) auxiliar na promoção do desenvolvimento nacional.
- **Princípios da licitação** (art. 3º, Lei nº 8.666/93): legalidade, impessoalidade, moralidade, publicidade, igualdade, probidade administrativa, vinculação ao instrumento convocatório, julgamento objetivo.
- **Ressalvas ao princípio da igualdade entre os licitantes**: a) margem de preferência: será estabelecido um percentual, em regulamento do Poder Executivo Federal, em favor de bens e serviços nacionais. A margem de preferência (art. 3º, § § 5º, 9º e 10):
  - – pode ser instituída para produtos manufaturados e para serviços nacionais que atendam às normas técnicas brasileiras;
  - – somente pode existir se a capacidade de prestação dos serviços ou de produção dos bens seja superior ao que será adquirido ou contratado ou ao mínimo estabelecido no edital;
  - – pode ser estendida, total ou parcialmente, aos bens e serviços originários dos Estados-parte do Mercosul; b) margem adicional (art. 3º, § 7º): é um acréscimo ao percentual da margem de preferência para produtos manufaturados e serviços nacionais resultantes de desenvolvimento e inovação tecnológica realizados no País (os percentuais das margens de preferência e adicional serão definidos pelo Poder Executivo Federal, mas a soma das duas não poderá ultrapassar 25% sobre produtos manufaturados e serviços estrangeiros); c) art. 3º da Lei nº 8.248/91: preferência para a aquisição de:
  - – bens e serviços de informática com tecnologia desenvolvida no País;
  - – bens e serviços produzidos de acordo com processo produtivo básico, definido pelo Poder Executivo; d) licitação restrita a bens e serviços com tecnologia desenvolvida no Brasil e produzidos de acordo com o processo produtivo básico, quando destinadas à implantação, manutenção e aperfeiçoamento dos sistemas de tecnologia de informação e comunicação considerados estratégicos em ato do Poder Executivo Federal (art.3º, § 12).
- Tratamento diferenciado para microempresa e empresa de pequeno porte nas licitações (Lei Complementar nº 123/06). Benefícios:

a) preferência em caso de empate (art. 44 da LC 123/06);

b) exigência de regularidade fiscal apenas na assinatura do contrato (art. 42);

c) tratamento diferenciado e simplificado nas contratações públicas (art. 47): • abertura de licitações só para participação de ME e EPP, para contratações de até R$ 80.000, 00; • possibilidade de exigência ao licitante para que faça a subcontratação de ME e EPP; • deverá estabelecer cota de até 25% do objeto, no caso de bens divisíveis. Esse tratamento diferenciado não é possível quando: • não houver no mínimo três fornecedores sendo microempresa ou empresa de pequeno porte; • quando não for vantajoso ou representar prejuízo para a Administração; • quando a licitação for dispensável ou inexigível, excetuando-se as dispensas tratadas pelos incisos I e II do art. 24 da mesma Lei (dispensa em razão do valor), nas quais a compra deverá ser feita preferencialmente de microempresas e empresas de pequeno porte.

- Objeto da licitação (art. 2º, Lei nº 8.666/93): a) obras; b) serviços, inclusive de publicidade; c) compras; d) alienações; e) concessões; f) permissões; g) locações.
- **Serviço de publicidade**: licitação regulada pela Lei nº 12.232/10. Lei nº 8.666/93 é aplicada de forma complementar.

- **Regime Diferenciado de Contratações Públicas** (RDC). A Lei nº 12.462/11 introduziu uma forma diferente de fazer licitação aplicada, exclusivamente, para as licitações contratos administrativos referentes aos Jogos Olímpicos e Paraolímpicos de 2016, à Copa das Confederações de 2013, à Copa do Mundo de 2014 (essas duas últimas, apenas quanto às obras públicas, às constantes da matriz de responsabilidades celebrada entre a União, Estados, Distrito Federal e Municípios) e às obras de infraestrutura e de contratação de serviços para os aeroportos das capitais dos Estados da Federação distantes até 350 km das cidades-sede dos mundiais, das ações integrantes do Programa de Aceleração do Crescimento (PAC), das obras e serviços de engenharia no âmbito do Sistema Único de Saúde – SUS. Além dessas, Lei nº 13.190/15 acrescentou novas hipóteses para uso do RDC no art. 1º: das obras e serviços de engenharia para construção, ampliação e reforma e administração de estabelecimentos penais e de unidades de atendimento socioeducativo (inciso VI), das ações no âmbito da segurança pública (inciso VII) ao converter a MP 678/15. Entretanto, a Lei nº 13.190/15 acrescentou, ainda, os incisos VIII (das obras e serviços de engenharia, relacionadas a melhorias na mobilidade urbana ou ampliação de infraestrutura logística) e IX (dos contratos a que se refere o art. 47-A.).
- Têm o **dever de licitar**: a) órgãos da administração direta; b) autarquias: incluindo as agências reguladoras e os conselhos de fiscalização de profissões; c) fundações públicas; d) empresas públicas; e) sociedades de economia mista; f) consórcios públicos; g) entidades controladas direta ou indiretamente pelo Poder Público; h) fundos especiais.
- **Lei nº 13.303/16 (estatuto das estatais):** 1) nos artigos 28 a 84 dispõe sobre as licitações e as contratações feitas pelas empresas públicas e sociedades de economia mista e às suas subsidiárias, que explorem atividade econômica de produção ou comercialização de bens ou de prestação de serviços, ainda que a atividade econômica esteja sujeita ao regime de monopólio da união ou seja de prestação de serviços públicos; 2) Os contratos com terceiros destinados à prestação de serviços às empresas públicas e às sociedades de economia mista, **inclusive de engenharia e de publicidade, à aquisição e à locação de bens, à alienação de bens e ativos integrantes do respectivo patrimônio ou à execução de obras a serem integradas a esse patrimônio, bem como à implementação de ônus real sobre tais bens**, serão precedidos de licitação nos termos da Lei 13.303/16, ressalvadas as hipóteses de dispensa e inexigibilidade (art. 28); 3) A Lei nº 13.303/16 aplica-se às empresas públicas e às sociedades de economia mista constituídas após o início da vigência da lei (01/07/2016). Em relação às que já existiam nessa data, prevê o prazo de adaptação de 24 meses. Os procedimentos licitatórios e os contratos administrativos celebrados até o final desse prazo permanecem regidos pela legislação anterior.
- **Dispensa** é uma opção legal, pois os interessados poderiam competir. As hipóteses de dispensa são taxativas. Licitação dispensada: a lei determina a não realização da licitação (art. 17, I e II); b) licitação dispensável: a lei faculta ao administrador realizar ou não a licitação.
- **Estatais:** os casos de dispensa e inexigibilidade estão previstos nos artigos 29 e 30, respectivamente, da Lei nº 13.303/16.
- O candidato deve ficar atento às questões nas provas, pois podem ser enumerados casos para que sejam identificadas quais hipóteses são de licitação dispensável e quais são de licitação dispensada (a dica é que dispensada é usada para os casos de alienação), ou, na maioria das vezes, o examinador não quer saber a diferença entre elas, mas sim se determinada situação é caso de dispensa ou de inexigibilidade).
- **Requisitos para a alienação de imóvel** da Administração Pública:

a) **interesse público** justificado;

b) **avaliação** prévia;

c) **autorização legislativa**, se o bem for da **Administração direta, autarquia ou fundação pública;**

d) **licitação,** na modalidade concorrência (exceto se for caso de licitação dispensada)[39].

- **Estatais** (Lei nº 13.303/16): **a alienação de bens por empresas públicas e por sociedades de economia mista** será precedida de: **I - avaliação formal do bem contemplado**, ressalvadas as hipóteses previstas nos incisos XVI a XVIII do art. 29 (XVI - na transferência de bens a órgãos e entidades da administração pública, inclusive quando efetivada mediante permuta; XVII - na doação de bens móveis para fins e usos de interesse social, após avaliação de sua oportunidade e conveniência socioeconômica relativamente à escolha de outra forma de alienação; XVIII - na compra e venda de ações, de títulos de crédito e de dívida e de bens que produzam ou comercializem); **II - licitação**, exceto: a) quando executarem a comercialização, prestação ou execução, de forma direta, de produtos, serviços ou obras especificamente relacionados com seus respectivos objetos sociais; b) nos casos em que a escolha do parceiro esteja associada a suas características particulares, vinculada a oportunidades de negócio definidas e específicas, justificada a inviabilidade de procedimento competitivo.
- Sistematização das hipóteses de dispensa de licitação em razão do valor[40]:

DISPENSA EM RAZÃO DO PEQUENO VALOR	
▸ Administração direta ▸ Autarquia ▸ Fundação pública	**Até R$ 17.600, 00** outros serviços e compras
	Até R$ 33.000, 00 obras e serviços de engenharia
▸ Autarquia qualificada como agência executiva ▸ Fundação pública qualificada como agência executiva ▸ Consórcio público	**Até R$ 35.200, 00** outros serviços e compras
	Até R$ 66.000, 00 obras e serviços de engenharia

39. No caso de imóvel da União, ainda, há a necessidade de autorização do Presidente da República (art. 23, Lei nº 9.636/98).
40. BORTOLETO, Leandro. *Direito administrativo*. Salvador: Juspodivm, 2012. p. 416.

DISPENSA EM RAZÃO DO PEQUENO VALOR ESTATAIS (LEI Nº 13.303/16)	
Obras e serviços de engenharia	Outros serviços e compras
Até R$ 100.000,00	Até R$ 50.000,00
Atenção! Esses **valores podem ser alterados**, para refletir a variação de custos, **por deliberação do Conselho de Administração** da empresa pública ou sociedade de economia mista, **admitindo-se valores diferenciados para cada sociedade**.	

- Modalidades de licitação: a) concorrência; b) tomada de preços; c) convite; d) concurso; e) leilão; f) pregão; g) consulta.
- A concorrência é obrigatória nos seguintes casos: a) obras e serviços de engenharia de valor superior a R$ 3.300.000, 00 (art.23, I, "c"); b) compras e outros serviços acima de R$ 1.430.000, 00 (art. 23, II, "c"); c) alienação de bens móveis com valor superior a R$ 1.430.000, 00 (art.17, § 6º); d) compra e alienação de imóveis, qualquer que seja o valor (art. 23, § 3º); para alienação de imóveis adquiridos em procedimento judicial ou por dação em pagamento, pode ser concorrência ou leilão (art. 19, III); e) concessão de direito real de uso (art.23, § 3º); f) concessão de serviços públicos, tanto a comum (art. 2º, II, Lei nº 8.987/95) quanto a parceria público-privada (art. 10, Lei nº 11.079/04); g) licitações internacionais (art.23, § 3º); também são admitidos a tomada de preços (se o órgão dispuser de cadastro internacional de fornecedores) e o convite (se não houver fornecedor no Brasil), desde que observados os limites de valores para essas modalidades (art. 23, § 3º); h) registro de preços (art.15, § 3º, I); é possível, também, o uso do pregão (art. 12, Lei nº 10.520/02).
- Sistematização da comparação entre concorrência, tomada de preços e convite[41]:

CONCORRÊNCIA X TOMADA DE PREÇOS X CONVITE				
REGRA GERAL: Administração direta e indireta (exceto consórcio público)				
modalidade	**obras e serviços de engenharia**		**compras e outros serviços**	
concorrência	acima de R$ 3.300.000, 00		acima de R$ 1.430.000, 00	
tomada de preços	até R$ 3.300.000, 00		até R$ 1.430.000, 00	
convite	até R$ 330.000, 00		até R$ 176.000, 00	
REGRA ESPECÍFICA: consórcio público				
modalidade	**obras e serviços de engenharia**		**compras e outros serviços**	
	até 3 membros (dobro)	mais do que 3 membros (triplo)	até 3 membros (dobro)	mais do que 3 membros (triplo)
concorrência	acima de R$ 6.600.000, 00	acima de R$ 9.900.000, 00	acima de R$ 2.860.000, 00	acima de R$ 4.290.000, 00
tomada de preços	até R$ 6.600.000, 00	até R$ 9.900.000, 00	até R$ 2.860.000, 00	até R$ 4.290.000, 00
convite	até R$ 600.000, 00	até R$ 990.000, 00	até R$ 352.000, 00	até R$ 528.000, 00

- Pregão: modalidade usada para a aquisição de bens e serviços comuns. Está previsto na Lei nº 10.520/02, que é uma norma geral e, por isso, aplica-se à União, aos Estados, ao Distrito Federal e aos Municípios.
- Estatais (Lei nº 13.306/16): é a modalidade a ser adotada de forma preferencial (art. 32, V)
- Bens e serviços comuns: aqueles cujos padrões de desempenho e qualidade possam ser objetivamente definidos pelo edital, por meio de especificações usuais no mercado (art. 1º, parágrafo único).
- Sistematização dos prazos de divulgação do instrumento convocatório[42]:

PRAZO PARA DIVULGAÇÃO DO EDITAL	
5 dias úteis	convite
8 dias úteis	pregão
15 dias	leilão
	tomada de preços
30 dias	tomada de preços do tipo melhor técnica ou técnica e preço
	concorrência
45 dias	concorrência do tipo melhor técnica ou técnica e preço
	concurso

41. BORTOLETO, Leandro. *Direito administrativo*. Salvador: Juspodivm, 2012. p. 427.
42. BORTOLETO, Leandro. *Direito administrativo*. Salvador: Juspodivm, 2012. p. 431.

PRAZO PARA DIVULGAÇÃO DO EDITAL ESTATAIS (LEI Nº 13.303/16: art. 39)	
5 dias úteis	Aquisição de bens, quanto o critério de julgamento for: – menor preço; ou – maior desconto;
10 dias úteis	Aquisição de bens nas demais hipóteses
15 dias úteis	Contratação de obras e serviços, quando o critério de julgamento for: – menor preço; ou – maior desconto;
30 dias úteis	Contratação de obras e serviços nas demais hipóteses
45 dias úteis	Quando o critério de julgamento for: – melhor técnica; – a melhor combinação de técnica e preço;
45 dias úteis	Para licitação em que haja: – contratação semi-integrada; ou – contratação integrada.

- **Conteúdo** do edital (art. 40), obrigatoriamente:

a) número de ordem em série anual;

b) nome da repartição interessada e de seu setor;

c) **modalidade**, **regime** de execução e **tipo** da licitação;

d) menção de que será regida pela Lei nº 8.666/93;

e) **local**, **dia** e **hora** para **recebimento** da documentação e proposta, bem como para início da **abertura** dos envelopes;

f) **objeto** da licitação, em descrição sucinta e clara;

g) **prazo** e **condições** para **assinatura e execução do contrato** e para **entrega do objeto** da licitação;

h) **sanções** para o caso de **inadimplemento**;

i) **local** onde poderá ser examinado e adquirido o **projeto básico**;

j) **se há projeto executivo** disponível na data da publicação do edital de licitação e o local onde possa ser examinado e adquirido;

k) **condições para participação** na licitação e **forma de apresentação** das propostas;

l) **critério para julgamento**, com disposições claras e parâmetros objetivos;

m) **locais, horários e códigos de acesso** dos meios de comunicação à distân**cia** em que serão fornecidos elementos, informações e esclarecimentos relativos à licitação e às condições para atendimento das obrigações necessárias ao cumprimento de seu objeto;

n) **condições equivalentes de pagamento** entre empresas brasileiras e estrangeiras, no caso de licitações internacionais;

o) **critério de aceitabilidade dos preços** unitário e global, conforme o caso, permitida a fixação de preços máximos e vedados a fixação de preços mínimos;

p) **critério de reajuste**, que deverá retratar a variação efetiva do custo de produção, admitida a adoção de índices específicos ou setoriais, **desde a data prevista para apresentação** da proposta, ou do orçamento a que essa proposta se referir, **até a data do adimplemento** de cada parcela;

q) **limites para pagamento de instalação e mobilização para execução de obras ou serviços** que serão obrigatoriamente previstos em separado das demais parcelas, etapas ou tarefas;

r) **condições de pagamento**, prevendo:

- prazo de pagamento não superior a trinta dias, contado a partir da data final do período de adimplemento de cada parcela;
- cronograma de desembolso máximo por período;
- critério de atualização financeira dos valores a serem pagos, desde a data final do período de adimplemento de cada parcela até a data do efetivo pagamento;
- compensações financeiras e penalizações, por eventuais atrasos, e descontos, por eventuais antecipações de pagamentos;
- exigência de seguros, quando for o caso;

s) instruções e normas para os **recursos** previstos na lei;

t) condições de **recebimento do objeto** da licitação.

- Tomada de preços: fase de habilitação é anterior ao procedimento, pois é destinada aos interessados que já estão cadastrados ou aos que apresentem a documentação necessária até o terceiro dia anterior à data do recebimento das propostas.
- Convite: só participa da licitação quem foi convidado ou, caso não tenha sido, se é cadastrado e manifestar interesse em até vinte e quatro horas da apresentação das propostas.
- Pregão: identificado o autor da oferta de valor mais baixo, ele e os licitantes que apresentaram propostas com valores superiores em até 10% da menor proposta poderão fazer novos lances verbais e sucessivos, até a proclamação do vencedor. Se não houver, pelo menos, três propostas dentro da faixa de 10% acima da menor proposta, serão escolhidos os licitantes que fizeram as três melhores propostas (independente do valor) para, junto com o autor da oferta de valor mais baixo, oferecerem novos lances verbais e sucessivos.

- Anulação da licitação: Em regra, não gera obrigação de indenizar (art. 49, § 1º), exceto quanto ao que o contratado houver executado até a data em que ela for declarada e por outros prejuízos regularmente comprovados, contanto que não lhe seja imputável, promovendo-se a responsabilidade de quem lhe deu causa (art. 59, parágrafo único).
- Revogação da licitação: é possível: a) por razões de interesse público decorrente de fato superveniente devidamente comprovado, pertinente e suficiente para justificar tal conduta (art. 49); b) quando o vencedor da licitação, ao ser convocado para a assinatura do contrato, não o assina no prazo e condições estabelecidos no edital (art. 64, § 2º).
- Recurso é admitido nos casos de (art. 109, Lei nº 8.666/93): a) habilitação ou inabilitação do licitante; b) julgamento das propostas; c) anulação ou revogação da licitação; d) indeferimento do pedido de inscrição em registro cadastral, sua alteração ou cancelamento; e) rescisão administrativa (unilateral) do contrato; f) aplicação das penas de advertência, suspensão temporária ou de multa.
- Prazo para interposição do recurso: a) cinco dias úteis; b) dois dias úteis, se for convite.
- **Estatais (Lei nº 13.303/16): recurso. Regra: fase recursal única**; momento de apresentação de recurso: **5 dias úteis após a fase de habilitação. Exceção**: Se houver **inversão nas fases** do procedimento licitatório, haverá **dois momentos** de apresentação de recurso: a) **5 dias úteis após a habilitação**; b) **5 dias úteis após o encerramento da fase de verificação** de efetividade dos lances ou propostas.
- Contrato administrativo: é o "ajuste que a Administração Pública, agindo nessa qualidade, firma com particular ou outra entidade administrativa para a consecução de objetivos de interesse público, nas condições estabelecidas pela própria Administração"[43].
- Características do contrato administrativo[44]: a) presença da Administração Pública como Poder Público; b) finalidade pública; c) natureza de contrato de adesão; d) natureza *intuitu personae* (pessoalidade); e) obediência à forma prescrita em lei; f) procedimento legal; g) mutabilidade; h) presença de cláusulas exorbitantes; i) controle e fiscalização do contrato administrativo; j) retomada do objeto; k) aplicação de penalidades (advertência, multa, suspensão temporária, declaração de inidoneidade).
- Cláusulas exorbitantes: são cláusulas inexistentes no direito privado e, por isso, extrapolam, exorbitam o direito privado, concedendo prerrogativas para a Administração ao colocá-la em posição de superioridade em relação ao contratado. As principais cláusulas exorbitantes são: a) exigência de garantia; b) alteração unilateral do contrato administrativo; c) rescisão unilateral do contrato administrativo; e) restrições ao uso da cláusula de exceção do contrato não cumprido (*exceptio non adimpleti contractus*)
- Exceção do contrato não cumprido (*exceptio non adimpleti contractus*): é muito usada na esfera privada e, por ela, se um dos contratantes não cumpre o pactuado o outro pode se recusar a cumprir o que lhe cabe, conforme o art. 477 do Código Civil. Por outro lado, nos contratos administrativos, essa regra não é aplicada integralmente, em razão dos princípios da continuidade dos serviços públicos e da supremacia do interesse público, sendo possível a exceção do contrato não cumprido, mas de forma mitigada. Se for contrato de concessão de serviço público, há entendimento de que não pode ser invocada, em razão do princípio da continuidade do serviço público.
- Hipóteses de alteração unilateral do contrato administrativo (art. 65, I): a) quando houver modificação do projeto ou das especificações, para melhor adequação técnica aos seus objetivos (modificação qualitativa); b) quando necessária a modificação do valor contratual em decorrência de acréscimo ou diminuição quantitativa de seu objeto, nos seguintes limites (modificação quantitativa):
- até 25% do valor inicial atualizado do contrato para acréscimos e supressões feitas nas obras, serviços ou compras;
- até 50% do valor inicial atualizado do contrato para acréscimos no caso de reforma de edifício ou equipamento (se for supressão, o limite é de 25%).
- Por acordo entre as partes, é possível a redução do valor contratual além do limite de 25%, mas não é possível o acréscimo.
- Não é possível a alteração de nenhuma cláusula econômico-financeira e monetária do contrato sem a concordância do contratado (art. 58, § 1º), e, toda vez, que a Administração alterar unilateralmente o contrato deverá haver a revisão das cláusulas econômico-financeiras para que seja mantido o equilíbrio econômico-financeiro do contrato (art. 58, § 2º).
- **Estatais (Lei nº 13.303/16):** não há alteração unilateral do contrato administrativo. Pode ser alterado, por acordo (art. 81):

I. quando houver modificação do projeto ou das especificações, para melhor adequação técnica aos seus objetivos;

II. quando necessária a modificação do valor contratual em decorrência de acréscimo ou diminuição quantitativa de seu objeto, nos limites permitidos por esta Lei;

III. quando conveniente a substituição da garantia de execução;

IV. quando necessária a modificação do regime de execução da obra ou serviço, bem como do modo de fornecimento, em face de verificação técnica da inaplicabilidade dos termos contratuais originários;

43. MEIRELLES, Hely Lopes. *Licitação e contrato administrativo*. 15. ed. São Paulo: Malheiros, 2010. p. 247.
44. DI PIETRO, Maria Sylvia Zanella. *Direito administrativo*. 25. ed. São Paulo: Atlas, 2012. p. 269.

V. quando necessária a modificação da forma de pagamento, por imposição de circunstâncias supervenientes, mantido o valor inicial atualizado, vedada a antecipação do pagamento, com relação ao cronograma financeiro fixado, sem a correspondente contraprestação de fornecimento de bens ou execução de obra ou serviço;

VI. para restabelecer a relação que as partes pactuaram inicialmente entre os encargos do contratado e a retribuição da administração para a justa remuneração da obra, serviço ou fornecimento, objetivando a manutenção do equilíbrio econômico-financeiro inicial do contrato, na hipótese de sobrevirem fatos imprevisíveis, ou previsíveis porém de consequências incalculáveis, retardadores ou impeditivos da execução do ajustado, ou, ainda, em caso de força maior, caso fortuito ou fato do príncipe, configurando álea econômica extraordinária e extracontratual.

Obs.: O contratado poderá aceitar, nas mesmas condições contratuais, os acréscimos ou supressões que se fizerem nas obras, serviços ou compras, até 25% (vinte e cinco por cento) do valor inicial atualizado do contrato, e, no caso particular de reforma de edifício ou de equipamento, até o limite de 50% (cinquenta por cento) para os seus acréscimos.

- Hipóteses de rescisão unilateral do contrato administrativo (art. 79, I): a) o não cumprimento de cláusulas contratuais, especificações, projetos ou prazos; b) o cumprimento irregular de cláusulas contratuais, especificações, projetos e prazos; c) a lentidão do seu cumprimento, levando a Administração a comprovar a impossibilidade da conclusão da obra, do serviço ou do fornecimento, nos prazos estipulados; d) o atraso injustificado no início da obra, serviço ou fornecimento; e) a paralisação da obra, do serviço ou do fornecimento, sem justa causa e prévia comunicação à Administração; f) a subcontratação total ou parcial do seu objeto, a associação do contratado com outrem, a cessão ou transferência, total ou parcial, bem como a fusão, cisão ou incorporação, não admitidas no edital e no contrato; g) o desatendimento das determinações regulares da autoridade designada para acompanhar e fiscalizar a sua execução, assim como as de seus superiores; h) o cometimento reiterado de faltas na sua execução; i) a decretação de falência ou a instauração de insolvência civil; j) a dissolução da sociedade ou o falecimento do contratado; k) a alteração social ou a modificação da finalidade ou da estrutura da empresa, que prejudique a execução do contrato; l) razões de interesse público, de alta relevância e amplo conhecimento, justificadas e determinadas pela máxima autoridade da esfera administrativa a que está subordinado o contratante e exaradas no processo administrativo a que se refere o contrato; m) a ocorrência de caso fortuito ou de força maior, regularmente comprovada, impeditiva da execução do contrato.

- Responsabilidade do contratado. O contratado é responsável: a) pelos danos causados diretamente à Administração ou a terceiros, decorrentes de sua culpa ou dolo na execução do contrato, não excluindo ou reduzindo essa responsabilidade a fiscalização ou o acompanhamento pelo órgão interessado (art. 70). Não é possível a alegação de *culpa in vigilando* da Administração; b) pelos encargos trabalhistas, previdenciários, fiscais e comerciais resultantes da execução do contrato (art. 71); c) mesmo após o recebimento do objeto pela Administração (art. 73, § 2º):
- civilmente pela solidez e segurança da obra ou do serviço;
- ético-profissional pela perfeita execução do contrato.
- STF (ADC 16): decidiu que o § 1º do art. 71 é constitucional e, assim, é vedada a aplicação de responsabilidade subsidiária à Administração Pública de forma automática, apenas pela constatação de inadimplemento dos direitos trabalhistas pela empresa contratada. Por outro lado, foi decidido que, como a Administração Pública tem o dever de licitar e fiscalizar de forma eficaz a execução do contrato, inclusive quanto ao adimplemento de direitos trabalhistas, se verificada, no caso concreto, a omissão da Administração no seu dever de fiscalizar, é possível "a imputação de responsabilidade subsidiária à Administração Pública por *culpa in eligendo* ou *in vigilando*".
- Fato do príncipe é toda determinação estatal, positiva ou negativa, geral, imprevista e imprevisível, que onera substancialmente a execução do contrato administrativo ou impede sua execução.
- Fato da Administração é toda ação ou omissão estatal que incide de forma direta sobre o contrato, onerando-o ou impedindo sua execução.

10. SERVIÇOS PÚBLICOS

- Deve ser feita a leitura dos artigos 21, 23, 25, 30 e 32, § 1º, da Constituição Federal, quanto à competência para o serviço público.
- **Conceito** de serviço público: **critérios**: a) critério subjetivo ou orgânico (é serviço público a atividade desempenhada pelo Poder Público); b) critério objetivo ou material (é a atividade destinada a satisfazer as necessidades coletivas); c) critério formal (é a atividade desenvolvida pela Administração Pública sob o regime de direito público).
- **Conceito** de serviço público: é "todo aquele prestado pela Administração ou por seus delegados, sob normas e controles estatais, para satisfazer necessidades essenciais ou secundárias da coletividade ou simples conveniências do Estado"[45].

45. MEIRELLES, Hely Lopes. *Direito administrativo brasileiro*. 36. ed. São Paulo: Malheiros, 2010. p. 350.

- Sistematização da classificação e dos princípios do serviço público[46]:

SERVIÇO PÚBLICO: classificação e princípios	
CLASSIFICAÇÃO	
Quanto à essencialidade	• serviço público propriamente dito • serviço de utilidade pública
Quanto à adequação	• serviço próprio • serviço impróprio
Quanto à finalidade	• serviço administrativo • serviço industrial
Quanto aos destinatários	• serviço *uti universi* • serviço *uti singuli*
PRINCÍPIOS	
Continuidade do serviço público	serviço público não pode parar
Modicidade das tarifas	tarifas módicas, razoáveis
Generalidade	usuários devem receber o mesmo tratamento
Mutabilidade	Administração pode alterar, unilateralmente, regime de execução do serviço público

- **Concessão de serviço público** é o contrato administrativo por meio do qual a Administração Pública delega a terceiro a "execução de um serviço público, para que o execute em seu próprio nome, por sua conta e risco, assegurando-lhe a remuneração mediante tarifa paga pelo usuário ou outra forma de remuneração decorrente da exploração do serviço"[47].
- **Deveres** dos usuários (art. 7º, IV, V e VI):

a) **levar ao conhecimento** do poder público e da concessionária as **irregularidades** de que tenham conhecimento, referentes ao serviço prestado;

b) **comunicar** às autoridades competentes os **atos ilícitos** praticados pela concessionária na prestação do serviço;

c) **contribuir** para a permanência das **boas condições** dos bens públicos por meio dos quais lhes são prestados os serviços.

- **Direitos** dos usuários (art. 7º, I, II e III e art. 7º- A):

a) receber **serviço adequado** (é o serviço que satisfaz as condições de regularidade, continuidade, eficiência, segurança, atualidade, generalidade, cortesia na sua prestação e modicidade das tarifas, conforme art. 6º, § 1º);

b) receber do poder concedente e da concessionária **informações** para a **defesa** de interesses individuais ou coletivos;

c) obter e utilizar o serviço, com liberdade de **escolha** entre vários **prestadores** de serviços, quando for o caso, observadas as normas do poder concedente.

d) **escolher** entre, no mínimo, **seis datas**, dentro do mês de vencimento, para o dia de vencimento de seus débitos.

- **Licitação para concessão e permissão** de serviço público (artigos 14 a 22, Lei nº 8.987/95): a) possibilidade de o edital prever a inversão das fases de habilitação e julgamento (art. 18-A); b) critérios usados para julgar a licitação (art. 15):
  - menor valor da tarifa do serviço público a ser prestado;
  - maior oferta, nos casos de pagamento ao poder concedente pela outorga da concessão;
  - melhor proposta técnica, com preço fixado no edital;
  - melhor oferta de pagamento pela outorga após qualificação de propostas técnicas. Os critérios podem ser assim combinados:
  - menor valor da tarifa e maior oferta pela outorga;
  - menor valor da tarifa e melhor oferta pela outorga, após qualificação das propostas técnicas;
  - menor valor da tarifa e melhor técnica;
  - maior oferta pela outorga e melhor técnica.
- **Encargos do poder concedente** (art. 29): a) regulamentar o serviço concedido e fiscalizar permanentemente a sua prestação; b) aplicar as penalidades regulamentares e contratuais; c) intervir na prestação do serviço, nos casos e condições previstos em lei; d) extinguir a concessão, nos casos previstos nesta lei e na forma prevista no contrato; e) homologar reajustes e proceder à revisão das tarifas na forma desta Lei, das normas pertinentes e do contrato; f) cumprir e fazer cumprir as disposições regulamentares do serviço e as cláusulas contratuais da concessão; g) zelar pela boa qualidade do serviço, receber, apurar e solucionar queixas e reclamações dos usuários, que serão cientificados, em até trinta dias, das providências tomadas; h) declarar de utilidade pública os bens necessários à execução do serviço ou obra pública, promovendo as desapropriações, diretamente ou mediante outorga de poderes à concessionária, caso em que será desta a responsabilidade pelas indenizações cabíveis; i) declarar de necessidade ou utilidade pública, para fins de instituição de servidão administrativa, os bens necessários à execução de serviço ou obra pública, promovendo-a diretamente ou mediante outorga de poderes à concessionária, caso em que será desta a responsabilidade pelas indenizações cabíveis; j) estimular o aumento da qualidade, produtividade, preservação do meio ambiente e conservação; k) incentivar a competitividade; l) estimular a formação de associações de usuários para defesa de interesses relativos ao serviço.

46. BORTOLETO, Leandro. *Direito administrativo*. Salvador: Juspodivm, 2012. p. 514.
47. DI PIETRO, Maria Sylvia Zanella. *Direito administrativo*. 25. ed. São Paulo: Atlas, 2012. p. 302.

- **Encargos da concessionária** são (art. 31): a) prestar serviço adequado, na forma prevista nesta lei, nas normas técnicas aplicáveis e no contrato; b) manter em dia o inventário e o registro dos bens vinculados à concessão; c) prestar contas da gestão do serviço ao poder concedente e aos usuários, nos termos definidos no contrato; d) cumprir e fazer cumprir as normas do serviço e as cláusulas contratuais da concessão; e) permitir aos encarregados da fiscalização livre acesso, em qualquer época, às obras, aos equipamentos e às instalações integrantes do serviço, bem como a seus registros contábeis; f) promover as desapropriações e constituir servidões autorizadas pelo poder concedente, conforme previsto no edital e no contrato; g) zelar pela integridade dos bens vinculados à prestação do serviço, bem como segurá-los adequadamente; h) captar, aplicar e gerir os recursos financeiros necessários à prestação do serviço.
- A declaração de utilidade pública de imóvel para desapropriação e a declaração de necessidade ou utilidade pública para fins de servidão são sempre encargos do poder concedente. Já, a promoção da desapropriação e a instituição da servidão podem ser feitas tanto pelo poder concedente quanto pela concessionária. No entanto, esta somente poderá fazê-los quando autorizada pelo poder concedente e desde que exista previsão no edital e no contrato, cabendo à concessionária, nesses casos, a responsabilidade pelas indenizações cabíveis.
- **Extinção da concessão** (art. 35): a) advento do termo contratual; b) encampação ou resgate (o poder concedente retoma o serviço da concessionária, durante o prazo da concessão, por motivo de interesse público, mediante lei autorizativa específica e após prévio pagamento de indenização); c) caducidade ou decadência (o poder concedente retoma o serviço da concessionária, durante o prazo da concessão, em razão da inadimplência da concessionária); d) rescisão; e) anulação; f) falência ou extinção da concessionária de serviço público.
- **Reversão** não é forma de extinção da concessão, mas é consequência dela, pois consiste na transferência dos bens do concessionário afetados ao serviço para o poder concedente, no final da concessão.
- **Parceria público-privada** é um contrato de concessão e tem duas modalidades (art. 2º): a) concessão patrocinada: é a concessão de serviços públicos ou de obras públicas de que trata a Lei no 8.987, de 13 de fevereiro de 1995, quando envolver, adicionalmente à tarifa cobrada dos usuários contraprestação pecuniária do parceiro público ao parceiro privado; b) concessão administrativa: é o contrato de prestação de serviços de que a Administração Pública seja a usuária direta ou indireta, ainda que envolva execução de obra ou fornecimento e instalação de bens.
- É vedada a celebração de contrato de parceria público-privada Lei 11.079/04 (art. 2º, § 4º): a) cujo valor do contrato seja inferior a R$ 10.000.000,00; b) cujo período de prestação do serviço seja inferior a cinco anos; ou c) que tenha como objeto único o fornecimento de mão de obra, o fornecimento e instalação de equipamentos ou a execução de obra pública.
- Permissão é formalizada por meio de contrato de adesão, mas tem como características a precariedade e a revogabilidade unilateral (art. 40, Lei nº 8.987/95).
- **Diferenças legais entre concessão e permissão (art. 2º)**: a) a concessão deve adotar a modalidade concorrência, e a permissão pode adotar outra modalidade licitatória; b) a concessão somente pode ser feita com pessoa jurídica ou com consórcio de empresas, e a permissão pode ser realizada com pessoa jurídica e com pessoa física.

11. BENS PÚBLICOS

- Conceito legal (art. 98, Código Civil): são "públicos os bens do domínio nacional pertencentes às pessoas jurídicas de direito público interno; todos os outros são particulares, seja qual for a pessoa a que pertencerem".
- Divergência doutrinária: para uns, são somente os pertencentes às pessoas jurídicas de **direito público (adotam o conceito legal); para outros, são** os que pertencem às pessoas jurídicas de **direito público** e aqueles que, mesmo não pertencendo a essas pessoas, estejam **afetados à prestação de serviço público**. Entretanto, maioria concorda que os **bens** das **pessoas administrativas** com personalidade de **direito privado** (empresa pública, sociedade de economia mista, fundações públicas com personalidade de direito privado, os consórcios públicos com personalidade jurídica de direito privado) **vinculados à prestação de serviço público não podem ser penhorados**, em face do princípio da continuidade do serviço público.
- STF (RE 393032/MG e a ACO 958/DF): em relação à Empresa Brasileira de Correios e Telégrafos (ECT), foi decido que as disposições do art. 173, §§ 1º e 2º da CF (equiparação às empresas privadas e proibição de extensão de benefícios fiscais não aplicáveis ao setor privado) somente se aplicam às empresas públicas e sociedades de economia mista exploradoras de atividade econômica e, assim, em diversas ações (execuções trabalhistas e tributárias) considerou-se a ECT como prestadora de serviços públicos e, dessa forma, seus bens são impenhoráveis e possui imunidade tributária recíproca quanto aos bens usados para a prestação do serviço, tendo havido a recepção pela Constituição Federal do art. 12 do Decreto-Lei nº 509/69.
- Sistematização da classificação dos bens públicos[48]:

48. BORTOLETO, Leandro. *Direito administrativo*. Salvador: Juspodivm, 2012. p. 543.

CLASSIFICAÇÃO DOS BENS PÚBLICOS	
Quanto à titularidade	• federais • estaduais • distritais • municipais
Quanto à destinação	• uso comum do povo com finalidade pública geral (uso de todos; afetado) • uso especial com finalidade pública específica (afetado) • dominicais sem finalidade pública específica (desafetado)
Quanto à disponibilidade	• indisponíveis por natureza não têm natureza patrimonial • patrimoniais indisponíveis têm natureza patrimonial e estão afetados • patrimoniais disponíveis não têm natureza patrimonial e não estão afetados

- Características dos bens públicos: inalienabilidade, a impenhorabilidade, a imprescritibilidade e a não onerabilidade.
- Reforçando a característica da imprescritibilidade do bem público, foi editada a Súmula nº 619 do STJ, que estabelece: "A ocupação indevida de bem público configura mera detenção, de natureza precária, insuscetível de retenção ou indenização por acessões e benfeitorias".
- A afetação ou consagração é a atribuição de destinação pública específica a determinado bem e, de outra forma, a desafetação ou desconsagração é a retirada da destinação de finalidade pública que fora dada a um bem público. Com a afetação, o bem desafetado torna-se afetado e, com a desafetação, o bem afetado passa a ser desafetado. A falta de uso do bem não pode ser considerada desafetação tácita.
- STF (AI 553.712): vem sendo admitido o bloqueio de valores em contas públicas para cumprimento de liminar com o objetivo de garantir o fornecimento gratuito de medicamento a pessoa hipossuficiente.
- Súmula nº 340 (STF): desde "a vigência do Código Civil, os bens dominicais, como os demais bens públicos, não podem ser adquiridos por usucapião".
- Uso comum e uso especial do bem público. O uso comum de um bem público ocorre quando ele é utilizado pelas pessoas em geral, sem distinção entre os usuários e sem necessidade de autorização específica para tanto, e o uso especial de bem público se verifica quando o administrado se sujeita a regras específicas, ao consentimento do Poder Público ou ao pagamento pelo uso.
- O uso especial, quando é destinado a pessoas determinadas, mediante instrumento jurídico formal, é chamado de uso privativo ou uso especial privativo.
- Instrumentos de formalização de uso privativo de bem público: autorização de uso; permissão de uso; concessão de uso; concessão de direito real de uso; cessão de uso.

12. INTERVENÇÃO DO ESTADO NA PROPRIEDADE PRIVADA

- Na Constituição de 1988, no art. 5º, XXII, o direito à propriedade privada está previsto como direito fundamental e, da mesma forma, assegura-se, no inciso XXIII do mesmo artigo, que a propriedade tenha uma função social, podendo, inclusive, haver a expropriação do proprietário que não cumprir tal exigência, nos termos do inciso XXIV.
- Intervenção pode ser: a) restritiva: o Estado apenas restringe o uso da propriedade, sem retirá-la do proprietário, podendo fazê-lo por meio das seguintes espécies:
- limitações administrativas;
- servidão administrativa;
- requisição administrativa;
- ocupação temporária;
- tombamento; b) intervenção supressiva: ocorre a supressão da propriedade (o Estado retira a propriedade de seu titular):
- desapropriação.
- Limitações administrativas: determinações gerais, que condicionam o exercício do direito de propriedade em face do bem comum, pelas quais proprietários indeterminados são constituídos em obrigações positivas, negativas ou permissivas.
- Servidão administrativa: Administração Pública impõe um ônus real de uso sobre a propriedade particular. Não se retira a propriedade de seu titular, mas este é obrigado a consentir que seu imóvel (coisa serviente) seja usado em prol de um serviço público ou de um bem afetado a fim de utilidade pública (coisa dominante).
- Requisição administrativa: é o uso coativo e imediato de bens e serviços privados pelo Estado, para atendimento de necessidades coletivas urgentes e transitórias.
- Ocupação temporária: uso provisório de bens privados pelo Estado para a execução de obras, serviços ou atividades públicas ou de interesse público.
- Tombamento: procedimento administrativo adotado pelo Poder Público para impor restrições parciais sobre os bens que, por interesse público, devam ser conservados, por estarem vinculados a fatos memoráveis da história ou por seu excepcional valor arqueológico ou etnológico, bibliográfico ou artístico.
- Efeitos do tombamento (Decreto-Lei nº 25/37):

a) alienação: se o bem tombado é público, torna-se inalienável e se for privado, pode ser alienado. ATENÇÃO! Com a entrada em vigor do Novo CPC, o direito de preferência da União, Estados e Municípios (§3º, art. 892, CPC) somente existe nas alienações judiciais, pois houve a revogação do art. 22 do Decreto-Lei nº 25/37;

b) conservação: o bem tombado não pode ser, sob pena de 50% do dano causado (se for bem público, autoridade responsável pela infração incorrerá pessoalmente na multa):
- destruído, demolido ou mutilado;
- reparado, pintado ou restaurado, sem prévia autorização do Iphan;

c) vigilância: os bens tombados ficam sujeitos à vigilância permanente do Iphan, pelo que:
- poderá inspecioná-lo quando julgar conveniente;
- o proprietário ou responsável não pode criar obstáculos à inspeção, sob pena de multa, elevada ao dobro em caso de reincidência;

d) saída do país: o bem tombado não pode sair do país, exceto se for por curto prazo, sem transferência de domínio e para fim de intercâmbio cultural, a juízo do Conselho Consultivo do Iphan;

e) extravio ou furto: proprietário deve comunicar ao Iphan, no prazo de 5 dias, sob pena de multa de 10% sobre o valor da coisa;

f) vizinhança: não pode, sem autorização do Iphan, na vizinhança, fazer construção que impeça ou reduza a visibilidade do bem tombado, nem nela colocar anúncios ou cartazes, sob pena de ser determinada a destruição da obra ou retirada do objeto, impondo-se multa de 50% do valor do objeto.

- **Desapropriação** é "o procedimento administrativo pelo qual o Estado, compulsoriamente, retira de alguém certo bem, por necessidade ou utilidade pública ou por interesse social e o adquire, originariamente, para si ou para outrem, mediante prévia e justa indenização, paga em dinheiro, salvo os casos que a própria Constituição enumera, em que o pagamento é feito com títulos da dívida pública (art.182, § 4º, III) ou da dívida agrária (art.184)[49].
- A desapropriação é forma originária de aquisição da propriedade.
- Pressupostos necessários para a desapropriação (art. 5º, XXIV, CF): a) necessidade pública: situações de emergência, as quais necessitam, para serem resolvidas, da transferência urgente do bem particular para o Poder Público; b) utilidade pública: é conveniente a transferência dos bens, mas não é imprescindível; c) interesse social: necessidade de distribuição da propriedade em benefício da coletividade ou de categorias sociais merecedoras de amparo estatal.
- Regra: indenização prévia e em dinheiro. Exceções:

a) desapropriação urbanística sancionatória (art. 182, § 4º): indenização será feita mediante títulos da dívida pública de emissão previamente aprovada pelo Senado Federal, com prazo de resgate de até dez anos, em parcelas anuais, iguais e sucessivas, assegurados o valor real da indenização e os juros legais;

b) desapropriação por interesse social para fins de reforma agrária (art. 184): indenização será paga em títulos da dívida agrária, com cláusula de preservação do valor real, resgatáveis no prazo de até vinte anos, a partir do segundo ano de sua emissão, e cuja utilização será definida em lei, exceto quanto às benfeitorias úteis e necessárias, que serão indenizadas em dinheiro;

c) expropriação de terras em que haja cultura ilegal de planta psicotrópica ou exploração de trabalho escravo, na forma da lei: é um confisco e, assim, não há indenização.

- Retrocessão: direito do proprietário cujo imóvel fora expropriado de exigir o retorno do bem ao seu patrimônio em razão de não lhe ter sido dado o destino previsto. Esse desvio de finalidade no uso do bem desapropriado é chamado de tredestinação (ou tresdestinação) e se subdivide em lícita (o desvio é de uma finalidade pública para outra finalidade pública) e ilícita (o desvio é de uma finalidade pública para finalidade particular).
- Jurisprudência: só há direito à retrocessão quando se tratar de tredestinação ilícita.

13. RESPONSABILIDADE EXTRACONTRATUAL DO ESTADO

- Sistematização das teorias sobre a responsabilidade extracontratual do Estado[50]:

<table>
<tr><th colspan="5">Teorias sobre a responsabilidade extracontratual do Estado</th></tr>
<tr><td>Teoria da irresponsabilidade</td><td colspan="4">• Estado não responde
• teoria regaliana ou regalista</td></tr>
<tr><td rowspan="3">Teorias civilistas</td><td colspan="2" rowspan="2">teoria dos atos de império e atos de gestão</td><td colspan="2">atos de gestão ➔ responde</td></tr>
<tr><td colspan="2">atos de império ➔ não responde</td></tr>
<tr><td colspan="2">teoria da culpa civil</td><td colspan="2">• responsabilidade subjetiva
• dolo ou culpa do agente</td></tr>
<tr><td rowspan="3">Teorias publicistas</td><td colspan="2">teoria da culpa administrativa (culpa do serviço; culpa anônima)</td><td>culpa do serviço</td><td>• responsabilidade subjetiva
• não funciona
• funciona mal
• funcional atrasado</td></tr>
<tr><td rowspan="2">teoria do risco</td><td rowspan="2">ação estatal
+
dano
+
nexo de causalidade</td><td>risco administrativo</td><td>admite excludentes</td></tr>
<tr><td>risco integral</td><td>não admite excludentes</td></tr>
</table>

49. GASPARINI, Diógenes. *Direito administrativo*. 13. ed. São Paulo: Saraiva, 2008. p. 816.

50. BORTOLETO, Leandro. *Direito administrativo*. Salvador: Juspodivm, 2012. p. 580.

- Sistematização da responsabilidade extracontratual no Estado brasileiro[51]:

<table>
<tr><th colspan="2">RESPONSABILIDADE EXTRACONTRATUAL DO ESTADO BRASILEIRO</th></tr>
<tr><td colspan="2">• Pessoas de direito público
• Pessoas de direito privado prestadoras de serviço público (terceiro usuário e não usuário do serviço)</td></tr>
<tr><th colspan="2">RESPONSABILIDADE POR AÇÃO</th></tr>
<tr><td>Responsabilidade Objetiva</td><td>• teoria do risco administrativo
• teoria do risco integral (para alguns) ➔ dano nuclear e ato terrorista contra aeronave</td></tr>
<tr><td colspan="2">Comportamento lícito ou ilícito de agente público nessa qualidade
+
Dano
+
Nexo de causalidade</td></tr>
<tr><td>Excludentes da responsabilidade objetiva</td><td>• caso fortuito ou força maior
• culpa exclusiva da vítima
• culpa exclusiva de terceiro</td></tr>
<tr><th colspan="2">RESPONSABILIDADE POR OMISSÃO</th></tr>
<tr><td>Responsabilidade subjetiva</td><td>➔ teoria da culpa administrativa ou da culpa do serviço</td></tr>
<tr><td colspan="2">Omissão
+
Dever de agir
+
Fato da natureza ou comportamento material de terceiro
+
Dano
+
Nexo entre dano e omissão
(STF; teoria do dano direto e imediato)</td></tr>
</table>

- RE 591874/MS: Supremo Tribunal Federal decidiu que a responsabilidade extracontratual das pessoas jurídicas de direito privado prestadoras de serviço público é objetiva em relação aos **usuários** e aos **não usuários** do serviço.
- STF (RE 327.904 e RE 470.996): impossibilidade de o agente público causador do dano ser acionado diretamente pela vítima. CF (art. 37, § 6º) estabelece **dupla garantia**: **uma, em favor do particular** assegurando-lhe o direito de promover ação indenizatória em face de pessoa jurídica de direito público ou de pessoa jurídica de direito privado prestadora de serviço público e, **outra, em benefício do servidor**, que apenas responde civil e administrativamente perante a pessoa jurídica a que estiver vinculado;
- STJ (REsp 1.163.652/PE, AgRg no REsp 1.149.194/AM, EREsp 313.886/RN): em se tratando de responsabilidade civil do Estado, a denunciação da lide é facultativa e não obrigatória. Todavia, o "cabimento da denunciação depende da ausência de violação dos princípios da celeridade e da economia processual, o que implica a valoração a ser realizada pelo magistrado em cada caso concreto" (Resp 975.799/DF).
- Prescrição: o prazo para interposição de ação de indenização em face do Estado é de **5 anos**, nos termos do art. 1º do Decreto nº 20.910/32.
- O STF, no RE 842846, fixou a seguinte tese com repercussão geral: "O Estado responde, objetivamente, pelos atos dos tabeliães e registradores oficiais que, no exercício de suas funções, causem dano a terceiros, assentado o dever de regresso contra o responsável, nos casos de dolo ou culpa, sob pena de improbidade administrativa".

14. CONTROLE DA ADMINISTRAÇÃO PÚBLICA

- **Espécies** de controle: **a)** quanto à origem ou localização: interno e externo; **b)** quanto ao momento: prévio ou preventivo (*a priori*), concomitante e posterior ou subsequente; **c)** quanto ao aspecto controlado: legalidade e mérito; **d)** quanto à amplitude ou fundamento: hierárquico ou por subordinação; finalístico ou por vinculação; **e)** quanto à iniciativa: de ofício e provocado.
- **Recurso administrativo**: todo meio apto para provocar o reexame de ato ou decisão administrativa. Modalidades de recurso administrativo: a) representação administrativa; b) reclamação administrativa; c) pedido de reconsideração; d) recurso hierárquico: recurso hierárquico próprio e recurso hierárquico impróprio; e) revisão.
- **Controle legislativo** abrange o controle político e o controle financeiro.
- Controle financeiro: a "fiscalização contábil, financeira, orçamentária, operacional e patrimonial da União e das entidades da administração direta e indireta, quanto à legalidade, legitimidade, economicidade, aplicação das subvenções e renúncia de receitas, será exercida pelo Congresso Nacional, mediante controle externo, e pelo sistema de controle interno de cada Poder" (CF, art. 70). Subdivide-se em controle interno e externo.
- **Controle interno**: os Poderes Executivo, Legislativo e Judiciário deverão manter, de forma integrada, sistema de controle interno, com a finalidade de: a) "avaliar o cumprimento das metas previstas no plano plurianual, a execução dos programas de governo e dos orçamentos da União" (inciso I); b) "comprovar a legalidade e avaliar os resultados, quanto à eficácia e eficiência, da gestão orçamentária, financeira e patrimonial nos órgãos e entidades da administração federal, bem como da aplicação de recursos públicos por entidades de direito privado" (inciso II); c) "exercer o controle das operações de crédito, avais e garantias, bem como dos direitos e haveres da União" (inciso III); d) "apoiar o controle externo no exercício de sua missão institucional" (inciso IV).
- **Controle externo**: exercido pelo Congresso Nacional, com o auxílio do Tribunal de Contas da União (TCU).

51. BORTOLETO, Leandro. *Direito administrativo*. Salvador: Juspodivm, 2012. p. 587.

- O TCU é um órgão independente. Não está subordinado ao Congresso Nacional e não integra o Poder Judiciário.
- Competência do TCU: deve ser feita a atenta leitura do art. 71 da Constituição Federal, pois é muito cobrado nas provas.
- Decisões do TCU: as "decisões do Tribunal de que resulte imputação de débito ou multa terão eficácia de título executivo" (art. 71, § 3º).
- STF (RE 510.034-AgR; AI 826.676-AgR): a cobrança da dívida em juízo deve ser feita pelo ente público beneficiário da condenação, por intermédio de seus procuradores.
- STF (MS 24.997): o "ato de aposentadoria configura ato administrativo complexo, aperfeiçoando-se somente com o registro perante o Tribunal de Contas. Submetido à condição resolutiva, não se operam os efeitos da decadência antes da vontade final da Administração".
- STF. RE 848826. Tese com repercussão geral: para os fins do art. 1º, inciso I, alínea "g", da Lei Complementar 64/90, a apreciação das contas dos prefeitos, tanto as de governo quanto as de gestão, será feita pelas Câmaras municipais com o auxílio dos Tribunais de Contas competentes, cujo parecer prévio somente deixará de prevalecer por decisão de 2/3 dos vereadores.
- **Súmula Vinculante nº 3:** "Nos processos perante o Tribunal de Contas da União asseguram-se o contraditório e a ampla defesa quando da decisão puder resultar anulação ou revogação de ato administrativo que beneficie o interessado, excetuada a apreciação da legalidade do ato de concessão inicial de aposentadoria, reforma e pensão".
- **Sistemas de controle jurisdicional do ato administrativo: a)** sistema do contencioso administrativo ou sistema francês: o controle dos atos administrativos é realizado, de maneira definitiva, por tribunais administrativos; **b)** sistema de jurisdição única ou sistema inglês: há somente uma jurisdição e, assim, o controle dos atos administrativos, de maneira definitiva, é feito pelo Poder Judiciário (é o adotado no Brasil, pois o art. 5º, XXXV da Constituição Federal estabelece que nenhuma lesão ou ameaça a direito será excluída da apreciação do Poder Judiciário).

15. IMPROBIDADE ADMINISTRATIVA: LEI Nº 8.429/92

- **Sujeito ativo** do ato de improbidade (artigos 1º e 3º): a) agente público: aquele que exerce mandato, cargo, emprego ou função, com ou sem remuneração, mesmo que transitoriamente, por eleição, nomeação, designação, contratação ou qualquer outra forma de investidura ou vínculo em qualquer uma das entidades que podem ser sujeito passivo; b) terceiro que induza ou concorra para a prática do ato de improbidade ou dele se beneficie.
- Lei adotou conceito bastante amplo e abrange todas as espécies de agentes públicos e até os dirigentes de organização social, Oscip, serviços sociais autônomos e demais entidades mencionadas no art. 1º da lei.
- **Modalidades** de atos de improbidade: a) atos que **importam enriquecimento ilícito** (art. 9º): são aqueles em que o agente aufere vantagem indevida em razão do cargo, mandato, função, emprego ou atividade nas entidades mencionadas no art. 1º da lei; b) atos que **causam prejuízo ao erário** (art. 10); causa prejuízo ao erário "qualquer ação ou omissão, dolosa ou culposa, que enseje perda patrimonial, desvio, apropriação, malbaratamento ou dilapidação dos bens ou haveres das entidades" mencionadas no art. 1º da lei; c) atos que **atentam contra os princípios da Administração Pública**: "qualquer ação ou omissão que viole os deveres de honestidade, imparcialidade, legalidade e lealdade às instituições"; d) atos que decorrem de concessão ou aplicação indevida de benefício financeiro ou tributário (art. 10-A: qualquer ação ou omissão para conceder, aplicar ou manter benefício financeiro ou tributário contrário ao que dispõem o caput e o § 1º do art. 8º-A da Lei Complementar nº 116, de 31 de julho de 2003.
- É indispensável a leitura dos artigos 9º, 10, 10-A, 11[52] e 12 da Lei nº 8.429/92.
- Sistematização das sanções previstas para os atos de improbidade administrativa:

IMPROBIDADE ADMINISTRATIVA: SANÇÕES			
• Podem ser aplicadas isolada ou cumulativamente • Juiz deve levar em conta a extensão do dano causado e o proveito patrimonial obtido pelo agente • Aplicação independe: – da rejeição ou aprovação pelo órgão de controle interno ou pelo Tribunal de Contas – da efetiva ocorrência de dano ao patrimônio público, salvo quanto à pena de ressarcimento			
Atos que importam enriquecimento ilícito	**Atos que causam lesão ao erário**	**Atos que atentam contra os princípios da Administração**	**Atos que decorrem da concessão ou aplicação indevida de benefício financeiro ou tributário**
Perda da função pública	Perda da função pública	Perda da função pública	Perda da função pública
Suspensão dos direitos políticos: 8 a 10 anos	Suspensão dos direitos políticos: 5 a 8 anos	Suspensão dos direitos políticos: 3 a 5 anos	Suspensão dos direitos políticos: 5 a 8 anos

52. A Lei nº 13.650/2018 inseriu nova hipótese de ato de improbidade que atenta contra os princípios da Administração Pública: "transferir recurso a entidade privada, em razão da prestação de serviços na área de saúde sem a prévia celebração de contrato, convênio ou instrumento congênere, nos termos do parágrafo único do art. 24 da Lei nº 8.080, de 19 de setembro de 1990".

IMPROBIDADE ADMINISTRATIVA: SANÇÕES			
Multa civil: até 3x valor do acréscimo	Multa civil: até 2x valor do dano	Multa civil: até 100x valor da remuneração	Multa civil: até 3x valor do benefício financeiro ou tributário concedido
Proibição de celebrar contrato com o Poder Público e de receber benefícios ou incentivos fiscais ou creditícios: 10 anos	Proibição de celebrar contrato com o Poder Público e de receber benefícios ou incentivos fiscais ou creditícios: 5 anos	Proibição de celebrar contrato com o Poder Público e de receber benefícios ou incentivos fiscais ou creditícios: 3 anos	
Perda dos bens ou valores acrescidos indevidamente	Perda dos bens ou valores acrescidos indevidamente, se ocorreu	–	
Ressarcimento integral do dano, se houver	Ressarcimento integral do dano	Ressarcimento integral do dano, se houver	

- **Medidas cautelares** previstas na Lei de Improbidade Administrativa: a) indisponibilidade dos bens (art. 7º); b) sequestro (art. 16); c) investigação, exame e bloqueio de bens, contas bancárias e aplicações financeiras mantidas pelo indiciado no exterior, nos termos da lei e dos tratados internacionais; d) afastamento do cargo (art. 20, parágrafo único).

- **Indisponibilidade dos bens** (art. 7º): "Quando o ato de improbidade causar lesão ao patrimônio público ou ensejar enriquecimento ilícito, caberá a autoridade administrativa responsável pelo inquérito representar ao Ministério Público, para a indisponibilidade dos bens do indiciado. Parágrafo único. A indisponibilidade a que se refere o *caput* deste artigo recairá sobre bens que assegurem o integral ressarcimento do dano, ou sobre o acréscimo patrimonial resultante do enriquecimento ilícito".

- **Legitimidade ativa** para propor ação: Ministério Público ou a pessoa jurídica (uma das previstas no art. 1º da Lei nº 8.429/92). Todavia, quando for proposta por uma dessas pessoas interessadas, o Ministério Público, obrigatoriamente, atuará como fiscal da lei, sob pena de nulidade (art. 17, § 4º).

- **Prazo** para propor ação de improbidade: a) em 5 anos após o término do exercício do mandato, de cargo em comissão ou função de confiança (inciso I); b) dentro do prazo previsto em legislação especial para faltas disciplinares puníveis com demissão a bem do serviço público, nos casos de exercício de cargo efetivo ou emprego (inciso II); c) até cinco anos da data da apresentação à Administração Pública da prestação de contas final pelas entidades referidas no parágrafo único do art. 1º da Lei nº 8.429/92 (inciso III; acrescentado pela Lei nº 13.019/14, em vigor para União, Estados, Distrito Federal desde janeiro de 2016 e, no entanto, para os Municípios somente entrará em vigor em janeiro de 2017)

- **STF (RE 578.428-AgR):** as ações de ressarcimento ao erário são imprescritíveis (art. 37, § 5º). Exceto se for decorrente de dano civil: "É prescritível a ação de reparação de danos à Fazenda Pública decorrente de ilícito civil" (Tese de repercussão geral fixada no RE 669.069). Conceito de ilícito civil surge por exclusão e, assim, "não se consideram ilícitos civis, de um modo geral, os que decorrem de infrações ao direito público, como os de natureza penal, os decorrentes de atos de improbidade e assim por diante".

- **STF (RE 852475 SP):** Tese com repercussão geral: "São imprescritíveis as ações de ressarcimento ao erário fundadas na prática de ato doloso tipificado na Lei de Improbidade Administrativa" (08/08/2018).

- **STF (Pet 3240 DF):** Não existe foro por prerrogativa de função em ação de improbidade administrativa proposta contra agente político. Isto porquê o foro por prerrogativa de função é uma previsão constitucional apenas para infrações penais comuns, não se estendendo para ações de improbidade administrativa, que tem natureza civil (10/05/2018).

✦ SÚMULAS APLICÁVEIS

1. PRINCÍPIOS DA ADMINISTRAÇÃO PÚBLICA

1.1 SÚMULAS

- **STF Súmula nº 636**: "Não cabe recurso extraordinário por contrariedade ao princípio constitucional da legalidade, quando a sua verificação pressuponha rever a interpretação dada a normas infraconstitucionais pela decisão recorrida".

- **STJ Súmula nº 615:** Não pode ocorrer ou permanecer a inscrição do município em cadastros restritivos fundada em irregularidades na gestão anterior quando, na gestão sucessora, são tomadas as providências cabíveis à reparação dos danos eventualmente cometidos.

2. AGENTES PÚBLICOS

2.1. SERVIDOR PÚBLICO

- **SÚMULA VINCULANTE nº 33:** "Aplicam-se ao servidor público, no que couber, as regras do Regime Geral de Previdência Social sobre aposentadoria especial de que trata o artigo 40, parágrafo 4º, inciso III, da Constituição Federal, até edição de lei complementar específica".

- **Súmula vinculante 21** – É inconstitucional a exigência de depósito ou arrolamento prévios de dinheiro ou bens para admissibilidade de recurso administrativo.
- **Súmula Vinculante 5** – A falta de defesa técnica por advogado no processo administrativo disciplinar não ofende a Constituição.
- **Súmula vinculante 3** – Nos processos perante o Tribunal de Contas da União asseguram-se o contraditório e a ampla defesa quando da decisão puder resultar anulação ou revogação de ato administrativo que beneficie o interessado, excetuada a apreciação da legalidade do ato de concessão inicial de aposentadoria, reforma e pensão.
- **STF 21** – Funcionário em estágio probatório não pode ser exonerado nem demitido sem inquérito ou sem as formalidades legais de apuração de sua capacidade.
- **STF 20** – É necessário processo administrativo, com ampla defesa, para demissão de funcionário admitido por concurso.
- **STF 19** – É inadmissível segunda punição de servidor público, baseada no mesmo processo em que se fundou a primeira.
- **STF 18** – Pela falta residual, não compreendida na absolvição pelo juízo criminal, é admissível a punição administrativa do servidor público.
- **STJ 601** – O Ministério Público tem legitimidade ativa para atuar na defesa de direitos difusos, coletivos e individuais homogêneos dos consumidores, ainda que decorrentes da prestação de serviço público.
- **STJ 591** – É permitida a "prova emprestada" no processo administrativo disciplinar, desde que devidamente autorizada pelo juízo competente e respeitados o contraditório e a ampla defesa.
- **STJ 592** – O excesso de prazo para a conclusão do processo administrativo disciplinar só causa nulidade se houver demonstração de prejuízo à defesa.
- **STJ 378** – Reconhecido o desvio de função, o servidor faz jus às diferenças salariais decorrentes.
- **STJ 218** – Compete à justiça dos estados processar e julgar ação de servidor estadual decorrente de direitos e vantagens estatutárias no exercício de cargo em comissão.
- **STJ 173** – Compete à justiça federal processar e julgar o pedido de reintegração em cargo público federal, ainda que o servidor tenha sido dispensado antes da instituição do Regime Jurídico Único.
- **STJ 170** – Compete ao juízo onde primeiro for intentada a ação envolvendo acumulação de pedidos, trabalhista e estatutário, decidi-la nos limites da sua jurisdição, sem prejuízo do ajuizamento de nova causa, com o pedido remanescente, no juízo próprio.
- **STJ 137** – Compete à justiça comum estadual processar e julgar ação de servidor público municipal, pleiteando direitos relativos ao vínculo estatutário.
- **STJ 97** – Compete à justiça do trabalho processar e julgar reclamação de servidor público relativamente a vantagens trabalhistas anteriores à instituição do Regime Jurídico Único.

2.1.1. CONCURSO PÚBLICO

- **SÚMULA VINCULANTE Nº 44**: "Só por lei se pode sujeitar a exame psicotécnico a habilitação de candidato a cargo público".
- **SÚMULA VINCULANTE Nº 43**: "É inconstitucional toda modalidade de provimento que propicie ao servidor investir-se, sem prévia aprovação em concurso público destinado ao seu provimento, em cargo que não integra a carreira na qual anteriormente investido".
- **STF 684** – É inconstitucional o veto não motivado à participação de candidato a concurso público.
- **STF 683** – O limite de idade para a inscrição em concurso público só se legitima em face do art. 7º, XXX, da Constituição, quando possa ser justificado pela natureza das atribuições do cargo a ser preenchido.
- **STF 17** – A nomeação de funcionário sem concurso pode ser desfeita antes da posse.
- **STF 16** – Funcionário nomeado por concurso tem direito a posse.
- **STF 15** – Dentro do prazo de validade do concurso, o candidato aprovado tem o direito a nomeação, quando o cargo for preenchido sem observância da classificação.
- **STJ 377** – O portador de visão monocular tem direito de concorrer, em concurso público, às vagas reservadas aos deficientes.
- **STJ 266** – O diploma ou habilitação legal para o exercício do cargo deve ser exigido na posse e não na inscrição para o concurso público.

2.1.2. DEMISSÃO

- **STF 25** – A nomeação a termo não impede a livre demissão, pelo Presidente da República, de ocupante de cargo dirigente de autarquia.
- **STF 8** – Diretor de sociedade de economia mista pode ser destituído no curso do mandato.

2.1.3. DISPONIBILIDADE

- **STF 39** – À falta de lei, funcionário em disponibilidade não pode exigir, judicialmente, o seu aproveitamento, que fica subordinado ao critério de conveniência da Administração.
- **STF 22** – O estágio probatório não protege o funcionário contra a extinção do cargo.

2.1.4. REMUNERAÇÃO

- **SÚMULA VINCULANTE Nº 55:** "O direito ao auxílio-alimentação não se estende aos servidores inativos".
- **SÚMULA VINCULANTE Nº 42:** "É inconstitucional a vinculação do reajuste de vencimentos de servidores estaduais ou municipais a índices federais de correção monetária".
- **SÚMULA VINCULANTE nº 37:** "Não cabe ao Poder Judiciário, que não tem função legislativa, aumentar vencimentos de servidores públicos sob o fundamento de isonomia".
- **Súmula Vinculante 20** – A Gratificação de Desempenho de Atividade Técnico-Administrativa – GDATA, instituída pela Lei nº 10.404/2002, deve ser deferida aos inativos nos valores correspondentes a 37, 5 (trinta e sete vírgula cinco) pontos no período de fevereiro a maio de 2002 e, nos termos do art. 5º, parágrafo único, da Lei nº 10.404/2002, no período de junho de 2002 até a conclusão dos efeitos do último ciclo de avaliação a que se refere o art. 1º da Medida Provisória nº 198/2004, a partir da qual passa a ser de 60 (sessenta) pontos.
- **Súmula Vinculante 16** – Os artigos 7º, IV, e 39, § 3º (redação da EC 19/98), da Constituição, referem-se ao total da remuneração percebida pelo servidor público.
- **Súmula Vinculante 15** – O cálculo de gratificações e outras vantagens do servidor público não incide sobre o abono utilizado para se atingir o salário mínimo.
- **Súmula vinculante 6** – Não viola a constituição o estabelecimento de remuneração inferior ao salário mínimo para as praças prestadoras de serviço militar inicial.
- **Súmula Vinculante 4** – Salvo os casos previstos na Constituição Federal, o salário mínimo não pode ser usado como indexador de base de cálculo de vantagem de servidor público ou de empregado, nem ser substituído por decisão judicial.
- **STF 682** – Não ofende a Constituição a correção monetária no pagamento com atraso dos vencimentos de servidores públicos.
- **STF 681** – É inconstitucional a vinculação do reajuste de vencimentos de servidores estaduais ou municipais a índices federais de correção monetária.
- **STF 680** – O direito ao auxílio-alimentação não se estende aos servidores inativos.
- **STF 672** – O reajuste de 28, 86%, concedido aos servidores militares pelas leis 8.622/93 e 8.627/93, estende-se aos servidores civis do Poder Executivo, observadas as eventuais compensações decorrentes dos reajustes diferenciados concedidos pelos mesmos diplomas legais.
- **STF 671** – Os servidores públicos e os trabalhadores em geral têm direito, no que concerne à URP de abril/maio de 1988, apenas ao valor correspondente a 7/30 de 16, 19% sobre os vencimentos e salários pertinentes aos meses de abril e maio de 1988, não cumulativamente, devidamente corrigido até o efetivo pagamento.
- **STF 359** – Ressalvada a revisão prevista em lei, os proventos da inatividade regulam-se pela lei vigente ao tempo em que o militar, ou o servidor civil, reuniu os requisitos necessários.
- **STF 339** – Não cabe ao Poder Judiciário, que não tem função legislativa, aumentar vencimentos de servidores públicos sob fundamento de isonomia.

2.1.5. TEMPO DE SERVIÇO

- **STF 726** – Para efeito de aposentadoria especial de professores, não se computa o tempo de serviço prestado fora da sala de aula. **Atenção:** em 29/10/2008, o STF, por maioria, no julgamento da ADI 3.772, decidiu que a atividade de magistério não é restrita ao trabalho em sala de aula e que dela fazem parte as funções de direção, coordenação e assessoramento pedagógico, desde que exercidas, em estabelecimentos de ensino básico, por professores de carreira, excluídos os especialistas em educação.
- **STF 567** – A Constituição, ao assegurar, no § 3º, do art. 102, a contagem integral do tempo de serviço público federal, estadual ou municipal para os efeitos de aposentadoria e disponibilidade não proíbe à União, aos Estados e aos Municípios mandarem contar, mediante lei, para efeito diverso, tempo de serviço prestado a outra pessoa de direito público interno.

2.1.6. VITALICIEDADE

- **STF 47** – Reitor de universidade não é livremente demissível pelo Presidente da República durante o prazo de sua investidura.
- **STF 46** – Desmembramento de serventia de justiça não viola o princípio de vitaliciedade do serventuário.
- **STF 36** – Servidor vitalício está sujeito a aposentadoria compulsória, em razão da idade.

2.1.7. NOMEAÇÃO PARA CARGO EM COMISSÃO (NEPOTISMO)

- **Súmula Vinculante 13** – A nomeação de cônjuge, companheiro ou parente em linha reta, colateral ou por afinidade, até o terceiro grau, inclusive, da autoridade nomeante ou de servidor da mesma pessoa jurídica, investido em cargo de direção, chefia ou assessoramento, para o exercício de cargo em comissão ou de confiança, ou, ainda, de função gratificada na Administração Pública direta e indireta, em qualquer dos Poderes da União, dos Estados, do Distrito Federal e dos municípios, compreendido o ajuste mediante designações recíprocas, viola a Constituição Federal.

3. PODERES ADMINISTRATIVOS

3.1. PODER DE POLÍCIA

- **STF 646** – Ofende o princípio da livre concorrência lei municipal que impede a instalação de estabelecimentos comerciais do mesmo ramo em determinada área.
- **STF 645** – É competente o município para fixar o horário de funcionamento de estabelecimento comercial.
- **STF 419** – Os municípios têm competência para regular o horário do comércio local, desde que não infrinjam leis estaduais ou federais válidas.
- **STF 397** – O poder de polícia da Câmara dos Deputados e do Senado Federal, em caso de crime cometido nas suas dependências, compreende, consoante o regimento, a prisão em flagrante do acusado e a realização do inquérito.

4. ATO ADMINISTRATIVO

- **STF 473** – A administração pode anular seus próprios atos, quando eivados de vícios que os tornam ilegais, porque deles não se originam direitos; ou revogá-los, por motivo de conveniência ou oportunidade, respeitados os direitos adquiridos, e ressalvada, em todos os casos, a apreciação judicial.
- **STF 346** – A Administração Pública pode declarar a nulidade dos seus próprios atos.

5. PROCESSO ADMINISTRATIVO

- **STJ 467** – Prescreve em cinco anos, contados do término do processo administrativo, a pretensão da Administração Pública de promover a execução da multa por infração ambiental.
- **STJ 373** – É ilegítima a exigência de depósito prévio para admissibilidade de recurso administrativo.
- **STJ 591** – É permitida a prova emprestada no processo administrativo disciplinar, desde que devidamente autorizada pelo juízo competente e respeitados o contraditório e a ampla defesa.
- **STJ 592** – O excesso de prazo para a conclusão do processo administrativo disciplinar só causa nulidade se houver demonstração de prejuízo à defesa.
- **STJ 611** – Desde que devidamente motivada e com amparo em investigação ou sindicância, é possível a instauração de processo administrativo disciplinar com base em denúncia anônima, em face do poder-dever de autotutela imposto à Administração.

6. BENS PÚBLICOS

- **STF 650** – Os incisos I e XI do art. 20 da Constituição Federal não alcançam terras de aldeamentos extintos, ainda que ocupadas por indígenas em passado remoto.
- **STF 480** – Pertencem ao domínio e administração da União, nos termos dos artigos 4º, IV, e 186, da Constituição Federal de 1967, as terras ocupadas por silvícolas.
- **STF 479** – As margens dos rios navegáveis são domínio público, insuscetíveis de expropriação e, por isso mesmo, excluídas de indenização.
- **STF 477** – As concessões de terras devolutas situadas na faixa de fronteira, feitas pelos Estados, autorizam, apenas, o uso, permanecendo o domínio com a União, ainda que se mantenha inerte ou tolerante, em relação aos possuidores.
- **STJ 619** – A ocupação indevida de bem público configura mera detenção, de natureza precária, insuscetível de retenção ou indenização por acessões e benfeitorias.
- **STJ 496** – Os registros de propriedade particular de imóveis situados em terrenos de marinha não são oponíveis à União.
- **STJ 238** – A avaliação da indenização devida ao proprietário do solo, em razão de alvará de pesquisa mineral, é processada no juízo estadual da situação do imóvel.
- **STJ 103** – Incluem-se entre os imóveis funcionais que podem ser vendidos os administrados pelas Forças Armadas e ocupados pelos servidores civis.

7. INTERVENÇÃO DO ESTADO NA PROPRIEDADE PRIVADA

7.1. DESAPROPRIAÇÃO

- **STF 652** – Não contraria a Constituição o art. 15, § 1º, do DL. 3.365/41 (Lei da Desapropriação por Utilidade Pública).
- **STF 618** – Na desapropriação, direta ou indireta, a taxa dos juros compensatórios é de 12% (doze por cento) ao ano.
- **STF 617** – A base de cálculo dos honorários de advogado em desapropriação é a diferença entre a oferta e a indenização, corrigidas ambas monetariamente.
- **STF 561** – Em desapropriação, é devida a correção monetária até a data do efetivo pagamento da indenização, devendo proceder-se à atualização do cálculo, ainda que por mais de uma vez.
- **STF 476** – Desapropriadas as ações de uma sociedade, o poder desapropriante, imitido na posse, pode exercer, desde logo, todos os direitos inerentes aos respectivos títulos.
- **STF 475** – A Lei 4.686, de 21.06.1965, tem aplicação imediata aos processos em curso, inclusive em grau de recurso extraordinário.
- **STF 416** – Pela demora no pagamento do preço da desapropriação não cabe indenização complementar além dos juros.

- **STF 378** – Na indenização por desapropriação incluem-se honorários do advogado do expropriado.
- **STF 164** – No processo de desapropriação, são devidos juros compensatórios desde a antecipada imissão de posse, ordenada pelo juiz, por motivo de urgência.
- **STF 157** – É necessária prévia autorização do Presidente da República para desapropriação, pelos Estados, de empresa de energia elétrica.
- **STF 23** – Verificados os pressupostos legais para o licenciamento da obra, não o impede a declaração de utilidade pública para desapropriação do imóvel, mas o valor da obra não se incluirá na indenização, quando a desapropriação for efetivada.
- **STJ 408** – Nas ações de desapropriação, os juros compensatórios incidentes após a Medida Provisória nº 1.577, de 11.6.1997, devem ser fixados em 6% ao ano até 13.9.2001, e, a partir de então, em 12% ao ano, na forma da Súmula nº 618 do Supremo Tribunal Federal.
- **STJ 354** – A invasão do imóvel é causa de suspensão do processo expropriatório para fins de reforma agrária.
- **STJ 141** – Os honorários de advogado em desapropriação direta são calculados sobre a diferença entre a indenização e a oferta, corrigidas monetariamente.
- **STJ 131** – Nas ações de desapropriação incluem-se no cálculo da verba advocatícia as parcelas relativas aos juros compensatórios e moratórios, devidamente corrigidas.
- **STJ 114** – Os juros compensatórios, na desapropriação indireta, incidem a partir da ocupação, calculados sobre o valor da indenização, corrigido monetariamente.
- **STJ 113** – Os juros compensatórios, na desapropriação direta, incidem a partir da imissão na posse, calculados sobre o valor da indenização, corrigido monetariamente.
- **STJ 102** – A incidência dos juros moratórios sobre os compensatórios, nas ações expropriatórias, não constitui anatocismo vedado em lei.
- **STJ 70** – Os juros moratórios, na desapropriação direta ou indireta, contam-se desde o trânsito em julgado da sentença.
- **STJ 69** – Na desapropriação direta, os juros compensatórios são devidos desde a antecipada imissão na posse e, na desapropriação indireta, a partir da efetiva ocupação do imóvel.
- **STJ 67** – Na desapropriação, cabe a atualização monetária, ainda que por mais de uma vez, independente do decurso de prazo superior a um ano entre o cálculo e o efetivo pagamento da indenização.
- **STJ 56** – Na desapropriação para instituir servidão administrativa são devidos os juros compensatórios pela limitação de uso da propriedade.
- **STJ 12** – Em desapropriação, são cumuláveis juros compensatórios e moratórios.

Direito Civil

Thaís Del Monte Buzato

TABELA DE INCIDÊNCIA DE QUESTÕES

Distribuição das questões organizada por ordem didática de assuntos		
Assunto	**Número de Questões**	**Peso**
1. LEI DE INTRODUÇÃO ÀS NORMAS DO DIREITO BRASILEIRO	8	6,67%
2. DAS PESSOAS	21	17,50%
3. DOS BENS	9	7,50%
4. DOS ATOS E FATOS JURÍDICOS	13	10,83%
5. DA PRESCRIÇÃO E DA DECADÊNCIA	11	9,17%
6. DA PROVA	2	1,67%
7. DIREITO DAS OBRIGAÇÕES	4	3,33%
8. DOS CONTRATOS	2	1,67%
9. DIREITO DAS EMPRESAS	4	3,33%
10. DIREITO DAS COISAS	15	12,50%
11. DIREITO DAS FAMÍLIAS	9	7,50%
12. DIREITO DAS SUCESSÕES	6	5,00%
13. RESPONSABILIDADE CIVIL	13	10,83%
14. DIREITO DO CONSUMIDOR	2	1,67%
15. DIREITO PÚBLICO E DIREITO PRIVADO	1	0,83%
Total	**120**	**100%**

Direito Civil

Thaís Del Monte Buzato

✦ QUESTÕES

⦿ PARTE GERAL

1. LEI DE INTRODUÇÃO ÀS NORMAS DO DIREITO BRASILEIRO

01. (Cespe – Delegado de Polícia – PC – SE/2018) Uma nova lei, que disciplinou integralmente matéria antes regulada por outra norma, foi publicada oficialmente sem estabelecer data para a sua entrada em vigor e sem prever prazo de sua vigência. Sessenta dias após a publicação oficial dessa nova lei, foi ajuizada uma ação em que as partes discutem um contrato firmado anos antes sobre o assunto objeto das referidas normas.

Tendo como referência essa situação hipotética, julgue os seguintes itens, com base na Lei de Introdução às Normas do Direito Brasileiro.

01.1. No momento do ajuizamento da ação, a nova lei já estava em vigor.

COMENTÁRIOS

✪ **Nota da autora:** Assertiva correta. Como a nova lei não estabeleceu prazo para sua entrada em vigor e nem previu o prazo de sua vigência, ela entrou em vigou 45 dias após a sua publicação. Inteligência do art. 1º da LINDB. **CERTO**

01.2. Apesar de a nova lei ter revogado integralmente a anterior, ela não se aplica ao contrato objeto da ação.

COMENTÁRIOS

✪ **Nota da autora:** Correto. A nova lei revogou a anterior na medida em que tratou integralmente da matéria (art. 2º da LINDB), mas não se aplica ao contrato objeto da ação, pois deve respeitar o ato jurídico que se aperfeiçoou na vigência da lei anterior (art. 6º da LINDB). **CERTO**

02. (Nucepe – Delegado de Polícia – PC – PI/2018) Com base na Lei de Introdução às Normas do Direito Brasileiro, marque a alternativa CORRETA.

a) O período de vacatio legis de uma lei de direito material é diferente quando se trata de norma de direito processual.

b) As organizações destinadas a fins de interesse coletivo, como as sociedades e as fundações, obedecem à lei do Estado em que se constituírem.

c) Dependendo da importância da lei, o legislador deve estabelecer um período de vacatio legis mais extenso, de 1 (um) ano para os Códigos e Leis Complementares.

d) Uma lei nova não modifica a anterior se for com ela incompatível ou tratar sobre a mesma matéria.

e) A equidade é sempre uma forma de integração quando houver omissão da lei.

COMENTÁRIOS

Alternativa "a": O art. 1º da LINDB determina que o período de *vacatio legis* será de 45 dias após sua publicação oficial caso não haja disposição expressa em contrário, não fazendo qualquer distinção quanto às normas de direito material ou processual.

Alternativa "b": A assertiva é cópia literal do art. 11 da LINDB.

Alternativa "c": É certo que o período de *vacatio legis* deve ser maior ou menor a depender da complexidade da lei e do período necessário à adequação de seus destinatários, mas a LINDB não faz qualquer menção expressa a prazo específico de 1 (um) ano para Códigos e Leis Complementares.

Alternativa "d": A assertiva contraria o que determina o art. 2º, § 1º da LINDB. Trata-se do instituto da revogação tácita.

Alternativa "e": A equidade é apenas uma das formas de integração a ser utilizada pelo julgador em caso de omissão legislativa. O art. 4º da LINDB prevê outros métodos de integrações aos quais o juiz pode se socorrer em caso de lacuna: analogia, costumes, princípios gerais de direito.

Alternativa correta: letra "b".

03. (Cespe – Delegado de Polícia – GO/2017) A Lei n.º XX/XXXX, composta por quinze artigos, elaborada pelo Congresso Nacional, foi sancionada, promulgada e publicada.

A respeito dessa situação, assinale a opção correta, de acordo com a Lei de Introdução às Normas do Direito Brasileiro.

a) Se algum dos artigos da lei sofrer alteração antes de ela entrar em vigor, será contado um novo período de vacância para o dispositivo alterado.

b) Caso essa lei tenha revogado dispositivo da legislação anterior, automaticamente ocorrerá o efeito repristinatório se nela não houver disposição em contrário.

c) A lei irá revogar a legislação anterior caso estabeleça disposições gerais sobre assunto tratado nessa legislação.

d) Não havendo referência ao período de vacância, a nova lei entra em vigor imediatamente, sendo eventuais correções em seu texto consideradas nova lei.

e) Não havendo referência ao período de vacância, a lei entrará em vigor, em todo o território nacional, três meses após sua publicação.

COMENTÁRIOS

Alternativa correta: Letra "a" – A assertiva está de acordo com o artigo 1º, § 3º da LINDB. O prazo de *vacatio legis* já estabelecido no texto da lei começará a correr novamente, quanto aos dispositivos alterados, a partir da data da nova publicação.

Alternativa "b": A assertiva está equivocada pois o artigo 2º, § 3º da LINDB prevê como regra o Princípio da não repristinação, de forma que a lei revogada somente se restaurará quando da revogação da lei que a revogou, se houver disposição expressa nesse sentido.

Alternativa "c": A alternativa está errada pois contraria o disposto no artigo 2º, § 2º da LINDB. Neste caso, a nova lei trará melhor aplicabilidade à lei já vigente, não revogando-a, apenas complementando-a.

Alternativa "d": A assertiva está errada. Não havendo referência ao período de vacância, aplica-se o prazo subsidiário de 45 dias previsto no artigo 1º da LINDB. Eventuais correções feitas a texto de lei já em vigor são consideradas nova lei, de acordo com o que determina o artigo 1º, § 4º da LINDB.

Alternativa "e": A assertiva está errada. Não havendo referência ao período de vacância, aplica-se o prazo subsidiário de 45 dias previsto no artigo 1º da LINDB. O prazo de vacância será de três meses quando admitida a aplicação da lei brasileira em território estrangeiro. (artigo 1º, § 1º da LINDB)

---

04. (IBADE – Delegado de Polícia – AC/2017) Segundo a Lei de Introdução às Normas do Direito Brasileiro, assinale a afirmativa correta.

a) A revogação de lei anterior por lei posterior só ocorre nos casos em que expressamente declarada.

b) A lei revogada é automaticamente restaurada se a lei revogadora tiver perdido a vigência.

c) O casamento de estrangeiros poderá celebrar-se perante autoridades diplomáticas ou consulares do país de apenas um dos nubentes.

d) Salvo disposição em contrário, uma lei começa a vigorar no Brasil sessenta dias depois de oficialmente publicada.

e) As regras sobre os direitos de família são determinadas pela lei do país em que a pessoa for domiciliada.

COMENTÁRIOS

Alternativa correta: Letra "e" – A assertiva está correta pois contempla o disposto no *caput* do artigo 7º da LINDB. Além das regras sobre direito de família, o país de domicílio da pessoa determina as regras aplicáveis ao começo e ao fim de sua personalidade e à capacidade.

Alternativa "a": A assertiva está errada. A lei posterior revoga a anterior quando expressamente o declare (revogação expressa), quando seja com ela incompatível (revogação tácita) ou quando regule inteiramente a matéria de que tratava a lei anterior (revogação total). (Artigo 2º, § 1º da LINDB)

Alternativa "b": A assertiva está equivocada, pois o artigo 2º, § 3º da LINDB prevê como regra o Princípio da não repristinação, de forma que a lei revogada somente se restaurará quando da revogação da lei que a revogou, se houver disposição expressa nesse sentido.

Alternativa "c": A alternativa está errada, pois nesta situação o casamento poderá ser celebrado perante autoridades do país de ambos os nubentes (Artigo 7º, § 2º da LINDB)

Alternativa "d": A assertiva está equivocada, pois o período supletivo de *vacatio legis* aplicável às leis que não trazem em seu corpo a data em que entrarão em vigor é de 45 dias e não de 60 dias como quer fazer parecer o examinador. Inteligência do artigo 1º da LINDB.

---

05. (FUNCAB – Delegado de Polícia – PA/2016) De acordo com a Lei de Introdução às Normas do Direito Brasileiro:

a) a revogação de lei anterior por lei posterior, quando houver incompatibilidade entre elas, deve ser expressa.

b) o Direito Brasileiro admite de forma ampla o fenômeno da repristinação.

c) a lei, quando não se destinar à vigência temporária, terá vigor até que outra a modifique ou a revogue.

d) salvo disposição em contrário, uma lei entra em vigor no país 60 (sessenta) dias depois de oficialmente publicada.

e) a lei revogada se restaura na hipótese de a lei revogadora ter perdido a vigência.

COMENTÁRIOS

Alternativa correta: Letra "c" – A alternativa está correta pois evidencia o Princípio da Continuidade expressamente previsto no art. 2º da LINDB. Lembrando apenas que leis de vigência temporária podem ser temporárias ou excepcionais.

Alternativa "a": A alternativa está equivocada pois trata da revogação tácita, que ocorre exatamente quando há incompatibilidade entre o texto da lei posterior e o texto da lei anterior, não sendo necessário que haja disposição expressa determinando a revogação da lei mais antiga, pois pressupõe-se que a lei mais nova atende aos anseios sociais atuais. (art. 2º, § 1º da LINDB)

Alternativas "b" e "e": As assertivas estão erradas, pois o art. 2º, § 3º da LINDB impõe como regra a não repristinação, admitindo-a apenas excepcionalmente através da seguinte previsão: *"Salvo disposição em contrário, a lei revogada não se restaura por ter a lei revogadora perdido a vigência."*

Alternativa "d": A assertiva está equivocada, pois o período supletivo de *vacatio legis* aplicável às leis que não trazem em seu corpo a data em que entrarão em vigor é de 45 dias e não de 60 dias como quer fazer parecer o examinador. Inteligência do artigo 1º da LINDB.

06. (FUNIVERSA – Delegado de Polícia – DF/2015) Assinale a alternativa correta de acordo com a jurisprudência dominante do STF a respeito do direito adquirido, do ato jurídico perfeito, da coisa julgada e da intertemporalidade das leis.

a) A Carta Política apresenta a definição precisa de direito adquirido, conceituação que não representa matéria de caráter meramente legal.
b) A garantia constitucional de que a lei não prejudicará o direito adquirido, o ato jurídico perfeito e a coisa julgada se aplica a qualquer lei infraconstitucional, sem qualquer distinção entre lei de direito público e lei de direito privado, ou entre lei de ordem pública e lei dispositiva.
c) A CF protege a coisa julgada material contida na sentença de mérito, que define a lide, alcançando-se, nessa proteção constitucional, também, a preclusão ocasionada por despacho de mero expediente.
d) Não se considera retroativa a lei que apenas alcança efeitos futuros de contratos celebrados antes da sua vigência.
e) Não se admite no ordenamento jurídico brasileiro lei de efeitos retroativos, pois o sistema jurídico-constitucional brasileiro assentou como postulado absoluto, constitucional e inderrogável, o princípio da irretroatividade das leis.

COMENTÁRIOS

Alternativa correta: Letra "b" A assertiva está correta, pois de acordo com o posicionamento firmado pelo STF no julgamento da ADIN 493 de relatoria do Ministro Moreira Alves, o qual pedimos vênia para transcrever: *"o princípio da segurança jurídica se aplica a toda e qualquer lei infraconstitucional, sem qualquer distinção entre lei de direito público e lei de direito privado, ou entre lei de ordem pública e lei dispositiva."*

Alternativa "a": A assertiva está equivocada, vez que o art. 5º, inciso XXXVI da Constituição Federal apenas estabelece que a lei não prejudicará o direito adquirido, o ato jurídico perfeito e a coisa julgada, mas a conceituação destes institutos decorre dos parágrafos 1º, 2º e 3º do artigo 6º da LINDB, de forma que a definição precisa de direito adquirido representa matéria de caráter meramente legal.

Alternativa "c": A assertiva está errada, conforme se verifica da ementa extraída do julgamento do Recurso Extraordinário 108042 – PR, de relatoria do Ministro Sepúlveda Pertence: *"Se o Superior Tribunal de Justiça, julgando o recurso especial decorrente do desdobramento do recurso extraordinário originalmente interposto, entendeu que a decisão judicial objeto do mandado de segurança não era passível de ser impugnada mediante recurso – afastando, com tal fundamento, as alegações de dissídio com as Súmulas 267 e 268 do STF –, não há como reconhecer a violação à coisa julgada em que se funda o RE: assentado que se tratava de despacho de mero expediente, esse ato não transitou em julgado; e se não transitou em julgado, não há falar em contrariedade ao art. 153, § 3º, da Carta de 1969. Mas ainda que fosse susceptível de recurso a decisão questionada, por certo que ela não constituía sentença de mérito:* e a coisa julgada que a Constituição protege é a material – que define a lide – não a mera preclusão."

Alternativa "d": A assertiva está equivocada vez que afronta o entendimento da melhor doutrina, segundo o qual a lei que alcança efeitos futuros de contratos celebrados antes de sua vigência possui retroatividade mínima. Entendimento firmado no informativo 783 do STF, o qual pedimos vênia para transcrever: **"***Se a lei alcançar os efeitos futuros de contratos celebrados anteriormente a ela, será essa lei retroativa (retroatividade mínima) porque vai interferir na causa, que é um ato ou fato ocorrido no passado..."*

Alternativa "e": A assertiva está errada, segundo entendimento firmado no julgamento da ADI – MC 605 DF de Relatoria do Ministro Celso de Mello: **"***o princípio da irretroatividade "somente" condiciona a atividade jurídica do estado nas hipóteses expressamente previstas pela constituição, em ordem a inibir a ação do poder público eventualmente configuradora de restrição gravosa (a) ao "status libertatis" da pessoa (cf, art. 5. xl), (b) ao "status subjectionais" do contribuinte em matéria tributária (cf, art. 150, iii, a) e (c) a "segurança" jurídica no domínio das relações sociais (cf, art. 5., xxxvi). – na medida em que a retroprojeção normativa da lei "não" gere e "nem" produza os gravames referidos, nada impede que o estado edite e prescreva atos normativos com efeito retroativo. – as leis, em face do caráter prospectivo de que se revestem, devem, "ordinariamente", dispor para o futuro. o sistema jurídico – constitucional brasileiro, contudo, "não" assentou, como postulado absoluto, incondicional e inderrogável, o princípio da irretroatividade. – a questão da retroatividade das leis interpretativas."*

07. (NUCEPE – Delegado de Polícia – PI/2014) É na Lei de Introdução às normas do Direito Brasileiro que encontramos normas que disciplinam o âmbito de aplicação das normas jurídicas. Dentre as alternativas abaixo, marque a CORRETA.

a) Salvo disposição contrária, a lei começa a vigorar em todo o país 45 (quarenta e cinco) dias depois de oficialmente ultrapassado o período de vacatio legis.

b) A vigência das leis, que os governos estaduais elaborem por autorização do Governo Federal, depende da aprovação deste e começará no prazo que a legislação estadual fixar.

c) A lei nova, que estabeleça disposições gerais ou especiais a par das já existentes, não revoga nem modifica a lei anterior.

d) Quando a lei for omissa, o juiz decidirá o caso de acordo com a analogia, os costumes, os princípios gerais de direito e equidade.

e) A lei em vigor terá efeito imediato, condicional e geral, respeitados o ato jurídico perfeito, direito adquirido e a coisa julgada.

COMENTÁRIOS

Alternativa correta: Letra "c" A assertiva está correta, vez que cópia literal do que dispõe o parágrafo segundo do artigo 2º da LINDB. Referida lei nova surge para dar maior aplicabilidade à lei já existente, complementando seu conteúdo, de forma que ambas devem coexistir harmonicamente.

Alternativa "a": A assertiva está equivocada, pois o art. 1º da LINDB determina que salvo disposição contrária, a lei entrará em vigor 45 dias após *oficialmente publicada*, sendo este prazo, entre a publicação e a entrada em vigor, justamente o que se denomina *vacatio legis*.

Alternativa "b": A assertiva está errada. Após a revogação do parágrafo 2º do art. 1º da LINDB pela Lei 12.036/09, a vigência de leis estaduais não depende mais de aprovação do Governo Federal, devendo cada estado, ao editar uma nova lei, estabelecer o prazo que entender conveniente para sua entrada em vigor. No silêncio da lei estadual, aplica-se a regra geral prevista no *caput* do art. 1º da LINDB.

Alternativa "d": A assertiva está equivocada. O examinador tenta induzir o candidato a erro acrescentando a palavra "equidade" ao que seria a redação do art. 4º da LINDB. Apesar de a equidade também representar um instrumento de integração das normas jurídicas, não está prevista expressamente em referido dispositivo.

Alternativa "e": A assertiva está errada. O próprio examinador se contradiz ao trazer na assertiva a afirmação de que a lei terá efeito imediato e condicionado. Aquilo que produz efeito instantaneamente (imediato) não pode estar subordinado a evento futuro e incerto (condição). A assertiva estaria correta se trouxesse a redação do art. 6º da LINDB: *"A Lei em vigor terá efeito imediato e geral, respeitados o ato jurídico perfeito, o direito adquirido e a coisa julgada."*

08. (Vunesp – Delegado de Polícia – SP/2014) Assinale a alternativa correta, de acordo com as disposições da Lei de Introdução às Normas do Direito Brasileiro (Decreto-Lei n.º 4.657/1942).

a) A lei nova revoga a lei antiga, quando com esta incompatível, ainda que não haja expressa declaração de revogação.

b) As correções a texto de lei já em vigor não implicam em lei nova.

c) A repristinação é regra no direito brasileiro, admitindo-se disposição legal que afaste sua incidência.

d) Entende-se por ato jurídico perfeito a decisão judicial da qual não caiba mais recurso.

e) O Brasil não adota, em regra, o instituto da *"vacatio legis"*, salvo no estrangeiro, quando admitida a obrigatoriedade da lei brasileira.

COMENTÁRIOS

Alternativa correta: Letra "a" – A Lei de Introdução às Normas de Direito Brasileiro (Decreto 4.657/42 e Ementa Lei 12.736/2010) prevê a revogação de lei anterior quando a lei posterior expressamente a declare (revogação expressa) ou quando seja com ela incompatível (revogação tácita), de acordo com o seu art. 2º, § 1º. Sendo assim, referida alternativa está correta por tratar de hipótese de revogação tácita, ou seja, aquela que ocorre sempre que norma posterior disciplinar as mesmas relações jurídicas previstas por norma anterior, ainda que de modo diverso, tornando-as incompatíveis no ordenamento jurídico.

Alternativa "b": A alternativa está errada pois contraria o art. 1º, § 4º da LINDB, vez que lei que está em vigor que seja republicada com a intenção de somente corrigir imprecisões em seu texto, implica, de acordo com referido dispositivo, em lei nova, revogando-se a anterior.

Alternativa "c": O art. 2º, § 3º da LINDB trata do princípio da "não repristinação" como regra, sendo a repristinação aplicada somente em casos expressamente previstos.

Exemplo: Lei A revogada por Lei B que por sua vez é revogada pela Lei C. Neste caso, a revogação da Lei B pela Lei C não fará com que a Lei A volte a ter vigência, salvo se a Lei C expressamente assim prever. A isto se dá o nome de repristinação, que poderá ocorrer em situações excepcionais, e não como regra geral conforme o examinador faz crer na alternativa.

Alternativa "d": A alternativa exige do candidato o conhecimento dos institutos previstos no art. 6º e parágrafos da LINDB, quais sejam: ato jurídico perfeito, direito adquirido e coisa julgada, vez que o conceito apresentado refere-se ao de coisa julgada e não a ato jurídico perfeito, que é aquele já consumado segundo a lei vigente ao tempo em que foi praticado.

Alternativa "e": Diverso do quanto trazido pelo examinador, a regra no direito brasileiro é a adoção do instituto da *"vacatio legis"*. Denomina-se *"vacatio legis"* o período compreendido entre a publicação e a entrada em vigor de uma lei.

O legislador pode reduzir, aumentar ou suprimir a "*vacatio legis*", pois o prazo de 45 dias estipulado na LINDB é supletivo, o que fica demonstrado com a expressão utilizada pelo legislador 'salvo disposição contrária'.

No estrangeiro, quando a aplicação da lei brasileira for admitida, ela passa a ser obrigatória três meses após ser oficialmente publicada. (art. 1º, § 1º)

2. DAS PESSOAS

09. (Fundatec – Delegado de Polícia – PC – RS/2018) Pela leitura dos enunciados normativos do Código Civil brasileiro, assinale a alternativa INCORRETA.

a) Com exceção dos casos previstos em lei, o exercício dos direitos de personalidade não pode sofrer, voluntariamente, limitações, observada a característica da irrenunciabilidade de tais direitos.

b) Além da possibilidade legal de realização de transplantes e exceto por determinação médica, é defeso o ato de disposição sobre o próprio corpo quando importar diminuição permanente da integridade física, ou contrariar os bons costumes.

c) Não se pode usar o nome de outrem em propaganda comercial sem a devida autorização.

d) Salvo se necessária à manutenção da ordem pública, a utilização da imagem de uma pessoa falecida poderá ser proibida, exclusivamente a requerimento de seus ascendentes ou descendentes, se se destinar a fins comerciais.

e) A intimidade da pessoa natural é inviolável, e o juiz adotará as providências para fazer cessar ato contrário a esta norma.

COMENTÁRIOS

Alternativa "a": assertiva correta na medida em que contempla o disposto no art. 11 do CC. Além de irrenunciáveis, os direitos da personalidade também são intransmissíveis.

Alternativa "b": a assertiva contempla o quanto previsto no art. 13 e parágrafo único do CC. Ressalta-se que a determinação médica pode se dar em decorrência de adequação sexual, direito já reconhecido pelos tribunais superiores.

Alternativa "c": a assertiva traz a proteção ao nome prevista no art. 18 do CC. O nome é um dos elementos individualizadores da pessoa humana e, como tal, merece proteção jurídica.

Alternativa "d": A utilização da imagem de uma pessoa falecida poderá ser proibida se necessária à administração da justiça ou à manutenção da ordem pública. Além dos ascendentes ou descendentes, também tem legitimidade para requerer a proteção o cônjuge. Ainda, a proteção pode se dar contra a utilização para fins comerciais ou quando atingir a honra, a boa fama ou a respeitabilidade da pessoa falecida. (art. 20 do CC)

Alternativa "e": O art. 21 do CC determina a inviolabilidade da vida privada, sendo a intimidade uma de suas vertentes.

Alternativa correta: letra "d".

10. (Fundatec – Delegado de Polícia – PC – RS/2018) Tratando-se do domicílio, conforme tipificado no Código Civil brasileiro, analise as seguintes assertivas:

I. Se a pessoa jurídica possuir diversos estabelecimentos em lugares diferentes, será considerado domicílio aquele fixado por último, independentemente do local em que praticado o ato jurídico em análise.

II. Corresponde ao de seu domicílio, o lugar onde for encontrada a pessoa natural que não tenha residência habitual.

III. Nos contratos escritos, poderão os contratantes especificar domicílio onde se exercitem e cumpram os direitos e obrigações deles resultantes.

IV. A prova da intenção de alteração de domicílio corresponde ao que declarar a pessoa a seu cônjuge, descendente ou ascendente, se outra coisa não houver sido dita quando da própria mudança, com as circunstâncias que a acompanharem.

Quais estão corretas?

a) Apenas I e IV.

b) Apenas II e III.

c) Apenas III e IV.

d) Apenas I, II e III.

e) Apenas I, II e IV.

COMENTÁRIOS

Assertiva "I": Errada. O art. Artigo 75, § 1º do CC determina que: *tendo a pessoa jurídica diversos estabelecimentos em lugares diferentes, cada um deles será considerado domicílio* para os atos nele praticados.

Assertiva "II": Correto. É o que determina o art. 73 do CC, aplicável aos ciganos ou artistas circenses, que não possuem residência habitual.

Assertiva "III": Correto. É a denominada Cláusula de Eleição de Foro prevista no art. 78 do CC e reconhecida pela Súmula 335 do STF.

Assertiva "IV": Errado. Segundo o art. 74, parágrafo único, CC: *«A prova da intenção resultará do que declarar a pessoa às municipalidades dos lugares, que deixa, e para onde vai, ou, se tais declarações não fizer, da própria mudança, com as circunstâncias que a acompanharem."*

Alternativa correta: letra "b".

11. (Fumarc – Delegado de Polícia – PC – MG/2018) Amanda tem 15 anos de idade. Mateus, por deficiência mental, não tem o necessário discernimento para a prática pessoal dos atos da vida civil. Tício é excepcional, sem desenvolvimento mental completo.

De acordo com o Código Civil e o Estatuto da Pessoa com Deficiência, considera(m)-se absolutamente incapaz(es) de exercer, pessoalmente, os atos da vida civil:

a) Amanda e Mateus.

b) Amanda.

c) Mateus e Tício.

d) Mateus.

COMENTÁRIOS

Com a entrada em vigor do Estatuto da Pessoa com Deficiência, são absolutamente incapazes apenas os menores de 16 anos. (art. 3º do CC). As pessoas portadoras de deficiência são presumidamente capazes. Para serem declaradas absoluta ou relativamente incapazes, necessário processo de interdição. A fim de conferir-lhes autonomia, referido diploma legal inovou ao trazer o instituto da Tomada de Decisão Apoiada (art. 1783-A do CC), pelo qual a pessoa portadora de deficiência escolhe duas pessoas de sua confiança para lhe assistir na realização de atos negociais.

Alternativa correta: letra "b".

12. (Fumarc – Delegado de Polícia – PC – MG/2018) Considere as seguintes afirmativas a respeito do domicílio da pessoa natural:

I. Tem como regra geral o lugar onde a pessoa estabelece a sua residência com ânimo definitivo.

II. Considera-se também como domicílio da pessoa natural, quanto às relações concernentes à profissão, o lugar onde esta é exercida.

III. Se houver exercício da profissão em lugares diversos, o local da contratação constituirá domicílio para as relações que lhe corresponderem.

IV. Muda-se o domicílio, transferindo a residência, com a intenção manifesta de o mudar. A prova da intenção resultará do que declarar a pessoa às municipalidades dos lugares, que deixa, e para onde vai, ou, se tais declarações não fizer, da própria mudança, com as circunstâncias que a acompanharem.

Estão CORRETAS apenas as afirmativas:

a) I, II e III.

b) I, II e IV.

c) I, III e IV.

d) II, III e IV.

COMENTÁRIOS

Assertiva "I": Correta. É o que determina o art. 70 do CC. O estabelecimento do domicílio requer a fixação da residência (elemento objetivo) com ânimo definitivo (elemento subjetivo).

Assertiva "II": Correta. Trata do domicílio profissional previsto no art. 72 do CC.

Assertiva "III": Errada. O art. 72, parágrafo único do CC determina que: *Se a pessoa exercitar profissão em lugares diversos, cada um deles constituirá domicílio para as relações que lhe corresponderem.*

Assertiva "IV": Correta. A assertiva é cópia fiel do quanto previsto no art. 74 do CC.

Alternativa correta: letra "b".

13. (Nucepe – Delegado de Polícia – PC – PI/2018) Fernando, atualmente, com 17 (dezessete) anos de idade, nasceu sem o movimento das pernas. Quanto a personalidade e capacidade de Fernando, podemos afirmar:

a) que Fernando possui incapacidade absoluta, o que acarreta a proibição total do exercício dos atos da vida civil, por si só;

b) a personalidade jurídica e capacidade de fato de Fernando tiveram início no dia que este nasceu com vida;

c) possui incapacidade relativa apenas em razão do critério etário;

d) sendo Fernando uma pessoa moral passou a ter personalidade jurídica no dia do registro no cartório que confeccionou sua Certidão de Nascimento;

e) possui incapacidade absoluta em virtude de ser pessoa com deficiência.

COMENTÁRIOS

Alternativa "a": (responde alternativas "c" e "e") Com a entrada em vigor do Estatuto da Pessoa com Deficiência, são absolutamente incapazes apenas os menores de 16 anos. (art. 3º do CC). Fernando é relativamente incapaz em razão da idade (art. 4º, I do CC), devendo ser assistido na prática dos atos da vida civil.

Alternativa "b": Segundo o Código Civil, a personalidade jurídica de Fernando teve início na data de seu nascimento com vida (art. 2º do CC), mas sua capacidade de fato, que é a aptidão para exercício dos atos da vida civil por si só, se dará com o atingimento da maioridade (art. 5º do CC).

Alternativa "d": Fernando é uma pessoa natural e não moral ou jurídica, de forma que passou a ter personalidade, de acordo com o Código Civil, a partir do seu nascimento com vida (art. 2º do CC).

Alternativa correta: letra "c".

14. (Nucepe – Delegado de Polícia – PC – PI/2018) Julgue os itens abaixo, e marque a alternativa CORRETA:

I - As fundações podem ser particulares e públicas.

II - Para criar uma fundação privada, o seu instituidor fará, por escritura pública, contrato registado, ou testamento.

III - Uma fundação de direito privado tem como fins específicos apenas: religiosos, morais, culturais ou de assistência.

IV - As associações constituem-se numa união de pessoas organizadas para fins econômicos ou não econômicos.

V - Os partidos políticos são pessoas jurídicas de direito público.

a) Somente os itens I e III estão corretos.

b) Somente o item I está correto.

c) Somente os itens I, II, III e IV estão corretos.

d) Todos os itens estão corretos.

e) Somente os itens I, III e IV estão corretos.

COMENTÁRIOS

Questão anulada.

Assertiva "I": As fundações podem constituir pessoas jurídicas de direito privado (particulares) OU pessoas jurídicas de direito público (públicas). Esta seria a única assertiva correta. Como a redação foi questionada por alguns candidatos, nos termos da lei, a questão foi anulada.

Assertiva "II": O art. 62 do CC determina que a criação de uma fundação depende de testamento ou escritura pública, mas não a condiciona a registro.

Assertiva "III": Além das finalidades descritas na assertiva, as fundações de direito privado podem ter todas as finalidades elencadas no art. 62, parágrafo único do CC.

Assertiva "IV": O art. 53 do CC determina que as associações só podem ser constituídas com finalidades não econômicas.

Assertiva "V": O art. 44, V do CC determina que os partidos políticos são pessoas jurídicas de direito privado.

Alternativa correta: questão anulada.

15. (UEG – Delegado de Polícia – PC – GO/2018) Sobre a pessoa jurídica de direito privado, dispõe o Código Civil que:

a) as disposições acerca das associações aplicam-se subsidiariamente às sociedades empresárias e às sociedades simples.

b) começa sua existência legal com o pedido de inscrição de seus atos constitutivos perante o registro respectivo.

c) se extingue sua existência legal com a dissolução ou com a cassação, se for o caso, da autorização para seu funcionamento.

d) tem proteção dos direitos de personalidade apenas quanto ao nome, desde o respectivo registro até a dissolução.

e) as organizações religiosas serão regidas por lei própria, que poderá dispor sobre a organização e a estrutura interna.

COMENTÁRIOS

Alternativa "a": É o que determina o art. 44, § 2º do CC. Não havendo disciplina específica sobre alguma questão atinente às sociedades empresárias ou simples, aplicam-se as regras aplicáveis às associações.

Alternativa "b": A existência da pessoa jurídica de direito privado tem início com o registro de seu ato constitutivo (art. 45 do CC)

Alternativa "c": Nos casos de dissolução ou cassação da autorização para funcionamento, a pessoa jurídica subsistirá até total liquidação. Operando-se esta, será promovido o cancelamento de sua inscrição. (art. 51 do CC)

Alternativa "d": A pessoa jurídica tem proteção a todos os direitos da personalidade compatíveis com sua natureza (art. 52 do CC), podendo inclusive sobre dano moral (Súmula 227 do STJ)

Alternativa "e": As organizações religiosas são de livre criação, organização e estruturação interna, devendo seus atos constitutivos e demais necessários para funcionamento serem registrados. (art. 44, IV do CC)

Alternativa correta: letra "a".

16. (Vunesp – Delegado de Polícia – PC – SP/2018) Domicílio da pessoa natural é o lugar onde ela estabelece a sua residência com ânimo definitivo. Sobre o assunto, assinale a alternativa correta.

a) O domicílio do preso é o lugar onde foi julgada a ação penal.

b) O domicílio do servidor público é o lugar em que ele exerce permanentemente suas funções.

c) O domicílio do incapaz é o do local onde ele for encontrado.

d) Se a pessoa natural não tiver residência habitual, ter-se-á por seu domicílio a última residência registrada em seu nome.

e) Se a pessoa natural tiver diversas residências, onde alternadamente viva, considerar-se-á seu domicílio apenas o lugar onde a profissão é exercida.

COMENTÁRIOS

Alternativa "a": O domicílio do preso é o local onde ele cumpre a sentença (art. 76, parágrafo único do CC). Atente-se à imprecisão da redação do artigo, tendo em vista que nem todo preso no Brasil estará cumprindo sentença. Existe a possibilidade de prisão civil pelo não pagamento de pensão alimentícia e as prisões penais cautelares.

Alternativa "b": é o domicílio necessário do servidor público previsto expressamente no art. 76, parágrafo único do CC.

Alternativa "c": o domicílio do incapaz é o do seu representante ou assistente. (art. 76, parágrafo único do CC)

Alternativa "d": o domicilio da pessoa que não tem residência habitual é o local onde ela for encontrada. É o domicílio incerto aplicável aos artistas circenses e aos ciganos, por exemplo, previsto no art. 73 do CC.

Alternativa "e": Se a pessoa tiver diversas residências onde alternativamente viva, todas elas serão consideradas seu domicílio. É o chamado domicílio plúrimo previsto no art. 71 do CC.

Alternativa correta: letra "b".

17. (Cespe – Delegado de Polícia – GO/2017) No que concerne à pessoa natural, à pessoa jurídica e ao domicílio, assinale a opção correta.

a) Sendo o domicílio o local em que a pessoa permanece com ânimo definitivo ou o decorrente de imposição normativa, como ocorre com os militares, o domicílio contratual é incompatível com a ordem jurídica brasileira.

b) Conforme a teoria natalista, o nascituro é pessoa humana titular de direitos, de modo que mesmo o natimorto possui proteção no que concerne aos direitos da personalidade.

c) De acordo com o Código Civil, deve ser considerado absolutamente incapaz aquele que, por enfermidade ou deficiência mental, não possuir discernimento para a prática de seus atos.

d) A ocorrência de grave e injusta ofensa à dignidade da pessoa humana configura o dano moral, sendo desnecessária a comprovação de dor e sofrimento para o recebimento de indenização por esse tipo de dano.

e) Na hipótese de desaparecimento do corpo de pessoa em situação de grave risco de morte, como, por exemplo, no caso de desastre marítimo, o reconhecimento do óbito depende de prévia declaração de ausência.

COMENTÁRIOS

Alternativa correta: Letra "d" – A assertiva trata de hipótese de dano *in re ipsa*, intrínseco à própria conduta, questão tratada no informativo 513 do STJ sob a seguinte redação: "*Sempre que demonstrada a ocorrência de ofensa injusta à dignidade da pessoa humana, dispensa-se a comprovação de dor e sofrimento para configuração de dano moral.*"

Alternativa "a": A assertiva está incorreta. Domicílio é onde a pessoa estabelece residência com ânimo definitivo. Em regra, tal local é de livre escolha (voluntário), mas é imposto por lei a certas pessoas (legal), como os militares. O artigo 78 do Código Civil admite o domicílio contratual, também chamado de foro de eleição.

Alternativa "b": A assertiva está equivocada pois os direitos da personalidade do nascituro e do natimorto são protegidos em razão da adoção da Teoria Concepcionista prevista no Enunciado 1 do CJF – "*A proteção que o Código defere ao nascituro alcança o natimorto no que concerne aos direitos da personalidade, tais como nome, imagem e sepultura*".

Alternativa "c": A assertiva está errada. Com a entrada em vigor do Estatuto da Pessoa com Deficiência, são absolutamente incapazes apenas os menores de 16 anos (artigo 3º do Código Civil).

Alternativa "e": A alternativa está equivocada pois trata de situação de morte presumida que independe de decretação judicial de ausência, prevista no art. 7º, inciso I do Código Civil.

18. (FUNCAB – Delegado de Polícia – PA/2016) Sobre os direitos da personalidade, pode-se afirmar que:

a) a cassação dos direitos políticos de pessoa natural eqüivale à perda de personalidade.

b) a proteção que o Código Civil defere ao nascituro alcança o natimorto com relação a tais direitos.

c) mesmo o natimorto adquire personalidade jurídica.

d) a personalidade civil tem início com o registro em cartório do nascimento com vida depois de decorridas 24 horas.

e) o nascimento com vida por si só não confere os direitos de personalidade ao recém-nascido.

COMENTÁRIOS

Alternativa correta: Letra "b" – Segundo melhor doutrina, os direitos da personalidade são aqueles que devem ser garantidos a qualquer pessoa para que esta possa se desenvolver com dignidade. O Código Civil adota a Teoria Natalista quanto aos direitos da personalidade (art. 2º). Quanto ao nascituro e ao natimorto, a jurisprudência e a doutrina moderna adotam a Teoria Concepcionista (Enunciado 1 do CJF – "A proteção que o Código defere ao nascituro alcança o natimorto no que concerne aos direitos da personalidade, tais como nome, imagem e sepultura").

Alternativa "a": A alternativa está equivocada. Primeiro porque os direitos políticos não podem ser cassados, e sim perdidos ou suspensos (artigo 15º da Constituição Federal). Segundo porque dizem respeito a apenas um aspecto da personalidade, de forma que mesmo com a perda ou a suspensão dos direitos políticos, a pessoa continua com todos os outros direitos resguardados, não perdendo assim sua personalidade.

Alternativa "c": A alternativa está errada. De acordo com o Código Civil, natimorto não adquire personalidade, pois não nasce com vida, mas terá os direitos da personalidade formal (Teoria Híbrida ou Mista da Maria Helena Diniz) protegidos, principalmente no que tange ao nome, à imagem e à sepultura (Enunciado 1 do CJF)

Alternativa "d": A alternativa está errada pois contraria dispositivo expresso de lei, qual seja, o artigo 2º do Código Civil, segundo o qual a personalidade civil tem início a partir do nascimento com vida, independentemente do registro civil.

Alternativa "e": A alternativa está equivocada pois o art. 2º do Código Civil não impõe qualquer outra condição, além do nascimento com vida, para que o recém-nascido adquira personalidade. A título de curiosidade, o nascimento com vida é constatado com a entrada de ar nos pulmões.

19. (Cespe – Delegado de Polícia – PE/2016) Com base nas disposições do Código Civil, assinale a opção correta a respeito da capacidade civil.

a) Os pródigos, outrora considerados relativamente incapazes, não possuem restrições à capacidade civil, de acordo com a atual redação do código em questão.

b) Indivíduo que, por deficiência mental, tenha o discernimento reduzido é considerado relativamente incapaz.

c) O indivíduo que não consegue exprimir sua vontade é considerado absolutamente incapaz.

d) Indivíduos que, por enfermidade ou deficiência mental, não tiverem o necessário discernimento para a prática dos atos da vida civil são considerados absolutamente incapazes.

e) Somente os menores de dezesseis anos de idade são considerados absolutamente incapazes pela lei civil.

COMENTÁRIOS

Alternativa correta: Letra "e": Com as alterações trazidas pelo Estatuto da Pessoa com Deficiência (L. 13.146/2015), restou ao artigo 3º do Código Civil uma única hipótese de incapacidade absoluta, qual seja, aquela das pessoas menores de 16 anos.

Alternativa "a": Pela atual redação do Código Civil, os pródigos continuam sendo considerados relativamente incapazes, necessitando, para a prática dos atos negociais ou patrimoniais, serem assistidos.

Alternativas "b" e "d": Com a entrada em vigor do Estatuto da Pessoa com Deficiência, os deficientes mentais não são mais considerados incapazes. Para a prática dos atos da vida civil, precisarão do apoio de duas pessoas de sua confiança, conforme o que determina o art. 1.783-A do Código civil, que trata do instituto da Tomada de Decisão Apoiada.

Alternativa "c": Esta situação, antes prevista no inciso III do art. 3º do Código Civil, foi transferida para o inciso III do art. 4º do mesmo diploma legal, de forma que hoje, aquele que não pode exprimir sua vontade é considerado relativamente incapaz.

---

20. (FUNIVERSA – Delegado de Polícia – DF/2015) Em relação às pessoas jurídicas, assinale a alternativa correta.

a) Não se admite transmissão da qualidade de associado, ainda que o estatuto da associação disponha em contrário.

b) Em respeito à autonomia privada, as associações não estão obrigadas a garantir procedimento que assegure direito de defesa e recurso para hipóteses de exclusão de associado, quando presente justa causa.

c) Os partidos políticos são pessoas jurídicas de direito público interno.

d) No Código Civil brasileiro, adota-se a teoria da realidade técnica para explicar e disciplinar as pessoas jurídicas.

e) As associações não podem desenvolver atividade econômica, mesmo que não haja finalidade lucrativa.

COMENTÁRIOS

Alternativa correta: Letra "d" A assertiva está correta pois de acordo com o que preceitua Maria Helena Diniz, Caio Mário da Silva Pereira, Washington Monteiro de Barros, entre outros. A pessoa jurídica existe de fato, sendo sujeito de direitos e obrigações com personalidade jurídica distinta de seus sócios.

Alternativa "a": a assertiva está incorreta. O art. 56 do Código Civil determina que a qualidade de associado é intransmissível, sendo a princípio personalíssima, mas tal regra admite exceção quando prevista a possibilidade de transmissão no estatuto.

Alternativa "b": A assertiva está equivocada por contrariar disposição expressa do art. 57 do Código Civil. Ainda que presente justa causa para exclusão de sócio, deve a ele ser garantido o direito de defesa e o direito a recurso, estes sim regulamentados pelos estatutos.

Alternativa "c": A assertiva está errada tendo em vista serem os partidos políticos pessoas jurídicas de direito privado (art. 44, inciso V do CC), instituídas por manifestação de vontade de particulares e para atender a seus interesses.

Alternativa "e": A assertiva está equivocada pois em desacordo com o que preceitua o Enunciado 534 da VI Jornada de Direito Civil do CJF: "As associações podem desenvolver atividade econômica, desde que não haja finalidade lucrativa".

---

21. (FUNIVERSA – Delegado de Polícia – DF/2015) No que diz respeito ao regime jurídico da pessoa natural, da pessoa jurídica, dos direitos de personalidade e a temas correlatos, assinale a alternativa correta conforme disposto no Código Civil e na jurisprudência do STJ.

a) Caso uma pessoa jurídica condenada a indenizar dano moral reconhecido em decisão judicial não efetue o pagamento da quantia arbitrada pelo juiz, os efeitos de certas e determinadas relações de obrigações serão, automaticamente, estendidos aos bens particulares de seus administradores ou sócios.

b) Pessoas jurídicas não gozam de proteção quanto aos direitos de personalidade.

c) Muito embora o nome, nele compreendidos o prenome e o sobrenome, goze de proteção legal contra seu emprego em publicações que o exponha ao desprezo público, ainda quando não haja intenção difamatória, não existe, no ordenamento jurídico brasileiro, previsão legal expressa de extensão dessa proteção ao pseudônimo adotado para atividades lícitas.

d) Pessoas públicas e notórias não deixam, só por isso, de ter o resguardo de direitos da personalidade.

e) A proibição da utilização ou da exposição da imagem de uma pessoa, sem autorização prévia, restringe-se aos casos de destinação comercial da publicação.

COMENTÁRIOS

Alternativa correta: Letra "d" A assertiva está correta, pois de acordo com entendimento firmado pelo STJ no julgamento do REsp 1328914, o qual pedimos vênia para transcrever parte do voto da Ministra Nancy Andrighi: *"Ao contrário do que entenderam o juízo de primeiro grau e o tribunal de origem, convém não esquecer que pessoas públicas e notórias não deixam, só por isso, de ter o resguardo de direitos da personalidade."*

Alternativa "a": A assertiva está equivocada. Apesar do o art. 50 do CC prever a possibilidade de desconsideração da personalidade da pessoa jurídica e consequente atingimento do patrimônio de seus administradores ou sócios, tal fato não ocorrerá automaticamente. Além da necessidade de comprovação de desvio de finalidade ou confusão patrimonial, a desconsideração depende de pedido da parte ou do Ministério Público (*custus legis*).

Alternativa "b": A assertiva está errada pois em contrariedade ao que determina o art. 52 do Código Civil: *"Aplica-se às pessoas jurídicas, no que couber, a proteção dos direitos da personalidade."* Tal entendimento ainda pode ser extraído da interpretação do texto da Súmula 227 do STJ, que garante à pessoa jurídica a proteção à sua integridade moral.

Alternativa "c": A assertiva está errada. Pseudônimo ou codinome é o nome escolhido pela própria pessoa para o exercício de alguma atividade específica, usualmente utilizado por artistas. O art. 19 do CC garante ao pseudônimo a mesma proteção que é dada ao prenome e ao sobrenome, desde que utilizado para atividades lícitas.

Alternativa "e": A assertiva está equivocada. De acordo com o art. 20 do CC, a utilização ou exposição da imagem de uma pessoa, sem autorização prévia, é proibida em qualquer situação, exceto se necessária à administração da justiça ou à manutenção da ordem pública.

---

22. (FUNIVERSA – Delegado de Polícia – DF/2015) No que diz respeito ao domicílio das pessoas naturais e jurídicas, assinale a alternativa correta.

a) A pessoa jurídica tem domicílio no lugar onde funcionarem as respectivas diretorias e administrações, ou em domicílio especial especificado no seu estatuto ou em atos constitutivos, não havendo autorização legal para que a pessoa jurídica tenha mais de um domicílio.

b) É nula a cláusula contratual de especificação de domicílio nas situações em que os contratantes especificam onde devem ser exercidos e cumpridos direitos e obrigações resultantes do próprio contrato.

c) Tem o preso domicílio necessário na localidade onde cumprir a sentença penal.

d) O domicílio da pessoa natural, mesmo no que se refere às relações concernentes à profissão, é o lugar onde ela estabelece a sua residência com ânimo definitivo.

e) Somente se prova a intenção manifesta de mudar, para fins de modificação do domicílio, pela própria mudança, com as circunstâncias que a acompanharem.

COMENTÁRIOS

Alternativa correta: Letra "c" A assertiva está correta, pois de acordo com o que preceitua o art. 76, parágrafo único do CC. Vale ressaltar que há uma impropriedade no referido dispositivo legal, vez que no Brasil admite-se a prisão de pessoas antes mesmo da sentença. Assim, o correto seria estabelecer que o preso tem domicílio necessário no local onde se encontra encarcerado, independentemente de sentença.

Alternativa "a": A assertiva está equivocada. O art. 75, parágrafo primeiro do CC prevê expressamente a possibilidade de a pessoa jurídica possuir vários domicílios, o que se dará quando possuir diversos estabelecimentos em lugares diferentes, sendo cada um deles considerado domicílio quanto aos atos nele praticados.

Alternativa "b": A assertiva está errada. Trata do domicílio por eleição, sendo perfeitamente valido e previsto expressamente no art. 78 do Código Civil.

Alternativa "d": A assertiva está equivocada. Apesar do o art. 70 do CC determinar que domicílio é onde a pessoa estabelece residência com ânimo definitivo, quanto às relações profissionais, também será assim considerado o local onde elas são exercidas (art. 72 do CC)

Alternativa "e": A assertiva está errada, pois a prova da intenção de se mudar para fins de modificação de domicílio poderá também resultar da declaração da pessoa às municipalidades do lugar de onde se muda e do lugar para onde se muda, de acordo com o art. 74, parágrafo único do CC.

---

23. (NUCEPE – Delegado de Polícia – PI/2014) Patrícia era mãe de três filhos: Amanda, 20 anos, Stéfano, 18 anos, George, 17 anos. Sabendo que Amanda era paralítica, Stéfano se drogava e bebia diariamente e George vivia em união estável com Fátima, é CORRETO afirmar que tem capacidade de fato

a) somente Amanda.

b) Stéfano e George.

c) Amanda e Stéfano.

d) Amanda, Stéfano e George.

e) Amanda e George.

COMENTÁRIOS

Alternativa correta: Letra "a" Antes de solucionar a questão cumpre-nos esclarecer que capacidade de direito se confunde com personalidade (aptidão genérica para adquirir direitos e obrigações), para a qual o Código Civil adotou a Teoria Natalista em seu art. 2º. Já capacidade de fato é a aptidão que o sujeito capaz de direito (personalidade) adquire para a prática dos atos da vida civil por si mesmo. O legislador prevê alguns motivos que impedem alguns sujeitos de praticar por si mesmos os atos da vida civil. Trata-se das hipóteses de incapacidade, que pode ser absoluta (art. 3º) ou relativa (art. 4º).

Amanda, apesar de ser paralítica, não contempla nenhuma hipótese de incapacidade absoluta ou relativa, sendo plenamente capaz.

Stéfano, apesar de maior (18 anos completos), é relativamente incapaz por ser ébrio habitual e viciado em tóxicos (art. 4º, inciso II).

George, menor, é relativamente incapaz (art. 4º, I). Ressalta-se que a união estável não é causa de emancipação.

ATENÇÃO: Com a entrada em vigor do Estatuto da Pessoa com Deficiência, são absolutamente incapazes apenas os menores de 16 anos, sendo todas as demais situações causas de incapacidade relativa.

24. (NUCEPE – Delegado de Polícia – PI/2014) Ana desapareceu. Após declarada encerrada as buscas, em depoimento à polícia, seu marido afirmou que matou a mulher e deu seu corpo aos cães, neste caso é CORRETO afirmar:

a) Ana teve morte presumida, sem necessidade de decretação de ausência.

b) Se Ana tivesse 70 anos, e há cinco não se tem notícias, será declarada a sucessão definitiva de Ana.

c) Deve ser decretada a sucessão provisória de Ana.

d) Caso Ana não seja encontrada em 2 (dois) anos será declarada ausente.

e) Deve ser declarada a ausência de Ana.

COMENTÁRIOS

Alternativa correta: Letra "a" A assertiva está correta, pois de acordo com o que dispõe o art. 7º, inciso I e parágrafo único do CC. No caso em tela, presume-se que Ana estava em perigo de vida, sendo extremamente provável sua morte após esgotadas as buscas e confissão de seu marido, sendo assim autorizada a presunção de sua morte sem a necessidade de decretação de ausência.

Alternativa "b": A assertiva está equivocada, pois em contrariedade com o art. 38 do CC. Seria possível o requerimento de sucessão definitiva caso, aberto o procedimento para declaração de ausência, Ana contasse com 80 anos e suas últimas notícias datassem de 05 anos.

Alternativa "c": (responde às assertivas "d" e "e") A assertiva está errada. A sucessão provisória se dá em casos em que é aberto procedimento para declaração de ausência, e no caso em questão a morte é presumida sem a necessidade de declaração prévia de ausência.

25. (UEL – Delegado de Polícia – PR/2013) Com relação às Pessoas Naturais, consoante disposto na Parte Geral do Código Civil vigente, considere as afirmativas a seguir.

I. São objetos de registro público e versam sobre os fatos e atos da pessoa natural: o nascimento; os casamentos; o óbito; eventualmente a emancipação; a interdição e sua eventual baixa; bem como a possível sentença declaratória de ausência ou morte presumida.

II. Os atos que são objeto de averbação em registro público restringem-se ao casamento, às sentenças que decretarem a nulidade ou a anulação deste, ao divórcio, à emancipação que restrinja de forma relativa ou absoluta a capacidade para os atos da vida civil e os que reconhecerem a filiação.

III. Desaparecendo uma pessoa do seu domicílio sem dela haver notícia, se não houver deixado representante ou procurador a quem caiba administrar-lhe os bens, o juiz, a requerimento de qualquer herdeiro, declarará a morte presumida e determinará que se abra a sucessão provisória.

IV. Se o ausente regressar nos dez anos seguintes à abertura da sucessão definitiva, este haverá só os bens existentes no estado em que se acharem, os sub-rogados em seu lugar, ou o preço que os herdeiros e demais interessados houverem recebido pelos bens alienados depois daquele tempo.

Assinale a alternativa correta.

a) Somente as afirmativas I e II são corretas.

b) Somente as afirmativas I e IV são corretas.

c) Somente as afirmativas III e IV são corretas.

d) Somente as afirmativas I, II e III são corretas.

e) Somente as afirmativas II, III e IV são corretas.

COMENTÁRIOS

Alternativa correta: Letra "b" – As afirmativas I e IV estão corretas, pois a alternativa I está de acordo com o que dispõe o art. 9º do Código Civil que determina quais são os atos sujeitos a registro público. O registro público tem como finalidade tornar público os atos relativos ao estado das pessoas, visando proteger os próprios interessados e terceiros. A alternativa IV está correta pois de acordo com o art. 39 do Código Civil. Ressalta-se que somente com a abertura da sucessão definitiva é que se presume a morte do ausente. Ainda assim, nos próximos 10 anos, os herdeiros possuirão apenas propriedade resolúvel dos bens deixados pelo ausente, de forma que, caso ele retorne, seus bens lhe serão devolvidos na forma disposta no já mencionado artigo. As afirmativas II e III estão incorretas, haja vista que a alternativa II contraria o disposto no art. 10 do Código Civil, vez que os atos referentes à emancipação que restrinjam de forma relativa ou absoluta a capacidade para os atos da vida civil não estão incluídos no referido artigo. A alternativa III está incorreta vez que, ocorrendo tal situação, de acordo com o art. 22 do Código Civil, o juiz nomeará curador ao ausente. A sucessão provisória só será aberta após 1 ano da arrecadação dos bens do ausente ou após 3 anos, quando o ausente deixar procurador que não queira ou não possa mais exercer o encargo, de acordo com o disposto no art. 26 do Código Civil.

26. (FUNCAB – Delegado de Polícia – ES/2013) Quanto à personalidade, pode-se afirmar que o nascituro:

I. É considerado juridicamente pelo direito brasileiro pessoa.

II. Pode receber doação, sem prejuízo do recolhimento do imposto de transmissão.

III. Pode ser beneficiado por legado e herança.

IV. Tem direito à realização do exame de DNA, para aferição de paternidade, como decorrência da proteção que lhe é conferida pelos direitos da personalidade.

Estão corretas apenas as afirmativas:

a) I e II.
b) I e III.
c) II e IV.
d) I, II e IV.
e) II, III e IV.

COMENTÁRIOS

Alternativa correta: Letra "e" – As afirmativas II, III e IV estão corretas pois de acordo com o que dispõe o art. 2º do Código Civil. A personalidade do nascituro tem início com o nascimento com vida (teoria natalista), porém, a tutela dos direitos da personalidade do nascituro não depende do seu nascimento com vida, sendo protegidos desde a concepção (teoria concepcionista). Ressalta-se que ele poderá receber doação (art. 542) e ser beneficiado por legado ou herança (art. 1799), mas estes direitos apenas se concretizarão atendida a condição resolutiva do nascimento com vida, momento em que adquirirá a personalidade jurídica material. Quanto ao exame de DNA, o nascituro tem direito independentemente do nascimento com vida, pois trata-se de um direito da personalidade formal.

A afirmativa I está errada pois o art. 2º do Código Civil determina a proteção dos direitos do nascituro desde a concepção, mas a sua personalidade civil só será reconhecida pelo direito caso haja o nascimento com vida. Assim, pessoa para o direito brasileiro é aquela que nasce com vida.

27. (UEL – Delegado de Polícia – PR/2013) Acerca da capacidade civil das Pessoas Naturais, como previsto na Lei Civil, assinale a alternativa correta.

a) A emancipação por concessão do pai, da pessoa menor de 18 anos e maior de 16, pode ocorrer desde que seja em decorrência de sentença judicial, caso em que se dispensa a oitiva da mãe.
b) A emancipação por concessão do pai, faz cessar a menoridade, o que pode ocorrer mediante a lavratura de escritura pública, independentemente de homologação judicial.
c) A emancipação da pessoa menor de 18 anos e maior de 16, que decorrente de orfandade foi posta sob tutela, dar-se-á mediante sentença judicial, com a necessária manifestação do tutor.
d) A mulher solteira, viúva ou divorciada, que deixou de conviver com o pai de seu filho menor, poderá promover sua emancipação, desde que este esteja registrado em nome dos dois, mediante instrumento público a ser homologado judicialmente.
e) Quem tem ao menos 16 anos e se mantém por economia própria, em decorrência de relação de emprego, pode requerer judicialmente sua emancipação, com a prova de sua alegação.

COMENTÁRIOS

Alternativa correta: Letra "c" – A assertiva está correta pois neste caso a emancipação só poderá ser feita mediante sentença judicial, não podendo ser feita por instrumento público, conforme disposto no art. 5º, parágrafo único, I do Código Civil.

Alternativa "a": A assertiva está incorreta pois contraria o disposto no art. 5º, parágrafo único, I do Código Civil. A emancipação de menor entre 16 e 18 anos que esteja sob o poder familiar dos pais ou de apenas um deles, na falta do outro, poderá ser feita por escritura pública, sem a necessidade de intervenção judicial. Esta só será exigida quando houver a discordância de um dos pais ou quando o menor estiver sob tutela. Em todos os casos, a emancipação só é possível a partir dos 16 anos completos.

Alternativa "b": A alternativa está incorreta pois a emancipação não faz cessar a menoridade, e sim a incapacidade, de forma que o emancipado continua sendo menor, mas plenamente capaz.

Alternativa "d": A alternativa está incorreta pois um dos pais só poderá realizar a emancipação sozinho caso o outro esteja ausente, destituído do poder familiar ou falecido, independentemente do estado civil.

Alternativa "e": Embora a economia própria seja uma das causas de cessação da incapacidade, a afirmativa está incorreta pois contraria o disposto no art. 5º, V do Código Civil, já que a emancipação só é permitida a partir dos 16 anos completos.

28. (UEL – Delegado de Polícia – PR/2013) Sobre as Pessoas Jurídicas, nos moldes estabelecidos pelo vigente Código Civil, atribua V (verdadeiro) ou F (falso) às afirmativas a seguir. ANULADA

( ) A União, os Estados, o Distrito Federal, os Territórios, os Municípios, as autarquias e as associações públicas são consideradas pessoas jurídicas de direito público interno.

( ) Em todos os casos em que a pessoa jurídica de direito privado tiver administração coletiva, como é o caso das associações, a Lei prevê um prazo prescricional de dois anos para se obter a nulidade das decisões eivadas de vício.

( ) As associações, as sociedades, as fundações, as organizações religiosas e as empresas individuais de responsabilidade limitada, também conhecidas como EIRELIs, são pessoas jurídicas de direito público interno.

( ) Em caso de dissolução de uma associação, o remanescente de seu patrimônio líquido pode ser destinado a uma outra entidade de natureza associativa, se isso foi previamente designado em seu Estatuto.

( ) Famoso artista, mediante instrumento particular registrado em serventia de títulos e documentos, constituiu uma fundação, mas não transferiu os bens imóveis. O Ministério Público pode promover ação para obrigar a transferência.

Assinale a alternativa que contém, de cima para baixo, a sequência correta.

a) V, V, F, F, F.

b) V, F, V, V, F.

c) F, V, V, F, V.

d) F, V, F, F, V.

e) F, F, V, V, F.

COMENTÁRIOS

I – Verdadeira – De acordo com o que preceitua o art. 41 do Código Civil.

II – Falsa – De acordo com o que preceitua o parágrafo único do art. 48 do Código Civil, o prazo para anulação (e não nulidade) as decisões de pessoa jurídica de direito privado que tenha administração coletiva é decadencial (e não prescricional) e de três anos (e não de dois anos).

III – Falsa – De acordo com o art. 44 do Código Civil as pessoas jurídicas elencadas na assertiva são de direito privado. As pessoas jurídicas de direito público interno estão elencadas no art. 41 do Código Civil (União, Estados, Distrito Federal, Territórios, Municípios, etc.)

IV – Verdadeira – De acordo com o que preceitua o art. 61 do Código Civil. Ressalta-se que, caso o estatuto seja omisso, mediante deliberação dos associados, seu patrimônio líquido poderá ser destinado a instituição municipal, estadual ou federal que tenha fins idênticos ou semelhantes.

V – Falsa – Com a não transferência dos bens imóveis para o patrimônio da fundação, tornou-se inútil sua finalidade. Em situações como esta, cabe ao órgão do Ministério Público promover sua extinção, na forma do art. 69 do Código Civil.

✪ **Nota da autora:** De acordo com os comentários aqui feitos, a alternativa correta deveria trazer a sequência V, F, F, V, F. Não havendo alternativa correspondente a esta sequência, a questão foi anulada pela banca examinadora.

29. (UEG – Delegado de Polícia – GO/2013) O artigo 7º da Lei de Introdução às Normas de Direito Brasileiro – LINDB estabelece regras para o instituto do casamento, e na dissolução no que se refere, especificamente, ao domicílio. Essas regras dispõem o seguinte:

a) tendo os nubentes domicílio diverso, regerá os casos de invalidade do matrimônio a lei do último domicílio conjugal.

b) o casamento de estrangeiros poderá celebrar-se perante autoridades diplomáticas ou consulares do país de ambos os nubentes.

c) é a lei do último domicílio conjugal que será aplicada no caso de questionamentos quanto ao regime de bens.

d) brasileiros divorciados no estrangeiro terão seu divórcio reconhecido no Brasil após 1 (um) ano do pedido de homologação feito ao Superior Tribunal de Justiça.

COMENTÁRIOS

Alternativa correta: Letra "b" – A assertiva está correta vez que de acordo com o art. 7º, § 2º da LINDB. Este dispositivo tem aplicabilidade quando dois estrangeiros quiserem contrair matrimônio no Brasil perante a autoridade diplomática ou consular de seu país. Ressalta-se que a lei que regerá a celebração será a do país de origem dos nubentes. Cumpre esclarecer que se mantém a exigência de que os nubentes sejam do mesmo país.

Alternativa "a": A assertiva está incorreta pois contraria o disposto no art. art. 7º, § 3º da LINDB, que determina que a lei que regulará as hipóteses de invalidade do casamento será aquela do primeiro domicílio conjugal. A lógica legislativa foi adotar a legislação que primeiro regulou a vida comum, qual seja, a do primeiro domicílio do casal.

Alternativa "c": A alternativa está incorreta pois contraria o disposto no art. art. 7º, § 4º da LINDB. No caso de questionamento quanto ao regime de bens, caso os cônjuges tenham o mesmo domicílio, será a lei deste domicílio aplicada. Caso os cônjuges tenham domicílios diferentes, aplicar-se-á a lei do primeiro domicílio do casal.

Alternativa "d": A alternativa está incorreta pois contraria o art. 7º, § 6º da LINDB haja vista que o prazo de 01 ano conta-se da data da sentença e não do pedido de homologação feito ao STJ. É importante frisar que este dispositivo foi alterado pela Lei 12.036/09 transferindo a competência do STF para o STJ.

3. DOS BENS

30. (Fundatec – Delegado de Polícia – PC – RS/2018) Conforme disciplina normativa do Código Civil brasileiro, NÃO são bens públicos:

a) Os dominicais, ainda que alienáveis.

b) Os de uso especial destinados a autarquias.

c) Os terrenos destinados a serviços da administração territorial ou municipal.

d) Os bens sujeitos a usucapião.

e) Os dominicais, quando objeto de direito pessoal de entidades de direito público.

COMENTÁRIOS

Alternativa "a": Os bens dominicais são bens públicos, de acordo com o art. 99, III do CC. O fato de serem alienáveis (art. 101 do CC) não faz com que percam a natureza jurídica de bens públicos.

Alternativa "b": Os bens de uso especial destinados a autarquias estão incluídos entre os bens públicos previstos no art. 99, II do CC

Alternativa "c": Os terrenos destinados a serviços da administração territorial ou municipal também são bem públicos de uso especial, de acordo com previsão expressa no art. 99, II do CC.

Alternativa "d": Os bens que se sujeitam a usucapião não são públicos, vez que o art. 102 do CC proíbe expressamente a aquisição da propriedade de bens públicos através da usucapião.

Alternativa "e": Os bens dominicais, quando objeto de direito pessoal ou real de entidades de direito público, constituem bens públicos, na forma do art. 99, III do CC.

Alternativa correta: letra "d".

31. (Fumarc – Delegado de Polícia – PC – MG/2018) De acordo com o disposto no Código Civil a respeito dos bens, é CORRETO afirmar:

a) A lei não pode determinar a indivisibilidade do bem, pois esta característica decorre da natureza da coisa ou da vontade das partes.

b) A regra de que o acessório segue o principal tem inúmeros efeitos, entre eles, a presunção absoluta de que o proprietário da coisa principal também seja o dono do acessório.

c) Para os efeitos legais, considera-se bem imóvel o direito à sucessão aberta.

d) Pertenças são obras feitas na coisa ou despesas que se teve com ela, com o fim de conservá-la, melhorá-la ou embelezá-la.

COMENTÁRIOS

Alternativa "a": A indivisibilidade de um bem naturalmente divisível pode decorrer de determinação legal ou da vontade das partes (art. 88 do CC)

Alternativa "b": Trata-se do princípio da gravitação jurídica, segundo o qual o bem acessório segue a sorte do bem principal, mas esta presunção é relativa, pois as partes podem estabelecer regra diversa (art. 233 do CC)

Alternativa "c": é o que estabelece o art. 80 do CC. Assim, aplicam-se à sucessão aberta todas as regras inerentes aos bens imóveis quanto à transferência de propriedade, necessidade de vênia conjugal para alienação, etc.

Alternativa "d": O conceito trazido pelo examinador é o de benfeitorias. O art. 93 do CC determina que: *São pertenças os bens que, não constituindo partes integrantes, se destinam, de modo duradouro, ao uso, ao serviço ou ao aformoseamento de outro.*

Alternativa correta: letra "c".

32. (Nucepe – Delegado de Polícia – PC – PI/2018) Marque a alternativa CORRETA no que tange aos bens:

a) Os veículos à venda em uma concessionária são considerados bens consumíveis.

b) delegacia são considerados bens imóveis em decorrência da lei.

c) A delegacia é considerada um bem público de uso comum do povo.

d) As portas, janelas de um determinado imóvel, bem como as armas que se encontram em exposição são considerados bem móveis.

e) O dinheiro é considerado um bem infungível.

COMENTÁRIOS

Alternativa "a": Apesar de ser um bem que possibilita reiterada utilização, um veículo pode ser considerado consumível com relação à concessionária que o aliena, em razão da destinação econômico-jurídica que lhe é dada. (art. 86, *in fine* do CC)

Alternativa "b": Delegacias são consideradas bens imóveis por acessão artificial ou industrial (art. 81, II do CC), não por determinação legal. Ou seja, são construções incorporadas permanentemente ao solo em decorrência de atividade humana.

Alternativa "c": A delegacia é um bem público de uso especial (art. 99, II do CC), por constituir um edifício destinado a serviço a ser prestado por ente da federação.

Alternativa "d": As portas e janelas são bens imóveis por acessão artificial ou industrial (art. 81, II do CC). Já as armas são consideradas pertenças (art. 93 do CC)

Alternativa "e": Dinheiro é bem fungível na medida em que pode ser substituído por outro da mesma espécie, quantidade e qualidade (art. 85 do CC)

Alternativa correta: letra "a".

33. (Vunesp – Delegado de Polícia – PC – SP/2018) Sobre as diferentes classes de bens, assinale a alternativa correta.

a) Constitui universalidade de direito a pluralidade de bens singulares que, pertinentes à mesma pessoa, tenham destinação unitária.

b) Os bens naturalmente divisíveis só podem tornar-se indivisíveis por determinação legal.

c) São bens imóveis o solo, o subsolo e o espaço aéreo e apenas o que se lhe incorporar artificialmente.

d) Consideram-se bens móveis as energias que tenham valor econômico e o direito à sucessão aberta.

e) Apesar de ainda não separados do bem principal, os frutos e produtos podem ser objeto de negócio jurídico.

COMENTÁRIOS

Alternativa "a": O examinador trocou o conceito de universalidade de fato pelo conceito de universidade de direito. O trazido na assertiva corresponde ao de universalidade de fato previsto no art. 90 do CC.

Alternativa "b": Os bens naturalmente divisíveis também podem tornar-se indivisíveis por vontade das partes. (art. 88 do CC)

Alternativa "c": Também são considerados bens imóveis aquilo que se incorpora ao solo naturalmente (art. 79 do CC)

Alternativa "d": O direito à sucessão aberta, para efeitos legais, é considerado um bem imóvel (art. 80, II do CC)

Alternativa "e": É o que determina expressamente o art. 95 do CC.

Alternativa correta: letra "e".

34. (IBADE – Delegado de Polícia – AC/2017) Com relação à classificação dos bens, assinale a alternativa que descreve corretamente os bens públicos. ANULADA

a) Os bens dominicais podem ser adquiridos por usucapião.

b) Os bens de uso especial se destinam apenas a serviço da administração federal.

c) A propriedade dos bens de uso comum do povo é de toda a coletividade.

d) Os bens pertencentes às pessoas jurídicas de direito público a que se tenha dado estrutura de direito privado, via de regra, não se consideram dominicais.

e) Os mares não se consideram bens de uso comum do povo.

COMENTÁRIOS

✪ **Nota da autora:** a questão foi anulada por não possuir alternativa correta. Todas as alternativas estão erradas. Seguem as justificativas:

Alternativa "a": A princípio, nenhum bem público (dominicais, de uso comum do povo ou de uso especial) pode ser adquirido por usucapião (artigo 102 do Código Civil)

Alternativa "b": Os bens de uso especial são aqueles que se destinam a serviço de qualquer ente da federação, seja ele da União, dos Estados, do Distrito Federal ou dos Municípios.

Alternativa "c": Os bens públicos pertencem às pessoas jurídicas de direito público interno e não à coletividade.

Alternativa "d": Artigo 99, parágrafo único do Código Civil: *"Não dispondo a lei em contrário, consideram-se dominicais os bens pertencentes às pessoas jurídicas de direito público a que se tenha dado estrutura de direito privado."*

Alternativa "e": Artigo 99, inciso I do Código Civil: *"São bens públicos: I – os de uso comum do povo, tais como rios, mares, estradas, ruas e praças..."*

35. (Vunesp – Delegado de Polícia – SP/2014) Com relação aos bens públicos, é correto afirmar que

a) os de uso especial e os dominicais são inalienáveis, inadmitindo desafetação.

b) podem ser de uso gratuito ou retribuído, conforme disposição legal.

c) os rios, mares, ruas e praças constituem bens de uso especial.

d) os de uso especial são aqueles bens públicos revestidos de estrutura de direito privado.

e) apenas os dominicais estão sujeitos à usucapião.

COMENTÁRIOS

Alternativa correta: Letra "b" – A assertiva está correta pois de acordo com o que dispõe o art. 103 do Código Civil. Esta regra é destinada aos bens de uso comum do povo. Frisa-se o fato de haver cobrança para utilização de determinado bem público não retira sua natureza pública. A título de exemplo, temos a cobrança de pedágios em estradas, ingressos para entrada em museus, etc.

Alternativa "a": A assertiva está incorreta, pois em uma interpretação conjunta dos arts. 100 e 101 do Código Civil, constata-se que os bens de uso especial são inalienáveis, enquanto os bens dominicais são alienáveis, desde que observados os parâmetros legais. Os bens dominicais podem ser desafetados, já os de uso especial não comportam desafetação.

Alternativa "c": A assertiva está incorreta pois de acordo com o art. 99, I do Código Civil, são bens públicos os de uso comum do povo, tais como rios, mares, estradas, ruas e praças. Referido inciso trata especificamente dos bens que são acessíveis a todos, de uso coletivo e situados em locais abertos sem qualquer distinção entre os usuários.

Alternativa "d": A assertiva está incorreta pois contraria o disposto no art. 99 parágrafo único do Código Civil. O conceito trazido pela assertiva é o de bens dominicais e não de bens públicos de uso especial como quer fazer parecer o examinador. Por sua vez, os bens públicos de uso especial estão previstos no inciso II do art. 99, sendo aqueles destinados aos serviços e fins determinados pelo Poder Público. São também inalienáveis e imprescritíveis até que percam a finalidade a que se destinam.

Alternativa "e": A assertiva está incorreta pois os bens públicos não estão sujeitos a usucapião, de acordo com o art. 102 do Código Civil. Destaca-se que mencionado artigo vem a corroborar com o disposto nos arts. 183, § 3º e 191, parágrafo único da Constituição Federal, excluindo-se de vez qualquer dúvida doutrinária acerca da possibilidade de usucapião para bens dominicais *"in commercium"* por força do disposto no art. 100 do Código Civil.

36. (UEPA – Delegado de Polícia – PA/2013) Sobre o regime jurídico dos bens, assinale a alternativa correta.

a) Os bens públicos de uso comum do povo e os de uso especial podem ser alienados desde que previamente sejam desafetados e exista autorização legislativa para a alienação.

b) Os bens públicos dominicais são aqueles destinados a serviço ou estabelecimento da administração federal, estadual, territorial ou municipal, inclusive de suas autarquias.

c) Os materiais provisoriamente separados de um prédio, para nele se reempregarem, perdem o caráter de imóveis enquanto fisicamente desatrelados da edificação.

d) Os bens naturalmente divisíveis jamais perdem essa característica, ainda que por livre vontade das partes.

e) As benfeitorias úteis têm por fim conservar o bem ou evitar sua deterioração.

COMENTÁRIOS

Alternativa correta: Letra "a" – A assertiva está correta pois, embora o art. 100 do Código Civil determine que estes bens são inalienáveis, a alienação será permitida quando desafetados, pois assim perdem a qualificação de bens públicos, sendo exigida sempre autorização legal para tanto.

Alternativa "b": A assertiva está incorreta pois contraria o disposto no art. 99, II do Código Civil. O conceito trazido pela assertiva é o de bens públicos de uso especial e não de bens dominicais como quer fazer parecer o examinador. Por sua vez, os bens públicos dominicais estão previstos no parágrafo único art. 99, sendo aqueles pertencentes às pessoas jurídicas de direito público a que se tenha dado estrutura de direito privado.

Alternativa "c": A assertiva está incorreta pois de acordo com o art. 81, II, os materiais provisoriamente separados de um prédio para nele se reempregarem não perdem o caráter de bens imóveis. Estes bens, que a princípio são móveis, ao serem empregados em uma construção passam a ser considerados imóveis, por determinação legal. Salienta-se, que no caso de demolição, referidos bens readquirem sua natureza móvel, conforme disposto no art. 84 do Código Civil.

Alternativa "d": A assertiva está incorreta pois os bens naturalmente divisíveis podem tornar-se indivisíveis por determinação legal ou por vontade das partes, de acordo com o que preceitua o art. 88 do Código Civil. Como exemplo de indivisibilidade legal, temos o módulo rural, que de acordo com o Estatuto da Terra deve, necessariamente, ter 03 alqueires. Já como exemplo da indivisibilidade convencional, temos o estabelecimento, nos regimentos internos de condomínios, da proibição de venda da garagem sem a venda conjunta do apartamento.

Alternativa "e": A assertiva está incorreta pois o examinador tenta confundir o candidato aplicando o conceito de benfeitorias necessárias ao de benfeitorias úteis. Benfeitorias úteis são aquelas que aumentam ou facilitam a utilização do bem, tornando-o melhor ou aumentando suas qualidades. As benfeitorias úteis e necessárias estão previstas no art. 96, §§ 2º e 3º do Código Civil, respectivamente.

---

37. (UEL – Delegado de Polícia – PR/2013) Sobre as diferentes classes de bens previstas no Código Civil, considere as afirmativas a seguir.

I. São bens imóveis os direitos reais sobre imóveis, as ações que os asseguram, a sucessão aberta e os materiais provisoriamente separados de um prédio, para nele se reempregarem.

II. Constitui universalidade de fato a pluralidade de bens singulares que, pertinentes à mesma pessoa, tenham destinação unitária. Esses bens podem ser objeto de relações jurídicas próprias.

III. O uso comum dos bens públicos pode ser gratuito ou mediante retribuição, conforme for estabelecido legalmente pela entidade a cuja administração pertencerem.

IV. Os bens públicos dominicais são insuscetíveis de cessão, doação, constituição de garantia e alienação. Por serem essenciais ao serviço público, seu uso por particular deve ser temporário e mediante remuneração.

Assinale a alternativa correta.

a) Somente as afirmativas I e II são corretas.
b) Somente as afirmativas I e IV são corretas.
c) Somente as afirmativas III e IV são corretas.
d) Somente as afirmativas I, II e III são corretas.
e) Somente as afirmativas II, III e IV são corretas.

COMENTÁRIOS

Alternativa correta: Letra "d" – As afirmativas I e II e III estão corretas. A afirmativa I faz referência aos bens imóveis dispostos nos arts. 80, I e II (bens imóveis por determinação legal) e 81, II do Código Civil. A lei determina que sejam considerados imóveis para que haja maior segurança jurídica nas relações que os envolvam, exigindo escritura pública como requisito de validade dos negócios que os tenham como objeto, registro público para transferência de propriedade e vênia conjugal para alienação (a depender do regime de bens). A afirmativa II transcreve o disposto no art. 90 e seu parágrafo único do Código Civil. Como exemplo de universalidade de fato temos uma biblioteca ou uma coleção. Os bens que integram uma universalidade de fato podem ser objeto de relações jurídicas próprias porque possuem valor econômico próprio, distinto daquele auferido ao coletivo. A afirmativa III está correta pois é cópia literal do art. 103 do Código Civil. Frise-se, conforme já mencionado, o fato de haver cobrança para utilização de determinado bem público não retira sua natureza pública.

A afirmativa IV está incorreta, pois os bens dominicais podem sim ser alienados, conforme dispõe o art. 101 do Código Civil. Ressalta-se que a alienação de bem público deve se dar mediante processo licitatório, conforme art. 37, XXI da Constituição Federal. Os bens dominicais são desafetados de qualquer finalidade específica, de forma que não são essenciais ao serviço público. Assim, cabe a cada ente da federação a regulamentação da utilização por particulares dos bens que lhe pertence, podendo ou não ser remunerado para tanto.

---

38. (UEG – Delegado de Polícia – GO/2013) O regime jurídico dos bens é dividido em três grandes modalidades, os bens considerados em si mesmos, os bens reciprocamente considerados e os bens públicos. Cada uma dessas modalidades é subdividida. De qual modalidade cada um dos tipos de bens a seguir fazem parte, respectivamente, considerando a seguinte ordem: bens considerados em si mesmos, bens reciprocamente considerados e bens públicos?

a) Bens de uso comum do povo, bens de uso especial e benfeitoria.

b) Bens fungíveis, pertenças e bens dominicais.

c) Bens imóveis, bens móveis e pertenças.

d) Bens consumíveis, bens imóveis e bens de uso comum do povo

COMENTÁRIOS

✪ **Nota da autora:** Na modalidade bens considerados em si mesmos, é feita uma análise de cada bem isoladamente. Assim, os bens podem ser: móveis ou imóveis (arts. 79 a 84 do Código Civil); fungíveis e infungíveis (art. 85); consumíveis ou inconsumíveis (art. 86); divisíveis e indivisíveis (art. 87); singulares e coletivos (arts. 89 a 91)

Na modalidade bens reciprocamente considerados, a análise se dá a partir de uma comparação entre eles, que nessa ótica podem ser: principais ou acessórios (art. 92). Os bens acessórios dividem-se em: frutos, produtos, pertenças e benfeitorias.

Quanto à titularidade do domínio, os bens podem ser particulares ou públicos (art. 98). Os bens públicos dividem-se em: de uso comum do povo, de uso especial ou dominicais (art. 99)

Alternativa correta: Letra "b" – A assertiva está correta pois os bens fungíveis integram a modalidade de bens considerados em si mesmos, sendo aqueles que podem ser substituídos por outros da mesma espécie, qualidade e quantidade; as pertenças são espécies de bens acessórios que se destinam ao uso, serviço ou aformoseamento de um bem principal, integrando a modalidade de bens reciprocamente considerados; e os bens dominicais são os bens públicos pertencentes aos entes da federação mas desafetados de qualquer destinação pública.

Alternativa "a": A assertiva está incorreta pois os bens de uso comum do povo e os bens de uso especial são bens públicos. Os primeiros são aqueles que podem ser utilizados por qualquer do povo e os segundos destinados a serviço ou estabelecimento da administração estatal. Já as benfeitorias são espécies de bens acessórios destinados a conservar, melhorar ou embelezar o bem principal, enquadrados na modalidade de bens reciprocamente considerados.

Alternativa "c": A assertiva está incorreta pois os bens imóveis e os bens móveis pertencem à modalidade de bens considerados em si mesmos, sendo estes os que podem ser transferidos de local sem alteração de sua substância e aqueles, o solo e tudo que a ele se incorporar natural ou artificialmente e demais direitos assim considerados por lei. Já as pertenças enquadram-se na modalidade de bens reciprocamente considerados, espécies de bens acessórios que se destinam ao uso, serviço ou aformoseamento de um bem principal,

Alternativa "d": A assertiva está incorreta pois os bens consumíveis e os bens imóveis integram a modalidade de bens considerados em si mesmo, sendo os primeiros aqueles cujo uso importa destruição de sua substância, bem como aqueles destinados à alienação, e os segundos, o solo e tudo que a ele se incorporar natural ou artificialmente e demais direitos assim considerados por lei. Já os bens de uso comum do povo são bens públicos que podem ser utilizados por qualquer do povo.

4. DOS ATOS E FATOS JURÍDICOS

39. (Fundatec – Delegado de Polícia – PC – RS/2018) Sobre ilicitude e responsabilidade civil, assinale a alternativa correta.

a) Para a caracterização do ato ilícito previsto no Art. 187 do Código Civil brasileiro, é necessária a aferição de culpa e dano do autor do fato.

b) Haverá obrigação de reparar o dano, independentemente de culpa, quando a atividade desenvolvida implicar, por sua natureza, risco para os direitos de outrem.

c) Só é considerado ilícito o ato que, exercido em manifesto excesso aos limites impostos pelo seu fim econômico ou social, causar efetivo dano a alguém.

d) Constitui hipótese de ilicitude civil, em qualquer circunstância, a conduta de lesionar a pessoa a fim de remover perigo iminente.

e) O dano exclusivamente moral, provocado por omissão voluntária, em caso de prática de ato negligente, não conduz à caracterização de um ilícito civil.

COMENTÁRIOS

Alternativa "a": O art. 187 do CC prevê a figura do ato ilícito por equiparação ou abuso de direito. Segundo Enunciado 37 da I Jornada de Direito Civil: *A responsabilidade civil decorrente do abuso do direito independe de culpa e fundamenta-se somente no critério objetivo-finalístico.*

Alternativa "b": É o que prevê o art. 927, parágrafo único do CC, que trata da responsabilidade objetiva das atividades de risco e demais casos expressos em lei.

Alternativa "c": Além dos casos de abuso de direito previstos na assertiva (art. 187 do CC), também configuram atos ilícitos ações ou omissões que violem direitos e causem danos a outrem (art. 186 do CC).

Alternativa "d": O art. 188, II do CC determina que: ***Não** constituem atos ilícitos a deterioração ou destruição da coisa alheia, ou a lesão a pessoa, a fim de remover perigo iminente.*

Alternativa "e": Qualquer conduta que mediante ação ou omissão voluntária, negligência ou imprudência, viole direito e cause dano a alguém, ainda que exclusivamente moral, configura ato ilícito (art. 186 do CC).

Alternativa correta: letra "b".

40. (Nucepe – Delegado de Polícia – PC – PI/2018) Mateus em contato telefônico com uma empresa X, consentiu que ela lhe enviasse um contrato de publicidade para destacar sua empresa em um determinado site. Segundo as informações repassadas via telefone foi a de que Mateus pagaria R$ 15,00 (quinze reais) mensais durante 12 (doze) meses. Estabelecido o negócio jurídico,

Mateus recebeu o contrato via email, assinou e encaminhou a empresa, não tendo percebido que a referida Empresa procedera, intencionalmente a substituição do valor inicialmente avençado para cada parcela, fazendo constar o importe de R$ 150,00 (cento e cinquenta reais) por mês. Diante da situação posta, é possível afirmar acerca do negócio jurídico:

a) Uma vez assinado o contrato, Mateus deverá honrar, pois não houve vício que possa fundamentar a nulidade ou anulação do negócio jurídico.
b) Mateus poderá anular o negócio jurídico, por encontrar-se defeituoso, na figura do dolo, pois a empresa X se utilizou de expediente astucioso, a fim de que Mateus assinasse o contrato, levando-o a crer que as condições pactuadas via contato telefônico estariam mantidas.
c) Mateus poderá anular o negócio jurídico fundamentado no instituto da reserva mental, uma vez que o que se passava na sua mente era o pagamento de R$ 15,00 (quinze reais) mensais e não R$ 150,00 (cento e cinquenta reais).
d) O negócio jurídico deve ser considerado inexistente, em face da inexistência de vontade efetiva de Mateus quanto aos efeitos decorrentes do referido contrato.
e) Houve lesão, caracterizado o fato pela manifesta desproporção entre a prestação informada via contato telefônico e a que se estabeleceu no contrato enviado por Mateus, que por sua vez, credita-se inexperiente.

COMENTÁRIOS

Alternativa "b": (responde a alternativa "a") o negócio será anulável por vício do consentimento consistente em dolo (arts. 171, II e 145 do CC). Mateus foi maliciosamente induzido a erro, realizando um negócio jurídico que lhe trará prejuízo. O *Dolus Malus* capaz de gerar a anulação do negócio resta caracterizado na medida em que a empresa procedera intencionalmente a substituição do valor inicialmente avençado.

Alternativa "c": Não se aplica ao caso o instituto da reserva mental previsto no art. 110 do CC, vez que Mateus manifestou exatamente a vontade querida e dela o destinatário tinha conhecimento.

Alternativa "d": O negócio existe, pois preenchidos seus pressupostos de existências, quais sejam: agentes, objeto e manifestação de vontade. O questionamento reside no campo da eficácia.

Alternativa "e": Não há que se falar em lesão (art. 157 do CC), vez que o enunciado da questão não fornece elementos que permitam concluir pela necessidade ou inexperiência de Mateus. Ainda, não houve a assunção de prestação desproporcional ao valor da prestação oposta. O valor assumido por Mateus estava dentro da razoabilidade esperada para este tipo de contrato. A alteração maliciosa de valor operada pela parte contrária é que causou a desproporção.

Alternativa correta: letra "b".

41. (Vunesp – Delegado de Polícia – PC – BA/2018) De acordo com a disciplina constante do Código Civil acerca dos vícios de vontade dos negócios jurídicos, assinale a alternativa correta.

a) O erro de indicação da pessoa ou da coisa a que se referir a declaração de vontade viciará o negócio, mesmo se, por seu contexto e pelas circunstâncias, for possível identificar a coisa ou pessoa cogitada.
b) O silêncio intencional de uma das partes a respeito de fato ou qualidade que a outra parte haja ignorado, nos negócios jurídicos bilaterais, constitui omissão culposa, provando-se que, sem ela, o negócio não teria sido celebrado, ou o seria de outro modo.
c) A coação, para viciar o negócio jurídico, deve incutir ao paciente temor de dano iminente à sua pessoa, à sua família, aos seus bens ou a terceiros, devendo ser levados em conta o sexo, a idade, a condição, a saúde e, no temor referencial, o grau de parentesco.
d) Configura-se o estado de perigo quando alguém, premido da necessidade de salvar-se, ou a pessoa pertencente ou não à sua família, de grave dano conhecido ou não pela outra parte, assume obrigação excessivamente onerosa.
e) Se for oferecido suplemento suficiente, ou se a parte favorecida concordar com a redução do proveito, segundo os valores vigentes ao tempo em que foi celebrado o negócio jurídico, não se decretará a anulação do negócio, nos casos de lesão.

COMENTÁRIOS

Alternativa "a": O art. 142 do CC determina que o equívoco quanto a pessoa ou coisa não viciará o negócio se for possível identificar a pessoa ou coisa cogitada.

Alternativa "b": O art. 147 do CC descreve tal situação como omissão dolosa e não culposa, uma vez que o silencio se dá de forma intencional.

Alternativa "c": O art. 153 do CC prevê expressamente que o temor reverencial não é causa apta a configurar coação.

Alternativa "d": De acordo com a art. 156 do CC, a configuração do estado de perigo exige que a possibilidade de dano seja conhecida da outra parte.

Alternativa "e": É o que determina o art. 157 e seus parágrafos. O intuito do legislador foi manter o acordo vigente, desde que restabelecido o equilíbrio das prestações, em atendimento à função social do contrato.

Alternativa correta: letra "e".

42. (Nucepe – Delegado de Polícia – PC – PI/2018) Mateus em contato telefônico com uma empresa X, consentiu que ela lhe enviasse um contrato de publicidade para destacar sua empresa em um determinado site. Segundo as informações repassadas via telefone foi a de que Mateus pagaria R$ 15,00 (quinze reais) mensais durante 12 (doze) meses. Estabelecido o negócio jurídico, Mateus recebeu o contrato via email, assinou e encaminhou a empresa, não tendo percebido que a referida Empresa procedera, intencionalmente a substituição do valor inicialmente avençado para cada parcela, fazendo constar o importe de R$ 150,00 (cento e cinquenta reais) por mês. Diante da situação posta, é possível afirmar acerca do negócio jurídico:

a) Uma vez assinado o contrato, Mateus deverá honrar, pois não houve vício que possa fundamentar a nulidade ou anulação do negócio jurídico.

b) Mateus poderá anular o negócio jurídico, por encontrar-se defeituoso, na figura do dolo, pois a empresa X se utilizou de expediente astucioso, a fim de que Mateus assinasse o contrato, levando-o a crer que as condições pactuadas via contato telefônico estariam mantidas.

c) Mateus poderá anular o negócio jurídico fundamentado no instituto da reserva mental, uma vez que o que se passava na sua mente era o pagamento de R$ 15,00 (quinze reais) mensais e não R$ 150,00 (cento e cinquenta reais).

d) O negócio jurídico deve ser considerado inexistente, em face da inexistência de vontade efetiva de Mateus quanto aos efeitos decorrentes do referido contrato.

e) Houve lesão, caracterizado o fato pela manifesta desproporção entre a prestação informada via contato telefônico e a que se estabeleceu no contrato enviado por Mateus, que por sua vez, credita-se inexperiente.

COMENTÁRIOS

Alternativa "a" (responde à alternativa "b"): o negócio será anulável por vício do consentimento consistente em dolo (arts. 171, II e 145 do CC). Mateus foi maliciosamente induzido a erro, realizando um negócio jurídico que lhe trará prejuízo. O *Dolus Malus* capaz de gerar a anulação do negócio resta caracterizado na medida em que a empresa procedera intencionalmente a substituição do valor inicialmente avençado.

Alternativa "c": Não se aplica ao caso o instituto da reserva mental previsto no art. 110 do CC, vez que Mateus manifestou exatamente a vontade querida e dela o destinatário tinha conhecimento.

Alternativa "d": O negócio existe, pois preenchidos seus pressupostos de existências, quais sejam: agentes, objeto e manifestação de vontade. O questionamento reside no campo da eficácia.

Alternativa "e": Não há que se falar em lesão (art. 157 do CC), vez que o enunciado da questão não fornece elementos que permitam concluir pela necessidade ou inexperiência de Mateus. Ainda, não houve a assunção de prestação desproporcional ao valor da prestação oposta. O valor assumido por Mateus estava dentro da razoabilidade esperada para este tipo de contrato. A alteração maliciosa de valor operada pela parte contrária é que causou a desproporção.

Alternativa correta: letra "b".

43. (Vunesp – Delegado de Polícia – PC – BA/2018) De acordo com a disciplina constante do Código Civil acerca dos vícios de vontade dos negócios jurídicos, assinale a alternativa correta.

a) O erro de indicação da pessoa ou da coisa a que se referir a declaração de vontade viciará o negócio, mesmo se, por seu contexto e pelas circunstâncias, for possível identificar a coisa ou pessoa cogitada.

b) O silêncio intencional de uma das partes a respeito de fato ou qualidade que a outra parte haja ignorado, nos negócios jurídicos bilaterais, constitui omissão culposa, provando-se que, sem ela, o negócio não teria sido celebrado, ou o seria de outro modo.

c) A coação, para viciar o negócio jurídico, deve incutir ao paciente temor de dano iminente à sua pessoa, à sua família, aos seus bens ou a terceiros, devendo ser levados em conta o sexo, a idade, a condição, a saúde e, no temor referencial, o grau de parentesco.

d) Configura-se o estado de perigo quando alguém, premido da necessidade de salvar-se, ou a pessoa pertencente ou não à sua família, de grave dano conhecido ou não pela outra parte, assume obrigação excessivamente onerosa.

e) Se for oferecido suplemento suficiente, ou se a parte favorecida concordar com a redução do proveito, segundo os valores vigentes ao tempo em que foi celebrado o negócio jurídico, não se decretará a anulação do negócio, nos casos de lesão.

COMENTÁRIOS

Alternativa "a": O art. 142 do CC determina que o equívoco quanto a pessoa ou coisa não viciará o negócio se for possível identificar a pessoa ou coisa cogitada.

Alternativa "b": O art. 147 do CC descreve tal situação como omissão dolosa e não culposa, uma vez que o silencio se dá de forma intencional.

Alternativa "c": O art. 153 do CC prevê expressamente que o temor reverencial não é causa apta a configurar coação.

Alternativa "d": De acordo com a art. 156 do CC, a configuração do estado de perigo exige que a possibilidade de dano seja conhecida da outra parte.

Alternativa "e": É o que determina o art. 157 e seus parágrafos. O intuito do legislador foi manter o acordo vigente, desde que restabelecido o equilíbrio das prestações, em atendimento à função social do contrato.

Alternativa correta: letra "e".

44. (IBADE – Delegado de Polícia – AC/2017) Com relação ao negócio jurídico, é correto afirmar que:

a) os negócios jurídicos benéficos a apenas uma das partes se interpretam de forma ampla.

b) a validade da declaração de vontade dependerá sempre de forma especial.

c) o sentido literal da linguagem prevalece sobre a intenção embutida na declaração de vontade.

d) se a incapacidade do agente que o celebra for absoluta, o negócio jurídico é anulável.
e) se realizado por agente relativamente incapaz, ensejará nulidade relativa.

COMENTÁRIOS

Alternativa correta: Letra "e" – A assertiva está correta pois contempla o disposto no artigo 171, inciso I do Código Civil. Assim, o negócio jurídico produzirá todos os seus efeitos até que seja judicialmente anulado, mediante pedido fundamentado que comprove prejuízo ao incapaz.

Alternativa "a": A alternativa está incorreta pois contraria o disposto no artigo 114 do Código Civil. Nas situações negociais em que apenas uma das partes aufere vantagem, a interpretação deve ser estrita, para não se agravar ainda mais a situação daquele que pratica ato de mera liberalidade.

Alternativa "b": A assertiva está incorreta. De acordo com o artigo 107 do Código Civil, a validade da declaração de vontade só dependerá de forma especial quando a lei expressamente assim exigir. Nestes casos, diz-se que o negócio é formal ou *ad solemnitatem*.

Alternativa "c": A alternativa está equivocada porque contraria o disposto no artigo 112 do Código Civil que determina que: "*Nas declarações de vontade se atenderá mais à intenção nelas consubstanciada do que ao sentido literal da linguagem*."

Alternativa "d": A assertiva está errada. A incapacidade absoluta é causa de nulidade dos negócios jurídicos, de acordo com o que determina o artigo 166, inciso I do Código Civil.

45. (FUNCAB – Delegado de Polícia – PA/2016) Sobre o negócio jurídico, é correto afirmar que o(a):

a) negócio jurídico anulável pode ser confirmado pelas partes, mesmo que envolva direito de terceiro.
b) prazo de decadência para se pleitear a anulação do negócio jurídico é de três anos.
c) anulabilidade de negócio jurídico pode ser pronunciada de ofício pelo juiz.
d) negócio jurídico simulado é nulo, subsistindo o que se simulou desde que válido na forma e na substância.
e) negócio jurídico nulo pode ser confirmado pelo decurso do tempo.

COMENTÁRIOS

Alternativa correta: Letra "d" – A assertiva foi dada como correta pela banca examinadora. Apesar de ter sido objeto de vários recursos, não foi anulada.

Apesar de juridicamente os termos "*simulado*" e "*dissimulado*" possuírem significados diferentes no art. 167 do Código Civil (*"É nulo o negócio jurídico simulado, mas subsistirá o que se dissimulou, se válido for na substância e na forma".*), a banca considerou os termos como sinônimos.

Juridicamente, simulação exige o ânimo de enganar sobre uma situação irreal, inexistente. Dissimulação exige o ânimo de ocultar uma situação real, existente.

Alternativa "a": A assertiva está equivocada. Em que pese os negócios jurídicos anuláveis serem passíveis de convalidação, a lei ressalva os casos que envolvam direitos de terceiros (artigo 172 do Código Civil)

Alternativa "b": A alternativa está errada. Nas hipóteses especificamente previstas no artigo 178 do Código Civil o prazo decadencial para anulação de um negócio jurídico será de 4 (quatro) anos. Em qualquer outra hipótese não prevista expressamente em lei, o prazo decadencial será de 2 (dois) anos (art. 179 do Código Civil)

Alternativa "c": A alternativa está equivocada pois contraria previsão expressa no artigo 177 do Código Civil. A anulabilidade deve ser alegada pelas partes, tem efeito *ex tunc* e apenas com relação aos que a alegarem, exceto nos casos de obrigações solidárias ou indivisíveis.

Alternativa "e": A assertiva está errada. O negócio jurídico nulo é eivado de invalidade absoluta, de forma que não é suscetível de convalidação pelas partes e nem pelo decurso do tempo. (artigo 169 do Código Civil)

46. (Cespe – Delegado de Polícia – PE/2016) A respeito dos elementos acidentais do negócio jurídico, assinale a opção correta.

a) Situação hipotética: Maria celebrou contrato de doação de bem imóvel a João. Na negociação, ficou estipulado que a transferência do bem somente se aperfeiçoará quando da morte da doadora. Assertiva: Nessa situação, o evento morte funciona como condição.
b) O encargo é elemento acidental característico dos negócios jurídicos que envolvam liberalidade. Em caso de inexecução do encargo pelo beneficiado, não há previsão de mecanismos de coerção direta ou indireta por parte do disponente.
c) O termo não essencial é aquele que não admite o cumprimento do objeto do negócio jurídico após o seu vencimento.
d) Denomina-se condição a cláusula acessória pela qual as partes subordinam a eficácia do negócio a acontecimento futuro e incerto.
e) Em caso de nulidade do negócio jurídico, a condição voluntariamente declarada pelas partes não será alcançada, permanecendo válida.

COMENTÁRIOS

Alternativa correta: Letra "d": A assertiva está correta, pois de acordo com o preceitua o art. 121 do CC. Ressalta-se, que sua previsão deve decorrer exclusivamente da vontade das partes.

Alternativa "a": A assertiva está equivocada, pois a morte, embora não tenha data determinada para ocorrer, é um evento futuro e certo, configurando assim um termo, e não uma condição.

Alternativa "b": Também chamado de modo, o encargo se faz presente em negócios que envolvam liberalidade, como doação e testamento, por exemplo. Porém, seu não cumprimento dá ensejo à propositura de ação cominatória pelo Ministério Público (art. 553, parágrafo único do CC), além de possibilitar a revogação da doação (art. 555 do CC).

Alternativa "c": A assertiva faz referência ao termo essencial, que é aquele que não admite o cumprimento da obrigação após o vencimento do prazo, vez que esta perde a utilidade para o contratante. Exemplo clássico da doutrina é o prazo estipulado para entrega de um vestido de noiva. Caso ele seja entregue após a data do casamento, não terá qualquer utilidade para a noiva contratante.

Alternativa "e": a assertiva está incorreta por contrariar o "Princípio da Gravitação Jurídica", segundo o qual o acessório segue a sorte do principal. Sendo a condição uma cláusula acessória do negócio jurídico, sendo este eivado de nulidade, também o será a condição.

47. (Cespe – Delegado de Polícia – PE/2016) Assinale a opção correta a respeito dos defeitos dos negócios jurídicos.

a) Na lesão, os valores vigentes no momento da celebração do negócio jurídico deverão servir como parâmetro para se aferir a proporcionalidade das prestações.

b) Os negócios jurídicos eivados pelo dolo são nulos.

c) A coação exercida por terceiro estranho ao negócio jurídico torna-o nulo.

d) Age em estado de perigo o indivíduo que toma parte de um negócio jurídico sob premente necessidade ou por inexperiência, assumindo obrigação manifestamente desproporcional ao valor da prestação oposta ferindo o caráter sinalagmático do contrato.

e) Se em um negócio jurídico, ambas as partes agem com dolo, ainda assim podem invocar o dolo da outra parte para pleitear a anulação da avença.

COMENTÁRIOS

Alternativa correta: Letra "a": A lesão é caracterizada pela obtenção de um lucro exagerado, desproporcional, adquirido por uma das partes em razão de inexperiência ou necessidade da outra. De acordo com o art. 157, § 1º do CC, tal desproporção deve ser apreciada de acordo com os valores praticados à época da celebração do negócio jurídico.

Alternativas "b" e "c": A assertiva está equivocada pois contraria disposição do art. 171, inciso II do CC, que determina que são *anuláveis* os negócios jurídicos eivados de qualquer vício do consentimento ou do vício social da fraude contra credores.

Alternativa "d": A assertiva está incorreta, pois descreve situação de lesão e não de estado de perigo, que é caracterizado quando alguém, premido da necessidade de salvar-se, ou a pessoa de sua família, de grave dano conhecido pela outra parte, assume obrigação excessivamente onerosa, de acordo com o art. 156 do CC.

Alternativa "e": A assertiva está equivocada, pois o art. 150 do CC determina que se ambas as partes agirem com dolo, nenhuma delas poderá alegá-lo com o intuito de anular o negócio, bem como não poderão reclamar indenização em decorrência dos prejuízos sofridos.

48. (FUNCAB – Delegado de Polícia – RO/2014) No tocante à invalidade do negócio jurídico, é correto afirmar:

a) Nos negócios jurídicos praticados com coação, o prazo de decadência para pleitear a anulação é de dois anos, contado do dia em que ela cessou.

b) Nos negócios jurídicos quando os instrumentos particulares forem antedatados ou pós-datados, não haverá simulação, mas, serão considerados nulos.

c) Nos negócios jurídicos, quando a lei dispuser que determinado ato é anulável, sem estabelecer prazo para pleitear-se a anulação, será este de quatro anos, a contar da data da conclusão do ato.

d) Nos negócios jurídicos praticados por incapazes, o prazo de decadência para pleitear a anulação é de quatro anos, contado do dia em que cessou a incapacidade.

e) O negócio jurídico em que for preterida alguma solenidade que a lei considere essencial para a sua validade é considerado anulável.

COMENTÁRIOS

Alternativa correta: Letra "d": A assertiva está correta pois encontra-se de acordo com o previsto no art. 178, III, do Código Civil que assim dispõe: É de quatro anos o prazo de decadência para pleitear-se a anulação do negócio jurídico, contado: III. no de atos de incapazes, do dia em que cessar a incapacidade.

Alternativa "a": Incorreta, pois encontra-se em desacordo com o previsto no art. 178, I, do Código Civil, haja vista que o prazo será de 04 (quatro) anos contados da cessação da coação.

Alternativa "b": Incorreta. Haverá simulação e não nulidade do negócio jurídico de acordo com o previsto no art. 167, § 1º, III, do Código Civil.

Alternativa "c": Incorreta, haja vista que ao contrário do que está previsto na assertiva, o prazo será de 02 (dois) anos a contar da conclusão do ato, nos termos do disposto no art. 179 do Código Civil.

Alternativa "e": Incorreta, pois o negócio jurídico nos casos em que for preterida alguma solenidade que a lei considere essencial para sua validade será considerado nulo, nos termos do art. 166 do Código Civil.

49. (Vunesp – Delegado de Polícia – SP/2014) No estado de perigo, considerado como defeito do negócio jurídico, é correto afirmar que

a) para sua configuração, é imprescindível o conhecimento do risco de grave dano por ambas as partes.

b) somente pode ser alegado quando o risco de grave dano for da própria pessoa que assumiu a obrigação.

c) é causa de nulidade do negócio jurídico, exigindo declaração judicial neste sentido.

d) gera a possibilidade de revisão judicial, com finalidade de tornar a obrigação proporcional, mas não é causa de anulação ou nulidade do negócio.

e) consiste na assunção de obrigação manifestamente desproporcional à obrigação da outra parte, por inexperiência.

COMENTÁRIOS

Alternativa correta: Letra "a" – A assertiva está correta pois, de acordo com o art. 156 do Código Civil o estado de perigo é configurado quando alguém assume obrigação excessivamente onerosa mediante a necessidade de salvar a si ou a pessoa de sua família de grave dano "conhecido pela outra parte", ou seja, a sua configuração pressupõe, de um lado, uma pessoa que conhece o fato de estar em situação de perigo próprio ou de terceiro pertencente à sua família e, de outro lado, pessoa que se vale da situação de perigo vivenciada pela outra para forçá-la a assumir obrigação excessivamente onerosa.

Alternativa "b": A assertiva está incorreta pois o texto legal (art. 156 do Código Civil) refere-se à necessidade de o sujeito salvar a sí mesmo, a "pessoa de sua família" e ainda, em seu parágrafo único, prevê a possibilidade de configuração do estado de perigo quando a pessoa submetida a risco de grave dano não pertencer à família do declarante, cabendo ao magistrado decidir acerca do cabimento ou não da alegação ante as circunstâncias do caso concreto.

Alternativa "c": (responde a alternativa d) A assertiva está incorreta porque trata-se de caso de anulabilidade e não de nulidade, diferindo-se assim do Código Civil italiano que trata do "*stato de pericolo*" como causa de rescindibilidade e não de anulabilidade, como entendeu o nosso legislador.

Alternativa "e": A assertiva está incorreta pois o examinador traz como conceito de estado de perigo o conceito de outro vício do consentimento, qual seja, a lesão, prevista expressamente no art. 157 do Código Civil.

A lesão difere-se do estado de perigo já que naquela não há necessidade de salvamento de ninguém, mas sim uma situação de desigualdade existente entre os contratantes por inexperiência ou necessidade premente.

50. (UEL – Delegado de Polícia – PR/2013) A respeito dos fatos e atos jurídicos, como previstos no Código Civil, assinale a alternativa correta.

a) Tratando-se de atos jurídicos eivados de vício insanável, como erro, dolo, fraude contra credores, estado de perigo ou lesão, o prazo para se intentar ação anulatória é de dois anos, contado a partir da celebração do negócio.

b) A condição é considerada como a cláusula que, derivando exclusivamente da vontade de uma das partes, determina que o efeito do negócio jurídico fica subordinado a um evento futuro e incerto.

c) Em se tratando de erro, este não prejudica a validade do negócio jurídico quando a pessoa, a quem a manifestação de vontade se dirige, se oferecer para executá-la na conformidade da vontade real do manifestante.

d) Para que se considere a coação como defeito do negócio, levam-se em conta o sexo, a idade e a desproporção de altura e peso entre coator e coagido. O simples temor reverencial também é considerado atividade coatora.

e) É anulável o negócio jurídico que aparentemente confere ou transmite direitos a pessoas diversas daquelas às quais realmente se transmitem, ou que contiverem declaração, confissão, condição ou cláusula não verdadeira.

COMENTÁRIOS

Alternativa correta: Letra "c" – A assertiva está correta pois em conformidade com o art. 144 do Código Civil. Destaca-se que referido dispositivo recebe da doutrina a denominação de "princípio da conservação do negócio jurídico pela retificação".

Alternativa "a": A assertiva está incorreta pois de acordo com o art. 178 do Código Civil, o prazo para se intentar ação anulatória é de 04 anos, contados a partir da data da celebração do negócio. As exceções ficam por conta dos incisos I e III, que tratam da coação e da incapacidade, respectivamente, que têm a sua contagem inicial a partir do dia em que cessar cada uma delas. Cumpre ressaltar que este prazo decadencial é aplicável apenas aos casos de nulidade relativa (anulabilidade), vez que a nulidade absoluta não se convalida.

Alternativa "b": A assertiva está incorreta porque de acordo com o art. 121 do Código Civil, a condição é o elemento acidental do negócio jurídico pelo qual a eficácia do negócio jurídico fica subordinada à ocorrência de evento futuro e incerto. Porém, referido artigo determina que a condição deve ser decorrente da vontade de ambas as partes, de forma que, quando estipulada por apenas uma das partes não terá validade. Esta condição não se confunde com a *"conditio juris"*, que é requisito de eficácia do negócio jurídico fixado por lei, e não estipulado pelas partes.

Alternativa "d": A assertiva está incorreta. Embora o rol de elementos que devem ser levados em consideração para caracterização ou não da coação, previsto no art. 152 do Código Civil, não inclua a desproporção de altura e peso entre coator e coacto, não podemos esquecer que trata-se de rol meramente exemplificativo, podendo ser claramente possível sua inclusão, em razão da parte final do dispositivo que admite a observância de outros motivos que tornem mais vulnerável o coacto. Ainda, de acordo com o art. 153, o temor reverencial não é considerado coação, pois se trata meramente de receio de desagradar pessoa a quem se deve respeito.

Alternativa "e": A assertiva está incorreta pois trata-se de caso de nulidade e não de anulabilidade, conforme disposto no art. 167, § 1º, I e II. Importante frisar que a simulação não mais se caracteriza apenas pelo prejuízo causado, e sim pela maneira enganosa empregada, visando iludir terceiros e pouco importando a boa ou má-fé dos simuladores.

51. (UEL – Delegado de Polícia – PR/2013) Setúbal Mourinho de Oliveira, imigrante recém-chegado ao Brasil, pretendia adquirir um bem imóvel para instalar sua indústria e comércio de produtos alimentícios. Consultou diversos jornais até que encontrou Aristides, que lhe ofereceu uma casa em um certo bairro da cidade. Setúbal lhe afirmou que pretendia a aquisição de um bem imóvel para instalar sua empresa, e o negócio se concluiu dias depois. Setúbal não pôde se instalar como pretendia, pois, a Prefeitura do Município esclareceu que naquela zona residencial isso não era possível.

Acerca das consequências desse negócio jurídico, assinale a alternativa correta.

a) O negócio é passível de anulação por restar configurada a lesão.
b) O negócio é anulável porque está presente o erro quanto ao objeto principal.
c) O negócio é passível de anulação por restar configurada a omissão dolosa.
d) O negócio não é anulável pois se trata de condição específica do contrato.
e) O negócio deve subsistir pois não se evidencia qualquer espécie de vício.

COMENTÁRIOS

Alternativa correta: Letra "c" – A assertiva está correta. O instituto da omissão dolosa, também chamado de dolo negativo, está previsto no art. 147 do Código Civil. Caracteriza-se quando há omissão de uma das partes de circunstância essencial que, se conhecida pela outra parte, o negócio não se realizaria. Ressalta-se que a omissão que enseja a anulação do negócio deverá ter sido praticada por uma das partes e não por terceiro.

Alternativa "a": A assertiva está incorreta pois não se trata do vício de lesão (art. 157 do Código Civil), e sim de hipótese de omissão dolosa, conforme explanado no comentário da alternativa C.

Alternativa "b": A assertiva está incorreta pois no caso descrito não houve erro quanto ao objeto principal do negócio, o chamado *"error in corpore rei"*, pois neste, a parte tem uma falsa percepção da realidade, não havendo qualquer ato de omissão da parte contrária.

Alternativa "d": A assertiva está incorreta pois o negócio é passível de anulação em razão da omissão dolosa de uma das partes, de acordo com o art. 147 do Código Civil.

Alternativa "e": A assertiva está incorreta. O negócio pode ser anulado vez que evidenciado o vício do da omissão dolosa, conforme já exposto no comentário da assertiva C.

5. DA PRESCRIÇÃO E DA DECADÊNCIA

52. (Cespe – Delegado de Polícia – PC – SE/2018) Determinada sociedade por quotas de responsabilidade limitada compra peças de uma sociedade em comum e as utiliza na montagem do produto que revende.

Considerando essa situação, julgue o item a seguir, com base no Código de Defesa do Consumidor (CDC) e nas normas de direito civil e empresarial.

Ao celebrar contratos com terceiros, as duas sociedades referidas na situação hipotética podem estabelecer prazos prescricionais mais amplos que os previstos no Código Civil.

COMENTÁRIOS

✪ **Nota da autora:** Assertiva errada. O artigo 192 do CC determina expressamente que os prazos prescricionais não podem ser alterados mediante acordo entre as partes. **ERRADO**

53. (Fumarc – Delegado de Polícia – PC – MG/2018) Sobre a prescrição e a decadência, é CORRETO afirmar:

a) A interrupção da prescrição é comum, aproveitando, em qualquer caso, a todos os credores ainda que somente um a tenha promovido.
b) A prescrição está ligada às ações constitutivas e desconstitutivas; já a decadência está relacionada às ações condenatórias.
c) As ações declaratórias, por serem direitos pessoais, estão sujeitas ao prazo prescricional de 5 anos.
d) Se a decadência for convencional, a parte a quem aproveita pode alegá-la em qualquer grau de jurisdição, mas o juiz não pode suprir a alegação.

COMENTÁRIOS

Alternativa "a": A assertiva contraria disposição expressa no art. 204 do CC. A interrupção da prescrição por um dos credores não aproveita aos demais.

Alternativa "b": É exatamente ao contrário, já que a prescrição está diretamente relacionada à perda do direito de ação, enquanto a decadência está relacionada à perda do direito material, ambas em razão da inércia de seu titular. Assim, a prescrição está ligada às ações condenatórias, enquanto a decadência às ações constitutivas ou desconstitutivas de direitos.

Alternativa "c": As ações meramente declaratórias são imprescritíveis, vez que têm por objetivo apenas a declaração da existência de um fato ou de um direito, podendo ser intentadas a qualquer tempo.

Alternativa "d": Trata do prazo decadência estipulado pelas partes. A assertiva copia literalmente o quanto previsto no art. 211 do CC.

Alternativa correta: letra "d".

54. (Vunesp – Delegado de Polícia – PC – BA/2018) A respeito da prescrição e decadência, assinale a alternativa correta.

a) Violado o direito, nasce para o titular a pretensão, a qual se extingue pela prescrição; a exceção prescreve nos prazos processuais previstos em lei especial, não havendo coincidência com os prazos da pretensão, em razão da sua disciplina própria.

b) A renúncia à prescrição pode ser expressa ou tácita, e só valerá, sendo feita, sem prejuízo de terceiro, antes de a prescrição se consumar; tácita é a renúncia quando se presume de fatos do interessado, incompatíveis com a prescrição.

c) Os prazos de prescrição podem ser alterados por acordo das partes; a prescrição pode ser alegada em qualquer grau de jurisdição pela parte a quem aproveita e, iniciada contra uma pessoa, continua a correr contra o seu sucessor.

d) A interrupção da prescrição pode se dar por qualquer interessado, somente poderá ocorrer uma vez e, após interrompida, recomeça a correr da data do ato que a interrompeu, ou do último ato do processo para a interromper.

e) Não corre a prescrição entre os cônjuges e/ou companheiros, na constância da sociedade conjugal, entre ascendentes e descendentes, durante o poder familiar, bem como contra os relativamente incapazes.

COMENTÁRIOS

Alternativa "a": Apesar de a primeira parte da assertiva estar correta, o art. 190 do CC determina que a exceção prescreve no mesmo prazo que a pretensão.

Alternativa "b": Em que pese a renúncia à prescrição poder se dar de forma expressa ou tácita, ela só terá validade se realizada depois que a prescrição se consumar (art. 191 do CC)

Alternativa "c": Os prazos prescricionais não podem ser alterados por vontade das partes (art. 192 do CC), podem ser alegados em qualquer grau de jurisdição pela parte a quem aproveita (art. 193 do CC) e, iniciados contra uma pessoa, continuam a correr contra seus sucessores (art. 196 do CC)

Alternativa "d": É o que se conclui da leitura conjunta dos arts. 203 e 202 *caput* e parágrafo único.

Alternativa "e": As hipóteses em que o prazo prescricional não corre estão previstas expressamente nos arts. 197, 198 e 199 do CC. Os relativamente incapazes não se encontram ali inseridos, de forma que contra eles o prazo prescricional flui normalmente.

Alternativa correta: letra "d".

55. (FUNCAB – Delegado de Polícia – PA/2016) Sobre o instituto da decadência, está correto afirmar que:

a) a decadência não corre contra os relativamente incapazes.

b) se for convencionada entre as partes, pode ser alegada por quem a aproveita em qualquer grau de jurisdição.

c) em regra, aplicam-se à decadência as normas que impedem, suspendem ou interrompem a prescrição.

d) o juiz não pode, em hipótese alguma, conhecer de ofício a decadência.

e) na hipótese de decadência convencional, o juiz pode suprir a sua alegação, a qualquer tempo e em qualquer grau de jurisdição.

COMENTÁRIOS

Alternativa correta: Letra "b" – A alternativa está correta pois de acordo com o que preceitua o artigo 211 do Código Civil. Trata-se da decadência convencional, estabelecida contratualmente, que poderá ser alegada em qualquer grau de jurisdição, mas não poderá ser reconhecida de ofício pelo magistrado.

Alternativa "a": A assertiva está equivocada pois a decadência não corre apenas contra os *absolutamente* incapazes, que após a entrada em vigor do Estatuto da Pessoa com Deficiências são apenas os menores de 16 anos. Interpretação sistemática dos artigos 198, inciso I e 208 do Código Civil.

Alternativa "c": A alternativa está errada pois contraria o disposto no art. 207 do Código Civil. As normas que impedem, suspendem ou interrompem a prescrição só serão aplicadas à decadência excepcionalmente, quando houver previsão legal nesse sentido.

Alternativa "d": A assertiva está equivocada. O juiz não pode reconhecer de ofício a decadência convencional. A decadência legal *deve* por ele assim ser reconhecida. Inteligência dos artigos 210 e 211 do Código Civil.

Alternativa "e": vide comentários às alternativas "b" e "d"

56. (Cespe – Delegado de Polícia – PE/2016) Acerca de prescrição e decadência no direito civil, assinale a opção correta.

a) A prescrição não pode ser arguida em grau recursal.

b) Desde que haja consenso entre os envolvidos, é possível a renúncia prévia da decadência determinada por lei.

c) A prescrição não corre na pendência de condição suspensiva.

d) Ao celebrarem negócio jurídico, as partes, em livre manifestação de vontade, podem alterar a prescrição prevista em lei.

e) É válida a renúncia da prescrição, desde que determinada expressamente antes da sua consumação.

COMENTÁRIOS

Alternativa correta: Letra "c": A assertiva está correta pois encontra-se de acordo com o previsto no art. 199 do Código Civil.

Alternativa "a": A assertiva está incorreta, pois a prescrição pode ser alegada em qualquer grau de jurisdição, pela parte a quem aproveita, de acordo com o previsto no art. 193 do Código Civil.

Alternativa "b": A assertiva está incorreta, vez que é nula a renúncia à decadência fixada em lei, nos termos do art. 209 do Código Civil.

Alternativa "d": Incorreta. Os prazos de prescrição não podem ser alterados por acordo das partes, nos termos do art. 192 do Código Civil.

Alternativa "e": Incorreta, pois contraria o disposto no art. 191 do Código Civil que prevê que renúncia da prescrição pode ser expressa ou tácita, e só valerá, sendo feita, sem prejuízo de terceiro, depois que a prescrição se consumar.

57. (Vunesp – Delegado de Polícia – CE/2015) Assinale a alternativa correta, de acordo com as disposições do Código Civil de 2002.

a) Não corre a prescrição contra os maiores de 16 (dezesseis) e menores de 18 (dezoito) anos, salvo se existente uma das hipóteses de cessação da incapacidade.

b) São causas de cessação da incapacidade civil: a emancipação, o casamento, o exercício de emprego público efetivo e o falecimento de ambos os pais.

c) É irrevogável a opção acerca da disposição gratuita do próprio corpo, para fins científicos ou altruísticos.

d) A apuração dos fatos no juízo criminal, em regra, impede o curso da prescrição no âmbito civil.

e) Os ébrios habituais e os viciados em tóxicos são absolutamente incapazes de exercer pessoalmente os atos da vida civil.

COMENTÁRIOS

Alternativa correta: Letra "d": A assertiva encontra-se de acordo com o disposto no art. 200 do Código Civil que assim dispõe: *Quando a ação se originar de fato que deva ser apurado no juízo criminal, não correrá a prescrição antes da respectiva sentença definitiva.*

Alternativa "a": Incorreta, pois em desacordo com o previsto no art. 198 do Código Civil. Referido artigo não traz qualquer ressalva em relação à fruição do prazo da prescrição para os absolutamente incapazes.

Alternativa "b": Incorreta, pois encontra-se em desacordo ao previsto no Código Civil. A emancipação poderá se dar de forma voluntária ou parental; judicial e legal. A emancipação legal ocorrerá nos seguintes casos: casamento; exercício de emprego público efetivo; colação de grau em ensino superior; estabelecimento civil, estabelecimento comercial ou existência de relação de emprego em que o menor de 16 anos completos tenha economia própria.

Alternativa "c": Incorreta, haja vista que a revogação da opção acerca da disposição gratuita do próprio corpo poderá ocorrer a qualquer tempo, de acordo com o previsto no parágrafo único do art. 14 do Código Civil.

Alternativa "e": Incorreta, pois os ébrios habituais e os viciados em tóxicos são incapazes para a prática de certos atos ou à maneira de os exercer e não absolutamente incapazes para todos os atos da vida civil, de acordo com o previsto no art. 4º, II, do Código Civil.

58. (FUNIVERSA – Delegado de Polícia – DF/2015) Alexandre, em 1.º/1/2005, mediante ardil, obteve de Pedro R$ 50.000,00 pela venda de um imóvel de que não era proprietário. Tomando ciência do meio fraudulento mediante consulta no Registro de Imóveis competente, Pedro procurou imediatamente a autoridade policial, tendo sido o inquérito iniciado na mesma data em que fora consumado o delito. Apurada a questão no competente juízo criminal, Alexandre foi condenado como incurso no crime de estelionato simples, por sentença penal transitada em julgado em 1°/1/2013, e por meio da qual restaram reconhecidas a existência do fato ilícito e sua autoria, bem como a obrigação de restituir à vítima a quantia indevidamente obtida e o pagamento a Pedro da importância de R$ 10.000,00 para os fins de reparar danos morais. Como o devedor até a presente data não pagou à vítima as quantias impostas na esfera penal, Pedro pretende ajuizar ação cível para haver de Alexandre as importâncias estipuladas na sentença condenatória criminal.

Com base nessa situação hipotética, assinale a alternativa correta.

a) Caso Pedro faleça, seus herdeiros, de acordo com a jurisprudência dominante do STJ, não terão legitimidade ativa para pleitear o pagamento da indenização fixada para recompor o dano moral reconhecido na sentença proferida pelo juízo criminal.

b) A prescrição da pretensão de reparação dos danos sofridos por Pedro começou a correr a partir do evento danoso.

c) Uma vez que a responsabilidade civil é independente da criminal, seria admissível, em tese, a rediscussão, no juízo cível, a respeito da autoria e da materialidade do fato imputado a Alexandre pela sentença penal condenatória proferida no juízo criminal.

d) De acordo com a jurisprudência dominante do STJ, o termo inicial para a contagem do prazo prescricional que atinge a pretensão de recomposição de danos, fixada na esfera criminal, é o trânsito em julgado da sentença penal condenatória que fixou a obrigação de indenizar, razão por que, in casu, não haveria falar em prescrição caso Pedro ajuizasse a demanda hoje.

e) Caso Alexandre seja proprietário de um único imóvel residencial onde resida com esposa e filhos, esse bem não poderá responder pelas obrigações de reparação de danos fixadas na sentença penal.

COMENTÁRIOS

Alternativa correta: letra "d" (responde a letra "b"): De acordo com o art. 200 do Código Civil a prescrição da pretensão de reparação do dano no caso concreto tem início com o trânsito em julgado da sentença penal condenatória. Aliás, este tem sido o entendimento do STJ acerca do assunto.

> *"Civil e processo civil. Ação de compensação por danos morais. Cerceamento de defesa. Inexistência. Vítima de crime cuja autoria é conhecida. Ação penal em curso. Termo inicial do prazo prescricional. Trânsito em julgado da sentença penal. Relação de preposição entre a diocese e o padre a ela vinculado. Subordinação configurada. Responsabilidade solidária e objetiva da instituição. Arts. Analisados: 130, cpc, 200, 932, iii, 933, cc/02." (resp nº 1.393.699 – pr (2013/0211274-0) relatora: Ministra Nancy Andrighi – Brasília (DF), 19 de novembro de 2013(data do julgamento).*

Alternativa "a": Incorreta. O art. 943 do Código Civil dispõe que o direito de exigir a reparação e a obrigação de prestá-la transmitem-se com a herança. Assim, os herdeiros poderão pleitear a indenização, inclusive por danos morais. Este tem sido o entendimento dos Tribunais acerca do assunto.

> *"Direito de herança preservado, por não se confundir o direito personalíssimo da vítima com o direito à ação de seus herdeiros. Dano corporal como cobertura prevista, estende-se aos valores de personalidade, ensejando o dano moral." (TJSP, Ap. nº 9151241-53.2009.26.0000, 34ª Câm. de Dir. Priv., rel. Des. Hélio Nogueira, j. 06.02.2012, DJ 16.02.2012)."*

> *"Enunciado nº 454 da V Jornada de Direito Civil: "O direito de exigir reparação a que se refere o art. 943 do Código Civil abrange inclusive os danos morais, ainda que a ação não tenha sido iniciada pela vítima.""*

Alternativa "c": Incorreta, não se podendo mais discutir na esfera cível sobre a existência do fato ou sobre quem seja o seu autor quando já decididas tais questões na esfera penal, nos termos do art. 935 do Código Civil.

Alternativa "e": Incorreta. De acordo com o disposto no art. 3º, inciso VI, da Lei 8.009/90. A impenhorabilidade é inoponível se for para execução de sentença penal condenatória a ressarcimento, indenização ou perdimento de bens.

---

59. (Vunesp – Delegado de Polícia – SP/2014) Fabiana e Maurício, ambos com 16 (dezesseis) anos, são regularmente casados. Os jovens, viciados em tóxicos, tiveram seu veículo roubado enquanto consumiam substância entorpecente em via pública. Foi instaurado inquérito policial para apuração dos fatos, mas não sobreveio ação penal em virtude do roubo. No que tange à prescrição para reparação civil de Fabiana e Maurício, é correto afirmar que

a) Fabiana e Maurício, em razão da idade, são relativamente incapazes, não correndo a prescrição até que completem 18 (dezoito) anos.

b) o casamento dos jovens causou cessação de incapacidade, mas não para fins de contagem do prazo prescricional, que passará a contar quando completarem 18 (dezoito) anos.

c) a contagem da prescrição se dará da data do fato, não havendo circunstância que cause impedimento ou suspensão da prescrição.

d) por serem viciados em tóxicos, não corre a prescrição até que recuperem a plena capacidade, individualmente considerados.

e) a instauração do inquérito policial suspendeu o curso do prazo prescricional, que voltou a correr após a conclusão do procedimento.

COMENTÁRIOS

Alternativa correta: Letra "c" – A assertiva está correta pois em conformidade com o que dispõe o Código Civil a respeito da prescrição. No caso em questão, não está caracterizada nenhuma causa de impedimento ou suspensão da prescrição previstas nos arts. 197 a 201 do referido diploma.

Alternativa "a": (responde a alternativa "b") A assertiva está incorreta. Apesar de Fabiana e Maurício contarem com 16 anos de idade, fato que lhes conferiria capacidade relativa, o casamento os tornou plenamente capazes (art. 5º, parágrafo único, inciso II do Código Civil), não havendo que se falar em causa de interrupção da prescrição.

Alternativa "d": A assertiva está incorreta pois o vício em tóxicos os tornariam relativamente incapazes (art. 4º, II do Código Civil), Contudo, quanto aos relativamente incapazes não há que se falar em interrupção da prescrição. De acordo com o art. 198, I do Código Civil, não corre a prescrição contra os absolutamente incapazes.

Alternativa "e": A assertiva está incorreta, pois a instauração do inquérito policial em nada obsta o curso da prescrição. O examinador tentou induzir o candidato a achar que no caso concreto teria aplicação o art. 200 do Código Civil, o que não se verifica, pois referido dispositivo tem aplicabilidade em casos onde há uma ação penal, e a questão foi clara ao mencionar que "não sobreveio ação penal em virtude do roubo."

---

60. (Cespe – Delegado de Polícia – BA/2013) Acerca de prescrição, julgue os itens a seguir.

60.1. Se um casal desejar emancipar o filho de dezessete anos de idade, a concessão da emancipação deverá ocorrer por instrumento público e dependerá de homologação judicial.

COMENTÁRIOS

Anulada: Entendemos que esta questão não deveria ter sido anulada, e sim gabaritada como errada, pois a emancipação de menor entre 16 e 18 anos que esteja sob o poder familiar dos pais ou de apenas um deles, na falta do outro, poderá ser feita por escritura pública, sem a necessidade de intervenção judicial. Esta só será exigida quando houver a discordância de um dos pais ou quando o menor estiver sob tutela, tendo como fundamento o art. 5 º, parágrafo único, I do Código Civil.

60.2. Considere que Lucas, Pedro e Marcos sejam credores solidários de Márcia pela quantia de R$ 20.000,00. Nessa situação hipotética, se Marcos ajuizar ação contra Márcia, e a ação constituí-la em mora pelo ato judicial, a prescrição estará interrompida e aproveitará a Lucas e a Pedro.

COMENTÁRIOS

Certo: A assertiva está correta pois em consonância com o que determina o art. 204, § 1º do Código Civil. Referido dispositivo contempla exceção ao caput, vez que determina que a interrupção da prescrição operada por ato de apenas um dos credores solidários aproveitará aos demais.

61. (UEG – Delegado de Polícia – GO/2013) Um servidor público federal vende seu veículo e combina o pagamento em três parcelas, no último dia de cada mês, em março, abril e maio de 2012. No início de abril de 2012, é mandado pelo governo federal para trabalhar em outro país, pelo prazo de dez anos. Ao retornar, poderá receber as parcelas remanescentes do preço pois

a) a prescrição não corre contra ausentes do país em serviço público da União, dos estados ou dos municípios.
b) a decadência não corre contra ausentes do país em serviço público da União, dos estados ou dos municípios.
c) a prescrição não corre contra servidores públicos ausentes do país, qualquer que seja a atividade a realizar no exterior.
d) a decadência não corre contra servidores públicos em viagem ao exterior, desde que esteja pendente uma condição suspensiva.

COMENTÁRIOS

Alternativa correta: Letra "a" – A assertiva está correta pois de acordo com o que preceitua o art. 198, II do Código Civil. Ressalta-se que o dispositivo é claro ao exigir a prestação de serviço público no exterior para que não corra o prazo prescricional. Assim, eliminamos a alternativa C da questão. Ainda, de acordo com o art. 208 do Código Civil, aplica-se à decadência as regras relativas à prescrição previstas nos arts. 195 e 198, I, de forma que o disposto no art. 198, II não tem aplicabilidade neste caso, restando assim eliminadas as alternativas B e D da questão.

62. (FUNCAB – Delegado de Polícia – ES/2013) Quanto à prescrição, é correto afirmar:

a) A prescrição intercorrente foi admitida pelo Código Civil vigente, sendo verificada pela inércia continuada e ininterrupta do autor do processo já iniciado, durante um tempo suficiente para a ocorrência da própria perda da pretensão.
b) A prescrição aplica-se aos direitos potestativos.
c) A prescrição pode ser estabelecida por lei ou pela vontade contratual.
d) A prescrição não admite renúncia, nem após a sua consumação.
e) Se a prescrição for convencional, a parte a quem aproveita pode alegá-la em qualquer grau de jurisdição, mas o Juiz não pode suprir a alegação.

COMENTÁRIOS

Alternativa correta: Letra "a" – Contrariando a maioria doutrinária que entende não haver previsão expressa da prescrição intercorrente no Código Civil, a banca examinadora assinalou esta alternativa correta entendendo que ela estaria regulamentada de forma implícita no parágrafo único do art. 202 do Código Civil, pois a prescrição ali prevista ocorre no curso do processo, cabendo ao autor diligenciar para que chegue até o provimento jurisdicional final.

Alternativa "b": A assertiva está incorreta. Para o entendimento da assertiva faz-se necessário conceituar direito potestativo e direito subjetivo. O primeiro impõe a outrem a sujeição ao exercício do direito de alguém, já o segundo é a faculdade conferida a alguém de exercer ou não o direito lhe garantido por lei. Assim, aos direitos potestativos aplica-se a decadência, e aos direitos subjetivos aplica-se a prescrição.

Alternativa "c": A assertiva está incorreta pois contraria o disposto no art. 192 do Código Civil. Diferentemente do prazo decadencial, que pode ser estabelecido pelas partes, os prazos prescricionais não admitem alteração por mera convenção das partes, de forma que a lei é o único instrumento hábil à sua alteração.

Alternativa "d": A assertiva está incorreta pois contraria o disposto no art. 191 do Código Civil. Ao devedor é reconhecido o direito de renúncia da prescrição, após a sua consumação e comprovada ausência de prejuízo a terceiros. Tal renúncia poderá se dar de forma expressa ou tácita, o que ocorre, por exemplo, quando há o pagamento espontâneo de dívida prescrita.

Alternativa "e": A assertiva está incorreta, pois de acordo com o já mencionado artigo 192 do Código Civil, a prescrição não admite convenção entre as partes. O examinador tenta induzir o candidato a erro, vez que traz regra aplicável à decadência (art. 211 do Código Civil) como se aplicável à prescrição fosse.

6. DA PROVA

63. (Fundatec – Delegado de Polícia – PC – RS/2018) Quanto à prova dos fatos jurídicos, analise as seguintes assertivas:

I. A confissão é irrevogável, mas pode ser anulada se decorreu de erro de fato ou de coação.
II. A escritura pública, lavrada em notas de tabelião, é documento dotado de fé pública, fazendo prova plena, desde que observado o cumprimento das exigências legais e fiscais inerentes à legitimidade do ato.

III. O instrumento particular, quando assinado por quem esteja na livre administração de seus bens, faz prova e opera seus efeitos, a respeito de terceiros, independentemente de qualquer registro público.

IV. As declarações constantes de documentos assinados se presumem verdadeiras em relação aos signatários apenas se confirmadas, no mesmo documento, por duas testemunhas.

Quais estão INCORRETAS?

a) Apenas I e IV.
b) Apenas III e IV.
c) Apenas I, II e III.
d) Apenas I, II e IV.
e) Apenas II, III e IV.

COMENTÁRIOS

Assertiva "I": Correta na medida em que corresponde aos exatos termos do art. 214 do CC. Tanto o erro quanto a coação são vícios do consentimento capazes de gerar a anulação de atos jurídicos.

Assertiva "II": Correta, pois contempla o quanto previsto no art. 215, § 1º, V do CC. Ressalta-se que, a depender do que se pretende provar, outros requisitos podem ser exigidos por lei.

Assertiva "III": Incorreta. Apesar de o instrumento particular ter força probante quanto às obrigações convencionais de qualquer valor, só produz efeitos perante terceiros após o respectivo registro público. (art. 221 do CC).

Assertiva "IV": Incorreta. O art. 219 do CC determina que se presumem verdadeiras as declarações constantes em documentos assinados em relação aos signatários, independentemente da confirmação por testemunhas. As assinaturas de duas testemunhas são exigidas para que os contratos tenham força de título executivo extrajudicial.

Alternativa correta: letra "b".

64. (Vunesp – Delegado de Polícia – CE/2015) No que tange às provas e seus meios de produção, assinale a alternativa correta.

a) São exemplos dos meios de prova a confissão, o documento, a testemunha, a presunção e a perícia, não havendo, em regra, hierarquia entre os meios de prova.

b) Admite-se a prova exclusivamente testemunhal para os negócios jurídicos que ultrapassem o décuplo do maior salário mínimo vigente no país, desde que haja mais de uma testemunha.

c) Os parentes colaterais por afinidade podem ser admitidos como testemunhas, independentemente do grau de parentesco.

d) A recusa à realização de exame médico necessário não pode gerar presunção em desfavor daquele que se nega.

e) Não é permitida a recusa a prestar depoimento sobre fato a cujo respeito, por estado ou profissão, deva guardar segredo.

COMENTÁRIOS

Alternativa correta: letra "a": A assertiva está correta pois encontra-se de acordo com o expressamente previsto no art. 212, incisos I a V do Código Civil, que elenca os meios pelo qual o fato jurídico poderá ser provado. Cumpre ressaltar que não há hierarquia entre os meios de provas no direito brasileiro.

Alternativa "b": Incorreta, pois em desacordo ao previsto no art. 227 do Código Civil e seu parágrafo único que assim dispõe:

> *Art. 227 – Salvo os casos expressos, a prova exclusivamente testemunhal só se admite nos negócios jurídicos cujo valor não ultrapasse o décuplo do maior salário mínimo vigente no País ao tempo em que foram celebrados.*
>
> *Parágrafo único. Qualquer que seja o valor do negócio jurídico, a prova testemunhal é admissível como subsidiária ou complementar da prova por escrito.*

Ressalte-se ainda que a lei não exige que se tenha mais de uma testemunha para a aceitação da prova testemunhal.

Alternativa "c": Incorreta. Os colaterais por afinidade até o terceiro grau de alguma das partes não poderão ser admitidos como testemunhas, assim como os cônjuges, os ascendentes, os descendentes, de acordo com o disposto no art. 228, V, do Código Civil.

Alternativa "d": Incorreta, pois contrária ao teor da Súmula 301 do STJ que assim dispõe: "Em ação investigatória, a recusa do suposto pai a submeter-se ao exame de DNA induz presunção juris tantum de paternidade."

Importante ressaltar que a presunção se estende aos descendentes, por se tratar de direito indisponível e personalíssimo.

Alternativa "e": Incorreta, pois ao contrário do que consta na assertiva ninguém é obrigado a depor sobre fato a cujo respeito, por estado ou profissão, deva guardar segredo, de acordo com o expressamente previsto no art. 229, I, do Código Civil.

7. DIREITO DAS OBRIGAÇÕES

65. (Fumarc – Delegado de Polícia – PC – MG/2018) Nas obrigações negativas, o devedor é considerado inadimplente:

a) a partir da sua citação.
b) a partir da sua constituição em mora pelo credor.
c) a partir do ajuizamento da ação pelo credor.
d) desde o dia em que executou o ato de que se devia abster.

COMENTÁRIOS

Obrigações negativas são aquelas que estipulam um dever de omissão, de abstenção ao devedor, ou seja, um não fazer. O devedor se torna inadimplente a partir do momento em que pratica o ato que havia se obrigado a não realizar. É o que determina o art. 390 do CC.

Alternativa correta: letra "d".

---

66. (Fumarc – Delegado de Polícia – PC – MG/2018) Considere as seguintes afirmativas a respeito do direito das obrigações:

I. O credor de coisa certa não pode ser obrigado a receber outra, ainda que mais valiosa.

II. Não incorre na obrigação de indenizar perdas e danos o devedor que recusar a prestação a ele só imposta, ou só por ele exequível.

III. Na obrigação de dar coisa incerta, antes da escolha, não poderá o devedor alegar perda ou deterioração da coisa, ainda que por força maior ou caso fortuito.

IV. Quando a obrigação é indivisível, os devedores são solidários, de sorte que a remissão de um aproveita a todos, extinguindo a dívida.

Estão CORRETAS apenas as afirmativas:

a) I e III.
b) I e IV.
c) I, II e IV.
d) II e III.

COMENTÁRIOS

Assertiva "I": Correta. Trata-se do Princípio da Especificidade previsto no art. 313 do CC.

Assertiva "II": Errada. Trata-se de obrigação personalíssima que, uma vez não cumprida pelo devedor, não pode ser cumprida por mais ninguém, restando a ele a obrigação de indenizar. (art. 247 do CC)

Assertiva "III": Correta. Antes da concentração da obrigação (escolha), a coisa incerta perdida ou deteriorada pode ser substituída por outra da mesma espécie e quantidade. (art. 246 do CC)

Assertiva "IV": Errada. Indivisibilidade não se confunde com solidariedade. Se a prestação for indivisível, cada um dos devedores será obrigado pela dívida toda (art. 259 do CC), porém, havendo remissão por parte de um dos credores, os demais poderão cobrar o valor da dívida dos demais devedores, descontada a parte remitida (art. 262 do CC).

Alternativa correta: letra "a".

---

67. (NUCEPE – Delegado de Polícia – PI/2014) São exemplos de obrigação de fazer infungível.

I. Celebração de contrato oneroso, no qual a arquiteta Marina, contraiu obrigação *intuitu personae* de decorar o imóvel de Celeste.

II. Celebração de contrato oneroso de uma banda para tocar em uma festa.

III. Contrato oneroso com oficina para recuperar o motor de um veículo.

IV. Celebração de contrato gratuito com fins de realizar inscrição em um concurso em cidade diferente do domicílio do mandante.

a) Estão corretos os itens II e III.
b) Apenas o item I está correto.
c) Estão corretos os itens I e II, somente.
d) Apenas o item IV é falso.
e) Estão corretos os itens II e IV.

COMENTÁRIOS

✪ **Nota da autora:** Primeiramente, cumpre esclarecer que obrigação de fazer infungível é aquela que não pode ser substituída. O examinador, no caso em tela, deixou claro seu entendimento no sentido de que obrigação infungível é aquela que só pode ser cumprida por determinada pessoa, em razão de alguma característica que lhe é peculiar, ou seja, obrigação *intuitu personae*.

Alternativa correta: Letra "b" (responde às demais assertivas) À vista da nota cima, a única obrigação elencada na questão que não pode ser executada por pessoa diversa da contratada, em razão de seu caráter pessoal, é a trazida pela assertiva I. Note-se que na assertiva II o examinador menciona "uma banda", podendo a obrigação ser cumprida por qualquer banda. Na assertiva III, a recuperação do motor de um veículo não é serviço prestado exclusivamente por uma oficina específica, havendo no mercado várias oficinas capacitadas para tanto. Na assertiva IV, a inscrição em um concurso em cidade diferente do domicílio do mandante também pode ser realizada por qualquer pessoa, desde que tenha poderes para tanto.

---

68. (UEG – Delegado de Polícia – GO/2013) Na obrigação, se um dos devedores solidários falecer deixando herdeiros, a obrigação não se extingue automaticamente, de acordo com o Código Civil. Assim, falecendo um dos devedores solidários, tendo esse devedor deixado 2 (dois) filhos, o Código Civil dispõe o seguinte:

a) os filhos do falecido estarão obrigados ao cumprimento integral da obrigação, uma vez que têm o dever de adimplir com todas as obrigações deixadas pelo pai.

b) como a obrigação é solidária, os herdeiros não estão obrigados ao pagamento da obrigação, pois os demais devedores estão obrigados pela integralidade do débito.

c) nenhum dos herdeiros é obrigado a pagar importância que supere a quota que corresponder ao seu quinhão hereditário.

d) a solução é idêntica ao que o Código Civil trouxe quando há falecimento de devedor em obrigação indivisível, com os herdeiros obrigados ao cumprimento total da obrigação, independente de sua quota.

COMENTÁRIOS

Alternativa correta: Letra "c" – A assertiva está correta pois de acordo com o art. 276 do Código Civil. Havendo falecimento de um dos devedores solidários, cessa a solidariedade em relação aos seus sucessores, já que responderão apenas pela quota parte do falecido dentro dos limites dos seus quinhões hereditários. Esta regra não se aplica às obrigações indivisíveis, situação em que os devedores deverão arcar com o cumprimento total da obrigação. Referida regra não se dá em razão da solidariedade, mas sim da indivisibilidade do bem objeto da obrigação.

Alternativa "a": A assertiva está incorreta pois de acordo com o já mencionado art. 276 do Código Civil, os herdeiros somente estarão obrigados na medida de seus respectivos quinhões hereditários.

Alternativa "b": A assertiva está incorreta pois os herdeiros são responsáveis pelo pagamento da obrigação, não em sua integralidade, mas de acordo com seus respectivos quinhões. Inteligência do art. 276 do Código Civil.

Alternativa "d": A assertiva está incorreta pois o próprio art. 276 do Código Civil excepciona a situação em que a obrigação for indivisível, devendo os herdeiros arcarem com o cumprimento total da obrigação.

8. DOS CONTRATOS

69. (NUCEPE – Delegado de Polícia – PI/2014) Dentre os contratos abaixo, todos são de depósito, EXCETO,

a) hospedagem de um cachorro na clínica veterinária.
b) hospedagem de um animal de estimação na casa do vizinho.
c) veículo no estacionamento do shopping enquanto se faz compras.
d) alienação fiduciária.
e) entrega de um veículo em retribuição de quantia em dinheiro.

COMENTÁRIOS

Alternativa correta: Letra "e" (responde às demais alternativas). Segundo Flávio Tartuce, pelo contrato de depósito uma pessoa (depositário) recebe um objeto móvel e corpóreo para guardar, até que o depositante o reclame. É o que se verifica nas assertivas "a" a "d". Vale ressaltar, que o fato de na alienação fiduciária ocorrer unificação da posse e da propriedade em decorrência do pagamento, não retira sua natureza de depósito. Excluídas estas alternativas, resta clara a intenção de examinador em caracterizar um contrato de compra e venda na assertiva "e".

70. (UEPA – Delegado de Polícia – PA/2013) Sobre os contratos, assinale a alternativa correta.

a) A teoria contratual adotada pelo Código Civil de 2002 é caracterizada pela diminuição da autonomia da vontade, com a consagração de princípios de ordem pública, a exemplo da função social do contrato, não sendo lícito as partes a estipulação de contratos atípicos não previstos na referida codificação.
b) A existência de cláusulas ambíguas ou contraditórias em contratos de adesão impõe a adoção da interpretação coerente com os objetivos e premissas da contratação, ainda que desfavorável ao aderente.
c) A parte lesada pelo inadimplemento pode pedir a resolução do contrato, se não preferir exigir-lhe o cumprimento, cabendo, em qualquer dos casos, indenização por perdas e danos.
d) Desde que sua pretensão esteja de acordo com a função social do contrato, um contratante poderá exigir o adimplemento da obrigação do outro, ainda que não tenha honrado sua contraprestação correspondente.
e) A constatação da existência de onerosidade excessiva impõe a resolução do contrato, ainda que o réu aceite modificar equitativamente o contrato.

COMENTÁRIOS

Alternativa correta: Letra "c" – A assertiva está correta porque traduz literalmente o disposto no art. 475 do Código Civil, que trata da possibilidade da rescisão do contrato em razão do inadimplemento de uma das partes, bem como do direito de a parte lesada ser indenizada por perdas e danos. O artigo faculta duas opções à parte lesada: exigir o cumprimento ou a indenização. Independente de qual a opção escolhida, a parte ainda terá direito a indenização em razão de eventuais prejuízos suportados.

Alternativa "a": A assertiva está incorreta. Ao contrário do que foi trazido pelo examinador, a disciplina dos contratos vem, cada vez mais, sendo pautada pela autonomia da vontade das partes. Tal autonomia não é absoluta, esbarrando na observância obrigatória das normas de ordem pública. Outrossim, a possibilidade de as partes estipularem contratos atípicos está prevista no art. 425 do Código Civil. Entende-se por contratos atípicos aqueles não disciplinados no Código Civil e nem em leis extravagantes, também chamados de contratos inominados, sem estrutura formal previamente determinada por lei.

Alternativa "b": A assertiva está incorreta vez que afronta o art. 423 do Código Civil. O contrato de adesão é aquele no qual uma das partes se limita a aceitar as cláusulas previamente determinadas pela outra. Em razão de não haver possibilidade de discussão ou alteração de suas cláusulas, aquele que o redige deve ser claro e preciso, evitando cláusulas contraditórias ou ambíguas, pois caso elas existam, deverão ser interpretadas da forma mais benéfica ao aderente. Podemos entender esta interpretação como resultado do princípio da isonomia, visando o equilíbrio entre os contratantes.

Alternativa "d": A assertiva está incorreta na medida em que, de acordo com o disposto no art. 476 do Código Civil, somente o contratante que está em dia com o cumprimento de suas obrigações poderá exigir o adimplemento da do outro. A esta regra dá-se o nome de exceção do contrato não cumprido, ou "*exceptio non adimpleti contractus*", cláusula resolutiva presente nos contratos bilaterais.

Alternativa "e": A assertiva está incorreta pois contraria o disposto nos arts. 478 e 479 do Código Civil. Onerosidade excessiva ocorre quando um acontecimento imprevisível e extraordinário torna demasiadamente difícil o cumprimento da obrigação por uma das partes, dando-se o nome de teoria da imprevisão, cabendo assim a possibilidade de resolução do contrato. No entanto, pode-se evitar a resolução caso o credor aceite modificar as condições do contrato de forma que o devedor consiga cumprir com suas prestações, restabelecendo o equilíbrio contratual.

9. DIREITO DAS EMPRESAS

71. (Vunesp – Delegado de Polícia – PC – SP/2018) Cesare Vivante definiu Título de Crédito como sendo o documento necessário para o exercício do direito, literal e autônomo, nele mencionado. Sobre o tema, assinale a alternativa correta.

a) De acordo com a legislação vigente no país, o aval parcial é vedado, porém, a mesma legislação estabelece que o endosso parcial é válido.

b) Considera-se lugar de emissão e de pagamento, quando não indicado no título de crédito, o lugar onde a obrigação deve ser resolvida ou, subsidiariamente, o domicílio do emissor.

c) Ressalvada cláusula expressa em contrário, constante do endosso, responde o endossante pelo cumprimento da prestação constante do título.

d) O Código Civil estabelece que é considerado como título à ordem aquele emitido em favor de pessoa cujo nome conste no registro do emitente.

e) A omissão de qualquer requisito legal, que tire ao escrito a sua validade como título de crédito, não implica a invalidade do negócio jurídico que lhe deu origem.

COMENTÁRIOS

Alternativa "a": A assertiva está parcialmente correta. O parágrafo único do art. 897 do CC determina que é vedado o aval parcial e o art. 912, parágrafo único do mesmo diploma legal determina que é nulo o endosso parcial.

Alternativa "b": O parágrafo segundo do art. 889 do CC determina que, uma vez não indicado no título o lugar da emissão do pagamento, assim será considerado o domicílio do emitente.

Alternativa "c": O art. 914 do CC determina exatamente o contrário. Na hipótese prevista na assertiva, não responde o endossante pelo cumprimento da prestação constante no título.

Alternativa "d": O conceito trazido pelo examinador é o de título nominativo, previsto no art. 921 do CC.

Alternativa "e": É exatamente o prescrito no art. 888 do CC.

Alternativa correta: letra "e".

72. (Vunesp – Delegado de Polícia – CE/2015) Assinale a alternativa correta sobre os títulos de crédito, de acordo com as disposições do Código Civil de 2002.

a) Não se admite mais de um aval para garantir o pagamento do mesmo título.

b) No vencimento, o credor não pode recusar-se ao recebimento do pagamento, ainda que parcial.

c) É nulo o endosso translativo nos títulos de crédito nominativos.

d) Em caso de endosso-mandato, o endossatário responde pelo protesto indevido, ainda que tenha agido nos limites de seus poderes.

e) Em regra, o endossante é solidariamente responsável pelo cumprimento da obrigação constante no título.

COMENTÁRIOS

Alternativa correta: Letra "b": A assertiva está correta pois trata de reprodução do quanto disposto no § 1º, do art. 902 do Código Civil que assim dispõe: "Não é o credor obrigado a receber o pagamento antes do vencimento do título, e aquele que o paga, antes do vencimento, fica responsável pela validade do pagamento.

> *§ 1º No vencimento, não pode o credor recusar pagamento, ainda que parcial."*

Alternativa "a": Incorreta, pois é possível o *aval do aval,* que poderá se dar através de avais sucessivos e ainda através de aval simultâneo, também chamado de coavais.

Alternativa "c": Incorreta, vez que o endosso em títulos nominativos só poderá ser "em preto", ou seja, que contenha o nome do endossatário, nos termos do art. 923 do Código Civil.

Alternativa "d": Incorreta, pois em se tratando de endosso-mandato, o endossatário não responderá pelo protesto indevido se agiu dentro dos limites de seus poderes, nos termos do art. 917 do Código Civil. A Súmula 467 do STJ assim dispõe: "Só responde por danos materiais e morais o endossatário que recebe título de crédito por endosso-mandato e o leva a protesto se extrapola os poderes de mandatário ou em razão de ato culposo próprio, como no caso de apontamento depois da ciência acerca do pagamento anterior ou da falta de higidez da cártula".

Alternativa "e": Incorreta, pois em desacordo ao previsto no art. 914 do Código Civil. Ele só se tornará devedor solidário se assumir a responsabilidade pelo pagamento, nos termos do parágrafo 1º do art. 914, acima mencionado.

73. (FUNIVERSA – Delegado de Polícia – DF/2015) No que diz respeito às sociedades, assinale a alternativa correta de acordo com a legislação que rege a matéria e a jurisprudência do STJ.

a) A sociedade subsidiária integral não é permitida no ordenamento jurídico brasileiro, pois a pluralidade de sócios é pressuposto da existência de qualquer sociedade.

b) O nascimento da empresa pública ou da sociedade de economia mista ocorre com a publicação da lei autorizativa, dispensando-se, para tanto, que o poder público promova o registro dos respectivos atos constitutivos nos registros competentes.

c) Para que uma sociedade seja considerada nacional, é necessário que pelo menos um de seus sócios seja brasileiro, nato ou naturalizado.

d) A vedação legal que proíbe cônjuges de contratarem sociedade entre si, quando casados sob o regime da comunhão universal ou separação obrigatória de bens, não se aplica à hipótese de contratação de sociedade simples.

e) Não é necessária outorga conjugal, qualquer que seja o regime de bens do casamento, para que o empresário casado possa alienar os imóveis que integram o patrimônio da empresa, ou, mesmo, gravá-los de ônus real.

COMENTÁRIOS

Alternativa correta: letra "e": A assertiva está correta pois de encontro ao previsto no art. 978 do Código Civil, que dispõe que o empresário casado poderá alienar os imóveis do patrimônio da empresa ou gravá-los com ônus real sem a necessidade de outorga conjugal, independente do regime de casamento. No entanto, cumpre ressaltar que caso o empresário queira aportar bens da sociedade conjugal para a sociedade empresária, será necessária a outorga conjugal neste caso.

Alternativa "a": Incorreta, pois contrária o disposto no art. 251 e parágrafos da Lei 6.404/76 que assim dispõe: "Art. 251. A companhia pode ser constituída, mediante escritura pública, tendo como único acionista sociedade brasileira.

§ 1º A sociedade que subscrever em bens o capital de subsidiária integral deverá aprovar o laudo de avaliação de que trata o artigo 8º, respondendo nos termos do § 6º do artigo 8º e do artigo 10 e seu parágrafo único.

§ 2º A companhia pode ser convertida em subsidiária integral mediante aquisição, por sociedade brasileira, de todas as suas ações, ou nos termos do artigo 252."

Alternativa "b": Incorreta. De acordo com o art. 37, XIX, da Constituição Federal. Lei específica autoriza o Poder Executivo a, por ato próprio, proceder à instituição da entidade. O Poder Executivo deverá providenciar o registro dos estatutos da entidade no registro competente. Assim, é o registro e não a publicação da lei que faz nascer à pessoa jurídica.

Alternativa "c": Incorreta, pois de acordo com o previsto no art. 1.126 do Código Civil é a sede da empresa em território nacional e sua organização de acordo com a legislação pátria que a faz ser considerada nacional e não o fato de ser um dos seus sócios brasileiro nato ou naturalizado.

Alternativa "d": Incorreta, pois de acordo com o art. 977 do Código Civil é facultado aos cônjuges contratar sociedade, entre si ou com terceiros, desde que não sejam casados no regime de comunhão universal ou de separação de bens. Assim, não há nenhuma vedação legal ao tipo societário que poderá ser escolhido pelos cônjuges.

74. (UEG – Delegado de Polícia – GO/2013) Após um acidente automobilístico, um jovem de 14 (quatorze) anos, filho único, perdeu seus pais que eram empresários do ramo de tecelagem em uma cidade do estado de Goiás. Segundo o artigo 3° do Código Civil, os menores de 16 (dezesseis) anos são considerados absolutamente incapazes de exercer pessoalmente os atos da vida civil. O jovem, nesse caso, poderá

a) por meio de representante continuar a empresa antes exercida por seus pais, haja vista a exceção estabelecida no direito de empresa.

b) responder civilmente pela empresa, mesmo sem representação ou assistência, por força da função social da empresa.

c) exercer a atividade de empresário, pois está em pleno gozo da capacidade civil e não está legalmente impedido.

d) requerer autorização judicial para continuar exercendo a atividade empresarial dos pais, sem intervenção dos representantes.

COMENTÁRIOS

Alternativa correta: Letra "a" – A assertiva está correta pois em consonância com o art. 974 do Código Civil. Referido artigo ratificou entendimento jurisprudencial, inclusive do STF, no sentido de permitir a continuação do exercício da empresa por incapaz devidamente representado ou assistido. O interesse social de preservação da empresa prevalece sobre qualquer interesse individual.

Alternativa "b": A assertiva está incorreta pois mesmo levando-se em consideração a função social da empresa, o incapaz só poderá responder civilmente por ela mediante representação ou assistência. Inteligência do art. 974 do Código Civil.

Alternativa "c": A assertiva está incorreta pois contraria o disposto no art. 972 do Código Civil, que traz como requisito o pleno gozo da capacidade civil e ausência de impedimento legal para exercer atividade de empresário.

Alternativa "d": A assertiva está incorreta pois contraria o parágrafo primeiro do art. 974 do Código Civil que determina que para a continuação da empresa necessária se faz a autorização judicial, ouvidos os pais, tutores ou representantes legais do menor.

10. DIREITO DAS COISAS

75. (Fumarc – Delegado de Polícia – PC – MG/2018) A respeito da posse, é CORRETO afirmar:

a) A posse de boa-fé só perde esse caráter quando do trânsito em julgado da sentença proferida em ação possessória.

b) É assegurado ao possuidor de boa-fé o direito à indenização pelas benfeitorias necessárias e úteis. Quanto às voluptuárias, estas, se não forem pagas, poderão ser levantadas, desde que não prejudiquem a coisa.

c) Obsta à manutenção ou à reintegração da posse a alegação de propriedade, ou de outro direito sobre a coisa.

d) Sendo possuidor todo aquele que tem de fato o exercício, pleno ou não, de algum dos poderes inerentes à propriedade, não é possível adquirir posse mediante representação.

COMENTÁRIOS

Alternativa "a": A posse passa a ser considerada de má-fé a partir do momento em que o possuidor toma conhecimento que exerce este direito sobre a coisa indevidamente (art. 1202 do CC)

Alternativa "b": é o que está previsto no art. 1219 do CC. Ainda é assegurado o direito de retenção da coisa pelo valor das benfeitorias úteis e necessárias que não forem devidamente ressarcidas

Alternativa "c": O art. 1210, § 2º do CC determina expressamente o contrário. A alegação de propriedade ou de outro direito sobre a coisa não obsta a manutenção ou a reintegração na posse.

Alternativa "d": O art. 1205, I do CC prevê expressamente a possibilidade de a posse ser adquirida pela própria pessoa que a pretende ou por representante.

Alternativa correta: letra "b".

76. (Vunesp – Delegado de Polícia – PC – BA/2018) Com relação à posse, assinale a alternativa correta.

a) A posse direta, de pessoa que tem a coisa em seu poder, temporariamente, em virtude de direito pessoal, ou real, não anula a indireta, de quem aquela foi havida, podendo o possuidor direto defender a sua posse contra o possuidor indireto.

b) Tendo em vista que a posse somente é defendida por ser um indício de propriedade, obsta à manutenção ou reintegração na posse a alegação de propriedade, ou de outro direito sobre a coisa.

c) Não autorizam a aquisição da posse justa os atos violentos, senão depois de cessar a violência; entretanto, se a coisa obtida por violência for transferida, o adquirente terá posse justa e de boa-fé, mesmo ciente da violência anteriormente praticada.

d) É de boa-fé a posse, se o possuidor ignora o vício, ou o obstáculo que impede a aquisição da coisa. O possuidor com justo título tem por si a presunção de boa-fé, mesmo após a ciência inequívoca que possui indevidamente.

e) O possuidor turbado, ou esbulhado, poderá manter-se ou restituir-se por sua própria força, a qualquer tempo; os atos de defesa, ou de desforço, não podem ir além do indispensável à manutenção, ou restituição da posse.

COMENTÁRIOS

Alternativa "a": É o que está previsto no art. 1197 do CC. Assim, o possuidor direto (inquilino, comodatário, por exemplo), pode fazer uso das ações possessórias, inclusive contra o proprietário do bem.

Alternativa "b": Nem a alegação de propriedade nem de outro direito sobre a coisa obstam a manutenção ou a reintegração na posse do bem (art. 1210, § 2º)

Alternativa "c": Atos violentos ou clandestinos não autorizam a aquisição da posse justa, senão depois de cessar a violência ou a clandestinidade (art. 1208 do CC). A legislação não pode prestigiar a má-fé do adquirente de coisa obtida por meio de violência, tendo ciência da violência.

Alternativa "d": A presunção de boa-fé do possuidor com justo título é afastada na medida em que este não ignora possuir a coisa indevidamente (art. 1202 do CC)

Alternativa "e": O possuidor turbado ou esbulhado poderá utilizar-se de força própria para manter-se ou restituir-se na posse do bem, desde que o faça logo e não a qualquer tempo (art. 1210, § 1º do CC)

Alternativa correta: letra "a".

77. (Cespe – Delegado de Polícia – GO/2017) Em cada uma das opções seguintes, é apresentada uma situação hipotética, seguida de uma assertiva a ser julgada, a respeito de posse, propriedade e direitos reais sobre coisa alheia. Assinale a opção que apresenta assertiva correta conforme a legislação e a doutrina pertinentes.

a) Durante o prazo de vigência de contrato de locação de imóvel urbano, o locatário viajou e, ao retornar, percebeu que o imóvel havia sido invadido pelo próprio proprietário. Nesse caso, o locatário não pode defender sua posse, uma vez que o possuidor direto não tem proteção possessória em face do indireto.

b) Determinado indivíduo realizou, de boa-fé, construção em terreno que pertencia a seu vizinho. O valor da construção excede consideravelmente o valor do terreno. Nessa situação, não havendo acordo, o indivíduo que realizou a construção adquirirá a propriedade do solo mediante pagamento da indenização fixada pelo juiz.

c) Caio realizou a doação de um bem para Fernando. No contrato celebrado entre ambos, consta cláusula que determina que o bem doado volte para o patrimônio do doador se ele sobreviver ao donatário. Nessa situação, a cláusula é nula, pois o direito brasileiro não admite a denominada propriedade resolúvel.

d) Roberto possui direito real de superfície de bem imóvel e deseja hipotecar esse direito pelo prazo de vigência do direito real. Nesse caso, a estipulação de direito real de garantia é ilegal porque a hipoteca somente pode ser constituída pelo proprietário do bem.

e) Determinado empregador cedeu bem imóvel de sua propriedade a seu empregado, em razão de relação de confiança decorrente de contrato de trabalho. Nesse caso, ainda que desfeito o vínculo trabalhista, é juridicamente impossível a conversão da detenção do empregado em posse.

COMENTÁRIOS

Alternativa correta: Letra "b" – A assertiva está correta pois contempla previsão expressa no parágrafo único do artigo 1255 do Código Civil. Preenchidos os requisitos legais (boa-fé e valor excedente ao da propriedade, ocorre a inversão do princípio da gravitação jurídica, pois a construção ou plantação passará a ser o bem principal em relação ao terreno acessório.

Alternativa "a": A assertiva está equivocada pois a parte final do artigo 1.197 do Código Civil autoriza o possuidor direto a defender a sua posse contra o possuidor indireto, não fazendo qualquer ressalva quanto a este último ser o proprietário do bem.

Alternativa "c": A alternativa está errada pois a estipulação de cláusula que prevê retorno do bem ao patrimônio do doador caso este sobreviva ao donatário é expressamente permitida no artigo 547 do Código Civil. Ainda, a propriedade resolúvel é admitida no direito brasileiro e expressamente prevista no artigo 1.358 do Código Civil.

Alternativa "d": A assertiva está errada pois é absolutamente legal a estipulação de direito real de garantia (hipoteca), conforme previsão expressa no artigo 1.473, inciso X do Código Civil.

Alternativa "e": A alternativa está equivoca pois é possível a conversão da detenção em posse caso seja rompida a relação de subordinação, conforme Enunciado nº 301 da IV Jornada de Direito Civil: *"Art.1.198. c/c art.1.204. É possível a conversão da detenção em posse, desde que rompida a subordinação, na hipótese de exercício em nome próprio dos atos possessórios".*

78. (IBADE – Delegado de Polícia – AC/2017) Sobre o instituto da usucapião especial urbana, é correto afirmar que:

a) pode ser reconhecida extrajudicialmente, sendo a aquisição do respectivo imóvel registrada pelo oficial do registro de imóveis competente.

b) trata-se de modo de aquisição secundária da propriedade de bem imóvel.

c) necessita do consentimento do cônjuge para ser requerida, mesmo nos casos de separação de fato.

d) o prazo de cinco anos de posse ininterrupta pode começar a ser contado em período anterior à entrada em vigor da Constituição Federal de 1988.

e) exige justo título para ser reconhecida.

COMENTÁRIOS

Alternativa correta: Letra "a" – A alternativa está correta pois contempla disposição expressa no artigo 206-A da LRP (6.015/73), que com a entrada em vigor do Novo Código de Processo Civil passou a permitir o reconhecimento extrajudicial da usucapião especial urbana.

Alternativa "b": A assertiva está equivocada. A usucapião configura modo de aquisição originária da propriedade, ou seja, sem qualquer vínculo, restrição ou ônus com relação ao proprietário anterior.

Alternativa "c": A alternativa está errada pois contraria o disposto no artigo 83, § 1º da Constituição Federal que determina que o título de domínio ou de concessão de uso será conferido ao homem ou à mulher, ou a ambos, independentemente do estado civil.

Alternativa "d": A alternativa está incorreta pois contraria entendimento jurisprudencial consolidado no sentido de que o início da contagem do prazo aquisitivo da propriedade para fins de usucapião especial urbana não alcança datas anteriores à entrada em vigor da Constituição Federal de 1.988.

Alternativa "e": A assertiva está equivocada pois o justo título não está entre os requisitos exigidos pelo artigo 183 da Constituição Federal e 1.240 do Código Civil para o reconhecimento da usucapião especial urbana.

79. (FUNCAB – Delegado de Polícia – PA/2016) Com relação à aquisição da propriedade, é correto afirmar que: ANULADA

a) o direito à aquisição da propriedade do solo em favor do construtor de má-fé somente é viável quando houver necessidade de proteger terceiros de boa-fé.

b) o direito de uso de linha telefônica não pode ser adquirido por usucapião.

c) aquele que possuir coisa móvel como sua, contínua e incontestadamente durante cinco anos, com justo título e boa-fé, adquirir-lhe-á a propriedade.

d) a propriedade das coisas móveis pode se transferir antes da tradição.

e) aquele que possuir, como sua, área urbana de até duzentos e cinquenta metros quadrados, por três anos ininterruptamente e sem oposição, utilizando-a para sua moradia ou de sua família, adquirir-lhe-á o domínio, desde que não seja proprietário de outro imóvel urbano ou rural.

COMENTÁRIOS

✪ **Nota da autora:** a questão foi anulada por possuir duas respostas corretas: alternativa "a" e alternativa "c".

Alternativa correta: Letra "a" – O construtor que invade solo alheio, estando de boa-fé e preenchendo os requisitos do artigo 1.258 do Código Civil, poderá adquirir tal propriedade. Tal direito também foi reconhecido ao construtor de má-fé pelo Enunciado 318 da 1ª Jornada de Direito Civil, desde que haja necessidade de proteger terceiros de boa-fé. (*"Enunciado 318 da 4ª Jornada de Direito Civil – Art.1.258. O direito à aquisição da propriedade do solo em favor do construtor de má-fé (art. 1.258, parágrafo único) somente é viável quando, além dos requisitos explícitos previstos em lei, houver necessidade de proteger terceiros de boa-fé."*)

Alternativa correta: Letra "c" – Trata da usucapião ordinária ou comum prevista no artigo 1.260 do Código Civil: *"Aquele que possuir coisa móvel como sua, contínua e incontestadamente durante* ***três anos****, com justo título e boa-fé, adquirir-lhe-á a propriedade."*

O raciocínio do examinador foi o seguinte: se ao preencher os requisitos por três anos o sujeito adquire a propriedade do bem, com mais razão ainda a adquire se preenchê-los por cinco anos, tempo previsto na alternativa.

Alternativa "b": A assertiva está equivocada pois contraria entendimento previsto na Súmula 193 do STJ: "*o direito de uso de linha telefônica pode ser adquirido por usucapião*".

Alternativa "d": A assertiva está errada pois o ato que transfere a propriedade nos negócios jurídicos que envolvem bens móveis é a tradição, que nada mais é que a entrega da coisa. Determinação expressa no artigo 1.267 do Código Civil.

Alternativa "e": A assertiva está equivocada. Trata da usucapião urbana, para a qual o legislador exige posse mansa e pacífica pelo período de 5 (cinco) anos, além dos requisitos previstos no artigo 1.240 do Código Civil.

O direito real, que se notabiliza por autorizar que seu titular retire de coisa alheia os frutos e as utilidades que dela advierem, denomina-se

a) usufruto.

b) uso.

c) habitação.

d) propriedade.

e) servidão.

COMENTÁRIOS

Alternativa correta: letra "a" (responde as demais): A assertiva está correta pois de encontro com o que preceitua o art. 1.234 do Código Civil. Usufruto é o **direito real** limitado de gozo ou fruição conferido durante certo tempo a uma pessoa, que a autoriza a ocupar a coisa alheia e a retirar seus frutos e utilidades. É direito real de gozo ou fruição, não sendo direito real de garantia, nem contrato com efeito real. O usufruto é mais amplo do que o uso e a habitação.

---

80. (Vunesp – Delegado de Polícia – CE/2015) Sobre o instituto da posse, é correto afirmar:

a) a posse não pode ser adquirida por representante, haja ou não instrumento de mandato.

b) é facultado ao sucessor singular unir sua posse à de seu antecessor, para os efeitos legais.

c) o possuidor direto não tem proteção possessória contra o possuidor indireto.

d) em razão da vedação à autotutela, o possuidor esbulhado não pode adotar medidas imediatas, por sua própria força, para recuperar a posse.

e) o detentor possui proteção possessória equivalente à do possuidor.

COMENTÁRIOS

Alternativa correta: letra "b": A assertiva está correta pois trata-se de reprodução expressa do previsto na segunda parte do art. 1.207 do Código Civil que assim dispõe: "O sucessor universal continua de direito a posse do seu antecessor; e ao sucessor singular é facultado unir sua posse à do antecessor, para os efeitos legais."

Alternativa "a": Incorreta, haja vista que a posse pode ser adquirida por representante ou por terceiro sem mandato, desde que dependente de ratificação, nos termos do art. 1.205, I e II, do Código Civil que assim dispõe: "A posse pode ser adquirida: I – pela própria pessoa que a pretende ou por seu representante; II – por terceiro sem mandato, dependendo de ratificação"

Alternativa "c": Incorreta, haja vista que o possuidor direto tem direito de defender a sua posse contra o possuidor indireto, nos termos do art. 1.197 do Código Civil.

Alternativa "d": A assertiva está incorreta haja vista que o possuidor esbulhado poderá restituir ou se manter na posse por sua própria força, desde que o faça logo, nos termos do § 1º do art. 1.210 do Código Civil.

Alternativa "e": Incorreta. Detentor e possuidor são coisas distintas. O art. 1.198 do Código Civil traz expressamente o conceito de detentor enquanto o art. 1.196 nos dá o conceito de possuidor. Assim, o simples detentor não pode ser equiparado ao possuidor, pois o primeiro cumpre ordens ou é dependente do segundo e seus poderes são resumidos aos que o possuidor lhe conferir.

---

81. (FUNIVERSA – Delegado de Polícia – DF/2015) Mateus, proprietário de uma casa situada no Lago Sul, Brasília-DF, resolveu, por motivos religiosos, abandonar seu imóvel residencial em junho de 2010. Renata e Luís, casados entre si, agindo de má-fé e sabedores de que Mateus viajara para o estrangeiro, sem data de retorno, passaram a viver na casa, tendo, inclusive, construído uma vistosa piscina no espaçoso quintal da residência. Em junho de 2011, em decorrência de uma forte tempestade de granizo, todo o teto da casa foi destruído, o que motivou, em julho do mesmo ano, a saída do casal invasor. Desde então, o imóvel está abandonado e desocupado, bem como nunca mais foram pagos quaisquer tributos a ele relacionados.

Em relação a essa situação hipotética, assinale a alternativa correta.

a) No momento em que passaram a habitar o imóvel, Renata e Luís não poderiam, em nenhuma hipótese, exercer sobre o bem atos possessórios individualmente.

b) O direito brasileiro não admite o desdobramento sucessivo da posse, nesse caso.

c) Renata e Luís responderiam pela deterioração da casa, caso demandados por Mateus à época de ocupação da residência, ainda que conseguissem provar a inevitabilidade do dano, isto é, que a destruição do telhado teria ocorrido mesmo se o imóvel estivesse na posse de Mateus, em razão da tempestade de granizo.

d) Caso houvessem sido oportunamente demandados em ação possessória, a Renata e Luís socorreria o direito de ressarcimento pela piscina construída no imóvel.

e) Na hipótese de o imóvel haver sido arrecadado como bem vago em agosto de 2011, a propriedade desse imóvel, transcorrido o prazo legal, poderá ser transmitida ao Distrito Federal, observado o devido processo legal, em que seja assegurado ao interessado demonstrar a não cessação da posse.

COMENTÁRIOS

Alternativa correta: letra "e". Referida assertiva encontra-se de acordo com o previsto no art. 1.276 do Código Civil, que dispõe que o imóvel urbano que o proprietário abandonar, com a intenção de não mais conservar em seu patrimônio, e que não se encontrar na posse de outrem, poderá ser arrecadado, como bem vago, e passar, três anos depois, à propriedade do Município ou a do Distrito Federal, se se achar nas respectivas circunscrições.

Alternativa "a": Incorreta, pois encontra-se em desacordo com o quanto previsto no art. 1.199 do Código Civil. No caso em tela trata-se de composse, na qual são dois os possuidores do bem. Sendo assim, cada um dos compossuidores possui os mesmos direitos de defender a posse de forma individual sem que se excluam os direitos dos outros possuidores.

Alternativa "b": Incorreta, vez que o art. 1.197 do Código Civil admite o desdobramento da posse, já que nem sempre o possuidor utiliza a coisa diretamente. Assim, aquele que cede a posse passa a ser possuidor indireto e quem a recebe passa a ser possuidor direto.

Alternativa "c": Incorreta. Renata e Luís não responderiam pela deterioração da coisa caso conseguissem provar que ela ocorreria de igual modo ainda que estivesse na posse do reivindicante Mateus, nos termos do art. 1.218 do Código Civil.

Alternativa "d": Incorreta. Renata e Luís teriam direito apenas ao ressarcimento das benfeitorias necessárias. Outrossim, em relação à piscina, direito algum lhes assiste, vez que não se trata de benfeitoria necessária e sim voluptuária, o que impede o direito de retenção da sua importância ou o seu levantamento, nos termos do art. 1.220 do Código Civil.

82. (NUCEPE – Delegado de Polícia – PI/2014) Quanto às formas de aquisição da propriedade móvel, julgue os itens.

I. A descoberta não é forma de aquisição da propriedade móvel.

II. A usucapião não é forma de aquisição de propriedade móvel.

III. A especificação é forma de aquisição originária de propriedade móvel.

IV. Tradição não é forma de aquisição de propriedade móvel.

a) Estão corretos os itens II e III.

b) Estão corretos os itens I e II, somente.

c) Apenas o item IV é falso.

d) Apenas o item I está correto.

e) Estão corretos os itens II e IV.

COMENTÁRIOS

Alternativa correta: letra "d"(responde as demais): A afirmativa I está correta, haja vista que descobrir, achar ou inventar algo não é forma de aquisição de propriedade, conforme se verifica pela leitura do art. 1.233 do Código Civil que assim dispõe: "quem quer que ache coisa alheia perdida há de restituí-la ao dono ou legítimo possuidor."

A afirmativa II está incorreta, pois ao contrário do quanto trazido pelo examinador, a usucapião também é forma de aquisição da propriedade móvel nos termos dos arts. 1.260 e 1.261 do Código Civil.

A afirmativa III está incorreta, pois a especificação é forma de aquisição derivada e não originária da propriedade, nos termos do art. 1.269 do Código Civil.

A afirmativa IV está incorreta, pois a tradição é forma de aquisição derivada da propriedade móvel, nos termos do art. 1.267 do Código Civil.

83. (Vunesp – Delegado de Polícia – SP/2014) No que tange ao instituto da posse e ao direito real de propriedade, assinale a alternativa correta, de acordo com as disposições do Código Civil de 2002.

a) Os direitos do detentor equivalem aos direitos do possuidor, havendo legítima pretensão à proteção possessória.

b) Considerando que a propriedade privada é um dos princípios da ordem econômica, não se admite a sua perda em razão do abandono, pelo proprietário.

c) Admite-se que o possuidor turbado ou esbulhado proteja sua posse por força própria, desde que a reação seja imediata e não exceda o indispensável.

d) Em regra, o possuidor não tem pretensão de reintegração de posse quando o esbulho houver sido praticado pelo proprietário do bem.

e) Em caso de perigo público iminente, o Poder Público pode requisitar a propriedade privada, sendo faculdade do proprietário ceder ou não o uso às autoridades competentes.

COMENTÁRIOS

Alternativa correta: Letra "c" – A assertiva está correta pois em consonância com o que dispõe o art. 1210, § 1º do Código Civil. Questão importante a se levantar é como definir o "faça logo" trazido pelo artigo. Para alguns, o "logo" estaria dentro do prazo de ano e dia, para outros, deveria ocorrer imediatamente após o esbulho, corrente a qual nos filiamos.

Alternativa "a": A assertiva está errada porque posse não se confunde com detenção, de forma que os direitos do detentor não se confundem com os direitos do possuidor. O detentor é aquele que conserva a posse em nome do possuidor, cumprindo suas ordens e instruções, sendo vedada ao detentor qualquer proteção possessória.

Alternativa "b": A assertiva está errada porque o art. 1275, II do Código Civil prevê a possibilidade de perda da propriedade pelo abandono. O abandono é uma causa tácita de perda da propriedade, pela qual se conclui que o proprietário não mais tem interesse pelo bem. Para que seja configurado, deve haver o ânimo de abandono por parte do proprietário.

Alternativa "d": A assertiva está incorreta pois afronta o disposto no art. 1.197 *in fine* do Código Civil que determina que o possuidor direto pode defender sua posse contra o possuidor indireto (proprietário). Pode ainda utilizar-se de ação possessória diante do possuidor indireto e também autotutelar sua posse nos termos do parágrafo primeiro do art. 1.210 do Código Civil.

Alternativa "e": A assertiva está incorreta pois está em desacordo com o art. 1.228. § 3º do Código Civil que determina que o proprietário pode ser privado da coisa em caso de perigo público iminente, entre outras causas. Ressalta-se que não cabe ao proprietário a escolha em ceder ou não o bem, pois trata-se de hipótese de requisição e não de solicitação pelo Poder Público.

84. (UEG – Delegado de Polícia – GO/2013) Uma família sem teto para morar invade pacificamente um terreno urbano de pouco mais de 150 metros quadrados e ali constrói sua casa de moradia, permanecendo por cinco anos e meio no local, sem nunca ter sido incomodada pelo proprietário. Tal situação caracteriza usucapião

a) extraordinária rural, por posse sem interrupção e sem oposição do proprietário.

b) ordinária rural, por posse contínua e sem oposição, justo título e boa-fé.

c) extraordinária coletiva urbana, por ser a posse realizada por um grupo familiar.

d) especial urbana, porque houve posse contínua e sem oposição do proprietário.

COMENTÁRIOS

Alternativa correta: Letra "d" – A assertiva está correta pois de acordo com o que preceitua o art. 1.240 do Código Civil, sendo requisitos para a caracterização da usucapião especial urbana também chamado de usucapião habitacional (art. 183 da Constituição Federal) que o possuidor não seja proprietário de outro imóvel urbano ou rural, além da metragem de até 250 metros quadrados e o lapso temporal de 05 anos.

Alternativa "a": A assertiva está errada porque o art. 1.239 do Código Civil exige como requisito para a constituição da usucapião extraordinária rural ou usucapião *pro labore* que a área de terra em zona rural não seja superior a 50 hectares. Os requisitos previstos no referido artigo estão em consonância com aqueles exigidos pelo art. 191 da Constituição Federal

Alternativa "b": A assertiva está errada porque para configuração da usucapião ordinário rural o parágrafo único do art. 1242 do Código Civil exige o prazo de 05 anos, bem como que a aquisição tenha ocorrido de forma onerosa, além de exigir expressamente o registro e investimentos que revele interesse social e econômico.

Alternativa "c": A assertiva está incorreta pois em desacordo com o art. 10 da Lei 10. 247/2001 – Estatuto da Cidade, que exige que a área urbana seja maior que 250 metros quadrados, posse de 05 anos ininterruptos, sem oposição, com *animus domini*, não havendo exigência de que a posse seja de boa-fé. Para sua caracterização, não basta o cumprimento dos requisitos por grupo familiar, sendo ainda necessário que as famílias sejam de baixa renda e que utilizem o local para moradia. Ressalta-se que a lei em questão possui o escopo possibilitar a regularização as áreas ocupadas por favelas.

85. (UEPA – Delegado de Polícia – PA/2013) Sobre a posse, analise as proposições abaixo e assinale a alternativa correta.

a) Para o alcance do prazo de usucapião, o possuidor de boa-fé não poderá acrescentar a sua posse a dos seus antecessores, ainda que sejam contínuas e pacíficas.

b) A realização de obras ou serviços de caráter produtivo constitui fator para a redução do prazo para aquisição da propriedade mediante usucapião, a partir de posse ininterrupta de imóvel urbano pelo prazo de cinco anos, independentemente da existência de justo título ou do tamanho do imóvel correspondente.

c) Considera-se detentor aquele que, achando-se em relação de dependência para com outro, conserva a posse em nome deste e em cumprimento de ordens ou instruções suas, sendo impossível a conversão da detenção em posse.

d) Ao possuidor de má-fé serão ressarcidas somente as benfeitorias necessárias, não lhe assistindo o direito de retenção pela importância destas, nem o de levantar as voluptuárias.

e) A perda da posse para quem presenciou o esbulho somente ocorre quando ao tentar recuperar a coisa, sofre reação violenta do invasor.

COMENTÁRIOS

Alternativa correta: Letra "d" – A assertiva está correta pois em consonância com o que determina o art. 1.220 do Código Civil. O possuidor de boa-fé tem direito a ser ressarcido pelas benfeitorias úteis e necessárias, podendo exercer o direito de retenção do bem enquanto não for ressarcido (art. 1.219 do Código Civil). Em contrapartida, ao possuidor de má-fé só caberá o direito de ressarcimento quanto às benfeitorias necessárias, em razão da proibição do enriquecimento sem causa, não lhe sendo conferido o direito de retenção da coisa.

Alternativa "a": A assertiva está errada porque contraria o disposto no art. 1.243 do Código Civil, vez que o legislador aqui tratou da hipótese de acréscimo do lapso temporal decorrido na posse dos antecessores, devendo ser preenchidos os requisitos lá elencados juntamente com os requisitos próprios para o reconhecimento de cada usucapião.

Alternativa "b": A assertiva está errada porque em desacordo com o que preceitua o art. 1.238 e seu parágrafo único do Código Civil, já que o dispositivo reduz o prazo para 10 anos quando no imóvel forem realizadas obras ou serviços de caráter produtivo ou tratar-se de moradia habitual, demonstrando-se assim a preocupação social do legislador nestes casos.

Alternativa "c": A assertiva está incorreta pois contraria o Enunciado nº 301 CFJ/STJ da IV Jornada de Direito Civil, que determina que: "é possível a conversão da detenção em posse desde que rompida a subordinação, na hipótese de exercício em nome próprio dos atos possessórios."

Alternativa "e": A assertiva está incorreta pois em desacordo com os arts. 1.223 e 1.224 do Código Civil. Para que haja a perda da posse por aquele que presenciou o esbulho, basta a perda de seu poder sobre o bem. Já para aquele que não presenciou o esbulho, a posse se perde quando, voluntariamente, deixa de retornar a coisa ou, na tentativa de recuperá-la, é repelido violentamente.

86. (FUNCAB – Delegado de Polícia – ES/2013) Quanto à propriedade e posse, marque a alternativa correta.

a) A responsabilidade do locatário de um imóvel que, em tese, é quem comete a infração condominial, exclui a responsabilidade do proprietário do imóvel, por estar na posse direta e o proprietário na posse indireta.

b) Em um contrato de locação de imóvel, o locador mantém o poder residual concernente à vigilância, à conservação ou mesmo o aproveitamento de certas vantagens da coisa, mesmo depois de transferir a outrem o direito de usar o bem, objeto da locação.

c) O proprietário com posse indireta pode se eximir de responder pelos danos causados pelo uso indevido de sua propriedade.

d) Ao locador não cumpre zelar pelo uso adequado de sua propriedade, assegurando-se que o locatário dê a destinação correta ao imóvel, visto que lhe são conferidos instrumentos coercitivos para compelir o locatário a cumprir as disposições condominiais.

e) O locador pode ingressar no imóvel, mesmo contra a vontade do locatário, haja vista poder exercer os atributos da propriedade quando o imóvel estiver sendo utilizado com fim diverso do pactuado.

COMENTÁRIOS

Alternativa correta: Letra "b" (responde a alternativa "d") – A assertiva está correta pois o locador mantém a posse indireta do imóvel, mesmo depois de efetuar a transferência do direito de uso a outrem (posse direta), objeto da locação. A isto se dá o nome de poder residual concernente à vigilância, à conservação ou mesmo o aproveitamento de certas vantagens da coisa, ainda que não esteja mais em sua posse direta.

Alternativa "a": A assertiva está errada porque o locatário possui legitimidade *ad causam* passiva para responder por eventuais danos relativos ao uso de sua propriedade decorrentes do descumprimento dos seus deveres condominiais. O informativo 506 do STJ assim dispõe: " Se o locatário do imóvel está descumprindo os deveres do condomínio, e com isso, causando danos a outros, a ação de indenização poderá ser proposta contra o locatário (causador direto do dano), contra o locador (proprietário e possuidor indireto da coisa) ou contra ambos conjuntamente.

Alternativa "c": A assertiva está errada porque o proprietário, mesmo com a posse indireta de seu bem, não pode ser eximido de responder por eventuais danos causados em razão do uso indevido de sua propriedade.

Alternativa "e": A assertiva está incorreta pois contraria a parte final do artigo 1.197 do Código Civil que diz que o "possuidor direto pode defender a sua posse contra o indireto." É importante frisar que o locador (possuidor indireto) tem o direito de vistoriar o imóvel, desde que agendada previamente sua visita com o locatário, nos termos do art. 23, IX, da Lei do Inquilinato (Lei nº 8.245/91).

87. (UEL – Delegado de Polícia – PR/2013) A respeito do Direito das Coisas, como previsto no Código Civil, assinale a alternativa correta.

a) A árvore está com o tronco na linha divisória de dois imóveis particulares, por isso pertence em comum aos donos dos prédios confinantes. Caso caiam frutos dessa árvore, estes devem ser repartidos por igual entre os proprietários.

b) A convenção que constitui o condomínio edilício deve ser subscrita pelos titulares de, no mínimo, três terços das frações ideais. Para oposição contra terceiros, deverá ser registrada no Cartório de Títulos e Documentos.

c) Os condomínios edilícios devem ser instituídos por ato entre vivos e registrados em Serventia competente para Títulos e Documentos que tenha competência para aquele quadrante da área do Município.

d) Para que sejam realizadas obras necessárias no condomínio edilício, exige-se ao menos o voto de um terço dos condôminos; para as voluptuárias e para as úteis, dois terços dos votantes.

e) O condômino que, por seu comportamento antissocial, reiteradamente gera incompatibilidade de convivência com os demais, pode ser compelido a pagar multa correspondente ao décuplo do valor das despesas condominiais.

COMENTÁRIOS

Alternativa correta: Letra "e" – A assertiva está correta pois de acordo com o previsto no artigo 1.337, parágrafo único, do Código Civil. A punição aqui prevista tem como finalidade preservar a vida em condomínio, fazendo com que o condômino de comportamento antissocial seja severamente apenado. Ressalte-se que as punições não atingem somente o condômino, mas qualquer outro possuidor da unidade, não importando a que título o faça, nos termos do artigo 1.333 do mesmo estatuto.

Alternativa "a": A assertiva está errada porque embora a primeira parte da questão esteja em acordo com o disposto no art. 1.282 do Código Civil, a segunda parte está equivocada, vez que os frutos caídos pertencem ao dono do solo onde caíram, de acordo com o previsto no art. 1.284 do mesmo estatuto. Tal previsão trata-se de exceção a regra de que o acessório segue o principal, já que neste caso o dono do prédio em que caírem os frutos da árvore vizinha passa a ser seu dono. Ressalte-se que tal regra só se aplica a terrenos particulares.

Alternativa "b": A assertiva está errada porque contraria ao quanto previsto no artigo 1.333, parágrafo único, do Código Civil. A convenção de condomínio tem como fundamento regular direitos e deveres dos condôminos e para isso deverá ser subscrita por no mínimo dois terços das frações ideais e não três terços como expresso na assertiva. Outrossim, para que produza seus efeitos e seja oponível contra terceiros, deverá a convenção ser registrada no Cartório de Registro de Imóveis e não de títulos e documentos. Importante frisar que a Súmula 260 do STJ garante que a convenção é válida entre os condôminos, ainda que não tenha sido registrada no competente cartório.

Alternativa "c": A assertiva está incorreta pois contraria ao artigo 1.332 do Código Civil. O condomínio edilício pode ser constituído por ato inter vivos ou testamento e deverá ser registrado no Cartório de Registro de Imóveis e não no de Títulos e Documentos.

Alternativa "d": A assertiva está incorreta pois contraria o disposto no artigo 1.341, inciso II, do Código Civil. Embora as obras voluptuárias de fato necessitem do voto de dois terços dos condôminos (inciso I), as úteis por sua vez dependem de voto da maioria. São voluptuárias as obras que embelezam e são úteis as servem para dar maior facilidade e conforto.

88. (UEL – Delegado de Polícia – PR/2013) Com relação às regras acerca da posse e da propriedade, nos moldes estabelecidos pela norma civilista privatista, considere as afirmativas a seguir. ANULADA

I. Januário é proprietário de uma área rural. Em decorrência de uma força natural violenta, uma porção de terra se destacou de uma propriedade vizinha e se juntou à sua. Januário adquire a propriedade do acréscimo, sem qualquer indenização ao dono da propriedade vizinha, por ser um fato natural reputado como aluvião.

II. A propriedade dos bens móveis se transfere pelo negócio que lhe dá base. Presume-se que isso ocorreu naqueles casos em que o adquirente já está na posse do bem por ocasião do negócio jurídico. Todavia, tal presunção é inaplicável nas hipóteses em que se verifica o constituto possessório.

III. A propriedade do solo abrange a do espaço aéreo e subsolo correspondentes, em altura e profundidade, nas mesmas e exatas proporções métricas à sua extensão linear, razão pela qual o proprietário pode opor-se a atividades que sejam realizadas, por terceiros, a uma altura ou profundidade que esteja dentro dessas medidas.

IV. Silvério exerceu posse direta e com exclusividade, por 3 anos ininterruptamente e sem oposição, sobre um imóvel urbano com 250 m2. Assim o fez depois que sua ex-companheira abandonou o lar, após 5 meses de união estável, e utilizou-o para sua moradia. Silvério pode adquirir-lhe o domínio integral, se não for proprietário de outro imóvel urbano ou rural.

Assinale a alternativa correta.

a) Somente as afirmativas I e II são corretas.

b) Somente as afirmativas I e IV são corretas.

c) Somente as afirmativas III e IV são corretas.

d) Somente as afirmativas I, II e III são corretas.

e) Somente as afirmativas II, III e IV são corretas

COMENTÁRIOS

✪ **Nota da autora:** Referida questão foi anulada pela banca examinadora pois não consta nenhuma alternativa que tenha apenas a afirmativa IV como correta.

Afirmativa I – errada. A afirmativa I está errada pois diverso do que apontado pelo examinador, trata-se de caso de avulsão e não aluvião, conforme disposto no artigo 1.251 do Código Civil. Referido artigo manteve o prazo de um ano para afastar a possibilidade de qualquer indenização pelo acréscimo ocorrido, fazendo-se assim uma compilação dos arts. 541 e 542 do Código Civil de 1916.

Afirmativa II – errada. A afirmativa II também está errada, haja vista que a propriedade das coisas móveis ocorre pela simples tradição e a de bens imóveis pela transcrição, inteligência do artigo 1.267, do Código Civil. Entende-se por tradição a forma de aquisição de propriedade móvel. No entendimento de Orlando Gomes, nem sempre a tradição será a simples entrega da coisa, podendo se dividir em três espécies: real, jurídica (ficta) e virtual (simbólica ou consensual).

Afirmativa III – errada. A afirmativa III está errada pois contraria o disposto no artigo 1.229 do Código Civil. O antigo Código de 1916 determinava que a propriedade abrangia tudo que lhe era superior e inferior em toda sua altura e profundidade. Com o Código de 2002 houve a preocupação do legislador em permitir a utilização do subsolo por parte do proprietário, mas nos limites úteis ao seu exercício. Embora a propriedade, nas palavras de Tartuce, vá do céu ao inferno, o proprietário deverá permitir atividades externas ao seu domínio que visem o bem comum, tais como passagens de telefone e de rede de TV a cabo, bem como passagens de água.

Afirmativa IV – correta. A afirmativa é a única correta, pois de acordo com o previsto no artigo 1.240-A do Código Civil. O requisito para que se requeira a usucapião neste caso é não ser proprietário de nenhum outro imóvel urbano ou rural, independente da metragem. Essa modalidade é chamada de usucapião familiar e abrange não só o casamento, mas também a união estável, como não poderia deixar de ser. Ressalte-se ainda que o conceito de posse de referido artigo difere-se do conceito de posse do 1.197 do mesmo estatuto legal. (Enunciado 502 da V Jornada de Direito Civil)

89. (Cespe – Delegado de Polícia – BA/2013) No que concerne à usucapião e à prova, julgue os itens seguintes, com base no Código Civil.

89.1. Considere que Pedro seja filho de Lúcia e primo de Maria e que ele pretenda provar determinado fato jurídico. Nessa situação hipotética, Maria poderá testemunhar, mas Lúcia somente poderá ser testemunha se for a única conhecedora do fato além de Pedro.

COMENTÁRIOS

CERTO: A afirmativa está correta pois de encontro com o quanto previsto no artigo 228, inciso V, parágrafo único do Código Civil que não admite como testemunha os cônjuges, os ascendentes, os descendentes e os colaterais até terceiro grau de uma das partes, por consanguinidade ou afinidade. Por fim, de acordo com o parágrafo único do artigo 228 do Código Civil o juiz pode admitir o depoimento das pessoas a que se refere este artigo.,

89.2. Considere que Ana e João tenham vivido como companheiros em determinado imóvel urbano de 100 m2, cuja propriedade era dividida pelo casal e que João tenha abandonado o lar há dois anos. Nessa situação hipotética, Ana poderá adquirir a propriedade do imóvel mediante usucapião, desde que tenha exercido a posse direta sobre o bem ininterruptamente e sem oposição e não seja proprietária de imóvel rural superior a 50 hectares.

COMENTÁRIOS

ERRADO: A afirmativa está errada pois embora esteja em grande parte de acordo com o previsto no artigo 1.240-A do Código Civil, o requisito para que se requeira a usucapião neste caso é não ser proprietário de nenhum outro imóvel urbano ou rural, independente da metragem. Essa modalidade é chamada de usucapião familiar e abrange não só o casamento, mas também a união estável, como não poderia deixar de ser.

11. DIREITO DAS FAMÍLIAS

90. (Fumarc – Delegado de Polícia – PC – MG/2018) Considere as seguintes afirmativas a respeito do direito de família:

I. A diversidade de sexos entre os companheiros não é requisito essencial para a configuração da união estável.

II. A pessoa casada, mas separada de fato, pode constituir união estável.

III. De acordo com jurisprudência pacificada no âmbito do Superior Tribunal de Justiça, na união estável, na ausência de contrato de convivência, a partilha de bens exige prova do esforço comum.

IV. A pessoa divorciada, enquanto não houver sido homologada ou decidida a partilha de bens do casal, não pode constituir união estável.

Estão CORRETAS apenas as afirmativas:

a) I e II.

b) I, II e III.

c) I, II e IV.

d) II e IV.

COMENTÁRIOS

Assertiva "I": Correta. Entendimento firmado pelo STF no julgamento da ADIN 4277 e da ADPF 132, bem como previsto na Resolução 175 do CNJ.

Assertiva "II": Correta. Não configura impedimento para configuração de união estável a existência de casamento anterior, desde que o convivente se encontre separado de fato ou judicialmente (art. 1723, § 1º do CC)

Assertiva "III": Errada. Na falta de contrato de convivência, aplicam-se as regras do regime de comunhão parcial (art. 1725 do CC), sendo presumido o esforço comum do casal quanto aos bens adquiridos na constância da união.

Assertiva "IV": Errada. A partilha dos bens do casamento anterior configura causa suspensiva para novo casamento (art. 1523, III do CC), mas não impede a constituição de união estável (art. 1723, § 2º do CC).

Alternativa correta: letra "a".

91. (Vunesp – Delegado de Polícia – PC – SP/2018) Maria propôs ação de divórcio em face de João e ambos, já divorciados, estão aguardando a homologação da partilha dos bens do casal. Nesse período, Maria conhece José e decidem se casar. Sobre o caso hipotético, assinale a alternativa correta.

a) Os colaterais de terceiro grau de José, consanguíneos ou afins, podem arguir o fato de que Maria é divorciada e a partilha de bens dela e de João ainda não foi homologada.

b) Maria e José podem celebrar o casamento, desde que com o regime de separação obrigatória de bens.

c) Se o oficial de registro tiver conhecimento de que a partilha de bens de Maria e João ainda não foi homologada, ele é obrigado a declarar o impedimento.

d) Ainda que Maria prove a inexistência de prejuízo de João, o juiz não poderá autorizar o casamento de Maria e José até que a partilha de bens seja homologada.

e) Qualquer pessoa relativamente incapaz pode declarar o impedimento do casamento de Maria até o momento da celebração.

COMENTÁRIOS

Alternativa "a": As causas suspensivas para o casamento podem ser alegadas por qualquer parente em linha reta dos nubentes ou por colaterais até segundo grau, seja o parentesco civil, por consanguinidade ou por afinidade. (art. 1524 do CC e Enunciado 330 da IV Jornada de Direito Civil)

Alternativa "b": Como a ausência de partilha dos bens do casamento anterior configura causa suspensiva para novo casamento (art. 1523, III do CC), Maria e José podem se casar no regime de separação de bens (art. 1641, I do CC)

Alternativa "c": A falta de partilha dos bens do casamento anterior não configura impedimento para o novo casamento, mas sim causa suspensiva para o mesmo, de forma que não incide a obrigação prevista na assertiva e no parágrafo único do art. 1522 do CC. Os impedimentos matrimoniais encontram-se no art. 1521 do CC.

Alternativa "d": O parágrafo único do art. 1523 autoriza que Maria solicite judicialmente a não aplicação da causa suspensiva ao seu novo casamento, desde que prove não haver prejuízo para o ex-cônjuge.

Alternativa "e": Como já explicitado, a falta de partilha configura causa suspensiva e não impeditiva para o novo casamento. Mesmo que assim não fosse, os impedimentos podem ser opostos, até o momento da celebração, por qualquer pessoa plenamente capaz. (art. 1522 do CC)

Alternativa correta: letra "b".

92. (FUNCAB – Delegado de Polícia – RO/2014) Acerca da tutela, é correto o que se afirma em:

a) Não pode ser instituída por testamento.

b) A tutela, uma vez feita pelos pais conjuntamente, não necessita de chancela judicial

c) É negócio jurídico unilateral e deve obedecer a forma especial, sob pena de nulidade.

d) É vedado que seja feita por meio de codicilo,

e) É proibido ao tutor adotar o seu pupilo.

COMENTÁRIOS

Alternativa correta: Letra "c" A assertiva está correta, pois a tutela tem natureza jurídica de negócio jurídico unilateral, devendo obedecer à forma prescrita em lei (testamento ou documento autêntico), sob pena de nulidade. Vale ressaltar que também será nula a tutela instituída pelo pai ou pela mãe destituído do poder familiar. (art. 1.730 do CC)

Alternativa "a": (responde à assertiva "d") A assertiva está equivocada, pois em contrariedade com o disposto no art. 1.729, parágrafo único do Código Civil. A tutela pode ser instituída em conjunto, pelos pais, por meio de testamento ou qualquer outro documento autêntico, o que inclui o codicilo.

Alternativa "b": A assertiva está errada, pois mesmo que a tutela seja instituída conjuntamente pelos pais, a nomeação efetiva do tutor depende de ato judicial, de acordo com o disposto nos arts. 165 a 170 do ECA. Ainda, os atos do tutor sofrem a supervisão do juiz, de acordo com os arts. 1728 a 1766 do CC.

Alternativa "e": A assertiva está errada. O tutor pode adotar seu pupilo, desde que já tenha prestado conta de sua administração e já tenha saldado seu alcance. Inteligência do art. 44 do ECA.

93. (FUNCAB – Delegado de Polícia – RO/2014) Quanto ao Poder familiar, é correto afirmar:

a) É irrenunciável, personalíssimo, intransferível e imprescritível.

b) É irrenunciável, público, transferível e imprescritível.

c) É renunciável, personalíssimo, transferível e prescritível,

d) É renunciável, público, intransferível e prescritível,

e) É renunciável, público, intransferível e imprescritível.

COMENTÁRIOS

Alternativa correta: Letra "a" (responde às demais alternativas) De acordo com Maria Helena Diniz: "O poder familiar constitui um múnus público, isto é, uma espécie de função correspondente a um cargo privado, sendo o poder familiar um direito-função e um poder-dever, (...) é irrenunciável, pois os pais não podem abrir mão dele; é inalienável ou indisponível, no sentido de que não pode ser transferido pelos pais a outrem, a título gratuito ou oneroso, salvo caso de delegação do poder familiar, desejadas pelos pais ou responsáveis para prevenir a ocorrência de situação irregular do menor, (...) é imprescritível, já que dele não decaem os genitores pelo simples fato de deixarem de exercê-lo, sendo que somente poderão perdê-lo nos casos previstos em lei (...)"

94. (UEG – Delegado de Polícia – GO/2013) Um casal com grande patrimônio e dois filhos menores, assessorado por seu advogado comum, procura o Cartório do Registro Civil para realizar o divórcio por escritura pública, o qual é negado pelo oficial do Cartório, porque

a) o divórcio consensual feito no Cartório do Registro Civil exige a presença de dois advogados, um para cada parte.

b) o divórcio consensual por escritura pública é recusado pelo oficial do Cartório por haver direitos de filhos menores.

c) o divórcio consensual feito no Cartório do Registro Civil exige prova da existência de direitos de filhos menores.

d) o divórcio consensual por escritura pública é vedado quando o casal tem grande patrimônio a partilhar.

COMENTÁRIOS

Alternativa correta: Letra "b" – A assertiva está correta pois em consonância com o que determina o art. 733 do atual Código de Processo Civil. Tanto a separação quanto o divórcio só poderão ser realizados mediante escritura pública caso não haja filhos menores ou incapazes do casal. A previsão deste requisito visa resguardar os interesses dos filhos menores, de forma que caberá aos cônjuges buscar o divórcio via judicial, com intervenção obrigatória do Ministério Público, o que confere maior segurança jurídica ao ato.

Alternativa "a": A assertiva está errada porque em desacordo com o que preceitua o art. 733 do atual Código de Processo Civil. É requisito formal para a celebração de divórcio por escritura pública que as partes estejam assistidas por advogado ou defensor público. Porém, não há necessidade de que cada parte seja assistida por um profissional diferente, podendo ser constituído um mesmo advogado para a defesa dos interesses de ambos os cônjuges.

Alternativa "c": A assertiva está errada porque independentemente de direitos patrimoniais que possam existir com relação aos filhos menores, quando da separação ou do divórcio, mesmo que consensual, de casais que possuem filhos menores, há necessidade de estipulações referentes à guarda e ao regime de visitas destes filhos (art. 1.574, I do Código Civil). Guarda e regime de visitas de filhos são temas que não podem ser estipulados, em sede de separação e divórcio, via extrajudicial.

Alternativa "d": A assertiva está incorreta pois, atendidos os requisitos legais, a separação e o divórcio consensuais podem ser realizados extrajudicialmente independentemente da quantidade de bens a serem partilhados. O art. 733 do atual Código de Processo Civil apenas determina que devem constar da escritura pública disposições relativas à descrição e à partilha dos bens comuns do casal. Ressalta-se, que é possível que na escritura pública do divórcio conste que a partilha dos bens do casal será realizada posteriormente, e ainda, de forma desigual, observadas as disposições tributárias a respeito.

95. (UEG – Delegado de Polícia – GO/2013) A separação de corpos antes de decretado o divórcio é medida preventiva para evitar exasperação do litígio entre os cônjuges e para proteger a integridade física e psicológica do casal,

a) podendo a parte requerê-la mediante comprovação da necessidade, sendo concedida pelo juiz imediatamente.

b) importando, também, a partilha de bens, que sempre deve ser proposta pelos cônjuges, mas nunca decidida de ofício pelo juiz.

c) importando, também, a partilha de bens, que será proposta pelos cônjuges e sempre homologada pelo juiz.

d) podendo a parte requerê-la mediante comprovação de necessidade, sendo concedida com a possível brevidade.

COMENTÁRIOS

Alternativa correta: Letra "d" – A assertiva está correta pois a separação de corpos tem sua previsão no art. 1.562 do Código Civil e para muitos doutrinadores, atualmente a sua a finalidade é a de substituir, em muitas hipóteses, a antiga separação de direito, possuindo ainda o condão de fazer cessar o dever de coabitação do casal em casos extremos de agressão psicológica, perigo de lesão a integridade física de um dos cônjuges.

Alternativa "a": A assertiva está errada porque não depende apenas de comprovação de necessidade para sua concessão e tão pouco o juiz a concederá de forma imediata. Há necessidade de preenchimento de requisitos, tais como explanados na resposta da alternativa "d", podendo o juiz em alguns casos antes da concessão da separação de fato designar audiência de justificação prévia.

Alternativa "b" (responde a alternativa "c"): A assertiva está errada porque a separação de corpos, como já explanado, tem como finalidade o afastamento de um dos cônjuges do lar conjugal em razão de sérios e graves comportamentos, fazendo cessar assim a coabitação. Ela não se confunde com a separação de direito pois não gera os mesmos efeitos, tais como partilha de bens, mudança de nome, estipulação de pensão, sendo apenas uma cautelar preparatória para eventual propositura de uma ação principal de nulidade, anulação de casamento ou de divórcio, competindo apenas ao juiz a concessão da liminar desde que preenchidos os requisitos legais para tanto.

96. (UEG – Delegado de Polícia – GO/2013) Uma pessoa que se casa sem conhecer o cônjuge incorre no risco de descobrir depois do casamento fatos que dizem respeito às qualidades essenciais do outro, das quais não tinha conhecimento e que lhe são insuportáveis. Na lei civil essa figura é qualificada de

a) erro substancial quanto às qualidades da pessoa, que se diferencia do vício redibitório porque o erro implica juízo objetivo e o vício está ligado ao juízo subjetivo.

b) vício redibitório, fundamentado na vontade do agente, enquanto o erro substancial quanto às qualidades da pessoa se fundamenta na obrigação legal de garantir o uso da coisa.

c) erro substancial quanto às qualidades da pessoa, que se diferencia do vício redibitório porque o vício é erro objetivo sobre a coisa e o erro substancial sobre as qualidades da pessoa é juízo subjetivo.

d) vício redibitório, que pode ser atacado por ação anulatória, enquanto contra o erro substancial quanto às qualidades da pessoa só cabem ações redibitória ou estimatória.

COMENTÁRIOS

✪ **Nota da autora:** A questão trata da diferença entre vício redibitório e erro substancial ou essencial. Cabe destacar que o vício redibitório não se confunde com o erro, vez que o vício redibitório ou vício oculto, previsto no Código Civil e também no Código de Defesa do Consumidor atingirá sempre o contrato ou a coisa. Já o erro substancial previsto no artigo 1.557 do Código Civil é considerado vício do consentimento, vez que atinge a vontade do agente que de alguma forma erra sozinho em relação a defeitos do outro cônjuge.

Alternativa correta: Letra "c" – (responde a alternativa " a") A assertiva está correta pois o erro substancial ou essencial previsto nos arts. 139 e 1.557, ambos do Código Civil é aquele que se configura através de uma opinião errada sobre a pessoa ou a coisa e que seria determinante para que não se configurasse o negócio jurídico. O art. 1.557 do mesmo estatuto trata o erro substancial como vicio de consentimento, incapaz de ser observado pelo homem médio. Há que se ressaltar que para se anular o casamento o erro terá que ser desconhecido antes da celebração e tornar insuportável a vida em comum dos cônjuges. Outrossim, o vício redibitório ou vício oculto trata-se de erro objetivo e está previsto tanto no Código Civil (arts. 441 e seguintes), como no Código de Defesa do Consumidor (art. 26, parágrafo 3º).

Alternativa "b": A assertiva está errada porque contraria o artigo 139 do Código Civil. O erro substancial decorre da manifestação de vontade do agente, oriunda de interpretação errônea ou equivocada sobre condições essenciais para a realização do ato ou negócio jurídico. Já o vício redibitório é aquele que desvaloriza a coisa ou a torna de alguma forma imprópria para uso, aplicando-se em regra aos contratos civis.

Alternativa "d": A assertiva está incorreta pois contraria o art. 442 do Código Civil, vez que o vício redibitório poderá ser atacado através das ações edilícias, podendo o prejudicado pleitear abatimento no preço ou ingressar com ação estimatória ou *quanti minoris*. Por sua vez, no caso do erro substancial ou essencial a medida adequada é a ação anulatória, prevista no art. 1.560, III, do mesmo estatuto, com prazo decadencial de 03 (anos) contados da celebração do casamento. Outrossim, só poderá requerer a ação o cônjuge que incidiu em erro, por tratar-se de ação personalíssima.

✪ **Nota da autora:** importante frisar que, com a entrada em vigor do Estatuto da Pessoa com Deficiência (Lei 13.146/2015) , a ignorância, anterior ao casamento, de defeito físico irremediável só será considerada erro essencial sobre a pessoa capaz de dar ensejo à anulação do casamento se tal defeito não caracterizar deficiência. (art. 1.557, § 3º)

---

97. (UEG – Delegado de Polícia – GO/2013) A guarda dos filhos, unilateral ou compartilhada, é instituto de proteção à prole no momento em que termina a relação conjugal, de modo a preservar, entre outros fatores, o convívio, a educação e a afetividade em relação ao pai e à mãe, sendo

a) a responsabilidade conjunta, na guarda compartilhada, que poderá ser requerida apenas por ambos os pais.

b) a responsabilidade conjunta, na guarda compartilhada, que poderá ser requerida por consenso, pelo pai e pela mãe, ou por qualquer deles.

c) facultativa, na guarda unilateral, a supervisão dos interesses dos filhos por parte do genitor que não a detenha.

d) decretada pelo juiz, na guarda compartilhada, de modo obrigatório, em ATENÇÃO às necessidades específicas do filho.

COMENTÁRIOS

Alternativa correta: Letra "b" – (responde também a alternativa "a"). A assertiva está correta pois está de acordo com o disposto no art. 1.584, I, do Código Civil. A guarda, seja unilateral ou compartilhada, poderá ser requerida pelos pais ou por qualquer um deles. Referido artigo foi alterado pela Lei nº 11.698/2008, definindo as regras da guarda unilateral ou compartilhada visando a proteção e bem-estar dos filhos.

Alternativa "c": A assertiva está errada porque contraria o disposto no art. 1.583, parágrafo 1º do Código Civil. A guarda unilateral será concedida a um só dos genitores, cabendo ao outro apenas o regime de visitas visando assim o bem-estar e os interesses do filho.

Alternativa "d": A assertiva está incorreta pois contraria o disposto no inciso II do art. 1.584 do Código Civil. A guarda será decretada pelo juiz, seja ela unilateral ou compartilhada quando não houver acordo entre os genitores, não sendo de modo algum obrigatória, como faz crer a alternativa. A finalidade, mais uma vez, é levar em conta as necessidades especificas do filho e as condições dos genitores.

---

98. (FUNCAB – Delegado de Polícia – ES/2013) Quanto à família e à relação de parentesco, é correto afirmar:

I. É presumível (presunção *iuris et iures*) a necessidade de os filhos continuarem a perceber alimentos após a maioridade, quando frequentam curso universitário ou técnico, porque se entende que a obrigação parental de cuidar dos filhos inclui a outorga de adequada formação profissional.

II. O advento da maioridade não extingue, automaticamente, o direito à percepção de alimentos, mas esses deixam de ser devidos em razão do poder familiar, passando a ter fundamento nas relações de parentesco.

III. A continuidade do pagamento dos alimentos após a maioridade, ausente a continuidade dos estudos, somente subsistirá caso haja prova da necessidade de continuar a recebê-los, o que caracterizaria fato impeditivo, modificativo ou extintivo desse direito, a depender da situação.

IV. O Código Civil vigente, ao regular as relações de parentesco em linha reta, não estipula limitação dada sua infinidade, de modo que todas as pessoas oriundas de um tronco ancestral comum sempre serão consideradas parentes entre si, por mais afastadas que estejam as gerações.

Estão corretas as afirmativas:

a) I e II, apenas.
b) II e III, apenas.
c) III e IV, apenas.
d) II, III e IV, apenas.
e) I, II, III e IV.

COMENTÁRIOS

Alternativa correta – letra "D": Estão corretas as afirmativas II, III e IV. A afirmativa II está correta vez que o advento da maioridade não extingue automaticamente o direito aos alimentos. Há necessidade de ação de exoneração para tanto (Súmula 358 do STJ), mas a obrigação poderá continuar em razão da relação de parentesco e não mais oriunda do poder familiar, desde que presente a prova efetiva de sua necessidade.

A afirmativa III também está correta, pois de acordo com o art. 1.695 do Código Civil. Embora o maior não esteja cursando faculdade, ainda assim subsiste o direito da continuidade do pagamento ao alimentando desde que não possua bens em seu nome ou mesmo com o seu trabalho não consiga se manter. No entanto há necessidade de dois requisitos: que o alimentando não receba qualquer benefício dos órgãos governamentais e que se leve em conta a condição financeira do alimentante para arcar com a continuidade do pagamento dos alimentos.

A afirmativa IV está correta porque embora o examinador tente confundir o candidato com os conceitos de parentesco em linha reta e linha colateral, a expressão "de um tronco ancestral" deverá ser entendida como relação de ascendência, não sendo confundida com a expressão "tronco comum" utilizada na conceituação de parentesco em linha colateral do art. 1.592 do Código Civil.

Por fim, a afirmativa I está errada pois o entendimento jurisprudencial tem sido no sentido de que a obrigação de prestar alimentos pode continuar após a maioridade, quando o filho estiver frequentando curso universitário ou técnico, desde que o alimentante tenha condições para tal, não sendo de presunção absoluta a mantença dos alimentos. O próprio STJ tem entendimento consolidado de que a obrigação do genitor pode continuar em se tratando de filho universitário, até que este encerre seus estudos (STJ, Ag. Rg. 655.104/SP, 3ª Turma, Rel. Min. Humberto Gomes de Barros, j.28.06.05). Há que se ressaltar que o genitor não é obrigado a custear pós-graduação do filho, segundo o Informativo 484 do STJ.

12. DIREITO DAS SUCESSÕES

99. (Fumarc – Delegado de Polícia – PC – MG/2018) Frederico, com 72 anos de idade, viúvo e sem herdeiros necessários, em março de 2016 procurou um tabelionato de notas na cidade de Belo Horizonte/MG e fez um testamento público, determinando que todos os seus bens deveriam ser transmitidos à Santa Casa de Belo Horizonte. Em dezembro de 2016, Frederico, que possuía apenas um parente vivo, o seu tio Aristóteles, resolveu adotar Pedro, de 10 anos de idade, vindo a falecer um ano após. Sobre a sucessão de Frederico, é correto afirmar:

a) A herança de Frederico será dividida igualmente entre Pedro, Santa Casa de Belo Horizonte e Aristóteles.
b) Pedro terá direito à legítima, cabendo à Santa Casa a parte disponível.
c) Todo o patrimônio de Frederico caberá a Pedro.
d) Todo o patrimônio de Frederico caberá à Santa Casa de Belo Horizonte, por força do testamento.

COMENTÁRIOS

A questão trata do instituto do rompimento do testamento previsto no art. 1973 do CC: *Sobrevindo descendente sucessível ao testador, que não o tinha ou não o conhecia quando testou, rompe-se o testamento em todas as suas disposições, se esse descendente sobreviver ao testador.*

No momento da feitura do testamento Frederico não possuía herdeiros necessários, podendo dispor de 100% de seu patrimônio. A adoção de Pedro gerou a superveniência de descendente sucessível ao testador, devendo o testamento ser rompido (anulado em todas as suas disposições), cabendo a Pedro toda a herança de Frederico, por tornar-se seu herdeiro necessário.

Alternativa correta: letra "c".

100. (Fumarc – Delegado de Polícia – PC – MG/2018) Considere as seguintes afirmativas a respeito do direito das sucessões:

I. Ninguém pode suceder, representando herdeiro renunciante. Se, porém, ele for o único legítimo da sua classe, ou se todos os outros da mesma classe renunciarem à herança, poderão os filhos vir à sucessão, por direito próprio, e por cabeça.

II. Fideicomisso é meio pelo qual o testador pode instituir como fideicomissário os não concebidos ao tempo de sua morte. Assim, é possível instituir fideicomisso em que contemplem, sucessivamente, determinada pessoa, seu filho e seu neto.

III. O testador pode estabelecer cláusula de inalienabilidade sobre os bens da parte legítima, desde que exponha uma justa causa para tanto.

IV. É lícito o testamento conjuntivo recíproco entre marido e mulher, quando o regime de bens do casamento for da comunhão universal.

Estão CORRETAS apenas as afirmativas:

a) I, II e III

b) I e II.

c) I e III.

d) II e IV.

COMENTÁRIOS

Assertiva "I": Correta. A assertiva é cópia literal do art. 1811 do CC.

Assertiva "II": Errada. Apesar de o conceito de fideicomisso estar correto (art. 1952 do CC), ele só pode ocorrer até segundo grau (art. 1959 do CC).

Assertiva "III": Correta. É o que se extrai da leitura do art. 1848 do CC.

Assertiva "IV": Errada. O art. 1.863 do CC proíbe expressamente o testamento conjuntivo, seja simultâneo, recíproco ou correspectivo.

Alternativa correta: letra "c".

101. (Vunesp – Delegado de Polícia – PC – SP/2018) Sobre a exclusão da sucessão, assinale a alternativa correta.

a) Aquele que caluniou em juízo o autor da herança não será admitido a suceder, ainda que o ofendido o tiver reabilitado em testamento de forma expressa.

b) Aquele que, por meios fraudulentos, inibir o autor da herança de dispor livremente de seus bens por ato de última vontade será excluído da sucessão, bastando, para tanto, decisão administrativa do juiz.

c) O direto de demandar a exclusão do herdeiro extingue-se em quatro anos, a contar da data de abertura do testamento.

d) Os descendentes do herdeiro excluído sucedem como se ele morto fosse antes da abertura da sucessão, uma vez que são pessoais os efeitos da exclusão.

e) O excluído da sucessão é obrigado a restituir os frutos e rendimentos que dos bens da herança houver percebido, sem direito a indenização pelas despesas com a conservação deles.

COMENTÁRIOS

Alternativa "a": Apesar de a regra ser no sentido da exclusão da sucessão do herdeiro que caluniou o autor da herança (art. 1814, II do CC), este poderá ser reabilitado a suceder por testamento ou outro ato autêntico (art. 1818 do CC)

Alternativa "b": A assertiva traz hipótese legal de exclusão de sucessão por indignidade prevista no art. 1814, III do CC. Porém, para tanto, não basta decisão administrativa do juiz. A exclusão por indignidade será declarada por sentença (art. 1815 do CC)

Alternativa "c": Apesar de o prazo estar correto, o início de sua contagem se dá a partir do início da abertura da sucessão e não da abertura do testamento (art. 1825, § 1º do CC)

Alternativa "d": É exatamente o que prevê o art. 1816 do CC. A sucessão se dará como se o herdeiro excluído fosse pré-morto à abertura da sucessão.

Alternativa "e": A obrigação de restituição quanto aos frutos e rendimentos dos bens da herança que por ventura o excluído da herança tenha recebido é legítima, mas tem direito a ser indenizado pelas despesas com a conservação deles (art. 1817 do CC)

Alternativa correta: letra "d".

102. (Vunesp – Delegado de Polícia – PC – SP/2018) Pedro, cantor de sucesso de apenas dezessete anos, preocupado com seus bens, decide fazer um testamento.

Sobre a situação hipotética, assinale a alternativa correta.

a) Caso algum herdeiro necessário não beneficiado pelo testamento decida impugnar a validade do testamento de Pedro, o prazo é de quatro anos, contado o prazo da data do seu registro.

b) Se Pedro decidir fazer o testamento particular, ele deve ser escrito de próprio punho. Se for público, pode ser de próprio punho ou por processo mecânico.

c) Serão nulas as disposições de Pedro se ele favorecer as testemunhas do testamento.

d) Pedro pode fazer o testamento conjuntivo com seu irmão para beneficiar seus pais.

e) Por ser relativamente incapaz, Pedro não pode testar, exceto se assistido por seus pais ou representantes legais.

COMENTÁRIOS

Alternativa "a": O prazo para impugnação da validade do testamento é de 5 (cinco) anos, de acordo com o art. 1859 do CC.

Alternativa "b": O testamento particular pode ser escrito de próprio punho ou por processo mecânico (art. 1876 do CC). O testamento público deve ser feito por tabelião ou seu substituto em livro de notas, manual ou mecanicamente (art. 1864, I e parágrafo único do CC)

Alternativa "c": O art. 1801 do CC determina expressamente que as testemunhas do testamento não podem ser nomeadas herdeiras. O art. 1802, por sua vez, determina que são nulas as disposições testamentárias em favor de pessoas não legitimadas a suceder.

Alternativa "d": O art. 1863 do CC proíbe expressamente a realização de testamento conjuntivo.

Alternativa "e": O parágrafo único do art. 1860 autoriza expressamente a realização de testamento por maiores de 16 anos, independentemente de assistência.

Alternativa correta: letra "c".

---

103. (FUNCAB – Delegado de Polícia – RO/2014) Sobre o instituto da "Indignidade", é correto afirmar:

a) Declarada a indignidade, o quinhão hereditário do herdeiro legítimo excluído será destinado aos seus descendentes, que sucederão por direito próprio.

b) Ciente o autor da herança do ato de indignidade praticado pelo herdeiro, poderá perdoá-lo, expressamente, em testamento ou ato autêntico, sendo que a sua inércia caracterizará perdão tácito.

c) O quinhão hereditário do herdeiro testamentário, excluído da sucessão por indignidade, será repassado aos substitutos indicados na cédula testamentária.

d) A ação ordinária de indignidade somente poderá ser ajuizada após o óbito do autor da herança, e dentro do prazo de dois anos, contados da abertura da sucessão.

e) O ofendido pelo ato de indignidade será o autor da herança, seu cônjuge, companheiro, ascendente ou descendente.

COMENTÁRIOS

Alternativa correta: letra "c". A assertiva está correta, haja vista que não há o que se falar em direito de representação em se tratando de sucessão testamentária. Desta feita, o quinhão será repassado aos substitutos indicados no testamento.

Alternativa "a": Incorreta, pois encontra-se em desacordo com o previsto no art. 1.816 do Código Civil. Eles sucederão por representação e não por direito próprio, já que os efeitos da exclusão são pessoais.

Alternativa "b": Incorreta, pois não há o que se falar em perdão tácito. A lei exige que seja feita expressamente por testamento ou em outro ato idêntico, nos termos do art. 1.818 do Código Civil.

Alternativa "d": Incorreta, haja vista que o prazo é de quatro anos e não dois anos como apresentado na assertiva, de acordo com o previsto no parágrafo único do art. 1.815 do Código Civil.

Alternativa "e": Incorreta, pois não são todos os atos de indignidade em que o ofendido será o autor da herança (de cujus), seu cônjuge ou companheiro, ascendente ou descendente. Somente serão todos estes em se tratando de homicídio doloso, nos termos do art. 1.814, I, do Código Civil.

---

104. (FUNCAB – Delegado de Polícia – RO/2014) Sobre a legitimidade sucessória, marque a opção correta.

a) O testador poderá deixar uma dotação de bens para a instituição de uma fundação de direito público, nesse caso, ter-se-á uma sucessão testamentária.

b) Têm capacidade sucessória as pessoas existentes ao tempo da abertura do inventário,

c) Numa sucessão legítima pode suceder uma pessoa jurídica.

d) Terão legitimidade para suceder os filhos de pessoas indicadas pelo testador, desde que vivas estas ao abrir-se a sucessão.

e) O nascituro tem legitimidade para suceder desde que ocorra o implemento da condição resolutiva, ou seja, nascer com vida.

COMENTÁRIOS

Alternativa correta: letra "d". A assertiva está correta, pois encontra-se de acordo com o disposto nos arts. 1.798 e 1.799, I, do Código Civil que assim dispõem:

> *Art. 1.798. Legitimam-se a suceder as pessoas nascidas ou já concebidas no momento da abertura da sucessão.*
>
> *Art. 1.799. Na sucessão testamentária podem ainda ser chamados a suceder: I – os filhos, ainda não concebidos, de pessoas indicadas pelo testador, desde que vivas estas ao abrir-se a sucessão;*

Alternativa "a": Incorreta. As fundações são pessoas jurídicas de direito privado e não público. Para que haja a sua criação, o testador deverá deixar uma dotação de bens livres e especificar a sua destinação de acordo com o previsto nos arts. 62 e 1.799, III, do Código Civil.

Alternativa "b": Incorreta, vez que possuem capacidade sucessória as pessoas existentes no momento da abertura da sucessão e não do inventário, de acordo com o previsto no art. 1.798 do Código Civil.

Alternativa "c". Incorreta, vez que a pessoa jurídica pode ser chamada a suceder em se tratando de sucessão testamentária na condição de herdeira ou legatária, nos termos do art. 1.799, II, do Código Civil.

Alternativa "e": Incorreta, vez que o nascituro não depende de condição para suceder, nos termos do art. 1.798 do Código Civil.

13. RESPONSABILIDADE CIVIL

Túlio, cidadão idoso, natural de Aracaju – SE e domiciliado em São Paulo – SP, caminhava na calçada em frente a um edifício em sua cidade natal quando, da janela de um apartamento, caiu uma garrafa de refrigerante cheia, que lhe atingiu o ombro e provocou a fratura de sua clavícula e de seu braço. Em razão do incidente, Túlio permaneceu por dois meses com o membro imobilizado, o que impossibilitou seu retorno a São Paulo para trabalhar. Por essas razões, Túlio decidiu ajuizar ação de indenização por danos materiais. Apesar da tentativa, ele não descobriu de qual apartamento caiu ou foi lançada a garrafa.

105. (Cespe – Delegado de Polícia – PC – SE/2018) Considerando essa situação hipotética, julgue os itens que se seguem.

105.1. Diante da impossibilidade de saber de qual apartamento caiu ou foi lançada a garrafa que o atingiu, Túlio poderá buscar a responsabilização direta do condomínio, indicando-o como réu na ação de reparação de danos.

COMENTÁRIOS

✪ **Nota da autora:** Tulio deverá ingressar com ação de responsabilidade civil por defenestramento (*actio effusis et dejectis*) contra o condomínio em razão do princípio da causalidade alternativa, segundo o qual, não sendo possível precisar qual elemento pertencente ao grupo (condomínio) é o causador do dano, todos serão considerados responsáveis solidários pelo evento danoso. (art. 938 do CC) **. CERTO**

105.2. Em caso de condenação do condomínio, o direito de regresso contra o morador do apartamento do qual caiu a garrafa, caso ele seja posteriormente identificado, depende da comprovação de dolo ou culpa do causador do dano.

COMENTÁRIOS

✪ **Nota da autora:** Assertiva equivocada. Determina o Enunciado 557 CJF: *"Nos termos do art. 938 do CC, se a coisa* cair *ou for lançada de condomínio edilício, não sendo possível identificar de qual unidade, responderá o condomínio, assegurado o direito de regresso"*. A responsabilidade será objetiva em decorrência da Teoria do Risco Criado, prescindindo da comprovação de culpa do causador do dano. **ERRADO**

106. (Vunesp – Delegado de Polícia – PC – BA/2018) A respeito da responsabilidade civil, assinale a alternativa correta.

a) A indenização mede-se pela extensão do dano, não podendo ser reduzida pelo juiz, mesmo na existência de excessiva desproporção entre a gravidade da culpa e o dano; se a vítima tiver concorrido culposamente para o evento danoso, a sua indenização será fixada tendo-se em conta a gravidade de sua culpa em confronto com a do autor do dano.

b) A indenização por ofensa à liberdade pessoal consistirá no pagamento das perdas e danos que sobrevierem ao ofendido; se o ofendido não puder provar prejuízo material, caberá ao juiz fixar, equitativamente, o valor da indenização, na conformidade das circunstâncias do caso; considera-se ofensiva da liberdade pessoal a denúncia falsa e de má-fé.

c) No caso de homicídio, a indenização consiste, sem excluir outras reparações, no pagamento das despesas com o tratamento da vítima, seu funeral e o luto da família e na prestação de alimentos às pessoas a quem o morto os devia, levando-se em conta a duração provável da vida do alimentado.

d) No caso de lesão ou outra ofensa à saúde, o ofensor indenizará o ofendido das despesas do tratamento e dos danos emergentes, além de algum outro prejuízo que o ofendido prove haver sofrido, não sendo devidos lucros cessantes.

e) Se da ofensa resultar defeito pelo qual o ofendido não possa exercer o seu ofício ou profissão, a indenização, além das despesas do tratamento e lucros cessantes até ao fim da convalescença, incluirá pensão correspondente à importância do trabalho para que se inabilitou, não podendo a indenização ser arbitrada e paga de uma só vez.

COMENTÁRIOS

Alternativa "a": O parágrafo único do art. 944 do CC determina que o juiz deve reduzir equitativamente o valor da indenização se houver desproporção excessiva entre a gravidade da culpa e o dano.

Alternativa "b": o art. 954, parágrafo único, incisos I, II e III do CC elenca as hipóteses de ofensa à liberdade pessoal. Nos casos ali dispostos, o valor da indenização deverá ser fixado em conformidade com cada caso concreto (art. 953, parágrafo único do CC)

Alternativa "c": As verbas abrangidas na indenização por homicídio estão previstas no art. 948, I e II do CC. Deve-se levar em conta a duração provável da vida da vítima e não do alimentado.

Alternativa "d": O art. 949 do CC determina que em caso de lesão ou ofensa à saúde a indenização abrangerá as despesas com o tratamento, os lucros cessantes até o fim da convalescença, além de outros prejuízos que a vítima possa ter sofrido.

Alternativa "e": O paragrafo único do art. 950 do CC autoriza o prejudicado, no caso de a ofensa resultar defeito pelo qual não possa exercer o seu ofício ou profissão, exigir que a indenização seja arbitrada e paga de uma única vez.

Alternativa correta: letra "b".

107. (Cespe – Delegado de Polícia – GO/2017) Um oficial do corpo de bombeiros arrombou a porta de determinada residência para ingressar no imóvel vizinho e salvar uma criança que corria grave perigo em razão de um incêndio.

A respeito dessa situação hipotética e conforme a doutrina dominante e o Código Civil, assinale a opção correta.

a) O oficial tem o dever de indenizar o proprietário do imóvel danificado, devendo o valor da indenização ser mitigado em razão da presença de culpa concorrente.

b) O ato praticado pelo oficial é ilícito porque causou prejuízo ao dono do imóvel, inexistindo, entretanto, o dever de indenizar, dada a ausência de nexo causal.

c) Não se aplica ao referido oficial a regra do Código Civil segundo a qual o agente que atua para remover perigo iminente pode ser chamado a indenizar terceiro inocente.

d) Conforme disposição do Código Civil, o oficial teria o dever de indenizar o dono do imóvel no valor integral dos prejuízos existentes, tendo direito de regresso contra o responsável pelo incêndio.

e) Não se pode falar em responsabilidade civil nesse caso, pois, na hipótese de estado de necessidade, o agente causador do dano nunca terá o dever de indenizar.

COMENTÁRIOS

Alternativa correta: Letra "c" – A assertiva está correta, pois o dever de indenizar decorre de prejuízo proveniente de ato ilícito e, no caso concreto, o oficial está encoberto pela excludente de ilicitude prevista no artigo 188, inciso II do Código Civil.

Alternativa "a": A alternativa está equivocada pois o dever de indenizar caberá ao Estado, em razão de sua responsabilidade objetiva (art. 37, § 6º da Constituição Federal e 43 do Código Civil).

Alternativa "b": A assertiva está errada pois o ato foi praticado pelo oficial mediante uma excludente de ilicitude, prevista no art. 188, inciso II do Código Civil. Ainda que exista nexo de causalidade, o dever de indenizar é do Estado, face à sua responsabilidade objetiva.

Alternativas "d" e "e": Vide justificativa da alternativa "a".

108. (IBADE – Delegado de Polícia – AC/2017) Sobre a responsabilidade civil extracontratual, é correto afirmar que:

a) o ato ilícito que dá ensejo à responsabilização civil não pode decorrer de omissão do agente.

b) depende da verificação dos seguintes elementos: ação ou omissão do agente, dano e nexo de causalidade.

c) o direito de exigir reparação civil não se transmite com a herança.

d) o dano experimentado pela vítima não pode ser de natureza moral.

e) a responsabilidade objetiva, para ser configurada, requerer a culpa do agente.

COMENTÁRIOS

Alternativa correta: Letra "b" – A alternativa foi dada como correta pois contempla os requisitos da responsabilidade civil extracontratual objetiva. Ressalta-se que para a configuração da responsabilidade civil subjetiva ainda se faz necessária a comprovação da culpa, aqui entendida em sentido amplo.

Alternativa "a": A assertiva está equivocada, pois a omissão está expressamente prevista no artigo 186 do Código Civil que conceitua ato ilícito. Quando a conduta omissiva for causadora de dano, dará ensejo ao dever de reparação previsto no artigo 927 do Código Civil.

Alternativa "c": A alternativa está errada pois tal direito é transmitido com a herança, bem como o direito de prestar a indenização (artigo 943 do Código Civil). Ressalta-se que o dever de prestar a indenização limita-se ao valor do *quantum* recebido pelo herdeiro.

Alternativa "d": A assertiva está equivocada pois o artigo 186 do Código Civil prevê o dano moral decorrente do ato ilícito.

Alternativa "e": vide justificativa da alternativa "b"

109. (FUNCAB – Delegado de Polícia – PA/2016) No que concerne à responsabilidade civil, pode-se afirmar que:

a) nas indenizações decorrentes da perda de uma chance, a probabilidade de perda de uma oportunidade pode ser considerada em abstrato.

b) no transporte desinteressado, de simples cortesia, o transportador só será civilmente responsável por danos causados ao transportado quando incorrer em dolo ou culpa grave.

c) ressalvados outros casos previstos em lei especial, os empresários individuais e as empresas respondem desde que comprovada a culpa pelos danos causados pelos produtos postos em circulação.

d) quando o ato, além de ilícito civil, constituir também crime, a indenização será fixada e computada com juros compostos.

e) o direito de exigir reparação e a obrigação de prestá-la não se transmitem com a herança.

COMENTÁRIOS

Alternativa correta: Letra "b" – A assertiva está correta pois o examinador transcreveu o disposto na Súmula 145 do STJ: *"No transporte desinteressado, de simples cortesia, o transportador só será civilmente responsável por danos causados ao transportado quando incorrer em dolo ou culpa grave."*

Alternativa "a": A assertiva está equivocada, pois nessas ações deve ficar demonstrada a probabilidade concreta, séria e real para que seja admitido o ressarcimento do dano. (REsp 788.459 – BA)

Alternativa "c": A alternativa está errada, pois nestes casos a responsabilidade é objetiva. Estas pessoas responderão *independentemente* de culpa, de acordo com o que preleciona o artigo 931 do Código Civil.

Alternativa "d": A assertiva está equivocada. A cobrança de juros sobre juros só é possível contra aquele que praticou o ato ilícito também considerado crime. Previsão expressa na Súmula 186 do STJ: *"Nas indenizações por ato ilícito, os juros compostos somente são devidos por aquele que praticou o crime."* A questão peca ao não especificar o responsável pelo pagamento da indenização.

Alternativa "e": A alternativa está errada pois contraria disposição expressa no artigo 943 do Código Civil que prevê que estes são institutos transmissíveis com a morte de seu titular. Ressalta-se que a obrigação de prestar reparação de danos limita-se ao *quantum* recebido a título de herança.

110. (Cespe – Delegado de Polícia – PE/2016) João, menor impúbere, de sete anos de idade, jogou voluntariamente um carrinho de brinquedo do alto do 14. ° andar do prédio onde mora com a mãe Joana. Ao cair, o carrinho danificou o veículo de Arthur, que estava estacionado em local apropriado.

Tendo como referência essa situação hipotética, assinale a opção correta, considerando as disposições vigentes a respeito de responsabilidade civil no Código Civil.

a) O dever de reparar o dano provocado por João não alcança Joana, já que não há como provar sua culpa em relação à atitude do filho.

b) Embora a responsabilidade de Joana seja objetiva, seu patrimônio somente será atingido se João não tiver patrimônio próprio ou se este for insuficiente para reparar o prejuízo causado a Arthur.

c) Caso seja provada a culpa de João, a mãe, Joana, responderá objetivamente pelos danos causados pelo filho.

d) A responsabilidade civil de João é objetiva.

e) A mãe de João tem responsabilidade subjetiva em relação ao dano causado no veículo de Arthur.

COMENTÁRIOS

Alternativa correta: letra "c": (responde as demais) A alternativa está correta porque neste caso quem derrubou o objeto foi um absolutamente incapaz (7 anos), que deverá ser representado por sua mãe nos termos do art. 932 do Código Civil. Outrossim, para que essas pessoas elencadas no referido artigo possam responder, é necessário provar a culpa daqueles pelos quais são responsáveis. Por isso a responsabilidade neste caso é denominada objetiva indireta ou objetiva impura. Por fim, o Enunciado 590 da VII Jornada de Direito Civil, afirma que a responsabilidade civil dos pais pelos atos dos filhos menores prevista no art. 932, inciso I, do Código Civil, não obstante objetiva, pressupõe a demonstração de que a conduta imputada ao menor, caso o fosse ao agente imputável, seria hábil para a sua responsabilização.

111. (NUCEPE – Delegado de Polícia – PI/2014) Sobre a reparação civil, é CORRETO dizer que:

a) respondem os pais sobre atos lesivos causados por filho incapaz, mesmo que este não se ache sob sua autoridade ou em sua companhia.

b) o empregador não é responsável por dano causado por empregado seu, quando diretamente não deu ordens de execução.

c) as escolas respondem por danos causados em um aluno por outros alunos

d) os donos de hospedarias não respondem pelos danos que seus empregados causarem a seus hóspedes, somente os donos de hotéis respondem por atos de seus empregados.

e) as pessoas jurídicas de direito privado só respondem subjetivamente por atos praticados por seus funcionários.

COMENTÁRIOS

Alternativa correta: letra "c": A assertiva está correta pois de acordo com o previsto no art. 932, IV do Código Civil, que inclui em seu rol as escolas e instituições de ensino ao dispor: "... casas ou estabelecimentos onde se albergue por dinheiro, **mesmo para fins de educação**, pelos seus hóspedes, moradores e educandos."

Alternativa "a": Incorreta. Para que haja a responsabilidade dos pais em relação aos atos lesivos praticados pelos filhos incapazes, há necessidade de os menores estarem sob a sua autoridade e companhia. Caso, por algum motivo não estejam, não há o que se falar em responsabilidade, nos termos do art. 932, I do Código Civil.

Alternativa " b": Incorreta. A responsabilidade do empregador pelo dano causado pelo seu empregado é objetiva, ou seja, independe de culpa, nos termos do art. 932, III, do Código Civil.

Alternativa "d": Incorreta. Referida assertiva também segue a regra da assertiva "b", pois trata-se de responsabilidade objetiva, independendo de comprovação de culpa por parte do agente. Assim, os donos de hospedarias respondem pelos danos causados pelos seus empregados nos termos do art. 932, IV, do Código Civil.

Alternativa "e": Incorreta. Segue o mesmo raciocínio das assertivas "b" e "d", ou seja, trata-se de responsabilidade objetiva. Assim, as pessoas jurídicas respondem objetivamente pelos atos praticados por seus funcionários, nos termos do art. 932, III, do Código Civil.

112. (UEPA – Delegado de Polícia – PA/2013) Sobre o regime de responsabilidade civil e a obrigação de indenizar, assinale a alternativa correta.

a) O Código Civil de 2002 provocou modificações substanciais no regime de responsabilidade civil próprio do ordenamento jurídico brasileiro, tendo adotado como regra geral a apuração de responsabilidade de modo objetivo, vale dizer, independentemente de culpa.

b) A indenização deve ser medida pela extensão do dano, de modo que havendo excessiva desproporção entre a gravidade da culpa e os prejuízos sofridos pela vítima, poderá o juiz reduzir, equitativamente, a indenização.

c) O dono ou detentor do animal deve ressarcir todos os danos por eles causados, ainda que haja comprovação da existência de culpa da vítima ou motivo de força maior.

d) A indenização por injúria, difamação ou calúnia somente poderá ser arbitrada caso o ofendido demonstre o prejuízo efetivamente sofrido.

e) O incapaz não responde pelos prejuízos que causar, de modo que a indenização restará frustrada caso os seus responsáveis não disponham meios suficientes de fazê-lo.

COMENTÁRIOS

Alternativa correta: Letra "b" – A assertiva está correta pois de acordo com o artigo 944, parágrafo único do Código Civil. Referido artigo trata da indenização de forma integral, tratando-se de responsabilidade objetiva, independendo de culpa do causador do dano. O caput do artigo se refere a extensão do dano material e do lucro cessante, haja vista que em relação ao dano moral dificilmente se terá a extensão do dano a ser reparado. Por fim, o parágrafo único trata da indenização oriunda de responsabilidade subjetiva, onde se verificou a culpa daquele que causou o dano, podendo o magistrado reduzir a indenização quando haja desproporção entre a gravidade da culpa e o dano causado.

Alternativa "a": A assertiva está errada porque embora o Código Civil atual traga muito mais hipóteses em que a responsabilidade é objetiva, não se pode afirmar que ele trate apenas deste tipo de responsabilidade, pelo contrário. Ainda persiste a responsabilidade subjetiva que é aquela que se funda na teoria da culpa, baseada na conduta do agente causador do dano a ser reparado.

Alternativa "c": A assertiva está errada porque contraria o disposto no artigo 936 do Código Civil. A indenização aqui só é cabível se não provar a culpa da vítima. Se houver mais de um responsável pelo animal, todos responderão pelos danos causados. Havendo culpa da vítima ou força maior, exclui-se a responsabilidade do dono do animal ou de seu representante.

Alternativa "d": A assertiva está incorreta pois contraria o disposto no artigo 953 do Código Civil. Não há necessidade de o ofendido demonstrar o prejuízo sofrido. Trata-se de responsabilidade civil que independe de condenação na esfera penal. É também considerada uma indenização por danos morais.

Alternativa "e": A assertiva está incorreta pois contraria o disposto no artigo 928, caput, do Código Civil que determina que o incapaz responde pelos prejuízos praticados que causar. Referido artigo é uma inovação ao Código de 1916. Assim, fica claro que o dever de indenizar não isenta o incapaz civilmente, dando-lhe assim um tratamento adequado a sua absoluta ou relativa incapacidade. Outrossim, discussões doutrinárias acerca deste artigo tratavam do tipo de responsabilidade que seria aplicada: subsidiária ou solidária. Atualmente, a maioria da doutrina entende tratar-se de responsabilidade subsidiária do incapaz, em atendimento ao artigo 116 do ECA.

---

113. (UEL – Delegado de Polícia – PR/2013) Sobre o instituto da responsabilidade civil, como prevista no Código Civil, atribua V (verdadeiro) ou F (falso) às afirmativas a seguir.

( ) A despeito de a deterioração ou a destruição da coisa alheia, a fim de remover perigo iminente, não serem consideradas como ato ilícito, o causador do dano deve indenizar o prejuízo causado se o lesado não for o culpado pelo perigo.

( ) Melquídes foi emancipado pelos pais assim que completou 17 anos. Três meses após, conduzindo seu próprio veículo, adquirido por doação do avô, por excesso de velocidade causou grave acidente. É inaplicável a corresponsabilidade dos pais.

( ) Por ser amigo do lesado, Jairo ressarciu os danos do incêndio culposo causado por seu bisneto Kauã, de 17 anos. Jairo pode reaver, em juízo, os valores dispendidos, pois estes foram de grande monta e Kauã tem muitos bens.

( ) Envergonhado pela conduta de seu avô Sérgio, que embriagado destruiu parcialmente um bar, Caio ressarciu os prejuízos, pois é vizinho e amigo do dono do estabelecimento. Caio pode, em juízo, reaver os valores, pois seu avô tem patrimônio.

( ) Dentre as causas excludentes da responsabilidade civil, e que têm o condão de tornar inexigível qualquer reparação, encontra-se a culpa concorrente. Assim, se a vítima concorreu para o evento danoso, o lesante se exime de responsabilidade.

Assinale a alternativa que contém, de cima para baixo, a sequência correta.

a) V, F, V, V, F.

b) V, F, F, V, F.

c) F, V, V, F, V.

d) F, V, F, V, V.

e) F, F, V, F, V.

COMENTÁRIOS

Alternativa correta "B" (responde as demais): A primeira afirmativa é correta pois de acordo com o artigo 188, II, combinado com o artigo 929, ambos do Código Civil, trata-se de estado de necessidade na qual a ofensa a direito alheio se dá para evitar perigo iminente.

A segunda afirmativa é falsa, vez que a emancipação voluntária não exclui a responsabilidade dos pais, diverso do que ocorre com a emancipação por força de lei.

A terceira afirmativa é falsa, pois contraria o disposto no artigo 934 do Código Civil. É importante frisar que a responsabilidade por ato de terceiro, pode dar ensejo a ação regressiva. No entanto, existe impedimento legal para ação de regresso de ascendente contra descendente incapaz, em razão de solidariedade familiar.

A quarta afirmativa está correta pois também tem como fundamento o artigo 934 do Código Civil, sendo neste caso perfeitamente possível a ação de regresso vez que a lei não diz nada em relação à ação de regresso de descendente contra ascendente.

A quinta afirmativa está errada pois contraria o artigo 945 do Código Civil. Referido artigo trata dos casos de distribuição da responsabilidade quando a vítima tenha concorrido para o evento que causou o dano, tratando-se de caso de responsabilidade subjetiva e não de excludente de responsabilidade civil.

114. (Cespe – Delegado de Polícia – BA/2013) Com relação à responsabilidade civil e aos contratos em geral, julgue os itens que se seguem.

114.1. No Código Civil, é prevista a possibilidade de as empresas responderem, independentemente de culpa, pelos danos causados pelos produtos postos em circulação.

COMENTÁRIOS

CERTO: A afirmativa está correta pois de acordo com o previsto no art. 931 do Código Civil. Referido artigo trata da responsabilidade objetiva (independe de culpa) das empresas e dos empresários individuais em relação aos danos causados pelos produtos postos em circulação. Referido artigo é semelhante às normas de responsabilidade civil previstas no Código de Defesa do Consumidor. No entanto, neste artigo do Código Civil a aplicação se dá para todas as relações civis e não somente em relação às consumeristas.

114.2. A proposta de contrato apresentada a outrem obriga o proponente, mesmo na hipótese de ser apresentada por telefone, podendo ser aceita posteriormente.

COMENTÁRIOS

ANULADA: Na realidade, referida afirmativa, ao nosso ver, não deveria ter sido anulada, mas gabaritada como "errada". De acordo com o art. 427, do Código Civil, a proposta obriga o proponente em relação ao oblato (aceitante da proposta), se o contrário não resultar dos termos dela, da natureza do negócio ou das circunstâncias do caso. No entanto, o caput do art. 928 do mesmo estatuto legal determina que deixará de ser obrigatória a proposta feita por telefone, ainda que aceita posteriormente, vez que a lei exige aceitação imediata, desobrigando-se assim o proponente.

115. (UEG – Delegado de Polícia – GO/2013) A responsabilidade civil subjetiva difere da responsabilidade civil objetiva, basicamente, por requerer a demonstração da culpa como um de seus requisitos. A regra no Código Civil é a responsabilidade civil subjetiva (artigo 927, caput), no entanto, também há menção da responsabilidade civil objetiva no Código Civil quando

a) o dano é causado por incapaz e as pessoas responsáveis por ele não tiverem obrigação de repará-lo ou não dispuserem de meios suficientes.

b) o autor do dano, por culpa de terceiro, ingressar com ação regressiva para reaver a importância que tiver ressarcido ao lesado.

c) a atividade executada pelo autor do dano, por sua natureza, implicar risco para os direitos de outrem.

d) a reparação civil nasceu da prática de crime, contravenção ou infração administrativa.

COMENTÁRIOS

Alternativa correta: Letra "c" – A assertiva está correta pois tem sua fundamentação no parágrafo único do art. 927 do Código Civil, que expressamente prevê que, independentemente de culpa, haverá a obrigação de reparar o dano, tratando-se de clara menção ao cabimento da responsabilidade civil objetiva. O artigo, por sua vez, fundamenta-se na teoria do risco, criada justamente para possibilitar a responsabilização objetiva quanto ao dano causado a outrem em decorrência de atividade de risco desenvolvida pelo autor do dano.

Alternativa "a": A assertiva está incorreta pois, apesar de o art. 928 do Código Civil prever a responsabilidade subsidiária do incapaz quanto aos danos por ele causados a terceiros, em consonância com o que dispõe o art. 116 do Estatuto da Criança e do Adolescente, nenhum dos dispositivos faz menção à responsabilidade objetiva do incapaz, mantendo-se a regra da responsabilidade subjetiva.

Alternativa "b": A assertiva está incorreta pois embora haja o cabimento da ação de regresso conforme previsto no art. 930 do Código Civil, trata-se de hipótese de responsabilidade subjetiva e não objetiva.

Alternativa "d": A assertiva está incorreta pois por expressa disposição legal (art. 935 do Código Civil), a responsabilidade civil é independente da responsabilidade criminal, restando a impossibilidade de discussão no juízo cível quanto à existência do fato e sua autoria já tiver sido decidida no juízo criminal. Porém a culpabilidade pode ser objeto de discussão no juízo cível mesmo que já tenha sido decidida no juízo criminal. Assim, havendo a possibilidade de discussão quanto à culpa do autor do fato criminoso na esfera cível, para fins de reparação civil, não há que se falar em responsabilidade objetiva.

116. (UEG – Delegado de Polícia – GO/2013) Figura como um direito da personalidade a impossibilidade de constranger alguém a submeter-se, com risco de vida, a tratamento médico ou a intervenção cirúrgica (artigo 15 do Código Civil). Esse artigo faz referência a qual tipo de temática?

a) Possibilidade judicial de submeter um paciente com risco de vida, integrante das "Testemunhas de Jeová", à transfusão de sangue.

b) Aborto necessário, uma vez que não há outro meio de salvar a vida da gestante.

c) Aborto, precedido de consentimento da gestante, no caso de gravidez resultante de estupro.

d) Ao dever de informar do médico responsável sobre a escolha de tratamento médico ou cirúrgico que imponha risco de vida ao paciente.

COMENTÁRIOS

Alternativa correta: Letra "d" – (responde as demais) – A assertiva está correta pois o examinador faz referência ao tipo de temática aplicada, sendo esta a do dever do médico de informar sobre a escolha do tratamento médico ao paciente que possa vir a lhe causar risco de morte. O próprio artigo 15 do Código Civil impede que haja qualquer tipo de constrangimento ao paciente na escolha do procedimento médico ou cirúrgico a ser adotado, violando assim o disposto no caput do art. 5º da Constituição Federal.

As demais alternativas "a", "b" e "c", tratam apenas das hipóteses do dever de informação e não do tipo de temática exigido pelo examinador.

117. (UEG – Delegado de Polícia – GO/2013) A sentença absolutória do júri não expressa se o resultado se deu por insuficiência ou não de provas, podendo inclusive ocorrer contrariamente à prova dos autos. No que tange à indenização civil nos casos de julgamento por jurados, tem-se o seguinte: ANULADA

a) absolvido pelo júri, que se limitou a negar a existência do fato, é cabível ação indenizatória civil.

b) a soberania do júri é compatível com a teoria da eficácia da decisão do crime sobre a instância cível.

c) entende-se que a decisão absolutória do júri sobre a questão do fato e da autoria, por não ser fundamentada, não tem nenhuma influência no juízo cível.

d) a decisão do júri é uma sentença capaz de influir na instância civil, independentemente de ser considerada circunstanciada, como na resposta aos quesitos da legítima defesa.

COMENTÁRIOS

Anulada – a questão foi anulada por não conter nenhuma alternativa correta. A questão foi elaborada com base no voto proferido pelo Min. Rel. Castro Filho no Resp 485.865 – RJ (2002/0165641-4), julgado em 25/05/2004, que transcreve trechos da doutrina de Carlos Alberto Menezes Direito e Sérgio Cavalieri Filho, o qual replicamos, pois responde a todos os tópicos abordados nas assertivas:

"A decisão dos jurados, como de todos sabido, não é motivada. Quando o júri absolve, nunca se sabe se foi ou não por insuficiência de provas. Poderá até mesmo ocorrer decisão absolutória manifestamente contrária à prova dos autos. Por isso, tem-se entendido que a decisão absolutória do júri sobre a questão do fato e da autoria, por não ser fundamentada, não tem nenhuma influência no juízo cível. Essa é a lição de Carvalho Santos:

"Outro ponto de capital importância precisa ser aqui abordado. Em se tratando de decisão proferida pelo júri, nenhuma influência sobre a ação cível pode ela exercer, mesmo que o réu tenha sido absolvido por ter ficado provada a não-existência do fato ou que outrem foi o seu autor. Demonstremo-lo. Absolvendo o réu, por essa forma, o júri tem de limitar-se a negar a existência do fato, segundo a organização dessa instituição entre nós. Não havendo fundamentação da sentença, não se fica sabendo se o júri entendeu que houve carência de prova a respeito da própria existência do fato ou de sua autoria. Trata-se, pois, de um veredictum "negativo de culpabilidade", que não se pode estabelecer como certa a opinião do júri no sentido da inexistência do fato, assim como, mesmo que o júri absolvesse por entender que o fato não existiu, não se ficaria sabendo se isso foi determinado pela falta de prova ou insuficiência dela, ou se o foi por ter ficado provado que realmente o fato não se verificou, ficando a decisão completamente sem base, sem fundamento, orientada apenas pelas dúvidas de consciências não definidas e nem definíveis, como bem adverte Mortara. Por isso mesmo este ilustre tratadista entende também que a decisão do júri nenhuma influência pode exercer no cível, porque em ambas as hipóteses a deliberação negativa dos jurados e a consequente absolvição deixa imprejudicada a questão capital, que mais interessa, se há prova de que o fato realmente não existiu.

Ainda um argumento vem corroborar a nossa conclusão. A soberania do júri é incompatível com a teoria da eficácia da decisão do crime sobre a instância cível: ou por outra, a decisão do júri não pode ser considerada como uma sentença capaz de influir na instância civil, a não ser quando seja, pelo menos circunstanciada, como na resposta aos quesitos da legítima defesa".

Mais adiante o conspícuo jurista conclui:

"O que podemos concluir é que onde não houver sentença fundamentada, ou pelo menos circunstanciada, como no caso da legítima defesa, não é admissível que essa sentença venha a possuir a virtude de caracterizar uma verdadeira divergência, a ponto de legitimar a influência sobre a outra instância. A razão é óbvia: o fundamento da regra é que as duas jurisdições não se podem desintegrar uma da outra, divergindo naquilo que constitui a sua matéria comum, que é a identidade do fato material. Mas essa regra está firmada, tendo por base a igualdade das jurisdições, regidas pelos mesmos princípios, subordinadas a idênticos preceitos, de obediência à lei e submissão à prova dos autos, afastada, para qualquer uma delas, toda a possibilidade de arbítrio e autonomia, que venha a redundar em prejuízo das partes".

14. DIREITO DO CONSUMIDOR

118. (UEG – Delegado de Polícia – GO/2013) O Código do Consumidor (Lei nº 8.078/90) estabelece normas de proteção e defesa do consumidor, de ordem pública e de interesse social, qualificando a responsabilidade do fornecedor

a) solidariamente, por vícios de quantidade do produto, sempre que, respeitadas as variações decorrentes de sua natureza, o conteúdo líquido for inferior às indicações do recipiente, da embalagem, rotulagem ou mensagem publicitária.

b) solidariamente, pelos vícios de qualidade dos serviços, que os tornem impróprios ao consumo ou lhes diminuam o valor e, também, por aqueles que decorrerem da disparidade com as indicações ou mensagem publicitária.

c) de modo individual, por vícios de quantidade do produto, sempre que, respeitadas as variações decorrentes de sua natureza, o conteúdo líquido for inferior às indicações do recipiente, da embalagem, rotulagem ou mensagem publicitária.

d) de modo individual, por vícios de quantidade e qualidade de produtos duráveis ou não duráveis, que os tornem impróprios ou inadequados ao consumo, ou lhes diminuam o valor, ou, ainda, vícios de disparidade com indicações do recipiente ou da embalagem, rotulagem ou mensagem publicitária.

COMENTÁRIOS

Alternativa correta: Letra "a" – A assertiva está correta pois de acordo com o artigo 18 do Código de Defesa do Consumidor. O CDC trouxe uma inovação em relação ao Código Civil não se limitando apenas aos vícios ocultos, vez que abrange também os vícios aparentes e que sejam de fácil constatação pelo consumidor. Outrossim, de acordo com o mencionado artigo, os fornecedores respondem ainda pelo vício que decorre da disparidade das características com a oferta do produto, vez que antes do CDC a responsabilidade se dava apenas em razão da funcionalidade do bem ou da diminuição de seu valor.

Alternativa "b": A assertiva está errada porque contraria o disposto no artigo 18 do Código de Defesa do Consumidor, haja vista que o dispositivo fala em produto e não em serviço como colocado na assertiva. Produto é qualquer bem, imóvel ou móvel, material e imaterial e serviço é qualquer atividade fornecida no mercado de consumo, mediante remuneração, inclusive as de natureza bancária, financeira, de crédito e securitária, salvo as decorrentes das relações de caráter trabalhista. (art. 3º, parágrafo primeiro e segundo do CDC, respectivamente)

Alternativa "c": A assertiva está errada porque a responsabilidade não será individual e sim solidária, de acordo com o previsto expressamente no artigo 19 do Código de Defesa do Consumidor.

Alternativa "d": A assertiva está incorreta pois trata-se de responsabilidade solidária e não individual, nos termos do artigo 18 do Código de Defesa do Consumidor.

---

119. (FUNCAB – Delegado de Polícia – ES/2013) Quanto aos direitos dos consumidores preceituados na Lei nº 8.078/1990, estão corretas as seguintes afirmativas:

I. Consumidor é somente a pessoa física que adquire ou utiliza produto ou serviço como destinatário final, bem como a coletividade de pessoas, ainda que indetermináveis, que haja intervindo nas relações de consumo.

II. Constituem vícios do produto os defeitos decorrentes de projeto, fabricação, construção, montagem, fórmulas, manipulação, apresentação ou acondicionamento de produtos, informações insuficientes ou inadequadas sobre sua utilização e riscos.

III. O consumidor pode desistir do contrato, no prazo de sete dias a contar de sua assinatura ou do ato de recebimento do produto ou serviço, sempre que a contratação de fornecimento de produtos e serviços ocorrer fora do estabelecimento comercial, especialmente por telefone ou a domicílio.

IV. Não sendo o vício do produto sanado no prazo máximo de trinta dias, pode o consumidor exigir, alternativamente e à sua escolha, a substituição do produto por outro da mesma espécie, em perfeitas condições de uso; a restituição imediata da quantia paga, monetariamente atualizada, sem prejuízo de eventuais perdas e danos; o abatimento proporcional do preço.

a) Apenas I e II.

b) Apenas II e III.

c) Apenas III e IV.

d) Apenas II, III e IV.

e) I, II, III e IV.

COMENTÁRIOS

Alternativa correta "C" – A afirmativa III está correta pois trata-se do chamado prazo de arrependimento, quando o consumidor efetua a compra por telefone, catalogo ou internet, conforme previsto no artigo 49 do Código de Defesa do Consumidor (Lei nº 8.078/90). A afirmativa IV também está correta pois de acordo com o artigo 18 do Código de Defesa do Consumidor, é concedido ao consumidor três alternativas a seu favor na hipótese de vício do produto. Ressalte-se que o parágrafo 2º do mesmo artigo permite a redução deste prazo para 07 dias ou a sua prorrogação para até 180 dias, de acordo com a vontade das partes, desde que o produto não seja considerado essencial e a sua substituição comprometer a qualidade ou diminuir o seu valor.

As afirmativas I e II estão incorretas. A afirmativa I está incorreta pois o conceito de consumidor engloba toda pessoa física e jurídica conforme preceitua o artigo 2º do Código de Defesa do Consumidor. A assertiva II está incorreta pois, na tentativa de confundir o candidato, o examinador transcreve parte do art. 12º do CDC que fala da responsabilidade do fornecedor pelo fato do produto, e não pelo seu vício.

15. DIREITO PÚBLICO E DIREITO PRIVADO

---

120. (UEG – Delegado de Polícia – GO/2013) A dicotomia Direito Público e Direito Privado remonta ao direito romano. Vários são os critérios propostos para esclarecer essa diferença. O critério finalístico assenta-se no interesse jurídico tutelado. Assim, são de direito público

a) as normas em que predomina o interesse geral.

b) as normas reguladoras das relações particulares, com base na igualdade.

c) as normas que visam atender imediatamente o interesse dos indivíduos.

d) as normas em que não é possível a sua derrogação pela vontade das partes.

COMENTÁRIOS

✪ **Nota da autora:** A distinção entre direito público e privado se dá através de conceitos e elaboração doutrinária de critérios que distinguem um do outro. Não há embasamento legal para defini-los ou diferenciá-los, cabendo a doutrina este papel. Embora existam vários critérios adotados, os mais comuns são: *natureza do interesse* (se particular, direito privado; se de natureza geral, direito público), *qualidade dos sujeitos envolvidos* (se há envolvimento do Estado, estamos diante de direito público), *tipo de relação* (se as partes estiverem em igualdade, o direito é privado), *politicidade* (assuntos que tratem de interesse político, são de direito público, em regra) e *imperatividade* (normas imperativas ou obrigatórias são de direito público, em geral impostas pelo Estado).

Alternativa correta: Letra "a" – A assertiva está correta, pois de acordo com a melhor doutrina as normas em que predomina o interesse geral são consideradas de direito público. Importante ressaltar que o direito público tem como interesse predominante o geral e não o particular, havendo sempre presença de autoridade estatal e submissão dos particulares ao Estado. A imperatividade do direito público assim como a sua politicidade são fortes em relação ao direito privado.

Alternativa "b": A assertiva está errada porque as normas com base na igualdade, em regra, dizem respeito ao direito privado e não ao direito público. Se houvesse uma relação de desigualdade entre as partes na qual uma delas exercesse o poder estatal, estaríamos diante do ramo de direito público.

Alternativa "c": A assertiva está errada porque as normas que visam atender imediatamente os interesses dos indivíduos são de direito privado e não público. Embora caiba ressaltar aqui que muitas vezes assuntos de interesse dos particulares são regulamentados pela própria Constituição Federal, que é considerada a base do direito público.

Alternativa "d": A assertiva está incorreta pois não se trata aqui de direito privado ou de direito público, pelo contrário. Nenhuma norma será derrogada por vontade das partes e sim por lei posterior que revogue a anterior, seja tácita ou expressamente, conforme previsto no art. 2º, § 1º da LINDB (Lei de Introdução as Normas de Direito Brasileiro.)

Direito Civil

Thaís Del Monte Buzato

✦ DICAS

1. LEI DE INTRODUÇÃO ÀS NORMAS DE DIREITO BRASILEIRO – LINDB

▸ Decreto-Lei 4.657/42 com redação dada pela Lei 12.376/10

A LINDB, em seus artigos 1º a 6º, regulamenta a vigência, aplicação, interpretação, integração e possíveis conflitos existentes entre todas as normas do ordenamento jurídico brasileiro, sejam elas de Direito Público ou de Direito Privado. Por esta razão, recebe da doutrina várias denominações, como "lei das leis", "norma das normas", "*lex legum*", "norma de superdireito", "norma de sobredireito", entre outras.

Vigência das leis:

- Vacatio legis: denomina-se *vacatio legis* o período entre a publicação e a entrada em vigor de uma lei. De acordo com o art. 1º da LINDB: "*Salvo disposição contrária, a lei começa a vigorar em todo o país 45 dias depois de oficialmente publicada.*"

O legislador pode reduzir, aumentar ou suprimir a *vacatio legis*, pois o prazo de 45 dias estipulado na LINDB é supletivo, o que fica demonstrado com a expressão 'salvo disposição contrária' utilizada pelo legislador.

- Vacatio legis **de lei brasileira em estado estrangeiro:** nos estados estrangeiros, quando admitida a aplicação da legislação brasileira, a *vacatio legis* será de três meses (art. 1º, § 1º da LINDB). **Atenção:** três meses não são 90 (noventa) dias.
- **Lei corretiva:** se houver nova publicação da lei, destinada a correção de erros materiais, durante o período de vacância, o prazo de *vacatio legis* deverá começar a ser contado a partir da nova publicação. Porém, se a nova publicação destinada a correção se der após a entrada em vigor, a lei corretiva será considerada nova lei. (art. 1º, §§ 3º e 4º)
- **Contagem do prazo de vacância:** inclui-se o dia da publicação e o último dia do prazo. A entrada em vigor se dá no primeiro dia subsequente à consumação do prazo, independentemente de ser domingo ou feriado (LC 95/98 art. 8º, § 1º)
- **Revogação das leis:** o princípio da continuidade previsto no art. 2º da LINDB determina que, em regra, uma lei só perderá sua vigência quando sobrevier outra que a modifique ou revogue. Como exceção, têm-se as leis temporárias ou excepcionais, que já entram em vigor com o período de vigência previamente estipulado. As primeiras possuem período de vigência expresso em seu corpo enquanto as segundas permanecem vigentes enquanto perdurarem as situações que deram causa às suas promulgações.

  A revogação poderá ser total (ab-rogação) ou parcial (derrogação). Ainda, poderá se dar de forma expressa (direta), quando o texto da lei nova a declarar ou; tácita (indireta), quando o conteúdo da lei nova for incompatível com o conteúdo da lei anterior. (art. 2º, § 1º).

- **Princípio da não repristinação:** previsto no art. 2º, § 3º da LINDB, determina que: "*Salvo disposição em contrário, a lei revogada não se restaura por ter a lei revogadora perdido a vigência.*" Exemplo: Imagine uma situação em que a Lei B revogue a Lei A e, posteriormente, sobrevenha uma Lei C que revogue a Lei B. Salvo se tiver disposição expressa na Lei C, a Lei A não voltará a ter vigência por ter sido a Lei B revogada.

* **ATENÇÃO:** "repristinação" e "efeito repristinatório" são fenômenos jurídicos diferentes. A repristinação é um fenômeno legislativo, previsto no art. 2º, § 3º da LINDB, segundo o qual a lei revogada pode ser restaurada por ter a lei revogadora perdido a vigência quando assim expressamente o prever. O efeito repristinatório é fenômeno atinente ao controle concentrado de constitucionalidade, segundo o qual uma norma aparentemente revogada retoma sua vigência em decorrência da declaração de inconstitucionalidade de sua lei revogadora que nasceu eivada de nulidade.

Eficácia da lei no tempo: art. 6º: "*A lei em vigor terá efeito imediato e geral, respeitados o ato jurídico perfeito, o direito adquirido e a coisa julgada.*" Tal dispositivo consagra o previsto no art. 5º, XXXVI da Constituição Federal.

Ato jurídico perfeito é aquele já consumado segundo a lei vigente ao tempo em que se realizou, não podendo sofrer os efeitos da lei nova (§ 1º). Direito adquirido é aquele já pertencente ao sujeito, pois preenchidos os requisitos exigidos pela lei vigente ao tempo de sua aquisição, ainda que não o tenha exercido durante a vigência da lei revogada (§ 2º). Coisa julgada é a decisão judicial da qual não caiba mais recurso, gerando sua imutabilidade (§ 3º).

2. PARTE GERAL. DAS PESSOAS

- **Personalidade:** também chamada de capacidade de direito, é a aptidão genérica exigida pelo direito para que as pessoas (físicas ou jurídicas) possam adquirir direitos e obrigações na ordem civil.

Para as pessoas jurídicas, o início de sua personalidade se dá com o registro de seu ato constitutivo no Registro Civil das Pessoas Jurídicas (sociedades simples) ou na Junta Comercial (sociedades empresárias).

Para as pessoas naturais, de acordo com o art. 2º do Código Civil, a personalidade começa com o nascimento com vida. (Teoria natalista).

Apesar de o Código Civil ter adotado a Teoria Natalista quanto à proteção dos direitos da personalidade, não deixou de resguardar os direitos daqueles seres já concebidos, porém ainda não nascidos, os nascituros (art. 2º *in fine*)

Atenção: Enunciado 1 do CFJ: "A proteção que o Código defere ao nascituro alcança o natimorto no que concerne aos direitos da personalidade, tais como nome, imagem e sepultura". Assim, quanto aos Nascituros e aos natimortos, jurisprudência e doutrina adotam a teoria concepcionista.

Quanto à natureza jurídica dos direitos do nascituro, prevalece hoje a Teoria Mista ou Híbrida criada pela doutrinadora MAria Helena Diniz, segundo a qual o nascituro possui personalidade jurídica dividida em formal e material. A primeira, diz respeito aos direitos não patrimoniais, garantidos ao nascituro desde a concepção. A segunda, diz respeito aos direitos patrimoniais, aos quais o nascituro só terá direito após seu nascimento com vida.

- **Capacidade:** é a medida da personalidade. É a aptidão que o sujeito capaz de direito (personalidade) adquire para a prática dos atos da vida civil por si mesmo.

O legislador prevê alguns motivos que impedem alguns sujeitos de praticarem por si mesmos os atos da vida civil. Tratam-se das hipóteses de incapacidade, que pode ser absoluta (art. 3º) ou relativa (art. 4º).

- **Incapacidade absoluta:** é a proibição total para a prática dos atos da vida civil.

O desrespeito à proibição gera a nulidade absoluta do ato praticado (art. 166, I)

O instrumento pelo qual se viabiliza a prática de atos relativos aos direitos e interesses do absolutamente incapaz é a representação, que será exercida pelos pais, caso se trate de menor sob poder familiar (art. 1690), pelo tutor, caso o menor esteja sob tutela (art. 1747), ou pelo curador caso a incapacidade absoluta tenha sido reconhecida por outro motivo que não a idade (arts. 1781 e 1747).

Contra o absolutamente incapaz não corre prazo prescricional (art. 198, I), prazo decadencial (art. 208) e nem prazo para usucapião (art. 1.244).

São absolutamente incapazes (art. 3º): Os menores de 16 anos (menores impúberes).

- **Incapacidade relativa:** é a proibição para a prática de determinados atos ou relativa ao modo de exercê-los.

O desrespeito à proibição gera a nulidade relativa (anulabilidade) do ato praticado (art. 171, I)

O instrumento pelo qual se viabiliza a prática de atos relativos aos direitos e interesses do relativamente incapaz é a assistência.

Pelo instituto da assistência, o negócio será realizado em conjunto pelo relativamente incapaz e por seu representante legal.

Contra o relativamente incapaz corre prazo prescricional e decadencial, exceto na relação entre ascendente e descendente durante o poder familiar (art. 197, II)

São relativamente incapazes (art. 4º): I – os maiores de 16 e menores de 18 anos (menores púberes), II – Os ébrios habituais, os viciados em tóxico, III – Aqueles que, por causa transitória ou permanente, não puderem exprimir sua vontade, IV – Os pródigos.

* **ATENÇÃO:** Com a entrada em vigor do Estatuto da Pessoa com Deficiência, os deficientes mentais não são mais considerados incapazes. Para a prática dos atos da vida civil, precisarão do apoio de duas pessoas de sua confiança, conforme o que determina o art. 1.783-A do Código civil, que trata do instituto da Tomada de Decisão Apoiada, pelo qual o juiz, a pedido da pessoa com deficiência, nomeará duas pessoas idôneas e com as quais a pessoa deficiente mantenha vínculos, para auxiliá-la na tomada de decisões sobre os atos da vida civil.

Quanto aos relativamente incapazes em razão da idade, menores entre 16 e 18 anos, dispensa-se a assistência para: ser eleitor, ajuizar ação popular, fazer testamento, reconhecer filho, ser testemunha, aceitar mandato, celebrar contrato de trabalho.

Ainda, caso o menor entre 16 e 18 anos oculte sua idade para eximir-se de obrigação por ele assumida, a lei reconhecerá a validade do negócio a fim de prestigiar a boa-fé da parte contrária. (art. 180)

A capacidade dos indígenas é regulada pela Lei 6.001/73 – Estatuto do índio.

- **Emancipação:** é o ato pelo qual a lei confere capacidade plena ao menor entre 16 e 18 anos, tornando-o habilitado a praticar por si só todos os atos da vida civil.

Pode se dar de três formas:

a) *Voluntária ou direta*: concedida pelos pais ou por um deles na falta do outro, aos filhos maiores de 16 anos, independentemente de homologação judicial, mediante instrumento público.

b) *Judicial:* concedida pelo juiz em procedimento de jurisdição voluntária interposto por maior de 16 anos que se encontra sob tutela.

c) *Legal:* verificada automaticamente quando da ocorrência dos fatos previstos no art. 5º, parágrafo único, incisos II a V do Código Civil: casamento, exercício de emprego público efetivo, colação de grau em nível superior, estabelecimento civil ou comercial ou existência de relação de emprego, desde que, em função dele, o menor com 16 anos tenha economia própria.

- **Fim da personalidade:** de acordo com o art. 6º do Código Civil, a personalidade da pessoa natural tem fim com a sua morte.

  Espécies de morte:

  a) *Morte real*: comprovada por exame médico onde há o diagnóstico de morte encefálica (Lei 9.434/97)

  b) *Morte civil ou fictícia*: quando a pessoa viva é tratada pelo direito como se morta fosse. Ex.: deserdação ou indignidade

  c) *Morte presumida*: situação em que não há a comprovação da ocorrência efetiva da morte, mas em razão da alta probabilidade de ela ter ocorrido há a sua declaração. Pode ocorrer sem a necessidade de declaração de ausência (art. 6º), com relação a pessoas em perigo de vida ou desaparecidas em campanha ou feitas prisioneiras passados dois anos do término da guerra (art. 7º). Ainda, de acordo com o art. 88 da Lei de Registros Públicos, de pessoa desaparecida em naufrágio, inundação, incêndio, terremoto ou qualquer outra catástrofe, quando provada sua presença no local do desastre e não for possível encontrar o cadáver para exame.

Fora as situações acima transcritas, a lei exige que seja declarada a ausência da pessoa para que seja presumida sua morte.

- **Ausência:** Ausente é aquele que desaparece de seu domicílio sem deixar notícia e representante ou mandatário para administrar seus bens (art. 22). Ainda, quando o mandatário não queira ou não possa exercer ou continuar o mandato, bem como se não possuir poderes suficientes. (art. 23).

A ausência será declarada por meio do procedimento judicial, previsto nos arts. 744 a 745 do Código de Processo Civil, composto por três fases, de acordo com a probabilidade de retorno do ausente. a) Curadoria do ausente: o juiz determina a arrecadação dos bens do ausente e lhe nomeia um curador; b) Sucessão provisória: ocorre a habilitação dos herdeiros e imissão na posse dos bens deixados pelo ausente, de acordo com o testamento, se houver, ou ordem de vocação hereditária, mediante caução; c) Sucessão definitiva: é transferida a propriedade dos bens do ausente aos seus sucessores e levantada a caução. A partir da abertura desta fase é que se presume a morte do ausente (art. 6º), de forma que até então os herdeiros tinham apenas expectativa de direito quanto aos bens por ele deixados.

Se o ausente retornar passados dez anos da abertura da sucessão definitiva, retomará os bens que ainda existirem no estado em que se encontrarem, os sub-rogados em seu lugar ou o preço que os herdeiros tiverem recebido a título de alienação.

- **Comoriência:** é a presunção de morte simultânea aplicável quando duas ou mais pessoas, herdeiras entre si, falecem na mesma ocasião e não se pode averiguar quem morreu primeiro (art. 8º). Tem por finalidade evitar que haja transmissão de direitos entre elas.

- **Direitos da personalidade:** aqueles que têm por objeto os atributos físicos e psíquicos da pessoa humana, indispensáveis para um desenvolvimento digno de cada um.

  Em proteção ao direito à vida e ao corpo vivo, o art. 13º do Código Civil prevê a proibição de ato de disposição do corpo quando importar diminuição permanente da integridade física ou contrariar os bons costumes. A regra é flexibilizada nos casos de exigência médica ou para fins de transplante.

  A expressão "exigência médica" refere-se tanto ao bem-estar físico quanto ao bem-estar psíquico da pessoa. Ressalta-se que mesmo nos casos em que há exigência médica, ninguém pode ser forçado a submeter-se a tratamento ou intervenção cirúrgica quando houver risco de vida (art. 15). Ao médico cabe o dever de informação sobre as especificidades do procedimento e os riscos, sob pena de responsabilização, e ao paciente cabe a escolha pela realização ou não do procedimento.

  A Código ainda prevê a possibilidade de disposição gratuita do corpo ou parte dele para depois da morte, desde que para fins científicos ou altruísticos (art. 14)

  Quanto à integridade moral, o Código protege a honra, a imagem, a privacidade, a intimidade e a identidade.

- **Nome:** é o sinal que identifica a pessoa publicamente e sua procedência familiar. O nome da pessoa natural é composto por elementos essenciais ou fundamentais (prenome e sobrenome - art. 16) e por elementos facultativos, secundários ou acessórios (agnome, cognome, pseudônimo, apelido hipocorístico e axiônimo).

- **Prenome:** primeiro nome ou nome de batismo. É escolhido livremente pelos pais e pode ser simples ou composto. A liberdade de escolha, porém, é limitada, pois o oficial do Registro Civil negará a realização do registro quando verificar que o nome escolhido for suscetível de expor ao ridículo seu titular (LRP, art. 58)

- **Sobrenome:** patronímico, nome ou apelido de família. Pode ser do pai, da mão ou de ambos.

  Elementos facultativos:

- **Agnome:** sinal distintivo que se acrescenta ao nome completo para diferenciar o seu titular de outros parentes próximos. Ex.: Júnior, Filho, Neto, etc.

- **Cognome, alcunha, apelido ou epíteto:** designação dada a alguém em razão de alguma particularidade pessoal. Ex.: Zóio. Se for público e notório pode substituir o prenome (LRP, art. 58)

- **Pseudônimo ou Codinome:** nome escolhido pela própria pessoa para o exercício de uma atividade específica. Geralmente utilizado por atores, cantores, etc. O pseudônimo adotado para atividades lícitas goza da proteção que se dá ao nome (art. 19)

- **Apelido hipocorístico:** nome atribuído a uma pessoa como forma de exprimir carinho. Em geral é a forma abreviada do nome. Ex.: Zé, Chico, etc.

- **Axiônimos:** representam título de nobreza, qualificativo acadêmico. Ex.: Barão, Doutor, Mestre, etc.

Quanto à identidade, segundo os arts. 17 e 18 do referido diploma legal, o nome da pessoa não pode ser utilizado em publicações que a exponham a desprezo público, ainda que não haja intenção difamatória. Ainda, não pode ser utilizado em propaganda comercial sem autorização.

O nome pode ser alterado por diversas razões: quando expõe seu titular a humilhação ou constrangimento, para correção de erros de grafia, quando há mudança no estado de filiação, para tradução de nomes estrangeiros, para substituir ou acrescentar apelido notório, no caso de homonímia, casamento ou união estável (para acrescentar o sobrenome do cônjuge ou companheiro), no caso de inclusão da pessoa no Programa Federal de Assistência a Vítimas e Testemunhas, no primeiro ano após a maioridade sem motivação e sem prejuízo do sobrenome ou de terceiros, alteração de gênero.

Atenção: o STJ já pacificou o entendimento de que a retificação do registro para alteração de nome e gênero de transexuais não pode ser condicionada à realização de cirurgia de transgenitalização.

O art. 20, de forma abrangente, prevê o seguinte: *"salvo se autorizadas, ou se necessárias à administração da justiça ou à manutenção da ordem pública, a divulgação de escritos, a transmissão da palavra, ou a publicação, a exposição ou a utilização da imagem de uma pessoa poderão ser proibidas, a seu requerimento e sem prejuízo da indenização que couber, se lhe atingirem a honra, a boa fama ou a respeitabilidade, ou se se destinarem a fins comerciais."*

- **Domicílio:** é o local onde a pessoa se presume presente e pratica habitualmente seus atos da vida civil. O art. 70 do Código Civil determina que o domicílio é o local onde a pessoa estabelece residência com ânimo de permanência.

Em regra, o domicílio é voluntário, ou seja, pode ser escolhido livremente pela pessoa. Porém, algumas pessoas, em razão de alguma circunstância especial, têm seus domicílios estabelecidos por lei, os chamados domicílios necessários. (art. 76)

- *Incapaz:* domicílio de seu representante ou assistente
- *Servidor público:* lugar em que exerce suas funções.
- *Militar:* lugar em que servir ou a sede do comando a que for subordinado.
- *Marítimo:* lugar em que o navio estiver matriculado
- *Preso:* lugar em que estiver encarcerado

ESTADO DA PESSOA NATURAL:

Conceito: é a posição jurídica da pessoa no meio social, resultante de certas qualidades que lhe são inerentes, nos contextos político, familiar e individual.

Estado político: é a posição do indivíduo em face do Estado. Diz respeito à nacionalidade e à cidadania (naturalidade). Pode ser nacional (nato ou naturalizado) ou estrangeiro, natural de.

Estado familiar: leva-se em conta as relações conjugais e de parentesco. Ex.:filiação, solteiro (a), divorciado (a), viúvo (a), etc.

O art. 10 determina que devem ser averbados os atos relacionados ao estado familiar: sentença de nulidade ou anulação de casamento, divórcio, reconhecimento de filho e adoção.

Estado individual: é a condição física do indivíduo influente na sua capacidade de agir.

O art. 9º determina que devem ser registrados os atos relacionados ao estado individual: emancipação, sentença de interdição e declaratória de ausência.

Características do estado:

Atenção: grande parte da doutrina defende ser o estado uno e indivisível, no sentido de que não se pode ostentar dois ou mais estados da mesma categoria ao mesmo tempo. Ex.: ninguém pode ser solteiro e casado ao mesmo tempo.

Ocorre que as mudanças sociais fizeram com que essa classificação caísse por terra. É plenamente possível uma pessoa ter várias nacionalidades, ter múltipla filiação, bem como ser casada e conviver em união estável ao mesmo tempo.

- **Pessoa Jurídica:** é o conjunto de pessoas e/ou patrimônios constituído para a consecução de determinado fim, ao qual a lei confere personalidade jurídica para que possa ser sujeito de direitos e obrigações na ordem civil.

Várias foram as teorias criadas para fundamentar a existência das pessoas jurídicas que, por sua vez, dividiram-se em dois grandes grupos:

O primeiro grupo, formado pelos negativistas, minoritário, nega que a pessoa jurídica possua personalidade própria, sendo uma mera ficção legal.

O segundo grupo, que forma a corrente afirmativa, amplamente majoritário, reconhece a personalidade jurídica da pessoa jurídica como um expediente técnico conferido a ela por lei, para que possa contrair direitos e obrigações em seu próprio nome, sendo independente da personalidade jurídica de seus membros.

Classificação das pessoas jurídicas:

a) Pessoas jurídicas de direito público:

- *Interno*: União, Distrito Federal, Estados, Municípios, Territórios, autarquias, associações públicas e demais entidades de caráter público criadas por lei. (art. 41)
- *Externo*: Estados soberanos estrangeiros e todas as pessoas que forem regidas pelo direito internacional público, como Santa Sé e Organizações Internacionais (Onu, Unesco, Oea, Oms, etc.) (art. 42)

b) Pessoas jurídicas de direito privado (**art. 44**):

I. as associações;
II. as sociedades;
III. as fundações;
IV. as organizações religiosas;
V. os partidos políticos;
VI. as empresas individuais de responsabilidade limitada.

- **Desconsideração da personalidade da pessoa jurídica:** a pessoa jurídica possui personalidade e patrimônio distintos de seus membros. Levando-se em consideração que esta prerrogativa pode ser utilizada de forma abusiva, gerando desvio de finalidade ou confusão patrimonial, a lei prevê um mecanismo de atingimento ao patrimônio pessoal de seus membros, a fim de evitar-se prejuízo a terceiros.

> *Art. 50: "Em caso de abuso da personalidade jurídica, caracterizado pelo desvio de finalidade ou pela confusão patrimonial, pode o juiz decidir, a requerimento da parte ou do MP quando lhe couber intervir no processo, que os efeitos de certas e determinadas relações de obrigações sejam estendidos aos bens particulares dos administradores ou sócios da pessoa jurídica".*

- **Desconsideração inversa da personalidade jurídica:** de origem doutrinária, foi reconhecida no enunciado 283 da 4ª Jornada de Direito Civil: "*é cabível a desconsideração da personalidade jurídica denominada "inversa" para alcançar bens de sócio que se valeu da pessoa jurídica para ocultar ou desviar bens pessoais, com prejuízo a terceiros.*"

3. PARTE GERAL. DOS BENS

Não há um consenso na doutrina a respeito do conceito de *bem*, prevalecendo duas definições: 1) Tudo aquilo que existe no universo e que é útil ao homem; 2) Tudo aquilo que puder ser objeto de uma relação jurídica.

Os bens podem ser classificados de acordo com três grandes critérios:

a) *isoladamente considerados ou considerados em si mesmos;*
b) *reciprocamente considerados*
c) *quanto à titularidade de seu domínio*

- **Bens isoladamente considerados ou considerados em si mesmos:**

De acordo com esta classificação os bens podem ser:

a) *Imóveis:* solo e tudo que a ele se incorporar (art. 79).

Alguns bens são qualificados como imóveis por determinação legal, pois o legislador resolveu dar maior segurança jurídica às relações que os envolvam. São eles: os direitos reais sobre imóveis e as ações que os asseguram e o direito à sucessão aberta (art. 80)

As edificações que, mesmo separadas do solo e removidas para outro local, conservarem sua unidade, bem como os materiais separados de um prédio para nele se reempregarem não perdem o caráter de bem imóvel. (art. 81)

b) *Móveis:* são aqueles que podem ser removidos de um local para outro, por força própria ou alheia, sem alteração de sua substância ou destinação. (art. 82)

Por determinação legal, são bens móveis: as energias que tenham valor econômico, os direitos reais sobre bens móveis e suas ações correspondentes, bem como os direitos pessoais de caráter patrimonial e respectivas ações (art. 83)

c) *Fungíveis:* aqueles que podem ser substituídos por outros da mesma espécie, quantidade e qualidade (art. 85)

d) *Infungíveis:* aqueles que, em decorrência de suas características especiais não podem ser substituídos por outros da mesma espécie, quantidade e qualidade.

e) *Divisíveis:* aqueles que podem ser fracionados sem que ocorra alteração em sua substância, diminuição considerável de seu valor ou prejuízo do uso a que se destinam (art. 87).

f) *Indivisíveis:* aqueles não que podem ser fracionados sem que ocorra alteração em sua substância, diminuição considerável de seu valor ou prejuízo do uso a que se destinam

g) *Singulares*: aqueles que, embora reunidos, são considerados isoladamente, independentemente dos demais.

h) *Coletivos:* são aqueles compostos por vários bens singulares, que considerados conjuntamente formam um todo (universalidade de fato) e ainda, o conjunto de relações jurídicas de uma pessoa, dotado de valor econômico (universalidade de direito)

- **Bens reciprocamente considerados:**

De acordo com esta classificação os bens podem ser principais ou acessórios.

> *Art. 92: "Principal é o bem que existe sobre si, abstrata ou concretamente; acessório, aquele cuja existência supõe a do principal."*

O principal efeito desta classificação é o denominado *Princípio da Gravitação Jurídica*, que determina que o bem acessório segue a sorte do bem principal.

Os bens acessórios dividem-se em: frutos, produtos, pertenças e benfeitorias.

a) *Frutos:* são bens acessórios que nascem do bem principal de tempos em tempos e que cuja separação não causa a extinção parcial do bem principal.

Os frutos podem ser: *pendentes* (ainda estão unidos à coisa que os produziu), *percebidos ou colhidos* (já foram separados ou recebidos), *estantes* (já foram separados e encontram-se armazenados), *percipiendos* (deveriam ter sido colhidos mas não o foram), *consumidos* (já não existem porque foram utilizados).

b) *Produtos:* são bens acessórios que nascem do bem principal de tempos em tempos e que cuja separação causa a extinção parcial do bem principal.

c) *Pertenças:* são bens acessórios que se destinam ao serviço ou ao embelezamento do bem principal, sem constituir parte integrante deste (art. 93).

As pertenças configuram exceção ao princípio da gravitação jurídica, exceto se houver disposição em contrário (art. 94)

d) *Benfeitorias:* são obras realizadas pelo homem no bem principal com o objetivo de aformoseamento, deleite ou recreio (voluptuárias); melhoramento ou facilitação seu uso (úteis); reparo ou preservação (necessárias).

- **Bens quanto à titularidade de seu domínio:**

Sob esse aspecto, os bens se dividem em públicos e particulares. Públicos são aqueles que pertencem à União, aos Estados, ao Distrito Federal e aos Municípios. Bens particulares são todos os demais. Tem-se, no caso, uma definição por exclusão.

Os bens públicos dividem-se em:

a) *de uso comum do povo:* aqueles que podem ser utilizados por qualquer do povo, podendo a utilização ser retribuída ou gratuita. Ex.: rios, mares, estradas, etc.

b) *de uso especial:* destinados ao funcionamento da administração pública ou à prestação de serviços públicos. Ex.: sede da prefeitura, posto de saúde, etc.

c) *dominicais:* de propriedade das pessoas jurídicas de direito público interno, mas desafetados, desligados de qualquer função pública.

Os bens públicos de uso comum do povo e os de uso especial são inalienáveis enquanto afetados, já os dominicais podem ser alienados. Seja qual for a espécie de bem público, sua alienação deve obedecer aos trâmites previstos pelo Direito Administrativo. (art. 101).

De acordo com os arts. 183, § 3º e 191, parágrafo único da Constituição Federal, art. 102 do Código Civil e a Súmula 340 do STF, os bens públicos não podem ser adquiridos por meio de usucapião.

4. PARTE GERAL. DOS ATOS E FATOS JURÍDICOS

- **Negócio Jurídico:** ato de manifestação de vontade direcionado a determinada finalidade, ao qual a lei confere prestígio. Exemplo clássico de negócio jurídico é o contrato.

Os negócios jurídicos são analisados sob três planos:

- **Plano de existência:** para que o negócio jurídico seja considerado existente é necessária a presença de pelo menos uma pessoa (física ou jurídica) e um objeto (material ou imaterial), sobre o qual irá recair uma manifestação de vontade direcionada a determinado fim.
- **Plano de validade:** para que o negócio jurídico seja considerado válido, é necessário o preenchimento dos requisitos previstos no art. 104 do Código Civil, quais sejam: que a (s) pessoa (s) nele envolvida (s) seja (m) capaz (es), que seu objeto seja lícito, possível determinado ou determinável (sob pena de nulidade – art. 166, II) e que seja realizado na forma determinada ou não proibida por lei (sob pena de nulidade – art. 166, IV)

A incapacidade absoluta do agente leva à nulidade do negócio (art. 166, I), já a relativa leva à anulabilidade (art. 171, I).

O negócio jurídico ainda será nulo quando seu motivo determinante for ilícito, quando preterida alguma solenidade prevista em lei, quando tiver intuito de fraudar a lei, quando for simulado e quando a lei taxativamente o declarar nulo (arts. 166 e 167)

A simulação ocorre quando o negócio jurídico aparentar transferir ou conferir direitos a pessoas diferentes daquelas a que realmente transfere ou confere; quando contiver cláusula, declaração, confissão ou condição falsa ou quando pré ou pós datados. (art. 167)

O negócio jurídico ainda será anulável quando houver vício na manifestação de vontade (erro, dolo, coação, estado de perigo ou lesão) ou o vício social da fraude contra credores (art. 171, II), chamados pela doutrina de defeitos do negócio jurídico.

a) **Erro**: é a percepção distorcida da realidade. Para que gere a anulação do negócio jurídico ele deve ser essencial ou substancial, ou seja, de tal monta, que se o agente tivesse conhecimento da realidade, não realizaria o negócio.

De acordo com o art. 139 erro substancial pode dizer respeito à natureza do negócio, seu objeto principal ou a alguma qualidade a ele essencial; pode ser concernente à identidade ou à qualidade essencial das pessoas envolvidas e ainda, quando de direitos, quando for o único ou principal motivo do negócio.

Princípio da conservação do negócio jurídico pela retificação: Art. 144. *"O erro não prejudica a validade do negócio jurídico quando a pessoa, a quem a manifestação de vontade se dirige, se oferecer para executá-la na conformidade da vontade real do manifestante."*

Importante ressaltar que o erro se difere do vício redibitório pois este, objetivo, ocorre quando há um defeito oculto na coisa objeto do negócio; já aquele, subjetivo, ocorre quando há uma falsa percepção quanto à realidade negocial.

b) **Dolo**: ocorre quando o agente é induzido maliciosamente pelo outro ou por terceira pessoa à prática de um negócio jurídico que lhe é prejudicial. Para que gere a anulação do negócio jurídico ele deve ser essencial ou substancial, ou seja, de tal sorte que, se não houvesse o induzimento, o negócio não teria sido realizado.

O dolo acidental gera apenas a reparação do dano, mas não a anulação do negócio (art. 146)

O dolo também pode ser praticado por omissão, na forma do art. 147: *"Nos negócios jurídicos bilaterais, o silêncio intencional de uma das partes a respeito de fato ou qualidade que a outra parte haja ignorado, constitui omissão dolosa, provando-se que sem ela o negócio não se teria celebrado."*

Ainda, para que o negócio jurídico seja anulado, é necessário que não tenha havido dolo bilateral (art. 150)

c) **Coação**: é a ameaça dirigida a uma pessoa ou a pessoas a ela próximas, para que realize determinado negócio jurídico. Para que gere a anulação do negócio jurídico, deve ser grave, de forma a causar um fundado temor na vítima e ainda, deve ter sido a causa do negócio, ou seja, se não tivesse existido a coação o negócio jurídico não teria sido realizado.

A configuração da coação depende da análise de cada caso concreto, levando-se em conta as características pessoas da vítima (art. 152).

O exercício regular de um direito e o mero temor reverencial não configuram coação (art. 153).

d) **Estado de perigo**: é caracterizado quando o agente assume obrigação excessivamente onerosa para salvar-se ou salvar pessoa que lhe é próxima de perigo de dano grave conhecido pela outra parte. (art. 156). Ressalta-se que para que o estado de perigo gere a anulação do negócio jurídico, a situação de perigo deve ter sido a causa do negócio (sem ela o negócio não teria sido realizado) e deve ser de conhecimento da outra parte.

e) **Lesão**: ocorre quando uma parte se vale da necessidade ou da inexperiência da outra para obtenção de um lucro manifestamente desproporcional na realização de um negócio jurídico (art. 157). O negócio não será anulado caso seja restabelecido o equilíbrio econômico. (art. 157. § 1º)

f) **Fraude contra credores**: não se trata de um vício do consentimento, mas de um vício social, mediante o qual o agente pratica um negócio jurídico com o intuito de dilapidar seu patrimônio e frustrar o pagamento de seus credores.

NEGÓCIO JURÍDICO NULO/NULIDADE	NEGÓCIO JURÍDICO ANULÁVEL/ANULABILIDADE
1.Defeito insanável/irremediável	**1.** Defeito sanável/remediável
2. Pode ser alegada de ofício, MP, parte e qualquer interessado (art. 168)	**2.** Somente pode ser alegada pelas partes ou interessados (art. 177)
3. NÃO pode ser convalidado/confirmado (art. 169)	**3.** PODE ser convalidado/confirmado (art. 172)
4. Ação declaratória de nulidade absoluta	**4.** Ação anulatória de negócio jurídico
5. Sentença declaratória de eficácia retroativa à data da realização do negócio (*ex tunc*)	**5.** Sentença desconstitutiva de eficácia NÃO retroativa à data da realização do negócio (*ex nunc*)
6. Imprescritível – Não está sujeito a prazo (pode ser alegada a qualquer tempo)	**6.** Prazo decadencial – em regra, 04 anos – quando a lei não dispuser – 02 anos (arts. 178 e 179), sob pena de convalidação.

- **Plano de eficácia:** para que o negócio jurídico seja apto a produzir, imediatamente, os efeitos que dele se espera, ele deve ser isento de qualquer elemento que modifique a sua eficácia. Os elementos que modificam a eficácia dos negócios jurídicos são chamados pela doutrina de elementos acidentais. São eles: condição, termo e encargo.

a) **Condição**: é a cláusula que determina que o negócio jurídico só produzirá seus efeitos (suspensiva) ou deixará de produzir seus efeitos (resolutiva) com a ocorrência de um evento futuro e incerto (art. 121)

b) **Termo**: é a cláusula que determina que o negócio jurídico só produzirá seus efeitos (suspensivo ou inicial) ou deixará de produzir seus efeitos (resolutivo ou final) com a ocorrência de um evento futuro e certo.

c) **Encargo**: é a cláusula que atribui um ônus, uma obrigação ao beneficiário de um negócio jurídico (em regra gratuito).

5. PARTE GERAL. PRESCRIÇÃO E DECADÊNCIA

O tempo é um fenômeno relevante para as relações jurídicas, na medida em que, no âmbito da prescrição e da decadência, caracteriza fator extintivo delas.

Para cada direito subjetivo conferido a um sujeito a lei determina um período dentro do qual ele pode ser exercido. Caso seu titular não o exerça dentro do período estabelecido em lei, perderá o direito ao seu exercício. Assim, **prescrição** é a perda da faculdade de exercício de um direito em razão da inércia de seu titular no prazo previsto em lei.

Como regra, temos o prazo de 10 anos previsto no art. 205, e as exceções a este prazo previstas no art. 206, que prevê hipóteses de prescrição de um a cinco anos para o exercício dos direitos ali relacionados. Todos os demais prazos previstos no Código Civil são decadenciais.

O Código Civil prevê situações que impedem ou suspendem o transcurso do prazo prescricional, de forma que ele ao menos comece a correr. São as causas subjetivas bilaterais (art. 197), as causas subjetivas unilaterais (art. 198) e as causas objetivas (art. 199).

Ainda, prevê hipóteses que interrompem a contagem do prazo prescricional, de forma que o prazo já transcorrido é ignorado, voltando a correr por inteiro a partir do ato que o interrompeu ou do último ato do processo (art. 202)

* **ATENÇÃO – Prescrição intercorrente:** aquela que ocorre no curso de um processo em razão da inércia do autor em lhe dar regular andamento, devendo contra ele ser computado o prazo prescricional correspondente. Prevalece na doutrina o entendimento de que não existe previsão expressa do instituto no Código Civil, porém uma minoria vem entendendo que ela se encontra implicitamente prevista no art. 202. Ainda, o STJ, no julgamento do REsp 474771/SP admitiu sua ocorrência em situação em que o processo fica paralisado por culpa do autor por tempo suficiente para ocorrer a prescrição.

A **decadência** é a perda de um direito potestativo em razão da inércia de seu titular no prazo previsto em lei (legal) ou pelas partes (convencional).

Diferenças entre prescrição e decadência:

a) A prescrição diz respeito à pretensão de exercício de um direito, enquanto a decadência diz respeito ao direito propriamente dito.

b) A prescrição pode ser impedida, suspensa ou interrompida, enquanto a decadência não (art. 207)

c) A prescrição admite renúncia, desde que consumada e que não haja prejuízo a terceiros. A decadência legal não admite renúncia (art. 209)

d) A prescrição pode ser reconhecida de ofício, enquanto a decadência legal não (art. 211)

6. DIREITO DAS OBRIGAÇÕES

Obrigação é uma relação jurídica entre credor (*accipiens*) e devedor (*solvens*) que confere ao primeiro o direito de exigir do segundo o cumprimento de uma prestação.

Do conceito acima, extraímos a ideia de que as obrigações são compostas por três elementos:

– *Sujeitos*: credor e devedor

– *Objeto*: prestação (dar, fazer ou não fazer)

– *Vínculo jurídico*: débito (dever do devedor em cumprir com a obrigação) e responsabilidade (direito do credor exigir o cumprimento da obrigação)

Obrigação incompleta ou imperfeita é aquela em que há o débito, mas não há a responsabilidade. Uma vez paga voluntariamente, o devedor não tem direito a devolução. (irrepetibilidade) – art. 882 do CC.

Princípio da responsabilidade patrimonial do devedor: art. 391 do CC – *"Pelo inadimplemento das obrigações, respondem todos os bens do devedor"* – exceto aqueles impenhoráveis ou inalienáveis.

As obrigações podem ser classificadas levando-se em consideração vários critérios.

Quanto ao objeto prestacional, podem ser de DAR, FAZER ou NÃO FAZER:

OBRIGAÇÃO DE DAR.

CONCEITO: consiste na entrega pelo devedor de alguma coisa móvel ou imóvel ao credor.

a) Obrigação de dar *coisa certa*: quando o objeto da prestação for previamente determinado, individualizado, tiver suas características conhecidas. Ex.: a casa situada naquele determinado endereço, o carro de placa tal, etc.

Pode consistir em *transferir a titularidade, entregar ou restituir.*

Princípio da especificidade:

> **Art. 313.** *O credor não é obrigado a receber prestação diversa da que lhe é devida, ainda que mais valiosa.*

Regras especiais:

– **Art. 233.** *A obrigação de dar coisa certa abrange os acessórios dela embora não mencionados, salvo se o contrário resultar do Título* (próprio contrato) *ou das circunstâncias do caso* (usos e costumes)

Consequências da perda da coisa certa (perecimento): significa saber o que ocorre caso a coisa certa seja totalmente destruída antes de ser entregue ao credor. (art. 234 do CC)

Regra: *res perit domino. A coisa perece para o dono.* O prejuízo da perda da coisa deve ser suportado por quem era seu dono no momento do evento.

– Se o perecimento, se a perda da coisa se deu *sem culpa* do devedor, antes de sua entrega ao credor, a obrigação será considerada desfeita. (caso fortuito ou força maior).

– Se o perecimento, se a perda da coisa se deu *com culpa* do devedor, além de *devolver o valor* pago, ele deve pagar *perdas e danos* ao credor, em razão da frustração do negócio.

Nas **obrigações de restituir**, o dono da coisa objeto da prestação é o credor. O devedor vai devolver a coisa ao seu dono.

Se o perecimento se deu sem culpa do devedor, o credor suportará o prejuízo (*res perit domino)* sem qualquer direito a indenização. Se o perecimento se deu com culpa do devedor, o credor tem direito a indenização por perdas e danos.

Consequências da destruição parcial da coisa certa (deterioração): significa saber o que ocorre caso a coisa certa seja parcialmente destruída antes de ser entregue ao credor.

Quando houver a destruição parcial da coisa *sem culpa* do devedor, o credor pode optar por desfazer o negócio ou aceitar a coisa do jeito em que ela se encontra, com um abatimento no preço proporcional à desvalorização verificada. (art. 235 do CC)

Quando houver a destruição parcial da coisa *com culpa* do devedor, o credor pode optar por desfazer o negócio ou aceitar a coisa do jeito em que ela se encontra, com um abatimento no preço proporcional à desvalorização verificada, e ainda, tem o direito de pedir indenização por perdas e danos. (art. 236 do CC)

Nas **obrigações de restituir**, o dono da coisa objeto da prestação é o credor. O devedor vai devolver a coisa ao seu dono.

Se a deteriorização se deu sem culpa do devedor, o credor suportará o prejuízo (*res perit domino)*, ou seja, receberá a coisa no estado em que ela se encontra, sem qualquer direito a indenização. Se o perecimento se deu com culpa do devedor, o credor receberá a coisa danificada, acrescida do valor referente à depreciação, e mais a indenização por perdas e danos.

Consequências do aumento ou do melhoramento realizado na coisa certa:

Ocorre a aplicação contrária do princípio do *res perit domino*. Ou seja, no caso de deterioração ou perecimento da coisa, o prejuízo deve ser suportado pelo seu dono. Aqui, no caso de aumento ou melhoramento na coisa, a coisa se valoriza em favor de seu dono. (art. 237 do CC)

Se entre a data da celebração da obrigação e a data da entrega da coisa houve um melhoramento ou um acréscimo na coisa, nada mais justo que o credor pague pela diferença da valoração, sob pena de enriquecimento sem causa.

Caso não concorde em pagar a diferença, o devedor pode optar por desfazer o negócio e devolver o preço eventualmente já recebido.

b) Obrigação de dar *coisa incerta*: quando o objeto da prestação for identificado apenas pela *espécie* e pela *quantidade*. Ex.: uma casa, um carro, etc. De início, o objeto é indeterminado, mas os critérios necessários para sua determinação são apontados.

Não pode haver uma obrigação onde haja a *indeterminação absoluta* do objeto, o que inviabiliza o futuro cumprimento.

Regras especiais:

> ***Art. 244.*** *Nas coisas determinadas pelo gênero e pela quantidade, a escolha pertence ao devedor, se o contrário não resultar do Título da obrigação (próprio contrato); mas não poderá dar a coisa pior, nem será obrigado a prestar a melhor.*

A escolha quanto à determinação do objeto, em regra, é feita pelo devedor, exceto se na obrigação for estipulado que caberá ao credor.

Porém, esta escolha fica limitada ao que a doutrina denomina de *qualidade média*, ou seja, a escolha deve obedecer a padrões mínimos de razoabilidade, de boa-fé.

O ato de escolha é denominado pela doutrina de <u>concentração da obrigação</u> ou <u>concretização da obrigação</u>.

Feita a escolha da coisa, definida qual é a coisa objeto da obrigação, ela deixa de ser coisa incerta e passa a ser coisa certa. A partir deste momento aplicam-se as regras atinentes às obrigações de dar coisa certa. (art. 245 do CC)

Antes da escolha, ou seja, quando a coisa ainda é indeterminada, é incerta, o devedor não pode deixar de cumprir sua obrigação sob a alegação de perda ou deterioração da coisa, ainda que por caso fortuito ou força maior. (art. 246 do CC)

A razão deste dispositivo é que ante de feita a escolha, o objeto da prestação é indeterminado, podendo ser substituído por outro da mesma espécie e quantidade.

SATISFAÇÃO DO CREDOR NAS OBRIGAÇÕES DE DAR:

Vimos que obrigação significa *dever jurídico* que, quando descumprido, torna-se passível de sanção.

Quando o sujeito interpõe uma ação judicial que tem por finalidade fazer com que o devedor cumpra com sua obrigação de dar coisa certa ou incerta, o juiz pode estipular a fixação de uma multa diária (*astreinte*) e um prazo para que a coisa seja entregue.

Caso não entregue a coisa no prazo estipulado, o juiz determinará a busca e apreensão da coisa (móvel) ou a imissão na posse (coisa imóvel).

Caso o devedor já tenha se desfeito da coisa quando for expedido o mandado de busca e apreensão ou de imissão na posse, ele responderá por perdas e danos.

OBRIGAÇÃO DE FAZER: como obrigação positiva, que pressupõe uma ação, consiste na prática de um ato ou serviço pelo devedor.

ESPÉCIES: existem dois tipos de obrigação de fazer, de acordo com a possibilidade de ser cumprida apenas pelo devedor ou por outra pessoa.

a) Obrigação de fazer *personalíssima, infungível, imaterial ou "intuitu personae"*: aquela que só pode ser cumprida pelo devedor e por mais ninguém.

O fato de a obrigação só poder ser cumprida pelo devedor pode decorrer:

- de vontade das partes – cláusula expressa no negócio.
- da natureza da obrigação – quando a prestação requerer alguma aptidão, talento ou habilidade específica do devedor. Ex.: Cirurgião plástico famoso, um advogado famoso, um quadro de um pintor específico, um cantor contratado para um show, etc.

b) Obrigação de fazer *impessoais, fungíveis ou materiais*: aquela que pode ser cumprida por qualquer pessoa, pois não se leva em conta nenhuma capacidade específica do devedor. Ex.: construção de um muro por um pedreiro, pintura de uma casa por um pintor, etc.

INADIMPLEMENTO DAS OBRIGAÇÕES DE FAZER:

a) **Inadimplemento por impossibilidade da prestação:**

> ***Art. 248.*** *Se a prestação do fato tornar-se impossível sem culpa do devedor, resolver-se-á a obrigação; se por culpa dele, responderá por perdas e danos.*

Exemplo de <u>*impossibilidade da prestação SEM culpa do devedor*</u>: a obrigação será tida como resolvida.

– Na obrigação personalíssima: morte do cirurgião plástico, do advogado, do cantor, do pintor;

– Na obrigação impessoal: uma lei que determina ser proibido construir muros naquele local.

Exemplo de <u>*impossibilidade da prestação COM culpa do devedor*</u>: a obrigação será tida como resolvida + *perdas e danos*.

– Na obrigação personalíssima: viagem do cirurgião plástico, do advogado, do cantor, do pintor;

– Na obrigação impessoal: o pedreiro que ia construir o muro não aparece.

b) **Inadimplemento por recusa do devedor:**

– Obrigação personalíssima:

> ***Art. 247.*** *Incorre na obrigação de indenizar perdas e danos o devedor que recusar a prestação a ele só imposta, ou só por ele exequível.*

Intentanda a ação de cumprimento de obrigação de fazer, juntamente com a citação do devedor para que cumpra a obrigação, como forma de coagi-lo, o juiz pode fixar de uma <u>*multa diária (astreinte)*</u> que será devida por dia de atraso no cumprimento da prestação.

Se mesmo assim o devedor não cumprir com sua obrigação, a ação será convertida em *perdas e danos* + *pagamento da multa diária acumulada* até a conversão.

– Obrigação impessoal:

> ***Art. 249.*** *Se o fato puder ser executado por terceiro, será livre ao credor mandá-lo executar à custa do devedor, havendo recusa ou mora deste, sem prejuízo da indenização cabível.*
>
> *Parágrafo único. Em caso de urgência, pode o credor, independentemente de autorização judicial, executar ou mandar executar o fato, sendo depois ressarcido.*

OBRIGAÇÃO DE NÃO FAZER: como obrigação negativa, pressupõe uma omissão, uma abstenção, pela qual o devedor se compromete a deixar de praticar determinado ato. Exemplos: a obrigação, de não realizar obras em determinados horários, de não sublocar, de não revelar segredo industrial, etc.

A obrigação de não fazer não pode atentar contra a liberdade individual. Dessa maneira, ilícita é a obrigação de não contrair matrimônio, de não gerar descendentes, de não professar determinada religião.

INADIMPLEMENTO DAS OBRIGAÇÕES DE NÃO FAZER:

O inadimplemento da obrigação de não fazer se dá pela prática do ato proibido.

a) ***Sem culpa do devedor:*** quando a prática do ato que não deveria ser praticado se dá SEM culpa do devedor, a obrigação é tida como resolvida, isentando o devedor de qualquer responsabilidade. (art. 250 do CC)

b) ***Com culpa do devedor com possível desfazimento:***

> ***Art. 251****. Praticado pelo devedor o ato, a cuja abstenção se obrigara, o credor pode exigir dele que o desfaça, sob pena de se desfazer à sua custa, ressarcindo o culpado perdas e danos.*
>
> ***Parágrafo único****. Em caso de urgência, poderá o credor desfazer ou mandar desfazer, independentemente de autorização judicial, sem prejuízo do ressarcimento devido.*

Quando a prática do ato que não deveria ser praticado se dá COM culpa do devedor, e o ato praticado é passível de ser desfeito, (obra) o credor pode:

– exigir do devedor que o ato seja desfeito;
– desfazer o ato à custa do devedor
– em caso de urgência, desfazer o ato ou mandar que outra pessoa o desfaça, e posteriormente, ajuizar ação de regresso contra o devedor para ser ressarcido.
– em qualquer dos casos, ser indenizado por perdas e danos.

Intentanda a ação de descumprimento de obrigação de não fazer, juntamente com a citação do devedor para que desfaça o ato, como forma de coagi-lo, o juiz pode fixar de uma <u>*multa diária (astreinte)*</u> que será devida por dia de atraso no desfazimento do ato.

Se mesmo assim o devedor não desfizer o ato, a ação será convertida em *perdas e danos + pagamento da multa diária acumulada* até a conversão.

c) ***Com culpa do devedor sem possível desfazimento:*** Exemplo: revelação de segredo industrial.

Caberá ao credor, apenas ingressar com ação de perdas e danos, e ainda, executar possível multa contratual.

É possível que em uma relação obrigacional exista mais de um credor e/ou mais de um devedor. Quando houver a pluralidade de sujeitos em pelo menos um dos lados da obrigação, é necessária a verificação da possibilidade de divisão de seu objeto, para então se saber qual é a medida da responsabilidade de cada sujeito.

– *Obrigações divisíveis:* quando o objeto da prestação puder ser dividido sem alteração de sua substância, diminuição considerável de seu valor ou prejuízo do uso a que se destina, cada credor terá direito à sua quota parte da prestação e cada devedor só será obrigado na medida de sua quota. (art. 257)

– *Obrigações indivisíveis:* quando o objeto da prestação não puder ser dividido entre os credores ou entre os devedores, em razão de sua natureza, por motivo econômico ou por ter sido o motivo determinante do negócio (art. 258)

– *Obrigações solidárias:* art. 264 – *Há solidariedade, quando na mesma obrigação concorre mais de um credor, ou mais de um devedor, cada um com direito, ou obrigado, à dívida toda."*

Pode haver solidariedade entre credores (ativa), entre devedores (passiva) ou entre todos eles (mista), porém, ela sempre decorrerá de lei (legal) ou da vontade das partes (convencional), não podendo ser presumida (art. 265).

- **Regras especiais sobre a solidariedade ativa:** aquela em que, sendo vários os credores, cada um pode exigir do devedor o cumprimento integral da prestação.

– *Princípio da prevenção.* O devedor pode escolher a qual credor quer fazer o pagamento. Porém, se já tiver sido demandado judicialmente por um deles, e já tiver sido citado, só poderá pagar ao credor demandante. (arts. 268 e 269)

– *Recebimento integral.* O credor que receber o pagamento integral responderá aos outros pela parte que lhes caiba.(art. 272)

– *Morte de um dos credores solidários.* Se deixar apenas um herdeiro ou se seus herdeiros agirem em conjunto, eles substituirão o credor solidário, podendo exigir o pagamento integral do devedor comum. Caso os herdeiros atuem isoladamente, cada um deles poderá exigir apenas a quota correspondente ao seu quinhão hereditário, extinguindo-se assim a solidariedade. (art. 270)

- **Regras especiais sobre a solidariedade passiva:** aquela em que, sendo vários os devedores, cada um deles é obrigado a cumprir a prestação por inteiro. (art. 275)

– *Escolha.* O credor pode cobrar a dívida apenas de um ou de alguns dos credores, e esta escolha não significa renúncia à solidariedade.

– *Pagamento parcial.* Se um dos devedores pagar parcialmente a dívida, remanesce a solidariedade para todos, pelo valor restante, ou seja, descontada a parte já paga. (art. 275)

– *Pagamento total.* O devedor que pagar a dívida integralmente terá direito de regresso contra os demais devedores.

– *Morte de um dos devedores solidários.* Se deixar apenas um herdeiro ou se seus herdeiros agirem em conjunto, eles substituirão o devedor solidário, podendo ser cobrados pelo cumprimento integral da obrigação, *até o limite do que receberam como herança.* Caso os herdeiros atuem isoladamente, cada um deles será obrigado ao pagamento até o limite de seu quinhão hereditário, salvo se o objeto for indivisível, ocasião em que deverá ser entregue (art. 276)

– *Renúncia da solidariedade.* O credor pode abrir mão da solidariedade entre todos os credores ou em relação a apenas um ou alguns deles. No primeiro caso, cada devedor passará a responder apenas pela sua parte da dívida. No segundo caso, a solidariedade persistirá com relação aos devedores não exonerados.

DA TRANSMISSÃO DAS OBRIGAÇÕES:

CESSÃO DE CRÉDITO (arts. 286 a 298): *é um negócio jurídico bilateral, pelo qual o credor de uma obrigação transfere seu crédito a terceiro, independentemente do consentimento do devedor, alterando assim o pólo ativo da obrigação.*

SUJEITOS:

Cedente: quem cede, transfere o direito

Cessionário: quem adquire o direito

Cedido: o devedor, ou o obrigado.

O cedido não intervém no negócio jurídico, pois sua anuência é dispensável. Basta que ou o cedente ou o cessionário lhe comunique a cessão, para que ele saiba a quem deve pagar no momento oportuno.

> ***Art. 290.*** *A cessão do crédito não tem eficácia em relação ao devedor, senão quando a este notificada; mas por notificado se tem o devedor que, em escrito público ou particular, se declarou ciente da cessão feita.*

– Antes da notificação o devedor que pagar ao cedente (credor originário) será exonerado da obrigação, depois da notificação, o pagamento só será considerado válido se feito ao cessionário.

MODALIDADES:

– *Gratuita ou onerosa:* o cedente pode exigir ou não uma contraprestação do cessionário.

– *Total ou parcial:* se total, o cedente transferirá todo o crédito; se parcial, o cedente poderá permanecer na relação obrigacional, caso retiver parte do crédito.

CRÉDITOS PASSÍVEIS DE CESSÃO:

A princípio, qualquer crédito pode ser objeto de cessão. Porém, alguns não admitem a cessão, em razão *da natureza da obrigação, de disposição legal ou cláusula contratual expressa.*

FORMA:

A lei não exige forma específica para a cessão.

– Se a cessão tiver por objeto direito que só é transferível por escritura pública, esta formalidade será exigida para a cessão. (transferência de direitos reais sobre imóvel de valor acima de 30x o salário mínimo vigente no país).

– Para que a cessão produza efeitos em relação a terceiros, deve ser celebrada por instrumento público ou por instrumento particular que contenha o local onde foi celebrada, a qualificação das partes, a data e o objeto da cessão e registrada em Cartório de Títulos e Documentos.

REPONSABILIDADE DO CEDENTE:

O cedente responsabiliza-se perante o cessionário pela existência e validade do crédito. Assim, será responsabilizado caso:

– O crédito não exista;

– O cedente não for o titular do crédito;

– Haja vício no crédito;

– O crédito não seja passível de cessão.

Responderá pelo crédito e, se tiver agido de má-fé, por perdas e danos.

Em relação à solvência do cedido:

– **Cessão *pro soluto:*** o cedente não tem qualquer responsabilidade sobre a solvência do cedido, salvo se tiver assumido essa responsabilidade expressamente no instrumento de cessão. Operando-se a transferência do crédito, ocorre a exoneração do cedente, independentemente do cumprimento ou não da obrigação.

– **Cessão *pro solvendo:*** o cedente assume a responsabilidade sobre a solvência do cedido. Assim, se o cedido já era insolvente no momento da cessão, o cedente arcará com o pagamento do crédito mais juros e despesas provenientes da cobrança da cessão.

Caso a insolvência do tenha surgido posteriormente à cessão, o risco será do cessionário.

ASSUNÇÃO DA DÍVIDA (arts. 299 a 303): também chamada de *cessão de débito é um negócio jurídico bilateral, pelo qual um terceiro (assuntor), estranho à relação obrigacional, assume a posição de devedor e assume a dívida, alterando assim o pólo passivo da obrigação.*

Para que seja válida, é necessária aceitação do credor. Ainda, o credor não está obrigado a aceitar outro devedor, ainda que ele possua melhores condições de pagar a dívida ou seja detentor de patrimônio maior.

> ***Art. 299.*** *É facultado a terceiro assumir a obrigação do devedor, com o consentimento expresso do credor, ficando exonerado o devedor primitivo, salvo se aquele, ao tempo da assunção, era insolvente e o credor o ignorava.*

MODALIDADES:

– **Expromissão:** feita entre credor e terceiro, não exigindo a concordância do devedor originário.

– **Delegação:** feita entre devedor originário e terceiro, exigindo a concordância do credor.

EFEITOS:

– ***Efeito liberatório:*** com a entrada do terceiro, o devedor originário fica liberado do pagamento da dívida;

– ***Efeito cumulativo****:* o devedor originário continua responsável pelo pagamento da dívida, juntamente com o terceiro. Há um reforço da dívida, ficando terceiro e devedor originário como devedores solidários.

O efeito cumulativo pode advir de cláusula expressa estipulada entre as partes no contrato de cessão ou da hipótese legal de insolvência do terceiro ao tempo da cessão e o credor ignorava esta circunstância.

Também denominada de *adesão à dívida, coassunção da dívida ou adjunção À dívida.*

- **Extinção das obrigações:** de acordo com a satisfação do credor, pode-se classificar a extinção das obrigações em:

a) **Satisfatória:** sempre que a obrigação é satisfeita de modo que o credor receba a prestação.

– *Direta:* quando houver pagamento

– *Indireta:* quando o cumprimento da prestação se dá de outro modo que não o pagamento. Ex.: compensação de dívidas

b) **Não satisfatória:** quando o devedor é desobrigado, é exonerado da obrigação sem que o credor receba a prestação. Ex.: remissão, morte de devedor em obrigação personalíssima, prescrição, etc.

Embora o termo *"pagamento"* seja utilizado na linguagem leiga como sinônimo de cumprimento de obrigação em dinheiro, juridicamente o termo tem sentido mais amplo, traduzindo-se no cumprimento de qualquer tipo de obrigação, seja de dar, de fazer ou de não fazer. O pagamento é a forma direta de extinção das obrigações.

As obrigações ainda podem se extinguir das seguintes formas:

– Dação: é forma indireta de extinção de obrigação pela qual o credor consente em receber prestação diversa da que lhe é devida, liberando-se assim o devedor da obrigação. (art. 356).

– Confusão: é forma indireta de extinção de obrigação que ocorre quando na mesma pessoa se confundem credor e devedor (art. 381).

– Compensação: é forma indireta de extinção de obrigação que se dá quando duas pessoas são, ao mesmo tempo, credora e devedora uma da outra. (art. 368).

– Novação: é forma indireta de extinção de obrigação que se dá quando as partes constituem uma nova obrigação com a finalidade de extinguir obrigação anterior que não fora cumprida (art. 360).

7. DOS CONTRATOS

- **Conceito:** é a principal forma de exteriorização de um negócio jurídico, pela qual duas ou mais pessoas (naturais ou jurídicas) estabelecem regras norteadoras da relação jurídica que pretendem criar, modificar ou extinguir.

- **Função social do contrato:** o art. 421 determina que: *"a liberdade de contratar será exercida em razão e nos limites da função social do contrato."*

A função primordial de contrato é a facilitação da circulação de riquezas, porém, tal circulação não pode se dar em prejuízo das partes ou de terceiros. Assim, a lei confere ampla liberdade aos sujeitos na esfera contratual, vez que, salvo raras exceções, as partes podem escolher se, com quem, quando e de que forma querem contratar (*princípio da autonomia da vontade)*. Porém, tal liberdade sofre limitação pelo princípio da *supremacia da ordem pública*, vez que o contrato não subsistirá no caso de infringência a preceitos de ordem pública (art. 2.035, parágrafo único).

- **Obrigatoriedade contratual:** também denominado *"pacta sunt servanda"*, os contratos são celebrados para serem fielmente cumpridos, de forma que obrigam as partes na medida daquilo que livremente estipularam.

A Cláusula *Rebus sic stantibus*, presumidamente implícita em todos os contratos, pode ser entendida como *"enquanto as coisas assim estiverem"*. Assim, analisando conjuntamente as duas regras, podemos concluir que o contrato deve ser fielmente cumprido enquanto as coisas assim estiverem. Sobrevindo situação imprevista que altere significativamente as condições existentes no momento da celebração, de forma a gerar um desequilíbrio nas prestações, o contrato deve ser revisto para que se ajuste à nova realidade. (Teoria da imprevisão)

Outra situação que relativiza a obrigatoriedade contratual é a onerosidade excessiva, prevista no art. 478: *"Nos contratos de execução continuada ou diferida, se a prestação de uma das partes se tornar excessivamente onerosa, com extrema vantagem para a outra, em virtude de acontecimentos extraordinários e imprevisíveis, poderá o devedor pedir a resolução do contrato."*

- **Interpretação dos contratos:** deve se dar de forma a prestigiar a boa-fé e os usos do local onde é celebrado (art. 113), atentando-se mais à intenção dos agentes do que ao sentido literal da linguagem empregada (art. 112).

Regra que merece ATENÇÃO é a consubstanciada no art. 423. Nos contratos de adesão, visando salvaguardar interesses daquele que não teve oportunidade de discutir ou modificar qualquer cláusula do contrato ao qual se vinculou, o legislador determina que, havendo ambiguidade ou contradição, a interpretação deve se dar da forma que mais favoreça ao aderente.

- **Formação do contrato:** a formação do contrato passa por três fases:

a) *Negociações preliminares ou tratativas*: fase em que as partes buscam entrar num acordo quanto às condições do contrato a ser celebrado. Aqui surgem as minutas contratuais, que ainda não obrigam as partes.

b) *Proposta (oferta, policitação ou oblação)*: declaração unilateral de vontade pela qual um sujeito manifesta ao outro sua intenção de com ele contratar

A proposta vincula o proponente, obrigando-o a cumprir com aquilo que propôs pelo prazo nela previsto ou de acordo com os usos do local (art. 427).

Para se saber quando a proposta deixa de ser obrigatória, é necessário se ter em mente se ela foi feita entre presentes (via comunicação direta) ou entre ausentes (sem que haja comunicação direta entre as partes)

Quando feita a pessoa presente sem prazo previamente estabelecido para resposta, deixa de ser obrigatória se não for imediatamente aceita. (art. 428, I)

* **ATENÇÃO:** a proposta feita por telefone ou meio de comunicação semelhante é considerada feita a pessoa presente. (art. 428, I)

Ainda, deixa de ser obrigatória, quando feita a pessoa ausente sem prazo previamente estabelecido para resposta, quando tiver decorrido tempo suficiente para a aceitação chegar ao conhecimento do proponente (art. 428, II). Quando com prazo previamente estipulado para resposta, este tiver decorrido sem a mesma. (art. 428, III). Quando a retratação do proponente chegar ao conhecimento da outra parte antes ou simultaneamente à proposta (art. 428, IV).

c) *Aceitação:* declaração unilateral de vontade pela qual o aceitante ou oblato adere integralmente à proposta, tornando o contrato perfeito.

A aceitação pode ser expressa ou tácita (art. 432) e deve realizar-se dentro do prazo estabelecido na proposta ou em um prazo razoável dentro dos usos locais. (art. 430)

Caso a proposta não seja aceita integralmente, ensejando alterações por parte do aceitante, este tomará o lugar do proponente. (art. 431)

* **ATENÇÃO:** quanto ao momento da perfeição do contrato, o Código Civil adotou a *Teoria da agnação ou da declaração, na subteoria da expedição*, pela qual o contrato é considerado perfeito no momento em que o aceitante manifesta sua concordância com a proposta exteriorizando-a ao proponente. Assim, o contrato se torna perfeito quando da aceitação.

Já quanto ao local em que o contrato é considerado celebrado, o Código Civil determina que é o lugar onde ele foi proposto (art. 435).

Principais classificações dos contratos:

1 Contratos Unilaterais, bilaterais, plurilaterais ou unilaterais imperfeitos:

Unilaterais ou benéficos: quando gera obrigações para apenas uma das partes do contrato.

Bilaterais ou sinalagmáticos: quando o contrato estabelece deveres e obrigações recíprocos para as partes, sendo que os contratantes serão simultaneamente credor e devedor um do outro.

Plurilaterais: quando o contrato estabelece obrigações entrelaçadas que envolvem mais de duas partes contratuais. Considera-se um contrato aberto, pois permite a inclusão ou exclusão da parte sem a necessidade de elaboração de um novo contrato.

Unilaterais imperfeitos: aqueles que originalmente estabelecem obrigação para apenas uma das partes, mas que durante sua vigência surgem obrigações para a parte não onerada originalmente.

***Efeitos da classificação*:**

a) Exceção do contrato não cumprido ou *exceptio non adimpleti contractus*:

> "**Art. 476**. *Nos contratos bilaterais, nenhum dos contratantes, antes de cumprida a sua obrigação, pode exigir o implemento da do outro."*

Somente o contratante que está em dia com o cumprimento de suas obrigações poderá exigir o adimplemento da obrigação da outra parte. Exige-se, além da bilateralidade das obrigações, a sua simultaneidade no cumprimento.

***Cláusula solve et repete*:** a doutrina e a jurisprudência admitem a possibilidade de os contratantes preverem expressamente uma cláusula na qual renunciam ao direito à exceção do contrato não cumprido. Assim, não podem pedir a rescisão do contrato com base na alegação de que a outra parte não cumpriu com sua obrigação. Deve cumprir com sua parte da obrigação e ingressar com ação de perdas e danos.

b) Legítima defesa contratual:

> **Art. 477**. *Se, depois de concluído o contrato, sobrevier a uma das partes contratantes diminuição em seu patrimônio capaz de comprometer ou tornar duvidosa a prestação pela qual se obrigou, pode a outra recusar-se à prestação que lhe incumbe, até que aquela satisfaça a que lhe compete ou dê garantia bastante de satisfazê-la.*

Uma parte deixa de satisfazer sua obrigação até que a outra parte satisfaça a obrigação que lhe compete ou dê garantia de cumpri-la.

O contratante só está autorizado a agir dessa forma se for comprovada e notória a diminuição do patrimônio da outra parte de forma a gerar dúvida quanto à sua capacidade de cumprir com o avençado.

c) Teoria do risco: o perecimento do objeto nos contratos bilaterais de forma involuntária e culposa faz incidir o princípio ***res perit debitori***, segundo o qual a coisa perece para o devedor.

Como nos contratos bilaterais as partes são reciprocamente credoras e devedoras uma da outra, cada parte suportará o risco do perecimento da coisa em relação à sua prestação.

d) Cláusula resolutiva tácita:

> **Art. 475**. *A parte lesada pelo inadimplemento pode pedir a resolução do contrato, se não preferir exigir-lhe o cumprimento, cabendo, em qualquer dos casos, indenização por perdas e danos.*

A cláusula que permite a resolução do contrato por inadimplemento de uma das partes é implícita em todo contrato, porém, nada impede que seja prevista expressamente.

> **Art. 474**. *A cláusula resolutiva expressa opera de pleno direito; a tácita depende de interpelação judicial.*

2) Contratos Onerosos ou Gratuitos:

Onerosos: aqueles que acarretam ônus e vantagens a ambos os contratantes, havendo acréscimo patrimonial recíproco.

Os contratos onerosos subdividem-se em:

- *comutativos*: aqueles de prestações certas e determinadas; no momento da celebração, as partes já conhecem suas vantagens e desvantagens;
- *aleatórios*: aqueles que, no momento da celebração, as partes não conhecem as suas vantagens e desvantagens, pois são fundados na álea (sorte). A incerteza do resultado é que caracteriza estes contratos, expondo as partes à eventualidade recíproca de perdas e ganhos.

Gratuitos: aqueles em que apenas uma das partes aufere vantagem, apenas uma das partes experimenta acréscimo patrimonial, enquanto a outra sofre uma perda econômica.

Efeitos da classificação:

a) Interpretação contratual: nos contratos a título gratuito a interpretação deve ser sempre favorável ao devedor, prestigiando sua liberalidade, a fim de não ampliar sua perda econômica.

b) Irresponsabilidade por vícios redibitórios e evicção: especificamente nos contratos de doação. Não faz sentido responsabilizar aquele que praticou uma liberalidade por entregar determinado bem com defeito.

c) Ação Pauliana: ação movida pelo credor para invalidar um negócio jurídico praticado pelo devedor que tem como objeto bem jurídico que seria utilizado para o pagamento de sua dívida. Sua finalidade é tornar o ato ou o negócio ineficaz, fazendo com que o bem indevidamente alienado retorne ao patrimônio do devedor.

Nos contratos onerosos, o credor deve provar a insolvência e a má-fé do devedor que alienou o bem à terceiro.

Nos contratos gratuitos, basta que o credor comprove a insolvência do devedor, pois a má-fé é presumida.

3) Contratos Paritários contratos de adesão:

a) Contratos Paritários: aquele em que as partes se encontram em igualdade de condições, nos quais as cláusulas do negócio são discutidas e as divergências são eliminadas por meio de transigências recíprocas.

b) Contratos de adesão: aquele em que não há liberdade de convenção e nem transigências recíprocas, pois um dos contratantes limita-se a aceitar as cláusulas e condições previamente estabelecidas, redigidas e impressas pelo outro, aderindo àquilo que já está estipulado sem a possibilidade de discutir ou modificar qualquer cláusula.

***Efeitos da classificação*: arts 423 e 424 do CC.**

DA EXTINÇÃO DOS CONTRATOS: (arts. 472 a 480)

O contrato extingue-se, *em regra*, com o cumprimento do seu objeto.

O cumprimento do contrato é provado pela **quitação**. Ato pelo qual o credor atesta o pagamento (ou o cumprimento da obrigação) exonerando o devedor. (art. 320 do CC). Ainda, o contrato pode ser extinto por inexecução, pelo não cumprimento de seu objeto, que pode se dar por fatores anteriores, concomitantes ou supervenientes à sua celebração.

a) Extinção do contrato por fatores anteriores ou concomitantes à sua celebração:

– ***Nulidade:*** inobservância dos requisitos de validade do contrato: agente capaz, objeto lícito, possível e determinado ou determinável e forma prescrita ou não defesa em lei. (art. 104 do CC)

Esta nulidade pode ser absoluta ou relativa, dependendo da possibilidade de convalidação.

A legislação prevê a possibilidade de **conversão substancial**, que nada mais é do que a possibilidade de se converter um contrato nulo em um outro contrato válido.

> ***Art. 169***. *O negócio jurídico nulo não é suscetível de confirmação, nem convalesce pelo decurso do tempo.*
>
> ***Art. 170***. *Se, porém, o negócio jurídico nulo contiver os requisitos de outro, subsistirá este quando o fim a que visavam as partes permitir supor que o teriam querido, se houvessem previsto a nulidade.*

Exemplos: conversão da compra e venda de imóvel por instrumento particular em compromisso de compra e venda;

– ***Cláusula resolutiva:*** (arts. 474 e 475 do CC)

– ***Direito de arrependimento:*** as partes podem ajustar, expressamente, o direito de arrependimento, que possibilita a extinção do contrato sem que seja cumprido.

> ***Art. 420***. *Se no contrato for estipulado o direito de arrependimento para qualquer das partes, as arras ou sinal terão função unicamente indenizatória. Neste caso, quem as deu perdê-las-á em benefício da outra parte; e quem as recebeu devolvê-las-á, mais o equivalente. Em ambos os casos não haverá direito a indenização suplementar.*

Se não houver arras ou sinal, o arrependimento será pago através de perdas e danos, estipulado expressamente pelas partes no contrato ou estipulado pelo juiz.

b) Extinção do contrato por fatores supervenientes ou posteriores à sua celebração:

RESCISÃO (arts. 475 a 477 do CC): é a extinção do contrato por inexecução da obrigação por culpa de um dos contratantes, causando dano ao outro.

A culpa deve ser entendida em seu sentido amplo, ou seja, haverá culpa quando o descumprimento for intencional (dolo) bem como quando o descumprimento for ocasionado por imprudência, negligência ou imperícia (culpa).

Consequências da rescisão:

– Eficácia retroativa da rescisão à data da celebração do negócio.

– Perdas e danos: (art. 389 do CC)

– Cláusula Penal, se convencionada: é uma cláusula contratual na qual as próprias partes estipulam uma pena pecuniária a ser paga pela parte culpada pelo descumprimento da obrigação. Não pode ser aplicada cumulativamente às perdas e danos, pois geraria um *bis in idem*, uma dupla penalidade ao inadimplente.

RESILIÇÃO (arts. 472 e 473 do CC): é a extinção do contrato por inexecução da obrigação por ato de vontade de um (unilateral) ou de ambos (bilateral ou distrato) os contratantes.

Unilaretal: é permitida quando a lei expressamente autoriza (revogação, renúncia ou resgate) ou quando a lei não proíba, mediante cláusula expressa no contrato.

- Em todas as hipóteses a parte que pretende a resilição unilateral do contrato deverá notificar a outra parte informando-lhe o não interesse em continuar vinculado ao contrato. (denúncia).

Bilateral ou distrato: é um acordo liberatório ente as partes, é um contrato que extingue o outro que, se não fosse pela resilição, ainda estaria vigente.

– Deve ser realizado pela mesma forma que se realizou o contrato.

– Tem efeito *ex nunc*, ou seja, não retroage, gerando efeitos a partir do momento em que é celebrado.

RESOLUÇÃO (arts. 474 a 480 do CC): é a extinção do contrato por inexecução da obrigação em situações em que, apesar das partes desejarem cumprir o contrato, não o fazem por força de fatos supervenientes, imprevisíveis e inevitáveis que retiram da parte o poder de cumprir com o avençado.

As partes não honram o contrato até o fim por impossibilidade de fazê-lo.

Em regra, o inadimplemento da prestação por parte de um dos contratantes dá ao outro o direito de resolver o contrato (art. 475 do Código Civil). Porém, com base nos princípios da função social do contrato e da boa-fé objetiva, os tribunais superiores, vêm aplicando a **teoria do adimplemento substancial**, que preceitua que, se o inadimplemento foi mínimo ou, havendo o cumprimento significativo da obrigação, o vínculo contratual deve ser preservado, cabendo ao contratante prejudicado a interposição da respectiva ação para exigir o cumprimento da obrigação, restando dessa forma limitada a faculdade de o credor resolver o contrato nos casos de inadimplemento mínimo por parte do devedor.

Hipóteses:

a) Caso fortuito ou força maior

b) Onerosidade excessiva: (art. 478 do CC)

8. DIREITO DAS EMPRESAS

- **Conceito de empresa e empresário**: O Código Civil extrai do conceito de empresário previsto no artigo 966, o próprio conceito de empresa: "**Art. 966.** Considera-se empresário quem exerce profissionalmente atividade econômica organizada para a produção ou a circulação de bens ou de serviços." Assim, quem exerce a atividade ali elencada é o empresário, sendo a atividade exercida por ele, a empresa.
- **Requisitos**: Podem ser empresários aqueles que possuam capacidade civil e não tenham nenhum impedimento legal (art. 972 do Código Civil). **Atente-se para estes impedimentos**: aqueles que exercem cargos públicos, magistrados, falidos, membros do Ministério Público ou médicos, quanto ao exercício simultâneo de farmácia, estão impedidos de exercer a empresarialidade.

O impedimento não gera óbice para que sejam sócios de sociedades empresárias em cargos de não direção.

Outra dica importante: de acordo com o art. 974 do mesmo estatuto, o incapaz pode, por meio de representante legal ou devidamente assistido, continuar a empresa exercida anteriormente por seus pais ou por ele quando capaz. A regra é clara: o incapaz **nunca poderá** iniciar o exercício de uma empresa, mas apenas dar continuidade a uma atividade empresarial já iniciada.

- **EIRELI** – A Lei nº 12.441/2011 institui no Brasil a chamada Empresa Individual de Responsabilidade Limitada. Com esta nova criação, o Código Civil pátrio passou a admitir uma nova espécie de pessoa jurídica em seu artigo 44, VI.

Este novo tipo empresarial surgiu com a finalidade de separar o patrimônio pessoal do empresário individual do patrimônio da pessoa jurídica da qual ele é o único sócio, atribuindo-lhe uma limitação, na qual deverá, pelas dívidas, primeiro responder o patrimônio da empresa, assim como já acontecem nos tipos societários existentes no nosso ordenamento que têm a limitação da responsabilidade.

O artigo 980-A do Código Civil elenca os requisitos necessários para constituição da EIRELI sendo eles:

a) constituição por uma única pessoa natural titular do capital social, que poderá figurar em uma única empresa deste tipo;
b) integralização do capital;
c) capital superior a 100 (cem) vezes o valor do salário mínimo.

O legislador, quando determinou que a EIRELI se constitui por uma única pessoa natural, claramente quis manter este tipo empresarial como uma empresa individual e não como um novo tipo societário como muitos a tratam.

Ficamos com a posição de que a EIRELI é um tipo empresarial *"sui generis"* em relação às suas características, e não uma sociedade unipessoal.

- **Lei de falência e recuperação de empresas:** lei nº 11. 101/2005. A recuperação de empresas pode ser judicial ou extrajudicial.
- **A recuperação judicial** tem como finalidade contribuir para que a empresa que passa por séria crise econômico-financeira tenha condições de se recuperar. Trata-se de benefício legal concedido às empresas visando a sua mantença, o emprego de seus empregados e os interesses dos credores.
- **Cabimento**: só é cabível para as empresas com mais de dois anos de atividade empresarial regular; que não tenham sofrido falência; que não tenham pedido de recuperação judicial nos últimos 05 (cinco) anos e que o empresário não tenha sido condenado por crime falimentar. (art. 158 Lei de Recuperação de Empresas e Falência.)
- **São órgãos essenciais na R.J.**: o administrador judicial, o comitê de credores e assembleia geral de credores.
- **Procedimento**: o pedido deve ser feito pela própria empresa recuperanda e nunca pelos seus credores, como ocorre na falência. O juízo competente é o da sede do principal estabelecimento da empresa. Distribuída a inicial e preenchidos os requisitos elencados acima (cabimento), a decisão que defere o processamento da R.J. nomeará o administrador

judicial, suspenderá todas as ações que corram contra a empresa recuperanda pelo prazo de 180 (cento e oitenta) dias, **excetuando-se**: as trabalhistas e tributárias. (art. 52 e art. 6º, parágrafo 1º, 2º e 7º). Determinará ainda a expedição do edital de credores e concederá o prazo de 15 (quinze) dias para estes habilitarem ou impugnarem seus créditos. (habilitação é inclusão de crédito não declarado e impugnação é objeção a crédito já habilitado) e por fim, concederá à empresa recuperanda o prazo de 60 (sessenta) dias para a apresentação do plano de recuperação. Trata-se de prazo peremptório e preclusivo que se não cumprido, dará ensejo à decretação da falência da empresa.

Da decisão que defere o processamento da Recuperação Judicial cabe agravo de instrumento (Enunciado 52 da I Jornada de Direito Comercial do CJF). Já da decisão que indefere o processamento, cabe recurso de apelação.

O candidato tem que ter claro que a recuperação judicial é um pedido e um benefício concedido à empresa e que, portanto, deverá obrigatoriamente preencher os requisitos legais.

Recuperação de empresa não é requisito para falência, em razão de não ser aplicada a todas as empresas existentes.

Não se aplica a recuperação judicial aos bancos, aos profissionais liberais, às operadoras de plano de saúde, seguradoras, operadoras de previdência privada, cooperativas, às sociedades simples e sociedades comuns e profissionais irregulares (art. 48 da Lei de Recuperação de Empresas e Falência).

- **Créditos excluídos da recuperação judicial:** Credor titular da posição de proprietário fiduciário, crédito decorrente de adiantamento de contrato de câmbio para exportação e crédito tributário.
- **Concessão da Recuperação**: após apresentado o plano de recuperação pela empresa recuperanda e aprovado pela assembleia de credores por maioria dos votos (trabalhistas ou decorrentes de acidente de trabalho e maioria dos votos das demais classes).

O prazo de objeção ao plano pelos credores é de 30 dias (art. 55 Lei de Recuperação de Empresas e Falência.)

Caso o plano de recuperação não seja apresentado no prazo de 60 (sessenta dias) pela empresa recuperanda, ou seja, rejeitado pelos credores, decretar-se-á a falência.

Aprovado e homologado o plano, o juiz concede a recuperação, que terá o prazo de 02 (dois) anos para cumprimento. Seu encerramento se dará com o cumprimento de todas as obrigações assumidas no plano, pagamento dos honorários do administrador, relatório apresentado pelo administrador no prazo de 15 dias, pagamento das custas judiciais e expedição de ofícios aos cartórios competentes.

- **Recuperação de microempresa (ME) e empresa de pequeno porte (EPP)**: A lei nº 11.101/2005 trata também da recuperação para microempresa e empresa de pequeno porte através do chamado "plano especial." Este plano contempla apenas os créditos quirografários, o prazo não poderá exceder 36 meses, com juros de 12% ao ano.
- **Recuperação Extrajudicial**: Aplicam-se os mesmos requisitos da R.J. Não abrangerá os créditos trabalhistas e os decorrentes de acidente de trabalho, bem como não abrangerá os mesmos créditos não abrangidos na R.J.

Se todos os credores aprovarem o plano de forma unânime, não haverá necessidade de homologação judicial.

Sendo aprovado com a discordância de um ou alguns dos credores, obrigatória será a homologação judicial para produzir efeitos.

- **Falência:** Também está prevista na Lei nº 11.101/2005. Falência é execução coletiva com a finalidade de liquidar o passivo e apurar o ativo da empresa. É considerada a "morte provocada" da empresa. Se a recuperação é a UTI, a falência é a morte. Uma vez decretada, nada mais poderá ser feito.

Podem sofrer falência o empresário individual ou a sociedade empresária (art. 1º da Lei de Recuperação de Empresas e Falência).

Pessoa física não vem a falir, torna-se devedor insolvente.

- **Não sofrem falência:** pessoas que exercem atividade não empresarial, profissionais liberais, sociedades simples e cooperativas, empresas públicas e sociedades de economia mista (art. 2º, inciso I, da Lei de Recuperação de Empresas e Falência.)

Com a decretação da falência, também ocorre a suspensão das ações pelo prazo de 180 (cento e oitenta) dias.

- **Juízo universal da falência:** é o juízo do local do principal estabelecimento da empresa. É indivisível e competente para conhecer todas as ações, interesses e negócios do falido. Promove o afastamento do devedor de suas atividades, visando preservar e otimizar a utilização produtiva dos bens, ativos e recursos produtivos, inclusive os intangíveis, da empresa.
- **São legitimados para requerer a falência (art. 97):**

I. o próprio devedor (autofalência)
II. o cotista ou acionista do devedor
III. o cônjuge sobrevivente, herdeiro do credor ou inventariante
IV. qualquer credor, devidamente regularizado na junta comercial, com título executivo acima de 40 (salários mínimos) e devidamente protestado.

Classificação dos créditos: concursais e extraconcursais

Concursais são os que tem origem antes da decretação da falência e são eles (art. 83):

I. Créditos trabalhistas limitados a 150 salários mínimos por credor e créditos surgidos de acidentes de trabalho

II. Créditos com garantia real até o limite do valor do bem gravado
III. Créditos Tributários
IV. Créditos com privilégios especiais
V. Créditos com privilégios gerais
VI. Créditos quirografários
VII. multas
VIII. créditos subordinados

Extraconcursais são os que tem origem após a decretação da falência e serão pagos antes dos concursais **(art. 84). São eles:**

I. Honorários do administrador judicial
II. Créditos trabalhistas após a decretação da falência
III. Crédito Tributário com fato gerador ocorrido após a decretação da falência.
IV. Custas judiciais.

* **IMPORTANTE:** Da decisão que decretar a falência caberá agravo. Da decisão que declarar a improcedência do pedido de falência, caberá a apelação (art. 100, Lei de Recuperação e Falência)

9. DIREITO DAS COISAS

O Direito das Coisas é o conjunto de normas previstas no Código Civil disciplinadas entre os arts. 1.196 a 1.510, Livro III. O Código separou de forma muito correta os direitos patrimoniais em direitos reais e pessoais, cabendo ao Direito das Coisas a classificação dos direitos patrimoniais de natureza real. Abrange não só as relações que regulam os bens corpóreos (móveis ou imóveis), mas também os incorpóreos (autoral, propriedade industrial), tratando ainda da aquisição, exercício, conservação e perda de poder sobre os bens.

- **Utilização da expressão Direito das Coisas ou Direitos Reais**: a utilização de uma ou outra forma de nomear este ramo do direito civil tem gerado várias discussões na doutrina. Para Orlando Gomes, Caio Mário da Silva Pereira, Silvio Salvo Venosa entre outros, a correta denominação seria a de *Direitos Reais*, consideradas como normas reguladoras da propriedade. Para Clóvis Bevilaqua, Silvio Rodrigues e Washigton Monteiro de Barros, Maria Helena Diniz e outros renomados autores, a mais correta seria *Direito das Coisas* em razão de se explicar o ramo do direito que se estuda e por se tratar do capítulo do Código Civil que tem essa própria denominação.

Características dos Direitos Reais – segundo Maria Helena Diniz:

I. Oponibilidade erga omnes
II. Existência de um direito de sequela
III. Previsão de um direito de preferência a favor do titular de um direito real
IV. Possibilidade de abandono dos direitos reais, de renúncia a tais direitos
V. Viabilidade de incorporação da coisa por meio da posse
VI. Previsão da usucapião como um dos meios de aquisição

Da posse:

Pode-se entender a posse como uma situação de fato, juridicamente protegida. Na posse há o uso e o gozo da coisa por parte do possuidor, mas lhe falta o justo título que lhe conferiria a propriedade.

Duas teorias tratam da posse no direito brasileiro:

- **Teoria Subjetiva (Savigny)** – é o poder que o possuidor dispõe de estar em contato com a coisa com a intenção de tê-la para si e defende-la contra terceiros.
- **Teoria Objetiva (Ihering)** – posse é apenas a disposição física ou possibilidade de exercer o contato sobre a coisa.

DICA: O direito brasileiro adota a teoria objetiva.

A posse pode ser **direta ou indireta, justa ou injusta, nova ou velha.** É direta aquela prevista no art. 1.197 do Código Civil exercida por quem detém materialmente a coisa, ou seja, a posse exercida pelo próprio proprietário. Indireta é aquela exercida por outra pessoa que não o proprietário e está prevista no art. 1.198. Justa é a mansa e pacifica e injusta é a que é adquirida com vícios, podendo ser através de violência, clandestinidade ou precariedade. Nova é aquela que possui menos de um ano e dia e velha aquela que possui pelo menos um ano e um dia.

Possuidor de boa-fé e possuidor de má-fé

Possuidor é diferente de detentor. O detentor é aquele que conserva a posse em nome do possuidor, cumprindo suas ordens e instruções, sendo vedada ao detentor qualquer proteção possessória.

Por sua vez, o Enunciado nº 301 CFJ/STJ da IV Jornada de Direito Civil, determina que: "é possível a conversão da detenção em posse desde que rompida a subordinação, na hipótese de exercício em nome próprio dos atos possessórios."

Possuidor de boa-fé é aquele que desconhece qualquer vício ou obstáculo que impeça a aquisição da coisa (art. 1.201 do Código Civil)

Possuidor de má-fé, por sua vez, é aquele que sabe e tem ciência de que a posse foi adquirida com vícios.

A lei admite que o possuidor turbado ou esbulhado proteja sua posse por força própria, desde que a reação seja imediata e na medida do indispensável para proteção (art. 1.210, parágrafo 1º do Código Civil)

Cabe ainda ao possuidor direto defender sua posse contra o possuidor indireto (proprietário), nos termos do art. 1.197 do Código Civil, utilizando-se de ação possessória para tanto.

O possuidor de boa-fé tem direito a ser ressarcido pelas benfeitorias úteis e necessárias, podendo exercer o direito de retenção do bem enquanto não for ressarcido (art. 1.219 do mesmo estatuto legal). Ao possuidor de má-fé serão ressarcidas somente as benfeitorias necessárias, não lhe assistindo o direito de retenção pela importância destas, nem o de levantar as voluptuárias (art. 1.220, do Código Civil).

* **Importante**: mesmo a posse injusta poderá ser defendida, exceto contra aquele de quem ela foi retirada

- **Perda da posse:** pode se dar por abandono, tradição, perda ou destruição.

De acordo com os arts. 1.223 e 1.224 do Código Civil, para que haja a perda da posse por aquele que presenciou o esbulho, basta a perda de seu poder sobre o bem. Já para aquele que não presenciou o esbulho, a posse se perde quando, voluntariamente, deixa de retomar a coisa ou, na tentativa de recuperá-la, é repelido violentamente.

- **Composse ou compossessão**: quando duas ou mais pessoas exercem simultaneamente poderes possessórios sobre a coisa em razão de sua indivisibilidade. Decorre de contrato ou herança e está prevista no art. 1.199 do Código Civil.
- **Do locador e do locatário:**

O locador mantém a posse indireta do imóvel, mesmo depois de efetuar a transferência do direito de uso a outrem (posse direta), objeto da locação. A isto se dá o nome de poder residual concernente à vigilância, à conservação ou mesmo aproveitamento de certas vantagens da coisa, ainda que não esteja mais em sua posse direta.

Tanto locador quanto locatário possuem legitimidade *ad causam* passiva para responder por eventuais danos relativos ao uso da propriedade decorrentes do descumprimento dos seus deveres condominiais. O informativo 506 do STJ assim dispõe: "*Se o locatário do imóvel está descumprindo os deveres do condomínio, e com isso, causando danos a outros, a ação de indenização poderá ser proposta contra o locatário (causador direto do dano), contra o locador (proprietário e possuidor indireto da coisa) ou contra ambos conjuntamente.*"

- **Da propriedade**

A propriedade está prevista nos arts. 1.228 a 1.360 do Código Civil. Diversamente da posse, a propriedade pode ser conceituada como um direito da pessoa física ou jurídica de usar, gozar, dispor ou reaver um bem de quem injustamente o detenha. O direito de propriedade está amparado na Constituição Federal através da função social da propriedade (art. 5º, XXIII e 170, III).

Pode-se dizer que a propriedade é direito real por excelência. No entanto, este direito pode ser restringido por meio de desapropriação em casos de necessidade ou utilidade pública ou ainda interesse social, bem como no caso de perigo iminente (art. 1.228, parágrafo 3º do Código Civil).

Pode haver a privação da propriedade em casos de tombamento, faixas de fronteiras militares ou ainda decorrentes do direito de vizinhança em caso de passagem forçada para imóvel encravado.

- **Dicas importantes:** o proprietário, mesmo com a posse indireta de seu bem, não pode ser eximido de responder por eventuais danos causados em razão do uso indevido de sua propriedade.

A transferência da propriedade das coisas móveis ocorre pela simples tradição e a de bens imóveis pela transcrição (registro), inteligência do artigo 1.267, do Código Civil. No entendimento de Orlando Gomes, nem sempre a tradição será a simples entrega da coisa, podendo se dividir em três espécies: real, jurídica (ficta) e virtual (simbólica ou consensual).

Com o Código de 2002 houve a preocupação do legislador em permitir a utilização do subsolo por parte do proprietário, mas nos limites úteis ao seu exercício. Embora a propriedade, nas palavras de Flávio Tartuce, vá do céu ao inferno, o proprietário deverá permitir atividades externas ao seu domínio que visem o bem comum, tais como a passagem de cabos de telefonia e de redes de TV a cabo, bem como passagens de água.

Da usucapião

A usucapião significa aquisição pelo uso e está prevista nos arts. 1.238 a 1.244 do Código Civil. Quando se diz que a usucapião é um modo de aquisição da propriedade pelo uso, tem que ficar claro que não basta apenas o uso. Para que a pessoa possa requerer ao juiz a aquisição da propriedade através da usucapião, há a necessidade de uma posse ou uso prolongado no tempo, o ânimo de se tronar proprietário por parte do possuidor e que sua posse não tenha sido reivindicada nos prazos estipulados na lei, sendo mansa e pacifica.

Modalidades:

- **Extraordinária**: art. 1.238 do Código Civil. Dispensa-se o justo título e a boa-fé, bastando que a posse seja ininterrupta por 15(quinze) anos. Há ainda que se ressaltar que sua utilidade se dá para imóveis rurais acima de 50 (cinquenta) hectares ou urbanos acima de 250 (duzentos e cinquenta metros) quadrados. O parágrafo único do referido artigo reduz para 10 (dez) anos o prazo quando o possuidor estabelecer no imóvel sua moradia habitual.
- **Ordinária**: prevista no art. 1.242 do Código Civil. Exigência de posse mansa, pacifica, continua, com justo título e boa – fé pelo prazo de 10 (dez) anos. Justo título deve ser entendido como o ato jurídico que habilita uma pessoa a adquirir o domínio, mas sem que produza efeitos legais. Boa-fé é a falta de conhecimento ou ignorância por parte do possuidor de vícios em relação àquela posse que, se fossem conhecidos, impediriam a aquisição do domínio.

A Constituição Federal trouxe novas hipóteses de usucapião que foram adotadas pelo Código Civil, sendo que em nenhuma delas há necessidade de justo título ou boa-fé, bastando o preenchimento de seus requisitos específicos:

- **Usucapião rural**: art. 191 da Constituição Federal e 1.239 do Código Civil. Também chamada de usucapião pró labore, cujos requisitos são: área não superior a 50 (cinquenta) hectares e posse ininterrupta por 05 (cinco) anos. O possuidor não pode ser proprietário de outro imóvel e tem que ser destinada à sua moradia e de sua família ou a tornar a área produtiva.

- **Usucapião urbana:** art. 183 da Constituição Federal e 1.240 do Código Civil. Chamada de usucapião pro moradia, cujos requisitos são posse mansa, pacífica e ininterrupta por mais de 05 (cinco) anos, não ser proprietário de outro imóvel e ter destinação à sua moradia e de sua família.

- **Usucapião familiar:** mais nova modalidade de usucapião e está prevista no art. 1.240-A do Código Civil. Ressalte-se ainda que o conceito de posse de referido artigo difere-se do conceito de posse do 1.197 do mesmo estatuto legal. (Enunciado 502 da V Jornada de Direito Civil)

Trata-se de usucapião que exige a posse ininterrupta e sem oposição pelo prazo de 02 (dois) anos, sobre imóvel urbano de até 250 metros quadrados, cuja propriedade dividia-se com cônjuge ou companheiro que abandonou o lar. O possuidor não poderá ser proprietário de outro imóvel e deverá ser utilizado para sua moradia.

Do direito de vizinhança

O direito de vizinhança se aplica aos vizinhos, condôminos ou não.

Para a lei, o conceito de vizinho é amplo, abrangendo não somente os prédios contíguos, mas todos em seu entorno, permitindo assim ao proprietário ou ao possuidor tomar medidas para fazer cessar as interferências que por ventura vierem a ocorrer.

> *Art. 1277 do Código Civil: "O proprietário ou o possuidor de um prédio tem o direito de fazer cessar as interferências prejudiciais à segurança, ao sossego e à saúde dos que o habitam, provocadas pela utilização de propriedade vizinha".*

Quando tais interferências forem determinadas via judicial, são de suportabilidade obrigatória. O art. 1.279 do mesmo estatuto trata da possibilidade de o possuidor ou proprietário requerer a redução ou até mesmo a eliminação das interferências, quando possíveis e viáveis.

No art. 1.280 do mesmo Código, o legislador previu a possibilidade de o proprietário ou possuidor buscar através do Poder Judiciário se resguardar de eventuais danos causados pelo mau uso da propriedade vizinha, podendo exigir, se for o caso, a demolição do prédio vizinho, a reparação do prédio em caso de ameaça de ruína ou ainda requerer caução em casos de dano ou perigo iminente.

As ações que poderão ser intentadas são as seguintes:

I. ação de obrigação de fazer ou não fazer (com possibilidade de multa ou astreintes, nos termos do Código de Processo Civil)

II. ação de reparação de danos (abuso de direito, gera responsabilidade objetiva do vizinho)

III. ação demolitória (demolir uma obra construída)

IV. ação de nunciação de obra nova (embargo da obra)

V. ação de dano infecto (exigir do vizinho caução idônea ou garantia concreta, havendo riscos à propriedade ou à posse, diante do uso anormal do domínio – art. 1.281).

Os direitos e deveres dos condôminos estão previstos nos arts. 1.314 ao 1.328 do Código Civil. Embora o Código não tenha conceituado o que é condomínio ou condomínio voluntário, referidos conceitos nos são trazidos pela doutrina, vejamos:

Para alguns doutrinadores condomínio seria uma modalidade especial de propriedade de natureza *sui generis*. Para outros, como Clovis Bevilaqua, o condomínio seria uma forma anormal de propriedade. Independente do conceito, os condomínios existem e as suas regras precisam ser respeitadas, tutelando-se assim o direito de vizinhança e garantindo a tranquilidade dos condôminos.

10. DIREITO DAS FAMÍLIAS

O art. 226 da Constituição Federal reconhece explicitamente três formas de FAMÍLIA:

- **Família matrimonial ou natural:** decorrente do casamento
- **Família convencional, informal ou comportamental:** decorrente da união estável
- **Família monoparental:** formada por qualquer dos pais e sua prole.

A doutrina, porém, vem reconhecendo a instituição FAMÍLIA em situações em que, apesar de não reconhecidas pela Constituição Federal, merecem tutela jurídica:

- **Família anaparental:** constituída apenas pelos filhos
- **Família homoafetiva:** formada por pessoas do mesmo sexo.
- **Família eudemonista:** formada por pessoas que possuem um vínculo de afeto, independentemente da consanguinidade.
- **CASAMENTO:** a lei não define casamento, sendo tarefa doutrinária sua conceituação. Por interpretação sistemática dos artigos do Código Civil, podemos dizer que casamento é a união entre duas pessoas que, atendendo às formalidades legais, tem por finalidade a constituição de uma família.

* **ATENÇÃO:** apesar de a Constituição Federal, a legislação infraconstitucional e uma minoria doutrinária trazerem como requisito legal do casamento a diversidade de sexos, o advento da Resolução 175 do CNJ muda esta concepção, vez que proíbe que os cartórios se neguem a realizar casamento ou conversão de união estável em casamento entre pessoas do mesmo sexo. Assim, temos que o casamento homoafetivo já é uma realidade no ordenamento jurídico brasileiro, porém ainda não incorporado em nossa Constituição Federal ou legislação, aqui considerada em sentido estrito.

* **ATENÇÃO:** a finalidade de constituição de família não se confunde com procriação. A união de pessoas que não querem ou não podem ter filhos também é

reconhecida como casamento, desde que atendidos os requisitos legais e que haja o intuito de comunhão de vida.

- **Capacidade para o casamento:** a idade núbil no Brasil é de 16 anos (art. 1517). Assim, a pessoa entre 16 e 18 anos pode contrair núpcias, desde que com autorização dos pais ou representantes legais, pois relativamente incapaz.

Tanto quando houver divergência entre os pais ou responsáveis (art. 1517, parágrafo único) como quando a negativa de consentimento for injusta (art. 1.519), caberá ao juiz resolver a questão.

A autorização poderá ser revogada até a hora da celebração do casamento (art. 1.518).

O art. 1.520 prevê duas situações em que o casamento de pessoas menores de 16 anos será permitido, mediante autorização judicial e imposição do regime de separação de bens (art. 1.641, III), quais sejam: em caso de gravidez e para evitar a imposição de pena criminal (casamento remédio).

* **ATENÇÃO:** o art. 107, VII do Código Penal que previa o casamento remédio como causa extintiva da punibilidade foi revogado em 2005, de forma que hoje em dia, o casamento da vítima com seu agressor não extingue a punibilidade do delinquente.

ATENÇÃO: A Lei 13.146/2015 (Estatuto da Pessoa com Deficiência) trouxe importante inovação ao art. 1.550, § 2º do Código Civil: "A pessoa com deficiência mental ou intelectual em idade núbil poderá contrair matrimônio, expressando sua vontade diretamente ou por meio de seu responsável ou curador." Por consequência, trouxe a revogação do inciso I do art. 1.548, que determinava ser nulo o casamento do enfermo mental sem o necessário discernimento para os atos da vida civil.

- **Anulação do casamento:** o art. 1.550 prevê as hipóteses em que o casamento poderá ser anulado: **I** – de quem não completou a idade mínima para casar; **II** – do menor em idade núbil, quando não autorizado por seu representante legal; **III** – por vício da vontade, nos termos dos arts. 1.556 a 1.558; **IV** – do incapaz de consentir ou manifestar, de modo inequívoco, o consentimento; **V** – realizado pelo mandatário, sem que ele ou o outro contraente soubesse da revogação do mandato, e não sobrevindo coabitação entre os cônjuges; **VI** – por incompetência da autoridade celebrante.

Os vícios de vontade que dão ensejo à anulação do casamento são: erro e coação.

Quanto ao erro, o art. 1.557, inciso I, considera erro essencial sobre a pessoa: **I** – o que diz respeito à sua identidade, sua honra e boa fama, sendo esse erro tal que o seu conhecimento ulterior torne insuportável a vida em comum ao cônjuge enganado; **II** – a ignorância de crime, anterior ao casamento, que, por sua natureza, torne insuportável a vida conjugal; **III** – a ignorância, anterior ao casamento, de defeito físico irremediável, ou de moléstia grave e transmissível, pelo contágio ou herança, capaz de pôr em risco a saúde do outro cônjuge ou de sua descendência; **IV** – a ignorância, anterior ao casamento, de doença mental grave que, por sua natureza, torne insuportável a vida em comum ao cônjuge enganado.

* **ATENÇÃO:** com a entrada em vigor da Lei 13.146/2015 (Estatuto da Pessoa com Deficiência), a ignorância, anterior ao casamento, de defeito físico irremediável só é considerada erro essencial sobre a pessoa capaz de dar ensejo à anulação do casamento se não caracterizar deficiência. (art. 1.557, § 3º)

* **ATENÇÃO:** nos casos dos incisos I e II, a coabitação após a descoberta do fato validará o casamento, pois a lei presume que não há a caracterização da insuportabilidade da vida em comum. (art. 1.559)

- **Domicílio do casal:** deve ser escolhido de comum acordo entre os cônjuges, podendo um ou outro se ausentar para atender encargos públicos, exercício da profissão ou interesses particulares relevantes (art. 1.569)

Um dos deveres que o casamento impõe é o de coabitação. A ausência do domicílio do casal de forma injustificada, ou seja, que não se encaixe nas situações permissivas do art. 1.569, caracteriza a figura do abandono de lar.

O abandono de lar, pode gerar a perda do direito de moradia sobre o bem e, atendidos os requisitos legais, até mesmo a perda de sua propriedade, através da chamada usucapião familiar, já mencionada anteriormente (L. 12.424/2011).

Ressalta-se, que no caso de insuportabilidade de vida em comum, para se evitar a ocorrência de danos psicológicos ou até mesmo físicos entre o casal durante um processo de divórcio litigioso, o juiz pode determinar o afastamento de um dos cônjuges do lar conjugal, mediante pedido em ação cautelar de separação de corpos, que tem o condão de fazer cessar o dever de coabitação e afastar a caracterização da figura do abandono de lar. Para a procedência do pedido de separação de corpos, há a necessidade de comprovação de existência de casamento ou união estável, do *fumus boni iuris* e do *periculum in mora*. A separação de corpos é medida cautelar preparatória para uma futura ação de divórcio ou anulação de casamento.

- **Regime de bens entre os cônjuges:** exceto nas situações previstas no art. 1.641 do Código Civil, em que há a imposição do regime de separação de bens, os cônjuges são livres para escolher sob qual regime de bens pretendem se casar, separação, comunhão, comunhão parcial ou participação final nos aquestos, podendo inclusive combinar regras de mais de um regime por meio de pacto antenupcial. (arts. 1.639 e 1.630)

Não sendo caso de obrigatoriedade do regime de separação de bens e os cônjuges não optem por nenhum outro regime, será aplicado, subsidiariamente, o regime da comunhão parcial (art. 1.640)

Atenção: a tendência jurisprudencial é de que no regime da comunhão parcial de bens os saldos do FGTS, de fundos de previdência privada e indenizações trabalhistas concernentes a créditos formados na constância do casamento, constituem bens comuns. (Enunciados 14, 15 e 16 do 1º Encontro Estadual de Magistrados da EPM)

- **Dissolução da sociedade conjugal:** de acordo com o art. 1.571 do Código Civil, a sociedade conjugal termina: I – pela morte de um dos cônjuges; II – pela nulidade ou anulação do casamento; III – pela separação judicial; IV – pelo divórcio.

O artigo 733 do Novo Código de Processo Civil prevê a possibilidade do divórcio ser realizado extrajudicialmente, em Cartório de Notas, desde que haja consenso entre os cônjuges quanto à dissolução da sociedade conjugal, quanto à partilha de bens, pensão alimentícia e utilização do sobrenome do outro; ainda, que não haja filhos menores ou incapazes do casal e que haja a assistência de um advogado ou defensor público, individual ou comum aos cônjuges.

Havendo filhos menores do casal, o divórcio, consensual ou litigioso (a), será necessariamente judicial, ocasião em que serão definidas questões relativas à guarda e ao regime de visitas. Pode-se estipular a guarda compartilhada ou a guarda unilateral. A primeira é aquela que deve ser aplicada sempre que possível (art. 1.584, § 2º), exercida por ambos os pais, com igualdade de direitos e deveres, embora não vivam sob o mesmo teto. A segunda é aquela exercida por apenas um dos pais e regulamentado o direito de visitas do outro, que será atribuída ao genitor que revele ter melhores condições de proporcionar afeto, saúde, segurança e educação ao filho. (art. 1.583, § 2º).

* **ATENÇÃO:** recomenda-se a leitura da Lei 12.318/10, que surgiu com o intuito de prevenir e punir a famosa Alienação Parental, que em linhas gerais, ocorre quando um dos pais, denegrindo a imagem do outro, induz o filho a romper laços afetivos com este.

- **União estável:** reconhecida como entidade familiar pelos arts. 226, § 3º da Constituição Federal e 1.723 do Código Civil, é configurada pela convivência entre duas pessoas de forma pública, contínua e duradoura com o objetivo de constituição de família.

Na união estável, aplicam-se as mesmas regras já elencadas sobre o casamento referentes à diversidade de sexos (Resolução 175 do CNJ), à desnecessidade de procriação para configuração de núcleo familiar e quanto ao regime supletivo de bens (art. 1.725).

* **ATENÇÃO:** a lei não mais exige o prazo mínimo de 05 (cinco) anos de convivência para o reconhecimento da união estável, devendo ser levados em consideração outros fatores, como a durabilidade, estabilidade, continuidade e intuito de constituição de núcleo familiar.

- **Parentesco:** é o vínculo estabelecido entre duas ou mais pessoas em razão da consanguinidade, da afinidade ou de alguma relação civil.

O *parentesco por consanguinidade* é aquele que se estabelece entre duas ou mais pessoas em razão de descenderam umas das outras (parentesco em linha reta – art. 1.591) ou de um tronco ancestral comum, sem descenderem uma das outras (parentesco em linha colateral – art. 1.592).

Graus de parentesco: seja na linha reta ou na linha colateral, o parentesco é contado em graus. Grau é a distância, em gerações, que vai de um a outro parente.

Na linha reta cada geração equivale a um grau.

– Pais e filhos: parentes em linha reta em 1º grau

– Avôs e netos: parentes em linha reta em 2º grau

– Bisavôs e bisnetos: parentes em linha reta em 3º grau.

* Na linha reta não há limite de graus.

Na linha colateral cada geração também equivale a um grau, porém, sobe-se de um dos parentes até o ascendente comum e depois se desce até encontrar o outro com o qual se quer estabelecer o grau de parentesco.

* Na linha colateral o parentesco é limitado ao 4º grau. (primos e tios-avôs)

O *parentesco por afinidade* é aquele que se estabelece entre o cônjuge ou companheiro e os ascendentes, descendentes e irmãos do outro. O parentesco por afinidade na linha reta não se extingue com a dissolução do casamento ou da união estável (art. 1.595).

O *parentesco civil* é aquele que se estabelece em razão de outra origem, que não a consanguinidade ou a afinidade. Exemplos: adoção, paternidade socioafetiva.

* **ATENÇÃO:** marido e mulher, companheiro e companheira não são parentes entre si. Relação matrimonial ou convivencial não se confunde com relação de parentesco.

- **Filiação:** é a relação de parentesco estabelecida entre pais e filhos.

ATENÇÃO:

- **Enunciado 103 da I Jornada de Direito Civil do CJF:** "O Código Civil reconhece, no art. 1.593, outras espécies de parentesco civil além daquele decorrente da adoção, acolhendo, assim, a noção de que há também parentesco civil no vínculo parental proveniente quer das técnicas de reprodução assistida heteróloga relativamente ao pai (ou mãe) que não contribuiu com seu material fecundante, quer da paternidade socioafetiva, fundada na posse do estado de filho."
- **Enunciado 256 da III Jornada de Direito Civil do CJF:** "A posse do estado de filho (parentalidade socioafetiva) constitui modalidade de parentesco civil."
- **Enunciado 19 do 1º Encontro de Magistrados da EPM:** "É possível a coexistência da indicação de filiações socioafetiva e biológica no registro civil de nascimento, sem identificação, no respectivo assento de nascimento, da origem ou causa da paternidade ou da maternidade."

A filiação faz surgir o poder familiar, que nada mais é que o conjunto de direitos e deveres atribuídos aos pais com relação à pessoa e aos bens dos filhos incapazes.

Compete aos pais, de acordo com o art. 1.634: I – *dirigir-lhes a criação e educação;* II – *tê-los em sua companhia e guarda;* III – *conceder-lhes ou negar-lhes consentimento para casarem;* IV – *nomear-lhes tutor por testamento ou documento autêntico, se o outro dos pais não lhe sobreviver, ou o sobrevivo não puder exercer o poder familiar;* V – *representá-los, até aos dezesseis anos, nos atos da vida civil, e assisti-los, após essa idade, nos atos em que forem partes, suprindo-lhes o consentimento;* VI – *reclamá-los de quem ilegalmente os detenha;* VII – *exigir que lhes prestem obediência, respeito e os serviços próprios de sua idade e condição.*

Os pais são usufrutuários e responsáveis pela administração dos bens dos filhos sob poder familiar (art. 1.689).

Caso um ou ambos os genitores ajam com abuso de autoridade, faltem com os deveres inerentes ao poder familiar ou malversem os bens dos filhos, poderá o juiz, a requerimento de algum parente ou do Ministério Público, suspender o poder familiar. (art. 1.637)

Note que a suspensão do poder familiar é uma faculdade conferida ao juiz como forma de sanção aos pais que negligenciarem com os deveres decorrentes da filiação, sendo sempre temporária, de forma que perdurará enquanto se mostrar necessária.

O poder familiar se extingue: pela morte dos pais ou do filho, pelo atingimento da capacidade plena, pela adoção ou por decisão judicial. (art. 1.635)

As situações que acarretam a perda do poder familiar por decisão judicial estão previstas no art. 1.638: castigo imoderado, abandono, prática de atos contrários à moral e aos bons costumes, prática reiterada das causas de suspensão do poder familiar. O procedimento a ser observado está previsto nos arts. 155 a 163 do ECA.

- **Alimentos:** prestações para a satisfação das necessidades de subsistência de quem não pode provê-las por si, devidas em decorrência do dever de solidariedade existente entre parentes, cônjuges ou companheiros.

Em regra, os alimentos compreenderão o necessário para que o alimentando subsista de modo compatível com a sua condição social, englobando todas as suas necessidades, como alimentação, vestuário, habitação, assistência médica, educação, cultura e lazer. Estes são os chamados alimentos civis, côngruos, convenientes ou *necessarium personae*, previstos no art. 1.694.

Excepcionalmente, os alimentos compreenderão apenas o estritamente necessário para que a pessoa subsista. São os chamados alimentos naturais, necessários, humanitários ou *necessarium vitae*, previstos no art. 1.964, § 2º (quando a situação de necessidade resultar de culpa de quem os pleiteia), e no art. 1.704, parágrafo único (o cônjuge declarado culpado).

Pressupostos da obrigação alimentar:

a) **Vínculo de direito de família**: relação de parentesco, casamento ou união estável.

b) **Necessidade daquele que pede**: situação econômica do credor. Impossibilidade de prover sua subsistência com seus bens ou seu trabalho (art. 1.695).

c) **Possibilidade daquele a quem se pede**: situação econômica do devedor. A imposição de prestação alimentar a alguém não pode significar privação de seu próprio sustento. Aquele que tem apenas o necessário para sua subsistência não pode ser obrigado a prestar alimentos a outrem (art. 1.695).

d) **Proporcionalidade**: devem ser prestados na proporção das necessidades do reclamante e dos recursos da pessoa obrigada (art. 1694, § 1º).

* **ATENÇÃO:** não há limite etário quanto ao dever de prestar alimentos entre pais e filhos. Presentes os pressupostos da obrigação alimentar, os alimentos serão devidos. O entendimento jurisprudencial vem acompanhando o desenvolvimento social. Houve uma época em que se entendia que os alimentos eram devidos aos filhos até que adquirissem a capacidade plena (18 anos), hoje, prevalece o entendimento de que os alimentos são devidos até que o filho cole grau em nível superior. Porém, caso o filho possua curso superior completo e não consiga manter sua própria subsistência em razão de algum problema físico ou mental, a obrigação alimentar dos pais persistirá. Vide informativo 518 do STJ.

Atenção: a tendência jurisprudencial é de que os alimentos entre ex-cônjuges ou ex-companheiros devem ter caráter excepcional e transitório, devendo perdurar apenas pelo período suficiente para reinserção no mercado de trabalho ou aquisição de estabilidade financeira.

11. DIREITO DAS SUCESSÕES

Entende-se por sucessão a transmissão dos bens do "de cujus" a outra pessoa, em razão de sua morte.

A abertura da sucessão se dá com a morte da pessoa natural (Princípio da Saisine – art. 1784 do CC), passando-se aos herdeiros, por lei ou disposição de última vontade, seus direitos e obrigações.

A sucessão pode ser classificada em:

1) **Sucessão Legítima**: decorre da lei. Morrendo a pessoa sem deixar testamento, transmite-se a herança aos herdeiros indicados na lei. Também será legítima se o testamento caducar ou for declarado nulo. Na sucessão legítima, deverá ser obedecida a ordem da vocação hereditária.

- Descendentes: os mais próximos excluem mais remotos.
- Ascendentes: os mais próximos excluem os mais remotos. Não há distinção entre linha materna e paterna, o que interessa é o grau. Não há direito de representação para ascendentes.
- Colaterais: os mais próximos excluem os mais remotos, exceção: direito de representação para filho de irmão pré-morto. Irmãos germanos ou bilaterais e irmãos unilaterais: os últimos têm direito a metade do quinhão dos primeiros.

Tio e sobrinho são colaterais de 3º grau, na falta de outros herdeiros, a herança deveria ser dividida entre eles, porém o direito sucessório estabelece que sobrinho exclui tio da sucessão, pois, devido ao direito de representação, o sobrinho entra no lugar do irmão pré-morto, que é um colateral de 2º grau, enquanto o tio, por ser ascendente, não possui direito de representação, se mantendo no 3º grau, como mais próximos afastam mais remotos, logo, sobrinho exclui tio.

Direito de representação: **A lei convocará os parentes do falecido a suceder os mesmos direitos que ele sucederia se estivesse ainda vivo.**

2) **Sucessão Testamentária**: decorre de disposição de última vontade (testamento). Havendo herdeiros necessários (cônjuge sobrevivente, descendentes ou ascendentes), o testador só poderá dispor de metade da herança (art. 1.789 CC). A outra metade constitui a "legítima", assegurada aos herdeiros necessários.

Testamento: Entende-se o testamento como negócio jurídico, personalíssimo, unilateral, solene e revogável através do qual alguém dispõe de seus bens no todo ou em parte para que sejam transmitidos depois de sua morte, respeitando-se sempre a legítima.

Não existe testamento em conjunto, por se tratar de ato unilateral e personalíssimo.

São incapazes de testar: os menores de dezesseis anos, os desprovidos de discernimento e a pessoa jurídica.

Podem testar: o cego, o analfabeto, o pródigo, o falido, etc.

Os maiores de 16 anos, mas menores de 18 anos, apesar de relativamente incapazes, podem testar, mesmo sem a assistência de seu representante legal.

Cumpre ressaltar ainda que a incapacidade posterior à elaboração do testamento não o invalida. A capacidade para testar deve existir no momento em que o testamento é feito.

São absolutamente incapazes para adquirir por testamento:

- Os indivíduos não concebidos, salvo se a disposição deste se referir à prole eventual de pessoas por ele designadas e existentes ao abrir-se a sucessão.
- As pessoas jurídicas de direito público externo relativamente a imóveis situados no Brasil.

São relativamente incapazes para adquirir por testamento, proibindo que se nomeiem herdeiros ou legatários: a pessoa que, a rogo, escreveu o testamento, seu cônjuge, seus ascendentes, descendentes e irmãos.

- As testemunhas do testamento.
- O concubinário (amante) do testador casado, salvo se este, sem culpa sua, estiver separado de fato do cônjuge há mais de 05 anos.

Ainda, o tabelião, civil ou militar, o comandante, ou escrivão, perante o qual se fizer, assim como o que fizer, ou aprovar o testamento.

Testamento Público: é o lavrado por tabelião em livro de notas, por disposição de última vontade do testador e feito de forma verbal, impedindo-se assim o mudo de realizá-lo

Testamento cerrado: também conhecido como secreto, feito e assinado pelo testador ou por alguém a seu rogo, completado por instrumento de aprovação lavrado por oficial público na presença de 02 (duas) testemunhas idôneas.

Testamento particular: é a forma mais simples de declarar a vontade e também a menos segura. É escrito pelo testador e lido em voz alta perante três testemunhas idôneas, que também assinarão.

Testamentos especiais: São os de caráter provisório, feitos em situações de emergência, compreendendo assim os marítimos, aeronáuticos e militares.

Disposições testamentárias:

- **Havendo necessidade de interpretação, prevalecerá a que for mais próxima da vontade do testador.**
- **A invalidade parcial, não prejudicará a parte válida.**
- **Havendo mais de um herdeiro nomeado pelo testador sem que haja a discriminação da parte de cada um, será partilhado por igual entre os herdeiros.**

Legado: **é a disposição testamentária a título singular, no qual o testador deixa ao legatário, um ou mais objetos individualizados ou uma certa quantia em dinheiro.**

Substituições e Fideicomisso

Substituição hereditária é a disposição testamentária na qual o testador chama uma pessoa para receber, no todo ou em parte, a herança ou o legado, na falta ou após o herdeiro ou o legatário nomeado em primeiro lugar.

Substituição Fideicomissária – O Fideicomisso é forma de substituição indireta. Consiste na instituição de herdeiro ou legatário com a obrigação de, por sua morte, a certo tempo ou sob condição preestabelecida, transmitir a herança ou o legado a uma outra pessoa. Estabelece-se uma vocação dupla: direta (para o herdeiro ou legatário instituído, que desfrutará do benefício por um certo tempo estipulado pelo de cujus) e indireta ou oblíqua (para o substituto).

Efeitos da sucessão:

Título universal: o herdeiro é chamado para suceder na totalidade dos bens ou da herança.

Título singular: o herdeiro é chamado para receber determinados bens.

Aceitação da herança: Trata-se do ato jurídico unilateral pelo qual o herdeiro manifesta livremente o desejo de receber a herança que lhe é transmitida. É indivisível e incondicional porque não se pode aceitar ou renunciar a herança em partes, mediante condição ou a termo.

Renúncia da herança: É o ato jurídico unilateral pelo qual o herdeiro declara expressamente que não aceita a herança a que tem direito. É ato solene, devendo ser feito por escritura pública (perante o tabelião) ou termo nos autos (perante o juiz).

Herança jacente: Ocorrerá quando o falecido não deixar herdeiro ou testamento ou quando todos os que forem chamados para suceder renunciarem.

Herança vacante: Será declarada vacante a herança se decorrido o prazo de um ano da publicação do primeiro edital e esgotadas todas as diligências em busca de interessados, não aparecer nenhum herdeiro. Assim, após decorridos cinco anos da abertura da sucessão, o domínio dos bens passará para o Poder Público.

Exclusão por indignidade: É considerada uma pena civil, criada pelo legislador, atingindo os herdeiros necessários, os legítimos e os testamentários que praticarem qualquer ato mencionado no art. 1814 do Código Civil. A pena de indignidade só alcança o indigno, sendo representado por seus sucessores, como se morto fosse.

Deserdação: é o ato unilateral pelo qual o de cujus exclui da sucessão, por decisão motivada, mediante testamento, herdeiro necessário, privando-o de sua legítima, por ter praticado alguma conduta prevista na lei como causa.

São causas de deserdação:

- Deserdação dos descendentes por seus ascendentes (art. 1.962 CC): ofensa física, injúria grave; relações ilícitas com a madrasta ou padrasto; desamparo do ascendente em alienação mental ou grave enfermidade.
- Deserdação dos ascendentes pelos descendentes (art. 1.963 CC): ofensa física; injúria grave; relações ilícitas com a mulher ou companheira do filho ou a do neto com o marido ou companheiro da filha ou o da neta; desamparo do filho ou do neto com deficiência mental ou grave enfermidade.

Inventário e Partilha

Inventário: procedimento judicial ou administrativo através do qual são apurados os bens, direitos e obrigações do "de cujus". Deverá ser instaurado até 60 (sessenta) dias da abertura da sucessão. Nomeia-se o inventariante que administrará o espólio.

Partilha: é a finalidade do inventário, produzindo divisão dos bens e o recebimento do quinhão por cada herdeiro.

Sobrepartilha: Trata-se da conferência de bens à partilha, haja vista a descoberta de bens sonegados ou outros que só foram descobertos após a ciência.

Atenção: Não havendo herdeiros menores ou incapazes, inventário e partilha podem ser feitos por escritura pública, o que não impede sobrepartilha ou pedido de alvará via judicial, se for o caso e preenchidos os requisitos.

Colação: o ato de retorno à herança de bens que foram retirados por ato de liberalidade do de cujus.

Cumpre esclarecer que a colação ocorre nos autos do processo de inventário no prazo de 10 dias após citação do último herdeiro, não trazendo o bem de volta ao espólio, razão pela qual não incidirá sobre eles imposto causa mortis.

Sonegados: **Trata-se da ocultação dolosa de bens que devem ser inventariados ou levados à colação. Pode ser praticada pelo inventariante ou pelos herdeiros**

12. RESPONSABILIDADE CIVIL

A responsabilidade civil é instituto dinâmico que invariavelmente se renova de modo que, frequentemente, surgem novas teses jurídicas a fim de atender às necessidades sociais emergentes. Historicamente, no direito brasileiro clássico, a responsabilidade civil foi eminentemente baseada na culpa. Entretanto, com a evolução da doutrina, passou a ser entendida, também, como decorrente do risco, e, portanto, independente de culpa (responsabilidade civil objetiva). Hoje o sistema é dualista, coexistindo a responsabilidade subjetiva (artigo 186 do Código Civil de 2002) e a objetiva, esta sempre definida em lei.

- **Da obrigação de indenizar:** O art. 927 do Código Civil determina que aquele que por ato ilícito (art. 186 e 187) causar dano a alguém, está obrigado a repará-lo. A obrigação de indenizar, portanto, surge em decorrência da lei ou do contrato. No Código Civil a indenização abrange apenas as questões civis e não consumeristas.
- **Critérios de classificação**: a responsabilidade civil costuma ser classificada pela doutrina em razão da culpa e quanto à natureza jurídica da norma violada.

Quanto ao primeiro critério a responsabilidade é dividida em **objetiva** e **subjetiva.** Em razão do segundo critério, ela pode ser dividida em **responsabilidade contratual** e **extracontratual.**

- **Responsabilidade subjetiva**: aquela causada por conduta culposa *lato sensu*, que envolve a culpa *stricto sensu* e o dolo. A culpa (*stricto sensu*) caracteriza-se quando o agente causador do dano praticar o ato em razão de negligencia, imprudência e imperícia. Já o dolo é a vontade conscientemente dirigida à produção do resultado ilícito. Para que se configure a culpa, exigem-se os três elementos identificadores, quais sejam: voluntariedade sem intenção, previsibilidade e falta de cuidado.

Deste modo, podemos destacar os seguintes elementos da responsabilidade civil subjetiva: 1) a conduta; 2) o dano; 3) a culpa e; 4) o nexo de causalidade entre a conduta e o dano.

Da fundamentação legal da responsabilidade civil (artigos 186, 187 e 927, do Código Civil) e seus pressupostos, extraem-se os seguintes elementos:

> *a) O fato lesivo que é o ato violador de um direito subjetivo, voluntário ou pelo menos imputável ao agente por dolo (culpa lato sensu) ou culpa (stricto sensu). A culpa lato sensu abrange o dolo e ocorre quando existe a vontade de cometer uma violação de direito. A culpa stricto sensu ocorre quando se verifica a falta de diligência por parte do agente*

causador do dano. A contrariedade ao direito deriva da qualificação como ilícito de determinados fatos, atos-fatos ou atos. Desse modo, conclui-se que o dever de indenizar nasce com a antijuridicidade.

b) A ocorrência de um dano, patrimonial ou moral a um bem jurídico.

c) O nexo de causalidade, a ligação entre o dano e o comportamento do agente. A demonstração desta relação causal é indispensável nos termos do Código Civil de 2002. Quebra-se essa relação causal: quando a culpa é da vítima – será proporcional se há culpa concorrente da vítima; e caracterizada a inevitabilidade, em decorrência de caso fortuito ou força maior.

- **Responsabilidade objetiva**: é aquela que dispensa a prova do elemento culpa e a vítima sempre terá direito à indenização ou reparação. Tem seu fundamento na "teoria do risco" (que no Brasil teve como percursor Alvino Ferreira Lima). O artigo 927, parágrafo único do Código Civil assim determina: "Haverá obrigação de reparar o dano, independente de culpa, nos casos especificados em lei, ou quando a atividade normalmente desenvolvida pelo autor do dano implicar, por sua natureza, risco para os direitos de outrem"

Principais regras da responsabilidade objetiva: arts. 927 ao 938 e 750 do Código Civil.

- **Respondem independente de culpa:**

I. os pais pelos atos praticados pelos filhos menores que estiverem sob sua autoridade ou em sua companhia;

II. o tutor e o curador pelos pupilos e curatelados, nos mesmos moldes acima;

III. o empregador ou comitente são responsáveis pelos atos de seus empregados, serviçais e prepostos no exercício do trabalho ou em razão dele;

IV. os donos de hotéis, hospedarias, casas ou estabelecimento comercial onde através de contrato de hospedagem se acomodem passageiros ou visitantes;

V. os que contribuem gratuitamente nos produtos de crime, até a concorrência da respectiva quantia;

VI. o dono ou detentor do animal que causar dano a outrem, desde que não provada a culpa da vítima ou motivo de força maior;

VII. o dono de edifício ou construção pelos danos que resultarem de sua ruína, se provier de falta de reparos, cuja necessidade fosse manifesta;

VIII. do habitante de casa ou parte dela que causar dano em decorrência lançar coisas sólidas ou liquidas pela janela, o qual denomina-se defenestramento.

IX. O transportador, pelos danos causados às pessoas transportadas e suas bagagens, salvo motivo de força maior, sendo nula qualquer cláusula excludente de responsabilidade (art. 750 do Código Civil).

- **Responsabilidade civil contratual:** ocorre no momento em que há a violação pelo agente de preceito previamente combinado entre as partes. É o inadimplemento de uma obrigação e tem previsão nos arts. 389, 390 e 391 do Código Civil.
- **Responsabilidade civil extracontratual ou aquiliana**: Está baseada no ato ilícito (art. 186) e no abuso de direito (art. 187), ambos do Código Civil. Há uma violação de um dever de conduta que deveria ser o de agir com prudência e cautela em face dos demais cidadãos, sem causar qualquer tipo de dano a outrem.
- **Dos danos:** o nosso direito contempla o dano material e o dano moral. Contempla também os chamados novos danos: danos estéticos, dano moral coletivo, dano social e dano por perda de uma chance.
- **Dano moral:** Tem previsão no art. 186 do Código Civil e atualmente a jurisprudência pátria tem buscado associar o dano moral com aquele decorrente da lesão ao direito da personalidade, ainda que pouco tenha enfrentado a conceituação de tal questão. Não há indenização sem dano, cabendo o ônus de sua prova ao autor da demanda. Há que se esclarecer que para a caracterização do dano moral, não há obrigatoriedade da presença de sentimentos negativos, de acordo com o **Enunciado nº 445 da V Jornada de Direito Civil**: " *o dano moral indenizável não pressupõe necessariamente a verificação de sentimentos humanos desagradáveis como dor ou sofrimento."*
- **Dano material:** Os danos materiais ou patrimoniais constituem prejuízos ou perdas que atingem o patrimônio de alguém. Podem ser divididos em danos emergentes ou lucro cessante, nos termos do art. 402 do Código Civil.

Dano emergente é o que efetivamente foi perdido pelo lesado.

Lucro cessante é aquilo que o lesado deixou de obter em razão de ter sofrido o dano.

- **Dano estético:** e caracteriza-se quando a pessoa fica com cicatrizes, feridas ou tem desfigurado o seu corpo, sofre amputações ou perda de órgãos. Ele é um dano presumido e o STJ o separa do dano moral, diferenciando-os. **A Súmula 387 do STJ** vem corroborar com tal assertiva: *"é lícita a cumulação das indenizações de dano estético e dano moral."*
- **Dano moral coletivo**: é entendido como uma nova categoria de dano e em nada se equipara ao dano moral individual. Tem expressa previsão no art. 6º, inciso VI do Código de Defesa do Consumidor. É ainda tema dos mais controversos na jurisprudência, com visível crescimento das decisões favoráveis à sua aceitação.

Para a caracterização do dano moral coletivo é necessário que a lesão aos bens e valores imateriais digam respeito a interesses coletivos, que envolvam direitos difusos, coletivos em sentido estrito ou individuais homogêneos. Referindo-se a esta distinção o Código de

Defesa do Consumidor, em seu art. 81, trouxe a seguinte definição:

I. interesses ou direitos difusos, assim entendidos, para efeitos deste código, os transindividuais, de natureza indivisível, de que sejam titulares pessoas indeterminadas e ligadas por circunstâncias de fato;

II. interesses ou direitos coletivos, assim entendidos, para efeitos deste código, os transindividuais, de natureza indivisível de que seja titular grupo, categoria ou classe de pessoas ligadas entre si ou com a parte contrária por uma relação jurídica base;

III. interesses ou direitos individuais homogêneos, assim entendidos os decorrentes de origem comum.

- **Dano social:** É a nova modalidade de dano proposta pelo professor Antônio Junqueira de Azevedo. Para ele, os danos sociais são lesões à sociedade, no seu nível de vida, tanto por rebaixamento de seu patrimônio moral – principalmente a respeito da segurança – quanto por diminuição na qualidade de vida. Para Junqueira, o dano social não exclui o dano moral coletivo, já que o dano social estaria destinado apenas para direitos imateriais da coletividade enquanto o dano moral coletivo seria aplicado aos direitos individuais homogêneos, coletivos e difusos. O próprio enunciado 456 da V Jornada de Direito Civil do Conselho de Justiça Federal, reconhece o dano social como nova modalidade de dano: *A expressão "dano" no art. 944 abrange não só os danos individuais, materiais ou imateriais, mas também os danos sociais, difusos, coletivos e individuais homogêneos a serem reclamados pelos legitimados para propor ações coletivas."*

  As decisões por dano social têm aumentado em nossos Tribunais. Assim, para corroborar com o quanto alegado, segue abaixo exemplo de condenação por danos sociais.

  Trata-se de uma fraude ocorrida em um sistema de loterias no Rio Grande do Sul, chamado "Toto Bola". Ficou constatado que a loteria seria fraudulenta, retirando do consumidor as chances de vencer. Neste caso, o Tribunal de Justiça do Rio Grande do Sul, determinou, de ofício, indenização a título de dano social para o Fundo de Proteção aos Consumidores.

  > *"Toto bola. Sistema de loterias de chances múltiplas. Fraude que retirava ao consumidor a chance de vencer. Ação de reparação de danos materiais e morais. Danos materiais limitados ao valor das cartelas comprovadamente adquiridas. Danos morais puros não caracterizados. Possibilidade, porém, de excepcional aplicação da função punitiva da responsabilidade civil. Na presença de danos mais propriamente sociais do que individuais, recomenda-se o recolhimento dos valores da condenação ao fundo de defesa de interesses difusos. Recurso parcialmente provido." (Ementa extraída do acórdão n° 71001249796/2007, da Terceira Turma Recursal Cível, de relatoria do Dr. Eugênio Facchini Neto, do Tribunal de Justiça do Rio Grande do Sul. Disponível em: http://www.tjrs.jus.br/busca/?tb=proc. Acesso em. 24.10.2014.)*

- **Dano por perda de uma chance**: também uma das novas modalidades de danos, que vem sendo cada vez mais reconhecida pela jurisprudência. A V Jornada de Direito Civil de novembro de 2011 reconheceu o dano por perda de uma chance como dano material ou imaterial. Trata-se do dano caracterizado quando a pessoa se frustra ao perder uma chance, uma oportunidade futura, caso dentro do razoável as coisas seguissem o seu fluxo normal. É como se a minha resposta em um concurso estivesse correta, fazendo com que a minha aprovação fosse certa, mas ao gabaritar o resultado fosse outro, não por minha culpa ou erro, mas de outrem, frustrando assim as minhas chances e expectativas.

  Julgados curiosos são os que responsabilizam advogados por perderem prazos de seus clientes, gerando perda da chance de vitória judicial (STJ, Ag. Rg. no Ag. 932.446/RS. Processo 2007/0167882-9, 3ª Turma, Rel.ª Min. Fátima Nancy Andrighi, j. 06.12.2007.

- **Excludentes de responsabilidade**: têm como finalidade romper o cordão entre o ato e o dano ocasionado. São elas:

I. Fato de terceiro: só eximirá a responsabilidade quando aquele que causar o dano servir de mero instrumento do terceiro.

II. Exercício regular de um direito reconhecido. Aquele que age dentro do seu direito, não pode ser responsabilizado. Exemplo: credor que protesta título de crédito vencido e não pago.

III. Caso fortuito ou de força maior – Art. 393 do Código Civil. Não responderá, se expressamente não tiver por eles se responsabilizado.

IV. Culpa exclusiva da vítima: não é o agente que causa o dano e sim a própria vítima em razão de sua culpa.

13. DIREITO DO CONSUMIDOR – CÓDIGO DE DEFESA DO CONSUMIDOR – LEI Nº 8.078/90

O direito do consumidor possui natureza jurídica mista (direito público e direito privado) e com finalidade protetiva ao consumidor. Sua base de proteção está entre os direitos e garantias fundamentais da Constituição Federal em seu artigo 5º, inciso XXXII. Tem codificação própria (CDC) e regra de hermenêutica favorável em relação aos consumidores, conforme previsto no art. 47 do CDC: *"as cláusulas contratuais serão sempre interpretadas de maneira mais favorável ao consumidor."*

- **Conceito de consumidor e fornecedor**: Consumidor é toda pessoa física ou jurídica que adquire ou utiliza produto ou serviço como destinatário final (art. 2º do CDC). Ressalte-se que a pessoa jurídica também é tida como consumidora e não somente a física, sendo comum em concursos o examinador induzir o candidato a erro neste sentido.

São considerados consumidores por equiparação: as vítimas de acidente de consumo (art. 17 do CDC) e a pessoas expostas às práticas comerciais (art. 29, do mesmo estatuto).

Fornecedor, por sua vez, é toda pessoa física ou jurídica, pública ou privada, nacional ou estrangeira, bem como os entes despersonalizados, que desenvolvem atividade de produção, montagem, criação, construção, transformação, importação, exportação, distribuição ou comercialização de produtos ou prestação de serviços (art. 3º do CDC).

Aqui também o CDC inclui como fornecedor tanto a pessoa física como a jurídica (pública ou privada).

* **Importante**: O Código de Defesa do Consumidor também se aplica aos serviços prestados pelos órgãos públicos.

- **Coletividade de consumidores**: Importante ressaltar que o CDC não trata apenas do consumidor individual, mas também da coletividade, como podemos observar em seu art. 81 quando trata dos interesses coletivos, difusos e individuais homogêneos.
- **Produto ou serviço**: Produto é qualquer bem móvel ou imóvel, material ou imaterial. Já serviço é qualquer atividade fornecida no mercado de consumo, mediante remuneração, inclusive as de natureza bancária, financeira, de crédito e securitária, salvo as decorrentes das relações de caráter trabalhista (arts. 2º e 3º do CDC).
- **Regra importante**: Durante anos após a promulgação do CDC, tais dispositivos de proteção ao consumidor não se aplicavam às instituições bancárias e tão pouco as operadoras de plano de saúde ou seguradoras. Tal entendimento não mais prevalece, em razão da edição das seguintes súmulas do STJ:
- **Súmula 297**: "O Código de Defesa do Consumidor é aplicável às instituições financeiras."
- **Súmula 321**: "O Código de Defesa do Consumidor é aplicável à relação jurídica entre a entidade de previdência privada e seus participantes."
- **Da responsabilidade do fornecedor:** de acordo com o art. 18 do CDC, o fornecedor responde solidariamente por vícios de quantidade do produto, sempre que, respeitadas as variações decorrentes de sua natureza, o conteúdo líquido for inferior às indicações do recipiente, da embalagem, rotulagem ou mensagem publicitária. O CDC trouxe uma inovação em relação ao Código Civil, não se limitando apenas aos vícios ocultos, vez que abrange também os vícios aparentes e que sejam de fácil constatação pelo consumidor. Outrossim, de acordo com o mencionado artigo, os fornecedores respondem ainda pelo vício que decorre da disparidade das características com a oferta do produto, vez que antes do CDC a responsabilidade se dava apenas em razão da funcionalidade do bem ou da diminuição de seu valor.
- **Defeito X vício**: defeito é o que compromete a segurança que se espera de um produto ou um serviço, causando dano físico ou patrimonial ao consumidor. Já o vício é uma anomalia que compromete a qualidade ou a quantidade de um produto ou serviço, fazendo com que se torne impróprio para uso, diminua-lhe o valor, mas que não causa risco à saúde ou segurança do consumidor.

  Havendo vício do produto, o art. 18 do CDC, em seu parágrafo único, determina que não sendo resolvido o problema em no máximo 30 (trinta) dias, o consumidor pode exigir: a substituição do produto por outro da mesma espécie e em perfeitas condições; restituição imediata da quantia paga, atualizada; ou o abatimento proporcional do preço.

  Dos conceitos de vício e de produto extraímos os dois tipos de responsabilidade previstas no CDC: **a responsabilidade pelo fato e a responsabilidade pelo vício.**

- **Da responsabilidade do comerciante:** está prevista no art. 13 do CDC. Ele será responsabilizado quando o fabricante ou construtor, produtor ou importador não puder ser identificado, ou quando ainda não houver identificação clara no produto de seu fornecedor ou fabricante e ainda, quando não conservar de maneira adequada os produtos que são perecíveis.

  Dica:

  A responsabilidade aqui também é solidária.

- **Dos vícios**: acarretam a responsabilidade solidária entre todos os participantes da cadeia de fornecimento.
- **Vício oculto**: aquele que o homem médio não consegue perceber sem uma análise técnica da coisa.
- **Vício aparente**: aquele perceptível a qualquer pessoa.
- **Produtos duráveis:** são aqueles que não se desaparecem com o uso, como um carro, geladeira, fogão entre outros – O artigo 26, II, do Código de Defesa do Consumidor determina que será de 90 (noventa) dias o prazo para reclamar. Insta ressaltar que este prazo poderá ser bem superior, haja vista o quanto previsto no parágrafo 3º do artigo mencionado que não fixa um limite temporal para aparecimento do vício oculto, o que o diferencia do artigo 445, parágrafo 1º do Código Civil.
- **Produtos não duráveis**: são aqueles que desaparecem com o seu uso, seja em uma única vez ou em alguns poucos usos, como sabonete, pasta de dente, chocolate, entre outros – o prazo para reclamação é

de 30 (dias), conforme previsto no art. 26, I, do CDC. O termo inicial da contagem do prazo será a data da entrega efetiva do produto ou do término da realização da execução dos serviços.

- **Prescrição**: o prazo será de 05 (cinco) anos para ingressar com ação de reparação de danos causados pelo fato do produto ou do serviço causar algum prejuízo ao consumidor. A contagem se dá a partir do conhecimento do dano e de sua autoria, conforme disposto no art. 27 do CDC.
- **Arrependimento ou desistência do contrato:** Trata-se de regra importantíssima do CDC para compras fora do estabelecimento comercial, permitindo ao consumidor arrepender-se da coisa comprada ou do contrato assumido, com previsão expressa no art. 49 do CDC. O chamado prazo de arrependimento abrange as vendas feitas em domicílio, pelo telefone, por catálogo ou pela internet. Este direito não está condicionado a qualquer defeito ou vício, sendo necessário apenas que o consumidor exponha o seu arrependimento através de carta, e-mail, telefone ou qualquer outra forma de comunicação.

A contagem do prazo de 07 (sete) dias estipulados pela lei se dá a partir da entrega do produto ou da assinatura do contrato.

Importante frisar que o direito de arrependimento só é possível para compras feitas fora do estabelecimento comercial, impedindo o consumidor de ter contato físico com o produto, sendo referido contato apenas visual através de fotos, postagens ou catálogos.

Outrossim, o STJ já se manifestou favorável ao direito de arrependimento, aplicando-se o art. 49 do CDC, quando tratar-se de contrato de financiamento celebrado no escritório do consumidor.

- Ementa: "Em ação de busca e apreensão, é possível discutir a resolução do contrato de financiamento, garantido por alienação fiduciária, quando incide cláusula tácita de direito de arrependimento, prevista no art. 49 do CDC, porque esta objetiva restabelecer os contraentes ao estado anterior à celebração do contrato. É facultado ao consumidor desistir do contrato de financiamento, no prazo de 07 (sete) dias, a contar da assinatura, quando a contratação ocorrer fora do estabelecimento comercial, nos termos do art. 49 do CDC. (REsp 930.351-SP, j. 27.10.2009, rel. Min. Nancy Andrighi, Dje 16.11.2009.)

DICA:

A responsabilidade no direito do consumidor, seja do fornecedor ou do comerciante, será sempre objetiva, ou seja, independente de culpa. No entanto, em caso de responsabilidade de profissional liberal, deverá ser provada a culpa do profissional, tratando-se assim de responsabilidade subjetiva (art. 14, parágrafo 4º do CDC).

✦ SÚMULAS APLICÁVEIS

STF

1. PARTE GERAL

- **Súmula 150 do STF:** Prescreve a execução no mesmo prazo de prescrição da ação.
- **Súmula 153 do STF:** Simples protesto cambiário não interrompe a prescrição.
- **Súmula 154 do STF:** Simples vistoria não interrompe a prescrição.
- **Súmula 443 do STF:** A prescrição das prestações anteriores ao período previsto em lei não ocorre, quando não tiver sido negado, antes daquele prazo, o próprio direito reclamado, ou a situação jurídica de que ele resulta.

2. DIREITO DAS OBRIGAÇÕES

- **Súmula 121 do STF:** É vetada a capitalização de juros, ainda que expressamente convencionada.
- **Súmula 159 do STF:** A cobrança excessiva, mas de boa-fé, não dá lugar às sanções do art. 1531 do Código Civil. (A súmula refere-se ao art. 1531 do Código Civil de 1.916, que corresponde ao art. 940 do Código Civil de 2.002. Como não foi revogada, continua tendo aplicabilidade na respectiva correspondência)
- **Súmula 163 do STF:** Salvo contra a Fazenda Pública, sendo a obrigação ilíquida, contam-se os juros moratórios desde a citação inicial para a ação.
- **Súmula 255 do STF:** Sendo ilíquida a obrigação, os juros moratórios, contra a fazenda pública, incluídas as autarquias, são contados do trânsito em julgado da sentença de liquidação.
- **Súmula 500 do STF:** Não cabe a ação cominatória para compelir-se o réu a cumprir obrigação de dar.

3. DOS CONTRATOS

- **Súmula 80 do STF:** Para a retomada de prédio situado fora do domicílio do locador exige-se a prova da necessidade.
- **Súmula 174 do STF:** Para a retomada do imóvel alugado, não é necessária a comprovação dos requisitos legais na notificação prévia.
- **Súmula 175 do STF:** Admite-se a retomada do imóvel alugado para uso de filho que vai contrair matrimônio.
- **Súmula 409 do STF:** Ao retomante, que tenha mais de um prédio alugado, cabe optar entre eles, salvo abuso de direito.
- **Súmula 410 do STF:** Se o locador, utilizando prédio próprio para residência ou atividade comercial, pede o imóvel locado para uso próprio, diverso do que tem o por ele ocupado, não está obrigado a provar a necessidade, que se presume.

- **Súmula 483 do STF:** É dispensável a prova de necessidade, na retomada de prédio situado em localidade para onde o proprietário pretende transferir residência, salvo de manter, também, a anterior, quando dita prova será exigida.
- **Súmula 486 do STF:** Admite-se a retomada para a sociedade da qual o locador, ou seu cônjuge, seja sócio, com participação predominante no capital social.
- **Súmula 158 do STF:** Salvo estipulação contratual averbada em registro imobiliário, não responde o adquirente pelas benfeitorias do locatário.
- **Súmula 173 do STF:** Em caso de obstáculo judicial admite-se a purga da mora, pelo locatário, além do prazo legal.
- **Súmula 370 do STF:** Julgada improcedente a ação renovatória de locação, terá o locatário, para desocupar o imóvel, o prazo de seis meses, acrescidos de tantos meses quantos forem os anos da ocupação, até o limite total de dezoito meses.
- **Súmula 411 do STF:** O locatário autorizado a ceder a locação pode sublocar o imóvel.
- **Súmula 442 do STF:** A inscrição do contrato de locação no registro de imóveis, para a validade da cláusula de vigência contra o adquirente do imóvel, ou perante terceiros, dispensa a transcrição no registro de títulos e documentos
- **Súmula 161 do STF:** No contrato de transporte, é inoperante a cláusula de não indenizar.
- **Súmula 187 do STF:** A responsabilidade contratual do transportador, pelo acidente com o passageiro, não é elidida por culpa de terceiro, contra o qual tem ação regressiva.
- **Súmula 188 do STF:** O segurador tem ação regressiva contra o causador do dano, pelo que efetivamente pagou, até o limite previsto no contrato de seguro.
- **Súmula 105 do STF:** Salvo se tiver havido premeditação, o suicídio do segurado no período contratual de carência não exime o segurador do pagamento do seguro
- **Súmula 167 do STF:** Não se aplica o regime do Decreto-Lei 58, de 10/12/1937, ao compromisso de compra e venda não inscrito no registro imobiliário, salvo se o promitente vendedor se obrigou a efetuar o registro.
- **Súmula 168 do STF:** Para os efeitos do Decreto-Lei 58, de 10/12/1937, admite-se a inscrição imobiliária do compromisso de compra e venda no curso da ação.
- **Súmula 412 do STF:** No compromisso de compra e venda com cláusula de arrependimento, a devolução do sinal, por quem o deu, ou a sua restituição em dobro, por quem o recebeu, exclui indenização maior, a título de perdas e danos, salvo os juros moratórios e os encargos do processo.
- **Súmula 413 do STF:** O compromisso de compra e venda de imóveis, ainda que não loteados, dá direito à execução compulsória, quando reunidos os requisitos legais.
- **Súmula 489 do STF:** A compra e venda de automóvel não prevalece contra terceiros, se o contrato não foi transcrito no registro de títulos e documentos
- **Súmula 494 do STF:** a ação para anular venda de ascendente a descendente, sem consentimento dos demais, prescreve em vinte anos, contados da data do ato, revogada a súmula 152.
- **Súmula 335 do STF:** É válida a cláusula de eleição do foro para os processos oriundos do contrato

4. DIREITO DAS EMPRESAS

- **Súmula 189 do STF:** Os avais em branco e superpostos consideram-se simultâneos e não sucessivos.
- **Súmula 646 do STF:** Ofende o princípio da livre concorrência lei municipal que impede a instalação de estabelecimentos comerciais do mesmo ramo em determinada área.
- **Súmula 387 do STF:** A cambial emitida ou aceita com omissões, ou em branco, pode ser completada pelo credor de boa-fé antes da cobrança ou do protesto.
- **Súmula 600 do STF:** Cabe ação executiva contra o emitente e seus avalistas, ainda que não apresentado o cheque ao sacado no prazo legal, desde que não prescrita a ação cambiária.
- **Súmula 260 do STF:** O exame dos livros comerciais, em ação judicial, fica limitado às transações entre os litigantes.
- **Súmula 390 do STF:** A exibição judicial de livros comerciais pode ser requerida como medida preventiva.
- **Súmula 265 do STF:** Na apuração de haveres não prevalece o balanço não aprovado pelo sócio falecido, excluído ou que se retirou.
- **Súmula 417 do STF:** Pode ser objeto de restituição, na falência, dinheiro em poder do falido, recebido em nome de outrem, ou do qual, por lei ou contrato, não tivesse ele a disponibilidade.
- **Súmula 646 do STF:** Ofende o princípio da livre concorrência lei municipal que impede a instalação de estabelecimentos comerciais do mesmo ramo em determinadas áreas

5. DIREITO DAS COISAS

- **Súmula 49 do STF:** A cláusula de inalienabilidade inclui a incomunicabilidade dos bens
- **Súmula 120 do STF:** Parede de tijolos de vidro translúcido pode ser levantada a menos de metro e meio do prédio vizinho, não importando servidão sobre ele.

- **Súmula 414 do STF:** Não se distingue a visão direta da oblíqua na proibição de abrir janela, ou fazer terraço, eirado, ou varanda, a menos de metro e meio do prédio de outrem.
- **Súmula 122 do STF:** O enfiteuta pode purgar a mora enquanto não decretado o comisso por sentença.
- **Súmula 170 do STF:** É resgatável a enfiteuse instituída anteriormente à vigência do Código Civil.
- **Súmula 237 do STF:** A usucapião pode ser arguido em defesa.
- **Súmula 263 do STF:** o possuidor deve ser citado pessoalmente para a ação de usucapião.
- **Súmula 340 do STF:** Desde a vigência do Código Civil, os bens dominicais, como os demais bens públicos, não podem ser adquiridos por usucapião.
- **Súmula 391 do STF:** O confinante certo deve ser citado, pessoalmente, para a ação de usucapião
- **Súmula 415 do STF:** Servidão de trânsito não titulada, mas tornada permanente, sobretudo pela natureza das obras realizadas, considera-se aparente, conferindo direito à proteção possessória
- **Súmula 487 do STF:** será deferida a posse a quem, evidentemente, tiver o domínio, se com base neste for ela disputada.
- **Súmula 652 do STF:** Não contraria a Constituição o art. 15, § 1º, do Dl. 3.365/41 (Lei da Desapropriação por utilidade pública).

6. DIREITO DAS FAMÍLIAS

- **Súmula 149 do STF:** É imprescritível a ação de investigação de paternidade, mas não o é a de petição de herança.
- **Súmula 226 do STF:** Nas ações de desquite, os alimentos são devidos desde a inicial e não da data da decisão que os concede.
- **Súmula 305 do STF:** Acordo de desquite ratificado por ambos os cônjuges não é retratável unilateralmente
- **Súmula 379 do STF:** No acordo de desquite não se admite renúncia aos alimentos, que poderão ser pleiteados ulteriormente, verificados os pressupostos legais.
- **Súmula 377 do STF:** No regime de separação legal de bens, comunicam-se os adquiridos na constância do casamento.
- **Súmula 380 do STF:** Comprovada a existência de sociedade de fato entre os concubinos, é cabível a sua dissolução judicial, com a partilha do patrimônio adquirido pelo esforço comum.
- **Súmula 381 do STF:** Não se homologa sentença de divórcio obtida, por procuração, em país de que os cônjuges não eram nacionais.
- **Súmula 382 do STF:** A vida em comum sob o mesmo teto, "more uxório", não é indispensável à caracterização do concubinato.

7. RESPONSABILIDADE CIVIL

- **Súmula 28 do STF:** O estabelecimento bancário é responsável pelo pagamento de cheque falso, ressalvadas as hipóteses de culpa exclusiva ou concorrente do correntista.
- **Súmula 35 do STF:** Em caso de acidente de trabalho ou de transporte, a concubina tem direito de ser indenizada pela morte do amásio, se entre eles não havia impedimento para o matrimônio.
- **Súmula 261 do STF:** Para a ação de indenização, em caso de avaria, é dispensável que a vistoria se faça judicialmente.
- **Súmula 490 do STF:** A pensão correspondente à indenização oriunda de responsabilidade civil deve ser calculada com base no salário mínimo vigente ao tempo da sentença e ajustar-se-á às variações ulteriores.
- **Súmula 491 do STF:** É indenizável o acidente que cause a morte de filho menor, ainda que não exerça trabalho remunerado
- **Súmula 492 do STF:** A empresa locadora de veículos responde, civil e solidariamente com o locatário, pelos danos por este causados a terceiro, no uso do carro locado.
- **Súmula 562 do STF:** Na indenização de danos materiais decorrentes de ato ilícito cabe a atualização de seu valor, utilizando-se, para esse fim, dentre outros critérios, dos índices de correção monetária.

✦ SÚMULAS VINCULANTES:

8. DIREITO DAS OBRIGAÇÕES:

- **Súmula vinculante 25:** É lícita a prisão civil do depositário infiel, qualquer que seja a modalidade do depósito.

9. DIREITO DO CONSUMIDOR:

- **Súmula vinculante 27:** Compete à justiça estadual julgar causas entre consumidor e concessionária de serviço público de telefonia, quando a Anatel não seja litisconsorte passiva necessária, assistente, nem oponente.

10. DIREITO DAS EMPRESAS:

- **Súmula vinculante 38:** É competente o Município para fixar o horário de funcionamento de estabelecimento comercial.
- **Súmula vinculante 49:** Ofende o princípio da livre concorrência lei municipal que impede a instalação de estabelecimentos comerciais do mesmo ramo em determinada área.

STJ

11. PARTE GERAL

- **Súmula 525 do STJ:** A câmara de Vereadores não possui personalidade jurídica, apenas personalidade judiciária, somente podendo demandar em juízo para defender os seus direitos institucionais.
- **Súmula 403 do STJ:** Independe de prova do prejuízo a indenização pela publicação não autorizada de imagem de pessoa com fins econômicos ou comerciais.
- **Súmula 63 do STJ:** São devidos direitos autorais pela retransmissão radiofônica de músicas em estabelecimentos comerciais.
- **Súmula 228 do STJ:** É inadmissível o interdito proibitório para a proteção de direito autoral.
- **Súmula 261 do STJ:** A cobrança de direitos autorais pela retransmissão radiofônica de músicas, em estabelecimentos hoteleiros, deve ser feita conforme a taxa média de utilização do equipamento, apurada em liquidação.
- **Súmula 322 do STJ:** Para a repetição de indébito, nos contratos de abertura de crédito em conta corrente, não se exige a prova do erro.
- **Súmula 195 do STJ:** Em embargos de terceiros não se anula ato jurídico, por fraude contra credores.
- **Súmula 85 do STJ:** Nas relações jurídicas de trato sucessivo em que a fazenda pública figure como devedora, quando não tiver sido negado o direito reclamado, a prescrição atinge apenas as prestações vencidas antes do quinquênio anterior à propositura da ação.
- **Súmula 101 do STJ:** a ação de indenização do segurado em grupo contra a seguradora prescreve em um ano.
- **Súmula 106 do STJ:** Proposta a ação no prazo fixado para o seu exercício, a demora na citação, por motivos inerentes ao mecanismo da justiça, não justifica o acolhimento da arguição de prescrição ou decadência
- **Súmula 229 do STJ:** O pedido de pagamento de indenização à seguradora suspende o prazo de prescrição até que o segurado tenha ciência da decisão.
- **Súmula 412 do STJ:** A ação de repetição de indébito de tarifas de água e esgoto sujeita-se ao prazo prescricional estabelecido no Código Civil.
- **Súmula 547 do STJ:** Nas ações em que se pleiteia o ressarcimento dos valores pagos a título de participação financeira do consumidor no custeio de construção de rede elétrica, o prazo prescricional é de vinte anos na vigência do Código Civil de 1916. Na vigência do Código Civil de 2002, o prazo é de cinco anos se houver previsão contratual de ressarcimento e de três anos na ausência de cláusula nesse sentido, observada a regra de transição disciplinada em seu art. 2.028.
- **Súmula 278 do STJ:** O termo inicial do prazo prescricional, na ação de indenização, é a data em que o segurado teve ciência inequívoca da incapacidade laboral.
- **Súmula 573 do STJ:** Nas ações de indenização decorrente de seguro DPVAT, a ciência inequívoca do caráter permanente da invalidez, para fins de contagem do prazo prescricional, depende de laudo médico, exceto nos casos de invalidez permanente notória ou naqueles em que o conhecimento anterior resulte comprovado na fase de instrução.

12. DIREITO DAS OBRIGAÇÕES

- **Súmula 14 do STJ:** Arbitrados os honorários advocatícios em percentual sobre o valor da causa, a correção monetária incide a partir do respectivo ajuizamento.
- **Súmula 26 do STJ:** O avalista do título de crédito vinculado a contrato de mútuo também responde pelas obrigações pactuadas, quando no contrato figurar como devedor solidário.
- **Súmula 30 do STJ:** A comissão de permanência e a correção monetária são inacumuláveis.
- **Súmula 35 do STJ:** incide correção monetária sobre as prestações pagas, quando de sua restituição, em virtude de retirada ou exclusão de participante de plano de consórcio.
- **Súmula 43 do STJ:** Incide correção monetária sobre dívida por ato ilícito a partir do efetivo prejuízo.
- **Súmula 54 do STJ:** Os juros moratórios fluem a partir do evento danoso, em caso de responsabilidade extracontratual.
- **Súmula 76 do STJ:** A falta de registro do compromisso de compra e venda de imóvel não dispensa a prévia interpelação para constituir em mora o devedor.
- **Súmula 179 do STJ:** O estabelecimento de crédito que recebe dinheiro, em depósito judicial, responde pelo pagamento da correção monetária relativa aos valores recolhidos.
- **Súmula 271 do STJ:** A correção monetária dos depósitos judiciais independe de ação específica contra o banco depositário.
- **Súmula 245 do STJ:** A notificação destinada a comprovar a mora das dívidas garantidas por alienação fiduciária dispensa a indicação do valor do débito.
- **Súmula 283 do STJ:** As empresas administradoras de cartão de crédito são instituições financeiras e, por isso, os juros remuneratórios por elas cobrados não sofrem as limitações da Lei de Usura.
- **Súmula 362 do STJ:** A correção monetária do valor da indenização do dano moral incide desde a data do arbitramento.
- **Súmula 380 do STJ:** A simples propositura da ação de revisão de contrato não inibe a caracterização da mora do autor.

- **Súmula 410 do STJ:** A prévia intimação pessoal do devedor constitui condição necessária para a cobrança de multa pelo descumprimento de obrigação de fazer ou não fazer.

13. DOS CONTRATOS

- **Súmula 28 do STJ:** O contrato de alienação fiduciária em garantia pode ter por objeto bem que já integrava o patrimônio do devedor.
- **Súmula 72 do STJ:** A comprovação da mora é imprescindível à busca e apreensão do bem alienado fiduciariamente.
- **Súmula 92 do STJ:** A terceiro de boa-fé não é oponível a alienação fiduciária não anotada no certificado de registro do veículo automotor.
- **Súmula 284 do STJ:** A purga da mora, nos contratos de alienação fiduciária, só é permitida quando já pagos pelo menos 40% (quarenta por cento) do valor financiado.
- **Súmula 31 do STJ:** A aquisição, pelo segurado, de mais de um imóvel financiado pelo sistema financeiro de habitação, situados na mesma localidade, não exime a seguradora da obrigação de pagamento dos seguros
- **Súmula 60 do STJ:** É nula a obrigação cambial assumida por procurador do mutuário vinculado ao mutuante, no exclusivo interesse deste.
- **Súmula 61 do STJ:** O seguro de vida cobre o suicídio não premeditado.
- **Súmula 610 do STJ:** O suicídio não é coberto nos dois primeiros anos de vigência do contrato de seguro de vida, ressalvado o direito do beneficiário à devolução do montante da reserva técnica formada.
- **Súmula 257 do STJ:** A falta de pagamento do prêmio do seguro obrigatório de Danos Pessoais Causados por Veículos Automotores de Vias Terrestres (DPVAT) não é motivo para a recusa do pagamento da indenização.
- **Súmula 544 do STJ:** É válida a utilização da tabela do Conselho Nacional de Seguros Provados para estabelecer a proporcionalidade da indenização do seguro DPVAT ao grau de invalidez também na hipótese de sinistro anterior a 16/12/2008, data da entrada em vigor da Medida Provisória nº 451/2008
- **Súmula 402 do STJ:** O contrato de seguro por danos pessoais compreende os danos morais, salvo cláusula expressa de exclusão.
- **Súmula 465 do STJ:** Ressalvada a hipótese de efetivo agravamento do risco, a seguradora não se exime do dever de indenizar em razão da transferência do veículo sem a sua prévia comunicação.
- **Súmula 529 do STJ:** No seguro de responsabilidade civil facultativo, não cabe o ajuizamento de ação pelo terceiro prejudicado direta e exclusivamente em face da seguradora do apontado causador do dano.
- **Súmula 537 do STJ:** Em ação de reparação de danos, a seguradora denunciada, se aceitar a denunciação ou contestar o pedido do autor, pode ser condenada, direta e solidariamente junto com o segurado, ao pagamento da indenização devida à vítima, nos limites contratados na apólice.
- **Súmula 616 do STJ:** A indenização securitária é devida quando ausente a comunicação prévia do segurado acerca do atraso no pagamento do prêmio, por constituir requisito essencial para a suspensão ou resolução do contrato de seguro.
- **Súmula 620 do STJ:** A embriaguez do segurado não exime a seguradora do pagamento da indenização prevista em contrato de seguro de vida.
- **Súmula 214 do STJ:** O fiador da locação não responde por obrigações resultantes de aditamento ao qual não anuiu.
- **Súmula 335 do STJ:** Nos contratos de locação, é válida a cláusula de renúncia à indenização das benfeitorias e ao direito de retenção.
- **Súmula 549 do STJ:** É válida a penhora de bem de família pertencente a fiador de contrato de locação.
- **Súmula 233 do STJ:** O contrato de abertura de crédito, ainda que acompanhado de extrato da conta corrente, não é título executivo.
- **Súmula 247 do STJ:** O contrato de abertura de crédito em conta-corrente, acompanhado do demonstrativo de débito, constitui documento hábil para o ajuizamento da ação monitória.
- **Súmula 285 do STJ:** Nos contratos bancários posteriores ao Código de Defesa do Consumidor incide a multa moratória nele prevista.
- **Súmula 286 do STJ:** A renegociação de contrato bancário ou a confissão da dívida não impede a possibilidade de discussão sobre eventuais ilegalidades dos contratos anteriores.
- **Súmula 287 do STJ:** A Taxa Básica Financeira (TBF) não pode ser utilizada como indexador de correção monetária nos contratos bancários.
- **Súmula 288 do STJ:** A Taxa de Juros de Longo Prazo (TJLP) pode ser utilizada como indexador de correção monetária nos contratos bancários.
- **Súmula 322 do STJ:** Para a repetição de indébito, nos contratos de abertura de crédito em conta-corrente, não se exige a prova do erro.
- **Súmula 379 do STJ:** Nos contratos bancários não regidos por legislação específica, os juros moratórios poderão ser convencionados até o limite de 1% ao mês.
- **Súmula 381 do STJ:** Nos contratos bancários, é vedado ao julgador conhecer, de ofício, da abusividade das cláusulas.
- **Súmula 530 do STJ:** Nos contratos bancários, na impossibilidade de comprovar a taxa de juros efetivamente contratada – por ausência de pactuação ou pela falta de juntada do instrumento aos autos – aplica-se a taxa média de mercado, divulgada pelo

Bacen, praticada nas operações da mesma espécie, salvo se a taxa cobrada for mais vantajosa ao devedor.

- **Súmula 539 do STJ:** É permitida a capitalização de juros com periodicidade inferior à anual em contratos celebrados com instituições integrantes do Sistema Financeiro Nacional a partir de 31/3/2000 (MP nº 1.963-17/2000, reeditada como MP nº 2.170-36/2001), desde que expressamente pactuada.
- **Súmula 541 do STJ:** A previsão no contrato bancário de taxa de juros anual superior ao duodécuplo da mensal é suficiente para permitir a cobrança de taxa efetiva anual contratada.
- **Súmula 289 do STJ:** A restituição das parcelas pagas a plano de previdência privada deve ser objeto de correção plena, por índice que recomponha a efetiva desvalorização da moeda.
- **Súmula 293 do STJ:** A cobrança antecipada do valor residual garantido descaracteriza o contrato de arrendamento mercantil.
- **Súmula 369 do STJ:** No contrato de arrendamento mercantil (leasing), ainda que haja cláusula resolutiva expressa, é necessária a notificação prévia do arrendatário para constituí-lo em mora.
- **Súmula 294 do STJ:** Não é potestativa a cláusula contratual que prevê a comissão de permanência, calculada pela taxa média de mercado apurada pelo Banco Central do Brasil, limitada à taxa do contrato.
- **Súmula 472 do STJ:** A cobrança de comissão de permanência – cujo valor não pode ultrapassar a soma dos encargos remuneratórios e moratórios previstos no contrato – exclui a exigibilidade dos juros remuneratórios, moratórios e da multa contratual.
- **Súmula 295 do STJ:** A Taxa Referencial (TR) é indexador válido para contratos posteriores à Lei nº 8.177/91, desde que pactuada.
- **Súmula 296 do STJ:** Os juros remuneratórios, não cumuláveis com a comissão de permanência, são devidos no período de inadimplência, à taxa média de mercado estipulada pelo Banco Central do Brasil, limitada ao percentual contratado.
- **Súmula 176 do STJ:** É nula a cláusula contratual que sujeita o devedor a taxa de juros divulgada pela ANBID/CATIP
- **Súmula 302 do STJ:** É abusiva a cláusula contratual de plano de saúde que limita no tempo a internação hospitalar do segurado.
- **Súmula 181 do STJ:** É admissível ação declaratória, visando obter certeza quanto à exata interpretação da cláusula contratual.
- **Súmula 485 do STJ:** A Lei de Arbitragem aplica-se aos contratos que contenham cláusula arbitral, ainda que celebrados antes da sua edição.
- **Súmula 538 do STJ:** As administradoras de consórcio têm liberdade para estabelecer a respectiva taxa de administração, ainda que fixada em percentual superior a dez por cento

14. DIREITO DAS EMPRESAS

- **Súmula 219 do STJ:** Os créditos decorrentes de serviços prestados à massa falida, inclusive a remuneração do síndico, gozam dos privilégios próprios dos trabalhistas.
- **Súmula 305 do STJ:** É descabida a prisão civil do depositário quando, decretada a falência da empresa, sobrevém a arrecadação do bem pelo síndico.
- **Súmula 248 do STJ:** Comprovada a prestação dos serviços, a duplicata não aceita, mas protestada, é título hábil para instruir pedido de falência.
- **Súmula 361 do STJ:** A notificação do protesto, para requerimento de falência da empresa devedora, exige a identificação da pessoa que a recebeu.
- **Súmula 503 do STJ:** O prazo para ajuizamento de ação monitória em face do emitente de cheque sem força executiva é quinquenal, a contar do dia seguinte à data de emissão estampada na cártula.
- **Súmula 531 do STJ:** Em ação monitória fundada em cheque prescrito ajuizada contra o emitente, é dispensável a menção ao negócio jurídico subjacente à emissão da cártula.
- **Súmula 258 do STJ:** A nota promissória vinculada a contrato de abertura de crédito não goza de autonomia em razão da iliquidez do título que a originou.
- **Súmula 504 do STJ:** O prazo para ajuizamento de ação monitória em face do emitente de nota promissória sem força executiva é quinquenal, a contar do dia seguinte ao vencimento do título.
- **Súmula 143 do STJ:** Prescreve em cinco anos a ação de perdas e danos pelo uso de marca comercial
- **Súmula 451 do STJ:** É legítima a penhora da sede do estabelecimento comercial.
- **Súmula 554 do STJ:** Na hipótese de sucessão empresarial, a responsabilidade da sucessora abrange não apenas os tributos devidos pela sucedida, mas também as multas moratórias ou punitivas referentes a fatos geradores ocorridos até a data da sucessão.
- **Súmula 564 do STJ:** No caso de reintegração de posse em arrendamento mercantil financeiro, quando a soma da importância antecipada a título de valor residual garantido (VRG) com o valor da venda do bem ultrapassar o total do VRG previsto contratualmente, o arrendatário terá direito de receber a respectiva diferença, cabendo, porém, se estipulado no contrato, o prévio desconto de outras despesas ou encargos pactuados.
- **Súmula 581 do STJ:** A recuperação judicial do devedor principal não impede o prosseguimento das ações e execuções ajuizadas contra terceiros devedores solidários ou coobrigados em geral, por garantia cambial, real ou fidejussória.

15. DIREITO DAS COISAS

- **Súmula 11 do STJ:** A presença da União ou de qualquer de seus entes, na ação de usucapião especial, não afasta a competência do foro da situação do imóvel.
- **Súmula 193 do STJ:** O direito de uso de linha telefônica pode ser adquirido por usucapião.
- **Súmula 239 do STJ:** O direito à adjudicação compulsória não se condiciona ao registro do compromisso de compra e venda no cartório de imóveis.
- **Súmula 260 do STJ:** A convenção de condomínio aprovada, ainda que sem registro, é eficaz para regular as relações entre os condôminos.
- **Súmula 478 do STJ:** Na execução de crédito relativo a cotas condominiais, este tem preferência sobre o hipotecário.
- **Súmula 308 do STJ:** A hipoteca firmada entre a construtora e o agente financeiro, anterior ou posterior à celebração da promessa de compra e venda, não tem eficácia perante os adquirentes do imóvel.
- **Súmula 486 do STJ:** É impenhorável o único imóvel residencial do devedor que esteja locado a terceiros, desde que a renda obtida com a locação seja revertida para a subsistência ou a moradia da sua família.
- **Súmula 496 do STJ:** Os registros de propriedade particular de imóveis situados em terrenos de marinha não são oponíveis à União.
- **Súmula 619 do STJ:** A ocupação indevida de bem público configura mera detenção, de natureza precária, insuscetível de retenção ou indenização por acessões e benfeitorias.

16. DIREITO DAS FAMÍLIAS

- **Súmula 01 do STJ:** O foro do domicílio ou da residência do alimentando é o competente para a ação de investigação de paternidade, quando cumulada com a de alimentos.
- **Súmula 144 do STJ:** Os créditos de natureza alimentícia gozam de preferência, desvinculados os precatórios da ordem cronológica dos créditos de natureza diversa.
- **Súmula 277 do STJ:** Julgada procedente a investigação de paternidade, os alimentos são devidos a partir da citação.
- **Súmula 309 do STJ:** O débito alimentar que autoriza a prisão civil do alimentante é o que compreende as três prestações anteriores ao ajuizamento da execução e as que se vencerem no curso do processo.
- **Súmula 358 do STJ:** O cancelamento de pensão alimentícia de filho que atingiu a maioridade está sujeito à decisão judicial, mediante contraditório, ainda que nos próprios autos.
- **Súmula 594 do STJ:** O Ministério Público tem legitimidade ativa para ajuizar ação de alimentos em proveito de criança ou adolescente independentemente do exercício do poder familiar dos pais, ou do fato de o menor se encontrar nas situações de risco descritas no art. 98 do Estatuto da Criança e do Adolescente, ou de quaisquer outros questionamentos acerca da existência ou eficiência da Defensoria Pública na comarca.
- **Súmula 596 do STJ:** A obrigação alimentar dos avós tem natureza complementar e subsidiária, somente se configurando no caso de impossibilidade total ou parcial de seu cumprimento pelos pais.
- **Súmula 621 do STJ:** Os efeitos da sentença que reduz, majora ou exonera o alimentante do pagamento retroagem à data da citação, vedadas a compensação e a repetibilidade.
- **Súmula 134 do STJ:** Embora intimado da penhora em imóvel do casal, o cônjuge do executado pode opor embargos de terceiro para defesa de sua meação.
- **Súmula 364 do STJ:** O conceito de impenhorabilidade de bem de família abrange também o imóvel pertencente a pessoas solteiras, separadas e viúvas.
- **Súmula 449 do STJ:** A vaga de garagem que possui matrícula própria no registro de imóveis não constitui bem de família para efeito de penhora.
- **Súmula 197 do STJ:** O divórcio direto pode ser concedido sem que haja prévia partilha dos bens.
- **Súmula 251 do STJ:** A meação só responde pelo ato ilícito quando o credor, na execução fiscal, provar que o enriquecimento dele resultante aproveitou ao casal.
- **Súmula 301 do STJ:** Em ação investigatória, a recusa do suposto pai a submeter-se ao exame de DNA induz presunção *juris tantum* de paternidade.
- **Súmula 332 do STJ:** A fiança prestada sem autorização de um dos cônjuges implica a ineficácia total da garantia.

17. RESPONSABILIDADE CIVIL

- **Súmula 37 do STJ:** São cumuláveis as indenizações por dano material e dano moral oriundos do mesmo fato
- **Súmula 39 do STJ:** Prescreve em vinte anos a ação para haver indenização, por responsabilidade civil, de sociedade de economia mista.
- **Súmula 103 do STJ:** A empresa responde, perante o cliente, pela reparação de dano ou furto de veículo ocorrido em seu estacionamento.
- **Súmula 132 do STJ:** A ausência de registro da transferência não implica a responsabilidade do antigo proprietário por dano resultante de acidente que envolva o veículo alienado.

- **Súmula 145 do STJ:** No transporte desinteressado, de simples cortesia, o transportador só será civilmente responsável por danos causados ao transportado quando incorrer em dolo ou culpa grave.
- **Súmula 186 do STJ:** Nas indenizações por ato ilícito, os juros compostos somente são devidos por aquele que praticou o crime.
- **Súmula 194 do STJ:** Prescreve em vinte anos a ação para obter, do construtor, indenização por defeitos de obra.
- **Súmula 221 do STJ:** São civilmente responsáveis pelo ressarcimento de dano, decorrente de publicação pela imprensa, tanto o autor do escrito quanto o proprietário do veículo de divulgação.
- **Súmula 281 do STJ:** A indenização por dano moral não está sujeita à tarifação prevista na Lei de Imprensa.
- **Súmula 227 do STJ:** A pessoa jurídica pode sofrer dano moral.
- **Súmula 246 do STJ:** O valor do seguro obrigatório deve ser deduzido da indenização judicialmente fixada.
- **Súmula 313 do STJ:** Em ação de indenização, procedente o pedido, é necessária a constituição de capital ou caução fidejussória para a garantia de pagamento da pensão, independentemente da situação financeira do demandado.
- **Súmula 326 do STJ:** Na ação de indenização por dano moral, a condenação em montante inferior ao postulado na inicial não implica sucumbência recíproca.
- **Súmula 370 do STJ:** Caracteriza dano moral a apresentação antecipada de cheque pré-datado.
- **Súmula 388 do STJ:** A simples devolução indevida de cheque caracteriza dano moral.
- **Súmula 387 do STJ:** É lícita a cumulação das indenizações de dano estético e dano moral.
- **Súmula 420 do STJ:** Incabível, em embargos de divergência, discutir o valor da indenização por danos morais.
- **Súmula 475 do STJ:** Responde pelos danos decorrentes de protesto indevido o endossatário que recebe por endosso translativo título de crédito contendo vício formal extrínseco ou intrínseco, ficando ressalvado seu direito de regresso contra os endossantes e avalistas.
- **Súmula 476 do STJ:** O endossatário de título de crédito por endosso-mandato só responde por danos decorrentes de protesto indevido se extrapolar os poderes de mandatário.
- **Súmula 479 do STJ:** As instituições financeiras respondem objetivamente pelos danos gerados por fortuito interno relativo a fraudes e delitos praticados por terceiros no âmbito de operações bancárias.
- **Súmula 572 do STJ:** O Banco do Brasil, na condição de gestor do Cadastro de Emitentes de Cheques sem Fundos (CCF), não tem a responsabilidade de notificar previamente o devedor acerca da sua inscrição no aludido cadastro, tampouco legitimidade passiva para as ações de reparação de danos fundadas na ausência de prévia comunicação.
- **Súmula 595 do STJ:** As instituições de ensino superior respondem objetivamente pelos danos suportados pelo aluno/consumidor pela realização de curso não reconhecido pelo Ministério da Educação, sobre o qual não lhe tenha sido dada prévia e adequada informação.
- **Súmula 624 do STJ:** É possível cumular a indenização do dano moral com a reparação econômica da Lei n. 10.559/2002 (Lei da Anistia Política).

18. DIREITO DO CONSUMIDOR:

- **Súmula 297 do STJ:** O Código de Defesa do Consumidor é aplicável às instituições financeiras.
- **Súmula 321 do STJ:** O Código de Defesa do Consumidor é aplicável à relação jurídica entre a entidade de previdência privada e seus participantes.
- **Súmula 469 do STJ:** Aplica-se o Código de Defesa do Consumidor aos contratos de plano de saúde.
- **Súmula 608 do STJ:** Aplica-se o Código de Defesa do Consumidor aos contratos de plano de saúde, salvo os administrados por entidades de autogestão.
- **Súmula 597 do STJ:** A cláusula contratual de plano de saúde que prevê carência para utilização dos serviços de assistência médica nas situações de emergência ou de urgência é considerada abusiva se ultrapassado o prazo máximo de 24 horas contado da data da contratação.
- **Súmula 609 do STJ:** A recusa de cobertura securitária, sob a alegação de doença preexistente, é ilícita se não houve a exigência de exames médicos prévios à contratação ou a demonstração de má-fé do segurado.
- **Súmula 532 do STJ:** Constitui prática comercial abusiva o envio de cartão de crédito sem prévia e expressa solicitação do consumidor, configurando-se ato ilícito indenizável e sujeito à aplicação de multa administrativa
- **Súmula 323 do STJ:** A inscrição do nome do devedor pode ser mantida nos serviços de proteção ao crédito até o prazo máximo de cinco anos, independentemente da prescrição da execução.
- **Súmula 359 do STJ:** Cabe ao órgão mantenedor do Cadastro de Proteção ao Crédito a notificação do devedor antes de proceder à inscrição.
- **Súmula 385 do STJ:** Da anotação irregular em cadastro de proteção ao crédito, não cabe indenização por dano moral, quando preexistente legítima inscrição, ressalvado o direito ao cancelamento.

- **Súmula 404 do STJ:** É dispensável o aviso de recebimento (AR) na carta de comunicação ao consumidor sobre a negativação de seu nome em bancos de dados e cadastros.
- **Súmula 548 do STJ:** Incumbe ao credor a exclusão do registro da dívida em nome do devedor no cadastro de inadimplentes no prazo de cinco dias úteis, a partir do integral e efetivo pagamento do débito.
- **Súmula 550 do STJ:** A utilização de escore de crédito, método estatístico de avaliação de risco que não constitui banco de dados, dispensa o consentimento do consumidor, que terá o direito de solicitar esclarecimentos sobre as informações pessoais valoradas e as fontes dos dados considerados no respectivo cálculo.
- **Súmula 477 do STJ:** A decadência do art. 26 do CDC não é aplicável à prestação de contas para obter esclarecimentos sobre cobrança de taxas, tarifas e encargos bancários.
- **Súmula 543 do STJ:** Na hipótese de resolução de contrato de compra e venda de imóvel submetido ao Código de Defesa do Consumidor, deve ocorrer a imediata restituição das parcelas pagas pelo promitente comprador – integralmente, em caso de culpa exclusiva do promitente vendedor/construtor, ou parcialmente, caso tenha sido o comprador quem deu causa ao desfazimento.
- **Súmula 563 do STJ:** O Código de Defesa do Consumidor é aplicável às entidades abertas de previdência complementar, não incidindo nos contratos previdenciários celebrados com entidades fechadas.
- **Súmula 566 do STJ:** Nos contratos bancários posteriores ao início da vigência da Resolução-CMN n. 3.518/2007, em 30/4/2008, pode ser cobrada a tarifa de cadastro no início do relacionamento entre o consumidor e a instituição financeira.
- **Súmula 572 do STJ:** O Banco do Brasil, na condição de gestor do Cadastro de Emitentes de Cheques sem Fundos (CCF), não tem a responsabilidade de notificar previamente o devedor acerca da sua inscrição no aludido cadastro, tampouco legitimidade passiva para as ações de reparação de danos fundadas na ausência de prévia comunicação.
- **Súmula 573 do STJ:** Nas ações de indenização decorrente de seguro DPVAT, a ciência inequívoca do caráter permanente da invalidez, para fins de contagem do prazo prescricional, depende de laudo médico, exceto nos casos de invalidez permanente notória ou naqueles em que o conhecimento anterior resulte comprovado na fase de instrução.
- **Súmula 602 do STJ:** O Código de Defesa do Consumidor é aplicável aos empreendimentos habitacionais promovidos pelas sociedades cooperativas.

Direito Processual Civil

Luciano Alves Rossato

TABELA DE INCIDÊNCIA DE QUESTÕES

Distribuição das questões organizada por ordem didática de assuntos		
Assunto	**Número de Questões**	**Peso**
1. NORMAS FUNDAMENTAIS	1	4,55%
2. MEIOS ALTERNATIVOS DE SOLUÇÃO DE CONFLITOS	1	4,55%
3. COMPETÊNCIA	5	22,73%
4. DO JUIZ	1	4,55%
5. ATOS PROCESSUAIS	1	4,55%
6. INTERVENÇÃO DE TERCEIROS	2	9,09%
7. PROVAS	1	4,55%
8. TUTELA PROVISÓRIA	3	13,64%
9. DOS PROCESSOS NOS TRIBUNAIS E DA IMPUGNAÇÃO DAS DECISÕES JUDICIAIS	1	4,55%
10. JUIZADOS ESPECIAIS CÍVEIS	1	4,55%
11. AÇÕES CONSTITUCIONAIS	5	22,73%
Total	**22**	**100%**

Direito Processual Civil

Luciano Alves Rossato

✦ QUESTÕES

Questões Resolvidas de Acordo com o Novo Código de Processo Civil e alterações posteriores.

Observações:

a) o gabarito das questões foi mantido tal como indicado pela banca examinadora;

b) foram feitas observações que permitem ao candidato identificar a resposta correta em conformidade com o Novo Código de Processo Civil.

Bons estudos.

1. NORMAS FUNDAMENTAIS

01. (Vunesp – Delegado de Polícia – CE/2015) Sobre o princípio do juiz natural, é correto afirmar:

a) faz referência à necessidade dos magistrados serem brasileiros, natos ou naturalizados.

b) tem relação com a prerrogativa de foro para determinadas pessoas, em razão do cargo ou função que ocupam.

c) garante que o juiz que primeiro conhecer a causa deve necessariamente julgá-la.

d) dispõe sobre a forma de promoção dos juízes, por antiguidade ou por merecimento.

e) está ligado à competência jurisdicional, imparcialidade do órgão julgador e vedação aos tribunais de exceção.

COMENTÁRIOS

✪ **Notas dos autores**: vários são os princípios processuais derivados da Constituição Federal. Entre eles, destaca-se o princípio do juiz natural. O princípio do juiz natural, segundo Nelson Nery Júnior, é tridimensional. Significa que: 1) não haverá juízo ou tribunal *ad hoc*, isto é, tribunal de exceção; 2) todos têm o direito de submeter-se a julgamento (civil ou penal) por juiz competente, pré-constituído na forma da lei; 3) o juiz competente tem de ser imparcial. Para preservar essa imparcialidade do juiz, a Constituição Federal concede garantias (incisos I, II, e III, do art. 95), prevê vedações (parágrafo único do art. 95) e proíbe juízo ou tribunais de exceção (inciso XXXVII, do art. 5º – órgão julgadores criados posteriormente ao caso *sob judice*). Ada Pellegrini Grinover, da mesma maneira, defende o triplo desdobramento do princípio, em três conceitos: só são órgãos jurisdicionais os instituídos pela Constituição; ninguém pode ser julgado por órgão constituído após a ocorrência do fato; entre os juízes pré-constituídos vigora uma ordem taxativa de competências, que exclui qualquer alternativa deferida à discricionariedade de quem quer que seja. Com essa observação, conclui: "só a Constituição – e não a lei – pode instituir o Juízo a fixar sua competência".

Alternativa Correta: letra "E". Consoante acima explicado, o princípio do juiz natural é tridimensional e, portanto, está ligado a três ideias distintas, especificadas na assertiva. Exclui automaticamente as demais alternativas.

2. MEIOS ALTERNATIVOS DE SOLUÇÃO DE CONFLITOS

02. (FUNIVERSA – Delegado de Polícia – DF/2015) A respeito dos métodos alternativos de solução de conflitos, assinale a alternativa correta.

a) A sentença arbitral não admite controle judicial sobre sua validade.

b) Ao convencionar a arbitragem, as partes renunciam, em definitivo, ao direito de acesso à justiça.

c) A cláusula compromissória de arbitragem é a convenção por meio da qual as partes estatuem, prévia e abstratamente, que eventuais controvérsias oriundas de certo negócio jurídico sejam dirimidas pelo juízo arbitral.

d) A autocomposição, por sua rara ocorrência, tem cada vez mais perdido prestígio no ordenamento jurídico brasileiro como método eficaz de solução de conflitos.

e) A mediação pressupõe a intervenção de um terceiro imparcial e equidistante, sendo, pois, espécie heterocompositiva.

COMENTÁRIOS

✪ **Notas dos autores:** a questão trata dos métodos alternativos para solução dos conflitos, admitindo-se, entre outros, a arbitragem, a mediação e a conciliação.

Alternativa Correta: letra "C". A existência de cláusula compromissória de arbitragem não poderá ser reconhecida de ofício pelo juiz. Pelo contrário, tal matéria deve ser alegada como preliminar em contestação, pois, no silêncio, tem-se que o réu concordou com a continuidade do processo e o seu julgamento pelo Poder Judiciário. Atualmente, portanto, são duas as preliminares que não podem ser conhecidas de ofício pelo juiz, quais sejam, a incompetência relativa e a convenção de arbitragem.

Alternativa A: incorreta. Será nula a sentença arbitral se: I – for nula a convenção de arbitragem; II – emanou de quem não podia ser árbitro; III – não contiver os requisitos do art. 26 da Lei de Arbitragem; IV – for proferida fora dos limites da convenção de arbitragem; V – comprovado que foi proferida por prevaricação, concussão ou corrupção passiva; VI – proferida fora do prazo, salvo se estipulado em contrário pelas partes; e, VIII – forem desrespeitados os princípios de que trata o art. 21, § 2º, da Lei. Admite-se que o árbitro ou tribunal arbitral profira decisão com julgamento parcial do litígio. A parte interessada, nos casos autorizados pela Lei, poderá requerer a declaração de nulidade da sentença arbitral, seguindo-se o procedimento comum, devendo ser proposta no prazo de até noventa dias após o recebimento da notificação dos termos da sentença ou da decisão do pedido de esclarecimentos. Sendo procedente o pedido, será declarada a nulidade da sentença arbitral, determinando-se, se o caso, que seja proferido novo pronunciamento pelo árbitro. Como é possível se verificar, são duas as formas de impugnação judicial da sentença proferida em procedimento decidido por árbitro: a) ajuizamento da ação de declaração de nulidade prevista no art. 33 da Lei nº 9.307/1996; b) oferecimento de impugnação ao pedido de cumprimento de obrigação.

Alternativa B: incorreta. Ao convencionarem a arbitragem, as partes não renunciam definitivamente o acesso ao Poder Judiciário. Pelo contrário, se uma delas demandar perante o Poder Judiciário e a outra nada alegar em preliminar, a demanda será solucionada pela jurisdição pública.

Alternativa D: incorreta. A autocomposição é incentivada cada vez mais. A propósito, o Código de Processo Civil encampou o que foi denominado de *Tribunal Multiportas*, por meio do qual abrem-se várias alternativas para a solução do conflito, que não só a decisão proferida pelo Poder Judiciário. A autocomposição pode ser obtida com a interferência de terceiros, como pode ocorrer com a mediação e a conciliação, ou então, sem tal intervenção (transação).

Alternativa E: incorreta. A *autocomposição* importa na solução do conflito a partir de solução a que chegam as partes, seja por meio de negociações entre si, seja a partir do auxílio de terceiros (mediadores ou conciliadores). Diferentemente, na *heterocomposição* a solução do conflito ocorre por um terceiro, que pode ser o árbitro ou então o juiz.

3. COMPETÊNCIA

03. (Vunesp – Delegado de Polícia – PC – BA/2018) A respeito dos critérios para a modificação da competência do juízo cível, é correto afirmar que

a) a competência absoluta poderá modificar-se pela conexão ou pela continência.

b) reputam-se continentes 2 (duas) ou mais ações quando lhes for comum o pedido ou a causa de pedir.

c) antes da citação, a cláusula de eleição de foro, se abusiva, pode ser reputada ineficaz de ofício pelo juiz, que determinará a remessa dos autos ao juízo do foro de domicílio do réu.

d) se dá a conexão entre 2 (duas) ou mais ações quando houver identidade quanto às partes e à causa de pedir, mas o pedido de uma, por ser mais amplo, abrange o das demais.

e) a citação do réu torna prevento o juízo.

COMENTÁRIOS

✪ **Notas do autor:** serão conexas duas ou mais ações quando lhes for comum o pedido ou a causa de pedir (art. 55, *caput*). Tratam-se de hipóteses mínimas em que haverá a conexão. Como regra, os processos de ações conexas serão reunidos para decisão conjunta, salvo se um deles já houver sido sentenciado (art. 55, § 1º, CPC). Admite-se, ainda, a reunião de processos que possam gerar risco de prolação de decisões conflitantes ou contraditórias caso decididos separadamente, mesmo sem conexão entre eles.

Alternativa "a": a competência absoluta não poderá modificar-se pela conexão ou pela continência, mas apenas a competência relativa.

Alternativa "b": tem-se a continência entre duas ou mais ações quando houver identidade quanto às partes e à causa de pedir, mas o pedido de uma, por ser mais amplo, abrange o das demais (art. 56).

Alternativa "c": de fato, antes da citação, a cláusula de eleição de foro, se abusiva, poderá ser reputada ineficaz de ofício pelo juiz, que determinará a remessa dos autos ao juízo do foro de domicílio do réu (art. 63, § 3º).

Alternativa "d": tem-se a conexão entre duas ou mais ações, quando lhes for comum o pedido ou a causa de pedir (art. 55, *caput*).

Alternativa "e": o registro ou a distribuição da petição inicial torna prevento o juízo (art. 59, CPC).

Alternativa correta: letra "c".

Túlio, cidadão idoso, natural de Aracaju – SE e domiciliado em São Paulo – SP, caminhava na calçada em frente a um edifício em sua cidade natal quando, da janela de um apartamento, caiu uma garrafa de refrigerante cheia, que lhe atingiu o ombro e provocou a fratura de sua clavícula e de seu braço. Em razão do incidente, Túlio permaneceu por dois meses com o membro imobilizado, o que impossibilitou seu retorno a São Paulo para trabalhar. Por essas razões, Túlio decidiu ajuizar ação de indenização por danos materiais. Apesar da tentativa, ele não descobriu de qual apartamento caiu ou foi lançada a garrafa.

04. (Cespe – Delegado de Polícia – PC – SE/2018) Considerando essa situação hipotética, julgue os itens que se seguem.

04.1. A ação de reparação de danos materiais deverá ser ajuizada por Túlio na capital paulista, conforme a previsão do Código de Processo Civil de que, em situações como a descrita, o foro competente para o julgamento da ação é o do domicílio do autor.

COMENTÁRIOS

✪ **Notas do autor**: a questão trata da competência territorial, lembrando-se que, como regra, a ação fundada em direito pessoal ou em direito real sobre bens móveis será proposta, em regra, no foro de domicílio do réu (art. 46, *caput*, CPC). Contudo, existem situações especiais que, para comodidade da parte, fixa-se regra distinta de competência (art. 53). Entre estas situações, encontra-se a previsão da competência do lugar do ato ou fato para a ação de reparação de dano (art. 53, IV, "a").

Tratando-se de ação de reparação de dano, a competência será do lugar do ato ou fato (art. 53, IV, "a"). Diferentemente, será do domicílio do autor ou do local do fato, para a ação de reparação de dano sofrido em razão de delito ou acidente de veículos, inclusive aeronaves (art. 53,V). **ERRADO**

04.2. Em relação à ação de dano por acidente proposta por Túlio, o foro de São Paulo tem competência absoluta em razão da pessoa, haja vista a condição de idoso de Túlio.

COMENTÁRIOS

✪ **Notas do autor:** prevê o art. 53, III, "e", do CPC, que será competente o foro do lugar de residência do idoso, para a causa que verse sobre direito previsto no Estatuto próprio.

Assertiva incorreta. A hipótese constante da questão não se refere a direito previsto no Estatuto do Idoso. Pelo contrário, o idoso exercerá direito patrimonial disponível, prevalecendo-se, na hipótese, a regra constante do art. 53, IV, "a". **ERRADO**

04.3. Eventual impugnação do réu relativa à competência do foro no qual a ação foi ajuizada deverá ser manejada por meio de exceção de incompetência.

COMENTÁRIOS

✪ **Notas do autor:** de acordo com o CPC 2015, as incompetências absoluta e a territorial devem ser alegadas como matéria preliminar em contestação, não mais existindo a necessidade de oferecimento de exceção de incompetência.

Assertiva incorreta. A incompetência relativa deverá ser alegada como matéria preliminar em contestação (art. 337, II). **ERRADO**

A empresa Soluções Indústria de Eletrônicos Ltda. veiculou propaganda considerada enganosa relativa a determinado produto: as especificações eram distintas das indicadas no material publicitário. Em razão do anúncio, cerca de duzentos mil consumidores compraram o produto. Diante desse fato, uma associação de defesa do consumidor constituída havia dois anos ajuizou ação civil pública com vistas a obter indenização para todos os lesados.

05. (Cespe – Delegado de Polícia – PC – SE/2018-Adaptada) Com referência a essa situação hipotética, julgue o item seguinte.

Na hipótese de existir outra ação com idêntica causa de pedir da ação civil pública proposta e de tal ação ter sido sentenciada por outro juízo, o fenômeno da conexão exigirá que as duas demandas sejam reunidas.

COMENTÁRIOS

✪ **Notas do autor:** consoante prevê o art. 93, do CPC, ressalva a competência da Justiça Federal, será competente para a causa a justiça local: I – no foro do lugar onde ocorreu ou deva ocorrer o dano, quando de âmbito local; II – no foro da Capital do Estado ou no do Distrito Federal, para os danos de âmbito nacional ou regional, aplicando-se as regras do CPC aos casos de competência concorrente.

Assertiva incorreta. Segundo prevê o art. 2º, parágrafo único, da Lei nº 7.347/1985, a propositura da ação civil pública prevenirá a jurisdição do juízo para todas as ações posteriormente intentadas que possuam a mesma causa de pedir ou o mesmo objeto. Desse modo, sendo o juízo prevento, deveriam ser reunidas, para julgamento conjunto, as ações conexas. Ocorre, contudo, que tal reunião não ocorrerá se um dos processos já tiver sido sentenciado (art. 55, § 1º, CPC). **ERRADO**

06. (Vunesp – Delegado de Polícia – PC – BA/2018) As causas cíveis serão processadas e decididas pelo juiz nos limites de sua competência, ressalvado às partes o direito de instituir juízo arbitral, na forma da lei. A respeito do instituto da competência, é correto afirmar que

a) as suas regras são exclusivamente determinadas pelas normas previstas no Código de Processo Civil ou em legislação especial.

b) tramitando o processo perante outro juízo, os autos serão remetidos ao juízo federal competente se nele intervier a União, excluindo-se dessa regra, dentre outras, as ações de insolvência civil.

c) a ação possessória imobiliária será proposta no foro de situação da coisa, cujo juízo tem competência relativa para sua análise.

d) se o autor da herança não possuía domicílio certo, é competente o foro do domicílio do inventariante para análise do inventário.

e) a ação em que o incapaz for réu será proposta no foro de seu domicílio.

COMENTÁRIOS

✪ **Notas do autor:** a competência da Justiça Federal está prevista no art. 109, da Constituição Federal. Como regra, se o Juízo Federal excluir a União da lide, deverá remeter os autos à Justiça Estadual.

Alternativa "a": as regras de competência também são indicadas na própria Constituição Federal.

Alternativa "b": tramitando o processo perante outro juízo, os autos serão remetidos ao juízo federal competente se nele intervir a União, suas empresas públicas, entidades autárquicas e fundações, ou conselho de fiscalização de atividade profissional, na qualidade de parte ou de terceiro interveniente, exceto, entre outras, na ação de insolvência civil (art. 45, I, CPC).

Alternativa "c": as ações fundadas em direito real sobre imóveis são de competência do foro da situação da coisa (art. 47, *caput*). Embora se trate de competência territorial, na hipótese, ela será absoluta, portanto, imodificável pelas partes, conforme bem delimita o §2º, do art. 47.

Alternativa "d": o art. 48 do CPC trata da questão da competência para o inventário, partilha, arrecadação, cumprimento de disposições de última vontade, impugnação ou anulação de partilha extrajudicial e para as ações em que o espólio for réu, ainda que o óbito tenha ocorrido no estrangeiro, estipulando como tal o foro de domicílio do autor da herança. Porém, se este não possuía domicílio certo, será competente: I – o foro de situação dos bens imóveis; II – havendo bens imóveis em foros diferentes, qualquer destes; III – não havendo bens imóveis, o foro do local de qualquer dos bens do espólio.

Alternativa "e": a ação em que o incapaz for réu será proposta no foro de domicílio de seu representante ou assistente (art. 50).

Alternativa correta: letra "b".

07. (FUNIVERSA – Delegado de Polícia – DF/2015) Abel e Bruno celebraram contrato cujo objeto consistia em bem imóvel localizado em Taguatinga-DF e no qual se estabeleceu Brasília-DF como foro de eleição. No entendimento de Abel, proprietário do imóvel, o contrato previa comodato gratuito por tempo determinado. No entendimento de Bruno, diversamente, o contrato previa doação do bem imóvel. Diante dessa controvérsia, Bruno, visando ao reconhecimento da doação, ajuizou ação declaratória com pedido de manutenção de posse, no foro de Brasília-DF, tendo sido Abel validamente citado em maio de 2014. Abel, de sua vez, visando ao reconhecimento do comodato, ajuizou, no foro de Taguatinga-DF, ação de pretensão declaratória com pedido de reintegração de posse, tendo sido Bruno validamente citado em agosto de 2014. Nenhuma das ações foi, até o momento, sentenciada.

A partir dessa situação hipotética, assinale a alternativa correta.

a) Há conexão a impor a reunião das duas ações perante o juízo prevento.

b) Em se tratando de competência absoluta, a eleição do foro é ineficaz. Reconhecida a incompetência do foro de Brasília-DF, a ação de Bruno deverá ser remetida ao foro de Taguatinga-DF, onde deverá ser reunida à ação de Abel, em razão da conexão.

c) Cuidando a hipótese de controvérsia sobre a propriedade do bem imóvel, a competência territorial do foro da situação da coisa é relativa, podendo haver prorrogação da competência na ação ajuizada por Bruno.

d) Os foros de Brasília-DF e de Taguatinga-DF são competentes, respectivamente, para as ações ajuizadas por Bruno e Abel.

e) Há conexão a impor a reunião das duas ações e, sendo a conexão matéria de ordem pública, é possível que a reunião ocorra mesmo após o julgamento de uma das ações.

COMENTÁRIOS

✪ **Notas dos autores:** a conexão entre ações poderá importar na reunião de processos para julgamento conjunto. Porém, essa reunião também poderá ocorrer ainda que não haja conexão entre os processos, conforme determina o § 3º do art. 55 do NCPC: "Serão reunidos para julgamento conjunto os processos que possam gerar risco de prolação de decisões conflitantes ou contraditórias caso decididos separadamente, mesmo sem conexão entre eles".

Alternativa Correta: letra "B". A competência territorial poderá ser relativa (regra), ou mesmo absoluta, como ocorre, por exemplo, na fixada em razão do lugar do imóvel. Para este caso (competência absoluta), não se admite a convenção de foro de eleição diverso.

Alternativa A: incorreta. Haverá conexão quando entre duas ações lhes for comum o pedido ou a causa de pedir (fatos e fundamentos jurídicos do pedido). A conexão não importará na reunião dos processos quando o juízo não for absolutamente competente. Em caso de reunião de processos, em decorrência da conexão, ou mesmo não existindo esta (art. 55, § 3º), tal ocorrerá em favor do juízo prevento (art. 58). De acordo com o CPC de 2015, a prevenção será fixada com o registro ou a distribuição da petição inicial (art. 59). Como é possível perceber, o CPC de 2015 alterou o regramento de fixação da prevenção, não fazendo distinção se as ações tramitam ou não na mesma comarca.

Alternativa C: incorreta. A competência territorial em razão da situação do imóvel é absoluta, não admitindo que houvesse a fixação diversa em convenção de foro. Desse modo, se distribuída a ação perante juízo incompetente, este deverá remeter os autos ao juízo competente.

Alternativa D: incorreta. Estando o bem imóvel localizado em Taguatinga, no respectivo foro deveria ser ajuizada a ação proposta por Bruno, por se tratar de competência que, embora territorial, é absoluta. A propósito, vide o art. 47 do CPC: "Para as ações fundadas em direito real sobre imóveis é competente o foro da situação da coisa. § 1º O autor pode optar pelo foro de domicílio do réu ou pelo foro de eleição se o litígio não recair sobre direito de propriedade, vizinhança, servidão, divisão e demarcação de terras e de nunciação de obra nova. § 2º A ação possessória imobiliária será proposta no for de situação da coisa, cujo juízo tem competência absoluta".

Alternativa E: incorreta. A reunião dos processos se justifica pela economia e segurança jurídica que são proporcionadas, evitando-se decisões conflitantes. Porém, para que tal reunião ocorra há necessidade de que sejam observados os seguintes requisitos: i) que exista liame que a justifique; ii) ser o juízo absolutamente competente para as duas ações; iii) que o procedimento permita tal reunião; iv) que uma das ações já não esteja sentenciada (art. 55, § 1º do CPC). Admite-se a reunião de processos ainda que não haja conexão entre as demandas, o que pode ocorrer para evitar decisões conflitantes ou contraditórias caso os processos sejam decididos separadamente (§ 3º).

4. DO JUIZ

08. (Delegado de Polícia – ES/ 2011 – CESPE) Acerca das regras atinentes à atuação do juiz e do MP no processo civil, julgue os itens seguintes.

– Se o indivíduo A ajuizar ação contra o indivíduo B e essa ação for distribuída a juiz que seja tio de um dos dois indivíduos, deverá o magistrado declarar-se impedido.

COMENTÁRIOS

✪ **Nota do autor:** para que a relação jurídica processual exista (constitua-se) há necessidade de que estejam presentes os pressupostos processuais de existência, figurando-se, entre eles, a jurisdição. Esta relação processual, além de existir, também deve ser válida, exigindo-se que estejam presentes os pressupostos de constituição válida, como ocorrerá se o juízo for competente e imparcial. A imparcialidade do juízo estará comprometida se incidirem as causas de impedimento ou de suspeição.

Certo. O magistrado é impedido de julgar causa proposta pelo seu tio, por se tratar parente colateral de terceiro grau. O impedimento ou a suspeição serão alegadas, de acordo com o CPC de 2015, **mediante simples petição**, não mais se exigindo o oferecimento de exceção. Uma vez alegados, o juiz se manifestará e, discordando, determinará o desentranhamento da petição, prestará informações e a remeterá ao Tribunal. Desde o protocolo da petição em que se alega o impedimento ou a suspeição, tem-se a suspensão do processo. No entanto, o relator, por sua vez, ao receber a petição, decidirá sobre a manutenção ou não do efeito suspensivo.

5. ATOS PROCESSUAIS

09. (Delegado de Polícia – PB / 2008 – CESPE) Extingue-se o processo com apreciação do mérito quando

a) o juiz verificar, desde logo, a prescrição ou a decadência.

b) o autor desistir da ação.

c) não concorrer qualquer das condições da ação.

d) ocorrer a morte do procurador e não houver a nomeação de outro em seu lugar.

e) o juiz acolher a alegação de coisa julgada.

COMENTÁRIOS

✪ **Nota do autor:** as decisões interlocutórias e as sentenças proferidas poderão examinar ou não o mérito da causa. Registre-se que o CPC de 2015 admitiu, expressamente, **a decisão interlocutória de mérito**. Será proferida a sentença sem resolução do mérito nas hipóteses dos artigos 485 do Novo CPC. De outro lado, haverá análise de mérito nas situações indicadas no art. 487 do Novo CPC.

Alternativa Correta letra "A": a prescrição e a decadência serão reconhecidas por meio de pronunciamento em que se analisa o mérito, motivo pelo qual aquelas matérias não se constituem em *preliminares* e nem mesmo em *prejudiciais,* mas são *objeções* de mérito.

Alternativa "B": se o autor desistir da ação, o magistrado proferirá sentença sem resolução do mérito (art. 485, VIII do CPC). Como sabido, os atos das partes consistentes em declarações unilaterais ou bilaterais de vontade produzem imediatamente a constituição, modificação ou extinção de direitos processuais. Porém, a desistência da ação somente produzirá efeitos após a homologação judicial (art. 200, parágrafo único, do CPC). Trata-se de uma exceção à regra antes registrada. E o juiz somente poderá homologar a desistência da ação após o réu oferecer contestação, se houver concordância do réu (art. 485, §5º). Há algumas exceções, em que se permite a homologação ainda que a parte contrária discorde, como, por exemplo, no mandado de segurança e também no caso mencionado no art. 1.040, § 1º do CPC, qual seja, possibilidade da parte desistir da ação em curso no primeiro grau de jurisdição, antes de proferida a sentença, se a questão nela discutida for idêntica à resolvida pelo recurso representativo da controvérsia, prevendo o § 3º que "a desistência apresentada nos termos do § 1º independe de consentimento do réu, ainda que apresentada contestação".

Alternativa "C": incorreta. A ausência das condições da ação importará em ser proferido pronunciamento em que não se resolve o mérito (art. 485, VI, CPC). Sobre este tema, devem ser feitas duas considerações importantes. Para parcela da doutrina, o CPC de 2015 não encampou a categoria processual denominada *condições da ação*. Para outra parcela, o CPC, embora não tenha dito expressamente, encampou a categoria processual, porém, delimitando-a a duas condições, quais sejam, a *legitimidade ad causam* e o *interesse processual*. A possibilidade jurídica do pedido, por sua vez, não é mais tratada entre as condições da ação, constituindo-se matéria de mérito. É pertinente fazer uma ponderação do tema sob a luz das *teorias da apresentação e da asserção*, que se referem ao momento de aferir a presença das condições da ação. Para os adeptos da teoria da apresentação, independentemente do momento em que verificada a ausência da *legitimidade ad causam* e do *interesse processual*, o julgador deverá, de imediato, extinguir o processo sem a resolução do mérito. Para esta teoria, não importa o momento e se houve dilação probatória, ou seja, de nada importa a intensidade da atividade já exercida pelo juiz. Faltando uma das condições da ação, enfim, o processo deve ser extinto. Para a teoria da asserção, diferentemente, se o julgador, em análise preliminar, verifica a falta de uma das condições da ação, deve proferir pronunciamento terminativo (sem resolução do mérito). Porém, esta teoria leva em conta a intensidade da atividade cognitiva, pois, se o processo todo se desenvolveu, considera a *teoria assertista* que o julgador se depara com um problema de mérito, não se justificando o pronunciamento terminativo. Por esse motivo, de acordo com a teoria da asserção, verificando a falta de uma das condições da ação em estágio mais avançado, deverá o magistrado proferir pronunciamento com resolução do mérito. Como consequência, as condições da ação devem ser aferidas à luz das afirmativas (assertivas) deduzidas na petição inicial, sem qualquer atividade cognitiva. O STJ vem aplicando a teoria da asserção, conforme é possível verificar no AgInt no AREsp 489.115/SP, Rel. Ministro MARCO BUZZI, QUARTA TURMA, julgado em 22/08/2017, DJe 29/08/2017, entre outros tantos julgados.[1] O escopo da diferenciação entre as teorias consiste principalmente na formação ou não da coisa julgada material, o que ocorrerá unicamente se houver pronunciamento com resolução do mérito.

Alternativa "D": incorreta. Ocorrendo a morte do procurador, o processo será suspenso (art. 313, I do CPC). A propósito, ocorrendo a morte de procurador de qualquer das partes, ainda que iniciada a audiência de instrução e julgamento, deverá o juiz determinar que a parte constitua nova mandatário, em 15 dias e, ao final do período, extinguirá o processo sem resolução do mérito, se o autor não o fizer, ou determinará a continuidade do processo à revelia do réu, se este não providenciar a constituição do novo procurador (art. 313, § 3º do CPC). Duas observações são importantes. A primeira, de que o pronunciamento que defere a suspensão do processo tem efeito *ex tunc*, pois retroage à data do evento que lhe deu causa. Assim, a decisão judicial que suspender o processo vai retroagir o seu efeito à data do óbito do Advogado. A segunda, de que deve ser entendido o alcance da previsão contida no § 3º em relação ao réu, pois, se não constituir advogado, tem-se que incidirá, a partir de então, *o efeito processual da revelia*, se já tivesse apresentado contestação anteriormente. Assim, o réu deixará de ser intimado dos demais atos processuais, mas não serão considerados verdadeiros os fatos articulados pelo autor, se já oferecida a contestação.

Alternativa "E": incorreta. A alegação de coisa julgada acarretará em pronunciamento sem a resolução do mérito (art. 485, V do CPC). Se, ao invés de ser proferido pronunciamento dessa maneira, o juiz enfrentar o mérito, ocorrerá o que se denomina de *conflito de coisas julgadas*. Havendo duas decisões transitadas em julgado, proferidas em causas com as mesmas partes, causa de pedir e pedidos, qual delas prevalecerá? Aquela que transitar em primeiro ou em segundo lugar? Dinamarco, ao analisar o tema ao tempo de vigência do CPC 1973, defendeu que, existindo *duas coisas julgadas conflitantes*, há de prevalecer a segunda, enquanto não acolhida a ação rescisória admissível para rescindi-la. E justifica tal posicionamento principalmente pela previsão da admissibilidade da rescisão de tal sentença pela ação rescisória.[2] Atualmente, no entanto, é posicionamento corrente a defesa da prevalência da primeira coisa julgada. Para Araken de Assis, a questão deve ser vista a partir do direito fundamental processual à estabilidade (art. 5º, XXXVI, da CF), de modo que a segunda coisa julgada fere a imunidade assegurada ao vencedor da primeira. Ainda segundo o autor, a segunda sentença existe e é válida, embora possa ser desconstituída pela ação rescisória.[3] Nery Jr. também defende a prevalência da primeira coisa julgada, em razão da inconstitucionalidade da segunda. Porém, acata a tese da inexistência da segunda coisa julgada, muito embora se admita que o tema seja tratado na ação rescisória, ou mesmo que a matéria seja alegada em nova ação ou em defesa.[4] Atualmente, o Superior Tribunal de Justiça apoia a tese de prevalência da primeira coisa julgada, defendendo ainda que a segunda sentença é ineficaz (REsp 1.354.225-RS, Rel. Min. Paulo de Tarso Sanseverino, julgado em 24.2.2015, DJe 5/3/2015).

1. AGRAVO INTERNO NO AGRAVO EM RECURSO ESPECIAL. PROCESSUAL CIVIL. LEGITIMIDADE PASSIVA. QUESTÃO DE MÉRITO. TEORIA DA ASSERÇÃO. PRECEDENTES. 1. Nos termos da jurisprudência do Superior Tribunal de Justiça, a legitimidade para a causa, sendo tema relacionado com o mérito e uma das condições da ação, deve ser analisada com base na teoria da asserção. 2. Agravo interno não provido. (AgInt no AREsp 925.422/SP, Rel. Ministro RICARDO VILLAS BÔAS CUEVA, TERCEIRA TURMA, julgado em 20/06/2017, DJe 01/08/2017).

2. DINAMARCO, Cândido Rangel. *Instituições de Direito Processual Civil*. Vol. III. São Paulo: Malheiros, 2009, p. 336.
3. ASSIS, Aralen de. *Processo Civil Brasileiro*. Vol. III. São Paulo, Revista dos Tribunais, 2017, p. 1.476,
4. NERY JUNIOR, Nelson. NERY, Rosa Maria de Andrade. Comentários *ao Código de Processo Civil. Novo CPC – Lei 13.105/2015*. São Paulo: RT, 2015, p. 1.198.

6. INTERVENÇÃO DE TERCEIROS

10. (Delegado de Polícia – PB / 2008 – CESPE) Assinale a opção correta a respeito de jurisdição, litisconsorte, oposição, litisconsórcio, nomeação à autoria e competência jurisdicional.

a) A jurisdição contenciosa se apresenta como atividade estatal primária, em que o juiz realiza gestão pública em torno de interesses privados.

b) É dado ao opoente, no prazo legal, oferecer a exceção de incompetência relativa do juízo.

c) Ocorre a hipótese de litisconsórcio comum ou não-unitário quando a decisão da causa deva ser uniforme em relação a todos os litisconsortes.

d) A nomeação à autoria é o incidente pelo qual o devedor demandado chama para integrar o mesmo processo os demais co-obrigados pela dívida.

e) A competência relativa, em casos de direitos e obrigações patrimoniais, admite a sua modificação por meio da instituição do foro contratual ou do domicílio de eleição

COMENTÁRIOS

✪ **Nota do autor:** a questão trata de vários institutos atinentes ao direito processual, destacando a intervenção de terceiros.

Alternativa Correta: letra "E": *a competência relativa* é instituída no interesse ou comodidade das partes e, por esse motivo, poderá por eles ser modificada por meio de ajuste prévio, estabelecendo-se contratualmente o foro competente para o conhecimento de eventual demanda surgida a partir do negócio jurídico entabulado. Aquela convenção é denominada de foro de eleição, um *negócio processual típico*, que já era admitido no CPC de 1973. As *convenções processuais* constituem-se em "negócio jurídico plurilateral, pelo qual as partes, antes ou durante o processo e sem necessidade da intermediação de nenhum outro sujeito, determinam a criação, modificação e extinção de situações jurídicas processuais, ou alteram o procedimento".[5] As convenções ou negócios processuais não se confundem com os **atos conjuntos**, em que há manifestações de vontades distintas e simultâneas. O calendário processual é uma espécie de ato conjunto, pois depende da concordância judicial.

Alternativa "A": a gestão pública de negócios privados é o objeto da jurisdição voluntária ou graciosa, na qual não se decide lides.

Alternativa "B": o Novo CPC não mais prevê a oposição como modalidade de intervenção de terceiros, mas como procedimento especial. O opoente é o autor da oposição e requer que lhe seja deferido o bem ou o direito objeto da demanda entre o autor e o réu.

Alternativa "C": o litisconsórcio simples ou não unitário é aquele em que a decisão não deve ser necessariamente uniforme para todos os litisconsortes. Tem o seu regime jurídico próprio, pois os litisconsortes são considerados litigantes distintos e não constituintes de um bloco único. Por esse motivo, a apresentação de contestação por um dos réus não afastará o efeito material da revelia em relação aos demais.

Alternativa "D": a nomeação à autoria não é admitida no Novo CPC, que não a elencou entre as hipóteses de intervenção de terceiros. Diferentemente, permitiu, consoante se vê do art. 338, que, se o réu alegar a sua ilegitimidade ou que não é responsável pelo dano, poderá o autor requerer a modificação do polo passivo, ou mesmo a inclusão daquele indicado.

11. (Delegado de Polícia – PB / 2008 – CESPE) Acerca da denunciação à lide e do chamamento ao processo, das capacidades postulatória, de ser parte e de estar em juízo, assinale a opção correta.

a) O mero detentor da coisa, uma vez citado em nome próprio, deve promover a denunciação à lide do legítimo possuidor indireto ou proprietário.

b) Tanto o autor como o réu podem promover o incidente do chamamento ao processo.

c) Quem tem capacidade para estar em juízo tem capacidade de ser parte; porém, nem sempre, quem detém capacidade de ser parte tem capacidade para estar em juízo.

d) Na assistência adesiva, se o assistido requerer o julgamento antecipado da lide, será lícito ao assistente postular a produção de prova pericial, bem como juntar rol de testemunhas.

e) Ainda que sem procuração da parte, o advogado tem direito de ter vista dos autos de qualquer processo pelo prazo de cinco dias.

COMENTÁRIOS

✪ **Nota do autor:** o Novo Código de Processo Civil trouxe novidades importantes em relação às modalidades de intervenção de terceiros, que serão adiante abordadas.

Alternativa Correta letra "C": deve haver a diferenciação entre a capacidade civil de direito e a capacidade civil de exercício. As pessoas físicas maiores (e as emancipadas) e as pessoas jurídicas possuem capacidade civil de direito e de ser parte. Tem aptidão para ter direitos e podem praticar os atos da vida civil. Tendo possibilidade de exercício, terão capacidade processual. Nesse sentido, o art. 70 do CPC: "toda pessoa que se encontre no exercício de seus direitos tem capacidade para estar em juízo". Se o indivíduo, embora tenha capacidade civil de direito, não puder exercê-la, deve ter a capacidade de agir ou processual integrada. Por isso, o incapaz será representado ou assistido por seus pais ou pelo representante legal.

Alternativa "A": incorreta. O CPC excluiu a nomeação à autoria das hipóteses de intervenção de terceiros. Assim, de acordo com o art. 338, poderá o demandado alegar na contestação não ser a parte legítima ou o

5. CABRAL, Antonio do Passo. *Convenções Processuais*. Salvador: Juspodivm, 2016, p. 68.

responsável pelo prejuízo invocado, quando então o autor poderá requerer a substituição do polo passivo, ou, então, a inclusão, como litisconsorte, do indicado pelo réu originário.

Alternativa "B": Incorreta. O chamamento ao processo poderá ser oferecido exclusivamente pelo réu, que tem interesse na ampliação do polo passivo da ação e o estabelecimento da responsabilidade de outros codevedores ou do devedor principal para com ele.

Alternativa "D": incorreta. Na assistência simples, se o assistido requerer o julgamento antecipado da lide, não poderá o assistente pugnar pela produção de provas no processo, pois a sua vontade estará vinculada a do assistido. Diferentemente ocorrerá na assistência litisconsorcial.

Alternativa "E": incorreta. Somente o procurador poderá requerer vista dos autos de qualquer processo pelo prazo de 05 dias (art. 107, II CPC).

7. PROVAS

12. (Vunesp – Delegado de Polícia – CE/2015) Assinale a alternativa correta sobre a prova testemunhal e sua produção.

a) A contradita à testemunha deve ser realizada imediatamente após o final do depoimento, sob pena de preclusão.

b) Em regra, primeiro são ouvidas as testemunhas do réu e, após, as testemunhas do autor.

c) Quando houver divergência de declarações, pode o juiz ordenar, de ofício, a acareação das testemunhas.

d) A testemunha será intimada por meio de oficial de justiça, sendo vedada a intimação pelos correios.

e) Os relativamente capazes não podem depor na qualidade de testemunha.

COMENTÁRIOS

✪ **Notas dos autores:** a questão trata da produção da prova testemunhal, meio de prova, que tem a testemunha como fonte. Os meios de prova são os procedimentos adequados para a produção, extração e documentação da informação da prova. Não se confundem com as fontes de prova.

Alternativa Correta: letra "C". A acareação, em conformidade com o art. 461 do CPC, poderá ser ordenada, de ofício ou a requerimento da parte, pelo juiz, quando duas ou mais testemunhas ou alguma delas e a parte divergirem sobre as suas declarações e o fato determinado puder influenciar na decisão da causa.

Alternativa A: incorreta. A contradita à testemunha deverá ser realizada após a sua qualificação (art. 457, § 1º Novo CPC).

Alternativa B: incorreta. Em primeiro lugar, devem ser ouvidas as testemunhas arroladas pelo autor e, posteriormente, as indicadas pelo réu. O CPC, contudo, admite que o juiz inverta a ordem de produção da prova, desde que as partes acordem nesse sentido.

Alternativa D: incorreta. Competirá à parte promover a notificação da testemunha para comparecimento. A intimação judicial ocorrerá excepcionalmente.

Alternativa E: incorreta. Os relativamente capazes poderão ser arrolados e inquiridos como testemunhas.

8. TUTELA PROVISÓRIA

13. (Vunesp – Delegado de Polícia – PC – BA/2018) As tutelas requeridas ao Poder Judiciário podem ter caráter definitivo ou provisório. No que diz respeito à tutela provisória de urgência, é correto afirmar que

a) a tutela antecipada e a de evidência são suas espécies.

b) quando requerida em caráter incidental, exige o pagamento de custas.

c) a sua efetivação observará as normas referentes ao cumprimento definitivo da sentença.

d) pode ser concedida liminarmente ou após justificação prévia.

e) quando antecedente, como regra, será requerida ao juiz do foro do domicílio do autor.

COMENTÁRIOS

✪ **Notas do autor:** a tutela provisória pode ter por fundamentos a urgência (*tutela de urgência*) ou a evidência (tutela da evidência). A tutela de urgência será concedida quando houver elementos que evidenciem a probabilidade do direito e o perigo de dano ou o risco ao resultado útil do processo (art. 300, *caput*).

Alternativa "a": a tutela antecipada é espécie de tutela de urgência, assim como também o é a tutela cautelar.

Alternativa "b": se a tutela provisória for requerida em caráter incidente, não se exigirá o pagamento de custas específicas.

Alternativa "c": a efetivação da tutela provisória observará as normas referentes ao cumprimento provisório de sentença.

Alternativa "d": admite-se que a tutela provisória de urgência seja concedida liminarmente ou após justificação prévia (art. 300, § 2º).

Alternativa "e": a tutela provisória, ainda que antecedente, será requerida ao juízo competente para a ação, não havendo dissociação entre os juízos.

Alternativa correta: letra "d".

14. (FUNIVERSA – Delegado de Polícia – DF/2015) Assinale a alternativa correta no que diz respeito à tutela cautelar e à antecipação da tutela.

a) Não se admite concessão de tutela antecipada em grau recursal.

b) A decisão interlocutória que concede liminarmente a tutela antecipada acarreta preclusão pro iudicato, isto é, o juízo não mais poderá revogar ou modificar a decisão.

c) A tutela cautelar é definitiva porque se funda em cognição exauriente, mas possui eficácia temporária limitada à preservação a que se propõe.

d) Não há tutela antecipada satisfativa dissociada do necessário requisito da urgência.

e) Os requisitos para o deferimento da tutela cautelar são normalmente mais rigorosos que os exigidos para o deferimento da tutela antecipada.

COMENTÁRIOS

✪ **Notas dos autores:** o Código de Processo Civil de 2015 suprimiu o processo cautelar, aquele de natureza instrumental, que tinha por objetivo garantir o sucesso de outro processo, dito principal. De acordo com a nova sistemática, tem-se a tutela provisória, que poderá ser de urgência e da evidência. A tutela de urgência, por sua vez, poderá ser antecipatória e cautelar, as quais serão concedidas nos autos, de forma antecedente ou incidental. Como se vê, não há formação de nova relação processual para a concessão da tutela de urgência, mas, pelo contrário, ela é concedida nos próprios autos. De toda maneira, trata-se de tutela provisória, podendo ser revogada pelo juiz se entender não estarem mais presentes os requisitos autorizadores de sua concessão.

Alternativa Correta: letra "C". A banca examinadora considerou a tutela cautelar definitiva, na medida em que proferida em processo cautelar, com formação de coisa julgada formal. Enquanto presentes os seus requisitos, ela perdurará. Reitere-se que, pelo Novo CPC, não mais existirá o processo cautelar, porém, a tutela cautelar será concedida nos próprios autos.

Alternativa A: admite-se a tutela antecipada em grau recursal, sendo deferida pelo relator do recurso.

Alternativa B: a tutela antecipada – inserida na tutela de urgência – é sempre provisória e poderá ser revogada a qualquer tempo, verificado que não mais se encontram presentes os seus requisitos.

Alternativa D: no CPC de 1973, a tutela da evidência estava prevista entre as hipóteses da tutela antecipada. A tutela da evidência é aquela que não necessita do requisito urgência, mas, em razão de determinados elementos, é evidente a possibilidade de acolhimento da pretensão, o que demonstra a possibilidade de ser adiantado o bem jurídico. Em razão disso, dizia-se que havia hipótese em que não era necessário o requisito urgência para a concessão da tutela antecipada. No CPC de 2015, porém, está bem diferenciada a tutela antecipada (como espécie da tutela de urgência), da tutela da evidência.

Alternativa E: em conformidade com o CPC de 1973, os requisitos para a concessão da tutela antecipada eram mais rigorosos que os exigidos para a tutela cautelar. No CPC de 2015, para as duas hipóteses há a exigência de que existam elementos que evidenciem a probabilidade do direito e o perigo de dano ou o risco ao resultado útil ao processo (art. 300), havendo diferenciação das tutelas por conta da finalidade das mesmas.

15. (FUNIVERSA – Delegado de Polícia – DF/2015) Priscila possui crédito vencido contra Marcela. Depois de reiteradas cobranças extrajudiciais, Priscila informou a Marcela que iria ajuizar ação de cobrança visando ao pagamento de seu crédito. Marcela, então, iniciou a prática de sucessivos atos de dilapidação patrimonial, tendo doado bens para frustrar futura execução de eventual sentença condenatória que viesse a ser proferida na ação de Priscila, ainda pendente de ajuizamento.

Nessa situação hipotética, o instituto jurídico mais apto a tutelar o interesse de Priscila de garantir a utilidade de sua futura ação de cobrança é o(a)

a) cautelar inominada preparatória, dada a falta de cautelar em espécie apta a resguardar o interesse de Priscila.

b) pedido incidental de providência cautelar, formulado na ação de cobrança, com vistas ao sequestro de todos os bens de Marcela.

c) pedido liminar de antecipação dos efeitos da tutela satisfativa, formulado na ação de cobrança.

d) cautelar preparatória de arresto de bens suficientes ao adimplemento do crédito.

e) pedido incidental de providência cautelar, formulado na ação de cobrança, com vistas ao arrolamento de bens de Marcela.

COMENTÁRIOS

✪ **Notas dos autores:** na hipótese, verifica-se a necessidade de que a credora requeira a concessão de tutela cautelar, a fim de que a futura expropriação de bens tenha sucesso. No regime do CPC de 1973, deveria ingressar com ação cautelar preparatória de arresto, desde que atendidos os requisitos específicos da medida. No regime do CPC de 2015, porém, não ingressará com ação cautelar própria, mas formulará pedido cautelar antecedente e, no momento oportuno, completará a inicial e dará continuidade ao processo, pugnando pela prática de atos executivos e pela expropriação de bens. Tanto é assim que o Novo CPC não especifica requisitos específicos para as medidas cautelares.

Alternativa Correta: letra "D". Portanto, em conformidade com o CPC de 2015, a credora apresentará requerimento de concessão de medida cautelar antecedente. Posteriormente, nos próprios autos, completará a inicial, para que a ação de execução prossiga e sejam praticados atos executivos e a expropriação de bens. Exclui automaticamente as demais alternativas.

9. DOS PROCESSOS NOS TRIBUNAIS E DA IMPUGNAÇÃO DAS DECISÕES JUDICIAIS

16. (UEPA – Delegado de Polícia – PA/2013) Sobre os recursos no sistema próprio do Direito Processual Civil brasileiro, assinale a alternativa correta.

a) A concessão de antecipação de tutela no corpo da sentença, impõe que eventual recurso de apelação, por ausência de disposição legal, seja integralmente recebido em seu efeito devolutivo e suspensivo.

b) A reforma processual promovida em 2005 alterou o regime de impugnação das decisões interlocutórias, estabelecendo como regra geral a interposição de recurso de agravo de instrumento manejado diretamente na Corte competente.

c) A interposição de agravo retido conduz automaticamente à apreciação da matéria pelo Tribunal de Justiça como preliminar, por ocasião do julgamento da apelação, independentemente de reiteração posterior da parte interessada.

d) A decisão do relator que converte o agravo de instrumento em retido é passível de reforma imediata, mediante a interposição de recurso de agravo interno, no prazo de 05 (cinco) dias, nos termos do art. 557, § 1° do CPC.

e) Cabe ao agravante, no prazo de 03 (três) dias, comunicar ao Juízo singular a interposição do recurso de agravo de instrumento, juntando cópia da petição recursal, seu comprovante de interposição e a relação de documentos apresentados, sendo o descumprimento desse ônus processual razão para o não conhecimento do recurso, desde que a questão seja arguida e provada pela parte agravada.

COMENTÁRIOS

✪ **Nota do autor:** a questão trata do recurso de agravo, que é o adequado para atacar as decisões interlocutórias. O Código de Processo Civil admite o agravo apenas na forma de instrumento e não mais na forma retida. O agravo de instrumento será interposto nas hipóteses mencionadas no art. 1.015 do CPC, de modo que nem todas as decisões interlocutórias são agraváveis. A propósito, competirá à parte prejudicada pela decisão interlocutória não agravável impugná-la quando da interposição da apelação ou nas contrarrazões e, se não o fizer, verifica-se a ocorrência da preclusão. O agravo de instrumento deverá ser interposto perante o órgão jurisdicional *ad quem*, por meio de petição, acompanhada das peças obrigatórias e úteis.

Alternativa Correta letra "E": uma vez interposto o agravo de instrumento, poderá o agravante comunicar que o fez ao juízo de primeiro grau. Note-se que o art. 1.018 do CPC diferencia a questão em relação ao processo físico e processo eletrônico. Em relação ao primeiro, a inobservância da regra importará na inadmissibilidade do agravo de instrumento (parágrafo segundo), o que não ocorrerá, contudo, em relação ao processo eletrônico. Por isso, não é possível afirmar se a alternativa estaria correta em conformidade com o CPC, por faltar elementos para a resposta.

Alternativa "A": incorreta. Deferida antecipação de tutela antecipada em sentença, eventual apelação terá exclusivamente efeito devolutivo em relação a esse ponto. Nesse caso, como a admissibilidade da apelação será feita exclusivamente perante o Tribunal *ad quem*, competirá ao interessado requerer a concessão do efeito suspensivo por meio de petição, diretamente no tribunal.

Alternativa "B": incorreta. Pelo contrário, pois, em decorrência da reforma do regime do agravo, a forma retida teria passado a ser a regra. Porém, toda essa sistemática foi alterada com o CPC de 2015.

Alternativas "C" e "D": incorreta. O CPC de 2015 não mais autoriza a interposição do agravo na forma retida.

10. JUIZADOS ESPECIAIS CÍVEIS

17. (Vunesp – Delegado de Polícia – CE/2015) De acordo com a Lei nº 9.099/95, que dispõe sobre os Juizados Especiais Cíveis, assinale a alternativa correta.

a) Os incapazes não podem ser parte nas ações que tramitam perante o Juizado Especial Cível.

b) Têm competência para processar e julgar causas que não excedam 60 (sessenta) vezes o salário-mínimo.

c) É dispensável o comparecimento da parte autora na audiência de conciliação.

d) É indispensável a assistência da parte por advogado, independentemente do valor da causa.

e) Os microempreendedores individuais, microempresas e empresas de pequeno porte não podem propor ação perante o Juizado Especial Cível.

COMENTÁRIOS

✪ **Notas dos autores:** os Juizados Especiais Cíveis estão inseridos em um sistema de justiça próprio, dotado de princípios e características que levam em consideração a simplicidade do procedimento.

Alternativa Correta: letra "A". Os incapazes não poderão ser autores e réus nos Juizados Especiais Cíveis. Contudo, poderão ser autores nos Juizados Especiais da Fazenda Pública e nos Juizados Especiais Federais.

Alternativa B: incorreta. Os Juizados Especiais Cíveis têm competência para processar e julgar as ações de valor da causa inferior a quarenta salários mínimos (art. 3º da Lei nº 9.099/1995).

Alternativa C: incorreta. O não comparecimento da parte autora em audiência importará na extinção do processo sem resolução do mérito.

Alternativa D: incorreta. Nas causas de valor inferior a vinte salários mínimos não haverá necessidade de assistência de advogado.

Alternativa E: incorreta. Como regra, somente podem demandar nos Juizados Especiais as pessoas físicas. Contudo, admite-se que os microempreendedores individuais, microempresas e empresas de pequeno porte também o façam.

11. AÇÕES CONSTITUCIONAIS

18. (Vunesp – Delegado de Polícia – PC – BA/2018) A Lei nº 7.347, de 24 de julho de 1985, trata da ação civil pública de responsabilidade por danos causados ao meio-ambiente, ao consumidor, a bens e direitos de valor artístico, estético, histórico, turístico e paisagístico, dentre outros direitos difusos, disciplinando que

a) poderá ter por objeto a condenação em dinheiro; o cumprimento de obrigação de fazer, não fazer ou dar; ou ainda a constituição ou desconstituição de ato ou negócio jurídico.

b) na hipótese de desistência do autor, o Ministério Público assumirá a titularidade ativa, apenas se determinado pelo juiz da causa.

c) qualquer pessoa poderá e o servidor público deverá provocar a iniciativa do Ministério Público para o seu ajuizamento, ministrando-lhe informações sobre fatos que constituam seu objeto, indicando-lhe os elementos de convicção.

d) será cabível para veicular pretensões que envolvam tributos ou contribuições previdenciárias.

e) o Ministério Público e a Defensoria Pública poderão instaurar, sob sua presidência, inquérito civil para apurar fatos que possam dar ensejo a sua propositura.

COMENTÁRIOS

✪ **Notas do autor:** a Lei nº 7.347/1985 disciplina a ação civil pública e integra o Sistema Único Coletivo, composto também por outras leis (como, por exemplo, o Código de Defesa do Consumidor).

Alternativa "a": em conformidade com o art. 3º, da LACP, as ações serão propostas no foro do local onde ocorrer o dano, cujo juízo terá competência funcional para processar e julgar a causa.

Alternativa "b": no caso de desistência infundada ou abandono da ação por associação legitimada, o Ministério Público ou outro legitimado assumirá a legitimidade ativa (Art. 5º, § 3º).

Alternativa "c": admite-se que qualquer pessoa possa, enquanto o servidor público deve, provocar a iniciativa do Ministério Público, ministrando-lhe informações sobre fatos que constituam objeto da ação civil e indicando-lhe os elementos de convicção.

Alternativa "d": consoante a literalidade do art. 1º, parágrafo único, não será cabível ação civil pública para veicular pretensões que envolvam tributos, contribuições previdenciárias, o Fundo de Garantia do Tempo de Serviço e outros fundos de natureza institucional cujos beneficiários podem ser individualmente determinados. A propósito do tema, foi reconhecida a existência de repercussão geral no RE nº 643978 (Tema 850), aguardando-se o seu julgamento para por fim a qualquer discussão sobre o tema.

Alternativa "e": o inquérito civil poderá ser instaurado pelo Ministério Público.

Alternativa correta: letra "c".

19. (Vunesp – Delegado de Polícia – PC – BA/2018) A ação popular, regulada pela Lei nº 4.717, de 29 de junho de 1965, tem como objetivo a defesa do patrimônio público, assim entendido os bens e direitos de valor econômico, artístico, estético, histórico ou turístico. Acerca da ação popular, é correto afirmar que

a) a prova da cidadania, para ingresso em juízo, será feita com a exibição de RG (Registro Geral de Identificação), ou com documento que a ele corresponda.

b) é facultado a qualquer cidadão habilitar-se como litisconsorte ou assistente do autor, desde que o faça, até a citação do réu.

c) o Ministério Público acompanhará a ação, podendo assumir a defesa do ato impugnado ou dos seus autores, se assim se convencer.

d) as partes pagarão custas e preparo, quando da interposição de eventual recurso contra a sentença.

e) a sentença incluirá sempre, na condenação dos réus, o pagamento, ao autor, das custas e demais despesas, judiciais e extrajudiciais, diretamente relacionadas com a ação e comprovadas, bem como o dos honorários de advogado.

COMENTÁRIOS

✪ **Notas do autor:** a ação popular constitui-se em remédio constitucional, que poderá ser ajuizada por qualquer cidadão, que atua substituindo a coletividade.

Alternativa "a": a prova da cidadania, ao contrário do que foi afirmado, não será feita com a apresentação do RG, mas com o título eleitoral, ou com documento que a ele corresponda (art. 1º, § 3º, Lei nº 4.717/1965).

Alternativa "b": como a legitimidade é assegurada a qualquer cidadão, permite-se que outra pessoa, nessa condição, habilite-se como litisconsorte ou assistente do autor da ação popular (art. 6º, § 5º, Lei nº 4.717/1965).

Alternativa "c": o Ministério Público acompanhará a ação, cabendo-lhe apressar a produção da prova e promover a responsabilidade, civil ou criminal, dos que nela incidirem, sendo-lhe vedado, em qualquer hipótese, assumir a defesa do ato impugnado ou dos seus autores (art. 6º, § 4º, Lei nº 4.717/1965).

Alternativa "d": as partes só pagarão custas e preparo ao final (art. 10).

Alternativa "e": a sentença proferida na ação popular produzirá efeitos *erga omnes*, devendo incluir, na condenação, o pagamento, ao autor, das custas e demais despesas, judiciais e extrajudiciais, diretamente relacionadas com a ação e comprovadas, bem como o dos honorários de advogado (art. 12).

Alternativa correta: letra "e".

20. (Vunesp – Delegado de Polícia – PC – BA/2018) A Lei nº 9.507, de 12 de novembro de 1997, disciplina o rito processual do habeas data, nos seguintes termos:

a) o seu pedido não poderá ser renovado, em caso de decisão denegatória.

b) o seu processo terá prioridade sobre todos os atos judiciais, exceto mandado de segurança e injunção.

c) o impetrante fará jus à gratuidade de Justiça, tendo ou não recursos financeiros para arcar com as custas e as despesas processuais.

d) ao despachar a inicial, se o juiz verificar que não é caso de habeas data, intimará o impetrante para que adite o seu pedido, convertendo-o em mandado de segurança.

e) quando for hipótese de sentença concessiva, o recurso de apelação interposto terá efeito devolutivo e suspensivo.

COMENTÁRIOS

✪ **Notas do autor:** em conformidade com o art. 7º, da Lei nº 9.507/1997, conceder-se-á *habeas data*: I – para assegurar o conhecimento de informações relativas à pessoa do impetrante, constantes de registro ou banco de dados de entidades governamentais ou de caráter público; II – para a retificação de dados, quando não se prefira fazê-lo por processo sigiloso, judicial ou administrativo; III – para a anotação dos assentamentos do interessado, de contestação ou explicação sobre dado verdadeiro mas justificável e que esteja sob pendência judicial ou amigável.

Alternativa "a": o pedido de *habeas data* poderá ser renovado se a decisão denegatória não lhe houver apreciado o mérito (art. 18). Aplica-se a mesma regra do mandado de segurança.

Alternativa "b": os processos de *habeas data* terão prioridade sobre todos os atos judiciais, exceto *habeas corpus* e mandado de segurança.

Alternativa "c": a ação de *habeas data* é isenta de custas, conforme estabelecido no art. 21, da Lei nº 9.507/1997.

Alternativa "d": a inicial será desde logo indeferida, quando não for o caso de *habeas data*, ou se lhe faltar algum dos requisitos legais de cabimento (art. 10, *caput*).

Alternativa "e": quando a sentença conceder o *habeas data*, o recurso terá efeito meramente devolutivo (art. 15, parágrafo único).

Alternativa correta: **letra "c".**

21. (Cespe – Delegado de Polícia – PC – SE/2018) Com referência a essa situação hipotética, julgue os itens seguintes.

A associação autora é parte legítima para propor a ação civil pública e não terá que adiantar custas ou honorários periciais; no entanto, a associação será condenada em honorários advocatícios caso seja comprovada a sua má-fé.

COMENTÁRIOS

✪ **Notas do autor:** poderá a associação autora propor ação coletiva para a tutela dos interesses metaindividuais dos consumidores, aplicando-se o respectivo Sistema Único Coletivo, composto por várias leis, entre elas, o Código de Defesa do Consumidor.

Assertiva correta. Nas ações coletivas de que trata o CDC não haverá adiantamento de custas, emolumentos, honorários periciais e quaisquer outras despesas, nem condenação da associação autora, salvo comprovada má-fé, em honorários de advogados, custas e despesas processuais (art. 87, *caput*, CDC). De se ressaltar, por oportuno, que, em caso de litigância de má-fé, a associação autora e os diretores responsáveis pela propositura da ação serão solidariamente condenados em honorários e ao décuplo das custas, sem prejuízo da responsabilidade por perdas e danos (parágrafo único). **CERTO**

22. (FUNIVERSA – Delegado de Polícia – DF/2015) A respeito da jurisdição constitucional das liberdades e de seus principais mecanismos, assinale a alternativa correta.

a) Os danos morais e patrimoniais causados à honra e à dignidade de grupos raciais, étnicos ou religiosos podem ser objeto de responsabilização por meio de ação civil pública.

b) De acordo com a jurisprudência do STF, é cabível, em habeas corpus contra prisão civil de devedor inescusável de prestação alimentícia, rediscussão acerca do binômio necessidade-possibilidade.

c) Admite-se mandado de segurança contra decisão judicial teratológica de que caiba recurso.

d) Há perda superveniente de legitimidade a impor a extinção do mandado de segurança coletivo impetrado por partido político quando a agremiação, ao longo do processo, deixar de ter representação no Congresso Nacional.

e) Pessoa jurídica constituída sob a forma de associação, por ser integrada por cidadãos, detém legitimidade para o ajuizamento, em nome próprio, de ação popular.

COMENTÁRIOS

✪ **Notas dos autores:** a ação civil pública é um dos remédios constitucionais e tem a sua legitimidade e outros aspectos previstos na Lei nº 7.347/1985. Poderá ser ajuizada para a tutela de interesses metaindividuais, compreendidos como sendo os interesses difusos, coletivos e individuais homogêneos. Os primeiros, são chamados de interesses essencialmente coletivos, enquanto os individuais homogêneos são acidentalmente coletivos, pois apenas recebem a tutela coletiva.

Alternativa Correta: letra "A". Embora não fosse necessário, a Lei nº 7.347/1985 foi alterada para o fim de que fosse incluído, entre os bens tutelados pela ação civil pública, a honra e a dignidade de grupos raciais, étnicos ou religiosos. Assim, ampara-se também o dano moral coletivo decorrente de ato praticado contra esse grupo de pessoas.

Alternativa B: no âmbito do *Habeas Corpus* não é possível discutir o binômio possibilidade-necessidade, ou seja, o dever de pagar alimentos, mas unicamente a possibilidade ou não da efetivação da prisão civil.

Alternativa C: como regra, as decisões judiciais não podem ser impugnadas por meio de mandado de segurança. Contudo, admite-se que tal ocorra nos casos de decisões judiciais que a lei não faça previsão de recurso, embora não transitada em julgado. Excepcionalmente, admite-se, ainda, mandado de segurança contra decisão transitada em julgado, desde que teratológica.

Alternativa D: de acordo com o decidido pelo Supremo Tribunal Federal, ainda que o Partido Política perca a representatividade no Congresso Nacional, o mandado de segurança coletivo prosseguirá.

Alternativa E: consoante entendimento do Supremo Tribunal Federal, as pessoas jurídicas não podem ajuizar ação popular, restrita ao cidadão.

Direito Processual Civil

Luciano Alves Rossato

✦ DICAS SOBRE O NOVO CÓDIGO DE PROCESSO CIVIL

1. NOVO CÓDIGO DE PROCESSO CIVIL – LEI FEDERAL Nº 13.105/2015 E ALTERAÇÕES E LEGISLAÇÕES ESPECIAIS

Todo o estudo que se seguirá é voltado exclusivamente para **o Novo Código de Processo Civil (Lei 13.105/2015), suas alterações e a legislação especial**), de forma sistematizada e em conformidade com ensinamentos doutrinários e posições jurisprudenciais dominantes.

2. PRINCÍPIOS GERAIS DO PROCESSO CIVIL

2.1. AS NORMAS FUNDAMENTAIS DO PROCESSO CIVIL

Sem qualquer dúvida, o ponto de partida para o estudo do Direito Processual Civil brasileiro consiste na análise das "Normas Fundamentais do Processo Civil", até porque "a percepção do uso cada vez mais recorrente de princípios como fundamento da aplicação do direito foi um dos pilares da elaboração do Novo CPC".[1]

A utilização dos princípios no Direito brasileiro é uma realidade desde a Constituição Federal de 1988 e que compreendeu todos os ramos da ciência jurídica, em especial, o processual.

O Novo Código de Processo Civil, instituído pela Lei n. 13.105, de 16.03.2015, determina que **o processo civil** será **ordenado, disciplinado e interpretado** conforme os valores e as normas fundamentais estabelecidos na Constituição Federal, observando-se o quanto é constante do próprio Código. A propósito, já se registrou que o Novo CPC há de ser interpretado como "um conjunto de normas orgânico e coerente", aplicando-se o "postulado interpretativo da unidade do código", tal como a lição de Eros Grau para as normas constitucionais.[2]

2.2. PRINCÍPIOS EXPRESSOS NA CONSTITUIÇÃO FEDERAL

2.2.1. PRINCÍPIO DO DEVIDO PROCESSO LEGAL

Os princípios fundamentais decorrem de um núcleo comum, que é o princípio do devido processo legal.

Encontra-se previsto no art. 5º, LIV, da Constituição Federal e, genericamente, é caracterizado pelo trinômio vida-liberdade-propriedade.

O devido processo legal se caracteriza de duas formas: **material** (devido processo legal em sentido material) e **processual** (devido processo legal em sentido processual). No primeiro sentido, busca-se evitar o arbítrio do legislador e a discricionariedade do Poder Público, exigindo-se a edição de normas que observem a razoabilidade e a proporcionalidade. Em sentido processual, concretiza-se com a possibilidade efetiva de acesso à justiça, apresentando pretensão e defendendo-se da forma mais ampla possível.

2.2.2. PRINCÍPIO DA ISONOMIA

O princípio da isonomia importará na necessidade de que os litigantes recebam o mesmo tratamento no processo.

2.2.3. PRINCÍPIO DO JUIZ NATURAL

O princípio do juiz natural é tridimensional, pois significa que: a) não haverá juízo ou tribunal *ad hoc;* b) todos têm o direito de submeter-se ao juiz competente; c) que o juiz competente deve ser imparcial.

Para preservar essa imparcialidade do juiz, a Constituição Federal concede garantias (incisos I, II, e III, do art. 95), prevê vedações (parágrafo único do art. 95) e proíbe juízo ou tribunais de exceção (inciso XXXVII, do art. 5º – órgão julgadores criados posteriormente ao caso *sob judice*).

Ada Pellegrini Grinover, da mesma maneira, defende o triplo desdobramento do princípio, em três conceitos: "só

---

1 THEODORO JÚNIOR, Humberto. NUNES, Dierle. BAHIA, Alexandre Melo Franco. PEDRON, Flávio Quinaud. Novo CPC – Fundamentos e Sistematização. Rio de Janeiro: GEN-Forense, 2015, p. 35.

2 Registro feito por Fredie Didier Júnior, que estendeu os estudos sobre a interpretação constitucional ao direito processual civil. DIDIER JR, Fredie. Curso de Direito Processual Civil. Salvador: Juspodivm, 17ª ed. 2015, p. 151-152. Os autores desta obra, a propósito, rendem as suas homenagens e o parabenizam por todo o esforço empreendido durante o trâmite legislativo do Novo Código de Processo Civil e pela organização dos Fóruns Permanentes de Processualistas Civis.

são órgãos jurisdicionais os instituídos pela Constituição; ninguém pode ser julgado por órgão constituído após a ocorrência do fato; entre os juízes pré-constituídos vigora uma ordem taxativa de competências, que exclui qualquer alternativa deferida à discricionariedade de quem quer que seja".[3]

2.2.4. PRINCÍPIO DA INAFASTABILIDADE DO CONTROLE JURISDICIONAL

Não é possível que o legislador ou qualquer indivíduo impeça o jurisdicionado de ir ao juízo apresentando a sua pretensão. Por esse motivo, assegura-se o direito de ação, que se revela como um direito subjetivo à sentença, desde que observadas as condições da ação. Consectário deste princípio, deve-se garantir a assistência jurídica e integral aos necessitados, abrangendo a consultoria e a assistência extrajudicial. Da mesma maneira, não é possível impor valor da taxa judiciária sem que o seu cálculo leve em conta o valor da causa.

2.2.5. PRINCÍPIO DO CONTRADITÓRIO

Em consonância com o disposto no art. 5º, LV, da Constituição Federal, "aos litigantes, em processo judicial ou administrativo, e aos acusados em geral são assegurados o contraditório e ampla defesa, com os meios e recursos a ela inerentes".

Esse princípio tem ligação com a igualdade das partes e do direito de ação, que são manifestações do princípio do contraditório.

2.2.6. PRINCÍPIO DA PROIBIÇÃO DA PROVA ILÍCITA

Em conformidade com o art. 5º, XII, CF, são inadmissíveis, no processo, as provas obtidas por meios ilícitos.

2.2.7. PRINCÍPIO DA PUBLICIDADE DOS ATOS PROCESSUAIS

Em conformidade com o art. 5º, LX, "a lei só poderá restringir a publicidade dos atos processuais quando a defesa da intimidade ou o interesse social o exigirem", enquanto o art. 93, IX, dispõe que "todos os julgamentos dos órgãos do Poder Judiciário serão públicos".

2.2.8. PRINCÍPIO DA MOTIVAÇÃO DAS DECISÕES JUDICIAIS

Os pronunciamentos judiciais devem ser necessariamente motivados, sob pena de serem considerados nulos. No Novo CPC, houve sensível alteração do alcance da motivação, evoluindo para a fundamentação analítica.

2.2.9. PRINCÍPIO DO DUPLO GRAU DE JURISDIÇÃO

Pelo princípio do duplo grau de jurisdição, a matéria decidida pode ser objeto de reexame por meio de recurso, para possibilitar ao prejudicado nova chance de êxito e eventuais correções das ilegalidades e injustiças cometidas pelo julgador. Não é previsto expressamente pela Constituição Federal, embora o seja no Pacto de San José da Costa Rica, ratificado em 1992 pelo Brasil. A Constituição, contudo, disciplina a competência dos órgãos jurisdicionados e o sistema recursal, na Constituição Federal e normas infraconstitucionais.

2.3 NORMAS FUNDAMENTAIS CONTIDAS NO NOVO CPC

As Normas Fundamentais do Novo Código de Processo Civil compreendem princípios e regras jurídicas.

Sendo assim, será apresentado um quadro em que é possível relacionar o artigo do Novo CPC ao princípio ou regra respectivo.

Artigo	Princípio ou Regra
2º	Regras da instauração do processo por iniciativa da parte e do desenvolvimento processual por impulso processual.
3º	Princípio do Acesso à Justiça e Tribunal Multiportas.
4º	Princípio da Duração Razoável do Processo.
4º	Princípio da Preferência do Julgamento de Mérito.
4º	Princípio da Eficiência
5º	Princípio da Boa-fé Processual
6º	Princípio da Efetividade
6º	Princípio da Cooperação
7º	Princípio da Paridade
7º, 9º e 10	Princípio do Contraditório Dinâmico
	Princípio da Adequação
11	Princípio da Publicidade
11	Princípio da Fundamentação Analítica
12	Regra Jurídica da Preferência da Observância da Ordem Cronológica.
190 e 191	Princípio do Respeito ao Autorregramento Processual

3. FONTES

O ordenamento jurídico conta com fontes, **designadas como fontes jurídicas**, objeto de análise da Teoria Geral do Direito, definidas por Bobbio como "aqueles fatos e aqueles atos dos quais o ordenamento jurídico faz depender a produção de normas jurídicas".[4] Correspon-

3 GRINOVER, Ada Pellegrini. Doutrinas. Wambier, vol. 1, p. 116.

4 BOBBIO, Norberto. *Teoria do ordenamento jurídico*. São Paulo: Edipro, 2016, p. 55.

dem à origem primária do direito, equiparada à sua fonte real ou material. Também se emprega a expressão para externar a forma de expressão, utilizando-se de modelos de manifestação, como fontes formais.[5]

As fontes formais são classificadas em estatais e não estatais. As primeiras subdividem-se em legislativas e jurisprudenciais, enquanto as não estatais abrangem o direito consuetudinário, a doutrina e as convenções em geral. As fontes formais não são normas, mas formas de tradução da norma em palavras.

As fontes do Direito Processual Civil seguem os parâmetros do direito em geral e são: a lei e os costumes (**fontes imediatas**), a doutrina e a jurisprudência (**fontes mediatas**).

4. LEI PROCESSUAL CIVIL

4.1. EFICÁCIA E APLICAÇÃO

O Código de Processo Civil em vigor foi aprovado pela Lei n. 13.105/2015, posteriormente modificado pelas Leis n. 13.257/2016 e 13.363/2016. Aquela é uma das leis processuais civis em vigência no Brasil.

A Lei Processual Civil constitui toda aquela que "disciplina a função jurisdicional desenvolvida pelos juízes e tribunais, quando convocados pelos titulares de interesses jurídicos em conflito na órbita civil *lato sensu*".[6]

Em conformidade com o art. 13 do NCPC, a "jurisdição civil será regida pelas normas processuais brasileiras, ressalvadas as disposições específicas previstas em tratados, convenções ou acordos internacionais de que o Brasil seja parte".

A lei processual terá eficácia imediata aos processos em curso, respeitando-se os atos processuais praticados e as situações jurídicas consolidadas sob a vigência da norma revogada.

4.2. DIREITO PROCESSUAL INTERTEMPORAL. CRITÉRIOS

As leis processuais civis, como dito anteriormente, são de efeito imediato, aplicando-se aos processos em andamento, respeitando-se, de outro lado, os atos já praticados.

O Novo Código de Processo Civil fez importantes previsões de direito intertemporal nos artigos 1.046, §§ 1º e 5º, 1.047, 1.054, 1.056 e 1.057, das quais se extrai que foi encampado o sistema de isolamento de atos processuais.

O CPC encampou o sistema de isolamento de atos processuais.

IMPORTANTE!

A coisa julgada **abrangerá apenas a questão principal**. Porém, de acordo com o Novo CPC, poderá abranger também a questão prejudicial, desde que seja decidida expressa e incidentalmente no processo, observando-se os incisos do § 1º do art. 503 (independentemente de ação declaratória incidental, abolida no Novo CPC).

Esta regra, contudo, somente será aplicada aos processos iniciados após a vigência do Novo Código de Processo Civil. Aos anteriores, será necessário que a parte tenha se valido da ação declaratória incidental para que a questão prejudicial decidida faça coisa julgada.

Por esse sistema, aplicam-se de imediato as normas processuais, sendo proibida a retroatividade da lei para os atos já praticados.

Se praticado o ato processual sob a vigência do CPC de 1973 e este contar com efeitos pendentes, a eficácia do Código anterior continua até a sua consolidação. Por isso, iniciado anteriormente um prazo para interposição de recurso (10 dias para o agravo de instrumento), este será o prazo a ser contado, ainda que tenha ocorrido o advento de um novo CPC.

ATENÇÃO! DISPOSIÇÕES DE DIREITO PROBATÓRIO E DIREITO INTERTEMPORAL.

Tais disposições previstas no Novo CPC serão aplicadas **apenas às provas requeridas ou determinadas** de ofício a **partir da data de início de sua vigência.**

Portanto: ainda que em trâmite o processo, mas se a prova tiver sido requerida anterior ao Novo CPC, segue-se a sistemática do CPC de 1973 em relação às disposições de direito probatório.

5. JURISDIÇÃO

5.1. CONCEITO

A Jurisdição é o poder que detém o Estado de fazer atuar as regras jurídicas de forma concreta. Frise-se: só diante de casos concretos é que atuará a função jurisdicional. Essa atividade apresenta-se como secundária, instrumental, declarativa, desinteressada e provocada.

A jurisdição voluntária consiste na administração pública de negócios privados. Trata-se de uma atividade heterogênea do Poder Judiciário, pois não há propriamente um conflito de interesses a ser solucionado, mas o controle de determinados atos. Não obstante, é possível que ocorra

---

5 Maria Helena Diniz prefere a expressão "fonte jurídica" ao invés de fonte do direito, uma vez que esta seria empregada "metaforicamente, pois em sentido próprio *fonte* é a nascente de onde brota uma corrente de água. Justamente, por ser uma expressão figurativa tem mais de um sentido". DINIZ, Maria Helena. *Compêndio de Introdução à Ciência do Direito*. 24ª. ed. São Paulo: Saraiva, 2013, p. 301.

6 THEODORO JÚNIOR, Humberto. Curso de Direito Processual Civil. 56a. ed. Vol. I. Rio de Janeiro: Gen-Forense, 2015, p. 33.

litigiosidade no procedimento, como ocorre no caso de um dos interessados não concordar com a providência reclamada.

5.2. CARACTERÍSTICAS

Podem ser apontadas como características da jurisdição:

a) substitutividade: o Estado-Juiz substitui a vontade das partes, aplicando o direito ao caso concreto;

b) imparcialidade: o magistrado não poderá ter qualquer interesse no resultado do litígio;

c) lide: embora questionada atualmente, a doutrina clássica defendia que a lide era característica da jurisdição, na medida em que o seu papel seria solucioná-las;

d) monopólio do Estado: a atividade jurisdicional é monopólio do Estado. Não obstante, permite-se que as partes, em determinados casos, elejam pessoa que possa solucionar a lide que lhes é apresentada, ajustando a convenção de arbitragem;

e) inércia: não haverá atividade do Estado-Juiz sem a devida provocação pela parte interessada. Somente em casos excepcionalíssimos admite-se que a jurisdição atue sem ser previamente provocada;

f) unidade: o poder jurisdicional, embora possa ser repartido, é uno;

g) definitividade: o exercício da jurisdição implicará em se alcançar a decisão definitiva sobre o assunto.

5.3. NATUREZA JURÍDICA

Há várias teorias que tentam explicar a natureza jurídica da jurisdição.

- **Teoria organicista ➔** que os atos jurisdicionais teriam essa natureza em razão do órgão de que provêm. Ocorre que mesmo tais órgãos também emitem atos administrativos, motivo pelo qual não pode ser aceita.
- **Teoria subjetiva ➔** considera-se que a jurisdição tem a finalidade de tutelar direitos e aplicar a lei ao caso concreto. É criticável na medida em que é possível que haja necessidade da tutela ainda que não exista direito subjetivo violado.
- **Teoria objetiva ➔** a jurisdição asseguraria a vigência do direito, que é aplicável ao caso concreto. Não é capaz de separar os atos administrativos dos atos judiciais e, por isso, também criticável.
- **Teoria da substituição ➔** o Estado-Juiz substitui a vontade das partes por meio da atividade de seus órgãos jurisdicionais, fazendo com que haja a atuação da vontade concreta da lei.

Atualmente, a jurisdição já vem sendo vista como uma forma de inclusão social.

5.4. PRINCÍPIOS

A Jurisdição é informada por três princípios basilares:

(i) Princípio do Juiz Natural: somente exercerá a Jurisdição aquele devidamente investido na forma prevista pela Constituição Federal;

(ii) A Jurisdição é improrrogável: os limites do poder jurisdicional são traçados pela Constituição Federal;

(iii) A Jurisdição é indeclinável: não pode o Poder Jurisdicional recusar-se a cumprir a sua função, e nem delegá-la a quem quer que seja.

5.5. LIMITES DA JURISDIÇÃO NACIONAL

O CPC 2015 corrigiu a imprecisão conceitual existente anteriormente, ao modificar o tratamento da antiga competência internacional para "limites da jurisdição nacional e da cooperação internacional". De fato, não se trata de um problema que envolva a competência, mas de jurisdição, porque se verifica quais são as causas ou que deverão ser submetidas à jurisdição nacional.

Dessa maneira, algumas matérias somente poderão ser submetidas à jurisdição brasileira, como ocorre, por exemplo, com aquelas relativas a imóveis situados no Brasil. Não será admissível decisão estrangeira a respeito desse tema.

Para outras matérias, no entanto, será admissível que haja decisão por jurisdição estrangeira, produzindo efeitos em território nacional se a decisão for homologada pelo Superior Tribunal de Justiça, por meio de procedimento específico.

Tem-se, então, hipóteses de **jurisdição exclusiva** e outras de **jurisdição concorrente**, consoante o seguinte quadro:

EXCLUSIVA	CONCORRENTE
Somente podem ser decididas pela jurisdição brasileira. Eventuais decisões estrangeiras não serão homologadas pelo Superior Tribunal de Justiça.	Podem ser decididas tanto pelo tribunal estrangeiro quanto pela jurisdição nacional, ressalvadas disposições em contrário de tratados internacionais e acordos bilaterais. Eventual decisão estrangeira deverá ser homologada pelo Superior Tribunal de Justiça. A ação proposta perante o Tribunal estrangeiro não induz litispendência.

As hipóteses de jurisdição exclusiva estão previstas no art. 23 do Novo Código de Processo Civil, segundo o qual compete à autoridade judiciária brasileira, com exclusão de qualquer outra: i) conhecer de ações relativas a imóveis situados no Brasil; ii) em matéria de sucessão hereditária, proceder à confirmação de testamento particular e ao inventário e à partilha de bens situados no Brasil, ainda que o autor da herança seja de nacionalidade estrangeira ou tenha domicílio fora do território nacional; iii) em divórcio, separação judicial ou dissolução de união estável, proceder à partilha de bens situados no Brasil, ainda que o titular seja de nacionalidade estrangeira ou tenha domicílio fora do território nacional.

O juízo estrangeiro poderá decretar o divórcio, hipótese em que estará dispensada a homologação da sentença no Brasil (art. 961 CPC). Porém, a decisão sobre a partilha somente poderá ser proferida pela autoridade judicial brasileira.

O divórcio poderá ser decretado pelo juiz estrangeiro, mas a partilha de bens somente pela autoridade brasileira.

De outro lado, determinadas matérias poderão ser objeto de decisão pela autoridade jurisdicional brasileira ou pela estrangeira. No caso de haver concomitância de ações, prevalecerá aquela que transitar em julgado em primeiro lugar.

Para todos os efeitos, transitará em julgado a decisão estrangeira tão somente após a sua homologação pelo Superior Tribunal de Justiça.

Como é possível verificar, o fato de existir uma demanda em trâmite perante a autoridade judiciária estrangeira não induz litispendência em relação à ação movida em território nacional, admitindo-se a concomitância de trâmite de ações.

Admite-se à autoridade judiciária brasileira processar e julgar as seguintes ações em que: i) o réu, qualquer que seja a sua nacionalidade, estiver domiciliado no Brasil; ii) no Brasil tiver de ser cumprida a obrigação; iii) o fundamento seja fato ocorrido ou ato praticado no Brasil; iv) de alimentos, se o credor tiver domicílio ou residência no Brasil ou o réu mantiver vínculos no Brasil, tais como posse ou propriedade de bens, recebimento de renda ou obtenção de benefícios econômicos; v) decorrentes de relações de consumo, quando o consumidor tiver domicílio ou residência no Brasil; vi) em que as partes, expressa ou tacitamente, se submeteram à jurisdição nacional.

Nas ações de jurisdição concorrente, se houver cláusula de eleição de foro exclusivo estrangeiro em contrato internacional e tal for arguido na contestação, não poderá a decisão ser proferida pela autoridade judiciária brasileira.

Admite-se a cooperação jurídica internacional que tenha por objeto: i) citação, intimação e notificação judicial e extrajudicial; ii) colheita de provas e obtenção de informações; iii) homologação e cumprimento de decisão; iv) concessão de medida judicial de urgência; v) assistência jurídica internacional; vi) qualquer outra medida judicial ou extrajudicial não proibida pela lei brasileira.

6. COMPETÊNCIA

6.1. CRITÉRIOS DETERMINADORES

6.1.1. COMPETÊNCIA EM RAZÃO DA MATÉRIA

Analisando-se a causa de pedir e o pedido chega-se à definição da **competência em razão da matéria,** e leva em consideração a repartição do trabalho por conta da previsão de especialização.

Nesse sentido, podem existir varas especializadas em falência, família, direito do consumidor e outras, todas com competência absoluta para o conhecimento da matéria proposta.

A competência determinada em razão da matéria, da pessoa ou da função **é inderrogável por convenção das partes.**

6.1.2. COMPETÊNCIA EM RAZÃO DO VALOR E DO TERRITÓRIO

Admite-se a modificação da competência determinada em razão do valor e do território, **elegendo** foro onde será proposta ação oriunda de direitos e obrigações. Trata-se de negócio processual celebrado entre as partes, conhecido como foro de eleição.

Obrigatoriamente, **a sua celebração deverá ser por escrito e indicar expressamente a determinado negócio jurídico.**

Não se admite foro de eleição fixado de forma genérica sem especificação do negócio jurídico a que relacionado.

Admite-se que o magistrado reconheça, de ofício, ser abusiva a cláusula de eleição de foro, antes de ser o réu citado. Nesse caso, será determinada a remessa dos autos ao juízo do foro do domicílio do réu.

Porém, se o réu já tiver sido citado, o juízo dependerá de alegação do réu para que reconheça a ineficácia da cláusula em razão de suposta abusividade.

Portanto, se o réu não a alegar, a matéria estará preclusa.

6.1.3. COMPETÊNCIA FUNCIONAL

O critério funcional considera a função do órgão jurisdicional e tem como subdivisões a vertical e a horizontal.

Em conformidade com a distribuição vertical, compete ao juízo de primeiro grau processar a demanda e sentenciá-la, enquanto ao Tribunal conhecer dos recursos inerentes. De outro lado, a distribuição horizontal não considera qualquer hierarquia entre os juízos, como ocorre na vertical, como ocorre com a hipótese de ser deprecada a prática de um ato processual.

6.1.4. COMPETÊNCIA TERRITORIAL

Como já visto, a competência territorial, em regra, será relativa, pois prevista no interesse das partes, que podem modificá-la por convenção (foro de eleição) ou por não terem apresentado a respectiva preliminar no tempo oportuno.

Constituem-se exceções à regra as ações fundadas em direito real sobre imóveis e ações possessórias, que devem ser processadas perante o foro da situação da coisa.

Admite-se que o autor opte pelo foro de domicílio do réu ou pelo foro de eleição se o litígio não recair sobre direito de propriedade, vizinhança, servidão, divisão e demarcação de terras e de nunciação de obra nova.

Questão interessante surge na hipótese de a demanda situar-se em localidade em que não há instalada vara da Justiça Federal e houver interesse da União. Nessa hipótese, prevalecerá a competência da Justiça Federal ou então a do foro da situação da coisa e, portanto, da Justiça Estadual?

Em conformidade com o Superior Tribunal de Justiça, a competência será da Justiça Federal, regra que predomina, pois não se está diante de competência delegada. A propósito, vide a Súmula 218 STJ: "é competente o juízo da fazenda nacional da capital do Estado, e não o da situação da coisa, para a desapropriação promovida por empresa de energia elétrica e a União intervém como assistente".

a) Regra geral: foro do domicílio do réu

A ação fundada em direito pessoal e a ação fundada em direito real sobre bens móveis serão propostas, em regra, no foro do domicílio do réu. Tendo este mais de um domicílio, poderá ser demandado em qualquer um deles. Essa é a regra geral, sem prejuízo da existência de regras subsidiárias, se acaso aquela não puder ser aplicada.

Assim, sendo incerto ou desconhecido o domicílio do réu, ele será demandado onde for encontrado ou no foro do domicílio do autor. Ou, se o réu não tiver domicílio nem residência no Brasil, a ação será proposta no foro do domicílio do autor. Se este também residir fora do Brasil, a ação será proposta em qualquer foro.

Havendo dois ou mais réus com diferentes domicílios, serão demandados no foro de qualquer deles, à escolha do autor.

O foro do domicílio do autor da herança, no Brasil, é o competente para o inventário, a partilha, a arrecadação, o cumprimento de disposições de última vontade, a impugnação ou anulação de partilha extrajudicial e para todas as ações em que o espólio for réu, ainda que o óbito tenha ocorrido no estrangeiro.

A ação em que o incapaz for réu será proposta no foro de seu representante ou assistente.

As causas movidas pela União serão processadas perante o foro do domicílio do réu. Se a União for a demanda, será competente o foro do domicílio do autor, no de ocorrência do ato ou fato que originou a demanda, no de situação da coisa ou no Distrito Federal.

b) Hipóteses de foro especial

As hipóteses de foro especial sobrepõem-se à regra geral, segundo a qual a ação deve ser ajuizada perante o domicílio do réu.

Ação de divórcio, separação, anulação de casamento e reconhecimento ou dissolução de união estável	a) de domicílio do guardião de filho incapaz; b) do último domicílio do casal, caso não haja filho incapaz; c) de domicílio do réu, se nenhuma das partes residir no antigo domicílio do casal;
Ação de alimentos	Domicílio ou residência do alimentando.
Ré for pessoa jurídica	Lugar onde está a sede.
Quanto às obrigações assumidas pela pessoa jurídica	Lugar da agência ou sucursal
Ré pessoa jurídica ou associação sem personalidade jurídica	Lugar onde forem exercidas as suas atividades.
Ação em que for exigido o cumprimento	Lugar onde a obrigação deve ser satisfeita.
Direito previsto no Estatuto do Idoso	Residência do idoso.
Ação de reparação de dano praticado em razão de ofício notarial.	Local da sede da serventia notarial ou registral.
Reparação de dano e ação em que for réu administrador ou gestor de negócios.	Lugar do ato ou fato
Ação de reparação de dano sofrido em razão de delito ou acidente de veículos, inclusive aeronaves.	Domicílio do autor ou do local do fato.

6.1.5. COMPETÊNCIA DA JUSTIÇA FEDERAL

A competência da Justiça Federal está prevista na Constituição Federal, sendo admitida a delegação da competência à Justiça Estadual em determinadas hipóteses.

> *Serão julgadas pela Justiça Federal as causas em que a União, a entidade autárquica ou empresa pública federal forem interessadas na condição de autoras, rés, assistentes ou opoentes, salvo nos casos de recuperação judicial, falência, insolvência civil e acidente de trabalho e aquelas sujeitas à justiça eleitoral e à justiça do trabalho (art. 45 do CPC).*

Além disso, compete à Justiça Federal julgar as causas fundadas em contratos internacionais ou tratados firmados pela União, que digam respeito a grave violação a direitos humanos, sobre disputas de terras indígenas e referentes à nacionalidade e à naturalização.

Assim, o critério "em razão das pessoas", leva em consideração o fato de atuarem nos processos, como parte ou interveniente, a União, entidades autárquicas federais (autarquias, agências reguladoras e fundações autárquicas), empresas públicas federais (excluídas as sociedades de economia mista), os Conselhos de fiscalização profissional, o Ministério Público Federal.

Também devem tramitar as causas envolvendo pessoa residente no Brasil ou município brasileiro em face de Estado estrangeiro ou organismo internacional.

É de competência da Justiça Federal julgar os mandados de segurança e *habeas data* contra ato de autoridade federal, salvo se for o caso de competência originária de tribunal.

> **IMPORTANTE**
>
> As execuções fiscais federais serão processadas perante a Justiça Federal. Até o ano de 2014, se o domicílio do executado não contasse com sede da Justiça Federal, a ação tramitaria perante a Justiça Estadual. Tratava-se de hipótese de delegação da competência. Porém, em virtude de alteração da Lei n. 5.021/1966, esta delegação foi revogada, de modo que todas aquelas ações tramitarão perante a Justiça Federal, **salvo aquelas que já tinham sido ajuizadas.**

Verificando existir interesse da União, de suas entidades autárquicas ou de suas empresas públicas, deverá o Juízo Estadual remeter os autos à Justiça Federal, competindo a esta fiscalizar a existência deste interesse.

Se o Juízo federal verificar que não há interesse da União ou de outras entidades que justificariam a competência da Justiça Federal, promoverá à devida exclusão do processo e encaminhará os autos à Justiça Estadual, sem suscitar conflito de interesse.

6.1.6. COMPETÊNCIA ORIGINÁRIA DOS TRIBUNAIS SUPERIORES

A competência do Supremo Tribunal Federal e do Superior Tribunal de Justiça está prevista na Constituição Federal, consoante prevê respectivamente os artigos 102 e 105.

Aproveita-se a oportunidade para analisar alguns órgãos da estrutura judiciária nacional.

INTEGRANTES DO JUDICIÁRIO NACIONAL	NORMAS CONSTITUCIONAIS RESPECTIVAS
Supremo Tribunal Federal	arts. 101 a 103-A
Conselho Nacional de Justiça	art. 103-B
Superior Tribunal de Justiça	arts. 104 a 105
Tribunais Regionais Federais e Juízes Federais	arts. 106 a 110
Tribunais e Juízes do Trabalho	arts. 111 a 117
Tribunais e Juízes Eleitorais	arts. 118 a 121
Tribunais e Juízes Militares	arts. 122 a 124
Tribunais e Juízes dos Estados e do Distrito Federal e Territórios	arts. 125 a 126
Juizados Especiais	art.98, inc. I e § 1º
Justiça de Paz	art.98, inc. II

6.2. COMPETÊNCIA ABSOLUTA E RELATIVA

As regras de competência podem existir para atendimento do interesse público, quando então se diz que se está diante da **competência absoluta**, ou para comodidade das partes, hipótese em que será **relativa**.

A competência absoluta é um pressuposto de validade da relação processual, configurando-se matéria que pode ser conhecida de ofício pelo juiz. Aliás, em consonância com o **princípio da competência sobre a competência**, admite-se que o juiz analise se tem ou não competência para decidir sobre determinada questão que lhe foi apresentada. Admite-se que a parte alegue o vício da incompetência absoluta até mesmo após o trânsito em julgado, por meio da ação rescisória.

Diferentemente, a competência relativa não é um pressuposto de validade da relação processual. Não poderá ser conhecida de ofício pelo juiz, devendo ser alegada oportunamente pela parte interessada, na própria contestação, como preliminar.

> **A INCOMPETÊNCIA ABSOLUTA E A RELATIVA DEVEM SER ALEGADAS COMO PRELIMINARES, NA PRÓPRIA CONTESTAÇÃO.**

COMPETÊNCIA ABSOLUTA	COMPETÊNCIA RELATIVA
Regras de interesse público	Conveniência das partes
São inderrogáveis	Podem ser modificadas pela vontade das partes
Pressuposto processual de validade	Não é pressuposto processual
Pode ser conhecida de ofício	Não pode ser conhecida de ofício.
Pode ser alegada a qualquer momento, mesmo após o trânsito em julgado (na ação rescisória).	Não pode ser alegada a qualquer momento.

Com o registro ou a distribuição da petição inicial estará fixada a competência, sendo irrelevantes as modificações do estado de fato ou de direito ocorridas posteriormente, salvo quando suprimirem órgão judiciário ou alterarem a competência absoluta.

Assim, as alterações supervenientes do estado de fato ou de direito são irrelevantes, de modo que não importarão na modificação da competência. A essa manutenção da competência deu-se o nome de *perpetuatio jurisdicionis*, prevista no art. 43 do NCPC.

A *perpetuatio jurisdicionais* (ou perpetuação da competência, como seria mais adequado) não prevalecerá em quaisquer situações, conforme a própria ressalva do Código. Assim, se houver supressão do órgão judiciário ou alteração da competência da competência absoluta em decorrência das modificações do estado de fato ou de direito, haverá a alteração da competência.

Por esse motivo, se uma Subseção da Justiça Federal for extinta, a ação passará a tramitar perante a Subseção que absorveu os processos daquela.

6.3. MODIFICAÇÕES DA COMPETÊNCIA

A competência poderá ser alterada em decorrência de **previsão legal** (como ocorre com a conexão, por exemplo) ou por **vontade das partes** (foro de eleição ou não formulação de preliminar na contestação).

Prevê o art. 54 que a **competência relativa** poderá ser modificada pela conexão ou pela continência.

É possível estabelecer uma relação de afinidade entre ações, o que pode gerar vários efeitos práticos, como a reunião de processos para julgamento conjunto, a suspensão de um processo para se aguardar o julgamento de outro etc.

Consideram-se **conexas** duas ações quando lhes for comum o **pedido ou a causa de pedir**. Trata-se de hipótese mínima em que as causas serão conexas, porque é possível que exista esta relação muito embora não seja comum o pedido ou a causa de pedir.

EXISTIRÁ CONEXÃO ENTRE CAUSAS
Se houver comunhão entre elas em relação ao pedido OU a causa de pedir.

Para que não ocorram decisões conflitantes e se gere injustiça, determina o Código que, havendo conexão entre as causas, sejam elas reunidas para decisão conjunta. Dessa maneira, será proferida uma única sentença, solucionando as duas ações.

A reunião dos processos será feita em favor do juízo prevento, que os decidirá. A prevenção do juízo será estabelecida **pelo registro ou pela distribuição**. Não mais se trata de efeito da citação válida.

A prevenção não mais se trata de efeito da citação válida. O juízo prevento será estabelecido em razão do registro ou da distribuição.

Para que ocorra a reunião dos processos haverá a necessidade de observância dos seguintes requisitos: i) juízo absolutamente competente para decidir as causas; ii) existência de liame entre as causas; iii) que as causas não tenham sido sentenciadas.

A reunião dos processos para julgamento conjunto também será possível à execução de título executivo extrajudicial e à ação de conhecimento relativa ao mesmo ato jurídico, bem como às execuções fundadas no mesmo título executivo.

Admite o CPC, ainda, **a reunião de processos para julgamento conjunto, ainda que não haja conexão**. Isso será permitido em relação aos processos que possam gerar risco de prolação de decisões conflitantes ou contraditórias caso decididas separadamente.

ADMITE-SE A REUNIÃO DE PROCESSOS, AINDA QUE NÃO HAJA CONEXÃO ENTRE AS DEMANDAS.

Ocorrerá a **continência** entre duas ou mais ações quando houver identidade quanto às partes e à causa de pedir, mas o pedido de uma, por ser mais amplo, abrange o das demais (art. 57).

RELAÇÃO ENTRE CAUSAS { **CONEXÃO** / **CONTINÊNCIA** } { REUNIÃO PROCESSOS / SUSPENSÃO / DEPENDENTE }

⇩

HARMONIZAÇÃO, SEGURANÇA JURÍDICA E ECONOMIA

Havendo continência e a ação continente tiver sido proposta anteriormente, no processo relativo à ação contida será proferida sentença sem resolução de mérito. Caso contrário, as ações serão necessariamente reunidas. Assim, se a ação A (mais ampla – continente) for proposta anteriormente à ação B (menos ampla – contida), nesta (ação B) será proferida sentença sem resolução de mérito.

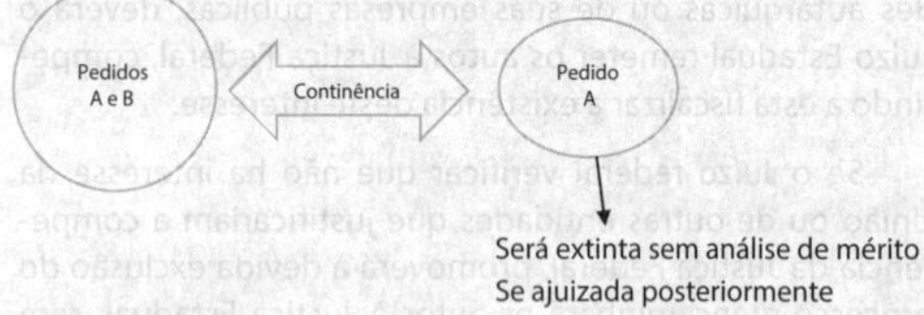

6.4. MEIOS DE DECLARAÇÃO DE INCOMPETÊNCIA

A incompetência absoluta e a relativa poderão ser alegadas como preliminar em contestação. Não mais se admite (ou exige) que a incompetência relativa seja alegada por meio de exceção.

Estarão preservados os efeitos da decisão proferida pelo juízo incompetente até que outra seja proferida, se for o caso, pelo juízo competente, salvo se houver decisão judicial em sentido contrário.

Reiterando, em razão da importância: a incompetência relativa deverá ser alegada como preliminar na contestação. Se o réu não o fizer, o juízo passa a ser competente. Trata-se da **prorrogação da competência**.

6.5. CONFLITOS DE COMPETÊNCIA E DE ATRIBUIÇÕES

Será possível que, entre dois Juízos, haja divergência quanto à competência para o julgamento de determinada demanda, quando se está diante do **conflito de competência**, que poderá ser positivo ou negativo.

Conflito de competência { Positivo / Negativo }

O **conflito positivo de competência** ocorrerá quando dois juízos se derem por competentes. Diferentemente, haverá o **conflito negativo** se houver a recusa entre eles, por entenderem não ser competentes, o que será possível se um atribuir ao outro a competência, ou se surgir controvérsia sobre a reunião ou separação de processos.

Se excluído do feito o ente federal, cuja presença foi fator preponderante para que o juízo estadual declinasse de sua competência, deverá o juízo federal restituir os autos e não suscitar o conflito (Súmula 224 STJ), não podendo o juízo estadual discutir sobre o interesse do ente federal.

O juiz que não acolher a competência declinada deverá **suscitar o conflito**, salve se a atribuir a outro juízo.

O conflito poderá ser suscitado por qualquer das partes, pelo Ministério Público ou pelo juiz. A parte, contudo, não poderá suscitá-lo se já alegou a incompetência relativa.

A competência para o julgamento do conflito segue as seguintes regras: – entre dois juízos do mesmo Tribunal: julgamento pelo próprio Tribunal; – entre dois juízos federais da mesma Região: julgamento pelo respectivo Tribunal Regional Federal; entre juízo de primeiro grau e tribunal a que está subordinado: julgamento pelo próprio tribunal; entre juízo estadual com competência delegada e juízo federal, da mesma região: julgamento pelo respectivo Tribunal Regional Federal; entre quaisquer tribunais e entre os tribunais e juízos a eles não vinculados, e, ainda, entre juízos vinculados a tribunais diversos: ao Superior Tribunal de Justiça; entre o STJ e quaisquer tribunais, entre tribunais superiores ou entre esses e qualquer outro tribunal: ao Supremo Tribunal Federal.

O conflito poderá ser decidido por decisão monocrática ou pelo colegiado.

Permite-se ao relator julgar de plano o conflito quando sua decisão estiver baseada em súmula do STF, do STJ ou do próprio tribunal, ou se a tese estiver firmada em julgamento de casos repetitivos ou em incidente de assunção de competência.

Ao decidir o conflito, o Tribunal não só reconhecerá o juízo competente (que poderá ser até um terceiro, que não tenha participado do conflito), como também se pronunciará sobre a validade dos atos do juiz incompetente.

O conflito de atribuições entre o Ministério Público Federal e o Ministério Público Estadual será decidido pelo Procurador Geral da República e não pelo STF.

Trata-se de matéria administrativa e não jurisdicional.

7. DIREITO DE AÇÃO

7.1. O DIREITO DE AÇÃO OU DIREITO À JURISDIÇÃO

- Como o Estado-juiz é o detentor do monopólio jurisdicional, o cidadão possui o direito à jurisdição ou o direito de ação, que se apresenta como um direito subjetivo distinto.
- Trata-se de um direito que não é vinculado ao direito material da parte, motivo pelo qual o direito de ação é abstrato, tal como prevalece doutrinariamente na atualidade.
- A ação é um direito público subjetivo, abstrato, autônomo e instrumental.
- Direito público subjetivo → pode ser exercitado pela parte.
- **Abstrato** → há o direito à prestação jurisdicional, independentemente de seu resultado.
- **Autônomo** → não necessita de um direito subjetivo material.
- **Instrumental** → há o exercício da pretensão para a obtenção de uma decisão.

7.2. ELEMENTOS

Os elementos da ação proporcionam a sua individualização. São três: partes, pedido e causa de pedir.

7.3. CONDIÇÕES DA AÇÃO

A Constituição Federal assegura o direito de ação, mas é a lei processual que estabelece as condições necessárias para a devida prestação jurisdicional necessitada. No modelo de Liebman, adotado pelo CPC de 1973, para que se obtivesse a sentença de mérito, deveriam estar presentes as condições da ação, indicadas como sendo três: interesse processual, legitimidade de agir e possibilidade jurídica do pedido.

Dividiu-se a doutrina ao interpretar o Novo Código de Processo Civil, sendo possível vislumbrar a existência de dois posicionamentos principais. Pelo primeiro, ainda persiste a categoria jurídica processual das condições da ação, sendo, porém, limitada a duas, quais sejam, **interesse de agir e a legitimidade ad causam**. Pelo segundo, não mais persiste esta categoria processual, sendo o interesse processual e a legitimidade tratadas entre os pressupostos processuais.

Dessa maneira, deve ser novamente enfatizado que as condições da ação, por essa concepção, **resumem-se a duas, que são o interesse de agir e a legitimidade ad causam. A possibilidade jurídica do pedido deixou de ser tratada como condição da ação para ser enfrentada como matéria de mérito.**

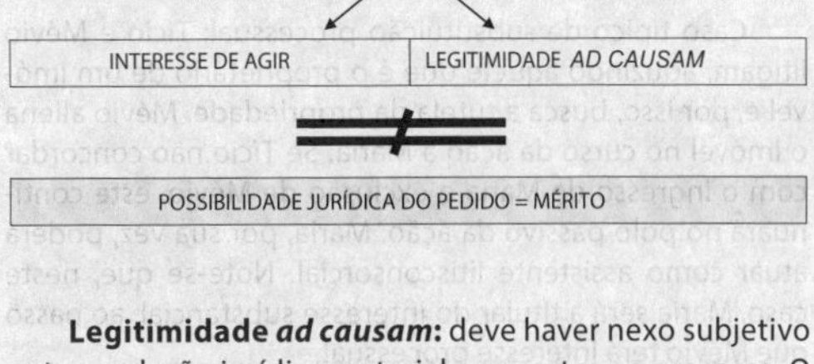

Legitimidade *ad causam*: deve haver nexo subjetivo entre a relação jurídica material e as partes no processo. O autor, em princípio, deve ser o titular da situação jurídica, e o réu deve estar em uma situação de sujeição. Portanto, o autor é aquele que se apresenta como titular da relação jurídica afirmada em juízo. Quando não houver essa correspondência, estar-se-á diante da legitimidade extraordinária.

Pela **Teoria da Asserção**, o magistrado verifica se estão presentes as condições da ação no momento em que a demanda é proposta. Nesta oportunidade, é possível a extinção do processo. Posteriormente, já estando adiantado o procedimento, se verificada a ausência de uma das condições, o magistrado não mais promoveria a extinção sem análise de mérito, mas julgaria o pedido improcedente justamente pela falta da condição. Parcela considerável da doutrina rejeita tal teoria, seguindo entendimento capitaneado por Dinamarco.

Interesse de agir: compreende dois aspectos, representados pelo binômio necessidade-utilidade (ou necessidade-adequação). A provocação da atividade jurisdicional deve ser necessária para a obtenção do resultado pretendido. Isso decorre de lei ou de ato do réu. Ademais, o instrumento deve ser adequado (útil) à obtenção do resultado.

Deve haver a diferenciação entre **o interesse processual (ou secundário) do interesse substancial (primário**).

O interesse substancial é aquele que o autor afirma ser o titular. É o interesse resistido, que não foi satisfeito pela parte contrária. Em decorrência da necessidade de proteção desse interesse, surge o interesse processual ou secundário.

Retoma-se aqui o tema da legitimidade ordinária e extraordinária. Como visto, a parte exercerá o seu direito de ação para tutelar a satisfação de um interesse substancial. Terá interesse processual para amparar um direito que afirma ser titular. Visto dessa maneira, tem-se a legitimidade ordinária, prevista no art. 18, *caput* do NCPC nos seguintes termos: "Ninguém poderá pleitear direito alheio em nome próprio, salvo quando autorizado pelo ordenamento jurídico".

Ocorre que, por vezes, a lei admite que alguém, embora não seja o titular do interesse substancial, tem o interesse processual (secundário), de modo que lhe é facultado assegurar o direito. Tem-se como exemplo a propositura de ação civil pública para a proteção ambiental pelo Ministério Público.

Portanto, na legitimação extraordinária, terá legitimidade aquele que não é titular do interesse substancial, embora a lei lhe confira interesse processual.

Dessa maneira, o substituído deve ser parte legítima, bem como o substituto deverá atuar somente em virtude de autorização legal. Admite-se, de toda forma, a intervenção do substituído como assistente litisconsorcial.

Caso típico de substituição processual: Tício e Mévio litigam, aduzindo aquele que é o proprietário de um imóvel e, por isso, busca a tutela da propriedade. Mévio aliena o imóvel no curso da ação a Maria. Se Tício não concordar com o ingresso de Maria e exclusão de Mévio, este continuará no polo passivo da ação. Maria, por sua vez, poderá atuar como assistente litisconsorcial. Note-se que, neste caso, Maria será a titular do interesse substancial, ao passo que Mévio terá interesse processual.

O interesse do autor poderá consistir no exercício de uma pretensão com preponderância declaratória. Nesse sentido, indica o art. 19 que o interesse do autor pode limitar-se à declaração: i) da existência, da inexistência ou do modo de ser de uma relação jurídica, ou ii) da autenticidade ou da falsidade de documento. Tem-se, então, a ação meramente declaratória. Como é possível dessumir, não será pertinente ingressar com uma ação apenas para que haja uma consulta jurídica. Não se pode buscar a declaração de fatos, salvo relativos à autenticidade ou falsidade documental.

De toda forma, admite o Superior Tribunal de Justiça o ajuizamento de ação declaratória para obtenção de certeza quanto à exata interpretação de cláusula contratual (Súmula 181 STJ).

O Novo Código de Processo Civil foi enfático no sentido de dirimir uma velha questão: admite-se a ação meramente declaratória, ainda que tenha ocorrido a violação do direito. Admite-se a ação para declaração da existência de obrigação de pagar. Vide art. 20.

7.4. CLASSIFICAÇÃO E CRITÉRIOS IDENTIFICADORES

A ação poderá ser declaratória, condenatória, constitutiva e, encampando-se a teoria quinária, pode ser também mandamental e executiva lato sensu. Para evitar repetição, sugere-se que seja vista a classificação das sentenças, quando o tema foi abordado com mais profundidade.

7.5. CONCURSO E CUMULAÇÃO DE AÇÕES

Como regra, tem-se a cumulação de ações se, em um único processo, forem exercidas várias pretensões.

A cumulação poderá ocorrer desde o início do processo, já na petição inicial, quando o autor apresentar vários pedidos. Ou também poderá ser ulterior, se o réu apresenta pedido na reconvenção.

Também poderá englobar terceiros, como ocorre na denunciação da lide, em que o denunciante exerce sua pretensão regressiva em face do denunciado.

8. CONEXÃO E CONTINÊNCIA

Foi tratada anteriormente no item 6.3.

9. PROCESSO

9.1. NOÇÕES GERAIS

Há várias teorias sobre a natureza jurídica do processo, podendo ser destacadas:

a) Processo como contrato: haveria um contrato entre as partes no sentido de se submeter à decisão judicial;

b) Processo como quase-contrato: as obrigações são determinadas com base na lei, pressupondo-se a existência de um acordo entre as partes;

c) Processo como relação jurídica: identifica-se uma relação jurídica entre as partes e o Estado-Juiz, chamada de relação jurídica processual. Esta relação se caracteriza quanto aos sujeitos, objeto e pelos seus pressupostos.

d) Processo como situação jurídica;
e) Processo como instituição;

f) Processo como mero procedimento;

g) Processo como categoria complexa;

h) Processo como categoria jurídica autônoma.

Para todos os fins, deve-se considerar como adequada a teoria que considera o processo como uma relação jurídica.

9.2. RELAÇÃO JURÍDICA PROCESSUAL

Antes de ingressar propriamente no estudo dos pressupostos processuais, há necessidade de ser analisada a relação jurídica processual.

Essa relação jurídica é estabelecida entre autor, juiz e réu. Esse é o entendimento atual doutrinário, que entende essa relação jurídica como sendo triangular ou trilateral.

Em contrapartida, há aqueles que entendem ser a relação processual angular, estabelecendo-se relações entre autor e juiz, e réu e juiz.

É certo que, antes da citação, a relação jurídica processual não está completada e não há, propriamente, o processo. Tanto é assim que a citação vem sendo considerada como pressuposto processual de existência.

Essa ideia de relação processual surgiu na segunda metade do século XIX, a partir dos estudos da doutrina alemã. Antes disso, não se concebia o direito processual como uma ciência autônoma, mas como um apêndice do direito material.

Diante dessas observações, percebe-se que a relação processual possui as seguintes características: **é autônoma, trilateral, pública, complexa e dinâmica**.

Percebe-se, então, que os estudos da doutrina alemã, o direito processual foi concebido como uma ciência autônoma, com princípios e requisitos próprios, verificando-se a existência dos pressupostos processuais.

Estes pressupostos processuais, ao lado das condições da ação, compõem os pressupostos de admissibilidade da atividade jurisdicional.

9.3. PRESSUPOSTOS PROCESSUAIS

Várias são as **classificações** dos pressupostos processuais existentes em sede doutrinária.

Registre-se que o processo existirá ainda que faltem os pressupostos processuais. Assim, é no próprio processo que há o exame da existência ou inexistência deles.

Focando o estudo na relação processual, formada a partir do vínculo trilateral autor, réu e juiz, percebe-se a existência de pressupostos processuais que estão dentro dessa relação, ou seja, que são intrínsecos a ela, e pressupostos processuais que estão fora dessa relação.

Os primeiros são os pressupostos intrínsecos, que alguns doutrinadores indicam como sendo pressupostos de constituição e de desenvolvimento válido da relação processual. Devem estar presentes para que aquela relação processual exista e se desenvolva validamente.

Paralelamente, há os **pressupostos externos à relação processual (extrínsecos)**. Estes não devem incidir, chamados, por isso, de **negativos**.

Para que o processo exista (no mundo jurídico) devem estar presentes os pressupostos de existência:

JUIZ	➔	JURISDIÇÃO
AUTOR	➔	PETIÇÃO INICIAL
RÉU	➔	CITAÇÃO

Jurisdição: deve existir um órgão jurisdicional devidamente investido consoante determinam as normas constitucionais pertinentes.

Petição inicial: o processo civil começa por iniciativa da parte. Não se inicia a relação processual sem a provocação do autor, por meio do instrumento adequado, denominado petição inicial. Entende-se por demanda a provocação do Estado Juiz e a petição inicial é o instrumento da demanda. Excepcionalmente, verifica-se que existem processos que se iniciam sem a petição inicial.

Citação: é o ato pelo qual são convocados o réu, o executado ou o interessado para integrar a relação processual.

9.4. PRESSUPOSTOS PROCESSUAIS DE DESENVOLVIMENTO (OU DE VALIDADE)

Partindo-se da hipótese em que a relação processual existe (porque presentes os pressupostos de existência), verifica-se se estão presentes os pressupostos de desenvolvimento válido do processo (ou só de desenvolvimento ou só de validade). Esses pressupostos completam os de existência.

São pressupostos de validade ou de desenvolvimento válido: competência (absoluta), imparcialidade, capacidade e legitimidade processual, petição inicial válida e citação válida.

9.5. PRESSUPOSTOS PROCESSUAIS NEGATIVOS

Os pressupostos processuais negativos estão fora da relação processual. Não podem estar presentes, sob pena de extinção do processo, sem resolução do mérito.

Será reconhecida a existência da litispendência quando for proposta ação idêntica a outra já pendente, considerando essa identidade a partir dos elementos da ação.

A coisa julgada impede a repropositura da mesma ação quando já existir sentença transitada em julgado a respeito.

A perempção importará na extinção quando o autor der causa ao abandono da ação por três vezes. Na quarta, não poderá ser proposta a demanda.

Também se aponta a convenção de arbitragem como um dos pressupostos negativos, muito embora não possa ser a matéria conhecida de ofício pelo juiz.

10. PROCESSO E PROCEDIMENTO

10.1. O PROCESSO SINCRÉTICO

Já com o Código de Processo Civil de 1973, adotou-se o princípio do sincretismo, pelo qual houve a fusão dos processos de conhecimento e de execução. Concebeu-se, então, o processo sincrético, com a fase de conhecimento e a fase de cumprimento sentença. Houve continuidade do modelo no Novo Código de Processo Civil, com algumas particularidades, que serão examinadas adiante.

Deve ser registrado que o processo sincrético, no Código de Processo Civil de 2015, também alcança as demandas promovidas em face da Fazenda Pública.

Por esse motivo, o Livro I da Parte Especial do NCPC trata do "Processo de Conhecimento e do Cumprimento de Sentença". A rigor científico, o tema deveria ser tratado em um único capítulo, mas, para fins didáticos, haverá a cisão em dois. Um para o processo de conhecimento e outro para o cumprimento de sentença.

Por meio do processo de conhecimento (ou fase de conhecimento), buscará a parte que o juiz profira uma sentença declaratória, constitutiva (ou desconstitutiva), condenatória, mandamental e/ou executiva. Trata-se da oportunidade em que se busca a certificação do direito. Para tanto, deverá ser observada a Norma Fundamental da primazia do julgamento do mérito (art. 4º), por meio da qual têm as partes direito à solução integral do mérito.

Desse modo, iniciado o processo por atividade da parte, aquele se desenvolverá por impulso oficial do juiz, buscando-se a solução de mérito, incluída a atividade satisfativa. Encerrada a fase de certificação do direito, passa-se ao cumprimento da sentença.

A adoção do processo sincrético não significa a extinção do processo de execução autônomo. Este ainda persevera em relação aos títulos executivos extrajudiciais, que darão ensejo ao início de novo processo. Excepcionalmente também será admitida a execução autônoma para alguns títulos executivos judiciais, como será visto oportunamente.

10.2. DO PROCEDIMENTO

O procedimento corresponde ao rito, ao conjunto de atos que devem ser seguidos para se alcançar a solução da demanda apresentada.

O Novo Código de Processo Civil, de um modo geral, fez previsão dos procedimentos COMUM e ESPECIAIS, rompendo-se com o modelo constante do CPC de 1973, que previa os procedimentos comum ordinário e sumário, além dos especiais. Dessa maneira, atualmente, aplicam-se a todas as causas o procedimento comum, salvo disposição em contrário do Código ou prevista em outras leis. Da mesma forma, as suas disposições também serão aplicadas de forma subsidiária aos procedimentos especiais e também ao processo de execução.

O CPC não prevê o procedimento sumário, tal como fazia o CPC de 1973. Porém, para as ações propostas antes do Novo CPC, continuarão em vigência aquelas indicadas no CPC anterior em relação a tal procedimento.

10.3. DO PROCEDIMENTO COMUM

Como é enfatizado no art. 318, o procedimento comum é aplicado a todas as causas, salvo disposição em contrário prevista no CPC ou em outra lei. Aplica-se, ainda, de forma subsidiária, aos demais procedimentos especiais e ao processo de execução.

A previsão de procedimentos especiais decorre da necessidade de proporcionar a tutela jurisdicional diferenciada, justificada em razão do bem jurídico que é tutelado. A depender do bem jurídico, justifica-se a previsão de um procedimento mais célere, com fases processuais que se concentram. A título de exemplo, tem-se a ação de alimentos, que conta com um procedimento com atos processuais concentrados em audiência e, por isso, mais célere. Tal celeridade se justifica em razão da própria natureza da obrigação.

É possível identificar a seguintes fases no procedimento comum: i) postulatória; ii) saneadora; iii) instrutória; e, iv) decisória.

É interessante notar que, embora cada fase tenha alguns atos que lhe são específicos, nem sempre essa ordem será observada.

Será possível, por exemplo, que o magistrado determine que o autor emende a petição inicial, quando então estará determinando o saneamento do processo, embora ainda na fase postulatória. Então, embora existam atos que são característicos de uma fase, é possível que eles sejam praticados também em outro momento.

Um outro exemplo, é a possibilidade de ser proferida decisão interlocutória de mérito, em julgamento antecipado parcial da lide, prosseguindo-se o processo de conhecimento em relação a outros pedidos. Verifica-se que o magistrado poderá, então, na fase de saneamento, deferir a produção futura de provas em relação a um dos pedidos, e desde já julgar outro que esteja em condições de fazê-lo.

10.4. ESPÉCIES DE PROCESSOS E DE PROCEDIMENTOS

Diante do que foi exposto, conclui-se pela existência de duas espécies de tutela. Uma a ser proporcionada pelo processo de conhecimento (sincrético), no qual são desenvolvidas várias fases (entre elas, a de cumprimento de sentença) e a relativa ao processo de execução.

A tutela provisória deixou de ser objeto de um processo autônomo, tal como ocorria no CPC de 1973. Atualmente, será requerida de forma antecedente ou incidentalmente no processo de conhecimento ou de execução.

Em relação ao procedimento, remete-se o(a) leitor(a) às observações acima.

10.5. OBJETO DO PROCESSO

O objeto do processo **é a prestação jurisdicional**. Trata-se de um ponto que distingue a relação jurídica processual da relação jurídica de direito material.

11. MÉRITO. QUESTÃO PRINCIPAL, QUESTÕES PRELIMINARES E PREJUDICIAIS

O magistrado proferirá pronunciamento com resolução do mérito nas hipóteses mencionados no art. 487 do CPC e que serão individualmente tratadas quando do estudo dos pronunciamentos do juiz.

Não obstante, tem-se que a resolução do mérito poderá ocorrer por meio de decisão interlocutória, como ocorre no julgamento antecipado parcial da lide, ou por meio de sentença e acórdão. Tanto é assim que o art.487 simplesmente se refere à resolução de mérito sem dar destaque à natureza do pronunciamento jurisdicional.

A **questão prejudicial** é aquela que **influenciará no próprio resultado do mérito.** Percebe-se a existência da **questão principal** (dependente) e da **questão prejudicial** (condicionante).

A **prejudicialidade poderá ser externa** (a questão prejudicial será decidida em outro processo, quando haverá a possibilidade de suspensão do processo principal), **ou interna** (a ser decidida no mesmo processo).

> **NOVIDADE**: somente a questão principal fará coisa julgada, já que os fundamentos da sentença não estão abrangidos.
>
> Porém, admite-se que a questão prejudicial também faça coisa julgada quando decidida expressa e incidentemente no processo, se:
>
> i) dessa resolução depender o julgamento do mérito;
>
> ii) a seu respeito tiver havido contraditório prévio e efetivo, não se aplicando no caso de revelia;
>
> iii) o juízo tiver competência em razão da matéria e da pessoa para resolvê-la como questão principal.

A questão preliminar, por sua vez, é aquela que deve ser decidida antes do mérito. Refere-se às preliminares, que serão analisadas com mais atenção no item dedicado à contestação.

12. SUJEITOS PROCESSUAIS

12.1. OBSERVAÇÕES PRELIMINARES

Os sujeitos principais do processo são as partes e o juiz, que fazem parte da relação jurídica trilateral estabelecida.

Para que o juiz possa realizar as suas atribuições ele conta com os auxiliares do juízo, que podem ser permanentes (como o escrivão ou chefe de secretaria) e os eventuais (como geralmente o são o perito e o intérprete).

12.2. JUIZ

O juiz atuará como presidente do processo, sendo de sua atribuição dirigi-lo (princípio do impulso oficial), como um verdadeiro gestor para a garantia da ampla defesa, contraditório e com o objetivo de ser alcançada uma sentença de mérito justa e efetiva.

Para tanto, terá as incumbências indicadas no art. 139, além de outras. Entre elas, destaca-se a possibilidade de dilatar quaisquer prazos processuais e alterar a ordem de produção dos meios de prova, adequando-os às necessidades do conflito de modo a conferir maior efetividade à tutela jurisdicional.

12.3. MEDIADORES E CONCILIADORES

Os mediadores e os conciliadores foram incluídos como auxiliares do juízo, constando do Código alguns dispositivos que regulam a sua atividade.

O Novo CPC enfatizou o princípio do tribunal multiportas, por meio do qual, uma vez provocado o Poder Judiciário, admitem-se outros meios de solução do conflito que não só por meio de decisão adjudicada pelo juiz. Admite-se a mediação e a conciliação como meios alternativos de resolução, a serem presididos por mediadores ou conciliadores.

A conciliação ocorrerá, preferencialmente, nos casos em que não houver vínculo anterior entre as partes, podendo ser sugeridas soluções para o litígio, sendo não admitida a utilização de qualquer tipo de constrangimento ou intimidação para que as partes se conciliem.

A mediação, por sua vez, atuará preferencialmente nos casos em que houver vínculo anterior entre as partes, auxiliando aos interessados a compreender as questões e os interesses em conflito, de modo que eles possam, pelo restabelecimento da comunicação, identificar, por si próprios, soluções consensuais que gerem benefícios mútuos.

A conciliação e a mediação são informadas pelos princípios da independência, da imparcialidade, da autonomia de vontade, da confidencialidade, da oralidade, da informalidade e da decisão informada.

Os conciliadores e mediadores judiciais cadastrados, se advogados, estarão impedidos de exercer a advocacia nos juízos em que desempenhem suas funções.

O conciliador e o mediador ficam impedidos, pelo prazo de um ano, contado do término da última audiência em que atuaram, de assessorar, representar ou patrocinar qualquer das partes.

12.4. PRINCÍPIOS. PODERES. DEVERES. RESPONSABILIDADES DO JUIZ

O exercício da judicatura observará a Lei Orgânica da Magistratura, o Novo CPC e outras leis pertinentes.

Não se admite o *non liquet*, devendo o magistrado decidir, ainda que exista lacuna ou obscuridade no ordenamento jurídico.

A decisão judicial deverá observar o princípio da congruência, tratado com mais vagar quando do estudo dos pronunciamentos jurisdicionais.

O juiz responderá civil e regressivamente por perdas e danos quando: i) no exercício de suas funções, proceder com dolo ou fraude; ii) recusar, omitir ou retardar, sem justo motivo, providência que deva ordenar de ofício ou a requerimento da parte (art. 143).

12.5. IMPEDIMENTOS E SUSPEIÇÃO

A imparcialidade é essencial para a validade da relação processual. Porém, esta imparcialidade poderá estar comprometida em determinadas situações.

No art. 144 há a previsão do impedimento do juiz, sendo-lhe vedado exercer suas funções no processo nas hipóteses mencionadas nos incisos. Para estes casos, o impedimento poderá ser conhecido de ofício pelo magistrado ou alegado pelas partes. Como regra, deverão fazê-lo no prazo de 15 dias contados da ciência do fato, muito embora se admita a alegação posterior. Poderá ser objeto até mesmo de ação rescisória.

De outro lado, o art. 145 prevê as hipóteses de suspeição, que poderão ser conhecidas de ofício pelo juiz e as partes poderão alegá-las no prazo de 15 dias contados da ciência. Porém, se não o fizerem, ocorre a preclusão.

O impedimento e a suspeição poderão ser apresentados por meio de petição que será juntada aos autos, **não havendo mais a exigência da exceção.**

12.6. ORGANIZAÇÃO JUDICIÁRIA FEDERAL E ESTADUAL

Este subitem já foi analisado anteriormente quando do estudo da competência dos Tribunais Superiores.

12.7. PARTES E PROCURADORES

Há dois sentidos para o conceito parte: sentido material e o sentido processual. Por meio do primeiro, traça-se correlação para com o negócio jurídico de direito material discutido em juízo. Porém, é possível que o demandante ou demandado não seja este titular, mas ainda assim possa postular ou ser postulado. Tem-se aqui o conceito de parte em sentido processual, pois não se identifica com a lide.

A titularidade, como regra, será daquele que tem relação com o direito material em discussão. Nesse sentido, "ninguém poderá pleitear direito alheio em nome próprio, salvo quando autorizado pelo ordenamento jurídico" (art. 18). Terá, então, a legitimação ordinária.

Porém, como ressalvado na lei, há certas hipóteses em que o legislador autoriza que terceiro possa demandar ou ser demandado em nome próprio, mas para a defesa de direito de terceiro. Ou seja, a parte não é titular do direito material em jogo, ocorrendo a substituição processual.

A substituição processual não se confunde com a sucessão de parte. Naquela, terceiro demanda em seu nome na defesa de direito de outrem. Na sucessão, de outro lado, altera-se o polo da ação (por exemplo, o cessionário do crédito na execução).

12.8. CAPACIDADE PROCESSUAL E LEGITIMAÇÃO

O entendimento do que seja a capacidade processual parte da diferenciação entre **capacidade civil de direito** e **capacidade civil de exercício.**

CAPACIDADE CIVIL DE DIREITO ➔ APTIDÃO PARA TER DIREITOS
CAPACIDADE CIVIL DE EXERCÍCIO ➔ POSSIBILIDADE DE PRATICAR ATOS DA VIDA CIVIL
CAPACIDADE DE AGIR NO PROCESSO ➔ CAPACIDADE CIVIL DE EXERCÍCIO

Alguns exemplos ajudarão no entendimento:

➔ Não tem personalidade jurídica. Logo, não tem capacidade civil de direitos e, naturalmente, possibilidade de praticar atos da vida civil. Não tem capacidade processual.

➔ Tem personalidade jurídica. Tem aptidão para ter direitos, mas não pode exercê-los. Logo, **tem capacidade civil de direito, mas não tem capacidade civil de exercício. Não tem capacidade processual.**

➔ Tem personalidade jurídica. Tem aptidão para ter direitos e pode exercê-los. Logo, **tem capacidade civil de direito e capacidade civil de exercício. Tem capacidade processual.**

Como se vê, as pessoas físicas maiores (salvo as emancipadas) e as pessoas jurídicas possuem capacidade civil de direito e de ser parte. Tem aptidão para ter direitos e podem praticar os atos da vida civil. Tendo possibilidade de exercício, terão capacidade processual.

Nesse sentido, o art. 70 do CPC: "toda pessoa que se encontre no **exercício** de seus direitos tem capacidade para estar em juízo".

Se o indivíduo, embora tenha capacidade civil de direito, não puder exercê-la, deve ter a capacidade de agir ou processual integrada. Por isso, o incapaz será representado ou assistido por seus pais, por tutor ou por curador, na forma da lei.

LEGITIMAÇÃO PROCESSUAL também é um pressuposto processual de desenvolvimento regular. Verifica-se se está presente a **partir de uma situação específica**. Exemplo: cada um dos conviventes poderá ter capacidade processual para acionar o Poder Judiciário e promover ação sobre direitos reais imobiliários, em conformidade com a lei civil. Porém, para que tenham legitimidade processual, deverão agir em conjunto, não individualmente.

12.9. REGULARIZAÇÃO DO VÍCIO

Na esteira do que decorre do **princípio da primazia do julgamento do mérito**, o magistrado deverá oportunizar à parte a regularização do vício decorrente da falta de capacidade processual.

Para tanto, deverá o juiz suspender o processo e designar prazo razoável para que o vício seja sanado. Se tal correção não ocorrer, se o processo estiver na instância originária (e não em grau recursal), deverá ser extinto, se a providência competir ao autor, o réu será considerado revel, se a providência lhe couber ou o terceiro será considerado revel ou excluído do processo, dependendo do polo que se encontre no processo.

De outro lado, se a não correção verificar-se na fase recursal, o relator não conhecerá do recurso, se a providência não foi realizada pelo recorrente, ou determinará o desentranhamento das contrarrazões, se a providência for de atribuição do recorrido.

12.10. CURATELA ESPECIAL

Prevê a lei que, em certas ocasiões, deverá o juiz nomear **curador especial**:

i) ao incapaz, se não tiver representante legal ou se os interesses deste colidirem com os daquele, enquanto durar a incapacidade, bem como

ii) ao réu preso revel, bem como ao réu revel citado por edital ou com hora certa, enquanto não constituído advogado.

A curatela especial será exercida pela Defensoria Pública (que tem essa atribuição institucional). O curador especial tem a obrigatoriedade de oferecer a resposta, o que poderá fazer por negativa geral, não lhe sendo aplicado o ônus da impugnação especificada. De outro lado, não estará obrigado a recorrer.

12.11. REPRESENTAÇÃO DE PESSOAS JURÍDICAS E DE ENTES DESPERSONALIZADOS

O artigo 75 trata da representação em juízo, ativa e passivamente, de determinadas pessoas jurídicas e também de entes despersonalizados. Não se trata de buscar suprir a capacidade processual, mas tornar possível a atuação dessas pessoas.

Nesse sentido, serão representados em juízo, ativa e passivamente:

I – a União, pela Advocacia-Geral da União, diretamente ou mediante órgão vinculado;

II – o Estado e o Distrito Federal, por seus procuradores;

III – o Município, por seu prefeito ou procurador;

IV – a autarquia e a fundação de direito público, por quem a lei do ente federado designar;

V – a massa falida, pelo administrador judicial;

VI – a herança jacente ou vacante, por seu curador;

VII – o espólio, pelo inventariante;

VIII – a pessoa jurídica, por quem os respectivos atos constitutivos designarem ou, não havendo essa designação, por seus diretores;

IX – a sociedade e a associação irregulares e outros entes organizados sem personalidade jurídica, pela pessoa a quem couber a administração de seus bens;

X – a pessoa jurídica estrangeira, pelo gerente, representante ou administrador de sua filial, agência ou sucursal aberta ou instalada no Brasil;

XI – o condomínio, pelo administrador ou síndico.

12.12. REPRESENTAÇÃO E SUBSTITUIÇÃO PROCESSUAL

Tratam-se de institutos jurídicos diversos, cada qual com o seu significado.

O representante age em nome alheio defendendo direito alheio. De outro lado, o substituto processual age em nome próprio defendendo direito alheio.

13. LITISCONSÓRCIO

13.1. CONCEITO E CLASSIFICAÇÃO

Tem-se o litisconsórcio quando duas ou mais pessoas litigarem em conjunto, no mesmo processo, em um dos polos da ação. Todos integrarão a relação jurídica processual na condição de **partes**.

O litisconsórcio comporta diversas classificações, com suas consequências práticas.

a) Quanto à posição dos sujeitos

A reunião de pessoas poderá ocorrer no polo ativo, no polo passivo, ou até nos dois. Desse modo, identifica-se o litisconsórcio ativo, passivo e misto.

b) Quanto ao momento de sua formação

Em relação ao **momento** de sua formação, tem-se o litisconsórcio inicial, quando o autor, na sua postulação, já indica a existência de mais de um componente do polo ativo, ou mais de um réu.

Porém, se tal indicação ocorrer supervenientemente, por determinação do juiz ou pela própria vontade da parte, tem-se o litisconsórcio ulterior.

c) Quanto à obrigatoriedade de sua formação

A formação do litisconsórcio poderá ser uma opção do autor ou uma necessidade imposta pela lei. Tem-se, dessa maneira, o litisconsórcio facultativo e o necessário.

O litisconsórcio **facultativo** decorre exclusivamente da iniciativa do autor, que ao invés de propor várias ações contra réus diferentes, apresenta uma única demanda. Poderá ocorrer nas hipóteses indicadas no art. 113: **I – entre elas houver comunhão de direitos ou de obrigações relativamente à lide; II – entre as causas houver conexão pelo pedido ou pela causa de pedir; III – ocorrer afinidade de questões por ponto comum de fato ou de direito (litisconsórcio impróprio).**

Ocorre, contudo, que o número de litisconsortes poderá comprometer a rápida solução do litígio ou dificultar a defesa ou o cumprimento da sentença, hipótese em que se admite a sua limitação. Trata-se do que foi denominado de litisconsórcio facultativo multitudinário.

Litisconsórcio facultativo multitudinário é aquele em que o número de litisconsortes poderá comprometer a rápida solução do litígio ou dificultar a defesa ou o cumprimento da sentença. Poderá ser determinada a sua limitação pelo juízo, de ofício, ou atendendo a requerimento da parte contrária.

A parte poderá requerer a limitação do litisconsórcio multitudinário, quando então o prazo para manifestação ou resposta será interrompido, retomando-se da intimação do pronunciamento que decidir o requerimento.

Se, apresentado o requerimento de limitação do litisconsórcio, não for o mesmo acolhido pelo magistrado, poderá o prejudicado interpor recurso de agravo de instrumento (art. 1.015, VII).

Paralelamente, o litisconsórcio também poderá ser obrigatório ou necessário, quer em razão de disposição legal ou por conta da natureza da relação jurídica. Para tais hipóteses, a eficácia da sentença depende da citação de todos os litisconsortes.

A formação do litisconsórcio necessário deverá ser fiscalizada pelo juiz que, detectando a falha, determinará a regularização pelo autor, indicando prazo para tanto, sob pena de extinção do processo.

Note-se que o Código elencou consequências diferentes para a inobservância do litisconsórcio necessário, a depender se a decisão deveria ou não ser uniforme em relação a todos os que deveriam ter integrado o processo.

Como adiante se verá, o litisconsórcio será unitário se a decisão for obrigatoriamente uniforme em relação a todos os litisconsortes e será simples se tal uniformidade não for obrigatória.

Adianta-se tal informação justamente para que seja possível analisar, com mais precisão, a consequência advinda da inobservância da citação de todos os litisconsortes. Não se pode, com essa informação, confundir as modalidades de litisconsórcio.

Com efeito, litisconsórcio necessário não é a mesma coisa que unitário. No primeiro, há obrigatoriedade de sua formação. Por este, a formação do litisconsórcio não é obrigatória, mas, se ocorrer, a decisão deverá ser uniforme para todos os litisconsortes, não se admitindo pronunciamentos de teor diferentes.

Nesse sentido, tratando-se de litisconsórcio necessário e unitário, ao mesmo tempo, proferida sentença de mérito sem a citação de todos os litisconsortes, tem-se que esta é nula. Por outro lado, não havendo necessidade de tal uniformidade, a sentença não produzirá efeitos em relação àqueles que não foram citados.

Consequências decorrentes da não citação de todos os litisconsortes	
Litisconsórcio necessário e unitário	**Litisconsórcio necessário e simples**
Sentença nula	Ineficaz em relação aos litisconsortes não citados

d) Quanto à uniformidade da decisão

Analisa-se, nesse ponto, se a decisão proferida deverá ser uniforme para todos os litisconsortes, ou se não há essa necessidade de identidade (muito embora ela possa ocorrer).

A propósito de tal critério, tem-se o litisconsórcio simples e o unitário, cada qual com seu regime jurídico.

No litisconsórcio simples, a decisão não precisa necessariamente uniforme em relação a todos os litisconsortes, sendo tratados como litigantes distintos. Consequentemente, os atos e omissões não beneficiarão ou prejudicarão os demais litisconsortes.

No litisconsórcio simples, a contestação apresentada por um dos litisconsortes não afastará a incidência do efeito material da revelia em relação aos demais.

Diferentemente, no litisconsórcio unitário, a decisão há de ser uniforme em relação a todos os litisconsortes. Por essa razão, estes serão considerados como integrantes de um bloco único, motivo pelo qual o ato praticado por um deles a todos aproveitará, embora as omissões não prejudicarão aos demais.

No litisconsórcio unitário, a contestação apresentada por um dos litisconsortes afastará a incidência do efeito material da revelia em relação aos demais.

A propósito, dispõem os artigos 116 e 117 do NCPC:

Art. 116. O litisconsórcio será unitário quando, pela natureza da relação jurídica, o juiz tiver de decidir o mérito de modo uniforme para todos os litisconsortes.

Art. 117. Os litisconsortes serão considerados, em suas relações com a parte adversa, como litigantes distintos, exceto no litisconsórcio unitário, caso em que os atos e as omissões de um não prejudicarão os outros, mas os poderão beneficiar.

13.2. LITISCONSÓRCIO EVENTUAL, ALTERNATIVO E SUCESSIVO

Deve-se diferenciar, ainda, as figuras do litisconsórcio eventual, alternativo e sucessivo.

Litisconsórcio eventual: são colocadas em juízo duas pessoas, estabelecendo-se uma **ordem de preferência entre elas**. Ocorre, por exemplo, na desconsideração da personalidade jurídica.

Litisconsórcio alternativo: o autor postula contra dois réus, pois se encontra em dúvida sobre quem deve ocupar o polo passivo. Exemplo típico é o da ação de consignação em pagamento. E outro exemplo é o do pedido postulado em face da seguradora e do intermediário do seguro, pois, se aquele se livrar da responsabilização, requer que este seja obrigado a reparar.

Litisconsórcio sucessivo: o segundo litisconsorte somente terá reconhecido o seu direito se, antes, o primeiro também o tiver. É o exemplo da ação de alimentos com indenização de ressarcimento de despesas do parto.

14. DA INTERVENÇÃO DE TERCEIROS

14.1. NOÇÕES GERAIS

A intervenção de terceiros é caracterizada pelo ingresso de um sujeito em processo pendente. Ele não participava do processo, sendo provocado para tanto, ou comparecendo e requerendo o seu ingresso espontaneamente.

O CPC 2015 trouxe algumas alterações em relação ao tema. A primeira delas foi incluir a assistência entre as modalidades interventivas, corrigindo falha do CPC de 1973. Pode ser citada, ainda, a exclusão da nomeação à autoria, enquanto modalidade interventiva, bem como da oposição. Foram inseridos, entretanto, o incidente de desconsideração de personalidade jurídica e a intervenção do *amicus curiae*.

A nomeação à autoria foi excluída. A oposição, por sua vez, foi prevista como modalidade de procedimento especial.

Dessa maneira, o CPC de 2015 fez previsão das seguintes modalidades de intervenção de terceiros:

i) Assistência (art. 119 ao 124);
ii) Denunciação da lide (art. 125 ao 129);
iii) Chamamento ao processo (art. 130 ao 132);
iv) Incidente de desconsideração da personalidade jurídica (art. 133 ao 137);
v) *Amicus Curiae* (art. 138);
vi) Recurso de terceiro prejudicado (art. 996, parágrafo único).

Além dessas modalidades interventivas, é possível também indicar a intervenção anômala, que poderá ser requerida pelas pessoas jurídicas de direito público, desde que portem interesse econômico (art. 5º, parágrafo único, da Lei n. 9.469/1997).

14.2. CLASSIFICAÇÃO: INTERVENÇÃO VOLUNTÁRIA E PROVOCADA

Algumas modalidades de intervenção são **voluntárias**, ingressando o terceiro por vontade própria, sob o crivo do juiz, enquanto em outras o terceiro é chamado ao processo, citado para compor o processo, motivo porque são denominadas de **provocadas**.

No quadro a seguir, pretende-se distinguir as modalidades interventivas:

Forma de Intervenção	Modalidade
Assistência	Modalidade voluntária, pois o assistente requer o ingresso no processo, demonstrando que possui interesse jurídico. Há entendimento no sentido de que é possível a assistência provocada, denominada de intervenção *iussu iudicis*. Ocorre na hipótese em que o juiz determina a intimação de terceiro que tenha interesse na causa, a fim de que participe na condição de assistente.
Denunciação da lide	Modalidade provocada, tendo em vista que o terceiro é citado para compor a ação de regresso (ação secundária) instaurada pelo denunciante.
Chamamento ao processo	Modalidade provocada pelo réu.
Incidente de desconsideração da personalidade jurídica	Modalidade de intervenção provocada pelo autor.
Amicus curiae	Modalidade de intervenção que poderá ser voluntária ou provocada, seja a requerimento ou de ofício pelo juiz.
Recurso de terceiro prejudicado	Modalidade de intervenção voluntária.

Embora o art. 109, I, da Constituição Federal não tenha feito referência à denunciação da lide e ao chamamento ao processo, o Superior Tribunal de Justiça entende que, havendo provocação para incluir na demanda a União, suas autarquias ou empresas públicas, competirá à Justiça Federal examinar se há interesse que justifique o seu ingresso.[7]

O benefício da prioridade na tramitação processual, em que figure como parte ou interessado pessoa com idade igual ou superior a 60 anos, ou portadora de doença grave, abrange também a intervenção de terceiros.[8]

14.3. DA ASSISTÊNCIA

14.3.1. APONTAMENTOS GERAIS

A assistência é uma modalidade de intervenção de terceiros. Por meio dela, tem-se o ingresso voluntário de terceiro que demonstra possuir um interesse jurídico.

7 (...). 3. Muito embora o art. 109, I, da Constituição Federal não faça referência à denunciação da lide, à nomeação à autoria e ao chamamento ao processo, a jurisprudência do STJ se firmou no sentido de que, havendo provocação para incluir na demanda a União, suas autarquias ou empresas públicas, à Justiça Federal cumpre examinar se há interesse que justifique o seu ingresso, aplicando-se, por analogia, a Súmula 150/STJ. (..). (REsp 1181954/PR, Rel. Ministra NANCY ANDRIGHI, TERCEIRA TURMA, julgado em 27/08/2013, DJe 04/09/2013).

8 PROCESSUAL CIVIL – PRIORIDADE NA TRAMITAÇÃO PROCESSUAL – IDOSOS (MAIORES DE 65 ANOS) – ABRANGÊNCIA DO BENEFÍCIO – INTERVENÇÃO DE TERCEIRO – ASSISTÊNCIA. 1. O art. 1.211-A do CPC, acrescentado pela Lei nº 10.173/2001, contemplou, com o benefício da prioridade na tramitação processual, todos os idosos com idade igual ou superior a sessenta e cinco anos que figurem como parte ou interveniente nos procedimentos judiciais, abrangendo a intervenção de terceiros na forma de assistência, oposição, nomeação à autoria, denunciação da lide ou chamamento ao processo. 2. Recurso especial provido. (REsp 664.899/SP, Rel. Ministra ELIANA CALMON, SEGUNDA TURMA, julgado em 03/02/2005, DJ 28/02/2005, p. 307).

Como se vê, não é qualquer interesse que justifica a intervenção como assistente, mas somente o **interesse jurídico**, que não se confunde com o econômico.

A assistência não importa na ampliação do objeto do processo, sendo que o juiz julgará a demanda inicial do autor.

Ingressando no processo, o assistente estará impedido de discutir a justiça da decisão (art. 123 CPC 2015), vinculando-se a ela por conta da eficácia da intervenção atribuída pela lei. Nesse sentido, dispõe o Código que, transitada em julgado a sentença no processo em que interveio o assistente, este não poderá, em processo ulterior, discutir a justiça da decisão.

Contudo, não estará vinculado à justiça da decisão se alegar e provar que: i) pelo estado em que recebeu o processo ou pelas declarações e pelos atos do assistido, foi impedido de produzir provas suscetíveis de influir na sentença; e, ii) desconhecia a existência de alegações ou de provas das quais o assistido, por dolo ou culpa, não se valeu.

Tal modalidade de intervenção será admitida em qualquer procedimento e em todos os graus de jurisdição, recebendo o assistente o processo no estado em que se encontre.

14.3.2. MODALIDADES DE ASSISTÊNCIA

Há duas modalidades de assistência: **simples** e **litisconsorcial**.

Na assistência simples, o terceiro intervém no processo para auxiliar o assistido, uma vez que sua esfera jurídica será afetada de forma reflexa. Deve demonstrar a existência de **interesse jurídico**. O assistente, ao ingressar na ação, não poderá manifestar-se contrariamente aos interesses do assistido.

Nessa hipótese, sendo revel o assistido, o assistente será considerado seu substituto processual.

A assistência simples não obsta que a parte principal reconheça a procedência do pedido, desista da ação ou transija sobre direito controvertido, estando a atividade do assistente subordinada à vontade do assistido.

Em princípio, os poderes do assistente são os mesmos do assistido. Porém, não terá eficácia o que fizer o assistente em contraste com a vontade manifesta do assistido.

De outro lado, há assistência litisconsorcial (ou qualificada) quando a sentença houver de influir na relação jurídica entre ele o adversário do assistido. Nessa hipótese, o assistente poderia ser parte no processo.

Os seus poderes são os mesmos de um litisconsorte. Ainda que o assistido renuncie à pretensão ou transija, pode o assistente litisconsorcial atuar de forma contrária a essas atitudes. Somente com anuência do assistente litisconsorcial terá efeito a desistência da ação, transação, renúncia etc. O direito discutido é de todos, ao mesmo tempo.

> *Como é possível de se ver, na assistência simples, se o assistido manifestar-se no sentido da desistência da ação, não poderá se opor o assistente, pois estará vinculado à vontade deste. Porém, na assistência litisconsorcial, o assistente poderá até mesmo manifestar-se contrariamente aos interesses de seu assistido.*

14.3.3. PROCEDIMENTO DE INGRESSO DO ASSISTENTE

O procedimento para ingresso do assistente tem o mesmo trâmite, independentemente de sua modalidade.

Assim, havendo o requerimento de ingresso de terceiro como assistente, as partes serão ouvidas. Se qualquer delas alegar que falece ao assistente interesse jurídico para intervir a bem do assistido, o juiz decidirá o incidente, sem suspensão do processo.

14.3.4. REQUERIMENTO DE ASSISTÊNCIA FORMULADO PELA UNIÃO

Tramitando o processo perante a Justiça Estadual e requerendo a União, suas autarquias, fundações e empresas públicas, o seu ingresso como assistente, deverá o juiz determinar a remessa dos autos à Justiça Federal, oportunidade em que será decidido se a União possui, de fato, interesse jurídico.

14.4. DA DENUNCIAÇÃO DA LIDE

14.4.1. CONSIDERAÇÕES INICIAIS

Tem-se a denunciação da lide quando uma das partes promove, no mesmo processo, ação regressiva contra terceiro, dito denunciado. Pressupõe-se que o denunciante tenha uma pretensão própria contra o denunciado.

São requisitos indispensáveis para o deferimento da denunciação: a) pretensão própria do denunciante *versus* o denunciado; e b) existência de direito de regresso do denunciante frente ao denunciado.

Trata-se de espécie de intervenção de terceiros provocada, que possui natureza jurídica de ***ação condenatória eventual***. Diz-se que é eventual, pois somente será julgada se o responsável pela denunciação (denunciante) for vencido no mérito da ação principal. Nesse sentido, dispôs o parágrafo único do art. 129: "Se o denunciante for vencedor, a ação de denunciação não terá o seu pedido examinado, sem prejuízo da condenação do denunciante ao pagamento das verbas de sucumbência em favor do denunciado".

Percebe-se que a denunciação da lide cria uma nova relação jurídica processual, com lide própria.

14.4.2. A PROVOCAÇÃO DA DENUNCIAÇÃO DA LIDE

Têm legitimidade à denunciação as partes da ação principal (autor e réu, além dos que já figurem como denunciados), desde que exista uma **pretensão de regresso**.

DENUNCIAÇÃO DA LIDE PELO AUTOR	DENUNCIAÇÃO DA LIDE PELO RÉU
O autor requer a denunciação na própria petição inicial. Ela somente será julgada se a ação principal, movida em face do réu, for julgada improcedente.	O réu a requer no prazo de resposta. Somente será julgada se a ação principal, movida em face do denunciante, for julgada procedente.
Requerida a citação do denunciado, o processo principal permanecerá paralisado. Realizada a citação, poderá o denunciado assumir a posição de litisconsorte do denunciante e acrescentar novos argumentos à petição inicial, procedendo-se em seguida à citação do réu.	Oferecida a denunciação, podem surgir três situações distintas: i) se o denunciado contestar o pedido formulado pelo autor, o processo prosseguirá tendo, na ação principal, em litisconsórcio, denunciante e denunciado; ii) se o denunciado for revel, o denunciante pode deixar de prosseguir com a sua defesa e abster-se de recorrer, restringindo sua atuação à ação regressiva; iii) se o denunciado confessar os fatos alegados pelo autor, o denunciante poderá prosseguir com sua defesa ou, aderindo a tal reconhecimento, pedir apenas a procedência da ação de regresso.

Independentemente da modalidade de denunciação – requerida pelo autor ou pelo réu –, será a ação regressiva julgada na mesma sentença em que analisada a ação principal.

De toda maneira, estando prejudicada a denunciação da lide por conta de ser a ação principal favorável ao denunciante, deverá este ser condenado ao pagamento dos honorários devidos ao advogado do denunciado.

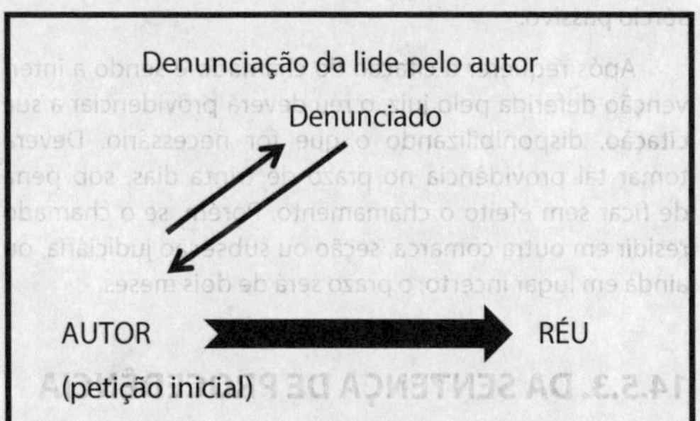

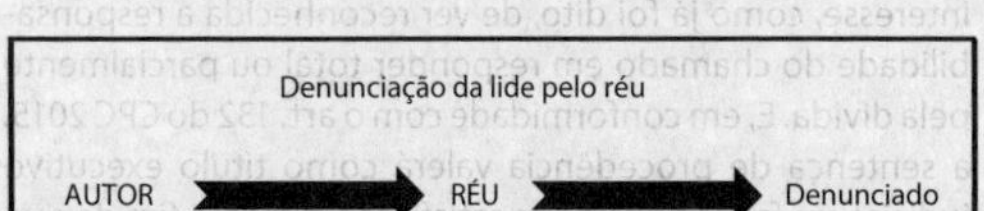

14.4.3. CABIMENTO DA DENUNCIAÇÃO DA LIDE

Será **admissível** a denunciação da lide, promovida por qualquer das partes:

I – ao alienante imediato, no processo relativo à coisa cujo domínio foi transferido ao denunciante, a fim de que possa exercer os direitos que da evicção lhe resultam;

II – àquele que estiver obrigado, por lei ou pelo contrato, a indenizar, em ação regressiva, o prejuízo de quem for vencido no processo.

Em primeiro lugar, deve ser destacado que, **em nenhuma hipótese, a denunciação da lide será obrigatória**. Já não o era no CPC de 1973, de acordo com último entendimento do Superior Tribunal de Justiça, e não o será agora por conta da expressão "admissível", contida no art. 125 do CPC 2015.

Assim, a parte poderá exercer o seu direito de regresso por meio da denunciação da lide, ou, optando diferentemente, ou pela sua inaplicabilidade, o fará por meio de ação autônoma.

Passa-se à análise das particularidades em relação a cada uma das modalidades interventivas.

a) Denunciação para exercício do direito que da evicção resulta

A hipótese do inciso I do art. 125, traz duas importantes alterações.

A primeira delas é constar que será admitida a denunciante exclusivamente ao alienante imediato, de modo que não poderá ser escolhido qualquer integrante da cadeia contratual, mas unicamente aquele que alienou o bem ao denunciante.

Também é digno de nota que houve a revogação do art. 456 do Código Civil e, como mencionado expressamente no § 2º do art. 125, somente será admitida uma única denunciação sucessiva, promovida pelo denunciado, contra seu antecessor imediato na cadeia dominial ou quem seja responsável por indenizá-lo, não podendo o denunciado sucessivo promover nova denunciação, hipótese em que eventual direito de regresso será exercido por ação autônoma.

Portanto, não se admite a denunciação per saltum, permitindo-se apenas uma denunciação sucessiva para com o alienante imediato.

b) Denunciação àquele que estiver obrigado a indenizar em ação regressiva

A segunda hipótese de admissibilidade da denunciação da lide é em relação àquele que estiver obrigado, por lei ou pelo contrato, a indenizar, em ação regressiva, o prejuízo de quem for vencido no processo. Trata-se de hipótese típica do contrato de seguro.

A inadmissibilidade da denunciação *per saltum* e a possibilidade apenas uma denunciação sucessiva também se aplica a esta hipótese.

14.4.4. CUMPRIMENTO DA OBRIGAÇÃO DE PAGAR EXIGIDO DIRETAMENTE PELO AUTOR EM FACE DO DENUNCIADO

Como dito acima, a denunciação da lide poderá ser exercida pelo autor ou pelo réu, promovendo-se ação de regresso em face do denunciado.

Interessa, neste momento, trazer um detalhe interessante em relação à denunciação promovida pelo réu.

Imagine-se o seguinte exemplo: João promoveu ação reparatória em face de Pedro. Este, por sua vez, tem contrato de seguro em relação à Companhia de Seguros Jesus. Neste caso, o réu denunciará à lide a empresa de seguros, exercendo, de imediato, a sua pretensão regressiva.

Têm-se, então, no mesmo processo, duas ações: a principal e a secundária.

Ao final do processo, o pedido apresentado por João, na ação principal, é acolhido e o juiz, na mesma sentença, já analisa a pretensão regressiva, também acolhida, para que a seguradora responda pelo montante total da condenação.

Nesse caso, o autor, no momento oportuno, é claro, poderá exigir o cumprimento da obrigação consubstanciada na sentença em face do réu, ou, se preferir, diretamente em face do denunciado, nos limites da condenação deste na ação regressiva (art. 128, parágrafo único).

Tal possibilidade já era admitida, pelo Superior Tribunal de Justiça, nos contratos de seguro, mas, agora, foi ampliada para outras situações.

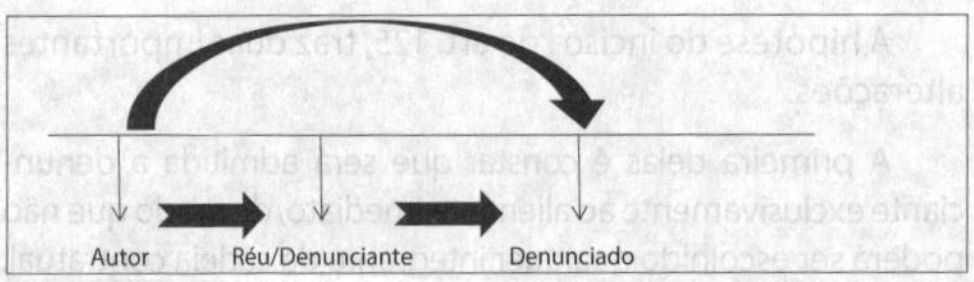

14.4.5. VEDAÇÃO DA DENUNCIAÇÃO DA LIDE NO CÓDIGO DE DEFESA DO CONSUMIDOR LIGADA À INDENIZAÇÃO POR FATO DO PRODUTO

O Código de Defesa do Consumidor vedou a possibilidade da denunciação da lide no seu art. 88, que assim se pronuncia: "Na hipótese do art. 13, parágrafo único deste código, a ação de regresso poderá ser ajuizada em processo autônomo, facultada a possibilidade de prosseguir-se nos mesmos autos, vedada a denunciação da lide". O art. 13, parágrafo único, por sua vez, determina que "aquele que efetivar o pagamento ao prejudicado poderá exercer o direito de regresso contra os demais responsáveis, segundo sua participação na causação do evento danoso".

Nesse passo, e isso é importante, o fornecedor não poderá exercer direito de regresso no processo que demandado. Não obstante, permite-lhe o mesmo Código de Defesa do Consumidor, em seu art. 101, II, ampliar o polo passivo da ação, formando-se litisconsórcio entre ele e o segurador, na hipótese de existir contrato de seguro, vedada a integração do contraditório pelo Instituto de Resseguros do Brasil.

Ocorre que a vedação à denunciação da lide está restrita às hipóteses da existência de fato do produto, não se aplicando em relação ao fato de serviço.

*Portanto, **não está vedada a denunciação da lide nos casos de defeito na prestação de serviços**.*

14.5. DO CHAMAMENTO AO PROCESSO

14.5.1. CONSIDERAÇÕES INICIAIS E NATUREZA JURÍDICA

O chamamento ao processo é modalidade de intervenção de terceiros provocada pelo réu, que deverá exercer tal direito na contestação.

Existem **duas teses** a respeito da natureza do chamamento ao processo.

a) Trata-se de **ação condenatória** requerida pelo devedor solidário que, acionado sozinho para responder pela totalidade da dívida, pretende acertar, na ação secundária de chamamento, a responsabilidade do devedor principal ou dos demais codevedores solidários, na proporção de suas cotas. De acordo com os autores adeptos desta teoria, tese contrária ofenderia a opção do litisconsórcio facultativo para o autor nos casos de solidariedade.

b) Outros autores defendem tratar-se de forma de ampliação subjetiva passiva da relação processual.

O Novo CPC, ao que parece, adotou a segunda tese, como se pode extrair do que está previsto no art. 131, *caput*, ao mencionar que "a citação daqueles que devam figurar em litisconsórcio passivo (...)".

14.5.2. DA ADMISSIBILIDADE DO CHAMAMENTO AO PROCESSO

O chamamento ao processo poderá ser requerido réu, na sua contestação, quando: i) o fiador for réu, hipótese em que chamará o afiançado; ii) os demais fiadores, na ação proposta contra um ou alguns deles; iii) os demais devedores solidários, quando o credor exigir de um ou de alguns o pagamento da dívida comum.

Nessas hipóteses, o réu foi citado para responder sozinho pela obrigação. Então, buscando fixar a responsabilidade do devedor principal ou dos demais devedores, poderá chamá-los ao processo, com quem formará litisconsórcio passivo.

Após requerer a citação do chamado e sendo a intervenção deferida pelo juiz, o réu deverá providenciar a sua citação, disponibilizando o que for necessário. Deverá tomar tal providência no prazo de trinta dias, sob pena de ficar sem efeito o chamamento. Porém, se o chamado residir em outra comarca, seção ou subseção judiciária, ou ainda em lugar incerto, o prazo será de dois meses.

14.5.3. DA SENTENÇA DE PROCEDÊNCIA

O réu, ao promover o chamamento ao processo, tem o interesse, como já foi dito, de ver reconhecida a responsabilidade do chamado em responder total ou parcialmente pela dívida. E, em conformidade com o art. 132 do CPC 2015, a sentença de procedência valerá como título executivo judicial em favor do réu que satisfizer a dívida, a fim de que possa exigi-la, por inteiro, do devedor principal, ou de cada um dos codevedores, na proporção que lhes tocar.

14.5.4. CHAMAMENTO AO PROCESSO E O CÓDIGO DE DEFESA DO CONSUMIDOR

O Código de Defesa do Consumidor prevê uma hipótese de chamamento ao processo no art. 101, II, indicando que, nas ações de responsabilidade do fornecedor de produtos e serviços, o réu que houver contratado seguro de responsabilidade poderá chamar ao processo o segurador, vedada a integração do contraditório pelo Instituto de Resseguros do Brasil.

Sendo o réu falido, será o administrador intimado para indicar se há contrato de seguro de responsabilidade e, sendo positiva a resposta, poderá o autor demandar diretamente à seguradora, sendo novamente vedada a denunciação da lide ao Instituto de Resseguros.

14.6. DO INCIDENTE DE DESCONSIDERAÇÃO DA PERSONALIDADE JURÍDICA

14.6.1. CONSIDERAÇÕES INICIAIS

Com a finalidade de resguardar os princípios do contraditório dinâmico e da ampla defesa, o legislador fez previsão do incidente de desconsideração da personalidade jurídica, por meio do qual o sócio ou a própria pessoa jurídica (desconsideração invertida) serão previamente ouvidos, antes de se decidir pela possibilidade de desconsiderá-la.

A lei processual não fez previsão das hipóteses em que será admitida a desconsideração, reservando tal regulação para o direito material, como é possível verificar no Código Civil, Código de Defesa do Consumidor etc.

Trata-se de novidade inserida pelo Novo CPC, pois, embora o ordenamento jurídico admitisse a desconsideração em algumas hipóteses, não se preocupava com aspectos processuais.

14.6.2. A DESCONSIDERAÇÃO REQUERIDA NA PRÓPRIA INICIAL

O pedido de desconsideração da personalidade jurídica não depende propriamente da instauração de um incidente próprio, pois poderá ser requerido na própria petição inicial, ou em reconvenção (apresentada na contestação).

Optando por tal procedimento, o demandante requererá a formação de litisconsórcio passivo entre a pessoa jurídica e o sócio (ou, o sócio e a pessoa jurídica, no caso da desconsideração invertida).

14.6.3. LEGITIMIDADE PARA REQUERER A INSTAURAÇÃO DO INCIDENTE

O incidente de desconsideração da personalidade jurídica será instaurado a pedido da parte ou do Ministério Público, quando lhe couber intervir no processo.

Aquele que demandar no processo poderá requerer a instauração do incidente de desconsideração da personalidade jurídica. Nesse sentido, poderão fazê-lo: i) autor; ii) o réu, por meio de reconvenção; iii) o autor ou o réu, quando requererem a denunciação da lide; iv) o réu, quando valer-se do chamamento ao processo; v) o assistente litisconsorcial também poderá requerer, até porque poderia ser parte na relação processual.

O Ministério Público também poderá fazê-lo, atuando como parte no processo, ou como fiscal da ordem jurídica.

14.6.4. ADMISSIBILIDADE DO INCIDENTE

O incidente de desconsideração da personalidade jurídica é cabível em todas as fases do processo de conhecimento, no cumprimento de sentença ou na execução fundada em título executivo extrajudicial.

14.6.5. PROCEDIMENTO

O incidente será requerido por meio do interessado, em petição dirigida ao juízo. Uma vez instaurado, haverá comunicação ao distribuidor para as anotações devidas, acarretando a imediata suspensão do processo.

Trata-se, como se vê, de suspensão imprópria, na medida em que, enquanto outros atos processuais não serão praticados, o incidente tramitará, com a citação do sócio ou da pessoa jurídica para manifestar-se e requerer as provas cabíveis no prazo de quinze dias.

Terminada a instrução, se acaso for necessário, o incidente será solucionado por meio de decisão interlocutória, podendo ser impugnada pelo recurso de agravo de instrumento. Se a decisão for proferida pelo relator, caberá o recurso de agravo interno.

Sendo acolhido o incidente, o juiz determinará que os bens do sócio ou da pessoa jurídica também responderão pela dívida. Além disso, a alienação ou a oneração de bens, havida em fraude de execução, será ineficaz em relação ao requerente.

14.7. INTERVENÇÃO DO *AMICUS CURIAE*

14.7.1. QUEM É O *AMICUS CURIAE*?

O *amicus curiae* não é parte no processo, pois não tem qualquer interesse no resultado da ação. Tem unicamente interesse em auxiliar o órgão judicial. Terá legitimidade recursal limitada, pois somente poderá recorrer para opor embargos declaratórios e para impugnar o pronunciamento que julgar o incidente de resolução de demandas repetitivas (art. 138, § 3º do Novo CPC).

14.7.2 LIMITAÇÃO À LEGITIMAÇÃO RECURSAL DO *AMICUS CURIAE*

Se, de um lado, o Novo CPC prevê a intervenção do *amicus curiae* em quatro dispositivos, restringe a possibilidade de interposição de recurso a apenas um deles – incidente de resolução de demandas repetitivas – e admite a apresentação de embargos declaratórios em todos (art. 138, §§ 1º e 3º).

15. ADVOGADO, MINISTÉRIO PÚBLICO E ADVOCACIA PÚBLICA. PRERROGATIVAS DA FAZENDA PÚBLICA EM JUÍZO

15.1. ADVOGADO

A parte será representada em juízo por advogado regularmente inscrito na OAB.

Para que o advogado possa postular, há de apresentar a respectiva procuração, salvo se estiver postulando em causa própria, ou, ainda, para evitar preclusão, decadência ou prescrição, ou para praticar ato considerado urgente.

Nestas últimas situações deverá o advogado apresentar procuração no prazo de 15 dias, prorrogável por igual período por despacho do juiz.

Se não for ratificado o ato será considerado ineficaz relativamente àquele em cujo nome foi praticado, respondendo o advogado pelas despesas e por perdas e danos.

Poderá o advogado examinar, ainda que sem procuração, autos de qualquer processo, salvo na hipótese de segredo de justiça.

Nas causas de segredo de justiça, somente o advogado constituído poderá ter acesso aos autos.

Sendo comum o prazo processual, poderá o advogado retirar os autos para obter cópias, pelo prazo de duas a seis horas, independentemente de ajuste e sem prejuízo da continuidade do prazo.

Admite-se que o procurador renuncie ao mandato a qualquer tempo, devendo comunicar o mandante. Durante os dez dias seguintes, o advogado continuará a representar o mandante, desde que necessário para lhe evitar prejuízo.

Estará dispensada a comunicação se a procuração for firmada em benefício de vários advogados e a parte continuar a ser representada por outro.

15.2. DO MINISTÉRIO PÚBLICO

O Ministério Público atuará na defesa da ordem jurídica, do regime democrático e dos interesses e direitos sociais e individuais indisponíveis, conforme determina a Constituição Federal, a sua Lei Orgânica e o art. 176 do CPC.

Atuação do Ministério Público no Processo Civil
- Parte
- Fiscal da Ordem Jurídica

Atuará como fiscal da ordem jurídica nas hipóteses previstas na Constituição e na lei e, também nos processos: i) que envolvam interesse público ou social; ii) interesse de incapaz; iii) litígios coletivos pela posse de terra rural ou urbana.

> É de se ter atenção com a mudança ocorrida. O Ministério Público não mais atuará nas causas de divórcio, por exemplo, se não existir interesse de incapaz. Além disso, a participação da Fazenda Pública (pessoa jurídica de direito público) não importa na necessidade de participação do MP.

O Ministério Público, no exercício de suas funções, contará com determinadas prerrogativas. Dessa maneira, gozará de prazo em dobro para manifestar-se nos autos e fará jus à intimação pessoal.

O Ministério Público será civil e regressivamente responsável quando agir com dolo ou fraude no exercício de suas funções.

15.3. ADVOCACIA PÚBLICA

É missão da Advocacia Pública a defesa e promoção dos interesses públicos da União, dos Estados, do Distrito Federal e dos Municípios, por meio de representação judicial, em todos os âmbitos federativos, das pessoas jurídicas de direito público que integram a administração direta e indireta.

É integrada por profissionais que ingressam por meio de concurso.

Para a observância do interesse público em juízo há a previsão de determinadas prerrogativas, que serão examinadas na sequência.

15.4. PRERROGATIVAS DA FAZENDA PÚBLICA EM JUÍZO

15.4.1. O PRINCÍPIO CONSTITUCIONAL DA ISONOMIA E O INTERESSE PÚBLICO

As prerrogativas processuais da Fazenda Pública se legitimam na aplicação do princípio constitucional da isonomia que reclama tratamento instrumental condizente com a defesa do interesse público em juízo. Assim, mesmo que a norma não identifique todos os destinatários das prerrogativas processuais, elas são extensíveis se o direito material em litígio for de interesse público, conforme já decidiu o Supremo Tribunal Federal (v.g. RE n.º 220.906, Relator Ministro MAURÍCIO CORRÊA, Plenário, sessão de 17.11.2000).

O princípio constitucional da isonomia previsto no caput e inciso I, do art.5º, da Constituição Federal fora reforçado e especializado sob o enfoque processual no inciso I do art.139, do Novo Código de Processo Civil, e consiste no dever do legislador e do aplicador do direito (juiz) assegurarem às partes tratamento condizente com suas necessidades, com o fito de possibilitar igualdade de condições e instrumentos pertinentes para construção de elementos probatórios a serem utilizados em decisões mais justas reclamadas pelos bens jurídicos tutelados.

15.4.2. A CITAÇÃO DO ESTADO PARA COMPOR A RELAÇÃO PROCESSUAL

A citação da União, dos Estados, do Distrito Federal, dos Municípios e de suas respectivas autarquias e fundações de direito público, será realizada perante o órgão de Advocacia Pública responsável por sua representação judicial (CPC/15, art.242, §3º).

15.4.3. PRAZOS DIFERENCIADOS PARA A PRÁTICA DE ATOS PROCESSUAIS

Inicialmente, será apresentado quadro comparativo entre os artigos 188 do CPC 73 e 183 do CPC 2015:

QUADRO COMPARATIVO	
CPC/73	**CPC/15**
Art. 188. Computar-se-á em quádruplo o prazo para contestar e em dobro para recorrer quando a parte for a Fazenda Pública ou o Ministério Público.	Art. 183. A União, os Estados, o Distrito Federal, os Municípios e suas respectivas autarquias e fundações de direito público gozarão de prazo em dobro para todas as suas manifestações processuais, cuja contagem terá início a partir da intimação pessoal. § 1º A intimação pessoal far-se-á por carga, remessa ou meio eletrônico. § 2º Não se aplica o benefício da contagem em dobro quando a lei estabelecer, de forma expressa, prazo próprio para o ente público.

Como se vê, o Novo CPC inseriu como regra geral o prazo em dobro para todas as manifestações processuais da União, dos Estados, do Distrito Federal, dos Municípios e de suas respectivas autarquias e fundações de direito público. Já o CPC/73 delimitava o prazo diferenciado para certo ato (v.g. contestar, recorrer, defesa em execução etc.) se fosse a Fazenda Pública, não especificando quais pessoas jurídicas ou entidades que estariam incluídas neste conceito e diferenciando o lapso temporal do prazo diferenciado.

EXCEÇÕES AO PRAZO EM DOBRO NO NOVO CPC
Art. 535. A Fazenda Pública será intimada na pessoa de seu representante judicial, por carga, remessa ou meio eletrônico, para, querendo, no prazo de 30 (trinta) dias e nos próprios autos, impugnar a execução, podendo arguir: (...)
Art. 629. A Fazenda Pública, no prazo de 15 (quinze) dias, após a vista de que trata o art. 627, informará ao juízo, de acordo com os dados que constam de seu cadastro imobiliário, o valor dos bens de raiz descritos nas primeiras declarações.
Art. 910. Na execução fundada em título extrajudicial, a Fazenda Pública será citada para opor embargos em 30 (trinta) dias.

Além das exceções elencadas no quadro acima, se outras leis previrem prazos próprios para o ente público se manifestar nos autos, não se aplica a regra de multiplicação em dobro do lapso temporal para a prática do ato, nos termos do § 2º, do art. 183, do CPC/15.

A intimação do órgão de representação do ente público será sempre pessoal e far-se-á por meio de: a) carga ou remessa dos autos físicos; b) intimação eletrônica nos autos digitais. O CPC/73 não tinha igual previsão, e os Procuradores dos Estados e Municípios não tinham a prerrogativa de intimação pessoal (salvo em execuções fiscais), que era concedida aos integrantes da Advocacia Geral da União.

15.4.4. DO NÃO ADIANTAMENTO DE DESPESAS PROCESSUAIS E DOS HONORÁRIOS ADVOCATÍCIOS

De acordo com o que dispõe o art. 91 do CPC/2015, "as despesas dos atos processuais praticados a requerimento da Fazenda Pública, do Ministério Público ou da Defensoria Pública serão pagas ao final pelo vencido".

Por despesas processuais devem ser entendidos "todos os itens do custo do processo que de algum modo e em algum momento serão devidos aos agentes estatais (Poder Judiciário, auxiliares da Justiça), mas não abrange os honorários advocatícios".[9]

A regra geral do nosso regime processual é que as partes adiantem as despesas dos atos realizados a seu requerimento, ao longo do processo e "até a sentença final" (art. 82, *caput*, CPC/2015), sendo certo que, ao final, a parte sucumbente será responsabilizada pelo pagamento, total ou parcial, das despesas processuais e honorários advocatícios, ainda que pela via do ressarcimento da parte contrária, tal como deflui do parágrafo 2º do dispositivo antes citado, combinado com o artigo 85, *caput*.

No tocante à especial condição da Fazenda Pública, o citado art. 91 do CPC/2015, prevê que esta não deve arcar com o pagamento de tais despesas, a não ser ao final, se vencida na demanda. Ou seja, o Estado não está obrigado a *adiantar* o pagamento de tais despesas, e apenas nesse ponto reside a prerrogativa em questão.

Se sucumbente, ao final do processo, a Fazenda Pública efetuará o pagamento das despesas, como qualquer pessoa, não estando obrigada unicamente a adiantá-las no curso do processo.

Os honorários sucumbenciais fixados contra a Fazenda Pública também foram objeto de regulamentação específica (e bastante detalhada), em novo modelo, reduzindo a esfera de atuação discricionária dos magistrados nesse particular.

A distinção vem na determinação de que serão observados percentuais diversos daquele limite fixo de 10% a 20%, aplicado o escalonamento previsto nos incisos desse mesmo parágrafo 3º, da seguinte forma:

Percentual incidente sobre o valor da condenação ou do proveito econômico obtido.	Limites.
Mínimo de 10% e máximo de 20%.	Até 200 salários-mínimos
Mínimo de 8% e máximo de 10%.	Acima de 200 até 2.000 salários mínimos .

9 DINAMARCO, Candido Rangel. *Instituições de Direito Processual Civil*. v. II. 6ª ed. Malheiros: São Paulo, 2009, p. 651.

Mínimo de 5% e máximo de 8%.	Acima de 2.000 até 20.000 salários mínimos.
Mínimo de 3% e máximo de 5%.	Acima de 20.000 até 100.000 salários mínimos.
Mínimo de 1% e máximo de 3%.	Acima de 100.000 salários mínimos.

A fixação, que pode ocorrer desde logo (se líquida a sentença), ou posteriormente, quando liquidada, em qualquer caso observado o valor do salário mínimo então em vigor (§ 4º, I, II e IV), é feita de modo *escalonado*, variando o percentual dos honorários advocatícios de acordo com a extensão de sua base de cálculo, que pode ser o valor da causa se não houver condenação e não for possível mensurar o total do proveito econômico obtido (§ 4º, III).

Além disso, o CPC/2015 impõe a possibilidade de fixação *fracionada*, pois sendo o conteúdo econômico da demanda muito alto "a fixação do percentual de honorários deve observar a faixa inicial e, naquilo que a exceder, a faixa subsequente, e assim sucessivamente" (§ 5º).

15.4.5. DA REMESSA NECESSÁRIA

A remessa necessária é condição de eficácia da sentença proferida contra o Poder Público, de modo que, neste caso, aquela não produzirá efeitos depois de revista pelo tribunal.

De acordo com o art. 496 do Novo Código de Processo Civil, existem algumas regras importantes quanto à incidência ou não da remessa necessária, assim enumeradas:

i) Incidência da remessa necessária quando o valor da condenação ou o proveito econômico obtido na causa for de valor certo e líquido superior a 1.000 salários mínimos para a União; 500 salários mínimos para os Estados e o Distrito Federal e os Municípios que forem capitais; e, 100 salários mínimos para os demais municípios. A mesma regra vale para as respectivas autarquias e fundações públicas.

ii) Aplicação dos precedentes:

Também não haverá a remessa oficial se a sentença proferida estiver em conformidade com súmula de tribunal superior, acórdão proferido pelo Supremo Tribunal Federal ou pelo Superior Tribunal de Justiça em julgamento de recursos repetitivos, ou, ainda, entendimento firmado em incidente de resolução de demandas repetitivas ou assunção de competência.

Ora, não se mostra razoável exigir-se que a sentença seja revista pelo Tribunal a que o juízo estiver vinculado, se o pronunciamento jurisdicional de primeiro grau já for fundado em precedente obrigatório, principalmente pela observância da coerência da jurisprudência.

iii) Entendimento coincidente com orientação vinculante firmada no âmbito administrativo do próprio ente público, consolidada em manifestação, parecer ou súmula administrativa:

No âmbito da Advocacia Geral da União, está a Procuradoria-Geral da Fazenda Nacional dispensada a interpor recurso em determinadas situações, prestigiando os precedentes e a própria orientação emanada da Administração Federal (Lei 10.522/2002, art. 19).

O Novo CPC, ao referir-se à dispensa da remessa necessária quando a sentença estiver fundada em súmula de tribunal superior, acórdão proferido pelo STF ou STJ, também deve estar incluído o Tribunal Superior do Trabalho, guardando-se o devido paralelismo.

16. FATOS E ATOS PROCESSUAIS

16.1. CONCEITO DE ATOS PROCESSUAIS

São **atos processuais** aqueles que se destinam à criação, modificação, conservação ou extinção da ***relação jurídica processual***.[10] Podem ser praticados pelas partes, pelos auxiliares do juízo e pelo magistrado.

Diferenciam-se dos fatos processuais, que são fatos humanos ou não que tenham repercussão no processo.

16.2. FORMA

Os atos processuais não dependem de prova determinada, salvo quando a lei expressamente o exigir.

Princípio da instrumentalidade das formas: consideram-se válidos os atos processuais que, embora realizados de outro modo, tenham preenchido a finalidade essencial.

Deve ser observado, ainda, os princípios da primazia do julgamento do mérito e do máximo aproveitamento do ato processual.

Como regra, os atos processuais são públicos. Porém, correrão em segredo de justiça: i) aqueles em que se exija o interesse público ou social; ii) que versem sobre casamento, separação de corpos, divórcio, separação, união estável, filiação, alimentos e guarda de crianças e adolescentes; iii) em que constem dados protegidos pelo direito constitucional à intimidade; iv) que versem sobre arbitragem, inclusive sobre cumprimento de carta arbitral, desde que a confidencialidade estipulada na arbitragem seja comprovada perante o juízo.

16.3. DO TEMPO DOS ATOS PROCESSUAIS

Os atos processuais serão praticados em horário autorizado por lei, qual seja, das 6 às 20 horas. Se iniciados antes, podem ser concluídos após as 20 horas, se o adiamento prejudicar a diligência ou causar grave dano.

As citações, intimações e as penhoras podem ser realizadas no período de férias forenses, nos feriados ou dias úteis fora do horário estabelecido, desde que se observe a impossibilidade de ingresso em domicílio em horário noturno sem a autorização do morador.

O ato eletrônico poderá ser praticado até as 24 horas do último dia do prazo.

Durante as férias forenses e nos feriados não serão praticados atos processuais, salvo as citações, intimações e penhoras, como acima afirmado, bem como a tutela de urgência.

---

10 WAMBIER, Luiz Rodrigues. TALAMINI, Eduardo. ALMEIDA. Flávio Renato Correia. *Curso Avançado de Processo Civil.* VOL. 1. 10ª ed. São Paulo: RT, 2008.

Citação, intimação e penhora poderão ser praticadas nas férias, nos feriados e após as 20 horas, desde que se observe que o domicílio é o asilo inviolável do indivíduo.

A tutela de urgência é uma espécie da **tutela provisória**. Há o fundamento urgência, o que a distingue da tutela da evidência (de alta probabilidade). Comporta a **tutela antecipada** (em que se antecipa o mérito que seria analisado ao final) e a **tutela cautelar** (com análise do *fumus boni iuris* e do *periculum in mora*).

Logo, poderão ser praticados atos processuais relacionados à tutela antecipada e à tutela cautelar. Não estão abrangidos os que disserem respeito à tutela da evidência.

Durante as férias serão processuais determinadas demandas, continuando o trâmite ainda pela que pela superveniência delas: i) os procedimentos de jurisdição voluntária e os necessários à conservação de direitos, quando puderem ser prejudicados pelo adiamento; ii) a ação de alimentos e os processos de nomeação ou remoção de tutor e curador; iii) os processos que a lei determinar.

Consideram-se feriados, para efeito forense, os sábados, domingos, os dias em que não haja expediente forense, bem como os declarados por lei.

16.4. LUGAR

Os atos processuais, como regra, serão praticados na sede do juízo. Excepcionalmente, poderão ser praticados em outro lugar em razão de deferência, interesse da justiça, da natureza do ato ou de obstáculo arguido pelo interessado e acolhido pelo juiz.

16.5. DOS PRAZOS PROCESSUAIS

A lei prescreverá os prazos em que serão realizados os atos processuais. Prazo pode ser entendido como o período de tempo entre um termo inicial e um termo final.

Se a lei não fizer previsão do prazo, o juiz o fixará, levando em consideração a sua complexidade.

CONTAGEM DOS PRAZOS PROCESSUAIS NO PROCESSO CIVIL: SOMENTE SERÃO CONTADOS OS DIAS ÚTEIS!

Suspende-se o prazo processual no período de 20 de dezembro a 20 de janeiro, inclusive, o que não retira a necessidade de exercício da atribuição pelos juízes, membros do MP, Defensoria Pública, Advocacia Pública e os auxiliares da Justiça.

Entende-se por prazo peremptório, em conformidade com o Novo CPC, aqueles nos quais o juiz não poderá diminuir sem a concordância das partes. Verifica-se que o juiz poderá dilatar quaisquer prazos, ainda que processuais, como ocorre com o prazo para oferecimento de contestação. Ele poderá ser aumentado por decisão judicial. Porém, para diminui-lo, deverá o magistrado contar com a concordância das partes.

O MAGISTRADO PODERÁ DILATAR QUAISQUER PRAZOS.

PARA DIMINUI-LOS, PORÉM, PRECISA DA CONCORDÂNCIA DAS PARTES.

Na esteira do **princípio da preclusão**, o CPC repetiu que decorrido o prazo extingue-se o direito de praticar ou de emendá-lo.

A preclusão comporta as seguintes espécies: i) temporal; ii) lógica; iii) consumativa; iv) elástica.

A preclusão temporal decorre do escoamento do prazo para a prática do ato processual, com o que se extingue o direito de praticá-lo ou de emendá-lo. Deve ser levada em consideração a possibilidade de se verificar a justa causa decorrente de evento alheio à vontade da parte e que a impediu de praticar o ato por si ou por mandatário.

A preclusão lógica, por sua vez, decorre da prática de ato incompatível. Exemplo: pagamento da obrigação reconhecida em sentença condenatória. Tem-se a preclusão lógica em relação à possibilidade de interpor recurso.

A preclusão consumativa decorre da prática do ato processual. Uma vez praticado, não poderá ser renovado. Se oferecida contestação, não poderá ser posteriormente apresentada outra defesa. Se interposto recurso de apelação, não poderá ser ampliado o objeto recursal. Isso não significa vedar-se o aperfeiçoamento do ato processual em decorrência do princípio do máximo aproveitamento dos atos processuais e da primazia do julgamento do mérito.

A preclusão elástica decorre da necessidade de se aguardar para verificar se determinado ato será praticado em período posterior. Exemplo: a impugnação de questão incidental decidida por meio de decisão interlocutória quando da interposição do recurso de apelação, em que será necessário apresentar preliminar nas razões recursais. Se esta não for apresentada, tem-se a preclusão.

Para todos os fins, os prazos serão contados excluindo o dia do começo e incluindo o dia do vencimento. Tais dias serão prorrogados para o primeiro dia útil seguinte, se coincidirem com dia em que o expediente forense for encerrado antes ou iniciado depois da hora normal ou houver indisponibilidade da comunicação eletrônica.

Se a intimação do ato processual se der pelo Diário da Justiça eletrônico, considera-se como data de publicação o primeiro dia útil seguinte ao da disponibilização da informação.

O magistrado contará com prazo impróprio para a prática de atos processuais. A sua inobservância não acarretará em consequência processual, mas disciplinar. Dessa maneira, deverá o juiz proferir os despachos em cinco dias, as decisões interlocutórias em dez dias e as sentenças em trinta dias.

PRONUNCIAMENTO	PRAZO
DESPACHO	5 DIAS
DECISÃO INTERLOCUTÓRIA	10 DIAS
SENTENÇA	30 DIAS

O escrivão, por sua vez, deverá remeter os autos conclusos no prazo de um dia e executar os atos processuais em cinco dias.

Em certas hipóteses o prazo processual será contado de forma diferenciada. Podem ser citados: i) para os litisconsortes com diversos procuradores; ii) para o Ministério Público, Defensor Público e integrantes da Advocacia Pública.

Litisconsortes: serão litisconsortes aqueles que litigarem lado a lado em um dos polos da ação. Tais pessoas podem contar com um único advogado, ou então cada um deles poderá ter o patrocínio de um causídico. Neste último caso, têm-se os litisconsortes com diversos procuradores, que contarão com o prazo em dobro para a prática de atos processuais desde que preenchidos determinados requisitos, resumidos no quadro a seguir.

Requisitos para a contagem em dobro do prazo para os litisconsortes com diversos procuradores:

i) serem os Advogados dos litisconsortes integrantes de escritórios de advocacia distintos;

ii) que não se trate de processo eletrônico.

A contagem em dobro cessará se, havendo apenas dois réus, for oferecida defesa apenas por um deles.

EXERCÍCIO DE CONTAGEM DE PRAZO PROCESSUAL

A propôs ação em face de "B" e de "C". Os dois foram citados. B ofereceu contestação, mas C permaneceu revel. Nesse caso, será contado em dobro o prazo para que B pratique os atos processuais? E para a contestação?

Em primeiro lugar, para a contestação o prazo será contado em dobro, porque ainda havia a expectativa de que os réus teriam procuradores diversos. Contudo, após oferecida a resposta por apenas um dos réus, o prazo não mais será contado em dobro.

O Código **disciplina o dia do começo do prazo**, que será, salvo disposição em sentido contrário:

I – a data de juntada aos autos do aviso de recebimento, quando a citação ou a intimação for pelo correio;

II – a data de juntada aos autos do mandado cumprido, quando a citação ou a intimação for por oficial de justiça;

III – a data de ocorrência da citação ou da intimação, quando ela se der por ato do escrivão ou do chefe de secretaria;

IV – o dia útil seguinte ao fim da dilação assinada pelo juiz, quando a citação ou a intimação for por edital;

V – o dia útil seguinte à consulta ao teor da citação ou da intimação ou ao término do prazo para que a consulta se dê, quando a citação ou a intimação for eletrônica;

VI – a data de juntada do comunicado de que trata o art. 232 (comunicação de cumprimento da carta precatória) ou, não havendo esse, a data de juntada da carta aos autos de origem devidamente cumprida, quando a citação ou a intimação se realizar em cumprimento de carta;

VII – a data de publicação, quando a intimação se der pelo Diário da Justiça impresso ou eletrônico;

VIII – o dia da carga, quando a intimação se der por meio da retirada dos autos, em carga, do cartório ou da secretaria.

O prazo da intimação será contado individualmente. De outro lado, no caso de citação, o prazo se iniciará com a última das datas, ressalvado se houver pedido de dispensa da realização da audiência de conciliação ou de mediação, quando então será contado de cada protocolo de petição.

16.6. DA COMUNICAÇÃO DOS ATOS PROCESSUAIS

Citação é o ato pelo qual são convocados o réu, o executado ou o interessado para integrar a relação processual. Para que a relação processual seja válida, é imprescindível a citação do réu ou do executado, salvo nas hipóteses de indeferimento da petição inicial ou de improcedência liminar do pedido.

→ Atenção ao conceito de citação.

Portanto, o réu, o executado e o interessado serão convocados para integrar a relação processual por meio da citação. Não obstante, é possível que haja o comparecimento espontâneo, quando então o prazo para resposta ou embargos se inicia desta data.

Poderá o réu/executado/interessado comparecerem unicamente para alegar a nulidade da citação. Se rejeitada a alegação, o réu será considerado revel, no processo de conhecimento, ou a execução prosseguirá.

Decorrem certos efeitos da citação válida, ainda que o ato tenha sido ordenado por juiz incompetente.

Efeitos da citação válida

i) induzir litispendência;

ii) tornar litigiosa a coisa;

iii) constituir em mora o devedor, ressalvadas excepcionalidades previstas no Código Civil.

→ Tornar prevento o juízo não é mais efeito da citação válida.

A interrupção da prescrição ocorrerá por força do despacho judicial, conforme prevê o art.202, I do Código Civil. Tal interrupção vai retroagir à data da propositura da ação, desde que o autor providencie as providências necessárias para viabilizar a citação. Se isso não ocorrer, não irá retroagir.

O efeito retroativo aplica-se à prescrição, decadência e também a outros prazos extintivos.

A citação poderá ser realizada: por correio; por oficial de justiça; pelo escrivão ou chefe de secretaria, se o citando comparecer em cartório; por edital; por meio eletrônico.

Deverão as empresas públicas e privadas manter cadastro nos sistemas de processo em autos eletrônicos, para efeito de recebimento de citações e intimações, que serão realizadas de forma preferencial por este meio. Tal regra se aplica às pessoas jurídicas de direito público e também de direito privado integrantes da Administração Pública. Estão excluídas as microempresas e as empresas de pequeno porte.

Como regra, a citação será realizada pelo correio. Contudo, em determinadas situações, será realizada por oficial de justiça nas seguintes hipóteses: nas ações de estado, quando o citando for incapaz, quando o citando for pessoa jurídica de direito público, quando o citando residir em local não atendido pela entrega domiciliar de correspondência e quanto o autor, justificadamente, a requerer de outra forma.

> **IMPORTANTE:**
> No caso de condomínio edilícios ou nos loteamentos com controle de acesso, admite-se como válida a entrega do mandado a funcionário da portaria responsável pelo recebimento de correspondência. Admite-se, porém, a recusa, se o funcionário atestar, por escrito, que o destinatário da correspondência está ausente.

Citação com hora certa: poderá ser realizada pelo oficial de justiça quando, tendo procurador o citando em seu domicílio ou residência sem o encontrar, por duas vezes, havendo suspeita de ocultação, deverá intimar qualquer pessoa da família ou, em sua falta, qualquer vizinho de que, no dia útil imediato, voltará a fim de efetuar a citação, na hora que designar. Será admitida a entrega a funcionário de portaria nos condomínios ou nos loteamentos com controle de acesso.

No dia e hora designados, o oficial de justiça, de ofício (sem precisar de decisão judicial), comparecerá ao domicílio ou à residência do citando a fim de realizar a diligência. Estando este não presente, será apurado o motivo da ausência, dando por feita a citação, ainda que a ocultação tenha ocorrido em outra comarca.

A citação com hora certa será feita ainda que a pessoa anteriormente intimada não esteja presente, ou se esta se recusar a receber o mandado.

Uma vez efetivada tal citação, o escrivão enviará ao réu, executado ou interessado, em dez dias, carta, telegrama ou correspondência eletrônica, dando-lhe de tudo ciência.

Nas comarcas contínuas, de fácil comunicação ou na mesma região metropolitana, o oficial de justiça poderá efetuar, em qualquer delas, citações, intimações, notificações, penhoras e quaisquer outros atos executivos.

Será feita a citação por edital quando desconhecido ou incerto o citando, quando ignorado, incerto ou inacessível o lugar em que se encontrar o citando e nos casos expressos em lei.

Intimação é o ato pelo qual se dá ciência a alguém dos atos e dos termos do processo.

As intimações do Ministério Público, da Defensoria Pública e da Advocacia Pública são pessoais.

As intimações, sempre que possível, serão realizadas por meio eletrônico, na forma da lei.

Presumem-se válidas as intimações dirigidas ao endereço constante dos autos, ainda que não recebidas pessoalmente pelo interessado, se a modificação temporária ou definitiva não tiver sido comunicada em juízo.

16.7. DAS NULIDADES

O Código de Processo Civil encampou a Norma Fundamental do máximo aproveitamento processual e da primazia do julgamento do mérito, bem como o princípio da instrumentalidade, de modo que o vício somente importará em nulidade se houver prejuízo. Em outros termos, o ato não será repetido nem sua falta será suprida quando não prejudicar a parte. Dá-se o aproveitamento dos atos praticados desde que não resulte prejuízo à defesa de qualquer parte.

A primazia do julgamento do mérito e o máximo aproveitamento do ato processual impõem que, **quando puder decidir o mérito a favor da parte a quem aproveite a decretação da nulidade, o juiz não a pronunciará nem mandará repetir o ato ou suprir-lhe a falta.**

Ou seja, o juiz poderá até desconsiderar o vício existente e decidir o mérito em favor da parte a quem se aproveite a decretação da nulidade.

O prejuízo é exigido na nulidade absoluta e também na relativa.

A nulidade absoluta é aquela que pode ser conhecida de ofício pelo juízo e as partes podem alegá-la a qualquer tempo. Na nulidade relativa, por sua vez, haverá a necessidade de que seja alegada na primeira oportunidade em que couber à parte falar nos autos, sob pena de preclusão.

Reconhecida a nulidade do ato, consideram-se sem efeito aqueles que forem atingidos, por serem dependentes.

17. PROCEDIMENTO COMUM

17.1. ASPECTOS GERAIS

Já tratados quando da análise do procedimento.

17.2. FASES

São identificadas as seguintes fases do procedimento comum: i) postulatória; ii) saneadora e de organização; iii) instrutória; iv) decisória, que serão adiante esmiuçadas.

17.3. DA PETIÇÃO INICIAL

17.3.1. INSTRUMENTO DA DEMANDA

Em observância ao princípio da inércia da jurisdição (ou princípio da ação), o Estado-Juiz somente poderá agir se for devidamente provocado, ressalvadas exceções especialmente previstas, como ocorre a arrecadação de bens de ausentes.

Portanto, o Estado-Juiz não poderá agir de ofício. Carecerá de provocação da parte, que exercerá a demanda. Demanda é o ato de ir a juízo e provocar a atividade jurisdicional. E o instrumento da demanda é a petição inicial.

Portanto, a petição inicial é o meio pelo qual a parte provoca a atividade jurisdicional. Constitui-se em um pressuposto processual de existência da relação processual e, em razão dessa importância vital, carece de observar alguns requisitos específicos.

17.3.2. REQUISITOS DA PETIÇÃO INICIAL

É possível a identificação de requisitos intrínsecos e extrínsecos da petição inicial. Aqueles devem estar constantes do próprio corpo da petição inicial, ao passo que estes se revelam como documentos que devem acompanhar a peça, por serem imprescindíveis à propositura da ação.

A falta dos requisitos intrínsecos acarretará a necessidade de emenda da petição inicial. De outro lado, a inobservância dos requisitos extrínsecos importará em atividade da parte para completá-la.

Classificação dos Requisitos da Petição Inicial	
Intrínsecos	**Extrínsecos**
Contidos no corpo da petição inicial	Documentos indispensáveis à propositura da ação
Ausência: o juiz determinará a emenda.	Ausência: o juiz determinará que a peça seja completada

Ausentes os requisitos intrínsecos e/ou extrínsecos, ou ainda se o juiz verificar que a petição inicial apresenta defeitos e irregularidades capazes de dificultar o julgamento de mérito, determinará ao autor que, no prazo de 15 dias, promova a emenda ou a complete, indicando com precisão o que deverá ser corrigido ou completado.

Importante é a previsão contida na parte final do *caput* do art. 321 do Código de Processo Civil, por meio da qual se determina ao juiz que indique com precisão o que deve ser corrigido ou completado. Trata-se de uma consequência da aplicação dos princípios processuais da primazia do julgamento do mérito, do máximo aproveitamento dos atos processuais, do contraditório dinâmico e da fundamentação analítica.

Por isso, não poderá o magistrado determinar que a parte emende ou complete a petição inicial, de forma genérica, sem indicar com precisão o que precisa ser ajustado. Ora, isso é natural de toda reforma ocorrida, pois o que se pretende é o julgamento do mérito, com celeridade, ao invés da simples extinção e deixar que a parte percorra todo o caminho processual novamente.

Porém, embora tenha o magistrado indicado com precisão o que precisa ser corrigido ou emendado, e a parte não o fizer, então não restará outra alternativa ao juiz senão a de indeferir a petição inicial.

O art. 319 do CPC indica quais são os requisitos intrínsecos da petição inicial. São eles:

I – o juízo a que é dirigida;

II – os nomes, os prenomes, o estado civil, a existência de união estável, a profissão, o número de inscrição no Cadastro de Pessoas Físicas ou no Cadastro Nacional da Pessoa Jurídica, o endereço eletrônico, o domicílio e a residência do autor e do réu;

Caso não disponha das informações previstas neste inciso, poderá o autor, na petição inicial, requerer ao juiz diligências necessárias a sua obtenção. A petição inicial não será indeferida se, a despeito da falta destas informações, for possível a citação do réu. O indeferimento por esse motivo também não ocorrerá se a obtenção de tais informações tornar impossível ou excessivamente oneroso o acesso à justiça.

III – o fato e os fundamentos jurídicos do pedido;

IV – o pedido com as suas especificações;

V – o valor da causa;

VI – as provas com que o autor pretende demonstrar a verdade dos fatos alegados;

VII – a opção do autor pela realização ou não de audiência de conciliação ou de mediação.

Podem ser apontadas, como novidades, as previsões contidas no inciso II, como a exigência da indicação da existência de união estável, por exemplo, e a opção do autor pela realização ou não da audiência de conciliação ou de mediação.

O Código indica, em seu artigo 320, que a petição inicial será instruída com os documentos indispensáveis à propositura da ação. Portanto, refere-se aos requisitos extrínsecos. Entre estes documentos, tem-se a procuração *ad judicia*, pela qual a parte outorga poderes ao Advogado para representá-la em juízo, podendo patrocinar a sua causa.

Retornando aos requisitos intrínsecos, pela sua própria importância e extensão, passa-se à análise do pedido.

17.3.3. DO PEDIDO

O pedido corresponde ao objeto do processo. A parte, ao provocar a atividade jurisdicional, pretende ver proferida uma decisão declaratória, condenatória, constitutiva (ou desconstitutiva), mandamental e/ou executiva. Essa é a primeira face do pedido. Pede-se a tutela jurisdicional. Além disso, naturalmente, também é de seu interesse obter o bem da vida perseguido. Não lhe interessa apenas a condenação, como também a quantia em dinheiro. Não lhe interessa apenas a sentença executiva de reintegração de posse, como mais ainda o próprio bem esbulhado.

Verifica-se, então, a existência do PEDIDO IMEDIATO, que é a providência jurisdicional pretendida. Paralelamente, há o PEDIDO MEDIATO, que é o bem da vida perseguido.

O juiz estará atrelado ao pedido apresentado pela parte, por força do princípio da inércia. Estará adstrito ao que foi requerido pelo demandante. A essa adstrição correspondente o princípio da congruência, da correlação ou da adstrição.

Deve-se verificar que o princípio da inércia é a justificativa do princípio da adstrição. Como o magistrado deverá ser provocado, sem o que não poderá exercer da jurisdição, ressalvadas situações excepcionalíssimas.

A inobservância ao princípio da adstrição gerará a nulidade da sentença, que poderá ser sanada em grau recursal, se houver possibilidade de análise do mérito.

VÍCIOS DA INOBSERVÂNCIA DO PRINCÍPIO DA ADSTRIÇÃO SENTENÇA		
ULTRA PETITA	***EXTRA PETITA***	***CITRA PETITA***
Vai além do pedido. Exemplo: o autor pede a condenação do réu em R$ 100,00 e o juiz defere R$ 200,00.	O magistrado defere pedido diverso do que foi requerido.	A sentença não analisa todos os pedidos apresentados.

Portanto, o pedido da parte deverá ser certo. Admite-se, contudo, o pedido implícito em algumas situações.

Por pedido implícito deve-se entender aquele que, muito embora não tenha constado da petição inicial, pode ser deferido pelo juiz. Por isso, o § 1º do art. 322 indica que se compreende no principal os juros legais, a correção monetária e as verbas de sucumbência, inclusive os honorários advocatícios.

Os honorários advocatícios, então, além de algumas verbas específicas, podem ser deferidos ainda que não haja pedido nesse sentido na petição inicial. Anteriormente ao Novo CPC, via a regra jurisprudencial que, embora admitisse a condenação dos honorários sem pedido expresso, não permitia a cobrança posterior se, uma vez transitada em julgado a sentença, a condenação ao pagamento dos honorários não constasse da sentença. Essa regra, contudo, foi alterada, conforme se vê do art. 85, § 18 do Código de Processo, que permite seja ajuizada ação de cobrança específica para tal fim.

O pedido apresentado na petição inicial deverá ser interpretado. Esta interpretação seguirá alguns parâmetros. Em primeiro lugar, deverá ser observado o conjunto da postulação e não de forma isolada. Além disso, ser observado o princípio da boa-fé processual, que, aliás, deve reger todos os atos do processo.

Surge a questão das prestações sucessivas, como ocorre, por exemplo, na ação para fixação de valor a título de alimentos por conta da prática de ato ilícito. Nesse caso, a parte requer que o magistrado certifique a obrigação de pagar os alimentos, bem como o seu respectivo valor. O pagamento de tal parcela prosseguirá nos meses seguintes e, por isso, constituem-se em prestações sucessivas.

Estas prestações sucessivas serão consideradas como incluídas no pedido. Não há necessidade de que haja pedido de condenação das prestações posteriores. Por isso, estará incluída na condenação, enquanto durar a obrigação, se o devedor, no curso do processo, deixar de pagá-las ou de consigná-las.

Além de certo, o pedido também deve ser determinado. Isso significa que deve estar bem delimitado. Não se pode pugnar pela condenação, há de ser indicado o seu valor.

Admite o Código que haja a formulação de pedido genérico em certas situações, o que se aplica também à reconvenção. Nestes casos, a sentença poderá ser ilíquida e, oportunamente, haverá a respectiva liquidação.

Poderá ser formulado pedido genérico nas seguintes situações (art. 324, § 1º): I – nas ações universais, se o autor não puder individuar os bens demandados; II – quando não for possível determinar, desde logo, as consequências do ato ou do fato; III – quando a determinação do objeto ou do valor da condenação depender de ato que deva ser praticado pelo réu.

Em casos como estes, em que formulado pedido genérico, na ação relativa à obrigação de pagar quantia certa, **deverá a decisão judicial definir desde logo a extensão da obrigação, o índice de correção monetária, a taxa de juros, o termo inicial e a periodicidade da capitalização dos juros** (art. 491), a não ser que: i) não for possível determinar, de modo definitivo, o montante devido; ii) a apuração do valor devido depender da produção de prova de realização demorada ou excessivamente dispendiosa, assim reconhecida na sentença.

Portanto, pode-se extrair a seguinte sequência:

➔ **PEDIDO DETERMINADO**

➔ **EXCEPCIONALMENTE: PEDIDO GENÉRICO**. Mesmo neste caso, na ação relativa à obrigação de pagar quantia certa, deve **a sentença definir desde logo** a extensão da obrigação, salvo se: i) não for possível determinar de imediato o valor da obrigação; ii) a apuração do valor depende da produção da prova de realização demorada ou excessivamente dispendiosa.

Em resumo, deverá o pedido ser: **CERTO e DETERMINADO.**

Poderá o autor apresentar PEDIDO ALTERNATIVO, quando, pela natureza da obrigação, o devedor puder cumprir a prestação de mais de um modo.

A escolha do modo de cumprimento da prestação poderá competir ao autor ou ao réu. No primeiro caso, o autor já fará tal indicação na inicial. Competindo ao réu, de outro lado, o juiz lhe facultará o direito de cumprir a prestação de um ou de outro modo, ainda que o autor não tenha formulado pedido alternativo.

A petição inicial poderá contar com um único pedido, ou com mais de um pedido. Neste último caso, tem-se a cumulação de pedidos.

A cumulação de pedidos comporta a seguinte classificação:

CUMULAÇÃO DE PEDIDOS	
PRÓPRIA	**IMPRÓPRIA**
Haverá a formulação de mais de um pedido e o demandante requer que todos eles sejam acolhidos.	Haverá a formulação de mais de um pedido e o demandante requer que apenas um deles seja acolhido.
Poderá ser simples e sucessiva.	Poderá ser subsidiária e alternativa.

Na cumulação própria, como afirmado, o demandante apresenta mais de um pedido na petição inicial e requer que todos eles sejam acolhidos. É o caso, por exemplo, do pedido de condenação ao pagamento de indenização por dano moral e também à entrega de determinado bem. Também pode ser citada a ação de investigação de paternidade cumulada com alimentos.

Na cumulação própria simples, o autor requer que mais de um pedido seja acolhido e a improcedência de um não refletirá diretamente no outro pedido. No caso de pedido de condenação ao pagamento de indenização em virtude de danos materiais e morais, o juiz poderá não acolher o primeiro pedido, pois não comprovados os danos, mas condenar a parte contrária em virtude do dano moral, por reconhecer que o seu ato causou sofrimento à parte.

De outro lado, na cumulação própria sucessiva, para que o juiz possa analisar o segundo pedido, deverá ter acolhido o primeiro. Na investigação de paternidade, como regra, o magistrado condenará ao pagamento de alimentos, se for reconhecida a paternidade do réu. Se improcedente este pedido (paternidade), não haverá a condenação ao pagamento de alimentos.

Por sua vez, na sua cumulação imprópria, o autor apresentará mais de um pedido, mas não requererá que todos eles sejam acolhidos.

O *caput* do art. 327 do Código de Processo Civil determina que é possível a cumulação de vários pedidos, contra o mesmo réu, em um único processo, ainda que entre eles não haja conexão. Para tanto, deverão os pedidos serem compatíveis entre si, o juízo ser competente para deles conhecer (competência absoluta) e o procedimento seja também adequado.

Duas observações são importantes para o art. 327, exigindo-se a máxima atenção do leitor. A compatibilidade dos pedidos deve ocorrer na cumulação própria, pois não é possível ao juiz deferir pedidos incompatíveis. De outro lado, aquela compatibilidade não é exigida para a cumulação imprópria, quer seja alternativa, quer seja subsidiária.

A COMPATIBILIDADE DOS PEDIDOS NÃO É REQUISITO NA CUMULAÇÃO SUBSIDIÁRIA E NA ALTERNATIVA.

Quando, para cada pedido, corresponder tipo diverso de procedimento, será admitida a cumulação se o autor empregar o **procedimento comum**, podendo ser empregadas as técnicas processuais diferenciadas previstas nos procedimentos especiais a que se sujeitam um ou mais pedidos cumulados, que não forem incompatíveis com as disposições sobre o procedimento comum.

Será subsidiária quando o autor formular mais de um pedido e estipular uma ordem entre eles. Assim, requererá o acolhimento do primeiro e, se acaso for improcedente o pedido, que se passe à análise do segundo e assim por diante. Pede-se a anulação do contrato e, se não for possível, a invalidade de uma das cláusulas.

A cumulação imprópria será alternativa na hipótese em que forem apresentados mais de um pedido e a parte não estipular uma ordem entre eles, podendo o juiz acolher o que entender correto. Nesse passo, o autor apresenta os pedidos 1 e 2 e pede que o magistrado julgue procedente um deles, sem estabelecer qualquer ordem de preferência. Se o magistrado julgar procedente o de número 1, não poderá o réu recorrer posteriormente.

Trata o Código de Processo Civil da pluralidade de credores de obrigação indivisível, em que um ou mais não tenham participado do processo. Um exemplo poderá auxiliar no entendimento. Imagine-se que existam dois credores de uma obrigação de entregar, consistente na entrega de uma máquina de colher grãos. No contrato estabelecido, firmou-se que se tratam de credores solidários, de modo que qualquer um deles poderá exigir o cumprimento da obrigação, sem necessidade da participação do outro. Em tal situação, aquele que não participou do processo deverá receber sua parte, mas serão abatidas as despesas de forma proporcional.

17.3.4. ALTERAÇÃO DO PEDIDO OU DA CAUSA DE PEDIR

Até a citação do réu, poderá o autor aditar ou alterar o pedido ou a causa de pedir (que correspondem aos elementos objetivos da ação), independentemente de concordância daquele.

Posteriormente à citação, as alterações dependerão da concordância do réu e somente poderão ser requeridas até o **saneamento do processo**, assegurando-se o contraditório e o requerimento de prova suplementar.

Em razão disso, diz-se que com o saneamento ocorre a estabilização do processo, não podendo mais haver a modificação do pedido ou da causa de pedir.

Estas regras se aplicam também à reconvenção.

17.3.5. INDEFERIMENTO DA PETIÇÃO INICIAL

O indeferimento da petição inicial consiste na manifestação do juiz no sentido de que, a partir dos elementos indicados naquela peça, a ação não poderá prosseguir. Poderá ocorrer de forma parcial, com relação a algum dos pedidos, ou total, o que refletirá na natureza do pronunciamento jurisdicional (decisão interlocutória ou sentença).

Houve uma sensível diferença no tratamento da matéria pelo Novo Código de Processo Civil. No CPC anterior, o indeferimento da inicial poderia consistir em um pronunciamento com ou sem análise de mérito. No CPC 2015, por sua vez, **o indeferimento decorrerá de pronunciamento sem análise de mérito.**

INDEFERIMENTO DA INICIAL (CPC 2015)
PRONUNCIAMENTO SEM ANÁLISE DE MÉRITO

Há de ser lembrado que, em razão do princípio da primazia do julgamento do mérito, o ideal é que não ocorra o indeferimento da petição inicial. Esta medida somente ocorrerá se eventual vício não puder ser sanado, ou se a parte, intimada, não promoveu ao devido ajuste.

A petição inicial será indeferida quando: I – for inepta; II – a parte for manifestamente ilegítima; III – o autor carecer de interesse processual; IV – não atendidas as prescrições dos arts. 106 e 321.

A inépcia da inicial decorrerá de algum problema em relação ao discorrer dos fatos ou da causa de pedir. Nesse sentido, prevê o art. 301, § 1º, que se considera inepta a petição quando: I – lhe faltar pedido ou causa de pedir; II – o pedido for indeterminado, ressalvadas as hipóteses legais em que se permite o pedido genérico; III – da narração dos fatos não decorrer logicamente a conclusão; IV – contiver pedidos incompatíveis entre si.

17.3.6. DA IMPROCEDÊNCIA LIMINAR DO PEDIDO

Entende-se por liminar o pronunciamento proferido no início do processo, no seu limiar. A liminar poderá consistir em uma decisão interlocutória (tutela antecipada), em uma sentença (sentença de indeferimento da inicial), decisão monocrática proferida por relator e, porque não, até por decisão colegiada em Tribunal.

Como regra, uma vez iniciado o procedimento, haverá a citação da parte contrária e o andamento regular dos atos processuais, para que o magistrado possa, ao final, proferir a sentença de mérito.

Contudo, como visto no item anterior, será possível que o magistrado entenda que a petição inicial não reúne condições para que haja o desenrolar do processo, hipótese em que poderá indeferir a petição inicial, com pronunciamento sem análise de mérito.

Em outros casos, faculta o Novo CPC que o juiz analise o mérito desde já, independentemente de citação da parte contrária, **proferindo pronunciamento de improcedência liminar do pedido**.

Há uma diferenciação a ser feita que é vital para o entendimento. Na improcedência liminar, o magistrado analisa o mérito. Julga-o desde já, com possibilidade de formação da coisa julgada material, se não houver a interposição de recurso. No indeferimento da inicial, contudo, não há análise de mérito.

Assim, o autor postula os seus pedidos e o magistrado, quando da análise da inicial, profere julgamento de improcedência liminar.

O Novo CPC permite que tal julgamento ocorra, em suma, quando a pretensão apresentada pela parte contrária encampar tese jurídica contrária ao já decidido em determinados precedentes, quais sejam: I – enunciado de súmula do Supremo Tribunal Federal ou do Superior Tribunal de Justiça; II – acórdão proferido pelo Supremo Tribunal Federal ou pelo Superior Tribunal de Justiça em julgamento de recursos repetitivos; III – entendimento firmado em incidente de resolução de demandas repetitivas ou de assunção de competência; IV – enunciado de súmula de tribunal de justiça sobre direito local.

Nestes casos, o magistrado funcionará como porta-voz do Tribunal e, considerando que os juízes e tribunais devem observar os precedentes (art. 927 do NCPC), autoriza-se que o pedido seja julgado improcedente desde já.

É claro que a procedência do pedido não será admitida de imediato, havendo necessidade da formação do contraditório e da ampla defesa. Tal julgamento somente será admitido na improcedência.

Também será admitida a improcedência liminar se o magistrado verificar, desde logo, **a prescrição e a decadência**.

> *Vale a pena enfatizar que a prescrição e a decadência, no CPC anterior, eram causas de indeferimento da inicial. Atualmente, não são mais motivos de indeferimento, mas justificam a liminar improcedência.*

17.4. RESPOSTA DO RÉU

17.4.1. PRINCÍPIOS QUE REGEM A CONTESTAÇÃO

Alinhado com a ideia de exercício da ampla defesa e do contraditório, o polo passivo da ação será devidamente citado e, no tempo oportuno, poderá oferecer resposta. E o exercício da defesa pelo réu será efetivado por meio de um instrumento específico, denominado contestação, a ser oferecido de forma escrita.

Será na contestação que o réu concentrará toda a sua matéria de defesa, sob pena de preclusão. Uma vez apresentada, não será possível complementá-la, como regra.

O NOVO CPC AUMENTOU A QUANTIDADE DE MATÉRIAS QUE PODEM SER ALEGADAS NA CONTESTAÇÃO

Alegação de incompetência territorial, impugnação ao valor da causa, impugnação à assistência judiciária (pelo réu) e a reconvenção **constarão da própria contestação**, como preliminares, e não mais em separado.

A contestação é regida pelos seguintes princípios:

a) concentração: deverá o réu concentrar em sua defesa toda a matéria de defesa, ainda que contraditória. Trata-se do momento oportuno para que isso seja feito. Uma vez apresentada, não poderá ser posteriormente complementada, uma vez que verificada a preclusão consumativa.

Há, porém, matérias que o réu poderá alegar posteriormente. Estão elencadas no art. 342 do CPC: i) relativas a direito ou a fato superveniente; ii) competir ao juiz conhecer delas de ofício; iii) por expressa autorização legal, puderem ser formuladas em qualquer tempo e grau de jurisdição.

Nestes casos, admite-se que a matéria seja alegada posteriormente. Imagine-se, por exemplo, o tema prescrição. Como sabido, dele o juiz poderá conhecer, de ofício, a qualquer momento. Por isso, o réu poderá alegá-la posteriormente, ainda que já oferecida contestação. A decadência contém uma particularidade, em razão de suas duas espécies. A decadência legal poderá ser alegada e conhecida a qualquer momento. De outro lado, a decadência convencional poderá ser alegada a qualquer tempo, muito embora somente poderá ser conhecida se houver requerimento nesse sentido. O juiz não poderá dela conhecer de ofício.

A regra, portanto, é de que toda a matéria de defesa seja alegada na contestação, ainda que ela seja contraditória.

b) ônus da impugnação especificada: a contestação é a oportunidade para que o réu impugne os fatos apresentados pelo autor na petição inicial. Algumas explicações preliminares são importantes para o entendimento correto deste princípio.

Na petição inicial, o autor apresenta os fatos dos quais extrai determinadas consequências jurídicas. O réu, ao ser citado, terá oportunidade de impugnar cada um destes fatos por meio da contestação, quando, então, passa-se a ter uma questão controvertida sobre a qual incidirá a prova. De outro lado, se o fato não for impugnado, será presumida a sua veracidade. Trata-se do ônus da impugnação especificada.

Porém, não haverá a presunção de veracidade, se não for admissível, a seu respeito, a confissão; se a petição inicial não estiver acompanhada de instrumento que a lei considerar da substância do ato; se os fatos estiverem em contradição com a defesa, considerada em seu conjunto.

Tal ônus não será aplicado ao defensor público, ao advogado dativo e ao curador especial. Dessa maneira, pela previsão contida no art. 341, parágrafo único do CPC, se a parte for assistida por Defensor Público, ainda que não apresente resposta, tem-se que não serão presumidos como verdadeiros os fatos articulados na petição inicial.

17.4.2. DA FORMA E DO PRAZO DA CONTESTAÇÃO

A contestação deverá ser apresentada por meio de petição, no prazo de 15 dias, sendo aplicáveis os prazos especiais previstos na lei.

> **Têm prazos especiais**: *Ministério Público, Defensoria Pública, Fazenda Pública e litisconsortes com diversos procuradores, que não sejam do mesmo escritório jurídico e não seja processo eletrônico.*

No CPC de 1973, o prazo para o oferecimento de resposta era contado da juntada do mandado de citação aos autos. No CPC de 2015, porém, como houve previsão da necessidade de ser designada a audiência de conciliação ou de mediação, o prazo de resposta terá outro termo inicial.

Nesse sentido, prevê o art. 335 do Código de Processo Civil que o termo inicial será a data:

i) da audiência de conciliação ou de mediação, ou da última sessão de conciliação, quando qualquer parte não comparecer ou, comparecendo, não houver autocomposição: uma vez designada a audiência para tentativa conciliação ou de mediação, deverão as partes comparecer para a composição. Se esta ocorrer, será o ajuste homologado por sentença judicial. Porém, se a composição não ocorrer e houver necessidade de continuação do procedimento, será iniciado o prazo para que o réu possa apresentar a sua contestação. Importante que o (a) candidato(a) esteja bem atento à forma de contagem deste prazo, pois é possível que haja questionamento para indicação de seu termo final em um determinado problema. A título de exemplo, examina-se a seguinte hipótese.

> *O autor propôs ação de cobrança. Foi designada audiência de conciliação. As partes compareceram à audiência, oportunidade em que foi tentada a composição entre elas, que restou infrutífera. Nesse caso, haverá necessidade de continuidade do processo, abrindo-se prazo para que o réu ofereça resposta. Considerando-se que a audiência foi realizada no dia 23.09.2016, assinale o prazo final para que o réu possa oferecer resposta.*

ii) do protocolo do pedido de cancelamento da audiência de conciliação ou de mediação apresentado pelo réu, quando ocorrer a hipótese do art. 334, § 4º, inciso I: poderá o autor ter indicado na petição inicial que não pretende conciliar-se, tendo o réu feito o mesmo no prazo legal. Dessa maneira, não há motivo para que seja realizada a audiência, que será dada como prejudicada. Nesse caso, o prazo para que o réu possa oferecer a sua resposta será na data do protocolo do pedido de cancelamento apresentado pelo réu.

Se houver litisconsórcio passivo, o prazo será contado a partir de cada pedido de cancelamento da audiência. Registre-se que, nesta hipótese, o prazo não será iniciado conjuntamente para todos os réus. Será contado de uma maneira para aqueles que requererem o cancelamento da audiência e da audiência para os demais, se ela ainda assim for realizada.

iii) prevista no art. 231, de acordo com o modo como foi feita a citação, nos demais casos: no inciso III estão incluídas várias situações, como, por exemplo, o caso em que o magistrado vislumbrou, de imediato, que não deverá ser designada audiência de conciliação ou de mediação, uma vez que o direito é indisponível. Dessa forma, desde já, dispensa a audiência e determina a citação do réu para oferecer resposta. Assim, o prazo para a contestação será iniciado: a) da data de juntada aos autos do aviso de recebimento, quando a citação for pelo correio; b) da data de juntada aos autos do mandado cumprido, quando a citação for por oficial de justiça; c) da data da citação, se esta for promovida pelo escrivão ou chefe de secretaria; d) do dia útil seguinte ao fim da dilação assinada pelo juiz, quando a citação for por edital; e) do dia seguinte à consulta ao teor da citação ou ao término do prazo para que a consulta se dê, quando a citação for eletrônica; f) da data da juntada do comunicado de que houve a citação pelo juízo deprecado, ou, não havendo tal, da data de juntada da carta aos autos de origem devidamente cumprida.

Tratando-se de prazo processual, naturalmente, o prazo de resposta será contado em dias úteis.

17.4.3. CONTEÚDO DA RESPOSTA

O Código de Processo Civil de 2015 acarretou na concentração das matérias que podem ser alegadas na contestação, se comparado com o Código anterior.

Nesse sentido, podem ser alegadas e apresentadas as seguintes matérias processuais e substanciais. Além disso, será também possível apresentar pedido na própria contestação, como adiante será visto.

CONTEÚDO DA CONTESTAÇÃO		
DEFESA PROCESSUAL	DEFESA DE MÉRITO	EXERCÍCIO DE PRETENSÃO

Defesa processual: poderá o réu alegar determinadas matérias, que são indicadas como processuais, por não se referirem ao mérito. Tratam-se das preliminares, que podem ser ainda classificadas em dilatória ou peremptórias.

A defesa processual dilatória importa no prolongamento da relação processual, como ocorre com a incompetência absoluta. Nesse caso, o juiz não encerra o processo, mas determina o seu encaminhamento para o juízo competente, o que importa em uma demora na solução da questão.

De outro lado, a defesa processual peremptória importará na extinção do processo, como ocorre com o reconhecimento da existência de coisa julgada.

O art. 337 do Código de Processo Civil elenca as preliminares. Em comum, já poderiam ser conhecidas de ofício pelo juiz, ou seja, independentemente de serem alegadas na contestação, com exceção da incompetência relativa e da convenção de arbitragem, que dependem de ser alegadas pela parte.

> *Há duas preliminares que tratam de matérias que* **não podem ser conhecidas de ofício pelo juiz.** *São elas:* **incompetência relativa e a convenção de arbitragem.**

São preliminares:

i) inexistência ou nulidade da citação: a realização da citação é de suma importância para a relação processual, bem como seu desenvolvimento válido. Por isso, poderá o réu alegar que a citação não ocorreu, ou que o ato foi inválido.

ii) incompetência absoluta e relativa: como já foi afirmado, a competência é a delimitação da jurisdição. É a divisão do trabalho entre os juízes. É a lei quem define qual juízo será competente para conhecer determinada matéria. As regras de competência podem ser fixadas tendo em vista o interesse público, ou apenas o interesse (comodidade) das partes. A inobservância de tais regras poderá ser alegada na própria contestação, o que se observa para a incompetência absoluta, como também para a relativa. Note-se que o Novo CPC não mais exige a chamada exceção para que a incompetência relativa seja alegada. Ela poderá ser mencionada como preliminar na contestação. Como se trata da inobservância de regra vinculada ao interesse das partes, não poderá ser conhecida de ofício pelo juiz. Não alegada, ocorrerá a preclusão e o juízo, antes incompetente, passa a ser competente. Havendo incompetência absoluta ou relativa, a contestação poderá ser protocolada no foro do domicílio do réu, fato que será imediatamente comunicado ao juiz da causa, preferencialmente por meio eletrônico. Neste caso, a contestação será submetida a livre distribuição ou, se o réu houver sido citado por meio de carta precatória, juntada aos autos dessa carta, seguindo-se a sua imediata remessa para o juízo da causa. Se reconhecida a competência do foro indicado pelo réu, o juízo para o qual for distribuída a contestação ou a carta precatória será considerado prevento. Alegada a incompetência, nesses termos, será suspensa a realização da audiência de conciliação ou de mediação, se tiver sido designada.

iii) incorreção do valor da causa: o valor da causa é um dos requisitos da petição inicial. A toda causa, ainda que não tenha conteúdo econômico imediato, será atribuído um valor da causa, que se apresenta como importante por vários aspectos, como, por exemplo, para a fixação da verba honorária devida. Se o valor da causa for indicado de forma incorreta, poderá o réu impugná-lo como preliminar na contestação. De toda forma, também poderá o juiz determinar a correção de ofício.

iv) inépcia da petição inicial: as causas de inépcia da petição inicial já foram vistas e, uma vez presentes, poderão ser arguidas na própria contestação. Mas é preciso ter cuidado com um detalhe: o indeferimento da inicial, ante a inépcia, somente ocorrerá quando do juízo de admissibilidade da ação. Posteriormente, o juízo poderá extinguir o processo, mas não será caso de indeferimento da inicial. Por isso, se o réu alegar a inépcia da petição inicial na contestação e o juiz conhecer dessa alegação, tem-se que será possível a extinção sem o indeferimento da inicial.

v) perempção: trata-se de um dos pressupostos negativos e consiste na perda do direito de demandar sobre determinado objeto. Persiste a pretensão, muito embora ela não possa ser exercida por meio de ação. Isso não prejudica a possibilidade de que seja alegada como matéria de defesa. Nesse sentido, dispõe o § 3º do art. 486: "se o autor der causa, por três vezes, a sentença fundada em abandono da causa, não poderá propor nova ação contra o mesmo réu com o mesmo objetivo, ficando-lhe ressalvada, entretanto, a possibilidade de alegar em defesa o seu direito".

vi) litispendência: a litispendência é um pressuposto negativo. Poderá ser alegada quando se reproduzir uma ação anteriormente ajuizada e que estiver em curso, o que ocorrerá quando possuir as mesmas partes, a mesma causa de pedir e o mesmo pedido.

vii) coisa julgada: também se trata de um pressuposto negativo. Poderá ser alegada quando se reproduzir uma ação anteriormente ajuizada e que já foi decidida por decisão transitada em julgado.

O estudo da litispendência, da coisa julgada e também da conexão pode ser objeto de infindáveis páginas, sobretudo diante de sua complexidade e das suas consequências. Por ora, deve ser ressaltado que pressupõem uma ligação entre duas ou mais demandas. Entre a litispendência e a coisa julgada verifica-se um aspecto em comum, qual seja, que ocorre a repetição de ajuizamento de uma ação antes já proposta. Porém, na litispendência, a ação está em trâmite, ao passo que na coisa julgada, já houve o trânsito em julgado. As duas hipóteses acarretarão na extinção do processo sem análise de mérito. Diferenciam-se da conexão, como será visto, porque nesta, embora haja relação, não se repete ação já ajuizada, por faltar identidade ao menos com um dos elementos da ação.

viii) conexão: entre duas ou mais demandas é possível de se estabelecer a existência de uma relação ou afinidade, que pode justificar, por exemplo, o julgamento em conjunto a fim de que não haja decisões contraditórias. Imagine-se, por exemplo, uma ação de cobrança proposta por uma das partes e outra ação de desconstituição de negócio jurídico proposta pela outra parte. Verifica-se que há relação entre as demandas, podendo ser identificada, então, a conexão. De acordo com o Código de Processo Civil, haverá a conexão quando entre duas ações for comum o pedido ou a causa de pedir (art. 113, II). O réu poderá alegar a existência de conexão na contestação, como preliminar, e requerer que ocorra o julgamento conjunto dos processos, ou, a suspensão de um deles, aguardando-se a análise do outro.

ix) incapacidade da parte, defeito de representação ou falta de autorização: havendo vício nesse sentido, poderá o réu alegá-lo na contestação;

x) convenção de arbitragem: a jurisdição poderá ser pública ou privada. No primeiro caso, tem-se que o conflito será solucionado pelo Poder Judiciário. Na jurisdição privada, porém, as partes entenderam por bem escolher um árbitro para resolvê-lo. Não obstante tenha ocorrido a convenção, é possível que uma das partes opte por propor ação perante o Poder Judiciário, abrindo mão da jurisdição privada. Feito isso, o magistrado não poderá negar o recebimento da ação e a continuidade do processo, aguardando-se a manifestação pelo réu. Se este, por sua vez, nada alegar a respeito, tem-se que a ação prosseguirá, estando preclusa a oportunidade de requerer que a demanda seja julgada pelo árbitro. Diferentemente, poderá o réu alegar a matéria como preliminar, na contestação, o que acarretará na impossibilidade de análise do mérito pelo juiz. Como se vê, trata-se de uma preliminar que não poderá ser conhecida de ofício pelo juiz.

xi) ausência de legitimidade ou de interesse processual: parcela considerável da doutrina Código de Processo Civil encampou as condições da ação como categoria processual. Para esta, porém, as condições da ação resumem-se a duas (ao contrário do que ocorria anteriormente), quais sejam: a legitimidade ad causam e o interesse de agir. A possibilidade jurídica do pedido deixou de ser uma das condições da ação para ser alegada como matéria de mérito. Para outra parcela, porém, as condições da ação não mais existem. De uma forma ou de outra, o fato é que o réu poderá alegar a falta de legitimidade ou de interesse processual como matéria preliminar, ao passo que a impossibilidade jurídica do pedido deverá ser tratada como matéria de mérito. Alegada a ilegitimidade, deverá o réu indicar o sujeito passivo da relação jurídica discutida sempre que tiver conhecimento, sob pena de arcar com as despesas processuais e de indenizar o autor pelos prejuízos decorrentes da falta de indicação.

xii) falta de caução ou de outra prestação que a lei exige como preliminar: para o exercício de determinadas pretensões, poderá a lei exigir que o autor preste caução ou efetue o depósito de determinada quantia. Assim ocorre, por exemplo, para o ajuizamento da ação rescisória, quando deverá ser depositado o valor correspondente a 5% do valor da causa.

xiii) indevida concessão do benefício da gratuidade de justiça: por vezes, a parte não terá condições de demandar e efetuar o pagamento das custas processuais sem prejuízo para o seu próprio sustento e o de sua família. Por isso, admite-se a concessão da gratuidade de justiça pelo juiz. Esta gratuidade poderá ser deferida ao autor e ao réu. Se requerida pelo autor, na petição inicial, competirá ao réu impugná-la na própria contestação. Verifica-se, mais uma vez, uma mudança considerável em relação ao CPC anterior, uma vez que tal alegação dependia de apresentação de peça em separado.

Defesa de mérito:

Além das preliminares, naturalmente, também será na contestação que o réu alegará a sua defesa de mérito, quando então apresentará os motivos que entende que o pedido do autor não poderá ser acolhido. A defesa de mérito, por sua vez, poderá ser dividida em defesa direta e defesa indireta.

Por meio da defesa de mérito direta, o réu nega os fatos alegados pelo autor na petição inicial. De outro lado, na defesa de mérito indireta, o réu não nega tais fatos, mas apresenta outros modificativos, suspensivos ou impeditivos do direito do autor. Consiste em defesa de mérito indireta a alegação da prescrição da pretensão do autor.

Exercício de pretensão: poderá o réu, ainda na contestação, exercer pretensão em face do autor, ou mesmo de terceiro. E assim ocorrerá na reconvenção ou mesmo na denunciação da lide.

17.5. DA RECONVENÇÃO

17.5.1. CONCEITO

A reconvenção é o contra-ataque exercido pelo réu (identificado como réu-reconvinte), ou, no mínimo este e mais pessoas, em face do autor ou também autor e outras pessoas. Trata-se de ação promovida no mesmo processo, que será exercida na própria contestação, quando então deverá o réu indicar o valor da causa (art. 292 *caput* CPC), devendo o pedido ser certo e determinado, admitindo-se também o pedido genérico nas hipóteses legais (art. 324 § 2º).

Por ser ação autônoma, a desistência da ação principal ou a ocorrência de causa extintiva que impeça o exame de seu mérito não obsta ao prosseguimento do processo quanto à reconvenção.

Oferecida a reconvenção, o magistrado determinará que se proceda à respectiva anotação pelo distribuidor (art. 286, parágrafo único).

Na reconvenção não se exigirá caução para que o brasileiro ou estrangeiro, que resida fora do Brasil ou que deixar de residir no país ao longo da tramitação de processo, ainda que não tenha bens imóveis no Brasil que assegure o pagamento das custas e dos honorários de advogado da parte contrária (art. 83, III do CPC).

17.5.2. MOMENTO PARA O EXERCÍCIO

Como visto, diferentemente do CPC anterior, a reconvenção será exercida na própria contestação. Se o réu optar por não apresentar a contestação, poderá oferecer reconvenção no prazo de que dispõe para protocolar a defesa.

A reconvenção poderá ser apresentada para o exercício de pretensão própria, conexa com a ação principal ou com o fundamento da defesa.

17.5.3. PARTES NA RECONVENÇÃO

A reconvenção contará com, no mínimo, as partes da relação processual. O polo ativo será ocupado pelo réu da ação inicial, enquanto o polo passivo pelo seu autor. Não obstante, é possível que ocorra a acréscimo de partes, sendo permitida a formação de litisconsórcio.

Assim, se A propõe ação em face de B, tem-se que B poderá oferecer reconvenção em face de A.

Porém, admite-se também que B ofereça reconvenção em face de A e também de C, assim como, também é possível que B e D ofereçam reconvenção em face de A.

Enfim, é possível o acréscimo subjetivo do processo na reconvenção. Porém, esta deverá contar, no mínimo, com as partes originárias do processo inicial (principal).

Sendo o autor substituto processual, ou seja, demandando em seu nome para a defesa de interesses de outrem, em virtude de permissivo legal, será admitida a reconvenção se o reconvinte afirmar ser titular de direito em face do substituído, figurando o réu-reconvindo como substituto processual.

Admite-se a ampliação subjetiva na reconvenção!!

17.5.4. FORMAÇÃO DO CONTRADITÓRIO NA RECONVENÇÃO

O contraditório na reconvenção será formado a partir de intimação do autor, na pessoa de seu advogado, para apresentar resposta no prazo de 15 dias. Não há necessidade de citação do autor, conforme previsto no art. 343, § 1º.

17.5.5. A DECISÃO DA RECONVENÇÃO

Como regra, a ação inicial e a reconvenção serão julgadas pela mesma sentença. Trata-se de hipótese de cumulação objetiva de demandas. Haverá um capítulo para a ação inicial e outro para a reconvenção.

Contudo, é possível verificar hipóteses excepcionais, como pode ocorrer, a título de exemplo, com o julgamento antecipado em relação à ação inicial e a continuidade do processo no que toca à ação reconvencional.

17.5.6. HONORÁRIOS ADVOCATÍCIOS NA RECONVENÇÃO

Em conformidade com o art. 85, § 1º, do CPC, serão devidos honorários advocatícios na reconvenção, cumulativamente. Constituem-se em direito do advogado e têm natureza alimentar, com os mesmos privilégios dos créditos oriundos da legislação do trabalho, sendo vedada a compensação em caso de sucumbência parcial.

17.5.7. RECONVENÇÃO À RECONVENÇÃO

É admitida, como regra, a reconvenção à reconvenção. Assim, o réu apresenta o seu contra-ataque, o que também será exercido agora pelo autor-reconvindo, em razão da existência de conexão com o fundamento da defesa ou com a ação principal.

Porém, por expressa disposição legal, não se admite a reconvenção à reconvenção na ação monitória (art. 702 § 6º).

17.6. IMPULSO PROCESSUAL

O processo é desenvolvido por impulso oficial do magistrado, conforme já analisado nos princípios processuais.

17.7. PRAZOS E PRECLUSÃO

Os prazos e a preclusão já foram examinados anteriormente por conta do estudo dos atos processuais.

17.8. PRESCRIÇÃO

A prescrição é matéria de mérito, que pode ser conhecida de ofício pelo juiz depois de garantido o contraditório dinâmico. Admite-se o seu conhecimento de ofício, liminarmente, como hipótese de improcedência liminar.

17.9. INÉRCIA PROCESSUAL: CONTUMÁCIA E REVELIA

17.9.1. CONTUMÁCIA

A contumácia advém da inércia processual do autor ou do réu.

Assim, se o autor não comparecer à audiência designada de conciliação ou de mediação, haverá a sua contumácia.

17.9.2. DA REVELIA

A revelia é um fato e decorre da falta de oferecimento de resposta. Como visto anteriormente, para que o réu possa oferecer contestação, deverá observar o prazo previsto em lei.

Desse fato extraem-se determinados efeitos, conhecidos como efeitos material e processual da revelia.

É efeito material da revelia a presunção de veracidade dos fatos articulados pelo autor na inicial. Não decorre a lógica procedência do pedido, mas apenas a presunção de que os fatos indicados na petição inicial são verdadeiros.

Porém, não haverá a produção deste efeito se: i) havendo pluralidade de réus, algum deles contestar a ação; ii) o litígio versar sobre direitos indisponíveis; iii) a petição inicial não estiver acompanhada de instrumento que a lei considere indispensável à prova do ato; iv) as alegações de fato formuladas pelo autor forem inverossímeis ou estiverem em contradição com a prova constante dos autos.

Como é visto, não é sempre que haverá a incidência do efeito material da revelia. Este não se produzirá nas hipóteses mencionadas no art. 345 do CPC.

Entre as hipóteses, destaca-se a primeira prevista, no sentido de que, havendo pluralidade de réus, algum deles contestar a ação. A situação requer muito cuidado.

O litisconsórcio constitui-se na reunião de partes em um dos polos ou nos dois polos da ação. Admite várias classificações do litisconsórcio, sendo a mais importante a que se refere ao simples e ao unitário.

Pelo litisconsórcio simples, a decisão judicial a ser proferida não precisa ser uniforme para todos os litisconsortes. Poderá até ocorrer de ser, mas não é obrigatória a situação. Neste caso, cada litisconsorte é considerado como um litigante distinto.

No litisconsórcio unitário, por sua vez, a decisão a ser proferida obrigatoriamente deverá ser uniforme para todos os litisconsortes. Neste caso, todos eles são considerados como integrantes de um bloco único.

Pois bem. No litisconsórcio simples, uma vez apresentada a resposta por um dos litisconsortes, como eles são considerados como litigantes distintos, os demais não serão beneficiados ou prejudicados. Porém, no litisconsórcio unitário, como há necessidade de que a demanda seja julgada de modo uniforme para todos os litisconsortes, o ato processual praticado por um deles a todos se aproveita, ao passo que as omissões não prejudicam aos demais.

Por isso, a previsão contida no art. 345, I do CPC, refere-se exclusivamente ao litisconsórcio unitário, pois, apresentada a resposta por um dos litisconsortes, afasta-se a incidência do efeito material da revelia em relação aos demais, o que, contudo, não ocorrerá no litisconsorte simples.

Mas, muito cuidado ao resolver a questão, porque o examinador poderá não fazer qualquer distinção e exigir apenas conhecimento sobre o texto legal.

Também é digna de nota a situação das ações promovidas em face da Fazenda Pública (pessoas jurídicas de direito público). Nesses casos, questiona-se se esta estará sujeito ao efeito material da revelia. A questão vem sendo solucionada da seguinte maneira: como estas pessoas defendem interesses indisponíveis em juízo, a falta de resposta não acarretará a incidência de efeito material da revelia. Contudo, se a pessoa jurídica de direito público estiver defendendo interesse privado em juízo, então incidirá este efeito. Trata-se, em síntese, do posicionamento do Superior Tribunal de Justiça a respeito do tema.

Consiste o efeito processual da revelia na desnecessidade de intimação do réu dos demais atos processuais praticados no processo. A propósito, prevê o art. 346, caput do CPC, que, contra o revel que não tenha patrono constituído nos autos, os prazos fluirão da data de publicação do ato decisório no órgão oficial.

Portanto, revel o réu, este não será intimado dos demais atos processuais, salvo se constituir posteriormente advogado, caso em que este poderá intervir em qualquer fase, recebendo-o no estado em que se encontrar.

Na fase de cumprimento de sentença, contudo, sendo o réu citado por edital e não oferecer resposta, será intimado também por edital para cumprir a sentença (art. 513, § 2º, IV CPC).

17.10. DA FORMAÇÃO, DA SUSPENSÃO E DA EXTINÇÃO DO PROCESSO

17.10.1. DA FORMAÇÃO DO PROCESSO

A ação será considerada proposta quando a petição inicial for protocolada, ou seja, quando der entrada perante o Poder Judiciário, ainda que seja posteriormente distribuída e despachada.

17.10.2. DA SUSPENSÃO DO PROCESSO

Como regra, o processo será iniciado por iniciativa da parte e desenvolvido por impulso oficial do juiz. O ideal é que tenha início e se desenvolva até o seu encerramento. Porém, em determinadas situações, o trâmite processual será suspenso, deixando de tramitar por certo lapso de tempo.

Nesse sentido, o art. 313 do CPC indica, em rol exemplificativo, as hipóteses de suspensão do processo. A partir delas, o prazo deixa de correr para que, posteriormente, seja retomado pelo que faltava. São elas:

I. Morte ou pela perda da capacidade processual de qualquer das partes, de seu representante legal ou de seu procurador:

Havendo a morte de qualquer uma das partes, será necessária a regularização da relação processual, com a habilitação dos respectivos herdeiros, salvo em relação às ações personalíssimas, em que haverá a extinção do processo. Nesse sentido, em uma ação de divórcio, se houver o falecimento do autor, em razão da natureza personalíssima, tem-se a extinção, ao invés da suspensão do processo.

Ocorrente também o falecimento de qualquer um dos Advogados, o processo será suspenso para que haja a regularização da representação processual, com a constituição de novo causídico.

II. Pela convenção das partes:

Poderão as partes ajustar a suspensão do processo. Trata-se de direito subjetivo das partes, motivo pelo qual não poderá ser indeferido pelo juiz. Há a celebração de negócio processual.

III. Pela arguição de impedimento ou de suspeição:

Para que o juiz possa julgar a causa, a sua imparcialidade não poderá estar comprometida. Nesse sentido, não poderá atuar se for suspeito ou impedido. Tais causas não mais serão alegadas por meio de exceção, mas por simples petição, que será juntada aos autos. Ao receber a petição, automaticamente estará suspenso o processo.

A petição em que se alega impedimento e a suspeição será juntada aos autos. O magistrado analisará as razões e, concordando, encaminhará os autos ao seu substituto legal. Se discordar, mandará desentranhá-la e, após manifestar-se, encaminhará para o tribunal.

No tribunal será designado relator que, por sua vez, poderá atribuir o efeito suspensivo ou, então, determinar o processamento sem tal efeito.

IV. Pela admissão do incidente de resolução de demandas repetitivas

O incidente de resolução de demandas repetitivas se processa diretamente no tribunal e tem por finalidade a uniformização da jurisprudência daquele órgão e de seus juízes em torno de uma tese jurídica. Uma vez admitido o incidente, será possível que o relator determine a suspensão dos processos que digam respeito a mesma tese jurídica, a fim de que se aguarde o seu julgamento.

V. Quando a sentença de mérito:

a) depender do julgamento de outra causa ou da declaração de existência ou da inexistência de relação jurídica que constitua o objeto principal de outro processo pendente: nesse caso, há necessidade de se suspender o processo e aguardar-se o julgamento de questão prejudicial. A questão prejudicial é aquela que influenciará no mérito da ação.

b) tiver de ser proferida somente após a verificação de determinado fato ou a produção de certa prova, requisitada a outro juízo: tendo sido expedida carta de ordem ou carta precatória, será possível a suspensão do processo para aguardar o seu retorno.

VI. Por motivo de força maior;

VII. Quando se discutir em juízo questão decorrente de acidentes e fatos da navegação de competência do Tribunal Marítimo;

VIII. Em outros casos regulados pelo Código.

IX – pelo parto ou pela concessão de adoção, quando a advogada responsável pelo processo constituir a única patrona da causa;

X – quando o advogado responsável pelo processo constituir o único patrono da causa e tornar-se pai.

ATENÇÃO: os dois últimos incisos foram inseridos pela Lei n. 13.363/2016.

Pelo parto ou pela concessão de adoção, quando a advogada responsável pelo processo constituir a única patrona da causa, o período de suspensão será de 30 dias, contado a partir da data do parto ou da concessão da adoção.

Quando o advogado responsável pelo processo constituir o único patrono da causa e tornar-se pai, o período de suspensão será de oito dias.

17.10.3. DA EXTINÇÃO DO PROCESSO

A extinção do processo se dará por sentença, uma vez que encerrada a fase de conhecimento, o cumprimento de sentença ou a execução.

Não são todas as hipóteses de sentença que acarretam na extinção do processo.

A extinção ocorrerá em sentenças com ou sem análise de mérito. Ver, a propósito, os artigos 485 e 487 do CPC.

Antes de proferir decisão sem resolução do mérito, em atenção ao princípio do máximo aproveitamento dos atos processuais e também da primazia do julgamento do mérito, e ainda ao contraditório dinâmico, deverá o magistrado conceder à parte oportunidade para, se possível, corrigir o vício.

17.11. CONTESTAÇÃO. RECONVENÇÃO

Temas já tratados nos itens 17.4 e 17.5.

17.12. DAS DISPOSIÇÕES PRELIMINARES

Tendo o réu apresentado a sua resposta, poderá o magistrado tomar algumas providências, indicadas como preliminares. E assim são identificadas, porque objetivam preparar o processo para a fase processual seguinte.

Nesse sentido, verificando o magistrado que o réu não ofereceu resposta, mas que não haverá a incidência do efeito material da revelia, abrirá oportunidade para que o autor possa especificar as provas que pretende produzir, se ainda não as tiver indicado (art. 348).

Poderá o réu, que não ofereceu resposta, também requerer a produção de provas, desde que se faça representar nos autos a tempo de praticar os atos processuais indispensáveis a essa produção.

Também deverá o magistrado dar oportunidade para que o autor se manifeste, no prazo de 15 dias, se o réu oferecer defesa de mérito indireta, ou seja, se alegar fato impeditivo, modificativo ou extintivo do direito do autor (art. 350).

Ou, então, se o réu alegar qualquer uma das preliminares (defesa processual), deverá o juiz também oportunizar a manifestação pelo autor, no prazo de 15 dias.

Como preparação, verificando o magistrado que existem vícios sanáveis, determinará a sua correção em no máximo 30 dias.

Se o magistrado entender que não é o caso de extinção do processo ou de promover ao julgamento antecipado do mérito, então, deverá proferir decisão de saneamento e de organização do processo, por meio da qual: i) resolverá as questões processuais pendentes, se houver; ii) delimitará as questões de fato sobre as quais recairá a atividade probatória, especificando os meios de prova admitidos; iii) definirá a distribuição do ônus probatório; iv) delimitará as questões de direito relevantes para a decisão do mérito; v) designará, se necessário, audiência de instrução e julgamento.

Uma vez saneado o feito, poderão as partes pedir esclarecimentos ou mesmo pedir ajustes, no prazo comum de cinco dias, a partir do que a decisão se torna estável.

As questões de fato e de direito poderão ser delimitadas pelas partes, por meio de convenção consensual, o que, se homologado, as vinculará, assim como também ao juiz.

Por vezes, a causa poderá apresentar complexidade em matéria de fato ou de direito, quando então o magistrado designará audiência para que o saneamento seja feito em cooperação com as partes, oportunidade em que o juiz, se for o caso, convidará as partes a integrar ou esclarecer suas alegações. Trata-se do saneamento compartilhado.

Se for realizada a produção de prova testemunhal, o magistrado fixará prazo para que as partes arrolem as suas testemunhas, não superior a quinze dias.

17.13. JULGAMENTO CONFORME O ESTADO DO PROCESSO

Verificando o magistrado que poderá proferir pronunciamento sem a análise de mérito por incidir uma das hipóteses do art. 485, ou então, ser possível a análise de mérito com fundamento nos incisos II e III do art. 487 do CPC, proferirá sentença e extinguirá o processo (se decidir sobre a decadência ou a prescrição, ou, ainda, se homologar o reconhecimento da procedência do pedido formulado na ação ou na reconvenção, a transação ou a renúncia à pretensão formulada ou na reconvenção).

Admite-se também pronunciamento sobre parcela do processo, quando então proferirá decisão interlocutória, impugnável pelo recurso de agravo de instrumento.

Portanto:

> *A extinção do processo poderá ocorrer por meio de sentença, ou, se for parcial, de agravo de instrumento.*

Se não for o caso de promover a extinção do processo, com ou sem decisão de mérito, poderá o magistrado julgar antecipadamente o pedido, proferindo sentença com resolução de mérito, quando não houver necessidade de produção de outras provas, ou, sendo o réu revel, incidir o efeito material da revelia e não houver requerimento de prova.

Admite-se, também, o julgamento antecipado parcial do mérito, quando então apenas um ou parcela dos pedidos será decidido, prosseguindo-se o processo em relação aos demais. Trata-se de decisão interlocutória de mérito, que poderá ser impugnada por meio do recurso de agravo de instrumento.

Será admitido o julgamento antecipado parcial do mérito quando um ou mais dos pedidos formulados ou parcela deles apresentar-se incontroverso (não impugnado), ou se não houver necessidade de produção de outras provas, ou, ainda, se o réu for revel, incidir o efeito material da revelia e não houver requerimento de prova.

O julgamento antecipado parcial do mérito dependerá, como dito, de decisão interlocutória de mérito e, por isso, se não impugnada, formará a coisa julgada material, podendo ser objeto de cumprimento de sentença. A sua impugnação, contudo, poderá ser realizada por meio do recurso de agravo de instrumento.

Proferido o julgamento antecipado parcial do mérito, se ilíquida a decisão, admite-se desde já a sua liquidação e, também, a suja execução, independentemente de caução.

Note-se que a lei menciona a possibilidade do cumprimento provisório de decisão interlocutória de mérito, embora o condicione, para a sentença, que eventual apelação tenha apenas efeito devolutivo. E isso ocorre porque o agravo, como regra, tem apenas o efeito devolutivo, podendo o relator conceder o efeito suspensivo.

Se o magistrado entender que não é o caso de extinção do processo ou de promover ao julgamento antecipado do mérito, então, deverá proferir decisão de saneamento e de organização do processo, por meio da qual: i) resolverá as questões processuais pendentes, se houver; ii) delimitará as questões de fato sobre as quais recairá a atividade probatória, especificando os meios de prova admitidos; iii) definirá a distribuição do ônus probatório; iv) delimitará as questões de direito relevantes para a decisão do mérito; v) designará, se necessário, audiência de instrução e julgamento.

Uma vez saneado o feito, poderão as partes pedir esclarecimentos ou mesmo pedir ajustes, no prazo comum de cinco dias, a partir do que a decisão se torna estável.

As questões de fato e de direito poderão ser delimitadas pelas partes, por meio de convenção consensual, o que, se homologado, as vinculará, assim como também ao juiz.

Por vezes, a causa poderá apresentar complexidade em matéria de fato ou de direito, quando então o magistrado designará audiência para que o saneamento seja feito em cooperação com as partes, oportunidade em que o juiz, se for o caso, convidará as partes a integrar ou esclarecer suas alegações. Trata-se do saneamento compartilhado.

Se for realizada a produção de prova testemunhal, o magistrado fixará prazo para que as partes arrolem as suas testemunhas, não superior a quinze dias.

17.14. DAS PROVAS

17.14.1. APONTAMENTOS GERAIS

A doutrina prevê o direito constitucional à prova como decorrência do acesso à justiça. A parte também tem o direito de provar os fatos alegados.

Por meios de prova compreendem-se os procedimentos adequados para a obtenção da informação e o seu registro. Há vários meios de prova, como a pericial, a testemunhal. Não se confunde com fonte de prova.

A prova é extraída de uma fonte de prova. Uma pessoa pode ser uma fonte de prova, sendo aquela examinada por um perito médico, por exemplo. Tem-se, então, uma fonte de prova, que não se confunde com os meios de prova.

Serão admitidos todos os meios de prova moralmente legítimos, ainda que atípicos.

Admite-se, também, que o magistrado determine a produção da prova que entenda pertinente como decorrência do dever-poder instrutório do juiz (art. 370 do CPC).

Em consonância com o princípio da comunhão das provas, uma vez sendo produzida, poderá qualquer uma das partes dela se aproveitar, ainda que não tenha a requerido. A prova não pertence à parte que a produziu.

Ônus probatório: a propósito do tema, deve haver prévia análise da carga estática e da carga dinâmica do ônus probatório. Pela carga estática do ônus probatório, que ainda é a regra, há a prévia distribuição daquilo que cada parte no processo deverá comprovar. Desse modo, incumbe ao autor o ônus da prova quanto ao fato constitutivo de seu direito e ao réu, por sua vez, quanto ao fato impeditivo, modificativo ou extintivo do direito do autor.

Admite-se que as partes, por convenção, modifiquem o ônus da prova. Contudo, tal convenção não será admitida quando recair sobre direito indisponível da parte ou se tornar excessivamente difícil a uma parte o exercício do direito (art. 373, § 3º).

O NCPC inovou ao prever, também, a carga dinâmica do ônus probatório. Diferentemente do que foi anteriormente analisado, será possível que o juiz atribua o ônus da prova de modo diverso, desde que o faça por decisão fundamentada, justificada nos casos previstos em lei ou diante de peculiaridades da causa decorrentes da excessiva dificuldade de cumprir o encargo. Enfim, terá o ônus de provar aquele que tiver melhores condições de fazê-lo.

O objeto da prova são os fatos. Estes devem ser demonstrados. Porém, não dependem de prova os fatos notórios, afirmados por uma parte e confessados pela parte contrária, admitidos no processo como incontroversos ou em cujo favor milita presunção legal de existência ou de veracidade.

O direito não precisa ser demonstrado (*iura novit curia*). Ocorre que, se a parte alegar direito municipal, estadual, estrangeiro ou consuetudinário, poderá o juiz determinar que se prove o teor e a vigência.

Como já foi visto, poderá a carta precatória ou a carta de ordem importarem em suspender o processo. E isso ocorrerá quando for atribuído efeito suspensivo ao documento. Para tanto, deverão ser requeridas antes da decisão de saneamento, bem como que a prova nela produzida seja imprescindível.

O Código fez previsão da denominada **ação probatória, que tem por finalidade exclusiva a produção antecipada de prova que poderá ser utilizada posteriormente em procedimento arbitral, judicial ou administrativo. Será admitida se:** houver fundado receio de que venha a tornar-se impossível ou muito difícil a verificação de certos fatos na pendência da ação; a prova a ser produzida seja suscetível de viabilizar a autocomposição ou outro meio adequado de solução de conflito; o prévio conhecimento dos fatos possa justificar ou evitar o ajuizamento de ação.

Note-se que nem sempre haverá necessidade do elemento urgência.

A ação probatória não admitirá defesa ou recurso, salvo contra decisão que indeferir totalmente a produção da prova pleiteada pelo requerente originário.

Uma vez deferida e produzida a prova, os autos permanecerão durante um mês para extração de cópias e certidões.

Admite-se a arguição de falsidade documentação na própria contestação, na réplica no prazo de 15 dias, contado a partir da intimação da juntada. Uma vez arguida, dessa maneira, a falsidade, constando como questão principal, constará da parte dispositiva da sentença e sobre ela incidirá também a autoridade da coisa julgada.

17.14.2. DISTRIBUIÇÃO DO ÔNUS DA PROVA

Ônus probatório: a propósito do tema, deve haver prévia análise da carga estática e da carga dinâmica do ônus probatório. Pela carga estática do ônus probatório, que ainda é a regra, há a prévia distribuição daquilo que cada parte no processo deverá comprovar. Desse modo, incumbe ao autor o ônus da prova quanto ao fato constitutivo de seu direito e ao réu, por sua vez, quanto ao fato impeditivo, modificativo ou extintivo do direito do autor.

Admite-se que as partes, por convenção, modifiquem o ônus da prova. Contudo, tal convenção não será admitida quando recair sobre direito indisponível da parte ou se tornar excessivamente difícil a uma parte o exercício do direito (art. 373, § 3º).

O NCPC inovou ao prever, também, a carga dinâmica do ônus probatório. Diferentemente do que foi anteriormente analisado, será possível que o juiz atribua o ônus da prova de modo diverso, desde que o faça por decisão fundamentada, justificada nos casos previstos em lei ou diante de peculiaridades da causa decorrentes da excessiva dificuldade de cumprir o encargo. Enfim, terá o ônus de provar aquele que tiver melhores condições de fazê-lo.

O objeto da prova são os fatos. Estes devem ser demonstrados. Porém, não dependem de prova os fatos notórios, afirmados por uma parte e confessados pela parte contrária, admitidos no processo como incontroversos ou em cujo favor milita presunção legal de existência ou de veracidade.

O direito não precisa ser demonstrado (*iura novit cúria*). Ocorre que, se a parte alegar direito municipal, estadual, estrangeiro ou consuetudinário, poderá o juiz determinar que se prove o teor e a vigência.

Como já foi visto, poderá a carta precatória ou a carta de ordem importarem em suspender o processo. E isso ocorrerá quando for atribuído efeito suspensivo ao documento. Para tanto, deverão ser requeridas antes da decisão de saneamento, bem como que a prova nela produzida seja imprescindível.

17.14.3. FATOS QUE INDEPENDEM DE PROVA

As provas buscam demonstrar os fatos. Porém, nem todos os fatos precisam ser demonstrados.

Nesse sentido, o art. 374 dispensa a prova dos fatos: i) notórios; ii) afirmados por uma parte e confessados pela parte contrária; iii) admitidos no processo como incontroversos; iv) em cujo favor milita presunção legal de existência ou de veracidade.

17.14.4. DEPOIMENTO PESSOAL

O depoimento pessoal é um meio de prova consistente na colheita do depoimento do autor e do réu. Será produzido na audiência de instrução e julgamento, com possibilidade de que haja a formulação de reperguntas pelo advogado da parte contrária.

Não obstante, admite-se que, se a parte residir em comarca, seção ou subseção judiciária diversa daquela onde tramita o processo poderá ser colhida por meio de videoconferência ou outro recurso tecnológico de transmissão de sons e imagens em tempo real, o que poderá ocorrer, inclusive, durante a realização da audiência de instrução e julgamento.

Se a parte não comparecer, apesar de pessoalmente intimada, ser-lhe-á aplicada a pena de confesso. Da mesma forma, se recusar a depor.

A parte não é obrigada a depor sobre fatos criminosos ou torpes que lhe forem imputados, a cujo respeito, por estado ou profissão, deva guardar sigilo, acerca dos quais não possa responder sem desonra própria, de seu cônjuge, de seu companheiro ou de parente em grau sucessível, que coloquem em perigo a vida do depoente ou das pessoas antes indicadas. Esta regra, contudo, não se aplica às ações de estado e de família.

Difere o depoimento pessoal do interrogatório, que poderá ser colhido a qualquer momento. Porém, no interrogatório a parte não está obrigada a depor e, se deixar de fazê-lo, não lhe será aplicada a pena de confesso.

17.14.5. CONFISSÃO

Haverá a confissão quando a parte admite a verdade de fato contrário ao seu interesse e favorável ao do adversário.

Ela poderá ocorrer no âmbito judicial ou extrajudicial. Pode ainda ser espontânea ou provocada.

A confissão é irrevogável, mas poderá ser anulada se decorreu de erro de fato ou de coação. A legitimidade para a propositura desta ação é exclusiva do confitente e pode ser transferida a seus herdeiros se ele falecer após a propositura.

17.14.6. PROVA DOCUMENTAL

De todos os aspectos da prova documental, merecem ser destacados pela própria incidência em provas e concursos, alguns aspectos importantes.

O réu manifestar-se-á na contestação sobre os documentos anexos à inicial, e o autor na réplica sobre os documentos anexados na contestação.

A parte poderá requerer a juntada de documento aos processos e a outra poderá arguir a sua falsidade na contestação, na réplica ou no prazo de 15 dias contados da intimação da juntada dos documentos aos autos.

Arguida a falsidade como questão incidental, assim será decidida e não fará coisa julgada. Porém, poderá ser resolvida como questão principal, desde que haja requerimento da parte e seja o juiz competente, hipótese em que fará coisa julgada.

A propósito, indica o art. 433: "A declaração sobre a falsidade do documento, quando suscitada como questão principal, constará da parte dispositiva da sentença e sobre ela incidirá também a autoridade da coisa julgada".

Em regra, a prova documental deve ser apresentada juntamente com a petição inicial e contestação, sendo lícito às partes, porém, em qualquer momento, juntar aos autos documentos novos, se destinados a fazer prova de fatos ocorridos depois dos alegados, ou para contrapô-los aos que foram produzidos nos autos.

Sendo assim, se o réu apresenta fatos modificativos do direito do autor, poderá o autor apresentar novos documentos, afastando as alegações trazidas.

Os documentos podem ser públicos ou privados.

Competirá à parte impugnar a autenticidade da assinatura e a veracidade do contexto, o que presumir-se-á tendo em vista o seu silêncio. Tal eficácia cessa, contudo, se o documento foi obtido por erro, dolo ou coação, que podem ser alegados em momento posterior.

17.14.7. EXIBIÇÃO DE DOCUMENTOS OU COISAS

A exibição poderá ser determinada pelo juiz, estando o documento ou coisa sob poder da parte ou de terceiro.

Se estiver em poder da parte contrária, esta será intimada para responder no prazo de cinco dias contados de sua intimação. Instaura-se um incidente processual. Poderá o requerido afirmar que não possui o documento. Se o juiz não admitir a sua recusa, admitirá como verdadeiros os fatos que, por meio do documento ou da coisa, a parte pretendia provar se: i) o requerido não efetuar a exibição e nem fizer nenhuma declaração no prazo de cinco dias; ii) a recusa for havida por ilegítima.

Estando o documento ou coisa em poder de terceiro, será instaurado processo incidente. Nesse sentido, o terceiro será citado para responder no prazo de 15 dias. Não havendo motivo justo, o juiz ordenará o depósito em cartório, podendo haver a expedição de mandado de busca e apreensão.

17.14.8. PROVA TESTEMUNHAL

A testemunha é a fonte da prova testemunhal. É a pessoa que, não sendo parte, será chamada a depor sobre fatos tratados no processo, sendo indeferida a sua oitiva sobre fatos já provados por documento ou confissão da parte, ou que só por documento ou por exame pericial puderem ser provados.

Todas as pessoas podem ser acionadas como testemunhas, havendo ressalva, contudo, em relação às incapazes, impedidas e suspeitas.

Sendo necessário, o magistrado poderá ouvir as testemunhas menores, impedidas ou suspeitas, sem tomar-lhes o compromisso de dizer a verdade.

A testemunha é obrigada a depor e a dizer a verdade, sob pena de praticar o crime de falso testemunho. Porém, não é obrigada a depor sobre fatos: (i) que lhe acarretem grave dano, bem como ao seu cônjuge e aos seus parentes consanguíneos ou afins, em linha reta, ou na colateral em segundo grau; (ii) a cujo respeito, por estado ou profissão, deva guardar sigilo.

Nos casos em que a lei exigir prova escrita da obrigação, é admissível a prova testemunhal quando houver começo de prova por escrito, emanado da parte contra a qual se pretende produzir a prova.

Também se admite a prova testemunhal quando o credor não pode ou não podia, moral ou materialmente, obter a prova escrita da obrigação, em casos como o de parentesco, de depósito necessário ou de hospedagem em hotel ou em razão das práticas comerciais do local onde contraída a obrigação.

O juiz fixará, na decisão saneadora, o prazo comum não superior a 15 dias para que as partes apresentem rol de testemunhas. No caso de saneamento compartilhado, as partes devem levar consigo o rol de testemunhas.

O número de testemunhas não pode ser superior a dez, sendo 03 no máximo para a prova de cada fato.

Admite-se que o juiz limite o número de testemunhas levando em conta a complexidade da causa e dos fatos individualmente considerados.

17.14.9. PROVA PERICIAL

A prova pericial consiste em exame, vistoria ou avaliação. Trata-se de meio de prova em que se necessita dos conhecimentos de *expert* nomeado pelo Juízo.

A prova pericial poderá ser substituída pela prova técnica simplificada, se o ponto controvertido for de menor complexidade, consistindo apenas na inquirição de especialista pelo juiz.

Ao nomear o perito, o juiz fixará prazo para a entrega do laudo.

Uma vez intimada, a parte terá o prazo de quinze dias para arguir o impedimento ou a suspeição do perito, indicar assistente técnico ou apresentar quesitos.

Ciente da notificação, o perito apresentará proposta de honorários, currículo com comprovação de especialização e contatos profissionais, sendo as partes intimadas, podendo manifestar-se a respeito em cinco dias.

Ultrapassado o prazo, com ou sem manifestação, o juiz arbitrará o valor, intimando-se as partes.

É admissível a apresentação de quesitos suplementares durante a diligência, que poderão ser respondidos pelo perito previamente ou na audiência de instrução e julgamento.

É admissível também que as partes escolham o perito, indicando-o mediante requerimento, desde que sejam plenamente capazes e a causa possa ser resolvida por autocomposição.

17.14.10 INSPEÇÃO JUDICIAL

A inspeção judicial consiste na possibilidade de o juiz, sem intermediários, constatar determinado fato indicado na inicial ou na contestação.

Assim, o juiz, de ofício ou a requerimento da parte, poderá, em qualquer fase do processo, inspecionar pessoas ou coisas, com a finalidade de esclarecer sobre fato.

Realizada a inspeção, será lavrado auto circunstanciado.

17.14.11 EXAME E VALORAÇÃO DA PROVA

Deverá o magistrado apreciar a prova constante dos autos, independentemente do sujeito que a tiver promovido, e indicará na decisão as razões da formação de seu convencimento (art. 371).

17.14.12 PRODUÇÃO ANTECIPADA DE PROVAS

O Código fez previsão da denominada **ação probatória, que tem por finalidade exclusiva a produção antecipada de prova que poderá ser utilizada posteriormente em procedimento arbitral, judicial ou administrativo. Será admitida se:** houver fundado receio de que venha a tornar-se impossível ou muito difícil a verificação de certos fatos na pendência da ação; a prova a ser produzida seja suscetível de viabilizar a autocomposição ou outro meio adequado de solução de conflito; o prévio conhecimento dos fatos possa justificar ou evitar o ajuizamento de ação.

Note-se que nem sempre haverá necessidade do elemento urgência.

A ação probatória não admitirá defesa ou recurso, salvo contra decisão que indeferir totalmente a produção da prova pleiteada pelo requerente originário.

Uma vez deferida e produzida a prova, os autos permanecerão durante um ano para extração de cópias e certidões.

17.15. AUDIÊNCIAS

17.15.1. DA AUDIÊNCIA DE CONCILIAÇÃO OU DE MEDIAÇÃO

O Novo Código de Processo Civil encampou o que foi denominado de Tribunal Multiportas (art. 3º), de modo que será verificada a possibilidade de solução da questão por meio da composição via conciliação ou mediação. Resultando infrutífera a tentativa, o processo será decidido por meio de sentença judicial.

Por esse motivo, foi enfatizada esta audiência de conciliação ou de mediação, bem como incluídos os conciliadores e mediadores no rol dos auxiliares do juízo, conforme adiante será visto.

É preciso bem entender a dinâmica do processo (ou o procedimento comum) para visualizar o momento em que se insere a audiência.

PETIÇÃO INICIAL ➔ Distribuição ➔ Juiz ➔
- Emendada/Completada
- Improcedência liminar
- Citação e audiência
- Citação para resposta

Portanto, estando a petição inicial em ordem e não entendendo o magistrado ser o caso de ser proferida sentença de improcedência liminar, será designada audiência de conciliação ou de mediação com **antecedência mínima de 30 dias**, devendo o réu ser citado com pelo menos **vinte dias de antecedência**.

No entanto, esta audiência não será realizada se ambas as partes manifestarem, expressamente, **desinteresse na composição consensual ou se o litígio não admitir a autocomposição**.

O autor poderá manifestar o seu desinteresse na realização da audiência já na petição inicial. O réu, por sua vez, terá oportunidade para fazê-lo por meio de petição, que deverá ser apresentada com dez dias de antecedência, contados da data da audiência.

Se houver mais de um autor ou réu (litisconsórcio), o desinteresse deverá ser manifestado por todos os litisconsortes.

Se não houver a dispensa da realização da audiência, o comparecimento da parte será obrigatório, importando a ausência injustificada em ato atentatório à dignidade da justiça

17.16. DA AUDIÊNCIA DE INSTRUÇÃO E JULGAMENTO

Tem a audiência de instrução e julgamento a finalidade de ser colhida a prova oral a ser produzida.

Esta prova será produzida com observância da seguinte ordem: i) oitiva do perito e de assistentes técnicos, que responderão a quesitos de esclarecimentos previamente apresentados; ii) o autor e o réu em depoimentos pessoais; iii) as testemunhas arroladas pelo autor e pelo réu, que serão inquiridas.

Admite-se a flexibilização dessa ordem, de modo que o juiz poderá alterá-la (art. 139, VI).

A audiência será adiada por convenção das partes, se não puder comparecer qualquer pessoa que dela necessariamente deveria participar, por motivo justiçado, e por atraso injustificado de seu início em tempo superior a 30 minutos do horário marcado.

Se acaso o advogado da parte que requereu a prova não comparecer, o juiz poderá dispensar a sua produção.

Terminada a instrução, será aberta oportunidade para as alegações finais, abrindo-se a palavra aos autos advogados e Ministério Público, se for necessária a sua intervenção. Tais alegações podem ser substituídas por razões finais escritas, a ser apresentadas no prazo sucessivo de 15 dias.

A audiência de instrução é una e contínua, podendo ser cindida se houver concordância das partes.

Terminados os debates, o juiz proferirá sentença, ou o fará em 30 dias.

18. DA TUTELA PROVISÓRIA: TUTELAS DE URGÊNCIA E DE EVIDÊNCIA

18.1. FUNGIBILIDADE

A fungibilidade, na atualidade, é tratada como tema ligado à teoria geral do processo. Fala-se em fungibilidade de meios, de modo que o ato é recebido como ato, passando a gerar os mesmos efeitos.

Se requerida a tutela cautelar quando cabível a antecipada, por ser mais apropriada, poderá o magistrado deferir esta última.

18.2. PRINCÍPIOS GERAIS

ALTERAÇÕES IMPORTANTES	
CPC 1973	**CPC 2015**
Previsão do Processo Cautelar Autônomo	Não há mais previsão do Processo Cautelar
Tutela da evidência não era prevista como tal. Tratada como tutela antecipada.	Tutela da evidência foi sistematizada
Não havia previsão expressa da possibilidade de ser deferida a tutela antecipada em caráter antecedente, embora admitida na prática.	A tutela de urgência – antecipada ou cautelar – poderá ser deferida de forma antecedente ou incidental, sempre na mesma relação processual.
Havia uma sentença para decidir-se o processo cautelar.	Haverá decisão interlocutória para decidir sobre a tutela cautelar, pois proferido o pronunciamento na própria relação processual em que haverá o acertamento da situação subjetiva (solução do mérito).

O Código de Processo Civil de 2015 denominou de **provisória** a tutela sumária, revogável, que pode ser deferida para em razão da existência de fundamentos relevantes e de risco de dano grave ou de difícil reparação, ou por conta da alta probabilidade de acolhimento da pretensão, não se justificando a necessidade de aguardar-se pelo final da caminhada processual.

Para tanto, tentou abreviar o procedimento para deferimento dessa medida.

Portanto, diferentemente do modelo anterior, o Novo Código de Processo Civil, ao mesmo tempo em que bem diferenciou a tutela satisfativa, cautelar e da evidência, as inseriu em dois grandes grupos: **i) tutela de urgência; ii) tutela da evidência, conforme o seu fundamento.**

Tutela Provisória ➔ Fundamentos ➔ { Urgência / Evidência }

A tutela provisória sob o fundamento da **urgência** (antecipada e cautelar) poderá ser requerida de forma **antecedente ou de forma incidental**. Explica-se o significado de cada uma dessas situações.

Por vezes, pode ser difícil para a parte já apresentar a sua petição inicial completa, demandando mais tempo para que isso ocorra. Ocorre que, não obstante, a parte não pode aguardar por mais prazo para que tenha deferida uma medida de urgência, motivo pelo qual o Código admite a tutela provisória de urgência antecedente.

Entenda-se bem o sentido da palavra **antecedente**. Note-se que, neste caso, não se trata da instauração de relação processual para, unicamente, conhecer e deferir a tutela provisória. Pelo contrário, a parte provoca o Poder Judiciário e requer que haja o deferimento da tutela provisória de forma imediata, por exemplo, suspendendo-se a possibilidade de protesto de título, **apresentando a petição inicial antecedente que, posteriormente, será complementada.** As duas petições são apresentadas no mesmo processo. A primeira implica na provocação do Poder Judiciário, em conformidade com o princípio da ação e já pleiteia o deferimento de tutela provisória. Posteriormente, para a continuidade do processo e possibilidade de exercício pleno da pretensão, o autor completa a sua inicial, apresentando a petição complementar.

Nesses casos, a tutela provisória será requerida ao juízo competente para conhecer o **pedido** principal (e não a causa principal), que será apresentado posteriormente. Como regra, será o mesmo juízo, salvo se for reconhecida a incompetência absoluta e remetidos os autos ao juízo competente enquanto não completada a inicial.

Não obstante, se a parte já apresentou a petição inicial completa, sem que haja necessidade de posterior complementação, a **tutela provisória se apresenta como incidental** (ou, então, contemporânea à inicial e, se requerida posteriormente, como incidental), que independerá do pagamento de custas.

Independentemente de seu fundamento, a tutela provisória conservará a sua eficácia na pendência do processo, mas poderá ser revogada ou modificada a qualquer tempo. Até por conta disso, diz-se que é provisória.

18.3. DA TUTELA DE URGÊNCIA

18.3.1. REQUISITOS COMUNS PARA A TUTELA DE URGÊNCIA

Independentemente do fundamento, a tutela de urgência será concedida quando houver elementos que evidenciem a probabilidade do direito (*fumus boni iuris*) e o perigo de dano ou o risco ao resultado útil do processo (*periculum in mora*).

Como visto, o Novo CPC não diferencia os requisitos para o deferimento da tutela antecipada ou da tutela cautelar, exigindo-se a probabilidade do direito e a urgência da medida para os dois. Nos casos concretos, deverá ser identificada a providência necessária, que pode consistir em antecipar o mérito que seria acolhido apenas ao final da fase de conhecimento (antecipação dos efeitos da tutela), quando o magistrado proferirá pronunciamento que versa sobre o mérito (ou mesmo de mérito, se o fizer concomitantemente à sentença), ou então em servir como instrumento para o sucesso do processo (tutela cautelar).

Sem dúvida nenhuma, houve significativa facilitação, uma vez que não há mais necessidade de, nas hipóteses de tutelas cautelares, verificar se estavam ou não presentes os requisitos específicos. Agora, para todas elas, bastam o *periculum in mora* e o *fumus boni iuris*.

18.3.2. PRÉVIA GARANTIA PARA A TUTELA PROVISÓRIA DE URGÊNCIA DE CARÁTER ANTECEDENTE

Considerando-se que o deferimento da tutela provisória poderá ocasionar prejuízos à parte que dela suportará, há previsão da responsabilidade objetiva em indenizar a parte contrária pelos prejuízos ocasionados se a sentença lhe for desfavorável, se obtida a medida em caráter antecedente, não forem fornecidos os meios necessários para a citação do requerido em cinco dias, ocorrer a cessação da eficácia da medida ou for acolhida a alegação de decadência ou prescrição da pretensão autoral (art. 302 do NCPC).

Tal indenização será liquidada nos autos em que a medida tiver sido concedida, sempre que foi possível, não havendo necessidade de que se dê em ação autônoma, muito embora não haja propriamente a vedação.

Assim, com a finalidade de garantir eventual prejuízo, bem como a efetividade da reparação decorrente da responsabilidade objetiva, garante o § 1º, do art. 300, a possibilidade de que o magistrado, para o deferimento da tutela de urgência, exija caução real ou fidejussória idônea para ressarcir os danos que a outra parte possa vir a sofrer, podendo, no entanto, ser dispensada a garantia se a parte economicamente hipossuficiente não puder oferecê-la.

Há de ser considerado que, em certas hipóteses, não se pode exigir que a parte preste a caução, até por não ter meios econômicos para tanto. Nesse caso, a razoabilidade há de prevalecer no sentido de que determinados direitos não estejam condicionados à existência de recursos para a sua satisfação.

18.3.3. COMPROVAÇÃO DOS REQUISITOS DA TUTELA DE URGÊNCIA

Para o deferimento da tutela de urgência, o seu requerente deverá demonstrar que se encontram presentes os seus requisitos. Para tanto, poderá valer-se de justificação prévia, que consiste em oportunidade na qual serão inquiridas testemunhas.

A justificação prévia será deferida nos próprios autos em que pleiteada a concessão da tutela provisória.

18.3.4. CONDIÇÃO PARA O DEFERIMENTO DA TUTELA PROVISÓRIA

É condição para o deferimento da tutela provisória que não haja perigo de irreversibilidade dos efeitos da decisão.

De fato, não é possível que a parte suporte os efeitos da tutela provisória, se há possibilidade de que os mesmos não possam ser posteriormente revertidos. Da mesma forma, não é possível que a parte suporte os efeitos da tutela se tais são desproporcionais para com os benefícios por ela obtidos por aquele que a requereu.

Tem-se, então, como condição para o deferimento da tutela provisória a reversibilidade dos efeitos da decisão. E, também existe a proibição da concessão da tutela provisória se houver o *periculum in mora* invertido, em que a tutela é deveras onerosa para a parte que deve suportá-la, em total descompasso com aquilo que se beneficiará a parte contrária.

É verdade que tal condição dever ser analisada casuisticamente, verificando-se aspectos relativos à sua razoabilidade e proporcionalidade. Há situações em que a tutela deve ser deferida, apesar de os efeitos da tutela serem totalmente irreversíveis.

O exemplo clássico é a tutela antecipada que determina ao Estado o fornecimento de medicamento de altíssimo custo, a ser importado, em benefício de pessoa desprovida de qualquer recurso financeiro que possa suportar arcar com reembolso financeiro se acaso fosse desacolhido o seu pedido ao final.

Nesses termos, faz-se ponderação entre os bens jurídicos envolvidos: de um lado, a segurança jurídica, de outro lado, a vida, entre outros bens. A partir dessa ponderação, calcula-se se é possível ou não deferir de imediato a medida.

18.3.5. FUNDAMENTOS, REQUISITOS E CONDIÇÃO PARA O DEFERIMENTO DA TUTELA DE URGÊNCIA

Levando-se em consideração tudo o que foi até aqui dito, há condição para uma tentativa de sistematização do tema tutela provisória de urgência, fechando um quadro em que se apresente os seus fundamento, requisitos e condição.

Tutela Provisória de Urgência	**Fundamento**: **risco** de dano grave/difícil reparação
	Requisitos: *fumus boni iuris* e *periculum in mora*
	Condição: reversibilidade dos efeitos da decisão

18.3.6. A TUTELA ANTECIPADA REQUERIDA DE FORMA ANTECEDENTE

Inovou o Novo Código de Processo Civil ao permitir que a tutela antecipada seja requerida de forma antecedente à instauração da relação processual.

Diferentemente do CPC de 1973, as medidas requeridas de forma antecedente não serão objeto de processo próprio, mas importarão na própria provocação do Poder Judiciário, que aguardará a vinda de futura complementação, a ser juntada nos próprios autos.

Dessa maneira, não haverá uma ação para a tutela de urgência e outra para análise do pedido principal. Tudo será analisado em um único processo, no contexto de uma única relação processual.

Ocorre que, na tutela de urgência satisfativa requerida de forma antecedente, o Poder Judiciário será provocado por meio de uma petição que, muito embora possua importantes elementos, ainda poderá ser completada futuramente.

Nesse passo, o autor apresenta a sua petição inicial, que poderá ser limitada ao requerimento da tutela antecipada e à indicação do pedido de tutela final, com a exposição da lide, do direito que se busca realizar e do perigo de dano ou do risco ao resultado útil do processo.

Se o autor já puder apresentar a sua petição inicial de forma integral, naturalmente, não haveria necessidade de pleitear a tutela antecipada antecedente.

Deverá o autor observar a necessidade de fazer a petição inicial estar acompanhada dos requisitos extrínsecos necessários, como a comprovação do recolhimento das custas, bem como da procuração.

A petição inicial será distribuída (observando-se as regras de competência) e o juízo analisará se estão presentes os requisitos para a concessão da tutela antecipada requerida.

Em caso negativo, o juiz determinará que o autor emende a inicial no prazo de cinco dias, sob pena de extinção e arquivamento. Diferentemente, em caso positivo, o magistrado deferirá a medida de urgência e determinará o prosseguimento do processo.

Competirá ao autor, então, completar a inicial, deixando-a apta à compreensão de seus argumentos e ao exercício do direito de defesa do réu, que será citado.

Concomitantemente à citação para comparecimento à audiência de conciliação, o réu será também intimado dos termos da liminar concedida, abrindo-se o prazo para que possa interpor o seu recurso **de agravo de instrumento** (art. 1.015, I do NCPC).

18.3.7. DA ESTABILIZAÇÃO DA MEDIDA

Como regra, é possível afirmar que a parte procura o Poder Judiciário para dele obter o acertamento de uma situação subjetiva, ou seja, que seja certificado o seu direito, formada a coisa julgada e efetivada a tutela jurisdicional pretendida.

E justamente para essa efetividade, a parte conta com a tutela provisória, que, como o próprio nome indica, não é definitiva, podendo ser modificada ou revogada se não mais estiverem presentes os seus requisitos.

Pode a parte pretender, no entanto, apenas uma decisão com utilidade prática. Basta-lhe o deferimento da tutela provisória para que a sua vida se altere, para que haja a sua satisfação. Não lhe é preciso aguardar por todo o desenrolar do processo e obter uma solução do litígio.

Pensando em tal ponto, o Novo Código de Processo Civil importou uma técnica já prevista em outros ordenamentos jurídicos, no sentido de buscar abreviar o andamento processual e, ao invés de sujeitar as partes ao longo debate processual, resumir a atividade processual ao deferimento da tutela de urgência, que já contém providência prática que atenderá às necessidades do jurisdicionado.

O exemplo a seguir poderá elucidar melhor a questão. Imagine-se que a parte requeira, em tutela antecipada antecedente, que o magistrado defira a tutela provisória para determinar que o plano de saúde custeie o tratamento de seu consumidor. Uma vez efetivada a medida, não é de interesse da parte que ocorra o acertamento da situação substancial. Em outras palavras, não interessa ao autor que seja proferida sentença de acolhimento do pleito inicial. Bastou-lhe, em termos práticos, a tutela provisória efetivada. Não é necessário que este autor se sujeite a todos os custos decorrentes da continuidade do processo, o que pode ocorrer também em relação ao réu e, indiretamente, ao próprio Poder Judiciário.

Pensando nessa situação, o Novo Código de Processo Civil previu a **estabilização da tutela provisória,** conforme se vê do *caput* do art. 304, **que é restrita à tutela antecipada concedida em caráter antecedente.**

A estabilização da tutela antecipada concedida em caráter antecedente a torna irrevogável no mesmo processo, exigindo que a parte ajuíze **nova ação** para o fim de rever, reformar ou invalidá-la.

Perceba-se que a estabilização da tutela não forma a coisa julgada. A propósito, não houve sentença de mérito sobre a questão, de modo que o magistrado não emitiu juízo de acertamento da situação subjetiva. Em outras palavras, não analisou se o pedido é procedente ou improcedente. Desse modo, o mérito continuará em aberto. De outro lado, foi estabilizada a tutela provisória, que permanecerá viva, mas somente modificável por meio de outra ação.

Haverá a estabilização da tutela se o réu não impugnar, por meio do recurso de agravo de instrumento (art. 1.015, I do NCPC), a decisão interlocutória que, versando sobre o mérito, deferir a medida.

Fernando da Fonseca Gajardoni defende que "não haverá a estabilização se adotado pelo interessado qualquer expediente processual tendente a cassar a decisão que deferiu a tutela antecipada".[11] Por isso, defende-se

11 GAJARDONI, Fernando da Fonseca. DELLORE, Luiz. ROQUE, Andre Vasconcelos. OLIVEIRA JR., Zulmar Duarte de. Teoria Geral do Processo Comentários ao CPC de 2015. Parte Geral. São Paulo: Forense, 2015, p. 899.

que a interposição de embargos declaratórios com efeitos infringentes, por exemplos, possa afastar a estabilização.

Não interessa saber se o recurso foi ou não conhecido. O simples fato de recorrer, por si só, já afasta a estabilização, salvo, naturalmente, se o recurso for intempestivo. O recurso não precisa ser interposto exclusivamente pelo réu. Também poderá ser oferecido pelo terceiro prejudicado ou pelo próprio Ministério Público, importando, em verdade, tão somente que o ato judicial seja atacado de forma conveniente.

18.3.8. AÇÃO PARA REVER, REFORMAR OU INVALIDAR A TUTELA ANTECIPADA ESTABILIZADA

Conforme já foi dito, a revisão, reforma ou invalidação da tutela antecipada estabilizada somente ocorrerá por meio de **ação própria**, estando o juízo que a proferiu prevento para o seu julgamento. A ação deverá ser proposta no prazo de dois anos, contados da intimação do ato que julgar extinto o processo.

18.3.9. DECISÕES QUE NÃO PODEM SER ESTABILIZADAS (FAMÍLIA, PARCIAIS ETC.)

Há medidas antecipatórias que tratam de situações que não comportam estabilização, ao nosso ver.

Imagine-se, por exemplo, se a parte requerer, em tutela antecipada antecedente, a suspensão de poder familiar dos genitores em relação a determinada criança, indicando que o seu pedido será o de destituição do poder familiar cumulado com adoção. Deferida a medida, a parte contrária é intimada e não interpõe qualquer recurso.

A despeito de não ser tratada essa situação no Novo Código de Processo Civil, tem-se que em situações como essa não se pode dizer que é possível deixar a situação sem o acertamento, sem a solução da situação subjetiva, de modo que é de se impor a continuidade do processo e que o juízo proferira sentença, decidindo a situação da criança e afastando qualquer possibilidade de prejuízo ao seu superior interesse.

Por isso, para determinadas situações, sobretudo ligadas a questões familiares, de interesses de crianças e adolescentes, defende-se que não há a estabilização da tutela.

Não é atingida pela estabilização as tutelas antecipadas antecedentes parciais, nas quais a tutela não corresponde ao pedido total. Assim, por exemplo, se a parte requerer, em caráter antecedente, a concessão de tutela antecipada para suspender a exigibilidade de crédito tributário, e já indicar que o seu pedido será a declaração da inexistência da relação jurídica tributária, ainda que a parte contrária não recorra, não haverá a estabilização.

A tutela estabilizada projeta os seus efeitos no tempo, ainda que o processo seja extinto, sem resolução do mérito e sem formação da coisa julgada material.

18.4. DA TUTELA CAUTELAR

18.4.1. MEDIDAS CAUTELARES TÍPICAS E ATÍPICAS

Muito embora o Novo CPC não tenha indicado requisitos específicos para as medidas cautelares, que podem ser deferidas se presentes os *fumus boni iuris* e o *periculum in mora*, menciona que a "tutela de urgência de natureza cautelar pode ser efetivada mediante arresto, sequestro, arrolamento de bens, registro de protesto contra alienação de bem e qualquer outra medida idônea para asseguração do direito". Ou seja, de um lado, tipifica algumas medidas, mas deixa aberta a possibilidade da adoção de qualquer medida atípica para salvaguardar o direito.

E, como o Novo CPC não se aprofunda de forma específica em qualquer medida cautelar, é necessário tomar emprestado do Código Revogado (1973) a finalidade de cada uma das medidas mencionadas, o que será apresentado no quadro seguinte:

MEDIDA CAUTELAR	FINALIDADE
Arresto	É medida cautelar de apreensão de bens que tem por fim garantir execução por quantia certa. Quaisquer bens penhoráveis podem ser objeto de arresto. Tem como efeito imediato a afetação do bem apreendido.
Sequestro	É medida cautelar específica para assegurar execução para entrega de coisa certa, ou para garantir a eficácia de uma sentença executiva. Consiste na apreensão de objeto determinado.
Arrolamento de Bens	É a medida cautelar a ser utilizada quando ocorra fundado receio de extravio ou dissipação dos bens e interesse na sua conservação. Ou seja: conservação dos bens existentes. Pode ter por objeto somente coisas corpóreas de valor econômico.
Registro de Protesto contra Alienação de Bem	Dar publicidade geral à comunidade contra a alienação de bem específico.

18.4.2. TUTELA CAUTELAR ANTECEDENTE

O procedimento da tutela cautelar requerida em caráter antecedente segue o disposto no art. 305 e seguintes do Novo Código de Processo Civil.

A parte apresentará petição inicial antecedente, na qual indicará a lide e seu fundamento, a exposição sumária do direito que se objetiva assegurar e o perigo de dano ou o risco ao resultado útil do processo.

Entendendo o magistrado que a situação demanda tutela antecipada, aplicará a fungibilidade e processará o requerimento com observância das regras pertinentes.

Apresentado o pedido, o réu será citado para, no prazo de cinco dias, contestar o pedido e indicar as provas que entender pertinentes.

Não contestado o pedido, presumem-se verdadeiros os fatos articulados pelo autor e o juiz decidirá. De outro lado, oferecida contestação, será observado o procedimento comum. Muito embora o art. 307 CPC 2015 indique que o juiz decidirá após oportunizar que o réu se manifeste, tem-se a possibilidade de que a medida cautelar seja deferida liminarmente, postergando-se o contraditório.

Concedida e efetivada a medida cautelar, o pedido principal deverá ser formulado pelo autor no prazo de trinta dias, nos próprios autos, sendo possível o aditamento da causa de pedir.

Uma vez apresentado o pedido principal, as partes serão intimadas para a audiência de conciliação ou de mediação, seguindo-se o procedimento em seus ulteriores termos.

Cessará a eficácia da tutela cautelar concedida em caráter antecedente: i) se o autor não apresentar o pedido principal no prazo legal; ii) se a medida não for efetiva em trinta dias; iii) se o juiz julgar improcedente o pedido principal formulado pelo autor ou extinguir o processo sem resolução do mérito (art. 309 do NCPC).

É de ser destacado que não será possível que a parte apresente o seu pedido principal no prazo legal em alguns casos. Com efeito, se apresente pedido de tutela cautelar antecedente para o arresto de bens do devedor e a dívida somente vencer-se em sessenta dias, o pedido principal não poderá ser apresentado de imediato, de modo que a regra deve ser ponderada no caso concreto.

Da mesma forma, se deferida medida cautelar antecedente em caso que envolva Direito de Família, por certo, o magistrado não reconhecerá que a tutela perdeu a eficácia, em razão do interesse envolvido.

Ainda que indeferida a tutela cautelar, como o juízo realizado foi exclusivamente da presença dos seus requisitos, não haverá prejuízo para a análise do mérito da questão, salvo se o juiz reconhecer a decadência ou a prescrição.

18.5. TUTELA DA EVIDÊNCIA

18.5.1. DIFERENCIAÇÃO PARA COM A TUTELA DE URGÊNCIA

Para o deferimento da tutela de urgência, deve haver a demonstração da probabilidade do direito, de modo que tutela provisória, nesses casos, exige-se a urgência.

Porém, em outras situações, é evidente o direito, de modo que não é necessário aguardar-se todo o trâmite processual para antecipar a tutela requerida pelo autor.

Em casos como este, admite o sistema uma hipótese de antecipação de tutela em que o requisito urgência é desnecessário. Não se trata de novidade legislativa, pois o CPC de 1973 já o previa. No entanto, o CPC de 2015 inova ao sistematizar a tutela da evidência, que somente poderá ser deferida nas hipóteses legais.

18.5.2. HIPÓTESES LEGAIS DE TUTELA DA EVIDÊNCIA

A tutela da evidência – antecipação de tutela sem o requisito exigência – poderá ser deferida nas hipóteses indicadas **no art. 311, 558, 563, 678 e 701 do CPC 2015, bem como na indisponibilidade de bens na ação de improbidade administrativa e liminar de busca e apreensão de bem alienado fiduciariamente (DL nº 911/69).**

O art. 311 do NCPC demonstra a **ampliação das hipóteses** em que a tutela da evidência poderá ser deferida, se comparada com o regime anterior. São elas:

I – se ficar caracterizado o abuso do direito de defesa ou o manifesto propósito protelatório da parte: a tutela da evidência, na hipótese, é concedida em razão do comportamento abusivo da parte, contrário à boa-fé processual;

II – se as alegações de fato puderem ser comprovadas apenas documentalmente e houver tese em julgamento de casos repetitivos ou em súmula vinculante: se os fatos puderem ser comprovados por meio de documentos, não haverá necessidade de produção de outras provas. Além disso, a pretensão tem amparo jurídico em precedente que pode ser extraído de julgamento de casos repetitivos ou em súmula vinculante, o que permite afirmar que está em conformidade com precedente vinculante, conforme orienta o art. 927 do NCPC;

III – se tratar de pedido reipersecutório fundado em prova documental adequada de contrato de depósito, caso em que será decretada a ordem de entrega do objeto custodiado, sob cominação de multa: é ação reipersecutória aquela em que se reivindica a posse ou a propriedade de uma coisa. Em tais ações, havendo prova documental adequada do contrato de depósito, será decretada a ordem de entrega do objeto custodiado, independentemente de urgência;

IV – se a petição inicial for instruída com prova documental suficiente dos fatos constitutivos do direito do autor, a que o réu não oponha prova capaz de gerar dúvida razoável: neste caso, a contestação não é suficiente para provocar qualquer dúvida no juízo. Note-se que é desnecessário que a tese esteja embasada em entendimento consubstanciado em precedente.

Nas hipóteses dos incisos II e III, o juiz poderá deferir liminarmente a tutela da evidência, pois, nesses casos, não há que se esperar pela conduta do réu.

18.6. PROTESTO, NOTIFICAÇÃO E INTERPELAÇÃO. ARRESTO. SEQUESTRO. CAUÇÃO. BUSCA E APREENSÃO. EXIBIÇÃO. JUSTIFICAÇÃO

Em conformidade com o art. 301 do NCPC, "a tutela de urgência de natureza cautelar pode ser efetivada mediante arresto, sequestro, arrolamento de bens, registro de protesto contra alienação e qualquer outra medida idônea para assegurar o direito".

Muito embora haja essa previsão, o Código não esmiúça cada uma das medidas mencionadas, de modo que a finalidade de cada uma é obtida a partir do conhecimento herdado do CPC de 1973, conforme tratado no item 18.4.1.

Como foi visto, não há mais previsão da existência de um processo apenas para a obtenção da tutela cautelar. Esta será requerida de forma antecedente ou incidente no próprio processo. Ocorre que, para alguns casos, ainda será possível ter-se a cautelar satisfativa, como ocorre com o protesto, a notificação e a interpelação, que são medidas conservativas de direito.

A exibição de documento pode ser compreendida como uma ação probatória, ajuizada exclusivamente com a finalidade de garantir a lisura na produção da prova. A atividade do juiz será a de fiscalizar que a prova foi produzida de forma lícita.

19. SENTENÇA

19.1. CONCEITO

Embora o conceito de sentença já tenha sido trabalhado quando da análise dos pronunciamentos judiciais, vale à pena reiterá-lo para aprofundar os seus demais aspectos.

O Código de Processo Civil de 1973 elencava, entre os atos praticados pelos órgãos judiciais, as sentenças, as decisões interlocutórias, os despachos e acórdãos (arts. 162 e 163).

Os dispositivos que elencavam tais atos eram objeto de crítica da doutrina, pelo fato de que os atos do juiz não se resumiam unicamente aos indicados. Na verdade, o órgão judicial pratica outros, como a condução da audiência, a colheita de depoimentos, a inspeção judicial, por exemplo. Assim, os atos indicados se tratavam de pronunciamentos judiciais e não dos atos do juiz.[12]

O Novo Código de Processo Civil corrigiu a imprecisão terminológica, conforme se vê do art. 203, ao prever que os "os pronunciamentos do juiz consistirão em sentenças, decisões interlocutórias e despachos" (*caput*), e que acórdão é "o julgamento colegiado proferido pelos tribunais".

Conforme dispõe o parágrafo primeiro do art. 203, "ressalvadas as disposições expressas dos procedimentos especiais, sentença é o pronunciamento por meio do qual o juiz, com fundamento nos arts. 485 e 487, põe fim à fase cognitiva do procedimento comum, bem como extingue a execução".

A definição adotada pelo legislador levou em consideração os reclamos da doutrina, para o fim de unir os critérios de conteúdo e de efeito do ato.

O conceito, então, adotado pelo Novo CPC, leva em conta os **critérios do conteúdo,** de modo que será sentença o ato judicial que incidir em uma das hipóteses indicadas nos arts. 485 e 487, **bem como do efeito, pois propiciará o encerramento de uma fase procedimental do procedimento comum, ou mesmo da execução.**

CONCEITO DE SENTENÇA ➔ Critérios { ⇨ Conteúdo ; ⇨ Finalidade }

Relevante foi a ressalva levada a cabo na parte inicial do parágrafo primeiro do art. 203, no sentido de ser levada em consideração as particularidades dos procedimentos especiais.

E isso, pois: "há procedimentos especiais em que haverá sentenças não correspondentes, exatamente, ao conceito do artigo 203, § 1º, do CPC/2015, pois não terão o condão de pôr fim à fase cognitiva do procedimento comum, ou de extinguir a execução. É o caso da ação de exigir contas (artigo 550, §§ 4º e 5º, CPC/2015), cuja sentença que julga a 1ª. fase (apelável) e reconhece a obrigação de prestar as contas, não impede a 2ª fase (julgamento das contas), haja nova cognição, inclusive para eventual declaração de saldo (art. 552 do CPC/2015)".[13]

Da mesma forma, Fredie Didier também exemplifica: "A ressalva do § 1º do art. 203 teve por objetivo chamar atenção de que alguns processos que tramitam sob rito especial estão divididos em mais de uma fase. O procedimento de demarcação de terras, por exemplo, prevê que, considerando procedente o pedido, o juiz proferirá sentença determinando o traçado da linha demarcanda (art. 581, CPC); transitada em julgado, a linha demarcanda será, então, efetivamente demarcada; após, será proferida nova sentença homologatória da demarcação (art. 587, CPC)".[14]

O Novo Código de Processo Civil também dividiu as **sentenças em terminativas e definitivas.**

As sentenças terminativas são aquelas em que, além de não haver a resolução do mérito, também ocorreu a extinção da fase procedimental.

A sentença terminativa enseja o que Dinamarco denominou de extinção anômala, em que não houve "a produção do provimento para o qual ele foi instaurado e, portanto, sem oferta de tutela jurisdicional plena e nenhuma das partes (...)".[15] Tal pronunciamento conduz à crise do processo[16] e está na contramão de direção do sentido do princípio da primazia do julgamento do mérito (art. 4º do Novo CPC). A depender da hipótese extintiva, também vai de encontro com o contraditório efetivo, uma vez que é

---

12 "Em verdade, dentre os atos que o juiz pratica no processo, há muitos outros – alguns de superlativa importância – que não consistem nem em sentenças, nem em decisões interlocutórias, nem em despachos: por exemplo, a inquirição de testemunha (art. 416) ou da parte (art. 344), a inspeção de pessoa ou coisa (art. 440), a tentativa de conciliação das partes (art. 331 e 448, *principio*), a audiência dos cônjuges sobre os motivos da separação consensual (art. 1.122, *caput*, com a redação dada pelo art. 39 da Lei nº 6.515), a abertura de testamento cerrado (art. 1.125), a arrecadação dos bens da herança jacente (art. 1.145), o exame do interditando (art. 1.181) e assim por diante". MOREIRA, José Carlos Barbosa. *Comentários ao Código de Processo Civil.* 13. ed. Forense: Rio de Janeiro, 2006, p. 241.

13 GAJARDONI, Fernando da Fonseca; DELLORE, Luiz; ROQUE, Andre Vasconcelos; OLIVEIRA JR., Zulmar Duarte de Oliveira. *Teoria Geral do Processo Comentários ao CPC de 2015. Parte Geral.* São Paulo: Método, 2015, p. 663.

14 DIDIER JÚNIOR, Fredie. BRAGA, Paula Sarno. OLIVEIRA, Rafael Alexandria de. *Curso de Direito Processual Civil.* Vol. II. 10. ed. Salvador: Juspodivm, 2015, p. 305.

15 DINAMARCO, Cândido Rangel. *Instituições de Direito Processual Civil.* 6. ed. Vol. II. São Paulo: Malheiros, 2009, p. 646.

16 DINAMARCO, Cândido Rangel. *Instituições de Direito Processual Civil.* 6. ed. Vol. II. São Paulo: Malheiros, 2009, p. 644.

dever do magistrado indicar às partes o que for necessário para o aperfeiçoamento dos atos processuais, conforme adiante será visto.

A sentença extintiva importará em desgaste da máquina judiciária, pois haverá um processo com utilidade reduzida (ou nenhuma), que ocupou o tempo e recursos necessários para a análise de outros casos relevantes, em que se deve buscar a tutela jurisdicional adequada.

Muito embora não seja um fim em si mesma (e, muitas vezes, até dispensáveis porque uma decisão sem cognição exauriente pode ter utilidade prática à parte), o procedimento tramita com a finalidade de que, em primeiro lugar, tenha-se a sentença de mérito, bem como de que tal sentença seja efetiva.

A sentença de mérito acarretará o encerramento de uma fase procedimental ou da execução e será proferida nas hipóteses indicadas no art. 487 do Novo CPC. Com o trânsito em julgado, formará a coisa julgada material.

Em atenção ao princípio da correlação, deverá a sentença observar os limites que foram impostos pelos pedidos apresentados no processo.

A decisão interlocutória é todo pronunciamento judicial de natureza decisória que não se enquadre nas hipóteses de sentença (art. 203, § 2º do NCPC). Comparando-se a definição do Novo CPC com a do CPC de 1973, não se tem impactante mudança, até porque "os pronunciamentos judiciais não sentenciais, mas com carga decisória, continuarão sendo os que, no curso do processo, resolvem as questões apresentadas pelas partes".[17]

Admitem-se **decisões interlocutórias (portanto, com carga decisória) com ou sem análise de mérito.** Pode-se dizer que serão com análise de mérito todas as decisões proferidas e que, muito embora não encerrem uma fase procedimental, tenham como conteúdo uma das hipóteses indicadas no art. 487 do Novo Código de Processo Civil. A interlocutória que prefere julgamento antecipado parcial da lide é uma hipótese de decisão interlocutória de mérito.

Desse modo, admitem-se as **decisões interlocutórias típicas**, em que não há análise de mérito, e **decisões interlocutórias atípicas**, que dizem respeito ao próprio mérito.

Serão interlocutórias típicas aquelas, como foi dito, em que não há análise de mérito. Mesmo essas poderão ter conteúdo de sentença (embora sejam interlocutórias), como ocorre, por exemplo, com a exclusão de um dos litisconsortes.

As decisões interlocutórias atípicas, por sua vez, comportam a seguinte divisão: i) **decisões interlocutórias que versam sobre o mérito; e, ii) interlocutórias de mérito, com conteúdo de sentença**. Para explicar a diferença entre as duas situações, parte-se do exemplo da decisão antecipatória de mérito (tutela provisória de urgência antecipatória). Neste caso, profere-se "**decisão *sobre o mérito,*** embora **não seja decisão de mérito**, no sentido do art. 485 do NCPC. É decisão *sobre o mérito* e, quando se afirma isto, se leva em conta o objeto sobre o qual recai a cognição do juiz".[18]

Portanto, a decisão antecipatória de tutela, ou mesmo a decisão que defere a tutela da evidência, são **decisões interlocutórias que versam sobre o mérito**, mas não propriamente interlocutórias de mérito.

Será **decisão interlocutória de mérito (com conteúdo de sentença)** a que, por exemplo, promover o julgamento antecipado parcial da lide (art. 356 do Novo CPC), ou então julgar improcedente liminarmente um dos pedidos (art. 332 do NCPC). Nestes casos, a decisão resolve o mérito, mas não coloca fim ao procedimento. Nesse sentido, "haverá decisões – que sempre consideramos serem verdadeiras sentenças – que a nova lei chama de **interlocutórias**, mas que **transitam em julgado** e podem, eventualmente, ser **rescindidas**".[19]

Em conformidade com o art. 203, § 3º, do Novo Código de Processo Civil, são despachos todos os demais pronunciamentos do juiz praticados no processo, de ofício ou a requerimento da parte.

O acórdão é o julgamento colegiado proferido pelos tribunais.

19.2. CLASSIFICAÇÕES

Em primeiro lugar, tem-se que as sentenças poderão ser terminativas (sem resolução do mérito) ou definitivas (com resolução do mérito).

Quanto à espécie de tutela jurisdicional concedida à parte, tem-se que as sentenças podem ser declaratórias, constitutivas e condenatórias. Para os adeptos da teoria quinária da ação, também podem ser mandamentais e executivas lato sensu.

- **Sentença declaratória ➔** tem a finalidade de declarar a existência, a inexistência ou o modo de ser de uma relação jurídica. De se lembrar que toda sentença possui uma carga declaratória, mas há algumas em que isso prevalece. A improcedência de qualquer pedido gera uma sentença declaratória.
- **Sentença condenatória ➔** neste pronunciado, será certificado o direito da parte vencedora. Por meio dela, verifica-se a existência do direito e impõe o seu cumprimento.
- **Sentença constitutiva ➔** por meio dela, o pronunciamento criará, modificará ou extinguirá um estado ou uma relação jurídica. Exemplo: sentença de divórcio.

É possível que uma sentença encampe uma multiplicidade de efeitos. Poderá ter predominância em relação a um dos efeitos, mas imponha também outro.

17 GAJARDONI, Fernando da Fonseca; DELORE, Luiz; RQOUE, Andre Vasconcelos; OLIVEIRA JR, Zulmar Duarte de. *Teoria Geral do Processo. Comentários ao CPC de 2015. Parte Geral.* São Paulo: Método, 2015, p. 664.

18 WAMBIER, Teresa Arruda Alvim; CONCEIÇÃO, Maria Lúcia Lins; RIBEIRO, Leonardo Ferres da Silva; MELLO, Rogério Licastro Torres de. *Primeiros Comentários ao Novo Código de Processo Civil. Artigo por Artigo.* São Paulo: RT, 2015, p. 370.

19 WAMBIER, Teresa Arruda Alvim; CONCEIÇÃO, Maria Lúcia Lins; RIBEIRO, Leonardo Ferres da Silva; MELLO, Rogério Licastro Torres de. *Primeiros Comentários ao Novo Código de Processo Civil. Artigo por Artigo.* São Paulo: RT, 2015, p. 369.

- **Sentenças mandamental e executiva lato sensu** ➔ para aqueles que defendem a sua existência, tem-se que na primeira haverá a imposição de um ordem, de um mandamento, a ser cumprido pelo próprio obrigado. Diferentemente, na executiva lato sensu, impõe-se uma ordem que será cumprida independentemente da vontade daquele que tem o dever de fazê-lo. Exemplo: mandado de reintegração de posse. A ordem será cumprida ainda que o ocupante não concorde ou não o permita.

Também se admite outra classificação, que relaciona a tutela pretendida com o ilícito e a necessidade de reparação do dano. Assim, tem-se:

Tutela	Ilícito	Dano
Inibitória	Visa impedir a ocorrência do ilícito	Não pressupõe o dano.
Remoção do ilícito	Visa remover o ilícito. O dano ainda não ocorreu.	
Reparatória		Tem a finalidade de reparar o dano. Não pressupõe que tenha ocorrido o ilícito.

19.3. REQUISITOS

Os pronunciamentos do juiz em que houve ou não a resolução do mérito já foram analisados anteriormente, quando do estudo dos pronunciamentos judiciais.

A sentença possui uma estrutura orgânica, devendo ser composta pelo relatório, pelos fundamentos e pelo dispositivo.

- **Relatório** ➔ conterá os nomes das partes, a identificação do caso, com a suma do pedido e da contestação, e o registro das principais ocorrências havidas no andamento do processo;
- **Fundamentação** ➔ por meio dos fundamentos o juiz analisará as questões de fato e de direito.
- **Dispositivo** ➔ o juiz resolverá as questões principais que as partes lhe submeterem.

Em observância ao princípio da fundamentação analítica, não será considerada fundamentada qualquer decisão judicial, seja ela interlocutória, sentença ou acórdão, que: I – se limitar à indicação, à reprodução ou à paráfrase de ato normativo, sem explicar sua relação com a causa ou a questão decidida; II – empregar conceitos jurídicos indeterminados, sem explicar o motivo concreto de sua incidência no caso; III – invocar motivos que se prestariam a justificar qualquer outra decisão; IV – não enfrentar todos os argumentos deduzidos no processo capazes de, em tese, infirmar a conclusão adotada pelo julgador; V – se limitar a invocar precedente ou enunciado de súmula, sem identificar seus fundamentos determinantes nem demonstrar que o caso sob julgamento se ajusta àqueles fundamentos; VI – deixar de seguir enunciado de súmula, jurisprudência ou precedente invocado pela parte, sem demonstrar a existência de distinção no caso em julgamento ou a superação do entendimento.

19.4. EFEITOS

Podem ser apontados os seguintes efeitos da sentença em que ocorra a análise de mérito:

i) colocar fim à fase cognitiva e na execução;

ii) a sentença que impuser obrigação se constituirá em título executivo judicial;

iii) a hipoteca judiciária, como previsto no art. 495: "a decisão que condenar o réu ao pagamento de prestação consistente em dinheiro e a que determinar a conversão de prestação de fazer, de não fazer ou de dar coisa em prestação pecuniária valerão como título constitutivo de hipoteca judiciária". Por isso, a decisão (pode ser sentença ou mesmo decisão interlocutória de mérito) produzirá hipoteca judiciária: a) ainda que a condenação seja genérica, exigindo futura liquidação; b) ainda que submetida a cumprimento provisório apenas; c) ainda que impugnada com recurso com efeito suspensivo.

A possibilidade de interposição de recurso com efeito suspensivo não retira a possibilidade da hipoteca judiciária.

A hipoteca judiciária, uma vez constituída, implicará, para o credor hipotecário, o direito de preferência, quanto ao pagamento, em relação a outros credores, observada a prioridade no registro. Responderá a parte de forma objetiva (sem necessidade de demonstração de dolo ou culpa) pelos prejuízos causados se acaso houver reforma ou invalidação da decisão que impôs o pagamento de quantia. Os danos serão apurados no próprio processo, onde também serão executados.

A hipoteca judiciária constitui efeito secundário da sentença.

19.5. PUBLICAÇÃO, INTIMAÇÃO, CORREÇÃO E INTEGRAÇÃO DA SENTENÇA

Constitui a publicação o ato de tornar pública a sentença. Trata-se da entrega do pronunciamento ao escrivão. A partir de então, o magistrado somente poderá alterar a sentença para corrigir-lhe, de ofício ou a requerimento da parte, inexatidões materiais ou erros de cálculo ou por meio dos embargos de declaração.

Para a correção de inexatidões materiais ou erros de cálculo, como foi dito, a correção poderá se dar de ofício, a qualquer tempo.

Tem os embargos declaratórios natureza mista, na medida em que se constituem em recursos, mas também em meio de correção e integração da sentença.

Uma vez publicada a sentença (tornada pública), providenciará o escrivão (e os demais agentes – auxiliares da justiça) a intimação das partes, seguindo-se as regras gerais para tanto.

20. DO CUMPRIMENTO DA SENTENÇA

Para fins didáticos, o cumprimento da sentença será tratado mais adiante.

21. COISA JULGADA

21.1. CONCEITO E ESPÉCIES

Quer seja por ter decorrido o prazo para interposição de recursos, quer seja porque houve o esgotamento das vias recursais possíveis, a sentença passa a conter uma qualidade especial, da *res judicata*, garantia constitucional (art. 5º, XXXVI, CF), que impede a discussão eterna da questão, propiciando segurança jurídica. É gerada, assim, a imutabilidade da sentença.

A coisa julgada, no entanto, não é uma garantia absoluta, devendo conviver com outras garantias e bens jurídicos de igual importância. Sendo assim, muito embora presente a coisa julgada, a lei permite, em casos excepcionais, a rescisão de tal qualidade, por meio da ação rescisória, apta a ser ajuizada nos casos mencionados no art. 966, do Código de Processo Civil.

Formada a coisa julgada, não se permitirá a rediscussão da sentença.

Porém, é preciso verificar se essa impossibilidade de rediscussão ocorrerá no mesmo ou em outro processo.

E a resposta a essa indagação variará consoante tenha ocorrido ou não a resolução do mérito.

Com efeito, **se proferida sentença extintiva processual, será permitido ao autor repropor a demanda em outra oportunidade**, motivo pelo qual se diz que foi formada a coisa julgada exclusivamente formal. Trata-se da chamada preclusão máxima.

De outro lado, porém, se proferida **sentença com resolução do mérito, será formada não só a coisa julgada formal, mas também a material**, impedindo-se a sua rediscussão não só no mesmo, mas também em outro processo, tendo a sentença força de lei nos limites da lei e das questões decididas.

Nestas sentenças com resolução do mérito, a coisa julgada formal e a material formam-se no mesmo momento, que é o do trânsito em julgado. Ou seja, somente depois de decidido o último recurso interposto é que será formada, ainda que ele seja intempestivo.

21.2. EFEITOS DA COISA JULGADA

A coisa julgada produz três efeitos distintos: **negativo, positivo e preclusivo**.

Em razão do **efeito negativo**, impede-se que a questão seja decidida novamente em outro processo.

Por conta do **efeito positivo**, porém, havendo necessidade de retorno da questão principal ao Poder Judiciário, esta não poderá ser decidida de maneira diversa. Por esse motivo, por exemplo, havendo necessidade de liquidação da sentença, não poderá o magistrado decidir pela desnecessidade da indenização porque o autor não praticou o ato ilícito que lhe foi imputado. Estará impedido de fazê-lo, pois, deverá respeitar a coisa julgada formada.

Note-se, porém, que não há impedimento para a revisão da sentença pelo magistrado, desde que provocado por processo próprio, nas causas em que a modificação do estado das coisas poderá importar na alteração da própria obrigação, como ocorre na ação revisional de alimentos. Ou seja, um julgamento *rebus sic stantibus*, encampado em sentença determinativa, permite que a questão seja reanalisada, porque projeta a sua eficácia à frente.

Por conta do **efeito preclusivo**, reputam-se **deduzidas e repelidas todas as alegações e defesas** que a parte poderia opor assim ao acolhimento como à rejeição do pedido. A coisa julgada, dessa maneira, abrangerá aquilo que foi deduzido e aquilo que era deduzível, o que não afasta a possibilidade de ajuizamento de nova ação, fundada em elementos diversos.

Nelson Nery Júnior aponta a existência de um **efeito especial, que é o substitutivo**. Segunda ensina, "a sentença de mérito transitada em julgado substitui todas as atividades das partes e do juiz praticadas no processo, de sorte que as nulidades e anulabilidades porventura ocorridas durante o procedimento terão sido substituídas pela sentença, que as abarca".[20]

O estudo do regime jurídico da coisa julgada compreende a análise de seus **limites objetivos, limites subjetivos** e também de seu **modo de produção**.

a) *Limites objetivos*: verifica-se o que é atingido pela coisa julgada material, se toda a sentença, ou se parte dela.

Como sabido, a sentença é constituída por três elementos essenciais: *o relatório, a fundamentação e a parte dispositiva (dispositivo)*, mas somente a última é atingida pela coisa julgada, excluindo-se os motivos, ainda que importantes para determinar o alcance da parte dispositiva da sentença, assim como também a verdade dos fatos, estabelecida como fundamento da sentença.

Por esse motivo, "a decisão que declara indevida a cobrança do imposto em determinado exercício não faz coisa julgada em relação aos posteriores" (súmula 239, do Supremo Tribunal Federal).

A questão prejudicial, decidida incidentalmente no processo, também não fará coisa julgada material. Trata-se de antecedente lógico da sentença e, por isso, não abrangida pela coisa julgada. Porém, se a parte o requerer por meio da ação declaratória incidental, apresentará a eficácia de coisa julgada material.

Questão interessante refere-se à sentença omissa em relação à condenação ao pagamento de honorários advocatícios. Como tal condenação não constou do dispositivo da sentença, não será possível que tal verba seja posteriormente incluída na execução do julgado, e nem mesmo cobrada em outro processo.

b) *Limites subjetivos*: nesse ponto, verifica-se quem será atingido pela coisa julgada formada.

Em um primeiro momento, a coisa julgada estará adstrita às partes do processo e, por isso, é denominada de ***inter-partes***.

Contudo, admitem-se exceções.

Na primeira, verifica-se a coisa julgada ***ultra partes***, que vai além das partes do processo, para atingir também determinados terceiros. É o que ocorre nos casos de substituição processual, em que o substituído, apesar de não ter participado do processo, terá sua esfera jurídica atingida.

20 Nery, princípios, p. 40-41.

Outra exceção é a **coisa julgada *erga omnes***, que atingirá a todos os jurisdicionados, sendo eles partes ou não. A ação de usucapião é um exemplo, assim como a procedência da ação civil pública para a tutela de interesses difusos.

c) Quanto ao modo de produção: de acordo com esse critério, a coisa julgada será *pro et contra*, *secundum eventum litis* e *secundum eventum probationis*.

Em regra, a coisa julgada forma-se independentemente do resultado do processo. Sendo o pedido procedente ou improcedente, havendo ou não o esgotamento das provas, haverá a coisa julgada.

Portanto, se o autor propuser a sua demanda e o magistrado julgá-la improcedente em decorrência da ausência de comprovação dos fatos apresentados na inicial, ainda assim, será formada a coisa julgada.

Nesse contexto, surgem as técnicas que se passa a expor.

Haverá a coisa julgada *secundum eventum litis* (segundo o resultado do processo), em casos específicos e previstos em lei. Assim, na procedência da ação civil pública em que se busca a tutela de interesses difusos, poderão as vítimas buscar, individualmente, a liquidação do julgado.

Já a coisa julgada *secundum eventum probationis* (segundo a prova produzida) existirá quando houver o esgotamento das provas. Assim, se a ação popular, por exemplo, for julgada improcedente, porém, sem o esgotamento das provas, admite-se a nova ação sobre a mesma matéria. Note-se que se trata de exceção à regra.

22. REMESSA NECESSÁRIA

A remessa necessária constitui em condição de eficácia da sentença proferida contra a fazenda pública, que somente produzirá efeitos depois de revista pelo Tribunal. Foi tratada no item relativo às prerrogativas da fazenda pública.

23. MEIOS DE IMPUGNAÇÃO À SENTENÇA

Constituem-se em meios de impugnação das decisões judiciais: i) os recursos; ii) os sucedâneos recursais; e, iii) as ações impugnativas.

- Recursos ➔ prolongam a relação processual e impedem a formação da coisa julgada. Somente serão assim considerados se previstos na lei processual como tal.
- Sucedâneos recursais ➔ não estão elencados como recursos, mas fazem as vezes destes.
- Ações impugnativas ➔ estabelece-se nova relação processual para impugnar uma decisão judicial.

24. AÇÃO RESCISÓRIA

24.1. CONCEITO

A **coisa julgada** é uma garantia assegurada pela Constituição Federal, fundada na necessidade de proporcionar a **segurança jurídica**. Com efeito, como decorrência da soberania de um país, compete ao seu Poder competente a aplicação da ordem jurídica vigente, dirimindo os conflitos existentes.

Não obstante, a coisa julgada não é um bem jurídico intangível, pois deve ser harmonizado com outros bens de igual de grandeza equivalente ao da segurança jurídica.

Por esse motivo, a mesma ordem jurídica assegura a possibilidade de o interessado valer-se de um importante instrumento, que busca rescindir a coisa julgada formada, a fim de que possa não se submeter ao seu derivado comando.

E esse instrumento é a ação rescisória, que pode ser definida como a **ação que tem por finalidade a rescisão da coisa julgada formada, bem como e, se o caso, que a demanda seja rejulgada pelo mesmo órgão jurisdicional rescindente**.

24.2. OBJETO DA AÇÃO RESCISÓRIA

Por **objeto** da ação rescisória, busca-se definir o seu **pedido**, que sempre será o de **rescindir** a coisa julgada formada, bem como, em alguns casos, o de ser **rejulgada** a causa. Diz-se, então, que há o **juízo rescindente (rescindir)** e o **juízo rescisório (rejulgamento da causa)**.

OBJETO DA AÇÃO RESCISÓRIA { Pedido rescindente / Pedido rescisório

Tem-se, então, a possibilidade de cumulação desses pedidos, que pode ser classificada como **cumulação própria sucessiva de pedidos**, na medida em que o segundo pedido somente será analisado se o primeiro for procedente. Devem ambos constarem expressamente da petição inicial da ação rescisória, observando-se que o acórdão deverá observar o princípio da congruência.

Passa-se, inicialmente, à análise do pedido **rescindente**, sugerindo-se que tal estudo parta do seguinte quadro:

DECISÃO A SER RESCINDIDA (Quadro 1 – Novo CPC)

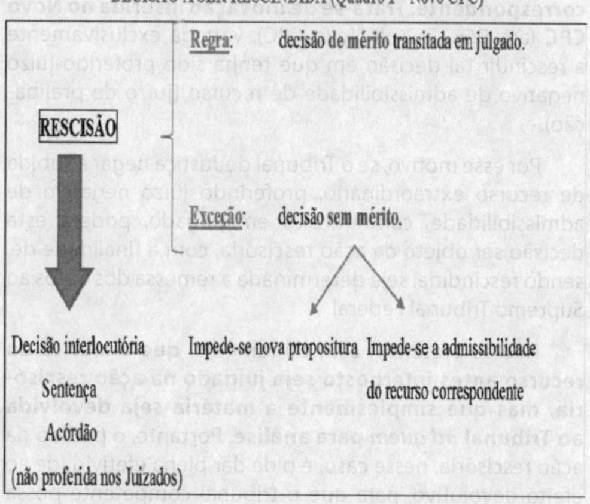

A ação rescisória tem por finalidade rescindir a coisa julgada formada a partir de decisão de mérito, que pode ter sido proferida em sede de decisão interlocutória, sentença ou em acórdão.

Como se vê, o Novo CPC admitiu, expressamente, a decisão interlocutória de mérito, que, não impugnada, ou esgotados os recursos pertinentes, fará coisa julgada material.

A propôs ação em face de B, formulando dois pedidos. O juiz, na decisão inicial, indefere a petição inicial em relação ao primeiro pedido, por conta da prescrição, proferindo decisão interlocutória de mérito. No mesmo ato, determina o prosseguimento da ação em relação ao outro pedido.

Não sendo a decisão interlocutória atacada por recurso (ou esgotados os recursos pertinentes), tem-se a formação da coisa julgada material parcial.

Não importa o motivo da formação da coisa julgada, se decorrente da falta de impugnação, ou por conta do esgotamento dos recursos pertinentes (Súmula 514 do STF).

Porém, a ação rescisória não se destina unicamente à rescisão da coisa julgada material, ao contrário da impressão que poderia surgir a partir da leitura do art. 966 do NCPC.

Ao contrário, também pode buscar rescindir a coisa julgada formal, conforme prevê o inciso I, do parágrafo segundo, do art. 966 do NCPC, segundo o qual será rescindível a decisão transitada que, embora não seja de mérito, **impeça nova propositura da demanda**.

EXEMPLO:

O juiz julga extinto o processo, sem resolução do mérito, mas impõe condenação do autor ao pagamento de elevada verba honorária. Nesse caso, será possível ao autor, tendo em vista o trânsito em julgado, verificando-se a flagrante desproporcionalidade, ajuizar a respectiva ação rescisória, com a finalidade de reduzir o montante de verba honorária. É de se ver que foi proferida sentença sem análise de mérito, mas tal *decisum* irradia efeitos que somente podem ser rescindidos pela ação rescisória.

Além dessas situações, a ação rescisória pode ter por objeto **decisão que impeça a admissibilidade do recurso correspondente. Trata-se de inovação inserida no Novo CPC** (art. 966, § 2º, II Novo CPC), voltada exclusivamente a rescindir tal decisão em que tenha sido proferido juízo negativo de admissibilidade de recurso (juízo de prelibação).

Por esse motivo, se o Tribunal de Justiça negar a subida de recurso extraordinário, proferindo juízo negativo de admissibilidade, com trânsito em julgado, poderá esta decisão ser objeto da ação rescisória, com a finalidade de, sendo rescindida, seja determinada a remessa dos autos ao Supremo Tribunal Federal.

Não se pretende, com tal remédio, **que o mérito do recurso antes interposto seja julgado na ação rescisória, mas que simplesmente a matéria seja devolvida ao Tribunal *ad quem* para análise**. Portanto, o pedido da ação rescisória, nesse caso, é o de dar plena efetividade ao efeito devolutivo, para que o tribunal competente possa conhecer do recuso antes interposto.

***Em suma**: tem-se que a ação rescisória poderá rescindir:*

i) a coisa julgada material (formada por meio de decisão interlocutória, sentença ou acórdão);

ii) a coisa julgada formal, desde que haja impedimento à propositura de nova ação;

iii) decisão que não admita recurso, desde que já transcorrido o prazo para que tal decisum seja impugnado pelo meio adequado.

Passa-se, agora, ao estudo do **pedido rescisório**.

A parte, ao mesmo tempo em que busca rescindir a coisa julgada formada, também pode pretender que seja proferida nova decisão em seu lugar. Trata-se do **pedido rescisório**, que não estará presente em todas as situações.

Por exemplo, se o autor ajuíza a ação rescisória com fundamento em ofensa à coisa julgada, é porque ele pretende que a primeira decisão transitada em julgado prevaleça. Portanto, nesse caso, não há motivo para o pedido rescisório.

Ingressando no juízo rescisório, o Tribunal estará adstrito ao pedido formulado pelo autor, observando-se a princípio da congruência. Mas tal adstrição deve referir-se quer ao pedido constante da petição inicial da ação rescisória, quanto à vestibular da própria ação em que formada a coisa julgada que se pretende rescindir.

O NCPC encampou a ideia dos capítulos de decisão, admitindo-se a coisa julgada parcial. Assim, se a sentença contar com dois capítulos e apenas um deles for impugnado, tem-se a formação da coisa julgada em relação ao capítulo recorrido e, nesse passo, a possibilidade de rescisão por meio da ação rescisória.

Nesse sentido, previu o Novo CPC que a "***ação rescisória pode ter por objeto apenas 1 (um) capítulo da decisão***" (art. 966, § 3º).

Na hipótese de coisa julgada parcial, tal como o tratado no dispositivo mencionado, o prazo para o ajuizamento da ação rescisória somente terá termo inicial a **data do trânsito em julgado da última decisão proferida nos autos**, não sendo encampada a orientação do Supremo Tribunal Federal vigente anteriormente ao Novo Código de Processo Civil.

24.3. COMPETÊNCIA PARA JULGAMENTO

Para a fixação da competência do Tribunal competente para o julgamento da ação rescisória, devem ser observadas **três regras cumulativas**:

i) trata-se de ação originária dos tribunais;

ii) cada tribunal é competente para o julgamento das rescisórias de seus próprios julgados;

iii) Aplicação das Súmulas 249 e 515 do STF.

i) Trata-se de ação originária dos tribunais:

Somente os tribunais possuem competência para o julgamento de ações rescisória. Nesse sentido, poderão fazê-lo os Tribunais de Justiça, Tribunais Regionais Federais, Tribunais Regionais do Trabalho, Superior Tribunal de Justiça, Supremo Tribunal Federal, entre outros.

Cabe aqui registrar que a Turma Recursal não se equivale a Tribunal, de modo que não poderá julgar ação rescisória (aliás, o art. 59 da Lei 9.099/1995 veda a possibilidade de ser ajuizada ação rescisória em sede de juizados especiais[21]).

ii) Cada tribunal é competente para o julgamento das rescisórias de seus próprios julgados:

Excluída automaticamente a competência dos juízos de primeiro grau, deve-se saber quais tribunais são competentes para conhecer e julgar tal ação. Nesse passo, os Tribunais de Justiça serão competentes para tais demandas quando a coisa julgada for formada a partir de sentença ou de recurso por eles julgado.

Se interposto recurso especial, sendo ele conhecido, por conta do efeito substitutivo, prevalecerá a decisão do Superior Tribunal de Justiça, de modo que este será o competente para conhecer da ação.

Da mesma maneira, se conhecido o recurso extraordinário, será o Supremo Tribunal Federal o competente para o julgamento da rescisória.

Essa competência dos Tribunais Superiores, contudo, não ocorrerá, se os recursos não tiverem sido conhecidos, **pois não houve substituição da decisão anterior**;

iii) Súmulas 249 e 515 do Supremo Tribunal Federal:

Se o Supremo Tribunal Federal ou o Superior Tribunal de Justiça, **embora não tenham conhecido do recurso extraordinário ou especial**, ou havendo negado provimento ao agravo, **tiverem apreciado a questão constitucional ou federal controvertidas**, serão competentes para o julgamento da ação rescisória (Súmula 249 do STF).

E, **se a matéria discutida na rescisória não foi objeto de análise quando dos recursos** extraordinário ou especial, a competência para o julgamento da ação rescisória não será do STF ou do STJ, mas dos Tribunais de Justiça ou Tribunais Regionais Federais (Súmula 515 do STF).

Da junção das duas súmulas do Supremo Tribunal Federal, tem-se que:

> *O Supremo Tribunal Federal e o Superior Tribunal de Justiça **somente serão competentes para o julgamento da ação rescisória** se, tendo conhecido ou não do recurso da decisão que transitou em julgado, apreciaram a questão constitucional ou federal respectiva.*

24.4. AJUIZAMENTO DA AÇÃO PERANTE TRIBUNAL INCOMPETENTE

Na linha do princípio da primazia do julgamento do mérito, determina o Novo Código de Processo Civil (art. 968, § 5º), que, reconhecida a incompetência do tribunal para julgar a ação rescisória, **o autor será intimado para emendar a petição inicial**, a fim de adequar o objeto da ação rescisória, quando a decisão apontada como rescindenda:

a) não tiver apreciado o mérito e não se tratar de decisão que impeça nova propositura da demanda ou a admissibilidade do recurso correspondente: nesses casos, o legislador permitiu que o autor da rescisória ajuste a inicial, uma vez que o objeto indicado não a admite.

b) tiver sido substituída por decisão posterior:

Nestes casos, após a emenda da inicial, será permitido ao réu complementar os fundamentos da defesa, e, em seguida, os autos serão remetidos ao Tribunal competente. Note-se que, nestes casos, permitiu-se a adequação da inicial e da defesa, pois o conteúdo das mesmas poderá ser modificado. De toda forma, admite-se que o Tribunal reconheça a incompetência absoluta e determine a remessa dos autos ao competente, de ofício.

24.5. REQUISITOS DE ADMISSIBILIDADE DA AÇÃO RESCISÓRIA

Por importar no nascedouro de uma nova relação jurídica processual, devem ser atendidos requisitos gerais (de toda e qualquer demanda) e também requisitos específicos de admissibilidade.

São requisitos específicos:

(i) decisão (de mérito) transitada em julgado (já analisado quando do estudo do objeto da ação rescisória);

(ii) observância do prazo legal;

(iii) depósito da multa de 5%;

(iv) presença de uma das hipóteses do art. 966 do NCPC.

• Observância do prazo decadencial

Sobre o prazo para o ajuizamento da ação rescisória, devem ser observadas as seguintes regras:

a) Regra geral: extinção do direito no prazo de dois anos contados do trânsito em julgado da última decisão proferida no processo.

Como regra geral, tem-se que o **direito** ao ajuizamento da ação rescisória se extingue (demonstrando-se a natureza de prazo decadencial) no prazo de **dois anos do trânsito em julgado** da última decisão proferida no processo (art. 975 NCPC).

Foi solucionada discussão existente no âmbito jurisprudencial, que admitia soluções diferentes pelo Supremo Tribunal Federal e pelo Superior Tribunal de Justiça, no sentido de que, apesar de formada a coisa julgada parcial (em decorrência de decisão interlocutória de mérito ou em razão de capítulo não impugnado), **o direito ao ajuizamento da ação rescisória se extingue em um único momento, qual seja, do trânsito em julgado da última decisão proferida nos autos**.

Se o termo final cair durante as férias forenses, recesso, feriados ou em dia em que não houver expediente forense, **o prazo será prorrogado até o primeiro dia útil imediatamente subsequente**.

b) Termo inicial na data de descoberta da prova nova:

---

21 Leonardo Greco sustenta, se acaso o procedimento do juizado for insuficiente para a cognição adequada da causa, a sentença poderá ser atacada por ação autônoma de anulação, competindo ao interessado demonstrar o cerceamento à prova ou a inobservância de algum aspecto do devido processo legal. In Os Juizados Especiais Como tutela Diferenciada: Theodoro Júnior, Humberto; LAUAR, Maira Terra. Tutelas Diferenciadas como Meio de incrementar a efetividade da prestação jurisdicional. Rio de Janeiro: GZ, 2010, p. 711 e s.

Se a ação rescisória tiver por fundamento a existência de prova cuja falsidade tenha sido apurada em processo criminal ou venha a ser demonstrada na própria ação rescisória, **o termo inicial será a da data da descoberta da prova nova**, observado o prazo de cinco anos, contado do trânsito em julgado da última decisão proferida no processo.

Trata-se, sem dúvida, de exceção à regra geral, pois o termo inicial, para fins de contagem do prazo, **não é a data do trânsito em julgado, mas a da descoberta da prova nova.**

Porém, esse direito não é eterno, tendo a lei feito a restrição para o prazo de cinco anos, contado do trânsito em julgado da última decisão proferida no processo.

c) Termo Inicial no Caso de Simulação ou Colusão das Partes

Se a ação rescisória tiver por fundamento a simulação ou a colusão das partes, o prazo começa a contar, para o terceiro prejudicado e para o Ministério Público, que não interveio no processo, a partir do momento em que têm ciência da simulação ou da colusão (art. 975, § 3º NCPC).

Para esta exceção à regra geral, o prazo para o ajuizamento da ação rescisória se inicia quando da **ciência da simulação ou da colusão, pois somente a partir deste momento é que se teve possibilidade de exercício da pretensão rescindente.** Podem valer-se do termo inicial diferenciado o terceiro prejudicado e o Ministério Público, que não interveio no processo.

d) Termo Inicial com a Declaração de Inconstitucionalidade pelo Supremo Tribunal Federal

Poderá o executado, na fase de cumprimento de decisão que reconheça a exigibilidade de obrigação, alegar, em impugnação, a sua inexigibilidade por ser fundada em lei ou ato normativo considerado inconstitucional pelo Supremo Tribunal Federal, ou fundado em aplicação ou interpretação da lei ou do ato normativo tido pelo STF como incompatível com a Constituição Federal, em controle de constitucionalidade concentrado ou difuso.

Para tanto, no entanto, a decisão do Supremo Tribunal Federal deverá ter sido anterior à decisão exequenda.

E isso porque, se a decisão proveniente do STF for posterior ao trânsito em julgado da decisão exequenda, caberá ação rescisória, com fundamento no art. 966, V do NCPC (violar manifestamente norma jurídica), **cujo prazo será contado do trânsito em julgado da decisão proferida pelo Supremo Tribunal Federal.**

Portanto, o termo inicial para essa hipótese, não será o trânsito em julgado da decisão que se pretende rescindir, mas do trânsito da decisão em que realizado o controle de constitucionalidade pelo Supremo Tribunal Federal.

É óbvio que, se o fundamento da ação rescisória for outro, então o termo inicial observará qualquer uma das demais regras apresentadas.

e) Depósito do valor correspondente a 5% do valor da causa

Deverá o autor da ação rescisória providenciar o depósito de 5% do valor da causa, a título de multa, caso a ação seja, por unanimidade de votos, declarada inadmissível ou improcedente. Se por decisão monocrática, o valor será devolvido ao autor.

Será também, obviamente, devolvido ao autor, se a demanda for julgada procedente ou se não acolhida (ou não conhecida) por maioria de votos.

O Novo CPC reiterou a necessidade do depósito de 5% sobre o valor da causa, limitando-o, porém, a mil salários mínimos.

A comprovação do recolhimento do valor é requisito da petição inicial, devendo a parte, em caso de omissão, ser devidamente intimada para demonstração do pagamento.

Estarão isentos de recolhimento as pessoas jurídicas de direito público, o Ministério Público, a Defensoria Pública e os beneficiários da gratuidade processual.

24.6. HIPÓTESES INDICADAS NO ART. 966 CPC

O cabimento da ação rescisória está adstrito às hipóteses indicadas no art. 966, ou seja, se a decisão:

I – se verificar que foi proferida por força de prevaricação, concussão ou corrupção do juiz: não é necessário que exista processo criminal em que fique reconhecida a autoria das ações delituosas pelo juiz, pois a prova poderá ser produzida nos próprios autos da ação rescisória;

II – proferida por juiz impedido ou absolutamente incompetente: comprometida a parcialidade do juiz por conta do impedimento, tem-se que a coisa julgada poderá ser rescindida, ainda que tal matéria não tenha sido alegada anteriormente. O mesmo ocorre em relação à incompetência absoluta do juiz. De outro lado, a sentença proferida por juiz suspeito ou relativamente incompetente não comprometerá a coisa julgada formada.

III – resultar de dolo ou coação da parte vencedora em detrimento da parte vencida, ou, ainda, de simulação ou colusão entre as partes, a fim de fraudar a lei: nesse caso, o resultado final da demanda deve-se ao dolo, coação, simulação ou colusão;

IV – ofender a coisa julgada: se a sentença ofendeu coisa julgada formada, poderá ser rescindida por meio da ação rescisória.

V – violar manifestamente norma jurídica: a expressão "norma jurídica" é bem mais ampla do que lei, antes prevista no inciso V do art. 485 do CPC de 1973, e se refere a ato normativo em sentido geral, bem como a princípios.

A propósito do tema, a súmula 343 do STF dispõe que "não cabe ação rescisória por ofensa a literal disposição de lei, quando a decisão rescindenda se tiver baseado em texto legal de interpretação controvertida nos tribunais".

Assim, havendo sobre a aplicação da lei interpretação controvertida nos tribunais, há de prevalecer a interpretação razoável oferecida, de modo que não será cabível a ação rescisória.

De outro lado, porém, se a ofensa for à Constituição Federal (ou à interpretação oferecida pelo Supremo Tribunal Federal), será admitida a ação rescisória, com fundamento na melhor interpretação (proveniente do STF).

VI – for fundada em prova cuja falsidade tenha sido apurada em processo criminal ou venha a ser demonstrada na própria ação: deve existir um nexo entre a falsidade da prova e o resultado do processo.

VII – obtiver o autor, posteriormente ao trânsito em julgado, prova nova cuja existência ignorava ou de que não pôde fazer uso, capaz, por si só, de lhe assegurar pronunciamento favorável: o documento novo, de que a parte não dispunha, deve ser capaz de alterar o resultado do processo.

VIII – for fundada em erro de fato verificável do exame dos autos: há erro de fato quando a sentença admitir um fato inexistente, ou quando considerar inexistente um fato efetivamente ocorrido.

24.7. LEGITIMIDADE PARA A PROPOSITURA DA AÇÃO RESCISÓRIA

Possuem **legitimidade** para a propositura da ação rescisória quem foi parte no processo ou seu sucessor a título universal ou singular, o terceiro juridicamente interessado, o Ministério Público e aquele que não foi ouvido no processo em que lhe era obrigatória a intervenção.

i) Parte no processo ou seu sucessor

Qualquer um que tenha figurado como parte no processo poderá ingressar com a ação rescisória, ainda que revel.

ii) Terceiro juridicamente interessado

O terceiro deverá demonstrar o interesse jurídico na rescisão da coisa julgada.

iii) Ministério Público

O Ministério Público poderá ingressar com a ação rescisória quando não foi ouvido no processo em que lhe era obrigatória a intervenção, quando a decisão rescindenda é o efeito de simulação ou de colusão das partes, a fim de fraudar a lei e em outros casos em que se imponha sua atuação.

iv) Aquele que não foi ouvido no processo em que lhe era obrigatória a intervenção:

Há processos em que a oitiva de determinadas entidades é obrigatória, como ocorre, por exemplo, com o CADE e a Comissão de Valores Mobiliários (art. 118, da Lei nº 12.529/2011 e art. 31 da Lei nº 6.385/1976).

Se tal oitiva não ocorreu no processo originário, terão as entidades legitimidade para o ajuizamento de ação rescisória.

24.8. POLO PASSIVO

O polo passivo da ação rescisória será ocupado por todos aqueles que participaram da relação processual oriunda da ação cuja coisa julgada se pretende rescindir. Forma-se, então, litisconsórcio passivo necessário, que, em parte, será unitário (juízo rescindente), em parte, será simples (juízo rescisório).

24.9. NÃO IMPEDIMENTO À EXECUÇÃO

Ressalvada a concessão de tutela provisória, o ajuizamento da rescisória não constitui óbice à execução do julgado.

24.10. INDEFERIMENTO DA PETIÇÃO INICIAL

A petição inicial da ação rescisória será indeferida nas hipóteses dos artigos 330, se não comprovado o depósito exigido.

24.11. IMPROCEDÊNCIA LIMINAR DO PEDIDO

Admite-se, também na ação rescisória, a improcedência liminar do pedido nas hipóteses indicadas no art. 332.

24.12. RESPOSTA DO RÉU

O relator fixará prazo que variará entre 15 e 30 dias para o oferecimento de resposta, não havendo que se falar em revelia. A partir daí, será observado o procedimento comum.

24.13. PRESCRIÇÃO INTERCORRENTE

Consoante indicado na súmula 264, do STF, se a ação rescisória permanecer parada por mais de 5 anos, verifica-se a prescrição intercorrente. Ressalte-se que o prazo, atualmente, não é de cinco, mas de dois anos.

25. RECURSOS

25.1. DISPOSIÇÕES GERAIS

Os requisitos, pressupostos ou condições de admissibilidade são aqueles necessários para que seja analisado o mérito do recurso. Constituem-se em matéria de ordem pública, que pode ser conhecida de ofício. Trata-se do objeto do juízo de admissibilidade ou de prelibação.

Os requisitos intrínsecos "são aqueles que dizem respeito à decisão recorrida em si mesma considerada".[22] Consideram "o conteúdo e a forma da decisão impugnada. De tal modo que, para proferir o juízo de admissibilidade, toma-se o ato judicial impugnado no momento e da maneira como foi prolatado".[23] Constituem-se requisitos intrínsecos de admissibilidade: o cabimento, a legitimação para recorrer e o interesse recursal.

a) Cabimento

A recorribilidade e a adequação são dois fatores que compõem o requisito do cabimento. Para que seja cabível, o "recurso precisa estar previsto na lei processual contra

22 NERY JÚNIOR, Nelson. *Teoria Geral dos Recursos*. 7. ed. São Paulo: RT, 2013, p. 266.

23 NERY JÚNIOR, Nelson. *Teoria Geral dos Recursos*. 7. ed. São Paulo: RT, 2013, p. 266.

determinada decisão judicial"[24], bem como que seja o correto para impugnar o pronunciamento judicial.

O Novo CPC elenca os recursos no art. 994. São eles: I – apelação; II – agravo de instrumento; III – agravo interno; IV – embargos de declaração; V – recurso ordinário; VI – recurso especial; VII – recurso extraordinário; VIII – agravo em recurso especial ou extraordinário; e, IX – embargos de divergência.

Além destes recursos, merece registro a previsão de outros em leis especiais, como os recursos inominados (art. 49, da Lei 9.099/95), os incidentes de uniformização de interpretação de lei (Leis n. 10.259/2001 e 12.153/2009) e os embargos infringentes de alçada (art. 34 da Lei n. 6.830/1980).

Encampou-se, assim, o princípio da taxatividade dos recursos, por meio do qual somente serão recursos aqueles assim previstos em lei federal.

b) Legitimidade para recorrer

Para a admissibilidade do recurso, deverá o recorrente ter legitimidade para a sua interposição, prevista de forma genérica. Nesse sentido, o art. 996 do NCPC dispõe que tem legitimidade a parte, o terceiro prejudicado e o Ministério Público, como parte ou como fiscal da ordem jurídica.

c) Interesse Recursal

Passa-se ao exame do interesse em recorrer.

Haverá interesse em recorrer quando presentes os requisitos do binômio necessidade e utilidade.

Para que haja a necessidade recursal, deverá o recorrente demonstrar que o recurso é o único meio de obter "o que pretende contra a decisão impugnada".[25]

Em relação à utilidade, o recurso será útil se puder importar em situação de melhora ao recorrente, em decorrência da sucumbência ou prejuízo imposto pelo pronunciamento jurisdicional.

d) Tempestividade

Os requisitos extrínsecos referem-se a fatores externos ao pronunciamento judicial impugnado. São eles: tempestividade, a regularidade formal, a inexistência de fato impeditivo ou extintivo do poder de recorrer e o preparo recursal.

Se o CPC de 1973 já importou em unificação da maioria dos prazos, o CPC de 2015 avançou ainda mais neste ponto, ao prever expressamente que, excetuados os embargos de declaração, o prazo para interpor os recursos e para responder-lhes é de quinze dias (art. 1.003, § 5º do Novo CPC).

Ainda persistem prazos especiais para alguns recursos, em razão de previsão contida em lei extravagante. Em comum entre eles, o recurso deverá ser interposto no prazo de dez dias e a diferenciação decorre da aplicação do princípio da especialidade. É o que acontece com os recursos de: i) apelação e agravo de instrumento nos procedimentos que tramitam perante a Vara da Infância e da Juventude, com exceção das ações coletivas (art. 198, II do Estatuto da Criança e do Adolescente); ii) recurso inominado, previsto na Lei dos Juizados Especiais (art. 42, *caput*, da Lei n. 9.099/95); iii) incidente de uniformização de interpretação de lei para a Turma Regional de Uniformização dos Juizados Especiais Federais (art. 2º, § 1º da Resolução n. 347/2015); iv) embargos infringentes de alçada em processo de execução fiscal (art. 34, § 2º da Lei n. 6.830/80).

e) Regularidade formal

Outro requisito extrínseco é a regularidade formal, exigindo-se que o recorrente observe a forma prevista pela lei, como imprescindível para que o recurso seja conhecido.

A primazia do julgamento do mérito e o máximo aproveitamento dos atos processuais são princípios encampados pelo Novo Código de Processo Civil (art. 283), no contexto do formalismo constitucional democrático.

Por esse motivo, sempre que possível, deverá o julgador determinar a regularização de vício formal, mas, ao fazê-lo, não poderá comprometer a sua imparcialidade ou substituir a atividade que deveria ser praticada pela parte recorrente.

f) Inexistência de fato impeditivo ou extintivo do poder de recorrer

Constitui requisito intrínseco dos recursos a inexistência de fato impeditivo ou extintivo do poder de recorrer.

São fatos impeditivos a desistência do recurso (art. 998), o reconhecimento jurídico do pedido e a renúncia ao direito sobre o que se funda a ação. De outro lado, são fatos extintivos a renúncia e a aquiescência da parte.

A desistência do recurso interposto é negócio jurídico unilateral não receptício, pois, poderá ser manifestado unilateralmente pela parte, sem necessidade de concordância da parte contrária, produzindo efeitos desde que é efetuada.

O parágrafo único do art. 998 do NCPC prevê que a desistência do recurso não impede a análise da questão cuja repercussão geral já tenha sido reconhecida e daquela objeto de julgamento de recursos extraordinário ou especiais repetitivos.

g) Preparo recursal

Por fim, o último requisito extrínseco é da exigência de comprovação do recolhimento de preparo recursal, que compreendem custas e também as despesas processuais com o porte e o retorno dos autos processuais.

De acordo com o Novo CPC, o pagamento do preparo recursal, incluindo-se o porte e o retorno (dispensado em autos eletrônicos), deverá ser comprovado quando da interposição do recurso. Se, posteriormente, for provado justo impedimento, o relator poderá relevar a pena de deserção, fixando-se prazo de cinco dias para efetuar o preparo. Admite-se, ainda, muito embora não previsto legalmente, a continuidade do entendimento encampado na súmula 484 do STJ, de modo que, se interposto o recurso fora do horário do expediente bancário, será possível comprovar o seu recolhimento no primeiro dia útil seguinte.

Sendo insuficiente o valor recolhido, será o recorrente intimado para regularizar o vício, compreendendo-se tanto

24 NERY JÚNIOR, Nelson. *Teoria Geral dos Recursos*. 7. ed. São Paulo: RT, 2013, p. 267.

25 NERY JUNIOR, Nelson; NERY, Rosa Maria de Andrade. *Comentários ao Código de Processo Civil. Novo CPC – Lei 13.105/2015*. São Paulo: RT, p. 300.

as custas, quanto a própria despesa de porte e retorno. Se não o fizer, tem-se a deserção.

Como novidade, tem-se a previsão de que, independentemente de justo motivo, é possível ao recorrer livrar-se da deserção advinda da não comprovação do recolhimento do preparo recursal, impondo-lhe, como sanção e condição de admissibilidade, o recolhimento em dobro (art. 1.007, § 4º).

Assegura-se a dispensa de preparo, inclusive porte de remessa e de retorno, aos recursos interpostos pelo Ministério Público, pela União, pelo Distrito Federal, pelos Estados, pelos Municípios, e pelas respectivas autarquias, e pelos que gozam de isenção legal.

No âmbito da Justiça Federal, em razão da alteração do inciso II do art. 14 da Lei n. 9.289/1996, ao interpor o recurso, o recorrente deverá comprovar o recolhimento do preparo recursal (e este consistirá no pagamento da outra metade das custas devidas).

25.2. EFEITOS DOS RECURSOS

Estudo importante para entender-se a dinâmica dos recursos compreende a análise de seus efeitos.

(i) **Efeito devolutivo:** o efeito devolutivo é aquele em virtude do qual a matéria é devolvida ao órgão judicante, seja ele superior àquele que proferiu a decisão, seja ao próprio órgão prolator da decisão. Compreende o princípio do *tantum devolutum quantum appellatum*. Todo recurso conta com esse efeito.

Tal efeito deve ser analisado quanto à sua extensão e quanto à sua profundidade.

Sob o primeiro aspecto (quanto à extensão), tem-se a delimitação da matéria objeto do recurso. Trata-se da ***dimensão horizontal*** do efeito devolutivo.

Assim, se o réu é condenado ao pagamento de indenização por danos materiais e morais e somente recorre em relação a estes últimos, ele delimita o seu recurso, a sua irresignação, e o Tribunal estará vinculado a essa vontade.

Sob o segundo aspecto (quanto à profundidade), tem-se que ficam devolvidas todas as questões suscitadas e discutidas no processo, ainda que a sentença não as tenha julgado por inteiro, desde que relativas ao capítulo impugnado. Trata-se da ***dimensão vertical*** do efeito devolutivo.

Em decorrência da preferência pelo julgamento do mérito, se o processo estiver em condições de imediato julgamento, o tribunal deve decidir desde logo o mérito quando: I – reformar sentença fundada no art. 485; II – decretar a nulidade da sentença por não ser ela congruente com os limites do pedido ou da causa de pedir; III – constatar a omissão no exame de um dos pedidos, hipótese em que poderá julgá-lo; IV – decretar a nulidade de sentença por falta de fundamentação.

(ii) Efeito translativo: apesar do efeito devolutivo, algumas matérias, poderão ser conhecidas de ofício, independentemente de requerimento ou arguição da parte. São as matérias de ordem pública.

(iii) Efeito suspensivo: pelo efeito suspensivo, impede-se a produção imediata de efeitos da decisão, situação essa que durará até o julgamento do recurso. Essa suspensividade não advém da interposição do recurso, mas da simples previsão de que terá tal efeito por força de lei.

O efeito suspensivo poderá existir por força de lei (*ope legis*) ou em razão de decisão judicial a respeito (*ope judicis*).

A apelação, como regra, tem duplo efeito – devolutivo e suspensivo. Terão somente efeito devolutivo a sentença que: I – homologa divisão ou demarcação de terras; II – condena a pagar alimentos; III – extingue sem resolução do mérito ou julga improcedentes os embargos do executado; IV – julga procedente o pedido de instituição de arbitragem; V – confirma, concede ou revoga tutela provisória; VI – decreta a interdição.

Em tais situações, o apelado poderá promover o pedido de cumprimento provisório de sentença.

Não obstante, o apelante poderá pleitear a concessão de efeito suspensivo em tais casos, se for demonstrada a probabilidade de provimento do recurso ou se, sendo relevante a fundamentação, houver risco de dano grave ou de difícil reparação. Este requerimento será dirigido ao: I – tribunal, no período compreendido entre a interposição da apelação e sua distribuição, ficando o relator designado para seu exame prevento para julgá-la; II – relator, se já distribuída a apelação.

Da mesma forma, os recursos extraordinário e especial também não são dotados de efeito suspensivo. Tal efeito, contudo, poderá ser requerido ao tribunal superior, no período compreendido entre a publicação da decisão de admissão do recurso e sua distribuição, ficando o relator designado para seu exame prevento para julgá-lo; ao relator, se já distribuído o recurso; ou, então, ao presidente ou ao vice-presidente do tribunal recorrido, no período compreendido entre a interposição do recurso e a publicação da decisão de admissão do recurso, assim como no caso de recurso ter sido sobrestado.

(iv) Efeito expansivo ou extensivo: em decorrência desse efeito, consideram-se sem efeito os atos ou decisões dependentes da decisão recorrida, naquilo em que forem incompatíveis com o julgamento do recurso. Se o julgamento do recurso afetar outras decisões que não a recorrida, estar-se-á diante do **efeito expansivo externo**; se, porém, o recurso fizer referência apenas a um dos capítulos da decisão, que examina questão preliminar ou prejudicial, e o acolhimento do recurso repercutir no capítulo relacionado à questão subordinada, estar-se-á diante de **efeito expansivo interno**.

(v) Efeito substitutivo: o julgamento proferido pelo tribunal substituirá a sentença ou a decisão recorrida no que tiver sido objeto de recurso.

Portanto, não existirão dois atos ou decisões sobre a mesma matéria, mas apenas um, fato esse que é relevante para se saber a competência para conhecimento da ação rescisória, como adiante será visto.

26. APELAÇÃO

26.1. CABIMENTO

O recurso de apelação será cabível com a finalidade de reformar sentença.

Porém, nem todas as sentenças são apeláveis.

Nesse sentido, a sentença proferida no âmbito dos Juizados Especiais não será impugnada pelo recurso de apelação, mas pelo recurso inominado. Também a sentença proferida nas execuções fiscais de valor inferior ao de alçada será objeto dos embargos infringentes de alçada.

26.2. FORMA

A apelação será interposta por petição dirigida ao juízo da causa, acompanhada das respectivas razões recursais, nas quais o apelante poderá alegar vício da atividade (*error in procedendo*), assim como vícios de juízo (*error in judicando*). Trata-se, portanto, de um recurso de cognição ampla e não vinculada.

26.3. EFEITO

A apelação é dotada de efeitos devolutivo e suspensivo, de modo que a sentença não produzirá efeitos enquanto não julgado o recurso.

Contudo, em determinadas situações, a apelação será recebida somente em seu efeito devolutivo, permitindo-se o cumprimento provisório da sentença. Assim, a apelação será recebida apenas em seu efeito devolutivo quando interposta de sentença que: homologar a divisão ou a demarcação de terras, condenar a pagar alimentos, extingue sem resolução do mérito ou julga improcedentes os embargos do executado, julga procedente o pedido de instituição de arbitragem, confirma, concede ou revoga tutela provisória e decreta a interdição.

Ainda nestes casos, será possível buscar-se a concessão do efeito suspensivo junto ao tribunal, por meio de petição específica, que se apresentada anteriormente à distribuição do recurso, tornará prevento o relator.

26.4. JUÍZO DE ADMISSIBILIDADE

A admissibilidade do recurso de apelação será realizado exclusivamente perante o Tribunal (juízo ad quem). Houve alteração nesse sentido, de modo que o seu juízo de admissibilidade não é mais desdobrado, mas único, no tribunal.

26.5. JUÍZO DE RETRATAÇÃO

Admite-se que, uma vez interposta a apelação, o juízo se retrate. Isso ocorrerá se o juiz proferir pronunciamento sem resolução do mérito, bem como nos casos de improcedência liminar.

27. AGRAVOS (AGRAVO DE INSTRUMENTO E AGRAVO INTERNO)

27.1. AGRAVO DE INSTRUMENTO

O Novo CPC, inovando em relação ao anterior, fixou a regra de que as questões decididas por meio de decisões interlocutória não são recorríveis de imediato, salvo quando admitido o agravo de instrumento para a hipótese.

Constitui-se o agravo de instrumento no recurso apropriado para impugnar decisão interlocutória que versar sobre matérias específicas elencadas no art. 1.015 e em outros dispositivos.

Nesse sentido, caberá a interposição de agravo de instrumento quando a decisão interlocutória versar sobre: i) tutela provisória; ii) mérito do processo; iii) rejeição da alegação de convenção de arbitragem; iv) incidente de desconsideração da personalidade jurídica; v) rejeição do pedido de gratuidade da justiça ou acolhimento do pedido de sua revogação; vi) exibição ou posse de documento ou coisa; vii) exclusão de litisconsorte; viii) rejeição do pedido de limitação do litisconsórcio; ix) admissão ou inadmissão de intervenção de terceiros; x) concessão, modificação ou revogação do efeito suspensivo aos embargos à execução; xi) redistribuição do ônus probatório (carga dinâmica) e em outros casos admitidos na lei.

Também será cabível o agravo contra decisões interlocutórias proferidas na fase de liquidação de sentença ou de cumprimento de sentença, no processo de execução e no processo de inventário. A lógica, nesses casos, é a de que não haverá sentença em um espaço curto de tempo, de modo que não se poderia aguardar por tanto tempo.

O recurso de agravo de instrumento deverá ser interposto no prazo de 15 dias, diretamente no Tribunal, acompanhado das peças obrigatórias e facultativas. Admite-se também que o seu protocolo seja feito na própria comarca, seção ou subseção judiciária, por postagem, sob registro, com aviso de recebimento ou por meio de transmissão de dados tipo fac-símile, ou ainda de acordo com outra forma prevista na lei.

Uma vez recebido o agravo de instrumento, poderá o relator decidi-lo monocraticamente nas hipóteses do art. 932, III e IV. Se não for o caso, mandará intimar o agravado e, oportunamente, solicitará prazo para julgamento.

27.2. AGRAVO INTERNO

Contra as decisões proferidas pelo relator será cabível a interposição do agravo interno, nos termos do regimento interno do tribunal.

É vedado ao relator limitar-se à reprodução dos fundamentos da decisão agravada para julgar improcedente o agravo interno.

Se o agravo interno for declarado manifestamente inadmissível ou improcedente em votação unânime, o órgão colegiado, em decisão fundamentada, condenará o agravante a pagar ao agravado multa fixada entre um e cinco por cento do valor atualizado da causa, estando a interposição de outro recurso condicionada ao seu recolhimento, salvo em relação à Fazenda Pública e dos beneficiários da gratuidade da justiça.

28. EMBARGOS DE DECLARAÇÃO

Os embargos de declaração possuem natureza mista ou híbrida. Reconhece-se a natureza de recurso, porque é previsto do Código de Processo Civil. Ao mesmo tempo, também é um meio de integração e de correção de omissão e de contradição da decisão proferida.

Cabem embargos de declaração quando: I – esclarecer obscuridade ou eliminar contradição; ii – suprir omissão de ponto ou questão sobre o qual devia se pronunciar o juiz de ofício ou a requerimento; iii- corrigir erro material.

Os embargos de declaração devem ter a petição dirigida ao juízo que proferiu a decisão, que terá competência para o seu julgamento. Podem ser interpostos em face de qualquer pronunciamento jurisdicional (decisões interlocutórias, sentenças e acórdãos).

interposição dos embargos de declaração interrompe o curso do prazo para a interposição de outros recursos. Essa interrupção alcança todas as partes do processo, e não só o recorrente, muito embora não albergue o prazo para interposição dos embargos declaratórios.

Poderão opor os embargos não só a parte sucumbente, mas também o vencedor da ação e o Ministério Público.

São isentos de preparo recursal, muito embora se admita a fixação de multa para os embargos manifestamente protelatórios (e assim não são considerados aqueles que têm a finalidade de prequestionamento), não excedente a 1% sobre o valor da causa. Na reiteração de embargos protelatórios, a multa é elevada a até 10%, ficando condicionada a interposição de qualquer outro recurso ao depósito do valor respectivo.

29. EMBARGOS DE DIVERGÊNCIA

O recurso de embargos de divergência tem a finalidade de buscar a uniformização de entendimento nos tribunais superiores. Assim, poderão ser interpostos contra acórdão de órgão fracionário do STF ou do STJ que: i) em recurso extraordinário ou em recurso especial, divergir do julgamento de qualquer outro órgão do mesmo tribunal, sendo os acórdãos embargado e paradigma, de mérito; ii) em recurso extraordinário ou em recurso especial divergir do julgamento de qualquer outro órgão do mesmo tribunal, sendo um acórdão de mérito e outro que não tenha conhecido do recurso, embora tenha apreciado a controvérsia.

A divergência que justifica a interposição dos embargos de divergência pode ser de direito material e de direito processual.

Ainda que proveniente da mesma turma, serão cabíveis os embargos de divergência quando a sua composição tiver sofrido alteração em mais da metade de seus membros.

30. RECURSOS ORDINÁRIO, ESPECIAL E EXTRAORDINÁRIO

30.1. RECURSO ORDINÁRIO

DOS RECURSOS PARA O STF E PARA O STJ (Art. 1.027 e seguintes)

Recursos cabíveis
- Recurso ordinário
- Recursos extraordinário e especial
- Agravo nos recursos extraordinário e especial
- Embargos de divergência

Será cabível o recurso ordinário ao: i) I – pelo Supremo Tribunal Federal, os mandados de segurança, os *habeas data* e os mandados de injunção decididos em única instância pelos tribunais superiores, quando denegatória a decisão; II – pelo Superior Tribunal de Justiça: a) os mandados de segurança decididos em única instância pelos tribunais regionais federais ou pelos tribunais de justiça dos Estados e do Distrito Federal e Territórios, quando denegatória a decisão; b) os processos em que forem partes, de um lado, Estado estrangeiro ou organismo internacional e, de outro, Município ou pessoa residente ou domiciliada no País.

Nos processos referidos no inciso II, alínea "b", contra as decisões interlocutórias caberá agravo de instrumento dirigido ao Superior Tribunal de Justiça, nas hipóteses do art. 1.015.

Aplica-se também ao recurso ordinário. Por isso, estando o processo em condições de imediato julgamento, o tribunal deve decidir desde logo o mérito quando: i- reforma sentença proferida sem análise de mérito; ii- decretar a nulidade da sentença por não ser ela congruente com os limites do pedido ou da causa de pedir; iii-contestar a omissão no exame de um dos pedidos, hipótese em que poderá julgá-lo; iv-decretar a nulidade de sentença por falta de fundamentação.

Contra sentença proferida pelo Juízo Federal de 1º grau (art. 1.027, II, b): ao invés de ser impugnada por meio do recurso de apelação, será cabível o recurso ordinário, observando-se, em tudo, as regras de admissibilidade e de procedimento da própria apelação, bem como o Regimento Interno do Superior Tribunal de Justiça.

30.2. DISPOSIÇÕES GERAIS QUANTO AO RECURSO EXTRAORDINÁRIO E RECURSO ESPECIAL

O recurso extraordinário e o recurso especial, nos casos previstos na Constituição Federal, serão interpostos perante o presidente ou o vice-presidente do tribunal recorrido, em petições distintas que conterão:

I – a exposição do fato e do direito;

II – a demonstração do cabimento do recurso interposto;

III – as razões do pedido de reforma ou de invalidação da decisão recorrida.

Quando o recurso fundar-se em dissídio jurisprudencial, o recorrente fará a prova da divergência com a certidão, cópia ou citação do repositório de jurisprudência, oficial ou credenciado, inclusive em mídia eletrônica, em que houver sido publicado o acórdão divergente, ou ainda com a reprodução de julgado disponível na rede mundial de computadores, com indicação da respectiva fonte, devendo-se, em qualquer caso, mencionar as circunstâncias que identifiquem ou assemelhem os casos confrontados.

Quando o recurso estiver fundado em dissídio jurisprudencial, é vedado ao tribunal inadmiti-lo com base em fundamento genérico de que as circunstâncias fáticas são diferentes, sem demonstrar a existência da distinção.

O Supremo Tribunal Federal ou o Superior Tribunal de Justiça poderá desconsiderar vício formal de recurso tempestivo ou determinar sua correção, desde que não o repute grave.

I – ao tribunal superior respectivo, no período compreendido entre a publicação da decisão de admissão do recurso e sua distribuição, ficando o relator designado para seu exame prevento para julgá-lo; II - ao relator, se já distribuído o recurso; III – ao presidente ou ao vice-presidente do tribunal recorrido, no período compreendido entre a interposição do recurso e a publicação da decisão de admissão do recurso, assim como no caso de o recurso ter sido sobrestado, nos termos do art. 1.037.

O juízo de admissibilidade será desdobrado. Diferentemente do que ocorre em relação à apelação.

Na hipótese de interposição conjunta de recurso extraordinário e recurso especial, os autos serão remetidos ao Superior Tribunal de Justiça. Concluído o julgamento do recurso especial, os autos serão remetidos ao Supremo Tribunal Federal para apreciação do recurso extraordinário, se este não estiver prejudicado. Se o relator do recurso especial considerar prejudicial o recurso extraordinário, em decisão irrecorrível, sobrestará o julgamento e remeterá os autos ao Supremo Tribunal Federal. Se o relator do recurso extraordinário, em decisão irrecorrível, rejeitar a prejudicialidade, devolverá os autos ao Superior Tribunal de Justiça para o julgamento do recurso especial.

Questão constitucional constatada pelo Superior Tribunal de Justiça: se o relator, no Superior Tribunal de Justiça, entender que o recurso especial versa sobre questão constitucional, deverá conceder prazo de 15 (quinze) dias para que o recorrente demonstre a existência de repercussão geral e se manifeste sobre a questão constitucional.

Ofensa reflexa à Constituição: se o Supremo Tribunal Federal considerar como reflexa a ofensa à Constituição afirmada no recurso extraordinário, por pressupor a revisão da interpretação de lei federal ou de tratado, remetê-lo-á ao Superior Tribunal de Justiça para julgamento como recurso especial.

Efeito devolutivo no recurso extraordinário ou no especial: admitido o recurso extraordinário ou o recurso especial, o Supremo Tribunal Federal ou o Superior Tribunal de Justiça julgará o processo, aplicando o direito.

30.3. RECURSOS EXTRAORDINÁRIO E ESPECIAL REPETITIVOS

Multiplicidade de recursos extraordinários ou especiais: sempre que houver multiplicidade de recursos extraordinários ou especiais com fundamento em idêntica questão de direito, haverá afetação para julgamento de acordo com as disposições desta Subseção, observado o disposto no Regimento Interno do Supremo Tribunal Federal e no do Superior Tribunal de Justiça.

A escolha dos recursos representativos da controvérsia: o presidente ou o vice-presidente de tribunal de justiça ou de tribunal regional federal selecionará 2 (dois) ou mais recursos representativos da controvérsia, que serão encaminhados ao Supremo Tribunal Federal ou ao Superior Tribunal de Justiça para fins de afetação, **determinando a suspensão do trâmite** de todos os processos pendentes, individuais ou coletivos, que tramitem no Estado ou na região, conforme o caso.

Decisão de afetação: selecionados os recursos, **o relator, no tribunal superior**, constatando a presença do pressuposto do *caput* do art. 1.036, **proferirá decisão de afetação**, na qual: I – identificará com precisão a questão a ser submetida a julgamento; II – determinará a suspensão do processamento de todos os processos pendentes, individuais ou coletivos, que versem sobre a questão e tramitem no território nacional; III – poderá requisitar aos presidentes ou aos vice-presidentes dos tribunais de justiça ou dos tribunais regionais federais a remessa de um recurso representativo da controvérsia.

Requerimento de destravamento – caso distinto: demonstrando distinção entre a questão a ser decidida no processo e aquela a ser julgada no recurso especial ou extraordinário afetado, a parte poderá requerer o prosseguimento do seu processo. O requerimento será dirigido: I – ao juiz, se o processo sobrestado estiver em primeiro grau; II – ao relator, se o processo sobrestado estiver no tribunal de origem; III – ao relator do acórdão recorrido, se for sobrestado recurso especial ou recurso extraordinário no tribunal de origem; IV – ao relator, no tribunal superior, de recurso especial ou de recurso extraordinário cujo processamento houver sido sobrestado.

Extensão da decisão proferida nos recursos afetados: decididos os recursos afetados, os órgãos colegiados declararão prejudicados os demais recursos versando sobre idêntica controvérsia ou os decidirão aplicando a tese firmada.

Parágrafo único. Negada a existência de repercussão geral no recurso extraordinário afetado, serão considerados automaticamente inadmitidos os recursos extraordinários cujo processamento tenha sido sobrestado.

30.4. AGRAVO EM RECURSO ESPECIAL E EM RECURSO EXTRAORDINÁRIO

Cabe agravo contra decisão do presidente ou do vice-presidente do tribunal recorrido que inadmitir recurso extraordinário ou recurso especial, salvo quando fundada na aplicação de entendimento firmado em regime de repercussão geral ou em julgamento de recursos repetitivos.

31. RECLAMAÇÃO

A reclamação possui natureza jurídica de ação e poderá ser ajuizada para preservar a competência de tribunal, garantir a autoridade das decisões do tribunal, garantir a observância de enunciado de súmula vinculante e de decisão do Supremo Tribunal Federal em controle concentrado de constitucionalidade e para garantir a observância de acórdão proferido em julgamento de incidente de resolução de demandas repetitivas ou de incidente de assunção de competência.

Não será cabível a reclamação se a decisão já tiver transitado em julgado. Também não será admissível para garantir a observância de acórdão de recurso extraordinário com repercussão geral reconhecida ou de acórdão proferido em julgamento de recursos extraordinário ou especial repetitivos, quando não esgotadas as vias ordinárias.

Sendo julgada procedente a reclamação, o tribunal cassará a decisão exorbitante de seu julgado ou determinará medida adequada à solução da controvérsia.

32. REPERCUSSÃO GERAL

A Emenda Constitucional n. 45/2004, entre outras importantes alterações, inseriu o requisito da repercussão geral para a admissibilidade do recurso extraordinário, de modo a preservar a função da Corte Suprema como garantidora da unidade do direito. No mesmo sentido, o CPC 2015 indicou que o STF não conhecerá, em decisão irrecorrível, de recurso extraordinário quando a questão constitucional nele versada não tiver repercussão geral (art. 1.035, *caput*).

Como corolário da repercussão geral, exige-se que a questão reflita conteúdo relevante do ponto de vista econômico, político, social ou jurídico que ultrapasse os interesses subjetivos das partes do processo (art. 1.035, § 1º do NCPC).

Diante desses dados, reconhece-se relevância e transcendência aos julgados proferidos pelo STF em controle difuso, motivo pelo qual emite a Corte precedentes constitucionais de eficácia vinculante.[26]

33. SÚMULA VINCULANTE

Os incisos II e IV do art. 927 do NCPC estabelecem que os juízes e Tribunais devem observar as súmulas vinculantes, bem como as súmulas do STF em matéria constitucional e do STJ em matéria infraconstitucional.

As súmulas foram introduzidas no Brasil com a finalidade de facilitar o trabalho do Tribunal, sem preocupação com a coerência da ordem jurídica ou mesmo de buscar a segurança jurídica.[27]

Não há propriamente uma diferenciação, em sua substância, entre as súmulas vinculantes e as demais súmulas. A real diferença entre elas consiste na admissibilidade, na súmula vinculante, da reclamação contra os atos da Administração Pública e das decisões judiciais (art. 103-A, § 3º, da CF/88).

Importante verificar, no entanto, que as súmulas, geralmente, foram editadas após a formação de um precedente. Estão ligadas diretamente a ele. Ou, como afirmado doutrinariamente, "observar tais enunciados é observar a *ratio decidendi* dos precedentes que os originaram".[28]

Portanto, enquanto a súmula se apresenta como uma condensação da tese jurídica, sem demonstração dos elementos fáticos e desenvolvimento da argumentação que conduzisse a uma determinada concepção, tem-se que ela não se constitui propriamente em um precedente. Este consistirá, na verdade, no pronunciamento jurisdicional emitido no caso concreto, cuja regra jurídica pode ser aplicada aos casos futuros, desde que haja coerência fática entre eles.

Por isso, no sentir de Marinoni, as súmulas não se constituem em precedentes, mas em "mero guia de interpretação", desprovidas de qualquer compromisso com a unidade do direito.[29] De outro lado, Fredie Didier, Rafael Alexandria de Oliveira e Paula Sarno Braga, embora também afirmem que a vinculação existe para com o precedente, destacam que se fala em "observância do enunciado apenas por uma opção pela brevidade e pela facilitação do discurso".[30]

34. RECURSOS REPETITIVOS

Para os fins do Código, considera-se julgamento de casos repetitivos a decisão proferida em: i) incidente de resolução de demandas repetitivas; ii) recursos especial e extraordinário repetitivos. Tais casos podem ter por objeto questão de direito material ou processual.

35. LIQUIDAÇÃO DE SENTENÇA – ESPÉCIES E PROCEDIMENTO

35.1. OS PRONUNCIAMENTOS ILÍQUIDOS QUE RECONHECEM A EXISTÊNCIA DE OBRIGAÇÃO

O pronunciamento jurisdicional que reconhece a existência de obrigação e impõe o seu cumprimento, como regra, deverá indicar a sua **extensão**, o índice de correção monetária, a taxa de juros, o termo inicial de ambos e a periodicidade da capitalização dos juros, se for o caso.

Ocorre, porém, que se o juiz não puder determinar, **de modo definitivo, o montante devido, ou a apuração depender da produção de prova demorada ou excessivamente dispendiosa**, assim reconhecida no pronunciamento, poderá proferir **sentença ilíquida**.

EXEMPLO:

Em razão de acidente automobilístico, ao qual o réu deu causa, o autor sofreu determinados danos materiais e morais. Ocorre que, de imediato, não é possível precisar a extensão da obrigação, havendo necessidade de se averiguar se o autor terá sequelas definitivas ou não.

Como se vê, o pronunciamento judicial ilíquido é aquele que, embora certifique a existência de uma obrigação, não delimita a sua extensão, **carecendo-se de nova manifestação do Poder Judiciário para complementação**.

E, a partir da liquidação, a obrigação passa a preencher o requisito da **liquidez, passível, então, de ter início a respectiva fase de cumprimento de sentença.**

A esta atividade de individualização do objeto dá-se o nome de liquidação, e deve estar adstrita aos limites do comando judicial, sendo proibido discutir de novo a lide ou mesmo a sentença. Esta permanece incólume, restando à liquidação apenas **complementá-la,** devendo haver **fidelidade** ao título executivo formado (princípio da fidelidade ao título).

---

26 MARINONI, Luiz Guilherme. *Precedentes obrigatórios. Op. Cit.*, p. 307.

27 MARINONI, Luiz Guilherme. *Precedentes obrigatórios. Op. Cit.*, p. 309.

28 DIDIER JÚNIOR, Fredie. BRAGA, Paula Sarno. OLIVEIRA, Rafael Alexandria de. *Op. Cit.*, p. 464.

29 MARINONI, Luiz Guilherme. *Precedentes obrigatórios. Op. Cit.*, p. 310.

30 DIDIER JÚNIOR, Fredie. BRAGA, Paula Sarno. OLIVEIRA, Rafael Alexandria de. *Op. Cit.*. 464.

Sendo assim, a liquidação não poderá impor obrigação não contida na sentença. Se esta foi silente em relação à verba honorária, não se poderá buscar tal condenação na via da liquidação, sob pena de ofensa à coisa julgada.

Isso não quer dizer que não possa a liquidação seguir método diferente daquele determinado na sentença, consoante a **súmula 344 do STJ**. Ou seja, não foi porque a sentença determinou a liquidação por artigos que não se possa optar pela liquidação por arbitramento, sendo esta a mais adequada. O que se proíbe é a inserção de obrigações novas, estendendo-se o comando judicial além dos limites fixados na sentença, sendo que a discussão sobre fatos impeditivos, modificativos ou extintivos supervenientes à sentença devem dar-se na impugnação e não na liquidação.[31]

> ***Súmula 344, STJ***: *A liquidação por forma diversa da estabelecida na sentença não ofende a coisa julgada.*

Não obstante, apesar de não indicados na condenação, devem ser incluídos os juros moratórios na liquidação, assim como outros acessórios devidos, ainda que não pedidos na inicial (como a correção monetária).[32]

> ***Súmula 254, STF***: *Incluem-se os juros moratórios na liquidação, embora omisso o pedido inicial ou a condenação.*

35.2. LIQUIDAÇÃO PROVISÓRIA E DEFINITIVA

A liquidação **poderá ser iniciada** apesar de estar pendente de julgamento o recurso interposto para impugnar o pronunciamento judicial, ainda que tenha efeito suspensivo.

Trata-se da **liquidação provisória**, que será processada em autos apartados, em que o credor busca adiantar-se. Poderia aguardar o julgamento do recurso, mas prefere já buscar delimitar o valor devido.

Não havendo modificação da decisão em execução, será iniciada a fase de cumprimento de sentença, bastando ao credor atualizar os cálculos. De outro lado, se houver modificação do pronunciamento, o valor da obrigação deverá ser ajustado ao novo desenho traçado com o julgamento do recurso.

35.3. CONCOMITANTES LIQUIDAÇÃO E CUMPRIMENTO DE SENTENÇA EM RELAÇÃO AO MESMO TÍTULO

É possível que o mesmo título executivo judicial contenha uma parte líquida, permitindo-se o cumprimento de sentença imediato, e outra parte ilíquida, a exigir a devida apuração do valor. Nesse caso, poderá o credor, de imediato, iniciar a fase de cumprimento, em relação à primeira, e promover a liquidação no que tange à segunda.

35.4. APURAÇÃO DO VALOR DEPENDENTE DE CÁLCULOS ARITMÉTICOS

Não carecerá de liquidação o cumprimento de pronunciamento que reconheça obrigação, cujo montante poderá ser delimitado com a apresentação **de cálculos aritméticos**.

Tais cálculos deverão ser apresentados pelo credor ao requerer o início da fase de cumprimento de sentença, observando-se estritamente o que foi fixado no título judicial, sendo vedado discutir de novo a lide ou modificar a sentença que a julgou.

A propósito, o Superior Tribunal de Justiça admite a utilização da ação rescisória para **rescindir** a sentença que homologa a liquidação, **se esta não respeitar a coisa julgada**.[33]

35.5. FIXAÇÃO DE HONORÁRIOS NA LIQUIDAÇÃO PROPOSTA EM FACE DA FAZENDA PÚBLICA

O Novo CPC inovou ao fixar uma série de regras para a fixação dos honorários devidos pela Fazenda Pública nas ações em que for vencida.

Para tanto, estabelece faixas de valores, estabelecidos em salários mínimos, bem como os respectivos percentuais máximos e mínimos. Por meio de tal regra, por exemplo, se o valor da condenação sofrida pela Fazenda Pública corresponder a 150 salários mínimos, os honorários serão fixados no percentual de 10 a 20%.

Ocorre, no entanto, que nem sempre será possível fixar, de imediato, o montante da condenação. Em tal hipótese, poderá o montante devido a título de honorários advocatícios ser fixado na **própria liquidação**.

35.6. LIQUIDAÇÃO INCIDENTAL E AUTÔNOMA

Inicialmente, deve ser lembrado que o Código de Processo Civil adota a ideia do processo sincrético.

Nesse contexto, insere-se a liquidação como integrante de tal processo, uma fase específica para a delimitação do valor da obrigação.

Existem outras situações em que a liquidação não ocorre como fase no processo sincrético. Em verdade, o processo se inicia com a própria liquidação (incisos VI a IX, do art. 515 do CPC/2015), quando o devedor será citado no

31 REsp 1312526/SP, Rel. Ministro BENEDITO GONÇALVES, Rel. p/ Acórdão Ministro FRANCISCO FALCÃO, PRIMEIRA TURMA, julgado em 07/08/2012, DJe 03/10/2012.

32 REsp 1423027/PR, Rel. Ministro HUMBERTO MARTINS, SEGUNDA TURMA, julgado em 06/02/2014, DJe 17/02/2014)

33 REsp 1513261/RS, Rel. Ministro PAULO DE TARSO SANSEVERINO, TERCEIRA TURMA, julgado em 22/09/2015, DJe 28/09/2015.

juízo cível para o cumprimento da sentença ou para a liquidação no prazo de 15 dias.

E assim ocorre nas seguintes hipóteses: a) sentença penal condenatória transitada em julgado; b) sentença arbitral; c) sentença estrangeira homologada pelo Superior Tribunal de Justiça; e, d) decisão interlocutória estrangeira, após a concessão do exequatur à carta rogatória pelo STJ.

A sentença penal condenatória transitada em julgado configura-se como título executivo judicial apto à execução. Porém, em regra, a sentença circunscreve-se à condenação do réu pela prática criminosa, bem como na fixação da pena a ser cumprida.

É certo que Código de Processo Penal determina que o juiz fixe, sempre que possível, o valor da reparação devida em razão da prática delituosa. Contudo, tal valor configura-se em um mínimo, e nada impede que a parte busque, em processo autônomo, a complementação. Na maioria dos casos, simplesmente não há essa fixação de valor, porque o juiz, no processo penal, não possui elementos suficientes para a sua fixação.

Diante disso, compete à vítima ingressar no juízo cível e buscar executar o título executivo, passando, antes, pela liquidação da obrigação.

Dessa maneira, como a liquidação não se processará perante o juízo criminal, haverá necessidade da formação de nova relação processual, que tramitará no juízo cível competente para a execução.

Também enseja a liquidação autônoma a sentença arbitral, aquela decorrente da convenção de arbitragem, desde que, obviamente, não tenha sido fixado o objeto devido, o mesmo ocorrendo com os casos que exigem homologação pelo STJ.

Note-se que, neste caso, não houve anterior processo civil de conhecimento em trâmite no Poder Judiciário brasileiro, exigindo-se o início de uma ação para a apuração do valor, na qual, posteriormente, correrá o cumprimento de sentença.

35.7. INICIATIVA DA LIQUIDAÇÃO

A liquidação poderá ser iniciada pelo próprio **credor** ou pelo **devedor** (liquidação invertida).

O credor, tendo-se em vista o pronunciamento judicial que lhe é favorável, requer a apuração do valor, fixando-se a extensão da obrigação.

Ocorre que o devedor, por sua vez, também terá interesse em requerer a liquidação, principalmente para ver-se livre o mais rápido possível daquela obrigação, propiciando o seu cumprimento imediato, sem precisar aguardar pelas diligências do credor.

35.8. PROCEDIMENTOS PARA APURAÇÃO DO VALOR

O valor poderá ser apurado de duas formas: ou por **arbitramento**, ou por meio do **procedimento comum**.

35.8.1. LIQUIDAÇÃO POR ARBITRAMENTO

Quando determinado pelo pronunciamento, convencionado pelas partes ou exigido pela natureza do objeto, esta poderá ser realizada por **arbitramento.**

É certo que, embora fixado na sentença que a liquidação deva ocorrer de uma determinada maneira, não há óbice à utilização de técnica diversa se isso for adequado ao procedimento.

Na liquidação por arbitramento, o juiz intimará as partes para a apresentação de seus **pareceres ou documentos elucidativos**, no prazo que fixar e, no caso de não poder decidir de plano, **nomeará perito**, observando-se, no que couber, o procedimento da prova pericial.

35.8.2. LIQUIDAÇÃO PELO PROCEDIMENTO COMUM

Admite-se, também, que a liquidação pelo procedimento comum, quando houver necessidade de alegar e provar fato novo. Trata-se da já conhecida liquidação por artigos.

Nesta modalidade de liquidação, o juiz determinará a intimação do requerido, na pessoa de seu advogado ou de sociedade de advogados, para, querendo, oferecer **contestação no prazo de 15 dias.**

35.9. NATUREZA DO PRONUNCIAMENTO QUE JULGA DA LIQUIDAÇÃO

A liquidação será decidida por meio de **decisão interlocutória**, que poderá ser impugnada pelo **recurso de agravo de instrumento** (art. 1.015, parágrafo único do CPC de 2015).

35.10. CONDENAÇÃO EM VERBA HONORÁRIA NA LIQUIDAÇÃO

Neste último item, deve ser analisado se o juiz deverá condenar o devedor ao pagamento de verba honorária em sede de apuração do valor devido (liquidação).

A propósito, já decidiu o Superior Tribunal de Justiça que são cabíveis honorários advocatícios em sede de liquidação de sentença por arbitramento, quando houver resistência da parte ré.[34]

O Novo Código de Processo Civil silencia a respeito, indicando o § 1º, do art. 85, que serão devidos honorários advocatícios na reconvenção, no cumprimento de sentença, provisório ou definitivo, na execução, resistida ou não, e nos recursos interpostos, cumulativamente. Não há menção à liquidação de sentença.

Ocorre, porém, que o silêncio não foi propositado, devendo ser considerado o trabalho adicional do causídico ao pleitear a liquidação da obrigação, motivo pelo qual, havendo oposição da parte contrária, serão devidos honorários advocatícios.

---

34 AgRg no REsp 1155885/SP, Rel. Ministro MARCO BUZZI, QUARTA TURMA, julgado em 16/02/2016, DJe 24/02/2016.

35.11. INVIABILIDADE DAS SENTENÇAS ILÍQUIDAS NO ÂMBITO DOS JUIZADOS

Nos Juizados Especiais Cíveis não se admite sentença condenatória por quantia ilíquida, ainda que tenha a parte formulado pedido genérico.

O mesmo se aplica, por extensão, aos Juizados Especiais Federais e aos Juizados Especiais da Fazenda Pública.

35.12. LIQUIDAÇÃO IMPRÓPRIA

Nas ações coletivas, é possível que ocorra a condenação genérica, competindo a cada uma das vítimas ajuizar as respectivas liquidações e execuções individuais. Trata-se, como dito acima, da liquidação imprópria, por meio da qual não se apura tão somente a extensão da obrigação, como também deverá o requerente demonstrar que pode se aproveitar do comando condenatório existente.

Ocorre, por exemplo, na ação civil pública em que é proferida sentença condenatória genérica. Nesse caso, a vítima poderá valer-se da sentença e promover a liquidação do valor que lhe é devido, demonstrando, em juízo, que faz jus ao recebimento do valor.[35]

Importante salientar que, nestes casos, o devedor será citado, correndo a liquidação como autônoma. E, a partir da citação, haverá a incidência dos juros moratórios.

A liquidação (e também a execução individual) de sentença condenatória genérica proferida em ação civil coletiva pode ser ajuizada no foro do domicílio do beneficiário.[36]

36. CUMPRIMENTO DA SENTENÇA – PROCEDIMENTO E IMPUGNAÇÃO

36.1. TÍTULOS EXECUTIVOS

São títulos executivos judiciais:

35 "(...). 1. "A sentença de procedência na ação coletiva tendo por causa de pedir danos referentes a direitos individuais homogêneos, nos moldes do disposto no artigo 95 do Código de Defesa do Consumidor, será, em regra, genérica, de modo que depende de superveniente liquidação, não apenas para apuração do *quantum debeatur*, mas também para aferir a titularidade do crédito, por isso denominada pela doutrina 'liquidação imprópria'" (AgRg no REsp 1.348.512/DF, Relator o Ministro LUIS FELIPE SALOMÃO, QUARTA TURMA, DJe de 4/2/2013). 2. Com relação ao termo inicial dos juros moratórios, a jurisprudência desta Corte perfilha entendimento de que, em caso de cumprimento de sentença oriunda de ação civil pública, os juros de mora devem incidir a partir da citação na liquidação de sentença. (...). AgRg no REsp 1374761/MS, Rel. Ministro RAUL ARAÚJO, QUARTA TURMA, julgado em 20/02/2014, DJe 26/03/2014)".

36 REsp 1243887/PR, Rel. Ministro LUIS FELIPE SALOMÃO, CORTE ESPECIAL, julgado em 19/10/2011, DJe 12/12/2011.

Títulos executivos judiciais
I – as decisões proferidas no processo civil que reconheçam a exigibilidade de obrigação de pagar quantia, de fazer, de não fazer ou de entregar coisa;
II – a decisão homologatória de autocomposição judicial;
III – a decisão homologatória de autocomposição extrajudicial de qualquer natureza;
IV – o formal e a certidão de partilha, exclusivamente em relação ao inventariante, aos herdeiros e aos sucessores a título singular ou universal;
V – o crédito de auxiliar da justiça, quando as custas, emolumentos ou honorários tiverem sido aprovados por decisão judicial; [**antes previstos como título executivo extrajudicial**].
VI – a sentença penal condenatória transitada em julgado;
VII – a sentença arbitral;
VIII – a sentença estrangeira homologada pelo Superior Tribunal de Justiça; e,
IX – a decisão interlocutória estrangeira, após a concessão do exequatur à carta rogatória pelo Superior Tribunal de Justiça.

36.2. CUMPRIMENTO DE SENTENÇA ENQUANTO FASE DO CUMPRIMENTO DE SENTENÇA

Adotando-se o princípio do sincretismo, tem-se que, como regra, o cumprimento da sentença se apresenta como uma fase do processo de execução.

Portanto, **o título executivo judicial acarretará no início da fase de cumprimento de sentença, com a intimação do devedor**. Nos casos dos incisos VI a IX, o devedor será citado no juízo cível para o cumprimento da sentença ou para a liquidação no prazo de 15 (quinze) dias (execução autônoma).

Regra (pressupõe-se anterior fase de conhecimento perante o Poder Judiciário brasileiro): intimação do devedor **Situações excepcionais:** citação do devedor

A intimação do devedor se dará:

I – pelo Diário da Justiça, na pessoa de seu advogado constituído nos autos, salvo se o requerimento de início da fase de execução ocorrer após um ano do trânsito em julgado, quando a intimação será realizada na pessoa do devedor;

> *Como regra, o devedor será intimado na pessoa de seu advogado, que o representou na fase de conhecimento ou que ingressou nos autos posteriormente. Porém, se já transcorrido prazo de um ano do trânsito em julgado, a intimação será realizada diretamente na pessoa do devedor e não mais do advogado.*

II – por carta com aviso de recebimento, quando representado pela Defensoria Pública ou quando não tiver procurador constituído nos autos, ressalvada a hipótese do inciso IV;

Se o devedor será intimado por meio de carta com aviso de recebimento e não na pessoa do Defensor Público.

III – por meio eletrônico, quando, no caso do § 1o do art. 246, não tiver procurador constituído nos autos;

IV – por edital, quando, citado na forma do art. 256, tiver sido revel na fase de conhecimento.

*Tendo sido o réu **revel na fase de conhecimento**, o **devedor será intimado por edital** na fase de execução.*

A obrigação certificada em título executivo judicial poderá ser de pagar quantia certa, de fazer e de entregar.

36.3. COMPETÊNCIA

O cumprimento da sentença efetuar-se-á perante: I – os tribunais, nas causas de sua competência originária; II – o juízo que decidiu a causa no primeiro grau de jurisdição; III – o juízo cível competente, quando se tratar de sentença penal condenatória, de sentença arbitral, de sentença estrangeira ou de acórdão proferido pelo Tribunal Marítimo. Nas hipóteses dos incisos II e III, o exequente poderá optar pelo juízo do atual domicílio do executado, pelo juízo do local onde se encontrem os bens sujeitos à execução ou pelo juízo do local onde deva ser executada a obrigação de fazer ou de não fazer, casos em que a remessa dos autos do processo será solicitada ao juízo de origem.

36.4. CUMPRIMENTO DE SENTENÇA QUE RECONHECE O DEVER DE PAGAR QUANTIA CERTA

Esta fase de cumprimento de sentença será iniciada por meio de requerimento do exequente, o que não veda a chamada execução invertida (iniciada pelo devedor).

Cumprimento de sentença por iniciativa do devedor: poderá o devedor, antes de ser intimado para o cumprimento da sentença, comparecer em juízo e oferecer em pagamento o valor que entender devido, apresentando memória discriminada do cálculo. O autor será ouvido no prazo de 5 (cinco) dias, podendo impugnar o valor depositado, sem prejuízo do levantamento do depósito a título de parcela incontroversa. Concluindo o juiz pela insuficiência do depósito, sobre a diferença incidirão multa de dez por cento e honorários advocatícios, também fixados em dez por cento, seguindo-se a execução com penhora e atos subsequentes. Se o autor não se opuser, o juiz declarará satisfeita a obrigação e extinguirá o processo.

Cumprimento de sentença por iniciativa do credor: o credor apresentará o respectivo requerimento, acompanhado de cálculo pormenorizado do valor da dívida, individualizado para cada devedor.

A fase de cumprimento de sentença será direcionada em face do devedor. Não poderá ser promovida em face do fiador, do coobrigado ou do corresponsável que não tiver participado da fase de conhecimento.

A decisão judicial transitada em julgado poderá ser levada a protesto, nos termos da lei, depois de transcorrido o prazo para pagamento voluntário.

36.5. CUMPRIMENTO PROVISÓRIO

Se a decisão judicial for impugnada por recurso desprovido de efeito suspensivo, será admissível o cumprimento provisório da sentença, que seguirá algumas regras.

***Cumprimento provisório**: não ocorreu o trânsito em julgado da sentença e pende de julgamento recurso que possui apenas efeito devolutivo.*

***Cumprimento definitivo**: sentença com trânsito em julgado.*

Será realizada da mesma forma que o cumprimento definitivo, sujeitando-se ao seguinte regime: I – corre por iniciativa e responsabilidade do exequente (responsabilidade objetiva); II – fica sem efeito, sobrevindo decisão que modifique ou anule a sentença objeto da execução, restituindo-se as partes ao estado anterior e liquidando-se eventuais prejuízos nos mesmos autos; III – se a sentença objeto de cumprimento provisório for modificada ou anulada apenas em parte, somente nesta ficará sem efeito a execução; IV – o levantamento de depósito em dinheiro e a prática de atos que importem transferência de posse ou alienação de propriedade ou de outro direito real, ou dos quais possa resultar grave dano ao executado, dependem de caução suficiente e idônea, arbitrada de plano pelo juiz e prestada nos próprios autos.

36.6. PROCEDIMENTO DO CUMPRIMENTO DEFINITIVO DA SENTENÇA QUE RECONHECE A EXIGIBILIDADE DE OBRIGAÇÃO DE PAGAR QUANTIA CERTA

O credor apresentará requerimento para o início da fase de cumprimento de sentença, acompanhado de cálculo.

O devedor será intimado para pagar o débito, no prazo de **quinze dias**, acrescido de custas, de houver.

Intimação do Devedor

- ➔ Pagamento = Extinção.
- ➔ **Sem pagamento**: valor é acrescido de multa e de honorários advocatícios, ambos de 10%, com expedição de mandado de penhora e avaliação. Será iniciado prazo para a apresentação de impugnação ao cumprimento de sentença.

36.7. IMPUGNAÇÃO AO CUMPRIMENTO DE SENTENÇA:

O devedor poderá apresentar impugnação ao cumprimento de sentença. Constitui-se em defesa endoprocessual (apresentada na própria execução).

Pontos importantes sobre a impugnação

Prazo	Decorridos os 15 dias para o cumprimento de sentença, inicia-se o prazo para o oferecimento de impugnação.
Garantia	O oferecimento de impugnação não depende de prévia garantia.

Efeito suspensivo	Como regra, a impugnação não suspenderá a prática de atos na fase de execução. O juiz poderá conceder efeito suspensivo se seus fundamentos forem relevantes e se o prosseguimento da execução for manifestamente suscetível de causar ao executado grave dano de difícil ou incerta reparação. A concessão de efeito suspensivo não impedirá a efetivação dos atos de substituição, de reforço ou de redução da penhora e de avaliação dos bens.
Matérias alegáveis:	O devedor poderá alegar na impugnação: I – falta ou nulidade da citação se, na fase de conhecimento, o processo correu à revelia; II – ilegitimidade de parte; III – inexequibilidade do título ou inexigibilidade da obrigação; IV – penhora incorreta ou avaliação errônea; V – excesso de execução ou cumulação indevida de execuções; VI – incompetência absoluta ou relativa do juízo da execução; VII – qualquer causa modificativa ou extintiva da obrigação, como pagamento, novação, compensação, transação ou prescrição, desde que supervenientes à sentença.

Inexigibilidade da obrigação em decorrência da coisa julgada inconstitucional

Se a sentença em execução estiver fundada em lei ou ato normativo tido pelo Supremo Tribunal Federal como incompatível com a Constituição Federal, em controle de constitucionalidade concentrado ou difuso, será possível que o devedor alegue a inexigibilidade da obrigação.

Diferentemente será a situação se a decisão do Supremo Tribunal Federal for posterior à sentença exequenda. Neste caso, não é possível alegar-se a inexigibilidade em sede de impugnação ao cumprimento de sentença, podendo o interessado buscar a sua rescisão por meio de ação rescisória, cujo biênio será iniciado com a decisão do STF.

Há necessidade de análise de dois dispositivos conjuntamente: artigos 518 e 525 § 11.

As questões supervenientes ao término do prazo para a apresentação de impugnação, bem como aquelas relativas à validade e à adequação da penhora, da avaliação e dos atos executivos posteriores, poderá ser arguida por meio de simples petição, no prazo de 15 dias da ciência do fato ou da intimação do ato.

A alegação de avaliação errônea ocorrerá no prazo de 15 dias contados da intimação do ato ou da sua ciência.

37. PROCESSO DE EXECUÇÃO. PRINCÍPIOS GERAIS E ESPÉCIES

37.1 ATOS EXECUTIVOS

Na execução de obrigação de pagar quantia certa: o juiz despachará a inicial, fixando os honorários advocatícios em 10%, a serem pagos pelo executado. Este será citado para que dê integral cumprimento ao pagamento no prazo de três dias. Se o fizer, a verba honorária será reduzida de metade.

A penhora é o ato executivo destinado à apreensão de bens do devedor, vinculando-os à execução. Com a penhora, o credor também passa a ter preferência em relação a outros credores, da mesma categoria, que futuramente penhorem o mesmo bem. Trata-se do **direito de prelação ou de preferência**.

O auto de penhora é considerado ato complexo, pois engloba tanto a apreensão dos bens, sua avaliação, descrição e nomeação de depositário, como a intimação do devedor.

A intimação do devedor constitui formalidade essencial do ato de penhora, tanto para lhe dar conhecimento do ato como para lhe proporcionar oportunidade para que a impugne ou solicite a substituição do bem penhorado.

Chama-se de expropriação a fase da execução em que se praticam atos destinados à transferência da propriedade ou da posse do bem penhorado ao credor ou visando à conversão em dinheiro do bem penhorado, sempre buscando a satisfação do credor.

O executado poderá oferecer embargos à execução, independentemente de penhora, depósito ou caução. O prazo para tanto será de quinze dias.

No prazo de embargos, poderá o devedor reconhecer o crédito do exequente e comprovando o depósito de 30% do valor em execução, acrescido de custas e de honorários do advogado, requerer que lhe seja permitido pagar o restante em até seis parcelas mensais, acrescidas de correção monetária e de juros de um por cento ao mês.

Os embargos à execução não terão efeito suspensivo. Poderá o juiz concedê-lo, no entanto, a requerimento do embargante, quando verificados os requisitos para a concessão da tutela provisória e desde que a execução já esteja garantida por penhora, depósito ou caução suficientes.

Admite-se que o executado ou outros legitimados pugnem pela adjudicação do bem penhorado, observando-se o valor da avaliação.

A penhora consiste em um ato executivo, por meio do qual se concentra a execução em um bem específico do executado. Em razão do princípio da dignidade da pessoa humana, há determinados bens que não podem ser objeto de constrição.

São absolutamente impenhoráveis:

I – os bens inalienáveis e os declarados, por ato voluntário, não sujeitos à execução;

II – os móveis, os pertences e as utilidades domésticas que guarnecem a residência do executado, salvo os de elevado valor ou os que ultrapassem as necessidades comuns correspondentes a um médio padrão de vida;

III – os vestuários, bem como os pertences de uso pessoal do executado, salvo se de elevado valor;

IV – os vencimentos, os subsídios, os soldos, os salários, as remunerações, os proventos de aposentadoria, as pensões, os pecúlios e os montepios, bem como as quantias recebidas por liberalidade de terceiro e destinadas ao sustento do devedor e de sua família, os ganhos de trabalhador autônomo e os honorários de profissional liberal, ressalvado o § 2º;

V – os livros, as máquinas, as ferramentas, os utensílios, os instrumentos ou outros bens móveis necessários ou úteis ao exercício da profissão do executado;

VI – o seguro de vida;

VII – os materiais necessários para obras em andamento, salvo se essas forem penhoradas;

VIII – a pequena propriedade rural, assim definida em lei, desde que trabalhada pela família;

IX – os recursos públicos recebidos por instituições privadas para aplicação compulsória em educação, saúde ou assistência social;

X – a quantia depositada em caderneta de poupança, até o limite de 40 (quarenta) salários-mínimos;

XI – os recursos públicos do fundo partidário recebidos por partido político, nos termos da lei;

XII – os créditos oriundos de alienação de unidades imobiliárias, sob regime de incorporação imobiliária, vinculados à execução da obra.

- Obrigação de pagar alimentos: admite-se a penhora em alguns casos, como, por exemplo, da caderneta de poupança.
- Haverá a impenhorabilidade relativa em relação aos frutos e os rendimentos dos bens inalienáveis, à falta de outros bens.
- Poderá ocorrer a alienação do bem por iniciativa particular ou em leilão judicial eletrônico ou presencial.

37.2 MEIOS EXPROPRIATÓRIOS

A execução por quantia certa será realizada por meio da expropriação de bens do executado, salvo as execuções especiais (como, por exemplo, a execução de alimentos, em que será possível a prisão do executado).

A expropriação consistirá em: i) adjudicação; **ii) alienação**; iii) apropriação de frutos e rendimentos de empresa ou de estabelecimentos e de outros bens, conforme o quadro a seguir:

Meios Expropriatórios
- Adjudicação
- Alienação
  - Iniciativa Particular
  - Leilão judicial eletrônico ou presencial
- Apropriação de frutos e rendimentos

A expressão adjudicação é utilizada em vários ramos da ciência jurídica. Em comum a todos eles, tem o significado de atribuição.

Por meio da **adjudicação** (enquanto modalidade de expropriação na execução por quantia certa) atribui-se determinado bem ao credor ou a terceiros legitimados. Não se trata de transferir de imediato a propriedade, mas de atribui-la, levando o título (auto de adjudicação) a registro no Serviço de Registro de Imóveis ou sendo expedido mandado de entrega. Efetuado o registro ou entregue o bem (respectivamente), ocorrerá a transferência da propriedade.

São legitimados a requerê-la: o credor e determinados terceiros.

O credor poderá manifestar-se no sentido de que pretende a adjudicação do bem, para que o mesmo lhe seja atribuído, observando-se, para todos os fins, o **valor da avaliação**. Se o valor do bem for superior ao da dívida, deverá depositar em juízo a diferença. De outro lado, se for inferior, a execução prosseguirá em relação a outros bens.

Também poderão requerer a adjudicação aqueles indicados nos incisos II a VII do art. 889 e, ainda, credores concorrentes que tenham penhorado o mesmo bem, cônjuge, companheiro, descendentes e ascendentes do executado. Havendo mais de um interessado, abre-se licitação entre eles, sendo vencedor o que estiver disposto a pagar o maior valor, havendo preferência assegurada ao cônjuge, ao companheiro, ao descendente e ao ascendente, nesta ordem.

A sogra não tem preferência! ☺

Na adjudicação deferida em favor de terceiro, este efetuará o depósito do valor que o bem foi avaliado, cuja quantia será revertida, como regra, ao credor. Propicia-se a liquidez de valor para a satisfação do direito do credor. Por isso, é denominada de adjudicação liquidativa.

Adjudicação liquidativa: deferida em favor de terceiro que, ao efetuar o depósito do valor do bem, promove a satisfação do direito do credor.

A adjudicação será requerida pelo credor ou pelo terceiro e, na sequência, o executado será intimado para se manifestar. Essa intimação será realizada: i) pelo Diário da Justiça, na pessoa do advogado constituído nos autos; ii) por carta com aviso de recebimento, se acaso representado por Defensor Público ou se não tiver advogado constituído nos autos; iii) por meio eletrônico aqueles que podem receber tal intimação não tiverem advogado constituído nos autos (art. 246, § 1º).

O prazo para manifestação do executado será de cinco dias. Decididas eventuais questões, o magistrado determinará que haja a lavratura do auto de adjudicação.

No caso de penhora de bem hipotecado, admite-se ao executado remi-lo até a assinatura do auto de adjudicação, desde que ofereça preço igual ao da avaliação, se não tiver havido licitantes, ou ao do maior lance ofertado. No caso de falência ou insolvência do devedor hipotecário, tal direito será deferido à massa ou aos credores em concurso, não podendo o exequente recusar o preço da avaliação do imóvel.

Feitas as intimações de praxe e decorrido o prazo de cinco dias, o juiz decidirá e determinará a lavratura do auto de adjudicação.

Considera-se perfeita e acabada a adjudicação com a assinatura do auto pelo juiz, pelo adjudicatário, pelo escrivão ou chefe de secretaria e, se estiver presente, o executado.

Se não for efetivada a adjudicação de bens, admite-se que seja requerida a sua alienação por **iniciativa particular** ou em **leilão judicial eletrônico ou presencial**.

O Novo CPC não fez diferenciação entre leilão ou praça. Pelo contrário, refere-se apenas ao leilão, que pode ser (i) judicial eletrônico ou (ii) judicial presencial.

A alienação do bem penhorado poderá ocorrer por meio de **iniciativa do próprio credor, ou por meio de corretor ou leiloeiro público credenciado perante o órgão judiciário.**

Dá-se preferência para que o credor possa providenciar a alienação do bem penhorado, o que se fará por sua própria iniciativa, podendo valer-se de corretor ou leiloeiro público, que devem estar credenciados, exigindo-se, no mínimo, três anos de exercício profissional.

Percebe-se que a utilização de leiloeiro pode ocorrer quer seja na alienação por iniciativa particular ou em leilão judicial eletrônico ou presencial.

Nesta situação, a autoridade judiciária fixará as condições mínimas para a alienação (prazo em que a alienação deverá ser efetivada, a forma de publicidade, o preço mínimo, as condições de pagamento, as garantias e, se for o caso, a comissão de corretagem).

Se acaso a localidade não contar com leiloeiro público credenciado, admite-se corretor de livre escolha do exequente, motivo pelo qual se defende que a inobservância da regra do prévio cadastramento apenas ensejará a nulidade se houver prejuízo demonstrado.

A alienação judicial poderá ser realizada por dois meios: de forma eletrônica ou de forma presencial, no local designado pelo juiz. Compete ao magistrado designar o leiloeiro público, que poderá ser indicado pelo exequente.

Competirá ao juiz da execução fixar o preço mínimo, as condições de pagamento e as garantias que deverão ser prestadas pelo arrematante. **Se o juiz não fixar aquele valor, a arrematação não poderá se realizar por quantia inferior a 50% do valor da avaliação.** A propósito, o Novo CPC assim definiu o preço vil:

Preço Vil = valor inferior ao estipulado pelo juiz e constante do edital ou, no silêncio, preço inferior a 50% do valor da avaliação.

➔ Gerará **a invalidade de eventual arrematação**, a ser alegada no prazo de 10 dias, contados do aperfeiçoamento da alienação.

De se registrar que não será admitido lance que ofereça preço vil.

Pode ser indicada como uma **sequência lógica que vai culminar no sucesso da alienação judicial**:

i) requerimento do credor;

ii) deferimento da realização da alienação judicial, com a fixação das condições;

iii) publicidade por meio da publicação de edital (art. 886), com antecedência mínimo de cinco dias e indicação, entre outros pontos, a indicação do dia e hora do segundo leilão presencial, para a hipótese de não haver interessado no primeiro;

iv) cientificação de pessoas e entes específicos indicados no art. 889, entre eles o executado;

v) oferecimento de propostas para aquisição do bem em prestações;

vi) realização do primeiro leilão, com apresentação dos lances, não podendo a arrematação ocorrer por valor inferior ao da avaliação;

vii) realização do segundo leilão, podendo a arrematação ocorrer por valor inferior ao da avaliação, desde que não seja preço vil;

viii) análise das propostas apresentadas e decisão do juiz;

ix) lavratura do auto de arrematação;

x) pagamento do preço pelo arrematante;

xi) prazo de 10 dias para que se alegue que a arrematação é inválida, ineficaz ou resolvida;

xii) decisão do magistrado e expedição da carta de arrematação ou mandado de entrega.

Passa-se à explicação sucinta de todas essas providências.

Requerida a alienação judicial pelo credor, o magistrado deferirá que tal ato ocorra e, concomitantemente, fixará as condições para que a efetivação da medida. Nesse sentido, estabelecerá o preço mínimo, as condições de pagamento e as garantias que poderão ser prestadas pelo arrematante. Também designará o leiloeiro público, que poderá ser indicado pelo exequente e será remunerado pela comissão estabelecida em lei ou arbitrada pelo juiz.

Incumbirá ao leiloeiro público publicar o edital, anunciando a alienação, como requisito prévio para a alienação judicial. Para que tal ato se efetive, há necessidade de que se promova ampla publicidade. Esta publicação deve ocorrer com antecedência mínima de cinco dias à data da alienação, pela rede mundial de computadores, podendo o juiz, atendendo às particularidades existentes, determinar que o edital seja afixado em local de costume e publicado de forma resumida, por uma vez, em jornal de ampla circulação local.

Deverão ser cientificados, com antecedência mínima de cinco dias, entre outros, o executado, por meio de seu advogado ou, não tendo constituído advogado nos autos, por carta registrada, mandado, edital ou outro meio idôneo. Admite-se que esta cientificação do executado se realize no próprio edital de leilão se for revel, não tiver constituído advogado nos autos, não constando dos autos o seu endereço atual.

A União, o Estado e o Município, no caso de alienação de bem tombado, deverão ser cientificados com antecedência mínima de cinco dias, tendo, na ordem indicada, preferência na arrematação, em igualdade de oferta.

Até a data do leilão, será admitida a apresentação de lances para pagamento parcelado, o que não importará na suspensão do ato, já que se prefere a alienação com pagamento à vista.

No dia e hora designados, serão colhidos os lances. Procedida a análise, o magistrado fixará prazo para o pagamento do preço pelo oferecedor do lance vencedor e determinará a lavratura do auto de arrematação.

A arrematação constará de auto que será lavrado de imediato, **podendo abranger bens penhorados em mais de uma execução.**

Auto de Arrematação poderá abranger mais de um processo executivo.

Como será visto mais adiante, sabe-se que o executado poderá ter oferecido os seus embargos à execução e que estes não possuem efeito suspensivo automático. Tal efeito deverá ser deferido pela autoridade judiciária.

Se o efeito suspensivo não for deferido, admite-se que a execução prossiga normalmente, com a prática de atos executivos e até de atos expropriatórios, como a alienação judicial.

Para que seja assegurada a segurança jurídica, principalmente em relação a eventuais lançadores e arrematantes, registrou o Novo CPC que assinado o auto, considera-se a arrematação perfeita, acabada e irretratável, ainda que pendente de julgamento os embargos à execução e estes venham a ser acolhidos.

Dessa maneira, ainda que julgados procedentes os embargos à execução, a alienação ocorrida permanecerá íntegra, resolvendo-se a questão em perdas e danos.

Não obstante seja considerada perfeita, acabada e irretratável com a assinatura do auto de arrematação, poderão ser alegadas, no prazo de dez dias, as situações indicadas no art. 903, § 1º do CPC. Nesse passo, a arrematação poderá ser **invalidada, considerada ineficaz ou resolvida**, conforme explicado no seguinte quadro:

Invalidação	Se realizada por preço vil ou com outro vício.
Ineficácia em relação a determinadas pessoas.	Alienação sem a intimação prévia: i) dos respectivos credores pignoratício, hipotecário e anticrético; ii) do promitente comprador ou do cessionário de bem objeto de promessa de compra e venda ou de cessão registrada; iii) concedente ou concessionário de direito de superfície; iv) enfiteuta ou concessionário na alienação de imóvel sobre o qual tenha sido instituída a enfiteuse, concessão de uso especial para fins de moradia ou concessão de direito real de uso; do proprietário do imóvel no caso de alienação de direitos do enfiteuta, do concessionário de direito real de uso ou do concessionário de uso especial para fins de moradia; titular do direito de usufruto, uso ou habitação.
Resolvida	Se não for pago o preço ou não for prestada a caução.

Não será expedida a carta de arrematação nesse período e a alegação dessas matérias será óbice para tanto até que a questão seja solucionada pela autoridade judiciária.

É importante notar que o Novo CPC não mais admite os chamados embargos de segunda fase, ou embargos à arrematação, que eram previstos no CPC de 1973. Na atualidade, eventuais nulidades ou matérias posteriores aos embargos poderão ser alegadas na própria execução.

Porém, os vícios inerentes à arrematação poderão ser alegados pelo executado no prazo de dez dias contados do aperfeiçoamento do ato.

Se antes de expedida a carta ou a ordem de entrega, o executado alegar que a arrematação é inválida, ineficaz ou que deve ser resolvida, poderá o arrematante desistir da arrematação, sendo-lhe devolvido o depósito que tiver feito.

Expedida a carta de arrematação, **ocorre a preclusão**, de modo que a invalidação não poderá ser requerida nos próprios autos.

Com a expedição da carta de arrematação ou da ordem de entrega, tem-se a inviabilidade de que o executado possa alegar a invalidação da arrematação nos próprios autos. Opera-se **a preclusão.**

Esta preclusão, contudo, inviabiliza o exercício desse direito nos próprios autos, podendo o executado fazê-lo em ação autônoma.

Por esse motivo, admite-se o ajuizamento da ação com pedido de invalidação da arrematação, figurando o arrematante como litisconsórcio necessário.

Como foi dito anteriormente, os lançadores necessitam de que lhes seja garantida a segurança jurídica necessária para a participação em tais atos, de modo a ser preservados de eventuais questões surgidas no processo.

Assim, muito embora se diga que o executado poderá ajuizar a **ação autônoma para a invalidação da arrematação**, tem-se que o ato expropriatório será considerado **perfeito, acabado e irretratável pelo magistrado**, ainda que venha a ser julgada aquela ação, aduzindo o Código que deve ser **"assegurada a possibilidade de reparação pelos prejuízos sofridos"** (art. 903, caput do CPC).

Deverá haver análise do caso concreto pelo juiz, mas é possível vislumbrar o reconhecimento da invalidade e ser determinado o desfazimento da arrematação nos casos em que o vício for muito grave, como, por exemplo, se o arrematante é uma das pessoas indicadas nos incisos do caput do art. 890, que são aqueles proibidos de fazê-lo por questões éticas.

De outro lado, em decorrência dos princípios da segurança jurídica, boa-fé processual e máximo aproveitamento dos atos processuais, é possível que o juiz reconheça existir a situação que poderia gerar a invalidade, mas, ainda assim, reconheça que deve permanecer preservada a arrematação, assegurando ao executado a possibilidade de reparação dos prejuízos sofridos.

De toda forma, poderá o arrematante desistir da arrematação quando citado para responder à ação autônoma referida, desde que o faça no prazo de resposta da ação.

Uma vez citado na ação autônoma proposta pelo executado, poderá o arrematante, no prazo de resposta, desistir da arrematação.

Tem o executado, então, o direito de desistir da arrematação, desde que o faça no prazo de resposta da ação autônoma ajuizada pelo executado.

Também poderá desistir da arrematação se provar, nos dez dias seguintes, a existência de ônus real ou gravame não mencionado no edital.

Portanto, poderá o arrematante desistir da arrematação em três situações:

i) se provar, no prazo de 10 dias, a existência de ônus real ou gravame não mencionado no edital;

ii) se, antes de expedida a carta de arrematação ou a ordem de entrega, o executado alegar que a arrematação deve ser invalidada, é ineficaz ou que foi resolvida;

iii) se citado para a ação autônoma, faça o requerimento de desistência no prazo de que dispõe para responder à ação.

37.3 SUSPENSÃO E EXTINÇÃO DO PROCESSO DE EXECUÇÃO

A execução será suspensa:

i) nas hipóteses gerais de suspensão do processo;

ii) no todo ou em parte, quando recebidos com efeito suspensivo os embargos à execução;

III – quando o executado não possuir bens penhoráveis, pelo prazo de um ano, durante o qual se suspenderá a prescrição. Ultrapassado esse prazo, inicia-se a prescrição intercorrente.

IV – se a alienação dos bens penhorados não se realizar por falta de licitantes e o exequente, em 15 (quinze) dias, não requerer a adjudicação nem indicar outros bens penhoráveis;

V – quando concedido o parcelamento judicial.

Uma vez suspensa a execução, não serão praticados atos processuais, podendo o juiz, entretanto, salvo no caso de arguição de impedimento ou de suspeição, ordenar providências urgentes.

A execução será extinta:

I – a petição inicial for indeferida;

II – a obrigação for satisfeita;

III – o executado obtiver, por qualquer outro meio, a extinção total da dívida;

IV – o exequente renunciar ao crédito;

V – ocorrer a prescrição intercorrente.

A extinção só produz efeito quando declarada por sentença.

37.4 EMBARGOS À EXECUÇÃO

Natureza Jurídica

Os embargos à execução possuem natureza jurídica de ação. Também são mencionados com defesa incidental (por meio de ação incidental), que pode ser apresentada pelo executado.

Como sabido, existem três tipos de defesa disponíveis ao executado: i) endoprocessual (nos próprios autos, como a impugnação ao cumprimento de sentença, já vista), a incidental (ação incidente – embargos) e a defesa heterotópica (que consiste no ajuizamento de outras ações, uma via diferente, paralela, que pode ser utilizada, como a ação anulatória de título, por exemplo).

Requisitos para a Admissibilidade dos Embargos

Vários são os requisitos para a admissibilidade dos embargos. Podem ser assim destacados, em particular:

Regularidade formal: os embargos à execução serão oferecidos de forma escrita, por meio de petição (que deverá observar os requisitos da petição inicial), instruída com as cópias das peças processuais relevantes, que poderão ser declaradas autênticas pelo próprio advogado, sob sua responsabilidade pessoal. Sendo alegado excesso de execução, deverá o embargante declarar o valor que entende correto. A petição deverá ser distribuída por dependência. Será competente o juízo da execução, ainda que se trata de execução por carta, quando a competência será do juízo deprecante, salvo se a matéria alegada versar sobre vícios ou defeitos da penhora, da avaliação ou da alienação dos bens efetuadas no juízo deprecado, quando então por este serão julgados. Tais procedimentos, porém, não impedem que os embargos sejam oferecidos no juízo deprecante ou no juízo deprecado, mas a competência para julgá-lo observará as regras acima.

É interessante que o art. 914, § 2º do CPC aluda à competência do juízo deprecado para conhecer de embargos em que se alegue vícios ou defeitos da alienação de bens efetuadas no juízo deprecado, pois, **quando da expropriação de bens, não mais haverá oportunidade para se oferecer embargos**. Como foi dito anteriormente, não mais se admitem os embargos à arrematação.

Dessa maneira, **é possível extrair que o pedido de invalidação da arrematação será julgado pelo juízo deprecado, se perante este foi praticada a alienação. Da mesma forma, será competente para julgar eventual ação autônoma em que se pede a invalidação do ato.**

O art. 917 do CPC há indicação das matérias que podem ser alegadas pelo executado, como, por exemplo, a incompetência absoluta ou relativa.

Portanto, a incompetência relativa, na execução, deve ser alegada nos embargos à execução e, decorrido o prazo sem que isso tenha acontecido, prorroga-se a competência do juízo relativamente incompetente.

Indica o CPC que a incorreção da penhora ou da avaliação poderá ser impugnada por simples petição, **no prazo de 15 dias, contado da ciência do ato.**

Tempestividade: os embargos poderão ser oferecidos no prazo de **quinze dias**, contado da juntada do mandado (ou observando-se a regra do art. 231 em relação a todos os meios de citação possíveis). O prazo será contado individualmente para cada executado, salvo no caso de cônjuges ou companheiros, quando então será contada a partir da juntada do último. Tratando-se de execução por carta precatória, o prazo será contado da juntada, na carta, da cientificação da citação, se versarem apenas sobre vícios ou defeitos da penhora, da avaliação ou da alienação dos bens, ou, versando sobre outras matérias, da data da juntada da comunicação da citação expedida pelo juízo deprecado.

Admissibilidade ou não dos embargos

O juiz poderá rejeitar liminarmente os embargos se intempestivos, nos casos de indeferimento da petição inicial e de improcedência liminar do pedido e se forem manifestamente protelatórios.

Se admitidos, porém, decidirá sobre a concessão de efeito suspensivo, se requerido, e determinará a oitiva do exequente, para se manifestar no prazo de 15 dias, podendo, na sequência, julgar o pedido ou designar audiência e, encerrada a instrução, proferir sentença.

Efeito Suspensivo

Os embargos não importarão automaticamente na concessão de efeito suspensivo. Para que isso ocorra, há necessidade de que haja requerimento da parte, bem com o que estejam presentes os requisitos para a concessão da tutela provisória e ainda que a execução esteja garantida.

> Portanto, a garantia da execução não é condição de sua admissibilidade, mas é para a concessão de efeito suspensivo.

Dessa maneira, o efeito suspensivo poderá ter por fundamento a urgência (relevantes fundamentos e risco de dano grave) ou a evidência (alta probabilidade de acolhimento da pretensão em razão de comportamento da parte contrária ou se aquela estiver fundada em tese em conformidade com precedente), o que ensejará, como regra, que seja proferida decisão interlocutória.

Como o efeito suspensivo é uma medida fundada em tutela provisória, poderá ser modificada ou revogada, por decisão fundamentada, desde que se reconheça que cessaram as circunstâncias que a motivaram.

A concessão do efeito suspensivo importará na impossibilidade de prosseguimento da execução, salvo em relação a **atos de substituição, reforço ou redução de penhora, ou, ainda, de avaliação de bens**, que poderão ser praticados.

Da mesma forma, também poderão ser praticados em relação à parte da execução que não for abrangida pelo efeito suspensivo, bem como em relação àqueles que não embargaram a execução, se a matéria alegada disser respeito exclusivamente ao embargante.

Pronunciamento que decide os embargos

Os embargos à execução, como regra, serão decididos por meio de sentença, impugnável por apelação.

As decisões interlocutórias não serão objeto de recurso de agravo de instrumento, salvo se a questão decidida estiver referida no art. 1.015 do CPC, como, por exemplo, a concessão, modificação ou revogação do efeito suspensivo aos embargos à execução (art. 1.015, X).

38. EXECUÇÃO CONTRA A FAZENDA PÚBLICA. REGIME DE PRECATÓRIOS. REQUISIÇÕES DE PEQUENO VALOR

Em conformidade com o Novo CPC, há necessidade de diferenciar a execução contra a fazenda pública fundada em título executivo judicial da fundada em título extrajudicial.

Título judicial: segue-se a regra do processo sincrético, tendo-se a fase de cumprimento de sentença. A fazenda pública será intimada, na pessoa de seu advogado público, para, querendo, oferecer impugnação (e não mais embargos). A impugnação consiste em defesa endoprocessual, que poderá ser oferecida, com alegação de uma das matérias indicadas no art. 535 do CPC, conforme já tratado no item das Prerrogativas da Fazenda Pública.

Título extrajudicial: a fazenda pública será citada para, no prazo de 30 dias, opor embargos à execução. Neste caso, ainda estará preservada a possibilidade de ajuizamento dos embargos.

Se não houver o oferecimento de impugnação ou de embargos, ou se estes já tiverem sido julgados, será expedida a documentação necessária para a formação do precatório ou ocorrerá a expedição da requisição de pequeno valor.

Precatório: será formado no âmbito da Presidência do Tribunal, que exercerá atividade de natureza administrativa. Haverá a inscrição em ordem cronológica de inscrição. Os débitos inscritos até o mês de julho devem ser pagos no exercício financeiro seguinte.

Requisição de pequeno valor: lei do ente devedor fixará o montante da obrigação considerada de pequeno valor. Para estes casos, uma vez requisitada, a fazenda pública deverá cumprir a obrigação no prazo de 60 dias, independentemente de observância de ordem cronológica de inscrição, como ocorre no precatório. Não havendo o cumprimento da obrigação, haverá o sequestro de verba pública, determinada pelo próprio juízo da execução.

39. EXECUÇÃO DE OBRIGAÇÃO DE ENTREGAR, DE FAZER E DE NÃO FAZER

Obrigação de entregar: o executado será citado para, em 15 dias, satisfazer a obrigação.

Obrigação de fazer: o juiz fixará multa por período de atraso no cumprimento da obrigação e a data a partir da qual será devida.

40. EMBARGOS DE TERCEIROS

Destinam-se os embargos de terceiro a levantar constrição ou ameaça de constrição de bens que possua ou sobre os quais tenha direito incompatível com o ato constritivo.

Poderão ser ajuizados por terceiro proprietário, inclusive fiduciário, ou possuidor. Também é admissível o ajuizamento por cônjuge ou companheiro quando defender a posse de bens próprios ou de sua meação, o adquirente de bens cuja constrição decorreu de decisão que declara a ineficácia da alienação realizada em fraude à execução, quem sofre constrição judicial de seus bens por força de desconsideração da personalidade jurídica, de cujo incidente não fez parte e o credor com garantia real para obstar expropriação judicial do objeto do direito real de garantia, caso não tenha sido intimado.

O terceiro poderá ajuizar os embargos a qualquer tempo no processo de conhecimento enquanto não transitada em julgado a sentença e, no cumprimento de sentença ou no processo de execução até cinco dias depois da adjudicação, da alienação por iniciativa particular ou da arrematação.

No polo passivo figurará o sujeito a quem o ato de constrição aproveita, como também o seu adversário no processo principal quando for sua a indicação do bem para a constrição judicial.

Uma vez ajuizados, os embargos serão distribuídos por dependência ao juízo que determinou a constrição e autuados em apartado.

O polo passivo poderá oferecer resposta no prazo de quinze dias e, se for acolhido o pedido final, o ato de constrição será cancelado, com o reconhecimento do domínio, da manutenção da posse ou da reintegração definitiva do bem ou do direito ao embargante.

41. EXCEÇÃO DE PRÉ-EXECUTIVIDADE

Consiste em defesa endoprocessual que poderá ser apresentada pelo executado para alegar matéria de ordem pública que não dependa da produção de provas.

42. REMIÇÃO

Antes de adjudicados ou alienados os bens, o executado pode, a todo tempo, remir a execução, pagando ou consignando a importância atualizada da dívida, acrescida de juros, custas e honorários advocatícios.

Na hipótese de:

– penhora de bem hipotecado, o executado poderá remi-lo até a assinatura do auto de adjudicação, oferecendo preço igual ao da avaliação, se não tiver havido licitantes, ou ao do maior lance oferecido;

– de falência ou de insolvência do devedor hipotecário, o direito de remição será deferido à massa ou aos credores em concurso, não podendo o exequente recusar o preço da avaliação do imóvel.

43. SUSPENSÃO E EXTINÇÃO DO PROCESSO DE EXECUÇÃO

A execução será suspensa:

I – nas hipóteses gerais de suspensão do processo;

II – no todo ou em parte, quando recebidos com efeito suspensivo os embargos à execução;

III – quando o executado não possuir bens penhoráveis, pelo prazo de um ano, durante o qual se suspenderá a prescrição. Ultrapassado esse prazo, inicia-se a prescrição intercorrente.

IV – se a alienação dos bens penhorados não se realizar por falta de licitantes e o exequente, em 15 (quinze) dias, não requerer a adjudicação nem indicar outros bens penhoráveis;

V – quando concedido o parcelamento judicial.

Uma vez suspensa a execução, não serão praticados atos processuais, podendo o juiz, entretanto, salvo no caso de arguição de impedimento ou de suspeição, ordenar providências urgentes.

A execução será extinta:

I – a petição inicial for indeferida;

II – a obrigação for satisfeita;

III – o executado obtiver, por qualquer outro meio, a extinção total da dívida;

IV – o exequente renunciar ao crédito;

V – ocorrer a prescrição intercorrente.

A extinção só produz efeito quando declarada por sentença.

44. PROCEDIMENTOS ESPECIAIS

44.1. GENERALIDADES, CARACTERÍSTICAS E ESPÉCIES

O processo civil moderno é um processo que exige resultados. Não adianta apenas conseguir o acertamento da situação subjetiva por meio de uma sentença de mérito. O que a parte precisa é que tal sentença seja efetiva e justa. Em outras palavras, seja proferida em tempo adequado e possa corrigir o desvio causado que justifica a atuação do Poder Judiciário.

E, para que o acesso à Justiça seja pleno, o ordenamento jurídico tipifica procedimentos especiais, diferenciados do comum, que contam com a celeridade e efetividade e que podem ser utilizados em casos específicos.

Nesse passo, o Novo Código de Processo Civil, paralelamente ao procedimento comum, também fez previsão dos procedimentos especiais, cada qual com suas particularidades, tendo-se em vista a situação de direito material tutelada.

Da mesma forma, também existem procedimentos especiais previstos em leis especiais, como ocorre com a ação popular, ação civil pública, ação de alimentos etc.

Os procedimentos especiais são de jurisdição contenciosa e também de jurisdição voluntária, conforme, aliás, se viu quando do estudo da jurisdição.

45. DA AÇÃO DE CONSIGNAÇÃO EM PAGAMENTO

45.1. FINALIDADE DO PROCEDIMENTO

O Novo Código de Processo Civil se preocupa com o processo de consignação em pagamento e não propriamente com as hipóteses em que ele é cabível. De tanto, ocupa-se o Código Civil em seu artigo 335.

Tem a ação de consignação em pagamento a finalidade de proporcionar ao devedor ou a terceiro liberar-se de determinada obrigação de pagar ou de entregar coisa. Para tanto, deverá depositar o respectivo valor ou coisa e pleitear que seja proferida **sentença de natureza declaratória**, pela qual o juiz declara extinta a obrigação.

Em outros termos: como o devedor ou o terceiro não conseguiram efetuar o pagamento, meio ordinário de cumprimento da obrigação, valem-se da ação de consignação.

45.2. INTERRUPÇÃO DA PRESCRIÇÃO

O ajuizamento da ação consignatória importará na interrupção da prescrição da respectiva **ação de cobrança**, pois acarreta no reconhecimento inequívoco, por parte do devedor, do direito do credor em relação às prestações consignadas.

45.3. CONSIGNAÇÃO EXTRAJUDICIAL

Permite o Novo CPC que, tratando-se de obrigação em dinheiro, poderá o valor ser depositado em estabelecimento bancário, oficial onde houver, situado no lugar do pagamento, **cientificando-se o credor por carta com aviso de recebimento**, assinado o prazo de dez dias para a manifestação de recusa. Trata-se da **consignação extrajudicial**, buscada diretamente junto à instituição financeira, que não é obrigatória.

*A **consignação extrajudicial** somente tem cabimento para **depósito de dinheiro** e não é obrigatória.*

Como foi dito, uma vez notificado o credor, aguarda-se pelo prazo de dez dias, contados do retorno do aviso de recebimento.

Decorrido o prazo, sem manifestação de recusa, estará o devedor liberado da obrigação, permanecendo o valor à disposição do credor. De outro lado, havendo manifestação de recusa, que deverá ser por escrito, **poderá ser proposta ação de consignação**, no prazo de um mês, instruindo-se a inicial com a prova do depósito e da recusa.

Ajuizada a ação, deverá o autor comprovar o ajuizamento à instituição financeira, para que a correção monetária tenha índice diverso. Com efeito, os depósitos extrajudiciais são atualizados pela TR, ao passo que os judiciais seguem as regras da caderneta de poupança (art. 6º, parágrafo único, da Resolução n. 2.814 do Bacen).

Se não ajuizada a ação no prazo de um mês, ficará sem efeito o depósito, podendo levantar o valor o depositante.

Embora a Lei de Locações não faça qualquer previsão a respeito da consignação extrajudicial, prevaleceu a tese segundo a qual poderá ser buscada a liberação do cumprimento da obrigação por esse meio.[37]

45.4. LEGITIMIDADE

Poderá propor a ação de consignação o devedor, que busca liberar-se da obrigação. Também poderá fazê-lo o terceiro, independentemente de ser interessado, como admite a lei civil.

45.5. COMPETÊNCIA TERRITORIAL

A ação consignatória deverá ser ajuizada no lugar do pagamento, consoante preveem os artigos 540 CPC/2015 e art. 337 do Código Civil. Tratando-se, de outro lado, de consignação de alugueres, será competente o foro da situação da coisa.

Conforme noticiado no Informativo n. 543 do STJ, contudo, competirá ao foro do local em que situado o imóvel o julgamento de ação consignatória e de ação de rescisão de contrato cumulada com retificação de escritura pública, reunidas para julgamento conjunto por conexão.

45.6. EFEITOS DA CONSIGNAÇÃO

Efetuada a consignação, cessará para o devedor, à data do depósito, os juros e os riscos, se acolhido o pedido ao final, com a prolação de sentença declaratória. Contudo, se o pedido for julgado improcedente, naturalmente, não haverá a liberação.

45.7. DEPÓSITO DAS PRESTAÇÕES SUCESSIVAS

Tratando-se de prestações sucessivas, consignada uma delas, permite-se ao autor continuar a depositar as que forem vencendo, no mesmo processo, observando-se o prazo de cinco dias contados do vencimento. O inadimplemento de uma das parcelas, contudo, não levará à improcedência da ação.

A previsão contida no art. 541 do NCPC (que correspondia ao art. 892 do CPC 1973), no sentido de permitir que o depósito se faça em até cinco dias contados da data do respectivo vencimento, não é aplicável à consignatória tributária, pois, para a extinção de tal obrigação, o crédito deverá ser depositado dentro do prazo de vencimento.[38]

45.8. PETIÇÃO INICIAL: REQUISITOS INTRÍNSECOS

Os requisitos intrínsecos são aqueles que devem estar contidos, indicados, na própria petição inicial. Existem aqueles de ordem geral, previstos nos artigos 319 e 320 do NCPC, bem como específicos para cada procedimento.

Nesse sentido, dispõe o art. 542 do NCPC, que, na petição inicial, o autor **requererá**: I – o depósito da quantia ou da coisa devida, a ser efetivado no prazo de cinco dias contados

37 LOCAÇÃO. ALUGUÉIS. CONSIGNAÇÃO EXTRAJUDICIAL. CREDOR. NOTIFICAÇÃO. PESSOAL. I- O depósito extrajudicial dos aluguéis tem o efeito de desonerar o locatário da obrigação. II – É necessário que o locatário comprove o efetivo conhecimento do depósito pelo locador, o que se perfaz com a notificação pessoal deste. Interpretação sistemática do §1º do art. 890 com o art. 223, parágrafo único do CPC. Recurso especial desprovido. (REsp 618.295/DF, Rel. Ministro FELIX FISCHER, QUINTA TURMA, julgado em 06/06/2006, DJ 01/08/2006, p. 514).

38 AgRg no Ag 1.239.917-SP, Segunda Turma, DJe 17/5/2010.

do deferimento, ressalvada a hipótese de prévia consignação extrajudicial; e, II – a citação do réu para levantar o depósito ou oferecer contestação.

Uma vez sendo deferido o depósito pelo juiz, deverá o autor da consignatória promovê-lo em **cinco dias**, sob pena de extinção do processo sem resolução do mérito. Tratando-se de consignatória de alugueres, **o prazo para efetuar o depósito é de vinte e quatro horas (art. 67, II da Lei n. 8.245/1991)**.

Admite-se que haja a cumulação de pedidos, no sentido de se permitir a discussão sobre o débito, especialmente o exame de validade de cláusulas contratuais, bem como a própria consignação do valor que entende ser devido.

45.9. CONSIGNAÇÃO DE COISA INDETERMINADA

Se o autor buscar a liberação de cumprimento de coisa indeterminada, competindo a escolha ao credor, deverá requerer a sua citação para exercer tal direito no prazo de cinco dias, salvo se houver outro prazo previsto em lei ou em contrato, ou para que aceite eventual escolha pelo devedor.

Competindo a escolha ao devedor, pelo não exercício pelo credor, o juiz designará dia e hora em que se fará a entrega, sob pena de depósito.

45.10. CONTESTAÇÃO

Sendo o credor citado, poderá, no prazo de quinze dias, oferecer a sua contestação, que compreenderá defesa processual e de mérito.

Como se nota, há de se admitir a possibilidade de o réu apresentar as suas preliminares, como, por exemplo, a falta de interesse de agir. E, apesar da especificidade do procedimento, permite-se que o réu alegue as matérias indicadas no art. 544 CPC/2015, além de outras.

Deve ser notado que o procedimento da consignatória diferenciará conforme a matéria alegada. Se indicada uma das hipóteses dos incisos I a III, seguirá a ação um caminho. Alegada a matéria indicada no inciso IV, outro será o percurso a ser seguido.

Em conformidade com o art. 544, aludido, poderá o réu alegar que:

> *I – não houve recusa ou mora em receber a quantia ou a coisa devida;*
>
> *II – foi justa a recusa;*
>
> *III – o depósito não se efetuou no prazo ou no lugar do pagamento.*

Indicadas essas matérias, o processo seguirá, sem maiores novidades, em conformidade com o procedimento comum.

Porém, o artigo 544 também permite seja alegado que:

> *IV – o depósito não é integral.*

E complementa no parágrafo único, que tal alegação somente será admissível se o réu indicar o montante que entende devido.

Uma vez alegado que o depósito não é integral, permite-se ao autor complementá-lo, no prazo de dez dias, a não ser que corresponda à prestação cujo inadimplemento acarrete a rescisão do contrato.

De toda maneira, aceita-se que o réu promova ao levantamento da quantia ou da coisa depositada, com a consequente liberação parcial do autor, prosseguindo-se o processo em relação à parte incontroversa.

Alegado que o depósito não é integral, a discussão no processo se dirigirá a especificar o montante suficiente para a liberação da obrigação, o que refletirá na sentença.

Dessa forma, a sentença: i) ou reconhecerá que o depósito inicial é suficiente, liberando-se o devedor (sentença declaratória), condenando-se o réu ao pagamento de custas e honorários advocatícios; ii) ou reconhecerá que o depósito não é integral e condenará o autor ao pagamento do valor restante, formando-se título executivo judicial, com possibilidade de exigir-se o cumprimento da obrigação nos próprios autos (cumprimento de sentença).

45.11. RECONVENÇÃO EM CONSIGNATÓRIA DE ALUGUERES

Consoante o disposto no inciso VI, do art. 67, da Lei de Locações, além de contestar, **o réu poderá, em reconvenção**, pedir o despejo e a cobrança dos valores objeto da consignatória ou da diferença do depósito inicial, na hipótese de ter sido alegado não ser o mesmo integral.

Note-se que, consoante o § 2º do art. 545 do NCPC, a consignatória é ação de natureza dúplice. Portanto, tendo sido apurada a diferença entre o valor efetivamente devido e o consignado, o juízo proferirá sentença condenatória, cujo cumprimento poderá ser exigido nos próprios autos. Assim, tal condenação independerá de reconvenção, apesar do disposto na Lei de Locações.

No entanto, será possível a reconvenção para que se determine o despejo. Por isso, poderá o réu, na sua própria contestação, como determina o NCPC, além de alegar as matérias de defesa, pugnar também pelo decreto de despejo do autor.

45.12. LITISCONSÓRCIO PASSIVO ALTERNATIVO

Como regra, o autor formula o seu pedido e espera que o mesmo seja acolhido para acertamento da situação subjetiva ligada a um réu específico. Porém, existem situações em que o autor pode apresentar o pedido e deixar que o juiz escolha em face de qual dos litisconsortes passivos ele será acolhido.

> ***O autor deste capítulo já teve oportunidade de, em nome de autarquia estadual, demandar dois sindicatos de trabalhadores, rogando que a Justiça do Trabalho declarasse em face de qual deles haveria a existência de relação jurídica decorrente da repre-***

sentatividade da categoria de empregados públicos. Trata-se de hipótese de litisconsórcio passivo alternativo, pois não importava ao autor em face de quem o pedido seria acolhido.

A consignatória, nesse passo, poderá ser ajuizada em face de possíveis titulares do crédito, pois há dúvida de quem tem legitimidade para receber o pagamento.

Em tal caso, se, uma vez citados, não comparecer pretendente algum, converter-se-á o depósito em arrecadação de coisas vagas. De outro lado, comparecendo apenas um, o juiz decidirá de plano. E, por fim, comparecendo mais de um, o magistrado poderá declarar efetuado o depósito e extinta a obrigação, continuando o processo a correr unicamente entre os presuntivos credores, segundo o procedimento comum.

45.13. CONSIGNATÓRIA DE ALUGUEL E FÉRIAS FORENSES

Por força do disposto no art. 58, I, da Lei n. 8.245/1991, nas ações de despejo, consignação em pagamento de aluguel e acessório da locação, revisionais de aluguel e renovatórias de locação, os processos tramitam durante as férias forenses e não se suspendem pela superveniência delas.

46. AÇÃO MONITÓRIA

46.1. FINALIDADE

Poderá valer-se da ação monitória aquele que afirmar ter o direito de exigir do devedor capaz, com base em prova escrita sem eficácia de título executivo, pagamento de quantia em dinheiro, a entrega de coisa fungível ou infungível ou de bem móvel ou imóvel ou o adimplemento de obrigação de fazer ou de não fazer.

O objetivo deste procedimento especial é o de constituir um título executivo judicial, de modo que o credor, com prova documental (ainda que seja testemunhal documentada), busca satisfazer a obrigação que lhe é devida.

46.2. PROVA ORAL DOCUMENTADA

Note-se uma importante novidade. A possibilidade de valer-se o autor da prova oral documentada, produzida antecipadamente.

46.3. POLO PASSIVO

Diante de tais documentos, será requerida a citação do polo passivo. O juiz deferirá a expedição de mandado de pagamento, de entrega de coisa ou para execução de obrigação de fazer ou de não fazer, concedendo ao réu o prazo de 15 dias para cumprimento e o pagamento de honorários advocatícios de 5% do valor atribuído à causa.

46.4. CONSTITUIÇÃO DE TÍTULO EXECUTIVO JUDICIAL

Se não oferecidos os embargos, haverá a constituição do título executivo judicial, hábil ao cumprimento de sentença, sendo cabível ação rescisória para rescindir a sentença.

Poderá a ação ser promovida também em face da Fazenda Pública.

46.5. EMBARGOS À AÇÃO MONITÓRIA

Poderá o réu apresentar embargos à ação monitória, alegando matéria que poderia ser aduzida em defesa no procedimento comum. Alegando excesso de execução, deverá declarar de imediato o valor que entende correto, apresentando demonstrativo discriminado e atualizado da dívida.

Uma vez apresentados os embargos, estará suspensa a eficácia da decisão monitória até o julgamento em primeiro grau. O autor será intimado, podendo apresentar reconvenção, sendo vedada a reconvenção da reconvenção.

Da sentença que acolhe ou rejeita os embargos caberá o recurso de apelação.

47. DA AÇÃO DE EXIGIR CONTAS

47.1. FIM DA AÇÃO DE PRESTAR CONTAS

Ao iniciar-se o estudo deste procedimento especial, nota-se, de antemão, a alteração da denominação em relação ao paradigma previsto no CPC de 1973. Com efeito, o art. 550 e seguintes do CPC 2015 trata do procedimento de **exigir contas, pois não mais se admite que o devedor preste contas em juízo.**

Por isso, de acordo com as novas disposições, a ação poderá ser prestada unicamente pelo **credor** pugnando pela imposição do dever de prestá-las em juízo por aquele que administrou interesses alheios.

Há de se verificar a legitimidade para a propositura da ação. Nesse sentido, o condômino não pode, isoladamente, ajuizar ação de exigir contas em face do condomínio. E isso, pois, nos termos do art. 22, §1º, *f*, da Lei 4.591/1964, o condomínio, representado pelo síndico, não tem obrigação de prestar contas a cada um dos condôminos, mas a todos, perante a assembleia dos condôminos. No mesmo sentido, o art. 1.348, VIII, do CC dispõe que compete ao síndico, dentre outras atribuições, prestar contas à assembleia, anualmente e quando exigidas.[39]

Tal direito transmite-se aos herdeiros do credor, como pode ocorrer, por exemplo, com os herdeiros do mandante.[40]

O advogado poderá ser réu na ação de exigir contas.

47.2. PROCEDIMENTO DA AÇÃO DE EXIGIR CONTAS

39 REsp 1.046.652-RJ, *R*el. Min. Ricardo Villas Bôas Cueva, julgado em 16/9/2014.

40 REsp 1.122.589-MG, Rel. Min. Paulo de Tarso Sanseverino, julgado em 10/4/2012.

Procedimento com ***duas fases****, encerradas cada qual por* ***SENTENÇA****, que pode ser objeto de* ***APELAÇÃO****.*

Primeira fase*: verifica-se o dever de prestar contas.*

Segunda fase*: apura-se se existe saldo.*

O autor, em sua petição inicial, deverá especificar as razões pelas quais exige as contas, instruindo-a com documentos comprobatórios dessa necessidade.

O réu será citado e, no prazo de quinze dias, poderá prestar as contas ou contestar o pedido. O exercício de uma das opções, automaticamente, exclui a outra, por conta da preclusão lógica.

Prestadas as contas, o autor terá quinze dias para se manifestar, competindo-lhe, se o caso, impugná-las de forma precisa, seguindo-se a produção das provas.

Poderá o réu, no entanto, contestar o dever de prestar as contas, o que será objeto de análise pelo magistrado.

A ação de exigir contas conta com **duas fases distintas**, cada qual encerrada por **sentença** (note-se a exceção prevista na primeira parte do § 1º do art. 203 do NCPC, pois se terá sentença sem encerramento da fase cognitiva), que pode ser impugnada pelo recurso de **apelação.**

Dessa maneira, **na primeira fase do procedimento, será analisado se existe ou não o dever de prestar contas.** Convencido disso, o magistrado proferirá sentença, que poderá ser impugnada pelo recurso de apelação, que contará com duplo efeito.

Assim, apenas após o trânsito em julgado, poderá ser exigida coercitivamente a prestação de contas, a partir do cumprimento de sentença.

Nesse passo, competirá ao réu prestar as contas no prazo de quinze dias, seguindo-se a apuração do valor devido. Se não o fizer, o autor poderá apresentá-las, sem possibilidade de o réu impugná-las.

Na segunda fase, porém, as contas serão julgadas e, se apurado saldo, será constituído título executivo judicial, a ser exigido em cumprimento de sentença, nos próprios autos.

47.3. CONTAS DO INVENTARIANTE, TUTOR, CURADOR, DEPOSITÁRIO E DE QUALQUER OUTRO ADMINISTRADOR

As contas do inventariante, tutor, curador, depositário e de qualquer outro administrador serão prestadas em apenso aos autos do processo em que tiver sido nomeado.

48. DAS AÇÕES POSSESSÓRIAS

48.1. A FUNGIBILIDADE DAS AÇÕES POSSESSÓRIAS

A fungibilidade não é matéria restrita aos recursos, mas, em verdade, aplica-se à teoria geral do processo. Consiste na admissão de um meio ao invés de outro, que seria o mais adequado.

Em relação às ações possessórias, o Novo CPC prevê a aplicabilidade do princípio da fungibilidade, de modo que a propositura de uma ação possessória em vez de outra não obsta a que o juiz defira a proteção necessária.

Dessa maneira, se ajuizada ação com pedido de interdito proibitório, porém, já verificado que houve o esbulho, deverá ser deferida a medida que conferir a tutela necessária – reintegração de posse.

48.2. ESPÉCIES DE AÇÕES POSSESSÓRIAS

A depender da proteção necessária, admite-se três tipos diferentes de ações possessórias: i) o interdito proibitório – que tem finalidade preventiva, em razão ser iminente a invasão; ii) a reintegração de posse – que pressupõe a perda total da posse (esbulho); iii) a manutenção de posse – que pressupõe a inexistência de privação integral.

Há de ser relembrado, porém, que o erro na indicação da ação ou a alteração dos fatos no transcorrer do processo, não acarreta a inviabilidade do deferimento da tutela possessória adequada, em razão do princípio da fungibilidade.

INTERDITO PROIBITÓRIO	REINTEGRAÇÃO DE POSSE	MANUTENÇÃO DE POSSE
Natureza Preventiva	Esbulho	Turbação

48.3. AÇÕES POSSESSÓRIAS E INVASÕES COLETIVAS

Não é incomum que existam ações possessórias de áreas ocupadas por uma coletividade, geralmente com a finalidade de fixar residência, em comunidades de baixa renda, embora não necessariamente.

Há uma preocupação constante nestas ações, notadamente diante do interesse social presente. Por isso, para estas ações a intervenção do Ministério Público, na condição de fiscal da ordem jurídica, é imprescindível. Envolvendo pessoas em situação de hipossuficiência econômica, ainda, deverá ser intimada a Defensoria Pública, para o cumprimento de sua missão institucional.

Proposta ação nessas condições, serão feitas a citação pessoal dos ocupantes que forem encontrados no local e a citação por edital dos demais. Para tais demandas, o juiz deverá determinar que se dê ampla publicidade de sua existência.

Ainda como diferencial, prevê o Novo CPC, em seu artigo 565, requisito para o deferimento de liminar na ação com posse de força velha, conforme se verá adiante.

48.4. PEDIDOS NA AÇÃO POSSESSÓRIA

Além da tutela possessória (inibitória, reintegratória ou de manutenção), poderá o autor cumular outros pedidos. São eles: i) condenação em perdas e danos; ii) indenização dos frutos. Trata-se de cumulação própria de pedidos, pois se requer o acolhimento de todos eles, lembrando que o rol do art. 555 do CPC 2015 é exemplificativo.

Além disso, poderá solicitar, ainda, a imposição de medida necessária para evitar-se nova turbação ou novo esbulho, bem como para cumprir-se a tutela provisória ou final.

48.5. CONTESTAÇÃO

Poderá o réu, em sua contestação, **pugnar a proteção possessória** e a indenização pelos prejuízos resultantes da turbação ou do esbulho cometido pelo autor, **independentemente de reconvenção**.

Dessa forma, a mesma sentença que nega o pedido do autor, reconhece a legitimidade da pretensão apresentada pelo réu.

48.6. INVIABILIDADE DE AJUIZAMENTO DE AÇÃO PETITÓRIA DURANTE O CURSO DE AÇÃO POSSESSÓRIA

Uma vez ajuizada a ação possessória, está vedado o ajuizamento de ação petitória destinada ao reconhecimento do domínio, salvo se for proposta em face de terceira pessoa (que não o autor da possessória).

48.7. PROCEDIMENTO DA AÇÃO POSSESSÓRIA: POSSE NOVA

Se a ação for proposta dentro do prazo de ano e dia a partir da turbação ou do esbulho, adota-se procedimento especial tratado no artigo 560 e seguintes do CPC 2015. No entanto, tratando-se de posse velha, será adotado o procedimento comum.

Como característica principal do procedimento especial, tem-se a possibilidade de deferimento de medida liminar *inaudita altera parte*, sem que se comprove o elemento urgência. Regendo-se pelo procedimento comum, no entanto, embora se admita – e como não poderia deixar de ser – a tutela provisória, deverão ser observados os seus requisitos (tutela provisória com fundamento na urgência, com comprovação do *periculum in mora,* ou tutela da evidência nas hipóteses do art. 311).

48.8. EXIGÊNCIA DE CAUÇÃO

Se o réu provar que o autor provisoriamente mantido ou reintegrado na posse não tem idoneidade financeira para, no caso de sucumbência, responder por perdas e danos, o juiz lhe concederá o prazo de cinco dias para requerer caução, real ou fidejussória, sob pena de ser depositada a coisa litigiosa, salvo a impossibilidade da parte economicamente hipossuficiente.

48.9. POSSE COM FORÇA NOVA E OS REQUISITOS DA TUTELA POSSESSÓRIA

Em conformidade com o art. 561, para o deferimento da tutela possessória na posse com força nova, competirá ao autor provar a sua posse, a turbação ou o esbulho e a sua data, a continuação da posse, embora turbada, na ação de manutenção, ou a perda da posse, na ação de reintegração.

Tais requisitos serão exigidos quer para o deferimento da tutela provisória e para o acolhimento da pretensão ao final.

Estando a petição inicial em ordem, o juiz deferirá a tutela possessória. Contudo, sendo necessária a comprovação de qualquer fato, designará audiência de justificação.

48.10. CONTRADITÓRIO PRÉVIO E AS LIMINARES CONTRA AS PESSOAS JURÍDICAS DE DIREITO PÚBLICO

Em conformidade com o princípio do contraditório dinâmico, evita-se a decisão surpresa, de modo que deve ser permitido às partes influenciarem o magistrado, a partir de suas alegações.

Contudo, em determinadas situações, como para o deferimento da tutela provisória, permite-se que o contraditório seja exercido posteriormente, de modo que o juiz poderá deferir a liminar sem ouvir a parte contrária.

Ocorre, no entanto, que, em relação às pessoas jurídicas, considerando-se o impacto que a medida poderá causar à Administração Pública, exige-se que não será deferida a manutenção ou a reintegração liminar sem prévia audiência dos respectivos representantes judiciais.

48.11. CITAÇÃO DO REQUERIDO E PRAZO PARA RESPOSTA

O réu deverá ser citado para oferecer resposta no prazo de quinze dias, contados da juntada do mandado de citação.

Porém, se o juiz designar audiência de justificação prévia, deverá o réu ser citado para comparecer ao ato judicial, contando-se o prazo de 15 dias para oferecimento de defesa da intimação da decisão que deferir ou não a medida liminar.

48.12. POSSE VELHA E LITÍGIO COLETIVO

Tratando-se de litígio coletivo pela posse de imóvel, quando o esbulho ou a turbação afirmado na petição inicial houver ocorrido há mais de ano e dia, deverá o juiz **preocupar-se em equacionar a questão consensualmente, evitando-se conflitos**. Para tanto, impõe o art. 565 que o juiz designe audiência de mediação, com a participação do Ministério Público, da Defensoria Pública e dos órgãos responsáveis pela política agrária e pela política urbana, como providência prévia à concessão de liminar.

Se deferida a medida liminar, se essa não for executada no prazo de um ano, a contar da distribuição, deverá o magistrado designar audiência de mediação, considerando que o fator tempo poderá alterar o ânimo das pessoas envolvidas, bem como poderão existir particularidades antes não constatadas.

48.13. OCUPAÇÃO INDEVIDA DE BEM PÚBLICO

Consoante jurisprudência do Superior Tribunal de Justiça, restando configurada ocupação indevida de bem público, não há que se falar de posse, mas de mera detenção, afastando-se o direito de retenção por benfeitorias.[41]

48.14. EXERCÍCIO DO DIREITO DE RETENÇÃO

Também consoante jurisprudência do STJ, o exercício do direito de retenção deve ser exercido na própria contestação, sob pena de preclusão.[42]

49. RESTAURAÇÃO DE AUTOS

Destina-se este procedimento à restauração de autos desaparecidos, quer sejam físicos ou eletrônicos.

Constatando o desaparecimento, se existirem autos suplementares, nestes haverá a continuidade do processo.

Requerida a instauração do procedimento, a parte contrária será citada para contestar o pedido no prazo de cinco dias e, se houver concordância, será lavrado auto. Havendo discordância, será observado o procedimento comum.

Se acaso o desaparecimento ocorrer no âmbito do tribunal, nele tramitará o procedimento de restauração.

50. AÇÃO POPULAR

50.1. DEFINIÇÃO

Trata-se de ***remédio constitucional*** que tem por finalidade **corrigir atos lesivos ao patrimônio público ou de entidade de que o Estado participe, à moralidade administrativa, ao meio ambiente e ao patrimônio histórico e cultural.**

A Constituição Federal foi responsável pela ampliação de seu objeto, voltando-se também **à defesa de interesses metaindividuais, dentre eles, o meio ambiente.**

A ação popular pode ser estudada sob três enfoques: constitucional, administrativo e processual. Isto porque, a um só tempo, é uma ***garantia constitucional***, que efetiva o ***controle*** dos atos administrativos pelo cidadão, sendo uma *ação civil.*

50.2. LEGITIMAÇÃO PARA A PROPOSITURA DA AÇÃO POPULAR

A legitimação para a propositura da ação popular é constante da Constituição Federal (art. 5º, LXXIII) e nos arts. 1º e 4º, da Lei 4.717/65. Portanto, somente o ***brasileiro*** (nato ou naturalizado), que ostente a condição de ***eleitor***, poderá ajuizá-la.

O autor popular agirá como substituto processual da coletividade e, por isso, se acaso abandonar a causa, poderá o polo ativo ser ocupado por outro legitimado. Supletivamente, poderá o Ministério Público assumir o polo ativo, se nenhum outro legitimado o fizer.[43]

Exclui-se a possibilidade de ser ajuizada por pessoa jurídica (súmula 365, STF). Somente poderá ser ajuizada por aquele que se encontre no exercício pleno do direito político de eleger os representantes do povo.

O Superior Tribunal de Justiça também admite que a ação popular seja ajuizada pelo **Ministério Público**, legitimando-o a toda e qualquer demanda que vise à defesa dos interesses difusos e coletivos, sob ângulo material ou imaterial.[44]

50.3. POLO PASSIVO

De acordo com o art. 6º, da Lei 4.717/65, o polo passivo da ação popular é bem abrangente, devendo constar: a pessoa jurídica lesada, o agente causador ou produtor direto do ato sindicado e ainda o beneficiado direto. O polo passivo é subjetivamente complexo.

Trata-se, portanto, de ***litisconsórcio necessário*** e, pelo menos em um ponto, *unitário*, na medida em que a desconstituição do ato alcançará a todos.

A Administração Pública, embora conste necessariamente no polo passivo da ação como ré, poderá, a seu critério: i) contestar; ii) não contestar e assistir o autor; iii) quedar-se inerte. Fator determinante da escolha: ***o interesse público.***

O STJ já decidiu pela possibilidade da modificação da situação da Administração.[45]

50.4 DO PROCEDIMENTO DA AÇÃO POPULAR

O polo passivo será citado para oferecer resposta no prazo comum de vinte dias. Tal prazo será contado em dias úteis. Ainda que existam litisconsortes com diversos procuradores de escritórios distintos e não se trate de processo eletrônico, o prazo para oferecimento de resposta não será contado em dobro. Porém, o prazo diferenciado será aplicado para o caso de recurso.

A pessoa jurídica de direito público lesada será citada em litisconsórcio passivo necessário (não unitário). Nesse caso, tal como ocorre na ação de improbidade administrativa, poderá escolher o polo da ação que ocupará.

Nesse passo, poderá defender o ato administrativo praticado, quando permanecerá no polo passivo da ação. De outro lado, poderá optar por integrar o polo ativo da demanda, para que o pleito apresentado seja acolhido. Ou, então, permanecerá inerte.

41 AgRg no AREsp 824.129/PE, Rel. Ministro MAURO CAMPBELL MARQUES, SEGUNDA TURMA, julgado em 23/02/2016, DJe 01/03/2016.

42 REsp 1278094/SP, Rel. Ministra NANCY ANDRIGHI, TERCEIRA TURMA, julgado em 16/08/2012, DJe 22/08/2012.

43 REsp 638.011/RJ, Rel. Ministro LUIZ FUX, PRIMEIRA TURMA, julgado em 25/04/2006, DJ 18/05/2006, p. 182.

44 AgRg no AREsp 746.846/RJ, Rel. Ministro HERMAN BENJAMIN, SEGUNDA TURMA, julgado em 15/12/2015, DJe 05/02/2016.

45 STJ, 2ª T., REsp 1185928/SP, Rel. Ministro Castro Meira, j. 15.06.2010, DJe 28.06.2010.

A escolha compete ao representante da Administração Pública e terá por fundamento o interesse público. Uma vez ocorrida a escolha, porém, será possível modificá-la posteriormente.

Uma vez citados os réus e apresentadas as respostas, determinará o magistrado a produção de provas, se necessário for.

Admite-se na ação popular o julgamento antecipado parcial da lide, hipótese em que o magistrado acolherá, de imediato, por meio de decisão interlocutória de mérito, um dos pedidos, prosseguindo-se a demanda em relação aos demais. Tem-se, também, a possibilidade do julgamento antecipado da lide (total).

Sendo desnecessária a prova, ou, se já produzida, proferirá o magistrado a sua sentença, acolhendo ou rejeitando o pedido formulado pelo autor popular.

50.5 DA SENTENÇA NA AÇÃO POPULAR

A sentença de procedência desconstituirá o ato administrativo praticado e determinará que o Erário Público seja ressarcido dos prejuízos sofridos, se houver danos.

50.6. DA COISA JULGADA

A sentença de procedência fará coisa julgada erga omnes, podendo ser executada pelo próprio autor popular, outro legitimado ou, ainda, pelo Ministério Público. Trata-se de coisa julgada *secundum eventum litis*.

Em relação à sentença de improcedência, por sua vez, deve ser verificado o seu fundamento. Como se vê, constitui-se exceção à regra da coisa julgada, que é *pro et contra*. Desse modo, se a sentença reconhecer a ausência de provas, será admitido o ajuizamento de nova ação popular, desde que existam outras provas. De outro lado, se reconhecido que houve o esgotamento das provas, em tese, não é possível o ajuizamento de nova ação popular.

Defende-se que, independentemente da manifestação do juiz na sentença, a análise quanto à existência ou não de prova nova seja feita em um segundo processo, quando será possível fazer uma comparação entre a prova já produzida e aquela proposta no novo processo ajuizado.

50.7. REMESSA NECESSÁRIA

Como já foi visto, a remessa necessária é condição de eficácia da sentença proferida contra as pessoas jurídicas de direito público. O Novo CPC alterou de forma significativa os valores das condenações que ensejarão a remessa obrigatória aos Tribunais, o que reduzirá, e muito, a sua incidência.

Ocorre, porém, que a remessa necessária não ocorrerá somente nos casos mencionados no NCPC, mas também nas hipóteses indicadas na legislação esparsa. Nesse sentido, o art. 14, da Lei do Mandado de Segurança, indica que, no caso de concessão de ordem, estará a sentença sujeita a remessa necessária.

Também ocorre essa previsão na ação popular. Assim, no caso de reconhecimento de carência ou de improcedência desta ação, será obrigatória a remessa dos autos ao Tribunal, para reanálise da questão.

Note-se que, nesse caso, a remessa necessária não é justificada por ser a sentença proferida contra a pessoa jurídica de direito público, mas porque o interesse público não foi amparado, na medida em que a ação popular não foi conhecida ou foi julgada improcedente.

Amparado nesse entendimento e aplicando-se o Sistema Único Coletivo, derivado do complexo de leis que tratam das ações coletivas, já se aplicou o entendimento às ações civis públicas. Por isso, reconhecida a falta de condição da ação ou a improcedência da ação civil pública, estará a sentença sujeita à remessa necessária, ainda que não tenha o poder público em um dos polos da ação. A ideia, nesse caso, é que o interesse metaindividual pode não ter sido tutelado.

51. AÇÃO CIVIL PÚBLICA

51.1. DENOMINAÇÃO DE AÇÃO CIVIL PÚBLICA E INTERESSES TUTELADOS PELA LEI DA AÇÃO CIVIL PÚBLICA

Sustenta Teori Albino Zavascki que Ação Civil Pública é a denominação para o procedimento instituído pela Lei 7.347/1985, que tem por finalidade promover a tutela de direitos transindividuais,[46] que podem ser compreendidos como difusos, coletivos e individuais homogêneos.

Nos termos do art. 81, parágrafo único, I, do Código de Defesa do Consumidor, direitos ou interesses difusos são aqueles "transindividuais, de natureza indivisível, de que sejam titulares pessoas indeterminadas e ligadas por circunstâncias de fato". Compreendem grupos menos determinados de pessoas, sendo que entre elas não existe vínculo jurídico preciso.[47] O objeto desses interesses é indivisível, de modo que não é possível ser dividido entre os membros da coletividade.[48]

A expressão *interesses coletivos* possui mais de um significado. Em sentido amplo, encampado pelo art. 129, III, da Constituição Federal, os interesses coletivos são aqueles transindividuais, de grupos, classes ou categorias de pessoas.[49] Em sentido restrito, os interesses coletivos referem-se aos *interesses transindividuais indivisíveis de um grupo determinado ou determinável de pessoas, reunidas por uma relação jurídica básica comum*, conforme definição constante do art. 81, II, do Código de Defesa do Consumidor.

Os interesses individuais homogêneos, por sua vez, "são aqueles de grupo, categoria ou classe de pessoas determinadas ou determináveis, que compartilhem prejuízos divisíveis, de origem comum, normalmente oriundos da mesma circunstância de fato" (art. 82, III, CDC).

---

46 ZAVASCKI, Teori Albino. *Processo Coletivo – Tutela de Direitos Coletivos e Tutela Coletiva de Direitos*. 3ª ed. São Paulo: RT, 2008, p. 63.

47 MAZZILLI, Hugo Nigro. *A Defesa dos Interesses Difusos em Juízo*. São Paulo: Saraiva, 2006, p. 50-51.

48 Idem, ibidem, p. 52.

49 MAZZILLI, Hugo Nigro. Op. cit., p. 52.

Sobre a relação entre tais interesses, Hugo Nigro Mazzilli apresenta didático quadro para compreensão:[50]

Interesses	Grupo	Objeto	Origem
Difusos	Indeterminável	Indivisível	Situação de fato
Coletivos	Determinável	Indivisível	Relação jurídica
Ind. Homog.	Determinável	Divisível	Origem comum

51.2. DOS ENTES LEGITIMADOS

A legitimação para a defesa dos interesses metaindividuais de crianças e adolescentes decorre da integração da Lei da Ação Civil Pública, do Código de Defesa do Consumidor, do Estatuto da Criança e do Adolescente, entre outras leis.

Nesse sentido, possuem legitimação para a propositura da ação civil pública:

> *I – o Ministério Público;*
>
> *II – a Defensoria Pública;*
>
> *III – a União, os Estados, o Distrito Federal e os Municípios;*
>
> *IV – a autarquia, empresa pública, fundação ou sociedade de economia mista;*
>
> *V – a associação que, concomitantemente: a) esteja constituída há pelo menos um ano e, b) inclua entre suas finalidades institucionais a proteção ao meio ambiente, ao consumir, à ordem econômica, à livre concorrência ou ao patrimônio artístico, estético, histórico, turístico e paisagístico.*

O Ministério Público tem missão especial em relação à ação civil pública, competindo-lhe a tutela dos interesses difusos, coletivos e individuais homogêneos, além de direitos individuais indisponíveis.

A Defensoria Pública é indicada na Constituição Federal como instituição essencial à função jurisdicional do Estado, cabendo-lhe a orientação jurídica e a defesa, em todos os graus, dos necessitados, na forma do seu art. 5º, LXXIV. A expressão "necessitados" não está adstrita ao plano econômico, abrangendo, também, os necessitados do ponto de vista organizacional, que são os socialmente vulneráveis.[51]

Esse foi o entendimento encampado pelo Superior Tribunal de Justiça, conforme se vê do voto proferido pela Ministra Nancy Andrighi:

> *A esse respeito, de se notar, ainda, que, ao contrário do que afirmam as recorridas (F.F.C.LTDA e S.N.F.C.LTDA), nos respectivos memoriais a mim apresentados, não é pelo fato dos seus consumidores terem adquirido automóveis que não podem ser considerados necessitados para fins do art. 134 da CF; porquanto o conceito jurídico de necessitado, contido no parágrafo único do artigo 2º, da Lei 1.060/50, é mais amplo do que o de "pobre" ou "miserável", não está vinculado a determinado limite de valor de renda mensal ou de patrimônio e, sim, à impossibilidade de pagamento das despesas processuais sem prejuízo do próprio sustento ou da família.*[52]

Valendo-se de sentido ainda mais amplo, sustenta Marina Mezzavilla Verri que a legitimação da Defensoria Pública para o ajuizamento das ações civis públicas é universal, não restrita à defesa de interesses dos necessitados, possuindo legitimidade para atuar frente a quaisquer direitos transindividuais,[53] surgindo para a Defensoria uma nova demanda, baseada no exercício das ações coletivas, conforme já pregava Boaventura de Souza Santos.[54]

Reconhecendo-se a importância das Defensorias Públicas, no contexto de defesa dos direitos fundamentais individuais e coletivos, o legislador inseriu esse órgão dentre os legitimados à propositura da ação civil pública, conforme se vê da atual redação do art. 5º, da Lei 7.347/1985. Do mesmo modo, a Lei Complementar 80/1994, com redação alterada pela Lei Complementar 132/2009, enfatizou a atuação das Defensorias Públicas para a tutela dos interesses individuais e coletivos (no art. 4º, VII e VIII).

No que tange à União, os Estados, o Distrito Federal, os Municípios e seus órgãos paraestatais, legitimados ao ajuizamento da ação civil pública, tem-se que paulatinamente vêm assumindo, na esfera da tutela coletiva, o seu papel de gestores de interesses coletivos, não existindo qualquer dúvida sobre a possibilidade de buscarem a tutela dos interesses metaindividuais de crianças e adolescentes, principalmente em assuntos relacionados às políticas públicas gerais, ao redirecionamento de verbas públicas e a outros fatores estruturais.

A legitimação das associações para a defesa de interesses metaindividuais deve ser entendida no contexto como "participação popular na boa gestão da coisa pública, sob a égide da democracia participativa, incentivada pela Constituição Federal (art. 1º, parágrafo único), como se dá com a defesa do meio ambiente (art. 225, *caput*) e do patrimônio cultural (art. 216 e § 1º)".[55]

De acordo com Mancuso, com suporte em balizada doutrina, podem ser identificados três mecanismos de intervenção popular.[56] Transportando a lição para as questões afetas à infância e à juventude, podem ser assim identificados: a) nos processos de criação do direito da criança e do adolescente; b) na participação popular na formulação e execução de políticas públicas; e, c) na participação judicial, que se concretiza por intermédio do Poder Judiciário.

50 MAZZILLI, Hugo Nigro. Op. cit., p. 58.

51 Disponível em http://www.anadep.org.br/wtksite/cms/conteudo/4820/Documento10.pdf

52 STJ, Resp 555.111-RJ, rel. Ministro Castro Filho, j. 05.09.2006, DJ 18.12.2006.

53 VERRI, Marina Mezzavilla. *Legitimidade da Defensoria Pública na Ação Civil Pública: limites*. Ribeirão Preto: Ribeirão Gráfica e Editora, 2008, p. 126.

54 SANTOS, Boaventura de Souza. Introdução à sociologia da administração da justiça. *In: Revista de Processo*. São Paulo, n. 37, jan-mar. 1985, p. 150.

55 MANCUSO, Rodolfo de Camargo. *Ação Civil Pública – Em defesa do meio ambiente, do patrimônio cultural e dos consumidores*. 10ª ed. São Paulo: RT, 2006, p. 138-139.

56 Idem, ibidem, p. 139.

As associações, ao promoverem a defesa de interesses metaindividuais, colocam-se, na expressão de Mancuso, como uma *longa manus* da coletividade.[57]

Dentre os legitimados à propositura da ação civil pública, estão enumerados órgãos despersonalizados, que podem defender não só os direitos dos consumidores, como também qualquer direito difuso, coletivo e individual homogêneo (art. 82, III, do CDC e art. 2º, da Lei 7.347/1985),[58] ostentando personalidade judiciária.[59]

51.3. COISA JULGADA

O Código de Defesa do Consumidor disciplinou a coisa julgada nas ações coletivas, relacionando-a ao interesse tutelado, o que pode ser resumido no seguinte quadro:

Interesse	Coisa julgada
Difuso	*Erga omnes*, salvo se a improcedência decorrer da falta de provas.
Coletivo	*Ultra partes*, limitada ao grupo, categoria ou classe de lesados, salvo se a improcedência se der por falta de provas.
Individuais homogêneos	*Erga omnes* em caso de procedência, beneficiando vítimas e sucessores.

Como é possível observar do quadro, identifica-se também a coisa julgada segundo o resultado o processo, destacando-se a técnica da coisa julgada *secundum eventum litis*.

Desse modo, **no caso de sentença de procedência**, todos os lesados são beneficiados, salvo se tratar de interesses coletivos em sentido estrito, quando o aproveitamento estará restrito ao grupo, categoria ou classe de pessoas atingidas.

De outro lado, **na sentença de improcedência**, há de ser feita uma importante distinção, segundo haja ou não esgotamento das provas.

Por falta de provas	Outros legitimados poderão propor a ação civil pública, desde que fundada em nova prova.
Por outro motivo	Outros legitimados não poderão propor a ação civil pública, ainda que fundada em nova prova.

52. MANDADO DE SEGURANÇA (LEI N. 12.016/2009)

52.1. INTRODUÇÃO

57 Idem, ibidem, p. 139.

58 GOMES JUNIOR, Luiz Manoel. *Curso de Direito Processual Civil Coletivo*. 2ª ed. São Paulo: SRS Editora, 2008, p. 133.

59 NERY JUNIOR, Nelson. O Processo Civil no Código de Defesa do Consumidor. *In: Revista de Processo*. n.º 61. São Paulo: RT, 1991, p. 29.

O mandado de segurança é um remédio constitucional, por meio do qual o impetrante buscará proteger direito líquido e certo, não amparado por habeas corpus ou habeas data, sempre que, ilegalmente ou com abuso de poder, qualquer pessoa física ou jurídica sofrer violação ou houver justo receio de sofrê-lo por parte de autoridade, seja de que categoria for e sejam quais forem as funções que exerça.

Independentemente da competência para o seu julgamento, o mandado de segurança se tratará de uma ação de natureza civil, como ocorre com aquelas ações em que se discute matéria eleitoral.

Na atualidade, o mandado de segurança é regido pela Lei 12.016/09, que prevê um procedimento diferenciado das ações de conhecimento em geral, tipificando uma via rápida para a obtenção da tutela jurisdicional. Essa lei teve como mérito fundir o tratamento legislativo do *writ*, incorporando-se posicionamentos doutrinários e jurisprudenciais existentes, sem prejuízo da inserção de inovações.

Ao procedimento do mandado de segurança serão aplicáveis as normas fundamentais estabelecidas na Constituição Federal e no Código de Processo Civil de 2015, como ocorre com qualquer procedimento judicial, sem prejuízo da aplicabilidade subsidiária das regras existentes no Novo CPC.

52.2. PRAZO PARA O AJUIZAMENTO

O direito de requerer mandado de segurança extinguir-se-á decorridos 120 (cento e vinte) dias, contados da ciência, pelo interessado, do ato impugnado. A contagem será de forma contínua e não em dias úteis.

Por se tratar de uma ação de rito célere, previsto para correção de ato ilegal ou praticado com abuso de poder por autoridade, o impetrante somente poderá se utilizar dessa via se não transcorrido período superior a cento e vinte dias contados da ciência do fato impugnado. Vide o art. 23 da Lei n. 12.016/2009 e a Súmula n. 632 do STF.

Se impugnada lei de efeito concreto, o prazo de cento e vinte dias se inicia com a publicação da norma, ante a configuração de ato comissivo, único e de efeitos permanentes, afastando-se a tese de que se trata de relação jurídica de trato sucessivo.

O prazo, como tem natureza decadencial, será contado **em dias corridos** e não em dias úteis.

Se impugnado ato omissivo, não é necessária a observância do prazo de cento e vinte dias.

52.3. LEGITIMIDADE ATIVA

A legitimidade é ampla, podendo ser ajuizada por pessoas físicas e jurídicas, nacionais ou estrangeiras. Essa legitimação estende-se, também, a entes desprovidos de personalidade jurídica, muito embora possuam personalidade judiciária, como ocorre com a Câmara de Vereadores, condomínios, o Conselho Municipal do Meio Ambiente.

As próprias pessoas jurídicas de direito público podem ingressar com o mandado de segurança.

Os art. 1º, § 3º, e 3º, da Lei 12.016/09, encerram hipóteses de substituição processual, pois o impetrante postulará direito, em seu nome, porém, em favor de terceiro. Não obstante, há uma particularidade: concomitantemente, o impetrante também postula interesse seu.

Registra o art. 24 da nova lei que são aplicados ao mandado de segurança, o disposto nos artigos 46 a 49, do Código de Processo Civil de 1973, que correspondem aos artigos 113, 114, 115, 117 e 118 do Novo Código de Processo Civil.

52.4. O POLO PASSIVO NO MANDADO DE SEGURANÇA

O polo passivo no mandado de segurança é ocupado pela pessoa jurídica de direito público, que tem interesse imediato na composição da lide e no resultado do julgamento, pois será quem arcará com as consequências patrimoniais advindas da decisão judicial.

De fato, não é correto afirmar que o polo passivo é ocupado pela autoridade apontada como coatora, até porque esta não arcará com quaisquer ônus ou efeitos decorrentes da sentença judicial. Todos os ônus serão suportados pela pessoa jurídica de direito público que deverá figurar no polo passivo da ação.

52.5. A AUTORIDADE APONTADA COMO COATORA

A autoridade é a aquela que tenha praticado o ato impugnado ou da qual emane a ordem para a sua prática (art. 6º, § 3º, da Lei n. 12.016/2009) e que ocupa determinado cargo ou função, quer em pessoa jurídica de direito público, quer em pessoa jurídica de direito privado. Não se confunde com o mero executor do ato.

Se a parte indicar, de forma incorreta, a autoridade apontada como coatora, deve ser determinada a emenda da petição inicial e, se o caso, determinada a remessa dos autos ao juízo ou Tribunal que for competente. Não mais prevalece o antigo entendimento – que aos poucos já estava sendo superado – no sentido de que a indicação errônea da autoridade apontada como coatora importava na extinção do processo, notadamente diante do princípio da preferência pelo julgamento de mérito (art. 4º do Novo CPC).

O § 1º, do art. 1º, da Lei n.º 12.016/2009, equipara às autoridades, para os efeitos da lei, os representantes ou órgãos de partidos políticos e os administradores de entidades autárquicas, bem como os dirigentes de pessoas jurídicas ou as pessoas naturais, no exercício de atribuições do poder público, somente no que disser respeito a essas atribuições.

Os representantes ou órgãos de partidos políticos são equiparados a autoridade para fins de correção do ato por mandado de segurança.

Conforme dispõe a letra "e", do inciso I, do art. 22, do Código Eleitoral, compete ao Tribunal Superior Eleitoral processar e julgar originariamente mandado de segurança, em matéria eleitoral, relativos a atos do Presidente da República.

52.6. O DIREITO LÍQUIDO E CERTO COMO REQUISITO ESPECÍFICO DE ADMISSIBILIDADE

O mandado de segurança tem um requisito específico de admissibilidade que é o direito líquido e certo.

Trata-se de condição da ação do *writ* que, se ausente, inviabiliza o exame do mérito. O direito líquido e certo não se refere ao direito subjetivo da parte, mas se refere à comprovação dos fatos.

Estando ausente o direito líquido e certo, o juiz não concederá a ordem pleiteada. Porém, poderá o impetrante ajuizar outro mandado de segurança, desde que o faça com observância do prazo decadencial (art. 6º, § 6º, da Lei n. 12.016/2009) e valer-se de outros meios de prova para a demonstração dos fatos.

Ausente direito líquido e certo, a ordem será denegada, podendo a matéria ser discutida em outro processo, com fundamento em novas provas.

***Ementa de julgado importante**: MANDADO DE SEGURANÇA – "WRIT" MANDAMENTAL IMPETRADO COM O OBJETIVO DE ASSEGURAR, AO SEGUNDO SUPLENTE, A INVESTIDURA NO MANDATO DE SENADOR – ALEGADA OCORRÊNCIA "DE SIMULAÇÃO E FRAUDE NO PROCESSO ELEITORAL DE 2006" – SITUAÇÃO DE CONTROVÉRSIA OBJETIVA E ILIQUIDEZ DOS FATOS – IMPETRAÇÃO QUE BUSCA, AINDA, REDISCUTIR ATO TORNADO IRRECORRÍVEL CONCERNENTE AO FUNDO DA CONTROVÉRSIA QUE JÁ FOI OBJETO DE RESOLUÇÃO JUDICIAL, COM TRÂNSITO EM JULGADO, NO ÂMBITO DO TRIBUNAL SUPERIOR ELEITORAL – IMPOSSIBILIDADE – O MANDADO DE SEGURANÇA NÃO CONSTITUI SUCEDÂNEO DA AÇÃO RESCISÓRIA – SÚMULA 268/STF – PRECEDENTES – PARECER DA PROCURADORIA-GERAL DA REPÚBLICA PELO NÃO PROVIMENTO – RECURSO DE AGRAVO IMPROVIDO. – Refoge, aos estreitos limites da ação mandamental, o exame de fatos despojados da necessária liquidez, não se revelando possível a instauração, no âmbito do processo de mandado de segurança, de fase incidental de dilação probatória. Precedentes. – A noção de direito líquido e certo ajusta-se, em seu específico sentido jurídico-processual, ao conceito de situação decorrente de fato incontestável e inequívoco, suscetível de imediata demonstração mediante prova literal pré-constituída. Precedentes. – **A simples existência de matéria de fato controvertida revela-se bastante para tornar inviável a utilização do mandado de segurança, que pressupõe, sempre, direito líquido e certo resultante de fato incontestável, passível de comprovação de plano pelo impetrante.** – O remédio constitucional do mandado de segurança não tem cabimento quando utilizado com o objetivo de desconstituir a autoridade da coisa julgada. O ordenamento jurídico brasileiro contempla, para esse efeito, um meio processual específico: a ação rescisória. (MS 30523 AgR, Relator(a): Min. CELSO DE MELLO, Tribunal Pleno, julgado em 09/10/2014,*

PROCESSO ELETRÔNICO DJe-216 DIVULG 03-11-2014 PUBLIC 04-11-2014).

52.7. VEDAÇÃO DA UTILIZAÇÃO DO MANDADO DE SEGURANÇA

Não se concederá mandado de segurança quando se tratar: I – de ato do qual caiba recurso administrativo com efeito suspensivo, independentemente de caução; II – de decisão judicial da qual caiba recurso com efeito suspensivo; III – de decisão judicial transitada em julgado.

52.8. VEDAÇÃO DA CONCESSÃO DE LIMINAR

Não será concedida medida liminar que tenha por objeto a compensação de créditos tributários, a entrega de mercadorias e bens provenientes do exterior, a reclassificação ou equiparação de servidores públicos e a concessão de aumento ou a extensão de vantagens ou pagamento de qualquer natureza.

52.9. COMPETÊNCIA PARA O JULGAMENTO DO MANDADO DE SEGURANÇA

O quadro a seguir sintetiza as regras de competência para o julgamento de mandado de segurança, que variará conforme a autoridade impetrada.

Esta competência poderá ser originária dos Tribunais.

Autoridade impetrada	Competência	Fundamento e referências
Presidente da República Ministro do STF Presidente da Mesa da Câmara Presidente da Mesa do Senado Presidente do Tribunal de Contas da União Procurador-geral da República	Supremo Tribunal Federal	Art. 102, I, d, CF Súmula 623 do STF[60]
Ministro de Estado (salvo se for ato de órgão colegiado, Súmula 177 do STJ)[61] Comandante da Marinha, Aeronáutica e Exército Ministro do STJ	Superior Tribunal de Justiça	Art. 105, I, b, da CF Súmula 624 do STF[62]
Desembargador federal ou estadual (membro de Tribunal)	Competência do próprio Tribunal a que pertence o magistrado	Súmula 41 do STJ[63]
Juiz de primeira instância	Competência do Tribunal ao qual o magistrado estiver vinculado	
Governador de Estado Mesa de Assembleia Legislativa Procurador-geral de Justiça	Tribunal de Justiça do Estado	Como regra, nas Constituições dos Estados Por exemplo, art. 74, III da Constituição de SP
Atos relacionados com a jurisdição da Justiça do Trabalho	Justiça do Trabalho	Art. 114, IV, da CF
Autoridade federal – ato suportado pela União ou entidade por ela controlada	Juízo Federal	Art. 109, VIII da CF
Ato de presidente ou de órgão de partido político	Justiça Eleitoral, desde que a decisão puder afetar direitos políticos	

60 Súmula 623 do STF ../jurisprudencia/ – NÃO GERA POR SI SÓ A COMPETÊNCIA ORIGINÁRIA DO SUPREMO TRIBUNAL FEDERAL PARA CONHECER DO MANDADO DE SEGURANÇA COM BASE NO ART. 102, I, "N", DA CONSTITUIÇÃO, DIRIGIR-SE O PEDIDO CONTRA DELIBERAÇÃO ADMINISTRATIVA DO TRIBUNAL DE ORIGEM, DA QUAL HAJA PARTICIPADO A MAIORIA OU A TOTALIDADE DE SEUS MEMBROS.

61 Súmula 177 do STJ ../jurisprudencia/ – O SUPERIOR TRIBUNAL DE JUSTIÇA É INCOMPETENTE PARA PROCESSAR E JULGAR, ORIGINARIAMENTE, MANDADO DE SEGURANÇA CONTRA ATO DE ÓRGÃO COLEGIADO PRESIDIDO POR MINISTRO DE ESTADO.

62 Súmula 630 do STF ../jurisprudencia/ – NÃO COMPETE AO SUPREMO TRIBUNAL FEDERAL CONHECER ORIGINARIAMENTE DE MANDADO DE SEGURANÇA CONTRA ATOS DE OUTROS TRIBUNAIS.

63 Súmula 41 do STJ ../jurisprudencia/ – O SUPERIOR TRIBUNAL DE JUSTIÇA NÃO TEM COMPETENCIA PARA PROCESSAR E JULGAR, ORIGINARIAMENTE, MANDADO DE SEGURANÇA CONTRA ATO DE OUTROS.

Autoridade impetrada	Competência	Fundamento e referências
Autoridade estadual ou municipal	Juízo de Direito (Justiça estadual)	Constituições Estaduais
Juiz do Juizado Especial	Colégio Recursal ou Turma recursal	Súmula 376 do STJ, com observação da RE n.º 576.847, no sentido do não cabimento de MS contra ato judicial dos Juizados.
Ato do Juizado contestando a competência desse órgão jurisdicional	Tribunal de Justiça do Estado	REsp 17.524/BA

52.10. SENTENÇA PROFERIDA NO MANDADO DE SEGURANÇA

A sentença poderá ser concessiva de ordem, quando o mérito terá obrigatoriamente sido analisado, ou denegatória de ordem. Neste último caso, o mérito poderá ou não ter sido analisado.

SENTENÇA
- CONCESSIVA DE ORDEM.
- DENEGATÓRIA DE ORDEM.
  - COM RESOLUÇÃO MÉRITO.
  - SEM RESOLUÇÃO MÉRITO.

52.11. COISA JULGADA E CUMPRIMENTO DE SENTENÇA

Em conformidade com o art. 19, da Lei 12.016/09, "a sentença ou o acórdão que denegar mandado de segurança, sem decidir o mérito, não impedirá que o requerente, por ação própria, pleiteie os seus direitos e os respectivos efeitos patrimoniais".

Formando-se a coisa julgada, é possível o cumprimento do julgado, especialmente com relação **aos seus efeitos patrimoniais**, podendo ser objeto de execução, contra a pessoa jurídica, nos próprios autos do mandado de segurança, seguindo-se o regime de cumprimento de obrigação consubstanciada em título executivo judicial (art. 535 e seguintes do Novo CPC).

A propósito, sempre prevaleceu o entendimento de que poderiam ser englobadas no cumprimento de sentença unicamente as prestações que vencessem após a data de ajuizamento da inicial, não englobando valores anteriores, que deverão ser objeto de ação de conhecimento própria (art. 14, § 4º). Porém, este entendimento também está sendo modificado, admitindo-se o cumprimento de sentença em relação aos valores devidos anteriormente ao ajuizamento da ação.

Informativo n. 578 do Superior Tribunal de Justiça:

Em mandado de segurança impetrado contra redução do valor de vantagem integrante de proventos ou de remuneração de servidor público, os efeitos financeiros da concessão da ordem retroagem à data do ato impugnado. *Não se desconhece a orientação das Súmulas n. 269 e 271 do STF, à luz das quais caberia à parte impetrante, após o trânsito em julgado da sentença mandamental concessiva, ajuizar nova demanda de natureza condenatória para reivindicar os valores vencidos em data anterior à impetração do mandado de segurança. Essa exigência, contudo, não apresenta nenhuma utilidade prática e atenta contra os princípios da justiça, da efetividade processual, da celeridade e da razoável duração do processo. Ademais, essa imposição estimula demandas desnecessárias e que movimentam a máquina judiciária, de modo a consumir tempo e recursos de forma completamente inútil, e enseja inclusive a fixação de honorários sucumbenciais, em ação que já se sabe destinada à procedência. Corroborando esse entendimento, o STJ firmou a orientação de que, nas hipóteses em que o servidor público deixa de auferir seus vencimentos ou parte deles em razão de ato ilegal ou abusivo do Poder Público, os efeitos financeiros da concessão de ordem mandamental devem retroagir à data do ato impugnado, violador do direito líquido e certo do impetrante. Isso porque os efeitos patrimoniais são mera consequência da anulação do ato impugnado que reduz o valor de vantagem nos proventos ou remuneração do impetrante (MS 12.397-DF, Terceira Seção, DJe 16/6/2008). Precedentes citados: EDcl no REsp 1.236.588-SP, Segunda Turma, DJe 10/5/2011; e AgRg no REsp 1.090.572-DF, Quinta Turma, DJe 1º/6/2009. EREsp 1.164.514-AM, Rel. Min. Napoleão Nunes Maia Filho, julgado em 16/12/2015, DJe 25/2/2016.*

52.12. MANDADO DE SEGURANÇA COLETIVO

O mandado de segurança também poderá ser espécie de ação coletiva para a tutela de determinados interesses.

Nesse sentido, assegura-se a possibilidade de ajuizamento do mandado de segurança coletivo por partido político com representação no Congresso Nacional ou por organização sindical, entidade de classe ou associação legalmente constituída e em funcionamento há pelo menos um ano, em defesa dos interesses de seus membros ou associados (art. 5º, LXX, da Constituição Federal).

O Superior Tribunal de Justiça também admite a legitimação ativa do Ministério Público para ao ajuizamento de mandado de segurança coletivo, defendendo-se que o Parquet pode valer-se da ação necessária para a defesa de interesses metaindividuais.

A Lei n. 12.016/2009, em seu artigo 21, regulamenta tal possibilidade, contudo, restringe o seu alcance à defesa de direitos líquidos e certos da totalidade, ou de parte, dos membros ou associados, na forma dos seus estatutos e desde que pertinentes às suas finalidades, dispensada, para tanto, autorização especial.

A partir de tal redação, defendeu-se, não sem críticas, que o mandado de segurança coletivo não tutela interesse difusos, estando restrito aos interesses coletivos e individuais homogêneos. As críticas a tal entendimento são várias e podem ser resumidas no fato de que a lei importaria em restringir o alcance da própria Constituição Federal.

O entendimento, porém, foi objeto de análise do julgamento da medida cautelar em mandado de segurança nº 34.070-DF, Relatoria do Ministro Gilmar Mendes, quando se reconheceu que o mandado de segurança coletivo poderá ser utilizado para a tutela de interesses difusos, sendo que, até o lançamento desta obra, o mérito do writ não havia sido julgado.

53. MANDADO DE INJUNÇÃO

53.1. OBSERVAÇÕES PRÉVIAS

Em conformidade com o art. 5º, LXXI, da Constituição Federal, conceder-se-á mandado de injunção sempre que a falta de norma regulamentadora torne inviável o exercício dos direitos e liberdades constitucionais e das prerrogativas inerentes à nacionalidade, à soberania e à cidadania.

A Lei n. 13.300/2016 disciplina o processo e o julgamento dos mandados de injunção individual e coletivo, propiciando celeridade ao controle constitucional de omissões normativas do poder público.

O advento desta lei era há muito esperado, notadamente depois que o Supremo Tribunal Federal reconheceu o caráter normativo-concretizados da ação, notadamente após o julgamento dos MI n. 670, 708 e 712, quando a Corte tutelou direito subjetivo até então de exercício impossibilitado.

Vê-se que o mandado de injunção é remédio constitucional destinado a sanar a ausência de norma regulamentadora que torne inviável o exercício dos direitos e liberdades constitucionais e das prerrogativas inerentes à nacionalidade, à soberania e à cidadania.

53.2. LEGITIMIDADE

São partes legítimas as pessoas naturais ou jurídicas que se afirmarem titulares dos direitos, das liberdades ou das prerrogativas e, como impetrado, o Poder, o órgão ou a autoridade com atribuição para editar a norma regulamentadora.

53.3. RECONHECIMENTO DA MORA LEGISLATIVA

Uma vez reconhecida a mora legislativa, será deferida a injunção para: i) determinar prazo razoável para que o impetrado promova a edição da norma regulamentadora; ii) estabelecer as condições em que se dará o exercício dos direitos, das liberdades ou das prerrogativas reclamados ou, se for o caso, as condições em que poderá o interessado promover ação própria visando a exercê-los, caso não seja suprida a mora legislativa no prazo determinado.

53.4. EFEITOS DA DECISÃO

A decisão gerará efeitos limitados à parte. Contudo, terá eficácia ultra partes ou erga omnes quando isso for inerentes ou indispensável ao exercício do direito, da liberdade ou da prerrogativa objeto da impetração.

Admite-se que a decisão transitada em julgado estenda os seus efeitos aos casos análogos por decisão monocrática do relator.

A norma regulamentadora superveniente produzirá efeitos ex nunc em relação aos beneficiados por decisão transitada em julgado, a não ser que a aplicação da norma editada lhes for mais favorável.

53.5. MANDADO DE INJUNÇÃO COLETIVO

O mandado de injunção coletivo pode ser promovido: I – pelo Ministério Público, quando a tutela requerida for especialmente relevante para a defesa da ordem jurídica, do regime democrático ou dos interesses sociais ou individuais indisponíveis; II – por partido político com representação no Congresso Nacional, para assegurar o exercício de direitos, liberdades e prerrogativas de seus integrantes ou relacionados com a finalidade partidária; III – por organização sindical, entidade de classe ou associação legalmente constituída e em funcionamento há pelo menos 1 (um) ano, para assegurar o exercício de direitos, liberdades e prerrogativas em favor da totalidade ou de parte de seus membros ou associados, na forma de seus estatutos e desde que pertinentes a suas finalidades, dispensada, para tanto, autorização especial; IV – pela Defensoria Pública, quando a tutela requerida for especialmente relevante para a promoção dos direitos humanos e a defesa dos direitos individuais e coletivos dos necessitados, na forma do inciso LXXIV do art. 5o da Constituição Federal.

53.6. APLICAÇÃO SUBSIDIÁRIA DO PROCEDIMENTO DO MANDADO DE SEGURANÇA

Aplicam-se subsidiariamente ao mandado de injunção as normas do mandado de segurança disciplinado na Lei n. 12.016/2009 e do CPC.

54. *HABEAS DATA*

54.1. PREVISÃO CONSTITUCIONAL E REGULAMENTAÇÃO PROCEDIMENTAL

O *habeas data* foi previsto na Constituição Federal como um remédio constitucional destinado a (i) assegurar o conhecimento de informações relativas à pessoa do impetrante, constantes de registros ou bancos de dados de entidades governamentais ou de caráter público, ou, então (ii) para a retificação de dados, quando não se prefira fazê-lo por processo sigiloso, judicial ou administrativo.

Como se pode ver, tem a ação a função de conhecimento, retificação ou assentamento, que podem estar concentradas em uma única ação.[64]

O seu procedimento está regulado pela Lei 9.507/97.

64 AGRA, Welber de Moura. *Comentários à Constituição Federal.* (Org. CANOTILHO, JJ. Gomes e outros), p. 486. São Paulo: Saraiva, 2014.

54.2. LEGITIMIDADE

Podem propor o *habeas data* as pessoas físicas, nacionais e estrangeiras, bem como as pessoas jurídicas.

No polo passivo figurarão as instituições públicas e as privadas que tenham caráter público (assim identificadas aquelas que disponibilizam informações a terceiros).

54.3. CONDIÇÕES ESPECÍFICAS PARA A AÇÃO

Há uma condição específica para o ajuizamento do *habeas data*: a necessidade de provar a negativa da Administração Pública ou da pessoa jurídica de direito privado quanto ao pleito do autor.

Além disso, tal como ocorre com o mandado de segurança, também há necessidade do direito líquido e certo, conforme discorreu Walber de Moura Angra:

> *Uma especificidade do instituto ora analisado é a exigência de direito líquido e certo como requisito para a sua admissão, implicando que o direito pleiteado deve ser certo na sua existência e limitado em seu conteúdo, sem possibilidade de dilação probatória. Mesmo a Lei 9.507/97 não expressamente a prevendo, o motivo maior não é de razão positiva, mas de razão lógica, em decorrência de que o procedimento célere previsto nesse dispositivo não comporta produção de prova.*[65]

54.4. ASPECTOS PROCEDIMENTAIS

A petição inicial deve ser instruída com a (i) recusa ao acesso às informações ou do decurso do prazo de **10 dias** sem decisão; (ii) recusa em fazer-se a retificação ou do decurso de mais de **15 dias**, sem decisão; (iii) ou, então, da recusa em fazer-se a anotação possibilitada pelo assentamento ou o decurso do prazo de **15 dias**.

Ajuizada a ação, a autoridade impetrada será notificada para apresentar informações no prazo de 10 dias, seguindo-se o parecer do Ministério Público em 05 dias, proferindo o magistrado a sentença.

Sendo de procedência a sentença, eventual apelação será recebida apenas em seu efeito devolutivo.

54.5. COMPETÊNCIA

Em conformidade com o art. 20, da Lei 9.507/97, o julgamento do *habeas data* compete:

> *I – originariamente:*
>
> *a) ao Supremo Tribunal Federal, contra atos do Presidente da República, das Mesas da Câmara dos Deputados e do Senado Federal, do Tribunal de Contas da União, do Procurador-Geral da República e do próprio Supremo Tribunal Federal;*
>
> *b) ao Superior Tribunal de Justiça, contra atos de Ministro de Estado ou do próprio Tribunal;*
>
> *c) aos Tribunais Regionais Federais contra atos do próprio Tribunal ou de juiz federal;*
>
> *d) a juiz federal, contra ato de autoridade federal, excetuados os casos de competência dos tribunais federais;*
>
> *e) a tribunais estaduais, segundo o disposto na Constituição do Estado;*
>
> *f) a juiz estadual, nos demais casos;*
>
> *II – em grau de recurso:*
>
> *a) ao Supremo Tribunal Federal, quando a decisão denegatória for proferida em única instância pelos Tribunais Superiores;*
>
> *b) ao Superior Tribunal de Justiça, quando a decisão for proferida em única instância pelos Tribunais Regionais Federais;*
>
> *c) aos Tribunais Regionais Federais, quando a decisão for proferida por juiz federal;*
>
> *d) aos Tribunais Estaduais e ao do Distrito Federal e Territórios, conforme dispuserem a respectiva Constituição e a lei que organizar a Justiça do Distrito Federal;*
>
> *III – mediante recurso extraordinário ao Supremo Tribunal Federal, nos casos previstos na Constituição.*

55. O PROCESSO CIVIL NOS SISTEMAS DE CONTROLE DA CONSTITUCIONALIDADE. AÇÃO DIRETA DE INCONSTITUCIONALIDADE. AÇÃO DECLARATÓRIA DE CONSTITUCIONALIDADE. MEDIDA CAUTELAR. DECLARAÇÃO INCIDENTAL DE INCONSTITUCIONALIDADE

55.1. OBSERVAÇÕES GERAIS

A Lei n. 9.868/1999 dispõe sobre o processo e julgamento da ação direta de inconstitucionalidade e da ação declaratória de constitucionalidade perante o STF.

55.2. PROCEDIMENTO DA AÇÃO DIRETA DE INCONSTITUCIONALIDADE

A petição inicial indicará: I – o dispositivo da lei ou do ato normativo impugnado e os fundamentos jurídicos do pedido em relação a cada uma das impugnações; II – o pedido, com suas especificações.

Competirá ao relator indeferir a petição inicial inepta, não fundamentada ou manifestamente improcedente, cabendo agravo da decisão.

Não se admite a desistência da ação direta de inconstitucionalidade. Também não se admite a intervenção de terceiros, muito embora seja admita a manifestação de outros órgãos ou entidades como *amicus curiae*.

Serão requisitadas informações à autoridade, ouvidos o Advogado-Geral da União e o Procurador-Geral da República. Ao final, o relator lançará seu voto e pedirá dia para julgamento.

65 AGRA, Welber de Moura. *Comentários à Constituição Federal*. CANOTILHO, JJ. Gomes e outros (orgs.). São Paulo: Saraiva, 2014, p. 488.

55.3. MEDIDA CAUTELAR

Com exceção do período de recesso, a medida cautelar na ação direta de inconstitucionalidade poderá ser concedida apenas por decisão da maioria absoluta dos membros do Tribunal, após a audiência dos órgãos ou autoridades dos quais emanou a lei ou o ato normativo impugnado (salvo em caso de excepcional urgência).

A medida cautelar torna aplicável a legislação anterior acaso existente, salvo expressa manifestação em sentido contrário. Além disso, tem efeito ex nunc, salvo se o Tribunal deliberar de maneira diversa.

55.4. AÇÃO DECLARATÓRIA DE CONSTITUCIONALIDADE

A petição inicial indicará: I – o dispositivo da lei ou do ato normativo impugnado e os fundamentos jurídicos do pedido em relação a cada uma das impugnações; II – o pedido, com suas especificações; III – a existência de controvérsia judicial relevante sobre a aplicação da disposição objeto da ação declaratória.

Competirá ao relator indeferir a petição inicial inepta, não fundamentada ou manifestamente improcedente, cabendo agravo da decisão.

Não se admite a desistência da ação direta de inconstitucionalidade. Também não se admite a intervenção de terceiros, muito embora seja admita a manifestação de outros órgãos ou entidades como *amicus curiae*.

Serão requisitadas informações à autoridade, ouvidos o Advogado-Geral da União e o Procurador-Geral da República. Ao final, o relator lançará seu voto e pedirá dia para julgamento.

A decisão sobre a constitucionalidade ou a inconstitucionalidade da lei ou do ato normativo somente será tomada se presentes na sessão pelo menos oito Ministros. Proclamada a constitucionalidade, julgar-se-á improcedente a ação direta ou procedente eventual ação declaratória; e, proclamada a inconstitucionalidade, julgar-se-á procedente a ação direta ou improcedente eventual ação declaratória.

A decisão que declara a constitucionalidade ou a inconstitucionalidade da lei ou do ato normativo em ação direta ou em ação declaratória é irrecorrível, ressalvada a interposição de embargos declaratórios, não podendo, igualmente, ser objeto de ação rescisória.

Admite-se a modulação dos efeitos ou atribuir-lhe efeitos prospectivos por decisão da maioria de dois terços de seus membros.

55.5. AÇÕES CIVIS CONSTITUCIONAIS

Dá-se o nome de ações civis constitucionais aos instrumentos previstos na Constituição: mandado de segurança, mandado de injunção, Habeas Data, ação popular, Habeas Corpus e a ação civil pública.

55.6. ARGUIÇÃO DE DESCUMPRIMENTO DE PRECEITO FUNDAMENTAL

A Lei n. 9.882/1999 dispõe sobre o processo e julgamento da arguição de descumprimento de preceito fundamental (art. 102, § 1º da CF).

A petição inicial será indeferida liminarmente pelo relator quando não for o caso de arguição de descumprimento de preceito fundamental, faltar algum dos requisitos prescritos na lei ou for inepta. Desta decisão caberá agravo, no prazo de cinco dias.

O pedido de liminar poderá ser deferido por decisão de maioria absoluta dos membros do STF, o que também será admissível ao relator, de forma monocrática, em caso de extrema urgência ou perigo de lesão grave, ou, ainda, em período de recesso.

Após apreciado o pedido de liminar, serão requisitadas informações às autoridades responsáveis pela prática do ato questionado, no prazo de 10 dias.

A decisão sobre a arguição de descumprimento de preceito fundamental somente será tomada se presentes na sessão pelo menos dois terços dos Ministros.

Ao declarar a inconstitucionalidade de lei ou ato normativo, no processo de arguição de descumprimento de preceito fundamental, e tendo em vista razões de segurança jurídica ou de excepcional interesse social, poderá o Supremo Tribunal Federal, por maioria de dois terços de seus membros, restringir os efeitos daquela declaração ou decidir que ela só tenha eficácia a partir de seu trânsito em julgado ou de outro momento que venha a ser fixado.

A decisão que julgar procedente ou improcedente o pedido em arguição de descumprimento de preceito fundamental é irrecorrível, não podendo ser objeto de ação rescisória.

56. AÇÃO DE IMPROBIDADE ADMINISTRATIVA

56.1. ASPECTOS DE DIREITO MATERIAL

Os atos de improbidade administrativa poderão implicar na "suspensão dos direitos políticos, a perda da função pública, a indisponibilidade dos bens e o ressarcimento ao erário, na forma e gradação previstas em lei, sem prejuízo da ação penal cabível" (art. 37, § 4º, CF).

Para tanto, há necessidade da instauração de uma ação própria, a fim de que haja a apuração da autoria desses atos, aplicando o juiz, ao final, a respectiva sanção prevista. Trata-se, em verdade, de uma espécie de ação coletiva, com rito específico.

O disposto no § 4º do art. 37 foi regulamentado pela Lei 8.429/1992, ato normativo este que dispôs, basicamente, de quatro aspectos: a) sujeitos do ato de improbidade; b) tipologia; c) sanções; d) procedimento administrativo e judicial.[66]

a) Sujeitos do ato de improbidade

Podem ser apontados os sujeitos ativos e passivos do ato de improbidade administrativa, assim identificados pelo art. 3º, da LIA: (i) agentes públicos, servidores ou não; (ii) terceiros que, mesmo não sendo agentes públicos, induzam ou

---

66 DONIZETTI, Elpídio. CERQUEIRA, Marcelo Malheiros. *Curso de processo coletivo*. São Paulo: Atlas, 2010, p. 497.

concorram para a prática do ato ou dele se beneficiem sob qualquer forma direta ou indireta.[67]

No que tange aos **agentes políticos**, registre-se a problemática envolvendo a possibilidade ou não de estarem sujeitos ao regime da improbidade administrativa, ou aos crimes de responsabilidade, **prevalecendo a tese de que tais agentes estão sujeitos aos dois regimes, concomitantemente.**[68]

Tema que ainda não possui uma diretriz segura nos Tribunais Superiores[69] é o de se saber a **competência para o julgamento da ação de improbidade administrativa quando acionados agentes políticos.**

Em regra, a competência será do juízo de primeira instância, havendo ou não foro privilegiado para a ação penal. No entanto, a questão, em relação aos agentes políticos, não é tão simples.

Na Recl. 2.138/SP, o STF firmou entendimento de que "em relação aos agentes políticos há de prevalecer a prerrogativa de foro por exercício de função pública",[70] muito embora existam outras decisões emanadas do Superior Tribunal de Justiça, segundo as quais deve a ação ser julgada em primeira instância, ainda que o agente tenha foro privilegiado para a ação criminal e nos crimes de responsabilidade.[71]

Sujeitos passivos dos atos de improbidade administrativa são as pessoas jurídicas lesadas: União, Estados, Distrito Federal, Municípios, autarquias, fundações, empresas públicas e sociedades de economia mista, entidades para cuja criação ou custeio o erário haja concorrido ou concorra com mais de 50% do patrimônio ou da receita anual, bem como entidades que recebam subvenção, benefício ou incentivo, fiscal ou creditício, entidades para cuja criação ou custeio o erário haja concorrido ou concorra com menos de 50% do patrimônio ou da receita anual.

b) tipologia

São atos de improbidade administrativa aqueles que:

(i) importem em enriquecimento ilícito do autor;

(ii) causem prejuízo ao erário;

(iii) atentem contra os princípios da Administração Pública.

c) sanções

O art. 12, da Lei de Improbidade, estabelece as seguintes sanções:

---

67 Op. cit., p. 498

68 Administrativo. Ação de improbidade. Lia. Aplicabilidade a agentes políticos.

1. O STJ firmou entendimento no sentido de que os agentes políticos se submetem aos ditames da Lei de Improbidade Administrativa, sem prejuízo da responsabilização política e criminal estabelecida no Decreto-Lei 201/1967.

2. Agravo Regimental não provido.

(STJ, 2ª T., AgRg no AREsp 426.418/RS, Rel. Min. Herman Benjamin, j. 06.02.2014, DJe 06.03.2014).

E também: Agravo regimental no agravo de instrumento. Prequestionamento implícito. Impossibilidade. Alegada existência de ofensa direta a normas constitucionais, a permitir o conhecimento do recurso. Decisão atacada que apreciou adequada e exaustivamente as questões em debate nos autos. Eventuais ofensas concernentes ao plano infraconstitucional. Precedentes. 1. Não admite a Corte a existência de prequestionamento implícito. Se a análise das alegadas violações às normas constitucionais em que fundamentado o recurso extraordinário depende, para sua verificação, da apreciação de normas infraconstitucionais e dos fatos em debate nos autos, tal como aqui ocorre, cuida-se de ofensa meramente reflexa, de insuscetível constatação, em recurso extraordinário. 2. A ação de improbidade administrativa, com fundamento na Lei nº 8.429/92, também pode ser ajuizada em face de agentes políticos. Precedentes. 3. A análise da legalidade de ato administrativo pelo Poder Judiciário não implica a violação do princípio da separação de poderes, sendo certo que a apreciação de contas de detentor de mandato eletivo pelo órgão do Poder Legislativo competente não impede o ajuizamento de ação civil pública com vistas ao ressarcimento de danos eventualmente decorrentes desses mesmos fatos. Precedentes. 4. Agravo regimental não provido". (STJ, 1ª T., AI 809338 AgR, rel. Min. Dias Toffoli, j. 29.10.2013, DJe 21.03.2014)

69 "Devemos admitir que o tema ainda não possui uma diretriz segura nos Tribunais Superiores, mas a tendência é admitir, a nosso ver, o foro por prerrogativa de função em se tratando de agentes públicos submetidos à jurisdição originária dos Tribunais Superiores em outras situações, como em ações penais". GAJARDONI, Fernando da Fonseca. CRUZ, Luana Pedrosa de Figueiredo. CERQUEIRA, Luís Otávio Sequeira. GOMES JÚNIOR, Luiz Manoel. FAVRETO, Rogério. *Comentários à Lei de Improbidade Administrativa.* São Paulo: RT, 2014, p. 265.

70 DONIZETTI, Elpídio. CERQUEIRA, Marcelo Malheiros. *Curso de Processo Coletivo.* São Paulo, Atlas, p. 498 e 99.

71 Processual civil. Agravo regimental no agravo em recurso especial. Destrancamento do apelo nobre interposto contra decisão interlocutória. Requisitos. Ausência. Ação de improbidade administrativa. Competência.

1. O destrancamento de recurso especial interposto contra decisão interlocutória pressupõe, além da comprovação do risco de dano irreparável, que o interessado demonstre a forte probabilidade de êxito do recurso especial.

2. Na espécie, contudo, a preliminar de incompetência do juízo de primeiro grau foi afastada pelo Tribunal de origem, sob o argumento de que o foro por prerrogativa de função não se estende ao processamento das ações por improbidade administrativa, o que se compatibiliza com a orientação pacificada nesta Corte.

3. "A ação de improbidade administrativa deve ser processada e julgada nas instâncias ordinárias, ainda que proposta contra agente político que tenha foro privilegiado no âmbito penal e nos crimes de responsabilidade" (AgRg na Rcl 12.514/MT, Rel. Ministro Ari Pargendler, DJe 26/9/2013).

4. Ausente a plausibilidade do direito, fica prejudicada a análise do periculum in mora.

5. Agravo regimental a que se nega provimento.

(STJ, 2ª T., AgRg no AREsp 422.394/DF, Rel. Min. Og Fernandes, j. 20.02.2014, DJe 14.03.2014)

Tipo	Sanção
Atos que importem em enriquecimento ilícito	Perda dos bens ou valores acrescidos ilicitamente ao patrimônio, ressarcimento integral do dano, quando houver, perda da função pública, suspensão dos direitos políticos de oito a dez anos, pagamento de multa civil de até três vezes o valor do acréscimo patrimonial e proibição de contratar com o Poder Público ou receber benefícios ou incentivos fiscais ou creditícios, direta ou indiretamente, ainda que por intermédio de pessoa jurídica da qual seja sócio majoritário, pelo prazo de dez anos.
Atos que causem prejuízo ao erário	Ressarcimento integral do dano, perda dos bens ou valores acrescidos ilicitamente ao patrimônio, se concorrer essa circunstância, perda da função pública, suspensão dos direitos políticos de cinco a oito anos, pagamento de multa civil de até duas vezes o valor do dano e proibição de contratar com o Poder Público ou receber benefícios ou incentivos fiscais ou creditícios, direta ou indiretamente, ainda que por intermédio de pessoa jurídica da qual seja sócio majoritário, pelo prazo de cinco anos;
Atos que atentem contra os princípios da Administração Pública	Ressarcimento integral do dano, se houver, perda da função pública, suspensão dos direitos políticos de três a cinco anos, pagamento de multa civil de até cem vezes o valor da remuneração percebida pelo agente e proibição de contratar com o Poder Público ou receber benefícios ou incentivos fiscais ou creditícios, direta ou indiretamente, ainda que por intermédio de pessoa jurídica da qual seja sócio majoritário, pelo prazo de três anos.

56.2. LEGITIMIDADE

Podem propor a ação de improbidade administrativa o **Ministério Público e a pessoa jurídica interessada** (art. 17, *caput*, da LIA).

Proposta a demanda pelo Ministério Público, a pessoa jurídica lesada será citada para, segundo o interesse público o exigir, contestar o pedido ou decidir se atua ao lado do autor. Trata-se do que foi denominado de **intervenção móvel.**[72]

56.3. PROCEDIMENTO DE IMPROBIDADE ADMINISTRATIVA

a) Procedimento administrativo

Qualquer pessoa poderá representar à autoridade administrativa competente para que seja instaurada investigação apta a apurar ato de improbidade administrativa.

Havendo conhecimento de ato de improbidade, a comissão processante disciplinar deverá dar conhecimento de tal fato ao Ministério Público e também ao Tribunal de Contas, representando àquele ou à procuradoria jurídica do órgão para que requeira a decretação do arresto de bens.

b) Procedimento judicial

O procedimento judicial é iniciado a partir de petição inicial apresentada pelo Ministério Público ou pela pessoa jurídica, que deve ser ajuizada no prazo de 30 dias contados da efetivação de eventual medida cautelar preparatória.

Estando a inicial em termos, o magistrado promoverá uma cognição prévia. Para tanto, o juiz ordenará a notificação do réu para, no prazo de 15 dias, oferecer manifestação escrita e apresentar documentos.

Recebida a manifestação – ou decorrido o prazo para o seu oferecimento – o magistrado fará a análise e, convencido da inexistência do ato improbidade administrativa, de improcedência do pedido ou da inadequação da via eleita, poderá, em decisão fundamentada, analisar ou não o mérito. Porém, convencido da verossimilhança das alegações, receberá a inicial e determinará a citação do réu para oferecimento de resposta. Tal decisão poderá ser impugnada pelo recurso de agravo de instrumento.

Ofertada a contestação, inicia-se a fase instrutória e ao final o juiz proferirá sentença.

56.4. A POSSIBILIDADE DE CELEBRAR TRANSAÇÃO EM AÇÃO DE IMPROBIDADE ADMINISTRATIVA

O § 1º, do art. 17, da Lei n. 8.429/1992, veda a transação, acordo ou conciliação nas ações de improbidade administrativa.

Vários aspectos devem ser levados em consideração em relação a tal revogação. Em primeiro lugar, a urgência de tê-lo feito por meio de medida provisória. Em segundo lugar, a própria indisponibilidade do interesse em litígio. De toda forma, a transação não poderá ser total, não podendo englobar, por exemplo, a suspensão de direitos políticos, mas será viável em relação a aspectos patrimoniais, como a forma de cumprimento da obrigação de indenizar o erário.

56.5. SEQUESTRO E ARRESTO DE BENS

Em conformidade com o art. 16 da Lei nº 8.429/1992, será possível requerer o sequestro dos bens do agente ou terceiro que tenha enriquecido ilicitamente ou causado dano ao patrimônio público. Tal pedido, em consonância com o dispositivo legal, será processado de acordo com o previsto nos artigos 822 e 825 do CPC de 1973.

Algumas observações são importantes a respeito do dispositivo.

Em primeiro lugar, que poderá ser deferido não somente o sequestro, mas também o arresto, a depender da providência necessária.

72 DONIZETTI, Elpídio. CERQUEIRA, Marcelo Malheiros. *Curso de Processo Coletivo*. São Paulo: Atlas, 2010, p. 505.

E, também, de que deve ser compreendida a medida no regime da tutela provisória do Novo Código de Processo Civil.

Com efeito, conforme já foi visto, a tutela provisória (que pode ser revogada) poderá ter dois fundamentos: i) urgência, em que há necessidade de demonstração da existência de fundamentos relevantes e de risco de dano grave ou de difícil reparação, podendo ser deferida como tutela antecipada ou tutela cautelar; ii) evidência, em que não há necessidade do elemento "risco".

As tutelas de urgência poderão ser deferidas em caráter antecedente ou incidental. Em outras palavras, embora na mesma relação processual, poderá o autor requerê-la por meio de petição antecedente, que será posteriormente completada no mesmo processo, ou, então, poderá ser requerida quando já iniciado o processo.

A medida cautelar de arresto apresenta-se como uma hipótese de tutela de urgência cautelar, a ser requerida em caráter antecedente ou incidentalmente no processo.

Tratando-se de medida em caráter antecedente, devem ser observadas as regras constantes dos artigos 305 a 310 do Novo Código de Processo Civil, que podem ser assim resumidas:

a) será apresentada petição inicial antecedente, com indicação da lide e seu fundamento, a exposição sumária do direito que se objetiva assegurar e o perigo de dano ou o risco ao resultado útil do processo;

b) o réu será citado para, no prazo de cinco dias, contestar o pedido e indicar as provas que pretende produzir;

c) o juiz decidirá, sem prejuízo de, ante a urgência, já haver deferido a medida em caráter liminar;

d) uma vez efetivada a tutela cautelar, o pedido principal terá de ser formulado no prazo de 30 dias, nos mesmos autos.

56.6. AFASTAMENTO PROVISÓRIO

Será possível, também, determinar o **afastamento provisório** do agente público do exercício do cargo, emprego ou função, sem prejuízo da remuneração, quando a medida se fizer necessária **à instrução processual** (art. 20, parágrafo único, da Lei n. 8.429/1992).

É possível refletir: qual a natureza de tal afastamento? Trata-se de medida cautelar, pois tem a finalidade de assegurar o resultado útil do processo.

Assim sendo, questiona-se: se a prova for produzida em ação ajuizada exclusivamente para a sua colheita (ação probatória). Nesse caso, seria possível o afastamento do agente se isso for necessário à instrução processual?

É de ser registrado, inicialmente, que a produção antecipada de prova poderá ser deferida em sede de ***ação probatória autônoma***, que não prevenirá o juízo (artigos 381 a 383 do Novo CPC).

Nesse caso, a pretensão é unicamente a de produzir antecipadamente a prova, não havendo discussão quanto, por exemplo, ao ato de improbidade administrativa.

Por isso, segundo aqui se defende, ao menos em tese, apresenta-se temeroso que o magistrado defira o afastamento provisório do agente, ainda que tal medida seja necessária à instrução processual, quando sequer houve admissibilidade da inicial da ação de improbidade administrativa, devendo ser levado em consideração o aspecto excepcional do afastamento.

56.7. INDISPONIBILIDADE DE BENS

A Lei n. 8.429/1992, como visto nos dois últimos subitens, prevê a possibilidade de mais de uma hipótese de tutela provisória. E também o fez em relação à decretação da indisponibilidade de bens do autor do ato de improbidade.

Nesse sentido, indica o art. 7º que, quando o ato de improbidade causar lesão ao patrimônio público ou ensejar enriquecimento ilícito, caberá a autoridade administrativa responsável pelo inquérito representar ao Ministério Público, para a indisponibilidade dos bens do indiciado.

Tal indisponibilidade recairá sobre bens que assegurem o integral ressarcimento do dano, ou sobre o acréscimo patrimonial resultante do enriquecimento ilícito, e pode ser considerada uma hipótese de **tutela provisória da evidência**, sendo desnecessária a comprovação da dilapidação do patrimônio.[73]

56.8. PREVENÇÃO DO JUÍZO

A propositura da ação prevenirá a jurisdição para todas as ações posteriormente ajuizadas e que disserem respeito ao mesmo pedido ou causa de pedir. Note-se que o disposto no § 5º, do art. 17, da Lei n. 8.429/1992, está em consonância com o previsto no art. 59 do NCPC (o registro ou a distribuição da petição inicial torna prevento o juízo).

56.9. DA SENTENÇA

A sentença que julgar procedente a ação civil de reparação de danos ou decretar a perda dos bens havidos ilicitamente determinará o pagamento ou a reversão dos bens, conforme o caso, em favor da pessoa jurídica prejudicada pelo ilícito.

56.10. DA PRESCRIÇÃO

As ações destinadas a levar a efeitos as sanções previstas na Lei de Improbidade Administrativas prescreverão: i) em cinco anos após o término de mandato, de cargo em comissão ou de função de confiança, prevalecendo a tese de que tal prazo se conta do término do segundo mandato no caso de reeleição do agente[74]; ii) dentro do prazo pres-

73 "(...) A Primeira Seção desta Corte Superior firmou a orientação no sentido de que a decretação de indisponibilidade de bens em improbidade administrativa dispensa a demonstração de dilapidação do patrimônio para a configuração de periculum in mora, o qual estaria implícito ao comando normativo do art. 7º da Lei 8.429/92, bastando a demonstração do fumus boni iuris que consiste em indícios de atos ímprobos. (...). (AgRg no REsp 1541598/RJ, Rel. Ministro MAURO CAMPBELL MARQUES, SEGUNDA TURMA, julgado em 05/11/2015, DJe 13/11/2015).

74 STJ, AgRg no AREsp 161.420/TO, Rel. Ministro HUMBERTO MARTINS, SEGUNDA TURMA, DJe de 14/04/2014). No

cricional previsto em lei específica para faltas disciplinares puníveis com demissão a bem do serviço público, nos casos de cargo efetivo ou emprego; iii) cinco anos da data da apresentação à administração pública da prestação de contas final pelas entidades que tenham tal obrigação.

Questiona-se em relação à prescrição da pretensão de ressarcimento do erário público, em razão do que é previsto no § 5º do art. 37 da Constituição Federal, segundo o qual "a lei estabelecerá os prazos de prescrição para ilícitos praticados por qualquer agente, servidor ou não, que causem prejuízo ao erário, ressalvadas as respectivas ações de ressarcimento".

A partir de tal disposição constitucional, defende-se a tese da imprescritibilidade de tal reparação.

O Supremo Tribunal Federal analisou a tese da imprescritibilidade sob o viés da pretensão de reparação geral, chegando à conclusão de que não se trata de pretensão imprescritível. E assim o fez no Recurso Extraordinário n. RE 669069/MG, rel. Min. Teori Zavascki, 3.2.2016, do qual é possível extrair o precedente da prescritibilidade da pretensão indenizatória a ser exercida pela Fazenda Pública. Porém, conforme se verifica da fundamentação e dos debates, o Supremo não se manifestou em relação à pretensão de reparação para as ações de improbidade administrativa e decorrentes de ilícitos penais.

Nesse sentido, por ora, ainda prevalece o precedente que pode ser extraído da jurisprudência do Superior Tribunal de Justiça, segundo o qual a pretensão reparatória na ação de improbidade é imprescritível (AREsp 79268/MS, Rel. Ministra Eliana Calmon).

✦ SÚMULAS

NORMAS FUNDAMENTAIS DO PROCESSO CIVIL E APLICAÇÃO DAS NORMAS PROCESSUAIS

- **Súmula 242 STJ.** Cabe ação declaratória para reconhecimento de tempo de serviço para fins previdenciários.
- **Súmula 181 STJ.** É admissível ação declaratória, visando a obter certeza quanto à exata interpretação de cláusula contratual.

COMPETÊNCIA INTERNA

- **Súmula vinculante 27.** Compete à justiça estadual julgar causas entre consumidor e concessionária de serviço público de telefonia, quando a Anatel não seja litisconsorte passiva necessária, assistente, nem oponente.
- **Súmula vinculante 22.** A Justiça do Trabalho é competente para processar e julgar as ações de indenização por danos morais e patrimoniais decorrentes de acidente de trabalho propostas por empregado contra empregador, inclusive aquelas que ainda não possuíam sentença de mérito em primeiro grau quando da promulgação da Emenda Constitucional nº 45/04.
- **Súmula 556 STF.** É competente a justiça comum para julgar as causas em que é parte sociedade de economia mista.
- **Súmula 517 STF.** As sociedades de economia mista só têm foro na justiça federal, quando a união intervém como assistente ou opoente.
- **Súmula 508 STF.** Compete à justiça estadual, em ambas as instâncias, processar e julgar as causas em que for parte o Banco do Brasil S.A.
- **Súmula 501 STF.** Compete à justiça ordinária estadual o processo e o julgamento, em ambas as instâncias, das causas de acidente do trabalho, ainda que promovidas contra a união, suas autarquias, empresas públicas ou sociedades de economia mista.
- **Súmula 343 STF.** Não cabe ação rescisória por ofensa a literal dispositivo de lei, quando a decisão rescindenda se tiver baseado em texto legal de interpretação controvertida nos tribunais.
- **Súmula 570 STJ.** Compete à Justiça Federal o processo e julgamento de demanda em que se discute a ausência de ou o obstáculo ao credenciamento de instituição particular de ensino superior no Ministério da Educação como condição de expedição de diploma de ensino a distância aos estudantes.
- **Súmula 540 STJ.** Na ação de cobrança do seguro DPVAT, constitui faculdade do autor escolher entre os foros do seu domicílio, do local do acidente ou ainda do domicílio do réu.
- **Súmula 505 STJ.** A competência para processar e julgar as demandas que têm por objeto obrigações decorrentes dos contratos de plano de previdência privada firmados com a Fundação Rede Ferroviária de Seguridade Social – REFER é da Justiça estadual.
- **Súmula 489 STJ.** Reconhecida a *continência*, devem ser reunidas na Justiça Federal as ações civis públicas propostas nesta e na Justiça estadual.
- **Súmula 480 STJ.** O juízo da recuperação judicial *não* é competente para decidir sobre a constrição de bens não abrangidos pelo plano de recuperação da empresa.
- **Súmula 428 STJ.** Compete ao Tribunal Regional Federal decidir os conflitos de competência entre juizado especial federal e juízo federal da mesma seção judiciária.
- **Súmula 383 STJ.** A competência para processar e julgar as ações conexas de interesse de menor é, em princípio, do foro do domicílio do detentor de sua guarda.
- **Súmula 381 STJ.** Nos contratos bancários, é vedado ao julgador conhecer, de ofício, da abusividade das cláusulas.
- **Súmula 368 STJ.** Compete à Justiça comum estadual processar e julgar os pedidos de retificação de dados cadastrais da Justiça Eleitoral.

---

mesmo sentido: STJ, AgRg no REsp 1.510.969/SP, Rel. Ministra REGINA HELENA COSTA, PRIMEIRA TURMA, DJe de 11/11/2015; STJ, Resp .414.757/RN, Rel. Ministro HUMBERTO MARTINS, SEGUNDA TURMA, DJe de 16/10/2015; STJ, REsp 1.290.824/MG, Rel. Ministra ELIANA CALMON, SEGUNDA TURMA, DJe de 29/11/2013.

- **Súmula 367 STJ.** A competência estabelecida pela EC nº 45/2004 não alcança os processos já sentenciados.
- **Súmula 363 STJ.** Compete à Justiça estadual processar e julgar a ação de cobrança ajuizada por profissional liberal contra cliente.
- **Súmula 270 STJ.** O protesto pela preferência de crédito, apresentado por ente federal em execução que tramita na Justiça Estadual, não desloca a competência para a Justiça Federal.
- **Súmula 254 STJ.** A decisão do Juízo Federal que exclui da relação processual ente federal não pode ser reexaminada no Juízo Estadual.
- **Súmula 235 STJ.** A conexão não determina a reunião dos processos, se um deles já foi julgado. • **Súmula 206 STJ.** A existência de vara privativa, instituída por lei estadual, não altera a competência territorial resultante das leis de processo.
- **Súmula 161 STJ.** É da competência da Justiça Estadual autorizar o levantamento dos valores relativos ao PIS/ PASEP e FGTS, em decorrência do falecimento do titular da conta.
- **Súmula 62 TFR.** Compete à Justiça Federal processar e julgar ação de desapropriação promovida por concessionária de energia elétrica, se a União intervém como assistente.
- **Súmula 33 STJ.** A incompetência relativa não pode ser declarada de ofício.
- **Súmula 11 STJ.** A presença da União ou de qualquer de seus entes, na ação de usucapião especial, não afasta a competência do foro da situação do imóvel.
- **Súmula 1 STJ.** O foro do domicílio ou da residência do alimentando é o competente para a ação de investigação de paternidade, quando cumulada com a de alimentos.

CAPACIDADE PROCESSUAL

- **Súmula 256 STF.** É dispensável pedido expresso para condenação do réu em honorários, com fundamento nos arts. 63 ou 64 do Código de Processo Civil (art. 20, § 3º, e seguintes do CPC de 1973).
- **Súmula 453 STJ.** Os honorários sucumbenciais, quando omitidos em decisão transitada em julgado, não podem ser cobrados em execução ou em ação própria.
- **Súmula 421 STJ.** Os honorários advocatícios não são devidos à Defensoria Pública quando ela atua contra a pessoa jurídica de direito público à qual pertença.

GRATUIDADE DA JUSTIÇA

- **Súmula 481 STJ.** Faz jus ao benefício da justiça gratuita a pessoa jurídica com ou sem fins lucrativos que demonstrar sua impossibilidade de arcar com os encargos processuais.

ATOS PROCESSUAIS – FORMA, TEMPO, LUGAR E COMUNICAÇÃO

- **Súmula 310 STF.** Quando a intimação tiver lugar na sexta-feira, ou a publicação com efeito de intimação for feita nesse dia, o prazo judicial terá início na segunda-feira imediata, salvo se não houver expediente, caso em que começará no primeiro dia útil que se seguir.
- **Súmula 429 STJ.** A citação postal, quando autorizada por lei, exige o aviso de recebimento.

FORMAÇÃO, SUSPENSÃO E EXTINÇÃO DO PROCESSO

- **Súmula 452 STJ.** A extinção das ações de pequeno valor é faculdade da Administração Federal, vedada a atuação judicial de ofício.
- **Súmula 240 STJ.** A extinção do processo, por abandono da causa pelo autor, depende de requerimento do réu.
- **Súmula 106 STJ.** Proposta a ação no prazo fixado para o seu exercício, a demora na citação, por motivos inerentes ao mecanismo da Justiça, não justifica o acolhimento da arguição de prescrição ou decadência.

RESPOSTA DO RÉU

- **Súmula 258 STF.** É admissível reconvenção em ação declaratória.
- **Súmula 292 STJ.** A reconvenção é cabível na ação monitória, após a conversão do procedimento em ordinário.

PROVAS

- **Súmula 390 STF.** A exibição judicial de livros comerciais pode ser requerida como medida preventiva.
- **Súmula 261 STF.** Para a ação de indenização, em caso de avaria, é dispensável que a vistoria se faça judicialmente.
- **Súmula 260 STF.** O exame de livros comerciais, em ação judicial, fica limitado as transações entre os litigantes.
- **Súmula 231 STF.** O revel, em processo cível, pode produzir provas, desde que compareça em tempo oportuno.

SENTENÇA E COISA JULGADA

- **Súmula 500 STF.** Não cabe a ação cominatória para compelir-se o réu a cumprir obrigação de dar.
- **Súmula 423 STF.** Não transita em julgado a sentença por haver omitido o recurso "ex-oficio", que se considera interposto "ex-lege".
- **Súmula 490 STJ.** A dispensa de reexame necessário, quando o valor da condenação ou do direito controvertido for inferior a sessenta salários mínimos, não se aplica a sentenças ilíquidas.

- **Súmula 487 STJ.** O parágrafo único do art. 741 do CPC não se aplica às sentenças transitadas em julgado em data anterior à da sua vigência.
- **Súmula 410 STJ.** A prévia intimação pessoal do devedor constitui condição necessária para a cobrança de multa pelo descumprimento de obrigação de fazer ou não fazer.
- **Súmula 325 STJ.** A remessa oficial devolve ao Tribunal o reexame de todas as parcelas da condenação suportadas pela Fazenda Pública, inclusive dos honorários de advogado.
- **Súmula 253 STJ.** O art. 557 do CPC, que autoriza o relator a decidir o recurso, alcança o reexame necessário.
- **Súmula 45 STJ.** No reexame necessário, é defeso, ao Tribunal, agravar a condenação imposta à Fazenda Pública.

LIQUIDAÇÃO DE SENTENÇA

- **Súmula 254 STF.** Incluem-se os juros moratórios na liquidação, embora omisso o pedido inicial ou a condenação.

PROCEDIMENTOS ESPECIAIS

AÇÕES POSSESSÓRIAS

- **Súmula 487 STF.** Será deferida a posse a quem, evidentemente, tiver o domínio, se com base neste for ela disputada.
- **Súmula 228 STJ.** É inadmissível o interdito proibitório para a proteção do direito autoral.

INVENTÁRIO E PARTILHA

- **Súmula 542 STF.** Não é inconstitucional a multa instituída pelo Estado-Membro, como sanção pelo retardamento do início ou da ultimação do inventário.

EMBARGOS DE TERCEIROS

- **Súmula 303 STJ.** Em embargos de terceiro, quem deu causa à constrição indevida deve arcar com os honorários advocatícios.
- **Súmula 195 STJ.** Em embargos de terceiro não se anula ato jurídico, por fraude contra credores.
- **Súmula 134 STJ.** Embora intimado da penhora em imóvel do casal, o cônjuge do executado pode opor embargos de terceiro para defesa de sua meação.
- **Súmula 84 STJ.** É admissível a oposição de embargos de terceiro fundados em alegação de posse advinda de compromisso de compra e venda de imóvel, ainda que desprovido do registro.

AÇÃO MONITÓRIA

- **Súmula 531 STJ.** Em ação monitória fundada em cheque prescrito ajuizada contra o emitente, é dispensável a menção ao negócio jurídico subjacente à emissão da cártula.
- **Súmula 504 STJ.** O prazo para ajuizamento de ação monitória em face do emitente de nota promissória sem força executiva é quinquenal, a contar do dia seguinte ao vencimento do título.
- **Súmula 503 STJ.** O prazo para ajuizamento de ação monitória em face do emitente de cheque sem força executiva é quinquenal, a contar da do dia seguinte à data de emissão estampada na cártula.
- **Súmula 339 STJ.** É cabível ação monitória contra a Fazenda Pública.
- **Súmula 299 STJ.** É admissível a ação monitória fundada em cheque prescrito.
- **Súmula 292 STJ.** A reconvenção é cabível na ação monitória, após a conversão do procedimento em ordinário.
- **Súmula 282 STJ.** Cabe a citação por edital em ação monitória.
- **Súmula 247 STJ.** O contrato de abertura de crédito em conta-corrente, acompanhado do demonstrativo de débito, constitui documento hábil para o ajuizamento de ação monitória.

PROCEDIMENTOS ESPECIAIS NA LEGISLAÇÃO EXTRAVAGANTE

MANDADO DE SEGURANÇA

- **Súmula 632 STF.** É constitucional lei que fixa o prazo de decadência para a impetração de mandado de segurança.
- **Súmula 631 STF.** Extingue-se o processo de mandado de segurança se o impetrante não promove, no prazo assinado, a citação do litisconsorte passivo necessário.
- **Súmula 630 STF.** A entidade de classe tem legitimação para o mandado de segurança ainda quando a pretensão veiculada interesse apenas a uma parte da respectiva categoria.
- **Súmula 629 STF.** A impetração de mandado de segurança coletivo por entidade de classe em favor dos associados independe da autorização destes.
- **Súmula 626 STF.** A suspensão da liminar em mandado de segurança, salvo determinação em contrário da decisão que a deferir, vigorará até o trânsito em julgado da decisão definitiva de concessão da segurança ou, havendo recurso, até a sua manutenção pelo Supremo Tribunal Federal, desde que o objeto da liminar deferida coincida, total ou parcialmente, com o da impetração.
- **Súmula 625 STF.** Controvérsia sobre matéria de direito não impede concessão de mandado de segurança.
- **Súmula 430 STF.** Pedido de reconsideração na via administrativa não interrompe o prazo para o mandado de segurança.
- **Súmula 271 STF.** Concessão de mandado de segurança não produz efeitos patrimoniais, em relação

a período pretérito, os quais devem ser reclamados administrativamente ou pela via judicial própria.

- **Súmula 269 STF.** O mandado de segurança não é substitutivo de ação de cobrança.
- **Súmula 268 STF.** Não cabe mandado de segurança contra decisão judicial com trânsito em julgado.
- **Súmula 267 STF.** Não cabe mandado de segurança contra ato judicial passível de recurso ou correição.
- **Súmula 266 STF.** Não cabe mandado de segurança contra lei em tese.
- **Súmula 101 STF.** O mandado de segurança não substitui a ação popular.
- **Súmula 376 STJ.** Compete a turma recursal processar e julgar o mandado de segurança contra ato de juizado especial.
- **Súmula 333 STJ.** Cabe mandado de segurança contra ato praticado em licitação promovida por sociedade de economia mista ou empresa pública.
- **Súmula 169 STJ.** São inadmissíveis embargos infringentes no processo de mandado de segurança.

AÇÕES COLETIVAS

- **Súmula 490 STJ.** A dispensa de reexame necessário, quando o valor da condenação ou do direito controvertido for inferior a 60 salários mínimos, não se aplica a sentenças ilíquidas.

AÇÃO POPULAR

- **Súmula 365 STF.** Pessoa jurídica não tem legitimidade para propor ação popular.

AÇÕES E OUTROS PROCEDIMENTOS CONSTITUCIONAIS

- **Súmula vinculante 10.** Viola a cláusula de reserva de plenário (CF, art. 97) a decisão de órgão fracionário de Tribunal que, embora não declare expressamente a inconstitucionalidade de lei ou ato normativo do poder público, afasta sua incidência, no todo em parte.

PROCESSO DE EXECUÇÃO

- **Súmula 519 STJ.** Na hipótese de rejeição da impugnação ao cumprimento de sentença, não são cabíveis honorários advocatícios.
- **Súmula 478 STJ.** Na execução de crédito relativo a cotas condominiais, este tem preferência sobre o hipotecário.
- **Súmula 410 STJ.** A prévia intimação pessoal do devedor constitui condição necessária para a cobrança de multa pelo descumprimento de obrigação de fazer ou não fazer.
- **Súmula 196 STJ.** Ao executado que, citado por edital ou por hora certa, permanecer revel, será nomeado curador especial, com legitimidade para apresentação de embargos.
- **Súmula 46 STJ.** Na execução por carta, os embargos do devedor serão decididos no juízo deprecante, salvo se versarem unicamente vícios ou defeitos da penhora, avaliação ou alienação dos bens.

PARTES

- **Súmula 268 STJ.** O fiador que não integrou a relação processual na ação de despejo não responde pela execução do julgado.

TÍTULO EXECUTIVO

- **Súmula 387 STF.** A cambial emitida ou aceita com omissões, ou em branco, pode ser completada pelo credor de boa-fé antes da cobrança ou do protesto.
- **Súmula 300 STJ.** O instrumento de confissão de dívida, ainda que originário de contrato de abertura de crédito, constitui título executivo extrajudicial.
- **Súmula 258 STJ.** A nota promissória vinculada a contrato de abertura de crédito não goza de autonomia em razão da iliquidez do título que a originou.
- **Súmula 233 STJ.** O contrato de abertura de crédito, ainda que acompanhado de extrato da conta-corrente, não é título executivo.
- **Súmula 27 STJ.** Pode a execução fundar-se em mais de um título extrajudicial relativos ao mesmo negócio.

RESPONSABILIDADE PATRIMONIAL

- **Súmula 375 STJ.** O reconhecimento da fraude à execução depende do registro da penhora do bem alienado ou da prova de má-fé do terceiro adquirente.

PENHORA

- **Súmula 549 STJ.** É válida a penhora de bem de família pertencente a fiador de contrato de locação.
- **Súmula 497 STJ.** Os créditos das autarquias federais preferem aos créditos da Fazenda estadual desde que coexistam penhoras sobre o mesmo bem.
- **Súmula 486 STJ.** É impenhorável o único imóvel residencial do devedor que esteja locado a terceiros, desde que a renda obtida com a locação seja revertida para a subsistência ou a moradia da sua família.
- **Súmula 478 STJ.** Na execução de crédito relativo a cotas condominiais, este tem preferência sobre o hipotecário.
- **Súmula 451 STJ.** É legítima a penhora da sede do estabelecimento comercial.
- **Súmula 417 STJ.** Na execução civil, a penhora de dinheiro na ordem de nomeação de bens não tem caráter absoluto.
- **Súmula 364 STJ.** O conceito de impenhorabilidade de bem de família abrange também o imóvel pertencente a pessoas solteiras, separadas e viúvas.
- **Súmula 328 STJ.** Na execução contra instituição financeira, é penhorável o numerário disponível, excluídas as reservas bancárias mantidas no Banco Central.
- **Súmula 205 STJ.** A Lei nº 8.009-90 aplica-se à penhora realizada antes de sua vigência.

EXECUÇÃO DE ALIMENTOS

- **Súmula 358 STJ.** O cancelamento de pensão alimentícia de filho que atingiu a maioridade está sujeito à decisão judicial, mediante contraditório, ainda que nos próprios autos.
- **Súmula 309 STJ.** O débito alimentar que autoriza a prisão civil do alimentante é o que compreende as três prestações anteriores ao ajuizamento da execução e as que vencerem no curso do processo.

EXECUÇÃO CONTRA A FAZENDA PÚBLICA

- **Súmula 655 STF.** A exceção prevista no art. 100, *caput*, da Constituição, em favor dos créditos de natureza alimentícia, não dispensa a expedição de precatório, limitando-se a isentá-los da observância da ordem cronológica dos precatórios decorrentes de condenações de outra natureza.
- **Súmula vinculante 17.** Durante o período previsto no parágrafo 1º do artigo 100 da Constituição, não incidem juros de mora sobre os precatórios que nele sejam pagos.
- **Súmula 487 STJ.** O parágrafo único do art. 741 do CPC não se aplica às sentenças transitadas em julgado em data anterior à da sua vigência.
- **Súmula 279 STJ.** É cabível execução por título extrajudicial contra a Fazenda Pública.

EXECUÇÃO FISCAL

- **Súmula 521 STJ.** A legitimidade para a execução fiscal de multa pendente de pagamento imposta em sentença condenatória é exclusiva da Procuradoria da Fazenda Pública.
- **Súmula 515 STJ.** A reunião de execuções fiscais contra o mesmo devedor constitui faculdade do Juiz.
- **Súmula 435 STJ.** Presume-se dissolvida irregularmente a empresa que deixar de funcionar no seu domicílio fiscal, sem comunicação aos órgãos competentes, legitimando o redirecionamento da execução fiscal para o sócio-gerente.
- **Súmula 430 STJ.** O inadimplemento da obrigação tributária pela sociedade não gera, por si só, a responsabilidade solidária do sócio-gerente.
- **Súmula 414 STJ.** A citação por edital na execução fiscal é cabível quando frustradas as demais modalidades.
- **Súmula 409 STJ.** Em execução fiscal, a prescrição ocorrida antes da propositura da ação pode ser decretada de ofício (art. 219, § 5º, do CPC).
- **Súmula 406 STJ.** A Fazenda Pública pode recusar a substituição do bem penhorado por precatório.
- **Súmula 394 STJ.** É admissível, em embargos à execução fiscal, compensar os valores de imposto de renda retidos indevidamente na fonte com os valores restituídos apurados na declaração anual.
- **Súmula 393 STJ.** A exceção de pré-executividade é admissível na execução fiscal relativamente às matérias conhecíveis de ofício que não demandem dilação probatória.
- **Súmula 392 STJ.** A Fazenda Pública pode substituir a certidão de dívida ativa (CDA) até a prolação de sentença de embargos, quando se tratar de correção de erro material ou formal, vedada a modificação do sujeito passivo da execução.
- **Súmula 345 STJ.** São devidos honorários advocatícios pela Fazenda Pública nas execuções individuais de sentença proferida em ações coletivas, ainda que não embargadas.
- **Súmula 314 STJ.** Em execução fiscal, não localizados bens penhoráveis, suspende-se o processo por um ano, findo o qual se inicia o prazo da prescrição quinquenal intercorrente.
- **Súmula 251 STJ.** A meação só responde pelo ato ilícito quando o credor, na execução fiscal, provar que o enriquecimento dele resultante aproveitou ao casal.
- **Súmula 190 STJ.** Na execução fiscal, processada perante a Justiça Estadual, cumpre à Fazenda Pública antecipar o numerário destinado ao custeio das despesas com o transporte dos oficiais de justiça.
- **Súmula 189 STJ.** É desnecessária a intervenção do Ministério Público nas execuções fiscais.
- **Súmula 153 STJ.** A desistência da execução fiscal, após o oferecimento dos embargos, não exime o exequente dos encargos da sucumbência.
- **Súmula 128 STJ.** Na execução fiscal haverá segundo leilão, se no primeiro não houver lanço superior à avaliação.
- **Súmula 121 STJ.** Na execução fiscal o devedor deverá ser intimado, pessoalmente, do dia e hora da realização do leilão.
- **Súmula 66 STJ.** Compete à Justiça Federal processar e julgar execução fiscal promovida por Conselho de fiscalização profissional.
- **Súmula 58 STJ.** Proposta a execução fiscal, a posterior mudança de domicílio do executado não desloca a competência já fixada.

AÇÃO RESCISÓRIA

- **Súmula 515 STF.** A competência para a ação rescisória não é do Supremo Tribunal Federal, quando a questão federal, apreciada no recurso extraordinário ou no agravo de instrumento, seja diversa da que foi suscitada no pedido rescisório.
- **Súmula 514 STF.** Admite-se ação rescisória contra sentença transitada em julgado, ainda que contra ela não se tenha esgotado todos os recursos.
- **Súmula 343 STF.** Não cabe ação rescisória por ofensa a literal dispositivo de lei, quando a decisão rescindenda se tiver baseado em texto legal de interpretação controvertida nos tribunais.
- **Súmula 252 STF.** Na ação rescisória, não estão impedidos juízes que participaram do julgamento rescindendo.
- **Súmula 249 STF.** É competente o Supremo Tribunal Federal para a ação rescisória quando, embora não tendo conhecido do recurso extraordinário, ou havendo negado provimento ao agravo, tiver apreciado a questão federal controvertida.
- **Súmula 401 STJ.** O prazo decadencial da ação rescisória só se inicia quando não for cabível qualquer recurso do último pronunciamento judicial.

DIREITO AMBIENTAL

Rafael Costa Freiria e
Taisa Cintra Dosso

TABELA DE INCIDÊNCIA DE QUESTÕES

Distribuição das questões organizada por ordem didática de assuntos		
Assunto	**Número de Questões**	**Peso**
1. MEIO AMBIENTE: HISTÓRICO, CONCEITO, PRINCÍPIOS E CONSTITUIÇÃO FEDERAL	6	14,29%
2. POLÍTICA NACIONAL DO MEIO AMBIENTE E SISTEMA NACIONAL DO MEIO AMBIENTE – PNMA – LEI Nº 6.938/1981	6	14,29%
3. PODER DE POLÍCIA, LICENCIAMENTOS E ESTUDOS AMBIENTAIS (EIA)	3	7,14%
4. ESPAÇOS TERRITORIAIS ESPECIALMENTE PROTEGIDOS PELO PODER PÚBLICO	9	21,43%
5. RECURSOS HÍDRICOS	1	2,38%
6. RESPONSABILIDADE CIVIL, ADMINISTRATIVA E PENAL POR DANOS AMBIENTAIS/TUTELA PROCESSUAL DO MEIO AMBIENTE	14	33,33%
7. POLÍTICA NACIONAL DE EDUCAÇÃO AMBIENTAL	1	2,38%
8. PROTEÇÃO DO PATRIMÔNIO GENÉTICO – BIOSSEGURANÇA	1	2,38%
9. CARREIRA DE DELEGADO DE POLÍCIA DO ESTADO DE GOIÁS	1	2,38%
Total	**42**	**100%**

DIREITO AMBIENTAL

Rafael Costa Freiria e Taisa Cintra Dosso

✦ QUESTÕES

1. MEIO AMBIENTE: HISTÓRICO, CONCEITO, PRINCÍPIOS E CONSTITUIÇÃO FEDERAL

01. (UEG – Delegado de Polícia – PC – GO/2018) Ao asseverar sobre a proteção do meio ambiente, a Constituição Federal de 1988

a) adotou uma visão estrita para o vocábulo "meio ambiente", pois reconhece a proteção do patrimônio natural em seu artigo 225.

b) deixou de aludir expressamente ao desenvolvimento sustentável, apesar de ele poder ser inferido do artigo 170, VI, quando se refere ao meio ambiente como princípio que rege a ordem econômica.

c) buscou limitar as atividades nucleares, ao exigir que o licenciamento ambiental de novas usinas dependa de lei estadual específica, por meio da qual se defina sua localização.

d) recepcionou a Lei de Política Nacional do Meio Ambiente, ao exigir o relatório ambiental preliminar de todos os empreendimentos potencialmente causadores de significativa degradação do meio ambiente.

e) ensejou uma maior flexibilidade para a definição, a manutenção e a modificação dos limites de unidades de conservação da natureza, o que pode ser feito por ato do Poder Executivo.

COMENTÁRIOS

Alternativa "a": A Constituição Federal não adotou uma visão estrita para o vocábulo "meio ambiente". Reconhece a proteção do patrimônio natural no artigo 225, mas fala também das outras dimensões do meio ambiente em diversos outros dispositivos como o meio ambiente artificial no artigo 182, o meio ambiente cultural nos artigos 215, 216 e 216-A e o meio ambiente laboral no artigo 200, inciso VIII, todos da Constituição Federal. Portanto, a Constituição Federal adotou uma visão ampla para o vocábulo "meio ambiente".

Alternativa "b": Dispõe o artigo 170 da Constituição Federal que: "A ordem econômica, fundada na valorização do trabalho humano e na livre iniciativa, tem por fim assegurar a todos existência digna, conforme os ditames da justiça social, observados os seguintes princípios: (...) VI - defesa do meio ambiente, inclusive mediante tratamento diferenciado conforme o impacto ambiental dos produtos e serviços e de seus processos de elaboração e prestação". O princípio do desenvolvimento sustentável visa "à compatibilização do desenvolvimento econômico social com a preservação da qualidade do meio ambiente e do equilíbrio ecológico", conforme artigo 4º, inciso I, da Lei nº 6.938/1981. Pela leitura dos artigos acima, é possível concluir quer embora a Constituição Federal deixou de aludir expressamente ao desenvolvimento sustentável, ele pode ser inferido do artigo 170, VI, quando se refere ao meio ambiente como princípio que rege a ordem econômica.

Alternativa "c": Dispõe o artigo 225, § 6º, da CF que "As usinas que operem com reator nuclear deverão ter sua localização definida em lei federal, sem o que não poderão ser instaladas".

Alternativa "d": Dispõe o artigo 225, § 1º, IV que incumbe ao Poder Público, para assegurar a efetividade do direito ao meio ambiente ecologicamente equilibrado, "exigir, na forma da lei, para instalação de obra ou atividade potencialmente causadora de significativa degradação do meio ambiente, estudo prévio de impacto ambiental, a que se dará publicidade". Assim, a CF recepcionou a Lei de Política Nacional do Meio Ambiente, entretanto exigiu estudo prévio de impacto ambiental, e não o relatório ambiental preliminar, de todos os empreendimentos potencialmente causadores de significativa degradação do meio ambiente.

Alternativa "e": Dispõe o artigo 225, § 1º, III que incumbe ao Poder Público, para assegurar a efetividade do direito ao meio ambiente ecologicamente equilibrado, "definir, em todas as unidades da Federação, espaços territoriais e seus componentes a serem especialmente protegidos, sendo a alteração e a supressão permitidas somente através de lei, vedada qualquer utilização que comprometa a integridade dos atributos que justifiquem sua proteção". Desse modo, conclui-se que a Constituição não flexibilizou, mas endureceu os limites de unidades de conservação da natureza determinado que a alteração e a supressão serão permitidas somente através de lei e não por ato do Poder Executivo.

Alternativa correta: letra "b".

02. (Cespe – Delegado de Polícia – GO/2017) No que concerne à Constituição Federal de 1988 (CF) e ao meio ambiente, assinale a opção correta.

a) Entende-se a previsão constitucional de um meio ambiente ecologicamente equilibrado tanto como um direito fundamental quanto como um princípio jurídico fundamental que orienta a aplicação das regras legais.

b) O princípio da livre iniciativa impede que o poder público fiscalize entidades dedicadas à pesquisa e à manipulação de material genético.

c) O estudo prévio de impacto ambiental será dispensado nos casos de obras públicas potencialmente causadoras de significativa degradação ambiental quando elas forem declaradas de utilidade pública ou de interesse social.

d) Os espaços territoriais especialmente protegidos, definidos e criados por lei ambiental, poderão ser suprimidos por meio de decreto do chefe do Poder Executivo municipal para permitir a moradia de população de baixa renda em área urbana.

e) A competência para proteger o meio ambiente e combater a poluição em todas as suas formas é concorrente entre a União, os estados, o Distrito Federal (DF) e os municípios, de modo que a ação administrativa do órgão ambiental da União prevalece sobre a ação dos demais entes federativos.

COMENTÁRIOS

Alternativa correta: "a". Está correta, pois o artigo 225 quando prevê que "todos têm direito ao meio ambiente ecologicamente equilibrado, bem de uso comum do povo e essencial à sadia qualidade de vida, impondo-se ao Poder Público e à coletividade o dever de defendê-lo e preservá- lo para as presentes e futuras gerações" traz além de um direito fundamental, um princípio orientador.

Alternativas "b": Está errada, pois nos termos do art. 225, § 1º, da CF, "para assegurar a efetividade desse direito, incumbe ao Poder Público: (...) II – preservar a diversidade e a integridade do patrimônio genético do País e fiscalizar as entidades dedicadas à pesquisa e manipulação de material genético".

Alternativa "c": Está incorreta. Nos termos do art. 225, § 1º, da CF, "para assegurar a efetividade desse direito, incumbe ao Poder Público: (...) IV – exigir, na forma da lei, para instalação de obra ou atividade potencialmente causadora de significativa degradação do meio ambiente, estudo prévio de impacto ambiental, a que se dará publicidade"

Alternativa "d": Não está correta, pois conforme art. 225, § 1º, "para assegurar a efetividade desse direito, incumbe ao Poder Público: (...) III – definir, em todas as unidades da Federação, espaços territoriais e seus componentes a serem especialmente protegidos, sendo a alteração e a supressão permitidas somente através de lei, vedada qualquer utilização que comprometa a integridade dos atributos que justifiquem sua proteção"

Alternativa "e": Está incorreta, pois não há prevalência de nenhum ente a outro no que tange à proteção do meio ambiente. Nesse sentido: "art. 23. É competência comum da União, dos Estados, do Distrito Federal e dos Municípios: (...) VI – proteger o meio ambiente e combater a poluição em qualquer de suas formas".

03. (FUNCAB – Delegado de Polícia – PA/2016) Considerando as disposições da Constituição da República Federativa do Brasil de 1988 relativas ao meio ambiente, a repartição de competências em matéria ambiental, os princípios que informam o direito ambiental, bem como a jurisprudência do Supremo Tribunal Federal, assinale a alternativa correta.

a) A competência exclusiva da União registrar, acompanhar e fiscalizar as concessões de direitos de pesquisa e exploração de recursos hídricos e minerais.

b) A promoção de briga de galos configura conduta atentatória à Constituição da República, que veda a submissão de animais a atos de crueldade, cuja natureza perversa, à semelhança da "farra do boi", não permite sejam eles qualificados como inocente manifestação cultural, de caráter meramente folclórico. Nesta senda, é possível afirmar-se que a proteção jurídico-constitucional dispensada à fauna abrange tanto os animais silvestres quanto os domésticos ou domesticados.

c) As usinas que operem com reator nuclear deverão ter sua localização definida em ato administrativo editado pelo Chefe do Poder Executivo Federal, sem o que não poderão ser instaladas.

d) A utilização adequada dos recursos naturais disponíveis e a preservação do meio ambiente são alguns dos requisitos para considerar atendida a função social da propriedade rural. Contudo, tais requisitos foram construídos pela jurisprudência do Supremo Tribunal Federal, uma vez que a Constituição Federal de 1988 assim não dispôs expressamente.

e) Conforme a jurisprudência do Supremo Tribunal Federal, o princípio da precaução decorre da constatação de que a evolução científica poderia trazer riscos, muitas vezes imprevisíveis ou imensuráveis, a exigir uma reformulação das práticas e procedimentos tradicionalmente adotados por diversas áreas da ciência. Por este motivo, a existência de quaisquer riscos ao meio ambiente decorrentes de incertezas científicas deve produzir imediata paralisia de atividades públicas ou privadas, sem que o princípio da proporcionalidade possa ser aplicado.

COMENTÁRIOS

Alternativa correta: "b". Sobre a proteção jurídica dispensada à proteção da fauna, o Supremo tem tido reiteradas decisões. Sobre a "farra do boi", o STF declarou a prática inconstitucional (2ª Turma. RE 153531, Relator(a) p/ Acórdão Min. Marco Aurélio, julgado em 03/06/1997). Já quanto à "briga de galo", o STF já declarou inconstitucionais algumas leis estaduais que buscavam regulamentar o referido costume popular (Plenário. ADI 2514,

Rel. Min. Eros Grau, julgado em 29/06/2005). E, quanto à "vaquejada", recentemente a Corte Suprema declarou inconstitucional lei estadual que buscava regulamentar o referido costume popular (ADI 4983/CE, Rel. Min. Marco Aurélio, julgado em 06/10/2016) (Info 842). Desse modo, é possível concluir, com acerto, que a proteção jurídico-constitucional dispensada à fauna abrange tanto os animais silvestres quanto os domésticos ou domesticados, sendo que a promoção de briga de galos configura conduta atentatória à Constituição da República, que veda a submissão de animais a atos de crueldade, cuja natureza perversa, à semelhança da "farra do boi", não permite sejam eles qualificados como inocente manifestação cultural, de caráter meramente folclórico. Portanto, a alternativa está certa. Sobre a discussão, deve-se atentar também para a recente inclusão do § 7º, do Art. 225 da CF, acrescido pela EC 96/2017, que pode eventualmente possibilitar práticas desportivas que utilizem animais, desde que sejam manifestações culturais, devendo ser regulamentadas por lei específica que assegure o bem-estar dos animais envolvidos.

Alternativas "a": Está incorreta, pois nos termos do art. 23 da Constituição Federal, "é competência comum da União, dos Estados, do Distrito Federal e dos Municípios: XI – registrar, acompanhar e fiscalizar as concessões de direitos de pesquisa e exploração de recursos hídricos e minerais em seus territórios. Portanto, a competência prevista no inciso XI é comum a todos os entes e não exclusiva da União.

Alternativa "c": Está errada. Consoante art. 225, § 6º, da CF "as usinas que operem com reator nuclear deverão ter sua localização definida em lei federal, sem o que não poderão ser instaladas". Desse modo, a localização é definida por lei federal e não por ato administrativo editado pelo Chefe do Poder Executivo Federal.

Alternativa "d": Está incorreta, uma vez que a CF, em seu artigo 186, definiu expressamente os requisitos cumulativos para o cumprimento da função social da propriedade rural. Nesse sentido: "Art. 186. A função social é cumprida quando a propriedade rural atende, simultaneamente, segundo critérios e graus de exigência estabelecidos em lei, aos seguintes requisitos: I – aproveitamento racional e adequado; II – utilização adequada dos recursos naturais disponíveis e preservação do meio ambiente; III – observância das disposições que regulam as relações de trabalho; IV – exploração que favoreça o bem-estar dos proprietários e dos trabalhadores".

Alternativa "e": Está incorreta. Nos autos do RE 627189/SP, que tratou sobre o princípio da precaução e campo eletromagnético, a Corte registrou que o conteúdo jurídico do princípio da precaução remontaria originalmente à "Carta Mundial da Natureza", de 1982, cujo princípio n. 11, "b", estabelecera a necessidade de os Estados controlarem as atividades potencialmente danosas ao meio ambiente, ainda que seus efeitos não fossem completamente conhecidos. (...) Decorre referido princípio da constatação de que a evolução científica poderia trazer riscos, muitas vezes imprevisíveis ou imensuráveis, a exigir uma reformulação das práticas e procedimentos tradicionalmente adotados na respectiva área da ciência. Apontou que o princípio da precaução não prescindiria de outros elementos considerados essenciais para uma adequada decisão estatal, a serem observados sempre que estiver envolvida a gestão de riscos: a) a proporcionalidade entre as medidas adotadas e o nível de proteção escolhido; b) a não discriminação na aplicação das medidas; e, c) a coerência das medidas que se pretende tomar com as já adotadas em situações similares ou que utilizem abordagens similares. Portanto, na aplicação do princípio da precaução a existência de riscos decorrentes de incertezas científicas não deveria produzir uma paralisia estatal ou da sociedade. Por outro lado, a aplicação do princípio não poderia gerar como resultados temores infundados. Assim, em face de relevantes elementos de convicção sobre os riscos, o Estado deveria agir de forma proporcional. Por sua vez, o eventual controle pelo Poder Judiciário quanto à legalidade e à legitimidade na aplicação desse princípio haveria de ser realizado com prudência, com um controle mínimo, diante das incertezas que reinam no campo científico. (STF, RE 627189/SP, rel. Min. Dias Toffoli, 8.6.2016. (RE-627189), Info 829). Pelo exposto, conclui-se a existência de quaisquer riscos ao meio ambiente decorrentes de incertezas científicas não deve produzir imediata paralisia de atividades públicas ou privadas, devendo-se ser aplicado o princípio da proporcionalidade respaldado pelo princípio da precaução, estando a alternativa, pois, incorreta.

---

04. (Cespe – Delegado de Polícia – PE/2016) Considere que, em 1999, a União tenha criado, por decreto presidencial, determinada unidade de conservação. Nessa situação, de acordo com a CF, a União

a) poderá alterá-la por meio de decreto.
b) poderá suprimi-la por meio de decreto.
c) somente poderá alterá-la ou suprimi-la por meio de lei.
d) poderá alterá-la por meio de portaria do Ministério do Meio Ambiente.
e) terá cometido ato nulo, já que o ato de criação dessa unidade deveria ter sido a lei.

COMENTÁRIOS

✪ **Nota do autor:** as normas constitucionais ambientais, em especial o artigo 225 da Constituição Federal, são sempre objeto de perguntas nos mais diversos concursos.

Alternativa correta: letra "C" responde todas as demais alternativas: de acordo com a Constituição Federal artigo 225, III uma vez criada uma Unidade de Conservação, sua alteração ou supressão somente pode ser permitida através de Lei.

---

05. (Cespe – Delegado de Polícia – PE/2016) Conforme previsto na CF, é necessária a realização de estudo prévio de impacto ambiental antes da implantação de empreendimentos e de atividades consideradas efetiva ou potencialmente causadoras de degradação ambiental, que constitui exigência que atende ao princípio do(a)

a) prevenção.

b) poluidor-pagador.

c) proibição do retrocesso ambiental.

d) participação comunitária.

e) usuário-pagador.

COMENTÁRIOS

✪ **Nota do autor:** Questões que envolvem princípios, ainda que bem teóricas, não costumam apresentar grandes dificuldades na sua resolução. Aqui não foi diferente.

Alternativa correta: letra "A": Pelo princípio da prevenção já existem provas da danosidade de determinada atividade, empreendimento ou obra. Assim este princípio visa evitar a consumação do dano, ao invés de contabilizar os danos e tentar repará-los: mais vale prevenir do que remediar. Aponta José Joaquim Gomes Canotilho[1] alguns motivos do porque vale mais prevenir: "porque em muitos casos, depois de a poluição ou o dano ocorrerem, são impossíveis de remover; porque, mesmo quando a reconstituição natural é materialmente possível, frequentemente ela é de modo onerosa, que esse esforço não pode ser exigido do poluidor; por fim, porque economicamente é sempre muito mais dispendioso remediar do que prevenir." É exemplo deste princípio o licenciamento ambiental e o estudo prévio de impacto ambiental (quando necessário/exigível).

Alternativa "b": O princípio do poluidor-pagador não pode ser confundido com o direito de poluir. Dessa forma, o princípio do poluidor-pagador (PPP) tem por objetivo internalizar os custos (levar em conta nos custos de produção) das externalidades negativas (os danos suportados pela sociedade) advindas do uso dos bens ambientais. Assim, o agente econômico que causar dano ambiental diante de sua atividade deverá arcar com os custos da poluição produzida. Antes de poluir deve pagar. Está previsto no art. 4º, VII da Lei 6.938/81: à imposição, ao poluidor e ao predador, da obrigação de recuperar e/ou indenizar os danos causados, e ao usuário, de contribuição pela utilização de recursos ambientais com fins econômicos.

Alternativa "c": uma vez alcançado um grau de defesa, de proteção ambiental, não se admite mais, mesmo que por alteração legislativa, diminuição nessa proteção: "vem no sentido de garantir que no avançar do tempo, e da edição de novas normas e sua aplicação, se mantenha ou avance também a proteção do meio ambiente, não se admitindo sua flexibilização e, jamais, sua redução."[2]

Alternativa "d": é imperioso permitir que os cidadãos possam ser ouvidos na formulação e execução da política do meio ambiente. O indivíduo, a coletividade e o Poder Público podem/devem atuar conjuntamente na proteção e preservação do meio ambiente. A realização de audiências públicas e a constituição de conselhos ambientais são formas de manifestação deste princípio.

Alternativa "e": o princípio do usuário-pagador direciona-se ao cidadão que consume bens poluentes, e que por consequência, apresenta-se como um financiador da degradação. O artigo 4º, VII da Lei nº 6.938/81 também é destinado a esse princípio ao "usuário, de contribuição pela utilização de recursos ambientais com fins econômicos."

06. (FUNIVERSA – Delegado de Polícia – DF/2015) Acerca dos princípios de direito ambiental, assinale a alternativa correta.

a) O princípio da prevenção é aplicável ao risco conhecido, ou seja, aquele que já ocorreu anteriormente ou cuja identificação é possível por meio de pesquisas e informações ambientais.

b) O princípio da participação comunitária possui aplicabilidade apenas na esfera administrativa, impondo a participação popular na formulação das políticas públicas ambientais desenvolvidas pelos órgãos governamentais.

c) O princípio do desenvolvimento sustentável não tem caráter constitucional, mas encontra assento em normas infraconstitucionais que tratam da ocupação racional dos espaços públicos.

d) O princípio do poluidor-pagador impõe ao empreendedor a responsabilidade subjetiva, ou seja, o dever de arcar com os prejuízos que sua atividade cause ao meio ambiente na medida de seu envolvimento direto com o dano.

e) O princípio da precaução refere-se à necessidade de o poder público agir de forma a evitar os riscos que são de conhecimento geral, adotando medidas de antecipação por meio de instrumentos como o estudo e o relatório de impacto ambiental (EIA/RIMA).

COMENTÁRIOS

✪ **Nota do autor:** essa questão exige conhecimento teórico dos princípios que norteiam o direito ambiental.

Alternativa correta: letra "A": diferentemente do princípio da precaução que trabalha com a ideia de danos (riscos ou impactos) desconhecidos (campo da possibilidade), o princípio da prevenção parte de uma previsibilidade de dano (campo da probabilidade) conhecidos pela ciência.

Alternativa "b": intimamente ligado ao princípio da informação, o princípio da participação tem alcance não somente no momento de criação das políticas públicas ambientais, mas também no momento de sua execução. Há quem sustente, inclusive, que a participação não seria somente um princípio, mas, também, uma obrigação de colaborar com o meio ambiente.

Alternativa "c": o princípio do desenvolvimento sustentável aparece na Constituição Federal, ao menos, suas vezes. No artigo 170, VI ao indicar como princípio da ordem econômica a defesa do meio ambiente, e no artigo

1. CANOTILHO, José Joaquim Gomes. *Introdução ao direito do ambiente.* op. cit. p. 44.
2. MILARÉ, Edis. Direito do ambiente. 8. ed. São Paulo: Editora Revista dos Tribunais, 2013, p. 277.

225, caput, ao expor que o Poder Público e a coletividade tem que preservar o e defender o meio ambiente para as presentes e futuras gerações.

Alternativa "d": o artigo 14, § 1º da Lei nº 6.938/81 impõe ao poluidor/predador a responsabilidade objetiva (e não subjetiva) pelos danos causados ao meio ambiente.

Alternativa "e": se já é do conhecimento do poder público os riscos que determinada atividade ou empreendimento pode causar ao meio ambiente, estamos diante do princípio da prevenção. São instrumento utilizáveis tanto ao princípio da prevenção quando à precaução, o licenciamento ambiental e o relatório de impacto ambiental.

2. POLÍTICA NACIONAL DO MEIO AMBIENTE E SISTEMA NACIONAL DO MEIO AMBIENTE – PNMA – LEI Nº 6.938/1981

07. (FUNCAB – Delegado de Polícia – PA/2016) Quanto ao instituto da servidão ambiental, instrumento da Política Nacional do Meio Ambiente (Lei nº 6.938/1981), assinale a alternativa correta.

a) O prazo mínimo da servidão ambiental temporária é de 10 (dez) anos.

b) A servidão ambiental poderá ser onerosa ou gratuita, temporária ou perpétua.

c) O proprietário ou possuidor de imóvel, pessoa natural ou jurídica, que pretender instituir servidão ambiental apenas poderá fazê-lo por instrumento público.

d) Na hipótese de compensação de Reserva Legal, a servidão ambiental deve ser averbada na matrícula do imóvel que contiver a menor cobertura vegetal.

e) A restrição ao uso ou à exploração da vegetação da área sob servidão ambiental deve ser, no máximo, a mesma estabelecida para a Reserva Legal.

COMENTÁRIOS

Alternativa correta: "b". Está correta. Segundo o art. 9º-B, da Lei n. 6938/81, "a servidão ambiental poderá ser onerosa ou gratuita, temporária ou perpétua".

Alternativas "a": Está errada, pois o prazo mínimo é de 15 e não de 10 anos. Nesse sentido, art. 9º-B , § 1º, da citada lei: "O prazo mínimo da servidão ambiental temporária é de 15 (quinze) anos".

Alternativa "c": Não está certa. O art. 9º-A da Lei n. 6938/81 diz que "o proprietário ou possuidor de imóvel, pessoa natural ou jurídica, pode, por instrumento público ou particular ou por termo administrativo firmado perante órgão integrante do Sisnama, limitar o uso de toda a sua propriedade ou de parte dela para preservar, conservar ou recuperar os recursos ambientais existentes, instituindo servidão ambiental. Portanto, é possível instituir servidão ambiental por instrumento público e também por instrumento particular, estando a alternativa incorreta.

Alternativa "d": Está incorreta. Diz o art. 9º-A, § 5º da lei em comento que "na hipótese de compensação de Reserva Legal, a servidão ambiental deve ser averbada na matrícula de todos os imóveis envolvidos", portanto, não apenas daquele que contiver a menor cobertura vegetal, razão pela qual a alternativa está errada.

Alternativa "e": Está incorreta. Nos termos do art. 9º-A § 3º da lei em questão, "a restrição ao uso ou à exploração da vegetação da área sob servidão ambiental deve ser, no mínimo, a mesma estabelecida para a Reserva Legal". Portanto, a lei estabelece a restrição máxima e não mínima.

08. (Cespe – Delegado de Polícia – PE/2016) O órgão consultivo e deliberativo responsável pelo SISNAMA e pelo SNUC é o

a) Ministério do Meio Ambiente.

b) Conselho Nacional do Meio Ambiente.

c) Instituto Chico Mendes.

d) IBAMA.

e) Conselho de Governo.

COMENTÁRIOS

✪ **Nota do autor:** Sempre que edital pede sobre Política Nacional do Meio Ambiente nos concursos, o estudo pormenorizado da lei é aconselhado.

Alternativa correta: letra "B": de acordo com o artigo 6º, II da Lei nº 6.938/81, o Conselho Nacional do Meio Ambiente (CONAMA), órgão consultivo e deliberativo, possui a finalidade de assessorar, estudar e propor ao Conselho de Governo, diretrizes de políticas governamentais para o meio ambiente e os recursos naturais e deliberar, no âmbito de sua competência, sobre normas e padrões compatíveis com o meio ambiente ecologicamente equilibrado e essencial à sadia qualidade de vida. Já segundo o disposto no artigo 6º, I da Lei nº 9.985/00 o CONAMA é o órgão consultivo e deliberativo responsável pelo acompanhamento da implantação do SNUC (Sistema Nacional de Unidades de Conservação).

Alternativa "a": pelo artigo 6º, III da Lei nº 6.938/81 e artigo 6º, II da Lei nº 9.985/00 o Ministério do Meio Ambiente é o órgão central, com a finalidade de planejar, coordenar, supervisionar e controlar, a política nacional e as diretrizes governamentais fixadas para o meio ambiente, bem como o SNUC.

Alternativa "c" e "d": O Instituto Chico Mendes, assim como o IBAMA são órgãos executores (Lei nº 9.985/00, artigo 6º, III e Lei nº 6.938/81, artigo 6º, IV).

Alternativa "e": O Conselho de Governo atua como órgão superior, com a função de assessorar o Presidente da República na formulação da política nacional e nas diretrizes governamentais para o meio ambiente e os recursos ambientais (artigo 6º, I da Lei nº 6.938/81).

09. (Cespe – Delegado de Polícia – PE/2016) O Instituto Chico Mendes de Conservação da Biodiversidade (Instituto Chico Mendes) é uma

a) sociedade de economia mista criada pela União.
b) empresa pública federal.
c) autarquia federal.
d) fundação pública de direito público.
e) instituição da administração direta do Poder Executivo federal.

COMENTÁRIOS

✪ **Nota do autor:** a questão não requer conhecimento aprofundado de matéria ambiental, limitando-se a questionar a natureza do Instituto Chico Mendes – Lei nº 11.516/2007.

Alternativa correta: letra "C" responde todas as demais alternativas: a lei que criou o Instituto Chico Mendes de Conservação da Biodiversidade (nº 11.516/2007) em seu artigo 1º estipulou que que este seria uma autarquia federal dotada de personalidade jurídica de direito público, autonomia administrativa e financeira, vinculada ao Ministério do Meio Ambiente.

10. (Vunesp – Delegado de Polícia – CE/2015) Considerando a Lei nº 6.938/81, no que tange aos instrumentos da Política Nacional do Meio Ambiente, é correta a seguinte afirmação:

a) A servidão ambiental poderá ser onerosa ou gratuita, temporária ou perpétua; e, se ela for temporária, o prazo mínimo é de 10 (dez) anos.
b) A construção, instalação, ampliação e funcionamento de estabelecimentos e atividades utilizadores de recursos ambientais, efetiva ou potencialmente poluidores ou capazes, sob qualquer forma, de causar degradação ambiental, dependerão de prévia delimitação das áreas de proteção ambiental.
c) Sem prejuízo da aplicação das penalidades definidas pelas legislações federal, estadual e municipal em razão do não cumprimento das medidas necessárias à preservação ou correção dos inconvenientes e dados causados pela degradação da qualidade ambiental, o poluidor é obrigado, desde que comprovada a existência de culpa, a indenizar ou reparar os danos causados ao meio ambiente e a terceiros, afetados por sua atividade.
d) O detentor de servidão ambiental não poderá aliená-la, cedê-la ou transferi-la em favor de outro proprietário ou de entidade privada, ainda que este tenha a conservação ambiental como fim social.
e) O Cadastro Técnico Federal de Atividades e Instrumentos de Defesa Ambiental, assim como o zoneamento ambiental, são alguns dos instrumentos da Política Nacional do Meio Ambiente.

COMENTÁRIOS

✪ **Nota do autor:** inovando em concursos de delegado, a banca exigiu conhecimento do direito ambiental nas searas civil e administrativa, nessa questão, especificamente, da Política Nacional do Meio Ambiente.

Alternativa correta: letra "E": O artigo 9º da lei nº 6.938/81 define quais são os instrumentos – da Política Nacional do Meio Ambiente: I – o estabelecimento de padrões de qualidade ambiental; II – o zoneamento ambiental; III – a avaliação de impactos ambientais; IV – o licenciamento e a revisão de atividades efetiva ou potencialmente poluidoras; V – os incentivos à produção e instalação de equipamentos e a criação ou absorção de tecnologia, voltados para a melhoria da qualidade ambiental; VI – a criação de espaços territoriais especialmente protegidos pelo Poder Público federal, estadual e municipal, tais como áreas de proteção ambiental, de relevante interesse ecológico e reservas extrativistas; VII – o sistema nacional de informações sobre o meio ambiente; VIII – o Cadastro Técnico Federal de Atividades e Instrumento de Defesa Ambiental; IX – as penalidades disciplinares ou compensatórias ao não cumprimento das medidas necessárias à preservação ou correção da degradação ambiental; X – a instituição do Relatório de Qualidade do Meio Ambiente, a ser divulgado anualmente pelo Instituto Brasileiro do Meio Ambiente e Recursos Naturais Renováveis – IBAMA; XI – a garantia da prestação de informações relativas ao Meio Ambiente, obrigando-se o Poder Público a produzi-las, quando inexistentes; XII – o Cadastro Técnico Federal de atividades potencialmente poluidoras e/ou utilizadoras dos recursos ambientais; XIII – instrumentos econômicos, como concessão florestal, servidão ambiental, seguro ambiental e outros.

Alternativa "a": segundo estabelece o artigo 9º-B do PNMA, a servidão ambiental poderá ser onerosa ou gratuita, temporária ou perpétua. Se ela for temporária o prazo mínimo da servidão ambiental temporária é de 15 (quinze) anos.

Alternativa "b": o artigo 10 da Lei nº 6.938/81 determina que a construção, instalação, ampliação e funcionamento de estabelecimentos e atividades utilizadores de recursos ambientais, efetiva ou potencialmente poluidores ou capazes, sob qualquer forma, de causar degradação ambiental dependerão de prévio licenciamento ambiental.

Alternativa "c": sem prejuízo das penalidades definidas pela legislação federal, estadual e municipal, o não cumprimento das medidas necessárias à preservação ou correção dos inconvenientes e danos causados pela degradação da qualidade ambiental é o poluidor obrigado, independentemente da existência de culpa, a indenizar ou reparar os danos causados ao meio ambiente e a terceiros, afetados por sua atividade (art. 14, § 1º da Lei nº 6.938/81).

Alternativa "d": o detentor da servidão ambiental poderá aliená-la, cedê-la ou transferi-la, total ou parcialmente, por prazo determinado ou em caráter definitivo, em favor de outro proprietário ou de entidade pública ou privada que tenha a conservação ambiental como fim social (Art. 9-B, § 3º da Lei nº 6.938/81).

11. (FUNIVERSA – Delegado de Polícia – DF/2015) Relativamente aos instrumentos da política nacional de meio ambiente e ao Sisnama, assinale a alternativa correta.

a) Compete ao instituto brasileiro de meio ambiente (Ibama) estabelecer, privativamente, normas e padrões nacionais de controle da poluição por veículos automotores, aeronaves e embarcações, mediante audiência dos ministérios competentes.

b) Não apenas os pedidos de licenciamento ambiental, mas também sua renovação e a respectiva concessão serão publicados no jornal oficial, bem como em periódico regional ou local de grande circulação, ou em meio eletrônico de comunicação mantido pelo órgão ambiental competente.

c) As ações de licenciamento relacionadas ao controle ambiental são de competência exclusiva dos órgãos integrantes do Sisnama, mas as ações relativas a concessões e permissões relacionadas à flora e à fauna podem ser executadas por entidades e órgãos governamentais que, mesmo não estando inseridos no Sisnama, desenvolvem atividades relacionadas ao poder de polícia.

d) O conselho nacional do meio ambiente é o órgão superior do Sisnama, ao qual compete assessorar o presidente da República na formulação da política nacional e nas diretrizes governamentais para o meio ambiente e os recursos ambientais.

e) A comissão técnica nacional de biossegurança, órgão integrante do Sisnama, tem como finalidade prestar apoio técnico-consultivo e assessoramento ao governo federal na implementação da política relativa aos organismos geneticamente modificados.

COMENTÁRIOS

✪ **Nota do autor:** a banca, nesse enunciado, exigiu conhecimento genérico da lei nº 6.938/81 (PNMA).

Alternativa correta: letra "B": de acordo com o artigo 10, § 1º da Lei nº 6.938/81 os pedidos de licenciamento, sua renovação e a respectiva concessão serão publicados no jornal oficial, bem como em periódico regional ou local de grande circulação, ou em meio eletrônico de comunicação mantido pelo órgão ambiental competente.

Alternativa "a": pela Lei nº 6.938/81, artigo 8º, Compete ao CONAMA (e não ao IBAMA) estabelecer, privativamente, normas e padrões nacionais de controle da poluição por veículos automotores, aeronaves e embarcações, mediante audiência dos Ministérios competentes;

Alternativa "c": tanto as ações de licenciamento quanto de registro, autorizações, concessões e permissões relacionadas à fauna, à flora, e ao controle ambiental são de competência exclusiva dos órgãos integrantes do Sistema Nacional do Meio Ambiente (artigo 17-L da Lei nº 6.938/81).

Alternativa "d": o órgão superior do SISNAMA é o Conselho de Governo, com a função de assessorar o Presidente da República na formulação da política nacional e nas diretrizes governamentais para o meio ambiente e os recursos ambientais (artigo 6º, I da Lei nº 6.938/81).

Alternativa "e": São órgãos integrantes do SISNAMA: I – órgão superior: o Conselho de Governo, com a função de assessorar o Presidente da República na formulação da política nacional e nas diretrizes governamentais para o meio ambiente e os recursos ambientais; II – órgão consultivo e deliberativo: o Conselho Nacional do Meio Ambiente (CONAMA), com a finalidade de assessorar, estudar e propor ao Conselho de Governo, diretrizes de políticas governamentais para o meio ambiente e os recursos naturais e deliberar, no âmbito de sua competência, sobre normas e padrões compatíveis com o meio ambiente ecologicamente equilibrado e essencial à sadia qualidade de vida; III – órgão central: a Secretaria do Meio Ambiente da Presidência da República, com a finalidade de planejar, coordenar, supervisionar e controlar, como órgão federal, a política nacional e as diretrizes governamentais fixadas para o meio ambiente; IV – órgãos executores: o Instituto Brasileiro do Meio Ambiente e dos Recursos Naturais Renováveis – IBAMA e o Instituto Chico Mendes de Conservação da Biodiversidade – Instituto Chico Mendes, com a finalidade de executar e fazer executar a política e as diretrizes governamentais fixadas para o meio ambiente, de acordo com as respectivas competências; V – Órgãos Seccionais: os órgãos ou entidades estaduais responsáveis pela execução de programas, projetos e pelo controle e fiscalização de atividades capazes de provocar a degradação ambiental; VI – Órgãos Locais: os órgãos ou entidades municipais, responsáveis pelo controle e fiscalização dessas atividades, nas suas respectivas jurisdições.

12. (UEPA – Delegado de Polícia – PA/2013) Assinale a alternativa correta sobre sistema jurídico de proteção ambiental brasileiro.

a) O Sistema Nacional de Meio Ambiente – SISNAMA é composto exclusivamente de órgãos da União, dos Estados e do Distrito Federal, com capacidade para licenciar e fiscalizar as atividades poluidoras.

b) A competência legislativa em matéria ambiental é concorrente. Nesta técnica de repartição concorrente a competência da União para legislar sobre normas gerais não exclui a competência suplementar dos Estados; e inexistindo lei federal sobre normas gerais, os Estados não poderão exercer a competência legislativa plena, para atender a suas peculiaridades.

c) O licenciamento ambiental é um instrumento da política nacional de meio ambiente e compete ao poder público exigir, na forma da lei, para instalação de obra ou atividade potencialmente causadora de significativa degradação do meio ambiente, estudo prévio de impacto ambiental, a que se dará publicidade.

d) A concessão Florestal, conforme a Lei 11.284/06, pode incluir a outorga do direito de acesso ao patrimônio genético para fins de pesquisa e desenvolvimento, bioprospecção ou constituição de coleções e a exploração dos recursos minerais.

e) O Sistema Nacional de Unidades de Conservação, criado pela Lei 9985/2000, estabelece as Unidades de Conservação de Uso Sustentável e de Proteção Integral. A Floresta Nacional é uma unidade de conservação de proteção integral.

COMENTÁRIOS

✪ **Nota do autor:** a questão envolve o conhecimento de diversas áreas do direito ambiental como licenciamento ambiental (regulado pela Resolução do CONAMA nº 237), sistemas especiais de proteção (como concessão florestal e unidades de conservação), repartição de competências (art. 22 a 24 da CF/88) e composição do SISNAMA.

Alternativa correta: letra "C": Licenciamento ambiental segundo dispõe o art. 1º, I da Resolução nº 237/97 do CONAMA é o procedimento administrativo pelo qual o órgão ambiental competente licencia a localização, instalação, ampliação e a operação de empreendimentos e atividades utilizadoras de recursos ambientais, consideradas efetiva ou potencialmente poluidoras ou daquelas que, sob qualquer forma, possam causar degradação ambiental, considerando as disposições legais e regulamentares e as normas técnicas aplicáveis ao caso. Trata-se de um instrumento Política Nacional do Meio Ambiente, localizado no art. 9º, IV da Lei nº 6.938/81. Estas normas vieram regulamentar o art. 225, IV da CF/88 que impõe ao Poder Público exigir, na forma da lei, para instalação de obra ou atividade potencialmente causadora de significativa degradação do meio ambiente, estudo prévio de impacto ambiental, a que se dará publicidade. Há de observar, contudo, que a questão aborda dois instrumentos: o licenciamento ambiental (acima delineado) e o estudo prévio de impacto ambiental (EIA/RIMA), exigido quando os impactos ambientais negativos causados pelo empreendimento possam ser significativos.

Alternativa "a": O SISNAMA – Sistema Nacional do Meio Ambiente – é composto por órgãos e entidades da União, dos Estados, do Distrito Federal, dos Territórios e dos Municípios, bem como as fundações instituídas pelo Poder Público, responsáveis pela proteção e melhoria da qualidade ambiental. A alternativa não trouxe as entidades destacadas como, também, integrantes deste sistema.

Alternativa "b": está correta a alternativa quando expõe que a competência legislativa em matéria ambiental é concorrente (art. 24, VI, VII, VIII). Porém está incorreta quando coloca que inexistindo Lei Federal os Estados não poderão exercer a competência legislativa plena, para atender a suas peculiaridades locais, pois o art. 24, § 3º possibilita esta forma de exercício legislativo.

Alternativa "d": o art. 14, § 1º, II da Lei nº 11.284/06 diz que é vedada a outorga de acesso ao patrimônio genético para fins de pesquisa e desenvolvimento, bioprospecção ou constituição de coleções, no âmbito da concessão florestal

Alternativa "e": o art. 7º da Lei nº 9.985/00 dispõe que as unidades de conservação integrantes do SNUC dividem-se em dois grupos, com características específicas: Unidades de Proteção Integral e Unidades de Uso Sustentável. Dentre as Unidades de Proteção Integral encontramos (art. 8º): a Estação Ecológica; a Reserva Biológica; o Parque Nacional; o Monumento Natural e o Refúgio de Vida Silvestre. Nas de Uso Sustentável é possível encontrarmos as seguintes categorias (art. 14): Área de Proteção Ambiental; Área de Relevante Interesse Ecológico; Floresta Nacional; Reserva Extrativista; Reserva de Fauna; Reserva de Desenvolvimento Sustentável e Reserva Particular do Patrimônio Natural.

3. PODER DE POLÍCIA, LICENCIAMENTOS E ESTUDOS AMBIENTAIS (EIA)

13. (UEG – Delegado de Polícia – PC – GO/2018) A empresa "BC Industrial" funciona regularmente licenciada há dez anos e está com sua licença de operação vencida desde 31 de janeiro de 2017. Munido dos documentos técnicos legalmente exigidos, o empreendedor requereu, em 1° de outubro de 2016, a renovação da licença perante o órgão estadual de meio ambiente. Não houve, entretanto, resposta sobre esse pleito. Neste caso,

a) verifica-se a prática de infração administrativa ambiental, pois a licença de operação encontra-se vencida há mais de 120 (cento e vinte) dias.

b) o pleito de renovação deverá ser negado pelo órgão ambiental, pois deveria haver sido requerido com a antecedência mínima de 120 (cento e vinte) dias úteis do vencimento da licença.

c) a empresa estará em situação regular enquanto o órgão ambiental não se pronuncie sobre o pedido de renovação da licença de operação.

d) há direito líquido e certo do empreendedor à renovação da licença de operação, já que comprovou, perante o órgão ambiental, atender a todos os requisitos técnicos para o funcionamento da atividade.

e) deve-se protocolar novo requerimento perante o órgão ambiental, diante da prescrição intercorrente que se operou no processo, que está sem decisão há mais de 1 (um) ano.

COMENTÁRIOS

Alternativa "a": Está incorreta. Os enunciados desta questão exigem o conhecimento do previsto no Art. 14 da Lei Complementar n. 140/2011: os órgãos licenciadores devem observar os prazos estabelecidos para tramitação dos processos de licenciamento, sendo que o § 4º do referido artigo determina que: a renovação de licenças ambientais deve ser requerida com antecedência mínima de 120 (cento e vinte) dias da expiração de seu prazo de validade, fixado na respectiva licença, ficando este automaticamente prorrogado até a manifestação definitiva do órgão ambiental competente. Portanto, não há que se falar em infração administrativa para o caso.

Alternativa "b": Está incorreta. O necessário prazo de antecedência, previsto no artigo mencionado acima, foi atendido.

Alternativa "c": Por todo o comentado para alternativas anteriores, a situação correta é exatamente esta: a empresa estará em situação regular enquanto o órgão ambiental não se pronuncie sobre o pedido de renovação da licença de operação.

Alternativa "d": Está incorreta. Pelo enunciado da questão não há como se direito líquido e certo do empreendedor à renovação da licença de operação, que apenas menciona que o pedido de renovação foi formulado e está em análise.

Alternativa "e": Está incorreta. Como comentado para a letra "a", no Art. 14, § 4º da LC 140/2011, o prazo da licença fica automaticamente prorrogado até a manifestação definitiva do órgão ambiental competente, não ocorrendo prescrição intercorrente.

Alternativa correta: letra "c".

---

14. (Cespe – Delegado de Polícia – PE/2016) Determinada sociedade empresária pretende realizar, no mar territorial que banha o município de Recife – PE, atividade potencialmente causadora de significativa degradação ambiental.

Nessa situação, de acordo com a Lei Complementar nº 140/2011, o licenciamento ambiental dessa atividade será promovido pelo(a)

a) município de Recife ou, caso ele não possua órgão ambiental capacitado para promover esse licenciamento, pelo estado de Pernambuco.

b) União.

c) município de Recife.

d) estado de Pernambuco.

e) estado de Pernambuco ou, caso ele não possua conselho de meio ambiente, pela União.

COMENTÁRIOS

✪ **Nota do autor:** A Lei Complementar nº 140/2011 não é de estudo facilitado. Contudo, não é questionada com frequência nas provas de delegado.

Alternativa correta: letra "B" responde todas as demais alternativas: segundo estipula o artigo 7º, XIV, "b" compete à União promover o licenciamento ambiental de empreendimentos e atividades localizados ou desenvolvidos no mar territorial, plataforma continental ou zona econômica exclusiva.

---

15. (FUNIVERSA – Delegado de Polícia – DF/2015) A respeito do licenciamento ambiental, é correto afirmar que

a) o licenciamento ambiental, como um dos instrumentos da política nacional do meio ambiente, consiste em procedimento administrativo decorrente do poder de polícia ambiental, destinado a licenciar atividades ou empreendimentos utilizadores de recursos ambientais, efetiva ou potencialmente poluidores ou capazes, sob qualquer forma, de causar degradação ambiental.

b) compete exclusivamente à União, no âmbito das ações administrativas, promover e orientar a educação ambiental, em todos os níveis de ensino, e a conscientização pública para a proteção do meio ambiente.

c) o licenciamento ambiental em áreas de proteção ambiental seguirá o critério do ente federativo instituidor da unidade de conservação.

d) se considera atuação supletiva a ação do ente da federação que vise a auxiliar no desempenho das atribuições decorrentes das competências comuns quando solicitado pelo ente federativo originariamente detentor das atribuições definidas em lei.

e) compete à União desempenhar as ações administrativas municipais até a criação de órgão ambiental capacitado ou conselho de meio ambiente no município.

COMENTÁRIOS

✪ **Nota do autor:** por envolver diversas leis, a questão exige do candidato conhecimento amplo do direito ambiental, em especial da Política Nacional do Meio Ambiente, Constituição Federal, e Lei Complementar nº 140/11.

Alternativa correta: letra "A": integrante do artigo 9º da lei 6.938/81 como um instrumento da política nacional do meio ambiente, o Licenciamento Ambiental é o procedimento administrativo pelo qual o órgão ambiental competente licencia a localização, instalação, ampliação e a operação de empreendimentos e atividades utilizadoras de recursos ambientais, consideradas efetiva ou potencialmente poluidoras ou daquelas que, sob qualquer forma, possam causar degradação ambiental.

Alternativa "b": segundo estabelece a Constituição Federal no artigo 225, § 1º, VI, incumbe ao Poder Público (e não exclusivamente a União) promover a educação ambiental em todos os níveis de ensino e a conscientização pública para a preservação do meio ambiente.

Alternativa "c": o licenciamento ambiental em áreas de proteção ambiental deve seguir os critérios definidos em lei.

Alternativa "d": de acordo com o artigo 2º da Lei Complementar nº 140/11 a atuação supletiva é ação do ente da Federação que se substitui ao ente federativo originariamente detentor das atribuições. Já a atuação subsidiária, por sua vez, é a ação do ente da Federação que visa auxiliar no desempenho das atribuições decorrentes das competências comuns, quando solicitado pelo ente federativo originariamente detentor das atribuições.

Alternativa "e": define o artigo 15, da LC nº 140/11 que inexistindo órgão ambiental capacitado ou conselho de meio ambiente no Município, o Estado (e não a União) deve desempenhar as ações administrativas municipais até a sua criação.

4. ESPAÇOS TERRITORIAIS ESPECIALMENTE PROTEGIDOS PELO PODER PÚBLICO

16. (Vunesp – Delegado de Polícia – PC – BA/2018) Nos termos do disposto na Lei nº 12.651/2012, assinale a alternativa correta.

a) Não é permitido, em qualquer hipótese, o acesso de pessoas e animais às Áreas de Preservação Permanente.

b) Não haverá, em qualquer hipótese, direito à regularização de futuras intervenções ou supressões de vegetação nativa, além das previstas nesta Lei, nas Áreas de Preservação Permanente.

c) Não poderá ser autorizada, em qualquer hipótese, a supressão de vegetação nativa protetora de nascentes, dunas e restingas, nas Áreas de Preservação Permanente.

d) Os empreendimentos de abastecimento público de água e tratamento de esgoto estão sujeitos à constituição de Reserva Legal.

e) Será exigida Reserva Legal relativa às áreas adquiridas ou desapropriadas com o objetivo de implantação e ampliação de capacidade de rodovias e ferrovias.

COMENTÁRIOS

Alternativa "a": Segundo o artigo 9º, do Código Florestal "É permitido o acesso de pessoas e animais às Áreas de Preservação Permanente para obtenção de água e para realização de atividades de baixo impacto ambiental".

Alternativa "b": É o que prevê o artigo 8º, §4º, do Código Florestal: "Não haverá, em qualquer hipótese, direito à regularização de futuras intervenções ou supressões de vegetação nativa, além das previstas nesta Lei".

Alternativa "c": nos termos do artigo 8º, § 1º do Código Florestal "a supressão de vegetação nativa protetora de nascentes, dunas e restingas somente poderá ser autorizada em caso de **utilidade pública"**.

Alternativa "d": Reza o art. 12, § 6º, que "Os empreendimentos de abastecimento público de água e tratamento de esgoto **não** estão sujeitos à constituição de Reserva Legal".

Alternativa "e": Determina o artigo 12, § 8º, que "**Não** será exigido Reserva Legal relativa às áreas adquiridas ou desapropriadas com o objetivo de implantação e ampliação de capacidade de rodovias e ferrovias".

Alternativa correta: letra "b".

17. (Cespe – Delegado de Polícia – PC – SE/2018) Renato e Gabriel fundaram, em 2015, a empresa Camarões do Mangue Ltda., que visava a exploração da carcinicultura — criação de crustáceos — exclusivamente em área rural de manguezais de um estado federado. No referido ano, eles instalaram viveiros de grande porte e passaram a exercer atividade econômica muito lucrativa. Após três anos de atividade, os sócios perceberam que não detinham licença ambiental para o exercício da atividade.

Tendo como referência essa situação hipotética, julgue os itens que se seguem.

17.1. A referida licença ambiental deveria ter sido requerida ao IBAMA antes do início das atividades da empresa, visto que se trata de atividade econômica de grande porte.

COMENTÁRIOS

Dispõe o art. 11-A do Código Florestal que "A Zona Costeira é patrimônio nacional, nos termos do § 4º do art. 225 da Constituição Federal, devendo sua ocupação e exploração dar-se de modo ecologicamente sustentável. § 1º Os apicuns e salgados podem ser utilizados em atividades de carcinicultura e salinas, desde que observados os seguintes requisitos: (...) III – licenciamento da atividade e das instalações pelo órgão ambiental estadual, cientificado o Instituto Brasileiro do Meio Ambiente e dos Recursos Naturais Renováveis – IBAMA e, no caso de uso de terrenos de marinha ou outros bens da União, realizada regularização prévia da titulação perante a União. Assim, o equívoca da assertiva é que a competência para o licenciamento da atividade em questão é do órgão estadual e não do IBAMA. Portanto, está errada. **ERRADO**

17.2. A atividade econômica exercida pela referida empresa é ilegal, sendo vedada pelo Código Florestal a exploração econômica da área de manguezal que é uma área de reserva legal.

COMENTÁRIOS

Dispõe o artigo 4º do Código Florestal que: "Considera-se Área de Preservação Permanente, em zonas rurais ou urbanas, para os efeitos desta Lei: (...) VII – os manguezais, em toda a sua extensão". Assim, a assertiva está incorreta pois a área de manguezal é uma área de preservação permanente e não uma reserva legal. **ERRADO**

17.3. Se a área de manguezal da atividade de carcinicultura da empresa fosse urbana em vez de rural, não haveria ilegalidade: nessa situação, a área seria tipificada como área de preservação permanente urbana e comportaria a referida atividade.

COMENTÁRIOS

A localização da empresa, seja na área urbana ou rural é indiferente, pois nos termos do art. 4º do Código Florestal "**considera-se Área** de **P**reservação **P**ermanente, em zonas **rurais ou urbanas**, para os efeitos desta Lei: (...) **VII** - os **manguezais**, em toda a sua extensão". A discussão aqui é atinente à possibilidade de intervenção ou supressão de vegetação em área de APP. O art. 8º, § 2º traz as hipóteses excepcionais: "A **intervenção ou a supressão de vegetação** nativa **em Área** de Preservação Permanente **de que tratam os incisos** VI e **VII** do caput do art. 4º **poderá ser autorizada, excepcionalmente, em locais onde a função ecológica do manguezal esteja comprometida, para** execução de **obras habitacionais** e de urbanização, inseridas **em**

projetos de regularização fundiária de interesse social, em áreas urbanas consolidadas ocupadas por **população de baixa renda"**. No caso, a atividade de carcinicultura não se enquadra na hipótese excepcional, **razão pela qual não é permitida no local. Assim, o enunciado está incorreto. ERRADO**

17.4. A empresa Camarões do Mangue Ltda. e seus sócios responderão objetivamente pela reparação de eventuais danos causados à área de manguezal no exercício irregular da atividade durante três anos.

COMENTÁRIOS

A responsabilidade por dano ambiental é objetiva, informada pela teoria do risco integral, conforme previsão do artigo 14, § 1º, da Lei nº 6.938/1981, que assim dispõe: "Sem obstar a aplicação das penalidades previstas neste artigo, é o poluidor obrigado, independentemente da existência de culpa, a indenizar ou reparar os danos causados ao meio ambiente e a terceiros, afetados por sua atividade". Portanto, a empresa Camarões do Mangue Ltda. e seus sócios responderão objetivamente pela reparação de eventuais danos causados à área de manguezal no exercício irregular da atividade. **CORRETA**

17.5. Conforme a jurisprudência do STF, a empresa em questão não responderá na esfera penal pelo crime de funcionamento sem licença ambiental, caso seus sócios, pessoas físicas, sejam absolvidos do mesmo crime.

COMENTÁRIOS

A questão foi tratada no Recurso Extraordinário (RE 548181/PR) de 6/8/2013, de relatoria da Ministra Rosa Weber: "É admissível a condenação de pessoa jurídica pela prática de crime ambiental, ainda que absolvidas as pessoas físicas ocupantes de cargo de presidência ou de direção do órgão responsável pela prática criminosa. (...) Ao se condicionar a responsabilização da pessoa jurídica à física, estaria ocorrendo a subordinação da responsabilização jurídico-criminal do ente coletivo à efetiva condenação da pessoa física, o que não seria objetivo previsto no mandamento constitucional de criminalização contido no § 3º do art. 225 da CF/88". Portanto, a empresa em questão responderá na esfera penal pelo crime de funcionamento sem licença ambiental, ainda que seus sócios, pessoas físicas, sejam absolvidos do mesmo crime. **ERRADA**

17.6. Os sócios Renato e Gabriel responderão na esfera penal pelo crime de funcionamento sem licença ambiental, podendo ser condenados a até seis meses de detenção.

Comentários

Há previsão legal da pratica cometida pelos sócios Renato e Gabriel no artigo 60 da Lei de Crimes Ambientais: aquele que constrói, reforma, amplia, instala ou faz funcionar, em qualquer parte do território nacional, estabelecimentos, obras ou serviços potencialmente poluidores, sem licença ou autorização dos órgãos ambientais competentes, ou contrariando as normas legais e regulamentares pertinente, está sujeito a pena de detenção, de um a seis meses, ou multa, ou ambas as penas cumulativamente. **CORRETA**

17.7. A empresa Camarões do Mangue Ltda. não será responsabilizada penalmente pela atividade ilegal de carcinicultura em manguezais caso os sócios tenham desviado todos os lucros da empresa, não gerando, com isso, nenhum benefício à entidade.

COMENTÁRIOS

Dispõe o art. 3º da lei de crimes ambientais que "as pessoas jurídicas serão responsabilizadas penalmente nos casos em que a infração seja cometida por decisão de seu representante legal ou contratual, ou de seu órgão colegiado, no interesse ou benefício da sua entidade". Assim, caso não haja benefício ou interesse da entidade organizacional, não haverá responsabilidade criminal da referida empresa por expressa previsão legal. **CORRETA**

18. (Cespe – Delegado de Polícia – GO/2017) A respeito da legislação que trata da proteção das florestas e das unidades de conservação, assinale a opção correta.

a) O imóvel rural pode tornar-se reserva particular do patrimônio natural a partir do interesse do proprietário, mediante edição de lei municipal e após a concordância do órgão ambiental local.

b) Desde que haja autorização pelo órgão ambiental estadual, admite-se a exploração econômica mediante o manejo sustentável dos recursos naturais do imóvel rural ou urbano localizado em área de preservação permanente.

c) Com vistas à regularização ambiental, a reserva legal do imóvel rural localizado na Amazônia Legal poderá ser reduzida para até 50% da propriedade mediante autorização do órgão ambiental estadual, se o proprietário demonstrar a sustentabilidade do seu projeto de uso alternativo do solo.

d) Devem constar no Cadastro Ambiental Rural a identificação do proprietário ou possuidor do imóvel e a comprovação da propriedade ou posse, apesar de o cadastramento não constituir título de reconhecimento de posse ou propriedade.

e) O Sistema Nacional de Unidades de Conservação da Natureza classifica essas unidades em três grupos ou categorias, com características e objetivos específicos: as unidades de proteção integral, as unidades de uso sustentável e as unidades de preservação permanente.

COMENTÁRIOS

Alternativa correta: "d". A Lei n. 12.651/12, em seu artigo 29, § 1º dispõe que "a inscrição do imóvel rural no CAR deverá ser feita, preferencialmente, no órgão ambiental municipal ou estadual, que, nos termos do regulamento, exigirá do proprietário ou possuidor rural: I – identificação do proprietário ou possuidor rural; II – comprovação da propriedade ou posse; (...) § 2º O cadastramento não será considerado título para fins de reconhecimento do direito de propriedade ou posse, tampouco elimina a necessidade de cumprimento do disposto no art. 2º da Lei nº 10.267, de 28 de agosto de 2001.

Alternativa "a": Está incorreta. O artigo 21 da Lei n. 9.985/00 dispõe que "a Reserva Particular do Patrimônio Natural é uma área privada, gravada com perpetuidade, com o objetivo de conservar a diversidade biológica. § 1º O gravame de que trata este artigo constará de termo de compromisso assinado perante o órgão ambiental, que verificará a existência de interesse público, e será averbado à margem da inscrição no Registro Público de Imóveis".

Alternativa "b": Está errada. O artigo 52 da Lei n. 12.651/12 dispõe que "a intervenção e a supressão de vegetação em Áreas de Preservação Permanente e de Reserva Legal para as atividades eventuais ou de baixo impacto ambiental, previstas no inciso X do art. 3º, excetuadas as alíneas b e g, quando desenvolvidas nos imóveis a que se refere o inciso V do art. 3º, dependerão de simples declaração ao órgão ambiental competente, desde que esteja o imóvel devidamente inscrito no CAR".

Alternativa "c": Está incorreta. O art. 13 da Lei n. 12.651/12 diz que "quando indicado pelo Zoneamento Ecológico-Econômico – ZEE estadual, realizado segundo metodologia unificada, o poder público federal poderá: I – reduzir, exclusivamente para fins de regularização, mediante recomposição, regeneração ou compensação da Reserva Legal de imóveis com área rural consolidada, situados em área de floresta localizada na Amazônia Legal, para até 50% (cinquenta por cento) da propriedade, excluídas as áreas prioritárias para conservação da biodiversidade e dos recursos hídricos e os corredores ecológicos"

Alternativa "e": Está incorreta. A Lei n. 9985/2000, em seu artigo 7º elenca que "as unidades de conservação integrantes do SNUC dividem-se em dois grupos, com características específicas: I – Unidades de Proteção Integral; II – Unidades de Uso Sustentável".

---

19. (FUNCAB – Delegado de Polícia – PA/2016) Tendo em vista a Lei nº 9.985/2000, que institui o Sistema Nacional de Unidades de Conservação da Natureza – SNUC, estabelece critérios e normas para a criação, implantação e gestão das unidades de conservação, bem como levando em conta a jurisprudência do Supremo Tribunal Federal, é correto afirmar:

a) Uma vez instituída uma unidade de conservação do grupo de uso sustentável, há vedação expressa no ordenamento jurídico de sua transformação, total ou parcial, em unidade do grupo de proteção integral.

b) O Supremo Tribunal Federal possui firme jurisprudência no sentido da impossibilidade de criação de mais de um tipo de unidade de conservação da natureza a partir de um único procedimento administrativo.

c) A Reserva Particular do Patrimônio Natural é uma área privada, gravada com perpetuidade, com o objetivo de conservar a diversidade biológica. Os órgãos integrantes do SNUC, sempre que possível e oportuno, prestarão orientação técnica e científica ao proprietário de Reserva Particular do Patrimônio Natural para a elaboração de um Plano de Manejo ou de Proteção e de Gestão da unidade.

d) As unidades de conservação, exceto a Estação Ecológica e a Reserva Biológica, devem possuir uma zona de amortecimento e, quando conveniente, corredores ecológicos.

e) As unidades de conservação devem dispor de um Plano de Manejo, que deve abranger a área da unidade de conservação, sua zona de amortecimento e os corredores ecológicos, incluindo medidas com o fim de promover sua integração à vida econômica e social das comunidades vizinhas. Tal documento técnico deve ser elaborado no prazo de cinco anos a partir da conclusão dos estudos técnicos que subsidiaram a criação da unidade de conservação.

COMENTÁRIOS

Alternativa correta: "c". Está correta, pois dispõe o artigo art. 21, da Lei n. 9985/00 que "a Reserva Particular do Patrimônio Natural é uma área privada, gravada com perpetuidade, com o objetivo de conservar a diversidade biológica (...) O § 3º, por seu turno, determina que os órgãos integrantes do SNUC, sempre que possível e oportuno, prestarão orientação técnica e científica ao proprietário de Reserva Particular do Patrimônio Natural para a elaboração de um Plano de Manejo ou de Proteção e de Gestão da unidade.

Alternativas "a": Está incorreta. Ao contrário, o art. 22, da Lei n. 9985/00, dispõe que "as unidades de conservação são criadas por ato do Poder Público, sendo que o § 5º determina que "as unidades de conservação do grupo de Uso Sustentável podem ser transformadas total ou parcialmente em unidades do grupo de Proteção Integral, por instrumento normativo do mesmo nível hierárquico do que criou a unidade, desde que obedecidos os procedimentos de consulta estabelecidos no § 2º deste artigo".

Alternativa "b": Está incorreta, pois o Supremo Tribunal Federal já firmou posicionamento no sentido de que "não há ilegalidade na criação de mais de um tipo de unidade de conservação da natureza a partir de um único procedimento administrativo" (STF, MS 25.347/DF).

Alternativa "d": Está errada, pois a ressalva não diz respeito à Estação Ecológica e à Reserva Biológica, conforme art. 25 da já citada lei que dispõe que "as unidades de conservação, exceto Área de Proteção Ambiental e Reserva Particular do Patrimônio Natural, devem possuir uma zona de amortecimento e, quando conveniente, corredores ecológicos".

Alternativa "e": Está incorreta, pois o prazo de cinco anos para elaboração do Plano de Manejo é contado a partir da data da criação da unidade de conservação, e não a partir da conclusão dos estudos técnicos que subsidiaram sua criação. Nesse sentido, dispõe o art. 27 que "as unidades de conservação devem dispor de um Plano de Manejo". O § 3º reza que "o Plano de Manejo de uma unidade de conservação deve ser elaborado no prazo de cinco anos a partir da data de sua criação".

---

20. (Cespe – Delegado de Polícia – PE/2016) A concessão florestal, prevista na Lei nº 11.284/2006, é

a) uma delegação, a pessoas físicas ou jurídicas, do direito de praticar manejo florestal sustentável.

b) um instrumento da Política Nacional do Meio Ambiente.

c) uma delegação onerosa que dispensa licitação.

d) vedada a pessoas jurídicas de pequeno porte.

e) uma delegação gratuita formalizada mediante contrato.

COMENTÁRIOS

✪ **Nota do autor:** ainda que a questão faça menção à Lei nº 11.284/2006 sua resposta encontra-se na Lei nº 6.938/81.

Alternativa correta: letra "B": a Lei nº 6.938/81 traz no artigo 9º os instrumentos da Política Nacional do Meio Ambiente. Em seu inciso XIII como instrumentos econômicos apresenta a concessão florestal, servidão ambiental, seguro ambiental entre outros.

Alternativas "a"; "c"; "d" e "e": de acordo com o artigo 3º, VII da Lei nº 11.284/2006 a concessão florestal trata-se de delegação onerosa, feita pelo poder concedente, do direito de praticar manejo florestal sustentável para exploração de produtos e serviços numa unidade de manejo, mediante licitação, à pessoa jurídica, em consórcio ou não, que atenda às exigências do respectivo edital de licitação e demonstre capacidade para seu desempenho, por sua conta e risco e por prazo determinado. Portanto, a concessão florestal não admite participação de pessoa física (alternativa "a"), não dispensa licitação (alternativa "c"), não veda a participação de pessoas jurídicas de pequeno porte (alternativa "d") e não é a título gratuito, e sim onerosa (alternativa "e").

---

21. (Cespe – Delegado de Polícia – PE/2016) As unidades de conservação

a) devem possuir um plano de manejo, com exceção das reservas particulares do patrimônio natural.

b) são constituídas de espaços territoriais e seus recursos naturais, com exceção das águas jurisdicionais.

c) de proteção integral devem ser de posse e de domínio públicos.

d) de uso sustentável devem ser de posse e de domínio privados.

e) devem possuir zonas de amortecimento, com exceção das áreas de proteção ambiental e das reservas particulares do patrimônio natural.

COMENTÁRIOS

✪ **Nota do autor:** a segue a exigência do conhecimento legal das Unidades de Conservação, ou seja, a Lei nº 9.985/2000.

Alternativa correta: letra "E": de acordo como que determina o artigo 25 do Sistema Nacional de Unidades de Conservação, salvo das APA (área de proteção ambiental) e a RPPN (reserva particular do patrimônio natural) todas as demais unidades de conservação devem possuir zona de amortecimento e, quando conveniente, corredores ecológicos. Zona de amortecimento é o entorno de uma unidade de conservação, onde as atividades humanas estão sujeitas a normas e restrições específicas, com o propósito de minimizar os impactos negativos sobre a unidade.

Alternativa "a": o artigo 27 exige que as unidades de conservação (todas) disponham de Plano de Manejo.

Alternativa "b": segundo o artigo 2º, I da Lei nº 9.985/2000 as unidades de conservação são espaços territoriais e seus recursos ambientais, incluindo as aguas jurisdicionais.

Alternativa "c": nem todas as unidades de conservação de proteção integral são de posse e domínio públicos, a exemplo do que ocorre com o Monumento Natural (artigo 12) Refúgio da Vida Silvestre (artigo 13) que admite que seja constituída por áreas particulares.

Alternativa "d": há unidades de conservação de uso sustentável que inadmite que seja integrada por área de posse e domínio privados (ou seja são de posse e domínio públicos) como ocorre na Floresta Nacional (artigo 17, § 1º), na Reserva Extrativista (artigo 18, § 1º), na Reserva da Fauna (artigo 19, § 1º) e na Reserva de Desenvolvimento sustentável (artigo 20, § 2º).

---

22. (Vunesp – Delegado de Polícia – CE/2015) Nos termos da Lei nº 12.651/12, entende-se por

a) Crédito de carbono: título de direito sobre bem intangível e incorpóreo transacionável.

b) Olho d'água: afloramento natural do lençol freático que apresenta perenidade e dá início a um curso d'água.

c) Nascente: afloramento natural do lençol freático, mesmo que intermitente.

d) Manguezal: áreas situadas em regiões com frequências de inundações intermediárias entre marés de sizígias e de quadratura fluviomarinha, típica de solos limosos de regiões estuarinas e com dispersão descontínua ao longo da costa brasileira, entre os Estados do Amapá e de Santa Catarina.

e) Várzea de inundação ou planície de inundação: área de várzea ou planície de inundação adjacente a cursos d'água que permite o escoamento da enchente.

COMENTÁRIOS

✪ **Nota do autor:** nessa questão, fugindo inteiramente a regra de concursos para a carreira policial, a banca exigiu a "decora" de conceitos trazidos no Código Florestal.

Alternativa correta: letra "A": o artigo 3º da Lei questionada em seu inciso XXVII define que crédito de carbono: é o título de direito sobre bem intangível e incorpóreo transacionável.

Alternativa "b": o 3º, inciso XVIII define olho d'água como o afloramento natural do lençol freático, mesmo que intermitente.

Alternativa "c": segundo definição do artigo 3º, XVII nascente é o afloramento natural do lençol freático que apresenta perenidade e dá início a um curso d'água.

Alternativa "d": manguezal é o ecossistema litorâneo que ocorre em terrenos baixos, sujeitos à ação das marés, formado por vasas lodosas recentes ou arenosas, às quais se associa, predominantemente, a vegetação natural conhecida como mangue, com influência (3º, XIII, da Lei questionada).

Alternativa "e": por definição do 3º, XXI, várzea de inundação ou planície de inundação são áreas marginais a cursos d'água sujeitas a enchentes e inundações periódicas.

23. (FUNIVERSA – Delegado de Polícia – DF/2015) Com relação à área de preservação permanente e à reserva legal previstas no Código Florestal, é correto afirmar que

a) a configuração, como área de preservação permanente, de área coberta com florestas ou outras formas de vegetação somente ocorrerá por meio de lei em sentido formal.

b) a intervenção ou a supressão de vegetação nativa em área de preservação permanente somente poderá ocorrer nas hipóteses de utilidade pública, de interesse social ou de baixo impacto ambiental, conforme previstas no Código Florestal.

c) área de preservação permanente é, por definição, a área localizada no interior de uma propriedade ou posse rural, coberta por vegetação nativa, com a função ambiental de preservar os recursos hídricos, a estabilidade geológica e a biodiversidade, além de facilitar o fluxo gênico da fauna e da flora.

d) o uso econômico da reserva legal é permitido, desde que sem propósito comercial.

e) o Código Florestal prevê, sem exceções, que todos os imóveis rurais do país devem manter área com cobertura de vegetação nativa, a título de reserva legal.

COMENTÁRIOS

✪ **Nota do autor:** mais uma vez, pouco questionada em concursos policiais, neste enunciado exigiu-se conhecimento acerca do Código Florestal, mais especificamente das áreas de proteção especial: área de preservação permanente e reserva legal.

Alternativa correta: letra "B": de acordo como artigo 8º do Código Florestal, a intervenção ou a supressão de vegetação nativa em Área de Preservação Permanente somente ocorrerá nas hipóteses de utilidade pública, de interesse social ou de baixo impacto ambiental previstas nesta Le

Alternativa "a": consideram-se de preservação permanente, quando declaradas de interesse social por ato do Chefe do Poder Executivo (decreto e não lei como definiu a questão), as áreas cobertas com florestas ou outras formas de vegetação.

Alternativa "c": área de Preservação Permanente – APP é a área protegida, coberta ou não por vegetação nativa, com a função ambiental de preservar os recursos hídricos, a paisagem, a estabilidade geológica e a biodiversidade, facilitar o fluxo gênico de fauna e flora, proteger o solo e assegurar o bem-estar das populações humanas (art. 3º, II). Já a Reserva Legal é a área localizada no interior de uma propriedade ou posse rural com a função de assegurar o uso econômico de modo sustentável dos recursos naturais do imóvel rural, auxiliar a conservação e a reabilitação dos processos ecológicos e promover a conservação da biodiversidade, bem como o abrigo e a proteção de fauna silvestre e da flora nativa.

Alternativa "d": o artigo 17, § 1º do código florestal admite a exploração econômica da Reserva Legal mediante manejo sustentável. Já pelo artigo 20 no manejo sustentável da vegetação florestal da Reserva Legal, serão adotadas práticas de exploração seletiva nas modalidades de manejo sustentável sem propósito comercial para consumo na propriedade e manejo sustentável para exploração florestal com propósito comercial.

Alternativa "e": o código florestal admite que imóveis rurais não guardem área com cobertura de vegetação nativa, a título de reserva legal. Contudo, devem compensar tal ausência mediante servidão administrativa.

24. (FUNIVERSA – Delegado de Polícia – DF/2015) Considerando a Lei nº 9.985/2000, que instituiu o sistema nacional das unidades de conservação, e a Lei nº 11.516/2007, que dispôs sobre a criação do instituto Chico Mendes, assinale a alternativa correta.

a) As reservas biológicas compõem o grupo das unidades de conservação de uso sustentável, sendo admitida a existência de áreas particulares em seus limites.

b) A lei do SNUC determina que a área de uma unidade de conservação do grupo de proteção integral é considerada zona rural para os efeitos legais.

c) O sistema nacional de unidades de conservação da natureza (SNUC) tem como órgão central o conselho nacional de meio ambiente e, como órgão executor, o instituto Chico Mendes.

d) As unidades de proteção integral têm como objetivo básico a preservação da natureza, não se admitindo a utilização, mesmo indireta, de seus recursos naturais.

e) O instituto Chico Mendes é a entidade do sistema nacional do meio ambiente (Sisnama) à qual cabe exercer, em caráter genérico, o poder de polícia ambiental e executar as ações das políticas nacionais de meio ambiente relativas ao licenciamento ambiental e à autorização de uso dos recursos naturais.

COMENTÁRIOS

✪ **Nota do autor:** a questão cobra do candidato conhecimento da Lei do SNUC (sistema nacional de unidades de conservação)

Alternativa correta: letra "B": o artigo 49 da Lei nº 9.985/00 define que a área de uma unidade de conservação do Grupo de Proteção Integral é considerada zona rural, para os efeitos legais.

Alternativa "a": segundo define o artigo 9º, a reserva biológico integra as unidades de conservação de proteção integral. Ainda, de acordo com o artigo 10 a Reserva Biológica tem como objetivo a preservação integral da biota e demais atributos naturais existentes em seus limites, sem interferência humana direta ou modificações ambientais, excetuando-se as medidas de recuperação de seus ecossistemas alterados e as ações de manejo necessárias para recuperar e preservar o equilíbrio natural, a diversidade biológica e os processos ecológicos naturais. É de posse e domínio públicos, sendo que as áreas particulares incluídas em seus limites serão desapropriadas, de acordo com o que dispõe a lei.

Alternativa "c": o SNUC é gerido pelos seguintes órgãos, com as respectivas atribuições: I – Órgão consultivo e deliberativo: o Conselho Nacional do Meio Ambiente – Conama, com as atribuições de acompanhar a implementação do Sistema; II – Órgão central: o Ministério do Meio Ambiente (e não o CONAMA), com a finalidade de coordenar o Sistema III – órgãos executores: o Instituto Chico Mendes e o Ibama, em caráter supletivo, os órgãos estaduais e municipais, com a função de implementar o SNUC, subsidiar as propostas de criação e administrar as unidades de conservação federais, estaduais e municipais, nas respectivas esferas de atuação (artigo 6º da Lei nº 9.985/00).

Alternativa "d": o objetivo básico das Unidades de Proteção Integral é preservar a natureza, sendo admitido apenas o uso indireto dos seus recursos naturais, com exceção dos casos previstos nesta Lei (artigo 7º do SNUC).

Alternativa "e": a quem compete executar em caráter genérico o poder de polícia ambiental e executar as ações das políticas nacionais de meio ambiente relativas ao licenciamento ambiental e à autorização de uso dos recursos naturais é o IBAMA e não o instituto Chico Mendes. De acordo como artigo 1º da Lei 11.516/2007 o instituto Chico Mendes tem por finalidade exercer o poder de polícia ambiental para a proteção das unidades de conservação instituídas pela União.

5. RECURSOS HÍDRICOS

25. (FUNCAB – Delegado de Polícia – PA/2016) No que tange à Política Nacional de Recursos Hídricos, instituída pela Lei nº 9.433/1997, assinale a alternativa correta.

a) Toda outorga de direitos de uso de recursos hídricos far-se-á por prazo não excedente a trinta e cinco anos, sendo vedada eventual renovação.

b) O Sistema de Informações sobre Recursos Hídricos é um sistema de coleta, tratamento, armazenamento e recuperação de informações sobre recursos hídricos e fatores intervenientes em sua gestão. Tem como um de seus princípios básicos para funcionamento a centralização da obtenção e produção de dados e informações na União.

c) A Política Nacional de Recursos Hídricos é baseada em fundamentos e um deles é que em situações de escassez, o uso prioritário dos recursos hídricos é o consumo humano e a dessedentação de animais.

d) A outorga de direitos de uso de recursos hídricos, por viabilizar o uso de recursos hídricos, implica a alienação parcial das águas.

e) Compete ao Conselho Nacional de Recursos Hídricos a função de secretaria executiva do respectivo ou respectivos Comitês de Bacia Hidrográfica.

COMENTÁRIOS

Alternativa correta: "c". O art. 1º, III, da Lei Federal 9433/1997, que institui a Política Nacional de Recursos Hídricos, expressamente prevê como um de seus fundamentos que em situações de escassez, o uso prioritário dos recursos hídricos é o consumo humano e a dessedentação de animais.

Alternativas "a": Está incorreta, pois, apesar de estar correto que a outorga de direitos de uso de recursos hídricos far-se-á por prazo não excedente a trinta e cinco anos, o art. 16 da Lei Federal 9.433/1997 prevê que o direito de outorga é renovável.

Alternativa "b": Está incorreta, pois o art. 26, I, da Lei Federal 9433/1997 estabelece como um dos princípios básicos para o funcionamento do Sistema de Informações sobre Recursos Hídricos a descentralização da obtenção e produção de dados e informações. Isto implica dizer que os dados e informações do sistema não são centralizados nos órgãos da União.

Alternativa "d": Está incorreta. O art. 1º, I, da Lei Federal 9433/1997, determina expressamente que a água é um bem de domínio público. Portanto, a outorga de direitos de uso de recursos hídricos não implica a alienação parcial das águas, mas sim visa assegurar o controle quantitativo e qualitativo dos usos da água e o efetivo exercício dos direitos de acesso à água pelos interessados, sem alterar o regime de domínio público das águas.

Alternativa "e": Está incorreta. A secretaria executiva do respectivo ou respectivos Comitês de Bacia Hidrográfica não está entre as atribuições do Conselho Nacional de Recursos Hídricos. Relacionado com os Comitês de Bacias, são é atribuição do Conselho Nacional de Recursos Hídricos aprovar propostas de instituição dos Comitês de Bacia Hidrográfica e estabelecer critérios gerais para a elaboração de seus regimentos (art. 35, VII, Lei Federal 9433/1997).

6. RESPONSABILIDADE CIVIL, ADMINISTRATIVA E PENAL POR DANOS AMBIENTAIS/TUTELA PROCESSUAL DO MEIO AMBIENTE

26. (UEG – Delegado de Polícia – PC – GO/2018) Sobre a proteção penal do meio ambiente no Brasil, verifica-se que **Rafa**

a) a pessoa jurídica não pode ser responsabilizada pelo crime de poluição, se as atividades exercidas estiverem amparadas por licença ambiental.

b) a lei de crimes ambientais admite concurso de pessoas, tanto entre pessoas físicas, como entre estas e pessoas jurídicas.

c) o crime de poluição, que é doloso, contempla condutas comissivas ou omissivas, causem ou não danos à saúde humana ou ao meio ambiente.

d) os atos, culposos ou dolosos, de pichar e grafitar constituem crimes contra o ordenamento urbano e o patrimônio cultural.

e) a competência para julgar os crimes ambientais é da Justiça Federal.

COMENTÁRIOS

Alternativas "a": O licenciamento ambiental autoriza determinadas formas de poluição, alterações adversas do meio, dentro dos limites previstos pela legislação. Mesmo com licença ambiental, pode haver condutas criminosas, vide recente caso de Brumadinho que a mineradora possuía licença e mesmo assim estão sendo apuradas diversas condutas criminosas.

Alternativa "b": Está correta, com base no parágrafo único do Art. 3º da Lei de Crimes Ambientais: Art. 3º As pessoas jurídicas serão responsabilizadas administrativa, civil e penalmente conforme o disposto nesta Lei, nos casos em que a infração seja cometida por decisão de seu representante legal ou contratual, ou de seu órgão colegiado, no interesse ou benefício da sua entidade. **Parágrafo único. A responsabilidade das pessoas jurídicas não exclui a das pessoas físicas, autoras, co-autoras ou partícipes do mesmo fato.**

Alternativas "c": O crime de poluição está prevista na forma dolosa e culposa, nos termos do **Art. 54 da Lei Federal n Lei 9605/98: causar poluição** de qualquer natureza em níveis tais que resultem ou possam resultar em danos à saúde humana, ou que provoquem a mortandade de animais ou a destruição significativa da flora: Pena – reclusão, de um a quatro anos, e multa. E o seu **§ 1º prevê a forma culposa: se o crime é culposo:** Pena – detenção, de seis meses a um ano, e multa.

Alternativas "d": Segundo Art. 65 da Lei de Crimes Ambientais, a referida figura típica da pichação está prevista como crime ambiental somente na forma dolosa: Pichar ou por outro meio conspurcar edificação ou monumento urbano: Pena – detenção, de 3 (três) meses a 1 (um) ano, e multa.

Alternativas "e": Atualmente **prevalece o entendimento que a competência para julgamento dos crimes contra o meio ambiente é da Justiça Estadual**, exceto quando há ofensa direta a **bens, serviços e/ou interesses da União ou de suas entidades autárquicas**. Nesses últimos casos a **competência passa a ser da Justiça Federal**. Por exemplo, quando o delito é praticado em uma Unidade de Conservação Federal ou mesmo quando o objeto do delito é uma espécie ameaçada de extinção. Neste sentido: **STJ. 3a Seção. AgRg no CC 115.159-SP, Rel. Min. Og Fernandes, julgado em 13/6/2012.**

Alternativa correta: letra "b".

27. (Vunesp – Delegado de Polícia – PC – BA/2018) Beltrano Benedito estava andando por uma estrada rural e encontrou um filhote de Jaguatirica ferido. Levou-o para casa e, após cuidar dos ferimentos, passou a criá-lo como se fosse seu animal doméstico. Em conformidade com o disposto na Lei nº 9.605/1998, é correta a seguinte afirmação:

a) Como o animal iria morrer se não fosse socorrido, Beltrano pode ficar com ele sem necessidade de licença ou autorização da autoridade ambiental.

b) Se Beltrano mantiver o animal sem licença ou autorização da autoridade ambiental, estará praticando crime contra o meio ambiente, considerado inafiançável.

c) Por se tratar de filhote de espécime da fauna silvestre, se Beltrano ficar com o animal sem licença ou autorização, terá a pena por crime ambiental aumentada de um sexto a um terço.

d) Beltrano deverá entregar o animal a uma autoridade ambiental, pois não é possível obter permissão, licença ou autorização para ficar com o animal.

e) A ação de Beltrano se tipifica como crime contra a fauna, que o sujeita à pena de detenção e multa, mas o juiz, considerando as circunstâncias, poderá deixar de aplicar a pena.

COMENTÁRIOS

Alternativas "a": *Segundo* Art. 29 da Lei de Crimes Ambientais, matar, perseguir, caçar, apanhar, utilizar espécimes da fauna silvestre, nativos ou em rota migratória, sem a devida permissão, licença ou autorização da autoridade competente, ou em desacordo com a obtida é considerado crime ambiental com pena de detenção de seis meses a um ano, e multa. ***Portanto, para afastar a configuração de crime ambiental é necessária a licença ou autorização por parte da autoridade ambiental.***

Alternativas "b": Considera-se crime ambiental, mas não inafiançável.

Alternativas "c": O mesmo *Art. 29*, § 4º, prevê que a pena será aumentada de metade, se o crime é praticado: I – contra espécie rara ou considerada ameaçada de extinção, ainda que somente no local da infração; II – em período proibido à caça; III – durante a noite; IV – com abuso de licença; V – em unidade de conservação ;VI – com emprego de métodos ou instrumentos capazes de provocar destruição em massa. Como enunciado não especifica que a espécie está ameaçada de extinção, não se aplicaria para o caso as circunstâncias agravantes de pena.

Alternativas "d": É possível obter permissão, licença ou autorização para ficar com animal silvestre perante o órgão ambiental competente.

Alternativa "e". O *Art. 29 da Lei de Crimes Ambientais, § 2º*, ***possibilita que no caso de guarda doméstica de espécie silvestre não considerada ameaçada de extinção, pode o juiz, considerando as circunstâncias, deixar de aplicar a pena.***

Alternativa correta: letra "e".

---

28. (UEG – Delegado de Polícia – PC – GO/2018) O proprietário de um sítio localizado em município do Norte Goiano, com área equivalente a 4 (quatro) módulos fiscais, decidiu estender sua área de pastagem. Para tanto, nos idos de 2007, suprimiu a vegetação de parte de sua área de reserva legal, que desde então se resume a 5% do total da área da propriedade, o que já foi, inclusive, mencionado em seu Cadastro Ambiental Rural. Neste caso, aplica-se o seguinte:

a) Existe obrigação pessoal de recompor integralmente a área desmatada.
b) Por ser área rural consolidada, inexiste obrigatoriedade de recomposição da reserva legal.
c) Em caso de autuação por infração administrativa ambiental, o prazo para a defesa é de 30 (trinta) dias.
d) O órgão ambiental poderá, de imediato, determinar o embargo da propriedade.
e) Diante de autuação por infração administrativa ambiental, o valor da multa será convertido no pagamento dos serviços de recuperação da vegetação suprimida.

COMENTÁRIOS

Alternativas "a": O enunciado exige o conhecimento do previsto no Art. 67 do Código Florestal: nos imóveis rurais que detinham, em 22 de julho de 2008, área de até 4 (quatro) módulos fiscais e que possuam remanescente de vegetação nativa em percentuais inferiores ao previsto no art. 12, a Reserva Legal será constituída com a área ocupada com a vegetação nativa existente em 22 de julho de 2008, vedadas novas conversões para uso alternativo do solo. Portanto, pelas circunstâncias apresentadas pela questão, não existe obrigação pessoal de recompor integralmente a área desmatada.

Alternativa "b": Por todo o comentado para alternativas anteriores, a situação correta é esta: por ser área rural consolidada (definida assim pelo Novo Código Florestal), inexiste obrigatoriedade de recomposição da reserva legal.

Alternativas "c": O prazo para defesa administrativa (em tese – já que não há infração no caso) é de 20 dias, conforme Art. 71, I Lei Federal n. 9605 (Lei de Crimes Ambientais).

Alternativas "d": Como já afirmado, a situação está dentro da legalidade. Portanto, não está sujeita a medida administrativa de embargo que depende da ocorrência de infração administrativa ou ocorrência e/ou ameaça de dano ambiental.

Alternativas "e": Como já dito, não se trata de infração administrativa ambiental. Logo, não há que se falar em incidência de multa ambiental para o caso.

Alternativa correta: letra "b".

---

29. (Nucepe – Delegado de Polícia – PC – PI/2018) Atualmente há uma preocupação constante com a questão ambiental, pois em cada território passa-se a reconhecer uma necessidade de preservação e conservação do ambiente em que se vive. Julgue os itens que contemplam crimes ambientais:

I - Destruir, inutilizar ou deteriorar: bem especialmente protegido por lei, ato administrativo ou decisão judicial, bem como destruir, inutilizar ou deteriorar arquivo, registro, museu, biblioteca, pinacoteca, instalação científica ou similar protegida por lei, ato administrativo ou decisão judicial.
II - Elaborar ou apresentar, no licenciamento, concessão florestal ou qualquer outro procedimento administrativo, estudo, laudo ou relatório ambiental total ou parcialmente falso ou enganoso, inclusive por omissão.
III - Violar regras jurídicas de uso, gozo, promoção, proteção e recuperação do meio ambiente, inclusive por omissão.
IV - Fazer o funcionário público afirmação falsa ou enganosa, omitir a verdade, sonegar informações ou dados técnico- científicos em procedimentos de autorização ou de licenciamento ambiental.

a) Somente os itens II e IV estão corretos.
b) Somente os itens I, II e III estão corretos.
c) Somente os itens I e III estão corretos.
d) Somente os itens I, II e IV estão corretos.
e) Todos os itens estão corretos.

COMENTÁRIOS

Alternativas "a": Está incorreta. Os itens II e IV são condutas tipificadas como crimes ambientais, respectivamente Art. 68-A e Art. 66 da Lei Federal n. 9605/98, Lei de Crimes Ambientais. Faltou colocar como correto também o item I que se refere à conduta típica do Art. 62 da LCA.

Alternativas "b": Está incorreta. No caso, a conduta prevista no item III se refere infração administrativa ambiental prevista pelo Art. 70 da Lei de Crimes Ambientais: Considera-se infração administrativa ambiental toda ação ou omissão que viole as regras jurídicas de uso, gozo, promoção, proteção e recuperação do meio ambiente; sua prática ensejadora da responsabilidade administrativa ambiental.

Alternativas "c": Está incorreta. Como já afirmado, o item II é conduta criminosa prevista no Art. 68-A da LCA.

Alternativa "d": Conforme já apontada as respetivas previsões, os itens I, II e IV se referem a condutas tipificadas com crimes ambientais.

Alternativas "e": Está incorreta. Como comentado, o item III não se refere a crime ambiental, mas sim infração administrativa em matéria ambiental.

Alternativa correta: letra "d".

---

30. (UEG – Delegado de Polícia – PC – GO/2018) Diante de comunicação apresentada perante a Delegacia de Polícia Civil, denunciando a realização de rinha de galos em propriedade rural do município de Cromínia, se está diante de fato

a) típico e antijurídico, estando o Estado, entretanto, impedido de exercer o jus puniendi, em razão de a rinha de galos ser reconhecida, no meio rural brasileiro, como uma prática costumeira.
b) típico, porém juridicamente válido, desde que haja norma municipal que reconheça a rinha de galos como patrimônio cultural imaterial.
c) atípico, pois a Constituição Federal de 1988 protege expressamente as manifestações culturais que portem referência à identidade dos diferentes grupos formadores da sociedade brasileira.
d) atípico, tendo em vista que, tanto a Constituição Federal quanto a Lei de Crimes Ambientais, protegem apenas os animais integrantes da fauna silvestre brasileira.
e) típico e antijurídico, segundo os ditames da Lei de Crimes Ambientais.

COMENTÁRIOS

Alternativas "a": Está incorreta. Trata-se em de fato típico e antijurídico, previsto no Art. 32 da Lei de Crimes Ambientais: Praticar ato de abuso, maus-tratos, ferir ou mutilar animais silvestres, domésticos ou domesticados, nativos ou exóticos: Pena – detenção, de três meses a um ano, e multa. O que está incorreto no enunciado é a afirmação que o Estado estaria impedido de exercer o jus puniendi, em razão de a rinha de galos ser reconhecida, no meio rural brasileiro, como uma prática costumeira. É dever do Estado punir este tipo de crime.

Alternativas "b": Está incorreta. Como afirmado anteriormente, trata-se em de fato típico e antijurídico, previsto no Art. 32 da LCA. Mesmo com a Emenda Constitucional 96/2017 que acrescentou o § 7º ao Art. 225 da CF, uma lei municipal não poderia elevar a rinha de galo como patrimônio cultural imaterial com força de afastar a configuração da conduta criminosa.

Alternativas "c": Está incorreta. Como já dito, consiste sim em fato típico previsto na Lei de Crimes Ambientais. E para esta conduta típica específica o STF já enfrentou no sentido que deve prevalecer a proteção da fauna contra a prática considerada deveras cruel. Neste sentido: "Esse tipo de crueldade caracteriza verdadeira tortura. Essa crueldade caracterizadora de tortura se manifesta no uso do derramamento de sangue e da mutilação física como um meio, porque o fim é a morte.". **STF. ADI 1856, Rel. Min. Celso de Mello, julgado em 26/05/2011.**

Alternativas "d": Está incorreta. Como comentado para a letra "a", no Art. 32. da LCA protege contra ato de abuso, maus-tratos, ferimento ou mutilação animais **silvestres, domésticos ou domesticados, nativos ou exóticos.**

Alternativa "e": Por todo o comentado para alternativas anteriores, trata-se típico e antijurídico, segundo os ditames da Lei de Crimes Ambientais (Art.32).

Alternativa correta: letra "e".

---

31. (Cespe – Delegado de Polícia – GO/2017) Uma mineradora está respondendo por supostamente ter causado poluição capaz de gerar danos à saúde dos moradores de área próxima ao local de suas atividades. Alguns sócios com poderes de gerência foram apontados como corresponsáveis na esfera criminal. Foram impostas duas multas administrativas elevadas, uma por ente estadual e outra por ente federal, com base na mesma conduta. Na motivação, foi invocado o alto poder econômico da empresa como fator para gradação das multas. Alguns moradores já ajuizaram ações cíveis de reparação de danos.

Com relação a essa situação hipotética, assinale a opção correta à luz da legislação pertinente e das posições doutrinárias majoritariamente aceitas.

a) A situação econômica do infrator não poderia ser levada em consideração para estabelecer o valor das multas impostas.
b) Ainda que tenha inexistido dolo na geração da poluição, poderá haver responsabilização criminal no caso.
c) Ainda que seja a mesma hipótese de incidência, as duas multas administrativas — federal e estadual — deverão ser pagas.
d) Como as esferas de responsabilização por infração ambiental são independentes entre si, inexiste situação em que a decisão criminal repercutirá nas demais e vice-versa.
e) Se a pessoa jurídica for condenada criminalmente, ficará excluída a responsabilidade criminal dos seus sócios-gerentes.

COMENTÁRIOS

Alternativa correta: "b". A Lei de Crimes Ambientais, Lei n. 9605/1998, no seu art. 54, prevê como conduta típica "causar poluição de qualquer natureza em níveis tais que resultem ou possam resultar em danos à saúde humana, ou que provoquem a mortandade de animais ou a destruição significativa da flora." Para este crime ambiental a pena de reclusão pode variar de um a quatro anos, e multa. No § 1º, do mesmo artigo, há a previsão de que se o crime for culposo, a pena será de detenção, de seis meses a um ano, e multa. Portanto, para esta conduta típica poderá haver responsabilização criminal por conduta culposa.

Alternativas "a": Está incorreta, a Lei de Crimes Ambientais, Lei 9605/1998, no seu art.6º, III, prevê expressamente que para imposição e gradação da penalidade, a autoridade competente observará a situação econômica do infrator, no caso de multa.

Alternativa "c": Está incorreta, o art. 17, da Lei Complementar 140/2011, estabelece que para estes casos deve prevalecer o auto de infração ambiental lavrado por órgão que tenha realizado o licenciamento da atividade em questão, não podendo haver cumulação de duas multas administrativas para a mesma hipótese de incidência.

Alternativa "d": Está incorreta. As esferas de responsabilização por infração ambiental são independentes entre si – este trecho da assertiva está correto. No entanto, existem situações em que a decisão criminal poderá repercutir nas demais e vice-versa, como são os casos de reparação do dano ambiental ocorrido. A comprovação da reparação do dano ambiental, por exemplo, na espera criminal, poderá repercutir nos outros âmbitos de responsabilização em que se apura a mesma situação fática reparatória.

Alternativa "e": Está incorreta. A Lei de Crimes Ambientais, Lei 9605/1998, no seu art. 3º prevê que as pessoas jurídicas serão responsabilizadas administrativa, civil e penalmente, nos casos em que a infração seja cometida por decisão de seu representante legal ou contratual, ou de seu órgão colegiado, no interesse ou benefício da sua entidade. E o parágrafo único do mesmo artigo, estabelece, por sua vez, que a responsabilidade das pessoas jurídicas não exclui a possibilidade de responsabilização das pessoas físicas, autoras, co-autoras ou partícipes do mesmo fato.

32. (Cespe – Delegado de Polícia – GO/2017) Foi constatado que um fazendeiro estava impedindo a regeneração natural de florestas em área de preservação permanente na sua propriedade rural, por pretender manter a área como pasto.

Nessa situação hipotética, conforme a legislação pertinente,

a) a autoridade ambiental que constatou a infração deve promover sua apuração imediata, sob pena de corresponsabilização.
b) a conduta configura infração administrativa, mas não configura crime.
c) a responsabilização será objetiva em todas as esferas cabíveis.
d) caberá à autoridade policial que constatou a conduta lavrar o auto de infração ambiental e instaurar processo administrativo.
e) inexiste hipótese de reparação civil, haja vista que a terra da propriedade rural pertence ao próprio infrator.

COMENTÁRIOS

Alternativa correta: "a". A Lei de Crimes Ambientais, Lei 9605/1998, no seu art. 70, § 3º, determina expressamente que a autoridade ambiental que tiver conhecimento de infração ambiental é obrigada a promover a sua apuração imediata, mediante processo administrativo próprio, sob pena de co-responsabilidade.

Alternativas "b": Está incorreta, a situação hipotética versa também sobre conduta tipificada como crime ambiental, prevista no art. 48, a Lei de Crimes Ambientais (Lei Federal 9605/1998), no caso, impedir ou dificultar a regeneração natural de florestas e demais formas de vegetação, om pena de detenção, de seis meses a um ano, e multa.

Alternativa "c": Está incorreta, segundo os posicionamentos atualizados dos Tribunais Superiores, STJ e STJ, a respeito das responsabilidades ambientais, somente a reponsabilidade civil será de natureza objetiva, enquanto responsabilidades criminal e administrativa terão natureza subjetiva.

Alternativa "d": Está incorreta. Segundo a Lei 9605/1998, no seu Art. 70, § 1º, são autoridades competentes para lavrar auto de infração ambiental e instaurar processo administrativo decorrente de infração administrativa ambiental, os funcionários de órgãos ambientais integrantes do Sistema Nacional de Meio Ambiente – SISNAMA, designados para as atividades de fiscalização, bem como os agentes das Capitanias dos Portos, do Ministério da Marinha.

Alternativa "e": Está incorreta, uma vez que há dano ambiental e nexo de causalidade, no caso a ação do fazendeiro de impedir a regeneração natural de florestas em área de preservação permanente na sua propriedade rural, há o dever de reparar, independentemente de ser ele o proprietário do local em que houve o dano. Isso é o que dispõe a Lei nº 6.938/81, no artigo 14, § 1º: "Sem obstar a aplicação das penalidades previstas neste artigo, é o poluidor obrigado, independentemente de existência de culpa, a indenizar ou reparar os danos causados ao meio ambiente e a terceiros, afetados por sua atividade." Este é também o posicionamento atual do STJ, no sentido de que a responsabilidade civil por danos ambientais, seja por lesão ao meio ambiente propriamente dito (dano ambiental público), seja por ofensa a direitos individuais (dano ambiental privado), é objetiva, fundada na teoria do risco integral, em face do disposto no art. 14, § 1º, da Lei n. 6938/81. (RECURSO ESPECIAL Nº 1.373.788 – SP (2013/0070847-2).

33. (FUNCAB – Delegado de Polícia – PA/2016) Acerca das infrações administrativas ambientais, assinale a alternativa correta.

a) O processo administrativo para apuração de infração ambiental deve observar os prazos máximos de 15 (quinze) dias para o infrator oferecer defesa ou impugnação contra o auto de infração, contados da data da ciência da autuação, e de 5 (cinco) dias para o pagamento de multa, contados da data do recebimento da notificação.

b) A sanção de advertência não excluirá a aplicação de outras sanções ambientais. Contudo, uma vez aplicada, fica vedada a incidência de nova sanção de advertência no período de dois anos contados do julgamento da defesa da última advertência ou de outra penalidade aplicada.

c) Enquanto a multa simples podo ser convertida em serviços de preservação, melhoria e recuperação da qualidade do meio ambiente, a multa diária será aplicada sempre que o cometimento da infração se prolongar no tempo.

d) As infrações administrativas ambientais podem ser punidas com as sanções de suspensão de venda e fabricação de produto e demolição de obras. Por outro lado, há vedação expressa no ordenamento jurídico quanto à sanção de embargo de obra ou atividade.

e) São autoridades competentes para lavrar auto de infração ambiental e instaurar processo administrativo, com exclusividade, os funcionários de órgãos ambientais integrantes do Sistema Nacional de Meio Ambiente – SISNAMA, designados para as atividades de fiscalização.

COMENTÁRIOS

Alternativa correta: "c". O art. 62, § 4º, do Decreto Federal n. 6514/2008, que dispõe sobre as infrações e sanções administrativas ao meio ambiente, prevê expressamente que a multa simples pode ser convertida em serviços de preservação, melhoria e recuperação da qualidade do meio ambiente. O art. 140 define o que são esses serviços de preservação, melhoria e recuperação. Enquanto o art. 10, todos do mesmo Decreto referido, estabelece que a multa diária será aplicada sempre que o cometimento da infração se prolongar no tempo.

Alternativas "a": Está incorreta, o Decreto Federal n. 6514/2008, no seu art. 113, estabelece que o autuado poderá, no prazo de 20 (vinte) dias, contados da data da ciência da autuação, oferecer defesa contra o auto de infração.

Alternativa "b": Está incorreta, o Decreto Federal n. 6514/2008, no seu art. 7º, determina que fica vedada a aplicação de nova sanção de advertência no período de 3 (três) anos contados do julgamento da defesa da última advertência ou de outra penalidade aplicada.

Alternativa "d": Está incorreta, pois a sanção administrativa de embargo de obra ou atividade e suas respectivas áreas em decorrência de infração administrativa ambiental é uma das espécies de sanções previstas pelo Decreto Federal n. 6514/2008, especificamente no seu art. 3º, VII.

Alternativa "e": Está incorreta. A Lei de Crimes Ambientais, Lei 9605/1998, no seu art. 70, § 1º, prevê serem competentes como autoridades para lavrar auto de infração ambiental e instaurar processo administrativo decorrente de infração administrativa ambiental, os funcionários de órgãos ambientais integrantes do Sistema Nacional de Meio Ambiente – SISNAMA, designados para as atividades de fiscalização, bem como os agentes das Capitanias dos Portos, do Ministério da Marinha.

34. (Vunesp – Delegado de Polícia – CE/2015) Quanto às penas restritivas de direitos previstas na Lei nº 9.605/98, que trata dos Crimes contra o Meio Ambiente, assinale a alternativa correta.

a) O recolhimento domiciliar baseia-se na autodisciplina e senso de responsabilidade do condenado, que deverá, sem vigilância, trabalhar, frequentar curso ou exercer atividade autorizada, permanecendo recolhido nos dias e horários de folga em residência ou em qualquer local destinado a sua moradia habitual, conforme estabelecido na sentença condenatória.

b) As penas de interdição temporária de direito são a proibição de o condenado contratar com o Poder Público, de receber incentivos fiscais ou quaisquer outros benefícios, bem como de participar de licitações, pelo prazo de três anos, no caso de crimes dolosos.

c) As penas restritivas de direito são autônomas e substituem as privativas de liberdade quando se tratar de crime culposo ou for aplicada a pena privativa de liberdade inferior a seis anos.

d) A prestação de serviços à comunidade consiste na atribuição ao condenado de tarefas gratuitas ou onerosas junto a parques e jardins públicos e unidades de conservação, e, no caso de dano da coisa particular, pública ou tombada, na restauração desta, se possível.

e) A prestação pecuniária consiste no pagamento em dinheiro ao fundo de defesa de direitos difusos, de importância, fixada pelo juiz, não inferior a um salário mínimo nem superior a trezentos e sessenta e cinco salários mínimos; podendo o valor pago ser deduzido do montante de eventual reparação civil a que for condenado o infrator.

COMENTÁRIOS

✪ **Nota do autor:** a questão exige do candidato conhecimento acerca da Lei de Crimes Ambientais 9.605/98.

Alternativa correta: letra "A": o artigo 13 da Lei nº 9.605/98 define que o recolhimento domiciliar baseia-se na autodisciplina e senso de responsabilidade do condenado, que deverá, sem vigilância, trabalhar, frequentar curso ou exercer atividade autorizada, permanecendo recolhido nos dias e horários de folga em residência ou em qualquer local destinado a sua moradia habitual, conforme estabelecido na sentença condenatória.

Alternativa "b": de acordo com o artigo 10 da Lei as penas de interdição temporária de direito são a proibição de o condenado contratar com o Poder Público, de receber incentivos fiscais ou quaisquer outros benefícios, bem como de participar de licitações, pelo prazo de cinco anos, no caso de crimes dolosos, e de três anos, no de crimes culposos.

Alternativa "c": de acordo com o artigo 7º da Lei de Crimes Ambientais define que as penas restritivas de direitos são autônomas e substituem as privativas de liberdade quando: I – tratar-se de crime culposo ou for aplicada a pena privativa de liberdade inferior a quatro anos; II – a culpabilidade, os antecedentes, a conduta social e a personalidade do condenado, bem como os motivos e as circunstâncias do crime indicarem que a substituição seja suficiente para efeitos de reprovação e prevenção do crime.

Alternativa "d": o artigo 9º da Lei nº 9.605/98 determina que a prestação de serviços à comunidade consiste na atribuição ao condenado de tarefas gratuitas (e não onerosas como mencionou a questão) junto a parques e jardins públicos e unidades de conservação, e, no caso de dano da coisa particular, pública ou tombada, na restauração desta, se possível.

Alternativa "e": segundo o artigo 12 da Lei de Crimes Ambientais a prestação pecuniária consiste no pagamento em dinheiro à vítima ou à entidade pública ou privada com fim social, de importância, fixada pelo juiz, não inferior a um salário mínimo nem superior a trezentos e sessenta salários mínimos. O valor pago será deduzido do montante de eventual reparação civil a que for condenado o infrator.

---

35. (FUNIVERSA – Delegado de Polícia – DF/2015) No que se refere ao poder de polícia ambiental, aos crimes e às infrações administrativas contra o meio ambiente, assinale a alternativa correta conforme disposto na Lei nº 9.605/1998.

a) A multa diária pode ser convertida em serviços de preservação, melhoria e recuperação da qualidade do meio ambiente, mas a multa simples, não.

b) Na aplicação e gradação da penalidade, a autoridade competente observará, entre outros aspectos, os antecedentes do infrator quanto ao cumprimento da legislação de interesse ambiental, assim como a sua situação econômica, no caso de multa.

c) Apenas os funcionários dos órgãos ambientais integrantes do Sisnama designados para as atividades de fiscalização dispõem de competência para a lavratura do auto de infração e para a instauração de processo administrativo.

d) Os produtos, inclusive madeiras, subprodutos e instrumentos, utilizados na prática da infração ambiental não podem ser destruídos ou inutilizados, mas devem, sim, ser doados a instituições científicas, culturais ou educacionais.

e) Embora a legislação não admita que qualquer pessoa possa, constatando infração ambiental, dirigir representação às autoridades competentes, os cidadãos podem fazer comunicado ao Ministério Público para que seja apurado o cometimento de infração penal.

COMENTÁRIOS

✪ **Nota do autor:** para a resposta exige-se o conhecimento acerca da Lei nº 9.605/98.

Alternativa correta: letra "B": segundo estabelece o artigo 6º da lei de crimes ambientais, para a imposição e gradação da penalidade, a autoridade competente observará: I – a gravidade do fato, tendo em vista os motivos da infração e suas consequências para a saúde pública e para o meio ambiente; II – os antecedentes do infrator quanto ao cumprimento da legislação de interesse ambiental; III – a situação econômica do infrator, no caso de multa.

Alternativa "a": a multa simples pode ser convertida em serviços de preservação, melhoria e recuperação da qualidade do meio ambiente (artigo 72, § 4º).

Alternativa "c": não são somente as autoridades integrantes do SISNAMA que podem lavrar auto de infração. Os agentes das Capitanias dos Portos, do Ministério da Marinha também podem. "São autoridades competentes para lavrar auto de infração ambiental e instaurar processo administrativo os funcionários de órgãos ambientais integrantes do Sistema Nacional de Meio Ambiente – SISNAMA, designados para as atividades de fiscalização, bem como os agentes das Capitanias dos Portos, do Ministério da Marinha" (art. 70, § 1º da Lei).

Alternativa "d": de acordo com o artigo 25, § 3º da Lei nº 9.605/1998: tratando-se de produtos perecíveis ou madeiras, serão estes avaliados e doados a instituições científicas, hospitalares, penais e outras com fins beneficentes. § 4º Os produtos e subprodutos da fauna não perecíveis serão destruídos ou doados a instituições científicas, culturais ou educacionais.

Alternativa "e": o artigo 70, § 2º da Lei questionada possibilita que qualquer pessoa, constatando infração ambiental, pode dirigir representação às autoridades para efeito do exercício do seu poder de polícia.

---

36. (FUNIVERSA – Delegado de Polícia – DF/2015) No que diz respeito à responsabilidade ambiental, assinale a alternativa correta.

a) As concessionárias prestadoras de serviços públicos, tanto quanto as pessoas jurídicas de direito público, estão sujeitas à responsabilidade civil objetiva por danos ambientais.

b) São penas restritivas de direitos da pessoa jurídica, entre outras, a prestação pecuniária e a interdição temporária de direitos.

c) Diferentemente do que ocorre com as pessoas físicas, não se aplica às pessoas jurídicas, no que tange à responsabilidade penal ambiental, a prestação de serviços à comunidade, mas apenas a pena de multa e as penas restritivas de direitos.

d) No que se refere às pessoas físicas, as penas restritivas de direitos podem substituir as penas privativas de liberdade, mas apenas quando se tratar de crime culposo ou for aplicada pena privativa de liberdade inferior a quatro anos.

e) De acordo com a jurisprudência do STF e do STJ, a competência para julgamento do crime ambiental será da justiça federal quando atingir, ainda que de forma indireta e genérica, interesse da União ou de suas autarquias e empresas públicas.

COMENTÁRIOS

✪ **Nota do autor:** além do conhecimento de jurisprudência do STF e STJ e a lei dos crimes ambientais, a questão exige conhecimento da responsabilidade civil ambiental, encontrada no artigo 14, § 1º da Lei nº 6.938/81.

Alternativa correta: letra "A": de acordo com o artigo 14, § 1º da Lei nº 6.938/81 o poluidor é obrigado, independentemente da existência de culpa, a indenizar ou reparar os danos causados ao meio ambiente e a terceiros, afetados por sua atividade. Poluidor, por sua vez, é toda pessoa física ou jurídica, de direito público ou privado, responsável, direta ou indiretamente, por atividade causadora de degradação ambiental. Assim, tanto as pessoas jurídicas de direito público quando de direito privado (onde se situam as concessionárias de serviço público) estão sujeitas à responsabilidade civil objetiva (artigo 14, 1º da Lei nº 6.938/81) por danos ambientais.

Alternativa "b": a lei 9.605/98 em seu artigo 22 explicita que as penas restritivas de direitos da pessoa jurídica são: I – suspensão parcial ou total de atividades; II – interdição temporária de estabelecimento, obra ou atividade; III – proibição de contratar com o Poder Público, bem como dele obter subsídios, subvenções ou doações. Logo, a prestação pecuniária não se encontra no rol de penas restritivas de direito aplicáveis as pessoas jurídicas.

Alternativa "c": segundo estabelece o artigo 21, as penas aplicáveis isolada, cumulativa ou alternativamente às pessoas jurídicas são: I – multa; II – restritivas de direitos; III – prestação de serviços à comunidade. Já a prestação de serviços à comunidade pela pessoa jurídica consistirá em: I – custeio de programas e de projetos ambientais; II – execução de obras de recuperação de áreas degradadas; III – manutenção de espaços públicos; IV – contribuições a entidades ambientais ou culturais públicas.

Alternativa "d": pelo artigo 7º da Lei de Crimes Ambientais, as penas restritivas de direitos são autônomas e substituem as privativas de liberdade quando: I – tratar-se de crime culposo ou for aplicada a pena privativa de liberdade inferior a quatro anos; II – a culpabilidade, os antecedentes, a conduta social e a personalidade do condenado, bem como os motivos e as circunstâncias do crime indicarem que a substituição seja suficiente para efeitos de reprovação e prevenção do crime.

Alternativa "e": de acordo com a jurisprudência do STF e do STJ, a competência para julgamento do crime ambiental será da justiça federal quando atingir, ainda que de forma direta e específica, interesse da União ou de suas autarquias e empresas públicas, senão vejamos:

CONFLITO NEGATIVO DE COMPETÊNCIA. JUSTIÇA FEDERAL X JUSTIÇA ESTADUAL. AÇÃO PENAL. CRIME AMBIENTAL: EXTRAÇÃO DE MADEIRA DE LEI, SEM A DEVIDA AUTORIZAÇÃO DO ÓRGÃO COMPETENTE, EM ÁREA PARTICULAR, LOCALIZADA EM PROJETO DE ASSENTAMENTO DO INCRA. COMPETÊNCIA DA JUSTIÇA ESTADUAL.

1. A preservação do meio ambiente é matéria de competência comum da União, dos Estados, do Distrito Federal e dos Municípios, nos termos do art. 23, incisos VI e VII, da Constituição Federal.

2. A competência do foro criminal federal não advém apenas do interesse genérico que tenha a União na preservação do meio ambiente. É necessário que a ofensa atinja interesse direto e específico da União, de suas entidades autárquicas ou de empresas públicas federais.

3. A mera presença de um órgão federal, seja como agente executor-fiscalizador de normas fixadas para o meio ambiente, seja como agente responsável pelo licenciamento de atividades que efetiva ou potencialmente, possam causar dano ao meio ambiente, por si só, não tem o condão de definir a competência da Justiça Federal. Precedentes desta 3ª Seção.

4. A jurisprudência predominante nesta Corte tem se orientado no sentido de que, se o crime ambiental foi cometido em unidade de conservação (área de preservação permanente, parque nacional, área de proteção ambiental etc.) criada por decreto federal, evidencia-se o interesse federal na manutenção e preservação da região, ante a possível lesão a bens, serviços ou interesses da União, nos termos do artigo 109, inciso IV, da Constituição Federal.

(...)

(STJ, CC 133.475/AP, Rel. Ministro REYNALDO SOARES DA FONSECA, TERCEIRA SEÇÃO, julgado em 26/08/2015, DJe 04/09/2015)

EMENTA: (1) Habeas Corpus. Crime previsto no art. 46, parágrafo único, da Lei nº 9.605, de 1998 (Lei de Crimes Ambientais). Competência da Justiça Comum (2) Denúncia oferecida pelo Ministério Público Federal perante a Justiça Federal com base em auto de infração expedido pelo IBAMA. (3) A atividade de fiscalização ambiental exercida pelo IBAMA, ainda que relativa ao cumprimento do art. 46 da Lei de Crimes Ambientais, configura interesse genérico, mediato ou indireto da União, para os fins do art. 109, IV, da Constituição. (4) A presença de interesse direto e específico da União, de suas entidades autárquicas e empresas públicas – o que não se verifica, no caso –, constitui pressuposto para que ocorra a competência da Justiça Federal prevista no art. 109, IV, da Constituição. (5) Habeas Corpus conhecido e provido. (STF, HC 81916 / PA – Relator(a): Min. GILMAR MENDES, Julgamento: 17/09/2002).

---

37. (Cespe – Delegado de Polícia – PE/2016) Determinada pessoa física foi autuada por, supostamente, ter comercializado produtos, instrumentos e objetos que implicam a caça de espécimes da fauna silvestre.

Considerando essa situação hipotética, assinale a opção correta com base no Decreto nº 6.514/2008 – que dispõe sobre as infrações e sanções administrativas ao meio ambiente, estabelece o processo administrativo federal para apuração destas infrações, e dá outras providências.

a) A defesa do autuado deverá ser conhecida, ainda que seja apresentada fora do prazo.

b) O autuado não poderá ser intimado da lavratura do auto de infração por meio de edital.

c) O autuado não poderá ser intimado da lavratura do auto de infração por meio de carta registrada.

d) Se o auto de infração apresentar erro no enquadramento legal, o vício será insanável.

e) Se o auto de infração apresentar vício sanável, ele poderá ser convalidado a qualquer tempo.

COMENTÁRIOS

✪ **Nota do autor:** o enunciado requer o conhecimento do Decreto nº 6.514/2008 que regulamentou as infrações administrativas ambientais no âmbito federal. Traz muitos dispositivos semelhantes ao da Lei nº 9.605/98 (lei de crimes ambientais).

Alternativa correta: letra "E": de acordo com o artigo 99 do Decreto Federal o auto de infração que apresentar vício sanável poderá, a qualquer tempo, ser convalidado de ofício pela autoridade julgadora, mediante despacho saneador, após o pronunciamento da Procuradoria-Geral Federal que atua junto à respectiva unidade administrativa da entidade responsável pela autuação.

Alternativa "a": pela leitura do artigo 117 do Decreto nº 6.514/2008 as defesas apresentadas fora do prazo, por quem não seja legitimado ou perante órgão ou entidade ambiental incompetente não podem ser conhecidas.

Alternativa "b": o artigo 96 do Decreto Federal possibilita que o autuado seja intimado da lavratura do auto de infração por edital (inciso IV) se estiver o autuado em lugar incerto, não sabido ou se não for localizado no endereço.

Alternativa "c": o inciso III, do artigo 96 do Decreto em comento permite que o autuado seja intimado por carta registrada com aviso de recebimento.

Alternativa "d": segundo o artigo 100, § 3º do Decreto nº 6.514/2008 o erro no enquadramento legal da infração não implica vício insanável, podendo ser alterado pela autoridade julgadora mediante decisão fundamentada que retifique o auto de infração.

---

38. (Cespe – Delegado de Polícia – PE/2016) A responsabilidade civil por grave acidente ambiental ocorrido em uma região de determinado estado da Federação será

a) subjetiva, informada pela teoria do risco proveito.

b) objetiva, informada pela teoria do risco criado.

c) objetiva, informada pela teoria do risco integral.

d) subjetiva, informada pela teoria do risco criado.

e) subjetiva, informada pela teoria do risco integral.

COMENTÁRIOS

✪ **Nota do autor:** A questão exige o conhecimento de responsabilidade civil ambiental encontrada na Lei nº 6.938/81, artigo 14, § 1º.

Alternativa correta: letra "C" responde todas as demais alternativas: A Lei nº 6.938/81 trouxe em seu artigo 14, § 1º a espécie de responsabilidade civil adotada pelo Direito Ambiental, qual seja, objetiva. De acordo com essa norma, sem obstar a aplicação das penalidades previstas neste artigo, é o poluidor obrigado, independentemente da existência de culpa, a indenizar ou reparar os danos causados ao meio ambiente e a terceiros, afetados por sua atividade. De acordo com a doutrina pátria "nada obstante acoimada de radical, parece fora de dúvida ter-se vinculado a responsabilidade objetiva, em tema de tutela ambiental, à teoria do risco integral, que atende à preocupação de se estabelecer um sistema o mais rigoroso possível ante o alarmante quadro de degradação que se assiste não só no Brasil, mas em todo o mundo."[3]

---

39. (UEPA – Delegado de Polícia – PA/2013) Assinale a alternativa correta sobre a responsabilidade pelo dano ambiental.

a) A responsabilidade civil pelo dano ambiental é sempre subjetiva. Ou seja, exige a comprovação do dolo ou da culpa, conforme determina a Lei 6938/81.

b) A responsabilidade civil pelo dano ambiental é sempre objetiva. Ou seja, exige a comprovação do dolo ou da culpa, conforme determina a Lei 6938/81.

c) As condutas e atividades consideradas lesivas ao meio ambiente sujeitarão os infratores, pessoas físicas ou jurídicas, a sanções penais e administrativas, independentemente da obrigação de reparar os danos.

d) O Estado não pode ser responsabilizado pelo dano ambiental, porque é titular da competência para fiscalização e licenciamento ambiental.

e) É necessário esgotar a via administrativa para posteriormente responsabilizar civil e penalmente o autor de um dano ambiental.

COMENTÁRIOS

✪ **Nota do autor:** a questão aborda a responsabilidade por danos ambientais, que encontramos no art. 14, § 1º da Lei nº 6.938/81 (civil), recepcionado pelo art. 225, § 3º da Constituição Federal de 1988.

Alternativa correta: letra "C": de acordo com o art. 225, § 3º da Constituição Federal, as condutas e atividades consideradas lesivas ao meio ambiente sujeitarão os infratores, pessoas físicas ou jurídicas, a sanções penais e administrativas, independentemente da obrigação de reparar os danos causados

Alternativa "a" e "b": de acordo com o art. 14, § 1º da Lei nº 6.938/81 sem obstar a aplicação das penalidades previstas neste artigo, é o poluidor obrigado, independentemente da existência de culpa, a indenizar ou reparar os danos causados ao meio ambiente e a terceiros, afetados por sua atividade. Assim, é que a responsabilidade civil por dano ambiental é objetiva, dispensando a comprovação de dolo ou culpa.

Alternativa "d": poluidor, de acordo com o que dispõe o art. 3º, IV da Lei nº 6.938/81, poluidor, é toda

3. MILARÉ, Edis. **Direito do ambiente**. 8.ed. São Paulo: Editora Revista dos Tribunais, 2013, p. 426.

pessoa física ou jurídica, de direito público ou privado, responsável, direta ou indiretamente, por atividade causadora de degradação ambiental. Portanto, pessoas jurídicas de direito público (Estado) pode tanto poluir, como ser, pela lei, considerado poluidor.

Alternativa "e": somente no art. 217, § 1º da Constituição Federal (o Poder Judiciário só admitirá ações relativas à disciplina e às competições desportivas após esgotarem-se as instâncias da justiça desportiva, regulada em lei) há a exigência de esgotamento da via administrativa para ingresso na via judicial. Esta regra não se aplica às questões envolvendo meio ambiente.

7. POLÍTICA NACIONAL DE EDUCAÇÃO AMBIENTAL

40. (Vunesp – Delegado de Polícia – CE/2015) Assinale a alternativa correta, no que tange à Educação Ambiental no Ensino Formal, em conformidade com o estabelecido pela Lei nº 9.795/99.

a) Nos cursos de formação e especialização técnico-profissional, em todos os níveis, é facultada a incorporação de conteúdo que trate da ética ambiental das atividades profissionais a serem desenvolvidas.

b) A dimensão ambiental poderá constar dos currículos de formação de professores, em todos os níveis e em todas as disciplinas.

c) A educação ambiental não deve ser implantada como disciplina específica no currículo de ensino.

d) Aos professores em atividade é facultado receberem formação complementar em suas áreas de atuação, com o propósito de atender adequadamente os princípios e objetivos da Política Nacional de Educação Ambiental.

e) Nos cursos de pós-graduação, extensão e nas áreas voltadas ao aspecto metodológico da educação ambiental, é obrigatória a criação de disciplina específica.

COMENTÁRIOS

✪ **Nota do autor:** raramente questionada em concursos públicos, nesse enunciado, foi requisitado do candidato conhecimento acerca da Política Nacional de Educação Ambiental.

Alternativa correta: letra "C": para o artigo 10 da Lei nº 9.795/99 a educação ambiental será desenvolvida como uma prática educativa integrada, contínua e permanente em todos os níveis e modalidades do ensino formal. Contudo a educação ambiental não deve ser implantada como disciplina específica no currículo de ensino

Alternativa "a": o artigo 10, § 3º da Lei questionada propõe que nos cursos de formação e especialização técnico-profissional, em todos os níveis, deve ser incorporado conteúdo que trate da ética ambiental das atividades profissionais a serem desenvolvidas

Alternativa "b": define o artigo 11 da Lei nº 9.795/99 que a dimensão ambiental deve (e não "pode" como no enunciado) constar dos currículos de formação de professores, em todos os níveis e em todas as disciplinas.

Alternativa "d": segundo o artigo 11, parágrafo único, os professores em atividade devem receber formação complementar em suas áreas de atuação, com o propósito de atender adequadamente ao cumprimento dos princípios e objetivos da Política Nacional de Educação Ambiental.

Alternativa "e": nos cursos de pós-graduação, extensão e nas áreas voltadas ao aspecto metodológico da educação ambiental, quando se fizer necessário, é facultada a criação de disciplina específica (art. 10, § 2º).

8. PROTEÇÃO DO PATRIMÔNIO GENÉTICO – BIOSSEGURANÇA

41. (Vunesp – Delegado de Polícia – PC – BA/2018) Quanto às normas de segurança e mecanismos de fiscalização de atividades que envolvem organismos geneticamente modificados – OGM, é correta a seguinte assertiva:

a) É permitida engenharia genética em célula germinal humana, zigoto humano e embrião humano.

b) São permitidos a utilização, a comercialização, o registro, o patenteamento e o licenciamento de tecnologias genéticas de restrição do uso.

c) É proibida a implementação de projeto relativo a OGM sem a manutenção de registro de seu acompanhamento individual.

d) Derivado de OGM é todo produto obtido de OGM e que possua capacidade autônoma de replicação.

e) É permitida, para fins de pesquisa e terapia, a utilização de células-tronco embrionárias obtidas de embriões humanos viáveis, produzidos por fertilização in vitro.

COMENTÁRIOS

Alternativas "a": Está incorreta. Segundo a Lei Federal n. 11.105/2005, Política Nacional de Biossegurança, Art. 6º : **Fica proibido**: III – **engenharia genética em célula germinal humana**, **zigoto humano e embrião humano.**

Alternativas "b": Está incorreta. Pela mesma Lei Federal n. 11.105/2005, Art. 6º Fica **proibido**: **VII – a utilização, a comercialização, o registro, o patenteamento e o licenciamento de tecnologias genéticas de restrição do uso**.

Alternativa "c": Trata-se especificamente da determinação contida no Art. 6º, inciso I, da Lei 11.105/05: Fica proibido: implementação de projeto relativo a OGM sem a manutenção de registro de seu acompanhamento individual.

Alternativas "d": Está incorreta. Conforme Art. 3º da Política de Biossegurança, **considera-se**: VI – **deri-**

vado de OGM: produto obtido de OGM e que não possua capacidade autônoma de replicação ou que não contenha forma viável de OGM;.

Alternativas "e": Está incorreta. A Lei Federal n. 11.105/2005, Art. 5º , estabelece ser permitida, para fins de pesquisa e terapia, a utilização de células-tronco embrionárias obtidas de embriões humanos produzidos por fertilização **in vitro** e não utilizados no respectivo procedimento, atendidas as seguintes condições: I – sejam **embriões inviáveis**; ou II – sejam embriões **congelados há 3 (três) anos ou mais, na data da publicação desta Lei, ou que, já congelados na data da publicação desta Lei, depois de completarem 3 (três) anos, contados a partir da data de congelamento**.

Alternativa correta: letra "c".

9. CARREIRA DE DELEGADO DE POLÍCIA DO ESTADO DE GOIÁS

42. (UEG – Delegado de Polícia – PC – GO/2018) Leia o texto a seguir.

Art. 20° O Conselho Superior da Polícia Civil do Estado de Goiás, órgão colegiado consultivo, normativo e deliberativo da Polícia Civil tem por finalidade propor, opinar e deliberar sobre matérias relacionadas com a administração superior da Polícia Civil.

Lei n. 16.901, de 26 de janeiro de 2010. Disponível em: <www.gabinetecivil.goias.gov.br/leis_ordinarias/2010/lei_16901.htm>. Acesso em: 8 jun. 2018.

Como componente da estrutura organizacional da Polícia Civil, o Conselho Superior tem a competência de

a) indicar ou prover os cargos em comissão dos quadros de pessoal da Polícia Civil, observada a legislação em vigor.

b) declarar, por meio de decisão fundamentada, o impedimento à promoção de servidores que estiverem cumprindo pena disciplinar ou criminal.

c) coordenar a elaboração dos expedientes e das correspondências a serem encaminhadas pelo Delegado Geral.

d) promover a administração e o controle de pessoal ativo e inativo e de pensionistas referentes aos serviços de assistência social.

e) elaborar diretrizes para o planejamento operacional, respeitando regras do sistema de segurança do Estado de Goiás.

COMENTÁRIOS

O artigo 21 da Lei nº 16.901, de 26 de janeiro de 2010, que dispõe sobre a Lei Orgânica da Polícia Civil do Estado de Goiás, determina a competência do Conselho Superior da Polícia Civil: I – velar pela perfeita exação e eficiência dos serviços da Polícia Civil e de seus integrantes; II – indicar medidas que busquem o constante aperfeiçoamento dos serviços policiais, objetivando o aprimoramento da instituição e a eficiente atividade de manutenção e preservação da segurança e da ordem pública no território estadual; III – proferir suas decisões, fundamentadas, no prazo de 15 (quinze) dias; IV – sugerir a realização de correições extraordinárias; V – declarar o impedimento à promoção dos servidores que estiverem cumprindo pena disciplinar ou criminal, bem como daqueles que estiverem sendo processados disciplinar ou criminalmente pela prática de infração contra a Administração Pública ou o patrimônio, mas, nestes casos, depois de decisão fundamentada de 2/3 (dois terços) de seus membros; VI – conhecer e decidir sobre recursos relativos às listas de promoção; VII – manifestar-se sobre lista de promoção por antiguidade ou merecimento; VIII – apreciar e homologar os nomes das autoridades e/ou dos policiais indicados pelo Delegado-Geral da Polícia Civil para serem agraciados com a concessão das medalhas instituídas pela Lei nº 11.781, de 28 de julho de 1992, e regulamentada pelo Decreto nº 4.784, de 25 de abril de 1997; IX – analisar, avaliar e deliberar sobre os movimentos e conflitos sociais que de alguma forma possam afetar a segurança e a ordem pública, inclusive movimentos reivindicatórios classistas, internos e externos, propondo soluções; X – decidir, em grau de recurso, as condições essenciais de merecimento dos servidores da Polícia Civil; XI – aferir e deliberar acerca das condições essenciais de merecimento, sob o aspecto positivo, mantendo ou alterando a média das notas lançadas pelos chefes imediato e mediato.

Alternativa "a" (reponde também as alternativas "c", "d" e "e"): não constam dentre as atribuições do Conselho Superior da Polícia Civil do Estado de Goiás previstas no artigo 21 da Lei Estadual nº 16.901/2010.

Alternativa "b": A previsão está no artigo 21, inciso V, acima citado: "Cabe ao Conselho Superior, declarar o impedimento à promoção dos servidores que estiverem cumprindo pena disciplinar ou criminal, bem como daqueles que estiverem sendo processados disciplinar ou criminalmente pela prática de infração contra a Administração Pública ou o patrimônio, mas, nestes casos, **depois de decisão fundamentada** de 2/3 (dois terços) de seus membros".

Alternativa correta: letra "b".

Direito Ambiental

Rafael Costa Freiria e
Taisa Cintra Dosso

✦ DICAS

1. MEIO AMBIENTE: HISTÓRICO, CONCEITO, PRINCÍPIOS E CONSTITUIÇÃO FEDERAL

1.1 PRINCIPAIS DOCUMENTOS JURÍDICOS RELATIVOS À TUTELA AMBIENTAL

A **preocupação com a questão ambiental dos países** vem crescendo ao longo dos tempos. Principalmente a partir de 1960, começaram a surgir leis mais severas visando a proteção ambiental. Atualmente, as leis cuidam dos mais variados temas, objetivando sempre o **desenvolvimento sustentável**.

No âmbito internacional, destacam-se os seguintes documentos jurídicos:	
Conferência de Estocolmo sobre o Meio Ambiente Humano	realizada em 1972, na Suécia, reunindo 113 países, foi o **marco mundial** que ensejou o **alerta** sobre os riscos à humanidade gerados pela degradação ambiental, introduzindo os países em um debate sobre a questão, resultando na **Declaração sobre Meio Ambiente**.
Conferência das Nações Unidas para o Meio Ambiente e Desenvolvimento (CNUMAD)	também conhecida como **ECO 92**, realizada em 1992**,** no Rio de Janeiro, reunindo 178 países, objetivou centralizar no mundo a discussão sobre o meio ambiente, aperfeiçoando os instrumentos de proteção ambiental internacional, resultando nos seguintes documentos: **Convenção sobre Diversidade Biológica**, **Convenção sobre Mudanças do Clima**, **Declaração de Princípios sobre o Uso das Florestas**, **Declaração do Rio** e **Agenda 21**.
Conferência das Nações Unidas sobre o Meio Ambiente e Desenvolvimento (RIO+10)	realizada em 2002, em Joanesburgo, na África do Sul, reunindo 191 países, reforçou os objetivos da ECO 92, resultando nos seguintes documentos: **Declaração de Joanesburgo** e no **Plano de Implementação**.
Conferência das Nações Unidas sobre Desenvolvimento Sustentável (RIO+20)	realizada em 2012, no Rio de Janeiro, reunindo 193 países, reforçou os princípios e compromisso ambientais já assumidos desde a ECO 92, apresentando como centro da questão ambiental a erradicação da pobreza e a economia verde, resultando no documento ***"O futuro que queremos"***.

No Brasil, a legislação apresentou a seguinte evolução:	
1965	Código Florestal
1981	Lei da Política Nacional do Meio Ambiente
1988	Constituição Federal
1997	Lei do Sistema Nacional de Recursos Hídricos
1998	Lei de Crimes Ambientais
2000	Lei do Sistema Nacional de Unidade de Conservação da Natureza – SNUC
2007	Lei de Diretrizes Nacionais e Saneamento Básico
2009	Lei da Política Nacional sobre Mudança do Clima
2010	Lei da Política Nacional de Resíduos Sólidos
2011	Lei Complementar nº 140/2011 – Dispõe sobre competência material relativa ao meio ambiente, em especial sobre licenciamento ambiental.
2012	Lei da Política Nacional de Mobilidade Urbana
2015	Lei de Acesso ao Patrimônio Genético, sobre a Proteção e o Acesso ao Conhecimento Tradicional associado e sobre a repartição de benefícios para conservação e uso sustentável da Biodiversidade

1.2. MEIO AMBIENTE

- **Conceito legal:** É o conjunto de condições, leis, influências e interações de ordem física, química e biológica, que permite, abriga e rege a vida em todas as suas formas, conforme artigo 3º, inciso I, da Lei nº 6.938/1981. A definição legal abrange o chamado **meio ambiente natural, pois que abarca apenas o elemento biológico.**
- **Conceito mais abrangente**: Prevalece o entendimento de que o conceito de meio ambiente é **mais abrangente**, incluindo as criações humanas, por exemplo. Daí a classificação do meio ambiente em: a) **meio ambiente natural**: definido no artigo 3º, inciso I, da Lei nº 6.938/1981, como os recursos naturais, ecossistemas, biodiversidade e patrimônio genético; b) **meio ambiente cultural**: são as criações humanas sobre os elementos naturais que possuem valor histórico, paisagístico, artístico, arqueológico, paleontológico, ecológico ou científico; c) **meio ambiente artificial**: é composto pelo espaço urbano seja construído (edificações), seja aberto (praças e ruas, por exemplo) e; d) **meio ambiente do trabalho**: são as condições atinentes às relações de trabalho, que permitem ao trabalhador exercer suas funções de maneira digna e segura.
- **O direito ao meio ambiente é um direito de interesse difuso.**
- O direito ao meio ambiente integra os **direitos humanos fundamentais de terceira geração**, fundado nos princípios da fraternidade ou solidariedade, caracterizados por serem direitos transindividuais, em que seu titular não é o homem individualizado, mas toda coletividade.
- Nos termos do artigo 81, inciso I, da Lei nº 8.078/90, são interesses ou direitos difusos os transindividuais, de natureza indivisível, de que sejam titulares pessoas indeterminadas e ligadas por circunstâncias de fato. Portando, o direito ao meio ambiente é um **direito de interesse difuso**, sendo que a sua degradação afeta uma gama de pessoas indetermináveis e ligadas por circunstâncias de fato. Nesse sentido, dispõe o **artigo 225 da Constituição Federal** que **"todos têm direito ao meio ambiente ecologicamente equilibrado, bem de uso comum do povo e essencial à essencial à sadia qualidade de vida.**
- **Concepção antropocêntrica:** O artigo 225 da Constituição Federal, ao determinar que todos tem direito ao meio ambiente ecologicamente equilibrado, reflete a concepção antropocêntrica do Texto Constitucional, pois que o equilíbrio ambiental visa a assegurar a existência humana, colocando o homem no centro do universo.

1.3. PRINCÍPIOS DE DIREITO AMBIENTAL

Princípio da ubiquidade	O direito ao meio ambiente ecologicamente equilibrado previsto no artigo 225 da Constituição Federal está intimamente ligado com o direito à vida. Assim, o direito ambiental é **onipresente** na tutela de todo direito subjetivo. O meio ambiente é o **epicentro** dos direitos humanos.
Princípio da solidariedade intergeracional	As **atuais gerações** devem preservar o meio ambiente para as **presente e futura gerações**, mediante a utilização racional dos recursos ambientais. Está previsto no artigo 225 da CF. Também conhecido como **princípio da responsabilidade ambiental entre gerações.**
Princípio da participação	Decorre do artigo 225 da CF, bem como do Princípio 10 da Declaração do Rio, segundo o qual se impõe ao **Poder Público** e à **coletividade** o dever de preservação do meio ambiente. A atuação conjunta dos órgãos públicos e da sociedade permite a implantação de políticas ambientais efetivas. É a **responsabilidade compartilhada** em prol da preservação ambiental.
Princípio das responsabilidades comuns, mas diferenciadas	Trata-se do Princípio 7 da Declaração do Rio, segundo o qual todos **os Estados têm a responsabilidade comum de preservação ambiental, sendo as habilidades e as capacidades dos Estados diferenciadas** para atingir essa finalidade. A criação de padrões ambientais com imposição de obrigações para os Estados deve ser diferenciada conforme as respectivas habilidades e capacidades. Está previsto no artigo 170, VI, da CF, destinando-se aos agentes econômicos nacionais.
Princípio do desenvolvimento sustentável	Decorre do artigo 1º, § 1º, da Declaração sobre Desenvolvimento da ONU, bem como do artigo 4º, inciso I, da Lei nº 6.938/1981. Pressupõe **a ponderação entre o desenvolvimento econômico e a preservação do meio ambiente ecologicamente equilibrado**, ou na redação do citado artigo 4º, "**à compatibilização do desenvolvimento econômico social com a preservação da qualidade do meio ambiente e do equilíbrio ecológico**". Tem aplicação, sobretudo, na utilização dos recursos naturais renováveis, sendo o EIA um instrumento de sua incidência. O artigo 3º da Lei de Licitações prevê a **promoção do desenvolvimento sustentável** como um dos objetivos do processo licitatório.
Princípio da prevenção	Decorre implicitamente do artigo 225 da CF, preconizando que o ente ambiental deve impor medidas para se evitar o dano ambiental, pois que muitas vezes é irreversível. O princípio se volta ao cuidado ambiental de atividades com **risco conhecido** ou **certo**, em que há **certeza científica**.
Princípio da precaução	Está previsto no Princípio 15 da Declaração do Rio, preconizando que o ente ambiental deve impor medidas para se evitar o dano ambiental, pois que muitas vezes é irreversível, **ainda que não haja certeza científica sobre sua existência.** O princípio se volta ao cuidado ambiental de atividades com **risco desconhecido** ou **incerto**, aplicando-se o postulado **in dubio pro natura**. É com fundamento neste princípio que se respalda o entendimento jurisprudencial em que se **admite a inversão do ônus da prova nas demandas ambientais,** impondo-se ao poluidor provar, com anterioridade, que sua ação não causará degradação ambiental.

Princípio do poluidor-pagador	Está previsto no enunciado 16 da Declaração do Rio de Janeiro de 1992. Prevê a **responsabilidade do poluidor pelos custos ambientais advindos de sua atividade econômica ambientalmente impactante**. Agrega-se esse valor no custo produtivo da atividade. Este princípio determina a incidência do regime jurídico da **responsabilidade civil objetiva por danos ambientais**, conforme previsão do artigo 14, § 1º, da Lei nº 6.938/1981, que assim dispõe: "Sem obstar a aplicação das penalidades previstas neste artigo, é o poluidor obrigado, independentemente da existência de culpa, a indenizar ou reparar os danos causados ao meio ambiente e a terceiros, afetados por sua atividade".
Princípio do usuário-pagador	Pressupõe que **as pessoas que utilizam os recursos naturais devem pagar pela sua utilização, ainda que não haja poluição.** Não se confunde com o princípio do poluidor-pagador, que pressupõe poluição e apresenta caráter reparatório. A propósito, é um dos instrumentos da Política Nacional do Meio Ambiente, nos termos do artigo 4º, VII, "a imposição, ao poluidor e ao predador, da obrigação de recuperar e/ou indenizar os danos causados e, ao usuário, da contribuição pela utilização de recursos ambientais com fins econômicos".
Princípio da educação ambiental	Está previsto no artigo 225, § 1º, inciso VI, da CF. Visa **promover a conscientização pública** para a preservação do meio ambiente, através da educação ambiental em todos os níveis de ensino.
Princípio da cooperação entre os povos	Todas as nações devem cooperar na preservação ambiental, através de tratados internacionais, pois que **o meio ambiente não conhece fronteiras políticas.** Este princípio orienta as relações internacionais do Brasil, conforme artigo 4º, inciso IX, da CF.
Princípio da função socioambiental	A propriedade **urbana** e **rural** deve preservar **o meio ambiente**, cumprindo sua função socioambiental. Decorre dos artigos 5º, XXII, XXIII, 170, II e III e 186 da CF.
Princípio da informação	Prevê **o acesso de todos às informações relativas ao meio ambiente**, ressalvadas as exceções legais. Decorre do artigo 5º, XIV e artigo 225, § 1º, incisos IV e VI, todos da CF.
Princípio do limite	Estabelece o dever do **Poder Público** de estabelecer **os limites das atividades que impliquem em riscos à qualidade de vida e ao meio ambiente.**
Princípio da vedação do retrocesso ambiental	Salvo se houver significativa alteração das circunstâncias de fato, **não se pode admitir o retrocesso da proteção ambiental para níveis inferiores, já consagrados.**

Atenção!

Princípio do protetor recebedor

Estabelece que as pessoas físicas ou jurídicas responsáveis pela preservação ambiental serão agraciadas com benefícios, já que estão colaborando para a manutenção do meio ambiente ecologicamente equilibrado. É o caso da tributação ecológica, como o ICMS ecológico, tributo de competência estadual, utilizado para estabelecer o percentual que cada município de um determinado Estado instituidor tem direito de receber quando do repasse constitucional, tendo fundamento do artigo 155, § 2º, III, da CF/88: "( ) facultando, assim, o seu uso com função extrafiscal". Quanto aos benefícios, o Novo Código Florestal prevê a possibilidade de compensação financeira aos proprietários rurais que mantém reserva legal em sua propriedade, acima do limite mínimo. A Lei da Política Nacional de Resíduos Sólidos (Lei nº 12.305/2010), em seu artigo 6º, II, adota expressamente o mencionado princípio.

1.4. O MEIO AMBIENTE NA CONSTITUIÇÃO FEDERAL

Seguindo a tendência mundial de inserção das normas ambientais no Texto Constitucional, a Constituição Federal de 1988 dispõe sobre o meio ambiente em diversos artigos a relativos à vários temas:

competência ambiental legislativa	artigo 22, IV, XII e XVI; artigo 24, VI, VII e VIII; e artigo 30, I e II.
competência ambiental material	artigo 23, III, IV, VI, VII e IX.
ordem econômica	artigo 170, inciso VI; artigo 174, § 4º; e artigo 175.
meio ambiente artificial	artigo 182.
meio ambiente cultural	artigos 215, 216 e 216-A .
meio ambiente natural	artigo 225.
meio ambiente laboral	artigo 200, VIII, da CF.

1.5. COMPETÊNCIA EM MATÉRIA AMBIENTAL

Competência legislativa concorrente

A Constituição Federal, em seu **artigo 24, incisos VI, VII e VIII** atribui **competência concorrente à União, aos Estados e ao Distrito Federal** para legislar sobre assuntos relativos ao meio ambiente como florestas, caça, pesca, fauna, conservação da natureza, defesa do solo e dos recursos naturais, proteção do meio ambiente e controle da poluição. Consoante determinação do **§ 1º** do citado artigo, a competência da União limitar-se-á a estabelecer normas gerais. Os **Municípios** também detêm **competência legislativa em material ambiental**, em decorrência do **artigo 30, incisos I e II** da Constituição da República, cabendo a eles legislar sobre assuntos de interesse local e suplementar a legislação estadual e federal no que couber.

Ressalva: O **artigo 22, incisos IV, XII e XXVI, da CF**, determina **competência legislativa exclusiva da União** legislar sobre **águas, energias, jazidas, minas e outros recursos minerais, bem como atividades nucleares de qualquer natureza.**

IMPORTANTE

Foi decidido pelo STF que o município é competente para legislar sobre meio ambiente com a União e o **estado no limite do seu interesse local e desde que tal regramento seja harmônico com a disciplina estabelecida pelos demais entes federados.** Esta foi a tese firmada pelo Supremo Tribunal Federal (STF) ao julgar o Recurso Extraordinário (RE) 586224, com repercussão geral reconhecida. **O Plenário, por maioria, deu provimento ao recurso para declarar a inconstitucionalidade da Lei 1.952/1995, do Município de Paulínia (SP), que proíbe totalmente a queima da palha de cana-de-açúcar em seu território.** [...] De acordo como ministro Luiz Fux, **"as normas federais que tratam do assunto apontam expressamente para a necessidade de se traçar um planejamento para extinguir gradativamente o uso do fogo como método despalhador e facilitador do corte da cana"**.

COMPETÊNCIA MATERIAL COMUM

A Constituição Federal, em seu **artigo 23, incisos III, IV, VI, VII e IX** atribui **competência material comum à União, Estados, Distrito Federal e Municípios, no intuito de promover a execução de políticas e preceitos relativos à proteção ambiental.**

Ressalvas: O artigo **21, incisos IX, XVIII, XIX, XX e XXIII, da CF**, determina algumas **competências ambientais materiais exclusivas da União**, como, por exemplo, instituir diretrizes para o desenvolvimento urbano, inclusive habitação, saneamento básico e transportes urbanos;

O artigo **30, incisos VIII e IX, da CF**, determina **competência material exclusiva do Município** "promover, no que couber, adequado ordenamento territorial, mediante planejamento e controle do uso, do parcelamento e da ocupação do solo urbano", bem como "promover a proteção do patrimônio histórico-cultural local, observada a legislação e a ação fiscalizadora federal e estadual.

Lei Complementar nº 140/2011: Regula as competências ambientais comuns entre a União, os Estados, o Distrito Federal e os Municípios, especialmente sobre licenciamento ambiental.

Atenção!

Mineração

A Constituição Federal estabelece em seu artigo 20, IX, que os recursos minerais, inclusive os do subsolo, são bens da União, entretanto, não será somente o ente federal que poderá explorar comercialmente, possibilitando-se a atividade de garimpeira em regiões determinadas, nos termos dos artigos 21 e 174. Quanto à competência legislativa, esta será privativa da União (art. 22, XII, CF/88), não cabendo aos Estados, Distrito Federal e Municípios tal atribuição.

Responsabilidades: O § 2º do artigo 225 da CF/88 traz expressamente a obrigação de reparação do meio ambiente degradado decorrente da exploração de recursos minerais. Além da responsabilidade civil, aquele que descumprir o parágrafo mencionado estará também praticando um crime contra o meio ambiente, tipificado no artigo 55, da Lei nº 9.605/1988.

Licenciamento ambiental: Por ser uma atividade de alto risco ao meio ambiente, a atividade de mineração deve ser submetida ao licenciamento ambiental para que possa ser exercida licitamente, nos termos dos artigos 3º, 16 e 17, da Lei nº 7.805/1989.

2. ORDEM ECONÔMICA

Princípio da ordem econômica e financeira: Nos termos do **artigo 170, inciso VI da CF, a defesa do meio ambiente**, inclusive mediante tratamento diferenciado conforme o impacto ambiental dos produtos e serviços e de seus processos de elaboração e prestação, é um dos **princípios da ordem econômica e financeira.**

Artigo 174, § 4º, da CF: *O Estado favorecerá a organização da atividade garimpeira em cooperativas, levando em conta a* **proteção do meio ambiente** *e a promoção econômico-social dos garimpeiros.*

Artigo 175, CF: *Dispõe sobre a exploração ou aproveitamento das* **jazidas e demais recursos minerais e os potenciais de energia hidráulica.**

Meio ambiente artificial

Artigo 182: *A* **política de desenvolvimento urbano**, *executada pelo Poder Público municipal, conforme diretrizes gerais fixadas em lei, tem por objetivo* **ordenar o pleno desenvolvimento das funções sociais da cidade e garantir o bem-estar de seus habitantes**.

§ 1º. O **plano diretor**, *aprovado pela Câmara Municipal, obrigatório para cidades com mais de vinte mil habitantes, é o instrumento básico da política de desenvolvimento e de expansão urbana.*

§ 2º. A **propriedade urbana cumpre sua função social** *quando atende as exigências fundamentais de ordenação da cidade expressas no plano diretor.*

§ 3º. As **desapropriações de imóveis urbanos** *serão feitas com prévia e justa indenização em dinheiro.*

§ 4º. É facultado ao Poder Público municipal, mediante lei específica para área incluída no plano diretor, exigir, nos termos da lei federal, **do proprietário do solo urbano não edificado, subutilizado ou não utilizado, que promova seu adequado aproveitamento**, *sob* **pena**, *sucessivamente, de:*

I – parcelamento ou edificação compulsórios;

II – imposto sobre a propriedade predial e territorial urbana progressivo no tempo;

III – desapropriação com pagamento mediante títulos da dívida pública de emissão previamente aprovada pelo Senado Federal, com prazo de resgate de até dez anos, em parcelas anuais, iguais e sucessivas, assegurados o valor real da indenização e os juros legais.

Observações
A Lei nº 10.257/2001, conhecida como **Estatuto da Cidade**, regulamenta o espaço urbano, garantindo uma **cidade sustentável** onde deverá ser observado o saneamento ambiental, devendo-se evitar a poluição ambiental, protegendo-se o meio ambiente em seu conceito mais abrangente.
A política urbana busca implementar a **sustentabilidade das cidades**, entendida como o direito à terra urbana, à moradia, ao saneamento ambiental, à infraestrutura urbana, ao transporte e aos serviços públicos, ao trabalho e ao lazer, para as presentes e futuras gerações.
O **plano diretor, obrigatório** para cidades com mais de vinte mil habitantes, bem como nas hipóteses do artigo 41 do EC, objetiva a **gestão democrática da cidade**, devendo ser promovidas **audiências públicas** e **debates**, garantidos a **publicidade** e o acesso às **informações**, devendo ser **revisto** a cada dez anos.
São **instrumentos de execução da política urbana** previstos no **Estatuto da Cidade**: a) direito de superfície; b) direito de preempção; c) outorga onerosa do direito de construir; d) operações urbanas consorciadas; e) transferência do direito de construir; f) plano diretor; g) zoneamento ambiental; h) tombamento de imóveis; i) instituição de unidade de conservação; j) estudo prévio de impacto ambiental (EIA) e l) estudo prévio de impacto de vizinhança (EIV) e; m) usucapião coletiva.
Nos termos do **artigo 25, § 3º, da CF**, os **Estados** poderão, mediante lei complementar, instituir **regiões metropolitanas, aglomerações urbanas e microrregiões**, constituídas por agrupamentos de municípios limítrofes, para integrar a organização, o planejamento e a execução de funções públicas de interesse comum.

Meio ambiente cultural

O meio ambiente cultural está disciplinado nos artigos **215, 216 e 216-A.**

O **Estado** garantirá a todos o pleno exercício dos direitos culturais e acesso às fontes da cultura nacional, e apoiará e incentivará a valorização e a difusão das manifestações culturais, bem como protegerá as manifestações das culturas populares, indígenas e afro-brasileiras, e das de outros grupos participantes do processo civilizatório nacional. (artigo 215, *caput* e § 1º, da CF)

Plano Nacional de Cultura	artigo 215, § 3º, CF
Sistema Nacional de Cultura	artigo 216-A, CF

Constituem **patrimônio cultural brasileiro** os bens de natureza material e imaterial, tomados individualmente ou em conjunto, portadores de referência à identidade, à ação, à memória dos diferentes grupos formadores da sociedade brasileira, (artigo 216, *caput*, CF). Os incisos do *caput* do artigo 216, trazem um **rol exemplificativo** dos bens integrantes do patrimônio cultural, como as criações científicas, artísticas e tecnológicas, além de outros.

O **Poder Público**, com a colaboração da comunidade, promoverá e protegerá o patrimônio cultural brasileiro, por meio de **inventários, registros, vigilância, tombamento e desapropriação, e de outras formas de acautelamento e preservação**, sendo que os **danos e ameaças** ao patrimônio cultural serão **punidos** na forma da lei (artigo 216, *caput* e § 1º, da CF)

Meio ambiente do trabalho

Está previsto no **artigo 200, VIII, da CF**, quando determina a Constituição Federal que **compete ao Sistema Único de Saúde, coloborar na proteção do meio ambiente, nele compreendido o do trabalho.**

Meio ambiente natural

Dispõe o **artigo 225, caput, da Constituição Federal** que "todos têm **direito ao meio ambiente ecologicamente equilibrado**, bem de uso comum do povo e essencial à sadia qualidade de vida, impondo-se ao **Poder Público e à coletividade** o **dever de defendê-lo e preservá-lo** para as **presentes e futuras gerações**". Conforme já visto acima, este dispositivo denota: a) a **natureza difusa** do direito ao meio ambiente, como **direito humano de terceira geração**; b) concepção **antropocêntrica**; c) princípio da **ubiquidade**; d) princípio da **solidariedade intergeracional** e; e) princípio da **participação** e da **responsabilidade compartilhada.**
O dever do Poder Público na defesa e preservação do meio ambiente está detalhado nos § 1º e seus incisos, elencando o legislador deveres específicos a serem cumpridos como: preservar e restaurar os **processos ecológicos essenciais** e prover o **manejo ecológico das espécies e ecossistemas;**
preservar a diversidade e a integridade do **patrimônio genético** do País e fiscalizar as entidades dedicadas à pesquisa e manipulação de material genético;
definir, em todas as unidades da Federação, **espaços territoriais e seus componentes a serem especialmente protegidos**, sendo a **alteração e a supressão permitidas somente através de lei**, vedada qualquer utilização que comprometa a integridade dos atributos que justifiquem sua proteção;
Observação: a criação de espaços territoriais especialmente protegidos pode se dar por lei ou ato do Poder Público.
exigir, na forma da lei, para instalação de obra ou atividade potencialmente causadora de significativa degradação do meio ambiente, **estudo prévio de impacto ambiental**, a que se dará publicidade;
controlar a produção, a comercialização e o emprego de técnicas, métodos e substâncias que **comportem risco para a vida, a qualidade de vida e o meio ambiente**;
promover a **educação ambiental** em todos os níveis de ensino e a **conscientização pública** para a preservação do meio ambiente;
proteger a **fauna e a flora,** vedadas, na forma da lei, as práticas que coloquem em risco sua função ecológica, provoquem a extinção de espécies ou submetam os animais à crueldade;
§ 2º – Aquele que **explorar recursos minera**is fica obrigado a recuperar o meio ambiente degradado, de acordo com solução técnica exigida pelo órgão público competente, na forma da lei.
§ 3º – As **condutas e atividades consideradas lesivas ao meio ambiente** sujeitarão os infratores, pessoas físicas ou jurídicas, **a sanções penais e administrativas, independentemente da obrigação de repar**ar os danos causados.

§ 4º – A Floresta Amazônica brasileira, a Mata Atlântica, a Serra do Mar, o Pantanal Mato-Grossense e a Zona Costeira são **patrimônio nacional**, e sua utilização far-se-á, na forma da lei, dentro de condições que assegurem a preservação do meio ambiente, inclusive quanto ao uso dos recursos naturais. **Obs**: A Constituição **não dispõe sobre a conversão em bens públicos os imóveis particulares situados nessas áreas**. Nesse sentido, posicionou-se o **STF** no julgamento do Recurso Extraordinário nº 134.297, de 13/06/1995. **Obs:** A **Lei nº 7.661/88** institui o **Plano Nacional de Gerenciamento Costeiro** e dá outras providências. **Obs:** O Brasil ratificou a **Convenção das Nações Unidas sobre o Direito do Mar e a Proteção do Meio Ambient**e, assinada em 10 de dezembro de 1982, em Montego Bay, na Jamaica.
§ 5º – São indisponíveis **as terras devolutas ou arrecadadas pelos Estad**os, por ações discriminatórias, necessárias à proteção dos ecossistemas naturais.
§ 6º – As **usinas** que operem com **reator nucle**ar deverão ter sua localização definida em lei federal, sem o que não poderão ser instaladas.

IMPORTANTE:
Deve-se atentar também para a recente inclusão do § 7º, do Art. 225 da CF, acrescido pela EC 96/2017, que possibilita práticas desportivas que utilizem animais, desde que sejam manifestações culturais, devendo ser regulamentadas por lei específica que assegure o bem-estar dos animais envolvidos.

2.1 *POLÍTICA NACIONAL DO MEIO AMBIENTE E SISTEMA NACIONAL DO MEIO AMBIENTE – PNMA – LEI Nº 6.938/1981*

A **Lei nº 6.938/1981**, institui a **Política Nacional do Meio Ambiente (PNMA),** estabelecendo princípios, objetivos e instrumentos para a implementação da preservação dos recursos naturais, bem como institui o **Sistema Nacional do Meio Ambiente (SISNAMA),** com vistas a estabelecer uma rede de agências governamentais, nos diversos níveis da federação, assegurando mecanismos capazes de, com eficiência, implementar a política nacional do meio ambiente.

De acordo com a definição **do artigo 3º, inciso VI**, da Lei nº 6.938/1981, **poluidor** é a pessoa física ou jurídica, de direito público ou privado, responsável, direta ou indiretamente, por atividade causadora de degradação ambiental.

Instrumentos da Política Nacional do Meio Ambiente

Nos termos do artigo 9º da lei são instrumentos da Política Nacional do Meio Ambiente:
o estabelecimento de **padrões de qualidade ambiental;**
o zoneamento ambiental: como modalidade de intervenção do Estado na propriedade, dividindo-a em zonas conforme a melhor forma de preservação ambiental e utilização sustentável dos recursos naturais, o zoneamento ambiental é manifestação do exercício do poder de polícia ambiental e objetiva realizar a função socioambiental da propriedade. Pode ser chamado de **zoneamento ecológico-econômico (ZEE)**, devendo ser aprovado mediante lei, observando-se as zonas de uso estritamente industrial, de uso predominantemente industrial, de uso diversificado e de reserva ambiental.
a avaliação de impactos ambientais;
o licenciamento e a revisão de atividades efetiva ou potencialmente poluidoras;
os incentivos à produção e instalação de equipamentos e a criação ou absorção de tecnologia, voltados para a melhoria da qualidade ambiental;
a criação de espaços territoriais especialmente protegidos pelo Poder Público federal, estadual e municipal, tais como áreas de proteção ambiental, de relevante interesse ecológico e reservas extrativistas;
o sistema nacional de informações sobre o meio ambiente;
o Cadastro Técnico Federal de Atividades e Instrumentos de Defesa Ambiental;
as penalidades disciplinares ou compensatórias ao não cumprimento das medidas necessárias à preservação ou correção da degradação ambiental;
a instituição do Relatório de Qualidade do Meio Ambiente, a ser divulgado anualmente pelo Instituto Brasileiro do Meio Ambiente e Recursos Naturais Renováveis – IBAMA;
a garantia da prestação de informações relativas ao meio ambiente, obrigando-se o Poder Público a produzi-las, quando inexistentes;
o Cadastro Técnico Federal de atividades potencialmente poluidoras e/ou utilizadoras dos recursos ambientais;
instrumentos econômicos, como concessão florestal, servidão ambiental, seguro ambiental e outros;

Sistema Nacional do Meio Ambiente (SISNAMA)

Dispõe **o artigo 6º** da Lei nº 6.938/1981, que os órgãos e entidades da **União**, dos **Estados**, do **Distrito Federal**, dos **Territórios** e dos **Municípios**, bem como as **fundações** instituídas pelo Poder Público, responsáveis pela proteção e melhoria da qualidade ambiental, constituirão o **Sistema Nacional do Meio Ambiente – SISNAMA**, cuja composição segue abaixo:

órgão superior	o **Conselho de Governo**, com a função de assessorar o Presidente da República na formulação da Política nacional e nas diretrizes governamentais para o meio ambiente e os recursos ambientais.
órgão consultivo e deliberativo	o **Conselho Nacional do Meio Ambiente (CONAMA),** com a finalidade de assessorar, estudar e propor ao Conselho de Governo, diretrizes de Políticas governamentais para o meio ambiente e os recursos naturais e deliberar, no âmbito de sua competência, sobre normas e padrões compatíveis com o meio ambiente ecologicamente equilibrado e essencial à sadia qualidade de vida. Sua **competência** está definida no **artigo 8º** da Lei nº 6.938/1981: estabelecer, mediante proposta do **IBAMA**, normas e critérios para o **licenciamento de atividades efetiva ou potencialmente poluidoras**, a ser concedido pelos Estados e supervisionado pelo IBAMA;

órgão consultivo e deliberativo	determinar, quando julgar necessário, a **realização de estudos das alternativas e das possíveis consequências ambientais de projetos públicos ou privados**, requisitando aos órgãos federais, estaduais e municipais, bem assim a entidades privadas, as informações indispensáveis para apreciação dos estudos de impacto ambiental, e respectivos relatórios, no caso de obras ou atividades de significativa degradação ambiental, especialmente nas áreas consideradas patrimônio nacional.
	determinar, mediante representação do IBAMA, **a perda ou restrição de benefícios fiscais concedidos pelo Poder Público**, em caráter geral ou condicional, e a perda ou suspensão de participação em linhas de financiamento em estabelecimentos oficiais de crédito;
	estabelecer, privativamente, **normas e padrões nacionais de controle da poluição por veículos automotores, aeronaves e embarcações**, mediante audiência dos Ministérios competentes;
	estabelecer **normas, critérios e padrões relativos ao controle e à manutenção da qualidade do meio ambiente com vistas ao uso racional dos recursos ambientais,** principalmente **os hídricos**.
órgão central	o **Ministério do Meio Ambiente** (antiga Secretaria do Meio Ambiente da Presidência da República), com a finalidade de planejar, coordenar, supervisionar e controlar, como órgão federal, a Política nacional e as diretrizes governamentais fixadas para o meio ambiente.
órgão executor	**o Instituto Brasileiro do Meio Ambiente e dos Recursos Naturais Renováveis (IBAMA) e o Instituto Chico Mendes de Conservação da Biodiversidade (ICMBIO)** com a finalidade de executar e fazer executar, como órgão federal, a Política e diretrizes governamentais fixadas para o meio ambiente.
órgãos seccionais	**os órgãos ou entidades estaduais** responsáveis pela execução de programas, projetos e pelo controle e fiscalização de atividades capazes de provocar a degradação ambiental.
órgãos locais	os **órgãos ou entidades municipais**, responsáveis pelo controle e fiscalização dessas atividades, nas suas respectivas jurisdições.

2.2 PODER DE POLÍCIA, LICENCIAMENTO E ESTUDOS AMBIENTAIS (EIA)

Poder de Polícia Ambiental

O exercício do **poder de polícia ambiental** é comum a todos os entes federativos, nos termos do artigo 23, inciso VI, da CF, sendo o seu exercício regular o fato gerador para cobrança de **taxa**, conforme artigo 78 do CTN.

A **competência para exercer o poder de polícia** não se confunde com a **competência para licenciar**, podendo a fiscalização e o licenciamento da atividade serem realizados por entes distintos.

O artigo 17, *caput*, da LC nº 140/2011 dá **prioridade,** para fiscalizar, ao órgão ambiental que realizou o licenciamento, sem prejuízo do exercício do poder de polícia pelos demais entes federativos, conforme estatui o § 3º do citado artigo.

Licenciamento ambiental

Decorre do dever específico do Poder Público de **controlar a poluição** (artigo 225, § 1º, V), sendo um dos principais **instrumentos da política nacional do meio ambiente**. Considera-se **poluição**, nos termos do artigo 3º, inciso III, da Lei da PNMA, a **degradação da qualidade ambiental resultante de atividades que direta ou indiretamente**: a) prejudiquem a saúde, a segurança e o bem-estar da população; b) criem condições adversas às atividades sociais e econômicas; c) afetem desfavoravelmente a biota; d) afetem as condições estéticas ou sanitárias do meio ambiente; e) lancem matérias ou energia em desacordo com os padrões ambientais estabelecidos.

O **licenciamento** é um **procedimento administrativo** (artigo 1º, inciso I, da Resolução Conama nº 237/1997 e artigo 2º, inciso I, da LC nº 140/2011) exigido na construção, instalação, ampliação e funcionamento de estabelecimentos e atividades utilizadoras de recursos ambientais, **efetiva** ou **potencialmente poluidores** ou capazes, sob qualquer forma, de **causar degradação ambiental** (artigo 10, *caput*, da Lei nº 6.938/1981).

Fases do licenciamento	estão previstas no artigo 10 da Resolução Conama nº 237/1997, devendo-se dar a ele **publicidade**, consoante determina o artigo 10, § 1º, da Lei nº 6.938/1981. Nos termos do citado, o licenciamento observa as seguintes etapas:
	Definição pelo órgão ambiental competente, com a participação do empreendedor, dos **documentos, projetos e estudos ambientais,** necessários ao início do processo de licenciamento correspondente à licença a ser requerida;
	Requerimento da licença ambiental pelo empreendedor, acompanhado dos documentos, projetos e estudos ambientais pertinentes, dando-se a devida publicidade;
	Análise pelo órgão ambiental competente, integrante do SISNAMA, dos documentos, projetos e estudos ambientais apresentados e a realização de vistorias técnicas, quando necessárias;

Fases do licenciamento	**Solicitação de esclarecimentos e complementações pelo órgão ambiental competente**, integrante do SISNAMA, uma única vez, em decorrência da análise dos documentos, projetos e estudos ambientais apresentados, quando couber, podendo haver a reiteração da mesma solicitação caso os esclarecimentos e complementações não tenham sido satisfatórios;
	Audiência pública, quando couber, de acordo com a regulamentação pertinente;
	Solicitação de esclarecimentos e complementações pelo órgão ambiental competente, decorrentes de audiências públicas, quando couber, podendo haver reiteração da solicitação quando os esclarecimentos e complementações não tenham sido satisfatórios;
	Emissão de parecer técnico conclusivo e, quando couber, **parecer jurídico**;
	Deferimento ou indeferimento do pedido de licença, dando-se a devida **publicidade**.

Competência para licenciar: A competência para licenciar está disciplinada na LC nº 140/2011, bem como na Resolução nº 237/1997, adotando-se como critérios definidores: a) dimensão do impacto ambiental; b) domínio do bem público afetado e; c) no caso de unidade de conservação, será competente o ente federativo que a instituiu, exceto de se tratar de Áreas de Proteção Ambiental (APA).

Atuação supletiva e subsidiária: A lei prevê a atuação **supletiva** do ente federativo de maior abrangência territorial, quando o de menor, competente, não puder realizar o licenciamento, bem como a atuação **subsidiária**, que visa auxiliar o ente competente, quando houver deste solicitação.

Espécies:		
Licença Prévia (LP)	**Licença de Instalação (LI)**	**Licença de Operação (LO)**
concedida preliminarmente, apenas aprovando o projeto, atestando a sua viabilidade ambiental e os respectivos condicionantes e requisitos básicos para as próximas fases de sua implementação;	que autoriza a instalação de empreendimento, impondo condicionantes que deverão ser observados;	que permite o início das atividades de acordo com o projeto aprovado, apontando as medidas ambientais de controle e os condicionantes.

Sempre acompanhada de **estudos ambientais**, as licenças ambientais têm **prazo de validade**, sendo este **automaticamente prorrogado** até a manifestação **definitiva** do órgão competente, **apenas se a sua renovação for requerida com antecedência máxima de 120 (cento e vinte) dias de sua expiração**. É o que se dispõe o artigo 14, § 4º, da Lei Complementar nº 140/2011.

Depois de concedida, poderá ser **suspensa**, **alterada** ou **cancelada** na hipótese prevista no artigo 19, inciso III, da Resolução Conama nº 237/1997, qual seja, na hipótese de **graves e supervenientes riscos ao meio ambiente ou à saúde pública.**

O decurso dos prazos de licenciamento, sem a emissão da licença ambiental, não implica emissão tácita nem autoriza a prática de ato que dela dependa ou decorra, mas instaura a competência supletiva, nos termos do artigo 14, § 3º, da Lei Complementar nº 140/2011.

Competência dos entes federativos: A lei determina a competência para licenciar da **União** (artigo 7º, inciso XIV da LC nº 140/2011 e artigo 4º da Resolução Conama 237/1997) e dos **Municípios** (artigo 9º, da LC nº 140/2011), cabendo aos **Estados** a competência **remanescente**, ou seja, que não seja da União ou dos Municípios, conforme determina o artigo 8º da citada lei complementar.

Nos termos do artigo 13 da lei, o licenciamento ambiental será realizado **por um único ente federativo**, podendo os demais entes federativos manifestarem de maneira não vinculante.

Dispensa do licenciamento: quando, em caráter de urgência, for necessária a execução de atividades de **segurança nacional** e obras de **interesse da defesa civil,** destinadas à prevenção e mitigação de acidentes em áreas urbanas situadas em áreas de preservação permanente.

Licença ambiental

Licença ambiental é o ato administrativo pelo qual o órgão ambiental competente, estabelece as condições, restrições e medidas de controle ambiental que deverão ser obedecidas pelo empreendedor, pessoa física ou jurídica, para localizar, instalar, ampliar e operar empreendimentos ou atividades utilizadoras dos recursos ambientais consideradas efetiva ou potencialmente poluidoras ou aquelas que, sob qualquer forma, possam causar degradação ambiental, conforme determina o artigo 1º, inciso II, da Resolução Conama nº 237/1997.

Em razão da generalidade das normas ambientais, permitindo um juízo de conveniência e oportunidade ao administrador, atrelada à possibilidade de alteração posterior do interesse ambiental em licenças já deferidas (artigo 19 da Resolução Conama nº 237/1997), as regras relativas à licença estabelecida no âmbito do direito administrativo não se aplicam ao licenciamento ambiental. **A licença ambiental, dada suas peculiaridades, pode ter o regime jurídico similar ao da autorização no âmbito do direito administrativo.**

IMPORTANTE:

O Art. 14 da Lei Complementar n. 140/2011 determina que: os órgãos licenciadores devem observar os prazos estabelecidos para tramitação dos processos de licenciamento, sendo que o § 4º do referido artigo determina que: a renovação de licenças ambientais deve ser requerida com antecedência mínima de 120 (cento e vinte) dias da expiração de seu prazo de validade, fixado na respectiva licença, ficando este automaticamente prorrogado até a manifestação definitiva do órgão ambiental competente. Portanto, não há que se falar em infração administrativa para o caso.

Estudos ambientais e estudo prévio de impacto ambiental

Os **Estudos Ambientais** (ou **Avaliação de Impactos Ambientais – AIA**) são definidos como são todos e quaisquer estudos relativos aos aspectos ambientais relacionados à localização, instalação, operação e ampliação de uma atividade ou empreendimento, apresentado como subsídio para a análise da licença requerida, tais como: relatório ambiental, plano e projeto de controle ambiental, relatório ambiental preliminar, diagnóstico ambiental, plano de manejo, plano de recuperação de área degradada e análise preliminar de risco, conforme determina **artigo 1º, inciso III, da Resolução Conama nº 237/1997**.

Entende-se por **impacto ambiental**, nos termos do **artigo 1º, da Resolução Conama nº 001/1986,** qualquer alteração das propriedades físicas, químicas e biológicas do meio ambiente, causada por qualquer forma de matéria ou energia resultante das atividades humanas que, direta ou indiretamente, afetam: a) a saúde, a segurança e o bem-estar da população; b) as atividades sociais e econômicas; c) a biota; d) as condições estéticas e sanitárias do meio ambiente; e) a qualidade dos recursos ambientais.

O Estudo de Impacto Ambiental (EIA) é uma **modalidade mais complexa de estudos ambientais**, previsto no **artigo 225 § 1º, inciso VI, da Constituição Federal**, que incumbe ao Poder Público "exigir, na forma da lei, para instalação de obra ou atividade potencialmente causadora de **significativa** degradação do meio ambiente, estudo **prévio** de impacto ambiental, a que se dará publicidade".

O EIA é regulamentado pela **Resolução Conama nº 01/1986.** Não é possível que constituição estadual ou lei federal criem **exceção à obrigatoriedade do EIA/RIMA**, o qual tem previsão constitucional.

A resolução do CONAMA nº 01/1986, em seu artigo 2º, enumera **exemplificativamente** e **não exaustivamente**, conforme entendimento doutrinário e jurisprudencial, as atividades obrigatoriamente sujeitas a esse tipo de estudo. Há outras normas que presumem a necessidade do EIA-RIMA, bem como é possível o órgão ambiental exigir, fundamentadamente, que outras obras ou atividades que causem significativa degradação ambiental, sejam objeto de EIA.

Uma vez constatada a existência de **significativa degradação ambiental**, **inexiste discricionariedade administrativa** para realização do estudo prévio de impacto ambiental.

O EIA será elaborado por uma **equipe multidisciplinar** contratada pelo empreendedor, cabendo ao proponente do projeto **arcar com todas as despesas e custos** referentes à realização do estudo de impacto ambiental, consoante determina o artigo 17, § 2º, do Decreto nº 99274/1990.

A realização de **audiência pública** durante o procedimento de licenciamento ambiental será **obrigatória** quando o **órgão ambiental licenciador a julgar necessária**, ou quando for **solicitado por entidade civil**, pelo **Ministério Público** ou por **cinquenta cidadãos ou mais**. No caso de haver essa solicitação e a audiência não acontecer, eventual licença concedia não terá validade, conforme artigo 2º, *caput* e seu § 2º, da Resolução Conama nº 09/1987, que regulamente, em âmbito federal, a audiência pública em licenciamento ambiental.

As conclusões do EIA serão documentadas no **Relatório de Impacto Ambiental (RIMA)**, o qual deve ser apresentado de forma objetiva e adequada a sua compreensão, sendo que respeitado o sigilo industrial, o RIMA será acessível ao público.

O EIA-RIMA tem caráter **informativo**, não vinculando o órgão ambiental competente para licenciar.

2.3 *ESPAÇOS TERRITORIAIS ESPECIALMENTE PROTEGIDOS PELO PODER PÚBLICO*

É **dever específico do Poder Público**, na defesa e preservação do meio ambiente, definir, em todas as unidades da Federação, **espaços territoriais e seus componentes a serem especialmente protegidos.**

A **alteração** ou **supressão** só é permitida mediante **lei**, mas a **instituição** dos espaços especialmente protegidos por ser feita por **lei** ou **decreto.**

A **desafetação** ou **redução dos limites** de uma **unidade de conservação** só pode ser feita mediante **lei específica** (artigo 22, § 7º, da Lei nº 9.985/2000).

Regulamentam os espaços especialmente protegidos, o Novo Código Florestal (Lei nº 12.651/2012), a Lei do Sistema Nacional das Unidades de Conservação (Lei nº 9.985/2000), a Lei da Mata Atlântica (Lei nº 11.428/2006) e a Lei de Florestas Públicas (Lei nº 11.284/2006), além de outros diplomas legais.

Os **espaços especialmente protegidos** são:

a) **Áreas de preservação permanente;**

b) **Reserva legal; c) Unidades de conservação;**

d) **Apicuns e salgados** (artigo 11-A, do Novo Código Florestal);

e) **Áreas verdes urbanas** (artigo 25, do Novo Código Florestal) **e;**

f) **Áreas de uso restrito,** que são os **pantanais** e **planícies pantaneiras** (artigo 11 e 12 do Novo Código Florestal).

g) as **terras indígenas** e **territórios quilombolas**.

Bens de interesse comum: as **florestas** existentes no território nacional e as **demais formas de vegetação nativa**, reconhecidas de **utilidade** às terras que revestem, são **bens de interesse comum a todos os habitantes do País**, exercendo-se os direitos de propriedade com as limitações que a legislação em geral e especialmente o Novo Código Florestal estabelecem, conforme estatui seu artigo 2º.

Obrigação propter rem: Nos termos do artigo 2º, § 2º, do Novo Código Florestal, "as obrigações previstas nesta Lei têm **natureza real** e são **transmitidas ao sucessor**, de qualquer natureza, no caso de transferência de domínio ou posse do imóvel rural. Ou seja, as obrigações relativas à preservação ambiental de um imóvel, urbano ou rural, são transmitidas ao seu sucessor.

Área de Preservação Permanente

Conceito: é a área protegida, coberta ou não por vegetação nativa, com a função ambiental de preservar os recursos hídricos, a paisagem, a estabilidade geológica e a biodiversidade, facilitar o fluxo gênico de fauna e flora, proteger o solo e assegurar o bem-estar das populações humanas, conforme artigo 3º, inciso II, do Novo Código Florestal.

Estão regulamentadas no **Novo Código Florestal.**

Podem decorrer de **expressa previsão legal,** como as definidas, em **zona urbana** ou **rural**, no artigo 4º, do Novo Código Florestal, bem como as **declaradas de interesse social por ato do Chefe do Poder Executivo**, quando destinadas às finalidades do artigo 6º da citada lei.

Como **limitação de uso ao direito de propriedade**, não ensejam indenização ao proprietário do imóvel.

Nos **reservatórios d´água artificiais,** a APP será fixada por licença ambiental (artigo 4º, inciso III, da lei).

Não será possível a supressão de vegetação em área de preservação permanente, como regra geral, admitindo-se a sua exploração apenas quando houver **utilidade pública**, **interesse social** ou **atividades de baixo impacto ambiental**.

Reserva legal

Conceito: é a área localizada no interior de uma propriedade ou posse rural, delimitada nos termos do art. 12, com a função de assegurar o uso econômico de modo sustentável dos recursos naturais do imóvel rural, auxiliar a conservação e a reabilitação dos processos ecológicos e promover a conservação da biodiversidade, bem como o abrigo e a proteção de fauna silvestre e da flora nativa, consoante artigo 3º, inciso III, do Novo Código Florestal.

Estão regulamentadas no **Novo Código Florestal**, incidindo em **áreas rurais,** nos **percentuais** indicados no artigo 12 da lei.

Nos termos do artigo 19 da lei**, "**a inserção do imóvel rural em **perímetro urbano** definido mediante lei municipal **não desobriga o proprietário ou posseiro da manutenção da área de Reserva Legal**, que só será extinta concomitantemente ao registro do parcelamento do solo para fins urbanos aprovado segundo a legislação específica e consoante as diretrizes do plano diretor de que trata o § 1º do art. 182 da Constituição Federal".

Como **limitação de uso ao direito de propriedade**, não ensejam indenização ao proprietário do imóvel. Admitem a exploração sob a forma de manejo florestal sustentável, não se permitindo o corte raso da vegetação.

Admite o Novo Código Florestal **o cômputo das áreas de preservação permanente no cálculo da reserva legal**, observadas as condições previstas no artigo 15 de lei.

Registro no Cadastro Ambiental Rural: A área de Reserva Legal deverá ser registrada no órgão ambiental competente por meio de inscrição no Cadastro Ambiental Rural, sendo vedada a alteração de sua destinação, nos casos de transmissão, a qualquer título, ou de desmembramento, com as exceções previstas em lei, nos termos do artigo 18 do Novo Código Florestal. Assim, o registro da reserva legal no CAR desobriga o proprietário de averbá-la no Cartório de Registro de Imóveis.

Unidades de Conservação

Estão regulamentadas na **Lei nº 9.985/2000**, que instituiu o SNUC, definidos no artigo 2º, inciso I, como "**espaço territorial e seus recursos ambientais, incluindo as águas jurisdicionais, com características naturais relevantes, legalmente instituído pelo Poder Público, com objetivos de conservação e limites definidos, sob regime especial de administração, ao qual se aplicam garantias adequadas de proteção**". São divididas em dois grupos:

a) **Unidades de Proteção Integral** e;

b) **Unidades de Uso Sustentável.**

Como modalidade de espaço territorial especialmente protegido, as unidades de conservação podem ser criadas por **lei** ou **decreto**, devendo ser precedida de estudos técnicos e consulta pública, sendo sua **alteração** ou **supressão** somente permitida mediante **lei.**

A Lei nº 9.985/2000 instituiu o **Sistema Nacional de Unidades de Conservação da Natureza (SNUC),** constituído pelo conjunto das unidades de conservação federais, estaduais e municipais, que tem como objetivos, dentre outros, contribuir para a preservação e a restauração da diversidade de ecossistemas naturais e promover o desenvolvimento sustentável a partir dos recursos naturais.

O SNUC será gerido pelos seguintes órgãos, com as respectivas atribuições:		
Órgão consultivo e deliberativo:	**Órgão central:**	**Órgãos executores:**
o **Conselho Nacional do Meio Ambiente** – Conama, com as atribuições de acompanhar a implementação do Sistema;	o **Ministério do Meio Ambiente**, com a finalidade de coordenar o Sistema; e	o **Instituto Chico Mendes** e o **Ibama**, em caráter supletivo, os órgãos estaduais e municipais, com a função de implementar o SNUC, subsidiar as propostas de criação e administrar as unidades de conservação federais, estaduais e municipais, nas respectivas esferas de atuação.

Zona de Amortecimento: As unidades de conservação, exceto Área de Proteção Ambiental e Reserva Particular do Patrimônio Natural, devem possuir uma zona de amortecimento e, quando conveniente, corredores ecológicos, conforme dicção do artigo 25 da Lei nº 9.985/2000.

Unidades de conservação

Unidades de Conservação de Proteção Integral	Unidades de Conservação de Uso Sustentável
Tem como objetivo preservar a natureza, sendo admitido **apenas o uso indireto dos seus recursos naturais**, com exceção dos casos previstos em lei.	Tem como objetivo compatibilizar a conservação da natureza com o **uso sustentável** de parcela dos seus **recursos naturais.**
Estação Ecológica: tem como objetivo a preservação da natureza e a realização de pesquisas científicas. É de domínio público, sendo proibida a visitação pública, exceto quando com objetivo educacional.	**Área de Proteção Ambiental:** constituída por terras públicas ou privadas, é uma área em geral extensa, com um certo grau de ocupação humana, dotada de atributos abióticos, bióticos, estéticos ou culturais especialmente importantes para a qualidade de vida e o bem-estar das populações humanas. Tem como objetivos básicos proteger a diversidade biológica, disciplinar o processo de ocupação e assegurar a sustentabilidade do uso dos recursos naturais.
Reserva Biológica: tem como objetivo a preservação integral da biota e demais atributos naturais existentes em seus limites, sem interferência humana direta ou modificações ambientais. É de domínio público, sendo proibida a visitação pública, exceto quando com objetivo educacional. Admite-se a pesquisa científica, se autorizada.	**Área de Relevante Interesse Ecológico:** constituída por terras públicas ou privadas, é uma área em geral de pequena extensão, com pouca ou nenhuma ocupação humana, com características naturais extraordinárias ou que abriga exemplares raros da biota regional, e tem como objetivo manter os ecossistemas naturais de importância regional ou local e regular o uso admissível dessas áreas, de modo a compatibilizá-lo com os objetivos de conservação da natureza.
Parque Nacional: tem como objetivo básico a preservação de ecossistemas naturais de grande relevância ecológica e beleza cênica, possibilitando a realização de pesquisas científicas e o desenvolvimento de atividades de educação e interpretação ambiental, de recreação em contato com a natureza e de turismo ecológico. É domínio público, admitindo-se a visitação pública e a pesquisa científica, se autorizadas.	**Floresta Nacional:** é uma área de domínio público, com cobertura florestal de espécies predominantemente nativas e tem como objetivo básico o uso múltiplo sustentável dos recursos florestais e a pesquisa científica, com ênfase em métodos para exploração sustentável de florestas nativas. É admitida a permanência de populações tradicionais que a habitam quando de sua criação. A visitação pública é permitida e a pesquisa científica é permitida e incentivada.
Monumento Natural: tem como objetivo básico preservar sítios naturais raros, singulares ou de grande beleza cênica. A área pode ser pública ou particular, se compatível, admitindo-se a visitação pública.	**Reserva Extrativista:** é uma área de domínio público, sendo utilizada por populações extrativistas tradicionais, cuja subsistência baseia-se no extrativismo e, complementarmente, na agricultura de subsistência e na criação de animais de pequeno porte, e tem como objetivos básicos proteger os meios de vida e a cultura dessas populações, e assegurar o uso sustentável dos recursos naturais da unidade. A visitação pública é permitida e a pesquisa científica é permitida e incentivada.
Refúgio da Vida Silvestre: tem como objetivo proteger ambientes naturais onde se asseguram condições para a existência ou reprodução de espécies ou comunidades da flora local e da fauna residente ou migratória. A área pode ser pública ou particular, se compatível, admitindo-se a visitação pública e a pesquisa científica, se autorizadas.	**Reserva da Fauna:** é uma área de domínio público, composta por área natural com populações animais de espécies nativas, terrestres ou aquáticas, residentes ou migratórias, adequadas para estudos técnico-científicos sobre o manejo econômico sustentável de recursos faunísticos. A visitação pública é permitida, sendo proibido o exercício da caça amadorística ou profissional.
	Reserva de desenvolvimento sustentável: é uma área de domínio público, composta por uma área natural que abriga populações tradicionais, cuja existência baseia-se em sistemas sustentáveis de exploração dos recursos naturais, desenvolvidos ao longo de gerações e adaptados às condições ecológicas locais e que desempenham um papel fundamental na proteção da natureza e na manutenção da diversidade biológica. A visitação pública e a pesquisa científica são permitidas e incentivadas.
	Reserva particular do patrimônio natural: é uma área privada, gravada com perpetuidade, com o objetivo de conservar a diversidade biológica. A visitação pública e a pesquisa científica são permitidas.

IMPORTANTE
O STF decidiu pela **inconstitucionalidade da expressão "não pode ser inferior a meio por cento dos custos totais previstos para a implantação do empreendimento"**, **contida no § 1ºdo art. 36 da Lei nº 9.985/2000. O valor da compensação-compartilhamento deve ser fixado proporcionalmente ao impacto ambiental, após estudo em que se assegurem o contraditório e a ampla defesa.** Prescindibilidade da fixação de percentual sobre os custos do empreendimento. (ADI 3378 DF, julgamento: 09/04/2008, Relator CARLOS BRITTO)

Gestão de Florestas Públicas

A **gestão de florestas públicas** para a produção sustentável é disciplinada na **Lei nº 11.284/2006,** que vem permitir a exploração de madeiras em terras públicas, o que não era permitido até então, observados os preceitos legais.

Tem como **objetivos**: a) regulamentar a **gestão de florestas em áreas públicas** (domínio da União, Estados, Distrito Federal e municípios); b) criar o **Serviço Florestal Brasileiro**, órgão regulador da gestão das florestas públicas e fomentador das atividades florestais sustentáveis no Brasil e; c) criar o **Fundo Nacional de Desenvolvimento Florestal** voltado para o desenvolvimento tecnológico, promoção da assistência técnica e incentivos para o desenvolvimento florestal sustentável.

Florestas Públicas: são as florestas, naturais ou plantadas, localizadas nos diversos biomas brasileiros, em bens sob o domínio da União, dos Estados, dos Municípios, do Distrito Federal ou das entidades da administração indireta (artigo 3º, inciso I).

A **gestão** dos recursos ambientais nas **florestas públicas** para a produção sustentável dá-se:

Através da **definição de florestas nacionais, estaduais, distritais e municipais**, (florestas públicas), e instituição das **respectivas unidades de conservação** que permitam a produção florestal sustentável;

Através da **destinação de florestas públicas para o uso comunitário** como assentamentos florestais, reservas extrativistas, etc;

Através das **concessões florestais remuneradas**, baseadas em processo de licitação pública, dando efetividade ao princípio do desenvolvimento sustentável.

Concessão florestal: é a delegação **onerosa**, feita pelo poder concedente, do **direito de praticar manejo florestal sustentável para exploração de produtos e serviços numa unidade de manejo**, mediante **licitação**, à **pessoa jurídica**, em consórcio ou não, que atenda às exigências do respectivo **edital de licitação** e demonstre capacidade para seu desempenho, por sua conta e risco e por **prazo determinado** (artigo 3º, inciso VII, da lei).

Procedimento: A concessão florestal será autorizada em **ato do poder concedente** e formalizada mediante **contrato**, que deverá observar os termos da lei, das normas pertinentes e do edital de licitação. A publicação do edital deverá ser precedida de **audiência pública**, e de ato do poder **concedente justificando a conveniência da concessão florestal**, caracterizando seu objeto e a unidade de manejo.

Licitações: As **licitações** para concessão florestal observarão os termos da **lei** e, supletivamente, da legislação própria, respeitados os **princípios da legalidade, moralidade, publicidade, igualdade, do julgamento por critérios objetivos e da vinculação ao instrumento convocatório**. Serão realizadas na modalidade **concorrência e outorgadas a título oneroso**, sendo **vedada a declaração de inexigibilidade** prevista no art. 25 da Lei no 8.666, de 21 de junho de 1993.

Contrato de concessão: confere ao concessionário **somente os direitos expressamente previstos no contrato de concessão**, sendo **vedada** a outorga de qualquer dos direitos previstos no **artigo 16, § 1º,** da lei, como, por exemplo, titularidade imobiliária ou preferência para sua aquisição e exploração dos recursos minerais, pesqueiros ou da fauna silvestre. Serão estabelecidos por **prazos máximos de 20 e 40 anos**, dependendo do manejo a ser implementado, sendo que **após a celebração do contrato**, o licitante vencedor, deverá preparar um **Plano de Manejo Florestal Sustentável,** o qual deverá ser apresentado ao **IBAMA** para **aprovação antes do inicio das operações.**

Mata Atlântica

A **Mata Atlântica**, considerada **patrimônio nacional** pelo artigo 225, § 4º, da CF, é disciplinada pela **Lei nº 11.428/2006, Lei do Bioma Mata Atlântica,** regulamentada pelo Decreto nº 6.660/2008.

Consideram-se **integrantes do Bioma Mata Atlântica** as seguintes formações florestais nativas e ecossistemas associados: **Floresta Ombrófila Densa; Floresta Ombrófila Mista, também denominada de Mata de Araucárias; Floresta Ombrófila Aberta; Floresta Estacional Semidecidual; e Floresta Estacional Decidual, bem como os manguezais, as vegetações de restingas, campos de altitude, brejos interioranos e encraves florestais do Nordeste**, sendo que **somente os remanescentes de vegetação nativa no estágio primário e nos estágios secundário inicial, médio e avançado de regeneração** na área de abrangência acima definida, terão seu uso e conservação regulados pela Lei º 11.428/2006 (artigo 2º da lei).

A proteção e a utilização do Bioma Mata Atlântica têm por **objetivo geral** o desenvolvimento sustentável e, por **objetivos específicos**, a salvaguarda da biodiversidade, da saúde humana, dos valores paisagísticos, estéticos e turísticos, do regime hídrico e da estabilidade social. Na proteção e na utilização do Bioma Mata Atlântica, serão observados os **princípios** da **função socioambiental da propriedade**, da **eqüidade intergeracional**, da **prevenção**, da **precaução**, do **usuário-pagador**, da **transparência das informações e atos**, da **gestão democrática**, da **celeridade procedimental**, da **gratuidade dos serviços administrativos prestados ao pequeno produtor rural** e às **populações tradicionais** e do **respeito ao direito de propriedade**.

O **corte, a supressão e a exploração da vegetação do Bioma Mata Atlântica** far-se-ão de maneira **diferenciada**, conforme se trate de **vegetação primária ou secundária**, nesta última levando-se em conta o **estágio de regeneração**, sendo **vedado o corte** nas hipóteses previstas no **artigo 11** da lei:

- quando a **vegetação**: 1) abrigar espécies da flora e da fauna silvestres **ameaçadas de extinção**, em território nacional ou em âmbito estadual, assim declaradas pela União ou pelos Estados, e a intervenção ou o parcelamento puserem em risco a sobrevivência dessas espécies; 2) exercer a função de **proteção de mananciais ou de prevenção e controle de erosão**; 3) formar **corredores** entre remanescentes de vegetação primária ou secundária em estágio avançado de regeneração; 4) proteger o **entorno das unidades de conservação**; ou 5) possuir **excepcional valor paisagístico**, reconhecido pelos órgãos executivos competentes do Sistema Nacional do Meio Ambiente – SISNAMA;
- quando o **proprietário** ou **posseiro não cumprir os dispositivos da legislação ambiental.**

A **supressão de vegetação primária e secundária no estágio avançado de regeneração** somente poderá ser autorizada em caso de **utilidade pública**, sendo que a **vegetação secundária em estágio médio de regeneração** poderá ser suprimida nos casos de **utilidade pública e interesse social**, em todos os casos devidamente caracterizados e motivados em procedimento administrativo próprio, quando inexistir alternativa técnica e locacional ao empreendimento proposto.

Além da proibição absoluta de exploração prevista no artigo 11, a lei cria um **regime jurídico especial de proteção do bioma**, conforme a vegetação e o estágio de regeneração, **proibindo a supressão de vegetação primária** do Bioma Mata Atlântica, para fins de **loteamento ou edificação**, nas **regiões metropolitanas** e **áreas urbanas.**

Por fim, a lei institui o **Fundo de Restauração do Bioma Mata Atlântic**a destinado ao financiamento de projetos de restauração ambiental e de pesquisa científica.

2.4 RECURSOS HÍDRICOS

Domínio das Águas

A água é um recurso natural finito. Em decorrência disso, temos que a água não pode ter domínio/propriedade particular, pois isso deixaria totalmente sem controle o fato de que o uso excessivo de recursos hídricos por particulares possa prejudicar toda uma coletividade.

Lei 9.433/97, Art. 1°, I	Água como um bem de domínio público.

Isso significa que não há água de domínio particular, mesmo as águas de nascentes em propriedades particulares são de domínio público. **Além de não haver água de domínio particular, também não há água de domínio municipal. Ou o domínio de determinado recurso hídrico é de um Estado ou será da União.**

Essa regra também tem o mesmo propósito da regra que não confere domínio particular das águas: o Município que fizesse uma exploração descontrolada dos recursos hídricos que cortam seu território, automaticamente estaria prejudicando os municípios vizinhos.

Sabemos que na prática isso infelizmente acaba ainda ocorrendo, mas, quando isso acontece, regras de Direito Ambiental estão sendo violadas.

Importante!
Para se fazer uso dos recursos hídricos ou se deve pedir autorização para a União ou para os Estados.

Nesse sentido, é a Constituição Federal que irá definir se o domínio das águas é Federal ou Estadual, de acordo com as seguintes regras:

Art. 20.CF São bens da União :	(...) III – os lagos, rios e quaisquer correntes de água em terrenos de seu domínio, ou que banhem mais de um Estado, sirvam de limites com outros países, ou se estendam a território estrangeiro ou dele provenham, bem como os terrenos marginais e as praias fluviais; VI – "o mar territorial"; (...) VIII – os potenciais de energia hidráulica; (...)"

Neste sentido, encontramos as águas que são de domínio dos Estados por exclusão, excetuando os casos de domínio da União vistos anteriormente todos os demais são de domínio dos Estados, conforme outra regra da Constituição Federal:

Art.26. CF Incluem entre os bens do Estado:	as águas superficiais ou subterrâneas, fluentes, emergentes e em depósito, ressalvadas, neste caso, na forma da lei, as decorrentes de obras da União.

Bacia Hidrográfica

A bacia hidrográfica é compreendida como sistema e limite natural de análise e intervenção no território, composta por um conjunto de terras drenadas por um curso d'água principal e seus afluentes.

A bacia hidrográfica é a unidade territorial, definida pela Lei Federal nº 9433/97, para implementação da Política Nacional de Recursos Hídricos. Assim, para a gestão dos recursos hídricos, além das fronteiras territoriais estabelecidas para a União, Estados e Municípios, é fundamental levar em conta os recortes territoriais definidos pelos desenhos das bacias hidrográficas. Isso porque os impactos (sejam positivos, sejam negativos.) quanto aos usos de recursos hídricos de um determinado curso d´água, irão repercutir sobre toda a bacia e, por consequência, sobre todos os habitantes dos municípios pertencentes a essa mesma bacia[1].

Objetivos e Instrumentos da Política Nacional de Recursos Hídricos

A partir da premissa de que os recursos hídricos são bens de domínio público (da União ou dos Estados em benefício da coletividade) é de que a bacia hidrográfica é a unidade territorial para gestão desses recursos, o passo seguinte é analisar os objetivos da Política de Recursos Hídricos e os principais aspectos dos instrumentos defi-

1 Sobre a importância da bacia hidrográfica como unidade territorial para planejamento e gestão ambientais vide FREIRIA, Rafael Costa. Direito, Gestão e Políticas Públicas Ambientais. São Paulo: Senac. 2011.

nidos pela legislação para gerenciar o uso e conservação das águas.

Os objetivos da Política Nacional de Recursos Hídricos estão previstos no Art. 2º da Lei Federal nº 9433/1997:		
I – assegurar à atual e às futuras gerações a necessária disponibilidade de água, em padrões de qualidade adequados aos respectivos usos;	II – a utilização racional e integrada dos recursos hídricos, incluindo o transporte aquaviário, com vistas ao desenvolvimento sustentável;	III – a prevenção e a defesa contra eventos hidrológicos críticos de origem natural ou decorrentes do uso inadequado dos recursos naturais.

Os objetivos da Política de Recursos Hídricos, como se vê, estão voltados para a gestão das águas sob os aspectos quantitativos (assegurar a necessária disponibilidade de água para gerações presentes e futuras) e qualitativos (padrões de qualidade adequados), levando-se sempre em conta o caráter finito desse recurso ambiental fundamental para a sobrevivência da população mundial.

O Art. 5º da Política Nacional dos Recursos Hídricos define os instrumentos para execução e efetivação dos seus objetivos:	I – os Planos de Recursos Hídricos; II – o enquadramento dos corpos de água em classes, segundo os usos preponderantes da água; III – a outorga dos direitos de uso de recursos hídricos; IV – a cobrança pelo uso de recursos hídricos; (...) VI – o Sistema de Informações sobre Recursos Hídricos.

Os Planos de Recursos Hídricos (suas diretrizes e conteúdo mínimo estão previstos no Art. 7º da Lei 9.433/97) são os instrumentos de Planejamento estratégico das Bacias Hidrográficas.

Como vimos que o domínio das águas é federal e estadual, há planos federais e estaduais. Em síntese, os Planos de Recursos Hídricos devem trazer o diagnóstico de situação, o balanço de condições e disponibilidades hídricas de cada bacia, bem como metas para aprimoramento de gestão das águas.

O primeiro Plano Nacional de Recursos Hídricos[2] foi publicado em 3 de março de 2006, através da Resolução CNRH (Conselho Nacional de Recursos Hídricos.) nº 58, de 30.01.2006.

Outorga dos direitos de uso de recursos hídricos

Outorgar significa consentir, conceder, autorizar. É por meio do regime de Outorga de direitos de uso de recursos hídricos que o órgão ambiental competente irá controlar quantitativa e qualitativamente o uso da água e o efetivo exercício dos direitos de acesso a ela. Trata-se de poderoso instrumento para efetivação dos objetivos da Política Nacional de Recursos Hídricos.

A concessão ou não da Outorga é realizada por meio de processo administrativo, a partir do qual, uma vez atendidas todas as exigências do órgão ambiental, poderá ser concedida ao interessado o direito de utilizar o recurso hídrico, mediante confecção do Termo de Outorga, que estabelecerá os condicionantes quantitativos, qualitativos e temporais de uso.

Segundo o Art. 12 da Lei nº 9.433/97 dependem de outorga pelo Poder Público as seguintes utilizações de recursos hídricos:	I – desviar ou captar parcela da água existente em um corpo de água para consumo final, inclusive abastecimento público, ou insumo de processo produtivo; II – extrair água de aqüífero subterrâneo para consumo final ou insumo de processo produtivo (poço de água); III – lançarem no corpo de água esgotos e demais resíduos líquidos ou gasosos, tratados ou não, com o fim de sua diluição, transporte ou disposição final; IV – aproveitar potenciais hidrelétricos; V – outros usos que alterem o regime, a quantidade ou a qualidade da água existente em um corpo de água.

Exceções ao Regime de Outorga

O parágrafo 1º do Art. 12 da Lei nº 9.433/97 prevê que independe de outorga pelo Poder Público:	I – o uso de recursos hídricos para a satisfação das necessidades de pequenos núcleos populacionais localizados no meio rural; II – os desvios, captações e lançamentos considerados insignificantes; III – as acumulações de volumes de água consideradas insignificantes.

Cobrança pelo uso de recursos hídricos

A Lei nº 9.433/97, através de seu Art. 20, define os critérios de cobrança pelo uso de recursos hídricos, ao estabelecer que: **"Serão cobrados os usos dos recursos hídricos sujeitos à Outorga."**

Isso significa que o regime de Outorga também estabelece os parâmetros para eventual cobrança por uso de água proporcional à sua utilização. Todo uso de água outorga será também passível de cobrança.

Os Objetivos da Cobrança da Utilização dos Recursos Hídricos são especificados pelo Art. 19 da Lei nº. 9.433/97:	I – reconhecer a água como bem econômico e dar ao usuário uma indicação de seu real valor; II – incentivar a racionalização do uso da água; III – obter recursos financeiros para o financiamento dos programas e intervenções contemplados nos planos de recursos hídricos.

Nesse sentido, o fato de a água ser um bem de domínio público de uso comum, fundamenta a cobrança proporcional aos usos quantitativos e qualitativos dos recursos hídricos, como forma de incentivar uma utili-

2 Mais informações sobre este Plano podem ser acessadas na página da ANA (Agência Nacional de Águas): http: //www2.ana.gov.br/Paginas/servicos/planejamento/planoderecursos/pnrh.aspx#

zação racional da água também através de uma perspectiva econômica.

Um importante esclarecimento sobre Cobrança pelo Uso da Água é diferenciar o instrumento, com a taxa fixa que normalmente se paga às Prefeituras Municipais e que são voltadas para pagar o custo pelo sistema de Tratamento da Água que utilizado.

O pagamento dessa taxa pelo tratamento da água que utilizamos é diferente do instrumento de cobrança por utilização dos Recursos Hídricos. A Cobrança pelo Uso da Água (que difere da cobrança pelo Tratamento) é voltado para a proporcionalidade, controle e tipo de utilizações de recursos hídricos.

Quem usa mais, deve pagar mais, no sentido de se estabelecer um mecanismo econômico voltado para o uso racional da água; teoricamente afirma-se com isso que a água passa a ter um "preço público". A cobrança proporcional é um exemplo prático típico de aplicação do princípio ambiental do "usuário-pagador".

Competência para cobrança

A primeira competência para a cobrança por utilização de Recursos Hídricos é da Agência Nacional de Águas (ANA), com ocorrência de delegação dessa competência aos Comitês de Bacia Hidrográfica. Cada Estado possui seus Comitês de Bacias, de acordo com as delimitações territoriais estabelecidas pelas mesmas.

Agência Nacional das Águas – ANA	importante conhecer as principais previsões da Lei Federal nº 9984/2000, que dispõe sobre o regime jurídico da referida Agência.

Definição de Comitês de Bacia Hidrográfica

Órgão específico estabelecido para a gestão técnica e administrativa de cada bacia hidrográfica, com representantes do poder público e sociedade civil – cada Bacia tem seu Comitê (regulamentação através dos artigos 37 e seguintes da Lei 9433/97).

A Lei Federal n. 9433/97, no seu artigo 38, traz o rol das competências dos nos Comitês de Bacia Hidrográfica. Em síntese o Comitê possui o caráter de promover o debate das questões relacionadas a recursos hídricos e articular a atuação das entidades intervenientes, por meio de processo participativos e deliberativos, aprovando Planos de Recursos Hídricos da bacia, acompanhando a execução do Plano de Recursos Hídricos da bacia e sugerir as providências necessárias ao cumprimento de suas metas; estabelecendo os mecanismos de cobrança pelo uso de recursos hídricos, dentre outras atribuições.

Os Comitês não possuem poder de polícia, eventuais situações de infrações administrativas devem ser comunicadas aos órgãos federativos dotados de competência fiscalizatória para comando e controle.

Ainda não são todos os Comitês de Bacias que instituíram cobrança pelo Uso da Água[3]. Aqueles que realizam, devem respeitar regras específicas no direcionamento dos recursos decorrentes da cobrança pelo uso da água, sendo estes direcionamentos os seguintes, determinados pelo Política Nacional de Recursos Hídricos:

Art. 22. Os valores arrecadados com a cobrança pelo uso de recursos hídricos serão aplicados prioritariamente na bacia hidrográfica em que foram gerados e serão utilizados:

I – no financiamento de estudos, programas, projetos e obras incluídos nos Planos de Recursos Hídricos;

II – no pagamento de despesas de implantação e custeio administrativo dos órgãos e entidades integrantes do Sistema Nacional de Gerenciamento de Recursos Hídricos.

2.5 PATRIMÔNIO CULTURAL BRASILEIRO

Especificamente sobre o **meio ambiente cultural,** tem-se que no direito brasileiro está estabelecida e garantida a proteção do patrimônio cultural, com base no artigo 216, da Constituição Federal de 1988:

Art. 216 – Constituem patrimônio cultural brasileiro os bens de natureza material e imaterial, tomados individualmente ou em conjunto, portadores de referência à identidade, à ação, à memória dos diferentes grupos formadores da sociedade brasileira, nos quais se incluem:

I – as formas de expressão;

II – os modos de criar, fazer e viver;

III – as criações científicas, artísticas e tecnológicas;

IV – as obras, objetos, documentos, edificações e demais espaços destinados às manifestações artístico-culturais;

V – os conjuntos urbanos e sítios de valor histórico, paisagístico, artístico, arqueológico, paleontológico, ecológico e científico.

Neste sentido, encontra-se estabelecido em termos legais e doutrinários no sistema jurídico brasileiro que os bens estão incluídos no patrimônio cultural brasileiro, desde que sejam portadores de referência à identidade, à ação, à memória dos diferentes grupos formadores da nacionalidade ou sociedade brasileiras, são protegidos e também merecedores também da tutela do Direito Ambiental.

Em termos de previsões de direito que respaldam esse instrumento com potencialidade de **proteção do meio ambiente cultural**, tem-se o instituto administrativo do **Tombamento**[4]**, que está disciplinado**

3 Como exemplo, o Comitê do PCJ (localizado no Estado de São Paulo e formado pela confluência das Bacias dos Rios Piracicaba, Capivari e Jundiaí), foi um dos pioneiros no Brasil a estabelecer os critérios para cobrança pela utilização dos Recursos Hídricos no Estado de São Paulo.

4 Na perspectiva doutrinária administrativista, Maria Sylvia Zanella Di Pietro (2011, p. 141) define o Tombamento como "procedimento administrativo pelo qual o Poder Público sujeita a restrições parciais os bens de qualquer natureza

pelo Decreto-lei número 25, de 30 de novembro de 1937, conforme se verifica pelas redações de seu artigo primeiro e parágrafo segundo:

> *Art. 1º Constitue o patrimônio histórico e artístico nacional o conjunto dos bens móveis e imóveis existentes no país e cuja conservação seja de interêsse público, quer por sua vinculação a fatos memoráveis da história do Brasil, quer por seu excepcional valor arqueológico ou etnográfico, bibliográfico ou artístico.*
>
> *§ 2º Equiparam-se aos bens a que se refere o presente artigo e são também sujeitos a tombamento os monumentos naturais, bem como os sítios e paisagens que importe conservar e proteger pela feição notável com que tenham sido dotados pela natureza ou agenciados pela indústria humana.*

O tombamento, como instrumento de proteção do patrimônio histórico e artístico nacional, pode recair sobre bens particulares e também bens públicos.

Tem-se como resultado prático final deste procedimento a impossibilidade do bem protegido ser destruído, demolido, mutilado, ou mesmo reparado, pintado e restaurado, salvo havendo, para estas três últimas situações, autorização do órgão competente. (Art. 17, do Decreto-Lei nº 25/37).

Um bem pode ter reconhecido seu valor cultural e ser, portanto, objeto de tombamento, por via legislativa ou por intermédio de procedimento administrativo, admitindo também a legislação que o tombamento seja feito por determinação jurisdicional.

2.6 RESPONSABILIDADE CIVIL, ADMINISTRATIVA E PENAL POR DANOS AMBIENTAIS/TUTELA PROCESSUAL DO MEIO AMBIENTE

Responsabilidade Civil Ambiental

O **dano ambiental** é a lesão aos recursos ambientais, que segundo a Lei nº 6.938/81, no artigo 3º, V, são considerados como tais "a atmosfera, as águas interiores, superficiais e subterrâneas, os estuários, o mar territorial, o solo, o subsolo, os elementos da biosfera, a fauna e a flora" – com consequente degradação o equilíbrio ecológico.

Nos casos de dano ao meio ambiente a regra é a da responsabilidade civil objetiva, **independentemente da existência de culpa**. Isso é o que dispõe a Lei nº 6.938/81, no artigo 14, § 1º: *"Sem obstar a aplicação das penalidades previstas neste artigo, é o poluidor obrigado, independentemente de existência de culpa, a indenizar ou reparar os danos causados ao meio ambiente e a terceiros, afetados por sua atividade."*

Tal previsão foi recepcionada pelo Código Civil brasileiro, que nos termos do seu art. 927, parágrafo único, prevê que:

> *"Aquele que, por ato ilícito (arts. 186 e 187), causar dano a outrem, fica obrigado a repará-lo.*
>
> *Parágrafo único.* ***Haverá obrigação de reparar o dano, independentemente de culpa, nos casos especificados em lei, ou quando a atividade normalmente desenvolvida pelo autor do dano implicar, por sua natureza, risco para os direitos de outrem."***

Basta, portanto, a simples **ocorrência de dano ambiental e um nexo de causalidade entre essa ocorrência e a ação do sujeito causador da lesão ao meio ambiente**, para que a responsabilidade civil de reparação desse dano seja objetiva.

É importante destacar que este **sujeito causador pode ser pessoa física ou jurídica, de direito privado ou direito público.** Isto significa, por exemplo, que o Estado pode ser responsabilizado pela ocorrência de dano ambiental, desde que ocorra relação de causa e efeito entre sua ação e/ou omissão e o evento danoso ambiental ocorrido. Da mesma forma o particular.

Outro ponto que cabe ser enfatizado é **regime de Solidariedade Passiva entre os Responsáveis** pela ocorrência de dano ambiental. Na responsabilidade solidária, todos aqueles que direta ou indiretamente possam ter contribuído para a ocorrência do dano ambiental, podem ser chamados para sua reparação.

Portanto, toda vez que se tem um passivo ambiental, tem-se o acúmulo de danos infligidos ao meio natural por uma determinada atividade ou pelo conjunto de ações humanas e, por conseguinte, um custo necessário para recuperar ou reparar os danos ambientais (montante do passivo ambiental).

Em suma: **todo passivo ambiental gera uma responsabilidade civil ambiental para a sua reparação, mitigação ou compensação, que se perpetua no tempo, até que o dano seja reparado**.

Para que haja a Responsabilidade Civil, não é necessária a ocorrência de culpa (independe da vontade ou não de causar o dano), basta que tenha havido relação de causa e efeito entre a atividade do agente e o dano causado.

Com base em todos os aspectos analisados da responsabilidade civil ambiental, podem ser sintetizadas algumas características fundamentais:

---

cuja conservação seja de interesse público, por sua vinculação a fatos memoráveis da história ou por seu excepcional valor arqueológico ou etnológico, bibliográfico ou artístico." Enquanto José dos Santos Carvalho (2011, p. 734) trata o Tombamento como "forma de intervenção na propriedade pela qual o Poder Público procura proteger o patrimônio cultural brasileiro."

Características da Responsabilidade Objetiva Ambiental	Ocorrência do Evento Danoso
	Nexo de Causalidade (Relação de Causa e Efeito entre a atividade do agente e o dano causado)
	Irrelevância da licitude da conduta
	Regime de Solidariedade Passiva entre os Responsáveis
ATENÇÃO!	**pela responsabilidade civil objetiva, o causador do dano ambiental é obrigado, independentemente da culpa, a indenizar** (inclusive com a possibilidade de indenização a título de danos morais) **ou reparar os danos causados ao meio ambiente e a terceiros, afetados por sua conduta.** O objetivo primordial desse sistema de responsabilidade é buscar restabelecer o mais próximo possível a situação à condição anterior ao dano; e quando isto não for possível, buscar medidas compensatórias.

Este é o posicionamento atual do STJ, no sentido de que a responsabilidade civil por danos ambientais, seja por lesão ao meio ambiente propriamente dito (dano ambiental público), seja por ofensa a direitos individuais (dano ambiental privado), é objetiva, fundada na teoria do risco integral, em face do disposto no art. 14, § 1º, da Lei n. 6938/81. (RECURSO ESPECIAL Nº 1.373.788 - SP (2013/0070847-2).

Finalmente cabe destacar que sempre será possível responsabilizar civilmente o autor de um dano ambiental, independentemente de se esgotar eventuais vias processuais instauradas para se apurar responsabilidades administrativas e/ou criminais. As 3 (três) vias de responsabilizações ambientais podem ocorrer concomitantemente, cada qual com o seu propósito, sendo o da responsabilidade civil a busca da reparação (quando não possível, a compensação) do dano ambiental ocorrido.

Importante

O STJ também já firmou entendimento de que para casos de omissão de dever de controle e fiscalização que contribuem para o agravamento do dano ambiental, a responsabilidade ambiental solidária da Administração é **de execução** subsidiária, o que significa que o Estado integra o título executivo sob a condição de só ser convocado a arcar com a reparação ambiental se o degradador original não o fizer. (RESP 200801460435, Relator Ministro Herman Benjamin, STJ – 2ª Turma, DJE: 16/12/2010).

Ação Civil Pública e a Responsabilidade Civil Ambiental

Conforme apontado no caso mencionado no item anterior, para que fosse dada uma solução para o grave dano ambiental ocorrido, foi necessária a propositura, por parte do Ministério Público, de uma Ação Civil Pública. Cabem ser feitas algumas considerações sobre o regime jurídico e os alcances de sua atuação.

A Ação Civil Pública é o principal instrumento de tutela ambiental, utilizado para apurar e/ou responsabilizar civilmente a reparação de casos de dano ambiental.

Ela foi criada em 24 de julho de 1985, com a publicação da Lei Federal nº 7.347, com o fim de disciplinar e proteger não só o meio ambiente, mas também o consumidor, os bens e direitos de valor histórico, artístico, estético, cultural, turístico e paisagístico, na condição de direitos difusos e coletivos[5].

Com essa lei, a defesa do meio ambiente, em nome de toda a coletividade, começou a ser realizada, segundo seu art. 5º, pelos seguintes órgãos e entidades (legitimação ativa): **Ministério Público, Defensoria Pública,[6] pelos representantes legais e respectivos órgãos da união, estados, Distrito Federal e municípios, por associações civis, constituídas há pelo menos um ano e que inclua nas suas finalidades institucionais a proteção do meio ambiente.**

Portanto, tais legitimados ativos, podem propor a ação civil pública perante situação de ocorrência de dano ou ameaça de dano ao meio ambiente ou outros interesses difusos e coletivos.

A demanda de responsabilização civil por dano ambiental terá sempre como objeto uma obrigação de dar (pagar), de fazer ou não fazer, no sentido de evitar, mitigar ou reparar uma situação de dano ambiental. Poderá também incluir medidas compensatórias, quando não houver mais a possibilidade de evitar o dano ou trata-se de dano irreparável. Seu objeto decorre da previsão do art. 3º Lei Federal nº 7.347/85:

> *"Art. 3º A ação civil poderá ter por objeto a condenação em dinheiro ou o cumprimento de obrigação de fazer ou não fazer."*

Importante!

A jurisprudência do STJ já está firmada no sentido de que a necessidade de reparação integral **da lesão causada ao meio ambiente permite a cumulação de obrigações de fazer, de não fazer e de indenizar, que têm natureza** propter rem. Neste sentido, REsp 1.248.214/MG, Rel. Ministro Herman Benjamin, Segunda Turma, DJe 13.04.2012.

Todas essas observações são pertinentes. **O mecanismo processual da ação civil pública, portanto, é**

5 Art. 1º Regem-se pelas disposições desta Lei, sem prejuízo da ação popular, as ações de responsabilidade por danos morais e patrimoniais causados: I – ao meio-ambiente; II – ao consumidor; III – a bens e direitos de valor artístico, estético, histórico, turístico e paisagístico; IV – a qualquer outro interesse difuso ou coletivo. (Incluído pela Lei nº 8.078 de 1990) V – por infração da ordem econômica; (Redação dada pela Leu nº 12.529, de 2011).; VI – à ordem urbanística. (Incluído pela Medida provisória nº 2.180-35, de 2001)

6 Inserida na lista dos autorizados a propor a ação civil pública pela Lei Federal nº 11448/07.

adequado para que se pleiteiem, cumulativamente, a reparação pecuniária do dano causado e o cumprimento de obrigação de fazer.

Ressalte-se que em entendimento recente do STJ[7], reconheceu-se a possibilidade de o agente degradador ser condenado ao pagamento de dano moral coletivo em favor das vítimas afetadas pelo dano ambiental.

Cabe dizer também que os órgãos com legitimidade para propor a ação civil pública podem, antes do ingresso da ação, podem firmar termos de compromisso de ajustamento de conduta de reparação de danos ambientais ou de qualquer situação fática que não esteja em conformidade com a legislação ambiental. Tal compromisso tem eficácia de título executivo extrajudicial (art. 5°, § 6°, da Lei 7.347/85).

> É **competente** para processar e julgar a causa o **juiz do foro do local onde ocorrer o dano**, admitindo medidas cautelares e concessão de liminar suspensiva do fato ou ato contra o qual se dirige a ação.
>
> Importante destacar o artigo 16 da Lei da Ação Civil Pública que prevê que **a sentença civil da ação civil publica fará coisa julgada erga omnes, exceto se a ação for julgada improcedente por deficiência de provas**, hipótese em que qualquer legitimado poderá intentar outra ação com idêntico fundamento, valendo-se de nova prova.

Assim, com a regulamentação da chamada ação civil pública, o meio ambiente ganha importante instrumento de proteção na condição de interesse de toda uma coletividade, ou seja, órgãos públicos e entidades civis passam a ser legitimados a proporem a ação civil em favor de todos aqueles que, direta ou indiretamente, possam sofrer consequências de eventuais danos ao meio ambiente. Como aponta Mancuso[8], a concepção holística de meio ambiente, com a publicação da Lei nº 7.347/85, passa ser suscetível de ser objeto de uma nova e importante forma de proteção, a tutela jurídica em prol de interesses difusos e coletivos.

Responsabilidade Administrativa

A responsabilidade administrativa fundamenta-se na capacidade que o poder público tem de impor limites às condutas dos administrados. Em outras palavras, os órgãos públicos, sejam federais, estaduais ou municipais, detêm o chamado "**poder de polícia administrativa**", que consiste na possibilidade de exercer fiscalização sobre todas as atividades e bens que afetam ou possam afetar a coletividade.

O conceito legal de poder de polícia está disciplinado pelo art. 78, do Código Tributário Nacional:	"Considera-se poder de polícia atividade da administração pública que, limitando ou disciplinando Direito, interesse ou liberdade, regula a prática de ato ou abstenção de fato, em razão de interesse público concernente à segurança, à higiene, à ordem, aos costumes, à disciplina da produção e do mercado, ao exercício de atividades econômicas dependentes de concessão ou autorização do Poder Público, à tranquilidade pública ou ao respeito à propriedade e aos direitos individuais ou coletivos".

Além do fundamento constitucional do § 3º do art. 225, a Responsabilidade Administrativa possui previsão na **Lei Federal nº 9.605, de 12 de fevereiro de 1998**, que dispõe sobre as sanções tanto penais quanto administrativas, derivadas de condutas e atividades lesivas ao meio ambiente e também no **Decreto Federal nº 6.514, de 22 de julho de 2008 (com alterações e acréscimos advindos do Decreto Federal nº 6.686, de 10 de dezembro de 2008)**, que dispõe sobre as infrações e sanções administrativas ao meio ambiente e estabelece o processo administrativo federal para apuração destas infrações.

O conceito legal de infração administrativa ambiental está previsto no art. 70 da Lei nº 9.605/98 e, com a mesma redação, no art. 2º, do Decreto Federal nº 6.514/2008, como sendo:

> **"toda ação ou omissão que viole as regras jurídicas de gozo, promoção, proteção e recuperação do meio ambiente".**

Com a constatação da ocorrência de uma infração ambiental administrativa, ocorre a lavratura de um "Auto de Infração Ambiental" (AIA). Conforme prescreve o art. 96, do Decreto Federal nº 6.514/2008:

> Constatada a ocorrência de infração administrativa ambiental, será lavrado auto de infração, do qual deverá ser dado ciência ao autuado, assegurando-se o contraditório e a ampla defesa.

Importante destacar que para a autuação administrativa é necessária análise do elemento subjetivo do madeireiro, pois ao contrário do que ocorre no plano civil (no qual poluidores indiretos respondem objetivamente por danos ambientais), **na esfera administrativa,** não se pode punir uma pessoa, sem que tenha agido com culpa, por infração ambiental cometida por terceiro**.** Esta é a posição atual do STJ (AgRg no AREsp 62.584/RJ)

Ao autuado são asseguradas as garantias constitucionais da ampla defesa e do contraditório incidentes no processo administrativo ambiental, conforme previsão do art. 5 °, **LV, da Constituição Federal: aos litigantes, em processo judicial ou administrativo, e aos acusados em geral são assegurados o contraditório e ampla defesa, com os meios e recursos a ela inerentes.**

Em termos formais, o Auto de Infração Ambiental, deverá atender requisitos específicos constantes do art. 97 do Decreto Federal nº 6.514/2008:

7 REsp 1269494/MG, Rel. Min. Eliana Calmon, Segunda Turma, julgado em 24/09/2013

8 MANCUSO, Ronaldo de Camargo. Ação Civil Pública: em defesa do meio ambiente, do patrimônio cultural e dos consumidores. 7. ed. São Paulo: RT, 2001.

Requisitos que devem constar no Auto de Infração Ambiental:	Lavrado em Impresso Próprio
	Indicação do infrator
	Descrição clara e objetiva das infrações administrativas constatadas
	Indicação dos respectivos dispositivos legais e regulamentares infringidos
	Não devendo conter emendas ou rasuras que comprometam sua validade

Uma vez autuado, o Acusado pode apresentar Defesa Administrativa ou realizar eventual pagamento da multa imposta, dentro do respectivo prazo legal previsto para cada um destes atos.

No caso da opção pelo pagamento, segundo previsão do art. 113, parágrafo primeiro do Decreto Federal nº 6.514/2008, o órgão ambiental responsável concederá **o desconto de trinta por cento**, se o autuado decidir efetuar o pagamento da penalidade no prazo de 20 (vinte) dias previsto para o oferecimento da defesa administrativa.

Por outro lado, no caso de apresentação de defesa, devem, no transcurso do processo administrativo ambiental, serem observados os seguintes prazos, Art. 71 da Lei 9.605/98 (e também artigos 113 e 127 do Decreto Federal nº 6.514/2008):

20 dias para oferecer a defesa	30 dias para autoridade competente julgar o auto de infração	20 dias para o infrator recorrer da decisão condenatória à instância superior	5 dias para pagamento da multa

Na Defesa Administrativa, podem ser alegados motivos que eventualmente afastem a responsabilidade administrativa do Acusado. Após apresentada a Defesa, o Órgão Ambiental competente para o Julgamento, pode proceder de três formas:

Julgar totalmente improcedente a defesa, mantendo a Penalidade Administrativa do Auto de Infração;
Julgar procedente a defesa, arquivando-se o Auto de Infração;
Facultar ao "Acusado" um Termo de Compromisso de Recuperação Ambiental da área afetada.

De acordo com a decisão, o Acusado pode ainda recorrer à Segunda Instância Administrativa para tentar a reforma da decisão.

Ultrapassadas as instâncias recursais e confirmada a ocorrência de Infração Administrativa Ambiental, o Infrator, de acordo com a dimensão do dano ambiental e outras características do caso concreto, está sujeito ao cumprimento das Penalidades Administrativas impostas, além de outras que eventualmente já tiver sofrido em caráter cautelar, como, por exemplo, a apreensão dos animais, produtos e subprodutos da fauna e flora, instrumentos, petrechos, equipamentos ou veículos de qualquer natureza utilizados na infração.

As principais penalidades administrativas estão previstas no art. 70 da Lei nº 9.605/98 e, com a mesma redação, no art. 3º, do Decreto Federal nº 6.514/2008, como:

I – advertência;
II – multa simples;
III – multa diária;
IV – apreensão dos animais, produtos e subprodutos da fauna e flora, instrumentos, petrechos, equipamentos ou veículos de qualquer natureza utilizados na infração;
V – destruição ou inutilização do produto;
VI – suspensão de venda e fabricação do produto;
VII – embargo de obra ou atividade;
VIII – demolição de obra;
IX – suspensão parcial ou total de atividades;
XI – restritiva de direitos, que podem ser de suspensão ou cancelamento de licença ou autorização, perda ou restrição de incentivos e benefícios fiscais e proibição de contratar com a administração pública, pelo período de até três anos (previstas no artigo 72 da Lei nº 9.065/1998).

Responsabilidade Criminal

Chega-se ao último gênero de Responsabilidade Ambiental, **a Responsabilidade Criminal**. Das Responsabilidades estudadas anteriormente, a Responsabilidade Criminal é a mais rigorosa. Vimos que aquele que comete danos ao meio ambiente pode ser multado, ser obrigado a reparar/indenizar o dano causado e, por meio da Responsabilidade Criminal, pode, por exemplo, e dependendo da gravidade do crime ambiental cometido, ser também preso.

Toda a matéria de Responsabilidade Penal por Danos Ambientais foi sistematizada com a **Lei 9.605/98 – a Lei de Crimes Ambientais.**

Esta Lei traz as especificidades dos crimes ambientais, regulamentando uma listagem específica de situações para condutas lesivas ao meio ambiente.

Apesar de ser uma lei específica, a aplicação da lei penal ambiental acompanha toda a sistemática do Código Penal e do Código de Processo Penal brasileiros. Ou seja, caso falte alguma regra para apuração da responsabilidade penal por dano ambiental na Lei de Crimes Ambientais, aplica-se subsidiariamente o Código Penal e o Código de Processo Penal. É o que se verifica da previsão do artigo 79 da Lei de Crimes Ambientais: "Art. 79 – Aplicam-se subsidiariamente a esta Lei as disposições do Código Penal e do Código de Processo Penal."

Deve-se sempre ressaltar que em matéria de responsabilidade penal ambiental, **o infrator só responde pelo crime praticado se a ele houver dado causa ao menos culposamente.**

Art. 18 do Código Penal brasileiro:	
Crime doloso	**Crime culposo**
I – doloso, quando o agente quis o resultado ou assumiu o risco de produzi-lo;	II – culposo, quando o agente deu causa ao resultado por imprudência, negligência ou imperícia.

Isso significa que **não há Responsabilidade Objetiva no âmbito criminal ambiental.** Ou seja, para que ocorra responsabilidade criminal por danos ambientais a conduta do agente infrator deve ter sido cometida com dolo ou culpa. A mera ocorrência do dano ao meio ambiente, sem dolo, nem culpa, não gera responsabilidade criminal.

A Responsabilidade Objetiva, de Risco Integral, que responsabiliza o agente independentemente de dolo ou culpa, como visto, só ocorre na Responsabilidade Civil por danos ambientais.

Aplicação das Penas por Crimes Ambientais

Foi na Lei de Crimes Ambientais que o legislador definiu as penas e as condições de sua aplicação para cada caso concreto, bem como delineou os critérios que podem atenuar, agravar ou até mesmo excluir sua incidência.

Por outras palavras, o processo de responsabilização ambiental criminal segue a mesma lógica do Código Penal e de Processo Penal geral, mas com critérios específicos relacionados com a questão ambiental. É como se houvesse critérios para uma dosimetria específica para se apurar a medida das penas por crimes ambientais de acordo com as circunstâncias e características de cada conduta tipificada e seus reflexos ao meio ambiente.

Portanto, as condutas e atividades lesivas ao meio ambiente, bem como seus critérios específicos de aplicação, encontram-se descritos pela Lei Federal, nº 9.605/98, a Lei de Crimes Ambientais.

O primeiro parâmetro para apuração de responsabilidade criminal ambiental está previsto pelo art. 6º da Lei de Crimes Ambientais, que vai impor como condição para a gradação da penalidade, em cada caso, a observância dos seguintes aspectos:

Art. 6º Para imposição e gradação da penalidade, a autoridade competente observará:	I – a gravidade do fato, tendo em vista os motivos da infração e suas consequências para a saúde pública e para o meio ambiente; II – os antecedentes do infrator quanto ao cumprimento da legislação de interesse ambiental; III – a situação econômica do infrator, no caso de multa.

Tem-se como isso uma lógica própria para apuração da penalidade decorrente da prática de crime ambiental, que deverá sempre levar em conta a gravidade do fato, as consequências para a saúde pública e meio ambiente, os antecedentes, a conduta social, a personalidade do acusado e, no caso de eventual pena de multa a situação econômica do agente

Circunstâncias Atenuantes

As Circunstâncias Atenuantes para aplicação de pena por crime ambiental estão previstas no Art. 14 da Lei de Crimes Ambientais (LCA):	I – baixo grau de instrução ou escolaridade do agente; II – arrependimento do infrator, manifestado pela espontânea reparação do dano; III – comunicação prévia pelo agente do perigo iminente de degradação ambiental; IV – colaboração com os agentes encarregados da vigilância e do controle ambiental.

Como se vê, as circunstâncias que irão atenuar a apuração da penalidade a ser aplicada pela prática de crime ambiental, em grande medida, dos incisos II a IV, estão relacionadas com ações do agente voltadas para minimizar o dano ambiental causado por sua conduta tipificada (seja realizando a reparação, seja comunicando às autoridades o perigo ambiental iminente decorrente de sua ação ou mesmo colaborando com os agentes competentes no controle do dano acorrido).

Ressalte-se que o inciso I, baixo grau de instrução ou escolaridade do agente, trata de um conceito jurídico indeterminado, que deverá ser verificado caso a caso, de acordo com as características de instrução/formação (formal e informal) de cada acusado. Cabe dizer, que há corrente doutrinária ambiental que configura esta situação como daquele sujeito que não teria concluído o ensino fundamental.

Circunstâncias Agravantes

As Circunstâncias Agravantes para aplicação de pena por crime ambiental estão previstas no Art. 15 da LCA:

II. reincidência nos crimes de natureza ambiental;

III. ter o agente cometido a infração:

a) para obter vantagem pecuniária;

b) coagindo outrem para a execução material da infração;

c) afetando ou expondo a perigo, de maneira grave, a saúde pública ou o meio ambiente;

d) concorrendo para danos à propriedade alheia;

e) atingindo áreas de unidades de conservação ou áreas sujeitas, por ato do Poder Público, a regime especial de uso;

f) atingindo áreas urbanas ou quaisquer assentamentos humanos;

g) em período de defeso à fauna;

h) em domingos ou feriados;

i) à noite;

j) em épocas de seca ou inundações;

l) no interior do espaço territorial especialmente protegido;

m) com o emprego de métodos cruéis para abate ou captura de animais;

n) mediante fraude ou abuso de confiança;

o) mediante abuso do direito de licença, permissão ou autorização ambiental;

p) no interesse de pessoa jurídica mantida, total ou parcialmente, por verbas públicas ou beneficiada por incentivos fiscais;

q) atingindo espécies ameaçadas, listadas em relatórios oficiais das autoridades competentes;

r) facilitada por funcionário público no exercício de suas funções.

Com relação às causas agravantes da pena, a reincidência nos crimes de natureza ambiental se configura quando o agente já tiver cometido crime ambiental previsto pela Lei Federal nº 9.605/98, com trânsito em julgado da sentença condenatória, e cometer outro crime.

Já as demais circunstâncias agravantes se configuram por situações que representam **maior ameaça ambiental** (em termos da dimensão dos danos e dos méis empregados, alíneas de "c" a "m" e "q") ou quando há **condutas fraudulentas ao sistema jurídico ambiental visando vantagens ou proveitos econômicos em detrimento da preservação do meio ambiente** (casos das alíneas "a", "b" e de "n" a "p" e "r").

Na primeira situação temos, por exemplo, o caso do cometimento de crime ambiental em épocas de seca ou inundações, quando as fragilidades ambientais desses períodos fazem com que os efeitos ambientais danosos, decorrentes de práticas criminosas, sejam muito mais intensos e severos.

No segunda, temos o exemplo do agente que abusa do direito de licença ambiental, extrapolando os limites da autorização para realizar atividade impactante ao meio ambiente, para proveito próprio e com sérios riscos para o meio que circunda a atividade.

Causas Excludentes de Antijuridicidade

As causas excludentes da antijuridicidade por crime ambiental estão previstas no Art. 37 da LCA, e referem-se à conduta específica de crime de abate de animal:

Não é crime o abate de animal, quando realizado:	I – em estado de necessidade, para saciar a fome do agente ou de sua família; II – para proteger lavouras, pomares e rebanhos da ação predatória ou destruidora de animais, desde que legal e expressamente autorizado pela autoridade competente; III – (VETADO) IV – por ser nocivo o animal, desde que assim caracterizado pelo órgão competente.

Essas situações previstas no art. 37 da Lei de Crimes Ambientais não são consideradas geradoras de responsabilidade criminal por dano ambiental. São situações bem específicas, nas quais, para salvaguardar valores como a vida e a saúde, exclui-se a antijuridicidade do dano ambiental causado.

No caso do inciso I do art. 37 da Lei de Crimes Ambientais, deve ser admitido o estado de miserabilidade do agente e a impossibilidade de alimentar-se por outros meios.

No inciso II, a ação não pode ocorrer a partir do livre arbítrio do agente. A autoridade ambiental deve conceder autorização prévia para que ocorra o abate.

Por fim, o inciso IV exige que o órgão competente reconheça que o animal realmente é nocivo, pelos danos à lavoura, destruição de outros espécimes ou perigo que representa para o homem. Ou seja, as condutas lesivas só são consideradas lícitas quando possuem finalidades específicas e estão previstas na legislação.

Atenção!	Em suma: além do primeiro caso de conduta justificante a partir do estado de necessidade do agente, que abate animal protegido para saciar sua fome ou de sua família, os outros dois casos, **sempre dependerão de requisitos próprios**: o do inciso II, da **autorização expressa da autoridade competente para abater animais protegidos que estão colocando em risco lavouras, pomares e rebanhos com sua ação predatória ou destruidora**; e o do inciso III, **o abate, dentro da situação de excludente, da caracterização de sua nocividade animal por parte do órgão competente**.

Na configuração do delito de bagatela envolvendo matéria ambiental, o STF tem exigido a satisfação, de forma concomitante, de certos requisitos, quais sejam: a conduta minimamente ofensiva, a ausência de periculosidade social da ação, o reduzido grau de reprovabilidade do comportamento e a lesão jurídica inexpressiva.

Por fim, deve-se destacar Excludente de Antijuridicidade decorrente das exceções advindas com o Novo Código Florestal (LEI Nº 12.651/2012), especificamente no que se refere às possibilidades a continuidade das atividades agrossilvipastoris, de ecoturismo e de turismo rural em áreas rurais consolidadas até 22 de julho de 2008 (conforme analisado no tópico 5.2.4 e ss.).

Penas Aplicáveis às Pessoas Físicas

Como foi enfatizado, desde que comprovado o dolo ou culpa do agente e atendidos requisitos gerais para responsabilização penal (imputabilidade), qualquer pessoa pode ser responsabilizada criminalmente pela prática de condutas tipificadas como crimes ambientais.

Penalidades que podem sofrer as pessoas físicas por prática de crimes ambientais:	Penas Privativas de Liberdade
	Penas Restritivas de Direitos

As penas privativas de liberdade estão previstas em cada tipo penal da Lei de Crimes Ambientais e variam de acordo com a gravidade da conduta. Ressalta-se que, de acordo com as características da pena a ser aplicada, da culpabilidade, dos antecedentes, da conduta social e personalidade do agente, bem como dos motivos e das circunstâncias do crime, a pena privativa de liberdade pode ser substituída pela restritiva de direitos.

As espécies de penas restritivas de direitos, em decorrência da prática de crimes ambientais, estão previstas pelo artigo 8 ° e detalhadas pelos artigos 9 ° a 13 da Lei de Crimes Ambientais:

ESPÉCIE DE PENA PRIVATIVA DE LIBERDADE (artigo 8º da LCA)	PARÂMETRO PARA APLICAÇÃO (artigos 9º a 13 da LCA)
I – prestação de serviços à comunidade	A prestação de serviços à comunidade consiste na atribuição ao condenado de tarefas gratuitas junto a parques e jardins públicos e unidades de conservação, e, no caso de dano da coisa particular, pública ou tombada, na restauração desta, se possível.
II – interdição temporária de direitos;	As penas de interdição temporária de direito são: (i) a proibição de o condenado contratar com o Poder Público; (ii) de receber incentivos fiscais ou quaisquer outros benefícios; (iii) bem como de participar de licitações, pelo prazo de cinco anos, no caso de crimes dolosos, e de três anos, no de crimes culposos.
III – suspensão parcial ou total de atividades;	A suspensão de atividades será aplicada quando estas não estiverem obedecendo às prescrições legais.
IV – prestação pecúniaria;	A prestação pecuniária consiste no pagamento em dinheiro à vítima ou à entidade pública ou privada com fim social, de importância, fixada pelo juiz, não inferior a um salário mínimo nem superior a trezentos e sessenta salários mínimos. O valor pago será deduzido do montante de eventual reparação civil a que for condenado o infrator.
V – recolhimento domiciliar	O recolhimento domiciliar baseia-se na auto-disciplina e senso de responsabilidade do condenado, que deverá, sem vigilância, trabalhar, frequentar curso ou exercer atividade autorizada, permanecendo recolhido nos dias e horários de folga em residência ou em qualquer local destinado a sua moradia habitual, conforme estabelecido na sentença condenatória.

Crimes de Menor Potencial Ofensivo – Da Possibilidade de Transação Penal

O Art. 27 da Lei de Crimes Ambientais prevê que:	Nos crimes ambientais de menor potencial ofensivo, a proposta de aplicação imediata de pena restritiva de direitos ou multa, prevista no Art. 76 da Lei 9.099, de 26 de setembro de 1995 (Juizados Especiais), somente poderá ser formulada desde que tenha havido a prévia composição do dano ambiental, salvo em caso de comprovada impossibilidade.

Em uma situação concreta, se estiverem presentes todos os requisitos da Transação Penal, havendo uma ocorrência policial, a autoridade competente deverá lavrar termo circunstanciado[9], para verificar a incidência de delito ambiental de menor potencial ofensivo.

Conforme artigo 89 da Lei 9.099/95, com as modificações estabelecidas pelo art. 28[10] da Lei de Crimes Ambien-

---

9 Segundo Art. 69, da Lei nº 9.099, de 26 de setembro de 1995, para os casos de crime de menor potencial ofensivo: A autoridade policial que tomar conhecimento da ocorrência lavrará termo circunstanciado e o encaminhará imediatamente ao Juizado, com o autor do fato e a vítima, providenciando-se as requisições dos exames periciais necessários.

10 Art. 28. As disposições do art. 89 da Lei nº 9.099, de 26 de setembro de 1995, aplicam-se aos crimes de menor potencial ofensivo definidos nesta Lei, com as seguintes modificações:

I – a declaração de extinção de punibilidade, de que trata o § 5° do artigo referido no *caput*, dependerá de laudo de constatação de reparação do dano ambiental, ressalvada a impossibilidade prevista no inciso I do § 1° do mesmo artigo;

II – na hipótese de o laudo de constatação comprovar não ter sido completa a reparação, o prazo de suspensão do processo será prorrogado, até o período máximo previsto no artigo referido no *caput*, acrescido de mais um ano, com suspensão do prazo da prescrição;

III – no período de prorrogação, não se aplicarão as condições dos incisos II, III e IV do § 1° do artigo mencionado no *caput*;

IV – findo o prazo de prorrogação, proceder-se-á à lavratura de novo laudo de constatação de reparação do dano ambiental, podendo, conforme seu resultado, ser nova-

tais, além destes requisitos, a declaração de extinção de punibilidade dependerá ainda de laudo de constatação de reparação do dano ambiental.

Portanto, em havendo proposta de transação penal pelo Ministério Público antes do oferecimento de denúncia, seja em sede de processo iniciado por termo circunstanciado nos Juizados Especiais Criminais, seja em sede de inquérito policial, e verificado o preenchimento dos requisitos para a transação, bem como a elaboração do laudo de constatação de reparação do dano ambiental, o juiz homologará a transação penal, aplicando ao agente pena restritiva de direitos ou pena de multa.

É comum na Transação Penal que o agente assuma o compromisso de prestar auxílio às Organizações e Fundações que realizam trabalhos sociais e ambientais à comunidade, como forma de cumprimento de pena alternativa à privativa de liberdade.

–	Detenção, de um ano a três anos ou multa, ou ambas as penas cumulativamente.
–	Detenção, de um a três anos, ou multa, ou ambas as penas cumulativamente.
–	Reclusão, de um a cinco anos
–	Reclusão, de um a dois anos, e multa
–	**PENA**
–	Detenção, de seis meses a um ano, e multa
Art. 50-A. Desmatar, explorar economicamente ou degradar floresta, plantada ou nativa, em terras de domínio público ou devolutas, sem autorização do órgão competente	Reclusão de 2 (dois) a 4 (quatro) anos e multa
Art. 51. Comercializar motosserra ou utilizá-la em florestas e nas demais formas de vegetação, sem licença ou registro da autoridade competente.	Detenção, de três meses a um ano, e multa.
Art. 61. Disseminar doença ou praga ou espécies que possam causar dano à agricultura, à pecuária, à fauna, à flora ou aos ecossistemas:	Reclusão, de um a quatro anos, e multa.

mente prorrogado o período de suspensão, até o máximo previsto no inciso II deste artigo, observado o disposto no inciso III;

V – esgotado o prazo máximo de prorrogação, a declaração de extinção de punibilidade dependerá de laudo de constatação que comprove ter o acusado tomado as providências necessárias à reparação integral do dano.

incidência do princípio da insignificância	
Atenção!	Segundo o atendimento jurisprudencial do STJ, se admite a incidência do princípio da insignificância para casos de crime ambiental quando demonstrada, a partir do exame da situação concreta, a ínfima lesividade ao bem ambiental tutelado pela norma. Este posicionamento está presente na decisão da Segunda Turma do Supremo Tribunal Federal (STF) em decisão em sede Habeas Corpus (HC 112563), publicado em 10/12/2012, concedido, por maioria de votos, e que absolveu um pescador de Santa Catarina que havia sido condenado por crime contra o meio ambiente (contra a fauna) por pescar durante o período de defeso, utilizando-se de rede de pesca fora das especificações do Ibama e flagrado com 12 camarões. Nos termos da ementa do acordão: "Rei furtivae de valor insignificante. Periculosidade não considerável do agente. Crime de bagatela. Caracterização. Aplicação do princípio da insignificância. Atipicidade reconhecida".

Competência para Julgamento – Crimes contra a Fauna e Flora

Atualmente **prevalece o entendimento que a competência para julgamento dos crimes contra a fauna e flora é da Justiça Estadual**, exceto quando há ofensa direta a **bens, serviços e/ou interesses da União ou de suas entidades autárquicas**. Nesses últimos casos a **competência passa a ser da Justiça Federal**. Por exemplo, quando o delito é praticado em uma Unidade de Conservação Federal ou mesmo quando o objeto do delito é uma espécie ameaçada de extinção. Neste sentido: **STJ. 3a Seção. AgRg no CC 115.159-SP, Rel. Min. Og Fernandes, julgado em 13/6/2012.**

Responsabilidade Penal da Pessoa Jurídica

A Constituição Federal, por intermédio do seu Art. 225, § 3º, prevê que as condutas e atividades consideradas lesivas ao meio ambiente **sujeitarão os infratores, pessoas físicas ou jurídicas, a sanções penais.**

A Lei de Crimes Ambientais de forma mais específica, no seu Art. 3º, dispõe que:	As pessoas jurídicas serão responsabilizadas administrativa, civil e penalmente conforme o disposto nesta Lei, nos casos em que a infração seja cometida por decisão de seu representante legal ou contratual, ou de seu órgão colegiado, no interesse ou benefício da sua entidade.

Portanto, qualquer pessoa jurídica, seja de direito público ou privado, pode ser responsabilizada penalmente pela prática de crimes ambientais.

Dentre os requisitos necessários para se responsabilizar uma pessoa jurídica pela prática de crime ambiental, tem-se que **(1) a infração penal tenha sido cometida por decisão de seu representante legal ou contratual, ou de seu órgão colegiado; (2) que a infração tenha**

sido cometida no interesse ou benefício da pessoa jurídica.

Apesar da responsabilização da pessoa jurídica que pratica crimes ambientais ser uma tendência mundial, bem como os seus fundamentos legais estarem previstos há tempos na Constituição Federal de 1988 e na Lei de Crimes Ambientais de 1998, tem-se que o alcance e as formas de responsabilização criminal ambiental das pessoas jurídicas estão sendo estabelecidos somente nos últimos anos pelas decisões dos Tribunais Superiores.

Atenção!	A posição atual do STF é no sentido da possibilidade de responsabilização penal da pessoa jurídica sem necessidade de punição conjunta com a pessoa física.

Penas aplicáveis à Pessoa Jurídica:

As penas aplicáveis à Pessoa Jurídica estão previstas no art. 21 da LCA e são as seguintes:	I – multa; II – restritivas de direitos; III – prestação de serviços à comunidade.

As espécies de penas restritivas de direitos aplicáveis às pessoas jurídicas, em decorrência da prática de crimes ambientais, estão previstas pelo artigo 22 e detalhadas pelos seus parágrafos:

ESPÉCIE DE PENA PRIVATIVA DE LIBERDADE (artigo 22 da LCA)	PARÂMETRO PARA APLICAÇÃO (parágrafos 1º, 2º e 3º)
II. suspensão parcial ou total de atividades	A suspensão de atividades será aplicada quando estas não estiverem obedecendo às disposições legais ou regulamentares, relativas à proteção do meio ambiente.
III. interdição temporária de estabelecimento, obra ou atividade;	A interdição será aplicada quando o estabelecimento, obra ou atividade estiver funcionando sem a devida autorização, ou em desacordo com a concedida, ou com violação de disposição legal ou regulamentar.
IIII. proibição de contratar com o Poder Público, bem como dele obter subsídios, subvenções ou doações.	A proibição de contratar com o Poder Público e dele obter subsídios, subvenções ou doações não poderá exceder o prazo de dez anos.

As espécies de penas de prestação de serviços à comunidade aplicáveis às pessoas jurídicas, em decorrência da prática de crimes ambientais, estão previstas pelo artigo 23 da Lei de Crimes:

I – custeio de programas e de projetos ambientais;

II – execução de obras de recuperação de áreas degradadas;

III – manutenção de espaços públicos;

IV – contribuições a entidades ambientais ou culturais públicas.

Atenção!	Cabe destacar que segundo os termos de decisão do STF, em sede de Recurso Extraordinário (RE 548181/PR) de 6/8/2013, cuja relatora foi Ministra Rosa Weber: "É admissível a condenação de pessoa jurídica pela prática de crime ambiental, ainda que absolvidas as pessoas físicas ocupantes de cargo de presidência ou de direção do órgão responsável pela prática criminosa." (...) "Ao se condicionar a responsabilização da pessoa jurídica à física, estaria ocorrendo a subordinação da responsabilização jurídico-criminal do ente coletivo à efetiva condenação da pessoa física, o que não seria objetivo previsto no mandamento constitucional de criminalização contido no § 3º do art. 225 da CF/88".

Ação Penal

Finalmente cabe destacar que a Ação Penal a ser instaurada para o julgamento de crimes contra o meio ambiente **será sempre pública e incondicionada.**

É o que estabelece expressamente o artigo 26 da Lei de Crimes Ambientais:

> Nas infrações penais previstas nesta Lei, a ação penal é pública incondicionada.

A Ação Penal pública no caso dos crimes ambientais é **incondicionada**, pois seu exercício não se subordina a nenhum requisito, pode ser iniciada sem a representação do ofendido e sem a requisição do Ministro da Justiça.

2.7 BIODIVERSIDADE/BIOSSEGURANÇA

A Convenção da Diversidade Biológica fixa no art. 1º as premissas básicas sobre as quais se fundamentam todos os princípios relativos à preservação de diversidade biológica global e os conhecimentos associados a ela:

> A conservação da diversidade biológica, a utilização sustentável de seus componentes e a repartição justa e eqüitativa dos benefícios derivados da utilização sustentável dos recursos genéticos, mediante, inclusive, o acesso adequado aos recursos genéticos e a transferência adequada de tecnologias pertinentes, levando em conta todos os direitos sobre tais recursos e tecnologias, e mediante o financiamento adequado

Também a mesma Convenção (art. 2º) define o que seja a **Diversidade Biológica**, como objeto de proteção das normas internacionais e nacionais de direito ambiental:

Diversidade biológica
significa a variabilidade de organismos vivos de todas as origens, compreendendo, dentre outros, os ecossistemas terrestres, marinhos e outros ecossistemas aquáticos e os complexos ecológicos de que fazem parte; compreendendo ainda a diversidade dentro de espécies, entre espécies e de ecossistemas.

Atenção!
Por outro lado, desde a Constituição de 1988, há previsão expressa no ordenamento jurídico brasileiro de proteção da diversidade biológica na sua dimensão de patrimônio genético. É o que se depreende da previsão do art. 225, parágrafo 1º, inciso II: Art. 225 – Todos têm direito ao meio ambiente ecologicamente equilibrado, bem de uso comum do povo e essencial à sadia qualidade de vida, impondo-se ao Poder Público e à coletividade o dever de defendê-lo e preservá-lo para as presentes e futuras gerações. § 1º. Para assegurar a efetividade desse direito, incumbe ao Poder Público: **II – preservar a diversidade e a integridade do patrimônio genético do País e fiscalizar as entidades dedicadas à pesquisa e manipulação de material genético.**

A Convenção da Diversidade Biológica CDB (art. 2º), Apresenta o conceito de **Biotecnologia:** qualquer aplicação tecnológica que utilize sistemas biológicos, organismos vivos, ou seus derivados, para fabricar ou modificar produtos ou processos para utilização específica.

Enquanto que a **Biossegurança** é compreendida como:

"**Conjunto de normas que regulamenta a manipulação genética, de forma que esta não coloque em risco a qualidade de vida do homem, bem como, e em especial, o seu próprio meio ambiente**. Portanto, Biossegurança compreende os riscos envolvidos na manipulação e na liberação para o meio ambiente de organismos geneticamente modificados. Dentre os possíveis tipos de risco temos os para a biodiversidade (e. g., espalhamento descontrolado de um organismo geneticamente modificado no meio ambiente) e para a saúde (e.g. toxicidade de um alimento para a população)".

No ano 2000, foi realizada a "Conferência das Partes da Convenção da Biodiversidade", com a presença de representantes de 180 países, na cidade de Montreal, no Canadá. Nessa Conferência foi aprovado o Protocolo de Biossegurança que, em homenagem a cidade-sede da Conferência preparatória de 1999, realizada na cidade de Cartagena, Colômbia, foi denominado "Protocolo de Cartagena".

Dentre os principais objetivos do Protocolo, tem-se a definição de um regime jurídico adequado de proteção no campo de transferência, manipulação e utilização segura dos Organismos Geneticamente Modificados, resultantes da Biotecnologia moderna (OGMs). Visa, principalmente, a conservação e a utilização sustentável da diversidade biológica, ao mesmo tempo, evitar e prevenir riscos para a saúde humana. O âmbito de sua aplicação são os movimentos transfronteiriços dos OGMs. O Protocolo adota o princípio do direito ambiental da precaução, com relação aos alimentos transgênicos.

Em 16 de Fevereiro de 2.006, o Brasil aprovou o Decreto nº 5.705, internalizando as previsões do Protocolo de Cartagena no sistema jurídico nacional.

Atenção!
Para dar mais efetividade ao Protocolo de Cartagema, bem como à própria Convenção da Diversidade Biológica, em 24 de Março de 2.005, é sancionada a Lei nº 11.105, denominada Lei de Biossegurança, que estabelece as normas de segurança e mecanismos de fiscalização de atividades que envolvam organismos geneticamente modificados – OGM e seus derivados, cria o Conselho Nacional de Biossegurança – CNBS, reestrutura a Comissão Técnica Nacional de Biossegurança – CTNBio, dispõe sobre a Política Nacional de Biossegurança – PNB.

A Lei de Biossegurança prevê os parâmetros legais para as pesquisas genéticas e apresenta a regulação necessária a tais pesquisas no território nacional.

Regulamenta especialmente dois temas: **Organismos Geneticamente Modificados – OGM e as células-tronco embrionárias humanas**

Deste modo, a Lei de Biossegurança tem por finalidade estabelecer normas de segurança e mecanismos de fiscalização no uso das técnicas de Engenharia Genética, conforme preceitua o seu art. 1º:

Esta lei estabelece **normas de segurança** e mecanismos de fiscalização sobre a construção, o cultivo, a manipulação, o transporte, a transferência, a importação, a exportação, o armazenamento, a pesquisa, a comercialização, o consumo, a liberação no meio ambiente e o descarte de organismos geneticamente modificados – OGM e seus derivados, tendo como diretrizes o estimulo ao avanço cientifico na área de Biossegurança e Biotecnologia, a proteção à vida e a saúde humana, animal e vegetal, e a observância do princípio da precaução para a proteção do meio ambiente.

Assim, a Lei disciplina oito atividades relacionadas aos Organismos Geneticamente Modificados (OGM), a saber: **"construção, cultivo, manipulação, transporte; comercialização, consumo, liberação e descarte".**

A Lei da Biossegurança traz também conceitos instrumentais importantes:

Organismos Geneticamente Modificados (OGM) são definidos como:	organismo cujo material genético – ADN/ARN tenha sido modificado por qualquer técnica de engenharia genética (art. 3º, V, Lei nº 11.105/2005).
Derivado de OGM	produto obtido de OGM e que não possua capacidade autônoma de replicação ou que não contenha forma viável de OGM (art. 3º, VI, Lei nº 11.105/2005).
Clonagem	processo de reprodução assexuada, produzida artificialmente, baseada em um único patrimônio genético, com ou sem utilização de técnicas de engenharia genética (art. 3º, VII, Lei nº 11.105/2005).
Células-tronco embrionárias	células de embrião que apresentam a capacidade de se transformar em células de qualquer tecido de um organismo.

Com base nesses conceitos, que definem objetos do regime jurídico da Biossegurança, o art. 2º da Lei, estabelece que as atividades e os projetos ligados à produção industrial e o desenvolvimento tecnológico que envolvam OGM estão sujeitos ao controle do Poder Público, o que possui direta relação com o princípio do Direito Ambiental do Limite (apresentado no capítulo 2 sobre princípios ambientais), em que cabe ao Poder Público estabelecer os limites e as possibilidades para as atividades de biotecnologia.

> Art. 2º – As atividade e projetos que envolvam OGM e seus derivados, relacionados ao *ensino* com manipulação de organismos vivos, à *pesquisa científica*, ao desenvolvimento tecnológico e à produção industrial ficam restritos ao âmbito de entidades de direito público ou privado, que serão responsáveis pela obediência aos preceitos desta Lei e de sua regulamentação, bem como pelas eventuais conseqüências ou efeitos advindos de seu descumprimento.

Além disso, o § 2º do art. 2º da Lei de Biossegurança prevê que: "As atividades e projetos de que trata este artigo são vedados as pessoas físicas em atuação autônoma e independente, ainda que mantenham vinculo empregatício ou qualquer outro com pessoas jurídicas".

Dentro do regime jurídico, algumas práticas são terminantemente proibidas pela Política Nacional de Biossegurança. Tais proibições estão previstas pelo art. 6º da Lei:

I – implementação de projeto relativo a OGM sem a manutenção de registro de seu acompanhamento individual;
II – engenharia genética em organismo vivo ou o manejo **in vitro** de ADN/ARN natural ou recombinante, realizado em desacordo com as normas previstas nesta Lei;
III – engenharia genética em célula germinal humana, zigoto humano e embrião humano;
IV – **clonagem humana**;
V – destruição ou descarte no meio ambiente de OGM e seus derivados em desacordo com as normas estabelecidas pela CTNBio, pelos órgãos e entidades de registro e fiscalização, referidos no art. 16 desta Lei, e as constantes desta Lei e de sua regulamentação;
VI – **liberação no meio ambiente de OGM ou seus derivados, no âmbito de atividades de pesquisa, sem a decisão técnica favorável da CTNBio e, nos casos de liberação comercial, sem o parecer técnico favorável da CTNBio, ou sem o licenciamento do órgão ou entidade ambiental responsável, quando a CTNBio considerar a atividade como potencialmente causadora de degradação ambiental, ou sem a aprovação do Conselho Nacional de Biossegurança – CNBS, quando o processo tenha sido por ele avocado, na forma desta Lei e de sua regulamentação**;
VII – a utilização, a comercialização, o registro, o patenteamento e o licenciamento de tecnologias genéticas de restrição do uso.

É vedada a pesquisa e cultivo de OGM em terras indígenas[11] e em Unidades de Conservação, com exceção das APAs (Áreas de Proteção Ambiental)[12], unidades de conservação de uso sustentável, onde a legislação não proíbe.

A Política Nacional da Biossegurança é regulamentada, também, pelo Decreto Federal nº 5.591, de 22/11/2005, que estabelece, em linhas gerais, o regime jurídico sobre os agentes implementadores da Lei 11.105/2005, desde o Conselho Nacional de Biossegurança – CNBS – até às Comissões Internas de Biossegurança – CIBio a maior parte dos dispositivos regulamentadores trata da Comissão Técnica de Biossegurana – CTNBio.

Órgãos de Implementação da Política Nacional de Biossegurança – Ênfase na Comissão Nacional de Biossegurança – CTNBio

A Lei de Biossegurança, em termos de estruturação administrativa, reestrutura a **Comissão Técnica Nacional de Biossegurança – CTNBio,** cria o **Conselho Nacional de Biossegurança – CNBS,** institui as **Comissões Internas de Biossegurança – CIBio**, em níveis subalternos e forma o **Sistema de Informação em Biossegurança – SIB.**

A Comissão Técnica Nacional de Biossegurança – CTNBio – integra a Administração Direta Federal, não possui personalidade jurídica própria. Está ligada ao Ministério da Ciência e Tecnologia e dá apoio técnico e assessoramento ao Governo Federal, nas questões ligadas à Biossegurança e Biotecnologia.

Assim, a Lei de Biossegurança, no Capítulo III, art. 10º, *caput* e parágrafo único, prevê as atribuições e natureza jurídica da CTNBio:

> Art. 10. A CTNBio, integrante do Ministério da Ciência e Tecnologia, é instância colegiada multidisciplinar de caráter consultivo e deliberativo, para prestar apoio técnico e de assessoramento ao Governo Federal na formulação, atualização e implementação da PNB de OGM e seus derivados, bem como no estabelecimento de normas técnicas de segurança e de pareceres técnicos referentes à autorização para atividades que envolvam pesquisa e uso comercial de OGM e seus derivados, com base na avaliação de seu risco zoofitossanitário, à saúde humana e ao meio ambiente.
>
> Parágrafo único. A CTNBio deverá acompanhar o desenvolvimento e o progresso técnico e científico nas áreas de biossegurança, biotecnologia, bioética e afins, com o objetivo de aumentar sua capacitação para a proteção da saúde humana, dos animais e das plantas e do meio ambiente.

O art. 10º enfatiza que a ação da Comissão buscará, em especial, por meio de atribuições consultivas e deliberativas, o desenvolvimento cientifico e tecnológico nas áreas de Biossegurança, Biotecnologia e Bioética, nota-

11 A Constituição de 1988, no parágrafo § 1º, do art. 231, conceitua o que sejam áreas tradicionalmente ocupadas pelos índios: São terras tradicionalmente ocupadas pelos índios as por eles habitadas em caráter permanente, as utilizadas para suas atividades produtivas, as imprescindíveis à preservação dos recursos ambientais necessários a seu bem-estar e as necessárias a sua reprodução física e cultural, segundo seus usos, costumes e tradições.

12 A Área de Proteção Ambiental é uma área em geral extensa, com um certo grau de ocupação humana, dotada de atributos abióticos, bióticos, estéticos ou culturais especialmente importantes para a qualidade de vida e o bem-estar das populações humanas, e tem como objetivos básicos proteger a diversidade biológica, disciplinar o processo de ocupação e assegurar a sustentabilidade do uso dos recursos naturais (art. 15, da Lei Federal nº 9985/2000, Lei SNUC)

damente por meio de análise, controle e fiscalização de pesquisas ligadas a OGMs e incentivos a ações concretas.

A Lei estabelece, também, a esfera administrativa da CTNBio, bem como a delimitação das funções normativas, executivas e decisórias, setorizadas às questões que justificaram sua criação: Biossegurança dos OGM e seus derivados.

O caráter de tomada de decisão por maioria absoluta dos membros	**Art. 11, § 8º – (Incluído pela Lei nº 11.460, de 2007):** As decisões da CTNBio serão tomadas com votos favoráveis da maioria absoluta de seus membros.

As competências funcionais da CTNBio estão previstas no art. 14 da Lei de Biossegurança em seus vinte e três incisos e regulamentada pelo Decreto nº 5.591/2.005, art. 5º, incisos I a XXIII.

Merecem destaque as seguintes atribuições:	1 – estabelecer normas e regulamentos relativos às atividades, pesquisas e projetos relacionados a OGMs e seus derivados;
	2 – classificar os OGMs e seus derivados segundo o seu grau de risco, procedendo com monitoramentos, critérios e análise de avaliação de risco, caso a caso;
	3 – estabelecer os mecanismos de funcionamentos das Comissões Internas de Biossegurança – CIBio;
	4 – autorizar, cadastrar e acompanhar as atividades de pesquisas com OGM ou derivados, bem como a importação do mesmo;
	5 – definir o nível de biossegurança a ser aplicado ao OGM e seus usos, e os respectivos procedimentos e medidas de segurança quanto ao seu uso, conforme as normas estabelecidas na regulamentação desta Lei, bem como quanto aos seus derivados;
	6 – identificar atividades e produtos decorrentes do uso de OGM e seus derivados potencialmente causadores de degradação do meio ambiente ou que possam causar riscos à saúde humana;
	7 – reavaliar suas decisões técnicas por solicitação de seus membros ou por recurso dos órgãos e entidades de registro e fiscalização, fundamentado em fatos ou conhecimentos científicos novos, que sejam relevantes quanto à biossegurança do OGM ou derivado, na forma desta Lei e seu regulamento;
	8 – propor a realização de pesquisas e estudos científicos no campo da biossegurança de OGM e seus derivados;
	9 – apresentar proposta de regimento interno ao Ministro da Ciência e Tecnologia;
	10 – emitir Certificado de Qualidade em Biossegurança – CQB e decisões técnicas, caso a caso, no âmbito de pesquisa e uso comercial de OGMs e seus derivados.

Nas decisões técnicas, o plenário da CTNBio poderá expedir autorização favorável ou desfavorável ao pedido de liberação comercial do OGM. Existirão, portanto, três possibilidades: deferimento, indeferimento, e deferimento com identificação de potencial degradação ambiental.

Para a última situação, quando a CTNBio entender que o OGM é potencialmente ou efetivamente causador de degradação ambiental, determinará que se faça o Licenciamento Ambiental, encaminhando o processo ao órgão competente do Ministério do Meio Ambiente para suas providências, cabendo ao órgão decidir sobre a necessidade de Estudo de Impacto Ambiental – EIA – e respectivo Relatório Ambiental – RIMA – ou outros estudos para avaliação do risco, sob pena de controle judicial da decisão.

BIODIVERSIDADE E CONHECIMENTO TRADICIONAL ASSOCIADO – LEI FEDERAL N. 13.123/2015

Importante destacar que em 2015, em 20 de maio, o Brasil por meio da Lei Federal n. 13.123, institui sua Política Nacional de Acesso ao Patrimônio genético, sobre a Proteção e o Acesso ao Conhecimento Tradicional Associado e sobre a repartição de benefícios para conservação e uso sustentável da Biodiversidade.

Dentro dos conceitos trazidos pelo marco regulatório (Art. 2º), cabem ser destacados:

patrimônio genético - informação de origem genética de espécies vegetais, animais, microbianas ou espécies de outra natureza, incluindo substâncias oriundas do metabolismo destes seres vivos;

conhecimento tradicional associado - informação ou prática de população indígena, comunidade tradicional ou agricultor tradicional sobre as propriedades ou usos diretos ou indiretos associada ao patrimônio genético;

Como concepção orientadora dos propósitos de proteção da Lei, **considera-se que a diversidade biológica tem valor intrínseco, merecendo respeito independentemente de seu valor para o homem** ou potencial para uso humano;

A referida Lei cria também no âmbito do Ministério do Meio Ambiente **o Conselho de Gestão do Patrimônio Genético - CGen**, órgão colegiado de caráter deliberativo, normativo, consultivo e recursal, responsável por coordenar a elaboração e a implementação de políticas para a gestão do acesso ao patrimônio genético e ao conhecimento tradicional associado e da repartição de benefícios, formado por representação de órgãos e entidades da administração pública federal que detêm competência sobre as diversas ações de que trata esta Lei com participação máxima de 60% (sessenta por cento) e a representação da sociedade civil em no mínimo 40% (quarenta por cento) dos membros, assegurada a paridade entre: I - setor empresarial; II - setor acadêmico; e III - populações indígenas, comunidades tradicionais e agricultores tradicionais. (Art. 6o)

Neste contexto, às populações indígenas, às comunidades tradicionais e aos agricultores tradicionais que criam, desenvolvem, detêm ou conservam conhecimento tradicional associado **são garantidos os direitos de participar do processo de tomada de decisão sobre assuntos relacionados ao acesso a conhecimento tradicional associado e à repartição de benefícios decorrente desse acesso, na forma do regulamento**

O artigo 8o da mesma legislação estabelece como protegidos os conhecimentos tradicionais associados ao patrimônio genético de populações indígenas, de comunidade tradicional ou de agricultor tradicional contra a utilização e exploração ilícita. E o § 2o do mesmo artigo, determina que **o conhecimento tradicional associado ao patrimônio genético integra o patrimônio cultural brasileiro e poderá ser depositado em banco de dados.**

Para este novo marco regulatório, considera-se **infração administrativa** contra o patrimônio genético ou contra o conhecimento tradicional associado toda ação ou omissão que viole as normas da Lei Federal n. **13.123/2015**

✦ SÚMULAS APLICÁVEIS

Espaços territoriais especialmente protegidos pelo Poder Público

- **STF – Súmula 479 –** As margens dos rios navegáveis são de domínio público, insuscetíveis de expropriação e, por isso mesmo, excluídas de indenização.

Prescrição. Multa por infração ambiental

- **STJ – Súmula 467-.** Prescreve em cinco anos, contados do término do processo administrativo, a pretensão da Administração Pública de promover a execução da multa por infração ambiental.

Direito Empresarial

Daniel Messias da Trindade

TABELA DE INCIDÊNCIA DE QUESTÕES

Distribuição das questões organizada por ordem didática de assuntos		
Assunto	**Número de Questões**	**Peso**
1. EMPRESÁRIO	3	8,57%
2. EMPRESA INDIVIDUAL DE RESPONSABILIDADE LIMITADA – EIRELI	1	2,86%
3. ESTABELECIMENTO EMPRESARIAL	3	8,57%
4. INSTITUTOS COMPLEMENTARES DE DIREITO EMPRESARIAL	5	14,29%
5. MICROEMPRESA E EMPRESA DE PEQUENO PORTE	1	2,86%
6. DIREITO SOCIETÁRIO	10	28,57%
7. REORGANIZAÇÃO SOCIETÁRIA: TRANSFORMAÇÃO, INCORPORAÇÃO, FUSÃO E CISÃO	1	2,86%
8. DIREITO FALIMENTAR E RECUPERACIONAL	6	17,14%
9. DIREITO CAMBIÁRIO	4	11,43%
10. DIREITO DE PROPRIEDADE INDUSTRIAL	1	2,86%
Total	**35**	**100%**

Direito Empresarial

Daniel Messias da Trindade

✦ QUESTÕES

1. EMPRESÁRIO

1.1 CARACTERIZAÇÃO

01. (FUNCAB – Delegado de Polícia – PA/2016) No que concerne à caracterização da atividade empresarial segundo o direito brasileiro, pode se afirmar que:

a) o empresário que tenha a atividade rural como sua principal profissão não pode requerer inscrição no Registro Público de Empresas Mercantis da respectiva sede.

b) marido e mulher podem contratar sociedade, entre si ou com terceiros, mesmo que tenham se casado no regime da comunhão universal de bens.

c) o termo empresário refere-se ao sócio da sociedade empresária.

d) não se considera empresário quem exerce profissão intelectual, de natureza científica, literária ou artística, ainda com o concurso de auxiliares ou colaboradores, salvo se o exercício da profissão constituir elemento de empresa.

e) a pessoa legalmente impedida de exercer a atividade empresária, caso a exerça, não responderá pelas obrigações que contrair.

COMENTÁRIOS

✪ **Nota do autor:** a questão exigia do candidato conhecimento do texto da lei. Antes da análise de cada uma das alternativas, convém destacar alguns conceitos essenciais do Direito Empresarial. Vejamos. *Empresário* é a pessoa física (empresário individual) ou jurídica (sociedade empresária ou empresa individual de responsabilidade limitada) que exerce profissionalmente atividade econômica organizada para a produção ou circulação de bens ou de serviços, nos termos do art. 966, *caput*, do Código Civil. *Empresa* é a atividade econômica exercida pelo empresário. *Estabelecimento* é o complexo de bens corpóreos e incorpóreos organizados pelo empresário para a exploração da empresa.

Alternativa "a": O empresário que tenha a atividade rural como sua principal profissão **pode** (faculdade) requerer inscrição no Registro Público de Empresas Mercantis da respectiva sede. É o que diz o art. 971 do Código Civil: "O empresário, cuja atividade rural constitua sua principal profissão, **pode**, observadas as formalidades de que tratam o art. 968 e seus parágrafos, requerer inscrição no Registro Público de Empresas Mercantis da respectiva sede, caso em que, depois de inscrito, ficará equiparado, para todos os efeitos, ao empresário sujeito a registro." **Cuidado para não confundir:** o empresário é obrigado a efetuar seu registro no Registro Público de Empresas Mercantis (Junta Comercial) antes de iniciar sua atividade. No entanto, para o empresário rural ou sociedade empresarial rural, o registro é **facultativo**; se efetuarem o registro ficarão equiparados ao empresário comum, tendo as mesmas obrigações deste.

Alternativa "b": Marido e mulher podem contratar sociedade, entre si ou com terceiros, **salvo** se casados no regime da comunhão universal de bens, ou no da separação obrigatória. É o que diz o art. 977 do Código Civil: "Faculta-se aos cônjuges contratar sociedade, entre si ou com terceiros, **desde que não tenham casado no regime da comunhão universal de bens, ou no da separação obrigatória**."

Alternativa "c": O termo empresário **não se confunde** com o sócio da sociedade empresária. O sócio da sociedade empresária não é empresário. Empresário é a pessoa física (empresário individual) ou jurídica (sociedade empresária ou empresa individual de responsabilidade limitada) que exerce profissionalmente atividade econômica organizada para a produção ou circulação de bens ou de serviços, nos termos do art. 966, caput, do Código Civil.

Como bem ensina André Luiz Santa Cruz Ramos, "A principal consequência da personificação das sociedades é o reconhecimento da sociedade como sujeito de direitos, ou seja, como ente autônomo dotado de personalidade distinta da pessoa dos seus sócios e com patrimônio também autônomo, que não se confunde com o patrimônio dos sócios." (Ramos, André Luiz Santa Cruz. *Direito Empresarial Esquematizado.* 6. ed. rev., atual. e ampl. – Rio de Janeiro: Forense; São Paulo: Método, 2016).

Alternativa "d": Não se considera empresário quem exerce profissão intelectual, de natureza científica, literária ou artística, ainda com o concurso de auxiliares ou colaboradores, salvo se o exercício da profissão constituir elemento de empresa (art. 966, parágrafo único, do CC).

Alternativa "e": A pessoa legalmente impedida de exercer a atividade empresária, caso a exerça, **responderá** pelas obrigações que contrair. É o que diz o art. 973 do Código Civil: "A pessoa legalmente impedida de exercer atividade própria de empresário, se a exercer, responderá pelas obrigações contraídas."

Alternativa correta: letra "d".

1.2 CAPACIDADE

02. (Cespe - Delegado de Polícia - PC - SE/2018) A respeito das condições para o exercício de atividade comercial, julgue os itens subsequentes.

O incapaz é impedido de iniciar atividade empresarial individual, mas poderá, excepcionalmente, ser autorizado a dar continuidade a atividade empresária preexistente.

COMENTÁRIOS

O incapaz é impedido de **iniciar** atividade empresarial individual, considerando que o art. 972 do CC determina que podem exercer a atividade de empresário os que estiverem em pleno gozo da capacidade civil e não forem legalmente impedidos. No entanto, o incapaz pode ser autorizado a **continuar** a atividade empresária preexistente. É o que determina o art. 974 do CC: "Poderá o incapaz, por meio de representante ou devidamente assistido, continuar a empresa antes exercida por ele enquanto capaz, por seus pais ou pelo autor de herança.". **CERTO**

03. (Cespe - Delegado de Polícia - PC - SE/2018) A respeito das condições para o exercício de atividade comercial, julgue os itens subsequentes.

É vedado transformar registro de empresário individual em registro de sociedade empresária.

COMENTÁRIOS

É perfeitamente possível transformar registro de empresário individual em registro de sociedade empresária. A regra está prevista no § 3º do art. 968 do Código Civil, que dispõe: "Caso venha a admitir sócios, o empresário individual poderá solicitar ao Registro Público de Empresas Mercantis a transformação de seu registro de empresário para registro de sociedade empresária, observado, no que couber, o disposto nos arts. 1.113 a 1.115 deste Código." Vale lembrar que não se deve confundir "transformação de registro" com "transformação de pessoa jurídica". Aliás, é o que estabelece o Enunciado 465 da V Jornada de Direito Civil do CJF: "A 'transformação de registro' prevista no art. 968, § 3º, e no art. 1.033, parágrafo único, do Código Civil não se confunde com a figura da transformação de pessoa jurídica." No mesmo sentido, já decidiu o STJ que: "(...) 'TRANSFORMAÇÃO' DO EMPRESÁRIO INDIVIDUAL EM SOCIEDADE LIMITADA. OPERAÇÃO SUI GENERIS, DISTINTA DA TRANSFORMAÇÃO DE SOCIEDADES. (...) 3. Não se deve confundir a 'transformação' do empresário individual em sociedade empresária com a transformação de pessoa jurídica, operação societária típica regulada nos arts. 220 da Lei n. 6.404/1976 e 1.113 do CC/2002. Nesta, ocorre a mera mudança de tipo societário. Naquela, há constituição de uma nova sociedade, passando o antigo empresário individual a ser um de seus sócios. Assim, a transferência de bem imóvel de sua propriedade para a sociedade é feita a título de integralização do capital social, razão pela qual não prescinde do registro para transmissão do domínio. Doutrina." (STJ, 4ª Turma, AgRg no REsp 703.419/DF, Rel. Min. Antônio Carlos Ferreira, julgado em 02/04/2013). **ERRADO**

2. EMPRESA INDIVIDUAL DE RESPONSABILIDADE LIMITADA – EIRELI

04. (FUNIVERSA - Delegado de Polícia - DF/2015) No que concerne à empresa individual de responsabilidade limitada (EIRELI), assinale a alternativa correta com base na legislação de regência, na doutrina e na jurisprudência acerca da matéria.

a) Inexiste previsão normativa do capital social mínimo que deve ser integralizado para os fins de constituição da EIRELI.

b) A remuneração decorrente de cessão de direitos patrimoniais de autor ou de imagem, nome, marca ou voz de que seja detentor o titular da pessoa jurídica, vinculados à atividade profissional, não poderá ser atribuída a EIRELI constituída para a prestação de serviços de qualquer natureza.

c) Conforme a doutrina majoritária, a empresa individual de responsabilidade limitada somente poderá ser constituída por pessoa natural.

d) Não se aplicam à EIRELI as hipóteses de desconsideração da personalidade jurídica.

e) Não há proibição legal para que a pessoa natural constitua mais de uma empresa individual de responsabilidade individual.

COMENTÁRIOS

✪ **Nota do autor:** empresa individual de responsabilidade limitada (EIRELI) é a pessoa jurídica de direito privado, composta por um único titular da totalidade do capital social, devidamente integralizado, que não será inferior a 100 (cem) vezes o maior salário mínimo vigente no País. A responsabilidade do titular é limitada (as dívidas sociais não alcançam os bens particulares do titular, só os bens da pessoa jurídica). É possível a desconsideração da personalidade jurídica da EIRELI. O capital social não pode ser inferior a 100 vezes o valor do salário mínimo. Só pessoa física pode ser constituir EIRELI, e somente poderá figurar como titular de uma desta espécie. Uma sociedade empresária pode ser transformada em EIRELI, desde que as quotas estejam concentradas num único sócio. Também é possível que a EIRELI se transforme em empresário individual ou em sociedade empresária. A EIRELI se aplica, subsidiariamente, as regras da sociedade limitada (ex: o administrador da EIRELI pode ser tanto o titular quanto um terceiro contratado).

Alternativa "a": Nos termos do art. 980-A, do Código Civil, a empresa individual de responsabilidade limitada será constituída por uma única pessoa titular da totalidade do capital social, devidamente integralizado, que *não será inferior a 100 (cem) vezes o maior salário-mínimo vigente no País*.

Alternativa "b": Nos termos do art. 980-A, § 5º, do Código Civil, "*poderá* ser atribuída à empresa individual de responsabilidade limitada constituída para a prestação de serviços de qualquer natureza a remuneração decorrente da cessão de direitos patrimoniais de autor ou de imagem, nome, marca ou voz de que seja detentor o titular da pessoa jurídica, vinculados à atividade profissional."

Alternativa "c" (responde, também, a alternativa "e"): De fato, prevalece o entendimento que apenas a pessoa física pode constituir empresa individual de responsabilidade limitada, e somente poderá figurar como titular de uma desta espécie. Isso porque, o art. 980-A, § 2º, do Código Civil, dispõe que: "A *pessoa natural* que constituir empresa individual de responsabilidade limitada somente poderá figurar em uma única empresa dessa modalidade."

Alternativa "d": Tendo personalidade jurídica própria, distinta do seu único sócio, é perfeitamente possível a desconsideração da personalidade jurídica da empresa individual de responsabilidade limitada. O que pode ocorrer, por exemplo, no caso de abuso da personalidade jurídica, caracterizado pelo desvio de finalidade, ou pela confusão patrimonial.

Alternativa correta: letra "c".

3. ESTABELECIMENTO EMPRESARIAL

05. (Vunesp – Delegado de Polícia – PC – BA/2018) Com relação ao estabelecimento empresarial, assinale a alternativa correta.

a) O contrato que tenha por objeto a alienação, o usufruto ou arrendamento do estabelecimento, só produzirá efeitos quanto às partes e a terceiros depois de averbado à margem da inscrição do empresário, ou da sociedade empresária, no Registro Público de Pessoas Jurídicas, e de publicado na imprensa local.

b) O adquirente do estabelecimento responde pelo pagamento dos débitos anteriores à transferência, mesmo não contabilizados, continuando o devedor primitivo subsidiariamente obrigado, pelo prazo de três anos, a partir, quanto aos créditos vencidos, da publicação, e, quanto aos outros, da data do vencimento.

c) A transferência do estabelecimento importa a sub-rogação do adquirente nos contratos estipulados para exploração do estabelecimento, se não tiverem caráter pessoal, podendo os terceiros rescindir o contrato em noventa dias a contar da publicação da transferência, se ocorrer justa causa, ressalvada, neste caso, a responsabilidade do alienante.

d) Não havendo autorização expressa, o alienante do estabelecimento não pode fazer concorrência ao adquirente, nos dez anos subsequentes à transferência; no caso de arrendamento ou usufruto do estabelecimento, a proibição persistirá durante o prazo contratual, não podendo ser superior a cinco anos.

e) A cessão dos créditos referentes ao estabelecimento transferido produzirá efeito em relação aos respectivos devedores, desde o momento da assinatura do contrato, e, a partir da publicação da transferência, o devedor que pagar ao cedente, mesmo de boa-fé, terá que pagar novamente ao adquirente.

COMENTÁRIOS

✪ **Nota do autor: a questão exigia do candidato conhecimento do texto da Lei nº**

Alternativa "a": O contrato que tenha por objeto a alienação, o usufruto ou arrendamento do estabelecimento, só produzirá efeitos quanto às partes e a terceiros depois de averbado à margem da inscrição do empresário, ou da sociedade empresária, no **Registro Público de Empresas Mercantis (Junta Comercial)**, e de publicado na imprensa local, nos termos do art. 1.144 do CC.

Alternativa "b": O adquirente do estabelecimento responde pelo pagamento dos débitos anteriores à transferência, **desde que devidamente contabilizados**, continuando o devedor primitivo **solidariamente** obrigado, pelo prazo de **um ano**, a partir, quanto aos créditos vencidos, da publicação, e, quanto aos outros, da data do vencimento, nos termos do art. 1.156 do CC.

Alternativa "c": A assertiva reflete ao "pé da letra" o art. 1.148 do CC, que dispõe: "Salvo disposição em contrário, a transferência importa a sub-rogação do adquirente nos contratos estipulados para exploração do estabelecimento, se não tiverem caráter pessoal, podendo os terceiros rescindir o contrato em noventa dias a contar da publicação da transferência, se ocorrer justa causa, ressalvada, neste caso, a responsabilidade do alienante."

Alternativa "d": O prazo indicado na primeira parte da assertiva está incorreto. De acordo com o art. 1.147 do CC: "Não havendo autorização expressa, o alienante do estabelecimento não pode fazer concorrência ao adquirente, nos **cinco anos** subsequentes à transferência. Já o parágrafo único do art. 1.147 do CC dispõe que: "No caso de arrendamento ou usufruto do estabelecimento, a proibição prevista neste artigo persistirá durante o prazo do contrato."

Alternativa "e": De acordo com o art. 1.149 do CC, a cessão dos créditos referentes ao estabelecimento transferido produzirá efeito em relação aos respectivos devedores, **desde o momento da publicação da transferência**, mas o devedor **ficará exonerado se de boa-fé pagar ao cedente**.

Alternativa correta: letra "c".

06. (UEG – Delegado de Polícia – PC – GO/2018) A Xpto Supermercados Ltda. é sediada na cidade de Itaberaí e alienou sua única filial, que era estabelecida na cidade de Faina. Nesse caso, dispõe o direito brasileiro que:

a) a Xpto Ltda. não poderá se restabelecer em Faina nos próximos 10 anos, salvo autorização da adquirente.

b) o adquirente responderá pelo passivo cível contabilizado pela filial, mas a Xpto Ltda. continuará solidariamente responsável pelo prazo de um ano a contar da data alienação.

c) os contratos celebrados para a exploração da filial fainense serão considerados resolvidos com a alienação.

d) esse ato poderá fundamentar pedido de falência contra a Xpto Ltda., se com esta não restarem bens suficientes para solver seu passivo e ela não obtiver o consentimento de todos os credores.

e) a cessão dos créditos referentes à filial de Faina produzirá efeito em relação a seus devedores desde o momento da alienação.

COMENTÁRIOS

✪ **Nota do autor:** a questão exigia do candidato conhecimento do texto da lei.

Alternativa "a": Na verdade, a Xpto Ltda. não poderá se restabelecer em Faina nos próximos 5 anos, salvo autorização da adquirente. É o que determina o art. 1.147 do CC: "Não havendo autorização expressa, o alienante do estabelecimento não pode fazer concorrência ao adquirente, nos cinco anos subseqüentes à transferência."

Alternativa "b": Na verdade, o adquirente responderá pelo passivo cível contabilizado pela filial, mas a Xpto Ltda. continuará solidariamente responsável pelo prazo de um ano a contar, quando aos créditos vencidos, da publicação, em quanto aos outros, da data do vencimento. É o que determina o art. 1.146 do CC: "O adquirente do estabelecimento responde pelo pagamento dos débitos anteriores à transferência, desde que regularmente contabilizados, continuando o devedor primitivo solidariamente obrigado pelo prazo de um ano, a partir, quanto aos créditos vencidos, da publicação, e, quanto aos outros, da data do vencimento."

Alternativa "c": Não tendo caráter pessoal, os contratos celebrados para a exploração da filial fainense não serão automaticamente considerados resolvidos com a alienação. É o que determina o art. 1.148 do CC: "Salvo disposição em contrário, a transferência importa a sub-rogação do adquirente nos contratos estipulados para exploração do estabelecimento, se não tiverem caráter pessoal, podendo os terceiros rescindir o contrato em noventa dias a contar da publicação da transferência, se ocorrer justa causa, ressalvada, neste caso, a responsabilidade do alienante."

Alternativa "d": De fato, esse ato poderá fundamentar pedido de falência contra a Xpto Ltda., se com esta não restarem bens suficientes para solver seu passivo e ela não obtiver o consentimento de todos os credores. O art. 1.145 do CC que se ao alienante não restarem bens suficientes para solver o seu passivo, a eficácia da alienação do estabelecimento depende do pagamento de todos os credores, ou do consentimento destes, de modo expresso ou tácito, em trinta dias a partir de sua notificação. Já o art. 94, III, "c", da Lei nº 11.101/2005 (Lei de Falência) preconiza que será decretada a falência do devedor que transfere estabelecimento a terceiro, credor ou não, sem o consentimento de todos os credores e sem ficar com bens suficientes para solver seu passivo, exceto se fizer parte de plano de recuperação judicial. A hipótese em comento é considerada como ato de falência.

Alternativa "e": De acordo com o art. 1.149 do CC, a cessão dos créditos referentes ao estabelecimento transferido produzirá efeito em relação aos respectivos devedores, **desde o momento da publicação da transferência**, mas o devedor ficará exonerado se de boa-fé pagar ao cedente.

Alternativa correta: letra "d".

07. (Cespe – Delegado de Polícia – PE/2016) A respeito de estabelecimento empresarial, aviamento e clientela, assinale a opção correta.

a) Estabelecimento empresarial corresponde a um complexo de bens corpóreos organizados ao exercício de determinada empresa.

b) O estabelecimento empresarial não é suscetível de avaliação econômica e, por consequência, não pode ser alienado.

c) Aviamento refere-se à aptidão que determinado estabelecimento empresarial possui para gerar lucros.

d) De acordo com a doutrina, aviamento e clientela são sinônimos.

e) Na legislação vigente, não há mecanismos de proteção legal à clientela.

COMENTÁRIOS

✪ **Nota do autor:** o estabelecimento empresarial é o complexo de bens materiais ou imateriais organizados pelo empresário para o exercício da empresa. Quanto à sua natureza jurídica, o estabelecimento empresarial é uma universalidade de fato.

Alternativa "a": incorreta. A questão exigia o conhecimento do texto do art. 1.142 do Código Civil. "Art. 1.142. Considera-se estabelecimento todo complexo de bens organizado, para exercício da empresa, por empresário, ou por sociedade empresária." O estabelecimento empresarial tem natureza de universalidade de fato formada por bens materiais (corpóreos) e imateriais (incorpóreos). *"O estabelecimento comercial é composto por patrimônio material e imaterial, constituindo exemplos dos primeiros os bens corpóreos essenciais à exploração comercial, como mobiliários, utensílios e automóveis, e, do segundo, os bens e direitos industriais, como patente, nome empresarial, marca registrada, desenho industrial e o ponto" (REsp 633.179/MT,*

Rel. Min. Luis Felipe Salomão, Quarta Turma, j. 02.12.2010, DJe 01.02.2011)

Alternativa "b": incorreta. O estabelecimento empresarial tem natureza jurídica de universalidade de fato. Com efeito, o estabelecimento pode ser objeto de negócio jurídico translativo (ex.: alienação) ou constitutivo (ex.: hipoteca). Não por outro motivo, o art. 1.143, do CC, dispõe que: "Pode o estabelecimento ser objeto unitário de direitos e de negócios jurídicos, translativos ou constitutivos, que sejam compatíveis com a sua natureza". Importa lembrar que *trespasse* é o nome que se dá ao contrato de compra e venda do estabelecimento empresarial.

Alternativa "c". De fato, o aviamento refere-se à aptidão que o estabelecimento empresarial possui para gerar lucros. Dito de outro modo, o aviamento é o potencial de lucratividade do estabelecimento empresarial. A articulação dos bens que compõem o estabelecimento empresarial na exploração de uma atividade agrega-lhe um valor que o mercado empresarial conhece como aviamento. Quanto à natureza jurídica, importante lembrar que o aviamento não é elemento integrante do estabelecimento, mas sim um atributo do estabelecimento.

Alternativa "d": incorreta. O conceito de clientela se relaciona com a qualidade que gera a fidelidade do consumidor aos produtos ou serviços prestados ou postos em circulação pelo empresário. Essa relação de fidelidade é que acarreta a possibilidade de continuação dos negócios do empresário. Por este motivo, a doutrina majoritária é no sentido de que a clientela é um atributo incorpóreo do estabelecimento empresarial (e não do aviamento). Como dito anteriormente, o aviamento refere-se à aptidão que o estabelecimento empresarial possui para gerar lucros.

Alternativa "e": incorreta, na medida em que a clientela é tutelada pelo ordenamento jurídico. A clientela é objeto de tutela pela Lei 12.529/11, que estrutura o Sistema Brasileiro de Defesa da Concorrência. Importante lembrar também sobre a proteção que se dá ao ponto empresarial, pois através dela também se tutela a clientela. Senão vejamos. Ponto empresarial é o local utilizado pelo empresário para exploração de sua atividade. Trata-se, portanto, de um bem incorpóreo que integra o conceito de estabelecimento empresarial. O empresário pode explorar sua atividade tanto num imóvel de sua propriedade como também poderá explorar a sua atividade em imóvel por ele locado. Nas duas situações, o ponto empresarial será protegido pelo ordenamento jurídico. Quando o empresário explora a sua atividade em imóvel próprio, a proteção do ponto se dará pelo direito de propriedade. Por outro lado, quando o empresário explora a sua atividade em imóvel locado, a proteção ao ponto se dá pela Lei 8.245/91, através da ação renovatória de aluguel. O que justifica a ação renovatória é a proteção ao ponto. O ordenamento jurídico busca proteger o ponto comercial por um único motivo, qual seja, a tutela da clientela que, para o empresário locatário, possui imenso valor.

Alternativa correta: letra "c".

4. INSTITUTOS COMPLEMENTARES DE DIREITO EMPRESARIAL

4.1. REGISTRO

08. (Cespe – Delegado de Polícia – PC – SE/2018) A respeito das condições para o exercício de atividade comercial, julgue os itens subsequentes.

É vedado transformar registro de empresário individual em registro de sociedade empresária.

COMENTÁRIOS

É perfeitamente possível transformar registro de empresário individual em registro de sociedade empresária. A regra está prevista no § 3º do art. 968 do Código Civil, que dispõe: "Caso venha a admitir sócios, o empresário individual poderá solicitar ao Registro Público de Empresas Mercantis a transformação de seu registro de empresário para registro de sociedade empresária, observado, no que couber, o disposto nos arts. 1.113 a 1.115 deste Código." Vale lembrar que não se deve confundir "transformação de registro" com "transformação de pessoa jurídica". Aliás, é o que estabelece o Enunciado 465 da V Jornada de Direito Civil do CJF: "A 'transformação de registro' prevista no art. 968, § 3º, e no art. 1.033, parágrafo único, do Código Civil não se confunde com a figura da transformação de pessoa jurídica." No mesmo sentido, já decidiu o STJ que: "(...) 'TRANSFORMAÇÃO' DO EMPRESÁRIO INDIVIDUAL EM SOCIEDADE LIMITADA. OPERAÇÃO *SUI GENERIS*, DISTINTA DA TRANSFORMAÇÃO DE SOCIEDADES. (...) 3. Não se deve confundir a 'transformação' do empresário individual em sociedade empresária com a transformação de pessoa jurídica, operação societária típica regulada nos arts. 220 da Lei n. 6.404/1976 e 1.113 do CC/2002. Nesta, ocorre a mera mudança de tipo societário. Naquela, há constituição de uma nova sociedade, passando o antigo empresário individual a ser um de seus sócios. Assim, a transferência de bem imóvel de sua propriedade para a sociedade é feita a título de integralização do capital social, razão pela qual não prescinde do registro para transmissão do domínio. Doutrina." (STJ, 4ª Turma, AgRg no REsp 703.419/DF, Rel. Min. Antônio Carlos Ferreira, julgado em 02/04/2013). **ERRADO**

09. (Cespe – Delegado de Polícia – PC – SE/2018) Determinada sociedade empresária, enquadrada como empresa de pequeno porte e optante pelo Simples Nacional, instituiu representante legal para solicitar ao órgão competente o registro e o arquivamento da sua última alteração do contrato social consolidada. Na oportunidade, a sociedade não anexou à documentação a ser apresentada à junta comercial a certidão negativa de débitos (CND) relativa aos tributos federais e à dívida ativa da União, administrados pela Secretaria da Receita Federal do Brasil (SRF) e pela Procuradoria-Geral da Fazenda Nacional (PGFN).

Com referência a essa situação hipotética, julgue os itens que se seguem.

09.1. O pedido de registro e arquivamento deverá ser rejeitado: é necessário provar, quando da protocolização do requerimento, a inexistência de lançamentos de débitos tributários da empresa junto à PGFN.

COMENTÁRIOS

O STJ já decidiu que "**A exigência de certidões negativas de débitos tributários, para fins de registro de alteração contratual perante a Junta Comercial, não está prevista na lei de regência (Lei 8.934/94), nem no decreto regulamentador (Decreto 1.800/96), sendo ilegítima sua previsão em instrumento normativo estadual**. 2. A Segunda Seção analisou a antinomia entre a Lei 8.934/94 e as leis tributárias anteriores e, diante do conflito entre os critérios cronológico e da especialidade, predominou o entendimento de que há de prevalecer o critério cronológico, pois o enunciado normativo 'nenhum outro documento será exigido', contido na Lei 8.934/94, tem conteúdo nitidamente derrogatório, excluindo a possibilidade de subsistirem leis anteriores em sentido contrário. Assim, somente podem ser exigidos documentos expressamente previstos na Lei 8.934/94, ou em leis posteriores, como a exigência de certidão negativa do INSS, inserida por força da Lei 9.032/95 (REsp 1.393.724/PR, Rel. Min. Luis Felipe Salomão, Rel. p/ ac. Min. Paulo de Tarso Sanseverino, 2ª Seção, julgado em 28/10/2015, DJe de 04/12/2015)" (STJ, 4ª Turma, AgInt no REsp 1175043/RS, Rel. Min. Lázaro Guimarães (Desembargador convocado do TRF 5ª Região), julgado em 20/02/2018, DJe 27/02/2018). **ERRADO**

09.2. Embora a ausência da CND/SRF não impeça o registro da alteração do contrato social, essa certidão atribui efeito suspensivo ao pedido de arquivamento.

COMENTÁRIOS

A ausência da CND/SRF não impede o registro da alteração do contrato social. Além disso essa certidão não atribui efeito suspensivo ao pedido de arquivamento. Isso porque, como se viu acima, o STJ já decidiu que "A exigência de certidões negativas de débitos tributários, para fins de registro de alteração contratual perante a Junta Comercial, não está prevista na lei de regência (Lei 8.934/94), nem no decreto regulamentador (Decreto 1.800/96), sendo ilegítima sua previsão em instrumento normativo estadual. (STJ, 4ª Turma, AgInt no REsp 1175043/RS, Rel. Min. Lázaro Guimarães (Des. conv. do TRF 5ª Região), julgado em 20/02/2018). **ERRADO**

10. (Nucepe – Delegado de Polícia – PC – PI/2018) Sobre o registro empresarial, assinale a alternativa CORRETA.

a) Não poderão as juntas comerciais se recusar a registrar contrato social ou alterações contratuais de sociedade limitada que envolva sócio incapaz, desde que atendidos, de forma conjunta, os seguintes pressupostos: o sócio incapaz não pode exercer a administração da sociedade; o capital social deve ser totalmente integralizado; o sócio relativamente incapaz deve ser assistido e o absolutamente incapaz deve ser representado.

b) Nas juntas comerciais, o Pedido de Reconsideração terá por objeto obter a revisão de despachos singulares ou de Turmas que formulem exigências para o deferimento do arquivamento e será apresentado no prazo para cumprimento da exigência para apreciação pela autoridade recorrida em 5 (cinco) dias úteis ou 8 (oito) dias úteis, respectivamente.

c) Qualquer pessoa, desde que prove interesse específico, poderá, gratuitamente, mediante autorização judicial, consultar os assentamentos existentes nas juntas comerciais e obter certidões.

d) A sociedade que não proceder a qualquer arquivamento no período de 5 (cinco) anos consecutivos será considerada inativa e, automaticamente, terá o seu registro cancelado.

e) O exercício de atividade empresarial sem o devido registro na junta comercial tem, como uma de suas consequências, a não sujeição do exercente à falência, ficando submetido à insolvência civil.

COMENTÁRIOS

✪ **Nota do autor:** a questão exigia do candidato conhecimento do texto da lei.

Alternativa "a":. É o que determina o art. 974, § 3º do CC: O Registro Público de Empresas Mercantis a cargo das Juntas Comerciais **deverá** registrar contratos ou alterações contratuais de sociedade que envolva sócio incapaz, desde que atendidos, de forma conjunta, os seguintes pressupostos: I – o sócio incapaz não pode exercer a administração da sociedade; II – o capital social deve ser totalmente integralizado; III – o sócio relativamente incapaz deve ser assistido e o absolutamente incapaz deve ser representado por seus representantes legais."

Alternativa "b": De acordo com o art. 45 da Lei nº 8.934/94, Nas juntas comerciais, o pedido de reconsideração terá por objeto obter a revisão de despachos singulares ou de Turmas que formulem exigências para o deferimento do arquivamento e será apresentado no prazo para cumprimento da exigência para apreciação pela autoridade recorrida em **3 (três) dias úteis ou 5 (cinco) dias úteis**, respectivamente.

Alternativa "c": . de acordo com o art. 29 da Lei nº 8.934/94, qualquer pessoa, **sem** necessidade de provar interesse, poderá consultar os assentamentos existentes nas juntas comerciais e obter certidões, mediante pagamento do preço devido.

Alternativa "d": De acordo com o art. 60 da Lei nº 8.934/94, a sociedade que não proceder a qualquer arquivamento no período de **10 (dez) anos** consecutivos deverá comunicar à junta comercial que deseja manter-se em funcionamento.

Alternativa "e": O exercício de atividade empresarial sem o devido registro na junta comercial (sociedade em comum) tem, como uma de suas consequências, a impossibilidade de requerer a falência de terceiros. No entanto, poderá requerer a própria falência (autofalência), nos termos do art. 105, inciso IV da LF. Já no caso de sociedade simples, não se submeterá à lei de falência, considerando que não tem natureza empresarial. No entanto, nada impede que requeiram a falência de terceiros.

Alternativa correta: letra "a".

4.2 NOME EMPRESARIAL

11. (Cespe – Delegado de Polícia – PC – SE/2018) A empresa Soluções Indústria de Eletrônicos Ltda. veiculou propaganda considerada enganosa relativa a determinado produto: as especificações eram distintas das indicadas no material publicitário. Em razão do anúncio, cerca de duzentos mil consumidores compraram o produto. Diante desse fato, uma associação de defesa do consumidor constituída havia dois anos ajuizou ação civil pública com vistas a obter indenização para todos os lesados.

Com referência a essa situação hipotética, julgue o item seguinte.

Na situação apresentada, a empresa ré é uma sociedade limitada que optou por nome empresarial do tipo denominação.

COMENTÁRIOS

Conforme se extrai do nome empresarial "Soluções Industria de Eletrônicos Ltda." percebe-se que foi adotada a espécie denominação, tendo em vista a utilização obrigatória do ramo de atividade ("Indústria de Eletrônicos") e utilização facultativa de um nome fantasia ("Soluções"), integradas da palavra final "ltda.". Vale lembrar que, o Código Civil admite, expressamente, que as sociedades limitadas possam utilizar tanto firma social quanto denominação. Confira: "Art. 1.158. Pode a sociedade limitada adotar firma ou denominação, integradas pela palavra final 'limitada' ou a sua abreviatura. (...) § 2º A denominação deve designar o objeto da sociedade, sendo permitido nela figurar o nome de um ou mais sócios.". **CERTO**

4.3 ESCRITURAÇÃO

12. (Cespe – Delegado de Polícia – GO/2017) Durante a instrução de determinado processo judicial, foi comprovada falsificação da escrituração em um dos livros comerciais de uma sociedade limitada, em decorrência da criação do chamado "caixa dois". A sentença proferida condenou pelo crime apenas o sócio com poderes de gerência.

A respeito dessa situação hipotética, assinale a opção correta.

a) A conduta praticada pelo sócio constitui crime falimentar.

b) Na situação, configura-se crime de falsificação de documento público.

c) Sendo o diário e o livro de registro de atas de assembleia livros obrigatórios da sociedade citada, a referida falsificação pode ter ocorrido em qualquer um deles.

d) Em decorrência da condenação criminal, o sócio-gerente deverá ser excluído definitivamente da sociedade.

e) O nome do condenado não pode ser excluído da firma social, que deve conter o nome de todos os sócios, seguido da palavra "limitada".

COMENTÁRIOS

✪ **Nota do autor:** a questão exigia do candidato conhecimento do texto da lei.

A conduta se adequa ao crime de falsificação de documento público, previsto no art. 297 do Código Penal, uma vez que, para efeitos penais, e equiparam-se a documento público, os livros mercantis, nos termos do § 2º do art. 297 do Código Penal. O bem jurídico protegido pelo tipo penal em comento é a fé pública (confiança que a sociedade deposita na autenticidade e credibilidade dos documentos públicos). Quanto ao sujeito ativo do crime, trata-se de crime comum, podendo ser praticado por qualquer pessoa. O sujeito passivo é o Estado e, secundariamente, o eventual lesado pela conduta do agente. A falsificação deve ser apta/idônea a iludir; a falsificação grosseira não configura o crime.

Alternativa correta: letra "b" (responde, também, as demais alternativas).

5. MICROEMPRESA E EMPRESA DE PEQUENO PORTE

13. (Cespe – Delegado de Polícia – PC – SE/2018) Determinada sociedade empresária, enquadrada como empresa de pequeno porte e optante pelo Simples Nacional, instituiu representante legal para solicitar ao órgão competente o registro e o arquivamento da sua última alteração do contrato social consolidada. Na oportunidade, a sociedade não anexou à documentação a ser apresentada à junta comercial a certidão negativa de débitos (CND) relativa aos tributos federais e à dívida ativa da União, administrados pela Secretaria da Receita Federal do Brasil (SRF) e pela Procuradoria-Geral da Fazenda Nacional (PGFN).

Com referência a essa situação hipotética, julgue os itens que se seguem.

O regime compartilhado de arrecadação, cobrança e fiscalização de tributos utilizado pela sociedade empresária abrange a participação de todos os entes federados — União, estados, Distrito Federal e municípios.

COMENTÁRIOS

Trata-se do que preconiza o art. 1º da Lei Complementar 123/2006. Confira: "Art. 1º Esta Lei Complementar estabelece normas gerais relativas ao tratamento diferenciado e favorecido a ser dispensado às microempresas e empresas de pequeno porte **no âmbito dos Poderes da União, dos Estados, do Distrito Federal e dos Municípios**, especialmente no que se refere: I – à apuração e recolhimento dos impostos e contribuições da União, dos Estados, do Distrito Federal e dos Municípios, mediante regime único de arrecadação, inclusive obrigações acessórias; II – ao cumprimento de obrigações trabalhistas e previdenciárias, inclusive obrigações acessórias; III – ao acesso a crédito e ao mercado, inclusive quanto à preferência nas aquisições de bens e serviços pelos Poderes Públicos, à tecnologia, ao associativismo e às regras de inclusão; IV – ao cadastro nacional único de contribuintes a que se refere o inciso IV do parágrafo único do art. 146, in fine, da Constituição Federal." **CERTO**

6. DIREITO SOCIETÁRIO

6.1. TEORIA GERAL DO DIREITO SOCIETÁRIO

14. (Cespe – Delegado de Polícia – GO/2017) Assinale a opção correta no que se refere ao direito societário.

a) Compete ao poder público municipal do local da sede autorizar o funcionamento de sociedades cujo funcionamento dependa de autorização do Poder Executivo.

b) É nulo todo o contrato social de sociedade limitada que contenha cláusula que exclua qualquer sócio da participação nos lucros e nas perdas.

c) A sociedade em comum e a sociedade de fato ou irregular são não personificadas, conforme classificação do Código Civil.

d) O sócio remisso pode ser excluído da sociedade pelos demais, caso em que deve ser-lhe devolvido, com os abatimentos cabíveis, o montante com o qual tenha contribuído para o capital social.

e) Os tipos societários previstos no Código Civil são exemplificativos, podendo as sociedades organizar-se de formas distintas das expressamente listadas.

COMENTÁRIOS

✪ **Nota do autor:** a questão exigia do candidato conhecimento do texto da lei.

Alternativa correta: letra "d". De fato, o sócio remisso pode ser excluído da sociedade pelos demais, caso em que deve ser-lhe devolvido, com os abatimentos cabíveis, o montante com o qual tenha contribuído para o capital social. É o que diz o art. 1.058 do Código Civil: "Não integralizada a quota de sócio remisso, os outros sócios podem, sem prejuízo do disposto no art. 1.004 e seu parágrafo único, tomá-la para si ou transferi-la a terceiros, excluindo o primitivo titular e devolvendo-lhe o que houver pago, deduzidos os juros da mora, as prestações estabelecidas no contrato mais as despesas." Sobre o tema "sócio remisso", convém destacar dois enunciados do CJF. De acordo com o Enunciado n. 62 da I Jornada de Direito Civil: "Com a exclusão do sócio remisso, a forma de reembolso das suas quotas, em regra, deve-se dar com base em balanço especial, realizado na data da exclusão." Por fim, o Enunciado n. 216 da III Jornada de Direito Civil, orienta que: "O quórum de deliberação previsto no art. 1.004, parágrafo único, e no art. 1.030 é de maioria absoluta do capital representado pelas quotas dos demais sócios, consoante a regra geral fixada no art. 999 para as deliberações na sociedade simples. Esse entendimento aplica-se ao art. 1.058 em caso de exclusão de sócio remisso ou redução do valor de sua quota ao montante já integralizado."

Alternativa "a": incorreta. Compete ao Poder Executivo Federal (e não ao Poder Público municipal) autorizar o funcionamento de sociedades dependentes de autorização (art. 1.123, *caput* e parágrafo único, do Código Civil). As chamadas "sociedades dependentes de autorização" são aquelas que precisam de prévia autorização do Poder Executivo para começarem a funcionar.

Alternativa "b": incorreta. É **nula** a cláusula contratual (e não o contrato social) que disponha sobre a exclusão de sócio do direito de participação nos resultados da empresa. É o que diz o art. 1.008 do CC: "**É nula a estipulação contratual** que exclua qualquer sócio de participar dos lucros e das perdas."

Alternativa "c": incorreta. O erro da alternativa está em afirmar que a sociedade em comum e a sociedade de fato ou irregular são expressões equivalentes. Não o são. A sociedade em comum é gênero que abrange a sociedade irregular (aquela que possui contrato social, mas não que foi levado a registro ou, estando inscrito, o está de forma irregular) e a sociedade de fato (aquela que sequer possui contrato social). Ambas têm em comum o fato de serem despersonificadas.

Alternativa "e": incorreta. Os tipos societários previstos no Código Civil são **taxativos** (e não exemplificativos), **não podendo** as sociedades organizar-se de formas distintas das expressamente listadas. É o que se extrai do art. 983, *caput* e parágrafo único, do Código Civil. "Art. 983. A sociedade empresária deve constituir-se segundo um dos tipos regulados nos arts. 1.039 a 1.092; a sociedade simples pode constituir-se de conformidade com um desses tipos, e, não o fazendo, subordina-se às normas que lhe são próprias. Parágrafo único. Ressalvam-se as disposições concernentes à sociedade em conta de participação e à cooperativa, bem como as constantes de leis especiais que, para o exercício de certas atividades, imponham a constituição da sociedade segundo determinado tipo."

6.2 SOCIEDADES NÃO PERSONIFICADAS

6.2.1. SOCIEDADE EM COMUM

15. (Cespe – Delegado de Polícia – PC – SE/2018) Determinada sociedade por quotas de responsabilidade limitada compra peças de uma sociedade em comum e as utiliza na montagem do produto que revende.

Considerando essa situação, julgue os itens a seguir, com base no Código de Defesa do Consumidor (CDC) e nas normas de direito civil e empresarial.

A sociedade que vende as peças funciona sem registro na junta comercial e, assim, seus sócios responderão ilimitadamente pelas obrigações sociais.

COMENTÁRIOS

De fato, a sociedade que vende as peças funciona sem registro na junta comercial e, assim, seus sócios responderão ilimitadamente pelas obrigações sociais. As sociedades em comum são consideradas não personificadas e classificam-se em sociedades irregulares (aquelas que possuem ato constitutivo, mas que não foram levadas a registro) e sociedades de fato (aquelas que sequer possuem ato constitutivo). O registro do empresário é obrigatório, devendo ser feito na Junta Comercial, antes do início de suas atividades. Trata-se, portanto, de condição para a sua regularidade. No caso, considerando que se trata de uma sociedade em comum, a responsabilidade dos sócios será ilimitada, por aplicação do art. 990 do CC, que dispõe: "Todos os sócios respondem solidária e ilimitadamente pelas obrigações sociais, excluído do benefício de ordem, previsto no art. 1.024, aquele que contratou pela sociedade." **CERTO**

16. (FUNCAB – Delegado de Polícia – PA/2016) Com relação às sociedades e à responsabilidade dos sócios, assinale a alternativa correta.

a) Na sociedade limitada, os condôminos de quota indivisa não respondem solidariamente pelas prestações necessárias à sua integralização.

b) Na sociedade limitada, a responsabilidade de cada sócio é restrita ao valor de suas quotas, assim como a responsabilidade pela integralização do capital social.

c) Somente pessoas físicas podem tomar parte na sociedade em nome coletivo, respondendo todos os sócios, solidária e ilimitadamente, pelas obrigações sociais.

d) O sócio admitido em sociedade já constituída não responde pelas dívidas sociais anteriores à sua admissão.

e) A distribuição de lucros ilícitos ou fictícios acarreta responsabilidade solidária apenas dos administradores que a realizarem.

COMENTÁRIOS

✪ **Nota do autor:** a questão exigia do candidato conhecimento do texto da lei.

Alternativa correta: letra "c". De fato, somente pessoas físicas podem tomar parte na sociedade em nome coletivo, respondendo todos os sócios, solidária e ilimitadamente, pelas obrigações sociais (art. 1.039 do CC).

Alternativa "a": incorreta. Na sociedade limitada, os condôminos de quota indivisa **respondem** solidariamente pelas prestações necessárias à sua integralização. É o que diz o art. 1.055, § 2º do Código Civil: "Sem prejuízo do disposto no art. 1.052, os condôminos de quota indivisa respondem solidariamente pelas prestações necessárias à sua integralização."

Alternativa "b": incorreta. Na sociedade limitada, a responsabilidade de cada sócio é restrita ao valor de suas quotas, **mas todos respondem solidariamente pela integralização do capital social** (art. 1.052 do CC).

Alternativa "d": incorreta. O sócio admitido em sociedade já constituída **responde** pelas dívidas sociais anteriores à sua admissão. É o que diz o art. 1.025 do Código Civil: "O sócio, admitido em sociedade já constituída, **não se exime das dívidas sociais anteriores à admissão**."

Alternativa "e": incorreta. A distribuição de lucros ilícitos ou fictícios acarreta responsabilidade solidária **dos administradores que a realizarem e dos sócios que os receberem**, conhecendo ou devendo conhecer-lhes a ilegitimidade (art. 1.009 do CC).

17. (Cespe – Delegado de Polícia – PE/2016) Assinale a opção que apresenta, respectivamente, as espécies societárias que somente podem ser consideradas, a primeira, como sociedade empresária e, a segunda, como sociedade simples, em razão de expressa imposição legal.

a) sociedade comandita por ações / sociedade comandita simples.

b) sociedade anônima / sociedade cooperativa.

c) sociedades estatais / associações.

d) sociedade anônima / sociedade limitada.

e) sociedade em nome coletivo / sociedade limitada.

COMENTÁRIOS

✪ **Nota do autor:** a questão exigia o conhecimento do texto da lei.

Alternativa incorreta: letra "b" (responde, também, as demais alternativas). Considera-se empresária a sociedade que tem por objeto o exercício de atividade própria de empresário sujeito a registro acordo com o (art. 982, *caput*, CC), ou seja, aquela que exerce profissionalmente uma atividade econômica organizada para a produção ou circulação de bens ou de serviços (art. 966, CC). O parágrafo único do art. 982, do Código Civil, orienta, ainda, que: "Independentemente do seu objeto, considera-se empresária a sociedade por ações; e, simples, a cooperativa." Dito de outro modo, por expressa determinação legal, as sociedades por ações (sociedade anônima e comandita por ações) serão sempre empresárias e as cooperativas, sociedades simples. Importante lembrar que as sociedades empresárias devem se constituir mediante um dos seguintes tipos societários: a) sociedade em nome coletivo; b) sociedade em comandita simples; c) sociedade em comandita por ações; d) sociedade limitada; e) sociedade anônima.

6.3. SOCIEDADES PERSONIFICADAS

6.3.1. SOCIEDADE LIMITADA

18. (Cespe – Delegado de Polícia – PC – SE/2018) A empresa Soluções Indústria de Eletrônicos Ltda. veiculou propaganda considerada enganosa relativa a determinado produto: as especificações eram distintas das indicadas no material publicitário. Em razão do anúncio, cerca de duzentos mil consumidores compraram o produto. Diante desse fato, uma associação de defesa do consumidor constituída havia dois anos ajuizou ação civil pública com vistas a obter indenização para todos os lesados.

Com referência a essa situação hipotética, julgue o item seguinte.

Na situação apresentada, a empresa ré é uma sociedade limitada que optou por nome empresarial do tipo denominação.

COMENTÁRIOS

Conforme se extrai do nome empresarial "Soluções Industria de Eletrônicos Ltda." percebe-se que foi adotada a espécie denominação, tendo em vista a utilização obrigatória do ramo de atividade ("Indústria de Eletrônicos") e utilização facultativa de um nome fantasia ("Soluções"), integradas da palavra final "ltda.". Vale lembrar que, o Código Civil admite, expressamente, que as sociedades limitadas possam utilizar tanto firma social quanto denominação. Confira: "Art. 1.158. Pode a sociedade limitada adotar firma ou denominação, integradas pela palavra final 'limitada' ou a sua abreviatura. (...) § 2º A denominação deve designar o objeto da sociedade, sendo permitido nela figurar o nome de um ou mais sócios." **CERTO**

19. (Cespe – Delegado de Polícia – PC – SE/2018) O contrato social da sociedade limitada pode prever regência supletiva pelas normas das sociedades anônimas, mas, se não o fizer, serão aplicadas as regras das sociedades simples no caso de omissões de normas específicas da sociedade limitada.

COMENTÁRIOS

De acordo com o art. 1.053 do CC, nas omissões específicas da sociedade limitada, aplica-se as normas da sociedade simples. No entanto, o contrato social poderá prever expressamente a regência supletiva pelas normas da sociedade anônima (parágrafo único do art. 1.053 do CC). **CERTO**

20. (Nucepe – Delegado de Polícia – PC – PI/2018) Sobre as sociedades limitadas, assinale a alternativa CORRETA.

a) Na omissão do contrato social da sociedade limitada, o sócio pode ceder sua quota, total ou parcialmente, a quem seja sócio, independentemente de audiência dos outros, ou a estranho, se não houver oposição de mais de 1/4 (um quarto) do número de sócios.

b) Sem prejuízo dos poderes da assembleia dos sócios, deve o contrato instituir conselho fiscal composto de 3 (três) ou mais membros e respectivos suplentes, sócios ou não, residentes no País, eleitos na assembleia anual de sócios.

c) A convocação da reunião ou da assembleia de sócios é atribuição que pertence, exclusivamente, aos administradores da sociedade.

d) A designação de administradores não sócios dependerá de aprovação da unanimidade dos sócios, enquanto o capital não estiver integralizado, e de 2/3 (dois terços), no mínimo, após a integralização.

e) Pela exata estimação de bens conferidos ao capital social respondem solidariamente todos os sócios, até o prazo de 10 (dez) anos da data do registro da sociedade. Acrescente-se que a contribuição para formar o capital não pode consistir em prestação de serviços.

COMENTÁRIOS

✪ **Nota do autor:** a questão exigia do candidato conhecimento do texto da lei.

Alternativa "a": De acordo com o art. 1.057 do CC, na omissão do contrato, o sócio pode ceder sua quota, total ou parcialmente, a quem seja sócio, independentemente de audiência dos outros, ou a estranho, se não houver oposição de titulares de mais de **1/4 do capital social** (e não do número de sócios).

Alternativa "b": Sem prejuízo dos poderes da assembléia dos sócios, **pode** (e não deve) o contrato instituir conselho fiscal composto de três ou mais membros e respectivos suplentes, sócios ou não, residentes no País, eleitos na assembléia anual de sócios (art. 1.066 do CC).

Alternativa "c": A convocação da reunião ou da assembleia de sócios não é atribuição que pertence, exclusivamente, aos administradores da sociedade. Isso porque, de acordo com o art. 1.073, incisos I e II, do CC, a reunião ou a assembléia podem também ser convocadas: **a)** por sócio, quando os administradores retardarem a convocação, por mais de sessenta dias, nos casos previstos em lei ou no contrato, ou por titulares de mais de um quinto do capital, quando não atendido, no prazo de oito dias, pedido de convocação fundamentado, com indicação das matérias a serem tratadas; **b)** pelo conselho fiscal, se houver, se a diretoria retardar por mais de trinta dias a sua convocação anual, ou sempre que ocorram motivos graves e urgentes (art. 1.069, V, CC)".

Alternativa "d": De fato, de acordo com o art. 1.061 do CC, "A designação de administradores não sócios dependerá de aprovação da unanimidade dos sócios, enquanto o capital não estiver integralizado, e de 2/3 (dois terços), no mínimo, após a integralização."

Alternativa "e": Nas sociedades limitadas, o capital social divide-se em quotas, iguais ou desiguais, cabendo uma ou diversas a cada sócio. De acordo com o art. 1.055, § 1º, do CC pela exata estimação de bens conferidos ao capital social respondem solidariamente todos os sócios, até o prazo de **5 (cinco) anos** da data do registro da sociedade. A segunda parte da assertiva está correta, considerando que a contribuição para formar o capital não pode consistir em prestação de serviços, nos termos do art. 1.055, § 2º, do CC.

Alternativa correta: letra "d".

21. (UEG – Delegado de Polícia – PC – GO/2018) Quanto à sociedade limitada:

a) A responsabilidade de cada sócio é limitada à integralização das quotas sociais por ele subscritas ou adquiridas.

b) Apenas pode ter conselho fiscal se o contrato social previr a regência supletiva pelas normas da sociedade anônima.

c) Seus atos constitutivos podem ser registrados em junta comercial ou em registro civil de pessoas jurídicas, a depender do objeto social.

d) Pode nomear pessoa jurídica como administrador, desde que a designação seja feita pelo contrato social.

e) A omissão do termo "limitada" no nome empresarial não acarreta a responsabilidade ilimitada dos sócios se a cláusula de limitação de responsabilidade constar do contrato social.

COMENTÁRIOS

✪ **Nota do autor:** a questão exigia do candidato conhecimento do texto da lei.

Alternativa "a": errado. Na sociedade limitada, a responsabilidade de cada sócio é restrita ao valor de suas quotas, mas todos respondem solidariamente pela integralização do capital social (art. 1.052 do CC).

Alternativa "b": errado. Independentemente de o contrato previr a regência supletiva pelas normas da sociedade anônima, a sociedade limitada poderá ter conselho fiscal, que será composto de três ou mais membros e respectivos suplentes, sócios ou não, residentes no País, eleitos pela Assembleia Geral (art. 1.066 do CC).

Alternativa "c": certo. De fato, seus atos constitutivos podem ser registrados em junta comercial ou em registro civil de pessoas jurídicas, a depender do objeto social. Em se tratando de sociedade empresária, o ato constitutivo será levado a registro na Junta Comercial. Por outro lado, em se tratando de sociedade simples, o ato constitutivo deve ser levado a registro no Cartório de Registro Civil de Pessoas Jurídicas.

Alternativa "d": errado. Pode nomear pessoa jurídica como administrador, podendo tal designação ser feita tanto no contrato social como em ato separado. É o que determina o art. 1.060 do CC: "A sociedade limitada é administrada por uma ou mais pessoas designadas no contrato social ou em ato separado."

Alternativa "e": errado. A omissão do termo "limitada" no nome empresarial acarreta a responsabilidade ilimitada dos sócios. Pode a sociedade limitada adotar firma ou denominação, integradas pela palavra final "limitada" ou a sua abreviatura. A firma será composta com o nome de um ou mais sócios, desde que pessoas físicas, de modo indicativo da relação social. Já a denominação deve designar o objeto da sociedade, sendo permitido nela figurar o nome de um ou mais sócios. A omissão da palavra "limitada" determina a responsabilidade solidária e ilimitada dos administradores que assim empregarem a firma ou a denominação da sociedade, nos termos do § 3º do art. 1.158 do CC.

Alternativa correta: letra "c".

22. (Cespe – Delegado de Polícia – PE/2016) Considerando a legislação em vigor a respeito da responsabilidade dos sócios nos diversos tipos societários, assinale a opção correta.

a) Nas sociedades cooperativas, o contrato social deverá prever, necessariamente, a responsabilidade ilimitada aos sócios.

b) O acionista responde ilimitadamente com o próprio patrimônio no que se refere às obrigações assumidas pela sociedade anônima.

c) Nas sociedades anônimas, os acionistas respondem solidariamente pela integralização do capital social.

d) Nas sociedades limitadas, os sócios respondem solidariamente pela integralização do capital social.

e) Na sociedade comandita por ações, todos os sócios respondem ilimitadamente pelos débitos societários.

COMENTÁRIOS

✪ **Nota do autor:** a questão exigia o conhecimento do texto da lei.

Alternativa correta: letra "d". Nas sociedades limitadas, a responsabilidade do sócio é limitada, estando restrita ao valor de suas quotas, mas todos os sócios respondem de forma solidária pelo que falta para a integralização do capital social. A regra está prevista no art. 1.052, CC, que dispõe: "Na sociedade limitada, a responsabilidade de cada sócio é restrita ao valor de suas quotas, mas todos respondem solidariamente pela integralização do capital social."

Alternativa "a": incorreta, na medida em que, na sociedade cooperativa, a responsabilidade dos sócios pode ser limitada ou ilimitada, nos termos do art. 1.095, do Código Civil. "Art. 1.095. Na sociedade cooperativa, a responsabilidade dos sócios pode ser limitada ou ilimitada. § 1º É limitada a responsabilidade na cooperativa em que o sócio responde somente pelo valor de suas quotas e pelo prejuízo verificado nas operações sociais, guardada a proporção de sua participação nas mesmas operações. § 2º É ilimitada a responsabilidade na cooperativa em que o sócio responde solidária e ilimitadamente pelas obrigações sociais."

Alternativa "b" (responde, também, a alternativa "c"): estão incorretas as alternativas "b" e "c". Nos termos do art. 1.088 do Código Civil: "Na sociedade anônima ou companhia, o capital divide-se em ações, *obrigando-se cada sócio ou acionista somente pelo preço de emissão das ações que subscrever ou adquirir*. A regra também é estampada no art. 1º da Lei nº 6.404/76 (Lei da Sociedade Anônima), que dispõe: "A companhia ou sociedade anônima terá o capital dividido em ações, *e a responsabilidade dos sócios ou acionistas será limitada ao preço de emissão das ações subscritas ou adquiridas*." Com efeito, na sociedade anônima, a responsabilidade do acionista é limitada ao valor das ações subscritas (adquiridas mas não integralizadas) ou adquiridas (já integralizadas).

Alternativa "e": incorreta, na medida em que, na sociedade em comandita por ações, apenas os sócios comanditados podem administrar a sociedade, respondendo, nessa qualidade, ilimitadamente pelas dívidas sociais. A regra está insculpida no art. 1.091, do Código Civil, que dispõe: "Somente o acionista tem qualidade para administrar a sociedade e, como diretor, responde subsidiária e ilimitadamente pelas obrigações da sociedade. Importante lembrar também que, havendo mais de um diretor, serão solidariamente responsáveis, depois de esgotados os bens sociais.

6.3.2. SOCIEDADE ANÔNIMA

23. (Nucepe – Delegado de Polícia – PC – PI/2018) Sobre as sociedades anônimas, assinale a alternativa CORRETA.

a) O número de ações preferenciais sem direito a voto, ou sujeitas a restrição no exercício desse direito, não pode ultrapassar 2/3 (dois terços) do total das ações emitidas.

b) A companhia pode criar, a qualquer tempo, títulos negociáveis, sem valor nominal e estranhos ao capital social, denominados "partes beneficiárias". Tais títulos conferirão aos seus titulares, nas condições constantes do certificado, direito de subscrever ações do capital social, que será exercido mediante apresentação do título à companhia e pagamento do preço de emissão das ações.

c) O conselho de administração, cuja existência não é obrigatória nas companhias fechadas, é órgão de deliberação colegiada composto por, no mínimo, 3 (três) membros, eleitos pela assembleia-geral e por ela destituíveis a qualquer tempo.

d) A diretoria poderá suspender o exercício dos direitos do acionista que deixar de cumprir obrigação imposta pela lei ou pelo estatuto, cessando a suspensão logo que cumprida a obrigação.

e) Anualmente, nos 3 (três) primeiros meses seguintes ao término do exercício social, deverá haver uma assembleia-geral, conhecida como assembleia ordinária, para, entre outros assuntos, deliberar sobre a autorização da emissão de debêntures.

COMENTÁRIOS

✪ **Nota do autor:** a questão exigia do candidato conhecimento do texto da Lei nº 6.404/76 (Lei das Sociedades por Ações – LSA)

Alternativa "a": De acordo com o § 2º do art. 15 da LSA, o número de ações preferenciais sem direito a voto, ou sujeitas a restrição no exercício desse direito, não pode ultrapassar **50%** do total das ações emitidas.

Alternativa "b": De fato, de acordo com o art. 46 da LSA, a companhia pode criar, a qualquer tempo, títulos negociáveis, sem valor nominal e estranhos ao capital social, denominados "partes beneficiárias". Tais títulos conferirão aos seus titulares o **direito de crédito eventual contra a companhia, consistente na participação nos lucros anuais** (art. 46, § 1º, LSA).

Alternativa "c": O Conselho de Administração é obrigatório na SA aberta, na sociedade de capital autorizado e na sociedade de economia mista, e facultativo, na SA fechada. Eleitos pela Assembleia Geral, o Conselho de Administração é composto por, no mínimo, 3 pessoas físicas, acionistas ou não. **Exceção:** nas sociedades de economia mista, o Conselho de Administração é composto por, no mínimo, 7 e no máximo 11 membros (art. 13, I, da Lei nº 13.303/16).

Alternativa "d": A **assembléia-geral** (e não a Diretoria) poderá suspender o exercício dos direitos do acionista que deixar de cumprir obrigação imposta pela lei ou pelo estatuto, cessando a suspensão logo que cumprida a obrigação, nos termos do art. 120 da LSA.

Alternativa "e": A deliberação sobre a autorização da emissão de debêntures não está no rol de atribuições da assembleia-geral. Confira: "LSA, Art. 132. Anualmente, nos quatro primeiros meses seguintes ao término do exercício social, deverá haver uma assembléia-geral para: I – tomar as contas dos administradores, examinar, discutir e votar as demonstrações financeiras; II – deliberar sobre a destinação do lucro líquido do exercício e a distribuição de dividendos; III – eleger os administradores e os membros do conselho fiscal, quando for o caso; IV – aprovar a correção da expressão monetária do capital social (artigo 167)."

Alternativa correta: letra "c".

7. REORGANIZAÇÃO SOCIETÁRIA: TRANSFORMAÇÃO, INCORPORAÇÃO, FUSÃO E CISÃO

24. (Cespe – Delegado de Polícia – GO/2017) Depende do consentimento de todos os sócios ou acionistas — salvo em caso de previsão no ato constitutivo, hipótese em que o dissidente poderá retirar-se da sociedade — a operação societária denominada

a) incorporação.

b) fusão.

c) cisão.

d) liquidação.

e) transformação.

COMENTÁRIOS

✪ **Nota do autor:** a questão exigia do candidato conhecimento do texto da lei.

Alternativa correta: letra "e" (responde, também, as demais alternativas). Depende do consentimento de todos os sócios ou acionistas – salvo em caso de previsão no ato constitutivo, hipótese em que o dissidente poderá retirar-se da sociedade – a operação societária denominada **transformação**. É o que diz o art. 1.114 do Código Civil: "A transformação depende do consentimento de todos os sócios, salvo se prevista no ato constitutivo, caso em que o dissidente poderá retirar-se da sociedade, aplicando-se, no silêncio do estatuto ou do contrato social, o disposto no art. 1.031." **Obs.:** É muito comum as Bancas Examinadoras cobrarem conhecimentos acerca das operações societárias (transformação, incorporação, fusão, cisão). Pensando nisso, elaboramos para o nosso leitor, quadro sinótico com as principais diferenças entre tais institutos. Vejamos:

Transformação	• Transformação é a modificação do tipo societário. Ex.: uma sociedade limitada se transforma em sociedade anônima, ou vice-versa. • Na transformação não ocorre a extinção da pessoa jurídica. • A transformação não prejudica e nem modifica os direitos dos credores. Isso porque ocorre apenas a mudança do tipo societário, sem a dissolução ou liquidação da pessoa jurídica. • A transformação deve obedecer às formalidades para a constituição da sociedade do tipo resultante. • A deliberação acerca da transformação exige, em regra, votação unânime, salvo nos casos em que o ato constitutivo da sociedade transformada já contenha disposição expressa prevendo a transformação. No caso de previsão contratual ou estatutária da transformação, os sócios dissidentes poderão exercer o direito de retirada (LSA, art. 221).
Incorporação	• Na incorporação, uma ou mais sociedades (incorporadas) são absorvidas/incorporadas por outra (incorporadora). • A sociedade incorporadora sucederá as demais quanto aos direitos e obrigações sociais. • Apenas a sociedade incorporada será extinta, continuando em pleno funcionamento a incorporadora. Não há, portanto, a criação de nova sociedade.
Fusão	• Fusão é a união de duas ou mais sociedades para formar uma nova, extinguindo-se as sociedades que se uniram. • A nova sociedade sucederá as demais quanto aos direitos e obrigações sociais. • Na fusão, todas que se uniram são extintas, sendo criada uma nova sociedade. Ex.: sociedade "X" se une com sociedade "Y", dando origem a sociedade "Z". "X" e "Y" serão extintas.
Cisão	• Na cisão, a sociedade transfere (total ou parcialmente) seu patrimônio para uma ou mais sociedades (constituídas para esta finalidade ou já existentes), extinguindo-se a sociedade cindida (no caso de transferência de todo o seu patrimônio) ou dividindo-se o seu capital (no caso de transferência de parcela do seu patrimônio). • Em suma, cisão é a transferência (total ou parcial) do patrimônio de uma sociedade para outra. • A cisão implica a venda de patrimônio (e não da empresa). • *Cisão parcial:* transferência de parcela do patrimônio para outra sociedade, implicando a divisão do capital. • *Cisão total:* transferência da totalidade do patrimônio para outra sociedade, implicando em extinção da sociedade cindida.

8. DIREITO FALIMENTAR E RECUPERACIONAL

8.1 FALÊNCIA

25. (Nucepe – Delegado de Polícia – PC – PI/2018) Considerando as disposições contidas na Lei nº 11.101/2005, Lei de Falências e Recuperação de Empresas, assinale a alternativa CORRETA.

a) O mandato conferido pelo devedor, antes da falência, para a realização de negócios, cessará seus efeitos com a decretação da falência, cabendo ao mandatário prestar contas de sua gestão. Idêntico destino terá o mandato conferido para representação judicial do devedor.

b) O administrador judicial poderá alugar bens da massa falida, com o objetivo de produzir renda para a massa falida, mediante autorização do Comitê. Se o contrato houver sido celebrado por prazo determinado, o bem alugado somente poderá ser alienado ao término do prazo, ou, a qualquer tempo, mediante pagamento de multa.

c) Ato contínuo à assinatura do termo de compromisso, o administrador judicial efetuará a arrecadação dos bens e documentos e a avaliação dos bens, separadamente ou em bloco, no local em que se encontrem, requerendo ao juiz, para esses fins, as medidas necessárias. Os bens arrecadados não poderão ser removidos, ficando sob a guarda e responsabilidade do administrador judicial.

d) A decretação da falência suspende o exercício do direito de retenção sobre os bens sujeitos à arrecadação, os quais deverão ser entregues ao administrador judicial, bem como o exercício do direito de retirada ou de recebimento do valor de suas quotas ou ações, por parte dos sócios da sociedade falida.

e) Entre os atos considerados ineficazes em relação à massa falida, tenha ou não o contratante conhecimento do estado de crise econômico-financeira do devedor, seja ou não intenção deste fraudar credores está a prática de atos gratuitos, desde 3 (três) anos antes da decretação da falência.

COMENTÁRIOS

✪ **Nota do autor:** a questão exigia do candidato conhecimento do texto da Lei nº 11.101/2005 (Lei de falência e recuperação de empresas – LF).

Alternativa "a": A decretação da falência impõe ao falido, dentre outros, o dever de declarar nos autos, os mandatos que porventura tenha outorgado, indicando seu objeto, nome e endereço do mandatário. De acordo com o art. 120 da LF, "O mandato conferido pelo devedor, antes da falência, para a realização de negócios, cessará seus efeitos com a decretação da falência, cabendo ao mandatário prestar contas de sua gestão." No entanto, **não** cabe o idêntico destino terá o mandato conferido para representação judicial do devedor. Isso porque o § 1º do art. 120 da LF determina que "O mandato conferido para representação judicial do devedor continua em vigor até que seja expressamente revogado pelo administrador judicial."

Alternativa "b": O **juiz** poderá autorizar a locação ou arrendamento de bens imóveis ou móveis do devedor, a fim de evitar a sua deterioração, cujos resultados reverterão em favor da massa falida, nos termos do art. 192, § 5º, da LF.

Alternativa "c": De fato, de acordo com o art. 108 da LF, ato contínuo à assinatura do termo de compromisso, o administrador judicial efetuará a arrecadação dos bens e documentos e a avaliação dos bens, separadamente ou em bloco, no local em que se encontrem, requerendo ao juiz, para esses fins, as medidas necessárias. Os bens arrecadados poderão ser removidos, ficando sob a guarda e responsabilidade do administrador judicial. É o que determina o art. 112 da LF: "Os bens arrecadados poderão ser removidos, desde que haja necessidade de sua melhor guarda e conservação, hipótese em que permanecerão em depósito sob responsabilidade do administrador judicial, mediante compromisso."

Alternativa "d": De fato, de acordo com o art. 126, incisos I e II, da LF, a decretação da falência suspende o exercício do direito de retenção sobre os bens sujeitos à arrecadação, os quais deverão ser entregues ao administrador judicial, bem como o exercício do direito de retirada ou de recebimento do valor de suas quotas ou ações, por parte dos sócios da sociedade falida.

Alternativa "e": Entre os atos considerados ineficazes em relação à massa falida, tenha ou não o contratante conhecimento do estado de crise econômico-financeira do devedor, seja ou não intenção deste fraudar credores está a prática de atos gratuitos, desde **2 (dois)** anos antes da decretação da falência. é o que determina o art. 129, inciso IV, da LF. Confira: "Art. 129. São ineficazes em relação à massa falida, tenha ou não o contratante conhecimento do estado de crise econômico-financeira do devedor, seja ou não intenção deste fraudar credores: (...) IV – a prática de atos a título gratuito, desde 2 (dois) anos antes da decretação da falência;".

Alternativa correta: letra "d".

---

26. (FUNIVERSA – Delegado de Polícia – DF/2015) No que se refere à falência, assinale a alternativa correta com base na legislação de regência, na doutrina e na jurisprudência do STJ acerca da matéria.

a) Havendo mais de um autor no pedido de falência, serão subsidiariamente responsáveis aqueles que, por dolo, requererem a falência de outrem, cabendo ao juiz condená-los a indenizar o devedor.

b) Decretada a falência, o falido tem o dever de não se ausentar do lugar onde se processa a falência, sem justo motivo e comunicação expressa ao juiz, e sem deixar procurador bastante, depois de encerrados por termos assinados pelo magistrado.

c) No direito falimentar brasileiro, não se admite a insolvência presumida do devedor.

d) Conforme a jurisprudência dominante do STJ, as sociedades cooperativas sujeitam-se à falência.

e) A Lei de Falências aplica-se às instituições financeiras privadas.

COMENTÁRIOS

✪ **Nota do autor:** a questão exigia o conhecimento do texto da lei. *Falência* é o processo de execução coletiva em que o patrimônio do empresário declarado falido é arrecadado, visando ao pagamento da universalidade dos credores. A falência trata-se de um *processo judicial complexo*, uma vez que compreende a arrecadação dos bens do devedor, sua administração e conservação, a verificação dos créditos para posterior liquidação dos bens e rateio entre os credores, bem como a sanção por crimes falimentares eventualmente praticados pelo falido. Regem a falência, os seguintes princípios: **1)** princípio da preservação da empresa; **2)** princípio da maximização dos ativos; **3)** princípio da celeridade; e **4)** princípio da economia processual. A decretação da falência deve atender três pressupostos: **1)** pressuposto material subjetivo (devedor empresário); **2)** pressuposto material objetivo (insolvência jurídica ou presumida); **3)** pressuposto formal (sentença declaratória da falência que, na verdade, tem natureza constitutiva). O regime de execução concursal falimentar só se instaura quando presentes estes três pressupostos listados.

Alternativa correta: letra "b". De fato, nos termos do art. 104, inciso I, da Lei nº 11.101/05, a decretação da falência impõe ao falido, dentre outros, o dever de "não se ausentar do lugar onde se processa a falência sem motivo justo e comunicação expressa ao juiz, e sem deixar procurador bastante, sob as penas cominadas na lei".

Alternativa "a": incorreta. Nos termos do art. 101, da Lei nº 11.101/05: "Quem por dolo requerer a falência de outrem será condenado, na sentença que julgar improcedente o pedido, a indenizar o devedor, apurando-se as perdas e danos em liquidação de sentença." Complementa o § 1º do mesmo dispositivo, dispondo que: "Havendo mais de um autor do pedido de falência, serão *solidariamente* responsáveis aqueles que se conduziram na forma prevista no *caput* deste artigo."

Alternativa "c": incorreta. Falência é o processo de execução coletiva em que o patrimônio do empresário declarado falido é arrecadado, visando ao pagamento da universalidade dos credores. São pressupostos da falência: 1) pressuposto material subjetivo (devedor empresário); 2) pressuposto material objetivo (*insolvência jurídica ou presumida*); 3) pressuposto formal (sentença declaratória da falência que, na verdade, tem natureza constitutiva). O regime de execução concursal falimentar só se instaura quando presentes estes três pressupostos listados. Cabe à lei definir as hipóteses autorizadoras de insolvência do empresário. Por este motivo, diz-se que nem sempre a insolvência do empresário será real, mas presumida pela lei. Importante lembrar que as hipóteses autorizadoras que justificam a decretação da falência, estão previstas no art. 94 da Lei nº 11.101/95.

Alternativa "d": incorreta. Conforme a jurisprudência dominante do STJ, as sociedades cooperativas *não* se sujeitam à falência. Vide REsp 770.861/SP (julgado em 11/09/2007): "As sociedades cooperativas não se sujeitam à falência, dada a sua natureza civil e atividade não empresária (...)."

Alternativa "e": incorreta. A Lei 11.101/05 se aplica ao devedor empresário individual, a sociedade empresária e a empresa individual de responsabilidade limitada. No entanto, estão excluídos da falência (art. 2º, LF): as empresas estatais (empresa pública e sociedade de economia mista); *a instituição financeira pública ou privada*; cooperativa de crédito; consórcio; entidade de previdência complementar; sociedade operadora de plano de assistência à saúde; sociedade seguradora; sociedade de capitalização e outras entidades legalmente equiparadas. De acordo com o dispositivo legal em comento, alguns empresários estão excluídos da incidência da Lei de Falência. No entanto, importante lembrar que há aqueles totalmente excluídos, bem como aqueles parcialmente excluídos. A Lei 6.024/74 dispõe sobre a intervenção e a liquidação extrajudicial das instituições financeiras. Vejamos o quadro sinótico para facilitar a compreensão:

Totalmente excluídos da lei de falência	Parcialmente excluídos da lei de falência
▸ Empresas públicas; e ▸ Sociedade de economia mista.	▸ Instituições financeiras públicas ou privadas; ▸ Consórcios; ▸ Cooperativas de crédito; ▸ Seguradoras; ▸ Operadoras de planos de saúde; ▸ Entidades de previdência complementar; ▸ Sociedades de capitalização; e ▸ Outras entidades legalmente equiparadas à estas, como, por exemplo, as sociedades administradoras de cartão de crédito e as sociedades de arrendamento mercantil (*leasing*).
Em que pese haver discussão entre os administrativistas, prevalece o entendimento que, em hipótese alguma, as empresas públicas e as sociedades de economia mista podem falir. Dito de outro modo, independentemente da atividade que exerçam (prestação de serviços públicos ou exploração de atividade econômica), as empresas estatais, por expressa vedação legal, nunca podem falir.	Em termos gerais, os parcialmente excluídos da lei falências, podem passar por procedimento de liquidação *extrajudicial*. Na liquidação extrajudicial, é nomeado um liquidante que, por sua vez, pode pedir a falência dessas sociedades empresárias. A falência, para os que estão parcialmente excluídos, é uma consequência da liquidação judicial.

8.2 RECUPERAÇÃO JUDICIAL

27. (Vunesp – Delegado de Polícia – PC – BA/2018) Poderá requerer a recuperação judicial o devedor

a) que, no momento do pedido, exerça regularmente suas atividades empresariais pelo período mínimo de seis meses.

b) que obteve recuperação judicial anterior, desde que decorridos ao menos 2 anos da publicação da sentença concessiva desta.

c) condenado por crimes falimentares, desde que decorridos ao menos 3 anos, bem como pelo cumprimento da penalidade imposta.

d) falido, desde que estejam declaradas extintas, por sentença transitada em julgado, as responsabilidades decorrentes da falência.

e) empresa pública ou sociedade de economia mista exercente de atividade econômica não sujeita ao regime de monopólio.

COMENTÁRIOS

✪ **Nota do autor:** a questão exigia do candidato conhecimento do texto da Lei nº 11.101/2005.

A questão trata sobre a legitimidade ativa para requerer recuperação judicial, que vem disciplinada pelo art. 48 da Lei nº 11.101/2005. De acordo com o dispositivo legal em comento, poderá requerer recuperação judicial o devedor que, no momento do pedido, exerça regularmente suas atividades há mais de dois anos e que atenda aos seguintes requisitos, cumulativamente: **a)** não ser falido e, se o foi, estejam declaradas extintas, por sentença transitada em julgado, as responsabilidades daí decorrentes; **b)** não ter, há menos de cinco anos, obtido concessão de recuperação judicial; **c)** não ter, há menos de cinco anos, obtido concessão de recuperação judicial especial (art. 70 e segs. da Lei nº 11.101/2005. Vale lembrar, também, que a recuperação judicial poderá ser requerida inclusive pelo cônjuge sobrevivente, herdeiros do devedor, inventariante ou sócio remanescente, nos termos do § 1º do art. 48 da Lei nº 11.101/2005.

Alternativa correta: letra "d".

28. (UEG – Delegado de Polícia – PC – GO/2018) Dispõe a Lei n. 11.101/2005, sobre a recuperação judicial, que:

a) o plano de recuperação judicial aprovado e homologado implica novação de todos os créditos constituídos até a data da homologação.

b) o deferimento da recuperação judicial não afasta o devedor ou seu administrador da posse e da gestão da empresa.

c) a alienação pelo devedor em recuperação de bem objeto de garantia real, a supressão da garantia ou sua substituição serão admitidas mesmo sem expressa concordância do respectivo credor.

d) distribuindo o pedido de recuperação judicial, o devedor não pode alienar ou onerar bens ou direitos de seu ativo permanente, salvo evidente utilidade reconhecida pelo administrador judicial.

e) o devedor em recuperação deve ostentar em seu nome empresarial a expressão "em recuperação judicial" desde a propositura da ação até a homologação do plano de recuperação aprovado pelos credores.

COMENTÁRIOS

✪ **Nota do autor:** a questão exigia do candidato conhecimento do texto da Lei nº 11.101/2005 (Lei de falência e recuperação de empresas – LF).

Alternativa "a": Podem ser incluídos no plano de recuperação judicial todos os créditos existentes na data do pedido, ainda que não estejam vencidos. No entanto, não podem ser incluídos no plano de recuperação judicial: **a)** os créditos posteriores ao pedido de recuperação judicial; **b)** os créditos tributários; **c)** os créditos do art. 49, § 3º da LF; **d)** os créditos decorrentes de propriedade fiduciária; **e)** os créditos decorrentes de arrendamento mercantil (*leasing*); **f)** créditos decorrentes de contrato de compra e venda com reserva de domínio; **g)** créditos decorrentes de contratos de compra e venda de imóvel com cláusula de irrevogabilidade ou irretratabilidade; e **h)** créditos decorrentes de adiantamento de contrato de câmbio.

Alternativa "b": De fato, o deferimento da recuperação judicial não afasta o devedor ou seu administrador da posse e da gestão da empresa. É o que se extrai da inteligência dos arts. 64 e 75 da LF. Confira: "Art. 64. Durante o procedimento de recuperação judicial, o devedor ou seus administradores serão mantidos na condução da atividade empresarial, sob fiscalização do Comitê, se houver, e do administrador judicial, salvo se qualquer deles: (...)". "Art. 75. A falência, ao promover o afastamento do devedor de suas atividades, visa a preservar e otimizar a utilização produtiva dos bens, ativos e recursos produtivos, inclusive os intangíveis, da empresa."

Alternativa "c": A alienação pelo devedor em recuperação de bem objeto de garantia real, a supressão da garantia ou sua substituição não serão admitidas sem expressa concordância do respectivo credor. É o que determina o § 1º do art. 50 da LF: "Na alienação de bem objeto de garantia real, a supressão da garantia ou sua substituição somente serão admitidas **mediante aprovação expressa do credor titular da respectiva garantia.**"

Alternativa "d": Distribuindo o pedido de recuperação judicial, o devedor não pode alienar ou onerar bens ou direitos de seu ativo permanente, salvo evidente utilidade reconhecida pelo **juiz**. É o que determina o art. 66 da LF: "Após a distribuição do pedido de recuperação judicial, o devedor não poderá alienar ou onerar bens ou direitos de seu ativo permanente, **salvo evidente utilidade reconhecida pelo juiz, depois de ouvido o Comitê, com exceção daqueles previamente relacionados no plano de recuperação judicial.**"

Alternativa "e": O devedor em recuperação deve ostentar em seu nome empresarial a expressão "em recuperação judicial" desde a efetiva homologação do plano de recuperação. É o que se extrai da inteligência do art. 69 da LF: "Em todos os atos, contratos e documentos firmados pelo devedor sujeito ao procedimento de recuperação judicial deverá ser acrescida, após o nome empresarial, a expressão 'em Recuperação Judicial'."

Alternativa correta: letra "b".

29. (FUNCAB – Delegado de Polícia – PA/2016) Sobre o instituto da recuperação judicial, assinale a alternativa correta.

a) Não são exigíveis do devedor as despesas que os credores fizerem para tomar parte na recuperação judicial ou na falência, salvo as custas judiciais decorrentes de litígio com o devedor.

b) Os credores do devedor em recuperação judicial não conservam seus direitos e privilégios contra os coobrigados, fiadores e obrigados de regresso.

c) Poderá requerer recuperação judicial o devedor que, no momento do pedido, exerça regularmente suas atividades há mais de 5 (cinco) anos e que não tenha, há menos de 2 (dois) anos, obtido concessão de recuperação judicial.

d) Estão sujeitos à recuperação judicial todos os créditos existentes e vencidos na data do pedido da recuperação.

e) O prazo de suspensão do curso da prescrição de todas as ações e execuções em face do devedor, inclusive aquelas dos credores particulares do sócio solidário, é automaticamente prorrogável por mais 180 dias.

COMENTÁRIOS

✪ **Nota do autor:** a questão exigia do candidato conhecimento do texto da Lei de Falência e Recuperação de Empresas (Lei n. 11.101/2005).

Alternativa correta: letra "a". De fato, não são exigíveis do devedor as despesas que os credores fizerem para tomar parte na recuperação judicial ou na falência, salvo as custas judiciais decorrentes de litígio com o devedor (art. 5º, II, da Lei n. 11.101/2005).

Alternativa "b": incorreta. Os credores do devedor em recuperação judicial **conservam** seus direitos e privilégios contra os coobrigados, fiadores e obrigados de regresso (art. 49, § 1º, da Lei n. 11.101/2005).

Alternativa "c": incorreta. Poderá requerer recuperação judicial o devedor que, no momento do pedido, exerça regularmente suas atividades há mais de **2 (dois) anos** e não tenha há **menos de 5 (cinco) anos**, obtido concessão de recuperação judicial (art. 48, *caput* e inciso II, da Lei n. 11.101/2005).

Alternativa "d": incorreta. Estão sujeitos à recuperação judicial todos os créditos existentes na data do pedido, **ainda que não vencidos** (art. 49 da Lei n. 11.101/2005).

Alternativa "e": incorreta. O prazo de suspensão do curso da prescrição de todas as ações e execuções em face do devedor, inclusive aquelas dos credores particulares do sócio solidário, **não** é prorrogável por mais 180 dias. A decretação da falência ou o deferimento do processamento da recuperação judicial suspende o curso da prescrição e de todas as ações e execuções em face do devedor, inclusive aquelas dos credores particulares do sócio solidário (art. 6º, caput, da Lei n. 11.101/2005). No entanto, na recuperação judicial, a referida suspensão **em hipótese nenhuma excederá o prazo improrrogável de 180 (cento e oitenta) dias** contado do deferimento do processamento da recuperação, restabelecendo-se, após o decurso do prazo, o direito dos credores de iniciar ou continuar suas ações e execuções, independentemente de pronunciamento judicial (art. 6º, § 4º, da Lei n. 11.101/2005).

8.3 ASPECTOS PENAIS E PROCESSUAIS PENAIS DA LEI Nº 11.101/2005

30. (Cespe – Delegado de Polícia – PC – SE/2018) A respeito das condições para o exercício de atividade comercial, julgue os itens subsequentes.

Condenado por crime falimentar não pode se registrar na junta comercial como empresário individual, mas pode figurar como sócio de responsabilidade limitada, desde que sem poderes de gerência ou administração.

COMENTÁRIOS

O condenado por crime falimentar fica impedido de atuar como empresário individual, bem como de exercer cargo ou função de gerência ou de administração. Continuará podendo ser sócio de sociedade empresária, mas não poderá exercer a administração. Os efeitos da condenação aplicáveis aos crimes falimentares estão previstos no art. 181 da Lei nº 11.101/2005, a saber: a) inabilitação para o exercício de atividade empresarial; b) o impedimento para o exercício de cargo ou função em conselho de administração, diretoria ou gerência das sociedades sujeitas a esta Lei; c) a impossibilidade de gerir empresa por mandato ou por gestão de negócio. Por fim, vale lembrar que tais efeitos não são automáticos, devendo ser motivadamente declarados na sentença, e perdurarão até 5 (cinco) anos após a extinção da punibilidade, podendo, contudo, cessar antes pela reabilitação penal. O CESPE já considerou errada a seguinte assertiva: O condenado por crime falimentar fica impedido de atuar como empresário individual ou mesmo de ser sócio em sociedade limitada, ainda que não exerça função de gerência ou de administração. (Cespe – Delegado de Polícia Federal – DPF/2018). **CERTO**

9. DIREITO CAMBIÁRIO

9.1 DISPOSIÇÕES DO CÓDIGO CIVIL SOBRE OS TÍTULOS DE CRÉDITO

31. (FUNCAB – Delegado de Polícia – PA/2016) A respeito de títulos de crédito, é correto afirmar que:

a) é permitido garantir o pagamento de título de crédito que contenha obrigação de pagar soma determinada por aval parcial.

b) a cláusula constitutiva de mandato, lançada no endosso, confere ao endossatário o exercício dos direitos inerentes ao título, salvo restrição expressamente estatuída.

c) é anulável o título ao portador emitido sem autorização de lei especial.

d) a responsabilidade do avalista subsiste ainda que nula a obrigação daquele a quem se equipara, mesmo nos casos em que a nulidade decorra de vício de forma.

e) o endosso posterior ao vencimento não produz os mesmos efeitos do anterior.

COMENTÁRIOS

✪ **Nota do autor:** a questão exigia do candidato conhecimento do texto da lei. As disposições do Código Civil relativas aos títulos de crédito, aplicam-se àqueles regulados por leis especiais apenas nos casos de omissão ou lacuna. É o que diz o art. 903 do Código Civil: "Salvo disposição diversa em lei especial, regem-se os títulos de crédito pelo disposto neste Código." **Atenção:** sempre que o examinador não especificar o título de crédito, o candidato deve responder a questão com base nas regras gerais do Código Civil. Por óbvio, se o examinador especificar o título, responder com base na legislação respectiva.

Alternativa correta: letra "b". A cláusula constitutiva de mandato, lançada no endosso, confere ao endossatário o exercício dos direitos inerentes ao título, salvo restrição expressamente estatuída, nos termos do art. 917 do Código Civil.

Alternativa "a": incorreta. **Não** é permitido garantir o pagamento de título de crédito que contenha obrigação de pagar soma determinada por aval parcial. É **vedado** o aval parcial, nos termos do art. 897, parágrafo único, do Código Civil.

Alternativa "c": incorreta. É **nulo** (e não anulável) o título ao portador emitido sem autorização de lei especial, nos termos do art. 907 do Código Civil.

Alternativa "d": incorreta. A responsabilidade do avalista subsiste ainda que nula a obrigação daquele a quem se equipara, **salvo** nos casos em que a nulidade decorra de vício de forma. É o que diz o art. 899, § 2º, do Código Civil: "Subsiste a responsabilidade do avalista, ainda que nula a obrigação daquele a quem se equipara, a menos que a nulidade decorra de vício de forma."

Alternativa "e": incorreta. O endosso posterior ao vencimento **produz** os mesmos efeitos do anterior, nos termos do art. 920 do Código Civil.

9.2 ENDOSSO E AVAL

32. (Cespe – Delegado de Polícia – PE/2016) Com referência às disposições do Código Civil acerca de endosso e aval, assinale a opção correta.

a) É válido o aval parcial de títulos de crédito.

b) O Código Civil veda o aval parcial e, por se tratar de norma posterior, revogou o dispositivo da Lei Uniforme de Genebra que permite o aval parcial em notas promissórias.

c) O Código Civil veda tanto o aval parcial quanto o endosso parcial.

d) Dado o princípio da autonomia, caso o avalista pague o título, não haverá possibilidade de ação de regresso contra os demais coobrigados.

e) É válido o endosso parcial de títulos de crédito.

COMENTÁRIOS

✪ **Nota do autor:** atenção para a legislação aplicável aos títulos de crédito: **1)** arts. 887 a 923 do Código Civil (regras gerais aplicáveis nos casos de omissão ou lacuna na legislação especial correspondente a cada título de crédito); **2)** Lei 5.474/68 (lei da duplicata); **3)** Lei 7.357/85 (lei do cheque); **4)** Decreto nº 57.663/66 (Lei Uniforme de Genebra – LUG) e Decreto nº 2.044/08 (aplicável nas omissões da LUG), aplicável às letras de câmbio e nota promissória. As disposições do Código Civil relativas aos títulos de crédito, aplicam-se àqueles regulados por leis especiais, nos casos de omissão ou lacuna. "Art. 903, CC. Salvo disposição diversa em lei especial, regem-se os títulos de crédito pelo disposto neste Código." **Dica:** sempre que o examinador não especificar o título de crédito, responder a questão com base nas regras gerais do Código Civil. Por outro lado, se o examinador especificar o título de crédito, responder com base na legislação respectiva. Importante lembrar também as diferenças entre o endosso e o aval.

ENDOSSO	AVAL
▸ É um instituto cambial.	▸ É um instituto cambiário.
▸ É uma declaração unilateral de vontade.	▸ É uma declaração unilateral de vontade.
▸ Partes: endossante e endossatário.	▸ Partes: avalista e avalizado.
▸ Garante a existência da obrigação e o pagamento.	▸ É uma obrigação autônoma e independente (princípio da autonomia).
▸ Diz respeito ao título nominal à ordem, porquanto somente estes circulam por endosso.	▸ É uma obrigação solidária.
▸ Transfere um direito puro, originário, sem vícios. O endosso tem efeito purificador.	

Alternativa correta: letra "c" (responde, também, a alternativa "e"). As alternativas exigiam apenas o conhecimento do texto da lei. Nos termos do parágrafo único do art. 897 do Código Civil: "É vedado o aval parcial." No mesmo passo, o parágrafo único do art. 912 do Código Civil, dispõe que: "É nulo o endosso parcial."

Alternativa "a": incorreta. Nos termos do parágrafo único do art. 897 do Código Civil: "É vedado o aval parcial".

Alternativa "b": incorreta. O Código Civil não revogou o dispositivo da Lei Uniforme de Genebra que permite o aval parcial em notas promissórias. As disposições do Código Civil relativas aos títulos de crédito, aplicam-se àqueles regulados por leis especiais, nos casos de omissão ou lacuna. "Art. 903, CC. Salvo disposição diversa em lei especial, regem-se os títulos de crédito pelo disposto neste Código."

Alternativa "d": incorreta. Pelo princípio da autonomia, o aval é uma obrigação autônoma e independente. Nos termos do art. 899, § 1º, do Código Civil: "Pagando o título, *tem* o avalista ação de regresso contra o seu avalizado e demais coobrigados anteriores."

9.3 CHEQUE

33. (UEG – Delegado de Polícia – PC – GO/2018) Cheque é título de crédito sacado contra instituição financeira e que

a) para a execução contra o emitente, tem prazo prescricional de 6 meses a contar de sua emissão.

b) para execução contra o emitente, depende de prévio protesto por falta de pagamento.

c) depois de prescrito, não pode estribar ação monitória relativa ao respectivo crédito.

d) depois de prescrito, pode ser objeto de ação de locupletamento contra o emitente.

e) pode ter o pagamento pelo banco sacado sujeito a termo, mas não a condição.

COMENTÁRIOS

✪ **Nota do autor:** a questão exigia do candidato conhecimento do texto da Lei nº 7.357/1985 (Lei do Cheque – LC).

Alternativa "a": Para a execução contra o emitente, tem prazo prescricional de 6 meses a contar da expiração do prazo de apresentação (e não da emissão). É o que determina o art. 59 da LC: "Prescrevem em 6 meses, **contados da expiração do prazo de apresentação**, a ação que o art. 47 desta Lei assegura ao portador." Lembrando que o cheque deve ser apresentado para pagamento, a contar do dia da emissão, no prazo de 30 (trinta) dias, quando emitido no lugar onde houver de ser pago (mesma praça); e de 60 (sessenta) dias, quando emitido em outro lugar do País ou no exterior (praça diversa).

Alternativa "b": A execução contra o emitente **independe** de prévio protesto por falta de pagamento. Pode o portador promover a execução do cheque contra o emitente e seu avalista independentemente de prévio protesto (art. 47, I, da LC).

Alternativa "c": Depois de prescrito, **pode** estribar ação monitória relativa ao respectivo crédito. Há inclusive enunciado de súmula neste sentido. De acordo com a Súmula nº 299 do STJ: "É admissível a ação monitória fundada em cheque prescrito."

Alternativa "d": De fato, depois de prescrito, pode ser objeto de ação de locupletamento contra o emitente. É o que determina o art. 61 da LC: "A ação de enriquecimento contra o emitente ou outros obrigados, que se locupletaram injustamente com o não-pagamento do cheque, prescreve em 2 (dois) anos, contados do dia em que se consumar a prescrição prevista no art. 59 e seu parágrafo desta Lei."

Alternativa "e": Não pode ter o pagamento pelo banco sacado sujeito a termo ou condição. Isso porque o cheque é uma ordem de pagamento à vista. É o que determina o art. 1º, II, da LC: "O cheque contêm a ordem incondicional de pagar quantia determinada".

Alternativa correta: letra "d".

---

34. (FUNIVERSA – Delegado de Polícia – DF/2015) O Mercado Economia Ltda. recebeu, como pagamento pela compra de computadores e câmeras de segurança, cheque emitido, em 1.º/3/2015, pela cliente Padaria da Esquina Ltda. Mediante regular endosso, a Sociedade Factoring Ltda. recebeu do Mercado Boa Compra Ltda. o cheque e, apresentando-o para pagamento trinta dias após a data de emissão, a endossatária foi comunicada pela instituição financeira sacada a respeito da inexistência de fundos disponíveis em conta da sacadora para honrar o pagamento.

Em relação a essa situação hipotética e à temática nela tratada, assinale a alternativa correta com base na legislação de regência e doutrina de referência acerca da matéria.

a) O cheque representa título de crédito classificado como abstrato ou não causal, pois sua emissão não se condiciona a nenhuma causa preestabelecida em lei.

b) Na hipótese de a Sociedade Factoring Ltda. perder o prazo para o ajuizamento de ação executiva para a cobrança do título, não lhe restará a possibilidade de ajuizamento de ação de enriquecimento contra quem se locupletou indevidamente com o não pagamento do cheque, na forma da Lei.

c) Caso a Padaria da Esquina Ltda. não apresente relevante razão de direito para justificar o inadimplemento e a Sociedade Factoring Ltda. tenha promovido o regular protesto cambial do título, poderá ser decretada a falência daquela caso o cheque veicule ordem de pagamento superior a vinte salários mínimos à data do pedido de falência.

d) Considerando-se que o cheque tenha sido apresentado para pagamento na mesma praça onde tenha sido emitido, o termo inicial do prazo prescricional para ajuizamento de execução do título ocorreu em 1.º/5/2015.

e) Não se admite protesto em razão do não pagamento de cheque, diversamente do que ocorre em relação às certidões de dívida ativa da União, dos estados, do Distrito Federal, dos municípios e das respectivas autarquias e fundações públicas.

COMENTÁRIOS

✪ **Nota do autor:** o cheque é uma ordem de pagamento à vista, e considera-se não escrita qualquer menção em contrário. O prazo de apresentação do cheque é de 30 (trinta) dias se for da mesma praça ou 60 (sessenta) dias se de praça diferente. Estes prazos são contados da data de emissão do cheque. Para o direito comercial, a pré-datação do cheque é tida por não escrita, posto que o cheque é uma ordem de pagamento à vista. Todavia, cabe alertar acerca do conteúdo da Súmula 370 do STJ, a saber: "Caracteriza dano moral a apresentação antecipada do cheque pré-datado".

Alternativa correta: letra "a". De fato, o cheque representa título de crédito classificado como abstrato ou não causal, pois sua emissão não se condiciona a nenhuma causa preestabelecida em lei. Tomando por empréstimo as lições de André Luiz Santa Cruz Ramos, título abstrato, "é aquele cuja emissão não está condicionada a nenhuma causa preestabelecida em lei. Em síntese: podem ser emitidos em qualquer hipótese. É o caso, por exemplo, do cheque, que pode ser emitido para documentar qualquer relação negocial" (Direito Empresarial Esquematizado, 4. ed. ver., atual. e ampl. – Rio de Janeiro: Forense; São Paulo: MÉTODO, 2014).

Alternativa "b": incorreta. Nos termos do art. 61 da Lei nº 7.357/85: "A ação de enriquecimento contra o emitente ou outros obrigados, que se locupletaram injustamente com o não pagamento do cheque, *prescreve em 2 (dois) anos, contados do dia em que se consumar a prescrição prevista no art. 59 e seu parágrafo desta Lei.*"

Alternativa "c": incorreta. Nos termos do art. 64 da Lei nº 7.357/85: "A apresentação do cheque, o protesto ou a declaração equivalente só podem ser feitos ou exigidos em dia útil, durante o expediente dos estabelecimentos de crédito, câmaras de compensação e cartórios de protestos." Determina, ainda, o art. 94, inciso I, da Lei 11.101/05, que será decretada a falência do devedor que "sem relevante razão de direito, não paga, no vencimento, obrigação líquida materializada em título ou títulos executivos protestados cuja soma ultrapasse o equivalente a *40 (quarenta) salários-mínimos na data do pedido de falência.*"

Alternativa "d": incorreta. Nos termos do art. 33 da Lei nº 7.357/85: "O cheque deve ser apresentado para pagamento, a contar do dia da emissão, no prazo de 30 (trinta) dias, quando emitido no lugar onde houver de ser pago; e de 60 (sessenta) dias, quando emitido em outro lugar do País ou no exterior."

Alternativa "e": incorreta. Nos termos do art. 48 da Lei nº 7.357/85: "O protesto ou as declarações do artigo anterior devem fazer-se no lugar de pagamento ou do domicílio do emitente, antes da expiração do prazo de apresentação. Se esta ocorrer no último dia do prazo, o protesto ou as declarações podem fazer-se no primeiro dia útil seguinte. § 1º A entrega do cheque para protesto deve ser prenotada em livro especial e o protesto tirado no prazo de 3 (três) dias úteis a contar do recebimento do título. § 2º O instrumento do protesto, datado e assinado pelo oficial público competente, contém: a) a transcrição literal do cheque, com todas as declarações nele inseridas, na ordem em que se acham lançadas; b) a certidão da intimação do emitente, de seu mandatário especial ou representante legal, e as demais pessoas obrigadas no cheque; c) a resposta dada pelos intimados ou a declaração da falta de resposta; d) a certidão de não haverem sido encontrados ou de serem desconhecidos o emitente ou os demais obrigados, realizada a intimação, nesse caso, pela imprensa."

10. DIREITO DE PROPRIEDADE INDUSTRIAL

10.1 MARCA

35. (Nucepe – Delegado de Polícia – PC – PI/2018) Sobre as marcas, assinale a alternativa CORRETA.

a) Somente podem requerer registro de marca o empresário individual, a EIRELI e as sociedades empresárias.

b) O registro da marca vigorará pelo prazo de quinze anos, contados da data da concessão do registro, prorrogável por períodos iguais e sucessivos.

c) A proteção de uma marca depende, invariavelmente, do prévio registro no Instituto Nacional da Propriedade Industrial.

d) A marca não pode ser objeto de alienação. Entretanto, o adquirente de estabelecimento, por ato entre vivos, pode, se o contrato o permitir, usar a marca do alienante, precedida da sua, com a qualificação de sucessor.

e) À marca registrada no Brasil considerada de alto renome será assegurada proteção especial, em todos os ramos de atividade. Cuida-se, assim, de exceção à especialidade da proteção das marcas.

COMENTÁRIOS

✪ **Nota do autor:** a questão exigia do candidato conhecimento do texto da Lei nº 9.279/1996 (Lei de Propriedade Industrial – LPI).

Alternativa "a": De acordo com o art. 128 da LPI, podem requerer registro de marca as pessoas físicas ou jurídicas de direito público ou de direito privado. São pessoas jurídicas de direito público interno: I – a União; II – os Estados, o Distrito Federal e os Territórios; III – os Municípios; IV – as autarquias, inclusive as associações públicas; V – as demais entidades de caráter público criadas por lei. São pessoas jurídicas de direito público externo os Estados estrangeiros e todas as pessoas que forem regidas pelo direito internacional público. São pessoas jurídicas de direito privado: I – as associações; II – as sociedades; III – as fundações. IV – as organizações religiosas; V – os partidos políticos; VI – as empresas individuais de responsabilidade limitada."

Alternativa "b": O registro da marca vigorará pelo prazo de **10 (dez) anos**, contados da data da concessão do registro, prorrogável por períodos iguais e sucessivos, nos termos do art. 133 da LSA.

Alternativa "c": A proteção de uma marca não depende, invariavelmente, do prévio registro no Instituto Nacional da Propriedade Industrial – INPI. A marca notoriamente conhecida, por exemplo, para que tenha proteção no seu ramo de atividade, não depende de registro.

Já a marca de alto renome, depende de registro, sendo a sua proteção ampla, abrangendo todos os ramos de atividade. Confira: "LSA, Art. 126. A marca notoriamente conhecida em seu ramo de atividade nos termos do art. 6º bis (I), da Convenção da União de Paris para Proteção da Propriedade Industrial, goza de proteção especial, independentemente de estar previamente depositada ou registrada no Brasil." "LSA, Art. 125. À marca registrada no Brasil considerada de alto renome será assegurada proteção especial, em todos os ramos de atividade."

Alternativa "d": A marca **pode** ser objeto de alienação. Cuidado para não confundir: o **nome empresarial** não pode ser objeto de alienação, nos termos do art. 1164 do Código Civil. Enquanto o nome empresarial identifica o empresário, a marca é o elemento que identifica o produto ou serviço produzido ou posto em circulação por aquele.

Alternativa "e": De fato, à marca registrada no Brasil considerada de alto renome será assegurada proteção especial, em todos os ramos de atividade. Cuida-se, assim, de exceção à especialidade da proteção das marcas. É o que determina o art. 125 da LSA: "À marca registrada no Brasil considerada de alto renome será assegurada proteção especial, em todos os ramos de atividade."

Alternativa correta: letra "e".

Direito Empresarial

Daniel Messias da Trindade

✦ DICAS (RESUMO)

⦿ CAPÍTULO 1 – INTRODUÇÃO AO ESTUDO DO DIREITO EMPRESARIAL

1. ORIGEM DO DIREITO EMPRESARIAL

O Direito Comercial tem origem na **Idade Média**. Muito embora os gregos e fenícios sejam historicamente associados às atividades de compra e troca, fato é que o surgimento do direito comercial de forma organizada se relaciona com à ascensão da classe burguesa na Idade Média. À medida que artesãos e comerciantes europeus se reuniam em corporações de ofícios, surgiam normas destinadas a disciplinar os usos e costumes comerciais da época.

André Luiz Santa Cruz Ramos ensina que: "Ao estudarmos a história do direito comercial, logo percebemos uma coisa: o comércio é muito mais antigo do que ele. De fato, o comércio existe desde a Idade Antiga. As civilizações mais antigas de que temos conhecimento, como os fenícios, por exemplo, destacaram-se no exercício da atividade mercantil. No entanto, nesse período histórico – Idade Antiga, berço das primeiras civilizações –, a despeito de até já existirem algumas leis esparsas para a disciplina do comércio, ainda não se pode falar na existência de um direito comercial, entendido este como um regime jurídico sistematizado com regras e princípios próprios. Mesmo em Roma não se pode afirmar a existência de um direito comercial, uma vez que na civilização romana as eventuais regras comerciais existentes faziam parte do direito privado comum, ou seja, do direito civil (*jus privatorum ou jus civile*). **Durante a Idade Média, todavia, o comércio já atingira um estágio mais avançado, e não era mais uma característica de apenas alguns povos, mas de todos eles. É justamente nessa época que se costuma apontar o surgimento das raízes do direito comercial, ou seja, do surgimento de um regime jurídico específico para a disciplina das relações mercantis**. Fala-se, então, na primeira fase desse ramo do direito. É a época do ressurgimento das cidades (burgos) e do Renascimento Mercantil, sobretudo em razão do fortalecimento do comércio marítimo." (*Direito Empresarial Esquematizado*. 7 ed. rev. e atual. Rio de Janeiro: Forense; São Paulo: MÉTODO, 2017).

Fabio de Ulhoa Coelho, com a mesma maestria, acrescenta que: "**Na Idade Média, o comércio já havia deixado de ser atividade característica só de algumas culturas ou povos. Difundiu-se por todo o mundo civilizado**. Durante o Renascimento Comercial, na Europa, artesãos e comerciantes europeus reuniam-se em corporações de ofício, poderosas entidades burguesas (isto é, sediadas em burgos) que gozavam de significativa autonomia em face do poder real e dos senhores feudais. Nas corporações de ofício, como expressão dessa autonomia, foram paulatinamente surgindo normas destinadas a disciplinar as relações entre os seus filiados. Na Era Moderna, estas normas pseudossistematizadas serão chamadas de Direito Comercial. Nesta sua primeira fase de evolução, ele é o direito aplicável aos membros de determinada corporação dos comerciantes. Os usos e costumes de cada praça ou corporação tinham especial importância na sua aplicação." (*Manual de Direito Comercial*. 28. ed. rev. e ampl. São Paulo: Editora Revista dos Tribunais, 2016).

No Brasil, considera-se o marco inicial do direito comercial brasileiro a Lei de Abertura dos Portos, em 1808, por determinação do rei Dom João VI.

2. EVOLUÇÃO HISTÓRICA

No mundo	No Brasil
No mundo, observamos as seguintes fases de evolução do Direito Empresarial: **1.** Fase das corporações de ofício; **2.** Fase da teoria dos atos de comércio (codificação napoleônica – sistema francês); **3.** Fase da teoria da empresa (sistema italiano).	No Brasil, a doutrina identifica 2 fases de evolução do Direito Empresarial: **1.** Fase da teoria dos atos de comércio; **2.** Fase da teoria da empresa.

3. TEORIA DOS ATOS DE COMÉRCIO

O Código Comercial de 1850 adotava a Teoria dos Atos de Comércio, originada no Direito Francês. A teoria falava em *comerciante* (pessoa física) e *sociedade comercial* (pessoa jurídica), como sendo aqueles que praticavam *atos de comércio*, com habitualidade e finalidade lucrativa. O Direito Comercial regulava as relações jurídicas decorrentes da prática de apenas alguns atos tipificados como atos de comércio.

> **Como o tema já foi cobrado no concurso?**
>
> **(CESPE – Procurador – TC/DF 2013)** Considerando que o atual Código Civil, instituído em 2002, inaugurou no ordenamento jurídico brasileiro o que a doutrina denomina de unificação do direito privado, passando a disciplinar tanto a matéria civil quanto a comercial, julgue o item a seguir:
>
> "Instituído em 1850, o Regulamento 737 que então definiu os atos de mercancia, embora já tenha sido revogado há muito tempo, ainda é albergado pela doutrina e tem aplicação subsidiária na nova ordem do direito empresarial calcada na teoria da empresa."
>
> **Gabarito:** errado.

4. AUTONOMIA DO DIREITO EMPRESARIAL

O Direito Empresarial é autônomo em relação aos outros ramos do Direito.

Embora o Direito Empresarial seja um ramo autônomo do direito privado, ele mantém íntima relação com outros ramos do Direito, como, por exemplo, o Direito Civil, Direito do Consumidor, Direito Tributário, Direito do Trabalho, Direito Econômico, Direito Penal e o Direito Processual Penal. Vejamos alguns exemplos dessa relação: aplicação da teoria geral dos contratos aos contratos empresariais; responsabilidade do fornecedor por fato e vício do produto e do serviço nas relações de consumo; responsabilidade tributária por sucessão empresarial na venda do estabelecimento empresarial (trespasse); habilitação dos créditos trabalhistas na falência; disciplina da concorrência desleal; crimes contra a ordem tributária, econômica, relações de consumo e falimentares; prisão cautelar do falido.

Com relação à autonomia no direito comercial, a doutrina destaca a **autonomia formal** (e não substancial), uma vez que não existe um corpo legislativo codificado sobre esse ramo do direito.

5. PRINCÍPIOS CONSTITUCIONAIS ECONÔMICOS E SUA INSTRUMENTALIDADE PARA O FUNCIONAMENTO DO MERCADO

A *livre iniciativa* é um princípio fundamental da República Federativa do Brasil, nos termos do art. 1º, IV, da Constituição Federal.

O Brasil adota o modelo econômico híbrido ou eclético, na medida em que a ordem econômica deve harmonizar a livre iniciativa e os valores sociais do trabalho. A livre iniciativa é expressão de liberdade titulada não apenas pela empresa, mas também pelo trabalho.

Não por outro motivo, o constituinte elencou, como fundamentos da ordem econômica, no art. 170 da Constituição Federal, a valorização do trabalho humano e livre iniciativa. Além disso, estabeleceu, como objetivos da ordem econômica, a existência digna, a justiça social e os princípios que instrumentalizam o funcionamento do mercado, quais sejam:

- a soberania nacional;
- a propriedade privada;
- a função social da propriedade;
- a livre concorrência;
- a defesa do consumidor;
- a defesa do meio ambiente, inclusive mediante tratamento diferenciado conforme o impacto ambiental dos produtos e serviços e de seus processos de elaboração e prestação;
- a redução das desigualdades regionais e sociais;
- a busca do pleno emprego;
- o tratamento favorecido para as empresas de pequeno porte constituídas sob as leis brasileiras e que tenham sua sede e administração no País.

6. FONTES DO DIREITO EMPRESARIAL

As fontes do Direito Empresarial são classificadas em primárias e secundárias.

Fontes Primárias	Fontes Secundárias
1. Constituição Federal; **2.** Código Civil de 2002; **3.** Código Comercial de 1850, quanto ao Comércio Marítimo; **4.** Tratados internacionais; **5.** Leis especiais.	**1.** Analogia; **2.** Costumes; **3.** Princípios gerais do direito.

7. CARACTERÍSTICAS DO DIRETO EMPRESARIAL

As características mais importantes do Direito Empresarial são: o *cosmopolitismo*, a *onerosidade*, o *informalismo*, a *fragmentariedade* e a *elasticidade*.

1) **Cosmopolitismo.** O cosmopolitismo deu origem aos usos e costumes comuns a todos os comerciantes, independentemente de sua nacionalidade, a exemplo da criação, pela Convenção de Genebra, de uma lei uniforme para a letra de câmbio e a nota promissória (LUG).
2) **Onerosidade.** A onerosidade significa que a finalidade intrínseca das atividades mercantis desempenhadas pelo empresário é a obtenção de lucro. O empresário exerce as suas atividades mercantis visando o lucro.
3) **Informalismo.** O Direito Empresarial é constantemente renovado pela dinâmica econômica mundial e nacional, exigindo meios ágeis e flexíveis para a realização das atividades mercantis.
4) **Fragmentariedade.** A fragmentariedade significa que o Direito Empresarial possui sub-ramos com características próprias, como, por exemplo, o Direito Cambiário, o Direito Falimentar e Recuperacional, o Direito de Propriedade Industrial, o Direito Concorrencial.
5) **Elasticidade.** Em razão da constantemente renovação das práticas mercantis pela dinâmica econômica mundial e nacional, o Direito Empresarial também precisa ser constantemente renovado.

Sobre o tema, o Professor André Luiz Santa Cruz Ramos ensina que: "São características fundamentais do direito empresarial, que o distinguem sobremaneira do direito civil: **a)** o *cosmopolitismo*, uma vez que o comércio, historicamente, foi fator fundamental de integração entre os povos, razão pela qual o seu desenvolvimento propicia, até os dias de hoje, uma intensa inter-relação entre os países (note-se que em matéria de direito empresarial há diversos acordos internacionais em vigor, muitos dos quais o Brasil é signatário, tais como a Convenção de Genebra, que criou uma legislação uniforme sobre títulos de crédito, e a Convenção da União de Paris, que estabelece preceitos uniformes sobre propriedade industrial); **b)** a *onerosidade*, dado o caráter econômico e especulativo das atividades mercantis, que faz com que o intuito de lucro seja algo intrínseco ao exercício da atividade empresarial; **c)** o *informalismo*, em função do dinamismo da atividade empresarial, que exige meios ágeis e flexíveis para a realização e a difusão das práticas mercantis; **d)** o *fragmentarismo*, pelo fato de o direito empresarial possuir uma série de sub-ramos com características específicas (direito falimentar, direito cambiário, direito societário, direito de propriedade industrial etc.); **e)** a *elasticidade*, porque o direito empresarial é um regime jurídico que permanece em constante processo de mudança, para melhor se adequar ao dinamismo das atividades econômicas." (*Direito Empresarial Esquematizado*. 7 ed. rev. e atual. Rio de Janeiro: Forense; São Paulo: MÉTODO, 2017).

⦿ CAPÍTULO 2 – TEORIA DA EMPRESA E SEUS PERFIS

1. TEORIA DA EMPRESA E SEUS PERFIS

O Código Civil de 2002 passou a adotar a Teoria da Empresa, originada no Direito Italiano, de autoria de Alberto Asquini, em substituição a antiga teoria dos atos de comércio.

A teoria da empresa não fala mais em comerciante, assim entendido como aquele que pratica atos de comércio, mas sim em empresário, como sendo aquele que exerce profissionalmente atividade econômica organizada para a produção ou a circulação de bens ou de serviços (CC, art. 966).

LEMBRE-SE:

- A teoria da empresa foi desenvolvida na **Itália**, sendo um de seus expoentes **Alberto Asquini**.
- Para a Teoria da Empresa, adotada no Brasil com o Código Civil de 2002, é empresarial a atividade econômica organizada para a produção ou a circulação de bens ou de serviços. Será empresário, pois, aquele que exercer profissionalmente essa atividade.

Como objeto de estudos, a empresa possui quatro perfis, de acordo com seus quatro aspectos distintos, que são o perfil ou aspecto ***subjetivo***, o perfil ou aspecto ***objetivo***, o perfil ou aspecto ***funcional*** e o perfil ou aspecto ***corporativo***.

Pelo conceito poliédrico, desenvolvido por Alberto Asquini, a empresa possui quatro perfis: ***a) perfil subjetivo:*** o empresário; ***b) perfil objetivo:*** o estabelecimento empresarial; ***c) perfil funcional:*** a atividade empresarial; e ***d) perfil corporativo ou institucional:*** existência de empregados que auxiliam o empresário no cumprimento dos objetivos empresariais.

Waldirio Bulgarelli define empresa como "atividade econômica organizada de produção e circulação de bens e serviços para o mercado, exercida pelo empresário, em caráter profissional, através de um complexo de bens" (Direito Comercial. 12. ed. São Paulo: Atlas, 1997).

Com efeito, para Bulgarelli, são considerados indispensáveis para a existência de uma empresa os perfis ***subjetivo*** (empresário), ***objetivo*** (estabelecimento empresarial) e ***funcional*** (atividade empresarial). Trata-se de um perfil reducionista da Teoria Poliédrica da Empresa desenvolvido por Asquini.

LEMBRE-SE:

Teoria Poliédrica da Empresa: a empresa possui quatro perfis, de acordo com seus quatro aspectos distintos, que são o perfil subjetivo, o perfil objetivo, o perfil funcional e o perfil corporativo.

Teoria Triédrica da Empresa: no direito brasileiro, o perfil corporativo submete-se ao regramento do Direito do Trabalho, daí por que Waldirio Bulgarelli prefere dizer que a Teoria Poliédrica da Empresa é reduzida, no Brasil, à Teoria Triédrica da Empresa, abrangendo tão somente os *perfis subjetivo, objetivo e funcional*, que interessam à legislação civil.

O aspecto funcional se refere à dinâmica empresarial, ou seja, à atividade própria do empresário ou da sociedade empresária, em seu cotidiano negocial, que nada mais é do que o complexo de atos que compõem a vida empresarial.

2. DIREITO DE EMPRESA NO CÓDIGO CIVIL

Com a vigência do Novo Código Civil, à luz do artigo 966, o Direito brasileiro concluiu a transição para a "teoria da empresa", de matriz italiana. Dito de outro modo, o Código Civil de 2002 passou a adotar a Teoria da Empresa, originada no Direito Italiano, de autoria de Alberto Asquini, em substituição a antiga teoria dos atos de comércio.

Com efeito, não se fala mais em comerciante, assim entendido como aquele que praticava atos de comércio, mas sim em empresário, como sendo aquele que exerce profissionalmente atividade econômica organizada para a produção ou a circulação de bens ou de serviços, nos termos do art. 966 do Código Civil.

Como o tema já foi cobrado no concurso?

(CESPE – Procurador – TC/DF 2013) Considerando que o atual Código Civil, instituído em 2002, inaugurou no ordenamento jurídico brasileiro o que a doutrina denomina de unificação do direito privado, passando a disciplinar tanto a matéria civil quanto a comercial, julgue o item a seguir:

"Com o advento do novo Código Civil (de 2002), houve a substituição da teoria dos atos de comércio pela teoria da empresa, que se define pelo conceito de atividade."

Gabarito: certo.

3. A EMPRESA E O EMPRESÁRIO

A empresa não se confunde com o conceito de empresário:

Empresário	Empresa
Empresário é a pessoa física (empresário individual) ou jurídica (sociedade empresária e empresa individual de responsabilidade limitada) que exerce profissionalmente atividade econômica organizada para a produção ou circulação de bens ou de serviços.	Empresa significa a própria atividade empresarial exercida pelo empresário, pessoa física (empresário individual) ou jurídica (sociedade empresária e empresa individual de responsabilidade limitada).

4. NOÇÃO ECONÔMICA E JURÍDICA DE EMPRESA

A doutrina aponta, pelo menos, duas noções de empresa: a econômica e a jurídica.

Pela noção econômica, a *empresa* é um **organismo econômico que se assenta sobre uma organização fundada em princípios técnicos e leis econômicas.**

Pela noção jurídica, a seu turno, a *empresa* é a **atividade econômica organizada exercida pelo empresário.**

Vale lembrar que *atividade econômica organizada* é aquela que reúne os quatro os fatores de produção (mão de obra + matéria prima + capital + tecnologia).

Para a doutrina majoritária, faltando qualquer um dos fatores de produção, não há falar em atividade empresarial.

A doutrina de Fabio Ulhôa Coelho se posiciona no seguinte sentido: "A empresa é atividade organizada no sentido de que nela se encontram articulados, pelo empresário, os quatro fatores de produção: capital, mão de obra, insumos e tecnologia. Não é empresário quem explora atividade de produção ou circulação de bens ou serviços sem alguns desses fatores. O comerciante de perfumes que leva ele mesmo, à sacola, os produtos até os locais de trabalho ou residência dos potenciais consumidores explora atividade de circulação de bens, fá-lo com intuito de lucro, habitualidade e em nome próprio, mas não é empresário, porque em seu mister não contrata empregado, não organiza mão de obra. A tecnologia, ressalte-se, não precisa ser necessariamente de *ponta*, para que caracterização da empresarialidade. Pressupõe-se apenas que o empresário, ao estruturar a organização econômica, detenha e use os conhecimentos próprios aos bens ou serviços que pretende oferecer ao mercado, sejam estes sofisticados ou de amplo conhecimento." (*Manual de Direito Comercial*. 28. ed. rev. e ampl. São Paulo: Editora Revista dos Tribunais, 2016).

Nos filiamos à uma corrente mais moderna, explicada pelo Professor André Luiz Santa Cruz Ramos: "Fábio Ulhoa Coelho, ao analisar o requisito da *organização* para a caracterização da empresa, chega a afirmar que não se deve considerar como empresário aquele que não organiza nenhum dos fatores de produção. Parece-nos que essa ideia fechada de que a organização dos fatores de produção é absolutamente imprescindível para a caracterização do empresário vem perdendo força no atual contexto da economia capitalista. Com efeito, basta citar o caso dos microempresários, os quais, não raro, exercem atividade empresarial única ou preponderantemente com trabalho próprio. Pode-se citar também o caso dos *empresários virtuais*, que muitas vezes atuam completamente sozinhos, resumindo-se sua atividade à intermediação de produtos ou serviços por meio da *internet*." (*Direito Empresarial Esquematizado*. 7 ed. rev. e atual. Rio de Janeiro: Forense; São Paulo: MÉTODO, 2017).

⦿ CAPÍTULO 3 – EMPRESÁRIO

1. CONCEITO

Empresário é a pessoa física (empresário individual) ou jurídica (sociedade empresária) que exerce profissionalmente atividade econômica organizada para a produção ou circulação de bens ou de serviços.

ATENÇÃO!

O sócio de sociedade empresária não é empresário. Os sócios titularizam frações do capital social, sendo chamados de quotistas ou acionistas, a depender do tipo societário. Ex: nas sociedades limitadas o capital social divide-se em quotas; nas sociedades anônimas, o capital social divide-se em ações.

Quotistas são os sócios que titularizam quotas sociais, como ocorre, por exemplo, nas sociedades limitadas.

Acionistas, por outro lado, são os sócios que titularizam ações, como ocorre, por exemplo, nas sociedades anônimas e nas sociedades em comandi

Empresa significa a própria atividade empresarial exercida pelo empresário, pessoa física (empresário individual) ou jurídica (sociedade empresária e empresa individual de responsabilidade limitada).

Considera-se empresário quem exerce profissionalmente atividade econômica organizada para a produção ou a circulação de bens ou de serviços (CC, art. 966).

Os elementos do conceito de empresário são: profissionalismo; atividade econômica; organização.

A expressão "profissionalmente" designa a necessidade de **habitualidade** e a **pessoalidade**. Pela habitualidade se entende que a atividade empresarial deve ser exercida de modo não esporádico. Já pela pessoalidade se entende que a atividade empresarial deve ser exercida diretamente pelo empresário, ainda que por meio de empregados ou colaboradores.

A expressão "atividade econômica organizada" designa a necessidade da **presença dos quatro fatores de produção** (capital, mão-de-obra, matéria-prima/insumos e tecnologia).

Não se considera empresário quem exerce profissão intelectual, de natureza científica, literária ou artística, ainda com o concurso de auxiliares ou colaboradores, salvo se o exercício da profissão constituir elemento de empresa (CC, art. 966, parágrafo único). Exemplos: advogados e contadores (profissão intelectual de natureza científica); escritores (atividade intelectual de natureza literária); atores, pintores e músicos (atividade intelectual de natureza artística).

No entanto, por expressa determinação legal, se a profissão intelectual de natureza científica, literária ou artística constituir elemento de empresa, ela passará a ter natureza empresarial. Isso porque, neste caso, a atividade profissional intelectual será apenas um dos elementos dentro do complexo de atividades oferecidos pela sociedade.

O voto do Ministro Teori Albino Zavascki, quando do julgamento do REsp 1.028.086 (julgado em 2011), foi no seguinte sentido: "**A caracterização do exercício de profissão intelectual como 'elemento de empresa' ocorre quando a aludida atividade integra um objeto mais complexo, próprio da atividade empresarial. Há, ainda, caracterização de 'elemento de empresa' quando o serviço é prestado sem caráter personalíssimo, vale dizer, quando não exige atuação pessoal de um profissional habilitado a desempenhar uma atividade qualificada dirigida a uma clientela individualizada**" (STJ, REsp 1.028.086-RO, DJ 20.10.2011, voto do Ministro Teori Albino Zavascki).

2. CARACTERIZAÇÃO

Considera-se empresário quem exerce profissionalmente atividade econômica organizada para a produção ou a circulação de bens ou de serviços (CC, art. 966).

A expressão "profissionalmente" designa a necessidade de **habitualidade**.

Já a expressão "atividade econômica organizada" designa a necessidade de **presença dos quatro fatores de produção** (mão-de-obra, matéria-prima, capital e tecnologia).

Não se considera empresário quem exerce profissão intelectual, de natureza científica, literária ou artística, ainda com o concurso de auxiliares ou colaboradores, salvo se o exercício da profissão constituir elemento de empresa (CC, art. 966, parágrafo único).

Com efeito, se a profissão intelectual de natureza científica, literária ou artística constituir elemento de empresa, ela passará a ter natureza empresarial. Isso porque, neste caso, a atividade profissional intelectual será apenas um dos elementos dentro do complexo de atividades oferecidos pela sociedade.

> **LEMBRE-SE!**
> Não se considera empresário quem exerce profissão intelectual, de natureza científica, literária ou artística, mesmo que com o concurso de auxiliares ou colaboradores, a não ser que o exercício da profissão constitua elemento de empresa.

Enunciados do CJF aplicáveis:

- **Enunciado 193 da III Jornada de Direito Civil:** O exercício das atividades de natureza exclusivamente intelectual está excluído do conceito de empresa.
- **Enunciado 194 da III Jornada de Direito Civil:** Os profissionais liberais não são considerados empresários, salvo se a organização dos fatores de produção for mais importante que a atividade pessoal desenvolvida.
- **Enunciado 195 da III Jornada de Direito Civil:** A expressão "elemento de empresa" demanda interpretação econômica, devendo ser analisada sob a égide da absorção da atividade intelectual, de natureza científica, literária ou artística, como um dos fatores da organização empresarial.

3. INSCRIÇÃO

O empresário é obrigado a efetuar seu registro no Registro Público de Empresas Mercantis (Junta Comercial) antes de iniciar sua atividade. O registro do empresário é uma condição de *regularidade*.

> **Exceção!**
> Para o empresário rural o registro na Junta Comercial é facultativo. Caso faça o registro, o empresário rural fica equiparado ao empresário comum, tendo os mesmos direitos e deveres deste (CC, art. 971).

Natureza do registro: O registro do empresário na Junta Comercial é obrigatório e de natureza *declaratória* da sua qualidade de empresário.

> **EXCEÇÃO!**
> O registro do empresário rural na Junta Comercial é facultativo e de natureza *constitutiva*, sujeitando-o ao regime jurídico empresarial.

Consequências da ausência do registro:

a) Responsabilidade ilimitada pelas obrigações sociais;

b) Impossibilidade de requerer a própria recuperação judicial;

c) Impossibilidade de requerer falência de terceiros (**no entanto, poderá pedir a autofalência*);

d) Impossibilidade de participar de procedimentos licitatórios.

4. CAPACIDADE

Podem exercer a atividade de empresário os que estiverem em pleno gozo da capacidade civil e não forem legalmente impedidos, nos termos do art. 972 do Código Civil.

Menor emancipado: O menor emancipado pode perfeitamente ser empresário, porque a emancipação antecipa a capacidade civil plena.

Continuação da empresa pelo incapaz: O incapaz não poderá *iniciar* a atividade empresarial, mas no caso de sucessão hereditária ou de incapacidade superveniente, ele poderá *continuar* a empresa já existente. Com efeito, em razão do *princípio da continuidade da empresa*, há duas situações em que o incapaz poderá ser empresário:

a) continuação da empresa no caso de sucessão hereditária; ou

b) continuação da empresa no caso de incapacidade superveniente.

Requisitos para a continuação da empresa pelo incapaz: Para que o incapaz possa continuar a empresa ele deve estar *representado* – no caso de incapacidade absoluta – ou *assistido* – no caso de incapacidade relativa. Além disso, deve haver *prévia autorização judicial*, ocasião em que o juiz analisa a pertinência da continuação da empresa.

Bens que o incapaz já possuía: Não ficam sujeitos ao resultado da empresa os bens que o incapaz já possuía ao tempo da sucessão ou da interdição, desde que estranhos ao acervo daquela, devendo tais fatos constar do alvará que conceder a autorização.

> **LEMBRE-SE!**
>
> Por meio de representação ou assistência, o menor não emancipado pode continuar a atividade empresarial exercida por seus pais.

5. EMPRESÁRIO RURAL

De acordo com o art. 971 do Código Civil, o empresário, cuja atividade rural constitua sua principal profissão, **pode** (faculdade) requerer inscrição na Junta Comercial, caso em que, depois de inscrito, ficará equiparado, para todos os efeitos, ao empresário sujeito a registro.

No mesmo sentido, o art. 984 do mesmo Código, estabelece que a sociedade que tenha por objeto o exercício de atividade própria de empresário rural e seja constituída, ou transformada, de acordo com um dos tipos de sociedade empresária, **pode** (faculdade) requerer inscrição na Junta Comercial, caso em que, depois de inscrita, ficará equiparada, para todos os efeitos, à sociedade empresária.

Com efeito, o registro do empresário rural é **facultativo** e de natureza **constitutiva**, sujeitando-o ao regime jurídico empresarial.

Enunciados do CJF relacionados:

- **Enunciado 62 da II Jornada de Direito Comercial:** O produtor rural, nas condições mencionadas do art. 971 do CCB, pode constituir EIRELI.
- **Enunciado 201 da III Jornada de Direito Civil:** O empresário rural e a sociedade empresária rural, inscritos no registro público de empresas mercantis, estão sujeitos à falência e podem requerer concordata.
- **Enunciado 202 da III Jornada de Direito Civil:** O registro do empresário ou sociedade rural na Junta Comercial é facultativo e de natureza constitutiva, sujeitando-o ao regime jurídico empresarial. É inaplicável esse regime ao empresário ou sociedade rural que não exercer tal opção.

6. EMPRESÁRIO CASADO

Os cônjuges **podem** contratar sociedade entre si ou com terceiros, **desde que não tenham casado sob o regime de comunhão universal ou no de separação obrigatória** (art. 977 do CC).

O empresário casado também **pode, sem necessidade de outorga conjugal, qualquer que seja o regime de bens**, alienar os imóveis que integrem o patrimônio da empresa ou gravá-los de ônus real. Essa regra está prevista no art. 978 do Código Civil, que é uma exceção à regra prevista no art. 1647, inciso I, do mesmo código.

> **ATENÇÃO!**
>
> Os pactos e declarações antenupciais do empresário, o título de doação, herança ou legado, de bens clausulados de inalienabilidade ou incomunicabilidade, **devem** ser arquivados e averbados na Junta Comercial.
>
> Também **devem** ser levados a arquivamento e averbação na Junta Comercial para que possam ser opostos a terceiros, a sentença que decretar ou homologar a separação judicial do empresário, bem como o ato de reconciliação.

Enunciados do CJF aplicáveis:

- **Enunciado 6 da I Jornada de Direito Comercial:** O empresário individual regularmente inscrito é o destinatário da norma do art. 978 do Código Civil, que permite alienar ou gravar de ônus real o imóvel incorporado à empresa, desde que exista, se for o caso, prévio registro de autorização conjugal no Cartório de Imóveis, devendo tais requisitos constar do instrumento de alienação ou de instituição do ônus real, com a consequente averbação do ato à margem de sua inscrição no Registro Público de Empresas Mercantis.
- **Enunciado 58 da II Jornada de Direito Comercial:** O empresário individual casado é o destinatário da norma do art. 978 do CCB e não depende da outorga conjugal para alienar ou gravar de ônus real o imóvel utilizado no exercício da empresa, desde que exista prévia averbação de autorização conjugal à conferência do imóvel ao patrimônio empresarial no cartório de registro de imóveis, com a consequente averbação do ato à margem de sua inscrição no registro público de empresas mercantis.
- **Enunciado 203 da III Jornada de Direito Civil:** O exercício da empresa por empresário incapaz, representado ou assistido, somente é possível nos casos de incapacidade superveniente ou incapacidade do sucessor na sucessão por morte.
- **Enunciado 489 da V Jornada de Direito Civil:** No caso da microempresa, da empresa de pequeno porte e do microempreendedor individual, dispensados de publicação dos seus atos (art. 71 da Lei Complementar n. 123/2006), os prazos estabelecidos no Código Civil contam-se da data do arquivamento do documento (termo inicial) no registro próprio.
- **Enunciado 562 da VI Jornada de Direito Civil:** Aos casos do art. 931 do Código Civil aplicam-se as excludentes da responsabilidade objetiva.

7. IMPEDIMENTOS LEGAIS

Algumas pessoas são legalmente impedidas de ser empresários, a saber:

a) funcionários públicos da União, Estados, Distrito Federal e Municípios;

b) Magistrados;

c) membros do Ministério Público;

d) falido não reabilitado;

e) corretores;

f) leiloeiros;

g) cônsules, salvo os não remunerados;

h) militares da ativa das Forças Armadas e da Polícia Militar.

A pessoa legalmente impedida de exercer atividade própria de empresário, se a exercer, responderá pelas obrigações contraídas (art. 973 do CC).

Vale lembrar, ainda, que quando uma pessoa pratica atividade empresarial sem o cumprimento dos requisitos exigidos por lei (ex: impedimentos legais), além da consequência empresarial de responsabilidade ilimitada, isso também configura contravenção penal (arts. 47 e 49 do Decreto-Lei n. 3.688/1941 – Lei das Contravenções Penais).

⊙ CAPÍTULO 4 – EMPRESA INDIVIDUAL DE RESPONSABILIDADE LIMITADA -EIRELI

Origem: A empresa individual de responsabilidade limitada – EIRELI, foi trazida pela Lei n. 12.441, de 2011, que acrescentou o art. 980-A ao Código Civil.

Terminologia: Sobre a nomenclatura do instituto, André Luiz Santa Cruz Ramos, tece as seguintes críticas: "Infelizmente, a lei foi mal redigida. Como já vínhamos defendendo desde 2007, ano da 1ª edição do nosso Curso de Direito Empresarial, o legislador deveria ter optado por duas figuras jurídicas: (i) empresário individual de responsabilidade limitada ou (ii) sociedade limitada unipessoal. No primeiro caso, o empresário individual, pessoa física, ao iniciar o exercício de uma atividade empresarial, constituiria para tanto um patrimônio de afetação, que não se confundiria com seu patrimônio pessoal, e o registraria na Junta Comercial. Assim, as dívidas que contraísse em função do exercício de sua atividade empresarial, em princípio, não poderiam ser executadas no seu patrimônio pessoal. No segundo caso, seria suprimida a exigência de pluralidade de sócios para a constituição de sociedade limitada, o que permitiria que uma pessoa, sozinha, fosse titular de 100% das quotas do seu capital social. Assim, o patrimônio social não se confundiria com o patrimônio pessoal do sócio, o qual não poderia, em princípio, ser executado para garantia de dívidas sociais." (RAMOS, 2017, p. 77)

Conceito: A empresa individual de responsabilidade limitada é uma pessoa jurídica de direito privado, composta por um único titular da totalidade do capital social, devidamente integralizado, que não será inferior a 100 vezes o maior salário mínimo vigente no País.

Natureza jurídica: A empresa individual de responsabilidade limitada não é uma sociedade unipessoal, mas sim um **novo ente jurídico personificado**, distinto do empresário e da sociedade empresária.

Titularidade: De acordo com o § 2º do art. 980-A do Código Civil, a empresa individual de responsabilidade limitada só pode ser constituída por pessoa física. Aliás, esse é o entendimento extraído do Enunciado n. 468 do CJF, aprovado na V Jornada de Direito Civil: "A empresa individual de responsabilidade limitada só poderá ser constituída por pessoa natural."

O Departamento de Registro Empresarial e Incorporação – DREI, por meio da Instrução Normativa n. 38/2017, alterou seu entendimento sobre o tema, sendo que pela nova redação do item 1.2.5 ("Capacidade para ser titular de Eireli") do Manual de Registro, na alínea "c", admite-se expressamente que o titular de Eireli pode ser uma pessoa jurídica nacional ou estrangeira.

No entanto, prevalece o entendimento do CJF, tratado no Enunciado nº 468 da V Jornada de Direito Civil, que dispõe: "a empresa individual de responsabilidade limitada só poderá ser constituída por pessoa natural".

De qualquer modo, vale lembrar que o titular **não** pode constituir mais de uma empresa individual de responsabilidade limitada ("uma Eireli por CPF").

Registro: O registro empresarial da empresa individual de responsabilidade limitada ocorre na Junta Comercial, sendo um ato **constitutivo**.

Capital mínimo: O capital social da empresa individual de responsabilidade limitada **não pode ser inferior a 100 (cem) vezes o valor do salário mínimo**.

Integralização: O capital social da empresa individual de responsabilidade limitada **deve estar totalmente integralizado**. A integralização pode ser feita com dinheiro e bens, mas não pode ser feita com prestação de serviços, por aplicação subsidiária de regra da sociedade limitada (art. 1.055 da CC).

Vale lembrar também que a imagem, o nome ou a voz não podem ser utilizados para a integralização do capital da empresa individual de responsabilidade limitada.

Responsabilidade. A responsabilidade do titular da empresa individual de responsabilidade limitada é **limitada**. As dívidas sociais alcançam apenas os bens da pessoa jurídica. **Obs:** sempre que o titular da Eireli agir contra a lei ou o ato constitutivo, ele responderá ilimitadamente pelas obrigações sociais, por aplicação subsidiária de regra da sociedade limitada (art. 1.080 do CC).

Administrador: O administrador da empresa individual de responsabilidade limitada pode ser **tanto o titular quanto um terceiro contratado**. Essa informação pode aparecer no próprio contrato social ou em documento separado, desde que este esteja igualmente registrado na Junta Comercial. Essa regra decorre da aplicação subsidiária das disposições da sociedade limitada.

Nome empresarial: A empresa individual de responsabilidade limitada pode adotar **firma** ou **denominação**. No entanto, em ambos os casos, é necessária a inclusão da expressão "Eireli" no final do nome empresarial.

Desconsideração da personalidade jurídica: Sendo um novo ente jurídico personificado, nada impede a desconsideração da personalidade jurídica da empresa individual de responsabilidade limitada, desde que preenchidos os requisitos legais.

Reorganização societária: Nada impede que uma sociedade empresária, qualquer que seja o tipo societário, seja transformada em EIRELI, desde que as quotas estejam concentradas num único sócio. Também é possível o caminho inverso, ou seja, que uma EIRELI seja transformada em sociedade empresária ou até mesmo em empresário individual.

Regime jurídico supletivo: Aplicam-se, subsidiariamente à empresa individual de responsabilidade limitada, as regras da **sociedade limitada**. Ex: o administrador da empresa individual de responsabilidade limitada pode ser tanto o titular quanto um terceiro contratado.

Enunciados do CJF aplicáveis:

- **Enunciado 3 da I Jornada de Direito Comercial:** A empresa individual de responsabilidade limitada não é sociedade unipessoal, mas um novo ente, distinto da pessoa do empresário e da sociedade empresária.
- **Enunciado 4 da I Jornada de Direito Comercial:** Uma vez subscrito e efetivamente integralizado, o capital da empresa individual de responsabilidade limitada não sofrerá nenhuma influência decorrente de ulteriores alterações no salário mínimo.
- **Enunciado 62 da II Jornada de Direito Comercial:** O produtor rural, nas condições mencionadas do art. 971 do CC, pode constituir empresa individual de responsabilidade limitada.
- **Enunciado 468 da V Jornada de Direito Civil:** A empresa individual de responsabilidade limitada só poderá ser constituída por pessoa natural.
- **Enunciado 469 da V Jornada de Direito Civil:** A empresa individual de responsabilidade limitada não é sociedade, mas novo ente jurídico personificado.
- **Enunciado 470 da V Jornada de Direito Civil:** O patrimônio da empresa individual de responsabilidade limitada responderá pelas dívidas da pessoa jurídica, não se confundindo com o patrimônio da pessoa natural que a constitui, sem prejuízo da aplicação do instituto da desconsideração da personalidade jurídica.
- **Enunciado 471 da V Jornada de Direito Civil:** Os atos constitutivos da empresa individual de responsabilidade limitada devem ser arquivados no registro competente (Junta Comercial – *grifo nosso*), para fins de aquisição de personalidade jurídica. A falta de arquivamento ou de registro de alterações dos atos constitutivos configura **irregularidade** superveniente.
- **Enunciado 472 da V Jornada de Direito Civil:** É inadequada a utilização da expressão "social" para as empresas individuais de responsabilidade limitada.
- **Enunciado 473 da V Jornada de Direito Civil:** A imagem, o nome ou a voz não podem ser utilizados para a integralização do capital da empresa individual de responsabilidade limitada.

◉ CAPÍTULO 5 – ESTABELECIMENTO EMPRESARIAL

1. ASPECTOS GERAIS

O estabelecimento empresarial compreende o complexo (conjunto) de bens, corpóreos e incorpóreos, organizados pelo empresário para o exercício da atividade empresarial.

Sinônimo: fundo de comércio.

O estabelecimento empresarial é sujeito de direitos? Não. O estabelecimento empresarial não é sujeito de direitos e obrigações, uma vez que não possui personalidade jurídica. O estabelecimento empresarial é objeto de direito, porquanto possui proteção legal.

Elementos: O estabelecimento empresarial é formado por elementos corpóreos e incorpóreos.

Elementos corpóreos ou materiais	Elementos incorpóreos ou imateriais
▪ Bens móveis (ex: mercadorias em estoque); ▪ Bens imóveis (ex: imóvel utilizado como armazém para depósitos das mercadorias; prédios apropriados para instalação de usinas; estacionamentos para cargas, etc.)	▪ Propriedade industrial (patente de invenção e de modelo de utilidade; registro de marca e de desenho industrial). ▪ Nome empresarial; ▪ Ponto empresarial.

1ª OBSERVAÇÃO:

- **Mercadorias em estoque.** Segundo o STJ, as mercadorias em estoque constituem elementos materiais do estabelecimento empresarial, pois são bens corpóreos utilizados pelo empresário na exploração da atividade econômica (REsp 1.079.781/RS).
- **Nome de domínio.** Nome de domínio é o nome indicativo do *website* do empresário. O nome de domínio constitui elemento imaterial do estabelecimento empresarial, pois é bem incorpóreo utilizado pelo empresário na exploração da atividade econômica.

2ª OBSERVAÇÃO:

- **Aviamento.** O aviamento é a potencialidade do estabelecimento de gerar lucros. O aviamento não compõe o conceito de estabelecimento. Ou seja, o aviamento não é elemento do estabelecimento, mas **atributo** deste, que corresponde a sua capacidade de gerar lucros.
- **Clientela.** A clientela é conjunto de pessoas que mantém relação de fidelidade com o empresário, adquirindo seus produtos e serviços. Está diretamente relacionada ao aviamento, pois, quanto maior a clientela, tanto maior será o aviamento. A clientela não compõe o conceito de estabelecimento. Ou seja, a clientela não é um elemento do estabelecimento, mas **atributo** deste, que corresponde a sua capacidade de gerar lucros.

Atributos: O estabelecimento empresarial possui dois atributos: o *aviamento* e a *clientela*.

Natureza jurídica: prevalece que o estabelecimento empresarial tem natureza jurídica de *universalidade de fato* (bens que estão juntos por vontade do titular). O estabelecimento é uma universalidade de fato, formada por bens corpóreos e incorpóreos, porque os elementos que o compõe formam uma coisa unitária por destinação do próprio empresário.

Penhora do estabelecimento: Segundo o STJ, "é *legítima* a penhora do estabelecimento comercial", nos termos da Súmula nº 451.

2. TRESPASSE

Trespasse é o nome que se dá ao contrato de compra e venda do estabelecimento empresarial. Trata-se de um *negócio jurídico translativo*.

Trespasse *vs.* Cessão de quotas: O trespasse não se confunde com a cessão de quotas. No trespasse ocorre a **transferência da titularidade do estabelecimento**. Já na cessão de cotas ocorre a **modificação do quadro societário**, mas não a transferência da titularidade do estabelecimento.

Formalidades: Averbação + publicação na imprensa oficial. O contrato de trespasse só produz efeitos quanto a terceiros, depois de averbado à margem da inscrição do empresário, ou da sociedade empresária, no Registro Público de Empresas Mercantis (Junta Comercial) e de publicado na Imprensa Oficial.

> **EXCEÇÃO!**
>
> As microempresas e empresas de pequeno porte estão desobrigadas do requisito de publicação na imprensa oficial (art. 71 da LC n. 123/2006).

Formalidade adicional: Se o alienante não tiver bens suficientes para saldar as dívidas do estabelecimento, é necessária uma formalidade adicional, que é a **notificação dos credores**, que terão prazo de 30 dias para concordar de forma expressa ou tácita com a alienação.

E se os credores não concordarem com a venda do estabelecimento? Caso não concordem com a venda do estabelecimento, o alienante ainda poderá fazê-lo, mas desde que pague todos os credores. É o que diz o art. 1.145 do Código Civil: "Se ao alienante não restarem bens suficientes para solver o seu passivo, a eficácia da alienação do estabelecimento depende do pagamento de todos os credores, ou do consentimento destes, de modo expresso ou tácito, em trinta dias a partir de sua notificação."

E se a alienação for feita sem a notificação dos credores? Caso a alienação seja feita sem a notificação de todos os credores, o contrato de trespasse será *ineficaz*.

E se todos os credores foram notificados, mas não consentiram com a alienação? Caso a alienação seja feita sem o pagamento de todos os credores, o contrato de trespasse será *ineficaz*.

Como o credor pode pleitear a ineficácia da alienação? O credor pode pleitear a ineficácia do contrato de trespasse tanto em ação ordinária como em ação de falência. Na falência, reconhecida a ineficácia ou julgada procedente a ação revocatória, as partes retornarão ao estado anterior, e o contratante de boa-fé terá direito à restituição dos bens ou valores entregues ao devedor.

Responsabilidade do alienante pelas dívidas anteriores ao trespasse: O alienante responde solidariamente com o adquirente pelas dívidas anteriores, pelo prazo de *um ano*. Se a dívida estiver vencida, conta-se um ano da data da publicação do trespasse na imprensa oficial. Se a dívida é vincenda, conta-se um ano da data do vencimento.

Responsabilidade do adquirente:

1) **Dívidas posteriores ao trespasse:** Após o trespasse, todas as dívidas sociais correm por conta do adquirente.
2) **Dívidas anteriores ao trespasse:** O adquirente responde pelas dívidas anteriores, desde que regularmente contabilizadas. **Exceção:** se a compra do estabelecimento ocorreu no processo de falência ou de recuperação judicial, o adquirente não responde pelas dívidas anteriores, inclusive as tributárias e trabalhistas.
3) **Dívidas tributárias anteriores ao trespasse:** O adquirente que continua explorando a atividade empresarial antes desenvolvida pelo alienante, responde pelos tributos do estabelecimento adquirido devidos até a data do trespasse: **a) integralmente:** se o alienante cessar a exploração do comércio, indústria ou atividade; **b) subsidiariamente com o alienante:** se o alienante prosseguir na exploração ou iniciar dentro de 6 meses, a contar da data da alienação, nova atividade no mesmo ou em outro ramo de comércio, indústria ou profissão. **Exceção:** se a compra do estabelecimento ocorreu no processo de falência ou de recuperação judicial, o adquirente não responde pelas dívidas anteriores, inclusive as tributárias e trabalhistas.

Cláusula de não restabelecimento ou de não concorrência: A cláusula de não restabelecimento é uma cláusula **implícita** do contrato de trespasse, pois decorre da própria lei (art. 1.147 do CC). Por se tratar de uma cláusula implícita, se não houver autorização expressa no contrato de trespasse, o alienante não poderá fazer concorrência ao adquirente nos **cinco anos** subsequentes à transferência do estabelecimento.

Abusividade da cláusula de não concorrência sem limitação de tempo: Segundo o STJ, é abusiva a vigência, por prazo indeterminado, da cláusula de não restabelecimento, também denominada cláusula de não concorrência.

Sub-rogação do adquirente nos contratos de exploração atinentes ao estabelecimento adquirido: desde que não possuam caráter pessoal, é a regra geral, incluindo o contrato de locação. É o que dispõe o art. 1.148 do Código Civil: "Salvo disposição em contrário, a transferência importa a sub-rogação do adquirente nos contratos estipulados para exploração do estabelecimento, se não tiverem caráter pessoal, podendo os terceiros rescindir o contrato em 90 dias a contar da publicação da transferência, se ocorrer justa causa, ressalvada, neste caso, a responsabilidade do alienante."

Cessão de créditos referentes ao estabelecimento transferido: produzirá efeito em relação aos respectivos devedores, desde o momento da publicação da transferência na Imprensa Oficial, mas o devedor ficará exonerado se de boa-fé pagar ao cedente (art. 1.149 do Código Civil).

3. ENUNCIADOS DO CJF

- **Enunciado 7 da I Jornada de Direito Comercial:** O nome de domínio integra o estabelecimento empresarial como bem incorpóreo para todos os fins de direito.
- **Enunciado 8 da I Jornada de Direito Comercial:** A sub-rogação do adquirente nos contratos de exploração atinentes ao estabelecimento adquirido, desde que não possuam caráter pessoal, é a regra geral, incluindo o contrato de locação.
- **Enunciado 59 da II Jornada de Direito Comercial:** A mera instalação de um novo estabelecimento, em lugar antes ocupado por outro, ainda que no mesmo ramo de atividade, não implica responsabilidade por sucessão prevista no art. 1.146 do CC.
- **Enunciado 67 da II Jornada de Direito Comercial:** Na locação built to suit, é válida a estipulação contratual que estabeleça cláusula penal compensatória equivalente à totalidade dos alugueres a vencer, sem prejuízo da aplicação do art. 416, parágrafo único, do Código Civil.
- **Enunciado 233 da III Jornada de Direito Civil:** A sistemática do contrato de trespasse delineada pelo Código Civil nos arts. 1.142 e ss., especialmente seus efeitos obrigacionais, aplica-se somente quando o conjunto de bens transferidos importar a transmissão da funcionalidade do estabelecimento empresarial.
- **Enunciado 234 da III Jornada de Direito Civil:** Quando do trespasse do estabelecimento empresarial, o contrato de locação do respectivo ponto não se transmite automaticamente ao adquirente.
- **Enunciado 393 da IV Jornada de Direito Civil:** A **validade** da alienação do estabelecimento empresarial não depende de forma específica, observado o regime jurídico dos bens que a exijam.

4. SÚMULAS APLICÁVEIS

- **STF – Súmula 451:** É legítima a penhora da sede do estabelecimento comercial.
- **STJ** – Súmula 166: Não constitui fato gerador do ICMS, o simples deslocamento de mercadoria de um para outro estabelecimento do mesmo contribuinte.

⦿ CAPÍTULO 6 – INSTITUTOS COMPLEMENTARES DO DIREITO EMPRESARIAL

1. REGISTRO

Regra: O empresário é obrigado a efetuar seu registro no Registro Público de Empresas Mercantis (Junta Comercial) antes de iniciar sua atividade. **Exceção:** para o empresário rural o registro na Junta Comercial é facultativo. Caso efetue o registro, ficará equiparado ao empresário comum, tendo os mesmos direitos e deveres deste (CC, art. 971).

Natureza do registro: O registro do empresário é obrigatório e de natureza *declaratória*, sendo uma condição para a sua *regularidade*. **Exceção:** o registro do empresário rural é facultativo e de natureza constitutiva, sujeitando-o ao regime jurídico empresarial.

Consequências da ausência do registro:

a) responsabilidade ilimitada pelas obrigações sociais;
b) impossibilidade de requerer recuperação judicial;
c) impossibilidade de requerer falência de terceiros (*pode pedir a autofalência);
d) impossibilidade de participar de licitação.

Órgãos do registro de empresa: O Sistema Nacional de Registro de Empresas Mercantis (SINREM) é o sistema que regula o registro de empresas, sendo composto pelo antigo DNRC (Departamento Nacional de Registro do Comércio), que atualmente é o DREI (Departamento Nacional de Registro Empresarial e Integração), e pelas juntas comerciais. O DREI constitui o órgão central do SINREM, possuindo hierarquia técnica em relação às juntas comerciais. Por sua vez, as juntas comerciais são órgãos estaduais, possuindo dois tipos de subordinação: **a) no plano técnico:** se submetem ao DREI; e **b) no plano administrativo:** se submetem ao ente federativo estadual respectivo.

> **ATENÇÃO!**
>
> A Junta Comercial do DF que antes se submetia, tanto de forma técnica, quanto administrativa, ao DREI, passou a seguir a mesma regra geral com a edição da MP 861/2018 que revogou o parágrafo único do art. 6º da Lei nº 8.934/1994. Atualmente, portanto, as juntas comerciais subordinam-se administrativamente ao governo do respectivo ente federativo e, tecnicamente, ao DREI, nos termos do art. 6º da Lei nº 8.934/1994, com redação dada pela Medida Provisória nº 861, de 2018.

Atos de registro de empresa: O registro de empresa compreende a *matrícula*, o *arquivamento* e a *autenticação* na Junta Comercial:

1) **Matrícula:** O registro compreende a matrícula dos leiloeiros, tradutores públicos e intérpretes comerciais, trapicheiros e administradores de armazéns-gerais.

2) Arquivamento: O registro compreende o arquivamento:

a) dos documentos relativos à constituição, alteração, dissolução e extinção dos empresários individuais, sociedade empresária, empresa individual de responsabilidade limitada e cooperativas;

b) dos atos relativos a consórcio e grupo de sociedade;

c) dos atos concernentes a sociedades empresárias estrangeiras autorizadas pelo Poder Executivo federal a funcionar no Brasil;

d) das declarações de microempresa;

e) de atos ou documentos que, por determinação legal, sejam atribuídos ao Registro Público de Empresas Mercantis e Atividades Afins ou daqueles que possam interessar ao empresário e às empresas mercantis.

3) Autenticação. O registro compreende a autenticação dos instrumentos de escrituração das sociedades empresárias, como os livros empresariais.

Processo decisório do registro de empresa:

Regra (decisão singular)	Exceção (decisão colegiada)
Os atos próprios do Registro Público de Empresas Mercantis e Atividades Afins serão objeto de decisão singular proferida pelo Presidente da Junta Comercial, por vogal ou servidor que possua comprovados conhecimentos de Direito Comercial e de Registro de Empresas Mercantis.	Estão sujeitos ao regime de decisão colegiada pelas Juntas Comerciais o: **1) Arquivamento:** **a)** dos atos de constituição de sociedades anônimas, bem como das atas de assembleias gerais e demais atos, relativos a essas sociedades, sujeitos ao Registro Público de Empresas Mercantis e Atividades Afins; **b)** dos atos referentes à transformação, incorporação, fusão e cisão de empresas mercantis; **c)** dos atos de constituição e alterações de consórcio e de grupo de sociedades. **2) Julgamento do recurso previsto no art. 46 da Lei 8.934/94** (recurso ao Plenário).

Mandado de segurança contra ato do Presidente da Junta Comercial: O mandado de segurança impetrado contra ato técnico do Presidente da Junta Comercial é de competência da *Justiça Federal* (STF, RE 199.793).

Inatividade da empresa:O empresário que não proceder a qualquer arquivamento no período de dez anos consecutivos deverá comunicar à junta comercial que deseja manter-se em funcionamento. Na ausência dessa comunicação, a empresa será considerada inativa, promovendo a junta comercial o cancelamento do registro, com a perda automática da proteção ao nome empresarial. O empresário deverá ser notificado previamente pela junta comercial, mediante comunicação direta ou por edital. A partir daí a junta comercial fará comunicação do cancelamento às autoridades arrecadadoras.

Reativação da empresa: A reativação da empresa deve obedecer aos mesmos procedimentos requeridos para sua constituição.

Empresário irregular: Diz-se irregular o empresário que não levou seus atos constitutivos à registro na Junta Comercial. Neste caso, a responsabilidade pelas obrigações sociais é ilimitada.

Lei nº 8.934/1994: A Lei n. 8.934/94 dispõe sobre o Registro Público de Empresas Mercantis e Atividades Afins, sendo regulada, ainda, pelo Decreto n. 1.800/96, que sofreu algumas alterações no ano de 2016, pelo Decreto n. 8.815, de 2016. Dentre outras alterações, chama atenção aquelas relativas ao processo revisional das decisões do registro da empresa. Vejamos.

Processo revisional das decisões do registo de empresa: O processo revisional das decisões da Junta Comercial dar-se-á mediante:

a) pedido de reconsideração;

b) recurso ao plenário; e

c) recurso ao Ministro de Estado Chefe da Casa Civil da Presidência da República.

Em síntese:

Pedido de Reconsideração	O pedido de reconsideração terá por objeto obter a revisão de despachos singulares ou de Turmas que formulem exigências para o deferimento do arquivamento e o seu procedimento iniciar-se-á com a protocolização de petição dirigida ao Presidente da Junta Comercial dentro do prazo de trinta dias concedidos para cumprimento da exigência.
Recurso ao Plenário	Das decisões definitivas, singulares ou de Turmas, cabe recurso ao Plenário da Junta Comercial, cujo procedimento compreenderá as fases de instrução e julgamento.
Recurso ao Ministro de Estado Chefe da Casa Civil da Presidência da República ** inciso III do art. 64 do Decreto 1.800/96 com redação dada pelo Decreto nº 8.815, de 2016.*	Das decisões do Plenário cabe recurso ao Ministro de Estado Chefe da Casa Civil da Presidência da República, como última instância administrativa, nos termos do art. 69, *caput*, do Decreto 1.800/96 com redação dada pelo Decreto nº 8.815, de 2016.

2. NOME EMPRESARIAL

Nome empresarial é o elemento que identifica o empresário no meio empresarial.

Exclusividade: A proteção do nome empresarial ocorre automaticamente do registro do empresário na Junta Comercial. Em regra, essa proteção tem âmbito tem âmbito estadual, ou seja, se restringe ao Estado/DF de competência da Junta Comercial. No entanto, a proteção poderá ter âmbito nacional, sendo estendida a todo o território nacional, desde que o empresário faça pedido complementar de arquivamento nas demais Juntas Comerciais.

Princípios: O nome empresarial deve obedecer aos princípios da veracidade e da novidade.

Novidade	Veracidade
O nome empresarial deve ser novo/original, devendo distinguir-se de outro já inscrito no mesmo registro.	O nome empresarial deve corresponder à verdade, não podendo conter informação falsa.

Inalienabilidade: O nome empresarial não pode ser objeto de alienação (CC, art. 1.164). O nome empresarial é personalíssimo e inalienável, porque envolve direitos da personalidade que também são assegurados às pessoas jurídicas.

Espécies: O nome empresarial abrange duas espécies, quais sejam a firma e a denominação.

Firma	O nome empresarial Roma & Cia. Ltda. é classificado como firma social (e não denominação social). A firma social é constituída pelo nome civil do empresário, completo ou abreviado (firma social) ou pelo sobrenome dos sócios da sociedade empresária (razão social). A inclusão do ramo de atividade é facultativa. Ex.: Daniel Messias da Trindade; Daniel M. da Trindade Materiais de Construção. **Obs.:** O nome de sócio que vier a falecer, for excluído ou se retirar, não pode ser conservado na firma social.
Denominação	A denominação deve ser , obrigatoriamente, constituída pelo ramo de atividade, sendo permitida a inclusão de elemento/nome fantasia. Ex.: Divina Delícia Pizzaria; Doce Festa Doceria; Escola Aprender S/A. Excepcionalmente, admite-se a inclusão de nome de sócio, a fim de prestar-lhe homenagem. **Obs.:** nas sociedades anônimas, excepcionalmente, pode constar da denominação o nome do fundador, acionista, ou pessoa que haja concorrido para o bom êxito da formação da empresa.

Aplicabilidade do nome empresarial em cada tipo societário:

Firma	▪ Empresário individual; ▪ Sociedade em nome coletivo; ▪ Sociedade em comandita simples.
Denominação	▪ Sociedade anônima; ▪ Sociedade cooperativa.
Firma ou denominação	▪ Sociedade limitada; ▪ Empresa individual de responsabilidade limitada; ▪ Sociedade comandita por ações;

Distinção:

Nome empresarial	Marca registrada	Título de estabelecimento
Identifica o empresário no meio empresarial.	Identifica o produto ou serviço no meio empresarial.	Identifica o estabelecimento empresarial.
Protegido a partir do registro dos seus atos constitutivos na Junta Comercial, que é um órgão estadual. A proteção tem âmbito estadual.	Protegida a partir do registro no INPI, que é um órgão federal. A proteção tem âmbito federal.	Não precisa ser registrado.
Não pode ser alienado.	Pode ser alienada.	Pode ser alienado.

Enunciados do CJF aplicáveis:

➘ **Enunciado 1 da I Jornada de Direito Comercial:** Decisão judicial que considera ser o nome empresarial violador do direito de marca não implica a anulação do respectivo registro no órgão próprio nem lhe retira os efeitos, preservado o direito de o empresário alterá-lo.

➘ **Enunciado 2 da I Jornada de Direito Comercial:** A vedação de registro de marca que reproduza ou imite elemento característico ou diferenciador de nome empresarial de terceiros, suscetível de causar confusão ou associação (art. 124, V, da Lei n. 9.279/1996), deve ser interpretada restritivamente e em consonância com o art. 1.166 do Código Civil.

➘ **Enunciado 7 da I Jornada de Direito Comercial:** O nome de domínio integra o estabelecimento empresarial como bem incorpóreo para todos os fins de direito.

➘ **Enunciado 491 da V Jornada de Direito Civil:** A proteção ao nome empresarial, limitada ao Estado-Membro para efeito meramente administrativo, estende-se a todo o território nacional por força do art. 5º, XXIX, da Constituição da República e do art. 8º da Convenção Unionista de Paris.

3. PONTO EMPRESARIAL

Ponto empresarial nada mais é que o local escolhido pelo empresário para a exploração da sua atividade econômica.

O ponto empresarial constitui elemento imaterial do estabelecimento empresarial, pois é bem incorpóreo utilizado pelo empresário na exploração da atividade econômica.

O empresário pode explorar sua atividade econômica em imóvel de sua propriedade, bem como em imóvel por ele locado. Nas duas situações, haverá proteção do ordenamento jurídico, já que o ponto empresarial representa um valor ao empresário.

Quando o empresário explora sua atividade em imóvel próprio, a proteção do ponto se dá pelo regime jurídico atinente ao **direito de propriedade.**

Noutro passo, quando o empresário decide explorar sua atividade em imóvel locado, a proteção do ponto se dá pela **ação renovatória de aluguel**, que está prevista na Lei de Locações (Lei n. 8.245/1991).

Enunciado do CJF aplicáveis:

- **Enunciado 8 da I Jornada de Direito Comercial:** A sub-rogação do adquirente nos contratos de exploração atinentes ao estabelecimento adquirido, desde que não possuam caráter pessoal, é a regra geral, incluindo o contrato de locação.
- **Enunciado 234 da III Jornada de Direito Civil:** Quando do trespasse do estabelecimento empresarial, o contrato de locação do respectivo ponto não se transmite automaticamente ao adquirente.

3.1. AÇÃO RENOVATÓRIA DE ALUGUEL

A ação renovatória é a medida processual adequada a ser manejada pelo empresário, tendo por finalidade a proteção do ponto empresarial, assim entendido como o local por ele escolhido para a exploração da sua atividade econômica.

Requisitos: Para que possa ser proposta, a ação renovatória de aluguel deve preencher os seguintes requisitos:

a) o contrato a renovar deve ter sido celebrado por **escrito**;

b) o contrato a renovar deve ter sido celebrado com **prazo determinado**;

c) o prazo mínimo a renovar ou a soma dos prazos ininterruptos dos contratos escritos deve ser de **5 anos**;

d) o empresário locatário deve estar explorando sua atividade no mesmo ramo, pelo prazo mínimo e ininterrupto de **3 anos**.

Prazo: A ação renovatória deve ser ajuizada durante a vigência do contrato de locação:

a) no máximo, 1 ano antes do término de vigência do contrato; ou **b)** no mínimo, 6 meses antes do término de vigência do contrato. **Obs:** a não propositura da ação dentro do prazo legal acarretará a decadência, ou seja, a perda do direito de renovação do contrato de locação (art. 51, § 5º da Lei n. 8.245/1991).

b) **Defesa (exceções).** Ao ser citado, o locador pode apresentar algumas exceções para a retomada do imóvel, que estão previstas nos arts. 52 a 72 da Lei de Locações, em rol exemplificativo.

Exemplos de exceções do locador:

a) Uso próprio;

b) Insuficiência do valor do aluguel;

c) Realização de obras no imóvel por determinação do Poder Público ou para fazer modificações de tal natureza que aumentará o valor do negócio ou da propriedade;

d) Melhor proposta de terceiro.

> **ATENÇÃO!**
> No caso de melhor proposta de terceiro, o locatário terá oportunidade de permanecer no imóvel, mas desde que aceite pagar o mesmo valor de aluguel ofertado pelo terceiro.

E se o locador não der ao imóvel a destinação alegada em sua exceção? Se o locador não der ao imóvel a destinação alegada em sua exceção no prazo de até 3 meses a contar de sua entrega ou quando a exceção para retomada do imóvel consistir na melhor proposta de terceiro, o locatário deverá ser indenizado para o ressarcimento dos danos emergentes e lucros cessantes decorrentes de sua mudança, perda do ponto e desvalorização do estabelecimento empresarial.

4. PREPOSTOS

Os prepostos são os trabalhadores que desempenham tarefas sob a coordenação do empresário, como o gerente (facultativo) e o contabilista (obrigatório).

Os atos praticados pelos prepostos obrigam o empresário preponente, que terá direito à ação de regresso se o ato foi praticado com culpa do primeiro. Caso o ato tenha sido praticado com dolo, o preposto responde perante o terceiro em solidariedade com o empresário.

Os assentos lançados nos livros empresariais pelos contabilistas encarregados de sua escrituração, produzem, salvo se houver procedido de má-fé, os mesmos efeitos como se o fossem pelo empresário.

No exercício de suas funções, os contabilistas são pessoalmente responsáveis, perante os preponentes, pelos atos culposos; e, perante terceiros, solidariamente com o preponente, pelos atos dolosos.

Os preponentes são responsáveis pelos atos de seus contabilistas, praticados nos seus estabelecimentos e relativos à atividade da empresa, ainda que não autorizados por escrito. No entanto, quando tais atos forem praticados fora do estabelecimento, somente obrigarão o preponente nos limites dos poderes conferidos por escrito, cujo instrumento pode ser suprido pela certidão ou cópia autêntica do seu teor.

Só pode exercer a profissão de contabilista a pessoa que possui inscrição profissional no Conselho Regional de Contabilidade – CRC da sua área de abrangência.

As atividades do contabilista são reguladas pelo Decreto-Lei 9.295, de 27 de maio de1946.

Por este ato normativo, são considerados trabalhos técnicos de contabilidade:

a) a organização e execução de serviços de contabilidade em geral;

b) escrituração dos livros de contabilidade obrigatórios, bem como de todos os necessários no conjunto da organização contábil e levantamento dos respectivos balanços e demonstrações;

c) perícias judiciais ou extrajudiciais, revisão de balanços e de contas em geral, verificação de haveres, revisão permanente ou periódica de escritas, regulações judiciais ou extrajudiciais de avarias grossas ou comuns, assistência aos Conselhos Fiscais das sociedades anônimas e quaisquer outras atribuições de natureza técnica conferidas por lei aos profissionais de contabilidade.

A fiscalização do exercício da profissão contábil, assim entendendo-se os profissionais habilitados como contadores e técnicos em contabilidade, será exercida pelo Conselho Federal de Contabilidade e pelos Conselhos Regionais de Contabilidade.

5. ESCRITURAÇÃO

Todo empresário (salvo o pequeno empresário) tem obrigação de escriturar os livros empresariais. Isso porque os empresários são obrigados a manter um sistema de contabilidade.

A escrituração dos livros materializa a higidez da empresa e do sistema contábil, trazendo vantagens ao empresário, porque os livros fornecem subsídios para a escolha de estratégias de gestão e atuação no mercado.

Para que sejam considerados regulares e tenham eficácia probatória em favor do empresário, os livros empresariais devem preencher requisitos intrínsecos e extrínsecos.

> **ATENÇÃO!**
>
> O pequeno empresário está dispensado da escrituração de livros.

Requisitos da escrituração dos livros empresariais:

a) **Requisitos intrínsecos:** os livros empresariais devem ser escriturados em idioma nacional, moeda corrente e forma contábil, ordem cronológica e sem rasura.

b) **Requisitos extrínsecos:** se relacionam com a segurança e autenticidade, que ocorre quando o livro empresarial possui contiver termos de abertura e de encerramento, e estiver autenticado pela Junta Comercial.

Livro obrigatório: Livro Diário. O livro diário pode ser datilografado (escrituração mecânica) ou informatizado.

Consequências da ausência de escrituração:

a) ineficácia probatória dos livros comerciais;

b) ilegitimidade ativa para requerer a recuperação judicial;

c) configuração de crime falimentar (Lei 11.101/05, art. 178).

Sigilosidade: Os livros empresariais são sigilosos. No entanto, há exceções:

a) Súmula 260 do STF ("O exame de livros comerciais, em ação judicial, fica limitado às transações entre os litigantes");

b) O juiz poderá autorizar a exibição integral dos livros e papéis de escrituração quando necessária para resolver questões relativas a sucessão, comunhão ou sociedade, administração ou gestão à conta de outrem, ou em caso de falência;

c) A sigilosidade dos livros comerciais não se aplica às autoridades fazendárias, quando no exercício da fiscalização de impostos;

d) Arts. 420 e 421 do CPC/2015.

> **ATENÇÃO!**
>
> O procedimento de exibição judicial está no art. 396 do CPC/2015 e depende da apresentação de justo motivo, a saber: questões sucessórias, questões societárias, questões sobre a administração/gestão e falência.

Força probatória dos livros empresariais: Os livros empresariais provam contra seu autor, sendo lícito ao empresário, todavia, demonstrar, por todos os meios permitidos em direito, que os lançamentos não correspondem à verdade dos fatos. Os livros empresariais que preencham os requisitos exigidos por lei provam a favor de seu autor no litígio entre empresários. Além disso, como a escrituração contábil é indivisível, se dos fatos que resultam dos lançamentos, uns são favoráveis ao interesse de seu autor e outros lhe são contrários, ambos serão considerados em conjunto, como unidade.

Falsificação de livro mercantil: A falsificação de livro mercantil configura o crime de falsificação de documento público, nos termos do art. 297 do Código Penal.

⦿ CAPÍTULO 7 – MICROEMPRESA E EMPRESA DE PEQUENO PORTE

1. TRATAMENTO DIFERENCIADO E FAVORECIDO

Por mandamento constitucional (art. 179 da CF), a União, os Estados, o Distrito Federal e os Municípios *devem* dispensar às microempresas e empresas de pequeno porte, assim definidas em lei, tratamento jurídico diferenciado, visando a incentivá-las pela simplificação de suas obrigações administrativas, tributárias, previdenciárias e creditícias, ou pela eliminação ou redução destas por meio de lei.

2. REGIME SIMPLIFICADO DE TRIBUTAÇÃO (SIMPLES NACIONAL)

O Simples Nacional, regido pela Lei Complementar n. 123/2006, surgiu da premente necessidade de se fazer com que o sistema tributário nacional concretizasse as diretrizes constitucionais do favorecimento às microempresas e empresas de pequeno porte.

3. MICROEMPREENDEDOR INDIVIDUAL X MICROEMPRESA X EMPRESA DE PEQUENO PORTE

	Quem pode ser?	Qual a receita bruta anual?
Microempreendedor individual	Só o empresário individual.	Até 81.000 reais
Microempresa	• Empresário individual; • Sociedade empresária; • EIRELI; e • Sociedade simples.	Até 360.000 reais
Empresa de Pequeno Porte	• Empresário individual; • Sociedade empresária; • EIRELI; e • Sociedade simples.	De 360.000 até 4.800.000 reais[1]

4. OBJETO

As microempresas e empresas de pequeno porte podem ter por objeto quaisquer atividades econômicas de natureza empresarial (empresário individual, sociedade empresária ou empresa individual de responsabilidade limitada) ou intelectual (no caso de sociedade simples).

5. REGISTRO

A microempresa ou empresa de pequeno porte abrange a sociedade empresária, a sociedade simples e o empresário, assim definido no Código Civil, devidamente registrados no Registro de Empresas Mercantis ou no Registro Civil de Pessoas Jurídicas, conforme o caso e preenchidos os demais requisitos legais.

ATENÇÃO!

- As **sociedades por ações** (sociedade anônima e sociedade em comandita por ações) não se incluem no regime diferenciado das microempresas e empresas de pequeno porte (art. 3º, § 4º, LC 123/06).
- As **sociedades de cujo capital participe outra pessoa jurídica** não se incluem no regime diferenciado das microempresas e empresas de pequeno porte (art. 3º, § 4º, LC 123/06).
- As **sociedades cooperativas**, salvo as de consumo, não se incluem no regime diferenciado das microempresas e empresas de pequeno porte (art. 3º, § 4º, LC 123/06).
- As **sociedades que exerçam atividade de banco comercial, de investimentos e de desenvolvimento, de caixa econômica, de sociedade de crédito, financiamento e investimento ou de crédito imobiliário, de corretora ou de distribuidora de títulos, valores mobiliários e câmbio, de empresa de arrendamento mercantil, de seguros privados e de capitalização ou de previdência complementar**, não se incluem no regime diferenciado das microempresas e empresas de pequeno porte (art. 3º, § 4º, LC 123/06).

1. (*) Valores atualizados conforme a LC n. 155, de 2016, que deu nova redação ao inciso II do art. 3º da LC n. 123/2006.

6. ENUNCIADOS DO CJF APLICÁVEIS

- **Enunciado 61 da II Jornada de Direito Comercial:** Em atenção ao princípio do tratamento favorecido à microempresa e à empresa de pequeno porte, é possível a representação de empresário individual, sociedade empresária ou EIRELI, quando enquadrados nos respectivos regimes tributários, por meio de preposto, perante os juizados especiais cíveis, bastando a comprovação atualizada do seu enquadramento.
- **Enunciado 489 da V Jornada de Direito Civil:** No caso da microempresa, da empresa de pequeno porte e do microempreendedor individual, dispensados de publicação dos seus atos (art. 71 da Lei Complementar n. 123/2006), os prazos estabelecidos no Código Civil contam-se da data do arquivamento do documento (termo inicial) no registro próprio.

◉ CAPÍTULO 8 – DIREITO SOCIETÁRIO

1. TEORIA GERAL DO DIREITO SOCIETÁRIO

1.1. CONCEITO DE SOCIEDADE

Sociedades são pessoas jurídicas de direito privado formadas por um conjunto de pessoas (pessoa jurídica intersubjetiva) e com finalidade lucrativa. Em outras palavras, as sociedades são pessoas jurídicas intersubjetivas com finalidade lícita e lucrativa.

1.2. PERSONALIZAÇÃO DA SOCIEDADE

A personalidade jurídica das pessoas jurídicas inicia-se com a inscrição dos seus atos constitutivos no respectivo registro. O ato constitutivo a ser levado a registro pode ser um contrato social (sociedades contratuais) ou um estatuto social (sociedades estatutárias).

Sociedades simples	Sociedades empresárias
A sociedade simples adquire personalidade jurídica com o arquivamento de seu ato constitutivo no Cartório de Registro Civil de Pessoas Jurídicas.	A sociedade empresária adquire personalidade jurídica com o arquivamento de seu ato constitutivo no Registro Público de Empresas.

1.3. CLASSIFICAÇÃO DOS SOCIEDADES

1) **Quanto a responsabilidade dos sócios pelas obrigações sociais:**

Sociedade ilimitada	Sociedade mista	Sociedade limitada
▪ Sociedade em nome coletivo	▪ Sociedade em comandita simples; ▪ Sociedade em comandita por ações.	▪ Sociedade limitada; ▪ Sociedade anônima.

Sociedade ilimitada	Sociedade mista	Sociedade limitada
Todos os sócios respondem ilimitadamente pelas obrigações sociais.	Uma parte dos sócios tem responsabilidade ilimitada e outra parte tem responsabilidade limitada.	Todos os sócios respondem de forma limitada pelas obrigações sociais.

2) **Quanto ao regime de constituição e dissolução:**

Sociedades contratuais	Sociedades institucionais
▪ Sociedade em nome coletivo; ▪ Sociedade em comandita simples; ▪ Sociedade limitada.	▪ Sociedade anônima; ▪ Sociedade em comandita por ações.
O ato constitutivo é um *contrato social*.	O ato constitutivo é um *estatuto social*.

3) **Quanto às condições para a alienação da participação societária:**

Sociedade de pessoas	Sociedade de capital
As sociedades contratuais podem ser "de pessoas" ou "de capital".	As sociedades institucionais serão sempre "de capital".
As sociedades de pessoas são aquelas em que a realização do objeto social depende mais dos atributos individuais dos sócios. Assim, a entrada de pessoas estranhas no quadro societário dependerá do consentimento dos demais sócios.	As sociedades de capital são aquelas em que a contribuição material é o que mais importa com relação aos sócios. Assim, a entrada de pessoas estranhas no quadro societário não dependerá do consentimento dos demais sócios.

2. SOCIEDADES NÃO PERSONIFICADAS

2.1. *SOCIEDADES EM COMUM*

Sociedades não personificadas (ou despersonalizadas) são aquelas que não possuem personalidade jurídica.

As sociedades não personificadas dividem-se em sociedade em comum e sociedade em conta de participação.

A sociedades em comum é gênero que abrange a sociedade irregular e a sociedade de fato. Vejamos:

Sociedade irregular	Sociedade de fato
Sociedade irregular é aquela que possui contrato social, mas este não foi levado a registro.	Sociedade de fato é aquela que sequer possui contrato social.

Vale lembrar que, **perante terceiros**, a responsabilidade dos sócios é ilimitada, sobretudo em razão da irregularidade decorrente da ausência de registro.

No entanto, **entre os sócios**, a responsabilidade é solidária. Perante a sociedade empresária, a responsabilidade é subsidiária, nos termos do art. 1.024 do Código Civil.

2.2. *SOCIEDADE EM CONTA DE PARTICIPAÇÃO*

Previsão legal: A sociedade em conta de participação está prevista a partir do art. 991 do Código Civil.

Conceito: Sociedade em conta de participação é aquela que possui um *sócio oculto ou participante* e um *sócio ostensivo*, em nome do qual são realizadas todas as atividades. A atividade constitutiva do objeto social é exercida unicamente pelo **sócio ostensivo**, em seu nome individual e sob sua própria e exclusiva responsabilidade, participando os demais dos resultados correspondentes. Obriga-se perante terceiro tão-somente o sócio ostensivo; e, exclusivamente perante este, o sócio participante, nos termos do contrato social.

Constituição: A constituição da sociedade em conta de participação independe de qualquer formalidade e pode provar-se por todos os meios de direito.

Natureza jurídica: Por expressa determinação legal, a sociedade em conta de participação será sempre despersonificada. Ainda que se leve a registro o seu ato constitutivo, a sociedade em conta de participação nunca adquirirá personalidade jurídica (CC, art. 993).

Sócios: Na sociedade em conta de participação tomam parte sócios de duas categorias, os comanditados e os comanditários. O contrato social deve obrigatoriamente discriminar os comanditados e os comanditários.

Distinção:

Comanditado	Comanditário
É o sócio ostensivo.	É o sócio oculto, também chamado de participante.
Os comanditados devem ser pessoas físicas e serão responsáveis solidária e ilimitadamente pelas obrigações sociais.	Os comanditários podem ser pessoas físicas ou jurídicas e são obrigados somente pelo valor de sua quota.
Características do sócio ostensivo: **a)** exerce o objeto social; **b)** possui responsabilidade exclusiva (é ele que responde perante terceiros); e **c)** age em seu nome próprio (e não em nome da sociedade).	**Característica do sócio oculto:** participa dos resultados. O sócio oculto participa dos resultados. Sem prejuízo da faculdade de participar das deliberações da sociedade e de lhe fiscalizar as operações, não pode o comanditário praticar qualquer ato de gestão, nem ter o nome na firma social, sob pena de ficar sujeito às responsabilidades de sócio comanditado. No entanto, pode o comanditário ser constituído procurador da sociedade, para negócio determinado e com poderes especiais.
A falência do sócio ostensivo acarreta a dissolução da sociedade e a liquidação da respectiva conta, cujo saldo constituirá crédito quirografário.	Falindo o sócio participante, o contrato social fica sujeito às normas que regulam os efeitos da falência nos contratos bilaterais do falido.

Sociedade de pessoas: Salvo estipulação em contrário, o sócio ostensivo não pode admitir novo sócio sem o consentimento expresso dos demais.

Regime jurídico supletivo: Aplica-se à sociedade em conta de participação, subsidiariamente e no que com ela for compatível, o disposto para a sociedade simples. No entanto, no que diz respeito à sua liquidação, aplica-se as normas relativas à prestação de contas, na forma da lei processual.

> **ATENÇÃO!**
> Havendo mais de um sócio ostensivo, as respectivas contas serão prestadas e julgadas no mesmo processo.

3. SOCIEDADES PERSONIFICADAS

Como o próprio nome já indica, as sociedades personificadas são aquelas que possuem personalidade jurídica.

A sociedade adquire personalidade jurídica com o seu registro no órgão competente.

Quando uma sociedade adquire personalidade jurídica ela passa a ter três atributos:

a) **titularidade negocial:** aptidão para realizar negócios jurídicos;

b) **titularidade processual:** aptidão para demandar e ser demandada em juízo; e

c) **autonomia patrimonial:** a sociedade tem patrimônio próprio, distinto do patrimônio dos sócios.

As sociedades personificadas podem ser uma "sociedade simples" (sociedades não empresária) ou uma "sociedade empresária".

4. SOCIEDADES SIMPLES E SOCIEDADES EMPRESÁRIAS

Sociedades simples são aquelas que exploram o seu objeto **sem empresarialidade**, ou seja, sem a organização profissional dos fatores de produção. Em outras palavras, são aquelas que não exercem atividade empresarial.

O ato constitutivo deve ser levado a registro no **Cartório de Registro Civil de Pessoas Jurídicas**, e não na Junta Comercial.

> **EXCEÇÃO!**
> A **sociedade de advogados** e a **sociedade unipessoal de advogados** são sociedades simples, mas que adquirem personalidade jurídica com o registro aprovado dos seus atos constitutivos no **Conselho Seccional da OAB em cuja base territorial tiver sede.**

A sociedade simples pode se constituir segundo os seguintes tipos:

a) sociedade limitada;

b) sociedade em comandita simples;

c) sociedade cooperativa.

> **LEMBRE-SE!**
> Por expressa previsão legal, as sociedades cooperativas serão sempre sociedades simples.

Sociedades empresárias, por outro lado, são aquelas que têm por objeto o exercício de atividade própria de empresário sujeito a registro (art. 966 do CC). Em outras palavras, são aquelas que exercem atividade empresarial.

O ato constitutivo das sociedades empresárias, que pode ser um estatuto ou um contarto social, deve ser levado a registo na **Junta Comercial**.

As sociedades empresárias devem se constituir mediante um dos seguintes tipos societários:

a) sociedade em nome coletivo;

b) sociedade em comandita simples;

c) sociedade em comandita por ações;

d) sociedade limitada;

e) sociedade anônima.

> **ATENÇÃO!**
> Por expressa previsão legal, as sociedades por ações – sociedade anônima e sociedade em comandita por ações – serão sempre sociedades empresárias.

4.1. SOCIEDADE EM NOME COLETIVO

Na sociedade em nome coletivo, somente **pessoas físicas** podem tomar parte como sócios.

Responsabilidade dos sócios: respondem **solidária e ilimitadamente**, pelas obrigações sociais.

Limitação da responsabilidade dos sócios: Sem prejuízo da responsabilidade perante terceiros, podem os sócios, no ato constitutivo, ou por unânime convenção posterior, **limitar entre si**, a responsabilidade de cada um.

Administração: A administração da sociedade em nome coletivo **compete exclusivamente aos sócios**.

Nome empresarial: A sociedade em nome coletivo opera sob **firma** composta com o nome completo ou abreviado de um ou mais sócios. A inclusão do ramo de atividade é facultativa.

Dissolução: A sociedade em nome coletivo se dissolve de pleno direito **por qualquer das causas enumeradas no art. 1.033 e, se empresária, também pela declaração da falência.**

4.2. SOCIEDADE EM COMANDITA SIMPLES

Na sociedade em comandita simples tomam parte sócios de duas categorias, os comanditados e os comanditários, devendo o contrato social discriminá-los.

Sócios comanditados: somente podem ser pessoas físicas e serão responsáveis solidária e ilimitadamente pelas obrigações sociais. Aos comanditados cabem os mesmos direitos e obrigações dos sócios da sociedade em nome coletivo.

Sócios comanditários: podem ser pessoas físicas ou jurídicas e são obrigados somente pelo valor de sua quota. Sem prejuízo da faculdade de participar das deliberações da sociedade e de lhe fiscalizar as operações, não pode o comanditário praticar qualquer ato de gestão, nem ter o nome na firma social, sob pena de ficar sujeito às responsabilidades de sócio comanditado.

Regime jurídico supletivo: Aplicam-se à sociedade em comandita simples as normas da **sociedade em nome coletivo**, no que forem compatíveis com as deste Capítulo.

Sociedade de capital: No caso de morte de sócio comanditário, a sociedade, salvo disposição do contrato, continuará com os seus sucessores, que designarão quem os represente.

Dissolução da sociedade: Dissolve-se de pleno direito a sociedade em comandita simples:

a) por qualquer das causas previstas no art. 1.044;

b) quando por mais de cento e oitenta dias perdurar a falta de uma das categorias de sócio.

4.3. SOCIEDADE EM COMANDITA POR AÇÕES

Na sociedade em comandita por ações o capital social é divido em ações, sendo os sócios denominados acionistas.

Vale lembrar, ainda, que na sociedade em comandita por ações a responsabilidade é **mista**, pois:

a) o acionista diretor responde solidária e ilimitadamente pelas obrigações sociais;

b) os demais acionistas respondem limitadamente pelo preço das ações subscritas ou adquiridas.

4.4. SOCIEDADE LIMITADA

- **Legislação aplicável:** A sociedade limitada rege-se pelos arts. 1.052 e seguintes do Código Civil (Capítulo das Sociedades Limitadas). Nas omissões deste Capítulo, aplicam-se, supletivamente, as normas aplicáveis às **sociedades simples**.

> **EXCEÇÃO!**
> O contrato social da sociedade limitada poderá prever a regência supletiva da sociedade limitada pelas normas da sociedade anônima.

- **Constituição:** A sociedade limitada pode ser constituída por um instrumento público ou particular, devendo em todo caso ter o visto de um advogado, sob pena de nulidade (art. 1º, § 2º do Estatuto da OAB – Lei nº 8.906/94)).

> **EXCEÇÃO!**
> Quando se tratar de microempresa e empresa de pequeno porte não se exige que o instrumento particular tenha o visto de um advogado.

- **Pressupostos de existência:**
  - **a)** **pluralidade de sócios:** é imprescindível a presença de dois ou mais sócios; e
  - **b)** ***affectio societatis*:** vontade comum entre os sócios, no caso de sociedade de pessoas.
- **Responsabilidade do sócio:** A responsabilidade do sócio é limitada ao valor de suas quotas, mas todos os sócios respondem solidariamente pelo que falta para a integralização do capital social (art. 1.052, CC).
- **Exceções quanto à responsabilidade limitada dos sócios:**
  - **a)** dívidas trabalhistas;
  - **b)** dívidas com o INSS;
  - **c)** casos de desconsideração da personalidade jurídica.
- **Capital social:** o capital social divide-se em quotas, iguais ou desiguais, cabendo uma ou diversas a cada sócio.
- **Quotas sociais:** conferem ao titular o direito de sócio de uma sociedade limitada. O sócio pode integralizar as quotas que subscreveu de diversas formas, a saber:
  - **a)** dinheiro;
  - **b)** bens móveis ou imóveis (lembrando que quem integraliza com bens responde pela evicção);
  - **c)** créditos (lembrando que quem integraliza com créditos responde pela solvência).

> **ATENÇÃO!**
> É vedada a integralização com prestação de serviços, em razão do art. 1.055, § 2º do CC.

- **Cessão de quotas:** se o contrato for omisso quanto à possibilidade de transferência de quotas, aplica-se a regra do art. 1.057 do Código Civil. Assim, se o sócio quiser transferir sua quota para outro sócio não é necessária autorização de ninguém. No entanto, caso o sócio pretenda transferir suas quotas para um terceiro estranho à sociedade, somente poderá fazê-lo se não houver a oposição de mais de um quarto do capital social.
- **Direitos dos quotistas:**
  - **a)** direito de participar nos resultados;
  - **b)** direito de deliberar sobre os assuntos da sociedade;
  - **c)** direito de retirada (direito de recesso);
  - **d)** direito de fiscalização.
- **Administração:** o administrador da sociedade limitada pode ser tanto um sócio como um não sócio. No entanto, se se tratar de não sócio, deve-se observar o art. 1.061 do CC: "Se o contrato permitir administradores não sócios, a designação deles dependerá de aprovação da unanimidade dos sócios, enquanto o capital não estiver totalmente integralizado, e de dois terços, no mínimo, após a integralização."

Enunciados do CJF relacionados:

- **Enunciado 17 da I Jornada de Direito Comercial:** "Na sociedade limitada com dois sócios, o sócio titular de mais da metade do capital social pode excluir extrajudicialmente o sócio minoritário desde que atendidas as exigências materiais e procedimentais previstas no art. 1.085, caput e parágrafo único, do CC."
- **Enunciado 216 da III Jornada de Direito Civil:** "O quórum de deliberação previsto no art. 1.004, parágrafo único, e no art. 1.030 é de maioria absoluta do capital representado pelas quotas dos demais sócios, consoante a regra geral fixada no art. 999 para as deliberações na sociedade simples. Esse entendimento aplica-se ao art. 1.058 em caso de exclusão de sócio remisso ou redução do valor de sua quota ao montante já integralizado."
- **Enunciado 280 da IV Jornada de Direito Civil:** "Por força do art. 44, § 2º, consideram-se aplicáveis às sociedades reguladas pelo Livro II da Parte Especial, exceto às limitadas, os arts. 57 e 60, nos seguintes termos: a) em havendo previsão contratual, é possível aos sócios deliberar a exclusão de sócio por justa causa, pela via extrajudicial, cabendo ao contrato disciplinar o procedimento de exclusão, assegurado o direito de defesa, por aplicação analógica do art. 1.085; b) as deliberações sociais poderão ser convocadas por iniciativa de sócios que representem 1/5 (um quinto) do capital social, na omissão do contrato. A mesma regra aplica-se na hipótese de criação, pelo contrato, de outros órgãos de deliberação colegiada."

5. SOCIEDADE ANÔNIMA

5.1. ASPECTOS GERAIS

- **Legislação:** a sociedade anônima é regida pela Lei nº 6.404/76 (Lei da S.A.).
- **Sinônimo:** a sociedade anônima é também chamada de companhia (Cia).
- **Espécies:** as sociedades anônimas podem ser abertas ou fechadas (art. 4º, LSA):
  - **a) S/A aberta:** é aquela em que seus valores mobiliários (papéis, títulos, ações) são admitidos à negociação no Mercado de Valores Mobiliários (Bolsa de Valores). Dito de outro modo, a sociedade anônima aberta é aquela que pode negociar os seus valores mobiliários na Bolsa de Valores.
  - **b) S/A fechada:** é aquela em que seus valores mobiliários não são admitidos à negociação no mercado de valores mobiliários. Isso não significa que a sociedade anônima fechada não possa negociar os seus valores mobiliários, mas apenas que estes valores não poderão ser negociados na Bolsa de Valores.
- **Constituição:** a constituição de uma sociedade anônima passa, preliminarmente, pelo preenchimento de três requisitos: **1)** subscrição das ações por, no mínimo, duas pessoas; **2)** realização, como entrada, de 10% (dez por cento), no mínimo, do preço de emissão das ações subscritas em dinheiro; **3)** depósito no Banco do Brasil S.A. ou em outro estabelecimento bancário autorizado pela Comissão de Valores Mobiliários (CVM), da parte do capital realizado em dinheiro.

> **ATENÇÃO!**
> Tratando-se de instituição financeira, a realização mínima é de 50%;

- **Autorização da CVM (Comissão de Valores Mobiliários):** a sociedade anônima aberta precisa, ainda, da autorização da CVM para ser constituída. Trata-se do que a doutrina denomina de *subscrição pública*, também chamada de subscrição sucessiva.

> **ATENÇÃO!**
> A sociedade anônima fechada não precisa da autorização da CVM para ser constituída.

- **Estatuto social:** a sociedade anônima, quanto ao regime jurídico, é uma sociedade institucional. Logo, seu ato constitutivo é o estatuto social (e não o contrato social).
- **Capital social:** o capital social da sociedade anônima é dividido em *ações*, sendo os seus sócios chamados de *acionistas*. A principal obrigação do acionista é a de pagar o preço de emissão das ações que subscreveu ou adquiriu. O acionista que descumprir esse dever será considerado remisso.
- **Penhora de ações:** as ações da sociedade anônima (aberta ou fechada) podem ser penhoradas. Isso porque as sociedades anônimas são classificadas como sociedades de capital (e não de pessoas).
- **Objeto social:** por expressa determinação legal, as sociedades anônimas serão sempre empresárias. Logo, o único objeto social a ser explorado por sociedade anônima é a atividade empresarial e/ou a participação em outras sociedades (art. 2º, § 3º, LSA).
- **Responsabilidade dos acionistas:** responsabilidade limitada. A responsabilidade do acionista é limitada ao valor das ações subscritas (adquiridas, mas não integralizadas) ou adquiridas (já integralizadas). A regra está no art. 1.088 do Código Civil: "Na sociedade anônima ou companhia, o capital divide-se em ações, obrigando-se cada sócio ou acionista somente pelo preço de emissão das ações que subscrever ou adquirir." A regra está também descrita no art. 1º da LSA: "A companhia ou sociedade anônima terá o capital dividido em ações, e a responsabilidade dos sócios ou acionistas será limitada ao preço de emissão das ações subscritas ou adquiridas."
- **Órgãos da sociedade anônima:** Assembléia Geral, Conselho de Administração, Diretoria e Conselho Fiscal.
  - **a) Assembleia Geral**: a principal função é a tomada de decisão sobre determinados assuntos, quais

sejam: alteração de estatuto social; aprovação de balanço (uma vez por ano); eleição de administradores e membros do Conselho Fiscal; avaliação das contas dos administradores; autorização do Conselho de Administração a pedir a autofalência ou a recuperação da empresa.

b) **Conselho de Administração:** os membros são eleitos pela Assembleia Geral. O Conselho de Administração é composto por, no mínimo, três pessoas físicas, acionistas ou não acionistas (antes de 2011 havia exigência de que fossem acionistas). Trata-se do órgão que toma as decisões que não são de atribuição específica da assembleia geral. O Conselho de Administração é obrigatório na sociedade aberta (SA aberta), na sociedade de capital autorizado e na sociedade de economia mista (LSA, art. 168). Os membros do Conselho de Administração são eleitos pela Assembleia Geral, sendo composto por, no mínimo, três pessoas físicas, acionistas ou não acionistas (antes de 2011 havia exigência de que fossem acionistas), nos termos do art. 140, da Lei 6.404/76. **Exceção:** nas sociedades de economia mista, o Conselho de Administração é composto por, no mínimo, 7 e no máximo 11 membros (Lei 13.303/16, art. 13, I).

c) **Diretoria:** normalmente o diretor é responsável pela ação ou omissão própria, mas será responsável solidariamente por atos ou omissões de terceiros se sabia do ato ou omissão e deixou de fazer constar em ata a sua divergência. A Diretoria é composta por, no mínimo, duas pessoas físicas e domiciliadas no Brasil. A diretoria é o órgão que representa e executa as decisões da S.A. Como regra, são eleitos pelo Conselho de Administração ou, se este não existir, são eleitos pela assembleia geral.

d) **Conselho Fiscal:** é composto de três a cinco pessoas físicas, mesmo que existam auditores independentes. O Conselho Fiscal tem existência obrigatória, mas seu funcionamento depende de convocação (por acionista com pelo menos 5% do capital social). **Exceção:** na sociedade de economia mista o funcionamento do Conselho Fiscal é obrigatório (Lei 13.303/16, art. 13, IV).

- **Direitos do acionista (art. 109, LSA):**

a) direito de participação nos lucros;

b) direito de participação no acervo da sociedade anônima no caso de liquidação;

c) direito de retirada (direito de recesso);

d) direito de fiscalização.

> **ATENÇÃO!**
> O direito de voto não é um direito essencial.

- **Mercado de capitais (Bolsa de Valores):** é o sistema de distribuição dos valores mobiliários cuja finalidade é a de proporcionar liquidez aos títulos de emissão de empresas e viabilizar seu processo de capitalização.

- **Valores mobiliários:** são títulos de investimento que uma sociedade anônima pode emitir para obtenção dos recursos que necessita. Os títulos de valores mobiliários são as ações, debêntures, *comercial papers*, bônus de subscrição e partes beneficiárias.

- ***Holding*:** é a sociedade anônima constituída com o objetivo de participar de outras sociedades.

> **ATENÇÃO!**
> Tanto a sociedade limitada como a sociedade anônima podem ser *holding*.

- **Espécies de *holding*:**

***Holding* pura**	***Holding* mista**
É a sociedade anônima ou sociedade limitada que tem por único objeto participar de outras sociedades.	É a sociedade anônima ou sociedade limitada que tem por objeto participar de outras sociedades, bem como exercer qualquer outra atividade empresarial com finalidade lucrativa.

- **Unipessoalidade:** a sociedade anônima pode ser unipessoal quando se tratar de empresa pública (quando o Poder Público que a criou for seu único acionista) ou subsidiária integral. A companhia pode ser constituída, mediante escritura pública, tendo como único acionista, a sociedade brasileira (LSA, art. 251).

- **Subsidiária Integral:** é um tipo de sociedade anônima que admite um único acionista que, necessariamente, será uma sociedade nacional.

5.2. MERCADO DE CAPITAIS

O mercado de capitais é o sistema de negociação de valores mobiliários que proporciona liquidez aos títulos emitidos pelas sociedades anônimas de capital aberto, viabilizando o processo de capitalização.

O mercado de capitais é constituído pela:

- Bolsa de Valores;
- Sociedades corretoras; e
- outras instituições financeiras autorizadas.

O Estado é o agente normativo e regulador da atividade econômica no País, exercendo as funções de:

- fiscalização;
- incentivo; e
- planejamento.

Como agente normativo e regulador da atividade econômica, o Estado exercerá as funções de fiscalização, incentivo e planejamento, sendo este determinante para o setor público e indicativo para o setor privado (CF, art. 174).

A atuação do Estado na regulação do mercado de capitais divide-se em duas modalidades:

- **regulação prudencial:** controle dos riscos de liquidez e de solvência das entidades supervisionadas.
- **regulação de condutas:** controle dos procedimentos impostos aos agentes, para obter um melhor funcionamento do mercado.

A Comissão de Valores Mobiliários é responsável por supervisionar o mercado de capitais.

A Comissão de Valores Mobiliários é uma **autarquia de regime especial**, vinculada ao Ministério da Fazenda, com personalidade jurídica e patrimônio próprio, dotada de autonomia administrativa, financeira e orçamentária, ausência de subordinação hierárquica, mandato fixo e estabilidade de seus dirigentes, sendo criada para supervisionar o mercado de capitais.

Compete à Comissão de Valores Mobiliários:

- fiscalizar as atividades do mercado capitais, bem como a veiculação de informações relativas ao mercado, às pessoas que dele participem, e aos valores nele negociados;
- instaurar processos administrativos para aplicar penalidades quando houver prática de ilícitos;
- regulamentar a emissão e distribuição de valores mobiliários no mercado;
- disciplinar a negociação e a intermediação no mercado de valores mobiliários e no mercado de derivativos;
- organizar o funcionamento e a operação das bolsas de valores e de mercadorias e futuros, entre outros.

5.3. VALORES MOBILIÁRIOS

Valores mobiliários são títulos de investimento que uma sociedade anônima pode emitir para obtenção dos recursos que necessita.

Os títulos de valores mobiliários são os seguintes: ações, debêntures, *comercial papers*, bônus de subscrição e partes beneficiárias. Vejamos:

Ações	• **Conceito:** *Ações* são frações do capital social, que conferem ao titular o direito de sócio de uma sociedade anônima. • **Classificação das ações (LSA, art. 15):** a) **Ações ordinárias:** são aquelas que conferem direitos comuns ao acionista (ex. direito de fiscalização, direito de participação nos lucros), bem como o direito de voto em assembléia. **Atenção!** A sociedade anônima é obrigada a emitir as ações ordinárias. b) **Ações preferenciais:** são aquelas que conferem vantagens econômicas/preferências econômicas ao titular. Ex: art. 17, LSA (prioridade de recebimento). **Atenção!** A emissão das ações preferenciais é facultativa. c) **Ações de fruição (LSA, art. 44, § 5º):** são aquelas que conferem meros direitos de gozo e fruição, sendo emitidas para substituir as ações ordinárias e preferenciais que já foram amortizadas. • **Acionista controlador:** é aquele que tem a maioria das ações com direito de voto e o poder de eleger a maioria dos administradores. • **Limite máximo de ações preferenciais sem voto que a sociedade anônima pode emitir:** até 50% (cinquenta por cento) do total de ações (art. 15, § 2º, LSA).
Debêntures	• **Conceito:** *Debêntures* são títulos representativos de um contrato de mútuo, em que a sociedade anônima é a mutuaria e o debenturista é o mutuante.
Comercial papers	• **Conceito:** *Comercial papers* são títulos de curto prazo, emitidas pelas sociedades anônimas, visando captar recursos para financiar seu capital de giro.
Bônus de subscrição	• **Conceito:** *Bônus de subscrição* nada mais é que o direito de preferência. Antes da sociedade anônima ofertar as ações ao público ela as oferece em primeiro lugar para quem tem o bônus de subscrição.
Partes beneficiárias	• **Conceito:** *Partes beneficiárias* são títulos negociáveis, sem valor nominal e estranhos ao capital social. Logo, os titulares de partes beneficiárias não são os sócios. As partes beneficiárias conferem aos titulares, direito de crédito eventual (participação dos lucros anuais).

6. SOCIEDADE DE ECONOMIA MISTA

As empresas estatais (empresas públicas e sociedades de economia mista) são regidas pela Lei nº 13.303, de 30 de junho de 2016.

Nem toda empresa pertencente ao Estado é uma empresa pública ou uma sociedade de economia mista.

O regime jurídico das empresas públicas e das sociedades de economia mista é o mesmo, porquanto são pessoas jurídicas de direito privado integrantes da Administração Pública Indireta. Na verdade, elas seguem um regime jurídico híbrido – parte público e parte privado. Não há um regime exclusivamente privado ou exclusivamente público. O que há é apenas a predominância do regime privado.

Sociedades de economia mista são pessoas jurídicas de direito privado integrantes da Administração Indireta, criadas por meio de lei específica autorizatária, para a prestação de serviços públicos ou a exploração de atividades econômicas, contando com um capital misto, constituídas sob a modalidade empresarial S.A. (sociedade anônima).

Exemplos de sociedade de economia mista: Banco do Brasil; Petrobrás.

O capital social desta modalidade de empresa estatal é misto, ou seja, parte público e parte privado. Muito embora o capital seja misto, o capital votante (maioria do capital) deve estar nas mãos do Poder Público.

> **LEMBRE-SE:**
> A sociedade de economia mista só pode ser constituída na forma de sociedade anônima.

Vale lembrar, ainda, que:

- o Conselho de Administração é obrigatório na sociedade aberta (SA aberta), na sociedade de capital autorizado e na sociedade de economia mista (LSA, art. 168);
- na sociedade de economia mista o funcionamento do Conselho Fiscal é obrigatório, nos termos do art. 13, IV, da Lei 13.303/16 (Estatuto das Empresas Estatais);
- as sociedades de economia mista não se submetem à falência (LF, art. 2º, II);
- a competência para processar e julgar as ações envolvendo sociedade de economia mista federal é da Justiça Estadual, em razão da omissão do artigo 109, I, da Constituição Federal.

7. DISSOLUÇÃO E LIQUIDAÇÃO

Ocorrido o ato de dissolução da sociedade, ela não perde automaticamente a personalidade jurídica. Para tanto, o ato de dissolução deve ser levado a registro na Junta Comercial. A partir daí a sociedade inicia a sua liquidação, ocasião em que será acrescido ao nome empresarial a expressão "em liquidação". Dissolvida a sociedade, é nomeado um liquidante. A liquidação é conduzida com a finalidade de atingir dois objetivos primordiais: a realização do ativo e a satisfação do passivo.

No caso de **perda da autorização para funcionamento**, o Ministério Público, tão logo lhe comunique a autoridade competente, promoverá a liquidação judicial da sociedade, se os administradores não o tiverem feito nos 30 dias seguintes à perda da autorização.

Caso o Ministério Público não promova a liquidação judicial da sociedade nos 15 dias subsequentes ao recebimento da comunicação, a autoridade competente para conceder a autorização nomeará interventor com poderes para requerer a medida e administrar a sociedade até que seja nomeado o liquidante.

Para facilitar a compreensão, elaboramos um quadro sinótico sobre a dissolução das sociedades contratuais:

Dissolução parcial	Dissolução total
Na dissolução parcial das sociedades contratuais, um ou mais sócios saem da sociedade, mas esta é mantida, preservada.	Na dissolução total das sociedades contratuais, ocorrerá a extinção da sociedade.
Ocorrerá dissolução parcial por: **a)** Vontade dos sócios; **b)** Direito de retirada ou de recesso; **c)** Exclusão do sócio; **d)** Liquidação da quota a pedido do credor; **e)** Falência do sócio.	Ocorrerá dissolução total por: **a)** Vontade dos sócios. Se for uma sociedade simples vai depender se o prazo é determinado (unanimidade dos sócios) ou indeterminado (maioria absoluta), conforme art. 1033 do Código Civil. Se for uma sociedade limitada, o quórum é de 3/4 do capital social; **b)** Decurso do prazo, salvo se não entrar em liquidação (CC, art. 1.033, I); **c)** Falência da sociedade; **d)** Unipessoalidade por mais de 180 dias e o sócio remanescente não requereu transformação em empresário individual ou em empresa individual de responsabilidade limitada – Eireli; **e)** Anulação do ato constitutivo (CC, art. 1.034, I,); **f)** Inexequibilidade do objeto social (exaurimento do objeto social): é a ausência de mercado (CC, art. 1.034, II). **g)** Extinção de autorização para funcionamento. Os administradores têm 30 dias para providenciarem a liquidação da sociedade. A liquidação consiste na arrecadação dos bens, venda e pagamento dos credores. Se os administradores não fizerem, o Ministério Público promoverá a liquidação judicial da sociedade (CC, art. 1.037).

8. SOCIEDADE COOPERATIVA

- **Fundamento constitucional:** a criação de associações e, na forma da lei, a de cooperativas independem de autorização, sendo vedada a interferência estatal em seu funcionamento (CF, art. 5º, XVIII).
- **Natureza jurídica:** por expressa determinação legal, as sociedades cooperativas serão sempre sociedades simples.

> **ATENÇÃO!**
> O ato constitutivo das cooperativas deve ser levado à registro perante a Junta Comercial. Embora o ato constitutivo das sociedades cooperativas deva ser levado a registro na Junta Comercial, elas nunca serão consideradas empresárias.

- **Conceito:** as cooperativas são sociedades de pessoas, com forma e natureza próprias, de natureza civil, não sujeitas à falência, constituídas para prestar serviços aos associados, distinguindo-se das demais sociedades pelas seguintes características:

a) variabilidade, ou dispensa do capital social;

b) concurso de sócios em número mínimo necessário a compor a administração da sociedade, sem limitação de número máximo;

c) limitação do valor da soma de quotas do capital social que cada sócio poderá tomar;

d) intransferibilidade das quotas do capital a terceiros estranhos à sociedade, ainda que por herança;

e) quórum, para a assembleia geral funcionar e deliberar, fundado no número de sócios presentes à reunião, e não no capital social representado;

f) direito de cada sócio a um só voto nas deliberações, tenha ou não capital a sociedade, e qualquer que seja o valor de sua participação (*"one man, one vote"*);

g) distribuição dos resultados, proporcionalmente ao valor das operações efetuadas pelo sócio com a sociedade, podendo ser atribuído juro fixo ao capital realizado;

h) indivisibilidade do fundo de reserva entre os sócios, ainda que em caso de dissolução da sociedade.

- **Responsabilidade dos sócios:** na sociedade cooperativa, a responsabilidade dos sócios pode ser limitada ou ilimitada.

9. SOCIEDADES COLIGADAS

Não se estringem às companhias (sociedades anônimas) os conceitos de sociedade controladora e controlada, na medida em que outros tipos societários também podem se coligar.

Consideram-se coligadas as sociedades que, em suas relações de capital, são controladas, filiadas, ou de simples participação (art. 1.097 do CC). As sociedades coligadas, portanto, podem ser de 3 tipos:

1) **sociedade filiada ou coligada:** é a sociedade de cujo capital outra sociedade participa com dez por cento ou mais, do capital da outra, sem controlá-la;

2) **sociedade de simples participação:** é a aquela de cujo capital outra sociedade possua menos de dez por cento, do capital da outra, com direito de voto; e

3) **sociedade controladora e controlada:** sociedade controladora é aquela que possui a maioria de votos da outra sociedade, bem como o poder de eleger a maioria dos administradores da outra sociedade. Por outro lado, é controlada:

   a) a sociedade de cujo capital outra sociedade possua a maioria dos votos nas deliberações dos quotistas ou da assembleia geral e o poder de eleger a maioria dos administradores;

   b) a sociedade cujo controle esteja em poder de outra, mediante ações ou quotas possuídas por sociedades ou sociedades por esta já controladas. Vale lembrar, por fim, que a sociedade controladora deve ser brasileira.

10. SOCIEDADES DEPENDENTES DE AUTORIZAÇÃO

Sociedades dependentes de autorização são aquelas que precisam de prévia autorização do Poder Executivo para começar a funcionar.

É uma exceção ao princípio da livre iniciativa. Pelo princípio da livre iniciativa é assegurado a todos o livre exercício de qualquer atividade econômica, independentemente de autorização de órgãos públicos.

Dispensa-se prévia autorização do Poder Executivo para a constituição de pessoa jurídica, considerando que a livre iniciativa é um fundamento da República Federativa do Brasil, bem como um princípio da Ordem Econômica. As sociedades dependentes de autorização são exceção ao princípio da livre iniciativa.

Dependem de autorização do Poder Executivo para funcionar:

- instituições financeiras;
- operadoras de planos de seguros privados;
- operadoras de planos de saúde;
- empresas de segurança e de transporte de valores;
- sociedades estrangeiras.

A sociedade estrangeira, qualquer que seja o seu objeto, não pode, sem autorização do Poder Executivo, funcionar no País, ainda que por estabelecimentos subordinados, podendo, todavia, ressalvados os casos expressos em lei, ser acionista de sociedade anônima brasileira.

11. SOCIEDADE NACIONAL E ESTRANGEIRA

Sociedade nacional é aquela organizada de conformidade com a lei brasileira e que tenha no País a sede de sua administração.

Quando a lei exigir que todos ou alguns sócios sejam brasileiros, as ações da sociedade anônima revestirão, no silêncio da lei, a forma nominativa. Qualquer que seja o tipo da sociedade, na sua sede ficará arquivada cópia autêntica do documento comprobatório da nacionalidade dos sócios.

Não haverá mudança de nacionalidade de sociedade brasileira sem o consentimento unânime dos sócios ou acionistas.

Conforme visto anteriormente, a sociedade estrangeira, qualquer que seja o seu objeto, não pode, sem autorização do Poder Executivo, funcionar no País, ainda que por estabelecimentos subordinados. No entanto, ressalvados os casos expressos em lei, a sociedade estrangeira pode ser acionista de sociedade anônima brasileira.

Enunciado do CJF sobre o tema:

➔ **Enunciado 486 da V Jornada de Direito Civil:** "A sociedade estrangeira pode, independentemente de autorização do Poder Executivo, ser sócia em sociedades de outros tipos além das anônimas."

⊙ CAPÍTULO 9 – REORGANIZAÇÃO SOCIETÁRIA: TRANSFORMAÇÃO, INCORPORAÇÃO, FUSÃO E CISÃO

Transformação	• **Na transformação, muda-se o tipo societário.** • **Exemplo: uma sociedade limitada se transforma em sociedade anônima.** • **Não ocorre a extinção da pessoa jurídica, uma vez que há apenas uma mudança de roupagem (mudança do tipo societário).** • **Não prejudica nem modifica os direitos dos credores, uma vez que há apenas uma mudança de roupagem (mudança do tipo societário), sem a dissolução ou liquidação da pessoa jurídica.** • **Deve obedecer às formalidades para a constituição da sociedade do tipo resultante.** • **A deliberação para a transformação exige votação unânime. Exceção: se o ato constitutivo da sociedade transformada contiver disposição expressa prevendo a transformação.** • **No caso de previsão no contrato ou estatuto social acerca da transformação, os sócios dissidentes poderão exercer o direito de retirada.**
Incorporação	• **Na incorporação, uma sociedade (incorporada) é absorvida/incorporada por outra (incorporadora).** • **A incorporadora sucederá incorporada quanto aos direitos e obrigações sociais.** • **A sociedade incorporada será extinta, continuando em funcionamento, a incorporadora. Não há, portanto, a criação de nova sociedade.**
Fusão	• **Na fusão, ocorre a união de duas ou mais sociedades para formar uma nova, extinguindo-se as que se uniram.** • **A nova sociedade sucederá as demais quanto aos direitos e obrigações sociais.** • **As sociedades que se uniram serão extintas, sendo criada uma nova sociedade.** • **Exemplo: a sociedade X se une com a sociedade Y, dando origem a sociedade Z. X e Y serão extintas.**
Cisão	• **A cisão importa na transferência total ou parcial do patrimônio de uma sociedade para outra.** • **Uma sociedade transfere total ou parcialmente seu patrimônio para outra (constituída para essa finalidade ou já existente), extinguindo-se a sociedade cindida (transferência total do patrimônio) ou dividindo-se o seu capital (transferência de parcela do patrimônio).** • **A cisão implica a venda do patrimônio (e não da empresa).** • **Há duas espécies de cisão:** **a) Cisão total: transferência da totalidade do patrimônio para outra sociedade, implicando em extinção da sociedade cindida.** **b) Cisão parcial: transferência de parcela do patrimônio para outra sociedade, implicando a divisão do capital.**

⦿ CAPÍTULO 10 – DESCONSIDERAÇÃO DA PERSONALIDADE JURÍDICA

1. ASPECTOS GERAIS

- **Sinônimos:** desconsideração da entidade legal ("disregard of legal entity"); levantamento do véu corporativo ("lifting the corporate veil"); teoria da penetração ("teoria de la penetración"); superação da personalidade jurídica ("superamento della personalitá giuridica").
- **Conceito:** A desconsideração da personalidade jurídica é uma medida processual que tem por objetivo a inclusão dos sócios ou administradores da pessoa jurídica no polo passivo da demanda para que respondam pelas dívidas sociais com o seu patrimônio pessoal.
- **Afastamento temporário da personalidade:** A desconsideração não acarreta a extinção, dissolução, liquidação ou anulação da pessoa jurídica. A pessoa jurídica continua existindo. Apenas afasta-se temporariamente a personalidade jurídica da sociedade para atingir o patrimônio pessoal dos sócios.
- **Limites subjetivos:** A desconsideração deve atingir apenas o patrimônio dos sócios ou administradores que praticaram o ato irregular (e não de todo e qualquer sócio ou administrador).
- **Natureza jurídica:** A desconsideração da personalidade jurídica é uma espécie de intervenção de terceiro.
- **Excepcionalidade da medida:** A desconsideração é sempre uma medida excepcional.
- **Teorias:** A desconsideração funda-se em duas teorias, a maior e a menor:

Teoria maior	Teoria menor
A teoria maior exige além da insuficiência patrimonial da pessoa jurídica, outros motivos para a desconsideração.	Para a desconsideração, basta a insuficiência patrimonial da pessoa jurídica, dispensando-se outros motivos.
É adotada pelo Código Civil (art. 50).	É adotada: • no Código de Defesa do Consumidor (art. 28 da Lei 8.078/1990); • na Lei dos Crimes Ambientais (art. 4º da Lei 9.605/98); • Lei Antitruste (art. 34, da Lei 12.529/2011).

- **Classificação da teoria maior:** Há quem classifique a teoria maior em subjetiva e objetiva:

Teoria maior subjetiva	Teoria maior objetiva
É fundada na noção de fraude e ato ilícito praticado pelo sócio. A teoria maior subjetiva é pautada em requisitos que dependem do elemento volitivo dos sócios.	É fundada no desvio de finalidade. O desvio de finalidade se caracteriza quando ocorre confusão patrimonial entre o patrimônio pessoal do sócio ou administrador e o patrimônio da pessoa jurídica.

- **A desconsideração da personalidade jurídica pode ser decretada pelo juiz de ofício?** Depende:
  a) **Código Civil e CPC/2015:** no CC e no CPC, o juiz não pode desconsiderar de ofício, dependendo de requerimento da parte interessada ou do Ministério Público, quando lhe couber intervir nos autos;
  b) **Código de Defesa do Consumidor:** no CDC, o juiz pode desconsiderar de ofício, considerando que as normas consumeristas são de ordem pública e interesse social;
  c) **Meio Ambiente:** há divergência. Uma primeira corrente entende que sim, considerando que as normas ambientais são de ordem pública e interesse social.
- **Pode haver a desconsideração de pessoa jurídica sem finalidade lucrativa (ex: associação)?** Sim. A desconsideração também pode ser decretada em face de pessoas jurídicas de direito privado sem intuito lucrativo. Nesse caso, a desconsideração deverá atingir apenas os sócios e os administradores que praticaram os atos irregulares.
- **A desconsideração é uma modalidade de intervenção de terceiro?** Sim. O novo Código de Processo Civil prevê o incidente de desconsideração da personalidade jurídica como uma modalidade de intervenção de terceiro.
- **O CPC tratou das hipóteses de desconsideração?** Não. O novo CPC não tratou das hipóteses de desconsideração, considerando que esse tema cabe ao direito material.
- **Até qual momento se admite a desconsideração no processo?** A desconsideração pode ser feita até a fase recursal.
- **O juiz pode decretar a desconsideração da personalidade jurídica *inaudita altera pars*?** Sim. A desconsideração da personalidade jurídica, como incidente processual, pode ser decretada sem prévia citação dos sócios atingidos. Nesse caso, o exercício do contraditório e da ampla defesa será postergado ou diferido.
- **Encerramento irregular das atividades empresariais.** Segundo o STJ, o encerramento das atividades da sociedade ou sua dissolução, ainda que irregulares, não são causas, por si sós, para a desconsideração da personalidade jurídica a que se refere o art. 50 do Código Civil (STJ, EREsp 1.306.553-SC).
- **Desconsideração Inversa:** a desconsideração inversa da personalidade jurídica caracteriza-se pelo afastamento da autonomia patrimonial da sociedade, para, contrariamente do que ocorre na desconsideração propriamente dita, atingir, então, o ente coletivo e seu patrimônio social por dívida pessoal do sócio, de modo a responsabilizar a pessoa jurídica por obrigações de seus sócios ou administradores. **Ex:** marido que transfere para sua empresa o rol mais significativo dos bens matrimoniais para prejudicar a meação no divórcio.

- **Desconsideração inversa no NCPC:** o novo Código de Processo Civil admite expressamente a desconsideração inversa: "Art. 133. O incidente de desconsideração da personalidade jurídica será instaurado a pedido da parte ou do Ministério Público, quando lhe couber intervir no processo. *§ 1º O pedido de desconsideração da personalidade jurídica observará os pressupostos previstos em lei.* § 2º **Aplica-se o disposto neste Capítulo à hipótese de desconsideração inversa da personalidade jurídica.**"

2. SÚMULAS APLICÁVEIS

- **STF – Súmula 227:** A pessoa jurídica pode sofrer dano moral.
- **STF – Súmula 554:** Na hipótese de sucessão empresarial, a responsabilidade da sucessora abrange não apenas os tributos devidos pela sucedida, mas também as multas moratórias ou punitivas referentes a fatos geradores ocorridos até a data da sucessão.

3. ENUNCIADOS DO CJF APLICÁVEIS

- **Enunciado 7 da I Jornada de Direito Civil:** Só se aplica a desconsideração da personalidade jurídica quando houver a prática de ato irregular e, limitadamente, aos administradores ou sócios que nela hajam incorrido.
- **Enunciado 51 da I Jornada de Direito Civil:** A teoria da desconsideração da personalidade jurídica – *disregard doctrine* – fica positivada no novo Código Civil, mantidos os parâmetros existentes nos microssistemas legais e na construção jurídica sobre o tema.
- **Enunciado 146 da III Jornada de Direito Civil:** Nas relações civis, interpretam-se restritivamente os parâmetros de desconsideração da personalidade jurídica previstos no art. 50 (desvio de finalidade social ou confusão patrimonial).
- **Enunciado 281 da IV Jornada de Direito Civil:** A aplicação da teoria da desconsideração, descrita no art. 50 do Código Civil, prescinde da demonstração de insolvência da pessoa jurídica.
- **Enunciado 282 da IV Jornada de Direito Civil:** O encerramento irregular das atividades da pessoa jurídica, por si só, não basta para caracterizar abuso da personalidade jurídica.
- **Enunciado 283 da IV Jornada de Direito Civil:** É cabível a desconsideração da personalidade jurídica denominada "inversa" para alcançar bens de sócio que se valeu da pessoa jurídica para ocultar ou desviar bens pessoais, com prejuízo a terceiros.
- **Enunciado 284 da IV Jornada de Direito Civil:** As pessoas jurídicas de direito privado sem fins lucrativos ou de fins não-econômicos estão abrangidas no conceito de abuso da personalidade jurídica.
- **Enunciado 285 da IV Jornada de Direito Civil:** A teoria da desconsideração, prevista no art. 50 do Código Civil, pode ser invocada pela pessoa jurídica, em seu favor.
- **Enunciado 406 da V Jornada de Direito Civil:** A desconsideração da personalidade jurídica alcança os grupos de sociedade quando estiverem presentes os pressupostos do art. 50 do Código Civil e houver prejuízo para os credores até o limite transferido entre as sociedades.
- **Enunciado 487 da V Jornada de Direito Civil:** Na apuração de haveres de sócio retirante (art. 1.031 do CC), devem ser afastados os efeitos da diluição injustificada e ilícita da participação deste na sociedade.
- **Enunciado 11 da I Jornada de Direito Processual Civil:** Aplica-se o disposto nos arts. 133 a 137 do CPC às hipóteses de desconsideração indireta e expansiva da personalidade jurídica.
- **Enunciado 42 da I Jornada de Direito Processual Civil:** É cabível a concessão de tutela provisória de urgência em incidente de desconsideração da personalidade jurídica.
- **Enunciado 110 da II Jornada de Direito Processual Civil:** A instauração do incidente de desconsideração da personalidade jurídica não suspenderá a tramitação do processo de execução e do cumprimento de sentença em face dos executados originários.
- **Enunciado 111 da II Jornada de Direito Processual Civil:** O incidente de desconsideração da personalidade jurídica pode ser aplicado ao processo falimentar.

4. ENUNCIADOS DA ENFAM

- **Enunciado 52:** A citação a que se refere o art. 792, § 3º, do CPC/2015 (fraude à execução) é a do executado originário, e não aquela prevista para o incidente de desconsideração da personalidade jurídica (art. 135 do CPC/2015).
- **Enunciado 53:** O redirecionamento da execução fiscal para o sócio-gerente prescinde do incidente de desconsideração da personalidade jurídica previsto no art. 133 do CPC/2015.

5. ENUNCIADOS DO FÓRUM PERMANENTE DE PROCESSUALISTAS CIVIS

- **Enunciado 123:** (art. 133) É desnecessária a intervenção do Ministério Público, como fiscal da ordem jurídica, no incidente de desconsideração da personalidade jurídica, salvo nos casos em que deva intervir obrigatoriamente, previstos no art. 178. (Grupo: Litisconsórcio e Intervenção de Terceiros).
- **Enunciado 124:** (art. 133; art. 15) A desconsideração da personalidade jurídica no processo do trabalho deve ser processada na forma dos arts. 133 a 137, podendo o incidente ser resolvido em decisão interlocutória ou na sentença. (Grupo: Impacto do CPC no Processo do Trabalho).

- **Enunciado 125:** (art. 134) Há litisconsórcio passivo facultativo quando requerida a desconsideração da personalidade jurídica, juntamente com outro pedido formulado na petição inicial ou incidentemente no processo em curso. (Grupo: Litisconsórcio e Intervenção de Terceiros).
- **Enunciado 126:** (art. 134; art. 15) No processo do trabalho, da decisão que resolve o incidente de desconsideração da personalidade jurídica na fase de execução cabe agravo de petição, dispensado o preparo. (Grupo: Impacto do CPC no Processo do Trabalho).
- **Enunciado 247:** (art. 133) Aplica-se o incidente de desconsideração da personalidade jurídica no processo falimentar. (Grupo: Impactos do CPC nos Juizados e nos procedimentos especiais de legislação extravagante).
- **Enunciado 248:** (art. 134, § 2º; art. 336) Quando a desconsideração da personalidade jurídica for requerida na petição inicial, incumbe ao sócio ou a pessoa jurídica, na contestação, impugnar não somente a própria desconsideração, mas também os demais pontos da causa. (Grupo: Petição inicial, resposta do réu e saneamento).
- **Enunciado 390:** (arts. 136, caput, 1.015, IV, 1.009, §3º) Resolvida a desconsideração da personalidade jurídica na sentença, caberá apelação. (Grupo: Litisconsórcio e intervenção de terceiros).

⊙ CAPÍTULO 11 – TÍTULOS DE CRÉDITO

1. HISTÓRICO DA LEGISLAÇÃO CAMBIÁRIA

As fases do Direito Cambiário são as seguintes:

1) **Período Italiano (até 1650):** mercadores das cidades italianas / necessidade de operar com moedas diferentes em praças diversas / surgimento das letras de câmbio;
2) **Período francês (1650 a 1848):** surgimento o endosso / a letra de câmbio deixou de ser instrumento de pagamento para instrumento de crédito;
3) **Período Germânico (1848 a 1930):** são codificadas as normas disciplinadoras da cambial, separando-as das normas de direito comum / proteção especial ao terceiro adquirente de boa-fé, como forma de garantir a circulação do título.
4) **Período Uniforme:** aprovação, em 1930, das leis uniformes genebrinas sobre letras de câmbio e notas promissórias, e, em 1931, sobre cheques.

2. CONCEITO DE TÍTULOS DE CRÉDITO

Título de crédito é o documento necessário ao exercício do direito literal e autônomo nele contido e somente produz efeito quando preencha os requisitos legais. Trata-se do conceito legal, que está contido no art. 887 do Código Civil.

3. CARACTERÍSTICAS

Como visto, o documento, para ser título de crédito, deve preencher os requisitos essenciais previstos na lei especial de cada título de crédito (p.ex.: o art. 1º da Lei do Cheque prevê os requisitos essenciais do cheque). Requisitos essenciais são aqueles que a ausência não pode ser suprida.

Há, pelo menos, três requisitos essenciais comuns a todos os títulos de crédito:

a) denominação (nome do título de crédito);

b) data da emissão; e

c) assinatura do emitente ou a assinatura do mandatário com poderes especiais.

> **ATENÇÃO!**
>
> - **Súmula 387 do STF:** "A cambial emitida ou aceita com omissões, ou em branco, pode ser completada pelo credor de boa-fé, antes da cobrança ou do protesto." A Súmula 387 do STF não mitiga o formalismo dos títulos de crédito. Na verdade, mitiga tão somente o momento de preenchimento dos requisitos essenciais do título, desde que os requisitos essenciais sejam preenchidos antes do momento da cobrança ou do protesto.

Obrigação querable, quesível, ou não *portable*: todo título de crédito documenta uma obrigação *querable*, ou seja, cabe ao credor ir até o devedor e exigir o pagamento da obrigação.

Obrigação certa, líquida e exigível: todo título de crédito documenta uma obrigação certa (existente), líquida (o valor inserido no título é determinado), e exigível (não pode ter havido prescrição da pretensão executória).

Título executivo extrajudicial: os títulos de crédito são títulos executivos extrajudiciais, desde que executados dentro do seu prazo prescricional previsto na lei especial de cada título.

> **ATENÇÃO!**
>
> Após o decurso do prazo prescricional, o título de crédito perde a força executória, mas o titular poderá ajuizar ação monitória. Veja:
>
> - **Súmula 299-STJ:** "É admissível a ação monitória fundada em cheque prescrito."
> - **Súmula 503-STJ:** "O prazo para ajuizamento de ação monitória em face do emitente de cheque sem força executiva é quinquenal, a contar do dia seguinte à data de emissão estampada na cártula."
> - **Súmula 504-STJ:** "O prazo para ajuizamento de ação monitória em face do emitente de nota promissória sem força executiva é quinquenal, a contar do dia seguinte ao vencimento do título."

Títulos de resgate: os títulos de crédito são títulos de resgate, porque há sempre um momento determinado (data) para o cumprimento da obrigação. Se o documento não tiver data de vencimento, considerar-se-á que o pagamento é à vista.

Título *pro solvendo*: os títulos de crédito são *pro solvendo*, porque a emissão de um novo título de crédito não gera a novação da dívida. Dito de outro modo, a emissão de um novo título de crédito não extingue a dívida anterior.

Solidariedade cambiária ou legal: havendo mais de um devedor no título, todos eles serão sempre solidários. Ex.: art. 51 da Lei do Cheque; art. 47 da LUG.

Circulabilidade: os títulos de crédito são passíveis de circulação. A circulação dos títulos de crédito não pode ser obstaculizada. O endosso é uma das formas de pôr em circulação o título de crédito.

Classificação dos títulos de crédito quanto à circulabilidade:

Título ao portador	• *Título ao portador* é aquele que não identifica o credor, podendo circular pela simples tradição. • A maioria dos títulos de crédito não pode ser ao portador, porque na maioria das leis especiais, exige-se que se identifique o credor (a maioria dos títulos de crédito, portanto, são nominais, ou seja, devem indicar o credor). • Cheque: b) o cheque pode ser ao portador, desde que o valor seja inferior a cem reais; b) o cheque acima de cem reais deve ser nominal (deve indicar o credor).
Título nominal	• *Título nominal* é aquele que identifica o credor (o nome do credor consta da cártula). • O título nominal pode ser à ordem ou não à ordem. • *Título nominal à ordem* é aquele que pode circular por endosso (assinatura no verso do título, ou designação e assinatura no anverso). A cláusula à ordem pode ser expressa. No caso de omissão, o título será considerado à ordem. O título de crédito só circula por endosso se for à ordem. • *Título nominal não à ordem* é aquele que não pode circular por endosso. Se o emitente consignar expressamente na cártula a cláusula não à ordem, o título não poderá circular por endosso, mas poderá circular por cessão de crédito.

4. PRINCÍPIOS INFORMADORES

Três princípios informam o regime jurídico cambial:

a) **Princípio da cartularidade:** a exigibilidade do crédito representado no título depende da apresentação do documento original. Pelo princípio da cartularidade, o direito exigível está incorporado num documento formal e original, qual seja o título de crédito.

b) **Princípio da literalidade:** as relações jurídicas que podem interferir com o crédito adquirido são apenas aquelas que constam, expressamente, do título de crédito. Os títulos de crédito são formais devendo todos os requisitos essenciais estarem previstos na cártula (documento), valendo apenas o que nele está escrito.

c) **Princípio da autonomia:** as obrigações cambiárias são autônomas e independentes. Em outras palavras, havendo mais de um devedor no título, cada devedor tem uma obrigação autônoma. Os princípios da abstração e da inoponibilidade das exceções pessoais em matéria de títulos de créditos são subprincípios da autonomia dos títulos de crédito.

5. ATOS CAMBIAIS

5.1. ENDOSSO

Endosso é o ato cambiário que põe o título de crédito em circulação. Através do endosso, o endossante transfere o seu direito de receber o crédito documentado no título ao endossatário. O endosso garante a existência da obrigação e o pagamento.

Segundo André Luiz Santa Cruz Ramos, "o endosso é o ato cambiário mediante o qual o credor do título de crédito (*endossante*) transmite seus direitos a outrem (*endossatário*). É ato cambiário, pois, que põe o título em circulação. Os títulos 'não à ordem', registre-se, são transmitidos mediante cessão civil de crédito (...). Os títulos de crédito típicos, nominados ou próprios (letra de cambio, nota promissória, cheque, duplicata etc.) circulam mediante endosso porque todos eles possuem implícita a cláusula 'à ordem'. Somente quando for inserida, expressamente, a cláusula 'não à ordem' num título de crédito é que ele não poderá circular por endosso, e sim por mera cessão civil de crédito. O endosso produz dois efeitos, basicamente: a) *transfere a titularidade do crédito*; e b) *responsabiliza o endossante*, passando este a ser codevedor do título (se o devedor principal não pagar, o endossatário poderá cobrar do endossante)" (*Direito Empresarial Esquematizado*. 4 ed. Rio de Janeiro: Forense; São Paulo: Método, 2014, p. 490).

Endosso-mandato ou endosso-procuração: é uma das espécies de endosso impróprio. O endosso-mandato tem previsão no art. 18 da LUG e no art. 917 do CC. Segundo a doutrina de André Luiz Santa Cruz Ramos, por meio do endosso-mandato, "o endossante confere poderes ao endossatário – por exemplo, uma instituição financeira – para agir como seu legítimo representante, exercendo em nome daquele os direitos constantes do título, podendo cobrá-lo, protestá-lo, executá-lo, etc. Faz-se o endosso-mandato, segundo a Lei Uniforme, mediante a colocação, junto ao endosso, das expressões 'para cobrança', 'valor a cobrar' ou 'por procuração'." (*Direito Empresarial Esquematizado*. 4 ed. Rio de Janeiro: Forense; São Paulo: Método, 2014, p. 492).

Normas gerais do Código Civil: as disposições do Código Civil relativas aos títulos de crédito, aplicam-se àqueles regulados por leis especiais, nos casos de omissão ou lacuna. O art. 903 do CC, dispõe que: "Salvo disposição diversa em lei especial, regem-se os títulos de crédito pelo disposto neste Código." Sempre que o examinador não especificar o título de crédito, responder à questão com base nas regras gerais do Código Civil. Por outro lado, se o examinador especificar o título de crédito, responder com base na legislação respectiva.

Regras especiais decorrentes da legislação regente de cada título de crédito:

Letra de câmbio	Cheque	Nota promissória	Duplicata
Admite aval total ou parcial.	Admite aval total ou parcial.	Admite aval total ou parcial.	Admite aval total ou parcial.
O endosso parcial é nulo.	O endosso parcial é nulo.	O endosso parcial é nulo.	O endosso parcial é nulo.

Distinção entre endosso e cessão civil de crédito:

Endosso	Cessão de crédito
• É um instituto cambial. • É uma declaração unilateral de vontade. • Partes: endossante e endossatário. • Garante a existência da obrigação e o pagamento. • Diz respeito ao título nominal à ordem, porquanto somente estes circulam por endosso. • Transfere um direito puro, originário, sem vícios. O endosso tem efeito purificador.	• É um instituto civilista. • É uma declaração bilateral de vontade (é um negócio jurídico). • Partes: cedente e cessionário. • Garante a existência da obrigação, mas o cedente ao ceder não garante o pagamento do título, salvo previsão expressa. • Utilizada tanto para os negócios jurídicos previstos no Código Civil como para o título nominal não à ordem. • Transfere um direito derivado, ou seja, transfere o título com eventuais vícios. A cessão não tem efeito purificador.

5.2. AVAL

Aval é o ato cambiário pelo qual uma pessoa (avalista) se compromete a pagar título de crédito, nas mesmas condições que um devedor desse título (avalizado). A grande característica do aval é que o avalista é um garantidor.

Segundo André Luiz Santa Cruz Ramos, o aval é o "ato cambiário pelo qual um terceiro (o avalista) se responsabiliza pelo pagamento da obrigação constante no título" (*Direito Empresarial Esquematizado*. 4 ed. Rio de Janeiro: Forense; São Paulo: Método, 2014, p. 496).

Distinção entre aval e fiança:

Aval	Fiança
• É um instituto cambiário. • É uma declaração unilateral de vontade. • É uma obrigação autônoma e independente (princípio da autonomia). • É uma obrigação solidária. • Partes: avalista e avalizado. • O aval não admite o benefício de ordem, motivo pelo qual o avalista pode ser acionado juntamente com o avalizado.	• É um instituto civilista. • É um contrato, portanto, uma declaração bilateral de vontade. • É uma obrigação acessória. • É uma obrigação subsidiária (há benefício de ordem, benefício de excussão). • Partes: fiador e afiançado. • A fiança admite o benefício de ordem, assegurando ao fiador, a prerrogativa de ser acionado somente após o afiançado. Logo, a responsabilidade do fiador é subsidiária.

Distinção entre endosso e aval:

Endosso	Aval
• É um instituto cambiário. • É uma declaração unilateral de vontade. • Partes: endossante e endossatário. • Garante a existência da obrigação e o pagamento. • Diz respeito ao título nominal à ordem, porquanto somente estes circulam por endosso. • Transfere um direito puro, originário, sem vícios. O endosso tem efeito purificador. • O endosso é feito através de uma assinatura no verso. É possível que ele seja feito no anverso do título. Nesse caso, deverá ser feita uma assinatura acompanhada de uma expressão identificadora do ato (ex.: "endosso a"; "pague-se a").	• É um instituto cambiário. • É uma declaração unilateral de vontade. • Partes: avalista e avalizado. • É uma obrigação autônoma e independente (princípio da autonomia). • É uma obrigação solidária. • O aval é feito através de uma assinatura no anverso do título. É possível que ele seja feito no verso do título. Nesse caso, deverá ser feita uma assinatura acompanhada de uma expressão identificadora do ato (ex.: "avalizo a", "por aval a").

5.3. PROTESTO

Legislação: A Lei nº 9.492/1997 regulamenta o protesto de títulos e documentos.

Conceito: Protesto é o ato formal e solene pelo qual se prova a inadimplência e o descumprimento de uma obrigação originada em títulos e outros documentos de dívida. Assim, um credor pode pedir o protesto de qualquer título representativo de uma dívida líquida e certa. Basicamente, o protesto possui duas finalidades: provar a mora do devedor e resguardar o direito do crédito.

Modalidades: No ordenamento jurídico brasileiro, as modalidades de protesto são as seguintes:

1) protesto por falta de pagamento;

2) protesto por falta de aceite;

3) protesto por falta de devolução; e

4) protestos especiais:

a) protesto para comprovação da data de aceite;

b) protesto de cópia do título;

c) protesto para fins falimentares;

d) protesto do contrato de câmbio; e

e) protesto da conta de profissional liberal.

Procedimentos do protesto:

Protocolização	• Todos os títulos e documentos de dívida protocolizados serão examinados em seus caracteres formais e terão curso se não apresentarem vícios, não cabendo ao Tabelião de Protesto investigar a ocorrência de prescrição ou caducidade. • Qualquer irregularidade formal observada pelo Tabelião obstará o registro do protesto. • Poderão ser protestados títulos e outros documentos de dívida em moeda estrangeira, emitidos fora do Brasil, desde que acompanhados de tradução efetuada por tradutor público juramentado
Intimação	• O protesto será registrado dentro de 3 (três) dias úteis contados da protocolização do título ou documento de dívida. • Na contagem do prazo, exclui-se o dia da protocolização e inclui-se o do vencimento. • Quando a intimação for efetivada excepcionalmente no último dia do prazo ou além dele, por motivo de força maior, o protesto será tirado no primeiro dia útil subsequente. • Protocolizado o título ou documento de dívida, o Tabelião expedirá a intimação ao devedor, no endereço fornecido pelo apresentante do título ou documento, considerando-se cumprida quando comprovada a sua entrega no mesmo endereço. • A remessa da intimação poderá ser feita por portador do próprio tabelião, ou por qualquer outro meio, desde que o recebimento fique assegurado e comprovado através de protocolo, aviso de recebimento (AR) ou documento equivalente. **Obs.:** A notificação do protesto, para requerimento de falência da empresa devedora, exige a identificação da pessoa que a recebeu (Súmula 361-STJ). • A intimação deverá conter nome e endereço do devedor, elementos de identificação do título ou documento de dívida, e prazo limite para cumprimento da obrigação no Tabelionato, bem como número do protocolo e valor a ser pago. • A intimação será feita por edital se a pessoa indicada para aceitar ou pagar for desconhecida, sua localização incerta ou ignorada, for residente ou domiciliada fora da competência territorial do Tabelionato, ou, ainda, ninguém se dispuser a receber a intimação no endereço fornecido pelo apresentante. O edital será afixado no Tabelionato de Protesto e publicado pela imprensa local onde houver jornal de circulação diária. • Aquele que fornece endereço incorreto, agindo de má-fé, responderá por perdas e danos, sem prejuízo de outras sanções civis, administrativas ou penais.
Sustação	• Antes da lavratura do protesto, poderá o apresentante retirar o título ou documento de dívida, pagos os emolumentos e demais despesas. • Permanecerão no Tabelionato, à disposição do Juízo respectivo, os títulos ou documentos de dívida cujo protesto for judicialmente sustado. • O título do documento de dívida cujo protesto tiver sido sustado judicialmente só poderá ser pago, protestado ou retirado com autorização judicial. • Revogada a ordem de sustação, não há necessidade de se proceder a nova intimação do devedor, sendo a lavratura e o registro do protesto efetivados até o primeiro dia útil subsequente ao do recebimento da revogação, salvo se a materialização do ato depender de consulta a ser formulada ao apresentante, caso em que o mesmo prazo será contado da data da resposta dada. • Tornada definitiva a ordem de sustação, o título ou o documento de dívida será encaminhado ao Juízo respectivo, quando não constar determinação expressa a qual das partes o mesmo deverá ser entregue, ou se decorridos trinta dias sem que a parte autorizada tenha comparecido no Tabelionato para retirá-lo. • As dúvidas do Tabelião de Protesto serão resolvidas pelo Juízo competente.

Pagamento	• O pagamento do título ou do documento de dívida apresentado para protesto será feito diretamente no Tabelionato competente, no valor igual ao declarado pelo apresentante, acrescido dos emolumentos e demais despesas. • Não poderá ser recusado pagamento oferecido dentro do prazo legal, desde que feito no Tabelionato de Protesto competente e no horário de funcionamento dos serviços. • No ato do pagamento, o Tabelionato de Protesto dará a respectiva quitação, e o valor devido será colocado à disposição do apresentante no primeiro dia útil subsequente ao do recebimento. • Quando for adotado sistema de recebimento do pagamento por meio de cheque, ainda que de emissão de estabelecimento bancário, a quitação dada pelo Tabelionato fica condicionada à efetiva liquidação. • Quando do pagamento no Tabelionato ainda subsistirem parcelas vincendas, será dada quitação da parcela paga em apartado, devolvendo-se o original ao apresentante.
Registro	• Não ocorrendo pagamento, desistência ou sustação, o Tabelião lavrará e registrará o protesto, sendo o respectivo instrumento entregue ao apresentante. • Como visto anteriormente, o protesto será tirado por falta de pagamento, de aceite ou de devolução. a) **Protesto por falta de aceite:** o protesto por falta de aceite somente poderá ser efetuado antes do vencimento da obrigação e após o decurso do prazo legal para o aceite ou a devolução. b) **Protesto por falta de pagamento:** após o vencimento, o protesto sempre será efetuado por falta de pagamento, vedada a recusa da lavratura e registro do protesto por motivo não previsto na lei cambial. **Obs.:** não se poderá tirar protesto por falta de pagamento de letra de câmbio contra o sacado não aceitante. c) **Protesto por falta de devolução:** quando o sacado retiver a letra de câmbio ou a duplicata enviada para aceite e não proceder à devolução dentro do prazo legal, o protesto poderá ser baseado na segunda via da letra de câmbio ou nas indicações da duplicata, que se limitarão a conter os mesmos requisitos lançados pelo sacador ao tempo da emissão da duplicata, vedada a exigência de qualquer formalidade não prevista na Lei que regula a emissão e circulação das duplicatas. • Os devedores, assim compreendidos os emitentes de notas promissórias e cheques, os sacados nas letras de câmbio e duplicatas, bem como os indicados pelo apresentante ou credor como responsáveis pelo cumprimento da obrigação, não poderão deixar de figurar no termo de lavratura e registro de protesto.

Efeitos: Como visto, o protesto é o ato formal e solene pelo qual se prova a inadimplência e o descumprimento de uma obrigação originada em títulos e outros documentos de dívida. O protesto produz os seguintes efeitos:

a) torna público o título;
b) atesta o inadimplemento da obrigação cambial;
c) obsta a mora do credor;
d) prova que o credor diligenciou a cobrança do título;
e) pode impedir a recuperação judicial;
f) prova a impontualidade;
g) constitui em mora o devedor;
h) fixa o termo legal da falência.

6. TÍTULOS DE CRÉDITOS EM ESPÉCIE

6.1. LETRA DE CÂMBIO

- A letra de cambio está prevista nos arts. 1º a 74 da Lei Uniforme de Genebra – LUG (Decreto nº 57.663/1966).
- A letra de câmbio é uma **ordem de pagamento**.
- A letra de câmbio é um **título abstrato** (e não causal), pois sua emissão independe de uma causa específica.
- A letra de câmbio é um **título nominal**, podendo ser à ordem ou não à ordem, quando houver cláusula expressa.
- Na letra de câmbio o aceite **deve ser expresso, mas não é obrigatório**.
- A letra de câmbio **admite aval total ou parcial**.
- A letra de câmbio não admite o endosso parcial. O endosso parcial é **nulo**.
- Quanto ao vencimento, a letra de câmbio **pode ser à vista ou a prazo**.
- Na letra de câmbio, as partes são o **sacador** (aquele dá a ordem de pagamento), o **sacado** (aquele que recebe a ordem de pagamento) e o **credor/tomador** (beneficiário da ordem de pagamento). Os devedores cambiários diretos da letra de câmbio são o aceitante e seu avalista. Já os devedores cambiários indiretos são o endossante e seu avalista, e o sacador e seu avalista.
- **Prazos prescricionais:**

Ação contra o aceitante	Ação do portador contra o endossante e sacador	Ação dos endossantes uns contra os outros e contra o sacador
3 anos a partir do vencimento.	1 ano da data do protesto ou vencimento do título com cláusula sem despesas.	6 meses do dia em que o endossante pagou a letra e ele próprio foi acionado.

- **Letra de câmbio sem aceite:** "A letra de cambio sem aceite obsta a cobrança pela via executiva. Pois a recusa do aceite traz como única consequência o vencimento antecipado da letra de cambio (art. 43 da LUG), pode, então, o tomador cobrá-la imediatamente do sacador." (REsp 511.387/GO, Rel. Min. Nancy Andrighi, julgado em 21/06/2005. Informativo n. 252).

6.2. NOTA PROMISSÓRIA

- A nota promissória está prevista nos arts. 75 a 78 da LUG (Decreto nº 57.663/66).
- A nota promissória é uma **promessa de pagamento**.
- A nota promissória é um título abstrato (e não causal), pois sua emissão independe de causa específica.
- A nota promissória é um **título nominal**, podendo ser à ordem ou não à ordem, quando houver cláusula expressa.
- As partes são o **emitente** (aquele que promete pagar) e o **credor** (beneficiário do pagamento).
- Na nota promissória **não há aceite**.
- A nota promissória **admite aval total ou parcial.**
- A nota promissória não admite o endosso parcial. O endosso parcial é **nulo**.
- Quanto ao vencimento, a nota promissória **pode ser à vista ou a prazo**.
- **Prazos prescricionais:**

Ação contra o devedor direto	Ação contra o devedor indireto
3 anos.	1 ano.

6.3. CHEQUE

- O cheque está previsto na Lei nº 7.357/1985.
- O cheque é uma **ordem de pagamento à vista**.
- O cheque é um **título abstrato**, pois sua emissão independe de causa específica.
- As partes são o **emitente** (devedor do cheque), o **sacado** (banco) e o **credor/beneficiário** (terceira pessoa ou o próprio emitente).
- No cheque **não há aceite.**
- O cheque **admite aval total ou parcial.**
- O cheque não admite endosso parcial. O endosso parcial no cheque é **nulo.**
- Quanto ao vencimento, o cheque é **à vista**, considerando não escrita qualquer menção em contrário.

> **ATENÇÃO!**
>
> Embora o cheque seja uma ordem de pagamento à vista, convencionou-se (costume), no caso de cheque pós-datado ("pré-datado") que entre o emitente e o credor existe uma obrigação de não fazer (não depositar antes do prazo). Isso estimulou o STJ a editar a súmula n. 370, que dispõe: "Caracteriza dano moral a apresentação antecipada de cheque pré-datado."

- Quanto à circulação, o cheque pode ser ao portador, nominal à ordem ou nominal não à ordem. Vejamos:

Ao portador	Nominal à ordem	Nominal não à ordem
Não identifica o credor.	Identifica o credor.	Identifica o credor.
Admissível somente para cheques de valor inferior a R$ 100 reais. Cheques acima de cem reais devem ser nominais.	Admissível para cheques de qualquer valor.	Admissível para cheques de qualquer valor.
Circula por tradição.	Circula via endosso.	Não se transfere via endosso, mas sim via cessão.

- **Prazo para apresentação (art. 33):** O cheque deve ser apresentado para pagamento, a contar do dia da emissão, no prazo de 30 dias, quando emitido no lugar onde houver de ser pago; e de 60 dias, quando emitido em outro lugar do País ou no exterior.
- **Prazos prescricionais (arts. 33/47/59):** 6 meses da data da expiração do prazo para apresentação.

6.4. DUPLICATA

- A duplicata está prevista na Lei nº 5.474/1968.
- A duplicata é uma **ordem de pagamento**.
- A duplicata é necessariamente um **título nominal e à ordem.**
- A duplicata é um **título causal**, pois sua emissão depende de uma causa específica (compra e venda mercantil).
- A duplicata **não é título de saque obrigatório**. No entanto, para sacar uma duplicata, deve haver necessariamente um contrato de compra e venda ou um contrato de prestação de serviços (causas específicas previstas na Lei da Duplicata). A duplicata, portanto, é um título causal (sua emissão depende de uma causa específica).
- As partes são o **sacador (é autor da ordem de pagamento e ao mesmo tempo o credor), o sacado** (recebe a ordem de pagamento) e o **credor/beneficiário (é o próprio sacador).**
- Na duplicata **há a figura do aceite**, que pode ser **expresso ou tácito.**
- A duplicata **admite o aval total ou parcial**.
- A duplicata não admite o endosso parcial. O endosso parcial na duplicata é **nulo.**
- Quanto ao vencimento a duplicata pode ser **à vista ou a prazo.**
- **Prazos prescricionais:**

Ação contra o sacado e seus avalistas	Ação contra o endossante e seus avalistas	Ação de qualquer dos coobrigados contra os demais
3 anos contados da data de vencimento do título.	1 ano contado da data do protesto.	1 ano, contado da data em que haja sido efetuado o pagamento do título.

7. TÍTULOS DE CRÉDITO COMERCIAL, INDUSTRIAL, À EXPORTAÇÃO, RURAL, IMOBILIÁRIO, BANCÁRIO

Títulos de crédito próprios são aqueles que se submetem aos princípios cambiários da cartularidade, autonomia e literalidade e criam uma relação cambial entre credor e devedor, possuindo executividade.

Por outro lado, os títulos impróprios se assemelham aos títulos de crédito próprios, mas não se submetem a todos os princípios cambiários.

Os títulos impróprios são classificados em representativos, de financiamento e de investimento. Vejamos o quadro sinótico para facilitar a compreensão:

<table>
<tr><td>Títulos de crédito próprios</td><td colspan="2">• Letra de câmbio;
• Cheque;
• Nota promissória;
• Duplicata.</td></tr>
<tr><td rowspan="3">Títulos de crédito impróprios</td><td>Títulos representativos</td><td>• Títulos representativos de mercadorias depositadas;
• Títulos representativos de mercadorias transportadas</td></tr>
<tr><td>Títulos de financiamento</td><td>• Cédulas de crédito rural;
• Cédula de credito industrial.</td></tr>
<tr><td>Títulos de investimento</td><td>• Letra de cambio financeira (Lei 4.728/65);
• Certificados de depósitos bancários (Lei 4.728/65);
• Certificado de recebíveis imobiliários (Lei 9.514/97, art.6°); e
• Letra de crédito imobiliário (Lei 10.193/04, art.12).</td></tr>
</table>

7.1. TÍTULOS DE CRÉDITO COMERCIAL

- As operações de empréstimo concedidas por instituições financeiras a pessoa física ou jurídica que se dedique a atividade comercial ou de prestação de serviços poderão ser representadas por cédula de crédito comercial.
- A cédula de crédito comercial é uma promessa de pagamento em dinheiro, com garantia real, cedularmente constituída.

7.2. TÍTULO DE CRÉDITO INDUSTRIAL

- A cédula de crédito industrial é promessa de pagamento em dinheiro, com garantia real, cedularmente constituída. Trata-se de título líquido e certo, exigível pela soma dela constante ou do endosso, além dos juros, da comissão de fiscalização, se houver, e demais despesas que o credor fizer para segurança, regularidade e realização de seu direito creditório.
- Importa em vencimento antecipado da dívida resultante da cédula, independentemente de aviso ou de interpelação judicial, a inadimplência de qualquer obrigação do eminente do título ou, sendo o caso, do terceiro prestante da garantia real.
- Dentre outros requisitos, a cédula de crédito industrial deve conter a taxa de juros a pagar, comissão de fiscalização, se houver, e as épocas em que serão exigíveis, podendo ser capitalizadas.

7.3. TÍTULO DE CRÉDITO À EXPORTAÇÃO

- As operações de financiamento à exportação ou à produção de bens para exportação, bem como às atividades de apoio e complementação integrantes e fundamentais da exportação, realizadas por instituições financeiras, poderão ser representadas por cédula crédito à exportação. Trata-se de uma promessa de pagamento em dinheiro, com garantia real, cedularmente constituída, possuindo características idênticas à cédula de crédito industrial.
- As cédula de crédito à exportação podem ser emitidas por pessoas físicas e jurídicas, que se dediquem a atividades de financiamento à exportação ou à produção de bens para exportação, bem como às atividades de apoio e complementação integrantes e fundamentais da exportação.

7.4. TÍTULO DE CRÉDITO RURAL

- O financiamento rural concedido pelos órgãos integrantes do sistema nacional de crédito rural à pessoa física ou jurídica poderá efetivar-se por meio das células de crédito rural.
- A cédula de crédito rural é promessa de pagamento em dinheiro, com ou sem garantia real cedularmente constituída, sob as seguintes denominações e modalidades: **a)** cédula rural pignoratícia; **b)** cédula rural hipotecária; **c)** cédula rural pignoratícia e hipotecária; **d)** nota de crédito rural.

7.5. TÍTULO DE CRÉDITO IMOBILIÁRIO

- A Cédula de Crédito Imobiliário é emitida para representar créditos imobiliários.
- A Cédula de Crédito Imobiliário é emitida pelo credor do crédito imobiliário e poderá ser integral, quando representar a totalidade do crédito, ou fracionária, quando representar parte dele. No entanto, não pode a soma das Cédulas de Crédito Imobiliário fracionárias emitidas em relação a cada crédito exceder o valor total do crédito que elas representam.
- A Cédula de Crédito Imobiliário poderá ser emitida com ou sem garantia, real ou fidejussória, sob a forma escritural ou cartular.
- A emissão da Cédula de Crédito Imobiliário sob a forma escritural far-se-á mediante escritura pública ou instrumento particular, devendo esse instrumento permanecer custodiado em instituição financeira e registrado em sistemas de registro e liquidação financeira de títulos privados autorizados pelo Banco Central do Brasil.
- Sendo o crédito imobiliário garantido por direito real, a emissão da Cédula de Crédito Imobiliário deve ser averbada no Registro de Imóveis da situação do imóvel, na respectiva matrícula, devendo dela constar, exclusivamente, o número, a série e a instituição custodiante.

7.6. TÍTULO DE CRÉDITO BANCÁRIO

- A cédula de crédito bancário é título de crédito emitido, por pessoa física ou jurídica, em favor de instituição financeira ou de entidade a esta equiparada, representando promessa de pagamento em dinheiro, decorrente de operação de crédito, de qualquer modalidade.
- A instituição credora deve integrar o Sistema Financeiro Nacional, sendo admitida a emissão da cédula de crédito bancário em favor de instituição domiciliada no exterior, desde que a obrigação esteja sujeita exclusivamente à lei e ao foro brasileiros.
- A cédula de crédito bancário poderá ser emitida, com ou sem garantia, real ou fidejussória, cedularmente constituída.

7.7. LETRA DE ARRENDAMENTO MERCANTIL

- As letras de arrendamento mercantil são reguladas pela Lei nº 11.882/2008.
- As letras de arrendamento mercantil são títulos de crédito representativo de promessa de pagamento em dinheiro emitidos por sociedades de arrendamento mercantil.
- As letras de arrendamento mercantil devem ser emitidas sob a forma escritural, mediante registro em sistema de registro e de liquidação financeira de ativos autorizada pelo Banco Central.

8. AÇÃO CAMBIAL

Ação cambial é o instrumento processual adequado para a cobrança do título de crédito em juízo. Em outras palavras, a ação cambial é uma ação executiva típica, que visa a cobrança do título de crédito.

Desde que dentro do prazo prescricional, o titular do título de crédito vencido e não pago, poderá ajuizar, em face dos devedores, a competente ação de execução. Isso porque, os títulos de crédito são considerados títulos executivos extrajudiciais.

8.1. AÇÃO DE REGRESSO

A ação de regresso é intentada contra todos os demais coobrigados do título (sacador, endossantes e avalistas). Pela ação de regresso, o signatário que paga o título de crédito pode acionar, na execução, os devedores coobrigados.

8.2. INOPONIBILIDADE DE EXCEÇÕES

A inoponibilidade de exceções é a regra geral e visa garantir terceiros que recebam o título de boa-fé. Trata-se de segurança jurídica necessária para que os títulos de crédito possam circular com confiabilidade no mercado, sem riscos em sua negociação. Assim, a regra geral, é a de que o devedor (réu na ação cambial) não poderá opor exceções pessoais ao credor de boa-fé, negando-lhe o pagamento.

8.3. RESPONSABILIDADE PATRIMONIAL E FRAUDE À EXECUÇÃO

- Para que haja fraude à execução, é indispensável que tenha havido a citação válida do devedor.

EXCEÇÃO!
Haverá fraude à execução se o credor já havia realizado a averbação da execução nos registros públicos antes da alienação ou oneração pelo devedor. Neste caso, ainda que não haja citação válida, presume-se a fraude de execução.

- O reconhecimento da fraude de execução depende do registro da penhora do bem alienado ou da prova de má-fé do terceiro adquirente (Súmula 375 do STJ).
- Lembre-se que a boa-fé se presume e a má-fé deve ser provada. Assim, de acordo com o STJ, não havendo registro da penhora na matrícula do imóvel, é do credor o ônus de provar que o terceiro adquirente tinha conhecimento de demanda capaz de levar o alienante à insolvência. (STJ, Corte Especial, REsp 956.943-PR, Rel. Orig. Min. Nancy Andrighi, Rel. p/ acórdão Min. João Otávio de Noronha, julgado em 20/8/2014. Informativo n. 552).

8.4. EMBARGOS DO DEVEDOR

O executado (devedor), independentemente de penhora, depósito ou caução, poderá se opor à execução por meio de embargos, onde poderá alegar:

a) inexequibilidade do título ou inexigibilidade da obrigação;

b) penhora incorreta ou avaliação errônea;

c) excesso de execução ou cumulação indevida de execuções;

d) retenção por benfeitorias necessárias ou úteis, nos casos de execução para entrega de coisa certa;

e) incompetência absoluta ou relativa do juízo da execução; e

f) qualquer matéria que lhe seria lícito deduzir como defesa em processo de conhecimento.

Vale lembrar que há excesso de execução quando:

a) o exequente pleiteia quantia superior à do título;

b) a execução recai sobre coisa diversa daquela declarada no título;

c) a execução se processa de modo diferente do que foi determinado no título;

d) o exequente, sem cumprir a prestação que lhe corresponde, exige o adimplemento da prestação do executado;

e) o exequente não prova que a condição se realizou.

8.5. AÇÃO DE ANULAÇÃO E SUBSTITUIÇÃO DE TÍTULO

O novo Código de Processo Civil de 2015 não cuidou da ação de anulação e substituição de título. No Código anterior, tratava-se de um procedimento especial previsto nos arts. 907 a 913.

No entanto, é interessante observar que o art. 259, II, do novo Código de Processo Civil, ao tratar das formas de citação, diz expressamente que haverá a necessidade de citação por edital no caso de ação de recuperação ou substituição de título ao portador.

De toda forma, prevalece o entendimento que a ação de anulação e substituição de título não deixam de ser admissíveis pelo simples fato de o legislador não ter previsto este tipo de ação no novo Código.

9. SÚMULAS APLICÁVEIS

9.1. ASPECTOS GERAIS

- **STF – Súmula 387:** A cambial emitida ou aceita com omissões, ou em branco, pode ser completada pelo credor de boa-fé antes da cobrança ou do protesto.

9.2. CHEQUE

- **STF – Súmula 28:** O estabelecimento bancário é responsável pelo pagamento de cheque falso, ressalvadas as hipóteses de culpa exclusiva ou concorrente do correntista.
- **STF – Súmula 600:** Cabe ação executiva contra o emitente e seus avalistas, ainda que não apresentado o cheque ao sacado no prazo legal, desde que não prescrita a ação cambiária.
- **STJ – Súmula 299:** É admissível a ação monitória fundada em cheque prescrito.
- **STJ – Súmula 370:** Caracteriza dano moral a apresentação antecipada de cheque pré-datado.
- **STJ – Súmula 388:** A simples devolução indevida de cheque caracteriza dano moral.
- **STJ – Súmula 503:** O prazo para ajuizamento de ação monitória em face do emitente de cheque sem força executiva é quinquenal, a contar do dia seguinte à data de emissão estampada na cártula.
- **STJ – Súmula 531:** Em ação monitória fundada em cheque prescrito ajuizada contra o emitente, é dispensável a menção ao negócio jurídico subjacente à emissão da cártula.
- **STJ – Súmula 572:** O Banco do Brasil, na condição de gestor do Cadastro de Emitentes de Cheques sem Fundos (CCF), não tem a responsabilidade de notificar previamente o devedor acerca da sua inscrição no aludido cadastro, tampouco legitimidade passiva para as ações de reparação de danos fundadas na ausência de prévia comunicação.

9.3. NOTA PROMISSÓRIA

- **STJ – Súmula 60:** É nula a obrigação cambial assumida por procurador do mutuário vinculado ao mutuante, no exclusivo interesse deste.
- **STJ – Súmula 258:** A nota promissória vinculada a contrato de abertura de crédito não goza de autonomia em razão da iliquidez do título que a originou.

9.4. DUPLICATA

- **STJ – Súmula 248:** Comprovada a prestação dos serviços, a duplicata não aceita, mas protestada, é título hábil para instruir pedido de falência.

9.5. CÉDULA DE CRÉDITO RURAL

- **STJ – Súmula 16:** A legislação ordinária sobre crédito rural não veda a incidência da correção monetária.
- **STJ – Súmula 93:** A legislação sobre cédulas de crédito rural, comercial e industrial admite o pacto de capitalização de juros.

9.6. ENDOSSO

- **STJ – Súmula 475:** Responde pelos danos decorrentes de protesto indevido o endossatário que recebe por endosso translativo título de crédito contendo vício formal extrínseco ou intrínseco, ficando ressalvado seu direito de regresso contra os endossantes e avalistas.
- **STJ – Súmula 476:** O endossatário de título de crédito por endosso-mandato só responde por danos decorrentes de protesto indevido se extrapolar os poderes de mandatário.

9.7. AVAL

- **STJ – Súmula 26:** O avalista do título de crédito vinculado a contrato de mútuo também responde pelas obrigações pactuadas, quando no contrato figurar como devedor solidário.
- **STJ – Súmula 475:** Responde pelos danos decorrentes de protesto indevido o endossatário que recebe por endosso translativo título de crédito contendo vício formal extrínseco ou intrínseco, ficando ressalvado seu direito de regresso contra os endossantes e avalistas.

9.8. PROTESTO

- **STJ – Súmula 475:** Responde pelos danos decorrentes de protesto indevido o endossatário que recebe por endosso translativo título de crédito contendo vício formal extrínseco ou intrínseco, ficando ressalvado seu direito de regresso contra os endossantes e avalistas.
- **STJ – Súmula 476:** O endossatário de título de crédito por endosso-mandato só responde por danos decorrentes de protesto indevido se extrapolar os poderes de mandatário.

◉ CAPÍTULO 12 – CONTRATOS EMPRESARIAIS

1. TEORIA GERAL DO DIREITO DOS CONTRATOS EMPRESARIAIS

- **Conceito:** Contratos empresariais ou mercantis são aqueles em que ambos os contratantes são empresários.
- **Classificação:** Os contratos mercantis classificam-se em cíveis, de relação de consumo, e bancários:
  - **a)** *Contratos empresariais cíveis* são aqueles regidos pelo Código Civil e ocorrem quando ambos os contratantes empresários estiverem em posição de igualdade do ponto de vista econômico;
  - **b)** *Contratos empresariais de relação de consumo* são aqueles regidos pelo Código de Defesa do Consumidor e ocorrem quando um dos contratantes empresários está em posição de desigualdade (vulnerabilidade) frente ao outro. Ex.: um empresário adquire produto ou serviço como destinatário final; aplicação da teoria finalista mitigada.
  - **c)** *Contratos bancários* são aqueles em que, necessariamente, uma das partes é um Banco e o objeto seja algum serviço ligado à atividade bancária, como a coleta, a intermediação ou aplicação de recursos financeiros próprios ou de terceiros, a custódia de valores.
- **Autonomia privada:** O negócio jurídico é a principal forma de exercício da autonomia privada. Autonomia privada é o direito que a pessoa tem de regulamentar os seus próprios interesses.
- **Requisitos de existência, validade e eficácia:** De acordo com Pontes de Miranda, o negócio jurídico deve ser analisado em três planos – existência, validade e eficácia –, gerando um esquema gráfico que representa uma escada com três degraus, denominada pela doutrina de escada ponteana. Tais planos devem ser analisados na seguinte ordem:

1) plano da existência;

2) plano da validade; e

3) plano da eficácia.

A diferença entre o plano da existência e da validade dos negócios jurídicos está na adjetivação e na consequência jurídica no caso de ausência de algum requisito. Os requisitos de existência são substantivos (agente, vontade, objeto, forma). Os requisitos de validade, a seu turno, são adjetivos, ou seja, adjetivam os requisitos de existência (agente capaz; objeto lícito, possível, determinado ou determinável; forma prescrita ou não defesa em lei).

Requisitos de existência	Requisitos de validade
• agente; • objeto; • forma.	• agente capaz; • objeto lícito, possível, determinado ou determinável; • forma prescrita ou não defesa em lei.
Na falta de um ou alguns requisitos, o negócio jurídico é **inexistente**.	Na falta de um ou alguns requisitos, o negócio jurídico é **inválido** (nulo ou anulável).

No plano da eficácia, estão os elementos relacionados com a suspensão e a resolução dos direitos e deveres dos agentes no negócio jurídico. São chamados de elementos acidentais, porque não são obrigatórios, podendo ou não estarem presentes nos negócios jurídicos, a saber:

1) a condição;

2) o termo;

3) o encargo.

Elementos acidentais são aqueles que as partes podem adicionar em seus negócios para modificar uma ou algumas de suas consequências jurídicas. Em regra, os elementos acidentais são plenamente permitidos. Excepcionalmente, a presença dos elementos acidentais pode gerar a nulidade do negócio, situando-se, neste caso, no plano da validade. Espécies de elementos acidentais: são três os elementos acidentais do negócio jurídico (arts. 121 a 137, CC), a condição, o termo e o encargo.

- **Interpretação:** Com relação à interpretação dos contratos empresariais, podemos dizer que a teoria geral dos contratos civis também se aplica. Como exemplo, temos que os contratos empresariais devem ser interpretados a partir da boa-fé objetiva, da função social, e dos usos e costumes.

Interessante notar que tramita no Congresso Nacional, o Projeto de Lei n. 1.572/2011, que versa sobre o novo Código Comercial. Neste projeto de lei, especificamente no art. 318, o legislador elenca uma série de regras a serem utilizadas na interpretação dos contratos empresariais. Assim é que o projeto de lei em comento informa que o contrato empresarial deve ser interpretado de acordo com as seguintes regras:

a) a inteligência simples e adequada, que for mais conforme à boa-fé e aos objetivos e natureza do contrato, deve sempre prevalecer sobre o sentido literal da linguagem;

b) as cláusulas devem ser interpretadas tendo em vista o cumprimento da função econômica do contrato;

c) cada cláusula deve ser interpretada como se compusesse com as demais um conjunto lógico e ordenado de disposições de vontade;

d) o modo como o contratante se comportou após a assinatura do contrato, relativamente à sua execução, será a melhor explicação da vontade por ele expressa no ato da celebração;

e) os usos e costumes praticados no segmento da atividade econômica relativa ao objeto do contrato servem de critério para a interpretação das cláusulas contratadas, prevalecendo sobre os demais;

f) em caso de dúvida não solucionável de acordo com as regras antecedentes, prevalecerá a interpretação mais favorável ao devedor da obrigação.

Contratos mercantis são aqueles em que ambos os contratantes são empresários.

Enunciados do CJF aplicáveis:

➘ **Enunciado 20 da I Jornada de Direito Comercial:** "Não se aplica o Código de Defesa do Consumidor aos contratos celebrados entre empresários em que um dos contratantes tenha por objetivo suprir-se de insumos para sua atividade de produção, comércio ou prestação de serviços."

➘ **Enunciado 21 da I Jornada de Direito Comercial:** "Nos contratos empresariais, o dirigismo contratual deve ser mitigado, tendo em vista a simetria natural das relações interempresariais."

➘ **Enunciado 23 da I Jornada de Direito Comercial:** "Em contratos empresariais, é lícito às partes contratantes estabelecer parâmetros objetivos para a interpretação dos requisitos de revisão e/ou resolução do pacto contratual."

➘ **Enunciado 24 da I Jornada de Direito Comercial:** "Os contratos empresariais coligados, concretamente formados por unidade de interesses econômicos, permitem a arguição da exceção de contrato não cumprido, salvo quando a obrigação inadimplida for de escassa importância."

➘ **Enunciado 25 da I Jornada de Direito Comercial:** "A revisão do contrato por onerosidade excessiva fundada no Código Civil deve levar em conta a natureza do objeto do contrato. Nas relações empresariais, deve-se presumir a sofisticação dos contratantes e observar a alocação de riscos por eles acordada."

➘ **Enunciado 26 da I Jornada de Direito Comercial:** "O contrato empresarial cumpre sua função social quando não acarreta prejuízo a direitos ou interesses, difusos ou coletivos, de titularidade de sujeitos não participantes da relação negocial."

➘ **Enunciado 27 da I Jornada de Direito Comercial:** "Não se presume violação à boa-fé objetiva se o empresário, durante as negociações do contrato empresarial, preservar segredo de empresa ou administrar a prestação de informações reservadas, confidenciais ou estratégicas, com o objetivo de não colocar em risco a competitividade de sua atividade."

➘ **Enunciado 28 da I Jornada de Direito Comercial:** "Em razão do profissionalismo com que os empresários devem exercer sua atividade, os contratos empresariais não podem ser anulados pelo vício da lesão fundada na inexperiência."

➘ **Enunciado 29 da I Jornada de Direito Comercial:** "Aplicam-se aos negócios jurídicos entre empresários a função social do contrato e a boa-fé objetiva (arts. 421 e 422 do Código Civil), em conformidade com as especificidades dos contratos empresariais."

➘ **Enunciado 32 da I Jornada de Direito Comercial:** "Nos contratos de prestação de serviços nos quais as partes contratantes são empresários e a função econômica do contrato está relacionada com a exploração de atividade empresarial, as partes podem pactuar prazo superior a quatro anos, dadas as especificidades da natureza do serviço a ser prestado, sem constituir violação do disposto no art. 598 do Código Civil."

➘ **Enunciado 33 da I Jornada de Direito Comercial:** "Nos contratos de prestação de serviços nos quais as partes contratantes são empresários e a função econômica do contrato está relacionada com a exploração de atividade empresarial, é lícito às partes contratantes pactuarem, para a hipótese de denúncia imotivada do contrato, multas superiores àquelas previstas no art. 603 do Código Civil."

➘ **Enunciado 35 da I Jornada de Direito Comercial:** "Não haverá revisão ou resolução dos contratos de derivativos por imprevisibilidade e onerosidade excessiva (arts. 317 e 478 a 480 do Código Civil)."

➘ **Enunciado 36 da I Jornada de Direito Comercial:** "O pagamento da comissão, no contrato de corretagem celebrado entre empresários, pode ser condicionado à celebração do negócio previsto no contrato ou à mediação útil ao cliente, conforme os entendimentos prévios entre as partes. Na ausência de ajuste ou previsão contratual, o cabimento da comissão deve ser analisado no caso concreto, à luz da boa-fé objetiva e da vedação ao enriquecimento sem causa, sendo devida se o negócio não vier a se concretizar por fato atribuível exclusivamente a uma das partes."

➘ **Enunciado 37 da I Jornada de Direito Comercial:** "Aos contratos de transporte aéreo internacional celebrados por empresários aplicam-se as disposições da Convenção de Montreal e a regra da indenização tarifada nela prevista (art. 22 do Decreto n. 5.910/2006)."

- **Enunciado 59 da II Jornada de Direito Comercial:** "A mera instalação de um novo estabelecimento, em lugar antes ocupado por outro, ainda que no mesmo ramo de atividade, não implica responsabilidade por sucessão prevista no art. 1.146 do CCB."
- **Enunciado 439 da V Jornada de Direito Civil:** "A revisão do contrato por onerosidade excessiva fundada no Código Civil deve levar em conta a natureza do objeto do contrato. Nas relações empresariais, observar-se-á a sofisticação dos contratantes e a alocação de riscos por eles assumidas com o contrato."

2. O COMÉRCIO ELETRÔNICO

Segundo André Luiz Santa Cruz Ramos (corrente a qual nos filiamos), a "ideia fechada de que a *organização* dos fatores de produção é absolutamente imprescindível para a caracterização do empresário vem perdendo força no atual contexto da economia capitalista. Com efeitos, basta citar o caso dos microempresários, os quais, não raro, exercem atividade empresarial única ou preponderantemente com trabalho próprio. Pode-se citar também o caso dos *empresários virtuais*, que muitas vezes atuam completamente sozinhos, resumindo-se sua atividade à intermediação de produtos ou serviços por meio da *internet*" (*Direito Empresarial Esquematizado*. 4ª ed. Rio de Janeiro: Forense; São Paulo: Método, 2014).

Comércio eletrônico é o nome que se dá aos atos de circulação de bens ou de prestação de serviços em que as tratativas e a celebração do contrato ocorrem em ambiente eletrônico, normalmente, a *internet*.

A título de curiosidade, o Projeto do Novo Código Comercial, traz o conceito de comércio eletrônico no art. 108, que dispõe: "Art. 108. É eletrônico o comércio em que as partes se comunicam e contratam por meio de transmissão eletrônica de dados. Parágrafo único. O comércio eletrônico abrange não somente a comercialização de mercadorias como também a de insumos e a prestação de serviços, incluindo os bancários."

Espécies de comércio eletrônico:

a) **B2B (*business to business*):** é a modalidade de comércio eletrônico em que ambas as partes (fornecedor e comprador) são empresários e o objeto do negócio são insumos. Os contratos celebrados via B2B são regidos pelas normas do Direito Empresarial.

b) **B2C (*business to consumer*):** é a modalidade de comércio eletrônico em que uma das partes é um empresário (fornecedor) e a outra, um consumidor, nos termos do art. 2º do Código de Defesa do Consumidor. Os contratos celebrados via B2C são regidos pelas normas do Direito do Consumidor.

c) **C2C (*consumer to consumer*):** é a modalidade de comércio eletrônico em que ambas as partes não são empresários. Os contratos celebrados via C2C são regidos pelas normas do Direito Civil.

Quando ao comércio eletrônico vale a pena lembrar do chamado **prazo de reflexão** para o exercício do direito do arrependimento, previsto no Código de Defesa do Consumidor. De acordo com o art. 49 do CDC, o consumidor pode desistir do contrato, no prazo de 7 dias a contar de sua assinatura ou do ato de recebimento do produto ou serviço, sempre que a contratação de fornecimento de produtos e serviços ocorrer fora do estabelecimento comercial, como, por exemplo, via *internet*, telefone, etc.

> **ATENÇÃO!**
>
> Se o consumidor exercitar o direito de arrependimento previsto neste artigo, os valores eventualmente pagos, a qualquer título, durante o prazo de reflexão, serão devolvidos, de imediato, monetariamente atualizados.

Jurisprudência correlata:

- **Comércio eletrônico e responsabilidade dos provedores de pesquisa:** "O provedor de buscas de produtos à venda on-line que não realiza qualquer intermediação entre consumidor e vendedor não pode ser responsabilizado por qualquer vício da mercadoria ou inadimplemento contratual." (STJ, REsp 1.444.008/RS, Rel. Min. Nancy Andrighi, Terceira Turma, julgado em 25.10.2016, DJe 9.11.2016).
- **Ausência de dever do comerciante de receber e enviar o produto viciado (vício do produto) para a assistência técnica:** "O comerciante não tem o dever de receber e de encaminhar produto viciado à assistência técnica, a não ser que esta não esteja localizada no mesmo município do estabelecimento comercial." (STJ, REsp 1.411.136-RS, Rel. Min. Marco Aurélio Bellizze, Terceira Turma, julgado em 24/2/2015. Informativo n. 557).
- **O ônus de arcar com as despesas postais decorrentes do exercício do direito de arrependimento do consumidor é do fornecedor:** "O Procon pode aplicar multa a fornecedor em razão do repasse aos consumidores, efetivado com base em cláusula contratual, do ônus de arcar com as despesas postais decorrentes do exercício do direito de arrependimento previsto no art. 49 do CDC." (STJ, REsp 1.340.604-RJ, Rel. Min. Mauro Campbell Marques, Segunda Turma, julgado em 15/08/2013. Informativo n. 528).
- **Direito de arrependimento do consumidor:** "O art. 49 do Código de Defesa do Consumidor dispõe que, quando o contrato de consumo for concluído fora do estabelecimento comercial, o consumidor tem o direito de desistir do negócio em 7 dias ("período de reflexão"), sem qualquer motivação. Trata-se do direito de arrependimento, que assegura o consumidor a realização de uma compra consciente, equilibrando as relações de consumo. Exercido o direito de arrependimento, o parágrafo único do art. 49 do CDC especifica que o consumidor terá de volta, imediatamente e monetariamente atualizados, todos os valores eventualmente pagos, a qualquer título, durante o prazo de reflexão, entendendo-se

incluídos nestes valores todas as despesas com o serviço postal para a devolução do produto, quantia esta que não pode ser repassada ao consumidor. Eventuais prejuízos enfrentados pelo fornecedor neste tipo de contratação são inerentes à modalidade de venda agressiva fora do estabelecimento comercial (*internet*, telefone, domicílio). Aceitar o contrário é criar limitação ao direito de arrependimento legalmente não previsto, além de desestimular tal tipo de comércio tão comum nos dias atuais." (STJ, REsp 1.340.604-RJ, Rel. Min. Mauro Campbell Marques, Segunda Turma, julgado em 15/08/2013).

3. CONTRATOS EMPRESARIAIS EM ESPÉCIE

3.1. COMPRA E VENDA MERCANTIL

Elementos essenciais: A compra e venda mercantil se caracteriza pelo fato de ser um contrato de compra e venda celebrado entre dois empresários.

Segundo o Professor Fábio Ulhoa Coelho, "A compra e venda é mercantil quanto comprador e vendedor são empresários. Trata-se do contrato elementar da atividade empresarial. Numa esquematização simples, o comércio pode ser explicado como a sucessão de contratos de compra e venda. O importador compra o produto do fabricante sediado no exterior e o revende ao atacadista, que o revende ao varejista e assim por diante." (Manual de Direito Comercial. 18 ed. São Paulo: Saraiva, 2007, p. 422).

Direitos e obrigações das partes: Pelo contrato de compra e venda, um dos contratantes se obriga a transferir o domínio de certa coisa, e o outro, a pagar-lhe certo preço em dinheiro, nos termos do art. 481 do Código Civil.

Responsabilidade pelos vícios: O contrato de compra e venda mercantil é o contrato de compra e venda do Código Civil, mas celebrado entre dois empresários, sendo perfeitamente aplicável as mesmas regras incidentes sobre os contratos em geral, como às relativas aos vícios redibitórios. Com efeito, a coisa recebida em virtude de contrato comutativo pode ser enjeitada por vícios ou defeitos ocultos, que a tornem imprópria ao uso a que é destinada, ou lhe diminuam o valor, nos termos do art. 441 do Código Civil.

Responsabilidade pela evicção: O contrato de compra e venda mercantil é o contrato de compra e venda do Código Civil, mas celebrado entre dois empresários, sendo perfeitamente aplicável as mesmas regras incidentes sobre os contratos em geral, como às relativas a evicção. Com efeito, nos contratos onerosos, o alienante responde pela evicção, subsistindo esta garantia ainda que a aquisição se tenha realizado em hasta pública, nos termos do art. 447 do Código Civil.

Compra e venda no comércio exterior: Quanto ao comércio exterior, importante o candidato conhecer sobre o chamado "dumping" e as medidas "antidumping".

Vale lembrar a conceituação de Fabiano Del Masso: "O dumping consiste na conduta dos agentes econômicos que vendem os seus produtos fora do país abaixo do custo de produção e também por preço inferior aos cobrados no país de origem." (*Direito Econômico Esquematizado*. São Paulo: Método, 2ª ed., p. 283).

Por outro lado, "as medidas antidumping têm como objetivo evitar que os produtores nacionais sejam prejudicados por importações realizadas a preços de dumping." (PETTER, Lafayete Josué. *Direito Econômico*. Porto Alegre: Verbo Jurídico, 2014, p. 239).

O combate ao dumping destina-se à proteção do país que tenha sua economia atingida pela discriminação interna de preços.

A introdução de um produto em mercado estrangeiro a preço superior a seu valor normal, por si só, se comparado a preço de produto similar praticado no país exportador, não se considera automaticamente como dumping. Para que essa prática seja considerada dumping é necessário que a economia do país seja efetivamente lesada ou ameaçada de lesão.

O Professor Lafayete Josué Petter ensina que: "É importante notar que o dumping, por si só, não é considerado uma prática comercial desleal, mas será condenado sempre que a discriminação de preços estiver causando, ou ameaçando causar, dano material à indústria nacional do produto similar ao produto importado (grifo nosso). Nesse caso, o Estado cuja indústria está sendo prejudicada ou ameaçada, poderá valer-se de uma sobretaxa na alíquota de importação, denominada medida antidumping, objetivando proteger sua indústria". (*Direito Econômico*. Porto Alegre: Verbo Jurídico, 2014, p. 239).

Por fim, vale lembrar que é permitido à Secretaria de Comércio Exterior – SECEX, celebrar com o exportador ou o governo do país exportador acordo que elimine os efeitos prejudiciais decorrentes da prática de dumping, nos termos do art. 4º, § 1º da Lei n. 9.019/1995.

International Commercial Terms (INCOTERMS): As condições para a compra e venda internacional estão previstas no chamado International Commercial Terms (INCOTERMS), editada pela Câmara de Comércio Internacional (CCI). Trata-se de um procedimento que deve ser observado pelas partes num contrato internacional de compra e venda de mercadorias. Ex: o produto e a fatura devem estar à disposição do importador no estabelecimento do exportador; todas as despesas e quaisquer perdas e danos a partir da entrega da mercadoria, inclusive o despacho da mercadoria para o exterior, são de responsabilidade do importador; quando solicitado, o exportador deverá prestar ao importador assistência na obtenção de documentos para o despacho do produto.

3.2. COMISSÃO

O contrato de comissão tem por objeto a aquisição ou a venda de bens pelo comissário, em seu próprio nome, à conta do comitente.

O comissário fica diretamente obrigado para com as pessoas com quem contratar, sem que estas tenham ação contra o comitente, nem este contra elas, salvo se o comissário ceder seus direitos a qualquer das partes.

Para reembolso das despesas feitas, bem como para recebimento das comissões devidas, tem o comissário direito de retenção sobre os bens e valores em seu poder em virtude da comissão.

3.3. REPRESENTAÇÃO COMERCIAL

Cabe ao representante comercial expandir os negócios do representado e promover os seus produtos.

Exerce representação comercial autônoma a pessoa física ou jurídica, sem relação de emprego, que desempenha, em caráter não eventual, por conta de uma ou mais pessoas, a mediação para a realização de negócios mercantis, agenciando propostas ou pedidos, para, transmiti-los aos representados, praticando ou não atos relacionados com a execução dos negócios.

É obrigatório o registro de todos aqueles que exerçam a representação comercial autônoma nos Conselhos Regionais dos Representantes Comerciais, aos quais incumbe a fiscalização do exercício da profissão.

O contrato de representação comercial deve obrigatoriamente indicar:

a) o prazo, que pode ser determinado ou indeterminado; e

b) a(s) zona(s) em que será exercida a representação.

No caso de rescisão do contrato com prazo determinado, a indenização corresponderá à importância equivalente à média mensal da retribuição auferida até a data da rescisão, multiplicada pela metade dos meses que faltam para terminar o prazo contratual.

Salvo autorização expressa, o representante não poderá conceder abatimentos, descontos ou dilações, nem agir em desacordo com as instruções do representado.

Exclusividade de zona: Prevendo o contrato de representação a exclusividade de zona(s), ou quando este for omisso, fará jus o representante à comissão pelos negócios aí realizados, ainda que diretamente pelo representado ou por intermédio de terceiros. A exclusividade de representação não se presume na ausência de ajustes expressos.

Remuneração: O representante comercial adquire direito às comissões quando do pagamento dos pedidos ou propostas.

Falência: No caso de falência do representado, as importâncias por ele devidas ao representante comercial, inclusive comissões vencidas e vincendas, indenização e aviso prévio, serão considerados créditos da mesma natureza dos créditos trabalhistas.

3.4. CONCESSÃO MERCANTIL

A Lei n. 6.729/1979, conhecida como "Lei Renato Ferrari", dispõe sobre a concessão comercial entre produtores e distribuidores de veículos automotores de via terrestre.

Concessão comercial é o contrato pelo qual um empresário (concessionário) se obriga a comercializar, com ou sem exclusividade, com ou sem cláusula de territorialidade, os produtos fabricados por outro empresário (concedente).

3.5. FRANQUIA ("FRANCHISING")

O contrato de franquia é disciplinado pela Lei nº 8.955/1994.

Franquia é o contrato pelo qual um franqueador cede ao franqueado o direito de uso de marca ou patente, associado ao direito de distribuição exclusiva ou semi-exclusiva de produtos ou serviços e, eventualmente, também ao direito de uso de tecnologia de implantação e administração de negócio ou sistema operacional desenvolvidos ou detidos pelo franqueador, mediante remuneração direta ou indireta, sem que, no entanto, fique caracterizado vínculo empregatício.

Sempre que o franqueador tiver interesse na implantação de sistema de franquia empresarial, **deverá** fornecer ao interessado em tornar-se franqueado uma circular de oferta de franquia, por escrito e em linguagem clara e acessível, contendo os dados essenciais do negócio que se pretende realizar.

A circular oferta de franquia deve ser entregue ao candidato a franqueado no mínimo **10 dias** antes da assinatura do contrato ou pré-contrato de franquia ou ainda do pagamento de qualquer tipo de taxa pelo franqueado ao franqueador ou a empresa ou pessoa ligada a este.

No caso de não cumprimento da regra relativa à circular de oferta de franquia, o franqueado **poderá** arguir a anulabilidade do contrato e exigir a devolução de todas as quantias que já houver pago ao franqueador ou a terceiros por ele indicados, a título de taxa de filiação e royalties, devidamente corrigidas e perdas e danos.

O contrato de franquia deve ser **sempre** escrito e assinado na presença de 2 testemunhas e terá validade independentemente de ser levado a registro perante cartório ou órgão público.

3.6. ALIENAÇÃO FIDUCIÁRIA EM GARANTIA

De acordo com André Luiz Santa Cruz Ramos, "o contrato de alienação fiduciária em garantia é um contrato instrumental em que uma das partes, em confiança, aliena a outra a propriedade de determinado bem, móvel ou imóvel, ficando esta parte (uma instituição financeira, em regra) obrigada a devolver àquela o bem que lhe foi alienado quando verificada a ocorrência de determinado fato. Diz-se que é contrato instrumental porque, em regra, é formalizado como um meio para a concretização de um outro negócio principal. Assim, geralmente está associada a um mútuo, servindo-lhe de garantia." (*Direito Empresarial Esquematizado*. 6. ed. rev., atual. e ampl. – Rio de Janeiro: Forense; São Paulo: Método, 2016).

Vale lembrar que, segundo o STJ, "Não se submetem aos efeitos da recuperação judicial os créditos garantidos por alienação fiduciária de bem não essencial à atividade empresarial" (STJ, CC 131.656-PE, julgado em 8/10/2014).

3.7. FOMENTO MERCANTIL, FATURIZAÇÃO OU "FACTORING"

Fomento mercantil, faturização ou "factoring" é o contrato pelo qual uma sociedade empresária se obriga a cobrar os devedores de exercente de atividade econômica, empresária ou não (faturizado), prestando a este, serviços de administração de crédito.

As empresas de "factoring" desempenham atividades de fomento mercantil, de cunho meramente comercial, em que se ajusta a compra de créditos vencíveis, mediante preço certo e ajustado, e com recursos próprios, não podendo ser caracterizadas como instituições financeiras. Nesse sentido: STJ, CC 98.062/SP.

3.8. ARRENDAMENTO MERCANTIL ("LEASING")

Arrendamento mercantil é um contrato especial de locação que assegura ao locatário a opção de adquirir o bem alugado ao final da avença, pagando, nesse caso, uma diferença chamada de valor residual (VRG).

O arrendamento mercantil é um contrato de locação que se assegura ao arrendatário três opções ao final do aluguel: **1)** renovação da locação; **2)** encerramento do contrato, sem renovação da locação; **3)** compra do bem alugado, pagando-se o valor residual.

O leasing não pode ser considerado um contrato típico, pois não tem previsão legal. A Lei 6.099/1974 regula apenas o seu aspecto tributário.

Súmulas do STJ aplicáveis:

- **138.** O ISS incide na operação de arrendamento mercantil de coisas moveis.
- **293.** A cobrança antecipada do valor residual garantido (VRG) não descaracteriza o contrato de arrendamento mercantil.
- **369.** No contrato de arrendamento mercantil (leasing), ainda que haja cláusula resolutiva expressa, é necessária a notificação prévia do arrendatário para constituí-lo em mora.
- **564.** No caso de reintegração de posse em arrendamento mercantil financeiro, quando a soma da importância antecipada a título de valor residual garantido (VRG) com o valor da venda do bem ultrapassar o total do VRG previsto contratualmente, o arrendatário terá direito de receber a respectiva diferença, cabendo, porém, se estipulado no contrato, o prévio desconto de outras despesas ou encargos pactuados.

3.9. CORRETAGEM

Corretagem é o contrato pelo qual uma pessoa, não ligada a outra em virtude de mandato, de prestação de serviços ou por qualquer relação de dependência, obriga-se a obter para a segunda um ou mais negócios, conforme as instruções recebidas.

3.10. SEGURO

Pelo contrato de seguro, o segurador se obriga, **mediante o pagamento do prêmio**, garantir interesse legítimo do segurado, **relativo a pessoa ou a coisa**, contra **riscos predeterminados.**

Somente pode ser parte, no contrato de seguro, como segurador, **entidade para tal fim legalmente autorizada.**

O contrato de seguro prova-se **com a exibição da apólice ou do bilhete do seguro**, e, na falta deles, por **documento comprobatório do pagamento do respectivo prêmio.**

A emissão da apólice deverá ser precedida de **proposta escrita com a declaração dos elementos essenciais do interesse a ser garantido e do risco.**

Aplicação do CDC a contrato de seguro empresarial: Segundo o STJ, há relação de consumo entre a seguradora e a concessionária de veículos que firmam seguro empresarial visando à proteção do patrimônio desta (destinação pessoal) – ainda que com o intuito de resguardar veículos utilizados em sua atividade comercial –, desde que o seguro não integre os produtos ou serviços oferecidos por esta (STJ, REsp 1.352.419/SP, julgado em 19/8/2014. Informativo n. 548).

Súmulas do STJ aplicáveis:

- **465.** Ressalvada a hipótese de efetivo agravamento do risco, a seguradora não se exime do dever de indenizar em razão da transferência do veículo sem a sua prévia comunicação.
- **529.** No seguro de responsabilidade civil facultativo, não cabe o ajuizamento de ação pelo terceiro prejudicado direta e exclusivamente em face da seguradora do apontado causador do dano.
- **537.** Em ação de reparação de danos, a seguradora denunciada, se aceitar a denunciação ou contestar o pedido do autor, pode ser condenada, direta e solidariamente junto com o segurado, ao pagamento da indenização devida à vítima, nos limites contratados na apólice.

3.11. RESSEGURO

Resseguro é o contrato pelo qual uma seguradora tem diminuída a sua responsabilidade frente a um risco que exorbita a sua capacidade financeira. Para esse fim, a seguradora deve ceder parcialmente a sua responsabilidade para uma resseguradora, que também participará do prêmio recebido.

3.12. AGÊNCIA E DISTRIBUIÇÃO

Pelo contrato de "agência", uma pessoa assume, em caráter não eventual e sem vínculos de dependência, a obrigação de promover, à conta de outra, mediante retribuição, a realização de certos negócios, em zona determinada, caracterizando-se a "distribuição" quando o agente tiver à sua disposição a coisa a ser negociada.

Salvo ajuste, o proponente não pode constituir, ao mesmo tempo, mais de um agente, na mesma zona, com idêntica incumbência; nem pode o agente assumir o encargo de nela tratar de negócios do mesmo gênero, à conta de outros proponentes.

3.13. TRANSPORTE, FRETAMENTO E ARMAZENAGEM

Transporte é o contrato pelo qual alguém se obriga, mediante retribuição, a transportar, de um lugar para outro, pessoas ou coisas.

O transporte rodoviário de cargas é efetuado sob contrato ou conhecimento de transporte, que deverá conter informações para a completa identificação das partes e dos serviços e de natureza fiscal.

Com a emissão do contrato ou conhecimento de transporte, a Empresa de Transporte Rodoviário de Cargas e o Transportador Autônomo de Cargas assumem perante o contratante a responsabilidade:

a) pela execução dos serviços de transporte de cargas, por conta própria ou de terceiros, do local em que as receber até a sua entrega no destino;

b) pelos prejuízos resultantes de perda, danos ou avarias às cargas sob sua custódia, assim como pelos decorrentes de atraso em sua entrega, quando houver prazo pactuado.

No caso de dano ou avaria, será assegurado às partes interessadas o direito de vistoria, sem prejuízo da observância das cláusulas do contrato de seguro, quando houver.

Segundo Fábio Ulhôa Coelho, "o conhecimento de depósito e o warrant gerais são títulos de emissão de armazéns gerais, representativos de mercadorias neles depositadas (Decreto nº 1.102/2003). Sua emissão depende de solicitação do depositante e substituem o recibo de depósito." (Manual de Direito Comercial. 18 ed. São Paulo: Saraiva, 2007, p. 195)

O *warrant* nasce concomitantemente com o conhecimento de depósito. Trata-se de título de crédito emitido pelo Armazém Geral encarregado pela guarda dos produtos do depositante. O warrant pode ser vendido ou negociado, conferindo ao seu portador a propriedade do produto custodiado.

Súmulas do STJ aplicáveis:

➘ **145.** No transporte desinteressado, de simples cortesia, o transportador só será civilmente responsável por danos causados ao transportado quando incorrer em dolo ou culpa grave.

➘ **161.** Em contrato de transporte, é inoperante a cláusula de não indenizar.

➘ **187.** A responsabilidade contratual do transportador, pelo acidente com o passageiro, não é elidida por culpa de terceiro, contra o qual tem ação regressiva.

3.14. AGENCIAMENTO DE PUBLICIDADE

Nos dias de hoje, diante da acirrada competição empresarial, a publicidade surge como uma maneira de promover os produtos e serviços do empresário no mercado.

O contrato de agenciamento de publicidade é uma espécie de contrato de mandato, em que o mandante é o empresário, o produto ou serviço é o objeto de anúncio, sendo a agência de publicidade a mandatária, que se obriga a conceber e colaborar na produção e veiculação da campanha publicitária.

3.15. CONSIGNAÇÃO

Pelo contrato de consignação (ou estimatório), o consignante entrega bens móveis ao consignatário, que fica autorizado a vendê-los, pagando àquele o preço ajustado, salvo se preferir, no prazo estabelecido, restituir-lhe a coisa consignada.

3.16. DEPÓSITO

Pelo contrato de depósito recebe o depositário um objeto móvel, para guardar, até que o depositante o reclame.

Sobre o contrato de depósito, é importante lembrar o teor da Súmula vinculante nº 25, pela qual o STF enuncia que é ilícita a prisão civil de depositário infiel, qualquer que seja a modalidade do depósito.

3.17. "KNOW-HOW"

"Know-how" é o contrato pelo qual uma pessoa se obriga a transmitir a outra, conhecimentos sobre processos de fabricação, fórmulas secretas, técnicas ou práticas originais, durante tempo determinado e mediante o pagamento de "royalty", estipulada pelos contraentes.

3.18. LOCAÇÃO MERCANTIL

Na locação coisas, uma das partes se obriga a ceder à outra, por tempo determinado ou não, o uso e gozo de coisa não fungível, mediante certa retribuição.

3.19. MANDATO MERCANTIL

O mandado mercantil é regido pelos arts. 653 a 691 do Código Civil.

Mandato mercantil é o contrato pelo qual uma das partes (mandatário) se obriga a praticar certos atos negociais em nome de da outra (mandante).

Opera-se o mandato quando alguém recebe de outrem poderes para, em seu nome, praticar atos ou administrar interesses. A procuração é o instrumento do mandato.

3.20. DISTRIBUIÇÃO MERCANTIL

Distribuição mercantil é o contrato pelo qual uma das partes (distribuidor) adquire com habitualidade os produtos fabricados pela outra (fabricante), assumindo o compromisso de revende-los num determinado espaço geográfico.

3.21. FORNECIMENTO

Fornecimento é o contrato pelo qual uma das partes de compromete a entregar produtos ou serviços a outra, durante prazo determinado ou não, mediante o pagamento de uma contraprestação. Em suma, trata-se do o contrato pelo qual uma parte se obriga, mediante compensação de um preço, a executar em favor de outras prestações periódicas ou continuadas de coisas.

4. CONTRATOS BANCÁRIOS

Contratos bancários são aqueles em que, necessariamente, uma das partes é um Banco e o objeto seja algum serviço ligado à atividade bancária, como a coleta, a intermediação ou aplicação de recursos financeiros próprios ou de terceiros, a custódia de valores.

4.1. CONTA-CORRENTE

Conta-corrente é o contrato pelo qual um banco se obriga a receber valores monetários do correntista ou de terceiros, bem como utilizar esses recursos para proceder pagamentos por ordem do correntista.

4.2. ABERTURA DE CRÉDITO

Abertura de crédito é o contrato pelo qual o banco disponibiliza determinada quantia em dinheiro ao cliente, que pode ou não fazer uso deste recurso. Caso utilize o valor monetário disponibilizado, o cliente se obriga a pagar juros e encargos ao banco. Normalmente, costuma-se designar o contrato de abertura de crédito de "cheque especial".

Vale lembrar o teor da Súmula 258 do STJ: "A nota promissória vinculada a contrato de abertura de crédito **não goza** de autonomia em razão da iliquidez do título que a originou."

4.3. MÚTUO BANCÁRIO

Mútuo bancário é o contrato pelo qual um Banco empresta ao cliente certa quantia em dinheiro. O cliente, por sua vez, assume as obrigações de restituir-lhe o valor emprestado, de acordo com correção monetária, juros, encargos e demais taxas previstas no ajuste, além de amortizar o valor emprestado, de acordo com as condições e prazos estabelecidos.

4.4. DEPÓSITO BANCÁRIO

Depósito bancário é contrato pelo qual uma pessoa (depositante) entrega valores monetários a um banco, que por sua vez se obriga a restituí-los quando solicitados pelo depositante. A entrega dos valores monetários e a sua restituição ao depositante são registrados em conta-corrente.

4.5. DESCONTO BANCÁRIO

Desconto bancário é o contrato pelo qual o banco antecipa o pagamento de um título de crédito ao cliente. O cliente, por sua vez, cede ao banco um determinado crédito não vencido, contra ele mesmo ou contra terceiro. Normalmente, este crédito cedido ao banco é representado por um título de crédito, respondendo o cliente pelo seu pagamento.

No desconto bancário de cheque, havendo cessão de crédito do beneficiário ao banco, a cessão só terá eficácia se o emitente do cheque dela for notificado.

4.6. CARTÃO DE CRÉDITO

Sobre o contrato de cartão de crédito, vale lembrar que: **a)** as empresas administradoras de cartão de crédito são instituições financeiras e, por isso, os juros remuneratórios por elas cobrados não sofrem as limitações da Lei de Usura (Súmula 283 do STJ); **b)** constitui prática comercial abusiva o envio de cartão de crédito sem prévia e expressa solicitação do consumidor, configurando-se ato ilícito indenizável e sujeito à aplicação de multa administrativa (Súmula 532 do STJ).

4.7. CRÉDITO DOCUMENTÁRIO

Crédito documentário é o contrato pelo qual um banco assume a obrigação, perante o seu cliente (ordenante), de efetuar pagamentos em favor de terceiro (beneficiário), contra a apresentação de documentos que se relacionem com o negócio celebrado pelo ordenante e o beneficiário. O contrato de crédito documentário é muito utilizado no comércio internacional.

4.8. ANTECIPAÇÃO

Antecipação bancária é o contrato pelo qual o Banco adianta certa quantia para o cliente, mediante a entrega de uma garantia real, que será executada no caso de inadimplemento da obrigação.

4.9. COBRANÇA

Este contrato visa a cobrança pelo contratado (Banco), de títulos de titularidade do contratante (pessoa física ou jurídica), por meio de documentos pagáveis na rede bancária.

4.10. REPASSE DE FINANCIAMENTO

Por este contrato, desde que não haja impedimento contratual expresso, é possível a transferência dos contratos de financiamento imobiliário para uma outra pessoa. Para isso, é necessário que haja a anuência da instituição financeira. O adquirente será chamado a assinar o novo contrato de financiamento com os mesmos direitos e deveres do anterior, descontando-se o valor que já foi pago pelo antigo comprador.

4.11. PENHOR MERCANTIL

Nas dívidas garantidas por penhor, o bem dado em garantia fica sujeito, por vínculo real, ao cumprimento da obrigação.

Constitui-se o penhor pela transferência efetiva da posse que, em garantia do débito ao credor ou a quem o represente, faz o devedor, ou alguém por ele, de uma coisa móvel, suscetível de alienação.

4.12. CÂMBIO

O contrato de câmbio, desde que protestado por oficial competente para o protesto de títulos, constitui instrumento bastante para requerer a ação executiva. O art. 75 da Lei nº 4.728/65, que disciplina o mercado de capitais e estabelece medidas para o seu desenvolvimento, confere executividade ao contrato de câmbio que é realizado pelas instituições financeiras. Para isso basta que o documento seja levado à protesto, que é o mesmo protesto dos títulos de crédito.

5. CONTRATOS INTELECTUAIS

5.1. CESSÃO DE DIREITO INDUSTRIAL

Cessão de direito industrial é o contrato pelo qual o titular transfere a propriedade industrial, tendo por objeto a patente ou registro, concedidos ou depositados.

Sobre o pagamento de royalties pela licença de patente, o entendimento do STJ é no seguinte sentido: "Na ação em que se discute apenas o pagamento do valor da remuneração pelo uso da patente, relação de interesse estritamente privado, não é necessária a intervenção do INPI, razão pela qual é competente para o julgamento do feito a Justiça Estadual." (STJ, REsp 1.046.324/RJ, Rel. Min. Sidnei Beneti, Terceira Turma, julgado em 14/09/2010, DJe 24/09/2010).

5.2. LICENÇA DE USO DE DIREITO INDUSTRIAL

Contrato de licença voluntária: O titular de patente ou o depositante poderá celebrar contrato de licença para exploração da patente. O contrato deve ser averbado no INPI para que produza efeitos em relação a terceiros.

Contrato de licença de uso da marca: O titular de registro ou o depositante de pedido de registro poderá celebrar contrato de licença para uso da marca, sem prejuízo de seu direito de exercer controle efetivo sobre as especificações, natureza e qualidade dos respectivos produtos ou serviços. O contrato deve ser averbado no INPI para que produza efeitos em relação a terceiros.

Segundo o STJ, é possível ao titular do registro de marca, após conceder licença de uso, impedir a utilização da marca pelo licenciado quando não houver observância à nova padronização dos produtos e dos serviços, ainda que o uso da marca tenha sido autorizado sem condições ou efeitos limitadores. (STJ, 3ª Turma, REsp 1.387.244/DF, Rel. Min. João Otávio de Noronha, julgado em 25/2/2014, Informativo nº 538).

5.3. TRANSFERÊNCIA DE TECNOLOGIA

Sobre os contratos de transferência de tecnologia, vale destacar recente julgado do STJ, no sentido que "o INPI **pode** intervir no âmbito negocial de transferência de tecnologia, diante de sua missão constitucional e infraconstitucional de regulamentação das atividades atinentes à propriedade industrial." (STJ, 2ª Turma, REsp 1.200.528-RJ, Rel. Min. Francisco Falcão, por unanimidade, julgado em 16/2/2017, DJe 8/3/2017. Informativo n. 599).

5.4. COMERCIALIZAÇÃO DE LOGICIÁRIO ("SOFTWARE")

"Software" é o programa de computador, assim considerado o conjunto organizado de instruções em linguagem natural ou codificada, contida em suporte físico de qualquer natureza, de emprego necessário em máquinas automáticas de tratamento da informação, dispositivos, instrumentos ou equipamentos periféricos, baseados em técnica digital ou análoga, para fazê-los funcionar de modo e para fins determinados.

O uso de programa de computador é objeto do contrato de licença de "software".

A Lei n. 9.609, de 19 de fevereiro de 1998, dispõe sobre a proteção da propriedade intelectual de programa de computador ("software"), sua comercialização no País, e dá outras providências.

Os programas de computador, embora possam ser registrados no INPI, são considerados espécie de direito autoral, sendo protegidos pela Lei 9.609/1998. No entanto, vale destacar que a proteção dos direitos relativos a programa de computador independerá de qualquer tipo de registro.

O regime de proteção à propriedade intelectual de programa de computador é o mesmo conferido às obras literárias pela legislação de direitos autorais.

Não se aplicam ao programa de computador as disposições relativas aos direitos morais, ressalvado, a qualquer tempo, o direito do autor de reivindicar a paternidade do programa de computador e o direito do autor de opor-se a alterações não-autorizadas, quando estas impliquem deformação, mutilação ou outra modificação do programa de computador, que prejudiquem a sua honra ou a sua reputação.

A tutela dos direitos relativos a programa de computador perdura pelo prazo de cinquenta anos, contados a partir de 1º de janeiro do ano subsequente ao da sua publicação ou, na ausência desta, da sua criação.

No caso de inexistência de contrato escrito, o documento fiscal relativo à aquisição ou licenciamento de cópia servirá para comprovação da regularidade do seu uso (Lei 9.609/98, art. 9º). Aliás, de acordo com o STJ, não se prova a originalidade de programas de computador ("software") apenas com o contrato de licença e notas fiscais, admite-se também a prova da propriedade por outros meios legais usualmente admitidos em juízo. (STJ, 4ª Turma, REsp 913.008-RJ, Rel. originário Min. João Otávio de Noronha, Rel. para acórdão Min. Luis Felipe Salomão, julgado em 25/8/2009, Informativo n. 404).

6. SÚMULAS APLICÁVEIS

6.1. COMPRA E VENDA

- **STJ – Súmula 76:** A falta de registro do compromisso de compra e venda de imóvel não dispensa a prévia interpelação para constituir em mora o devedor.

- **STJ – Súmula 239:** O direito à adjudicação compulsória não se condiciona ao registro do compromisso de compra e venda no cartório de imóveis.
- **STJ – Súmula 308:** A hipoteca firmada entre a construtora e o agente financeiro, anterior ou posterior à celebração da promessa de compra e venda, não tem eficácia perante os adquirentes do imóvel.

6.2. LOCAÇÃO

- **STJ – Súmula 335:** Nos contratos de locação, é válida a cláusula de renúncia à indenização das benfeitorias e ao direito de retenção.

6.3. FIANÇA

- **STJ – Súmula 332:** A fiança prestada sem autorização de um dos cônjuges implica a ineficácia total da garantia.
- **STJ – Súmula 549:** É válida a penhora de bem de família pertencente a fiador de contrato de locação.

6.4. ALIENAÇÃO FIDUCIÁRIA EM GARANTIA

- **STJ – Súmula 28:** O contrato de alienação fiduciária em garantia pode ter por objeto bem que já integrava o patrimônio do devedor.
- **STJ – Súmula 239:** O direito à adjudicação compulsória não se condiciona ao registro do compromisso de compra e venda no cartório de imóveis.
- **STJ – Súmula 245:** A notificação destinada a comprovar a mora nas dívidas garantidas por alienação fiduciária dispensa a indicação do valor do débito.
- **STJ – Súmula 586:** A exigência de acordo entre o credor e o devedor na escolha do agente fiduciário aplica-se, exclusivamente, aos contratos não vinculados ao Sistema Financeiro da Habitação – SFH.

6.5. ARRENDAMENTO MERCANTIL ("LEASING")

- **STJ – Súmula 138:** O ISS incide na operação de arrendamento mercantil de coisas móveis.
- **STJ – Súmula 293:** A cobrança antecipada do valor residual garantido (VRG) não descaracteriza o contrato de arrendamento mercantil.
- **STJ – Súmula 369:** No contrato de arrendamento mercantil (leasing), ainda que haja cláusula resolutiva expressa, é necessária a notificação prévia do arrendatário para constituí-lo em mora.
- **STJ – Súmula 564:** No caso de reintegração de posse em arrendamento mercantil financeiro, quando a soma da importância antecipada a título de valor residual garantido (VRG) com o valor da venda do bem ultrapassar o total do VRG previsto contratualmente, o arrendatário terá direito de receber a respectiva diferença, cabendo, porém, se estipulado no contrato, o prévio desconto de outras despesas ou encargos pactuados.

6.6. DEPÓSITO

- **STJ – Súmula 419:** Descabe a prisão civil do depositário judicial infiel.

6.7. SEGURO

- **STJ – Súmula 402:** O contrato de seguro por danos pessoais compreende os danos morais, salvo cláusula expressa de exclusão.
- **STJ – Súmula 465:** Ressalvada a hipótese de efetivo agravamento do risco, a seguradora não se exime do dever de indenizar em razão da transferência do veículo sem a sua prévia comunicação.
- **STJ – Súmula 529:** No seguro de responsabilidade civil facultativo, não cabe o ajuizamento de ação pelo terceiro prejudicado direta e exclusivamente em face da seguradora do apontado causador do dano.
- **STJ – Súmula 537:** Em ação de reparação de danos, a seguradora denunciada, se aceitar a denunciação ou contestar o pedido do autor, pode ser condenada, direta e solidariamente junto com o segurado, ao pagamento da indenização devida à vítima, nos limites contratados na apólice.
- **STJ – Súmula 584:** As sociedades corretoras de seguros, que não se confundem com as sociedades de valores mobiliários ou com os agentes autônomos de seguro privado, estão fora do rol de entidades constantes do art. 22, § 1º, da Lei n. 8.212/1991, não se sujeitando à majoração da alíquota da Cofins prevista no art. 18 da Lei n. 10.684/2003.
- **STJ – Súmula 616:** A indenização securitária é devida quando ausente a comunicação prévia do segurado acerca do atraso no pagamento do prêmio, por constituir requisito essencial para a suspensão ou resolução do contrato de seguro.

6.8. TRANSPORTE

- **STJ – Súmula 145:** No transporte desinteressado, de simples cortesia, o transportador só será civilmente responsável por danos causados ao transportado quando incorrer em dolo ou culpa grave.
- **STJ – Súmula 161:** Em contrato de transporte, é inoperante a cláusula de não indenizar.
- **STJ – Súmula 187:** A responsabilidade contratual do transportador, pelo acidente com o passageiro, não é elidida por culpa de terceiro, contra o qual tem ação regressiva.

6.9. CONSÓRCIO

- **STJ – Súmula 35:** Incide correção monetária sobre as prestações pagas, quando de sua restituição, em virtude da retirada ou exclusão do participante de plano de consórcio.
- **STJ – Súmula 538:** As administradoras de consórcio têm liberdade para estabelecer a respectiva taxa de administração, ainda que fixada em percentual superior a dez por cento.

6.10. CONTRATOS BANCÁRIOS

6.10.1. ASPECTOS GERAIS

- **STF – Súmula vinculante:** A norma do § 3º do artigo 192 da Constituição, revogada pela Emenda Constitucional nº 40/2003, que limitava a taxa de juros reais a 12% ao ano, tinha sua aplicação condicionada à edição de lei complementar.
- **STF – Súmula vinculante 25:** É ilícita a prisão civil de depositário infiel, qualquer que seja a modalidade do depósito.
- **STF – Súmula 151.** Prescreve em um ano a ação do segurador sub-rogado para haver indenização por extravio ou perda de carga transportada por navio.
- **STF – Súmula 596.** As disposições do Decreto 22.626/1933 não se aplicam às taxas de juros e aos outros encargos cobrados nas operações realizadas por instituições públicas ou privadas, que integram o sistema financeiro nacional.
- **STJ – Súmula 30:** A comissão de permanência e a correção monetária são inacumuláveis.
- **STJ – Súmula 79:** Os bancos comerciais não estão sujeitos a registro nos conselhos regionais de economia.
- **STJ – Súmula 259:** A ação de prestação de contas pode ser proposta pelo titular de conta-corrente bancária.
- **STJ – Súmula 271:** A correção monetária dos depósitos judiciais independe de ação específica contra o banco depositário.
- **STJ – Súmula 285:** Nos contratos bancários posteriores ao Código de Defesa do Consumidor incide a multa moratória nele prevista.
- **STJ – Súmula 286:** A renegociação de contrato bancário ou a confissão da dívida não impede a possibilidade de discussão sobre eventuais ilegalidades dos contratos anteriores.
- **STJ – Súmula 287:** A Taxa Básica Financeira (TBF) não pode ser utilizada como indexador de correção monetária nos contratos bancários.
- **STJ – Súmula 288:** A Taxa de Juros de Longo Prazo (TJLP) pode ser utilizada como indexador de correção monetária nos contratos bancários.
- **STJ – Súmula 294:** Não é potestativa a cláusula contratual que prevê a comissão de permanência, calculada pela taxa média de mercado apurada pelo Banco Central do Brasil, limitada à taxa do contrato.
- **STJ – Súmula 295:** A Taxa Referencial (TR) é indexador válido para contratos posteriores à Lei nº 8.177/91, desde que pactuada.
- **STJ – Súmula 296:** Os juros remuneratórios, não cumuláveis com a comissão de permanência, são devidos no período de inadimplência, à taxa média de mercado estipulada pelo Banco Central do Brasil, limitada ao percentual contratado.
- **STJ – Súmula 328:** Na execução contra instituição financeira, é penhorável o numerário disponível, excluídas as reservas bancárias mantidas no Banco Central.
- **STJ – Súmula 379:** Nos contratos bancários não regidos por legislação específica, os juros moratórios poderão ser convencionados até o limite de 1% ao mês.
- **STJ – Súmula 380:** A simples propositura da ação de revisão de contrato não inibe a caracterização da mora do autor.
- **STJ – Súmula 381:** Nos contratos bancários, é vedado ao julgador conhecer, de ofício, da abusividade das cláusulas.
- **STJ – Súmula 382:** A estipulação de juros remuneratórios superiores a 12% ao ano, por si só, não indica abusividade.
- **STJ – Súmula 472:** A cobrança de comissão de permanência – cujo valor não pode ultrapassar a soma dos encargos remuneratórios e moratórios previstos no contrato – exclui a exigibilidade dos juros remuneratórios e da multa contratual.
- **STJ – Súmula 477:** A decadência do art. 26 do CDC não é aplicável à prestação de contas para obter esclarecimentos sobre cobrança de taxas, tarifas e encargos bancários.
- **STJ – Súmula 530:** Nos contratos bancários, na impossibilidade de comprovar a taxa de juros efetivamente contratada (por ausência de pactuação ou pela falta de juntada do instrumento aos autos), aplica-se a taxa média de mercado, divulgada pelo Bacen, praticada nas operações da mesma espécie, salvo se a taxa cobrada for mais vantajosa para o devedor.
- **STJ – Súmula 539:** É permitida a capitalização de juros com periodicidade inferior à anual em contratos celebrados com instituições integrantes do Sistema Financeiro Nacional a partir de 31/3/2000 (MP 1.963-17/00, reeditada como MP 2.170-36/01), desde que expressamente pactuada.
- **STJ – Súmula 541:** A previsão no contrato bancário de taxa de juros anual superior ao duodécuplo da mensal é suficiente para permitir a cobrança da taxa efetiva anual contratada.
- **STJ – Súmula 550:** A utilização de escore de crédito, método estatístico de avaliação de risco que não constitui banco de dados, dispensa o consentimento do consumidor, que terá o direito de solicitar esclarecimentos sobre as informações pessoais valoradas e as fontes dos dados considerados no respectivo cálculo.
- **STJ – Súmula 565:** A pactuação das tarifas de abertura de crédito (TAC) e de emissão de carnê (TEC), ou outra denominação para o mesmo fato gerados, é válida apenas nos contratos bancários anteriores ao início da vigência da Resolução – CMN nº 3.518/2007, em 30/04/2008.

- **STJ – Súmula 566:** Nos contratos bancários posteriores ao início da vigência da Resolução-CMN nº 3.518/2007, em 30/04/2008, pode ser cobrada a tarifa de cadastro no início do relacionamento entre o consumidor e a instituição financeira.
- **STJ – Súmula 571:** A taxa progressiva de juros não se aplica às contas vinculadas ao FGTS de trabalhadores qualificados como avulsos.

6.10.2. ABERTURA DE CRÉDITO E CONTA-CORRENTE

- **STJ – Súmula 233:** O contrato de abertura de crédito, ainda que acompanhado de extrato da conta-corrente, não é título executivo.
- **STJ – Súmula 247:** O contrato de abertura de crédito em conta-corrente, acompanhado do demonstrativo de débito, constitui documento hábil para o ajuizamento da ação monitória.
- **STJ – Súmula 259:** A ação de prestação de contas pode ser proposta pelo titular de conta-corrente bancária.
- **STJ – Súmula 322:** Para a repetição de indébito, nos contratos de abertura de crédito em conta-corrente, não se exige a prova do erro.

6.10.3. MÚTUO BANCÁRIO

- **STJ – Súmula 26:** O avalista do título de crédito vinculado a contrato de mútuo também responde pelas obrigações pactuadas, quando no contrato figurar como devedor solidário.
- **STJ – Súmula 473:** O mutuário do SFH não pode ser compelido a contratar o seguro habitacional obrigatório com a instituição financeira mutuante ou com a seguradora por ela indicada.

6.10.4. CARTÃO DE CRÉDITO

- **STJ – Súmula 283:** As empresas administradoras de cartão de crédito são instituições financeiras e, por isso, os juros remuneratórios por elas cobrados não sofrem as limitações da Lei de Usura.
- **STJ – Súmula 532:** Constitui prática comercial abusiva o envio de cartão de crédito sem prévia e expressa solicitação do consumidor, configurando-se ato ilícito indenizável e sujeito à aplicação de multa administrativa.

⦿ CAPÍTULO 13 – DIREITO FALIMENTAR E RECUPERACIONAL

1. ASPECTOS GERAIS

1.1. APLICABILIDADE DA LEI

A Lei 11.101/05 se aplica ao devedor **empresário individual**, **sociedade empresária** e à **empresa individual de responsabilidade limitada** – EIRELI.

Por expressa previsão legal, alguns a**gentes econômicos excluídos da falência, a saber:** empresa pública e sociedade de economia mista; instituição financeira pública ou privada; cooperativa de crédito; consórcio; entidade de previdência complementar; sociedade operadora de plano de assistência à saúde; sociedade seguradora; sociedade de capitalização e outras entidades legalmente equiparadas.

Na realidade, alguns destes agentes econômicos estão totalmente excluídos do âmbito de incidência da Lei nº 11.101/2005, enquanto outros estão apenas parcialmente excluídos. Vejamos:

Totalmente excluídos da lei de falência	Parcialmente excluídos da lei de falência
• Empresas públicas; e • Sociedade de economia mista.	• Instituições financeiras públicas ou privadas; • Consórcios; • Cooperativas de crédito; • Seguradoras; • Operadoras de planos de saúde; • Entidades de previdência complementar; • Sociedades de capitalização; e • Outras entidades legalmente equiparadas à estas, como, por exemplo, as sociedades administradoras de cartão de crédito e as sociedades de arrendamento mercantil (*leasing*).

1.2. COMPETÊNCIA

O foro competente para recuperação e decretação de falência é o do juízo do local do principal estabelecimento do devedor (art. 3º da Lei 11.101/2005), assim considerado o local mais importante da atividade empresária, o do maior volume de negócios.

Para fins do Direito Falimentar, o local do principal estabelecimento é aquele de onde partem as decisões empresariais, e não necessariamente a sede indicada no registro público.

Inaplicabilidade da Teoria do fato consumado: Ajuizada a ação de falência em juízo incompetente, **não** deve ser aplicada a teoria do fato consumado e tornar prevento o juízo inicial, considerando que a competência para processar e julgar falência é **funcional** e, portanto, **absoluta** (STJ, CC 116.743-MG).

1.3. INTERVENÇÃO DO MINISTÉRIO PÚBLICO

A Lei 11.101/05 não exige a atuação geral e obrigatória do Ministério Público na fase pré-falimentar, determinando a sua intervenção, apenas nas hipóteses que enumera, a partir da sentença que decreta a falência.

No entanto, convém lembrar que presente alguma das hipóteses do art. 178 do CPC/2015, é possível a atuação do Parquet na fase pré-falimentar como fiscal da ordem jurídica.

1.4. VERIFICAÇÃO E HABILITAÇÃO DOS CRÉDITOS CONCURSAIS

A verificação dos créditos é realizada pelo administrador judicial, com base nos livros contábeis e documentos comerciais e fiscais do devedor e nos documentos que lhe forem apresentados pelos credores, podendo contar com o auxílio de profissionais ou empresas especializadas.

Os credores devem habilitar seus créditos no prazo de 15 dias contados da publicação do edital. Encerrado o prazo de 15 dias para a habilitação dos créditos dos credores, inicia-se, automaticamente, novo prazo de 45 dias para o administrador judicial publicar uma nova relação de credores.

1.5. ADMINISTRADOR JUDICIAL

Fábio Ulhoa Coelho conceitua o administrador judicial como o "agente auxiliar do juiz que, em nome próprio (portanto, com responsabilidade), deve cumprir com as funções cometidas pela lei. Além de auxiliar o juiz na administração da falência, o administrador judicial é também o representante da comunhão de interesses dos credores na falência." (COELHO, Fábio Ulhoa. *Comentários à nova lei de falências e de Recuperação de empresas*. São Paulo: Saraiva, 2005, p. 58)

O administrador judicial é o agente nomeado pelo juiz no processo falimentar ou de recuperação judicial.

A presidência da administração da falência é feita pelo juiz competente, com o auxílio do administrador judicial.

Cabe ao administrador judicial a representação legal da massa falida subjetiva.

O administrador judicial deve ser profissional idôneo, preferencialmente advogado, economista, administrador de empresas ou contador, ou pessoa jurídica especializada.

Se o administrador judicial nomeado for pessoa jurídica, deve-se declarar o nome de profissional responsável pela condução do processo de falência ou de recuperação judicial, que não poderá ser substituído sem autorização do juiz. As atribuições do administrador judicial são indelegáveis.

1.6. ASSEMBLEIA DE CREDORES

- A assembleia dos credores é, em suma, o órgão colegiado responsável por representar a vontade predominante dos credores sujeitos aos efeitos do plano de recuperação judicial do devedor.
- Compete à assembleia geral de credores:

a) aprovar, rejeitar e revisar o plano de recuperação;

b) aprovar a instalação do comitê e eleger seus membros;

c) manifestar-se sobre o pedido de desistência da recuperação;

d) eleger gestor judicial, quando afastados os diretores da sociedade empresária requerente;

e) deliberar sobre qualquer outra matéria de interesse dos credores.

1.7. COMITÊ DE CREDORES

O comitê dos credores é um órgão facultativo, cuja atribuição é, basicamente, fiscalizar o trabalho do administrador judicial e auxiliar o juiz no processo falimentar ou de recuperação.

No caso de ausência, as atribuições do comitê serão exercidas pelo administrador judicial.

> **LEMBRE-SE!**
>
> O comitê de credores não é um órgão obrigatório nos processos falimentares ou de recuperação.

2. RECUPERAÇÃO JUDICIAL

2.1. COMPETÊNCIA

O foro competente para recuperação e decretação de falência é o do juízo do local do principal estabelecimento do devedor (art. 3º da Lei 11.101/2005), assim considerado o local mais importante da atividade empresária, o do maior volume de negócios.

Qual é o efeito da decisão de processamento da recuperação judicial sobre as execuções fiscais em curso em que figura como executada a recuperanda? "Por expressa determinação legal, o deferimento da recuperação judicial não tem o condão de suspender as execuções fiscais, salvo se concedido o parcelamento. No entanto, de acordo com a jurisprudência dos tribunais superiores, a competência para os atos judiciais que implicarem restrição patrimonial ou alienação de bens devem ser submetidos ao juízo universal da recuperação judicial, a fim de que o plano de recuperação não seja inviabilizado por completo. Trata-se de prestígio ao princípio da preservação da empresa." (TRINDADE, Daniel Messias da. *Direito Empresarial em Provas Discursivas*. Editora JusPodivm, 2018, p. 257)

2.2. LEGITIMADOS

Poderá requerer recuperação judicial o devedor que, no momento do pedido, exerça regularmente suas atividades há mais de 2 anos e que atenda aos seguintes requisitos, cumulativamente:

1) não ser falido e, se o foi, estejam declaradas extintas, por sentença transitada em julgado, as responsabilidades daí decorrentes;

2) não ter, há menos de 5 anos, obtido concessão de recuperação judicial;

3) não ter, há menos de 8 anos, obtido concessão de recuperação judicial especial;

4) não ter sido condenado ou não ter, como administrador ou sócio controlador, pessoa condenada por crime falimentar.

> **ATENÇÃO!**
>
> A recuperação judicial também poderá ser requerida pelo cônjuge sobrevivente, herdeiros do devedor, inventariante ou sócio remanescente.

2.3. CRÉDITOS SUJEITOS À RECUPERAÇÃO

Podem ser incluídos no plano de recuperação judicial todos os créditos existentes na data do pedido, ainda que não estejam vencidos.

No entanto, por expressa vedação legal, não podem ser incluídos no plano de recuperação judicial, os seguintes créditos:

1) créditos posteriores ao pedido de recuperação judicial;

2) créditos tributários;

3) créditos do art. 49, § 3º da LF;

4) créditos decorrentes de propriedade fiduciária;

5) créditos decorrentes de arrendamento mercantil (*leasing*);

6) créditos decorrentes de contrato de compra e venda com reserva de domínio;

7) créditos decorrentes de contratos de compra e venda de imóvel com cláusula de irrevogabilidade ou irretratabilidade; e

8) créditos decorrentes de adiantamento de contrato de câmbio.

2.4. PROCESSAMENTO DA RECUPERAÇÃO JUDICIAL

1) Petição inicial com os requisitos do art. 51 da LF: exposição das causas concretas que provocaram a crise; apresentação de demonstrativos contábeis dos últimos três exercícios sociais; relação nominal completa dos credores.

2) Despacho de processamento: Verificando que a inicial preenche os requisitos, o juiz autoriza o **processamento da recuperação judicial**.

A decisão que defere o processamento da recuperação judicial é irrecorrível, por aplicação analógica da Súmula 264 do STJ, que dispõe: "*É irrecorrível o ato judicial que apenas manda processar a concordata preventiva*».

3) Efeitos do despacho de processamento: O despacho de processamento da recuperação acarreta:

a) suspensão de todas as ações e execuções que correm contra o devedor pelo prazo de 180 (cento e oitenta) dias; e

b) a nomeação do administrador judicial.

4) Publicação do edital: Deferido o processamento da recuperação, haverá a publicação de edital que conterá: o pedido do autor; os termos da decisão que deferiu o processamento da recuperação; a relação de credores (mesma relação apresentada na petição inicial).

5) Apresentação do plano de recuperação: No prazo improrrogável de 60 (sessenta) dias, contados da publicação da decisão que deferiu o **processamento**, o devedor deve apresentar o plano de recuperação judicial, sob pena de conversão (convolação) em falência.

6) Habilitação dos créditos: Os credores devem habilitar seus créditos no prazo de 15 dias contados da publicação do edital.

7) Nova relação de credores: Encerrado o prazo de 15 dias para a habilitação dos créditos dos credores, inicia-se, automaticamente, novo prazo de 45 dias para o administrador judicial publicar uma nova relação de credores.

8) Abertura de prazo para objeção: A objeção só ocorre quando os credores habilitados não concordarem com o plano de recuperação apresentado. O prazo para a apresentação da objeção é de 30 dias, contados da publicação da nova relação de credores.

Se, durante esse prazo, algum credor apresentar objeção, o juiz deve convocar Assembleia Geral de Credores, que poderá aprovar ou reprovar o plano de recuperação judicial. Caso a Assembleia Geral de Credores reprove o plano, o juiz deve decretar a falência do empresário.

9) Decisão concessiva da recuperação judicial: Se os credores concordarem com o plano o juiz defere a recuperação judicial.

Encerrado o prazo de 30 dias sem objeção, presume-se que os credores concordaram com o plano apresentado pelo devedor, ocasião em que o juiz também defere a recuperação judicial.

Por fim, vale lembrar que, tem-se admitido a recuperação mesmo quando o devedor não apresenta a certidão negativa de débitos fiscais.

2.5. CONVOLAÇÃO EM FALÊNCIA

Poderá haver a convolação (conversão) da recuperação em falência. O juiz decretará a falência durante o processo de recuperação judicial, nas seguintes hipóteses:

a) quando houver deliberação da assembleia-geral de credores, na forma do art. 42 da LF;

b) quando o devedor não apresentar o plano de recuperação, no prazo do art. 53 da LF (sessenta dias, contados da publicação da decisão que deferiu o processamento).

c) quando houver sido rejeitado o plano de recuperação, nos termos do § 4º do art. 56 da LF;

d) por descumprimento de qualquer obrigação assumida no plano de recuperação, na forma do § 1º do art. 61 da LF.

Na convolação da recuperação em falência, os atos de administração, endividamento, oneração ou alienação praticados durante a recuperação judicial presumem-se válidos.

O plano de recuperação judicial implica novação dos créditos anteriores ao pedido. O descumprimento de qualquer obrigação prevista no plano acarretará a convolação da recuperação em falência, com o que os credores terão reconstituídos seus direitos e garantias nas condições originalmente contratadas, deduzidos os valores eventualmente pagos e ressalvados os atos validamente praticados no âmbito da recuperação judicial (STJ, REsp 1.260.301-DF).

3. RECUPERAÇÃO JUDICIAL ESPECIAL

A recuperação judicial especial é assim chamada, porque só ela se aplica às microempresas e às empresas de pequeno porte.

Créditos abrangidos: Até o ano de 2014, o plano de recuperação judicial especial só abrangia os *créditos quirografários*. No entanto, a LC 147/14, deu nova redação ao inciso I do art. 71 da Lei 11.101/05, passando a prever que o plano de recuperação judicial especial abrangerá todos os créditos existentes na data do pedido, ainda que não vencidos, excetuados os decorrentes de repasse de recursos oficiais, os fiscais e os previstos nos parágrafos 3º e 4º do art. 49 da lei.

Fases do processo da recuperação judicial especial:

1) **Petição inicial**;
2) **Despacho de processamento da recuperação.** O pedido de recuperação judicial com base em plano especial não acarreta a suspensão do curso da prescrição nem das ações e execuções por créditos não abrangidos pelo plano;
3) **Publicação de edital**;
4) **Apresentação do plano:** Na recuperação judicial especial, o plano já está pronto pela lei, que estabelece o seguinte:
   a) parcelamento em até 36 parcelas mensais, iguais e sucessivas, acrescidas de juros equivalentes à taxa SELIC, podendo conter ainda a proposta de abatimento do valor das dívidas;
   b) pagamento da 1ª parcela no prazo máximo de 180 dias, contado da distribuição do pedido de recuperação judicial. Não será convocada assembleia-geral de credores para deliberar sobre o plano, e o juiz concederá a recuperação judicial se atendidas as exigências legais;
5) **Habilitação dos créditos;**
6) **Nova relação de credores;**
7) **Abertura de prazo para eventual objeção (30 dias, contados da publicação da nova relação de credores).** Mesmo com a objeção dos credores, o juiz pode deferir o plano de recuperação. No entanto, se os credores titulares de mais da metade de qualquer de uma das classes de créditos previstos no art. 83 apresentarem objeção, o juiz deve decretar a falência do devedor;
8) **Decisão concessiva da recuperação judicial especial.**

> **ATENÇÃO!**
> Da decisão concessiva da recuperação judicial especial cabe agravo de instrumento, que poderá ser interposto por qualquer credor ou pelo Ministério Público.

4. RECUPERAÇÃO EXTRAJUDICIAL

Recuperação extrajudicial é o acordo privado que o devedor realiza diretamente com seus credores fora do âmbito judicial. Se o acordo não for cumprido pelo devedor, não haverá conversão automática em falência exatamente por se tratar de recuperação extrajudicial.

Créditos excluídos da recuperação extrajudicial:

a) créditos tributários;
b) créditos trabalhistas e de acidente do trabalho;
c) créditos fiscais;
d) créditos previdenciários;
e) pagamento antecipado de dívida;
f) arrendamento mercantil;
g) adiantamento de contrato de câmbio.

Legitimidade: Poderá requerer recuperação extrajudicial o devedor que, no momento do pedido, exerça regularmente suas atividades há mais de 2 anos e que atenda aos seguintes requisitos, cumulativamente:

a) não ser falido e, se o foi, estejam declaradas extintas, por sentença transitada em julgado, as responsabilidades daí decorrentes;
b) não ter, há menos de 5 anos, obtido concessão de recuperação judicial;
c) não ter, há menos de 5 anos, obtido concessão de recuperação judicial com base no plano especial;
d) não ter sido condenado ou não ter, como administrador ou sócio controlador, pessoa condenada por qualquer dos crimes previstos nesta Lei.

> **ATENÇÃO!**
> A recuperação judicial também poderá ser requerida pelo cônjuge sobrevivente, herdeiros do devedor, inventariante ou sócio remanescente.

Órgãos da recuperação extrajudicial:

a) não exige nomeação de administrador judicial;
b) não há comitê de credores nem a assembleia geral de credores;
c) não é obrigatória a participação do Ministério Público.

> **ATENÇÃO!**
> Como visto acima, pode-se dizer que o único órgão da recuperação extrajudicial é a autoridade judiciária. No entanto, aqui, a função do juiz é a de homologar o plano, não tendo competência para atrair outras questões de caráter econômico.

Efeitos da recuperação extrajudicial:

a) não suspende a prescrição de outras ações e execuções do devedor e dos participantes do plano;

b) não suspende a prescrição da rescisão de contratos bilaterais;

c) o credor não incluído no plano de recuperação pode pedir a falência do devedor, assim como os demais participantes do plano, quando descumprida as obrigações;

d) a homologação do plano de recuperação extrajudicial não afeta os bens do devedor nem o funcionamento da empresa. No entanto, acarreta a vedação do pagamento antecipado de dívida e do tratamento desfavorável aos credores.

5. FALÊNCIA

5.1. INCIDÊNCIA DA LEI

A Lei de Falência se aplica ao devedor *empresário individual*, à *sociedade empresária* e a *empresa individual de responsabilidade limitada* (Eireli).

Agentes econômicos excluídos da falência:

Totalmente excluídos da lei de falência	Parcialmente excluídos da lei de falência
• Empresas públicas; e • Sociedade de economia mista.	• Instituições financeiras públicas ou privadas; • Consórcios; • Cooperativas de crédito; • Seguradoras; • Operadoras de planos de saúde; • Entidades de previdência complementar; • Sociedades de capitalização; e • Outras entidades legalmente equiparadas à estas, como, por exemplo, as sociedades administradoras de cartão de crédito e as sociedades de arrendamento mercantil (*leasing*).

5.2. ÓRGÃOS DA FALÊNCIA

5.2.1. ADMINISTRADOR JUDICIAL

Trata-se de agente nomeado pelo juiz, no processo falimentar.

Ao juiz compete a presidência da administração da falência, com o auxílio do administrador judicial. Assim, o administrador judicial (antigo síndico), é o agente criado por lei para desempenhar atribuições relacionadas com a administração da falência, auxiliando o magistrado.

Além disso, o cabe ao administrador judicial a representação legal da massa falida subjetiva.

O administrador judicial deve ser profissional idôneo, **preferencialmente** (e não obrigatoriamente) advogado, economista, administrador de empresas ou contador, **ou pessoa jurídica especializada**.

Se o administrador judicial nomeado for pessoa jurídica, deve-se declarar o nome de profissional responsável pela condução do processo de falência ou de recuperação judicial, que não poderá ser substituído sem autorização do juiz. As atribuições do administrador judicial são indelegáveis.

5.2.2. ASSEMBLEIA DE CREDORES

De acordo com o art. 35, II da LF, no processo falimentar, a assembleia geral de credores possui as seguintes atribuições:

a) a constituição do Comitê de Credores, a escolha de seus membros e sua substituição;

b) a adoção de outras modalidades de realização do ativo, na forma do art. 145 da LF;

c) qualquer outra matéria que possa afetar os interesses dos credores.

5.2.3. COMITÊ DE CREDORES

O comitê de credores é um órgão facultativo, sendo que a sua atribuição é, basicamente, fiscalizar o trabalho do administrador judicial e auxiliar o juiz no processo falimentar ou de recuperação.

Na sua ausência, as atribuições do comitê serão exercidas pelo administrador judicial.

5.3. EFEITOS DA FALÊNCIA

5.3.1. EFEITOS DA DECRETAÇÃO DA FALÊNCIA QUANTO AO FALIDO

a) inabilitação do empresário;

b) indisponibilidade dos bens;

c) dissolução total da sociedade;

d) extinção de concessão de serviço público, se houver.

5.3.2. EFEITOS DA DECRETAÇÃO DA FALÊNCIA QUANTO AOS CREDORES

a) incidência do princípio da universalidade do juízo falimentar;

b) suspensão de todas as ações e execuções contra o falido (salvo ações trabalhistas, ações fiscais, ações que demandarem quantia ilíquida e ações não reguladas pela LF, em que o falido ou a massa falida seja autor ou litisconsorte ativo);

c) suspensão da fluência de juros;

d) vencimento antecipado de todas as dívidas do falido;

e) suspensão do curso da prescrição das obrigações do falido.

5.3.3. EFEITOS DA DECRETAÇÃO DA FALÊNCIA QUANTO AOS CONTRATOS

Os contratos bilaterais **não** se resolvem pela falência e **podem** ser cumpridos pelo administrador judicial **se** o cumprimento reduzir ou evitar o aumento do passivo da massa falida ou for necessário à manutenção e preservação de seus ativos, mediante autorização do Comitê.

5.4. PROCESSO DE FALÊNCIA

- **Legitimidade ativa:** podem requerer a falência do devedor:
  - **a)** próprio empresário devedor (autofalência);
  - **b)** sócio quotista ou acionista;
  - **c)** espólio, cônjuge sobrevivente, herdeiro ou inventariante do empresário individual;
  - **d)** qualquer credor.
- **Legitimidade passiva:** a Lei de Falência e Recuperação de Empresas se aplica ao devedor *empresário individual*, à *sociedade empresária* e a *empresa individual de responsabilidade limitada* (Eireli).
- **Juízo competente:** é competente para homologar o plano de recuperação extrajudicial, deferir a recuperação judicial ou decretar a falência o juízo do local do principal estabelecimento do devedor ou da filial de empresa que tenha sede fora do Brasil.
- **Fundamentos jurídicos da falência:**
  - a) impontualidade injustificada;
  - b) execução frustrada;
  - c) atos de falência.

> **ATENÇÃO!**
> Vale lembrar que estes não são fundamentos cumulativos (presente ao menos uma das hipóteses arroladas, já será possível requerer a falência do empresário).

- **Impontualidade injustificada:** trata-se da falta de pagamento sem relevante razão de direito. A obrigação deve ser líquida e materializada em título executivo extrajudicial ou judicial. Além disso, o título deve estar protestado (o protesto do título é indispensável para o pedido de falência com base na impontualidade injustificada). Ainda, o valor da obrigação deve ser superior a 40 (quarenta) salários mínimos.

> **ATENÇÃO!**
> Admite-se o litisconsórcio de credores para que, somados, o valor da obrigação ultrapasse 40 (quarenta) salários mínimos.

- **Execução frustrada:** ocorre quando o devedor é executado e não paga, não deposita e não nomeia bens à penhora dentro do prazo legal. Aqui, não há limite de valor para o pedido de falência, bastando a frustração da execução.
- **Prática de atos de falência (atos de bancarrota):** atos de falência são comportamentos previstos em lei que, caso praticados, acarretarão a presunção do estado de insolvência do empresário. Os principais atos de falência estão nas alíneas "a" a "g" do inciso III do art. 94 da LF. Exemplos:
  - **a)** liquidação precipitada, que ocorre quando o devedor se desfaz dos seus bens sem reposição correspondente;
  - **b)** descumprimento de obrigação assumida no plano de recuperação judicial.
- **Atitudes que podem ser tomadas pelo devedor após a citação:** citado, o devedor-empresário pode tomar uma das seguintes atitudes:
  - **a)** apresentar contestação;
  - **b)** fazer o depósito elisivo;
  - **c)** fazer o depósito elisivo e apresentar contestação; e
  - **d)** pleitear recuperação judicial, dentro do prazo para a contestação.
- **Depósito elisivo:** quando o devedor efetua o depósito elisivo, o juiz fica impedido de decretar a falência. O depósito elisivo deve ser feito no prazo da contestação e deve compreender o valor principal, mais juros, correção monetária e honorários advocatícios.
- **Sentença declaratória da falência:** é a sentença de procedência, ou seja, que decreta a falência. Da sentença que decreta a falência cabe recurso de agravo de instrumento pelo devedor, pelo Ministério Público, ou pelo credor.
- **Sentença denegatória da falência:** é a sentença de improcedência, ou seja, que rejeita o pedido de falência. Da sentença denegatória da falência cabe recurso de apelação pelo devedor, pelo Ministério Público e pelo credor.

5.5. PEDIDOS DE RESTITUIÇÃO

Os pedidos de restituição estão disciplinados a partir do art. 85 da LF.

Restituição dos bens alienados que não eram do falido, mas de terceiros: o proprietário de bem arrecadado no processo de falência ou que se encontre em poder do devedor na data da decretação da falência poderá pedir sua *restituição* (pedido de restituição). Também pode ser pedida a restituição de coisa vendida a crédito e entregue ao devedor nos 15 dias anteriores ao requerimento de sua falência, se ainda não alienada.

Restituição em dinheiro dos bens alienados que não eram do falido, mas de terceiros: a restituição proceder-se-á em *dinheiro*:

a) se a coisa não mais existir ao tempo do pedido de restituição, hipótese em que o requerente receberá o valor da avaliação do bem, ou, no caso de ter ocorrido sua venda, o respectivo preço, em ambos os casos no valor atualizado;

b) da importância entregue ao devedor, em moeda corrente nacional, decorrente de adiantamento a contrato de câmbio para exportação, desde que o prazo total da operação, inclusive eventuais prorrogações, não exceda o previsto nas normas específicas da autoridade competente; e

c) dos valores entregues ao devedor pelo contratante de boa-fé na hipótese de revogação ou ineficácia do contrato. Por fim, cumpre lembrar que, nos casos em que não couber pedido de restituição, fica resguardado o direito dos credores de propor embargos de terceiros, nos termos do novo CPC.

5.6. INEFICÁCIA E REVOGAÇÃO DE ATOS PRATICADOS ANTES DA FALÊNCIA

Ação revocatória nas hipóteses de ineficácia objetiva	Ação revocatória nas hipóteses de ineficácia subjetiva
Art. 129 da LF.	Art. 130 da LF.
Hipóteses de ineficácia objetiva	Hipóteses de ineficácia subjetiva
Não precisa provar o conluio fraudulento	Precisa provar o conluio fraudulento e o dano.
Pode ser declarada pelo juiz de ofício	Não pode ser declarada pelo juiz de ofício

5.7. REALIZAÇÃO DO ATIVO

Após a arrecadação dos bens do falido, será dada a realização do ativo, que deverá obedecer a uma determinada ordem de preferência definida pela lei.

Modalidades de realização do ativo: o juiz, ouvido o administrador judicial e atendendo à orientação do Comitê (se houver), ordenará que se proceda à alienação do ativo em uma das seguintes modalidades:

a) leilão, por lances orais;
b) propostas fechadas; e
c) pregão.

ATENÇÃO!

Em qualquer modalidade de realização do ativo, o Ministério Público deve ser intimado pessoalmente, sob pena de nulidade.

Ordem preferencial na realização do ativo: a alienação dos bens será realizada de uma das seguintes formas, observada a seguinte ordem de preferência:

a) alienação da empresa, com a *venda de seus estabelecimentos em bloco;*
b) alienação da empresa, com a *venda de suas filiais ou unidades produtivas isoladamente*;
c) alienação em bloco dos *bens que integram cada um dos estabelecimentos do devedor;*
d) alienação dos *bens individualmente considerados.*

ATENÇÃO!

Na alienação conjunta ou separada de ativos, inclusive da empresa ou de suas filiais, o objeto da alienação estará livre de quaisquer ônus e não haverá sucessão do arrematante nas obrigações do devedor, inclusive as de natureza tributária, as derivadas da legislação do trabalho e as decorrentes de acidentes de trabalho. Isso significa que o sujeito adquire os bens do falido sem quaisquer ônus, nem mesmo débitos tributários ou trabalhistas. O valor pago pelo adquirente é destinado à massa falida, e lá os créditos tributários e trabalhistas serão satisfeitos. **Exceção:** a fim de evitar fraudes, essa regra não se aplica quando o arrematante for:

a) sócio da sociedade falida, ou sociedade controlada pelo falido;

b) parente, em linha reta ou colateral até o quarto grau, consanguíneo ou afim, do falido ou de sócio da sociedade falida; ou

c) identificado como agente do falido com o objetivo de fraudar a sucessão.

5.8. CLASSIFICAÇÃO E PAGAMENTO DOS CREDORES

- **Créditos concursais:** A classificação dos créditos na falência obedece à seguinte ordem:

1º Créditos derivados da legislação do trabalho, limitados a 150 salários-mínimos por credor, e os decorrentes de acidentes de trabalho. Aqui, entram também os créditos equiparados a trabalhistas (ex.: créditos relacionados ao FGTS) e os devidos ao representante comercial (art. 44 da Lei 4.886/65);

2º Créditos com garantia real até o limite do valor do bem gravado;

3º Créditos tributários, independentemente da sua natureza e tempo de constituição, excetuadas as multas tributárias;

4º Créditos com privilégio especial (os previstos no art. 964 do CC; os assim definidos em outras leis civis e comerciais, salvo disposição contrária desta Lei; e aqueles a cujos titulares a lei confira o direito de retenção sobre a coisa dada em garantia; aqueles em favor dos microempreendedores individuais e das microempresas e empresas de pequeno porte);

5º Créditos com privilégio geral (os previstos no art. 965 do CC; os previstos no parágrafo único do art. 67 da LF; os assim definidos em outras leis civis e comerciais, salvo disposição contrária da LF);

6º Créditos quirografários (aqueles não previstos nos demais incisos deste artigo; os saldos dos créditos não cobertos pelo produto da alienação dos bens vinculados ao seu pagamento; os saldos dos créditos derivados da legislação do trabalho que excederem o limite estabelecido no inciso I do *caput* deste artigo;

7º Multas contratuais e penas pecuniárias por infração das leis penais ou administrativas, inclusive as multas tributárias;

8º Créditos subordinados (os assim previstos em lei ou em contrato; os créditos dos sócios e dos administradores sem vínculo empregatício)

- **Créditos extraconcursais:** Os créditos extraconcursais são aqueles que surgem no curso do processo falimentar, e que são pagos com precedência sobre todos os créditos acima citados, na ordem prevista no art. 84 da LF:

1º Remunerações devidas ao administrador judicial e seus auxiliares, e créditos derivados da legislação do trabalho ou decorrentes de acidentes de trabalho relativos a serviços prestados após a decretação da falência;

2º Quantias fornecidas à massa pelos credores;

3º Despesas com arrecadação, administração, realização do ativo e distribuição do seu produto, bem como custas do processo de falência;

4º Custas judiciais relativas às ações e execuções em que a massa falida tenha sido vencida;

5º Obrigações resultantes de atos jurídicos válidos praticados durante a recuperação judicial, nos termos do art. 67 da Lei, ou após a decretação da falência, e tributos relativos a fatos geradores ocorridos após a decretação da falência, respeitada a ordem estabelecida no art. 83 da Lei.

5.9. ENCERRAMENTO DA FALÊNCIA

Julgamento das contas do administrador judicial: Concluída a realização de todo o ativo (venda dos bens), e distribuído o produto entre os credores, o administrador judicial apresentará suas contas, que serão julgadas pelo juiz.

Julgadas as contas do administrador judicial, ele apresentará o relatório final da falência no prazo de 10 (dez) dias, indicando o valor do ativo e o do produto de sua realização, o valor do passivo e o dos pagamentos feitos aos credores, e especificará justificadamente as responsabilidades com que continuará o falido.

Sentença de encerramento: Apresentado o relatório final, o juiz encerrará a falência por sentença, que será publicada por edital e dela caberá apelação.

5.10. EXTINÇÃO DAS OBRIGAÇÕES DO FALIDO

Extinguem-se as obrigações do falido:

a) Com o pagamento de **todos** os créditos;

b) Com o pagamento, **depois de realizado todo o ativo, de mais de 50% dos créditos quirografários**, sendo facultado ao falido o depósito da quantia necessária para atingir essa porcentagem se para tanto não bastou a integral liquidação do ativo;

c) **Com o decurso do prazo de 5 (cinco) anos**, contado do encerramento da falência, **se o falido não tiver sido condenado por prática de crime falimentar**;

d) **Com decurso do prazo de 10 (dez) anos**, contado do encerramento da falência, **se o falido tiver sido condenado por prática de crime falimentar**.

6. INTERVENÇÃO E LIQUIDAÇÃO DE INSTITUIÇÃO FINANCEIRA

6.1. ASPECTOS GERAIS

A organização e as funções das diversas entidades do mercado financeiro compõem o chamado Sistema Financeiro Nacional – SFN.

O Sistema Financeiro Nacional, estruturado de forma a promover o desenvolvimento equilibrado do País e a servir aos interesses da coletividade, em todas as partes que o compõem, abrangendo as cooperativas de crédito, será regulado por leis complementares que disporão, inclusive, sobre a participação do capital estrangeiro nas instituições que o integram (CF, art. 192).

6.2. CONSTITUIÇÃO E COMPETÊNCIA DAS ENTIDADES INTEGRANTES DO SFN

Os integrantes do Sistema Financeiro Nacional se desdobram em uma série de órgãos e instituições cujo objetivo é manter operativo o sistema. O SFN é estruturado em órgãos normativos, entidades supervisoras e operadores.

Órgãos normativos	• **Constituição:** a) Conselho Monetário Nacional – CMN; b) Conselho Nacional de Seguros Privados – CNSP; c) Conselho Nacional de Previdência Complementar – CGPC; • **Competência:** os órgãos normativos têm a competência de disciplinar, regulamentar e estabelecer as políticas públicas para o Sistema Financeiro Nacional, sem exercerem funções executivas.
Entidades supervisoras	• **Constituição:** a) Banco Central do Brasil – BACEN; b) Comissão de Valores Mobiliários – CVM; c) Superintendência de Seguros Privados – SUSEP; d) Institutos de Resseguros do Brasil – IRB; e) Secretaria da Previdência Complementar – SPC. • **Competência:** as entidades supervisoras têm a competência de fiscalizar as entidades operadoras, bem como realizar e executar as atividades de regulação estatal do SFN.

Entidades operadoras	• **Constituição:** entidades operadoras são todas as instituições privadas que atuam no SFN, devendo respeito ao poder de regulação dos órgãos normativos, bem como ao poder de fiscalização pelas entidades supervisoras, a saber: **a)** Bolsa de Valores; **b)** Bolsa de Mercadorias e Futuros; **c)** Sociedades Seguradoras; **d)** Sociedades de Capitalização; **e)** Entidades Abertas de Previdência Complementar; **f)** Entidades Fechadas de Previdência Complementar; **g)** Instituições Financeiras Captadoras de Depósitos à Vista: **i)** Bancos Múltiplos; **ii)** Bancos Comerciais; **iii)** Caixa Econômica Federal; e **iv)** Cooperativas de Crédito.

6.3. INSTITUIÇÕES FINANCEIRAS PÚBLICAS E PRIVADAS

Conceito: Consideram-se instituições financeiras, as pessoas jurídicas públicas ou privadas, que tenham como atividade principal ou acessória a coleta, intermediação ou aplicação de recursos financeiros próprios ou de terceiros, em moeda nacional ou estrangeira, e a custódia de valor de propriedade de terceiros.

Sociedades dependentes de autorização: As instituições financeiras somente poderão funcionar no País mediante prévia autorização do Banco Central do Brasil – BACEN ou decreto do Poder Executivo, quando forem estrangeiras.

Classificação:

1) **Instituições financeiras captadoras de depósitos à vista:**

a) Bancos comerciais;

b) Bancos múltiplos com carteira comercial;

c) Caixa Econômica Federal;

d) Cooperativas de Crédito.

2) **Instituições financeiras não captadoras de depósitos à vista (operam apenas com captação de depósitos a prazo e depósito de poupança):**

a) Associações de Poupança e Empréstimo;

b) Bancos de Desenvolvimento e de Investimento;

c) Banco Nacional de Desenvolvimento Econômico e Social (BNDES);

d) Companhias Hipotecárias;

e) Cooperativas Centrais de Crédito;

f) Sociedades de Crédito, Financiamento e Investimento;

g) Sociedades de Crédito Imobiliário;

h) Sociedades de Crédito ao Microempreendedor.

6.4. REGIME DE INTERVENÇÃO EM INSTITUIÇÕES FINANCEIRAS

Previsão legal: Lei 6.024/74.

Conceito: A intervenção é uma medida administrativa cautelar que visa evitar a continuidade de irregularidade ou o agravamento da situação de risco patrimonial de instituição financeira. Exemplos de irregularidades: a entidade estiver sofrendo prejuízo, decorrente da má administração, que sujeite a riscos os seus credores; forem verificadas reiteradas infrações a dispositivos da legislação bancária não regularizadas após as determinações do Banco Central, no uso das suas atribuições de fiscalização.

Legitimidade: A intervenção pode ser decretada de ofício pelo Banco Central ou por solicitação dos administradores da instituição (se o respectivo estatuto lhes conferir esta competência).

Duração: A intervenção pode perdurar até 6 meses, prorrogáveis, uma única vez, por decisão do BC por até mais 6 meses.

Efeitos: a intervenção produzirá, desde sua decretação, os seguintes efeitos:

a) suspensão da exigibilidade das obrigações vencidas;

b) suspensão da fluência do prazo das obrigações vincendas anteriormente contraídas;

c) inexigibilidade dos depósitos já existentes à data de sua decretação.

Encerramento: a intervenção cessará:

a) se os interessados, apresentando as necessárias condições de garantia, julgadas a critério do Banco Central, tomarem a si o prosseguimento das atividades econômicas da empresa;

b) quando, a critério do Banco Central, a situação da entidade se houver normalizado;

c) se decretada a liquidação extrajudicial pelo Banco Central, ou a falência decretada pelo Poder Judiciário, **após o BC autorizar ajuizamento do pedido de autofalência**, diante das hipóteses do art. 12, "d", da Lei n. 6.024/74.

6.5. REGIME DE ADMINISTRAÇÃO ESPECIAL TEMPORÁRIA DE INSTITUIÇÕES FINANCEIRAS – RAET

Previsão legal: Dec.-Lei 2.321/87.

Conceito: O Regime de Administração Especial Temporária (RAET) é uma medida administrativa de caráter cautelar, que não interrompe nem suspende as atividades da instituição financeira privadas e públicas não federais, sendo gerida por Conselho Diretor nomeado pelo Banco Central para afastar a irregularidade que a motivou.

Hipóteses de incidência do RAET:

a) prática reiterada de operações contrárias às diretrizes de política econômica ou financeira traçadas em lei federal;

b) existência de passivo a descoberto;

c) gestão temerária ou fraudulenta;

d) situações passíveis de intervenção.

6.6. LIQUIDAÇÃO EXTRAJUDICIAL DE INSTITUIÇÕES FINANCEIRAS

Previsão legal: arts. 15 a 35 da Lei 6.024/74.

Conceito: As instituições financeiras estão sujeitas a um regime de execução concursal extrajudicial, na forma prevista pela Lei nº 6.024/74 (LILE). Liquidação extrajudicial é uma modalidade de execução concursal aplicável às instituições financeiras, visando à preservação do patrimônio da empresa no interesse de seus credores e do próprio sistema financeiro.

Exemplos de hipóteses de incidência da liquidação extrajudicial:

a) sério comprometimento da situação econômica ou financeira;

b) violação grave das normas legais e estatutárias, bem como das determinações do CMN e do Banco Central;

c) cassação da autorização, quando não se iniciar a liquidação ordinária em 90 dias;

d) a morosidade do procedimento ordinário causar prejuízo aos credores.

Efeitos liquidação extrajudicial: a decretação da liquidação extrajudicial produzirá, de imediato, os seguintes efeitos:

a) suspensão das ações e execuções iniciadas sobre direitos e interesses relativos ao acervo da entidade liquidanda, não podendo ser intentadas quaisquer outras, enquanto durar a liquidação;

b) vencimento antecipado das obrigações da liquidanda;

c) não atendimento das cláusulas penais dos contratos unilaterais vencidos em virtude da decretação da liquidação extrajudicial;

d) não fluência de juros, mesmo que estipulados, contra a massa, enquanto não integralmente pago o passivo;

e) interrupção da prescrição relativa a obrigações de responsabilidade da instituição;

f) não reclamação de correção monetária de quaisquer divisas passivas, nem de penas pecuniárias por infração de leis penais ou administrativas.

Encerramento (art. 19 da Lei 6.024/74 com redação dada pela Medida Provisória 784, de 7 de junho de 2017): a liquidação extrajudicial será encerrada:

1) por decisão do Banco Central, nas seguintes hipóteses:

a) pagamento integral dos credores quirografários;

b) mudança de objeto social da instituição para atividade econômica não integrante do SFN;

c) transferência do controle societário da instituição;

d) convolação em liquidação ordinária;

e) exaustão do ativo da instituição, mediante a sua realização total e a distribuição do produto entre os credores, ainda que não ocorra o pagamento integral dos créditos;

f) iliquidez ou difícil realização do ativo remanescente na instituição, reconhecidas pelo BC.

2) pela decretação de falência da instituição.

◉ CAPÍTULO 12 – SISTEMA FINANCEIRO DE HABITAÇÃO – SFH

1. FINALIDADE

Visando assegurar o direito social à moradia, o Sistema Financeiro de Habitação – SFH destina-se a facilitar e promover a construção e a aquisição da casa própria ou moradia, especialmente pelas classes de menor renda da população.

2. CONSTITUIÇÃO

De acordo com o art. 8º da Lei nº 4.380/64, integram o SFH:

a) os bancos múltiplos;

b) os bancos comerciais;

c) as caixas econômicas;

d) as sociedades de crédito imobiliário;

e) as associações de poupança e empréstimo;

f) as companhias hipotecárias;

g) os órgãos federais, estaduais e municipais, inclusive sociedades de economia mista em que haja participação majoritária do poder público, que operem no financiamento de habitações e obras conexas;

h) as fundações, cooperativas e outras formas associativas para construção ou aquisição da casa própria sem finalidade de lucro, que se constituirão de acordo com as diretrizes desta Lei;

i) as caixas militares;

j) as entidades abertas de previdência complementar;

k) as companhias securitizadoras de crédito imobiliário; e

l) outras instituições que venham a ser consideradas pelo Conselho Monetário Nacional como integrantes do Sistema Financeiro da Habitação.

3. SÚMULAS APLICÁVEIS

- **STF – Súmula 265:** Na apuração de haveres não prevalece o balanço não aprovado pelo sócio falecido, excluído ou que se retirou.
- **STF – Súmula 417:** Pode ser objeto de restituição, na falência, dinheiro em poder do falido, recebido

em nome de outrem, ou do qual, por lei ou contrato, não tivesse ele a disponibilidade.

- **STJ – Súmula 25:** Nas ações da lei de falências o prazo para a interposição de recurso conta-se da intimação da parte.
- **STJ – Súmula 29:** No pagamento em juízo para elidir falência, são devidos correção monetária, juros e honorários de advogado.
- **STJ – Súmula 36:** A correção monetária integra o valor da restituição, em caso de adiantamento de câmbio, requerida em concordata ou falência.
- **STJ – Súmula 248:** Comprovada a prestação dos serviços, a duplicata não aceita, mas protestada, é título hábil para instruir pedido de falência.
- **STJ – Súmula 328:** Na execução contra instituição financeira, é penhorável o numerário disponível, excluídas as reservas bancárias mantidas no Banco Central.
- **STJ – Súmula 361:** A notificação do protesto, para requerimento de falência da empresa devedora, exige a identificação da pessoa que a recebeu.
- **STJ – Súmula 539:** É permitida a capitalização de juros com periodicidade inferior à anual em contratos celebrados com instituições integrantes do Sistema Financeiro Nacional a partir de 31/3/2000 (MP n. 1.963-17/2000, reeditada como MP n. 2.170-36/2001), desde que expressamente pactuada.
- **STJ – Súmula 479:** As instituições financeiras respondem objetivamente pelos danos gerados por fortuito interno relativo a fraudes e delitos praticados por terceiros no âmbito de operações bancárias.
- **STJ – Súmula 480:** O juízo da recuperação judicial não é competente para decidir sobre a constrição de bens não abrangidos pelo plano de recuperação da empresa.
- **STJ – Súmula 581:** A recuperação judicial do devedor principal não impede o prosseguimento das ações e execuções ajuizadas contra terceiros devedores solidários ou coobrigados em geral, por garantia cambial, real ou fidejussória.
- **STF – Súmula 584:** As sociedades corretoras de seguros, que não se confundem com as sociedades de valores mobiliários ou com os agentes autônomos de seguro privado, estão fora do rol de entidades constantes do art. 22, § 1º, da Lei n. 8.212/1991, não se sujeitando à majoração da alíquota da Cofins prevista no art. 18 da Lei n. 10.684/2003.

⦿ CAPÍTULO 13 – PROPRIEDADE INDUSTRIAL

1. ASPECTOS GERAIS

A propriedade industrial está sujeita às normas constantes da Lei nº 9.279/1996 (Lei da Propriedade Industrial – LPI).

Natureza dos direitos de propriedade industrial: consideram-se **bens móveis**, para os efeitos legais, os direitos de propriedade industrial.

Abrangência do Direito Industrial: são 4 os bens imateriais protegidos pelo Direito Industrial: **a)** patente de invenção; **b)** patente de modelo de utilidade; **c)** registro de desenho industrial; **d)** registro de marca. O empresário que titulariza tais bens (patentes ou registro) possui o direito de explorar economicamente, com exclusividade, o respectivo objeto.

Instituto Nacional de Propriedade Industrial: O INPI, autarquia federal, é o ente encarregado de proteger os direitos do empresário relativos à propriedade industrial.

Formas de proteção dos direitos de propriedade industrial: a proteção dos direitos relativos à propriedade industrial, considerado o seu interesse social e o desenvolvimento tecnológico e econômico do País, efetua-se mediante:

a) concessão de patentes de invenção e de modelo de utilidade;

b) concessão de registro de desenho industrial;

c) concessão de registro de marca;

d) repressão às falsas indicações geográficas; e

e) repressão à concorrência desleal.

Requisitos da patenteabilidade (A.N.A):

a) atividade inventiva;

b) novidade;

c) aplicação industrial.

Efeito da patente: é a concessão de propriedade do bem, garantindo o direito de exploração com exclusividade. Em outras palavras, a patente confere ao seu titular o direito de impedir terceiro, sem o seu consentimento, de produzir, usar, colocar à venda, vender ou importar com estes propósitos: **a)** produto objeto de patente; **b)** processo ou produto obtido diretamente por processo patenteado.

Cessão da patente: o pedido de patente ou a patente, ambos de conteúdo indivisível, poderão ser concedidos, total ou parcialmente.

Vigência da patente: é muito comum as bancas examinadoras cobrarem os seguintes prazos, todos previstos na Lei 9.279/96:

Patente de invenção	Patente de modelo de utilidade	Registro de desenho industrial	Registro de marca
20 anos	15 anos	10 anos	10 anos
Art. 40	Art. 40	Art. 108	Art. 133

Prescrição: Prescreve em 5 (cinco) anos a ação para reparação de dano causado ao direito de propriedade industrial (art. 225 da LPI).

2. INVENÇÃO

A patente se relaciona com à invenção ou ao modelo de utilidade. "Invenção é o ato original do gênio humano. Toda vez que alguém projeta algo que desconhecia, estará produzindo uma invenção. Embora toda invenção seja, assim, original, nem sempre será nova, ou seja, desconhecida das demais pessoas. E a novidade, conforme se verá em seguida, é condição de patenteabilidade da invenção." (Coelho, Fábio Ulhoa. *Manual de Direito Comercial.* 28 ed. – São Paulo: Editora Revista dos Tribunais, 2016).

Requisitos para a patente de invenção: é patenteável a invenção que atenda aos requisitos de novidade, atividade inventiva e aplicação industrial.

a) **Novidade:** a invenção é considerada nova, quando não compreendida no estado da técnica. Em outras palavras, a invenção deve ser desconhecida da comunidade científica, técnica ou industrial.

b) **Atividade inventiva:** a invenção é dotada de atividade inventiva sempre que, para um técnico no assunto, não decorra de maneira evidente ou óbvia do estado da técnica.

c) **Aplicação industrial:** a invenção é considerada suscetível de aplicação industrial quando possa ser utilizado ou produzida em qualquer tipo de indústria.

Vigência da patente de invenção: 20 anos.

Não se considera invenção (art. 10 da LPI):

a) descobertas, teorias científicas e métodos matemáticos;

b) concepções puramente abstratas;

c) esquemas, planos, princípios ou métodos comerciais, contábeis, financeiros, educativos, publicitários, de sorteio e de fiscalização;

d) obras literárias, arquitetônicas, artísticas e científicas ou qualquer criação estética;

e) programas de computador em si;

f) apresentação de informações;

g) regras de jogo;

h) técnicas e métodos operatórios ou cirúrgicos, bem como métodos terapêuticos ou de diagnóstico, para aplicação no corpo humano ou animal; e

i) o todo ou parte de seres vivos naturais e materiais biológicos encontrados na natureza, ou ainda que dela isolados, inclusive o genoma ou germoplasma de qualquer ser vivo natural e os processos biológicos naturais.

Não são patenteáveis (art. 18 da LPI):

a) o que for contrário à moral, aos bons costumes e à segurança, à ordem e à saúde públicas;

b) substâncias, matérias, misturas, elementos ou produtos de qualquer espécie, bem como a modificação de suas propriedades físico-químicas e os respectivos processos de obtenção ou modificação, quando resultantes de transformação do núcleo atômico; e

c) o todo ou parte dos seres vivos, exceto os microrganismos transgênicos que atendam aos três requisitos de patenteabilidade – novidade, atividade inventiva e aplicação industrial – previstos no art. 8º e que não sejam mera descoberta. **Obs.:** microorganismos transgênicos são organismos, exceto o todo ou parte de plantas ou de animais, que expressem, mediante intervenção humana direta em sua composição genética, uma característica normalmente não alcançável pela espécie em condições naturais.

3. MODELO DE UTILIDADE

A patente se relaciona com à invenção ou ao modelo de utilidade. "Desenho industrial diz respeito à forma dos objetos, e serve tanto para conferir-lhe um ornamento harmonioso como para distingui-los de outros do mesmo gênero. Lembre-se, por exemplo, a cadeira *Hill House*, projetada pelo arquiteto Charles Mackintosh em 1902, cuja forma (desenho industrial, design) tem especificidades que permitem sua imediata identificação. A marca, por sua vez, é o signo que identifica produtos e serviços, como Coca-Cola, RT, Itaú." (Coelho, Fábio Ulhoa. Manual de Direito Comercial. 28 ed. – São Paulo: Editora Revista dos Tribunais, 2016).

Requisitos para a patente de modelo de utilidade: é patenteável o modelo de utilidade que atenda aos requisitos de novidade, atividade inventiva e aplicação industrial.

a) **Novidade:** o modelo de utilidade é considerado novo, quando não compreendido no estado da técnica. Em outras palavras, o modelo de utilidade deve ser desconhecido da comunidade científica, técnica ou industrial.

b) **Atividade inventiva:** o modelo de utilidade é dotado de ato inventivo sempre que, para um técnico no assunto, não decorra de maneira comum ou vulgar do estado da técnica.

c) **Aplicação industrial:** o modelo de utilidade é considerado suscetível de aplicação industrial quando possa ser utilizado ou produzido em qualquer tipo de indústria.

Vigência da patente de modelo de utilidade: 15 anos.

Não se considera modelo de utilidade (art. 10 da LPI):

a) descobertas, teorias científicas e métodos matemáticos;

b) concepções puramente abstratas;

c) esquemas, planos, princípios ou métodos comerciais, contábeis, financeiros, educativos, publicitários, de sorteio e de fiscalização;

d) obras literárias, arquitetônicas, artísticas e científicas ou qualquer criação estética;

e) programas de computador em si;

f) apresentação de informações;

g) regras de jogo;

h) técnicas e métodos operatórios ou cirúrgicos, bem como métodos terapêuticos ou de diagnóstico, para aplicação no corpo humano ou animal; e

i) o todo ou parte de seres vivos naturais e materiais biológicos encontrados na natureza, ou ainda que dela isolados, inclusive o genoma ou germoplasma de qualquer ser vivo natural e os processos biológicos naturais.

Não são patenteáveis (art. 18 da LPI):

a) o que for contrário à moral, aos bons costumes e à segurança, à ordem e à saúde públicas;

b) as substâncias, matérias, misturas, elementos ou produtos de qualquer espécie, bem como a modificação de suas propriedades físico-químicas e os respectivos processos de obtenção ou modificação, quando resultantes de transformação do núcleo atômico; e

c) o todo ou parte dos seres vivos, exceto os microrganismos transgênicos que atendam aos três requisitos de patenteabilidade – novidade, atividade inventiva e aplicação industrial – previstos no art. 8º e que não sejam mera descoberta. **Obs.:** microorganismos transgênicos são organismos, exceto o todo ou parte de plantas ou de animais, que expressem, mediante intervenção humana direta em sua composição genética, uma característica normalmente não alcançável pela espécie em condições naturais.

ATENÇÃO!

Não se considera modelo de utilidade e, portanto, não podem ser patenteados:

I – as descobertas, teorias científicas e métodos matemáticos;

II – concepções puramente abstratas;

III – esquemas, planos, princípios ou métodos comerciais, contábeis, financeiros, educativos, publicitários, de sorteio e de fiscalização;

IV – as obras literárias, arquitetônicas, artísticas e científicas ou qualquer criação estética;

V – programas de computador em si;

VI – apresentação de informações;

VII – regras de jogo;

VIII – técnicas e métodos operatórios ou cirúrgicos, bem como métodos terapêuticos ou de diagnóstico, para aplicação no corpo humano ou animal; e

IX – o todo ou parte de seres vivos naturais e materiais biológicos encontrados na natureza, ou ainda que dela isolados, inclusive o genoma ou germoplasma de qualquer ser vivo natural e os processos biológicos naturais.

4. DESENHO INDUSTRIAL

O registro se relaciona com o desenho industrial e com a marca. Considera-se desenho industrial a forma plástica ornamental de um objeto ou o conjunto ornamental de linhas e cores que possa ser aplicado a um produto, proporcionando resultado visual novo e original na sua configuração externa e que possa servir de tipo de fabricação industrial.

Requisitos para o registro do desenho industrial: o desenho industrial pode ser registrado quando atenda aos requisitos da novidade, originalidade e desimpedimento:

a) Novidade: o desenho industrial é considerado novo quando não compreendido no estado da técnica. O desenho industrial deve resultar em visual inédito, desconhecido dos técnicos do setor.

b) Originalidade: o desenho industrial é considerado original quando dele resulte uma configuração visual distintiva, em relação a outros objetos anteriores. **Obs.:** O resultado visual original poderá ser decorrente da combinação de elementos já conhecidos.

c) Desimpedimento: o desenho industrial não pode incorrer em nenhuma das situações do art. 100 da LPI.

Não é registrável como desenho industrial (art. 100 da LPI):

a) o que for contrário à moral e aos bons costumes ou que ofenda a honra ou imagem de pessoas, ou atente contra liberdade de consciência, crença, culto religioso ou ideia e sentimentos dignos de respeito e veneração;

b) a forma necessária comum ou vulgar do objeto ou, ainda, aquela determinada essencialmente por considerações técnicas ou funcionais.

Vigência do registro do desenho industrial: 10 anos.

5. MARCA

O registro se relaciona com o desenho industrial e com a marca. Marca é o signo que identifica produtos e serviços, produzidos ou colocados em circulação pelo empresário.

Requisitos do registro de marca: é registrável a marca que atenta aos requisitos da *novidade relativa, não colidência com marca notória* e *não impedimento.*

Sinais registráveis como marca: são suscetíveis de registro como marca os sinais distintivos visualmente perceptíveis, não compreendidos nos impedimentos legais do art. 124 da LPI.

Não são registráveis como marca (art. 124 da LPI):

a) brasão, armas, medalha, bandeira, emblema, distintivo e monumento oficiais, públicos, nacionais, estrangeiros ou internacionais, bem como a respectiva designação, figura ou imitação;

b) letra, algarismo e data, isoladamente, salvo quando revestidos de suficiente forma distintiva;

c) expressão, figura, desenho ou qualquer outro sinal contrário à moral e aos bons costumes ou que ofenda a honra ou imagem de pessoas ou atente contra liberdade de consciência, crença, culto religioso ou ideia e sentimento dignos de respeito e veneração;

d) designação ou sigla de entidade ou órgão público, quando não requerido o registro pela própria entidade ou órgão público;

e) reprodução ou imitação de elemento característico ou diferenciador de título de estabelecimento ou nome de empresa de terceiros, suscetível de causar confusão ou associação com estes sinais distintivos;

f) sinal de caráter genérico, necessário, comum, vulgar ou simplesmente descritivo, quando tiver relação com o produto ou serviço a distinguir, ou aquele empregado comumente para designar uma característica do produto ou serviço, quanto à natureza, nacionalidade, peso, valor, qualidade e época de produção ou de prestação do serviço, salvo quando revestidos de suficiente forma distintiva;

g) sinal ou expressão empregada apenas como meio de propaganda;

h) cores e suas denominações, salvo se dispostas ou combinadas de modo peculiar e distintivo;

i) indicação geográfica, sua imitação suscetível de causar confusão ou sinal que possa falsamente induzir indicação geográfica;

j) sinal que induza a falsa indicação quanto à origem, procedência, natureza, qualidade ou utilidade do produto ou serviço a que a marca se destina;

k) reprodução ou imitação de cunho oficial, regularmente adotada para garantia de padrão de qualquer gênero ou natureza;

l) reprodução ou imitação de sinal que tenha sido registrado como marca coletiva ou de certificação por terceiro, observado o disposto no art. 154;

m) nome, prêmio ou símbolo de evento esportivo, artístico, cultural, social, político, econômico ou técnico, oficial ou oficialmente reconhecido, bem como a imitação suscetível de criar confusão, salvo quando autorizados pela autoridade competente ou entidade promotora do evento;

n) reprodução ou imitação de título, apólice, moeda e cédula da União, dos Estados, do Distrito Federal, dos Territórios, dos Municípios, ou de país;

o) nome civil ou sua assinatura, nome de família ou patronímico e imagem de terceiros, salvo com consentimento do titular, herdeiros ou sucessores;

p) pseudônimo ou apelido notoriamente conhecidos, nome artístico singular ou coletivo, salvo com consentimento do titular, herdeiros ou sucessores;

q) obra literária, artística ou científica, assim como os títulos que estejam protegidos pelo direito autoral e sejam suscetíveis de causar confusão ou associação, salvo com consentimento do autor ou titular;

r) termo técnico usado na indústria, na ciência e na arte, que tenha relação com o produto ou serviço a distinguir;

s) reprodução ou imitação, no todo ou em parte, ainda que com acréscimo, de marca alheia registrada, para distinguir ou certificar produto ou serviço idêntico, semelhante ou afim, suscetível de causar confusão ou associação com marca alheia;

t) dualidade de marcas de um só titular para o mesmo produto ou serviço, salvo quando, no caso de marcas de mesma natureza, se revestirem de suficiente forma distintiva;

u) a forma necessária, comum ou vulgar do produto ou de acondicionamento, ou, ainda, aquela que não possa ser dissociada de efeito técnico;

v) objeto que estiver protegido por registro de desenho industrial de terceiro; e

w) sinal que imite ou reproduza, no todo ou em parte, marca que o requerente evidentemente não poderia desconhecer em razão de sua atividade, cujo titular seja sediado ou domiciliado em território nacional ou em país com o qual o Brasil mantenha acordo ou que assegure reciprocidade de tratamento, se a marca se destinar a distinguir produto ou serviço idêntico, semelhante ou afim, suscetível de causar confusão ou associação com aquela marca alheia.

Espécies de marca:

a) **marca de produto ou serviço:** aquela usada para distinguir produto ou serviço de outro idêntico, semelhante ou afim, de origem diversa;

b) **marca de certificação:** aquela usada para atestar a conformidade de um produto ou serviço com determinadas normas ou especificações técnicas, notadamente quanto à qualidade, natureza, material utilizado e metodologia empregada; e

c) **marca coletiva:** aquela usada para identificar produtos ou serviços provindos de membros de uma determinada entidade.

Marca de alto renome: à marca registrada no Brasil considerada de alto renome será assegurada proteção especial, em todos os ramos de atividade.

ATENÇÃO!

As marcas de alto renome dependem de registro no Brasil para terem a respectiva proteção.

Marca de alto renome x Marca notoriamente conhecida: A marca de alto renome é uma exceção ao princípio da especialidade. Isso porque, desde que devidamente registrada e assim declarada pelo INPI, a marca de alto renome terá proteção especial em todos os ramos de atividade no território nacional. Por outro lado, a marca notória, independentemente de registro, terá proteção no seu ramo específico de atividade. Por fim, vale ressaltar que, independentemente de estar registrada no Brasil, a marca notória possui proteção em todos os países signatários da Convenção da União de Paris.

Marca de alto renome	Marca notória
Depende de registro no Brasil para ser protegida.	Não depende de registro no Brasil para ser protegida.
A marca de alto renome terá proteção especial em todos os ramos de atividade no território nacional.	A marca notória, independentemente de registro, terá proteção no seu ramo específico de atividade. Possui também proteção em todos os países signatários da Convenção da União de Paris.
"O conceito de marca notoriamente conhecida não se confunde com marca de alto renome. A primeira – notoriamente conhecida – é exceção ao princípio da territorialidade e goza de proteção especial independente de registro no Brasil em seu respectivo ramo de atividade. A segunda – marca de alto renome – cuida de exceção ao princípio da especificidade e tem proteção especial em todos os ramos de atividade, desde que previamente registrada no Brasil e declarada pelo INPI – Instituto Nacional de Propriedade Industrial." (STJ, 3ª Turma, REsp 1114745/RJ, Rel. Min. Massami Uyeda, julgado em 02/09/2010, DJe 21/09/2010).	

Legitimidade para o requerer o registro da marca: podem requerer registro de marca as pessoas físicas ou jurídicas de direito público ou de direito privado.

> **ATENÇÃO!**
> As pessoas de direito privado só podem requerer registro de marca relativo à atividade que exerçam efetiva e licitamente, de modo direto ou através de empresas que controlem direta ou indiretamente, declarando, no próprio requerimento, esta condição, sob as penas da lei.

Aquisição dos direitos sobre a marca: a propriedade da marca adquire-se pelo **registro validamente expedido**, conforme as disposições desta Lei, **sendo assegurado ao titular seu uso exclusivo em todo o território nacional.**

> **ATENÇÃO!**
> Toda pessoa que, de boa-fé, na data da prioridade ou depósito, usava no País, há pelo menos 6 (seis) meses, marca idêntica ou semelhante, para distinguir ou certificar produto ou serviço idêntico, semelhante ou afim, terá direito de precedência ao registro.

Vigência do registro da marca: 10 anos.

Contrato de cessão de marca: a cessão de marca é o instrumento apto a transferir os direitos de propriedade da marca transacionada, legitimando o cessionário ao uso, fruição, disposição e reivindicação e, por consequência, a opor-se, ainda que preventivamente, à pretensão de registro por terceiro, inclusive o próprio cedente (STJ, REsp 1.532.206/RJ).

Distinção:

Nome empresarial	Marca	Título de estabelecimento
Identifica o empresário no meio empresarial.	Identifica o produto ou serviço no meio empresarial.	Identifica o estabelecimento empresarial.
É protegido a partir do momento em que o empresário registra os seus atos constitutivos na Junta Comercial, que é um órgão estadual. A proteção é de âmbito estadual.	É protegida a partir do momento em que é registrada no INPI (Instituto Nacional de Propriedade Industrial), que é um órgão federal. A proteção é de âmbito federal.	Não precisa ser registrado.
Não pode ser alienado.	Pode ser alienada.	Pode ser alienado.

Princípio da especialidade: pelo princípio da especialidade, a proteção da marca é assegurada no âmbito da sua classe de produtos ou serviços, e não em todos os ramos de atividade. É possível, portanto, que produtos ou serviços tenham marcas semelhantes.

Enunciados do CJF aplicáveis:

➘ **Enunciado 1 da I Jornada de Direito Comercial:** "Decisão judicial que considera ser o nome empresarial violador do direito de marca não implica a anulação do respectivo registro no órgão próprio nem lhe retira os efeitos, preservado o direito de o empresário alterá-lo."

➘ **Enunciado 2 da I Jornada de Direito Comercial:** "A vedação de registro de marca que reproduza ou imite elemento característico ou diferenciador de nome empresarial de terceiros, suscetível de causar confusão ou associação (art. 124, V, da Lei n. 9.279/1996), deve ser interpretada restritivamente e em consonância com o art. 1.166 do Código Civil."

6. SÚMULAS APLICÁVEIS

- **STJ – Súmula 143:** Prescreve em cinco anos a ação de perdas e danos pelo uso de marca comercial.

⦿ CAPÍTULO 14 – DIREITO CONCORRENCIAL

1. SISTEMA BRASILEIRO DE DEFESA DA CONCORRÊNCIA – SBDC

O Sistema Brasileiro de Defesa da Concorrência – SBDC é formado pelo Conselho Administrativo de Defesa Econômica – CADE e pela Secretaria de Acompanhamento Econômico do Ministério da Fazenda.

O Conselho Administrativo de Defesa Econômica – CADE é entidade judicante com jurisdição em todo o território nacional, que se constituiu em autarquia federal, vinculada ao Ministério da Justiça, com sede e foro no Distrito Federal (LAT, art. 4º).

O Ministério Público Federal atua perante o CADE? Sim. O Procurador-Geral da República, ouvido o Conselho Superior, designará membro do Ministério Público Federal para, nesta qualidade, **emitir parecer**, nos processos administrativos para imposição de sanções administrativas por infrações à ordem econômica, de ofício ou a requerimento do Conselheiro-Relator.

2. LIVRE INICIATIVA E LIVRE CONCORRÊNCIA

- **Princípio fundamental:** A livre iniciativa é um princípio fundamental da República Federativa do Brasil (CF, art. 1º, IV).
- **Princípio geral da Ordem Econômica:** A ordem econômica, fundada na valorização do trabalho humano e na livre iniciativa, tem por fim assegurar a todos existência digna, conforme os ditames da justiça social, observado, dentre outros princípios, a livre concorrência (CF, art. 170, IV).
- **Modelo econômico híbrido ou eclético:** O Brasil adota o modelo econômico híbrido na medida em que a Ordem Econômica deve harmonizar a livre iniciativa e os valores sociais do trabalho. A livre iniciativa é expressão de liberdade titulada não apenas pela empresa, mas também pelo trabalho (STF, ADI 1.950).
- **Defesa do consumidor:** O princípio da livre iniciativa não pode ser invocado para afastar regras de regulamentação do mercado e de defesa do consumidor (STF, AI 636.883).

3. CONCORRÊNCIA EMPRESARIAL

- **Disciplina jurídica da concorrência:** A Lei 12.529/11, conhecida como Lei de Defesa da Concorrência ou Lei Antitruste, estrutura o Sistema Brasileiro de Defesa da Concorrência – SBDC e dispõe sobre a prevenção e a repressão às infrações contra a ordem econômica, sendo orientada pelos ditames constitucionais de liberdade de iniciativa, livre concorrência, função social da propriedade, defesa dos consumidores e repressão ao abuso do poder econômico.
- **Incidência:** A Lei Antitruste (LAT) aplica-se às **pessoas físicas ou jurídicas de direito público ou privado**, bem como a **quaisquer associações de entidades ou pessoas, constituídas <u>de fato ou de direito</u>, <u>ainda que temporariamente</u>, <u>com ou sem personalidade jurídica</u>, <u>mesmo que exerçam atividade sob regime de monopólio legal</u>**.

4. INFRAÇÕES DA ORDEM ECONÔMICA

- **Responsabilidade:** a infração da ordem econômica implica a responsabilidade da empresa <u>e</u> a responsabilidade individual de seus dirigentes ou administradores, solidariamente.
- **Infrações da ordem econômica:** constituem infração da ordem econômica, **independentemente de culpa**, os atos sob qualquer forma manifestados, que tenham por objeto ou possam produzir os seguintes efeitos, ainda que não sejam alcançados:
  - **a)** limitar, falsear ou de qualquer forma prejudicar a livre concorrência ou a livre iniciativa;
  - **b)** dominar mercado relevante de bens ou serviços;
  - **c)** aumentar arbitrariamente os lucros; e
  - **d)** exercer de forma abusiva posição dominante.
- **Compromisso de cessação:** trata-se de ato discricionário do Conselho Administrativo de Defesa Econômica – CADE. Pelo compromisso de cessação, o infrator da ordem econômica se compromete a cessar a prática lesiva em troca da suspensão do procedimento administrativo instaurado para investigar os atos ilícitos praticados.
- **Programa de leniência ou "acordo de brandura ou de doçura":** o Conselho Administrativo de Defesa Econômica – CADE, por intermédio da Superintendência-Geral, pode celebrar acordo de leniência, com a extinção da ação punitiva da administração pública ou a redução de um a dois terços da penalidade aplicável, com pessoas físicas e jurídicas que forem autoras de infração à ordem econômica, desde que colaborem efetivamente com as investigações <u>e</u> o processo administrativo <u>e</u> que dessa colaboração resulte na identificação dos demais envolvidos na infração <u>e</u> na obtenção de informações e documentos que comprovem a infração noticiada ou sob investigação.
- **Impossibilidade de oposição do sigilo do acordo de leniência ao Judiciário:** O sigilo do acordo de leniência celebrado com o CADE **não** pode ser oposto ao Poder Judiciário para fins de acesso aos documentos que instruem o respectivo procedimento administrativo (STJ, REsp 1.554.986).

5. SÚMULAS APLICÁVEIS

- **STF – Súmula vinculante 49:** Ofende o princípio da livre concorrência lei municipal que impede a instalação de estabelecimentos comerciais do mesmo ramo em determinada área.

- **STF – Súmula 419:** Os Municípios têm competência para regular o horário do comércio local, desde que não infrinjam leis estaduais ou federais válidas.
- **STF – Súmula 645:** É competente o Município para fixar o horário de funcionamento de estabelecimento comercial.
- **STF – Súmula 646:** Ofende o princípio da livre concorrência lei municipal que impede a instalação de estabelecimentos comerciais do mesmo ramo em determinada área.
- **STJ – Súmula 19:** A fixação do horário bancário, para atendimento ao público, é da competência da União.

⦿ CAPÍTULO 15 – DIREITO EMPRESARIAL E O CÓDIGO DE DEFESA DO CONSUMIDOR

1. O EMPRESÁRIO E A RELAÇÃO DE CONSUMO

A Política Nacional das Relações de Consumo (PNRC) tem por objetivo o atendimento das necessidades dos consumidores, o respeito à sua dignidade, saúde e segurança, a proteção de seus interesses econômicos, a melhoria da sua qualidade de vida, bem como a transparência e harmonia das relações de consumo.

2. A TUTELA CONTRATUAL DOS CONSUMIDORES

Princípio do rompimento com as tradições privatistas do Código Civil: no Código de Defesa do Consumidor, quanto às cláusulas contratuais, existe um rompimento com as tradições do Código Civil. As cláusulas abusivas são nulas de pleno direito, devendo ser afastadas do contrato, ainda que o consumidor não queira, uma vez que as normas consumeristas são de ordem pública e interesse social.

Princípio da boa-fé objetiva: representam os deveres de proteção, informação e cooperação, que também se aplicam às relações contratuais de consumo.

Princípio da informação ou da transparência: o contrato de consumo não vincula, não obriga as partes, se não for dada a oportunidade de ciência prévia das cláusulas contratuais ou ainda se estas cláusulas não forem redigidas de modo a facilitar a compreensão do seu sentido ou alcance.

Princípio da vinculação pré-contratual: no Código de Defesa do Consumidor, os pré-contratos vinculam, assim como quaisquer escritos, recibos, compromissos de compra e venda, etc.

3. SÚMULAS APLICÁVEIS

- **STJ – Súmula 130:** A empresa responde, perante o cliente, pela reparação de dano ou furto de veículo ocorridos em seu estacionamento.
- **STJ – Súmula 297:** O Código de Defesa do Consumidor é aplicável às instituições financeiras.
- **STJ – Súmula 477:** A decadência do art. 26 do CDC não é aplicável à prestação de contas para obter esclarecimentos sobre cobrança de taxas, tarifas e encargos bancários.
- **STJ – Súmula 479:** As instituições financeiras respondem objetivamente pelos danos gerados por fortuito interno relativo a fraudes e delitos praticados por terceiros no âmbito de operações bancárias.
- **STJ – Súmula 595:** As instituições de ensino superior respondem objetivamente pelos danos suportados pelo aluno/consumidor pela realização de curso não reconhecido pelo Ministério da Educação, sobre o qual não lhe tenha sido dada prévia e adequada informação.
- **STJ – Súmula 601:** O Ministério Público tem legitimidade ativa para atuar na defesa de direitos difusos, coletivos e individuais homogêneos dos consumidores, ainda que decorrentes da prestação de serviço público.
- **STJ – Súmula 602:** O Código de Defesa do Consumidor é aplicável aos empreendimentos habitacionais promovidos pelas sociedades cooperativas.
- **STJ – Súmula 608:** Aplica-se o Código de Defesa do Consumidor aos contratos de plano de saúde, salvo os administrados por entidades de autogestão.
- **STJ – Súmula 609:** A recusa de cobertura securitária, sob a alegação de doença preexistente, é ilícita se não houve a exigência de exames médicos prévios à contratação ou a demonstração de má-fé do segurado.
- **STJ – Súmula 610:** O suicídio não é coberto nos dois primeiros anos de vigência do contrato de seguro de vida, ressalvado o direito do beneficiário à devolução do montante da reserva técnica formada.

✦ SÚMULAS APLICÁVEIS

1. SÚMULAS DO STF

1.1. DIREITO CAMBIÁRIO

- **28.**O estabelecimento bancário é responsável pelo pagamento de cheque falso, ressalvadas as hipóteses de culpa exclusiva ou concorrente do correntista.
- **387.** A cambial emitida ou aceita com omissões, ou em branco, pode ser completada pelo credor de boa-fé antes da cobrança ou do protesto.
- **600.** Cabe ação executiva contra o emitente e seus avalistas, ainda que não apresentado o cheque ao sacado no prazo legal, desde que não prescrita a ação cambiária

1.2. DIREITO FALIMENTAR E RECUPERACIONAL

- **265.** Na apuração de haveres não prevalece o balanço não aprovado pelo sócio falecido, excluído ou que se retirou.
- **417.** Pode ser objeto de restituição, na falência, dinheiro em poder do falido, recebido em nome de outrem, ou do qual, por lei ou contrato, não tivesse ele a disponibilidade.

1.3. CONTRATOS EMPRESARIAIS

- **Súmula vinculante 7.** A norma do § 3º do artigo 192 da Constituição, revogada pela Emenda Constitucional nº 40/2003, que limitava a taxa de juros reais a 12% ao ano, tinha sua aplicação condicionada à edição de lei complementar.
- **Súmula vinculante 25. É ilícita a prisão civil de depositário infiel, qualquer que seja a modalidade do depósito.**
- **151.** Prescreve em um ano a ação do segurador sub-rogado para haver indenização por extravio ou perda de carga transportada por navio.
- **596.** As disposições do Decreto 22.626/1933 não se aplicam às taxas de juros e aos outros encargos cobrados nas operações realizadas por instituições públicas ou privadas, que integram o sistema financeiro nacional.

1.4. DIREITO CONCORRENCIAL

- **Súmula vinculante 49.** Ofende o princípio da livre concorrência lei municipal que impede a instalação de estabelecimentos comerciais do mesmo ramo em determinada área.
- **419.** Os Municípios têm competência para regular o horário do comércio local, desde que não infrinjam leis estaduais ou federais válidas.
- **645.** É competente o Município para fixar o horário de funcionamento de estabelecimento comercial.
- **646.** Ofende o princípio da livre concorrência lei municipal que impede a instalação de estabelecimentos comerciais do mesmo ramo em determinada área.

2. SÚMULAS DO STJ

2.1. ESTABELECIMENTO EMPRESARIAL

- **451.** É legítima a penhora da sede do estabelecimento comercial.

2.2. DIREITO SOCIETÁRIO

- **227.** A pessoa jurídica pode sofrer dano moral.
- **554.** Na hipótese de sucessão empresarial, a responsabilidade da sucessora abrange não apenas os tributos devidos pela sucedida, mas também as multas moratórias ou punitivas referentes a fatos geradores ocorridos até a data da sucessão.
- **584.** As sociedades corretoras de seguros, que não se confundem com as sociedades de valores mobiliários ou com os agentes autônomos de seguro privado, estão fora do rol de entidades constantes do art. 22, § 1º, da Lei n. 8.212/1991, não se sujeitando à majoração da alíquota da Cofins prevista no art. 18 da Lei n. 10.684/2003.

2.3. DIREITO CAMBIÁRIO

2.3.1. CHEQUE

- **299.** É admissível a ação monitória fundada em cheque prescrito.
- **370.** Caracteriza dano moral a apresentação antecipada de cheque pré-datado.
- **388.** A simples devolução indevida de cheque caracteriza dano moral.
- **503.** O prazo para ajuizamento de ação monitória em face do emitente de cheque sem força executiva é quinquenal, a contar do dia seguinte à data de emissão estampada na cártula.
- **531.** Em ação monitória fundada em cheque prescrito ajuizada contra o emitente, é dispensável a menção ao negócio jurídico subjacente à emissão da cártula.
- **572.** O Banco do Brasil, na condição de gestor do Cadastro de Emitentes de Cheques sem Fundos (CCF), não tem a responsabilidade de notificar previamente o devedor acerca da sua inscrição no aludido cadastro, tampouco legitimidade passiva para as ações de reparação de danos fundadas na ausência de prévia comunicação.

2.3.2. NOTA PROMISSÓRIA

- **60.** É nula a obrigação cambial assumida por procurador do mutuário vinculado ao mutuante, no exclusivo interesse deste.
- **258.** A nota promissória vinculada a contrato de abertura de crédito não goza de autonomia em razão da iliquidez do título que a originou.

2.3.3. DUPLICATA

- **248.** Comprovada a prestação dos serviços, a duplicata não aceita, mas protestada, é título hábil para instruir pedido de falência.

2.3.4. CÉDULA DE CRÉDITO RURAL

- **16.** A legislação ordinária sobre crédito rural não veda a incidência da correção monetária.
- **93.** A legislação sobre cédulas de crédito rural, comercial e industrial admite o pacto de capitalização de juros.

2.3.5. AVAL

- **26.** O avalista do título de crédito vinculado a contrato de mútuo também responde pelas obrigações pactuadas, quando no contrato figurar como devedor solidário.
- **475.** Responde pelos danos decorrentes de protesto indevido o endossatário que recebe por endosso translativo título de crédito contendo vício formal extrínseco ou intrínseco, ficando ressalvado seu direito de regresso contra os endossantes e avalistas.

2.3.6. ENDOSSO

- **475.** Responde pelos danos decorrentes de protesto indevido o endossatário que recebe por endosso translativo título de crédito contendo vício formal extrínseco ou intrínseco, ficando ressalvado seu direito de regresso contra os endossantes e avalistas.
- **476.** O endossatário de título de crédito por endosso-mandato só responde por danos decorrentes de protesto indevido se extrapolar os poderes de mandatário.

2.3.7. PROTESTO

- **475.** Responde pelos danos decorrentes de protesto indevido o endossatário que recebe por endosso translativo título de crédito contendo vício formal extrínseco ou intrínseco, ficando ressalvado seu direito de regresso contra os endossantes e avalistas.
- **476.** O endossatário de título de crédito por endosso-mandato só responde por danos decorrentes de protesto indevido se extrapolar os poderes de mandatário.

2.4. DIREITO FALIMENTAR E RECUPERACIONAL

- **25.** Nas ações da lei de falências o prazo para a interposição de recurso conta-se da intimação da parte.
- **29.** No pagamento em juízo para elidir falência, são devidos correção monetária, juros e honorários de advogado.
- **36.** A correção monetária integra o valor da restituição, em caso de adiantamento de câmbio, requerida em concordata ou falência.
- **248.** Comprovada a prestação dos serviços, a duplicata não aceita, mas protestada, é título hábil para instruir pedido de falência.
- **361.** A notificação do protesto, para requerimento de falência da empresa devedora, exige a identificação da pessoa que a recebeu.
- **480.** O juízo da recuperação judicial não é competente para decidir sobre a constrição de bens não abrangidos pelo plano de recuperação da empresa.
- **581.** A recuperação judicial do devedor principal não impede o prosseguimento das ações e execuções ajuizadas contra terceiros devedores solidários ou coobrigados em geral, por garantia cambial, real ou fidejussória.

2.5. CONTRATOS EMPRESARIAIS

2.5.1. COMPRA E VENDA

- **76.** A falta de registro do compromisso de compra e venda de imóvel não dispensa a prévia interpelação para constituir em mora o devedor.
- **239.** O direito à adjudicação compulsória não se condiciona ao registro do compromisso de compra e venda no cartório de imóveis.
- **308.** A hipoteca firmada entre a construtora e o agente financeiro, anterior ou posterior à celebração da promessa de compra e venda, não tem eficácia perante os adquirentes do imóvel.

2.5.2 LOCAÇÃO

- **335.** Nos contratos de locação, é válida a cláusula de renúncia à indenização das benfeitorias e ao direito de retenção.

2.5.3. FIANÇA

- **332.** A fiança prestada sem autorização de um dos cônjuges implica a ineficácia total da garantia.
- **549.** É válida a penhora de bem de família pertencente a fiador de contrato de locação.

2.5.4. ALIENAÇÃO FIDUCIÁRIA EM GARANTIA

- **28.** O contrato de alienação fiduciária em garantia pode ter por objeto bem que já integrava o patrimônio do devedor.
- **239.** O direito à adjudicação compulsória não se condiciona ao registro do compromisso de compra e venda no cartório de imóveis.
- **245.** A notificação destinada a comprovar a mora nas dívidas garantidas por alienação fiduciária dispensa a indicação do valor do débito.
- **586.** A exigência de acordo entre o credor e o devedor na escolha do agente fiduciário aplica-se, exclusivamente, aos contratos não vinculados ao Sistema Financeiro da Habitação – SFH.

2.5.5. ARRENDAMENTO MERCANTIL (LEASING)

- **138.** O ISS incide na operação de arrendamento mercantil de coisas moveis.
- **293.** A cobrança antecipada do valor residual garantido (VRG) não descaracteriza o contrato de arrendamento mercantil.
- **369.** No contrato de arrendamento mercantil (leasing), ainda que haja cláusula resolutiva

expressa, é necessária a notificação prévia do arrendatário para constituí-lo em mora.

- **564.** No caso de reintegração de posse em arrendamento mercantil financeiro, quando a soma da importância antecipada a título de valor residual garantido (VRG) com o valor da venda do bem ultrapassar o total do VRG previsto contratualmente, o arrendatário terá direito de receber a respectiva diferença, cabendo, porém, se estipulado no contrato, o prévio desconto de outras despesas ou encargos pactuados.

2.5.6. DEPÓSITO

- **419.** Descabe a prisão civil do depositário judicial infiel.

2.5.7. SEGURO

- **402.** O contrato de seguro por danos pessoais compreende os danos morais, salvo cláusula expressa de exclusão.
- **465.** Ressalvada a hipótese de efetivo agravamento do risco, a seguradora não se exime do dever de indenizar em razão da transferência do veículo sem a sua prévia comunicação.
- **473.** O mutuário do SFH não pode ser compelido a contratar o seguro habitacional obrigatório com a instituição financeira mutuante ou com a seguradora por ela indicada.
- **529.** No seguro de responsabilidade civil facultativo, não cabe o ajuizamento de ação pelo terceiro prejudicado direta e exclusivamente em face da seguradora do apontado causador do dano.
- **537.** Em ação de reparação de danos, a seguradora denunciada, se aceitar a denunciação ou contestar o pedido do autor, pode ser condenada, direta e solidariamente junto com o segurado, ao pagamento da indenização devida à vítima, nos limites contratados na apólice.
- **584.** As sociedades corretoras de seguros, que não se confundem com as sociedades de valores mobiliários ou com os agentes autônomos de seguro privado, estão fora do rol de entidades constantes do art. 22, § 1º, da Lei n. 8.212/1991, não se sujeitando à majoração da alíquota da Cofins prevista no art. 18 da Lei n. 10.684/2003.

2.5.8. TRANSPORTE DE PESSOAS E COISAS

- **145.** No transporte desinteressado, de simples cortesia, o transportador só será civilmente responsável por danos causados ao transportado quando incorrer em dolo ou culpa grave.
- **161.** Em contrato de transporte, é inoperante a cláusula de não indenizar.
- **187.** A responsabilidade contratual do transportador, pelo acidente com o passageiro, não é elidida por culpa de terceiro, contra o qual tem ação regressiva.

2.5.9. CONSÓRCIO

- **35.** Incide correção monetária sobre as prestações pagas, quando de sua restituição, em virtude da retirada ou exclusão do participante de plano de consórcio.
- **538.** As administradoras de consórcio têm liberdade para estabelecer a respectiva taxa de administração, ainda que fixada em percentual superior a dez por cento.

2.6. CONTRATOS BANCÁRIOS

2.6.1. DISPOSIÇÕES GERAIS

- **30.** A comissão de permanência e a correção monetária são inacumuláveis.
- **79.** Os bancos comerciais não estão sujeitos a registro nos conselhos regionais de economia.
- **259.** A ação de prestação de contas pode ser proposta pelo titular de conta-corrente bancária.
- **271.** A correção monetária dos depósitos judiciais independe de ação específica contra o banco depositário.
- **285.** Nos contratos bancários posteriores ao Código de Defesa do Consumidor incide a multa moratória nele prevista.
- **286.** A renegociação de contrato bancário ou a confissão da dívida não impede a possibilidade de discussão sobre eventuais ilegalidades dos contratos anteriores.
- **287.** A Taxa Básica Financeira (TBF) não pode ser utilizada como indexador de correção monetária nos contratos bancários.
- **288.** A Taxa de Juros de Longo Prazo (TJLP) pode ser utilizada como indexador de correção monetária nos contratos bancários.
- **294.** Não é potestativa a cláusula contratual que prevê a comissão de permanência, calculada pela taxa média de mercado apurada pelo Banco Central do Brasil, limitada à taxa do contrato.
- **295.** A Taxa Referencial (TR) é indexador válido para contratos posteriores à Lei nº 8.177/91, desde que pactuada.
- **296.** Os juros remuneratórios, não cumuláveis com a comissão de permanência, são devidos no período de inadimplência, à taxa média de mercado estipulada pelo Banco Central do Brasil, limitada ao percentual contratado.
- **297.** O Código de Defesa do Consumidor é aplicável às instituições financeiras.
- **328.** Na execução contra instituição financeira, é penhorável o numerário disponível, excluídas as reservas bancárias mantidas no Banco Central.
- **332.** A fiança prestada sem autorização de um dos cônjuges implica a ineficácia total da garantia.

- **379.** Nos contratos bancários não regidos por legislação específica, os juros moratórios poderão ser convencionados até o limite de 1% ao mês.
- **380.** A simples propositura da ação de revisão de contrato não inibe a caracterização da mora do autor.
- **381.** Nos contratos bancários, é vedado ao julgador conhecer, de ofício, da abusividade das cláusulas.
- **382.** A estipulação de juros remuneratórios superiores a 12% ao ano, por si só, não indica abusividade.
- **472.** A cobrança de comissão de permanência – cujo valor não pode ultrapassar a soma dos encargos remuneratórios e moratórios previstos no contrato – exclui a exigibilidade dos juros remuneratórios e da multa contratual.
- **477.** A decadência do art. 26 do CDC não é aplicável à prestação de contas para obter esclarecimentos sobre cobrança de taxas, tarifas e encargos bancários.
- **530.** Nos contratos bancários, na impossibilidade de comprovar a taxa de juros efetivamente contratada (por ausência de pactuação ou pela falta de juntada do instrumento aos autos), aplica-se a taxa média de mercado, divulgada pelo Bacen, praticada nas operações da mesma espécie, salvo se a taxa cobrada for mais vantajosa para o devedor.
- **539.** É permitida a capitalização de juros com periodicidade inferior à anual em contratos celebrados com instituições integrantes do Sistema Financeiro Nacional a partir de 31/3/2000 (MP 1.963-17/00, reeditada como MP 2.170-36/01), desde que expressamente pactuada.
- **541.** A previsão no contrato bancário de taxa de juros anual superior ao duodécuplo da mensal é suficiente para permitir a cobrança da taxa efetiva anual contratada.
- **550.** A utilização de escore de crédito, método estatístico de avaliação de risco que não constitui banco de dados, dispensa o consentimento do consumidor, que terá o direito de solicitar esclarecimentos sobre as informações pessoais valoradas e as fontes dos dados considerados no respectivo cálculo.
- **565.** A pactuação das tarifas de abertura de crédito (TAC) e de emissão de carnê (TEC), ou outra denominação para o mesmo fato gerados, é válida apenas nos contratos bancários anteriores ao início da vigência da Resolução -CMN nº 3.518/2007, em 30/04/2008.
- **566.** Nos contratos bancários posteriores ao início da vigência da Resolução-CMN nº 3.518/2007, em 30/04/2008, pode ser cobrada a tarifa de cadastro no início do relacionamento entre o consumidor e a instituição financeira.
- **571.** A taxa progressiva de juros não se aplica às contas vinculadas ao FGTS de trabalhadores qualificados como avulsos.

2.6.2. CONTA-CORRENTE

- **233.** O contrato de abertura de crédito, ainda que acompanhado de extrato da conta-corrente, não é título executivo.
- **247.** O contrato de abertura de crédito em conta-corrente, acompanhado do demonstrativo de débito, constitui documento hábil para o ajuizamento da ação monitória.
- **259.** A ação de prestação de contas pode ser proposta pelo titular de conta-corrente bancária.
- **322.** Para a repetição de indébito, nos contratos de abertura de crédito em conta-corrente, não se exige a prova do erro.

2.6.3. MÚTUO BANCÁRIO

- **26.** O avalista do título de crédito vinculado a contrato de mútuo também responde pelas obrigações pactuadas, quando no contrato figurar como devedor solidário.
- **473.** O mutuário do SFH não pode ser compelido a contratar o seguro habitacional obrigatório com a instituição financeira mutuante ou com a seguradora por ela indicada.

2.6.4. CARTÃO DE CRÉDITO

- **283.** As empresas administradoras de cartão de crédito são instituições financeiras e, por isso, os juros remuneratórios por elas cobrados não sofrem as limitações da Lei de Usura.
- **532.** Constitui prática comercial abusiva o envio de cartão de crédito sem prévia e expressa solicitação do consumidor, configurando-se ato ilícito indenizável e sujeito à aplicação de multa administrativa.

2.7. DIREITO DE PROPRIEDADE INDUSTRIAL: MARCA

- **143.** Prescreve em cinco anos a ação de perdas e danos pelo uso de marca comercial.

2.8. OUTROS TEMAS

- **19.** A fixação do horário bancário, para atendimento ao público, é da competência da União.
- **130.** A empresa responde, perante o cliente, pela reparação de dano ou furto de veículo ocorridos em seu estacionamento.
- **479.** As instituições financeiras respondem objetivamente pelos danos gerados por fortuito interno relativo a fraudes e delitos praticados por terceiros no âmbito de operações bancárias.

Direito Tributário

Alan Martins e
Dimas Yamada Scardoelli

TABELA DE INCIDÊNCIA DE QUESTÕES

Distribuição das questões organizada por ordem didática de assuntos		
Assunto	**Número de Questões**	**Peso**
1. TRIBUTOS E SUAS ESPÉCIES	4	4
2. LIMITAÇÕES AO PODER DE TRIBUTAR	7	7
3. COMPETÊNCIA E REPARTIÇÃO DAS RECEITAS	2	2
4. LEGISLAÇÃO TRIBUTÁRIA	2	2
5. OBRIGAÇÃO TRIBUTÁRIA E FATO GERADOR	4	4
6. SUJEITOS, RESPONSABILIDADE, CAPACIDADE E DOMICÍLIO	4	4
7. LANÇAMENTO, GARANTIAS, PRIVILÉGIOS E SUSPENSÃO DA EXIGIBILIDADE	5	5
8. EXTINÇÃO E EXCLUSÃO	6	6
9. ADMINISTRAÇÃO TRIBUTÁRIA (FISCALIZAÇÃO, DÍVIDA ATIVA E CERTIDÕES)	3	3
10. PROCESSO (ADMINISTRATIVO E JUDICIAL)	2	2
Total	**39**	**100%**

Direito Tributário

Alan Martins e
Dimas Yamada Scardoelli

✦ QUESTÕES

1. TRIBUTOS E SUAS ESPÉCIES

01. (UEG – Delegado de Polícia – PC – GO/2018) O estado de Goiás possui competência para instituir ICMS, IPVA, ITCMD, Contribuições do Regime Próprio Servidor Público (RPSP) e taxas de serviço público e poder de polícia. Considerando-se essa afirmação, constata-se que

a) a apreensão de um veículo em operação policial corresponde a supressão da posse de seu proprietário, o que implica dispensa legal do pagamento do tributo, dado que suprida sua posse por autoridade do próprio poder estatal.

b) considerando que ausente previsão expressa na Constituição, é inconstitucional a fixação de alíquotas progressivas no ITCMD.

c) a emissão de certidões no âmbito do inquérito policial se sujeita à cobrança de taxas de polícia previstas em lei.

d) a atividade policial extraordinária pode ser remunerada mediante taxa de serviço público, dado que se trata de atividade divisível e não universal.

e) o ICMS é imposto indireto na medida em que, presente o fenômeno da repercussão financeira do tributo, incorre com seu ônus econômico o consumidor, que não integra a relação jurídica tributária.

COMENTÁRIOS

✪ **Nota dos autores:** a expressão "contribuinte de fato" compõe uma classificação doutrinária que o contrapõe ao "contribuinte de direito". O contribuinte de fato é aquele que efetivamente suporta o encargo financeiro do tributo incluído no preço. Como exemplo, no caso clássico da circulação de mercadorias (ICMS), o contribuinte de direito é o vendedor (pois promove a saída da mercadoria de seu estabelecimento) e o contribuinte de fato é o consumidor, uma vez que no preço final da mercadoria adquirida está contido o ICMS.

Alternativa "a": a dispensa legal do pagamento do tributo é a exoneração tributária conhecida como isenção e não há isenção na Lei Estadual de Goiás abarcando a hipótese da alternativa "a".

Alternativa "b": Segundo recente decisão do STF, a progressividade do ITCMD não é incompatível com a Constituição Federal nem fere o princípio da capacidade contributiva: "Por maioria dos votos, o Plenário do Supremo Tribunal Federal (STF) proveu o Recurso Extraordinário (RE) 562045, julgado em conjunto com outros nove processos que tratam da progressividade na cobrança do Imposto sobre a Transmissão Causa Mortis e Doações (ITCD). O governo do Rio Grande do Sul, autor de todos os recursos, contestou decisão do Tribunal de Justiça do estado (TJ-RS), que entendeu inconstitucional a progressividade da alíquota do ITCD (de 1% a 8%) prevista no artigo 18, da Lei gaúcha 8.821/89, e determinou a aplicação da alíquota de 1%. O tema tem repercussão geral reconhecida".

Alternativa "c": uma vez que eventual taxa pela emissão de certidão decorreria de serviço público específico e divisível (e não pelo poder de polícia). Ainda assim, descabe a cobrança de taxa sobre o referido serviço, pois conta com a imunidade constitucional prevista no artigo 5º, XXXIV, alínea "b", relativa à obtenção de certidões em repartições públicas visando à defesa de direito e esclarecimento de situações de interesse pessoal.

Alternativa "d": apenas os serviços públicos específicos e divisíveis (*uti singulare*) são passíveis de serem custeados por taxas. Já os serviços públicos destinados a toda a coletividade (*uti universi*), como é o caso da segurança pública, não ensejam a instituição de taxas. A jurisprudência se pauta nesse mesmo sentido, "serviços executados em benefício da população em geral (*uti universi*), sem possibilidade de individualização dos respectivos usuários e, consequentemente, da referibilidade a contribuintes determinados, não se prestando para custeio mediante taxa" (STF – AI 245.539-AgR, Rel. Min. Ilmar Galvão, julgamento em 14-12-99, DJ de 3-3-00).

Alternativa "e": No ICMS há a transferência do encargo financeiro. Aqui podemos falar das figuras do contribuinte de fato e contribuinte de direito, comum nos impostos indiretos. No ICMS, o contribuinte real do tributo é o consumidor da mercadoria ou do serviço objeto da operação (contribuinte de fato) e o sujeito passivo da obrigação tributária principal (contribuinte de direito) repassa, no preço da mercadoria ou serviço, o imposto devido. Em suma, contribuinte de fato é o consumidor, pois esse último suporta o ônus fiscal do imposto embutido no preço final dos produtos adquiridos no mercado.

Alternativa correta: letra "e".

02. (Cespe – Delegado de Polícia – GO/2017) O estado de Goiás instituiu, por lei ordinária, um departamento de fiscalização de postos de gasolina com objetivo de aferir permanentemente as condições de segurança e vigilância de tais locais, estabelecendo um licenciamento especial e anual para o funcionamento de tais estabelecimentos e instituindo uma taxa anual de R$ 1.000 a ser paga pelos empresários, relacionada a tal atividade estatal.

A respeito dessa situação hipotética, assinale a opção correta.

a) A instituição do departamento de fiscalização de postos de gasolina como órgão competente com funcionamento regular é suficiente para caracterizar o exercício efetivo do poder de polícia.

b) É desnecessária, para justificar a cobrança de taxa, a criação de órgão específico para o desempenho das atividades de fiscalização de postos de gasolina, por se tratar de competências inerentes às autoridades de segurança pública.

c) Para observar o princípio da capacidade contributiva, a taxa deveria ter correspondência com o valor venal do imóvel a ser fiscalizado, sendo inconstitucional a cobrança de valor fixo por estabelecimento.

d) A taxa em questão é inconstitucional, já que a segurança pública é um dever do Estado, constituindo um serviço indivisível, a ser mantido apenas por impostos, o que torna incabível a cobrança de taxa.

e) Por ter caráter contraprestacional, a taxa só será devida caso o departamento de fiscalização de postos de gasolina faça visitas periódicas aos estabelecimentos, certificando-se do cumprimento das normas de segurança e vigilância de tais locais, de acordo com a legislação.

COMENTÁRIOS

✪ **Nota dos autores:** o texto constitucional "diferencia as taxas decorrentes do exercício do poder de polícia daquelas de utilização de serviços específicos e divisíveis, facultando apenas a estas a prestação potencial do serviço público". Dessa forma, "a regularidade do exercício do poder de polícia é imprescindível para a cobrança da taxa de localização e fiscalização" (STF, excertos da ementa do RE 588.322), lembrando que o artigo 78 do CTN define poder de polícia ("considera-se poder de polícia atividade da administração pública que, limitando ou disciplinando direito, interesse ou liberdade, regula a prática de ato ou a abstenção de fato, em razão de interesse público concernente à **segurança**, à higiene, à ordem, aos costumes, à disciplina da produção e do mercado, ao exercício de atividades econômicas dependentes de concessão ou autorização do Poder Público, à tranquilidade pública ou ao respeito à propriedade e aos direitos individuais ou coletivos").

Alternativa correta: letra "a". O teor da alternativa é condizente com o precedente do STF citado na nota dos autores ("É constitucional taxa de renovação de funcionamento e localização municipal, desde que **efetivo o exercício do poder de polícia**, demonstrado pela **existência de órgão** e **estrutura competentes para o respectivo exercício**").

Alternativa "b": como visto na nota dos autores, a aferição de segurança no funcionamento de postos de combustíveis enquadra-se no conceito de "poder de polícia" expresso no artigo 78 do CTN. Por sua vez, segundo a jurisprudência do STF (citada nosComentáriosà alternativa "a"), a constitucionalidade de uma taxa instituída para esse fim demanda que o exercício do poder de polícia seja efetivo e, para tal, é necessária a existência de órgão público e da estrutura competente para a realização da atividade fiscalizatória. Daí porque a alternativa em comento está errada, uma vez que apregoou equivocadamente a desnecessidade de criação de órgão específico.

Alternativa "c": incorreta, pois "as taxas não poderão ter base de cálculo própria de impostos" (CF, art. 145, §2º) e o "valor venal do imóvel" é a base de cálculo, por exemplo, do IPTU (CTN, art. 33).

Alternativa "d": incorreta, pois a taxa a que se refere o enunciado tem como objetivo custear o efetivo exercício do poder de polícia, no sentido de fiscalizar o funcionamento de postos de combustíveis, não se tratando de taxa cobrada pela prestação de serviço de segurança pública.

Alternativa "e": incorreta, pois a taxa de fiscalização (pelo regular exercício do poder de polícia) não demanda uma visita específica dos representantes do órgão fiscalizador no contribuinte fiscalizado para fins de sua exigência. Eis o que já definiu o STF: "não há de se invocar o argumento no sentido de que a taxa decorrente do poder de polícia fica restrita aos contribuintes cujos estabelecimentos tivessem sido efetivamente visitados pela fiscalização, por isso que, essa questão já foi resolvida, pela negativa, pelo STF, que deixou assentada em diversos julgados a suficiência da manutenção, pelo sujeito ativo, de órgão de controle em funcionamento" (REs 461.601).

03. (FUNCAB – Delegado de Polícia – RO/2014) O tributo cuja obrigação tem por fato gerador uma situação independente de qualquer atividade estatal específica, relativa ao contribuinte, denomina-se:

a) taxa.

b) contribuição de melhoria.

c) imposto.

d) preço público.

e) tarifa.

COMENTÁRIOS

✪ **Nota dos autores:** embora o artigo 5º do CTN classifique os tributos em três espécies (impostos, taxas e contribuições de melhoria), interpretando-se o CTN conforme recepcionado pela CF, é possível concluir que a classificação tripartite é incompleta. Deve prevalecer, então, a classificação quinquipartite, que acrescenta entre as espécies tributárias o empréstimo compulsório (CF, art. 148) e as contribuições (compreendem todas as demais contribuições previstas na CF, tais como as dos artigos 149, 149-A, 195 etc). Na jurisprudência do STF, quanto a impostos, taxas, contribuições de melhoria e empréstimo compulsório, as decisões são uníssonas. Em relação às contribuições é que há decisões com adoção de classificações ligeiramente diferentes, embora fundamentalmente, contemplem a classificação quinquipartite. No acórdão citado no enunciado da questão, as contribuições foram divididas em contribuições de melhoria e contribuições parafiscais, sendo estas últimas representativas de todas as demais contribuições estabelecidas na Constituição Federal. Já, no histórico julgamento da ADI 447 a Suprema Corte, seguiu uma linha de raciocínio mais analítica, subdividindo as contribuições em: "c.1) de melhoria (CF, art. 145, III); c.2) sociais (CF, art. 149), que, por sua vez, podem ser c.2.1) de seguridade social (CF, art. 195, CF, 195, § 4°) e c.2.2) salário educação (CF, art. 212, § 5°) e; c.3) especiais: c.3.1.) de intervenção no domínio econômico (CF, art. 149) e c.3.2) de interesse de categorias profissionais ou econômicas". De qualquer maneira, essencialmente, são cinco espécies mesmo: impostos, taxas, contribuições de melhoria (previstas no CTN e na CF/88), empréstimos compulsórios e contribuições.

Alternativa correta: letra "c": segundo o artigo 16 do CTN, o "imposto é o tributo cuja obrigação tem por fato gerador uma situação **independente** de qualquer atividade estatal específica, relativa ao contribuinte".

Alternativa "a": incorreta, pois as taxas têm como fato gerador o exercício regular do poder de polícia ou a utilização, efetiva ou potencial, de serviços públicos específicos e divisíveis, prestados ao contribuinte ou postos à sua disposição (CTN, art. 77).

Alternativa "b": incorreta, pois a contribuição de melhoria é o tributo instituído para fazer face ao custo de obras públicas de que decorra valorização imobiliária, tendo como **limite total** a despesa realizada e como **limite individual** o acréscimo de valor que da obra resultar para cada imóvel beneficiado (CTN, art. 81).

Alternativas "d" e "e": em linhas gerais, taxa é tributo (CTN, art. 77) e preço público (ou tarifa) não. As taxas possuem natureza tributária (e, portanto, devem respeitar os princípios tributários, dentre eles o da anterioridade), diferente da tarifa (ou preço público), de natureza contratual. Segundo a Súmula 545 do STF, "preços de serviços públicos e taxas não se confundem, porque estas, diferentemente daqueles, são compulsórias e têm sua cobrança condicionada à prévia autorização orçamentária, em relação à lei que as instituiu". Na citada súmula, a expressão "exigência de prévia previsão orçamentária" refere-se ao superado Princípio da Anualidade (previsto na carta constitucional anterior). Atenção que, como o STF não revogou a Súmula 545, algumas bancas examinadoras continuam cobrando o seu texto literal e integral.

04. (FUNIVERSA – Delegado de Polícia – DF/2015) Em relação às espécies tributárias previstas no ordenamento jurídico brasileiro, assinale a alternativa correta.

a) O Distrito Federal, por ter a competência tributária dos estados e municípios, pode instituir taxa pelo serviço de iluminação pública e cobrá-la dos contribuintes beneficiados, tomando, por base de cálculo, o valor do consumo de energia elétrica dos domicílios.

b) A contribuição de melhoria pode ser instituída em razão de obra pública e da consequente valorização imobiliária, tendo por limite total a despesa com a realização da obra e, por limite individual, o acréscimo de valor ao imóvel do contribuinte beneficiado.

c) Os impostos são tributos vinculados a uma contraprestação específica do ente tributante em relação ao contribuinte, como, por exemplo, a obrigatoriedade de boa manutenção das estradas de rodagem pelo poder público em decorrência do pagamento do imposto sobre a propriedade de veículos automotores (IPVA) pelo contribuinte.

d) Fatos geradores das taxas são a prestação de serviço público e o poder de polícia, sendo necessário, no primeiro caso, que o serviço público seja indivisível, prestado ao contribuinte ou posto à sua disposição.

e) Poderá o Distrito Federal instituir taxa de segurança pública, pois um dos fatos geradores das taxas é o poder de polícia.

COMENTÁRIOS

✪ **Nota dos autores:** por ser cobrada em decorrência de uma obra pública (CF, art. 145, III), a natureza da contribuição de melhoria é de tributo **vinculado** a uma atividade estatal específica relativa ao contribuinte. Embora com fundamento no artigo 145, inciso III, da CF, fique claro que a contribuição de melhoria tem por objetivo fazer frente ao custo de obras públicas, à luz do artigo 81 do CTN, verifica-se que o legislador infraconstitucional elegeu a valorização imobiliária decorrente da obra como premissa para cobrança desse tributo. Portanto, a valorização imobiliária constitui elemento material que o CTN, respaldado na competência prevista no artigo 146, inciso III, alínea "a", da CF/88, estabeleceu na definição do fato gerador do tributo a que se refere o artigo 145, inciso III, da CF/88.

Alternativa correta: letra "b": de fato, segundo o artigo 81 do CTN, a contribuição de melhoria é o tributo instituído para fazer face ao custo de obras públicas de que decorra valorização imobiliária, tendo como **limite total** a despesa realizada e como **limite individual** o acréscimo de valor que da obra resultar para cada imóvel beneficiado.

Alternativa "a": incorreta. A chamada Taxa de Iluminação Pública (TIP), que os Municípios, durante muito tempo, insistiram em cobrar, acabou julgada inconstitucional em reiteradas decisões do STF, por violação do artigo 145, inciso II, da CF, já que fundamentada em serviços inespecíficos e indivisíveis, uma vez que usufruídos de maneira geral por toda a coletividade, sem possibilidade de serem destacados em unidades autônomas de utilização. Nesse sentido, inclusive, foi editada a Súmula 670 do STF, segundo a qual "o serviço de iluminação pública não pode ser remunerado mediante taxa", atualmente convertida na Súmula vinculante nº 41. A EC 39/2002 introduziu o artigo 149-A ao texto constitucional. Tal artigo refere-se à competência tributária para instituição da contribuição para custeio do serviço de iluminação pública, segundo o qual "os Municípios e o Distrito Federal poderão instituir contribuição, na forma das respectivas leis, para o custeio do serviço de iluminação pública, observado o disposto no art. 150, I e III". O parágrafo único do referido artigo faculta a cobrança da citada contribuição na conta de energia elétrica.

Alternativa "c": incorreta. O imposto, segundo o artigo 16 do CTN, "é o tributo cuja obrigação tem por fato gerador uma situação **independente** de qualquer atividade estatal específica, relativa ao contribuinte", portanto, classificado como **não vinculado**. Por sua vez, as taxas têm como fato gerador o exercício regular do poder de polícia ou a utilização, efetiva ou potencial, de serviços públicos específicos e divisíveis, prestados ao contribuinte ou postos à sua disposição (CTN, art. 77). Vale ressaltar o Enunciado da Súmula do STF nº 595, segundo a qual "é inconstitucional a taxa municipal de conservação de estradas de rodagem cuja base de cálculo seja idêntica à do imposto territorial rural".

Alternativa "d": incorreta. Como visto nosComentáriosà alternativa "c", os serviços públicos que podem ser remunerados por taxas são os específicos e **divisíveis**, prestados ao contribuinte ou postos à sua disposição (CTN, art.77), sendo que no texto da alternativa, constou, erroneamente, "os serviços indivisíveis". Por serviço público divisível entende-se aquele suscetível de utilização em separado pelos usuários (CTN, art. 79, III).

Alternativa "e": a segurança pública beneficia a população em geral (*uti universi*), sem possibilidade de individualização dos respectivos beneficiários e, consequentemente, sem referibilidade a contribuintes determinados, não se prestando para custeio mediante taxa. É uma atividade tipicamente situada no grupo daquelas que devem ser custeadas por meio de impostos, que são tributos não vinculados a uma contraprestação estatal específica relativa ao contribuinte. Vale ressaltar que se considera poder de polícia a atividade da administração pública que, limitando ou disciplinando direito, interesse ou liberdade individual, regula a prática de ato ou abstenção de fato, em razão de interesse público concernente à segurança, à ordem, aos costumes, à disciplina da produção e do mercado, ao exercício de atividades econômicas dependentes de autorização ou concessão do Poder Público, à tranquilidade pública ou ao respeito à propriedade e aos direito individuais ou coletivos (CTN, art. 78).

2. LIMITAÇÕES AO PODER DE TRIBUTAR

05. (Nucepe – Delegado de Polícia – PC – PI/2018) Considerando o previsto na Constituição Federal, bem como a jurisprudência do Supremo Tribunal Federal, assinale a alternativa CORRETA.

a) A imunidade recíproca reconhecida constitucionalmente às entidades políticas não pode ser reconhecida às empresas públicas e às sociedades de economia mista, sejam quais forem as finalidades a que se dedicarem tais entidades.

b) Norma legal que altera o prazo de recolhimento da obrigação tributária se sujeita ao princípio da anterioridade, por se tratar de verdadeira garantia reconhecida ao sujeito passivo da obrigação.

c) De acordo com o expressamente previsto na Constituição Federal, os requisitos para o gozo da imunidade devem estar previstos em lei ordinária específica de cada ente político.

*d) Entidade de assistência social, sem fins lucrativos, que aluga imóvel a terceiros, não deixa de ser imune ao IPTU, desde que o valor dos aluguéis seja aplicado nas atividades para as quais tais entidades foram constituídas.

e) É vedado o protesto das certidões de dívida ativa, constituindo mecanismo inconstitucional e ilegítimo por restringir de forma desproporcional direitos fundamentais garantidos aos contribuintes e, assim, constituir sanção política.

COMENTÁRIOS

✪ **Nota dos autores:** a Súmula Vinculante 52 dispõe que "ainda quando alugado a terceiros, permanece imune ao IPTU o imóvel pertencente a qualquer das entidades referidas pelo art. 150, VI, c, da Constituição, desde que o valor dos aluguéis seja aplicado nas atividades essenciais de tais entidades".

Alternativa "a": Em geral e de forma explícita no texto constitucional, a imunidade recíproca é uma imunidade extensiva às autarquias e às fundações instituídas e mantidas pelo Poder Público no que se refere ao patrimônio, à renda e aos serviços, vinculados às suas finalidades essenciais ou às delas decorrentes (CF, art. 150, § 2º). Ainda, conforme norma expressa veiculada no § 3º do artigo 150 da CF, a imunidade recíproca não se aplica aos serviços: (i) relacionados com exploração de atividades econômicas regidas pelas normas aplicáveis a empreendimentos privados, como é o caso das atividades de prospecção, refino, distribuição e comercialização de petróleo e derivados exercidas pela Petrobrás e (ii) em que haja contraprestação ou pagamento de preços ou tarifas pelo usuário, a exemplo dos serviços prestados por empresas estatais de transporte coletivo intramunicipal. Entretanto, decisões do STF vêm denotando uma interpretação extensiva da imunidade recíproca em relação às sociedades de economia mista e empresas públicas que sejam prestadoras de serviços públicos, sob vários argumentos, tais como: (i) a prestação de ações e serviços de saúde (direito fundamental de todos e dever do Estado), quando por intermédio de sociedades de economia mista ou empresas públicas, corresponde à própria atuação do Estado, desde que a empresa estatal não tenha por finalidade a obtenção de lucro (RE 580.264/RS); (ii) no caso de prestação de inequívoco serviço público, não havendo distribuição de lucros ou resultados direta ou indiretamente a particulares, nem acréscimo patrimonial ao poder público ou desempenho de atividade econômica que confira vantagem extensível às empresas privadas, não se alterando essa conclusão mesmo no caso de cobrança de tarifas, isoladamente considerada (STF – RE 399.307 – 2ª. Turma – Rel. Min. Joaquim Barbosa – julgado em 16/03/2010); (iii) prestação de serviço público exclusiva e obrigatória, tal qual se dá com a EBCT – Empresa Brasileira de Correios e Telégrafos (por exemplo: RE 407.099/RS).

Alternativa "b": Norma legal que altera o prazo de recolhimento da obrigação tributária **não** se sujeita ao princípio da anterioridade (STF Súmula 669, atual Súmula Vinculante 50).

Alternativa "c": Em recente julgamento de vários processos reunidos, o Supremo Tribunal Federal decidiu pela exigência de **lei complementar** para estabelecer os requisitos legais das imunidades não autoaplicáveis do artigo 150, inciso VI, alínea "a", da CF. O fundamento é que cabe à lei complementar regular limitações constitucionais ao poder de tributar (CF, art. 146, II), como é o caso das imunidades. (ADIs 2028, 2036, 2228 e 2621).

Alternativa "d": Condizente com a Súmula Vinculante 52 reproduzida na nota dos autores.

Alternativa "e": Nos termos da jurisprudência mais recente do Superior Tribunal de Justiça, o protesto de certidão de dívida ativa não configura sanção política. No bojo do REsp 1126515/PR (Rel. Ministro HERMAN BENJAMIN, SEGUNDA TURMA, julgado em 03/12/2013, DJe 16/12/2013), o referido Tribunal se manifestou no seguinte sentido: "Dada a natureza bifronte do protesto, não é dado ao Poder Judiciário substituir-se à Administração para eleger, sob o enfoque da necessidade (utilidade ou conveniência), as políticas públicas para recuperação, no âmbito extrajudicial, da dívida ativa da Fazenda Pública". Ademais, foi dito que: "A possibilidade do protesto da CDA não implica ofensa aos princípios do contraditório e do devido processo legal, pois subsiste, para todo e qualquer efeito, o controle jurisdicional, mediante provocação da parte interessada, em relação à higidez do título levado a protesto". Enfim, vale lembrar a Lei 12.767/2012, promoveu a inclusão do parágrafo único no art. 1º da Lei 9.492/1997, para expressamente consignar que estão incluídas "entre os títulos sujeitos a protesto as certidões de dívida ativa da União, dos Estados, do Distrito Federal, dos Municípios e das respectivas autarquias e fundações públicas".

Alternativa correta: letra "d".

06. (UEG – Delegado de Polícia – PC – GO/2018) O princípio da legalidade, que está a indicar no direito penal que não há sanção criminal sem a devida tipificação penal, se manifesta também nas relações jurídicas tributárias. Acerca da aplicação do princípio da legalidade tributária, tem-se o seguinte:

a) É direito fundamental do contribuinte que a exação tributária, como sanção pecuniária de ato ilícito tributário, encontre-se prevista em lei específica.

b) A Constituição Federal, ao tratar da legalidade em matéria tributária no art.150, I, é redundante, dado que já é prevista a legalidade no art.5º, II, no capítulo dos Direitos Fundamentais.

c) A obrigação tributária acessória, melhor denominada como dever instrumental, demanda fixação em lei na medida em que corresponde a ônus ao contribuinte.

d) O Código Tributário Nacional, ao dispor sobre a aplicação do princípio da legalidade tributária, prescinde sua observância na atualização do valor monetário da base de cálculo do tributo.

e) Com origem na Magna Carta de 1215, quando desde então vigorava "no taxation without representation", é direito fundamental do contribuinte, previsto no art.150, I, da Constituição de 1988, que não encontra mitigação na ordem tributária brasileira.

COMENTÁRIOS

✪ **Nota dos autores:** "tributo é toda prestação pecuniária compulsória, em moeda ou cujo valor nela se possa exprimir, que não constitua sanção de ato ilícito, instituída em lei e cobrada mediante atividade administrativa plenamente vinculada" (CTN, art. 3º).

Alternativa "a": Como visto na nota dos autores, o tributo não constitui sanção de ato ilícito.

Alternativa "b": De fato, o artigo 5º, inciso II, da CF/8 trata da legalidade geral, mas, não há que se falar em redundância no artigo 150, inciso I, do CTN, mas, sim, de uma especificação do princípio da legalidade na esfera tributária quando se veda às pessoas políticas exigir ou aumentar tributo sem previsão legal.

Alternativa "c": Vale destacar uma sutil diferença entre obrigação tributária principal e acessória no que diz respeito ao tipo de norma instituidora. A obrigação tributária principal tem, necessariamente, que estar prevista em lei (CTN, art. 97, III), daí sujeitar-se ao princípio da estrita legalidade. Já a obrigação tributária acessória decorre da "legislação tributária" (CTN, art. 113, § 2º), expressão esta que compreende as leis, os tratados e as convenções internacionais, os decretos e as normas complementares que versem, no todo ou em parte, sobre tributos e relações jurídicas a eles pertinentes (CTN, art. 96). Concluindo, enquanto a obrigação tributária principal deve necessariamente ser prevista numa lei (estrita legalidade), a obrigação acessória decorre da legislação tributária (ideia mais ampla que compreende não só leis, mas também decretos e outros tipos normativos).

Alternativa "d": nos termos do artigo 97, §2º do CTN, segundo o qual "não constitui majoração de tributo, para os fins do disposto no inciso II deste artigo, a atualização do valor monetário da respectiva base de cálculo". Logo, se a atualização da base de cálculo não constitui majoração de tributo, ela não precisa observar a legalidade, podendo ser realizada por decreto.

Alternativa "e": O Princípio da Legalidade Tributária apresenta mitigações. Excepcionalmente, é possível a alteração de carga tributária por ato do Poder Executivo, o que decorre de amenizações ao princípio da legalidade previstas na Constituição, relativas a tributos já antes instituídos por lei. São elas: (i) a alteração de alíquotas dos seguintes impostos extrafiscais: Imposto de Importação, Imposto de Exportação, Imposto Sobre Produtos Industrializados e Imposto sobre Operações Financeiras (CF, art. 153, § 1º); (ii) redução e restabelecimento da CIDE-combustível (CF, art. 177, § 4º, I, "b") e do ICMS-combustível monofásico (CF, art. 155, § 4º, IV, "c"). Portanto, a majoração de tributos por decreto ou outro ato normativo do Poder Executivo constitui uma exceção e não uma regra. E, nesse ponto, cabe acrescentar que essa faculdade dos entes federativos não é incondicional, dependendo de que sejam atendidas as condições e os limites estabelecidos em lei (CF, art. 153, § 1º).

Alternativa correta: letra "d".

07. (UEG - Delegado de Polícia - PC - GO/2018) O sistema tributário nacional é integrado por um conjunto de princípios e regras que limitam o exercício do poder de tributar do Estado. Acerca do exercício da competência tributária verifica-se que

a) a anterioridade aplicável ao direito penal tem igual aplicação na seara tributária, sendo vedada qualquer alteração na legislação tributária, ainda que não corresponda a aumento do tributo.

b) é vedada a cobrança de tributos antes de decorridos noventa dias da data em que haja sido publicada lei que os instituiu, aumentou ou reduziu.

c) a imunidade religiosa é consectária da garantia fundamental da liberdade religiosa, que tem alcance além do templo religioso.

d) a vedação do não-confisco ao Estado, no exercício de seu poder de tributar, limita a perda de bens no âmbito criminal.

e) as regras de imunidade tributária devem ser interpretadas restritivamente, na medida em que correspondem a benefícios fiscais aos contribuintes.

COMENTÁRIOS

✪ **Nota dos autores:** o princípio da anterioridade apresenta duas vertentes (anual e nonagesimal). Pelo princípio da anterioridade anual ou do exercício (CF, art. 150, III, "b"), é vedado aos entes federativos cobrar tributos no mesmo exercício financeiro em que haja sido publicada a lei que os instituiu ou aumentou. Já a anterioridade nonagesimal ou noventena, implementada na CF/88 pela EC 42/2003, é consagrada no artigo 150, inciso III, alínea "c" da CF/88, que estabelece ser vedado às pessoas políticas cobrar tributos antes de decorridos noventa dias da data em que haja sido publicada a lei que os instituiu ou aumentou, observada ainda a anterioridade geral do exercício (CF, art. 150, III, "b"). Por razões fiscais e extrafiscais, os preceitos sofrem amenizações correspondentes às exceções veiculadas na própria Constituição. As exceções ao princípio da anterioridade anual (CF, art. 150, III, "b") e nonagesimal (CF, art. 150, III, "c"), previstas nos artigos 150, § 1º, 155, §4º, inciso IV, alínea "c", 177, §4º, inciso I, alínea "b" e 195, §6º podem ser visualizadas no quadro abaixo. Os tributos em negrito são aqueles que não são exceções comuns às duas vertentes do princípio.

REGRA	EXCEÇÕES
anterioridade anual	II, IE, **IPI**, IOF, empréstimo compulsório do art. 148, inciso I da CF e imposto extraordinário de guerra, **ICMS-combustível monofásico, CIDE-combustível e contribuições para a seguridade social.**
anterioridade nonagesimal	II, IE, **IR**, IOF, empréstimo compulsório do art. 148, inciso I da CF, imposto extraordinário de guerra e **fixação de base de cálculo de IPVA e IPTU.**

Diante dessa sistemática de regra (anterioridade do exercício + anterioridade nonagesimal), para um tributo ser cobrado imediatamente, isto é, na data da publicação da lei que o instituiu ou aumentou, é necessário que ele constitua exceção às duas anterioridades.

Alternativa "a": Primeiro diz respeito à especificidade do Princípio da Anterioridade para o Direito Tributário, detalhada na nota dos autores (não há correlação com o Direito Penal). O segundo refere-se à incorreção da afirmação no sentido de que a legislação tributária não pode ser alterada, quando, na verdade, tal possibilidade existe, sendo disciplinado no CTN as temáticas relativas à vigência e à aplicação da legislação tributária (dentre outras).

Alternativa "b": Como visto na nota dos autores, tanto na anterioridade anual como na nonagesimal, a vedação em questão refere-se à instituição ou aumento de tributo, sem nenhuma menção à redução (CF, art. 150, III, "b" e "c"). Incorreta, no que se refere ao termo "reduziu".

Alternativa "c": Nos termos do artigo 150, inciso VI, alínea "b" c/c § 4º, da CF/88, a imunidade dos templos de qualquer culto compreende o patrimônio, a renda e os serviços relacionados com as finalidades essenciais dessas entidades (CF, art. 150, § 4º). Trata-se, como se vê, de uma imunidade subjetiva, que atinge a entidade religiosa como um todo, e não o prédio do templo, que se fosse o caso lhe daria o caráter de imunidade objetiva. Assim, por exemplo, se houver cobrança de taxas para a realização de batismo ou casamentos, não poderá haver exigência de ISS sobre esses serviços, nem cobrança de imposto sobre a renda obtida com a taxa cobrada, haja vista tratarem-se de serviços e rendas inerentes às finalidades essenciais do culto. Essa imunidade deve abranger não somente os prédios destinados ao culto, como também o IPTU sobre imóveis de propriedade de cultos religiosos que se encontrarem alugados, quando a renda decorrente da locação tiver aplicação relacionada com as finalidades essenciais das entidades (STF – AI 690.712-AgR – 1ª. Turma – Rel. Min. Ricardo Lewandowski – julg. 23/06/2009). Ainda em relação à chamada imunidade religiosa, o entendimento do Supremo Tribunal Federal é de que os cemitérios que consubstanciam extensões de entidades de cunho religioso estão abrangidos pela imunidade, sendo impossível a incidência de IPTU em relação a eles (STJ – RE 578.562 – Plenário – julg. 21/05/2008). Por outro lado, por ser expressamente aplicável aos templos de qualquer culto, não se estende à maçonaria, em cujas lojas não se professa qualquer religião (STF – RE 562.351 – Rel. Min. Ricardo Lewandowski – julg. 04/09/2012).

Alternativa "d": O princípio do não confisco (CF, art. 150, IV) é limitador do poder de tributar. Diverso do que afirma o examinador, **não** limita a perda de bens no âmbito criminal. Na definição legal de tributo (CTN, art. 3º), consta dentre os requisitos que não se trata de sanção de ato ilícito. Logo, o Princípio Tributário do Não-Confisco não tem o condão de impedir o poder sancionatório, a exemplo do que está presente na pena de perdimento de bens no âmbito penal, expressamente permitida pelo artigo 5º, inciso LXVI, alínea "b", da CF.

Alternativa "e": Segundo o CTN a exoneração tributária a ser interpretada restritivamente é a isenção (CTN, art. 111, II).

Alternativa correta: letra "c".

08. (Cespe – Delegado de Polícia – GO/2017) Sabendo que, por disposição constitucional expressa, em regra, os princípios tributários e as limitações ao poder de tributar não se aplicam de forma idêntica a todas as espécies tributárias, assinale a opção correta a respeito da aplicação desses institutos.

a) Apenas aos impostos estaduais aplica-se o princípio que proíbe o estabelecimento de diferença tributária entre bens e serviços de qualquer natureza em razão de sua procedência ou seu destino.

b) A aplicação do princípio da não vinculação de receita a despesa específica é limitada aos impostos.

c) Em regra, o princípio da anterioridade do exercício aplica-se da mesma forma aos impostos e às contribuições sociais da seguridade social.

d) O princípio da capacidade contributiva aplica-se sempre e necessariamente aos impostos.

e) O princípio da anterioridade do exercício atinge, de forma ampla, as hipóteses de empréstimos compulsórios previstas no texto constitucional.

COMENTÁRIOS

✪ **Nota dos autores:** em regra, é vedada a vinculação de receita de impostos a órgão, fundo ou despesa, ressalvadas (i) as repartições constitucionais das receitas tributárias; a destinação de recursos; (ii) para as ações e serviços públicos de saúde; (iii) para manutenção e desenvolvimento do ensino; (iv) para realização de atividades da administração tributária; (v) a prestação de garantias às operações de crédito por antecipação de receita e (vi) a prestação de garantia ou contragarantia à União e para pagamento de débitos para com esta (CF, art. 167, IV e § 4º). A regra, de fato, nos moldes afirmados pelo examinador, não se aplica aos tributos em geral, referindo-se especificamente aos impostos.

Alternativa correta: letra "b". De fato, o princípio da não vinculação de receita a despesa específica é limitada aos impostos, por força do artigo 167, inciso IV e §4º da CF/88.

Alternativa "a": incorreta. É vedado não só aos Estados, mas também ao Distrito Federal e aos Municípios "estabelecer diferença tributária entre bens e serviços, de qualquer natureza, em razão de sua procedência ou destino" (CF, art. 152).

Alternativa "c": incorreta, pois as contribuições para a Seguridade Social estão sujeitas exclusivamente ao princípio da anterioridade nonagesimal (CF, art. 195, § 6º), não se lhes aplicando a exigência de observância da anterioridade do exercício de que trata o art. 150, III, "b", da CF/88.

Alternativa "d": incorreta. Embora o artigo 145, §1º, da CF/88 permita o entendimento de que a aplicação do Princípio da Capacidade Contributiva se restrinja à espécie tributária imposto, o STF já deu mostras de pode ser aplicado às contribuições (RE 573.675) e às multas (RE 239.964). Mas, mesmo que se adote uma intepretação literal, ainda assim está errada a alternativa, na medida em que o princípio não se aplica necessariamente a todo e qualquer imposto. Basta observar que o artigo 145, § 1º, da CF, ao dispor sobre o preceito, estabelece que os impostos "sempre que possível" terão caráter pessoal e serão graduados segundo a capacidade econômica do contribuinte. Dessa forma, não pode afirmar que, necessariamente , o princípio deve ser aplicado, haja vista que o próprio texto constitucional admite a impossibilidade de se aplica-lo em determinados casos.

Alternativa "e": incorreta. Nos termos do artigo 148 da CF/88, o **empréstimo compulsório** poderá ser instituído **(i)** para atender às despesas extraordinárias decorrentes de calamidade pública, de guerra externa ou sua iminência (inciso I) e **(ii)** no caso de investimento público de caráter urgente e de relevante interesse nacional (inciso II). Quando instituído para atender às despesas extraordinárias decorrentes de calamidade pública, de guerra externa ou sua iminência (CF, art. 148, I), o **empréstimo compulsório** constituirá exceção aos princípios da anterioridade do exercício e nonagesimal (CF, art. 150, § 1º c/c inciso III, alíneas "b" e "c"), o que tem lógica, devido ao seu caráter emergencial para financiar as providências diante da situação de calamidade pública ou guerra externa. Já nos casos de investimento público de caráter urgente e de relevante interesse nacional, o próprio inciso II do artigo 148 prevê, expressamente, que o princípio da anterioridade do exercício deve ser observado (CF, 148, II c/c 150, III, "b"), até porque, a urgência aqui se associa mais à relevância de se antecipar uma receita do que a uma situação emergencial.

09. (Vunesp – Delegado de Polícia – CE/2015) Determina a Constituição Federal que o imposto sobre a propriedade territorial rural não incidirá sobre pequenas glebas rurais, definidas em lei, quando as explore o proprietário que não possua outro imóvel.

Referida determinação implica em

a) isenção.

b) imunidade.

c) remissão parcial

d) remissão total.

e) anistia.

COMENTÁRIOS

✪ **Nota dos autores:** no capítulo constitucional do Sistema Tributário Nacional, a CF dispõe sobre as **limitações ao poder de tributar**, normas constitucionais que impõem limites ao exercício das competências tributárias. Compreendem os **princípios constitucionais tributários** e as **imunidades tributárias**. A imunidade é uma exoneração tributária prevista na Constituição Federal, mediante normas que estabelecem situações em que é vedado às pessoas políticas exercerem suas competências tributárias. Imunidades constituem, outrossim, limitações constitucionais ao poder de tributar, embora possam ser vistas também como direito subjetivo do cidadão de não ser tributado nas situações constitucionalmente previstas. Mais precisamente, a imunidade tributária possui duas facetas, segundo o ponto de vista do ente tributante ou do contribuinte.

Alternativa correta: letra "b": a exoneração tributária a que se refere o enunciado é a imunidade prevista no artigo 153, § 4º, da CF/88, segundo o qual o ITR "não incidirá sobre pequenas glebas rurais, definidas em lei, quando as explore o proprietário que não possua outro imóvel".

Alternativas "a" e "e": a isenção e a anistia excluem o crédito tributário (CTN, art. 175). A exoneração prevista no enunciado é uma imunidade, como bem delineado nosComentáriosà alternativa "b".

Alternativas "c" e "d": na remissão, causa extintiva do crédito tributário (CTN, art. 156, IV) há o perdão do crédito tributário, envolvendo, aí, o tributo e a multa. A situação econômica do sujeito passivo não é o único fundamento da remissão, embora seja o mais comum. Existem outras hipóteses previstas no artigo 172 do CTN, a saber: erro ou ignorância escusáveis do sujeito passivo, quanto a matéria de fato; diminuta importância do crédito tributário; considerações de equidade, em relação com as características pessoais ou materiais do caso; e condições peculiares a determinada região do território da entidade tributante. A exoneração prevista no enunciado é uma imunidade, como bem delineado nosComentáriosà alternativa "b".

10. (FUNIVERSA – Delegado de Polícia – DF/2015) No que se refere ao princípio tributário da anterioridade anual e nonagesimal, assinale a alternativa correta.

a) Os municípios e o Distrito Federal, ao fixarem a base de cálculo do IPTU, devem respeitar o princípio da anterioridade nonagesimal.

b) O princípio da anterioridade anual não incide sobre o imposto sobre produtos industrializados (IPI), isto é, em caso de majoração do tributo, este poderá ser cobrado no mesmo exercício financeiro da publicação da lei que o majorou, desde que respeitado o princípio da anterioridade nonagesimal.

c) Em se tratando de instituição ou majoração dos tributos sobre o comércio exterior, do imposto sobre importação de produtos estrangeiros e do imposto sobre exportação para o exterior de produtos nacionais ou nacionalizados, deve-se observar o princípio da anterioridade anual, isto é, tais tributos só poderão ser cobrados no exercício financeiro seguinte ao da publicação da lei que os instituiu ou aumentou.

d) Caso haja majoração da alíquota do imposto de renda (IR), é vedado à União cobrar o tributo com a nova alíquota antes de decorridos noventa dias da publicação da lei que o majorou.

e) Aplica-se a anterioridade nonagesimal à fixação da base de cálculo do IPVA pelo Distrito Federal.

COMENTÁRIOS

✪ **Nota dos autores:** o princípio da anterioridade tributária, nas suas vertentes anual (CF, art. 150, III, "b") e nonagesimal (CF, art. 150, III, "c") aplica-se a todas as espécies tributárias, incluindo taxas e contribuições de melhoria. Pelo princípio da anterioridade ou anterioridade anual (CF, art. 150, III, "b"), é vedado aos entes federativos cobrar tributos no mesmo exercício financeiro em que haja sido publicada a lei que os instituiu ou aumentou, norma que valida a afirmação de que a cobrança do imposto exige a publicação da lei que o instituiu no exercício financeiro anterior. Já a anterioridade nonagesimal ou noventena, implementada na CF pela EC 42/2003, é consagrada no artigo 150, inciso III, alínea "c" da CF, que estabelece ser vedado às pessoas políticas cobrar tributos antes de decorridos noventa dias da data em que haja sido publicada a lei que os instituiu ou aumentou, observada ainda a anterioridade geral do exercício (CF, art. 150, III, "b"). Por razões fiscais e extrafiscais, os preceitos sofrem amenizações correspondentes às exceções veiculadas na própria Constituição. Essas exceções, previstas no artigo 150, § 1° da CF, podem ser visualizadas no quadro abaixo. Os tributos em negrito são aqueles que não são exceções comuns às duas vertentes do princípio.

REGRA	EXCEÇÕES
anterioridade anual	II, IE, **IPI**, IOF, empréstimo compulsório do art. 148, inciso I da CF e imposto extraordinário de guerra
anterioridade nonagesimal	II, IE, **IR**, IOF, empréstimo compulsório do art. 148, inciso I da CF, imposto extraordinário de guerra e **fixação de base de cálculo de IPVA e IPTU**

Outros tributos que possuem tratamento especial são as contribuições sociais para custeio da seguridade social, conforme § 6º do artigo 195, da CF, sujeitas exclusivamente à anterioridade nonagesimal, também por expressa exigência do citado dispositivo constitucional. E também o ICMS-combustível monofásico e a CIDE-combustível, exceções previstas nos artigos 155, § 4º, inciso IV, alínea "c", 177, § 4º, inciso I, alínea "b", da CF.

Alternativa correta: letra "b": de fato, a vedação à cobrança de tributo no mesmo exercício financeiro em que haja sido publicada a lei que o aumentou, em que se consubstancia o princípio da anterioridade anual ou do exercício (CF, art. 150, III, "b"), não se aplica ao IPI, haja vista a expressa exceção constante do § 1º do artigo 150, da CF/88. Assim sendo, não é vedado à União cobrar IPI no mesmo exercício financeiro em que haja sido publicada a lei que o aumentou. Por outro lado, vale ressaltar que o IPI só constitui exceção ao princípio da anterioridade do exercício, não se situando entre as exceções à noventena. Dessa forma, o IPI é tributo que pode ser cobrado noventa dias após a publicação de sua instituição ou majoração, independentemente do exercício em que a noventa tiver transcorrido.

Alternativa "a": incorreta, pois a alteração da base de cálculo do IPTU não está sujeita ao princípio da anterioridade nonagesimal (art. 150, § 1°CF).

Alternativa "c": incorreta, pois o II e o IE são exceções às duas vertentes do princípio da anterioridade.

Alternativa "d": o IR só constitui exceção à noventena. Portanto, uma vez instituído, apenas pode ser exigido no primeiro dia do exercício seguinte. Alternativa errada.

Alternativa "e": incorreta, pois a fixação da base de cálculo do IPVA também constitui exceção exclusivamente à noventena, sujeitando-se à anterioridade do exercício.

---

11. (FUNIVERSA – Delegado de Polícia – DF/2015) Considerando o sistema tributário nacional e os tributos da União, dos estados, dos municípios e do Distrito Federal, assinale a alternativa correta.

a) O imposto sobre operações de crédito, câmbio e seguro, ou operações relativas a títulos ou valores mobiliários (IOF) também incide sobre o ouro e, nesse caso, sendo este definido em lei como ativo financeiro ou instrumento cambial, estará sujeito à incidência do imposto na operação de destino.

b) A instituição do IPTU pelo Distrito Federal poderá contemplar a progressividade em razão do valor do imóvel, mas as alíquotas não poderão variar de acordo com a localização do imóvel.

c) O IPI deve ser seletivo em razão da essencialidade do produto que recebe o gravame tributário.

d) A União tem competência para instituir o imposto sobre a propriedade territorial rural (ITR) e, conforme a Emenda Constitucional n.° 42/2003, essa competência tributária poderá ser delegada ao município, que instituirá, fiscalizará e cobrará o ITR, desde que isso não resulte na redução do imposto ou em qualquer outra forma de renúncia fiscal.

e) Eventual instituição do imposto sobre grandes fortunas, de competência da União, poderá ser feita por intermédio de lei ordinária aprovada pelo Senado e pela Câmara dos Deputados.

COMENTÁRIOS

✪ **Nota dos autores:** o princípio da seletividade segundo a essencialidade do produto é de observância obrigatória em relação ao IPI, que "será seletivo" (CF, art. 153, § 3°, I). O mesmo não ocorre em relação ao ICMS que "poderá ser seletivo em função da essencialidade das mercadorias e dos serviços" (CF, art. 155, § 2°, III). Assim, as alíquotas do imposto devem ser menores para os produtos essenciais e maiores para os produtos enquadrados na categoria de consumo supérfluo ou desaconselhável.

Alternativa correta: letra "c": como visto na nota dos autores, o IPI será seletivo em função da essencialidade do produto (CF, art. 153, § 3º, I).

Alternativa "a": incorreta, pois o ouro, quando definido em lei como ativo financeiro ou instrumento cambial, sujeita-se exclusivamente à incidência do IOF, devido na operação **de origem**. A alíquota mínima será de 1% (um por cento), sendo assegurada a transferência do montante da arrecadação nos seguintes termos: a) trinta por cento para o Estado, o Distrito Federal ou o Território, conforme a origem e b) setenta por cento para o Município de origem (CF, art. 153, § 5º, I). Por ser regra de incidência exclusiva, veicula imunidade para todos os outros tributos. Registre-se que o ouro como simples mercadoria sofre a incidência tributária normal de todos os tributos do sistema.

Alternativa "b": incorreta. É importante esclarecer que a progressividade delineada para o IPTU pode ser subdividida em: i) progressividade fiscal, cujo único objetivo é a arrecadação, em razão do valor do imóvel (CF, art. 156, § 2º, I) e; ii) progressividade extrafiscal, que tem por objetivo promover a função social da propriedade, estabelecendo a progressividade do imposto no tempo para o proprietário de imóvel subutilizado ou não utilizado que deixar de promover o seu adequado aproveitamento, nos termos do plano diretor do Município (CF, art. 182, § 4º, II). Ademais, ao lado da progressividade nessas duas vertentes, o IPTU poderá ter **alíquotas diferentes** de acordo com a **localização e o uso do imóvel** (CF, 156, § 1º, II), o que parte da doutrina chama de seletividade (EC 29/2000). É nesse ponto que se encontra o erro da alternativa.

Alternativa "d": incorreta. O ITR é de competência privativa da União (CF, art. 153, VI) e sujeita-se às normas de repartição de receitas tributárias. Em regra, pertencem aos Municípios 50% do produto da arrecadação pela União a título de ITR (CF/88, art. 158, II). Há de se ressaltar que é possível que um município fique com 100% do produto da arrecadação do ITR sobre imóveis situados em seu território, condicionado a que opte, na forma da lei, por fiscalizar e cobrar o referido imposto, desde que não implique em sua redução ou qualquer outra forma de renúncia fiscal (CF, art. 158, II c/c art. 153, § 4°, III). Ao fazer essa opção, mesmo ficando com 100% da arrecadação do ITR, não significa que o município recebeu da União uma delegação da competência tributária para instituir o ITR. Trata-se, como já ressalvado, de norma de repartição de receitas tributárias previstas na própria CF/88, ou seja, o ITR continua de competência federal, porém sua arrecadação é repartida ao Município (50% ou 100%). Essa prerrogativa de fiscalizar e arrecadar o tributo é denominada pela doutrina de **capacidade tributária ativa**. Portanto, ao contrário do que afirma o examinador, no caso do ITR, não há o que se falar em delegação de competência (poder de instituir e legislar sobre o tributo), mas, sim, em delegação de capacidade tributária ativa.

Alternativa "e": em regra, segundo o princípio da legalidade (CF, art. 150, I), os tributos devem ser instituídos por **lei ordinária.** Há apenas 4 (quatro) exceções constitucionais em que há exigência de lei complementar, que são o Empréstimo Compulsório (CF, art. 148), o IGF – Imposto sobre Grandes Fortunas (CF, art. 153, VII), os impostos de competência residual da União (CF, art. 154, I) e as contribuições sociais para custeio da Seguridade Social residuais (CF, art. 195, § 4°). Portanto, o IGF deve ser instituído por lei complementar, motivo pelo qual a alternativa está errada.

3. COMPETÊNCIA E REPARTIÇÃO DAS RECEITAS

12. (Vunesp – Delegado de Polícia – CE/2015) Cabe ao Distrito Federal o imposto sobre

a) exportação para o exterior de produtos nacionais ou nacionalizados (IE).
b) a importação de produtos estrangeiros (II).
c) a propriedade predial e territorial urbana (IPTU).
d) produtos industrializados (IPI).
e) operações de crédito, câmbio e seguro, ou relativas a títulos ou valores mobiliários (IOF).

COMENTÁRIOS

✪ **Nota dos autores:** o *caput* do artigo 155 e a parte final do artigo 147 da CF/88 delineiam a competência tributária do Distrito Federal para instituir impostos. Em suma, cabem ao Distrito Federal os impostos estaduais e municipais.

Alternativa correta: letra "c": o artigo 156, inciso I, da CF/88 estabelece que compete aos Municípios instituir o IPTU. Já a parte final do artigo 147 da CF/88 prevê que "ao Distrito Federal cabem os impostos municipais". Portanto, cabe ao Distrito Federal instituir o IPTU.

Demais alternativas: incorretas, pois os impostos em questão (IE, II, IPI e IOF) são de competência federal, conforme teor do artigo 153, respectivamente incisos II, I, IV e V, da CF/88. Portanto, não competem ao Distrito Federal.

13. (FUNIVERSA – Delegado de Polícia – DF/2015) Em relação aos tributos da União, dos estados, do Distrito Federal e dos municípios, assinale a alternativa correta.

a) Dada a competência residual atribuída à União, esta poderá instituir, mediante lei complementar, impostos não previstos na CF, desde que sejam não cumulativos e não tenham fato gerador ou base de cálculo dos impostos previstos na CF.
b) O Distrito Federal e os estados têm competência para instituir o ITCMD, devendo, contudo, respeitar, no que tange à alíquota máxima a ser praticada, o que for fixado pelo Congresso Nacional.
c) Caso fosse criado, no Brasil, o Território Federal, seria de competência da União a instituição dos impostos estaduais e municipais nesse Território, independentemente de nele existirem municípios.
d) Os estados e o Distrito Federal têm competência tributária para instituir o ICMS, o IPVA, o imposto sobre transmissão causa mortis e doação (ITCMD) e o imposto sobre serviços (ISS).
e) O imposto de renda, de competência da União, deve ser informado pelos critérios da universalidade, da pessoalidade e da não cumulatividade.

COMENTÁRIOS

✪ **Nota dos autores:** as competências residuais são deferidas apenas à União para instituir impostos (CF, art. 154, I) e contribuições que constituam outras fontes de custeio da seguridade social (CF, art. 195, § 4º) nos seguintes termos:

- mediante lei complementar;
- diferentes dos(as) já previstos(as) nos artigos 153 (impostos) e 195 (contribuições para custeio da seguridade social) da CF;
- não cumulativos(as);
- que não tenham fato gerador ou base de cálculo próprios(as) dos(as) já discriminados(as) na Constituição.

Na verdade, é o artigo 154, inciso I, da CF que estabelece que impostos de competência residual da União, isto é, diversos dos previstos no artigo 153, além de não cumulativos, deverão ser criados mediante lei complementar e não poderão ter fatos geradores ou bases de cálculo próprios dos impostos discriminados na Constituição. Já o artigo 195, § 4º, da CF, ao prever a competência residual da União para instituir outras fontes de custeio da seguridade social, remete expressamente aos pressupostos do artigo 154, inciso I.

Alternativa correta: letra "a": essa alternativa faz alusão expressa à competência residual da União para instituir impostos (CF, art. 154, I).

Alternativa "b": incorreta, pois é o Senado Federal (e não o Congresso Nacional) que tem a competência para fixar a alíquota máxima do ITCMD (CF, art. 155, § 1º, IV).

Alternativa "c": incorreta, pois nos termos do artigo 147 da CF/88, seriam de competência da União, em Território Federal, os impostos estaduais e, **se o Território não fosse dividido em Municípios**, cumulativamente, os impostos municipais. Portanto, a cumulação (impostos estaduais e municipais) não é automática, depende, na verdade, de o território federal não ser dividido em municípios.

Alternativa "d": incorreta, pois os Estados não tem competência para instituir o ISS. Tal competência é dos Municípios e do Distrito Federal (CF, arts. 156, III e 147, *in fine*).

Alternativa "e": incorreta, pois o IR será norteado pelos critérios da generalidade, da universalidade e da progressividade – "GUP", na forma da lei (CF, art. 153, § 2º). Portanto, não são critérios informadores do IR a pessoalidade e a não cumulatividade.

4. LEGISLAÇÃO TRIBUTÁRIA

14. (FUNCAB – Delegado de Polícia – RO/2014) Assinale a alternativa correta.

a) O emprego da analogia poderá resultar na exigência de tributo não previsto em lei.

b) Os princípios gerais de direito privado utilizam-se para pesquisa da definição, do conteúdo e do alcance de seus institutos, conceitos e formas, mas não para definição dos respectivos efeitos tributários.

c) A lei tributária que define infrações, ou lhe comina penalidades, interpreta-se de maneira mais desfavorável ao acusado, em caso de dúvida quanto à autoria, imputabilidade, ou punibilidade.

d) O emprego da equidade poderá resultar na dispensa do pagamento de tributo devido.

e) Interpreta-se extensivamente a legislação tributária que disponha sobre suspensão ou exclusão do crédito tributário.

COMENTÁRIOS

✪ **Nota dos autores:** a par das regras da Lei de Introdução às Normas do Direito Brasileiro (Decreto-lei 4.657/42), o CTN estabelece disposições específicas a respeito de integração e interpretação da legislação tributária. A integração consiste na tarefa de colmatar lacunas, mediante a qual a legislação é aplicada com o auxílio de critérios para suprir situações sobre as quais a legislação deixou de dispor. No Direito Tributário, a integração é tarefa de qualquer autoridade competente para aplicação da legislação tributária, seguindo critérios sucessivos estabelecidos no artigo 108 do CTN. Já a interpretação diz respeito ao raciocínio lógico jurídico desenvolvido para compreensão do conteúdo e alcance de uma norma jurídica ou de um conjunto dessas normas, visando à correta aplicação da legislação. Em matéria tributária, os artigos 109 a 112 do CTN estabelecem inúmeras regras de interpretação normativa.

Alternativa correta: letra "b": a redação reprisa literalmente uma norma do CTN, no caso a veiculada no artigo 109.

Alternativas "a" e "d": incorretas. Na verdade, houve desrespeito aos limites de que tratam os parágrafos primeiro e segundo do artigo 108 do CTN. O parágrafo primeiro do artigo 108 do CTN assevera que "o emprego da **analogia** não poderá resultar na exigência de tributo não previsto em lei", enquanto que o parágrafo segundo do artigo 108 do CTN estipula que "o emprego da **equidade** não poderá resultar na dispensa do pagamento de tributo devido". Como a equidade pode ser entendida como a atenuação do rigor da norma escrita aplicada ao caso concreto, de certa forma ela (equidade) tem o condão de "amortecer" a norma. A equidade aproxima-se da justiça real, uma vez que "o equitativo e o justo têm a mesma natureza. A diferença está em que o equitativo, sendo justo, não é o justo legal. A lei, pelo seu caráter de generalidade, não prevê todos os casos singulares a que se aplica; a falta não reside nem na lei nem no legislador que a dita, senão que decorre da própria natureza das coisas. A equidade, ainda segundo Aristóteles, autoriza a preencher a omissão com o que teria dito o legislador se ele tivesse conhecido o caso em questão" (Ricardo Lobo Torres, in Normas de Interpretação e Integração do Direito Tributário, 4ª ed., Editora Renovar, Rio de Janeiro, São Paulo e Recife, 2006, págs. 115/116, citado no julgamento do RESP 751368/SC). Já a analogia é um raciocínio por meio de um exemplo, utilizando-se em problemas semelhantes a mesma resposta prevista expressamente na norma para um deles.

Alternativa "c": incorreta. Ao contrário do que constou, à luz do preceito constitucional da presunção de inocência e com base no artigo 112 do CTN, a legislação tributária, em matéria de infrações, consagra o princípio do *in dubio pro contribuinte*, segundo o qual a lei tributária que define infrações, ou lhe comina penalidades, interpreta-se da maneira mais favorável ao acusado.

Alternativa "e": incorreta. De acordo com o disposto no artigo 111, incisos I a III, do Código Tributário Nacional, interpreta-se **literalmente** a legislação tributária que disponha sobre suspensão ou exclusão do crédito tributário, outorga de isenção e dispensa do cumprimento de obrigações acessórias.

15. (FUNIVERSA – Delegado de Polícia – DF/2015) Com base no disposto no Código Tributário Nacional (CTN) acerca das normas gerais de direito tributário, assinale a alternativa correta.

a) A interpretação da lei tributária que defina infrações ou estabeleça penalidades deve proteger, em caso de dúvida quanto à capitulação legal do fato, o interesse da coletividade, de forma mais favorável ao fisco.

b) A lei tributária não poderá retroagir ou ser aplicada a ato pretérito que ainda não tenha sido definitivamente julgado, mesmo que o cometimento desse ato não seja mais definido como infração.

c) Os atos normativos expedidos pelas autoridades administrativas entram em vigor na data da sua publicação, salvo disposição em contrário.

d) A outorga de isenção, a suspensão ou exclusão do crédito tributário e a dispensa do cumprimento de obrigações tributárias acessórias devem ser interpretadas sistematicamente e, sempre que possível, de forma extensiva.

e) As decisões dos órgãos singulares ou coletivos no âmbito da jurisdição administrativa entrarão em vigor quarenta e cinco dias após a data da sua publicação quando a lei atribuir a elas eficácia normativa.

COMENTÁRIOS

✪ **Nota dos autores:** a expressão **legislação tributária** é definida no artigo 96 do CTN e "compreende as leis, os tratados e as convenções internacionais, os decretos e as normas complementares que versem, no todo ou em parte, sobre tributos e relações jurídicas a eles pertinentes". Já a expressão **normas complementares** (à legislação tributária) é definida no artigo 100 do CTN e compreende "os atos normativos expedidos pelas autoridades administrativas, as decisões dos órgãos singulares ou coletivos de jurisdição administrativa, a que a lei atribua eficácia normativa, as práticas reiteradamente observadas pelas autoridades administrativas e os convênios que entre si celebrem a União, os Estados, o Distrito Federal e os Municípios".

Alternativa correta: letra "c": está condizente com o artigo 103, inciso I, do CTN, segundo o qual os atos normativos expedidos pelas autoridades fiscais entram em vigor na data de sua publicação, salvo disposição em contrário.

Alternativa "a": incorreta. Ao contrário do que constou, à luz do preceito constitucional da presunção de inocência e com base no artigo 112 do CTN, a legislação tributária, em matéria de infrações, consagra o princípio do *in dubio pro contribuinte*, segundo o qual a lei tributária que define infrações, ou lhe comina penalidades, interpreta-se da maneira mais favorável ao acusado.

Alternativa "b": incorreta. O artigo 106, inciso II, alínea "a" do CTN preconiza a retroatividade benigna da norma tributária quando deixar de definir o ato como infração, desde que não esteja definitivamente julgado.

Alternativa "d": incorreta. De acordo com o disposto no artigo 111, incisos I a III, do Código Tributário Nacional, interpreta-se **literalmente** a legislação tributária que disponha sobre suspensão ou exclusão do crédito tributário, outorga de isenção e dispensa do cumprimento de obrigações acessórias.

Alternativa "e": incorreta, pois as chamadas "decisões normativas" entram em vigor 30 (trinta) dias após a data de sua publicação (CTN, art. 103, II).

5. OBRIGAÇÃO TRIBUTÁRIA E FATO GERADOR

16. (Nucepe – Delegado de Polícia – PC – PI/2018) Considerando o previsto no Código Tributário Nacional sobre a obrigação tributária, assinale a alternativa CORRETA.

a) A obrigação acessória decorre da legislação tributária e tem por objeto as prestações, positivas ou negativas, nela previstas no interesse da arrecadação ou da fiscalização dos tributos. Ademais, pelo simples fato da sua inobservância, converte-se em obrigação principal relativamente à penalidade pecuniária.

b) O sujeito passivo da obrigação tributária principal é denominado responsável, quando tenha relação pessoal e direta com a situação que constitua o respectivo fato gerador.

c) A capacidade tributária passiva coincide com a capacidade civil. Assim, os considerados civilmente incapazes são desprovidos de capacidade tributária passiva.

d) Em regra, a responsabilidade por infrações da legislação tributária depende da intenção do agente ou do responsável e da efetividade, natureza e extensão dos efeitos do ato.

e) Considerando que a escolha do domicílio tributário é ato de natureza personalíssima, é vedado à autoridade administrativa recusar o domicílio eleito.

COMENTÁRIOS

✪ **Nota dos autores:** a obrigação tributária é classificada como principal e acessória. A principal surge com a ocorrência do fato gerador, tem por objeto o pagamento de tributo ou penalidade pecuniária e extingue-se juntamente com o crédito dela decorrente (CTN, art. 113, § 1º), ou seja, possui natureza de dar (pagar). Já a acessória decorre da legislação tributária e tem por objeto as prestações, positivas ou negativas, nela previstas no interesse da arrecadação ou da fiscalização dos tributos (CTN, art. 113, § 2º), ou seja, possui natureza de fazer (prestações positivas) ou não fazer (prestações negativas). Nesse sentido, por terem objetos distintos, tais obrigações tributárias (principal e acessória) são independentes entre si.

Alternativa "a": Nos termos expostos na nota dos autores, "a obrigação acessória decorre da legislação tributária e tem por objeto as prestações, positivas ou negativas, nela previstas no interesse da arrecadação ou da fiscalização dos tributos" (CTN, art. 113, §2º). Ademais, "a obrigação acessória, pelo simples fato da sua inobservância, converte-se em obrigação principal relativamente à penalidade pecuniária" (CTN, art. 113, §3º).

Alternativa "b": O sujeito passivo da obrigação tributária principal é que tem relação pessoal e direta com a situação que constitua o respectivo fato gerador é denominado de contribuinte e não de responsável (CTN, art. 121, p.u., I).

Alternativa "c": Ao contrário do que constou, "a capacidade tributária passiva **independe** da capacidade civil das pessoas naturais" (CTN, art. 126, I), de maneira que mesmo os considerados civilmente incapazes são providos de capacidade tributária passiva.

Alternativa "d": Ao contrário do que propõe a alternativa, o artigo 136 do CTN atribui responsabilidade objetiva pelas infrações da legislação tributária, de maneira que tal responsabilidade independe da intenção do agente e da efetividade, natureza e extensão dos efeitos do ato ("salvo disposição de lei em contrário, a responsabilidade por infrações da legislação tributária independe da intenção do agente ou do responsável e da efetividade, natureza e extensão dos efeitos do ato").

Alternativa "e": Ao contrário do que constou, a autoridade administrativa pode recusar o domicílio eleito, quando impossibilite ou dificulte a arrecadação ou a fiscalização do tributo (CTN, art. 127, §2º).

Alternativa correta: letra "a".

---

17. (UEG – Delegado de Polícia – PC – GO/2018) Fato gerador é a situação definida em lei como necessária e suficiente à ocorrência da obrigação tributária principal. Entre diferentes aspectos do fato gerador, verifica-se que

a) o produto do crime se encontra sujeito à tributação na medida em que, conforme o Código Tributário Nacional, vigora para exação tributária a regra do *non olet*.

b) o Estado, no exercício do seu poder de tributar, ao prever como fato gerador determinado ato, abstrai qualquer aspecto de licitude penal.

c) a definição do fato gerador demanda não só ato jurídico válido, mas também natureza lícita do seu objeto e efeitos conforme o ordenamento jurídico.

d) sujeito passivo da obrigação tributária é apenas o contribuinte, dado que vigora, também, no direito tributário o princípio da instransferibilidade da sanção a afastar a solidariedade.

e) o cidadão que se encontre sob a custódia do Estado, quando condenado simultaneamente à vedação de contratação com Poder Público, não pode ser sujeito passivo de obrigação tributária.

COMENTÁRIOS

✪ **Nota dos autores:** não obstante a previsão legal de que o tributo não constitui sanção de ato ilícito, consideram-se válidos fatos geradores relacionados a atividades ilícitas, tais como o IPTU do imóvel onde funciona uma banca de jogo de bicho ou a renda obtida por um membro de crime organizado. Trata-se da aplicação do princípio *pecunia non olet* ("o dinheiro não tem cheiro"), que leva a uma interpretação objetiva dos fatos geradores. Em outras palavras, é possível a incidência de tributação sobre valores arrecadados em virtude de atividade ilícita, consoante o artigo 118 do CTN.

Alternativa "a": conforme fundamentação exposta na nota dos autores.

Alternativa "b": Na verdade, na própria definição de tributo apregoada no artigo 3º do CTN, está expressamente consignado dentre os seus requisitos que "não constitui sanção de ato ilícito". Por outro lado, o artigo 118 do CTN dispõe que a definição legal do fato gerador é interpretada abstraindo-se (i) da validade jurídica dos atos efetivamente praticados pelos contribuintes, responsáveis, ou terceiros, bem como da natureza do seu objeto ou dos seus efeitos; (ii) dos efeitos dos fatos efetivamente ocorridos. Observe que não há menção para abstrair na hipótese aspectos de licitude penal.

Alternativa "c": o artigo 118 do CTN estipula que "a definição legal do fato gerador é interpretada **abstraindo-se da validade jurídica** dos atos efetivamente praticados pelos contribuintes, responsáveis, ou terceiros, bem como da natureza do seu objeto ou dos seus efeitos e dos efeitos dos fatos efetivamente ocorridos".

Alternativa "d": Poderão figurar no polo passivo da relação jurídico-tributária o (i) **Contribuinte** – aquele que tem relação pessoal e direta com a situação que constitua o respectivo fato gerador; e/ou o (ii) **Responsável**, quando, sem revestir a condição de contribuinte, sua obrigação decorra de disposição expressa de lei (CTN, art. 121, p.u.).

Alternativa "e": a capacidade tributária passiva independe de achar-se a pessoa natural sujeita a medidas que importem privação ou limitação do exercício de atividades civis, comerciais ou profissionais, ou da administração direta de seus bens ou negócio (CTN, art. 126, II)

Alternativa correta: letra "a".

---

18. (Cespe – Delegado de Polícia – GO/2017) Ricardo, com quinze anos de idade, traficou entorpecentes por três meses, obtendo uma renda de R$ 20.000. Informado pela autoridade competente, um auditor da Receita Federal do Brasil efetuou lançamento contra o menor.

Tendo como referência essa situação hipotética, assinale a opção correta.

a) O tráfico de entorpecente é ato ilícito, sendo responsáveis pelos prejuízos dele decorrentes, nos termos da lei civil, os pais de Ricardo, que deverão recolher o tributo a título de sanção cível.

b) A capacidade tributária independe da capacidade civil, de modo que é correto o lançamento contra o menor que, no caso, percebeu remuneração que pode ser considerada renda.

c) O tráfico de entorpecente é atividade que gera proveito econômico, o que justifica torná-lo fato gerador de tributo, não podendo, no entanto, Ricardo, por ser incapaz, sofrer lançamento, devendo a renda percebida ser imputada aos seus pais.

d) O tráfico de entorpecente, por ser crime, não pode ser objeto de tributação, pois o pagamento de imposto em tal hipótese significaria que o Estado estaria chancelando uma atividade ilícita, sendo, portanto, insubsistente o lançamento.

e) Ricardo, por ser incapaz, não pode sofrer lançamento, não constituindo renda eventuais ganhos econômicos que ele venha a ter.

COMENTÁRIOS

✪ **Nota dos autores:** nos termos do artigo 118 do CTN, deve-se interpretar a definição legal do fato gerador independentemente da validade jurídica, natureza do objeto ou efeitos dos atos praticados (inciso I) ou dos fatos ocorridos (inciso II). Diante dessa regra, não obstante a previsão legal do fato gerador seja sempre de fatos lícitos, consideram-se válidos fatos geradores relacionados a atividades ilícitas, tais como o IPTU do imóvel onde funciona uma banca de "jogo de bicho" ou a renda obtida por um membro do crime organizado. Trata-se da aplicação do princípio do *non olet* ("o dinheiro não tem cheiro"). Em outras palavras, é possível a incidência de tributação sobre valores arrecadados em virtude de atividade ilícita, consoante o artigo 118 do CTN. Seria contraditório o não pagamento do imposto proveniente de ato ilegal, pois haveria locupletamento da própria torpeza em detrimento do interesse público da satisfação das necessidades coletivas, a qual se daria por meio da exação tributária (HC 94240, Rel. Min. Dias Toffoli, 23.8.2011. 1ª T, Info 637).

Alternativa correta: letra "b". De início, é importante asseverar que "a capacidade tributária passiva independe da capacidade civil das pessoas naturais (CTN, art. 126, I)". Logo, o fato de Ricardo ter quinze anos de idade, e, portanto, não ter plena capacidade civil, não lhe retira a capacidade tributária passiva. De outro lado, se a hipótese de incidência descrita em lei é lícita, a circunstância do fato legalmente descrito se configurar no âmbito de uma atividade irregular não afastará a incidência tributária. Assim, se a lei descreve que o fato gerador do imposto de renda é a aquisição de disponibilidade econômica ou jurídica decorrente de acréscimo patrimonial (art. 43 do CTN), ainda que os rendimentos identificados na conta de um indivíduo tenham sido oriundos de práticas ilícitas (tráfico de drogas), o tributo será devido. Isso porque a verificação de rendimentos tributáveis consumou o fato gerador do tributo, devendo-se separar a incidência tributária pela renda obtida das consequências penais da prática de crimes. Em outras palavras, é possível a incidência de tributação sobre valores arrecadados em virtude de atividade ilícita. Portanto, pode-se afirmar que é correto o lançamento realizado pelo auditor da Receita Federal do Brasil contra o menor (Ricardo) que, no caso, percebeu remuneração que pode ser considerada renda (CTN, art. 43).

Demais alternativas: incorretas. Como visto na nota dos autores e nosComentáriosà alternativa correta (letra "b"), a questão deve ser enfrentada sob dois aspectos, o primeiro relativo à capacidade tributária de Ricardo (menor incapaz segundo a legislação civil) e o segundo relativo à possibilidade de se tributar a renda que foi obtida de forma ilícita pelo Ricardo, pois decorreu do tráfico de entorpecentes. Nesse sentido, a alternativa "b" é a única alternativa que reúne as informações de que a capacidade tributária passiva independe da capacidade civil (ou seja, o menor Ricardo é contribuinte) e de que a interpretação da definição legal do fato gerador do imposto de renda independentemente da validade jurídica, natureza do objeto ou efeitos dos atos praticados, ou dos fatos ocorridos (ou seja, a renda é tributada, mesmo oriunda do tráfico de drogas), sendo que as demais alternativas ou distorcem a primeira informação ("a", "c" e "e"), ou a segunda ("d").

---

19. (Cespe – Delegado de Polícia – PE/2016) Tendo como referência o disposto no CTN, assinale a opção correta.

a) A capacidade tributária passiva é plena e independe da capacidade civil.

b) Não haverá incidência tributária sobre atividades ilícitas.

c) A obrigação tributária principal nasce com o lançamento do fato gerador.

d) Fato gerador corresponde ao momento abstrato previsto em lei que habilita o início da relação jurídico-tributária.

e) A denominação do tributo e a destinação legal do produto de sua arrecadação são essenciais para qualificá-lo.

COMENTÁRIOS

Nota dos autores: prevalecem nessa questão alternativas referentes ao tema "obrigação tributária e fato gerador", muito embora a alternativa correta verse sobre capacidade tributária passiva, temática que, na estrutura deste capítulo relaciona-se ao tópico "sujeitos, responsabilidade, capacidade e domicílio".

Alternativa correta: letra "a": uma vez que capacidade tributária passiva independe da capacidade civil das pessoas naturais ou de achar-se sujeita a medidas que importem privação ou limitação do exercício de atividades civis, comerciais ou profissionais, ou da administração direta de seus bens ou negócios (CTN, art. 126, incisos I e II). Em relação à pessoa jurídica, a capacidade tributária passiva independe de estar regularmente constituída, bastando que configure uma unidade econômica ou profissional (CTN, art. 126, III). Daí porque uma sociedade de fato pode se revestir do papel de sujeito passivo da obrigação tributária.

Alternativa "b": incorreta, nos termos do artigo 118 do CTN, deve-se interpretar a definição legal do fato gerador independentemente da validade jurídica, natureza do objeto ou efeitos dos atos praticados (inciso I) ou dos fatos ocorridos (inciso II). Diante dessa regra, não obstante a previsão legal do fato gerador seja sempre de fatos lícitos, consideram-se válidos fatos geradores relacionados a atividades ilícitas, tais como o IPTU do imóvel onde funciona uma banca de jogo de bicho ou o imposto de renda decorrente de rendimento obtido por um membro do crime organizado. Trata-se da aplicação do princípio do *non olet* ("o dinheiro não tem cheiro"). Em outras palavras, é possível a incidência de tributação sobre valores arrecadados em virtude de atividade ilícita, consoante o artigo 118 do CTN. Seria contraditório o não pagamento do imposto proveniente de ato ilegal, pois haveria locupletamento da própria torpeza em detrimento do interesse público da satisfação das necessidades coletivas, a qual se daria por meio da exação tributária. HC 94240, Rel. Min. Dias Toffoli, 23.8.2011. 1ª T. (Info 637).

Alternativa "c": incorreta, pois a obrigação tributária principal surge com a **ocorrência do fato gerador**, e não com o lançamento do fato gerador, tem por objeto o pagamento de tributo ou penalidade pecuniária e extingue-se juntamente com o crédito dela decorrente (CTN, art. 113, § 1º), ou seja, possui natureza de dar (pagar). Por sua vez, o lançamento tem o condão de constituir o crédito tributário. Para tal, segundo o artigo 142 do CTN, é entendido como um procedimento administrativo que (i) verifica a ocorrência do fato gerador da obrigação tributária correspondente; (ii) determina a matéria tributável; (iii) calcula o montante do tributo devido; (iv) identifica o sujeito passivo e (vi) comina a penalidade cabível.

Alternativa "d": incorreta, pois de acordo com o artigo 114 do CTN, o fato gerador da obrigação principal é a situação definida em lei como necessária e suficiente à sua ocorrência. No entanto, é importante frisar que, no Direito Tributário, para a doutrina, a expressão "fato gerador" é ambígua, haja vista que contempla ora a descrição legal (significando a hipótese de incidência), ora o fato concreto (significando o fato jurídico-tributário), cuja subsunção deste naquela dá origem à obrigação tributária. Assim, o fato jurídico-tributário (fato gerador concreto) é antes de tudo um fato jurídico, ou seja, do qual decorrem efeitos jurídicos, independentemente da vontade dos obrigados, de modo que, ao contrário do que parece querer afirmar o examinador, sua mera previsão abstrata no texto legal não é suficiente para habilitar o início da obrigação jurídico-tributária.

Alternativa "e": incorreta, pois afronta o teor do artigo 4º do CTN, segundo o qual a natureza jurídica específica do tributo é determinada pelo fato gerador da respectiva obrigação, sendo **irrelevantes** para qualificá-la (i) a denominação e demais características formais adotadas pela lei e (ii) a destinação legal do produto da sua arrecadação. Apenas para argumentar, vale a pena destacar uma reflexão doutrinária que coloca em xeque a efetividade do citado artigo 4º do CTN (ALEXANDRE, Ricardo. **Direito Tributário esquematizado**. 8ª edição, São Paulo: Método, 2014, página 20). Há algumas situações em que as espécies tributárias não são distinguidas pelo fato gerador. Por exemplo, na comparação entre o imposto de renda da pessoa jurídica e a contribuição social sobre o lucro, os fatos geradores são praticamente idênticos. O que diferencia o IRPJ e a CSLL é o nome e o destino do produto arrecadado e não o fato gerador (que é o mesmo nos dois tributos). Entretanto, seja o nome, seja a destinação do produto da arrecadação, ambos são critérios considerados irrelevantes pelo artigo 4º do CTN. Noutro giro, o artigo 145, § 2º, da CF proíbe que as taxas tenham bases de cálculo idênticas às dos impostos, daí a se concluir que, nesse caso, além do fato gerador, torna-se necessário avaliar a base de cálculo na análise para especificar a natureza jurídica de um tributo. Importante dizer que, em geral, a exigência dos concursos públicos se dá pela redação literal do artigo 4º do CTN. Todavia, o candidato deve estar alerta para questões que exigem conhecimentos sobre posicionamentos doutrinários.

6. SUJEITOS, RESPONSABILIDADE, CAPACIDADE E DOMICÍLIO

20. (Vunesp – Delegado de Polícia – PC – BA/2018) Havendo a incorporação de uma pessoa jurídica de direito privado por outra, os tributos e as multas devidos pela pessoa jurídica incorporada até o ato de incorporação são de responsabilidade

a) da pessoa jurídica que resultar da incorporação, por sucessão.

b) do alienante, por direito próprio.

c) dos sócios da sociedade incorporada, por transferência.

d) da pessoa jurídica incorporada, por direito próprio.

e) dos sócios da pessoa jurídica que resultar da incorporação, por transferência.

COMENTÁRIOS

✪ **Nota dos autores:** a questão gravita em torno da temática "responsabilidade tributária" prevista no CTN. Entre os artigos 128 e 138, além da disposição geral, o diploma normativo apresenta a responsabilidade dos sucessores (artigos 129 a 133), a responsabilidade de terceiros (artigos 134 e 135) e a responsabilidade por infrações (artigos 136 a 138).

Alternativa "a": em consonância com o teor do artigo 132 do CTN, contido na seção de "responsabilidade dos sucessores", "a pessoa jurídica de direito privado que resultar de fusão, transformação ou incorporação de outra ou em outra é responsável pelos tributos devidos até à data do ato pelas pessoas jurídicas de direito privado fusionadas, transformadas ou incorporadas".

Alternativa "b" (responde as alternativas "c", "d" e "e"): não indicam o responsável correto (pessoa jurídica que resultar da incorporação), ou não indicam o tipo de responsabilidade correto (responsabilidade por sucessão).

Alternativa correta: letra "a".

21. (Cespe – Delegado de Polícia – GO/2017) São responsáveis pelos créditos tributários relativos a obrigação de terceiros, quando não for possível exigir-lhes o cumprimento da obrigação principal, independentemente de terem agido com excesso de poderes ou em desacordo com a lei, estatuto ou contrato social,

a) os empregados.

b) os diretores de pessoa jurídica.

c) os representantes legais de pessoas jurídicas de direito privado.

d) os administradores de bens de terceiros.

e) os mandatários.

COMENTÁRIOS

✪ **Nota dos autores:** a responsabilidade de terceiros está disciplinada nos artigos 134 e 135 do CTN. No caso do artigo 134 do CTN, a responsabilidade **independe de uma conduta irregular por parte dos responsáveis**, que são: I – os pais, pelos tributos devidos por seus filhos menores; II – os tutores e curadores, pelos tributos devidos por seus tutelados ou curatelados; III – os administradores de bens de terceiros, pelos tributos devidos por estes; IV – o inventariante, pelos tributos devidos pelo espólio; V – o síndico e o comissário, pelos tributos devidos pela massa falida ou pelo concordatário; VI – os tabeliães, escrivães e demais serventuários de ofício, pelos tributos devidos sobre os atos praticados por eles, ou perante eles, em razão do seu ofício; VII – os sócios, no caso de liquidação de sociedade de pessoas. Já o artigo 135 do CTN estipula que "são pessoalmente responsáveis pelos créditos correspondentes a obrigações tributárias resultantes de atos praticados com excesso de poderes ou infração de lei, contrato social ou estatutos: I – as pessoas referidas no artigo anterior; II – os mandatários, prepostos e empregados; III – os diretores, gerentes ou representantes de pessoas jurídicas de direito privado.

Alternativa correta: letra "d". O artigo 134, inciso III, do CTN, prevê que "nos casos de impossibilidade de exigência do cumprimento da obrigação principal pelo contribuinte, respondem solidariamente com este nos atos em que intervierem ou pelas omissões de que forem responsáveis os administradores de bens de terceiros, pelos tributos devidos por estes". Como visto na nota dos autores, a responsabilidade prevista no artigo 134 do CTN independe de uma conduta irregular por parte dos responsáveis.

Demais alternativas: incorretas, pois indicam pessoas que, para serem pessoalmente responsabilizadas pelos créditos correspondentes a obrigações tributárias de terceiros, tais créditos devem ser resultantes de atos praticados com excesso de poderes ou infração de lei, contrato social ou estatutos (CTN, art. 135 – reproduzido na nota dos autores).

---

22. (Cespe – Delegado de Polícia – PE/2016) A respeito de responsabilidade tributária, assinale a opção correta.

a) Nem mesmo as pessoas que possuem interesse comum na situação que constitui o fato gerador da obrigação principal serão solidariamente obrigadas.

b) Um dos efeitos da solidariedade tributária é que a interrupção da prescrição, a favor ou contra um dos obrigados, favorece ou prejudica os demais.

c) As pessoas que são solidariamente obrigadas por expressa determinação legal devem respeitar o benefício de ordem.

d) O pagamento efetuado por um dos obrigados não aproveita os demais.

e) O responsável tributário, também denominado sujeito passivo indireto, corresponde àquele que, apesar de não ser o contribuinte, possui obrigação decorrente de convenção entre as partes.

COMENTÁRIOS

✪ **Nota dos autores:** segundo o artigo 125 do CTN, salvo disposição de lei em contrário, estão previstos os seguintes efeitos da solidariedade: I) o pagamento efetuado por um dos obrigados aproveita aos demais; II) a isenção ou remissão de crédito exonera todos os obrigados, salvo se outorgada pessoalmente a um deles, subsistindo, nesse caso, a solidariedade quanto aos demais pelo saldo; III) a interrupção da prescrição, em favor ou contra um dos obrigados, favorece ou prejudica aos demais.

Alternativa correta: letra "b": de fato, a interrupção da prescrição, em favor ou contra um dos obrigados, favorece ou prejudica aos demais. Trata-se de um dos efeitos da solidariedade tributária previsto no artigo 125, inciso III, do CTN, reproduzido na nota dos autores.

Alternativa "a": incorreta, uma vez que o CTN prevê, em seu artigo 124, que há a responsabilidade solidária entre as pessoas que tenham interesse comum na situação que constitua o fato gerador da obrigação principal, ou entre as pessoas expressamente designadas por lei.

Alternativa "c": incorreta, a solidariedade tributária **não** comporta benefício de ordem (CTN, art. 124, parágrafo único).

Alternativa "d": incorreta, pois, ao contrário do que constou, o pagamento efetuado por um dos obrigados aproveita aos demais. Trata-se de um dos efeitos da solidariedade tributária previsto no artigo 125, inciso I, do CTN, reproduzido na nota dos autores.

Alternativa "e": incorreta. O contribuinte e o responsável são sujeitos passivos (gênero) da relação tributária. Numa classificação doutrinária entre sujeito passivo direto e indireto, o primeiro seria o contribuinte (que tem relação pessoal e direta com o fato gerador) e o segundo seria o responsável (com obrigação decorrente de lei). Portanto, o erro da alternativa está em asseverar que a responsabilidade tributária decorre da convenção entre as partes, quando, na verdade, decorre de lei.

---

23. (Vunesp – Delegado de Polícia – CE/2015) Assinale a alternativa correta.

a) As convenções particulares, relativas à responsabilidade pelo pagamento dos tributos, como regra, podem ser opostas à Fazenda Pública, para modificar a definição legal do sujeito passivo das obrigações tributárias correspondentes.

b) Sujeito passivo da obrigação acessória é a pessoa obrigada ao pagamento da penalidade pecuniária.

c) O sujeito passivo da obrigação principal diz-se responsável quando tenha relação pessoal e direta com a situação que constitua o respectivo fato gerador.

d) Ressalvada disposição de lei em contrário, na solidariedade passiva tributária, a isenção ou remissão de crédito exonera todos os obrigados, salvo se outorgada pessoalmente a um deles, subsistindo, nesse caso, a solidariedade quanto aos demais pelo saldo.

e) Em matéria tributária, é possível a existência de solidariedade ativa, passiva e mista.

COMENTÁRIOS

✪ **Nota dos autores:** o contribuinte e o responsável são sujeitos passivos (gênero) da relação tributária. Numa classificação doutrinária entre sujeito passivo direto e indireto, o primeiro seria o contribuinte (que tem relação pessoal e direta com o fato gerador) e o segundo seria o responsável (com obrigação decorrente de lei).

Alternativa correta: letra "d": segundo o artigo 125 do CTN, salvo disposição de lei em contrário, estão previstos os seguintes efeitos da solidariedade: I) o pagamento efetuado por um dos obrigados aproveita aos demais; II) a isenção ou remissão de crédito exonera todos os obrigados, salvo se outorgada pessoalmente a um deles, subsistindo, nesse caso, a solidariedade quanto aos demais pelo saldo; III) a interrupção da prescrição, em favor ou contra um dos obrigados, favorece ou prejudica aos demais. Portanto, a alternativa retrata o teor do artigo 125, inciso II, do CTN, motivo pelo qual está correta.

Alternativa "a": incorreto, pois ao contrário do que constou, o artigo 123 do CTN estipula que "salvo disposições de lei em contrário, as convenções particulares, relativas à responsabilidade pelo pagamento de tributos, **não** podem ser opostas à Fazenda Pública, para modificar a definição legal do sujeito passivo das obrigações tributárias correspondentes".

Alternativa "b": incorreta. A pessoa obrigada ao pagamento da penalidade pecuniária é sujeito passivo de obrigação principal (e não da obrigação acessória, como constou), consoante estipulado no artigo 121 do CTN. Na verdade, o sujeito passivo da obrigação acessória é a pessoa obrigada às prestações que constituam o seu objeto (CTN, art. 122).

Alternativa "c": incorreta. O sujeito passivo da obrigação tributária principal que tem relação pessoal e direta com a situação que constitua o seu respectivo fato gerador é chamado de contribuinte (CTN, art. 121, parágrafo único, I). O responsável é, na verdade, o sujeito passivo que, sem se revestir da condição de contribuinte, tem sua obrigação decorrente de disposição expressa de lei (CTN, art. 121, parágrafo único, II).

Alternativa "e": incorreta. Na hipótese de delegação da capacidade tributária ativa, as funções de arrecadar e fiscalizar tributos recaem sobre a pessoa jurídica de direito público delegada, não remanescendo solidariedade ativa para com a pessoa jurídica delegante. Portanto, inexiste solidariedade ativa (e também mista). Quanto à solidariedade passiva, o CTN, em seu artigo 124, assevera que há a responsabilidade solidária entre as pessoas que tenham interesse comum na situação que constitua o fato gerador da obrigação principal, ou entre as pessoas expressamente designadas por lei.

7. LANÇAMENTO, GARANTIAS, PRIVILÉGIOS E SUSPENSÃO DA EXIGIBILIDADE

24. (Nucepe – Delegado de Polícia – PC – PI/2018) Considerando o previsto no Código Tributário Nacional sobre constituição do crédito tributário e sobre a suspensão da exigibilidade do crédito tributário, assinale a alternativa CORRETA.

a) A suspensão da exigibilidade do crédito tributário tem como natural e automática consequência a dispensa do cumprimento das obrigações acessórias dependentes da obrigação principal cujo crédito esteja suspenso.

b) A concessão da moratória em caráter individual não gera direito adquirido e será revogada de ofício, sempre que se apure que o beneficiado não satisfazia ou deixou de satisfazer as condições ou não cumprira ou deixou de cumprir os requisitos para a concessão do favor, cobrando-se o crédito acrescido de juros de mora, sendo vedada a imposição de penalidade.

c) O lançamento regularmente notificado ao sujeito passivo só pode ser alterado em virtude de impugnação formulada pelo próprio sujeito passivo.

d) Salvo disposição de lei em contrário, quando o valor tributário esteja expresso em moeda estrangeira, no lançamento far-se-á sua conversão em moeda nacional ao câmbio do dia da realização do lançamento.

e) O lançamento, atividade vinculada e obrigatória, sob pena de responsabilidade funcional, é o procedimento administrativo tendente a verificar a ocorrência do fato gerador da obrigação correspondente, determinar a matéria tributável, calcular o montante do tributo devido, identificar o sujeito passivo e, sendo caso, propor a aplicação da penalidade cabível.

COMENTÁRIOS

✪ **Nota dos autores:** o crédito tributário é constituído pelo lançamento e decorre da obrigação principal. Logo, crédito tributário não é sinônimo de obrigação tributária. Aliás, segundo o artigo 140 do CTN, "as circunstâncias que modificam o crédito tributário, sua extensão ou seus efeitos, ou as garantias ou os privilégios a ele atribuídos, ou que excluem sua exigibilidade não afetam a obrigação tributária que lhe deu origem".

Alternativa "a": Ao contrário do que constou, as hipóteses de suspensão de exigibilidade do crédito tributário **não** dispensam o cumprimento das obrigações acessórias dependentes da obrigação principal cujo crédito seja suspenso, ou dela consequentes (CTN, art. 151, parágrafo único).

Alternativa "b": incorreta, em sua parte final, na medida em que o crédito tributário acrescido de juros de mora será cobrado com imposição da penalidade cabível, nos casos de dolo ou simulação do beneficiado, ou de terceiro em benefício daquele (CTN, art. 155, I) ou sem imposição de penalidade, nos demais casos (CTN, art. 155, II).

Alternativa "c": Após devidamente notificado ao sujeito passivo, o lançamento só poderá ser alterado por: I – impugnação do próprio sujeito passivo; II – recurso de ofício; III – iniciativa de ofício da autoridade administrativa, nos casos previstos no artigo 149 (CTN, art. 145).

Alternativa "d": Na verdade, o artigo 143 do CTN assevera que, salvo disposição de lei em contrário, quando o valor tributário esteja expresso em moeda estrangeira, no lançamento far-se-á sua conversão em moeda nacional ao câmbio do **dia da ocorrência do fato gerador da obrigação.**

Alternativa "e": Nos termos do artigo 142 do CTN, compete privativamente à autoridade administrativa constituir o crédito tributário pelo lançamento, que se deve entender como o procedimento administrativo tendente a verificar a ocorrência do fato gerador da obrigação correspondente, determinar a matéria tributável, calcular o montante do tributo devido, identificar o sujeito passivo e sendo o caso, propor a aplicação da penalidade cabível.

Alternativa correta: letra "e".

---

25. (Nucepe – Delegado de Polícia – PC – PI/2018) Considerando o previsto no Código Tributário Nacional sobre as garantias e privilégios do crédito tributário, assinale a alternativa CORRETA.

a) Responde pelo pagamento do crédito tributário a totalidade dos bens e das rendas, de qualquer origem ou natureza, do sujeito passivo, seu espólio ou sua massa falida, ressalvados apenas os gravados por cláusula de inalienabilidade ou impenhorabilidade.
b) Presume-se fraudulenta a alienação ou oneração de bens ou rendas, ou seu começo, por sujeito passivo em débito para com a Fazenda Pública, por crédito tributário regularmente inscrito como dívida ativa, salvo se houverem sido reservados, pelo devedor, bens ou rendas suficientes ao total pagamento da dívida inscrita.
c) A enumeração das garantias e privilégios contidas no Código Tributário Nacional tem caráter exaustivo, sendo vedada, ainda que por lei, a criação de outras.
d) O crédito tributário prefere sempre a qualquer outro, seja qual for sua natureza ou o tempo de sua constituição, ressalvados, unicamente, os créditos decorrentes da legislação do trabalho ou do acidente de trabalho.
e) São extraconcursais os créditos tributários decorrentes de fatos geradores ocorridos antes do processo de falência, e concursais os créditos tributários decorrentes de fatos geradores ocorridos no curso do processo de falência.

COMENTÁRIOS

✪ **Nota dos autores:** o CTN disciplina de maneira não exaustiva, entre os artigos 183 a 193, as garantias e os privilégios do crédito tributário. Por garantias entendem-se os meios que asseguram o recebimento dos créditos tributários. Como privilégios estão as preferências que são aplicadas aos créditos tributários em comparação com outros tipos de créditos.

Alternativa "a": Ao contrário do que constou, "responde pelo pagamento do crédito tributário a totalidade dos bens e das rendas, de qualquer origem ou natureza, do sujeito passivo, seu espólio ou sua massa falida, **inclusive** os gravados por ônus real ou cláusula de inalienabilidade ou impenhorabilidade, seja qual for a data da constituição do ônus ou da cláusula, excetuados unicamente os bens e rendas que a lei declare absolutamente impenhoráveis" (CTN, art. 184).

Alternativa "b": de acordo com o teor do artigo 185 do CTN: "Presume-se fraudulenta a alienação ou oneração de bens ou rendas, ou seu começo, por sujeito passivo em débito para com a Fazenda Pública, por crédito tributário regularmente inscrito como dívida ativa. Parágrafo único. O disposto neste artigo não se aplica na hipótese de terem sido reservados, pelo devedor, bens ou rendas suficientes ao total pagamento da dívida inscrita".

Alternativa "c": nos termos da nota dos autores, o rol de garantias e privilégios do crédito tributário reproduzido no CTN não é exaustivo, inclusive com menção expressa a isso quanto às garantias (CTN, art. 183).

Alternativa "d": no que tange ao termo "sempre". Isso porque, na falência, o "crédito tributário não prefere aos créditos extraconcursais ou às importâncias passíveis de restituição, nos termos da lei falimentar, nem aos créditos com garantia real, no limite do valor do bem gravado" (CTN, art. 186, p.u., I).

Alternativa "e": na verdade "são extraconcursais os créditos tributários decorrentes de fatos geradores ocorridos no curso do processo de falência" (CTN, art. 188).

Alternativa correta: letra "b".

---

26. (Vunesp – Delegado de Polícia – PC – BA/2018) O artigo 144 do Código Tributário Nacional dispõe que o lançamento se reporta à data da ocorrência do fato gerador da obrigação, regendo-se pela lei então vigente, ainda que posteriormente modificada ou revogada. O Código Tributário Nacional excepciona essa regra, admitindo a aplicação da legislação tributária que, posteriormente à ocorrência do fato gerador da obrigação,

a) interprete expressamente ato ou fato pretérito quanto à aplicação de penalidade à infração dos dispositivos interpretados.
b) institua novos critérios de apuração ou processos de fiscalização, ampliando os poderes de investigação das autoridades administrativas.
c) outorgue ao crédito maiores garantias ou privilégios para o efeito de atribuir responsabilidade tributária a terceiros.
d) altere os critérios jurídicos adotados pela autoridade administrativa no exercício do lançamento.
e) deixe de definir ato definitivamente julgado como infração.

COMENTÁRIOS

✪ **Nota dos autores:** o Princípio Constitucional da Irretroatividade das normas que instituam ou majorem tributos relativamente a fatos geradores ocorridos antes do início da vigência da legislação correspondente não impede a aplicação retroativa de leis que instituem novos critérios de apuração ou processos de fiscalização ou que ampliem os poderes de investigação das autoridades administrativas.

Alternativa "a": não correspondem à exceção prevista no parágrafo §1º do artigo 144, detalhada nosComentáriosda alternativa "b".

Alternativa "b": O artigo 144, §1º do CTN modera os efeitos do Princípio da Irretroatividade, uma vez que prevê a aplicação ao lançamento da legislação que, posteriormente à ocorrência do fato gerador da obrigação, tenha instituído novos critérios de apuração ou processos de fiscalização, ampliando os poderes de investigação das autoridades administrativas, ou outorgado ao crédito maiores garantias ou privilégios, exceto, neste último caso, para o efeito de atribuir responsabilidade tributária a terceiros.

Alternativa "c" (responde as alternativas "d" e "e"): não correspondem à exceção prevista no parágrafo §1º do artigo 144, detalhada nosComentáriosda alternativa "b".

Alternativa correta: letra "b".

27. (Cespe – Delegado de Polícia – PE/2016) Considerando que lançamento é o procedimento pelo qual a autoridade administrativa constitui o crédito tributário, assinale a opção correta.

a) A revisão do lançamento só poderá ser iniciada enquanto não tiver sido extinto o direito da fazenda pública.

b) O ato de lançamento é corretamente classificado como um ato discricionário.

c) Os erros contidos na declaração do sujeito passivo não poderão ser retificados de ofício pela autoridade administrativa responsável.

d) Após a regular notificação do sujeito passivo, o lançamento não poderá ser alterado.

e) Salvo disposição legal em contrário, o lançamento realizado em moeda estrangeira terá a sua conversão para moeda nacional com base no câmbio do dia do pagamento do tributo.

COMENTÁRIOS

✪ **Nota dos autores:** para a resolução da questão faz-se imprescindível conhecer as hipóteses de revisão de ofício do lançamento previstas no artigo 149 do CTN ("Art. 149. O lançamento é efetuado e revisto de ofício pela autoridade administrativa nos seguintes casos: I – quando a lei assim o determine; II – quando a declaração não seja prestada, por quem de direito, no prazo e na forma da legislação tributária; III – quando a pessoa legalmente obrigada, embora tenha prestado declaração nos termos do inciso anterior, deixe de atender, no prazo e na forma da legislação tributária, a pedido de esclarecimento formulado pela autoridade administrativa, recuse-se a prestá-lo ou não o preste satisfatoriamente, a juízo daquela autoridade; IV – quando se comprove falsidade, erro ou omissão quanto a qualquer elemento definido na legislação tributária como sendo de declaração obrigatória; V – quando se comprove omissão ou inexatidão, por parte da pessoa legalmente obrigada, no exercício da atividade a que se refere o artigo seguinte; VI – quando se comprove ação ou omissão do sujeito passivo, ou de terceiro legalmente obrigado, que dê lugar à aplicação de penalidade pecuniária; VII – quando se comprove que o sujeito passivo, ou terceiro em benefício daquele, agiu com dolo, fraude ou simulação; VIII – quando deva ser apreciado fato não conhecido ou não provado por ocasião do lançamento anterior; IX – quando se comprove que, no lançamento anterior, ocorreu fraude ou falta funcional da autoridade que o efetuou, ou omissão, pela mesma autoridade, de ato ou formalidade especial. Parágrafo único. A revisão do lançamento só pode ser iniciada enquanto não extinto o direito da Fazenda Pública").

Alternativa correta: letra "a": como visto na nota dos autores, o parágrafo único do artigo 149 é categórico ao asseverar que "a revisão do lançamento só pode ser iniciada enquanto não extinto o direito da Fazenda Pública".

Alternativa "b": "a atividade administrativa de lançamento é vinculada e obrigatória, sob pena de responsabilidade funcional" (CTN, art. 142, parágrafo único). Portanto, o lançamento não é um procedimento administrativo discricionário (em que prevalece o juízo de conveniência e oportunidade), motivo pelo qual a alternativa está errada.

Alternativa "c": ao contrário do que constou, os erros contidos nas declarações podem ensejar as correspondentes retificações por parte da autoridade administrativa responsável (CTN, art. 149, IV), conforme visto na nota dos autores. Além do mais, em específico nos lançamentos por declaração, o parágrafo segundo do artigo 147 estabelece que "os erros contidos na declaração e apuráveis pelo seu exame serão retificados de ofício pela autoridade administrativa a que competir a revisão daquela".

Alternativa "d": incorreta, pois, segundo o artigo 145 do CTN, "o lançamento **regularmente notificado ao sujeito passivo só pode ser alterado em virtude de**: I – impugnação do sujeito passivo; II – recurso de ofício; III – iniciativa de ofício da autoridade administrativa, nos casos previstos no artigo 149".

Alternativa "e": incorreta, por afrontar o teor do artigo 143 do CTN, mais precisamente no que tange à data do câmbio ("salvo disposição de lei em contrário, quando o valor tributário esteja expresso em moeda estrangeira, no lançamento far-se-á sua conversão em moeda nacional ao câmbio do dia **da ocorrência do fato gerador da obrigação**").

28. (FUNCAB – Delegado de Polícia – RO/2014) Suspende a exigibilidade do crédito tributário:

a) a anistia.

b) a isenção.

c) a prescrição.

d) a remissão.

e) o parcelamento.

COMENTÁRIOS

✪ **Nota dos autores:** para responder a essa questão, basta conhecer as hipóteses de suspensão da exigibilidade do crédito tributário (seis, elencadas no artigo 151 do CTN, a saber: moratória; depósito do montante integral; as defesas e recursos administrativos; concessão de medida liminar em mandado de segurança; concessão de medida liminar ou tutela antecipada em outras ações judiciais e parcelamento). Entretanto, visando responder a questões mais elaboradas, o ideal é que o candidato conheça a abrangência de cada um desses institutos jurídicos. Por exemplo, além de saber classificar parcelamento como uma causa de suspensão da exigibilidade do crédito tributário, é importante que o candidato saiba o que significa realmente tal termo e qual o delineamento normativo que recai sobre ele (parcelamento significa o compromisso confesso de pagar o crédito tributário com os acréscimos, de forma fracionada, obedecidas às formas e condições constantes em lei específica). Ainda, é importante esclarecer que por exigibilidade entende-se a possibilidade de cobrar o crédito tributário, o que se faz no Poder Judiciário via execução fiscal. A exigibilidade advém da constituição definitiva do crédito tributário pelo lançamento e requer ainda a sua inscrição em dívida ativa. Portanto, as causas de suspensão da exigibilidade do crédito tributário (CTN, art. 151) impedem o ajuizamento da execução fiscal.

Alternativa correta: letra "e": o parcelamento é causa de suspensão da exigibilidade do crédito tributário prevista no artigo 151, inciso VI, do CTN, cujos detalhamentos encontram-se na nota dos autores.

Alternativas "a" e "b": a anistia e a isenção são hipóteses de exclusão do crédito tributário (CTN, art. 175). A **anistia** (CTN, arts. 180 a 182) é uma exoneração tributária relativa a penalidades pecuniárias (multas, liame de natureza sancionatória) e apenas contempla as situações pretéritas, **não abrangendo o tributo propriamente dito**. Já a **isenção** (CTN, arts. 176 a 179) consiste na dispensa legal do pagamento do tributo. Portanto, na isenção, a pessoa política exerce a competência tributária instituindo o tributo, mas estabelece algumas situações, pessoas ou bens não alcançados pela regra de tributação em face da dispensa do pagamento.

Alternativas "c" e "d": a prescrição e a remissão são modalidades de extinção do crédito tributário (CTN, art. 156, V e IV). Opera-se a prescrição tributária após o lapso temporal de cinco anos contados da constituição definitiva do crédito tributário, ou seja, cinco anos a contar da decisão final proferida no processo administrativo fiscal, conforme apregoa o artigo 174 do CTN. Já a remissão tributária significa "perdão" do crédito tributário, que pode ser autorizada por lei, de forma total ou parcial, buscando atender a alguns critérios, dentre eles, a situação econômica do sujeito passivo ou o diminuto valor do crédito perdoado.

8. EXTINÇÃO E EXCLUSÃO

29. (Nucepe – Delegado de Polícia – PC – PI/2018) Assinale a alternativa que não contempla hipótese de extinção do crédito tributário expressamente prevista no Código Tributário Nacional:

a) Remissão;

b) Compensação;

c) Isenção;

d) Dação em pagamento em bens imóveis, na forma e condições estabelecidas em lei;

e) Decisão judicial passada em julgado.

COMENTÁRIOS

✪ **Nota dos autores:** para responder a essa questão por exclusão, basta conhecer as hipóteses de extinção do crédito tributário (doze, elencadas em onze incisos do artigo 156 do CTN). Entretanto, visando responder a questões mais elaboradas, o ideal é que o candidato conheça a abrangência de cada um desses institutos jurídicos. Por exemplo, além de saber classificar "remissão" como uma hipótese de extinção do crédito tributário, é importante que o candidato saiba o que significa realmente tal termo e qual o delineamento normativo que recai sobre ele (remissão tributária significa "perdão" do crédito tributário, que pode ser autorizada por lei, de forma total ou parcial, buscando atender a alguns critérios, dentre eles, a situação econômica do sujeito passivo ou o diminuto valor do crédito perdoado).

Alternativa "a": a remissão é sim uma hipótese de extinção do crédito tributário, prevista no artigo 156, inciso IV, do CTN.

Alternativa "b": a compensação é sim uma hipótese de extinção do crédito tributário, prevista no artigo 156, inciso II, do CTN.

Alternativa "c": é a única alternativa que não contempla uma hipótese de extinção do crédito tributário, uma vez que a isenção é hipótese de exclusão do crédito tributário (CTN, art. 175, I).

Alternativa "d": a dação em pagamento em bens imóveis, na forma e condições estabelecidas em lei é sim uma hipótese de extinção do crédito tributário, prevista no artigo 156, inciso XI, do CTN.

Alternativa "e": a decisão judicial passada em julgado é sim uma hipótese de extinção do crédito tributário, prevista no artigo 156, inciso X, do CTN.

Alternativa correta: letra "c".

30. (Cespe – Delegado de Polícia – PE/2016) No que diz respeito aos institutos da prescrição e da decadência, assinale a opção correta.

a) A prescrição e a decadência estão previstas no CTN como formas de exclusão do crédito tributário.

b) O direito de ação para a cobrança do crédito tributário decai em cinco anos, contados da data da sua constituição definitiva.

c) O protesto judicial é uma forma de interrupção da prescrição.

d) O direito de a fazenda pública constituir o crédito tributário prescreve após cinco anos, contados do primeiro dia do exercício seguinte àquele em que o lançamento poderia ter sido efetuado.

e) As normas gerais sobre prescrição e decadência na matéria tributária devem ser estabelecidas por meio de lei ordinária.

COMENTÁRIOS

✪ **Nota dos autores:** a distinção básica entre decadência e prescrição está no fato de que o que decai é o direito de a Fazenda Pública de homologar o lançamento ou de constituir o crédito tributário de ofício (direito de lançar) e o que prescreve é a ação de cobrança do tributo (execução fiscal). Embora a decadência esteja no rol das hipóteses de extinção do crédito tributário, fato é que, vindo a ocorrer, o crédito tributário sequer chega a ser constituído.

Alternativa correta: letra "c": as causas que interrompem a prescrição estão no artigo 174, parágrafo único do CTN ("a prescrição se interrompe: I – pelo despacho do juiz que ordenar a citação em execução fiscal; **II – pelo protesto judicial**; III – por qualquer ato judicial que constitua em mora o devedor; IV – por qualquer ato inequívoco ainda que extrajudicial, que importe em reconhecimento do débito pelo devedor").

Alternativa "a": incorreta, pois a prescrição e a decadência são modalidades de extinção do crédito tributário previstas no artigo 156, inciso V, do CTN.

Alternativa "b": a ação para a cobrança do crédito tributário **prescreve** (e não decai como erroneamente constou) em cinco anos, contados da data da sua constituição definitiva (CTN, art. 174).

Alternativa "d": o direito de a Fazenda Pública constituir o crédito tributário extingue-se (ou **decai**) após 5 (cinco) anos, contados do primeiro dia do exercício seguinte àquele em que o lançamento poderia ter sido efetuado (CTN, art. 173, I). O erro da alternativa reside na utilização da prescrição no lugar da **decadência**.

Alternativa "e": incorreta, pois é reservado à lei complementar pelo artigo 146, inciso III, alínea "b", da CF/88 "estabelecer normas gerais em matéria de legislação tributária, especialmente sobre obrigação, lançamento, crédito, **prescrição e decadência** tributários".

31. (Cespe – Delegado de Polícia – PE/2016) A repetição do indébito tributário refere-se à possibilidade de o contribuinte requerer às autoridades fazendárias a devolução de valores pagos indevidamente a título de tributo. A respeito desse assunto, assinale a opção correta.

a) Os juros moratórios na repetição do indébito tributário são devidos a partir da data do fato gerador.

b) Prescreve em dois anos a ação anulatória da decisão administrativa que denegar a restituição.

c) Na repetição do indébito tributário, a correção monetária incide desde a data do fato gerador.

d) O direito do sujeito passivo à restituição total ou parcial do tributo depende necessariamente de prévio protesto.

e) O direito de pleitear a restituição extingue-se após dois anos do pagamento espontâneo do tributo.

COMENTÁRIOS

✪ **Nota dos autores:** a repetição do indébito tributário (CTN, arts. 165 a 169) diz respeito ao direito do contribuinte reaver o pagamento (seja total ou parcial, seja na via administrativa ou judicial) efetuado a maior ou indevidamente à Fazenda Pública, evitando-se, portanto, o enriquecimento sem causa. O artigo 168 do CTN dispõe que o direito de pleitear a restituição extingue-se com o decurso do prazo de 5 (cinco) anos, contados: I – nas hipóteses dos incisos I e II do art. 165, da data da extinção do CT; II – nas hipóteses do inciso III, da data em que se tornar definitiva a decisão administrativa ou passar em julgado a decisão judicial que tenha reformado, anulado, revogado ou rescindido a decisão condenatória. Até o advento da LC nº 118/05, prevalecia a tese dos "cinco mais cinco", em que o prazo era de 10 anos para a restituição do indébito dos tributos lançados por homologação. Com a nova lei, pacificou-se o entendimento de que o prazo para ajuizar a repetição de indébito é de 5 anos. Sobre o tema, recomenda-se ao candidato a leitura atenta dos precedentes do STJ: EREsp 435.835 – SC, DJ 4/6/2007; EREsp 644.736 – PE, DJ 29/8/2005; AgRg no Ag 1.105.057 – SP. Em tais julgados, discutiu-se a prescrição para pleitear a repetição, nos tributos sujeitos ao lançamento por homologação, após o advento da LC 118/2005.

Alternativa correta: letra "b": de acordo com o artigo 169 do CTN, "prescreve em dois anos a ação anulatória da decisão administrativa que denegar a restituição".

Alternativa "a": incorreta, pois segundo o parágrafo único do artigo 167 do CTN, a restituição vence juros não capitalizáveis, a partir do trânsito em julgado da decisão definitiva que a determinar. Logo, o erro está na fixação da data inicial para cômputo dos juros (não é do fato gerador como erroneamente constou na alternativa "a"). O assunto inclusive está sumulado pelo STJ, conforme teor do enunciado 188 ("os juros moratórios, na repetição do indébito tributário, são devidos a partir do transito em julgado da sentença").

Alternativa "c": incorreta, pois contraria o teor da Súmula 162 do STJ ("na repetição de indébito tributário, a correção monetária incide a partir do pagamento indevido").

Alternativa "d": ao contrário do que constou, o direito do sujeito passivo à restituição total ou parcial do tributo **independe** de prévio protesto (CTN, art. 165).

Alternativa "e": como detalhado na nota dos autores, segundo o artigo 168 do CTN, o direito de pleitear a restituição extingue-se com o decurso do prazo de 5 (cinco) anos (e não de dois, como constou).

32. (FUNCAB – Delegado de Polícia – RO/2014) Constitui modalidade de extinção do crédito tributário:

a) a anistia.

b) a moratória.

c) o parcelamento.

d) a isenção.

e) a transação.

COMENTÁRIOS

✪ **Nota dos autores:** para responder a essa questão, basta conhecer as hipóteses de extinção do crédito tributário (doze, elencadas em onze incisos do artigo 156 do CTN). Entretanto, visando responder a questões mais elaboradas, o ideal é que o candidato conheça a abrangência de cada um desses doze institutos jurídicos. Por exemplo, além de saber classificar "remissão" como uma hipótese de extinção do crédito tributário, é importante que o candidato saiba o que significa realmente tal termo e qual o delineamento normativo que recai sobre ele (remissão tributária significa "perdão" do crédito tributário, que pode ser autorizada por lei, de forma total ou parcial, buscando atender a alguns critérios, dentre eles, a situação econômica do sujeito passivo ou o diminuto valor do crédito perdoado).

Alternativa correta: letra "e": a transação é causa de extinção do crédito tributário (CTN, art. 156, III). A lei pode estabelecer condições e facultar aos sujeitos ativo e passivo da obrigação tributária celebrar **transação** que, mediante concessões mútuas, importe em terminação de litígio e consequente extinção de crédito tributário, indicando também a autoridade competente para autorizar a transação em cada caso (CTN, art. 171, *caput* e parágrafo único).

Alternativas "a" e "d": a anistia e a isenção são hipóteses de exclusão do crédito tributário (CTN, art. 175). A exclusão do crédito tributário não dispensa o cumprimento das obrigações acessórias dependentes da obrigação principal cujo crédito seja excluído, ou dela consequente (CTN, art. 175, parágrafo único). A **anistia** (CTN, arts. 180 a 182) é uma exoneração tributária relativa a penalidades pecuniárias (multas, liame de natureza sancionatória) e apenas contempla as situações pretéritas, **não abrangendo o tributo propriamente dito**. Já a **isenção** (CTN, arts. 176 a 179) consiste na dispensa legal do pagamento do tributo. Portanto, na isenção, a pessoa política exerce a competência tributária instituindo o tributo, mas estabelece algumas situações, pessoas ou bens não alcançados pela regra de tributação em face da dispensa do pagamento do tributo.

Alternativas "b" e "c": a moratória e o parcelamento são causas de suspensão da exigibilidade do crédito tributário (CTN, art. 151, I e VI). O parcelamento significa o compromisso confesso de pagar o crédito tributário com os acréscimos, de forma fracionada, obedecidas às formas e condições constantes em lei específica. Por sua vez, a moratória é a situação em que se dá a postergação do momento do pagamento do crédito tributário.

---

33. (FUNCAB – Delegado de Polícia – RO/2014) Assinale a alternativa correta.

a) A legislação tributária não pode conceder desconto pela antecipação do pagamento.

b) O parcelamento será concedido na forma e condição estabelecidas em decreto.

c) A imposição de penalidade ilide o pagamento integral do crédito tributário.

d) Quando a legislação tributária não dispuser a respeito, o pagamento será efetuado na repartição competente do domicílio do sujeito passivo.

e) É permitida a compensação mediante o aproveitamento de tributo, objeto de contestação judicial pelo sujeito passivo, antes do trânsito em julgado da respectiva decisão judicial.

COMENTÁRIOS

✪ **Nota dos autores:** a presente questão versa sobre extinção do crédito tributário (pagamento e compensação), bem como sobre o parcelamento, que constitui hipótese de suspensão de exigibilidade do crédito tributário.

Alternativa correta: letra "d": de fato, quando a legislação tributária não dispuser a respeito, o pagamento é efetuado na repartição competente do domicílio do sujeito passivo (CTN, art. 159).

Alternativa "a": incorreta, por contrariar o teor do parágrafo único do artigo 160 do CTN ("a legislação tributária **pode conceder** desconto pela antecipação do pagamento, nas condições que estabeleça").

Alternativa "b": incorreta, no que tange ao veículo normativo indicado para disciplinar o parcelamento, pois, segundo o artigo 155-A do CTN, "o parcelamento será concedido na forma e condição estabelecidas em **lei específica**" (e não em decreto).

Alternativa "c": incorreta, por afrontar o disposto no artigo 157 do CTN ("a imposição de penalidade não ilide o pagamento integral do crédito tributário").

Alternativa "e": incorreta, já que a mencionada compensação é expressamente vedada pelo artigo 170-A do CTN ("é **vedada** a compensação mediante o aproveitamento de tributo, objeto de contestação judicial pelo sujeito passivo, antes do trânsito em julgado da respectiva decisão judicial").

---

34. (FUNIVERSA – Delegado de Polícia – DF/2015) Em relação ao crédito tributário, assinale a alternativa correta.

a) Tanto a isenção quanto a anistia inserem-se entre os casos de exclusão do crédito tributário, dispensando-se, em caso de exclusão do crédito tributário por tais meios, o cumprimento das obrigações acessórias dependentes da obrigação principal cujo crédito seja excluído ou dela consequente.

b) A anistia e a isenção, ambas formas de exclusão do crédito tributário, distinguem-se pela seguinte razão: a primeira dispensa o pagamento do tributo devido; a segunda, o pagamento da multa.

c) Pode o legislador estabelecer, por intermédio de lei ordinária, normas gerais em matéria de legislação tributária no que diz respeito à obrigação, ao lançamento, ao crédito, à prescrição e à decadência tributários.

d) Consoante a doutrina, os tributos classificam-se, quanto à repercussão econômica do ônus tributário, em diretos e indiretos. Dada essa classificação, só terá direito a restituição, pelo pagamento indevido de tributo indireto, o contribuinte de direito que comprovar que assumiu o referido encargo ou, tendo-o transferido a terceiro, tiver dele a autorização expressa para a restituição.

e) O crédito tributário, constituído pelo lançamento, é realizado, de forma privativa, pela autoridade administrativa e decorre sempre da obrigação acessória, tendo a mesma natureza desta.

COMENTÁRIOS

✪ **Nota dos autores:** a anistia e a isenção são hipóteses de exclusão do crédito tributário (CTN, art. 175). A exclusão do crédito tributário não dispensa o cumprimento das obrigações acessórias dependentes da obrigação principal cujo crédito seja excluído, ou dela consequente (CTN, art. 175, parágrafo único). A **anistia** (CTN, arts. 180 a 182) é uma exoneração tributária relativa a penalidades pecuniárias (multas, liame de natureza sancionatória) e apenas contempla as situações pretéritas, **não abrangendo o tributo propriamente dito**. Já a isenção (CTN, arts. 176 a 179) consiste na dispensa legal do pagamento do tributo. Portanto, na isenção, a pessoa política exerce a competência tributária instituindo o tributo, mas estabelece algumas situações, pessoas ou bens não alcançados pela regra de tributação em face da dispensa legal do pagamento do tributo.

Alternativa correta: letra "d": os tributos indiretos são aqueles em que o contribuinte repassa o encargo financeiro (valor do tributo) no preço da mercadoria, afetando o próximo elo da cadeia. Nessas situações, o contribuinte (vendedor) é tido como "contribuinte de direito" e o adquirente, que suporta o ônus tributário no preço do produto, é o "contribuinte de fato". Em relação à temática "restituição de tributos indiretos" é imprescindível conhecer o teor do artigo 166 do CTN, segundo o qual "a restituição de tributos que comportem, por sua natureza, transferência do respectivo encargo financeiro, somente será feita a quem prove haver assumido o referido encargo, ou, no caso de tê-lo transferido a terceiro, estar por este expressamente autorizado a recebê-la". Diante da consonância do texto da alternativa "d" com o teor do citado artigo 166 do CTN, tem-se que é a alternativa a ser assinalada.

Alternativa "a": incorreta, pois tanto a isenção como a anistia **não** dispensam o cumprimento das obrigações acessórias dependentes da obrigação principal cujo crédito seja excluído ou dela consequente, segundo o parágrafo único do artigo 175 do CTN, reproduzido na nota dos autores.

Alternativa "b": o texto inverteu as definições de isenção e anistia, retratadas na nota dos autores, motivo pelo qual essa alternativa está errada.

Alternativa "c": incorreta, pois é reservado à lei complementar pelo artigo 146, inciso III, alínea "b", da CF/88 o estabelecimento de "normas gerais em matéria de legislação tributária, especialmente sobre **obrigação, lançamento, crédito, prescrição e decadência tributários**".

Alternativa "e": de fato, o crédito tributário é constituído pelo lançamento, de competência privativa da autoridade administrativa (CTN, art. 142). Entretanto, o crédito tributário decorre da obrigação principal e tem a mesma natureza desta (CTN, art. 139). Portanto, o erro da alternativa está na menção à obrigação tributária acessória.

9. ADMINISTRAÇÃO TRIBUTÁRIA (FISCALIZAÇÃO, DÍVIDA ATIVA E CERTIDÕES)

35. (UEG – Delegado de Polícia – PC – GO/2018) O lançamento da obrigação tributária, como ato privativo da Administração Tributária, constitui o crédito tributário.

Quanto ao Crédito Tributário e seus consectários, constata-se que

a) no lançamento tributário praticado no âmbito de operação de fiscalização, a Administração Tributária tem prerrogativa de requisição de força policial.

b) a investigação por crime contra ordem tributária tem como pressuposto para atuação da autoridade policial lançamento tributário válido.

c) os crimes contra ordem tributária são todos materiais, na medida em que demandam efetiva supressão da arrecadação tributária.

d) entre as causas de extinção do crédito tributário, o parcelamento do tributo, quando já instaurada persecução penal, constitui causa de extintiva da punibilidade.

e) a isenção tributária como causa de extinção do crédito tributário corresponde à perda do *ius puniendi* do Estado em matéria de crimes contra ordem tributária.

COMENTÁRIOS

✪ **Nota dos autores:** é importante diferenciar os delitos tributários dos artigos 1º e 2º da Lei nº 8.137/90 que definem, dentre outros, os crimes contra a ordem tributária. O delito previsto no artigo 2º é espécie de crime formal, pois independe da consumação do resultado correspondente à auferição de vantagem ilícita em desfavor do Fisco. Por outro lado, o disposto no artigo 1º, incisos I a IV, da Lei 8.137/90 estabelece como requisito fundamental para a adequação típica a ocorrência efetiva da redução de tributo pelas condutas descritas no tipo, ou seja, por se tratar de crime material se faz imprescindível o encerramento do procedimento administrativo para posterior persecução penal.

Alternativa "a": O artigo 200 do CTN é expresso em garantir o auxílio de força policial para garantir o desempenho da administração tributária no que tange ao seu dever de fiscalizar os livros e documentos dos contribuintes ("as autoridades administrativas federais poderão requisitar o auxílio da força pública federal, estadual ou municipal, e reciprocamente, quando vítimas de embaraço ou desacato no exercício de suas funções, ou quando necessário à efetivação dê medida prevista na legislação tributária, ainda que não se configure fato definido em lei como crime ou contravenção").

Alternativa "b": A Súmula Vinculante 24 ("não se tipifica crime material contra a ordem tributária, previstos no artigo 1°, incisos I a IV, da Lei 8.137/90, antes do lançamento definitivo do tributo") coloca o lançamento definitivo do tributo como pressuposto para a tipificação penal (e não como pressuposto para a investigação). Além disso, o que se exige é o lançamento definitivo, isto é, a constituição definitiva do crédito tributário, que, no caso de impugnação ao lançamento por parte do sujeito passivo, configura-se a partir da decisão administrativa definitiva que mantenha o crédito tributário. Nesse ponto, o examinador equivoca-se, pois fala em lançamento válido, que corresponde ao ato do lançamento, anterior ao processo administrativo tributário e, portanto, antecedente ao lançamento definitivo.

Alternativa "c": Conforme exposto na nota dos autores, os crimes contra a ordem tributária previstos no artigo 2º da Lei 8.137/90 são formais, ao passo que os previstos no artigo 1º são materiais.

Alternativa "d": o parcelamento é causa de suspensão da exigibilidade do crédito tributário (CTN, art. 151, VI) e não de extinção. Quanto à extinção da punibilidade do crime contra a ordem tributária, o seu estudo demanda uma digressão legislativa. A primeira legislação a prever expressamente a extinção da punibilidade para o caso de parcelamento veio a lume no ano de 2000 (Lei 9.964/2000 – REFIS). Esta, no seu artigo 15 dispunha que: "Art. 15. É suspensa a pretensão punitiva do Estado, referente aos crimes previstos nos arts. 1º e 2º da Lei nº 8.137, de 27 de dezembro de 1990, e no art. 95 da Lei nº 8.212, de 24 de julho de 1991, durante o período em que a pessoa jurídica relacionada com o agente dos aludidos crimes estiver incluída no REFIS, desde que a inclusão no referido Programa tenha ocorrido antes do recebimento da denúncia criminal. (...) § 3º. Extingue-se a punibilidade dos crimes referidos neste artigo quando a pessoa jurídica relacionada com o agente efetuar o pagamento integral dos débitos oriundos de tributos e contribuições sociais, inclusive acessórios, que tiverem sido objeto de concessão de parcelamento antes do recebimento da denúncia criminal". Três anos depois, outra norma é elaborada (Lei 10.684/2003 – PAES), ocasião em que o tema foi, novamente, tratado, porém com uma sutil alteração, conforme dispõe o seu art. 9º: "Art. 9º: É suspensa a pretensão punitiva do Estado, referente aos crimes previstos nos arts. 1º e 2º da Lei 8.137, de 27 de dezembro de 1990, e nos arts. 168A e 337A do Decreto-Lei nº 2.848, de 7 de dezembro de 1940 – Código Penal, durante o período em que a pessoa jurídica relacionada com o agente dos aludidos crimes estiver incluída no regime de parcelamento (...) § 2º Extingue-se a punibilidade dos crimes referidos neste artigo quando a pessoa jurídica relacionada com o agente efetuar o pagamento integral dos débitos oriundos de tributos e contribuições sociais, inclusive acessórios". Assim, como se pode perceber, diferentemente do que ocorria em relação à Lei anterior, na nova, a suspensão da pretensão punitiva alcança processos criminais já iniciados, ou seja, mesmo após a denúncia, suprimindo, assim, o requisito temporal.

Alternativa "e": a isenção é causa de exclusão do crédito tributário (CTN, art. 175, I) e não de extinção e, assim, não corresponde à perda do *ius puniendi* do Estado em matéria de crimes contra ordem tributária.

Alternativa correta: letra "a".

---

36. (Cespe – Delegado de Polícia – GO/2017) Instrução normativa expedida em dezembro de 2015 pelo secretário de Fazenda do Estado de Goiás estabeleceu que, para ter acesso ao sistema de informática de emissão de nota fiscal, relativa ao ICMS, o contribuinte deve estar em dia com suas obrigações tributárias estaduais. Em janeiro de 2016, a empresa Alfa Ltda., com pagamento de tributos em atraso, requereu acesso ao sistema e teve o seu pedido indeferido.

Nessa situação hipotética,

a) ainda que a emissão de notas fiscais seja obrigação acessória, o princípio da legalidade estrita, vigente no direito tributário, impõe que tais deveres sejam previstos por lei ordinária, sendo inválida a restrição estabelecida por instrução normativa.

b) o ICMS é tributo sujeito à anterioridade nonagesimal, de modo que, embora válida a instrução normativa, o indeferimento é ato insubsistente, por ter aplicado a instrução normativa antes do prazo constitucional.

c) a interdição de emissão de notas fiscais é meio indireto de cobrança do tributo, já que inibe a continuidade da atividade profissional do contribuinte, o que torna a instrução normativa em questão inválida.

d) o ICMS não é tributo sujeito à anterioridade nonagesimal, de modo que o indeferimento é válido.

e) a emissão de notas fiscais é obrigação acessória, podendo ser regulada por ato infralegal, sendo válida a restrição estabelecida.

COMENTÁRIOS

✪ **Nota dos autores:** a expressão **sanções políticas** no âmbito tributário se refere às restrições não razoáveis ao exercício de atividade econômica ou profissional lícita e, em geral, são entendidas como meio indireto para coação dos contribuintes ao pagamento de tributos.

Alternativa correta: letra "c". A conduta fiscal decorrente da instrução normativa, que impossibilitou à empresa Alfa Ltda o acesso ao sistema informatizado de emissão de notas fiscais, pelo fato de estar em mora com o pagamento de tributos, configura nítida sanção política, definida na nota dos autores e repudiada pelo STF em diversas oportunidades (Súmula 70: "É inadmissível a interdição de estabelecimento como meio coercitivo para cobrança de tributo". Súmula 323: "É inadmissível a apreensão de mercadorias como meio coercitivo para pagamento de tributos". Súmula 547: "Não é lícito à autoridade proibir que o contribuinte em débito adquira estampilhas, despache mercadorias nas alfândegas e exerça suas atividades profissionais").

Alternativa "a": incorreta. O real motivo da invalidade da instrução normativa está exposto nosComentáriosà alternativa correta (letra "c") e não é o fato de que uma obrigação acessória tem que ser prevista em lei ordinária, como erroneamente constou no texto da alternativa ora em comento. Na verdade, uma sutil diferença entre obrigação tributária principal e acessória diz respeito ao tipo de norma instituidora. A obrigação tributária principal tem, necessariamente, que estar prevista em lei (CTN, art. 97, III), daí sujeitar-se ao princípio da estrita legalidade. Já a obrigação tributária acessória decorre da "legislação tributária" (CTN, art. 113, § 2º), expressão esta que compreende as leis, os tratados e as convenções internacionais, os decretos e as normas complementares que versem, no todo ou em parte, sobre tributos e relações jurídicas a eles pertinentes (CTN, art. 96). Concluindo, enquanto a obrigação tributária principal deve necessariamente ser prevista numa lei (estrita legalidade), a obrigação acessória decorre da legislação tributária (ideia mais ampla que compreende não só leis, mas também decretos e outros tipos normativos).

Alternativa "b": incorreta. Embora, de fato, o ICMS seja um imposto sujeito ao Princípio da Anterioridade Nonagesimal (aliás, só para constar, é também sujeito ao Princípio da Anterioridade Anual), o enunciado da questão não se refere à instituição ou majoração do mesmo, mas sim aborda a exigência de uma obrigação acessória inválida, por se tratar de uma sanção política (meio indireto de cobrança de tributo), como bem detalhado nosComentáriosà alternativa "c".

Alternativa "d": incorreta. Ao contrário do que constou, o ICMS se sujeita ao Princípio da Anterioridade nas suas duas vertentes (Anual e Nonagesimal). De qualquer forma, reiterando osComentáriosà alternativa "b", o enunciado da questão não se refere à instituição ou majoração do mesmo, mas sim aborda a exigência de uma obrigação acessória inválida, por se tratar de uma sanção política (meio indireto de cobrança de tributo).

Alternativa "e": incorreta. É bem verdade que a emissão de notas fiscais é uma obrigação tributária acessória, pois tem por objeto uma prestação positiva no interesse da arrecadação ou da fiscalização dos tributos (CTN, art. 113, § 2º). Também é verdade que a obrigação acessória pode ser regulada por ato infralegal, já que não é matéria sujeita à estrita legalidade (videComentáriosà alternativa "a"), podendo, portanto, ser regulada por ato infralegal. Todavia, não obstante essa regularidade formal (quanto ao veículo introdutor da obrigação tributária acessória), a obrigação acessória criada, ao contrário do que afirma o examinador na parte final da alternativa, deve ser considerada inválida, pois teve como fundamento o fato de se consubstanciar num meio indireto de cobrança de tributo, fato repudiado pelo STF (Súmulas 70, 323 e 547).

---

37. (Cespe – Delegado de Polícia – PE/2016) No que diz respeito ao STN, assinale a opção correta.

a) Sempre que for possível, os impostos terão caráter pessoal, facultado à administração tributária identificar o patrimônio, os rendimentos e as atividades econômicas do contribuinte.

b) O imposto sobre produtos industrializados (IPI), além de ser não cumulativo, será progressivo em função da essencialidade do produto.

c) Lei complementar que estabelece normas gerais em matéria tributária não pode instituir um regime único de arrecadação dos impostos e das contribuições da União, dos estados, do DF e dos municípios.

d) Compete à União e aos estados federados instituir contribuições sociais que sejam de interesse das categorias profissionais.

e) As contribuições sociais e as contribuições de intervenção no domínio econômico poderão ter alíquotas *ad valorem* ou específicas: as primeiras têm por base a unidade de medida adotada; as segundas, o faturamento, a receita bruta ou o valor da operação.

COMENTÁRIOS

✪ **Nota dos autores:** a temática fiscalização tem o delineamento normativo principal entre os artigos 194 e 200 do CTN, os quais devem ser interpretados à luz dos ditames constitucionais.

Alternativa correta: letra "a": o respeito aos direitos constitucionais e aos termos legais devem sempre permear a atividade fiscalizatória. Segundo o parágrafo primeiro do artigo 145 da CF/88, "sempre que possível, os impostos terão caráter pessoal e serão graduados segundo a capacidade econômica do contribuinte, facultado à administração tributária, especialmente para conferir efetividade a esses objetivos, identificar, **respeitados os direitos individuais e nos termos da lei**, o patrimônio, os rendimentos e as atividades econômicas do contribuinte". Apenas para colaborar com os estudos, a primeira parte do parágrafo primeiro do artigo 145 da CF/88 diz respeito ao Princípio da Capacidade Contributiva ("sempre que possível, os impostos terão caráter pessoal e serão graduados segundo a capacidade econômica do contribuinte"). Nesses termos, fica nítida a forte relação desse princípio com o da isonomia tributária, na medida em que a tributação progressiva, de acordo com a capacidade econômica do contribuinte, só favorece a concretização da vedação ao tratamento desigual entre contribuintes que se encontrem em situação equivalente (CF, art. 150, II).

Alternativa "b": o erro da alternativa está na atribuição do caráter progressivo ao IPI em função da essencialidade do produto, quando o correto seria o caráter **seletivo** (CF, art. 153, § 3º, I). As alíquotas do imposto devem ser menores para os produtos essenciais e maiores para os produtos enquadrados na categoria de consumo supérfluo ou desaconselhável. O princípio da seletividade segundo a essencialidade do produto é de observância obrigatória em relação ao IPI, que "será seletivo" (CF, art. 153, § 3°, I). O mesmo não ocorre em relação ao ICMS que "poderá ser seletivo em função da essencialidade das mercadorias e dos serviços" (CF, art. 155, § 2°, III).

Alternativa "c": incorreta, pois a definição de tratamento diferenciado e favorecido para as microempresas e para as empresas de pequeno porte, inclusive regimes especiais ou simplificados, também é assunto a ser regido por lei complementar, segundo a CF/88 (artigo 146, inciso III, alínea "d"). A instituição do regime único de arrecadação dos impostos e contribuições da União, dos Estados, do Distrito Federal e dos Municípios, previsto no parágrafo único do referido artigo 146 da CF/88, ocorreu com a promulgação da Lei complementar nº123/2006, que rege tal matéria instituindo o regime especial unificado de arrecadação de tributos e contribuições devidos pelas microempresas e empresas de pequeno porte, denominado Simples Nacional.

Alternativa "d": errada, pois é de competência exclusiva da União a instituição de contribuição social de interesse das categorias profissionais e econômicas (CF, art. 149).

Alternativa "e": incorreta, uma vez que a alternativa inverteu as definições dos tipos de alíquotas que poderão ser atribuídas nas contribuições sociais e as contribuições de intervenção no domínio econômico (CF, art. 149, § 2º, III, "a" e "b"). Na verdade, a alíquota *ad valorem*, que consistem num percentual sobre a base de cálculo, tem por base o faturamento, a receita bruta ou o valor da operação e, no caso de importação, o valor aduaneiro. Já a alíquota específica, que correspondem a um valor em moeda, tem por base a unidade de medida adotada.

10. PROCESSO (ADMINISTRATIVO E JUDICIAL)

38. (Vunesp – Delegado de Polícia – PC – BA/2018) Os representantes legais de uma determinada empresa tiveram instaurado contra si inquérito policial para apurar a suposta prática dos crimes previstos nos artigos 1º, I e II, da Lei nº 8.137/90, porque teriam omitido da folha de pagamento da empresa e de documento de informações previstos pela legislação previdenciária, segurados empregados e contribuintes individuais, não recolhendo as respectivas contribuições previdenciárias no período de 10/2014 a 1/2017. Houve a realização de lançamento de ofício pelos agentes fiscais. Inconformados, os representantes legais ajuizaram ação anulatória do lançamento tributário, realizando o depósito integral do montante exigido pelo Fisco. O depósito do montante integral do crédito tributário

a) é causa de suspensão da exigibilidade do crédito tributário, que equivale ao pagamento do débito, extinguindo a punibilidade dos crimes.

b) é causa de extinção do crédito tributário e, por conseguinte, de extinção da punibilidade dos crimes.

c) é causa de exclusão do crédito tributário, que corresponde ao pagamento, extinguindo a punibilidade dos crimes tributários.

d) é causa de suspensão da exigibilidade do crédito tributário, não sendo suficiente para extinguir a punibilidade dos crimes tributários, porque não equivale ao pagamento do débito.

e) é causa de exclusão da exigibilidade do crédito tributário, não sendo suficiente para extinguir a punibilidade dos crimes tributários, por não produzir os mesmos efeitos da moratória.

COMENTÁRIOS

✪ **Nota dos autores:** as seis causas de suspensão da exigibilidade do crédito tributário estão elencadas no artigo 151 do CTN (moratória; depósito do montante integral; as defesas e recursos administrativos; concessão de medida liminar em mandado de segurança; concessão de medida liminar ou tutela antecipada em outras ações judiciais e parcelamento). Por exigibilidade entende-se a possibilidade de cobrar o crédito tributário no Poder Judiciário, via execução fiscal. A exigibilidade advém da constituição definitiva do crédito tributário pelo lançamento e requer ainda a sua inscrição em dívida ativa. De outro lado, de acordo com o artigo 34 da Lei nº 9.249/95, extingue-se a punibilidade dos crimes contra a ordem tributária quando o agente promover o pagamento do tributo ou contribuição social, inclusive acessórios, antes do recebimento da denúncia. Logo, apenas a suspensão da exigibilidade é insuficiente para a extinção da punibilidade, havendo a necessidade do efetivo pagamento do tributo.

Alternativa "a": embora o depósito do montante integral seja uma hipótese de suspensão da exigibilidade do crédito tributário (CTN, art. 151, II), este não equivale ao pagamento (o pagamento é, na verdade, a principal hipótese de extinção do crédito tributário), de maneira que não extingue a punibilidade do crime contra a ordem tributária.

Alternativa "b": o depósito do montante integral não é causa de extinção do crédito tributário, mas sim de suspensão de exigibilidade do mesmo. Nesse sentido, não extingue a punibilidade do crime contra a ordem tributária.

Alternativa "c": o depósito do montante integral não é causa de exclusão do crédito tributário, mas sim de suspensão de exigibilidade do mesmo (CTN, art. 151, II). O pagamento também não é causa de exclusão, mas sim de extinção do crédito tributário (CTN, art. 156, I). Por fim, o depósito do montante integral não corresponde a pagamento e, assim, não extingue a punibilidade do crime contra a ordem tributária.

Alternativa "d": Pelo fato de o depósito do montante integral ser uma hipótese de suspensão da exigibilidade do crédito tributário (CTN, art. 151, II), não tem o condão de extinguir a punibilidade do crime contra a ordem tributária, que demanda o pagamento, segundo o artigo 34 da Lei nº 9.249/95.

Alternativa "e": o depósito do montante integral não é causa de exclusão do crédito tributário, mas sim de suspensão de exigibilidade do mesmo, assim como o é a moratória. Nesse sentido, não extingue a punibilidade do crime contra a ordem tributária.

Alternativa correta: letra "d".

39. (Cespe – Delegado de Polícia – PE/2016) A respeito da execução fiscal, assinale a opção correta.

a) É admissível, nos embargos à execução fiscal, compensar os valores do imposto de renda retidos indevidamente na fonte com os valores restituídos apurados na declaração anual.

b) A penhora não poderá recair, em nenhuma hipótese, sobre estabelecimento comercial, industrial ou agrícola.

c) A dívida ativa regularmente inscrita goza de presunção absoluta de certeza e liquidez.

d) A produção de provas pela fazenda pública depende de requerimento na petição inicial.

e) Os embargos do devedor na fase de execução fiscal prescindem de garantia à execução.

COMENTÁRIOS

✪ **Nota dos autores:** a execução fiscal é disciplinada pela Lei 6.830/80 (LEF), cuja leitura é sugerida.

Alternativa correta: letra "a": é o teor da Súmula 394 do STJ ("É admissível, em embargos à execução, compensar os valores de imposto de renda retidos indevidamente na fonte com os valores restituídos apurados na declaração anual").

Alternativa "b": incorreta, pois, excepcionalmente, a penhora poderá recair sobre estabelecimento comercial, industrial ou agrícola, bem como em plantações ou edifícios em construção (LEF, art. 11, § 1º).

Alternativa "c": errada, pois a dívida ativa, regularmente inscrita, goza de **presunção relativa** de certeza e liquidez, pois pode ser ilidida por prova inequívoca, a cargo do executado ou de terceiro, a quem aproveite (LEF, art. 3°, parágrafo único e CTN, art. 204).

Alternativa "d": incorreta, pois a produção de provas pela Fazenda Pública **independe** de requerimento na petição inicial (LEF, art. 6º, § 3º).

Alternativa "e": incorreta, pois não são admissíveis embargos do executado antes de garantida a execução (LEF, art. 16, § 1º).

Direito Tributário

Alan Martins e
Dimas Yamada Scardoelli

✦ DICAS

1. TRIBUTO E SUAS ESPÉCIES

Antes de tratar das espécies de tributos, importante o concursando rememorar o conceito previsto no artigo 3º do CTN nos seguintes termos: "tributo é toda prestação pecuniária compulsória, em moeda ou cujo valor nela se possa exprimir, que não constitua sanção de ato ilícito, instituída em lei e cobrada mediante atividade administrativa plenamente vinculada".

A seguir estão as características detalhadas do conceito legal de tributo:

a) Prestação pecuniária compulsória: pressupõe um comportamento obrigatório de prestação em dinheiro. Ou seja, efetivado o fato previsto na norma, o pagamento do tributo será obrigatório, independentemente da vontade do contribuinte.

b) Em moeda ou cujo valor nela se possa exprimir: a expressão "em moeda" revela-se, nesse conceito, prescindível e redundante, já que o termo "pecuniária" encerra igual sentido. Na expressão "ou cujo valor nela se possa exprimir", o legislador ampliou o âmbito das prestações pecuniárias, admitindo o pagamento do tributo em outras formas que não apenas o dinheiro. É certo que, atualmente, o Direito Tributário não aceita o pagamento de tributo in natura (bens) ou in labore (trabalho). No entanto, se houver lei específica do ente credor, os tributos podem ser pagos ou compensados com Títulos da Dívida Pública (TDP) ou Precatórios. Ademais, com o advento da LC 104/2001, foi inserido o inciso XI ao artigo 156 do CTN, que faz referência à dação em pagamento em bens imóveis como forma de extinção do crédito tributário, na forma e condições estabelecidas em lei ordinária.

c) Que não constitua sanção de ato ilícito: tributo não é penalidade. Logo, não deve ser utilizado como sanção para o contribuinte. Ele se distingue da penalidade exatamente porque esta tem como hipótese de incidência um ato ilícito, enquanto a hipótese de incidência do tributo é sempre algo lícito. Ademais, o Princípio da Interpretação Objetiva do "Fato Gerador" (CTN, arts. 118 c/c 126) – Cláusula *non olet* – pressupõe que o tributo "não fede e não cheira". Importa para o Estado arrecadar, angariar fundos para cobrir suas despesas (finalidade fiscal do tributo), não cabendo, nesse instante, aferir ilicitude do fato ocorrido. Em suma: o fato poderá ser ilícito, mas a hipótese de incidência (previsão normativa) jamais o será.

d) Instituída em lei: a obrigação tributária só pode resultar da lei, em abono ao Princípio da Estrita Legalidade. Em regra, a lei ordinária é instituidora de tributo. Excepcionalmente, serão instituídos por Lei Complementar: I) impostos sobre grandes fortunas; II) impostos residuais da União; III) contribuições residuais da seguridade social e IV) empréstimos compulsórios. Ressalte-se que Medida Provisória poderá instituir e majorar impostos, exceto os reservados à lei complementar (CF, art. 62, §1°, III e §2°).

e) Cobrada mediante atividade administrativa plenamente vinculada: o Estado é obrigado a cobrar o tributo sempre que ocorra o fato jurídico-tributário e dentro dos limites e condições estabelecidas em lei. Tal formalização ocorrerá através do instituto do lançamento tributário (CTN, art. 142). A atividade de cobrança do tributo não pode ser arbitrária ou discricionária (pautada por juízo de conveniência e oportunidade), mas apenas vinculada.

Para o artigo 5º do CTN, os tributos são impostos, taxas e contribuição de melhoria. No entanto, a jurisprudência e a doutrina são pacíficas no sentido de que, à luz da Constituição Federal, além dos mencionados no CTN, são tributos também os empréstimos compulsórios e as contribuições (sociais e especiais).

Tributos e espécies tributárias (baseado no julgamento da ADI 447 pelo STF – DJ de 05/03/93):

TRIBUTO (gênero) **Art.3° do CTN**
ESPÉCIES TRIBUTÁRIAS:
1) IMPOSTOS *Art. 145, I, CF/88* *Art. 16, CTN*
2) TAXAS *Art. 145, II, CF/88* *Art. 77, CTN*

<table>
<tr><th colspan="3">TRIBUTO (gênero)
Art.3° do CTN</th></tr>
<tr><th colspan="3">ESPÉCIES TRIBUTÁRIAS:</th></tr>
<tr><td rowspan="5">3) CONTRIBUIÇÕES</td><td colspan="2">3.1) DE MELHORIA
Art. 145, III, CF/88
Art. 81, CTN</td></tr>
<tr><td rowspan="2">3.2) SOCIAIS:
Art. 149, CF/88</td><td>3.2.1) DE SEGURIDADE SOCIAL
Art. 195 e §4°, CF/88</td></tr>
<tr><td>3.2.2) SALÁRIO EDUCAÇÃO
Art. 212, §5°, CF/88</td></tr>
<tr><td rowspan="2">3.3) ESPECIAIS:</td><td>3.3.1) DE INTERVENÇÃO NO DOMÍNIO ECONÔMICO
Art. 149, CF/88</td></tr>
<tr><td>3.3.2) DE INTERESSE DE CATEGORIAS PROFISSIONAIS OU ECONÔMICAS
Art. 149, CF/88</td></tr>
<tr><td colspan="3">4) EMPRÉSTIMOS COMPULSÓRIOS
Art. 148, CF/88</td></tr>
</table>

"Os tributos, nas suas diversas espécies, compõem o Sistema Constitucional Tributário brasileiro, que a Constituição inscreve nos seus arts. 145 a 162. Tributo, sabemos todos, encontra definição no art. 3° do CTN, definição que se resume, em termos jurídicos, no constituir ele uma obrigação que a lei impõe às pessoas, de entrega de uma certa importância em dinheiro ao Estado. As obrigações são voluntárias ou legais. As primeiras decorrem da vontade das partes, assim, do contrato; as legais resultam da lei, por isso são denominadas obrigações ex lege e podem ser encontradas tanto no direito público quanto no direito privado. A obrigação tributária, obrigação ex lege, a mais importante do direito público, 'nasce de um fato qualquer da vida concreta, que antes havia sido qualificado pela lei como apto a determinar o seu nascimento.' (Geraldo Ataliba, 'Hermenêutica e Sistema Constitucional Tributário', in 'Diritto e pratica tributaria', volume L, Padova, Cedam, 1979). As diversas espécies tributárias, determinadas pela hipótese de incidência ou pelo fato gerador da respectiva obrigação (CTN, art. 4°), são a) os impostos (CF, art. 145, I, arts. 153, 154, 155 e 156), b) as taxas (CF, art. 145, II), c) as contribuições, que são c.l) de melhoria (CF, art. 145, III), c.2) sociais (CF, art. 149), que, por sua vez, podem ser c.2.1) de seguridade social (CF, art. 195, CF, 195, § 4°) e c.2.2) salário educação (CF, art. 212, § 5°) e c.3) especiais: c.3.1.) de intervenção no domínio econômico (CF, art. 149) e c.3.2) de interesse de categorias profissionais ou econômicas (CF, art. 149). Constituem, ainda, espécie tributária, d) os empréstimos compulsórios (CF, art. 148)." (ADI 447, Rel. Min. Octavio Gallotti, voto do Min. Carlos Velloso, julgamento em 5-6-1991, Plenário, DJ de 5-3-1993).

O imposto é o tributo cuja obrigação tem por fato gerador uma situação independente de qualquer atividade estatal específica, relativa ao contribuinte (CTN, art. 16). Daí ser classificado como tributo não-vinculado.

Além de não ser vinculado a uma atividade estatal específica em relação ao contribuinte, o imposto também é tributo de receita não vinculada a órgão, fundo ou despesa, nos termos do artigo 167, inciso IV, da CF, com algumas exceções constitucionais.

Os fatos geradores dos impostos estão descritos na Constituição Federal, conforme a classificação a seguir. Apenas a União poderá criar novos impostos, no exercício de sua competência residual.

IMPOSTOS FEDERAIS (CF, arts. 153 e 154)	IMPOSTOS ESTADUAIS/DF (CF, art. 155)	IMPOSTOS MUNICIPAIS/DF (CF, art. 156)
Imposto sobre importação de produtos estrangeiros – II	Imposto sobre transmissão "causa mortis" e doação de quaisquer bens ou direitos – ITCMD	Imposto sobre a propriedade predial e territorial urbana – IPTU
Imposto sobre exportação, para o exterior, de produtos nacionais ou nacionalizados – IE	Imposto sobre operações relativas a circulação de mercadorias e sobre prestações de serviços de transporte interestadual e intermunicipal e de comunicação, ainda que as operações e as prestações se iniciem no exterior – ICMS	Imposto sobre a transmissão "inter vivos", a qualquer título, por ato oneroso, de bens imóveis, por natureza ou acessão física, e de direitos reais sobre imóveis, exceto os de garantia, bem como cessão de direitos a sua aquisição – ITBI ou ITIV
Imposto sobre a renda e proventos de qualquer natureza– IR	Imposto sobre a propriedade de veículos automotores – IPVA	Imposto sobre serviços de qualquer natureza serviços de qualquer natureza, não compreendidos no art. 155, II, definidos em lei complementar – ISS ou ISSQN
Imposto sobre produtos industrializados – IPI		

IMPOSTOS FEDERAIS (CF, arts. 153 e 154)	IMPOSTOS ESTADUAIS/DF (CF, art. 155)	IMPOSTOS MUNICIPAIS/DF (CF, art. 156)
Imposto sobre operações de crédito, câmbio e seguro, ou relativas a títulos ou valores mobiliários – IOF		
Imposto sobre a propriedade territorial rural – ITR		
Imposto sobre grandes fortunas		
Impostos residuais		
Impostos extraordinários		

Os impostos possuem as seguintes classificações:

Quanto à alíquota: fixos ou progressivos. Fixos são aqueles em que a alíquota não aumenta com o aumento da base de cálculo. Progressivos, ao contrário, a alíquota aumenta com o aumento da base de cálculo. São progressivos o IR, ITR e o IPTU.

Quanto à forma de percepção: diretos e indiretos. Será direto quando o contribuinte real do tributo é o próprio sujeito passivo da obrigação tributária principal, como se dá com o IR. Será indireto quando o contribuinte real do tributo é o consumidor da mercadoria ou do serviço objeto da operação (contribuinte de fato) e o sujeito passivo da obrigação tributária principal (contribuinte de direito) repassa, no preço da mercadoria ou serviço, o imposto devido, como se dá com o IPI e o ICMS. Neste caso, quando o legislador altera a alíquota do tributo, tem em mira o consumidor (contribuinte de fato) e não o empresário (contribuinte de direito).

Quanto ao objeto de incidência: reais e pessoais. Imposto real é aquele que incide sobre o patrimônio e não leva em consideração as condições inerentes aos contribuintes (exemplos: IPTU e ITBI). Imposto pessoal, ao contrário, leva em consideração as condições dos contribuintes, suas características, estabelecendo diferenças em função dessas condições (IRPF).

O quadro a seguir sintetiza as principais características dos impostos federais:

IMPOSTO DA UNIÃO	ASPECTOS GERAIS
Imposto de Importação – II	É exceção aos princípios da legalidade e da anterioridade (anual e nonagesimal). Segundo a Constituição, o Poder Executivo, nos termos e limites fixados em lei, poderá alterar suas alíquotas.
Imposto de Exportação – IE	É exceção aos princípios da legalidade e da anterioridade (anual e nonagesimal). Segundo a Constituição, o Poder Executivo, nos termos e limites fixados em lei, poderá alterar suas alíquotas.
Imposto sobre a Renda e Proventos de Qualquer Natureza – IR	É exceção à anterioridade nonagesimal. O IR deve observar os critérios (princípios) da generalidade, da universalidade e da progressividade – GUP. Entende-se que generalidade significa a incidência do imposto sobre todas as pessoas. Por universalidade, entende-se a incidência sobre todos os tipos de rendimentos. A progressividade do imposto de renda toma a base de cálculo como critério para a variação de alíquotas.
	A Emenda Constitucional 20/98 revogou a regra constitucional que estabelecia a não incidência do imposto de renda, nos termos e limites fixados em lei, sobre rendimentos provenientes de aposentadoria e pensão, pagos pela previdência social da União, dos Estados, do Distrito Federal e dos Municípios, a pessoa com idade superior a sessenta e cinco anos, cuja renda total fosse constituída, exclusivamente, de rendimentos do trabalho. O STF decidiu que a antiga regra constitucional não era autoaplicável (MS 22.584). Assim, como a exoneração tributária não decorria diretamente da Constituição não poderia ser elencada entre as imunidades.
Imposto sobre Produtos Industrializados – IPI	É exceção aos princípios da legalidade e da anterioridade anual (não é exceção à anterioridade nonagesimal). Segundo a Constituição, o Poder Executivo, nos termos e limites fixados em lei, poderá alterar suas alíquotas.
	O IPI *deve ser* seletivo em função da essencialidade do produto. Assim, as alíquotas do imposto devem ser menores para os produtos essenciais e maiores para os produtos enquadrados na categoria de consumo supérfluo ou desaconselhável.
	O IPI também deve observar a técnica da não-cumulatividade. Segundo o STF (RE 168.750), "o princípio da não-cumulatividade objetiva tão-somente permitir que o imposto incidente sobre a mercadoria, ao final do ciclo produção-distribuição-consumo, não ultrapasse, em sua soma, percentual superior à alíquota máxima prevista em lei".
	Não haverá incidência de IPI (imunidade) sobre produtos industrializados destinados ao exterior. O objetivo claro da regra é desonerar a atividade de exportação, não remetendo tributos para o exterior.
	Terá reduzido seu impacto sobre a aquisição de bens de capital pelo contribuinte do imposto, na forma da lei

IMPOSTO DA UNIÃO	ASPECTOS GERAIS
Imposto sobre Operações Financeiras – IOF	É exceção aos princípios da legalidade e da anterioridade (anual e nonagesimal). Segundo a Constituição, o Poder Executivo, nos termos e limites fixados em lei, poderá alterar suas alíquotas. O IOF somente pode incidir sobre operações de crédito, câmbio, seguro e relativas a títulos ou valores mobiliários. Neste sentido, o STF já considerou possível a cobrança de IOF sobre operações de *factoring* (desconto de títulos de crédito para disponibilizar recursos para as empresas, ADInMC 1.763) e possível a incidência sobre saques em cadernetas de poupança (RE 232.467). O ouro, quando definido em lei como ativo financeiro ou instrumento cambial, sujeita-se exclusivamente à incidência do IOF, devido na operação de origem. A alíquota mínima será de 1% (um por cento), sendo assegurada a transferência do montante da arrecadação nos seguintes termos: a) trinta por cento para o Estado, o Distrito Federal ou o Território, conforme a origem e b) setenta por cento para o Município de origem. Por ser regra de incidência exclusiva, veicula imunidade para todos os outros tributos. Registre-se que o ouro como simples mercadoria sofre a incidência tributária normal de todos os tributos do sistema.
Imposto Territorial Rural – ITR	As alíquotas do ITR devem ser fixadas de forma a desestimular a manutenção das propriedades improdutivas. Temos aqui um bom exemplo de progressividade extrafiscal. Por outro lado, o ITR não incidirá (imunidade) sobre pequenas glebas rurais quando as explore, só ou com sua família, o proprietário que não possua outro imóvel. A Constituição remete à lei a definição do que deve ser entendido por "pequenas glebas rurais". Poderá ser cobrado e fiscalizado pelo Município, o que lhe dará a receita total do imposto (art. 153, §4º, III da CF).
Imposto sobre Grandes Fortunas	O imposto sobre grandes fortunas deverá ser instituído por lei complementar, ainda não editada.
Impostos Residuais	A Constituição reservou à União, e somente a esta, a possibilidade de criar impostos novos (além dos já elencados). Para o exercício desta competência exige o Texto Maior: a) utilização de lei complementar, b) adoção da técnica da não-cumulatividade e c) que o imposto novo não tenha fato gerador ou base de cálculo próprios dos impostos já discriminados. Esta competência é conhecida como residual. Ainda segundo a Lei Maior, 20% (vinte por cento) do produto da arrecadação dos impostos residuais pertencem aos Estados e ao Distrito Federal (art. 157, inciso II).
Impostos Extraordinários	Na iminência ou no caso de guerra externa, a União, e somente esta, poderá criar impostos extraordinários. Estes impostos podem estar ou não compreendidos em sua competência e serão suprimidos, gradativamente, cessadas as causas da instituição. O artigo 76 do CTN fixa o prazo máximo de cinco anos, contados da celebração da paz, para a supressão gradativa dos impostos extraordinários. O exercício da chamada competência extraordinária da União não precisa observar o princípio da anterioridade (CF, art. 150, §1°).

O quadro abaixo sintetiza as principais características dos impostos estaduais e do Distrito Federal:

IMPOSTOS DOS ESTADOS E DF	ASPECTOS GERAIS
ICMS – Imposto sobre operações relativas à circulação de mercadorias e sobre prestações de serviços de transporte interestadual e intermunicipal e de comunicação, ainda que as operações e as prestações se iniciem no exterior	Em virtude de maior incidência nos concursos públicos, agora será dada uma atenção maior aos principais aspectos do ICMS-mercadorias. O fato gerador do ICMS-mercadorias é a realização de operações relativas à circulação de mercadorias, ainda que importadas do exterior. Segundo entendimento jurisprudencial, a circulação de mercadoria pressupõe circulação jurídica, ou seja, a mudança de titularidade. No ICMS-mercadorias a base de cálculo será o valor da operação mercantil realizada e as alíquotas serão estabelecidas pelo legislador ordinário de cada Estado e do Distrito Federal. Vale ressaltar, que caberá ao Senado Federal, fixar as alíquotas mínimas e máximas em operações internas e Resolução do Senado Federal estabelecerá alíquotas aplicáveis às operações interestaduais. Enfim, a alíquota será um percentual sobre o valor da operação mercantil realizada.
ITCMD Imposto sobre transmissão *causa mortis* ou doação de quaisquer bens ou direitos	O fato gerador da exação é a transmissão de propriedade de quaisquer bens ou cessão de direitos em decorrência de falecimento do titular ou cessão e transmissão gratuitas. O tributo será devido no Estado da situação do bem ou DF (bens imóveis e respectivos direitos) – conforme o artigo 155, §1°, inciso I da CF; ou no Estado onde se processar o inventário ou arrolamento, ou tiver domicílio o doador, ou ao DF (bens móveis, títulos e créditos) conforme o artigo 155, §1°, inciso II da CF. No que concerne ao aspecto temporal será o momento da transmissão (CTN, art. 35) ou como estabelecer a lei ordinária estadual. O sujeito passivo é o herdeiro, legatário ou qualquer das partes ligadas à doação (doador ou donatário) na forma da lei ordinária (dos Estados/DF). A base de cálculo é o valor venal dos bens ou direitos transmitidos e da doação (CTN, art. 35). Enfim, a alíquota será estabelecida conforme legislação estadual (atenção: alíquota máxima fixada pelo Senado Federal – Resolução 9/92 – 8%).

IMPOSTOS DOS ESTADOS E DF	ASPECTOS GERAIS
IPVA Imposto sobre propriedade de veículos automotores	O fato gerador é a propriedade de veículo automotor. No que se refere ao aspecto espacial, é o local onde o veículo é registrado e licenciado, inscrito ou matriculado e o aspecto temporal é o 1º dia de janeiro de cada exercício ou data estabelecida na legislação estadual. O sujeito passivo é o proprietário do veículo automotor que poderá ser pessoa física ou jurídica. A base de cálculo é valor venal do veículo ou preço comercial (valor de mercado) e a alíquota será estabelecida pela lei ordinária estadual.

O quadro abaixo sintetiza as principais características dos impostos municipais e do Distrito Federal.

IMPOSTOS DOS MUNICÍPIOS E DF	ASPECTOS GERAIS
IPTU Imposto sobre propriedade predial e territorial urbana	O fato gerador do IPTU é a propriedade (CC, art. 1.228), o domínio útil (exemplo: enfiteuta) ou a posse (CC, art. 1.196) de bem imóvel. No que concerne ao aspecto espacial recai sobre imóveis localizados na zona urbana ou urbanizável do município (vide §§ 1 ° e 2° do artigo 32 do CTN). A alteração da base de cálculo constitui exceção ao princípio da anterioridade nonagesimal. A incidência (critério temporal) ocorrerá no dia 1º de janeiro de cada ano (por ficção jurídica). O sujeito passivo da exação é o proprietário do imóvel, o titular do domínio útil ou seu possuidor (CTN, art. 34). A base de cálculo é o valor venal do imóvel e as alíquotas variarão consoante o valor, uso e localização do imóvel. Importante o estudo acerca da dupla progressividade do IPTU (fiscal e extrafiscal): a) Fiscal: Com a promulgação da EC 29/2000 alterou-se o artigo 156, § 1º, da CF, permitindo-se a progressividade fiscal do IPTU, ou seja, sua alíquota passou a variar segundo os critérios da localização, valor e uso. Antes das modificações promovidas pela Emenda citada, o Supremo Tribunal Federal, se manifestou no sentido da inconstitucionalidade da aplicação de alíquotas progressivas para o IPTU (Súmula 668). b) Extrafiscal: O objetivo de tal progressividade é estimular ou inibir certas condutas (para fins de política urbana). Confira o artigo 7° da Lei 10.257/2001 (Estatuto da Cidade). É tributo sujeito a lançamento de ofício. Nos termos do Enunciado da Súmula 97 do STJ: "o contribuinte do IPTU é notificado do lançamento pelo envio do carnê ao seu endereço".
ITBI (ou ITIV) Imposto sobre transmissão *inter vivos*, a qualquer título, por ato oneroso, de bens imóveis, por natureza ou acessão física, e de direitos reais sobre imóveis, exceto os de garantia, bem como cessão de direitos a sua aquisição.	O fato gerador é transmissão *inter vivos*, a qualquer título, por ato oneroso, de bens imóveis, por natureza ou acessão física, e de direitos reais sobre imóveis, exceto os de garantia, bem como cessão de direitos a sua aquisição.
	No que concerne ao aspecto/critério espacial, é o território do Município da situação do bem. No caso do DF, como não há divisão em municípios, o tributo caberá a este. É irrelevante que a escritura tenha sido lavrada em outro Município. Não há diferença de zona urbana para zona rural, como ocorre no ITR e IPTU. O critério temporal é o momento da transmissão ou da cessão. Ou seja, é o instante que ocorre o negócio jurídico, porém apurável no momento da transcrição do instrumento translativo do domínio no Registro Imobiliário. Assim já decidiu o STJ: "A propriedade imobiliária apenas se transfere com o registro do respectivo título (CC, art. 530). O registro imobiliário é o fato gerador do Imposto de Transmissão de Bens Imóveis. Assim, a pretensão de cobrar o ITBI antes do registro imobiliário contraria o Ordenamento Jurídico" (STJ – REsp 12.546-0 – RJ – 1ª T – Rel. Min. Gomes de Barros – DJU 30.11.92, in RJ 184/87). Ressalte-se que o STJ também entende que nos casos de promessa de compra e venda não registrada, não haverá a ocorrência do fato gerador do ITBI.
	O sujeito passivo é qualquer das partes da operação tributária de transmissão de bem imóvel (CTN, art. 42), podendo ser o transmitente ou o adquirente. A base de cálculo é o valor venal dos bens imóveis transmitidos em percentagem única sobre a base de cálculo. As alíquotas serão estabelecidas pela lei municipal. Destaque-se duas hipóteses de imunidades específicas: a) Imunidade objetiva: prevista no art. 156, §2º, inciso I da CF (busca fomentar o crescimento das empresas);

IMPOSTOS DOS MUNICÍPIOS E DF	ASPECTOS GERAIS
	b) Imunidade sobre imóveis desapropriados para fins de reforma agrária – artigo 184, §5º da CF. Consoante a Súmula 656 STF: "é inconstitucional a lei que estabelece alíquotas progressivas para o imposto de transmissão *inter vivos* de bens imóveis – ITBI com base no valor venal do imóvel".
ISS Imposto Sobre Serviços De Qualquer Natureza	O fato gerador é a prestação de serviço por pessoa física ou jurídica com ou sem estabelecimento físico dos serviços constantes na lista anexa da LC 116/2003, cujo rol é taxativo. A expressão 'serviços de qualquer natureza' no direito tributário vincula-se ao conceito dado pelo direito privado consoante o artigo 110 do CTN. Logo serviço significará um bem econômico imaterial, fruto de esforço humano, resultante de uma obrigação de fazer. O critério espacial é o limite territorial do Município. A matéria do local do pagamento do ISSQN (Local da efetiva prestação do serviço ou local de estabelecimento do prestador) é tema dos mais controvertidos no direito tributário. Importante a leitura das decisões do STJ nesse sentido. De qualquer forma, a LC 116/2003 disciplinou o assunto no seu artigo 3º. O critério temporal é o momento da efetiva prestação do serviço. O sujeito passivo é o prestador de serviço, empresa ou profissional autônomo. A base de cálculo é o valor do serviço prestado e a alíquota poderá ser fixa ou proporcional, consoante legislação municipal. Por fim, é prevista a substituição tributária e a imunidade dos serviços destinados ao exterior (LC 116/2003, art. 2º, I).

Agora os mesmos impostos de competência da União, dos Estados, do Distrito Federal e dos Municípios, apresentados de forma analítica.

Quadro sinótico da legislação aplicável aos impostos federais

	II	IE	IR	IPI	IOF	ITR
CF/88	**art. 153, I**	**art. 153, II**	**art. 153, III**	**art. 153, IV**	**art. 153, V**	**art. 153, VI**
Lei Complementar	**CTN (arts. 19-22)**	**CTN (arts. 23-28)**	**CTN (arts. 43-45)**	**CTN (arts. 46-51)**	**CTN (arts. 63-67)**	**CTN (arts. 29-31)**
Lei Ordinária	**DL 37/66 (DL 2.472/88)**	**DL 1.578/77**	**Lei 7.713/88, Leis 9.249/95 e 9.430/96 e alterações posteriores**	**Lei 4.502/64**	**Lei 5.143/66**	**Lei 9.393/96**
Decreto	**6.759/09**	**6.759/09**	**9.580/2018**	**7.212/10**	**6.306/07**	**4.382/02**

Quadro comparativo dos principais aspectos dos impostos federais

	Fato Gerador	Principal Contribuinte	Principal Base de Cálculo	Observações Constitucionais
II	Entrada de mercadoria estrangeira no território aduaneiro	Importador	Valor Aduaneiro	Exceção aos Princípios da Anterioridade e da Legalidade
IE	Saída de mercadoria nacional ou nacionalizada do território aduaneiro	Exportador	Valor da mercadoria em condições de livre concorrência internacional	*Idem*
IR	Aquisição de disponibilidade econômica ou jurídica de: **Renda**: produto do capital, do trabalho ou de ambos; **Proventos:** outros acréscimos patrimoniais que não sejam rendas	Pessoas físicas e jurídicas titulares das disponibilidades econômicas ou jurídicas de rendas e proventos	Montante real, arbitrado ou presumido da renda e dos proventos tributáveis	Deve observar os critérios da generalidade (todas as pessoas), universidade (tudo ou todas as rendas e proventos) e da progressividade (alíquotas progressivas). Também é exceção ao Princípio da Anterioridade nonagesimal
IPI	Saída de produto industrializado do estabelecimento industrial	Industrial	Valor da operação de saída do estabelecimento industrial	Exceção aos Princípios da Legalidade e da Anterioridade do exercício. Seletivo em função da essencialidade. Não cumulativo. Imunidade na exportação de produtos industrializados. Terá reduzido seu impacto na aquisição de bens de capital

	Fato Gerador	Principal Contribuinte	Principal Base de Cálculo	Observações Constitucionais
IOF	Efetivação das operações de crédito, câmbio, seguro e relativas a títulos e valores mobiliários	Tomadores de crédito, compradores e vendedores de moeda estrangeira, os segurados e os adquirentes de títulos ou valores mobiliários e titulares de aplicações financeiras	Operações de crédito: valor da obrigação (principal mais juros). Operações de câmbio: montante em moeda nacional (recebida ou entregue). Operações de Seguro: valor do prêmio. Operações de transmissão de títulos e valores mobiliários: preço ou valor da cotação em bolsa de valores	Exceção aos Princípios da Anterioridade e da Legalidade
ITR	A propriedade, o domínio útil e a posse a qualquer título de imóvel rural	Proprietário, titular do domínio útil ou possuidor a qualquer título de imóvel rural	Valor da terra nua tributável (VTNt)	Progressividade para desestimular propriedades improdutivas. Imunidades de pequenas glebas. Possibilidade de ser cobrado e fiscalizado pelos Municípios que assim optarem na forma da lei (repasse de 100% neste caso)

(In: MARTINS, Alan; SCARDOELLI, Dimas Yamada. Direito Tributário – curso rápido e didático para estudos e revisões. Leme: Editora JH Mizuno, 2012, página 69)

Quadro sinótico da legislação aplicável aos impostos estaduais

	ITCMD/ITCD	ICMS	IPVA
CF/88	CF, art. 155, I, c/c § 1º	CF, art. 155, II, c/c, §§ 2º a 5º	CF, art. 155, III, c/c § 6º
Leis complementares	Competência do art. 155, § 1º, III, não exercida	LC 87/96 – Lei Kandir /LC 24/75 – Convênios, Confaz e concessão de benefícios fiscais	Não há
Leis ordinárias	Leis estaduais	Leis estaduais	Leis estaduais
Decretos	Decretos estaduais	Decretos estaduais	Decretos estaduais

(In: MARTINS, Alan; SCARDOELLI, Dimas Yamada. Direito Tributário – curso rápido e didático para estudos e revisões. Leme: Editora JH Mizuno, 2012, página 71)

Quadro comparativo dos principais aspectos dos impostos estaduais

	Fato Gerador	Principais Contribuintes	Principal Base de Cálculo	Observações Constitucionais
ITCMD/ ITCD	Transmissão *causa mortis* na sucessão legítima ou testamentária; doações e outras transmissões não onerosas (usufrutos, renúncias translativas a heranças, atribuição de bens e direitos acima da meação ou quinhão na divisão de patrimônio comum, partilha ou adjudicação etc.)	Herdeiro, legatário ou donatário	Valor dos bens e direitos transmitidos	Bens imóveis – imposto compete ao Estado de situação do bem. Bens móveis, títulos e direitos – imposto compete ao Estado onde se processar o inventário ou tiver domicílio o doador. Doador ou *de cujus* domiciliado ou residente no exterior ou se *de cujus* tinha bens no exterior – competência conforme lei complementar. Alíquotas máximas fixadas pelo Senado Federal

	Fato Gerador	Principais Contribuintes	Principal Base de Cálculo	Observações Constitucionais
ICMS	Operações relativas à circulação de mercadorias; prestações de serviços de transporte interestadual e intermunicipal; prestações onerosas de serviços de comunicação; fornecimento de mercadorias com prestação de serviços não compreendidos na competência tributária dos Municípios ou sujeitos ao imposto sobre serviços, quando a lei complementar aplicável expressamente o sujeitar à incidência do imposto estadual; entrada de mercadorias ou bens importados do exterior; serviços prestados no exterior ou cuja prestação tenha se iniciado no exterior; entrada no Estado de petróleo e derivados quando não destinados à comercialização ou industrialização	Pessoa física ou jurídica que realize, com habitualidade ou em volume que caracterize intuito comercial, operações ou prestações sujeitas à incidência do imposto; qualquer pessoa física ou jurídica que importe mercadorias ou bens, seja destinatária de serviço prestado no exterior ou cuja prestação tenha sido iniciada no exterior, adquira em licitação mercadorias ou bens apreendidos, adquira lubrificantes combustíveis derivados do petróleo e energia elétrica de outro Estado, quando não destinados à comercialização ou industrialização	Valor da operação de circulação de mercadoria ou da prestação de serviço. Inclusão do próprio imposto na base de cálculo (chamado "cálculo por dentro")	Imposto não cumulativo. Seletividade em função da essencialidade das mercadorias e serviços. Competência do Senado para fixar alíquotas interestaduais e alíquotas internas mínimas, e, em alguns casos, máximas. Previsão, como regra, de tributação no Estado de origem, salvo direito do Estado de destino a diferencial de alíquota nas operações destinadas a consumidores finais. Imunidade nas operações de exportação, saídas para outros Estados de combustíveis e lubrificantes, ouro como ativo financeiro e comunicação gratuita na modalidade de radiodifusão de sons e imagens. Cabe à lei complementar definir contribuintes, dispor sobre substituição tributária, disciplinar regime de compensação, regular a forma como, mediante deliberação entre os Estados (convênios), benefícios fiscais serão concedidos ou revogados, entre outras matérias
IPVA	Propriedade de veículo automotor novo (na aquisição), importado (no desembaraço aduaneiro) ou de veículo usado (em 1° de janeiro de cada exercício)	Proprietário	Valor do veículo	Pode ter alíquotas mínimas fixadas pelo Senado Federal e alíquotas diferenciadas em razão do tipo e utilização

(In: MARTINS, Alan; SCARDOELLI, Dimas Yamada. Direito Tributário – curso rápido e didático para estudos e revisões. Leme: Editora JH Mizuno, 2012, página 72)

Quadro sinótico da legislação aplicável aos impostos municipais

	IPTU	ITBI	ISS
CF/88	CF, art. 156, I, c/c § 1°	CF, art. 156, II, c/c § 2°	CF, art. 156, III c/c § 3°
Leis complementares	CTN, arts. 32 a 34	CTN, arts. 35 a 42	LC 116/03
Leis ordinárias	Leis municipais	Leis municipais	Leis municipais
Decretos	Decretos municipais	Decretos municipais	Decretos municipais

(In: MARTINS, Alan; SCARDOELLI, Dimas Yamada. Direito Tributário – curso rápido e didático para estudos e revisões. Leme: Editora JH Mizuno, 2012, página 74)

Quadro comparativo dos principais aspectos dos impostos municipais

	Fato Gerador	Principais Contribuintes	Principal Base de Cálculo	Observações Constitucionais
IPTU	A propriedade, o domínio útil e a posse a qualquer título de imóvel urbano	Proprietário, titular do domínio útil ou possuidor a qualquer título de imóvel urbano	Valor venal do imóvel	Poderá ser progressivo em função do tempo e em razão do valor do imóvel, além de ter alíquotas diferentes de acordo com a localização e o uso do imóvel

	Fato Gerador	Principais Contribuintes	Principal Base de Cálculo	Observações Constitucionais
ITBI	Quaisquer negócios jurídicos, independente de registro, que transfiram onerosamente bem imóvel ou direito real sobre bem imóvel (exceto os de garantia)	Qualquer das partes na operação tributada (em geral, o adquirente)	Valor venal do imóvel ou do direito transmitido	Imunidades na transmissão de bens ou direitos incorporados à pessoa jurídica como integralização do capital social, na transmissão de bens ou direitos decorrentes de fusão, incorporação, cisão ou extinção de pessoa jurídica (salvo se a atividade preponderante do adquirente for a compra e venda desses bens ou direitos, locação de bens imóveis ou arrendamento mercantil)
ISS	Prestação de serviços constantes na lista anexa à LC 116/2003, ainda que esses não se constituam como atividade preponderante do prestador	Prestador de serviços	Preço do serviço	Imunidade sobre exportações de serviços para o exterior

(In: MARTINS, Alan; SCARDOELLI, Dimas Yamada. Direito Tributário – curso rápido e didático para estudos e revisões. Leme: Editora JH Mizuno, 2012, página 75)

Segundo a jurisprudência do STJ, o IPTU "é imposto que tem como contribuinte o proprietário ou possuidor por direito real que exerce a posse com *animus* definitivo – art. 34 do CTN" (REsp 325489/SP). As posses de locatário e comodatário não exteriorizam domínio, pois "são meros titulares de direitos pessoais limitados em relação à coisa" (REsp 40240/SP), motivo pelo qual nunca poderão ser considerados contribuintes do IPTU. Ademais, considerando-se o que dispõe o artigo 123 do CTN (irrelevância das convenções particulares para o Direito Tributário), a transferência da responsabilidade pelo pagamento do IPTU ao locatário no contrato de locação não possui valor algum perante o Fisco. Por fim, a menos que haja expressa previsão em legislação municipal, apenas com base nas normas do CTN não há fundamento para se considerar locatário ou comodatário sujeitos passivos na condição de responsáveis tributários.

O princípio da seletividade segundo a essencialidade do produto é de observância obrigatória em relação ao IPI, que "será seletivo" (CF, art. 153, § 3°, I). O mesmo não ocorre em relação ao ICMS que "poderá ser seletivo em função da essencialidade das mercadorias e dos serviços" (CF, art. 155, § 2°, III).

Segundo entendimento pacífico do STF a respeito da não cumulatividade do IPI, o direito ao crédito pressupõe recolhimento anterior do tributo, não se podendo cogitar em direito ao crédito em relação à aquisição de insumos não tributados ou sujeitos à alíquota zero (RE 566819 – Pleno – Rel. Min. Marco Aurélio – julg. 29/9/2010).

A progressividade constitucional delineada para o IPTU pode ser subdividida em: i) progressividade fiscal, cujo único objetivo é a arrecadação, em razão do valor do imóvel (CF, art. 156, § 1°, I); ii) progressividade extrafiscal, que tem por objetivo promover a função social da propriedade, estabelecendo a progressividade no tempo do IPTU para o proprietário de imóvel subutilizado ou não utilizado que deixar de promover o seu adequado aproveitamento, nos termos do plano diretor do Município (CF, art. 182, § 4°, II).

"O ICMS pode incidir sobre softwares (bens incorpóreos) adquiridos por meio de transferência eletrônica de dados, da mesma forma que incide sobre bens incorpóreos vendidos por meio de bens materiais (softwares de prateleira veiculados em disquete, CD ou DVD)" (ADI 1945 MC – Pleno – red. p/ ac. Min. Gilmar Mendes – julg. 26/10/2010).

Nos termos do artigo 155, § 2°, VII, da CF, as construtoras, via de regra, são contribuintes do ISS. Assim, "empresas de construção civil que adquirem material em Estado-membro que cobra alíquota mais favorável de ICMS não estão compelidas, uma vez empregadas as mercadorias em obra daquela pessoa jurídica, ao recolhimento da diferença em virtude de alíquota maior do Estado-membro destinatário" (STF – RE 248830 AgR-ED – 1ª Turma – Rel. Min. Marco Aurélio – julg. 7.6.2011). Entretanto, é importante destacar que, em relação às operações e prestações que destinem bens e serviços a consumidor final contribuinte ou não do imposto, localizado em outro Estado, consoante nova sistemática implementada pela EC 87/2015, adotar-se-á a alíquota interestadual e caberá ao Estado de localização do destinatário o imposto correspondente à diferença entre a alíquota interna do Estado destinatário e a alíquota interestadual, cabendo a responsabilidade pelo recolhimento desse imposto (diferencial de alíquota): a) ao destinatário, quando este for contribuinte do imposto; b) ao remetente, quando o destinatário não for contribuinte do imposto. A grande novidade da nova sistemática de alíquotas interestaduais foi a substituição da utilização das alíquotas internas pelas interestaduais nas operações e prestações que destinem bens e serviços a consumidor final não contribuinte localizado em outro Estado. Com isso, caberá aos Estados de destino o direito ao diferencial de alíquotas, o que representará uma perda de arrecadação para os Estados de origem, que ficavam, até então, com todo o imposto dessas operações interestaduais. Entretanto, deve-se lembrar que, a própria EC 87/2015 estipulou regra de transição, de modo que, até que os Estados de destino passem a ter direito integral a esse diferencial de alíquota, o imposto correspondente à diferença entre a alíquota interna e a interestadual será partilhado entre os Estados de origem e de destino, na seguinte proporção:

Direito à diferença da alíquota interestadual

Ano	Origem	Destino
2015	80%	20%
2016	60%	40%
2017	40%	60%
2018	20%	80%
2019	Zero	100%

O chamado "cálculo por dentro", isto é, inclusão do ICMS na sua própria base de cálculo é constitucional. Fundamento: CF, art. 155, § 2°, XII, "i" (STF – RE 58246 – Pleno – Rel. Min. Gilmar Mendes – julg. 18.5.2011 – Repercussão Geral).

Há duas bases de incidência na importação de produtos mediante contrato de arrendamento mercantil, a prestação de serviço (leasing) e a própria importação. Com base nessa premissa, em recente acórdão, o STF decidiu não existir bitributação em se exigir o IPI na importação mediante leasing (STF – RE 42930 – Rel. Min. Joaquim Barbosa – 2ª Turma – julg. 1.2.2011).

Verdade que o artigo 155, § 2°, inciso IV, da CF atribui competência ao Senado Federal para estabelecer as alíquotas do ICMS aplicáveis às operações e prestações, interestaduais e de exportação. Porém, em relação às alíquotas de exportação, essa norma passou a constituir "letra morta" após a promulgação da Emenda Constitucional 42/2003, que alterou a redação do artigo 155, § 2°, inciso X, alínea "a", da CF, contemplando com imunidade todas as operações que destinem mercadorias para o exterior, inclusive, assegurando a manutenção e o aproveitamento do montante do imposto cobrado nas operações anteriores.

Para não se esquecer da regra do artigo 155, § 2°, inciso II, alíneas "a" e "b", da CF de que a isenção ou não-incidência, salvo determinação em contrário da legislação, não implicará crédito para compensação com o montante devido nas operações ou prestações seguintes e acarretará a anulação do crédito relativo às operações anteriores, basta pensar o quanto seria ilógico permitir-se a compensação de um imposto que não foi pago anteriormente ou se manter o crédito para abater-se, na operação subsequente, em que não haverá tributação.

Embora operações que destinem a outros Estados petróleo, inclusive lubrificantes, combustíveis líquidos e gasosos dele derivados e energia elétrica sejam imunes ao ICMS (CF, art. 155, § 2°, X, "b"), cabe à lei complementar definir os combustíveis e lubrificantes sobre os quais o imposto incidirá uma única vez, qualquer que seja a sua finalidade, hipótese em que não se aplicará a imunidade (CF, art. 155, § 2°, XII, "h"). Trata-se do ICMS-combustíveis monofásico, cuja tributação deve observar as disposições do § 4° do artigo 155 da CF.

As vendas de salvados pelas companhias seguradoras não se enquadram no conceito de operações relativas à circulação de mercadorias, não se sujeitando ao ICMS. Constituem sim atividade integrante das operações de seguro, cuja tributação se sujeitaria à competência da União estabelecida no artigo 153, inciso V da CF (STF – ADI 1648 – Pleno – Rel. Min. Gilmar Mendes – julg. 16.2.2011).

No âmbito do Recurso Extraordinário nº 574706, com repercussão geral, o STF decidiu que o "ICMS não compõe a base de cálculo para fins de incidência do PIS e da Cofins". Para tanto, considerou a Corte que o valor arrecadado a título de ICMS não se incorpora ao patrimônio do contribuinte, nem representa faturamento ou receita, constituindo apenas ingresso de caixa ou trânsito contábil a ser totalmente repassado ao fisco estadual. Dessa forma, levando-se em conta que, nos termos do artigo 195, inciso I, alínea "b", da CF, essas contribuições, destinadas ao financiamento da seguridade social, incidem sobre o faturamento ou receita, torna-se inconstitucional incluir o ICMS em suas bases de cálculo.

As operações isentas e não tributadas não apenas não dão direito ao crédito do ICMS para as operações e prestações seguintes (CF, art. 155, § 2°, II, "a"), como acarretam a anulação do crédito relativo às operações e prestações anteriores (CF, art. 155, § 2°, II, "b").

De acordo com a competência estabelecida no artigo 155, § 2°, inciso XII, alínea "g", da CF, a forma como, mediante deliberação dos Estados e Distrito Federal, serão concedidos e revogados isenções, incentivos e benefícios fiscais (CF, art. 155, § 2°, XII, "g"), está regida, atualmente, pela Lei complementar 24/75, recepcionada pela CF nos termos do artigo 34, §5° do ADCT, que prevê a celebração de convênio no âmbito do CONFAZ. É importante destacar que a Lei complementar 160/2016 veio autorizar as unidades da federação a celebrarem convênios concedendo remissão a créditos tributários constituídos em face de benefícios fiscais instituídos no cenário da chamada "guerra fiscal entre os Estados", em desacordo com a exigência de convênio autorizativo estabelecida na Lei complementar nº 24/75. Essa nova lei complementar ainda possibilita que os convênios promovam a reinstituição dos citados benefícios.

O art. 88 do ADCT dispõe que: "Art.88. Enquanto lei complementar não disciplinar o disposto nos incisos I e III do § 3º do art. 156 da Constituição Federal, o imposto a que se refere o inciso III do caput do mesmo artigo: I - terá alíquota mínima de dois por cento, exceto para os serviços a que se referem os itens 32, 33 e 34 da Lista de Serviços anexa ao Decreto-Lei nº 406, de 31 de dezembro de 1968; II – não será objeto de concessão de isenções, incentivos e benefícios fiscais, que resulte, direta ou indiretamente, na redução da alíquota mínima estabelecida no inciso I". Durante muito tempo, esse dispositivo produziu seus efeitos, pois, a Lei Complementar nº 116, de 2003, que veio posteriormente a dispor sobre o ISSQN, não estabelecia alíquota mínima, nem regulava a forma e as condições para a concessão, pelos Municípios, de isenções, incentivos e benefícios fiscais no que diz respeito ao imposto. O cenário, porém, mudou com o advento da Lei Complementar nº 157, de 2016, que incluiu na Lei complementar nº 116, de 2003 o artigo 8º-A, com a seguinte redação: "Art. 8º-A: A alíquota mínima do Imposto sobre Serviços de Qualquer Natureza é de 2% (dois por cento). § 1º O imposto não será objeto de concessão de isenções, incentivos ou benefícios tributários ou financeiros, inclusive de redução de base de cálculo ou de crédito presumido ou outorgado, ou sob qualquer outra forma que resulte, direta ou indiretamente, em carga tributária menor que a decorrente da aplicação da alíquota mínima estabelecida no caput, exceto para os serviços a que se referem os subitens 7.02, 7.05 e 16.01 da lista anexa a esta Lei Complementar. § 2º É nula a lei ou o ato do Município ou do Distrito Federal que não respeite as disposições relativas à alíquota mínima previstas neste artigo no caso de serviço prestado a tomador ou intermediário localizado em Município diverso daquele onde está localizado o prestador do serviço. § 3º A nulidade a que se refere o § 2º deste artigo gera, para o prestador do serviço, perante o Município ou o Distrito Federal que não respeitar as disposições deste artigo, o direito à restituição do valor efetivamente pago do Imposto sobre Serviços de Qualquer Natureza calculado sob a égide da lei nula". Quanto às exceções à vedação à concessão de isenções, incentivos ou benefícios (§ 2º), referem-se elas ao seguintes serviços: 7.02. Execução, por administração, empreitada ou subempreitada, de obras de construção civil, hidráulica ou elétrica e de outras obras semelhantes, inclusive sondagem, perfuração de poços, escavação, drenagem e irrigação, terraplanagem, pavimentação, concretagem e a instalação e montagem de produtos, peças e equipamentos (exceto o fornecimento de mercadorias produzidas pelo prestador de serviços fora do local da prestação dos serviços, que fica sujeito ao ICMS); 7.05. Reparação, conservação e reforma de edifícios, estradas, pontes, portos e congêneres (exceto o fornecimento de mercadorias produzidas pelo prestador dos serviços, fora do local da prestação dos serviços, que fica sujeito ao ICMS); 16.01. Serviços de transporte coletivo municipal rodoviário, metroviário, ferroviário e aquaviário de passageiros.

A Lei complementar nº 157/2016, de acordo com a competência conferida pelo artigo 156, inciso III, da CF, ampliou a relação de serviços passíveis de tributação pelo ISS. Para tanto, incluiu novos itens e subitens na lista, bem como promoveu a alteração de outros presentes na redação original. Muita atenção para os novos serviços a seguir relacionados: 1.03 - Processamento, armazenamento ou hospedagem de dados, textos, imagens, vídeos, páginas eletrônicas, aplicativos e sistemas de informação, entre outros formatos, e congêneres; 1.04 - Elaboração de programas de computadores, inclusive de jogos eletrônicos, independentemente da arquitetura construtiva da máquina em que o programa será executado, incluindo tablets, smartphones e congêneres; 1.09 - Disponibilização, sem cessão definitiva, de conteúdos de áudio, vídeo, imagem e texto por meio da internet, respeitada a imunidade de livros, jornais e periódicos (exceto a distribuição de conteúdos pelas prestadoras de Serviço de Acesso Condicionado, de que trata a Lei nº 12.485, de 12 de setembro de 2011, sujeita ao ICMS); 6.06 - Aplicação de tatuagens, piercings e congêneres; 7.16 - Florestamento, reflorestamento, semeadura, adubação, reparação de solo, plantio, silagem, colheita, corte e descascamento de árvores, silvicultura, exploração florestal e dos serviços congêneres indissociáveis da formação, manutenção e colheita de florestas, para quaisquer fins e por quaisquer meios; 11.02 - Vigilância, segurança ou monitoramento de bens, pessoas e semoventes; 13.05 - Composição gráfica, inclusive confecção de impressos gráficos, fotocomposição, clicheria, zincografia, litografia e fotolitografia, exceto se destinados a posterior operação de comercialização ou industrialização, ainda que incorporados, de qualquer forma, a outra mercadoria que deva ser objeto de posterior circulação, tais como bulas, rótulos, etiquetas, caixas, cartuchos, embalagens e manuais técnicos e de instrução, quando ficarão sujeitos ao ICMS; 14.05 - Restauração, recondicionamento, acondicionamento, pintura, beneficiamento, lavagem, secagem, tingimento, galvanoplastia, anodização, corte, recorte, plastificação, costura, acabamento, polimento e congêneres de objetos quaisquer; 14.14 - Guincho intramunicipal, guindaste e içamento; 16.01 - Serviços de transporte coletivo municipal rodoviário, metroviário, ferroviário e aquaviário de passageiros; 16.02 - Outros serviços de transporte de natureza municipal; 17.25 - Inserção de textos, desenhos e outros materiais de propaganda e publicidade, em qualquer meio (exceto em livros, jornais, periódicos e nas modalidades de serviços de radiodifusão sonora e de sons e imagens de recepção livre e gratuita); 25.02 - Translado intramunicipal e cremação de corpos e partes de corpos cadavéricos; 25.05 - Cessão de uso de espaços em cemitérios para sepultamento. A cobrança do imposto sobre os novos serviços dependerá da instituição por lei municipal, que deverá respeitar os limites da lei complementar, bem como da observância ao princípio da anterioridade, nas suas vertentes anual e nonagesimal.

O imposto de importação é considerado pela doutrina um imposto regulatório, de caráter extrafiscal, na medida em que a alteração de sua carga tributária, permitida ao Poder Executivo (CF, art. 153, §1º), pode influir no domínio econômico, inibindo as exportações na majoração, como ocorreu recentemente em relação aos automóveis, ou incentivando-as na redução, como aconteceu na década de 90 em relação à mesma espécie de produto.

Os impostos extraordinários, instituídos pela iminência ou no caso de guerra externa, serão suprimidos, gradativamente, cessadas as causas de sua criação (CF, art. 154, II).

Segundo o artigo 77 do CTN, as taxas têm como fato gerador o exercício regular do poder de polícia, ou a utilização, efetiva ou potencial, de serviço público específico e divisível, prestado ao contribuinte ou posto à sua disposição. Logo, há dois tipos de taxas: taxas de polícia (de fiscalização) e taxas de serviço público específico e divisível.

A taxa de polícia (de fiscalização) é cobrada quando há o exercício do poder de polícia, também chamado de poder de fiscalização. Tem-se como exemplos a taxa de vigilância sanitária, a taxa de licença e funcionamento ("alvará de funcionamento") etc. Não é possível cobrar taxa de fiscalização pelo uso potencial (STF, RE 140.278).

O art. 78 do CTN define poder de polícia "considera-se poder de polícia atividade da administração pública que, limitando ou disciplinando direito, interesse ou liberdade, regula a prática de ato ou a abstenção de fato, em razão de interesse público concernente à segurança, à higiene, à ordem, aos costumes, à disciplina da produção e do mercado, ao exercício de atividades econômicas dependentes de concessão ou autorização do Poder Público, à tranquilidade pública ou ao respeito à propriedade e aos direitos individuais ou coletivos".

A taxa de serviço é cabível toda vez que o Estado, diretamente, presta serviço público específico e divisível ao contribuinte. Assim, se o serviço é genérico e indivisível, sua remuneração se dá através dos impostos. Se é específico e divisível, pelo princípio da justiça fiscal, seu pagamento deve ser cobrado apenas dos que recebem o serviço, situação em que se cobra a taxa.

ART. 79 CTN	
UTILIZAÇÃO	**Efetiva**: quando por ele usufruídos a qualquer título
	Potencial: quando, sendo de utilização compulsória, sejam postos à sua disposição mediante atividade administrativa em efetivo funcionamento
SERVIÇOS PÚBLICOS	**Específicos**: quando possam ser destacados em unidades autônomas de intervenção, de utilidade ou de necessidade públicas
	Divisíveis: quando suscetíveis de utilização, separadamente, por parte de cada um dos seus usuários

Considerando-se que apenas serviços públicos específicos e divisíveis são passíveis de tributação por meio de taxas, o Supremo Tribunal Federal já declarou inconstitucional diversas exigências tributárias tais como taxa de conservação de vias públicas, taxa de limpeza urbana e, conforme consagrado na Súmula Vinculante 41, a taxa de iluminação pública. São cobranças que, contrariando as disposições do artigo 79, incisos II e III do CTN, são fundamentadas em serviços inespecíficos e indivisíveis, uma vez que usufruídos de maneira geral, por toda a coletividade, sem possibilidade de serem destacados em unidades autônomas de utilização.

Não são apenas os serviços públicos efetivamente prestados que podem ser remunerados pela cobrança de taxas, mas, também, aqueles postos à disposição do contribuinte (CTN, art. 79, I, "b"). Assim, a taxa de coleta de lixo domiciliar, além de ser considerada constitucional pela Súmula Vinculante 19, pode ser exigida de todo imóvel atendido pelo serviço, ainda que se trate de um imóvel desabitado. Por outro lado, não se pode exigir de um imóvel habitado que não seja atendido pelo serviço, uma vez não ter sido colocado à disposição do contribuinte.

Verdade não ser o serviço de iluminação pública específico e divisível, razão pela qual não pode ser remunerado por taxa (CF, art. 145, II e inteligência da Súmula 670 do STF e Súmula Vinculante 41). Porém, é lícito aos municípios e ao Distrito Federal instituir contribuição para custeio do serviço (CF, art. 149-A), facultada a sua cobrança na fatura de consumo de energia elétrica (CF, art. 149-A, parágrafo único).

O artigo 145, §2º da CF dispõe que "as taxas não poderão ter base de cálculo própria de impostos". No entanto, pela dificuldade de mensurar uma base à sua cobrança, a Súmula Vinculante 29 afirma que "é constitucional a adoção, no cálculo do valor de taxa, de um ou mais elementos da base de cálculo própria de determinado imposto, desde que não haja integral identidade entre uma base e outra".

Sua base de cálculo deve guardar relação com os custos da atividade, o que nem sempre é fácil mensurar.

É tributo (i) vinculado a uma atuação estatal em relação ao contribuinte, e (ii) de receita vinculada a órgão, fundo ou despesa, sem ser essa vinculação um requisito para a sua validade. Pode ter a receita vinculada ou não, diferentemente da contraprestação ao contribuinte, que deve ser vinculada.

Comparação entre taxa e preço público (tarifa):

CRITÉRIOS	TAXA	PREÇO PÚBLICO / TARIFA
Regime	Direito Público (tributário)	Direito Privado (consumidor – contratual)
Natureza Jurídica	Tributária (espécie tributária, artigo 145, inciso II, CF/88, portanto, deve respeito aos princípios tributários)	Contratual (Estado prestador de serviço como se fora um particular ou o particular sob delegação do Estado – concessões, permissões, etc)
Tipo de receita pública	Receita derivada	Receita originária

CRITÉRIOS	TAXA	PREÇO PÚBLICO / TARIFA
Serviços Públicos	Específicos e divisíveis, de uso efetivo ou potencial	Específicos e divisíveis, apenas de uso efetivo
Tipos de serviços públicos	A) Propriamente estatais e ínsitos à soberania do Estado (exemplo: concessão de passaporte) e; B) Essenciais ao interesse público	A) Não essenciais ao interesse público (exemplos: telefonia, gás, energia elétrica e outros sujeitos à concessão ou permissão pelo ente estatal) e; B) em regra, serviços delegáveis
Cobrança	Compulsória (característica tributária, cobrada no caso de utilização do serviço público e mesmo no caso de o serviço público ter sido colocado à disposição e não necessariamente utilizado)	Voluntária (apenas no uso do serviço público)
Dívida Ativa	Créditos oriundos do não pagamento são inscritos na Dívida Ativa tributária	Créditos oriundos do não pagamento são inscritos na Dívida Ativa não tributária
Repetição de indébito	Ação de repetição de indébito sujeita-se ao prazo previsto no CTN	Ação de repetição de indébito sujeita-se ao prazo prescricional estabelecido no Código Civil (Súmula 412 do STJ)
Decorre de (segundo Súmula 545 do STF)[1]	Lei (cobrança condicionada à prévia autorização orçamentária)[2]	Contrato (vontade das partes)
Prescrição	Quinquenal, regida pelo Direito Público (Código Tributário Nacional)	Decenal, regida pelo Direito Privado (Código Civil). Conforme REsp 1117903

As taxas e o STF:

TAXA	JULGADA	RESUMO	Nº STF
Coleta/remoção/tratamento/ destinação de lixo proveniente dos imóveis	Constitucional	Remunera serviço público específico e divisível (prestado ou a disposição)	Súmula vinculante 19
Fiscalização dos mercados de títulos e valores mobiliários (instituída pela Lei 7.940/89) "taxa da CVM"	Constitucional	Em razão do exercício do Poder de Polícia atribuído à Comissão de Valores Mobiliários (CVM)	Súmula 665
Iluminação pública	Inconstitucional	É um serviço destinado a toda a coletividade (*uti universi*), não é específico e divisível	Súmula Vinculante 41
Classificação de produtos vegetais (instituída pelo Decreto-Lei 1.899/81)	Constitucional	Em razão do exercício do Poder de Polícia (padrão de qualidade dos produtos vegetais que entram no país)	RE 511.584-AgR e outros
Fiscalização/localização e funcionamento	Constitucional	Em razão do exercício do Poder de Polícia (desde que efetivo, sendo suficiente a demonstração da existência de órgão e estrutura necessários ao exercício da competente fiscalização)	RE 588.322 e outros
Municipal de incêndio	Inconstitucional	"A segurança pública, presentes a prevenção e o combate a incêndios, faz-se, no campo da atividade precípua, pela unidade da Federação, e, porque essencial, tem como a viabilizá-la a arrecadação de impostos, não cabendo ao município a criação de taxa para tal fim".	RE 643247
IBAMA	Constitucional	Em razão do exercício do Poder de Polícia (fiscalização das atividades poluidoras e utilizadoras de recursos ambientais)	RE 416.601 e outros
Segurança (policiamento preventivo)	Inconstitucional	É um serviço destinado a toda a coletividade (*uti universi*), não é específico e divisível	ADI 1.942 e outros
Municipal de conservação de estradas de rodagem	Inconstitucional	Base de cálculo idêntica à do ITR	Súmula 595

1 Súmula 545 do STF – Preços de serviços públicos e taxas não se confundem, porque estas, diferentemente daqueles, são compulsórias e têm sua cobrança condicionada à prévia autorização orçamentária, em relação à lei que as instituiu.

2 Embora superado o Princípio da Anualidade (exigência de prévia previsão orçamentária), o STF não revogou a Súmula 545 e algumas bancas examinadoras continuam cobrando o seu texto literal e integral.

A natureza jurídica do pedágio sempre gerou muita polêmica. Uma linha defende o pedágio enquanto tributo (taxa), sujeito, portanto, aos regramentos aplicáveis às demais espécies tributárias, notadamente ao respeito das limitações ao poder de tributar. Em seu favor tem-se um precedente do STF (RE 181.475-6), relativo ao selo pedágio, que era compulsório. Outra linha, que é predominante na doutrina e com a qual estes autores compactuam, apregoa o pedágio como um preço público (tarifa), uma vez que arrecadado pelas concessionárias (empresas que visam o lucro). As concessionárias (de rodovias) prestam um serviço essencial ao interesse público, que, em regra, pode ser delegado ou concedido pelo Poder Público a outras entidades, públicas ou privadas. Recentemente, o Supremo Tribunal Federal pronunciou-se pela natureza de tarifa ou preço público do pedágio, haja vista não gozar da compulsoriedade, característica essencial das taxas (STF – ADI 800/RS, rel. Min. Teori Zavascki, 11.6.2014).

Pela redação do artigo 81 do CTN, contribuição de melhoria é tributo instituído para fazer face ao custo de obras públicas de que decorra valorização imobiliária, tendo como limite total a despesa realizada e como limite individual o acréscimo de valor que da obra resultar para cada imóvel beneficiado. É regida pelo Decreto-lei 195/67.

Sobre a sua base de cálculo, o STJ é pacífico de que esta consiste na "efetiva valorização imobiliária, a qual é aferida mediante a diferença entre o valor do imóvel antes do início da obra e após a sua conclusão, sendo inadmissível a sua cobrança com base somente no custo da obra pública realizada" (REsp 1.076.948-RS, Rel. Min. Luiz Fux, julgado em 4/11/2010).

Obra pública inacabada também não autoriza a cobrança de contribuição de melhoria (REsp 647.134-SP).

O CTN, no art. 82, enumera uma lista de requisitos mínimos para a cobrança do tributo, de modo que não poderá ser cobrado sem a observância dessas formalidades legais que constituem o pressuposto do seu lançamento.

Os Empréstimos Compulsórios são tributos cobrados exclusivamente pela União em duas hipóteses: a) atender a despesas extraordinárias, decorrentes de calamidade pública e de guerra externa efetiva ou iminente; e b) investimento público de caráter urgente e de relevante interesse nacional.

Exige lei complementar (que definirá o fato gerador) e a competência, conforme dito acima, é exclusiva da União.

Possui intrínseca relação com os impostos extraordinários (CF, art. 154, II).

Empréstimos compulsórios para guerra externa	Imposto extraordinário de guerra
Cabível *também* na iminência ou no caso de guerra externa efetiva	Cabível na iminência ou no caso de guerra externa efetiva
Pode-se utilizar qualquer fato gerador de tributo para a sua cobrança	Pode-se utilizar qualquer fato gerador de tributo para a sua cobrança
Demanda lei complementar	Não exige lei complementar. Pode ser lei ordinária ou até medida provisória
Exceção às duas anterioridades	Exceção às duas anterioridades
É tributo restituível	Não é tributo restituível

As contribuições especiais consistem em tributos de receita vinculada, cobrados em sua maioria pela União, que devem atender a quatro pressupostos para a sua validade: a) Finalidade adequada ao Texto Magno; b) Existência de um grupo ou setor que receberá a atuação do destino do tributo; c) Entidade específica para o setor beneficiado; e d) Arrecadação destinada à finalidade.

São de competência exclusiva da União, com duas exceções: (i) Estados, DF e Municípios podem instituir contribuições em benefício dos seus servidores, quando possuírem Regime Próprio de Previdência Social (CF, art. 149, §1° c/c art. 40); e Município e DF podem instituir Contribuição de Iluminação Pública, para o custeio do serviço de iluminação pública (CF, art. 149-A, da CF).

O PIS e a Cofins são contribuições que incidem sobre as vendas a prazo inadimplidas, cujos valores faturados não tenham sido recebidos (STF – RE 586482/RS – Pleno – Rel. Min. Dias Toffoli – julg. 23.11.2011).

Segundo o STF (RE 138.284), as contribuições sociais podem ser gerais ou específicas. Específicas são as descritas no artigo 195 da CF, cuja materialidade já foi definida pelo legislador constituinte e destinam-se a financiar a seguridade social. Gerais são todas as outras contribuições que dizem respeito aos direitos sociais, mas não estão delimitadas dentro do artigo 195, portanto, não financiam a seguridade social. São as que podem ser criadas com base no artigo 149 da CF, que deixou a materialidade das contribuições aberta. Têm-se como exemplos as contribuições do salário-educação (CF, art. 212, §5º), contribuições do "Sistema S" como SESI, SESC, SENAI, SEBRAE, SEST etc. (CF, art. 240).

As contribuições de intervenção no domínio econômico (CIDEs) caracterizam-se pela finalidade interventiva. Guardam semelhança com os impostos ditos regulatórios, daí serem tributos extrafiscais.

São de competência exclusiva da União e podem ser criadas por lei ordinária.

O seu principal exemplo é a CIDE incidente sobre a importação e a comercialização de petróleo e seus derivados, também chamada de CIDE-Combustíveis. Presente na CF, no artigo 177, §4o, esta contribuição é exceção ao princípio da legalidade (sua alíquota pode ser reduzida e restabelecida por ato do Poder Executivo) e ao princípio da anterioridade anual (não se lhe aplica o disposto no artigo 150, inciso III, alínea "b", da CF).

Outros exemplos de CIDEs são: a) Contribuição para o Fundo de Universalização dos Serviços de Telecomunicações (FUST). Lei 9.998/00 – 1% sobre a receita da prestação de serviços de telecomunicação; b) Contribuição ao Fundo para o Desenvolvimento Tecnológico das Telecomunicações (Funttel). Lei 10.052/00 – 0,5% sobre a receita bruta das empresas; c) Contribuição para o Financiamento do Programa de Estímulo à Interação Universidade-Empresa. Lei 10.168/00; d) Contribuição para o Desenvolvimento da Indústria Cinematográfica Nacional (Condecine). Lei 10.454/02.

Por fim, há as contribuições de interesse de categorias profissionais ou econômicas, conhecidas como contribuições profissionais ou corporativas. Caracterizam-se por serem instituídas em favor de categorias profissionais ou econômicas, sendo vinculadas a entidades representativas desses segmentos sociais. Têm-se como exemplos CRM, CREA, CRC, CRO, dentre outras.

Com a Reforma Trabalhista aprovada em 2017, a CLT, lei instituidora da contribuição sindical, passou a estabelecer no seu artigo 578 que: "As contribuições devidas aos sindicatos pelos participantes das categorias econômicas ou profissionais ou das profissões liberais representadas pelas referidas entidades serão, sob a denominação de contribuição sindical, pagas, recolhidas e aplicadas na forma estabelecida neste Capítulo, **desde que prévia e expressamente autorizadas**." E, com isso, o desconto da contribuição em relação a trabalhadores e o pagamento por parte dos empregadores e profissionais liberais passa a ter caráter facultativo (CLT, arts. 579/587).

Com a alteração promovida, a contribuição sindical deixa de ter caráter tributário, uma vez perder uma característica essencial do conceito de tributo estabelecido no artigo 3º do CTN, que é a natureza compulsória. Em outras palavras, tornando-se facultativa, a contribuição sindical passa a ter natureza trabalhista e ser objeto do direito coletivo do trabalho. Exatamente como ocorre com as outras cobranças sindicais facultativas, tais como as contribuições confederativa e assistencial, bem como as taxas associativas (Súmula Vinculante 40).

De qualquer forma, permanece vigente a competência da União para instituição de contribuições de interesse de categorias profissionais, estabelecida no artigo 149 da CF/88. Consequentemente, a contribuição sindical poderá retomar a sua natureza tributária caso a sua obrigatoriedade, futuramente, venha a ser restabelecida em lei, por exemplo, por uma eventual nova alteração da CLT.

Em relação à OAB, entende-se que não se trata de apenas um conselho de fiscalização de profissão, mas, além disso, possui finalidade institucional, como defender a Constituição e a Justiça. Logo, a natureza da sua cobrança não é igual à dos demais Conselhos. Este debate tem gerado dúvidas sobre a natureza jurídica do valor cobrado pela OAB, tendo o STJ se posicionado no sentido de que este não possui natureza tributária (EREsp 495.918/SC). O tema ainda não foi pacificado pelo STF.

2. LIMITAÇÕES CONSTITUCIONAIS AO PODER DE TRIBUTAR

No campo das limitações constitucionais ao poder de tributar, a CF veicula princípios constitucionais tributários gerais, aplicáveis aos tributos em geral, como é o caso do princípio da legalidade, e princípios constitucionais tributários específicos, que dizem respeito a tributos determinados, como o princípio da não cumulatividade do ICMS estadual.

Princípios tributários são normas de posição premente e observância em todos os quadrantes da ordem jurídica tributária, que veiculam valores fundamentais do sistema tributário nacional.

Princípio da legalidade (CF, art. 150, I c/c CTN, art. 97). A instituição ou a majoração de um tributo deve decorrer de lei. A legalidade tributária estrita é também chamada de tipicidade cerrada, uma vez que no artigo 97 do CTN o legislador mencionou as matérias específicas que demandam lei para a sua criação (fato gerador, base de cálculo, alíquota, sujeito passivo e multa).

Princípio da Legalidade Cerrada – artigo 97 CTN ***(numerus clausulus)***	Fato gerador
	Alíquota
	Base de cálculo
	Sujeito passivo
	Multa

Se é necessária lei para criar tributo, é igualmente necessária lei para a sua redução ou isenção (CF, art. 150, §6º);

Os tributos, geralmente, são instituídos por lei ordinária. Em quatro hipóteses, contudo, necessita-se de lei complementar:

Tributos veiculados por LC:
(i) Empréstimos compulsórios (CF, art. 148, I e II)
(ii) Imposto sobre grandes fortunas (CF, art. 153, VII)
(iii) Impostos residuais (CF, art. 154, I)
(iv) Contribuições residuais da seguridade social (CF, art. 195, §4°)

A Medida Provisória pode criar impostos, exceto os reservados à lei complementar (CF, art. 62, §1°, III e §2°).

A multa também precisa de lei para a sua criação.

Enfim, destaque-se que, em certas hipóteses, o tributo poderá ter suas alíquotas alteradas via decreto ou outra norma do Poder Executivo, cujo rol das mitigações está a seguir:

EXCEÇÕES À LEGALIDADE TRIBUTÁRIA	Imposto de Importação – II
	Imposto de exportação – IE
	Imposto sobre produtos industrializados – IPI
	Imposto sobre operações financeiras – IOF
	ICMS-Combustível
	CIDE-Combustível

No plano infraconstitucional, o princípio da legalidade encontra-se regulado pelo artigo 97 do CTN, que foi recepcionado pela Constituição Federal de 1988. Seus parágrafos merecem especial destaque, cumprindo lembrar que se equipara à majoração do tributo, e, portanto, fere o princípio da legalidade, a modificação de sua base de cálculo, que importar em torná-lo mais oneroso (CTN, art. 97, § 1°). Ao contrário, não constitui majoração de tributo, não ferindo o princípio da legalidade, a mera atualização monetária da respectiva base de cálculo (CTN, art. 97, § 2°). Alguns tratam o § 2° como uma exceção ao princípio da legalidade, mas ainda que a regra não estivesse veiculada no CTN, não se poderia considerar a atualização monetária como majoração de tributo, haja vista a sua natureza de instrumento de reposição inflacionária.

Da aplicação do princípio da legalidade (CF, art. 150, I) combinada com o princípio implícito da reserva à lei complementar, resulta que: i) em regra, os tributos devem ser instituídos por lei ordinária; ii) quando houver expressa previsão constitucional o tributo será instituído por lei complementar, como ocorre com o empréstimo compulsório (CF, art. 148) e o imposto sobre grandes fortunas (CF, art. 153, VII).

Pelo princípio da legalidade (CF, art. 150, I) é vedado ao Poder Executivo criar ou aumentar tributos (ressalvas as exceções do art. 153, §1º, da CF), ficando reservado à lei o exercício das competências tributárias constitucionalmente conferidas à União, Estados, Distrito Federal e Municípios. Como somente a lei pode revogar outra lei, por viés de raciocínio, como só a lei pode criar ou aumentar tributos, apenas ela é que pode extingui-los ou reduzi-los.

Há duas normas constitucionais que limitam a majoração de imposto por medida provisória, quais sejam: 1ª) a de que a medida provisória que institua ou majore impostos só produzirá efeitos no exercício financeiro seguinte, desde que seja convertida em lei até o último dia do exercício em que tiver sido editada (CF, art. 62, § 2°); 2ª) a do princípio da anterioridade nonagesimal, segundo o qual leis que instituam ou majorem tributos devem aguardar uma anterioridade mínima de 90 dias (CF, art. 150, § 1°, in fine).

A União pode instituir ou majorar impostos por meio de medidas provisórias. Mas cabe lembrar que há exceções à regra relativas aos impostos de importação, exportação, produtos industrializados e operações financeiras, bem como que a medida provisória que implique majoração ou instituição de impostos só produzirá efeitos no exercício financeiro seguinte se houver sido convertida em lei até o último dia daquele em que foi editada, tudo nos termos do artigo 62, § 2°, da CF.

Princípio da Isonomia Tributária ou Igualdade (CF, art. 150, II CF). Possui como sub-princípios a Interpretação Objetiva do "Fato Gerador" (CTN, arts. 118 c/c 126) – cláusula *non olet* (tributo não tem cheiro) – e o Princípio da Capacidade Contributiva (CF, art. 145, §1°). Consiste em tratar os iguais de modo igual (isonomia horizontal), e os desiguais de modo desigual (isonomia vertical), de modo que, na existência de desigualdade não suportada pela Constituição, deve-se buscar a igualdade pelo caminho do tratamento desigual. Assim, por serem desiguais, empresas pequenas e grandes podem ser submetidas a tratamento tributário diferenciado, pois este é o caminho de se buscar a igualdade entre elas. No ponto, o STF decidiu ser constitucional o tratamento diferenciado entre empresas sujeitas ao Simples Nacional e os profissionais liberais, muito embora com faturamento que lhes permitissem optar pelo pagamento diferenciado de tributos, por entender que as sociedades civis de prestação de serviços profissionais relativos ao exercício de profissão regulamentada têm condições de disputar o mercado de trabalho sem assistência do Estado (ADI 1.643/DF).

Ao veicular o princípio da capacidade contributiva, o artigo 145, §1° da CF refere-se exclusivamente aos impostos, tornando lícito afirmar que não se aplica às taxas e contribuições de melhorias que, ademais, por serem tributos vinculados a uma atividade estatal específica relativa ao contribuinte, não possuem hipótese de incidência adstrita a fatos signo-presuntivos de riqueza.

Em relação à capacidade contributiva, o final do §1° do artigo 145 da CF faculta à administração tributária "identificar, respeitados os direitos individuais e nos termos da lei, o patrimônio, os rendimentos e as atividades econômicas do contribuinte". Nesse espeque, a LC 105/01 dá poderes ao Fisco de requisitar diretamente às instituições financeiras informações dos contribuintes, protegidas por sigilo, sem necessidade de ordem judicial.

Na clássica lição do jurista Celso Antônio Bandeira de Melo, em matéria de isonomia, para que um tratamento diferenciado seja justificado, o elemento discriminatório eleito pelo legislador deve ser lógico e razoável. Assim também se perfaz a observância ao princípio da isonomia tributária (CF, art. 150, II). Contribuintes em situações equivalentes podem ser tratados de forma distinta de contribuintes que a eles não se igualam, desde que o elemento discriminatório (fator de desigualação) seja coerente com justificativas lógicas e razoáveis, contexto em que se inserem o interesse ou a conveniência pública na aplicação da regra da capacidade contributiva e o incentivo de determinadas atividades de interesse do Estado.

De acordo com a jurisprudência do STF, não é possível acrescentar exemplos à lei com base no princípio da isonomia, razão pela qual não é lícito ao Poder Judiciário conceder a extensão de um benefício fiscal a contribuinte não contemplado na lei, sob pena de incorrer-se em ofensa ao princípio da separação dos poderes (RE 405579 – Pleno – Rel. Min. Joaquim Barbosa – julg. 01/12/2010).

É inconstitucional por ofender o princípio da isonomia tributária a lei que concede isenção de pagamento de custas e emolumentos pelos serviços judiciais e extrajudiciais apenas a servidores do Poder Judiciário (STF – ADI 3334 – Pleno – Rel. Min. Ricardo Lewandowski – julg. 17/02/2011).

Princípio da Irretroatividade (CF, art. 150, III, "a" c/c CTN, arts. 106 e 144). Proíbe a retroatividade de lei nova gravosa alcançar fatos ocorridos antes da sua vigência. No ponto, destaque para a retroatividade das leis expressamente interpretativas e as que versem sobre infrações e sejam mais benéficas para os infratores. Estas últimas, cumpre lembrar, não retroagirão se já houver coisa julgada.

A referência do Supremo Tribunal Federal para análise da irretroatividade é o aspecto temporal da hipótese de incidência, isto é, o momento em que o fato gerador ocorre. Em termos mais precisos, a norma tributária aplicável é sempre aquela vigente na data da ocorrência do fato gerador, o que constitui a realização prática do aspecto temporal da hipótese de incidência tributária. Daí a vedação de se cobrar tributos em relação a fatos geradores ocorridos antes do início da vigência da lei que os houver instituído ou aumentado (CF, art. 150, III, "a").

Interpretado a contrario sensu, o princípio da retroatividade da norma tributária enunciado na CF diz respeito à regra de que os tributos devem ser cobrados segundo a lei vigente à época dos referidos fatos geradores, o que torna lícito afirmar que a mesma lei que rege o fato, no caso o fato gerador, é também a única apta a reger os efeitos tributários que ele desencadeia.

Atenção para a polêmica envolvendo a Súmula 584 do STF, que estabelece orientação por uma retroatividade imprópria da norma tributária, com a seguinte redação: "ao Imposto de Renda calculado sobre os rendimentos do ano-base, aplica-se a lei vigente no exercício financeiro em que deve ser apresentada a declaração". Verdade que, segundo considerável parcela da doutrina, conforme jurisprudência do Superior Tribunal de Justiça e até de acordo com recente acórdão do STF (RE 587.008 – julg. fev. 2011), referida súmula tornou-se ultrapassada a partir da promulgação da CF de 1988 e do advento do princípio da irretroatividade nos moldes do seu artigo 150, inciso III, alínea "a". Porém, na recente jurisprudência do STF, em decisões tais como a monocrática do ARE 640.953, datada de maio de 2011, portanto mais recente que o RE 587.008, ainda é possível identificar a insistência na Súmula 584 e na retroatividade imprópria.

Além de saber que a norma tributária de incidência não retroage para atingir fatos geradores ocorridos antes de sua respectiva vigência, para uma boa compreensão de questões que digam respeito ao princípio da irretroatividade é necessário compreender o fato gerador como uma expressão de caráter ambíguo. No plano normativo (abstrato), é melhor designado pela expressão "hipótese de incidência", podendo ser visto sob três aspectos, quais sejam: material (matéria tributável), espacial (local de ocorrência do fato gerador) e temporal (momento da ocorrência do fato gerador). No plano dos fatos (concreto), diz respeito ao fato gerador propriamente dito ou fato jurídico-tributário, correspondendo à realização prática do que descrito na hipótese de incidência.

Princípio da Anterioridade (anual e nonagesimal) ou da não-surpresa (CF, art. 150, III, "b" e "c"). A instituição ou a majoração de tributo não pode ser cobrada no mesmo exercício em que a lei foi publicada, sendo observado o intervalo mínimo de 90 dias entre a lei que cria ou aumenta o tributo e o tempo da sua cobrança. Enfim, a anterioridade não se aplica nas situações de alteração de prazo recolhimento do tributo.

Ressalvadas as exceções previstas na própria CF, a anterioridade anual e a nonagesimal devem ser interpretadas em conjunto, de modo que um tributo instituído ou majorado em determinado exercício, só poderá ser cobrado no exercício seguinte, desde que decorridos 90 dias.

As exceções ao princípio da anterioridade anual (CF, art. 150, III, "b") e nonagesimal (CF, art. 150, III, "c"), previstas nos artigos 150, § 1º, 155, § 4º, inciso IV, alínea "c", 177, § 4º, inciso I, alínea "b" e 195, § 6º" podem ser visualizadas no quadro abaixo. Os tributos em negrito são aqueles que não são exceções comuns às duas vertentes do princípio.

REGRA	EXCEÇÕES
anterioridade anual	II, IE, ***IPI***, IOF, empréstimo compulsório do art. 148, inciso I da CF e imposto extraordinário de guerra, **ICMS-combustível monofásico, CIDE-combustível e contribuições para a seguridade social.**
anterioridade nonagesimal	II, IE, ***IR***, IOF, empréstimo compulsório do art. 148, inciso I da CF, imposto extraordinário de guerra e ***fixação de base de cálculo de IPVA e IPTU***

O § 2° do artigo 62 da CF prestigia os princípios da legalidade e da anterioridade quando estabelece que a medida provisória que implicar na instituição ou majoração de impostos, exceto os previstos nos artigos 153, I, II, IV, V, e 154, II, só produzirá efeitos no exercício financeiro seguinte (anterioridade) se houver sido convertida em lei até o último dia daquele em que foi editada (legalidade).

De acordo com a jurisprudência do STF, a redução ou a extinção de desconto para pagamento de tributo sob determinadas condições previstas em lei, como o pagamento antecipado em parcela única, não pode ser equiparada à majoração do tributo em questão. Portanto, nesses casos, não incide o princípio da anterioridade (STF – ADI 4016 MC / PR, Pleno, Rel. Min. Gilmar Mendes, julgado em 01/08/2008). Da mesma forma, há julgados no sentido de que a revogação de isenção não se submete ao princípio da anterioridade, porque não corresponde à instituição de tributo novo (STF – MS 20859 /DF, Pleno, Rel. Min. Néri da Silveira, julgamento em 14/03/2002).

Princípio da Proibição ao Confisco ou da Não-confiscatoriedade (CF, art. 150, IV). Trata-se de princípio formado por palavra de difícil alcance, só delimitada diante do caso concreto. Pela norma, o tributo não pode ser tão elevado de modo a impedir a continuidade da atividade empresarial do contribuinte ou levá-lo ao ponto de venda dos seus bens para o pagamento dos tributos incidentes sobre estes (garantia do mínimo vital). O STF já decidiu que "a identificação do efeito confiscatório deve ser feita em função da totalidade da carga tributária, mediante verificação da capacidade de que dispõe o contribuinte considerado o montante de sua riqueza (renda e capital) para suportar e sofrer a incidência de todos os tributos que ele deverá pagar, dentro de determinado período, à mesma pessoa política que os houver instituído" (ADC-MC 8/DF, Rel. Min. Celso de Mello). Esse princípio é igualmente aplicável às taxas e às multas.

O princípio do não confisco (CF, art. 150, IV) é interpretado pelo Supremo Tribunal Federal, da seguinte forma: "a proibição constitucional do confisco em matéria tributária (...) nada mais representa senão a interdição, pela Carta Política, de qualquer pretensão governamental que possa conduzir, no campo da fiscalidade, à injusta apropriação estatal, no todo ou em parte, do patrimônio ou dos rendimentos dos contribuintes, comprometendo-lhes, pela insuportabilidade da carga tributária, o exercício do direito a uma existência digna, ou a prática de atividade profissional lícita ou, ainda, a regular satisfação de suas necessidades vitais básicas" (ADI 1.075-MC, Rel. Min. Celso de Mello, julgamento em 17-6-1998, Plenário, DJ de 24-11-2006). No mesmo sentido: AI 482.281-AgR, Rel. Min. Ricardo Lewandowski, julgamento em 30-6-2009, Primeira Turma, DJE de 21-8-2009. Vide: RE 523.471-AgR, Rel. Min. Joaquim Barbosa, julgamento em 6-4-2010, Segunda Turma, DJE de 23-4-2010.

O princípio da vedação ao confisco não constituiu limitação à instituição do imposto sobre grandes fortunas, mas sim impede a criação de impostos que não sejam razoáveis, que tenham carga tributária desproporcional e excessiva. Não há nenhum preceito constitucional que seja contrário à instituição do imposto sobre grandes fortunas – IGF. Muito pelo contrário, o artigo 153, inciso VII, expressamente confere competência à União para instituir o IGF, exigindo apenas que esse poder de tributar seja exercido mediante lei complementar.

Conforme orientação fixada pelo STF, o princípio da vedação ao efeito de confisco aplica-se às multas (RE 523.471-AgR, Rel. Min. Joaquim Barbosa, julgamento em 6-4-2010, Segunda Turma, DJE de 23-4-2010).

O Poder Judiciário não pode substituir os Poderes Executivo e Legislativo na análise do momento econômico e do índice de correção (STF – RE 388312 – Pleno – red. p/ ac. Min. Carmen Lúcia – julg. 1º.8.2011), nem mesmo à luz dos princípios da capacidade contributiva e do não confisco.

Princípio da não-limitação ao tráfego de pessoas e bens (CF, art. 150, V). Por este inciso, proíbe-se "estabelecer limitações ao tráfego de pessoas ou bens, por meio de tributos interestaduais ou intermunicipais, ressalvada a cobrança de pedágio pela utilização de vias conservadas pelo Poder Público". Por este princípio não está vedada a cobrança do ICMS nas fronteiras dos Estados, visto que o fato gerador em questão não é o trânsito da mercadoria, mas, sim, a sua compra e venda. Quanto ao pedágio, o STF revisitou a matéria recentemente no bojo da ADI 800/RS (Informativo 750 de 09 a 13 de junho de 2014) e entendeu que tal cobrança não teria natureza tributária (taxa), mas sim de preço público, não estando sujeito à legalidade estrita. O Plenário sublinhou que seria irrelevante também, para a definição da natureza jurídica do pedágio, a existência, ou não, de via alternativa gratuita para o usuário trafegar. Reconheceu que a cobrança de pedágio poderia, indiretamente, limitar o tráfego de pessoas. Observou, todavia, que essa restrição seria agravada quando, por insuficiência de recursos, o Estado não construísse rodovias ou não conservasse adequadamente as existentes. Ponderou que, diante dessa realidade, a Constituição autorizara a cobrança de pedágio em rodovias conservadas pelo Poder Público, inobstante a limitação de tráfego que essa cobrança pudesse eventualmente acarretar. Registrou, assim, que a contrapartida de oferecimento de via alternativa gratuita como condição para a cobrança de pedágio não seria uma exigência constitucional, tampouco estaria prevista em lei ordinária. Consignou que o elemento nuclear para identificar e distinguir taxa e preço público seria o da compulsoriedade, presente na primeira e ausente na segunda espécie. Nesse sentido, mencionou o Enunciado 545 da Súmula do STF ("preços de serviços públicos e taxas não se confundem, porque estas, diferentemente daqueles, são compulsórias e têm sua cobrança condicionada à prévia autorização orçamentária, em relação à lei que as instituiu").

Princípios da seletividade e da progressividade. A seletividade consiste num critério de variação de alíquotas em função da essencialidade dos produtos, aplicada a impostos sobre o consumo. A CF determina que "o IPI será seletivo" ao passo que "o ICMS poderá ser seletivo". Quanto à progressividade, a alíquota também varia, seja em função da elevação da base de cálculo, buscando a aplicação da capacidade contributiva, seja em função de um caráter sancionatório. A progressividade sanção é aplicada ao IPTU e ao ITR, quando não há a correta destinação do imóvel. A progressividade em função do aumento da base de cálculo está presente no IR e IPTU. Segundo a CF, eles podem ter alíquotas progressivas em função do valor da riqueza tributável. Por fim, o IPTU pode ter alíquotas variáveis em função do local ou uso do imóvel e o IPVA em razão do tipo e utilização do veículo.

Princípio da Uniformidade Geográfica ou Uniformidade Tributária (CF, arts. 151, I, c/c art. 19, III, in fine). A CF veda a União instituir tributo que não seja uniforme em todo o território nacional ou que implique distinção ou preferência em relação a Estado, ao Distrito Federal ou a Município, exceto se a diferenciação for para diminuir as diferenças socioeconômicas no país.

Princípio da Não-Cumulatividade (CF, arts. 155, §2°, I, 153, §3°, II e 154, I). Tido por alguns autores como princípio, a não-cumulatividade consiste em método previsto na CF que evita o Fisco de cobrar o tributo na totalidade sobre o valor apurado em cada etapa da cadeia, visto que o imposto deve recair apenas sobre a parcela do preço do bem que foi agregado em cada etapa. Assim, em cada operação, o imposto deve recair apenas sobre o valor que o agente agregou. Está presente no IPI e no ICMS.

Princípio da vedação às isenções heterônomas (CF, art. 151, III). É clássica a norma que apregoa ser o poder de isentar ínsito ao poder de tributar. Ou seja, apenas pode conceder isenção quem tem o poder de tributação, o que torna válida a isenção autônoma. Em contrapartida, é proibido conceder isenção aquele que não tem o poder de tributação. Logo, se o ICMS é um tributo estadual, apenas o Estado pode conceder isenção, ficando vedado tal poder à União, ou seja, fica proibida a isenção heterônoma ou heterotópica, novidade esta trazida pela CF/88. Porém, há exceções à regra. Como exemplo, cite-se a possibilidade da União conceder, através de lei complementar, isenção heterônoma do ISS nas exportações de serviços para o exterior (CF, art. 156, §3°, II). Ademais, cumpre lembrar que, se a isenção de tributos estaduais e municipais for concedida através de Tratado Internacional, não há impedimento à União na sua concessão, uma vez que, nesse caso, a referida pessoa política não age como ente federativo interno, mas, sim, como representante da República Federativa do Brasil, atuando como sujeito de direito na ordem internacional. Segundo o STF (RE 229.096-RS), "no direito internacional apenas a República Federativa do Brasil tem competência para firmar tratados (art. 52, § 2º, da Constituição da República), dela não dispondo a União, os Estados-membros ou os Municípios. O Presidente da República não subscreve tratados como Chefe de Governo, mas como Chefe de Estado, o que descaracteriza a existência de uma isenção heterônoma, vedada pelo art. 151, inc. III, da Constituição".

Princípio da não-discriminação baseada em procedência ou destino (CF, art. 152). Por este princípio, ficam os Estados, Distrito Federal e Municípios vedados de estabelecer diferenças tributárias entre bens e serviços de qualquer natureza em razão de sua procedência ou destino. A procedência pode ser externa ou interna.

Princípio da não afetação dos impostos. Está disciplinado no artigo 167, inciso IV da Carta Magna e dispõe acerca da vedação de vinculação de receita de impostos, ressalvadas as seguintes hipóteses:

Repartição constitucional dos impostos (CF, art. 167, IV)
Destinação de recursos para a saúde (CF, art. 167, IV)
Destinação de recursos para o desenvolvimento do ensino (CF, art. 167, IV)
Destinação de recursos para a atividade de administração tributária (CF, art. 167, IV)
Prestação de garantias às operações de crédito por antecipação de receita (CF, art. 167, IV)
Garantia, contragarantia à União e pagamento de débitos para com esta (CF, art. 167, §4º)

A imunidade é uma limitação constitucional ao poder de tributar. Corresponde a uma hipótese de incompetência das pessoas políticas para instituir tributos. É, portanto, norma constitucional que afasta a tributação. Difere-se da isenção porque nesta há a competência de tributar, mas não há o seu exercício.

A CF não apresenta a expressão "imunidade" no seu texto. Ela vem vertida em expressões constitucionais como "é vedado", "não incide tributos", "são isentos", dentre outras.

A CF apresenta imunidade de taxas (art. 5º, XXXIV), impostos (art. 150, VI) e contribuições sociais (art. 195, § 7º).

Além das imunidades genéricas previstas no artigo 150, inciso VI, do texto constitucional, a Carta Magna traz ainda outras situações que configuram hipóteses de imunidades que são denominadas Imunidades Específicas. Algumas a título exemplificativo: artigo 155, §2º, inciso X, alínea "a"(ICMS); artigo 156, §2º, inciso I (ITBI) e artigo 153, §3º, inciso III (IPI).

O artigo 150, inciso VI, da CF veda à União, aos Estados, ao Distrito Federal e aos Municípios instituir impostos em algumas situações, o que dá ensejo à classificação das imunidades. Assim, neste inciso, há as chamadas "Imunidades Genéricas". São elas:

Imunidade Recíproca (CF, art. 150, VI, "a" e §§ 2º e 3º). Consiste na vedação constitucional de se instituir imposto sobre o patrimônio, renda ou serviços dos entes federativos entre si.

Alcança as autarquias e fundações públicas. No entanto, estas só gozam da imunidade se as suas atividades estiverem relacionadas com suas finalidades essenciais ou às delas decorrentes.

Em regra, não alcança as empresas públicas e sociedades de economia mista. No entanto, quando estas prestam serviços públicos obrigatórios, exclusivos do Estado, a imunidade lhes é estendida (RE 407.099/RS – caso clássico da imunidade dos Correios – ECT)

Imunidade Religiosa (CF, art. 150, VI, "b"). Consiste em garantia que protege o direito de culto dos cidadãos. Trata-se de imunidade que não se limita aos templos de qualquer culto, mas alcança toda a entidade religiosa. O STF já decidiu que imóvel pertencente à entidade religiosa, embora alugado, não perderá a imunidade, desde que a receita auferida esteja vinculada às atividades essenciais.

Imunidade dos partidos políticos inclusive suas fundações, das entidades sindicais dos trabalhadores, das instituições de educação e de assistência social, sem fins lucrativos, atendidos os requisitos da lei (CF, art. 150, VI, "c", e § 4º). No caso dos partidos políticos, a finalidade é não coibir o pluralismo partidário. As entidades sindicais dos trabalhadores, igualmente, têm proteção da liberdade de associação sindical. E as últimas, instituições de educação e assistência social, como secundam o Estado naquilo que este deveria realizar, correta a não cobrança de impostos no exercício dessas atividades.

Como visto, esta última imunidade é condicional e, pela redação do artigo 146, inciso II, da CF, só lei complementar pode "regular as limitações constitucionais ao poder de tributar". Essas limitações estão contempladas no artigo 14 do CTN e seus incisos, que disciplinam os requisitos para o gozo da imunidade. São eles: (i) não distribuírem qualquer parcela de seu patrimônio ou de suas rendas, a qualquer título; (ii) aplicarem integralmente, no País, os seus recursos na manutenção dos seus objetivos institucionais; (iii) manterem escrituração de suas receitas e despesas em livros revestidos de formalidades capazes de assegurar sua exatidão.

Em recente julgamento de vários processos reunidos, o Supremo Tribunal Federal decidiu pela exigência de lei complementar para estabelecer os requisitos legais das imunidades não autoaplicáveis do artigo 150, inciso VI, da CF/88. O fundamento é que cabe à lei complementar regular limitações constitucionais ao poder de tributar (CF, art. 146, II), como é o caso das imunidades (ADI 566622 e ADIs 2028, 2036, 2228 e 2621).

A ausência de finalidade lucrativa não impede a empresa de auferir lucro. Importante é, no ponto, não haver distribuição do resultado auferido entre os diretores, gerentes ou pessoas responsáveis.

Os entes imunes, ainda que desempenhem outras atividades lucrativas, poderão gozar do benefício da imunidade, desde que os resultados positivos obtidos sejam aplicados na finalidade principal do empreendimento. No ponto, até mesmo o ICMS, imposto indireto, não pode ser cobrado, desde que o contribuinte direto seja o ente imune. Quando este está na posição de contribuinte indireto, o imposto é cobrado. Em recente decisão com repercussão geral, o STF consolidou o entendimento no sentido de que a "imunidade tributária subjetiva aplica-se a seus beneficiários na posição de contribuinte de direito, mas não na de simples contribuinte de fato, sendo irrelevante para a verificação da existência do beneplácito constitucional a repercussão econômica do tributo envolvido" (STF – RE 608872). Para que fique mais claro, nos dizeres do relator Ministro Dias Toffoli: "a incidência não implica tributar patrimônio, renda ou serviços da entidade beneficente filantrópica, mas traz mera repercussão econômica para o comprador".

Imunidade dos livros, jornais, periódicos e o papel destinado à sua impressão (CF, art. 150, VI, "d"). Conhecida como imunidade cultural, consiste na proteção ao princípio da liberdade de expressão, bem como, do ponto de vista prático, na diminuição dos custos para tornar o acesso à cultura mais possível. Trata-se de imunidade objetiva, pois visa a alcançar o livro, enquanto bem tributável, e não a pessoa jurídica que o mercancia. Assim, há imunidade do II, ICMS e do IPI e não do IPTU do imóvel ou do IR da pessoa jurídica. Não é dado ao Fisco analisar o conteúdo do material veiculado para atestar o alcance da imunidade. Na verdade, pouco importa o conteúdo e a relevância das informações veiculadas para que a imunidade seja deferida.

O STF já definiu que a imunidade, além do papel, alcança os filmes destinados à produção de capas de livros e os filmes fotográficos. Agora, uma pergunta: a imunidade tributária concedida a livros, jornais, periódicos e ao papel destinação à sua impressão, prevista na alínea "d" do inciso VI do artigo 150 da Constituição Federal, alcança os livros eletrônicos ou e-books? A resposta à controvérsia foi dada pelo STF no âmbito dos recursos extraordinários números 330817 e 595676, ambos com repercussão geral. Nessas decisões unânimes, ficou consolidada interpretação de que a Constituição Federal volta o seu olhar para a finalidade da norma da chamada imunidade cultural ou informativa, ficando afastada, ainda, a ideia de que o Poder Constituinte poderia ter tido a intenção da restringir a imunidade ao livro editado em papel. Nessa linha, ficaram pacificados os seguintes entendimentos: i) a regra da imunidade alcança não apenas o livro eletrônico ou digital, mas também aos parelhos leitores de livros eletrônicos ou e-readers, confeccionados exclusivamente para esse fim, ainda que eventualmente estejam equipados com funcionalidades acessórias que auxiliem a leitura digital como acesso à internet para download de livros, possibilidade de alterar tipo e tamanho de fonte e espaçamento (interpretação evolutiva coerente com os avanços tecnológicos dos meios de difusão da cultura e da informação); ii) a imunidade abrange também peças e componentes a serem utilizados como material didático que acompanhe publicações (os componentes eletrônicos que acompanham material didático em curso prático de montagem de computadores estão abarcados pela imunidade em questão, uma vez que as peças e sua montagem eletrônica não sobrevivem autonomamente). A tese de repercussão geral aprovada no julgamento do RE 330817 foi: "A imunidade tributária constante do artigo 150, VI, "d", da Constituição Federal, aplica-se ao livro eletrônico (e-book), inclusive aos suportes exclusivamente utilizados para fixá-lo". E no julgamento do RE 595676 foi: "a imunidade tributária da alínea "d" do inciso VI do artigo 150 da Constituição Federal alcança componentes eletrônicos destinados exclusivamente a integrar unidades didáticas com fascículos".

Imunidade sobre os fonogramas e videofonogramas musicais produzidos no Brasil contendo obras musicais ou literomusicais de autores brasileiros e/ou obras em geral interpretadas por artistas brasileiros bem como os suportes materiais ou arquivos digitais que os contenham, salvo na etapa de reprodução industrial de mídias ópticas de leitura a laser. A Emenda Constitucional nº75/2013, originária da chamada "PEC da música", proposta com o objetivo de propiciar competitividade em preços no mercado musical e, assim, fazer frente à pirataria, trouxe mais uma imunidade geral, do tipo objetiva, ao incluir a alínea "e" no inciso VI do artigo 150 da CF, que veda aos entes federativos instituir impostos sobre:

TEXTO CONSTITUCIONAL	EXPLICAÇÕES / EXEMPLOS
Fonogramas e videofonogramas musicais produzidos no Brasil contendo obras musicais ou literomusicais de autores brasileiros	isto é, álbuns, videoclipes, espetáculos literomusicais contendo composições musicais de autores brasileiros
e/ou	
Fonogramas e videofonogramas musicais produzidos no Brasil contendo obras em geral interpretadas por artistas brasileiros	ou seja, músicas e vídeos musicais nos quais o intérprete seja brasileiro (aqui não é necessário que o autor seja brasileiro, só o intérprete)
bem como	
os suportes materiais ou arquivos digitais que os contenham	tais como CDs, DVDs, *blu rays* e os próprios *downloads* de músicas e *ringtones* comercializados pela *internet*
salvo (exceção)	
na etapa de replicação industrial de mídias ópticas de leitura a laser	não há a imunidade em relação aos impostos devidos pela indústria de CDs, DVDs, *blu rays* e outras mídias ópticas de leitura a laser que vierem a surgir com a evolução tecnológica

A imunidade a impostos das operações relativas a energia elétrica, serviços de telecomunicações, derivados de petróleo, combustíveis e minerais do País não se aplica aos impostos de importação e exportação, nem ao ICMS, por força do disposto no artigo 155, §3°, da CF. Também não se aplica a imunidade a contribuições (inteligência da Súmula 659 do STF) e, por analogia ao entendimento sumulado, a outros tributos diversos de impostos.

Segundo interpretação a contrario sensu do §3° do artigo 150 da CF, as empresas públicas prestadoras de serviço público são beneficiárias da imunidade tributária recíproca prevista no artigo 150, inciso VI, alínea "a" da CF. Recentes acórdãos do STF reconheceram isto em relação à Empresa de Correios e Telégrafos (ACO 814-PR / ACO 789-PI – Red. p/ ac. Min. Dias Toffoli). A mesma interpretação é extensiva às sociedades de economia mista que tenham capital majoritariamente estatal e promovam a prestação de serviços públicos como ações e serviços de saúde sem finalidade lucrativa (STF – RE 580264 – Pleno – red. p/ ac. Min. Ayres Britto – julg. 16.12.2010).

O Município não é contribuinte de direito do ICMS sobre serviços de energia elétrica e telefonia. Consequentemente, não se beneficia da imunidade tributária recíproca prevista na alínea "c" do inciso VI do artigo 150 da CF (STF – AgRg-AI 736.607-SC – Rel. Min. Ayres Britto).

Embora as imunidades tributárias não se restrinjam aos impostos e a CF veicule imunidades relativas a outros tributos como taxas (CF, art. 5°, XXXIV) e contribuições (CF arts. 149, § 2° e 195, § 7°), especificamente na seção "Das limitações do poder de tributar", todas as imunidades previstas são relativas a impostos.

Nenhum problema em se afirmar que a imunidade atua no campo da definição da competência, uma vez que as imunidades são justamente previsões constitucionais de situações em que não são conferidas competências tributárias aos entes federativos. Porém, o mesmo não pode ser dito das isenções, sob pena de se passar a falsa impressão de que referida modalidade de exoneração tributária atua para impedir o referido exercício, o que não é o caso, pois na isenção o ente federativo exerce a competência tributária instituindo o tributo, mas estabelece algumas situações, pessoas ou bens não alcançados pela regra de tributação.

Nos termos do artigo 150, inciso VI, alínea "c", da CF, a imunidade da instituição de assistência social, sem fins lucrativos, pressupõe o atendimento aos requisitos da lei. É assim que, com base na referida competência constitucional, o artigo 14 do CTN estabelece os requisitos legais para o gozo da imunidade, entre eles a exigência de que a instituição não distribua qualquer parcela de seu patrimônio ou de suas rendas, a qualquer título. Não com outros fundamentos, desatendida a exigência legal, é absolutamente lícito que a autoridade administrativa suspenda a aplicação da norma de imunidade.

A CF não veicula nenhuma imunidade subjetiva que beneficie especificamente entidades fechadas de previdência privada. Porém, tais entidades são passíveis de se enquadrarem na imunidade das instituições de assistência social sem fins lucrativos do artigo 150, inciso VI, alínea "c", da CF. Nesse caso, de acordo com a Súmula 730 do STF, a imunidade somente alcança as entidades fechadas de previdência social privada se não houver contribuição dos beneficiários.

A imunidade tributária, como limitação ao poder de tributar, tem natureza de garantia constitucional. Por esse motivo, é defeso ao intérprete qualquer interpretação restritiva sobre o direito subjetivo à imunidade. O Constituinte, ao criar a benesse, não fez ressalvas quanto ao valor artístico ou didático, à relevância das informações divulgadas ou à qualidade cultural de uma publicação (STF – RE 221239/SP, 2ª Turma, Relª. Minª. Ellen Gracie, julgamento em 25/05/2004). Com esta argumentação, o Supremo Tribunal Federal já decidiu pela imunidade do álbum de figurinhas, das apostilas (STF – RE 183403/SP – 2ª. Turma – Rel. Min. Marco Aurélio – julg. 07/11/2000) e da lista telefônica, ainda que estas últimas veiculem, além das informações, anúncios publicitários que não consistam no objetivo principal da publicação, mas em forma de financiamento para que o conteúdo chegue gratuitamente ao assinante (STF – RE 134071/SP – 1ª. Turma – Rel. Min. Ilmar Galvão – julg. 15/09/1992).

Por outro lado, não se incluem na regra de imunidade os impressos e publicações puramente publicitários, mesmo aqueles que vêm encartados em jornais e revistas (STF – AI-AgR 368077/SP – 1ª. Turma – Rel. Min. Sepúlveda Pertence – julg. 05/10/2004).

3. COMPETÊNCIA TRIBUTÁRIA E REPARTIÇÃO DE RECEITAS TRIBUTÁRIAS

A competência tributária refere-se ao poder dos entes políticos na instituição de tributos, tendo como fundamento maior o Princípio do Federalismo (CF, art. 60, § 4º, I). Consiste na atribuição constitucional do poder de instituir tributos. É que a CF não cria tributos, apenas dá poderes.

É cediço que o Estado tem como finalidade precípua, garantir a efetivação dos objetivos da população (interesse público/coletivo), buscando-se, sobretudo, a obtenção da qualidade de vida mediante oferta de serviços essenciais. Dito de outra forma, o seu grande desígnio é a busca do bem comum.

Enquanto produto criativo do homem, o Estado tem como fundamento jurídico à Constituição Federal que legitima os seus atos e organiza toda sua estrutura administrativa e política. Contudo, embora o Estado tenha avocado para si a tarefa de prestar serviços essenciais ao povo, arcando com um ônus extremamente custoso, porém necessário, ele não possui, sozinho, condições de suprir toda a demanda da população, sem contar, registre-se, que referido ente é extremamente perdulário. Assim, para que possa custear os serviços a que se propôs ofertar, o ente público necessita dispor do patrimônio particular para arrecadar os recursos financeiros imprescindíveis às suas finalidades, uma vez que sua receita própria (originária) não lhe é suficiente.

Daí nasce à necessidade da tributação, cuja receita derivada (leia-se, os tributos) é fundamental para oferecer uma contrapartida ao cidadão mediante prestação de serviços públicos essenciais.

Consoante os ensinamentos de Santos Júnior (2010, p. 11) a tributação legal, no estágio atual do Estado Social, serve de anteparo para resolução de problemas gerais: seguridade social, educação, transporte, moradia, dentre outros. "E para que o Estado Social tenha condições de enfrentar e resolver tais finalidades precisa do poder de tributar, porque é por meio da arrecadação de tributos que o Estado obtém o maior leque de suas receitas".

Enfim, o Poder de Tributar é uma decorrência da relação jurídica travada entre o Estado e o particular, não envolvendo, diga-se por oportuno, um exercício potestativo de poder daquele em face deste.

Impõe advertir que existe diferença entre Competência Tributária e Capacidade Tributária Ativa (CTN, arts. 7º e 8º). A primeira refere-se à atribuição de criar o tributo, e, consequentemente, a de fiscalizá-lo e cobrá-lo. Caracteriza-se pelos "três III`s": indelegável, intransferível e irrenunciável. Na capacidade tributária ativa, no entanto, há apenas a atribuição da atividade de arrecadar e fiscalizar tributos. A competência tem natureza política enquanto a capacidade tem natureza administrativa. De modo mais detalhado, enquanto a competência tributária é conferida pela Constituição Federal em caráter indelegável e pleno à União, aos Estados, ao Distrito Federal e aos Municípios, a capacidade tributária ativa compreende as funções de arrecadar e fiscalizar. Esta pode ser delegada pelos entes tributantes a outras pessoas jurídicas de direito público ou pertencer a entidades paraestatais, como ocorre nas contribuições sindicais (CTN, art. 7º).

COMPETÊNCIA TRIBUTÁRIA	CAPACIDADE TRIBUTÁRIA
INDELEGÁVEL, INTRANSFERÍVEL IRRENUNCIÁVEL	ARRECADAÇÃO FISCALIZAÇÃO

Em relação aos tributos, a seguinte classificação pode ser concebida:

a) Competência Privativa (CF, arts. 148, 149, 149-A, 153, 155, 156 e 147, parte final). São as competências dos entes federativos quanto à instituição dos impostos. Os artigos acima delineados indicam as competências de cada ente federativo, dispostas de forma rígida na CF, de modo que os entes não poderão instituir qualquer outro imposto, a não ser os delimitados na CF.

b) Competência Comum (taxas e contribuições de melhoria – CTN, arts. 77 e 81). Esses tributos dependem de uma atuação estatal que pode ser desenvolvida por qualquer ente federativo, sem necessidade da expressa previsão constitucional sobre o fato específico a ser realizado. Assim é que, o ente que prestar um serviço público específico e divisível, segundo os ditames da CF, está autorizado à cobrança da taxa. De igual forma, o ente responsável por obra que decorra valorização imobiliária em imóveis particulares está autorizado à cobrança da contribuição de melhoria, seja ele ente federal, estadual ou municipal. Daí se dizer que essa competência é comum a todos os entes. Nesse sentido, o STF, 2ª Turma, decidiu no RE 602089 AgR, em 24/04/2012 que, "por não serem mutuamente exclusivas, as atividades de fiscalização ambiental exercidas pela União e pelo estado não se sobrepõem e, portanto, não ocorre bitributação".

c) Competência Cumulativa (CF, art. 147). Estudada, quanto à União, apenas do ponto de vista teórico, uma vez que não há mais territórios. Assim, afirma a CF que competem à União, em Território Federal, os impostos estaduais e, se o Território não for dividido em Municípios, cumulativamente, os impostos municipais; ao Distrito Federal cabem os impostos municipais.

d) Competência Especial (empréstimos compulsórios – CF, art. 148 e as contribuições sociais – CF, art. 149). Importante ressaltar que a Súmula 418 do STF perdeu sua eficácia ("o empréstimo compulsório não é tributo, e sua arrecadação não está sujeita a exigência constitucional da prévia autorização orçamentária"). No ponto, viu-se que apenas a União tem competência para instituir empréstimos compulsórios e contribuições especiais, ressalvada a competência dos Estados, do Distrito Federal e dos Municípios para instituírem a cobrança da contribuição previdenciária dos seus servidores, e, no caso do Distrito Federal e dos Municípios, além desta contribuição, a chamada Contribuição de Iluminação Pública (CF, art. 149-A).

e) Competência Residual (CF, arts. 154, I e 195, §4º). Em que pese a competência privativa delimitar, com exaustão, o poder dos entes instituírem impostos, a CF determinou que apenas a União pode, por lei complementar, instituir novos impostos, desde que sejam não cumulativos e não tenham fato gerador ou base de cálculo dos discriminados na CF. Igualmente, prevê que novas contribuições sociais apenas poderão ser criadas através do mesmo instrumento legal, qual seja, lei complementar.

f) Competência Extraordinária (CF, art. 154, II c/c CTN, art. 76). A CF previu, apenas para a União, a competência para criar imposto extraordinário de guerra, em casos de iminência ou guerra externa. Esses impostos estão compreendidos ou não na competência tributária da União e devem suprimidos, gradativamente, cessadas as causas de sua criação.

Um caso de não incidência diz respeito ao imposto sobre grandes fortunas, pois a despeito da competência conferida do artigo 153, inciso VII, da CF, o imposto não foi instituído pela União por meio de lei complementar.

Além da ideia de exoneração decorrente do não exercício da competência tributária, outra visão da não incidência é compreendê-la como o fenômeno que se dá quando um fato concreto não se subsume à hipótese de incidência, isto é, quando uma ocorrência não se enquadra na norma legal de incidência. Exemplo: não há incidência de IPTU sobre um veículo, pois não se trata de um imóvel, ainda que seja um automóvel antigo com o motor quebrado trancado em uma garagem há anos.

Somente a União possui competência para instituição de contribuição destinada ao custeio da saúde pública, razão pela qual é inconstitucional o Estado exigir tributo da espécie de seus servidores públicos. A jurisprudência do STF corrobora o referido entendimento (STF – AgRg-AI 740.823-MG Rel. Min. Joaquim Barbosa).

Segundo recente decisão do STF, é inconstitucional cobrar de servidores públicos contribuição destinada ao custeio de serviços de saúde pública, na medida em que apenas a União tem competência instituição de tal tributo (STF – AgRg-AI 740.823-MG – Rel. Min. Joaquim Barbosa).

A repartição das receitas tributárias tem como objetivo minorar o desequilíbrio existente dos entes políticos no que concerne aos impostos sob suas competências tributárias. É fácil perceber de pronto, que a União detém um número maior de impostos (seis instituídos) em detrimento dos Estados (três) e Municípios (três). Dessa forma, as transferências ocorrem dos entes estatais "maiores" para os "menores". Ou seja: A União repassa para Estados, Municípios e Distrito

Federal; os Estados repassam para os Municípios; e os Municípios e Distrito Federal, por sua vez, não repassam suas receitas, figurando apenas na condição de beneficiados.

Vale ressaltar, que a Constituição Federal veda, em regra, condicionamentos, restrições ou retenções das transferências dos recursos a serem repartidos. As exceções admissíveis decorrem:

a) da existência de débitos;

b) do condicionamento à aplicação de recursos mínimos no financiamento da saúde pública.

Ressalte-se ademais, que o Princípio da não-afetação dos impostos mostra-se mitigado em virtude de tal temática. Isso porque, o artigo 167, inciso IV, da CF ressalva a vinculação de receita de impostos nos casos de repartição do produto da arrecadação dos impostos a que se referem os artigos 158 e 159 do Texto Maior.

Para fins de Concursos Públicos recomenda-se aos leitores o estudo atento dos artigos 158 a 162, da CF, uma vez que é comum a cobrança de questões que reproduzem o texto constitucional. Confira a tabela abaixo:

Quadro: Repartição de receitas tributárias

Legenda:

O = origem (ente que detém a competência tributária).

D = destino (ente que recebe o repasse da receita).

% = percentual de receita repassada.

Tributo	União	Est/ DF	Mun.	Outros	%	CF/88	Observações constitucionais (CF/88)
IR – retido na fonte	O	D			100	157, I	Pagamentos efetuados pelos Estados.
Imposto Residual	O	D			20	157, II	Ver art. 154, I.
IR – retido na fonte	O		D		100	158, I	Pagamentos efetuados pelos Municípios.
ITR	O		D		50	158, II	Imóveis rurais situados nos Municípios. O repasse pode chegar a 100%, nos termos do art. 153, § 4°, III.
IPVA		O	D		50	158, III	Critério: local do licenciamento.
ICMS		O	D		25	158, IV	Critério: índice de participação. Ver parágrafo único do art. 158.
IR/IPI	O			D	49	159, I	Outros: Fundos de Participações dos Estados (21,5%) e dos Municípios (22,5%), Programas de Financiamento regiões N, NE e CO (3%) e, novamente, Fundo de Participação dos Municípios para entrega no primeiro decêndio do mês de dezembro de cada ano (1%) e no primeiro decêndio do mês de julho de cada ano (1%).
IPI	O	D			10	159, II	Proporcional às exportações de produtos industrializados. Do valor recebido pelos Estados/DF (nunca superior a 20%), serão entregues 25% aos Municípios pelo critério idêntico ao ICMS.
CIDE combust.	O	D			29	159, III	Os Estados e o DF destinarão 25% do valor recebido aos Municípios.
IOF ouro	O	D			30	153, § 5°, I	Ouro como ativo financeiro ou instrumento cambial. Critério: origem
IOF ouro	O		D		70	153, § 5°, II	Ouro como ativo financeiro ou instrumento cambial. Critério: origem

(In: MARTINS, Alan; SCARDOELLI, Dimas Yamada. Direito Tributário – curso rápido e didático para estudos e revisões. Leme: Editora JH Mizuno, 2012, página 64)

Não é permitida a retenção ou qualquer restrição à entrega e ao emprego dos recursos atribuídos aos Estados, ao Distrito Federal e aos Municípios, advindos de receitas tributárias. A vedação é expressa do artigo 160 da CF.

Com fundamento no pacto federativo, a CF/88 traz uma série de situações em que o ente tributante que institui e arrecada o tributo deve repassar parte do numerário arrecadado a outro, que são as chamadas repartições de receitas tributárias e estão disciplinadas entre os artigos 157 e 162 do texto constitucional.

O ouro, quando definido em lei como ativo financeiro ou instrumento cambial, sujeita-se exclusivamente à incidência do IOF, devido na operação de origem. A alíquota mínima será de um por cento, assegurada a transferência do montante da arrecadação nos seguintes termos: (i) trinta por cento para o Estado, o Distrito Federal ou o Território, conforme a origem; (ii) setenta por cento para o Município de origem (CF/88, art. 153, §5°).

Em regra, a União deve repartir com o Município cinquenta por cento do valor arrecadado a título de ITR incidente sobre os imóveis rurais situados em seu território, nos termos do artigo 158, inciso II, da CF. Por oportuno, cumpre ressaltar que é possível que um município fique com cem por cento do produto da arrecadação do ITR sobre imóveis situados em seu território, condicionado a que opte, na forma da lei, por fiscalizar e cobrar o referido imposto, desde que não implique em sua redução ou qualquer outra forma de renúncia fiscal (CF, art. 158, II c/c art. 153, § 4°, III).

4. LEGISLAÇÃO TRIBUTÁRIA

O regime de tributação do Simples Nacional constitui exigência de diversos editais, razão pela qual se recomenda conferir o texto da Lei complementar 123/2016.Merecem destaque as recentíssimas alterações estatuídas por intermédio da Lei complementar 155/2016. Por serem recentes e muito importantes, crescem as expectativas de que sejam bastante cobradas nos próximos concursos públicos. As principais delas são as seguintes: i) Novo limite de receita bruta anual para Empresas de Pequeno Porte - EPP: aumento de R$ 3.600.000,00 para R$ 4.800.000,00, a partir de 2018. Obs1: Contribuinte que ultrapassar o limite de R$ 3.600.000,00 no exercício de 2016, estará excluída do regime do Simples Nacional. Porém, se isso ocorrer em 2017, até o limite de R$ 4.800.000,00, a EPP será automaticamente enquadrada no regime, salvo opção em contrário. Obs2: Na faixa de R$ 3.600.000,01 e R$ 4.800.000,00 , o recolhimento unificado ficará restrito ao tributos federais do Simples Nacional (IRPJ, IPI, PIS/PASEP, COFINS e Contribuição Previdenciária Patronal – CPP). Ficam excluídos dessa faixa, portanto, o ICMS dos Estados e o ISS dos Municípios, impostos que serão apurados e recolhidos pelos seus respectivos regimes normais; ii) Novo limite de receita bruta anual para Microempreendedores Individuais – MEI: aumento de R$ 60.000,00 para R$ 81.000,00; iii) Inclusão de atividades de produção e comércio atacadista de bebidas alcoólicas: o recolhimento de impostos e contribuições no âmbito do Simples Nacional, antes totalmente vedado às empresas que exercessem a produção ou venda no atacado de bebidas alcoólicas, passa a ser permitido às seguintes microempresas e empresas de pequeno porte: 1) micro e pequenas cervejarias; 2) micro e pequenas vinícolas; 3) produtores de licores; 4) micro e pequenas destilarias. iv) Novas tabelas de alíquotas e faixas de receita bruta anual: as atuais 6tabelas e 20 faixas, a partir de 2018, passarão a ser 5 tabelas de alíquotas e 6 faixas de receita bruta anual; v) Nova sistemática de cálculo dos tributos: o valor devido mensalmente no âmbito do Simples Nacional passa ser calculado pela aplicação sobre a base de cálculo das alíquotas efetivas, calculadas a partir de alíquotas nominais constantes das novas tabelas (Anexos I a V) e determinadas utilizando-se a receita bruta acumulada nos doze meses anteriores ao período de apuração. Obs: a fórmula de cálculo de alíquota efetiva é definida no § 1º-A do artigo 18 da Lei complementar 123/2006, com a redação dada pela Lei complementar 155/2016; vi) Parcelamento de débitos vencidos até maio/2016: em até 120 (cento e vinte) meses, com parcela mínima de R$ 300,00 e incidência de juros SELIC por ocasião do pagamento de cada parcela. Obs: o pedido de parcelamento implicará desistência compulsória e definitiva do parcelamento anterior, sem restabelecimento dos parcelamentos rescindidos caso não seja efetuado o pagamento da primeira prestação.

Para estudar a vigência da legislação tributária, antes, é preciso analisar o alcance da legislação tributária. Para tanto, a redação do artigo 96 do CTN dispõe que "a expressão legislação tributária compreende as leis, os tratados e as convenções internacionais, os decretos e as normas complementares que versem, no todo ou em parte, sobre tributos e relações jurídicas a eles pertinentes". Logo, todo ato normativo que verse sobre direito tributário faz parte da "legislação tributária". Os dispositivos que tratam da legislação tributária pressupõem a ideia de hierarquia, segundo o qual as normas superiores ditam as regras de validade das inferiores. São as fontes formais principais do direito tributário.

Pela redação acima, nota-se que importante fonte da legislação tributária é a lei. No sentido restrito, consiste num ato do Poder Legislativo que, dotado de autoridade democrática, representa cada cidadão na autorização da cobrança de tributos. O princípio da legalidade, já explicitado nessa obra, demonstra o alcance dessa fonte. Legislação tributária, por sua vez, significa lei em sentido amplo, alcançando os tratados, as convenções internacionais, os decretos e as normas complementares. O concursando deve ficar atento ao artigo 97 do CTN que elenca o rol de matérias reservadas à lei em sentido restrito.

Para o direito tributário, importante é a distinção entre lei ordinária e lei complementar. Elas se diferem na forma e na matéria. Quanto à forma, lei complementar exige maioria absoluta para a sua aprovação, enquanto a lei ordinária exige maioria simples. Quanto à matéria, o conteúdo da lei complementar é expressa ou implicitamente delimitado na CF, enquanto a lei ordinária não tem matéria reservada na Carta Maior, possuindo caráter residual. Para o STF, não há hierarquia entre lei complementar e lei ordinária. Assim, toda vez que uma lei complementar for aprovada sobre matéria de lei ordinária, poderá ser modificada por lei ordinária. Quando a lei ordinária tratar de um assunto de lei complementar, ela será inconstitucional.

Quanto aos tratados e convenções internacionais (CTN, art. 98), após a sua incorporação ao sistema interno, através de decreto legislativo, eles têm força de lei. Pela redação do artigo 98 do CTN, os tratados e as convenções internacionais revogam ou modificam a legislação tributária interna e serão observados pela que lhes sobrevenha. Houve imprecisão ao afirmar que o tratado revoga ou modifica a legislação tributária interna. Na verdade, os tratados prevalecem sobre a legislação tributária, suspendendo a eficácia da legislação naquilo que for conflitante. Quando incorporados ao direito interno, os tratados possuem status de lei ordinária, não podendo, por isso, adentrar em matéria reservada à lei complementar.

Os tratados e convenções internacionais, relacionados com tributo, são fontes formais primárias do Direito Tributário (CTN, art. 96) e ingressam em nosso ordenamento jurídico através de decreto legislativo. A competência para resolver definitivamente sobre internalização desses diplomas normativos é exclusiva do Congresso Nacional (CF, art. 49, I). Logo, o instrumento normativo hábil é o decreto legislativo que, nos termos do artigo 109, inciso II do Regimento Interno da Câmara dos Deputados e do artigo 213, II do Regimento Interno do Senado Federal, é o veículo normativo destinado a matérias de competência exclusiva do Congresso Nacional, isto é, aquelas que independem de sanção do Presidente da República. Além disso, o artigo 172, inciso II, alínea "c" do Regimento Interno do Senado Federal também faz expressa menção ao decreto legislativo referente a tratado, convênio ou acordo internacional.

O § 3° do artigo 5° da CF estipula que a equivalência dos tratados e convenções internacionais aprovados pelo Congresso Nacional com as Emendas Constitucionais está restrita àqueles que versem sobre direitos humanos (e não sobre combate à sonegação).

Em relação aos decretos, o artigo 99 do CTN afirma que o seu conteúdo e alcance deve se adstringir aos das leis. Assim, duas conclusões são claras: (i) decretos não criam direitos, obrigações, deveres ou restrições aos contribuintes e; (ii) decreto, que regulamenta a lei que versa sobre um tributo, deve guardar estreita relação de compatibilidade com a referida lei. Em matéria tributária admite-se apenas o decreto regulamentar e não o autônomo.

Por fim, as normas complementares, que não se confundem com leis complementares. Destinam-se a completar o texto das leis, dos tratados e convenções internacionais e decretos. Não podem inovar o texto que complementam. Pela redação do artigo 100 do CTN, são normas complementares: (i) os atos normativos expedidos pelas autoridades administrativas; (ii) as decisões dos órgãos singulares ou coletivos de jurisdição administrativa, a que a lei atribua eficácia normativa; (iii) as práticas reiteradamente observadas pelas autoridades administrativas; e (iv) os convênios que entre si celebrem a União, os Estados, o Distrito Federal e os Municípios. Importante destacar que a observância das normas complementares exclui a imposição de penalidades, a cobrança de juros de mora e a atualização do valor monetário da base de cálculo do tributo.

No intuito de facilitar a memorização, sugere-se a leitura do quadro a seguir:

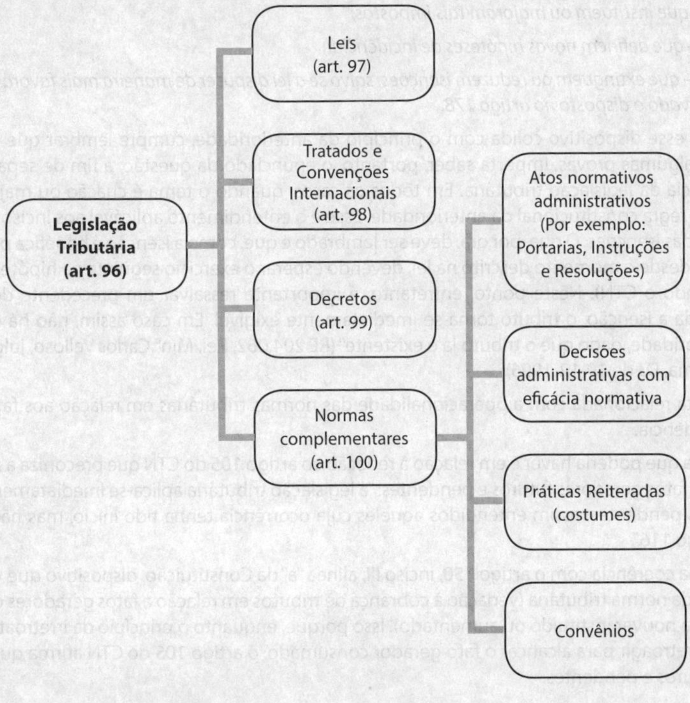

A vigência da legislação tributária é estudada em relação ao espaço e ao tempo. Pela norma do artigo 101 do CTN, "a vigência, no espaço e no tempo, da legislação tributária rege-se pelas disposições legais aplicáveis às normas jurídicas em geral, ressalvado o previsto neste Capítulo". As disposições gerais estão previstas na Lei de Introdução às normas do Direito Brasileiro – LINDB, de modo que, quanto à vigência no tempo, prevalecem as disposições das normas jurídicas em geral (vide artigos 1° e 2° da LINDB). Em relação à eficácia da norma, no entanto, se esta se referir à criação ou majoração de tributos, deve-se observar o princípio da anterioridade tributária. Quanto à vigência da legislação tributária no espaço, vigora, como regra, o Princípio da territorialidade e excepcionalmente o Princípio da extraterritorialidade (vide artigo 102 CTN).

Bom salientar que a legislação brasileira não admite a repristinação automática. Ela só ocorre se houver expressa previsão legal.

O quadro a seguir resume a ideia da vigência da lei tributária no tempo:

ARTIGO 100 (CTN)	ARTIGO 103 (CTN)
São normas complementares das leis, dos tratados e das convenções internacionais e dos decretos:	Salvo disposição em contrário, entram em vigor:
I – os atos normativos expedidos pelas autoridades administrativas; **(DATA DA PUBLICAÇÃO)**	I – os atos administrativos a que se refere o inciso I do artigo 100, na data da sua publicação;
II – as decisões dos órgãos singulares ou coletivos de jurisdição administrativa, a que a lei atribua eficácia normativa; **(30 DIAS)**	II – as decisões a que se refere o inciso II do artigo 100 quanto a seus efeitos normativos, 30 (trinta) dias após a data da sua publicação;
III – as práticas reiteradamente observadas pelas autoridades administrativas; **(SEM DATA PARA A VIGÊNCIA)**	X-X-X-X-X-X-X
IV – os convênios que entre si celebrem a União, os Estados, o Distrito Federal e os Municípios. **(NA DATA NELES PREVISTA).**	III – os convênios a que se refere o inciso IV do artigo 100 na data neles prevista.

Regra especial de vigência (CTN, art. 104):

Art. 104. Entram em vigor no primeiro dia do exercício seguinte àquele em que ocorra a sua publicação os dispositivos de lei, referentes a impostos sobre o patrimônio ou a renda:

I – que instituem ou majoram tais impostos;

II – que definem novas hipóteses de incidência;

III – que extinguem ou reduzem isenções, salvo se a lei dispuser de maneira mais favorável ao contribuinte, e observado o disposto no artigo 178.

Muito embora esse dispositivo colida com o princípio da anterioridade, cumpre lembrar que o mesmo é considerado válido em algumas provas. Importa saber, portanto, o enunciado da questão, a fim de separar a aplicação da vigência e da eficácia da legislação tributária. Em todos os casos, quando o tema é criação ou majoração de tributo, deve-se observar a regra constitucional da anterioridade. Esse é o entendimento aplicável aos incisos I e II. O inciso III é estudado no tema das isenções. O que, por ora, deve ser lembrado é que, como a isenção é benéfica para o contribuinte, ela começa a viger desde o momento descrito na lei, devendo esperar o exercício seguinte na hipótese de sua extinção ou redução (segundo o CTN). Neste ponto, entretanto, é importante ressalvar um precedente do STF em sentido contrário. "Revogada a isenção, o tributo torna-se imediatamente exigível. Em caso assim, não há que se observar o princípio da anterioridade, dado que o tributo já é existente" (RE 204.062, Rel. Min° Carlos Velloso, julgamento em 27-9-1996, Segunda Turma, DJ de 19-12-1996).

A aplicação está relacionada com a operacionalidade das normas tributárias em relação aos fatos geradores que suscitam a sua incidência.

Primeira dúvida que poderia haver é em relação à redação ao artigo 105 do CTN que preconiza a aplicação da legislação tributária aos fatos geradores futuros e pendentes: "a legislação tributária aplica-se imediatamente aos fatos geradores futuros e aos pendentes, assim entendidos aqueles cuja ocorrência tenha tido início, mas não esteja completa nos termos do artigo 116".

A norma guarda coerência com o artigo 150, inciso III, alínea "a" da Constituição, dispositivo que veicula o princípio da irretroatividade da norma tributária (vedação à cobrança de tributos em relação a fatos geradores ocorridos antes da vigência da lei que a houver instituído ou aumentado). Isso porque, enquanto o princípio da irretroatividade preconiza que a lei não deve retroagir para alcançar o fato gerador consumado, o artigo 105 do CTN afirma que ela se aplica aos fatos geradores futuros e pendentes.

A ideia foi alcançar aqueles fatos geradores que se iniciam sob a vigência de determina lei e terminam sob a vigência de lei nova. O caso clássico é o Imposto de Renda, pois, o seu aspecto temporal se inicia em 1º de janeiro e termina apenas em 31 de dezembro. Sendo assim, lei que aumente esse tributo dentro de um exercício, por estar o fato gerador pendente, seria aplicada imediatamente.

O tema merece maior atenção por conta da Súmula 584 do STF: "ao imposto de renda calculado sobre os rendimentos do ano-base, aplica-se a lei vigente no exercício financeiro em que deve ser apresentada a declaração". De discutida constitucionalidade, por ferir o princípio da irretroatividade, a súmula 584 tem sido aplicada pelo STF, o que reflete a vigência do 105 do CTN. O STJ em diversos julgados afastou referida súmula, bem como a doutrina em peso, muito embora o tema não tenha sido ainda fortemente debatido no STF.

A lei tributária é aplicada retroativamente em duas hipóteses: (i) quando for expressamente interpretativa e (ii) quando for mais benéfica. A primeira hipótese é justificada pelo enorme número de normas em matéria tributária, que pode induzir o contribuinte a seguir interpretações equivocadas, de modo que lei com interpretação autêntica deve retroagir para dirimir as dúvidas e declarar direitos já assegurados. O ponto de destaque na doutrina é saber se realmente é possível haver lei puramente interpretativa, uma vez que toda lei acaba inovando o direito, deixando de ser meramente interpretativa para ser modificativa. E, sendo modificativa, ela terá caráter normativo e não retroagirá. Na segunda hipótese, em caso de lei benéfica, o artigo 106 do CTN elenca as hipóteses em que ela retroage, desde que não alcance atos definitivamente julgados: a) quando deixe de defini-lo como infração; b) quando deixe de tratá-lo como contrário a qualquer exigência de ação ou omissão, desde que não tenha sido fraudulento e não tenha implicado em falta de pagamento de tributo; c) quando lhe comine penalidade menos severa que a prevista na lei vigente ao tempo da sua prática. A expressão "definitivamente julgados" significa o trânsito em julgado. Assim, enquanto não extinto o processo na sua plenitude (após a arrematação, adjudicação ou remição) a lei nova mais benéfica poderá retroagir. Cumpre lembrar que a retroação da lei ocorre apenas nas hipóteses de redução de penalidades e não alcança diminuição do tributo.

Quando o CTN fala em interpretação da legislação tributária, ele se refere à busca, dentro do conjunto de textos tributários, de algum comando jurídico que, interpretado, produza uma norma capaz de resolver o litígio em discussão. É a possibilidade de o intérprete construir a norma a partir de textos contidos no arcabouço legislativo tributário. No entanto, quando o tema é integração da legislação tributária, a doutrina, ainda que de modo simplista, afirma que houve lacuna no direito tributário, e, como os litígios não podem ficar sem solução, a única alternativa é preencher esses espaços através da integração, adiante estudada.

Portanto, a integração consiste na tarefa de colmatar lacunas, mediante a qual a legislação é aplicada com o auxílio de critérios para suprir situações sobre as quais a legislação deixou de dispor. No direito tributário, a integração é tarefa de qualquer autoridade competente para aplicação da legislação tributária, seguindo critérios sucessivos estabelecidos no artigo 108 do CTN. Já a interpretação diz respeito ao raciocínio lógico jurídico desenvolvido para compreensão do conteúdo e alcance de uma norma jurídica ou de um conjunto dessas normas, visando à correta aplicação da legislação. Em matéria tributária, os artigos 109 a 112 do CTN estabelecem inúmeras regras de interpretação normativa.

A "legislação tributária" apresenta critérios de integração para suprimento de lacunas que são diversos daqueles utilizados pelo restante da legislação (demais normas que não as tributárias). O artigo 108 do CTN determina que, na ausência de disposição normativa expressa, o aplicador da norma utilize, sucessivamente (nesta ordem), a analogia (que não pode resultar na exigência de um tributo não previsto em lei), os princípios gerais de direito tributário, os princípios gerais de direito público e a equidade (que não pode resultar na dispensa de um tributo devido). Já a Lei de Introdução às Normas do Direito Brasileiro, em seu artigo 4°, estipula que "quando a lei for omissa, o juiz decidirá o caso de acordo com a analogia, os costumes e os princípios gerais de direito". Perceba que, exceto a analogia, os demais critérios de integração são diferentes. Ainda, para a integração das demais normas (exceto a "legislação tributária"), não há ordem sucessiva de critérios a ser seguida. Adiante encontra-se o quadro comparativo:

INTEGRAÇÃO DA LEGISLAÇÃO TRIBUTÁRIA	INTEGRAÇÃO DAS DEMAIS NORMAS
Art. 108 do CTN	Art. 4° da Lei de Introdução às Normas do Direito Brasileiro (Decreto-Lei 4.657/42)
Os quatro critérios abaixo obedecem a uma ordem sucessiva.	Os três critérios não estão sujeitos a uma ordem de aplicação.
1°) Analogia (O emprego da analogia não poderá resultar na exigência de tributo não previsto em lei)	***Analogia***
2°) Princípios Gerais de Direito Tributário	***Costumes***
3°) Princípios Gerais de Direito Público	***Princípios Gerais de Direito***
4°) Equidade (O emprego da equidade não poderá resultar na dispensa do pagamento de tributo devido)	x-x-x-x

A interpretação das normas tributárias não foge das teorias gerais de interpretação, possuindo algumas poucas especificidades. É que os critérios de interpretação fazem parte da teoria geral do direito e só apresentam alguma variação quando o próprio legislador demanda interpretação diferenciada para algumas situações específicas.

Assim, valendo-se da teoria geral do direito, pode-se dizer que a interpretação varia quanto à fonte e quanto ao meio. No primeiro caso, ela pode ser (i) autêntica; (ii) jurisprudencial e (iii) doutrinária. Quanto ao meio, ela poderá ser (i) gramatical; (ii) histórica; (iii) lógica; (iv) teleológica ou (v) finalística.

Tratando-se das especificidades em matéria tributária, o legislador determinou dois tipos de interpretação: (i) literal e (ii) benigna. A interpretação literal, muito embora possua aparente reducionismo interpretativo, é devida em hipóteses que visam a dar maior rigidez no alcance das normas, com o fim de evitar interpretações extensivas ou analogias que, em regra, fariam sucumbir o sistema tributário. Pelo artigo 111 do CTN, a interpretação literal deve ocorrer nas hipóteses de (i) suspensão ou exclusão do crédito tributário; (ii) outorga de isenção e (iii) dispensa do cumprimento de obrigações tributárias acessórias. Não é que a teoria geral da interpretação das normas jurídicas será afastada nessas hipóteses. A finalidade é tão somente evitar ampliações nos institutos cuja interpretação literal foi exigida.

Quanto à interpretação benigna, trata-se de similitude do direito tributário com o direito penal. Se neste ramo é indubitável a aplicação da técnica interpretativa in dubio pro reo, no direito tributário, quando o tema é penalidade e está-se diante de dúvida, aplica-se a técnica in dubio pro contribuinte. O artigo 112 define as hipóteses em que este entendimento deve ser visto:

> *Art. 112. A lei tributária que define infrações, ou lhe comina penalidades, interpreta-se da maneira mais favorável ao acusado, em caso de dúvida quanto:*
>
> *I – à capitulação legal do fato;*
>
> *II – à natureza ou às circunstâncias materiais do fato, ou à natureza ou extensão dos seus efeitos;*
>
> *III – à autoria, imputabilidade, ou punibilidade;*
>
> *IV – à natureza da penalidade aplicável, ou à sua graduação.*

Resta ainda analisar o papel dos princípios de direito privado e de direito público na interpretação dos institutos do direito tributário. Tal análise é devida porque o direito tributário, diferentemente de alguns ramos mais tradicionais, é relativamente novo e inegavelmente se vale de diversos conceitos e institutos de outros ramos do direito, mormente do direito privado. Como exemplo, a instituição do IPTU demanda o conhecimento dos institutos da propriedade, posse e domínio útil. Por outro lado, a incidência do ITCMD exigirá o conhecimento de contratos, bem como do tema de sucessões. Enfim, não há como despregar o direito tributário de outros ramos igualmente importantes do direito.

Assim é que, ao estudar o direito tributário, o operador do direito deve ter em mente o conhecimento desses institutos, estando certo que, na seara tributária, a lei pode prever efeitos distintos dos previstos na lei privada. É o que reza o artigo 109 do CTN. No entanto, se os institutos de direito privado foram utilizados pelo legislador constituinte, sequer o legislador tributário infraconstitucional poderá realizar qualquer alteração do seu alcance, visto que, se assim o fizesse, estaria alterando a própria CF (artigo 110 do CTN).

No que tange à integração da legislação tributária, é importante lembrar que a analogia não se confunde com a interpretação extensiva. Enquanto a primeira se refere a uma hipótese não imaginada pelo legislador, que deverá ser resolvida através da aplicação de uma norma jurídica que rege caso semelhante, a segunda consiste apenas em ampliar o alcance de uma norma para abarcar situações outrora não previstas.

Ainda no que tange à integração da legislação tributária, em específico quanto aos institutos da analogia e da equidade, importante lembrar que "o emprego da analogia não poderá resultar na exigência de tributo não previsto em lei" e que "o emprego da equidade não poderá resultar na dispensa do pagamento de tributo devido".

A fixação do prazo de recolhimento de tributo não é matéria que deve, necessariamente, estar prevista em lei. As matérias reservadas à previsão em lei são aquelas elencadas no artigo 97 do CTN (Princípio da Estrita Legalidade Tributária).

O STJ em várias oportunidades posicionou-se pela inaplicabilidade da analogia para concessão de isenção (por exemplo, no RESP 1.089.952/RJ).

O STJ já decidiu que o "art. 111 do CTN, que prescreve a interpretação literal da norma, não pode levar o aplicador do direito à absurda conclusão de que esteja ele impedido, no seu mister de apreciar e aplicar as normas de direito, de valer-se de uma equilibrada ponderação dos elementos lógico-sistemático, histórico e finalístico ou teleológico, os quais integram a moderna metodologia de interpretação das normas jurídicas" (RESP 192.531/RS).

Portanto, resumindo os posicionamentos do STJ retrocitados tem-se que é admitida uma interpretação mais ampla na outorga de isenções (tais como os elementos lógico-sistemático, histórico e teleológico), porém não se aplica a analogia para estender a aplicação delas.

O STJ decidiu que "a isenção tributária revela conveniência política, insuscetível, neste aspecto, de controle pelo Poder Judiciário, na concretização de interesses econômicos e sociais, estimulando e beneficiando determinadas situações merecedoras de tratamento privilegiado (artigo 176, CTN). Os critérios ensejadores de sua concessão, em consequência, não alteram nem identificam, necessariamente, com os elementos caracterizadores do tributo" (RESP 44.495/RJ).

Vários são os julgados do STF que apregoam que os requisitos de relevância e urgência para edição de medida provisória são de apreciação discricionária do chefe do Poder Executivo, não cabendo, salvo os casos de excesso de poder, seu exame pelo Poder Judiciário (ADI 2150).

O artigo 106, inciso II, alínea "c", do CTN apregoa que a "lei aplica-se a ato ou fato pretérito, tratando-se de ato não definitivamente julgado, quando lhe comine penalidade menos severa que a prevista na lei vigente ao tempo da sua prática". A leitura não permite qualquer restrição da expressão "ato não definitivamente julgado" aos processos administrativos. Mesmo no caso de processos judiciais em andamento (por exemplo, numa ação anulatória de lançamento de débito fiscal, cujo objetivo é desconstituir o crédito tributário), uma lei nova que comine penalidade menos severa deve ser aplicada retroativamente. É a posição do STJ (REsp 295.762/RS).

O CTN, embora seja formalmente uma lei ordinária anterior à Constituição de 1988 (Lei 5.172/66), foi recepcionado com status de lei complementar pela ordem constitucional vigente (lei materialmente complementar), porque compatível com a mesma, com fundamento no artigo 34, § 5° do ADCT. O CTN trata de matérias que a Constituição Federal reservou à lei complementar de caráter nacional. Isso porque, além de versar sobre normas gerais de direito tributário (CF, art. 146, III), ainda regula no plano infraconstitucional várias limitações ao poder de tributar (CF, art. 146, II).

De acordo com o contexto da previsão constitucional, a lei complementar aprovada pelo Congresso Nacional poderá ter caráter federal (aplicável apenas no âmbito da União) ou nacional (aplicável a todos os entes da Federação, a todos os Estados ou a todos os Municípios).

São de caráter federal as leis complementares exigidas para instituição de alguns tributos de competência da União, quais sejam: imposto sobre grandes fortunas (CF, art. 153, VII), empréstimos compulsórios (CF, art. 148); impostos de competência residual da União (CF, art. 154, I) e contribuições sociais para custeio da seguridade social de competência residual da União (CF, art. 195, § 4° c/c art. 154, I).

Já as leis complementares de caráter nacional são aplicáveis a todos os entes da federação (União, Estados, Distrito Federal e Municípios). O Código Tributário Nacional, por exemplo, além de versar sobre normas gerais de direito tributário (CF, art. 146, III), ainda regula no plano infraconstitucional várias limitações ao poder de tributar (CF, art. 146, II).

Tipicamente, os decretos veiculam os regulamentos das leis tributárias que instituem tributos, como é o caso do Decreto federal 7.212/2010, que aprova o Regulamento do IPI – RIPI, e do Decreto estadual paulista 45.490/2000, que aprova o Regulamento do ICMS do Estado de São Paulo – RICMS/SP.

Em face do princípio da legalidade tributária, somente as práticas administrativas que estiverem de acordo com a legislação podem ser admitidas no campo tributário. Dessa forma, as práticas reiteradamente observadas pelas autoridades administrativas (CTN, art. 100, III) são usos e costumes administrativos observados na interpretação e aplicação da legislação tributária. Nessa linha, já decidiu o STJ que, se em várias situações idênticas, a autoridade fazendária afastou os acréscimos legais do tributo e cobrou apenas o imposto de renda devido, o procedimento se caracteriza como prática reiterada na aplicação da legislação tributária (STJ – REsp 142280 / SC – 2ª. Turma – Rel. Min. Hélio Mossimann – Julg. 23/03/2003).

5. OBRIGAÇÃO TRIBUTÁRIA E FATO GERADOR

A obrigação tributária consiste num vínculo jurídico (relação jurídica) que une, de um lado, o sujeito passivo (contribuinte ou responsável) e, de outro, o sujeito ativo, em torno de uma prestação tributária, cabendo ao último exigir alguma prestação do primeiro. A obrigação tributária poderá ser principal (de dar) ou acessória (de fazer, não fazer ou tolerar que se faça), lembrando que as palavras "principal" e "acessória" não guardam relação com o previsto no direito civil, não sendo possível afirmar que, em direito tributário, o acessório segue o principal (teoria da gravitação jurídica).

A obrigação principal tem como objeto um dever de pagamento do tributo ou pena-lidade pecuniária (multas). É, portanto, intuito pecunia, uma prestação na modalidade de obrigação de dar.

A obrigação acessória, por sua vez, torna exigível ao sujeito passivo um fazer, não fazer (ou tolerar que se faça), ou seja, deveres procedimentais que auxiliam o sujeito ativo na fiscalização e arrecadação fiscal (poder de polícia da administração fiscal).

Embora haja algumas semelhanças, como, por exemplo, o fato de procederem da ocorrência do fato gerador, várias são as diferenças, que podem ser sintetizadas no quadro a seguir:

OBRIGAÇÃO TRIBUTÁRIA PRINCIPAL	OBRIGAÇÃO TRIBUTÁRIA ACESSÓRIA
Natureza: de dar	Natureza: de fazer ou não fazer
Objeto: pagar tributo ou penalidade pecuniária	Objetos: prestações positivas ou negativas por parte do contribuinte que interessem à arrecadação e à fiscalização de tributos (exemplos: declaração de ajuste anual de Imposto de Renda, emissão de notas fiscais, escrituração fiscal)
Prevista na lei (estrita legalidade)	Prevista na legislação tributária
x-x-x-x	Inobservância pelo contribuinte: converte-se em obrigação principal relativamente à penalidade pecuniária

Enquanto a obrigação principal decorre da lei, a obrigação acessória decorre da legis-lação tributária, podendo ser veiculada através de decretos, portarias etc.

À luz do artigo 113 do CTN, verifica-se que a relação jurídica obrigacional surge com a ocorrência do fato gerador (fato jurídico tributário). O fato gerador, por sua vez, é a realização concreta do evento previsto na norma. Logo, há de existir uma norma jurídica (hipótese de incidência) e a ocorrência de um evento semelhante à norma (fato gerador), para que esta incida sobre o fato e surja a obrigação tributária. Nessa linha, o fato gerador é a gênese da obrigação tributária.

A obrigação tributária, sob um ponto de vista dinâmico, nasce com a ocorrência do fato gerador (CTN, art. 114) e extingue-se com eventos definidos como extintivos do crédito tributário (CTN, art. 156). Entre o nascimento e a extinção, a obrigação pode, ainda, sofrer vicissitudes, com destaque para as causas suspensivas de exigibilidade (CTN, art. 151) e também para algumas exonerações, como é o caso da anistia (CTN, art. 175, II).

Fato Gerador (nascimento da OT) — Extinção do crédito (extinção da OT)

Já sob um ponto de vista estático, como toda obrigação, constitui uma relação jurídica entre sujeito ativo e sujeito passivo, com referência a um objeto, que é a prestação tributária (o pagamento do tributo).

(Sujeito Ativo) SA — SP (Sujeito Passivo)

Fisco ou Fazenda Pública | pagamento do tributo | Contribuinte ou Responsável

No Direito Tributário, a expressão "fato gerador" é ambígua, haja vista que contempla ora a descrição legal (significando a hipótese de incidência), ora o fato concreto (significando o fato jurídico-tributário), cuja subsunção deste naquela dá origem à obrigação tributária. De acordo com o artigo 114 do CTN, "fato gerador da obrigação principal é a situação definida em lei como necessária e suficiente à sua ocorrência", ou seja, a partir da subsunção do fato (fato gerador concreto ou fato jurídico-tributário) à norma (fato gerador abstrato ou hipótese de incidência), nasce a obrigação tributária ou, noutras palavras, constitui-se a relação tributária (vínculo entre devedor e credor tributários).

Uma sutil diferença entre obrigação tributária principal e acessória diz respeito ao tipo de norma instituidora. A obrigação tributária principal tem, necessariamente, que estar prevista em lei (CTN, art. 97, III), daí sujeitar-se ao princípio da estrita legalidade. Já a obrigação tributária acessória decorre da "legislação tributária" (CTN, art. 113, § 2º), expressão esta que compreende as leis, os tratados e as convenções internacionais, os decretos e as normas complementares que versem, no todo ou em parte, sobre tributos e relações jurídicas a eles pertinentes (CTN, art. 96). Concluindo, enquanto a obrigação tributária principal deve necessariamente ser prevista numa lei (estrita legalidade), a obrigação acessória decorre da legislação tributária (ideia mais ampla que compreende não só leis, mas também decretos e outros tipos normativos).

As obrigações tributárias principais e acessórias são independentes entre si, na medida em que no Direito Tributário não se aplica a máxima jurídica muito difundida no Direito Civil, segundo a qual "o acessório segue a sorte do principal". Pode ocorrer uma situação em que um contribuinte possua obrigações acessórias a adimplir (por exemplo, emitir documentos fiscais aos seus clientes e escriturar seus livros fiscais e contábeis) e, ao mesmo tempo, não possua obrigação principal de pagar tributo, como no caso de ser um contribuinte do ICMS que comercialize apenas mercadorias isentas.

Muito embora haja a distinção, para a doutrina, entre hipótese de incidência e fato gerador, sendo a primeira a previsão abstrata do fato imponível, e a segunda a ocorrência in concreto do quanto previsto na norma, cabe ressaltar que em alguns concursos continua a valer a definição do artigo 114 do CTN, que conjuga os dois momentos, restringindo-os ao conceito simplista de fato gerador: "fato gerador da obrigação principal é a situação prevista em lei como necessária e suficiente à sua ocorrência".

"O ente federado competente pode autuar o contribuinte pelo descumprimento de obrigação acessória consistente na exigência de nota fiscal para deslocamento de bens do ativo imobilizado e de bens de uso e consumo entre estabelecimentos da mesma instituição financeira, operação que, em tese, não caracteriza hipótese de incidência do ICMS (Súmula 166/STJ). Ressaltou-se que a obrigação acessória é autônoma e pode ser instituída pelo ente legiferante no interesse da arrecadação ou da fiscalização tributária nos termos do § 2° do art. 113 do CTN, ainda que a obrigação principal não exista, obedecendo-se aos princípios da razoabilidade e da proporcionalidade" (STJ – REsp 1.116.792 – 1ª Seção – Rel. Min. Luiz Fux – julg. 24.11.10).

A norma antielisão, como é popularmente conhecido o parágrafo único do artigo 116 do CTN, estabelece que a "autoridade administrativa poderá desconsiderar atos ou negócios jurídicos praticados com a finalidade de dissimular a ocorrência do fato gerador do tributo ou a natureza dos elementos constitutivos da obrigação tributária, observados os procedimentos a serem estabelecidos em lei ordinária". Da simples leitura percebe-se que não há exigência de prévia ordem judicial para amparar a desconsideração dos atos e negócios jurídicos por parte da autoridade administrativa.

A relação jurídica tributária refere-se não só à obrigação tributária stricto sensu, como ao plexo de deveres instrumentais, (positivos ou negativos) que gravitam em torno do tributo, colimando facilitar a aplicação exata da norma jurídica que o previu. Todos estes deveres, repita-se, não possuem, em si mesmos, cunho patrimonial (CARRAZZA, Roque Antônio. Curso de direito constitucional tributário. 23ª ed. São Paulo: Malheiros, 2007, p. 331-332).

O artigo 116 do CTN dispõe sobre o momento da ocorrência do fato jurídico tributário. Nos termos do inciso I, tratando-se de situação de fato, considera ocorrido o fato gerador desde o momento em que se verifiquem as circunstâncias materiais necessárias a que produza os efeitos que normalmente lhe são próprios, como, por exemplo, a saída da mercadoria no ICMS. Mas se o fato gerador for uma situação jurídica, como ocorre nos impostos sobre a propriedade (IPTU, IPVA e ITR), considera-se ocorrido desde o momento em que a situação jurídica estiver definitivamente constituída (inciso II).

O artigo 117 do CTN considera que os atos e negócios submetidos a condições suspensivas ou resolutórias que constituam fatos geradores de tributos reputam-se perfeitos e acabados: i) na condição suspensiva, desde o momento de sua implementação, como, por exemplo, na doação condicionada à formatura do donatário, hipótese na qual somente se considera ocorrido o fato gerador quando da efetiva colação de grau (inciso I); ii) na condição resolutória, desde o momento da prática do ato ou da celebração do negócio, como seria o caso da compra e venda de um imóvel com cláusula de rescisão condicionada a evento futuro e incerto consubstanciado, por exemplo, na hipótese de uma brusca desvalorização do bem no mercado imobiliário no período de três anos posteriores ao negócio.

6. SUJEITOS, RESPONSABILIDADE, CAPACIDADE E DOMICÍLIO

Sujeito ativo é o detentor da competência tributária de cobrar o tributo (CTN, art. 119) e sujeito passivo aquele que tem o dever de pagar o tributo. Para o CTN, a sujeição passiva pode ser direta (contribuinte – artigo 121, parágrafo único, inciso I, do CTN) ou indireta (responsável – artigo 121, parágrafo único, inciso II, do CTN). Contribuinte é quem faz o fato gerador (manifesta uma relação pessoal e direta com o fato gerador) e responsável é aquele que, embora não tendo feito o fato gerador, a lei lhe atribui o dever de pagar o tributo.

Reitera-se que a sujeição passiva está disciplinada pelo artigo 121 do CTN. O sujeito passivo da obrigação principal é a pessoa obrigada ao pagamento do tributo ou da penalidade pecuniária e diz-se contribuinte ou responsável. O contribuinte tem relação pessoal e direta com a situação que constitua o fato gerador. Já o responsável, que não se reveste da situação de contribuinte, tem a obrigação decorrente de disposição expressa em lei.

O contribuinte e o responsável são sujeitos passivos (gênero) da relação tributária. Numa classificação doutrinária entre sujeito passivo direto e indireto, o primeiro seria o contribuinte (que tem relação pessoal e direta com o fato gerador) e o segundo seria o responsável (com obrigação decorrente de lei).

As convenções entre particulares (acordos ou contratos) relativas à responsabilização para pagamento de tributos, salvo disposição de lei em contrário, "não podem ser opostas à Fazenda Pública, para modificar a definição legal do sujeito passivo das obrigações tributárias correspondentes" (CTN, art. 123).

O credor, na obrigação tributária (polo ativo), é a pessoa jurídica de direito público, titular da competência para exigir seu cumprimento (CTN, art. 119).

Capacidade tributária ativa, entendida como as prerrogativas de arrecadar ou fiscalizar tributos, ou de executar leis, serviços, atos ou decisões administrativas em matéria tributária, é delegável, ou seja, pode ser conferida por uma pessoa jurídica de direito público a outra (CTN, art. 7°).

Conforme já estudado anteriormente, na capacidade tributária ativa há apenas a transferência da atividade de arrecadar e fiscalizar tributos. Difere, portanto da Competência Tributária. Vale ainda lembrar, que a capacidade tributária passiva em matéria tributária independe da capacidade civil das pessoas naturais nos termos do que dispõe o artigo 126, inciso I do CTN.

O Direito tributário só admite a solidariedade passiva e não a ativa, pois caso esta fosse admitida, consagrar-se-ia o instituto da bitributação, que, diga-se de passagem, só é possível na hipótese excepcional do Imposto extraordinário de guerra – IEG em sede da competência extraordinária da União.

Na solidariedade estarão obrigadas, na qualidade de responsável tributário, as pessoas que tenham interesse comum na situação que constitua o fato gerador da obrigação principal (solidariedade natural ou de fato), bem como aquelas expressamente designadas por lei (solidariedade legal).

Solidariedade	Natural ou de fato (art. 124, I)
	Legal (art. 124, II)

A solidariedade pressupõe que cada devedor responderá pelo montante total da obrigação perante o fisco. Cumpre ressaltar, de pronto, que é incabível invocar benefício de ordem (sequência para pagamento do tributo) nos termos do parágrafo único do artigo 124 do CTN.

Outro ponto a se destacar é que o legislador sistematizou o tema da solidariedade em capítulo pertinente à obrigação tributária, reservando o tema da responsabilidade por sucessão, de terceiros e por infrações em capítulo apartado (na responsabilidade tributária). Em outras palavras, o tema da solidariedade ficou fora do capítulo da responsabilidade, figurando no item "obrigação tributária".

Por derradeiro, são efeitos da solidariedade:

a) O pagamento efetuado por um dos obrigados aproveita aos demais;

b) A isenção ou remissão de crédito exonera todos os obrigados, salvo se outorgada pessoalmente a um deles, subsistindo, nesse caso, a solidariedade quanto aos demais pelo saldo;

c) A interrupção da prescrição, em favor ou contra um dos obrigados, favorece ou prejudica aos demais.

Acerca do tema, é importante a leitura atenta do teor do artigo 127 do CTN:

> *Art. 127. Na falta de eleição, pelo contribuinte ou responsável, de domicílio tributário, na forma da legislação aplicável, considera-se como tal:*
>
> *I – quanto às pessoas naturais, a sua residência habitual, ou, sendo esta incerta ou desconhecida, o centro habitual de sua atividade;*
>
> *II – quanto às pessoas jurídicas de direito privado ou às firmas individuais, o lugar da sua sede, ou, em relação aos atos ou fatos que derem origem à obrigação, o de cada estabelecimento;*
>
> *III – quanto às pessoas jurídicas de direito público, qualquer de suas repartições no território da entidade tributante.*
>
> *§ 1º Quando não couber a aplicação das regras fixadas em qualquer dos incisos deste artigo, considerar-se-á como domicílio tributário do contribuinte ou responsável o lugar da situação dos bens ou da ocorrência dos atos ou fatos que deram origem à obrigação.*
>
> *§ 2º A autoridade administrativa pode recusar o domicílio eleito, quando impossibilite ou dificulte a arrecadação ou a fiscalização do tributo, aplicando-se então a regra do parágrafo anterior.*

Agora, uma apresentação mais analítica:

<table>
<tr><td colspan="3">REGRA GERAL:
domicílio eleito pelo contribuinte</td></tr>
<tr><td>↓</td><td></td><td>↓</td></tr>
<tr><td>EXCEÇÃO:
contribuinte não elege seu domicílio</td><td>ou</td><td>NEGATIVA:
do Fisco ao domicílio eleito</td></tr>
<tr><td>↓</td><td></td><td>↓</td></tr>
<tr><td>Aplicam-se, então,
os critérios dos incisos I, II e III</td><td>→</td><td>Na impossibilidade de aplicação dos critérios dos incisos I, II e III ou na negativa do fisco ao domicílio eleito: considera-se domicílio o lugar da situação dos bens ou da ocorrência dos atos ou fatos que deram origem à obrigação.</td></tr>
</table>

Nos termos do artigo 128 do CTN é possível verificar duas espécies de responsabilidade: por substituição (ou originária) e por transferência (ou derivada ou por sucessão). No primeiro caso, o legislador já afasta o praticante do fato gerador e coloca o terceiro no pólo passivo da relação jurídico tributária, ou seja, de forma prévia, a lei afasta o contribuinte e o substitui pelo responsável (terceiro). É o que ocorre, por exemplo, na hipótese do imposto de renda retido na fonte, onde caberá ao empregador efetuar o recolhimento do gravame devido ao empregado.

Em suma, na responsabilidade por substituição, a terceira pessoa é eleita pelo legislador de forma originária para pagar a exação, antes mesmo da ocorrência do fato gerador.

Na substituição tributária para frente, a responsabilidade é atribuída ao substituído, assegurada a imediata e preferencial restituição da quantia paga, caso não se realize o fato gerador presumido (CF, art. 150, § 7º, in fine). Nesse contexto, porém, tema objeto de infindáveis polêmicos sempre foi a possibilidade restituição da diferença entre a quantia paga de acordo com a base de cálculo presumida e o valor da efetiva operação de venda. Depois de muitas decisões em sentido contrário, no julgamento do Recurso Extraordinário 593.849, o Supremo Tribunal Federal exarou decisão com repercussão geral no seguinte sentido: "É devida a restituição da diferença do Imposto sobre Circulação de Mercadorias e Serviços (ICMS) pago a mais no regime de substituição tributária para a frente se a base de cálculo efetiva da operação for inferior à presumida." Os efeitos dessa decisão também foram modulados pela Corte, de modo que atingirão os casos futuros e apenas os pretéritos que já estejam tramitando na Justiça. Na mesma ocasião e de acordo com o mesmo entendimento, também foram julgadas improcedentes as ADIs 2675 e 2777, que questionavam a constitucionalidade de leis dos Estados de São Paulo e Pernambuco que autorizavam a restituição em questão.

No segundo caso – responsabilidade por transferência –, o legislador modifica o pólo passivo da relação jurídica tributária em virtude um fato novo, isto, é, um evento futuro ao surgimento da obrigação. Logo, existe o contribuinte figurando como sujeito passivo, mas o ônus tributacional será transferido a um terceiro em razão de um fato imprevisto. Como exemplo, é possível citar a sucessão causa mortis, onde o sujeito passivo, em razão do seu falecimento (evento futuro/novo), é substituído em um primeiro momento pelo espólio e a posteriori pelos sucessores e cônjuge meeiro.

Sintetizando: na responsabilidade por transferência a terceira pessoa, eleita pela lei, deverá pagar a exação, após a ocorrência do fato gerador.

Destaque-se, ademais, que a responsabilidade por transferência ocorrerá por: solidariedade, sucessão e por terceiros. A responsabilidade por substituição, de sua vez, poderá ser regressiva (diferimento) ou progressiva. Este último está previsto no artigo 150, §7º da CF.

<table>
<tr><td rowspan="4">RESPONSABILIDADE</td><td colspan="2">a) POR SUBSTITUIÇÃO
▸ Regressiva
▸ Progressiva</td></tr>
<tr><td rowspan="3">b) POR TRANSFERÊNCIA</td><td>b) 1) solidariedade
(CTN, art. 124 e 125)</td></tr>
<tr><td>b) 2) sucessores
(CTN, art. 130 a 133)</td></tr>
<tr><td>b) 3) terceiros
(CTN, art. 134 e 135)</td></tr>
</table>

A responsabilidade de sucessores ocorre quando há transferência de algum bem, em que não houve pagamento de tributo, de modo que o seu adquirente se tornará o responsável, uma vez que o contribuinte não pagou o tributo no tempo devido.

Aqui entram os créditos tributários relativos a bens móveis e imóveis que são transferidos aos seus adquirentes, salvo se contar do título de aquisição a prova de sua quitação (CTN, arts. 129 e 131). Vale lembrar, que na arrematação de imóvel em hasta pública, a sub-rogação dar-se-á sobre o respectivo preço, ou seja, sobre o valor do lance (CTN, art. 130, parágrafo único).

"A responsabilidade solidária do ex-proprietário, prevista no art. 134 do Código de Trânsito Brasileiro – CTB, não abrange o IPVA incidente sobre o veículo automotor, no que se refere ao período posterior à sua alienação" (Súmula 585 do STJ). De fato, a responsabilidade de que trata o CTN na alienação de bens é por sucessão é imposta ao adquirente, enquanto a norma do CTB, não aplicável na esfera tributária, mas apenas na seara das multas de trânsito, é imposta ao alienante.

No caso de sucessão causa mortis, o sucessor a qualquer título e o cônjuge meeiro respondem pelos tributos devidos pelo falecido até a data da partilha ou adjudicação. A responsabilidade se dá até o limite do quinhão, legado ou meação. Ao espólio caberá a responsabilidade pelos tributos devidos até a data da abertura da sucessão (CTN, art. 131).

Segundo o artigo 133 do CTN, o adquirente de fundo de comércio ou estabelecimento comercial, industrial ou profissional que mantiver a exploração do mesmo ramo de atividade (sob o mesmo nome ou não) responderá pelos tributos relativos ao fundo de comércio ou estabelecimento comercial devidos pelo antecessor até a data da transação. A responsabilidade será integral, se o alienante cessar a exploração do comércio, indústria ou qualquer outra atividade, ou subsidiária se o alienante prosseguir na exploração de alguma atividade, ou se, no prazo de seis meses, contados da alienação, iniciar nova atividade.

Recente alteração no CTN informou que inexiste transferência de responsabilidade ao sucessor na hipótese de a aquisição do estabelecimento ser efetivada em alienação judicial realizada no processo de falência, bem como na aquisição de filial ou unidade produtiva isolada, em processo de recuperação judicial. Esta exceção, contudo, não se aplica quando o adquirente for: I – sócio da sociedade falida ou em recuperação judicial, ou sociedade controlada pelo devedor falido ou em recuperação judicial; II – parente, em linha reta ou colateral até o 4º grau, consanguíneo ou afim, do devedor falido ou em recuperação judicial ou de qualquer de seus sócios; ou III – identificado como agente do falido ou do devedor em recuperação judicial com o objetivo de fraudar a sucessão tributária.

Assim, em resumo, a alienação de estabelecimento empresarial enseja a responsabilização por sucessão do adquirente, seja integralmente, seja subsidiariamente, a depender do enquadramento das hipóteses previstas nos incisos I e II do artigo 133 do CTN. Entretanto, tal regra não se aplica nalgumas situações estipuladas no §1° do mesmo artigo, dentre as quais se inclui a alienação judicial em processo de falência.

O adquirente de fundo de comércio ou estabelecimento comercial, industrial ou profissional é integralmente responsável pelos tributos devidos até a data do ato se o vendedor cessar a exploração do objeto social sucedido (CTN, art. 133, I). Mas se o vendedor prosseguir na exploração do objeto social sucedido ou reiniciá-la dentro de seis meses, a responsabilidade do adquirente será subsidiária (CTN, art. 133, II).

A responsabilidade de terceiros ocorre quando o contribuinte, instado a pagar o tributo, não cumpre a obrigação tributária, hipótese em que esta recai sobre o terceiro que tenha intervindo no fato gerador, ou sobre o terceiro que, pela sua omissão, tornou-se responsável pelo tributo (CTN, art. 134).

Diferentemente do que diz a norma, quando atribui a responsabilidade solidária, na verdade, a responsabilidade é subsidiária. Cumpre lembrar que os terceiros não são responsáveis pelas multas decorrentes de infrações praticadas pelos contribuintes (normalmente decorrentes do descumprimento das obrigações acessórias), mas estão sujeitos às sanções de caráter moratório.

Por fim, a responsabilidade é pessoal e direta para aqueles que agiram com excesso de poderes ou com infração à lei, ao contrato social ou aos estatutos (CTN, art. 135), hipótese em que os sócios-gerentes geralmente são enquadrados (despersonalização da pessoa jurídica).

Para a jurisprudência do STJ, o simples não pagamento do tributo não configura, por si só, hipótese de responsabilidade subsidiária dos sócios, ao contrário da hipótese de dissolução irregular da sociedade, em que a responsabilidade é manifesta.

O STJ consolidou que a dissolução irregular de sociedade acarreta a responsabilidade pessoal do sócio gerente pelos débitos da empresa, implicando no redirecionamento da execução fiscal ao referido sócio gerente ("no caso dos autos, assentou-se no acórdão embargado, nos termos do que decido pela Primeira Turma nos EDcl nos EDcl no AgRg no REsp 1.009.997/SC, de relatoria da Ministra Denise Arruda, que o redirecionamento da execução fiscal aos sócios-gerentes, no caso de dissolução irregular da sociedade empresária, necessita da verificação de ´quem ocupava o posto de gerente no momento da dissolução` e da verificação de que aquele responsável pela dissolução tenha sido também, simultaneamente, o detentor da gerência na oportunidade do vencimento do tributo", STJ, EDcl no AgRg no RECURSO ESPECIAL N° 1.153.339 – SP).

A denúncia espontânea está disciplinada no artigo 138 do CTN:

> *Art. 138. A responsabilidade é excluída pela denúncia espontânea da infração, acompanhada, se for o caso, do pagamento do tributo devido e dos juros de mora, ou do depósito da importância arbitrada pela autoridade administrativa, quando o montante do tributo dependa de apuração.*
>
> *Parágrafo único. Não se considera espontânea a denúncia apresentada após o início de qualquer procedimento administrativo ou medida de fiscalização, relacionados com a infração.*

Preliminarmente, cabe advertir que a denúncia espontânea (leia-se confissão) não extingue a obrigação de adimplir o tributo, mas tão-somente a multa. Ademais, não veda a aplicação dos juros de mora e correção monetária.

No que concerne às multas, entende-se que a exclusão se extensível às multas moratórias (em virtude do atraso no pagamento) e multas punitivas (fiscais).

Advirta-se que a confissão e o parcelamento da dívida não importa em exclusão da multa. Nesse sentido:

RECURSO REPETITIVO. DENÚNCIA ESPONTÂNEA. PARCELAMENTO. DÉBITO TRIBUTÁRIO. A Seção, ao julgar recurso representativo de controvérsia (art. 543-C do CPC e Resolução n. 8/2008 do STJ), reafirmou que o instituto da denúncia espontânea (art. 138 do CTN) não se aplica aos casos de parcelamento do débito tributário. Precedentes citados: REsp 284.189-SP, DJ 26/5/2003; AgRg nos EREsp 1.045.661-RS, DJ 16/2/2009; AgRg na Pet 6.231-SP, DJ 1º/9/2008; AgRg no REsp 1.020.268-PR, DJe 17/4/2008, e AgRg no REsp 989.026-ES, DJe 17/2/2009. REsp 1.102.577-DF, Rel. Min. Herman Benjamin, julgado em 22/4/2009.

Outro ponto relevante diz respeito aos tributos sujeitos a lançamento por homologação. Segundo o teor do Enunciado de Súmula 360 STJ: "o benefício da denúncia espontânea não se aplica aos tributos sujeitos a lançamento por homologação regularmente declarados, mas pagos a destempo." Ou seja, não houve fiscalização ou cobrança do tributo, porém, é inaplicável o instituto da denúncia espontânea, pois o contribuinte declarou a dívida e não pagou.

"A responsabilidade do adquirente de boa-fé reside na exigência, no momento da celebração do negócio jurídico, da documentação pertinente à assunção da regularidade do alienante, cuja verificação de idoneidade cabe ao Fisco, razão pela qual não incide o art. 136 do CTN, aplicável ao alienante. A boa-fé do adquirente em relação às notas fiscais declaradas inidôneas após a celebração do negócio jurídico realizado, uma vez que caracterizada, legitima o aproveitamento dos créditos do ICMS" (STJ – REsp 1.148.444 – 1ª. Seção – Rel. Min. Luiz Fux – julg. 14.4.10). Esse entendimento hoje se encontra sumulado (Súmula 509 do STJ).

"Na hipótese dos autos, a emissão da nota fiscal somente ocorreu após o início da fiscalização, o que afasta a presunção de boa-fé, não havendo falar no benefício do art. 138 (denúncia espontânea), parágrafo único, do CTN. Ainda que assim não fosse, é pacífico o entendimento de que as sanções por infrações formais (entrega de declarações, emissão de documentos fiscais) não são afastadas pela denúncia espontânea. A reprovabilidade da conduta é avaliada pelo legislador ao quantificar a penalidade prevista na lei. É por essa razão que às situações que envolvam fraude ou má-fé são fixadas, não raro, multas muito mais gravosas que os 30% previstos pela legislação local" (STJ – REsp 1.142.739 – 2ª Turma – Rel. Min. Herman Benjamin – julg. 16.3.10).

O mero inadimplemento não permite o redirecionamento da obrigação tributária ao sócio-administrador da empresa, uma vez que, segundo o artigo 135, inciso III, do CTN, para que haja responsabilização pessoal do sócio-administrador, é preciso que ele tenha agido com "excesso de poderes ou infração de lei, contrato social ou estatuto". O mero inadimplemento, segundo o STJ, não é considerado excesso de poder, nem infração à lei, tampouco infração ao contrato social (AgRg no REsp 1273450 / SP).

"A primeira Seção firmou o entendimento de que, mesmo em face da responsabilidade da fonte pagadora pelo recolhimento do IRPF incidente sobre as verbas trabalhistas recebidas em cumprimento de decisão judicial, o contribuinte não deixa de ser também responsável para tanto, uma vez que, ante a inércia da fonte pagadora, deve informar em sua declaração de ajuste anual os valores recebidos e, caso não o faça, será o sujeito passivo da exação" (AgRg nos EREsp 413106/SC, Rel. Ministra DENISE ARRUDA, DJ 23.10.2006).

"A responsabilidade do contribuinte só seria excluída se houvesse comprovação de que a fonte pagadora reteve o Imposto de Renda a que estava obrigado, mesmo que não houvesse feito o recolhimento" (EREsp 644223/SC, Rel. Ministro JOSÉ DELGADO, DJ 20.2.2006).

Não obstante a existência de entendimento contrário das Fazendas Públicas, a jurisprudência e a doutrina coincidem no entendimento de que mera inadimplência ou mora não são suficientes para a responsabilização pessoal dos terceiros de que trata o artigo 135. Para a referida responsabilização, é imprescindível que se comprove o excesso de poder ou a infração à lei, condutas que, no campo empresarial, ficam restritas às pessoas com poderes de gestão (STJ – REsp 841561/RJ – 2.ª Turma – Rel.ª Min.ª Eliana Calmon – julg. 21/08/2008).

"A caracterização de má-fé do terceiro adquirente, ou mesmo a prova do conluio, não é necessária para caracterização da fraude à execução fiscal. A natureza jurídica do crédito tributário conduz a que a simples alienação de bens pelo sujeito passivo por quantia inscrita em dívida ativa, sem a reserva de meios para quitação do débito, gere a presunção absoluta de fraude à execução. A alienação havida até 8.6.2005 exige que tenha ocorrido prévia citação no processo judicial para caracterizar a fraude de execução; se o ato translativo foi praticado a partir de 9.6.2005, data de início da vigência da Lei Complementar n. 118/2005, basta a efetivação da inscrição em dívida ativa para a configuração da figura da fraude" (STJ, AgRg no AREsp 241691 / PE).

7. CRÉDITO TRIBUTÁRIO (LANÇAMENTO, GARANTIAS, PRIVILÉGIOS, SUSPENSÃO)

O crédito tributário é constituído pelo lançamento e decorre da obrigação principal. Logo, crédito tributário não é sinônimo de obrigação tributária. Aliás, segundo o artigo 140 do CTN, "as circunstâncias que modificam o crédito tributário, sua extensão ou seus efeitos, ou as garantias ou os privilégios a ele atribuídos, ou que excluem sua exigibilidade não afetam a obrigação tributária que lhe deu origem".

A competência para constituir o crédito tributário pelo lançamento é privativa da autoridade administrativa, inexistindo qualquer disposição legal que permita a sua delegação (CTN, art. 142).

"Ainda quando de fato seja o lançamento feito pelo sujeito passivo, o Código Tributário Nacional, por ficção legal, considera que a sua feitura é privativa da autoridade administrativa, e por isto, no plano jurídico, sua existência fica sempre dependente de homologação por parte da autoridade competente" (MACHADO, Hugo de Brito. Curso de Direito Tributário. 25 ed. São Paulo: Malheiros, p. 176). Esse entendimento é de fato correto, pois no lançamento por homologação, o contribuinte, antes de qualquer análise fiscal, faz a apuração, a declaração do valor devido e antecipa o recolhimento; seu aperfeiçoamento dá-se com a homologação propriamente dita (da autoridade administrativa), que pode ocorrer de forma expressa, mas que na prática prevalece a tácita (pelo decurso de tempo). Daí porque sempre há uma homologação por parte da autoridade administrativa, já que é de sua competência privativa (juridicamente, não se pode afirmar que o sujeito passivo detém a competência de lançar).

Há uma corrente doutrinária que sustenta a desnecessidade de lançamento para receber o crédito consignado em pagamento ou na conversão do depósito em renda. Entretanto, é importante ressaltar que a Lei Paulista 13.457/2005, em seu artigo 30, estipula a necessidade de lançamento de ofício para prevenir a decadência, no caso de existência de depósito do montante integral.

"O lançamento segue o princípio documental. Sua forma dependerá do regime de lançamento do tributo e das circunstâncias nas quais é apurado. Certo é que estará documentado e que seu instrumento terá de conter os elementos indispensáveis à identificação inequívoca da obrigação surgida. Os lançamentos dos tributos antes administrados pela SRF são feitos mediante a lavratura de Auto de Infração (AI), enquanto aqueles relativos a tributos antes administrados pela SRP são efetuados mediante Notificação Fiscal de Lançamento de Débitos (NFLD)" (http://www.leandropaulsen.com/site/textos_detalhe.asp?ID=5, acesso em 11/6/2012).

A expressão latina *ex tunc*, em linhas gerais, pode ser traduzida como desde à época. Ao dizer que o lançamento tributário é *ex tunc* significa que seus efeitos retroagem à época da ocorrência do fato gerador (fato jurídico-tributário). É o que se extrai da leitura do artigo 144 do CTN, segundo o qual "o lançamento reporta-se à data da ocorrência do fato gerador da obrigação e rege-se pela lei então vigente, ainda que posteriormente modificada ou revogada. Atenção para o teor do parágrafo único do artigo 144 do CTN, que prevê a aplicação ao lançamento da "legislação que, posteriormente à ocorrência do fato gerador da obrigação, tenha instituído novos critérios de apuração ou processos de fiscalização, ampliado os poderes de investigação das autoridades administrativas, ou outorgado ao crédito maiores garantias ou privilégios, exceto, neste último caso, para o efeito de atribuir responsabilidade tributária a terceiros".

São três as modalidades de lançamento: de ofício (ou direto), por declaração (ou misto) e por homologação.

LANÇAMENTO TRIBUTÁRIO	▸ De ofício
	▸ Por declaração
	▸ Por homologação

Lançamento de ofício: pressupõe ação isolada do fisco, ou seja, não há participação do contribuinte na prestação de informações para à constituição do crédito tributário. Exemplo: IPTU.

Lançamento por declaração ou misto: pressupõe a ação conjugada entre o fisco e o contribuinte, restando àquele o trabalho privativo de lançar. Está cada vez mais em desuso. Exemplo: Declaração de bagagem acompanhada.

Lançamento por homologação ou "autolançamento": o contribuinte auxilia ostensivamente a Fazenda Pública na atividade de lançar, cabendo a esta, entretanto, efetuar a homologação (vide artigos 147 e 150 do CTN). Exemplo: IRPF.

Por fim, vale salientar que para o STJ, a constituição do crédito tributário poderá ocorrer via declaração do sujeito passivo ou através do depósito integral pelo contri-buinte. Confira: "Segundo jurisprudência pacífica do STJ, a apresentação, pelo contribuinte, de Declaração de Débitos e Créditos Tributários Federais – DCTF (instituída pela IN-SRF 129/86, atualmente regulada pela IN8 SRF 395/2004, editada com base no art. 5º do DL 2.124/84 e art. 16 da Lei 9.779/99) ou de Guia de Informação e Apuração do ICMS – GIA, ou de outra declaração dessa natureza, prevista em lei, é modo de constituição do crédito tributário, dispensada, para esse efeito, qualquer outra providência por parte do Fisco. Precedentes da 1ª Seção: AgRg nos ERESP 638.069/SC, DJ de 13.06.2005; AgRg nos ERESP 509.950/PR, DJ de 13.06.2005 (REsp n. 576.661-RS)".

"No caso de tributos sujeitos a lançamento por homologação, o contribuinte, ao realizar o depósito judicial com vistas à suspensão da exigibilidade do crédito tributário, promove a constituição deste nos moldes do que dispõe o art. 150 e parágrafos do CTN. Isso, porque verifica a ocorrência do fato gerador, calcula o montante devido e, em vez de efetuar o pagamento, deposita a quantia aferida, a fim de impugnar a cobrança da exação. Assim, o crédito tributário é constituído por meio da declaração do sujeito passivo, não havendo falar em decadência do direito do Fisco de lançar, caracterizando-se, com a inércia da autoridade fazendária apenas a homologação tácita da apuração anteriormente realizada. Não há, portanto, necessidade de ato formal de lançamento por parte da autoridade administrativa quanto aos valores depositados. 2. Precedentes da Primeira Seção: EREsp 464.343/DF, Rel. Min. José Delgado, DJ de 29.10.2007; EREsp 898.992/PR, Rel. Min. Castro Meira, DJ de 27.8.2007" (STJ, EREsp 686479-RS, Rel. Min. Denise Arruda, DJe 22/09/2008).

As garantias do crédito tributário tem como escopo proteger a entidade impositora, viabilizando o recebimento da dívida a que faz jus junto ao sujeito passivo da relação jurídico-tributária. Por outro lado, os privilégios se relacionam com a posição do crédito tributário em execuções coletivas de dívidas frente a outros créditos de natureza diversa.

Oportuno iniciar o referido tema, citando o teor, *ipsis litteris* do art. 183 do CTN:

> *Art. 183. A enumeração das garantias atribuídas neste Capítulo ao crédito tributário não exclui outras que sejam expressamente previstas em lei, em função da natureza ou das características do tributo a que se refiram.*
>
> *Parágrafo único: A natureza das garantias atribuídas ao crédito tributário não altera a natureza deste nem a da obrigação tributária a que corresponda.*

À luz do dispositivo citado, percebe-se que o objetivo do legislador foi cobrir o sujeito ativo da relação jurídico-tributária de garantias para o efetivo cumprimento da obrigação por parte do contribuinte.

Além do rol previsto no CTN, de forma exemplificativa, diga-se de passagem, é possível que outras garantias sejam criadas por lei, com intuito de resguardar e acautelar ainda mais a entidade impositora, detentora do crédito tributário.

Ademais, o parágrafo único do preceptivo ora sob análise, demonstra que "a natureza das garantias atribuídas ao crédito tributário não altera a natureza deste nem a da obrigação tributária a que corresponda".

De mais a mais, o teor do artigo 184 do CTN deixa clarividente que o legislador buscou, sem brechas, submeter todo o patrimônio do particular (salvo privilégios especiais sobre determinados bens, que sejam previstos em lei ou aqueles declarados legalmente como absolutamente impenhoráveis, a exemplo do bem de família) aos anseios arrecadatórios do Fisco, colocando este último em posição de superioridade na relação jurídico-tributária.

Observa-se que, responde pelo pagamento do crédito tributário, a totalidade dos bens e das rendas de qualquer origem ou natureza do sujeito passivo, do espólio ou massa falida, inclusive os bens gravados por ônus real ou cláusula de inalienabilidade ou impenhorabilidade. Portanto, de forma coloquial poder-se-ia dizer "não tem para onde correr!":

> *Art. 184. Sem prejuízo dos privilégios especiais sobre determinados bens, que sejam previstos em lei, responde pelo pagamento do crédito tributário a totalidade dos bens e das rendas, de qualquer origem ou natureza, do sujeito passivo, seu espólio ou sua massa falida, inclusive os gravados por ônus real ou cláusula de inalienabilidade ou impenhorabilidade, seja qual for a data da constituição do ônus ou da cláusula, excetuados unicamente os bens e rendas que a lei declare absolutamente impenhoráveis.*

Ainda referente ao tema, o artigo 10 da Lei 6.830/80 – LEF dispõe que "não ocorrendo o pagamento, nem a garantia da execução de que trata o artigo 9º, a penhora poderá recair em qualquer bem do executado, exceto os que a lei declare absolutamente impenhoráveis". Logo, a parte final do dispositivo supracitado, em idêntica previsão ao artigo 184 do CTN, reforça a mitigação na afetação da totalidade do patrimônio do sujeito passivo para pagamento do crédito tributário. Ou seja, não serão alcançados: a) os bens que possuam privilégios especiais, previstos em lei; b) Os bens declarados legalmente como absolutamente impenhoráveis.

Das exceções mencionadas, vale registrar que, um bem declarado impenhorável por ato voluntário e não legal, estará sujeito a uma eventual penhora no bojo de uma execução fiscal, sendo, portanto, ineficaz frente à dívida ativa.

Atrelado ao tema ora abordado, oportuno transcrever o teor do artigo 185, com a redação dada pela LC 118/2005, *in verbis*: "Presume-se fraudulenta a alienação ou oneração de bens ou rendas, ou seu começo, por sujeito passivo em débito para com a Fazenda Pública, por crédito tributário regularmente inscrito como dívida ativa".

O artigo citado busca coibir eventuais manobras fraudulentas e artifícios do devedor para esquivar-se de sua obrigação de quitar o tributo devido perante o sujeito ativo. Assim, ocorrendo a inscrição regular do crédito tributário na dívida ativa com a ciência prévia/notificação do sujeito passivo, qualquer ato posterior de alienação ou oneração de bens ou rendas será caracterizado como fraude. Em síntese, haverá presunção de fraude a partir da inscrição regular do crédito tributário em dívida ativa e não da data de propositura da ação de execução fiscal.

Destarte, o parágrafo único do artigo 185 traz a hipótese em que o devedor reserva bens ou rendas suficientes para pagamento total da dívida inscrita. Nesse caso, advirta-se, havendo tal reserva, inaplicável será o caput do artigo ora estudado.

Prescreve o parágrafo único do artigo 185 do CTN: "o disposto neste artigo não se aplica na hipótese de terem sido reservados, pelo devedor, bens ou rendas suficientes ao total pagamento da dívida inscrita". Em outras palavras, não será considerada fraudulenta a alienação ou oneração de bens ou rendas quando, após garantia da execução fiscal (penhora), o sujeito passivo permaneça em situação de solvência (possibilidade do pagamento do débito) perante o fisco.

Outrossim, com intuito de aumentar as garantias do sujeito ativo, a LC 118/2005 inseriu o artigo 185-A ao CTN, que dispõe:

> *Art. 185-A. Na hipótese de o devedor tributário, devidamente citado, não pagar nem apresentar bens à penhora no prazo legal e não forem encontrados bens penhoráveis, o juiz determinará a indisponibilidade de seus bens e direitos, comunicando a decisão, preferencialmente por meio eletrônico, aos órgãos e entidades que promovem registros de transferência de bens, especialmente ao registro público de imóveis e às autoridades supervisoras do mercado bancário e do mercado de capitais, a fim de que, no âmbito de suas atribuições, façam cumprir a ordem judicial.*
>
> *§1º A indisponibilidade de que trata o caput deste artigo limitar-se-á ao valor total exigível, devendo o juiz determinar o imediato levantamento da indisponibilidade dos bens ou valores que excederem esse limite.*
>
> *§2º Os órgãos e entidades aos quais se fizer a comunicação de que trata o caput deste artigo enviarão imediatamente ao juízo a relação discriminada dos bens e direitos cuja indisponibilidade houverem promovido.*

O artigo acima e seus parágrafos tratam do instituto da penhora on line, cabível quando já esgotados todos os meios possíveis de localização dos bens do devedor. Nesse caso, o magistrado determinará a indisponibilidade de bens e direitos do executado, limitado, contudo, ao valor total exigível.

Uma vez realizada a indisponibilidade dos bens e direitos, os órgãos e entidades enviarão imediatamente ao juízo a relação discriminada dos bens e direitos cuja indisponibilidade houverem promovido.

Finalmente, registre-se que existe uma hipótese de garantia ao crédito tributário não prevista no Código Tributário Nacional que é a medida cautelar fiscal prevista na Lei 8.397/92, cujo objetivo é decretar a indisponibilidade de bens e direitos do sujeito passivo tributário.

Além das garantias do crédito tributário, segundo exposto alhures, cabe a este também certos privilégios quando concorre em execuções coletivas de dívidas com outros créditos, a exemplo do processo falimentar.

O caput do artigo 186 do CTN, com a redação dada pela LC 118/2005, dispõe que: "o crédito tributário prefere a qualquer outro, seja qual for sua natureza ou o tempo de sua constituição, ressalvados os créditos decorrentes da legislação do trabalho ou do acidente de trabalho".

Inicialmente, verifica-se que o crédito tributário não possui caráter absoluto, uma vez que o artigo sob análise ressalva os créditos decorrentes da legislação do trabalho ou do acidente de trabalho, dados a sua natureza alimentícia.

Outrossim, com o advento da LC 118/2005, o parágrafo único do artigo 186 do CTN estabeleceu uma regra específica para o processo de falência:

> *Art. 186, parágrafo único. Na falência:*
>
> *I – o crédito tributário não prefere aos créditos extraconcursais ou às importâncias passíveis de restituição, nos termos da lei falimentar, nem aos créditos com garantia real, no limite do valor do bem gravado;*
>
> *II – a lei poderá estabelecer limites e condições para a preferência dos créditos decorrentes da legislação do trabalho; e*
>
> *III – a multa tributária prefere apenas aos créditos subordinados.*

A falência pode ser conceituada, segundo a doutrina (RAMOS, André Luiz Souza Cruz. Curso de direito empresarial. 2.ed. Salvador: Juspodivm, 2009, p. 597), como "a execução concursal do devedor empresário". Logo, referido instituto faz parte do regime jurídico empresarial e como tal, é aplicável aos devedores empresários, diversamente do que ocorre com o devedor civil que submete-se ao concurso de credores.

A Lei 11.101/05 denominada como Lei de Recuperação de Empresas, na qual consagrou, registre-se, o Princípio da Preservação da Empresa, trouxe alterações significativas no processo falimentar, dentre as quais destaca-se, dada a relevância para o tema em comento, as mudanças na ordem de classificação dos créditos e a previsão de créditos extraconcursais.

No que concerne à ordem de preferência e classificação dos créditos, bem como à posição ocupada pelo crédito tributário no processo falimentar, importante o concursando realizar a leitura atenta dos artigos 83 e 84 da Lei 11.101/2005 (Lei de Falência).

Assim, no bojo do processo falimentar (após análise conjunta dos artigos 186, parágrafo único do CTN e 83 e 84 da Lei 11.101/2005) a ordem de preferência do crédito tributário fica assim demonstrada:

Créditos Extraconcursais (pagos com precedência – art. 83);

1) Créditos trabalhistas e acidentários, não-extraconcursais/antes da falência (art. 83 da Lei 11.101/2005)
2) Importâncias passíveis de restituição, nos termos da lei falimentar e créditos com garantia real, no limite do valor do bem gravado
3) Créditos Tributários (não extraconcursais)
4) Créditos com privilégio especial
5) Créditos com privilégio geral
6) Créditos quirografários
7) Multas contratuais e pecuniárias
8) Créditos subordinados

Cabem algumas observações:

Créditos extraconcursais são aqueles surgidos no curso do processo falimentar ou de recuperação judicial, como decorrência da administração da massa falida. Nos termos do artigo 84 da Lei 11.101/2005 serão pagos com precedência sobre os mencionados no artigo 83 da mesma lei, ou seja, não entram no concurso de créditos.

O artigo 188, caput, do CTN prescreve que "são extraconcursais os créditos decorrentes de fatos geradores ocorridos no curso do processo de falência".

Caso os créditos trabalhistas, acidentários e tributários (este com fato gerador posterior – artigo 188, caput, do CTN) surjam após a decretação da falência ficarão na condição de créditos extraconcursais, gozando de preferência absoluta.

Créditos trabalhistas e acidentários, por apresentarem natureza alimentar prefere aos demais, conforme já visto.

Importâncias passíveis de restituição, nos termos da lei falimentar, referem-se aos bens e direitos de terceiros que foram arrecadados no processo falimentar ou se encontram em poder do devedor falido no momento da decretação da falência.

Há severa crítica doutrinária ao fato do crédito tributário estar posicionado após os créditos com garantia real na ordem de preferência no processo de falência, pois haveria supostamente um privilégio para as instituições financeiras (bancos).

As multas tributárias só possuem preferência apenas aos créditos subordinados (parágrafo único do artigo 186 do CTN).

Além disso, vale destacar que a cobrança judicial do crédito tributário não estará sujeita ao juízo falimentar, como ocorre com os créditos de outra natureza. Nesse ponto, o artigo 187 do CTN, disciplina que: "a cobrança judicial do crédito tributário não é sujeita a concurso de credores ou habilitação em falência, recuperação judicial, concordata, inventário ou arrolamento".

No mesmo sentido, fortalecendo-se o caráter não-absoluto da universalidade do juízo falimentar, observe-se ainda que o artigo 76 da Lei n. 11.101/05 dispõe que "o juízo de falência é indivisível e competente para conhecer todas as ações sobre bens, interesses e negócios do falido, ressalvadas as causas trabalhistas, fiscais e aquelas não reguladas nesta Lei em que o falido figurar como autor ou litisconsorte ativo".

Interessa-nos aqui a exceção referente às causas fiscais. Conforme se observou, a Fazenda Pública não se submeterá a concurso de credores. Ademais, a execução fiscal contra a massa falida não se suspende, devendo percorrer seu curso normal, segundo entendimento do STJ (CC 63919/PE, Rel. Min Humberto Martins, DJ 12.02.2007, p.219).

Destarte, o parágrafo único do artigo 187 do CTN descreve a ordem do concurso de preferência entre as pessoas jurídicas de direito público, a saber : I – União; II – Estados, Distrito Federal e Territórios, conjuntamente e pro rata; e III – Municípios, conjuntamente e pro rata.

Por fim, advirta-se que o artigo 29 da LEF (Lei 6.830/90), introduziu as autarquias na ordem de preferência acima citada.

As hipóteses de suspensão da exigibilidade do crédito tributário estão previstas no artigo 151 do CTN:

Art. 151 CTN, inciso	Hipóteses	Resumo
I	Moratória	Postergação do momento do pagamento do crédito tributário
II	Depósito de seu montante integral	Depósito, pelo contribuinte, do valor do crédito tributário discutido
III	Defesas e recursos no âmbito do processo administrativo fiscal (PAF)	Atos de defesa do contribuinte face ao lançamento de ofício, conforme previsão nas leis que regem o PAF
IV	Liminar em mandado de segurança	Ordem judicial concedida no início do procedimento do mandado de segurança, em geral, sem ouvir a parte contrária
V	Liminar/tutela antecipada em outras espécies de ações judiciais	Ordem judicial concedida no início da ação, em geral, sem ouvir a parte contrária
VI	Parcelamento	Acordo de quitação em parcelas de um crédito tributário reconhecido e confessado pelo contribuinte, conforme diretrizes fixadas em lei

Os efeitos das causas de suspensão da exigibilidade do crédito tributário (CTN, art. 151) atingem apenas a obrigação tributária principal. Isso porque, nos termos do parágrafo único do artigo 151 do CTN, a suspensão da exigibilidade não dispensa o cumprimento das obrigações acessórias dependentes da obrigação principal cujo crédito seja suspenso, ou dela consequentes.

"A suspensão da exigibilidade do crédito tributário na via judicial impede o Fisco de praticar qualquer ato contra o contribuinte visando à cobrança de seu crédito, tais como inscrição em dívida, execução e penhora, mas não impossibilita a Fazenda de proceder à regular constituição do crédito tributário para prevenir a decadência do direito de lançar" (STJ, REsp 260.040).

Na hipótese legal de suspensão da exigibilidade do crédito tributário concernente ao depósito do montante integral do tributo, deve-se deixar claro que a expressão "montante integral" diz respeito ao valor do tributo segundo o entendimento da Fazenda Pública e não do contribuinte (STJ – AgRg no REsp 969579/SP – 2.ª Turma – Rel. Min. Castro Meira – 31/10/2007).

Quando promovido no âmbito judicial, o depósito do montante integral é feito no bojo de uma ação em que se discute o crédito tributário (anulatória ou declaratória). Nesse caso, a execução fiscal não poderá ser ajuizada ou, quando já proposta, terá sua tramitação suspensa até decisão final da ação. Se o contribuinte lograr êxito na impugnação, terá direito a levantar o depósito efetuado. Mas se a Fazenda Pública sair vitoriosa na lide, ela converterá o depósito em renda e extinguirá o crédito tributário respectivo (CTN, art. 156, VI).

Suspensa a exigibilidade do crédito tributário definitivamente constituído, o prazo prescricional também deixará de fluir (STJ – RESP 267437-MG, 2ª. T., Relª. Minª. Eliana Calmon – DJU 17.06.2002).

No que diz respeito à incidência de juros e de multa de mora, os efeitos da suspensão da exigibilidade do crédito tributário dependerá da causa suspensiva. No caso de parcelamento, salvo disposição de lei em contrário, o parcelamento do crédito tributário não exclui a incidência de juros e multas (CTN, art. 155-A, § 1.º). Nas liminares, dependerá da sentença ou acórdão transitado em julgado; em caso de procedência da ação e manutenção da liminar, o crédito tributário será extinto (CTN, art. 156, X); mas se a liminar for revogada e a ação julgada improcedente, o crédito tributário poderá ser exigido acrescido de todos os consectários da mora. Por fim, o depósito do montante integral afasta a incidência de juros moratórios e de correção monetária a partir da sua efetivação (STJ – RESP 853552 / PR – 1ª. Turma – Rel. Min. Luiz Fux – DJ 24/09/2007).

8. EXTINÇÃO E EXCLUSÃO DO CRÉDITO TRIBUTÁRIO

Da mesma forma que decorre da obrigação principal (CTN, art. 139), o crédito tributário desaparece juntamente com o vínculo obrigacional, diante de acontecimentos previstos como hipóteses de extinção no artigo 156 do CTN.

Art. 156 CTN, inciso	Hipóteses	Resumo
I	Pagamento	Adimplemento voluntário pelo sujeito passivo com entrega de pecúnia, em geral via rede bancária
II	Compensação	Os polos da relação jurídica são, ao mesmo tempo, devedores e credores reciprocamente
III	Transação	Concessões mútuas (devedor e credor tributários) que importem em terminação de litígio
IV	Remissão	Perdão legal do crédito tributário existente
V	Prescrição	Perda pelo decurso de prazo, por parte do sujeito ativo, do direito de promover a execução fiscal face ao sujeito passivo
V	Decadência	Perda pelo decurso de prazo, por parte do sujeito ativo, do direito de constituir o crédito tributário
VI	Conversão de depósito em renda	Transformação do depósito feito pelo sujeito passivo em renda para sujeito ativo
VII	Pagamento antecipado e homologação de lançamento	Pagamento realizado pelo sujeito passivo a partir da apuração feita por ele próprio, sem participação do fisco num primeiro momento (por isso o pagamento é tido por antecipado), sendo que a homologação fiscal pode ser expressa ou tácita (decurso de prazo)
VIII	Consignação em pagamento	Diante de obstáculo ao pagamento criado pelo sujeito ativo (hipóteses do artigo 164 do CTN), o sujeito passivo ingressa com a ação para consignar o crédito tributário em pagamento (depositando-o)
IX	Decisão administrativa irreformável	Decisão administrativa favorável ao sujeito passivo sobre a qual não caiba mais recurso
X	Decisão judicial transitada em julgado	Decisão judicial favorável ao sujeito passivo sobre a qual não caiba mais recurso
XI	Dação em pagamento de bens imóveis	Espontâneo oferecimento de bens imóveis pelo devedor (ao invés de pecúnia), ao credor, como forma de extinguir a dívida

Segundo o Código Civil, são bens imóveis "o solo e tudo quanto se lhe incorporar natural ou artificialmente" (artigo 79) e bens móveis aqueles "suscetíveis de movimento próprio, ou de remoção por força alheia, sem alteração da substância ou da destinação econômico-social" (artigo 82). Tal distinção é muito útil no Direito Tributário, na medida em que são determinantes, inclusive, para a fixação de competências tributárias, como, por exemplo, no ITBI municipal, que incide sobre "transmissão *inter vivos*, a qualquer título, por ato oneroso, de bens imóveis, por natureza ou acessão física, e de direitos reais sobre imóveis, exceto os de garantia, bem como cessão de direitos a sua aquisição" (artigo 156, inciso II, da CF). A dação em pagamento é considerada uma hipótese de extinção do crédito tributário desde que se refira a bens imóveis.

O instituto jurídico da "dação em pagamento" foi incluído pela Lei Complementar 104/2011 no CTN como hipótese de extinção do crédito tributário. Por dação em pagamento entende-se o espontâneo oferecimento de bens pelo devedor (ao invés de pecúnia), ao credor, como forma de extinguir a dívida. No Direito Tributário, para extinguir o crédito tributário, admite-se apenas a dação em pagamento de bens imóveis, na forma e condições estabelecidas em lei. Constitui, assim, na aceitação, pela Fazenda Pública, de um imóvel, como forma de extinguir o crédito tributário devido pelo sujeito passivo, respeitando-se a forma e as condições estabelecidas em lei (CTN, art. 156, XI).

O STJ considera que, no caso de execuções fiscais de dívida ativa tributária, a prescrição deva ser regulada pelo CTN (recepcionado pela Carta Constitucional de 1988 como lei complementar) e não pela LEF (lei ordinária), já que o artigo 146, inciso III, alínea "b", da CF reserva à lei complementar a disciplina da prescrição tributária. Veja a seguinte ementa: "TRIBUTÁRIO. AGRAVO REGIMENTAL. EXECUÇÃO FISCAL. PRESCRIÇÃO. AUSÊNCIA DE CITAÇÃO. NÃO-INTERRUPÇÃO DO PRAZO PRESCRICIONAL. ART. 174 DO CTN. PREVALÊNCIA SOBRE O ART. 2°, § 3°, DA LEI 6.830/1980. 1. A suspensão do lapso prescricional de 180 (cento e oitenta) dias prevista no art. 2°, § 3°, da Lei 6.830 somente é aplicável às dívidas de natureza não tributária. Em hipóteses como a dos autos, em que se trata de execução de crédito relativo a Imposto de Renda, a matéria é regulada pelo art. 174 do Código Tributário Nacional. 2. Agravo Regimental não provido" (STJ – AgRg no Ag 1054859/SP).

O artigo 174 do CTN, em seu parágrafo único, ao disciplinar a prescrição, elenca algumas hipóteses de interrupção do prazo. Interrupção é diferente de suspensão. Na interrupção, caso cesse a sua causa, é iniciado uma nova contagem do prazo (ou seja, começa "do zero") e na suspensão, caso cesse a sua causa, o prazo volta a correr a partir do momento em que seu cômputo estava quando da ocorrência da suspensão.

"Tanto no regime constitucional atual (CF, art. 146, III, b), quanto no regime constitucional anterior (art. 18, § 1° da EC 01/69), as normas sobre prescrição e decadência de crédito tributário estão sob reserva de lei complementar. Assim, são ilegítimas, em relação aos créditos tributários, as normas estabelecidas no § 2°, do art. 8° e do § 3° do art. 2° da Lei 6.830/80, que, por decorrerem de lei ordinária, não podiam dispor em contrário às disposições anteriores, previstas em lei complementar" (STJ – AI no Ag 1.037.765 – Corte Especial Rel. Min. Teori Zavascki – julg. 2.3.2011).

"O prazo prescricional quinquenal para o Fisco exercer a pretensão da cobrança judicial do crédito tributário conta-se da data estipulada como vencimento da obrigação tributária declarada, nos casos de tributos sujeitos a lançamento por homologação, em que o contribuinte cumpriu o dever instrumental de declarar a exação mediante declaração de débitos e créditos tributários federais (DCTF) ou guia de informação de apuração do ICMS (GIA), entre outros, mas não adimpliu a obrigação principal, de pagamento antecipado, nem sobreveio qualquer causa interruptiva da prescrição ou impeditiva da exigibilidade do crédito" (STJ – REsp 1.120.295 – 1ª Seção – Rel. Min. Luiz Fux – julg. 12.5.10).

Entre a declaração (obrigação acessória) e o vencimento do tributo, não há que se falar em prescrição da pretensão de cobrança por dois motivos. Primeiro, por não estar revestida da exigibilidade (um débito fiscal não vencido, também chamado de vincendo, não é passível de ser exigido judicialmente pela Fazenda Pública. Em resumo, para a Fazenda Pública executar um crédito tributário é preciso que este esteja inscrito na dívida ativa e, para tal, segundo o artigo 201 do CTN, é preciso que tenha se esgotado o prazo fixado para pagamento). E segundo, pelo fato de que o dies a quo da prescrição (data do início da contagem do prazo) é a constituição definitiva do crédito (nunca antes de seu vencimento).

Para o estudo da temática "restituição de tributos indiretos" é imprescindível conhecer o teor do artigo 166 do CTN, segundo o qual "a restituição de tributos que comportem, por sua natureza, transferência do respectivo encargo financeiro, somente será feita a quem prove haver assumido o referido encargo, ou, no caso de tê-lo transferido a terceiro, estar por este expressamente autorizado a recebê-la". Os tributos indiretos são aqueles em que o contribuinte repassa o encargo financeiro (valor do tributo) no preço da mercadoria, afetando o próximo elo da cadeia. Nessas situações, o contribuinte (vendedor) é tido como "contribuinte de direito" e o adquirente, que suporta o ônus tributário no preço do produto, é o "contribuinte de fato".

A exigência, por mais de um ente tributante, de tributo idêntico sobre um mesmo fato gerador é o típico caso de cabimento da consignação judicial em pagamento, nos termos do artigo 164, inciso III, do CTN. A consignação só pode versar sobre o crédito que o consignante se propõe pagar (CTN, art. 164, §1°). A ação de consignação em pagamento julgada procedente implica no pagamento, de forma que a importância consignada é convertida em renda (CTN, art. 164, §2°). Assim, a consignação em pagamento julgada procedente extingue o crédito tributário (CTN, art. 156, VIII).

O pagamento das últimas referências de cada imposto não implica em presunção de quitação das referências anteriores (CTN, art. 158).

No curso do processo administrativo fiscal, não flui o prazo de prescrição (cujo início é a data da decisão final proferida em favor da Fazenda Pública no referido processo), nem o de decadência, cujo prazo flui até a data da lavratura do auto de infração (o auto de infração inicia o processo administrativo fiscal). Em relação à chamada prescrição intercorrente (que operar-se-ia no curso do processo), em geral a mesma não é admitida no processo administrativo fiscal (veja o exemplo do Estado de São Paulo, em que há uma Súmula do Tribunal de Impostos e Taxas no mesmo sentido – Súmula TIT nº04/2003 – segundo a qual "não é admissível a prescrição intercorrente no processo administrativo tributário").

Entretanto, no âmbito dos processos judiciais, a prescrição intercorrente está prevista no art. 40 da Lei de Execução Fiscal – LEF – nos seguintes termos:

> *Art. 40 – O Juiz suspenderá o curso da execução, enquanto não for localizado o devedor ou encontrados bens sobre os quais possa recair a penhora, e, nesses casos, não correrá o prazo de prescrição.*
>
> *§ 1º – Suspenso o curso da execução, será aberta vista dos autos ao representante judicial da Fazenda Pública.*
>
> *§ 2º – Decorrido o prazo máximo de 1 (um) ano, sem que seja localizado o devedor ou encontrados bens penhoráveis, o Juiz ordenará o arquivamento dos autos.*
>
> *§ 3º – Encontrados que sejam, a qualquer tempo, o devedor ou os bens, serão desarquivados os autos para prosseguimento da execução.*
>
> *§ 4º Se da decisão que ordenar o arquivamento tiver decorrido o prazo prescricional, o juiz, depois de ouvida a Fazenda Pública, poderá, de ofício, reconhecer a prescrição intercorrente e decretá-la de imediato.*

Com efeito, a paralisação processual pelo período superior a 5 (cinco) anos, enseja o reconhecimento da prescrição de ofício pelo magistrado. Isso porque, a inércia do exeqüente em promover o eficiente andamento da execução pelo período de tempo previsto no art. 174 do CTN, desencadeia a extinção do executivo fiscal.

O estudo do tema "exclusão do crédito tributário" consiste, basicamente, em conhecer os contornos normativos (artigos 175 a 182 do CTN) e jurisprudenciais de dois institutos jurídicos, a isenção e a anistia. Duas de suas principais diferenças estão no quadro a seguir:

ISENÇÃO	ANISTIA
Implica a exclusão ou dispensa do tributo	Implica a exclusão ou dispensa da multa
Alcança somente fatos geradores ocorridos após a lei	Alcança somente fatos geradores ocorridos antes da lei

Sob a ótica do CTN, a isenção exclui o crédito tributário, ou seja, há a obrigação tributária decorrente da subsunção do fato (fato jurídico-tributário) à norma (hipótese de incidência), entretanto a constituição do crédito tributário fica inviabilizada pela norma isentiva.

As isenções podem ser revogadas ou modificadas por lei, a qualquer tempo, exceto quando concedidas por prazo certo e em funções de determinadas condições (artigo 178 do CTN). Nesses casos, em geral, a doutrina apregoa a irrevogabilidade do benefício isencional em prestígio ao direito adquirido. O assunto está sumulado pelo STF (Súmula 544: "Isenções tributárias concedidas, sob condição onerosa, não podem ser livremente suprimidas").

Segundo o artigo 181 do CTN, além de poder ser concedida em caráter geral, a anistia também pode ser concedida limitadamente em relação (i) às infrações da legislação relativa a determinado tributo; (ii) às infrações punidas com penalidades pecuniárias até determinado montante, conjugadas ou não com penalidades de outra natureza; (iii) a determinada região do território da entidade tributante, em função de condições a ela peculiares; e (iv) sob condição do pagamento de tributo no prazo fixado pela lei que a conceder, ou cuja fixação seja atribuída pela mesma lei à autoridade administrativa.

A isenção heterotópica, também denominada de isenção heterônoma, é aquela concedida por ente federativo tributante diferente daquele que teria por regra competência para instituí-la. O artigo 151, inciso III, da CF proibiu tal tipo de isenção ao vedar à União instituir isenções de tributos da competência dos Estados, do Distrito Federal ou dos Municípios.

Em regra, "qualquer subsídio ou isenção, redução de base de cálculo, concessão de crédito presumido, anistia ou remissão, relativos a impostos, taxas ou contribuições, só poderá ser concedido mediante lei específica, federal, estadual ou municipal, que regule exclusivamente as matérias acima enumeradas ou o correspondente tributo" (CF, art. 150, §6°). Entretanto, o citado dispositivo ressalva expressamente o caso do ICMS, que, segundo o artigo 155, §2°, inciso XII, alínea "g", da CF, cabe à lei complementar "regular a forma como, mediante deliberação dos Estados e do Distrito Federal, isenções, incentivos e benefícios fiscais serão concedidos ou revogados". A Lei Complementar em questão é a 24/75 (recepcionada pela CF/88), que apregoa que os benefícios fiscais concernentes ao ICMS serão concedidos ou revogados nos termos de convênios celebrados e ratificados pelos Estados e pelo Distrito Federal.

O CONFAZ é um órgão colegiado estabelecido pela Lei Complementar nº24/75. É composto pelos Secretários da Fazenda de todos os Estados e do Distrito Federal e pelo Ministro da Fazenda (representando o Governo Federal). A competência principal do CONFAZ é promover a celebração de convênios, para efeito de concessão ou revogação de isenções, incentivos e benefícios fiscais no âmbito do ICMS, de acordo com o previsto no artigo 155, § 2°, inciso XII, alínea "g", da CF e na Lei Complementar n° 24, de 7 de janeiro de 1975.

O STF já se posicionou no sentido de que "a lei, de modo unilateral, que disciplina benefício fiscal do ICMS, sem observar a prévia exigência de celebração de convênio entre os Estados-membros e o Distrito Federal para a concessão de isenções, incentivos e benefícios fiscais do imposto, ofende o artigo 155, § 2°, inciso XII, alínea "g", da CF" (STJ – ADI 1247 – Pleno – Rel. Min. Dias Toffoli – julg. 1°.6.2011).

Lei complementar 160/2016: veio autorizar as unidades da federação a celebrarem convênios concedendo remissão a créditos tributários constituídos em face de benefícios fiscais instituídos no cenário da chamada "guerra fiscal entre os Estados", em desacordo com a exigência de convênio autorizativo estabelecida na Lei complementar nº 24/75. Essa nova lei complementar ainda possibilita que os convênios promovam a reinstituição dos citados benefícios.

"Revogada a isenção, o tributo torna-se imediatamente exigível. Em caso assim, não há que se observar o princípio da anterioridade, dado que o tributo já é existente." (RE 204.062, Rel. Minº Carlos Velloso, julgamento em 27-9-1996, Segunda Turma, DJ de 19-12-1996).

"A isenção não é privilégio de classe ou de pessoas, mas uma política de aplicação da regra da capacidade contributiva ou de incentivos de determinadas atividades, que o Estado visa a incrementar pela conveniência pública" (BALEEIRO, Aliomar. Direito Tributário Brasileiro. 11 ed. p. 931). A eventual inconstitucionalidade de uma isenção dar-se-ia com a estipulação de discriminação que afronta a razoabilidade, tangenciando o interesse público que é objeto da norma isentiva. Inclusive, oportuno se faz mencionar o teor do parágrafo único do artigo 176 do CTN, segundo o qual "a isenção pode ser restrita a determinada região do território da entidade tributante, em função de condições a ela peculiares".

O quadro abaixo traz o rol das hipóteses de exclusão, suspensão e extinção do crédito tributário previstos no Código Tributário Nacional:

EXCLUSÃO (arts. 175 a 182)	***SUSPENSÃO (art. 151)***	***EXTINÇÃO (arts. 156 a 174)***
Anistia Isenção	Moratória	Pagamento
	Depósito do seu montante integral	Compensação
	Reclamações e recursos, nos termos das leis reguladoras do processo tributário administrativo	Transação
	Concessão de medida liminar em mandado de segurança	Remissão
	Concessão de medida liminar ou de tutela antecipada, em outras espécies de ação judicial	Prescrição e decadência
	Parcelamento	Conversão de depósito em renda
		Pagamento antecipado e a homologação do lançamento
		Consignação de pagamento
		Decisão administrativa irreformável
		Decisão judicial passada em julgado
		Dação em pagamento

9. ADMINISTRAÇÃO TRIBUTÁRIA (FISCALIZAÇÃO, CERTIDÕES, DÍVIDA ATIVA)

A Administração Tributária é a atividade estatal voltada para a fiscalização e arrecadação tributária.

No que se refere à fiscalização, importante a leitura do artigo 194 e seguintes do CTN e das Súmulas do STF de números 70, 323 e 547.

Nos termos do artigo 201 do Código Tributário Nacional "constitui dívida ativa tributária a proveniente de crédito dessa natureza, regularmente inscrita na repartição administrativa competente, depois de esgotado o prazo fixado, para pagamento, pela lei ou por decisão final proferida em processo regular".

Segundo o artigo 2º da LEF, a dívida ativa é aquela conceituada pela Lei 4.320, de 17 de março de 1964 *in verbis*:

> *Art. 39 § 2º: "dívida ativa é o crédito da Fazenda Pública dessa natureza, proveniente de obrigação legal relativa a tributos e respectivos adicionais e multas, e dívida ativa não tributária, os demais créditos da Fazenda Pública, tais como os provenientes de empréstimos compulsórios, contribuições estabelecidas em lei, multas de qualquer origem ou natureza, exceto as tributárias, foros, laudêmios, aluguéis ou taxas de ocupação, custas processuais, preços de serviços prestados por estabelecimentos públicos, indenizações, reposições, restitui-*

ções, alcances dos responsáveis definitivamente julgados, bem assim os créditos decorrentes de obrigações em moeda estrangeira, de sub-rogação de hipoteca, fiança, aval ou outra garantia, de contratos em geral ou de outras obrigações legais".

A Dívida ativa é, portanto, a consolidação do débito tributário, cujo requisito é a constituição definitiva do crédito tributário. Referida dívida, advirta-se, uma vez regularmente inscrita, goza da presunção relativa de certeza e liquidez e tem o efeito de prova pré-constituída (CTN, art. 204).

O artigo 202 do CTN traz o conteúdo mínimo da inscrição da dívida ativa. Nesse sentido, a ausência de um dos requisitos implica na nulidade da inscrição em dívida ativa.

Destarte, oportuno mencionar que a "Certidão da Dívida Ativa" – CDA é um reflexo da inscrição em dívida ativa. Dessa forma, a CDA conterá todos os elementos (materiais e formais) da inscrição em dívida ativa (CTN, art. 202). Além disso, deverá indicar o livro e a folha da inscrição respectiva. (CTN, art. 202, parágrafo único).

É possível a modificação da CDA, cuja nulidade poderá ser sanada até decisão de primeira instância, mediante substituição de certidão nula, devolvido ao sujeito passivo, acusado ou interessado, o prazo para defesa, que somente poderá versar sobre a parte modificada (CTN, art. 203).

Dessa forma, o objetivo da CDA é servir de título executivo para a promoção da execução fiscal.

É cediço que o direito à obtenção de certidões junto aos órgãos públicos é matéria assegurada constitucionalmente. A Constituição Federal, no seu artigo 5º, inciso XXXIII, preceitua que todos têm direito a receber dos órgãos públicos informações de seu interesse particular, ou de interesse coletivo ou geral, que serão prestadas no prazo da lei, sob pena de responsabilidade, ressalvadas aquelas cujo sigilo seja imprescindível à segurança da sociedade e do Estado.

Por sua vez, o Código Tributário Nacional, dispondo acerca das certidões negativas e certidões positivas com efeito de negativa preconiza *in verbis*:

> *Art. 205 – A lei poderá exigir que a prova da quitação de determinado tributo, quando exigível, seja feita por certidão negativa, expedida à vista de requerimento do interessado, que contenha todas as informações necessárias à identificação de sua pessoa, domicílio fiscal e ramo de negócio ou atividade e indique o período a que se refere o pedido.*
>
> *Art. 206 – Tem os mesmos efeitos previstos no artigo anterior a certidão de que conste a existência de créditos não vencidos, em curso de cobrança executiva em que tenha sido efetivada a penhora, ou cuja exigibilidade esteja suspensa.*

As certidões negativas objetivam comprovar a inexistência de débito fiscal pelo contribuinte perante as entidades impositoras. Por outro lado, nas certidões positivas com efeito de negativa, verifica-se que não há necessariamente quitação de tributos, mas sim, uma situação de regularidade fiscal em face da presença de alguma das hipóteses de suspensão de exigibilidade do crédito tributário previstas no artigo 151 do CTN ou pela ocorrência de efetivação da penhora. Ou seja, através dessa certidão, o contribuinte não comprova uma situação de quitação da exação, mas sim, a existência de um débito inexigível, uma que vez que a Fazenda Pública estará obstada de cobrá-lo ou ainda formalizá-lo.

ABREVIATURA	NOME	CARACTERÍSTICA
CND	**C**ertidão **N**egativa de **D**ébitos	Comprova a ***inexistência*** de débitos fiscais em nome do contribuinte, em relação à Fazenda Pública que emite a certidão
CPD	**C**ertidão **P**ositiva de **D**ébitos	Comprova a ***existência*** de débitos fiscais em nome do contribuinte, em relação à Fazenda Pública que emite a certidão
CPD-EN	**C**ertidão **P**ositiva de **D**ébitos, com **E**feitos de **N**egativa	Comprova a ***existência*** de débitos fiscais em nome do contribuinte, em relação à Fazenda Pública que emite a certidão, ***porém***, poderá ser utilizada pelo contribuinte para os mesmos fins que seria utilizada a CND

O CONTRIBUINTE FAZ JUS À CPD-EN CASO APRESENTE:		
Débitos fiscais vincendos (ou seja, que ainda estão no prazo para pagamento)	Débitos fiscais em curso de cobrança executiva em que tenha sido efetivada a penhora (hipótese de garantia à execução fiscal)	Débitos fiscais cuja exigibilidade esteja suspensa nos termos do artigo 151 do CTN. São causas de suspensão da exigibilidade: ***A***) Moratória; ***B***) Depósito do montante integral; ***C***) Defesas e recursos no âmbito do processo administrativo fiscal; ***D***) Concessão de liminar em mandado de segurança; ***E***) Concessão de liminar ou antecipação de tutela em outas espécies de ação judicial; ***f***) Parcelamento.

As autoridades tributárias poderão requisitar o auxílio de força policial, quando vítimas de embaraço ou de desacato no exercício de suas funções, ou ainda, quando tal auxílio for necessário à efetivação de medida prevista na legislação tributária (art. 200 do CTN).

A presunção de liquidez e certeza de que goza o débito fiscal regularmente inscrito em dívida ativa é relativa (e não absoluta), isto é, admite prova em contrário do sujeito passivo ou de terceiro que aproveite tal prova.

A tendência jurisprudencial de oficiar a Receita Federal para apresentação de declaração de renda do devedor para fins de identificar bens penhoráveis destaca como requisito o prévio esgotamento, pelo exequente, de todos os meios a ele disponíveis para o recebimento das informações relativas ao devedor e a seus bens, e que, ainda assim, seu esforço tenha sido inútil (STJ – REsp nº 707.026/SP – 1ª Turma).

Nos termos do artigo 205 do CTN, a Certidão Negativa de Débitos (CND) deverá conter todas as informações necessárias à identificação de sua pessoa, domicílio fiscal e ramo de negócio ou atividade e indique o período a que se refere o pedido.

A violação de sigilo fiscal por parte de servidor público poderá ensejar a apuração do cometimento de crime de violação de sigilo funcional (artigo 325 do Código Penal), como bem apregoado pelo artigo 198 do CTN.

"É legítima a recusa do Fisco de fornecer certidão de regularidade fiscal (Certidão Negativa de Débitos – CND), em virtude da existência, por si só, de irregularidade em guias de recolhimento do FGTS e informações à Previdência Social (GFIPs), a despeito da ausência de lançamento de ofício da suposta diferença constatada" (STJ – REsp 1.143.094 – 1ª Seção – Rel. Min. Luiz Fux – julg. 9.12.2009).

Em regra, a Fazenda Pública e seus servidores estão proibidos de divulgar qualquer informação obtida no desenvolvimento dos trabalhos próprios da fiscalização tributária, que se refira aos sujeitos passivos (contribuintes e responsáveis) ou a terceiros que com estes se relacionam, seja em relação à situação econômica ou financeira, seja no tocante à natureza e ao estado de seus negócios ou atividades. Trata-se do chamado "sigilo fiscal" (CTN, art. 198, caput, do CTN).

O CTN traz uma série de exceções ao sigilo fiscal, cujas respectivas ocorrências não são consideradas "quebras de sigilo". Dentre tais exceções encontram-se, por exemplo, aquelas previstas no § 3° do artigo 198, quais sejam, a autorização de divulgação de informações pelo Fisco relativas a: (i) representações fiscais para fins penais; (ii) inscrições na dívida ativa da Fazenda Pública e (iii) parcelamento ou moratória.

Segundo o artigo 203 do CTN, eventual nulidade da certidão da dívida ativa poderá ser sanada até a decisão de primeira instância da execução fiscal (cobrança judicial). Assim, a inscrição na dívida ativa tributária, que é considerada o ato de controle administrativo da legalidade, não é a última oportunidade de se alterar a respectiva certidão.

É dominante o entendimento de que pode o juiz, nos autos de uma execução fiscal, atender a pedido do exequente para oficiar à Secretaria da Receita Federal do Brasil solicitando cópia da declaração de bens e renda do executado, de modo a permitir a identificação de bens penhoráveis. O caso é bem retratado na seguinte ementa (STJ, AgRg no REsp 1135568/PE): "AGRAVO REGIMENTAL. PROCESSUAL CIVIL. PROCESSO DE EXECUÇÃO. SIGILO FISCAL. EXPEDIÇÃO DE OFÍCIO À RECEITA FEDERAL. MEDIDA EXCEPCIONAL. 1. O STJ firmou entendimento de que a quebra de sigilo fiscal ou bancário do executado para que o exequente obtenha informações sobre a existência de bens do devedor inadimplente é admitida somente após terem sido esgotadas as tentativas de obtenção dos dados na via extrajudicial. 2. Agravo regimental provido".

O órgão fazendário, quando solicitado pelo contribuinte, deve emitir certidão (documento) que retrate a existência ou inexistência de débitos fiscais. Tal certidão é utilizada pelo contribuinte como documento probatório em várias situações exigidas por lei como, por exemplo, para participação em concorrência pública. A certidão é tida como negativa de débitos (CND) quando o contribuinte não tiver dívidas tributárias. Ao contrário, será positiva quando o contribuinte apresentar dívidas tributárias. Entretanto, há situações em que o contribuinte possui débitos fiscais, porém a certidão tem os mesmos efeitos da negativa, ou seja, o contribuinte poderá utilizá-la, seguindo o exemplo já citado, para habilitá-lo numa concorrência pública. Trata-se da CPD-EN – certidão positiva de débitos fiscais, com efeitos de negativa (CTN, art. 206). São três situações que ensejam a emissão da CPD-EN: (i) a existência de débitos fiscais ainda não vencidos (ainda no prazo para pagamento); (ii) a existência de débitos fiscais em curso de cobrança executiva em que tenha sido efetivada a penhora; e (iii) a existência de débitos fiscais cuja exigibilidade esteja suspensa, nos termos do artigo 151 do CTN, a saber: (a) moratória; (b) depósito do montante integral; (c) defesas e recursos no âmbito do processo administrativo fiscal; (d) liminar em mandado de segurança; (e) liminar ou tutela antecipada em outras espécies de ações judiciais; e (f) parcelamento.

O artigo 6° da Lei complementar 105/2001 não exige autorização judicial para que os fazendários tenham acesso aos dados bancários. Segundo tal dispositivo normativo, "as autoridades e os agentes fiscais tributários da União, dos Estados, do Distrito Federal e dos Municípios somente poderão examinar documentos, livros e registros de instituições financeiras, inclusive os referentes a contas de depósitos e aplicações financeiras, quando houver processo administrativo instaurado ou procedimento fiscal em curso e tais exames sejam considerados indispensáveis pela autoridade administrativa competente. Parágrafo único. O resultado dos exames, as informações e os documentos a que se refere este artigo serão conservados em sigilo, observada a legislação tributária". Importante destacar que, segundo tal norma, são dois os requisitos essenciais para que os agentes fiscais tenham acesso aos dados bancários: (i) a existência de processo administrativo instaurado ou procedimento fiscal em curso e (ii) que os exames dos dados bancários sejam considerados imprescindíveis pela autoridade administrativa competente. É importante destacar que o artigo reproduzido teve, durante muito tempo, a sua constitucionalidade questionada no STF. Contudo, recentemente, em uma decisão histórica e de extrema importância para o exercício do poder de fiscalização pelas administrações tributárias, no julgamento conjunto das ADIs 2.386, 2.397 e 2.859 e do Recurso Extraordinário 601.314, o Supremo decidiu ser constitucional a Lei complementar 105/2001, ficando consolidado o entendimento de que é permitido aos órgãos de administração tributária requisitar informações bancárias de contribuintes sem autorização judicial. Os principais argumentos desse julgamento foram os seguintes:

1) Não há propriamente "quebra de sigilo", mas sim "transferência de sigilo", na medida em que as autoridades tributárias deverão preservar a confidencialidade das informações recebidas, observadas as regras que protegem o sigilo fiscal.
2) A preservação do sigilo dos dados bancários obtidos garantirá a proteção à intimidade do correntista-contribuinte.
3) O acesso aos dados bancários pressupõe a existência de processo administrativo ou procedimento fiscal com todas as garantias que permitem o controle sobre os atos da Administração.
4) A obtenção de informações depende da existência legislação estadual ou municipal regulamentadora nos moldes da já existente no plano federal (Decreto 3.724/2001).

A Câmara Superior do Tribunal de Impostos e Taxas (TIT) de São Paulo, em recentíssima sessão, decidiu que são válidos os autos de infração lavrados durante a Operação Cartão Vermelho, deflagrada em 2007 pela Fazenda Paulista. Foram julgados, em bloco, 17 processos administrativos. O placar foi de dez votos a seis. Na operação, o Fisco cruzou informações sobre as vendas realizadas por empresas – obtidos por meio das administradoras de cartões de crédito e débito – com as declaradas pelas companhias. Nos casos em que os dados não estavam iguais, autuou os contribuintes por sonegação de Imposto sobre a Circulação e Mercadorias e Serviços (ICMS). Ao recorrer das autuações, os contribuintes buscaram a aplicação da Lei Complementar n° 105, de 2001, que trata do sigilo das operações de instituições financeiras. O artigo 6° da norma estabelece que a União, Estados e municípios só podem quebrar o sigilo fiscal quando houver um processo administrativo instaurado. Nos casos analisados, argumentaram as empresas, os processos de investigação foram deflagrados apenas após o cruzamento dos dados. A tese, entretanto, não foi acatada pela maioria dos julgadores. Prevaleceu o entendimento de que as informações solicitadas pela Fazenda paulista não são sigilosas. "Entendeu-se que as informações são de natureza financeira, pois não é individualizado quem comprou ou o que foi comprado", afirma o presidente da Câmara Superior do TIT, José Paulo Neves. De acordo com o posicionamento majoritário, a questão seria regulada pela Lei n° 12.294, de 2006, que trata do ICMS no Estado de São Paulo. O artigo 75 da norma tornou obrigatório às administradoras de cartões de crédito ou débito o fornecimento de dados ao Fisco. "A maioria dos juízes entendeu que, ainda que se aplicasse a Lei Complementar 105, o artigo 6° é destinado às instituições financeiras e não aos contribuintes" diz Neves (MENGARDO, Bárbara. Valor Econômico, edição de 19/09/2012).

O respeito aos direitos constitucionais e os termos legais devem sempre permear a atividade fiscalizatória. Segundo o §1° do artigo 145 da CF, "sempre que possível, os impostos terão caráter pessoal e serão graduados segundo a capacidade econômica do contribuinte, facultado à administração tributária, especialmente para conferir efetividade a esses objetivos, identificar, respeitados os direitos individuais e nos termos da lei, o patrimônio, os rendimentos e as atividades econômicas do contribuinte".

"Fiscalização tributária. Apreensão de livros contábeis e documentos fiscais realizada, em escritório de contabilidade, por agentes fazendários e policiais federais, sem mandado judicial. Inadmissibilidade. Espaço privado, Não aberto ao público, Sujeito à proteção constitucional da Inviolabilidade domiciliar (CF, art. 5°, XI). Subsunção ao conceito normativo de 'casa'. Necessidade de ordem judicial. Administração pública e fiscalização tributária. Dever de observância, por parte de seus órgãos e agentes, dos limites jurídicos impostos pela constituição e pelas leis da República. Impossibilidade de utilização, pelo Ministério Público, de prova obtida com transgressão à garantia de inviolabilidade domiciliar. Prova ilícita. Inidoneidade jurídica (...). Administração tributária. Fiscalização. Poderes. Necessário respeito aos direitos e garantias individuais dos contribuintes e terceiros. Aos direitos e garantias individuais dos contribuintes e de terceiros. Não são absolutos os poderes de que se acham investidos os órgãos e agentes da administração tributária, pois o Estado, em tema de tributação, inclusive em matéria de fiscalização tributária, está sujeito à observância de um complexo de direitos e prerrogativas que assistem, constitucionalmente, aos contribuintes e aos cidadãos em geral. Na realidade, os poderes do Estado encontram, nos direitos e garantias individuais, limites intransponíveis, cujo desrespeito pode caracterizar ilícito constitucional. A administração tributária, por isso mesmo, embora podendo muito, não pode tudo. É que, ao Estado, é somente lícito atuar, 'respeitados os direitos individuais e nos termos da lei' (CF, art. 145, § 1°), consideradas, sobretudo, e para esse específico efeito, as limitações jurídicas decorrentes do próprio sistema instituído pela Lei Fundamental, cuja eficácia – que prepondera sobre todos os órgãos e agentes fazendários – restringe-lhes o alcance do poder de que se acham investidos, especialmente quando exercido em face do contribuinte e dos cidadãos da República, que são titulares de garantias impregnadas de estatura constitucional e que, por tal razão, não podem ser transgredidas por aqueles que exercem a autoridade em nome do Estado. A garantia da inviolabilidade domiciliar como limitação constitucional ao poder do Estado em tema de fiscalização tributária. Conceito de 'casa' para efeito de proteção constitucional.

Amplitude dessa noção conceitual, que também compreendem os espaços privados não abertos ao público, onde alguém exerce atividade profissional: necessidade, em tal hipótese, de mandado judicial (CF, art. 5°, XI)" (HC 93.050, Rel. Min. Celso de Mello, julgamento em 10-6-2008, Segunda Turma, DJE de 1°-8-2008).

10. PROCESSO TRIBUTÁRIO (ADMINISTRATIVO E JUDICIAL) E DIREITO PENAL TRIBUTÁRIO

Apenas o proprietário do imóvel tem legitimidade ativa para propor ação de repetição de indébito de IPTU. A relação tributária estabelecida entre a Fazenda e o proprietário do imóvel (art. 34 do CTN) prevalece sobre qualquer estipulação contratual que determine que terceiro arcará com o pagamento de IPTU, pois a referida avença não é oponível à Fazenda. (STJ – AgRg no AgRg no AREsp 143.631, 1ª Turma, Rel. Min. Benedito Gonçalves, j. 4.10.12.). Lembre-se que, nos termos do artigo 123 do CTN, salvo disposições de lei em contrário, as convenções particulares, relativas à responsabilidade pelo pagamento de tributos, não podem ser opostas à Fazenda Pública, para modificar a definição legal do sujeito passivo das obrigações tributárias correspondentes.

A repetição do indébito tributário (arts. 165 a 169 CTN) diz respeito ao direito de o contribuinte reaver o pagamento (seja total ou parcial, seja na via administrativa ou judicial) efetuado a maior ou indevidamente à Fazenda Pública, evitando-se, portanto, o enriquecimento sem causa. O art. 168 do CTN dispõe que o direito de pleitear a restituição extingue-se com o decurso do prazo de 5 (cinco) anos, contados: I – nas hipóteses dos incisos I e II do art. 165, da data da extinção do CT; II – na hipóteses do inciso III, da data em que se tornar definitiva a decisão administrativa ou passar em julgado a decisão judicial que tenha reformado, anulado, revogado ou rescindido a decisão condenatória. Em virtude da possibilidade de se pedir a restituição relativa aos últimos 10 anos (tese dos 5 mais 5), adveio a LC 118/2005, que traçou novo entendimento sobre o prazo prescricional, embora muito conflitante para a jurisprudência. Pelo seu art. 3º, a prescrição para pleitear a repetição, nos tributos sujeitos ao lançamento por homologação, de acordo com o STJ (Precedentes: EREsp 435.835-SC, DJ 4/6/2007; EREsp 644.736-PE, DJ 29/8/2005; AgRg no Ag 1.105.057-SP) deve ser contada da seguinte forma: "relativamente aos pagamentos efetuados a partir da sua vigência (que ocorreu em 9/6/2005), o prazo para a ação de repetição de indébito é de cinco anos a contar da data do pagamento; relativamente aos pagamentos anteriores, a prescrição obedece ao regime previsto no sistema anterior, limitada, porém, ao prazo máximo de cinco anos a contar da vigência da lei nova".

O prazo para propositura da ação para repetição do indébito será de cinco anos, a contar do pagamento antecipado, nos tributos sujeitos a auto lançamento. Segundo a redação do art. 168, I do CTN, o direito de pleitear a restituição extingue-se com o decurso do prazo de 5 (cinco) anos, contados da data da extinção do crédito tributário na hipótese de lançamento por homologação. Ora, com o pagamento, extingue-se o crédito. Logo, o prazo é cinco anos a contar do pagamento antecipado. Atenção: o prazo será de dois anos para a ação anulatória da decisão administrativa que denegar a restituição.

A Fazenda Pública não é isenta do pagamento de emolumentos cartorários, havendo, apenas, o diferimento deste para o final do processo, quando deverá ser suportado pelo vencido. (STJ – AgRg no REsp 1.276.844-RS, 1ª Turma, Rel. Min. Napoleão Nunes Maia Filho, julgado em 5/2/2013.. (Info 516). Esses emolumentos possuem natureza de taxa e, assim, não se incluem na imunidade recíproca do artigo 150, inciso VI, alínea "a", que se refere a impostos sobre patrimônio, rendas e serviços.

Sobre a reavaliação de bens penhorados em execução fiscal, ainda que a avaliação original tenha sido efetivada por oficial de justiça, caso o exame seja objeto de impugnação pelas partes antes de publicado o edital de leilão, é necessária a nomeação de avaliador oficial para que proceda à reavaliação. Entendimento que decorre da redação do art. 13, § 1°, da Lei n. 6.830/1980, estando consagrado na jurisprudência do Superior Tribunal de Justiça (STJ – REsp 1.352.055-SC, 2ª Turma, Rel. Min. Mauro Campbell Marques, julgado em 6/12/2012).

Em demanda na qual se pleiteie a restituição de contribuição previdenciária indevidamente arrecadada, o sujeito que apenas arrecada o tributo em nome do sujeito ativo da relação jurídico-tributária não tem legitimidade passiva, ou seja, a ação não pode ser ajuizada em face dele. Pertence ao sujeito ativo da relação jurídico-tributária, e não ao sujeito que apenas arrecada a contribuição previdenciária em nome do sujeito ativo, a legitimidade para figurar no polo passivo de demanda em que se pleiteie a restituição do tributo indevidamente arrecadado. AREsp 199.089-PE, Rel. Min. Arnaldo Esteves Lima, julgado em 5/2/2013. 1ª Turma. (Info 513)

É cabível a repetição do indébito tributário no caso de pagamento de contribuição para custeio de saúde considerada inconstitucional em controle concentrado, independentemente de os contribuintes terem usufruído do serviço de saúde prestado pelo Estado. A declaração de inconstitucionalidade de lei que instituiu contribuição previdenciária é suficiente para justificar a repetição dos valores indevidamente recolhidos. Além do mais, o fato de os contribuintes terem usufruído do serviço de saúde prestado pelo Estado não retira a natureza indevida da exação cobrada. O único pressuposto para a repetição do indébito é a cobrança indevida de tributo, conforme dispõe o art. 165 do CTN. (STJ – AgRg no AREsp 242.466-MG, 2ª Turma, Rel. Min. Castro Meira, julgado em 27/11/2012). Essa decisão reflete entendimento que se aplica a todo e qualquer contribuição instituída indevidamente sobre serviço público.

Na execução fiscal, embora seja admissível a substituição da penhora por depósito em dinheiro ou fiança bancária (art. 15, I, da Lei n. 6.830/1980), quando for garantida por penhora sobre o dinheiro, torna-se inviável a substituição do bem por fiança bancária, tendo em vista que aquela confere maior liquidez ao processo executivo. Com efeito, o poder de substituição concedido ao devedor só pode ser exercido para melhorar a liquidez da garantia, não sendo possível que uma garantia privilegiada por expressa disposição legal, e líquida por excelência, seja substituída por outra menos benéfica ao credor. Assim, uma vez realizada a penhora em dinheiro, torna-se incabível sua substituição por outro bem, ainda que por fiança bancária, porquanto a execução fiscal tem seu regime jurídico próprio com prerrogativa fazendária (STJ – REsp 1.049.760-RJ, 1ª Turma, Rel. Min. Luiz Fux, julgado em 1°/6/2010). Assim, pela jurisprudência do STJ, na execução fiscal, a ordem de preferência na penhora, que segue o critério da liquidez, deve prevalecer sobre pretensão do devedor de substituir o bem para lhe tornar a execução menos gravosa.

A substituição da penhora pelo executado depende de anuência da Fazenda. A concordância só é dispensável na hipótese de oferecimento de dinheiro ou fiança bancária em substituição ao bem penhorado, nos termos do art. 15, I, da LEF (STJ – AgRg no AREsp 12.394-RS, 1ª Turma, Rel. Min. Arnaldo Esteves Lima, julgado em 4/10/2012).

A constituição definitiva do crédito tributário inaugura o decurso do prazo prescricional de cinco anos para o Fisco cobrá-lo judicialmente. Nos casos em que o Fisco constitui o crédito tributário mediante lançamento, inexistindo quaisquer causas de suspensão da exigibilidade ou de interrupção da prescrição, o prazo prescricional conta-se da data em que o contribuinte for regularmente notificado do lançamento tributário (arts. 145 e 174 do CTN) (STJ – REsp 1.107.339-SP, 1ª Turma, Rel. Min. Luiz Fux, julgado em 1°/6/2010).

Ainda nos casos em que Fisco constitui o crédito tributário mediante lançamento, sobrevindo causa de suspensão de exigibilidade antes do vencimento do prazo para pagamento do crédito tributário formalizado pelo contribuinte (em se tratando de tributos sujeitos a lançamento por homologação) ou lançado pelo Fisco, não tendo sido reiniciado o prazo *ex vi* do parágrafo único do art. 174 do CTN, o dies a quo da regra da prescrição desloca-se para a data do desaparecimento jurídico do obstáculo à exigibilidade (STJ – REsp 1.107.339-SP, 1ª Turma, Rel. Min. Luiz Fux, julgado em 1°/6/2010).

Uma vez acolhida a exceção de pré-executividade para extinguir execução fiscal, é cabível a condenação da Fazenda Pública em honorários advocatícios. Esse entendimento é adotado pelo Superior Tribunal de Justiça, merecendo destaque o fato de que foi consolidado em julgamento de recurso especial submetido ao regime de recursos repetitivos (STJ – REsp 1.185.036-PE, 1ª Seção, Rel. Min. Herman Benjamin, julgado em 8/9/2010).

Em outro julgamento de recurso especial submetido ao regime de recursos repetitivos, também ficou assentado que a reunião de demandas executivas fiscais contra o mesmo devedor constitui uma faculdade do magistrado, não um dever, conforme dispõe o art. 28 da Lei n. 6.830/1980 (Lei de Execução Fiscal – LEF). Para que essa cumulação superveniente possa ocorrer, devem estar preenchidos tanto os requisitos do mencionado dispositivo da Lei de Execuções Fiscais quanto aqueles dispostos no artigo 573 do CPC, a saber: identidade das partes, requerimento da medida por, pelo menos, uma delas, competência do juízo e feitos em fases processuais análogas (STJ – REsp 1.158.766-RJ, 1ª Seção, Rel. Min. Luiz Fux, julgado em 8/9/2010).

Diferente da cumulação superveniente tratada na dica anterior, na chamada cumulação inicial de pedidos (feita pelo exequente na petição inicial), é direito subjetivo do exequente de reunir, em uma única ação executiva fiscal, diversas certidões de dívida ativa. (STJ – REsp 1.158.766-RJ, 1ª Seção, Rel. Min. Luiz Fux, julgado em 8/9/2010).

Pela teoria da encampação é admissível que o superior hierárquico da autoridade coatora, quando apontada pelo impetrante no polo passivo do mandado de segurança, assuma a posição de impetrado e preste suas informações sobre o mérito da impetração. Mas, para que essa teoria seja aplicável ao mandado de segurança, é necessário o preenchimento dos seguintes requisitos: existência de vínculo hierárquico entre a autoridade que prestou informações e a que ordenou a prática do ato impugnado, ausência de modificação de competência estabelecida na CF/1988 e manifestação a respeito do mérito nas informações prestadas. Na ausência de quaisquer desses requisitos, segundo jurisprudência do STJ, o *mandamus* deve ser denegado por carência de ação e o feito extinto sem julgamento de mérito (STJ – MS 12.779-DF, RMS 21.775-RJ, Rel. Min. Luiz Fux, 1ª Turma, julgado em 16/11/2010).

Por força do disposto no artigo 32, § 2°, da Lei de Execuções Fiscais, o levantamento de depósito judicial ou a sua conversão em renda da Fazenda Pública sujeita-se ao trânsito em julgado da decisão que reconheceu ou afastou a legitimidade da exação. Segundo entendimento do Superior Tribunal de Justiça, o dispositivo legal citado constitui norma especial que deve prevalecer sobre disposições gerais do Código de Processo Civil (STJ – EREsp 734.831-MG, 1ª Seção, Rel. Min. Mauro Campbell Marques, julgados em 10/11/2010).

Em julgamento de recurso especial submetido ao regime de recursos repetitivos, consolidou-se entendimento já consagrado em vários precedentes, de que o reforço da penhora não pode ser determinado de ofício pelo juízo, visto ser imprescindível o requerimento do interessado, nos termos dos arts. 15, II, da Lei n. 6.830/1980 (Lei de Execuções Fiscais) e 685 do CPC (STJ – REsp 1.127.815-SP, 1ª Seção, Rel. Min. Luiz Fux, julgado em 24/11/2010).

Por ser o espólio responsável tributário na forma do art. 131, III, do CTN, a demanda originalmente ajuizada contra o devedor com citação válida pode ser redirecionada àquele quando a morte ocorre no curso do processo de execução. O mesmo não se dá, porém, quando na data em que foi proposta a ação executiva, o devedor já havia falecido. Nessa última hipótese, o processo deve ser extinto sem resolução de mérito por carência de ação, nos termos do artigo 267, inciso VI, do CPC - atual art. 485, VI, do CPC/2015. (STJ – REsp 1.222.561-RS, 2ª Turma, Rel. Min. Mauro Campbell Marques, julgado em 26/4/2011).

É possível a penhora online do saldo total de conta-corrente conjunta para garantir a execução fiscal, ainda que apenas um dos correntistas seja o responsável pelo pagamento do tributo. De acordo com decisão do STJ, os titulares da conta são credores solidários dos valores nela depositados, solidariedade estabelecida pela própria vontade deles no momento em que optam por essa modalidade de depósito. (STJ – REsp 1.229.329-SP, 2ª Turma, Rel. Min. Humberto Martins, julgado em 17/3/2011).

O termo *a quo* (termo inicial) para opor embargos à execução fiscal é a data da efetiva intimação da penhora. Para que o prazo realmente flua, deve-se observar o § 1° do artigo 16 da Lei n. 6.830/1980 (Lei de Execuções Fiscais), segundo o qual não são admissíveis embargos do executado antes de garantida a execução. Assim, havendo pendência judicial acerca da efetivação da penhora por discordância sobre o bem objeto da constrição, fica obstado o início da contagem a a abertura do termo a quo do prazo para embargos, que só começará a contar quando superada essa questão incidente e, de fato, efetivada a penhora (STJ – REsp 1.126.307-MT, 1ª Turma, Rel. Min. Luiz Fux, julgado em 1°/3/2011).

Constitui entendimento majoritário do Superior Tribunal de Justiça que o artigo 4°, § 2°, da Lei n. 8.397/1992 autoriza o requerimento da medida cautelar fiscal para tornar indisponível o patrimônio de terceiro, desde que ele tenha adquirido bens do sujeito passivo (contribuinte ou responsável) em condições que sejam capazes de frustrar a satisfação do crédito pretendido, condições essas que podem ser visualizadas nas seguintes hipóteses: fraude à execução tributária nos termos do artigo 185 do CTN com a nova redação dada pela Lei complementar 118/2005 e fraude contra credores, desde que, nesse último caso, conforme posição também adotada pelo STJ, a cautelar esteja atrelada a uma ação pauliana ou revocatória – ajuizada no prazo do artigo 11 da Lei n. 8.397/1992 – que declare o vício do negócio jurídico (STJ – REsp 962.023-DF, 2ª Turma, Rel. Min. Mauro Campbell Marques, julgado em 17/5/2011).

É jurisprudência no Superior Tribunal de Justiça que não é cabível a suspensão das execuções de natureza fiscal em razão do deferimento da recuperação judicial, mas nelas é vedado ao juiz praticar atos que comprometam o patrimônio do devedor ou excluam parte dele do processo de recuperação (STJ – EDcl no AgRg no CC 110.764-DF, 2ª Seção, Rel. Min. Luis Felipe Salomão, julgados em 11/5/2011).

Não viola o artigo 187 do CTN a concessão de parcelamento a uma empresa em recuperação judicial, porquanto o crédito não perde seus privilégios, apenas passa a ser recolhido de modo diferido a fim de que a sociedade empresária possa adimplir a obrigação tributária de forma íntegra, com a exigibilidade do crédito suspensa. À luz da doutrina e da legislação atuais, às sociedades empresárias, mesmo em recuperação judicial, deve ser assegurado o direito de acesso aos planos de parcelamento fiscal, mantendo, com isso, seu ciclo produtivo, os empregos gerados e a satisfação de interesses econômicos e de consumo da comunidade (STJ – EDcl no AgRg no CC 110.764-DF, 2ª Seção, Rel. Min. Luis Felipe Salomão, julgados em 11/5/2011).

De acordo com reiteradas decisões, o artigo 174 do CTN deve ser interpretado em conjunto com o disposto no art. 219, § 1°, do CPC (atual art. 240, § 1º do CPC/2015), de modo que a interrupção da prescrição pelo despacho que ordena a citação do executado retroage à data do ajuizamento da execução. Em termos mais exatos, a propositura da ação constitui o dies ad quem do prazo prescricional e, simultaneamente, o termo inicial para sua recontagem sujeita às causas interruptivas previstas no art. 174, parágrafo único, do CTN (prescrição intercorrente) (STJ – AgRg no REsp 1.293.997-SE, 2ª Turma, Rel. Min. Humberto Martins, julgado em 20/3/2012).

A incompetência para julgamento de medida cautelar fiscal é relativa e, portanto, deve ser arguida por meio de exceção, no prazo da resposta, sob pena de preclusão e, consequentemente, prorrogação da competência para o juízo de propositura da ação (STJ – REsp 1.272.414-SC, 2ª Turma, Rel. Min. Mauro Campbell Marques, julgado em 24/4/2012).

O parcelamento requerido após a penhora em execução fiscal ajuizada não afeta o interesse de agir do fisco, isto é, não pode o crédito tributário ficar sem garantia alguma, nos casos em que a constrição for realizada antes mesmo do pedido de parcelamento e quando já houver execução fiscal em curso (STJ – REsp 1.272.414-SC, 2ª Turma, Rel. Min. Mauro Campbell Marques, julgado em 24/4/2012).

A citação por edital é cabível após uma única tentativa de citação por oficial de justiça quando o executado não é localizado no seu domicílio fiscal, sendo o fato certificado pelo referido auxiliar da justiça. Não é necessário o exaurimento de todos os meios para localização do paradeiro do executado para se admitir a citação por edital, sobretudo porque tal exigência não decorre do art. 8°, inciso III, da Lei 6.830/1980 (STJ – AgRg no AREsp 206.770-RS, 1ª Turma, Rel. Min. Benedito Gonçalves, julgado em 13/11/2012).

De acordo com o artigo 6°, § 1°, da Lei de Execução Fiscal, basta que a execução fiscal seja instruída com a Certidão de Dívida Ativa – CDA. É inexigível a instrução com o Termo de Inscrição em Dívida Ativa do crédito executado (STJ – AgRg no AREsp 198.239-MG, 1ª Turma, Rel. Min. Napoleão Nunes Maia Filho, julgado em 13/11/2012).

Segundo vários precedentes jurisprudenciais do STJ, o ajuizamento de mandado de segurança interrompe e suspende o fluxo do prazo prescricional de ação de cobrança de parcelas pretéritas à impetração, somente se reiniciando após o trânsito em julgado do *mandamus* (STJ – AgRg no REsp 1.161.472-SC, AgRg no REsp 1.294.191-GO, 2ª Turma, Relª. Minª. Diva Malerbi, julgado em 13/11/2012).

O reconhecimento da inexigibilidade parcial de crédito representado na certidão da dívida ativa (CDA) não exige a emenda ou a substituição do título para o prosseguimento da execução fiscal quando a quantia indevida puder ser prontamente abatida por meros cálculos aritméticos. O excesso de execução não implica a decretação da nulidade do título executivo extrajudicial, mas tão-somente a redução do montante ao valor tido como devido, quando o valor remanescente puder ser apurado por simples cálculos aritméticos (STJ – AgRg no REsp 941.809-PE, 1ª Turma, Rel. Min. Napoleão Nunes Maia Filho, julgado em 4/10/2012).

Não é possível a decretação de indisponibilidade de bens prevista no art. 185-A do CTN aos feitos executivos decorrentes de dívida não tributária. O fato de a Lei de Execução Fiscal afirmar que os débitos de natureza não tributária compõem a dívida ativa da Fazenda Pública não faz que tais débitos passem a ter natureza tributária apenas em razão de sua inscrição na dívida ativa. O art. 185-A do CTN aplica-se apenas às execuções fiscais de dívidas tributárias, já que o caput faz referência ao devedor tributário. (STJ – REsp 1.347.317-PR, 2ª Turma, Rel. Min. Humberto Martins, julgado em 6/11/2012).

A ação de consignação em pagamento não é uma via adequada para forçar a concessão de parcelamento e discutir a exigibilidade e a extensão do crédito tributário. Diversamente, sua finalidade é a desoneração do devedor mediante o depósito do valor correspondente ao crédito. (STJ – AgRg no REsp 1.270.034-RS, 2ª Turma, Min. Mauro Campbell Marques, julgado em 23/10/2012).

É vedado o ajuizamento de execução fiscal antes do julgamento definitivo do recurso administrativo, pois o recurso administrativo suspende a exigibilidade do crédito tributário, conforme previsto no artigo 151, inciso III, do CTN (STJ – AgRg no AREsp 170.309-RJ, 1ª Turma, Rel. Min. Benedito Gonçalves, julgado em 4/10/2012).

Para fins de mandado de segurança, autoridade coatora é aquela que pratica, ordena ou omite a prática do ato impugnado e tem o dever funcional de responder pelo seu fiel cumprimento, além de dispor da competência para corrigir eventual ilegalidade (STJ – AgRg no AREsp 242.466-MG, 2ª Turma, Rel. Min. Castro Meira, julgado em 27/11/2012).

Com a morte do devedor, cabe ao exequente realizar diligências para a correção do polo passivo, verificando a existência de inventário, partilha ou bens sobre os quais possa recair a execução. Nesses casos, o maior interessado é o ente público em razão do crédito que tem a receber. Todavia, existindo mais de um devedor, todos coobrigados, o falecimento de um deles no curso da demanda não impede o prosseguimento da execução contra os demais. Segundo reiterada jurisprudência do STJ, verificado o litisconsórcio passivo, deve-se mitigar a necessidade de suspensão automática do processo por falecimento de uma das partes, em face dos princípios da segurança jurídica e da celeridade processual, sobretudo diante da ausência de comprovado prejuízo (STJ – REsp 1.328.760-MG, 1ª Turma, Rel. Min. Napoleão Nunes Maia Filho, julgado em 26/2/2013).

Conforme decidido reiteradamente e consolidado em julgamento de recurso sob o regime de recursos repetitivos, o Superior Tribunal de Justiça sedimentou entendimento de que, verificada a pluralidade de penhora sobre o mesmo bem em executivos fiscais ajuizados por diferentes entidades garantidas com o privilégio do concurso de preferência, consagra-se a prelação do pagamento dos créditos tributários da União e suas autarquias em detrimento dos créditos fiscais dos estados e destes em relação aos municípios, conforme a dicção do art. 187, parágrafo único, do CTN c/c o art. 29 da Lei 6.830/1980 (STJ – REsp 957.836-SP, 1ª Seção, Rel. Min. Luiz Fux, julgado em 13/10/2010).

No Brasil "sonegar é crime". Desde a Lei nº 4.729/65, a sonegação é tipificada como crime no ordenamento jurídico pátrio. Atualmente, a Lei nº 8.137/90, que definiu os crimes contra a ordem tributária, não mais menciona o termo sonegação, mas contempla todas as condutas outrora contempladas na lei anterior.

Os dois primeiros artigos da Lei 8.137/90 que tratam de tais crimes:

> *Art. 1º. Constitui crime contra a ordem tributária suprimir ou reduzir tributo, ou contribuição social e qualquer acessório, mediante as seguintes condutas:*
>
> *I – omitir informação, ou prestar declaração falsa às autoridades fazendárias;*
>
> *II – fraudar a fiscalização tributária, inserindo elementos inexatos, ou omitindo operação de qualquer natureza, em documento ou livro exigido pela lei fiscal;*
>
> *III – falsificar ou alterar nota fiscal, fatura, duplicata, nota de venda, ou qualquer outro documento relativo à operação tributável;*
>
> *IV – elaborar, distribuir, fornecer, emitir ou utilizar documento que saiba ou deva saber falso ou inexato;*
>
> *V – negar ou deixar de fornecer, quando obrigatório, nota fiscal ou documento equivalente, relativa a venda de mercadoria ou prestação de serviço, efetivamente realizada, ou fornecê-la em desacordo com a legislação.*
>
> *Pena – reclusão de 2 (dois) a 5 (cinco) anos, e multa.*
>
> *Parágrafo único. A falta de atendimento da exigência da autoridade, no prazo de 10 (dez) dias, que poderá ser convertido em horas em razão da maior ou menor complexidade da matéria ou da dificuldade quanto ao atendimento da exigência, caracteriza a infração prevista no inciso V.*
>
> *Art. 2º. Constitui crime da mesma natureza:*

I – fazer declaração falsa ou omitir declaração sobre rendas, bens ou fatos, ou empregar outra fraude, para eximir-se, total ou parcialmente, de pagamento de tributo;

II – deixar de recolher, no prazo legal, valor de tributo ou de contribuição social, descontado ou cobrado, na qualidade de sujeito passivo de obrigação e que deveria recolher aos cofres públicos;

III – exigir, pagar ou receber, para si ou para o contribuinte beneficiário, qualquer percentagem sobre a parcela dedutível ou deduzida de imposto ou de contribuição como incentivo fiscal;

IV – deixar de aplicar, ou aplicar em desacordo com o estatuído, incentivo fiscal ou parcelas de imposto liberadas por órgão ou entidade de desenvolvimento;

V – utilizar ou divulgar programa de processamento de dados que permita ao sujeito passivo da obrigação tributária possuir informação contábil diversa daquela que é, por lei, fornecida à Fazenda Pública.

Pena – detenção, de 6 (seis) meses a 2 (dois) anos, e multa.

Importante diferençar os delitos tributários dos artigos 1º e 2º da Lei 8.137/90 que definem os crimes contra a ordem tributária, econômica e contra as relações de consumo. O delito previsto no artigo 2º é espécie de crime formal, pois independe da consumação do resultado naturalístico correspondente à auferição de vantagem ilícita em desfavor do Fisco. Segundo entendimento do STF, nos crimes formais é desnecessário a conclusão do procedimento administrativo para a persecução penal, ou seja, é dispensável encerrar a fase administrativa para configurar a justa causa legitimadora da persecução (STF, Tribunal Pleno, RHC 90532 ED – CE, Rel Min. Joaquim Barbosa, julgamento em 23.09.2009, DJe 208, publicado em 06.11.2009). Por outro lado, o disposto no artigo 1º, incisos I a IV, da Lei 8.137/90 estabelece como requisito fundamental para a adequação típica a ocorrência efetiva da redução de tributo pelas condutas descritas no tipo, ou seja, por se tratar de crime material se faz imprescindível o encerramento do procedimento administrativo para posterior persecução penal. Nesse sentido: "É pacífica a jurisprudência do Supremo Tribunal Federal quanto à necessidade do exaurimento da via administrativa para a validade da ação penal, instaurada para apurar infração aos incisos I a IV do art. 1º da Lei 8.137/1990. (Precedentes: HC 81.611, da relatoria do ministro Sepúlveda Pertence) (Plenário)". Corroborando o exposto, o enunciado da Súmula Vinculante nº 24 prescreve: "Não se tipifica crime material contra a ordem tributária, previsto no art. 1º, incisos I a IV, da Lei nº 8.137/90, antes do lançamento definitivo do tributo".

A discussão sobre a necessidade de se aguardar o final do processo administrativo antes de se intentar a ação penal, nos casos em que a acusação versa sobre ilícitos tributários que já, há muito, habita o mundo jurídico, passou a ser mais frequente com a edição da Lei 9.430/90. Seu art. 83 dispõe que: "A representação fiscal para fins penais relativa aos crimes contra a ordem tributária definidos nos arts. 1º e 2º da Lei 8.137, de 27 de dezembro de 1990, será encaminhada ao Ministério Público, após proferida decisão final, na esfera administrativa, sobre a exigência fiscal do crédito tributário correspondente". Sobre o tema, o Supremo teve ocasião de se manifestar em algumas ocasiões. Inicialmente, ao julgar a ADin 1.571, de relatoria do Min. Néri da Silveira, em 20.03.97, o Plenário do Supremo Tribunal Federal proclamou que o dispositivo supratranscrito não estipulou uma condição de procedibilidade da ação penal por delito tributário, bem como que o Ministério Público não se encontra impedido de agir antes da decisão final no procedimento administrativo. Todavia, mais recentemente, ao julgar o HC 81.321-6 – SP, HC 81.611 – DF, RHC 82.390 – SP e HC 83.414-1 – RS o STF entendeu que a propositura da ação penal não pode se dar antes de esgotada a via administrativa, seja pela ausência de condição objetiva de punibilidade (HC 81.611) ou pela tese da atipicidade do fato (HC 83.414).

Segundo o STJ "A constituição definitiva do crédito tributário é elemento imprescindível para o desencadeamento da persecução penal fiscal. *In casu*, tendo sido instaurado procedimento investigatório ministerial, anteriormente ao término da apuração administrativo-tributária, mas sobrevindo a constituição definitiva do crédito antes do nascimento do respectivo inquérito policial, não há falar em nulidade". (HC 106064/MA, Rel. Ministra MARIA THEREZA DE ASSIS MOURA, SEXTA TURMA, julgado em 11/10/2011, DJe 03/11/2011).

A primeira legislação a prever expressamente a extinção da punibilidade para o caso de parcelamento veio a lume no ano de 2000 (Lei 9.964/2000 – REFIS). Esta, no seu artigo 15 dispunha que: "Art. 15. É suspensa a pretensão punitiva do Estado, referente aos crimes previstos nos arts. 1º e 2º da Lei nº 8.137, de 27 de dezembro de 1990, e no art. 95 da Lei nº 8.212, de 24 de julho de 1991, durante o período em que a pessoa jurídica relacionada com o agente dos aludidos crimes estiver incluída no REFIS, desde que a inclusão no referido Programa tenha ocorrido antes do recebimento da denúncia criminal. (...) § 3º. Extingue-se a punibilidade dos crimes referidos neste artigo quando a pessoa jurídica relacionada com o agente efetuar o pagamento integral dos débitos oriundos de tributos e contribuições sociais, inclusive acessórios, que tiverem sido objeto de concessão de parcelamento antes do recebimento da denúncia criminal." Três anos depois, outra norma é elaborada (Lei 10.684/2003 – PAES), ocasião em que o tema foi, novamente, tratado, porém com uma sutil alteração, conforme dispõe o seu art. 9º: "Art. 9º: É suspensa a pretensão punitiva do Estado, referente aos crimes previstos nos arts. 1º e 2º da Lei 8.137, de 27 de dezembro de 1990, e nos arts. 168A e 337A do Decreto-Lei nº 2.848, de 7 de dezembro de 1940 – Código Penal, durante o período em que a pessoa jurídica relacionada com o agente dos aludidos crimes estiver incluída no regime de parcelamento (...) § 2º Extingue-se a punibilidade dos crimes referidos neste artigo quando a pessoa jurídica relacionada com o agente efetuar o pagamento integral dos débitos oriundos de tributos e contribuições sociais, inclusive acessórios". Assim, como se pode perceber, diferentemente do que ocorria em relação à Lei anterior, na nova, a suspensão da pretensão punitiva alcança processos criminais já iniciados, ou seja, mesmo após a denúncia, suprimindo, assim, o requisito temporal.

Enquanto parcela da doutrina manifesta-se no sentido de que a incidência da referida norma seria restrita ao programa de parcelamento, o Supremo Tribunal Federal vem decidindo pela sua aplicação até mesmo retroativa, para reconhecer que o pagamento do tributo, a qualquer tempo, ainda que após o recebimento da denúncia, extingue a punibilidade (HC 81929 – RJ).

A Lei 9.983/2000 introduziu no Código Penal (CP) o art. 168-A, que trata da tipificação do crime de apropriação indébita previdenciária. Eis o seu teor:

> *Art. 168-A. Deixar de repassar à previdência social as contribuições recolhidas dos contribuintes, no prazo e forma legal ou convencional:*
>
> *Pena – reclusão, de 2 (dois) a 5 (cinco) anos, e multa.*
>
> *§ 1º Nas mesmas penas incorre quem deixar de:*
>
> *I – recolher, no prazo legal, contribuição ou outra importância destinada à previdência social que tenha sido descontada de pagamento efetuado a segurados, a terceiros ou arrecadada do público;*
>
> *II – recolher contribuições devidas à previdência social que tenham integrado despesas contábeis ou custos relativos à venda de produtos ou à prestação de serviços;*
>
> *III – pagar benefício devido a segurado, quando as respectivas cotas ou valores já tiverem sido reembolsados à empresa pela previdência social.*
>
> *§ 2º É extinta a punibilidade se o agente, espontaneamente, declara, confessa e efetua o pagamento das contribuições, importâncias ou valores e presta as informações devidas à previdência social, na forma definida em lei ou regulamento, antes do início da ação fiscal.*
>
> *§ 3º É facultado ao juiz deixar de aplicar a pena ou aplicar somente a de multa se o agente for primário e de bons antecedentes, desde que:*
>
> *I – tenha promovido, após o início da ação fiscal e antes de oferecida a denúncia, o pagamento da contribuição social previdenciária, inclusive acessórios; ou*
>
> *II – o valor das contribuições devidas, inclusive acessórios, seja igual ou inferior àquele estabelecido pela previdência social, administrativamente, como sendo o mínimo para o ajuizamento de suas execuções fiscais.*
>
> *§ 4º A faculdade prevista no § 3º deste artigo não se aplica aos casos de parcelamento de contribuições cujo valor, inclusive dos acessórios, seja superior àquele estabelecido, administrativamente, como sendo o mínimo para o ajuizamento de suas execuções fiscais.*

O artigo 168-A do CP apresenta como bem jurídico relevante tutelado a Seguridade Social, em seu aspecto de arrecadação tributária e, em específico, a previdenciária. Há forte divergência doutrinária em relação à classificação do delito em comento, especialmente no que se refere à natureza da conduta (puramente omissivo ou omissivo impróprio), ao resultado (formal ou material) e ao elemento subjetivo do injusto. Defende-se que se trata de delito comissivo por omissão, material (a consumação do delito ocorre no dia seguinte ao término do prazo fixado legalmente para o recolhimento, quando restar comprovada a efetiva arrecadação anterior das quantias devidas), sendo possível, em tese, a tentativa. Somente as condutas dolosas são puníveis, por ausência de previsão expressa de punição a título de culpa, nos termos do que determina o parágrafo único do artigo 18 do Código Penal. Em que pese a existência de posicionamentos doutrinários e jurisprudenciais contrários, tem-se que a configuração delitiva exige a presença de especial finalidade de sonegar e/ou fraudar os cofres previdenciários (dolo específico).

Pelo princípio da consunção (absorção ou *lex consumens derrogat legi consumptae*) o conteúdo de um tipo penal consome integralmente o conteúdo do outro tipo penal, em outros termos, o tipo consumido constitui meio regular para o tipo consumidor.

O concurso material se caracteriza pela multiplicidade de ações e crimes, ou seja, sempre há desígnios autônomos. O concurso formal de crimes é hipótese em que mediante uma ação o agente comete mais de um crime (art. 70, CP). Na espécie concurso formal heterogêneo, embora a conduta se desdobre em uma única ação, o agente deseja os dois resultados, tem desígnios autônomos (art. 70, in fine, CP).

Em um caso apreciado pelo STJ foi dito que "mesmo que o tributo seja pago, ou que haja a extinção da punibilidade do contribuinte, remanesce a responsabilidade penal do funcionário público, já que os crimes previstos no artigo 3º da Lei 8.137/1990 não ofendem apenas a ordem tributária, mas também a moralidade administrativa, constituindo verdadeiros delitos contra a Administração Pública previstos em legislação especial". (STJ, T5, HC 137462 / RJ, Rel. Min. Jorge Mussi j. 17.11.2011, DJe 19/12/2011).

"IV – Em princípio, o crime de sonegação fiscal e os de falsidade ideológica e uso de documento falso apresentam existências autônomas, ainda que, ocasionalmente, se possa reconhecer a ocorrência somente do crime contra a ordem tributária. V – Os delitos constantes dos art. 299 e 304 do CP, somente são absorvidos pelo crime de sonegação fiscal, se o falso teve como finalidade a sonegação, constituindo, em regra, meio necessário para a sua consumação. (Precedentes desta Corte e do Pretório Excelso). VI – Na hipótese, os crimes de falsidade ideológica e uso de documento falso estão indissociavelmente ligados a descrição de um potencial crime contra a ordem tributária, razão pela qual são por ele absorvidos (HC 84345/PR FALSIDADE – SONEGAÇÃO FISCAL – ABSORÇÃOSTJ – RHC 14635 – PR, RESP 503368 – PR, RHC 15239).

É aplicável o princípio da insignificância aos crimes contra a ordem tributária. Nesse sentido é o entendimento do STJ: "A Terceira Seção deste Superior Tribunal de Justiça, apreciando a questão da aplicação do princípio da insignificância ao crime de descaminho, no julgamento do Recurso Especial Representativo de Controvérsia nº 1.112.748/TO, sedimentou o entendimento segundo o qual somente é cabível o reconhecimento do delito de bagatela aos débitos tributários que não ultrapassem o teto de R$ 10.000,00 (dez mil reais), em conformidade com o art. 20 da Lei nº 10.522/02.(...) (AgRg no AREsp 242.049/PR, Rel. Ministra REGINA HELENA COSTA, QUINTA TURMA, julgado em 10/12/2013, DJe 13/12/2013)

Segundo o STJ: "Nos crimes de autoria coletiva, embora a vestibular acusatória não possa ser de todo genérica, é válida quando, apesar de não descrever minuciosamente as atuações individuais dos acusados, demonstra um liame entre o agir dos pacientes e a suposta prática delituosa, estabelecendo a plausibilidade da imputação e possibilitando o exercício da ampla defesa, caso em que se entende preenchidos os requisitos do artigo 41 do Código de Processo Penal". (STJ, T5, HC 137462 / RJ, Rel. Min. Jorge Mussi j. 17.11.2011, DJe 19/12/2011)

✦ SÚMULAS

1. TRIBUTOS E SUAS ESPÉCIES

Súmula vinculante 12: "A cobrança de taxa de matrícula nas universidades públicas viola o disposto no art. 206, IV, da Constituição Federal".

Súmula vinculante 19: "A taxa cobrada exclusivamente em razão dos serviços públicos de coleta, remoção e tratamento ou destinação de lixo ou resíduos provenientes de imóveis, não viola o artigo 145, II da Constituição Federal".

Súmula vinculante 29: "É constitucional a adoção, no cálculo do valor de taxa, de um ou mais elementos da base de cálculo própria de determinado imposto, desde que não haja integral identidade entre uma base e outra".

Súmula vinculante 31: "É inconstitucional a incidência do Imposto sobre Serviços de Qualquer Natureza – ISS sobre operações de locação de bens móveis".

Súmula vinculante 32: "O ICMS não incide sobre a alienação de salvados de sinistros pelas seguradoras".

Súmula vinculante 40: "A contribuição confederativa de que trata o art. 8º, IV, da constituição federal, só é exigível dos filiados ao sindicato respectivo".

Súmula vinculante 41: "O serviço de iluminação pública não pode ser remunerado mediante taxa".

Súmula vinculante 48: "Na entrada de mercadoria importada do exterior, é legítima a cobrança do ICMS por ocasião do desembaraço aduaneiro".

Súmula 75 STF: "Sendo vendedora uma autarquia, a sua imunidade fiscal não compreende o imposto de transmissão *inter vivos*, que é encargo do comprador".

Súmula 93 STF: "Não está isenta do imposto de renda a atividade profissional do arquiteto".

Súmula 112 STF: "O imposto de transmissão causa mortis é devido pela alíquota vigente ao tempo da abertura da sucessão".

Súmula 113 STF: "O imposto de transmissão causa mortis é calculado sobre o valor dos bens na data da avaliação".

Súmula 114 STF: "O imposto de transmissão causa mortis não é exigível antes da homologação do cálculo".

Súmula 115 STF: "Sobre os honorários do advogado contratado pelo inventariante, com a homologação do juiz, não incide o imposto de transmissão *causa mortis*".

Súmula 241 STF: "A contribuição previdenciária incide sobre o abono incorporado ao salário".

Súmula 331 STF: "É legítima a incidência do imposto de transmissão causa mortis no inventário por morte presumida".

Súmula 539 STF: "É constitucional a lei do município que reduz o imposto predial urbano sobre imóvel ocupado pela residência do proprietário, que não possua outro".

Súmula 545 STF: "Preços de serviços públicos e taxas não se confundem, porque estas, diferentemente daqueles, são compulsórias e têm sua cobrança condicionada à prévia autorização orçamentária, em relação à lei que as instituiu".

Súmula 573 STF: "Não constitui fato gerador do imposto de circulação de mercadorias a saída física de máquinas, utensílios e implementos a título de comodato".

Súmula 575 STF: "À mercadoria importada de país signatário do GATT, ou membro da ALALC, estende-se a isenção do imposto sobre circulação de mercadorias concedida a similar nacional".

Súmula 583 STF: "Promitente-comprador de imóvel residencial transcrito em nome de autarquia é contribuinte do imposto predial territorial urbano".

Súmula 584 STF: "Ao imposto de renda calculado sobre os rendimentos do ano-base, aplica-se a lei vigente no exercício financeiro em que deve ser apresentada a declaração".

Súmula 586 STF: "Incide imposto de renda sobre os juros remetidos para o exterior, com base em contrato de mútuo".

Súmula 587 STF: "Incide imposto de renda sobre o pagamento de serviços técnicos contratados no exterior e prestados no Brasil".

Súmula 588 STF: "O imposto sobre serviços não incide sobre os depósitos, as comissões e taxas de desconto, cobrados pelos estabelecimentos bancários".

Súmula 589 STF: "É inconstitucional a fixação de adicional progressivo do imposto predial e territorial urbano em função do número de imóveis do contribuinte".

Súmula 590 STF: "Calcula-se o imposto de transmissão "causa mortis" sobre o saldo credor da promessa de compra e venda de imóvel, no momento da abertura da sucessão do promitente vendedor".

Súmula 591 STF: "A imunidade ou a isenção tributária do comprador não se estende ao produtor, contribuinte do imposto sobre produtos industrializados".

Súmula 595 STF: "É inconstitucional a taxa municipal de conservação de estradas de rodagem cuja base de cálculo seja idêntica à do imposto territorial rural".

Súmula 656 STF: "É inconstitucional a lei que estabelece alíquotas progressivas para o imposto de transmissão *inter vivos* de bens imóveis – ITBI com base no valor venal do imóvel".

Súmula 659 STF: "É legítima a cobrança da Cofins, do PIS e do Finsocial sobre as operações relativas a energia elétrica, serviços de telecomunicações, derivados de petróleo, combustíveis e minerais do país".

Súmula 660 STF: "Não incide ICMS na importação de bens por pessoa física ou jurídica que não seja contribuinte do imposto".

Súmula 662 STF: "É legítima a incidência do ICMS na comercialização de exemplares de obras cinematográficas, gravados em fitas de videocassete".

Súmula 663 STF: "Os §§ 1° e 3° do art. 9° do DL 406/68 foram recebidos pela Constituição".

Súmula 664 STF: "É inconstitucional o inciso V do art. 1° da Lei 8.033/90, que instituiu a incidência do imposto nas operações de crédito, câmbio e seguros – IOF sobre saques efetuados em caderneta de poupança".

Súmula 665 STF: "É constitucional a taxa de fiscalização dos mercados de títulos e valores mobiliários instituída pela Lei 7.940/89".

Súmula 667 STF: "Viola a garantia constitucional de acesso à jurisdição a taxa judiciária calculada sem limite sobre o valor da causa".

Súmula 668 STF: "É inconstitucional a lei municipal que tenha estabelecido, antes da Emenda Constitucional 29/2000, alíquotas progressivas para o IPTU, salvo se destinada a assegurar o cumprimento da função social da propriedade urbana".

Súmula 732 STF: "É constitucional a cobrança da contribuição do salário-educação, seja sob a Carta de 1969, seja sob a CF/1988, e no regime da Lei 9.424/96".

Súmula 20 STJ: "A mercadoria importada de país signatário do GATT é isenta do ICM, quando contemplado com esse favor o similar nacional".

Súmula 68 STJ: "A parcela relativa ao ICM inclui-se na base de cálculo do PIS".

Súmula 95 STJ: "A redução da alíquota do imposto sobre produtos industrializados ou do imposto de importação não implica redução do ICMS".

Súmula 125 STJ: "O pagamento de férias não gozadas por necessidade do serviço não está sujeito à incidência do imposto de renda".

Súmula 135 STJ: "O ICMS não incide na gravação e distribuição de filmes e videoteipes".

Súmula 136 STJ: "O pagamento de licença-prêmio não gozada por necessidade do serviço não está sujeito ao imposto de renda".

Súmula 138 STJ: "O ISS incide na operação de arrendamento mercantil de coisas móveis".

Súmula 155 STJ: "O ICMS incide na importação de aeronave, por pessoa física, para uso próprio".

Súmula 156 STJ: "A prestação de serviço de composição gráfica, personalizada e sob encomenda, ainda que envolva fornecimento de mercadorias, está sujeita, apenas, ao ISS".

Súmula 160 STJ: "É defeso, ao Município, atualizar o IPTU, mediante decreto, em percentual superior ao índice oficial de correção monetária".

Súmula 163 STJ: "O fornecimento de mercadorias com a simultânea prestação de serviços em bares, restaurantes e estabelecimentos similares constitui fato gerador do ICMS a incidir sobre o valor total da operação".

Súmula 166 STJ: "Não constitui fato gerador do ICMS o simples deslocamento de mercadoria de um para outro estabelecimento do mesmo contribuinte".

Súmula 167 STJ: "O fornecimento de concreto, por empreitada, para construção civil, preparado no trajeto até a obra em betoneiras acopladas a caminhões, é prestação de serviço, sujeitando-se apenas à incidência do ISS".

Súmula 178 STJ: "O INSS não goza de isenção do pagamento de custas e emolumentos, nas ações acidentárias e de benefícios, propostas na justiça estadual".

Súmula 185 STJ: "Nos depósitos judiciais, não incide o imposto sobre operações financeiras".

Súmula 198 STJ: "Na importação de veículo por pessoa física, destinado a uso próprio, incide o ICMS".

Súmula 215 STJ: "A indenização recebida pela adesão a programa de incentivo à demissão voluntária não está sujeita à incidência do imposto de renda".

Súmula 237 STJ: "Nas operações com cartão de crédito, os encargos relativos ao financiamento não são considerados no cálculo do ICMS".

Súmula 262 STJ: "Incide o imposto de renda sobre o resultado das aplicações financeiras realizadas pelas cooperativas".

Súmula 274 STJ: "O ISS incide sobre o valor dos serviços de assistência médica, incluindo-se neles as refeições, os medicamentos e as diárias hospitalares".

Súmula 334 STJ: "O ICMS não incide no serviço dos provedores de acesso à internet".

Súmula 350 STJ: "O ICMS não incide sobre o serviço de habilitação de telefone celular".

Súmula 351 STJ: "A alíquota de contribuição para o Seguro de Acidente do Trabalho (SAT) é aferida pelo grau de risco desenvolvido em cada empresa, individualizada pelo seu CNPJ, ou pelo grau de risco da atividade preponderante quando houver apenas um registro".

Súmula 386 STJ: "São isentas de imposto de renda as indenizações de férias proporcionais e o respectivo adicional".

Súmula 391 STJ: "O ICMS incide sobre o valor da tarifa de energia elétrica correspondente à demanda de potência efetivamente utilizada".

Súmula 395 STJ: "O ICMS incide sobre o valor da venda a prazo constante da nota fiscal".

Súmula 396 STJ: "A Confederação Nacional da Agricultura tem legitimidade ativa para a cobrança da contribuição sindical rural".

Súmula 397 STJ: "O contribuinte do IPTU é notificado do lançamento pelo envio do carnê ao seu endereço".

Súmula 399 STJ: "Cabe à legislação municipal estabelecer o sujeito passivo do IPTU".

Súmula 407 STJ: "É legítima a cobrança da tarifa de água fixada de acordo com as categorias de usuários e as faixas de consumo".

Súmula 411 STJ: "É devida a correção monetária ao creditamento do IPI quando há oposição ao seu aproveitamento decorrentes de resistência ilegítima do Fisco".

Súmula 412 STJ: "A ação de repetição de indébito de tarifas de água e esgoto sujeita-se ao prazo prescricional estabelecido no Código Civil".

Súmula 423 STJ: "A Contribuição para Financiamento da Seguridade Social – Cofins incide sobre as receitas provenientes das operações de locação de bens móveis".

Súmula 424 STJ: "É legítima a incidência de ISS sobre os serviços bancários congêneres da lista anexa ao DL n° 406/1968 e à LC 56/1987".

Súmula 425 STJ: "A retenção da contribuição para a seguridade social pelo tomador do serviço não se aplica às empresas optantes pelo Simples".

Súmula 433 STJ: "O produto semielaborado, para fins de incidência de ICMS, é aquele que preenche cumulativamente os três requisitos do art. 1° da Lei Complementar 65/1991".

Súmula 447 STJ: "Os Estados e o Distrito Federal são partes legítimas na ação de restituição de imposto de renda retido na fonte proposta por seus servidores".

Súmula 448 STJ: "A opção pelo Simples de estabelecimentos dedicados às atividades de creche, pré-escola e ensino fundamental é admitida somente a partir de 24.10.2000, data de vigência da Lei nº 10.034/2000".

Súmula 457 STJ: "Os descontos incondicionais nas operações mercantis não se incluem na base de cálculo do ICMS".

Súmula 458 STJ: "A contribuição previdenciária incide sobre a comissão paga ao corretor de seguros".

Súmula 463 STJ: "Incide imposto de renda sobre os valores percebidos a título de indenização por horas extraordinárias trabalhadas, ainda que decorrentes de acordo coletivo".

Súmula 468 STJ: "A base de cálculo do PIS, até a edição da MP n. 1.212/1995, era o faturamento ocorrido no sexto mês anterior ao do fato gerador".

Súmula 494 STJ: "O benefício fiscal do ressarcimento do crédito presumido do IPI relativo às exportações incide mesmo quando as matérias-primas ou os insumos sejam adquiridos de pessoa física ou jurídica não contribuinte do PIS/PASEP".

Súmula 495 STJ: "A aquisição de bens integrantes do ativo permanente da empresa não gera direito a creditamento de IPI".

Súmula 498 STJ: "Não incide imposto de renda sobre a indenização por danos morais".

Súmula 499 STJ: "As empresas prestadoras de serviços estão sujeitas às contribuições ao Sesc e Senac, salvo se integradas noutro serviço social".

Súmula 508 STJ: "A isenção da COFINS concedida pelo art. 6º, II, da LC nº70/1991 às sociedades civis de prestação de serviços profissionais foi revogada pelo art. 56 da Lei n. 9.430/1996".

Súmula 516 STJ: "A contribuição de intervenção no domínio econômico para o Incra (Decreto-Lei n. 1.110/1970), devida por empregadores rurais e urbanos, não foi extinta pelas Leis ns. 7.787/1989, 8.212/1991 e 8.213/1991, não podendo ser compensada com a contribuição ao INSS".

Súmula 524 STJ: "No tocante à base de cálculo, o ISSQN incide apenas sobre a taxa de agenciamento quando o serviço prestado por sociedade empresária de trabalho temporário for de intermediação, devendo, entretanto, englobar também os valores dos salários e encargos sociais dos trabalhadores por ela contratados nas hipóteses de fornecimento de mão de obra".

Súmula 553 STJ: "Nos casos de empréstimo compulsório sobre o consumo de energia elétrica, é competente a Justiça estadual para o julgamento de demanda proposta exclusivamente contra a Eletrobrás. Requerida a intervenção da União no feito após a prolação de sentença pelo juízo estadual, os autos devem ser remetidos ao Tribunal Regional Federal competente para o julgamento da apelação se deferida a intervenção".

Súmula 556 STJ: "É indevida a incidência de imposto de renda sobre o valor da complementação de aposentadoria pago por entidade de previdência privada e em relação ao resgate de contribuições recolhidas para referidas entidades patrocinadoras no período de 1º/1/1989 a 31/12/1995, em razão da isenção concedida pelo art. 6º, VII, b, da Lei n. 7.713/1988, na redação anterior à que lhe foi dada pela Lei n. 9.250/1995".

Súmula 584 STJ: "As sociedades corretoras de seguros, que não se confundem com as sociedades de valores mobiliários ou com os agentes autônomos de seguro privado, estão fora do rol de entidades constantes do art. 22, § 1º, da Lei n. 8.212/1991, não se sujeitando à majoração da alíquota da Cofins prevista no art. 18 da Lei n. 10.684/2003".

Súmula 590 STJ: "Constitui acréscimo patrimonial a atrair a incidência do imposto de renda, em caso de liquidação de entidade de previdência privada, a quantia que couber a cada participante, por rateio do patrimônio, superior ao valor das respectivas contribuições à entidade em liquidação, devidamente atualizadas e corrigida".

Súmula 626 do STJ: "A incidência do IPTU sobre imóvel situado em área considerada pela lei local como urbanizável ou de expansão urbana não está condicionada à existência dos melhoramentos elencados no art. 32, § 1º, do CTN".

Súmula 3 CARF: "Para a determinação da base de cálculo do Imposto de Renda das Pessoas Jurídicas e da Contribuição Social sobre o Lucro, a partir do ano-calendário de 1995, o lucro líquido ajustado poderá ser reduzido em, no máximo, trinta por cento, tanto em razão da compensação de prejuízo, como em razão da compensação da base de cálculo negativa".

Súmula 13 CARF: "Menor pobre que o sujeito passivo crie e eduque pode ser considerado dependente na Declaração do Imposto de Renda da Pessoa Física, desde que o declarante detenha a guarda judicial".

Súmula 15 CARF: "A base de cálculo do PIS, prevista no artigo 6º da Lei Complementar nº 7, de 1970, é o faturamento do sexto mês anterior, sem correção monetária".

Súmula 16 CARF: "O direito ao aproveitamento dos créditos de IPI decorrentes da aquisição de matérias-primas, produtos intermediários e material de embalagem utilizados na fabricação de produtos cuja saída seja com isenção ou alíquota zero, nos termos do art. 11 da Lei nº 9.779, de 1999, alcança, exclusivamente, os insumos recebidos pelo estabelecimento do contribuinte a partir de 1º de janeiro de 1999".

Súmula 18 CARF: "A aquisição de matérias-primas, produtos intermediários e material de embalagem tributados à alíquota zero não gera crédito de IPI".

Súmula 19 CARF: "Não integram a base de cálculo do crédito presumido da Lei nº 9.363, de 1996, as aquisições de combustíveis e energia elétrica uma vez que não são consumidos em contato direto com o produto, não se enquadrando nos conceitos de matéria-prima ou produto intermediário".

Súmula 20 CARF: "Não há direito aos créditos de IPI em relação às aquisições de insumos aplicados na fabricação de produtos classificados na TIPI como NT".

Súmula 36 CARF: "A inobservância do limite legal de trinta por cento para compensação de prejuízos fiscais ou bases negativas da CSLL, quando comprovado pelo sujeito passivo que o tributo que deixou de ser pago em razão dessas compensações o foi em período posterior, caracteriza postergação do pagamento do IRPJ ou da CSLL, o que implica em excluir da exigência a parcela paga posteriormente".

Súmula 40 CARF: "A apresentação de recibo emitido por profissional para o qual haja Súmula Administrativa de Documentação Tributariamente Ineficaz, desacompanhado de elementos de prova da efetividade dos serviços e do correspondente pagamento, impede a dedução a título de despesas médicas e enseja a qualificação da multa de ofício".

Súmula 42 CARF: "Não incide o imposto sobre a renda das pessoas físicas sobre os valores recebidos a título de indenização por desapropriação".

Súmula 43 CARF: "Os proventos de aposentadoria, reforma ou reserva remunerada, motivadas por acidente em serviço e os percebidos por portador de moléstia profissional ou grave, ainda que contraída após a aposentadoria, reforma ou reserva remunerada, são isentos do imposto de renda".

Súmula 45 CARF: "O Imposto sobre a Propriedade Territorial Rural não incide sobre áreas alagadas para fins de constituição de reservatório de usinas hidroelétricas".

Súmula 62 CARF: "A base de cálculo das contribuições previdenciárias será o valor total fixado na sentença ou acordo trabalhista homologado, quando as parcelas legais de incidência não estiverem discriminadas".

Súmula 63 CARF: "Para gozo da isenção do imposto de renda da pessoa física pelos portadores de moléstia grave, os rendimentos devem ser provenientes de aposentadoria, reforma, reserva remunerada ou pensão e a moléstia deve ser devidamente comprovada por laudo pericial emitido por serviço médico oficial da União, dos Estados, do Distrito Federal ou dos Municípios".

Súmula 64 CARF: "Não incidem contribuições previdenciárias sobre as verbas concedidas aos segurados empregados a título de auxílio-creche, na forma do artigo 7o, inciso XXV, da Constituição Federal, em face de sua natureza indenizatória".

Súmula 68 CARF: "A Lei n° 8.852, de 1994, não outorga isenção nem enumera hipóteses de não incidência de Imposto sobre a Renda da Pessoa Física".

Súmula 70 CARF: "É imune ao ITR o imóvel pertencente às entidades indicadas no artigo 150, VI, "c", da Constituição, que se encontra arrendado, desde que a receita assim obtida seja aplicada nas atividades essenciais da entidade".

Súmula 79 CARF: "A partir da vigência da Lei no 9.249, de 1995, a dedução de contraprestações de arrendamento mercantil exige a comprovação da necessidade de utilização dos bens arrendados para produção ou comercialização de bens e serviços".

Súmula 80 CARF: "Na apuração do IRPJ, a pessoa jurídica poderá deduzir do imposto devido o valor do imposto de renda retido na fonte, desde que comprovada a retenção e o cômputo das receitas correspondentes na base de cálculo do imposto".

Súmula 83 CARF: "O resultado positivo obtido pelas sociedades cooperativas nas operações realizadas com seus cooperados não integra a base de cálculo da Contribuição Social sobre o Lucro Líquido – CSLL, mesmo antes da vigência do art. 39 da Lei no 10.865, de 2004".

Súmula 85 CARF: "Na revenda de veículos automotores usados, de que trata o art. 5o da Lei no 9.716, de 26 de novembro de 1998, aplica-se o coeficiente de determinação do lucro presumido de 32% (trinta e dois por cento) sobre a receita bruta, correspondente à diferença entre o valor de aquisição e o de revenda desses veículos".

Súmula 87 CARF: "O imposto de renda não incide sobre as verbas recebidas regularmente por parlamentares a título de auxílio de gabinete e hospedagem, exceto quando a fiscalização apurar a utilização dos recursos em benefício próprio não relacionado à atividade legislativa".

Súmula 89 CARF: "A contribuição social previdenciária não incide sobre valores pagos a título de vale-transporte, mesmo que em pecúnia".

Súmula 94 CARF: "Os lucros auferidos no exterior por filial, sucursal, controlada ou coligada serão convertidos em reais pela taxa de câmbio, para venda, do dia das demonstrações financeiras em que tenham sido apurados tais lucros, inclusive a partir da vigência da MP nº 2.158-35, de 2001".

Súmula 95 CARF: "A presunção de omissão de receitas caracterizada pelo fornecimento de recursos de caixa à sociedade por administradores, sócios de sociedades de pessoas, ou pelo administrador da companhia, somente é elidida com a demonstração cumulativa da origem e da efetividade da entrega dos recursos".

Súmula 115 CARF: "A sistemática de cálculo do "Método do Preço de Revenda menos Lucro com margem de lucro de sessenta por cento (PRL 60)" prevista na IN SRF nº 243/2002, não afronta o disposto no art. 18, II, da Lei nº 9.430/1996, com a redação dada pela Lei nº 9.959/2000".

Súmula 117 CARF: "A indedutibilidade de despesas com royalties prevista no art. 71, parágrafo único, "d", da Lei nº 4.506/1964, não é aplicável à apuração da CSLL".

Súmula 118 CARF: "Caracteriza ganho tributável por pessoa jurídica domiciliada no país a diferença positiva entre o valor das ações ou quotas de capital recebidas em razão da transferência do patrimônio de entidade sem fins lucrativos para entidade empresarial e o valor despendido na aquisição de título patrimonial".

Súmula 122 CARF: "A averbação da Área de Reserva Legal (ARL) na matrícula do imóvel em data anterior ao fato gerador supre a eventual falta de apresentação do Ato Declaratório Ambiental (ADA)".

Súmula 124 CARF: "A produção e a exportação de produtos classificados na Tabela de Incidência do IPI (TIPI) como "não-tributados" não geram direito ao crédito presumido de IPI de que trata o art. 1º da Lei nº 9.363/1996".

Súmula 125 CARF: "No ressarcimento da COFINS e da contribuição para o PIS não cumulativas não incide correção monetária ou juros, nos termos dos arts. 13 e 15, VI, da Lei nº 10.833/2003".

Súmula 127 CARF: "A incidência da Contribuição de Intervenção no Domínio Econômico (CIDE) na contratação de serviços técnicos prestados por residentes ou domiciliados no exterior prescinde da ocorrência de transferência de tecnologia".

Súmula 128 CARF: "No cálculo do crédito presumido de IPI, de que tratam a Lei nº 9.363/1996 e a Portaria MF nº 38/1997, as receitas de exportação de produtos não industrializados pelo contribuinte incluem-se na composição tanto da Receita de Exportação (RE), quanto da Receita Operacional Bruta (ROB), refletindo nos dois lados do coeficiente de exportação (numerador e denominador)".

Súmula 03/2003 TIT/SP: "Não é admissível a correção monetária de saldos credores do ICMS, tampouco a correção monetária de créditos extemporâneos do ICMS".

Súmula 07/2005 TIT/SP: "Até a vigência da Emenda Constitucional nº 33/2001, não incide o ICMS na importação de bens por pessoa física ou jurídica que não seja contribuinte do imposto".

2. LIMITAÇÕES CONSTITUCIONAIS AO PODER DE TRIBUTAR

Súmula vinculante 50: "Norma legal que altera o prazo de recolhimento da obrigação tributária não se sujeita ao princípio da anterioridade".

Súmula vinculante 52: "Ainda quando alugado a terceiros, permanece imune ao IPTU o imóvel pertencente a qualquer das entidades referidas pelo art. 150, VI, "c", da Constituição, desde que o valor dos aluguéis seja aplicado nas atividades essenciais de tais entidades".

Súmula 69 STF: "A Constituição Estadual não pode estabelecer limite para o aumento de tributos municipais".

Súmula 75 STF: "Sendo vendedora uma autarquia, a sua imunidade fiscal não compreende o imposto de transmissão *inter vivos*, que é encargo do comprador".

Súmula 76 STF: "As sociedades de economia mista não estão protegidas pela imunidade fiscal do art. 31, V, "a", Constituição Federal".

Súmula 239 STF: "Decisão que declara indevida a cobrança do imposto em determinado exercício não faz coisa julgada em relação aos posteriores".

Súmula 324 STF: "A imunidade do art. 31, V, da Constituição Federal não compreende as taxas".

Súmula 336 STF: "A imunidade da autarquia financiadora, quanto ao contrato de financiamento, não se estende à compra e venda entre particulares, embora constantes os dois atos de um só instrumento".

Súmula 591 STF: "A imunidade ou a isenção tributária do comprador não se estende ao produtor, contribuinte do imposto sobre produtos industrializados".

Súmula 657 STF: "A imunidade prevista no art. 150, VI, "d" da CF abrange os filmes e papéis fotográficos necessários à publicação de jornais e periódicos".

Súmula 667 STF: "Viola a garantia constitucional de acesso à jurisdição a taxa judiciária calculada sem limite sobre o valor da causa".

Súmula 730 STF: "A imunidade tributária conferida a instituições de assistência social sem fins lucrativos pelo art. 150, VI, c, da Constituição, somente alcança as entidades fechadas de previdência social privada se não houver contribuição dos beneficiários".

Súmula 352 STJ: "A obtenção ou a renovação do Certificado de Entidade Beneficente de Assistência Social (Cebas) não exime a entidade do cumprimento dos requisitos legais supervenientes".

Súmula 399 STJ: "Cabe à legislação municipal estabelecer o sujeito passivo do IPTU".

Súmula 612 STJ: "O certificado de entidade beneficente de assistência social (CEBAS), no prazo de sua validade, possui natureza declaratória para fins tributários, retroagindo seus efeitos à data em que demonstrado o cumprimento dos requisitos estabelecidos por lei complementar para a fruição da imunidade".

3. LEGISLAÇÃO TRIBUTÁRIA

Súmula vinculante 50: "Norma legal que altera o prazo de recolhimento da obrigação tributária não se sujeita ao princípio da anterioridade".

Súmula 112 STF: "O imposto de transmissão causa mortis é devido pela alíquota vigente ao tempo da abertura da sucessão".

Súmula 22 CARF (Revisada): "É nulo o ato declaratório de exclusão do Simples Federal, instituído pela Lei nº 9.317/1996, que se limite a consignar a existência de pendências perante a Dívida Ativa da União ou do INSS, sem a indicação dos débitos inscritos cuja exigibilidade não esteja suspensa".

Súmula 06/2003 TIT/SP: "A redução ou a relevação da multa, em decisão proferida por qualquer das Câmaras do Tribunal de Impostos e Taxas, por não caracterizar hipótese de divergência ou dissídio de interpretação da legislação, não viabiliza a interposição de recurso especial".

4. OBRIGAÇÃO TRIBUTÁRIA E FATO GERADOR

Súmula 38 CARF: "O fato gerador do Imposto sobre a Renda da Pessoa Física, relativo à omissão de rendimentos apurada a partir de depósitos bancários de origem não comprovada, ocorre no dia 31 de dezembro do ano-calendário".

Súmula 44 CARF: "Descabe a aplicação da multa por falta ou atraso na entrega da Declaração de Ajuste Anual do Imposto de Renda das Pessoas Físicas, quando o sócio ou titular de pessoa jurídica inapta não se enquadre nas demais hipóteses de obrigatoriedade de apresentação dessa declaração".

Súmula 119 CARF: "No caso de multas por descumprimento de obrigação principal e por descumprimento de obrigação acessória pela falta de declaração em GFIP, associadas e exigidas em lançamentos de ofício referentes a fatos geradores anteriores à vigência da MP nº 449/2008, convertida na Lei nº 11.941/2009, a retroatividade benigna deve ser aferida mediante a comparação entre a soma das penalidades pelo descumprimento das obrigações principal e acessória, aplicáveis à época dos fatos geradores, com a multa de ofício de 75%, prevista no art. 44 da Lei nº 9.430/1996".

5. SUJEITOS, RESPONSABILIDADE, CAPACIDADE E DOMICÍLIO

Súmula 360 STJ: "O benefício da denúncia espontânea não se aplica aos tributos sujeitos a lançamento por homologação regularmente declarados, mas pagos a destempo".

Súmula 399 STJ: "Cabe à legislação municipal estabelecer o sujeito passivo do IPTU".

Súmula 430 STJ: "O inadimplemento da obrigação tributária pela sociedade não gera, por si só, a responsabilidade solidária do sócio-gerente".

Súmula 435 STJ: "Presume-se dissolvida irregularmente a empresa que deixar de funcionar no seu domicílio fiscal, sem comunicação aos órgãos competentes, legitimando o redirecionamento da execução fiscal para o sócio-gerente".

Súmula 509 STJ: "É lícito ao comerciante de boa-fé aproveitar os créditos de ICMS decorrentes de nota fiscal posteriormente declarada inidônea, quando demonstrada a veracidade da compra e venda".

Súmula 554 STJ: "Na hipótese de sucessão empresarial, a responsabilidade da sucessora abrange não apenas os tributos devidos pela sucedida, mas também as multas moratórias ou punitivas referentes a fatos geradores ocorridos até a data da sucessão".

Súmula 585 STJ: "A responsabilidade solidária do ex-proprietário, prevista no art. 134 do Código de Trânsito Brasileiro – CTB, não abrange o IPVA incidente sobre o veículo automotor, no que se refere ao período posterior à sua alienação".

Súmula 4 CARF: "A partir de 1º de abril de 1995, os juros moratórios incidentes sobre débitos tributários administrados pela Secretaria da Receita Federal são devidos, no período de inadimplência, à taxa referencial do Sistema Especial de Liquidação e Custódia – SELIC para títulos federais".

Súmula 9 CARF: "É válida a ciência da notificação por via postal realizada no domicílio fiscal eleito pelo contribuinte, confirmada com a assinatura do recebedor da correspondência, ainda que este não seja o representante legal do destinatário".

Súmula 14 CARF: "A simples apuração de omissão de receita ou de rendimentos, por si só, não autoriza a qualificação da multa de ofício, sendo necessária a comprovação do evidente intuito de fraude do sujeito passivo".

Súmula 25 CARF: "A presunção legal de omissão de receita ou de rendimentos, por si só, não autoriza a qualificação da multa de ofício, sendo necessária a comprovação de uma das hipóteses dos arts. 71, 72 e 73 da Lei nº 4.502/64".

Súmula 27 CARF: "É valido o lançamento formalizado por Auditor-Fiscal da Receita Federal do Brasil de jurisdição diversa da do domicílio tributário do sujeito passivo".

Súmula 49 CARF: "A denúncia espontânea (art. 138 do Código Tributário Nacional) não alcança a penalidade decorrente do atraso na entrega de declaração".

Súmula 65 CARF: "Inaplicável a responsabilidade pessoal do dirigente de órgão público pelo descumprimento de obrigações acessórias, no âmbito previdenciário, constatadas na pessoa jurídica de direito público que dirige".

Súmula 66 CARF: "Os Órgãos da Administração Pública não respondem solidariamente por créditos previdenciários das empresas contratadas para prestação de serviços de construção civil, reforma e acréscimo, desde que a empresa construtora tenha assumido a responsabilidade direta e total pela obra ou repasse o contrato integralmente".

Súmula 69 CARF: "A falta de apresentação da declaração de rendimentos ou a sua apresentação fora do prazo fixado sujeitará a pessoa física à multa de um por cento ao mês ou fração, limitada a vinte por cento, sobre o Imposto de Renda devido, ainda que integralmente pago, respeitado o valor mínimo".

Súmula 71 CARF: "Todos os arrolados como responsáveis tributários na autuação são parte legítima para impugnar e recorrer acerca da exigência do crédito tributário e do respectivo vínculo de responsabilidade".

Súmula 75 CARF: "A recuperação da espontaneidade do sujeito passivo em razão da inoperância da autoridade fiscal por prazo superior a sessenta dias aplica-se retroativamente, alcançando os atos por ele praticados no decurso desse prazo".

Súmula 88 CARF: "A Relação de Co-Responsáveis – CORESP", o "Relatório de Representantes Legais – RepLeg" e a "Relação de Vínculos – VÍNCULOS", anexos a auto de infração previdenciário lavrado unicamente contra pessoa jurídica, não atribuem responsabilidade tributária às pessoas ali indicadas nem comportam discussão no âmbito do contencioso administrativo fiscal federal, tendo finalidade meramente informativa".

Súmula 90 CARF: "Caracteriza infração às medidas de controle fiscal a posse e circulação de fumo, charuto, cigarrilha e cigarro de procedência estrangeira, sem documentação comprobatória da importação regular, sendo irrelevante, para tipificar a infração, a propriedade da mercadoria".

Súmula 93 CARF: "A falta de transcrição dos balanços ou balancetes de suspensão ou redução no Livro Diário não justifica a cobrança da multa isolada prevista no art. 44 da Lei nº 9.430, de 27 de dezembro de 1996, quando o sujeito passivo apresenta escrituração contábil e fiscal suficiente para comprovar a suspensão ou redução da estimativa".

Súmula 96 CARF: "A falta de apresentação de livros e documentos da escrituração não justifica, por si só, o agravamento da multa de oficio, quando essa omissão motivou o arbitramento dos lucros".

Súmula 102 CARF: "É válida a decisão proferida por Delegacia da Receita Federal de Julgamento – DRJ de localidade diversa do domicílio fiscal do sujeito passivo".

Súmula 105 CARF: "A multa isolada por falta de recolhimento de estimativas, lançada com fundamento no art. 44 § 1º, inciso IV da Lei nº 9.430, de 1996, não pode ser exigida ao mesmo tempo da multa de ofício por falta de pagamento de IRPJ e CSLL apurado no ajuste anual, devendo subsistir a multa de ofício".

Súmula 113 CARF: "A responsabilidade tributária do sucessor abrange, além dos tributos devidos pelo sucedido, as multas moratórias ou punitivas, desde que seu fato gerador tenha ocorrido até a data da sucessão, independentemente de esse crédito ser formalizado, por meio de lançamento de ofício, antes ou depois do evento sucessório".

Súmula 126 CARF: "A denúncia espontânea não alcança as penalidades infligidas pelo descumprimento dos deveres instrumentais decorrentes da inobservância dos prazos fixados pela Secretaria da Receita Federal do Brasil para prestação de informações à administração aduaneira, mesmo após o advento da nova redação do art. 102 do DL nº 37/1966, dada pelo art. 40 da Lei nº 12.350/2010".

6. CRÉDITO TRIBUTÁRIO (LANÇAMENTO, GARANTIAS, PRIVILÉGIOS, SUSPENSÃO)

Súmula vinculante 21: "É inconstitucional a exigência de depósito ou arrolamento prévios de dinheiro ou bens para admissibilidade de recursos administrativos".

Súmula 563 STF: "O concurso de preferência a que se refere o parágrafo único, do art. 187, do Código Tributário Nacional, é compatível com o disposto no art. 9º, inciso I, da Constituição Federal".

Súmula 626 STF: "A suspensão da liminar em mandado de segurança, salvo determinação em contrário da decisão que a deferir, vigorará até o trânsito em julgado da decisão definitiva de concessão da segurança ou, havendo recurso, até a sua manutenção pelo Supremo Tribunal Federal, desde que o objeto da liminar deferida coincida, total ou parcialmente, com o da impetração".

Súmula 112 STJ: "O depósito somente suspende a exigibilidade do crédito tributário se for integral e em dinheiro".

Súmula 212 STJ: "A compensação de créditos tributários não pode ser deferida em ação cautelar ou por medida liminar cautelar ou antecipatória".

Súmula 355 STJ: "É válida a notificação do ato de exclusão do programa de recuperação fiscal do Refis pelo Diário Oficial ou pela Internet".

Súmula 373 STJ: "É ilegítima a exigência de depósito prévio para admissibilidade de recurso administrativo".

Súmula 397 STJ: "O contribuinte do IPTU é notificado do lançamento pelo envio do carnê ao seu endereço".

Súmula 436 STJ: "A entrega de declaração pelo contribuinte reconhecendo débito fiscal constitui o crédito tributário, dispensada qualquer outra providência por parte do fisco".

Súmula 437 STJ: "A suspensão da exigibilidade do crédito tributário superior a quinhentos mil reais para opção pelo Refis pressupõe a homologação expressa do comitê gestor e a constituição de garantia por meio do arrolamento de bens".

Súmula 560 STJ: "A decretação da indisponibilidade de bens e direitos, na forma do art. 185-A do CTN, pressupõe o exaurimento das diligências na busca por bens penhoráveis, o qual fica caracterizado quando infrutíferos o pedido de constrição sobre ativos financeiros e a expedição de ofícios aos registros públicos do domicílio do executado, ao Denatran ou Detran".

Súmula 2 CARF: "O CARF não é competente para se pronunciar sobre a inconstitucionalidade de lei tributária".

Súmula 5 CARF: "São devidos juros de mora sobre o crédito tributário não integralmente pago no vencimento, ainda que suspensa sua exigibilidade, salvo quando existir depósito no montante integral".

Súmula 6 CARF: "É legítima a lavratura de auto de infração no local em que foi constatada a infração, ainda que fora do estabelecimento do contribuinte".

Súmula 7 CARF: "A ausência da indicação da data e da hora de lavratura do auto de infração não invalida o lançamento de ofício quando suprida pela data da ciência".

Súmula 8 CARF: "O Auditor Fiscal da Receita Federal é competente para proce-der ao exame da escrita fiscal da pessoa jurídica, não lhe sendo exigida a habilitação profissional de contador".

Súmula 10 CARF (Revisada): "Para fins de contagem do prazo decadencial para a constituição de crédito tributário relativo a lucro inflacionário diferido, deve-se levar em conta o período de apuração de sua efetiva realização ou o período em que, em face da legislação, deveria ter sido realizado, ainda que em percentuais mínimos".

Súmula 12 CARF: "Constatada a omissão de rendimentos sujeitos à incidência do imposto de renda na declaração de ajuste anual, é legítima a constituição do crédito tributário na pessoa física do beneficiário, ainda que a fonte pagadora não tenha procedido à respectiva retenção".

Súmula 21 CARF: "É nula, por vício formal, a notificação de lançamento que não contenha a identificação da autoridade que a expediu".

Súmula 46 CARF: "O lançamento de ofício pode ser realizado sem prévia intimação ao sujeito passivo, nos casos em que o Fisco dispuser de elementos suficientes à constituição do crédito tributário".

Súmula 48 CARF: "A suspensão da exigibilidade do crédito tributário por força de medida judicial não impede a lavratura de auto de infração".

Súmula 50 CARF: "É cabível a exigência de multa de ofício se a decisão judicial que suspendia a exigibilidade do crédito tributário perdeu os efeitos antes da lavratura do auto de infração".

Súmula 58 CARF (Revisada): "No regime do Lucro Real, as variações monetárias ativas decorrentes de depósitos judiciais com a finalidade de suspender a exigibilidade do crédito tributário devem compor o resultado do exercício, segundo o regime de competência, salvo se demonstrado que as variações monetárias passivas incidentes sobre o tributo objeto dos depósitos não foram computadas na apuração desse resultado".

Súmula 59 CARF: "A tributação do lucro na sistemática do lucro arbitrado não é invalidada pela apresentação, posterior ao lançamento, de livros e documentos imprescindíveis para a apuração do crédito tributário que, após regular intimação, deixaram de ser exibidos durante o procedimento fiscal".

Súmula 67 CARF (Revisada): "Em apuração de acréscimo patrimonial a descoberto a partir de fluxo de caixa que confronta origens e aplicações de recursos, os saques ou transferências bancárias, registrados em extratos bancários, quando não comprovada a destinação, efetividade da despesa, aplicação ou consumo, não podem lastrear lançamento fiscal".

Súmula 73 CARF: "Erro no preenchimento da declaração de ajuste do imposto de renda, causado por informações erradas, prestadas pela fonte pagadora, não autoriza o lançamento de multa de ofício".

Súmula 78 CARF: "A fixação do termo inicial da contagem do prazo decadencial, na hipótese de lançamento sobre lucros disponibilizados no exterior, deve levar em consideração a data em que se considera ocorrida a disponibilização, e não a data do auferimento dos lucros pela empresa sediada no exterior".

Súmula 82 CARF: "Após o encerramento do ano-calendário, é incabível lançamento de ofício de IRPJ ou CSLL para exigir estimativas não recolhidas".

Súmula 86 CARF: É vedada a retificação da Declaração de Ajuste Anual do Imposto sobre a Renda da Pessoa Física que tenha por objeto a troca de forma de tributação dos rendimentos após o prazo previsto para a sua entrega.

Súmula 92 CARF: A DIPJ, desde a sua instituição, não constitui confissão de dívida, nem instrumento hábil e suficiente para a exigência de crédito tributário nela informado.

Súmula 97 CARF: O arbitramento do lucro em procedimento de ofício pode ser efetuado mediante a utilização de qualquer uma das alternativas de cálculo enumeradas no art. 51 da Lei nº 8.981, de 20 de janeiro de 1995, quando não conhecida a receita bruta.

Súmula 103 CARF: Para fins de conhecimento de recurso de ofício, aplica-se o limite de alçada vigente na data de sua apreciação em segunda instância.

Súmula 112 CARF: "É nulo, por erro na identificação do sujeito passivo, o lançamento formalizado contra pessoa jurídica extinta por liquidação voluntária ocorrida e comunicada ao Fisco Federal antes da lavratura do auto de infração".

Súmula 02/2003 TIT/SP: "É legítima a utilização da Unidade Fiscal do Estado de São Paulo – UFESP como índice de correção monetária do crédito tributário".

Súmula 08/2005 TIT/SP: "É legítima a aplicação aos débitos fiscais estaduais da taxa de juros de mora equivalente, ao mês, à taxa referencial do Sistema Especial de Liquidação e de Custódia – SELIC, conforme previsão legal".

Súmula 10/2017 TIT/SP: "Em virtude do disposto no art. 28 da Lei 13.457 de 2009, aplica-se ao montante do imposto e multa, exigidos em auto de infração, a taxa de juros de mora prevista no artigo 96 da Lei 6.374, de 1º de março de 1989".

7. EXTINÇÃO E EXCLUSÃO DO CRÉDITO TRIBUTÁRIO

Súmula vinculante 8: "São inconstitucionais o parágrafo único do artigo 5° do Decreto-Lei 1.569/1977 e os artigos 45 e 46 da Lei 8.212/1991, que tratam de prescrição e decadência de crédito tributário".

Súmula 71 STF: "Embora pago indevidamente, não cabe restituição de tributo indireto".

Súmula 544 STF: "Isenções tributárias concedidas, sob condição onerosa, não podem ser livremente suprimidas".

Súmula 546 STF: "Cabe a restituição do tributo pago indevidamente, quando reconhecido por decisão, que o contribuinte de jure não recuperou do contribuinte de facto o quantum respectivo".

Súmula 575 STF: "À mercadoria importada de país signatário do GATT, ou membro da ALALC, estende-se a isenção do imposto de circulação de mercadorias concedida a similar nacional".

Súmula 581 STF: "A exigência de transporte em navio de bandeira brasileira, para efeito de isenção tributária, legitimou-se com o advento do Decreto-lei 666, de 02.7.69".

Súmula 20 STJ: "A mercadoria importada de país signatário do GATT é isenta do ICM, quando contemplado com esse favor o similar nacional".

Súmula 162 STJ: "Na repetição de indébito tributário, a correção monetária incide a partir do pagamento indevido".

Súmula 188 STJ: "Os juros moratórios, na repetição do indébito tributário, são devidos a partir do trânsito em julgado da sentença".

Súmula 212 STJ: "A compensação de créditos tributários não pode ser deferida em ação cautelar ou por medida liminar cautelar ou antecipatória".

Súmula 213 STJ: "O mandado de segurança constitui ação adequada para a declaração do direito à compensação tributária".

Súmula 314 STJ: "Em execução fiscal, não localizados bens penhoráveis, suspende-se o processo por um ano, findo o qual se inicia o prazo da prescrição quinquenal intercorrente".

Súmula 409 STJ: "Em execução fiscal, a prescrição ocorrida antes da propositura da ação pode ser decretada de ofício (art. 219, § 5º, do CPC)".

Súmula 460 STJ: "É incabível o mandado de segurança para convalidar a compensação tributária realizada pelo contribuinte".

Súmula 461 STJ: "O contribuinte pode optar por receber, por meio de precatório ou por compensação, o indébito tributário certificado por sentença declaratória transitada em julgado".

Súmula 464 STJ: "A regra de imputação de pagamentos estabelecida no art. 354 do Código Civil não se aplica às hipóteses de compensação tributária".

Súmula 523 STJ: "A taxa de juros de mora incidente na repetição de indébito de tributos estaduais deve corresponder à utilizada para cobrança do tributo pago em atraso, sendo legítima a incidência da taxa Selic, em ambas as hipóteses, quando prevista na legislação local, vedada sua cumulação com quaisquer outros índices".

Súmula 555 STJ: "Quando não houver declaração do débito, o prazo decadencial quinquenal para o Fisco constituir o crédito tributário conta-se exclusivamente na forma do art. 173, I, do CTN, nos casos em que a legislação atribui ao sujeito passivo o dever de antecipar o pagamento sem prévio exame da autoridade administrativa".

Súmula 598 STJ: "É desnecessária a apresentação de laudo médico oficial para o reconhecimento judicial da isenção do imposto de renda, desde que o magistrado entenda suficientemente demonstrada a doença grave por outros meios de prova".

Súmula 622 do STJ: "A notificação do auto de infração faz cessar a contagem da decadência para a constituição do crédito tributário; exaurida a instância administrativa com o decurso do prazo para a impugnação ou com a notificação de seu julgamento definitivo e esgotado o prazo concedido pela Administração para o pagamento voluntário, inicia-se o prazo prescricional para a cobrança judicial".

Súmula 627 do STJ: "O contribuinte faz jus à concessão ou à manutenção da isenção do imposto de renda, não se lhe exigindo a demonstração da contemporaneidade dos sintomas da doença nem da recidiva da enfermidade".

Súmula 11 CARF: "Não se aplica a prescrição intercorrente no processo administrativo fiscal".

Súmula 17 CARF: "Não cabe a exigência de multa de ofício nos lançamentos efetuados para prevenir a decadência, quando a exigibilidade estiver suspensa na forma dos incisos IV ou V do art. 151 do CTN e a suspensão do débito tenha ocorrido antes do início de qualquer procedimento de ofício a ele relativo".

Súmula 37 CARF (Revisada): "Para fins de deferimento do Pedido de Revisão de Ordem de Incentivos Fiscais (PERC), a exigência de comprovação de regularidade fiscal deve se ater aos débitos existentes até a data de entrega da Declaração de Rendimentos da Pessoa Jurídica na qual se deu a opção pelo incentivo, admitindo-se a prova da regularidade em qualquer momento do processo administrativo, independentemente da época em que tenha ocorrido a regularização, e inclusive mediante apresentação de certidão de regularidade posterior à data da opção".

Súmula 68 CARF: "A Lei n° 8.852, de 1994, não outorga isenção nem enumera hipóteses de não incidência de Imposto sobre a Renda da Pessoa Física".

Súmula 72 CARF: "Caracterizada a ocorrência de dolo, fraude ou simulação, a contagem do prazo decadencial rege-se pelo art. 173, inciso I, do CTN".

Súmula 84 CARF (Revisada): "É possível a caracterização de indébito, para fins de restituição ou compensação, na data do recolhimento de estimativa".

Súmula 91 CARF: "Ao pedido de restituição pleiteado administrativamente antes de 9 de junho de 2005, no caso de tributo sujeito a lançamento por homologação, aplica-se o prazo prescricional de 10 (dez) anos, contado do fato gerador".

Súmula 99 CARF: "Para fins de aplicação da regra decadencial prevista no art. 150, § 4°, do CTN, para as contribuições previdenciárias, caracteriza pagamento antecipado o recolhimento, ainda que parcial, do valor considerado como devido pelo contribuinte na competência do fato gerador a que se referir a autuação, mesmo que não tenha sido incluída, na base de cálculo deste recolhimento, parcela relativa a rubrica especificamente exigida no auto de infração".

Súmula 100 CARF: "O Auditor-Fiscal da Receita Federal do Brasil tem competência para fiscalizar o cumprimento dos requisitos do regime de drawback na modalidade suspensão, aí compreendidos o lançamento do crédito tributário, sua exclusão em razão do reconhecimento de benefício, e a verificação, a qualquer tempo, da regular observação, pela importadora, das condições fixadas na legislação pertinente".

Súmula 101 CARF: "Na hipótese de aplicação do art. 173, inciso I, do CTN, o termo inicial do prazo decadencial é o primeiro dia do exercício seguinte àquele em que o lançamento poderia ter sido efetuado".

Súmula 104 CARF: "Lançamento de multa isolada por falta ou insuficiência de recolhimento de estimativa de IRPJ ou de CSLL submete-se ao prazo decadencial previsto no art. 173, inciso I, do CTN".

Súmula 106 CARF: "Caracterizada a ocorrência de apropriação indébita de contribuições previdenciárias descontadas de segurados empregados e/ou contribuintes individuais, a contagem do prazo decadencial rege-se pelo art. 173, inciso I, do CTN".

Súmula 107 CARF: "A receita da atividade própria, objeto da isenção da Cofins prevista no art. 14, X, c/c art. 13, III, da MP nº 2.158-35, de 2001, alcança as receitas obtidas em contraprestação de serviços educacionais prestados pelas entidades de educação sem fins lucrativos a que se refere o art. 12 da Lei nº 9.532, de 1997".

Súmula 114 CARF: "O Imposto de Renda incidente na fonte sobre pagamento a beneficiário não identificado, ou sem comprovação da operação ou da causa, submete-se ao prazo decadencial previsto no art. 173, I, do CTN".

Súmula 116 CARF: "Para fins de contagem do prazo decadencial para a constituição de crédito tributário relativo a glosa de amortização de ágio na forma dos arts. 7º e 8º da Lei nº 9.532/1997, deve-se levar em conta o período de sua repercussão na apuração do tributo em cobrança".

Súmula 04/2003 TIT/SP: "Não é admissível a prescrição intercorrente no processo administrativo tributário".

Súmula 09/2017 TIT/SP: "Nas autuações originadas da escrituração de créditos indevidos de ICMS, aplica-se a regra decadencial disposta no art 173, inciso I, do Código Tributário Nacional".

Súmula 11/2017 TIT/SP: "Na hipótese de transferência interestadual de mercadorias entre estabelecimentos do mesmo titular, é legítima a glosa da parcela dos créditos de ICMS relativa a benefícios fiscais concedidos irregularmente pelo Estado de origem, sem prévia autorização do CONFAZ, consoante o disposto no artigo 155, §2º, inciso XII, alínea "g", da Constituição Federal, bem como no §3º, do artigo 36, da Lei nº 6.374/89".

Súmula 12/2017 TIT/SP: "É vedado o aproveitamento integral do crédito do ICMS referente à entrada de mercadoria cuja saída subsequente é beneficiada com redução da base de cálculo do imposto".

8. ADMINISTRAÇÃO TRIBUTÁRIA (FISCALIZAÇÃO, CERTIDÕES, DÍVIDA ATIVA)

Súmula 70 STF: "É inadmissível a interdição de estabelecimento como meio coercitivo para cobrança de tributo".

Súmula 323 STF: "É inadmissível a apreensão de mercadorias como meio coercitivo para pagamento de tributos".

Súmula 439 STF: "Estão sujeitos à fiscalização tributária ou previdenciária quaisquer livros comerciais, limitado o exame aos pontos objeto da investigação".

Súmula 542 STF: "Não é inconstitucional a multa instituída pelo Estado-membro, como sanção pelo retardamento do início ou da ultimação do inventário".

Súmula 547 STF: "Não é lícito à autoridade proibir que o contribuinte em débito adquira estampilhas, despache mercadorias nas alfândegas e exerça suas atividades profissionais".

Súmula 392 STJ: "A Fazenda Pública pode substituir a certidão de dívida ativa (CDA) até a prolação da sentença de embargos, quando se tratar de correção de erro material ou formal, vedada a modificação do sujeito passivo da execução".

Súmula 446 STJ: "Declarado e não pago o débito tributário pelo contribuinte, é legítima a recusa de expedição de certidão negativa ou positiva com efeito de negativa".

Súmula 569 STJ: "Na importação, é indevida a exigência de nova certidão negativa de débito no desembaraço aduaneiro, se já apresentada a comprovação da quitação de tributos federais quando da concessão do benefício relativo ao regime de drawback".

Súmula 26 CARF: "A presunção estabelecida no art. 42 da Lei nº 9.430/96 dispensa o Fisco de comprovar o consumo da renda representada pelos depósitos bancários sem origem comprovada".

Súmula 29 CARF (Revisada): "Os co-titulares da conta bancária que apresentem declaração de rendimentos em separado devem ser intimados para comprovar a origem dos depósitos nela efetuados, na fase que precede à lavratura do auto de infração com base na presunção legal de omissão de receitas ou rendimentos, sob pena de exclusão, da base de cálculo do lançamento, dos valores referentes às contas conjuntas em relação às quais não se intimou todos os co-titulares".

Súmula 30 CARF: "Na tributação da omissão de rendimentos ou receitas caracterizada por depósitos bancários com origem não comprovada, os depósitos de um mês não servem para comprovar a origem de depósitos havidos em meses subsequentes".

Súmula 31 CARF: "Descabe a cobrança de multa de ofício isolada exigida sobre os valores de tributos recolhidos extemporaneamente, sem o acréscimo da multa de mora, antes do início do procedimento fiscal".

Súmula 32 CARF: "A titularidade dos depósitos bancários pertence às pessoas indicadas nos dados cadastrais, salvo quando comprovado com documentação hábil e idônea o uso da conta por terceiros".

Súmula 33 CARF: "A declaração entregue após o início do procedimento fiscal não produz quaisquer efeitos sobre o lançamento de ofício".

Súmula 34 CARF: "Nos lançamentos em que se apura omissão de receita ou rendimentos, decorrente de depósitos bancários de origem não comprovada, é cabível a qualificação da multa de ofício, quando constatada a movimentação de recursos em contas bancárias de interpostas pessoas".

Súmula 35 CARF: "O art. 11, § 3º, da Lei 9.311/96, com a redação dada pela Lei 10.174/2001, que autoriza o uso de informações da CPMF para a constituição do crédito tributário de outros tributos, aplica-se retroativamente".

Súmula 111 CARF: "O Mandado de Procedimento Fiscal supre a autorização, prevista no art. 906 do Decreto nº 3.000/1999, para reexame de período anteriormente fiscalizado".

Súmula 120 CARF: "Não é válida a intimação para comprovar a origem de depósitos bancários em cumprimento ao art. 42 da Lei nº 9.430/1996, quando dirigida ao espólio, relativamente aos fatos geradores ocorridos antes do falecimento do titular da conta bancária".

Súmula 121 CARF: "A isenção do imposto de renda prevista no art. 6º, XIV, da Lei nº 7.713/1988, referente à cegueira, inclui a cegueira monocular".

Súmula 123 CARF: "Imposto de renda retido na fonte relativo a rendimentos sujeitos a ajuste anual caracteriza pagamento apto a atrair a aplicação da regra decadencial prevista no art. 150, § 4º, do CTN".

9. PROCESSO TRIBUTÁRIO (ADMINISTRATIVO E JUDICIAL) E DIREITO PENAL TRIBUTÁRIO

Súmula vinculante 24: "não se tipifica crime material contra a ordem tributária, previstos no artigo 1°, incisos I a IV, da Lei 8.137/90, antes do lançamento definitivo do tributo".

Súmula vinculante 28: "É inconstitucional a exigência de depósito prévio como requisito de admissibilidade de ação judicial na qual se pretenda discutir a exigibilidade do crédito tributário".

Súmula vinculante 53: "A competência da Justiça do Trabalho prevista no art. 114, VIII, da Constituição Federal alcança a execução de ofício das contribuições previdenciárias relativas ao objeto da condenação constante das sentenças que proferir e acordos por ela homologados".

Súmula 71 STF: "Embora pago indevidamente, não cabe restituição de tributo indireto".

Súmula 101 STF: "O mandado de segurança não substitui a ação popular".

Súmula 248 STF: "É competente, originariamente, o Supremo Tribunal Federal, para mandado de segurança contra ato do Tribunal de Contas da União".

Súmula 266 STF: "Não cabe mandado de segurança contra lei em tese".

Súmula 267 STF: "Não cabe mandado de segurança contra ato judicial passível de recurso ou correição".

Súmula 268 STF: "Não cabe mandado de segurança contra decisão judicial com trânsito em julgado".

Súmula 269 STF: "O mandado de segurança não é substitutivo de ação de cobrança".

Súmula 270 STF: "Não cabe mandado de segurança para impugnar enquadramento da L. 3.780, de 12.7.60, que envolva exame de prova ou de situação funcional complexa".

Súmula 271 STF: "Concessão de mandado de segurança não produz efeitos patrimoniais em relação a período pretérito, os quais devem ser reclamados administrativamente ou pela via judicial própria".

Súmula 272 STF: "Não se admite como ordinário recurso extraordinário de decisão denegatória de mandado de segurança".

Súmula 304 STF: "Decisão denegatória de mandado de segurança, não fazendo coisa julgada contra o impetrante, não impede o uso da ação própria".

Súmula 330 STF: "O Supremo Tribunal Federal não é competente para conhecer de mandado de segurança contra atos dos Tribunais de Justiça dos Estados".

Súmula 392 STF: "O prazo para recorrer de acórdão concessivo de segurança conta-se da publicação oficial de suas conclusões, e não da anterior ciência à autoridade para cumprimento da decisão".

Súmula 405 STF: "Denegado o mandado de segurança pela sentença, ou no julgamento do agravo, dela interposto, fica sem efeito a liminar concedida, retroagindo os efeitos da decisão contrária".

Súmula 429 STF: "A existência de recurso administrativo com efeito suspensivo não impede o uso do mandado de segurança contra omissão da autoridade".

Súmula 430 STF: "Pedido de reconsideração na via administrativa não interrompe o prazo para o mandado de segurança".

Súmula 433 STF: "É competente o Tribunal Regional do Trabalho para julgar mandado de segurança contra ato de seu presidente em execução de sentença trabalhista".

Súmula 506 STF: "O agravo a que se refere o art. 4º da Lei nº 4.348, de 26.6.64, cabe, somente, do despacho do Presidente do Supremo Tribunal Federal que defere a suspensão da liminar, em mandado de segurança; não do que a denega".

Súmula 507 STF: "A ampliação dos prazos a que se refere o art. 32 do Código de Processo Civil aplica-se aos executivos fiscais".

Súmula 510 STF: "Praticado o ato por autoridade, no exercício de competência delegada, contra ela cabe o mandado de segurança ou a medida judicial".

Súmula 512 STF: "Não cabe condenação em honorários de advogado na ação de mandado de segurança".

Súmula 519 STF: "Aplica-se aos executivos fiscais o princípio da sucumbência a que se refere o art. 64 do Código de Processo Civil".

Súmula 546 STF: "Cabe a restituição do tributo pago indevidamente, quando reconhecido por decisão, que o contribuinte de jure não recuperou do contribuinte de facto o quantum respectivo".

Súmula 597 STF: "Não cabem embargos infringentes de acórdão que, em mandado de segurança decidiu, por maioria de votos, a apelação".

Súmula 623 STF: "Não gera por si só a competência originária do Supremo Tribunal Federal para conhecer do mandado de segurança com base no art. 102, I, "n", da Constituição, dirigir-se o pedido contra deliberação administrativa do tribunal de origem, da qual haja participado a maioria ou a totalidade de seus membros".

Súmula 624 STF: "Não compete ao Supremo Tribunal Federal conhecer originariamente de mandado de segurança contra atos de outros tribunais".

Súmula 625 STF: "Controvérsia sobre matéria de direito não impede concessão de mandado de segurança".

Súmula 626 STF: "A suspensão da liminar em mandado de segurança, salvo determinação em contrário da decisão que a deferir, vigorará até o trânsito em julgado da decisão definitiva de concessão da segurança ou, havendo recurso, até a sua manutenção pelo Supremo Tribunal Federal, desde que o objeto da liminar deferida coincida, total ou parcialmente, com o da impetração".

Súmula 627 STF: "No mandado de segurança contra a nomeação de magistrado da competência do Presidente da República, este é considerado autoridade coatora, ainda que o fundamento da impetração seja nulidade ocorrida em fase anterior do procedimento".

Súmula 629 STF: "A impetração de mandado de segurança coletivo por entidade de classe em favor dos associados independe da autorização destes".

Súmula 630 STF: "A entidade de classe tem legitimação para o mandado de segurança ainda quando a pretensão veiculada interesse apenas a uma parte da respectiva categoria".

Súmula 631 STF: "Extingue-se o processo de mandado de segurança se o impetrante não promove, no prazo assinado, a citação do litisconsorte passivo necessário".

Súmula 632 STF: "É constitucional lei que fixa o prazo de decadência para a impetração de mandado de segurança".

Súmula 701 STF: "No mandado de segurança impetrado pelo ministério público contra decisão proferida em processo penal, é obrigatória a citação do réu como litisconsorte passivo".

Súmula 41 STJ: "O Superior Tribunal de Justiça não tem competência para processar e julgar, originariamente, mandado de segurança contra ato de outros tribunais ou dos respectivos órgãos".

Súmula 58 STJ: "Proposta a execução fiscal, a posterior mudança de domicílio do executado não desloca a competência já fixada".

Súmula 66 STJ: "Compete à Justiça Federal processar e julgar execução fiscal promovida por conselho de fiscalização profissional".

Súmula 105 STJ: "Na ação de mandado de segurança não se admite condenação em honorários advocatícios".

Súmula 121 STJ: "Na execução fiscal o devedor deverá ser intimado, pessoalmente, do dia e hora da realização do leilão".

Súmula 128 STJ: "Na execução fiscal haverá segundo leilão, se no primeiro não houver lanço superior a avaliação".

Súmula 139 STJ: "Cabe à Procuradoria da Fazenda Nacional propor execução fiscal para cobrança de crédito relativo ao ITR".

Súmula 153 STJ: "A desistência da execução fiscal, após o oferecimento dos embargos, não exime o exequente dos encargos da sucumbência".

Súmula 162 STJ: "Na repetição de indébito tributário, a correção monetária incide a partir do pagamento indevido".

Súmula 169 STJ: "São inadmissíveis embargos infringentes no processo de mandado de segurança".

Súmula 177 STJ: "o Superior Tribunal de Justiça é incompetente para processar e julgar, originariamente, mandado de segurança contra ato de órgão colegiado presidido por ministro de estado".

Súmula 188 STJ: "Os juros moratórios, na repetição do indébito tributário, são devidos a partir do trânsito em julgado da sentença".

Súmula 189 STJ: "É desnecessária a intervenção do ministério público nas execuções fiscais".

Súmula 190 STJ: "Na execução fiscal, processada perante a Justiça Estadual, cumpre à Fazenda Pública antecipar o numerário destinado ao custeio das despesas com o transporte dos oficiais de justiça".

Súmula 202 STJ: "A impetração de segurança por terceiro, contra ato judicial, não se condiciona a interposição de recurso".

Súmula 212 STJ: "A compensação de créditos tributários não pode ser deferida em ação cautelar ou por medida liminar cautelar ou antecipatória".

Súmula 213 STJ: "O mandado de segurança constitui ação adequada para a declaração do direito à compensação tributária".

Súmula 251 STJ: "A meação só responde pelo ato ilícito quando o credor, na execução fiscal, provar que o enriquecimento dele resultante aproveitou ao casal".

Súmula 314 STJ: "Em execução fiscal, não localizados bens penhoráveis, suspende-se o processo por um ano, findo o qual se inicia o prazo da prescrição quinquenal intercorrente".

Súmula 333 STJ: "Cabe mandado de segurança contra ato praticado em licitação promovida por sociedade de economia mista ou empresa pública".

Súmula 392 STJ: "A Fazenda Pública pode substituir a certidão de dívida ativa (CDA) até a prolação da sentença de embargos, quando se tratar de correção de erro material ou formal, vedada a modificação do sujeito passivo da execução".

Súmula 393 STJ: "A exceção de pré-executividade é admissível na execução fiscal relativamente às matérias conhecíveis de ofício que não demandem dilação probatória".

Súmula 394 STJ: "É admissível, em embargos à execução, compensar os valores de imposto de renda retidos indevidamente na fonte com os valores restituídos apurados na declaração anual".

Súmula 400 STJ: "O encargo de 20% previsto no DL n. 1.025/1969 é exigível na execução fiscal proposta contra a massa falida".

Súmula 406 STJ: "A Fazenda Pública pode recusar a substituição do bem penhorado por precatório".

Súmula 409 STJ: "Em execução fiscal, a prescrição ocorrida antes da propositura da ação pode ser decretada de ofício (art. 219, § 5°, do CPC)".

Súmula 414 STJ: "A citação por edital na execução fiscal é cabível quando frustradas as demais modalidades".

Súmula 435 STJ: "Presume-se dissolvida irregularmente a empresa que deixar de funcionar no seu domicílio fiscal, sem comunicação aos órgãos competentes, legitimando o redirecionamento da execução fiscal para o sócio-gerente".

Súmula 451 STJ: "É legítima a penhora da sede do estabelecimento comercial".

Súmula 452 STJ: "A extinção das ações de pequeno valor é faculdade da Administração Federal, vedada a atuação judicial de ofício".

Súmula 460 STJ: "É incabível o mandado de segurança para convalidar a compensação tributária realizada pelo contribuinte".

Súmula 515 STJ: "A reunião de execuções fiscais contra o mesmo devedor constitui faculdade do Juiz".

Súmula 521 STJ: "A legitimidade para a execução fiscal de multa pendente de pagamento imposta em sentença condenatória é exclusiva da Procuradoria da Fazenda Pública".

Súmula 523 STJ: "A taxa de juros de mora incidente na repetição de indébito de tributos estaduais deve corresponder à utilizada para cobrança do tributo pago em atraso, sendo legítima a incidência da taxa Selic, em ambas as hipóteses, quando prevista na legislação local, vedada sua cumulação com quaisquer outros índices".

Súmula 558 STJ: "Em ações de execução fiscal, a petição inicial não pode ser indeferida sob o argumento da falta de indicação do CPF e/ou RG ou CNPJ da parte executada".

Súmula 559 STJ: "Em ações de execução fiscal, é desnecessária a instrução da petição inicial com o demonstrativo de cálculo do débito, por tratar-se de requisito não previsto no art. 6º da Lei n. 6.830/1980".

Súmula 583 STJ: "O arquivamento provisório previsto no art. 20 da Lei n. 10.522/2002, dirigido aos débitos inscritos como dívida ativa da União pela Procuradoria-Geral da Fazenda Nacional ou por ela cobrados, não se aplica às execuções fiscais movidas pelos conselhos de fiscalização profissional ou pelas autarquias federais".

Súmula 614 STJ: "O locatário não possui legitimidade ativa para discutir a relação jurídico-tributária de IPTU e de taxas referentes ao imóvel alugado nem para repetir indébito desses tributos".

Súmula 625 do STJ: "O pedido administrativo de compensação ou de restituição não interrompe o prazo prescricional para a ação de repetição de indébito tributário de que trata o art. 168 do CTN nem o da execução de título judicial contra a Fazenda Pública".

Súmula 1 CARF: "Importa renúncia às instâncias administrativas a propositura pelo sujeito passivo de ação judicial por qualquer modalidade processual, antes ou depois do lançamento de ofício, com o mesmo objeto do processo administrativo, sendo cabível apenas a apreciação, pelo órgão de julgamento administrativo, de matéria distinta da constante do processo judicial".

Súmula 2 CARF: "O CARF não é competente para se pronunciar sobre a inconstitucionalidade de lei tributária".

Súmula 11 CARF: "Não se aplica a prescrição intercorrente no processo administrativo fiscal".

Súmula 28 CARF: "O CARF não é competente para se pronunciar sobre controvérsias referentes a Processo Administrativo de Representação Fiscal para Fins Penais".

Súmula 103 CARF: Para fins de conhecimento de recurso de ofício, aplica-se o limite de alçada vigente na data de sua apreciação em segunda instância.

Súmula 84 CARF: "Pagamento indevido ou a maior a título de estimativa caracteriza indébito na data de seu recolhimento, sendo passível de restituição ou compensação".

Súmula 106 CARF: "Caracterizada a ocorrência de apropriação indébita de contribuições previdenciárias descontadas de segurados empregados e/ou contribuintes individuais, a contagem do prazo decadencial rege-se pelo art. 173, inciso I, do CTN".

Súmula 108 CARF: "Incidem juros moratórios, calculados à taxa referencial do Sistema Especial de Liquidação e Custódia (SELIC), sobre o valor correspondente à multa de ofício".

Súmula 109 CARF: "O órgão julgador administrativo não é competente para se pronunciar sobre controvérsias referentes a arrolamento de bens".

Súmula 110 CARF: "No processo administrativo fiscal, é incabível a intimação dirigida ao endereço de advogado do sujeito passivo".

Súmula 04/2003 TIT/SP: "Não é admissível a prescrição intercorrente no processo administrativo tributário".

Atualidades

Alexandre Sanches Cunha

TABELA DE INCIDÊNCIA DE QUESTÕES

Distribuição das questões organizada por ordem didática de assuntos		
Assunto	**Número de Questões**	**Peso**
	32	100%
Total	**32**	**100%**

Atualidades

Alexandre Sanches Cunha

✦ QUESTÕES

01. (Vunesp – Delegado de Polícia – PC – BA/2018) A promotora-chefe do Tribunal Penal Internacional (TPI) anunciou nesta quinta-feira (08.02) a abertura de investigações sobre supostos crimes na Venezuela e nas Filipinas. O anúncio é a primeira etapa que acontece antes da realização de investigações completas, que podem terminar com acusações do TPI.

(EBC, 08.02.2018. Disponível em <https://goo.gl/cyKveA>. Acesso em: 16.03.2018. Adaptado)

O Tribunal Penal Internacional abriu exame preliminar das acusações de

a) execuções feitas pela polícia e por grupos de extermínio no combate às drogas lançado pelo presidente das Filipinas e de uso de força excessiva e violência nas manifestações ocorridas na Venezuela.

b) extermínio do grupo muçulmano rohingyas promovido pelo governo das Filipinas e de prisões arbitrárias de deputados que se manifestaram no Parlamento contra o governo da Venezuela.

c) violações dos direitos humanos na transferência de etnias nativas por ordem do governo das Filipinas e de repressão militar ao grupo maoísta Sendero Luminoso, responsável por atentados na Venezuela.

d) deportação, sem amparo legal, de políticos dos partidos de oposição ao governo das Filipinas e de genocídio das comunidades camponesas indígenas em conflitos por terra no interior da Venezuela.

e) desaparecimento de oficiais militares que se envolveram em golpe contra o presidente das Filipinas e de desrespeito aos direitos dos prisioneiros políticos com anuência do governo da Venezuela.

COMENTÁRIOS

✪ **Nota do autor:** A promotora-chefe do Tribunal Penal Internacional (TPI), Fatou Bensouda, abriu investigações sobre supostos crimes cometidos por forças policiais e de segurança na Venezuela e nas Filipinas. O anúncio é a primeira etapa que acontece antes da realização de investigações completas, que podem terminar com acusações no TPI. Fatou Bensouda disse que o foco da investigação sobre as Filipinas serão alegações de que milhares de pessoas foram mortas desde julho de 2016 por "envolvimento no uso ou tratamento ilegal de drogas" no contexto da guerra contra os entorpecentes lançado pelo governo (apesar de algumas destas mortes terem ocorrido em combates entre ou contra gangues, há a suspeita de que foram cometidos assassinatos extrajudiciais). Em relação à Venezuela serão examinadas as alegações de que tropas do governo teriam usado força excessiva para dispersar e reprimir manifestações, além do abuso a alguns membros da oposição detidos desde abril de 2017. A promotora ressaltou que, além disso, alguns manifestantes recorreram à violência, que provocou a morte e ferimento de membros das forças de segurança. Ela destacou que não há prazos legais para a duração de um exame preliminar. Em nota, o Tribunal Penal Internacional explicou que, dependendo dos fatos e das circunstâncias de cada situação, será decidido se será inicia uma investigação ou se esta será sujeita a uma revisão judicial, se for apropriado.

Alternativa "a": as Filipinas são alvo de alegações sobre execuções arbitrárias no combate a drogas enquanto Venezuela é acusada de uso excessivo da força contra manifestantes anti-governo.

Alternativa "b": Cerca de um milhão de pessoas de mulçumanos rohingyas, a maior comunidade no mundo, vivem em Mianmar, país predominantemente budista. A maioria mora de forma precária no Estado de Rakhine, palco dos episódios recentes de violência que o alto comissário das Nações Unidas para os direitos humanos, Zeid Ra'ad al-Hussein, classificou de "limpeza étnica".

Alternativa "c": Confunde conceitos. Assim, o grupo de guerrilha peruano criado durante os anos 60, o Sendero Luminoso tem inspiração maoísta e foi formado por um grupo de intelectuais, entre eles, Abimael Guzmán, que lecionava filosofia na Universidade de Ayacucho. Em português, o significado do nome do partido é "Caminho Iluminado", título colocado para diferenciá-lo de outros partidos comunistas da época. O nome completo da facção é Partido Comunista do Peru – Sendero Luminoso (PCP-SL).

Alternativa "d": VideComentáriosanteriores.

Alternativa "e": VideComentáriosanteriores.

Alternativa correta: letra "a".

02. (Vunesp – Delegado de Polícia – PC – BA/2018) Leia os excertos.

I. O presidente Michel Temer assinou nesta sexta (19.01) o projeto de lei que propõe uma modelagem de venda da empresa. A proposta, que ainda será encaminhada ao Congresso, prevê que o governo tenha uma "golden share", que dá poder de veto e determina a limitação de 10% do poder de voto para qualquer acionista que detenha participação acionária superior a esse limite.

(Folha-Uol, 19.01.2018. Disponível em <https://goo.gl/9xh5GZ>. Acesso em: 25.02.2018. Adaptado)

II. A empresa brasileira levantou 2,7 bilhões de dólares na terça-feira (24.01) em sua oferta pública inicial de ações em Nova York, em meio ao aumento do otimismo do investidor com a recuperação econômica brasileira. A listagem é a maior por uma empresa brasileira desde abril de 2013, quando o Banco do Brasil S. A. listou sua unidade de seguros.

(Época, 24.01.2018. Disponível em <https://goo.gl/sJraEf>.Acesso em 25.02.2018. Adaptado)

As empresas a que as notícias se referem são, respectivamente,

a) Telebras e Azul.

b) Correios e Ri Happy.

c) Eletrobras e PagSeguro.

d) Embraer e Netshoes.

e) Petrobras e Cosan.

COMENTÁRIOS

✪ **Nota do autor:** A questão se refere ao fato de que o ex-Presidente Michel Temer ter assinado, naquela data, o projeto de lei que propunha uma modelagem de venda da Eletrobras. A proposta, foi encaminhada ao Congresso e prevê que o governo tenha uma "golden share": que dá poder de veto, e determina a limitação de 10% do poder de voto para qualquer acionista que detenha participação acionária superior a este limite. A empresa brasileira de meios de pagamento PagSeguro Digital levantou 2,7 bilhões de dólares na terça-feira em sua oferta pública inicial de ações em Nova York, em meio ao aumento (naquela ocasião) do otimismo do investidor com a recuperação econômica brasileira.

O presidente Michel Temer assinou o projeto de lei que propõe uma modelagem de venda da Eletrobrás. A PagSeguro levanta US$2,7 bi em IPO nos Estados Unidos.

Alternativa correta: letra "c".

03. (FUNCAB – Delegado de Polícia – RO/2014) Em setembro de 2013, o Instituto Brasileiro de Geografia e Estatística (IBGE) divulgou a Pesquisa Nacional por Amostra de Domicílios (Pnad) 2012, contendo dados sobre as transformações no país de2011 a 2012. De acordo como IBGE:

a) a desigualdade entre ricos e pobres aumentou em todo o país.

b) a renda média mensal da população brasileira manteve-se estagnada.

c) a taxa de analfabetismo diminuiu significativamente em todo o país,

d) a diferença entre o salário da mulher e o do homem aumentou no país, especialmente na Região Nordeste.

e) a taxa de desemprego entre a população maior de 15 anos de idade explodiu no país.

COMENTÁRIOS

✪ **Nota do autor:** Naquele ano, as mulheres de fato recebiam salários menores que os dos homens. A diferença, no entanto, diminuiu, segundo Pesquisa Nacional por Amostra de Domicílio (Pnad), do Instituto Brasileiro de Geografia e Estatística (IBGE). No ano, elas receberam em média 74,5% da renda dos homens – em 2013 o percentual era 73,5%.

Alternativa correta: letra "d": embora tenha aumentado na região Nordeste, cabe destacar que Roraima foi o Estado em que houve menor diferença entre os rendimentos do trabalho de homens e mulheres. Segundo a Pnad 2014, as mulheres receberam 88,8% do rendimento do trabalho dos homens, enquanto o Mato Grosso do Sul ficou com a maior diferença, com as mulheres recebendo apenas 65,1% do rendimento dos homens.

Alternativa "a": alternativa incorreta;

Alternativa "b": alternativa incorreta;

Alternativa "c": alternativa incorreta;

Alternativa "e": alternativa incorreta;

04. (FUNCAB – Delegado de Polícia – RO/2014) A revista "Forbes" considerou o presidente russo Vladimir Putin a pessoa mais poderosa do mundo em 2013. Um dos fatos que marcou a atuação da Rússia no cenário internacional em 2013 e que deu visibilidade a Putin foi:

a) a interrupção completa do fornecimento de gás natural, importante recurso energético russo, aos países da antiga União Soviética.

b) a diminuição drástica dos gastos com armas e a retirada de seus efetivos militares do mar Negro.

c) a posição do pais na reunião do G-8, favorável à intervenção militar na Síria.

d) a recusa de asilo político ao ex-analista de inteligência dos Estados Unidos, Edward Snowden, que denunciou a espionagem do governo americano sobre vários países.

e) o aumento da tensão política entre o país e a União Europeia (UE), decorrente da disputa pela Ucrânia.

COMENTÁRIOS

✪ **Nota do autor:** Curioso é que naquele ano, Barack Obama foi o primeiro Presidente norte-americano em exercício a ficar de fora das duas primeiras posições do *ranking* das personalidades mais poderosas do mundo elaborado pela revista *Forbes*, ultrapassado na ocasião, por Vladimir Putin e Angela Merkel.

Alternativa correta: letra "e": naquele ano, a revista norte-americana *Forbes* elegeu, pelo terceiro ano consecutivo, o Presidente russo, Vladimir Putin, como a personalidade mais poderosa do mundo

Alternativa "a": alternativa incorreta;

Alternativa "b": alternativa incorreta;

Alternativa "c": alternativa incorreta;

Alternativa "d": alternativa incorreta;

---

05. (FUNCAB – Delegado de Polícia – RO/2014) O agravamento das dificuldades econômicas na Argentina e Venezuela gerou situação de crise política e social por que passam hoje ambos os países. Em relação ao assunto, é correto afirmar que:

a) o presidente venezuelano Nicolás Maduro recusou apoio de países vizinhos, como o Brasil, para negociar acordo com a oposição.

b) os atuais governos da Venezuela e da Argentina são criticados pelos seus respectivos opositores por suas políticas de abertura e desregulamentação da economia.

c) o governo da presidente argentina Cristina Kirchner conta com expressivo apoio de ruralistas e do maior grupo de comunicações do país, o Clarín.

d) a Argentina enfrenta, atualmente, inflação em alta, crise energética e a crescente alta do dólar.

e) a crise econômica na Venezuela não afeta as classes baixas, que são assistidas pelos programas de inclusão social do governo.

COMENTÁRIOS

✪ **Nota do autor:** Os economistas apontam como causas da crise Argentina o megacalote da dívida pública em 2001 aos índices econômicos negativos no início de 2014.

Alternativa correta: letra "d": devido à forte desvalorização do peso agravou ainda mais a situação econômica da Argentina, que tem se agravado nos últimos anos com a disparada da inflação e a redução drástica das reservas internacionais.

Alternativa "a": alternativa incorreta na medida em que o Brasil auxiliou a Venezuela.

Alternativa "b": alternativa incorreta na medida em que buscam fechar o mercado com nacionalizações e medidas protecionistas.

Alternativa "c": alternativa incorreta na medida em que a Presidente da Argentina teve alto índice de rejeição.

Alternativa "e": alternativa incorreta na medida em que as classes baixas sofrem com a escassez de produtos.

---

06. (FUNCAB – Delegado de Polícia – RO/2014) Em junho de 2013, veio à tona a revelação de que os Estados Unidos, através de programa da Agência Nacional de Segurança (NSA), monitoram informações confidenciais de governos e pessoas comuns na rede mundial de computadores. O governo dos Estados Unidos:

a) justificou o monitoramento como importante meio para evitar ameaças terroristas contra o país.

b) afirmou que o programa de espionagem da NSA monitora apenas o que acontece dentro do país.

c) declarou que o programa da NSA não monitora ações de governos aliados do país, como Brasil e Alemanha.

d) revelou que o programa coleta informações para beneficiar empresas norte-americanas na disputa comercial.

e) negou a existência deste e de qualquer outro programa de espionagem no país.

COMENTÁRIOS

✪ **Nota do autor:** Naquele ano, o Mundo foi tomado de assalto pelas notícias sobre o monitoramento eletrônico feito pela NSA, de acordo com as denúncias feitas por **Edward Snowden**. O **Brasil** foi veemente em seus protestos, e agora outros países, como o **México**, a **Alemanha** e a **Espanha** seguiram o mesmo caminho. Todo o problema começou, é claro, nº 11 de Setembro e na "caçada" ao terrorismo iniciada pelo governo americano. Mas houve ainda um sério agravante, o USA PATRIOT Act (abreviação de*"Uniting and Strengthening America by Providing Appropriate Tools Required to Intercept and Obstruct Terrorism Act of 2001"*). Essa foi uma lei aprovada pelo congresso americano em 2001, no governo de **George W. Bush**, na esteira da comoção causada pelo atentado às torres gêmeas.

Alternativa correta: letra "a": na prática, o ato (conferir nota acima) suprime as liberdades civis. É o instrumento legal que permite ao governo dos Estados Unidos obter qualquer informação sobre qualquer pessoa, como também adotar medidas de vigilância e espionagem. Irônico, é que tudo o que antes era condenado pelos **EUA** quando ocorria em outros países, passou a ser permitido, dependendo somente de algum órgão de inteligência suspeitar que a pessoa está envolvida em alguma atividade terrorista.

Alternativa "b": alternativa incorreta.

Alternativa "c": alternativa incorreta.

Alternativa "d": alternativa incorreta.

Alternativa "e": alternativa incorreta.

07. (FUNCAB – Delegado de Polícia – RO/2014) Em setembro de 2013, os cientistas do Painelinter governamental Sobre Mudanças Climáticas (IPCC) da ONU divulgaram novo relatório sobreaquecimento global. De acordo com esse relatório:

a) o aquecimento global retrocedeu significativamente na última década, devido à maior absorção do calor pelas águas dos oceanos.

b) os países emergentes, como China e Índia, são os mais afetados no mundo pelo aquecimento global, e, portanto, os principais interessados em reverter esse processo.

c) o aumento do aquecimento global é um processo natural, que não está relacionado às ações humanas.

d) o desmatamento das áreas de floresta, especialmente no Brasil, é a principal causa do aquecimento global.

e) as ações humanas estariam intensificando o efeito estufa e provocando aumento do aquecimento global.

COMENTÁRIOS

✪ **Nota do autor:** Naquele ano, a terceira e última parte do quinto Relatório de Avaliação feita por cientistas do Painel Intergovernamental sobre Mudanças Climáticas (IPCC) afirmou que são necessárias mais ações para cortar as emissões de gases de efeito estufa para limitar o aquecimento do planeta a 2ºC até 2100. Assim, segundo os cientistas, será preciso abandonar os combustíveis fósseis poluentes e utilizar fontes mais limpas para evitar o efeito estufa, que poderá provocar um aumento da temperatura do planeta entre 3,7ºC e 4,8ºC antes de 2100, o que seria um nível catastrófico.

Alternativa correta: letra "e": o texto destacou que 80% dos lançamentos ocorridos entre 2000 e 2010 vieram da queima de combustíveis fósseis, principalmente da geração de energia e indústria.

Alternativa "a": alternativa incorreta.

Alternativa "b": alternativa incorreta.

Alternativa "c": alternativa incorreta.

Alternativa "d": alternativa incorreta.

08. (UEPA – Delegado de Polícia – PA/2013) O Pará teve 219 mortes no campo nos últimos 10 anos, diz o procurador da 1a Região (que abrange a região Norte, parte do Centro-Oeste e do Nordeste) José Marques Teixeira em audiência pública com o Senado, no dia 22 de fevereiro de 2011. Segundo ele, os dados fazem parte de um levantamento da Ouvidoria Agrária Nacional e indicam que ocorreram apenas quatro condenações como punições pelos assassinatos no campo. Sobre a questão agrária na Amazônia é correto afirmar que:

a) os conflitos ocorridos no campo quase desapareceram com a implantação das políticas de assentamentos rurais na região.

b) a realização da reforma agrária contrariou os grandes proprietários de terras e provocou o aumento dos conflitos fundiários na região, explicando o grande número de mortos.

c) há um desequilíbrio de interesses e forças no que tange as políticas voltadas para a resolução da questão agrária no Brasil.

d) a expansão da produção de biocombustíveis na região implicou no aumento da renda dos camponeses, bem como no crescimento da produção de culturas como a mandioca.

e) o intenso processo de mecanização do campo, tem expulsado os camponeses para a cidade e implementado uma nova dinâmica no mercado de terras.

COMENTÁRIOS

✪ **Nota do autor:** Em 2013, 17 anos de impunidade. Essa é a realidade imposta pela justiça brasileira ao Massacre de Eldorado dos Carajás, ocorrido em 1996 no Estado do Pará, e que resultou na morte de 19 trabalhadores sem-terra. Todos executados pela Polícia Militar paraense, sob as ordens do à época governador do Pará, Almir Gabriel (PSDB).

Alternativa correta: letra "C": no campo brasileiro esse não é um episódio isolado, a violência e a impunidade continuam. O Massacre de Eldorado dos Carajás e outros temas relacionados aos conflitos agrários e a impunidade no campo ainda são chagas no cenário político nacional.

Alternativa "a": alternativa incorreta.

Alternativa "b": alternativa incorreta.

Alternativa "d": alternativa incorreta na medida em que o texto não se refere aos biocombustíveis.

Alternativa "e": alternativa incorreta e tem a finalidade de confundir o candidato. O processo de mecanização do campo pode ser um dos fatores que dificultam a vida dos trabalhadores rurais. Porém, não é tema do texto.

09. (UEPA – Delegado de Polícia – PA/2013) Enchentes no Pará deixam mais de 470 famílias desabrigadas. Segundo o noticiário do portal G1 de 16 de março de 2011, cerca de 470 famílias estão desabrigadas nos municípios de Marabá, Tucuruí e Parauapebas, no Pará. A região tem registrado grande volume de chuvas, segundo a Defesa Civil, o que provocou o aumento do nível dos rios Tocantins, Parauapebas e Itacaiunas. Como se fosse notícia atual, ano após ano, esse fato se repete. As causas desse cenário estão associadas:

a) ao crescimento ordenado desses municípios nas margens do rio e a falta de uma política eficiente por parte do poder público.

b) a falta de planejamento urbano, aos problemas relacionados ao represamento dos rios da região e ao aumento do volume de chuvas em determinados períodos do ano.

c) a implantação de grandes projetos, a migração e o desenvolvimento da atividade agrícola no leito dos principais rios da região, com destaque para o rio Amazonas.

d) a intensa atividade de embarque e desembarque de pessoas e mercadorias nos portos presentes nestes rios, despejando toneladas de dejetos em suas margens.

e) aos desmatamentos causados pelas atividades agrícolas desenvolvidas nos assentamentos rurais existente na região que destroem a mata ciliar.

COMENTÁRIOS

✪ **Nota do autor:** As enchentes são calamidades naturais ou não, que ocorrem quando um leito natural recebe um volume de água superior ao que pode comportar resultando em transbordamentos. Podem ocorrer em lagos, rios, córregos, mares e oceanos devido a chuvas fortes e contínuas. Para impedir a continuação das enchentes, e que inúmeras famílias percam seus patrimônios, o governo pode construir barragens e reservatórios em áreas de maior risco, bueiros e diques espalhados pela cidade com sua abertura protegida, impedindo a entrada de lixos (ademais, a conscientização da população para que não deposite lixo nas vias públicas é imprescindível).

Alternativa correta: letra "B": como vimos, as enchentes ocorrem quando o leito natural de um rio (ou córrego) recebe uma quantidade de água, proveniente das chuvas, maior do que sua capacidade de comportá-la e, assim, acaba por transbordar (ocasionando a enchente). A falta de planejamento está associada às tragédias.

Alternativa "a": alternativa incorreta.
Alternativa "c": alternativa incorreta.
Alternativa "d": alternativa incorreta.
Alternativa "e": alternativa incorreta.

---

10. (UEPA – Delegado de Polícia – PA/2013) Os impactos ambientais potenciais da indústria petrolífera são variados, sendo os mais conhecidos da população aqueles associados aos vazamentos nos petroleiros e terminais de petróleo, que provocam a contaminação e degradação ambiental de mares e praias. No que diz respeito à exploração de petróleo na região amazônica, é correto afirmar que:

a) no coração da Floresta Amazônica, na Província Petrolífera de Urucu, a 650 km a sudoeste de Manaus a Petrobrás construiu a Base de Operações Geólogo Pedro de Moura e desenvolve atividades de exploração e produção de petróleo e gás natural.

b) no coração da Floresta Amazônica, na Província Petrolífera de Tocantins, a 200 km a sudoeste de Manaus, a CVRD construiu a Base de Operações Geólogo Pedro de Moura e desenvolve atividades de exploração e produção mineral e de gás natural.

c) no coração da Floresta Amazônica, na Província Petrolífera de Trombetas, a Eletrobrás construiu a Base de Operações Geólogo Pedro de Moura e desenvolve atividades de exploração e produção de petróleo e exploração de bauxita.

d) no coração da Floresta Amazônica não existe exploração de petróleo e sim um Polo industrial, a 650 km a sudoeste de Manaus, a chamado de Zona Franca de Manaus.

e) no coração da Floresta Amazônica não existe exploração de petróleo e sim uma grande produção de energia hidrelétrica a 650 km a sudoeste de Manaus, a chamada hidrelétrica de Tucuruí.

COMENTÁRIOS

✪ **Nota do autor:** A Província Petrolífera de Urucu, a 650 km de Manaus, faz do Estado o segundo maior produtor de petróleo terrestre do país. São 55 mil barris por dia, 10 milhões de metros cúbicos de gás natural. E reservas confirmadas de 808 milhões de equivalentes a barris de óleo. No estado, há 70 postos em atividade da Petrobrás em Urucu. A Empresa conta com cinco concessões para a produção de petróleo na Bacia do Solimões e tem também o direito de pesquisar a viabilidade em outros quatro blocos próximos.

Alternativa correta: letra "A": no ano de 2013 a Província Petrolífera de Urucu completa 27 anos no Amazonas.

Alternativa "b": alternativa incorreta.
Alternativa "c": alternativa incorreta.
Alternativa "d": alternativa incorreta.
Alternativa "e": alternativa incorreta.

▸ **LEIA O TEXTO II PARA RESPONDER À QUESTÃO**

Texto:

Xingu Vivo é alvo de novo ato de repressão em Altamira

*Juíza defere mandado proibitório contra o movimento e sua coordenadora por considerar, entre outros, que militantes "amedrontaram" funcionários de Belo Monte em protesto no dia das mulheres. A coordenadora do Movimento Xingu Vivo para Sempre, Antônia Melo, foi vítima de um novo mandado proibitório expedido pela justiça estadual do Pará na manhã desta quinta, 14. O mandado atendeu a uma ação do Consórcio Norte Energia (NESA) e do Consórcio Construtor Belo Monte (CCBM) contra o Xingu Vivo e o Movimento dos Atingidos por Barragens (MAB), proibindo as organizações e seus representantes de fazer qualquer ação em áreas ou imóveis das empresas, sob pena de multa de R$ 50 mil. Com este, são cinco os interditos proibitórios já expedidos pela justiça estadual contra a coordenadora do Xingu Vivo. Fonte:*http://amazonia.org.br/2013/03/xingu-vivo*)*

---

11. (UEPA – Delegado de Polícia – PA/2013) O posicionamento da justiça e a articulação do movimento Xingu Vivo estão relacionados ao fato:

a) da construção da ferrovia transnordestina, nas margens do rio Xingu, representar a possibilidade de interligação da região amazônica ao restante do país, em especial à região Nordeste.

b) do projeto de transposição do rio São Francisco, em fase de aceleração das obras, representar o aumento dos problemas ambientais no rio Xingu, o que justifica os protestos do movimento Xingu Vivo.

c) da construção da UHE Belo Monte representar a desarticulação de vários territórios e a redução dos impactos ambientais na região amazônica, na medida em que representa uma enorme fonte de geração de energia durante o ano inteiro.

d) da construção da UHE Belo Monte representar a desarticulação de vários territórios e o aumento dos impactos ambientais na região amazônica, elementos que ganham força comparados a produção intermitente de energia.

e) da construção da UHE Belo Monte representar a articulação de vários territórios, principalmente dos índios, e o aumento dos impactos ambientais na região amazônica, elementos que perdem força comparados a produção intermitente de energia.

COMENTÁRIOS

✪ **Nota do autor:** O **Movimento Xingu Vivo para Sempre** (MXVPS) é um coletivo de organizações e movimentos sociais e ambientalistas da região de Altamira e das áreas de influência do projeto da hidrelétrica de Belo Monte, no Pará, que historicamente se opuseram à sua instalação no rio Xingu.

Alternativa correta: letra "D": o *Movimento Xingu Vivo para Sempre* reafirma apoia a luta dos povos indígenas contra os Complexos Hidrelétricos de Belo Monte, do Tapajós, do Teles Pires e de todas as barragens na Panamazônia.

Alternativa "a": alternativa incorreta, pois não reflete a realidade.

Alternativa "b": alternativa incorreta, pois não reflete a realidade.

Alternativa "c": alternativa incorreta, pois não reflete a realidade.

Alternativa "e": alternativa incorreta, pois não reflete a realidade.

12. (UEPA – Delegado de Polícia – PA/2013) Apesar de 61% da área florestal da Amazônia Legal estar coberta por nuvens, sobretudo nos estados do Amapá e Pará que apresentaram 93% e 80% de cobertura de nuvens, respectivamente, o Imazon registrou um aumento de 6% de desmatamento no local entre janeiro de 2012 e este ano. A degradação comprometeu 1 milhão de toneladas de CO2 equivalente. (Fonte: http://amazonia.org.br/2013/02/desmatamento). No que diz respeito a expansão dos desmatamentos na região amazônica nos últimos anos, é correto afirmar que:

a) o aumento da produção industrial e do uso de tecnologia no processo de desmatamento são os fatores responsáveis pelo aumento dos indicadores referentes ao desmatamento na região.

b) o aumento dos desmatamentos está relacionado a expansão da agropecuária, uma das atividades mais recentes dentre as desenvolvidas na região nos últimos anos.

c) o aumento dos desmatamentos está associado a expansão da fronteira agrícola e das áreas de plantations, fato que pode ser agravado com a produção de matéria prima para produção de biocombustíveis na região.

d) o aumento dos desmatamentos está associado a expansão do cultivo da soja, fato que pode ser reduzido com a produção de dendê, matéria prima para produção biocombustíveis na região.

e) o aumento dos desmatamentos está associado ao crescimento das grandes cidades e ao processo de migração constantes na região, sobretudo pelo aumento dos investimentos no campo do turismo.

COMENTÁRIOS

✪ **Nota do autor:** Esta questão é complicada na medida em que são vários os fatores envolvidos. Vale lembrar que o desmatamento no Brasil é um fenômeno historicamente semelhante ao do resto do mundo, fruto da desenfreada atividade humana. Como a maior floresta tropical do mundo, a região é um grande sorvedouro de carbono. Por isso, o desmatamento da sua região é responsável por cerca de 70% das emissões de dióxido de carbono do Brasil. Costuma-se apontar como causas principais dos desmatamentos:

- as queimadas: libera gás carbônico e nuvens de fuligem que podem impedir a precipitação normal de chuva.
- a expansão agrícola: a agricultura em grande escala é o principal fator econômico por trás do desmatamento. Pode-se obter lucros adicionais com a madeira, o que impulsiona a expansão agrícola para as áreas florestadas, em vez de direcioná-la para terras marginais.
- a criação de gado: com o aumento da necessidade de pastagem.
- a produção de óleo de palma: ao longo da última década, a área plantada com dendezeiros no país praticamente triplicou. Originário de cultivos em terras turfosas que foram desmatadas, e transformado em biocombustível, o óleo de palma tem uma pegada de carbono cinco vezes maior que o óleo diesel.
- a criação de camarões: para dar espaço às fazendas de camarão, criadores comerciais estão derrubando e drenando as florestas de manguezais que protegem a costa contra tempestades e sustentam muitas espécies únicas.
- a extração de madeira: a extração de madeira, especialmente a extração ilegal, é uma grande causa do desmatamento.
- a mineração: muitas áreas florestadas são ricas em minérios e, portanto, são vulneráveis ao desmatamento.

- a construção de estradas: a construção de estradas é o desenvolvimento de infraestrutura que mais contribui para o desmatamento, pois as estradas estimulam a imigração e a propagação da agricultura para dentro das florestas, especialmente em áreas remotas onde os direitos de propriedade são pouco claros ou mal regulamentados.
- a produção de carvão: o carvão feito com árvores antigas de madeira de lei são as mais valiosas, porque geram mais calor e queimam por mais tempo.
- coleta de lenha: destaca-se que a madeira atende a 80% de todas as necessidades de energia da República Democrática do Congo e tem sido a causa principal do desmatamento na região.

Alternativa correta: letra "C": como vimos nas causas elencadas acima, um dos fatores seria a expansão da fronteira agrícola e das áreas de plantations (no caso da produção de óleo de palma por exemplo) fato que ainda pode ser agravado com a produção de matéria prima para produção de biocombustíveis na região.

Alternativa "a": alternativa incorreta.

Alternativa "b": alternativa incorreta.

Alternativa "d": alternativa incorreta.

Alternativa "e": alternativa incorreta.

13. (Delegado de Polícia – RO/ 2009 – FUNCAB) Nos dias de hoje, é conhecida a atuação, muitas vezes em escala planetária, das Organizações Não Governamentais (ONGs) que defendem não só o meio ambiente como pressionam os governos para diminuir o impacto do ser humano sobre a natureza assim como noutros problemas de ordem sócio-econômico-cultural. Entre elas destaca-se o Greenpeace cuja atuação revela que a consciência ecológica ganhou aspectos geopolíticos, pois:

a) é uma organização supranacional com o mesmo status da ONU e por isso pode interferir nas políticas econômicas e ambientais em países tais como o Brasil.
b) corresponde à preocupação legítima com a crise ambiental, sem precedentes na história da humanidade.
c) suas ações retiram o poder do Estado-Nação, dando poder a grupos como as ONGs que gerenciam políticas públicas com autonomia.
d) suas ações têm grande aceitação como verdade por amplas camadas da população mundial, servindo para justificar ações imperialistas dos países ricos nos países pobres.
e) a forte demanda concentrada em países emergentes como o Brasil, faz com que as ONGs atuem exclusivamente nos campos da educação e da saúde.

COMENTÁRIOS

✪ **Nota do autor:** O Greenpeace foi criado em 1971 com o objetivo de impedir que os Estados Unidos realizassem testes nucleares na ilha de Amchitka, na costa do Alasca. O foco inicial do Greenpeace era participar de protestos ecológicos pacíficos, similares ao da ilha de Amchitka, como, por exemplo, fazer visitas às zonas proibidas das áreas de testes nucleares para atrair a atenção do público. Ao longo do tempo, o Greenpeace expandiu seus objetivos e, atualmente, pode-se dizer que a organização luta por seis grandes causas: a mudança climática; a proteção dos oceanos; a proteção das florestas antigas; a paz e o desarmamento; a agricultura sustentável e a redução de materiais tóxicos nos produtos.

Alternativa correta: letra "B": tendo em vista que hoje as preocupações ecológicas são um dos assuntos mais preocupantes da vida moderna, o Greenpeace toma iniciativas que de algum modo contribuam para uma melhor conscientização, relação e preservação do mundo em que habitamos.

Alternativa "a": alternativa incorreta na medida em que não é órgão da ONU.

Alternativa "c": alternativa incorreta.

Alternativa "d": alternativa incorreta.

Alternativa "e": alternativa incorreta.

14. (Delegado de Polícia – RO/ 2009 – FUNCAB) "(...) Num contexto marcado pela degradação permanente do meio ambiente e do seu ecossistema, isso envolve um conjunto de atores do universo educativo em todos os níveis, potencializando o engajamento dos diversos sistemas de conhecimento e a sua capacitação numa perspectiva interdisciplinar. Os educadores têm um papel estratégico e decisivo na inserção da educação ambiental no cotidiano escolar, qualificando os alunos para um posicionamento crítico face à crise socioambiental, tendo como horizonte a transformação de hábitos e práticas sociais e a formação de uma cidadania ambiental que os mobilize para a questão da sustentabilidade no seu significado mais abrangente." *(JACOBI, Pedro Roberto. Educação Ambiental: o desafio da construção de um pensamento crítico, complexo e reflexivo. (Disponível em: http://www.scielo.br/scielo.php?pid=... Acessado em 27/10/2009)*

Considerando o texto acima como referência inicial, nossa consciência e a dos outros acerca da necessidade de se abordar o tema (ambiente) nas escolas, assinale a alternativa correta para "educação ambiental" sob uma perspectiva crítica.

a) É aquela que para ser pertinente deriva de saberes desunidos e compartimentalizados em disciplinas escolares, além de pautada por uma visão conservadora tanto nas soluções como nas ações pontuais, descontextualizadas e frequentemente descolada de uma proposta pedagógica.
b) É a que ocorre na medida em que o professor assume uma postura científica, mas como uma prática apenas pedagógica, critica o governo pela ausência na responsabilidade socioambiental, principalmente na Amazônia.

c) Nesta ótica, a educação ambiental tem que aceitar a fragmentação do conhecimento e desenvolver uma abordagem que critique o governo pela ausência de políticas educacionais nas escolas onde não há práticas de preservação do meio ambiente.

d) É a que pressupõe o trabalho com educação ambiental processar-se, pelos professores, numa perspectiva linear e positivista; valorizando as disciplinas pedagógicas que trabalham isoladamente os diversos aspectos do meio ambiente.

e) É a abordagem emancipatória, que tem como referenciais no campo da educação o pensamento reflexivo e, no que se refere ao meio ambiente, propõe uma educação baseada em práticas, orientações e conteúdos que vão além da preservação ambiental na educação.

COMENTÁRIOS

✪ **Nota do autor:** A educação ambiental deverá, a princípio, ocorrer dentro das escolas, empresas, universidades, repartições públicas, etc. Esta educação pode ser desenvolvida por órgãos do governo ou por entidades ligadas ao meio ambiente. A educação ambiental deve estar presente dentro de todos os níveis educacionais, como o objetivo de atingir todos os alunos em fase escolar. Os professores podem desenvolver projetos ambientais e trabalhar com conceitos e conhecimentos voltados para a preservação ambiental e uso sustentável dos recursos naturais. Vale lembrar que no Brasil, existe uma lei específica que trata da educação ambiental. A Lei número 9.795 de 27 de abril de 1999, dispõe sobre a educação ambiental, instituindo a política nacional de educação ambiental.

Alternativa correta: letra "E": Hoje em dia a preocupação da educação revela-se mais em "emancipar" do que "educar" somente. O texto propõe a questão de conscientização das grandes questões/temas que assolam o meio ambiente (que deve ser aplicada, também, em atividades extracurriculares). Os professores devem buscar desenvolver hábitos e atitudes de conservação do meio ambiente.

Alternativa "a": alternativa incorreta, pois escapa do escopo do texto que aborda a educação moderna.

Alternativa "b": alternativa incorreta, pois escapa do escopo do texto que aborda a educação moderna.

Alternativa "c": alternativa incorreta, pois escapa do escopo do texto que aborda a educação moderna.

Alternativa "d": alternativa incorreta, pois escapa do escopo do texto que aborda a educação moderna.

15. (Delegado de Polícia – RO/ 2009 – FUNCAB) A charge, a seguir, tenta visualizar as atuais relações socioeconômicas prevalecentes no mundo: o processo de globalização. Muitos historiadores afirmam que este teve início nos séculos XV e XVI com as Grandes Navegações e as Descobertas Marítimas. Porém, a globalização efetivou-se no final do século XX, logo após a queda do socialismo no Leste Europeu e na União Soviética. Com base nos seus conhecimentos acerca das mudanças socioeconômicas e geopolíticas atuais, assinale a alternativa correta.

Fonte: http://infosol.wordpress.com/2009/01/30/a-formacao-de--opiniao-pela-ignorancia-e-os-ventos-de-doutrina/

a) No atual momento do capitalismo financeiro, o chamado neoliberalismo, as empresas atuam "sem fronteiras" o que facilita, inclusive a invasão de países tais como as que ocorreram, recentemente, tanto no Afeganistão como no Iraque.

b) Com os mercados internos saturados, as multinacionais tentam conquistar novos consumidores, principalmente dos países ex-socialistas; para isso utilizaram mais recursos tecnológicos no sentido de baratear os preços e também estabelecem contatos comerciais e financeiros de forma rápida e eficiente.

c) O processo de globalização é recente, tendo suas origens ligadas à revolução técnico-informacional ocorrida desde os anos 70, que só agora chegou ao Brasil junto com a crise financeira e é controlado tanto pelo FMI como pela ONU.

d) Das grandes questões do mundo atual, emerge a do papel do Estado-Nação que vem sofrendo redução em suas funções, tanto assim que com a crise global de 2008 ganhou importância por não intervir no mercado financeiro e automobilístico, principalmente nos EUA.

e) A atual conjuntura internacional representa o triunfo do keynesianismo, que considera qualquer intervenção governamental na economia como benéfica, em detrimento do neoliberalismo que prega o livre comércio de bens e serviços.

COMENTÁRIOS

✪ **Nota do autor:** Uma das principais características da globalização é precisamente a integração dos mercados mundiais com a exploração de grandes empresas multinacionais. Some-se a isso a grande revolução tecnológica com o uso cada vez maior de telefones, computadores e televisão e a uniformidade das informações com o surgimento e explosão da *Internet* e dos canais de televisão por assinatura. Através destes fatores, os países passam a interagir não só na economia e na política, como também na cultura. O marco fundamental para dinamizar o "mundo sem fronteiras" foi representado simbolicamente pela queda do Muro de Berlim em 1989. De lá pra cá, a globalização proporcionou uma grande mudança política, econômica, social e cultural e abriu frente para um novo capítulo na história da Humanidade. Nos países industrializados com os mercados internos saturados, empresas multinacionais buscaram novos mercados consumidores, principalmente dos países recém-saídos do socialismo. Acirrando uma concorrência que fez com que as empresas utilizassem cada vez mais recursos tecnológicos para baratear os preços e estabelecer contatos comerciais e financeiros de forma rápida e eficiente.

Alternativa correta; letra "B": Conforme nosso comentário acima, nos países industrializados com os mercados internos saturados, empresas multinacionais buscaram novos mercados consumidores, principalmente dos países recém-saídos do socialismo. Acirrando uma concorrência que fez com que as empresas utilizassem cada vez mais recursos tecnológicos para baratear os preços e estabelecer contatos comerciais e financeiros de forma rápida e eficiente.

Alternativa "a": alternativa incorreta na medida em que os fatores que levaram a invasão destes países foi a questão do terrorismo e do petróleo.

Alternativa "c": alternativa incorreta.

Alternativa "d": alternativa incorreta, as empresas deste setor receberam ajuda do governo.

Alternativa "e": alternativa incorreta.

---

16. (Delegado de Polícia – RO/ 2009 – FUNCAB) "(...) qualquer balanço atual do neoliberalismo só pode ser provisório. Este é um movimento ainda inacabado. Por enquanto, porém, é possível dar um veredicto acerca de sua atuação durante quase 15 anos nos países mais ricos do mundo, a única área onde seus frutos parecem, podemos dizer assim, maduros. Economicamente, o neoliberalismo fracassou, não conseguindo nenhuma revitalização básica do capitalismo avançado. Socialmente, ao contrário, o neoliberalismo conseguiu muitos dos seus objetivos, criando sociedades marcadamente mais desiguais, embora não tão desestatizadas como queria. Política e ideologicamente, todavia, o neoliberalismo alcançou êxito num grau com o qual seus fundadores provavelmente jamais sonharam, disseminando a simples ideia de que não há alternativas para os seus princípios, que todos, seja confessando ou negando, têm de adaptar-se a suas normas."

ANDERSON, Perry. Pós-Neoliberalismo – as políticas sociais e o estado democrático. São Paulo: Paz e Terra: 2008, p.22.)

Tendo como referência inicial o texto acima e com base nos seus conhecimentos, um dos efeitos políticos e ideológicos mais nocivos do neoliberalismo, que deve ser combatido pela sociedade, é:

a) redução do tamanho do Estado, que se retira das atividades que não necessitam de sua intervenção direta.

b) limitação dos gastos do Estado-Nação à sua arrecadação, eliminando o déficit público.

c) adoção do pensamento único ("todo poder ao mercado") como pressuposto básico de interpretação de mundo.

d) redução da burocracia para diminuir a corrupção e a ineficiência provocadas pelas regras governamentais.

e) fim das restrições à livre atuação do capital estrangeiro, para que a economia do país fique atrativa.

COMENTÁRIOS

✪ **Nota do autor:** Suas raízes teóricas mais remotas encontram-se na chamada escola austríaca – reconhecida por sua ortodoxia no campo do pensamento econômico – que centralizou-se em torno do catedrático da Faculdade de Economia de Viena, **Leopold von Wiese**, na segunda metade do século XIX e que ficou conhecido por seus trabalhos teóricos sobre a estabilidade da moeda, especialmente o publicado com o título de "O Valor Natural" (1889). Friedrich von Heyek escreveu então um livro inflamado que pode ser considerado como o **Manifesto do Neoliberalismo** – "O Caminho da Servidão"(1944). Nesta obra, expôs os princípios mais gerais da doutrina, assegurando que o crescente controle do estado levaria fatalmente à completa perda da liberdade, afirmando que os trabalhistas conduziriam a Grã-Bretanha pelo mesmo caminho dirigista que os nazistas tinham imposto à Alemanha. Há, contudo, uma segunda vertente do neoliberalismo surgiu nos Estados Unidos e concentrou-se na chamada **escola de Chicago do prof. Milton Friedman**. "Neoliberalismo" é uma **redefinição do liberalismo clássico**, influenciado pelas teorias econômicas **neoclássicas**, e é entendido como um produto do liberalismo econômico clássico. Trata-se de um conjunto de idéias políticas e econômicas capitalistas que defende a não participação do estado na economia, onde deve haver total liberdade de comércio, para garantir o crescimento econômico e o desenvolvimento social de um país.

Alternativa correta: letra "C": Se observarmos coma atenção, a época pós-moderna é dominada pelas leis do mercado. Esse mercado faz de tudo "produto" a ser vendido. Tudo pode ser comercializado pelo mercado. Tudo é bom, quando promete lucro. O texto explora, também, a questão social. Assim não é possível dar "rédeas soltas" ao mercado sob o risco de se afetar o campo social.

Alternativa "a": alternativa incorreta, pois é um dos pressupostos (positivos) do neoliberalismo.

Alternativa "b": alternativa incorreta, pois é um dos pressupostos do neoliberalismo (medida salutar – citamos a Grécia; uma das razões de sua crise financeira foi não obedecer a esta "regra" básica...).

Alternativa "d": alternativa incorreta, a redução da burocracia é um dos fundamentos bons do neoliberalismo.

Alternativa "e": alternativa incorreta, pois o neoliberalismo acredita precisamente no contrário.

17. (Delegado de Polícia – RO/ 2009 – FUNCAB) "(...), claramente a crise econômica atual é uma crise do neoliberalismo. Os neoliberais colocaram o mercado como centro da economia, e é justamente a falta de regulação estatal que, unanimemente, é considerada o diagnóstico da crise. O descontrole quanto a créditos bancários e outros fenômenos ocorridos na esfera econômica, todos os sintomas da crise, apontam que a solução vai em direção contrária à apologia do neoliberalismo. É tão claro, tão nítido, que isso foi causado por esse movimento neoliberal que, de repente, parece que ninguém nunca foi neoliberal". *SADER, Emir. Em entrevista concedida à revista Sociologia, n° 15, em 2009, p.7)*

O texto acima se refere à colocação do cientista social Emir Sader sobre a crise econômica vivida pelo mundo em 2008. Uma das principais medidas adotadas pelas principais economias mundiais para minimizar os efeitos da crise, foi:

a) a adoção de medidas consideradas intervencionistas, pois, significaram o investimento de recursos públicos e uma consequente regulação das instituições financeiras.

b) o empréstimo de recursos financeiros conforme a necessidade destas instituições e das indústrias para reconstrução da economia produtiva.

c) a adoção de programas de defesa de renda e emprego, de modo que o consumo não fosse minimizado, e a produção industrial não fosse afetada.

d) permitir que as grandes empresas emitissem papéis nas bolsas, para promover uma captação de recursos que favorecesse o enfretamento da crise econômica.

e) a promoção de uma redução dos juros para que servisse de incentivo à adimplência dos mutuários que haviam adquirido imóveis através de financiamentos bancários.

COMENTÁRIOS

✪ **Nota do autor:** O mundo ainda se encontra perplexo com o agravamento da crise financeira e econômica global, que vem provocando desconfiança e turbulências nos mercados mundiais (Portugal, Espanha, Grécia, Chipre...). As crescentes intervenções na economia pelos governos dos países mais desenvolvidos, liderados pelos Estados Unidos (EUA), União Europeia e Japão, numa ação concertada, aportando enormes volumes de recursos em bancos privados e no segmento industrial, revelam a dimensão da crise que está afetando a economia mundial. Esta crise financeira e econômica global se apresentou como uma ameaça concreta à quase todas as economias mundiais. No Brasil, constatou-se, com base nos estudos do FMI (abril 2009) e nos indicadores do IBGE (junho 2009), que os efeitos da crise na economia mundial, levou o país à recessão, (que se estendeu até 2010).

Alternativa correta: letra "A": As crescentes intervenções na economia pelos governos dos países mais desenvolvidos, liderados pelos Estados Unidos (EUA), União Europeia (Alemanha e França) e Japão, numa ação concertada, aportando enormes volumes de recursos em bancos privados e no segmento industrial, revelam a dimensão da crise.

Alternativa "b": alternativa incorreta.

Alternativa "c": alternativa incorreta.

Alternativa "d": alternativa incorreta.

Alternativa "e": alternativa incorreta.

18. (Delegado de Polícia – RO/ 2009 – FUNCAB) Leia, criticamente, o texto: "A área de floresta degradada por atividades humanas na Amazônia em 2008 foi 66% maior do que em 2007, apesar de a área desmatada ter sido praticamente igual nos dois anos, segundo os cálculos de um novo sistema de monitoramento via satélite lançado pelo Instituto Nacional de Pesquisas Espaciais (Inpe). Os números, obtidos com exclusividade pelo Estado, são alerta de que o desmatamento poderá ser muito maior em 2009, caso o governo não reforce as medidas de proteção da floresta".(...) Entre os estados amazônicos, "Rondônia é o que mais sofreu com o desmatamento. Dados do Instituto do Homem e Meio Ambiente da Amazônia mostram que, entre agosto de 2007 e agosto de 2008, a destruição da floresta aumentou cerca de 23%. Ao todo, 38% da vegetação desapareceram".

Disponível em: http://noticias.ambientebrasil.com.br/noticia/?id=42668 *Acesso em: 28/10/2009)*

Diante da constatação, surge a ideia do Desenvolvimento Sustentável, e, ainda, o reconhecimento da complexidade planetária e das questões que envolvem a sua aplicabilidade prática como meio de garantir a sustentabilidade demonstrando uma visão holística acerca da natureza. Assinale a opção que conceitua "desenvolvimento sustentável".

a) Com este tipo de desenvolvimento, as florestas tornam – se intocáveis e servirão de reservas para as populações futuras, pois as intervenções humanas estão contribuindo para a degradação ambiental em Rondônia.

b) Trata-se de um tipo de desenvolvimento que causa danos ambientais, mas que é paradigma para o sistema capitalista industrial, pois visa a exaustão dos produtos naturais de um estado como o de Rondônia, não se importando com as consequências para os habitantes locais e prejuízos para o País.

c) É o tipo de desenvolvimento que não exige dos governos ou das pessoas um posicionamento ideológico ou uma consciência ecológica, pois a sociedade se apropria da natureza, utiliza seus recursos e preocupa-se somente com o que dá lucro financeiro.

d) É definido como aquele que atende às necessidades das gerações atuais sem comprometer a capacidade de as futuras gerações terem suas próprias necessidades – utiliza recursos naturais de forma racional, tirando proveito da Natureza sem devastá-la e buscando a melhoria da qualidade de vida.

e) É uma modalidade de desenvolvimento que se preocupa em ampliar as áreas desmatadas da Amazônia como forma de aumentar a produtividade do agronegócio, visando à exportação para países do Hemisfério Norte.

COMENTÁRIOS

✪ **Nota do autor:** a questão é fácil na medida em que as hipóteses são absurdas, restando apenas uma coerente. Assim, "desenvolvimento sustentável" acarreta a noção do uso racional dos recursos naturais de nosso planeta.

Alternativa correta: letra "D": "desenvolvimento sustentável" significa obter crescimento econômico necessário, garantindo a preservação do meio ambiente e o desenvolvimento social. Contudo, o crescimento das cidades, as indústrias e os veículos estão causando transtornos para o ar, o solo e as águas.

Alternativa "a": alternativa incorreta, pois mistura conceitos e fornece dados errados.

Alternativa "b": alternativa incorreta (absurda).

Alternativa "c": alternativa incorreta, pois exige atuação de todos os segmentos da sociedade.

Alternativa "e": alternativa incorreta (absurda).

19. (Delegado de Polícia – RO/ 2009 – FUNCAB) Leia, atentamente, um trecho da reportagem abaixo:

– "O emprego formal é praticamente inexistente nos municípios brasileiros no topo da lista de beneficiários do Bolsa Família. Em Presidente Vargas, no Maranhão, contam-se nos dedos de uma mão empregos com carteira assinada no setor privado. O município tem 10 mil habitantes e 2.292 domicílios; 1.832 famílias (80%) recebem o auxílio do governo e só quatro pessoas têm emprego com carteira, segundo o Cadastro Geral de Emprego e Desemprego (Caged), do Ministério do Trabalho." *(O Globo, 25/10/2009, p.3)*

Sobre os programas de transferência de renda, entre eles o Bolsa Família, pode-se afirmar que:

a) uma das principais críticas a esse tipo de programa social é referente ao número reduzido de famílias que são beneficiadas, tornando o programa elitista e excludente.

b) o Bolsa Família é mais um dos diversos programas criados pelo governo federal a partir da década de 1990, de modo a promover uma gradativa distribuição de uma renda mais justa.

c) o programa Bolsa Família foi idealizado pelo sociólogo Herbert José de Souza, o Betinho, em 1993, a partir do Movimento pela Ética na Política.

d) esses programas foram efetivamente implantados no governo de Fernando Henrique Cardoso, através do programa Comunidade Solidária.

e) diversos programas como o Bolsa Escola, Auxílio Escola, e o Cartão Alimentação, controlados por diferentes órgãos foram unificados pelo governo federal em 2002, criando o Bolsa Família.

COMENTÁRIOS

✪ **Nota do autor:** O Programa Bolsa Família (PBF) é um programa de transferência direta de renda que beneficia famílias em situação de pobreza e de extrema pobreza em todo o País. O Bolsa Família integra o Plano Brasil Sem Miséria (BSM), que tem como foco de atuação os 16 milhões de brasileiros com renda familiar per capita inferior a R$ 70 mensais, e está baseado na garantia de renda, inclusão produtiva e no acesso aos serviços públicos. É importante frisar que os adversários do programa, colocam em questão a pretendida eficácia das condicionalidades, além do controle das famílias beneficiadas. Para eles, a política não contributiva não deve estabelecer condições ou contrapartidas no seu processamento. Destacam que, mais grave do que a exigência de contrapartidas para o acesso a um direito é a punição de um portador de direito, e ainda sua consequente exclusão do programa por não cumprir as condicionalidades. Dessa forma, concluem que o cumprimento de contrapartidas descaracteriza a condição de direito, sendo uma grave violação dos direitos humanos. O governo estipulou que as famílias cadastradas no programa poderão receber benefícios até o limite de cinco filhos com até 15 anos, (antigamente, o limite era de três filhos). A ampliação dos benefícios foi criticada por especialistas, afirmando que, caso o valor do benefício aumente mais, poderá, como consequência, ocorrer a ampliação dos casos em que se pode receber o valor (e isto, segundo alguns, poderia estimular a natalidade).

Alternativa correta: letra "E": com a unificação – num primeiro momento – desapareceram os nomes Bolsa-Escola, Bolsa-Alimentação, Vale-Gás e Cartão-Alimentação. Num segundo momento, foram integrados os outros dois programas sociais: o de combate ao trabalho infantil (Peti) e o de auxílio para os jovens (Agente Jovem).

Alternativa "a": alternativa incorreta.

Alternativa "b": alternativa incorreta.

Alternativa "c": alternativa incorreta.

Alternativa "d": alternativa incorreta.

20. (Delegado de Polícia – RO/ 2009 – FUNCAB) "A gripe suína já se transformou oficialmente em pandemia. Na quinta-feira, 11, a Organização Mundial da Saúde (OMS) anunciou a mudança de status da doença, conhecida também como influenza A(H1N1), mas ressalvou que se trata de uma pandemia "moderada". A última pandemia, chamada de gripe de Hong Kong, ocorreu 40 anos atrás e causou a morte de 4 milhões de pessoas."

Revista A Semana, edição 92 de 18/06/2009, p.31).

No ano de 2009, a gripe suína atingiu diversos países ao redor do mundo, colocando em xeque a capacidade dos diversos governos enfrentarem doenças com medidas eficazes e rápidas. Nesse contexto, podemos afirmar que:

a) os hábitos atuais, assim como a globalização e uma maior interatividade entres os países, permitiu que ocorresse uma dispersão muito rápida do vírus.

b) o surto da gripe se iniciou no México, na cidade de La Gloria, distrito de Perote, e teve o menino Edgar Hernandez como o paciente inicial, espalhando-se em seguida para os EUA.

c) a gripe suína não pode ser considerada uma pandemia, pois ela não se espalhou descontroladamente ao redor do mundo, apesar de sua grande agressividade.

d) ao contrário do que se afirmou, a gripe suína não se derivou do rebanho suíno, mas possui esse nome por ser a carne proveniente dos suínos, o principal veículo de transmissão.

e) a Organização Mundial da Saúde sugeriu como meio de evitar a propagação do vírus, que as viagens entre os continentes fossem controladas e até restritas.

COMENTÁRIOS

✪ **Nota do autor: a gripe suína** é uma doença respiratória causada por uma variação do vírus influenza tipo A, conhecido como *H1N1*. Assim, o *H1N1* é a mesma variedade de vírus que causa epidemias sazonais de gripe regularmente em humanos. Contudo, segundo os cientistas, esta última versão do *H1N1* foi diferente: continha material genético que é encontrado, tipicamente, em variações do vírus que afetam humanos, aves e suínos. Assim, apesar da variedade do vírus poder ter se originado em porcos, a doença passou a ser totalmente humana e propagou-se de pessoa para pessoa através de tosse e espirros.

Alternativa correta: letra "B": o vírus foi detectado pela primeira vez no México e nos Estados Unidos, em abril de 2009.

Alternativa "a": alternativa incorreta.

Alternativa "c": alternativa incorreta.

Alternativa "d": alternativa incorreta.

Alternativa "e": alternativa incorreta.

---

21. (Delegado de Polícia – RO/ 2009 – FUNCAB) "Ruanda, na África, é um exemplo radical de como o favorecimento racial pode gerar desastres. Quando tomaram o país, os colonizadores belgas encontraram dois grupos sociais, tutsis e hutus, que viviam em paz. Os belgas criaram cotas para favorecer os tutsis no serviço público. Após a independência, nos anos 1960, os hutus tomaram o poder e inverteram o favorecimento. Surgiu um conflito, que culminou no genocídio de 1994, quando os hutus exterminaram 1 milhão de tutsis." *Revista Época, n° 568, de 08/04/2009, p.85)*

Tendo como reflexão o texto acima e o sistema de cotas raciais implantados pelas Universidades Estaduais do Rio de Janeiro e da Bahia, podemos afirmar que:

a) a miscigenação racial, no caso do Brasil, não deve ser um dos fatores determinantes na construção de políticas de cotas raciais, uma vez que existe a necessidade de corrigir distorções históricas.

b) a adoção dos sistemas de cotas é combatida por todos os movimentos sociais e ONGS ligadas ao movimento negro, adotando o discurso de oposição a uma política racial.

c) historicamente, os negros nos Estados Unidos costumam ser vítimas de discriminação, de preconceito velado, tendo menor acesso às universidades e ao mercado de trabalho, diferente do ocorrido no Brasil.

d) a política de cotas raciais foi adotada pela Universidade do Estado do Rio de Janeiro em 1982 pelo então governador Anthony Garotinho, reservando metade das vagas aos alunos cotistas.

e) a política de cotas, sejam elas raciais, sociais ou econômicas devem ser acompanhadas de políticas públicas de melhoramento do ensino público proporcionando igualdade de condições no seu acesso.

COMENTÁRIOS

✪ **Nota do autor:** O tema das ações afirmativas tem alcançado forte repercussão na sociedade brasileira, nomeadamente após a entrada em vigência da Constituição Cidadã de 1988. Vale ressaltar que o texto constitucional positivou e protegeu uma enorme gama de direitos e garantias fundamentais vilipendiados e ignorados durante nossa história. Assim, a proteção de bens jurídicos individuais (ex.: a liberdade de expressão, a igualdade material, a vedação do racismo e outras formas de discriminação) e, também, de bens difusos e coletivos (ex.: meio ambiente, família e relações de consumo) demonstra a nova ênfase constitucional dada pelo Estado brasileiro (diante do quadro internacional) à construção de uma sociedade mais igualitária e justa. Ocorre, porém, que a mera proteção jurídico-legal não se revelou suficiente para proteger os novos direitos e garantias consagrados pela Constituição de 1988. Constatou-se que, para que esses direitos e garantias se efetivem, é imprescindível a quebra de tabus existentes no pensamento e cultura do povo brasileiro há centenas de anos, como acontece com o racismo. Assim, as **ações afirmativas ou sistema de cotas** é certamente o assunto mais polêmico quando se trata do ingresso ao ensino superior no Brasil. No começo do século, eram poucas as universidades públicas que reservavam vagas para candidatos negros e/ou de baixa renda – destaque para a Universidade de Brasília (UnB). Com o passar dos anos, mais e mais instituições públicas de ensino superior passaram a adotar a prática, até que praticamente todas passaram a usar. A medida que seria provisória está se tornando definitiva, já que as universidades perceberam a letargia dos governos federais, estaduais e municipais em melhorar o ensino nas escolas públicas.

Alternativa correta: letra "E": a exemplo dos Estados Unidos, as políticas de cotas (ações afirmativas) só tiveram êxito na medida em que houve avanços significativos no ensino público e na política de acesso.

Alternativa "a": alternativa incorreta.

Alternativa "b": alternativa incorreta.

Alternativa "c": alternativa incorreta.

Alternativa "d": alternativa incorreta.

---

22. (Delegado de Polícia – RO/ 2009 – FUNCAB) "Os lagos formados pelas barragens das usinas hidrelétricas de Jirau e do Santo Antônio, que serão construídas ao longo do rio Madeira, em Rondônia, deverão ser maiores do que o sugerido nos estudos de impactos ambientais realizados por técnicos de Furnas Centrais Elétricas e da Construtora Norberto Odebrechet."

Disponível em: http://noticias.ambientebrasil.com.br/noticia/?id=19347 Acesso em: 28/10/2009

Do ponto de vista geográfico, as hidrelétricas vêm desempenhando um papel destacado no processo de desenvolvimento econômico brasileiro. No entanto, na fase de construção, elas causam diversos impactos diretos sobre o meio ambiente, conforme sugerido na notícia acima e constatados na realidade. Entre eles:

I. esvaziamento demográfico com movimentos migratórios em direção às cidades.
II. terraplanagem para a instalação das obras de apoio.
III. desmatamento em grande escala para a abertura de estradas.
IV. grandes mudanças climáticas.
V. possível alteração do curso do rio nas proximidades da obra.

Estão corretas:

a) apenas III e IV.
b) apenas II e V.
c) apenas I e II.
d) apenas I e IV.
e) apenas II e III.

COMENTÁRIOS

✪ **Nota do autor:** A construção de hidrelétricas causa um estrago enorme. Assim, na área que recebe o grande lago que serve de reservatório da hidrelétrica, a natureza se transforma: o clima muda, espécies de peixes desaparecem, animais fogem para refúgios secos, árvores viram madeira podre debaixo da inundação... Há, também que se levar em conta o impacto social: milhares de pessoas deixam suas casas e têm de recomeçar sua vida do zero num outro lugar. No Brasil, 33 mil desabrigados estão nessa situação, e criaram até uma organização, o Movimento dos Atingidos por Barragens (MAB).

Alternativa correta: letra "D": de fato, conforme destacamos acima, com a construção de hidrelétricas, a natureza se transforma e milhares de pessoas deixam suas casas e têm de recomeçar usas vidas do zero.

Alternativa "a": alternativa incorreta.

Alternativa "b": alternativa incorreta.

Alternativa "c": alternativa incorreta.

Alternativa "e": alternativa incorreta.

▸ TEXTO:

O rápido aumento das temperaturas no mundo deverá ter um efeito devastador sobre os cultivos agrícolas nas zonas tropicais e subtropicais até o fim deste século. Estudo recente alerta que, se não houver uma adaptação ao novo clima, metade da população mundial sofrerá com a escassez de alimentos em 2100. Produtos primários, como o milho e o trigo, por exemplo, poderão sofrer reduções de 20% a 40%. As populações dessas regiões estão entre as mais pobres do mundo e as que apresentam um crescimento demográfico significativo. Calcula-se que 3 bilhões de pessoas vivam nessas zonas O Globo, 9/1/2009, p. 32 (com adaptações).

---

23. (Delegado de Polícia – RN/ 2008 – CESPE) Considerando informações contidas no texto e aspectos marcantes do mundo contemporâneo, assinale a opção correta.

a) A estagnação do crescimento da população mundial transformou-se em problema que preocupa governos e instituições multilaterais como a Organização das Nações Unidas.
b) Em geral, como sugere o texto, o expressivo crescimento populacional restringe-se às regiões economicamente mais poderosas.
c) O Brasil está situado nas áreas geográficas citadas no texto como propensas a sofrer problemas nas atividades agrícolas.
d) Se corretas as previsões do texto, o Brasil deverá repensar seu programa de produção de álcool combustível, que é derivado do milho.
e) Conflitos constantes no Oriente Médio levaram a economia mundial a reduzir sensivelmente sua dependência de petróleo.

COMENTÁRIOS

✪ **Nota do autor:** No Brasil, além da industrialização, as atividades relacionadas à agricultura têm se intensificado e a derrubada, a queima de florestas e a produção agropecuária são consideradas por vários pesquisadores, como os principais responsáveis pelo aquecimento global. No entanto, algumas práticas agrícolas podem minimizar ou até mesmo não liberar gases poluentes como, por exemplo, a criação extensiva de gado ou a produção agrícola sustentável. Neste sentido, é imprescindível que as pesquisas agropecuárias sejam voltadas para a elaboração de técnicas que não contribuam para aquecimento global.

Alternativa correta: letra "C" segundo o que se depreende do texto, o Brasil é um dos países que se encontra numa área que pode sofrer no setor agrícola

Alternativa "a": alternativa incorreta, devido ao que está no texto.

Alternativa "b": alternativa incorreta, devido ao que está no texto.

Alternativa "d": alternativa incorreta, devido ao que está no texto.

Alternativa "e": alternativa incorreta, devido ao que está no texto.

24. (Delegado de Polícia – RN/ 2008 – CESPE) Uma série de inspeções feitas pelo Conselho Nacional de Justiça em presídios de quatro estados constatou que mil detentos, mesmo após terem cumprido pena, continuavam atrás das grades. No grupo, também havia presos em flagrante já com direito à liberdade. Outros condenados estavam sendo privados de benefícios aos quais tinham direito. Sem advogado particular ou defensor público designado para suas causas, esses detentos acabaram esquecidos nas celas.

O Globo, 4/1/2009, p. 3 (com adaptações).

Os benefícios que normalmente se aplicariam aos detentos, mas aos quais estes não tiveram acesso, conforme o texto, não incluem a

a) anulação da pena condenatória.

b) permissão para o trabalho externo.

c) transferência para o regime semiaberto.

d) obtenção de livramento condicional.

e) expedição de alvará de soltura.

COMENTÁRIOS

✪ **Nota do autor:** Logo após a sentença penal condenatória, incidem – imediatamente – alguns efeitos, ora de natureza penal, ora de natureza civil ou administrativa. Pode-se dizer que a condenação, seja ela a imposição de pena privativa de liberdade, restritiva de direitos, de multa ou medida de segurança, revela-se no efeito principal da sentença criminal condenatória. Existem também outros efeitos, ainda no âmbito penal, denominados secundários, como a reincidência, a impossibilidade e revogação da Suspensão condicional da pena, a revogação do livramento condicional, entre outros.

Alternativa correta: letra "A": a nulidade da sentença condenatória ocorre no âmbito processual, exemplo: falta de fundamentação, a contradição entre a fundamentação ou o dispositivo do *decisum*.

Alternativa "b": alternativa errada, pois se trata de um benefício.

Alternativa "c": alternativa errada, pois se trata de um benefício.

Alternativa "d": alternativa errada, pois se trata de um benefício.

Alternativa "e": alternativa errada, pois se trata de um benefício.

25. (Delegado de Polícia – RN/ 2008 – CESPE) A revolução comemora 50 anos premida por desafios econômicos e políticos, de cujas soluções depende sua sobrevivência quando terá desaparecido a veterana geração histórica de jovens barbudos que, em 1959, tinham como eixo alcançar a unidade, uma tarefa imprescindível na época.

Jornal do Brasil, 1º/1/2009, p. A18 (com adaptações).

Assinale a opção que identifica o país e a liderança aos quais o texto acima se reporta.

a) Vietnã – Ho Chi Min e Giap

b) Cuba – Fidel Castro e Che Guevara

c) Rússia – Lênin e Stálin

d) China – Mao Tsé-tung e Deng Xiaoping

e) Brasil – Getúlio Vargas e João Goulart

COMENTÁRIOS

✪ **Nota do autor:** Cuba, após sua independência se transformou numa espécie de "quintal" dos Estados Unidos. Na década de 50, o general Fulgêncio Batista tornou-se ditador. Assim, sob a liderança de Fidel Castro, Camilo Cienfuegos e Ernesto "Che" Guevara, um pequeno grupo (cerca de 80 homens) se espalhou para lutar contra o governo em diferentes focos. Entre 1956 e 1959, conseguiram conquistar várias cidades do território cubano. Em 1959, conseguiram derrubar o governo de Fulgêncio Batista, com o objetivo de instaurar um novo regime, norteado pela melhoria das condições de vida dos menos favorecidos.

Alternativa correta: letra "B": esta é a alternativa correta na medida em que Che Guevara e Fidel Castro conduziram a revolução cubana obtendo êxito no ano de 1959.

Alternativa "a": alternativa errada, pois Ho Chi Min, presidente do Vietnã do Norte, conduziu uma revolução em 1941 (esta guerra – Indochina – só acaba em 1954).

Alternativa "c": esta alternativa está errada na medida em que a Revolução Russa ocorreu em 1917.

Alternativa "d": esta alternativa está errada na medida em que Mao Tsé-tung governou a China desde sua criação (da revolução) em 1949, até 1976.

Alternativa "e": esta alternativa está errada, pois Getúlio Vargas promoveu uma revolução no Brasil em 1930 com intuito de eliminar a "república café com leite".

▸ TEXTO:

Números fechados de 2008 mostram que, no ano passado, 2,6 milhões de pessoas nos Estados Unidos da América (EUA) perderam seus empregos. Na comparação com a população economicamente ativa do país, é a pior taxa desde 1982. Em novembro e dezembro, houve mais de 1,1 milhão de vagas cortadas. A taxa de desemprego subiu de 6,8% para 7,2% no mês passado, a mais alta em 16 anos. O número de desempregados nos EUA supera os 11 milhões, com perdas fortes em praticamente todos os setores. Os dados aumentam a pressão sobre o recém-

-empossado presidente Barack Obama. Estudo mostra que o desemprego de imigrantes latinos nos EUA cresceu quase o dobro do aumento da taxa entre os não latinos.

Folha de S.Paulo, 10/1/2009, capa (com adaptações).

A piora na crise econômica levou o Brasil a registrar em dezembro o pior resultado para o emprego com carteira assinada em 10 anos. O Ministério do Trabalho e Emprego revelou que foram fechados 654.946 postos de trabalho em dezembro, o pior resultado desde 1992.

Jornal do Brasil, 20/1/2009, p. A21 (com adaptações).

26. (Delegado de Polícia – RN/ 2008 – CESPE) Iniciada nos EUA, a atual crise econômica dissemina-se mundialmente. Sabe-se que uma das principais razões para que isso ocorra encontra-se no próprio estágio alcançado pela economia contemporânea, comumente chamado de globalização, que tem, entre suas características mais marcantes,

a) a ampliação dos mercados mundiais e a crescente interdependência entre os atores que nele atuam.

b) o enrijecimento do conceito de fronteiras nacionais, que incentiva as práticas econômicas liberais.

c) a ausência de mecanismos de regulação do comércio internacional, que leva ao rigor protecionista.

d) a distribuição mais equânime da riqueza produzida, que reduz os níveis de pobreza no mundo.

e) o desaparecimento gradual da liberdade de circulação de produtos e de capitais pelos mercados.

COMENTÁRIOS

✪ **Nota do autor:** A **Globalização** é um processo de integração econômica, cultural, social e política. Esse fenômeno é gerado pela necessidade do capitalismo de conquistar novos mercados, principalmente se o mercado atual estiver saturado. A intensificação da **globalização** aconteceu na década de 70, e ganha grande velocidade na década de 80. As principais características da globalização são a homogeneização dos centros urbanos, a expansão das corporações para regiões fora de seus núcleos geopolíticos, a revolução tecnológica nas comunicações e na eletrônica, a reorganização geopolítica do mundo em blocos comerciais (não mais ideológicos), a hibridização entre culturas populares locais e uma cultura de massa universal.

Alternativa correta: letra "A": esta alternativa é correta na medida em que reflete um dos principais pontos da globalização.

Alternativa "b": alternativa incorreta.

Alternativa "c": alternativa incorreta.

Alternativa "d": alternativa incorreta.

Alternativa "e": alternativa incorreta.

27. (Delegado de Polícia – RN/ 2008 – CESPE) A respeito da atual crise econômica mundial, com base nos textos acima, assinale a opção correta.

a) Embora grave, a crise permanece centrada em alguns setores da economia.

b) Hoje, já existe consenso quanto à dimensão e aos desdobramentos da crise.

c) No Brasil de hoje, o desemprego atinge, sobretudo, a economia informal.

d) Apoiado por George W. Bush, Barack Obama foi eleito antes que a crise explodisse nos EUA.

e) A perda do emprego é a face social dramática das grandes crises econômicas.

COMENTÁRIOS

✪ **Nota do autor:** Cerca de 20 milhões de mulheres e homens perderam seus empregos como consequência da crise financeira global segundo a Organização Internacional do Trabalho (OIT). Vale lembrar que os governos (europeus principalmente) buscam ações governamentais para evitar uma crise que já dura há anos.

Alternativa correta: letra "E": a alternativa está correta na medida em que o número de desempregados aumentou de 190 milhões em 2007 para 210 milhões em 2009.

Alternativa "a": alternativa incorreta.

Alternativa "b": alternativa incorreta.

Alternativa "c": alternativa incorreta.

Alternativa "d": alternativa incorreta.

28. (Delegado de Polícia – RN/ 2008 – CESPE) Em meio à impressionante expectativa positiva, em seu país e no exterior, Barack Obama tomou posse em janeiro de 2009 como o 44º presidente dos EUA. Muito desse sentimento se deve ao ineditismo que envolve sua eleição, como o fato de ser o primeiro presidente norte-americano

a) filho de pais estrangeiros e que tem o inglês como segunda língua.

b) recrutado fora da elite política do país e avesso ao bipartidarismo vigente.

c) a ter uma mulher, Hillary Clinton, como companheira de chapa.

d) negro, a coroar a luta pela igualdade racial empunhada por Martin Luther King.

e) mestiço, imigrante, católico e neófito em campanhas eleitorais.

COMENTÁRIOS

✪ **Nota do autor:** Barack Obama foi eleito o 44º presidente dos Estados Unidos (aos 47 anos e tornou-se o primeiro negro a governar o país, ao derrotar o rival republicano John McCain. Deste modo, depois de oito anos do governo republicano de George W. Bush, os norte-americanos aceitaram a proposta repetida pelo novato. Obama, bradando lemas como "precisamos de mudança", veio a substituir um líder – Bush – que chegou a ser aclamado pelo pulso firme na guerra antiterrorismo, mas que deixou o posto desgastado por duas guerras, além da recente crise financeira. Reeleito, na sua inauguração, os 19 minutos do discurso do presidente fizeram referências ao famoso "I Have a Dream" de Martin Luther King há quase 50 anos.

Alternativa correta: letra "D": a alternativa está correta, pois a título de elucidação, destaca-se que o juramento de Obama (na reeleição) foi repetido sobre uma Bíblia que pertenceu a King.

Alternativa "a": alternativa errada somente seu pai não era americano (Obama é filho de queniano com mãe americana).

Alternativa "b": alternativa incorreta na medida em que Obama formou-se em Harvard (Universidade da elite).

Alternativa "c": alternativa incorreta pois seu companheiro de chapa foi Joe Biden.

Alternativa "e": alternativa incorreta na medida em que Obama, ao sair Presidente já era Senador. Não é católico e possui um *background* religioso multifacetado – que vai desde o cristianismo ao islamismo.

TEXTO:

Os países do Oriente Médio são construções políticas artificiais, impostas. A herança colonial deu lugar a um equilíbrio instável, que, de tempos em tempos, é transmudado em guerras. Não sou otimista. Gaza poderá ser vista como escaramuça preparatória de um grande conflito que está em gestação. Os interesses de Israel e do Irã não têm denominador comum.

César Benjamin. Gaza pode prenunciar grande conflito.
In: Folha de S.Paulo, 10/1/2009, capa (com adaptações).

29. (Delegado de Polícia – RN/ 2008 – CESPE) Reconhecidamente uma das mais – se não a mais – explosivas regiões do mundo contemporâneo, o Oriente Médio tem, ao lado de significativas implicações políticas, culturais e religiosas, importância estratégica para a economia mundial por

a) ser a rota natural de comércio entre a África e o continente americano.

b) deter boa parte das reservas petrolíferas que impulsionam o sistema produtivo mundial.

c) concentrar os grandes contingentes populacionais adeptos da religião islâmica.

d) ser o maior mercado consumidor de produtos europeus, japoneses e norte-americanos.

e) financiar, quase que integralmente, o atual surto de desenvolvimento da China.

COMENTÁRIOS

✪ **Nota do autor:** Desde que foi descoberto no século XIX o petróleo vem sido consumido de forma abundante pelo Mundo. Os fatos que ocorrem no Oriente Médio impactam todo o Mundo. Vale lembrar que o primeiro choque do petróleo ocorreu em 1973, quando os países do Oriente Médio descobriram que o petróleo é um bem não renovável e que, por isso, iria acabar algum dia. Os produtores então diminuíram a produção, elevando o preço do barril de US$ 2,90 para US$ 11,65 em apenas três meses.

Alternativa correta: letra "B": as crises do petróleo estão interligadas com os conflitos do Oriente Médio, pois limita a sua produção e eleva o valor.

Alternativa "a": alternativa é incorreta, pois do ponto de vista geopolítico é incompatível.

Alternativa "c": alternativa incorreta.

Alternativa "d": alternativa incorreta.

Alternativa "e": alternativa errada.

30. (Delegado de Polícia – RN/ 2008 – CESPE) A partir da leitura do texto acima e considerando o cenário do Oriente Médio, assinale a opção correta.

a) A inexistência efetiva de um Estado palestino é vista por muitos como fator desestabilizante e gerador de crises sucessivas na região.

b) A estabilidade política hoje apresentada pelos países do Oriente Médio decorre do modelo de colonização europeia sobre a região.

c) Enquanto Israel é uma teocracia, o Irã apresenta-se como Estado laico desde a vitória da revolução liderada pelo aiatolá Khomeini.

d) O radical Hamas, que prega a destruição de Israel, chegou ao poder em Gaza ao impor-se militarmente, sem se sujeitar a eleições.

e) O texto sugere que o quadro de guerra que envolve a Faixa de Gaza esgota-se em si mesmo e deverá ser solucionado em breve.

COMENTÁRIOS

✪ **Nota do autor:** A Crise Israel-Palestina (nomeadamente no reconhecimento do Estado Palestino) é um dos principais fatores de conflito no Oriente Médio e remonta há vários séculos. Assim, desde 1897, durante o primeiro encontro sionista, movimento internacional judeu, ficou decidido que os judeus retornariam em massa à Terra Santa, em Jerusalém. Imediatamente teve início a emigração para a Palestina, que era o nome da região no final do século XIX. Nessa época, a área pertencia ao Império Otomano, onde viviam cerca de 500 mil árabes. Em 1903, 25 mil imigrantes judeus já estavam vivendo entre eles. Em 1914, quando começou a Primeira Guerra Mundial (1914-1918), já eram mais de 60 mil. No ano de 1947 a ONU aprovou a divisão do estado Palestino em dois territórios: um árabe e outro judeu. As nações árabes se opuseram e estourou uma guerra; como consequência, o território de Israel cresceu 75%. Em 1967, durante a Guerra dos Seis Dias, Israel incorporou a Faixa de Gaza, as Colinas de Golã, Jerusalém Oriental e a Cisjordânia (pontos de conflito até os dias atuais).

Alternativa correta: letra "A": o reconhecimento do Estado da Palestina é um passo muito importante para a paz no Oriente Médio e para o resto do mundo. Por isso, a futura criação de um Estado palestino com todos os requisitos de soberania plena (nos marcos da fórmula ***Dois Estados para Dois Povos***), como solução para o conflito israelense-palestino revela-se importante.

Alternativa "b": alternativa incorreta.

Alternativa "c": alternativa incorreta, pois apresenta informações imprecisas.

Alternativa "d": alternativa incorreta, pois não traz dados corretos.

Alternativa "e": alternativa incorreta, pois não está em sintonia coma realidade do conflito.

31. (Delegado de Polícia – AC/ 2008 – CESPE) Envelhecimento de consumidores e da força de trabalho, desastres ecológicos de consequências imprevisíveis, campanha de consumidores contra empresas que não respeitam o meio ambiente. Até pouco tempo atrás considerados de importância secundária, esses temas hoje já dividem espaço com questões tradicionais, como falta de energia, inflação e aspectos regulatórios na pauta dos mais sérios riscos para a perenidade de grandes corporações globais. É o que aponta recente estudo, que também relaciona alguns problemas que devem ganhar força em breve, como uma desaceleração na China, a briga por talentos e a incapacidade das empresas de inovar.

Gazeta Mercantil, 15/1/2008, capa (com adaptações).

Tendo o texto acima como referência inicial e considerando aspectos relevantes do atual panorama mundial, julgue os itens que se seguem.

31.1. Em seu conjunto, o texto menciona tópicos característicos do atual estágio da economia mundial, marcado pela expansão de suas atividades em escala cada vez mais planetária.

COMENTÁRIOS

Certo: na medida em que a globalização revela-se num fenômeno muito recente da economia capitalista mundial. É o resultado da evolução da técnica e da ciência, da construção de instituições supranacionais que lhe dão sustentação como a OMC (Organização Mundial do Comércio) e os diversos blocos econômicos regionais que (em muito pouco tempo) se consolidaram.

31.2. A globalização pressupõe a necessidade de domínio do conhecimento como forma de se assegurarem as constantes inovações tecnológicas, das quais tanto se nutre o sistema produtivo contemporâneo.

COMENTÁRIOS

Certo: O mundo globalizado definiu uma nova organização do espaço geográfico, com impacto em todas as regiões do mundo, ampliando as diferenças entre os países desenvolvidos e sub-desenvolvidos. Vale lembrar, contudo, que o domínio e conhecimento das novas conquistas técnicas e científicas promovidas por essa nova fase do capitalismo mundial ficaram fora do alcance de muitos.

31.3. A questão ambiental, embora com peso crescente na agenda mundial e suscitando preocupação de autoridades e da sociedade, ainda não influi nos rumos do comércio internacional.

COMENTÁRIOS

Errado: no atual estágio de globalização, as indústrias para se destacarem no concorrido mercado não se importam de passarem por cima de algumas leis ou normas a elas aplicadas.

Deste modo, quem mais sofre com essa "corrida por melhores resultados" é o meio ambiente (através da poluição de rios, desmatamentos e poluição do ar). Este descaso tem aumentado o buraco na camada de Ozônio ("Efeito Estufa"), causando o aquecimento do planeta. Esta é uma das principais preocupações do mundo globalizado ao definir novos rumos para o comércio internacional.

31.4. Vítima de séria crise energética em passado recente, popularmente chamada de apagão, o Brasil volta a se preocupar com a possibilidade de eventual escassez de energia motivada pela irregularidade das chuvas.

COMENTÁRIOS

Certo: No Brasil, como acontece em todo verão, as águas de janeiro, fevereiro e março enchem os reservatórios das usinas hidrelétricas. No entanto, o nível baixo das represas antes da temporada de chuvas, (fato que nem é tão atípico), foi usado como argumento para o caos iminente que assola o país (tendo em vista os meses de abril, maio ou junho).

31.5. Surpreendentemente, o texto não menciona a insegurança gerada pela instabilidade da legislação reguladora da economia como potencial perigo para as grandes empresas transnacionais.

COMENTÁRIOS

Errado: na medida em que o texto demonstra a preocupação com os "aspectos regulatórios".

31.6. A China apresenta-se, na atualidade, como país emergente, ostentando um dos mais altos índices de crescimento econômico no mundo e presença crescentemente ampliada no volume de comércio global.

COMENTÁRIOS

Certo: A China possui, atualmente, uma das economias que mais crescem no mundo globalizado. A média de crescimento econômico deste país nos últimos anos é de quase 9%. Trata-se de uma taxa superior a das maiores economias mundiais (inclusive a do Brasil). O Produto Interno Bruto (PIB) da China atingiu U$ 8,28 trilhões no ano de 2012 – tornando-a a segunda maior economia do Mundo. Vale lembrar que essas cifras apontam o país como detentor de 15% da economia Mundial.

31.7. Infere-se do texto que uma eventual redução do nível de expansão da economia chinesa seria benéfica para as grandes corporações mundiais porque significaria menos concorrência para elas.

COMENTÁRIOS

Errado: A China hoje em dia é um dos principais parceiros econômicos de diversos blocos econômicos. Assim, sua economia interessa a vários países. Hoje a China pertence à APEC (Asian Pacific EconomicCooperation), junto com o Japão, Austrália, Rússia, estados Unidos, Canadá e Chile e outros países.

31.8. O texto sugere que a capacidade de reciclar-se e de inovar é condição imposta pela globalização para que as empresas não declinem ou desapareçam, tragadas pela extrema competitividade que hoje vigora na economia.

COMENTÁRIOS

Certo: o mundo globalizado trouxe maior competitividade além fronteiras. Isso traz como consequência, a necessidade das Empresas e economias se reinventarem e reestruturarem para vencer a concorrência.

31.9. Ao mencionar as grandes corporações globais, o texto certamente se refere às empresas transnacionais, também conhecidas como multinacionais.

COMENTÁRIOS

Certo: o texto menciona as "grandes corporações globais".

31.10. A Organização Mundial do Comércio (OMC) é o órgão multilateral que tem por finalidade elaborar as regras a serem seguidas no comércio internacional e zelar pela observância delas.

COMENTÁRIOS

Certo: a OMC (Organização Mundial do Comércio) é uma instituição internacional que atua na fiscalização e regulamentação do comércio mundial. Com sede em Genebra (Suíça) foi fundada em 1994, durante a Conferência de Marrakech. Podemos citar como funções da OMC: a) regulamentar e fiscalizar o comércio mundial; b) resolver conflitos comerciais entre os países membros; c) gerenciar acordos comerciais (tendo como "Norte" a globalização da economia) e d) supervisionar o cumprimento de acordos comerciais entre países membros.

▸ **TEXTO**

O Supremo Tribunal Federal (STF) decidiu liberar as obras de transposição do rio São Francisco. O projeto não deve ser paralisado, como apelou o bispo dom Luiz Flávio Cappio, há dias em greve de fome, com o apoio de organizações da sociedade civil – Conselho Indigenista Missionário (CIMI), Ordem dos Advogados do Brasil (OAB) e Movimentos dos Trabalhadores Rurais Sem Terra (MST). O governo federal avisou que não pretende paralisar as obras e anunciou a primeira licitação.

Correio Braziliense, 20/12/2007, p.12 (com adaptações).

32. (Delegado de Polícia – TO/ 2008 – CESPE) Tendo o texto acima como referência inicial e considerando o tema que ele aborda, a questão ambiental e as desigualdades regionais existentes no Brasil, julgue os itens.

32.1. O projeto de transposição das águas do rio São Francisco não é recente e sua discussão começou a ganhar intensidade já na primeira metade da década passada; desde então, ele jamais deixou de suscitar polêmicas, inclusive de ordem técnica.

COMENTÁRIOS

Certo: na medida em que apesar de estar sendo discutida há mais de 150 anos (vale lembrar que a primeira vez que alguém teve a ideia de transpor o terceiro maior rio do país foi D. Pedro II, em 1847), não há consenso sobre se ela é a melhor maneira de acabar com a seca no Nordeste. De um lado, existem argumentos que evidenciam que a quantidade de água disponível por habitante no semiárido nordestino é menos da metade do que a ONU estabelece como mínima para a vida humana. Além disso, a escassez já ameaça cidades de médio e grande porte (estima-se que, se nenhuma medida for tomada, Fortaleza entrará em colapso hídrico – uma espécie de apagão de águas – daqui a 20 anos). Por outro lado, os críticos acham que o maior problema da região é o mau uso da água existente e apontam diversos erros no projeto proposto. Vale recordar que o rio é o terceiro maior do Brasil, com 2,8 mil km de extensão. O "Velho Chico", como é conhecido em alguns estados, tem uma vazão média de 2,7 mil m^3 de água por segundo. O São Francisco tem a nascente em Minas Gerais, atravessa a Bahia, faz a divisa natural do Estado com Pernambuco e entre os estados de Sergipe e Alagoas.

32.2. A greve de fome do religioso citado no texto é a segunda que ele faz com idêntico objetivo: pressionar o governo federal a suspender, pelo menos temporariamente, as obras de transposição das águas daquele que já foi denominado, no passado, rio da integração nacional.

COMENTÁRIOS

Certo: *"Quando a razão se extingue, a loucura é o caminho"*. Com esta ideia, o bispo franciscano de Barra – BA dom Luiz Cappio justificava seus dois jejuns, em 2005 e 2007, contra o projeto de transposição, em defesa do Rio São Francisco e do semiárido brasileiro.

32.3. Entre os opositores do projeto, prevalece a tese de que a transposição, ao contrário do que alegam seus defensores, não beneficiará a população mais pobre da região nordestina, mas atenderá, sobretudo, aos interesses de grupos empresariais e de particulares ricos.

COMENTÁRIOS

Certo: para os opositores, como o uso comercial da água dá mais retorno financeiro, a situação atual não deve mudar. Pequenas localidades, em situação crítica, correm o risco de continuar sem água, já que têm pouco dinheiro e poder político.

32.4. Se, para o governo federal, o que conta é tão somente a transposição, para quem se opõe ao projeto a questão prioritária é não mais que assegurar o fluxo natural do rio São Francisco, mantendo-o nas condições em que se apresenta hoje.

COMENTÁRIOS

Item errado: na medida em que ao propor a retirada de uma porcentagem da vazão média, o governo ignora as peculiaridades do rio que, na seca, tem vazão bem menor. Nesses períodos, a retirada de 1,4% pode equivaler a quase toda a água do rio.

32.5. O governo se mantém firme na decisão de dar prosseguimento ao projeto porque dispõe da inegável simpatia dos chamados movimentos sociais e, sobretudo, sabe que conta com apoio incondicional do conjunto das bancadas com assento no Congresso Nacional.

COMENTÁRIOS

Item errado: é evidente que são precisamente estes segmentos que criticam o governo com veemência. Assim, os críticos, representados por governos dos estados banhados pelo São Francisco, lideranças sociais e entidades de defesa dos ribeirinhos, temem o pior: que uma nova intervenção, mesmo em pequena escala, gere muitos danos ao "Velho Chico".

32.6. A principal justificativa do governo federal para levar adiante o projeto de transposição é a imperiosa necessidade de minorar os dramáticos efeitos da seca em regiões nas quais as chuvas são escassas e a seca prolongada, como ocorre, principalmente, no Maranhão e no norte do Tocantins.

COMENTÁRIOS

Item errado: vale ressaltar que o atual traçado da obra pretende desviar, por meio de bombeamento, uma parte do fluxo do Rio São Francisco para os Estados do Ceará, Pernambuco, Paraíba e Rio Grande do Norte, em parte da região chamada "Polígono da Seca".

32.7. A questão da desigualdade regional está historicamente presente no debate brasileiro; não por outra razão, ela está na raiz de movimentos que levantavam a bandeira da redivisão político-administrativa do território, de que seria exemplo notório a própria criação do estado do Tocantins.

COMENTÁRIOS

Certo: reduzir a desigualdade no acesso aos recursos hídricos, segundo a corrente dos defensores, é o principal objetivo do projeto. A bacia do São Francisco concentra 63% da água existente no Nordeste, e 95% de sua vazão vai para o mar. Os 5% usados geram energia e abastecem cidades e cultivos agrícolas. Mas, conforme previsões para 2025, a maior parte da população, cerca de dois terços do total, estará concentrada nas bacias dos rios temporários, aqueles que secam na estiagem e retêm somente 22% da água da região. O Tocantins nasceu em 1988, quando foi separado de Goiás. Ainda não há muitos dados sobre o impacto da mudança para a população, mas alguns mostram que, nesses 23 anos, houve melhorias em algumas áreas, como economia e infraestrutura. Em outras, como na saúde e educação, o Estado ainda tem muitos problemas para resolver.

32.8. Mencionado no texto, o MST ampliou sua atuação pública e, ao apoiar o bispo em greve de fome e externar claramente seu repúdio ao projeto de transposição patrocinado pelo governo federal, resolveu, pela primeira vez em sua história, agir em uma área que não é propriamente a da reforma agrária.

COMENTÁRIOS

Item errado: com a transposição das águas do rio São Francisco o governo não conseguirá atingir os objetivos previstos apenas com uma obra de engenharia. Como é sabido, o nordeste brasileiro é uma das macrorregiões de maior concentração fundiária. Isto significa que a transposição do rio São Francisco, para beneficiar grande parte da população do semiárido, só teria sentido se acontecesse junto com uma reforma agrária.

32.9. A concessão de licenças ambientais para que determinadas e quase sempre grandiosas obras possam ser executadas tem gerado constrangimentos entre setores da própria administração pública, como ocorreu no caso da transposição do São Francisco e, mais recentemente, no da construção de usinas hidrelétricas no rio Madeira.

COMENTÁRIOS

Certo: o entrave ambiental é o principal problema da maior parte das obras classificadas como preocupante nos últimos governos. É preciso lembrar que, se o Ibama ainda não concedeu licença ambiental para as usinas hidrelétricas de Jirau e Santo Antônio, no rio Madeira (RO), liberou a transposição das águas do rio São Francisco, por exemplo.

32.10. Se, ao longo da história, o rio São Francisco integrou parte do Sudeste a parte do Nordeste, na atual paisagem brasileira o jovem estado do Tocantins caracteriza-se geograficamente como zona de transição e unidade federada que conecta as regiões Norte, Nordeste e Centro-Oeste do país.

COMENTÁRIOS

Certo: As dificuldades de acesso à região sul do Estado de Tocantins, por parte dos habitantes do norte, os levaram a estabelecer vínculos comerciais mais fortes com os Estados do Maranhão e Pará, sedimentando cada vez mais as diferenças e criando o anseio separatista (que culminou na criação de Tocantins).

Atualidades

Alexandre Sanches Cunha

✦ DICAS

1) Em janeiro de 2012, o governo de São Paulo iniciou uma operação policial na "Cracolândia" (situada no centro da capital). Esta operação, com finalidade de combater o consumo de drogas, foi duramente criticada por entidades civis.

2) A "lei da Ficha Limpa" foi considerada constitucional pelo Supremo Tribunal Federal (STF) que anunciou sua aplicação integral para as eleições de 2012. Esta lei elenca a inelegibilidade por 8 anos de políticos condenados em Segunda Instância por crimes como: lavagem de dinheiro, improbidade administrativa e compra de votos.

3) O primeiro negro a ocupar uma cadeira no Supremo Tribunal Federal (STF), Joaquim Barbosa assumiu a presidência da Corte no dia 22 de novembro de 2012. Esse ano foi um ano em que o Ministro teve muita projeção na imprensa, nomeadamente como relator do processo 470 – a ação penal do "Mensalão" – onde 25 réus fora efetivamente condenados – incluindo os principais integrantes do governo Lula.

4) O Brasil instalou a "Comissão da Verdade" com o objetivo de apurar as violações de direitos humanos ocorridas na ditadura militar entre 1964-1985. Os primeiros alvos de investigação foram a "operação Condor" e a Guerrilha do Araguaia.

5) O Presidente Barack Obama, após uma disputa acirrada, derrotou seu oponente MittRomney e foi reeleito Presidente dos Estados Unidos da América, com grande apoio da comunidade hispânica (em 06 de novembro de 2012) diante de um cenário de estagnação econômica e alto desemprego.

6) A Palestina conquistou um importante triunfo diplomático com 139 votos a favor, 9 contra e 41 abstenções na Assembleia Geral da Organização das Nações Unidas (ONU) que reconheceu a Palestina como "Estado Observador". Vale lembrar que esta admissão não garante o direito a voto nos debates da ONU – contudo, permite ao Presidente da Autoridade Palestina recorrer à corte internacional contra ações abusivas de Israel.

7) Na Síria, observa-se o fortalecimento da insurgência ofensiva cada vez mais acirrada contra o regime abusivo de BASHAR AL-ASSAD. A comunidade internacional, desde 2011 luta para conter o derramamento de sangue no país (sem sucesso algum). A ONU – no início de 2013 – estima que o conflito tenha provocado a morte de cerca de 40 mil pessoas.

8) No Egito, após a queda de Hosni Mubarak, foi eleito o primeiro presidente (democraticamente). Trata-se do candidato da irmandade muçulmana Mohamed Mursi. Assim que tomou posse "eliminou" todos os resquícios do antigo regime (incluindo importantes oficiais das Forças Armadas). No plano internacional, foi um dos principais articuladores (juntamente com os EUA) para pôr fim ao conflito de oito dias entre Israel e Palestina.

9) A Venezuela entrou para o Bloco do Mercosul (bloco que reunia Brasil, Argentina, Uruguai e Paraguai). Vale lembrar que o Paraguai resistia à entrada da Venezuela por discordar abertamente das políticas nacionalistas de Hugo Chávez. Com a entrada da Venezuela, o Mercosul passou a contar com três das quatro maiores economias da América do Sul (e com o principal produtor de petróleo).

10) a carga tributária do Brasil segundo a Recita Federal atingiu 35,3% do PIB em 2011 (totalizando 1,46 trilhão de reais). O montante foi o maior desde 2002.

11) A Grécia acumulou vários "pacotes". No ano de 2012, manifestantes escalaram o prédio do Parlamento grego e rasgaram a bandeira nacional. Foi uma forma de protestar contra os sucessivos pacotes econômicos aprovados por parlamentares (e impostos por países da União Europeia) que atingem duramente a população. A Grécia é o "epicentro" da crise europeia com um endividamento que supera seu PIB.

12) Em outubro de 2012, a catarinense Ingrid Migliorini leilou sua virgindade por 780 mil dólares. O lance mais alto foi dado por um japonês de 53 anos de idade. Toda a "aventura" integrará um documentário: *VirginsWanted*.

13) A estação brasileira na Antártica, (*Estação Antártica Comandante Ferraz*) teve cerca de 70 % de suas instalações danificadas por um incêndio em fevereiro de 2012. Na estação haviam 60 pessoas entre pesquisadores e membros da Marinha do Brasil. Na tentativa de apagar o fogo, um sargento e um suboficial morreram heroicamente. Esta estação estava ativa desde 1984. Mesmo com o prejuízo, o programa brasileiro na Antártica continua em andamento com o módulo científico CRIOSFERA (situado 2,5 km da Estação Comandante Ferraz).

14) Nova Iorque foi atingida em outubro de 2012 pelo furacão Sandy (com 1,6 mil quilômetros de diâmetro). Este furacão causou grande destruição na metrópole americana (especialmente na ilha de Manhattan). Constatou-se que a cidade ficou semiparalisada por mais de uma dezena de dias.

15) O arquiteto Oscar Niemeyer Soares Filho morreu aos 104 anos de idade. Este brasileiro, formado na Escola Nacional de Belas Artes, foi responsável por mais de 600 projetos (o mais famoso foi Brasília) sendo que 200 deles estão espalhados em quatro continentes. Sua morte teve repercussão internacional com textos que comentam sua importância para a história da arquitetura mundial. "Morre Niemeyer, o poeta da curva", afirma o título destacado na edição online do diário espanhol *El País*. "O mundo da arquitetura está de luto por um de seus grandes nomes", afirmou o diário alemão *FrankfurterAllgemeine*.

16) O Papa Bento XVI, de 85 anos, anunciou no dia 11 de fevereiro de 2013, que renunciaria à liderança da Igreja Católica, por se sentir "sem forças" para desempenhar o cargo. A saída aconteceu em 28 de fevereiro do mesmo ano. A decisão foi tomada há quase um ano antes do anúncio, destacou o diretor do *Osservatore Romano* (fonte de informação oficial do Vaticano) Um porta-voz do Vaticano admitiu que a saída foi uma "surpresa" para a comunidade Católica. Após a escolha do novo Papa, Bento XVI confinou-se num mosteiro.

17) Em São Paulo, o estado mais rico, 70% dos alunos da 4ª série não dominam as operações de adição, subtração, multiplicação e divisão. Neste mesmo estado, 48% não sabem ler nem escrever plenamente.

18) O Brasil perde, (no PIB anterior) com a falta de mão-de-obra qualificada. Revela-se num país com alto índice de analfabetismo funcional – somando-se o fato de que o brasileiro é alheio seu próprio direito de cidadania.

19) O Brasil tem as seguintes causas relativas aos aspectos socioeconômico que podem ser a causa do abandono escolar:

(i) a pobreza;

(ii) o fator cultural, devido aos pais não serem alfabetizados, existe uma falta de estímulo dentro de casa;

(iii) as doenças, pois famílias pobres não possuem acesso a saneamento básico e outras infraestruturas, levando-as a ter saúde precária e, consequentemente, abandonarem a escola.

(iv) e ainda com relação às condições socioeconômicas, a violência nas escolas é outro ponto crucial a ser discutido como causador do abandono escolar.

20) O Brasil possui uma população de 190 milhões de pessoas, dos quais 60 milhões têm menos de 18 anos de idade, o que equivale a quase um terço de toda a população de crianças e adolescentes da América Latina e do Caribe.

21) No quadro brasileiro, as crianças são especialmente vulneráveis às violações de direitos, à pobreza e à iniquidade. Aqui, 29% da população vive em famílias pobres, mas, entre as crianças, esse número chega a 45,6%. As crianças negras, por exemplo, têm quase 70% mais chance de viver na pobreza do que as brancas; o mesmo pode ser observado para as crianças que vivem em áreas rurais. Na região do Semiárido, onde vivem 13 milhões de crianças, mais de 70% das crianças e dos adolescentes são classificados como pobres. Essas iniquidades são o maior obstáculo para o alcance dos Objetivos de Desenvolvimento do Milênio (ODM) por parte do País.

22) O Brasil está no rumo de alcançar o ODM 4, que trata da redução da mortalidade infantil. O País fez grandes avanços – a taxa de mortalidade infantil caiu de 47,1/1000, em 1990, para 19/1000, em 2008. Entretanto, infelizmente, as disparidades continuam: as crianças pobres têm mais do que o dobro de chance de morrer, em comparação às ricas, e as negras, 50% a mais, em relação às brancas.

23) A Educação brasileira sofre com os seguintes problemas:

1) Em boa parte dos Estados e municípios do país, a formação docente não dá conta de seu objetivo principal, que é aprimorar a prática pedagógica para fazer os alunos avançarem.

2) As Secretarias de Educação não têm políticas públicas capazes de auxiliar as escolas e os professores.

3) Nem todas as redes contam com um coordenador pedagógico por escola.

24) No Brasil, a taxa de analfabetismo de sua população caiu de 13,6% em 2000, para 8,6% no ano de 2011 (percentagem da população com 15 anos ou mais que não têm capacidade de escrever um único bilhete).

25) A fatia da população com idade até 25 anos encolhe no país, enquanto os demais grupos etários aumentaram suas participações, de acordo com os dados do Censo 2010 divulgados pelo IBGE (Instituto Brasileiro de Geografia e Estatística).

26) Houve uma queda de 73% na taxa de mortalidade infantil do Brasil em apenas duas décadas, segundo o último relatório da UNICEF. Segundo o estudo, a taxa brasileira caiu de 58 para 16 por mil nascidos vivos entre 1990 e 2011. Em 2000, o índice era de 36 por mil nascidos vivos – o que faz com que a queda tenha sido de 56% desde então.

27) O incêndio com mais mortes nos últimos 50 anos no Brasil causou comoção nacional e grande repercussão internacional. Em poucos minutos, mais de 230 pessoas (na maioria, jovens) morreram na boate *Kiss* de Santa Maria – cidade universitária de 261 mil habitantes na região central do Rio Grande do Sul. Assim, chegou a 240 o número de óbitos em decorrência do incêndio que atingiu a boate na madrugada do dia 27 de janeiro de 2013.

28) Em 2013, as Nações Unidas reconheceram oficialmente a Palestina como Estado observador da entidade em votação na Assembleia-Geral da entidade em Nova York. Foram 138 votos a favor, 9 contra e 41 abstenções. Cinco países não votaram. A aprovação ocorreu no dia do aniversário de 65 anos da "Partilha" – ato que previa a criação de uma nação

judaica e outra árabe na região onde hoje estão Israel, Cisjordânia e a Palestina. Como consequência, a Palestina terá acesso às agências/órgãos da ONU e terá a sua admissão ao Tribunal Penal Internacional.

29) A Faixa de Gaza é território estreito, equivalente a um quarto da cidade de São Paulo, localizado entre Israel e Egito, às margens do Mar Mediterrâneo. Apesar disso, possui uma das maiores densidades populacionais do planeta, com 1,5 milhão de habitantes. Diferente do vizinho Israel, uma potência econômica e militar com 7 milhões de habitantes, Gaza é uma região muito pobre – a maioria dos habitantes vive com US$ 2 ao dia. O país não possui indústrias e a pouca infraestrutura foi destruída na última guerra com os israelenses, há quatro anos.

30) A China desenvolveu-se graças a alguns fatores importantes:

a) sua entrada na economia de mercado, ajustando-se ao mundo globalizado;

b) revela-se no maior produtor mundial de alimentos;

c) é a maior produtora de milho e de arroz;

d) tem agricultura mecanizada atingindo excelentes resultados de produtividade;

e) demonstrou aumento na área da educação, principalmente técnica;

f) investimento em infraestrutura, com a construção de rodovias, ferrovias, aeroportos e prédios públicos;

g) a construção de hidrelétricas de Três Gargantas, a maior do mundo;

h) investimentos nas áreas de mineração, principalmente ferro e carvão;

i) o controle governamental dos salários e regras trabalhistas (isso faz com que as empresas chinesas tenham custo reduzido com a mão-de-obra, tornando seus produtos mais baratos (aumentando a exportação);

31) Vale destacar alguns dos exemplos de violação dos direitos humanos que constam no Relatório da Missão à Petrolina e região do Rio São Francisco, apresentado pela Plataforma Dhesca Brasil – Rede Nacional de Direitos Humanos, que congrega entidades ligadas às redes de direitos humanos da sociedade civil:

a) Falta de água potável;

b) falta de titulação e demarcação das terras dos quilombolas e indígenas;

c) falta de escolas, de posto médico.

32) O neoliberalismo defende a pouca intervenção do governo no mercado de trabalho, a política de privatização de empresas estatais, a livre circulação de capitais internacionais e dá ênfase para a globalização (a abertura da economia para a entrada de multinacionais, a adoção de medidas contra o protecionismo econômico, a diminuição dos impostos e tributos excessivos e etc.). Vale ressaltar que o primeiro governo democrático no Ocidente a inspirar-se em tais princípios foi o de Margaret Thatcher, na Inglaterra, a partir de 1980. A Ministra inglesa enfrentou os sindicatos, fez aprovar leis que lhes limitassem a atividade, privatizou empresas estatais, afrouxou a carga tributária sobre os ricos e sobre as empresas e estabilizou a moeda.

33) No ano de 2013 o Brasil foi assolado por manifestações populares. Com a revolta (no início) contra o aumento das passagens de ônibus em São Paulo (lembrando que o Brasil tem um dos piores e mais caros transportes públicos do Planeta) com o tempo, mais temas entraram em pauta tais como:

– o dinheiro gasto nos estádios feitos para a Copa das Confederações e Copa do Mundo de 2014;

– trabalhar 5 meses do ano para pagar impostos, e mesmo assim não ter nenhum resultado;

– a distância enorme entre o estado e a população, impossibilitando qualquer tipo de diálogo.

– sobre propostas de leis que atentam à nossa liberdade, e à constituição.

– sobre a impunidade de quem, em tese, deveria nos representar e comete algum crime.

– sobre a má gestão econômica do Brasil, que ocasionou na volta da inflação, na estagnação do PIB e outras mazelas econômicas, que estão acontecendo, e ainda vão acontecer.

34) O Sistema Cantareira é formado pelas represas Jaguari, Jacareí, Cachoeira e Atibainha. Elas ficam no estado de São Paulo e no sul de Minas Gerais. Juntas, as represas fornecem água para cerca de 9 milhões de pessoas na cidade de São Paulo (zonas Norte, Central e parte das zonas Leste e Oeste), além de Franco da Rocha, Francisco Morato, Caieiras, Osasco, Carapicuíba, Barueri e Taboão da Serra, São Caetano do Sul, Guarulhos e Santo André. Parte do interior do estado também recebe água do sistema. No ano de 2014, o nível das represas sofreu forte queda baixa principalmente por causa da estiagem registrada no estado de São Paulo e nas cabeceiras das represas.

35) Em 2014, uma onda de violência começou no Iraque e na Síria, quando o grupo muçulmano extremista Estado Islâmico (*EI*) passou a tomar importantes cidades e anunciando que pretendia levar a batalha até a capital iraquiana, Bagdá. O avanço dos rebeldes causou reação internacional, e os Estados Unidos decidiram fazer bombardeios para combater os militantes do *EI*.

36) Na Espanha, o Rei Juan Carlos I esteve 39 anos no trono e anunciou abdicação em 2 de junho; considerado um dos maiores impulsionadores da democracia espanhola, últimos anos de seu reinado foram marcados por problemas de saúde e escândalos. Assim, o Rei renunciou o trono a favor de seu filho, Príncipe Filipe.

37) Barack Obama se tornou o primeiro presidente dos Estados Unidos a posar para a capa de uma publicação voltada ao público LGBT. Ele aparece na capa da edição número 100 da revista Out, na qual é

chamado de "Aliado. Herói. Ícone". Ao assumir seu primeiro mandato, Obama encontrou um país onde apenas dois estados tinham leis que permitiam o casamento entre pessoas do mesmo gênero, o que hoje é uma realidade em todo o país.

38) O grupo radical Estado Islâmico reivindicou a responsabilidade por ataques que mataram mais de 120 pessoas em Paris no dia 14 de novembro de 2015. Em uma declaração oficial, o grupo disse que seus combatentes presos a cintos com explosivos e carregando metralhadoras realizaram os ataques em vários locais no centro da capital francesa que foram cuidadosamente estudados. No mesmo ano, em janeiro, Pelo menos 12 pessoas morreram e 11 ficaram feridas em um tiroteio em Paris. O crime aconteceu no escritório do jornal satírico "Charlie Hebdo", que já havia sido alvo de um ataque no passado após publicar uma caricatura do profeta Maomé.

39) Em novembro de 2015, duas barragens da mineradora Samarco se romperam na cidade de Mariana (MG). Nessas barragens havia lama, rejeitos sólidos e água. Esses detritos são resultado da mineração na região. Pelo menos 128 residências foram atingidas pela onda de lama e dejetos. Houve mortos e desaparecidos. Os detritos das barragens tomaram conta do rio Gualaxo e chegaram ao município de Barra Longa, a 60 km de Mariana e a 215 km de Belo Horizonte. Seis localidades de Mariana, além de Bento Rodrigues, foram atingidas. Segundo especialistas, a lama que desce pelo rio Doce atingirá, no total, uma área de cerca de 10 mil quilômetros quadrados no litoral capixaba – área equivalente a mais de seis vezes o tamanho da cidade de São Paulo.

40) Em novembro de 2015, os EUA prenderam sobrinhos da mulher de Maduro. Os detidos foram presos no Haiti e levados à Nova York para enfrentar acusações de tráfico de drogas.

41) Em 2017, os graves distúrbios em Charlottesville (Virgínia), por conta de uma marcha de supremacistas brancos, resultaram em uma avalanche de críticas contra Donald Trump(principalmente por sua reação não ter sido vigorosa). Com vítimas fatais, em seu primeiro grande incidente racista, Trump chegou a citar a "violência de todo tipo" sem citar o racismo e o nazismo. Esses grupos extremistas abraçaram o "trumpismo" em sua vertente nacionalista e se tornaram mais valentes com sua vitória eleitoral. Deve-se lembrar que, a ideia de uma América pós-racial, que se vislumbrou quando pela primeira vez um afro-americano (Barak Obama), chegou à Casa Branca e de uma era na qual a questão da raça passaria a um plano secundário, se mostrou fantasiosa diante da violência (tanto física como no discurso).

42) A Organização dos Estados Americanos (OEA) denunciou muitas irregularidades nas eleições regionais celebradas recentemente na Venezuela, que, aponta, tornam ilegítimos seus resultados, e condenou a falta de observação internacional. Com cerca de 53% dos votos, o chavismo ganhou 18 dos 23 governos em outubro de 2017, enquanto a oposição, com 45%, conseguiu se impor em apenas cinco.

43) A península coreana foi dividida após a Segunda Guerra Mundial, e o norte comunista se tornou uma ditadura com traços stalinistas. Os líderes do país dizem que o arsenal atômico é o único fator capaz de impedir que outras nações destruam o país, que vive praticamente isolado do resto do mundo. A Coreia do Norte diz ter testado com sucesso uma bomba de hidrogênio - muitas vezes mais poderosa que uma ogiva nuclear. A bomba de hidrogênio poderia, em tese, ser miniaturizada e carregada por um míssil de longo alcance. Lembre-se que o Japão e os Estados Unidos estão dentro da área que o país asiático pode atingir.

44) o presidente dos Estados Unidos, Donald Trump, retirou os EUA do Acordo de Paris. O presidente disse que o acordo era ruim para os americanos. A realidade é que sua decisão está colocando os Estados Unidos em oposição ao resto do mundo, causando prejuízo para o povo americano.

45) Tendo em vista a enorme crise, que avassala a Venezuela, a agência de migração da Organização das Nações Unidas **(ONU) alertou que a** Venezuela **está caminhando para o mesmo «momento de crise» de refugiados visto no Mediterrâneo em 2015. Assim,** problemas como inflação nas alturas, escassez de alimentos, remédios e produtos básicos têm sido os principais impulsos. Segundo a Organização Internacional de Migração (OIM, da sigla em inglês), 2,3 milhões de venezuelanos já deixaram o país em meio à essa situação, que piorou significativamente a partir de 2015.

46) A explosão de violência em Pacaraima, cidade de Roraima na fronteira com a Venezuela, tornou visível para o restante do Brasil a grave situação **em que se encontra o Estado devido à incapacidade de receber adequadamente o fluxo de imigrantes que fogem da crise no país vizinho.** Diante desse cenário, o governo de Roraima solicitou, ao Supremo Tribunal Federal (STF) o fechamento temporário da fronteira com a Venezuela, sob o argumento de que seus serviços de saúde e segurança estão em colapso.

47) Depois de Mariana em 2015, Brumadinho (MG), em 2019, também sofreu com o rompimento da barragem de rejeitos e se encontra com boa parte da cidade imersa em uma lama formada por resíduos da mineradora Vale e água (pluma). Após se juntar ao rio e atingir o solo da cidade mineira, a lama tomou proporções maiores e tem se propagado nos rios da região eliminando a vida aquática e causando severos prejuízos ao meio ambiente. No caso deste último acidente, o resultado foi 110 mortos e 238 pessoas desaparecidas, (este resultado obviamente sofrerá alterações). Além de que, o acidente, gerou consequências graves na preservação do meio ambiente).

Informática

Luciano Freire

TABELA DE INCIDÊNCIA DE QUESTÕES

Distribuição das questões organizada por ordem didática de assuntos		
Assunto	**Número de Questões**	**Peso**
1. APLICATIVOS DE ESCRITÓRIO – MS OFFICE E BROFFICE	29	27,88%
2. SISTEMAS OPERACIONAIS – WINDOWS E LINUX	26	25,00%
3. REDES DE COMPUTADORES, INTERNET E INTRANET	33	31,73%
4. SEGURANÇA DA INFORMAÇÃO	11	10,58%
5. HARDWARE	5	4,81%
Total	**104**	**100%**

Informática

Luciano Freire

✦ QUESTÕES

1. APLICATIVOS DE ESCRITÓRIO – MS OFFICE E BROFFICE

01. (Vunesp – Delegado de Polícia – PC – SP/2018) Em um documento editado no MS-Word 2010 (em sua configuração padrão e em português), a palavra "Casa" de um parágrafo está com os formatos de fonte Arial, Negrito e Sublinhado, apenas, e a palavra "Mesa", de outro parágrafo, está com os formatos de fonte Calibri e Itálico, apenas. O usuário selecionou a palavra "Casa" e, a seguir, clicou no botão Pincel. Após isso, clicou na palavra "Mesa".

É correto afirmar que, após todas essas ações, a palavra «Mesa» estará apenas com os formatos de fonte

a) Arial e Itálico.

b) Calibri, Negrito e Sublinhado.

c) Calibri, Itálico e Negrito.

d) Arial, Negrito e Sublinhado.

e) Calibri e Sublinhado.

COMENTÁRIOS

✪ **Nota do autor.** A função do comando pincel é copiar a formatação de uma palavra ou frase para outra.

Alternativa "a". Como a palavra "Mesa" não estava formatada em itálico a ação do botão pincel não irá aplicar esta formatação.

Alternativa "b". O botão pincel também copia o tipo da fonte. Assim, ao aplicar o pincel sob a palavra "Mesa" a fonte mudará de Calibri para Arial.

Alternativa "c". Além da mudança da fonte indicada na explicação o item b, como a palavra "Casa" não estava formatada em itálico, e sim sublinhada, a formatação em itálico não é aplicada a palavra

Alternativa "d". A selecionar a palavra "Casa" e clicar no botão pincel, a formatação da palavra é copiada. Após isto, clicando com o pincel na palavra "Mesa", a formatação da palavra de origem é toda aplicada na palavra "Mesa" a qual ficar formatada em Arial, Negrito e Sublinhado.

Alternativa "e". Além da alteração da fonte, também será aplicada a formatação em Negrito para a palavra "Mesa" visto que a palavra "Casa" estava formatada em Negrito.

Alternativa correta: letra "d".

02. (Vunesp – Delegado de Polícia – PC – SP/2018) Considere a seguinte planilha elaborada no MS-Excel 2010 (em sua configuração padrão e em português):

	A	B	C	D
1	2	2	2	
2	3	3	3	
3	1	1	1	
4	0	0	0	
5				

Suponha que as seguintes fórmulas tenham sido inseridas nas células A5, B5, C5 e D5.

A5: =SOMA(A1:A4)

B5: =SOMA(A1:B4)

C5: =SOMA(A1:C4)

D5: =MÉDIA(A5:C5)

O resultado produzido em D5 será:

a) 12

b) 36

c) 18

d) 0

e) 6

COMENTÁRIOS

✪ **Nota do autor.** A função SOMA realiza a soma de um conjunto de células indicadas como parâmetro (células indicadas entre parênteses). O operador : indica um intervalo de células que inicia na célula antes dos : e termina na célula após os :. No caso o intervalo A1:A4 irá realizar a soma do seguinte intervalo de células A1, A2, A3 e A4. Por outro lado, a função MEDIA calcula a média aritmética das células indicada entre os parênteses.

Alternativa "a". Inicialmente calculando o valor de cada intervalo de soma indicado:

A5 := SOMA(A1:A4) => A5 := SOMA(A1;A2;A3;A4) => A5 := SOMA(2;3;1;0) => A5 := 6 logo a célula A5 terá valor 6.

B5 := SOMA(A1:B4) => B5 := SOMA(A1;A2;A3;A4;B1;B2;B3;B4) => B5 := SOMA(2;3;1;0; 2;3;1;0) => B5 := 12 logo a célula B5 terá valor 12.

C5 := SOMA(A1:C4) => C5 := SOMA(A1;A2;A3;A4;B1;B2;B3;B4;C1;C2;C3;C4) => C5 := SOMA(2;3;1;0; 2;3;1;0;2;3;1;0) =>C5 := 18 logo a célula C5 terá valor 18.

D5: =MÉDIA(A5:C5) => D5: =MÉDIA(A5;B5;C5) => D5: =MÉDIA(6; 12; 18) => D5: = 12 logo a célula D5 é o resultado de (6+12+18)/3 = 12.

Desta forma a alternativa correta é a letra a.

Alternativas "b" ("c", "d" e "e"): As demais alternativas não apresentam valores corretos para a sequência de cálculos apresentada.

Alternativa correta: letra "a".

03. (IBADE – Delegado de Polícia – AC/2017) No Microsoft Excel, qual dos símbolos a seguir deve preceder um valor numérico para que ele seja tratado como texto?

a) Asterisco (*)

b) Apóstrofe (')

c) Arroba (@)

d) Exclamação(!)

e) Til (~)

COMENTÁRIOS

Alternativa correta: letra "b". Ao utilizar o símbolo apóstrofe (') o número armazenado em uma célula é tratado como texto.

Alternativa "a". O asterisco (*) é o símbolo que representa uma operação de multiplicação no Excel.

Alternativa "c". O símbolo de arroba (@) não possui uma função específica no Excel.

Alternativa "d". A exclamação(!) é utilizado para indicar o acesso a uma célula em outra planilha. Exemplo: Planilha2!C4, indica uma referência a célula C4 da Planilha2

Alternativa "e". O til(~) não possui uma função específica no Excel.

---

04. (IBADE – Delegado de Polícia – AC/2017) Imagine um usuário que precisa a qualquer momento mostrar em vermelho, em uma planilha Excel, todos os números de uma tabela que estão entre 0 e 50. Entretanto, esses números são resultados de fórmulas que dependem de dados obtidos automaticamente a partir de um banco de dados e que variam diariamente, sem interferência do usuário. Qual das orientações ele deve seguir?

a) Selecionar as células que contenham números entre 0 e 50 e depois escolher a cor vermelha na ferramenta "Cor de Texto".

b) Selecionar as células que contenham números entre 0 e 50 e apertar simultaneamente as teclas Ctrl e X.

c) Utilizar o comando de formatação condicional disponível no menu "Formatação".

d) Usar a função =se() para formatar os números em questão.

e) Usar a função =color() para obter o resultado esperado.

COMENTÁRIOS

✪ **Nota do autor.** O recurso Formatação Condicional aplica uma determinada formatação, definida pelo usuário, a um conjunto de células cujo valor atende a uma determinada condição. Por exemplo, marcar em vermelho todas as células cujos valores estejam entre 0 e 50.

Alternativa correta: letra "c". A Formatação Condicional permite aplicar uma determinada formação, a um conjunto de células, se uma condição for verdadeira. Se o valor da célula for alterado e estiver fora do critério definido, a formatação deixa de ser aplicada.

Alternativa "a". Apenas formatando as células com a cor vermelha, se os valores forem alterados, as células permanecerão vermelhas.

Alternativa "b". O atalho Ctrl+X irá recortar as células selecionadas, mas não fará nenhuma formatação condicional em função do intervalo definido.

Alternativa "d". A função se() não permite aplicar uma determinada formação a uma célula. Esta verifica uma determinada condição e, sendo verdadeira, aplica alguma operação sobre a célula, mas não uma formatação.

Alternativa "e". Não há uma função chamada color() no Excel que permite executar a ação especificada no enunciado da questão.

---

05. (Vunesp – Delegado de Polícia – CE/2015) Observe as figuras a seguir, que apresentam o mesmo slide em duas exibições distintas da área de trabalho do Apache OpenOffice Impress 4.0.1, em sua configuração padrão.

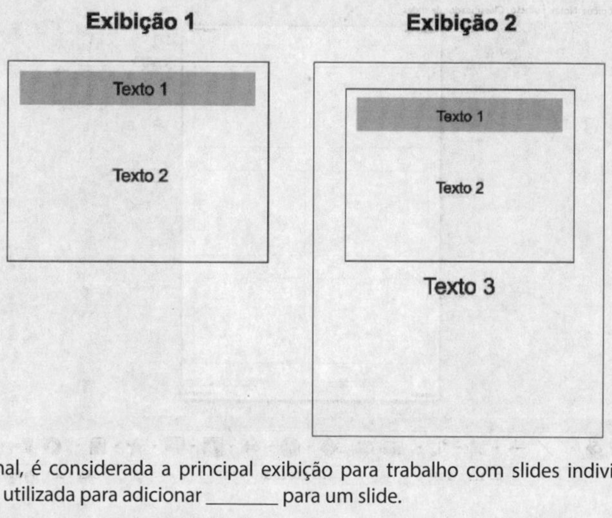

A Exibição 1, Normal, é considerada a principal exibição para trabalho com slides individuais. Já a Exibição 2, chamada de _______, é utilizada para adicionar _______ para um slide.

Assinale a alternativa que preenche, correta e respectivamente, as lacunas do enunciado.

a) Notas ... notas

b) Estrutura de tópicos ... tópicos

c) Folheto ... folhetos

d) Rascunhos ... rascunhos

e) Classificador de slides ... classificações

COMENTÁRIOS

Alternativa correta: letra "a". O texto se refere ao modo de exibição de notas.

Alternativa "b". No formato de tópicos, o slide não teria a aparência apresentada na questão, mas sim a seguinte:

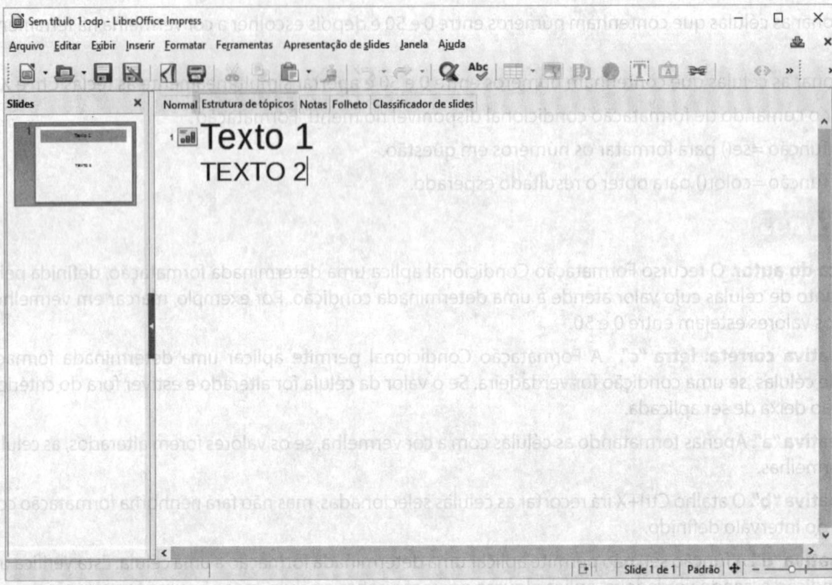

Alternativa "c". Na exibição de Folhetos, a aparência do slide seria a seguinte:

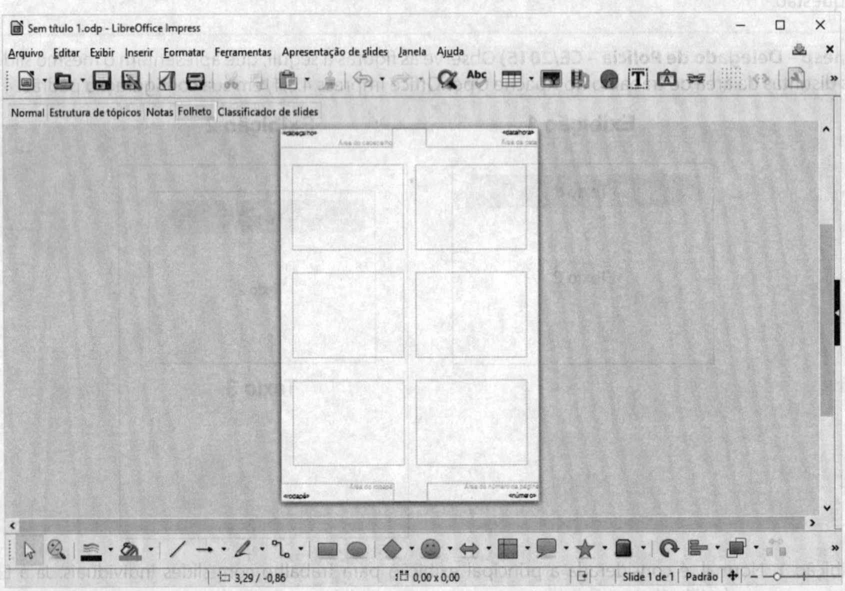

Alternativa "d". A exibição de rascunhos não é uma das opções de exibição disponíveis no Impress.

Alternativa "e". Na opção de classificação por slides, todos os slides existentes seriam apresentados da seguinte forma:

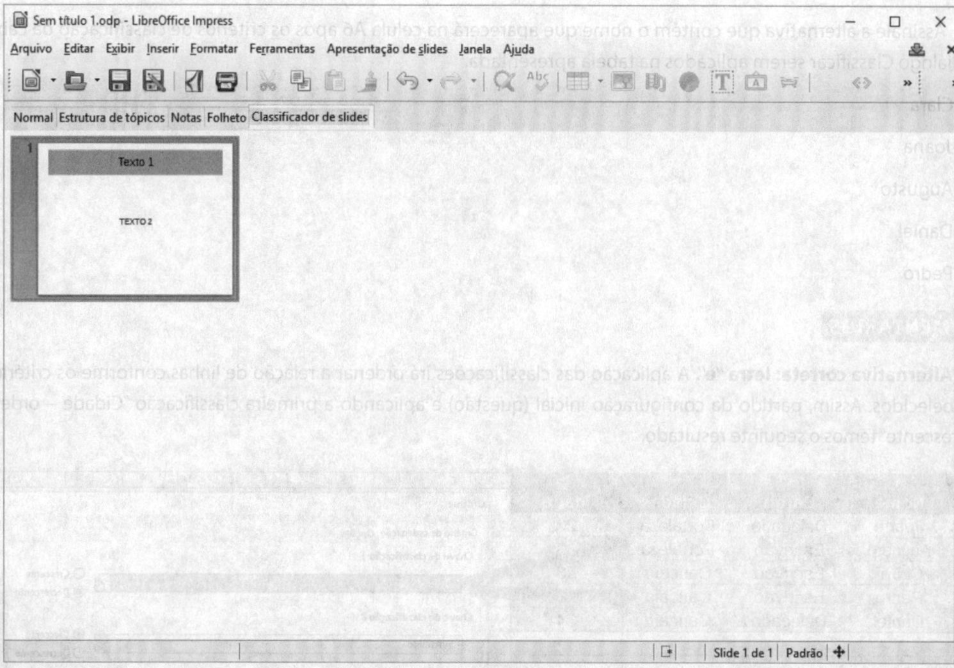

06. (Vunesp – Delegado de Polícia – CE/2015). Considere a tabela e a caixa de diálogo apresentadas a seguir, extraídas do Apache OpenOffice Calc 4.0.1, em sua configuração padrão.

	A	B	C	D
1	**Nome**	**Cargo**	**Cidade**	**Idade**
2	Joana	Delegado	Fortaleza	23
3	Clara	Escrivão	Caucaia	43
4	Augusto	Escrivão	Fortaleza	33
5	Pedro	Escrivão	Caucaia	21
6	Daniel	Delegado	Caucaia	34

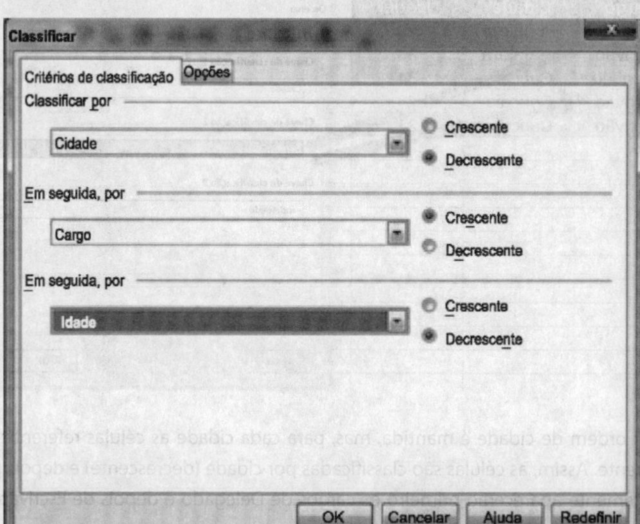

07. Assinale a alternativa que contém o nome que aparecerá na célula A6 após os critérios de classificação da caixa de diálogo Classificar serem aplicados na tabela apresentada.

a) Clara

b) Joana

c) Augusto

d) Daniel

e) Pedro

COMENTÁRIOS

Alternativa correta: letra "e". A aplicação das classificações irá ordenar a relação de linhas conforme os critérios estabelecidos. Assim, partido da configuração inicial (questão) e aplicando a primeira classificação "Cidade – ordem decrescente" temos o seguinte resultado:

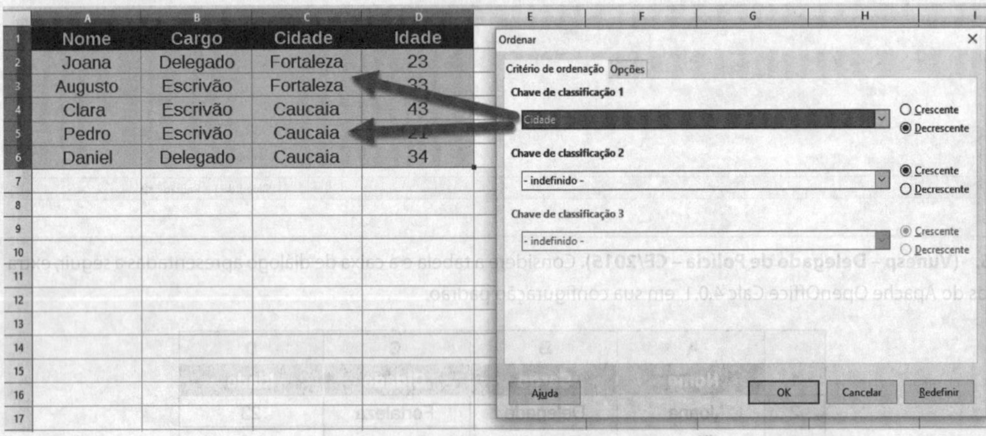

A coluna Cidade será ordenada em ordem decrescente. Assim as primeiras linhas conterão dados da cidade de Fortaleza e as demais de Caucaia. Aplicando a segunda formatação "Cargo – ordem crescente" temos:

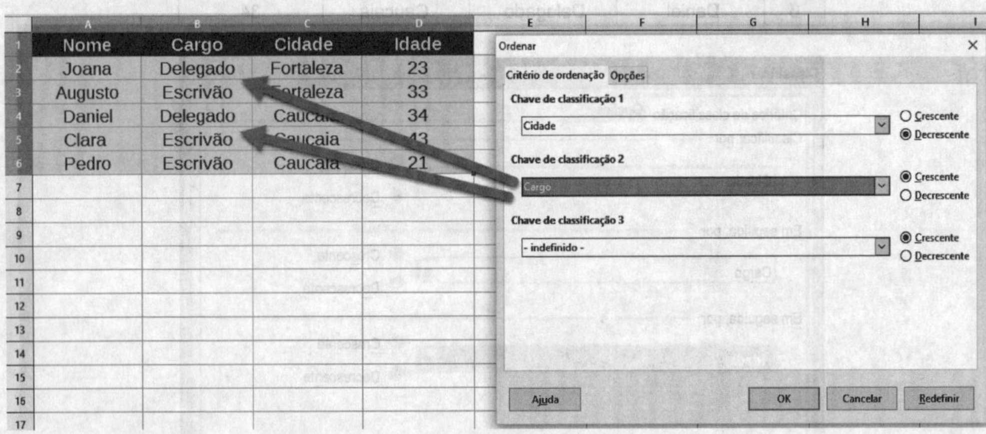

A classificação por ordem de cidade é mantida, mas, para cada cidade as células referentes ao cargo são ordenadas em ordem crescente. Assim, as células são classificadas por cidade (decrescente) e depois por cargo em ordem crescente. Consequentemente aparecerão primeiro os cargos de Delegado e depois de Escrivão. Aplicando a última formatação "Idade – ordem decrescente" temos:

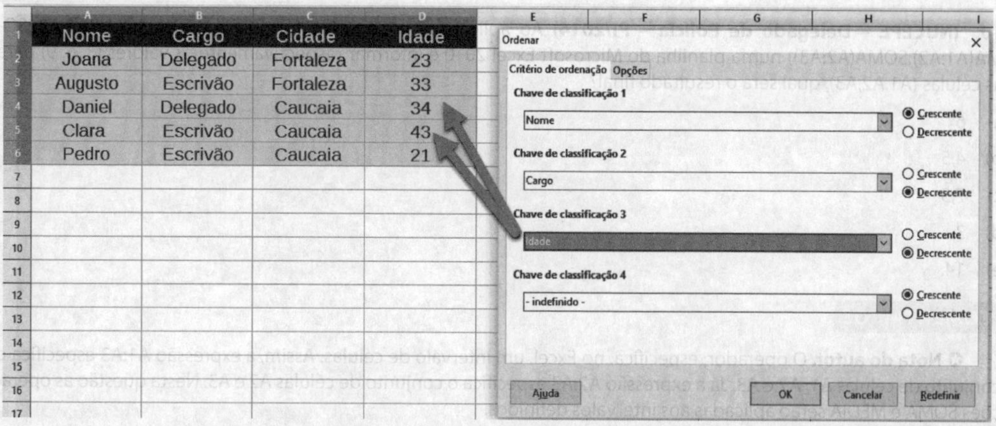

Desta forma, no caso de haver mais de um funcionário com o mesmo cargo, estes serão classificados do de maior idade para o de menor idade. Após estas operações o nome que aparecerá na célula A6 é Pedro.

Alternativa "a". Após aplicar as operações de classificação, o nome Clara aparece na célula A5 e não A6.

Alternativa "b". O nome Joana aparece na célula A2 e não A6, conforme a aplicação das classificações.

Alternativa "c". Após aplicar as operações de classificação, o nome Augusto aparece na célula A3 e não A6.

Alternativa "d". O nome Daniel aparece na célula A4 e não A6, conforme a aplicação das classificações.

---

08. (Vunesp – Delegado de Polícia – CE/2015) Observe a figura a seguir, extraída do Apache OpenOffice Writer 4.0.1, em sua configuração padrão. Ela apresenta a caixa de diálogo da opção Legenda..., acessada a partir do menu de contexto de uma figura.

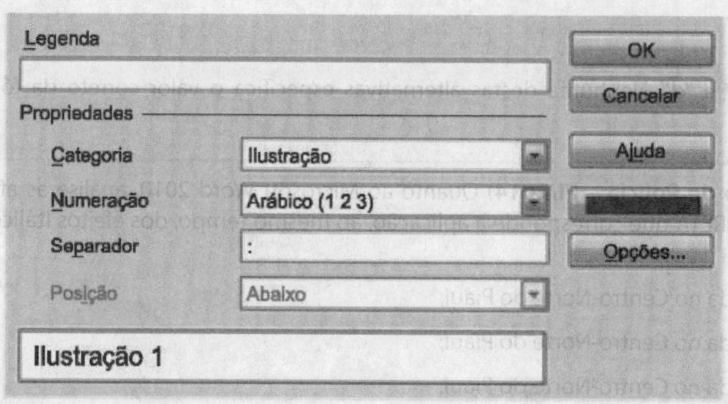

---

09. Assinale a alternativa que contém o nome da opção que foi mascarada e indicada pela seta, que permite configurar o Writer para adicionar legendas automaticamente ao inserir alguns tipos de objetos, tais como tabelas, figuras e planilhas.

a) Definir legendas

b) Completar legendas

c) Autolegenda...

d) Mais opções

e) Inserir legendas...

COMENTÁRIOS

Alternativa correta: letra "c". O rótulo do botão mascarado refere-se à opção Autolegenda, a qual, permite a criação de legendas padrão para alguns tipos de objetos.

Alternativas "a", "b", "d" e "e". Estas não especificam a funcionalidade correta do botão indicado na figura da questão.

10. (NUCEPE – Delegado de Polícia – PI/2014) Ao aplicarmos a seguinte fórmula =MEDIA(SOMA(A1:A3);SOMA(A1:A2);SOMA(A2:A3)) numa planilha do Microsoft Excel 2010 e informar respectivamente os valores (3, 6, 9) para as células (A1,A2,A3), qual será o resultado final?

a) 6

b) 4,5

c) 7,5

d) 3

e) 14.

COMENTÁRIOS

✪ **Nota do autor.** O operador: especifica, no Excel, um intervalo de células. Assim, a expressão A1:A3 especifica o conjunto de células A1, A2 e A3. Já a expressão A2:A3 especifica o conjunto de células A2 e A3. Nesta questão as operações SOMA e MÉDIA serão aplicadas aos intervalos definidos.

Alternativa correta: letra "e". Conforme figura a seguir, o resultado das médias das somas especificas é igual a 14.

	A	B
1	3	
2	6	
3	9	
4	soma(A1:A3)	18
5	soma(A1:A2)	9
6	soma(A2:A3)	15
7	MEDIA(SOMA(A1:A3);SOMA(A1:A2);SOMA(A2:A3))	14
8		

Alternativas "a","b","d" e "d". Nenhuma destas alternativas especifica o valor correto da fórmula indicada na questão.

11. (NUCEPE – Delegado de Polícia – PI/2014) Quanto ao Microsoft Word 2010, analise as afirmativas abaixo e responda a alternativa CORRETA que corresponde a aplicação, ao mesmo tempo, dos efeitos Itálico e Negrito usados para formatar a frase:

I. – Teresina está localizada no Centro-Norte do Piauí;

II. – Teresina está localizada no Centro-Norte do Piauí;

III. – Teresina está localizada no Centro-Norte do Piauí.

a) Somente afirmativa I.

b) Afirmativas I, II e III.

c) Afirmativas II e III.

d) Somente afirmativa II.

e) Nenhuma das afirmativas acima.

COMENTÁRIOS

Alternativa correta: letra "a". Apenas o item I está correto.

Item I. Correto. O texto indicado nesta alternativa está formatado simultaneamente em itálico e negrito.

Item II. Errado. Este texto encontra-se sublinhado e formatado em negrito.

Item III. Errado. O texto encontra-se apenas sublinhado.

12. (FUNCAB – Delegado de Polícia – RO/2014) No Microsoft Office Excel 2007, o ícone que permite mesclar células é:

a) 

b) 

c) 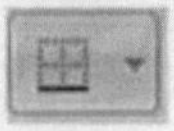

d) 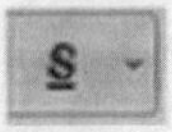

e) 

COMENTÁRIOS

Alternativa correta: letra "b". O ícone indicado nesta alternativa é o responsável por mesclar duas células no Excel.

Alternativa "a". Este ícone é responsável por inserir uma linha em uma planilha do Excel.

Alternativa "c". Este é responsável por inserir uma moldura inferior a uma célula ou células do Excel.

Alternativa "d". Este ícone é utilizado para sublinhar um texto em uma célula.

Alternativa "e". Através deste ícone é possível copiar a formatação de uma célula para outra.

---

13. (FUNCAB – Delegado de Polícia – RO/2014) Ao posicionar o mouse sobre um dos arquivos exibidos na lista de Documentos Recentes do Microsoft Office Word 2007, é exibida uma caixa de texto, conforme ilustra a imagem abaixo:

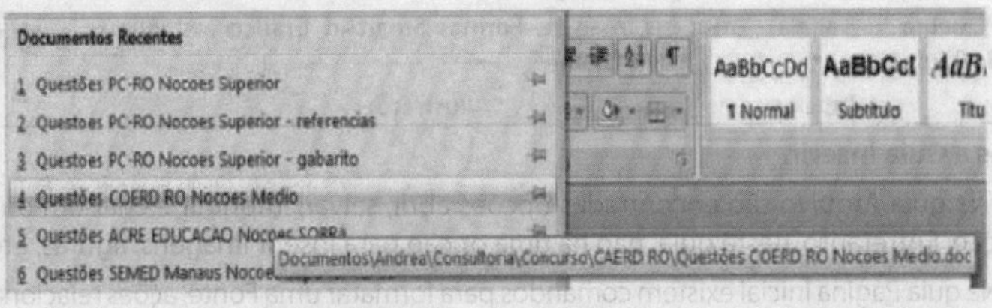

A caixa de texto em destaque abaixo representa:

a) a localização do arquivo na estrutura de pastas do Windows.

b) o texto inicial contido no documento.

c) o endereço do servidor de gerenciamento de documentos.

d) as propriedades do arquivo.

e) o nome completo do arquivo.

COMENTÁRIOS

Alternativa correta: letra "a". O texto em destaque na figura indica a localização do arquivo no sistema de pastas do Windows.

Alternativa "b". Incorreto. O recurso de Documentos Recentes consegue exibir a localização do arquivo, mas não o seu texto inicial.

Alternativa "c". Incorreto. O endereço indicado não representa um arquivo que se encontra em um diretório de rede de um servidor.

Alternativa "d". As propriedades do arquivo podem ser abertas no menu Arquivo no item Propriedades, mas não são exibidas no texto destacado.

Alternativa "e". Além do nome completo do arquivo também é exibida a localização deste no sistema de pastas.

---

14. (Vunesp – Delegado de Polícia – SP/2014) A figura a seguir foi extraída do MS-Word 2010, a partir da sua configuração padrão, e apresenta o grupo Ilustrações.

A guia que contém essa opção é

a) Arquivo.

b) Página Inicial.

c) Layout da Página.

d) Referências.

e) Inserir.

COMENTÁRIOS

✪ **Nota do Autor.** Na resposta desta questão será utilizada a versão 2013 do MS Office. Entretanto, a resposta também é válida para a versão 2010.

Alternativa correta: letra "e". Conforme figura 1, a guia indicada pertence a aba Inserir.

Figura 1. Opções a Guia Inserir.

Alternativa "a". Na guia Arquivo são encontradas opções abrir, salvar, imprimir e criar um outro arquivo além de opções de configuração. Entretanto, nesta guia, não há uma opção para inserir imagens, figuras, etc.

Alternativa "b". Na guia Página Inicial existem comandos para formatar uma Fonte, ações relacionados a Área de Transferência (copiar, colar, etc.), formatar parágrafos, estilos além de comandos para localizar, substituir e selecionar um texto.

Alternativa "c". Esta guia possui um conjunto de comandos para a configuração da página como Tamanho, Orientação, Colunas, Espaçamentos, Recuo e Organização dos elementos no texto.

Alternativa "d". A guia Referências possui comandos para inserir e manipular Sumários, Notas de Rodapé, Citações, Legendas e Índices.

15. (Vunesp – Delegado de Polícia – SP/2014) Em uma planilha do MS-Excel 2010, a partir da sua configuração padrão, que controla o banco de horas extras de um Delegado de Polícia, conforme é apresentado na figura a seguir, a coluna A contém o mês de referência, a coluna B contém a data em que foram feitas as horas extras, e a coluna C contém o número de horas extras.

	A	B	C
1	Mês de Referência	Data	Horas Extras
2	nov/13	04/11/2013	2
3	nov/13	05/11/2013	1
4	nov/13	07/11/2013	3
5	nov/13	12/11/2013	2
6	nov/13	15/11/2013	1
7	nov/13	22/11/2013	2
8	nov/13	27/11/2013	3
9		Total de Horas	14

A fórmula a ser aplicada na célula C9 para calcular o total de Horas Extras do mês de nov/2013 é

a) =SOMA(C2:C8)

b) =CONT.SE(C2;C8)

c) =CONT.SE(C2:C8)

d) =SOMASE(C2;C8;"nov/2013)

e) =SOMA(C2;C8)

COMENTÁRIOS

Alternativa correta: letra "a". A expressão C2:C8 especifica um intervalo de células da coluna C da linha 2 a linha 8, ou seja, C2, C3, C4, C5, C6, C7, C8. A função SOMA, como o próprio no diz executa a soma de um conjunto de células. Assim a fórmula =SOMA(C2:C8) somará o conteúdo destas células que representam as horas extras realizadas.

Alternativa "b". A expressão C2;C8 identifica apenas a células C2 e C8 e não um intervalo de células iniciando em C2 e finalizado em C8 (para isto utilizamos o operador:) . Além disto, a função CONT.SE conta um conjunto de células quando uma determinada condição é verdadeira. Devido à ausência da condição, a contagem da quantidade de células não será feita gerando uma mensagem de erro. Entretanto, mesmo que a fórmula estive correta, o resultado seria a quantidade de células do intervalo que atendem a condição e não a soma das horas extras realizadas como solicitado.

Alternativa "c". A função CONT.SE realiza a soma de um conjunto de células quando uma determinada condição é verdadeira. No exemplo, somente é indicado o conjunto de células e não a condição em que a soma deve ser feita. Isto irá gerar um erro devido à ausência do parâmetro condição na fórmula. Além disto, se a fórmula estivesse correta o resultado seria uma quantidade de células e não a totalização das horas extras.

Alternativa "d". A função SOMASE executa a soma de um conjunto de células quando uma condição é verdadeira. Entretanto, a fórmula indicada apresenta, SOMASE(C2;C8;"nov/2013), apresenta um erro. Faltou especificar o fecha " na condição. Assim, o correto seria: SOMASE(C2;C8;"nov/2013"). Além disto, mesmo que a fórmula estivesse correta, esta não iria somar todas a células de C2 a C8, mas somente C2 e C8 devido ao uso do;.

Alternativa "e". A fórmula apresentada não soma toda as ocorrências de horas extras. Apenas da Célula C2 e C8.

---

16. (UEL – Delegado de Polícia – PR/2013) Sobre o programa Impress do BR Office, considere as afirmativas a seguir.

I. Salva apresentações no formato .odp.

II. Salva apresentações no formato .ppt.

III. É incompatível com o formato .pptx.

IV. É incompatível com o formato .pps.

Assinale a alternativa correta.

a) Somente as afirmativas I e II são corretas.

b) Somente as afirmativas I e IV são corretas.

c) Somente as afirmativas III e IV são corretas.

d) Somente as afirmativas I, II e III são corretas.

e) Somente as afirmativas II, III e IV são corretas

COMENTÁRIOS

✪ **Nota do autor:** o BrOffice passou a se chamar LibreOffice a partir da versão 3.4. Entretanto em abril de 2011 o LibreOffice desvinculou-se da associação do BrOffice e tornou-se um projeto independente quando, em seguida, BrOffice foi descontinuado. Assim, o comentário desta questão irá considerar a versão atual do LibreOffice (3.6). Este manteve a mesma estrutura e funcionalidades do BrOffice, logo é possível utilizar o LibreOffice sem prejuízos ao entendimento dos conceitos abordados. Assim, para esta e as demais questões sobre os softwares da suíte do BrOffice será considerado a versão 3.6 do LibreOffice.

Alternativa correta: letra "a". Estão corretas as afirmações I e II.

Item I. Certo. O formato utilizado pelo Impress, software equivalente ao PowerPoint do MS Office, é odp.

Item II. Certo. Apesar de possuir um formato próprio, o Impress é capaz de salvar um arquivo no formato ppt do MS Office.

Item III. Errado. O Impress também possui suporte para salvar a apresentação no formato pptx utilizado nas versões mais recentes do MS Office.

Item IV. Errado. Este também possui suporte para o formato pps.

17. (UEL – Delegado de Polícia – PR/2013) Em relação ao programa Writer do BR Office, associe a coluna da esquerda à coluna da direita.

I. 

II. 

III. 

IV. 

V. 

a) Estilo.

b) Cor da Fonte.

c) Diminuir Recuo.

d) Negrito.

e) Ortografia e Gramática

Assinale a alternativa que contém a associação correta.

a) I – B, II – D, III – E, IV – A, V – C

b) I – B, II – E, III – A, IV – D, V – C

c) I – D, A – D, III – B, IV – C, V – E

d) I – D, II – E, III – A, IV – B, V – C

e) I – E, II – D, III – C, IV – A, V – B

COMENTÁRIOS

✪ **Nota do autor.** Esta questão foi anulada devido a um erro na elaboração desta. A questão solicita que o candidato associe o ícone a esquerda a sua respectiva funcionalidade a direita. O problema é que nenhum dos ícones possui a funcionalidade de Negrito. A qual é indicada pelo seguinte ícone: Os demais ícones possuem as seguintes funcionalidades:

Ícone	Funcionalidade
	Estilo.
	Ortografia e Gramática
	Pincel de Formatação. Este copia a formatação de um texto selecionado para ser aplicado em outro texto. No lugar deste ícone dever ter sido indicado o ícone da formatação em negrito
	Cor da Fonte.
	Diminuir Recuo.

18. (UEL – Delegado de Polícia – PR/2013) No programa Calc do BR Office, criou-se a seguinte planilha:

Na célula A8, digitou-se a seguinte fórmula:

	A	B	C
1	1	1	
2	2	2	
3	3	3	
4	4	4	
5	5	5	
6			

=SOMA(A1:B5)

Assinale a alternativa que apresenta, corretamente, o valor que será apresentado na célula A8.

a) 5

b) 6

c) 15

d) 24

e) 30

COMENTÁRIOS

✪ **Nota do autor.** Nesta questão utilizou-se a versão 4.3 do LibreOffice. Entretanto, a funcionalidade indicada funciona da mesma forma para versões anteriores do LibreOffice/BrOffice.

Alternativa correta: letra "e". O operador: define um intervalo de células. Este pode especificar células em uma ou mais linhas ou colunas de uma planilha. No caso, o intervalo A1:B5 inicia na linha 1 coluna A e termina na linha 5 coluna B, como indicado na figura 2. Logo a fórmula SOMA(A1:B5) irá somar todas as células das colunas A e B da linha 1 a linha 5, ou seja, A1+A2+A3+A4+A5+B1+B2+B3+B4+B5 cujo resultado é 30.

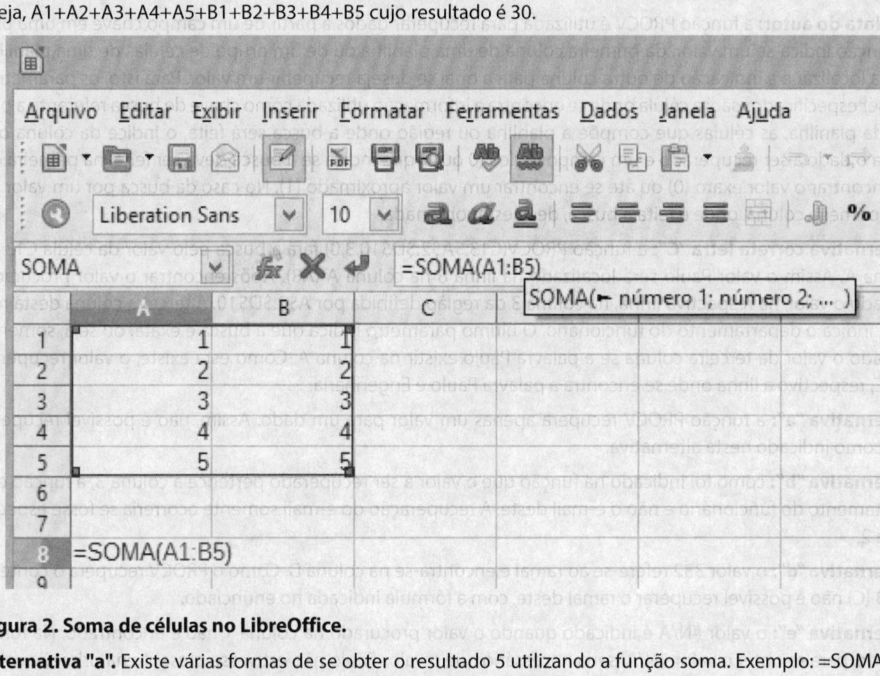

Figura 2. Soma de células no LibreOffice.

Alternativa "a". Existe várias formas de se obter o resultado 5 utilizando a função soma. Exemplo: =SOMA(A2;A3). Entretanto nenhuma destas representa a fórmula indicada no enunciado da questão.

Alternativa "b". Para obter o resultado 6, uma possível fórmula seria =SOMA(B5;B1). Entretanto o resultado obtido com a fórmula da questão é 30 e não 6.

Alternativa "c". Este resultado, dentre outras opções, pode ser obtido utilizando as seguintes fórmulas: =SOMA(A1:A5) ou =SOMA(B1:B5). Entretanto, nenhuma destas é igual a fórmula especificada no enunciado da questão.

Alternativa "d". Da mesma forma que as demais alternativas, existem várias combinações de soma de células que totalizam 24 (Ex: =SOMA(A1:A5;B4;B5)). Entretanto, nenhuma destas é igual a fórmula indicada na questão

19. (UEPA – Delegado de Polícia – PA/2013) Ao analisar a planilha abaixo elaborada no MS Excel 2010. Na Célula D13 deve aparecer:

	A	B	C	D	E	F
1	Funcionário	E-mail	Setor	Ramal		
2	Ana	ana@gmail.com	RH	323		
3	Helio	helioneves@hotmail.com	Informática	244		
4	Joana	joana@desert.med.br	Dep Financeiro	210		
5	Leandro	leandro21@uol.com.br	Dep Financeiro	210		
6	Luisa	luisa@yahoo.com	Auditoria Interna	245		
7	Maria	mariaaa@gmail.com	RH	323		
8	Paulo	paulo_lopes@uepa.br	Engenharia	332		
9	Roberval	rober@hotmail.com	RH	323		
10	Sula	sulla@gmail.com	Informática	244		
11						
12						
13	Digite o nome do Funcionário:		PAULO	=PROCV(C13;$A$2:$D$10;3;0)		
14						

a) paulo_lopes@uepa.br, Engenharia, 332

b) paulo_lopes@uepa.br

c) Engenharia

d) 332

e) #n/a

COMENTÁRIOS

✪ **Nota do autor:** a função PROCV é utilizada para recuperar dados a partir de um campo chave em uma planilha. Nesta função indica-se um valor, da primeira coluna de uma planilha ou de um grupo de células de uma planilha, que se deseja localizar e a indicação de outra coluna para a qual se deseja recuperar um valor. Para isto, os parâmetros que devem ser especificados são: a célula onde se encontra a informação utilizada como chave de busca referente a primeira coluna da planilha, as células que compõe a planilha ou região onde a busca será feita, o índice da coluna onde se encontra o dado a ser recuperado e um campo lógico (0 ou 1) que indica se a busca deve ser feita, na primeira coluna, até se encontrar o valor exato (0) ou até se encontrar um valor aproximado (1). No caso da busca por um valor aproximado a primeira coluna, onde é feita a busca, deve estar ordenada.

Alternativa correta letra "C": a função PROCV(C13;$A$2:$D$10,3,0) fará a busca pelo valor da célula C13 (Paulo) na coluna A. Assim o valor Paulo será localizado na linha 8 na coluna A (A8). Após encontrar o valor procurado será recuperado o valor, na respectiva linha, na coluna 3 da região definida por A$2:$D$10. A terceira coluna desta região é C a qual indica o departamento do funcionário. O último parâmetro indica que a busca é exata, ou seja, somente será recuperado o valor da terceira coluna se a palavra Paulo existir na coluna A. Como esta existe, o valor recuperado na coluna C, respectivo a linha onde se encontra a palavra Paulo é Engenharia.

Alternativa "a": a função PROCV recupera apenas um valor para um dado. Assim, não é possível recuperar três valores como indicado nesta alternativa.

Alternativa "b": como foi indicado na função que o valor a ser recuperado pertence a coluna 3, a função devolve o departamento do funcionário e não o e-mail deste. A recuperação do e-mail somente ocorreria se fosse especificado a coluna 2.

Alternativa "d": o valor 332 refere-se ao ramal e encontra-se na coluna D. Como o PROCV recupera o conteúdo da coluna 3 (C) não é possível recuperar o ramal deste, com a fórmula indicada no enunciado.

Alternativa "e": o valor #N/A é indicado quando o valor procurado na coluna 1 não é encontrado. Na função do enunciado, para se obter o valor #N/A, seria necessário que o valor Paulo não estivesse presente na primeira coluna do intervalo $A$2:$D$10.

20. (Delegado de Polícia – SP/ 2011 – ACADEPOL)

Assinale a alternativa incorreta.

a) O Calc possibilita a edição de fórmulas.

b) arquivos de extensão .odt são conversíveis para .xls.

c) O Base viabiliza a edição de banco de dados.

d) arquivos de texto de extensão odt editado pelo Broffice ou Open Office não abrem no Windows pois foram elaborados em Linux.

e) O write, da suíte Libreoffice ou Broffice, possui botão nativo na barra de tarefas que permite a conversão de texto era PDF.

COMENTÁRIOS

✪ **Nota do autor:** o BrOffice passou a se chamar LibreOffice a partir da versão 3.4. Entretanto em abril de 2011 o LibreOffice desvinculou-se da associação do BrOffice e tornou-se um projeto independente quando, em seguida, BrOffice foi descontinuado. Assim, o comentário desta questão irá considerar a versão atual do LibreOffice (3.6). Este manteve a mesma estrutura e funcionalidades do BrOffice, logo é possível utilizar o LibreOffice sem prejuízos ao entendimento dos conceitos abordados. Assim, para esta e as demais questões sobre os softwares da suíte do BrOffice será considerado a versão 3.6 do LibreOffice.

Alternativa incorreta letra "D": o formato odt pertence ao padrão Open Document Format e é utilizado para codificar documentos texto. Este padrão tem o objetivo de criar formatos para arquivos texto, planilhas, apresentações, etc. que não sejam de propriedade de um determinado fabricante. Consequentemente, caso um determinado fornecedor descontinue um software, o usuário preserva os seus arquivos, neste formato, pois estes serão compatíveis com outros softwares. A alternativa está incorreta porque versões mais recentes do MS Word são capazes de abrir este tipo de arquivo. Além disto, o formato odt é independente de sistema operacional. Utilizando ferramentas como o LibreOffice, o qual usa o padrão Open Document Format, é possível criar documentos texto no formato odt que podem ser lidos tanto no Linux quanto em sistemas Windows.

Alternativa "a": o Calc é a ferramenta do BrOffice/LibreOffice equivalente ao Excel do MS Office. Com esta é possível criar uma planilha com fórmulas e editá-las quando necessário.

Alternativa "b": apesar de não haver um formato para conversão direta de um formato odt (documento texto) para xls (planilha eletrônica), o usuário pode fazer esta conversão, por exemplo, salvando o arquivo odt em formato texto. Depois, basta abrir o arquivo em formato texto no Excel e recuperar as informações que constavam o arquivo original.

Alternativa "c": o Base é o software na suíte BrOffice/LibreOffice equivalente ao Access. Logo, através deste é possível editar bancos de dados.

Alternativa "e": Como mostrado pela figura 3, o BrOffice/LibreOffice possui um botão nativo na barra de tarefas que permite salvar um arquivo no formato pdf.

Figura 3. Opção da barra de tarefas do Writer utilizado para salvar o arquivo no formato PDF.

21. (Delegado de Polícia – ES/ 2011 – CESPE) Julgue os itens seguintes, a respeito dos ambientes BROffice e Microsoft Office.

21.1. No Microsoft PowerPoint, a opção de agrupar objetos permite que sejam unidas em uma única autoforma diversos itens de um eslaide, de modo que se atribua a todos eles um único comando, como, por exemplo, alterar o tamanho dos objetos por proporção.

COMENTÁRIOS

Correto. Através da opção de agrupar objetos em uma única forma pode se unir itens de um eslaide do PowerPoint, como exemplo uma figura com a uma seta nesta. Uma vez agrupados os dois objetos passar a representar uma única forma e os demais comandos, como alterar o tamanho, são aplicados para a os itens que compõe a autoforma. A figura 4 mostra o agrupamento de itens e o redimensionamento destes como uma única autoforma.

Figura 4. À esquerda agrupamento do clipart. com a seta. À direita os dois itens agrupados são redimensionados conjuntamente.

22. (Delegado de Polícia – PA/ 2009 – MOVENS) Antônio precisa compartilhar um relatório criado no Microsoft Word 2003 com outras pessoas que utilizam versões diferentes desse aplicativo, especificamente as versões Microsoft Word XP, Microsoft Word 2000 e Microsoft Word 97.

A respeito da compatibilidade das versões citadas do Microsoft Word, assinale a opção correta.

a) É preciso salvar o documento no formato "Versões anteriores do Word".

b) Não há necessidade de conversões, pois os arquivos do Microsoft Word 2003 podem ser abertos pelas versões XP, 2000 e 97 sem necessidade de conversão.

c) Não existe formato compatível entre as versões. A solução é salvar o documento como PDF e distribuir.

d) O usuário da versão antiga do Word deve utilizar um conversor de formatos, fornecido gratuitamente pela Microsoft.

COMENTÁRIOS

✪ **Nota do autor:** a Microsoft alterou o formato dos arquivos do pacote MS Office a partir da versão 2007 deste produto. A partir desta, foi criado uma nova versão para a formatação dos arquivos reconhecida com um x no final de cada extensão como: docx, xlsx, pptx, etc. Assim, documentos criados com versões dos softwares do MS Office a partir de 2007 precisam ser convertidas para o formato anterior (doc, xls, ppt, etc.) para serem abertos em versões anteriores do MS Office.

Alternativa correta letra "B": não há necessidade de conversão, pois o formato dos arquivos foi mantido entre as versões 2003, XP, 2000 e 97. A alteração do formato padrão dos arquivos somente ocorreu a partir da versão 2007 do MS Office.

Alternativa "a": a versão 2003 do Word não possui a opção "Versões anteriores do Word". Como o formato do arquivo é o mesmo entre esta versão e as anteriores, não há necessidade de conversão de formato, ou seja, um arquivo doc criado com o Word 2003 pode ser aberto normalmente nas versões XP, 2000 e 97 deste software.

Alternativa "c": como não houve a alteração do formato do arquivo entre as versões, não existe a necessidade de salvar o arquivo em PDF para poder visualizar o conteúdo deste. Além disto, salvar o arquivo em formato PDF não resolveria um eventual problema de compatibilidade de versões. Visto que o MS Office não é capaz de abrir e editar arquivos em formato PDF. Estes somente podem ser abertos com o software Acrobat da Adobe.

Alternativa "d": não existe um software conversor de formatos como citado na alternativa devido a não ter ocorrido a alteração de formato dos arquivos entre as versões citadas.

23. (Delegado de Polícia – PA/ 2009 – MOVENS) Considere que um delegado tenha criado uma planilha no Microsoft Excel 2003 com dados confidenciais de algumas investigações em andamento. Com o receio de que outras pessoas possam acessar os dados, ele configurou uma senha de proteção para o arquivo.

Assinale a opção que descreve uma característica da "Senha de Proteção" do Microsoft Excel 2003.

a) Evita que o arquivo seja enviado por meio de correio eletrônico para outra pessoa.

b) Protege o arquivo e registra as tentativas de acesso não autorizado.

c) Exige a confirmação de uma senha para liberar o acesso de leitura aos dados do arquivo.

d) Impede que o arquivo seja copiado para um pen-drive, CD-ROM ou para outra pasta.

COMENTÁRIOS

✪ **Nota do autor:** os comentários sobre a característica "Senha de Proteção" são válidos para as demais versões do MS Office.

Alternativa correta letra "C": a utilização de uma senha para proteger um arquivo do Excel impede o acesso às informações contidas neste. Para acessar as informações o usuário que for abrir o arquivo somente conseguirá ter acesso às informações se conhecer a senha especificada para o arquivo.

Alternativas "a" e "d": a proteção por senha não impede que o arquivo seja enviado para outras pessoas por correio eletrônico ou copiada para um pen drive, CD-ROM ou outra pasta. Apenas impede o acesso ao conteúdo do arquivo, caso o usuário não conheça a senha especificada para proteção deste.

Alternativa "b": o recurso de proteção por senha protege o arquivo contra acesso não autorizado. Entretanto, este não é capaz de registrar as tentativas de acesso não autorizado.

Todos os programas citados estão em português e configuração-padrão. Considere também que o mouse está configurado para pessoas destras e que informações como clicar, clique simples e clique duplo referem-se a cliques com o botão esquerdo do mouse.

Não há restrições de proteção, funcionamento e uso em relação a programas, arquivos, diretórios, recursos e equipamentos mencionados, a menos que sejam explicitamente citadas na questão.

---

24. (Delegado de Polícia – PA/ 2009 – MOVENS) Considere que um delegado tenha recebido de uma operadora de telefonia planilha do Microsoft Excel 2003 com os números de telefones para os quais um suspeito fez ligações. Essa lista possui o registro dos dias e dos horários das ligações, bem como o número de destino e a duração de cada uma delas. No entanto, a lista é longa e são poucos os números de telefones que realmente interessam.

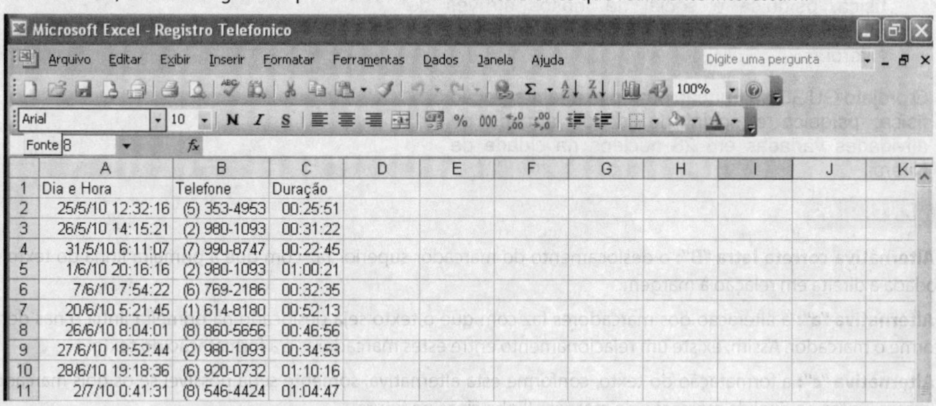

	A	B	C
1	Dia e Hora	Telefone	Duração
2	25/5/10 12:32:16	(5) 353-4953	00:25:51
3	26/5/10 14:15:21	(2) 980-1093	00:31:22
4	31/5/10 6:11:07	(7) 990-8747	00:22:45
5	1/6/10 20:16:16	(2) 980-1093	01:00:21
6	7/6/10 7:54:22	(6) 769-2186	00:32:35
7	20/6/10 5:21:45	(1) 614-8180	00:52:13
8	26/6/10 8:04:01	(8) 860-5656	00:46:56
9	27/6/10 18:52:44	(2) 980-1093	00:34:53
10	28/6/10 19:18:36	(6) 920-0732	01:10:16
11	2/7/10 0:41:31	(8) 546-4424	01:04:47

Sabendo que o delegado deseja visualizar, rapidamente, apenas os itens de seu interesse, assinale a opção que apresenta a sequência da operação desejada.

a) Selecionar a coluna B; no menu Dados, selecionar a opção Filtrar e depois AutoFiltro; em seguida, clicar na seta de Autofiltro da Coluna B e selecionar o telefone desejado na lista.

b) Selecionar a coluna B; no menu Dados, selecionar a opção Consolidar; em seguida, teclar Enter.

c) Selecionar a última célula da coluna B; clicar o botão de Classificação Crescente [A↓Z]; selecionar a opção Continuar com a seleção atual; clicar o botão Classificar; em seguida, teclar Enter.

d) Selecionar o telefone desejado na coluna B; no menu Ferramentas, selecionar, em Opções, a opção Ocultar; em seguida, teclar Enter.

COMENTÁRIOS

Alternativa correta letra "A": após a sequência de ações indicadas nesta alternativa, o delegado terá uma lista contendo somente as ligações para o telefone desejado.

Alternativa "b": esta opção combina valores de vários intervalos em um único intervalo. Este é utilizado quando se tem dados em várias planilhas e se deseja fazer a consolidação destes em uma única planilha. No caso, como só há uma planilha com as informações, este recurso não contribui para identificar somente o telefone desejado.

Alternativa "c": a ação indicada nesta alternativa irá ordenar os telefones em ordem crescente. Assim, haverá a consolidação de todas as ligações desejadas em uma sequência de células da coluna B. Entretanto, os demais telefones ainda permanecem na visualização da planilha e perde-se a ordem cronológica das ligações, visto que a ordenação será feita pelo número do telefone e não mais pela data em que a ligação foi realizada.

Alternativa "d": a opção ocultar irá ocular a coluna B. Logo, esta opção fará com que a coluna deixe de ser exibida. Consequentemente, esta ação não contribui para facilitar a análise das ligações de determinado número de telefone.

25. (Delegado de Polícia – RO/ 2009 – FUNCAB) No Microsoft Office Word, conforme as marcações exibidas na régua abaixo, qual alternativa representa a correta formatação do texto a seguir?

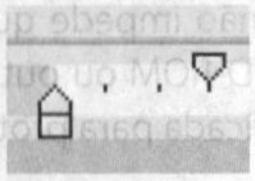

O projeto GUGU da Funcab promove a reintegração física, psíquica e social de idosos através de atividades variadas em 28 núcleos na cidade de Niterói.

a) Esta representação não está relacionada à formatação de parágrafos do texto.

b) O projeto GUGU da Funcab promove a reintegração física, psíquica e social de idosos através de atividades variadas em 28 núcleos na cidade de Niterói.

c) O projeto GUGU da Funcab promove a reintegração física, psíquica e social de idosos através de atividades variadas em 28 núcleos na cidade de Niterói.

d) O projeto GUGU da Funcab promove a reintegração física, psíquica e social de idosos através de atividades variadas em 28 núcleos na cidade de Niterói.

e) O projeto GUGU da Funcab promove a reintegração física, psíquica e social de idosos através de atividades variadas em 28 núcleos na cidade de Niterói.

COMENTÁRIOS

Alternativa correta letra "B": o deslocamento do marcador superior faz com que a primeira linha do texto seja deslodada à direita em relação à margem.

Alternativa "a": a alteração dos marcadores faz com que o texto seja deslocado na primeira linha o nas demais conforme o marcador. Assim, existe um relacionamento entre estes marcadores e a formatação do texto.

Alternativa "c": a formatação do texto, conforme esta alternativa, somente seria possível se os dois marcadores estivessem juntos no final da marcação da margem (linha cinza na figura).

Alternativa "d": esta formatação de parágrafo só seria possível se o marcador inferior estivesse deslocado à direita enquanto o marcador superior deveria estar encostado na margem esquerda.

Alternativa "e": esta formatação somente é possível se os dois marcadores estiverem deslocados a direita.

26. (Delegado de Polícia – RO/ 2009 – FUNCAB) Para que serve o comando Dividir exibido no menu Janela do Microsoft Office Word?

a) Dividir um documento em dois documentos distintos.

b) Dividir uma tabela em duas tabelas distintas.

c) Permitir visualizar duas partes distintas de um mesmo documento.

d) Exibir numa mesma janela dois documentos distintos.

e) Dividir a célula de uma tabela.

COMENTÁRIOS

✪ **Nota do autor:** o comando dividir no menu Janela do Word permite a divisão da janela principal do software em duas partes independentes. Em cada uma das partes o usuário pode visualizar porções diferentes do mesmo documento. Isto facilita o acesso a outras partes do texto sem perder a visualização do conteúdo que está sendo editado no momento.

Alternativa correta letra "C": a partir da execução deste comando é possível visualizar partes distintas do documento através da divisão da janela principal do Word em duas partes.

Alternativa "a": o comando dividir apenas divide a tela principal para visualização de partes diferentes do documento. Logo, não é possível dividir o documento em dois diferentes com este comando.

Alternativa "b": este comando faz a divisão da janela principal do Word e não de tabelas contidas no documento.

Alternativa "d": o comando não permite a exibição de dois documentos distintos. O comando responsável por exibir dois documentos distintos no Word é o comando "Organizar Tudo", versão 2010 do Word, que organiza na janela principal do Word todos os documentos abertos.

---

27. (Delegado de Polícia – PI / 2009 – NUCEPE) Considere as afirmações abaixo sobre o aplicativo Microsoft Word 2000.

1) Página e Coluna são opções disponíveis no item "Quebra..." do menu Inserir. Quebra automática de texto na linha atual também pode ser configurada a partir deste item.
2) É possível evitar a quebra de páginas entre as linhas de um parágrafo a partir da aba "Quebras de linha e de página", do item "Parágrafo...", do menu Formatar.
3) De modo a evitar que o Word classifique incorretamente algumas palavras na sua verificação, pode-se ativar a opção 'Ignorar palavras com números' na aba 'Ortografia e gramática', do item "Opções...", do menu Ferramentas.

Está(ão) correta(s):

a) 1 e 2 apenas
b) 2 apenas
c) 2 e 3 apenas
d) 3 apenas
e) 1, 2 e 3

COMENTÁRIOS

✪ **Nota do autor:** na resposta a esta questão será considerada a versão 2010 do MS Office. Entretanto a funcionalidade abordada permanece a mesma. Somente ocorreu alterações nos menus da Word 2010 em relação às funcionalidades abordadas.

Alternativa correta letra "E": todas as afirmações estão corretas.

Alternativa "a": a afirmação 3 está correta. Através do menu Arquivo – > Opções – > Revisão de Texto é possível indicar desabilitar a verificação ortográfica para palavras que contenham números como mostrado pela figura 5.

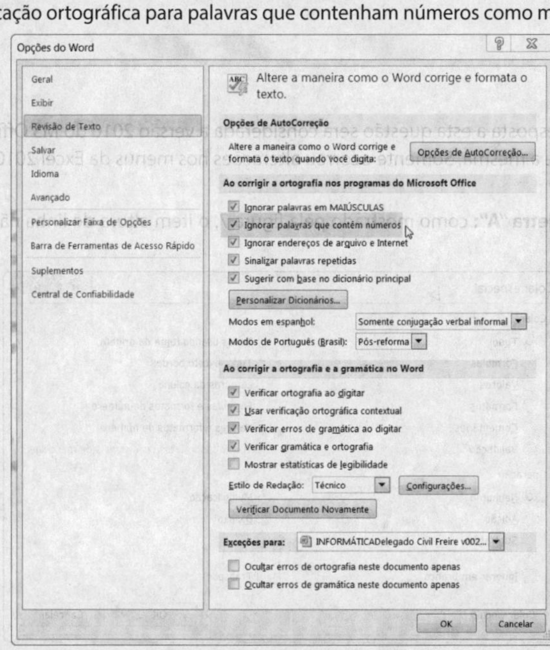

Figura 5. Opção de revisão de texto para ignorar a revisão ortográfica de palavras que contenham números.

Alternativa "b": além da afirmação 2, a afirmação 3 está correta, como já explicado. A afirmação 1 também está correta como mostrado pela figura 6.

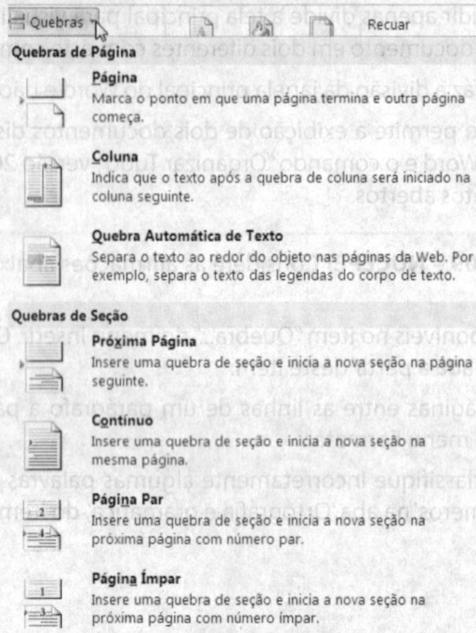

Figura 6. Opções de quebras de página e seção do Word 2010

Alternativa "c": a afirmação 1, como explicado, está correta. Entretanto, esta alternativa não cita esta afirmação.

Alternativa "d": além da afirmação 3, as demais afirmações 1 e 2 estão corretas.

28. (Delegado de Polícia – PI / 2009 – NUCEPE) No aplicativo Microsoft Excel 2000, o item "Colar especial..." do menu Editar permite copiar para uma nova célula todas as informações abaixo, de outra célula, exceto:

a) altura da linha.

b) fórmula.

c) valor.

d) comentário.

e) largura da coluna.

COMENTÁRIOS

✪ **Nota do autor:** na resposta a esta questão será considerada a versão 2010 do MS Office. Entretanto a funcionalidade abordada permanece a mesma. Somente ocorreu alterações nos menus da Excel 2010 em relação às funcionalidades abordadas.

Alternativa incorreta letra "A": como mostrado pela figura 7, o item altura de linha não faz parte das opções do menu colar especial.

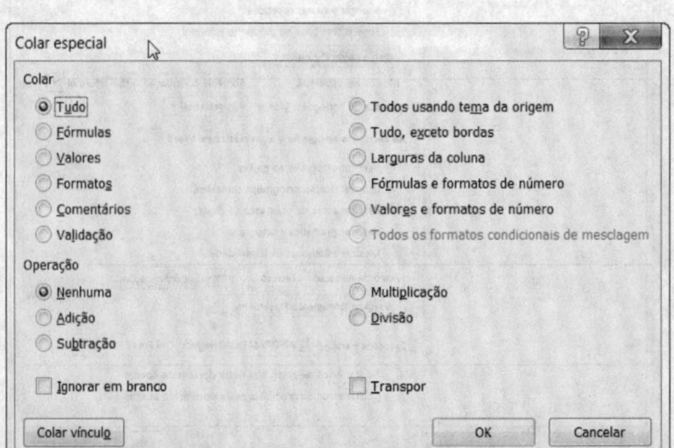

Figura 7. Opções do menu Colar Especial do Excel 2010.

Alternativas "b", "c", "d" e "e": todos os itens indicados nas alternativas fazem parte do menu Colar Especial do MS Office 2010 conforme indicada na figura 7.

29. (Delegado de Polícia – TO/ 2008 – CESPE) Considerando a figura abaixo, julgue os itens subsequentes, acerca do Excel 2003.

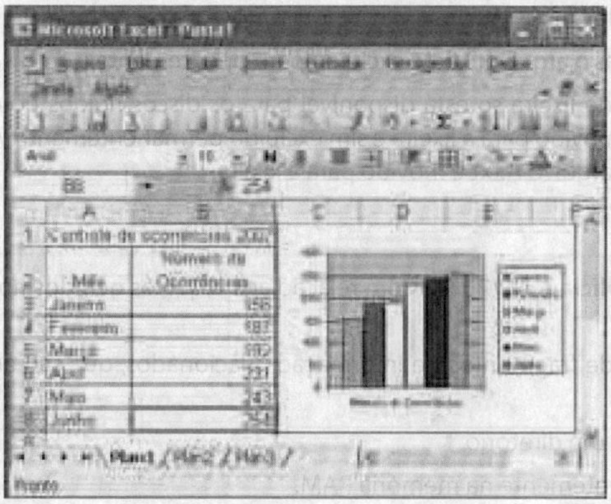

29.1. É possível obter o gráfico de número de ocorrências que aparece na figura acima por meio da seleção das células (A2:A8) e das células (B2:B8).

COMENTÁRIOS

Correto. Ao selecionar as células de A2 a A8 e depois as células de B2 a B8 e clicar na opção inserir gráfico é apresentado o gráfico da figura. Isto ocorre porque haverá uma associação entre os intervalos selecionados, ou seja, as células da coluna B serão os valores do eixo Y e as células da coluna A as categorias do eixo X indicadas na legenda.

29.2. Considerando que o número de ocorrências no mês de julho foi o dobro em relação ao mês de janeiro, a expressão que deve ser escrita na barra de fórmulas para calcular o número de ocorrências de julho é B9=2*B3.

COMENTÁRIOS

✪ **Nota do autor:** o símbolo =, no Excel e Calc, é utilizado para fazer comparação entre valores e células e não atribuição de valores como ocorre em linguagens de programação. Assim, a expressão A2 = A3 compara se o conteúdo da célula A2 é igual ao conteúdo da célula A3.

Incorreto. A expressão correta a ser inserida na célula B9 é 2*B3. Assim, ao inserir esta fórmula o resultado na célula B9 será o dobro do valor da célula B3. Entretanto se a fórmula B9=2*B3 for inserida na célula o Excel tentará comparar o conteúdo da célula B9 com o resultado da expressão 2*B3. O resultado disto será uma mensagem de erro indicando uma referência circular, pois o conteúdo da célula B9 só será conhecido após o cálculo da fórmula B9=2*B3 que depende do conteúdo de B9. Após a apresentação da mensagem de erro a célula B9 será preenchida com valor zero.

2. SISTEMAS OPERACIONAIS – WINDOWS E LINUX

30. (Vunesp – Delegado de Polícia – PC – SP/2018) Em um computador com o sistema operacional MS-Windows 7, um usuário selecionou o arquivo A.txt em uma pasta no disco rígido e, em seguida, pressionou a tecla Delete (ou Del), confirmando a exclusão. Posteriormente, selecionou com o botão direito do mouse (supondo este em sua configuração padrão) o arquivo B.txt em uma pasta em um pen drive, e ao soltar o botão, selecionou a opção Excluir exibida em um menu, confirmando a exclusão.

A respeito desses procedimentos, é correto afirmar que

a) ambos os arquivos serão colocados na Lixeira.

b) B.txt será colocado na Lixeira, enquanto A.txt será excluído definitivamente, sem ser colocado na Lixeira.

c) A.txt será colocado na Lixeira, enquanto B.txt será compactado e colocado em uma Lixeira Auxiliar do MS-Windows 7, destinada a arquivos excluídos de pen drives.

d) ambos os arquivos serão excluídos definitivamente e não serão colocados na Lixeira.

e) A.txt será colocado na Lixeira, enquanto B.txt será excluído definitivamente, sem ser colocado na Lixeira.

COMENTÁRIOS

Alternativa "a". Não. Apenas o arquivo A.txt é movido para a lixeira.

Alternativa "b". Ao contrário. A.txt é movido para a lixeira e B.txt excluído permanentemente.

Alternativa "c". Não há este recurso onde um arquivo do pen drive é compactado e colocado em uma Lixeira auxiliar do Windows quando excluído.

Alternativa "d". Não. Apenas o arquivo B.txt é excluído permanentemente.

Alternativa "e". O recurso de lixeira só está disponível para os discos rígidos do computador. Logo um arquivo excluído no pen drive não será movido para a lixeira e sim excluído permanentemente. Assim o arquivo B.txt é excluído permanentemente enquanto o arquivo A.txt é movido para a lixeira.

Alternativa correta: letra "e".

---

31. (IBADE – Delegado de Polícia – AC/2017) Com relação aos arquivos gerados no ambiente Windows, analise as afirmativas a seguir.

I. Consiste em um conjunto de fragmentos de informação relacionados, que são armazenados juntos de forma a facilitar a sua referência.

II. Podem ser organizados em um diretório.

III. São armazenados permanentemente na memória RAM.

IV. Podem ser gerados a partir de um aplicativo.

V. Armazenam qualquer tipo de informação, sendo, portanto, digitais e virtuais.

São corretas as afirmativas:

a) I, II e III, apenas.

b) I, II, III, IV e V.

c) I, III e V, apenas.

d) I, II e IV, apenas.

e) II, III e IV, apenas.

COMENTÁRIOS

✪ **Nota do autor.** O texto desta questão está um pouco vago, mas basicamente ele trata da criação e armazenamento dos diferentes tipos de arquivos (texto, planilhas, fotos, vídeos, etc.) que são criados e armazenados em sistemas Windows.

Alternativa correta: letra "d". Estão corretas as afirmativas I, II e IV.

Afirmativa I. Correto. Ao armazenar um arquivo em disco, este, fisicamente, pode ser fragmento em diferentes posições do disco rígido. Para acessar corretamente o arquivo, o Windows mantém um registro de todos os fragmentos em disco que correspondem a um determinado nome de arquivo.

Afirmativa II. Correto. Os arquivos podem ser organizados em diretórios (pastas) visando facilitar a organização das informações pelo usuário.

Afirmativa III. Errado. Os arquivos são armazenados temporariamente na memória RAM (apenas enquanto estão sendo manipulados pelo processador) e permanentemente no disco rígido.

Afirmativa IV. Certo. Os arquivos podem ser criados por aplicativos do Windows como o Word, Excel, etc.

Afirmativa V. Errado. Os arquivos podem armazenar quaisquer tipos de informação que seja possível de ser processada por um determinado aplicativo. Logo as características de serem digitais e virtuais refere-se a natureza dos arquivos gerados em computador e não ao fato de armazenarem quaisquer tipos de informações.

---

32. (IBADE – Delegado de Polícia – AC/2017) O principal propósito de um sistema operacional consiste em promover um uso mais eficiente do hardware. Assinale a alternativa que traz a principal diferença entre os sistemas operacionais Linux e Windows.

a) Enquanto o Linux possui diferentes versões, existe apenas uma versão do Windows.

b) Windows pode rodar com um processador Intel, ao contrário do Linux.

c) Linux é um sistema proprietário, ao contrário do Windows.

d) Qualquer programador pode reprogramar o código do Linux, o que não é permitido no Windows.

e) O Windows pode rodar em computadores e smartphones, ao passo que o Linux roda apenas em smartphones.

COMENTÁRIOS

Alternativa correta: letra "d". O Linux é um sistema operacional de código fonte aberto, ou seja, um programador pode ter acesso a código utilizado para implementar o sistema operacional. Já o Windows é um sistema operacional proprietário e por isto onde não é possível ter acesso ao código do sistema operacional.

Alternativa "a". Tanto o Linux quanto o Windows possuem diferentes versões. Cada vez que o sistema operacional é melhorado é gerada uma nova versão do sistema operacional para download.

Alternativa "b". O Linux e o Windows podem ser executados em computadores com processadores Intel.

Alternativa "c". Pelo contrário, o Windows é um sistema proprietário enquanto o Linux é um sistema operacional livre.

Alternativa "e". O Linux é um sistema operacional que pode ser executado em smartphones. Especificamente, o sistema operacional Android é um sistema derivado do Linux.

---

33. (Vunesp – Delegado de Polícia – CE/2015) O MS-Windows 7, em sua configuração padrão, oferece, para a maioria dos seus programas, um local de armazenamento temporário de informações copiadas, que o usuário pode usar em algum outro lugar.

Assinale alternativa que contém o nome desse local.

a) Painel de Controle.
b) Prompt de Comando.
c) Área de Transferência.
d) Notas Autoadesivas.
e) Monitor de Recursos.

COMENTÁRIOS

Alternativa correta: letra "c". A área de transferência permite copiar uma ou mais informações entre os demais programas. Os dados armazenados temporariamente e depois transferidos pelo usuário para outro programa.

Alternativa "a". O painel de controle é responsável pelas configurações do computador. Assim, este não possui nenhuma funcionalidade para armazenamento temporário de informações copiadas.

Alternativa "b". Através do prompt é possível executar comandos do sistema operacional como: listar arquivos de uma pasta, copiar arquivos, obter a sequência de endereços IP até um determinado site, etc.

Alternativa "d". As notas autoadesivas são utilizadas para armazenar pequenas informações (lembretes) para o usuário. Entretanto, estas não são capazes de atuar como uma área temporária para armazenamento de informações para serem transferidas para outros programas.

Alternativa "e". Através do monitor de recursos é possível verificar o uso de disco, rede, memória, programas em execução, serviços, etc., Entretanto, este não possui recursos para armazenamento temporário e transferência de dados entre programas.

---

34. (NUCEPE – Delegado de Polícia – PI/2014) Quanto ao sistema operacional Microsoft Windows 7, aponte a alternativa CORRETA de acordo com as afirmativas abaixo:

I. – O conteúdo armazenado na área de transferência fica disponível mesmo quando o computador é reiniciado.
II. – O Painel de Controle permite o usuário utilizar funcionalidades básicas como enviar e receber e-mails.
III. – No menu Propriedades do Disco Local C:\, é possível ter acesso às informações de espaço usado e disponível no Disco Rígido.

a) Somente afirmativa I.
b) Afirmativas I e III.
c) Somente afirmativa III.
d) Afirmativas II e III.
e) Nenhuma das alternativas acima.

COMENTÁRIOS

Alternativa correta: letra "c". Apenas o item III está correto.

Item I. Errado. Quando o computador é reinicializado, todos os dados na memória são perdidos inclusive os da área de transferência.

Item II. Errado. O painel de controle permite ao usuário realizar configurações no computador como: instalar e remover programas, criar contas de usuário, configurar a rede, etc.

Item III. Certo. Nas propriedades do disco rígido é possível verificar a quantidade de espaço utilizado e disponível.

---

35. (FUNCAB – Delegado de Polícia – RO/2014) O tipo de backup que inclui os arquivos que tenham sido alterados desde o último backup completo é chamado:

a) Merge.

b) Incrementai.

c) Restauração.

d) Completo.

e) Diferencial.

COMENTÁRIOS

✪ **Nota do autor:** Um backup que inclui apenas os arquivos modificados em relação a um backup completo pode ser chamado de incremental ou diferencial. Assim, a alternativa (B) também estaria correta se não fosse pela grafia incorreta da palavra incremental.

Alternativa correta: letra "e". Um backup diferencial realiza a cópia apenas dos arquivos modificados em relação a um backup anterior.

Alternativa "a". Merge é uma operação que tem como objetivo juntar dois ou mais arquivos em um único arquivo. Assim, este não seria uma operação de backup.

Alternativa "b". Esta alternativa encontra-se incorreta devido a grafia errada da palavra Incremental.

Alternativa "c". A restauração consiste na operação de restaurar os arquivos em um backup de volta ao sistema.

Alternativa "d". Um backup completo consiste na cópia de todos os arquivos e um determinado sistema de arquivos, computador, etc. para um arquivo de backup.

---

36. (FUNCAB – Delegado de Polícia – RO/2014) Assinale a alternativa que aponta uma tecnologia associada ao uso da Internet,

a) USB

b) Sistema operacional

c) Alta disponibilidade

d) Cookie

e) DVD

COMENTÁRIOS

Alternativa correta: letra "d". Cookies são arquivos armazenados no computador, por sites, quando o usuário visita estes. O objetivo dos cookies é armazenar informações relacionadas a uma navegação prévia como itens do carrinho de compras, senhas, links clicados, etc.

Alternativa "a". Uma porta USB (Universal Serial Bus) é um tipo de conexão de hardware utilizada para conectar dispositivos de entrada/saída como impressoras, teclados, mouses, etc. Este é um padrão para conexão utilizado por vários dispositivos como celulares, TVs, máquinas fotográficas, etc.

Alternativa "b". Um sistema operacional é um software utilizado para controlar o hardware do computador. Através deste, o usuário consegue interagir de modo mais amigável com o computador sem a necessidade de ter conhecimentos avançados sobre o funcionamento do hardware.

Alternativa "c". Alta disponibilidade é uma característica de determinados sistemas que resistem a falhas de hardware, software e energia. A utilização de sistemas de alta disponibilidade visa garantir a oferta de um determinado serviço sem interrupções. Para atingir alta disponibilidade estes sistemas utilizam replicação de hardware.

Alternativa "e". Um DVD (Digital Versatile Disc) é um formato digital para armazenamento de arquivos de dados, som e voz.

---

37. (Vunesp – Delegado de Polícia – SP/2014) Com a evolução da computação pessoal, foi necessário desenvolver uma interface de computador que possibilitasse a conexão de periféricos sem a necessidade de desligar o computador. Essa interface permite conectar diversos equipamentos como: mouse, teclado, impressoras, câmeras digitais e webcam com o computador.

Assinale a alternativa que contém o nome dessa interface.

a) HDLC.

b) USB.

c) ATX.

d) IDE.

e) VGA.

COMENTÁRIOS

Alternativa correta: letra "b". A interface USB (Universal Serial Bus) é a interface utilizada para conexão de periféricos sem a necessidade de desligar o computador. Além disto, esta padroniza o formato de conexão de dispositivos.

Alternativa "a". O HDLC (high-level data link control) é um protocolo de camada de enlace utilizado para identificar erros de transmissão de dados ocorridos na camada física, dentre outras funções. Logo, esta sigla não representa uma interface para conexão de dispositivos.

Alternativa "c". O ATX (Advanced Technology Extended) é um padrão utilizado para o desenvolvimento de placas mães. Este especifica um conjunto de especificações para a produção destas placas e, portanto, também não é uma interface para conexão de dispositivos.

Alternativa "d". O IDE (Integrated Drive Electronics) é um padrão para interligar dispositivos de armazenamento, como discos rígidos, cd-roms, etc. internamente em computadores. Através desta interface os dados são trafegados entre o dispositivo e o computador. Entretanto, este só é utilizado para conexão interna destes dispositivos com a placa mãe.

Alternativa "e". É o nome dado a um padrão de conector utilizado para ligar monitores e datashows a computadores. Este não é um padrão universal para conexão de dispositivos

---

38. (UEL – Delegado de Polícia – PR/2013) Um dispositivo de cdrom foi montado através do seguinte comando:

mount /dev/sr0 /media/cdrom – t iso9660 – o ro,exec

Sobre essa montagem, assinale a alternativa correta.

a) A opção – t monta o dispositivo apenas por um período de tempo predeterminado.

b) A montagem permite leitura e escrita.

c) A montagem permite a execução de binários.

d) A opção iso9660 informa o modelo do dispositivo a ser montado.

e) O dispositivo foi montado no diretório /dev/sr0.

COMENTÁRIOS

✪ **Nota do autor.** O comando mount é utilizado, em sistemas Linux, para acessar sistemas de arquivos em dispositivos como discos rígidos, cd-rom, dvd, pen drive, etc. O comando "monta" o conteúdo do dispositivo como um diretório do sistema operacional. Este possui uma série de parâmetros que especificam com o acesso ao dispositivo deve ocorrer.

Alternativa correta: letra "c". O parâmetro exec permite a execução de arquivos binários que se encontram no dispositivo montado.

Alternativa "a". A opção – t especifica o tipo de sistema de arquivo que deve ser utilizado para acessar o dispositivo e não o tempo de montagem.

Alternativa "b". Devido a opção ro (read only) o acesso ao dispositivo será apenas de leitura. Desta forma, não será possível alterar os arquivos do dispositivo.

Alternativa "d". Não. A opção iso9660 indica o formato do sistema de arquivos que deve ser utilizado.

Alternativa "e". Não. O dispositivo foi montado no seguinte diretório /dev/sr0 /media/cdrom.

---

39. (UEL – Delegado de Polícia – PR/2013) Sobre os comandos do sistema operacional Linux, atribua V (verdadeiro) ou F (falso) às afirmativas a seguir.

I. ( ) ls lista o conteúdo de um diretório.

II. ( ) tar é utilizado para descompactar arquivos.

III. ( ) top é utilizado para mudar a prioridade de processos.

IV. ( ) kill é utilizado para enviar sinais a processos.

V. ( ) bg é utilizado para suspender a execução de um processo.

Assinale a alternativa que contém, de cima para baixo, a sequência correta.

a) V V F V F

b) V F V V F

c) V F F V V

d) F F V F V

e) F V V F V

COMENTÁRIOS

Alternativa correta: letra "a". São verdadeiros os itens I, II e IV.

Item I. V. O comando ls, como o dir do Windows, lista o conteúdo de um diretório.

Item II. V. O comando tar é utilizado para compactar um arquivo.

Item III. F. O comando top lista os processos em execução pelo sistema operacional de maneira dinâmica, ou seja, conforme os processos alteram os valores de utilização da CPU, este tem a sua posição alterada na lista de processos como ocorre no Gerenciado de Tarefas do Windows.

Item IV. V. Através do comando kill pode-se enviar sinais a um processo para finalizar a execução deste.

Item V. F. O comando bg é utilizado para colocar processos suspensos de volta a execução.

---

40. (UEL – Delegado de Polícia – PR/2013) Com relação a pastas e programas, considere as afirmativas a seguir.

I. O comando cp a.txt b.txt irá criar uma cópia do arquivo a.txt.

II. O comando ren a.txt b.txt irá renomear o arquivo a.txt para b.txt.

III. O comando ps é utilizado para se alterar a senha do usuário.

IV. O comando fg irá fazer um processo executar em primeiro plano.

Assinale a alternativa correta.

a) Somente as afirmativas I e II são corretas.
b) Somente as afirmativas I e IV são corretas.
c) Somente as afirmativas III e IV são corretas.
d) Somente as afirmativas I, II e III são corretas.
e) Somente as afirmativas II, III e IV são corretas.

COMENTÁRIOS

Alternativa correta: letra "b". Estão corretos os itens I e IV.

Item I. Certo. O comando cp executa uma cópia de um arquivo. No caso será feita uma cópia do arquivo a.txt com o nome de b.txt.

Item II. Errado. O comando, em Linux, que faz a renomeação de arquivos é o mv e não o ren. Neste caso, entende-se que a questão trata do sistema operacional Linux, visto que o comando ren faz a renomeação de arquivos no Windows.

Item III. Errado. O comando ps é utilizado para listar os programas em execução em um sistema operacional Linux.

Item IV. O comando fg é utilizado para continuar um programa em execução que foi suspenso.

---

41. (UEL – Delegado de Polícia – PR/2013) Deseja-se criar um link simbólico do arquivo vim, o qual deverá ser chamado de vi. Assinale a alternativa que criará, corretamente, tal link simbólico.

a) cp – s – vi vim
b) ln – s – vim vi
c) ln – s – vi vim
d) cp vim vi
e) cp vi vim

COMENTÁRIOS

✪ **Nota do autor.** Um link simbólico no Linux é semelhante a um atalho para um programa no Windows. O objetivo deste é possibilitar que um programa, diretório ou arquivo seja acessado a partir de um outro local através deste link.

Alternativa correta: letra "b". O comando ln é utilizado no Linux para criar links simbólicos através da opção – s. No comando desta alternativa, é criado um link simbólico vi para o comando vim.

Alternativa "a". O comando cp é utilizado para fazer cópias de arquivo. Apesar disto, ele é capaz de criar links simbólicos através da opção – s. Esta alternativa somente não está correta porque houve uma inversão no nome do link e arquivo. Na alternativa está sendo criado um link simbólico vim para o arquivo vi e não o contrário como foi especificado na questão.

Alternativa "c". Esta alternativa está errada porque foi feita uma inversão dos parâmetros. Nesta alternativa está sendo criado um link simbólico vim para um arquivo vi.

Alternativa "d". Neste comando não há a criação de um link simbólico. Apenas é feita uma cópia do arquivo vim que recebe o nome de vi.

Alternativa "e". Idem alternativa anterior. Neste exemplo está sendo criado um arquivo chamado vim a partir de uma cópia do arquivo vi.

42. (UEL – Delegado de Polícia – PR/2013) A montagem e a desmontagem de dispositivos no sistema operacional Linux utilizam arquivos presentes em que diretório?

a) /bin
b) /usr
c) /boot
d) /dev
e) /tmp

COMENTÁRIOS

✪ **Nota do autor.** Dispositivos no Linux são adicionados ao sistema através de uma operação de montagem. Esta é semelhante a operação de carregar e ejetar um pen drive no Windows. Para acessar o dispositivo montado, o sistema operacional cria um diretório onde os dados do dispositivo são disponibilizados.

Alternativa correta: letra "d". O diretório /dev contém arquivos que representam os dispositivos do computador como placa de som, discos rígidos, pen drives etc. Estes arquivos são utilizados para permitir a comunicação do sistema operacional com os diversos dispositivos. Assim, quando um dispositivo não será mais utilizado e precisar ser removido, exemplo um pen driver, o processo de desmontar o dispositivo utiliza o respectivo arquivo associado ao pen driver deste diretório.

Alternativa "a". O diretório /bin contém os arquivos executáveis do sistema operacional e comandos do sistema. Neste não se encontra qualquer arquivo referente aos dispositivos instalados.

Alternativa "b". Os demais arquivos executáveis (aplicativos), bibliotecas dos sistemas e softwares instalados pelos usuários ficam armazenados neste diretório. Também, não se encontra neste, arquivos que fazem referência a dispositivos em uso.

Alternativa "c". No diretório /boot estão armazenados os arquivos utilizados para a carregamento do sistema operacional no momento que o computador é ligado. Logo, estes também não fazer referência a dispositivos em uso.

Alternativa "e". O diretório /tmp, como no Windows, armazena os arquivos temporários utilizados por programas e pelo sistema operacional.

43. (UEL – Delegado de Polícia – PR/2013) Assinale a alternativa que apresenta, corretamente, o comando que irá desligar o computador.

a) shutdown – d now
b) shutdown – h now
c) shutdown – p now
d) shutdown – r now
e) shutdown – s now

COMENTÁRIOS

✪ **Nota do autor.** O comando shutdown é utilizado para desligar um computador através de uma janela de comandos (*cmd* do Windows ou uma *shell* no Linux). Como este está presente em diferentes sistemas operacionais e a questão não especifica qual, isto gera uma dúvida sobre qual a resposta correta. Assim, na resposta desta questão serão considerados os dois sistemas operacionais.

Alternativa correta: letra "b". No Linux o comando shutdown – h now irá executar o desligamento do computador. No Windows, este mesmo comando colocará o sistema em modo de hibernação. Fato que não necessariamente pode ser considerado como desligar o "computador". Logo, assume-se que a questão considerava o sistema operacional Linux.

Alternativa "a". A opção – d do comando não existe no sistema operacional Linux, somente no Windows. Neste, esta opção indica o motivo do desligamento. Se após o d for especificada a letra p o desligamento é indicado como planejado. Se este for seguido por um u a indicação do desligamento é feita como não planejado.

Alternativa "c". Esta opção no Windows desliga o computador sem nenhuma mensagem de aviso. Já no Linux, esta opção não está presente. Há uma opção similar com P (p maiúsculo ao invés de minúsculo) que faz o desligamento do sistema operacional e desliga o hardware. Em servidores, é comum a opção de fazer um shutdown no sistema operacional e manter o hardware ligado para que este possa ser religado remotamente.

Alternativa "d". Tanto no Windows como no Linux, esta opção faz o desligamento do sistema operacional e, em seguida, reinicializa este.

Alternativa "e". A opção s não está presente no Linux. No Windows, esta é utilizada para desligar o sistema operacional e o computador.

44. (Cespe – Delegado de Polícia – AL/ 2012) No que se refere à organização e ao gerenciamento de informações, pastas e arquivos em computadores, julgue os itens seguintes.

44.1. A cópia de segurança de pastas e arquivos, também denominada becape, deve ser feita com determinada periodicidade, em locais seguros, distintos do local em que os dados foram salvos originalmente, a fim de permitir a recuperação dos dados salvos em caso de perdas.

COMENTÁRIOS

Certo. O texto indicado descreve corretamente o conceito de becape.

44.2. A pasta Arquivos de Programas do ambiente Windows é o espaço em que são armazenados os programas instalados de fábrica, sendo esse espaço destinado exclusivamente para ao armazenamento desses programas.

COMENTÁRIOS

Errado. A pasta Arquivos de Programas armazena todos os softwares instalados no computador. Isto inclui tantos os disponibilizados de fábrica quanto os instalados posteriormente pelo usuário.

44.3. Por meio de opções de compartilhamento, os arquivos e pastas armazenados no drive C de uma máquina podem ser acessa dos remotamente, mesmo com o computador desligado.

COMENTÁRIOS

Errado. O compartilhamento de pastas permite o acesso remoto a arquivos e pastas armazenados no disco rígido do computador. Este acesso é feito através dos protocolos de rede. Consequentemente, para que a pasta seja acessa o computador precisa estar ligado e com o sistema operacional em funcionamento.

45. (Delegado de Polícia – ES/ 2011 – CESPE) Acerca de conceitos básicos de informática e sistemas operacionais, julgue os itens a seguir.

45.1. O modem é exemplo de um dispositivo híbrido, pois pode permitir simultaneamente a entrada e a saída de informações na unidade central de processamento.

COMENTÁRIOS

✪ **Nota do autor:** o modem é um dispositivo capaz de enviar um sinal digital através de um canal de comunicação que utiliza ondas analógicas como uma linha telefônica. O sinal digital é codificado em uma onda analógica através de uma técnica chamada de modulação.

Correto. O modem é um exemplo de dispositivo que permite a entrada e saída de informações na unidade central de processamento. Este é utilizado comumente para conexão a Internet via linha telefônica. Neste contexto, quando um computador necessita acessar a Internet este envia os dados digitais para o modem que os converte (modula) em um sinal analógico para ser transmitido pela linha telefônica até o provedor. Chegando ao provedor o sinal é convertido do formato analógico para dados digitais e processado. Na sequencia o processo se repete com o envio da resposta através da linha telefônica de volta ao computador que iniciou a comunicação. Perceba que o modem atua, no exemplo de comunicação, como dispositivo de entrada em alguns momentos e como dispositivo de saída em outros.

45.2. Quanto maior a quantidade de instruções contidas em um processador CISC, mais complexo e mais rápido ele se torna.

COMENTÁRIOS

✪ **Nota do autor:** Os processadores possuem um conjunto de instruções que são utilizadas para controlar o funcionamento do computador. Estas instruções são codificadas no hardware do processador. Dentre as arquiteturas existentes para construção de processadores pode se citar a arquitetura CISC (Complex Instruction Set Computing). Nesta as instruções definidas pelo processador são mais complexas, ou seja, são instruções de mais alto nível, quando comparada com outras arquiteturas, que executam uma série de pequenas tarefas. Este tipo de instrução facilita o desenvolvimento de programas, pois o conjunto de instruções do processador já realiza um conjunto de tarefas mais complexas. Os computadores das marcas Intel e AMD utilizam processadores CISC.

Incorreto. A complexidade está relacionada à instrução e não necessariamente a quantidade de instruções do processador. Entretanto, como se trata de uma arquitetura CISC com instruções complexas quanto mais instruções este processador possuir, maior será a habilidade de executar tarefas mais sofisticadas e consequentemente mais complexo será o seu projeto. Como as instruções são complexas o tempo de execução destas é mais longo, ou seja, com um conjunto grande de instruções complexas, o processador demorará mais tempo para executar uma instrução do que outro que trabalha com instruções simples (Arquitetura RISC). Assim, este acaba se tornando mais lento em termos de tempo de execução de uma instrução.

45.3. No ambiente Windows, a opção de mapear unidade de rede permite se associar um atalho para uma unidade local, de modo que esta possa estar disponível para outro usuário ou outra rede.

COMENTÁRIOS

Correto. Ao mapear uma unidade há a criação de um atalho na respectiva unidade local do computador. Este atalho estará associado a uma unidade de rede e permitirá o usuário acessar o conteúdo desta unidade. Normalmente esta unidade mapeada pertence a um usuário em outro computador. Desta forma é possível a troca de arquivos entre os usuários utilizando a unidade mapeada.

45.4. O sistema de diretório do Linux apresenta os diretórios de maneira hierarquizada, por isso, também é conhecido como árvore de diretórios.

COMENTÁRIOS

Correto. No Linux existe um diretório raiz representado pelo símbolo /. A partir deste diretório são criados os demais diretórios e subdiretórios do sistema. A estrutura destes diretórios tem o aspecto de uma árvore sendo o / a raiz da árvore de diretórios. A figura 9 representa a estrutura de diretórios do Linux. Na figura o ícone File System representa a raiz do sistema de arquivos (/) e cada ícone ligado a este representa um diretório do sistema dentro da raiz.

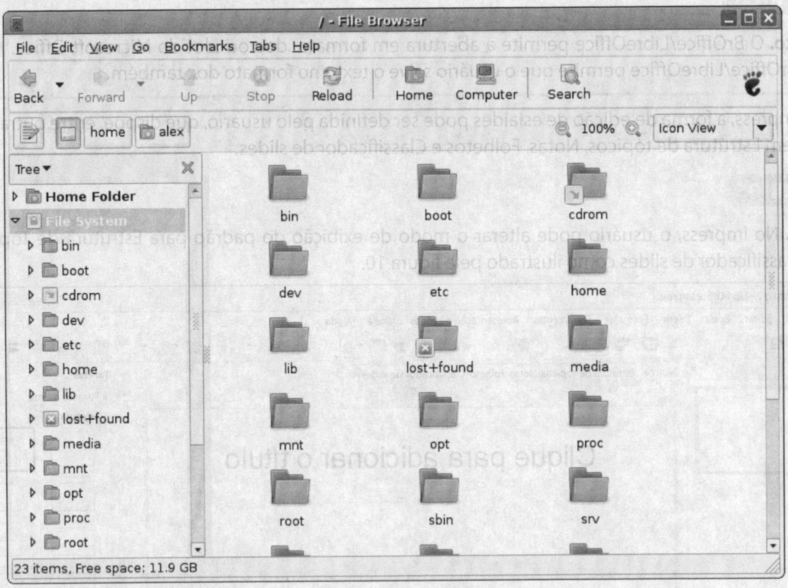

Figura 9. Sistemas de arquivos do Linux

45.5. CDs, DVDs e HDs são as memórias principais de um computador, utilizadas para manter as informações por um longo período de tempo.

COMENTÁRIOS

✪ **Nota do autor:** O termo memória principal faz referência à memória RAM do computador. O objetivo deste tipo de memória é armazenar os programas e execução e seus respectivos dados por isto possui uma velocidade de acesso alta. Consequentemente, devido a esta alta velocidade esta se torna mais cara o que impende a existência de grandes quantidades de memória RAM em um computador. Além disto, esta é uma memória volátil, ou seja, se o computador for desligado os dados presentes na memória RAM são perdidos. Já a memória secundária tem como objetivo armazenar grandes quantidades de informação durante um longo período de tempo, ou seja, não são voláteis como a memória RAM. Desta forma, o custo destas precisa ser mais baixo para viabilizar o armazenamento de dados. Consequentemente o acesso aos dados em memória secundária é mais lento do que o acesso à memória RAM. São exemplos de memórias secundárias: HDs, CDs, DVDs, pen-drives, dentre outros.

Incorreto. Um CD, HD ou DVD é uma memória secundária do computador utilizada para armazenar informações por um grande período de tempo e não uma memória principal como afirmado.

45.6. O programa Adobe Acrobat Reader, um dos componentes da suíte Microsoft Office, permite abrir, editar e salvar arquivos no formato pdf, cuja característica principal é gerar arquivos em formato de imagem e de tamanho pequeno.

COMENTÁRIOS

Incorreto. O programa Adobe Acrobat Reader não faz parte da suíte do Microsoft Office. Este é vendido como um produto independente pela empresa Adobe. Além disto, o objetivo do Acrobat Reader é o de visualizar arquivos em formato pdf e não imagem como afirmado.

45.7. O BROffice é um ambiente de software livre que pode ser utilizado em diversos sistemas operacionais diferentes, como o Linux, o Solaris e o Windows.

COMENTÁRIOS

Correto. O BrOffice/LibreOffice é uma suíte de aplicativos para automação de escritórios. Este é um software livre disponível para diversos sistemas operacionais como Linux, Solaris e Windows.

45.8. O aplicativo Writer é um editor de textos que possui como limitação principal o fato de adotar formatos do tipo odt e sxw, não permitindo que sejam abertos arquivos nos formatos .doc ou .dot.

COMENTÁRIOS

Incorreto. O BrOffice/LibreOffice permite a abertura em formato .doc ou .dot do Microsoft Office. Além de abrir arquivos, o BrOffice/LibreOffice permite que o usuário salve o texto no formato doc também.

45.9. No Impress, a forma de edição de eslaides pode ser definida pelo usuário, que dispõe, entre outras, dos modos de exibição em Estrutura de tópicos, Notas, Folhetos e Classificador de slides.

COMENTÁRIOS

Correto. No Impress, o usuário pode alterar o modo de exibição do padrão para Estrutura de Tópicos, Notas e Folhetos e Classificador de slides como ilustrado pela figura 10.

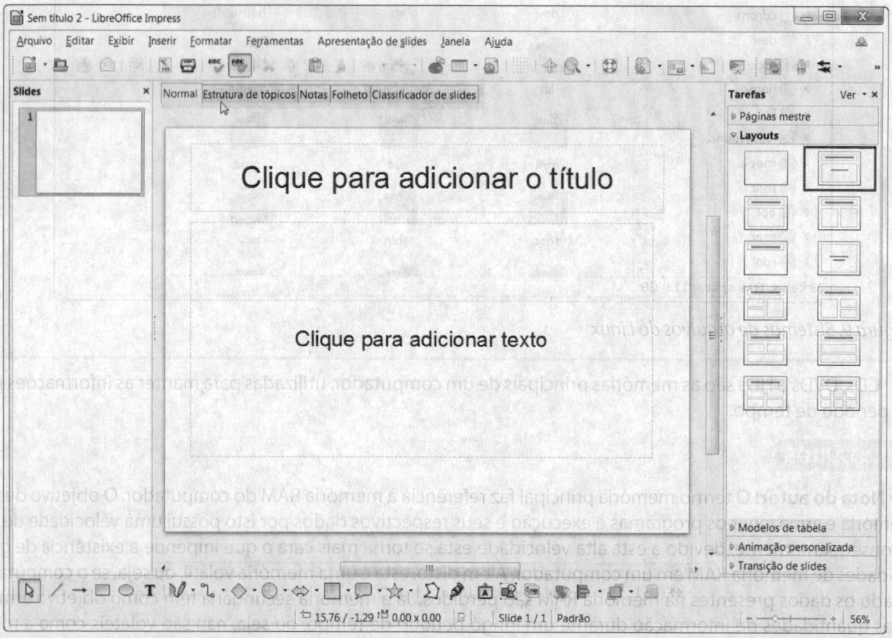

Figura 10. Formas de exibição de um eslaide no Impress.

46. (Delegado de Polícia – SP/ 2011 – ACADEPOL) A denominada licença GPL (já traduzida para o português: Licença Pública Geral) (A) garante as liberdades de execução, estudo, redistribuição e aperfeiçoamento de programas assim licenciados, permitindo a todos o conhecimento do aprimoramento e acesso ao código fonte.

b) representa a possibilidade da Administração Pública em utilizar gratuitamente de certos softwares em face da supremacia do interesse público.

c) representa a viabilidade do público em geral aproveitar o software em qualquer sentido porem preservando a propriedade intelectual do desenvolvedor.

d) garante ao desenvolvedor os direitos autorais em qualquer país do mundo.

e) assegura apenas a distribuição gratuita de programas.

COMENTÁRIOS

Alternativa correta letra "A": a licença GPL permite ao usuário executar/utilizar o programa, acessar o código fonte deste, redistribuir e alterar o programa conforme suas necessidades.

Alternativa "b": a licença não restringe a utilização gratuita dos softwares licenciados por esta licença somente a Administração Pública. Qualquer usuário pode utilizar os softwares licenciados como GPL gratuitamente.

Alternativas "c" e "d": a licença GPL não está relacionada aos direitos de propriedade, ou seja, o software licenciado desta forma não é propriedade de um indivíduo ou comunidade.

Alternativa "e": além da distribuição gratuita de programas, a licença garante o acesso ao código fonte, possibilidade de modificação deste e redistribuição.

---

47. (Delegado de Polícia – SP/ 2011 – ACADEPOL) Constituem sistemas operacionais de código aberto

a) Free Solaris, MAC OS, Open BSD.

b) DOS, Linux e Windows.

c) Linux, Mac OS, Windows e OS 2.

d) Linux, OpenBSD e Free Solaris.

e) Windows, Mac OS, OpenBSD.

COMENTÁRIOS

Alternativa correta letra "D": o Linux, OpenBSD e Free Solaris são sistemas operacionais de código aberto.

Alternativas "a" e "e": ambas as alternativas estão incorretas porque tanto o MAC OS, apesar de ser um sistema baseado em Unix, não é um sistema de código fonte aberto. Este é de propriedade da Apple. Além disto, o OS 2 é outro sistema operacional, antigo, proprietário da IBM.

Alternativas "b" e "c": ambas estão incorretas também porque o DOS, Windows, OS 2 e MAC OS são sistema proprietários cujos códigos fontes não são abertos.

---

48. (Delegado de Polícia – PI / 2009 – NUCEPE) Após selecionar um item da área de trabalho (desktop), se pressionarmos a tecla de atalho F2, o que poderemos fazer de imediato com este item?

a) abrir

b) executar

c) renomear

d) apagar

e) alterar o seu ícone

COMENTÁRIOS

Alternativa correta letra "C": a tecla de atalho F2 está associada ao comando renomear. Assim, ao pressionar esta tecla sobre um item do desktop este será poderá ser renomeado.

Alternativa "a": a execução de um item do desktop é feita com duplo clique com o botão esquerdo do mouse. Ou clicando com o botão direito do mouse na opção abrir.

Alternativa "b": a tecla de atalho F3 é utilizada para fazer pesquisas. Assim, ao pressionar esta tecla será aberta uma janela para que o usuário possa executar uma pesquisa no computador.

Alternativa "d": um item pode ser removido do desktop pressionando a tecla Del ou Delete do teclado, após a seleção do item.

Alternativa "e": o ícone pode ser alterado clicando com o botão direito sobre o item e escolhendo a opção Propriedades e em seguida na aba Atalho.

---

49. (Delegado de Polícia – PI / 2009 – NUCEPE) Se uma pasta 'PASTA1' foi compartilhada na estação 'PC' com Windows XP SP2 (Service Pack 2) instalado, a forma correta de termos acesso a esta pasta a partir de outra estação na rede é "\\PC:PASTA".

Estão corretas:

a) \\PC:PASTA1

b) \\PC\PASTA1

c) \\PC\\PASTA1

d) //PC/PASTA1

e) //PC:PASTA1

COMENTÁRIOS

✪ **Nota do autor:** o candidato precisa ter muito cuidado com esta questão, visto que esta se encontra mal formulada. Inicialmente afirma-se que uma Pasta1 será compartilhada. Depois o exemplo de compartilhamento \\PC:PASTA tentar indicar um formato padrão que poderia ser usado para acesso. Entretanto o exemplo está errado visto que na sequencia o autor pede para indicar quais alternativas estão corretas. Entretanto, como a questão só permite a escolha de uma alternativa correta, a frase "Estão corretas:" está incoerente com a proposta da questão.

Alternativa correta letra "B": o formato para acesso a uma pasta compartilhada é \\Nome_do_Computador_ou_IP\Nome_Pasta_Compartilhada. Assim, considerando o exemplo, a resposta correta é \\PC\PASTA1.

Alternativa "a": o operador ":" não é utilizado para acesso a uma determinada pasta, mas sim para acessar uma determinada por no servidor como \\ServidorWeb.com.br:8080.

Alternativa "c": o endereço de acesso a um computador utiliza \\ apenas na especificação do computador. Assim, para a indicação de pastas usa-se \, da mesma forma que ocorre no sistema de arquivos, ao invés de \\.

Alternativa "d" e "e": as barras utilizadas para identificar o computador e a pasta estão invertidas, ou seja, estas seguem o padrão utilizado no Linux e não o padrão do Windows XP como especificado na questão.

---

50. (Delegado de Polícia – RO/ 2009 – FUNCAB) Qual a opção da barra de tarefas que permite exibir o desktop do Windows ou iniciar um aplicativo com um único clique sobre o ícone correspondente?

a) Painel de Controle.

b) Iniciar.

c) Área de Notificação.

d) Barra Inicialização rápida.

e) Gerenciador de Tarefas.

COMENTÁRIOS

✪ **Nota do autor:** na resposta desta questão será considerado o sistema Operacional Windows 7. Entretanto a funcionalidade abordada está presente em versões anteriores do Windows.

Alternativa correta letra "D": através dos ícones da barra de inicialização permite que com um clique no atalho presente nesta se execute um software, com um clique o se tenha acesso ao desktop, como ilustrado pela figura 11.

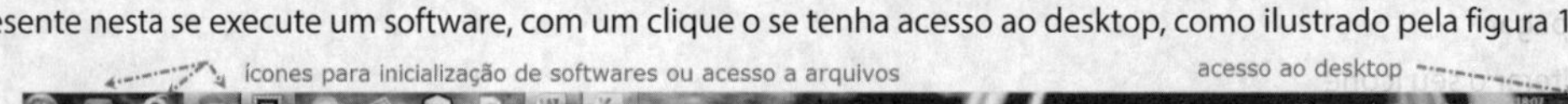

Figura 11. Barra de inicialização do Windows 7.

Alternativa "a": o objetivo do Painel de Controle é permitir a configuração do computador e de seus dispositivos como vídeo, mouse, etc.

Alternativa "b": o menu iniciar permite o acesso aos softwares do computador, mas não ao desktop. Além disto, para se acessar um determinado programa são necessários pelo menos 2 cliques ou mais para executar um software.

Alternativa "c": a área de notificação exibe mensagens sobre o sistema, como necessidade de instalação de atualizações, backups, etc.

Alternativa "e": o gerenciado de tarefas permite visualizar os processos em execução e o uso de recurso do computador como memória, disco e rede. Entretanto, não é possível através deste executar qualquer software.

51. (Delegado de Polícia – RO/ 2009 – FUNCAB) O Windows Explorer do Windows XP oferece algumas opções de exibição de arquivos e pastas. Qual o modo selecionado para exibição conforme imagem a seguir?

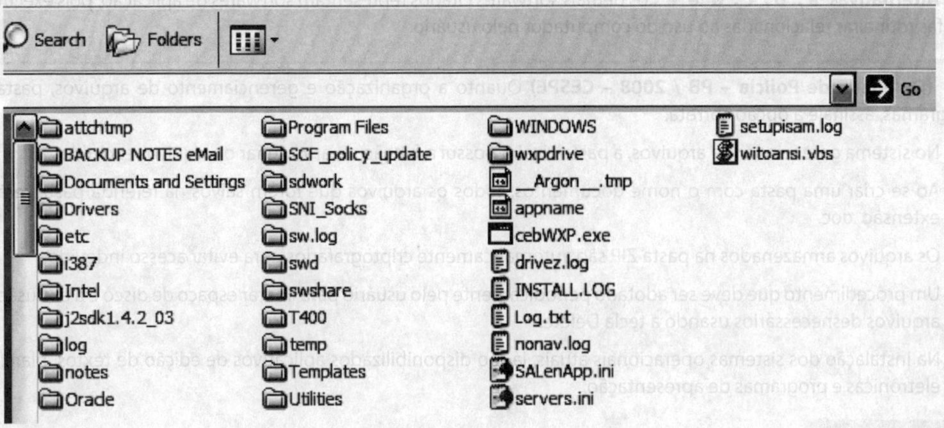

a) Lista.

b) Detalhes.

c) Miniaturas.

d) Lado a lado.

e) Ícones.

COMENTÁRIOS

Alternativa correta letra "A": o modo de visualização dos arquivos apresentados é o modo de lista. Isto porque os ícones estão sendo exibidos com ícones pequenos e organizados em duas ou mais colunas conforme a quantidade de ícones da pasta.

Alternativa "b": no modo de detalhe os arquivos são exibidos um por linha e para cada arquivo é exibido o nome, data de criação, tipo e tamanho.

Alternativa "c": no modo de exibição de miniaturas os arquivos e pastas são exibidos como pequenas miniaturas dos itens contidos no diretório.

Alternativa "d": o modo de exibição Lado a Lado é muito parecido como o modo de exibição em lista. A principal diferença é que o modo de exibição Lado a Lado sempre irá exibir os arquivos da pasta em pelo menos duas colunas. Fato que não ocorre com o modo de exibição em lista. Neste a divisão em colunas só ocorre quanto a quantidade de itens não pode ser exibido na totalidade na janela do Explorer.

Alternativa "e": neste modo de exibição cada item do diretório é exibido como um pequeno ícone dentro deste.

52. (Delegado de Polícia – RO/ 2009 – FUNCAB) Os softwares podem ser classificados basicamente como software de Sistema e Aplicação. Qual alternativa NÃO representa um software de Aplicação?

a) PowerPoint.

b) Access.

c) Word.

d) Excel.

e) Windows.

COMENTÁRIOS

✪ **Nota do autor:** um software é classificado como software de aplicação quanto este implementa uma atividade rotineira relacionada ao uso do computador como edição de textos, acesso à Internet, cálculos utilizando uma planilha, etc. São exemplos de softwares de aplicação o Word, Excel, Chrome, Calculadora do Windows, dentre outros. Softwares de sistema representam um conjunto de softwares necessários ao funcionamento do computador. Estes servem de suporte aos softwares de aplicação. Os sistemas operacionais são classificados como softwares de sistema.

Alternativa incorreta letra "E": o sistema operacional Windows é classificado como um software de Sistema e não de Aplicação.

Alternativas "a", "b", "c", "d" e "e": os demais softwares citados representam softwares de aplicação, pois executam tarefas rotineiras relacionadas ao uso do computador pelo usuário.

---

53. (Delegado de Polícia – PB / 2008 – CESPE) Quanto a organização e gerenciamento de arquivos, pastas e programas, assinale a opção correta.

a) No sistema gerenciador de arquivos, a pasta Lixeira possui a função de armazenar os arquivos excluídos.

b) Ao se criar uma pasta com o nome documentos, todos os arquivos que forem salvos na referida pasta terão a extensão .doc.

c) Os arquivos armazenados na pasta ZIP são automaticamente criptografados para evitar acesso indevido.

d) Um procedimento que deve ser adotado periodicamente pelo usuário para liberar espaço de disco é a exclusão de arquivos desnecessários usando a tecla Delete.

e) Na instalação dos sistemas operacionais atuais, já são disponibilizados aplicativos de edição de textos, planilhas eletrônicas e programas de apresentação.

COMENTÁRIOS

Alternativa correta letra "A": a pasta Lixeira é utilizada para armazenar temporariamente os arquivos excluídos. Assim, quando um arquivo é removido para a Lixeira este ainda pode ser recuperado. Para isto, basta acessar a pasta da Lixeira e restaurar o arquivo removido.

Alternativa "b": não existe uma associação direta entre o nome de uma pasta e os tipos de arquivo que esta pode conter. Assim, ao criar uma pasta Documentos, esta, apesar do nome, poderá conter quaisquer tipos de arquivos.

Alternativa "c": o fato de existir uma pasta ZIP não garante a criptografia dos arquivos presente nesta. Assim, como comentado, não há uma relação entre o nome da pasta e os tipos de arquivos que esta contém. Além disto, a extensão ZIP é usada para indicar um arquivo compactado. Se considerarmos um arquivo compactado, mesmo assim, este não está criptografado apenas compactado. Logo, se o arquivo não estiver protegido por senha, é possível descompactar o arquivo e ter acesso ao conteúdo.

Alternativa "d": a tecla Delete é utilizada para remover um arquivo ou pasta. Esta não faz uma análise de quais arquivos são desnecessários e faz a remoção destes. Apenas remove para a Lixeira, o arquivo selecionado.

Alternativa "e": A instalação padrão de sistemas operacionais não disponibiliza aplicativos de edição de textos, planilhas eletrônicas e programas de apresentação. Estes normalmente devem ser instalados posteriormente, visto que para alguns é necessária a aquisição de licenças.

---

54. (Delegado de Polícia – RN / 2008 – CESPE) O sistema operacional Linux não é

a) capaz de dar suporte a diversos tipos de sistema de arquivos.

b) um sistema monousuário.

c) um sistema multitarefa.

d) capaz de ser compilado de acordo com a necessidade do usuário.

e) capaz de suportar diversos módulos de dispositivos externos.

COMENTÁRIOS

Alternativa correta letra "B": um sistema monousuário é aquele que somente permite o uso do sistema operacional por um único usuário. Um exemplo deste tipo de sistema foi o MS-DOS. O Linux é um sistema operacional multiusuário. Desta forma, alternativa "b" aponta uma característica não pertinente ao Linux.

Alternativa "a": o Linux suporta diferentes tipos de sistemas de arquivos desde os sistemas de arquivos do Windows, como o NTFS, além dos específicos para este sistema operacional como Ext2, Ext3, ReiserFS dentre outros.

Alternativa "c": o sistema Linux permite a execução concorrente de mais de uma aplicação (processo), desta forma, este é considerado um sistema multitarefa.

Alternativa "d": esta é característica bem marcante de sistemas operacionais Linux e não presente em sistemas operacionais proprietários. No Linux o usuário pode recompilar o Kernel (núcleo) do sistema operacional visando eliminar funcionalidades não utilizadas ou personalizar este para um tipo de hardware.

Alternativa "e": o Linux trata dos dispositivos externos como módulos. Assim, este é capaz de suportar uma ampla gama de dispositivos. Neste caso, basta que seja desenvolvido um módulo para um determinado dispositivo.

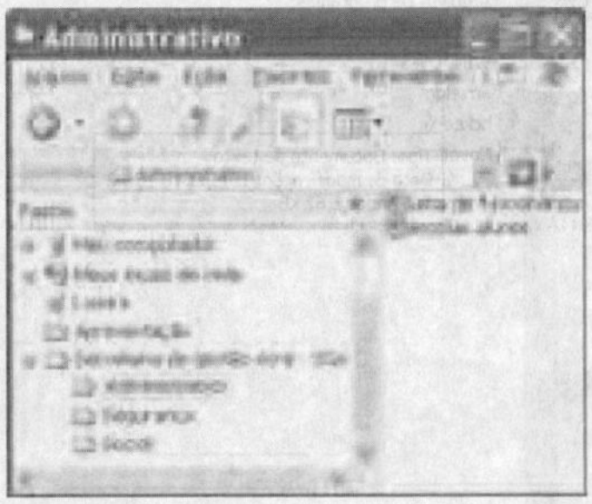

55. (Delegado de Polícia – AC/ 2008 – CESPE) A figura acima mostra uma janela do Windows Explorer, executada em um computador cujo sistema operacional é o Windows XP. Com relação a essa figura, julgue os itens a seguir.

55.1. O item escolas alunos é uma pasta com arquivos do Word.

COMENTÁRIOS

✪ **Nota do autor:** em uma janela do Explorer, os itens do painel esquerdo apresentam os driver e as pastas do sistema. Neste painel, não são exibidos arquivos. A exibição de arquivos ocorre no painel direito. Se uma determinada pasta ou driver contiver subpastas estas são exibidas no painel direito.

Incorreto. Como o item aparece no painel direito, podemos assumir que este pode se tratar de um arquivo ou pasta. Analisando o ícone relacionado o item percebe-se o ícone do MS Word. Desta forma, o item apresentado é um arquivo do Word e não uma pasta como está indicado na afirmação.

55.2. A opção , que não está mostrada na figura, tem, como funcionalidade principal, permitir controlar o tamanho máximo dos arquivos criados no Word.

COMENTÁRIOS

✪ **Nota do autor:** o painel de controle permite ao usuário alterar diversas configurações do computador como remoção de softwares, resolução da tela, configuração do mouse, teclado, sistema, etc. Assim, este é um software do sistema Windows que permite a alteração das configurações do sistema operacional.

Incorreto. Não é possível, através do Painel de Controle do Windows, controlar o tamanho máximo dos arquivos criados com o Word. Como o tamanho do arquivo irá depender do texto que será produzido não existe uma forma de se garantir que um arquivo do Word terá um determinado tamanho.

55.3. A pasta Administrativo é uma subpasta da pasta . Secretaria de gestão Acre – SGAM

COMENTÁRIOS

Correto. Como a pasta *Administrativo* aparece no painel esquerdo com a pasta *Secretaria de gestão Acre – SGAM* hierarquicamente abaixo desta, pode-se concluir que a pasta citada é uma subpasta da pasta Administrativo.

55.4. Ao se clicar a ferramenta , a lista de pastas será ocultada.

COMENTÁRIOS

Correto. Ao se clicar na ferramenta , o painel esquerdo será ocultado. Assim a visualização das pastas somente poderá ser feita pelo painel direito como mostrado pela figura 12.

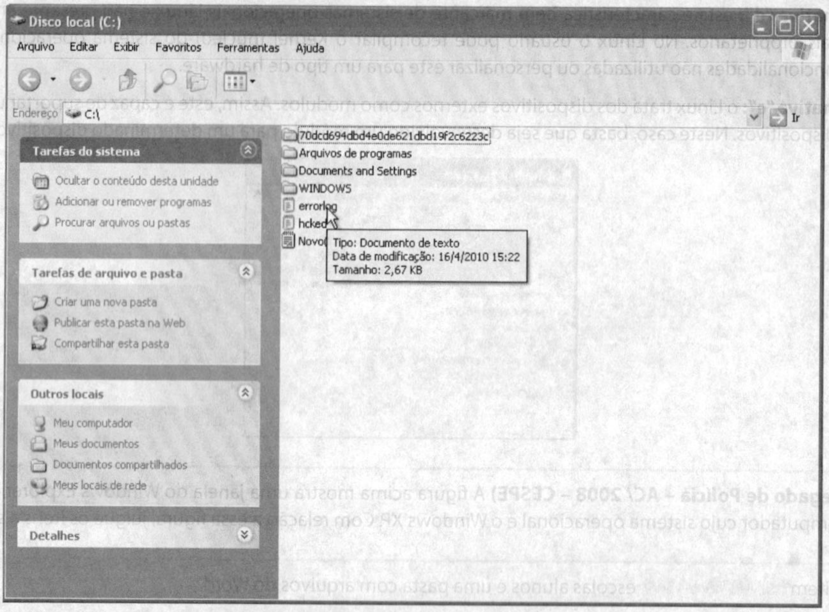

Figura 12. Ocultando a visualização de pastas no painel esquerdo do Explorer.

3. REDES DE COMPUTADORES, INTERNET E INTRANET

56. (Vunesp – Delegado de Polícia – PC – SP/2018) Considere que você recebeu uma mensagem de e-mail com um anexo de arquivo de imagem em formato JPEG. Dentre as possíveis ações do serviço de e-mail, ao realizar a ação de Encaminhar desse e-mail, o

a) campo Cco: será preenchido com o endereço do remetente automaticamente.

b) campo Assunto da mensagem não poderá ser alterado.

c) arquivo de imagem será anexado automaticamente.

d) texto da mensagem não pode ser editado.

e) arquivo de imagem será descartado da mensagem.

COMENTÁRIOS

Alternativa "a". O campo Cco: encaminha uma mensagem oculta (para os destinatários do campo Para:). No caso do encaminhamento, o e-mail será enviado a outros destinatários. Logo nenhum campo de endereço, como Para ou Cco, é preenchido.

Alternativa "b". O campo assunto poderá ser alterado na mensagem encaminhada. Entretanto o padrão para o assunto, em encaminhamentos de mensagem, é a palavra ENC: seguido o assunto da mensagem que será encaminhada.

Alternativa "c". Ao encaminhar uma mensagem, todos os anexos desta mensagem também serão encaminhados.

Alternativa "d". O texto da mensagem também poderá ser alterado.

Alternativa "e". Não. O arquivo de imagem será mantido como anexo da mensagem que será encaminhada.

Alternativa correta: letra "c".

57. (Vunesp – Delegado de Polícia – PC – SP/2018) Um usuário de um computador com Windows 7 está utilizando o navegador Google Chrome, versão 65, para realizar a busca por informações sobre cursos de informática. Ao localizar uma página com informações interessantes, o usuário decide por salvar a página. Nessa situação, um dos tipos de salvamento da página é: Página da web,

a) somente HTML.

b) imagem JPEG.

c) formato PDF.

d) somente texto.
e) formato impressão.

COMENTÁRIOS

Alternativa "a". Uma página web pode ser salva como uma página web completa ou somente HTML como indicado nesta alternativa.

Alternativa "b". Não há uma opção para salvar a página web no formato JPEG.

Alternativa "c". Não há uma opção de salvar uma página HTML como PDF. Entretanto, com o auxílio de um software que gera PDF é possível imprimir a página em PDF, mas não a salvar.

Alternativa "d". Não há a opção de salvar a página somente no formato texto.

Alternativa "e". A opção de formato de impressão não está disponível na opção de salvar a página.

Alternativa correta: letra "a".

58. (IBADE – Delegado de Polícia – AC/2017) O correio eletrônico, também conhecido como e-mail, é um programa em que é possível realizar trocas de mensagens pela internet e se tornou uma alternativa muito usada no decorrer dos anos. Através dele é possível o envio e a troca de documentos, imagens e áudios para qualquer pessoa que possua um endereço de correio eletrônico. Que nome se dá ao arquivo que é incluído em uma mensagem de e-mail?

a) Anexo
b) Atalho
c) Cookie
d) Browser
e) JavaScript

COMENTÁRIOS

Alternativa correta: letra "a". Os arquivos que podem ser anexados a uma mensagem de e-mail recebem o nome de anexos.

Alternativa "b". Um atalho é um ícone, em sistema operacionais como Windows e Linux, que faz referência a um determinado documento ou programa armazenado em disco. Ao se clicar no atalho o arquivo referenciado é executado. Um arquivo pode ter diferentes atalhos para facilitar o acesso a este.

Alternativa "c". Um cookie é um pequeno arquivo armazenado no computador do usuário durante a navegação na internet. Ele contém dados sobre o histórico de navegação do usuário, itens de carrinhos de compras, dentre outras informações.

Alternativa "d". Browser é outro nome dado a navegadores de Internet como o Firefox, Chrome, dentre outros.

Alternativa "e". Javascript é uma linguagem de programação utilizada no desenvolvimento de sistemas para a Web.

59. (Vunesp – Delegado de Polícia – CE/2015) A imagem a seguir foi extraída do Google Chrome 37.0, em sua configuração padrão. Ela apresenta o site da Fundação Vunesp e o mouse está posicionado sobre um link, sem clicar.

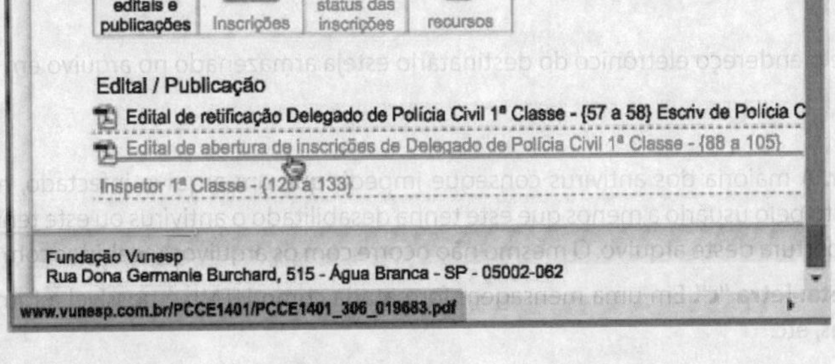

60. Assinale a alternativa que contém o nome do arquivo que será aberto quando o usuário clicar no referido link.

a) PCCE1401_Edital_de_abertura.pdf

b) PCCE1401_Edital_de_abertura_306_019683.pdf

c) PCCE1401_306_019683.doc

d) PCCE1401_306_019683.pdf

e) PCCE1401_Edital_de_retificação.pdf

COMENTÁRIOS

✪ **Nota do autor.** No Chrome, ao colocar o mouse sobre um link o endereço deste é apresentado na barra inferior do navegador. Como, na questão, o link se trata de um arquivo, o endereço deste e nome do arquivo são apresentados.

Alternativa correta: letra "d". A partir das informações da barre inferior do Chrome, referente ao link sobre o qual o mouse se encontra, o nome do arquivo é PCCE1401_306_019683.pdf.

Alternativa "a","b","c" e "e". As alternativas identificadas não representam nomes de arquivos corretos, a partir das informações fornecidas na imagem referente ao link sob o mouse.

61. (NUCEPE – Delegado de Polícia – PI/2014) Analise as afirmativas abaixo sobre a Internet e aponte a alternativa CORRETA.

I. – O HTTPS é um protocolo de transferência de páginas web que criptografa as informações antes de enviar ao destinatário.

II. – O browser é um aplicativo que permite navegar entre páginas web.

III. – A URL consiste de domínio://máquina/caminho/recurso.

a) Somente afirmativa I.

b) Afirmativas I e II.

c) Somente afirmativa II.

d) Afirmativa I, II e III.

e) Nenhuma das afirmativas acima.

COMENTÁRIOS

Alternativa correta: letra "b". Estão corretos os itens I e II.

Item I. Certo. Através do protocolo HTTPS todos o tráfego de informações entre o servidor e o navegador é criptografado.

Item II. Certo. O browser, também conhecido como navegador (Ex: Internet Explorer), permite acessar e navegar por páginas web.

Item III. Errado. Em uma URL especifica-se o protocolo utilizado e não o domínio como indicado nesta afirmação.

62. (FUNCAB – Delegado de Polícia – RO/2014) Sobre recursos e conceitos disponíveis nos principais aplicativos de Correio Eletrônico disponíveis no mercado, é correto afirmar que:

a) o antivírus instalado em seu computador impedirá a abertura de arquivos contaminados por vírus.

b) não é permitido enviar mais de um arquivo em anexo.

c) as opções de formatação de fonte no conteúdo da mensagem são permitidas para mensagens em formato HTML.

d) não é permitido enviar mensagens para endereços que estejam na caixa "com cópia" e "com cópia oculta", simultaneamente.

e) é mandatório que o endereço eletrônico do destinatário esteja armazenado no arquivo em anexo.

COMENTÁRIOS

✪ **Nota do autor.** A maioria dos antivírus consegue impedir que um arquivo infectado, no disco rígido de um computador, seja aberto pelo usuário a menos que este tenha desabilitado o antivírus ou este tenha configurado o antivírus para permitir a abertura deste arquivo. O mesmo não ocorre com os arquivos recebidos com anexo de mensagens.

Alternativa correta: letra "c". Em uma mensagem formatada como HTML é possível a formatação da fonte, cor, inserir imagens, tabelas, etc.

Alternativa "a". Os antivírus podem não evitar que um usuário abra um arquivo, anexado a uma mensagem, que esteja contaminado. Isto irá depender do nível de integração do software de antivírus com o software de e-mail.

Alternativa "b". Pode-se enviar mais que um arquivo como anexo da mensagem. A única restrição é o tamanho máximo dos anexos configurado no servidor de e-mail.

Alternativa "d". Incorreto. Se forem adicionados e-mails nas caixas "com cópia" e "com cópia oculta", o e-mail será enviado para ambos os remetentes.

Alternativa "e". Incorreto. Não existe nenhuma restrição como esta nos softwares de e-mail.

---

63. (Vunesp – Delegado de Polícia – SP/2014) Assinale a alternativa que contém o endereço de uma página da internet cujo acesso está utilizando técnica de criptografia.

a) http://www.sp.senac.br:8080

b) https:\\www.globo.com/secur.php

c) http://www.yahoo.com.br

d) https://www.google.com.br

e) http://gmail.com/portal1.html

COMENTÁRIOS

Alternativa correta: letra "d". A utilização de criptografia entre um navegador e o servidor web é indicado pela sigla https no endereço do site. Isto indica que está sendo utilizado o protocolo SSL (Secure Socket Layer) para cifragem dos dados trafegados entre o computador e o servidor web.

Alternativa "a", "c" e "e". Os endereços indicados apresentam a sigla http no início do endereço do site. Isto indica que a tráfego de dados está sendo feito sem utilização de criptografia.

Alternativa "b". A sigla https indica a utilização de criptografia. Entretanto, há um erro na escrita do endereço. Foi utilizado erroneamente o \\ ao invés do //. Isto não irá possibilitar a conexão com o servidor.

---

64. (Vunesp – Delegado de Polícia – SP/2014) Na montagem de uma rede local, para interligar um grupo de 4 computadores, é utilizado cabeamento estruturado padrão CAT-5. O elemento de rede usado para interligar esses computadores chama-se comutador, e o cabo usado para interligar o computador com o comutador chama-se "cabo fim a fim". O conector usado na montagem desse cabo é

a) TI-578.

b) RX-45.

c) RJ-45.

d) BSI-8.

e) ATC-32.

COMENTÁRIOS

Alternativa correta: letra "c". O cabo fim a fim utilizado para conectar dois computadores é um cabo de rede convencional. Desta forma o conector utilizado é o RJ-45. Um exemplo deste cabo e conector é ilustrado pela figura 13.

Figura 13. Cabo de Rede com conector RJ-45 (fonte: http://www.corbisimages.com/stock-photo/royalty-free/CB054662/rj45-network-plug?popup=1).

Alternativa "a","b","d" e "e". As siglas indicadas não representam tipos de conectores utilizados em redes de computadores.

65. (Vunesp – Delegado de Polícia – SP/2014) Considerando o MS-Windows 7, na sua configuração padrão, assinale a alternativa que contém a sequência correta a partir do botão Iniciar da área de trabalho, que permite acessar a janela de diálogo com as opções de ativar ou desativar o Firewall do Windows, conforme mostra a figura.

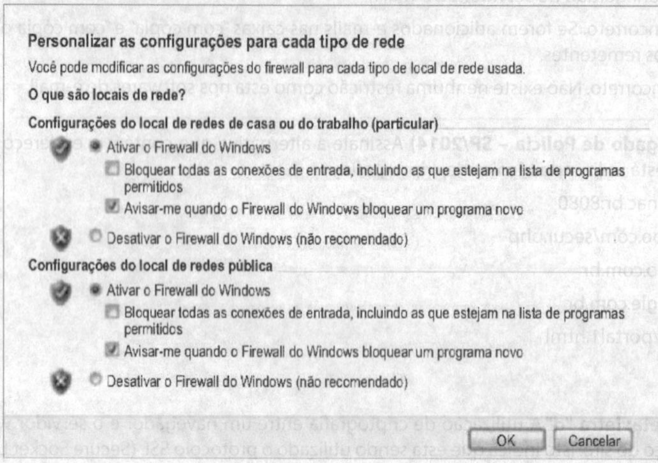

a) Painel de Controle, Segurança do Windows, Configuração do Firewall do Windows e usar a opção "Ativar ou Desativar o Firewall do Windows".

b) Painel de Controle, Sistema e Segurança, Configuração do Firewall e usar a opção "Ativar ou Desativar o Firewall do Windows".

c) Painel de Controle, Sistema e Segurança, Firewall do Windows e usar a opção "Ativar ou Desativar o Firewall do Windows".

d) Computador, Segurança do Windows, Firewall do Windows e usar a opção "Ativar ou Desativar o Firewall do Windows".

e) Computador, Sistema e Segurança, Firewall do Windows e usar a opção "Ativar ou Desativar o Firewall do Windows".

COMENTÁRIOS

Alternativa correta: letra "c". O firewall do Windows é ativado a partir do Painel de Controle, na opção Sistema e Segurança->Firewall do Windows na opção "Ativar ou Desativar o Firewall do Windows".

Alternativa "a". No Painel de Controle não existe uma opção denominada Segurança do Windows.

Alternativa "b". Na opção Sistema e Segurança não existe um item denominado "Configuração do Firewall", mas sim "Firewall do Windows".

Alternativa "d". O ícone Computador não permite o acesso direto as configurações do Firewall. Além disto, não existe uma opção no Computador ou Painel de Controle denominada Segurança do Windows.

Alternativa "e". O ícone Computador não permite o acesso direto a opção Sistema e Segurança do Painel de Controle.

66. (UEPA – Delegado de Polícia – PA/2013) Sobre a Intranet analise as afirmativa abaixo e assinale a alternativa correta.

I. A Intranet é uma rede local, que utiliza o mesmo protocolo de comunicação da Internet. E uma rede totalmente segura, que não permite invasão e nem vírus.

II. O protocolo utilizado em uma Intranet para troca de mensagens é o FTP.

III. Em uma Intranet o conjunto de páginas web, nela publicado, pode ser acessado através de um navegador de Internet padrão.

A alternativa que contém todas as afirmativas corretas é:

a) I

b) I e III

c) II

d) II e III

e) III

COMENTÁRIOS

Alternativa correta: letra "e". Somente o item III está correto.

Item I. Errado. Como a Intranet utiliza os mesmos protocolos utilizados na Internet, esta não é mais segura pois possui as mesmas vulnerabilidades. Da mesma forma que na Internet, em uma Intranet podem ser realizados ataques de captura de dados trafegados, ataques de negação de serviços, falsificações de endereços IP, etc.

Item II. Errado. Uma Intranet utiliza o protocolo SMTP para o envio de mensagens e o POP3 ou IMAP para recebimento destas. O FTP é utilizado para *upload* e *download* de arquivos para um servidor.

Item III. Correto. As páginas hospedadas em um servidor web da Intranet podem ser acessadas através do navegador, como ocorre na Internet.

---

67. (UEPA – Delegado de Polícia – PA/2013) Em um serviço de correio eletrônico, os protocolos para envio e recebimento de mensagens são respectivamente:

a) DHCP e POP3
b) SMTP e POP3
c) SMTP e DNS
d) POP3 e DHCP
e) POP3 e SMTP

COMENTÁRIOS

Alternativa correta: letra "b". O protocolo para envio de mensagens de correio eletrônico é o SMTP e para recebimento o POP3.

Alternativa "a". O protocolo DHCP é utilizado para atribuir dinamicamente endereços IP a computadores enquanto o POP3 é utilizado para recebimento de e-mails.

Alternativa "c". O protocolo DNS é utilizado para tradução de endereços de sites em endereços IP. O protocolo SMTP é utilizado para envio de e-mails.

Alternativa "d". Como explicado, o DHCP não é utilizado para o enviou o recebimento de e-mails.

Alternativa "e". Os protocolos indicados estão corretos. Entretanto, a ordem deles não. Visto que o POP é utilizado para recebimento de e-mails e o SMTP para envio.

---

68. (UEL – Delegado de Polícia – PR/2013) A placa de rede de um computador executando Linux estava apresentando um comportamento estranho. De modo a tentar resolver o problema, digitou-se no console a seguinte sequência de comandos:

ifconfig eth0 down
ifconfig eth0 up

Em relação ao procedimento realizado, assinale a alternativa correta.

a) O primeiro comando diminuiu a velocidade do dispositivo de rede.
b) O primeiro comando reiniciou o driver de rede.
c) O segundo comando atuou na primeira interface Ethernet.
d) O segundo comando aumentou o throughput do dispositivo de rede.
e) O segundo comando testou o dispositivo de rede.

COMENTÁRIOS

✪ **Nota do autor.** O comando ifconfig é utilizado para configurar, ativar e desativar uma interface de rede que, no exemplo, é identificada pela sigla eth0.

Alternativa correta: letra "c". Correto. As interfaces de rede são identificadas pela sigla ethx onde x indica o número da interface de rede instalada. Exemplo, eth0 é a primeira interface, eth1 a segunda, eth2 a terceira e assim sucessivamente.

Alternativa "a" e "b". O primeiro comando desativou a interface eth0 e não diminuiu a velocidade do dispositivo ou reiniciou o driver.

Alternativa "d". O segundo comando ativou a interface eth0 que havia sido desativada e não alterou o throughput (valor numérico utilizado para indicar o montante de dados transferido pela interface em um determinado limite de tempo).

Alternativa "e". O segundo comando reativou a placa de rede. Entretanto, não é feito nenhum tipo de teste como indicado nesta alternativa.

69. (Cespe – Delegado de Polícia – AL/ 2012) Com relação a programas de navegação e conceitos básicos de Internet, julgue os próximos itens.

69.1. A barra de endereços de um navegador é o local em que se digita o endereço de IP do servidor que armazena a página HTML que se deseja acessar.

COMENTÁRIOS

Errado. Na barra de endereços do navegador digita-se a url (endereço) do site que se deseja acessar (Ex: http://www.uol.com.br). Os protocolos do TCP/IP se encarregam de descobrir o endereço associado a esta url e, portanto, o usuário não precisa conhecer o endereço IP do servidor web que deseja acessar.

69.2. No Internet Explorer (IE), por meio da opção Histórico, obtém-se o registro dos acessos já realizados pelos usuários do IE durante determinado período de tempo.

COMENTÁRIOS

✪ **Nota do autor.** Para evitar o registro das páginas acessadas no histórico dos navegadores existe um modo de navegação chamado de privativo. Neste, as páginas acessadas não são registradas no histórico do navegador.

Certo. A opção Histórico do IE, e de outros navegadores, registra todas as páginas acessadas pelos usuários do navegador durante um determinado período.

69.3. O navegador deve ser instalado na máquina do usuário para que os serviços disponíveis na Internet sejam acessados remotamente.

COMENTÁRIOS

Certo. Através do navegador, o usuário poderá acessar páginas e outros serviços disponibilizado na Internet.

69.4. Cookie é um vírus de rede que contamina os navegadores, permitindo o acesso criminoso dos hackers aos computadores em que os navegadores foram instalados.

COMENTÁRIOS

Errado. Cookies são grupos de dados sobre o costume de navegação do usuário e são usados para facilitar o acesso a um determinado site. Estes são armazenados no computador do usuário quando este acessa um site. Apesar de poderem facilitar o acesso a informações sobre os costumes de navegação do usuário (perda de privacidade) estes não agem como vírus e, portanto, não podem ser considerados como tais.

70. (Cespe – Delegado de Polícia – AL/ 2012) O uso da informação por meio de infraestruturas computacionais apoiadas por redes de computadores de alta velocidade revolucionou o cenário das tecnologias da informação. A realização diária de muitas atividades depende, cada vez mais, das tecnologias da informação. Tendo essas informações como referência inicial, julgue os itens a seguir.

70.1. A computação em nuvem é uma ferramenta de compartilhamento de capacidade de processamento de memória para acesso, via Internet, a um grande volume de informações disponíveis em locais remotos, previamente mapeados e independentes de plataformas.

COMENTÁRIOS

Questão anulada. A computação em nuvem permite que um usuário utilize recursos de processamento e memória disponíveis na Internet. Através de aplicações desenvolvidas para este fim, um usuário pode configurar um servidor na Internet, normalmente uma máquina virtual, com um determinado poder de processamento, memória e capacidade de armazenamento. A partir desta, o usuário pode desenvolver suas aplicações e utilizar os recursos e capacidade de armazenamento da máquina criada na nuvem (Internet). O usuário não tem o conhecimento onde os dados e o servidor encontram-se armazenados na Internet. A questão, provavelmente, foi anulada devido a mistura de conceitos. A capacidade de compartilhamento de recursos computacionais (memória e capacidade de processamento) é possível em um ambiente de nuvem (visto que várias máquinas virtuais podem ser hospedadas em um mesmo servidor físico). Entretanto, o acesso a um grande volume de informações é característica da Internet a qual é a plataforma para a implementação do conceito de computação em nuvem. Assim, devido a esta confusão no enunciado da afirmação, provavelmente optou-se por anular a questão.

70.2. O protocolo SMTP (simple mail transfer protocol) é utilizado na configuração do serviço de uma conta de e-mail para o recebimento de mensagens pela Internet, por meio do protocolo TCP-IP.

COMENTÁRIOS

Incorreto. O protocolo SMTP é utilizado para o envido de mensagens eletrônicas. O protocolo utilizado para o recebimento de mensagens é o POP3 (Post Office Protocol).

70.3. As assinaturas digitais – uma das ferramentas empregadas para aumentar a segurança em redes por meio da certificação da autenticidade do emissor e do receptor dos dados – podem ser utilizadas tanto por usuários finais de serviços de redes como por servidores de arquivos ou de aplicações.

COMENTÁRIOS

Correto. As assinaturas digitais podem ser utilizadas para garantir que um determinado documento não foi alterado e também para validar a autenticidade do emissor e receptor de dados. Além da utilização por usuários finais para assinatura de documentos esta pode ser utilizada por servidores. Por exemplo, um servidor de arquivos pode assinar digitalmente todos os arquivos disponibilizados. Um usuário que fez o download de um arquivo, deste servidor, pode utilizar a assinatura digital para validar se o arquivo foi recebido sem erro. Além disto, se o download for realizado de outra fonte, que não o servidor original, o usuário pode ainda verificar, através da assinatura digital, se o arquivo baixado é o mesmo que foi armazenado no servidor principal.

70.4. Em virtude de a Web, ou WWW, ser uma rede naturalmente insegura, é necessário empregar mecanismos fortes de criptografia de dados e de segurança dos enlaces de rede, bem como protocolos específicos, como o HTTPS – uma implementação do HTTP com criptografia e com certificados digitais que verificam a autenticidade do cliente e do servidor.

COMENTÁRIOS

Questão anulada. Esta questão faz algumas afirmações parcialmente corretas. A primeira é a afirmação que a WWW é uma rede naturalmente insegura. Na verdade, a WWW é uma aplicação da Internet suportada por vários protocolos, dentre eles o HTTP. Entretanto, a insegurança é proveniente de toda arquitetura de protocolos TCP/IP, a qual não é capaz de proteger os dados em transito. Assim, considerando que o protocolo HTTP é inseguro está parcialmente correto porque se toda a arquitetura de protocolos é insegura, este consequentemente também é. Outro problema é que o HTTPS não é uma implementação do HTTP com criptografia. No caso, a sigla HTTPS indica que os dados trafegados entre este protocolo e o da camada de transporte estão criptografados. Entretanto esta criptografia não é feita por uma versão segura do HTTP e sim pelo protocolo SSL (Secure Socket Layer) ou pelo TLS (Transport Layer Security). Devido a estas afirmações parcialmente corretas, provavelmente, a questão foi anulada.

71. (Delegado de Polícia – ES/ 2011 – CESPE) Com relação a conceitos de Internet, julgue os itens subsequentes.

71.1. Na Internet, os sufixos de endereços eletrônicos compostos pelos termos .net, .org e .mil referem-se, respectivamente, a endereços de redes internacionais de dados, organismos governamentais e órgãos militares.

COMENTÁRIOS

✪ **Nota do autor:** os sufixos são utilizados para caracterizar o computador quanto a sua utilização ou relacionar ao órgão que esta representa.

Incorreto. O sufixo .net identifica um computador que pode atuar como um gateway de acesso ou simplesmente com um computador acessível pela rede. Já o sufixo org representa uma organização não relacionada ao governo como uma ONG. A afirmação não identifica corretamente estes dois sufixos, somente o mil que representa órgãos militares.

71.2. O protocolo http permite o envio e o recebimento de mensagens de correio eletrônico por meio do serviço de webmail, ou seja, de correio eletrônico via www.

COMENTÁRIOS

Incorreto. O protocolo, mesmo em correio eletrônico via www, utilizado para o envio de mensagens é o SMTP e o utilizado para recebimento é o POP3 ou IMAP. Em webmail, o protocolo http somente é utilizado para a apresentação da interface do software de e-mail.

71.3. A confidencialidade, um dos princípios básicos da segurança da informação em ambiente eletrônico, está relacionada à necessidade de não alteração do conteúdo de uma mensagem ou arquivo; o qual deve ser garantido por meio de uma política de cópia de segurança e redundância de dados.

COMENTÁRIOS

Incorreto. O princípio da confidencialidade visa garantir que o conteúdo de uma mensagem ou arquivo não será acessado por pessoas não autorizadas. Este não está relacionado com a alteração das informações desta. O princípio da integridade é o que trata das questões de não alteração de informações de arquivos ou mensagens.

71.4. FTP (file transfer protocol), um protocolo de transferência de arquivos utilizado quando os usuários se conectam a determinado sítio da Internet, oferece a opção de se baixar o arquivo (download) ou de se enviar um arquivo (upload).

COMENTÁRIOS

Correto. O protocolo FTP permite a transferência de arquivos entre um computador cliente e um servidor. Através deste protocolo é possível enviar arquivos para o servidor e fazer o download de arquivos deste.

71.5. O conceito de grupos de discussão da Internet provém do termo listas de discussão, das quais fazem parte usuários cadastrados que recebem simultaneamente as mensagens enviadas para o grupo.

COMENTÁRIOS

Correto. Os grupos de discussão, como o Google Groups, permite os usuários cadastrados enviem mensagens para o grupo e recebam as mensagens enviadas para o grupo.

72. (Delegado de Polícia – SP/ 2011 – ACADEPOL) DHCP e TCP/IP constituem, respectivamente,

a) protocolo de serviço de controle de transmissão e protocolo de IPs dinâmicos.

b) protocolos de distribuição e controle.

c) protocolo de controle de transmissão por IP e serviço de concessão.

d) protocolos de entrada e saída de dados.

e) protocolo de serviço com concessão de IPs dinâmicos e protocolo de controle de transmissão por IP.

COMENTÁRIOS

✪ **Nota do autor:** o termo TCP/IP faz referência a uma arquitetura de protocolos e não a um protocolo específico. Assim, a questão gera certa confusão com relação a qual protocolo está sendo referenciado na questão. Através da análise das alternativas percebe-se que se trata do protocolo IP.

Alternativa correta letra "E": o DHCP é um protocolo utilizado para concessão de IPs dinâmicos a computadores de uma rede. Já o protocolo IP é o responsável pelo endereçamento de computadores em uma rede e consequentemente pelo envio e recebimento de pacotes para estes computadores.

Alternativa "a": a alternativa "a" tem o mesmo significado da alternativa "e" que está correta. Entretanto, houve uma inversão nas definições. A primeira definição trata do IP e a segunda do DHCP. Entretanto, como a questão utiliza o termo respectivamente, a alternativa correta deve tratar primeiro do DHCP e depois do TCP/IP.

Alternativa "b", "c" e "d": nenhuma das funcionalidades indicadas faz referência correta ao DHCP e TCP/IP.

73. (Delegado de Polícia – SP/ 2011 – ACADEPOL) A razão de se configurar um número específico de proxy no navegador da internet

a) permite bloquear acesso de crianças a sites inadequados.

b) impede a contaminação por vírus e malwares em geral.

c) objetiva um determinado acesso especifico na rede.

d) é condição essencial para se navegar na internet por qualquer provedor

e) funciona como endereço favorito para posterior acesso.

COMENTÁRIOS

✪ **Nota do autor:** um proxy é um servidor intermediário entre dois computadores que desejam se comunicar. Normalmente este é instalado na fronteira entre a rede e a Internet ou outra rede. Em redes que possuem proxy, quando um computador necessita se conectar a um servidor na Internet, por exemplo, para recuperar uma página web, a solicitação é feita ao proxy e não ao servidor que hospeda a página. Este por sua vez, reescreve o pedido (pacote de rede) colocando o endereço do proxy como a origem do pedido e o envia para o servidor. Quando o servidor web responder, o resultado será enviado para o proxy que repassará a informação ao computador que fez a solicitação. Proxy são utilizados quando a rede local não possui endereços IP para todas as máquinas se conectarem a Internet ou em situações que se deseja fazer um controle sobre quais páginas podem ou não ser acessadas pelos usuários.

Alternativa correta letra "C": um proxy pode ser utilizado quando se deseja um determinado tipo de acesso a rede, como restrição de acesso a sites, bloqueio de acesso a determinados computadores de uma rede, dentre outras opções.

Alternativa "a": como o proxy não é capaz de identificar a idade de um usuário de um computador, este não consegue fazer restrições de acesso por idade. Entretanto, pode se bloquear o acesso a determinados sites, para todos os usuários, que contenham certos termos.

Alternativa "b": um proxy não faz checagem dos pacotes que entram e saem de uma rede. Assim, se o usuário baixar um arquivo infectado de um site, o proxy não será capaz de identificar a ameaça e bloquear o download.

Alternativa "d": o acesso à Internet pode ser feito via proxy ou não. Normalmente, proxy são mais usados em ambientes empresariais devido a políticas de restrição de acesso.

Alternativa "e": incorreto. Apesar de ser possível identificar o conjunto de sites visitados por um usuário, não há qualquer relação entre esta lista e a relação de favoritos de um usuário.

---

74. (Delegado de Polícia – SP/ 2011 – ACADEPOL) Para se configurar o acesso ao servidor de e-mail por meio de um aplicativo gerenciador e necessário conhecer, em regra,

a) os protocolos de envio POP e recebimento SMTP, além do IP da máquina.

b) os protocolos de envio SMTP e recebimento POP, além do endereço de e-mail.

c) os protocolos 1MAP e SMTP, além do IP da máquina.

d) os protocolos de envio POP e recebimento SMTP, além do endereço de e-mail.

e) os protocolos IMAP e POP, o IP da máquina, além do endereço de e-mail.

COMENTÁRIOS

Alternativa correta letra "B": para a configuração de acesso a um servidor de e-mail é necessário conhecer os protocolos de envio SMTP e de recebimento POP além do endereço de e-mail.

Alternativa "a": não existe a necessidade de se conhecer o endereço da máquina para acesso ao servidor de e-mail.

Alternativa "c": como citado, não há a necessidade de se conhecer o endereço IP do servidor. Além disto, não existe um protocolo e recebimento de e-mail chamado de 1MAP.

Alternativa "d": esta alternativa está incorreta porque houve uma troca nas funcionalidades dos protocolos. O SMTP faz envio de mensagens e não recebimento. Já o POP faz o recebimento e não o envio.

Alternativa "e": neste item são citados apenas os protocolos de recebimento de e-mail (IMAP e POP). O protocolo de envio não é citado. Além disto, não há necessidade do endereço do servidor para configurar o acesso ao servidor de e-mails.

---

75. (Delegado de Polícia – PI / 2009 – NUCEPE) Considere as afirmações abaixo sobre navegação na Internet e correio eletrônico.

1) No navegador Microsoft Internet Explorer, um atalho de teclado que permite recarregar a página atual é a tecla F3.

2) Webmail é um aplicativo para a leitura e envio de mensagens de correio eletrônico offline (isto é, quando não se está conectado à Internet).

3) Para toda mensagem de correio eletrônico que desejarmos enviar, devemos preencher obrigatoriamente pelo menos os campos "Para:" e "Assunto:". O campo "De:" é preenchido automaticamente.

4) Numa URL que começa com https://, estaremos instruindo o navegador a acessar um site usando um mecanismo de segurança que protege a troca de informações.

Está(ão) correta(s) apenas:

a) 1 e 2

b) 2 e 3

c) 3

d) 2 e 4

e) 4

COMENTÁRIOS

Alternativa correta letra "E": no acesso a um site cujo endereço inicia com https:// o navegador fará um acesso seguro a este. Neste, os dados trafegados são criptografados para evitar o acesso não autorizados as informações.

Alternativa "a": a tecla de atalho utilizada para recarregar uma página, no Internet Explorer, é a F5 e não F3. Além disto, para se acessar um Webmail é necessária uma conexão ativa de Internet.

Alternativa "b": como explicado, a afirmação 2 está incorreta. A afirmação 3 está errada porque não há necessidade de se preencher o campo de assunto. Caso este não seja preenchido, mas o campo com o endereço do destinatário sim, a mensagem é enviada. Assim, é necessário apenas preencher o campo Para:.

Alternativa "c": a afirmação 3 está incorreta como já explicado.

Alternativa "d": a afirmação 4 está correta e a 2 incorreta. Como esta alternativa está parcialmente correta não deve ser assinalada.

---

76. (Delegado de Polícia – PA/ 2009 – MOVENS) Diante das diversas formas para acessar a internet atualmente, cada nova tecnologia propõe-se como mais rápida e mais barata que a anterior. Considerando os diferentes meios de acesso à internet, assinale a opção correta.

a) A tecnologia 3G permite o acesso à internet em qualquer lugar, porém sua velocidade é limitada a 56Kbps.

b) O acesso por cable modem é um dos mais rápidos, e sua disponibilidade é apenas para empresas.

c) O acesso discado ainda é muito popular devido ao baixo custo e à alta velocidade de transmissão.

d) Uma das vantagens da tecnologia ADSL é a possibilidade de utilizar a mesma linha telefônica, simultaneamente, para acesso à internet e para ligações de voz.

COMENTÁRIOS

✪ **Nota do autor:** a ADSL (Assymmetric Digital Subscriber Line) uma tecnologia utilizada para conexão a Internet. Esta utilizada a infraestrutura telefônica para tráfego de voz e dados. Assim, uma parte da faixa de frequência da linha telefônica utilizada para transmissão de voz e outra para tráfego de dados. Como o intervalo de frequência utilizado para a transmissão de voz é pequeno, a utilização do restante da frequência possibilita a transmissão de dados em altas velocidades. Para fazer este aproveitamento das faixas de frequência, a ADSL utiliza técnicas de multiplexação. Para a conexão à internet com esta tecnologia é necessário um modem ADSL. Este é conectado a linha telefônica e ao computador por uma interface de rede.

Alternativa correta letra "D": através da tecnologia ADSL é possível utilizar a linha telefônica para a transmissão de dados e voz.

Alternativa "a": a tecnologia 3G permite velocidades de acesso superiores a 56Kbps.

Alternativa "b": o acesso à Internet via cable modem está disponível tanto para o usuário doméstico quanto a empresas.

Alternativa "c": o acesso discado não possui uma alta velocidade de transmissão. O máximo de velocidade que se pode alcançar é de 56kbps.

---

77. (Delegado de Polícia – PA/ 2009 – MOVENS) Considere a figura abaixo, que apresenta uma página em funcionamento do Internet Explorer 7.

A respeito do funcionamento do Internet Explorer 7 e da figura acima, julgue os itens abaixo e, em seguida, assinale a opção correta.

I. Clicar o botão 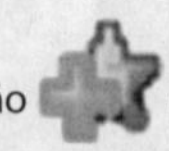 e depois Adicionar a Favoritos tem o mesmo efeito do atalho Ctrl + D.

II. O Internet Explorer não é capaz de transferir arquivos por FTP. Para isso, é preciso um software especializado.

III. Existem duas abas de navegação em uso no mesmo aplicativo do Internet Explorer.

IV. O botão  e utilizado para voltar aos sites anteriores.

Estão certos apenas os itens

a) I e III.

b) I e IV.

c) II e III.

d) II e IV.

COMENTÁRIOS

Alternativa correta letra "A": através da análise da figura, percebe-se a existência de duas abas. Além disto, o botão citado tem a mesma funcionalidade do atalho Ctrl+D, ou seja, adicionar um site a galeria de favoritos.

Alternativa "b": a afirmação I está correta. Entretanto, a afirmação IV é incorreta porque o botão citado é utilizado para recarregar uma página web e não para voltar a sites anteriores.

Alternativa "c": a afirmação III está correta. Já a afirmação II está incorreta porque o IE é capaz de transmitir arquivos via ftp. Para isto, basta acessar o endereço do servidor com a indicação ftp:// na frente do endereço.

Alternativa "d": as afirmações II e IV estão incorretas como já explicado.

---

78. (Delegado de Polícia – RO/ 2009 – FUNCAB) Considere o trecho apresentado a seguir como o resultado de uma busca realizada através da ferramenta Google.

Concurso da Prefeitura de Parto Velho-RO 2009 – 5.089 Vagas... – [Transiate this page]Concursos Federais – Concursos em São Paulo – Concursos em Minas Gerais – Concursos no Rio de Janeiro.... Inscrições no site da Funcab wwiv.funcab.org.... Estão www.vic&ncürsos.com/..7concurso-da"-prefeitüra-de-portcH/elhoro-2[)09 – 5089-vaga3 ⊠

Qual alternativa apresenta a expressão de busca correta para retornar o resultado apresentado?

a) Inscrições Funcab.

b) concursos Funcab.

c) concursos no Rio de Janeiro.

d) "concursos no Rio de Janeiro" Funcab.

e) Funcab.

COMENTÁRIOS

Alternativa correta letra "D": como os resultados obtidos trazem resultados relacionados a "concursos no Rio de Janeiro" e outros sites relacionados a Funcab, então a expressão digitada deve ter sido "concursos no Rio de Janeiro" Funcab.

Alternativa "a": se esta expressão fosse digitada, no resultado não apareceriam necessariamente sites com a expressão concurso ou citando a cidade do Rio de Janeiro. Apenas sites com a palavra Inscrições ou Funcab.

Alternativa "b": nesta consulta seriam listados sites com a palavra concurso ou Funcab. Assim, o resultado poderia não conter concursos no Rio de Janeiro que não tivessem a palavra Funcab na mesma página.

Alternativa "c": nesta busca seriam retornados sites com as palavras concursos, no, Rio, de, Janeiro. Assim, não se teria como resultado apenas sites de concursos no Rio de Janeiro ou Funcab.

Alternativa "e": nesta busca são retornados todos os sites com a palavra Funcab.

---

79. (Delegado de Polícia – RO/ 2009 – FUNCAB) Qual o recurso utilizado no Internet Explorer para manter várias páginas web abertas simultaneamente?

a) Páginas recentes.

b) Página Inicial.

c) Guias.

d) Histórico.

e) Favoritos.

COMENTÁRIOS

Alternativa correta letra "C": através do recurso de Guias, é possível manter várias páginas web abertas simultaneamente.

Alternativa "a": o recurso de páginas recentes permite visitar páginas que foram visitadas recentemente, nesta seção, mas não permite visualizar múltiplas páginas simultaneamente.

Alternativa "b": o recurso de página inicial carrega a página que é aberta quando o navegador é iniciado. Assim, este apresenta apenas uma página e não múltiplas simultaneamente.

Alternativa "d": o histórico apresenta as páginas visitadas pelo usuário nos últimos dias, semanas e meses.

Alternativa "e": o recurso de Favoritos mantém uma relação de sites armazenados pelo usuário para os quais deseja voltar posteriormente. Este recurso também não permite o acesso simultâneo a várias páginas.

80. (Delegado de Polícia – RO/ 2009 – FUNCAB) A Internet é uma rede que liga milhões de computadores em todo o mundo e oferece uma série de serviços. Qual o mais recomendado para postar uma pergunta e participar de discussões relativas a um assunto específico?

a) Mensagem Instantânea.

b) Compartilhamento de Arquivos.

c) Blogs.

d) E-mail.

e) Grupos de Notícias e fóruns de discussão.

COMENTÁRIOS

✪ **Nota do autor:** nesta questão uma das alternativas cita o e-mail como uma possibilidade de serviço onde o usuário pode colocar um pergunta ou participar de discussões. Apesar o e-mail, isoladamente, não possibilitar a discussão de assuntos com um grande número de usuários, como fóruns de discussão, existe um serviço semelhante aos fóruns de discussão que são as mailists ou grupos de discussão por e-mail. Nestes, o usuário participa de um fórum de discussão onde pode enviar um e-mail com uma questão. Este é enviado para todos os assinantes da maillist que podem responder a estas questões para o remetente ou para todos os usuários. Normalmente estes serviços arquivam as questões discutidas em uma página web. Assim, é importante ressalta que existem serviços de discussão que pode utilizar o e-mail como meio de comunicação.

Alternativa correta letra "E": Grupos de notícia e fóruns de discussão são serviços disponíveis na Internet que agregam um conjunto de pessoas sobre um determinado assunto. Por exemplo, existem fóruns na Internet que discutem Segurança da Informação, Sistemas Operacionais, Linguagens de Programação, etc. Assim, estes grupos são compostos por especialistas nestas áreas e, portanto, estes seriam os melhores serviços para se postar uma pergunta sobre um assunto específico.

Alternativa "a": a comunicação em um serviço de mensagens instantâneas é feita entre dois usuários. Esta tem como objetivo possibilitar a interação instantânea entre duas pessoas. Desta forma, este não é o serviço mais adequado para se postar uma questão e participar de discussões sobre um assunto específico, pois a quantidade de pessoas envolvidas é pequena quando comparado a um fórum de discussão.

Alternativa "b": em um serviço de compartilhamento de arquivos não há a possibilidade de comunicação entre os usuários deste. Logo, não seria possível postar uma questão e aguardar as contribuições de outros usuários.

Alternativa "c": os Blogs permitem uma pequena interação entre os usuários. Em um blog, o autor deste pode colocar um texto e os visitantes do blog podem colocar comentários. Entretanto, não existe o conceito de uma comunidade de usuários do blog, pois os comentários são feitos por quem visualiza o artigo. Assim, as respostas a uma pergunta seriam limitadas aos leitores daquele artigo do Blog. Entretanto em um fórum de discussão todos os assinantes do fórum teriam acesso.

Alternativa "d": um serviço de e-mail não possibilita a mesma abrangência de um fórum de discussões. Uma vez que o usuário pode enviar uma questão para um grupo de pessoas, mas estas teriam que ser conhecidas do usuário, ou seja, a quantidade de pessoas que poderiam opinar sobre o assunto seria menor. Consequentemente este não seria o serviço mais adequando.

81. (Delegado de Polícia – PB / 2008 – CESPE) Considerando a figura abaixo, que apresenta uma janela do Internet Explorer 6.0 em uso para acesso a uma página web, assinale a opção correta acerca de conceitos de Internet e intranet.

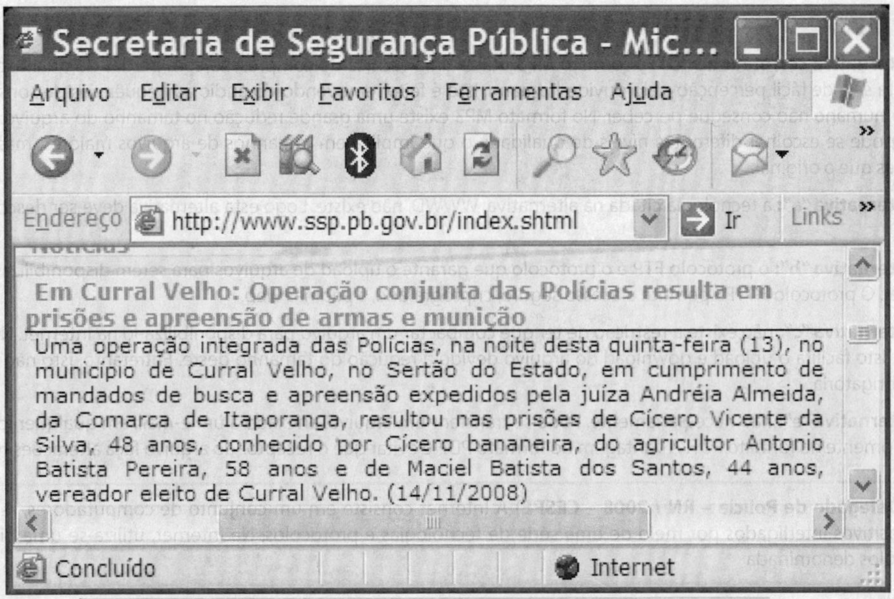

a) No campo Endereço http://www.ssp.pb.gov.br/index.shtml, os caracteres index.shtml indicam que se trata de uma página web segura.

b) O texto mostrado na página web pode ser copiado para um aplicativo de edição de textos, utilizando-se a opção Copiar do menu Editar, e poderá ser formatado com fonte Arial, tamanho 20.

c) A ferramenta  permite editar o texto mostrado na página web e formatá-lo para carta.

d) Ao se clicar a ferramenta , é possível criar palavras chaves para uma busca posterior.

e) Ao se clicar a ferramenta , a página será atualizada.

COMENTÁRIOS

Alternativa correta letra "B": o texto em uma página web pode ser selecionado e copiado utilizando a opção copiar do menu Editar. Uma vez copiado para um editor de texto, como o Word, o texto poderá ser formato para a fonte Arial com tamanho 20 ou para qualquer fonte ou tamanho desejado pelo usuário e disponível no editor.

Alternativa "a": a indicação de página segura é feita pelo termo https indicado no início do endereço da página. Assim como a página inicia pelo termo http indica que este é um site não seguro, ou seja, a comunicação com o site não está protegida. Se o endereço do site iniciasse por https este seria um site seguro.

Alternativa "c": a ferramenta 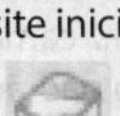 é utilizada para acessar o software de e-mail do usuário, para enviar o link da página ou a própria página por e-mail e não para formatar a página no formato carta.

Alternativa "d": a ferramenta  é utilizada para executar busca por palavras na página web atual.

Alternativa "e": a ferramenta  é utilizada para acessar o histórico de páginas acessadas e não para atualizar a página corrente. A ferramenta  é utilizada para atualizar a página corrente.

82. (Delegado de Polícia – PB / 2008 – CESPE) Assinale a opção correta com relação a conceitos de Internet.

a) A tecnologia WWWD (world wide web duo) substituirá a WWW, acrescentando realidade virtual e acesso ultrarrápido.

b) HTTPS é um protocolo que permite fazer upload de arquivos, para serem disponibilizados na Internet.

c) Para se disponibilizar arquivo de dados na Internet, é necessário comprimir os dados por meio do aplicativo ZIP.

d) O MP3 utiliza uma técnica de compressão de áudio em que a perda de qualidade do som não é, normalmente, de fácil percepção pelo ouvido humano.

e) Para se transferir um texto anexado a um e-mail, deve-se utilizar aplicativo PDF.

COMENTÁRIOS

Alternativa correta letra "D": o formato MP3 utiliza uma técnica de compressão com perdas de qualidade sem que esta seja de fácil percepção pelo ouvido humano. Isto é feito removendo do áudio as frequências de sons que o ouvido humano não consegue perceber. No formato MP3 existe uma grande redução no tamanho do arquivo. Entretanto, pode se escolher diferentes níveis de qualidade o que implica em tamanhos de arquivos maiores, mas ainda menores que o original.

Alternativa "a": a tecnologia citada na alternativa, WWWD, não existe. Logo esta alternativa deve ser desconsiderada.

Alternativa "b": o protocolo FTP é o protocolo que garante o upload de arquivos para serem disponibilizados na Internet. O protocolo HTTPS permite o acesso seguro, criptografado, a páginas web.

Alternativa "c": não existe a restrição de ter que compactar um arquivo para disponibilizá-lo na Internet. Normalmente, isto facilita o upload e download do arquivo devido à redução do tamanho deste. Entretanto, isto não é uma ação obrigatória.

Alternativa "e": não necessariamente. Pode se transferir um arquivo, anexado a um e-mail, em qualquer formato e não somente no formato PDF. A vantagem do formato PDF é evitar que o receptor do arquivo faça alterações neste.

---

83. (Delegado de Polícia – RN / 2008 – CESPE) A Internet consiste em um conjunto de computadores, recursos e dispositivos interligados por meio de uma série de tecnologias e protocolos. Na Internet, utiliza-se uma pilha de protocolos denominada

a) OSI.

b) ADSL.

c) TCP/IP.

d) HTTP.

e) SMTP.

COMENTÁRIOS

Alternativa correta letra "C": o TCP/IP é arquitetura de protocolos padrão utilizada na Internet. O nome desta arquitetura é originado do nome dos protocolos mais famosos que compõe a arquitetura: o IP e o TCP. Esta arquitetura está dividida em cinco camadas (físico, acesso a rede, internet, transporte e aplicação) que possui objetivos específicos visando o acesso à internet. Esta arquitetura não foi projetada, mas sim surgiu da junção em uma única arquitetura de protocolos já utilizados em sistemas Unix para acesso à Internet.

Alternativa "a": o modelo OSI foi uma arquitetura proposta pela ISO para a padronização da arquitetura de protocolos para o acesso à Internet. No período que o modelo OSI foi proposto existia uma série de protocolos proprietários. Esta falta de padronização prejudicava uma comunicação entre sistemas que utilizam arquiteturas de protocolos diferentes. Além do fato, de atrelar o usuário a um único fornecedor. Assim a proposta da arquitetura OSI seria para padronizar a arquitetura de protocolos para acesso à Internet. Esta arquitetura possui 7 camadas (físico, ligação de dados, rede, transporte, sessão, apresentação e aplicação). Esta arquitetura não se tornou o padrão para acesso à Internet porque os protocolos do TCP/IP já eram utilizados em computadores Unix o que facilitou a adoção do TCP/IP em detrimento ao OSI.

Alternativa "b": ADSL não é uma arquitetura de protocolos. Esta é uma tecnologia que permite o acesso à internet, em alta velocidade, utilizando uma linha telefônica. Isto é feito utilizado parte do canal de comunicação da linha telefônica que não é utilizado na comunicação por voz. Esta tecnologia permite o uso da linha telefônica e acesso à Internet de forma simultânea.

Alternativa "d": o HTTP não é uma arquitetura de protocolos, mas sim o protocolo utilizado para acesso a páginas web.

Alternativa "e": o SMTP não é uma arquitetura de protocolos, mas sim o protocolo utilizado para envio de mensagens de e-mail.

---

84. (Delegado de Polícia – RN / 2008 – CESPE) O envio e o recebimento de mensagens de correio eletrônico contendo documentos e imagens anexos podem ser realizados por meio do software

a) Microsoft Publisher.

b) Hyper Terminal.

c) Skype.

d) Adobe Acrobat.

e) Microsoft Outlook.

COMENTÁRIOS

✪ **Nota do autor:** o envio e recebimento de mensagens de correio eletrônico, com ou sem anexo, é feito por softwares clientes de e-mail como Microsoft Outlook, Thunderbird, dentre outros.

Alternativa correta letra "E": o Microsoft Outlook é um cliente de e-mail que permite o envio de mensagens de correio eletrônico contendo ou não anexos.

Alternativa "a": o Microsoft Publisher é um software utilizado para diagramação de textos como newsletters, cartazes, cartões postais, etc. Assim, a partir deste não é possível o envio de mensagens eletrônicas.

Alternativa "b": o Hyper Terminal é um software que permite conexão entre computadores em uma rede. Este foi descontinuado pela Microsoft devido a alternativas mais completas como Telnet, SSH, etc. Este não era utilizado para o envio de mensagens eletrônicas.

Alternativa "c": o Skype é um software utilizado para comunicações instantâneas envolvendo voz e vídeo. Este não é utilizado para o envio de mensagens eletrônicas.

Alternativa "d": o Adobe Acrobat é um leitor de arquivos no formato PDF. Assim, este também não permite o envio de mensagens de e-mail.

85. (Delegado de Polícia – RN / 2008 – CESPE) Google é um serviço que permite a realização de buscas avançadas por meio da combinação de resultados ou da inclusão de palavras-chave. A busca por uma expressão inteira, por exemplo, delegado de polícia, no Google pode ser feita a partir da digitação do trecho

a) (delegado de polícia)

b) {delegado de polícia}

c) *delegado de polícia*/

d) "delegado de polícia"

e) _delegado_de_polícia

COMENTÁRIOS

Alternativa correta letra "D": para se executar a busca no Google por uma expressão inteira deve se colocar o texto da expressão entre "" como em "delegado de polícia".

Alternativa "a": esta expressão fará a busca por sites que contenham as palavras delegado, de polícia, entre ( ) ou não.

Alternativa "b": esta expressão fará a busca por sites que contenham as palavras delegado, de polícia, entre { } ou não.

Alternativa "b": esta expressão fará a busca por sites que contenham as palavras delegado, de polícia, separadas por _ ou não.

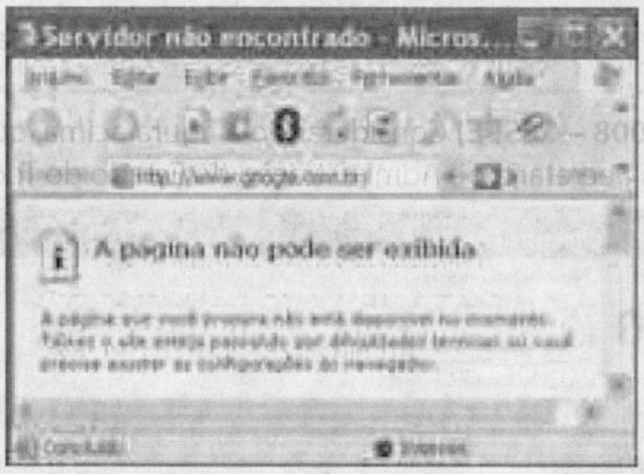

86. (Delegado de Polícia – AC/ 2008 – CESPE) Considerando a figura acima, que mostra uma janela do navegador Internet Explorer 6 (IE6), julgue os itens que se seguem.

86.1. Para iniciar novamente o download da página www.google.com.br, é suficiente clicar a ferramenta .

COMENTÁRIOS

Correto. A ferramenta é utilizada para recarregar a página corrente. Assim, ao clicar neste botão, será feito um novo download da página web.

86.2. No endereço www.google.com.br, o termo .br indica que o URL é de um sítio do governo brasileiro.

COMENTÁRIOS

Incorreto. Os sítios do governo brasileiro possuem o termo gov como www.mec.gov.br. O termo br somente indica que o site está localizado dentro do domínio de sites do Brasil.

86.3. O acesso à Internet só é possível com a utilização do navegador Internet Explorer.

COMENTÁRIOS

✪ **Nota do autor:** para que qualquer acesso à Internet possa ocorrer, além do navegador web, é necessária uma conexão a Internet via modem, adsl, cable modem, 3G ou qualquer outra forma de conexão a existente. Somente a existência do navegador web instalado não garante o acesso.

Incorreto. O Internet Explorer é um navegador web. Além deste, existem outros softwares que também possibilitam acesso a páginas da web como o Chrome, Firefox, Ópera, Safari, dentre outros.

86.4. Ao se clicar a ferramenta ☆, é iniciado um processo por meio do qual o sítio atual poderá ser acrescentado a uma lista de favoritos.

COMENTÁRIOS

Correto. A ferramenta ☆ é utilizada para adicionar o endereço do sítio atual à lista de sítios favoritos do usuário.

86.5. Utilizando-se o menu Ferramentas, é possível configurar as opções da Internet.

COMENTÁRIOS

Correto. A partir do menu ferramentas, como mostrado na figura 13, é possível configura as opções de Internet.

Figura 13. Acesso à configuração das Opções de Internet através do menu ferramentas do Internet Explorer 6.

87. (Delegado de Polícia – TO/ 2008 – CESPE) Considerando a figura acima, que mostra uma janela do navegador Internet Explorer 6 com a página da Secretaria de Administração do Estado do Tocantins, julgue os itens a seguir.

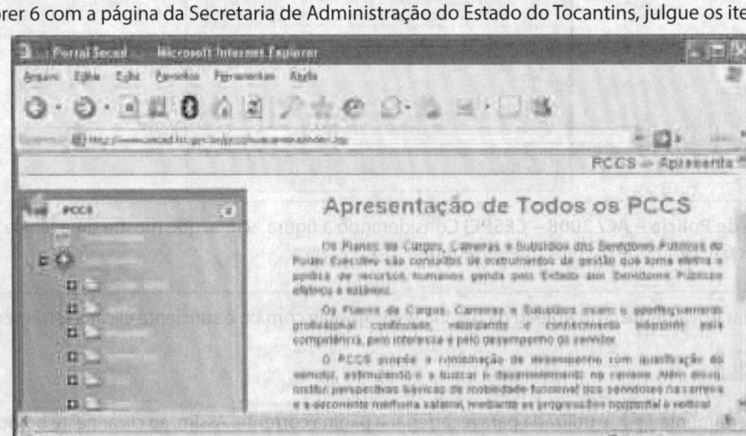

87.1. Ao se clicar a pasta Polícia Civil, é possível acessar, por meio da intranet, o sítio da polícia civil de outros estados, o que garante a integração das informações das secretarias de segurança.

COMENTÁRIOS

Incorreto. Uma Intranet é uma rede privada que não pode ser acessada remotamente, por exemplo, através da Internet. O objetivo desta é prover informações para os usuários de uma rede interna. Como tais informações representam dados da Instituição, esta rede somente pode ser acessada internamente visando evitar o acesso não autorizado as informações. Assim, através do site citado, acessando a pasta Polícia Civil, mesmo que o acesso aos demais sítios da polícia civil seja possível, com certeza, este acesso será feito pela Internet e não pela Intranet.

87.2. A pasta Saúde apresentada na página pode ser renomeada ou excluída por meio de clique com o botão da direita do mouse.

COMENTÁRIOS

Incorreto. Os navegadores, como o Internet Explorer, conseguem apenas visualizar sites disponíveis em servidores web. Estes não são capazes de alterar as páginas acessadas. Qualquer alteração na página deve ser feita por um Web Designer diretamente no arquivo da página disponibilizado no servidor.

87.3. O primeiro parágrafo do texto pode ser copiado para o Word com a seguinte sequência de procedimentos: selecionar o parágrafo, clicar a opção Copiar no menu Editar; abrir documento do Word e clicar a opção Colar no menu Editar do Word.

COMENTÁRIOS

Correto. Através de um navegador web é possível selecionar um texto, de uma página web, e copiá-lo para um arquivo do Word seguindo os procedimentos citados na afirmação.

87.4. O símbolo apresentado na janela 

indica que esse é um sítio seguro, com criptografia.

COMENTÁRIOS

Incorreto. O símbolo 

indica que o site que está sendo acessado pertence a zona da Internet e consequentemente não é um site seguro (protegido por criptografia). A indicação de que o site é seguro é feita por ícone com a forma de um cadeado ao lado deste símbolo como mostrado nesta figura 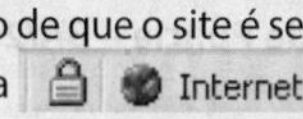

.

87.5. O símbolo 

indica que o download da página foi concluído.

COMENTÁRIOS

Correto. O símbolo indica que a página do site foi carregada completamente pelo navegador.

88. **(Delegado de Polícia – MG / 2008 – ACADEPOL – PC/MG)** São protocolos de rede utilizados para configuração de uma conta de e-mail:

a) POP3 e o FTP.

b) POP3 e o SNMP.

c) NNTP e o SMTP.

d) POP3 e o SMTP.

COMENTÁRIOS

Alternativa correta letra "D": o protocolo POP3 é utilizado para receber as mensagens de um servidor de e-mail para o computador do usuário. Já o SMTP é utilizado para o envio de mensagens através de um servidor de e-mail.

Alternativa "a": o protocolo FTP é utilizado para transmissão de arquivos para um servidor ou de um servidor. Assim, este não é utilizado na configuração de e-mails como o POP3.

Alternativa "b": o POP3 é utilizado na configuração de uma conta de e-mail, como explicado. Entretanto o SNMP é um protocolo utilizado para o gerenciamento de computadores em uma rede. Através deste protocolo é possível verificar informações sobre um computador como espaço em disco, memória, se este está ativo na rede ou não, dentre outras informações.

Alternativa "c": o NNTP é um protocolo utilizado para transporte de notícias da Usenet entre servidores de notícias. Este protocolo também é utilizado por softwares clientes para ler e postar notícias na rede Usenet. Assim, este não é utilizado na configuração de e-mails como o POP3.

4. SEGURANÇA DA INFORMAÇÃO

89. (NUCEPE – Delegado de Polícia – PI/2014) Sobre segurança da informação, analise as afirmativas seguintes e aponte a alternativa CORRETA.

I. Firewall é um dispositivo que filtra a entrada e saída de pacotes na rede.

II. Cavalo de Tróia é um tipo de antivírus que protege o computador contra acesso não autorizado.

III. Cookies são vírus que permitem o acesso não autorizado ao computador infectado.

a) Afirmativas I e II.

b) Afirmativas II e III.

c) Somente afirmativa II.

d) Somente afirmativa I.

e) Somente afirmativa III.

COMENTÁRIOS

Alternativa correta: letra "d". Apenas o item I está correto.

Item I. Correto. Um firewall é um dispositivo colocado na fronteira entre duas redes. Este faz o filtro dos pacotes trafegados entre as redes, a partir de regras definidas em sua configuração.

Item II. Errado. O Cavalo de Tróia é um tipo de malware que se assemelha a um programa legítimo do computador, mas quando executado realiza alguma ação danosa como apagar dados, instalar um keylogger, um vírus, etc.

Item III. Errado. Cookies são arquivos armazenados no computador por sites, quando o usuário visita estes. O objetivo dos cookies é armazenar informações relacionadas a uma navegação prévia como itens do carrinho de compras, senhas, links clicados, etc.

90. (Cespe – Delegado de Polícia – BA/2013) Considerando aspectos gerais de informática, julgue os itens subsequentes.

90.1. O gerenciamento das chaves criptográficas tem grande influência sobre o uso adequado de procedimentos de criptografia, como ocorre no caso da criptografia assimétrica, que depende da preservação do estrito sigilo das chaves criptográficas privadas.

COMENTÁRIOS

✪ **Nota do autor.** As chaves de criptográficas são utilizadas no processo de cifragem e decifragem dos dados. Estas se assemelham a senhas. Através destas o texto é cifrado e só poderá ser decifrado se for especificada a mesma chave utilizada no processo de criptografia.

Certo. Na criptografia assimétrica é utilizado um par de chaves. Uma das chaves, chave pública, é utilizada para cifrar o texto. O outro par, chave privada, é utilizada no processo de decifragem. Caso a chave privada seja divulgada qualquer pessoa será capaz de decifrar o texto protegido com a respectiva chave pública.

90.2. Os sistemas Windows e Linux se assemelham na possibilidade de uso de interface de linha de comandos: o comando dir, no Windows, pode produzir listagem de arquivos em pasta ou diretório, assim como o comando ls, no Linux.

COMENTÁRIOS

Certo. O comando dir é equivalente ao comando ls utilizado nas Shells dos sistemas operacionais Linux.

90.3. O formato odt, utilizado em plataformas de edição de textos do BROffice, é nativamente adotado na plataforma de edição de textos do Windows.

COMENTÁRIOS

Errado. Apesar do Word ser capaz de abrir arquivos no formato ODT, este não utiliza nativamente este formato. Os arquivos do Word utilizam o formato docx.

90.4. Diferentemente do uso básico de serviços de *webmails,*que não depende da configuração dos servidores POP3, SMTP ou IMAP pelo usuário, nos aplicativos de Outlook Express ou no Mozilla Thunderbird, essa configuração é tipicamente necessária.

COMENTÁRIOS

✪ **Nota do autor.** Esta questão foi anulada. Em versões mais recentes dos softwares Thunderbird é possível a configuração automática dos servidores POP3, SMTP ou IMAP a partir do e-mail do usuário. Além disto, existe a possibilidade de configurações automáticas para acesso a sites de Webmail. Entretanto, em alguns casos, em que a configuração automática não funciona, existe a necessidade de ajustes manuais da configuração pelo usuário. Assim, esta afirmação não pode ser considerada totalmente certa ou errada e por este motivo foi anulada no concurso.

90.5. São vantagens do uso de *cloudstorage*, em comparação com as formas tradicionais de uso de infraestruturas de tecnologias de informação e comunicação, independentemente da disponibilidade de acesso à Internet, a manutenção, sob quaisquer circunstâncias, do sigilo e a preservação de dados pela nuvem.

COMENTÁRIOS

Errado. Em um ambiente de *cloudstorage,* os dados são armazenados em servidores distribuídos pela Internet. Desta forma, não se tem conhecimento ou garantias que os locais onde estes estão armazenados são seguros. Recorrentemente aparecem na mídia notícias sobre o roubo de fotos e outros arquivos pessoais armazenados em ambientes de *cloudstorage.*

90.6. Distintamente do que ocorre na plataforma Linux, em que há maior flexibilidade para a realização de controle do *firewall*, o uso de *firewall* pessoal nativo na plataforma Windows possibilita o bloqueio de entrada de pacotes oriundos da Internet, mas não a saída de pacotes de dados de origem interna direcionados à Internet.

COMENTÁRIOS

Errado. O *firewall* nativo do Windows permite bloquear as saídas pacotes de origem interna para Internet. Este possui as mesmas funcionalidades de um firewall convencional. Entretanto, com um conjunto de descrição de regras mais limitado quando comparado a soluções de *firewall* do Linux.

91. (UEPA – Delegado de Polícia – PA/2013) O setor de Informática da empresa ABC realiza diariamente backup de seu servidor de arquivos. Durante este procedimento, ocorre uma verificação no horário da última alteração do arquivo a fim de se certificar que este foi alterado após o último backup. Apenas destes arquivos modificados é realizado o backup. Nesta situação é correto afirmar que o backup realizado é do tipo:

a) Incremental

b) Normal

c) Completo

d) Parcial

e) Particionado

COMENTÁRIOS

✪ **Nota do autor:** existem duas estratégias para a realização de backups: o total e o incremental. O Backup Total faz a cópia de todos os arquivos de um disco para uma mídia removível com fita, DVD, Bluray, etc. Dependendo da quantidade de dados que estão sendo copiados, este tende a demorar várias horas. Já o backup incremental apenas realiza a cópia dos arquivos alterados em relação ao último backup. Estas estratégias geralmente são utilizadas em conjunto. Por exemplo, nos finais de semana, uma empresa poderia fazer um backup completo de todos os arquivos do servidor e durante a semana realizar backups incrementais. Assim, a empresa possuirá uma versão atualizada dos arquivos do servidor sem a necessidade de interromper a operação deste por horas para o backup.

Alternativa correta letra "A": como explicado, a questão descreve o tipo de backup denominado de Incremental.

Alternativas "b", "d" e "e": os termos indicados nestes itens não estão relacionados a procedimentos de backup.

Alternativa c: em um backup completo todos os dados são copiados para a mídia removível e não somente os alterados em relação ao último backup.

92. (Delegado de Polícia – RO/ 2009 – FUNCAB) O processo de gerenciamento de riscos de segurança da Microsoft é dividido em quatro fases. Qual alternativa NÃO representa uma dessas fases?

a) Suporte às decisões.

b) Implementação de alta disponibilidade.

c) Análise da eficácia do programa.

d) Avaliação de riscos.

e) Implementação de controles.

COMENTÁRIOS

✪ **Nota do autor:** o processo de Gerenciamento de Riscos de Segurança é uma abordagem, elaborada pela Microsoft para identificar quais medidas de segurança devem implementadas e quais medidas são caras e não beneficiarão a empresa. Este processo é definido em quatro fases: avaliação de riscos, apoio a decisão, implementação de controles e medições de eficácia. Mais detalhes sobre este processo podem ser obtidos no site: http://www.microsoft.com/technet/security/topics/policiesandprocedures/secrisk.

Alternativa incorreta letra "B": a implementação de alta disponibilidade não é uma das fases do processo. Na verdade, esta ação está mais relacionada à implementação de controles visando conter eventuais riscos relacionados a indisponibilidade de algum sistema.

Alternativas "a", "c", "d" e "e": estas alternativas citam fases pertencentes ao processo de Gerenciamento de Riscos de Segurança.

93. (Delegado de Polícia – GO/ 2008 – UEG) Sobre fundamentos de segurança da informação e programas maliciosos, é CORRETO afirmar:

a) deve-se dar preferência ao uso de programas de troca de mensagens como o MSN para substituir o e-mail, dado que o risco de contaminação nesses programas é praticamente nulo.

b) mesmo um inocente e-mail de uma fonte conhecida e contendo apenas uma imagem ou uma proteção de tela pode se tornar fonte de contaminação.

c) programas maliciosos denominados trojans não podem ser detectados por antivírus, necessitando, portanto, de programas específicos.

d) spywares são programas que têm como finalidade vigiar o computador para evitar contaminação por adwares.

COMENTÁRIOS

Alternativa correta letra "B": mensagens de e-mail são a principal fonte de propagação de vírus e outras ameaças virtuais. Assim, mesmo arquivos com imagens anexadas e protetores de tela podem mascarar um vírus anexado a mensagem.

Alternativa "a": nenhum programa é 100% seguro. No caso dos comunicadores instantâneos, existe a possibilidade do envio de arquivos os quais podem conter vírus. Além disto, falhas de implementação destes softwares podem permitir o acesso não autorizado de invasores.

Alternativa "c": os trojans podem ser detectados por antivírus e não necessitam de um software específico. Um trojan é um arquivo que aparenta ser um programa legítimo que quando acionado executa uma ação danosa com a instalação de um vírus ou backdoor.

Alternativa "d": um spyware é um programa que monitora o que usuário digita no teclado ou então faz cópias das telas, visualizadas pelo usuário, e as envia para um invasor. O objetivo deste software é roubar informações confidenciais do usuário como senhas, números de cartão de crédito, etc.

94. (Delegado de Polícia – GO/ 2008 – UEG) Sistemas informatizados de qualquer natureza têm um papel decisivo na qualidade do serviço ofertado pelos seus usuários. Entretanto, com relação ao CORRETO uso desses sistemas de informação deve-se:

a) exigir, com responsabilidade, que os profissionais de informática mantenham os dados do sistema sempre corretos e confiáveis.

b) manter sempre um controle paralelo ao sistema a fim de assegurar a confiabilidade do mesmo.

c) manter os hardwares sempre atualizados para que novas funcionalidades do seu sistema estejam sempre disponíveis.

d) utilizar corretamente o sistema, pois dessa forma os dados constantes neste serão mais corretos e confiáveis.

COMENTÁRIOS

Alternativa correta letra "D": a utilização correta de um sistema computacional garante que os dados presentes no sistema sejam confiáveis. Assim, garante-se que não foram feitas alterações indevidas ou remoção de dados.

Alternativa "a": quando um sistema é utilizado por diversos usuários, os profissionais de informática têm muito pouco controle sobre a forma como o sistema é utilizado por estes. Assim, por mais medidas de segurança que possam ser implementadas pelos profissionais de informática, sempre há o risco de mau uso do sistema e consequentemente comprometimento das informações.

Alternativa "b": considerando sistemas grandes e complexos, como os bancários, a manutenção de um controle paralelo se torna infactível devido ao volume de transações processadas pelo sistema.

Alternativa "c": a manutenção e atualização constantes do hardware garante redução da possibilidade de uma falha de hardware comprometer os dados. Entretanto, esta atualização não elimina o mau uso do sistema pelos usuários o que pode levar ao comprometimento das informações.

---

95. (Delegado de Polícia – GO/ 2008 – UEG) A difusão do uso de e-mail facilitou os processos de investigação. A atividade de busca de informações passou a ter como oportunidade o acesso a um grande reduto de dados: o histórico constante nas caixas de e-mail. Entretanto, existem ainda restrições como a seguinte:

a) a ausência de e-mails com data superior a seis meses, que são automaticamente apagados pelo sistema no intuito de não sobrecarregar os bancos de dados.

b) a dificuldade de acesso a caixas de e-mails públicos denominados webmails, principalmente quando estes estão hospedados em países com legislação diferente.

c) a exclusão automática de anexos após a leitura e confirmação do recebimento da mensagem.

d) o acesso às mensagens e anexos, visto que as ferramentas Clientes implementam, automaticamente, criptografia, impossibilitando a leitura.

COMENTÁRIOS

Alternativa correta letra "B": em um sistema de webmail, as mensagens são armazenadas em computadores em outros países. Assim, devido à legislação do país, onde o e-mail está armazenado, o acesso a estas mensagens tende a ser mais complicado.

Alternativa "a": os clientes de e-mail não removem as mensagens automaticamente. Entretanto, estes podem ser configurados para remover mensagens após certo tempo. Desta forma, a não ser que o usuário tenha configurado esta remoção, ainda é possível o acesso a mensagens com mais de 6 meses.

Alternativa "c": os clientes de e-mail e servidores não fazem a exclusão dos anexos após a leitura. Estes permanecem anexados a mensagens até que o anexo ou a mensagem sejam apagados.

Alternativa "d": existe a possibilidade de criptografia das mensagens através de extensões e softwares de terceiros. Entretanto, isto não é feito automaticamente pelos clientes de e-mail e requer certa expertise do usuário. Assim, ainda é possível o acesso a mensagens sem a restrição da proteção por criptografia.

---

96. (Delegado de Polícia – MG / 2008 – ACADEPOL – PC/MG) Com o avanço da internet, atualmente existem diversos tipos de programas que impedem o bom funcionamento de um sistema e, por isso, podem ser considerados como nocivos.

Assinale a ***única*** alternativa que **NÃO** faz parte dessa classificação.

a) *Adware*

b) *Freeware*

c) Trojan

d) Vírus

COMENTÁRIOS

Alternativa correta letra "B": um freeware é um programa de computador que pode ser utilizado sem o pagamento de licenças ou royalties.

Alternativa "a": um adware é um programa que exibem anúncios e propaganda, na tela do computador, sem a autorização do usuário.

Alternativa "c": um trojan, ou cavalo de Tróia, é um tipo de software malicioso que além de executar uma função para a qual foi projetado (ex: um jogo) executa outras atividades sem o conhecimento e autorização do usuário (ex: instala um spyware no computador).

Alternativa "d": um vírus é um programa de computador que possui a capacidade de infectar outros arquivos e de se replicar. Quando um programa infectado é executado, o código do vírus é acionado gerando novas cópias do vírus, infectando outros programas e até executando ações danosas como remoção de arquivos do computador ou envio de cópias deste por e-mail.

97. (Delegado de Polícia – MG / 2008 – ACADEPOL – PC/MG) Qual chave ou conjunto de chaves enviamos ao servidor de chaves PGP para possibilitar aos demais usuários verificarem a autenticidade de um documento eletrônico ou para possibilitar a encriptação do mesmo?

a) Chave privada
b) Chave privada e pública
c) Chave única
d) Chave pública

COMENTÁRIOS

✪ **Nota do autor:** o PGP é um programa que implementa um algoritmo de criptografia assimétrico. Neste tipo de algoritmo utiliza-se um par de chaves para cifrar e decifrar a mensagem. A cifragem é feita pela chave pública e a decifragem é feita pela chave privada. A chave privada é de conhecimento apenas do proprietário do par de chaves. Já a chave pública pode ser distribuída pela Internet para que outros usuários consigam enviar mensagens ao proprietário da chave pública. Todas as mensagens cifradas com a chave pública apenas são decifradas com a respectiva chave privada.

Alternativa correta letra "D": a chave pública deve ser disponibilizada em um servidor, no caso o servidor PGP, para que os usuários consigam cifrar mensagens e enviar para o proprietário da chave. Além disto, a chave pública é utilizada para checar a autenticidade de documentos assinados com a chave privada.

Alternativa "a": se a chave privada for disponibilizada apenas será possível decifrar ou validar a autenticidade de um documento. Além disto, o conhecimento da chave privada, por outros usuários além do proprietário, compromete completamente a proteção dos dados pelo algoritmo de criptografia do PGP.

Alternativa "b": se ambas as chaves forem disponibilizadas, a segurança dos dados protegidos com o PGP será comprometida, pois basta usar a chave privada para decifrar as mensagens cifradas com a chave pública. Assim, não se deve disponibilizar as duas chaves.

Alternativa "c": não existe no PGP ou em outro algoritmo de criptografia assimétrica uma chave única. Algo equivalente seria encontrado em algoritmos de criptografia simétricos que utilizam apenas uma chave para cifrar e decifrar a mensagem.

98. (Delegado de Polícia – PB / 2008 – CESPE) A respeito de segurança e proteção de informações na Internet, assinale a opção incorreta.

a) Embora o uso de aplicativo antivírus continue sendo importante, grande parte da prevenção contra os vírus depende dos usuários, porque as infecções ocorrem em função do comportamento do usuário, como abrir anexo de e-mail, clicar em um link ou fazer download de arquivo.
b) Uma forma de evitar infecções no computador é manter o antivírus ativado e atualizado e deixar agendadas varreduras periódicas.
c) Uma forma de proteção contra vírus eletrônicos é a troca periódica de senhas sensíveis.
d) Usuários devem atentar para e-mail desconhecido e evitar propagar correntes com o objetivo de minimizar infecções por vírus.
e) Os vírus surgem cada vez mais rapidamente, mas a instalação de antivírus é suficiente para eliminá-los, por meio do reconhecimento da assinatura do vírus.

COMENTÁRIOS

✪ **Nota do autor:** novos tipos de vírus surgem a todo o momento e cada nova geração de vírus possui uma série de recursos para evitar a detecção por antivírus. Alguns conseguem alterar o seu código dificultando a detecção por assinatura, outros cifram o seu código para não serem descobertos por softwares de antivírus. Assim cada vez mais os antivírus buscam analisar o comportamento dos softwares para poder identificar se o mesmo representa um vírus ou não. Assim, o reconhecimento dos antivírus mais novos não se baseia apenas em assinaturas.

Alternativa incorreta letra "E": conforme a evolução dos vírus, a detecção deles se torna mais complicada devido às técnicas empregadas para esconder os vírus dos softwares de antivírus. Assim, a utilização de assinaturas de vírus não é totalmente eficaz. Além disto, o uso de outros softwares, como firewalls de hosts, e o treinamento de usuários são necessários para proteger o usuário do ataque de vírus.

Alternativas "a", "b", "c" e "d": estão corretas.

99. (Delegado de Polícia – TO / 2008 – CESPE) Julgue os itens seguintes relativos a informática.

99.1. O disco rígido ou HD (hard disk) é o dispositivo de armazenamento de dados mais usado nos computadores. Nele, é possível guardar não só os arquivos como também todos os dados do sistema operacional, imprescindíveis para a utilização do computador.

COMENTÁRIOS

Correto. Tanto dados quanto o sistema operacional são armazenados nos HDs. Quando o computador é inicializado, um pequeno programa armazenado na MBR (Master Boot Record) é executado e a partir deste o sistema operacional, armazenado no disco, é acionado.

99.2. O firewall é o dispositivo que permite a conexão com a Internet, uma vez que é responsável pela conversão do sinal analógico em sinal digital.

COMENTÁRIOS

✪ **Nota do autor:** um firewall é um dispositivo de rede colocado na fronteira entre duas redes (Ex: entre uma rede local e a Internet). O objetivo deste é analisar o tráfego entre as duas e permitir, ou não, que um pacote deixe ou entre em uma determinada rede. Para isto o firewall possui um conjunto de regras que são definidas a partir da política de segurança definida pela empresa ou instituição.

Incorreta. A descrição da afirmação descreve um modem e não um firewall. Um firewall é um dispositivo utilizado para proteger uma rede controlando o tráfego dos pacotes que entram e saem desta.

99.3. O mp3 é o dispositivo substituto do disquete, pois consiste em uma pequena memória portátil que funciona em equipamentos com uma porta USB.

COMENTÁRIOS

✪ **Nota do autor:** o mp3 é um formato de compactação de arquivos de áudio. O objetivo deste é reduzir o tamanho dos arquivos sem grandes perdas à qualidade do som. Para isto, este remove as frequências de som que não são facilmente perceptíveis pelo ouvido humano.

Incorreta. O mp3 é um formato de arquivo de compressão de áudio e não um dispositivo de memória portátil. A descrição da afirmação refere-se a um pen driver.

99.4. Trojan é um programa que age utilizando o princípio do cavalo de troia. Após ser instalado no computador, ele libera uma porta de comunicação para um possível invasor.

COMENTÁRIOS

✪ **Nota do autor:** um trojan pode executar diversas ações após ser acionado, além de liberar uma porta de comunicação. Por exemplo, um trojan poderia instalar um spyware no computador.

Correto. Quando um trojan é executado ele pode liberar uma porta de comunicação para um possível invasor.

99.5. A assinatura digital consiste na criação de um código de modo que a pessoa ou entidade que receber uma mensagem contendo este código possa verificar se o remetente é mesmo quem diz ser e identificar qualquer mensagem que possa ter sido modificada.

COMENTÁRIOS

✪ **Nota do autor:** uma assinatura digital é um código que garante que uma determinada mensagem ou documento não foi alterado. Esta é gerada a partir de um código único para o conteúdo da mensagem ou documento. O código é gerado utilizando alguma função hash. Após isto o código é cifrado utilizando a chave privada de uma pessoa e um algoritmo de assinatura digital. O código cifrado (assinatura) é anexado a mensagem ou ao texto. Quando um receptor recebe uma mensagem assinada, este consegue validar se a mensagem não foi alterada. Para isto, o software do receptor gera o código hash do conteúdo da mensagem ou documento. Após isto, este decifra o código hash da assinatura utilizando a chave pública do emissor da mensagem. Caso o código gerado e o código da assinatura sejam idênticos, garante-se que o conteúdo não foi alterado. Caso o emissor possua um certificado digital é possível comprovar validar que o emissor da mensagem é quem realmente afirma ter assinado a mensagem. Devido à associação entre o proprietário do certificado e o par de chaves definido por este certificado.

Correto. A partir da assinatura digital de uma mensagem, o receptor pode validar a assinatura deste. Desta forma garante-se a identidade de quem assinou a mensagem e que esta não foi modificada.

5. HARDWARE

100. (UEPA – Delegado de Polícia – PA/2013) Leia as afirmativas sobre sistemas de armazenamento e assinale a alternativa correta.

I. O disco rígido é um equipamento confiável e de grande capacidade para armazenamento de dados, podendo chegar a até 4 TB em discos domésticos. Contudo, sua conexão ao computador só pode ser realizada através de uma interface IDE, o que torna o acesso as informações lento.

II. As SSDs (SolidState Drive) são mídias de armazenamento que se conectam ao computador através de uma interface SATA. Possuem um desempenho superior aos discos rígidos tradicionais e são bem mais velozes.

III. Discos híbridos são dispositivos que unem a velocidade de uma unidade SSD, armazenando os arquivos mais frequentemente usados e garantindo o acesso rápido a eles e um HD tradicional que armazena o restante dos dados.

A alternativa que contém todas as afirmativas corretas é:

a) I, II e III

b) I e II

c) II e III

d) I e III

e) II

COMENTÁRIOS

Alternativa correta: letra "c". Estão corretos os itens II e III.

Item I. Errado. Os discos rígidos podem ser conectados aos computadores através de outras interfaces como SATA, eSATA, Fireware e USB.

Item II. Certo. Os discos SSD são mais velozes por não possuírem partes mecânicas. Estes utilizam memórias para armazenamento (tecnologia similar utilizada em pen drives)

Item III. Certo. Os discos híbridos possuem partes mecânicas, como os convencionais, para armazenamento dos dados e um SSD que armazena os arquivos mais utilizados.

101. (Cespe – Delegado de Polícia – AL/ 2012) A respeito de conceitos básicos relacionados à informática e dos modos de utilização das tecnologias de informação, julgue os itens que se seguem.

101.1. Os mainframes, computadores com alta capacidade de armazenamento de dados, têm baixa capacidade de memória, não sendo indicados para o acesso simultâneo de diversos usuários.

COMENTÁRIOS

Incorreto. Um Mainframe é um computador de grande porte. Este é utilizado em aplicações que requerem grande poder de processamento, como na atualização do saldo de contas correntes a partir das transações realizadas pelos clientes de um banco. Assim, este é utilizado por instituições como Bancos, Órgãos Governamentais, etc. Para prover esta alta capacidade de processamento, é necessário que estes possuam uma grande capacidade de memória.

101.2. Em computação, os periféricos são dispositivos por meio dos quais os computadores recebem informações (entradas) e geram informações (saídas).

COMENTÁRIOS

Questão anulada. Esta questão foi anulada porque a definição utilizada não se aplica mais aos dias de hoje. Hoje temos periféricos que conseguem receber e gerar informações como as impressoras multifuncionais. Estas são capazes de gerar informações de saída (impressão de páginas) e receber dados através da digitalização de documentos. Consequentemente, nem todos os periféricos podem ser classificados somente como dispositivos de entrada ou saída de dados.

101.3. A memória RAM (random access memory) permite apenas a leitura de dados, pois é gravada pelos fabricantes, não podendo ser alterada.

COMENTÁRIOS

Incorreto. A memória RAM é utilizada para armazenamento temporários de dados e execução de programas. Desta forma, esta precisa permitir que os dados sejam armazenados e atualizados. A memória que é gravada pelos fabricantes e somente permite leitura é a memória ROM.

101.4. Os conectores padrão do tipo RJ-45 são utilizados para conectar as placas de redes dos computadores aos cabos de redes locais.

COMENTÁRIOS

Correto. O conector RJ-45 é utilizado para conectar os computadores, através das placas de rede, aos cabos de redes locais. A maioria dos cabos de rede locais utilizam este padrão de conector.

102. (Delegado de Polícia – RO/ 2009 – FUNCAB) Sobre a memória RAM de um computador, é correto afirmar que:

a) é uma memória de acesso mais rápido que a memória Cache.
b) é de leitura e escrita, pois permite ler e escrever dados, alterá-los e voltar a gravá-los.
c) mantém toda a informação gravada nela, mesmo quando o computador é desligado.
d) é utilizada para guardar programas e informações responsáveis pelo funcionamento interno do computador.
e) nela é armazenada a BIOS, programa cuja principal função é controlar o hardware do computador.

COMENTÁRIOS

✪ **Nota do autor:** a RAM é uma memória projetada para armazenar dados e programas que estão sendo utilizados ou em execução. Esta permite sucessivas escritas e leitura e é volátil, ou seja, quando o computador é desligado, os dados contidos nesta são perdidos.

Alternativa correta letra "B": a memória RAM permite a leitura e escrita de dados nesta. Esta contém os programas em execução e os dados utilizados por estes.

Alternativa "a": a velocidade da memória RAM é menor que da memória Cache. Visto que a Cache é utilizada como área de armazenamento temporário entre o processador e a memória RAM.

Alternativa "c": ao se desligar o computador todos os dados contidos na memória RAM são perdidos. Para perpetuar os dados após o desligamento do computador é necessário armazená-los em uma memória secundária como o disco rígido.

Alternativa "d": os dados e programas, responsáveis pelo funcionamento do computador, são armazenados na BIOS e não na memória RAM.

Alternativa "e": a BIOS é armazenada em um componente da placa mãe e não na memória RAM.

103. (Delegado de Polícia – PB / 2008 – CESPE) Acerca dos conceitos de hardware e software, assinale a opção correta.

a) Para se fazer cópia de segurança, procedimento fundamental para proteger os dados contra infecção de vírus, são necessários hardware e software específicos para backup.
b) A expansão da memória ROM, que armazena os programas em execução temporariamente, permite aumentar a velocidade de processamento.
c) USB (universal serial bus) é um tipo de barramento usado para conectar facilmente ao computador várias categorias de dispositivos, como teclados, mouses, monitores, escâneres, câmeras e outros.
d) Multimídia é um software que executa músicas compactadas com qualidade.
e) A informação Intel core duo indica que o computador possui dupla memória RAM, o que acelera o processamento dos dados.

COMENTÁRIOS

Alternativa correta letra "C": esta alternativa descreve corretamente o significado do termo USB.

Alternativa "a": um backup (cópia de segurança) pode ser realizado utilizando software e hardware específicos. Entretanto, caso este não estejam disponíveis, o usuário pode simplesmente copiar os arquivos para uma mídia digital, como um DVD, que terá realizado um backup dos dados.

Alternativa "b": a memória RAM, e não a ROM, é responsável por armazenar os programas em execução temporariamente. Assim, um aumento da memória RAM pode permitir o aumento da velocidade de processamento.

Alternativa "d": multimídia é o nome dado aos arquivos que contenham som, vídeo e dados e não um software específico.

Alternativa "e": a informação Intel core duo indica que o computador possui dois núcleos de processamento e não uma memória RAM dupla.

---

104. (Delegado de Polícia – RN / 2008 – CESPE) Entre os dispositivos de entrada de dados em informática, incluem-se

a) o teclado e o mouse.

b) o mouse e a memória ROM.

c) o teclado e a impressora.

d) o monitor e a impressora.

e) a impressora e o mouse.

COMENTÁRIOS

✪ **Nota do autor:** dispositivos de entrada e saída estão relacionados com a interação com o usuário. Um dispositivo de entrada é responsável por receber dados do usuário e enviá-los a um programa específico. Já um dispositivo de saída recebe dados de um programa e os exibe para o usuário.

Alternativa correta letra "A": teclado e mouse são exemplos de dispositivos de entrada de dados. Com estes, o usuário pode interagir com o computador e fornecer dados a programas.

Alternativa "b": o mouse é um exemplo de dispositivo de entrada, visto que permite a interação do usuário do computador e o fornecimento de informações. Entretanto, a memória ROM não é um dispositivo de entrada e sim um componente da placa mãe do computador.

Alternativa "c": o teclado, com explicado, é um dispositivo de entrada. Já a impressora é um dispositivo de saída, visto que este apresenta para o usuário dados enviados de uma aplicação.

Alternativa "d": tanto o monitor quanto a impressora, como apresentam dados para o usuário, são dispositivos de saída e não de entrada de dados.

Alternativa "e": a impressora é um dispositivo de saída enquanto o mouse é um dispositivo de entrada de dados.

Informática

Luciano Freire

✦ DICAS

1. APLICATIVOS PARA ESCRITÓRIO MS OFFICE

As questões dos concursos, sobre MS Office e BrOffice/LibreOffice, cobram conhecimentos relacionados ao uso dos aplicativos destes pacotes. Assim, é importante que o candidato instale utilize estes softwares no dia a dia, principalmente o BrOffice/LibreOffice. Através do uso constante, o candidato irá se habituar e conhecer as principais funções destes softwares. Consequentemente isto irá facilitar a resposta das questões sobre este assunto, pois estas cobram basicamente o manuseio, configurações e o conhecimento sobre a existência de determinadas funcionalidades nestes softwares.

Devido à adoção dos BrOffice/LibreOffice por órgãos governamentais é importante conhecer os aplicativos que compõe esta suíte. A tabela a seguir, apresenta os principais aplicativos que compõe o BrOffice/LibreOffice e indica o software equivalente no MS Office.

Software BrOffice/LibreOffice	Funcionalidade	Equivalente MS Office
Writer	Editor de Texto	Word
Calc	Planilha Eletrônica	Excel
Impress	Editor de apresentações multimídia	PowerPoint
Draw	Editor de diagramas e desenhos	Visio
Base	Banco de Dados	Access

Outro aspecto importante é o conhecimento dos atalhos de teclados mais comuns destes softwares. Isto facilita a execução de tarefas e por isto o conhecimento das principais teclas de atalho é abordado em questões de concurso. As tabelas a seguir apresentam as principais teclas de atalho do MS Office e BrOffice/LibreOffice.

MS Office(Word e Excel)	
Tecla de Atalho	**Ação**
ALT+ENTER	Inicia uma nova linha na mesma célula.
CTRL+[	Diminui o tamanho da fonte em uma unidade no texto selecionado
CTRL+]	Diminui o tamanho da fonte em uma unidade no texto selecionado
CTRL+A	Seleciona a planilha inteira.
CTRL+B	Salva o documento.
CTRL+C	Copia as células selecionadas.
CTRL+D	Abre a janela para formatação de fonte.
CTRL+DEL	Apaga a palavra seguinte.
CTRL+E	Centraliza o texto selecionado
CTRL+END	Posiciona o curso no final do documento.
CTRL+ENTER	Preenche o intervalo de células selecionado com a entrada atual.
CTRL+HOME	Posiciona o cursor no início do documento.
CTRL+I	Formata o texto selecionado em itálico.
CTRL+J	Justifica o texto selecionado.

MS Office(Word e Excel)	
CTRL+L	Localiza palavras no texto.
CTRL+N	Formata o texto selecionado em negrito
CTRL+Q	Alinha o texto selecionado a esquerda.
CTRL+S	Sublinha o texto selecionado.
CTRL+T	Seleciona todo o documento
CTRL+U	Localiza e substitui palavras no texto.
CTRL+V	Insere o conteúdo da Área de Transferência no ponto de inserção e substitui qualquer seleção. Disponível somente após recortar ou copiar um objeto, texto ou conteúdo de célula.
CTRL+X	Recorta um conteúdo selecionado.
CTRL+Z	Desfaz a última ação realizada.
F12	Abre a janela "salvar como".
F4	Repete a última ação.
F7	Verifica Ortografia e Gramática.
SHIFT+ENTER	Conclui uma entrada de célula e seleciona a célula de cima.
SHIFT+F3	Transforma em maiúsculas todo o texto selecionado.
SHIFT+F7	Abre a janela do dicionário de sinônimos.

Nos seguintes sites é possível encontrar uma relação completa das teclas de atalho do Word e Excel:

a) http://office.microsoft.com/pt-br/word-help/atalhos-de-teclado-do-microsoft-word-HP010370109.aspx#BM5

b) http://office.microsoft.com/pt-br/excel-help/atalhos-de-teclado-no-excel-2010-HP010342494.aspx

LibreOffice (Writer e Calc)	
Tecla de Atalho	**Ação**
F7	Verifica ortografia.
CTRL+F7	Abre a janela do dicionário de sinônimos.
CTRL+F12	Insere ou edita uma tabela existente.
CTRL+A	Seleciona todo o texto.
CTRL+J	Justifica o texto selecionado.
CTRL+D	Formato o texto selecionado com sublinhado duplo.
CTRL+E	Centraliza o texto selecionado.
CTRL+H	Localizar e substituir um texto.
CTRL+L	Alinha o texto selecionado a esquerda.
CTRL+R	Alinha o texto selecionado a direita.
CTRL+Y	Repete a última ação.
SHIFT+ENTER	Quebra de linha.
CTRL+ENTER	Quebra de página.
CTRL+HOME	Ir para o início do documento.
CTRL+END	Ir para o fim do documento.
CTRL+DEL	Eliminar texto até ao final da palavra.
SHIFT+HOME	Seleciona todas as células desde a atual até a primeira célula da linha.
SHIFT+END	Seleciona todas as células desde a atual até a última célula da linha.
CTRL+F2	Abre o assistente de funções do Calc

Nos seguintes sites é possível encontrar uma relação completa das teclas de atalho do Writer e Calc:

a) http://help.libreoffice.org/Writer/Shortcut_Keys_for_Writer/pt

b) http://help.libreoffice.org/Calc/Shortcut_Keys_for_Spreadsheets/pt-BR

Dentre os softwares de automação de escritório, o Excel e Calc possuem uma grande variedade de funções que podem ser cobradas nos concursos. A tabela, a seguir, explica o funcionamento destas funções exemplificando estas para o Excel, mas os mesmos conceitos podem ser aplicados para o Calc do LibreOffice/BrOffice.

Função	Descrição	Exemplo
Soma	Realiza a soma de todos os números especificados como argumentos da função. Sendo que cada argumento pode ser um número, referência a uma célula, intervalo de células, matriz, uma fórmula ou resultado de outra função.	• Soma(A1,A2): soma o valor das células A1 e A2. • Soma(A1:A5): soma o conteúdo das células de A1 até A5. • Soma(A1:B2): soma o conteúdo das células da matriz formada pelas células de A1 a B2.
Soma.Se	Realiza a soma de um conjunto de células desde que estas atendam a um determinado critério especificado. Soma.Se(intervalo; critérios; intervalo_soma_opcional) Se o intervalo_soma_opcional não foi especificado, será feito a soma das células especificadas no intervalo.	• SOMASE(A2:A5,">160000"): soma as células do intervalo A2 a A5 que possuam valor superior a 160.000. • SOMASE(A2:A7,"Frutas",C2:C7): soma as células no intervalo de C2 a C7 cuja a respectiva célula da mesma linha na coluna A (A2:A7) contenha a palavra "Frutas")
Média	Calcula a média aritmética de todos os números especificados como argumentos da função. Sendo que cada argumento pode ser um número, referência a uma célula, intervalo de células, matriz, uma fórmula ou resultado de outra função.	• Média(A1,A2): calcula a média aritmética das células A1 e A2. • Média (A1:A5): calcula a média aritmética das células de A1 até A5. • Média(A1:B2): calcula a média aritmética das células da matriz formada pelas células de A1 a B2.
Cont.Se	Contabiliza o número de células não vazias em um determinado intervalo se um determinado critério for verdadeiro. Sintaxe da função: Cont.Se(intervalo;critérios)	• CONT.SE(B2:B5;">55"): conta o número de células no intervalo de B2 a B5 que possuam valor maior que 55 • CONT.SE(A2:B5;"aprovado"): conta o número de células no intervalo A2 a B5 que contenham a palavra aprovado.
Se	Verifica se uma condição é verdade ou falsa. A partir da análise desta condição retorna um valor se a condição for verdadeira e outro se a condição for falsa	• Se(A1>0;"Positivo", "Negativo): verifica se o conteúdo da célula A1 é maior que zero. Caso verdadeiro a função Se retorna Positivo e este valor será inserido na célula de destino. Caso o resultado da condição seja falso, a função Se retorna Negativo e este é inserido na célula de destino.

A função Se utiliza operadores relacionais para especificar a condições. A próxima tabela apresenta os principais operadores relacionais do Excel e Calc.

OPERADOR Relacional	SIGNIFICADO	Exemplo
=	Igual a	• A1 = 5: compara se o conteúdo da célula A1 é igual a 5
>	Maior que	• A2 >0: compara se o conteúdo da célula A2 é maior que 0.
<	Menor que	• A1 <5: compara se o conteúdo da célula A1 é menor que 5
>=	Maior ou igual a	• A2 >= 0: compara se o conteúdo da célula A2 é maior ou igual a 0.
<=	Menor ou igual a	• A1 <= 5: compara se o conteúdo da célula A1 é menor ou igual a 5
<>	Diferente de	• A1 <>0: verifica se o valor de A1 é diferente de 0.

Também, nas questões envolvendo planilhas eletrônicas (Excel e Calc) são cobrados o conhecimento dos seguintes operadores:

Operador	Funcionalidade	Exemplo(s)
:	Determina um intervalo de células em uma fórmula.	Soma(A1:A5): efetua a soma das células A1, A2, A3, A4 e A5. Média(A1:B2): calcula a média das células A1, A2, B1 e B2.
;	Especifica células individuais de uma planilha em uma fórmula	• Soma(A1;A5): efetua a soma das células A1 e A5.

Operador	Funcionalidade	Exemplo(s)
$	Utilizado para travar o incremento de uma linha ou coluna quando uma fórmula é copiada de uma célula para outra.	Suponha que as fórmulas, a seguir, estão digitas na célula C1 • Soma(A$1;B1): se esta fórmula for copiada para a Célula C2 (linha abaixo de C1) o índice da linha de B1 será incrementado enquanto que o índice da linha de A$1 não. A fórmula resultante será Soma(A$1;B2). • Soma(A$1;B1): se esta fórmula for copiada para a Célula D1 (coluna ao lado de C1) o índice da coluna da B1 será incrementado e também o índice da coluna de A$1 visto que o $ está precedendo somente o índice da linha. A fórmula resultante será Soma(B$1;C1). • Soma($A1;B1): se esta fórmula for copiada para a Célula C2 (linha abaixo de C1) o índice da linha da B1 e de $A1 serão incrementados visto que o $ somente está precedendo o índice da coluna. A fórmula resultante será Soma($A2;B2). • Soma($A1;B1): se esta fórmula for copiada para a Célula D1 (coluna ao lado de C1) o índice da coluna da B1 será alterado e o índice da coluna de $A1 não, visto que o $ está precedendo o índice da coluna. A fórmula resultante será Soma($A1;C1). • Soma($A$1;B1): como o $ precede tanto o índice da linha e coluna de A1 se a fórmula for copiada para a linha abaixo ou para a coluna ao lado de C1 nem o índice da linha ou coluna do termo A1 serão alterados. Entretanto B1 terá o seu índice da linha ou coluna alterado se a fórmula for copiada para a linha abaixo ou para a coluna ao lado de C1.
& (E comercial)	Utilizado para fazer a concatenação de dois valores produzindo um texto	A seguinte fórmula = "A" & "B" & "C" produz o seguinte resultado "ABC"

Além destes operadores, é importante conhecer os principais operadores matemáticos utilizados nas fórmulas do Excel e o Calc. A tabela a seguir apresenta os principais.

OPERADOR Matemático	SIGNIFICADO	EXEMPLO	Resultado
+ (sinal de mais)	Adição	=3+3	6
– (sinal de menos)	Subtração Negação	=3 – 1 = – 1	2 -1
* (asterisco)	Multiplicação	=3*3	9
/ (sinal de divisão)	Divisão	=3/3	1
% (sinal de porcentagem)	Porcentagem	=50*20%	10
^ (acento circunflexo)	Exponenciação	=3^5	243

Quadro adaptado de http://office.microsoft.com/pt-br/excel-help/operadores-de-calculo-e-precedencia-HP010078886.aspx

Quando o Excel e o Calc avaliam uma fórmula, esta é analisada da esquerda para a direita se todos os operadores matemáticos envolvidos tiverem a mesma ordem de precedência. A ordem de precedência indica qual operação deve ser realizada primeiro antes das demais. Por exemplo, em uma fórmula envolvendo somas e multiplicações, as operações de multiplicação são realizadas antes das somas. O quadro a seguir apresenta a ordem de precedência dos operadores matemáticos.

Operador	Descrição	Ordem de Precedência
–	Negação (como em – 1)	Maior
%	Porcentagem	
^	Exponenciação	
* e /	Multiplicação e divisão	
+ e –	Adição e subtração	
&	Concatenação	Menor

Pela tabela acima, percebe-se que o operador % tem maior precedência do que o operador de *. Assim, em um formula envolvendo estes dois operadores o operador % será calculado antes do *.

Alguns operadores possuem a mesma precedência como + e –. Quando a fórmula envolve apenas estes operadores, esta é analisada da esquerda para a direita.

Em algumas situações é necessário realizar um cálculo em uma ordem de precedência diferente da definida para os operadores. Por exemplo, no caso do calculo da média de três células. Se a fórmula for especificada como =A1+A2+A3/3, considerando a ordem de precedência, o cálculo estará errado. Visto que somente A3 é dividido por 3 e o resultado somado a A1e A2. Para estes casos, pode se utilizar um par de parênteses ( ) para alterar a ordem de precedência. Qualquer fórmula que estiver entre parênteses tem maior precedência, ou seja, é calculada antes dos demais operadores, os quais são avaliados na ordem de precedência atual. Assim, a fórmula correta para o cálculo da média de 3 valores é = (A1+A2+A3)/3. Nesta, como os parênteses possuem a maior precedência, primeiro soma se as células e o resultado é divido por 3.

Outro ponto cobrado são os formatos do padrão Open DocumentFormat. A tabela a seguir indica os formatos mais comuns.

Formato	Tipo de Documento
odt	Documentos de texto
ods	Planilhas Eletrônicas
odp	Apresentações Multimídia
odb	Bancos de Dados
odg	Desenhos Vetoriais
odf	Equações

Por fim, muitas questões relacionadas ao MS Office e BrOffice/LibreOffice cobram o conhecimento dos comandos presentes nos menus dos softwares que compõem estes pacotes. A memorização destas informações acontece com o uso da ferramenta. Entretanto para auxiliar o candidato, em um revisão rápida, as tabelas a seguir apresentam os principais menus das ferramentas Word, Excel, Powerpoint (Versão 2010) e seus equivalentes no BrOffice/LibreOffice (Writer, Calc e Impress) da versão 3.6

Word 2010	
Menu	**Imagem**
Arquivo	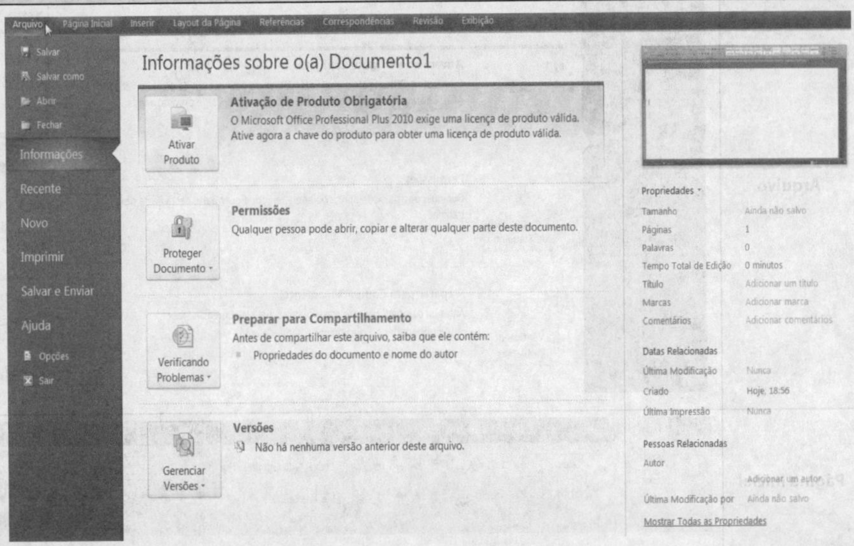

Word 2010	
Menu	**Imagem**
Página Inicial	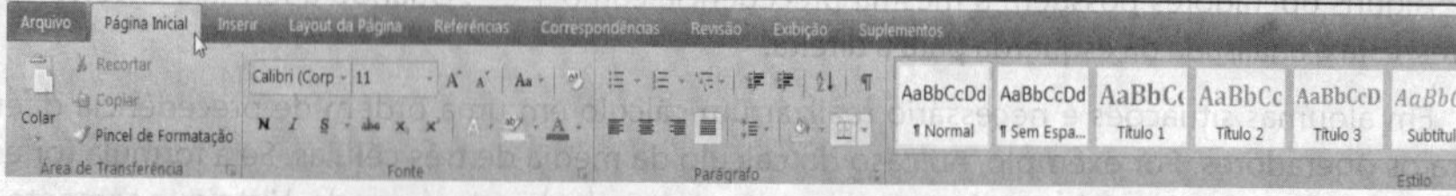
Inserir	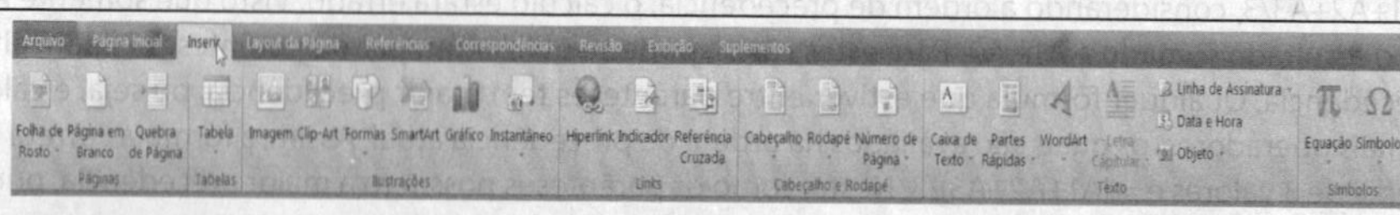
Layout da Página	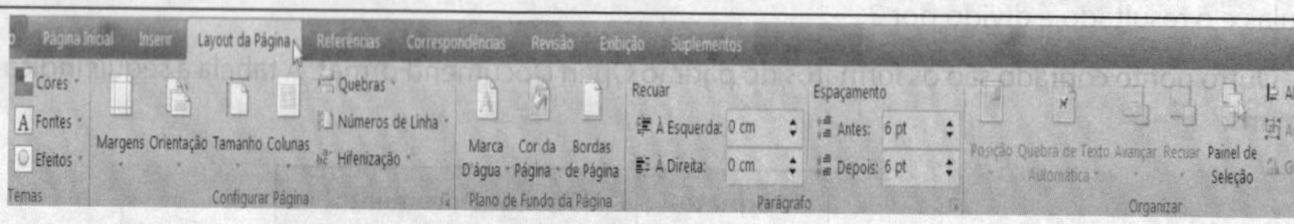
Referências	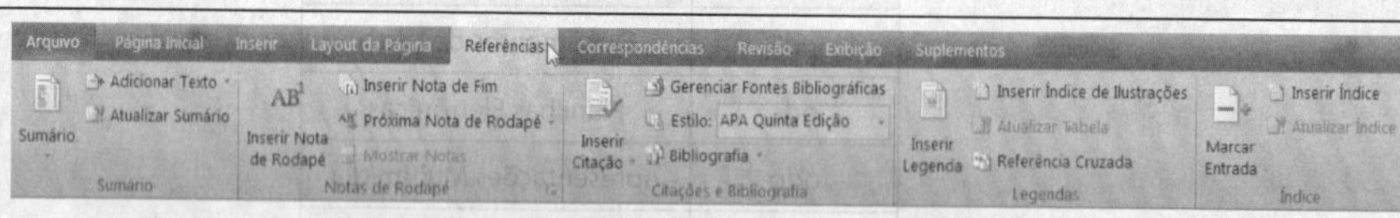
Revisão	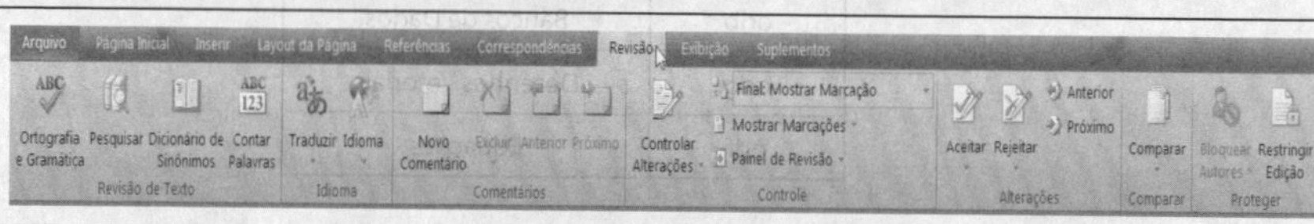
Exibição	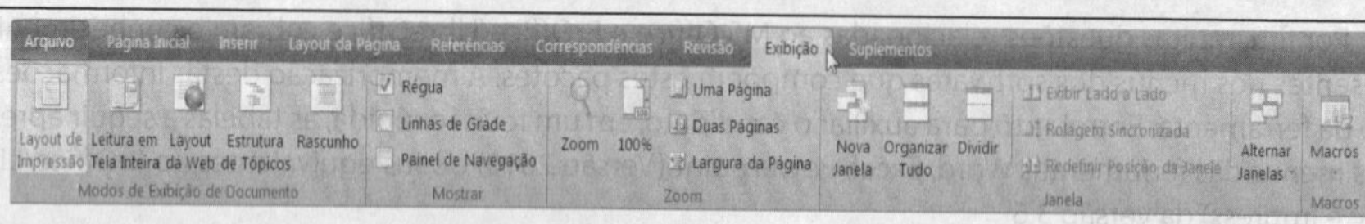

Excel 2010	
Menu	**Imagem**
Arquivo	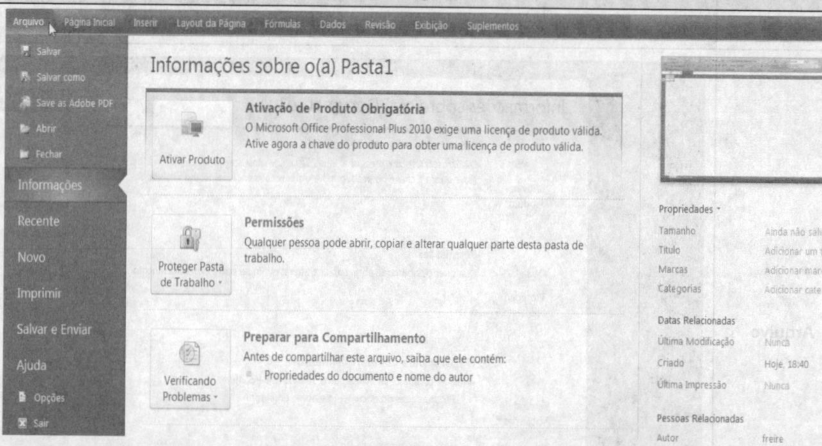
Página Inicial	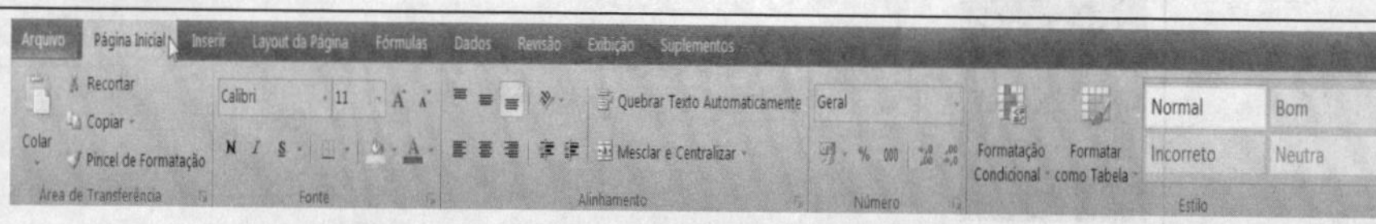

Excel 2010	
Menu	**Imagem**
Inserir	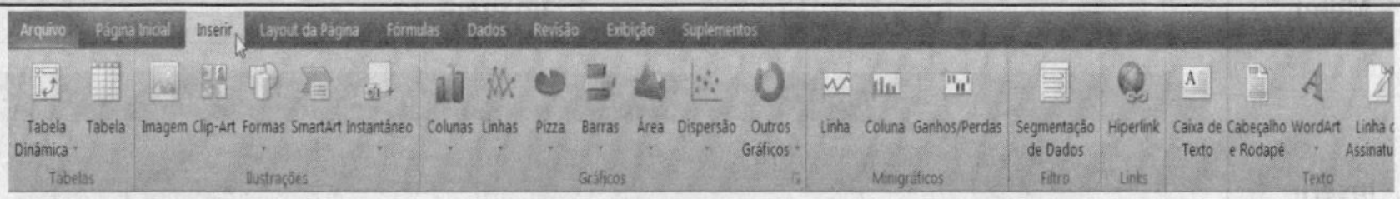
Layout da Página	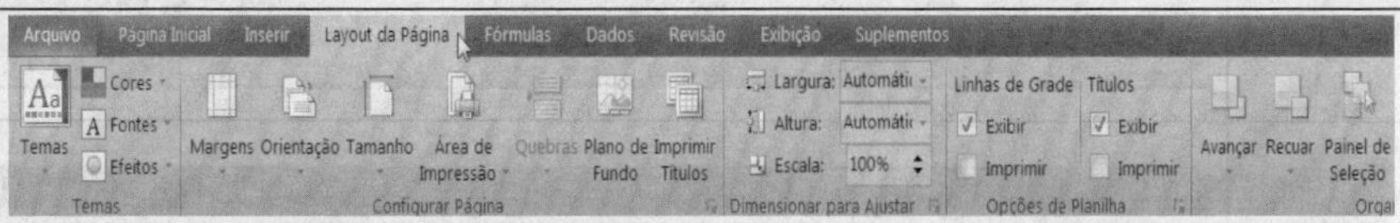
Fórmulas	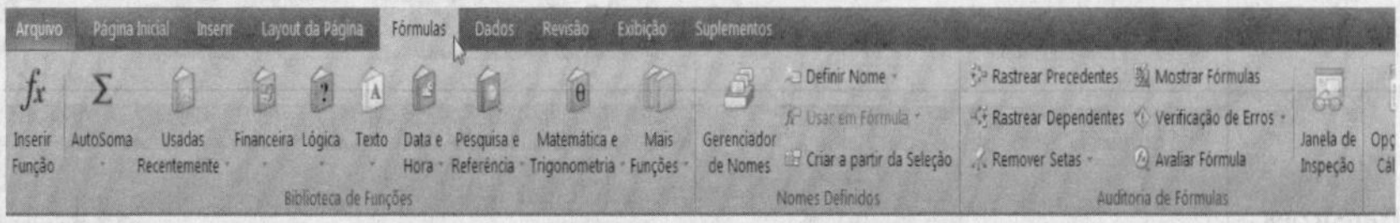
Dados	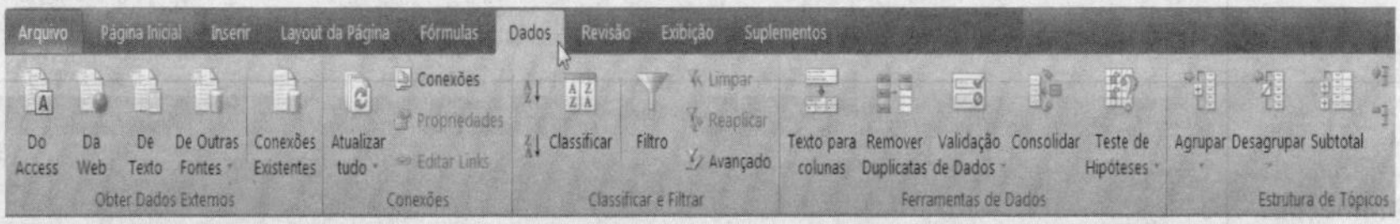
Revisão	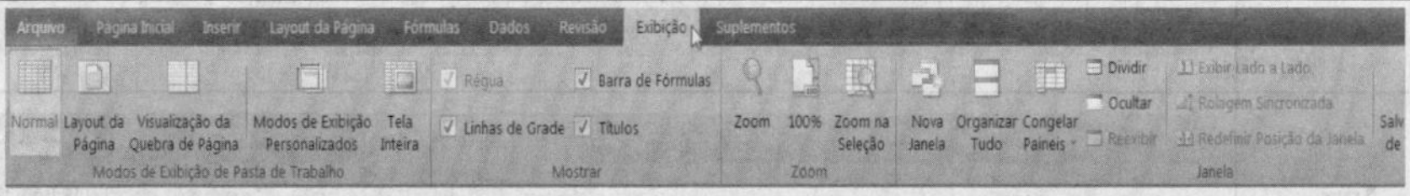
Exibição	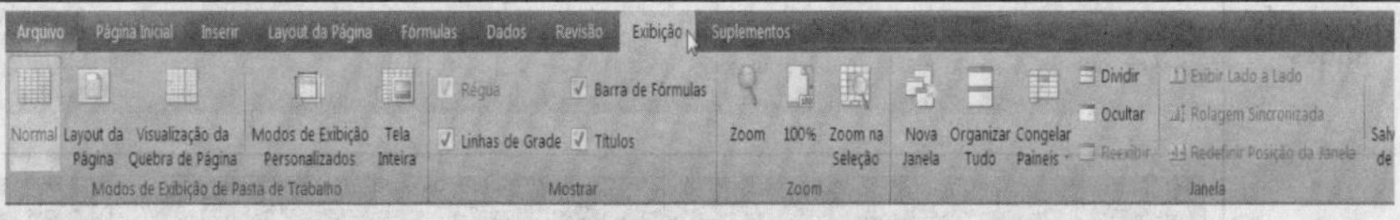

PowerPoint 2010	
Menu	**Imagem**
Arquivo	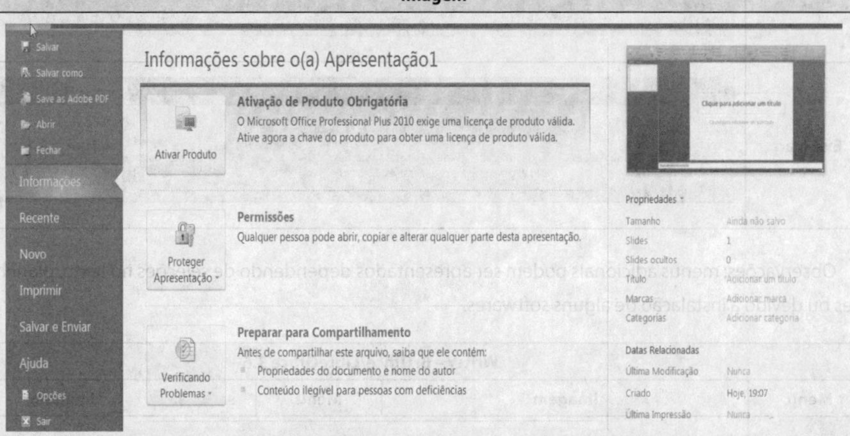
Página Inicial	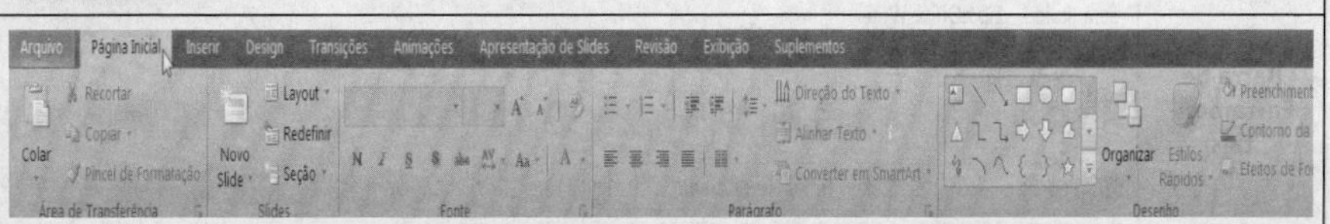

PowerPoint 2010	
Menu	**Imagem**
Inserir	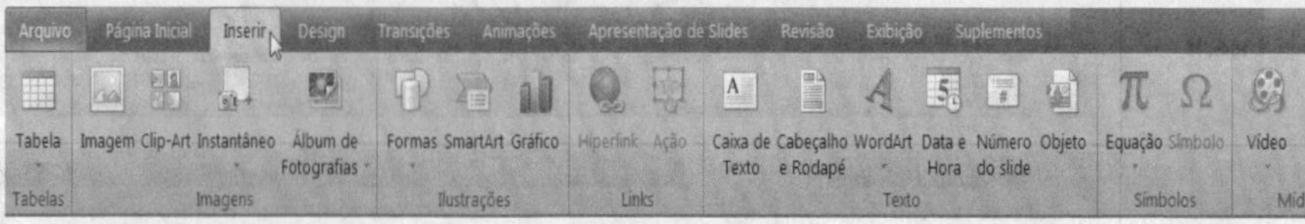
Design	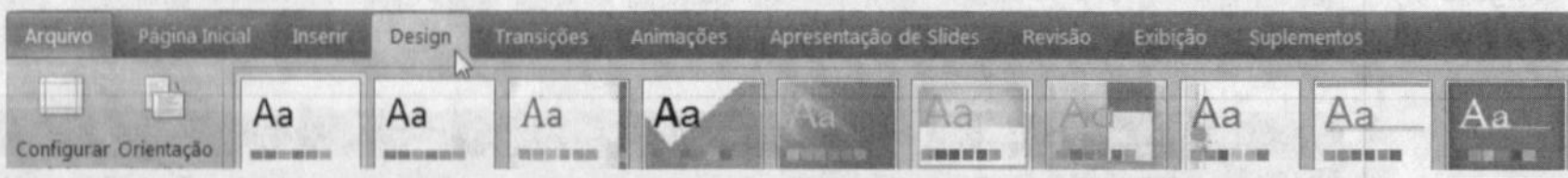
Transições	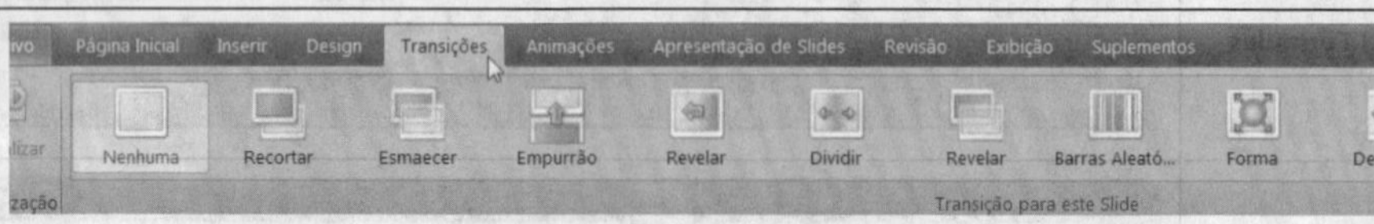
Animações	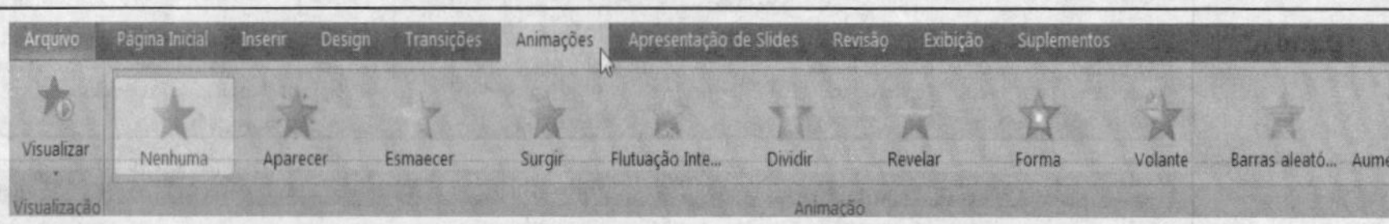
Apresentação de Slides	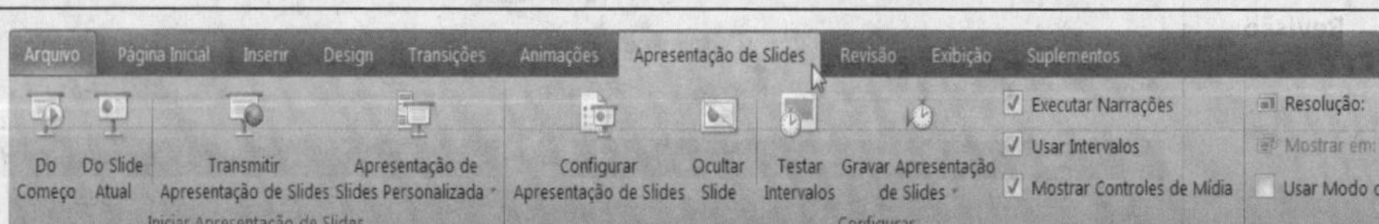
Revisão	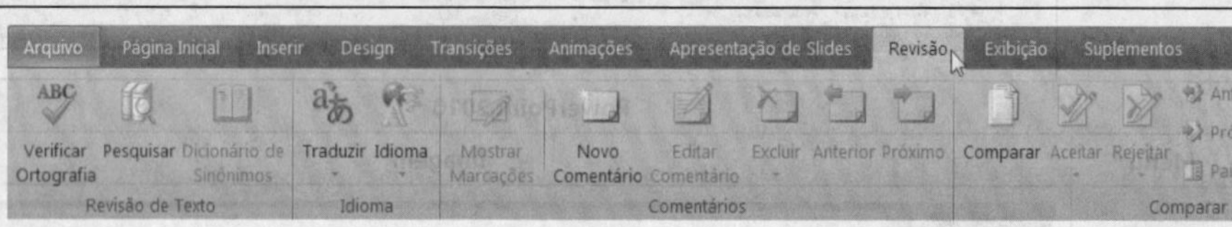
Exibição	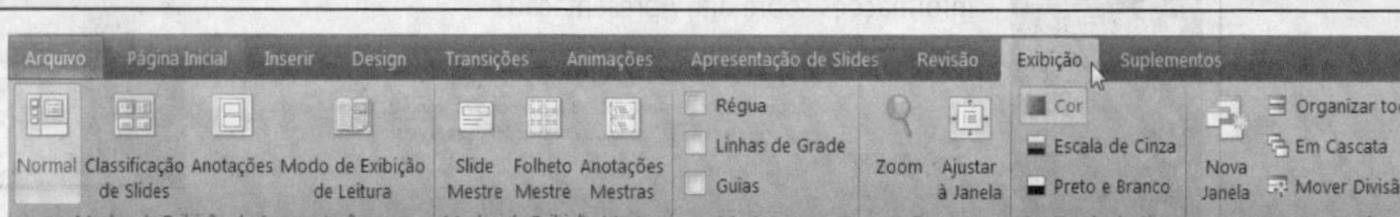

Observações: menus adicionais podem ser apresentados dependendo de seleções no texto, planilhas e apresentações ou devido à instalação de alguns softwares.

Writer – BrOffice/LibreOffice 3.6			
Menu	**Imagem**	**Menu**	**Imagem**
Barra de Ferramentais	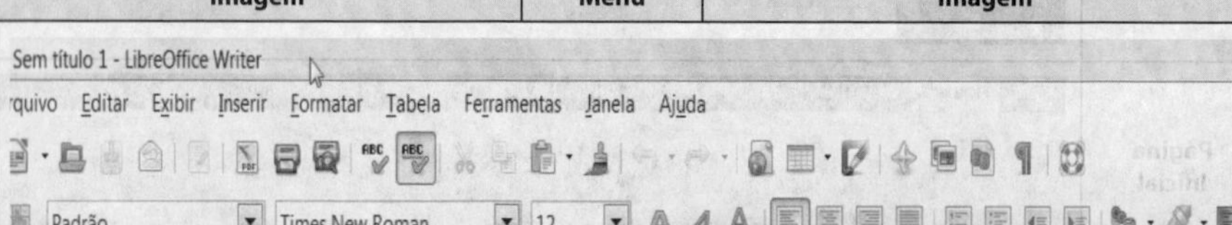		

Writer – BrOffice/LibreOffice 3.6			
Menu	**Imagem**	**Menu**	**Imagem**
Arquivo	Novo ▸ Abrir... Ctrl+O Documentos recentes ▸ Assistentes ▸ Fechar Salvar Ctrl+S Salvar como... Ctrl+Shift+S Salvar tudo Recarregar Versões... Exportar... Exportar como PDF... Enviar ▸ Propriedades... Assinaturas digitais... Modelos ▸ Visualizar no navegador da Web Visualizar página Imprimir... Ctrl+P Configurar impressora... Sair Ctrl+Q	**Exibir**	Layout de impressão Layout da Web Barras de ferramentas ▸ Barra de status Status do método de entrada Régua Limites do texto Sombrear campos Ctrl+F8 Nomes de campo Ctrl+F9 Caracteres não-imprimíveis Ctrl+F10 Parágrafos ocultos Anotações Fontes de dados F4 Navegador F5 Tela inteira Ctrl+Shift+J Zoom...
Editar	Desfazer Ctrl+Z Refazer Ctrl+Y Repetir Ctrl+Shift+Y Cortar Ctrl+X Copiar Ctrl+C Colar Ctrl+V Colar especial... Ctrl+Shift+V Selecionar texto Ctrl+Shift+I Modo de seleção ▸ Selecionar tudo Ctrl+A Alterações ▸ Comparar documento... Localizar Ctrl+F Localizar e substituir... Ctrl+H Autotexto... Ctrl+F3 Trocar banco de dados... Campos... Nota de rodapé / Nota de fim... Entrada de índice... Entrada bibliográfica... Hyperlink Vínculos... Plug-in Mapa de imagem Objeto ▸	**Inserir**	Quebra manual... Campos ▸ Caractere especial... Marca de formatação ▸ Seção... Hyperlink Cabeçalho ▸ Rodapé ▸ Nota de rodapé / Nota de fim... Legenda... Indicador... Referência... Anotação Ctrl+Alt+C Script... Índices ▸ Envelope... Quadro... Tabela... Ctrl+F12 Régua horizontal... Figura ▸ Filme e som... Objeto ▸ Quadro flutuante Arquivo...

Writer – BrOffice/LibreOffice 3.6			
Menu	**Imagem**	**Menu**	**Imagem**
Formatar	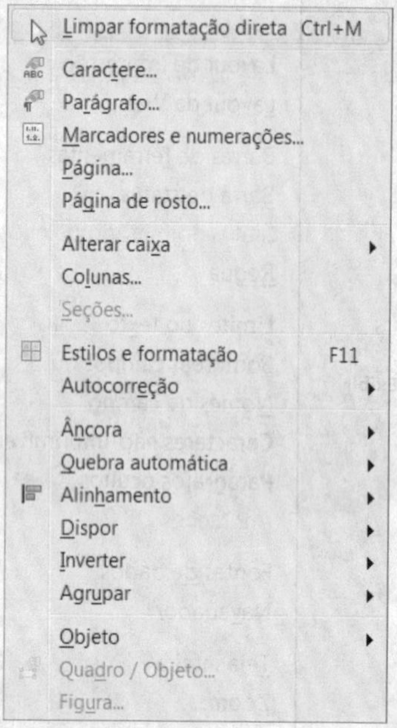	**Tabela**	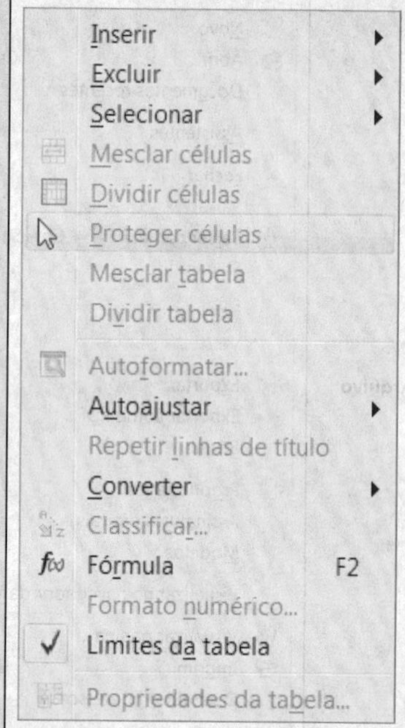
Ferramentas	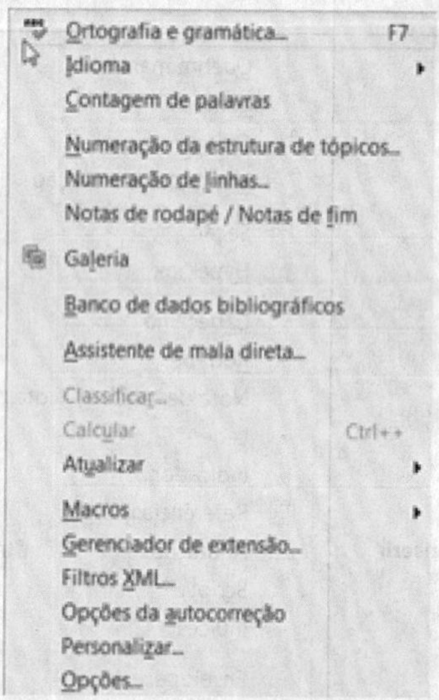	**Janela**	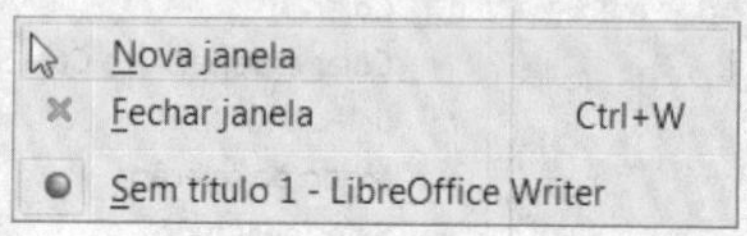

Calc – BrOffice/LibreOffice 3.6			
Menu	**Imagem**	**Menu**	**Imagem**
Barra de Ferramentas	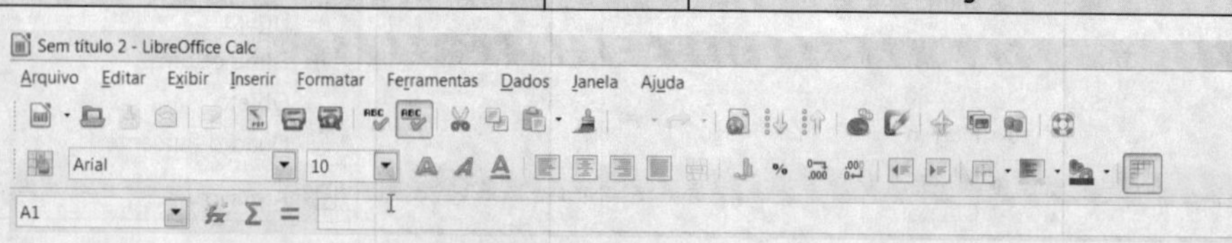		

<table>
<tr><th colspan="4">Calc – BrOffice/LibreOffice 3.6</th></tr>
<tr><th>Menu</th><th>Imagem</th><th>Menu</th><th>Imagem</th></tr>
<tr><td>Arquivo</td><td>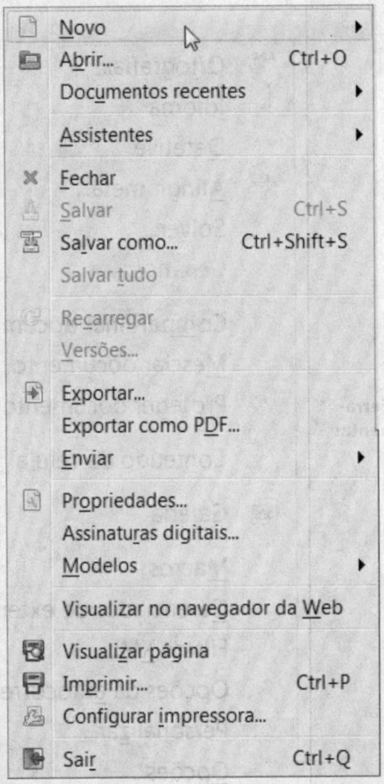
</td><td>Editar</td><td>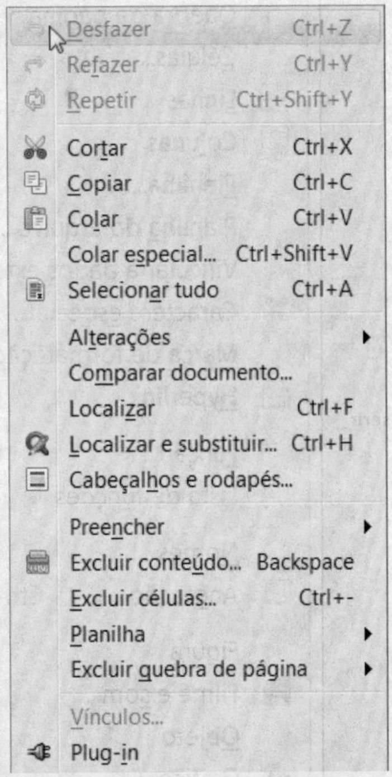
</td></tr>
<tr><td>Exibir</td><td>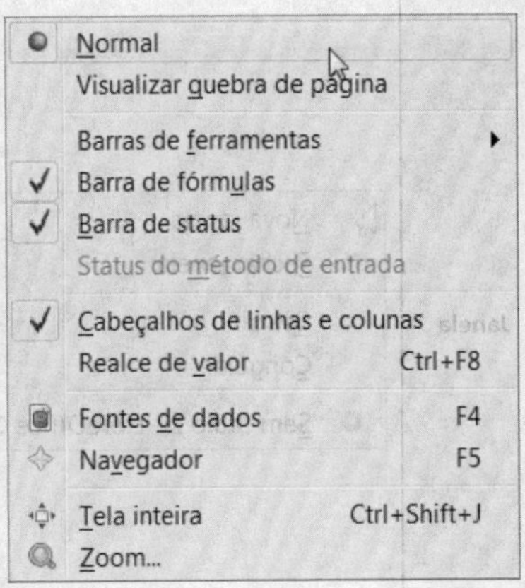
</td><td>Formatar</td><td>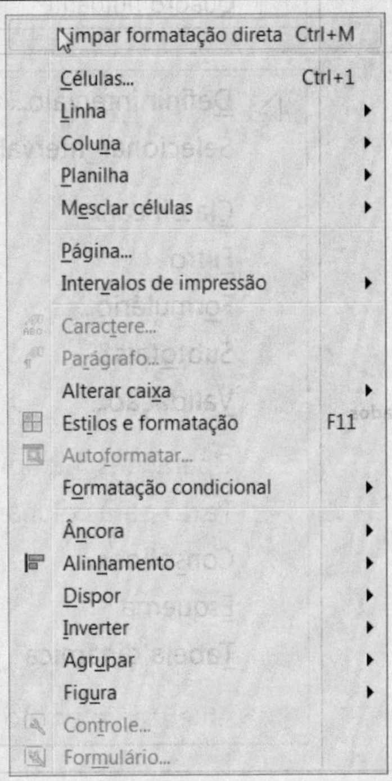
</td></tr>
</table>

Calc – BrOffice/LibreOffice 3.6			
Menu	**Imagem**	**Menu**	**Imagem**
Inserir	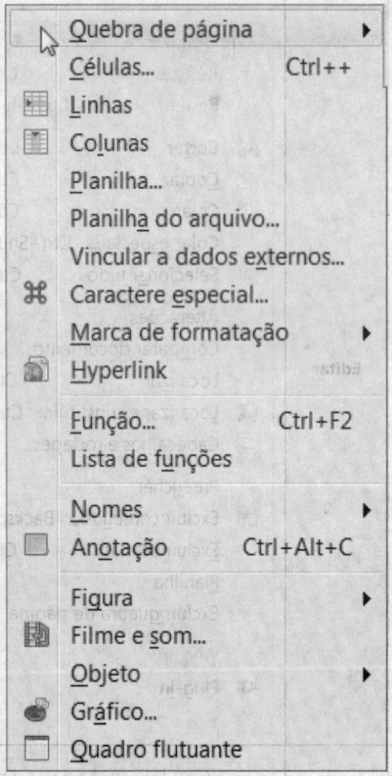	**Ferramentas**	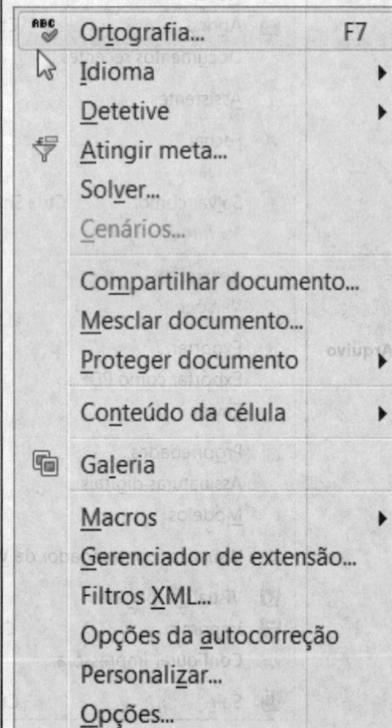
Dados	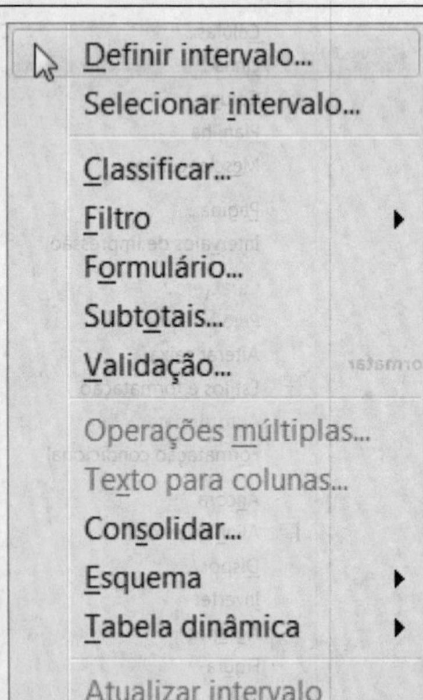	**Janela**	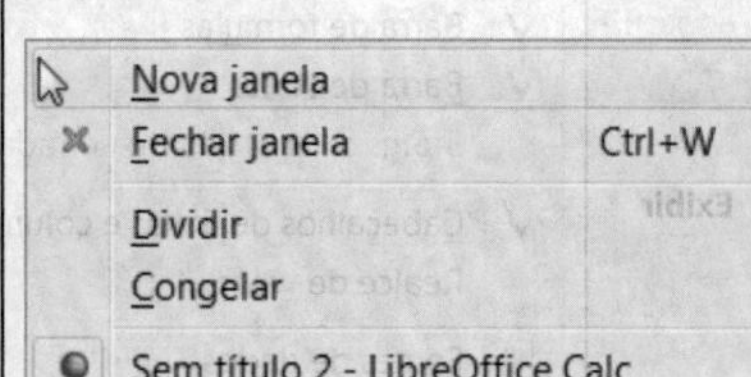

<table>
<tr><th colspan="4">Impress – BrOffice/LibreOffice 3.6</th></tr>
<tr><th>Menu</th><th>Imagem</th><th>Menu</th><th>Imagem</th></tr>
<tr><td>Barra de Ferramentas</td><td colspan="3">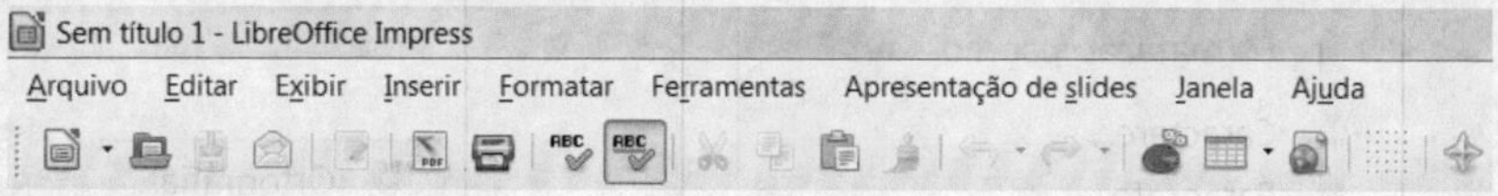
</td></tr>
<tr><td>Exibir</td><td>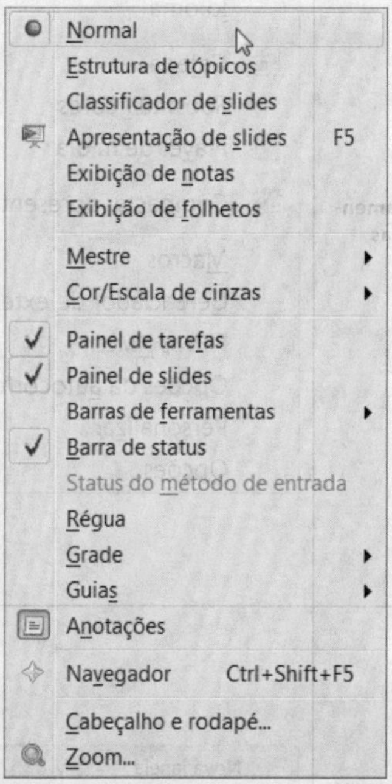
</td><td>Inserir</td><td>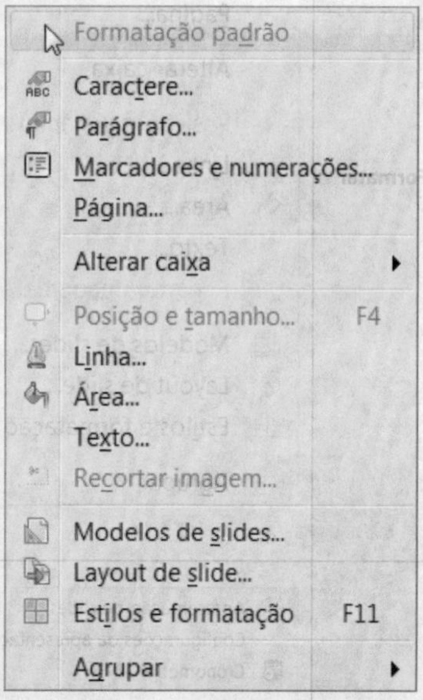
</td></tr>
<tr><td>Arquivo</td><td>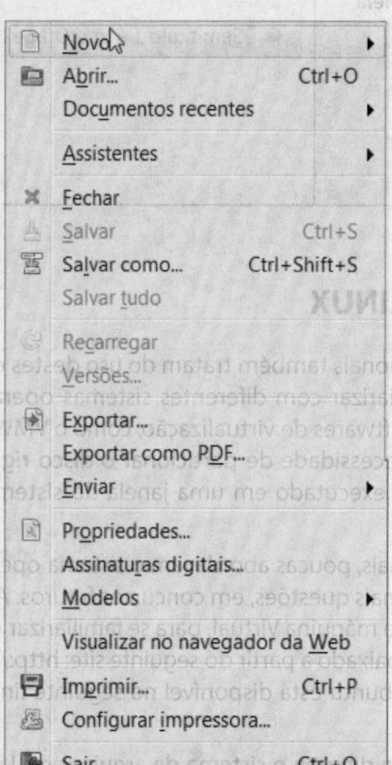
</td><td>Editar</td><td>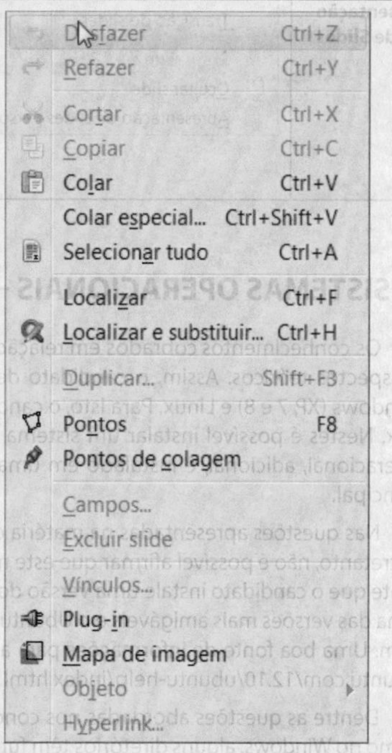
</td></tr>
</table>

<table>
<tr><th colspan="4">Impress – BrOffice/LibreOffice 3.6</th></tr>
<tr><th>Menu</th><th>Imagem</th><th>Menu</th><th>Imagem</th></tr>
<tr><td>Formatar</td><td>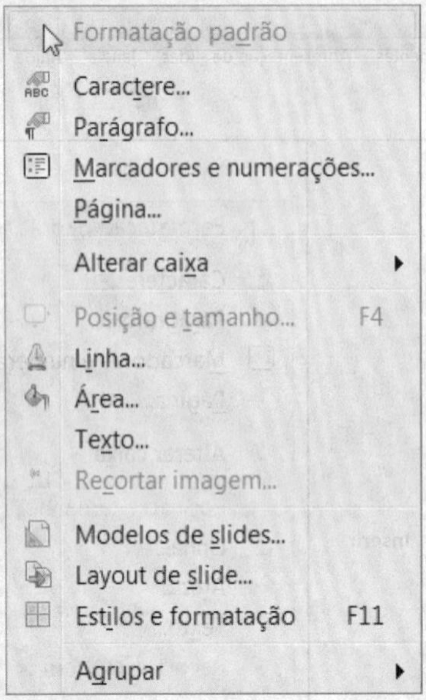
</td><td>Ferramentas</td><td>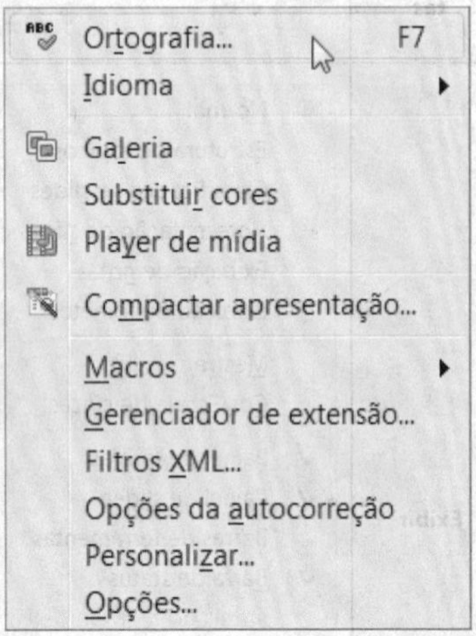
</td></tr>
<tr><td>Apresentação de Slides</td><td>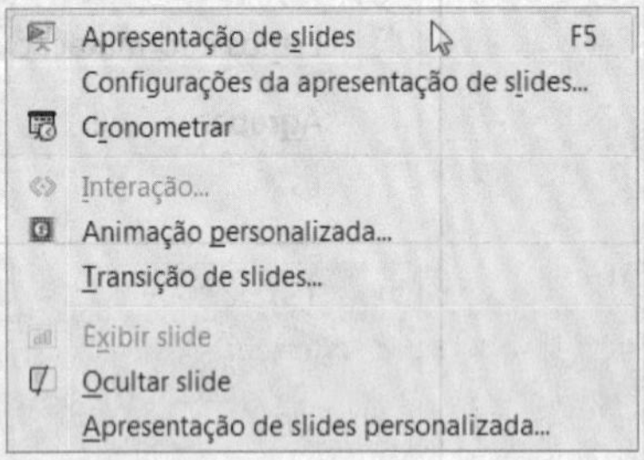
</td><td>Janela</td><td>
</td></tr>
</table>

2. SISTEMAS OPERACIONAIS – WINDOWS E LINUX

Os conhecimentos cobrados em relação aos sistemas operacionais também tratam do uso destes e não somente a aspectos teóricos. Assim, o candidato deve procurar se familiarizar com diferentes sistemas operacionais como Windows (XP, 7 e 8) e Linux. Para isto, o candidato pode utilizar softwares de virtualização, como o VMWare e o Virtual Box. Nestes é possível instalar um sistema operacional sem a necessidade de particionar o disco rígido. O sistema operacional, adicional, é instalado em uma máquina virtual e é executado em uma janela do sistema operacional principal.

Nas questões apresentadas na matéria de sistemas operacionais, poucas abordavam o sistema operacional Linux. Entretanto, não é possível afirmar que este não será coberto, em mais questões, em concursos futuros. Assim, é importante que o candidato instale uma versão do Linux, através de uma máquina Virtual, para se familiarizar com o sistema. Uma das versões mais amigáveis é o Ubuntu Linux. Este pode ser baixado a partir do seguinte site: http://www.ubuntu.com. Uma boa fonte de informações para aprender a utilizar o Ubuntu está disponível no seguinte link: https://help.ubuntu.com/12.10/ubuntu-help/index.html.

Dentre as questões abordadas nos concursos analisados, uma discutia o sistema de arquivos do Linux. No Linux, como no Windows, alguns diretórios têm funções bem definidas. A tabela a seguir apresenta os principais diretórios do Linux.

Diretório	Descrição
/bin	Arquivos binários de comandos essenciais do sistema.
/boot	Arquivos de boot (inicialização; boot-loader; Grub); kernel do *Linux*.
/dev	Dispositivos (devices) de entrada/saída: floppy, hardisk, cdrom, modem .
/etc	Arquivos de configuração (scripts) e inicialização.
/home	Diretório local (home) de usuários.
/lib	Bibliotecas e módulos(drives): compartilhadas com freqüência.
/mnt	Diretório de montagem de dispositivos, sistemas de arquivos e partição.
/opt	Para instalação de programas não oficiais da distribuição.
/proc	Diretório virtual (RAM) onde rodam os processos ativos.
/root	Diretório local do superusuário (root).
/sbin	Arquivos de sistema essenciais (binários do superusuário).
/tmp	Arquivos temporários gerados por alguns utilitários.
/usr	Arquivos de usuários nativos da distribuição.
/usr/local	Para instalação de programas não oficiais da distribuição.
/usr/src	Arquivos fontes do sistema necessários para compilar o kernel.
/var	Arquivos de log e outros arquivos variáveis.

Fonte: http://www.vivaolinux.com.br/dica/Estrutura-de-diretorios-do-Linux

A tabela a seguir apresenta alguns termos e significados comumente usados no Linux. Esta pode ser útil, principalmente em concursos onde não há uma exigência de conhecimento aprofundado do sistema.

Termo	Significado
root	Super usuário do Linux. Equivalente ao usuário Administrador do Windows. Este tem a permissão para instalação de programas e configuração do sistema operacional
KDE	Interface Gráfica utilizada em sistemas Linux.
Gnome	Outra interface Gráfica utilizada em sistemas Linux.
sudo	Comando do Linux que permite que um usuário qualquer do sistema adquira privilégios de root para efetuar alguma ação.
Shell	Nome dado aos interpretadores de comandos do Linux como Tcsh, Bash, etc. Estes são equivalentes aos programas cmd e command do Windows.
Nautilus	Gerenciador de arquivos disponível na interface Gnome e equivalente a Windows Explorer.
Aplicativos	Os softwares no Linux podem ser instalados através de pacotes que são um conjunto software já compilados. No Linux existem ferramentas para gerenciamentos de pacotes como apt-get que fazem o download do software e a instalação deste. Além dos pacotes, o usuário pode baixar o código fonte de alguns aplicativos e compila-lo para o seu sistema Linux.

A próxima tabela mostra alguns comandos utilizados nos terminais de comando do Linux (shell).

Comando	Utilização	Exemplo
rm	Remove um arquivo ou diretório no Linux. Este é equivalente a mover um arquivo ou diretório para a lixeira do Windows.	• rm /root/teste.log: remove o arquivo teste.log localizado no diretório /root
mv	move um arquivo ou diretório para outra localização no sistema de arquivos.	• mv /root/teste.log /tmp: move o arquivo teste.log do diretório /root para o diretório /tmp
id	imprime informações sobre os privilégios e grupos da conta de sistema utilizada pelo usuário.	• id: imprime o nome do usuário, privilégios e grupos do usuário que executou este comando
cd	altera o diretório para outro diretório do disco	• cd /tmp: muda o diretório atual para /tmp

Comando	Utilização	Exemplo
cp	faz uma cópia de um arquivo para o mesmo diretório ou para outra localização	• cp /root/teste.log /tmp: copia o arquivo teste.log do diretório /root para o diretório /tmp
ls	lista o conteúdo de um diretório	• ls /root: lista o conteúdo armazenado no diretório /root
ps	exibe os processos em execução	• ps – aux: exibe todos os processos em execução dos usuários (opção a) indicando o responsável pelo processo (opção u) e os que não estão sendo executados no terminal onde o ps foi executado (opção x).
top	exibe os processos em execução que estão consumindo mais recursos da memória e processoamento	• top
kill	envia um sinal para um processo visando encerrar a sua execução	• kill 665: envia um sinla de término para o processo 665 • kill – 9 665: força o encerramento do processo 665 utilizando o sinal SIGKILL(9).
bg	coloca um programa para executar em segundo plano	• bg: no Linux, em um shell, após executar um programa e pressionar Ctrl+Z o programa em execução é suspenso. Ao digitar, na sequência, o comando bg o programa suspenso passa a executar em segundo plano.
fg	Colada um programa, que está parado ou executando em segundo, para ser executado em primeiro plano	• fg vi: coloca o programa vi para ser executado em primeiro plano, caso ele esteja executando ou parado em segundo plano.
Ln	Crie links para arquivos nos sistemas de arquivos. Existem dos tipos: os links e os links simbólicos. Os simbólicos representam um atalho para um arquivo como ocorre no Windows. Se o arquivo for removido este deixa de funcionar. Já os links (hard links) representam uma segunda referência para o arquivo. Assim, um programa somente é totalmente removido de todos os links dele são removidos, além do próprio arquivo.	• ln /home/root/teste.txt teste: cria um link, chamado teste, no diretório local para o arquivo teste.txt localizado no diretório /home/root/ • ln – s /home/root/teste.txt teste: cria um link simbólico, chamado teste, no diretório local para o arquivo teste.txt localizado no diretório /home/root/
tar	Utilizado para criar arquivos compactados Sintaxe: Tar<opções><nome_arquivo_tar><diretório_ou_arquivo> Opções mais comuns: -c: cria um novo arquivo tar -v: exibe as etapas de criação do arquivo tar -f: indica que a saída do comando dever ser direcionada para um arquivo -z: comprime os arquivos utilizando o software gzip	tar – cvf becape.tar temp/: cria o arquivo becape.tar a partir dos arquivos contidos no diretório temp. Os arquivos são unidos no tar, mas não são compactados. tar – cvzf becape.tar.gz temp/: cria o arquivo becape.tar.gz a partir dos arquivos contidos no diretório temp. Os arquivos são unidos no tar e compactados com o gzip

Um resumo com os principais comandos do Linux pode ser encontrada no seguinte site: http://www.devmedia.com.br/comandos-importantes-linux/23893.

Sobre o sistema operacional Windows, um ponto cobrado nas questões desta matéria e que vale certa atenção são os tipos de arquivos usados no Windows. A tabela a seguir, apresenta os principais cobrados nas questões discutidas.

Formato	Tipo de arquivo
mpg	Padrão para geração de arquivos de áudio e vídeo comprimidos, ou seja, o padrão comprime o vídeo e áudio visando obter uma bola relação entre a qualidade destes e o tamanho do arquivo gerado.
jpg ou jpeg	Arquivo de imagem que fornece uma boa qualidade com tamanho reduzido de arquivo.
wpg	Identifica uma imagem bmp (bitmap) ou vetorial criada com o software WordPerfect. O WordPerfect é um editor de texto pela empresa Corel
wmf	É um formato criado para o Sistema Operacional Windows e utilizada para armazenar desenhos vetoriais ou imagens como bitmaps.
MP3	O MP3 é um formato que utiliza uma técnica de compressão com perdas de qualidade sem que esta seja de fácil percepção pelo ouvido humano. Isto é feito removendo do áudio as frequências de sons que o ouvido humano não consegue perceber. No formato MP3 existe uma grande redução no tamanho do arquivo. Entretanto, pode se escolher diferentes níveis de qualidade o que implica em tamanhos de arquivos maiores, mas ainda menores que o original.

Outro tópico cobrado nas questões é o conhecimento dos atalhos utilizados para executar tarefas no sistema operacional. A tabela a seguir, extraída o site http://windows.microsoft.com/pt-br/windows7/keyboard-shortcuts, apresenta os principais atalhos gerais.

Atalho	Resultado
F1	Mostrar a Ajuda
Ctrl+C (ou Ctrl+Insert)	Copiar o item selecionado
Ctrl+X	Recortar o item selecionado
Ctrl+V (ouShift+Insert)	Colar o item selecionado
Ctrl+Z	Desfazer uma ação
Ctrl+Y	Refazer uma ação
Delete (ou Ctrl+D)	Excluir o item selecionado e movê-lo para a Lixeira
Shift+Delete	Excluir o item selecionado sem movê-lo para a Lixeira primeiro
F2	Renomear o item selecionado
Ctrl+Seta para a Direita	Mover o cursor para o início da próxima palavra
Ctrl+Seta para a Esquerda	Mover o cursor para o início da palavra anterior
Ctrl+Seta para Baixo	Mover o cursor para o início do próximo parágrafo
Ctrl+Seta para Cima	Mover o cursor para o início do parágrafo anterior
Ctrl+Shift com uma tecla de direção	Selecionar um bloco de texto
Shift com qualquer tecla de direção	Selecionar mais de um item em uma janela ou na área de trabalho ou selecionar o texto dentro de um documento
Ctrl com qualquer tecla de direção+Barra de Espaços	Selecionar vários itens individuais em uma janela ou na área de trabalho
Ctrl+A	Selecionar todos os itens de um documento ou janela
F3	Procurar um arquivo ou uma pasta
Alt+Enter	Exibir as propriedades do item selecionado
Alt+F4	Fechar o item ativo ou sair do programa ativo
Alt+Barra de Espaços	Abrir o menu de atalho para a janela ativa
Ctrl+F4	Fechar o documento ativo (em programas que permitem vários documentos abertos simultaneamente)
Alt+Tab	Alternar entre itens abertos
Ctrl+Alt+Tab	Usar as teclas de direção para alternar entre itens abertos
Ctrl+Roda de rolagem do mouse	Alterar o tamanho dos ícones na área de trabalho
Tecla do logotipo do Windows +Tab	Percorrer programas na barra de tarefas usando o Aero Flip 3-D
Ctrl + tecla do logotipo do Windows +Tab	Usar as teclas de seta para percorrer os programas na barra de tarefas utilizando o Aero Flip 3-D
Alt+Esc	Percorrer os itens na ordem em que foram abertos
F6	Percorrer os elementos da tela em uma janela ou na área de trabalho
F4	Exibir a lista da barra de endereços no Windows Explorer
Shift+F10	Exibir o menu de atalho para o item selecionado
Ctrl+Esc	Abrir o menu Iniciar
Alt+letra sublinhada	Exibir o menu correspondente
Alt+letra sublinhada	Executar o comando do menu (ou outro comando sublinhado)
F10	Ativar a barra de menus no programa ativo

Atalho	Resultado
Seta para a Direita	Abrir o próximo menu à direita ou abrir um submenu
Seta para a Esquerda	Abrir o próximo menu à esquerda ou fechar um submenu
F5 (ou Ctrl+R)	Atualizar a janela ativa
Alt+Seta para Cima	Exibir a pasta um nível acima no Windows Explorer
Esc	Cancelar a tarefa atual
Ctrl+Shift+Esc	Abrir o Gerenciador de Tarefas
Shift quando inserir um CD	Evitar que o CD seja executado automaticamente
AltEsquerdo+Shift	Alternar o idioma de entrada quando houver mais de um idioma de entrada habilitado
Ctrl+Shift	Alternar o layout do teclado quando houver mais de um layout de teclado habilitado
Ctrl Direito ou Esquerdo+Shift	Alternar a direção da leitura de texto em idiomas com leitura da direita para a esquerda

Outras listas de atalhos podem ser encontradas no seguinte site: http://windows.microsoft.com/pt-br/windows7/keyboard-shortcuts.

3. REDES DE COMPUTADORES, INTERNET E INTRANET

Na disciplina relacionada a Redes de Computadores, alguns termos são recorrentes em concursos. Conhecer o significado destes é essencial para resolver algumas questões.

Termo	Significado
ADSL (Assymmetric Digital Subscriber Line)	É uma tecnologia que consegue aproveitar simultaneamente uma linha telefônica para a transmissão de dados e voz. Isto ocorre porque apenas uma pequena faixa de frequência da linha telefônica é utilizada para a transmissão de voz. O restante da faixa de frequência da linha não é utilizado. Assim, o modem ADSL utiliza esta faixa de frequência ociosa para a transmissão de dados utilizando técnicas de multiplexação como a FDM (Frequency Division Multiplexing – Multiplexação por Divisão de Frequência). Basicamente, a multiplexação consiste em combinar duas ou mais fontes de dados em um único canal de comunicação. Existem várias técnicas para realizar esta multiplexação, dentre as quais a FDM.
Intranet	É uma rede local de computadores privada, ou seja, esta é uma rede utilizada apenas por um grupo reduzido de usuários, normalmente, relacionados a uma instituição ou departamento de uma empresa. Esta rede utiliza os mesmos protocolos da Internet (TCP/IP). Entretanto o acesso a estas é restrito aos usuários autorizados. Uma intranet, normalmente, não é acessível a partir da Internet por usuários não autorizados. Isto ocorre porque esta é utilizada para disponibilizar informações a todos os usuários internos como relatórios, normas, formulários, notícias, dentre outros.
Extranet	É uma parte da rede de computadores interna de uma empresa que é compartilhada com outra empresa parceira ou cliente. Esta utiliza os mesmos protocolos da Internet. Entretanto são adicionados mecanismos de segurança, como criptografia das transmissões, para garantir a segurança do ambiente. Isto ocorre porque os parceiros terão acesso a determinados serviços da empresa que somente estariam disponíveis aos usuários da rede interna.
Chat	É um tipo de software utilizado para conversas em tempo real. Através destes aplicativos, duas ou mais pessoas podem interagir e trocar mensagens instantâneas.
Navegador	Este termo se refere aos softwares utilizados para acesso a páginas Web, também conhecidos como browsers. Exemplos deste tipo de software: Internet Explorer, Chrome, Firefox, etc.
TCP/IP	é arquitetura de protocolos padrão utilizada na Internet. O nome desta arquitetura é originado do nome dos protocolos mais famosos que compõe a arquitetura: o IP e o TCP. Esta arquitetura está dividida em cinco camadas (físico, acesso a rede, internet, transporte e aplicação) que possui objetivos específicos visando o acesso à internet. Esta arquitetura não foi projetada, mas sim surgiu da junção em uma única arquitetura de protocolos já utilizados em sistemas Unix para acesso a Internet.
OSI	o modelo OSI foi uma arquitetura proposta pela ISO para a padronização da arquitetura de protocolos para o acesso a Internet. No período que o modelo OSI foi proposto existia uma série de protocolos proprietários. Esta falta de padronização prejudicava uma comunicação entre sistemas que utilizam arquiteturas de protocolos diferentes. Além do fato, de atrelar o usuário a um único fornecedor. Assim a proposta da arquitetura OSI seria para padronizar a arquitetura de protocolos para acesso a Internet. Esta arquitetura possui 7 camadas (físico, ligação de dados, rede, transporte, sessão, apresentação e aplicação). Esta arquitetura não se tornou o padrão para acesso a Internet porque os protocolos do TCP/IP já eram utilizados em computadores Unix o que facilitou a adoção do TCP/IP em detrimento ao OSI.

O conhecimento sobre os aplicativos utilizados para acesso a Internet, e-mail e outros serviços são temas recorrentes nas questões desta área. Além do domínio dos aplicativos, o candidato deve conhecer os principais protocolos utilizados nas redes de computadores. A tabela a seguir apresenta um resumo sobre estes.

Sigla	Protocolo	Funcionalidade	Softwares Relacionados
ARP	AddressResolu-tionProtocol	Este protocolo é utilizado para obter o endereço físico da placa de rede (MAC Address) a partir do endereço IP	Implementado no sistema operacional na pilha de protocolos de rede.
FTP	File TransferProtocol	É um protocolo utilizado para transferência de arquivos entre servidores de arquivos e computadores clientes	Clientes de FTP (CuteFTP) e servidores de FTP (Ex: ProFTPD).
HTTP	Hypertext Trans-ferProtocol	Protocolo utilizado para acesso a páginas web. Com este é possível acessar uma página em um servidor web, através de um navegador.	Navegadores (Internet Explorer, Chrome, Firefox, etc.) e Servidores Web (Ex: Apache).
IMAP	Internet Message Access Protocol	Protocolo utilizado para recebimento de e-mails de servidores de e-mail. As mensagens baixadas por este protocolo são mantidas no servidor sem armazenamento local, permanente, no computador do usuário.	Clientes de E-mail (Ex: Thunderbird) e servidores de e-mail (Ex: Microsoft Exchange).
IP	Internet Protocol	Protocolo utilizado para identificação de computadores em uma rede TCP/IP e promover a comunicação entre estes.	Implementado no sistema operacional na pilha de protocolos de rede
NNTP	Network News TransferProtocol	é um protocolo utilizado para transporte de notícias da Usenet entre servidores de notícias. Este protocolo também é utilizado por softwares clientes para ler e postar notícias na rede Usenet. Assim, este não é utilizado na configuração de e-mails como o POP3.	Clientes e Servidores de Usenet
POP3	Post Office Protocol	Protocolo utilizado para recebimento de e-mails de servidores de e-mail. As mensagens baixadas por este protocolo são removidas do servidor.	Clientes de E-mail (Ex: Thunderbird) e servidores de e-mail (Ex: Microsoft Exchange).
RTP	(Real Time Transporte Protocol)	Protocolo que define um padrão de pacotes para transmissão de dados multimídia (áudio e vídeo) sobre redes de computadores baseadas em IP	Implementado no sistema operacional na pilha de protocolos de rede
SMNP	(Simple Network Management Protocol)	Protocolo utilizado para gerenciamento de computadores em uma rede. O protocolo permite que softwares, chamados agentes, se comuniquem com um ponto de gerenciamento e enviem informações sobre os equipamentos que gerenciam. Através desta comunicação, é possível verificar e gerenciar o desempenho da rede, identificar computadores e dispositivos com mau funcionamento, além de possibilitar a checagem de recursos (ex: espaço em disco), dentre outras opções.	Utilizado através de ferramentas de gerenciamento de redes com suporte a este protocolo.
SMTP	Simple Mail TransferProtocol	Protocolo utilizado para envio de e-mails.	Clientes de E-mail (Ex: Thunderbird) e servidores de e-mail (Ex: Microsoft Exchange).
TCP	Transmission-ControlProtocol	Protocolo da camada de transporte do TCP/IP responsável pela entrega confiável (com conexão) de dados para aplicações.	Implementado no sistema operacional na pilha de protocolos de rede
HDLC	high-level data link control	protocolo de camada de enlace utilizado para identificar erros de transmissão de dados ocorridos na camada física, dentre outras funções. Logo, esta sigla não representa uma interface para conexão de dispositivos.	Implementado no sistema operacional na pilha de protocolos de rede
UDP	UserDatagram-Protocol	Protocolo da camada de transporte do TCP/IP responsável pela entrega não confiável (sem conexão) de dados para aplicações. Por ser mais simples, possui um desempenho melhor com o TCP. Entretanto não há a garantia da entrega dos dados, como ocorre no TCP.	Implementado no sistema operacional na pilha de protocolos de rede

Os clientes de e-mail são abordados em diversas questões e concursos. Basicamente, as questões envolvem a configuração destes softwares e também os campos utilizados para o envio de mensagens. A tabela a seguir define os principais campos utilizados em clientes de e-mail.

Campo	Significado
To:	Especifica o destinatário da mensagem, ou seja, para quem a mensagem é endereçada.
Cc:	Especifica outros endereços de e-mail para os quais a mensagem será copiada. Este campo é visível para todos os destinatários que recebem esta mensagem, ou seja, tanto o destinatário (To) quanto os que receberam a cópia (Cc) conseguem visualizar os e-mails para os quais as mensagens foram enviadas.
Cco:	Este campo especifica a cópia da mensagem para outros destinatários com a ocultação dos endereços de e-mail. Todos os endereços de e-mail especificados neste campo não serão visualizados pelos destinatários especificados nos campos To e Cc.

Em uma rede de computadores são necessários alguns dispositivos para possibilitar a interligação de computadores em rede. Na próxima tabela são apresentados alguns destes dispositivos.

Dispositivo de Rede	Funcionamento
Hub	é um equipamento que permite a integração de uma ou máquinas em uma rede. Este, ao receber um pacote para ser enviado a um computador, irá replicar o pacote para todos os computadores conectados a ele. Cada computador irá receber o pacote e analisar o endereço de destino. Se este corresponder ao endereço do computador receptor, o pacote é processado. Caso contrário este é descartado
Switch	este dispositivo é semelhante a um hub. A diferença é que o Switch tem a capacidade de identificar qual computador está conectado a qual porta deste. Isto é feito associando o endereço MAC do computador a porta que este se encontra conectada. Desta forma, o Switch não faz a cópia de todos os pacotes para os computadores, como o Hub. Ao contrário, este identifica qual a porta em que o computador de destino está conectado e envia o pacote recebido somente a este computador.
Gateway	é um dispositivo de rede utilizado para interligar redes e/ou traduzir protocolos entre redes que operam com pilhas de protocolos diferentes. Quando um pacote chega ao Gateway, este é traduzido para a pilha de protocolos da rede de destino ou adaptado. Todo o controle do tráfego de pacotes entre o emissor, do pacote, e o destinatário é gerenciado pelo Gateway.
Roteador	é um dispositivo de rede utilizado para gerenciar o tráfego de pacotes entre redes visando garantir a entrega deste. Assim, um roteador é conectado a duas ou mais redes através de interfaces de rede. Quando este recebe um pacote, ele analisa o endereço destino e verifica por qual interface deve encaminhar o pacote. Neste processo de decisão, o roteador faz uso de tabelas de roteamento, as quais definem a partir do endereço de origem por qual interface o pacote precisa ser enviado.

Algumas questões abordavam o conhecimento de comandos de busca do Google. A tabela a seguir resume os principais comandos que podem ser utilizados no buscador.

Comando	Exemplo	Descrição
termo01 termo02	Concurso TRE	Faz a busca por todas as páginas que contenham a palavra Concurso ou TER em qualquer ordem.
"termo01 termo02"	"Concurso TRE"	Faz a busca por todas as páginas que contenham o termo Concurso e TRE nesta ordem.
termo01 – termo02	Concurso – TRE	Faz a busca por páginas que contenham a palavra Concurso, mas remove da busca todas as páginas que contenham a palavra TER
Termo01 site: termo02	Concurso site www.tre-sp.jus.br	Faz a busca por todas as páginas no domínio www.tre-sp.jus.br que contenham a palavra Concurso.

Uma lista com mais comandos de busca pode se visualizada nos seguintes sites:

http://www.techtudo.com.br/dicas-e-tutoriais/noticia/2011/07/guia-conheca-todos-os-comandos-de-buscas-do-google.html

http://www.pontodefusao.com/Dicas/comandos-para-melhorar-sua-busca-no-google

3.1. COMPUTAÇÃO EM NUVEM

O termo Computação em Nuvem refere-se a um modelo computacional onde os serviços são providos por computadores espalhados pela Internet (conceito de nuvem). Neste, o usuário não precisaria mais instalar programas em seu computador pessoal. Bastaria ter um computador com um navegador (Firefox, Chrome, IE, etc.) e uma conexão com a Internet.

A partir desta configuração mínima do computador seria possível acessar aplicativos na Internet que proveriam o serviço necessário como edição de vídeo, edição de textos, etc. Como exemplos de aplicativos na nuvem pode-se citar o Google Docs e o Office 365.

Além de aplicados, é possível ter servidores completos na nuvem. Assim, uma empresa não precisa manter fisicamente um servidor em sua rede local para demonstração de protótipos de softwares para clientes. Agora, basta criar um servidor na nuvem, configurar o servidor e disponibilizar a aplicação. Empresas com a Amazon e Local Web disponibilizam serviços de configuram de servidores na nuvem.

Os serviços em nuvem possibilitam também a alocação de capacidade de processamento. Para alguns softwares, como os de cálculos pesados, existe a necessidade de uma maior capacidade de processamento para obter o resultado desejado. Assim, o programador pode desenvolver um programa que utiliza o poder de processamento de computadores na nuvem. Assim, o programa divide os dados a serem processados e a nuvem se encarrega de executar o processamento. A empresa Amazon fornece serviços para este tipo de aplicação.

Outra aplicação é a armazenamento de arquivos na nuvem. Além das aplicações, os arquivos também podem ser disponibilizados na nuvem e acessados a qualquer momento a partir de uma conexão de Internet. O Dropbox e OneDrive são exemplos deste tipo de serviço.

Apesar das facilidades como acesso a qualquer momento, redução da necessidade de poder computacional para executar aplicações, utilização de poder computacional adicional, disponibilidade de serviços, dados e aplicações, etc. a computação em nuvem possui alguns problemas. Como os arquivos e aplicações ficam disponibilizados na Internet, não se sabe a exata localização destes (sendo que podem ser movidos a qualquer momento para outros servidores) e quais medidas de segurança e proteção são empregadas. Dependendo do país onde o servidor está hospedado pode-se não garantir requisito de sigilo dos dados. A velocidade da Internet, onde se encontra o servidor, passa a ser um fator relevante. Caso a velocidade a conexão se torne lenta isto pode impossibilitar o acesso ao serviço. Outro ponto é que os usuários ficam "dependentes" da empresa provedora do serviço.

4. SEGURANÇA DA INFORMAÇÃO

Quando as questões tratam de temas sobre a segurança da informação, normalmente estas abordam conceitos relacionados aos tipos de ameaças virtuais. As tabelas a seguir apresentam a definição das principais ameaças virtuais e ataques.

Ameaça Virtual	Descrição
Malware	é o software intencionalmente incluído ou inserido em um computador para um propósito prejudicial. Os objetivos de um *malware* envolvem: comprometer dados e funcionalidades, prover acesso não autorizado, roubar informações, controlar remotamente um sistema, além de outros tipos de ações danosas. Esta categoria envolve todos os tipos de ameaças como vírus, spyware, worms, etc.
Vírus	é um programa de computador que possui a capacidade de infectar outros arquivos e de se replicar. Quando um programa infectado é executado, o código do vírus é acionado gerando novas cópias do vírus, infectando outros programas e até executando ações danosas como remoção de arquivos do computador ou envio de cópias deste por e-mail.
Keylogger	Software utilizado para capturar tudo o que é digitado no teclado e envia estes dados para um invasor.
Screenlogger	Programa que faz captura da tela do computador. Ele é acionado no momento em que o mouse é clicado e captura a região ao redor do cursor e a envia para um invasor.
Spyware	Software projetado para monitorar as atividades em um computador (ex: acesso a sites na Internet) e enviar estas informações a terceiros
Adware	Programa que exibem anúncios e propaganda, na tela do computador, sem a autorização do usuário.
Hijacker	Software que modifica a página inicial do navegador. O objetivo é, por exemplo, redirecionar o usuário a sites de propaganda visando ganhos financeiros para o criador do programa.
Trojan (Cavalo de Tróia)	Tipo de software malicioso que além de executar uma função para a qual foi projetado (ex: um jogo) executa outras atividades sem o conhecimento e autorização do usuário (ex: instala um spyware no computador).
Wabbit	Programa malicioso que se autorreplica, no computador do usuário, após ser instalado. O objetivo deste é consumir recursos como espaço em disco ou memória para tornar o computador mais lento ou instável.
Exploit	Programa construído para explorar uma vulnerabilidade (normalmente um erro de programação) em um determinado aplicativo ou sistema operacional.

Ataques	Descrição
Buffer Overflow	Ataque que consiste na sobrescrita de dados em um buffer (região da memória onde os dados são armazenados) visando o acesso não autorizado e a execução de comandos. Este tipo de ataque está relacionado a erros de programação Estes erros ocorrem, por exemplo, quando um programador não verifica o tamanho de uma entrada de dados. Assim, o programa possui um bufferque consegue armazenar 200 bytes. Entretanto, se o programador do software não colocou um código para validação do tamanho da quantidade de dados enviada, um atacante pode enviar um dado com 250 bytes. Estes 50 bytes adicionais irão sobrescrever parte da memória onde se encontram as demais instruções do programa. Normalmente, estes bytes adicionais são formatados pelo atacante para permitir a execução de comandos, enviados por este, para o servidor, como por exemplo, executar um comando para sobrescrever o conteúdo de um arquivo ou abrir uma janela para que o atacante executar comandos no servidor.
Defacement	Ataque que consiste em alterar o conteúdo da página web de um site aproveitando-se da vulnerabilidade da linguagem de programação ou dos pacotes utilizados no desenvolvimento de aplicação web.
Engenharia Social	Técnica utilizada por invasores para obter informações privilegiadas. Esta não utiliza recursos técnicos. Entretanto é extremamente eficaz porque o invasor entra em contato com a vítima e tenta enganá-la e fazer com que esta forneça informações confidencias. Para isto, o engenheiro social normalmente se faz passar por outra pessoa ou por um funcionário legítimo de uma organização ou empresa.
Pharming	Técnica mais sofisticada de phising onde o usuário é redirecionado para um site falso devido a alterações nos dados do servidor de DNS (Domain Name System). Este servidor é o responsável pela tradução de endereços de páginas web, como www.banco.com.br, para endereços de rede.
Phising	Técnica onde um atacante tenta enganar um usuário para obter informações confidenciais. Por exemplo, o atacante pode criar um site falso, muito parecido com o site original, onde todas as informações digitadas serão enviadas para o criador do site. Existem várias formas de se implementar um phising, mas todas envolvem engenharia social e meios técnicos (ex: falsificação e e-mails e sites).

Uma boa fonte de estudos, sobre as principais ameaças a segurança da informação e conceitos relacionados à segurança, é a Cartilha de Segurança para a Internet publicada pelo Cert.br (Centro de Estudos, Resposta e Tratamento de Incidentes de Segurança no Brasil). A cartilha pode ser acessada gratuitamente através do seguinte site: http://cartilha.cert.br/.

Além das ameaças, o candidato deve conhecer as principais ferramentas utilizadas para garantir a segurança de um ambiente computacional. A tabela a seguir, define as principais.

Ferramenta	Descrição
Antivírus	é um software residente na memória do computador que é carregado no momento que o SO é inicializado. Este monitora constantemente o sistema e emprega técnicas para prevenir, detectar, identificar, remover vírus e outros tipos de *malware*.
Assinatura Digital	é uma técnica de criptografia utilizada para validar o conteúdo de documentos digitais. Esta tem o objetivo de funcionar como a assinatura convencional. Assim, um usuário utiliza um software de criptografia para realizar a assinatura digital de um documento. Esta assinatura é gerada a partir de um código, calculado a partir do texto, e da cifragem deste com a chave do usuário. Como o texto é assinado com a chave do usuário é possível, se o usuário possui um certificado digital, validar a assinatura dele no documento. Além disto, é possível verificar se o documento não foi alterado obtendo o código gerado da assinatura e comparando com o código calculado para a mensagem recebida. Entretanto, está técnica depende da existência de um certificado digital.
Certificado Digital	é um documento eletrônico que associa um par de chaves pública e privada a uma pessoa. A partir de um certificado digital o usuário pode cifrar, decifrar e assinar documentos. Além disto, outros usuários podem utilizar o certificado para verificar o emissor de um documento cifrado ou a assinatura deste em um documento.
Criptografia	é um técnica matemática para codificar um texto para torna-lo inteligível. Este é implementado por algoritmos de criptografia. No processo de codificação (cifragem) é utilizada uma chave para gerar o texto codificado. Para obter o texto original, a partir do codificado, também é necessário o uso de uma chave. Existem dois tipos de algoritmos de criptografia. Os simétricos e os assimétricos. Os simétricos utilizam uma única chave para cifrar e decifrar o texto. Esta chave é chamada de chave privada. Os assimétricos possuem duas chaves. Uma utilizada para cifrar o texto, chamada de chave pública, e outra para decifrar, chamada de chave privada.
Criptografia Simétrica	neste tipo de algoritmo de criptografia utiliza-se apenas uma chave para cifrar e decifrar a mensagem.
Criptografia Assimétrica	neste tipo de algoritmos utiliza-se um par de chaves para cifrar e decifrar a mensagem. A cifragem é feita pela chave pública e a decifragem é feita pela chave privada. A chave privada é de conhecimento apenas do proprietário do par de chaves. Já a chave pública pode ser distribuída pela Internet para que outros usuários consigam enviar mensagens ao proprietário da chave pública. Todas as mensagens cifradas com a chave pública apenas são decifradas com a respectiva chave privada.

Ferramenta	Descrição
Assinatura Digital	uma assinatura digital é um código que garante que um determinada mensagem ou documento não foi alterado. Esta é gerada a partir de um código único para o conteúdo da mensagem ou documento. O código é gerado utilizando alguma função hash. Após isto o código e cifrado utilizando a chave privada de uma pessoa e um algoritmo de assinatura digital. O código cifrado (assinatura) é anexado a mensagem ou ao texto. Quando um receptor recebe uma mensagem assinada, este consegue validar se a mensagem não foi alterada. Para isto, o software do receptor gera o código hash do conteúdo da mensagem ou documento. Após isto, este decifra o código hash da assinatura utilizando a chave pública do emissor da mensagem. Caso o código gerado e o código gerado sejam idênticos, garante-se que o conteúdo não foi alterado. Caso o emissor possua um certificado digital é possível comprovar validar que o emissor da mensagem é quem realmente afirma ter assinado a mensagem. Devido à associação entre o proprietário do certificado e o par de chaves definido por este certificado.
Entidade Certificadora	instituição responsável pela emissão de certificados digitais para pessoas físicas e jurídicas. Para se obter um certificado digital, a pessoa precisa entregar uma série de documentos que comprovam a identidade desta.
Firewall	é um dispositivo de rede colocado na fronteira entre duas redes (Ex: entre uma rede local e a Internet). O objetivo deste é analisar o tráfego entre as duas e permitir, ou não, que um pacote deixe ou entre em uma determinada rede. Para isto o firewall possui um conjunto de regras que são definidas a partir da política de segurança definida pela empresa ou instituição.
Firewall de Host	tipo de firewall que analisa a comunicação via rede entre o computador, a rede local ou a Internet. Este é capaz de barrar conexões e restringir acessos de aplicativos a internet (ou rede local). O objetivo destas ações é a proteção do computador.
Honeynet	é uma rede de computadores projetada para ser comprometida. O objetivo desta é estudar o comportamento de um invasor.
Honeypot	é uma ferramenta que simula um sistema operacional vulnerável visando monitorar o ataque de um invasor.

Os sistemas computacionais e dados possuem requisitos de segurança associados a estes. Os requisitos dependem das informações manipuladas por estes sistemas, sua criticidade, e nível de importância da informação. Em algumas questões, é necessário conhecer estes requisitos para respondê-las. A tabela a seguir apresenta os principais requisitos de segurança que precisam ser atendidos em diversos sistemas.

Requisito de Segurança	Significado
Confidencialidade	Garantir que a informação somente seja acessada por usuários autorizados.
Integridade	Proteger a informação de ser alterada ou modificada por pessoas não autorizadas ou falhas de hardware e software.
Disponibilidade	Garantir que os serviços não se degradem ou se tornem indisponíveis para acesso dos usuários.
Irretratabilidade	Garantir que o autor de uma determinada ação em um sistema não seja capaz de negar a execução desta. Este requisito está relacionado ao registro de informações dos usuários visando identificar os autores de determinas ações no sistema.
Consistência	Garantir que o sistema se comporte como o esperado quando utilizado por usuários autorizados.

5. HARDWARE

Haviam poucas questões relacionadas ao tema Hardware, nos concursos analisados. Entretanto, os temas sobre barramentos e tipos de memória tendem a serem conceitos cobrados em questões desta área devido à importância destes. As tabelas a seguir resumem os tipos de memórias, barramentos e outros termos cobrados nas questões analisadas.

Memórias	Descrição
Cache	Memória de alta velocidade que serve como região de armazenamento temporário entre o processador e os demais dispositivos. O objetivo desta é reduzir a diferença de desempenho entre a velocidade do processador e dos demais dispositivos.
Principal (RAM)	Memória projetada para armazenar dados e programas que estão sendo utilizados ou em execução. Esta permite sucessivas escritas e leitura e é volátil, ou seja, quando o computador é desligado, os dados contidos nesta são perdidos.
Secundária	Este tipo de memória é representado pelo disco rígido. Neste os dados e os programas são armazenados permanentemente. Quando o usuário necessita executar um programa ou abrir um arquivo, este é carregado do disco para a memória principal para ser executado ou acessado.

Memórias	Descrição
Virtual	É uma região do disco rígido onde são armazenados dados e códigos de programas em execução na memória RAM. Como existe um limite de memória RAM nos computadores, o qual é bem menor que a capacidade de disco, nem todos os programas em execução podem ser armazenados simultaneamente na memória RAM. Assim, o sistema operacional move os programas e dados, que não estão em uso no momento, para a memória virtual. Posteriormente, quando existe a necessidade de se utilizar o dado ou programa que se encontra na memória virtual, estes são movidos para a memória RAM e outro programa ou dados, que não estão em uso, são movidos para memória virtual.
ROM (Read Only Memory – Memória de Apenas Leitura)	Memória utilizada para armazenar dados referentes ao funcionamento do computador. Os dados armazenados nesta memória não podem ser apagados ou desaparecem após o computador ser desligado como ocorre com a memória principal.

Barramentos	Descrição
PCI *(Peripheral Component Interconnect* – Interconector de Componentes Periféricos)	Utilizado para conexão de periféricos ao computador. Estes periféricos são os componentes instalados na placa mãe como placas gráficas, placas de som, placas de rede, dentre outras. O objetivo deste barramento é possibilitar a comunicação entre estes dispositivos e o processador.
USB (Universal Serial Bus)	Tipo de barramento que permite a conexão de dispositivos como câmeras, HDs externos, pen drivers, mouse, teclados, etc. O objetivo deste barramento é o padronizar o tipo de conector utilizado para esta finalidade.
AGP (Accelerated Graphics Port – Porta Gráfica Acelerada)	Tipo de barramento utilizado para conectar placas aceleradoras gráficas a placa mãe do computador. Através destas placas é possível ter um melhor resolução e performance em jogos eletrônicos, vídeos e visualização em 3D.
SATA (Serial AT Attachment)	Tecnologia para transmissão de dados em alta velocidade entre o computador e dispositivos como discos rígidos. Esta tecnologia permite a transmissão de dados mais rapidamente, quando comparada com a tecnologia anterior (IDE), além de possibilitar que os discos e dispositivos sejam removidos e inseridos sem a necessidade de desligar o computador.
eSATA (External SATA)	Padrão de conector externo SATA que mantém a velocidade de transmissão do SATA para dispositivos externos.
VGA (Video Graphics Array)	Nome dado a um padrão de conector utilizado para ligar monitores e datashows a computadores. O termo foi utilizado inicialmente para denominar um padrão de gráficos para computador.
IDE (Integrated Drive Electronics)	Padrão para interligar dispositivos de armazenamento, como discos rígidos, cd-roms, etc. internamente em computadores. Através desta interface os dados são trafegados entre o dispositivo e o computador. Entretanto, este só é utilizado para conexão interna destes dispositivos com a placa mãe

Raciocínio Lógico

Daniel Alves Machado

TABELA DE INCIDÊNCIA DE QUESTÕES

Distribuição das questões organizada por ordem didática de assuntos		
Assunto	**Número de Questões**	**Peso**
1. OPERAÇÕES COM CONJUNTOS	2	4,35%
2. DIAGRAMAS LÓGICOS	2	4,35%
3. SEQUÊNCIAS NUMÉRICAS	3	6,52%
4. LÓGICA PROPOSICIONAL	10	21,74%
5. TABELA-VERDADE	1	2,17%
6. LÓGICA DE ARGUMENTAÇÃO	7	15,22%
7. LÓGICA SENTENCIAL	3	6,52%
8. REGRA DE TRÊS	1	2,17%
9. PORCENTAGEM	1	2,17%
10. GEOMETRIA	1	2,17%
11. ANÁLISE COMBINATÓRIA	7	15,22%
12. PROBABILIDADE	4	8,70%
13. OPERAÇÕES LÓGICAS	4	8,70%
Total	**46**	**100%**

Raciocínio Lógico

Daniel Alves Machado

✦ QUESTÕES

1. OPERAÇÕES COM CONJUNTOS

01. (Delegado de Polícia – ES/ 2011 – CESPE) Acerca de operações com conjuntos, julgue o item subsequente.

– Considere que os conjuntos A, B e C tenham o mesmo número de elementos, que A e B sejam disjuntos, que a união dos três possuía 150 elementos e que a interseção entre B e C possuía o dobro de elementos da interseção entre A e C. Nesse caso, se a interseção entre B e C possui 20 elementos, então B tem menos de 60 elementos.

COMENTÁRIOS

✪ **Nota do autor:** Em questões que envolvem diagrama de Venn-Euler, devemos estar sempre atentos às intersecções para que não contemos o mesmo elemento duas vezes. Na maioria das questões, a resolução deve se iniciar pelas intersecções, ou pelos elementos que não fazem parte de nenhum dos conjuntos.

Errado. Para iniciarmos a resolução é necessário montar um diagrama de Venn-Euler, observando a condição de que A e B são disjuntos, ou seja, não possuem intersecção.

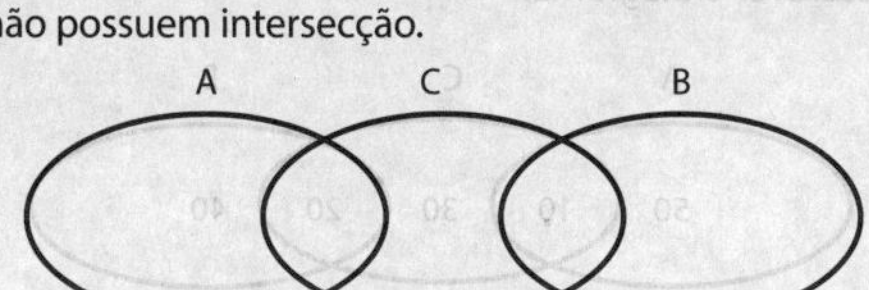

Para o preenchimento do diagrama, devemos tomar como partida o dado numérico fornecido de que a intersecção entre B e C possui 20 elementos e que, como a intersecção entre B e C possui o dobro de elementos da intersecção entre A e C, a intersecção entre A e C possuirá 10 elementos.

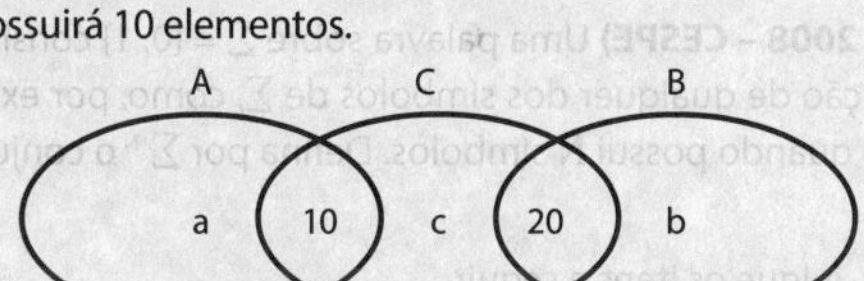

Sendo *a* o número de elementos que pertencem somente ao conjunto A; *b*, o número de elementos que pertencem somente ao conjunto B; *c*, o número de elementos que pertencem somente ao conjunto C, vamos observar as demais condições.

1ª condição: A, B e C possuem a mesma quantidade de elementos, portanto:

$$a + 10 = c + 30 = b + 20$$

Vamos escrever *a* em função de *c*:

$$a + 10 = c + 30$$

$$a = c + 30 - 10$$

$$a = c + 20$$

Repetindo o mesmo processo para *b*:

$$c + 30 = b + 20$$

$$b = c + 30 - 20$$

$$b = c + 10$$

2ª condição: A união dos três conjuntos possui 150 elementos, portanto:

$$a + 10 + c + 20 + b = 150$$

Isolando *a*, *b* e *c*, temos:

$$a + b + c = 120$$

Substituindo *a* e *b* na segunda condição, temos:

$$(c+20)+(c+10)+c=120$$

$$3c + 30 = 120$$

$$3c = 90$$

$$c = 30$$

Encontrando o valor de *a*:

$$a = c + 20$$

$$a = 30 + 20$$

$$a = 50$$

Repetindo o mesmo processo para *b*:

$$b = c + 10$$

$$b = 30 + 10$$

$$b = 40$$

Com esses dados, podemos reescrever o diagrama:

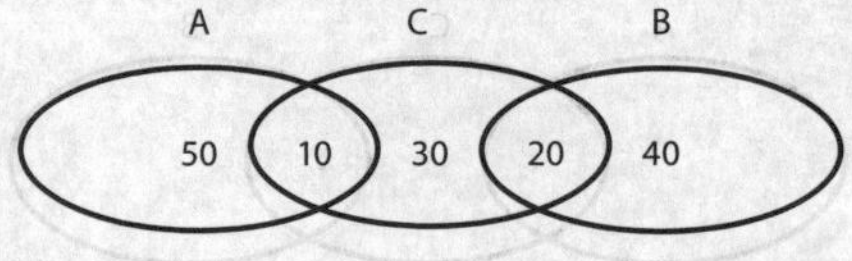

Com o diagrama completo, podemos concluir que cada um dos conjuntos possui exatamente 60 elementos.

02. (Delegado de Polícia – AC/ 2008 – CESPE) Uma palavra sobre $\Sigma = \{0, 1\}$ consiste dos próprios símbolos de Σ, 0 e 1, e também de uma concatenação de qualquer dos símbolos de Σ, como, por exemplo, 00, 01, 000, 001, 1001 etc. Uma palavra tem comprimento N quando possui N símbolos. Defina por Σ^N o conjunto de todas as palavras sobre Σ que têm comprimento N.

Com base nessas informações, julgue os itens a seguir.

Se $r = \{0, 2\}$, então o conjunto $r^3 \cap \Sigma^3$ contém um único elemento, a palavra 012.

COMENTÁRIOS

✪ **Nota do autor:** Para operações com conjuntos, temos a seguinte simbologia:

Intersecção $\cap$: Representa os elementos que fazem parte dos dois conjuntos ao mesmo tempo.

União $\cup$: Representa a junção dos elementos dos dois conjuntos.

Pertinência $\in$: Simboliza que um determinado elemento pertence a um determinado conjunto.

Inclusão $\subset$ **:** Significa que um conjunto está contido em outro.

É preciso tomar cuidado para não confundir as relações de pertinência e de inclusão, o símbolo "$\in$" trata da relação de um elemento com um conjunto e o símbolo "$\subset$" trata da relação de um conjunto com outro conjunto.

Errado. De acordo com a lógica apresentada no enunciado, o conjunto r^3 representa todos os arranjos de três elementos que podem ser formados com os símbolos 0 e 2, por exemplo, 000, 022, 220, 200, já o conjunto $\sum^3$ representa todos os arranjos de três elementos que podem ser formados com os símbolos 0 e 1, por exemplo, 000, 010, 110, 111. Como o conjunto r^3 não possui o símbolo 1 e o conjunto $\sum^3$ não possui o símbolo 2, a palavra 012, não pertence a nenhum dos conjuntos apresentados, a única palavra que pertence a ambos os conjuntos e que, portanto, representa a intersecção entre eles, é a palavra 000.

2. DIAGRAMAS LÓGICOS

03. (IBADE – Delegado de Polícia – AC/2017) Leonardo, Rodrigo e Paulo são professores de uma famosa rede de ensino. Cada um leciona apenas uma das seguintes disciplinas: Sociologia, Matemática e Química. Uma pessoa que não os conhece, pergunta sobre a disciplina que cada um leciona e obtém as seguintes respostas:

Leonardo: Paulo leciona Sociologia.

Rodrigo: Leonardo não leciona Sociologia.

Paulo: Rodrigo não leciona Matemática.

Se as três respostas dadas são verdadeiras, pode-se afirmar que:

a) Paulo leciona Química

b) Leonardo leciona Sociologia.

c) Rodrigo leciona Matemática

d) Leonardo leciona Química.

e) Rodrigo leciona Química.

COMENTÁRIOS

Alternativa correta: letra "e": Vamos montar uma tabela com os dados fornecidos. Uma vez que as três respostas são verdadeiras, vamos iniciar pela afirmação de Leonardo:

- Paulo leciona Sociologia.

Professor	Disciplina
Paulo	Sociologia

A próxima afirmação a ser analisada será a de Paulo:

- Rodrigo não leciona Matemática.

Uma vez que Paulo leciona Sociologia e Rodrigo não leciona Matemática, Rodrigo só pode lecionar Química:

Professor	Disciplina
Paulo	Sociologia
Rodrigo	Química

Por fim, Leonardo só pode lecionar Matemática:

Professor	Disciplina
Paulo	Sociologia
Rodrigo	Química
Leonardo	Matemática

Logo, podemos concluir que Rodrigo leciona Química.

Alternativa "a": Paulo leciona Sociologia.

Alternativas "b", "d": Leonardo leciona Matemática.

Alternativa "c": Rodrigo leciona Química.

04. (Delegado de Polícia - TO/ 2008 – CESPE) No retângulo abaixo, as células vazias só podem ser preenchidas com vogais e de modo que cada vogal apareça apenas uma vez em cada linha e em cada coluna.

A				
	E			
		I		
			O	
				U

De acordo com essas instruções e considerando as células de uma diagonal já preenchidas, julgue o item a seguir.

Se for colocada a vogal I em todas as células da outra diagonal desse retângulo, então não será possível preenchê-lo na forma especificada.

COMENTÁRIOS

✪ **Nota do autor:** Em questões de diagramas lógicos, como essa, não há outra forma de resolução que não seja a tentativa de preenchimento observando as condições apresentadas. Vale salientar também que muitas vezes, mesmo observando as restrições, há a possibilidade de existir mais de uma forma de preenchimento.

Errado. Preenchendo a outra diagonal da forma solicitada, temos:

A				I
	E		I	
		I		
	I		O	
I				U

Como esse preenchimento não foi contra as restrições, devemos tentar completar as demais células. Para uma melhor orientação, colocaremos em cada célula restante, cédulas sombreadas, os possíveis preenchimentos.

A	O/U	E/O/U	E/U	I
O/ U	E	A/O/U	I	A/O
E/O/U	A/O/U	I	A/E/U	A/E/O
E/U	I	A/E/U	O	A/E
I	A/O	A/E/O	A/E	U

Utilizando as possibilidades apresentadas, uma possível forma de preenchimento é:

A	U	O	E	I
O	E	U	I	A
E	A	I	U	O
U	I	A	O	E
I	O	E	A	U

Desse modo, ainda que seja preenchida a segunda diagonal com a letra "I", continua sendo possível o preenchimento de acordo com as restrições apresentadas.

3. SEQUÊNCIAS NUMÉRICAS

05. (IBADE – Delegado de Polícia – AC/2017) Considere que todo e qualquer termo da sequência abaixo pode ser representado por a_n, com $n \in \mathbb{N}^*$ Desta forma temos a_1 sendo o primeiro termo desta sequência, a_2 sendo o segundo termo desta mesma sequência e assim sucessivamente. (3,4,20,21,105,106,...)

Seguindo a lógica utilizada na construção desta sequência, pode-se afirmar que $a_7 + a_9$ vale:

a) 3185.

b) 2772.

c) 3401.

d) 2568.

e) 2909.

COMENTÁRIOS

Alternativa correta: letra "a": Pela sequência, podemos observar que o segundo termo é igual ao primeiro adicionado 1, o quarto termo é igual ao terceiro adicionado 1 e assim sucessivamente, ou seja:

$a_2 = a_1 + 1$	$4 = 3 + 1$
$a_4 = a_3 + 1$	$21 = 20 + 1$
$a_6 = a_5 + 1$	$106 = 105 + 1$

Também é possível perceber que terceiro termo é igual ao segundo multiplicado por 5, o quinto termo é igual ao quarto multiplicado por 5 e assim sucessivamente, ou seja:

$a_3 = a_2 \cdot 5$	$20 = 4 \cdot 5$
$a_5 = a_4 \cdot 5$	$105 = 21 \cdot 5$

Vamos aplicar a mesma regra para encontrar os próximos termos:

Para a_7:

$a_7 = a_6 \cdot 5$

$a_7 = 106 \cdot 5$

$a_7 = 530$

Para a_8:

$a_8 = a_7 + 1$

$a_8 = 530 + 1$

$a_8 = 531$

Para a_9:

$a_9 = a_8 \cdot 5$

$a_9 = 531 \cdot 5$

$a_9 = 2655$

Encontrando $a_7 + a_9$:

$a_7 + a_9 = 530 + 2655$

$a_7 + a_9 = 3185$

Logo, o valor de $a_7 + a_9$ é 3185.

Alternativas "b", "c", "d", "e": Incorretas.

TABELA 01				
4	**7**	**10**	**13**	**16**
9	**12**	**15**	**18**	**21**
14	**17**	**20**	**23**	**26**
19	**22**	**25**	**28**	**31**
24	**27**	**30**	**33**	**36**

TABELA 02				
		39		
				87
56				
			X	

06. (UEL - Delegado de Polícia - PR/2013) As tabelas 1 e 2 são formadas de acordo com o mesmo procedimento, mas na tabela 2 foram indicados somente 3 números. As linhas da tabela 1 são formadas de modo que todo termo, a partir do segundo, é igual à soma do termo anterior com uma constante k. Da mesma forma compõem-se as colunas, porém com uma constante r diferente de k.

Neste contexto, assinale a alternativa que apresenta, corretamente, o valor de X.

a) 11

b) 13

c) 89

d) 91

e) 102

COMENTÁRIOS

Alternativa correta: letra "e": Vamos estabelecer cada um dos números que aparecem na tabela com o número X:

- Partindo do número 39, o número X foi deslocado uma coluna para a direita (+k) e quatro linhas para baixo (+4r):

$$X = 39 + k + 4r$$

- Partindo do número 87, o número X foi deslocado uma coluna para a esquerda (-k) e duas linhas para baixo (+2r):

$$X = 87 - k + 2r$$

- Partindo do número 56, o número X foi deslocado três colunas para a direita (+3k) e uma linha para baixo (+r):

$$X = 56 + 3k + r$$

Para resolver o sistema, vamos substituir X da segunda equação pela primeira:

$$87 - k + 2r = 39 + k + 4r$$

$$2r = 48 - 2k$$

Dividindo ambos os membros por 2:

$$r = 24 - k$$

Vamos substituir r na terceira equação:

$$X = 56 + 3k + 24 - k$$

$$X = 80 + 2k$$

Isolando k:

$$k = \frac{X - 80}{2}$$

Vamos substituir r e k na primeira equação:

$$X = 39 + \frac{X - 80}{2} + 4\,(24 - k)$$

Substituindo k mais uma vez:

$$X = 39 + \frac{X - 80}{2} + 4\,(24 - \frac{X - 80}{2})$$

$$X-\frac{X}{2}+2X=39-40+96+160$$

$$\frac{5X}{2}=255$$

$$X=102$$

Portanto, o número procurado é 102.

Alternativas "a", "b", "c", "d": Incorretas.

---

07. (Delegado de Polícia – SP/ 2011 – ACADEPOL) Qual o próximo número da sequência (16, 25, 36, 49, 64,...)?

a) 128.

b) 81.

c) 72.

d) 79.

e) 97.

COMENTÁRIOS

✪ **Nota do autor:** Em questões que envolvem sequências numéricas, é necessário olhar calmamente todos os valores e tentar identificar a lei de formação da sequência, exercícios como este, exigem a percepção do candidato, não há uma forma padrão de sequência, o que acaba dificultando a resolução, para identificar a lei de formação, é sempre bom que o candidato tente elevar os valores ao quadrado, somar os anteriores, multiplicar pelo sucessor, entre outras operações, até que consiga identificar a lei de formação.

Alternativa correta: letra "b": Se analisarmos a sequência, notaremos que todos os números possuem raízes quadradas naturais, deste modo, podemos reescrever a sequência da seguinte forma: (4^2, 5^2, 6^2, 7^2, 8^2, ...), como todos os valores são sucessivos e elevados ao quadrado, podemos concluir que o próximo número será 9^2 , ou seja, 81.

Alternativas "a", "c", "d" e "e": Incorretas por não possuírem qualquer relação com os demais valores da sequência.

4. LÓGICA PROPOSICIONAL

---

08. (Vunesp – Delegado de Polícia – PC – BA/2018) Em cada um de 3 envelopes, nas cores azul, amarelo e vermelho, há somente um dos relatórios, A, B ou C, não necessariamente nessa mesma ordem.

Sabe-se que das informações a seguir, exatamente duas são falsas:

I. No envelope vermelho não está o relatório A.

II. O relatório C está no envelope amarelo.

III. No envelope azul não está o relatório C.

Com base no que foi apresentado, a ordem correta das cores para a abertura dos envelopes que contêm, respectivamente, os relatórios A, B e C é

a) vermelho, amarelo e azul.

b) vermelho, azul e amarelo.

c) azul, vermelho e amarelo.

d) amarelo, azul e vermelho.

e) amarelo, vermelho e azul.

COMENTÁRIOS

✪ **Nota do autor:** Para resolver a questão, vamos supor em qual envelope está cada relatório e encontrar qual possibilidade faz com que exatamente duas das afirmações sejam falsas.

Alternativa "a": Supondo que nos envelopes tenhamos os seguintes relatórios:

Azul	Amarelo	Vermelho
C	B	A

Com essa suposição, vamos analisar o valor lógico das afirmações:

I. No envelope vermelho não está o relatório A.	F
II. O relatório C está no envelope amarelo.	F
III. No envelope azul não está o relatório C.	F

Como todas as afirmações são falsas, concluímos que a suposição inicial está incorreta.

Alternativa "b": Supondo que nos envelopes tenhamos os seguintes relatórios:

Azul	Amarelo	Vermelho
B	C	A

Com essa suposição, vamos analisar o valor lógico das afirmações:

I. No envelope vermelho não está o relatório A.	F
II. O relatório C está no envelope amarelo.	V
III. No envelope azul não está o relatório C.	V

Como apenas uma das afirmações é falsa, concluímos que a suposição inicial está incorreta.

Alternativa "c": Supondo que nos envelopes tenhamos os seguintes relatórios:

Azul	Amarelo	Vermelho
A	C	B

Com essa suposição, vamos analisar o valor lógico das afirmações:

I. No envelope vermelho não está o relatório A.	V
II. O relatório C está no envelope amarelo.	V
III. No envelope azul não está o relatório C.	V

Como todas as afirmações são verdadeiras, concluímos que a suposição inicial está incorreta.

Alternativa "d": Supondo que nos envelopes tenhamos os seguintes relatórios:

Azul	Amarelo	Vermelho
B	A	C

Com essa suposição, vamos analisar o valor lógico das afirmações:

I. No envelope vermelho não está o relatório A.	V
II. O relatório C está no envelope amarelo.	F
III. No envelope azul não está o relatório C.	V

Como apenas uma das afirmações é falsa, concluímos que a suposição inicial está incorreta.

Alternativa "e": Supondo que nos envelopes tenhamos os seguintes relatórios:

Azul	Amarelo	Vermelho
C	A	B

Com essa suposição, vamos analisar o valor lógico das afirmações:

I. No envelope vermelho não está o relatório A.	V
II. O relatório C está no envelope amarelo.	F
III. No envelope azul não está o relatório C.	F

Como exatamente duas das afirmações são falsas, concluímos que a suposição inicial está correta

Alternativa correta: letra "e".

09. (Vunesp – Delegado de Polícia – PC – BA/2018) Uma equivalente lógica para a proposição – Se Marta é casada, então Dionísio é divorciado – está contida na alternativa:

a) Marta não é casada ou Dionísio é divorciado.

b) Marta não é casada e Dionísio é divorciado.

c) Marta é casada ou Dionísio é divorciado.

d) Marta é casada e Dionísio é divorciado.

e) Marta é casada ou Dionísio não é divorciado.

COMENTÁRIOS

Alternativa "a": Para construir a equivalência lógica de proposições condicionais utilizando o conectivo "ou", vamos seguir os seguintes passos:

1º Negar a primeira proposição simples: "Marta não é casada".

2ª Manter a segunda proposição simples inalterada: "Dionísio é divorciado".

3º Trocar o conectivo "se... então" pelo conectivo "ou": "Marta não é casada ou Dionísio é divorciado".

Logo, uma possível equivalência da proposição do enunciado é: "Marta não é casada ou Dionísio é divorciado".

Alternativa "b": As equivalências bem definidas de proposições condicionais são construídas com o conectivo "se... então" ou com o conectivo "ou", não com o conectivo "e".

Alternativa "c": A primeira proposição simples, "Marta é casada", não foi negada".

Alternativa "d": As equivalências bem definidas de proposições condicionais são construídas com o conectivo "se... então" ou com o conectivo "ou", não com o conectivo "e".

Alternativa "e": A primeira proposição simples, "Marta é casada", não foi negada" e a segunda proposição simples, "Dionísio é divorciado", não foi mantida.

Alternativa correta: letra "a".

10. (Vunesp – Delegado de Polícia – PC – BA/2018) Considere falsa a afirmação – Renato é inocente e Raquel é culpada – e verdadeira a afirmação – se Renato é inocente, então Raquel é culpada.

Nessas condições, é correto afirmar que, necessariamente,

a) Raquel é culpada.

b) Renato e Raquel são inocentes.

c) Renato é culpado.

d) Renato e Raquel são culpados.

e) Renato é inocente.

COMENTÁRIOS

Alternativa "a": Não é possível saber se Raquel é culpada ou inocente.

Alternativa "b": Renato é culpado e nada pode ser afirmado sobre Raquel.

Alternativa "c": Sendo falsa a afirmação "Renato é inocente e Raquel é culpada", então temos três possíveis combinações de valores lógicos para as proposições simples, são elas:

Renato é inocente	e	Raquel é culpada.
F		V
V		F
F		F

Para que a segunda proposição composta seja verdadeira, temos também três possibilidades:

Se	Renato é inocente,	então	Raquel é culpada.
	V		V
	F		V
	F		F

Analisando as duas proposições em conjunto, temos duas combinações que satisfazem as duas condições, são elas:

Renato é inocente	E	Raquel é culpada.
F		V
F		F

Em ambas as possibilidades, a afirmação "Renato é inocente" é falsa, concluímos assim que Renato é culpado, já sobre Raquel, nada podemos concluir.

Alternativa "d": Não é possível saber se Raquel é culpada ou inocente.

Alternativa "e": Renato é culpado.

Alternativa correta: letra "c".

11. (IBADE – Delegado de Polícia – AC/2017) Cadu emagrecer é condição necessária para Maria parar de fumar e condição suficiente para Luiz frequentar a academia. Sabe-se ainda que Luiz frequentar a academia é condição necessária e suficiente para Julia ler um livro. Dessa forma, se Maria parou de fumar:

a) Nem Cadu emagreceu nem Luiz frequentou a academia.
b) Cadu emagreceu e Júlia leu um livro
c) Luiz não frequentou a academia ou Júlia não leu um livro.
d) Cadu não emagreceu ou Julia não leu um livro
e) Luiz frequentou a academia e Cadu não leu um livro.

COMENTÁRIOS

✪ **Nota do autor:** Em proposições condicionais (conectivo "se... então") no formato "A → B", podemos dizer que:

A é condição suficiente para B.

B é condição necessária para A.

Para auxiliar na memorização, observem o esquema:

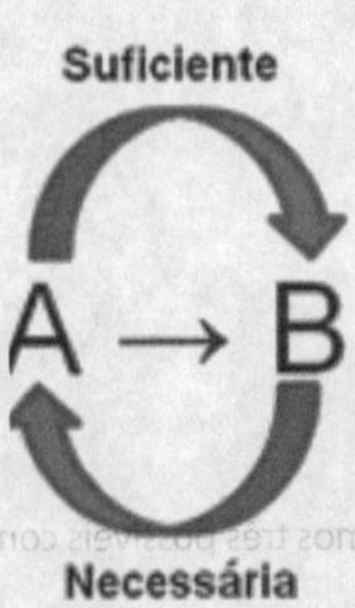

Já para proposições bicondicionais (conectivo "se e somente se") no formato "A ↔ B", podemos dizer que:

A é condição suficiente e necessária para B.

B é condição suficiente e necessária para A.

Para auxiliar na memorização, observem o esquema:

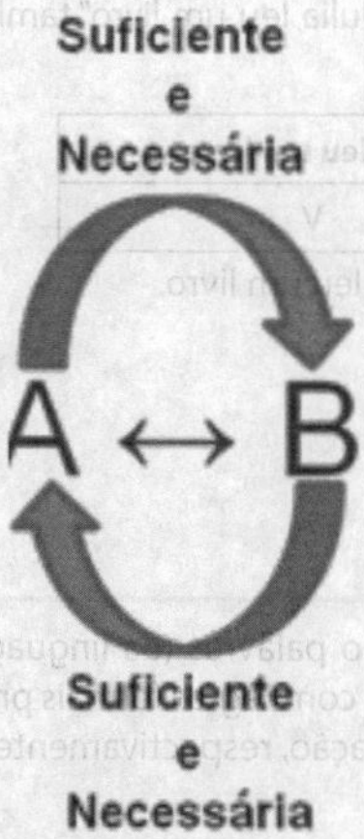

Alternativa correta: letra "b": Vamos reescrever as proposições utilizando os conectivos "se... então" e "se e somente se":

- "Cadu emagrecer é condição necessária para Maria parar de fumar":

"Se Maria parou de fumar, então Cadu emagreceu".

- "Cadu emagrecer é condição suficiente para Luiz frequentar a academia":

"Se Cadu emagreceu, então Luiz frequentou a academia".

- "Luiz frequentar a academia é condição necessária e suficiente para Julia ler um livro":

"Luiz frequentou a academia se, e somente se, Julia leu um livro".

Com as proposições montadas, vamos considerar que Maria parou de fumar e analisar os valores lógicos das demais proposições:

Se	Maria parou de fumar,	então	Cadu emagreceu.
	V		

Para que a proposição composta seja verdadeira, é preciso que a proposição simples "Cadu emagreceu" também seja verdadeira:

Se	Maria parou de fumar,	então	Cadu emagreceu.
	V		V

Considerando que Cadu emagreceu, vamos analisar a próxima proposição:

Se	Cadu emagreceu,	então	Luiz frequentou a academia.
	V		

Para que a proposição composta seja verdadeira, é preciso que a proposição simples "Luiz frequentou a academia" também seja verdadeira:

Se	Cadu emagreceu,	então	Luiz frequentou a academia.
	V		V

Considerando que Luiz frequentou a academia, vamos analisar a última proposição:

Luiz frequentou a academia	se, e somente se	Julia leu um livro.
V		

Para que a proposição composta seja verdadeira, é preciso que a proposição simples "Julia leu um livro" também seja verdadeira:

Luiz frequentou a academia	se, e somente se	Julia leu um livro.
V		V

Com os valores lógicos das proposições, podemos concluir que Cadu emagreceu e Julia leu um livro.

Alternativa "a": Cadu emagreceu e Luiz frequentou a academia.

Alternativa "c": Luiz frequentou a academia e Julia leu um livro.

Alternativa "d": Cadu emagreceu e Julia leu um livro.

Alternativa "e": Não há informações sobre Cadu ler ou não um livro.

---

12. (Vunesp - Delegado de Polícia - SP/2014) Os conectivos ou operadores lógicos são palavras (da linguagem comum) ou símbolos (da linguagem formal) utilizados para conectar proposições de acordo com regras formais preestabelecidas. Assinale a alternativa que apresenta exemplos de conjunção, negação e implicação, respectivamente.

a) $\neg p, p \vee q, p \wedge q$

b) $p \wedge q, \neg p, p \rightarrow q$

c) $p \rightarrow q, p \vee q, \neg p$

d) $p \vee p, p \rightarrow q, \neg q$

e) $p \vee q, \neg q, p \vee q$

COMENTÁRIOS

✪ **Nota do autor:** Vamos relembrar a simbologia dos conectivos lógicos:

Conectivo	Símbolo	Nomenclatura	Tabela-Verdade
E	$\wedge$	**Conjunção**	Verdadeira se as duas proposições forem verdadeiras, nos demais casos será falsa.
OU	$\vee$	**Disjunção**	Falsa se as duas proposições forem falsas, nos demais casos será verdadeira.
Se...Então	$\rightarrow$	**Condicional (Implicação)**	Será falsa somente se a primeira proposição for verdadeira e a segunda for falsa, será verdadeira em todos os demais casos.
Se e Somente Se	$\leftrightarrow$	**Bicondicional**	Verdadeira para valores lógicos iguais e falsa para valores lógicos diferentes.
Não	$\sim$ $\neg$	**Negação**	Sempre que uma proposição for verdadeira, a negação será falsa e sempre que uma proposição for falsa, a negação será verdadeira.

Alternativa correta: letra "b": Interpretando os símbolos utilizados, temos:

$P \wedge q$: Conjunção.

$\neg p$: Negação.

$p \rightarrow q$: Implicação.

Alternativa "a": $\neg p$: Negação

$p \vee q$: Disjunção

$p \wedge q$: Conjunção.

Alternativa "c": $p \rightarrow q$: Implicação.

$p \vee q$: Disjunção.

$\neg p$: Negação.

Alternativa "d": $p \vee p$: Disjunção.

$p \rightarrow q$: Implicação

$\neg q$: Negação.

Alternativa "e": $p \vee q$: Disjunção.

$\neg q$: Negação.

$p \vee q$: Disjunção.

13. (Vunesp - Delegado de Polícia - SP/2014) A lógica clássica possui princípios fundamentais que servem de base para a produção de raciocínios válidos. Esses princípios foram inicialmente postulados por Aristóteles (384 a 322 a.C.) e até hoje dão suporte a sistemas lógicos. Tais princípios são os

a) da inferência, da não contradição e do terceiro incluído.

b) da diversidade, da dedução e do terceiro incluído.

c) da identidade, da inferência e da não contradição.

d) da identidade, da não contradição e do terceiro excluído.

e) da diversidade, da indução e da não contradição.

COMENTÁRIOS

Alternativa correta: letra "d": Os três princípios da lógica clássica são:

- Princípio da identidade: Toda proposição possui uma identidade (característica) própria que não pode ser mudada, essa característica é de ser, ou falsa, ou verdadeira, em outras palavras, uma proposição verdadeira é sempre verdadeira e uma proposição falsa é sempre falsa.

- Princípio da não contradição: Nenhuma proposição pode ser verdadeira e falsa ao mesmo tempo.

- Princípio do terceiro excluído: Qualquer proposição possui apenas duas possibilidades para seu valor lógico, verdadeiro ou falso, não há uma terceira possibilidade.

Portanto, os três princípios são: da identidade, da não contradição e do terceiro excluído.

Alternativas "a", "b", "c", "e": Incorretas.

14. (UEL - Delegado de Polícia - PR/2013) Leia a afirmação a seguir.

Se Demerval casa, então Demerval não compra uma bicicleta.

Com relação a essa sentença, assinale a alternativa que apresenta, corretamente, a sentença equivalente do ponto de vista lógico.

a) Se Demerval não casa, então Demerval compra uma bicicleta.

b) Se Demerval não casa, então Demerval não compra uma bicicleta.

c) Se Demerval não compra uma bicicleta, então Demerval casa.

d) Se Demerval compra uma bicicleta, então Demerval não casa.

e) Se Demerval casa, então Demerval compra uma bicicleta.

COMENTÁRIOS

✪ **Nota do autor:** Uma proposição condicional ($a \rightarrow b$) possui duas formas bem definidas de equivalência lógica:

1ª ($\sim b \rightarrow \sim a$) :

Para construí-la, basta negar as duas proposições que a compõem e trocar a ordem em que elas aparecem.

2ª ($\sim a \vee b$):

Para construí-la, basta negar a primeira proposição, manter a segunda inalterada e trocar o conectivo "se... então..." pelo conectivo "ou".

A maior parte das questões sobre equivalência de uma proposição condicional cobra a primeira forma de equivalência.

Alternativa correta: letra "d": Para construir a equivalência vamos negar as duas proposições simples:

Proposição	Negação
Demerval casa	Demerval não casa
Dermeval não compra uma bicicleta	Demerval compra uma bicicleta

Efetuada as negações, basta ligar as proposições utilizando o conectivo condicional e inverter a ordem em que elas aparecem, gerando a seguinte proposição equivalente:

"Se Demerval compra uma bicicleta, então Demerval não casa".

Alternativa "a": Falsa equivalência, as duas proposições foram negadas, mas a ordem não foi invertida.

Alternativas "b", "e": Incorretas.

Alternativa "c": Falsa equivalência, a ordem das proposições foi invertida, mas ambas não foram negadas.

15. (UEL - Delegado de Polícia - PR/2013) Em uma investigação de fraude administrativa, um detetive colheu evidências que o convenceram de que as seguintes afirmações são verdadeiras:

1. Se Epaminondas é culpado, então João é culpado.
2. Se Epaminondas é inocente, então João ou Ariovaldo são culpados.
3. Se Ariovaldo é inocente, então João é inocente.
4. Se Ariovaldo é culpado, então Epaminondas é culpado.

Assinale a alternativa que apresenta, corretamente, o que indicam as evidências do detetive.

a) Epaminondas e Ariovaldo são culpados, mas João é inocente.
b) Epaminondas e João são inocentes, mas Ariovaldo é culpado.
c) Epaminondas é culpado, mas João e Ariovaldo são inocentes.
d) Epaminondas, João e Ariovaldo são culpados.
e) Epaminondas, João e Ariovaldo são inocentes.

COMENTÁRIOS

✪ **Nota do autor:** A melhor forma de resolver uma questão que só possui proposições compostas no enunciado é tomar as alternativas como ponto de partida, aquela que deixar todas as proposições compostas verdadeiras será a alternativa correta.

Alternativa correta: letra "d": Vamos considerar que Epaminondas, João e Ariovaldo são culpados e analisar as proposições compostas:

Se	Epaminondas é culpado	então	João é culpado
	V		V

Se	Epaminondas é inocente	Então	João	ou	Ariovaldo são culpados
	F		V		V
	F				V

Se	Ariovaldo é inocente	então	João é inocente
	F		F

Se	Ariovaldo é culpado	então	Epaminondas é culpado
	V		V

Como todas as proposições compostas ficaram verdadeiras, concluímos que Epaminondas, João e Ariovaldo são culpados.

Alternativa "a": Vamos considerar que Epaminondas e Ariovaldo são culpados, mas João é inocente e analisar as proposições compostas:

Se	Epaminondas é culpado	então	João é culpado
	V		F

Se	Epaminondas é inocente	Então	João	ou	Ariovaldo são culpados
	F		F		V
	F				V

Se	Ariovaldo é inocente	então	João é inocente
	F		V

Se	Ariovaldo é culpado	então	Epaminondas é culpado
	V		V

Como a primeira proposição é falsa, essa alternativa é incorreta.

Alternativa "b": Vamos considerar que Epaminondas e João são inocentes, mas Ariovaldo é culpado e analisar as proposições compostas:

Se	Epaminondas é culpado	então	João é culpado
	F		F

Se	Epaminondas é inocente	Então	João	ou	Ariovaldo são culpados
	V		F		V
	V			V	

Se	Ariovaldo é inocente	então	João é inocente
	F		V

Se	Ariovaldo é culpado	então	Epaminondas é culpado
	V		F

Como a última proposição é falsa, essa alternativa é incorreta.

Alternativa "c": Vamos considerar que Epaminondas é culpado, mas João e Ariovaldo são inocentes.e analisar as proposições compostas:

Se	Epaminondas é culpado	então	João é culpado
	V		F

Se	Epaminondas é inocente	Então	João	ou	Ariovaldo são culpados
	F		F		F
	F			F	

Se	Ariovaldo é inocente	então	João é inocente
	V		V

Se	Ariovaldo é culpado	então	Epaminondas é culpado
	F		V

Como a primeira proposição é falsa, essa alternativa é incorreta.

Alternativa "e": Vamos considerar que Epaminondas, João e Ariovaldo são inocentes e analisar as proposições compostas:

Se	Epaminondas é culpado	então	João é culpado
	F		F

Se	Epaminondas é inocente	Então	João	ou	Ariovaldo são culpados
	V		F		F
	V			F	

Se	Ariovaldo é inocente	então	João é inocente
	V		V

Se	Ariovaldo é culpado	então	Epaminondas é culpado
	F		F

Como a segunda proposição é falsa, essa alternativa é incorreta.

16. **(Delegado de Polícia – SP/ 2011 – ACADEPOL)** Em lógica, pelo princípio do terceiro excluído,

a) uma proposição falsa pode ser verdadeira e uma proposição falsa pode ser verdadeira.

b) uma proposição verdadeira pode ser falsa, mas uma proposição falsa é sempre falsa.

c) uma proposição ou será verdadeira, ou será falsa, não há outra possibilidade.

d) uma proposição verdadeira é verdadeira e uma proposição falsa é falsa.

e) nenhuma proposição poderá ser verdadeira e falsa ao mesmo tempo.

COMENTÁRIOS

Alternativa correta: letra "c": O princípio do terceiro excluído afirma que uma proposição só poderá, ou ser verdadeira, ou ser falsa, não existindo qualquer outra possibilidade, ou seja, qualquer terceira opção está excluída.

Alternativas "a" e "b": Estão incorretas, pois violam o princípio da não contradição, nenhuma proposição que é verdadeira poderá ser falsa e nenhuma proposição que é falsa poderá ser verdadeira.

Alternativa "d": Essa afirmação representa o princípio da identidade, a classificação "verdadeiro" e "falso" representa uma característica da proposição, ou seja, sua identidade.

Alternativa "e": Essa afirmação representa o princípio da não contradição, nenhuma proposição poderá ser verdadeira e falsa ao mesmo tempo.

17. **(Delegado de Polícia – ES/ 2011 – CESPE)** Tecnologia no combate ao crime

Desde dezembro de 2009, uma aeronave não tripulada sobrevoa e monitora as fronteiras do Brasil com o Paraguai, o Uruguai e a Argentina na região de Foz do Iguaçu. Ao todo, serão 6 estações equipadas com 2 aeronaves cada, operadas pela Polícia Federal, somando investimento da ordem de US$ 655,6 milhões. *Segurança pública com cidadania. Equipe CGPLAN/MJ, agosto/2010 (com adaptações).*

Considere que tenham sido sugeridos os seguintes critérios para a escolha das rotas de vôo da aeronave mencionada no texto acima.

- Se a rota passar pelo Brasil ou pelo Paraguai, então ela deverá passar pelo Uruguai;
- Se a rota passar pelo Paraguai, então ela não deverá passar pela Argentina;
- Se a rota passar pelo Uruguai e pela Argentina, então ela deverá passar pelo Paraguai.

Suponha, também, que as estações A, B e C tenham sido construídas em pontos equidistantes, de modo que a distância de uma dessas três estações para outra seja de 150 km.

Com referência às informações contidas no texto acima e às considerações hipotéticas que a ele se seguem, e considerando 1,73 como valor aproximado para $\sqrt{3}$, julgue os itens seguintes.

Se a rota escolhida passar pela Argentina, então ela passará apenas neste país.

COMENTÁRIOS

✪ **Nota do autor:** Quando um exercício nos apresenta várias proposições compostas e nos pergunta a respeito de uma determinada conclusão, devemos seguir os passos:

- Tentar encontrar uma proposição simples isolada e atribuir a ela o valor lógico verdadeiro.
- Retomar as proposições compostas e atribuir valor lógico, ou verdadeiro, ou falso, a cada proposição simples que as compõem.
- Seguir com o passo anterior até que todas as proposições compostas tenham o valor lógico verdadeiro.

Para cumprir os passos anteriores, é preciso ter em mente que, se uma proposição é verdadeira, sua negação será falsa e, se uma proposição é falsa, sua negação será verdadeira.

Certo. Como o exercício não nos apresentou nenhuma proposição simples isolada, tomemos como ponto de partida a proposição "A rota escolhida passa pela Argentina", se atribuirmos a ela o valor lógico verdadeiro, sua negação será falsa, desse modo, podemos analisar a proposição composta:

Se	A rota passar pelo Paraguai	então	ela não deverá passar pela Argentina.
			F

Para que essa proposição composta seja verdadeira, considerando que ela é construída com o conectivo condicional, o único valor lógico que podemos atribuir à proposição simples "A rota passar pelo Paraguai" é falso.

Se	A rota passar pelo Paraguai	então	ela não deverá passar pela Argentina.
	F		F

Com esses dados, o próximo passo que deve ser tomado é analisar outra proposição composta que apresente esses dois países, desse modo, temos:

Se	A rota passar pelo Uruguai	e	pela Argentina	então	ela deverá passar pelo Paraguai
			V		F

Já sabemos que a rota passará pela Argentina e não passará pelo Paraguai, como temos uma proposição composta condicional em que a segunda proposição é falsa, o único valor lógico que pode ser atribuído à primeira proposição é falso, mas a primeira proposição também é uma proposição composta ligada por um conectivo "e", para fazê-la falsa, é necessário que pelo menos uma das proposições simples seja falsa, desse modo, temos:

Se	A rota passar pelo Uruguai	e	pela Argentina	então	ela deverá passar pelo Paraguai
	F		V		F

Partindo dessas informações devemos analisar a proposição restante:

Se	A rota passar pelo Brasil	ou	pelo Paraguai	então	ela deverá passar pelo Uruguai
			F		F

Já sabemos que a rota não passará pelo Paraguai e nem pelo Uruguai, como temos uma proposição composta construída com o conectivo condicional em que a segunda proposição é falsa, para que a proposição composta seja verdadeira, o único valor lógico que pode ser atribuído à primeira proposição é falso, mas a primeira proposição também é uma proposição composta ligada por um conectivo "ou", para fazê-la falsa, é necessário que as duas proposições simples sejam falsas, desse modo, temos:

Se	A rota passar pelo Brasil	ou	pelo Paraguai	então	ela deverá passar pelo Uruguai
	F		F		F

Analisando todos os valores lógicos, concluímos que se a rota passar pela Argentina, ela de fato, não passará em nenhum outro país.

O TEXTO A SEGUIR

O TEXTO A SEGUIR REFERE-SE ÀS DUAS PRÓXIMAS QUESTÕES

Uma proposição é uma afirmação que pode ser julgada como verdadeira – V –, ou falsa – F –, mas não como ambas. Uma proposição é simples quando não contém nenhuma outra proposição como parte de si mesma e, quando a proposição é formada pela combinação de duas ou mais proposições simples, é denominada proposição composta. Uma proposição simples é, normalmente, representada simbolicamente por letras maiúsculas do alfabeto. As expressões $A \rightarrow B$ e $A \vee B$ representam proposições compostas, que são lidas, respectivamente, como "se A então B" e "A ou B". A primeira proposição tem valor lógico F quando A é V e B é F, nos demais casos é V; a segunda tem valor lógico F quando A e B são F, nos demais casos é V. A expressão $\neg A$ também representa uma proposição composta, lida como "não A", e tem valor lógico V quando A é F, e tem valor lógico F quando A é V. Com base nessas definições, julgue os itens subsequentes.

5. TABELA-VERDADE

18. (Delegado de Polícia – SP/ 2011 – ACADEPOL) Qual o número de linhas de uma tabela verdade utilizada para determinar o valor lógico de uma proposição composta formada por 4 (quatro) proposições simples?

a) 16.
b) 24.
c) 48.
d) 8.
e) 4.

COMENTÁRIOS

✪ **Nota do autor:** Em qualquer proposição composta, o número de linhas da tabela-verdade será igual a 2^n, em que n representa o número de proposições simples que a compõem.

Alternativa correta: letra "a": Como o número de linhas da tabela verdade é dado por 2^n, temos que, se a proposição composta possui quatro proposições simples, a tabela-verdade terá 2^4 linhas, ou seja, 16 linhas.

Alternativas "b" e "c": Não representam o número de linhas de uma tabela-verdade, pois não podem ser escritos no formato 2^n.

Alternativa "d": Representa o número de linhas da tabela-verdade de uma proposição composta que possui três proposições simples, pois $2^3 = 8$.

Alternativa "e": Representa o número de linhas da tabela-verdade de uma proposição composta que possui duas proposições simples, pois $2^2 = 4$.

6. LÓGICA DE ARGUMENTAÇÃO

19. (Vunesp - Delegado de Polícia - SP/2014) Um argumento válido é aquele cujas premissas levam a uma conclusão por meio de uma sequência finita de regras formais preestabelecidas. Um exemplo de um argumento válido é:

a) Se uma cidade é uma capital de estado, então ela fica no estado. Como Joinville fica em Santa Catarina, portanto Joinville é a Capital do Estado.
b) Se o professor der a Fulano uma boa nota na prova, então ele pulará de alegria. Como vi Fulano muito alegre ontem, só pode ter sido aprovado.
c) Uma vez que todos os livros bons são caros, todos os livros ruins devem ser baratos.
d) Todas as pessoas bem sucedidas economicamente são inteligentes. Soube que Fulano tem graves problemas financeiros, portanto ele não deve ser inteligente.
e) Considerando que alguns insetos são seres vivos e que todos os seres vivos são mortais, é correto afirmar que alguns insetos são mortais.

COMENTÁRIOS

✪ **Nota do autor:** Um argumento válido é aquele em que a conclusão segue exclusivamente das premissas, partindo-se disso, temos que se um argumento válido é composto somente por premissas verdadeiras, a conclusão necessariamente será verdadeira.

Alternativa correta: letra "e": Alguns elementos do grupo dos insetos estão inseridos no grupo dos seres vivos e todos os seres vivos estão inseridos no grupo dos mortais, como consequência, os insetos que são seres vivos são também mortais, logo, é correto afirmar que alguns insetos são mortais. Como a conclusão obtida foi decorrência exclusiva das premissas, o argumento é válido.

Alternativa "a": A capital de um estado sempre fica no estado, mas isso não significa que toda a cidade que fique no estado seja capital dele.

Alternativa "b": Todos os que recebem uma boa nota pulam de alegria, mas nem todos que pulam de alegria, necessariamente, receberam uma boa nota.

Alternativa "c": O fato de os livros bons serem caros, não significa que os livros ruins serão baratos.

Alternativa "d": Todas as pessoas bem sucedidas são inteligentes, o que não significa que todos os inteligentes serão bem sucedidos.

20. (Vunesp - Delegado de Polícia - SP/2014) O silogismo é a forma lógica proposta pelo filósofo grego Aristóteles (384 a 322 a.C.) como instrumento para a produção de conhecimento consistente. O silogismo é tradicionalmente constituído por

a) duas premissas, dois termos médios e uma conclusão que se segue delas.
b) uma premissa maior e uma conclusão que decorre logicamente da premissa.

c) uma premissa maior, uma menor e uma conclusão que se segue das premissas.
d) três premissas, um termo maior e um menor que as conecta logicamente.
e) uma premissa, um termo médio e uma conclusão que decorre da premissa.

COMENTÁRIOS

Alternativa correta: letra "c": É considerado um silogismo todo argumento que possui três proposições, sendo elas duas premissas (uma maior e outra menor) e uma conclusão que segue das premissas apresentadas.

Alternativas "a", "b", "d", "e": Incorretas.

---

21. (Vunesp - Delegado de Polícia - SP/2014) Uma relevante finalidade dos argumentos que elaboramos é convencer eventuais interlocutores sobre a verdade de uma tese, isto é, expomos justificativas racionais que sustentam nossa crença de que a tese que defendemos é objetivamente verdadeira. Assim sendo, quando argumentamos devemos

a) apresentar justificativas que deem sustentação à verdade da tese defendida.
b) apelar para a opinião pública que justifique a verdade da tese apresentada.
c) defender a tese usando justificações baseadas em opiniões pessoais evidentes.
d) acreditar na verdade da tese proferida como resultado de sua autoevidência.
e) reiterar a verdade da tese defendida e ressaltar a falsidade de teses contrárias.

COMENTÁRIOS

Alternativa correta: letra "a": Um argumento consistente sempre deve possuir justificativas que dão sustentação à verdade da tese defendida.

Alternativas "b", "c": Uma tese nunca deve ser baseada em opiniões, pois isso não garante sua veracidade.

Alternativa "d": A tese não pode ser autoevidente, é preciso possuir justificativas sólidas.

Alternativa "e": Reiterar a veracidade da tese não faz sentido em um argumento que não possui justificativas que dão sustentação a sua veracidade.

---

22. (Vunesp - Delegado de Polícia - SP/2014) Na lógica clássica, as proposições que compõem um raciocínio são classificadas como: (1) universais ou particulares e (2) afirmativas ou negativas. Assim sendo, as proposições "todo ser humano é mortal", "algumas pessoas não usam óculos" e "alguns motoristas são descuidados" são classificadas, respectivamente, como:

a) particular afirmativa, universal negativa e universal afirmativa.
b) particular afirmativa, universal negativa e particular afirmativa.
c) universal afirmativa, particular afirmativa e particular negativa.
d) particular negativa, particular afirmativa e universal afirmativa.
e) universal afirmativa, particular negativa e particular afirmativa

COMENTÁRIOS

✪ **Nota do autor:** Vamos entender um pouco melhor sobre as classificações:

- Proposições universais afirmativas representam que todos os membros do grupo possuem determinada característica, nessas proposições, geralmente aparecem as expressões "todo... é ...".

- Proposições universais negativas representam que todos os membros do grupo não possuem determinada característica, nessas proposições, geralmente aparecem as expressões "todo... não é ...".

- Proposições particulares afirmativas representam que algum/alguns membros do grupo possuem determinada característica, nessas proposições, geralmente aparece a expressão "algum... é ...".

- Proposições particulares negativas representam que algum/alguns membros do grupo não possuem determinada característica, nessas proposições, geralmente aparece a expressão "algum... não é ...".

Alternativa correta: letra "e": Classificação de cada proposição:

- "Todo ser humano é mortal": Proposição universal e afirmativa.

- "Algumas pessoas não usam óculos": Proposição particular e negativa.

- "Alguns motoristas são descuidados": Proposição particular e afirmativa.

Alternativas "a", "b", "c", "d": Incorretas.

23. (Delegado de Polícia – ES/ 2011 – CESPE) A questão da desigualdade de gênero na relação de poder entre homens e mulheres é forte componente no crime do tráfico de pessoas para fins de exploração sexual, pois as vítimas são, na sua maioria, mulheres, meninas e adolescentes. Uma pesquisa realizada pelo Escritório das Nações Unidas sobre Drogas e Crime (UNODC), concluída em 2009, indicou que 66% das vítimas eram mulheres, 13% eram meninas, enquanto apenas 12% eram homens e 9% meninos.

Ministério da Justiça. Enfrentamento ao tráfico de pessoas: relatório do plano nacional. Janeiro de 2010, p. 23 (com adaptações).

Com base no texto acima, julgue os itens a seguir.

O argumento "A maioria das vítimas era mulher. Marta foi vítima do tráfico de pessoas. Logo Marta é mulher" é um argumento válido.

COMENTÁRIOS

✪ **Nota do autor:** Sempre que trabalharmos com raciocínio lógico, é preciso tomar muito cuidado com nossa intuição, embora saibamos, pelo nosso conhecimento de mundo, que Marta é um nome feminino, não podemos fazer a afirmação de que Marta é mulher sem que essa informação esteja clara no enunciado.

Errado. Para que um argumento seja válido, a conclusão precisa necessariamente ser consequência das premissas, para fazer essa verificação é necessário que consideremos todas as premissas verdadeiras e analisemos a conclusão, se esta for verdadeira e tiver sido obtida única e exclusivamente a partir das premissas, então estaremos diante de um argumento válido.

O fato de a maioria das vítimas ser mulher e de Marta ter sido vítima do tráfico de pessoas, não nos permite concluir que Marta seja mulher, embora saibamos que Marta é um nome feminino, para que o argumento fosse válido, ou seja, para que a conclusão "Marta é mulher" fosse consequência das premissas, a primeira premissa deveria ser "Todas as vítimas são mulheres".

O TEXTO A SEGUIR
REFERE-SE ÀS QUESTÕES 21 E 22.

Uma proposição é uma frase afirmativa que pode ser julgada como verdadeira ou falsa, mas não ambos. Uma dedução lógica é uma sequência de proposições, e é considerada correta quando, partindo-se de proposições verdadeiras, denominadas premissas, obtêm-se proposições sempre verdadeiras, sendo a última delas denominada conclusão. Considerando essas informações, julgue o item a seguir, a respeito de proposições.

24. (Delegado de Polícia – TO/ 2008 – CESPE) Considere verdadeiras as duas premissas abaixo: O raciocínio de Pedro está correto, ou o julgamento de Paulo foi injusto. O raciocínio de Pedro não está correto. Portanto, se a conclusão for a proposição, O julgamento de Paulo foi injusto, tem-se uma dedução lógica correta.

COMENTÁRIOS

✪ **Nota do autor:** É importante lembrar que para uma proposição composta ser verdadeira, é necessário analisar as proposições simples que a compõe e o conectivo que liga cada proposição simples, para os conectivos, temos:

– Conjunção, conectivo "e": Só será verdadeira se as duas proposições que a compõem forem verdadeiras, nos demais casos a proposição será falsa.

– Disjunção, conectivo "ou": Só será falsa se as duas proposições que a compõem forem falsas, nos demais casos a proposição será verdadeira.

– Condicional, conectivo "se...então": Só será falsa se a primeira proposição for verdadeira e a segunda for falsa, nos demais casos a proposição será verdadeira.

Certo. Como sabemos que as premissas são verdadeiras, devemos partir da proposição simples "O raciocínio de Pedro não está correto", pois seu valor lógico não depende de conectivos, desse modo, temos:

O raciocínio de Pedro está correto,	ou	O julgamento de Paulo foi injusto.

O raciocínio de Pedro não está correto.
V

Como a proposição "O raciocínio de Pedro não está correto" é verdadeira, podemos afirmar que sua negação, "O raciocínio de Pedro está correto", é falsa:

O raciocínio de Pedro está correto,	ou	O julgamento de Paulo foi injusto.
F		

Para que a primeira premissa seja verdadeira, basta que uma das proposições simples que a compõem seja verdadeira, como a primeira proposição simples já possui valor lógico falso, é necessário atribuir à proposição "O julgamento de Paulo foi injusto" o valor lógico verdadeiro:

O raciocínio de Pedro não está correto.
V

O raciocínio de Pedro está correto,	ou	O julgamento de Paulo foi injusto.
F		V

O julgamento de Paulo foi injusto.
V

Como a proposição "O julgamento de Paulo foi injusto" é verdadeira e essa conclusão foi uma consequência das premissas, temos um argumento válido e, portanto, uma dedução lógica correta.

25. (Delegado de Polícia – TO/ 2008 – CESPE) Considere a seguinte sequência de proposições:

1) Se o crime foi perfeito, então o criminoso não foi preso.
2) O criminoso não foi preso.
3) Portanto, o crime foi perfeito.

Se (1) e (2) são premissas verdadeiras, então a proposição (3), a conclusão, é verdadeira, e a sequência é uma dedução lógica correta.

COMENTÁRIOS

Errado. Como as premissas são verdadeiras, tomemos como ponto de partida a proposição simples "O criminoso não foi preso", pois seu valor lógico não depende de conectivos, deste modo, temos:

Se	o crime foi perfeito,	então	o criminoso não foi preso
			V

O criminoso não foi preso
V

Como a primeira premissa é construída com o conectivo condicional e a segunda proposição simples é verdadeira, qualquer que seja o valor lógico da proposição simples "o crime foi perfeito", teremos uma proposição composta verdadeira:

Se	o crime foi perfeito,	então	o criminoso não foi preso
	V ou **F**		V

O criminoso não foi preso
V

Como não é possível determinar o valor lógico da proposição "o crime foi perfeito", a conclusão não é uma consequência lógica das premissas, desse modo, não estamos diante de um argumento válido e, portanto, a sequência não é uma dedução lógica correta.

7. LÓGICA SENTENCIAL

26. (Delegado de Polícia – SP/ 2011 – ACADEPOL) Todo policial civil é bacharel em direito. A negação dessa afirmação é:

a) Todos os policiais civis devem ser bacharéis em direito.
b) Todos os policiais civis não são bacharéis em direito.
c) Nenhum policial civil é bacharel em direito.
d) Existe policial civil que não é bacharel em direito.
e) Não existe policial civil que não seja bacharel em direito.

COMENTÁRIOS

✪ **Nota do autor:** É muito comum que os candidatos se confundam ao fazerem a negação de proposições que contenham as palavras "todos" e "nenhum", o principal erro consiste em usá-las como negação uma da outra. A negação correta para ambas deve ser construída com as palavras "algum" ou "pelo menos um".

Alternativa correta: letra "d": Para que a proposição "Todo policial civil é bacharel em direito" seja falsa, basta que apenas um policial civil não seja bacharel em direito, desse modo, a negação da proposição é:

"Existe (pelo menos um) policial civil que não é bacharel em direito."

Alternativas "a", "e": Essas duas alternativas estão apenas para confundir o candidato, pois afirmam exatamente a mesma proposição do enunciado.

Alternativas "b", "c": Essas duas alternativas representam os erros mais comuns dos candidatos, pois apresentam o extremo oposto do enunciado. Todavia, para que a proposição do enunciado seja negada, não é necessário que todos os policiais civis não sejam bacharéis em direito, basta que pelo menos um deles não seja.

O TEXTO A SEGUIR

O TEXTO A SEGUIR REFERE-SE ÀS DUAS PRÓXIMAS QUESTÕES

Julgue os próximos itens, relativos à lógica sentencial, em que os símbolos Λ, V, ~ e → representam, respectivamente, as operações lógicas "e", "ou", "não" e "implicação".

27. (Delegado de Polícia – ES/ 2011 – CESPE) A negação da proposição (P V ~Q) Λ R é (~P V Q) Λ (~R).

COMENTÁRIOS

✪ **Nota do autor:** A negação de proposições compostas depende do tipo de conectivo que está envolvido, de forma prática, temos:

– Conjunção, conectivo "e": negar ambas as proposições e substituir o conectivo "e" pelo conectivo "ou".

– Disjunção, conectivo "ou": negar ambas as proposições e substituir o conectivo "ou" pelo conectivo "e".

– Condicional, conectivo "se ... então": deixar inalterada a primeira proposição, substituir o conectivo "se ... então" pelo conectivo "e" e negar a segunda proposição.

Errado. Para facilitar a visualização, na proposição inicial, vamos substituir os símbolos pelos respectivos conectivos:

(P ou ~Q) e R

Para fazermos a negação das proposições que estão ligadas pelo conectivo "e", é necessário que neguemos as duas proposições que estão conectadas por ele e substituí-lo pelo conectivo "ou":

~(P ou ~Q) ou ~R

Como a primeira proposição também é uma proposição composta e está construída com o conectivo "ou", para negá-la, é necessário que neguemos as duas proposições simples que a compõem e que troquemos o conectivo "ou" pelo conectivo "e":

(~P e Q) ou ~R

Substituindo novamente pelos símbolos que representam os conectivos, temos:

(~P Λ Q) V~R

O erro da proposição que foi apresentada no enunciado como sendo a negação da proposição inicial está em não trocar os conectivos "ou" e "e".

28. (Delegado de Polícia – ES/ 2011 – CESPE) Se a proposição R for falsa e se a proposição composta (PΛQ)→(~QVR) for verdadeira, então a proposição P será verdadeira.

COMENTÁRIOS

✪ **Nota do autor:** Para a construção de uma tabela verdade, é necessário considerar todas as possíveis combinações de valores lógicos para cada proposição, se a proposição for composta por outras proposições também compostas, é necessário analisar primeiro as mais simples e usar os valores lógicos obtidos, tais como se representassem proposições simples, para então analisar a proposição composta mais complexa.

Errado. Considerando que a proposição "R" seja falsa (condição apresentada no enunciado), e que se proposição "Q" for verdadeira, a proposição "~Q" será falsa e vice-versa, podemos construir a tabela verdade:

P	Q	~Q	R	(P∧Q)	(~QVR)	(P∧Q) → (~QVR)
V	V	F	F	V	F	F
V	F	V	F	F	V	V
F	V	F	F	F	F	V
F	F	V	F	F	V	V

Considerando somente as linhas em que a proposição composta "(P∧Q)→(~QVR)" é verdadeira (linhas em destaque), vamos analisar o valor lógico da proposição "P":

P	Q	~Q	R	(P∧Q)	(~QVR)	(P∧Q) → (~QVR)
V	V	F	F	V	F	F
V	**F**	**V**	**F**	**F**	**V**	**V**
F	**V**	**F**	**F**	**F**	**F**	**V**
F	**F**	**V**	**F**	**F**	**V**	**V**

Nas linhas em que a proposição composta é verdadeira, podemos ter a proposição "P" como sendo verdadeira ou falsa, desse modo, não é possível afirmar que ela será necessariamente falsa.

8. REGRA DE TRÊS

29. (Delegado de Polícia – ES/ 2011 – CESPE) Tecnologia no combate ao crime

Desde dezembro de 2009, uma aeronave não tripulada sobrevoa e monitora as fronteiras do Brasil com o Paraguai, o Uruguai e a Argentina na região de Foz do Iguaçu. Ao todo, serão 6 estações equipadas com 2 aeronaves cada, operadas pela Polícia Federal, somando investimento da ordem de US$ 655,6 milhões.

Segurança pública com cidadania. Equipe CGPLAN/MJ, agosto/2010 (com adaptações).

Considere que tenham sido sugeridos os seguintes critérios para a escolha das rotas de voo da aeronave mencionada no texto acima.

- Se a rota passar pelo Brasil ou pelo Paraguai, então ela deverá passar pelo Uruguai;
- Se a rota passar pelo Paraguai, então ela não deverá passar pela Argentina;
- Se a rota passar pelo Uruguai e pela Argentina, então ela deverá passar pelo Paraguai.

Suponha, também, que as estações A, B e C tenham sido construídas em pontos equidistantes, de modo que a distância de uma dessas três estações para outra seja de 150 km.

Considerando que o dólar esteja cotado a R$ 1,70, então o investimento mencionado será superior a R$ 1,1 bilhão.

COMENTÁRIOS

Certo. Como o exercício nos informa que o dólar equivale a R$ 1,70, e o investimento mencionado custou US$ 655,6 milhões, podemos montar uma regra de três, mas antes, para evitar confusões, vamos transformar o valor mencionado em unidades de dólares, em vez de milhões de dólares:

US$ 655,6 milhões = US$ 655.600.000,00.

Montando a regra de três, temos:

US$	R$
1	1,70
655.600.000,00	X

Quanto maior é o valor que uma pessoa possui em dólares, maior será o valor que ela possuirá em reais, desse modo, estamos trabalhando com grandezas diretamente proporcionais e, portanto, basta que efetuemos uma multiplicação em cruz:

$$\frac{1}{655.600.000,00} \times \frac{1,70}{X}$$

$$X = 1,70(655.600.000,00)$$

$$X = 1.114.520.000,00$$

Convertendo para bilhões de reais, temos:

R$ 1.114.520.000,00 = R$ 1,11452 bilhão de reais, que é um valor superior a R$ 1,1 bilhão.

9. PORCENTAGEM

30. (Delegado de Polícia – SP/ 2011 – ACADEPOL) Em uma sala de aula com 40 alunos, 60% são mulheres, das quais 25% são casadas. Durante o ano, 50% das mulheres casadas engravidam e são impedidas de participar do exame final de educação física. Qual o percentual dos alunos que deixaram de realizar a prova?

a) 15%.

b) 7,5%.

c) 12,5%.

d) 10%.

e) 30%.

COMENTÁRIOS

✪ **Nota do autor:** Para calcular a porcentagem de um determinado valor, basta converter a porcentagem para a forma fracionária, ou para a forma decimal, e multiplicar pelo valor inicial, quando queremos calcular a porcentagem em cima de outra porcentagem, utilizamos o mesmo raciocínio, basta converter as porcentagens para a forma fracionária, ou para a forma decimal, e multiplicá-las, o novo resultado também será dado em porcentagem.

Alternativa correta: letra "b": Como o resultado nos foi dado em porcentagem, não é necessário calcular o número exato de alunos que deixaram de fazer a prova, basta que calculemos em termos percentuais:

– Alunas mulheres: $60\% = \frac{60}{100}$ (do total de alunos).

– Mulheres casadas: $25\% = \frac{25}{100}$ (do total de mulheres).

– Mulheres grávidas: $50\% = \frac{50}{100}$ (do total de mulheres casadas).

Calculando as porcentagens acumuladas, temos:

$$\frac{50}{100} x \frac{25}{100} x \frac{60}{100} = \frac{25}{100} = \frac{7,5}{100} = 7,5\%$$

Alternativa "a": Representa o total de alunos que são mulheres casadas: 25% de 60% = 15%.

Alternativa "c": Consiste no erro mais comum dos candidatos que é calcular 50% das mulheres casadas, ou seja, 50% (metade) de 25% que é 12,5%, mas o exercício questiona a porcentagem de alunos que deixaram de fazer a prova, desse modo, ainda é necessário calcular 12,5% de 60% dos estudantes.

Alternativa "d": Incorreta.

Alternativa "e": Essa alternativa seria encontrada se, em vez de se calcular 50% das mulheres casadas, o candidato calculasse 50% do total de mulheres, ou seja, 50% (metade) de 60% =30%.

10. GEOMETRIA

31. (Delegado de Polícia – ES/ 2011 – CESPE) Tecnologia no combate ao crime

Desde dezembro de 2009, uma aeronave não tripulada sobrevoa e monitora as fronteiras do Brasil com o Paraguai, o Uruguai e a Argentina na região de Foz do Iguaçu. Ao todo, serão 6 estações equipadas com 2 aeronaves cada, operadas pela Polícia Federal, somando investimento da ordem de US$ 655,6 milhões. *Segurança pública com cidadania. Equipe CGPLAN/MJ, agosto/2010 (com adaptações).*

Considere que tenham sido sugeridos os seguintes critérios para a escolha das rotas de voo da aeronave mencionada no texto acima.

- Se a rota passar pelo Brasil ou pelo Paraguai, então ela deverá passar pelo Uruguai;
- Se a rota passar pelo Paraguai, então ela não deverá passar pela Argentina;
- Se a rota passar pelo Uruguai e pela Argentina, então ela deverá passar pelo Paraguai.

Suponha, também, que as estações A, B e C tenham sido construídas em pontos equidistantes, de modo que a distância de uma dessas três estações para outra seja de 150 km.

Com referência às informações contidas no texto acima e às considerações hipotéticas que a ele se seguem, e considerando 1,73 como valor aproximado para $\sqrt{3}$, julgue os itens seguintes.

Supondo que uma nova estação, D, seja instalada em um ponto equidistante das estações A, B e C, então a distância da estação D para as estações A, B e C será inferior a 87 km.

COMENTÁRIOS

✪ **Nota do autor:** Todo triângulo possui alguns pontos notáveis, são eles:

- Baricentro: Representa o centro de gravidade do triângulo, é formado pela intersecção de suas medianas, segmentos que ligam um vértice ao ponto médio do lado oposto.
- Circuncentro: Representa o centro da circunferência circunscrita ao triângulo, é formado pela intersecção das mediatrizes, segmentos, perpendiculares aos lados, construídos no ponto médio de cada lado, uma característica importante do circuncentro é ser equidistante aos vértices do triângulo.
- Incentro: Representa o centro da circunferência inscrita ao triângulo, é formado pela intersecção das bissetrizes dos ângulos internos, segmentos que ligam os vértices aos lados opostos, dividindo os ângulos internos em dois ângulos iguais, uma característica importante do incentro é ser equidistante aos lados do triângulo.
- Ortocentro: É o ponto de intersecção das alturas do triângulo, segmentos que ligam cada vértice ao lado (ou seu prolongamento) oposto de forma perpendicular.

No triângulo equilátero, todos estes quatro pontos notáveis coincidem em um único ponto que divide os segmentos que o originou na razão 2 para 1.

Para calcularmos a mediana, mediatriz, bissetriz ou altura de um triângulo equilátero, podemos usar a fórmula:

$$x = \frac{l\sqrt{3}}{2}$$

Em que x representa a medida da mediana, mediatriz, bissetriz ou altura e *l* representa a medida do lado do triângulo, caso o candidato não se lembre dessa fórmula, poderá encontrar o valor procurado aplicando o teorema de Pitágoras.

Certo. Se as estações A, B e C foram construídas em pontos equidistantes e a distância entre uma estação e outra é de 150 km, temos um triângulo equilátero com as estações localizadas em seus vértices:

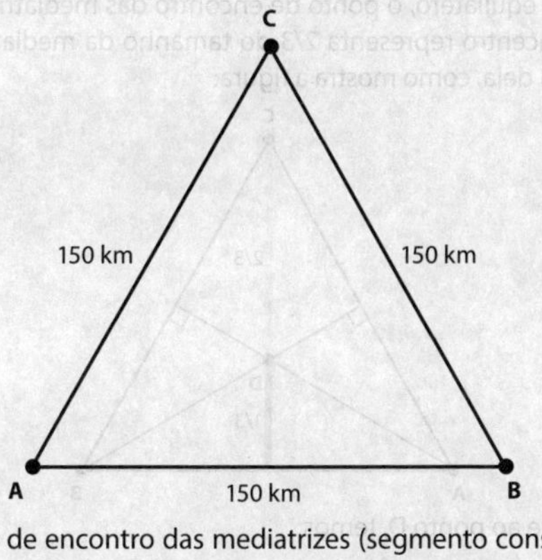

Em qualquer triângulo, o ponto de encontro das mediatrizes (segmento construído a partir do ponto médio de um lado do triângulo e perpendicular a este) é equidistante dos vértices, como queremos colocar a estação D de modo que ela fique nesse ponto de encontro das mediatrizes (em geometria, este ponto é chamado de circuncentro), temos:

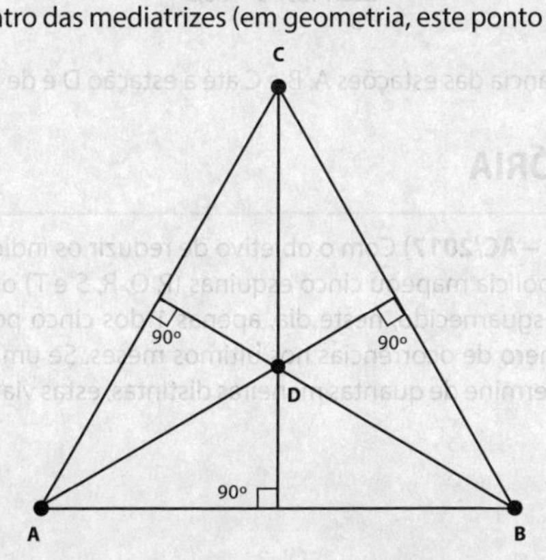

No triângulo equilátero, cada mediatriz o divide em duas partes iguais, formando dois triângulos retângulos em que a mediatriz representa um dos catetos:

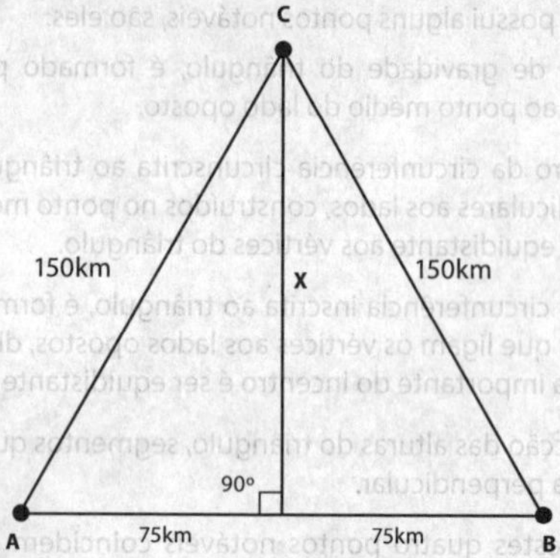

Para calcular o valor da mediatriz, aplicamos a fórmula que é válida para triângulos equiláteros:

$$x = \frac{l}{2}\sqrt{3}$$

$$x = \frac{150}{2}\sqrt{3}$$

$$\sqrt{3} = 1{,}73$$

Como o exercício nos informou que $\sqrt{3} = 1{,}73$, temos:

$$x = 75(1{,}73)$$

$$x = 129{,}75$$

Excepcionalmente no triângulo equilátero, o ponto de encontro das mediatrizes divide cada uma delas de modo que a distância do vértice ao circuncentro representa 2/3 do tamanho da mediatriz e a distância do circuncentro ao ponto médio do lado representa 1/3 dela, como mostra a figura:

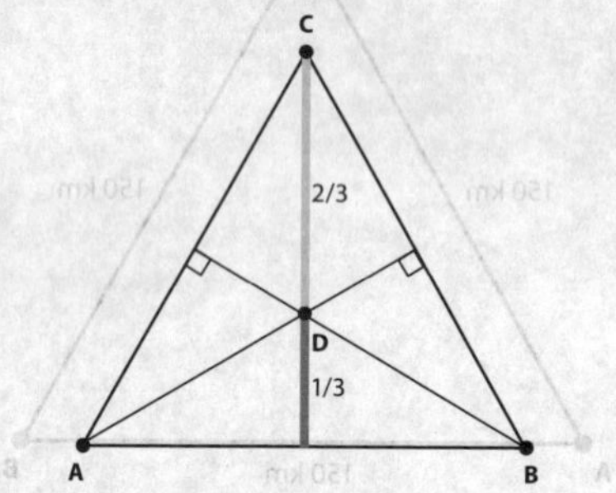

Calculando a distância do vértice ao ponto D, temos:

$$\frac{2}{3} \cdot 129{,}75 = 86{,}5$$

Portanto, concluímos que a distância das estações A, B e C até a estação D é de 86,5 km.

11. ANÁLISE COMBINATÓRIA

32. (IBADE – Delegado de Polícia – AC/2017) Com o objetivo de reduzir os índices de assalto em um determinado bairro, o serviço de inteligência da polícia mapeou cinco esquinas (P, Q, R, S e T) onde 4 diferentes viaturas deveriam fazer sua escala diária, deixando desguarnecido, neste dia, apenas 1 dos cinco pontos mapeados, exceto a esquina P, pois lá foi registrado o maior número de ocorrências nos últimos meses. Se uma esquina mapeada, deverá conter apenas uma das quatro viaturas, determine de quantas maneiras distintas, estas viaturas poderão ocupar as 5 esquinas mapeadas.

a) 24.

b) 72.

c) 120.

d) 96.

e) 64.

COMENTÁRIOS

Alternativa correta: letra "d": Vamos dividir o problema em duas partes:

1º Encontrar de quantas formas podemos escolher uma esquina para ficar desguarnecida.

- Entre as 5 esquinas mapeadas, apenas a esquina P não pode ficar desguarnecida, sendo assim, temos 4 possibilidades para escolher a esquina desguarnecida (Q, R, S e T).

2º Encontrar de quantas formas diferentes podemos distribuir as 4 viaturas nas esquinas que serão policiadas.

- Como são 4 esquinas e 4 viaturas, vamos encontrar de quantas formas podemos permutar essas viaturas nas esquinas:

$P_4 = 4!$

$P_4 = 4.3.2.1$

$P_4 = 24$

Como as duas situações devem ocorrer juntas, pelo princípio fundamental da contagem, temos:

$4.24 = 96$

Logo, há 96 formas diferentes para que as viaturas ocupem as 5 esquinas mapeadas.

Alternativas "a", "b", "c", "e": Incorretas.

---

33. (UEL - Delegado de Polícia - PR/2013) Em uma investigação há 10 suspeitos, que o delegado deverá interrogar. Para maiores esclarecimentos, o delegado também fará interrogatórios em grupos de 2, 3, 4 e 5 pessoas, considerando todas as variações possíveis.

Com base nessas considerações, assinale a alternativa que apresenta, corretamente, a quantidade de interrogatórios que o delegado deverá fazer.

a) 45

b) 210

c) 252

d) 627

e) 637

COMENTÁRIOS

Alternativa correta: letra "e": Vamos separar todas as possibilidades de interrogatórios:

- Interrogatórios individuais: 10.

- Interrogatórios em grupos de 2 pessoas:

$$C_{10,2} = \frac{10!}{2!\,8!} = \frac{10.9.8!}{2!\,8!} = 45$$

- Interrogatórios em grupos de 3 pessoas:

$$C_{10,3} = \frac{10!}{3!\,7!} = \frac{10.9.8.7!}{3!\,7!} = 120$$

- Interrogatórios em grupos de 4 pessoas:

$$C_{10,4} = \frac{10!}{4!\,6!} = \frac{10.9.8.7.6!}{4!\,6!} = 210$$

- Interrogatórios em grupos de 5 pessoas:

$$C_{10,5} = \frac{10!}{5!\,5!} = \frac{10.9.8.7.6.5!}{5!\,5!} = 252$$

Somando todos os interrogatórios, temos:

$10 + 45 + 120 + 210 + 252 = 637$

Portanto, o delegado deverá fazer 637 interrogatórios.

Alternativas "a", "b", "c": Incorretas.

Alternativa "d": Essa alternativa seria encontrada caso desconsiderássemos os interrogatórios individuais.

34. (UEL - Delegado de Polícia - PR/2013) Em uma comunidade há 4 pontos estratégicos: A, B, C e D, conforme figura a seguir.

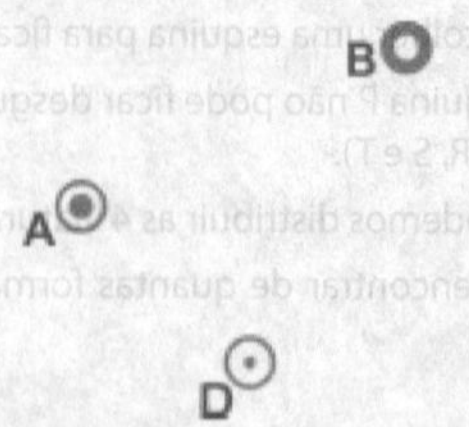

Existem 8 caminhos ligando os pontos A e B, 6 caminhos ligando os pontos B e C, 3 caminhos ligando os pontos C e D e 4 caminhos ligando os pontos D e A.

Com base nesse contexto, assinale a alternativa que apresenta, corretamente, a quantidade de caminhos que ligam os pontos A e C.

a) 48

b) 50

c) 60

d) 196

e) 576

COMENTÁRIOS

Alternativa correta: letra "c": Para ir de A até C, existem duas possibilidades, uma passando por B e outra passando por D, vamos analisar cada uma delas separadamente:

- Ir de A até C passando por B.

Para ir de A até B existem 8 caminhos e para ir de B até C existem 6 caminhos, pelo princípio fundamental da contagem, temos:

$(8) . (6) = 48$

Logo, há 48 formas diferentes de ir de A até C passando por B.

- Ir de A até C passando por D.

Para ir de A até D existem 4 caminhos e para ir de D até C existem 3 caminhos, pelo princípio fundamental da contagem, temos:

$(4) . (3) = 12$

Logo, há 12 formas diferentes de ir de A até C passando por D.

Como será utilizado, ou o caminho que passa por B ou o caminho que passa por D, vamos somar os resultados:

$48 + 12 = 60$

Portanto, existem 60 formas diferentes de ir de A até C

Alternativas "a", "b", "d", "e": Incorretas.

35. (Delegado de Polícia – ES/ 2011 – CESPE) Tecnologia no combate ao crime

Desde dezembro de 2009, uma aeronave não tripulada sobrevoa e monitora as fronteiras do Brasil com o Paraguai, o Uruguai e a Argentina na região de Foz do Iguaçu. Ao todo, serão 6 estações equipadas com 2 aeronaves cada, operadas pela Polícia Federal, somando investimento da ordem de US$ 655,6 milhões.

Segurança pública com cidadania. Equipe

CGPLAN/MJ, agosto/2010 (com adaptações).

Considere que tenham sido sugeridos os seguintes critérios para a escolha das rotas de voo da aeronave mencionada no texto acima.

- Se a rota passar pelo Brasil ou pelo Paraguai, então ela deverá passar pelo Uruguai;
- Se a rota passar pelo Paraguai, então ela não deverá passar pela Argentina;
- Se a rota passar pelo Uruguai e pela Argentina, então ela deverá passar pelo Paraguai.

Suponha, também, que as estações A, B e C tenham sido construídas em pontos equidistantes, de modo que a distância de uma dessas três estações para outra seja de 150 km.

Com referência às informações contidas no texto acima e às considerações hipotéticas que a ele se seguem, e considerando 1,73 como valor aproximado para $\sqrt{3}$, julgue os itens seguintes.

Considerando que devam ser escolhidas 3 aeronaves para inspeção e manutenção, sendo que não podem ser selecionadas as 2 aeronaves de uma mesma estação, e que todas as seis estações já possuam as duas aeronaves previstas, então o número de formas distintas de se fazer essa escolha será superior a 150.

COMENTÁRIOS

✪ **Nota do autor:** Algumas questões de análise combinatória são mais fáceis de serem resolvidas utilizando a lógica em vez de fórmulas, para isso, vamos estabelecer alguns passos:

1) Separar quantas opções devem ser escolhidas.
2) Determinar quantas possibilidades há para cada opção do passo anterior.
3) Multiplicar os valores encontrados.

Por fim, é preciso fazer uma análise do que estamos procurando, há duas possibilidades:

1) A ordem dos elementos a serem escolhidos é importante, ou seja, queremos formar uma sequência de elementos, nesse caso já temos o resultado exato.
2) A ordem dos elementos não é importante, ou seja, queremos montar apenas um grupo de elementos, e não elementos em uma determinada sequência, nesse caso devemos dividir o resultado encontrado pelo número de possibilidades em que a ordem não faz diferença, sendo este número sempre seguido de fatorial.

Para entendermos melhor, passemos para a resolução das próximas questões.

Certo. Como temos de escolher três aeronaves para inspeção e manutenção, temos três opções para serem analisadas:

Opção 1	1ª Aeronave
Opção 2	2ª Aeronave
Opção 3	3ª Aeronave

Como temos seis estações, cada uma delas com dois aviões, temos um total de doze aeronaves que podem ser escolhidas, passemos agora para a análise de quantas aeronaves podem ser escolhidas em cada opção, lembrando-se da condição de que não podem ser escolhidas duas aeronaves da mesma estação:

Opção 1	12 Aeronaves (todas podem ser escolhidas),
Opção 2	10 Aeronaves (devemos descontar a aeronave que já foi escolhida na primeira opção, bem como a segunda aeronave da mesma estação da primeira),
Opção 3	8 Aeronaves (descontando as duas aeronaves já escolhidas nas opções anteriores, bem como a segunda aeronave de ambas as estações).

Multiplicando os valores encontrados em cada opção, temos:

$$12\ x\ 10\ x\ 8 = 960$$

Para finalizar o exercício, devemos analisar se a ordem de escolha das aeronaves faz diferença, como desejamos apenas escolher um grupo de três aeronaves, e não aeronaves em uma determinada sequência, a ordem em que elas forem escolhidas não fará diferença, desse modo, devemos dividir o resultado encontrado pelo número de opções em que a ordem de escolha não faz diferença, seguido de fatorial, ou seja, nessa questão, devemos dividir o resultado obtido por 3!:

$$\frac{960}{3!}=\frac{960}{3x2x1}=\frac{960}{6}=160$$

Portanto, existem 160 maneiras diferentes de escolher as três aeronaves para inspeção e manutenção, seguindo as condições apresentadas no enunciado.

---

36. (Delegado de Polícia – ES/ 2011 – CESPE) A questão da desigualdade de gênero na relação de poder entre homens e mulheres é forte componente no crime do tráfico de pessoas para fins de exploração sexual, pois as vítimas são, na sua maioria, mulheres, meninas e adolescentes. Uma pesquisa realizada pelo Escritório das Nações Unidas sobre Drogas e Crime (UNODC), concluída em 2009, indicou que 66% das vítimas eram mulheres, 13% eram meninas, enquanto apenas 12% eram homens e 9% meninos. Ministério da Justiça. Enfrentamento ao tráfico de pessoas: relatório do plano nacional. Janeiro de 2010, p. 23 (com adaptações).

Com base no texto acima, julgue os itens a seguir.

Se as vítimas indicadas na pesquisa totalizaram 250 pessoas, então o número de maneiras distintas de se escolher um grupo de 3 homens entre as vítimas será superior a 4.000.

COMENTÁRIOS

Certo. Primeiro devemos calcular 12% das 250 vítimas, para encontrar quantas, entre elas, são homens:

$$\frac{12}{100}x250=30$$

O próximo passo é encontrar quantos grupos de três homens, escolhidos entre os trinta, podem ser formados, para uma melhor visualização, analisemos a tabela que mostra quantos homens podem ser escolhido em cada opção:

1º Homem	30 (todos os homens podem ser escolhidos).
2º Homem	29 (não podemos escolher novamente o homem selecionado na opção anterior).
3º Homem	28 (não podemos escolher novamente os homens selecionados nas opções anteriores).

Multiplicando todas as opções, temos:

$$30x29x28=24360$$

Agora devemos nos perguntar, a ordem de escolha dos três homens faz diferença? Nesse caso, a resposta é não, pois queremos selecionar apenas um grupo de três homens e não três homens em uma determinada sequência, desse modo, é necessário dividir o resultado obtido por 3!:

$$\frac{24360}{3!}=\frac{24360}{3x2x1}=\frac{24360}{6}=4060$$

Portanto, temos 4060 formas diferentes de selecionar um grupo de três homens dentre as vítimas.

---

37. (Delegado de Polícia – TO/ 2008 –CESPE) Julgue os itens seguintes, que dizem respeito à determinação do número de possibilidades lógicas ou probabilidade de algum evento.

Suponha uma distribuição de prêmios em que são sorteados três números de dois algarismos. Para formar cada número, primeiro sorteia-se o algarismo das dezenas, que varia de 0 a 5. O algarismo das unidades é sorteado em seguida e varia de 0 a 9. Se, para formar cada número, o algarismo das dezenas e o algarismo das unidades já sorteadas não puderem ser repetidos, então a quantidade de números que podem ocorrer é inferior a 10^4.

COMENTÁRIOS

✪ **Nota do autor:** Essa questão é de difícil interpretação, ela contém informações que não são muito claras, a principal delas é a afirmação de que serão sorteados três números de dois algarismos, então nos perguntamos, é aceitável o algarismo 0 para compor as dezenas? Nesse caso sim, pois o próprio exercício afirma que o algarismo das dezenas deve variar de 0 a 5 e como trata-se de um sorteio, o número "05" é totalmente aceitável.

Errado. Vamos analisar as opções de montagem de cada número, para isso, é necessário considerar as condições do enunciado, são elas:

– O algarismo das dezenas varia de 0 a 5, portanto temos seis números possíveis para serem sorteados.

– O algarismo das unidades varia de 0 a 9, desse modo, temos dez números possíveis para serem sorteados.

– Se um algarismo já foi sorteado para as dezenas, este não poderá ser sorteado para compor o algarismo das dezenas dos próximos números.

– Se um algarismo já foi sorteado para as unidades, este não poderá ser sorteado para compor o algarismo das unidades dos próximos números.

Para visualizarmos melhor, vamos construir uma tabela com as possibilidades de escolha de cada número:

Nº	Algarismo das dezenas	Algarismo das unidades	Total
1º	6 possibilidades (de 0 a 5)	10 possibilidades (de 0 a 9)	6 x 10 = 60
2º	5 possibilidades (não podemos repetir o anterior)	9 possibilidades (não podemos repetir o anterior)	5 x 9 = 45
3º	4 Possibilidades (não podemos repetir os anteriores)	8 possibilidades (não podemos repetir os anteriores)	4 x 8 = 32

Como temos que sortear os três números em sequência, é preciso multiplicar todos os resultados encontrados:

$$60 \times 45 \times 32 = 86400$$

Como $10^4 = 10000$, temos que a quantidade de números possíveis é superior a 10^4.

---

38. (Delegado de Polícia – AC/ 2008 –CESPE) Uma palavra sobre $\sum = \{0, 1\}$ consiste dos próprios símbolos de $\sum$, 0 e 1, e também de uma concatenação de qualquer dos símbolos de $\sum$, como, por exemplo, 00, 01, 000, 001, 1001 etc. Uma palavra tem comprimento N quando possui N símbolos. Defina por $\sum^N$ o conjunto de todas as palavras sobre $\sum$ que têm comprimento N.

Com base nessas informações, julgue os itens a seguir.

O conjunto $\sum^4$ contém exatamente 16 palavras.

COMENTÁRIOS

✪ **Nota do autor:** Devemos estar sempre atentos às condições apresentadas no enunciado de cada questão, qualquer mínimo detalhe muda completamente a forma de resolução, nessa questão, por exemplo, diferente das anteriores, não há restrições quanto à repetição dos elementos, dessa forma, ao se definir quantas possibilidades há para cada algarismo, não podemos retirar o que foi utilizado nas opções anteriores.

Certo. Pelo enunciado, temos que o conjunto $\sum^4$ representa todas as palavras de comprimento 4, ou seja, representa todos os arranjos de quatro algarismos que podem ser formados utilizando apenas os símbolos "0" e "1", como o exercício não menciona nenhuma restrição quanto à repetição dos algarismos, temos as seguintes possibilidades:

1º Algarismo	2 possibilidades (0 ou 1).
2º Algarismo	2 possibilidades (0 ou 1).
3º Algarismo	2 possibilidades (0 ou 1).
4º Algarismo	2 possibilidades (0 ou 1).

Multiplicando as possibilidades, temos:

$$2x2x2x2 = 16.$$

O próximo passo é nos questionarmos, a ordem dos elementos faz diferença? Nesse caso sim, a palavra 0001, por exemplo, é diferente da palavra 0100, embora ambas sejam compostas pelos mesmos algarismos, desse modo, o resultado da multiplicação já representa a quantidade de possibilidades que procurávamos, portanto o conjunto $\sum^4$ contém exatamente 16 palavras.

12. PROBABILIDADE

39. (IBADE – Delegado de Polícia – AC/2017) O delegado de polícia Jefferson recebeu a denúncia de que dois foragidos da justiça, Agnaldo e Túlio, encontram-se no bairro Esperança Alta. Com várias informações confiáveis para analisar, ele estima corretamente que a probabilidade de Agnaldo estar na região norte do bairro é de 5/8, a probabilidade de Túlio estar na mesma região é de 3/8, mas a probabilidade dos dois foragidos estarem na região norte é apenas de 1/8. Neste mesmo momento em que terminou os seus estudos probabilísticos, ele recebeu uma denúncia confiável de que Agnaldo acabou de ser visto na região norte do bairro Esperança Alta. Se todas as informações são verdadeiras, com esta denúncia, Jefferson pode estimar precisamente que a probabilidade de Túlio também estar na região Norte é de:

a) 20%.

b) 24%.

c) 30%.

d) 14%.

e) 16%.

COMENTÁRIOS

✪ **Nota do autor:** Sejam A e B dois eventos não vazios pertencentes a um espaço amostral finito, temos que a probabilidade condicional do evento A em relação a B, ou seja, a probabilidade do evento A acontecer, dado que o evento B já ocorreu, é dada pela fórmula:

$$P(A/B) = \frac{P(A \cap B)}{P(B)}$$

Em que:

é a probabilidade condicional de A em relação a B.

P(A/B) é a probabilidade da intersecção dos dois eventos.

P(A ∩ B) é a probabilidade do evento B.

P(B) é a probabilidade do evento B.

Alternativa correta: letra "a": Vamos organizar os dados:

A = Probabilidade de Túlio estar na região norte do bairro.

B = Probabilidade de Agnaldo estar na região norte do bairro.

A ∩ B = Probabilidade de Agnaldo e Túlio estarem na região norte do bairro.

Como sabemos que Agnaldo está na região norte do bairro, ou seja, o evento B já ocorreu, para encontrar a probabilidade de Túlio também estar na região norte, vamos aplicar a fórmula de probabilidade condicional:

$$P(A/B) = \frac{P(A \cap B)}{P(B)}$$

$$P(A/B) = \frac{\frac{1}{8}}{\frac{5}{8}}$$

$$P(A/B) = \frac{1}{8} \cdot \frac{8}{5}$$

$$P(A/B) = \frac{1}{5} = 20\%$$

Portanto, a probabilidade de Túlio também estar na região norte do bairro é de 20%.

Alternativas "b", "c", "d", "e": Incorretas.

40. (UEL - Delegado de Polícia - PR/2013) Três integrantes da Polícia Civil, Silva, Nascimento e Barbosa, participam de uma competição de MMA. Silva e Nascimento têm as mesmas chances de vencer, e cada um tem duas vezes mais chances de vencer do que Barbosa.

Assinale a alternativa que apresenta, corretamente, a probabilidade de Silva ou Barbosa vencer a competição.

a) 2/15

b) 1/5

c) 2/3

d) 3/5

e) 4/5

COMENTÁRIOS

✪ **Nota do autor:** Em probabilidade, o conectivo "ou" representa soma das probabilidades, enquanto que o conectivo "e" representa a multiplicação delas.

Alternativa correta: letra "d": Vamos chamar de P a quantidade de chances que Barbosa tem de vencer a competição.

Como Silva e Nascimento tem o dobro da chance de Barbosa, podemos definir todas as chances:

Barbosa = P

Silva = 2P

Nascimento = 2P

Total = 5P

Como queremos a probabilidade de Silva ou Barbosa vencer a competição, vamos somar as chances dos dois e dividir pelo total:

$$\text{Probabilidade } \frac{2P+P}{5P} = \frac{3P}{5P} = \frac{3}{5}$$

Portanto, a probabilidade de Silva ou Barbosa vencer a competição é de $\frac{3}{5}$

Alternativas "a", "b", "c", "e": Incorretas.

---

41. (Delegado de Polícia – ES/ 2011 – CESPE) A questão da desigualdade de gênero na relação de poder entre homens e mulheres é forte componente no crime do tráfico de pessoas para fins de exploração sexual, pois as vítimas são, na sua maioria, mulheres, meninas e adolescentes. Uma pesquisa realizada pelo Escritório das Nações Unidas sobre Drogas e Crime (UNODC), concluída em 2009, indicou que 66% das vítimas eram mulheres, 13% eram meninas, enquanto apenas 12% eram homens e 9% meninos.Ministério da Justiça. Enfrentamento ao tráfico de pessoas: relatório do plano nacional. Janeiro de 2010, p. 23 (com adaptações).

Com base no texto acima, julgue os itens a seguir.

Se for escolhida ao acaso uma das vítimas indicadas na pesquisa, a probabilidade de que ela seja ou do sexo feminino ou um menino será inferior a 80%.

COMENTÁRIOS

✪ **Nota do autor:** Quando trabalhamos com probabilidade e análise combinatória, temos dois conectivos que podem aparecer ligando as informações, cada um deles representa uma operação que vamos definir abaixo:

– Conectivo "e": Representa multiplicação.

– Conectivo "ou": Representa soma.

É importante saber que nem sempre esses conectivos aparecem escritos no problema, na maioria das vezes eles estão apenas subentendidos.

Errado. Como a porcentagem representa a razão entre a quantidade de pessoas que estão em cada grupo em relação ao total de pessoas, cada porcentagem já representa a probabilidade de uma pessoa, selecionada ao acaso, pertencer àquele grupo.

Ao se selecionar ao acaso uma das vítimas, temos as seguintes probabilidades dessa vítima:

Ser mulher	Ser menina	Ser homem	Ser menino
66%	13%	12%	9%

O exercício nos questiona sobre a probabilidade de uma vítima escolhida ao acaso ser do sexo feminino ou ser um menino, já sabemos a probabilidade da vítima ser um menino, mas e a probabilidade da vítima ser do sexo feminino?

Para isso é preciso pensar, se a vítima for do sexo feminino, então ela, ou será uma mulher, ou será uma menina, desse modo, devemos somar essas duas probabilidades:

Probabilidade de ser do sexo feminino = probabilidade de ser mulher + probabilidade de ser menina.

Probabilidade de ser do sexo feminino = 66% + 13% = 79%.

Com essa informação, é possível calcular a probabilidade de a vítima ser do sexo feminino ou ser menino, para isso, é necessário somar essas duas probabilidades:

79% + 9% = 88%.

Como a probabilidade da vítima escolhida ao acaso ser do sexo feminino ou um menino é 88%, está incorreta a afirmação do enunciado.

---

42. (Delegado de Polícia – TO/ 2008 –CESPE) Julgue os itens seguintes, que dizem respeito à determinação do número de possibilidades lógicas ou probabilidade de algum evento.

– Considere que 9 rapazes e 6 moças, sendo 3 delas adolescentes, se envolvam em um tumulto e sejam detidos para interrogatório. Se a primeira pessoa chamada para ser interrogada for escolhida aleatoriamente, então a probabilidades de essa pessoa ser uma moça adolescente é igual a 0,2.

COMENTÁRIOS

✪ **Nota do autor:** A probabilidade de um evento acontecer é definida pela razão entre a quantidade de eventos favoráveis e o espaço amostral, em outras palavras, é a divisão da quantidade de resultados favoráveis pela quantidade total de resultados possíveis:

$$Probabilidade = \frac{Quantidade\ de\ resultados\ favoráveis}{Total\ de\ resultados\ possíveis}$$

É muito importante que saibamos identificar corretamente qual é a quantidade de resultados favoráveis e qual é o total de resultados possíveis, feito isso, basta calcularmos a razão entre eles.

Certo. Somando-se os rapazes e as moças, temos um grupo de quinze pessoas, como qualquer uma delas pode ser chamada para o interrogatório, esse grupo de quinze pessoas representa o espaço amostral, ou seja, o total de resultados possíveis.

Para os resultados favoráveis, queremos que a pessoa escolhida ao acaso seja uma moça adolescente desse modo, do grupo de quinze pessoas, três delas possuem a característica que procuramos e representam, portanto, os resultados favoráveis para nosso cálculo de probabilidade:

$$Probabilidade = \frac{3}{15} = \frac{1}{5} = 0,2$$

Com base no cálculo efetuado, concluímos que a probabilidade uma pessoa desse grupo, escolhida ao acaso, ser uma moça adolescente é igual a 0,2.

13. OPERAÇÕES LÓGICAS

43. (UEL - Delegado de Polícia - PR/2013) No país dos Números, as calculadoras são diferentes. A operação numérica mais utilizada é *. Quando digitamos na calculadora x * y, a conta efetuada é x * y = x . y + 2 . x, em que x e y pertencentes ao conjunto dos números reais R, e as operações . e + são as usuais de R.

Com essas considerações, assinale a alternativa que apresenta, corretamente, o resultado da operação

x * y, com x= 3 e y= –1.

a) -3

b) -1

c) 0

d) 1

e) 3

COMENTÁRIOS

Alternativa correta: letra "e": Para resolver a questão, basta substituir x e y pelos valores fornecidos e resolver as operações somente no segundo membro da equação.

x * y= x . y + 2 . x

Para x= 3 e y= –1, temos:

(3) * (–1) = (3) . (–1) + 2 . (3)

(3) * (–1) = (–3) + (6)

(3) * (–1) = 3

Portanto, x* y = 3 para x = 3 e y = –1.

Alternativa "a": Poderia ser obtido por erros de sinais.

Alternativas "b", "c", "d": Incorretas.

---

44. (UEL - Delegado de Polícia - PR/2013) Observe a figura a seguir.

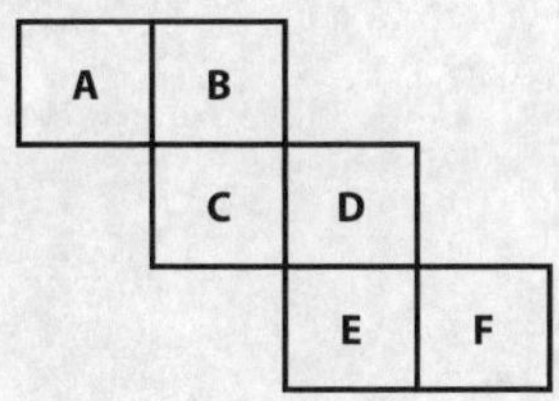

Se essa figura representa a planificação de um cubo, então a face oposta à face D é dada por:

a) A

b) B

c) C

d) E

e) F

COMENTÁRIOS

✪ **Nota do autor:** A melhor forma de resolver essa questão é imaginar as faces dobradas e analisar quais serão opostas, essa análise se torna mais fácil se partirmos da face central.

Alternativa correta: letra "a": Vamos tomar como ponto de partida a face central C, ela será a face superior do cubo.

Dobrando para baixo as faces ligadas à C, temos:

Face D: ficará na lateral direita do cubo.

Face B: ficará na lateral superior do cubo.

Dobrando as demais faces, temos:

Face E: ficará na lateral inferior do cubo.

Face A: ficará na lateral esquerda do cubo.

Face F: será a face inferior do cubo.

Portando, as faces opostas são:

- C e F

- B e E

- A e D

Logo, a face oposta à D é a face A.

Alternativas "b", "d": Faces B e E são opostas.

Alternativas "c", "e": Faces C e F são opostas.

---

45. (UEL - Delegado de Polícia - PR/2013) A figura, a seguir, mostra a configuração de um tabuleiro 3 x 3 com peças pretas e brancas.

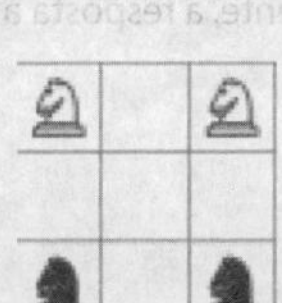

O movimento de cada uma das peças parece a letra L, ou seja, 2 casas verticalmente e, em seguida, 1 casa horizontalmente; ou 2 casas horizontalmente e, em seguida, 1 casa verticalmente. Uma peça pode pular outra peça, mas não pode sair do tabuleiro, e as peças não podem se sobrepor.

Seguindo essas orientações, movimente cada uma das peças desse tabuleiro uma única vez e, posteriormente, assinale a alternativa que apresenta uma configuração possível de ser obtida.

a) 

b) 

c) 

d) 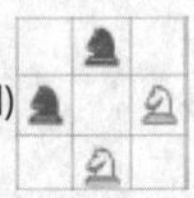

e) 

COMENTÁRIOS

✪ **Nota do autor:** Antes de analisar as alternativas, é preciso lembrar que todas as peças foram movimentadas e que cada uma delas foi movimentada uma única vez.

Alternativa correta: letra "d": Movimentando cada peça em L (duas casas horizontalmente e uma verticalmente, ou uma casa horizontalmente e duas verticalmente) as únicas casas em que as peças poderiam terminar são as casas do meio, exceto a casa central.

Alternativas "a", "b", "c", "e": Após serem movimentadas uma única vez, nenhuma das peças poderia ocupar as casas da extremidade.

46. (UEL - Delegado de Polícia - PR/2013) Para exercitar as diversas habilidades que um soldado deve ter (memorização, respeito a comandos, equilíbrio, senso espacial, preparo físico), um comandante executa a seguinte prática: posiciona seus 5 soldados em fila, um ao lado do outro, numera-os de 1 a 5, informa que a comunicação entre eles deverá ser feita pela numeração, coloca uma venda em seus olhos e explica os 3 movimentos a serem executados (posição de descanso, posição de ataque e inversão de posição, que significa passar para a posição anterior àquela em que estavam). Isso posto, inicia os comandos:

i. Todos em posição de descanso.

ii. Soldados cuja numeração é par, em posição de ataque.

iii. Soldados cuja numeração é um múltiplo de 3, invertam sua posição.

iv. Soldados cuja numeração é um múltiplo de 4, invertam sua posição.

v. Soldados cuja numeração é um múltiplo de 5, invertam sua posição.

Após os cinco comandos, o comandante solicita a um dos soldados que responda quais deles se mantêm na posição de descanso.

Assinale a alternativa que apresenta, corretamente, a resposta à pergunta do comandante.

a) 1 e 3

b) 1 e 4

c) 2 e 4

d) 2 e 5

e) 3 e 5

COMENTÁRIOS

Alternativa correta: letra "b": Vamos estabelecer a posição de cada soldado após cada ordem do comandante.

i. Todos em posição de descanso:

1 - Descanso
2 - Descanso
3 - Descanso
4 - Descanso
5 - Descanso

ii. Soldados cuja numeração é par, em posição de ataque:

1 - Descanso
2 - Ataque
3 - Descanso
4 - Ataque
5 - Descanso

iii. Soldados cuja numeração é um múltiplo de 3, invertam sua posição.

1 - Descanso
2 - Ataque
3 - Ataque
4 - Ataque
5 - Descanso

iv. Soldados cuja numeração é um múltiplo de 4, invertam sua posição.

1 - Descanso
2 - Ataque
3 - Ataque
4 - Descanso
5 - Descanso

v. Soldados cuja numeração é um múltiplo de 5, invertam sua posição.

1 - Descanso
2 - Ataque
3 - Ataque
4 - Descanso
5 - Ataque

Portanto, após as cinco ordens do comandante, os únicos soldados que se mantêm em posição de descanso são os soldados 1 e 4.

Alternativas "a", "c", "d", "e": Incorretas.

Raciocínio Lógico

Daniel Alves Machado

✦ DICAS

1. LÓGICA PROPOSICIONAL

1. Conectivos Lógicos:

Conectivo	Símbolo	Nomenclatura	Tabela-Verdade
E	$\wedge$	Conjunção	Verdadeira se as duas proposições forem verdadeiras, nos demais casos será falsa.
OU	V	Disjunção inclusiva	Falsa se as duas proposições forem falsas, nos demais casos será verdadeira.
OU...OU	$\underline{\vee}$	Disjunção exclusiva	Verdadeira para valores lógicos diferentes e falsa para valores lógicos iguais.
Se...Então	$\rightarrow$	Condicional	Será falsa somente se a primeira proposição for verdadeira e a segunda for falsa, será verdadeira em todos os demais casos.
Se e Somente Se	$\leftrightarrow$	Bicondicional	Verdadeira para valores lógicos iguais e falsa para valores lógicos diferentes.
Não	~ ¬	Negação	Sempre que uma proposição for verdadeira, a negação será falsa e sempre que uma proposição for falsa, a negação será verdadeira.

2. Simbologia alternativa:

Nomenclatura	Conectivo	Símbolo
Negação	Não	-
Condicional	Se...Então	$\supset$
Bicondicional	Se e Somente Se	$\equiv$
Conjunção	E	. &

3. Sejam "A" e "B" duas proposições simples, temos a seguinte tabela verdade:

A	B	A ^ B	A v B	A $\underline{\vee}$ B	A → B	A ↔ B
V	V	V	V	F	V	V
V	F	F	V	V	F	F
F	V	F	V	V	V	F
F	F	F	F	F	V	V

4. Negação das principais proposições compostas.

Proposição	Negação	Construção
A ^ B	~A v ~B	Negar as proposições simples e trocar o conectivo "e" por "ou".
A v B	~A ^ ~B	Negar as proposições simples e trocar o conectivo "ou" por "e".
A → B	A ^ ~B	Manter a primeira proposição simples, negar a segunda e trocar o conectivo "se...então" pelo conectivo "e".

5. As negações de proposições que envolvem as palavras "todos" e "nenhum" devem ser construídas utilizando "pelo menos um" ou "algum".

Exemplo:

Afirmação	Negação
Todos os sócios compareceram à reunião.	**Pelo menos um (algum)** sócio não compareceu à reunião
Nenhum avião decolou esta manhã.	**Pelo menos um (algum)** avião decolou esta manhã.

6. Em proposições condicionais no formato "A → B", podemos dizer que:

A é condição suficiente para B.

B é condição necessária para A.

Para auxiliar na memorização, observem o esquema:

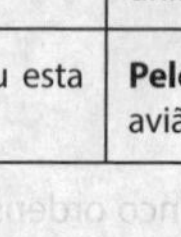

7. Em proposições bicondicionais no formato "A ↔ B", podemos dizer que:

A é condição suficiente e necessária para B.

B é condição suficiente e necessária para A.

Para auxiliar na memorização, observem o esquema:

Suficiente
e
Necessária

A ↔ B

Suficiente
e
Necessária

8. Equivalência Lógica: Proposições que possuem o mesmo sentido.

Se duas proposições compostas forem equivalentes, suas tabelas-verdade também serão equivalentes.

A equivalência lógica que mais é encontrada em provas de concursos públicos é a que envolve o conectivo condicional, esta equivalência possui duas formas bem definidas que podem ser memorizadas e economizar tempo na resolução de exercícios, vejamos abaixo como construí-las:

Sejam as proposições simples A e B e a proposição composta A → B, temos:

Proposição Equivalente	Como Construir
~B → ~A	Devemos negar as duas proposições simples e inverter a ordem em que elas aparecem.
~A v B	Devemos negar a primeira proposição simples, trocar o conectivo "se...então" por "ou" e manter a segunda proposição simples inalterada.

9. Nomenclatura das equivalências:

Proposição	Equivalente	Nomenclatura
¬ (A v B)	¬ A ^ ¬ B	Lei de De Morgan
¬ (A ^ B)	¬ A v ¬ B	Lei de De Morgan
A → B	¬B → ¬ A	Transposição
A → B	¬ A v B	Implicação Material

10. Tautologia: Proposição sempre verdadeira, independente dos valores lógicos das proposições simples que a compõem.

Uma proposição composta será uma tautologia, quando todos os valores lógicos da última coluna de sua tabela verdade forem verdadeiros.

Exemplo: Na eleição, o candidato João Victor será eleito, ou não será eleito.

Definindo por "A" a proposição "o candidato João Victor será eleito", temos:

A	¬ A	A v ¬ A
V	F	**V**
F	V	**V**

11. Contradição: Proposição sempre falsa, independente dos valores lógicos das proposições simples que a compõem.

Uma proposição composta será uma contradição, quando todos os valores lógicos da última coluna de sua tabela verdade forem falsos.

Exemplo: Na eleição, o candidato João Victor será eleito e não será eleito.

Definindo por "A" a proposição "o candidato João Victor será eleito", temos:

A	¬ A	A ^ ¬ A
V	F	**F**
F	V	**F**

12. Contingência: Proposição que não satisfaz nem a condição de tautologia, nem a de contradição, é o tipo de proposição que mais ocorre.

Uma proposição composta será uma contingência, quando nos valores lógicos da última coluna de sua tabela verdade houver pelo menos um valor verdadeiro e pelo menos um valor falso.

Exemplo: Se chove, então faz frio.

Definindo as proposições:

A: Chover.

B: Fazer frio.

Temos:

A	B	A → B
V	V	**V**
V	F	**F**
F	V	**V**
F	F	**V**

2. PROBLEMAS DE DATAS

1. Todas as vezes que um determinado problema envolver o cálculo de datas, devemos sempre nos atentar que cada mês do ano possui uma quantidade de dias, nesse caso, a primeira coisa que deve ser definida é quais dos meses envolvidos possuem trinta dias, quais possuem trinta e um e, se fevereiro for um dos meses envolvidos, devemos observar se o referido ano é bissexto, se for, fevereiro terá vinte e nove dias, caso contrário terá vinte e oito.

2. Meses do ano e quantidade de dias que cada um possui:

Meses	Quantidade de Dias
Janeiro	31
Fevereiro	28 / 29
Março	31
Abril	30
Maio	31
Junho	30

Meses	Quantidade de Dias
Julho	31
Agosto	31
Setembro	30
Outubro	31
Novembro	30
Dezembro	31

3. Ano Bissexto: Para que um ano seja bissexto, o numeral que o representa deve ser um número divisível por 4.

Exceção: Os anos que são divisíveis por 100 (..., 1900, 2000, 2100, 2200, ...) só serão bissextos se forem divisíveis por 400.

3. EQUAÇÃO DE PRIMEIRO GRAU

1. Ao se resolver uma equação de primeiro grau, sempre que precisarmos transferir um termo de um membro para outro, com o objetivo de isolarmos a incógnita, é muito comum que fiquemos com dúvida se devemos trocar o sinal do termo ou não, para facilitar a resolução, em vez de sinal, devemos sempre pensar em operação inversa, se o referido número estiver somando, ao trocá-lo de membro, este passará subtraindo e vice-versa, se um determinado número estiver multiplicando, ao trocá-lo de membro, este passará dividindo e vice-versa.

2. Pode ocorrer de a incógnita aparecer no numerador de uma fração, nesse caso é necessário encontrar o mínimo múltiplo comum dos denominadores e resolver as operações entre as frações.

Exemplo:

$$\frac{x}{2} + \frac{2x}{3} = 7$$

MMC (2,3) = 6

O MMC encontrado será o novo denominador da equação.

O próximo passo é dividir o MMC pelo denominador de cada fração e, na sequência, multiplicar o resultado pelo respectivo numerador.

$$\frac{3x + 2(2x)}{6} = \frac{42}{6}$$

$$\frac{7x}{6} + \frac{42}{6}$$

x = 6

3. É preciso tomar cuidado quando ocorre a necessidade de utilizar a propriedade distributiva, muitos candidatos, por distração, resolvem de forma errada, observemos o erro mais comum dos candidatos e a forma correta:

Erro comum:

3 (x + 4)

3 x + 4

Forma correta:

3 (x + 4)

3 x + 12

4. PRINCÍPIO DE POMBAL

1. Exercícios que envolvem o princípio de pombal seguem o mesmo padrão, geralmente nos será dada uma condição inicial e em seguida será perguntado qual o número máximo, ou o número mínimo, admitido para que possamos garantir a condição imposta no exercício, para fazermos isso, devemos sempre considerar as hipóteses mais remotas.

Exemplo:

Uma gaveta possui 5 pés de meia vermelha, 8 pés de meia branca e 6 pés de meia preta, qual o número mínimo de pés de meia que devem ser retirados aleatoriamente da gaveta para que seja garantido ter se retirado um par de mesma cor.

Hipótese mais remota: retirar o máximo de pés de cores diferentes, até encontrarmos dois pés de mesma cor.

O número máximo de pés de cores diferentes que podem ser retirados é três, um vermelho, um branco e um preto, por não haver outra cor, o quarto pé, com certeza, será da mesma cor de um dos três anteriores.

Resposta: Quatro.

2. Outro estilo de exercício que exige a utilização do princípio de pombal é fornecer alguns dados numéricos e solicitar que o candidato estabeleça uma conclusão. Observem um exemplo típico:

Em uma determinada montanha há doze buracos e treze pássaros, em um determinado momento todos os pássaros entram nos buracos, o que se pode concluir?

Como a quantidade de pássaros é maior do que a quantidade de buracos, a única conclusão que podemos estabelecer e a de que em um buraco haverá pelo menos dois pássaros.

5. PRINCÍPIO FUNDAMENTAL DA CONTAGEM

1. É a base do estudo de análise combinatória, consiste no produto das possibilidades de cada uma das escolhas que devemos fazer.

Exemplo: Se temos ***m*** sabores diferentes de pizza e ***n*** sabores diferentes de refrigerante, então, pelo princípio fundamental da contagem, temos ***m.n*** formas diferentes de escolher um sabor de pizza e um sabor de refrigerante.

2. Todos os problemas de análise combinatória podem ser resolvidos utilizando o princípio fundamental da contagem, para isso, é necessário seguir alguns passos:

- Separar quantas opções devem ser escolhidas.
- Determinar quantas possibilidades há para cada opção do passo anterior.
- Multiplicar os valores encontrados.

Por fim, é preciso fazer uma análise do que estamos procurando, há duas possibilidades:

- A ordem dos elementos a serem escolhidos é importante, ou seja, queremos formar uma sequência de elementos, nesse caso já temos o resultado exato.
- A ordem dos elementos não é importante, ou seja, queremos montar apenas um grupo de elementos, e não elementos em uma determinada sequência, nesse caso devemos dividir o resultado encontrado pelo número de possibilidades em que a ordem não faz diferença, sendo este número sempre seguido de fatorial.

3. Seja ***n*** um número natural qualquer, definimos como fatorial de ***n***, representado por ***n!***, a multiplicação de ***n*** por todos seus antecessores, até o número um:

n! = (n - 1) . (n - 2)... .3.2.1

Exemplo: 5! = 5.4.3.2.1 .= 120

4. Por definição, 0! =1

5. Em todos os exercícios de análise combinatória, há relações entre os conectivos que aparecem e as operações matemáticas, são elas:

- Conectivo "e": Representa multiplicação.
- Conectivo "ou": Representa soma.

Nem sempre esses conectivos aparecem escritos no problema, muitas vezes eles estão apenas subentendidos.

6. ARRANJO

1. São agrupamentos que diferem entre si pela natureza e pela ordem de seus elementos, quando calculamos um arranjo, estamos encontrando de quantas formas podemos montar uma sequência de elementos, isso significa que a ordem em que os elementos forem escolhidos mudará completamente o resultado final.

Exemplo: Em uma corrida de dez participantes, montar o ranking dos três primeiros colocados.

Reparem que em um grupo de três primeiros colocados, se for alterada a ordem de chegada de cada participante, o resultado final será completamente alterado.

2. Quando não há repetição dos elementos, o arranjo é chamado de simples e pode ser calculado pela fórmula:

$$A_{nxp} = \frac{n!}{(n-p)!}$$

3. Quando há a possibilidade de repetição dos elementos, estamos diante de um arranjo com repetição, nesse caso, usamos a fórmula:

$$A_{nxp} = n^p$$

4. Quando o número elementos que queremos arranjar for igual ao número total de elementos e não puder haver repetição entre eles, o arranjo é chamado de permutação e pode ser representado pela fórmula:

$$P_n = n!$$

7. COMBINAÇÃO

1. São agrupamentos que diferem entre si apenas pela natureza de seus elementos, independente da ordem em que eles aparecerem, quando calculamos uma combinação, estamos encontrando de quantas formas podemos montar um grupo de elementos, isso significa que a ordem em que os elementos forem escolhidos não mudará o resultado final.

Exemplo: Em um grupo de dez crianças, escolher três para dar a cada uma um saco de pipoca.

Reparem que no grupo das três crianças escolhidas, se for alterada a ordem de escolha delas, o resultado final não será alterado, pois o grupo permanecerá o mesmo.

2. Quando na combinação não puder haver repetições, ela será chamada de simples e poderá ser calculada pela fórmula:

$$C_{n,p} = \frac{n!}{p!.(n-p)!}$$

3. Quando houver a possibilidade de repetição dos elementos, estaremos diante de uma combinação com repetição, nesse caso, usamos a mesma fórmula da combinação simples, mas no lugar de *n*, devemos usar *n + p – 1:*

$$C_{n+p-1,\,p}$$

Exemplo: Uma pessoa vai ao supermercado para comprar quatro tapetes que estão disponíveis nas cores vermelha, verde, amarela, azul e branca, sabendo que essa pessoa pode comprar os tapetes de cores repetidas, de quantas maneiras ela pode escolher quatro tapetes?

Como a ordem de escolha dos tapetes não altera o resultado final, estamos diante de uma combinação e como pode haver repetições, devemos utilizar a fórmula de combinação com repetição:

$n = 5$ cores de tapetes.

$p = 4$ tapetes que serão comprados.

Aplicando a fórmula, temos:

$$C_{n+p-1,\,p} = C_{5+4-1,\,4} = C_{8,\,4}$$

$$C_{8,\,4} = \frac{8!}{4!\,.(8-4)!} = \frac{8.7.6.5.4!}{4!\,.\,4!} = \frac{8.7.6.5}{4.3.2.1} = 70$$

Portanto, concluímos que existem setenta formas diferentes dessa pessoa escolher os quatro tapetes.

8. PROBABILIDADE

1. A probabilidade de um evento ocorrer é definida pela razão entre a quantidade de resultados favoráveis e o total de resultados possíveis, de acordo com a fórmula:

$$Probalidade = \frac{Quantidade\ de\ resultados\ favoráveis}{Total\ de\ resultados\ possíveis}$$

2. Quando queremos calcular a probabilidade de um evento e outro ocorrer, a probabilidade final será dada pela multiplicação das probabilidades.

   Conectivo "e" = multiplicação.

3. Quando queremos calcular a probabilidade de um evento ou outro ocorrer, a probabilidade final será dada pela soma das probabilidades.

   Conectivo "ou" = soma.

4. A probabilidade sempre será um número compreendido entre 0 e 1 e pode ser representado em forma de porcentagens de acordo com os esquemas abaixo:

   $0 \leq Probalidade \leq 1$

   ou

   $0\% \leq Probalidade \leq 100\%$

5. Evento certo: Ocorre quando a probabilidade de ocorrência de um evento é igual a 100%.
6. Evento impossível: Ocorre quando a probabilidade de ocorrência de um evento é igual a 0%.

9. REGRA DE TRÊS

1. Grandezas diretamente proporcionais: Uma grandeza aumenta e a outra aumenta na mesma proporção.

Exemplo: Uma pessoa caminha 10 km em duas horas, quanto tempo será necessário para que essa pessoa, caminhando no mesmo ritmo, percorra 35 km?

Montando uma tabela com os dados e atribuindo uma seta à coluna que possui a incógnita, temos:

Km		Horas	
10		2	↑
35		X	

Para atribuirmos uma seta à outra coluna, devemos nos perguntar, quanto mais horas de caminhada, serão percorridos mais, ou menos quilômetros?

A resposta é mais, quanto maior o tempo de caminhada, maior será a distância percorrida. Se pela resposta da pergunta obtemos que uma grandeza aumenta e a outra também aumenta, elas são diretamente proporcionais.

Como as grandezas são diretamente proporcionais, a seta a ser atribuída deve estar no mesmo sentido da seta inicial:

Km		Horas	
10	↑	2	↑
35		X	

Se todas as setas estão no mesmo sentido, podemos prosseguir com a multiplicação em cruz

$$\begin{matrix} 10 & \searrow\swarrow & 2 \\ 35 & & X \end{matrix}$$

$$10.X = 2.35$$

$$10.X = 70$$

$$X = 7$$

Portanto, serão gastas sete horas para que esta pessoa percorra 35 km.

2. Grandezas inversamente proporcionais: Uma grandeza aumenta e a outra diminui na mesma proporção.

Exemplo: Uma pessoa, dirigindo a 50 km/h, demora uma hora para percorrer uma determinada distância, quanto tempo levaria essa pessoa para percorrer a mesma distância, se ela viajasse a 100 km/h?

Montando uma tabela com os dados e atribuindo uma seta à coluna que possui a incógnita, temos:

Km/h		Horas	
50		1	↑
100		X	

Para atribuirmos uma seta a outra coluna, devemos nos perguntar, quanto maior a velocidade, será gasto mais tempo ou menos tempo no percurso?

A resposta é menos, quanto maior a velocidade, menor será o tempo gasto no percurso. Se pela resposta da pergunta obtemos que uma grandeza aumenta e a outra diminui, elas são inversamente proporcionais.

Como as grandezas são inversamente proporcionais, a seta a ser atribuída deve estar no sentido contrário ao da seta inicial:

Km/h		Horas	
50	↓	1	↑
100		X	

Como as setas estão em sentidos contrários, devemos inverter uma delas (inverter também os valores que a acompanham) para que fiquem todas no mesmo sentido:

Km/h		Horas	
100	↑	1	↑
50		X	

Com as setas no mesmo sentido, prosseguimos com a multiplicação em cruz:

$$\frac{100}{50} \times \frac{1}{X}$$

$$100.X = 50$$

$$X = 0{,}5$$

Portanto, serão gastos trinta minutos para essa pessoa fazer o mesmo percurso, viajando a 100 km/h.

3. Regra de três composta: Existem mais de duas grandezas envolvidas.

Exemplo: 2 operários constroem 16 metros quadrados de um muro em 32 dias, quantos dias serão necessários, para que 8 operários construam 128 metros quadrados de um muro?

Organizando os dados em uma tabela de modo que a coluna da incógnita fique em uma das extremidades e atribuindo a esta coluna uma seta, temos:

	Dias	Operários	m²
↑	32	2	16
	X	8	128

Para atribuirmos as próximas setas, é necessário comparar cada coluna com a coluna da incógnita, para grandezas diretamente proporcionais, será atribuída uma seta no mesmo sentido da que está na coluna da incógnita, para grandezas inversamente proporcionais, a seta será em sentido oposto:

Dias – Operários: Inversamente proporcionais, quanto mais operários, o trabalho será concluído em menos tempo.

Dias – m²: Diretamente proporcionais, quanto maior a quantidade de metros a ser construída, mais dias serão necessários.

	Dias		Operários		m²
↑	32	↓	2	↑	16
	X		8		128

Deixando todas as setas no mesmo sentido:

	Dias		Operários		m²
↑	32	↑	8	↑	16
	X		2		128

Para finalizarmos a regra de três, devemos multiplicar em "linha reta" todos os valores das colunas em que a incógnita não está:

$$\frac{32}{X} \quad \frac{8}{2} \quad \frac{16}{128}$$

Com o produto calculado, efetuamos a multiplicação em cruz com a coluna da incógnita:

$$\frac{32}{X} \times \frac{128}{256}$$

$$128.X = 32.256$$

$$X = 64$$

Portanto, serão necessários 64 dias.

10. PORCENTAGEM

1. Porcentagens representam frações cujo denominador é 100.

Há três formas de representar uma porcentagem, com o símbolo "%", na forma fracionária, ou na forma decimal.

Analisemos alguns exemplos:

%	Fracionária	Decimal
19%	$\frac{19}{100}$	0,19
67%	$\frac{67}{100}$	0,67
83,12%	$\frac{83{,}12}{100}$	0,8312
1%	$\frac{1}{100}$	0,01

2. É preciso tomar muito cuidado ao se transformar valores menores do que 10% em números decimais, vejamos agora alguns erros comuns que, por distração, são cometidos pelos candidatos:

Valores percentuais	INCORRETO	CORRETO
4%	0,4	0,04
7%	0,7	0,07
0,5%	0,05	0,005

3. Para calcularmos quanto um valor percentual representa de um valor definido, podemos proceder de duas formas, são elas:

1ª: Transformar o valor percentual em uma fração e multiplicar essa fração pelo valor definido.

Exemplo: Calcular 25% de R$ 600,00:

Transformando em fração: $25\% = \frac{25}{100}$

Multiplicando pelo valor definido: $\frac{25}{100}x600 = 150.$

Portanto, 25% de R$ 600,00 é R$ 150,00.

2ª: Transformar o valor percentual em valor decimal e multiplicar essa fração pelo valor definido.

Exemplo: Calcular 25% de R$ 600,00:

Transformando em valor decimal: 25% = 0,25

Multiplicando pelo valor definido: 0,25 x 600 = 150.

Portanto, 25% de R$ 600,00 é R$ 150,00.

4. Qualquer porcentagem pode ser calculada utilizando-se regra de três, observem o exemplo:

R$ 160,00 representa qual porcentagem de R$ 500,00?

Organizando as grandezas:

R$	%
500	100
160	X

Efetuando a multiplicação em cruz, temos:

$$500.X = 160.100$$

$$X = \frac{16000}{500}$$

$$X = 32\%$$

Portanto, R$ 160,00 representa 32% de R$ 500,00.

5. Quando trabalhamos com cálculos de porcentagens sucessivas, devemos trabalhar com as seguintes regras:

– Aumentos: Somar a porcentagem de aumento a 100% e, em seguida, transformar a porcentagem em decimal.

– Diminuições: Subtrair de 100% a porcentagem de diminuição e, em seguida, transformar a porcentagem em decimal.

O próximo passo é montar uma tabela da seguinte forma:

– Primeira coluna: Valor inicial.

– Última coluna: Valor final.

– Colunas intermediárias: Porcentagens de aumentos e diminuições, observando as regras já apresentadas.

Por fim, para o cálculo das porcentagens sucessivas, multiplicamos os valores da primeira coluna com todos os valores das colunas intermediárias, o resultado dessa multiplicação será o valor final.

Exemplo: Um produto, que custa R$ 3000,00, sofreu um aumento de 10% e no mês seguinte, uma diminuição de 5%. Qual foi o valor final?

Aumento de 10% = 100% + 10% = 110%, transformando em decimal: 1,10.

Diminuição de 5% = 100% – 5% = 95%, transformando em decimal: 0,95.

Montando a tabela, temos:

Valor inicial	1ª alteração	2ª alteração	Valor final
3000	1,10	0,95	?

Efetuando a multiplicação das três primeiras colunas, temos:

3000 . 1.10 . 0.95 = 3135

Completando a tabela:

Valor inicial	1ª alteração	2ª alteração	Valor final
3000	1,10	0,95	3135

Portanto, o valor, após as duas alterações, é R$ 3135,00.

11. MÚLTIPLOS E DIVISORES

1. São chamados múltiplos de um número n o resultado da multiplicação de n por qualquer número natural, o exemplo mais conhecido de múltiplos é a tabuada.

– Existem infinitos múltiplos de um número.

Exemplo: Múltiplos de 2: 2, 4, 6, 8, 10, ...

Múltiplos de 3: 3, 6, 9, 12, 15, 18, ...

2. São chamados divisores de um número n todos os números naturais pelos quais podemos dividir n e obter como quociente um número natural e resto igual a 0.

– Ao contrário de múltiplos, a quantidade de divisores é um número limitado.

Exemplo: Divisores de 20: 1, 2, 4, 5, 10, 20.

Divisores de 15: 1, 3, 5, 15.

3. Ao trabalharmos com dois ou mais números, teremos múltiplos que são comuns a eles, o mais importante para resolução de exercícios é menor deles, chamado de mínimo múltiplo comum (MMC), para calculá-lo devemos decompor simultaneamente, em fatores primos, os números envolvidos, por fim, a multiplicação dos fatores será o MMC.

Exemplo: Vamos calcular o mínimo múltiplo comum de 24, 35 e 50.

24, 35, 50	2
12, 35, 25	2
6, 35, 25	2
3, 35, 25	3
1, 35, 25	5
1, 7, 5	5
1, 7, 1	7
1, 1, 1	

$$MMC(24{,}35{,}50) = 2x2x2x3x5x5x7$$

$$MMC(24{,}35{,}50) = 4200.$$

4. Ao se trabalhar com dois ou mais números, teremos os divisores comuns a eles, neste caso, o mais importante para resolução de exercícios, é o maior deles, chamado de máximo divisor comum (MDC), para calculá-lo, é necessário seguir os passos:

– Efetuar a decomposição em fatores primos, separadamente, de cada número envolvido.

– Encontrar os fatores comuns a todos eles.

– O MDC será a multiplicação dos fatores comuns

Exemplo: Vamos calcular o máximo divisor comum de 120, 70 e 50:

120	2
60	2
30	2
15	3
5	5
1	

70	2
35	5
7	7
1	

50	2
25	5
5	5
1	

$$MDC(120{,}70{,}50) = 2x5$$

$$MDC(120{,}70{,}50) = 10$$

5. Quando dois números possuem MDC igual a 1 e MMC igual ao produto dos dois, eles são chamados de números primos entre si.

12. OPERAÇÕES COM CONJUNTOS

1. Relação de pertinência: Analisa se um elemento faz parte de um conjunto, para essa relação temos os seguintes símbolos:

$\in$: Pertence.

$\notin$: Não pertence.

2. Relação de inclusão: Analisa se um conjunto está inserido em outro conjunto, para essa relação temos os seguintes símbolos:

$\subset$: Está contido.

$\not\subset$: Não está contido.

$\supset$: Contém.

$\not\supset$: Não contém.

3. Chama-se união (representada pelo símbolo $\cup$) de dois conjuntos, o conjunto formado pela junção dos elementos de ambos, exemplo:

$\{1,2,3,4\} \cup \{3,4,5,6\} = \{1,2,3,4,5,6\}$

4. Chama-se intersecção (representada pelo símbolo $\cap$) de dois conjuntos, o conjunto formado pelos elementos que fazem parte, ao mesmo tempo, de ambos, exemplo:

$\{1,2,3,4\} \cap \{3,4,5,6\} = \{3,4\}$

5. Chama-se diferença (representada pelo símbolo –) de dois conjuntos, o conjunto formado pelos elementos do primeiro, excluídos os que fazem parte da intersecção de ambos, exemplo:

$\{1,2,3,4\} - \{3,4,5,6\} = \{1,2\}$

6. Chama-se diferença simétrica (representada pelo símbolo Δ) de dois conjuntos, o conjunto formado pela união de ambos, excluindo os elementos que fazem parte da intersecção, exemplo:

$\{1,2,3,4\} \, \Delta \, \{3,4,5,6\} = \{1,2,5,6\}$

13. LÓGICA DE ARGUMENTAÇÃO

Chama-se argumento um conjunto de proposições em que as primeiras são chamadas de premissas e a última é chamada de conclusão.

Um argumento será válido quando a conclusão for consequência exclusiva das premissas, reparem que para que um argumento seja válido, não é necessário que as premissas nem a conclusão sejam verdadeiras, basta que a conclusão seja obtida como uma consequência das premissas.

Se as premissas forem verdadeiras e o argumento for válido, a conclusão, com certeza, será verdadeira.

Para sabermos se um argumento é válido, devemos considerar todas as premissas verdadeiras e verificar a conclusão, se esta for verdadeira, então o argumento será válido, caso seja falsa ou, caso não dê para atribuir um único valor lógico a ela, o argumento será inválido.

14. GEOMETRIA

1) Triângulo equilátero: Possui todos os lados e todos os ângulos iguais, cada ângulo possui 60º.

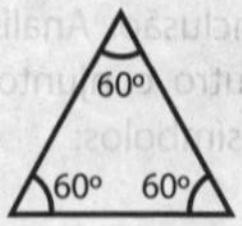

2) Triângulo Isósceles: Possui dois lados e dois ângulos iguais.

3) Triângulo escaleno: Possui todos os lados e todos os ângulos diferentes.

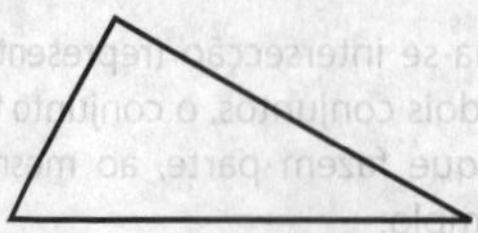

4) Triângulo retângulo: Possui um ângulo reto, neste triângulo, cada lado possui um nome especial:

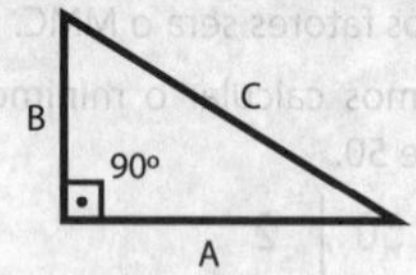

Lados que compõem o ângulo reto (lados A e B): São chamados de catetos.

Lado oposto ao ângulo reto (lado C): É chamado de hipotenusa.

Em todo triângulo retângulo, podemos utilizar o teorema de Pitágoras:

Hipotenusa ao quadrado é igual à soma dos quadrados dos catetos.

Exemplificando pela fórmula, temos:

$$C^2 = A^2 + B^2$$

EDITORA
JusPODIVM
www.editorajuspodivm.com.br